Das Lexikon der Weltgeschichte

Das Lexikon der Weltgeschichte

Von der Steinzeit bis zur Gegenwart

EIN
ADAC
LEXIKON

Herausgegeben vom Lexikon-Institut Bertelsmann
Chefredakteur: Wolf-Eckhard Gudemann
Redaktion: Annette Grunwald, Hans-Georg Michel, Kunigunde Wannow
Redaktionelle Mitarbeit: Marion Arndt, Andreas Fiswick, Antje Kleinelümern
Dateneingabe: Ingelore Christoph, Ursel Kämpf, Petra Niebuhr-Timpe
Bildbeschaffung: Bertelsmann Lexikon Verlag Fotoservice
Datenaufbereitung: Ernst-Jürgen Bischoff, Brigitte Hell
Layout: Raimund Post, Georg Stiller
Herstellung: Günter Hauptmann, Martin Kramer
Karten, Graphiken und Zeichnungen: Kartographisches Institut Bertelsmann,
HTG-Werbung Tegtmeier + Grube KG,
Eckhard Jacobsen, Barbara Michael, Hermann Schäfer
Titelgestaltung: Graupner & Partner, München

Als wissenschaftliche Mitarbeiter waren an diesem Werk beteiligt:
Prof. Dr. Dr. h. c. Karl Otmar Freiherr von Aretin, Dr. Walther L. Bernecker, Dr. Peter Borowsky, Dr. Hellmuth G. Dahms, Prof. Dr. Jost Dülffer, Thomas Eilrich, Dr. Dieter Eisleb, Prof. Dr. Michael Erbe, Andreas Fiswick, Dr. Hans-Joachim Gehrke, Dr. Iselin Gundermann, Iselin, Dr. Manfred Gutgesell, Prof. Dr. Hans Hecker, Prof. Dr. Edgar Hösch, Prof. Dr. Eberhard Isenmann, Prof. Dr. Franz Kiechle, Dr. Gerhard Krebs, Prof. Dr. Hermann Kulke, Dr. Michael Kunst, Ulrike Leuschner, Dr. Günther Lottes, Dr. Thomas Magnusson, Dr. Peter Malina, Prof. Dr. Bernd Martin, Prof. Dr. Helmut Martin, Gerd Meuer, Hans-Georg Michel, Prof. Hans Georg Niemeyer, Dr. Gabriele Ratenhof, Karl Römer, Prof. Dr. Klaus Schippmann, Prof. Dr. Tilmann Schmidt, Prof. Dr. Karl Josef Seidel, Dr. Gustav Spann, Prof. Dr. Dr. h. c. Berthold Spuler (†), Prof. Dr. Helmut Thierfelder (†), Dr. Georg Thomas, Dr. Albrecht Tyrell, Dr. Irmtraut D. Wolcke-Renk, Prof. Dr. Michael Wolffsohn, Prof. Dr. Günter Wollstein, Prof. Dr. Dr. Harald Zimmermann

Sonderausgabe für die ADAC Verlag GmbH, München 1998

GESAMTHERSTELLUNG: MOHNDRUCK GRAPHISCHE BETRIEBE GMBH, GÜTERSLOH
ISBN: 3-87003-834-9

VORWORT

Das weitverbreitete Interesse an historischen Büchern, an Dokumentarspielen, an Ausstellungen mit geschichtlicher und archäologischer Thematik zeigt den hohen Stellenwert, den die Geschichte in unserer Gesellschaft besitzt. Mit der Herausgabe eines LEXIKONS DER WELTGESCHICHTE möchte der Verlag diesem Interesse Rechnung tragen.

Die Wißbegierde richtet sich dabei oft auf einzelne Fragestellungen: auf biographische Tatsachen, auf Jahreszahlen, auf Begriffserläuterungen. Anhand von mehr als 12 000 Stichwörtern hat der Leser die Möglichkeit, sich über die wichtigsten historischen Fakten von der Urzeit bis zur Gegenwart zu informieren. Dabei kam es der Redaktion darauf an, bei der Stichwortauswahl möglichst viele Bereiche zu berücksichtigen. So wurden neben vielen Sachbegriffen und Biographien auch alle bedeutenden historischen Ereignisse, Epochen und Kulturen erfaßt. Außerdem wird dem Bedürfnis nach chronologischen Darstellungen mit der Wiedergabe geschichtlicher Abläufe in Kontinenten, Staaten und Städten entsprochen.

Dadurch ist ein Nachschlagewerk entstanden, das historische Fragen in einem universellen Rahmen umfassend und zuverlässig beantwortet.

Rund 1800 historische Karten, Abbildungen, Graphiken, Stammtafeln, Flaggen, Wappen und Tabellen veranschaulichen die geschichtlichen Zusammenhänge und regen zum weiteren Nachschlagen und Lesen an.

Aus der Vielzahl der Stichwörter hat die Redaktion 50 Artikel ausgewählt, die jeweils auf einer Doppelseite besonders reichhaltig illustriert sind. In Verbindung mit erläuternden Texten sind hierdurch eigenständige Informationseinheiten entstanden, die die unterschiedlichsten historischen Themen schlaglichtartig beleuchten. Es handelt sich dabei sowohl um Themen, die zum historischen Grundwissen zählen (z. B. Die Ideologie des Nationalsozialismus, S. 560/561), als auch um solche Darstellungen, die einem spezielleren Interesse Rechnung tragen (z. B. Der hethitisch-ägyptische Friedensvertrag, S. 336/337). Alle Sonderartikel sind in einem Inhaltsverzeichnis auf Seite 8 aufgeführt. Diese Schwerpunktthemen lockern die streng alphabetische Ordnung auf und bilden eine sinnvolle Abrundung des Lexikons.

Durch seine populäre und benutzerfreundliche Darstellung ist das LEXIKON DER WELTGESCHICHTE ein unverzichtbarer, zuverlässiger Begleiter und Führer durch die Weltgeschichte. Es wird den Benutzer darüber hinaus in dem Bemühen unterstützen, die Entwicklung der politischen Gegenwartsprobleme in ihrem historischen Zusammenhang zu verstehen.

DER VERLAG

HINWEISE FÜR DIE BENUTZUNG DES LEXIKONS

Alphabetische Anordnung
Die Reihenfolge der Stichwörter richtet sich streng alphabetisch nach der Schreibweise, unabhängig von der Aussprache und Bedeutung. Stichwörter, die aus mehreren selbständigen oder durch Bindestrich verknüpften Teilen bestehen, werden wie ein zusammenhängendes Wort behandelt; auch Abkürzungen, die aus mehreren Buchstaben bestehen, gelten als ein Wort. Die Ligaturen æ und œ gelten als je zwei Buchstaben, ebenso immer die Buchstabenfolgen ae, oe, ue, auch wenn sie als Umlaut wie ä, ö, ü gesprochen werden. ß wird wie ss eingeordnet. Buchstaben mit Sonderzeichen (z. B. á, à, ą, ä) werden wie solche ohne Sonderzeichen behandelt.

Mehrgliedrige Stichwörter werden möglichst in der natürlichen Stellung ihrer Bestandteile aufgeführt und eingeordnet.

Bei Personennamen werden Adelsprädikate und vergleichbare Bestandteile wie üblich nachgestellt; das gilt auch für *de* bzw. *d'* in französischen, spanischen, portugiesischen und niederländischen Namen. Bei englischen Namen werden *d'* und *de* vorangestellt.

In allen Zweifelsfällen wird das Auffinden eines Artikels durch entsprechende Verweise erleichtert.

Stimmen mehrere Stichwörter in der Schreibweise völlig überein, so stehen an erster Stelle Sachbegriffe, dann geographischen Namen, dann Personennamen.

Gleichlautende Sachbegriffe sind untereinander nach der alphabetischen Reihenfolge der betreffenden Fachgebiete geordnet; gleichlautende Personennamen stehen in der Reihenfolge: Namenserklärungen; Päpste und Gegenpäpste; Heilige und Bischöfe; Fürsten, nach Ländern geordnet; Familiennamen, nach Vornamen geordnet.

Schreibweise der Stichwörter
Wenn für ein und dasselbe Stichwort unterschiedliche Schreibweisen geläufig sind, so ist jene Form gewählt worden, von der anzunehmen ist, daß der Leser hier zuerst nachschlagen wird; andere mögliche Schreibweisen stehen kursiv hinter dem Hauptstichwort.

Namen aus Sprachen, die die Lateinschrift verwenden, werden in der Regel in der landesüblichen Form, mit allen eventuellen Sonderzeichen, wiedergegeben. Bei Namen und Begriffen aus fremden Schriftsystemen ist diejenige Umschrift gewählt, von der angenommen werden kann, daß sie dem Leser am ehesten vertraut ist. Chinesische Namen werden in der Pinyin-Umschrift gebracht, die seit 1979 auch in der westlichen Welt allgemein angewandt wird. Wo immer sich eine vom gewählten Umschriftsystem abweichende Schreibweise so weit durchgesetzt hat, daß sie als allgemein üblich gelten kann, wird ihr jedoch der Vorzug gegeben.

In allen Zweifelsfällen wird das Auffinden eines Artikels wiederum durch Verweise erleichtert. Stichwörter, die man unter C vermißt, suche man unter K oder Z, und umgekehrt; ähnlich bei Č, Ch und Tsch, bei V und W, bei J und I, bei J und Dsch, bei Ae und Ä, bei F und Ph, bei Y und J usw.

Kursivsetzung wird verwendet, wenn Begriffe oder Namen aus dem Text hervorgehoben werden sollen.

Angaben zum Sprachgebrauch
Wo es nötig oder von Interesse ist, stehen hinter dem Stichwort in eckigen Klammern [ ] Angaben zum Sprachgebrauch: Aussprache, Geschlecht, grammatische Besonderheiten sowie Sprachherkunft.

Die Aussprache eines Stichworts wird nach den Regeln der *Association Phonétique Internationale* angegeben. Dazu wird ein für deutsche Verhältnisse vereinfachtes System verwendet (vgl. die Übersicht der Ausprachezeichen). Wird nur für einen Teil des Stichworts die Aussprache angegeben, dann steht vor und/oder hinter der Aussprachebezeichnung ein Trennstrich.

Die Betonung eines Stichworts wird in Zweifelsfällen durch einen Punkt unter dem zu betonenden Vokal, bei zwei Buchstaben, die als ein Laut zu sprechen sind (z. B. ae, oe, ue als Umlaute ä, ö, ü oder ie als langes i) und bei einem Diphthong (ai, au, ei, eu, oi, ey) durch einen Punkt mit daruntergesetztem Bogen gekennzeichnet. Innerhalb der Lautschrift wird die Betonung durch einen Akzent (') vor der zu betonenden Silbe angegeben.

Für die Lautschrift werden folgende Buchstaben und Zeichen verwendet:

Vokale und Diphthonge
- : bezeichnet die Länge eines Vokals
- a kurzes a (wie in *kann;* frz. *lac* [lak])
- a: langes a (wie in *Magen;* frz. *Lesage* [lə'sa:ʒ])
- æ sehr offenes kurzes ö (wie in engl. *Gangway* ['gæŋwɛi])
- ʌ kurzes dumpfes a (wie in *Butler* ['bʌtlə])
- ã nasaliertes a (wie in *Mont Blanc* [mɔ̃ 'blã])
- ai Diphthong (wie in *Mai, Brei;* engl. *like* [laik])
- au Diphthong (wie in *Baum;* engl. *Mount* [maunt])
- e halblanges geschlossenes e (wie in *gebt;* frz. *élan* [e'lã])
- e: langes geschlossenes e (wie in *Kehllaut, Beere*)
- ə kurzes dumpfes e (wie in *Masse, Linie;* engl. *the* [ðə], frz. *le* [lə])
- ə: langes dumpfes e (wie in *Churchill* ['tʃə:tʃil])
- ɛ kurzes offenes e (wie in *Fest, Gänse;* engl. *let* [lɛt])
- ɛ: langes offenes e (wie in *ordinär;* frz. *Molière* [mɔl'jɛ:r])
- ɛi Diphthong (wie im engl. *cake* [kɛik], brasilian. *Rio de Janeiro* ['riu di ʒa'nɛiru], ndrl. *IJmuiden* [ɛi'mœidə:])
- ɛ̃ nasaliertes e (wie in frz. *jardin* [ʒar'dɛ̃], *Pointe* [pwɛ̃t])
- i kurzes i (wie in *bin;* engl. *Wilson* ['wilsən])
- i: langes i (wie in *Bibel, Lied;* engl. *Leeds* [li:dz])
- ɔ kurzes offenes o (wie in *Roß;* engl. *what* [wɔt])
- ɔ: langes offenes o (wie in engl. *Wallstreet* ['wɔ:lstri:t])
- ɔ̃ nasaliertes o (wie in *Mont Blanc* [mɔ̃ 'blã])
- ɔi Diphthong (wie in *heute;* engl. *boil* [bɔil])
- ɔu Diphthong (wie in engl. *Bowling* ['bɔuliŋ]), *Cold Cream* [kɔuld kri:m])
- o halblanges geschlossenes o (wie in *Obst;* frz. *Barrault* [ba'ro])
- o: langes geschlossenes o (wie in *Moos;* frz. *de Gaulle* [də 'go:l])
- œ kurzes offenes ö (wie in *Köln;* frz. *Châteauneuf* [ʃato'nœf])
- ø halblanges geschlossenes ö (wie in *Fischöl;* frz. *neveu* [nə'vø])
- ø: langes geschlossenes ö (wie in *nervös;* frz. *Chartreuse* [ʃar'trø:z])
- œ̃ nasaliertes ö (wie in *Verdun* [vɛr'dœ̃])
- u kurzes u (wie in *kurz;* engl. *full* [ful])
- u: langes u (wie in *Gruß;* frz. *rouge* [ru:ʒ])
- y kurzes ü (wie in *schützen;* frz. *Tartuffe* [tar'tyf])
- y: langes ü (wie in *führen, lyrisch;* frz. *Saussure* [so'sy:r])

Für Konsonanten werden neben b, d, g, h, p, t, k, l, r, m, n und f noch folgende Zeichen verwendet:
- ç ch (wie in *ich;* grch. *Chios* ['çiɔs])
- x ch (wie in *machen;* russ. *Chruschtschow* [xru'ʃtʃɔf])
- ŋ ng (wie in *Länge, Bank;* engl. *long* [lɔŋ])
- s stimmloses s (wie in *essen, weiß;* engl. *Gaitskell* ['gɛitskəl])
- z stimmhaftes s (wie in *Saal, Waise;* engl. *Elizabeth* [i'lizəbəθ])
- ʃ stimmloser sch-Laut (wie in *schaffen,* engl. *Shakespeare* ['ʃɛikspiə])
- ʒ stimmhafter sch-Laut (wie in frz. *Journal* [ʒur'na:l], *Etage* [e'ta:ʒə])
- dʒ stimmhafter dsch-Laut (wie in engl. *just* [dʒʌst], indones. *Jakarta* [dʒa'karta])
- θ stimmloser Lispellaut (wie in engl. *Commonwealth* ['kɔmənwɛlθ])
- ð stimmhafter Lispellaut (wie in engl. *father* ['fa:ðə])
- v w (wie in *Wasser, Venedig*)
- w mit stark gewölbten Lippen gesprochenes w (wie in engl. *Wells* [wɛlz])

Datenangaben
Statistische Angaben wie Bevölkerungszahlen sind, sofern verfügbar, der amtlichen Statistik entnommen. Gesicherte und zuverlässige Daten können in der Regel nur für einen Zeitpunkt angegeben werden, der zwei oder mehr Jahre vor der Veröffentlichung des Lexikons liegt, da die statistischen Fortschreibungen in der Regel mit der aktuellen Entwicklung nicht Schritt halten. Die meisten Länder verfügen über keine amtlichen Statistiken; hier mußte auf Schätzungen zurückgegriffen werden.

Für neuzeitliche Daten gilt, wie üblich, in der Regel der Gregorianische Kalender; nur bei Doppelangaben aus der Zeit der Umstellung und in allen Zweifelsfällen steht eigens der Hinweis *n. St.* („neuer Stil", d. h. nach dem Gregorianischen Kalender) bzw. *a. St.* („alter Stil", d. h. nach dem Julianischen Kalender). Geburtsdaten sind durch *, Sterbedaten durch † gekennzeichnet. Die Angabe *1470/1480 bedeutet, daß das Geburtsdatum nicht genau bekannt ist und zwischen den beiden genannten Jahren liegt. Biographische Daten ohne diese Zeichen beziehen sich auf Regierungs- oder Amtszeiten.

Verweise

Neben den Verweisen zum Auffinden eines Stichworts, dessen Schreibweise oder alphabetische Einordnung fraglich sein könnte, werden Verweise von einem Stichwort auf ein anderes möglichst sparsam verwendet. Der direkte Verweis (→) deutet an, daß der Gedankengang eines Artikels unter dem so gekennzeichneten Stichwort weitergeführt wird. Der Gesamtzusammenhang, in dem die Stichwörter stehen, wird auf diese Weise verständlich. Der Siehe-auch-Verweis (auch →) gibt an, unter welchen Stichwörtern zusätzliche Informationen zu der angeschnittenen Thematik zu finden sind, um das Verständnis des größeren Zusammenhangs zu erleichtern.

Der Bildverweis [B] wird gegeben, wenn eine Abbildung aus technischen Gründen nicht auf der gleichen Doppelseite wie das dazugehörige Stichwort steht. In diesen Fällen ist die Seite angegeben, auf der die Abbildung zu finden ist. Außerdem wird mit [B] auf die illustrierten Schwerpunktthemen verwiesen, falls diese nicht von dem dazugehörigen Stichwortbeitrag eingerahmt werden.

Abkürzungen

Abkürzungen werden in diesem Lexikon nur so verwendet, daß der Lesefluß und die Eindeutigkeit dadurch nicht beeinträchtigt werden. Im allgemeinen ist das Stichwort, wenn es in demselben Artikel wiederholt wird, mit seinem ersten Buchstaben abgekürzt, auch in Zusammensetzungen, sofern diese dabei lesbar bleiben. (Wörter, die mit *Ch, Ph, Th* u. ä. beginnen, werden jeweils nur mit *C., P., T.*... abgekürzt.)

Besteht das Stichwort aus zwei Wörtern, die durch Bindestrich verbunden sind, so ist nur der erste Buchstabe als Abkürzung verwendet. Besteht ein Stichwort aus mehreren selbständigen Wörtern, so ist jedes Wort für sich abgekürzt. Gibt es für ein Stichwort eine allgemein übliche Abkürzung, so wird diese im Text verwendet.

Die Endung *isch* ist oft weggelassen, die Endung *-lich* durch *-l.* abgekürzt. Daneben werden noch zwei Arten von Abkürzungen verwendet: solche, die im Lexikon ein eigenes Stichwort haben, und folgende allgemein üblichen Abkürzungen:

Abg.	Abgeordneter
Abk.	Abkürzung
Abs.	Absatz
Abt.	Abteilung
Adj.	Adjektiv
afgh.	afghanisch
afrik.	afrikanisch
ahd.	althochdeutsch
AK	Autonomer Kreis
alb.	albanisch
allg., Allg.	allgemein, Allgemeines
amerik.	amerikanisch
AO	Autonome Oblast
aram.	aramäisch
austroas.	austroasiatisch
Apg.	Apostelgeschichte
Art.	Artikel
AT	Altes Testament
ausschl.	ausschließlich
babyl.	babylonisch
baden-württ.	baden-württembergisch
Bd., Bde.	Band, Bände
Bearb.	Bearbeiter
Begr.	Begründer
bes.	besonders
betr.	betreffend
Bez.	Bezeichnung
Bez.	Bezirk
Bibliogr.	Bibliographie
birm.	birmanisch
BR Dtschld.	Bundesrepublik Deutschland
bulg.	bulgarisch
bzw.	beziehungsweise
chin.	chinesisch
d. Ä.	der Ältere
Dep.	Departement, Departamento
Dép.	Département
dgl.	dergleichen, desgleichen
d. Gr.	der Große
d. h.	das heißt
d. i.	das ist
Diss.	Dissertation
d. J.	der Jüngere
dt.	deutsch
Dtschld.	Deutschland
ehem.	ehemalig, ehemals
einschl.	einschließlich
entspr.	entsprechend
eskim.	eskimoisch
europ.	europäisch
ev.	evangelisch
ev.-luth.	evangelisch-lutherisch
ev.-ref.	evangelisch-reformiert
Ew.	Einwohner
f., ff.	folgende Seite[n]; folgendes Jahr, folgende Jahre
Frhr.	Freiherr
frz.	französisch
geb.	geboren
gegr.	gegründet
gen.	genannt
Gen.	Genesis
ggf.	gegebenenfalls
germ.	germanisch
gleichn.	gleichnamig
grch.	griechisch
h	Stunde[n]
hebr.	hebräisch
hind.	hindustanisch
hl., hll.	heilig[e]
Hptst.	Hauptstadt
Hptw.	Hauptwerk[e]
hrsg., Hrsg.	herausgegeben, Herausgeber
i. e. S.	im engeren Sinn
insbes.	insbesondere
insges.	insgesamt
isl.	isländisch
ital.	italienisch (nicht für italisch)
i. w. S.	im weiteren Sinn
jak.	jakutisch
jap.	japanisch
jav.	javanisch
Jb., Jbb.	Jahrbuch, Jahrbücher
Jer.	Jeremias
Jes.	Jesajas
Jg.	Jahrgang
Jh.	Jahrhundert
kath.	katholisch
Krs.	Kreis
lat.	lateinisch
Ldkrs.	Landkreis
lit.	litauisch
Lit.	Literatur
Losebl.	Loseblattausgabe
luth.	lutherisch
MA	Mittelalter
mal.	malaiisch
MdB	Mitglied des Bundestags
MdL	Mitglied des Landtags
MdR	Mitglied des Reichstags
melan.	melanesisch
mhd.	mittelhochdeutsch
Mill.	Millionen
min	Minute[n]
Min.	Minister
Min.-Präs.	Ministerpräsident
Mitgl.	Mitglied
mlat.	mittellateinisch
Mrd.	Milliarden
m. V.	mit Vororten
N	Norden
Nachdr.	Nachdruck
Nachf.	Nachfolger[in]
nat.-soz.	nationalsozialistisch
n. Br.	nördliche Breite
n. Chr.	nach Christus
ndrl.	niederländisch
ndt.	niederdeutsch
Neudr.	Neudruck
N. F.	Neue Folge
nhd.	neuhochdeutsch
nlat.	neulateinisch
NO	Nordosten
norw.	norwegisch
NT	Neues Testament
NW	Nordwesten
O	Osten
Offb.	Offenbarung des Johannes
o. J.	ohne (Erscheinungs-)Jahr
ö. L.	östliche Länge
o. O.	ohne (Erscheinungs-)Ort
o. O. u. J.	ohne (Erscheinungs-)Ort u. Jahr
op.	Opus
orth.	orthodox
österr.	österreichisch
phön.	phönizisch
Pl.	Plural
polyn.	polynesisch
portug.	portugiesisch
Präs.	Präsident
Prof.	Professor
prot.	protestantisch
Prov.	Provinz
prov.	provençalisch
Ps.	Psalm
R	Regierungszeit
rätorom.	rätoromanisch
rd.	rund
reform.	reformiert
Reg.-Bez.	Regierungsbezirk
Rep.	Republik
rom.	romanisch
röm.-kath.	römisch-katholisch
s	Sekunde
S	Süden
Sammlg.	Sammlung
sanskr.	sanskritisch
s. Br.	südliche Breite
serbokr.	serbokroatisch
Sg.	Singular
singhal.	singhalesisch
skand.	skandinavisch
SO	Südosten
sog.	sogenannt
Spr.	Sprüche Salomos
stellvertr.	stellvertretend
SW	Südwesten
tibetochin.	tibetochinesisch
turktat.	turktatarisch
u.	und
u. a.	und andere[s]; unter anderem, unter andern
u. ä.	und ähnliche[s]
Übers.	Übersetzer, Übersetzung
ukr.	ukrainisch
u. M.	unter dem Meeresspiegel
ü. M.	über dem Meeresspiegel
ung.	ungarisch
usw.	und so weiter
u. U.	unter Umständen
v. Chr.	vor Christus
Verw.	Verwaltung
Verw.-Bez.	Verwaltungsbezirk
v. H.	vom Hundert (%)
Vize-Präs.	Vizepräsident
Vors.	Vorsitzender
W	Westen
Westf.	Westfalen
w. L.	westliche Länge
Wz.	Warenzeichen
z. B.	zum Beispiel
Zig.	Zigeunersprachen
z. T.	zum Teil
Ztg.	Zeitung
Ztschr.	Zeitschrift
z. Z.	zur Zeit

MEILENSTEINE DER WELTGESCHICHTE

In 50 Schwerpunktthemen werden besondere Aspekte zu Epochen und Kulturen, Schauplätzen, Biographien und historischen Ereignissen vertieft und reich illustriert abgehandelt.
In der chronologischen Folge des folgenden Inhaltsverzeichnisses gelesen, verbinden sich die Themen zu einem fundierten Leitfaden durch die Geschichte der Menschheit.

Schwerpunktthemen in chronologischer Folge — **Seiten**

Sigel:
A.F. = Andreas Fiswick
G.M. = Georg Michel
K.R. = Karl Römer

A

Aachen, Kreisstadt in Nordrhein-Westfalen, zwischen den Ausläufern des Hohen Venn, an der niederländ.-belg. Grenze, 173 m ü. M., 239000 Ew.
In der Römerzeit Badeort *(Aquisgranum)*; seit 794/795 ständige Residenz (Pfalz) Karls d.Gr.; 936–1531 Krönungsort der dt. Könige; 1166 Markt- u. Münzprivileg durch Kaiser Friedrich I., seither befestigte Reichsstadt; 1794–1814 französ.; 1815–1945 preußisch; im 2. Weltkrieg schwer beschädigt.

Aachener Friede, 1. *A. F.* am 2. 5. 1668, beendete den Devolutionskrieg; 2. *A. F.* am 18. 10. 1748, beendete den Österr. Erbfolgekrieg mit Verzicht Österreichs auf Schlesien u. brachte für die italien. Staatenwelt eine Ordnung, die bis 1796 dauerte.

Aachener Kongreß, 29. 9.–21. 11. 1818, Kongreß der europ. Großmächte, auf dem Frankreich den sofortigen Abzug der alliierten Besatzungstruppen aus seinem Territorium u. die Ermäßigung der restl. Kriegsschulden erreichte.

Aarau, Hptst. des schweizer. Kantons *Aargau*, an der Aare, 15800 Ew.
Um 1240–1250 von den Grafen von Kyburg gegründet, 1264 an Habsburg, 1415 an Bern, 1797/98 letzte Tagsatzung der alten Eidgenossenschaft, 1798 vorübergehend Hauptstadt der Helvetischen Republik.

Aargau, Kanton in der Nordschweiz, 1405 km², 478000 Ew.
Im MA Herrschaftsgebiet der Lenzburger Grafen, der Kyburger, seit 1264 der Habsburger u. nach 1415 eidgenöss. Untertanenland, vor allem von Bern beherrscht; seit 1803 schweizer. Kanton; 1831 Einführung einer liberalen Verfassung; 1841 führte der Aargauer Klosterstreit zur Aufhebung der Klöster.

Aachen: Karlsschrein im Aachener Münster; um 1200–1215

Abälard [abɛ'lar], *Abélard, Abaelard, Abaillard*, Peter, Philosoph u. Theologe der Frühscholastik, *1079 Palais bei Nantes, †21. 4. 1124 Kloster St. Marcel (Saône); vermittelte durch den *Konzeptualismus* im Universalienstreit; wurde mit seiner Schrift „Sic et non" (1121/22) beispielgebend für die scholastische Methode. Er unterscheidet scharf zwischen Glauben u. Vernunft u. trennt damit zwischen Theologie u. Philosophie. Der Ethik gab A. neue Maßstäbe, indem er Gesinnung u. Gewissen als die ausschlaggebenden Kriterien bezeichnete. Seine theolog. Lehren, insbes. seine *Trinitätslehre*, wurde kirchl. verurteilt (1121, 1141). A. führte ein unruhiges Leben, unterrichtete an mehreren Schulen u. lebte in verschiedenen Klöstern. Berühmt wurde sein Liebesverhältnis zu seiner Schülerin Heloise, für das er mit Entmannung bestraft wurde. Er schilderte es in einer autobiograph. Schrift u. einem fingierten Briefwechsel. Die Liebesgeschichte ist häufig literarisch behandelt worden.

Abanten, frühgeschichtl. Stamm auf der griech. Insel Euböa, bei Homer u. Hesiod erwähnt.

Abbas, oriental. Herrscher: **1.** *A. I., A. d. Gr.*, Schah von Iran aus der Safawiden-Dynastie 1587–1629, *27. 1. 1571, †19. 1. 1629 Prov. Masandaran; dehnte das Reich gegen Osmanen u. Usbeken aus; besetzte Georgien u. gewann die Inseln im Pers. Golf; widmete sich bes. dem Ausbau der Städte u. Straßen. Sein Urenkel *A. II.* (1642–1666) entriß den Großmoguln Kandahar.
2. *A. II. Hilmi*, Vizekönig (Khedive) von Ägypten 1892–1914, *14. 7. 1874 Alexandria, †20. 12. 1944 Genf; 1914 wegen seiner Deutschfreundlichkeit von der brit. Regierung abgesetzt u. durch Hussain Kamil als Sultan ersetzt.

Abbasiden, Kalifendynastie, 750–1258 in Bagdad, bis 1517 noch als Scheinkalifen in Kairo; Nachkommen von Mohammeds Onkel *Abbas*. Die bedeutendsten A.herrscher waren: Mansur (754–775), Mahdi (775–785), Harun Ar Raschid (786–809), Mamun (813–833), Mutasim (833–842), Nasir (1180 bis 1225).

Abbevillien [-vil'jɛ̃, das; frz.], alte Bez. für die älteste Stufe der Altsteinzeit Westeuropas (früher *Chelléen*), benannt nach der Fundstelle *Abbeville* (Dép. Somme).

Abdalaziz → Abd ül-Aziz.

Abd Al Ilah, *Abd ul-Ilah*, Regent des Irak 1939–1953 als Vormund König Feisals II., *24. 11. 1913 Taif, †14. 7. 1958 Bagdad (bei einem Staatsstreich getötet).

Abd Al Kader, Führer der Araber in Algerien, *1808 Mascara, †26. 5. 1883 Damaskus; einigte die alger. Stämme zum Kampf gegen die Franzosen 1835–1847; 1847–1852 in Frankreich gefangen, lebte dann in Bursa u. Damaskus; beschützte dort beim Drusen-Aufstand 1860 die Christen.

Abd Al Krim, Mohammed, Führer des Rifkabylenaufstands, *1882 Ajdir, †6. 2. 1963 Kairo; leitete 1921 den Aufstand in Span.-Marokko, 1922 Emir des Rif; als der Aufstand 1925 auf Französ.-Marokko übergriff, mußte er sich im Mai 1926 ergeben; nach Réunion verbannt, 1947 freigelassen; 1950 Präsident des nordafrikan. Freiheitskomitees in Kairo.

Abdallah As Salim As Sabah, *Abdullah As Salim As Sabah*, Scheich von Kuwait 1950–1965, *1905, †24. 11. 1965; regierte als unumschränkter Herrscher; erhielt seit 1951 die Hälfte der bedeutenden Öleinnahmen; behauptete die 1961 erlangte Unabhängigkeit Kuwaits gegenüber irak. Ansprüchen.

Abdallah ibn Hussain, *Abdullah ibn Hussein*, Emir von Transjordanien 1921–1946, König von Jordanien 1946–1951, *1882 Mekka, †20. 7. 1951 Jerusalem (ermordet); Sohn König Hussains von Hedjas; nahm 1948 am Krieg gegen Israel teil u. annektierte die von ihm eroberten Teile Palästinas, suchte dann aber den Ausgleich mit Israel; fiel in Jerusalem einem Attentat arabischer Extremisten zum Opfer.

Abbas der Große

Abd Al Malik, *Abdelmelik, Abd ul-Malik*, Omajjadenkalif 685–705, Sohn Merwans I., *646 oder 647, †Okt. 705; beseitigte 692 den Gegenkalifen Abdullah ibn Az Zubair in Mekka u. stellte die Einheit des islam. Reichs wieder her; führte anstelle des Griechischen u. (im Osten) des Persischen die arab. Verwaltungssprache ein.

Abd Al Mumin, 1. Kalif (1130–1163) u. Begründer der Almohaden-Dynastie, *1094 bei Tlemcen, †Mai 1163 Salé; eroberte Marokko (Hptst. Marrakesch) u. dehnte sein Reich über Nordafrika u. nach Spanien aus.

Abd Ar Rahman [-rax-], **1.** *A. A. R. ibn Abd Allah*, arab. Statthalter in Spanien 730–732; unternahm 732 einen Feldzug nach Südfrankreich, besiegte den Herzog von Aquitanien, wurde aber 732 in der Schlacht zwischen Tours u. Poitiers von Karl Martell besiegt u. fiel.
2. *A. A. R. I.*, Omajjadenfürst, *um 731, †Okt. 788 Córdoba; brachte nach dem Sturz der Omajjadenkalifen im Osten durch die Abbasiden seine Dynastie im arab. Spanien wieder an die Macht u. herrschte 756–788 in Córdoba.
3. *A. A. R. III.*, bedeutendster Omajjaden-

Der Führer der Rifkabylen Abd Al Krim (rechts) im Jahre 1925

herrscher des arab. Spanien (seit 912), *889, †15. 10. 961 Córdoba; legte sich 929 den Titel Kalif zu.

Abd El Kader → Abd Al Kader.

Abd El Krim → Abd Al Krim.

Abdelmelik → Abd Al Malik.

Abdera, altgriech. Stadt an der Küste Thrakiens; nach mißglücktem Versuch im 7. Jh. v. Chr. Mitte des 6. Jh. v. Chr. gegr.; Heimat der Philosophen *Demokrit* u. *Protagoras*; im 5. Jh. v. Chr. Mitglied des 1. Attischen Seebundes, später unter makedonischer Herrschaft.

Abderiten, Bewohner von *Abdera*, seit dem 3. Jh.v.Chr. als die „Schildbürger" des Altertums betrachtet.

Abd ül-Aziz, *Abdalaziz*, osman.-türk. Sultan 1861–1876, *9. 2. 1830, †4. 6. 1876 Istanbul (ermordet); erklärte 1875 den Staatsbankrott der Türkei.

Abd ül Hamid, *Abdul Hamid*, osman.-türk. Sultane: **1.** *A. I.*, Sultan 1774–1789, *20. 3. 1725, †7. 4. 1789; schloß den Frieden von Kütschük-Kainardschi (1774) mit Rußland, wurde seit 1787 von diesem u. Österreich erneut besiegt.

2. *A. II.*, Sultan 1876–1909, *21. 9. 1842 Istanbul, †10. 2. 1918 Istanbul; wahrte seit 1882 den Bestand des Reichs durch straffe Autokratie; wurde wegen der Verweigerung von Reformen 1909 von den Jungtürken abgesetzt.

Abdullah, Mohammed, Scheich, kaschmir. Politiker, *5. 12. 1905 Sura, †8. 9. 1982 Shrinagar; Führer der *National Conference Party* (NCP); 1947–1953 Regierungschef des ind. Teils von Kaschmir. Nachdem er sich anfängl. für den Anschluß Kaschmirs an Indien eingesetzt hatte, trat er seit 1953 für die Unabhängigkeit des Landes ein („Löwe von Kaschmir"), wurde daraufhin gestürzt u. bis 1964 in ind. Haft gehalten. 1972 kehrte A. nach Kaschmir zurück; seit 1975 war er Chef-Min. des ind. Unionsstaates Jammu und Kashmir.

Abd ül-Medschid, 1. *A. I.*, osman.-türk. Sultan1839–1861, *25. 4. 1823, †25. 6. 1861 Istanbul; setzte die Reformen seines Vaters Mahmud II. fort u. führte sein Land im Krimkrieg zusammen mit den Westmächten zum Sieg über Rußland.

2. *A. II.*, osman.-türk. Prinz, *30. 5. 1868, †23. 8. 1944 Paris; Sohn des Sultans *Abd ül-Aziz*; 1922–1924 letzter Kalif, von K. Atatürk abgesetzt u. des Landes verwiesen.

Abdul Rahman [-rax-], Tunku („Prinz"), malaiischer Politiker, *8. 2. 1903 Alor Star, † 6.12.1990 Kuala Lumpur; Angehöriger der Sultansfamilie von Kedah; Jurist; 1951 Führer der Unabhängigkeitsbewegung *United Malay National Organization*, bildete 1953 ein Parteibündnis mit der *Malaya Chinese Association*; 1953–1963 Chef-Min. bzw. Premier-Min. der Malaiischen Föderation; 1963–1970 Premier-Min. von Malaysia; Rücktritt nach Stimmverlusten u. Rassenunruhen; 1970–1972 Generalsekretär der Islamischen Weltkonferenz.

Abd ur-Rahman [-rax-], Emir von Afghanistan 1880–1901, *um 1844, †1. 10. 1901 Kabul; wurde von den Engländern eingesetzt; schuf, gestützt auf sein stehendes Heer, eine straffe Zentralverwaltung u. verbesserte die Staatseinnahmen; dehnte seine Herrschaft über Kandahar u. Herat aus; die Außenpolitik stand jedoch unter engl. Aufsicht.

Abencerragen [avɛnθɛ'raxən], maurisches Adelsgeschlecht, das nach der sagenhaften Geschichte von Granada in den letzten Jahren der arab. Herrschaft in Spanien im 15. Jh. eine Rolle gespielt hat u. dessen letzte Angehörige in der Alhambra von Granada ermordet worden sein sollen.

Abendland, *Okzident* [lat. *occidens*, „Sonnenuntergang, Westen"], ursprüngl. die

Abdul Rahman auf einer Konferenz in London 1956

westl. Welt, von Italien aus gesehen; später allg. der west- u. mitteleurop. Kulturkreis. Das Wort A. ist in Analogie zu Luthers Übersetzung von lat. *oriens* mit „Morgenland" im 16. Jh. gebildet worden.

Der heutige Begriffsinhalt entwickelte sich zu Beginn des 19. Jh. Er ist gekennzeichnet 1. durch die Behauptung einer besonderen abendländ. Kultureinheit aufgrund der Verbindung von Christentum u. antikem Erbe u. ihrer Weiterentwicklung durch die west- u. mitteleurop. Völker; 2. durch die unterschiedl. stark ausgeprägte These vom Gegensatz zwischen dem A. u. der östl. Welt. In diesem Sinne wird bereits der Kampf der Griechen gegen die Perser im 5. Jh. v. Chr. als „Geburt des A.s" interpretiert. Wichtigste Voraussetzung für ein auch den Zeitgenossen bewußtes Zusammengehörigkeitsgefühl des A.s war jedoch die Teilung des Römischen Reichs, die Spaltung der Kirche in eine abendländisch-lateinische u. eine morgenländisch-griechische u. der Anspruch der röm. Päpste u. der fränk. Könige, Erben des Röm. Reiches zu sein. Die ursprüngl. gegen Byzanz gerichtete Idee einer polit. Einheit des A.s scheiterte am sich ausschließenden Herrschaftsanspruch des Kaisertums u. des Papsttums einerseits, am Widerstand der sich herausbildenden Nationalstaaten andererseits.

Das Bewußtsein einer religiösen u. kulturellen Zusammengehörigkeit des A.s trat zum ersten Mal in den gemeinsam von den europ. Völkern durchgeführten Kreuzzügen gegen die „Ungläubigen" (u. Byzanz) zutage, blieb in polit. Hinsicht aber folgenlos. Nach der Entstehung der modernen Nationalstaaten, nach der Verdrängung des Islam aus Europa u. mit der europ. Ausdehnung nach Übersee gewann der Begriff des A.s eine besondere Bedeutung als Grundbegriff der Geschichtsphilosophie u. als Schlagwort in der polit. Ideologie u. Propaganda. In der Geschichtsphilosophie der Aufklärung, *Herders*, *Hegels* u. der dt. Romantik galt das A. als letzte u. höchste Stufe der Menschheitsentwicklung.

Die unter dem Eindruck der Weltkrisen u. Weltkriege des 20. Jh. entwickelten Kulturkreislehren von O. *Spengler* u. A. J. *Toynbee* lehnten diese Auffassung als eurozentrisch ab u. betrachteten das A. ledigl. als eine – noch dazu im Verfallzustand der Spätzeit befindliche – Hochkultur unter zahlreichen anderen. Gegen diese Auffassung der Kulturmorphologie haben andere Geschichtsphilosophen (z. B. A. u. M. *Weber*) eingewandt, daß die abendländ. Kultur seit der Zeit der Entdeckungen einen Einfluß auf andere Erdteile u. Kulturen ausgeübt habe wie keine Hochkultur zuvor. Als Grundideen des A.s gelten in diesem Zusammenhang: Freiheit u. Selbstverantwortung des Menschen, Humanität u. Bindung an das Recht als Richtschnur für soziales Verhalten, die Autonomie des wissenschaftl. Denkens u. die Beherrschung der Natur durch Erforschung ihrer Gesetze. Wird einerseits in der wissenschaftl. Grundlegung der modernen Industriekultur u. -gesellschaft u. ihrer Ausbreitung auf alle außereurop. Erdteile ein besonderes Verdienst des A.s gesehen, so erblicken Kulturkritiker andererseits in den Verhaltensweisen u. Lebensformen, die diese Industriekultur u. -gesellschaft den Menschen aufzwingt, eine Gefahr für den Bestand der Leitideen des A.s.

Als Schlagwort der polit. Ideologie u. Propaganda spielte der Begriff des A.s seit dem 19. Jh. eine große Rolle: Die Kolonialpolitik u. der Imperialismus der europ. Mächte wurden mit der kulturellen (vor allem wissenschaftl.-technischen) Überlegenheit des A.s gerechtfertigt. In der Auseinandersetzung mit dem Bolschewismus wird der Begriff seit 1917 oft als Gegenbild eingesetzt. Auch an Versuchen, die Idee des A.s als Grundlage u. Überhöhung der westeurop. Einigungsbemühungen nach 1945 zu nutzen, hat es nicht gefehlt.

Aberdeen [æbə'di:n], seit 1682 Grafentitel der schott. Familie *Gordon*, Earls of A. – George *Hamilton-Gordon*, 4. Earl of A., brit. Politiker, *28. 1. 1784 Edinburgh, †14. 12. 1860 London; 1813 als brit. Sonderbevollmächtigter am Ausbau der Koalition gegen Napoleon beteiligt (Vertrag von Teplitz); 1828–1830 Außen-Min. im Kabinett Wellington; 1834 Kriegs- u. Kolonialminister im 1. Kabinett Peel; 1841–1846 Außen-Min. im 2. Kabinett Peel, konnte durch seine Freundschaft mit Guizot die Beziehungen zwischen England u. Frankreich verbessern; regelte 1842 u. 1846 den Streit mit den USA über den Verlauf der Grenze zu Kanada; wurde nach Peels Tod Führer der „Peeliten"; 1852–1855 Premier-Min., trat wegen der Fehler der brit. Kriegführung im Krim-Krieg zurück, nachdem das Unterhaus einen Untersuchungsausschuß eingesetzt hatte.

Åberg ['o:bærj], Nils, schwed. Prähistoriker, *24. 7. 1888 Norrköping, †28. 2. 1957 Stockholm; seit 1915 in Uppsala Dozent, seit 1949 Prof. für nord. u. vergleichende Vorgeschichte in Stockholm, schrieb grundlegende Arbeiten zur europ. Ur- u. Frühgeschichte, bes. Bronzezeit; Hptw.: „Bronzezeitl. u. früheisenzeitl. Chronologie", 5 Bde. 1930–1935; „The occident and the orient in the art of the seventh century", 3 Bde. 1943–1947.

Ablaß, in der kath. Kirche seit dem 6. Jh. der Nachlaß öffentl. Kirchenbußen, seit dem 11. Jh. auch die Tilgung zeitl. Sündenstrafen bei vorangehender Bußgesinnung des Sünders. Im Spät-MA trat an die Stelle einer nachgelassenen Bußstrafe oft eine Almosenspende, die dann von der Kirche als Geldquelle mißbraucht u. theolog. mißdeutet wurde *(A.handel)*. Daran entzündete sich die Kritik der Reformation, die den A. schlechthin verwarf.

Ablaßstreit, 1517 der äußere Anlaß der → Reformation durch Veröffentlichung der 95 Thesen M. *Luthers*, zugleich der symbolhafte Ausdruck für die Notwendigkeit kirchlicher Erneuerung im 16. Jh. Im A. wurden von den Reformatoren nicht nur der Fiskalismus der Kurie u. der Mißbrauch in der Ablaßpraxis gegeißelt, sondern vor allem, wie Luthers Resolutionen von 1518 zeigen, die dem Ablaß zugrunde liegende Auffassung bestritten, daß Christi Heilshandeln sich mit menschlichen, in Sachwerten geltend zu machenden Werken verrechnen u. sogar für Verstorbene anwenden ließe.

Abodriten, *Abotriten*, Völkerschaft der Elb- u. Ostseeslawen.

Abolitionismus [lat.], eine 1831–1865 in den USA tätige Bewegung, die aus humanitären, sozialen u. polit. Gründen die Sklaverei abschaffen wollte. Ihre Vorkämpfer waren u. a. W. L. *Garrison* (*1805, †1879), E. C. *Stanton*, J. *Brown*.

Abomey [abɔ'mɛ], Königreich des 17. u. 18. Jh. im heutigen → Benin. Die Könige von A. leisteten mit ihren starken Heeren den Sklavenhändlern u. europ. Kolonisten lange erfolgreichen Widerstand.

Abri [der oder das; frz., „Obdach"], Abk. für *abri sous roche*, unter einem Felsüberhang (Balme) befindlicher Rast- u. Wohnplatz des altsteinzeitl. Menschen.

Abrüstung, engl. *disarmament*, die Abschaffung oder Beschränkung von Streitkräften u. Rüstung als ein Weg, die Anwendung oder Androhung militär. Gewalt bei Konflikten zwischen Staaten zu verhindern.
Die A. kann allgemein (global) oder räuml. begrenzt bzw. einseitig sein oder nur bestimmte Staaten betreffen (besiegte Staaten). Sie kann total oder begrenzt sein, d. h. alle Kampfmittel außer den innerstaatl. notwendigen oder nur bestimmte betreffen. Als *Rüstungskontrolle* [engl. *arms control*] dagegen bezeichnet man die Beschränkung der Rüstung auf bestimmte Stärkeverhältnisse der Streitkräfte (Kontrolle durch die Anwesenheit fremder Beobachter bei Manövern) oder bestimmter Waffensysteme (Flotten, strateg. Waffen) bzw. den Verzicht auf vorhandene oder erwogene Waffensysteme (Raketenabwehr, Kernwaffensatelliten), wenn damit die Eigendynamik militär. Apparate, Strategien u. Gewaltanwendung begrenzt u. die polit. Kontrolle der Gewaltanwendung auch im Konflikt erleichtert werden soll, ohne auf Abschreckung bzw. Einsatzfähigkeit zu verzichten. Neben den finanziellen Kosten u. den sozialen, gesellschaftl., wirtschaftl., innen- u. außenpolit. Auswirkungen moderner Rüstungen können auch ethische u. polit.-normative Motive zugunsten der A. oder Rüstungskontrolle wirken.
Die Forderung nach einer weltweiten A. wurde in der Neuzeit bes. von den *Pazifisten* vertreten. Das Problem der A. wurde zum ersten Mal von einer internationalen Instanz auf den Haager Friedenskonferenzen von 1899 und 1907 erörtert, die eine Eindämmung u. eine sog. Humanisierung des Krieges forderten.
Entsprechend der Formel „internationale Schlichtung, Sicherheit, A." führten internationale Verhandlungen zur *A.skonferenz* (1932–1935). Da sich dieses vom Völkerbund eingesetzte Gremium nicht über die elementarsten Fragen einigen konnte, wurden keine konkreten Beschlüsse gefaßt.
Nach dem Abwurf der ersten Atombomben über Hiroshima u. Nagasaki (1945) wurde eine Lösung der Problematik um so dringlicher. Zwar wurden Dtschld. u. Japan vorerst vollständig entmilitarisiert (später wurde diese lokal beschränkte A. durch die Gründung der Bundeswehr, den Eintritt in die NATO u. die Zulassung einer japan. mit konventionellen Waffen ausgerüsteten Selbstverteidigungsagentur aufgehoben), doch die Entwicklung des Kalten Krieges u. die Bildung zweier Militärblöcke sowie insbes. der Koreakrieg führten dann erneut zum *Wettrüsten*. Vorschläge auf Atomwaffenverzicht (*Baruchplan* der USA) wurden von der UdSSR abgelehnt, die keine derartigen Waffen besaß.
Erst ab 1955, zur Zeit der Gründung der NATO u. des Warschauer Paktes, kam es im Rahmen der UNO u. zwischen den Großmächten zu A.sverhandlungen, bei denen die USA u. die UdSSR die allg. u. vollständige A. forderten, die USA jedoch eine begleitende Kontrolle der A.sschritte, die UdSSR eine nachträgliche verlangten u. beide zwar die Notwendigkeit eines Gleichgewichts betonten, mit ihren Vorschlägen aber jeweils eigene Vorteile suchten.
Zu einem ersten, hinsichtl. der A. mehr symbol. Erfolg führten die Verhandlungen zwischen den USA, der UdSSR u. Großbritannien über ein Verbot der Kernwaffenversuche in der Atmosphäre, im Weltraum u. unter Wasser. Diesem *Moskauer Atomteststoppabkommen* vom 5. 8. 1963 traten die beiden anderen Atommächte, Frankreich u. China, bis 1991 ebensowenig bei wie dem Atomsperrvertrag vom 1. 7. 1968, der die Verbreitung von Kernwaffen verhindern soll u. die Atommächte zu A.smaßnahmen verpflichtet. Der Beschränkung der vorhandenen oder erwogenen strateg. Rüstung galten die *SALT-Gespräche* (→ SALT). Die erste Verhandlungsphase (1970–1972) führte zum SALT-I-Abkommen vom 26. 5. 1972, die seit 1973 unternommenen SALT-II-Gespräche zum nicht ratifizierten SALT-II-Abkommen vom 18. 6. 1979. Seit 1982 wurden in Genf mit Unterbrechungen zwischen der UdSSR u. den USA Verhandlungen über die Reduzierung der Zahl ihrer Strateg. Waffen (START) geführt. Die *Genfer Abrüstungskonferenz* unterzeichnete 1971 einen Vertrag über das Verbot von *B-Waffen* (biolog. Waffen). Ferner beschäftigten sich die nach den Schlußakten von Helsinki (KSZE) begonnenen *Wiener Verhandlungen über gegenseitigen Truppenabbau in Europa* (MBFR) mit einer regionalen A. 1989 wurden die MBFR-Gespräche ersetzt durch die *Verhandlungen über konventionelle Abrüstung in Europa*. Als Ergebnis der → INF-Verhandlungen wurde am 8. 12. 1987 ein Abkommen zwischen den USA u. der UdSSR unterzeichnet, das die Zerstörung der beiderseitigen landgestützten nuklearen Mittelstreckenwaffen in Europa beinhaltete.
Durch den polit. Umsturz in Osteuropa 1989 eröffneten sich auch für die A.spolitik neue Perspektiven. Auf dem KSZE-Sondergipfel im Nov. 1990 in Paris wurde mit der Verabschiedung der *Charta für ein neues Europa* die Ost-West-Spaltung zumindest formal für beendet erklärt. Gleichzeitig erfolgte eine Vertragsunterzeichnung bei den Verhandlungen über konventionelle Abrüstung in Europa (VKSE).
Die Auflösung der militär. u. polit. Strukturen des Warschauer Paktes 1991 erweckte zusätzl. Hoffnungen auf eine baldige Beschleunigung der A.sbemühungen zwischen den Supermächten, zumal 1991 auch der START-I-Vertrag unterzeichnet wurde. Das Ende der UdSSR im Dez. 1991 verursachte im Hinblick auf das auf dem Gebiet der Nachfolgestaaten lagernde Atomwaffenarsenal neue Probleme für die A.spolitik. 1992 ratifizierten die Volksrepublik China u. Frankreich den Atomsperrvertrag. Im Jan. 1993 unterzeichneten Vertreter von über 100 Staaten in Paris eine Konvention zum Verbot u. zur Zerstörung aller chem. Waffen. Der im selben Monat in Moskau unterzeichnete *Start-II-Vertrag* stellte die Reduzierung der russischen u. US-amerikanischen strategischen Waffen auf eine neue Grundlage. 1995 wurde der Atomsperrvertrag unbefristet verlängert. Rund 120 Staaten unterzeichneten 1997 in Ottawa eine Konvention zur Ächtung von Personenminen.
Die Entwicklung des Wettrüstens sowie die positiven u. negativen Ergebnisse der A.sverhandlungen werden wissenschaftl. von mehreren Forschungsinstituten untersucht.

Absalon, dän. Geistlicher u. Staatsmann, * 1128 Fjenneslev Sorö, † 1201 Kloster Sorö; 1158 Bischof von Roskilde, 1177 Erzbischof von Lund; Berater des Königs Waldemar I.; führend im Kampf gegen die Wenden, die die dän. Küsten verwüsteten.

Absolutismus [lat.], *absolute Monarchie*, die vorherrschende Regierungsform im Europa des 17./18. Jh., nach der die ganze Epoche benannt wurde. Der absolute Monarch galt als über dem Recht, jedenfalls als über den Gesetzen stehend. Er vereinigte in sich alle Staatstätigkeiten: Gesetzgebung, Verwaltung, Rechtsprechung, militär. Gewalt. Die Willensbildung war kein verfahrensmäßig begründeter Akt. Die Einholung u. Beachtung von Rat stand im Belieben des Monarchen. Er hatte Eingriffsrechte sowohl gegenüber öffentl. Einrichtungen wie auch weithin gegenüber den Staatsbürgern. Die Beamten u. Offiziere waren durch einen persönlichen Treueid an den Monarchen gebunden u. schuldeten ihm unbedingten Gehorsam. Legitimiert wurde der A. durch die *Souveränitätsthese* (J. *Bodin*) sowie durch die auch in der nachabsolutist. Zeit noch aufrechterhaltene Theorie vom *Gottesgnadentum*.
Der A. entstand als Reaktion auf die Schrankenlosigkeit der Adels- u. Ständeherrschaft; er bezweckte die straffere Zusammenfassung des Staates in Notzeiten u. war Voraussetzung für die Entstehung der Nationalstaaten. Seine schärfste Ausprägung mit Gottesgnadentum, Polizeistaat, stehendem Heer u. Staatswirtschaft (Merkantilismus) fand der

Ablaßstreit: Flugblatt gegen die Finanzzerrüttung durch Ablaßhandel und minderwertige Münzen. Holzschnitt, um 1530

Absolutismus

Die Formel »L'état c'est moi«, d. h. »Der Staat bin ich«, charakterisierte die Herrschaft des absoluten Monarchen, die im 17. und 18. Jahrhundert eine neue historische Konstellation prägte.

Der Kampf um politische Macht, ihr Erwerb und ihre Anwendung und Durchsetzung erzeugten eine neue politische Qualität im Inneren der europäischen Staaten wie in ihren Beziehungen untereinander. Die politische Konsolidierung des Absolutismus erfolgte aufgrund der Notwendigkeit, die Auswirkungen der Glaubenskriege zu überwinden. So entstanden als tragende Säulen das Beamtentum (besonders für die Steuer- und Finanzverwaltung) und das Militär (mit einem stehenden Heer). Die Ausprägung dieser entscheidenden souveränen Instanzen führte zur Kontrolle über die verschiedenen konfessionellen Gruppen. Aufbauend auf der Hebung der Königsmacht durch Heinrich IV. in Frankreich hatten die leitenden Minister Richelieu und sein Nachfolger Mazarin der absoluten Herrschaft Ludwigs XIV. die Grundlagen geschaffen. In der Folge formte sich der einheitliche Flächenstaat und damit der moderne Nationalstaat aus. Unterstützt wurde der politische Prozeß durch die Förderung der Wirtschaft, die der Finanzfachmann Colbert nach kameralistischen und merkantilistischen Prinzipien organisierte. Durch den Export industrieller Güter und das Bestreben, die Einfuhren auf Rohstoffe aus eigenen Kolonien zu beschränken, wurde besonders der frühkapitalistische Fernhandel gefördert. Im Merkantilismus als »Wirtschaftsidee des Nationalstaates« (Wilhelm Treue) stiegen so die Steuereinnahmen enorm und dienten damit wiederum der Machtrepräsentation des Königs und der Erfüllung der wachsenden staatlichen Aufgaben.

Die umfassenden herrschaftlichen und ökonomischen Entwicklungen konnten gesellschaftlich nicht ohne Folgen bleiben. Der Absolutismus säkularisierte das politische Leben, löste die staatliche Gewalt aus der Vorherrschaft des kirchlichen und konfessionellen Denkens und durchbrach die alte, aus dem Mittelalter stammende feudal-ständische Ordnung. Mit diesen sozialen Umwälzungen fand die moderne bürgerliche Gesellschaft ihren Anfang.

Sowohl durch den überreligiösen, rationalen Handlungsbereich als auch durch die Reformen des aufgeklärten Absolutismus hatte der absolute Staat selbst eine Reihe von Voraussetzungen geschaffen, ohne die die Entstehung der Gedankenwelt der Aufklärung kaum möglich gewesen wäre. Aus dieser Gedankenwelt entwickelte sich jene Kritik, die zum Untergang des Absolutismus in der Französischen Revolution führte. *A.F.*

1

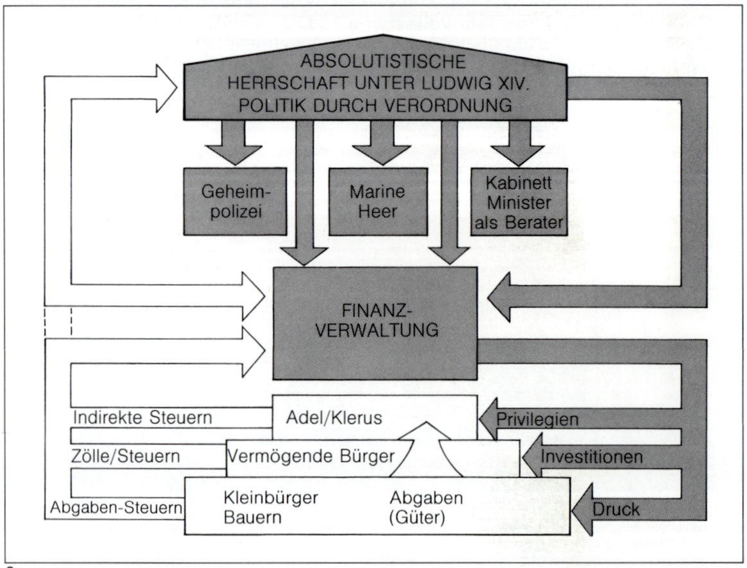

2

2 *Schema des absolutistischen Herrschaftsgefüges in Frankreich.*

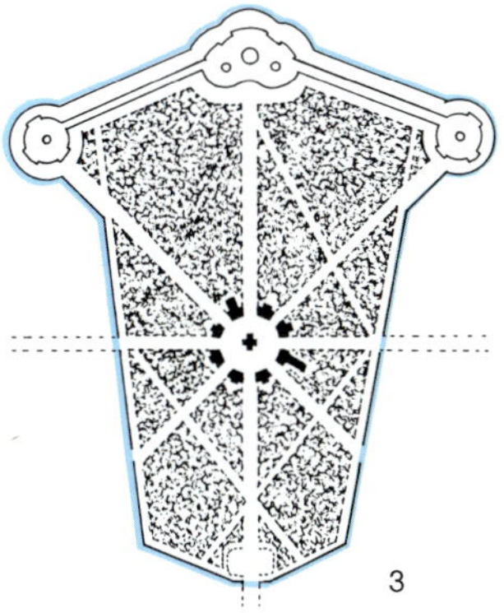

3

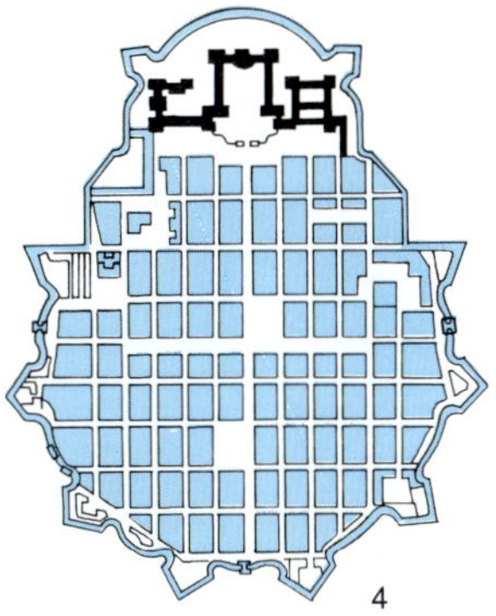

4

1 *Ansicht des Schlosses von Versailles, das die prunkvolle Repräsentation des absolutistischen Herrschers, hier des »Sonnenkönigs« Ludwig XIV., verdeutlicht und von deutschen Fürsten nachgeahmt wurde. Gemälde von P.D. Martin. Paris, Musées Nationaux.*

5

6

7

3 *Grundrisse: Jagdschloß Clemenswerth bei Sögel (Niedersachsen) mit Kavaliershäusern im Zentrum der Parkanlage.*

4 *Die befestigte, im Raster angelegte Stadt Mannheim zeigt in der politischen Funktion wie in ihrem Grundriß mit dem Schloß als Kopf die Zentrierung auf die Residenz des Fürsten.*

5 *Die Residenz Karlsruhe aus der Vogelperspektive. Stich von Chr. Thran, 1739.*

6 *Luftaufnahme des Schlosses Karlsruhe, von der Stadt her.*

7 *Das markgräfliche Opernhaus Bayreuth und sein Bühnenprospekt.*

A. unter *Ludwig XIV.* von Frankreich: „Des Königs Wille ist oberstes Gesetz", „Der Staat bin ich". Der glänzende Hof von Versailles war das Vorbild für andere Fürstentümer, nachdem vorher schon Spanien unter *Philipp II.* einen Höhepunkt des A. erlebt hatte.
Im 18. Jh. milderten viele Fürsten den persönlichen A. zu einem *aufgeklärten A.*, z.B. *Friedrich d. Gr.* in Preußen, Kaiser *Joseph II.*, *Peter Leopold* von Toskana, *Katharina* von Rußland, *Friedrich III.* von Sachsen-Polen, *Carl-Friedrich* von Baden u. die geistl. Kurfürsten von Köln, Trier u. Mainz. Überall wurde das Strafrecht humanisiert (Folter abgeschafft), Schul- u. Bildungswesen gehoben, religiöse Toleranz gefordert, aber keine Mitbestimmung der Untertanen im Staat zugelassen.
In Frankreich wurde der A. durch die Französ. Revolution von 1789, im übrigen Europa im Laufe des 19. Jh. in z.T. schweren Verfassungskämpfen beseitigt u. durch die konstitutionelle Monarchie ersetzt. In Rußland erhielt er sich bis 1905.

Abstimmungsgebiete, Gebiete, in denen nach dem 1. Weltkrieg gemäß den Friedensverträgen mit dem Deutschen Reich u. Österreich die Bevölkerung aufgrund des Selbstbestimmungsrechts durch Volksabstimmung (Plebiszit) über ihre staatl. Zugehörigkeit entschied: *Nordschleswig*, 10. 2. u. 14. 3. 1920: in der Nordzone 74% für Dänemark, in der Südzone (Flensburg) 80% für Dtschld.; *südl. Ostpreußen u. Westpreußen östl. der Weichsel*, 11. 7. 1920: 97,8% bzw. 92,8% für Dtschld. gegen Polen; *Eupen-Malmédy*, Anfang 1920: Scheinabstimmung durch Eintragung in offene Listen unter belg. Aufsicht; *südl. Kärnten*, 10. 10. 1920: in der Südzone 57% für Österreich gegen Jugoslawien, die Abstimmung in der Nordzone (Klagenfurt) entfiel daher; *Oberschlesien*, 20. 3. 1921: 60% für Dtschld. gegen Polen, dennoch Teilung durch den Völkerbundsrat; *Burgenland*, 14. 12. 1921: beschränkt auf das Ödenburger Gebiet, 65% für Ungarn gegen Österreich, die Durchführung der Abstimmung ist allerdings umstritten; *Saarland*, 13. 1.1935: fast 91% für Dtschld. gegen Frankreich u. den Status quo. Andere Gebiete (so Elsaß-Lothringen, poln. Korridor, Memel) wurden ohne Abstimmung abgetreten.

Abu Bakr, *Abu Bekr*, erster der „rechtgeleiteten" Kalifen, 632–634; *um 573 Mekka, †23. 8. 634 Medina; Nachfolger Mohammeds u. durch Aïscha dessen Schwiegervater; hielt nach Mohammeds Tod dessen Reich zusammen.

Abul-Abbas, *As Saffah*, [arab., „der Blutvergießer"], erster Abbasidenkalif, 750–754; 749 in Kufa zum Kalifen ausgerufen, besiegte den letzten Omajjaden 750 am oberen Zab (Irak) u. rottete fast dessen gesamte Familie aus.

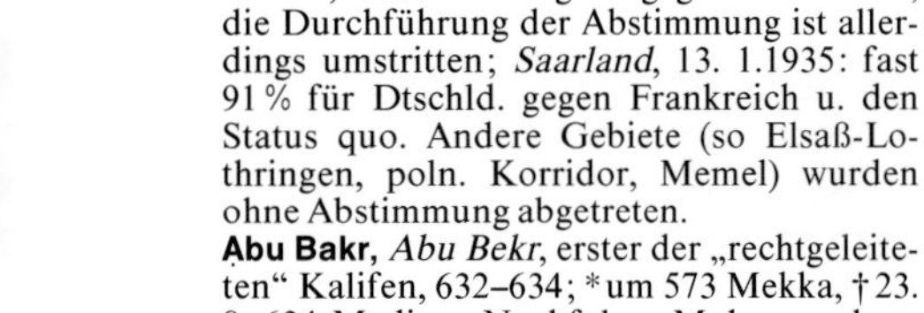

Seeschlacht bei Abu Qir

Abu Qir, *Abukir*, ägypt. Ort im Nildelta, nordöstl. von Alexandria, mit Tempelruinen u. Kastellen; rd. 7100 Ew.; Seebad.
Der Sieg des brit. Admirals H. *Nelson* bei A. Q. über die französ. Flotte (1. 8. 1798) machte England zur vorherrschenden Macht im Mittelmeer. Er führte zum 2. Koalitionskrieg.

Abydos, 1. im Altertum griech. Hafenstadt an der Ostküste der Dardanellen, an deren engster Stelle, die hier von *Xerxes* überbrückt wurde; im 5. Jh. v.Chr. Mitglied des 1. Attischen Seebundes; leistete 200 v.Chr. Philipp V. von Makedonien heldenhaft, aber vergeblich Widerstand.
2. griech. Name eines Ortes (altägypt. *Abdju*) in Mittelägypten, am westl. Nilufer, Begräbnisstätte der prädynastischen Könige u. der Pharaonen der 1. u. 2. Dynastie. Seit der 5. Dynastie war A. der Hauptkultort des Totengottes *Osiris*, seit der 13. Dynastie errichteten die Pharaonen in A. Kultkapellen, die in der 19. Dynastie zu großartigen Tempelanlagen erweitert wurden, von denen der reliefgeschmückte Tempel *Sethos' I.* (um 1300 v. Chr.) noch gut erhalten ist, während die Anlage seines Sohnes *Ramses II.* nur noch in Resten erhalten ist. Noch in griech. Zeit war die religiöse Bedeutung von A. als Verehrungsplatz für Osiris groß, nahm aber später deutlich ab, so daß *Strabo* (XVII. 813) die Stadt als „heruntergekommen" bezeichnet hat.

Accra, *Akkra*, Hptst. u. wichtigster Handelsplatz im westafrikan. Staat Ghana, 860000 Ew.; alter Residenzkern, von modernen Straßen u. Bauten umgeben.
8.–14. 12. 1958 erste *Panafrikan. Konferenz* zur Förderung der Unabhängigkeit u. Einheit der Völker Afrikas. – 21.–26. 10. 1965 zweite Gipfelkonferenz der *Organisation für die Afrikanische Einheit* (ausschl. einiger Brazzaville-Staaten); Hauptthema *Rhodesien*; Gewaltandrohung gegen Rhodesien u. Aufforderung an Großbritannien, es solle bei einseitiger Unabhängigkeitserklärung Rhodesiens die Regierung übernehmen.

Achäer, *Achaier*, früheste, in der 1. Hälfte des 2. Jahrtausends v.Chr. eingewanderte u. als Träger der *mykenischen Kultur* hervorgetretene Griechen, die dann durch die → Dorische Wanderung teilweise verdrängt wurden. Danach hießen so die nordwestgriech. Bewohner der Landschaften *Achaïa* im N des Peloponnes u. *Achaïa Phthiotis* am Südrand Thessaliens. A. war auch der amtl. Name der Mitglieder des *Achäischen Bundes*. In der Dichtung konnte A. alle Griechen bezeichnen.

Achaïa, Fürstentum, einer der Kreuzfahrerstaaten des 13.–15. Jh. im Peloponnes (Morea).

Achaimenes [grch.], sagenhafter pers. König u. nach Herodot Stammvater der *Achämeniden*; Sohn des Perseus. – In der Inschrift von *Bisutun* wird A. (altpers. *Hachamanisch*, „Einig-Sinn"), als Ahnherr des Perserkönigs Dareios erwähnt; er soll um 700 v.Chr. gelebt haben.

Achäischer Bund, 280 v.Chr. Zusammenschluß von Städten in *Achaïa* im N des Peloponnes gegen Makedonien, geleitet von einem jährl. gewählten Strategen u. einem Bundesrat als ständiger Regierung sowie Bundesversammlungen, an welchen alle Bürger teilnehmen konnten. Der Achäische Bund beseitigte seit 251 v.Chr. unter *Aratos'* Führung die makedon. Herrschaft im N u. in der Mitte des Peloponnes, mußte sich aber gegen Kleomenes III. von Sparta 224 v.Chr. erneut Makedonien unterstellen. Die Einigung des Peloponnes durch Anschluß an Rom seit 191 v.Chr. glückte nur unvollkommen. Nachdem der Achäische Bund im 3. *Makedonischen Krieg* (171–168 v.Chr.) Roms Mißfallen erregt hatte, wurden 1000 „belastete" Bundespolitiker 168–150 v.Chr. in Italien interniert, unter ihnen der Historiker *Polybios*. Offene Auflehnung gegen Rom führte 146 v.Chr. zur Zerstörung *Korinths* u. zum röm. Protektorat über die Reste des Achäischen Bundes.

Achämeniden, *Achaimeniden*, altpers. Herrschergeschlecht, das sich auf *Achaimenes* zurückführte; herrschte etwa 700–330 v.Chr. über die Stämme der Perser, die zwischen 1500 u. 1000 v.Chr., vermutlich aus Zentralasien oder Südrußland kommend, in den nordwestl. Iran eingewandert waren u. in der Gegend des Urmiasees (Aserbaidschan) siedelten. Hier werden sie 843 v.Chr. zum ersten Mal in assyr. Berichten genannt. Etwa Ende des 8. Jh. v.Chr. zogen die Perser dann nach Südosten u. ließen sich unter ihrem Herrscher *Teispes*, dem Sohn des Achaimenes, in der *Persis* (die heutige Provinz Fars) nieder. Nach dem Tode des Teispes (ca. 650 v.Chr.) wurde das kleine Reich unter seinen Söhnen *Ariaramnes* u. *Kyros I.* aufgeteilt. Beide waren anfangs assyr. Vasallen u. kamen nach dem Untergang des assyr. Reichs (609 v.Chr.) unter medische Herrschaft. Auch noch der Nachfolger Kyros' I., sein Sohn *Kambyses I.*, mußte die medische Oberherrschaft anerkennen.
Erst unter *Kyros II. (Kyros d. Gr.)* konnten die Perser die Oberhand gewinnen u. das achämenid. Weltreich begründen. 550 v.Chr. wurde der Mederkönig Astyages endgültig besiegt. 546 v.Chr. eroberte Kyros II. das lydische Reich des König Krösus u. unterwarf die griech. Städte an der Westküste Kleinasiens. 539 v.Chr. wurde Babylon eingenommen u. das neubabylon. Reich besiegt. Der Nachfolger Kyros' d.Gr., sein ältester Sohn Kambyses II., konnte 525 v.Chr. Ägypten dem A.-Reich eingliedern. Auf dem Rückmarsch starb er. Unterdessen war in Persien ein Aufstand ausgebrochen, dessen genauer Anlaß nicht bekannt ist. Folgt man der Inschrift des *Dareios I.* am Felsen von Bisutun, so hat sich ein Magier (Priester) namens *Gaumata* als Kambyses' II. Bruder *Smerdes* [altpers. *Bardiya*] ausgegeben, den der Großkönig aber selbst vor seinem ägypt. Feldzug getötet hatte, u. versucht, die Nachfolge Kambyses' II. anzutreten. Dareios, der als Lanzenträger im Heer des Kambyses gekämpft hatte, erhob sich mit sechs Adligen gegen Gaumata u. tötete ihn (522 v.Chr.). Es ist aber nicht auszuschließen, daß diese Version von Dareios nur erfunden wurde, um seine Machtübernahme zu rechtfertigen, u. daß Smerdes tatsächl. noch lebte u. seinerseits Anspruch auf den Thron erhoben hatte. Bis 521/20 v.Chr. hatte er weitere Aufstände im Reich niedergeschlagen. 518 v.Chr. eroberte er Ägypten, 519 v.Chr. zog er gegen die Skythen, unternahm 516/15 v.Chr. einen Feldzug in Richtung Indien u. gliederte den Pandschab als Satrapie in sein Reich ein. In Ägypten vollendete Dareios den Suezkanal, den schon der Pharao *Necho* (610–595 v.Chr.) begonnen hatte, 497 v.Chr. wurde er feierlich eingeweiht.
Kurz nach 500 v.Chr. empörten sich die Griechen in den westkleinasiat. Städten gegen die pers. Herrschaft (Beginn der *Perserkriege*). Der Aufstand wurde 494 v.Chr. mit der Zerstörung Milets niedergeworfen. Strafexpeditionen gegen Griechenland mißlangen Dareios I. ebenso wie seinem Nachfolger *Xerxes I.*, der im Anfang seiner Herrschaft (seit 486 v.Chr.) Aufstände, vor allem in Ägypten u. Babylonien, zu bekämpfen hatte. Er wurde nach langer, bis auf seinen griech. Feldzug wenig ereignisreicher Regierung 464 v.Chr. mit seinem Sohn Dareios ermordet. Unter den folgenden Königen, *Artaxerxes I.*, *Xerxes II.* u. *Dareios II.*, wurde das Reich von Aufständen u. inneren Kämpfen heimgesucht. Ägypten ging 412 v.Chr. verloren, u. den Griechen mußten weitgehende Zuge-

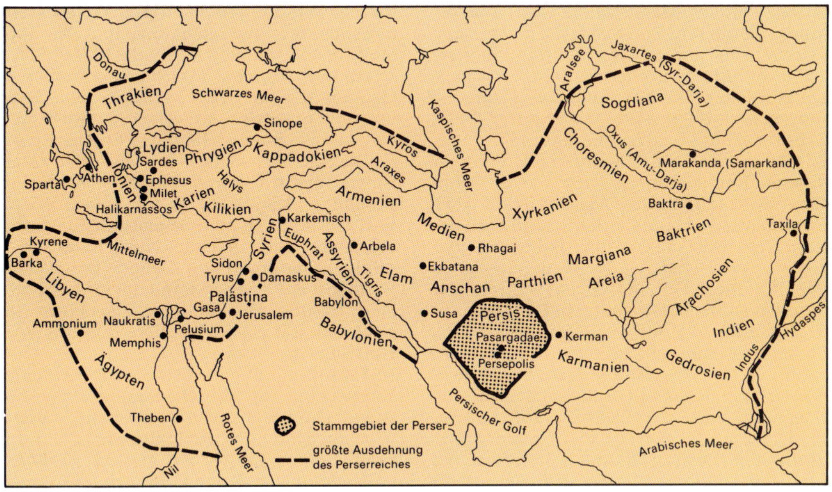

Achämeniden: Das Perserreich in seiner größten Ausdehnung

ständnisse eingeräumt werden. Gegen Artaxerxes II. erhob sich sein jüngerer Bruder *Kyros*, unterlag aber im Kampf. Mit *Artaxerxes III.* wurde letztmalig ein tatkräftiger Herrscher Großkönig (358 v. Chr.). Er schlug die Aufstände im Inneren nieder, gewann nach drei Kriegszügen 341 v. Chr. Ägypten zurück u. konnte das pers. Reich auch im Äußeren festigen; er wurde wegen seiner Grausamkeit 337 v. Chr. von dem Ägypter *Bagoas* vergiftet. Bagoas erhob *Dareios III.* 335 v. Chr. zum Großkönig, der nach einigen Erfolgen im westl. Kleinasien von *Alexander d. Gr.* 331 v. Chr. in der Schlacht bei Gaugamela vernichtend geschlagen u. wenig später im Ostiran von dem Satrapen Bessos ermordet wurde.

Mit Alexanders Sieg endete die Herrschaft der A., ihr Reich ging in das Weltreich Alexanders d. Gr. über.

Das Reich der A. war ein Feudalstaat, alles Land gehörte dem Großkönig. Dareios I. teilte das Reich in 20 Verwaltungsbezirke *(Satrapien)*, die von jeweils einem Satrapen verwaltet wurden. Steuern wurden in Silber, Getreide, Sklaven, in Indien auch in Gold erhoben; es gab eine einheitl. Goldwährung (Königsmünze *Dareikos*). Die Perser, die im Gegensatz zu allen anderen Völkern des Reiches steuerfrei blieben, bildeten den Kern des stehenden Heeres, aber auch die Unterworfenen hatten Heeresfolge zu leisten. Verwaltungssprache war das Aramäische. Große Straßen für Truppenbewegungen u. für die Kuriere der königl. Post wurden angelegt. Hauptstädte waren Susa, Ekbatana u. Babylon, die mit prunkvollen Palästen u. Bauten geschmückt wurden; *Persepolis* in der Persis wurde von Dareios u. seinen Nachfolgern als prächtige Residenz u. Kultstätte errichtet. Die untertänigen Völker erfreuten sich absoluter Religionsfreiheit. So wurde z. B. den Juden der Wiederaufbau des Tempels in Jerusalem gestattet. Ob die Staatsreligion der A. die des *Zarathustra* (Zoroaster) war, ist in der Forschung sehr umstritten.

Acheson ['ætʃisən], Dean Gooderham, US-amerikan. Politiker (Demokrat) u. Jurist, * 11. 4. 1893 Middletown, Conn., † 12. 10. 1971 Sandy Springs, Md.; unterstützte Roosevelts gegen die Achsenmächte gerichtete Politik, bes. seit 1939 *(Lend-Lease-Abkommen)*; seit 1941 im Außenministerium, 1949–1953 Außen-Min., maßgebend beteiligt an der Verfassung der UN, am Marshall-Plan u. am Zustandekommen des Nordatlantik-Pakts; Berater des Präs. L. B. *Johnson* während des Vietnamkriegs.

Acheuléen [aʃøleː'ɛ̃; das; frz.], Kulturstufe der Altsteinzeit, benannt nach dem Fundort *Saint-Acheul* bei Amiens; folgt unmittelbar auf das Abbevillien. Die charakterist. Faustkeile des A. sind regelmäßig geformt u. durch Verwendung eines Schlagholzes feiner bearbeitet; als weiteres Gerät treten sogenannte Clactonabschläge u. in einer jüngeren Phase überarbeitete sogenannte Levalloisabschläge hinzu.

Achsenmächte, zunächst das nat.-soz. Dtschld. u. das faschist. Italien, in Anlehnung an die erstmals am 1. 11. 1936 von Mussolini verwendete Formulierung *Achse Berlin–Rom*. Der dt.-italien. → Stahlpakt vom 22. 5. 1939 wurde durch den → Dreimächtepakt mit Japan vom 27. 9. 1940 zur *Achse Berlin–Rom–Tokio* erweitert.

Acht, 1. Strafe des altdt. Rechts bei schwerem Friedensbruch (schwerwiegenden Verbrechen). Der *Geächtete* wurde friedlos, rechtlos u. vogelfrei; er verlor den Sippenschutz u. sollte von jedermann getötet, von niemandem unterstützt werden. Er verlor auch sein Vermögen; seine Frau wurde Witwe, seine Kinder Waisen. Die A. kam zunächst einem Todesurteil gleich. Zugleich war sie 2. Zwangsmittel des altdt. Rechts, um den Straffälligen zu veranlassen, vor Gericht zu erscheinen. Sie wurde durch die Unterwerfung unter den Spruch des Gerichts gelöst. Bei Nichterscheinen des Geächteten wandelte sich die A. nach Jahr und Tag in die schwerer lösbare *Ober-A. (Aber-A.)*.

Acht und Bann, die mit der Reichsacht verbundene kirchl. Exkommunikation; Kaiser Friedrich II. verlieh 1220 u. a. der Reichskirche das Recht, den Kirchenbann mit einer darauf folgenden Reichsacht aufzuwerten, so z. B. 1521 bei Martin *Luther*.

Achtundvierziger, die Liberalen u. Demokraten der Deutschen Revolution von 1848/49, bes. die Mitglieder der Frankfurter Nationalversammlung oder Emigranten der folgenden Reaktionszeit.

Ackerbürger, histor. Bez. für Stadtbürger, die ihren Landbesitz in der Stadtgemarkung hauptberuflich als Landwirte (Stadtbauern) oder neben einem anderen Gewerbe bewirtschafteten; in kleinen Landstädten u. Flekken die Mehrzahl der Bürger.

Açọka [aʃ-] → Aschoka.

Acọlhua, eine der sieben aztekischen Stammesgruppen, die der Sage nach aus *Chicomoztoc* (sieben Höhlen), der Urheimat im NW von Mexiko, stammen u. als einfache Jäger von dort 1168 n. Chr. zu einem langen Marsch ins Hochtal von Mexiko aufbrachen, das sie um 1200 erreichten; den Azteken sprach- u. kulturverwandt.

Acọlhuacạn, Königreich der *Acolhua*, bedeckt das Gebiet östl. des großen Sees im Tal von Mexiko mit *Texcoco* als Hauptstadt. A. vernichtete mit den Azteken das Tepanekenreich westl. des Sees. Zusammen mit den Azteken u. der Stadt *Tlacopan* (Restteil des Tepanekenreiches) bildete A. Mitte des 15. Jh. einen Dreibund, in dem die Azteken die Vormachtstellung innehatten. Herausragender Herrscher von A. war *Nezahualcoyotl*.

Action française [ak'sjɔ̃ frɑ̃'sɛːz], monarchist., nationalist. u. antisemit. Bewegung in Frankreich, die 1898 im Anschluß an die Dreyfus-Affäre unter Führung von Charles *Maurras* entstand. Ab 1940 unterstützte die A. f. das Vichy-Regime; 1944 wurde sie aufgelöst.

Ạctium → Aktium.

Ạct of Settlement [ækt ɔv 'setlmənt], das 1701 nach dem Tode des letzten noch lebenden Kindes der Thronanwärterin Anna erlassene Gesetz zur Sicherung der prot. Thronfolge in England. Nach dem Tode Annas sollte die Krone auf die Enkelin Jakobs I., Sophia, Gattin des Kurfürsten von Hannover u. deren prot. Erben übergehen. Um dem Einfluß ausländ. Berater u. einer Verwicklung Englands in die kontinentalen Interessen der neuen Dynastie entgegenzuwirken, wurde verfügt, daß keine Ausländer Mitglied des Privy Council oder des Parlaments werden dürften u. Kriege im Interesse nicht-engl. Länder der Dynastie die Zustimmung des Parlaments haben müßten. Jeder künftige Monarch wurde zur Ablegung des Krönungseids, zur Wahrung der Gesetze des Landes u. der Unabhängigkeit der Justiz sowie zum Eintritt in die anglikan. Staatskirche verpflichtet. Damit bekam die Akte den Charakter eines Ver-

Achsenmächte: Unterzeichnung des Dreimächtepaktes in Berlin

fassungsgesetzes, das die konstitutionelle Natur der engl. Monarchie seit dem 18. Jh. betonte.

Acton ['æktən], John Emerich Eduard *Dalberg-Acton*, Baron A. (1869), engl. Historiker, * 10. 1. 1834 Neapel, † 19. 6. 1902 Tegernsee, Bayern; 1859–1865 Mitglied des brit. Unterhauses (Liberaler), 1870 als Teilnehmer des vatikan. Konzils gegen das Unfehlbarkeitsdogma, 1895–1902 Prof. in Cambridge; organisierte die „Cambridge Modern History" als Versuch einer Universalgeschichte, die die Ergebnisse der histor. Forschung durch Zusammenarbeit von Forschern aller Nationen nach dem Prinzip strengster Objektivität zusammenfassen sollte. Werke: „A lecture on the study of history" 1895; „Lectures on modern history" (posthum) 1906. – Selected writings, 3 Bde. 1985–1988.

Adadnirari, assyr. Könige: **1.** *A. I.*, König 1297–1266 v. Chr., eroberte Nordmesopotamien u. baute Assur aus.

2. *A. III.*, König 809–782 v. Chr., gewann Syrien.

Adalbert, 1. Erzbischof von Magdeburg 968–981, † 20. 6. 981 Zscherben bei Halle (Saale); ging 961 als Missionar nach Rußland, wurde 966 Abt von Weißenburg im Elsaß u. erhielt 968 von Otto I. das für die Ostmission neugegr. Erzbistum Magdeburg.

2. Erzbischof von Hamburg-Bremen 1043 bis 1072, * um 1000, † 16. 3. 1072 Goslar; plante, seinen Bischofssitz zum Mittelpunkt eines *Patriarchats des Nordens* zu machen; erfolgreicher war seine Mission im Osten, wo er 1062/66 das Bistum Ratzeburg gründete u. für Mecklenburg einen Bischof weihte; nach dem Tod Heinrichs III. zeitweise Vormund des jungen *Heinrich IV.* u. einer der einflußreichsten Männer an seinem Hof, bes. nach der Verdrängung seines Rivalen *Anno von Köln*; durch eine Fürstenopposition unter Annos Einfluß 1066 vom Hof verwiesen, 1069 von Heinrich IV. zurückgerufen.

Adalbert, Markgraf von Österreich, † 26. 5. 1055; Babenberger, seit 1018 Regent, gewann zur Ostmark das Gebiet des heutigen Niederösterreich; nahm an den Kämpfen Heinrichs III. gegen Ungarn, Böhmen u. Polen teil.

Adams [ædəmz], **1.** Brooks, Sohn von 2) u. Bruder von 3), US-amerikan. Historiker, * 24. 6. 1848 Quincy, Mass., † 13. 2. 1927 Boston, Mass.; Berater T. Roosevelts; versuchte den Darwinismus auf die Geschichte zu übertragen *(Sozialdarwinismus)* u. daraus Prognosen abzuleiten. Werke: „America's economic supremacy" 1900; „The new empire" 1902; „The theory of social revolutions" 1913.

2. Charles Francis, US-amerikan. Politiker (liberal. Republikaner), Diplomat u. Publizist, * 18. 8. 1807 Boston, Mass., † 21. 11. 1886 Boston, Mass.; bemühte sich als Mitglied des Repräsentantenhauses um Beilegung des Konflikts zwischen den Nord- u. Südstaaten der USA durch Verhandlungen; während des Sezessionskrieges Gesandter in London.

3. Henry Brooks, Sohn von 2) u. Bruder von 1), US-amerikan. Historiker u. Kulturphilosoph, * 16. 2. 1838 Boston, Mass., † 27. 3. 1918 Washington; 1868–1870 Gesandtschaftssekretär in London, 1870–1877 Prof. in Harvard. Seine „History of the United States during the administrations of Jefferson and Madison" 9 Bde. 1889–1891 stellt meisterhaft die diplomat. Geschichte der USA in den Jahren 1801–1817 dar. „The education of Henry A." (posthum) 1918 gilt als klassische Autobiographie.

4. John, US-amerikan. Politiker, * 30. 10. 1735 Braintree (jetzt Quincy), Mass., † 4. 7. 1826 Braintree; 2. Präsident der USA (1797–1801); Mitglied der gesetzgebenden Versammlung von Massachusetts 1770/71 u. des revolutionären Provinzialkongresses 1774/75, Delegierter des 1. u. 2. Kontinentalkongresses 1774–1777, Mitunterzeichner der Unabhängigkeitserklärung, Hauptautor der Verfassung von Massachusetts; für die USA mit B. Franklin beim Friedensschluß von Paris (1783); Gesandter in Großbritannien 1795 bis 1788, 1. Vize-Präs. der USA 1789–1797; führte als Präsident (Federalist) einen „unerklärten Krieg" gegen Frankreich. – Works 10 Bde. 1850–1856.

5. John Quincy, Sohn von 4), US-amerikan. Politiker, * 11. 7. 1767 Braintree (jetzt Quincy), Mass., † 23. 2. 1848 Washington; 6. Präsident der USA (1825–1829); Jefferson-Republikaner; Gesandter in den Niederlanden, in Rußland u. Großbritannien; Senator von Massachusetts, Prof. am Harvard College; Leiter der Friedensdelegation in Gent (1814); erwirkte als Secretary of State (Außen-Min.) unter J. *Monroe* den Floridakauf (1819) u. nahm Einfluß auf die Formulierung der Monroe-Doktrin (1823); nach seiner Präsidentschaft 1831–1848 Abg. des Repräsentantenhauses. Aufzeichnungen: „The memoirs of John Quincy A." 8 Bde. 1874–1877.

Adam von Bremen, Geschichtsschreiber u. Geograph, † nach 1081; schrieb die „Gesta Hammaburgensis ecclesiae pontificum", eine Geschichte der Hamburg-Bremer Erzbischöfe, die bes. wichtig ist wegen der guten Biographie *Adalberts von Bremen*, dessen Freund u. Kanonikus A. v. B. seit 1066/67 war. Das 4. Buch gibt die erste ausführl. Beschreibung der Länder des Nordens im MA.

Adel, ein aufgrund von Geburt, Besitz oder Verdienst erworbener Stand mit erbl. Privilegien; in allen Hochkulturen eine Form der polit., militär. u. kulturellen Führungs- u. Herrschaftsschicht.

In Europa fand der A. seine entscheidende Ausprägung im MA (Lehnswesen), er bestimmte bis ins 18. u. 19. Jh. das polit., militär. u. weitgehend auch das kulturelle Leben. Im Frankenreich gab es den german. *Geblüts-* oder *Uradel* der Stämme u. den *Dienstadel*, der durch Königsgefolgschaft u. Beamtenfunktionen polit. Einfluß errungen hatte. Beide verschmolzen zum *Hochadel*, der gegenüber dem König bzw. Kaiser immer mehr Selbständigkeit gewann u. seine eigene Landeshoheit ausbaute. Die mächtigsten Landesherren schlossen sich Ende des 12. Jh. zum Reichsfürstenstand zusammen. An ihrer Spitze standen die Königswähler, die Kurfürsten. Zum Hochadel gehörten im Dt. Reich bis 1806 die Reichsfürsten u. Reichsgrafen, nicht jedoch die Reichsritter. Die mediatisierten Fürsten blieben auch nach 1806 Mitglieder des Hochadels.

Der *niedere Adel* bildete sich im Hochmittelalter aus freien Rittern u. den aus der Unfreiheit aufgestiegenen fürstl. u. königl. Dienstmannen *(Ministerialen)*. Dazu traten später die führenden Schichten des Bürgertums, die Patrizier. Zum niederen A. gehörte im Dt. Reich bis 1806 neben den Reichsrittern vor allem der einem Landesherrn untertane landsässige Adel. Wenn er einen Titel führte, dann meist Freiherr oder Graf.

Vom *Uradel* (alle bis 1350 nachweisbar adeligen Familien), der nicht verliehen, allenfalls im Rang erhöht wurde, unterscheidet sich der seit dem 16. Jh. vorkommende *Briefadel*, der durch kaiserl. A.sdiplom (A.sbrief) verliehen, im 17. u. 18. Jh. auch erkauft wurde. Bis 1806 konnte in Dtschld. nur der Kaiser den A. verleihen, später durften dies auch die Landesherren. Neben dem erbl. A. gab es den *Personenadel*, der für besondere Verdienste nur der betr. Person u. nicht auch deren Nachkommen verliehen wurde u. der z. B. mit einem Orden *(Ordensadel)* oder einem Amt *(Amtsadel)* verbunden war. In England ist er noch heute möglich.

Die polit. u. sozialen Vorrechte des A.s beruhten auf dem Besitz von Grund u. Boden u. auf der Herrschaft über abhängige Bauern, die dem adeligen Grundherrn Abgaben u. Dienste schuldeten. Mit der Grundherrschaft (Rittergut) waren verbunden: Patrimonialgerichtsbarkeit, Polizeigewalt, Kirchenpatronat, Steuerfreiheiten, polit. Mitspracherechte auf Landtagen u. der Anspruch auf die höheren Beamten- u. Offiziersstellen. Durch Heiratsvorschriften schloß sich der A. oft von den anderen Ständen ab (am wenigsten in England). Im Absolutismus verlor der A. seine polit. Eigenständigkeit durch Abschaffung oder Ausschaltung der Ständevertretungen u. die unbeschränkte Herrschaft des Landesfürsten. Die wirtschaftl., sozialen u. polit. Veränderungen im Zuge der Industrialisierung u. der Französ. Revolution sowie der Aufstieg des Bürgertums schwächten die wirtschaftl. Stellung u. beseitigten schrittweise die polit. Vorrechte des A.s im 19. Jh. Gleichwohl blieb er die polit. Führungsschicht in Militär, Diplomatie u. Verwaltung. Im dt. Kaiserreich von 1870 paßten sich weite

Adel: Damen und Herren beim Ballspiel. Burg Runkelstein/Tirol; 15. Jahrhundert

Kreise des Bürgertums den polit. Zielen u. Wertvorstellungen des A.s an (Feudalisierung des Bürgertums).
Die Weimarer Verfassung hob 1919 in Dtschld. den A. auf u. verbot die Neuverleihung, behielt aber den Adelstitel als Bestandteil des Namens bei. In anderen Ländern (z. B. Österreich) wurde der A. ganz abgeschafft. In einigen Staaten (z. B. Großbritannien) sind ihm noch Reste seiner alten gesellschaftl. u. polit. Stellung geblieben, auch die Neuverleihung von Adelstiteln ist möglich.

Adelheid, 1. Kaiserin, Heilige, *931, †16. 12. 999 Selz, Elsaß; Tochter König Rudolfs II. von Burgund, Gattin König Lothars II. von Italien (†950) u. seit 951 Ottos d. Gr. A. besaß zeitweilig erhebl. polit. Einfluß, bes. durch ihre Regentschaft für ihren Enkel Otto III. (seit 983 mit Theophano, 991–994 allein, beraten von Erzbischof Willigis von Mainz).
2. *Praxedis, Eupraxia,* Kaiserin, *um 1070, †10. 7. 1109 Kiew; Tochter des Großfürsten Wsewolod I. von Kiew (*1030, †1093), seit 1089 zweite Gattin Kaiser Heinrichs IV., den sie aber 1094 verließ u. 1095 vor Papst u. Konzil in Piacenza verklagte.

Adelsprobe, *Ahnenprobe,* der Nachweis adeliger Abstammung durch urkundl. Nachweis der adeligen Vorfahren.

Aden [engl. ɛidn], *Adan,* Hafen-, Industrie- u. Handelsstadt in Jemen, an der Südwestspitze der Arab. Halbinsel, 367000 Ew.
A. war 1839–1963 mit Hinterland brit. Kronkolonie (194 km²) u. Seefestung; erhielt 1955 innere Selbstverwaltung. Dem brit. Gouverneur von A. unterstand bis 1963 auch das aus 26 Sultanaten, Emiraten u. Scheichtümern zusammengefaßte *Protektorat A.,* das seit der Erwerbung A.s durch Schutzverträge an Großbritannien gebunden war u. 1963 in *Protektorat Südarabien* umbenannt wurde. Im ehem. westl. Protektorat wurde 1959 mit der Bildung einer autonomen „Südarabischen Föderation“ begonnen, der später auch die damalige Kolonie A. u. ein Teil des östl. Protektorats angeschlossen wurden. Mit der Umwandlung der Südarabischen Föderation in den unabhängigen Staat *Südjemen* am 30. 11. 1967 wurde das gesamte ehem. Protektorat wieder ein einheitl. Staatsgebiet. Auch → Jemen.

Adenauer, Konrad, Politiker, *5. 1. 1876 Köln, †19. 4. 1967 Rhöndorf bei Bonn; Jurist; seit 1906 Mitgl. des Zentrums; 1906 bis 1917 Beigeordneter, 1917–1933 Oberbürgermeister der Stadt Köln; 1918 Mitgl. des preuß. Herrenhauses, 1921–1933 Präs. des preuß. Staatsrates; 1933 von den Nationalsozialisten amtsenthoben, 1934 u. 1944 vorübergehend inhaftiert; Mai–Okt. 1945 erneut Oberbürgermeister von Köln (von den amerikan. Militärbehörden ein-, von den brit. abgesetzt); 1946 Vors. der CDU in der brit. Zone, 1950–1966 Bundes-Vors. der CDU; 1948/49 Präs. des Parlamentar. Rates; 1949 bis 1967 MdB; 1949–1963 Bundeskanzler.
Als A., der 1921 u. 1926 die ihm angebotene Reichskanzlerschaft der Weimarer Republik nur bei Vorhandensein einer stabilen Regierungsmehrheit hatte übernehmen wollen, am 15. 9. 1949 73jährig die Regierungsverantwortung der BR Dtschld. übernahm, war es sein Ziel, dem dt. Namen wieder Vertrauen u. einem neuen dt. Staatswesen Handlungsfähigkeit, Gleichberechtigung u. Sicherheit zu erwerben. Unter dem Eindruck der Isolierung, überzeugt von einer Bedrohung durch die Sowjetunion, betrieb A., 1951–1955 zugleich Außen-Min., von vornherein u. konsequent eine Politik der Westintegration (1950/51 Europarat u. Montanunion; 1952 Dtschld.-Vertrag; 1954/55 WEU u. NATO, Wiedererlangung der Souveränität; 1957 EWG u. Euratom).
Das Kernstück dieser Politik war die Aussöhnung mit Frankreich (1963 dt.-französ. Freundschaftsvertrag mit de Gaulle) als Vor-

Konrad Adenauer unterzeichnet am 23.5.1949 das Grundgesetz

aussetzung für einen den Nationalismus überwindenden Zusammenschluß des freien Europa im Rahmen eines atlant. Bündnisses mit den USA. Die westl. Allianz, der A. auch einen dt. Verteidigungsbeitrag zur Verfügung stellte (1950 Angebot an die Westmächte, 1952–1954 EVG, 1955 NATO-Mitgliedschaft u. Aufbau der Bundeswehr), sollte der BR Dtschld. die Teilhabe an einer „Politik der Stärke“ ermöglichen, von der allein er sich die Gewährleistung der westl. Sicherheit u. eine Verständigung über die dt. Frage versprach. Wiedervereinigung hieß für A. „Einheit in Freiheit“, wobei ihm der höhere, unabdingbare Wert die Freiheit war, die es in der BR Dtschld. zu erhalten u. für ganz Dtschld. zu erwirken galt. Bis dahin sollte einzig die aus freien Wahlen hervorgegangene Regierung der Bundesrepublik für Dtschld. völkerrechtlich sprechen u. handeln. Diese „Alleinvertretung“ wurde 1951 bei der ersten Revision des Besatzungsstatuts von den Westmächten anerkannt u. seit 1955/56 entspr. der sog. Hallsteindoktrin gegenüber den Staaten Osteuropas u. der Dritten Welt praktiziert. Nur mit der Sowjetunion selbst vereinbarte A. 1955 die Aufnahme diplomat. Beziehungen u. erreichte dabei die Freilassung 10000 dt. Kriegsgefangener. Neben der Verankerung der BR Dtschld. im westl. Bündnis war die Wiedergutmachung an Israel (dt.-israel. Abkommen 1952) ein besonderes Anliegen A.scher Außenpolitik.
Innenpolitisch ist die „Ära A.“ gekennzeichnet durch die Errichtung eines demokrat. Staatswesens, in dem sich die Persönlichkeit des Kanzlers deutlich ausprägte („Kanzlerdemokratie“), sowie durch den wirtschaftl. u. sozialen Wiederaufbau im Zeichen der „sozialen Marktwirtschaft“, der im Ausland als dt. „Wirtschaftswunder“ erschien.
A., der dreimal (1953, 1957 u. 1961) zum Kanzler wiedergewählt wurde, errang 1957 mit der CDU/CSU die absolute Mehrheit im Bundestag u. hatte damit den Gipfel seiner Kanzlerschaft erreicht. Außenpolitisch brachten die folgenden Jahre Rückschläge (1958–1962 Berlinkrise; Stagnation der europ. Einigung; Nachlassen der Übereinstimmung mit den USA seit dem Tod Außen-Min. J. F. Dulles' 1959, bes. seit dem Regierungsantritt Kennedys 1961; Hinnahme der Berliner Mauer). Innenpolit. Ereignisse (A.s Bewerbung um die Präsidentschaft u. ihre Zurücknahme 1959; Mißerfolg bei Gründung der „Dtschld.-Fernseh-GmbH.“, die 1961 vom Bundesverfassungsgericht für verfassungswidrig erklärt wurde; 1961 Verlust der absoluten Mehrheit; A.s Kampf gegen die Kanzlerschaftskandidatur Erhards; 1962 „Spiegel-Affäre“) zeigten einen Autoritätsschwund an, so daß A. schließlich auf Drängen des Koalitionspartners FDP, aber auch starker Kräfte seiner eigenen Partei zurücktrat (15. 10. 1963). – „Erinnerungen“, 4 Bde. 1965–1968; Rhöndorfer Ausgabe (Briefe u. a. Dokumente), 8 Bde. 1983 ff.

Adler, 1. Friedrich, Sohn von 3), österr. Politiker (Sozialdemokrat), *9. 7. 1879 Wien, †2. 1. 1960 Zürich; erschoß aus Protest gegen die Kriegspolitik u. den Ausnahmezustand 1916 den österr. Min.-Präs. Grafen *Stürgkh;* zum Tode verurteilt, dann zu 18 Jahren Kerker begnadigt u. Anfang Nov. 1918 amnestiert; 1919–1924 Vors. des Reichsvollzugsausschusses der Arbeiterräte (Eindämmung des Einflusses der Kommunisten); 1923–1940 Sekretär der Sozialistischen Arbeiter-Internationale (Nachfolgeorganisation der Zweiten Internationale); 1940 Emigration in die USA, 1946 Rückkehr nach Europa.
2. Max, österr. Soziologe u. Sozialphilosoph, *15. 1. 1873 Wien, †28. 6. 1937 Wien; führender Vertreter des *Austromarxismus.*
3. Victor, österr. Politiker (Sozialdemokrat), *24. 6. 1852 Prag, †11. 11. 1918 Wien; seit 1881 Mitglied der Sozialdemokrat. Partei, Gründer (1889) u. Chefredakteur (bis 1918) der „Arbeiterzeitung“; einigte auf dem Hainfelder Parteitag 1888/89 die österr. Arbeiterbewegung in der Sozialdemokrat. Partei; erarbeitete 1899 das Brünner Programm; seit 1905 Mitglied des österr. Reichsrats u. des niederösterr. Landtags; 1918 Staatssekretär des Auswärtigen, Mitbegründer der ersten Republik Österreich. Nach dem Scheitern des Plans, einen Nationalitäten-Bundesstaat zu schaffen, setzte er sich für den Anschluß des deutschsprachigen Österreichs an das Dt. Reich ein.

Adlercreutz, Carl Johan, schwed. Offizier u. Politiker, *27. 4. 1757 Kiala, Finnland, † 21. 8. 1815 Stockholm; nahm an den Kriegen gegen Rußland 1788–1790 u. (in maßgebl. Stellung) 1808/09 teil; war einer der führenden Köpfe der schwed. Revolution von 1809.

Adolf, Fürsten: **1.** *A. von Nassau,* dt. König 1292–1298, *1255, †2. 7. 1298; gegen große Zugeständnisse an seine Wähler anstelle des Habsburgers Albrecht I. zum Nachfolger Rudolfs von Habsburg gewählt; wegen seines Strebens nach einer Hausmacht in Mitteldeutschland 1298 von den Kurfürsten abgesetzt. Er fiel im Kampf gegen Albrecht bei Göllheim.
2. Großherzog von Luxemburg 1890–1905, *24. 7. 1817 Biebrich, †17. 11. 1905 Schloß Hohenburg, Oberbayern; 1839–1866 Herzog von Nassau, verlor sein Land 1866 an Preußen. Mit seiner Regierungsübernahme in Luxemburg endete die Personalunion zwischen den Niederlanden u. Luxemburg.
3. *Adolf Friedrich,* Herzog zu Mecklenburg (-Schwerin), *10. 10. 1873 Schwerin, †5. 8. 1969 Eutin; Afrikareisender u. Kolonialpolitiker, 1912–1914 Gouverneur von Togo; schrieb: „Vom Kongo zum Niger u. Nil“ 1912 u. a.; Mitgl. u. (1949–1951) Präsident des Dt. Olymp. Komitees.
4. *A. Friedrich,* König von Schweden 1751–1771, *14. 5. 1710 Gottorf, Schleswig, †12. 2. 1771 Stockholm; Herzog von Holstein-Gottorf, 1527 Fürstbischof von Lübeck; übernahm 1739 die Vormundschaft für den Gottorfer Prinzen Karl Peter Ulrich, den späteren Zaren Peter III. von Rußland, u. die Verwaltung Holstein-Gottorfs; auf Betreiben der Zarin Elisabeth in Schweden zum König gewählt.

Adoptivkaiser, die durch Adoption auf den Thron gekommenen röm. Kaiser *Trajan, Hadrian, Antonius Pius, Marc Aurel* u. *L. Verus.* Die Form der Adoption als Mittel zur Nachfolgeregelung übernahmen die Kaiser von der röm. Nobilität, die sie gebrauchte, um den Bestand einer Familie zu sichern. Im Unterschied zu anderen, ebenfalls durch Adoption zu Nachfolgern bestimmten Kaisern galt für die Adoption der genannten Herrscher ein von der staatsphilosophischen Theorie beeinflußtes Programm: Der jeweils „Beste" sollte regieren, u. dabei war die durch Adoption ermöglichte freie Auswahl der dynastischen Erbfolge naturgemäß überlegen.

Ador, Gustave, schweizer. Politiker u. Diplomat, *23. 12. 1845 Genf, †31. 3. 1928 Cologny bei Genf; 1917–1919 Bundesrat, 1919 Bundes-Präs.; erreichte beim Völkerbund die Anerkennung des Prinzips der immerwährenden schweizer. Neutralität; 1914–1928 Präs. des Internationalen Komitees vom Roten Kreuz.

Adrianopel, türk. Stadt, das heutige Edirne. In der *Schlacht bei A.* 1361 mußte Kaiser Johannes V. von Byzanz die Abhängigkeit vom Osman. Reich anerkennen. Das Byzantin. Reich wurde auf die Stadt Konstantinopel u. ihr Umland beschränkt. Seit 1366 war A. Residenz des Sultans.

Der *Friede von A.* beendete 1829 den russisch-türkischen Krieg; er sicherte Rußland auf Kosten der Türkei das Donaudelta u. einen Teil Armeniens. Moldau, Walachei u. Serbien wurden autonome Fürstentümer, Griechenland wurde unabhängig.

Aedil [lat.], *Ädil,* röm. Beamter, dem Rang nach zwischen *Quaestor* u. *Praetor* stehend, auf 1 Jahr gewählt. Die beiden plebejischen A.en (von Cäsar auf 4 vermehrt) waren seit 494 v. Chr. als Beamte der Plebs neben den Volkstribunen zu deren Hilfe eingesetzt. 366 v. Chr. traten als Vertreter des gesamten Volkes 2 *curulische A.en* hinzu. Die A.en besaßen Polizeigewalt, Aufsicht über Tempel, öffentl. Straßen, Getreideeinfuhr u. -verteilung u. richteten die öffentl. Spiele aus. Nach dem Vorbild Roms gab es A.en auch in den meisten röm. Gemeinden.

Aehrenthal, Aloys Graf Lexa von, österr.-ungar. Politiker, *27. 9. 1854 Groß-Skal, Böhmen, †17. 2. 1912 Wien; 1899 Botschafter in St. Petersburg, 1906–1912 Außen-Min.; seine Außenpolitik ermöglichte zwar die Annexion Bosniens u. der Herzegowina 1908, führte aber wegen des Widerspruchs der Westmächte u. Rußlands zu einer Krise der europ. Politik.

A.E.I.O.U., Abk. für lat. *Austriae est imperare orbi universo* oder *imperium orbis universi,* „Alles Erdreich ist Österreich untertan" (Wahlspruch Kaiser Friedrichs III.); andere Auslegung: *Austria erit in orbe ultima,* „Österreich wird bestehen bis ans Ende der Welt".

Aemilische Straße, *Via Aemilia,* römische Straße, von dem Konsul des Jahres 187 v. Chr., Marcus *Aemilius Lepidus,* zwischen Rimini u. Piacenza gebaut; Fortsetzung der Via Flaminia. Nach ihr wurde die von ihr durchquerte Landschaft *Emilia* benannt.

Aemilius, Name eines alten röm. Patriziergeschlechts, das zu den angesehensten Familien der republikan. u. frühen Kaiserzeit gehörte u. mehrere Konsuln stellte.

Aemilius Paullus, Lucius, *A. P. Macedonicus,* *um 228 v. Chr., †160 v. Chr.; röm. Konsul 182 v. Chr. u. 168 v. Chr.; Sieger in der Schlacht bei Pydna 168 v. Chr. gegen den makedon. König *Perseus.* Vater des jüngeren *Scipio Africanus.*

Aequer, in der Antike ein zu den *Italikern* gehörendes kriegerisches Volk in den latinischen Bergen in Mittelitalien; von den Römern nach langen Kämpfen 304 v. Chr. endgültig unterworfen.

Aerarium [lat., „Kupferkammer"], kellerartiges Gewölbe für den altröm. Staatsschatz im Tempel des Saturn, in dem neben Gold, Silber u. Kupfer die Feldzeichen der Legionen, staatl. Hypotheken- u. Schuldforderungen, die Verzeichnisse aller steuerpflichtigen Personen u. andere wichtige Dokumente aufgehoben wurden. In der Kaiserzeit ging das A. im Fiskus des Herrschers auf.

Aes grave [das; lat., „Schwererz"], im 3. u. 2. Jh. v. Chr. in Rom u. Italien gebräuchl. gegossene Kupfermünze.

Aethelstan ['æθəlstən], angelsächs. König 924–939, *um 894, †27. 10. 939; Enkel Alfreds d. Gr., setzte dessen Politik der Einigung und Verteidigung Englands gegen die Dänen fort, eroberte das noch dän. Northumbrien u. festigte die angelsächs. Hegemoniestellung im brit. Cornwall u. Wales; griff mit Unterstützung seines Neffen Ludwig in die europ. Politik ein.

Aetius, Flavius, weström. Feldherr u. Staatsmann, *um 390 Durostorum (Silistria), † 454 (ermordet); schützte das Weström. Reich vor den Germanen; siegte 451 mit Hilfe der Franken u. Westgoten auf den *Katalaunischen Feldern* über den Hunnenkönig *Attila.*

Afghanistan AFG

Islamischer Staat Afghanistan

Fläche: 652 090 km². – *Einwohner:* 20,5 Mill. – *Hauptstadt:* Kabul. – *Landessprache:* Paschto, Dari. – *Nationalfeiertag:* 19. 8. – *Währung:* 1 Afghani = 100 Puls. – *Lage:* zwischen 29°25′ und 38°30′ n. Br. sowie 60°30′ und 74°53′ ö. L. – *Zeitzone:* Mitteleuropäische Zeit + 3½ Std. – *Grenzen:* in N Turkmenistan, Usbekistan, Tadschikistan, im NO China, im O uns S Pakistan, im W Iran. – *Staatsform:* Islamische Republik.

In der Antike wurde A. mehrmals von asiat. Reitervölkern überflutet. Es unterstand wechselnden Mächten: Persien, Baktrien u. Indien. Im 10.–12. Jh. entstand erstmalig ein eigener Staat unter den *Ghasnawiden* u. den *Ghoriden,* der im 13./14. Jh. von Tschingis Chan u. Timur verheert wurde.

Die nationale Geschichte beginnt mit der *Durrani-Dynastie,* deren Gründer Ahmed Schah sich 1747 in Kandahar zum Emir der Afghanen ausrufen ließ. Nach dem Tod seines Sohnes Timur Schah (1773–1793) verfiel der Staat wieder u. wurde erst im 19. Jh. durch die aus der Sippe der *Barakzai* stammenden Herrscher (Dost Mohammed, Schir Ali, Abd ur-Rahman, Habib Ullah) stabilisiert. Auf dem Höhepunkt des europ. Imperialismus wurde A. nach zwei Kriegen gegen Großbritannien (1838–1842 u. 1878–1881) zum Pufferstaat zwischen Rußland u. Britisch-Indien. In den beiden Weltkriegen blieb A. neutral.

1921 gelang es Emir *Aman Ullah* (1919–1929, seit 1926 König), die volle Unabhängigkeit des Landes durchzusetzen. Seine Bemühungen um innere Reformen stießen jedoch auf starken Widerstand, der zu seinem Sturz führte. 1964 erhielt A. eine relativ moderne Verfassung. Der letzte König, Mohammed *Zahir Schah,* wurde 1973 von seinem Vetter Mohammed *Daud Khan* gestürzt. Dieser proklamierte die Republik, machte sich zum Präsidenten u. regierte diktatorisch.

1978 kam durch Putsch die kommunist. „Demokratische Volkspartei" unter M.N. *Taraki* an die Macht. Sie leitete eine radikale Umgestaltung der traditionellen Gesellschaftsstruktur ein. Dagegen erhob sich Widerstand aus der islamisch-traditionalistisch orientierten Bevölkerung, der in einen bewaffneten Aufstand überging. In der Partei kam es zu undurchsichtigen Machtkämpfen. Im Sept. 1979 wurde Taraki gestürzt u. ermordet. Im Dez. 1979 wurde sein Nachfolger H. *Amin* „hingerichtet". Neuer Partei- und Staatschef wurde B. *Karmal.* Gleichzeitig marschierten starke sowjet. Truppenverbände in A. ein. Die Widerstandsbewegung gegen das Regime u. die Besatzungsmacht blieb aktiv u. gewann durch pakistan. u. US-amerikan. Unterstützung an militär. Gewicht. Über 5 Millionen Afghanen flohen nach Pakistan u. Iran. 1986 wurde Karmal durch M. *Najibullah* abgelöst.

Im April 1988 wurde zwischen A. u. Pakistan mit den USA u. der UdSSR als Garantiemächten ein Abkommen geschlossen, das gegensei-

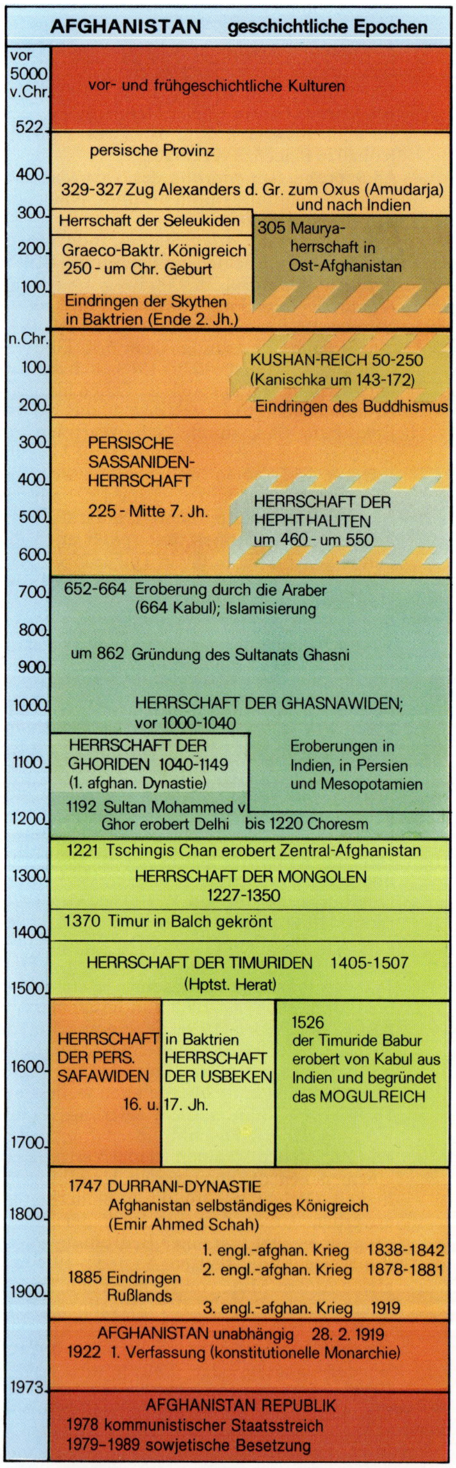

tige Nichteinmischung u. Rückkehr aller Flüchtlinge vorsah. Die UdSSR zog ihre Truppen bis Febr. 1989 ab. Die Widerstandsgruppen waren an dem Abkommen nicht beteiligt. Sie setzten ihren Kampf gegen die Regierung Najibullah fort u. bildeten eine Exilregierung. 1990 ließ die Regierung Najibullah die sozialist. Elemente aus der Verfassung tilgen. Formal wurde ein pluralist. System eingeführt. 1992 gelang dem Widerstand der Sturz des Najibullah-Regimes. B. *Rabbani* übernahm interimistisch das Amt des Staats-Präs. Blutige Auseinandersetzungen zwischen rivalisierenden Mudschaheddin-Gruppen verhinderten eine polit. Stabilisierung. Seit 1994 griffen die radikalislam. Taliban in den afghan. Bürgerkrieg ein u. brachten bis 1997 weite Teile des Landes unter ihre Kontrolle.

Afranius Burrus, Sextus, röm. Prätorianerpräfekt, wohl aus Vasio Vocontiorum (Vaison-la-Romaine), †62 n. Chr.; seit 51 Prätorianerpräfekt; als solcher in den ersten 5 Jahren der Herrschaft *Neros* (54–59 n. Chr.) gemeinsam mit dessen Erzieher *Seneca* verantwortlich für eine gemäßigte Politik.

African National Congress ['æfrikən 'næʃnl 'kɔŋgrəs], *ANC, Afrikanischer Nationalkongreß*, 1912 gegr. Bewegung, die den Freiheitskampf der Schwarzen in Südafrika organisierte; 1960–1990 verboten; nach Aufhebung des Verbots beteiligte sich der ANC unter Führung von N. *Mandela* an der demokrat. Umgestaltung Südafrikas. Bei den Parlamentswahlen 1994 wurde der ANC stärkste Partei.

Afrika [lat. *Africa*, „Land der Afri" (Volksstamm in der Gegend von Karthago)], nach Asien u. Amerika der drittgrößte Erdteil, 30,3 Mill. km².

Entdeckungsgeschichte

Ägyptische Fahrten in goldreiche Gegenden Ostafrikas im 2. Jahrtausend v. Chr., karthag. Vorstöße *(Hanno)* bis in den Golf von Guinea um 500 v. Chr. u. römische Expeditionen zum Bahr Al Ghasal u. zum Tschadsee (1. Jh. n. Chr.) waren die ersten Schritte in der Geschichte der Entschleierung Afrikas. *Ptolemäus* wußte um die Seen u. die schneebedeckten Gipfel Ost-A.s. Im MA unternahmen Araber weite Reisen, Italiener entdeckten die Kanaren, Madeira u. die Azoren. Veranlaßt durch den portugies. Prinzen *Heinrich den Seefahrer*, wurde in der zweiten Hälfte des 15. Jh. die Küste A.s erkundet (A. Cadamosto stieß 1456 bis zum Äquator vor, 1483 erreichte D. Cão die Kongo-Mündung, 1487/88 umfuhr B. Diaz das Kap der Guten Hoffnung), dagegen kam es zu europ. Expeditionen ins Innere erst nach der Gründung der Londoner *African Association* Ende des 18. Jh. Damit begann die wissenschaftl. Erforschung des Kontinents, der die koloniale Aufteilung folgte. Die wichtigsten Entdecker sind: Mungo Park, H. Clapperton, R. u. J. Lander, R. F. Burton, J. H. Speke, M. H. Stanley, D. Livingstone, H. Barth, E. Vogel, G. F. Rohlfs, G. Nachtigal, G. Schweinfurt, H. von Wissmann, R. Caillie, P. Brazza, Serpa Pinto. Weite Gebiete, vor allem in der Sahara, wurden erst im 20. Jh. bekannt.

Geschichte

Nach dem heutigen Stand der vorgeschichtl. Forschung muß der Raum, in dem die Ahnen des heutigen Menschen zum systemat. Werkzeuggebrauch übergingen, im südl. u. östl. A. gesucht werden. Hier liegen die wichtigsten Fundstätten für frühmenschl. Überreste u. Steinwerkzeuge (→ Oldoway [Tansania]).
Altsteinzeitliche Kulturen sind in verschiedenen Teilen A.s nachweisbar (zwischen ca. 8000 u. 6000 v. Chr.). Klimawandel (ca. 2500 v. Chr.) machte das vorher versumpfte Niltal u. die südl. der Sahara gelegenen Zonen für Menschen kultivierbar. Die

Zeittafel zu den frühen afrikanischen Reichen

Alle Jahresangaben sind Näherungswerte

10000 v. Chr.	Klimaveränderung in Nordafrika. Beginn des Völkeraustausches zwischen den mediterranen Typen des Nordens und den negriden Völkern des Südens.
5000 v. Chr.	Vordringen von Rinderhirten in die Bergmassive der Zentralsahara.
800 v. Chr.– 330 n. Chr.	Reich von Kusch in Nubien
800 v. Chr.– 1000 n. Chr.	Reich von Aksum in Äthiopien
300 v. Chr.– 200 n. Chr.	Nok-Kultur am Benuë
1. Jh. v. Chr.– 13. Jh. n. Chr.	Bantuwanderungen
4. Jh.–11. Jh.	Reich von Ghana
11. Jh.	Gründung der Yorubastaaten in Westafrika Mitte 12. Jh. Königreich Benin
12.–16. Jh.	Monomotapa-Reich in Ostafrika
12. Jh.–17. Jh.	Reich von Songhai
13. Jh.–16. Jh.	Reich von Mali und Königreich Kongo

Erschließung des Niltals erforderte gesellschaftl. u. staatl. Organisation: Mit der Vereinigung von Ober- u. Unterägypten durch einen König, den die Überlieferung Menes nennt (um 3000 v. Chr.), beginnt die Geschichte A.s im engeren Sinn.
Die sich zur Wüste wandelnde Sahara isolierte den nordafrikan. Küstensaum am Mittelmeer weitgehend (allerdings nie vollständig) vom übrigen A., während Ägypten u. die südl. anschließenden Teile des Niltals stets ein Verbindungsweg zwischen dem europ.-vorderasiat. Raum u. Inner-A. waren. Staatl. u. gesellschaftl. Merkmale Altägyptens, ein Gottkönigtum auf der materiellen Basis der Landwirtschaft u. der spirituellen Basis einer Natur- u. Fruchtbarkeitsreligion, finden sich bei vielen afrikan. Völkern. Dabei ist oft unklar, in welcher Richtung die Ausbreitung vor sich ging. Die afrikan. Substanz Altägyptens ist unübersehbar, u. mehrfach gingen polit. Impulse im Niltal von S aus: Um 745 v. Chr. eroberten die Fürsten von *Kusch*, dessen Hauptstadt bei Donqola zwischen dem 3. u. 4. Katarakt lag, Ägypten; bedeutendster Herrscher dieser „schwarzen" XXV. Dynastie war Taharka d. Gr. (690–664 v. Chr.) Andererseits ist klar, daß gerade der kulturelle u. Bevölkerungsaustausch mit Asien u. Europa es den Ägyptern gestattete, einen so hohen Stand menschl. Zusammenlebens zu erreichen, wie er in isolierten Gebieten A.s nicht anzutreffen ist.
Etwa dreihundert Jahre nach dem Sturz der XXV., kuschit. Dynastie (653 v. Chr.) in Ägypten verlegte Kusch seine Hauptstadt nach Meroë zwischen den 5. u. 6. Katarakt. Hier entwickelte sich für Jahrhunderte ein bedeutendes polit., wirtschaftl. u. kulturelles Zentrum (Eisenschmelze, alphabet. Schrift), das nach Äthiopien sowie in den mittleren u. westl. Sudan ausstrahlte.
Antike: Die Berberstaaten *Numidien* u. *Mauretanien* mußten sich mit fremder Herrschaft abfinden. Das phöniz. *Karthago* war von seiner Gründung (Legende: 814 v. Chr.) bis zu seiner Zerstörung durch Rom (146 v. Chr.) Vormacht im heutigen Maghreb. Rom folgte ihm u. unterwarf auch den numid. König Jugurtha (König 118–104 v. Chr.); der letzte König Mauretaniens, Ptolemäus, wurde 40 n. Chr. auf Veranlassung Caligulas ermordet. Ägypten fiel 525 v. Chr. unter pers. Herrschaft (Kambyses), die

Kulturen und Staatsbildungen in Afrika nach 1600

404–341 v. Chr. zum letzten Mal durch einheimische Dynastien (XXVII.–XXX.) unterbrochen wurde; den *Persern* folgten 332–30 v. Chr. die *Makedonier* (Alexander d. Gr. bis Kleopatra VII.), ihnen die *Römer* (Augustus). Neben Ägypten war die Provinz *Africa proconsularis* (heute Tunesien) Schwerpunkt der röm. Herrschaft in A.; von ihr leitet sich der moderne Name des Erdteils ab. Zu einer kulturellen Assimilation (Gräzisierung in Ägypten, Romanisierung im W) kam es jedoch wenig. Vielmehr ist die röm. Periode in Nord-A. durch Widerstand der Einheimischen gekennzeichnet, die sich vornehml. des Christentums zum Ausdruck ihrer Eigenständigkeit bedienten. Nach dem Konzil von Chalcedon (451 n. Chr.) trieb Opposition gegen Rom/Byzanz die ägypt. (koptische) Kirche in das Lager der Monophysiten. Auch Äthiopien übernahm um diese Zeit unter König Ezana von Aksum das monophysit. Christentum. Die amtl. Kirche in Nordwest-A. blieb kath. (Tertullian, *160, †230, Augustinus, *354, †430), jedoch stand das Volk von ca. 310 bis 430 stark unter dem Einfluß der Donatisten u. Circumcellionen, deren Widerstand gegen die Staatskirche sich mit Kriegen einheim. Fürsten gegen die röm. Macht verband. Seit der Einführung des Kamels in der westl. Sahara um 200 sammelten sich auch nomad. Völker südl. der Römergrenze zu kräftigen Staaten (Garamanten), die die Provinzen bedrohten.
439 lösten die *Wandalen* Rom in Karthago ab, die 535 von den *Byzantinern* vernichtet wurden. Die islam. *Araber* wurden der mürben röm. Macht in Ägypten u. Nordwest-A. leicht Herr: 642 besetzten sie Ägypten, 697 fiel Karthago. Die Überwindung der Berber nahm jedoch mehr als 60 Jahre in Anspruch.
Viele Staatenbildungen südl. der Sahara, für uns histor. faßbar vor allem durch schriftl. Überlieferungen unter arab. Einfluß, ähnelten sich in ihren gesellschaftl. u. polit. Grundzügen so stark, daß der Begriff der Sudanischen (auch Neo-Sudanischen) Kultur geprägt werden konnte. Sie war durch ein strengen Riten unterworfenes Gottkönigtum mit Altägypten verwandt. Der König stand an der Spitze einer oft schwachen, aber grundsätzl. zentralist. Amtsverwaltung. Das soziale Leben der bäuerl. oder nomad. Untertanen, deren Zahl von wenigen tausend bis zu einer Million reichte, wurde vom Staat kaum beeinflußt, auch wurde meist keine Staatsreligion (etwa der Islam) durchgesetzt. Der Außenhandel war Kronmonopol.
Die bedeutendsten Staaten der Sudanischen Kultur im westl. u. mittleren Sudan waren: *Ghana*, entstanden um 400, vernichtet durch die islam. *Almoraviden* 1077; *Kanem*, entstanden spätestens im 9. Jh., östl. vom Tschadsee, um 1100 islamisiert; *Songhai*, etwa ebenso alt, im 16. Jh. islamisiert; die *Hausa-Staaten* (*Kano* u. a.) im heutigen Nord-Nigeria, entstanden um die Jahrtausendwende, partiell islamisiert; u. *Mali*, das von seinem ersten großen Herrscher Sundjata Keita (1235–1255) zur Vormacht im westl. Sudan erhoben wurde u. eine überwiegend islam. Kultur hatte. Unter Kankan Musa (1312–1337) erlebte es den Höhepunkt seiner Macht. Als es um 1450 zerfiel, trat Songhai seine Nachfolge an: Askia (Kaiser) Mohammed I. (1493–1528) übernahm den Islam u. leitete die höchste Blütezeit der Sudanischen Kultur in diesem Gebiet ein. Arab. Bildung drang vor, Universitäten entstanden; die polit. Macht Songhais reichte vom Senegal bis Kano, bis tief in die Sahara u. in das heutige Burkina Faso. Um diese Zeit begannen sich unter dem Einfluß der Sudanischen Kultur weiter südlich neue Staaten zu bilden, u. a. die Reiche der *Mossi* u. der *Yoruba*. Seit dem 17. Jh. war Ife religiöser Mittelpunkt der Yoruba, Oyo Sitz des Alafins (Kaisers) u. polit. Zentrum (Yoruba-Kunst: Bronzeguß). Songhai wurde 1591 durch marokkan. Expedition zerstört. Die Wanderbewegung der Bantu-sprechenden Völker ist nur in Umrissen datierbar; vielleicht vom Gebiet der *Nok-Kultur* (Nord-Nigeria) ausgehend, die schon um 500 v. Chr. Eisen verarbeitete. Ein westl. Zweig der Bantu gründete vermutl. im 14. Jh. das *Kongo-Reich* an der Kongo-Mündung. Im 9. Jh. saßen die *Luba* bereits in Katanga u. beuteten Kupferminen aus. Im 11. Jh. erschienen vermutl. die *Mashona* in Rhodesien u. begannen mit dem Bau steinerner Städte (das später errichtete Simbabwe ist am bekanntesten).
Die monophysit.-christl. Staaten Nordost-A.s sahen sich seit der Eroberung Ägyptens durch den Islam von der übrigen Christenheit abgeschnitten. In *Nubien* erlag Donqola den Moslems 1315, Soba (beim heutigen Khartum) erst 1504. In *Äthiopien* stellte Yekuno Amlak 1270 die Dynastie wieder her. Unter Amda Syon d. Gr. (1312–1342) u. Zara Yagob (1434–1468) erlebte das Land eine polit. u. kulturelle Renaissance.
Nord-A. einschl. Spanien u. Sizilien nahm während des europ. Mittelalters am Auf u. Ab der islam. Staatenwelt in ihrer Auseinandersetzung mit dem Abendland der Kreuzzüge teil. Spezifisch afrikan. Impulse standen hinter den Reichsgründungen der *Fatimiden* (ausgehend von Berbern Algeriens um 900, Eroberung Ägyptens 969–1171), der *Almoraviden* (ausgehend von einem Kloster an der Küste Mauretaniens oder im Senegal, Eroberung Marokkos 1069, Spaniens 1103) u. ihrer unmittelbaren Nachfolger, der *Almohaden* (ausgehend von Süd-Marokko um 1125, Herrschaft über den Maghreb 1147–1269).
Die Ostküste A.s bis zur Sambesimündung war schon in vorislam. Zeit arab. u. pers. Einflüssen ausgesetzt, Madagaskar zuvor in mehreren Wellen von indones.-polynes. Seefahrern besiedelt. Seit etwa 1200 entstanden an der Küste, vor allem zwischen Malindi u. Kilwa, islam. Stadtstaaten, in deren Bereich sich aus arab. u. Bantu-Elementen die Swahili-(d. h. „Küsten"-)Sprache herausbildete. Bis 1433, als zum letzten Mal eine chines. Handelsflotte in Ost-A. erschien, bestanden direkte Verkehrsverbindungen auch nach Ostasien. Im ostafrikan. Hinterland konstituierten sich vermutl. erst um 1700 die Reiche der *Hima* (Bunyoro, Buganda, Rwanda u. a.) im Gebiet der Großen Seen, getragen von dem Willen zur Eroberung der von Bantu-Bauern besiedelten Gebiete. Im heutigen

Afrika vor 1914

Zeittafel zur Unabhängigkeit der afrikanischen Staaten

24. 12. 1951	Libyen
1. 1. 1956	Sudan
2. 3. 1956	Marokko
20. 3. 1956	Tunesien
6. 3. 1957	Ghana (vormals Goldküste)
2. 10. 1958	Guinea
1. 1. 1960	Kamerun
27. 4. 1960	Togo
20. 6. 1960	Mali
26. 6. 1960	Madagaskar
26. 6. 1960	(brit.) Somaliland
30. 6. 1960	(belg.) Kongo (jetzt Zaïre)
1. 7. 1960	Somalia mit Somaliland vereinigt
1. 8. 1960	Dahomey (jetzt Benin)
3. 8. 1960	Niger
5. 8. 1960	Obervolta (Burkina-Faso)
7. 8. 1960	Elfenbeinküste
11. 8. 1960	Tschad
13. 8. 1960	Zentralafrikanische Republik (früher Ubangi-Tschari)
15. 8. 1960	Kongo (früher Mittel-Kongo, jetzt Volksrepublik Kongo)
17. 8. 1960	Gabun
20. 8. 1960	Senegal (Auflösung der Föderation Mali, Anerkennung 11. 9. 1960)
1. 10. 1960	Nigeria
28. 11. 1960	Mauretanien
27. 4. 1961	Sierra Leone
9. 12. 1961	Tanganjika
1. 7. 1962	Rwanda
1. 7. 1962	Burundi
3. 7. 1962	Algerien
9. 10. 1962	Uganda
10. 12. 1963	Sansibar (Zusammenschluß mit Tanganjika am 27. 4. 1964 zu Tansania)
12. 12. 1963	Kenia
6. 7. 1964	Malawi (Njasaland)
24. 10. 1964	Sambia (Nordrhodesien)
18. 2. 1965	Gambia
30. 9. 1966	Botswana (früher Swasiland)
4. 10. 1966	Lesotho (früher Basutoland)
12. 3. 1968	Mauritius
6. 9. 1968	Swasiland
12. 10. 1968	Äquatorialguinea
10. 9. 1974	Guinea-Bissau
25. 6. 1975	Moçambique
5. 7. 1975	Kap Verde
12. 7. 1975	São Tomé u. Princípe
11. 11. 1975	Angola
29. 2. 1976	Sahara (nur bedingt anerkannt)
28. 6. 1976	Seychellen
27. 6. 1977	Dschibuti (Djibouti)
21. 3. 1990	Namibia
24. 5. 1993	Eritrea

Simbabwe errichtete um 1440 die Militärkaste der *Rozwi* ein Reich, das die Portugiesen später als *Monomotapa* bezeichneten.
Die Erforschung der afrikan. Westküste durch Portugiesen begann unter Heinrich dem Seefahrer (*1394, †1460). Um die Verbindung nach Indien zu sichern, nahm *Portugal* Anfang des 16. Jh. die ostafrikan. Küste in Besitz, fast gleichzeitig mit der Unterwerfung des islam. Nord-A. durch die osman. *Türken.* Portugal rettete Äthiopien unter Kaiser Claudius (1540–1559) vor der Überflutung durch eine neue islam. Eroberungswelle. Im Kongo-Reich versuchte König Nzinga Mbemba (christlicher Name Alfonso I., 1507–1530), mit portugies. Hilfe eine kath. afrikan. Kultur aufzubauen, jedoch scheiterte dieses Experiment wenig später an den kolonialen Interessen Portugals u. am Sklavenhandel.
An der Westküste verdrängten Holländer, Franzosen u. a. westeurop. Seefahrer, vor allem aber Engländer, im 16. Jh. die Portugiesen (außer in Angola) u. organisierten den Sklavenhandel nach Amerika in großem Stil. Die Europäer besetzten nur kleine u. schwache Küstenforts. Sie kauften Sklaven von afrikan. Mittelsmännern, die ihrerseits von mächtigeren Militärherrschern des Inneren beliefert wurden. Bezahlt wurde u. a. mit Feuerwaffen, die den Staaten in Küstennähe ein Übergewicht über die früher viel stärkeren Reiche der sudan. Savanne verschaffte. *Ashanti* im heutigen Ghana u. *Dahomey* (das heutige *Benin*), beide Reiche um 1700 errichtet, verdankten so ihre Macht dem Sklavenhandel.
Zwischen 1500 u. 1880 dürften mindestens 10 Mill. Menschen A. zwangsweise über den Atlantik verlassen haben. Die Menschenverluste in den Kriegen, die zum Einfangen von Sklaven dienten, u. beim Transport an die Küste sind unmöglich zu schätzen. Wahrscheinlich ist ihre Zahl doppelt so hoch.
Holländer errichteten 1652 am Kap die erste europ. Siedlung in A.; erst um 1770 stießen sie am Großen Fisch-Fluß mit den Xosa, einem Bantuvolk, zusammen, das in Kämpfen („Kaffernkriege") unterworfen wurde. In Natal errichtete Tschaka (1807–1828) später den Militärstaat der *Zulu*; seine grausame Kriegführung löste weiträumige Flucht- u. Konzentrationswanderungen aus, die u. a. zur Konsolidierung der Basuto-Nation im heutigen Lesotho u. zur Gründung des *Ndebele-Reichs* in Rhodesien (Simbabwe) führten.
Das islam. A. wurde durch den Vorstoß Napoleons I. nach Ägypten 1798 u. durch die französ. Eroberung von Algier 1830 so stark aufgerüttelt, daß es im 19. Jh. eine große Zahl von polit.-religiösen Reformbewegungen hervorbrachte. Vorher schon, 1804, hatte der Ful *Usman dan Fodio* im heutigen Nord-Nigeria den „Heiligen Krieg" (1804–1810) gegen die nachlässigen Moslems in den *Hausa-Staaten* gepredigt. In wenigen Jahren schufen er u. sein Sohn Mohammed Bello einen in Emirate gegliederten Staat, der erobernd bis in das Yorubaland u. nach Nord-Kamerun (Adamaoua) ausgriff. Im westl. Sudan gründete Omar Saidu Tall (*1797, †1864) einen weiteren islam. Reformstaat.
Mohammed Ali (1806–1848), türk. Statthalter in Ägypten, eroberte das obere Niltal vor allem als Sklavenreservoir für seine Armee. Im 18. Jh. hatten die Herrscher von Oman die portugies. Macht auf Moçambique zurückgedrängt; 1840 verlegte Seyyid Said (1806–1856) seine Hauptstadt nach Sansibar, von wo aus er die Festlandküste bis nach Mogadischo kontrollierte. Die Intensivierung des Handels (vor allem steigende Nachfrage nach Elfenbein) erzeugte im 19. Jh. schwere Erschütterungen entlang der transafrikan. Handelswege südl. des Kongobekkens. Oft bildeten sich neue afrikan. Reiche (*Chokwe* in Ostangola/Katanga, das *Bayeke-Reich* des Nyamwezi-Händlers Msiri in Katanga nach 1856) oder arab. Privatkolonien; um 1870 schuf Mohammed bin Hamed („Tippu Tib", *um 1838, †1905) im östl. Kongogebiet ein geschlossenes arab. Handelsreich, das nur nominell dem Sultan seiner Heimatinsel Sansibar unterstand. War diese Entwicklung vornehml. von kommerziellen Interessen diktiert, so dienten die Reichsgründung des *Mahdi* Mohammed Ahmed im östl. Sudan (1881–1899) u. die militär. Disziplinierung der *Senussi* in der Cyrenaica unter Mohammed As Senussi (1859–1902) dem reformator. Impuls des afrikan. Islams.
Auf Madagaskar erstarkte unter dem König von *Merina*, Radama I. (1810–1828), ein nicht-islam. Staatswesen, das sich um europ. Hilfe bei der Modernisierung bemühte. Fortschritte, die bes. dem christl. Premier Rainilaiarivony (1861–1895) zuzuschreiben sind, wurden durch die französ. Kolonialeroberung unterbrochen.
In Süd-A. trug der Große Treck der Buren (seit 1837) weiße Herrschaft weit ins Innere; die Republik *Transvaal* konstituierte sich 1856. Gleichzeitig dehnte Frankreich seinen alten Besitz am Senegal systematisch ins Hinterland aus, während aus den USA nach *Liberia* ausgesiedelte ehem. Sklaven 1847 eine unabhängige Republik proklamierten.
Der wissenschaftl. Erschließung A.s durch europ. Forscher u. Reisende u. der Festsetzung christl. Missionare aus Europa in vielen Zonen des nichtislam. A. folgte Ende des 19. Jh. die polit. Unterwerfung fast des ganzen Erdteils u. seine Aufteilung unter westeurop. Kolonialmächte. Das Startsignal für den Wettlauf um Kolonien gaben König Leopold II. von *Belgien* mit seinen Erwerbungen am Kongo 1879 sowie die brit. Regierung mit der Besetzung Ägyptens (1882) nach dem Bau des Suezkanals. *England*, dessen Interessen in Süd- u. Zentral-A. bes. durch Cecil Rhodes verfochten wurden (1890–1896 Premier der Kapkolonie), besiegte 1899–1902 die Burenrepubliken u. vereinigte sie mit Kapland u. Natal zur Südafrikanischen Union (1910). Andere bedeutende Länder A.s, die an England fielen, waren Uganda u. Kenia in Ost-A., der Sudan als anglo-ägypt. „Kondominium" nach dem Sieg über die Mahdisten 1898, Nigeria u. die Goldküste (Ghana) in West-A. *Frankreich* erwarb von seinen Küstenplätzen am Senegal, an der Elfenbeinküste, in Dahomey (Benin) u. am Kongo aus ein zusammenhängendes Landreich, dessen wirtschaftl. Wert allerdings gering schien. Durch die Sahara war es mit Französisch-Nord-A. verbunden, zu dem Tunesien (seit 1881) u. Marokko (seit 1912) als Protektorate gehörten. *Italien* scheiterte als Kolonialmacht gegen Kaiser Menelik II. von Äthiopien (1889–1913) in der Schlacht bei Adua 1896. Das *Dt. Reich* sicherte sich Kolonialbesitz in Ost-A., Südwest-A. u. West-A. (Kamerun u. Togo). *Portugal* mußte sich auf Angola u. Moçambique sowie auf die Inseln São Tomé u. Príncipe, die Kapverdischen Inseln u. das westafrikan. Guinea-Bissau beschränken. *Spanien* konnte nur Äquatorial-Guinea, die westl. Sahara sowie einige Gebiete in Marokko in seinen Besitz bringen. In mehreren Ländern hatten die Kolonialmächte nach der Niederringung des ursprüngl. Widerstands bald gefährl. Aufstandsbewegungen zu bekämpfen (Deutsche den Herero-Aufstand in Südwest-A. 1904, den „Maji-Maji"Aufstand in Ost-A. 1905; Briten den Mashona- u. Matebele-Aufstand in Rhodesien [Simbabwe] 1896/97). Nach dem 1. Weltkrieg teilten England, Südafrika, Frankreich u. Belgien die dt. Kolonien als *Völkerbundsmandate* unter sich auf. Die Kolonialverwaltung festigte sich rasch, wobei die Briten dem System der indirekten Herrschaft Vorrang gaben, das den einheim. Fürsten eine begrenzte Autorität ließ. Die Gründung moderner Schulen u. die Durchdringung wenigstens einiger Gebiete mit modernem Wirtschaftsleben erzeugten aber neben den traditionellen Herrenschichten eine neue Bildungselite, die bald unter Verwendung europäischer Ideen Ansprüche auf politische Macht anmeldete.
Die rasche Entkolonialisierung A.s seit dem Ende des 2. Weltkriegs übertrug in der Regel den kolonialen Verwaltungsapparat in die Hände dieser neuen Elite. Sie stellte fast überall die Führer der nationalen Befreiungsbewegungen, die nach der Erlangung der Unabhängigkeit oft als Einparteisysteme weitergeführt wurden. Die neuen Führer erreichten meist den Abzug der Kolonialmacht durch Verhandlungen u. gewaltlosen Druck; Wahlen bestätigten ihre Autorität bei den Volksmassen. Nur Algerien mußte die Franzosen 1954–1962 durch Partisanenkrieg zum Nachgeben zwingen. Andere Aufstände

scheiterten, so in Kenia (Mau-Mau 1952–1954) u. Kamerun. Die UN überwachten die Emanzipation der Treuhandgebiete (ehem. Völkerbundsmandate) u. des bis 1945 italien. Somalia. Ein Eingreifen der UN wurde nur im bisher belg. Kongo 1960–1964 erforderlich. Die portugies. Besitzungen erreichten 1974/75 die staatl. Souveränität. Im April 1980 wurde Rhodesien nach mehrjährigem Guerillakrieg der beiden afrikanischen Befreiungsbewegungen ZANU u. ZAPU als Simbabwe unabhängig. In Namibia (Südwestafrika), wo die Unabhängigkeitsbewegung SWAPO Guerillakämpfe gegen die von Südafrika eingesetzte Verwaltung führte, wurde 1988 eine Verhandlungslösung erzielt, die 1990 zur vollen Unabhängigkeit des Landes führte. In vielen afrikan. Staaten setzte zu Beginn der 1990er Jahre ein Demokratisierungsprozeß ein. Der südafrikanische Präsident de Klerk begann 1990 mit einer Reformpolitik, die unter schwierigen Bedingungen zur Abschaffung der Apartheid führte. Die herrschenden Regime in Äthiopien, Liberia, Tschad u. Somalia wurden 1990/91 nach blutigen Bürgerkriegen gestürzt. 1993 erlangte Eritrea die Unabhängigkeit. 1997 gelang der Sturz des Mobutu-Regimes in Zaire, das in Demokrat. Republik Kongo umbenannt wurde. Hauptkrisengebiete A.s waren daneben 1997 Algerien, Angola, Burundi, Republik Kongo, Liberia, Rwanda, Somalia u. Sudan.

Afrikagesellschaft, *Royal African Company,* vom engl. König 1662 gegr. u. privilegierte Gesellschaft zur Ausweitung des engl. Handels an der westafrikan. Küste.

Afrika-Korps, *Deutsches A.,* spätere Bez.: *Panzerarmee Afrika, Heeresgruppe Afrika,* die dt. Truppenverbände, die von Febr. 1941 bis zu ihrer Kapitulation im Mai 1943 in Libyen u. Tunesien eingesetzt waren. Befehlshaber war bis März 1943 E. *Rommel,* dann H.-J. von *Arnim.*

Agadîr, marokkan. *Agadir n'Irir,* Hafenstadt in Marokko, in den Ausläufern des Hohen Atlas, 291 000 Ew. Die provozierende Entsendung des dt. Kanonenboots „Panther" nach A. 1911 führte zur Zuspitzung der 2. Marokkokrise; → Panthersprung.

ägäische Kultur, die bronzezeitl. Kulturen im 3. u. in der 1. Hälfte des 2. Jahrtausends v. Chr. rings um das Ägäische Meer: die *helladische Kultur* auf dem griech. Festland (Helladikum I–III); die *minoische Kultur* (Minoikum I–III) auf der Insel Kreta als Hauptsitz mit Ausstrahlung auf die südl. Kykladen; die *Kykladenkultur,* in Abhebung zu minoischen Kulturmerkmalen, auf den weiteren Kykladen- u. nördlicher gelegenen Inseln im Ägäischen Meer u. die *westkleinasiat. Kultur* mit den Zentren in Nordwestkleinasien (trojan. Kultur) u. vorgelagerten Inseln (bes. Lemnos, Lesbos u. a.). – Träger war eine im wesentlichen einheitl. ägäische Urbevölkerung. Die ä. K. wurde von den zwischen 2100 u. 1900 v. Chr. nach dem Peloponnes eingewanderten Indogermanen fortgeführt u. wird ab 1600 v. Chr. *späthelladische Kultur* oder mykenische Kultur genannt.

Ägäische Wanderung, von der Balkanhalbinsel ausgegangene, bis nach Ägypten ausgreifende u. wohl vor allem von Illyrern getragene spätbronzezeitl. Wanderbewegung, die im 13. u. 12. Jh. v. Chr. die *mykenische Kultur* zerstörte u. als deren Spätfolge die *Dorier* u. *Nordwestgriechen* ihre später bekannten Siedlungsräume in Griechenland gewannen. Auch → Dorische Wanderung, → Urnenfelderzeit.

Aga Khan, *Agha Chan,* Oberhaupt der islam. Hodschas (Zweig der Ismailiten), als *Imam* verehrt. Der 3. A. K. (* 1877, † 1957) wurde geadelt u. war eine internationale Berühmtheit; der 4. A. K. ist sein Enkel Karim (* 13. 12. 1937 Genf).

Agalma [grch.], im alten Griechenland ursprüngl. Kleinod, dann (seit 600 v. Chr.) Weihgeschenk, seit dem 5. Jh. v. Chr. Götterstandbild.

Aga Mohammed, *Agha Mohammed,* Schah von Iran 1786–1797, * 1742, † 1797 (von Sklaven ermordet); erklärte sich 1786 in Teheran zum Schah; der Begründer der bis 1925 herrschenden *Kadscharendynastie.*

Agapetus, Päpste: **1.** *A. I.,* 535/36, Heiliger, Römer, † 22. 4. 536 Konstantinopel; suchte die byzantin. Eroberung Italiens zu verhindern, bekämpfte den Monophysitismus. Fest: 20. 9.

2. *A. II.,* 946–955, Römer, † Dez. 955 Rom; verdient um die Klosterreform, bestätigte den Primat des Erzbistums Hamburg über die nord. Länder u. unterstützte die Kirchenpolitik Ottos d. Gr.

Agatho, Papst 678–681, aus Sizilien, Heiliger, † 10. 1. 681 Rom; wandte sich erfolgreich gegen die Monotheleten. Fest: 10. 1.

Agathokles, hellenist. Herrscher, * 360 v. Chr., † 298 v. Chr.; Emporkömmling, 317 v. Chr. Tyrann von Syrakus, 307 v. Chr. oder 304 v. Chr. mit Königstitel. Seine auf Machtausbreitung zielenden Unternehmen führten 312/11 v. Chr. zum Kampf mit *Karthago,* der ab 310 v. Chr. auch in Afrika ausgefochten wurde. Dort ließ A. seine eigene Flotte verbrennen, um so durch Entzug der Fluchtmöglichkeit sein Heer vor die Entscheidung zwischen Sieg oder Tod zu stellen. Die Regierung des A. brachte Syrakus, dessen Volk er am Ende seines Lebens die Herrschaft zurückgab, Wohlstand u. Macht. Sein Bestreben, durch eine Hegemonie über Unteritalien ein griech. Großreich zu gründen, ging nicht in Erfüllung.

Afrika: Einsatz französischer Truppen 1961 im algerischen Unabhängigkeitskampf

Agendenstreit, Streitigkeiten um eine Agendenreform des Königs Friedrich Wilhelm III. von Preußen. Im Zusammenhang mit seinen Unionsbestrebungen führte er eine neue, von ihm zusammengestellte Agende ein, die seit 1822 für alle preuß. Provinzialkirchen gelten sollte. Diese Anordnung löste einen langjährigen, erbitterten Streit in den preuß. Teilkirchen aus, der um 1832 durch das Zugeständnis eigener provinzialkirchl. Zusatzagenden beigelegt wurde. Der A. ist ein wichtiges Indiz für die allmähl. Verselbständigung der Kirche gegenüber dem Staat.

Agentes in rebus [lat., „Beauftragte in verschiedenen Angelegenheiten"], ursprüngl. Meldereiter einer militär. Einheit in der unmittelbaren Umgebung des röm. Kaisers (seit ca. 300), dann zur Übermittlung kaiserl. Anordnungen in die Provinzen u. als Aufsichtspersonen über die Reichspost, zugleich auch als eine Art von Geheimpolizisten verwendet mit der Aufgabe, den Kaiser über Vorgänge in den Provinzen, insbes. über kriminelle Delikte, zu unterrichten.

ager publicus [der; lat.], altröm. Staatsdomäne, bildete mit dem *ager privatus,* dem privaten Grundbesitz der Bürger, die Gesamtheit des röm. Territoriums. Jedes eroberte Gebiet wurde dem a. p. zugeschlagen, der dann verkauft, verpachtet oder zur Nutznießung an Private vergeben wurde u. die wichtigste staatl. Einnahmequelle bildete.

Agesilaos II., Sohn *Archidamos' II.,* König von Sparta 399–360 v. Chr.; unternahm in einem Perserkrieg zum Schutz der Ionier 396–394 v. Chr. Vorstöße ins Innere Kleinasiens, ohne die Perser entscheidend fassen zu können; zurückgerufen, errang er 394 u. 391/90 v. Chr. Erfolge über Spartas griech. Gegner u. wurde zum Vorkämpfer einer spartan. Gewaltpolitik in Hellas, die 371 v. Chr. zur Katastrophe führte. Danach rettete er Sparta zweimal vor der Eroberung durch Epaminondas u. war zuletzt 361/60 v. Chr. Söldnerführer im ägypt. Dienst gegen die Perser.

Aghlabiden, *Aglabiden,* erste selbständige islam. Dynastie in Nordafrika, 800–909, begr. von Ibrahim ibn Aghlab (800–812), der von Harun Ar Raschid mit der Erbstatthalterschaft belehnt wurde. Der letzte der A. floh vor den *Fatimiden.* Die Residenz der A. war Kairouan. Um 830 begannen sie, Sizilien zu besetzen.

Agiaden, spartan. Königshaus, genannt nach seinem Begründer Agis. Die A. regierten im spartan. Doppelkönigtum gemeinsam mit Vertretern des Geschlechtes der *Eurypontiden,* mit dem sie verwandt waren; doch galten sie als vornehmer. Bedeutendste Vertreter: Kleomenes I. u. Kleomenes III., Leonidas, Pausanias.

Agilolfinger, *Agilulfinger,* das älteste bayer. Herrschergeschlecht. Seine Herkunft ist noch nicht eindeutig geklärt. Mit Herzog *Garibald* tritt es um die Mitte des 6. Jh. erstmals in Erscheinung. *Tassilo III.,* der letzte Herrscher dieser Dynastie, wurde von Karl d. Gr. abgesetzt (788). Die großen Verdienste der A. bestehen in der Besiedlung u. Christianisierung Bayerns. Unter ihrer Führung wuchsen die ethnisch verschiedenen Teile des bayer. Stammes zu einer Volkseinheit mit starkem Eigenleben zusammen.

Agilulf, König der Langobarden 590–616; unter ihm fand die langobard. Eroberung in Italien ihren Abschluß.

Agis, Name mehrerer spartan. Könige: **1.** *A. I.,* Stammvater des Königshauses der *Agiaden,* wie *Eurypon,* der Gründer der Eurypontidendynastie, im Mythos Nachkomme des *Herakles.*

2. *A. II.,* Sohn *Archidamos' II.,* König 427–399 v. Chr.; gewann 418 v. Chr. die Schlacht bei Mantineia, war 413–404 v. Chr. Befehlshaber der peloponnes. Truppen im attischen Kastell *Dekeleia* u. leitete 405–404

Agora: die freigelegte Agora der antiken Stadt Thasos

v. Chr. zusammen mit *Lysander* die Blockade Athens.
3. *A. III.*, Sohn *Archidamos' III.*, König 338–331 v. Chr.; versuchte den Zug *Alexanders d. Gr.* immer weiter in den Vorderen Orient hinein zu einer Erhebung gegen ihn auszunutzen. Er fand hierbei 332 v. Chr. auf dem Peloponnes verbreitete Unterstützung, wurde aber von Alexanders Feldherrn *Antipater* 331 v. Chr. geschlagen u. fiel.
4. *A. IV.*, König 244–241 v. Chr.; versuchte 243 v. Chr. zunächst legal u. 242 v. Chr. durch Staatsstreich mittels eines radikalen Reformprogramms Spartas soziale Mißstände zu beheben, scheiterte jedoch nach Anfangserfolgen u. wurde 241 v. Chr. von seinen Gegnern hingerichtet. *Kleomenes III.* setzte seine Reformen fort.

Aglabiden → Aghlabiden.

Agnaten [lat.], **1.** *german. Recht:* die Männer der Verwandtschaft von der Vaterseite; Gegensatz: Männer u. Frauen der Verwandtschaft von der Mutterseite u. Frauen der Vaterseite.
2. *röm. Recht:* die unter gleicher väterlicher Gewalt *(patria potestas)* lebende Hausgemeinschaft; Gegensatz: *Kognaten*, der weitere Kreis der (blutsverwandten) Sippe.

Agnes, Fürstinnen: **1.** *A. von Poitou* [-pwa'tu], *A. von Poitiers*, Kaiserin, *um 1025, †1077 Rom; 1043 Frau *Heinrichs III.*, 1056–1062 Regentin für ihren unmündigen Sohn *Heinrich IV.*
2. Herzogin bzw. Markgräfin von Österreich, *1075, †24. 11. 1143 Klosterneuburg; Tochter Kaiser *Heinrichs IV.*, in erster Ehe verheiratet mit dem Staufer *Friedrich I.*, in zweiter Ehe mit dem Babenberger *Leopold III.* Die Verschwägerung mit dem dt. Kaiserhaus führte zu einer Erhöhung des Ansehens der Babenberger. Nach einer Legende hat Leopold das Stift Klosterneuburg an jener Stelle erbauen lassen, an der der verlorengegangene Schleier seiner Frau bei der Jagd wiedergefunden worden war.
3. Königin von Ungarn, *1281, †11. 6. 1364 Königsfelden; Tochter des dt. Königs Albrecht I.; seit 1296 war sie verheiratet mit König *Andreas III.* von Ungarn, kehrte nach dessen Tod 1301 nach Österreich zurück, war 1308 Mitgründerin des Klosters Königsfelden (nahe der Habsburg im schweizer. Kanton Aargau) u. entfaltete von dort aus eine polit. u. kulturell bedeutsame Tätigkeit.

Agon [grch.], im antiken Griechenland ursprünglich sowohl Festversammlung als auch Kampfplatz, dann Streit, bes. friedl. Wettstreit, sportl. oder musischer Wettbewerb. Die Teilnehmer wurden als *Agonisten* bezeichnet. Anlaß waren u. a. Leichenfeiern, Siege, Rettung aus Gefahr, auch wiederkehrende Kultfeiern zu Ehren der Götter. Die wichtigsten gesamtgriech. A.e waren die *Olympischen, Pythischen, Isthmischen* u. *Nemeischen Spiele.*

Agora [die; grch.], ursprüngl. „Versammlung" des Heeres oder Volkes, wofür später Apella oder Ekklesia üblich wurde. A. bedeutete dann „Versammlungsort" u. schließl. „Marktplatz". Bes. gut erforscht ist die A. von Athen mit ihren für das polit. Leben wichtigen Gebäuden.

Agrarier, seit dem 19. Jh. gebräuchl. Bez. für polit. Interessenvertreter der Landwirtschaft, bes. des ostelb. Großgrundbesitzes. Die A. traten ursprünglich für den Freihandel ein u. vollzogen 1879 mit Bismarck die Wendung zur Schutzzollpolitik. Wichtigste Organisation war seit 1893 der Bund der Landwirte; parteipolit. Vertretung die Deutschkonservative Partei, später die Deutschnationale Volkspartei.

Agricola, Gnaeus Iulius, röm. Feldherr, *40 n. Chr. Forum Iulii (Fréjus), †93; 77–84 unter *Domitian* Statthalter von *Britannien*; Schwiegervater des *Tacitus*, der seine Biographie verfaßte.

Agricola, 1. eigentl. *Schneider*, Johannes, luth. Theologe u. Humanist, *um 1499 Eisleben, †22. 9. 1566 Berlin; Freund u. Schüler *Luthers*; lehrte gegen *Melanchthon* u. Luther die Unverbindlichkeit des mosaischen Gesetzes; ging dann 1540 als Hofprediger nach Berlin.
2. Michael, Reformator Finnlands, *1508 Pernaja, †9. 4. 1557 bei Wyborg; gilt als Begründer der finn. Schriftsprache.

Agrigento [-'dʒɛn-], *Agrigent*, bis 1927 *Girgenti*, italien. Stadt auf Sizilien, nahe der Südküste, Hptst. der Provinz *A.*, 56 000 Ew.; griech. Tempelruinen, Dom (14. Jh.).
Um 583 v. Chr. von Doriern aus Gela u. Rhodos als *Akragas* gegründet, von Pindar als „schönste Stadt der Sterblichen" gefeiert u. heute noch wegen ihrer gut erhaltenen Tempel aus dem 5. Jh. v. Chr. berühmt; Sitz der Tyrannen *Phalaris* (um 560 v. Chr.) u. *Theron* (489–472 v. Chr.), der zusammen mit Gelon von Syrakus 480 v. Chr. die Karthager bei Himera schlug; Heimat des Philosophen *Empedokles* (ca. 500–430 v. Chr.). Von den Karthagern 405 v. Chr. zerstört, errang A. ab 338 v. Chr. neue Bedeutung, wurde aber in den *Punischen Kriegen* 261, 255 u. 210 v. Chr. wieder schwer getroffen. Seit 241 v. Chr. war A. Provinzstadt der Römer, die es *Agrigentum* nannten, dann der Byzantiner. Von den Arabern erhielt es den Namen *Gergent*, was zu italien. *Girgenti* führte. Die Rückbenennung in A. erfolgte 1927. Die heutige Stadt umfaßt nur den Raum der Akropolis des griech. Akragas.

Agrippa, Marcus Vipsanius, röm. Feldherr, Freund des Kaisers *Augustus*, *63 v. Chr., †12 v. Chr.; besiegte 36 v. Chr. Sextus *Pompeius* u. 31 v. Chr. bei Aktium *Antonius*; heiratete 21 v. Chr. die Kaisertochter *Julia*; Feldherr in mehreren röm. Provinzen. A. erbaute das Pantheon in Rom u. ließ eine Weltkarte anfertigen.

Agrippina, 1. *A. die Ältere*, *14 v. Chr., †33 n. Chr.; Tochter des M. Vipsanius *Agrippa*, Gemahlin des *Germanicus*, Mutter des *Caligula*; nach dem Tod ihres Mannes von *Tiberius* auf die Insel Pandateria verbannt, wo sie durch Selbstmord starb.
2. *A. die Jüngere*, röm. Kaiserin (Augusta) 50 n. Chr., Tochter von 1), *15 n. Chr., †59 n. Chr. Baiae; von ihrem Bruder *Caligula* verbannt, von Kaiser *Claudius* zurückgerufen u. geheiratet; erreichte die Adoption ihres Sohnes *Nero*, vergiftete ihren Mann, ließ Nero zum Kaiser ausrufen u. wurde auf dessen Betreiben ermordet; schrieb Memoiren, die *Tacitus* u. andere Historiker benutzt haben.

Ägypten ET

Arabische Republik Ägypten

Fläche: 1 101 449 km². – *Einwohner:* 56,0 Mill. – *Hauptstadt:* Kairo. – *Landessprache:* Arabisch. – *Nationalfeiertage:* 23. 7. und 6. 10. – *Währung:* 1 Ägyptisches Pfund = 100 Piaster = 1000 Milliemes. – *Lage:* zwischen 22° und 32° n Br. sowie 25° und 36° ö. L. – *Zeitzone:* Mitteleuropäische Zeit + 1 Std. – *Grenzen:* im N Mittelmeer, im NO Israel, im O Rotes Meer, im S Sudan, im W Libyen. – *Staatsform:* präsidiale Republik.

Altertum: In der Jungsteinzeit bezeugen die Kulturen von *Merimde, Faiyum* u. *Omari* in Unter-Ä. eine seßhafte Bevölkerung. Der oberägypt. Raum zeigt die einander folgenden Kulturen von *Tasa* u. *Negade I* u. *II.* Nach Kämpfen im Norden schloß die Einigung beider Landesteile die vorgeschichtl. Zeit ab. Dieser Staatsbildungsprozeß ermöglichte zusammen mit der Schrift- u. Kalenderentwicklung den Aufbau einer Verwaltungshierarchie. Zunächst regierten die Könige (für die sich das hebräische Lehnwort „Pharao" eingebürgert hat) von wechselnden Pfalzen aus das Land. Nach Unruhen u. Konsolidierungsanstrengungen in der Thinitenzeit kam es in der 3. Dynastie zu einem kulturellen Höhepunkt unter *Djoser:* es entstand ein straff gelenkter Zentralstaat mit fester Residenz in Memphis, Gaueinteilung, geregelter Bewässerungswirtschaft u. Güterversorgung. Der König galt als Gott; diese Rolle fand in der 4. Dynastie ihren großartigen Ausdruck in den königl. Grabbauten (Pyramiden) u. der völligen Ausrichtung der stark differenzierten Beamtenschaft sogar auf den verstorbenen König. In der 5. Dynastie rückte die Verehrung des heliopolit. Sonnengottes, als dessen Sohn der König definiert wurde, mit der Errichtung von Sonnenheiligtümern in den Vordergrund; im Gegenzug tauchte der Kult des Osiris als Friedensgott u. Totenherrscher auf, mit dem der Kö-

Daten der altägyptischen Geschichte

Die Jahreszahlen können erst ab 664 v. Chr. als feststehend gelten. Davor sind je nach Berechnungsgrundlage Abweichungen um 5–10 Jahre, vor dem Mittleren Reich auch um mehrere Jahrzehnte möglich.

Vorgeschichte	
5. Jahrtausend v. Chr.	Jungsteinzeitl. Kulturen
4300–3500	Negade I
3500–3000	Negade II
3000–2955	Reichseinigung
Frühgeschichte (Thinitenzeit)	
2955–2665	1./2. Dynastie
Altes Reich	
2665–2570	3. Dynastie; Djoser
2570–2470	4. Dynastie; Snofru, Cheops, Chephren
2470–2155	5./6. Dynastie
1. Zwischenzeit	
2155–2040	7.–10. Dynastie; Unruhen
2130–1994	11. Dynastie; Mentu-hotep II.
Mittleres Reich	
1994–1781	12. Dynastie
1781–1650	13./14. Dynastie; Auflösung des Staates
2. Zwischenzeit	
1650–1550	15./16. Dynastie; Hyksos in Unterägypten
1650–1550	17. Dynastie; Kamose, Ahmose
Neues Reich	
1550–1305	18. Dynastie; Aufstieg Thebens
1490–1470	Hatschepsut
1490–1436	Thutmosis III.
1364–1347	Echnaton u. Nofretete
1346–1337	Tutanchamun
1330–1305	Haremhab
1305–1193	19. Dynastie; Ramessiden
1290–1224	Ramses II. (Schlacht bei Kadesch)
1193–1080	20. Dynastie; Ramessiden
1193–1162	Ramses III.
3. Zwischenzeit	
1080–945	Unterägypten: 21. Dynastie; Smendes – Oberägypten: Thebanischer Gottesstaat
945–718	22. Dynastie; libysche Herrschaft
945–924	Schoschenk I.
820–718	23. Dynastie; rivalisierende libysche Könige
730–710	24. Dynastie; Herrschaft der Fürsten von Sais in Unterägypten
745–653	25. Dynastie; Herrschaft der Könige von Kusch, zunächst über Oberägypten
740–713	Pije; Eroberung von Ägypten
690–664	Taharka
Spätzeit	
664–525	26. Dynastie; Herrschaft der Saïten
664–610	Psammetich I.
525–404	27. Dynastie; 1. Perserherrschaft
404–342	28.–30. Dynastie
342–332	31. Dynastie; 2. Perserherrschaft
332	Eroberung Ägyptens durch Alexander d. Gr.
Griechisch-römische Zeit	
332–30	Griech. (makedon.) Herrschaft
ab 305	Dynastie der Ptolemäer
51–30	Kleopatra VII., Ägypten wird röm. Provinz
30 v.–395 n. Chr.	Herrschaft der röm. Kaiser
395	Ägypten fällt durch Reichsteilung an Ostrom

nig nach dem Tode wesensgleich wurde. Mit dem Ende der 6. Dynastie ging das Alte Reich unter; in Mittel- u. Ober-Ä. usurpierten rivalisierende Gaufürsten die Macht.
Die 1. Zwischenzeit mit sozialen Umbrüchen, wirtschaftl. Katastrophen (Hungersnöte) u. unübersichtl. Regierungsverhältnissen beendete ein theban. Gaugraf, der als *Mentu-hotep II.* zum Gründer des Mittleren Reichs wurde. Die 12. Dynastie führte die Neugliederung des Reiches mit Hilfe einer Beamtenschaft durch, die vielfach der erstarkten Mittelschicht entstammte. Weitgespannte Handelsbeziehungen (Nubien), Kolonisierung des Oasengebietes Faiyum sowie gleichzeitig die Erweiterung der Landesgrenzen in Kusch u. Palästina prägten die Zeit. In der 13. u. 14. Dynastie wurde die Einheit Ä.s durch schwache Könige u. Usurpation wieder gefährdet: es drangen asiat. Gruppen verschiedener ethnischer Zugehörigkeit ein, die unter dem Namen *Hyksos* (Herrscher der Fremdländer) auftraten. Sie führten Pferd u. Streitwagen ein. Beim Befreiungskampf gegen die ausländ. Besatzung mußten sich die theban. Fürsten *Kamose* u. *Ahmose* gleichzeitig mit den Hyksos u. deren Verbündeten, den Nubiern, auseinandersetzen. Nach siegreichem Kampf gründete Ahmose die 18. Dynastie aus seinem theban. Fürstengeschlecht.
Das Neue Reich baute auf militär. Eroberungen auf. Bereits *Thutmosis I.* drang bis zum Euphrat u. zum 5. Katarakt vor. *Thutmosis III.*, dessen Stiefmutter *Hatschepsut* ihm lange Zeit als offizielle Königin die Herrschaft vorenthielt, setzte die Feldzüge im syrischen Raum fort. Eine reiche Prachtentfaltung wurde durch immense Tributlieferungen der Vasallenstaaten möglich. Während der Amarna-Periode, die durch die religiöse Revolution (Aton-Monotheismus) des *Echnaton* geprägt war, gingen die neueroberten Gebiete verloren. Noch unter *Tutanchamun* leitete der spätere König *Haremhab* eine Wiederherstellung der alten inneren Ordnung sowie der ehemaligen Landesgrenzen ein. In der 19. Dynastie ragte *Ramses II.* hervor, der in 67jähriger Herrschaft gewaltige Bauvorhaben durchführte u. nach der Schlacht von Kadesch mit den Hethitern einen Friedensvertrag schloß. *Merenptah* wehrte einen gemeinsamen Großangriff der Libyer u. der „Seevölker" ab. *Ramses III.* besiegte nochmals in entscheidenden Schlachten Libyer u. „Seevölker", bevor das Reich durch Korruption in Wirtschaftskrisen geschwächt wurde. Unter den folgenden Ramessiden verlor Ä. seine Weltmachtstellung u. zerfiel in bürgerkriegsähnl. Aufständen.
Im Süden entstand der theban. Gottesstaat mit dem Hohenpriester *Herihor* an der Spitze, im Norden wurde *Smendes* König der 21. Dynastie mit Sitz in Tanis. Der Libyer *Schoschenk I.* riß die Krone an sich; die 22. Dynastie kontrollierte gleichzeitig den Gottesstaat, indem die Könige als Hohepriester den einheim. Priesterfamilien vorstanden. In der 23. u. 24. Dynastie war Ä. in rasch wechselnde Machtgruppierungen zerfallen, bis es von dem nubischen König *Pije* erobert wurde. Unter der Regierung des *Taharka* u. seiner Nachfolger drangen die Assyrer seit 674 in mehreren Vorstößen nach Ä. vor. *Psammetich I.*, zunächst Vasall der Assyrer, befreite Ä. u. vertrieb mit Hilfe griech. Söldner die Nubier aus Ober-Ä. *Psammetich III.* mußte die Herrschaft den Persern überlassen. Zwischen der 1. u. 2. Perserherrschaft gewann Ä. für kurze Zeit seine Unabhängigkeit zurück.
Nach der Eroberung Ä.s durch Alexander d. Gr. gelangte die makedon. Ptolemäerdynastie auf den Thron (Hauptstadt Alexandria), von der durch den Eingriff Cäsars beim Tod der Königin *Kleopatra VII.* die Macht auf das röm. Reich überging: Ä. wurde röm. Provinz. Bei der Reichsteilung 395 n. Chr. fiel

Ägypten: Amuntempel, seitlicher Gang, in Karnak

das inzwischen christianisierte Ä. an das oström. Reich, unter dessen Herrschaft es bis ins 7. Jh. verblieb.
Mittelalter: 616 unterbrachen die pers. Sassaniden für kurze Zeit die byzantin. Herrschaft. Nach der Eroberung durch die mosl. *Araber* 640/41 gehörte Ä. zum Islam. Reich. Die von Ahmed Ibn Tulun begründete Dynastie der *Tuluniden* (868–905) stellte von den Kalifen unabhängige Statthalter. Ihr folgte 935–969 die Dynastie der *Ichschididen.* Diese wurden von den schiit. *Fatimiden* verdrängt, die Ä. von Libyen her eroberten u. es zum Kernland ihrer bis 1171 dauernden Herrschaft machten. 1171 führte die von Saladin begründete Dynastie der *Ajjubiden* Ä. zu neuer Macht u. kultureller Blüte. Wirtschaftl. erstarkte Ä. unter den *Mamluken-Sultanen* (1250–1517) anfängl. weiterhin, bald aber schwächten es innerdynast. Kämpfe so, daß es 1517 dem Angriff der Türken erlag. Die Verwaltung blieb unter türk. Oberhoheit in den Händen der Mamluken-Paschas. Infolge der Verlagerung des Handels durch die Entdeckung des Seewegs nach Indien verfiel der Reichtum des Landes mehr u. mehr.
Neuzeit: Mit der türk. Armee, die die Ä.expedition Napoleons I. bekämpfen sollte, kam aus Makedonien der Offizier *Mohammed Ali*, verdrängte den türk. Statthalter u. übernahm 1805 die Regierung. 1806 wurde er als Statthalter von Ä. anerkannt. Ein brit. Landungskorps, das von den in Ober-Ä. noch herrschenden Mamluken-Beis gerufen worden war, schlug er im April 1807 bei Rosette. Im März 1811 ließ er etwa 300 Anführer der Mamluken in der Zitadelle von Kairo töten u. brach ihre Macht im Land. 1811–1818 zerstörte er das Reich der Wahhabiten in Arabien, unterwarf 1820–1822 Teile des oberen Niltals (Sudan) u. bemächtigte sich 1833 Syriens. Dieses mußte er 1840 unter dem Druck der europ. Mächte an den osman. Sultan zurückgeben, wurde aber dafür als erbl. Vizekönig anerkannt.
1848 überließ er die Regierung seinem Sohn Ibrahim, der im gleichen Jahr starb. Ihm folgten Abbas I. (1848–1854), Said (bis 1863) u. Ismail (1863–1879), unter dem 1869 der Suezkanal gebaut wurde.
Schon Mohammed Ali hatte mit der Einführung moderner Technik in Ä. begonnen, hauptsächlich um seine Armee zu stärken. In Europa (vor allem Frankreich) ausgebildete Offiziere bildeten Keimzellen einer moder-

nen nationalist. Bewegung, deren Ziel die Wiedergeburt eines starken ägypt. Staates war. Darin waren sie sich mit den seit etwa 1880 erstarkenden islam. Traditionalisten einig, die jedoch eine Übernahme westl. Kultur, bürgerl., gesellschaftl. u. polit. Strukturen ablehnten. Die Nachfolger Mohammed Alis bemühten sich weiter, Ä. zu modernisieren u. zu industrialisieren, gerieten jedoch dabei in unheilbare internationale Verschuldung. 1875 mußte Vizekönig Ismail den ägypt. Anteil an den Suezkanal-Aktien England überlassen. Frankreich u. England übernahmen die Kontrolle der ägypt. Staatsfinanzen. Gegen diese Demütigung erhoben sich 1881 nationalist. Offiziere mit *Ahmed Arabi* an der Spitze. Am 11. 7. 1882 landeten brit. Truppen u. schlugen die ägypt. Armee bei Tell Al Kebir.

Bis nach dem 2. Weltkrieg blieb Ä. von Großbritannien besetzt, obwohl die Oberhoheit des Osman. Reichs bis 1914 formell weiterbestand u. die Dynastie Mohammed Alis auf dem Thron blieb. Unter brit. Führung zerstörten ägypt. Truppen 1896–1898 das Reich des Mahdi im Sudan, wo die ägypt. Herrschaft 1881 zusammengebrochen war. 1899–1956 wurde der Sudan als brit.-ägypt. Kondominium verwaltet.

1879–1892 war Taufik Vizekönig, ihm folgte Abbas II. Hilmi. Die Regierung lag aber in den Händen des brit. Generalkonsuls Lord Cromer. 1914 wurde Ä. auch offiziell *brit. Protektorat* unter Hussain Kamil als Vizekönig, dem 1917 Fuad folgte. 1922 nahm er als

Ägypten: Prinzessin aus Amarna; 18. Dynastie. Berlin, Staatliche Museen Preußischer Kulturbesitz, Ägyptisches Museum

Fuad I. den Königstitel an, jedoch blieb das Land von Großbritannien abhängig. Die bürgerl.-nationalist. Bewegung, seit 1918 unter Führung von Saad Saghlul, dann von Mustafa Nahas in der Wafd-Partei organisiert (arab. *Wafd,* „Abordnung"), durfte zwar zeitweilig Regierungsämter besetzen, konnte jedoch an der Ohnmacht Ä.s nichts ändern. Aufgrund eines unter König *Faruk I.* abgeschlossenen brit.-ägypt. Bündnisvertrags vom 26. 8. 1936 wurde die brit. militär. Besatzung immerhin auf die Suezkanalzone beschränkt. Im 2. Weltkrieg schlugen brit. u. verbündete Truppen 1942 das dt. Afrikakorps u. die italien. Armee bei Al Alamein. Die ägypt. Armee beteiligte sich nicht an den Kämpfen, jedoch zog sie 1948 zusammen mit anderen arab. Armeen gegen den neuen Staat Israel zu Feld u. wurde in die arab. Niederlage verwickelt. Beim Waffenstillstand am 24. 2. 1949 übernahm Ä. die Verwaltung des Gaza-Streifens.

Seit 1949 wurde der Geheimbund der „Freien Offiziere" aktiv. Nach einem Staatsstreich am 23. 7. 1952 zwang er Faruk zur Abdankung. Am 18. 6. 1953 wurde die *Republik Ä.* proklamiert. Als Staats-Präs. amtierte zunächst General M. *Nagib*; 1954 übernahm der Führer der Freien Offiziere, Oberst G. A. *Nasser,* das Präsidentenamt. Er errichtete schrittweise ein diktator. Regime u. suchte eine sozialist. Ordnung eigener Prägung zu schaffen. Eine Bodenreform wurde eingeleitet u. ein Teil der Wirtschaft verstaatlicht. Polit. Gegner wurden mit polizeistaatl. Mitteln verfolgt. Als Massenbasis sollte eine Einheitspartei dienen (seit 1962 unter dem Namen *Arabische Sozialistische Union,* ASU). Die Frauen erhielten das Stimmrecht. Jedoch gewannen Partei u. Parlament kein polit. Gewicht. Ä. blieb ein bürokratisch regiertes Land mit militär. Spitze.

Außenpolitisch bemühte sich Nasser zunächst um Zusammenarbeit mit dem Westen u. übernahm dann eine führende Rolle in der Bewegung der Blockfreien. Die Propaganda u. die Guerillatätigkeit gegen Israel wurden verstärkt. Aufgrund eines Abkommens von 1954 verließen die letzten brit. Truppen im Juni 1956 die Kanalzone. Wenig später verstaatlichte Ä. den Suezkanal. Großbritannien, Frankreich u. Israel griffen daraufhin im Okt. 1956 Ä. militärisch an. Israelische Truppen stießen bis zum Suezkanal vor, doch unter dem Druck der USA u. der UdSSR mußten sich die Angreifer zurückziehen. In der Folge knüpfte Ä. engere Beziehungen zur UdSSR. Mit sowjet. Hilfe begann es 1959 den Bau des Hochdamms von Assuan.

1958 schloß sich Ä. mit Syrien zur *Vereinigten Arabischen Republik* (VAR) zusammen; 1961 löste sich Syrien wieder aus der Verbindung. 1963–1967 unterstützte Ä. mit Truppen u. Material die Republikaner im jemenit. Bürgerkrieg. Militärisch u. wirtschaftlich geriet es in zunehmende Abhängigkeit von der UdSSR. Im Mai 1967 sperrte Ä. den Golf von Aqaba für israel. Schiffe u. erzwang den Abzug der UN-Truppen, die seit 1957 die ägypt.-israel. Waffenstillstandslinie abschirmten. Daraufhin kam es mit einem israel. Präventivschlag zum „Sechstagekrieg", in dem Ä. eine schwere Niederlage erlitt. Israel eroberte die gesamte Sinaihalbinsel. Die UN erreichten eine Feuereinstellung am Suezkanal. Der Kanal selbst wurde unpassierbar.

Nasser bot seinen Rücktritt an, blieb jedoch nach Volkskundgebungen zu seinen Gunsten im Amt. Mit sowjet. Hilfe wurde Ä. rasch wieder aufgerüstet. Am Suezkanal kam es schon bald wieder zu Feuergefechten zwischen Ä. u. Israel („Zermürbungskrieg"). 1970 trat mit US-amerikan. Vermittlung eine Feuerpause ein, der jedoch keine Friedensverhandlungen folgten.

Im gleichen Jahr starb Nasser. Sein Nachfolger, der bisherige Vize-Präs. A. As *Sadat,* leitete nach Konsolidierung seiner Macht u. Ausschaltung von Rivalen eine liberale Wirt-

Ägypten (Könige oder Pharaonen)

Auswahl
Die Jahreszahlen können erst ab 664 v. Chr. als absolut gelten. Davor sind je nach Berechnungsgrundlage Abweichungen um 5–10 Jahre, vor dem Mittleren Reich auch um mehrere Jahrzehnte möglich.

Frühgeschichte		
1. Dynastie:	Hor Aha (Menes)	2960–2930 v. Chr.
2. Dynastie:		2780–2640
Altes Reich		
3. Dynastie:	Djoser	2620–2600
4. Dynastie:	Snofru	2570–2545
	Cheops	2545–2520
	Chephren	2510–2485
	Mykerinos	2485–2455
5. Dynastie:	Userkaf	2450–2442
	Sahure	2442–2430
	Niuserre	2390–2360
	Unas	2310–2290
6. Dynastie:	Teti	2290–2268
	Pepi I.	2268–2228
	Pepi II.	2221–2157
1. Zwischenzeit		
7. Dynastie (Interregnum):		2155
8. Dynastie:		2155–2135
9. u. 10. Dynastie:		2135–2040
11. Dynastie:	Mentu-hotep I.	2134–2118
	Mentu-hotep II.	2061–2010
	Mentu-hotep III.	2010–1998
Mittleres Reich		
12. Dynastie:	Amenehmet I.	1991–1971
	Sesostris I.	1971–1929
	Amenehmet II.	1929–1897
	Sesostris III.	1878–1842
	Amenehmet III.	1842–1798
	Amenehmet IV.	1798–1789
13. und 14. Dynastie:	(Auflösung des Staates)	1781–1650
2. Zwischenzeit		
15. und 16. Dynastie (Hyksos):		1650–1550
17. Dynastie (Theben):		1650–1550
Neues Reich		
18. Dynastie:	Amosis I.	1554–1529
	Amenophis I.	1529–1508
	Thutmosis I.	1508–1493
	Thutmosis II.	1493–1490
	Hatschepsut	1490–1470
	Thutmosis III.	1490–1439
	Amenophis II.	1439–1413
	Thutmosis IV.	1413–1403
	Amenophis III.	1403–1365
	Amenophis IV.	1365–1349
	Tutanchamun	1346–1336
	Haremhab	1332–1305
19. Dynastie:	Ramses I.	1305–1303
	Sethos I.	1303–1290
	Ramses II.	1290–1224
	Merenptah	1224–1214
	Amenmesse	1214–1210
	Sethos II.	1210–1204
20. Dynastie:	Sethnachte	1196–1193
	Ramses III.	1193–1162
	Ramessiden (Ramses IV.–XI.)	1162–1080
3. Zwischenzeit		
21. Dynastie:	Smendes	1080–1054
	Psusennes	1054–1004
	Amenophtis	1004–985
	Psusennes II.	960–946
22. Dynastie:	Schoschenk I.	946–925
	Orsorkon II.	888–860
23. Dynastie:	(rivalisierende libysche Könige)	820–718
24. Dynastie: (in Sais):	Tefnachte	740–718
25. Dynastie (Kuschiten):	Pije	740–713
Spätzeit		
	Schabako	713–698
	Taharka	690–610
26. Dynastie:	Psammetich I.	664–610
	Necho	610–595
	Psammetich II.	595–570
	Amosis	570–526
27. Dynastie: (1. Perserherrschaft)		525–404
28. bis 30. Dynastie:		404–342
31. Dynastie: (2. Perserherrschaft)	Alexander d. Gr.	332–323
Griechisch-römische Zeit		
	Ptolemäer	ab 305
	Kleopatra VII.	51–30
	römische Herrschaft	ab 30 v. Chr.

schaftspolitik ein u. lockerte das diktator. Regime. Der Polizeiterror wurde abgeschafft, ein gewisses Maß an bürgerl. Freiheiten wiederhergestellt. Außenpolitisch löste Sadat die Bindung an die UdSSR u. wandte sich dem Westen zu. Im Okt. 1973 führte er Ä. in den vierten Krieg gegen Israel, der mit einem koordinierten ägypt.-syrischen Angriff begann. Ägypt. Truppen konnten auf dem Ostufer des Suezkanals Fuß fassen; allerdings entging eine ägypt. Armee auf dem Westufer nur dadurch der Einkesselung, daß der UN-Sicherheitsrat einen Waffenstillstand erzwang. Mit US-amerikan. Vermittlung wurden 1974/75 zwei Truppenentflechtungsabkommen geschlossen, die zu einem Teilrückzug Israels auf dem Sinai führten u. die Wiedereröffnung des Suezkanals ermöglichten.
Um die psycholog. Barrieren zu durchbrechen, die einem Friedensschluß entgegenstanden, unternahm Sadat im Nov. 1977 eine spektakuläre Reise nach Jerusalem. Ä. erklärte sich als erstes arab. Land bereit, Israel völkerrechtlich anzuerkennen. Nach langwierigen Verhandlungen, in die mehrmals der US-amerikan. Präs. J. *Carter* als Vermittler eingriff, wurde am 26. 3. 1979 in Washington der ägypt.-israel. Friedensvertrag unterzeichnet; er trat am 25. 4. 1979 in Kraft. Der Vertrag sah u. a. die vollständige Räumung des Sinai durch Israel binnen drei Jahren sowie die Aufnahme von Verhandlungen über die Autonomie der palästinens. Araber in den von Israel besetzten Gebieten vor. Die Räumung des Sinai wurde vertragsgemäß im April 1982 abgeschlossen. Hingegen blieben die Autonomieverhandlungen ohne Ergebnis. Die meisten arab. Staaten lehnten den Friedensschluß ab u. ergriffen Boykottmaßnahmen gegen Ä. Die ägypt. Mitgliedschaft in der Arab. Liga wurde bis 1989 suspendiert.
Innenpolitisch setzte Sadat seinen Kurs der Liberalisierung fort. Die ASU wurde 1978 aufgelöst u. ein Mehrparteiensystem eingeführt. Die Machtposition des Präsidenten blieb jedoch unangetastet. Die von Sadat unterstützte Nationaldemokratische Partei erhielt bei Parlamentswahlen die überwältigende Mehrheit. Der Friedensschluß mit Israel brachte nicht den erhofften wirtschaftl. Aufschwung. Dies führte zu Unzufriedenheit in der Bevölkerung u. stärkte die Gegner der prowestl. Politik Sadats. 1981 fiel Sadat einem Attentat zum Opfer. Die Täter entstammten Kreisen, die einen islamischen Fundamentalismus vertraten.
Neuer Präsident wurde der bisherige Vizepräsident Hosni *Mubarak*. Er setzte die Politik der Zusammenarbeit mit dem Westen fort, verhielt sich jedoch reserviert gegenüber Israel u. war nicht ohne Erfolg bemüht, die Isolierung Ä.s innerhalb des arab. Lagers zu überwinden. Innenpolitisch zeigte er Entgegenkommen gegenüber der Opposition: Die Wahlchancen für die kleinen Parteien wurden verbessert, u. die Presse erhielt mehr Bewegungsfreiheit für Kritik an Maßnahmen der Regierung. Nach Ablauf seiner sechsjährigen Amtsperiode wurde Mubarak 1987 u. 1993 mit großer Mehrheit wiedergewählt. Im Golfkonflikt 1990/91 stellte sich Ä. auf die Seite der USA. Die ungelösten Wirtschaftsprobleme Ä.s führten seit Beginn der 1990er Jahre zu einer Stärkung des militanten islam. Fundamentalismus.

Ägypten: Harfenspieler. Wandgemälde aus einem Grab in Theben-West

Ägyptische Expedition: Sieg der Franzosen über die Türken bei Abu Qir am 25. 7.1799; Gemälde von L. F. Lejeune, 1804. Nationalmuseum, Versailles

Ägyptische Expedition, der Feldzug *Napoleons I.* in Ägypten 1798 (nach dem Friedensschluß von Campo Formio), der Englands Verbindungsweg nach Indien abschneiden sollte. Ausgang von Toulon 19. 5. 1798, Eroberung der am Wege gelegenen Insel Malta, Besetzung Alexandrias, Einzug in Kairo. Die engl. Flotte besiegte jedoch am 1. 8. die französ. bei *Abu Qir* (Abukir). Der französ. Vormarsch geriet ins Stocken, Napoleon segelte heimlich nach Paris zurück u. überließ General Kléber den Oberbefehl. Dieser behauptete sich gegen ägypt.-türk. Heere, wurde aber am 14. 6. 1800 in Kairo ermordet. Seinen Nachfolger Menou schlugen die Engländer 1801 u. gewährten ihm freien Abzug.
Große Bedeutung erlangte die Ä. E. durch die Forschungen des von Napoleon mitgeführten Gelehrtenstabs, der erstmals eine Bestandsaufnahme der ägyptischen Altertümer durchführte.

Ägyptologie, die Wissenschaft von der Sprache, Geschichte u. Kultur des ägypt. Altertums bis zum Beginn der Römerherrschaft.

Ahab, nordisraelit. König 871–852 v. Chr., wegen Einführung fremder sozialer u. religiöser Praktiken von *Elia* bekämpft.

Ahlener Programm, am 3. 2. 1947 von der CDU der brit. Besatzungszone verabschiedetes wirtschaftl.-soziales Reformprogramm, in dem „eine neue Struktur der Wirtschaft" jenseits der unumschränkten Herrschaft des privaten Kapitalismus u. des Staatskapitalismus gefordert wurden.

Ahmed, [ax-], *Achmed*, Fürsten. Jemen: **1.** *A. Saif Al Islam*, Imam u. König des Jemen 1948–1962, * 1896 San'a, † 18. 9. 1962 San'a; Nachfolger seines Vaters Jahja. In seiner Regierungszeit bestand 1958–1961 der Zusammenschluß mit der Vereinigten Arab. Republik (Ägypten u. Syrien) zu den Vereinigten Arab. Staaten. Nach A.s Tod brach der Bürgerkrieg in Jemen aus, der mit der Vertreibung seiner Familie endete.
Osman. Reich: **2.** *A. I.*, Sultan 1603–1617, * 18. 4. 1590 Magnesia, † 22. 12. 1617 Istanbul; führte Krieg gegen Kaiser Rudolf II. u. gegen Schah Abbas I.; ließ die Blaue Moschee in Istanbul erbauen.
3. *A. III.*, Sultan 1703–1730, * 1673, † 30. 6. 1736; Regent während der „Tulpenzeit"; 1716 von Prinz Eugen bei Peterwardein geschlagen, mußte den Frieden von Passarowitz schließen; von den Janitscharen am 1. 10. 1730 wegen seines Zögerns in der Kriegführung gegen den Iran abgesetzt (Aufstand des Patrona Halil).

Ahmed Ibn Tulun, erster selbständiger Herrscher im islam. Ägypten u. Syrien 868–884, * 835, † März 884 Antiochia; nach ihm ist die 876–879 erbaute Ibn-Tulun-Moschee in Kairo benannt.

Ahmed Schah, *Achmad Schah*, Schah von Iran 1909–1925, * 20. 1. 1898 Tabriz, † 27. 2. 1930 Neuilly; letzter Herrscher aus der Kadscharen-Dynastie; wurde 1924 von *Riza Schah* zum Verlassen des Landes gezwungen.

Ahmed Schah Durrani, Emir der Afghanen 1747–1773, * um 1723 (?), † 1773 (?); Begründer des afghan. Staats u. der Durrani-Dynastie (1747 bis 1826), eroberte auch Nordwestindien; siegte 1761 bei Panipat über die Marathen.

Ahmose [ax-], ägypt. *Jahmesu*, ägypt. König der 18. Dynastie, regierte ca. 1552–1527 v. Chr. A. vertrieb die → Hyksos aus Ägypten u. unterwarf Nubien; er gilt als Begründer der 18. Dynastie. Seine Gemahlin *Ahmes-nefertari*, Stammutter der Dynastie, wurde als Heilige in Theben bis in die 20. Dynastie verehrt.

„Ahnenerbe", Wissenschaftseinrichtung der SS, gegr. 1935, gefördert von H. *Himmler*; befaßte sich im Sinne der Germanenideologie mit Vorgeschichte u. Volkskunde, später auch mit anderen Wissenschaften; organisierte ab 1942 Menschenversuche an KZ-Häftlingen.

Ahnenforschung → Genealogie.

Ahnenprobe, *Adelsprobe,* Nachweis adeliger Abstammung bis zur 4. oder 5. Generation (8 oder 16 Ahnen). Die A. war im MA für die Zulassung zu Turnieren u. bei der Bewerbung um Stellen in adeligen Stiften, Domkapiteln, Ritterorden u.a. von Bedeutung. Der Nachweis wurde durch Urkunden oder durch Beibringung standesgleicher Zeugen (Aufschwörung) erbracht. Das Ergebnis der A. wurde in einer Ahnentafel niedergelegt.

Ahnentafel, schemat. Aufzeichnung der Ahnen eines Menschen (des „Probanden"). Die A. beginnt mit dem Probanden u. seinen Eltern als der untersten genealog. Einheit u. wird mit den Elternpaaren des Vaters u. der Mutter fortgesetzt usw. Der Proband führt die Nr. 1, der Vater Nr. 2, die Mutter Nr. 3, der Großvater väterlicherseits Nr. 4 usw. Auf diese Weise wird erreicht, daß alle männl. Ahnen eine gerade, alle weibl. Ahnen eine ungerade Nummer kennzeichnet. Soweit die Ahnen Wappen geführt haben, werden diese in die A. eingezeichnet.

Ahrensburg-Kreis, *Ahrensburger Kultur,* archäolog. Funde von spezialisierten Rentierjägern der ausgehenden Eiszeit (Dryaszeit); kennzeichnend sind Stielspitzen aus Feuerstein u. viele Mikrolithen. Verbreitung von den Niederlanden bis etwa Berlin u. von Holstein bis zum nördl. Rand der Mittelgebirge. Die wichtigste Fundstelle ist *Stellmoor* bei Ahrensburg. Dort wurden zahlreiche Geräte aus Feuerstein, Knochen, Rengeweih u. Holz gefunden. Im Wasser versenkte Rentiere u. ein von einem Rentierschädel gekrönter Holzpfahl zeugen von Opfern im Rahmen des Jagdkults.

Aichbühl, im Federseemoor ausgegrabenes Dorf der Jungsteinzeit.

Aigai, *Ägä,* alte Hptst. Makedoniens, durch *Pella,* den späteren Königssitz, unter *Archelaos von Makedonien* (413–399 v. Chr.) abgelöst. In A. wurde Philipp II. von Makedonien 336 v. Chr. ermordet.

Aigina, *Ägina,* griech. Vulkaninsel im *Saronischen Golf* zwischen Attika u. Peloponnes, 83 km², 10000 Ew.

Infolge weitreichenden Handels schon Mitte des 7. Jh. v. Chr. Prägung von Silbermünzen; zu Beginn des 5. Jh. v. Chr. Bau bedeutender Tempel, vor allem für Apollon u. die bald mit Athena gleichgesetzte *Aphaia*; die als „Ägineten" bezeichneten Giebelfriese des letzteren befinden sich in der Glyptothek in München. Die Athener unterwarfen A. 459 v. Chr., zwangen es in den 1. Attischen Seebund u. vertrieben 431 v. Chr. sogar seine Bevölkerung. Erst 407 v. Chr. konnte sie zurückkehren; ihr Haß gegen Athen dauerte im 4. Jh. v. Chr. an. Danach weist A. die wechselvolle Geschichte eines den Großmächten ausgelieferten Kleinstaates auf. Im MA verödete die Insel.

Aigles [ɛːgl; frz., „Adler"], Bez. für die mit einer Adlerspitze versehenen Regimentsfahnen der napoleon. Armee.

Aigospotamoi, *Ägospotami,* Fluß u. Stadt auf der thrakischen Chersones (Dardanellen- oder Gallipolihalbinsel), Schauplatz des 405 v. Chr. den Peloponnesischen Krieg entscheidenden Siegs *Lysanders* über die Athener.

Aiguillon [ægi'jɔ̃], Emmanuel Armand Vignerot-Duplessis-Richelieu, Herzog von, französ. Politiker, *31. 7. 1720, †1. 9. 1782 Paris; 1753 Gouverneur der Bretagne, 1770–1774 Außenminister u. Verfechter einer Reformpolitik im Verein mit R. N. de *Maupeou* u. J. M. de *Terray.*

Aihun, *Aigun,* heute *Aihui,* chines. Stadt am Amur. Im *Vertrag von A.* vom 28. 5. 1858 trat China das linke Amur-Ufer vom Fluß Argun bis zur Mündung an Rußland ab; das Gebiet zwischen Ussuri u. der Küste wurde gemeinsamer russ.-chines. Verwaltung unterstellt. Im Vertrag von Peking 1860 bestätigt, wurde der Vertrag von A. 1969 zum Ausgangspunkt des sowjet.-chines. Grenzkonflikts, weil ihn China als „ungleichen Vertrag" – d.h. unter Druck unterzeichnet – ablehnte.

Aijubiden → Ajjubiden.

Airlanga, *Airlangga,* König von Java 1016–1049; Sohn eines balines. Königs u. einer javan. Prinzessin. Nach A.s Tod wurde das Reich geteilt u. A. als Buddha u. Wischnu verehrt.

Aïscha, *A'iša,* Mohammeds jüngste Lieblingsfrau, Tochter Abu Bakrs, *um 613 Mekka, †Juli 678 Medina; nach Mohammeds Tod war sie hochgeehrt u. hatte große Autorität. Sie intrigierte gegen Ali während dessen Kalifat u. büßte nach der verlorenen „Kamelschlacht" (der sie in einer Kamelsänfte zusah) allen Einfluß ein.

Aischines [ais'çi-], lat. *Aeschines,* attischer Redner, *um 390 v. Chr. Athen, †um 315 v. Chr.; zunächst Anhänger der Friedenspartei des Eubulos, wurde seit 348 v. Chr. zum Verfechter einer makedonenfreundl. Politik Athens u. damit ein polit. Gegner des *Demosthenes,* dessen Ehrung als athen. Patriot mit einem goldenen Kranz er seit 336 v. Chr. zu verhindern versuchte. Nachdem sich Demosthenes 330 v. Chr. durch die berühmte „Kranzrede" hierbei durchgesetzt hatte, verließ A. Athen u. lebte bis zu seinem Tod in Ephesos, Samos u. Rhodos. Drei Reden von ihm sind erhalten.

Aisten, Name eines Volkes, das wahrscheinl. im 1. Jh. n. Chr. entlang der preuß. Ostseeküste siedelte. Durch Tacitus als Bernsteinfischer bekannt; geograph., ethnolog. u. linguist. noch nicht gesichert einzuordnen. Spätere Übertragung des Namens auf nördl. siedelnde *Esten* (Aistland, Eistland, Eistir); Selbstbezeichnung der Esten seit dem 19. Jh.

Aistulf, König der Langobarden 749–756; eroberte von Byzanz das Exarchat von Ravenna (751) u. bedrohte Rom; darum von Pippin d. J. auf Bitten des Papstes Stephan II. in zwei Feldzügen (754 u. 756) bekriegt u. zur Abtretung des Exarchats u. sonstiger Eroberungen in Mittelitalien gezwungen, die Pippin dann dem Papst überwies *(Pippinsche Schenkung).*

Aisymnet [grch.], Schiedsrichter, zuerst bei Sportwettkämpfen u. Rechtsstreitigkeiten, dann auch – oft mit bedeutenden Sondervollmachten versehen – zur Behebung innerstaatl. Krisen, wie *Pittakos* in Mytilene u. *Solon* in Athen. In einigen altgriech. Stadtstaaten, z.B. in Megara u. seinen Kolonien, wurden die A.en zu regulären, hohen Regierungsbeamten.

Aitolischer Bund, *Ätolischer Bund,* griech. Bund des 3.–2. Jh. v. Chr., in dem die Stämme Ätoliens u. Nachbarstämme in Mittel- u. Nordgriechenland zusammengeschlossen waren.

Aix-en-Provence ['ɛːks ã pro'vãs], südfranzös. Kreisstadt im Dép. *Bouches-du-Rhône,* alte Hptst. der *Provence,* 121300 Ew.; Erzbischofssitz, Universität (gegr. 1409); Kathedrale (13./14. Jh.). 122 v. Chr. von dem röm. Consul Sextus Calvinus als *Aquae Sextiae* gegr.; hier besiegte 102 v. Chr. der röm. Feldherr *Marius* die über die Alpen gedrungenen Teutonen. Im MA war A. Sitz der provençal. Grafen.

Ajjubiden, *Aijubiden, Ayyubiden,* Herrscherdynastie in Ägypten, Syrien u. Jemen, 1171 begründet durch *Saladin.* Die Herrschaft der A. wurde in Ägypten 1250 durch die Mamluken beendet, in Syrien 1260 durch die Mongolen; an einzelnen Orten hielten sich A. bis 1342.

Akarnanien, neugrch. *Akarnania,* Landschaft im westl. Mittelgriechenland zwischen Ioni-

Akbar der Große, Jahangir und Schah Jahan mit Ratgebern; Miniatur um 1630

schem Meer, unterem Acheloos u. Ambrakischem Golf.
A. war im *Peloponesischen Krieg* wie zumeist auch im 4. Jh. v. Chr. mit Athen verbündet; danach lag es im Abwehrkampf gegen den Aitolischen Bund u. Epirus, bis es im 2. Jh. v. Chr. unter röm. Herrschaft kam.

Ạkbar [arab., „der Große"], ind. Mogulkaiser 1556–1605, Sohn *Humayuns*, *14. 10. 1542 Umarkot (Sindh), †15. 10. 1605 Agra; dehnte das Reich über Nordindien, Kaschmir, Bihar, Bengalen, Orissa u. einen großen Teil des Dekan aus, eroberte 1581 Kabul, reformierte mit Hilfe des Hindu *Todar Mall* die Verwaltung u. Finanzwirtschaft grundlegend. A. versuchte, die Gegensätze im Innern durch eine Einheitsreligion *(Din Ilahi)* aus hinduist., islam., parsischen u. christl. Elementen aufzuheben. A. war der eigentl. Begründer des Mogulreiches u. gilt neben *Aschoka* als größter ind. Herrscher. Ⓑ S. 27.

Akihito, persönl. Name des Kaisers (Tenno) von Japan, *23. 12. 1933 Tokio; ältester Sohn *Hirohitos*; seit 1959 vermählt mit Michiko Shoda (bürgerl. Herkunft); übernahm 1989 nach dem Tode seines Vaters die Regentschaft u. leitete die Ära Heisei („Erfüllung des Friedens") ein.

Ạkkad, *Akkade*, Hptst. u. Zentrum des mächtigen Reichs von A., des ersten semit. Großreichs auf mesopotam. Boden; im nördl. Babylonien gelegen, die genaue Lage ist jedoch unbekannt. Das Reich von A. wurde von *Sargon I.* um 2350 v. Chr. gegründet. Er besiegte in „34 Schlachten" den König von *Uruk* u. führte ihn als Gefangenen nach A. Nach Sargons Tod erschütterten Aufstände der unterworfenen Völker das Reich; Sargons Nachfolger erhielten den Bestand des Reiches durch mehrere äußerst grausame Kriege. Um 2200 v. Chr. konnten *Elam* u. Uruk die akkad. Herrschaft abschütteln, um 2150 v. Chr. zerstörten die *Gutäer* A. endgültig.

Akrịten [grch., „Grenzkämpfer"], wehrhafte Bevölkerungsgruppen an den Grenzen des byzantin. Reiches. Dem Grenzermilieu der byzantin.-arab. (christl.-islam.) Grenze entstammt der Held des byzantin. Nationalepos „Digenis Akritas".

Akrokorịnth [grch., „Ober-, Hochkorinth"], auch *Pagos* (Klippe) u. *Epope* (etwa: „Schauinsland" oder „Wartburg"), ihrer Fernsicht wegen gerühmte Felsmasse (573 m) im S von Korinth, einst der Aphrodite (Tempel) geweiht; trug die *Akropolis* der Stadt.

Kaiser Akihito mit seiner Frau Michiko

Akrọpolis [die; grch.], die befestigte Oberstadt (Burg) altgriech. Städte. Die A. von Athen war in der Vorzeit Sitz der Könige *(Theseus)*, später der Tyrannen *(Peisistratos)*, seit *Perikles* (um 450 v. Chr.) ausschl. Heiligtum; im MA Erzbischofssitz, Residenz fränk. Herzöge, türk. Garnison. Bekannt sind ferner die A. von Korinth *(Akrokorinth)*, Lindos auf Rhodos, Selinunt.

Aktenkunde, eine histor. Hilfswissenschaft: die Lehre von den Typen, der Entstehung u. den Aussagemöglichkeiten von Akten.

Ạktion → Aktium.

Ạktium, *Aktion, Actium*, neugriech. *Punta*, flache, sandige Landzunge im Nordwesten der griech. Landschaft Akarnanien. – 31 v. Chr. Seesieg des Octavianus (Augustus) über Antonius, Entscheidungsschlacht um die Alleinherrschaft über das Römische Reich.

Ạlalach, Ruinenhügel *Tell Atschana*, bronzezeitl. Stadt in Nordsyrien, Handelsplatz u. Herrschaftszentrum des Landes *Mukisch*; 1936–1949 z. T. ausgegraben. Wichtig sind die zahlreichen keilschriftl. Dokumente, die Einblick in Aufbau u. Verwaltung eines nordsyrischen Kleinstaats im 2. Jahrtausend v. Chr. gewähren. A. stand zeitweilig unter der Herrschaft der Könige von Aleppo. Erster König von A. war *Ijarimlim* um 1725 v. Chr.; um 1580 v. Chr. wurde A. von den Hethitern *(Hattusilis I.)* erobert u. später von den Königen von Aleppo, hethit. Vasallen dieser Zeit, als Provinz beherrscht. Um 1500 v. Chr. wurde ein Königssohn von Aleppo, *Idrimi*, König von A.; er verbündete sich mit dem Mitannireich u. dem König von Kizzuwatna gegen die Hethiter. Idrimis Sohn *Niqmepa* geriet unter die Oberhoheit von Mitanni. Um 1450 v. Chr. geriet A. kurzfristig unter ägypt. Einfluß. Ca. 1350 v. Chr. wurde A. vom Hethiterkönig Schupiluliuma I. erobert u. bis zum frühen 12. Jh. von den Hethitern beherrscht. Um 1190 v. Chr. wurde A. durch die Seevölker zerstört.

Alamạnnen → Alemannen.

Alamẹin, *Al A.*, ägypt. Oase in der Libyschen Wüste, zwischen Qattarasenke u. Mittelmeer. – 1.–6. 7. 1942 verhinderte die brit. Armee unter Sir Claude *Auchinleck* den Einbruch des dt. Afrikakorps unter E. *Rommel* nach Ägypten; 23. 10.–3. 11. 1942 entscheidender Durchbruch der Briten unter B. L. *Montgomery* zur Rückeroberung Nordafrikas durch die Alliierten.

Alanbrooke ['ælənbru:k], Alan Francis *Brooke*, Viscount *A. of Brookeborough* (1946), brit. Feldmarschall (1944), *23. 7. 1883 Bagnères-de-Bigorre (Frankreich), †17. 6. 1963 Hartley Wintney, Hampshire; 1940/41 Oberbefehlshaber der Heimatstreitkräfte, 1941–1946 Chef des Empire-Generalstabes; schrieb „Kriegswende" dt. 1957; „Sieg im Westen" dt. 1960.

Alạnen, iranisches Steppenvolk nördl. des Kaukasus in Südostrußland, das in den ersten nachchristl. Jahrhunderten Raubzüge nach Armenien u. Kleinasien unternahm.
Um 370 von den Hunnen unterworfen, schlossen sich die A. z. T. den Goten u. a. german. Stämmen, z. T. den Hunnen an; mit den Wandalen kamen sie 429 bis nach Nordafrika. Im Nordkaukasus waren die A. bis ins 13. Jh. nachweisbar; sie wurden von Byzanz aus christianisiert u. im 13. Jh. von den Mongolen z. T. nach Ungarn abgedrängt.

Ạlarich, westgot. Könige: **1.** *A. I.*, *um 370, †410 bei Cosenza; seit etwa 390 Anführer, seit 395 Herzog, später König der Westgoten; fiel 391 in Thrakien ein, später in Makedonien, Griechenland u. seit 401 in Italien; Mitte August 410 eroberte u. plünderte er Rom. A. starb auf dem Weiterzug nach Süditalien u. wurde im Bett des Flusses Busento begraben.
2. *A. II.*, König 484–507, schuf aus röm. Gesetzen ein Rechtsbuch, unterlag 507 den Franken unter Chlodwig, womit das *Tolosanische Reich* der Westgoten endete.

Alarich I.; Bildnis auf seinem Siegelstein. Wien, Kunsthistorisches Museum

Ala-ud-din, indische Sultane: **1.** *A. Khalji*, Sultan 1296–1316 des Delhi-Sultanats; wehrte 1296 bis 1299 die Mongolen-Angriffe auf Indien ab; unter A. erreichte das Delhi-Sultanat seine größte Ausdehnung durch Eroberung Zentral- u. Südindiens (1309/10); Plünderung reicher hinduist. Tempel.
2. *A. Bahmani*, Sultan 1347–1358 u. Begründer des Bahmani-Sultanats, das nach Niedergang des Delhi-Sultanats bis 1526 Zentralindien beherrschte.

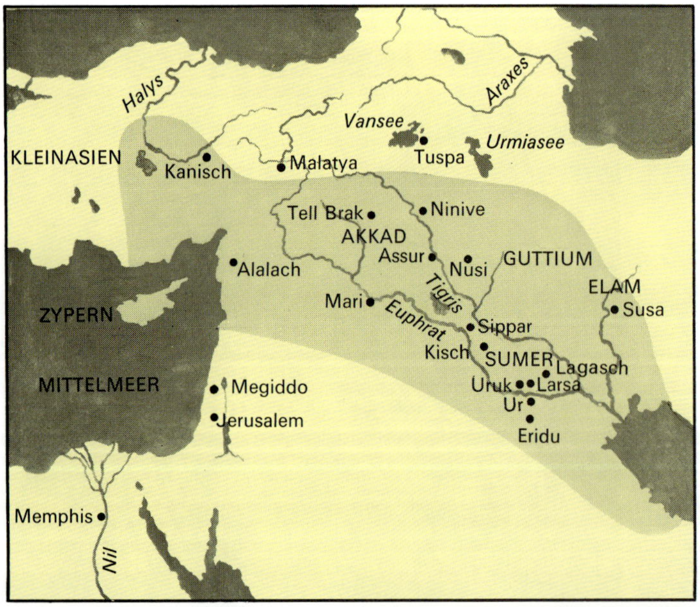

Akkad: ungefähre Ausdehnung des Reichs von Akkad um 2300 v. Chr.

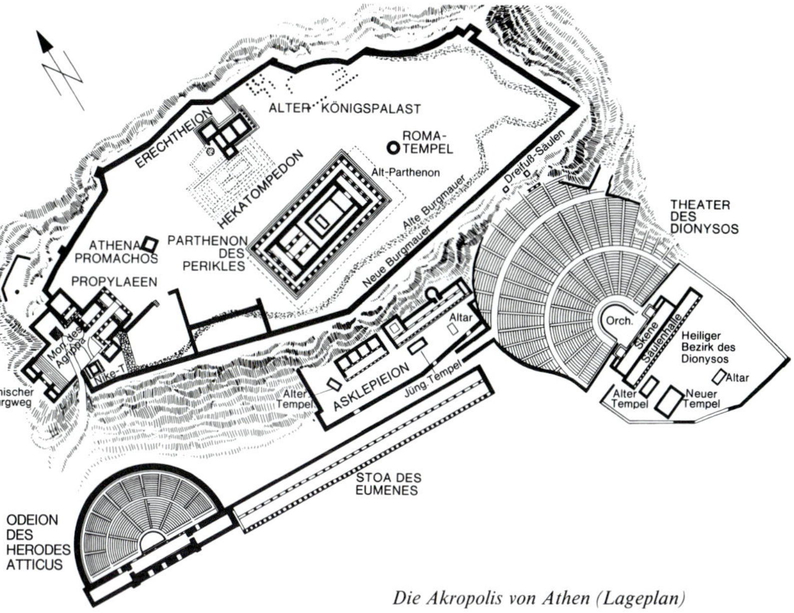

Die Akropolis von Athen (Lageplan)

Albanien: Demonstration der Demokratischen Partei 1991

Alaungpaya, *Alaungpeya,* König von Birma 1753 bis 1760; Gründer des letzten birman. Königreiches; unterwarf das Mon-Reich in Südbirma; starb bei der Belagerung von Ayutthaya in Thailand.

Alba, Fernando *Álvarez de Toledo,* Herzog von, span. Feldherr u. Politiker, *29. 10. 1507 Piedrahita, †11. 12. 1582 Lissabon; nahm an den Zügen Karls V. gegen Nordafrika teil; Befehlshaber der Kaiserlichen im Schmalkaldischen Krieg (Sieg bei Mühlberg 1547); 1567–1573 Generalkapitän u. Statthalter Philipps II. in den Niederlanden, wo er eine strenge Herrschaft ausübte (Rat der Unruhen, Inquisition, Hinrichtung von Egmont u. Hoorn, allg. Strafgesetzbuch, span. Steuersystem). A. fiel 1573 in Ungnade, mußte die Niederlande verlassen, befehligte aber 1580 das span. Heer bei dessen Siegeszug gegen Portugal u. wurde Gouverneur von Portugal.

Alba longa, heute Albano Laziale, Stadt in den Albanerbergen, in ältester Zeit religiöser Mittelpunkt Latiums, Mutterstadt Roms u. anderer latin. Städte.

Albani, röm. Adelsfamilie, der 5 Kardinäle u. Papst *Klemens XI.* (1700–1721) entstammten; 1852 ausgestorben. Der Neffe des Papstes, Alessandro A. (*1692, †1779), ist als Kunstsammler u. Protektor J. J. Winckelmanns bekannt. Die Sammlung seiner Antiken befindet sich noch heute in der Villa Albani in Rom.

Fernando, Herzog von Alba

Albanien AL

Republik Albanien

Fläche: 28 748 km². – *Einwohner:* 3,5 Mill. – *Hauptstadt:* Tirana. – *Landessprache:* Albanisch. – *Nationalfeiertag:* 28. 11. – *Währung:* 1 Lek = 100 Qindarka. – *Lage:* zwischen 39°38' und 42°39' n. Br. sowie 19°16' und 21°04' ö. L. – *Zeitzone:* Mitteleuropäische Zeit. – *Grenzen:* im N Jugoslawien, im O Makedonien, im SO Griechenland, im W Adriatisches Meer. – *Staatsform:* präsidiale Republik.

Im Altertum war A. von indogerman. (illyr.-thrak.) Stämmen, den Vorfahren der heutigen Albaner, bewohnt. Im 2. Jh. v. Chr. wurde es von den Römern erobert. Bei der Reichsteilung 395 n. Chr. fiel es an Ostrom. Um 400 drangen Goten u. Hunnen, seit Ende des 6. Jh. Slawen ein. Im MA war A. von Bulgaren, Serben u. Normannen, von Epiros, Neapel, Venedig u. Byzanz umkämpft. Seit 1385 drängten Türken vor, gegen die der Nationalheld *Skanderbeg* 1443–1468 vorübergehend die Freiheit A.s u. die Einigung der Stämme erreichte, die sich seit dem 11. Jh. über das Gebiet ausgebreitet hatten u. sich vom 14. bis zum 17. Jh. weiter bis Westmakedonien u. bis zum Peloponnes ausdehnten. Seither blieb das Land türkisch, behielt aber seinen alban. Charakter. Übertritte zum Islam verschärften die religiösen Gegensätze (die Stämme im N waren kath., die im S des Landes orthodox). Im 19. Jh. erhoben sich die Albaner wiederholt gegen die Osmanen.
Während des 1. Balkankriegs 1912 wurde die Unabhängigkeit A.s proklamiert u. 1913 von den Großmächten anerkannt. 1914 regierte für kurze Zeit der zum Fürsten von A. bestimmte Prinz *Wilhelm zu Wied.* Im 1. Weltkrieg war A. zum Teil von den Mittelmächten besetzt. 1920 wurde es Mitgl. des Völkerbunds. 1922 ergriff Ahmed *Zogu* die Macht; er wurde 1925 Staats-Präs. u. 1928 König (Zogu I.). A. geriet zunehmend unter italien. Einfluß (1926 1., 1927 2. Tirana-Pakt) u. wurde 1939 von Italien annektiert. 1943/44 kam es unter dt. Besetzung. Mit jugoslaw. Unterstützung bildete sich eine Widerstandsbewegung, in der die Kommunisten unter Führung von Enver *Hoxha* die Oberhand gewannen.
1946 wurde A. Volksrepublik. Die kommunist. Umformung der Gesellschaft nach sowjet. Vorbild wurde eingeleitet. Bis zum Kominform-Konflikt von 1948 lehnte sich A. eng an Jugoslawien an. 1949 wurde es Mitgl. des COMECON, 1955 des Warschauer Pakts u. der UNO. Seit der Aussöhnung der sowjet. Führung mit Tito u. bes. seit 1960 entwickelten sich ideolog.-polit. Differenzen mit der UdSSR. Im sowjet.-chines. Konflikt stellte sich A. auf die Seite Chinas. 1968 trat es aus dem Warschauer Pakt aus; die COMECON-Mitgliedschaft ruhte. Seit dem Tod Mao Zedongs (1976) verschlechterten sich die alban.-chines. Beziehungen; 1978 brach A. mit China, dem es „Revisionismus" vorwarf.
1967 wurde A. zum atheistischen Staat proklamiert; alle christl. u. islam. Gotteshäuser wurden geschlossen. Nach der neuen Verfassung vom 28. 12. 1976 war A. in die Phase des „vollständigen Aufbaus des Sozialismus" eingetreten. Der führende Politiker von 1944 bis zu seinem Tode 1985 war E. Hoxha, seit 1954 Erster Sekretär des Zentralkomitees der Partei der Arbeit. Sein Nachfolger als Parteichef wurde Ramiz *Alia,* seit 1982 bereits Staatsoberhaupt (Vorsitzender des Präsidiums der Volksversammlung). Unter der neuen Führung änderte sich der polit. Kurs zunächst nicht. Erst unter dem Eindruck des polit. Umsturzes in Osteuropa 1989 setzte 1990 eine vorsichtige Öffnungs- u. Reformpolitik ein. Trotzdem flüchteten im Sommer 1990 einige tausend Albaner in ausländ. Botschaften u. erzwangen dadurch die Ausreise. Im Dez. 1990 wurde die Gründung unabhängiger Parteien zugelassen. Dennoch hielt die Fluchtbewegung an, u. es kam zu blutigen Unruhen. In diesem Klima fanden 1991 die ersten halbwegs freien Parlamentswahlen statt, aus denen die Kommunisten mit Zweidrittelmehrheit als Sieger hervorgingen. Zunächst wurde eine rein kommunist. Regierung gebildet. Das neu gewählte Parlament verabschiedete eine neue Verfassung. Die Volksrepublik A. wurde zur Republik A., in der demokrat. Rechtsstaatsprinzipien gelten sollten. Die Partei der Arbeit änderte ihren Namen in *Sozialist. Partei* u. distanzierte sich von ihrer bisherigen Politik. Alia legte das Amt des Ersten Sekretärs nieder, blieb aber Staats-Präs. Die Koalitionsregierung der nationalen Rettung, die im Juni 1991 die kommunist. Regierung abgelöst hatte, zerbrach

nach kurzer Zeit. Ein Kabinett aus unabhängigen Fachleuten wurde gebildet. Erneute Parlamentswahlen 1992 gewann die *Demokrat. Partei (DP)* unter Führung von S. *Berisha*. Daraufhin trat Alia als Staats-Präs. zurück. Sein Nachfolger wurde Berisha. A. *Meksi* (DP) übernahm als Min.-Präs. die Führung einer Koalitionsregierung. Er blieb auch nach den Wahlen 1996 Regierungschef. Nach dem Zusammenbruch betrüger. Anlagegesellschaften führten bürgerkriegsähnl. Unruhen 1997 zu Chaos u. Anarchie. Der Rücktritt der Regierung Meksi sowie die Wiederwahl Berishas bewirkten keine Stabilisierung der Lage. Eine internationale Schutztruppe gewährte humanitäre Hilfe. Vorgezogene Neuwahlen im Juni/Juli 1997 gewann die Sozialist. Partei. Gleichzeitig lehnte die Bevölkerung in einem Referendum die Wiedereinführung der Monarchie ab. Nach dem Rücktritt Berishas wurde R. *Mejdani* zum neuen Staats-Präs. gewählt. F. *Nanos* (Sozialist. Partei) übernahm das Amt des Min.-Präs. an der Spitze einer Dreiparteienkoalition.

Alberich II., Machthaber („princeps et senator") von Rom 932–954, †954; Sohn *Alberichs I.* (Graf von Fermo, †um 920) u. der *Marozia*, reformierte die Klöster des Patrimonium Petri nach den Regeln der Cluniazenser.

Alberoni, Giulio, span. Politiker, *31. 5. 1664 Fiorenzuola bei Piacenza, †16. 6. 1752 Rom; kam 1711 an den Hof Philipps V. von Spanien. Als Geschäftsträger des Herzogs von Parma vermittelte er die Ehe zwischen Philipp V. u. Elisabeth Farnese. Seit 1715 leitender Minister, suchte er für Spanien die ehem. Besitzungen in Italien zurückzugewinnen. Der Angriff auf Italien scheiterte nach anfänglichen Erfolgen u. rief die *Quadrupelallianz* gegen Spanien hervor. A. mußte 1719 Spanien verlassen. 1734 wurde er Legat von Ravenna, 1740–1743 päpstlicher Legat in Bologna.

Albert, Gegenpapst (1102).

Albert, Bischof von Livland 1199–1229, †17. 1. 1229 Riga; führte 1200 ein starkes Pilgerheer nach Livland u. gründete 1201 Riga. Mit Hilfe des Schwertbrüderordens unterwarf u. bekehrte er Liven u. Semgaller u. erhielt 1207 von König Philipp Livland als Reichslehen.

Albert, Fürsten. Belgien: **1.** *A. I.*, König 1909–1934, *8. 4. 1875 Brüssel, †17. 2. 1934 bei Namur (verunglückt); Nachfolger seines Onkels *Leopold II.*

2. *A. II.*, König seit 1993, *6. 6. 1934 Brüssel; Nachfolger seines Bruders Baudouin; verheiratet mit Paola Ruffo di Calabria.

Großbritannien: **3.** Prinzgemahl 1857 bis 1861, Prinz von Sachsen-Coburg-Gotha, *26. 8. 1819 Rosenau bei Coburg, †14. 12. 1861 Windsor Castle bei London; heiratete 1840 seine Kusine Königin Viktoria, übte als ihr Berater Einfluß auf die engl. Politik aus, was zu Spannungen mit verschiedenen Ministern, bes. Palmerston, führte; trat mit liberalkonstitutionellen Grundanschauungen 1848 für die Gründung eines dt. Bundesstaats ein.

Österreich: **4.** → Albrecht (18).

Sachsen: **5.** König 1873–1902, *23. 4. 1828 Dresden, †19. 6. 1902 Sibyllenort, Kreis Oels; Sohn König Johanns (*1801, †1873), verheiratet mit Karoline Wasa (*1833, † 1907); nahm 1866 auf österr. Seite am Dt. Krieg teil, wurde aber nach Verdiensten um die Reichsgründung ein einflußreicher Landesherr im dt. Kaiserreich, wirkte beim Abschluß des dt.-österr. Zweibunds 1879 mit; Repräsentant der konstitutionellen Monarchie, nach Anwachsen der Sozialdemokratie verantwortlich für die reaktionäre Rückbildung der sächs. Verfassung 1896 (Dreiklassenwahlrecht).

6. *A. Kasimir*, Herzog von Sachsen-Teschen; → Albrecht (19).

Albertiner, *Albertinische Linie*, jüngerer Zweig der → Wettiner. Am 26. 8. 1485 wurden im Leipziger Vertrag die wettin. Länder unter die Söhne des Kurfürsten *Friedrich II.* (des Sanftmütigen) aufgeteilt: *Ernst* (Kurlande, größter Teil Thüringens, Vogtland) u. *Albrecht der Beherzte* (Markgrafschaft Meißen, Teile des Osterlands, nördl. Thüringen). Die beiden Linien (*Ernestiner* u. *A.*) bestanden seitdem nebeneinander. Der Albertiner *Moritz von Sachsen* brachte 1547 die Kurwürde u. Teile der Ernestin. Lande durch die Kapitulation von Wittenberg an sich. Die A. hatten schon 1499 die Unteilbarkeit des Landes verkündet, aber Kurfürst *Johann Georg I.* splitterte nochmals durch sein Testament 1652 für seine drei jüngeren Söhne kleinere Gebiete ab: Sachsen-Weißenfels, Sachsen-Merseburg, Sachsen-Zeitz, die sämtl. im Lauf des 18. Jh. an die Hauptlinie zurückfielen, die 1806 die sächs. Königswürde erlangte.

Albertis, Luigi d', italien. Forschungsreisender, *21. 11. 1841 Voltri bei Genua, †2. 9. 1901 Sassari; erforschte auf 2 Reisen 1871/72 u. 1875–1877 Neuguinea.

Albertus Magnus, *Albertus Magnus, Albert der Große, Albert (Graf) von Bollstädt*, Theologe der Hochscholastik, Heiliger, *wahrscheinl. 1193 Lauingen, †15. 11. 1280 Köln; Dominikaner, lehrte an dt. Ordensschulen, in Paris u. am neuen Studium generale des Ordens in Köln (dort Lehrer des *Thomas von Aquin*), Ordensprovinzial für Dtschld. u. zeitweise Bischof von Regensburg; universell gebildet, nahm als erster die Aristotelischen Schriften vollständig in den theolog. Unterricht auf; auch Naturforscher (Zoologie, Botanik). Hptw.: Sentenzenkommentar, Aristotelesparaphrasen, Kommentare zu Pseudo-Dionysius, exeget. u. dogmat. Schriften. – Heiligsprechung 1931 (Fest: 15. 11.), Erhebung zum Kirchenlehrer 1931, 1941 zum Patron der Naturforscher. Neuausgabe seiner Werke 1951 ff.

Albertz, Heinrich, Politiker, *22. 1. 1915 Breslau, †18. 5. 1993 Bremen; Pfarrer, 1943 polit. Häftling; seit 1947 SPD-Mitglied; 1948–1955 niedersächs. Min. (Flüchtlingswesen, Soziales); 1961–1963 Innensenator, 1963–1966 Bürgermeister u. Senator für Sicherheit u. Ordnung, 1966/67 Regierender Bürgermeister von Westberlin; trat nach innerparteilichen Auseinandersetzungen über den Polizeieinsatz bei Studentenunruhen zurück; legte 1970 sein Abgeordnetenmandat nieder; 1970–1979 als Pfarrer in Berlin tätig.

Albigenser [nach der südfranzös. Stadt *Albi*], südfranzös. Sekte, Gruppe der Katharer; übten im inneren Gemeindekreis Geistestaufe *(consolamentum)* u. strengste Askese, verwarfen die kirchl. Sakramente, Altäre, Kreuze u. Bilder, Heiligen- u. Reliquienverehrung. Weder die Versuche Bernhards von Clairvaux u. des Dominikus, sie für die Kirche zurückzugewinnen, noch die mit blutiger Grausamkeit geführten Albigenser-Kriege (1209–1229), zu denen Papst Innozenz III. aufgerufen hatte, führten zu einem Erfolg. Erst das Eingreifen des französ. Königs brach die polit. Macht u. die religiöse Kraft der A.; die Bewegung wurde um 1330 durch die Inquisition ausgerottet.

Albini, Franz Joseph Martin Frhr. von, Politiker, *14. 5. 1748 St. Goar, †8. 1. 1816 Dieburg; zunächst in Diensten des Bischofs von Würzburg; nach Tätigkeit am Reichskammergericht seit 1790 Hofkanzler des Mainzer Kurfürsten; hatte als letzter Direktorialgesandter am Regensburger Reichstag entscheidenden Anteil am Reichsdeputationshauptschluß von 1803.

Albizzi, italien. Adelsfamilie, beherrschte im 13. Jh. Florenz. Nach der Verbannung von Rinaldo A. (*1370, †1442) 1434 übernahmen die *Medici* ihre Rolle.

Albornoz [-ˈnɔθ], Aegidius (Gil Alvarez-Carillo), span. Geistlicher u. Politiker, *1302 Cuenca, †23. 8. 1367 Viterbo; seit 1338 Erzbischof von Toledo u. Kanzler von Kastilien, mußte nach dem Tod König Alfons' XI. 1350 das Land verlassen; wurde in Avignon Kardinal u. reorganisierte seit 1353 den Kirchenstaat in Italien. Die von ihm 1357 erlassenen „Constitutiones" blieben im Kirchenstaat bis 1815 gültig.

Albrecht, Fürsten. Deutsche Könige: **1.** *A. I.*, König 1298–1308, Herzog von Österreich u. Steiermark, *1255, †1. 5. 1308 Brugg a. d. Aare (ermordet von seinem Neffen *Johann Parricida*, *1290, † 1313); Sohn *Rudolfs I.* von Habsburg, Nachfolger Adolfs von Nassau. A. gelang es, den Widerstand der rhein. Kurfürsten zu brechen, die habsburg. Hausmacht zu festigen u. die Anerkennung Papst Bonifatius' VIII. zu erringen.

2. *A. II.*, König 1438/39, Herzog von Österreich *(A. V.)*, König von Böhmen u. Ungarn 1437–1439, *16. 8. 1397, †27. 10. 1439 Neszmély; bis 1411 unter Vormundschaft; heiratete 1422 die Tochter Kaiser Sigismunds, Elisabeth. Durch seinen frühen Tod wurden die Ansätze einer starken Reichspolitik auf territorialer Grundlage (Vereinigung von Österreich, Ungarn u. Böhmen), die seine energ. Persönlichkeit zu versprechen schien, vernichtet. Vater des Ladislaus V. Posthumus.

Bayern: **3.** *A. III., A. der Fromme*, regierender Herzog 1438–1460; *27. 3. 1401 München, †29. 2. 1460 München; Gatte der Agnes *Bernauer*; Förderer der Wissenschaft u. Künste u. der bayer. Klosterreform.

4. *A. IV., A. der Weise*, Sohn von 3), allein regierender Herzog 1467–1508, *15. 12. 1447 München, † 18. 3. 1508 München; zunächst unter der Vormundschaft (seit 1460) seiner beiden älteren Brüder, regierte nach deren Tod bzw. Verzicht allein; vereinigte die ober- u. niederbayer. Teilfürstentümer u. verhinderte weitere Teilungen durch die Primogeniturordnung von 1506.

5. *A. V.*, regierender Herzog 1550–1579, *29. 2. 1528 München, †24. 10. 1579 München; von streng kath. Gesinnung, gegen den sich in Bayern verbreitenden Protestantismus eingestellt; blieb im Schmalkaldischen Krieg neutral u. suchte zwischen den Parteien zu vermitteln, bis der Augsburger Religionsfriede 1555 ihm die Rekatholisierung seines Landes gestattete. Er räumte den Jesuiten weiten Einfluß ein (Jesuitenkollegs in Ingolstadt u. München). Neben der konfessionellen Geschlossenheit setzte er durch gesetzgeberische Maßnahmen die fürstl. Macht in seinem Lande durch. Seine Kulturpolitik begründete den Ruhm Münchens als Kunststadt; er gründete Antiquarium, Münzkabinett, Staatsbibliothek u. Kunstkammer u. förderte den Musiker Orlando di Lasso.

Brandenburg: **6.** *A. der Bär*, Graf von Ballenstedt, erster Markgraf von Brandenburg, vorübergehend (1138 –1142) Herzog von Sachsen, *um 1100, †18. 11. 1170 Stendal; aus dem Haus Askanien, 1134 von Kaiser Lothar III. mit der Nordmark (Altmark) belehnt; gewann 1150 u. 1157 das Havelland mit Brandenburg, das er kolonisierte u. christianisierte; mit Heinrich dem Löwen wichtigster Wegbereiter der dt. Ostsiedlung.

7. *A. Achilles*, Kurfürst 1470–1486, Markgraf im fränk. Unterland ab 1440 (Residenz seit 1456: Ansbach) u. von Kulmbach ab 1464, *24. 11. 1414 Tangermünde, †11. 3. 1486 Frankfurt a. M.; Sohn des Kurfürsten *Friedrich I.*; in Kriege gegen Fürsten u. Städte (bes. Nürnberg) verwickelt, als er seinen Machtbereich in Franken, auch durch sein „kaiserl." Landgericht Nürnberg, ausdehnen wollte; wegen Annäherung an den Böhmenkönig Podiebrad zeitweise im Bann; seit 1470 durch Verzicht seines Bruders Friedrich II. Kurfürst von Brandenburg. Durch die

Albrecht (11) von Brandenburg, Erzbischof von Mainz und Magdeburg; Kupferstich von Albrecht Dürer. Kupferstichkabinett Berlin

→ Dispositio Achillea von 1473 legte A. die Unteilbarkeit der Mark fest. Im Reich unterstützte er Kaiser Friedrich III.

8. *A. Alcibiades*, Markgraf von Brandenburg-Kulmbach u. Bayreuth 1541–1553, *28. 3. 1522 Ansbach, †8. 1. 1557 Pforzheim; Sohn Markgraf Kasimirs († 1527), kämpfte als Protestant im Schmalkaldischen Krieg zuerst auf der Seite Kaiser Karls V., schloß sich 1552 vorübergehend der Fürstenverschwörung unter Moritz von Sachsen an; vermittelte den Vertrag von Chambord (1552), durch den Metz, Toul u. Verdun an Frankreich abgetreten wurden; führte auf eigene Faust seine Raubzüge in Franken, bis er bei Sievershausen (7. 7. 1553) von Moritz geschlagen wurde u., geächtet, nach Frankreich fliehen mußte.

Braunschweig: **9.** *A. I., A. der Große*, oder *A. der Lange*, Herzog von Braunschweig u. Lüneburg seit 1252, von Braunschweig allein 1267–1279, *1236, †15. 8. 1279; machte das von Heinrich dem Löwen durch die Hagenstadt erweiterte, am Schnittpunkt wichtiger Handelsstraßen gelegene Braunschweig zur bedeutenden Handelsstadt (Fernhandel, Textil- u. Metallgewerbe).

Magdeburg: **10.** *A. II., A. von Kefernburg*, Erzbischof von Magdeburg 1205–1232, *um 1170, †15. 10. 1232; in Paris u. Bologna geschult, war A. zunächst Ratgeber des Welfen Otto IV., 1222–1224 Legat des Stauferkaisers Friedrich II. in Oberitalien, seit 1223 Graf der Romagna. A. begann 1209 den Neubau des Magdeburger Doms.

Mainz: **11.** *A. von Brandenburg*, Kurfürst u. Erzbischof von Mainz 1514–1545, Erzbischof von Magdeburg u. Administrator des Bistums Halberstadt ab 1513, Kardinal ab 1518, *28. 6. 1490 Berlin, †24. 9. 1545 Mainz; zweiter Sohn des Kurfürsten Johann Cicero von Brandenburg (*1455, †1499); Inhaber einer ungewöhnl. großen Anzahl geistl. Pfründen, verkörperte den Typ eines Renaissancefürsten als Förderer der Künste u. Wissenschaften (Humanismus) u. in seiner Liebe zu äußerster Prunkentfaltung. Der in seinen Landen betriebene Ablaßhandel forderte *Luthers* Thesenanschlag heraus. A. hinderte die Ausbreitung der Reformation in Magdeburg u. seiner Residenz Halle nicht, blieb jedoch der päpstlichen Politik verbunden u. förderte ab 1542 das Wirken der Jesuiten für die Gegenreformation im Erzstift Mainz.

Mecklenburg: **12.** *A. III.*, Herzog von Mecklenburg, König von Schweden, → Albrecht (24).

Meißen: **13.** *A. der Entartete*, Markgraf von Meißen, Landgraf von Thüringen 1265–1307, *um 1240, †20. 11. 1315 Erfurt; Sohn Heinrichs III. (des Erlauchten) aus dem Geschlecht der Wettiner, verkaufte einen Teil seiner Territorien, geriet dadurch in häufige Fehden mit seinen Söhnen u. überließ ihnen die Regierung.

Österreich: **14.** *A. I.*, Herzog, dt. König, → Albrecht (1).

15. *A. III.*, Herzog von Österreich, *1349 oder 1350, †29. 8. 1395 Laxenburg; Sohn Herzog Albrechts II., Neffe Friedrichs I.; teilte im Vertrag von Neuberg/Mürz 1379 die Herrschaft mit seinem jüngeren Bruder Leopold III., erhielt dabei Nieder- u. Oberösterreich, Steyr u. das Salzkammergut; Begründer der Albertinischen Linie der Habsburger; erreichte in Auseinandersetzung mit den Ständen eine Stärkung der Herrschaft des Landesfürsten; förderte den Ausbau des Stephansdoms in Wien.

16. *A. V.*, Herzog von Österreich, dt. König, → Albrecht (2).

17. *A. VI.*, Herzog von Österreich 1462–1463, Herzog der Vorlande seit 1446, *1418 Wien, † 2. 12. 1463 Wien; gründete 1457 die Universität Freiburg u. erkämpfte sich 1458 von seinem Bruder Friedrich (später Kaiser Friedrich III.) Österreich unter der Enns mit Wien. Nach seinem unerwarteten Tod war Friedrich wieder alleiniger Herrscher der österr. Donauländer.

18. *A. VII., A. der Fromme, Albertus Pius*, Erzherzog von Österreich 1585, Vizekönig von Portugal, 1596 Statthalter der Niederlande, *13. 11. 1559 Wiener Neustadt, †15. 11. 1621 Brüssel; Sohn Kaiser Maximilians II., wuchs am Hof Philipps II. von Spanien auf, wurde zuerst Geistlicher u. Kardinal, dann aus polit. Gründen säkularisiert, heiratete die einzige Tochter Philipps II., Isabella (*1566, †1633). A. schloß 1609 einen 12jährigen Waffenstillstand mit den niederländ. Nordprovinzen; um die kath. Restauration verdient, eifriger Förderer der Künste u. Wissenschaften.

19. *A. (Albert) Kasimir*, Herzog von Sachsen-Teschen, *11. 7. 1738 Moritzburg bei Dresden, †10. 2. 1822 Wien; Sohn Kurfürst Friedrich Augusts II. von Sachsen (als König von Polen *August III.*), vermählt mit Erzherzogin Maria Christine von Österreich (*1742, †1798), der jüngsten Tochter Kaiserin Maria Theresias; 1765–1780 Statthalter von Ungarn, 1780–1792 Generalgouverneur der österr. Niederlande; förderte die theresian. Reformen, konnte aber die belg. Revolution nicht aufhalten; als Heerführer im Koalitionskrieg 1792 u. 1794/95 erfolglos; gründete die „*Albertina*" in Wien (Sammlung von Handzeichnungen u. Kupferstichen), förderte A. Canova.

20. Erzherzog u. Oberkommandierender der österr. Streitkräfte 1844–1895, Gouverneur von Ungarn 1851–1859, *3. 8. 1817 Wien, †18. 2. 1895 Arco; Sohn Erzherzog Karls, beteiligt an der Niederschlagung des Aufstandes in Italien 1848/49; schlug 1866 die Italiener bei Custoza.

Albrecht (18) der Fromme; Gemälde von G. de Crayer. Wien, Österreichische Nationalbibliothek

Preußen: **21.** Herzog in Preußen ab 1525, ab 1510 (letzter) Hochmeister des Deutschen Ordens in Preußen, *17. 5. 1490 Ansbach, †20. 3. 1568 Tapiau, Ostpreußen; am Hof des Kurfürsten von Köln erzogen u. im Heer Kaiser Maximilians I. in der Kriegskunst ausgebildet; versuchte nach seiner Wahl zum Hochmeister vergeblich, die zwischen dem Orden u. Polen bestehenden Spannungen durch eine kriegerische Entscheidung zu beseitigen. Unter dem Einfluß der Lehren Luthers u. in der Einsicht, daß ohne die Hilfe des Reichs das Ordensheer militärisch unterliegen würde, unterwarf sich A. nach Ablauf eines vierjährigen Waffenstillstands 1525 Sigismund I. von Polen u. nahm das Ordensland Preußen als ein weltliches Herzogtum zu erblichem Lehen. Mit der gleichzeitigen Reformation machte A. Preußen zum ersten protestant. Territorium; die 1544 von A. gegr. Universität in Königsberg wurde zu einer der bedeutendsten Hochschulen im Ostseeraum. Obwohl von Kaiser u. Papst mit Acht u. Bann belegt, gelang es A. mit einer geschickten Außenpolitik, dem Herzogtum Preußen Polen gegenüber eine gewisse Selbständigkeit zu sichern. Innenpolitisch wurde die vom Deutschen Orden übernommene gut funktionierende Verwaltungspraxis fortgeführt.

22. Prinz von Preußen, Regent des Herzogtums Braunschweig 1885–1906, *8. 5. 1837 Berlin, †13. 9. 1906 Kamenz, Schlesien; General im Krieg gegen Österreich 1866 u. Frankreich 1870/71.

Sachsen: **23.** *A. der Beherzte*, regierender Herzog gemeinsam mit seinem Bruder Kurfürst Ernst seit 1464, Sohn Friedrichs des Sanftmütigen, *31. 7. 1443 Grimma, †12. 9. 1500 Emden; durch die Teilung der sächs. Lande mit seinem Bruder (1485) Begründer der *Albertinischen Linie* der Wettiner (Meißen mit Residenz Dresden); Erbauer der Albrechtsburg in Meißen; Reichsfeldherr in den Kriegszügen gegen Karl den Kühnen u. Matthias Corvinus; seit 1498 Statthalter von Friesland.

Schweden: **24.** *A. (III.)*, König 1364–1389, Herzog von Mecklenburg, *um 1340, †1. 4. 1412 Doberan; von den schwed. Ständen auf den Thron seines Onkels Magnus Eriksson gewählt, aber von seiner Rivalin, Margarete von Dänemark u. Norwegen, besiegt u. bis zu seinem endgültigen Thronverzicht gefangengesetzt.

Württemberg: **25.** Herzog u. Thronfolger, Sohn Herzog Philipps u. der Erzherzogin Maria Theresia, *23. 12. 1865 Wien, †29. 10. 1939 Altshausen; preuß. Generalfeldmarschall (Heeresgruppe Herzog A.) im 1. Weltkrieg.

Albrecht, Ernst, Politiker (CDU), *29. 6. 1930 Heidelberg; Volkswirt; 1958–1970 Beamter bei der EG-Kommission, zuletzt Generaldirektor für Wettbewerb, 1971–1976 in der freien Wirtschaft tätig, 1976–1990 Min.-Präs. von Niedersachsen.

Albuquerque [-'kɛrkə], Afonso de, portugies. Vizekönig in Ostindien 1509–1515, *1453 Alhandra bei Lissabon, †16. 12. 1515 auf See bei Goa; eroberte 1507 die Insel Ormuz (Pers. Meerbusen, Handelsplatz), 1510 Goa, das bald Mittelpunkt der portugies. Herrschaft in Ostindien wurde, u. 1511 Ceylon u. Malakka.

Aldobrandini, Ippolito, Papst → Klemens VIII.

Aldringen, *Aldringer*, Johann Graf von, *10. 12. 1588 Luxemburg, †22. 7. 1634 Landshut; Heerführer im Dreißigjährigen Krieg zunächst unter Maximilian von Bayern, seit 1623 in kaiserl. Diensten. A. gewann das Ver-

Alexander der Große und die Eroberung des Perserreiches

Als Hegemon des makedonisch-griechischen Bundes von Korinth führte Alexander den von seinem Vater Philipp II. als Rachekrieg geplanten Feldzug gegen Persien. Damit begründete er das größte Reich der Antike.

1

Aufgrund seiner von Schnelligkeit und Improvisation geprägten Taktik gelang Alexander, der mit 40 000 Soldaten ausgezogen war, im Kampf gegen den übermächtigen Perserkönig Dareios eine militärstrategische Meisterleistung.

In den entscheidenden Schlachten 334 am Granikos, 333 bei Issos sowie 331 bei Gaugamela wandte Alexander das von dem Thebaner Epaminondas entwickelte taktische Prinzip der »schiefen Schlachtordnung« an. Dabei wurde der zur Herbeiführung der Entscheidung bestimmte Flügel auf Kosten des anderen besonders stark gemacht. Dareios floh nach der Niederlage bei Gaugamela und wurde später ermordet.

Alexander eroberte dann Babylon und Susa und ließ 330 Persepolis – als Vergeltung für die Zerstörung der Akropolis durch die Perser 480 – einäschern.

Nach der Eroberung der ostiranischen Provinzen und der Rückkehr aus Indien 325 betrieb Alexander eine Versöhnungs- und Assimilierungspolitik mit dem Ziel der Verschmelzung von Makedonen und Persern. Damit wurden am Ende des Rache- und Eroberungskriegs die politischen Grundlagen des Hellenismus geschaffen. *A.F.*

1 *Münzbildnis Alexanders des Großen auf der sog. »Alexandermünze«.*

2 *Alexander bei der Löwenjagd, ein symbolisches Motiv, das Alexander von den orientalischen Herrschern übernahm; Fußboden-Kieselmosaik aus dem Palast von Pella (wahrscheinlich Ende des 4. Jh. v. Chr.).*

3 *Mosaik der Schlacht bei Issos. Neapel, Museo Nazionale.*

4 *Das Löwendenkmal von Chaironeia.*

2

3

4

Alexander der Große 356–323 v. Chr.

Geboren als Sohn König Philipps II. von Makedonien in Pella	**356**	Philipp II. führt den zweiten heiligen Krieg gegen die Phoker (bis 346), die Delphi ausgeraubt hatten / Erste Mauer gegen die Hunnen in China
	350 ~	In China sind nach der Annexion von ursprünglich 1000 Kleinstaaten u. Lehen nur mehr sieben Großstaaten übrig, deren heftige Kämpfe u. Allianzsysteme die „Periode der kämpfenden Reiche" bestimmen (480–249) / Ein geschlossenes System der konfuzianischen Lehre entsteht / Privateigentum an Grund und Boden beginnt im Nordwesten Chinas die alte Agrarverfassung (Neun-Felder-System) zu verdrängen / Die keltische Latène-Kultur erstreckt sich von Nordfrankreich bis Mittelungarn / In Indien entsteht das „Mahabharata" (Epos in 100000 Doppelversen vom Kampf zwischen den Kaurawas und den Pandawas)
	347	Platon gestorben / Demosthenes (384–322) hält in Athen die erste „Philippika" gegen Philipp II. (sogenannte „Friedensrede")
	344 ~	Zweite „Philippika" des Demosthenes
Der Philosoph Aristoteles kommt auf Philipps Wunsch als Hauslehrer Alexanders nach Pella (bis 334)	**~ 343**	Artaxerxes III. gelingt die erneute Unterwerfung Ägyptens, worauf der letzte Pharao, Nektanebos II., nach Nubien flieht / Die drei Samnitenkriege (bis 290) festigen die Herrschaft Roms in Mittelitalien
	340	Nach der dritten „Philippika" bildet sich der „Hellenenbund", der Philipp II. den Krieg erklärt
	338	Sieg Philipps II. über die Griechen in der Schlacht bei Chaironeia. Ende der selbständigen Außenpolitik der Staaten Griechenlands
	337	Landfriedensordnung von Korinth: Philipp II. einigt alle griechischen Staaten außer Sparta
Philipp II. wird ermordet / Alexander tritt die Nachfolge seines Vaters an	**336**	Dareios III. wird König von Persien / Zenon, Begründer der Stoa, geboren
A. kämpft gegen die Triballer auf dem Balkan. Er dringt bis zur Donau vor / A. gewinnt durch die Zerstörung Thebens die Vorherrschaft in Griechenland	**335**	Die Herstellung farbiger Terrakotten verlagert sich aus dem zerstörten Theben nach Tanagra und verbreitet sich von dort im hellenistischen Kulturkreis
A. beginnt seinen Zug gegen Persien / Gordion, wo A. den „gordischen Knoten" durch Schwertschlag löst, wird Aufmarschgebiet	**334**	
A. besiegt bei Issos den Perserkönig Dareios III. und gewinnt Kleinasien u. Syrien	**333**	
A. erobert nach siebenmonatiger Belagerung die phönizische Hafenstadt Tyros (Ende ihrer führenden Stellung im Handel der Alten Welt) / A. besetzt Ägypten, gründet Alexandria als neue Residenz, erkennt aber die alten Kulte u. religiösen Zentren an / A. wird in der Oase Siwa zum Sohn des Gottes Ammon geweiht	**332 ~**	Im Weltreich Alexanders entsteht der Hellenismus als eine fruchtbare griechisch-orientalische Mischkultur, die sich in der Folgezeit über das weitere Mittelmeergebiet verbreitet (bis ~ 31 v. Chr.)
A. schlägt Dareios bei Gaugamela (Mesopotamien) entscheidend	**331**	
Durch die Ermordung des Dareios fällt das gesamte Perserreich an A. / A. besetzt Babylon, Susa u. Persepolis; versucht den „Babylonischen Turm" wiederaufzubauen	**330 ~**	Kallisthenes schreibt eine verherrlichende Geschichte A.s des Großen / Der griechische Forscher Pytheas aus Massilia (Marseille) gelangt nach Britannien, umsegelt es, erreicht „Thule" (Norwegen oder Shetland-Inseln) und Jütland. Erste geschichtliche Nachricht über die Germanen
A. heiratet die baktrische Königstochter Roxane / A. nimmt die Haltung eines orientalischen Despoten an u. läßt seinen Jugendfreund Kallisthenes bis zu dessen Tod ins Gefängnis werfen / Im Zuge der Eroberung des persischen Großreichs dringt A. nach Indien vor	**328 ~**	Praxiteles, griechischer Bildhauer, gestorben
Schlacht am Hydaspes (Ihelum) gegen König Poros / Am Hyphasis (Beas) zwingen die Truppen A. zur Umkehr	**326**	
A. nimmt bei einer Massenhochzeit makedonischer Adeliger mit vornehmen Perserinnen Barsine, die Tochter des Dareios, neben Roxane zur Frau	**324**	
Gestorben in Babylon	**323**	Die Feldherren A.s (Diadochen) teilen in Kämpfen (bis 280) sein Weltreich: Makedonien u. Griechenland fallen an Antipater, Thrakien an Lysimachos, Lykien, Pamphylien, Phrygien an Antigonos, Babylonien an Seleukos, Ägypten an Ptolemaios

trauen Wallensteins, war 1626 am Sieg an der Dessauer Brücke beteiligt u. zeichnete sich 1630 bei der Eroberung Mantuas aus. Sein Eintreten für die Beseitigung Wallensteins hatte militär. Gründe. Als Feldherr der kaiserl. Armee fiel A. während der Verteidigung Landshuts gegen die Schweden.

Ale [lat. *ala*, „Flügel"], Bez. einer Kavallerieeinheit im röm. Heer (etwa: *Schwadron*), üblicherweise aus Bundesgenossen; in der Kaiserzeit reguläre Einheit von 500 oder 1000 Reitern.

Alemannen, *Alamannen* [„alle Männer"], Bund westgerman. Völkerschaften meist swebischer Herkunft. Die A. kämpften erfolgreich gegen die Römer u. dehnten ihr Gebiet in der Völkerwanderungszeit vom Main bis in die Alpen hinein aus (Oberrhein, Elsaß u. Schweiz). Nach 496 wurde das Gebiet dem Frankenreich eingegliedert; die A. verloren weitgehend ihre Selbständigkeit, 746 wurde ihr Stammesherzogtum abgeschafft. Seit dem 9. Jh. ersetzte nach u. nach der alte Name Schwaben die Bezeichnung A.

Alesia, Stadt der kelt. *Mandubier* auf dem Mont Auxois, beim heutigen Alise-Sainte-Reine (Côte d'Or). Hier fand 52 v. Chr. unter Vercingetorix der letzte Kampf der Gallier gegen *Cäsar* statt.

Alexander, Päpste: **1.** *A. I.*, 107–115 (?), Heiliger; Fest: 3. 5.

2. *A. II.*, 1061–1073, eigentl. *Anselm*, Bischof von Lucca, †21. 4. 1073 Rom; ohne Beachtung der Rechte des dt. Königs gewählt, konnte den daraufhin vom dt. Hof aufgestellten *Honorius II.* verdrängen. A. versuchte aber noch, wie die Vertreter der älteren Reformpartei (z. B. Papst Leo IX.) zusammen mit dem dt. König die Kirche zu reformieren (Kampf gegen Simonie u. Priesterehe), daher kam es gelegentlich zu Spannungen mit dem rigoroser eingestellten Archidiakon Hildebrand, dem späteren Papst Gregor VII.

3. *A. III.*, 1159–1181, eigentl. Roland *Bandinelli*, *Siena, †30. 8. 1181 Civita Castellana; Kanonist u. Theologe, um 1150 Kardinal, päpstl. Legat auf dem Reichstag zu Besançon 1157. Gegen Kaiser Friedrich I. Barbarossa und vier Gegenpäpste führte er einen langen, schließl. erfolgreichen Kampf um die Unabhängigkeit des Papsttums u. der Kirche (Frieden von Venedig 1177, Ende des Schismas 1180). Auf dem 3. Laterankonzil 1179 verbot er die Eigenkirchen u. änderte das Papstwahlrecht (gewählt ist, wer der Stimmen der Kardinäle erhält). Mit A., der eine große Zahl von päpstl. Erlassen hinausgehen ließ, beginnt die Ära der Dekretalengesetzgebung.

4. *A. IV.*, 1254–1261, eigentl. Rainald Graf von *Segni*, Neffe Papst Gregors IX., † 25. 5. 1261 Viterbo; 1227 Kardinal; Förderer der Orden, setzte die antistaufische Politik seiner Vorgänger fort, deren Scheitern er am Ende seines Lebens selbst erkannte.

5. *A. (V.)*, Gegenpapst 1409/10, eigentl. Petros *Philargis*, *um 1340 Kreta, †3. 5. 1410 Bologna; gelehrter Franziskaner, 1405 Kardinal der röm. Observanz, auf der Synode zu Pisa nach der Absetzung Gregors XII. u. Benedikts XIII. zum Papst gewählt, galt er erst der Nachwelt als Gegenpapst.

6. *A. VI.*, 1492–1503, eigentl. Rodrigo de *Borgia* (Borja), Neffe von Papst Kalixt III., *1431/32 Játiva bei Valencia, †18. 8. 1503 Rom; 1455 Kardinal, trotz starker Opposition dann durch Simonie zum Papst gewählt. A. war ein weltl. eingestellter Renaissancefürst, polit. oft sehr geschickt – so konnte er das Vordringen Spaniens u. Frankreichs gegen den Kirchenstaat eindämmen –, jedoch in seiner Lebensführung bedenkenlos.

7. *A. VII.*, 1655–1667, eigentl. Fabio *Chigi*, *13. 2. 1599 Siena, †22. 5. 1667 Rom; 1639–1651 Nuntius in Köln, als solcher an den Verhandlungen des Westfäl. Friedens beteiligt; 1651 Staatssekretär, 1652 Kardinal. Er hielt sich vom Nepotismus nicht frei u. war Frankreich gegenüber nachgiebig (Frieden von Pisa 1664); bekämpfte Jansenismus u. Laxismus, förderte Wissenschaft u. Kunst (Scala regia im Vatikan u. Kolonnaden des Petersplatzes durch Bernini).

8. *A. VIII.*, 1689–1691, eigentl. Pietro *Ottoboni*, *22. 4. 1610 Venedig, †1. 2. 1691 Rom; 1652 Kardinal, wandte sich nach dem Scheitern seiner Versöhnungspolitik gegenüber Frankreich energisch gegen den Gallikanismus; erwarb für die Vatikanische Bibliothek die Bücher u. Handschriften der Königin Christine von Schweden.

Alexander, Fürsten. *Altertum:* **1.** *A. von Epirus*, König der Molosser 342–330 v. Chr., Onkel von 2), versuchte 334–330 v. Chr. in Süditalien ein aus griechischen Städten u. italischen Stämmen bestehendes Reich aufzubauen, wurde jedoch von einem Lukaner ermordet.

2. *A. III., A. der Große*, König von Makedonien 336–323 v. Chr., *356 v. Chr. Pella, †13. 6. 323 v. Chr. Babylon; Sohn *Philipps II.* von Makedonien u. der *Olympia* von Epirus, von *Aristoteles* erzogen. Nachdem sein Vater ermordet worden war, gelangte A. 20jährig auf den Thron u. schlug verschiedene Aufstände in Griechenland nieder (u. a. wurde Theben bis auf das Haus Pindars völlig zerstört). 336 v. Chr. ließ er sich in Korinth als Führer *(Hegemon)* eines makedon.-griech. Heeres für den Rachefeldzug gegen die Perser ausrufen, besiegte das Heer des pers. Großkönigs *Dareios III.* in den Schlachten am *Granikos* 334 v. Chr., bei *Issos* 333 u. bei *Gaugamela* 331, eroberte 332/31 v. Chr. Ägypten, das seit 525 v. Chr. pers. Satrapie war, u. gründete 331 v. Chr. die Stadt *Alexandria*. Nachdem Dareios auf der Flucht umgekommen war, brannte A. den Palast von Persepolis nieder, eroberte in den Jahren 330–327 v. Chr. in schweren Kämpfen die ostiran. Provinzen, stieß bis über den Iaxartes (Syrdarja) vor u. führte sein Heer 327–325 v. Chr. bis nach Indien. Während des Feldzugs formte sich der Plan, „bis an das Ende der Welt zu marschieren", d. h., bis an das „Ostmeer" zu gelangen, doch die erschöpften Truppen verweigerten am *Hyphasis* (Bias, Fluß im Pandschab-Gebiet) den Weitermarsch. Damit hatte A. den östlichsten Punkt bei seinem Heereszug erreicht, er mußte umkehren u. starb am 13. 6. 323 v. Chr. in Babylon an Fleckfieber. Er hinterließ das größte Reich in der Geschichte der Alten Welt. – A.s Ziel u. Wunsch war es, die europ., morgenländ. u. asiat. Teile des Weltreichs zu einem einheitl. Gebilde zusammenzuschweißen. Seine Feldzüge hatten neue geograph. Räume erschlossen u. die Entstehung eines Welthandels u. -verkehrs ermöglicht. A. veranlaßte Massenheiraten zwischen Makedonen u. Perserinnen; durch die Gründung von mehr als 80 sog. *A.-Städten* in Asien wurden griech. Kultur u. Sprache weit verbreitet; zusammen mit Aufnahme oriental. Elemente entstand so die hellenist. Weltkultur. Da kein unmittelbarer Nachfolger aus dem makedonischen Königshaus vorhanden war, zerfiel das A.reich schon nach kurzer Zeit in die Reiche der → Diadochen, die A.s Verschmelzungspläne rasch aufgaben. Alle Mitglieder des Königshauses, darunter A.s Frau *Roxane*, eine baktrische Fürstentochter, die zum Zeitpunkt seines Todes ein Kind erwartete, wurden bei den Diadochenkämpfen getötet. B S. 32/33.

Papst Alexander VI.; Ausschnitt aus einem Fresko von Pinturicchio, Città del Vaticano

MA u. Neuzeit: Bulgarien: **3.** *A. I., A. von Battenberg*, Fürst von Bulgarien 1879–1886, *5.4.1857 Verona, †17. 11. 1893 Graz; Neffe von 9), mit Unterstützung Rußlands gewählt, dann aber auf russ. Betreiben gestürzt, da er eigene Pläne verfolgte. Seine Verlobung mit der preuß. Prinzessin Viktoria, der Schwester des dt. Thronfolgers, des späteren Kaisers Wilhelm II. („Battenberg-Affäre"), verhinderte Bismarck, um Rußland nicht zu verärgern. A. besiegte die Serben in der Schlacht bei Slivnica (1885).

Griechenland: **4.** König 1917–1920, *1. 8. 1893 Athen, †25. 10. 1920 Athen; konnte sich nach der erzwungenen Abdankung seines Vaters Konstantin gegen den ententefreundl. Min.-Präs. E. *Venizelos* nicht durchsetzen.

Jugoslawien: **5.** *A. I.*, König 1921–1934, *17. 12. 1888 Cetinje, †9. 10. 1934 Marseille (von kroat. Nationalisten ermordet); während des 1. Weltkrieges Oberbefehlshaber der serb. Truppen u. als Prinzregent faktisch Leiter der Staatsgeschäfte; versuchte, seit 1929 mit diktator. Mitteln, aus dem Königreich der Serben, Kroaten u. Slowenen einen Einheitsstaat (neuer Staatsname 1929 „Jugoslawien") zu schaffen.

Polen: **6.** *A. Jagiełło*, König 1501–1506, Großfürst von Litauen seit 1492, *5. 8. 1461 Krakau, †19. 8. 1506 Wilna; seine Erhebung zum litauischen Großfürsten widersprach der poln.-litauischen Union, da gleichzeitig sein Bruder Johann I. Albrecht in Polen König wurde. Obwohl mit Iwans III. Tochter Helene verheiratet, mußte er 1492–1494 u. 1500–1503 Abwehrkriege gegen Moskau führen; ihm gelang ein langfristiger Friede mit den Osmanen. Dem Adel gewährte A. 1505 das Generalprivileg „Nihil novi", das dem Reichstag die gesamte Gesetzgebung u. dem König die Exekutive überließ.

Rußland: **7.** *A. Newskij*, seit 1236 Fürst von Nowgorod, seit 1252 Großfürst von Wladimir, *um 1220, † 14. 11. 1263; 1240 Sieger über die Schweden an der Newa, 1242 über den Dt. Orden auf dem Eis des Peipussees.

8. *A. I. Pawlowitsch*, Zar 1801–1825, *23. 12. 1777 St. Petersburg, †1. 12. 1825 Taganrog; reformierte den Staatsapparat (1802 Ersetzung der Kollegien durch persönl. verantwortl. Ressortminister, 1810 Gründung des Reichsrats), jedoch wurden die Verfassungsentwürfe M. Graf *Speranskijs* (1809) u. *Nowosilzews* (1819) nicht verwirklicht. Seit 1815 ließ A. durch A. Graf *Araktschejew* ein reaktionäres Polizeiregime errichten. Nach der Niederlage gegen Napoleon an der Seite Preußens 1807 schloß sich A. der Kontinentalsperre an. Von Schweden erkämpfte er 1809 Finnland, von den Türken 1812 Bessarabien. Der Sieg über Napoleon (1812/13) brachte A. an die Spitze der 3. Koalition ge-

Alexander II. von Rußland

gen Frankreich u. ließ ihn als Befreier Europas erscheinen. Auf dem Wiener Kongreß setzte er die Bildung eines Königtums Polen unter russischer Herrschaft durch. Unter dem Einfluß mystisch-konservativer Strömungen (Frau von *Krüdener*) wurde A. zum Initiator u. Mitbegründer der 1815 in Paris geschlossenen Heiligen Allianz.

9. *A. II. Nikolajewitsch*, Zar 1855–1881, *29. 4. 1818 Moskau, †13. 3. 1881 Petersburg (ermordet); begann seine Herrschaft mit liberalen Reformen: 1861 Aufhebung der Leibeigenschaft, 1867 Gerichtsreform, Schulreform. Die Unterdrückung des poln. Aufstands 1863 leitete eine panslawist. u. nationalist. Bewegung in Rußland ein, die mit dem erfolgreichen Krieg gegen die Türkei 1877/78 ihren Höhepunkt fand. Rußland erhielt auf dem Berliner Kongreß 1878 den Besitz Bessarabiens bestätigt. Bes. erfolgreich war die russ. Expansion im Kaukasus u. in Zentralasien (Turkistan, Taschkent, Samarkand). Den Terror der Narodniki beantwortete A. teils mit Polizeimaßnahmen, teils mit Zugeständnissen; vor dem Erlaß eines bereits unterzeichneten Reformprojekts fiel A. einem Bombenattentat zum Opfer.

10. *A. III. Alexandrowitsch*, Zar 1881–1894, Sohn von 9), *10. 3. 1845 Petersburg, †1. 11. 1894 Liwadia; verfolgte unter dem Einfluß K. *Pobedonoszews* eine Politik der Erhaltung der Autokratie u. der Russifizierung. Nach anfängl. Anlehnung an die Mittelmächte (1887 Rückversicherungsvertrag) suchte er unter Mitwirkung seines Außenministers Nikolai N. Giers polit. Verbindung mit Frankreich (Vertrag von 1892).

Schottland: **11.** *A. I.*, König 1107–1124, *um 1080, †April 1124; herrschte über Schottland nördl. des Clyde einschließl. der Provinz Nord-Lothian, in Feindschaft mit seinem Bruder David, der die Provinz Cumbrien besaß. A. gründete Abteien u. Bischofssitze u. kämpfte für die Unabhängigkeit der schott. Kirche gegen die Suprematsansprüche von York u. Canterbury.

12. *A. II.*, König 1214–1249, *24. 8. 1198, †8. 7. 1249; Sohn Wilhelms I., des Löwen (*1143, †1214), unterstützte die engl. Barone in ihrem Kampf gegen den engl. König Johann I. u. fiel wiederholt in England ein. Er stärkte die Zentralmonarchie gegen die schott. Barone durch den Aufbau einer feudalen Staatsordnung nach dem anglonormannischen Vorbild u. erlangte die päpstl. Bestätigung der Unabhängigkeit der schott. Kirche.

13. *A. III.*, König 1249–1286, Sohn von 12), *4. 9. 1241 Roxburgh, †18./19. 3. 1286; heiratete 1251 Margarete von England, deren Vater Heinrich III. vergebl. erhofft hatte, während der Minderjährigkeit A.s Einfluß auf das schott. Königreich zu nehmen. 1263 verhinderte A. einen Landungsversuch des norweg. Königs Haakon des Alten u. gewann 1266 durch einen Vertrag mit Haakons Nachfolger die Isle of Man sowie die westl. Hebriden. A. verheiratete 1282 seine Tochter Margarete (*1261, †1283) mit Erich Magnusson von Norwegen.

Serbien: **14.** *A. I. Obrenović*, König 1889–1903, *14. 8. 1876 Belgrad, †11. 6. 1903 Belgrad; mit seiner Frau Draga (*1867, †1903), einer ehem. Hofdame, von Offizieren ermordet.

15. *A. Karadjordjewič*, Fürst von Serbien 1842–1858, *11. 10. 1806 Topola, †4. 5. 1885 Temesvár; als Nachfolger des im August 1842 verstoßenen Fürsten Michael aus der konkurrierenden Dynastie der Obrenovići zum Fürsten gewählt, österreichfreundl., fortschrittl., durch russ. Einfluß 1858 abgesetzt u. zum Thronverzicht gezwungen.

Alexander [ælig'za:ndə], **1.** Albert Victor, Viscount A. of Hillsborough, engl. Politiker (Labour Party), * 1. 5. 1885 Weston-super-Mare, †11. 1. 1965 London; seit 1922 im Unterhaus, 1929–1931 u. 1940–1946 Marine-, 1946–1950 Verteidigungs-Min.

2. Harold, Earl *A. of Tunis*, brit. Feldmarschall (1944), *10. 12. 1891 London, †16. 6. 1969 Slough, Buckinghamshire; leitete 1940 die Evakuierung Dünkirchens, 1942 den brit. Rückzug aus Birma; kommandierte 1943/44 in Nordafrika u. Italien, 1945 Oberkommandierender im Mittelmeer; 1946–1952 Generalgouverneur in Kanada, 1952–1954 Verteidigungs-Min.

Alexander der Große → Alexander, Fürsten (2).

Alexandra, Königin von Großbritannien u. Irland, *1. 12. 1844 Kopenhagen, †20. 11. 1925 Sandringham; Tochter König Christians IX. von Dänemark u. der Luise von Hessen, heiratete am 10. 3. 1863 Albert Eduard, Prinz von Wales (den späteren König *Eduard VII.*) u. wurde am 9. 8. 1902 mit ihm gekrönt. Sie beeinflußte die Außen-, insbes. die Deutschlandpolitik u. gewann im Innern durch ihre Tätigkeit in der Sozialfürsorge größte Popularität.

Alexandra Fjodorowna, *Aleksandra Fedorovna*, war seit 1894 die Gattin des Zaren *Nikolaus II.* von Rußland, geb. Prinzessin Alice von Hessen-Darmstadt, *6. 6. 1872 Darmstadt, †16. 7. 1918 Jekaterinburg (heute Swerdlowsk); verschaffte dem Mönch G. *Rasputin* Einfluß am Zarenhof; mit ihrer Familie von Bolschewiki erschossen.

Alexandria [-k'san-, auch -'dri:a], arab. *Al Iskandariyah*, wichtigster Hafen, erste Handelsstadt u. zweitgrößte Stadt Ägyptens u. ganz Afrikas, im westl. Teil des Nildeltas auf einer Nehrung zwischen dem Mittelmeer u. der Lagune Maryutsee, 2,9 Mill. Ew.

An der Stelle des bis dahin unbedeutenden Fischerdorfes *Rhakotis* gründete *Alexander der Große* 332/31 v. Chr. die Stadt A., um die griech. Stellung an der südl. Mittelmeerküste zu festigen. Die *Ptolemäer* bauten die Stadt zu ihrer Residenz aus u. begründeten die Bedeutung A.s als Weltstadt, die sie während des Hellenismus behielt. Zu A. gehörten die Vorstädte Eleusis u. Nikopolis; die Insel *Pharos* war durch einen Damm mit dem Festland verbunden, wodurch zwei Häfen entstanden: der Haupthafen im O u. der Eunostos-Hafen im W (mit Kriegshafen). Auf der Ostspitze von Pharos ließ *Sostratos von Knidos* einen Leuchtturm bauen. Im Innern der Stadt lag das Königsviertel mit dem Grab Alexanders, den Palastgebäuden u. dem Museion mit der *Alexandrin. Bibliothek*. Unter röm. Herrschaft (Einnahme durch Cäsar 48 v. Chr.; dabei brannte neben den verschiedenen Hafenanlagen auch das Museion ab) hatte das reiche A. wegen seiner Handelsbeziehungen bes. kulturelle u. wirtschaftl. Bedeutung; im 2. Jh. n. Chr. war die Stadt ein Zentrum des Christentums. 619 n. Chr. wurde sie für kurze Zeit von den *Sassaniden* erobert, 642 kam sie unter arab. Herrschaft u. verlor neben der neuen Hptst. *Kairo* zunehmend an Bedeutung.

Alexandriner, unter den röm. Kaisern in Alexandria (Ägypten) zunächst aus Silber, dann aus Bronze geprägtes Provinzialgeld; Kennzeichen der A. sind die Vielfalt histor., religiöser u. mytholog. Motive.

Alexandrinische Bibliothek, bedeutendste Bibliothek der Antike, ein Teil des Museions (einer Art Universität in Form einer Kultgenossenschaft) in Alexandria (Ägypten); gegr. unter *Ptolemaios I.* im 3. Jh. v. Chr.; die Bibliothek, vor allem von Ptolemaios II. (†246 v. Chr.) ausgebaut, umfaßte zu Cäsars Zeiten wahrscheinlich 700000 Rollen u. ging im alexandrin. Krieg 47 v. Chr. unter. – Neben dieser Bibliothek bestand die des Serapeion als andere A. B., von Ptolemaios II. begründet; ging wahrscheinlich 391 n. Chr. zugrunde.

Alexandrinisches Zeitalter, beginnend etwa nach dem Tod *Alexanders des Großen* (323 v. Chr.) im wesentlichen bis zum Ende des Ptolemäer-Reiches (30 v. Chr.); Epoche des *Hellenismus*, mit Ausstrahlung bis tief in die röm. Kaiserzeit hinein, in der griech. Kunst u. Wissenschaft für die damaligen von Rom beherrschten Länder Weltgeltung besaßen; glänzender Mittelpunkt: *Alexandria*.

Alexej Michailowitsch, *Aleksej Michailovič*, Zar von Rußland 1645–1676, *19. 3. 1629, †8. 2. 1676; Vater Peters d. Gr.; erließ ein Gesetzbuch (1649), das u. a. die Bauern gesetzl. an die Scholle band. 1670/71 unterdrückte er den Bauernaufstand Stepan *Rasins*. Sein Krieg gegen Schweden (1656–1658) um einen Zugang zur Ostsee blieb erfolglos; nach langem Krieg gegen Polen (1654–1667) sicherte er im Waffenstillstand von Andrussowo den Gewinn der Ukraine links des Dnejpr.

Alexios, byzantin. Kaiser: **1.** *A. I. Komnenos*, Kaiser 1081–1118, *1048 Konstantinopel, †15. 8. 1118; stammte aus kleinasiatischem Offiziersadel, stürzte *Nikephoros III.* (1078–1081); verteidigte das zusammenbrechende Reich gegen Normannen *(Robert Guiscard)* u. Seldschuken u. leitete die letzte Blütezeit des Byzantin. Reichs ein; dem 1. Kreuzzug gestattete er den Durchmarsch durch das Byzantin. Reich, wodurch auch das seldschuk. Herrschaftsgebiet in Kleinasien eingeschränkt wurde.

2. *A. III. Angelos*, Kaiser 1195–1203, †1210 Nicäa (in Gefangenschaft); stürzte seinen Bruder Isaak II.; schwacher Herrscher, von Kaiser Heinrich VI. zur Tributzahlung gezwungen u. von den Kreuzfahrern gestürzt, die 1204 das Lateinische Kaiserreich errichteten.

Al Fatah [-'fatax; Abk. (in umgekehrter Reihenfolge) für arab. *Harakat Tahrir Falastin*, „Bewegung zur Befreiung Palästinas", zugleich anklingend an arab. *fath*, „Sieg"], militante palästinens. Untergrundorganisation, gegr. 1958, stärkste Gruppe innerhalb der → PLO. Ihr Führer J. *Arafat* ist seit 1969 zugleich Vors. der PLO.

Alfieri, **1.** Cesare, Marchese *di Sostegno*, italien. Politiker, *13. 8. 1799 Turin, † 16. 4. 1869 Florenz; 1848 Min.-Präs., 1855–1860 Senats-Präs. des Königreichs Sardinien.

2. Dino, italien. Politiker, *8. 7. 1886 Bologna, †2. 1. 1966 Mailand; seit 1924 faschist. Abg., 1936–1939 Min. für Volksbildung, 1939/40 Botschafter beim Heiligen Stuhl, 1940–1943 in Berlin; stimmte im Juli 1943 im faschist. Großrat gegen Mussolini, floh in die Schweiz, wurde 1944 in Abwesenheit zum Tode verurteilt.

Alfons, Fürsten. Aragón: **1.** *A. I.*, König 1104–1134, *1073, †8. 9. 1134 Poleñino; dehnte den aragones. Herrschaftsbereich aus: 1118 Einnahme der späteren Hauptstadt Saragossa; süd-französ. Grafen erkannten A.s Oberhoheit an. Zusammenstöße mit Katalonien u. Kastilien.

Alfons der Großmütige, König von Aragón, Neapel und Sizilien

2. *A. V., A. der Großmütige,* König von Aragón 1416–1458, als König von Neapel-Sizilien *A. I.,* * 1396 Neapel, † 27. 6. 1458 Neapel; unterstützte 1421 Johanna II. von Neapel († 1435) gegen Ludwig III. v. Anjou († 1434), wofür sie ihn als Erben einsetzte. Später entschied sie sich jedoch für Ludwig. Nach ihrem Tod nahm A. den Kampf auf u. eroberte 1442 Neapel, seine neue Residenz. A. unterstützte Byzanz u. nach dessen Fall die aus Konstantinopel vertriebenen griech. Gelehrten. Er gründete die erste humanist. Akademie Italiens.

Asturien, Kastilien u. León: **3.** *A. III., A.d.Gr.,* König von Asturien 866–910, * 848, † 20. 12. 912 Zamora; rückte bis zum Duero vor, baute eine Militärverteidigungslinie u. Burgen gegen die Mauren. Nach Kämpfen mit seinen Söhnen dankte A. ab. Das Reich wurde geteilt; es entstanden das Königreich León u. die selbständige Grafschaft Kastilien.

4. *A. VI.,* König von Léon 1065–1109, 1072–1109 auch von Kastilien, * 1040, † 30. 6. 1109 Toledo; nannte sich „Kaiser von ganz Spanien", gab sich nach der Einnahme Toledos (1085) den Titel „imperator Toledanus", konnte das Vordringen der afrikan. Almoraviden nicht verhindern u. bekämpfte schließl. seinen mächtigsten Vasallen, den *Cid.*

5. *A. VII.,* König 1126–1157, letzter „Kaiser", * 1105, † 1157 Fresneda; ihm huldigten Navarra, Barcelona u. südfranzösische Fürsten, u. nach dem Tod seines Stiefvaters *A. I.* erkannte Aragón seine Oberherrschaft an. Das Vordringen der afrikanischen Almohaden machte seine Reconquista-Erfolge wieder zunichte.

6. *A. IX.,* König von León 1188–1230, * 1171 Zamora, † 24. 9. 1230 Villanueva de Sarria; heiratete 1197 die Tochter A.s VIII. von Kastilien (* 1156, † 1214). Daher wurde die Wiedervereinigung der beiden Reiche unter Ferdinand III., seinem Sohn, möglich.

7. *A. X., A. der Weise,* König 1252–1284, Sohn Ferdinands III. u. der Beatrix von Schwaben, * 23. 11. 1221 Toledo, † 4. 4. 1284 Sevilla; 1256 zum dt. Gegenkönig gewählt (Enkel Philipps von Schwaben), gelangte aber weder in Dtschld. noch in Italien zur Herrschaft, doch stieß unter seiner Herrschaft Kastilien zum ersten Mal in den Mittelmeerraum vor. Seine Kämpfe gegen die Mauren waren trotz der Eroberung von Cádiz erfolglos. A. förderte Wissenschaft („Crónica general de España", „Estoria de España", Alfonsinische Tafeln), trat als Dichter hervor („Cantígas de Santa Maria", eine Sammlung Marienlieder) u. veranlaßte eine große Gesetzessammlung („Las Siete Partidas").

Portugal: **8.** *A. I., A. Heinrich, der Eroberer,* König 1139–1185, * 1110 Guimarães, † 6. 12. 1185 Coimbra; Sohn der Infantin Theresia von Kastilien u. des Grafen Heinrich von Burgund; Begründer der gleichnamigen Dynastie, erster König Portugals; erfocht Siege gegen die Mauren (Ourique 1139) u. gegen König Alfons VII. von León (Valdevez), der ihn 1143 als Souverän von Portugal anerkennen mußte, da dieser sein Land dem Schutz des Papstes unterstellte u. den Lehnseid leistete. 1147 eroberte er Santarém u. Lissabon u. drängte die Mauren weiter zurück.

9. *A. IV.,* König 1325–1357, * 1290 Lissabon, † 28. 5. 1357 Lissabon; besiegte gemeinsam mit einem kastil. Heer am Rio Salado 1340 den Sultan von Marokko; ließ seine Schwiegertochter Inés de Castro 1355 ermorden, wonach es zum Krieg mit seinem Sohn Peter I. († 1367) kam.

10. *A. V., A. der Afrikaner,* König 1438–1481, * 15. 1. 1432 Sintra, † 28. 8. 1481 Sintra; führte die Entdeckungen Heinrichs des Seefahrers in Afrika (u. a. Tanger) fort. Der während seiner Regierungszeit ausgebrochene portugies.-kastil. Erbfolgekrieg endete mit dem Sieg der kastil. Könige im Frieden von Alcáçovas 1479; es kam u. a. zu einer Garantie der gegenseitigen Besitzungen u. Rechte, so der Kanarischen Inseln als Besitz Kastiliens u. der Entdeckungsgebiete jenseits der Kanarischen Inseln bis Guinea als Besitz Portugals. A. veranlaßte die *Alfonsinische Gesetzessammlung,* eine bedeutende Aufzeichnung von Gesetzestexten u. des Gewohnheitsrechts.

Spanien: **11.** *A. XII.,* König 1874–1885, * 28. 11. 1857 Madrid, † 25. 11. 1885 Madrid; Sohn Isabellas II., wurde nach der Abdankung Amadeus' I. durch General Martinez Campos gegen die Republikaner zum König ausgerufen; beendete die Karlistenkriege (1876), zwang Don Carlos zur Emigration u. festigte die Monarchie durch eine neue Zweikammerverfassung, die mit Unterbrechung bis 1931 gültig blieb.

12. *A. XIII.,* König 1886–1931, nachgeborener Sohn von 11), * 17. 5. 1886 Madrid, † 28. 2. 1941 Rom; stand bis 1902 unter der Regentschaft seiner Mutter Maria Christine von Österreich (* 1858, † 1929). Während dieser Zeit gingen im Krieg mit den USA Kuba, Puerto Rico, die Philippinen u. Guam (1898) verloren. Nach dem Regierungsantritt des gebildeten, kaltblütigen u. volkstüml. A. verschlimmerte sich der interne Parteihader. Hauptprobleme seiner Regierung waren das Verhältnis Kirche–Staat, Sozialpolitik u. Regionalismus. Aufstände in Marokko, bes. der Rifkabylen, polit. Krisen, Streiks, Sabotage u. Terror führten zur Radikalisierung u. zum Staatsstreich von Miguel Primo de Rivera 1923, der von A. gebilligt wurde. Die Verfassung von 1876 wurde aufgehoben, der Marokkofeldzug beendet. Es gelang der Militärdiktatur aber nicht, das polit. Leben neu zu gestalten. Zu Unruhen kam es bes. wegen der Kirchen- u. Kulturpolitik. 1930 trat Primo de Rivera zurück. Die Republikaner siegten bei den Kommunalwahlen (1931). A. ging ins Ausland, schließl. nach Rom, u. Spanien wurde Republik.

Alfons XIII., König von Spanien, mit dem Fliegermajor Franco; 1930

Alfred der Große, angelsächs. König von Wessex 871–899, * 849 Wantage, Berkshire, † 26. 10. 899 wahrscheinl. Wessex; folgte seinen drei älteren Brüdern auf den Thron; vertrieb nach jahrelangen Kämpfen die Dänen aus Wessex u. gewann 886 London zurück. Sein vom Krieg verwüstetes Land baute er neu auf, ließ Festungen errichten u. das Heer reorganisieren. Er begann mit dem Bau einer ersten engl. Flotte, um die Dänen zur See schlagen zu können. Damit sicherte er den Vorrang von Wessex, von dem aus die Rückeroberung Englands gegen die Dänen betrieben werden konnte. Zu A.s bedeutendsten Leistungen gehören seine Bemühungen um die engl. Kultur: Die engl. Gesetze von Wessex, Mercia u. Kent wurden gesammelt, die Gerichtsbarkeit u. das Finanzwesen reformiert u. das Schulwesen gefördert; eine Anzahl bedeutender latein. Schriften übersetzte A. ins Englische, so Papst Gregors „Cura pastoralis", Boëthius' „Trost der Philosophie", Bedas „Kirchengeschichte" u. Orosius' „Weltgeschichte".

Alfred der Große; zeitgenössische Münze

Algarve, südlichste Landschaft u. frühere Provinz Portugals, entspricht dem heutigen Verw.-Bez. *Faro.*
Die A. gehörte zur röm. Provinz Baetica. Das arab. *Al Gharb* („Westen") bezeichnet die Landschaften beiderseits der Meerenge von Gibraltar. Die 500jährige maurische Herrschaft hat den Charakter der A. stark geprägt. Mitte des 13. Jh. wurde sie vom portugies. König Alfons III. erobert. Seit der Expansion nach Nordafrika führten die portugies. Könige den Titel „Herrscher der Algarven diesseits u. jenseits (des Meeres)". Im Zeitalter der Entdeckungen waren Sagres als „Seefahrerschule" Heinrichs des Seefahrers u. Lagos als Handelsplatz bedeutend.

Algerien → S. 37.

Ali, Pascha von Ioannina (Jannina), * 1744 (?) Tepelena, † 5. 2. 1822 Ioannina; schuf sich seit 1787 eine von der türkischen Regierung unabhängige Herrschaft in Südalbanien u. Griechenland; 1820 als Rebell abgesetzt u. in Ioannina eingeschlossen, mußte am 10. 1. 1822 kapitulieren u. wurde später ermordet.

Aliden, die Nachkommen des (4.) Kalifen *Ali Ibn Abi Talib,* des Vetters des Propheten Mohammed. Die aus der Ehe Alis mit Fatima, der Tochter Mohammeds, stammenden

Fortsetzung S. 38

Algerien DZ

Demokratische Volksrepublik Algerien

Fläche: 2381741 km². – *Einwohner:* 27,1 Mill. – *Hauptstadt:* Algier. – *Landessprache:* Arabisch. – *Nationalfeiertage:* 5. 7. und 1. 11. – *Währung:* 1 Algerischer Dinar = 100 Centimes. – *Lage:* zwischen 19° und 37° n. Br. sowie 8°40′ w. L. und 12° ö. L. – *Zeitzone:* Mitteleuropäische Zeit – 1 Std. – *Grenzen:* im N Mittelmeer, im O Tunesien und Libyen, im SO Niger, im SW Mali und Mauretanien, im äußersten W Westsahara, im NW Marokko. – *Staatsform:* präsidiale Republik.

A. ist das alte *Numidien,* das im Altertum zeitweise zum Reich der Karthager gehörte u. dann röm. Provinz (Numidia, im W Mauretania) wurde. 429–534 gehörte die Küste zum Wandalenreich. Den dann folgenden Byzantinern entrissen 670–690 die islam. Araber das Land. Vom 11. bis 13. Jh. gehörte A. zum Reich der *Almoraviden* u. *Almohaden.* A. zerfiel in unabhängige Stammesgebiete; die Küstenstädte betrieben Seeraub. Um der Seeräuberplage Herr zu werden, besetzten die Spanier 1509 Oran, 1510 die Insel Penon vor Algier u. a. Städte. Gegen die Spanier wurden die in türk. Diensten stehenden Brüder *Arudsch* u. *Cheir ed-Din Barbarossa* ins Land gerufen. Nach dem Tode des Arudsch unterstellte Cheir ed-Din Barbarossa A. 1519 der Oberhoheit der Türken, die es durch die von den Janitscharen gewählten *Deis* regieren ließen. Erst 1708 wurden die Spanier von Dei Ibrahim aus dem ganzen Land vertrieben.

Die Autorität der Deis über das Hinterland blieb jedoch unsicher. Am 14. 6. 1830 landete ein französ. Heer bei Algier u. besetzte die Stadt mit ihrer Umgebung. Im W A.s gründete darauf *Abd Al Kader* ein neues islam. Staatswesen, das einen Teil der Stämme einte u. dessen Autonomie von den Franzosen zunächst anerkannt wurde (Vertrag von Tafna 30. 5. 1837). Im November 1839 begann der Krieg erneut, Abd Al Kader mußte 1843 nach Marokko fliehen, am 18. 8. 1844 schlug Marschall Bugeaud die marokkan. Armee am Isly-Wadi. Von den Marokkanern im Stich gelassen, mußte Abd Al Kader sich am 23. 12. 1847 ergeben.

Die Franzosen eroberten das ganze Land u. drangen allmähl. nach S in die Sahara vor. Unter Napoleon III. versuchten sie, Algerien als ein eigenständiges „arabisches Königreich" zu verwalten. Nach der Niederwerfung eines Kabylen-Aufstands 1871 wurden jedoch weite Landflächen enteignet u. mit Europäern besiedelt, die u. a. aus dem vom Dt. Reich annektierten Elsaß-Lothringen nach A. kamen. Diese Siedler (um 1890 etwa 500000 französ. *Colons,* scherzhaft *Pieds-Noirs,* „Schwarzfüße") forderten den Anschluß A.s an das französ. Mutterland, verweigerten den islam. Algeriern jedoch die polit. u. gesellschaftl. Gleichberechtigung. Am 26. 8. 1881 ordnete ein Dekret die Eingliederung („rattachement") der alger. Verwaltung in die französ. an. Später wurde jedoch die Eigenart A.s wieder stärker betont, u. a. durch Einrichtung eines eigenen Budgets u. alger. parlamentar. Kammern (Finanz-Delegationen), in denen die europ. Einwohner eine Zweidrittel-Mehrheit hatten. Um 1900 eroberte Frankreich auch die Sahara vollständig u. stellte ein großes Wüstengebiet als „algerische Südgebiete" unter Militärverwaltung. Die islamische Bevölkerung begann rasch zu wachsen (1911: 4750000). 1912 führte Frankreich die Wehrpflicht auch für Moslems ein, im 1. Weltkrieg kämpften bereits Algerier im französischen Heer.

Nach 1919 erwarteten viele Algerier polit. Reformen, die ihnen eine Aufnahme in die französ. Nation erleichtern würden. Als die europ. Siedler solche Assimilations-Maßnahmen verhinderten, formierten sich in A. die ersten nationalist. Gruppen, insbes. die traditionsbewußten *Ulemas* (1930) u. unter den algerischen Arbeitern in Frankreich der „Nordafrikan. Stern" (französ. *Étoile Nord-Africain,* Abk. *ENA*), der seit 1927 unter Führung von Messali Hadsch die volle Unabhängigkeit A.s forderte.

Frankreich unterdrückte den alger. Nationalismus, auch die Volksfront-Regierung 1936 in Frankreich konnte Reformpläne gegen den Widerstand der europ. Siedler nicht durchsetzen.

Im 2. Weltkrieg blieben die französ. Behörden in A. zunächst der französ. Regierung Pétain in Vichy treu. Am 8. 11. 1942 landeten jedoch amerikan. u. brit. Truppen in A., worauf General de Gaulle die Führung des „Freien Frankreich" übernahm. 1943 forderte Ferhat *Abbas* im „Manifest des alger. Volkes" begrenzte Selbstregierung. Darauf ließ sich de Gaulle nicht ein. Statt dessen versprach er im Gesetz vom 7. 3. 1944 den Moslems das volle französ. Bürgerrecht. Die IV. Republik erfüllte diese Hoffnung aber nicht, das A.-Statut vom 20. 9. 1947 gewährte keine echte Reform.

Am 1. 11. 1954 begann im Aurèsgebirge der Aufstand, den eine Gruppe vorher kaum bekannter Männer organisiert hatte. Sie übernahmen die Führung der *Nationalen Befreiungsfront* (FLN) u. ihrer Armee (ALN). In A. selbst u. unter den alger. Arbeitern in Frankreich setzte sich die FLN rasch gegen konkurrierende Organisationen durch. Im August 1956 gab sie sich auf dem Kongreß im Soumman-Tal (Kabylien) eine polit. Spitze, die am 19. 9. 1958 in Tunis zur Provisor. Regierung der Alger. Republik (GPRA) proklamiert wurde; Ferhat Abbas übernahm das Amt des Min.-Präs. im Exil.

Frankreich versuchte den Aufstand zunächst brutal niederzuschlagen („Schlacht um Algier" 1957), konnte auch die ALN in die Berge zurückdrängen u. die Grenzen nach Tunesien sowie Marokko sperren, jedoch blieb die FLN im Untergrund bestimmend für das alger. Volk. Am 13. 5. 1958 brachten die europ. Siedler u. französ. Offiziere durch Putschdrohung die IV. Republik zum Scheitern u. verhalfen General de Gaulle, der als Verfechter eines „französ. A." galt, zur Regierungsübernahme. Dieser bot jedoch A. am 16. 9. 1959 die Selbstbestimmung an u. leitete Verhandlungen mit der FLN ein. Am 18. 3. 1962 kam in Evian der Waffenstillstand zustande, Putschversuche der radikalen „Geheim-Armee" (OAS) der europ. Siedler wurden unterdrückt.

Nachdem am 1. 7. 1962 in einer Volksabstimmung 99,7 % der Algerier für die Unabhängigkeit gestimmt hatten, wurde am 3. 7. 1962 die unabhängige Republik Algerien ausgerufen. Die FLN übernahm als Einheitspartei die Führung des neuen Staates, jedoch kam es sofort zu persönl. Machtkämpfen. Ende 1962 setzte Ahmed *Ben Bella* sich als Staatschef durch. Er leitete eine „sozialist." Politik unter Hinwendung zur Sowjetunion ein, ohne jedoch die wirtschaftl. Zusammenarbeit mit Frankreich aufzukündigen. Am 19. 6. 1965 stürzte der Armeechef Houari *Boumedienne* Ben Bella u. übernahm selbst die Regierung. Er verringerte den Einfluß der alger. Kommunisten auf Partei u. Staat, änderte jedoch nichts an der Außenpolitik. Das Land blieb einer der schärfsten Gegner einer Aussöhnung mit Israel. Erhebl. Spannungen entwickelten sich mit Marokko wegen der alger. Unterstützung der Polisario in der Westsahara-Frage.

1976 trat eine neue Verfassung in Kraft. Nach dem Tod Boumediennes wurde 1979 Bendjedid *Chadli* Staats-Präs.; im Innern betrieb er einen Kurs der wirtschaftl. Liberalisierung, während er gleichzeitig Boumediennes Linie einer verstärkten Kooperation mit der Dritten Welt gegenüber dem industrialisierten Norden weiterverfolgte. 1988 nahm A. die seit Beginn des Westsahara-Konflikts unterbrochenen diplomat. Beziehungen zu Marokko wieder auf. Aufgrund der katastrophalen wirtschaftl. Lage kam es im gleichen Jahr zu blutigen Unruhen. Diese Vorgänge begünstigten das Erstarken des islam. Fundamentalismus. Die Staatsführung reagierte mit polit. Reformen. 1989 wurde eine neue Verfassung, die die sozialist. Ausrichtung des Landes aufhob, per Referendum angenommen. Außerdem führte die Regierung ein Mehrparteiensystem ein. Nach Unruhen islam. Kräfte wurde 1991 zeitweise der Ausnahmezustand verhängt. Im Dez. 1991 fanden Parlamentswahlen auf Basis der neuen Verfassung statt. Die fundamentalist. Islam. Heilsfront errang einen überwältigenden Sieg. Daraufhin trat Chadli im Jan. 1992 als Staats-Präs. zurück. Ein vom Militär

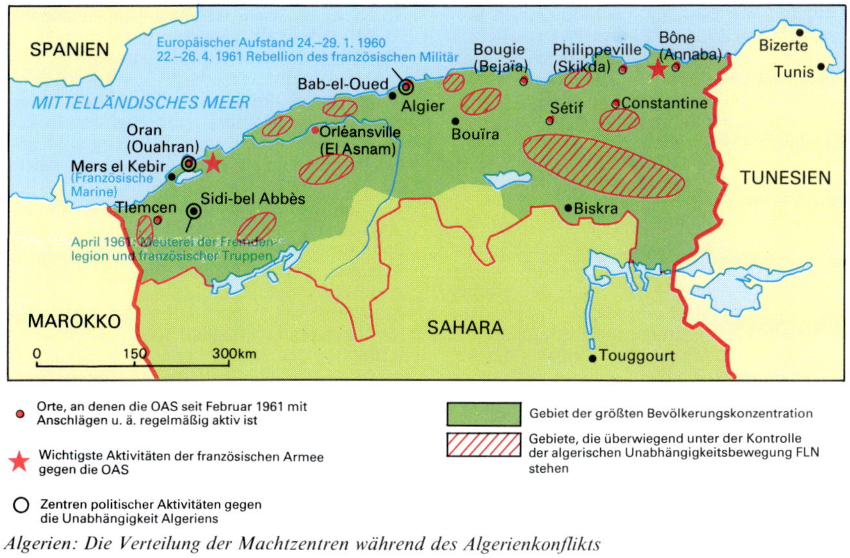

Algerien: Die Verteilung der Machtzentren während des Algerienkonflikts

beherrschter *Oberster Staatsrat* unter Führung von Mohammed *Boudiaf* übernahm alle exekutiven Vollmachten, verhängte den Ausnahmezustand u. verbot die Heilsfront, die nun das Regime mit Terrorakten aus dem Untergrund bekämpfte. Am 29. 6. 1992 fiel Boudiaf einem Attentat zum Opfer. Sein Nachfolger als Vors. des Staatsrats wurde Ali *Kafi.* Im Jan. 1994 endete die Amtszeit des Staatsrats. General L. *Zeroual* wurde zum neuen Staats-Präs. berufen (1995 durch Direktwahl im Amt bestätigt). Inzwischen eskalierten die gewalttätigen Auseinandersetzungen zwischen dem Regime u. den Islamisten (bis 1997 über 50000 Tote). In einem Referendum billigte die Bevölkerung 1996 eine Verfassungsreform, auf deren Grundlage 1997 Parlamentswahlen stattfanden. Eine Stabilisierung der innenpolit. Lage wurde dadurch allerdings nicht erreicht.

Nachkommen sind nach schiitischer Anschauung allein berechtigt, Oberhaupt (Imam) der Moslems zu sein.

Ali Ibn Abi Talib, vierter Kalif 656–661, *um 600 Mekka, †24. 1. 661 Kufa (ermordet); Vetter u. Schwiegersohn des Propheten Mohammed (durch Fatima); schlug 656 im Irak einen Aufstand nieder, den Mohammeds Witwe Aïscha gegen ihn angestiftet hatte. A. regierte von Kufa aus u. mußte sich gegen den Statthalter in Syrien, Al Moawija, wehren, der ihn der Mittäterschaft an der Ermordung des Kalifen Othman beschuldigte u. seit 657 die Kalifenwürde beanspruchte, die er nach Alis Tod erlangte. A.s Parteigänger, die Schiiten, erkennen nur ihn u. seine Nachkommen (Imame) als legitime Herrscher an.

Aliya [hebr., „Aufstieg" (nach Zion)], in der zionist. Bewegung gebräuchl. Bez. für die verschiedenen jüd. Einwanderungswellen nach Palästina.

Alkibiades, *Alcibiades,* athen. Staatsmann u. Feldherr, *um 450 v. Chr., †404 v. Chr.; als Verwandter des *Perikles* von diesem erzogen, Kontakt zu *Sokrates,* trotzdem von sophist. Staatstheorien erfüllt, die möglicherweise auch seinen häufigen Parteiwechsel bedingten. Er überredete die Athener zur Sizilischen Expedition; mußte, nach Auslaufen der Flotte des Religionsfrevels angeklagt u. zur Rückkehr aufgefordert, die Führung des athen. Heeres aufgeben; floh in das mit Athen verfeindete Sparta, wo er rasch an Einfluß gewann. Er veranlaßte die Spartaner zur Entsendung des Gylippos nach Syrakus u. brachte damit die Sizilische Expedition zum Scheitern; auf seinen Rat hin besetzte Sparta 413 v. Chr. Dekeleia in Attika, nahm den Seekrieg auf u. gewann die ion. Städte. Außerdem arbeitete A. auf eine Schaukelpolitik Persiens zwischen Athen u. Sparta hin. Die Entzweiung mit dem spartan. König *Agis II.* führte zu einer Aussöhnung des A. mit Athen, wo er sich unter Ausnutzung innenpolit. Gegensätze erneut zum Feldherrn wählen ließ. Seine Erfolge im Seekrieg gegen Sparta verhalfen ihm 408/07 v. Chr. für kurze Zeit zur Stellung eines Feldherrn mit nahezu unbeschränkter Machtbefugnis. Aber die Niederlage eines Unterfeldherrn 407 v. Chr. verursachte seinen Sturz; erneut angeklagt, floh A. nach Kriegsende zu dem pers. Satrap *Pharnabazos,* der ihn jedoch auf Betreiben des spartan. Feldherrn *Lysander* u. der *Dreißig Tyrannen* von Athen ermorden ließ.

Alkmäoniden, *Alkmaioniden, Alkmeoniden,* athenisches, sich von *Nestors* Urenkel *Alkmäon* herleitendes Adelsgeschlecht. Die A. wurden um 632 v. Chr. verbannt, nachdem der Alkmäonide *Megakles* als Archon die Anhänger des nach der Tyrannis strebenden Kylon an den Götteraltären niedermetzeln ließ. Zur Zeit Solons zurückgerufen, mußten sie unter der Herrschaft der Peisistratiden Athen erneut verlassen; sie gewannen in Delphi einflußreiche Fürsprecher, als sie den Neubau des Apollontempels übernahmen (etwa 530–520 v. Chr.). Nach dem Fall der Peisistratiden 510 v. Chr. kehrten die A. nach Athen zurück.

Alkuin, *Alcuin,* angelsächs.-fränk. Gelehrter, Dichter u. Theologe, *um 730 York, †804 Tours; 778 Leiter der Domschule in York, traf 781 *Karl d. Gr.* in Parma, der ihn für die Leitung seiner Hofschule gewann. A., Lehrer u. bald Vertrauter Karls sowie Mittelpunkt seiner „Akademie", wurde 796 Abt von St. Martin in Tours, wo er eine blühende Schule gründete.

Alldeutscher Verband, völkisch-nationalist., antisemit. u. imperialist. Vereinigung, gegr. 1891 als Reaktion auf den Helgoland-Sansibar-Vertrag; trieb bis 1914 vor allem Propaganda für die Kolonial- u. Flottenpolitik; vertrat im 1. Weltkrieg annexionist. Ziele u. bekämpfte den angeblich „flauen" Kurs Bethmann Hollwegs; verlor nach 1918 an Einfluß u. wurde 1939 aufgelöst. Vors. war seit 1908 H. *Claß.* Die republikfeindl. Ideologie des Alldt. Verbands wurde weitgehend von der NSDAP übernommen.

Allenby ['ælənbi], Edmund Henry Hynman, Viscount *A. of Megiddo and of Felixstowe* (1919), brit. Feldmarschall, *23. 4. 1861 Brackenhurst, †14. 5. 1936 London; leitete im 1. Weltkrieg den Palästinafeldzug; 1919–1925 Hochkommissar für Ägypten u. den Sudan. Nach ihm ist die Allenby-Brücke über den Jordan benannt.

Allende [a'ljɛnde], *A. Gossens,* Salvador, chilen. Politiker (Linkssozialist), *26. 7. 1908 Santiago, †11. 9. 1973 Santiago; Arzt; 1933 Mitbegründer der Sozialist. Partei; 1939 bis 1941 Gesundheits-Min.; 1945–1970 Senator, 1967–1970 Senats-Präs.; unterlag 1952, 1958 u. 1964 als Präsidentschaftskandidat der Linken, errang 1970 einen knappen Sieg als Kandidat der „Volkseinheit" (Sozialisten, Kommunisten u. andere Linksgruppen) u. war seit 4. 11. 1970 Staats-Präs. A. verstaatlichte 1971 die zum großen Teil im Besitz US-amerikan. Firmen befindliche Grundstoffindustrie sowie einen Teil des Großgrundbesitzes. Er begann den Versuch eines „chilen. Weges zum Sozialismus". Am 11. 9. 1973 wurde er durch einen Militärputsch gestürzt u. starb unter ungeklärten Umständen.

Allerchristlichster König, *Allerchristlichste Majestät,* lat. *rex christianissimus,* frz. *Roi Très Chrétien,* Titel der französ. Könige seit dem 12. Jh., offiziell seit Ludwig XI. (1469).

Allerkatholischste Majestät → Katholische Majestät.

Allgemeiner Deutscher Arbeiterverein, Abk. *ADAV,* am 23. 5. 1863 von F. *Lassalle* gegr. Arbeitervereinigung mit gewerkschaftl. u. polit. Zielen, Vorläufer der dt. Gewerkschaften u. der Sozialdemokratischen Partei.

Allgemeines Landrecht → Preußisches Allgemeines Landrecht.

Allia, Nebenfluß des Tiber; Schauplatz der Gallierschlacht am 18. 7. 387 v. Chr., in der *Brennus* über die Römer siegte.

Alliierte, allg. Verbündete; im 1. Weltkrieg: *A. u. assoziierte Mächte,* aus der Triple Entente (Dreiverband) sich entwickelndes Kriegsbündnis gegen die Mittelmächte, umfaßte Großbritannien, Frankreich, Italien, Rußland, die USA u. einige andere Staaten; im 2. Weltkrieg: *A. Mächte,* Kriegsgegner der Achsenmächte, vor allem nach Abschluß des Pakts der Vereinten Nationen (1. 1. 1942), bes. Großbritannien, Sowjetunion u. die USA.

Allmende [die], Gemeinschaftseigentum der Bewohner einer Dorfgemeinde an der landwirtschaftl. Kulturfläche (bes. an Weide, Wald u. Ödland). Die A. wurde meist gemeinschaftl. genutzt u. war Merkmal einer fast 1000jährigen Bodenordnung von der Zeit der Germanen bis zur Auflösung durch Neuordnung des Bauernrechts im 19. Jh. Heute ist die A. in Privat- oder Gemeindeeigentum übergegangen.

Allobroger, keltisches Volk in Gallien, zwischen Genfer See, Rhône, Isère u. Alpen; wichtigste Städte: Vienna (Vienne) u. Genava (Genf); 121 v. Chr. von den Römern unterworfen.

Allod [ahd., „Vollgut"], *Allodium,* freies Eigengut im Gegensatz zum *Lehengut;* auch Familienerbgut im Unterschied zum Kaufgut.

Allodialgrafschaft, eine Grafschaft, die nicht vom König verliehen wurde, sondern in abgelegenen Gebieten dadurch entstand, daß eine adlige Familie die Herrschaft an sich nahm u. sich den Grafentitel beilegte.

Alltagsgeschichte, eine Richtung in der Geschichtswissenschaft, die das Alltagsleben der Menschen in der Vergangenheit erforscht u. z. B. die Geschichte der Kindheit, der Jugend, der Freizeit, der Arbeit, der Krankheit u. des Todes untersucht. Sie arbeitet zusammen mit Volkskunde u. Sozialanthropologie.

Almagro, Diego de, span. Konquistador, *1475 Almagro, †8. 7. 1538 Cuzco; eroberte zusammen mit Francisco *Pizarro* Peru; unternahm 1535–1537 eine Expedition zur Eroberung Chiles. Nach seiner Rückkehr geriet er in Gegensatz zu Pizarro, wurde 1538 von diesem besiegt u. umgebracht.

Almansor → Mansur.

Almeida [al'maiða], Francisco de, portugies. Heerführer, *um 1450, †1. 3. 1510, gefallen an der Saldanha-Bai, Kapland; Begründer der portugies. Macht in Asien u. erster Vizekönig in Ostindien (1505).

Almería-Kultur, mittel- bis jungneolithische Fundgruppe aus Südostspanien (vor allem in den Prov. Almería u. Murcia).

Almgren, Oscar, schwed. Prähistoriker, *9. 11. 1869 Stockholm, †13. 5. 1945 Stockholm; 1914–1925 Inhaber des in Uppsala neu eingerichteten Lehrstuhls für nord. Vorgeschichte; einer seiner bekanntesten Schüler war König Gustav VI. Adolf. Seine Dissertation als Schüler u. a. von O. *Montelius* „Studien über nordeurop. Fibelformen der ersten nachchristl. Jahrhunderte" 1897 ist noch heute ein Hauptwerk frühgeschichtl. Literatur.

Almohaden [arab. *Al Muwahhidun,* „die sich zur Einheit Gottes Bekennenden"], islam. Herrscherdynastie, hervorgegangen aus der religiösen Reformbewegung des *Ibn Tumart* (*1077/1087, †1128 oder 1130), der als *Mahdi* unter den Berberstämmen Marokkos auftrat u. diese zum Aufstand gegen die → Almoraviden organisierte. Der Nachfolger Ibn Tumarts, *Abd Al Mumin* (1130–1163), eroberte Nordwestafrika bis Tunis sowie das arab. Spanien; er ist der Begründer der Dynastie. Anfang des 13. Jh. ging den A. die Herrschaft über Spanien verloren, 1269 wurden sie auch in Marokko durch die *Meriniden* gestürzt.

Almoraviden [arab. *Al Murabitun,* „die Klausner"], aus einer islam.-religiösen Bewegung hervorgegangenes Fürstengeschlecht des berberischen Stamms *Senhadscha.* Mitte des 11. Jh. hatten die A. das westl. Nordafrika unter ihre Herrschaft gebracht; 1086 bemächtigte sich Jussuf Ibn Taschfin des arab. Spaniens. Die A. herrschten in Spanien u. Marokko, bis sie 1147 von den → Almohaden gestürzt wurden.

Alp Arslan, Mohammed Ibn Daud, 2. Seldschukensultan in Bagdad 1063–1072, *20. 1. 1030 (?), †Dez. 1072 (ermordet); im Krieg gegen die Fatimiden eroberte er Syrien u. Hedjas, besiegte 1071 bei Mantzikert (Malazgirt) die Byzantiner u. nahm Kaiser Romanos IV. Diogenes gefangen. Byzanz mußte Inner-Kleinasien endgültig dem türk. Einfluß überlassen.

altamerikanische Kulturen, die vorspanischen Kulturen Meso- (Mexiko, Guatemala), Mittel- u. Südamerikas, deren letzte die der

altamerikanische Kulturen: Tonplastik

Azteken u. *Maya* in Mesoamerika u. der *Inka* in Peru waren. Während über diese ein reiches Quellenmaterial vorliegt (Berichte der Spanier, indian. Bilderhandschriften), fällt die Erschließung der Zeit vor diesen blühenden Kulturen ausschließlich in den Bereich der Archäologie.
Die Kulturentwicklung des vorspanischen Amerika gliedert sich in fünf große Perioden: 1. *paläoindianische* Periode (vom ersten Auftreten des Menschen in Amerika bis ca. 7000 v. Chr.), Großwildjäger mit altsteinzeitl. Kulturbasis; 2. *präkeramische-frühpflanzerische* Periode (7000–2000 v. Chr.), Sammelwirtschaft, ab 5000 v. Chr. pflegerische Betreuung von Pflanzen u. erster Anbau (Mais, Chili, Kürbisarten), erste Keramik um 2500 v. Chr. in Zentral-Mexiko; 3. *präklassische Periode* (2000 v. Chr.–100 n. Chr.), intensiver Feldbau, gut organisierte u. gesellschaftl. bereits differenzierte Gemeinwesen, große Dorfanlagen mit ersten Pyramiden als Kultstätten, formenreiche Keramik; 4. *klassische Periode* (100–900 n. Chr.), Gründung großer Städte mit Pyramiden-, Tempel- u. Palastbauten, Intensivierung des Feldbaus, Spezialisierung in Handwerk, Handel u. künstlerische Berufe, Krieger- u. Adelskasten, höchste Entwicklung der Kunst u. Religion; 5. *nachklassische* oder *historische Periode* (900 n. Chr.–1521 in Mexiko bzw. 1532 in Peru), große kriegerische Expansionen: die Azteken unterwarfen fast ganz Mexiko, Großreich der Inka (Peru, Ecuador, Bolivien, Nordchile), Niedergang der Kunst.
Die Indianer wanderten vermutlich seit 40 000 v. Chr. über die vereiste Beringstraße (Verbindung Sibirien–Alaska) aus Ost- u. Nordasien ein, u. zwar in rassisch u. sprachlich verschiedenen kleinen Gruppen. Es gibt somit keine anthropolog. einheitliche indianische Rasse; man zählt 125 unabhängige Sprachfamilien.
Bis zur Zeit der europ. Entdeckung trugen die a.n K. fast reinen neolith. Charakter; Eisen blieb unbekannt, Gold u. Silber wurden zu Schmuck verarbeitet, Kupfer u. Bronze ab 300 n. Chr. in Bolivien u. Peru zu Geräten u. Waffen (Keulenköpfe); Erfindung der Bronze in Bolivien durch die *Tiahuanaco-Kultur.* Die a.n K. kannten auch nicht Pflug u. Töpferscheibe, Saiteninstrumente u. das echte Gewölbe; das Rad erscheint nur an kleinen Tierfiguren aus Ton (mexikan. Golfküste), diente jedoch nicht zum Transport von Lasten. Um so eindrucksvoller waren die Leistungen auf dem Gebiet der Religion (komplizierte Göttersysteme u. Mythologien, Ansätze zum Hochgottglauben im Inkareich), Kunst (monumentale Steinarchitektur, Stufenpyramiden als Tempelunterbauten, Großplastik, Schmuck aus Halbedelsteinen, reich bemalte Keramik, hochentwickelte Web- u. Goldschmiedekunst, Federmosaiken), Medizin (Trepanation, Heilpflanzen), priesterliche Wissenschaft (Theologie, Astronomie, Kalenderwesen) sowie der Geschichtsschreibung u. Dichtung (Bilderhandschriften). Die Indianer bauten Mais, Bohnen, Kürbis, Tabak, Tomaten, Kakao, Koka u. Baumwolle an. Dagegen war die Zahl der domestizierbaren Tiere beschränkt (Hund, Truthahn, Ente, Biene, Meerschweinchen); Lama u. Alpaka wurden im peruanisch-bolivianischen Hochland in großen Herden gehalten, so daß es hier zur Ausbildung bäuerlicher Hirtenkulturen kam.

Altamira, die am frühesten (1868) entdeckte Höhle mit altsteinzeitl. Malereien u. Gravierungen, bei Santillana del Mar, Prov. Santander, Spanien. Die Malereien wurden erst 1879 von Marcelino Sanz de Sautuola gefunden und 1880 publiziert, fanden aber in der Fachwelt erst seit Beginn des 20. Jh. allgemeine Anerkennung wegen ihres hohen Alters. Der nahe beim Eingang gelegene sog. Bisonsaal enthält bes. eindrucksvolle, z. T. den Buckeln der Decke angepaßte Tierfiguren in Rot, Braun u. Schwarz; als Zentralgruppe kalbende Bisonkühe u. sie umgebende Stiere. Eine naturgetreue Nachbildung des Deckenfrieses befindet sich seit 1962 im Dt. Museum in München.
Datierung: Solutréen oder altes kantabrisches Magdalénien (Alter nach C 14 zwischen 21 000 und 13 000 Jahren).

Altenstein, Karl Frhr. vom *Stein zum A.*, preuß. Politiker, *1. 10. 1770 Schalkhausen bei Ansbach, †14. 5. 1840 Berlin; Mitarbeiter Hardenbergs an den preuß. Reformen; 1808–1810 Finanz-Min.; 1817 bis 1837 (erster) Min. für Kultus, Unterricht u. Medizinalwesen; geprägt von der Aufklärung u. bemüht um die Errichtung eines „intelligenten Beamtenstaates"; von großem Einfluß auf das preuß. Bildungswesen im 19. Jh.

Alter Dessauer → Leopold I., Fürst von Anhalt-Dessau.

alter Stil, Abk. *a. St.*, Bezeichnung der Tagesdaten nach dem *Julianischen Kalender*, der 1582 durch die Kalenderreform Gregors XIII. überholt wurde, aber in Rußland noch bis Februar 1918 gültig war.

altamerikanische Kulturen: Sonnentor-Monolith

Altertum, Epochenbegriff der Geschichtswissenschaft: im 19. Jh. noch vorwiegend die Welt des antiken Griechenlands u. Roms (*klassisches Altertum*, heute die Epoche von den Anfängen schriftl. Überlieferung, deren Beginn in Asien schon zwischen 4000 u. 3000 v. Chr. liegt (Induskultur, frühe Kulturen Ägyptens, Mesopotamiens u. Kleinasiens), bis zum Untergang der antiken Mittelmeerkulturen zwischen dem 4. u. 7. Jh. n. Chr. (Spätantike; u. a. 476 Untergang Westroms, 622 Aufkommen des Islams).

Altertumsvereine, in Dtschld. nach den Befreiungskriegen (1813/14) entstandene Organisationen zur Erhaltung u. Erforschung von Altertümern eines bestimmten Gebiets durch Ausgrabung u. Aufstellung in Museen; ferner Förderung der landes- u. ortsgeschichtl. Altertumskunde durch Vorträge, Exkursionen u. Herausgabe von Zeitschriften u. histor. Arbeiten.

Altfürstliche Häuser, im 17. Jh. eingeführte Bez. für Fürstenhäuser, die schon 1582 Sitz u. Virilstimme im Reichsfürstenrat besaßen; im Gegensatz zu den erst später in den Reichsfürstenstand erhobenen *Neufürstlichen Häusern.*

Altheim, Franz, Althistoriker, *6. 10. 1898 Frankfurt a. M., †17. 10. 1976 Münster, Westf.; 1936 Prof. in Halle, 1950 in Berlin (FU). Werke (z. T. mit R. Stiehl): „Römische Religionsgeschichte" 3 Bde. 1931–1933; „Weltgeschichte Asiens im griech. Zeitalter" 1947/48; „Römische Geschichte" 3 Bde. 1956–1958; „Geschichte der Hunnen" 5 Bde. 1959–1962; „Die Araber in der Alten Welt" 3 Bde. 1964–1966; „Geschichte Mittelasiens im Altertum" 1970; „Christentum am Roten Meer" 2 Bde. 1971–1973.

Altheimer Gruppe, jungsteinzeitl. Kulturgruppe im bayer. Alpenvorland.

Altliberale, gemäßigt liberale Parteirichtung, die im preußischen Abgeordnetenhaus 1858 die Mehrheit errang. Sie verlor ihre Führungsstellung an die Deutsche Fortschrittspartei.

Altmeier, Peter, Politiker, *12. 8. 1899 Saarbrücken, †28. 8. 1977 Koblenz; 1927–1933 Stadtverordneter (Zentrum) in Koblenz; Mitgründer der CDU, 1947–1969 Min.-Präs. von Rheinland-Pfalz.

Altmühlgruppe, altsteinzeitl. Fundgruppe in Mitteleuropa; zeitl. Einordnung zwischen Mittel- u. Jungpaläolithikum. Das kennzeichnende Steinwerkzeug der A. sind Blattspitzen.

Altpaläolithikum, älterer Abschnitt der → Altsteinzeit.

Altpreußen, 1. das eigentl. Preußenland (Ost- u. Westpreußen) u. dessen Bewohner, die der baltischen Sprachgruppe angehören (*Pruzzen* mit Unterstämmen).
2. die Provinzen des Staates Preußen, die schon vor den Gebietserwerbungen durch den Wiener Kongreß (1815) preuß. waren, z. B. West- u. Ostpreußen, Pommern, Mark Brandenburg u. Schlesien.

Altranstädt, Ortsteil der Gemeinde Großlehna, Ldkrs. Leipzig, westl. von Markranstädt. – Im *Frieden von A.* am 24. 9. 1706 verzichtete August II. von Polen vorübergehend auf den poln. Thron.

Altsteinzeit, *Paläolithikum*, früheste Epoche der Menschheitsgeschichte, charakterisiert durch ausschließlich aneignende Wirtschaftsweise (Jäger u. Sammler), die vielleicht schon im ausgehenden Tertiär (Pliozän) beginnt u. in der Hauptsache das gesamte *Eiszeitalter (Pleistozän)* umfaßt. Die Grundlage für die Erforschung der A. bilden vor allem archäolog. u. paläanthropolog. Funde; mengenmäßig treten dabei die Steingeräte bes. hervor. Sie bestehen aus den jeweils geeignetsten örtlich zu findenden Gesteinsarten, bes.

Altsteinzeit

Die Altsteinzeit bildet zusammen mit der Mittel- und der Jungsteinzeit eine vorgeschichtliche Epoche, die seit dem Beginn des 19. Jahrhunderts mit der Bronze- und der Eisenzeit nach den jeweils kulturprägenden Werkstoffen in das sogenannte Dreiperiodensystem eingeordnet wird.

Als längste Epoche der Menschheitsgeschichte endete die Altsteinzeit ca. 10 000 v. Chr. auf der Kulturstufe des Magdalénien. Fortschritte in der Waffen- und Werkzeugentwicklung sowie in der künstlerischen Produktion markierten einen frühen Höhepunkt der menschlichen Evolution.

Die Weiterentwicklung der Waffen zu Fernwaffen (Stoßlanze, Speerschleuder, Harpune) führte zu einem spezialisierten, höheren Jägertum. Den Übergang von der Altsteinzeit zur Mittelsteinzeit (Mesolithikum) kennzeichneten die mit Hilfe von Pfeil und Bogen ausgeübte Jagd von Kleinwild, der Vogel- und Fischfang sowie der Einsatz des Hundes auf der Jagd. Dadurch wurde die Nahrungsversorgung erleichtert.

Die Differenzierung der Steinwerkzeuge und zusätzlich verfeinerte Arbeitsgeräte aus Knochen, Elfenbein und Geweih verbesserten die Lebensbedingungen des Menschen (Homo faber) und verdichteten damit wiederum den sozialen Zusammenschluß der Horden zu Stämmen bzw. Urgemeinschaften. Aus diesen relativ seßhaften örtlichen Gruppen entstand später die sogenannte Gentilgesellschaft, die auf bluts- und heiratsverwandten Strukturen beruhte.

Am erstaunlichsten für die Nachwelt sind nicht nur die mit Ornamenten und stilisierten Figuren verzierten Waffen und Geräte (»mobile Kunst« bzw. »Home art«), sondern vor allem die rein künstlerischen Zeugnisse. Wie die sogenannte »Venus von Willendorf« (11 cm groß, aus Kalkstein) stellen die »Venusstatuetten« mit der Betonung der Brust- und Gesäßpartien nicht nur Sexual- und Fruchtbarkeitssymbole dar, sondern zeigen auch die Bedeutung der Frau in der Gentilgesellschaft. Die farbigen Höhlenmalereien und -gravierungen von Symbolen (Vulva, Phallus) und Tieren (z. B. in der französischen Höhle Lascaux) sind zum Teil bereits halbplastisch aus dem Höhlengrund herausgearbeitet. Sie werden im Zusammenhang von Jagdmagie und Fruchtbarkeitszauber, aber auch von religiösen Vorstellungen, Mythen und Initiationsriten interpretiert.

A.F.

1

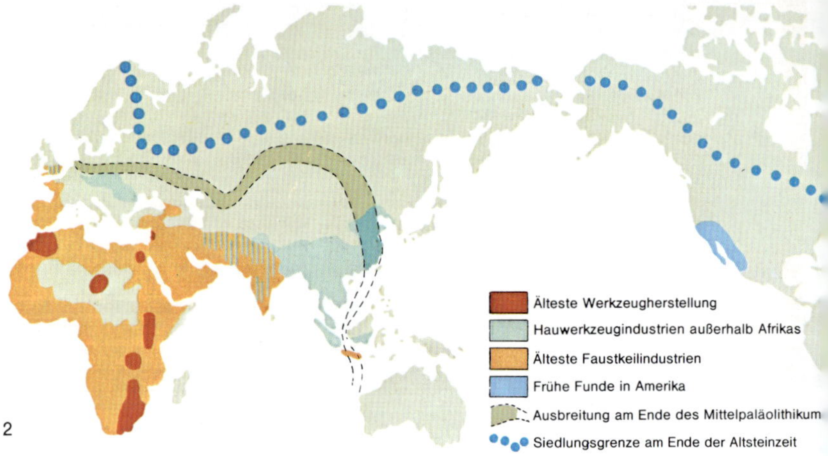

2

3

4

1 *Wandmalerei aus der Höhle von Lascaux.*

2 *Ausbreitung der Menschheit während der Altsteinzeit.*

3 *Rekonstruktionen jungpaläolithischer Behausungen.*

4 *Bestattung aus der Höhle Mugharet im Karmel, Israel.*

5

6

7

5 *Elfenbeinerner Frauenkopf aus Brassempouy.*

6 *Venus von Willendorf; Wien, Naturhistorisches Museum.*

7 *Elfenbeinerner Höhlenlöwe aus der Vogelherd-Höhle.*

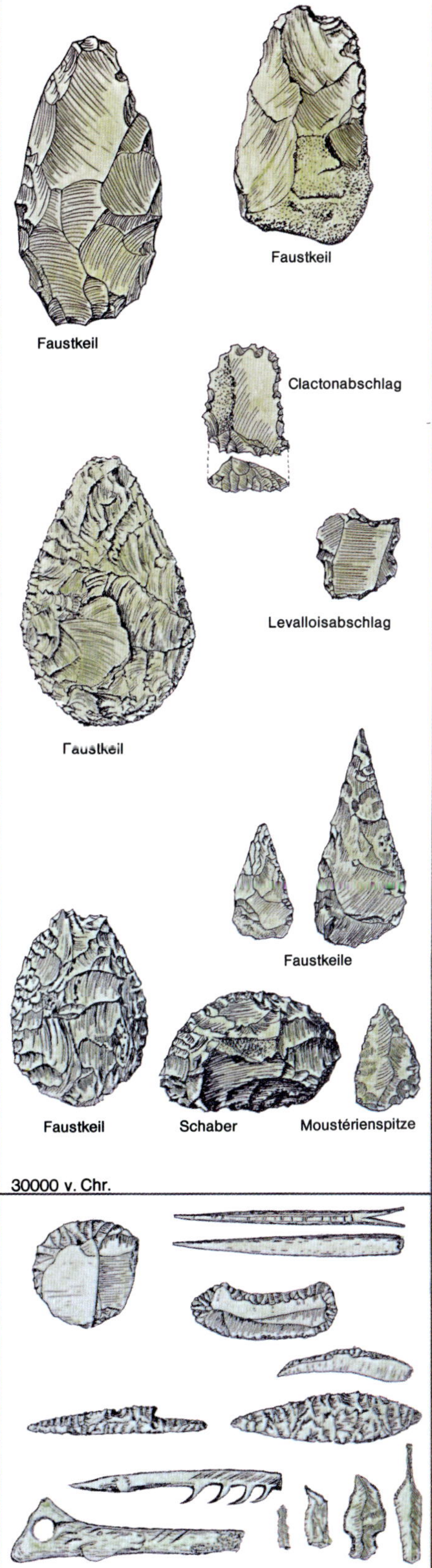

Geologische Perioden	Archäologische Leittypen		Kulturstufen	
Günz-Eiszeit				
Günz-Mindel-Zwischeneiszeit	Faustkeil, Faustkeil	ALTPALÄOLITHIKUM	Abbevillien	Freilandfundplätze Faustkeil Geröllwerkzeuge
Mindel-Eiszeit				
Mindel-Riß-Zwischeneiszeit	Clactonabschlag, Levalloisabschlag		Acheuléen	Freilandfundplätze Faustkeil Clactonabschläge Levalloisabschläge Feuer
Riß-Eiszeit	Faustkeil			
Riß-Würm-Zwischeneiszeit	Faustkeile		Micoquien	
Frühe Würm-Eiszeit	Faustkeil, Schaber, Moustérienspitze	MITTELPALÄOLITHIKUM	Moustérien	Neandertaler Bestattungen Abri- und Höhlenstationen
Interstadial	30000 v. Chr.			Faustkeil Moustérienspitze Schaber
Mittlere Würm-Eiszeit		JUNGPALÄOLITHIKUM	Aurignacien	Homo sapiens erste Siedlungen Bestattungen spezialisierte Jäger mit Fernwaffen Feuerstein-, Klingen-, Stichelindustrien
			Gravettien	Geräte aus Geweih, Knochen, Elfenbein
Späte Würm-Eiszeit			Solutréen	Schmuck Kleinkunst Felsbilder
			Magdalénien	
	10000 v. Chr.			

aus Feuerstein, der durch Behauen (Kernstein- u. Abschlagtechnik) u. Retuschieren in die endgültige Form gebracht wurde. Bei der Kernsteintechnik wurden von einem Rohstück solange Späne entfernt, bis als Kern das beabsichtigte Gerät übrigblieb; bei der Abschlagtechnik wurden von dem Rohstück Späne abgesprengt u. teilweise ohne Überarbeitung als Geräte verwendet. Bei der Überarbeitung (Retuschieren) wurden dann kleinere Teile der Späne vermittels eines Schlagsteins abgeschlagen oder durch einen Druckstoff aus Holz oder Knochen abgesprengt. Die Geräte lassen sich nach Form u. Herstellungsart in Typen einteilen. Durch eine systemat. Analyse zusammengehörender Fundkomplexe wurde festgestellt, welche typischen Formen gleichzeitig sind.

Bei der wissenschaftl. Untergliederung der A. stehen sich grundsätzl. zwei Forschungsrichtungen gegenüber; die eine legt Wert auf die Abgrenzung von Entwicklungsstufen, um sozusagen „Momentaufnahmen“ festzuhalten, die andere möchte das Entwicklungskontinuum darstellen, das zu einer weitgehenden Auflösung des Stufensystems führt. Allgemein läßt sich festhalten, daß seit der Werkzeugherstellung u. des Werkzeuggebrauchs eine beschleunigte Entwicklung der Technik u. eine höhere geistige Entfaltung des Menschen registriert werden kann. Wahrnehmbare Änderungen, die sich im ältesten Abschnitt der A. in Jahrhunderttausenden vollziehen, geschehen vergleichsweise am Ende der A. etwa in Jahrzehntausenden bis Jahrtausenden, von da an bis heute in immer kürzer werdenden Zeitabschnitten. Am Anfang war der Mensch Jäger u. Sammler, wobei die Sammler-Komponente überwogen haben mag; gegen Ende der A. nimmt die Jäger-Komponente zu, an ihrem Ende treten u.a. Kulturen eines spezialisierten Jägertums (z.B. Rentierjäger) auf. Die aneignende Wirtschaftsweise zwang zum öfteren Wechsel der Siedlungsplätze. Die Freilandlagerplätze schützte man mit einfachen Windschirmen oder Laubdächern, als Behausung diente sonst nur die Höhle. Im *Jungpaläolithikum* wird man die Wohnmöglichkeiten von Felsschutzdächern mit Windschirmen oder Zelteinbauten verbessert haben; kleine ovale u. kreisförmige Grundrisse von Wohnstellen im Freien lassen sich als Hütten u. Zelte rekonstruieren (z.B. die Siedlungen in Pincevent u. Gönnersdorf). In Osteuropa fand man Grundrisse von Langhütten mit mehreren Herdstellen, die wohl als Gemeinschaftshäuser gedient haben mögen. Die Wiege der Menschheit scheint in Afrika zu liegen (homo habilis), aber in der frühen A. ist der Mensch auch in Europa u. Asien (homo erectus) nachweisbar; Amerika u. Australien werden erst am Ende der A. vom homo sapiens besiedelt.

Ein grober Überblick über die archäologische Einteilung der A. zeigt folgendes: Das *Frühpaläolithikum* beginnt vor ca. 1–2 Mill. Jahren, die frühesten Funde stammen aus der Olduvai-Schlucht in Ostafrika; diese Zeit wird durch Geröllgeräte *(pebble-tools)* charakterisiert, deren Artefaktcharakter in Einzelfällen noch nicht bewiesen ist. Das folgende *Altpaläolithikum* wird durch das Auftreten echter Faustkeilindustrien, die man als *Acheuléen* bezeichnet, charakterisiert; in dieser Zeit kam auch der Gebrauch des Feuers auf. Es erlaubte eine bessere Bereitstellung der Nahrung, ermöglichte die Beleuchtung, gewährte Schutz vor Kälte u. Sicherheit vor Raubtieren. Man könnte zu diesem Zeitpunkt erstmalig von der Bildung verschiedener Kulturbereiche sprechen, einem europäischen, einem mediterran-westafrikanischen, einem subsaharischen, einem westasiatischen u. einem südindischen. Ein bedeutender Fund dieser Zeit ist die Jagdsiedlung von *Torralba* in Spanien. Die Geröllgeräteindustrien leben aber in Europa bis ans Ende des *Mittelpleistozäns* (etwa bis vor 100 000 Jahren) im sog. *Heidelberg-Clactonien-Kreis* fort; in Nordafrika ist ein echtes Kontinuum von Geröllgeräteindustrien zu Faustkeilindustrien erkennbar, in Süd- u. Ostasien bestehen bis ins *Jungpleistozän* die Geröllgerätekomplexe des Anyathian, Patjitanian u. Choukoutienian (→ Zhoukoudian), dort gab es keine Faustkeilindustrien. Am Ende des Altpaläolithikums tritt das *Micoquien* auf, eine Industrie, bei der die sog. *Levalloistechnik* an Bedeutung verliert; man spricht für diese Epoche auch vom *Mittelpaläolithikum* (etwa zwischen 130 000 bis 40 000). Im Laufe dieses Zeitabschnitts entsteht das sog. *Moustérien*, das vor allem vom Neandertaler getragen wird, der erstmalig seine Toten bestattet. Die großräumige Einheitlichkeit des Altpaläolithikums löst sich in viele regionale Gruppen auf. In Dtschld. sind vor allem die Stationen von Weimar-Ehringsdorf u. Salzgitter-Lebenstedt zu nennen. Im jüngeren Abschnitt dieser Zeit entstehen in Frankreich das *Châtelperronien* und *Périgordien*, das schon jungpaläolith. Züge aufweist, wie auch die Funde von El Sotillo in Spanien u. das sog. *Prae-Aurignacien* in Vorderasien. Mit dem verstärkten Auftreten des homo sapiens sapiens vor etwa 40 000 Jahren beginnt das *Jungpaläolithikum*; am verbreitetsten sind die sog. aurignacoiden Industrien, die durch Feuersteinklingen u. Knochengeräte charakterisiert werden. In Nordafrika entsteht das *Atérien*; in Frankreich folgen das jüngere Périgordien u. *Solutréen*, in Mittel- u. Osteuropa findet man das sog. *Gravettien* oder auch *Pavlovien*, das durch die Gravettespitze charakterisiert wird u. im kältesten Teil der letzten Eiszeit bestand. Die regionalen Unterschiede werden immer ausgeprägter; so kamen in der sog. *Hamburger Kultur* dank günstiger Erhaltungsbedingungen auch Holzfunde zutage. Die Hamburger Kultur steht dem aus dem Westen stammenden jüngsten paläolith. Komplex, dem sog. *Magdalénien*, gegenüber, das sich durch viele Geräte aus Knochen, Rengeweih u. Elfenbein auszeichnet. Typisch sind oft mit Ornamenten oder stilisierten Figuren verzierte Harpunen, Speerspitzen u. Lochstäbe; charakterist. Steingeräte sind: Bohrer, Papageienschnabel- u. Sägeklingen. Im Vorderen Orient wird das Jungpaläolithikum durch das oriental. Aurignacien von Jabrud gebildet; es folgen ein *Epipaläolithikum* u. schließl. das *Natufien*, das am Beginn des *Holozäns* zum *Neolithikum* überleitet. Für Asien sind die Komplexe von Mal'ta, Vercholensk, Tel'manskaja in Sibirien u. der Ordos-Komplex aus China zu nennen. Noch im oberen *Jungpleistozän* scheint auch Australien besiedelt worden zu sein; das *Kartan*, eine Geröllgeräteindustrie, hat wohl Verbindung zu den späten Geröllgeräteindustrien Südostasiens. Die ersten Siedler Amerikas zeichnen sich durch das *Llano* u. *Llano-Folsom* im Norden u. das *Toldense* in Chile u. Südargentinien aus.

Über das Geistesleben des Menschen läßt sich erst seit Auftreten des Neandertalers etwas aussagen: Bestattungen mit Beigaben u. Rotfärbung durch Ocker, Teilbestattungen (Schädeldepots), Menschen- u. Tieropfer, die vom Moustérien an auftreten, charakterisieren in Verbindung mit der Kunst die Religion der jüngeren A. Sie zeigt eine enge Bindung an das Jagdtier u. fand neben der Jagdmagie möglicherweise in der Verehrung von tiergestaltigen Gottheiten ihren Ausdruck. Der Beginn der altsteinzeitl. Kunst liegt im Aurignacien. Hier erstreckt sich die Beschäftigung auf Wand- u. Felsbilder, Statuetten, verzierte Geräte u. Knochen; an Kunstarbeiten zählen wir: Malerei, Gravierung, Relief u. Skulptur. Die ältesten Kunstwerke sind kleinplastische Tier- u. Menschenfiguren aus süddeutschen Höhlen (Vogelherd, Hohlenstein-Stadel, Geißenklösterle), nach der C-14-Methode ca. 32 000 Jahre alt; menschliche Darstellungen sind in der Wandkunst selten, an ihre Stelle treten oft menschengestaltige Mischwesen. In der Kleinkunst gibt es besonders viele Frauenidole (Brassempouy, Willendorf); die Wandkunst, deren Mittelpunkt das Jagdtier war, gipfelt in der polychromen Malerei (Altamira, Font-de-Gaume, Lascaux).

Alvarado [-ðo], Pedro de, span. Konquistador, *um 1485 Badajoz, †4. 7. 1541 Guadalajara (Mexiko); Unterführer von H. *Cortés* bei der Eroberung Mexikos. 1524 eroberte A. Guatemala u. El Salvador u. wurde der erste Generalkapitän von Guatemala.

Alvensleben, niedersächs. Adelsgeschlecht, erstmalig 1163 in Halberstadt erwähnt, in der Magdeburger Börde u. der Altmark ansässig:

1. Albrecht Graf von, preuß. Politiker, *23. 3. 1794 Halberstadt, †2. 5. 1858 Berlin; 1835–1842 preuß. Finanz.-Min., förderte den Dt. Zollverein, Gegner der Dt. Revolution, 1854 Mitglied des preuß. Herrenhauses u. diplomat. Vertreter Preußens in Wien, starb vor der Ernennung zum Min.-Präs.

2. Gustav von, Generaladjutant König Wilhelms I. von Preußen, *30. 9. 1803 Eichenbarleben, Kreis Wolmirstedt, †30. 6. 1881 Gernrode; bekannt durch die Alvenslebensche Konvention.

3. Konstantin von, Bruder von 2), preuß. General, *26. 8. 1809 Eichenbarleben, † 28. 3. 1892 Berlin; im Feldzug von 1866 und 1870/71 hervorgetreten durch seine strateg. Erfolge.

Alvenslebensche Konvention, von G. von *Alvensleben* am 8. 2. 1863 am Zarenhof geschlossenes Abkommen zwischen Preußen u. Rußland zur Unterdrückung eines Aufstands in Russisch-Polen. Obwohl bald gekündigt, hatte die A. K. bedeutende Folgen: sie empörte die Liberalen in Dtschld., verschaffte aber Bismarck russ. Rückendeckung für die spätere Politik der Reichsgründung.

Amadeus, Fürsten. Savoyen: **1.** *A. V., A. der Große*, Stammvater des Savoyer Herrschergeschlechts, *4. 9. 1249 Le Bourget, †16. 10. 1323 Avignon; von seinem Schwager Kaiser Heinrich VII. in den Reichsfürstenstand erhoben.

2. *A. VI., der Grüne Graf*, (so genannt nach der Wappenfarbe *[Conte verde]*), Enkel von 1), *4. 1. 1334 Chambéry, †1. 3. 1383 S. Stefano Molise; zog 1366 gegen die Türken; Stifter des Annunziatenordens.

3. *A. VIII., A. der Friedfertige*, Enkel von 2), *4. 9. 1383 Chambéry, †7. 1. 1451 Genf; zog sich 1434 als Einsiedler an den Genfer See zurück, wurde 1439 vom Baseler Reformkonzil zum Gegenpapst erhoben *(Felix V.)*, trat 1449 freiwillig zurück; erster Herzog von Savoyen u. letzter Gegenpapst.

Spanien: **4.** *A. I.*, Herzog von Aosta, König 1870–1873, *30. 5. 1845 Turin, †18. 1. 1890 Turin; aus dem Haus Savoyen, Sohn Viktor Emanuels II. von Italien, wurde nach der Flucht Isabellas II. nach Frankreich (1870) von den Cortes zum König von Spanien gewählt. A. kam 1871 in der span. Hauptstadt an; er versuchte eine Politik des Ausgleichs, jedoch gelang die Bildung einer stabilen Staatsgewalt nicht (erneuter Ausbruch der Karlistenkriege, republikan. Aufstände, gescheitertes Attentat auf das Herrscherpaar). Am 11. 2. 1873 legte A. die Krone nieder.

Amalarich, König der Westgoten, für den während seiner Minderjährigkeit *Theoderich d. Gr.* die Regierung führte (bis 526); 531 von dem Frankenkönig Childebert I. besiegt, dann in Barcelona ermordet.

Amalasuntha, *Amalaswintha*, Tochter Theoderichs d. Gr., †535 auf einer Insel im Bolsenasee; führte 526–534 die Regentschaft für ihren Sohn Athalarich, berief nach dessen

Tod ihren Vetter Theodahad zum Mitregenten, der sie aber gefangensetzen u. ermorden ließ.

Amaler, *Amelungen,* ostgot. Königsgeschlecht, dem *Theoderich d. Gr.* entstammte; 536 mit *Theodahad* erloschen.

Amann, Max, NSDAP-Funktionär u. Verleger, *24. 11. 1891 München, †30. 3. 1957 München; 1922–1945 Direktor des Zentralverlags der NSDAP (Franz Eher Nachf.), 1931–1945 Reichspresseleiter der NSDAP, 1933–1945 Präs. der Reichspressekammer. Durch Zwangsmaßnahmen des nat.-soz. Regimes wurden nach 1933 große Teile der dt. Presse vom Eher-Verlag und seinen Tochtergesellschaften (dem sog. *Amann-Konzern*) wirtschaftlich abhängig.

Aman Ullah, afghan. Emir 1919–1925, König 1925–1929, *1. 6. 1892 Paghman, †25. 4. 1960 Zürich; Sohn des 1919 ermordeten *Habib Ullah*; unter seiner Herrschaft erlangte Afghanistan die volle Unabhängigkeit. A. schloß 1921 u. 1926 einen Nichtangriffs- u. Freundschaftspakt mit der Sowjetunion; von den Gegnern seiner Europäisierungspolitik zum Thronverzicht gezwungen.

Amarna, *Al A., Tell Al A.,* Ort in Mittelägypten, ca. 250 km südl. von Kairo, wohin König *Echnaton (Amenophis IV.)* ca. 1358 v. Chr. seine dem Kult des Sonnengottes *Aton* gewidmete Residenz verlegte. Er residierte dort mit seiner Gemahlin *Nofretete* ca. 13 Jahre lang. Nach dem Tod Echnatons gab der regierende König *Tutanchamun* die Residenz A. auf u. kehrte nach Theben zurück. A. wurde zur Zeit des Königs Echnaton zum Mittelpunkt eines stark naturalist. Kunstschaffens („A.-Kunst"). Aufgefunden wurden Reste der königl. Palast- u. Tempelanlagen (Atontempel), Kunstwerkstätten (u. a. die des Bildhauers Thutmosis, Fundstätte der Büste der Königin Nofretete [Berlin, Staatl. Museen]), Felsengräber u. ein Archiv von Keilschrifttafeln in babylon. Sprache (1886 ausgegraben). Erhalten sind Teile der außenpolit. Korrespondenz einiger Pharaonen: Verträge, Botschaften, Handelsabkommen. Sie bilden die Basis zur Erforschung der Beziehungen Ägyptens zu den asiat. u. syrischen Reichen im 13. u. 14. Jh. v. Chr.

Amasis, ägypt. König der 26. Dynastie, regierte 570–526 v. Chr. A. gab den Griechen in Ägypten die Stadt Naukratis als Handelskolonie u. verbündete sich mit König Krösos von Lydien gegen die Perser. A. eroberte Zypern u. unterhielt enge Handelsbeziehungen zu Polykrates von Samos.

Amathus, sehr alte phöniz. Stadt an der Südküste der Insel Zypern, heute die Ruinen von *Paläo Limisso.*

Amboise [ãbw'a:z], George d', französischer Staatsmann, Kardinal, *1460 Chaumont-sur-Loire, †25. 5. 1510 Lyon; einflußreicher Minister Ludwigs XII. seit 1498.

Amekni, neolithische Fundstelle in der alger. Sahara nordwestl. von Tamanrasset, Hoggar.

Amelung, Walter, Archäologe, *15. 10. 1865 Stettin, †12. 9. 1927 Bad Nauheim; seit 1895 in Rom, 1921–1927 Direktor des Dt. Archäolog. Instituts Rom. „Katalog der antiken Skulpturen des vatikan. Museums" 1903.

Amendola, 1. Giorgio, Sohn von 2), italien. Politiker (Kommunist), *21. 11. 1907 Rom, †5. 6. 1980 Rom; seit 1929 Mitgl. der KP, seit 1946 in der Parteiführung; Hauptvertreter der Politik des „histor. Kompromisses", Wegbereiter des „Eurokommunismus".
2. Giovanni, italien. Politiker, *15. 4. 1882 Neapel, †7. 4. 1926 Cannes; 1922 Kolonial-Min.; nach dem „Marsch auf Rom" führend in der Opposition gegen Mussolini; starb in der Emigration an den Folgen eines faschist. Attentats.

Amenemhet, grch. *Ammenemes,* ägypt. Könige des Mittleren Reichs: **1.** *A. I.,* 1991–1971(1962) v. Chr.; Begründer der 12. Dynastie. A. gründete als neue Residenz *Jtjtowi* südlich von Memphis. Er reorganisierte die Beamtenschaft u. sicherte die asiat. Grenze mit einem Festungsgürtel, den sog. „Mauern des Herrschers". A. wurde in einer Pyramide bei Lischt bestattet.
2. *A. II.,* 1929–1897(1892) v. Chr.; unterhielt enge Handelsbeziehungen zu Asien u. Syrien. Er wurde in einer Pyramide bei *Dahschur* bestattet. Im Grab seiner Tochter Jta wurde kostbarer Goldschmuck (heute im Museum in Kairo) gefunden.
3. *A. III., Marres,* 1842–1798 v. Chr.; kolonisierte die mit dem Niltal verbundene Oasenlandschaft Faiyum, wo er beim heutigen Hawara einen weitläufigen Tempel, das *Labyrinth,* erbaute. Seine Pyramide ließ er bei *Dahschur* errichten. In den Gräbern seiner Töchter wurde wertvoller Schmuck gefunden (Kronen, Armreifen, Gürtel u. Pektorale), der heute in Kairo u. New York aufbewahrt wird. Unter seiner Herrschaft gelangten Kunst, Literatur u. Wissenschaft (bes. Medizin u. Mathematik) zu einer neuen Blüte.

Amenophis, ägypt. *Amen-hotep,* 4 ägypt. Könige der 18. Dynastie.
1. A. I., 1529 (1526)–1508 (1505) v. Chr.; erster bedeutender Herrscher der 18. Dynastie. Er unterwarf Nubien u. sicherte die nubischen Goldvorkommen für Ägypten. Sein Beamter Amenemhet erfand die Wasseruhr, wodurch zum ersten Mal Zeitmessung unabhängig von den Gestirnen möglich wurde. A. I. wurde noch in der 20. Dynastie in Theben als Halbgott verehrt.
2. *A. II.,* 1439–1413 v. Chr.; schlug mehrere Aufstände in Syrien u. Palästina nieder u. konnte den Besitz der Handelsstädte *Kadesch* u. *Ugarit* für Ägypten behaupten. A. II. rühmte sich besonderer Leistungen im Bogenschießen, Wagenlenken u. Rudern. Sein Grab befindet sich im Tal der Könige in Theben-West.
3. *A. III.,* 1403–1365 v. Chr.; friedliebender

Amenemhet III.: Inschrift des Königs aus einem Tempel des Krokodilgottes Sobek in Schedet, dem späteren Krokodilopolis, in der Oase Faiyum

Amenophis III.; Relief. Luxor

König, der Ägyptens Macht durch Verträge mit den asiat. Königen sicherte. Zur Besiegelung des Vertrages mit dem Reich *Mitanni* nahm er eine mitannische Prinzessin in seinen Harem auf. Er unterhielt intensive Handelsbeziehungen zu Syrien u. Kreta. A. III. ließ in ganz Ägypten gewaltige Tempelanlagen erbauen, sein Totentempel in Theben-West ist heute bis auf die sog. „Memnonskolosse" zerstört. Er heiratete eine „bürgerliche" Frau namens Teje, deren Sohn *A. IV. (Echnaton)* sein Nachfolger wurde.
4. *A. IV.* → Echnaton.

Amer, *Amir,* Mohammed Abd Al Hakim, ägypt. Offizier u. Politiker, *11. 12. 1919 Istal, Prov. Minya, †14. 9. 1967 Kairo (Selbstmord); absolvierte die Militärakademie u. gehörte 1943 zusammen mit *Nasser* u. a. zu den Gründern des Geheimbunds der Freien Offiziere. 1948/49 kämpfte er in Palästina, nach dem Staatsstreich 1952 wurde er Mitgl. des Revolutionsrats u. Oberbefehlshaber der ägypt. Streitkräfte. 1957 beförderte Nasser ihn zum Marschall, 1958 nach der Vereinigung Ägyptens u. Syriens ernannte er ihn zum 2. Vize-Präs. u. Kriegs-Min. der Vereinigten Arab. Republik (VAR). Obwohl A. als engster Freund u. Mitarbeiter Nassers galt, wurde ihm die Verantwortung für die Niederlage gegen Israel im Juni 1967 auferlegt; A. verlor seine Ämter u. wurde am 27. 8. 1967 verhaftet.

Amerigo Vespucci [-tʃi], italien. Seefahrer, → Vespucci.

Amerika [benannt nach Amerigo *Vespucci*], der (nach Asien) zweitgrößte Kontinent der Erde, mit rd. 42,2 Mill. km^2 ein Doppelkontinent, bestehend aus Nordamerika u. Südamerika, durch die Landbrücke Zentralamerikas miteinander verbunden. Ferner zählt zu A. die Inselwelt von Westindien.
Entdeckung: Schon im 6. Jh. hat der irische Mönch *Brandan* zwei Fahrten zur amerikan. Ostküste durchgeführt. Wikinger unter *Leif Eriksson* erreichten von Grönland her um 1000 die Küsten von Labrador u. Neufundland. Doch die abenteuerl. Fahrten der Nordmänner u. a. (z. B. des dt. Admirals *Pining*) gerieten in Vergessenheit, so daß *Kolumbus* allgemein als Entdecker A.s gilt. Er betrat am 12. 10. 1492 die Bahamainsel San Salvador u. entdeckte Kuba u. Haiti, auf späteren Reisen auch die Kleinen Antillen, Jamaika, Trinidad, die Orinocomündung u. die Küsten Mittelamerikas. G. *Caboto* entdeckte 1497 die Ostküste Nord-A.s. Im April 1500 erreichte der Portugiese P. Á. *Cabral* die Küste Brasiliens. Im 16. Jh. eroberten vor allem Spanier weite Gebiete Süd- u. Mittel-A.s (H. *Cortez,* F. *Pizarro*). 1513 erreichte V. M. de *Balboa* über die Landenge von Panama den Pazif. Ozean. F. *de Magalhães* entdeckte 1519/20 die nach ihm benannte Straße zwischen Südamerika u. Feuerland. In Nord-A. drangen zunächst Holländer u. Franzosen, später Engländer weiter ins Innere vor (A.

MacKenzie durchquerte 1792/93 Nordamerika). Der dt. Kartograph M. *Waldseemüller* schlug 1507 auf einer Weltkarte vor, den neuentdeckten Erdteil nach Amerigo *Vespucci* zu benennen, einem italien. Seefahrer, der um 1500 die Küsten A.s bereist hatte u. dessen Entdeckungsberichte in Europa weite Verbreitung gefunden hatten.
Geschichte: → Nordamerika, → Lateinamerika.

Amin, Idi, ugandischer Offizier u. Politiker, *1. 1. 1928 Arua, Norduganda; Moslem; seit 1946 Soldat, diente in der brit. Kolonial-Armee; 1966 Oberbefehlshaber der Streitkräfte des unabhängigen Uganda; stürzte 1971 Präs. *Obote*; errichtete als Präsident ein despotisches Regime, das mehrere hunderttausend Todesopfer forderte; wurde 1979 durch Truppen des Nachbarlandes Tansania u. der ugand. Befreiungsbewegung gestürzt; ging zunächst ins libysche, dann ins saudi-arab. Exil.

Amin Ibn Harun Ar Raschid, *Al A.*, Abbasidenkalif 809–813, *787, †813; Sohn Harun Ar Raschids, fiel am Ende eines Bürgerkrieges gegen seinen Bruder Ma'mun.

Ammianus Marcellinus, röm. Historiker, *um 330 Antiochia, †um 395 Rom; diente als Offizier im röm. Heer; nach seiner Übersiedlung nach Rom im Kreise des *Symmachus*, verfaßte eine röm. Geschichte, die stark an Tacitus orientiert war; von dieser ist etwa die Hälfte erhalten, sie bildet unsere wichtigste Quelle für die Zeit der Kaiser Constantius II. u. Julian.

Amnesty International ['æmnəsti intə'næʃnəl], Abk. *ai*, 1961 gegr. internationale Organisation, die unabhängig von Regierungen, polit. Parteien, Ideologien, wirtschaftl. Interessen u. religiösen Bekenntnissen arbeitet. Sie setzt sich für die Freilassung von polit. Gefangenen ein, die wegen ihrer Gesinnung, Hautfarbe, Volkszugehörigkeit, Sprache oder Religion inhaftiert sind, vorausgesetzt, sie haben weder Gewalt angewendet noch zur Anwendung von Gewalt aufgerufen. A. I. wendet sich in jedem Fall u. ohne Einschränkung gegen Folter u. Todesstrafe. Sitz der internationalen Sektion ist London, Sitz der deutschen Sektion ist Bonn.

Amoriter, *Amurru*, nach 2000 v. Chr. über Nordsyrien nach Mesopotamien eingedrungene semit. Nomaden; beherrschten bis etwa 1530 v. Chr. Babylonien; bedeutend vor allem unter ihrem Herrscher *Hammurapi* (1728–1686 v. Chr.).

Amphiktyonie [die; grch., „Umwohnerschaft"], Staaten- oder Stammesbund um ein gemeinsames Heiligtum zur Pflege seines Kultes, zu Festversammlungen u. regelmäßiger Beratung u. Beschlußfassung über gemeinsame Angelegenheiten. Wichtig war neben der A. der Inselgriechen um den Apollontempel auf *Delos* vor allem die pyläisch-delphische A., die seit dem 8. Jh. v. Chr. die Stämme Thessaliens u. Mittelgriechenlands sowie die Dorier des Peloponnes mit dem Apollonheiligtum von *Delphi* als Mittelpunkt vereinigte u. in der griech. Geschichte mehrmals politisch mißbraucht wurde. Im Krieg gegen die *Phoker* um die Unabhängigkeit Delphis Mitte des 4. Jh. v. Chr. gelang es *Philipp II.* von Makedonien, in Mittelgriechenland Fuß zu fassen.

Ampurias, am Golf von Rosas in Katalonien von phokäischen Griechen aus Massilia (Marseille) im 6. Jh. v. Chr. gegründete Handelskolonie (griech. *Emporion*), die ihre größte Blüte in hellenist.-röm. Zeit erlebte; heute zum größten Teil ausgegraben, die Funde meist in Barcelona.

Amratien [-'tjɛ̃], *Amratian, Amratium*, Bez. für die prädynastische Kulturausprägung Oberägyptens, die dem älteren Abschnitt der Negade-Kultur entspricht; benannt nach dem Fundort Al Amrah bei Abydos.

Amselfeld, serbokr. *Kosovo polje*, von Gebirgen umgebene, fruchtbare Ebene im Sitnicatal (südl. Serbien), 70 km lang, bis 15 km breit. Am 15. 6. 1389 entscheidender Sieg der Türken über die Serben (Herrschaft der Türkei auf dem Balkan); am 19. 10. 1448 wurde der ungar. Reichsverweser Johann *Hunyadi* hier von den Türken geschlagen.

Amsterdam, Hauptstadt, größte Stadt, zweitgrößter Hafen u. bedeutender Handelsplatz der Niederlande; 692 000 Ew. Ringförmig umbaute, gut erhaltene u. von Grachte durchzogene Altstadt; Königl. Schloß (früher Rathaus, 17. Jh.), Oude u. Nieuwe (14./15. Jh.), Zuider- u. Westerkerk (17. Jh.). A. entstand durch den Bau von Schleusen an der Mündung der Amstel u. erhielt um 1300 Stadtrecht. Seit 1369 Mitgl. der Hanse, nahm A. Aufschwung als Zwischenhandelsplatz. 1578 schloß es sich dem Aufstand Hollands gegen Spanien an. Die Übersiedlung kapitalkräftiger Kaufleute mit weitreichenden Verbindungen nach der Blockade Antwerpens machte A. im 17. Jh. zur führenden Handelsstadt Europas, die allein ein Drittel der Steuerlast der Republik der Niederlande trug; um die Mitte des 18. Jh. begann jedoch ein wirtschaftl. Niedergang der Stadt. 1810 wurde A. von Napoleon I. Frankreich einverleibt u. zur „Dritten Stadt des Kaiserreichs" (nach Paris u. Rom) erklärt. Im 19. Jh. bekam A. infolge einiger Kanalbauten neuen Aufschwung, als führender niederländ. Hafen wurde es jedoch von Rotterdam überflügelt. 1940–1945 stand A. unter dt. Besatzung (Judenverfolgungen, Ende 1944 Blockade wegen Streiks). In der Nachkriegszeit wurde es ein Zentrum jugendl. Proteströmungen in Westeuropa.

Amundsen, Roald, norweg. Polarforscher, *16. 7. 1872 Borge, †Juni 1928; durchfuhr mit dem Schiff „Gjöa" als erster die Nordwestpassage (1903–1906), erreichte am 15. 12. 1911, 4 Wochen vor der Expedition des Engländers Scott, als erster den Südpol. Auf dem Rückmarsch entdeckte er das 4500 m hohe Königin-Maud-Gebirge; 99 Tage war er unterwegs. A. überflog 1926 zusammen mit U. *Nobile* u. L. *Ellsworth* auf dem Luftschiff „Norge" das Polargebiet u. den Nordpol, bei einem Rettungsflug für die Nobile-Expedition verunglückte er u. blieb verschollen.

Amuq, Sumpfebene im heutigen Südzipfel der Türkei, östl. von *Antiochia*; die Ausgrabungen auf mehreren Tells der A.-Ebene erbrachten u. a. wichtige Funde vom Neolithikum bis in die Bronzezeit.

Amurru, syrischer Staat, seit Mitte des 2. Jahrtausends v. Chr. nachweisbar; seit ca. 1380 v. Chr. unter ägypt. Verwaltung, danach selbständiges Königreich unter ägypt. Oberhoheit. König *Aziru* von A. unterwarf sich um 1350 v. Chr. dem Hethiterkönig Schupiluliuma I. u. wurde hethit. Vasall. Um 1290 v. Chr. wurde A. wieder von Ägypten beherrscht, konnte von den Hethitern jedoch zurückgewonnen werden. König *Bentesina* von A. geriet dabei in hethit. Gefangenschaft. Um 1190 v. Chr. wurde A. wie auch *Alalach* von den Seevölkern zerstört.

Amyklai, alte achäische Stadt 5 km südlich vom Zentrum Spartas, seit dem 8. Jh. v. Chr. eines der 5 „Dörfer" der Stadt Sparta, mit Heiligtum u. Grab des vordorischen Heros *Hyakinthos* u. dann des *Apollon*, dessen 13 m hohes Kultbild von einem thronartigen, reich geschmückten Bau umgeben war.

Amyntas, **1.** mehrere makedonische Könige; so *A. III.*, 393–370 v. Chr., Vater *Philipps II.*, Großvater *Alexanders d. Gr.*

2. Minister des Königs *Deiotaros* von Galatien, †25 v. Chr.; im röm. Bürgerkrieg Befehlshaber der galat. Hilfstruppen bei Philippi (42 v. Chr.); für seinen Übertritt zu *Antonius* von diesem nach Deiotaros' Tod mit der galat. Königswürde belohnt; vor Aktium (31 v. Chr.) ging A. zu Octavian über, wofür dieser ihm die Herrschaft bis zum Tode ließ.

Anabasis [die; grch., „Hinaufmarsch", d. i. der Heereszug von der kleinasiat. Westküste auf das vorderasiat. Hochland], Titel zweier griech. Geschichtswerke: 1. die „A." des *Xenophon* : Kriegszug der 10 000 von dem pers. Thronbewerber *Kyros* geworbenen griech. Söldner gegen dessen Bruder Artaxerxes II. bis zur Schlacht bei Kunaxa (401 v. Chr.), in der Kyros fiel, u. Rückzug unter Führung des Xenophon zur Schwarzmeerküste. 2. die A. des *Arrianus* („A. Alexanders d. Gr."): der Indienzug bis zum Tod Alexanders.

Anacharsis, skythischer Reisender fürstl. Geschlechts, dem Weisheitssprüche u. Erfindungen (Anker, Blasebalg, Töpferscheibe) zugeschrieben werden. Urtyp des klugen, kulturhungrigen, doch unbefangen-kritischen Barbaren, der sich mit der griech. Kultur auseinandersetzt; soll in Athen mit *Solon* in Verbindung getreten sein u. wird den *Sieben Weisen* zugerechnet. Nach Skythien zurückgekehrt u. im Begriff, griech. Bräuche einzuführen, soll A. von seinem Bruder auf der Jagd erschossen oder von Landsleuten erschlagen worden sein.

Anaklet, Päpste: **1.** *A. I., Anenkletos, Cletus*, wahrscheinlich 2. Nachfolger Petri, lebte im 3. Viertel des 1. Jh. (79–90?); wohl Märtyrer; Heiliger. Fest: 26. 4.

2. *A. (II.)*, Gegenpapst 1130–1138, eigentl. Petrus *Pierleone*, Römer, *um 1090, †25. 1. 1138 Rom; stammte aus vornehmer, mit der kirchl. Reformbewegung eng verbundener Familie jüd. Herkunft; nach Studium in Paris wurde er Mönch in Cluny, 1116 Kardinal. A., der reformeifrig u. hochgebildet war, wurde in gespaltener Wahl neben Papst *Innozenz II.* gewählt u. konnte sich bis zu seinem Tod in Rom behaupten.

Anarchismus [grch.], eine polit. Lehre, die jede staatl. Gewalt ablehnt u. das menschl. Zusammenleben rein vom Willen u. der Einsicht des einzelnen her bestimmt. Der A. ist deswegen die einzige uneingeschränkt staatsfeindl. Bewegung u. unterscheidet sich darin vom *Sozialismus* u. *Kommunismus*, mit denen er sonst vieles in den Voraussetzungen u. Zielsetzungen gemeinsam hat. Doch ist der A. viel weniger theoretisch durchdacht u. in wichtigen Fragen auch nicht einheitlich. So unterscheiden sich in der Frage des Privateigentums eine individualist. u. eine kollektivist. Richtung. Der A. lehnt die allmähliche Reform als Mittel staatl. Fortentwicklung ab; er erwartet alles von der radikalen Zerstörung der staatl. Ordnung, die durch Attentate („Propaganda der Tat") als direkte Aktionen in Gang gebracht werden soll. Angestrebt werden individuelle Freiheit, soziale Gleichheit, die Abschaffung aller Herrschaftssysteme, -institutionen u. -instrumente wie Militär, Polizei, Justiz, Kirche, Regierung, abgelehnt wird die Diktatur des Proletariats. Der orthodoxe Marxismus-Leninismus bekämpfte den A. deswegen als kleinbürgerlich u. pseudorevolutionär. Ihre stärksten Anhänger fand die von dem engl. Dissidentenpfarrer William *Godwin* u. dem jungen *Proudhon* entwickelte, von Max *Stirner* philosophisch unterbaute Lehre bei den früheren russ. Sozialrevolutionären (auch *Nihilismus*). Hier wurde der A. vor allem durch *Bakunin* u. den Fürsten *Kropotkin* vertreten, in religiöser Richtung durch L. *Tolstoi.* In Frankreich unterstützten Anarchisten die Pariser Kommune von 1871 (z. B. E. Réclus), in Dtschld. war der A. niemals sehr einflußreich (J. Most, G. Landauer). In anderen roman. u. lateinamerikanischen Ländern, bes. in Spanien, fand der A. weite Verbreitung in der Form des *Anarchosyndikalismus*, der die Gesellschaft nicht in Staat u. Klassen, sondern in revolutionären, selbstverwalteten Berufsverbänden (Syndikaten) organisieren wollte.

Tod ihren Vetter Theodahad zum Mitregenten, der sie aber gefangensetzen u. ermorden ließ.

Amaler, *Amelungen,* ostgot. Königsgeschlecht, dem *Theoderich d. Gr.* entstammte; 536 mit *Theodahad* erloschen.

Amann, Max, NSDAP-Funktionär u. Verleger, *24. 11. 1891 München, †30. 3. 1957 München; 1922–1945 Direktor des Zentralverlags der NSDAP (Franz Eher Nachf.), 1931–1945 Reichspresseleiter der NSDAP, 1933–1945 Präs. der Reichspressekammer. Durch Zwangsmaßnahmen des nat.-soz. Regimes wurden nach 1933 große Teile der dt. Presse vom Eher-Verlag und seinen Tochtergesellschaften (dem sog. *Amann-Konzern*) wirtschaftlich abhängig.

Aman Ullah, afghan. Emir 1919–1925, König 1925–1929, *1. 6. 1892 Paghman, †25. 4. 1960 Zürich; Sohn des 1919 ermordeten *Habib Ullah*; unter seiner Herrschaft erlangte Afghanistan die volle Unabhängigkeit. A. schloß 1921 u. 1926 einen Nichtangriffs- u. Freundschaftspakt mit der Sowjetunion; von den Gegnern seiner Europäisierungspolitik zum Thronverzicht gezwungen.

Amarna, *Al A., Tell Al A.*, Ort in Mittelägypten, ca. 250 km südl. von Kairo, wohin König *Echnaton (Amenophis IV.)* ca. 1358 v. Chr. seine dem Kult des Sonnengottes *Aton* gewidmete Residenz verlegte. Er residierte dort mit seiner Gemahlin *Nofretete* ca. 13 Jahre lang. Nach dem Tod Echnatons gab der regierende König *Tutanchamun* die Residenz A. auf u. kehrte nach Theben zurück. A. wurde zur Zeit des Königs Echnaton zum Mittelpunkt eines stark naturalist. Kunstschaffens („A.-Kunst"). Aufgefunden wurden Reste der königl. Palast- u. Tempelanlagen (Atontempel), Kunstwerkstätten (u. a. die des Bildhauers Thutmosis, Fundstätte der Büste der Königin Nofretete [Berlin, Staatl. Museen]), Felsengräber u. ein Archiv von Keilschrifttafeln in babylon. Sprache (1886 ausgegraben). Erhalten sind Teile der außenpolit. Korrespondenz einiger Pharaonen: Verträge, Botschaften, Handelsabkommen. Sie bilden die Basis zur Erforschung der Beziehungen Ägyptens zu den asiat. u. syrischen Reichen im 13. u. 14. Jh. v. Chr.

Amasis, ägypt. König der 26. Dynastie, regierte 570–526 v. Chr. A. gab den Griechen in Ägypten die Stadt Naukratis als Handelskolonie u. verbündete sich mit König Krösos von Lydien gegen die Perser. A. eroberte Zypern u. unterhielt enge Handelsbeziehungen zu Polykrates von Samos.

Amathus, sehr alte phöniz. Stadt an der Südküste der Insel Zypern, heute die Ruinen von *Paläo Limisso.*

Amboise [ãbw'a:z], George d', französischer Staatsmann, Kardinal, *1460 Chaumont-sur-Loire, †25. 5. 1510 Lyon; einflußreicher Minister Ludwigs XII. seit 1498.

Amekni, neolithische Fundstelle in der alger. Sahara nordwestl. von Tamanrasset, Hoggar.

Amelung, Walter, Archäologe, *15. 10. 1865 Stettin, †12. 9. 1927 Bad Nauheim; seit 1895 in Rom, 1921–1927 Direktor des Dt. Archäolog. Instituts Rom. „Katalog der antiken Skulpturen des vatikan. Museums" 1903.

Amendola, 1. Giorgio, Sohn von 2), italien. Politiker (Kommunist), *21. 11. 1907 Rom, †5. 6. 1980 Rom; seit 1929 Mitgl. der KP, seit 1946 in der Parteiführung; Hauptvertreter der Politik des „histor. Kompromisses", Wegbereiter des „Eurokommunismus".

2. Giovanni, italien. Politiker, *15. 4. 1882 Neapel, †7. 4. 1926 Cannes; 1922 Kolonial-Min.; nach dem „Marsch auf Rom" führend in der Opposition gegen Mussolini; starb in der Emigration an den Folgen eines faschist. Attentats.

Amenemhet, grch. *Ammenemes,* ägypt. Könige des Mittleren Reichs: **1.** *A. I.*, 1991–1971(1962) v. Chr., Begründer der 12. Dynastie. A. gründete als neue Residenz *Itjtowi* südlich von Memphis. Er reorganisierte die Beamtenschaft u. sicherte die asiat. Grenze mit einem Festungsgürtel, den sog. „Mauern des Herrschers". A. wurde in einer Pyramide bei Lischt bestattet.

2. *A. II.*, 1929–1897(1892) v. Chr.; unterhielt enge Handelsbeziehungen zu Asien u. Syrien. Er wurde in einer Pyramide bei *Dahschur* bestattet. Im Grab seiner Tochter Jta wurde kostbarer Goldschmuck (heute im Museum in Kairo) gefunden.

3. *A. III., Marres,* 1842–1798 v. Chr.; kolonisierte die mit dem Niltal verbundene Oasenlandschaft Faiyum, wo er beim heutigen Hawara einen weitläufigen Tempel, das *Labyrinth,* erbaute. Seine Pyramide ließ er bei *Dahschur* errichten. In den Gräbern seiner Töchter wurde wertvoller Schmuck gefunden (Kronen, Armreifen, Gürtel u. Pektorale), der heute in Kairo u. New York aufbewahrt wird. Unter seiner Herrschaft gelangten Kunst, Literatur u. Wissenschaft (bes. Medizin u. Mathematik) zu einer neuen Blüte.

Amenophis, ägypt. *Amen-hotep,* 4 ägypt. Könige der 18. Dynastie.

1. A. I., 1529 (1526)–1508 (1505) v. Chr.; erster bedeutender Herrscher der 18. Dynastie. Er unterwarf Nubien u. sicherte die nubischen Goldvorkommen für Ägypten. Sein Beamter Amenemhet erfand die Wasseruhr, wodurch zum ersten Mal Zeitmessung unabhängig von den Gestirnen möglich wurde. A. I. wurde noch in der 20. Dynastie in Theben als Halbgott verehrt.

2. *A. II.*, 1439–1413 v. Chr.; schlug mehrere Aufstände in Syrien u. Palästina nieder u. konnte den Besitz der Handelsstädte *Kadesch* u. *Ugarit* für Ägypten behaupten. A. II. rühmte sich besonderer Leistungen im Bogenschießen, Wagenlenken u. Rudern. Sein Grab befindet sich im Tal der Könige in Theben-West.

3. *A. III.*, 1403–1365 v. Chr.; friedliebender König, der Ägyptens Macht durch Verträge mit den asiat. Königen sicherte. Zur Besiegelung des Vertrages mit dem Reich *Mitanni* nahm er eine mitannische Prinzessin in seinen Harem auf. Er unterhielt intensive Handelsbeziehungen zu Syrien u. Kreta. A. III. ließ in ganz Ägypten gewaltige Tempelanlagen erbauen, sein Totentempel in Theben-West ist heute bis auf die sog. „Memnonskolosse" zerstört. Er heiratete eine „bürgerliche" Frau namens Teje, deren Sohn *A. IV. (Echnaton)* sein Nachfolger wurde.

Amenophis III.; Relief. Luxor

4. *A. IV.* → Echnaton.

Amenemhet III.: Inschrift des Königs aus einem Tempel des Krokodilgottes Sobek in Schedet, dem späteren Krokodilopolis, in der Oase Faiyum

Amer, *Amir,* Mohammed Abd Al Hakim, ägypt. Offizier u. Politiker, *11. 12. 1919 Istal, Prov. Minya, †14. 9. 1967 Kairo (Selbstmord); absolvierte die Militärakademie u. gehörte 1943 zusammen mit *Nasser* u. a. zu den Gründern des Geheimbunds der Freien Offiziere. 1948/49 kämpfte er in Palästina, nach dem Staatsstreich 1952 wurde er Mitgl. des Revolutionsrats u. Oberbefehlshaber der ägypt. Streitkräfte. 1957 beförderte Nasser ihn zum Marschall, 1958 nach der Vereinigung Ägyptens u. Syriens ernannte er ihn zum 2. Vize-Präs. u. Kriegs-Min. der Vereinigten Arab. Republik (VAR). Obwohl A. als engster Freund u. Mitarbeiter Nassers galt, wurde ihm die Verantwortung für die Niederlage gegen Israel im Juni 1967 auferlegt; A. verlor seine Ämter u. wurde am 27. 8. 1967 verhaftet.

Amerigo Vespucci [-tʃi], italien. Seefahrer, → Vespucci.

Amerika [benannt nach Amerigo *Vespucci*], der (nach Asien) zweitgrößte Kontinent der Erde, mit rd. 42,2 Mill. km² ein Doppelkontinent, bestehend aus Nordamerika u. Südamerika, durch die Landbrücke Zentralamerikas miteinander verbunden. Ferner zählt zu A. die Inselwelt von Westindien.

Entdeckung: Schon im 6. Jh. hat der irische Mönch *Brandan* zwei Fahrten zur amerikan. Ostküste durchgeführt. Wikinger unter *Leif Eriksson* erreichten von Grönland her um 1000 die Küsten von Labrador u. Neufundland. Doch die abenteuerl. Fahrten der Nordmänner u. a. (z. B. des dt. Admirals *Pining*) gerieten in Vergessenheit, so daß *Kolumbus* allgemein als Entdecker A.s gilt. Er betrat am 12. 10. 1492 die Bahamainsel San Salvador u. entdeckte Kuba u. Haiti, auf späteren Reisen auch die Kleinen Antillen, Jamaika, Trinidad, die Orinocomündung u. die Küsten Mittelamerikas. G. *Caboto* entdeckte 1497 die Ostküste Nord-A.s. Im April 1500 erreichte der Portugiese P. Á. *Cabral* die Küste Brasiliens. Im 16. Jh. eroberten vor allem Spanier weite Gebiete Süd- u. Mittel-A.s (H. *Cortez,* F. *Pizarro*). 1513 erreichte V. M. de *Balboa* über die Landenge von Panama den Pazif. Ozean. F. *de Magalhães* entdeckte 1519/20 die nach ihm benannte Straße zwischen Südamerika u. Feuerland. In Nord-A. drangen zunächst Holländer u. Franzosen, später Engländer weiter ins Innere vor (A.

MacKenzie durchquerte 1792/93 Nordamerika). Der dt. Kartograph M. *Waldseemüller* schlug 1507 auf einer Weltkarte vor, den neuentdeckten Erdteil nach Amerigo *Vespucci* zu benennen, einem italien. Seefahrer, der um 1500 die Küsten A.s bereist hatte u. dessen Entdeckungsberichte in Europa weite Verbreitung gefunden hatten.
Geschichte: → Nordamerika, → Lateinamerika.

Amin, Idi, ugandischer Offizier u. Politiker, * 1. 1. 1928 Arua, Norduganda; Moslem; seit 1946 Soldat, diente in der brit. Kolonial-Armee; 1966 Oberbefehlshaber der Streitkräfte des unabhängigen Uganda; stürzte 1971 Präs. *Obote*; errichtete als Präsident ein despotisches Regime, das mehrere hunderttausend Todesopfer forderte; wurde 1979 durch Truppen des Nachbarlandes Tansania u. der ugand. Befreiungsbewegung gestürzt; ging zunächst ins libysche, dann ins saudi-arab. Exil.

Amin Ibn Harun Ar Raschid, *Al A.*, Abbasidenkalif 809–813, * 787, † 813; Sohn Harun Ar Raschids, fiel am Ende eines Bürgerkrieges gegen seinen Bruder Ma'mun.

Ammianus Marcellinus, röm. Historiker, * um 330 Antiochia, † um 395 Rom; diente als Offizier im röm. Heer; nach seiner Übersiedlung nach Rom im Kreise des *Symmachus*, verfaßte eine röm. Geschichte, die stark an Tacitus orientiert war; von dieser ist etwa die Hälfte erhalten, sie bildet unsere wichtigste Quelle für die Zeit der Kaiser Constantius II. u. Julian.

Amnesty International ['æmnəsti intə'næʃnəl], Abk. *ai*, 1961 gegr. internationale Organisation, die unabhängig von Regierungen, polit. Parteien, Ideologien, wirtschaftl. Interessen u. religiösen Bekenntnissen arbeitet. Sie setzt sich für die Freilassung von polit. Gefangenen ein, die wegen ihrer Gesinnung, Hautfarbe, Volkszugehörigkeit, Sprache oder Religion inhaftiert sind, vorausgesetzt, sie haben weder Gewalt angewendet noch zur Anwendung von Gewalt aufgerufen. A. I. wendet sich in jedem Fall u. ohne Einschränkung gegen Folter u. Todesstrafe. Sitz der internationalen Sektion ist London, Sitz der deutschen Sektion ist Bonn.

Amoriter, *Amurru*, nach 2000 v. Chr. über Nordsyrien nach Mesopotamien eingedrungene semit. Nomaden; beherrschten bis etwa 1530 v. Chr. Babylonien; bedeutend vor allem unter ihrem Herrscher *Hammurapi* (1728–1686 v. Chr.).

Amphiktyonie [die; grch., „Umwohnerschaft"], Staaten- oder Stammesbund um ein gemeinsames Heiligtum zur Pflege seines Kultes, zu Festversammlungen u. regelmäßiger Beratung u. Beschlußfassung über gemeinsame Angelegenheiten. Wichtig war neben der A. der Inselgriechen um den Apollontempel auf *Delos* vor allem die pyläisch-delphische A., die seit dem 8. Jh. v. Chr. die Stämme Thessaliens u. Mittelgriechenlands sowie die Dorier des Peloponnes mit dem Apollonheiligtum von *Delphi* als Mittelpunkt vereinigte u. in der griech. Geschichte mehrmals politisch mißbraucht wurde. Im Krieg gegen die *Phoker* um die Unabhängigkeit Delphis Mitte des 4. Jh. v. Chr. gelang es *Philipp II.* von Makedonien, in Mittelgriechenland Fuß zu fassen.

Ampurias, am Golf von Rosas in Katalonien von phokäischen Griechen aus Massilia (Marseille) im 6. Jh. v. Chr. gegründete Handelskolonie (griech. *Emporion*), die ihre größte Blüte in hellenist.-röm. Zeit erlebte; heute zum größten Teil ausgegraben, die Funde meist in Barcelona.

Amratien [-'tjɛ̃], *Amratian, Amratium*, Bez. für die prädynastische Kulturausprägung Oberägyptens, die dem älteren Abschnitt der Negade-Kultur entspricht; benannt nach dem Fundort Al Amrah bei Abydos.

Amselfeld, serbokr. *Kosovo polje*, von Gebirgen umgebene, fruchtbare Ebene im Sitnicatal (südl. Serbien), 70 km lang, bis 15 km breit. Am 15. 6. 1389 entscheidender Sieg der Türken über die Serben (Herrschaft der Türkei auf dem Balkan); am 19. 10. 1448 wurde der ungar. Reichsverweser Johann *Hunyadi* hier von den Türken geschlagen.

Amsterdam, Hauptstadt, größte Stadt, zweitgrößter Hafen u. bedeutender Handelsplatz der Niederlande; 692 000 Ew. Ringförmig umbaute, gut erhaltene u. von Grachte durchzogene Altstadt; Königl. Schloß (früher Rathaus, 17. Jh.), Oude u. Nieuwe (14./15. Jh.), Zuider- u. Westerkerk (17. Jh.).
A. entstand durch den Bau von Schleusen an der Mündung der Amstel u. erhielt um 1300 Stadtrecht. Seit 1369 Mitgl. der Hanse, nahm A. Aufschwung als Zwischenhandelsplatz. 1578 schloß es sich dem Aufstand Hollands gegen Spanien an. Die Übersiedlung kapitalkräftiger Kaufleute mit weitreichenden Verbindungen nach der Blockade Antwerpens machte A. im 17. Jh. zur führenden Handelsstadt Europas, die allein ein Drittel der Steuerlast der Republik der Niederlande trug; um die Mitte des 18. Jh. begann jedoch ein wirtschaftl. Niedergang der Stadt. 1810 wurde A. von Napoleon I. Frankreich einverleibt u. zur „Dritten Stadt des Kaiserreichs" (nach Paris u. Rom) erklärt. Im 19. Jh. bekam A. infolge einiger Kanalbauten neuen Aufschwung, als führender niederländ. Hafen wurde es jedoch von Rotterdam überflügelt. 1940–1945 stand A. unter dt. Besatzung (Judenverfolgungen, Ende 1944 Blockade wegen Streiks). In der Nachkriegszeit wurde es ein Zentrum jugendl. Proteströmungen in Westeuropa.

Amundsen, Roald, norweg. Polarforscher, * 16. 7. 1872 Borge, † Juni 1928; durchfuhr mit dem Schiff „Gjöa" als erster die Nordwestpassage (1903–1906), erreichte am 15. 12. 1911, 4 Wochen vor der Expedition des Engländers Scott, als erster den Südpol. Auf dem Rückmarsch entdeckte er das 4500 m hohe Königin-Maud-Gebirge; 99 Tage war er unterwegs. A. überflog 1926 zusammen mit U. *Nobile* u. L. *Ellsworth* auf dem Luftschiff „Norge" das Polargebiet u. den Nordpol, bei einem Rettungsflug für die Nobile-Expedition verunglückte er u. blieb verschollen.

Amuq, Sumpfebene im heutigen Südzipfel der Türkei, östl. von *Antiochia*; die Ausgrabungen auf mehreren Tells der A.-Ebene erbrachten u. a. wichtige Funde vom Neolithikum bis in die Bronzezeit.

Amurru, syrischer Staat, seit Mitte des 2. Jahrtausends v. Chr. nachweisbar; seit ca. 1380 v. Chr. unter ägypt. Verwaltung, danach selbständiges Königreich unter ägypt. Oberhoheit. König *Aziru* von A. unterwarf sich um 1350 v. Chr. dem Hethiterkönig Schupiluliuma I. u. wurde hethit. Vasall. Um 1290 v. Chr. wurde A. wieder von Ägypten beherrscht, konnte von den Hethitern jedoch zurückgewonnen werden. König *Bentesina* von A. geriet dabei in hethit. Gefangenschaft. Um 1190 v. Chr. wurde A. wie auch *Alalach* von den Seevölkern zerstört.

Amyklai, alte achäische Stadt 5 km südlich vom Zentrum Spartas, seit dem 8. Jh. v. Chr. eines der 5 „Dörfer" der Stadt Sparta, mit Heiligtum u. Grab des vordorischen Heros *Hyakinthos* u. dann des *Apollon*, dessen 13 m hohes Kultbild von einem thronartigen, reich geschmückten Bau umgeben war.

Amyntas, **1.** mehrere makedonische Könige; so *A. III.*, 393–370 v. Chr., Vater *Philipps II.*, Großvater *Alexanders d. Gr.*
2. Minister des Königs *Deiotaros* von Galatien, † 25 v. Chr.; im röm. Bürgerkrieg Befehlshaber der galat. Hilfstruppen bei Philippi (42 v. Chr.); für seinen Übertritt zu *Antonius* von diesem nach Deiotaros' Tod mit der galat. Königswürde belohnt; vor Aktium (31 v. Chr.) ging A. zu Octavian über, wofür dieser ihm die Herrschaft bis zum Tode ließ.

Anabasis [die; grch., „Hinaufmarsch", d. i. der Heereszug von der kleinasiat. Westküste auf das vorderasiat. Hochland], Titel zweier griech. Geschichtswerke: 1. die „A." des *Xenophon* : Kriegszug der 10 000 von dem pers. Thronbewerber *Kyros* geworbenen griech. Söldner gegen dessen Bruder Artaxerxes II. bis zur Schlacht bei Kunaxa (401 v. Chr.), in der Kyros fiel, u. Rückzug unter Führung des Xenophon zur Schwarzmeerküste. 2. die A. des *Arrianus* („A. Alexanders d. Gr."): der Indienzug bis zum Tod Alexanders.

Anacharsis, skythischer Reisender fürstl. Geschlechts, dem Weisheitssprüche u. Erfindungen (Anker, Blasebalg, Töpferscheibe) zugeschrieben werden. Urtyp des klugen, kulturhungrigen, doch unbefangen-kritischen Barbaren, der sich mit der griech. Kultur auseinandersetzt; soll in Athen mit *Solon* in Verbindung getreten sein u. wird den *Sieben Weisen* zugerechnet. Nach Skythien zurückgekehrt u. im Begriff, griech. Bräuche einzuführen, soll A. von seinem Bruder auf der Jagd erschossen oder von Landsleuten erschlagen worden sein.

Anaklet, Päpste: **1.** *A. I.*, *Anenkletos, Cletus*, wahrscheinlich 2. Nachfolger Petri, lebte im 3. Viertel des 1. Jh. (79–90?); wohl Märtyrer; Heiliger. Fest: 26. 4.
2. *A. (II.)*, Gegenpapst 1130–1138, eigentl. Petrus *Pierleone*, Römer, * um 1090, † 25. 1. 1138 Rom; stammte aus vornehmer, mit der kirchl. Reformbewegung eng verbundener Familie jüd. Herkunft; nach Studium in Paris wurde er Mönch in Cluny, 1116 Kardinal. A., der reformeifrig u. hochgebildet war, wurde in gespaltener Wahl neben Papst *Innozenz II.* gewählt u. konnte sich bis zu seinem Tod in Rom behaupten.

Anarchismus [grch.], eine polit. Lehre, die jede staatl. Gewalt ablehnt u. das menschl. Zusammenleben rein vom Willen u. der Einsicht des einzelnen her bestimmt. Der A. ist deswegen die einzige uneingeschränkt staatsfeindl. Bewegung u. unterscheidet sich darin vom *Sozialismus* u. *Kommunismus*, mit denen er sonst vieles in den Voraussetzungen u. Zielsetzungen gemeinsam hat. Doch ist der A. viel weniger theoretisch durchdacht u. in wichtigen Fragen auch nicht einheitlich. So unterscheiden sich in der Frage des Privateigentums eine individualist. u. eine kollektivist. Richtung. Der A. lehnt die allmähliche Reform als Mittel staatl. Fortentwicklung ab; er erwartet alles von der radikalen Zerstörung der staatl. Ordnung, die durch Attentate („Propaganda der Tat") als direkte Aktionen in Gang gebracht werden soll. Angestrebt werden individuelle Freiheit, soziale Gleichheit, die Abschaffung aller Herrschaftssysteme, -institutionen u. -instrumente wie Militär, Polizei, Justiz, Kirche, Regierung, abgelehnt wird die Diktatur des Proletariats. Der orthodoxe Marxismus-Leninismus bekämpfte den A. deswegen als kleinbürgerlich u. pseudorevolutionär. Ihre stärksten Anhänger fand die von dem engl. Dissidentenpfarrer William *Godwin* u. dem jungen *Proudhon* entwickelte, von Max *Stirner* philosophisch unterbaute Lehre bei den früheren russ. Sozialrevolutionären (auch *Nihilismus*). Hier wurde der A. vor allem durch *Bakunin* u. den Fürsten *Kropotkin* vertreten, in religiöser Richtung durch L. *Tolstoi*. In Frankreich unterstützten Anarchisten die Pariser Kommune von 1871 (z. B. E. Réclus), in Dtschld. war der A. niemals sehr einflußreich (J. Most, G. Landauer). In anderen roman. u. lateinamerikanischen Ländern, bes. in Spanien, fand der A. weite Verbreitung in der Form des *Anarchosyndikalismus*, der die Gesellschaft nicht in Staat u. Klassen, sondern in revolutionären, selbstverwalteten Berufsverbänden (Syndikaten) organisieren wollte.

Anasazi-Kultur [Anasazi: Navajowort für „die Alten“], prähistorische (vorkolumbische) Indianerkultur im SW Nordamerikas, deren ältester Zeitabschnitt als „Basketmaker“ (Korbmacher) bezeichnet wird. Blütezeit zwischen 1100 u. 1300 n. Chr.; Vorläuferin der heutigen Pueblo-Kultur. Typisch ist der Hausbau in Felsspalten u. natürl. Höhlungen (→ Cliff-dwellings) oder in engen Canyons, wo Hunderte von Einzelräumen zu einem großen Baukomplex zusammengefaßt wurden.

Anastasija, jüngste Tochter des Zaren Nikolaus II., *18. 6. 1901 Peterhof; wahrscheinl. am 16. 7. 1918 in Jekaterinburg zusammen mit der ganzen Zarenfamilie von den Bolschewiki ermordet. – Anna *Anderson* († 12. 2. 1984) behauptete, A. zu sein.

Anastasius, Päpste: **1.** *A. I.*, 399–402, Römer, Heiliger, † 19. (?) 12. 402 Rom; befreundet mit Hieronymus, bekämpfte die Donatisten. Fest: 27. 4.

2. *A. II.*, 496–498, Römer, † 17. 11. 498 Rom; um Versöhnung zwischen der Kurie u. dem byzantin. Kaisertum bemüht. Bei seinem Glückwunschschreiben zur Taufe des fränk. Königs Chlodwig handelt es sich um eine späte Fälschung.

3. *A. (III.), A. Bibliothecarius*, Gegenpapst 855, Römer (?), *vor 817 (811/12?), † 879; Gegenpapst gegen Benedikt III., bald nach seiner Unterwerfung wegen seiner Griechischkenntnisse an der Kurie wieder sehr einflußreich; übersetzte griech. Konzilsakten, Heiligenleben u. theolog. Werke.

4. *A. III.*, 911–913, Römer; wenig bedeutend, da ganz abhängig von Herzog Alberich I. von Spoleto u. vom röm. Adel.

5. *A. IV.*, 1153–1154, eigentl. *Konrad von Suburra*, Römer, † 3. 12. 1154 Rom; in hohem Alter Papst, mildtätig u. nachgiebig, auch Friedrich I. Barbarossa gegenüber kompromißbereit.

Anawratha, *Anawrahta, Anirudha*, König von Pagan 1044–1077; Gründer des ersten birman. Reiches von Pagan; eroberte 1057 das Mon-Reich von Thaton in Südbirma, übernahm dessen Theravada-Buddhismus u. Architektur; erbaute die Shwezigon-Pagode in Pagan.

Ancien Régime [ãˈsjɛ̃ reˈʒim], das, frz. „alte Ordnung“], die gesellschaftl. u. polit. Verhältnisse in Europa zur Zeit des Absolutismus (17. u. 18. Jh.), bes. in Frankreich vor der Revolution von 1789.

Ancus Marcius, nach der Sage als Enkel des *Numa Pompilius* der 4. König Roms, soll die erste Tiberbrücke gebaut haben.

Andalusien, span. *Andalucía*, histor. Landschaft Südspaniens, umfaßt die 8 Provinzen *Almería, Cádiz, Córdoba, Granada, Huelva, Jaén, Málaga* u. *Sevilla*, zusammen 87 268 km², 6,8 Mill. Ew.; alte Hptst. *Sevilla*.
In A. ist das vorgeschichtl. Reich von *Tartessos* zu suchen. Die Phönizier gründeten Niederlassungen, bes. Gades (Cádiz). 206 v. Chr. kam A. zur röm. Provinz *Baetica*. 429 wurde es von den Westgoten, 711 von den Arabern erobert. Die arab. Bez. *Al Andalus* bezog sich ursprünglich auf ganz Spanien. Nach dem Sturz des letzten Omajjaden (1031) zerfiel A. in Kleinstaaten, wurde aber durch die Almoraviden u. Almohaden wieder geeint. Seit 1212 unternahm Kastilien Eroberungsversuche, denen das Königreich Granada noch über zwei Jahrhunderte standhielt. Mit der Eroberung Granadas durch die Kath. Könige (1492) endete die Maurenherrschaft in Spanien; A. wurde Kastilien angeschlossen. In der Entdeckungszeit wurde Sevilla Verwaltungs- u. Handelszentrum für das Überseereich Spaniens. 1641 kam es zur „Verschwörung von A.“ als Reaktion auf die zentralist. Politik des Herzogs von Olivares. A. gehört zu den histor. Provinzen Spaniens, denen die demokrat. Verfassung von 1978 Autonomie gewährt.

Andorra AND

Fürstentum Andorra

Fläche: 453 km². – *Einwohner:* 71 000. – *Hauptstadt:* Andorra la Vella. – *Landessprache:* Katalanisch, Spanisch, Französisch. – *Nationalfeiertag:* 8. 9. – *Währung:* Spanische Peseta und Französischer Franc. – *Lage:* zwischen 42°25′ und 42°40′ n. Br. sowie 1°30′ und 1°47′ ö. L. – *Zeitzone:* Mitteleuropäische Zeit. – *Grenzen:* im N und O Frankreich, im S und W Spanien. – *Staatsform:* nominelles Fürstentum mit parlamentarischer Regierungsform.

Die heutige Stellung A.s geht auf einen Vertrag aus dem Jahre 1278 zurück, in dem sich der Graf von Foix u. der Bischof von Seo de Urgel (Spanien) die Herrschaft über das Fürstentum teilten. Rechtsnachfolger des Grafen ist das französ. Staatsoberhaupt. Die beiden „Co-Fürsten“ werden durch zwei „Landvögte“ in A. vertreten, die im wesentlichen nur repräsentative Funktionen ausüben. Durch die 1993 verabschiedete demokrat. Verfassung erlangte A. die volle Souveränität als Staat. Die „Co-Fürsten“ hatten vorher auf ihre Hoheitsrechte verzichtet.
Das andorranische Parlament ist der aus 28 Abgeordneten bestehende *Generalrat*. 1993 wurde A. Mitgl. der UNO. Regierungschef ist als Präsident des *Exekutivrats* seit 1994 M. *Forné*.

Andrade, Antonio de, portugies. Jesuit, *1580 Oleiros, † 19. 3. 1634 Goa (Indien); überquerte 1625 als erster Europäer den Himalaya.

Andrae, Ernst Walter, Archäologe, *18. 2. 1875 Anger bei Leipzig, † 28. 7. 1956 Berlin; nahm an der Ausgrabung von Babylon teil u. war Ausgrabungsleiter in Assur (1903–1914), machte sich als Direktor der heutigen Berliner Staatl. Museen (Aufbau der Vorderasiat. Abt.) einen Namen u. publizierte eine Reihe von Ausgrabungsberichten, Museumsinventaren u. Handbüchern zum Thema „Alter Orient“.

Andrássy [ˈɔndra:ʃi], **1.** Gyula (Julius) d. Ä., Graf, österr.-ungar. Politiker, *3. 3. 1823 Oláhpatak, † 18. 2. 1890 Volosca; nahm 1848 am ungar. Freiheitskampf teil; während der Emigration in Frankreich zum Tod verurteilt; trat nach einer Amnestie gemeinsam mit F. *Deák* für die Aussöhnung mit Wien ein (österr.-ungar. *Ausgleich*); 1867–1871 erster ungar. Min.-Präs., 1871–1879 österr.-ungar. Außen-Min., schloß für Österreich das *Dreikaiserabkommen* (1873) u. das dt.-österr. Bündnis (*Zweibund* 1879) ab. Auf dem Berliner Kongreß 1878 erreichte er mit dt. u. engl. Hilfe das Zugeständnis Rußlands zur Okkupation u. Verwaltung Bosniens u. der Herzegowina.

2. Gyula d. J., Sohn von 1), ungar. Politiker, *30. 6. 1860 Töketerebes, † 11. 6. 1929 Budapest; 1906–1910 ungar. Innen-Min., 24. 10.–1. 11. 1918 letzter österr.-ungar. Außen-Min.; war für den Fortbestand der österr.-ungar. Doppelmonarchie; als Führer der royalist. Partei 1921 am Putsch für König Karl beteiligt.

Andreas, ung. *András, Endre*, Könige von Ungarn aus dem Hause Árpád:

1. *A. I.*, König 1046–1060, *um 1014, † Dez. 1060 Zirc; wehrte Versuche Kaiser Heinrichs III. ab, die Lehnsabhängigkeit Ungarns vom Reich wiederherzustellen; förderte die Ausbreitung des Christentums; wurde 1060 von seinem Bruder Béla I. geschlagen u. entmachtet.

2. *A. II.*, König 1205–1235; *um 1177, † 1235 Ofen; betrieb eine abenteuerliche, in einem Kreuzzug u. der Kandidatur für den byzantin. Kaiserthron gipfelnde Außenpolitik; mußte nach dadurch erzwungenen Reformen der Staatsfinanzen durch Verpachtungen 1222 in der sog. Goldenen Bulle die Rechte des ungar. Adels garantieren; gewährte 1224 auch den dt. Kolonisten in Siebenbürgen *(Siebenbürger Sachsen)* einen Freibrief, während der von A. 1211 nach Siebenbürgen berufene Dt. Ritterorden wieder vertrieben wurde.

3. *A. III.*, Enkel von 2), König 1290–1301, *um 1270, † 14. 1. 1301; setzte seine Thronansprüche gegen die Habsburger durch; mußte dem Adel ein Mitspracherecht einräumen.

Andrée [-ˈdre:], Salomon, schwed. Ingenieur u. Polarforscher, *18. 10. 1854 Grenna, † 1897 bei dem Versuch, den Nordpol im Luftballon zu erreichen. 1930 wurden Überreste der Expedition auf der Insel Kvitöya (Spitzbergen) gefunden.

Andreotti, Giulio, italien. Politiker (Democrazia Cristiana), *14. 1. 1919 Rom; seit 1954 mehrere Min.-Ämter (Innen-, Finanz-, Schatz-, Verteidigungs-, Industrie- u. Außen-Min.), 1970, 1972/73, 1976–1979 u. 1989–1992 Min.-Präs., wurde 1995 wegen Verbindungen zur Mafia u. wegen Anstiftung zum Mord angeklagt.

Andronikos, byzantin. Kaiser: *A. III. Palaiologos*, 1328–1341, *1295 Konstantinopel, † 1341 Konstantinopel; stürzte seinen Großvater *A. II.*; verlor fast alle kleinasiat. Besitzungen an die Osmanen.

Andronowo-Kultur, bronzezeitl. Viehzüchter- u. Ackerbaukultur zwischen Uralfluß u. Jenissej. Die Siedlungen lagen an den Flußufern; die Grubenhäuser waren mit einer Fläche von 8 × 4 m klein, ein Viehpferch grenzte an. Die Toten wurden in Flachgräbern mit runden oder viereckigen Steinsetzungen oder kleinen Hügelgräbern (Kurganen) in Hockerstellung oder verbrannt beigesetzt. Die unterschiedlich reichen Beigaben (Schmuck u. Geräte aus Gold oder Bronze, mit geometr. Mustern verzierte Keramik) zeugen von sozialer Differenzierung. Meist befand sich zwischen Gräberfeld u. Siedlung ein Kultplatz.

Andropow, *Andropov*, Jurij Wladimirowitsch, sowjet. Politiker, *15. 6. 1914 Nagutskaja, Gebiet Stawropol, † 9. 2. 1984 Moskau; Telegrafenarbeiter; 1936–1944 Komsomol-, danach Parteifunktionär; 1953–1957 Botschafter in Ungarn; 1957–1962 Abteilungsleiter im zentralen Parteiapparat der KPdSU; seit 1961 Mitglied des Zentralkomitees der KPdSU, 1962–1967 Sekretär des ZK, 1967 bis 1973 Kandidat u. seit 1973 Mitglied des Politbüros; 1967–1982 Vorsitzender des Komitees für Staatssicherheit (KGB). Im Mai 1982 wurde A. erneut Sekretär des ZK u. im November des gleichen Jahres als Nachfolger des verstorbenen L. I. *Breschnew* Generalsekretär des ZK der KPdSU (Parteichef). 1983 wurde er auch zum Vorsitzenden des Präsidiums des Obersten Sowjets der UdSSR gewählt.

Andrussowo, *Andrusovo*, Dorf in der Nähe von Smolensk. Der *Waffenstillstand von A.* am 30. 1. 1667 beendete den russ.-poln. Krieg (1654–1667) u. sicherte Rußland auf Kosten Polens die östl. Ukraine einschl. Kiew bis zum Dnjepr, Smolensk u. Tschernigow.

Angell [ˈɛindʒəl], Sir Norman Lane, eigentl. Ralph Norman Angell *Lane*; engl. Politiker u. Schriftsteller, *26. 12. 1874 Holbeach, † 7. 10. 1967 Croydon; sozial-liberaler u. pazifist. Schriftsteller; 1914 Mitgründer der Reformbewegung „Union für demokrat. Kontrolle“, 1929–1931 Abg. der Labour Party u. gleich-

Angkor – Residenz der Khmer

Unter dem Einfluß der Kulturen Indiens, Chinas und Javas entstand das Reich der Khmer, das seinen Ursprung im heutigen Kambodscha hatte.
Anfang des 8. Jahrhunderts war das Reich der Khmer in zwei rivalisierende Staaten zerfallen. Erst Jayavarman II. (R 802–850) gelang die Einigung der beiden Reiche und die Befreiung von javanischer Vorherrschaft.
Er begründete ein Gottkönigtum, das zur zentralen Staatsideologie des Khmerreiches wurde. Steinernes Symbol dieses Gottkönigtums wurde die Residenz Angkor.

»Angkor, im 9. Jahrhundert von dem Khmer-König Jaschovarman I. gegründet, war ein Komplex von Tempelstädten, die nach- und nebeneinander errichtet wurden. Dieser Residenz- und Tempelstadt-Komplex war zugleich Mittelpunkt einer gigantischen Bewässerungsanlage und bot zeitweilig über einer Million Menschen Arbeit und Existenz, womit er zum weitaus größten Stadtgebilde des Mittelalters wurde.

Der Grundriß der Anlage von Angkor zeigt ein riesiges Gitter von rechtwinklig angelegten Kanälen, Gräben, Wasserläufen und Speicherbecken. Die ausgehobene Erde wurde zu Hügeln aufgeschüttet, auf denen die Könige ihre Tempel errichteten. Das Bewässerungssystem stand unter der Kontrolle eines Königs, der sich mit einem Gott identifizierte und von den Untertanen als Gottkönig verehrt wurde. Dynastische Tempel waren dem Gedächtnis der Vorfahren gewidmet, die nach dem Tode mit ihrem Schutzgott eins wurden. Diese Bauten gaben zugleich dem Machtanspruch des lebenden Herrschers Ausdruck.

König Surayavarman II. (R 1113–1150) ließ Angkor Vat erbauen. Ein 200 Meter breiter Wassergraben umschließt ein Rechteck von 1500 × 1300 Meter Fläche. Auf dieser Grundfläche erhebt sich der gigantische, von Mauern und Türmen eingefaßte Tempelberg, der seinerseits eine äußere Ausdehnung von 1000 × 800 Meter hat mit einem 65 Meter hohen Zentralturm. Im Westen führt eine Dammstraße – gesäumt von gewaltigen Ballustraden in der Form mythischer Schlangen – zum Haupteingang. Die 230 Meter breite Fassade ... ist von diesem Idealstandpunkt in einem Blick zu erfassen. (...)

1 *Angkor Vat (Luftaufnahme).*
2 *Hanumans Kampf; 12. Jh. n. Chr. Tempel von Bankteay Kdei.*
3 *Straße der Riesen in Angkor Thom.*
4 *Surjavarman II. bei einer Parade. Relief in Angkor Vat.*
5 *Devata von Angkor Vat*
6 *Apsara-Figur und Ornamente des südlichen Turmheiligtums von Banteai Srei, Angkor.*

1

5

Ende des 12. Jahrhunderts wurde Angkor Vat ein buddhistisches Heiligtum.

Jayavarman VII. (R 1181–1218), ein buddhistischer Herrscher, erbaute seine ›Große Hauptstadt‹ *Angkor Thom* mit dem von acht Säulenhallen umgebenen Reichstempel *Bayon* im Zentrum. Der Entwurf war von der buddhistischen Kosmologie inspiriert. Jeder der zahlreichen Türme zeigte vier große Masken des Bodhisattva Lokeshvara, des ›Herrn der Welten‹. (...)

Nach der Zerstörung von Angkor Thom durch die Thai (Siamesen) 1431 wurden die steinernen Überreste von der Vegetation überwuchert.

Um 1550 entdeckte König Ang Chan bei einem Jagdausflug die vergessenen Ruinen und war so beeindruckt, daß er seinen Hof von Phnom Penh nach Angkor Thom verlegte (1570–1587). Der restaurierte Angkor Vat wurde ein buddhistisches Heiligtum.«

Gerhard Steinborn in »Weltgeschichte – Nationen, Städte, Steppenvölker«, Bertelsmann Lexikon Verlag, Gütersloh 1989

2

4

6

zeitig Hrsg. der Zeitschrift „Foreign Affairs". Hptw.: „The great illusion" 1910; „Peace with the dictators?" 1938. A. erhielt 1933 den Friedensnobelpreis.

Angeln, german. Volksstamm im östl. Schleswig-Holstein; zuerst erwähnt bei Tacitus; zog im 5. u. 6. Jh. mit den Jüten u. Sachsen nach Britannien, wo sich die Jüten in Kent, die Sachsen im südl. u. mittleren Teil u. die A. im N niederließen. Von den A. erhielt das ganze Land seinen Namen, da die normann. Eroberer die Unterworfenen als „englisch" bezeichneten, wenn die A. auch selbst den Namen *Britannien* vorzogen. Mit König Heinrich I. (1100–1135) setzte sich die Bez. *Anglia* (England) endgültig durch. – Die archäolog. Funde, kontinuierlich seit der röm. Kaiserzeit im angenommenen Ursprungsgebiet nachzuweisen, brechen größtenteils um 500 n. Chr. ab. Die jüngsten Funde, vor allem Keramik u. Fibeln, weisen starke Ähnlichkeit mit den ältesten angelsächs. Funden in *East Anglia* (England) auf. Die geschichtl. Überlieferungen von A. in Thüringen, südlich der Unstrut, werden durch neue Ergebnisse der Ortsnamenforschung unterstützt. Ein Königtum, das in den Schriftquellen erwähnt wird, kann archäolog. nicht nachgewiesen werden. Die wichtigsten archäolog. Quellen bilden große Urnenfriedhöfe u. Moorfunde, deren bedeutendster der von Thorsberg ist.

Angeloi, Herrscherdynastie, 1185–1204 in Byzanz, dann in Westgriechenland (sog. Despotat Epiros) bis Mitte des 13. Jh.

Angelot [ãʒə'loː; der; frz., „Engel"], in der Zeit des Hundertjährigen Krieges geprägte engl.-französ. Goldmünze mit Engelsbrustbild über 2 Wappen.

Angelsachsen, im 16. Jh. aufkommende Bez. für die Völkerschaften, die sich im 5./6. Jh. in England festsetzten u. bis zur normann. Eroberung 1066 herrschten. Im MA taucht die Bez. „Angli Saxones" nur bei Paulus Diaconus (Historia Langobardorum) auf, vermutlich um die in England lebenden Sachsen von denen des Kontinents abzugrenzen.

Angevinisches Reich, bestand 1154–1204, Ausgangszentrum war die französ. Grafschaft *Anjou* (Hptst. Angers); es umfaßte England u. fast die Hälfte Frankreichs.

Angkor [„die Stadt"], Residenz- u. Tempelstadt der Khmer-Könige von Kambodscha, um das Jahr 1000 mit über 1 Mill. Ew. die größte Stadt der Welt, wurde von *Jaschovarman I.* (889–900) gegr., 1177 von den Tscham zerstört u. während der Regierungszeit des buddhistischen Königs *Jayavarman VII.* (1182–1218) als A. *Thom* mit dem Tempelbezirk des Bayon wieder aufgebaut. Der Reichstempel Bayon trägt auf seinen 54 Türmen über 200 monumentale Steingesichter, in denen sich der Herrscher als zukünftiger Buddha darstellen ließ. Unter *Suryavarman II.* (1113–1150) entstand im Südosten des alten Stadtbezirks von A. Thom mit *A. Vat* (= Hauptstadt-Kloster) das größte Bauwerk Südostasiens (rechteckige Umfassungsmauer 1000 x 800 m, Zentralbausockel 215 x 187 m, Mittelturm 65 m). Es symbolisiert den fünfgipfligen Weltberg Meru, den Mittelpunkt des hinduist. Universums. A. wurde zwischen 1353 u. 1431 von den Thai zerstört. Es zerfiel in den folgenden Jahrhunderten u. wurde erst 1858 von dem französ. Forscher Henri *Mouhot* (* 1826, † 1861) wiederentdeckt. Während des Bürgerkrieges u. unter dem Pol-Pot-Regime in den 1970er Jahren erlitten die Bauten von A. schwere Schäden. – Ⓑ S. 46/47.

Anglo-Ägyptischer Sudan, von 1899 bis 1956 als brit.-ägypt. Kondominium bestehender Teil des heutigen Sudan.

Ango, germanischer merowingerzeitlicher Kampfspeer mit Widerhaken an der Spitze und sehr langem Schaft (oft über 1 m).

Angola ANG

Republik Angola

Fläche: 1 246 700 km². – *Einwohner:* 11,5 Mill. – *Hauptstadt:* Luanda. – *Landessprache:* Portugiesisch. – *Nationalfeiertag:* 11. 11. – *Währung:* 1 Angepaßter Kwanza = 1000 Neue Kwanza. – *Lage:* zwischen 4°22′ und 18°02′ s. Br. sowie 11°41′ und 24°05′ ö. L. – *Zeitzone:* Mitteleuropäische Zeit. – *Grenzen:* im N Kongo, im N und NO Kongo (Zaire), im SO Sambia, im S Namibia, im W Atlantischer Ozean. – *Staatsform:* präsidiale Republik.

Als portugies. Seefahrer 1491 die Küste des heutigen A. erreichten, gehörte der NW zum *Kongo-Königreich.* Um 1600 entstand landeinwärts, bis in das spätere Katanga ausgedehnt, das Reich der *Lunda.* Die portugies. Kolonialherrschaft beschränkte sich bis 1880 auf die Küste; 1576 wurde *Luanda* gegr., bis etwa 1860 war A. das wichtigste Sklavengebiet für die Transporte nach Brasilien. 1898 u. 1914 einigten sich das Dt. Reich u. Großbritannien über eine Aufteilung A.s, jedoch blieb die Kolonie durch den 1. Weltkrieg Portugal erhalten. Eine bescheidene moderne wirtschaftl. Erschließung begann erst nach dem Regierungsantritt A. de Salazars mit dem Kolonialgesetz von 1930. Nach 1945 lenkte Portugal weiße Siedler in großer Zahl nach A., 1951 wurde A. (wie alle portugies. Kolonien) zum Bestandteil des Mutterlandes erklärt.

Seit 1956 wurden afrikan. Nationalbewegungen in A. aktiv, zunächst vor allem die auf die Bakongo gestützte *Union der Völker Angolas (UPA).* Größere Aktivität entfalteten später andere Organisationen, bes. die von Brazzaville aus operierende *Volksbefreiungsbewegung (MPLA),* die *Front für die Nationale Befreiung Angolas (FNLA)* u. die in Sambia auftretende *Nationalunion für totale Unabhängigkeit (UNITA).*

Schon vor der Proklamierung der Unabhängigkeit am 11. 11. 1975 begann der Bürgerkrieg zwischen den drei Befreiungsbewegungen. Die marxist.-leninist. MPLA siegte mit Hilfe kuban. Truppen gegen die beiden anderen Bewegungen. Die MPLA rief die Volksrepublik A. aus. Erster Staats-Präs. wurde A. *Neto.* Die MPLA reorganisierte sich 1978 als marxist.-leninist. Einheitspartei. Nach Netos Tod (1979) übernahm dessen Amt J. E. *dos Santos.* Die UNITA setzte mit südafrikanischer Unterstützung im Süden A.s ihre Guerillatätigkeit fort. An der Grenze zu Namibia kam es häufig zu Zusammenstößen zwischen angolan.-kuban. u. südafrikanischen Truppen. 1988 einigten sich A., Kuba u. Südafrika auf den Abzug der kuban. Truppen aus A., um den Bürgerkrieg zu beenden. 1990 wurde die Umwandlung der Volksrepublik in die demokrat. Republik A. beschlossen. 1991 kam es zum Friedensschluß zwischen der UNITA u. der Regierung. Nach dem Sieg der MPLA bei den Parlamentswahlen 1992 nahm die UNITA den bewaffneten Kampf wieder auf. Im November 1994 unterzeichneten die Konfliktparteien eine neue Friedensvereinbarung. Doch erst 1997 gelang die Bildung einer Regierung der Einheit u. nationalen Versöhnung.

Angriwarier, german. Stamm zu beiden Seiten der mittleren Weser, nördlich der Cherusker, von diesen durch einen Wall getrennt. Später schlossen sie sich dem Sachsenbund an.

Anguilla [aŋ'gilja], Insel in der Gruppe der brit. Leeward Islands, Kleine Antillen, 96 km², 7000 Ew.; 1967–1969 als Saint Kitts, Nevis and Anguilla Glied der Westind. Assoziierten Staaten, 1971 nach Unruhen der brit. Krone direkt unterstellt; seit 1976 mit innerer Selbstverwaltung.

Anhalt, ehem. Land des Dt. Reiches, rd. 2320 km², 430 000 Ew. (1939); Hptst. *Dessau*; bestand aus 2 größeren Teilen u. 5 Exklaven zwischen Unterharz u. Fläming, 1945–1952 u. seit 1990 Teil des Landes *Sachsen-A.*

Das Gebiet des späteren A. wurde seit etwa 1000 beherrscht von den *Askaniern,* von denen sich als erster der Sachsenherzog Bernhard III. (* 1140, † 1212) „Graf von A." nannte; mit Fürst Heinrich I. (* um 1170, † 1252) begann die Selbständigkeit A.s.

Heinrichs Söhne teilten das väterliche Erbe: Heinrich II. († 1266) begründete die *Ascherslebener Linie* (Aschersleben u. Harz), Bernhard I. († 1286/87) die *Bernburger Linie* (Bernburg u. Ballenstedt) u. Siegfried I. († 1298) die *ältere Zerbster Linie* (Dessau, Köthen, Coswig u. Roßlau). Diese Linie spaltete sich 1396 wieder in eine *Albrechtsche Linie* (Albrecht IV., † 1423): Zerbst u. Köthen, u. in eine *Siegmundsche Linie* (Siegmund I., † 1405): Dessau. 1468 starben die Bernburger aus, ihr Besitz fiel an die Siegmundsche Linie, die 1508 auch die Albrechtschen Lande erbte. Georg I., ein Sohn Siegmunds I., überließ sein gestärktes u. vereinigtes Land 1473 seinen Söhnen Ernst († 1516) *(ältere Dessauer Linie)* u. Waldemar VI. († 1508) *(ältere Köthener Linie).* Die Köthener Linie führte

Angola: Ausrufung der Volksrepublik in Luanda 1975 mit MPLA-Führer Neto als Präsidenten

Anjou: Burg Montresor

unter Wolfgang, der kinderlos starb, 1527 die Reformation ein u. fiel dann an die Dessauer Linie, die 1534 unter Georg III. die luth. Lehre erlaubte.
1570 erfolgte unter Joachim Ernst von A.-Dessau die Vereinigung aller anhalt. Länder. Seine Söhne teilten jedoch das Land von neuem; es entstanden die *jüngere Dessauer*, die *jüngere Bernburger*, die *jüngere Zerbster* u. die *jüngere Köthener Linie*. Die anhalt. Fürsten wählten ab 1635 den jeweils ältesten zum Sprecher für das Gesamthaus. Das *Erstgeburtsrecht* wurde (um weitere Teilungen zu vermeiden) in allen Linien eingeführt (von A.-Bernburg trennte sich vorübergehend 1635–1709 die *Harzgeröder Linie* ab). Der „Alte Dessauer" Leopold I. von A.-Dessau zeichnete sich im preuß. Heeresdienst aus. Die Zerbster Linie starb 1793 aus; des letzten Fürsten Schwester, Zarin Katharina II., erbte daraufhin Jever (das zu Zerbst seit 1667 gehörte). Die anhalt. Fürstentümer traten 1806/07 dem Rheinbund bei u. bekamen von Napoleon dafür den Herzogstitel verliehen. 1815 schlossen sie sich dem Dt. Bund u. 1822 dem Dt. Zollverein an. 1847 starb die Köthener Linie aus, ihr Land fiel durch Vertrag (1853) an A.-Dessau. Die Bernburger Linie erlosch 1863, u. so vereinigte Leopold IV. Friedrich (1817–1871) von A.-Dessau das ganze Land u. nahm den Titel „Herzog von A." an. 1871–1904 regierte Herzog Friedrich I., 1904–1918 Friedrich II. das Land.
1919 wurde A. Freistaat. 1933–1945 war es zusammen mit Braunschweig einem Reichsstatthalter unterstellt. 1945 wurde es mit der Prov. Sachsen zur Prov. Sachsen-A. (seit 1947 Land Sachsen-A.) vereinigt. Bei der Aufhebung der Länder in der DDR (1952) kam der größere Teil A.s zum Bez. Halle, der kleinere zum Bez. Magdeburg.

Ani, türk. Ruinenstadt bei Kars im NO Anatoliens; Hptst. der Bagraditen im 10. Jh.

Anikẹtos, *Anicetus*, Papst 155(?)–166; wohl Syrer, Heiliger; Martyrium schlecht bezeugt. Fest: 17. 4.

Anjou [ã'ʒu:], histor. Landschaft (ehem. Grafschaft) im nordwestl. Frankreich, umfaßt das heutige Dép. *Maine-et-Loire* u. Teile der Dép. *Mayenne* u. *Sarthe* im N u. *Indre-et-Loire* im O; alte Hptst. *Angers*.
A. wurde im 10. Jh. selbständige Grafschaft. Die Grafen von A. erwarben in der Mitte des 11. Jh. Touraine, 1110 Maine, im 12. Jh. die Normandie, 1152 Guyenne. Heinrich von → Anjou-Plantagenet bestieg als Heinrich II. den engl. Thron. 1204 eroberte der französ. König Philipp II. August das *Angevinische Reich* für Frankreich zurück. Ludwig IX. belehnte 1246 seinen Bruder Karl mit A.; dieser erwarb die Provence u. wurde 1265 mit Neapel-Sizilien belehnt. Diese *ältere Linie A.-Neapel* saß zwischen 1308 und 1382 auf dem ungar., 1370–1382 (bzw. 1399) auch auf dem poln. Thron, verlor aber 1282 (Sizilianische Vesper) Sizilien an Aragón. Durch Heirat erwarb Karl von Valois A., dessen Sohn Philipp wurde 1328 als Philipp VI. König von Frankreich. Johann II. (* 1319, † 1364) erhob A. u. Maine 1360 zum Herzogtum. 1380 wurde die *jüngere Linie A.* begründet, sie starb 1481 aus. Seitdem diente A. als Apanage für königl. Prinzen.

Anjou [ã'ʒu:], François-Hercule de Valois, Herzog von, 4. Sohn Heinrichs II. von Frankreich, * 18. 3. 1556 Paris, † 10. 6. 1584 Château-Thierry, Dép. Aisne; erhielt 1576 die Herrschaft über Holland u. Seeland, 1578 die „Schirmherrschaft über die Niederlande gegen die spanische Tyrannei" angetragen u. schloß 1580 mit den Generalstaaten den Vertrag von Plessis-les-Tours, worin er als Landesherr anerkannt wurde. 1582/83 residierte er vor allem in Antwerpen. Wegen seiner schwankenden Politik verlor er seinen Anhang u. mußte die Niederlande verlassen.

Anjou Plantagenet [ã'ʒu: plæn'tædʒinit], engl. Königshaus 1154–1399, Stammvater war König *Heinrich II.* (1154 –1189), Sohn des Grafen von Anjou, Gottfried Plantagenet (* 1113, † 1151) u. seiner Frau Mathilde, Tochter König Heinrichs I. von England (1100–1135) u. Witwe Kaiser Heinrichs V. Aus der Vereinigung der engl., normann. u. französ. Erbschaften entstand das *Angevinische Reich* von Schottland bis zu den Pyrenäen, dessen in Frankreich gelegene Teile allerdings Lehen der französ. Krone waren. Schon bald nach dem Tod Heinrichs II. begann das Reich zu verfallen. Die Konfiskation des Herzogtums Guyenne, des spärl. Rests des Reiches, 1337 war ein Anlaß zum Hundertjährigen Krieg (1337–1453), an dessen Ende England nur noch Calais verblieb. Der Beiname Plantagenet für die Dynastie wurde wegen des Ginsterzweigs *(planta genista)* üblich, den Gottfried von Anjou als Helmzier trug. Nach sechs Generationen, von den Brüdern Richard I. Löwenherz (1189–1199) u. Johann ohne Land (1199–1216) über Heinrich III. (1216–1272), Eduard I. (1272–1307), Eduard II. (1307–1327) u. Eduard III. (1327–1377) bis zu Richard II. (1377–1399), teilte sich die Dynastie in die Häuser *Lancaster* u. *York*.

Ankara, früher neugriech. *Angora, A. Suyu*, Hptst. der Türkei seit 1923 u. der Provinz A., in Anatolien an der Ankara, 851 m ü. M., 2,25 Mill. Ew.
An der Stelle des heutigen A. befand sich um 1000 v. Chr. eine phryg. Stadt. Das antike *Ankyra (Ancyra)* wurde 25 v. Chr. Hptst. der röm. Provinz Galatien. An der Mauer eines damals errichteten Tempels erhielt sich das Monumentum Ancyranum, ein Rechenschaftsbericht des röm. Kaisers Augustus. 654 erstmals von Arabern erobert, war A. in den folgenden Jahrhunderten wechselnden Herrschern untertan (Seldschuken, Kreuzfahrer, Ilchane u. a.). Im 14. Jh. kam es zum Osman. Reich. 1402 besiegte Timur bei A. den osman. Sultan Bajezid I. Bis ins 20. Jh. war A. eine kleine Provinzstadt. M. Kemal (der spätere *Atatürk*) machte A. 1920 mit der Einberufung einer Nationalversammlung zum Zentrum seiner Bewegung für die nationale Erneuerung der Türkei. 1923 wurde A. Hauptstadt der Türkei.

An Lushan, chines. General u. Rebell, * um 703, † 757 n. Chr. Der fremdstämmige A. L., Statthalter des chinesischen Kaisers in Nordchina, erhob sich 755 mit den Armeen, die ihm unterstanden, verwüstete von O her Nordchina u. besetzte 756 die Hauptstadt Changan (heute Xian). Nach dem Aufstand, der mit nichtchinesischen Truppen unterdrückt wurde, führten zunehmende Unruhen durch immer selbständiger werdende Militärgouverneure den Untergang der Tang-Dynastie herbei.

„An Mein Volk", Aufruf des preuß. Königs Friedrich Wilhelm III. vom 17. 3. 1813 in Breslau zu Beginn des Befreiungskrieges gegen Napoleon; verfaßt vom Staatsrat Theodor Gottlieb von *Hippel* d. J. (* 1775, † 1843).

Anna, F ü r s t i n n e n. B y z a n z : **1.** *A. Komnena*, Tochter des Kaisers Alexios I., * 1083, † nach 1148; beschrieb die Regierungszeit ihres Vaters in der „Alexias" in verherrlichender Form.
2. *A. Porphyrogenita*, Prinzessin aus der Makedonen-Dynastie, * 963, † 1011; Schwester Basileios' II. Bulgaroktonos, der sie dem Großfürsten Wladimir von Kiew zur „purpurgeborenen" Frau gab. Diese Verbindung leitete die Christianisierung Rußlands (in orthodoxer Form) ein; Rußland beanspruchte daraufhin nach dem Fall von Konstantinopel (1453), das „Dritte Rom" zu sein.
F r a n k r e i c h : **3.** *A. von Beaujeu*, * 1461, † 14. 11. 1522 Chantelle, Dép. Allier; Tochter Ludwigs XI., führte 1483–1491 für ihren Bruder Karl VIII. die Regentschaft u. bekämpfte energisch die Adelsopposition.
4. *A. von Bretagne*, Königin, * 25. 1. 1477 Nantes, † 9. 1. 1514 Blois; Erbin des Herzogtums Bretagne; mußte, obwohl 1489 dem dt. König Maximilian vermählt, Karl VIII. von Frankreich († 1498) heiraten; nach dessen Tod heiratete sie den französ. Thronfolger Ludwig XII. Ihre Tochter vermählte sie mit Franz I. von Frankreich. Die Bretagne kam durch diese Heiratspolitik an die französ. Krone.
5. *A. Maria (A. von Österreich)*, Königin, * 22. 9. 1601 Valladolid, † 20. 1. 1666 Paris; 1615 Gattin Ludwigs XIII., führte nach dessen Tod 1643–1651 die Regentschaft für ihren

Anna (5) von Österreich: Nach dem Tode ihres Mannes Ludwig XIII. von Frankreich wird Anna am 18. Mai 1643 zur Regentin für ihren minderjährigen Sohn ernannt; lavierte Federzeichnung. Paris, Bibliothèque Nationale

Anna (6) von Boleyn

Sohn Ludwig XIV.; ihr Vertrauter u. polit. Ratgeber war *Mazarin.*
Großbritannien: **6.** *A. Boleyn,* *1507, †19. 5.1536 London; Geliebte u. 1533 zweite Frau Heinrichs VIII., Mutter der Königin Elisabeth I., vermutlich zu Unrecht des Ehebruchs angeklagt u. deshalb enthauptet.
7. *A. von Kleve,* engl. Königin 1540, *22. 9. 1515 Kleve, †28. 7. 1557 Chelsea; 4. Gattin Heinrichs VIII., der die Ehe aus Enttäuschung über A.s Aussehen noch im Jahr der Heirat 1540 für nichtig erklären ließ.
8. *A. Stuart,* Königin von Großbritannien u. Irland 1702–1714, *6. 2. 1665 Wickenham, †1. 8. 1714 Kensington; 2. Tochter Jakobs II. u. Gattin des Prinzen Georg von Dänemark (†1708), letzte Vertreterin des Hauses Stuart auf dem engl. Thron; Nachfolgerin Wilhelms III., der nach dem Tod seiner Mitkönigin Maria, der älteren Schwester A.s, allein regiert hatte. A.s Regierungszeit war außenpolitisch von Englands Verwicklung in den span. Erbfolgekrieg, innenpolitisch von heftigen Parteikämpfen der Whigs u. Tories gekennzeichnet. Bis 1710 mußte A. mit Whig-Ministern regieren, danach stützte sie sich auf ein Tory-Kabinett, das ihren prot.-hochkirchl. Anschauungen besser entsprach. A. war eng befreundet mit Sarah Churchill, der Gattin des Herzogs von Marlborough.
9. *Anne, Anne Elizabeth Louise,* Prinzessin von Großbritannien, *15. 8. 1950 London;

Anna (8) Stuart; zeitgenössischer Stich

Tochter der brit. Königin Elisabeth II.; heiratete 1992 Timothy Laurence.
Preußen: **10.** *A. Amalia,* Prinzessin, *9. 11. 1723 Berlin, †30. 9. 1787 Berlin; Schwester Friedrichs d. Gr., 1744 Koadjutorin, 1745 Äbtissin von Quedlinburg. A. war wissenschaftlich interessiert u. komponierte; ihre Sammlung von Kompositionen des 18. Jh. war die Grundlage der Bach-Renaissance im Berlin des 19. Jh.
Rußland: **11.** *A. Iwanowna,* Zarin 1730–1740, *28. 1. 1693 Moskau, †17. 10. 1740 St. Petersburg; Nichte Peters d. Gr.; ihre korrupte Regierung war als „Deutschenherrschaft" verrufen. Die Außenpolitik leitete Heinrich *Ostermann,* das Kriegswesen B. Graf *Münnich.*
12. *A. Leopoldowna,* Herzogin Elisabeth von Mecklenburg, Regentin für ihren einjährigen Sohn Iwan VI. 1740/41, *18. 12. 1718 Rostock, †18. 3. 1746 Cholmogory bei Archangelsk; Enkelin Iwans V., wurde mit ihrem Sohn von Zarin Elisabeth gestürzt u. verbannt.
Sachsen-Weimar: **13.** *A. Amalia,* Herzogin von Sachsen-Weimar, *24. 10. 1739 Wolfenbüttel, †10. 4. 1807 Weimar; Nichte Friedrichs d. Gr.; führte für ihren Sohn *Karl August* 1758 –1775 die Regentschaft. Schöngeistig-künstlerisch veranlagt, machte sie Weimar in der Goethezeit zu einem kulturellen Mittelpunkt. Ihre Tafelrunde war das gesellschaftl. u. intellektuelle Zentrum der kleinen Residenzstadt.

Annalen [lat. *annus,* „Jahr"], jahrweise fortlaufende histor. Aufzeichnungen im alten Rom u. im MA. Zunächst wurde an den Rand der röm. Konsularverzeichnisse, in der Karolingerzeit an den Rand der sog. Ostertafeln knapp notiert, was der Überlieferung wert befunden wurde. Gesondert abgeschrieben, wurden die A. immer ausführlicher u. von Kloster zu Kloster weitergereicht. Bes. bekannt sind die *Reichs-A.* für die Jahre 741–829 u. das A.werk des *Lampert von Hersfeld* (11./12. Jh.).

„Annales" [a'nal], seit 1929, gegenwärtig unter dem Titel *A. Economies – Sociétés – Civilisations* erscheinende französ. Zeitschrift mit vorwiegend wirtschafts- u. sozialgeschichtl. Fragestellungen; Organ eines wesentl. Teils der Geschichtswissenschaft in Frankreich.

Annan, Kofi, ghana. Politiker, *8. 4. 1938 Kumasi; Betriebswirt; seit 1962 bei der UNO in verschiedenen Funktionen tätig, u. a. zuständig für Budget u. Finanzen sowie für Friedenssicherung; seit 1997 Generalsekretär der UNO.

Anno von Köln, *Anno II.,* Erzbischof von Köln seit 1056, *um 1010 in Schwaben, †4. 12. 1075 Siegburg; förderte die Reform der Kirchen u. Klöster, erweiterte das Kölner Territorium beträchtlich, gründete die Stifte St. Maria ad gradus u. St. Georg in Köln sowie die Klöster Siegburg, Grafschaft u. Saalfeld; durch den Staatsstreich von Kaiserswerth bemächtigte er sich des jungen Königs Heinrich IV. (1062), beendete damit die Regentschaft der Kaiserin Agnes u. wurde der eigentl. Herr des Reiches; seit 1063 jedoch in seinem Einfluß stark durch Erzbischof Adalbert von Bremen zurückgedrängt. A. wurde in seiner Stiftung Siegburg beigesetzt. Sein Lob singt das bald nach seinem Tod entstandene *Annolied.* – Heiligsprechung 1183 (Fest: 4. 12.).

Ansbach, Hptst. des bayer. Reg.-Bez. *Mittelfranken,* an der Rezat, 409 m ü. M., 38 900 Ew.; St. Gumbertuskirche mit roman. Krypta, Schwanenritterkapelle (16. Jh.) u. Dreiturmfassade (16. Jh.); A.er Schloß (1705–1736) mit Museum (A.er Fayencen). Die Ortschaft bildete sich neben dem Benediktinerkloster am Onoldisbach (daher Stadtname bis ins 17. Jh.: *Onolzbach*). 1288 erhielten die Grafen von Öttingen A., während Bayreuth seit etwa 1260 im Besitz der (hohen-)zollernschen Burggrafen von Nürnberg war. Diese kauften 1331 A. u. erbten 1341 Kulmbach. Friedrich V. teilte 1391 seine Lande in die Fürstentümer Kulmbach (später Bayreuth) u. A. Seit 1415 wurden die fränk. Fürstentümer *Markgrafschaft Brandenburg* genannt. Aufgrund der Dispositio Achillea hinterließ der brandenburg. Kurfürst Albrecht Achilles beide fränk. Markgrafschaften 1474 seinem Sohn Friedrich V. dem Alten. Aufgrund des Geraischen Hausvertrags (1603) erbten die jüngeren Söhne des Kurfürsten Johann Georg nach dem Tod des Markgrafen Georg Friedrich Bayreuth. Markgraf Friedrich von Bayreuth war vermählt mit Friedrichs d. Gr. Schwester Wilhelmine. 1768 wurden beide Gebiete als *Fürstentum A.-Bayreuth* unter Fürst Karl Alexander von A. vereinigt, der zugunsten Preußens 1791 verzichtete. Fürst Hardenberg ließ das Gebiet als selbständige Provinz vorbildlich reorganisieren. 1805 erhielt Bayern A. aufgrund des Schönbrunner Vertrags, Bayreuth kam 1810 ebenfalls an Bayern.

Anschluß, das Programm polit. Kräfte in Österreich nach dem 1. Weltkrieg, das deutschsprachige Österreich mit dem Dt. Reich zu vereinigen, u. der Zusammenschluß Österreichs mit dem Dt. Reich 1938. Die an ältere Bestrebungen (G. von *Schönerer*) anknüpfende A.bewegung begann in Österreich nach dem Zusammenbruch der österr.-ungar. Monarchie 1918, als alle Parteien nur im A. eine sinngemäße Fortführung der Existenz des dt.-österr. Restbestands der Habsburgermonarchie sahen. So wurde durch Beschluß der österr. Provisorischen Nationalversammlung vom 12. 11. 1918 Österreich als Bestandteil der dt. Republik erklärt. Die Verwirklichung dieses Beschlusses wurde jedoch durch die Entente verhindert, die in den Pariser Vorortverträgen von 1919 den A. von der Zustimmung des Völkerbunds abhängig machte. In Dtschld. wurde die A.bewegung u.a. von dem von Paul *Löbe* geführten Österr.-dt. Volksbund unterhalten. Das Verbot des Anschlusses ließ ihn auch zu einem Programm- u. Propagandapunkt der Nationalsozialisten werden u. trug dazu bei, ihren in Österreich allerdings erst seit 1930 ins Gewicht fallenden Aufstieg zu fördern. Die von Hitler nach dem Einmarsch der dt. Truppen in Österreich am 12. 3. 1938 für den 10. 4. 1938 angesetzte Volksabstimmung zeitigte eine in demokrat. Wahlen nicht mögl. Mehrheit (99 %) für den A. Nach dem 2. Weltkrieg wurde der A. durch österr. Gesetze u. den Staatsvertrag von 1955 untersagt.

Ansegis, Abt von Fontenelle 822–833, †20. 7. 833 Fontenelle; war vor 822 im Hofdienst u. Abt verschiedener Klöster, wurde durch seine Sammlung königl. Gesetze berühmt.

Antalkidas, *Antialkidas,* spartanischer Offizier u. Diplomat, schloß 386 v. Chr. mit dem Perserkönig Artaxerxes II. einen Frieden (*Antalkidas* - oder *Königsfriede*), der die Griechenstädte Kleinasiens den Persern auslieferte.

Anten, wahrscheinlich slaw. Stammesverband, von russ. Forschern als Vorgänger des Kiewer Reichs angesehen, ab 4.–6. Jh. am mittleren u. unteren Dnjepr u. östl. des Dnjestr schriftlich erwähnt.

Anteros, Papst 235/36, wahrscheinlich Grieche, Heiliger, †3. 1. 236 Rom; Fest: 3. 1.

Antifaschismus, Sammelbez. für die Gegnerschaft zum *Faschismus,* insbes. für die gegen die Herrschaft der Faschisten in Italien u. der Nationalsozialisten in Dtschld. gerichtete *Widerstandsbewegung.* Seit 1945 bekämpft der A. die Reste des Faschismus bzw. sein Wiederaufleben (→ Neofaschismus) vor allem im Bereich von Unterricht u. Kultur, Wissenschaft, Bildung u. Literatur.

Antigonos, makedon. Könige: **1.** *A. I., A. Monophthalmos,* („der Einäugige"), *um

382 v. Chr., † 301 v. Chr.; makedon. Feldherr, seit 333 v. Chr. Satrap von Phrygien, einer der Nachfolger *Alexanders d. Gr.*, strebte nach einer Wiedervereinigung des Alexanderreichs in seiner Hand; gewann 316 v. Chr. die östl. Satrapien, die er 312 v. Chr. teilweise wieder verlor, gewann 307 v. Chr. Athen u. vereinigte bald darauf einen Großteil von Griechenland in einem von ihm geführten Bund. A. fiel im Verlauf der Diadochenkämpfe 301 v. Chr. in der Schlacht bei Ipsos, sein Reich wurde unter die Sieger aufgeteilt. Seine Nachfolger hießen *Antigoniden*, ihr makedon. Reich *Antigonidenreich*.
2. *A. II., A. Gonatas*, * um 319 v. Chr., † 239 v. Chr.; seit 276 v. Chr. Herrscher von Makedonien, verbündete sich 272 v. Chr. mit Sparta, dehnte seine Herrschaft über weite Teile Mittelgriechenlands aus u. trug entscheidend zur Abwehr der eingedrungenen Kelten in Griechenland bei (277 v. Chr.).
3. *A. III., A. Doson*, * um 263/62 v. Chr., † 221 v. Chr.; übernahm 229 v. Chr. als Reichsverweser für den unmündigen *Philipp V.* die Herrschaft über Makedonien; vereinigte 224 v. Chr. die griechischen Stämme zu einem hellenischen Bund u. sicherte nach seinem Sieg über Sparta bei Sellasia 222 v. Chr. die makedonische Hegemonie in Griechenland.

Antigua und Barbuda AG

Fläche: 440 km^2. – *Einwohner:* 66 000. – *Hauptstadt:* Saint John's. – *Landessprache:* Englisch. – *Nationalfeiertag:* 1. 11. – *Währung:* 1 Ostkaribischer Dollar = 100 Cents. – *Lage:* Inseln im Karibischen Meer, im nördlichen Bereich der Kleinen Antillen zwischen 16°55′ und 17°38′ n. Br. sowie 61°48′ und 62°19′ w. L. – *Zeitzone:* Mitteleuropäische Zeit – 5 Std. – *Staatsform:* parlamentarische Monarchie mit der britische Königin als Staatsoberhaupt.

Ab 1632 wurden die Inseln durch die Engländer kolonialisiert. Die Siedler bauten mit Hilfe afrikan. Sklaven Tabak u. Zuckerrohr an. Die Engländer benutzten A. u. B. in den Kolonialkriegen gegen Frankreich als Hauptstützpunkt ihrer Flotte im karibischen Raum.
Zu Beginn des 20. Jh. wurde der Bevölkerung eine stark eingeschränkte Selbstverwaltung zugebilligt. 1967 erhielt A. u. B. innere Autonomie im Rahmen der Westindischen Assoziierten Staaten. Seit dem 1. 11. 1981 sind die drei Inseln ein unabhängiger Staat, der dem Commonwealth angehört. Die USA unterhalten auf Antigua einen Militärstützpunkt.
Antike [die; lat., frz.], das griech.-röm. Altertum als Grundlage der abendländ. Kultur. Humanismus u. Neuhumanismus haben die A. als schlechthin vorbildl. u. ewig gültige Ausprägung des Menschentums gesehen. Der Begriff A. als Epochenbezeichnung bildet sich jedoch erst im 19. Jh. heraus. Im Bild des Humanismus liegt eine Beschränkung auf die klass. Zeit *(Phidias, Platon, Aristoteles, Sophokles)*, wobei die archaische Zeit u. der Hellenismus zurücktreten bzw. nur als Vorstufe u. Verfall gewertet werden. Gegen die einseitige Hervorhebung des abgeklärt Harmonischen (des „Apollinischen") hat schon *Nietzsche* protestiert u. auf das Rauschhaft-Leidenschaftliche (das „Dionysische") der A. als Gegenpol hingewiesen. Trotz dieser Einschränkung einer ungeschichtl. Idealisierung bleiben die hohen Leistungen der A. in Kunst, Literatur, Geschichtsschreibung u. Wissenschaft unangefochten. Aus dem griech. Bemühen um rationales Verständnis von Welt u. Mensch hat sich seit dem sechsten vorchristl. Jh. nicht nur die Philosophie entwickelt, sondern sind der wissenschaftl. Geist überhaupt sowie die wissenschaftl. Methode erwachsen. Medizin, Mathematik, Astronomie, Zoologie, Botanik, Geographie entwickelten sich bereits in Griechenland als selbständige Disziplinen, während die röm. A., die das Erbe des Griechentums übernahm, die Rechtswissenschaft hinzufügte. Als Ende der A. wird im allg. die Absetzung des letzten röm. Kaisers 476 angesehen. Geistig kann man den Sieg des Christentums über das griech.-röm. Heidentum im Laufe des 4. Jh. als Ende der A. verstehen.
Antikominternpakt, am 25. 11. 1936 in Berlin unterzeichneter Vertrag zwischen Japan u. dem Dt. Reich, „gemeinsam zur Abwehr gegen die kommunist. Zersetzung zusammenzuarbeiten". Das Abkommen war nominell gegen die Kommunistische Internationale *(Komintern)* gerichtet. Es sah u. a. vor: gegenseitige Unterrichtung über die Tätigkeit der Komintern, Bekämpfung ihrer Agenten u. Einladung weiterer „bedrohter" Staaten zum Beitritt.
Die Initiative zum A. ging aus vom japan. Heer, das seine Position in der Mandschurei sichern wollte u. innerjapan. Veränderungen nach faschist. Vorbildern anstrebte, u. vom „Büro Ribbentrop", einer an Hitler u. die NSDAP gebundenen Konkurrenzorganisation zur traditionellen dt. Diplomatie. Bei den im Sommer 1935 aufgenommenen Verhandlungen wurden die beiden auswärtigen Ämter übergangen. Ein erster, von japan. Seite unterbreiteter Entwurf wurde Ende Nov. 1935 von Hitler gebilligt. Der endgültige Vertrag erhielt durch geheime Zusatzabkommen stärker den Charakter einer Defensivallianz gegen die Sowjetunion. Diese antisowjet. Ausrichtung des A.s entsprach den Vorstellungen Hitlers u. der japan. Armee, während Ribbentrop durch den von ihm betriebenen Beitritt Italiens (6. 11. 1937) dem Pakt eine antibrit. Stoßrichtung gab. Weiter traten dem A. bis 1941 bei: Mandschukuo, Ungarn, Spanien, Bulgarien, Kroatien, Dänemark, Finnland, Nanking-China, Rumänien u. die Slowakei. Im Hitler-Stalin-Pakt (23. 8. 1939) u. im japan.-sowjet. Nichtangriffspakt (13. 4. 1941) verstießen sowohl Dtschld. als auch Japan gegen den A.
Anti-Kornzoll-Liga, engl. *Anti-Corn Law League*, 1839 von R. *Cobden* gegr. Organisation, die für die Abschaffung der Kornzölle in Großbritannien eintrat. Diese Zölle hielten im Interesse der Agrarier den Inlandspreis für Getreide hoch u. benachteiligten dadurch die neuen industriellen Mittel- sowie die Unterschichten, weil sie die Lohnkosten der einen steigerten u. den Lebensstandard der anderen senkten.
„Antimachiavell" [-makja'vɛl], Titel einer Schrift *Friedrichs d. Gr.* von 1739 (dt. 1922) in französ. Sprache zur Widerlegung der Staatsphilosophie *Machiavellis*. *Antimachiavellismus* ist zum Schlagwort jener Staatstheorie u. -philosophie geworden, die Machiavellis Lehre (vor allem des „Principe") ablehnt.
Antinoos, in Bithynien geborener Liebling des röm. Kaisers *Hadrian*, * 110, † 130 (im Nil ertrunken); Hadrian nahm ihn unter die Götter auf u. ließ zahlreiche Statuen herstellen, die heute in vielen Museen zu sehen sind.
Antiochia, grch. *Antiocheia*, das heutige Antakya, von *Seleukos I. Nikator* 300 v. Chr. gegründet, am *Orontes* gelegene Hauptstadt des Seleukidenreichs; unter den röm. Kaisern als Hauptstadt der Provinz Syrien eine der bedeutendsten Städte des Altertums.
Antiochos, Könige der Seleukidendynastie:
1. *A. I., A. Soter*, 281–261 v. Chr., * 324/23 v. Chr., † 261 v. Chr.; Sohn Seleukos' I.; den Beinamen *Soter* („Retter") erhielt er nach dem Sieg über die *Galater*.
2. *A. III., A. der Große*, 223–187 v. Chr., * 243/42 v. Chr., † 187 v. Chr.; Bruder Seleukos' III.; neben Seleukos I. der bedeutendste Seleukide; er führte das zerfallende Reich zur alten Größe, konnte es aber dann doch nicht festigen; stieß 212–205 v. Chr. bis nach Indien vor; eroberte Thrakien u. Teile von Griechenland, wodurch er mit den Römern in Konflikt geriet u. von diesen bei Magnesia (Kleinasien) 190 v. Chr. auch entscheidend besiegt wurde. Er starb bei der Plünderung des Beltempels in der Nähe von Susa, von den aufgebrachten Einwohnern erschlagen.
3. *A. IV., A. Epiphanes*, 175–163 v. Chr., † 163 v. Chr.; lebte 189 v. Chr. als Geisel in Rom, wurde 175 v. Chr. König, eroberte 168 v. Chr. Ägypten, wurde jedoch vom röm. Konsular Popillius Laenas vor Alexandria zum Abzug gezwungen. Er unternahm danach den Versuch, die Juden gewaltsam zu hellenisieren, u. entfachte dadurch die Aufstände unter Führung des Priestergeschlechts der *Makkabäer*.
Antipater, *Antipatros*, Statthalter von Makedonien 334–319 v. Chr., † 319 v. Chr.; nach dem Tod Alexanders d. Gr. Verwalter des europ. Teils des Alexanderreichs, 321 v. Chr. Reichsverweser.
Antisemitismus, vermutlich auf W. *Marr* („Semitismus" 1879) zurückgehender Begriff für Judengegnerschaft aus sog. rass. Gründen. Die Bez. ist irreführend, da die Antise-

Antinoos: Statue mit idealisierter Darstellung des Antinoos („Antinoosporträt"); um 137/138 n. Chr. Neapel, Museo Nazionale

miten nicht die Angehörigen der semit. Sprachfamilie (Bewohner Nordostafrikas u. Vorderasiens) bekämpfen, sondern allein die Anhänger der jüd. Religion u. Nachkommen von solchen, die die Religion nicht mehr praktizieren. Diese Menschen werden fälschlich als einheitl. Rassengruppe angesehen.
Der A. setzt die *Judenverfolgungen* der Geschichte unter neuen Vorzeichen fort. Seit der Mitte des 19. Jh. betonten die Judengegner unter Verfälschung wissenschaftl. Theorien die Ungleichwertigkeit der menschl. Rassen. Der A. führte das Anderssein der Juden auf ihre Rasse zurück, obgleich die Juden ein Rassengemisch außereurop. u. europ. Herkunft sind. Gemeinsame Eigenarten entstanden infolge 2000jähriger Abschließung. Das alleinige Geltenlassen der blutsmäßigen, erbbiolog. u. damit unaufhebbaren Eigenschaften, verbunden mit der Betonung der Minderwertigkeit der jüd. „Rasse", führte bereits in den antisemit. Veröffentlichungen des ausgehenden 19. Jh. zu erschreckenden Folgerungen. Die argumentative Koppelung des A. mit Antikommunismus, Antisozialismus u. Antiintellektualismus machten ihn bes. in weiten Kreisen des Kleinbürgertums zu einer bevorzugten Form der negativen Abgrenzung. Auf den Werken J. A. de *Gobineaus*, H. S. *Chamberlains*, R. *Wagners* fußend, erhielt der A. durch E. *Drumont*, W. *Marr*, E. *Dühring*, T. *Fritsch* u. a. publizistisches, durch zahlreiche antisemit. Organisationen („Deutsche Antisemitenliga", „Deutsche Antisemitische Vereinigung") u. Parteien („Christlich soziale Arbeiterpartei", „Christlich Soziale Partei") politisches Gewicht.
Im Deutschen Reichstag saßen 1893 erstmals 18 antisemit. Abgeordnete; in Rußland kam es seit 1881 zu Pogromen; die Verfolgung des Juden A. *Dreyfus* erschütterte ab 1894 Frankreich u. hatte weltweites Echo; bes. starke antisemit. Strömungen gab es in Osteuropa. In Deutschland erlebte der A. durch den *Nationalsozialismus* einen nie geahnten Aufschwung u. fand hier seine konsequenteste Ausprägung. *Hitler* lernte den A. in Wien durch K. *Lueger* u. G. von *Schönerer* kennen; nach dem 1. Weltkrieg schloß er sich den Thesen des „Deutschvölkischen Schutz- u. Trutzbundes" u. E. *Ludendorffs* an, die Juden seien an der dt. Niederlage im 1. Weltkrieg schuld.
Unter Hitlers Einfluß steuerte die NSDAP einen scharf antisemit. Kurs. Die Punkte 4, 5 u. 6 des Parteiprogramms von 1920 („... kein Jude kann Volksgenosse sein ...", er muß „unter Fremdengesetzgebung stehen", er darf kein öffentl. Amt bekleiden) u. die Äußerungen Hitlers („... Kampf, bis der letzte Jude aus Deutschland entfernt ist ...") bereiteten eine schrankenlose antisemit. Rassenpolitik vor. In A. *Rosenbergs* „Der Mythus des 20. Jh." u. J. *Streichers* „Der Stürmer" sowie in der von H. *Himmler* aufgebauten SS fand Hitler extreme u. fanatische Anschauungen zur Praktizierung des A. nach der Machtergreifung. Die Judenverfolgung durch Boykott u. Sondergesetze (u. a. *Nürnberger Gesetze*) erreichte schließlich ihren Höhepunkt mit der systemat. Massenvernichtung aller Juden Europas, deren die Nationalsozialisten habhaft werden konnten.
Auch nach 1945 lebt der A. fort, allerdings kaum als offen propagierte Ideologie. Meist äußert er sich verdeckt u. indirekt: in Rußland u. anderen osteurop. Staaten in Form von Benachteiligungen, in Dtschld. in Form von Vorurteilen u. gelegentl. Schmierereien, in den angelsächs. Ländern durch zeitweilige gesellschaftl. Diskriminierung u. a. Traditionelle antisemit. Stereotype finden sich auch in manchen Äußerungen des sog. Antizionismus, der das Existenzrecht des Staates Israel bestreitet.
Anton, Fürsten. Braunschweig-Wolfenbüttel: **1.** *A. Ulrich*, Herzog von Braunschweig-Wolfenbüttel 1704–1714, *4. 10. 1633 Hitzacker, †27. 3. 1714 Salzdahlum; seit 1685 Mitregent seines Bruders *Rudolf August*, 1704 Alleinherrscher; war im Spanischen Erbfolgekrieg zunächst Parteigänger *Ludwigs XIV.*, schwenkte dann ins kaiserl. Lager u. vermählte seine Enkelin mit dem späteren Karl VI.; wurde 1710 kath. Geistlicher; trat bes. als Barockdichter hervor; Lieder: „Christfürstliches Davids-Harfenspiel" 1667; heroisch-galante Barockromane: „Die Durchleuchtige Syrerin Aramena", 5 Bde. 1669–1673; „Octavia, Röm. Geschichte" 6 Bde. 1677–1707; auch Opern u. Singspiele.
Frankreich: **2.** *A. von Bourbon*, König von Navarra 1555–1562, *22. 4. 1518 La Fère-en-Tardenois, †17. 11. 1562 Andelys; Gatte der Johanna *d'Albret*, der Erbin Navarras; Vater Heinrichs IV. von Frankreich. A. war zuerst Führer der Hugenotten, wurde aber 1561 wieder Katholik u. fiel als Heerführer gegen die Hugenotten.
Sachsen: **3.** *A. Klemens Theodor*, König 1827–1836, *27. 12. 1755 Dresden, †6. 6. 1836 Pillnitz; kam hochbetagt durch den Tod seines Bruders König Friedrich August (*1750, †1827) zur Regierung; setzte nach der Julirevolution 1830, die durch seine konservative Haltung mitverursacht wurde, seinen Neffen Friedrich August II. (*1797, † 1854) zum Mitregenten u. eigentl. Herrscher ein, gewährte 1831 eine Verfassung.
Antonescu, Ion, rumän. Marschall, *2. 6. 1882 Piteşti, Karpaten, †1. 6. 1946 Bukarest (hingerichtet); 1933/34 Chef des Generalstabs, 1937/38 Verteidigungs-Min.; nach der sowjet. Besetzung Bessarabiens u. der Nordbukowina u. dem Wiener Schiedsspruch zugunsten Ungarns (Gebietsabtretungen in Siebenbürgen) am 4. 9. 1940 zum „Staatsführer" Rumäniens ausgerufen; führte an der Seite Hitlers 1941–1944 Krieg gegen die Sowjetunion, wurde am 23. 8. 1944 von König Michael gestürzt u. von einem „Volkstribunal" als Kriegsverbrecher verurteilt.

Ion Antonescu (links neben Hitler) bei einer militärischen Lagebesprechung

Antoninus Pius [lat., „Antoninus der Fromme"], Titus Aurelius, röm. Kaiser 138–161, *86 Lanuvium, †7. 3. 161 Lanuvium; von *Hadrian* adoptiert; Kennzeichen seiner Regierungszeit: bewußte Friedenspolitik u. kulturelle Blüte der Provinzen; 139 durch Verhandlungen Beilegung des langwierigen Streits mit den Parthern um Armenien; 143 Anlage eines Grenzwalls nördlich des Hadrianwalls im nördl. Britannien (Antoninuswall); in Germanien Verstärkung des Limes, Ausbau der Kastelle Saalburg u. Lorch, Erweiterung der Befestigungen nach Osten; 146 Erhebung *Marc Aurels* zum Mitregenten.
Antonius, Marcus, röm. Staatsmann, *82 v. Chr., †30 v. Chr.; Anhänger *Cäsars*; sicherte sich nach dessen Ermordung Testament u. Staatsschatz u. wiegelte das Volk gegen die Mörder auf; 43 v. Chr. von dem mit dem Senat verbündeten *Octavian* bei Mutina geschlagen. Durch Vermittlung des Marcus *Aemilius Lepidus* schloß A. mit diesem u. Octavian das *2. Triumvirat* zur Neuordnung des Staates. 42 v. Chr. wurden die Mörder Cäsars von A. in der Schlacht bei Philippi geschlagen. Nach erneuten Auseinandersetzungen mit Octavian kam es durch Vermittlung des Maecenas 40 v. Chr. zwischen den Triumvirn zum Vertrag von Brundisium. A. erhielt bei der dort beschlossenen Teilung des Reiches den Osten. Er führte Krieg gegen die Parther u. Armenier u. vermählte sich in Ägypten mit der Königin *Kleopatra*. Ihr u. den gemeinsamen Kindern schenkte er im Stil oriental. Herrscher ganze Provinzen. Der Senat erklärte Kleopatra den Krieg. Sie u. A. wurden 31 v. Chr. von Octavian in der Schlacht bei Aktium geschlagen, A. endete durch Selbstmord.
Antrustionen [ahd., lat.], Angehörige der königl. Gefolgschaft in der Merowingerzeit, aus Freien bestehend, die vor allem militär. Dienste am Hof übernahmen u. dafür eine bes. Rechtsstellung erhielten.
Antwerpen, Wirtschaftsmetropole, Haupthafen u. zweitgrößte Stadt Belgiens, am Ostufer der Schelde, 78 km von der offenen See entfernt, 465000 Ew.
Im 9. Jh. befestigte Siedlung, 1291 Stadtrecht, 1315 Mitgl. der Hanse. Infolge des Niedergangs von Brügge seit dem 16. Jh. führender europ. Handelsplatz. 1585 von Alessandro Farnese erobert u. danach von der Flotte der Republik der Niederlande blockiert. Vom Niedergang A.s profitierte Amsterdam. Neuer Aufschwung als Hafen im Kaiserreich Napoleons I. Seit 1859 als Festung ausge-

Antisemitismus: Grabbeschmierungen auf dem Friedhof einer jüdischen Gemeinde (links); Boykott gegen jüdische Geschäfte des „Dritten Reiches" (rechts)

baut, im 1. Weltkrieg von den Deutschen erobert, danach geschleift. In neuerer Zeit auch Zentrum der Flämischen Bewegung.

Anyang, früher *Chang-te*, chines. Stadt in Nordhenan, östl. des Taihang Shan, landwirtschaftl. Handelszentrum. In der Nähe legten Archäologen (1928–1937) viele Fundplätze der Shang-Dynastie (ca. 1700–1100 v. Chr.) frei. Besondere Berühmtheit erlangten 11 Gräber, wahrscheinlich von Königen, die seit ca. 1300 v. Chr. in A. regierten. Als Grabbeigaben wurden außer Bronzearbeiten u. Kleinplastiken Knochen u. Schildkrötenschalen gefunden. Ihre Inschriften, oft mit Königsnamen, sind die frühesten Schriftzeugnisse einer chines. Hochkultur. Vor allem ist Grab 1001 zu erwähnen, mit 10 m Tiefe, kreuzförmig, die Südrampe ca. 30 m lang. Viele Opfergräber, davon mehrere mit separaten Bestattungen von Kopf u. Körper. Manche Experten vermuten wegen der riesigen Gräberfelder in A. eine Totenstadt, in der der König als oberster Priester bei seinem Besuch die Riten vollzog.

ANZUS-Pakt, *Pazifik-Pakt*, zwischen Australien, Neuseeland u. den USA am 28. 4. 1952 gleichzeitig mit dem japan. Friedensvertrag in Kraft getretenes Bündnis zur kollektiven Sicherung des pazif. Raums, ursprünglich vor allem gegen eine erneut mögl. japan. Aggression im Fernen Osten. Ergänzt wird der Pakt durch den zum gleichen Zeitpunkt in Kraft getretenen bilateralen Verteidigungspakt USA-Philippinen, erweitert durch den *Südostasienpakt*. Organ ist der im August 1952 geschaffene *ANZUS-Rat*, der aus den drei Außenministern oder deren Stellvertretern besteht. 1986 zogen die USA ihre Sicherheitsgarantien für Neuseeland zurück, da die neuseeländ. Regierung eine antinukleare Politik verfolgte.

Äoler, *Aioler*, im Altertum Griechen Nordwestkleinasiens u. der Insel Lesbos, die sich von der Bevölkerung Böotiens u. Thessaliens in mykenischer Zeit herleiteten; später wurden alle nichtdorischen u. nichtionischen Griechen so bezeichnet.

Aosta, 1. Amadeo, Herzog von, König *Amadeus I.* von Spanien, → Amadeus (4).
2. Amadeo, Herzog von, italien. General, * 21. 10. 1898 Turin, † 3. 3. 1942 Nairobi; 1937 Vizekönig von Italienisch-Ostafrika, mußte im Mai 1941 kapitulieren.

Apartheid [afrikaans, von *apart*, „einzeln, besonders"], Bezeichnung für die Politik der Rassentrennung in Südafrika. Durch politische, soziale, wirtschaftl. u. räuml. Trennung der Rassen sollte eine getrennte Entwicklung in allen Bereichen herbeigeführt werden. Die Politik der A. wurde nahezu auf der ganzen Welt angefochten, da sie zur Diskriminierung aller „nicht-weiß" genannten Südafrikaner führte u. die Vorherrschaft der weißen Minderheit zementierte. Die A. verursachte die außenpolit. Isolierung Südafrikas. Die polit. Organisationen der Schwarzafrikaner be-

Apartheid: Sitzbank nur für Weiße

Appische Straße in Rom

kämpften die A. von Beginn an. 1990/91 wurden unter Präsident de Klerk alle A.gesetze aufgehoben; 1993/94 erhielten alle Rassen volle polit. Gleichberechtigung.

Apella [grch.], richtiger *Apellai*, im alten Sparta Bez. für die Versammlung der Spartiaten.

Apokrisiar [grch., „Antwortbringer"], Gesandtentitel im byzantin. Reich, bes. für den ständigen Vertreter des Papstes.

Apollonia, 1. Name mehrerer antiker Städte, z. B. in Mysien, Phrygien, am Pontos.
2. antike Ruinenstadt in Albanien, westlich von Fier; 588 v. Chr. von Korkyräern gegr. Stadt im S Illyriens; in röm. Zeit bedeutender Ort an der *Via Egnatia*. Die Umgebung A.s war in osman. Zeit Zentrum des Großgrundbesitzes.

Apostolische Majestät, *Apostolischer König*, Ehrentitel der ungar. Könige seit 1758.

Appeasement [ə'pi:smənt; das; engl., „Beschwichtigung"], der Grundsatz der Politik des engl. Kabinetts N. *Chamberlain*, Hitler durch Gewährung seiner Forderungen für eine Friedensordnung in Europa zu gewinnen. Das Münchner Abkommen von 1938 war der Höhepunkt dieser Politik.

Appenzell, schweizer. Kanton; 1403–1410 *Appenzeller Krieg* gegen die Oberhoheit der Abtei St. Gallen. A. schloß sich 1411 den Eidgenossen an, seit 1452 als „Zugewandter Ort", seit 1513 als Kanton (letzter der sog. 13 alten Orte). Während der Gegenreformation erfolgte 1597 die Trennung in die Halbkantone *A.-Innerrhoden* (katholisch) u. *A.-Außerrhoden* (evangelisch).

Appian, griech. Historiker, * wohl vor 100 in Alexandria; bekleidete dort unter *Hadrian* ein höheres Amt in der städt. Verwaltung, nach Erhalt des röm. Bürgerrechts einige bedeutende ritterl. Ämter unter den Kaisern *Antoninus Pius* u. *Marcus Aurelius*; verfaßte im Alter eine *„Röm. Geschichte"* in griech. Sprache, von deren erhaltenen Teilen die 5 Bücher *„Bürgerkriege"* über das letzte Jh. der röm. Republik bes. wichtig sind.

Appische Straße, lat. *Via Appia*, alte Römerstraße von Rom über Terracina nach Capua, 312 v. Chr. von dem röm. Zensor Appius *Claudius Caecus* begonnen; 267 v. Chr. über Benevent u. Tarent nach Brindisi verlängert.

Appius Claudius → Claudius Caecus, Appius.

Apponyi ['ɔponji], Albert Georg Graf, ungar. Politiker, * 29. 5. 1846 Wien, † 7. 2. 1933 Genf; 1906–1910 u. 1917/18 Kultus-Min.; suchte mit den Schulgesetzen von 1907/08 *(Lex A.)* den Schulunterricht in den Dienst einer Magyarisierungspolitik zu stellen; 1920 Führer der ungar. Friedensdelegation bei den Pariser Friedensverhandlungen, dann beim Völkerbund.

Appuleius Saturninus, Lucius, röm. Volkstribun, † 10. 12. 100 v. Chr., nahm die Politik der *Gracchen* wieder auf u. arbeitete mit *Marius* zusammen. In seinen beiden Volkstribunaten (103 u. 100 v. Chr.) brachte er vor allem Ackergesetze zur Versorgung von dessen Veteranen ein. In Unruhen nach Ausrufung des Staatsnotstandes (*SCU*) wurde A.S. nach seiner Wiederwahl zum Volkstribunen für das Jahr 99 v. Chr. getötet.

Appun, Karl Ferdinand, Naturforscher u. Maler, * 24. 5. 1820 Bunzlau, † 18. 7. 1872 Britisch-Guyana; bereiste 1849–1868 die Urwälder von Guyana u. Nordbrasilien, deren Landschaft er durch eindrucksvolle Schilderungen u. Gemälde beschrieb.

Apuler, in der Antike die oskischen Bewohner der süditalien. Landschaft zwischen Apennin u. Adria bis in die Gegend von Tarent.

Aquae Sextiae → Aix-en-Provence.

Äquatorialguinea GQ

Republik Äquatorialguinea

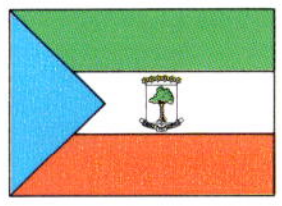

Fläche: 28 051 km². – *Einwohner:* 379 000. – *Hauptstadt:* Malabo. – *Landessprache:* Spanisch. – *Nationalfeiertag:* 12. 10. – *Währung:* 1 CFA-Franc = 100 Centimes. – *Lage:* der festländische Bereich erstreckt sich zwischen 1°01′ und 2°21′ n. Br. sowie zwischen 9°21′ und 11°20′ ö. L. – *Zeitzone:* Mitteleuropäische Zeit. – *Grenzen:* im N Kamerun, im O und S Gabun, im W Atlantischer Ozean. – *Staatsform:* präsidiale Republik.

Die Insel Bioko, seit etwa 1500 portugiesisch, ging 1778 in span. Besitz über. Mbini wurde 1900 von Spanien kolonisiert. Die span. Regierung gewährte den beiden Besitzungen 1963 Autonomie u. am 12. 10. 1968 die Unabhängigkeit. Trotz tiefer sozialer Gegensätze bildeten sie einen gemeinsamen Staat. Staats-Präs. wurde F. *Macías Nguema*. Er hob 1969 die Verfassung auf u. errichtete eine terrorist. Diktatur, die zu den brutalsten auf dem afrikan. Kontinent gehörte. Zehntausende angeblicher Gegner wurden ermordet; die kleine Intelligenzschicht wurde fast völlig ausgerottet. Nach Schätzungen von Beobachtern floh ein Drittel der Bevölkerung ins Ausland. Nahezu alle Beziehungen zur Außenwelt wurden abgebrochen. Eine gewisse Unterstützung genoß Macías von seiten der Sowjetunion.

1979 wurde Macías von einer Offiziersgruppe unter Oberst T. *Obiang Nguema* gestürzt u. wenig später hingerichtet. 1991 trat eine neue Verfassung (Mehrparteiensystem) in Kraft. Das Regime unterdrückte aber weiter die demokrat. Kräfte des Landes. Deshalb boykottierten die Oppositionsparteien die Parlamentswahlen im Nov. 1993.

Aquileia, *Aquileja*, slaw. *Oglej*, italien. Stadt im S der Region Friaul-Julisch-Venetien, nahe der Adriaküste, 3300 Ew.; roman. Dom (11. Jh.) über konstantin. Doppelbasilika mit gut erhaltenem Mosaikfußboden.

A. wurde 181 v. Chr. röm. Kolonie; bis in die Spätantike Handelsstadt mit etwa 100 000 Ew., von der große Teile ausgegraben wurden; 452 durch Attila zerstört, seit dem späten MA verödet; seit Mitte des 6. Jh. Sitz eines Patriarchen, der 568 nach Grado übersiedelte. Später gab es zwei Patriarchen, die 1180 von Rom anerkannt wurden. Seit 1421 gehörte A. zu Venedig. Das Patriarchat, zu dessen Amtsbereich auch habsburg. Gebiet gehörte, wurde auf Bitten der Habsburger 1751 von Papst Benedikt XIV. aufgelöst.

Aquitanien, frz. *Guyenne,* französ. Landschaft zwischen Pyrenäen, Cevennen u. Loire; röm. Provinz, seit 418 Kerngebiet des westgot. Reichs von Toulouse; 507 erstmalig von den Franken erobert, blieb jedoch selbständiges Herzogtum bis 771. Seit 1152 unter den Grafen von Anjou u. seit 1154 zur engl. Krone gehörig, kam erst 1453 endgültig zu Frankreich.

Ära [die; lat.], eine Jahreszählung, die von einem wichtigen (wirklichen oder fiktiven) Ereignis ausgeht; z.B. *christl. Ä.* (Ausgangspunkt: Christi Geburt), *franz. Revolutions-Ä.* (Ausgangspunkt: Ausrufung der Republik am 22. 9. 1792; in Gebrauch bis 1805). Als Ä. bezeichnet man auch ein von einer bestimmten Persönlichkeit geprägtes Zeitalter, z. B. *Ä. Bismarck.*

Arabien, größte Halbinsel Asiens u. der Welt, zwischen Rotem Meer u. Persischem Golf, Brücke zwischen Nordafrika u. Vorderasien, etwa 3,0 Mill. km^2, rd. 24 Mill. meist arab. Ew.

Erstmals 854 v.Chr. traten die *Araber* als Gegner der Assyrerkönige auf. In Süd-A. entstanden die blühenden Reiche der *Sabäer* (Saba) u. *Minäer* sowie die Reiche *Kataban* u. *Hadramaut,* die von der Mitte des 1. Jahrtausends v.Chr. teils nach-, teils nebeneinander bis ins 1. Jh. v.Chr. dauerten. Ein ausgedehntes Bewässerungssystem war die Grundlage ihrer Kultur. Sie kontrollierten den Handel mit Indien u. den Weihrauchhandel in die Mittelmeerländer. Die Sabäer kolonisierten Eritrea u. Äthiopien u. schoben ihre Kolonien weit nach Nord-A. vor. Im 1. Jh. n.Chr. kamen die *Himjaren* im Jemen zur Macht.

Die inzwischen unabhängig gewordenen *Äthiopier* unterwarfen Süd-A. im 4. Jh. u. nochmals 530, bis sie 570 von den *Persern* vertrieben wurden. Bis zum Sieg des Islams war Süd-A. pers. Provinz. Im von Nomaden (Beduinen) bevölkerten Nord-A. kam es zu keinen dauerhaften Staatengründungen. In den letzten Jahrhunderten v.Chr. besiedelten die Araber Randgebiete Palästinas, Syriens u. Mesopotamiens. Im 2. Jh. v.Chr. gründeten sie in Petra das Reich der *Nabatäer,* das 106 n.Chr. von Trajan als *Provincia Arabia* dem Röm. Reich einverleibt wurde. In der minäischen Kolonie Dedan entstand etwas später das Königreich der *Lihjan.* Im 3. Jh. herrschten Araber in Palmyra; unter Odenat u. seiner ihm folgenden Gattin Zenobia dehnte sich ihre Macht über ganz Syrien aus, bis 273 Aurelian Palmyra zerstörte. Als Vasallen der Perser herrschten seit dem Ende des 3. Jh. die *Lachmiden* in Hira im Irak; 602 ließ Chosrau II. den letzten von ihnen, Numan III., beseitigen. Im 5. u. 6. Jh. schufen auch die Byzantiner in Syrien u. Palästina einen Vasallenstaat unter den arab. Ghassaniden. Das einige unabhängige arab. Königreich in Nord-A. schufen die aus dem Jemen stammenden Kinda um 450 in Nadjd. Sie besiegten 503 die Lachmiden, doch endete ihre Herrschaft schon um 535. Der letzte Kindafürst Imra'ulkais versuchte mit byzantin. Hilfe, seine Macht zu erneuern.

Mit den Erfolgen Mohammeds u. der Ausbreitung des *Islams* wurde A. der Ausgangspunkt der islam. Reiche. Um 635 war ganz A. unter islam. Herrschaft. Mit den Eroberungszügen der Kalifen drangen Araber nach allen Ländern des Vorderen Orients u. nach Nordafrika vor. 656 verlegte der 4. Kalif Ali die Residenz des Reichs von Medina nach Kufa, u. 660 wurde unter den Omajjaden Damaskus der polit. Mittelpunkt. A. sank damit zur Randprovinz herab. Um 895 gründeten die Karmaten in Nordost-A. einen Staat. In den folgenden Jahrhunderten bemühten sich meist die in Ägypten herrschenden Dynastien um den Besitz von Mekka u. Medina sowie des Jemens. Im 16. u. 17. Jh. unterhielten die *Portugiesen* Kolonien in Oman. Nach 1517 wurden die osman. *Türken* in A. Beschützer der heiligen Städte u. brachten auch den Jemen unter ihre Oberhoheit, jedoch konnten sie ihre Positionen nicht lange behaupten.

Mitte des 18. Jh. schloß sich Ibn Saud in Riad den *Wahhabiten* an; sein Sohn Abd Al Aziz I. einte die Beduinen des Nadjd u. eroberte 1803 Mekka. 1811 beherrschten die Wahhabiten ganz Nord-A. bis an den Pers. Golf u. machten Vorstöße nach dem Irak u. nach Syrien, was 1803–1814 zum Krieg mit dem osman. Statthalter in Ägypten führte. 1818 wurde Sauds Nachfolger Abdallah gefangengenommen u. in Istanbul enthauptet. Die Randgebiete A.s kamen nun unter türk. Oberhoheit. 1847 übernahm in Hail (Nadjd) die Dynastie der *Raschid* die Herrschaft; Ibn Abdallah ibn Raschid (1872–1897) entthronte die Sauditen 1883 in Riad. Abd Al Aziz III. ibn Saud (1902–1953) eroberte 1902 Riad zurück, 1904 hatte er seine Macht im Nadjd gefestigt. Er belebte die Wahhabiten-Bewegung neu durch Gründung einer Bruderschaft (Ichwan).

Im 1. Weltkrieg mußten die Türken ihre Macht in A. aufgeben. Mit engl. Unterstützung, die der Oberst T. E. Lawrence organisierte, entstand unter dem Haschimiden-Scherifen von Mekka, Hussain, 1916 das Königreich *Hedjas.* Schon 1909 hatte sich Asir im südl. Hedjas unabhängig gemacht. 1921 begann Ibn Saud seine Herrschaft auszudehnen; er eroberte Hail, 1924 Medina u. 1925 Mekka; 1926 stellte sich Asir unter seinen Schutz. Ibn Saud wurde 1927 König des Saudi-Arabischen Königreichs in Nadjd u. Hedjas, das er bis zu seinem Tod 1953 regierte. Ihm folgten seine Söhne Saud (1953 bis 1964), Faisal (1964–1975), Chalid (1975 bis 1982) u. Fahd (seit 1982).

Jemen konnte sich 1905–1918 von den Türken befreien u. wurde 1962 Republik. Aden wurde 1839 brit. Kolonie, seit 1967 gehörte es zur Volksrepublik (Süd-)Jemen. Die beiden jemenit. Staaten vereinigten sich 1990. Die südl. u. östl. Küstengebiete A.s standen seit dem späten 19. bzw. frühen 20. Jh. unter brit. Verwaltung. Sie erlangten zwischen 1961 u. 1971 ihre Unabhängigkeit.

Arabische Liga, polit. Zusammenschluß der arab. Staaten, gegr. am 22. 3. 1945 von Ägypten, Irak, Jemen, Jordanien, Libanon, Saudi-Arabien, Syrien; später kamen hinzu: 1953 Libyen, 1956 Sudan, 1958 Marokko u. Tunesien, 1961 Kuwait, 1962 Algerien, 1967 Südjemen, 1971 Bahrain, Katar, Oman, Vereinigte Arabische Emirate, 1973 Mauretanien, 1974 Somalia, 1976 die PLO, 1977 Djibouti, 1993 Komoren. Ziel der A.n L. ist weitgehende Zusammenarbeit der Mitgliedsstaaten. Leitendes Organ ist der Rat der Liga; seine Beschlüsse sind jedoch für die Mitglieder nicht verbindlich. Einzelne Mitglieder haben die Arbeit der Liga zeitweise boykottiert. Nach dem Friedensschluß mit Israel (1979) wurde die Mitgliedschaft Ägyptens bis 1989 suspendiert.

Arachosien, östliche Satrapie (Provinz) des achämenidischen Reiches, umfaßte das heutige Afghanistan südlich des Hindukusch mit *Kandahar* als Hauptort.

Arados, *Arvad,* heute *Ruâd,* reiche phönizische Handelsstadt an der syrischen Küste.

Arafat, Jasir, arab. Politiker, *21. 3. 1929 Jerusalem; Ingenieur; Gründer u. Führer der palästinens. Untergrundorganisation *Al Fatah*; seit 1969 zugleich Vors. des Exekutivkomitees der „Palästinens. Befreiungsorganisation" (PLO); wurde 1989 Präs. des 1988 von den Palästinensern proklamierten Staates Palästina; erhielt 1994 gemeinsam mit S. *Peres* u. I. *Rabin* den Friedensnobelpreis; wurde 1996 zum „Raïs" des palästinen. Autonomierates gewählt.

Aragón, *Aragonien,* histor. Landschaft im nordöstl. Spanien, umfaßt die Provinzen *Huesca, Saragossa* u. *Teruel,* zusammen 47650 km^2, 1,2 Mill. Ew.; alte Hptst. *Saragossa.*

Nach dem 2. Punischen Krieg römisch, nach 415 westgotisch, im 8. Jh. arabisch, wurde A. als selbständige Grafschaft im 10. Jh. mit anderen Gebieten zum Königreich *Navarra* zusammengefaßt. Durch die Erbteilung Sanchos d. Ä. (1000–1035) wurde es ein selbständiges Königreich, das Ramiro I. (1035–1063) um die Grafschaften Sobrarbe u. Ribagorza erweiterte. Alfons I. entriß den Mauren die spätere Hauptstadt Saragossa. A.s Einfluß u. Besitz dehnte sich dann auch auf Gebiete nördl. der Pyrenäen aus. Während sich Navarra abtrennte, wurde durch die Heirat der Tochter Ramiros II. (*1094, † 1154) mit Graf Ramón Berengar IV. (*1115, †1176) von Barcelona das binnenländ. A. mit Katalonien vereinigt. 1238 kam Valencia u. 1282 Sizilien dazu. Peter (Pedro) III. mußte den Ständen in A. wegen seiner Kriege um Sizilien bes. Privilegien zubilligen, u. Peter (Pedro) IV. (*1319, †1387) kämpfte erfolgreich gegen die Union der Stände. Alfons V. (1416–1458) erhielt durch Erbschaft Neapel. Johann II. (*1397, †1479), auch König von Navarra, strebte die Stärkung der königl. Gewalt an. Sein Sohn Ferdinand der Katholische, Gatte der Isabella I. von Kastilien, wurde 1474 König in Kastilien u. trat 1479 seine Herrschaft in A. an. Mit dieser Vereinigung von Kastilien u. A. begann die span. Geschichte.

Aramäa [hebr., aram.], *Aram,* Siedlungsgebiet der *Aramäer* im Raum Syriens u. Nordwestmesopotamiens. Die semit. Bewohner dieses Gebiets waren seit der Mitte des 2. Jahrtausends v. Chr. aus der nordarab. Wüste eingewandert u. bildeten seit etwa 1000 v.Chr. kleine Staaten, z.T. unter Vorherrschaft von Damaskus. Zwischen dem 9. u. 7. Jh. v.Chr. krieger. Auseinandersetzungen mit den Assyrern u. Israel.

Aratos von Sikyon, griech. Feldherr u. Staatsmann, *um 271 v.Chr., †213 v.Chr.; Führer des *Achäischen Bundes,* Vorkämpfer für die Befreiung des Peloponnes von der makedon. Hegemonie; unterstellte später den Achäischen Bund dem König *Antigonos III. Doson.*

Arausio, (heute *Orange*), kelt. Siedlung an der unteren Rhône, bei der die Römer im Jahr 105 v.Chr. eine vernichtende Niederlage gegen die *Kimbern* erlitten. Unter *Cäsar* Besiedlung mit Veteranen u. damit röm. Kolonie *(Colonia Firma Iulia Secundanorum A.).* Bedeutende Überreste u. a.: Triumphbogen, Theater.

Arbeiterbewegung, der Machtkampf der in-

Jasir Arafat

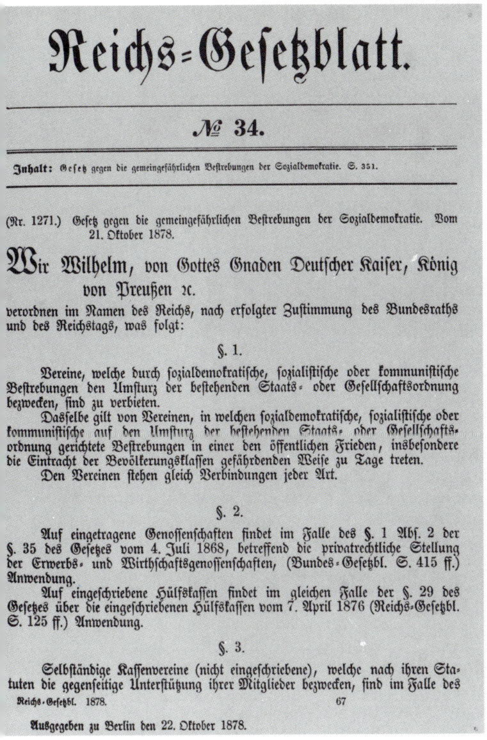

Reichs-Gesetzblatt.

№ 34.

Inhalt: Gesetz gegen die gemeingefährlichen Bestrebungen der Sozialdemokratie. S. 351.

(Nr. 1271.) Gesetz gegen die gemeingefährlichen Bestrebungen der Sozialdemokratie. Vom 21. Oktober 1878.

Wir Wilhelm, von Gottes Gnaden Deutscher Kaiser, König von Preußen ꝛc.

verordnen im Namen des Reichs, nach erfolgter Zustimmung des Bundesraths und des Reichstags, was folgt:

§. 1.

Vereine, welche durch sozialdemokratische, sozialistische oder kommunistische Bestrebungen den Umsturz der bestehenden Staats- oder Gesellschaftsordnung bezwecken, sind zu verbieten.

Dasselbe gilt von Vereinen, in welchen sozialdemokratische, sozialistische oder kommunistische auf den Umsturz der bestehenden Staats- oder Gesellschaftsordnung gerichtete Bestrebungen in einer den öffentlichen Frieden, insbesondere die Eintracht der Bevölkerungsklassen gefährdenden Weise zu Tage treten.

Den Vereinen stehen gleich Verbindungen jeder Art.

§. 2.

Auf eingetragene Genossenschaften findet im Falle des §. 1 Abs. 2 der §. 35 des Gesetzes vom 4. Juli 1868, betreffend die privatrechtliche Stellung der Erwerbs- und Wirthschaftsgenossenschaften, (Bundes-Gesetzbl. S. 415 ff.) Anwendung.

Auf eingeschriebene Hülfskassen findet im gleichen Falle der §. 29 des Gesetzes über die eingeschriebenen Hülfskassen vom 7. April 1876 (Reichs-Gesetzbl. S. 125 ff.) Anwendung.

§. 3.

Selbständige Kassenvereine (nicht eingeschriebene), welche nach ihren Statuten die gegenseitige Unterstützung ihrer Mitglieder bezwecken, sind im Falle des

Reichs-Gesetzbl. 1878. 67

Ausgegeben zu Berlin den 22. Oktober 1878.

Arbeiterbewegung: Gesetz gegen die gemeingefährlichen Bestrebungen der Sozialdemokratie

dustriellen Arbeiter zur Umgestaltung der gesellschaftlichen u. staatl. Ordnung. Nachdem der 3. Stand der Bürger im Zusammenhang mit der Französ. Revolution seine Gleichberechtigung erkämpft hatte, setzte ein Menschenalter später die A. ein (die Arbeiterschaft als 4. Stand). Ausgangspunkt war die schnelle wirtschaftl. Entwicklung u. damit zusammenhängend das schnelle zahlenmäßige Anwachsen der Arbeiterschaft, bes. im Zusammenhang mit der völlig unzureichenden wirtschaftl. u. sozialen Lage zu Beginn des 19. Jh. Die herrschende Schicht u. der Staat standen damals den Problemen der Arbeiterschaft verständnislos u. ablehnend gegenüber. Zunächst war der Kampf der Arbeiter gegen die Zustände völlig ungeregelt u. wirkte sich in Maschinenstürmerei, z. T. auch in rückschrittl. Forderungen, wie z. B. einer Rückführung auf eine Agrarwirtschaft, aus. Erst im Zusammenhang mit den Revolutionen 1830 u. 1848 gewann die A. politisch u. wirtschaftlich feste Zielrichtung u. auf der Grundlage des theoret. *Sozialismus* u. des *Kommunistischen Manifests* von 1848 auch eine ideolog. Grundlage, die im grundsätzl. Widerspruch zum herrschenden Liberalismus des Bürgertums stand. Zur Durchsetzung ihrer wirtschaftl. Bestrebungen, vor allem zum Ausgleich ihrer wirtschaftl. Unterlegenheit gegenüber dem Arbeitgeber, schlossen sich die Arbeiter zu *Gewerkschaften* zusammen, um mit deren Hilfe eine Verbesserung der Arbeitsbedingungen zu erreichen, in England schon zu Beginn des 19. Jh. in den *Trade Unions*, in Dtschld. später in den *Arbeitervereinen* (F. *Lassalle*). Auch das *Genossenschaftswesen*, bes. die *Konsumgenossenschaften*, war ihnen Mittel zur Besserung ihrer Lage. In der 2. Hälfte des 19. Jh. kam es zur Bildung von *Arbeiterparteien*, nachdem eine Trennung von den fortschrittl. bürgerl. Parteien stattgefunden hatte. 1875 schlossen sich die verschiedenen sozialist. beeinflußten Parteien zur *Sozialistischen Arbeiterpartei Deutschlands*, seit 1890 *SPD*, zusammen. Nach dem 1. Weltkrieg übernahmen die Arbeiterparteien in vielen Ländern, z. T. allein, z. T. in Koalitionen mit bürgerl. Parteien, die Regierungsgewalt, nicht nur in Dtschld., sondern in vielen Staaten Europas, z. B. in Schweden, Frankreich, Großbritannien. Nach der bolschewist. Revolution 1917 in Rußland spaltete sich die gesamte polit. A. in sozialist. u. kommunist. Arbeiterparteien. Die Beteiligung der Arbeiterparteien an der Regierung, die Anerkennung der Gewerkschaften als Partner beim Abschluß von Tarifverträgen u. die Mitbestimmung der Arbeiter in den Betrieben kennzeichnen den Anteil, den die Arbeiterschaft heute an der Gestaltung des staatl. u. wirtschaftl. Lebens erlangt hat. Ein Vergleich der heutigen Arbeitsbedingungen u. Löhne, der sozialpolit. Maßnahmen des Staates u. der sozialen Einrichtungen der Betriebe mit denen des vorigen Jh. läßt erkennen, daß Ziele der A. in weitem Umfang erreicht worden sind.

Arbogast, fränkischer Heerführer, † 8. 9. 394; trat 381 in die Dienste des röm. Kaisers *Gratian* (367–383), war als Berater *Valentinians II.* der eigentl. Regent Galliens. Nach dessen Selbstmord erhob A. den Kanzler *Eugenius* zum Kaiser des Westens (392–394), dem jedoch Theodosius d. Gr. die Anerkennung verweigerte. Am 6. 9. 394 kam es beim Fluß Frigidus in der Nähe von Aquileia zur Schlacht; Eugenius wurde von Theodosius geschlagen u. fiel; A. endete durch Selbstmord.

Archaic stage [aːˈkɛiik ˈstɛidʒ; engl.], die archäologisch faßbaren Hinterlassenschaften neolith. Kulturgruppen auf dem amerikan. Kontinent vom Ende des Pleistozäns bis zum 7. Jahrtausend v. Chr. in Mesoamerika; in Nordamerika teilweise bis um Christi Geburt. Charakteristisch sind geschliffene Steingegenstände wie Mahlsteine, Steinnäpfe u. -gefäße, Stößel, Beile, halbmondförmige Messer, in Nordamerika auch Steinwaffen; nichtagrarische Lebensweise, Teilnomadismus, spezialisiertes Sammeln bestimmter Samen (wilder Wasserreis) u. Früchte bildeten die Nahrungsgrundlage; die Jagd war nur im arktischen Norden u. auf den Prärien von großer Bedeutung.

Die einzelnen Kulturen dieses Zeitraumes werden anhand der für sie typischen Pfeil- u. Speerspitzen aus Stein unterschieden; bekannteste Typen sind *Clovis-* (12 000 v. Chr.) u. *Folsomspitzen* (10 000 v. Chr.). Siedlungsreste treten vielfach in Form von Muschelhaufen ähnlich den nordeurop. *Kökkenmöddingern* auf. Die Muschelhaufen an der brasilian. Küste werden *Sambaqui* genannt.

Archäologie [grch.], *Altertumskunde*, die Wissenschaft von den aus Denkmälern u. Bodenfunden erschlossenen Altertümern, die heute alle materiellen Hinterlassenschaften vergangener Kulturen mit Ausnahme der Schriftquellen erfaßt. Die A. entstand als Zweig der Altertumswissenschaft aus dem Interesse an den Kultur- u. Kunstdenkmälern der griech. u. röm. Antike. Ihre Anfänge reichen in das 16. Jh. zurück. Der eigentl. Begründer der *klass.* A. war J. J. *Winckelmann*. Er erkannte die antiken Kunstdenkmäler als Quellen histor. u. philolog. Überlieferung, unterschied verschiedene Stilstufen der antiken Kunst u. strebte aufgrund stilkrit. Vergleiche eine chronolog. Auswertung u. Zuweisung an. – Die *oriental.* A. begann mit dem Feldzug Napoleons I. nach Ägypten (1798–1801), wo ihn eine französ. Gelehrtenkommission begleitete, die ihre Forschungsergebnisse in 36 Bänden veröffentlichte. Forschungen in den übrigen Ländern des Alten Orients brachten Kunde von den Kulturen der Sumerer, Babylonier, Assyrer, Hethiter u. a. Die Entdeckung der Maya-Ruinen von Palenque lenkte das Interesse auf die altamerikan. Kulturen (u. a. *Azteken*, *Inka*). Bes. erfolgreiche Ausgrabungen des 19. u. 20. Jh. in Italien, Griechenland u. Vorderasien (Pompeji, Herculaneum, Olympia, Mykénai, Troja, Babylon, Assur, Boğazköy) führten zu einer Erweiterung der Arbeitsgebiete u. zu einer Verfeinerung der Methoden. Heute gibt es neben der *klass.* u. *oriental.* A. eine *christl.*, *biblische* oder *hebräische*, *islamische*, *indi-*

Wichtige Daten zur Geschichte der Archäologie

1748	Beginn der Ausgrabungen in Pompeji durch J. de Alcubierre
1764	Veröffentlichung von J. Winckelmanns „Geschichte der Kunst des Altertums“
1799	Entdeckung des Rosette-Steins in Ägypten durch Soldaten Napoléons
1809–22	Veröffentlichung der 30bändigen „Description de l'Egypt“, erste Gesamtgeschichte Ägyptens
1820	Die Venus von Milo wird in Melos auf einem Feld gefunden
1824	Entzifferung der ägypt. Hieroglyphen durch J. Champollion
1835	H. Rawlinson kopiert die Felsinschriften von Bisutun und beginnt mit der Entzifferung der Keilschrift
1839–42	J. Stephens u. F. Catherwood erforschen die Mayastädte Copán, Palenque, Uxmal und das südamerikanische Chichén Itzá
1845–47	A. Layard gräbt in Nimrud
1846	Entdeckung des keltischen Friedhofs von Hallstatt (Österreich)
1856	Entdeckung des Schädelfragments von Neandertal
1869–73	Troja-Grabung H. Schliemanns
1875	Beginn der Grabungen in Olympia durch E. Curtius
1876	Grabung Schliemanns in Mykene
1879	Entdeckung der Höhlenmalereien in Altamira
1899–1917	R. Koldewey gräbt große Teile Babylons aus
1900–25	Ausgrabung des Palastes von Knossos durch A. Evans
1922	H. Carter entdeckt das Grab Tutanchamuns
1922–34	L. Wooley legt die Stadt Ur frei
1928	Entdeckung des Poseidons von Kap Artemision durch Taucher
1947	T. Heyerdahl fährt mit dem Floß Kon-Tiki von Südamerika nach Polynesien
1958	Entdeckung von Çatal Hüyük durch J. Mellaart
1960	Nobelpreis für W. Libby für die Entwicklung der C-14-Datierung (bereits 1947 veröffentlicht)
1963–68	Versetzen des Tempels von Abu Simbel
1972	Taucher finden zwei griechische Kriegerbronzen im Meer bei Riace
1974	Entdeckung des Grabes des chinesischen Kaisers Quin Shihuangdi bei Xi'an
1978	Entdeckung eines kelt. Fürstengrabs bei Hochdorf/Ludwigsburg
1983	In der südöstlichen Türkei bei Çayönü können Reste eines 9000 Jahre alten Dorfes mit Steinbauten gesichert werden
1988	Bei Wani in Georgien wird ein bronzener Jünglingstorso gefunden, der die Zugehörigkeit Georgiens zum europäischen Kulturkreis untermauert
1989	In Luxor werden fünf guterhaltene Statuen aus der 18. Dynastie ausgegraben
1995	Kent Weeks entdeckt ca. 660 km von Kairo die bisher größte gefundene Pharaonengrabstätte

sche, chines., amerikan., provinzialröm., vorgeschichtl. u. *mittelalterl. A.*, u. man beschränkt sich längst nicht mehr nur auf die Erforschung der Bau- u. Kunstdenkmäler, sondern erfaßt alle Lebensbereiche u. materiellen Hinterlassenschaften vergangener Kulturen, die es aufzufinden, festzuhalten, zu beschreiben, zu erklären u. zu datieren gilt. Insbesondere beschäftigt sich die *Siedlungsarchäologie*, die vor allem durch H. *Jankuhn* weiterentwickelt wurde, durch Integration verschiedener Nachbarwissenschaften mit der Erfassung von Besiedlungsvorgängen in bestimmten Gebieten u. den sich daraus ergebenden Fragen.
Die Arbeitsweise des Archäologen kann in zwei getrennte Bereiche unterteilt werden: die Datenerfassung u. darauf aufbauend die Rekonstruktion histor. Verhältnisse. Die Datenerfassung besteht einmal aus der Auffindung archäolog. Bodendenkmäler mit Hilfe von zufälligen Fundmeldungen, der *archäolog. Landesaufnahme*, der *Luftbildforschung* u. *Unterwasserarchäologie*. Neben verfeinerten Ausgrabungsmethoden kommen verschiedene naturwissenschaftl. Fächer zur Hilfe, die *C-14-Methode* u. die *Dendrochronologie* bei der Datierung; Geologie, Pollenanalyse, Botanik u. Zoologie bei der Rekonstruktion früherer Landschafts- u. Klimaverhältnisse u. der Nahrungsmittel; Röntgenuntersuchungen u.a. bei stark verrosteten Gegenständen zur Rekonstruktion ihrer ursprüngl. Form u. Verzierung; Spektralanalysen zur Bestimmung von Metallegierungen, chem. Untersuchungen zur Analyse von Gefäßinhalten, anthropolog. Untersuchungen menschl. Skelette, Textilanalysen u.a. Bei der Deutung der Befunde unter histor. Fragestellungen ist man vor allem auf Erkenntnisse u. Parallelen aus geisteswissenschaftl. Fächern, wie z.B. Völkerkunde, Soziologie, Philologie u. Geschichte, angewiesen. Die neueren Impulse entstammen u.a. der amerikan. *New Archaeology*; so werden vor allem mehr u. mehr statist. Methoden u. der Einsatz von Computern *(Archaeographie)* bei der Auswertung eingeführt. Eine weitere neue Richtung ist die heute vor allem in Skandinavien u. England betriebene *Experimentelle Archäologie*. Private u. staatl. Förderungsgemeinschaften widmen sich der finanziellen u. materiellen Unterstützung archäolog. Forschungen. Das *Dt. Archäologische Institut*, 1828 in Rom gegr., unterhält Zweigstellen in mehreren Ländern u. hat großen Anteil an den Ergebnissen der internationalen Forschung. – Neben den Ausgrabungen ist die Pflege der erhaltenen Denkmäler von gleicher Bedeutung. Vorbildlich war die internationale Aktion zur Rettung der durch den Staudamm von Assuan bedrohten ägypt. Altertümer (z.B. *Abu Simbel*). In archäolog. Museen u. Sammlungen werden die archäolog. Funde erfaßt, registriert, restauriert u. in Ausstellungen der Öffentlichkeit zugänglich gemacht.

Archelạos, König von Makedonien um 413 bis 399 v.Chr.; kam als Sohn des *Perdikkas II.* u. einer Sklavin durch rücksichtslose Gewalt zur Macht; förderte die innere Entwicklung des Landes (Heerwesen, Handel, Verkehr) u. durch Heranziehung hervorragender Männer an seinen Hof (u.a. Euripides) die Pflege griech. Kultur; wurde ermordet. Sokrates u. Platon prangerten ihn als Tyrannen an.

Archidạmos, Name mehrerer spartan. Könige aus dem Haus der Eurypontiden: **1.** *A. II.*, König etwa 476–427 v.Chr.; war nach Thukydides bei den Verhandlungen vor dem Ausbruch des Peloponnesischen Krieges Sprecher der zur Vorsicht mahnenden Partei in Sparta u. führte, zunächst noch auf ein Einlenken Athens hoffend, 431 v.Chr. das Bundesheer der Peloponnesier nach Attika, weshalb der 1. Teil dieses Krieges der „Archidamische" heißt.
2. *A. III.*, Sohn u. Nachfolger *Agesilaos' II.*, König 360–338 v.Chr., *um 400 v.Chr., †338 v.Chr.; ein typischer Söldnerführer des 4. Jh. v.Chr. Nach Spartas Niederlage bei Leuktra 371 v.Chr. konnte er trotz einzelner Erfolge den Niedergang der spartan. Macht auf dem Peloponnes nicht aufhalten. 343 v. Chr. kam er mit einem Söldnerheer *Tarent* gegen die Lukaner u. Messapier zu Hilfe, wurde aber von diesen 338 v.Chr. bei Mandonion geschlagen und fiel.

Archịv [das; grch. *archeion*, „Amtshaus"], geordnete Sammlung von Schrift-, Bild- u. Tongut einer Person oder Institution. Anders als eine Bibliothek oder ein Museum ist ein A. nicht planmäßig zusammengestellt worden, sondern aus der Tätigkeit des A.besitzers organisch gewachsen.
A. heißt sowohl der Aufbewahrungsort als auch die Behörde, die die *Archivalien* verwaltet. Man unterscheidet je nach Ursprung u. Besitzer des A.s Staats-, Stadt-, Kloster-, Wirtschafts-, Familien-, Firmen- oder Privat-A.e. Die Existenz von A.en setzt eine schriftl. Überlieferung voraus, wie sie bei den alten Kulturen des Orients begann. Ausgrabungen haben Palast- u. Tempel-A.e in Mesopotamien u. Syrien freigelegt, in denen sich eine große Menge von Tontäfelchen mit keilschriftl. Texten befanden. Die Griechen u. Römer besaßen ebenfalls umfangreiche A.e. Im frühen MA gehörte Karl d.Gr. zu den ersten weltl. Herrschern, die sich mit der Schaffung eines A.s beschäftigten. Die Grundlage für größere A.e entstand allerdings erst mit der Einrichtung eines geordneten Registerwesens u. mit der Ausbildung einer Behördenorganisation seit dem 14. Jh. Die A.e dienten zu dieser Zeit praktischen Verwaltungszwecken des A.besitzers. Seit dem 19. Jh. werden A.e in steigendem Maße zur geschichtl. Forschung genutzt.

Archịvwissenschaft, eine histor. Hilfswissenschaft; legt als *praktische A.* oder *Archivtechnik* die wissenschaftl. Grundlagen für die Aufnahme, Aufbewahrung, Konservierung u. Restaurierung von Archivalien u. befaßt sich als *Archivtheorie* oder *Archivkunde* mit der Geschichte u. dem Aufbau von Archiven, um sie nutzbar zu machen. A. wird zur fachl. Ausbildung der Archivare an Archivschulen (z.B. München) gelehrt.

Ạrchon [der, Pl. *Archonten*; grch.], in einigen altgriech. Stadtstaaten, bes. in Athen, Mitglied des Kollegiums der obersten Staatsbeamten, i.e.S. dessen höchster Vertreter; ein mit fortschreitender Demokratisierung *(Kleisthenes)* in seiner Bedeutung immer mehr eingeschränktes Staatsamt; in Anlehnung daran auch Titel des Hauptvertreters anderer Gemeinschaften u. Verbände.

Ardaschịr, Name mehrerer sassanidischer Könige: **1.** *A. I.*, Großkönig („König der Könige") des Iran 226–242; Begründer des *Sassaniden* -Reiches, anfangs Vasall des letzten parthischen Großkönigs *Artabanos V.*, den er 224 besiegte.
2. *A. II.*, Sohn oder Bruder *Schapurs II.*, Großkönig 379–383.
3. *A. III.*, Sohn *Kavads II.*, war am Ende des Sassanidenreiches als Kind nominell König 628/29, wurde durch Aufstand getötet.

Ardẹnnenoffensive, die letzte große Angriffsoperation der dt. Wehrmacht im 2. Weltkrieg; ein Versuch, die Initiative zurückzugewinnen u. die Kriegsbereitschaft bes. Großbritanniens entscheidend zu schwächen. Geplant war, die alliierte Front in den Ardennen zu durchbrechen u. bis Antwerpen vorzustoßen. Der am 16. 12. 1944 unternommene Angriff blieb aufgrund alliierter Luftüberlegenheit nach wenigen Tagen stecken u. wurde ab 3. 1. 1945 von Gegenangriffen abgelöst.

Ạrduin, Markgraf von Ivrea (seit 989), †14. 12. 1015 Kloster Fruttuaria; war 1002–1015 König von Italien, konnte sich aber gegen Kaiser Heinrich II. nicht durchsetzen.

Arelạt, *Arelatischer Bund*, burgund. Königreich, gegr. 879 als Königreich *Niederburgund* (auch *Zisjuranisches Burgund* oder *Königreich Provence* genannt), 934 mit Hochburgund zum Königreich Burgund vereinigt, auf das der Name A. überging.

Arẹnga [mlat.], Einleitungsformel der mittelalterl. Urkunden, worin allg. Gründe für deren Ausstellung in rhetorischen Formulierungen genannt werden.

Areopạg [der; grch., „Ares-" oder „Mordhügel", auch als „Fluch-" oder „Sühnehügel" gedeutet], Hügel westlich der Akropolis von Athen, Tagungsstätte des gleichfalls A. genannten, nur aus ehem. Archonten bestehenden Rates u. Gerichtshofs der Athener. Ephialtes schränkte die Befugnisse des A.s 462 v.Chr. ein.

Ạreus I., König von Sparta, etwa 309–265 v.Chr.; führte im *Chremonideischen Krieg* das Heer der verbündeten Peloponnesier u. fand bei Korinth den Tod.

Argenson, [arʒã'sɔ̃], seit dem 13. Jh. nachweisbares französ. Adelsgeschlecht aus der Touraine: **1.** Marc Pierre de Voyer Marquis d', Sohn von 2), französ. Politiker, *16. 8. 1696 Paris, †22. 8. 1764 Paris; 1743–1757 Staatssekretär für das Kriegswesen, reorganisierte das Heer u. gründete 1751 in Paris die Ecole militaire; befreundet mit Voltaire sowie mit Diderot u. d'Alembert, die ihm ihre „Encyclopédie" widmeten.
2. Marc René de Voyer Marquis d', französ. Politiker, *4. 11. 1652 Venedig, †8. 5. 1721 Paris; 1697–1718 u. 1720 Leiter der Pariser Polizei, führte die *Lettres de cachet* ein; 1718 kurzfristig Präs. des Finanzrats.
3. René Louis de Voyer Marquis d', Sohn von 2), französ. Politiker, *18. 10. 1694 Paris, †26. 1. 1757 Paris; 1744–1747 Staatssekretär des Äußeren, Verfechter einer französ.-preuß. Allianz; als Schriftsteller Kritiker des Ancien régime, schrieb „Considérations sur le gouvernement ancien et présent de la France" 1764.

Argẹnteus [lat., „Silberner"], verschiedene Silbermünzen der röm. Kaiserzeit, bes. der unter Diokletian eingeführte *Denar*; Prägungsende im 4. Jh. n. Chr.

Argentinien RA

Argentinische Republik

Fläche: 2266889 km².– *Einwohner:* 33,5 Mill. – *Hauptstadt:* Buenos Aires. – *Landessprache:* Spanisch. – *Nationalfeiertage:* 25. 5. und 9. 7. – *Währung:* 1 Argentinischer Peso = 100 Centavos. – *Lage:* zwischen 21°46′ und 55°03′ s.Br. sowie 53°39′ und 73°29′ w.L. – *Zeitzone:* Mitteleuropäische Zeit – 4 Std. – *Grenzen:* im W Chile, im N Bolivien und Paraguay, im NO Brasilien und Paraguay, im O Atlantischer Ozean. – *Staatsform:* präsidiale Republik.

Die Mündung des Río de la Plata wurde 1515 von dem Spanier Juan Díaz de Solís entdeckt. 1536 nahm Pedro de Mendoza das Gebiet für Spanien in Besitz u. gründete Buenos Aires (1541 aufgegeben, 1580 neu gegr.), das zur Hptst. des 1776 errichteten Vizekönigreichs *Río de la Plata* wurde. 1810–1813 wurden die Spanier vertrieben. Am 9. 7. 1816 wurde die

Argentinien: Juan Domingo Perón und seine Frau Evita bei einer Massenkundgebung

Unabhängigkeit des Landes verkündet. Bürgerkriege zwischen Unitariern (Zentralisten) u. Föderalisten bestimmten die Innenpolitik, bis Juan Manuel de *Rosas* (* 1793, † 1877) die Föderalisten 1835 zum Sieg führte. Eine starke innere Opposition u. Kriege gegen Uruguay, Paraguay u. Brasilien, in die auch England u. Frankreich eingriffen, führten 1852 zu Rosas' Sturz u. Flucht nach England. Neue Bürgerkriege wurden durch die Präsidentschaft von Bartolomé *Mitre* (* 1821, † 1906) und den Krieg gegen Paraguay (1865–1870) unterbrochen, lebten aber danach wieder auf, bis es Präsident Julio *Roca* (* 1843, † 1914) gelang, den Gegensatz zwischen Unitariern u. Föderalisten zu beenden. Eine starke europ. Einwanderung förderte den Ausbau zu einem modernen Staat. In der Außenpolitik kam es um die Jahrhundertwende zu erhebl. Spannungen mit Chile, die aber friedlich beigelegt wurden. Danach wurde die Zusammenarbeit der *ABC-Staaten* richtunggebend. Im 1. Weltkrieg blieb A. unter dem Präsidenten Hipólito *Irigoyen* neutral. 1943 wurde die konservative Regierung mit Hilfe des Heeres durch Juan *Perón* gestürzt. Perón wurde 1946 zum Präs. gewählt u. führte, 1948 u. 1951 wiedergewählt, zusammen mit seiner Gattin Eva (Evita) Perón († 1952) u. gestützt auf die Arbeiter u. die besitzlosen Schichten (*Descamisados*, „Ohnehemden"), kühne wirtschaftliche u. soziale Reformen durch, die jedoch an der falschen Einschätzung der wirtschaftl. Möglichkeiten A.s scheiterten. Die autoritären Herrschaftsmethoden Peróns stießen auf zunehmenden Widerstand. Wegen der Trennung von Staat u. Kirche kam es 1955 zum Konflikt mit Rom. 1955 wurde Perón durch einen Militärputsch gestürzt.

In der folgenden Periode war das Militär die bestimmende Kraft. Versuche, zur Zivilregierung zurückzukehren (Präs. A. *Frondizi* 1958 bis 1962, U. *Illía* 1963–1966), endeten mit neuen Putschen. Auch innerhalb der herrschenden Militärkreise kam es zu häufigem Machtwechsel. Eine Stabilisierung der Wirtschaft wurde nicht erreicht. Die peronist. Bewegung durfte sich zwar nicht als Partei betätigen, blieb aber ein wichtiger polit. Faktor, vor allem in den Gewerkschaften. Die 1973 vom Militär zugelassenen Wahlen gewann der Peronist H. *Cámpora*, der nach wenigen Wochen zurücktrat, um Neuwahlen zu ermöglichen. In diesen siegte der aus dem Exil zurückgekehrte Perón.

Peróns Versuch, durch einen „Sozialpakt" eine soziale Befriedung herbeizuführen, scheiterte. Er starb 1974. Seine dritte Frau, Isabel *Perón*, die bereits Vizepräsidentin war, folgte ihm als Präsidentin. Es gelang ihr nicht, die peronist. Bewegung zusammenzuhalten u. den zunehmenden Terrorismus rechts- u. linksextremer Gruppen (Stadtguerilla) einzudämmen. 1976 wurde sie vom Militär gestürzt. Erklärtes Ziel des Militärregimes war die Vernichtung der Stadtguerilla u. die Schaffung eines marktwirtschaftl. Systems. Diese Politik wurde mit einer für A. beispiellosen Härte verfolgt. Es gelang jedoch nicht, die zerrüttete Wirtschaft zu sanieren u. die Verschlechterung des allg. Lebensstandards zu verhindern. An der Spitze der Militärjunta standen nacheinander die Generale J. *Videla* (1976–1981), R. *Viola* (1981/82) u. L. *Galtieri* (1982).

Am 2. 4. 1982 besetzten argentin. Truppen die seit 1833 in brit. Besitz befindl. Falklandinseln (Malwinen), die A. stets für sich beansprucht hatte. Dieses Unternehmen verschaffte dem Militärregime vorübergehend auch die Unterstützung oppositioneller Kreise. Nach vergebl. Vermittlungsversuchen der USA u. der UN wurden die Inseln von brit. Truppen zurückerobert; am 15. 6. 1982 kapitulierte das argentin. Expeditionskorps. Zwei Tage später mußte Galtieri zurücktreten. Die oppositionelle Bewegung lebte auf, so daß die Junta freie Wahlen ausschreiben mußte. Am 30. 10. 1983 gewann die sozialdemokratisch eingestellte „Radikale Bürgerunion" mit 52 % der Stimmen die Parlamentswahlen. Ihr Führer Raúl *Alfonsín* wurde Staatspräsident. Mehrere Mitglieder des Militärregimes der Jahre 1976–1982 wurden 1985 wegen Menschenrechtsverletzungen zu hohen Haftstrafen verurteilt. Die schlechte Wirtschaftslage führte 1989 zu einem Wahlsieg der Peronisten. Neuer Staats-Präs. wurde C. *Menem*, der 1995 wiedergewählt wurde.

Argentinien: Entwicklung in der Neuzeit

Arianismus: Stadttor von Nicäa, dem Schauplatz des Konzils von 325

Arginusen, drei kleine Inseln zwischen Lesbos u. der Küste der Aiolis, wo die Athener 406 v. Chr. einen Seesieg über die Spartaner errangen, dem in Athen ein Prozeß gegen die siegreichen Feldherrn folgte, weil die Schiffbrüchigen wegen eines drohenden Sturmes nicht geborgen worden waren.

Argiver, grch. *Argeioi*, lat. *Argivi*, Bewohner von Argos u. Umgebung; bei Homer Bez. für alle Griechen.

Argos, griech. Stadt am Rande der fruchtbaren Ebene der *Argolís*, 20 700 Ew.; von mittelalterl. Festung überragt, an der Stelle des antiken A., von dem noch bedeutende Reste (Theater) erhalten sind; Neuanlage der Stadt mit regelmäßigem Grundriß nach 1870.

A. war zunächst eine mykenische Burg, im Mythos Sitz des Diomedes, nach der Einwanderung der *Dorier* gebietende Stadt auf dem östl. Peloponnes. König *Pheidon* (7. Jh. v. Chr.) soll Maße und Gewichte mit weiter Geltung reformiert u. die Silberprägung in Griechenland begonnen haben. Im 6. Jh. v. Chr. wurde A. als führende Stadt der Dorier von Sparta abgelöst, was zu einer bis ins 4. Jh. v. Chr. dauernden Feindschaft zwischen beiden u. mehreren argivischen Niederlagen u. Staatskrisen führte. 272 v. Chr. fiel *Pyrrhos* im Straßenkampf in A. Trotz Verwüstung durch die Goten 395 n. Chr. bestand es in MA u. Neuzeit weiter.

Arianismus, die Lehre des alexandrin. Presbyters Arius, wonach Christus nicht wesensgleich mit dem Vater, sondern ein Geschöpf des Vaters aus dem Nichts ist; vom Konzil zu Nicäa 325 verurteilt. Kaiser Constantius II. (337–361), Anhänger des A., verhalf der Lehre zu weiter Verbreitung. Der A. verfiel dann jedoch durch Spaltung in strenge Arianer u. Halbarianer sowie durch Verlust der staatlichen Unterstützung. Die Goten, Wandalen, Burgunder u. Langobarden lernten das Christentum in der Form des A. kennen; hier erlebte der A. eine Nachblüte, allerdings eigener u. nur auf die Germanen selbst beschränkter Art. Das polit. Übergewicht der Franken, die sich zur röm.-kath. Kirche hinwandten, brachte im 7. Jh. auch im W den A. zum Erliegen.

Oscar Arias Sánchez

Arias Sánchez ['santʃɛs], Oscar, costarican. Politiker, *13. 9. 1941 Heredia; Führer des sozialdemokratisch orientierten *Partido Liberación Nacional*; 1986–1990 Staatspräsident; erhielt für seinen Mittelamerika-Friedensplan 1987 den Friedens-Nobelpreis.

Ariovist, König der Sweben; ging etwa 71 v. Chr. über den Rhein, um die Sequaner gegen die Häduer zu unterstützen, besiegte diese 61 v. Chr. u. siedelte seine Germanen im Elsaß, in der Pfalz u. in Rheinhessen an. Seinen Absichten auf die römischen Provinzen in Gallien trat *Cäsar* entgegen; er schlug ihn 58 v. Chr. in der Nähe des heutigen Belfort. A. floh über den Rhein u. starb bald darauf.

Arisierung, die Übernahme jüdischer Wirtschaftsunternehmen durch Nichtjuden („Arier") unter dem nat.-soz. Regime. Da die Juden durch staatl. Verfolgungsmaßnahmen zum Verkauf ihrer Vermögenswerte gezwungen u. auf vielfältige Weise benachteiligt waren, brachte die A. den Käufern erhebl. Gewinne.

Aristagoras, als Bevollmächtigter des Perserkönigs *Dareios I.* Ende des 6. Jh. v. Chr. Tyrann von Milet während der Abwesenheit seines Vetters *Histiaios*, dessen Schwiegersohn er war; Urheber des Ionischen Aufstands, nach dessen Mißlingen er in Thrakien fiel.

Aristides, 1. *A. der Gerechte*, konservativer athenischer Staatsmann, Archon von Athen 489/88 v. Chr., *nach 550 v. Chr., um †467 v. Chr.; anfangs Gegner der Seemachtpläne des Themistokles u. wohl deshalb 482–480 v. Chr. verbannt. In den Perserkriegen war er 490 v. Chr. bei Marathon Stratege, nahm 480 v. Chr. an der Seeschlacht bei Salamis teil, kommandierte 479 v. Chr. die athenischen Truppen bei Plataä u. wirkte 477 v. Chr. maßgeblich an der Gründung des 1. Attischen Seebundes mit. Seine Festsetzung der jährlichen Zahlungen der Mitglieder in die Bundeskasse brachte ihm den Beinamen „der Gerechte".

2. *Publius Älius A.*, griech. Rhetor, *117 oder 129, †189; lebte zeitweise in Ägypten, in Rom, meist in Smyrna; erhalten sind 55 kulturgeschichtlich interessante Reden in ausgefeiltem Stil.

Aristobulos von Kassandreia, griech. Historiker, schrieb um 300 v. Chr. ein Geschichtswerk über Alexander d. Gr., an dessen Zügen er teilgenommen hatte. Seine Schrift wurde von den griech. Historikern *Arrian, Plutarch* u. *Strabo* als Quelle benutzt.

Aristomenes, sagenumwobener messenischer Nationalheld im 2. Messenischen Krieg.

Aristogeiton, Freiheitsheld des antiken Athen, der zusammen mit *Harmodios* 514 v. Chr. *Hipparch*, ermordet u. danach gefoltert u. hingerichtet wurde. Diese politisch wirkungslose Tat wurde später im demokrat. Athen fast wie eine Befreiung von der Tyrannis gefeiert.

Aristokratie [grch., „Bestenherrschaft"], **1.** eine Staatsform, in der bestimmte Geburts-, Besitz- oder Bildungsstände Träger u. Ausübende der Staatsgewalt sind. Nach den ethischen Maßstäben der aristotelischen Staatsformenlehre liegt im Fall einer solchen Minderheitsherrschaft eine A. nur dann vor, wenn die Herrschaft im Interesse des Gemeinwohls ausgeübt wird; bei selbstsüchtiger Herrschaft handelt es sich dagegen um die Entartung der A., die Oligarchie. Auch Monarchie, Demokratie.

2. die herrschenden Stände einer Aristokratie (1), der Adel (Geburtsadel); übertragen auch: die Gebildeten.

Aristonikos, unehel. Sohn *Attalos' II.* von Pergamon, †129 v. Chr.; beanspruchte das pergamen. Reich, das *Attalos III.* nach seinem Tod den Römern vermacht hatte, für sich, fand aber bei den Bürgern Pergamons wenig Anklang. So rief er, die damaligen starken sozialen Gegensätze ausnutzend, die Landbevölkerung u. Sklaven zum Freiheitskampf auf mit dem utop. Ziel eines auf Freiheit u. Brüderlichkeit gegr. Staates, in dem alle „Sonnenbürger" *(Heliopoliten)* sein sollten. Der Aufstand erfaßte bald ganz Kleinasien u. machte den kleinasiat. Städten, den Königen Kleinasiens u. den Römern schwer zu schaffen. Erst 130 v. Chr. gelang es den Römern, den Aufstand niederzuschlagen; nach Rom deportiert, wurde A. 129 v. Chr. im Gefängnis erdrosselt.

Arius, Presbyter in Alexandria, *um 260 in Libyen, †336 Konstantinopel; lehrte, Christus sei nicht wesensgleich mit dem Vater, sondern ein Geschöpf des Vaters aus dem Nichts. Der Arianismus wurde mehrfach verurteilt, bes. auf dem Konzil zu Nicäa. Kaiser Konstantin verbannte A. nach Illyrien, doch wurde er 328 zurückberufen; er starb am Tag vor der feierl. Wiederaufnahme in die Kirche.

Arkadien, neugrch. *Arkadia*, Gebirgslandschaft u. Verw.-Bez. des zentralen Peloponnes (Griechenland), bis 2376 m ü. M.
Vom Ende des 6. Jh. v. Chr. bis 369 v. Chr. Rückzugsgebiet myken. Griechen. Mitglied von Spartas Peloponnesischem Bund. Die bedeutendsten Städte waren *Tegea, Mantineia, Orchomenos* u. das 366 v. Chr. als Bollwerk gegen Sparta gegründete *Megalopolis.* Mitte des 3. Jh. v. Chr. wurde A. nach Abschüttelung der makedonischen Herrschaft ein wichtiger Teil des *Achäischen Bundes.* – In der hellenist. u. röm. Dichtung galt A. als Schauplatz eines idyllischen Landlebens.

Arkesilaos, *Arkesilas*, Name mehrerer Könige der altgriech. Kolonie Kyrene in Libyen im 6. u. 5. Jh. v. Chr. *A. II.* (um 560 v. Chr.) ist bekannt durch seine Darstellung auf einer kyrenäischen Schale *(Arkesilas-Schale).*

Arles, *Arles-sur-Rhône* [arl syr 'ro:n], das alte *Arelate*, südfranzös. Kreisstadt im Dép. Bouches-du-Rhône, 51 000 Ew.; röm. Bauten (Amphitheater u. a.), roman. Kathedrale.
Ab 406 Hptst. der Präfektur Gallien, 879 Hptst. des südburgund. Königreichs Arelat. Schon in röm. Zeit als Ort von Synoden u. als zeitweilige Residenz röm. Kaiser von Bedeutung; seit dem MA wichtigster Ort der Provence. Der Name A. leitet sich von Arelat ab. 1481 fiel A. mit der Grafschaft Provence an die französ. Zentralgewalt.

Armada [die; span., „bewaffnete Macht"], die erste große Seekriegsflotte der Spanier in der Neuzeit, bestehend aus 130 Schiffen mit rd. 30 000 Mann Besatzung, 2630 Kanonen sowie Kriegsmaterial u. Verpflegung für 6 Monate. Die A. (unter dem Herzog von *Medina Sidonia*) wurde von *Philipp II.* von Spanien 1588 mit dem Ziel einer Invasion in England ausgesandt, in den Kanalgefechten aber durch die beweglicheren engl. Schiffe (unter Lord *Howard*, mit *Drake, Hawkins* u. *Frobisher*) u. durch Stürme angeschlagen, auf der Heimfahrt durch Orkane halb vernichtet. Damit begann der Aufstieg Englands zur Weltseemacht. – Als A. wurden bis zum Beginn des 18. Jh. allg. auch Landstreitkräfte bezeichnet.

Armagnac [arma'njak], südfranzös. Landschaft (ehem. Grafschaft) in der *Gascogne*, das heutige Dép. Gers. Die *Armagnaken (Armegekken)*, zügellose Söldner (seit 1410) des Grafen von A., wurden 1444 von Karl VII. von Frankreich gegen die Eidgenossen geschickt, schlugen diese am 26. 8. bei St. Jakob an der Birs, zogen sich aber wegen starker eigener Verluste zurück.

Armansperg, Josef Ludwig Graf von, bayer. Politiker, *28. 2. 1787 Kötzting, †3. 4. 1853 München; 1826–1831 Min. des Innern, des Äußern u. der Finanzen; 1832–1835 Präs. des dreiköpfigen Regentschaftsrates in Griechenland, nach der Volljährigkeit König Ottos 1835–1837 Staatskanzler.

Armenien → S. 59.

Armer Konrad, eine Vereinigung württembergischer Bauern, die 1514 in einem Aufstand gegen die Einführung einer von Herzog Ulrich verhängten indirekten Steuer vorgingen; Vorläufer des Bauernkriegs.

Arminius, fälschlich *Hermann*, Cheruskerfürst, *um 18 oder 16 v. Chr., †um 21 n. Chr.; Führer german. Truppen in röm. Dienst, erlernte die röm. Kriegstechnik u. war röm. Bürger u. Ritter. 7 n. Chr. in die Heimat zurückgekehrt, entfachte er einen Aufstand der Cherusker u. benachbarter Stämme u. vernichtete 9 n. Chr. (→ Varusschlacht) drei römische Legionen unter dem Feldherrn Publius Quinctilius *Varus*, was zur Folge hatte, daß die röm. Kastelle zwischen Rhein u. Weser aufgegeben wurden. *Germanicus* konnte A. zwar 16 n. Chr. an der Weser schlagen, mußte aber dennoch Germanien räumen. Der röm. Kaiser *Tiberius* verzichtete auf eine Wiedereroberung Germaniens. A. wandte sich dann an der Spitze einer Koalition von

Die spanische Armada im Kampf mit der englischen Flotte; Kupferstich, 1749. Greenwich, Nat. Maritime Museum

Armenien ARM

Republik Armenien

Fläche: 29 800 km². – *Einwohner:* 3,6 Mill. – *Hauptstadt:* Eriwan. – *Landessprache:* Armenisch. – *Nationalfeiertag:* 28. 5. – *Währung:* 1 Dram = 100 Luma. – *Lage:* zwischen 38°51′ und 41°16′ n. Br. sowie zwischen 43°29′ und 46°37′ ö. L. – *Zeitzone:* Mitteleuropäische Zeit + 2 Std. – *Grenzen:* im W Türkei, im N Georgien, im O Aserbaidschan, im S Iran. – *Staatsform:* präsidiale Republik.

A., eines der ältesten Zentren menschl. Zivilisation, war gegen Ende des 3. Jahrtausends v. Chr. Ziel altbabylon. Feldzüge. Von etwa 900 v. Chr. an gehörte es zum Reich von Urartu. Seit der Eroberung A.s durch die Meder um 600 v. Chr. ist das Volk der Armenier bereits nachweisbar. Um 550 v. Chr. wurde A. als Satrapie dem Achämenidenreich einverleibt. Zur Zeit des Alexanderreiches u. der ersten Seleukiden machten sich armen. Fürstentümer selbständig. Aus einer Sammlungs- u. Expansionsbewegung um die zentral- u. südarmen. Gebiete entstand gegen Ende des 3. Jh. v. Chr. Groß-A.; das westlich des Euphrat gelegene Klein-A. blieb selbständig u. wurde unter Vespasian ins Röm. Reich eingegliedert.

189 v. Chr. erlangte A. die Unabhängigkeit. Unter der von *Artaxias* begründeten Dynastie (189 v. Chr.–1 v. Chr.) erlebte Groß-A. einen steilen polit. u. kulturellen Aufstieg, auf dessen Höhepunkt unter *Tigranes II.* es von den Römern besiegt wurde u. 66 v. Chr. die röm. Oberhoheit anerkennen mußte. Seitdem bildete A. die Pufferzone zwischen dem Röm. u. dem Partherreich, bis es in der 2. Hälfte des 3. Jh. unter der Arsakiden-Dynastie in Abhängigkeit von den Sassaniden geriet. Die Annahme des Christentums als Staatsreligion in A. (301) steigerte die Auseinandersetzungen mit den Persern u. bot Ostrom Eingriffsmöglichkeiten; 387 teilten beide Mächte Groß-A. unter sich auf. Von der andauernden kulturellen Entwicklung zeugt die 393 eingeführte armen. Schrift.

Seit der 2. Hälfte des 7. Jh. zum größten Teil arab. Oberhoheit unterstellt, konnte A. dank der Politik der Bagratiden 885 eine gewisse Selbständigkeit erreichen. Bis zur Mitte des 11. Jh. eroberten die Byzantiner erneut fast ganz A., danach die Türken. Ein großer Teil des armen. Volkes wanderte nach Kilikien ab; dort bildeten die Rubeniden ein neues, von Byzanz unabhängiges kleinarmen. Königreich, das durch die Kreuzzüge weiterreichende Bedeutung gewann. Klein-A. wurde 1375 von Ägypten erobert, 1403 von den Turkmenen, 1508 zuerst von den Persern, dann von den Türken, unter deren Herrschaft es verblieb. Groß-A. wurde 1242 von den Mongolen unterworfen, 1472 von den Persern. Seitdem war es jahrhundertelang Streitobjekt zwischen Osman. u. Pers. Reich.

1828 gewann Rußland von Persien große Teile A.s um Eriwan, 1878 von den Türken Batumi, Kars u. Ardahan. In den beim Osman. Reich verbliebenen Gebieten erhob sich eine armen. Befreiungsbewegung. 1895/96 u. bes. 1915/16 fielen dort mehrere hunderttausend Armenier Massakern u. Deportationen zum Opfer. Das russ. A. erklärte sich am 26. 5. 1918 für unabhängig. Nach dem Einmarsch der Roten Armee wurde am 29. 11. 1920 die *Armenische SSR* ausgerufen, die Türkei erhielt Kars u. Ardahan zurück. Nachdem 1921 eine nationale Revolte blutig unterdrückt worden war, wurde A. 1922 Teilrepublik der Transkaukasischen SFSR. 1936 wurde A. Unionsrepublik. Auseinandersetzungen um die von Armeniern bewohnte, aber zur Aserbaidschanischen SSR gehörende *Bergkarabachen AO* führten 1988 u. 1989 zu Unruhen in der Armen. SSR, die seit 1990 blutig eskalierten. Am 23. 8. 1991 erklärte A. seine Unabhängigkeit, die am 21. 9. 1991 per Referendum in Kraft gesetzt wurde. A. wurde Mitgl. der GUS. Aus dem Konflikt mit Aserbaidschan entwickelte sich bis Ende 1993 ein verlustreicher Krieg. Durch russ. Vermittlung kam es 1994 zu einem Waffenstillstandsabkommen. 1995 fanden freie Parlamentswahlen statt. Außerdem trat eine neue Verfassung in Kraft. Staats-Präs. L. *Ter-Petrosjan*, seit 1991 im Amt, trat im Febr. 1998 zurück. Zum neuen Präs. wurde R. *Kotscharjan* gewählt.

Stämmen gegen den Markomannenfürsten *Marbod* u. schlug ihn 17 n. Chr. Wenig später wurde er von Verwandten, die offenbar seine Machtstellung fürchteten, ermordet.

In der Literatur ist A. seit dem 17. Jh. häufig – unhistorisch – als dt. Nationalheld dargestellt worden (u. a. von Lohenstein, Klopstock, Kleist, Grabbe). Ihm zu Ehren wurde im 19. Jh. im Teutoburger Wald das Hermannsdenkmal errichtet.

Arnegunde, merowing. Königin, *um 520, †um 565; zweite Gemahlin des merowing. Königs *Chlotar I.* (511–561) u. Mutter von König *Chilperich I.* (561–584). Ihr bes. reich mit Beigaben ausgestattetes Grab wurde 1959 von M. Fleury in der Basilika von St.-Denis (Dép. Seine, Frankreich) entdeckt; u. a. befand sich darin ein goldener Siegelring mit der Aufschrift: ARNEGVNDIS REGINE; erstes Grab, das Auskunft über Schmuck u. Tracht einer merowing. Königin liefert.

Arneth, Alfred Ritter von, österr. Historiker, *10. 7. 1819 Wien, †30. 7. 1897 Wien; 1868 Direktor des Haus-, Hof- u. Staatsarchivs, dessen Quellen er der Wissenschaft erschloß; 1879 Präs. der kaiserl. Akademie der Wissenschaften in Wien, 1896 Präs. der Münchener Histor. Kommission als Nachfolger H. von *Sybels*; politisch tätig als Abg. der Frankfurter Nationalversammlung, des niederösterr. Landtags u. des österr. Herrenhauses; liberaler Großdeutscher u. Josephinist. Werke: „Prinz Eugen von Savoyen" 3 Bde. 1858; „Geschichte Maria Theresias" 10 Bde. 1863 bis 1879.

Arnim, nach einem altmärk. Dorf benanntes, erstmals 1204 erwähntes brandenburg.-preuß. Geschlecht. **1.** Adolf Heinrich Graf von *A.-Boitzenburg*, preuß. Beamter u. Politiker, * 10. 4. 1803 Berlin, †8. 1. 1868 Schloß Boitzenburg; 1842–1845 Min. des Innern, bemühte sich vergeblich um Einführung einer Verfassung; im März 1848 Übergangs-Min.-Präs., dann Mitgl. der Frankfurter Nationalversammlung.

2. Hans Georg von *A.-Boitzenburg*, *1583, †28. 4. 1641 Dresden; Heerführer u. Politiker im Dreißigjährigen Krieg; seit 1613 in schwed., 1621 in poln., 1626 in kaiserl. Diensten; wandte sich als überzeugter Lutheraner nach Erlaß des Restitutionsedikts 1629 dem Kurfürsten von Sachsen zu, der wie A. Treue zum Reich u. zum ev. Glauben zu verbinden suchte. A. bemühte sich vergeblich, Wallenstein für seine Friedenspläne zu gewinnen mit dem Ziel, die Schweden aus dem Reich zu vertreiben. Nach dem Prager Frieden 1635 schied A. aus den sächs. Diensten aus.

3. Harry Graf von, Diplomat, *3. 10. 1824 Moitzelfitz, Krs. Kolberg-Köslin (Pommern), †19. 5. 1881 Nizza; 1862 Gesandter in Lissabon, 1864 beim Vatikan, 1872–1874 Botschafter in Paris. Weil A. die Politik Bismarcks durch die Unterstützung monarchist. Kräfte in Frankreich zu durchkreuzen suchte, wurde er abberufen u. auf Bismarcks Betreiben zu Gefängnis verurteilt, da er wichtige dienstl. Papiere nicht herausgab. A. floh ins Ausland u. setzte seinen Kampf gegen den Reichskanzler in Broschüren fort, die 1876 eine (rechtlich zweifelhafte) Verurteilung zu 5 Jahren Zuchthaus in Abwesenheit zur Folge hatten.

4. Heinrich Alexander Frhr. von *A.-Suckow*, preuß. Diplomat u. Politiker, *13. 2. 1798 Berlin, †5. 1. 1861 Düsseldorf; liberaler Anhänger F. Lists; Gesandter in Brüssel u. Paris; 1848 Berater Friedrich Wilhelms IV., März–Juli 1848 Außen-Min.; scheiterte beim Versuch einer Neuordnung Europas.

Arnold, Karl, Politiker, *21. 3. 1901 Herrlishöfen, Biberach, †29. 6. 1958 Düsseldorf; seit 1920 in der christl. Gewerkschaftsbewegung tätig, 1945 Mitgründer der CDU, 1946 Oberbürgermeister von Düsseldorf, 1947–1956 Ministerpräsident von Nordrhein-Westfalen, 1957/58 MdB.

Arnold von Brescia [-ˈbrɛʃʃa], italien. Augustiner-Chorherr, *um 1100 Brescia, †1155 Rom; trat gegen die Verweltlichung u. den Güterbesitz der Kirche auf u. forderte für alle Geistlichen ein Leben in Frömmigkeit u. Armut. A., in Paris Schüler Abälards, lehrte keine Häresien, wandte sich aber gegen die weltl. Herrschaft des Papstes u. wurde so während einer Pilgerfahrt in Rom seit 1145 der natürl. Verbündete der röm. Stadtopposition gegen die päpstl. Herrschaft. A. fiel nach der Verständigung Kaiser Friedrichs I. mit Papst Hadrian IV. in die Hände seiner Gegner u. wurde hingerichtet.

Arnold von Lübeck, Geistlicher u. Chronist, Benediktinerabt in Lübeck, †1212; schrieb die Fortsetzung der „Chronica Slavorum" Helmold von Bosaus für die Jahre 1171–1209, schilderte u. a. die Geschichte Holsteins u. das Leben Heinrichs des Löwen.

Arnulf, Fürsten: **1.** *A. von Kärnten*, ostfränk. König u. röm. Kaiser 887–899, *um 850 Moosburg, Kärnten, †8. 12. 899 Regensburg; natürl. Sohn des ostfränk. Karolingers Karlmann, 887 durch Wahl gegen Karl III., den Dicken, zum König erhoben. Als tatkräftiger u. vorsichtiger Herrscher gewann A. auch Oberitalien u. verteidigte erfolgreich die Ostgrenze seines Reichs. Vom Papst zu Hilfe gerufen, zog er 894 über die Alpen u. erhielt 896 die Kaiserkrone.

2. *A. „der Böse"*, Herzog von Bayern 907–937, †14. 7. 937 Regensburg; schlug 909, 910 u. 913 die Ungarn, kämpfte als Vertreter einer erstarkten Herzogsgewalt gegen Konrad I. u. Heinrich I., der ihm 921 wichtige Hoheitsrechte (u. a. freie Bischofsernennungen) zugestand, nachdem die Bayern 920 A. zum Gegenkönig erhoben hatten.

Arnulfinger → Karolinger.

Arnulf von Metz, Heiliger, Bischof von Metz 614–629, *Lay-Saint-Christophe bei Nancy, †18. 7. 640 (?) Remiremont (obere Mosel); regierte Austrasien unter dem Merowinger Dagobert I. zusammen mit dem Hausmeier Pippin I. Durch die Ehe seines Sohns Ansegisel mit Pippins Tochter Begga wurde A. Stammvater der *Karolinger*. 629 zog er sich als Einsiedler in die Vogesen zurück. Fest: 19. 8.

Arnuwanda, Name mehrerer hethit. Könige: **1.** *A. I.*, um 1400 v. Chr., einer der Begründer des hethit. Großreichs, das er durch einige Feldzüge sicherte.

2. *A. II.*, 1330 v. Chr., kämpfte als Kronprinz gegen die Churriter u. Ägypter, starb sehr bald nach seiner Inthronisierung.

3. *A. III.*, um 1220 v. Chr., in seine Zeit fiel der Niedergang des hethit. Reiches, das unter seinem Nachfolger u. Bruder Schupiluliuma zerschlagen wurde.

Arpad, Hptst. des nordsyr. Aramäerstaats *Bit-Agusi*, Blütezeit zu Beginn des 1. Jahrtausends v. Chr.; Grabungen 1960.

Árpád ['a:rpa:d], erster Großfürst der Magyaren, ca. 890–907, die er aus dem sog. Lebedien (Südrußland) an die untere Donau (Etelköz) u. 895/896 unter dem Druck der nachdrängenden Petschenegen nach Pannonien führte (sog. magyarische Landnahme). A. begründete die Dynastie der *Árpáden* in Ungarn, die 1301 im Mannesstamm erloschen ist.

Arrianus, *Arrian*, Flavius, Geschichtsschreiber aus Nikomedeia (Bithynien), *95, †175; Grieche mit röm. Bürgerrecht, Konsul, später Statthalter von Kappadokien; verfaßte Schriften über Indien („Indika"), Bithynien, die Parther, das Schwarze Meer u. eine Geschichte des Feldzugs Alexanders d. Gr. nach Persien („Anabasis"; bes. wertvoll, da sie sich auf verlorene, geschichtlich zuverlässige Quellen stützt). A. war ein Schüler Epiktets u. überlieferte durch seine Nachschriften der Gespräche Epiktets dessen Lehren.

Arsakes, König des Iran 247 (?) – 217 v. Chr.; Begründer der Dynastie der Arsakiden u. des Partherreiches (→ Parther); wurde in Asaak (in der heutigen Sowjetrepublik Turkmenistan) zum König gekrönt. Um 238 eroberte er die seleukidische Satrapie Parthien, östlich des Kaspischen Meeres; er starb nach 217 v. Chr.

Arsames [grch.], altpers. *Rschama*, d. h. „der Heldenstarke", Sohn des *Ariaramnes*, Großvater des *Dareios I.*, ca. 590–559 v. Chr.; übernahm die Herrschaft von seinem Vater, bis *Kyros II.* die Meder besiegte u. die alleinige Herrschaft über das von ihm begründete große Achämenidenreich antrat.

Arsenije, *A. III. Crnojević*, serb. Patriarch 1674–1690 in Péc, *um 1633 Bajice, †27. 10. 1706 Wien; unterstützte den Kampf der Heiligen Liga gegen das osman. Reich u. organisierte 1689 die serb. Erhebung. 1690 schloß er sich mit rd. 70 000 Serben den abziehenden kaiserl. Truppen an u. gründete mit Billigung Kaiser Leopolds in Südungarn (Syrmien) ein autonomes orth. Kirchenzentrum (Metropolie von Karlowitz).

Arsinoë, Name mehrerer Königinnen im ägypt. Ptolemäerhaus, von denen die bedeutendsten sind: **1.** *A. II.*, Tochter des Ptolemaios I. Soter, *316 v. Chr., †270 v. Chr.; lebte seit 278 v. Chr. in Geschwisterehe mit ihrem Bruder, König Ptolemaios II. Philadelphos; nach ihr wurde der neuerschlossene *Arsinoitische Gau* im Faiyum-Gebiet benannt.

2. *A. III.*, Tochter des Ptolemaios III. Euergetes u. der Berenike II.; †205 v. Chr.; lebte in Geschwisterehe mit ihrem Bruder Ptolemaios IV. Philopator; war 217 v. Chr. maßgeblich am ägypt. Sieg über seleukidische Truppen des Antiochos III. bei *Raphia* beteiligt.

Artabanos, Name mehrerer parthischer Könige: **1.** *A. I.*, parthischer Großkönig um 127 – um 124/23 v. Chr.; fiel im Kampf gegen die Nomaden im Osten des Partherreiches.

2. *A. II.*, parthischer Großkönig 10/11 – um 38 n. Chr.; wurde vom parthischen Adel auf den Thron gesetzt u. konnte das in dieser Zeit durch innere Wirren geschwächte Reich wieder stärken.

3. *A. III.*, parthischer Thronanwärter, der mit anderen Anwärtern zwischen 79–81 n. Chr. um die Macht kämpfte, aber unterlag. Manchmal wird in der Literatur auch A. II. als A. III. geführt, in der Annahme, daß vorher zwischen um 88–78 v. Chr. ein weiterer A. als König geherrscht hat.

4. *A. IV.*, letzter parthischer Großkönig, 216–224 n. Chr., kämpfte gegen den römischen Kaiser Caracalla u. konnte 217/18 die Römer besiegen; unterlag dann gegen → Ardaschir, den Begründer der Sassanidendynastie.

Artaxerxes, [grch., lat. von altpers. *Artachschasa*, „dessen Reich die rechte Ordnung ist"], mehrere altpers. Könige aus dem Geschlecht der Achämeniden: **1.** *A. I., A. Longimanus*, 465–424 v. Chr., jüngerer Sohn Xerxes' I., Vater Xerxes' II.; schloß mit Athen den sog. *Kalliasfrieden* 449 v. Chr., der die Perserkriege beendete.

2. *A. II., A. Mnemon*, 405–359 v. Chr., Sohn des Dareios II., Bruder des jüngeren Kyros, Vater von 3); schloß den Frieden des *Antalkidas* (386 v. Chr.), der ihn zum Protektor der Autonomie der griech. Staaten machte u. ihm damit weitgehende Einspruchsrechte in Griechenland sicherte.

3. *A. III., A. Ochos*, 358–337 v. Chr., Sohn von 2); eroberte das seit 404 v. Chr. verlorene Ägypten für Persien zurück.

4. *A. IV.*, nannte sich der Satrap *Bessos*, der den letzten Achämeniden, Dareios III., tötete.

Artefakt [lat., „künstliches Gebilde"], allg. jedes künstlich Hergestellte; in der Urgeschichte ein von Menschenhand hergestelltes Werkzeug, speziell Steine, die durch Bearbeitung Werkzeugcharakter erhalten haben.

Artemisia, Schwester u. Gattin des Mausolos, die nach dessen Tod 351 v. Chr. die Herrschaft über Karien u. Rhodos übernahm; ließ für ihren Gatten in *Halikarnassos* (heute türkisch Bodrum) ein etwa 35 m hohes, prunkvolles Grabmal errichten (jetzt nicht mehr vorhanden), das Vorbild u. Namengeber für jede prächtige Grabstätte (Mausoleum) wurde u. als eines der 7 Weltwunder der Antike galt.

Artemision, 1. lat. *Artemisium*, Heiligtum der Artemis, bes. das *A. von Ephesos*, das um die Mitte des 6. Jh. v. Chr. errichtet wurde u. als eines der 7 Weltwunder gerühmt wurde. Nach einem Brand 356 v. Chr. wurde es durch einen Neubau ersetzt. Von der 263 n. Chr. von den Goten zerstörten Kultstätte sind nur geringe Reste erhalten.

2. *Kap A.*, an der Nordspitze Euböas (Griechenland) gelegen; die griech. Flotte hielt hier Xerxes' Schiffe 480 v. Chr. bis zum Fall der griech. Stellung bei den Thermopylen auf. – 1928 wurden im Meer mehrere griech. Bronzestatuen der klass. Zeit gefunden, u. a. eine überlebensgroße Zeusstatue (heute in Athen, Nationalmuseum).

Artevelde ['artevɛldə], Jacob van, flandrischer Volksführer, *um 1290 Gent, †17. 7. 1345 Gent; 1338 Stadthauptmann von Gent, vertrieb die Grafen von Flandern u. beherrschte danach Flandern; bei einem Aufstand erschlagen.

Artigas, José Gervasio, uruguayischer Unabhängigkeitskämpfer, *19. 6. 1764 Montevideo, †23. 9. 1850 Asunción; spanischer Milizoffizier, kämpfte 1811–1820 für die Freiheit Uruguays gegen Spanier, Portugiesen u. Argentinier. Mehrfach besiegt, ging er ins Exil nach Paraguay, wo er bis zu seinem Tod blieb. In Uruguay wird er als Nationalheld verehrt.

Artois [ar'twa; der oder das], histor. Landschaft (ehem. Grafschaft) in Nordfrankreich, hauptsächlich das heutige Dép. Pas-de-Calais; alte Hptst. *Arras*.
863–1180 im Besitz der Grafen von Flandern, kam als flandrische Grafschaft 1191 zu Frankreich, 1222 an die französ. Krone, 1384 durch Heirat zu Burgund; 1493 habsburgisch, nach dem Pyrenäenfrieden endgültig französisch.

Asarhaddon, assyr. *Aschschur-ach-iddina*, König von Assyrien 680–669 v. Chr., eroberte Unterägypten (Memphis) u. kämpfte gegen die Phönizier, Kimmerier u. Skythen.

Aschoka, *Açoka, Ashoka*, ind. Maurya-Kaiser etwa 270–232 v. Chr., *um 290 v. Chr., †232 v. Chr.; Enkel *Tschandraguptas*, einigte Indien zum ersten Mal in seiner Geschichte; förderte eine universelle buddhist. Mission u. sandte Botschafter in den Vorderen Orient, nach Griechenland u. Ägypten. Sein Sohn *Mahinda* gewann Ceylon für den Buddhismus. A. richtete Hospitäler für Menschen u. Tiere ein; das Löwenkapitell von Sarnath (Staatswappen Indiens) dokumentiert die Hochblüte der Kunst unter A.s Herrschaft. In der buddhist. Überlieferung gilt A. als Idealherrscher.

ASEAN, Abk. für engl. *Association of South East Asian Nations*, am 7. 8. 1967 in Bangkok gegr. Organisation (an Stelle der von Malaysia, den Philippinen u. Thailand 1961 gegr. *Association of South East Asia, ASA*); Mitglieder: Indonesien, Malaysia, Philippinen, Singapur, Thailand, seit 1984 Brunei, seit 1995 Vietnam, seit 1997 Birma u. Laos. Ziel ist die Förderung gemeinsamer wirtschaftl., techn., kultureller u. sozialer Interessen. Nach dem Ende des Vietnamkriegs u. dem „Einfrieren" der SEATO gewann die A. immer größere Bedeutung für die wirtschaftl. Entwicklung Asiens.

Aseniden, bulgar. Herrscherdynastie 1187 bis 1277. Die Brüder *Asen* u. *Peter* begründeten im Aufstand gegen den byzantin. Kaiser 1185–1187 das 2. bulgar. Reich.

Aserbaidschan AZ

Aserbaidschanische Republik

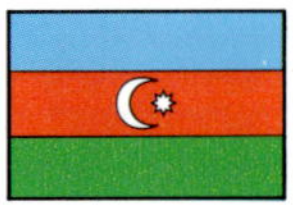

Fläche: 86 600 km². *–Einwohner:* 7,3 Mill. – *Hauptstadt:* Baku. – *Landessprache:* Aserbaidschanisch. – *Nationalfeiertag:* 28. 5. – *Währung:* 1 Manat = 100 Gepik – *Lage:* zwischen 38°23′ und 41°53′ n. Br. sowie zwischen 45° und 50°35′ ö. L. – *Zeitzone:* Mitteleuropäische Zeit + 2 Std. – *Grenzen:* im W Armenien, im NW Georgien, im N Rußland, im O Kaspisches Meer, im S Iran. – *Staatsform:* präsidiale Republik.

A. ist seit der Steinzeit von Menschen besiedelt. Aus der transkaukas. Mischbevölkerung gingen vom 7.–15. Jh. unter starkem türk. Einfluß (seit dem 10. Jh.) die Aserbaidschaner hervor. Seit dem 7. Jh. v. Chr. gehörte A. wechselnd zum Pers. oder zum Mederreich. Nach der Eroberung durch die Araber im 7. Jh. nahm A. den Islam als Staatsreligion an. Das in zahlreiche Regionalstaaten aufgesplitterte A. wurde im 11. Jh. von den Türken unterworfen, im 13. Jh. von den Mongolen u. zu Beginn des 14. Jh. von den Persern.

1813 u. 1823 wurde der nördl. Teil A.s von Rußland erobert u. als Provinz eingegliedert. Dank der Entwicklung der Erdölindustrie um Baku stieg Russisch-A. bis zur Jahrhundertwende zum damals größten Ölproduzenten der Welt auf. Zugleich wurde die Arbeiterschaft von Baku zu einer wichtigen Zielgruppe revolutionärer Agitation. Hier wirkten später führende Bolschewiki wie Stalin u. Woroschilow. Unmittelbar nach der Oktoberrevolution 1917 übernahmen zunächst die Bolschewiki die Macht in Russisch-A. Am 28. 5. 1918 wurde es vorübergehend unabhängig. Nach Verdrängung der türk., dann der brit. Truppen durch die Rote Armee wurde A. 1920 Sowjetrepublik, 1922 Teilrepublik der Transkaukasischen SFSR, 1936 Unionsrepublik. 1941 besetzten sowjet. Truppen den iran. Teil A.s. Der Versuch, ihn von Iran zu lösen, schlug fehl; 1946 zogen die Truppen ab. Als sich im Zuge der Reformpolitik der

1980er Jahre wieder nationale Bestrebungen artikulieren konnten, brachen auch uralte Gegensätze zwischen Aserbaidschanern u. Armeniern auf. Der Konflikt entzündete sich an der mehrheitlich von Armeniern bewohnten aber seit 1920 zu A. gehörenden Bergkarabachen-AO. Diese erklärte 1988 ihren Anschluß an die Armen. SSR. Sowohl die Moskauer Zentralregierung als auch der aserbaidschan. Oberste Sowjet erklärten diesen Beschluß für ungültig. In der Folgezeit kam es zu militär. Auseinandersetzungen. Im Zuge des Zerfalls der UdSSR erklärte A. am 30. 8. 1991 seine Unabhängigkeit. Nach inneren Machtkämpfen wurde 1993 der Altkommunist G. *Alijew* Staatschef. Der Streit um Bergkarabach entwickelte sich zu einem blutigen Krieg mit Armenien. Russ. Vermittlungsbemühungen führten 1994 zu einem Waffenstillstandsabkommen. 1995 fanden die ersten Parlamentswahlen nach der Unabhängigkeit statt. Außerdem wurde eine neue Verfassung verabschiedet.

Ashanti [aʃ-], seit dem 17. Jh. westafrikan. Königreich an der Goldküste, im 19. Jh. von England erobert u. brit. Protektorat (1901); heute Teil Ghanas.

Ashikaga [aʃi-], altjapan. Adelsgeschlecht, Zweig der *Minamoto*, stellte von 1338 bis ca. 1573 die Shogune (Militärstatthalter).

Asien [assyr. *açu*, „Sonnenaufgang"], größte Kontinentalmasse der Erde, 44,3 Mill. km².

Erforschung

Der asiat. Kontinent wurde von Europa aus wohl zunächst durch phöniz. Seefahrer erforscht, die als erste eine engere Verbindung zwischen der Mittelmeerkultur u. dem westl. A. herstellten. Vom 7. Jh. v. Chr. an wurden durch griech. Kolonisten in Klein-A. weitere Einzelheiten bekannt. Die Feldzüge *Alexanders d. Gr.* brachten im 4. Jh. v. Chr. eine starke Erweiterung der Kenntnisse. Aber noch im Kartenwerk des *Ptolemäus* (2. Jh. n. Chr.), das bis ins MA grundlegend blieb, war von Nord-A. nichts, von Zentral- u. Ost-A. nur wenig bekannt, u. selbst über Indien bestanden nur unklare Vorstellungen. Die Araber erweiterten zwar die Kenntnisse über A. beachtlich, doch erhielt Europa erst spät von diesem Wissen Kunde.

Im 13. Jh. kam es mit der Errichtung des Mongolenreichs zu einer ersten unmittelbaren Berührung zwischen Europa u. dem Fernen Osten. Reisende, wie *Marco Polo*, schilderten dem staunenden Abendland den Glanz bisher unbekannter Kulturen. Ein entscheidender Fortschritt trat erst ein, als durch *Vasco da Gama* 1497/98 der Seeweg von Europa nach Indien entdeckt wurde. Mit dem seit dem ausgehenden 16. Jh. beginnenden russischen Vorstoß nach Sibirien (J. *Timofejew* 1580; S. I. *Deschnew* umfuhr 1648 das Ostkap A.s, V. *Bering* entdeckte 1728 die Beringstraße) kam auch der bis dahin fast unbekannte N des Erdteils deutlicher in den europ. Gesichtskreis. Am spätesten, mit Beginn des 19. Jh., wurde Inner-A. in die Erforschung einbezogen (A. von *Humboldt* 1829, Gebr. *Schlagintweit* 1855/56, N. *Prschewalskij* 1870–1885, F. von *Richthofen* 1868–1872, S. *Hedin* durch vier Reisen zwischen 1894 u. 1935, W. *Filchner* 1900–1938).

Geschichte

Um 3000 v. Chr. entstand in A., im Süden Mesopotamiens, die erste Hochkultur der Geschichte: das Reich der S u m e r e r. Sie gründeten die ersten Städte, pflegten Beziehungen zur Indus-Kultur (*Mohenjo-Daro*) u. entwickelten die erste Schrift. Ihr Reich ging Ende des 3. Jahrtausends v. Chr. in dem der A k k a d e r auf, das später unter die Herrschaft der B a b y l o n i e r fiel.

In der 1. Hälfte des 6. Jh. v. Chr. dehnten die P e r s e r ihre Herrschaft über ganz Kleinasien u. 517 v. Chr. bis ins Industal hinein aus, wo es bereits um 1500 v. Chr. eine weitere asiat. Hochkultur (*Indushochkultur*) gab.

Die Perser wurden im 4. Jh. v. Chr. von Alexander d. Gr. unterworfen. Eine dritte asiat. Hochkultur entstand in China um 1500 v. Chr. in den Flußebenen des mittleren Huang He unter der Herrschaft der *Shang-Dynastie*. Im 4. Jh. n. Chr. begannen krieger. Nomadenvölker aus Innerasien in die Hochkulturen der Stromländer einzubrechen. Die aus der Mongolei kommenden H u n n e n eroberten Nordchina u. wandten sich, nachdem sie durch die chines. *Han-Dynastie* zurückgedrängt worden waren, seit 375 nach Europa. Ihr Eindringen löste die german. *Völkerwanderung* u. damit den Untergang des Weströmischen Reichs aus. Ihr folgte später die Ausbreitung der Slawen. Im 7. Jh. wurde das durch die islam. Araber geeinte Vorder-A. zum Ausgangspunkt für die Eroberungszüge des *Islams*. 751 siegten islam. Truppen unter *Sijad Ibn Salich* im Gebiet des Talas über chines. Streitkräfte (unter dem korean. Feldherrn *Kao Hsientsche*) u. entschieden damit die künftige Zugehörigkeit Inner-A.s zum islam., nicht zum chines.-buddhist. Kulturkreis. 712 begann die Islamisierung I n d i e n s durch die Araber, die Ende des 12. Jh. ihren ersten Höhepunkt erreichte.

China erlebte unter der *Tang-Dynastie* (618–906) eine Epoche der kulturellen Blüte, in der chines. Institutionen, Kunstformen u. Literatur von den Nachbarn nachgeahmt oder übernommen wurden. 1206 wurde in der Mongolei *Tschingis Chan* zum obersten Herrscher ausgerufen. Unter ihm u. seinen Nachfolgern eroberten die Mongolen China, Nordindien, Persien sowie weite Teile Osteuropas u. griffen Ende des 13. Jh. bis nach Korea, Hinterindien u. Indonesien aus. Der Zerfall des Mongolenreichs begann Mitte des 14. Jh. In China wurden die Mongolen 1368 vom Begründer der *Ming-Dynastie* besiegt. In Klein-A. traten die Türken unter Osman I. (1288–1326) die Nachfolge der mongol. Oberherren an u. schufen bis zum 16. Jh. im Mittelmeerraum das vom Islam geprägte O s m a n i s c h e R e i c h. Nur in Nordindien gelang türkisierten Mongolen noch eine Staatsgründung: 1526 entstand das Reich der *Großmoguln*. Durch die Eroberungskriege der Türken wurden bereits im 15. Jh. die Mittelmeerwege u. die alten Karawanenstraßen, auf die sich die direkten Handelsbeziehungen zwischen dem Abendland u. dem Orient stützten, unpassierbar. Die auf den Seehandel angewiesenen Staaten Spanien u. Portugal begannen nach neuen Seewegen um Afrika herum zu suchen, vor allem für den Handel mit Indien, u. leiteten damit das Zeitalter der europ. E n t d e c k u n g s- u. E r o b e r u n g s e x p e d i t i o n e n ein. Die Portugiesen sicherten sich die Vorherrschaft im Indischen Ozean; die Spanier begannen um 1565 mit den Philippinen Handel zu treiben; die Briten u. Holländer nahmen um 1600 den Asienhandel auf; um 1600 eroberten die Holländer Java u. nahmen um 1640 den Portugiesen Malakka ab.

China erlebte mit der *Qing-(Mandschu-) Dynastie* (1644–1911) einen neuen Höhepunkt seiner Macht. Die Berichte europ. Missionare über die hohe Kultur Chinas erregten in Europa Aufsehen u. Bewunderung. Das europ. Kultur- u. Geistesleben wurde in jener Zeit stark von China beeinflußt (*Chinoiserie*), während sich der europ. Einfluß in China zunächst auf einzelne Küstenstädte, wie Canton, Macau u. Ningbo, beschränkte.

In J a p a n setzte nach dem ersten Eindringen des Christentums eine heftige nationale Reaktion ein. Von 1633 ab sperrte sich das Land gegen alle kulturellen Einflüsse von außen. Nach diesen Mißerfolgen in Ost-A. wandten die Holländer u. Briten sich Süd- u. Südost-A. zu. So bauten die Holländer in Indonesien, die Briten in Indien ihre Handelsniederlassungen aus. In Indonesien übernahm Anfang des 17. Jh. die *Niederländisch-Ostindische Kompanie* alle bereits vorhandenen Faktoreien. In Indien setzte die brit. *Ostindische Kompanie* im 17. Jh. ihren Einfluß durch.

Zur Wahrung ihrer polit. u. wirtschaftl. Interessen in den innenpolitisch zerrissenen süd- u. südostasiat. Staaten begannen die europ. Regierungen Ende des 18. Jh. die Kontrolle über die Handelsniederlassungen zu übernehmen. Damit setzte die k o l o n i a l e E x p a n s i o n s p o l i t i k der europ. Mächte u. die Aufteilung A.s in europ. Interessensphären ein. Die Holländer dehnten im 19. Jh. ihre Herrschaft über den gesamten indones. Archipel aus. Die brit. Machtsphäre in Indien wuchs in dem Maße, in dem das Reich der Moguln zerfiel, dessen Souveränität Großbritannien 1858 offiziell übernahm. Zum brit. Kolonialreich in A. kamen außerdem Hongkong, Birma, Malaya, Singapur u. Teile von Borneo hinzu. Die Franzosen unterstellten Ende des 19. Jh. Tonkin, Cochinchina, Kambodscha u. Annam als Französisch-Indochina einem Generalgouverneur u. zwangen Siam zur Abtretung des Gebiets von Laos.

Rußland schloß 1895 die Eroberung Zentral-A.s ab u. drang in Ostsibirien (seit Mitte des 17. Jh.) bis zur Nordgrenze Chinas vor. Mit dem *Vertrag von Kiachta* (1728), der den Russen in Peking eine Gesandtschaft, eine Handelsniederlassung u. eine Kirche zugestand, wurden die Russen führend in der

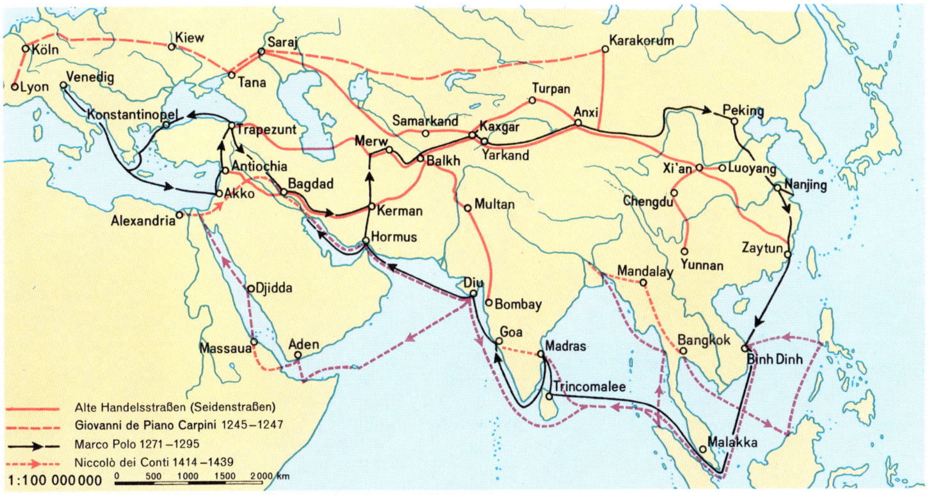

Asien: Entdeckungsreisen und alte Handelsstraßen zwischen Europa und Ostasien

Chinapolitik der europ. Mächte. Die durch Volksaufstände geschwächte Qing-Regierung wurde seit Mitte des 19. Jh. von den europ. Mächten zum Abschluß der sog. *ungleichen Verträge* gezwungen. Daß China keine Kolonie wurde, ist einerseits der Größe des Reichs, andererseits der Rivalität der Großmächte untereinander zuzuschreiben.
Japan wurde 1854 von den USA zum Abschluß eines Handelsvertrags gezwungen. Diesem folgten Handelsverträge Japans mit anderen Westmächten. Unter der Führung des seit 1868 regierenden Kaisers Meiji wurden polit., wirtschaftl. u. soziale Reformen durchgeführt, die Japan befähigen sollten, einen Platz unter den Großmächten einzunehmen. 1894/95 kam es zum *japanisch-chinesischen Krieg*, in dem Japan durch seinen Sieg den chines. Einfluß in Korea zurückdrängte u. Formosa (Taiwan) u. die Pescadores erhielt. Aufgrund seiner Erfolge im *japanisch-russischen Krieg* (1904/05) erhielt Japan die Schutzherrschaft über Korea zugesprochen, eroberte Port Arthur u. gewann damit freie Hand zur Annexion Koreas 1910.
Die Zeit bis zum Ende des 2. Weltkriegs war einerseits geprägt durch das wirtschaftl. u. militär. Expansionsstreben Japans in Ost- u. Südost-A., dessen Ziel die Schaffung einer „Gemeinsamen Großostasiatischen Wohlstandssphäre“ war, andererseits durch die Schwäche Chinas, in dem seit der Revolution von 1911/12 Bürgerkrieg herrschte. Seit der russ. Oktoberrevolution von 1917 gewannen die Ideologien vom Nationalismus bis zum Kommunismus im polit. Geschehen A.s zunehmend an Wirksamkeit.
Das Osman. Reich zerfiel bereits nach dem 1. Weltkrieg in ein türk. Kerngebiet (Klein-A.) u. national-arabische Staaten, während aus den asiat. Kolonialreichen nach dem 2. Weltkrieg die heutigen Nationalstaaten hervorgingen. 1949 begann mit der Ausrufung der chines. Volksrepublik eine Periode der inneren Festigung u. des Neuerstarkens Chinas.
Die Unabhängigkeit brachte den meisten asiat. Staaten polit. u. vor allem wirtschaftl. Probleme. Der europ. Einfluß wurde durch den amerikan. Einfluß abgelöst. Das Zentrum des ideolog. Ost-West-Konflikts u. damit des weltpolit. Geschehens hatte sich (wie zunächst der Korea-Krieg u. dann der Vietnam-Krieg bewiesen) zunehmend nach A. verlagert. Kennzeichnend wurde das Bestreben, internationale Konflikte durch Konferenzen u. Verträge zu lösen oder ihnen durch Zusammenschlüsse vorzubeugen. Trotz dieser Bemühungen blieben die vorderasiat. Krisenherde (Zypern, arab.-israel. Konflikt) sowie die Indien-Pakistan-Frage explosiv.
Vietnam unterwarf sich trotz eines chines. Angriffs auf seine Nordgrenze Anfang 1979 Kambodscha, während die Sowjetunion von 1979 bis 1989 Afghanistan besetzte. In vielen asiat. Staaten kam es wiederholt zu Militärputschen u. Machtwechseln, so in der Türkei (September 1980) u. in Iran, wo der Schah das Land im Januar 1979 verlassen mußte. Zwischen Iran u. Irak kam es 1980 zum Golfkrieg, in dem erst 1988 ein Waffenstillstandsabkommen erzielt wurde. Der Abzug der Sowjetunion aus Afghanistan sowie der Abzug Vietnams aus Kambodscha 1989 beseitigte nicht das Krisenpotential dieser Länder. Im gleichen Jahr verschärften sich die innenpolit. Konflikte in Sri Lanka u. auf den Philippinen. In Birma formierte sich seit 1988 eine starke Demokratiebewegung, die – ebenso wie in China 1989 – blutig unterdrückt wurde. In Nepal kam es 1990 zu gewalttätigen Demonstrationen für mehr Demokratie. Der Golfkrieg 1991 führt zur Befreiung des vom Irak 1990 annektierten Kuwaits. Durch diesen Krieg eskalierte das Kurdenproblem im Irak. Das Ende der UdSSR führte zu neuen polit. Unwägbarkeiten in Zentralasien. Eine Lösung des Kaschmir- u. Koreaproblems war auch Anfang 1998 noch nicht in Sicht.
Neben der Wirtschaftsvormacht Japan zeigten die Länder Indonesien, Malaysia, Singapur, Südkorea, Taiwan u. Thailand seit den 1980er Jahren ein zunehmend schnelleres wirtschaftl. Wachstum, das Mitte der 1990er Jahre zu einer ökonom. Überhitzung führte, die 1997 in eine schwere Rezession mündete.

Asiento [span., „Vertrag“], *Asiento de negros*, ein Kontrakt, mit dem die span. Regierung Anfang des 16. Jh. das Monopol des Sklaventransports ins span. Amerika vergab. Zuletzt erhielt England dieses Monopol 1713 im Frieden von Utrecht; es verzichtete jedoch 1750 im Vertrag von Madrid gegen Geldabfindung auf Erneuerung.

Asinius Pollio, röm. Feldherr, *76 v. Chr., †5 n. Chr.; kämpfte im Bürgerkrieg auf der Seite *Cäsars*, später des *Antonius*, zog sich unter *Augustus* von der Politik zurück. Er stiftete die 1. öffentl. Bibliothek in Rom; von seiner Geschichte des Bürgerkriegs (60–42 v. Chr.) u. seinen Reden sind nur Bruchstücke erhalten.

Askanier, mitteldt. Fürstengeschlecht, auf Adalbert von Ballenstedt (um 1000) zurückgehend, genannt nach der Burg Askanien bei Aschersleben. Vier Linien: 1. Grafen, später Herzöge von *Anhalt* (bis 1918); 2. Markgrafen von *Brandenburg* (bis 1319); 3. Herzöge von *Sachsen-Lauenburg* (bis 1689); 4. Herzöge, später Kurfürsten von *Sachsen-Wittenberg* (bis 1422).

Askia, Muhammad, König des *Mali-Reiches* im nordwestl. Afrika 1493–1528; stärkte die Zentralgewalt des Reiches.

Asoka, ind. Maurya-Kaiser, → Aschoka.

Asparuch, *Isperich*, protobulgar. Chan, Gründer u. Herrscher des ersten bulgar. Reiches 681–700, *um 644, †700; dritter Sohn Chan Kubrats (Kuvrats); führte nach dem Zerfall „Großbulgariens“ im nördl. Schwarzmeerraum die turksprachigen Protobulgaren an die untere Donau heran, ließ sich 680 in der Dobrudscha auf Reichsterritorium im Gebiet der slawischen „Sieben Stämme“ u. der slaw. Severen nieder u. zwang 681 den byzantin. Kaiser Konstantin IV. zur vertragl. Anerkennung seiner Herrschaft u. zu jährl. Tributzahlungen. 681 gilt heute als Gründungsdatum des bulgar. Staates.

Aspasia, vom Sokrates-Kreis sehr verehrte ionische Griechin aus Milet, zweite Frau des *Perikles*; von dessen polit. Gegnern heftig befehdet, da Perikles' Verbindung zu der „Ausländerin“ nach seinen eigenen Gesetzen Angriffspunkte bot u. A. bildungsmäßig die Athenerinnen ihrer Zeit weit überragte. Dadurch entstand die bis in die Gegenwart geltende Auffassung, A. sei eine Hetäre gewesen. 433/432 v. Chr. wurde A. wegen Gottlosigkeit u. Kuppelei angeklagt, doch schließlich freigesprochen.

Aspern, ehem. Dorf bei Wien, heute eingemeindet. In der *Schlacht von A.* am 21./22. 5. 1809 erlitt der bis dahin unbesiegte Napoleon I. seine erste Niederlage (durch Erzherzog Karl). Der Sieg wurde jedoch nicht genützt.

Asquith ['æskwiθ], Herbert, Earl of *Oxford and A.* (1925), brit. Politiker (Liberaler), *12. 9. 1852 Morley, Yorkshire, †15. 2. 1928 Sutton Courtenay; 1892–1895 Innen-Min. im Kabinett Gladstone-Rosebery, 1906–1908 Schatzkanzler im Kabinett Campbell-Bannermann, 1908–1916 Premier-Min.; brachte 1911 die Parlamentsakte ein, die die Macht des Oberhauses endgültig brach; 1915/16 Premier-Min. des ersten Kriegskoalitionskabinetts; dann Führer der Opposition im Unterhaus, bis er 1925 ins Oberhaus berufen wurde.

Assad, Hafez Al, syr. Offizier u. Politiker, *6. 10. 1930 Kardaha; 1963 Befehlshaber der Luftstreitkräfte, 1966 Verteidigungs-Min., 1970/71 Min.-Präs., seit 1971 Staats-Präs. u. Generalsekretär der regierenden Baath-Partei. A. gehört der Religionsgemeinschaft der Alawiten an. Er bekämpfte den ägypt.-israel. Friedensschluß von 1979 u. ergriff im iran.-irak. Krieg sowie im Golfkonflikt 1990/91 Partei gegen Irak.

Assassinen [arab., „Haschischgenießer“], ismailit. Geheimbund (1090–1256), der von seinen Mitgliedern blinden Gehorsam forderte; gegr. von *Hassan As Sabbah* (Ende 11. Jh.). Der Großmeister, der „Alte vom Berg“ (arab. *Scheich Ad dschebel*), residierte in der Festung Alamut bei Qasvin (Iran). In der Zeit der Kreuzzüge besaßen die A. Burgen in Syrien u. beeinflußten die Politik durch Morde, die hierfür ausgesuchte Mitglieder (arab. *Fidawi*) ausführten. Der Mongolenherrscher Hülägü vernichtete 1256 den Bund, der wenig später auch in Syrien erlosch.
Einige militante Untergrundorganisationen in den islam. Ländern, die ihren Kampf gegen islamfremde Kräfte führen, sehen in den mittelalterl. A. ihre Vorbilder. – Von dem Wort A. leitet sich das französ. Wort *assassin* (Mörder) ab.

Assemblée [asã'ble:; die; frz.], französ. Volksversammlung, Volksvertretung, insbes. die *A. nationale constituante* (Verfassunggebende Nationalversammlung) 1789–1791 u. die *A. nationale législative* (Gesetzgebende Nationalversammlung) 1791/92. *A. nationale* hieß auch das Parlament der 2. Republik 1848–1851. Nach dem Sturz Napoleons III. schuf die A. nationale 1871 in Bordeaux, dann in Versailles die Verfassung der 3. Republik. Die gleiche Bez. trug in dieser Verfassung die Vereinigung von Deputiertenkammer u. Senat (die z. B. den Präsidenten wählte). Seit 1946 heißt nur noch die vom Volk direkt gewählte gesetzgebende Körperschaft A. nationale.

Assise [die; frz.], im MA Gerichtsversammlung oder allgemeine Versammlung, auf der Angelegenheiten der Justiz u. Verwaltung beraten u. geregelt wurden; später in England u. in den engl. Besitzungen in Frankreich (Normandie, Anjou u. a.) bes. Schwurgerichtsversammlung lokaler Kommissionen unter einem königl. Reiserichter; auch Name für unter Vorsitz des Königs auf A.n erlassene Gesetze (England, Sizilien) bzw. für Rechtsbücher (Jerusalem, Antiochia).

Assur, im 2. Jahrtausend v. Chr. die Hauptstadt Assyriens, am Westufer des Tigris, 100 km südlich von Mossul; 614 v. Chr. von den Medern u. Chaldäern zerstört, Spätblüte unter den Parthern (140 v. Chr.–256 n. Chr.);

Assur: bemalter Knopfbecher 13./12. Jh. v. Chr. Berlin, Staatliche Museen

heute der Ruinenhügel *Kal' at Schergat*, 1903–1914 ausgegraben: Denkmäler zur Geschichte u. Kunst der Assyrer, Festungswerke, 34 Tempel, darunter der des Stadtgotts *Assur* u. der Göttin *Ischtar*, mehrere Paläste, außerhalb der Stadt ein Festhaus.

Assurbanipal, assyr. König 668–631 v.Chr., jüngerer Sohn Asarhaddons; stellte im Kampf gegen seinen Bruder die Reichseinheit wieder her; Ägypten ging während seiner Regierung verloren, im Iran u. in Elam errang er entscheidende Siege. A. war einer der gebildeten Herrscher Assyriens u. legte in seinem mit künstler. bedeutsamen Reliefs ausgestatteten Palast in *Ninive* die größte babylonisch-assyrische Bibliothek (Keilschrifttexte) an.

Assurnasirpal II., assyr. König 883–859 v.Chr., festigte das Neuassyr. Reich durch grausame Feldzüge u. Massendeportationen,

König Assurnasirpal II. bei einem kultischen Mahl (Ausschnitt), neuassyrisch; aus dem Nordwest-Palast in Kalchu. London, Britisches Museum

besiegte die Aramäer u. eroberte Nordsyrien; erbaute sich in seiner Hptst. *Kalach* einen prächtigen Palast. Seine Elfenbeinschätze wurden z.T. ausgegraben.

Assuruballit I., assyr. König 1356–1320 v.Chr., errang die Unabhängigkeit von *Mitanni* u. sicherte seinen Einfluß auf Babylon durch Verträge. Seine Tochter wurde mit Burnaburias von Babylon verheiratet. Später setzte er mit Waffengewalt seinen Schützling Kurigalzu auf den babylon. Thron.

Assyrien, assyr. *Aschschur*, Stadtstaat am mittleren Tigris in Nordmesopotamien im 3. Jahrtausend v.Chr.; seit dem 2. Jahrtausend v.Chr. Großmacht. – Im Neolithikum sind erstmals Kulturen in A. (u.a. *Samarra, Tell Halaf*) nachweisbar. Um 2400 v.Chr. kam es mit dem Eindringen der *Akkader* zur Bildung eines selbständigen Fürstentums, jedoch unter sumerischer Oberhoheit. Um 1850 v.Chr. unterhielt A. schon weitreichende Handelsbeziehungen. Nach zeitweiliger Ausdehnung seiner Macht bis Nordbabylonien im 18. Jh. v.Chr. geriet A. unter die Herrschaft der *Hurriter*, von der es erst *Assuruballit I.* befreien konnte. Unter *Tukulti-Ninurta I.* (1234–1198 v.Chr.) wurde A. erstmals Großmacht. *Tiglatpileser I.* (1115–1078 v.Chr.) drang bis zum Vansee u. Mittelmeer vor u. unterwarf Babylonien, mußte sich aber schon mit den *Aramäern* auseinandersetzen, die unter seinen Nachfolgern das Reich unterwanderten. Erst die Könige des Neuassyr. Reichs (*Assurnasirpal II.*, 883–859 v.Chr.; *Salmanassar III.*, 858–824 v. Chr.; *Tiglatpileser III.*, 745–727 v.Chr.) verhalfen A. durch erneute Eroberungszüge gegen Urartu im N, die Meder, Kimmerier u. Skythen im NO u. Syrien u. Kilikien im W erneut zur Vormachtstellung. Babylonien, Israel u. Syrien wurden erobert; unter *Asarhaddon* (680–669 v.Chr.) gehörte auch Ägypten zum assyr. Reich. Der Verfall begann unter *Assurbanipal* (668–631 v.Chr.), der das Reich durch den Streit mit seinem Bruder um den Thron schwächte. Unter seinen Söhnen wurde A. von den Babyloniern u. Medern vernichtet.

Asturien, span. *Asturias*, histor. Landschaft im nordwestl. Spanien, die heutige Prov. *Oviedo*, 10565 km², 1,13 Mill. Ew.
25–19 v.Chr. von den Römern erobert; im 5. Jh. Teil des Westgotenreiches; vom Anfang des 8. Jh. bis 910 Königreich A.; wurde zum Ausgangsland der Reconquista (Sieg über die Araber bei Covadonga 722); seit 924 Teil des Königreichs León, 1230 mit Kastilien vereinigt. Der span. Thronfolger trug seit 1388 den Titel „Prinz von A.".

Astyages [grch.], medisch *Rschtivaiga*, d.h. „Lanzenschwinger", Sohn des *Kyaxares II.*, König des Mederreiches ca. 584–550 v.Chr., als er von *Kyros II.* besiegt wurde.

Atahualpa, 13. u. letzter Inkaherrscher von Peru 1525–1533, Sohn des Inka *Huayna Capac* u. einer Tochter des von diesem besiegten Fürsten von *Quito*, *nach 1500, †29.8.1533 Cajamarca; 1525 Herrscher über den N des Reichs, nach der Ermordung seines Halbbruders *Huascar* im Frühjahr 1532 durch seine Generäle Alleinherrscher; am 16. 11. 1532 in Cajamarca von Francisco *Pizarro* gefangengenommen u. trotz Zahlung eines gewaltigen Lösegelds an Gold u. Silber, das ein noch heute in Cajamarca erhaltenes Palastgemach füllte, nach einem Scheinprozeß hingerichtet.

Atatürk, Kemal, bis 1934 *Mustafa Kemal*, türk. Politiker u. Feldherr, *1881 Saloniki (offiziell festgelegter Geburtstag 19. 5.), †10. 11. 1938 Istanbul; vor dem 1. Weltkrieg in der jungtürkischen Bewegung; während des Krieges in verschiedenen Kommandostellungen, zuletzt in Palästina; stellte sich nach der Niederlage 1919 an die Spitze der nationalen Erhebung, berief im April 1920 die Nationalversammlung in Ankara ein; vertrieb 1921/22 die Griechen aus Kleinasien u. erhielt den Ehrentitel *Gazi* („siegreicher Kämpfer"; 1934 abgelegt), beseitigte das Sultanat u. das Kalifat; seit 1923 Präs. der Republik; führte grundlegende Reformen durch (Übernahme westeurop. Rechtssysteme, Ein-

Hinrichtung des Inkakönigs Atahualpa

ehe, Lateinschrift, europ. Kleidung, Einschränkung der Religion). Bei der Einführung von Familiennamen erhielt er den Namen A. („Vater der Türken"). Als Staatspartei gründete er die Republikan. Volkspartei. A. ist der Schöpfer der modernen Türkei. Sein polit. Programm, der *Kemalismus*, wird zumindest formell von allen polit. Kräften der Türkei als verbindl. anerkannt. Reden: „Die neue Türkei" 3 Bde. dt. 1928/29. Ⓑ S. 64.

Atérien [ate'rjɛ̃], nach der Fundstelle *Bir-Al-Ater* bei Constantine (Algerien) benannte nordafrikan. Kultur der ausgehenden *Altsteinzeit*; typisch sind Stielpfeilspitzen.

Athalarich, König der Ostgoten 526–534, *516, †2. 10. 534; Nachfolger seines Großvaters Theoderich d. Gr. unter der Regentschaft seiner Mutter Amalasuntha.

Athanarich, Fürst der Westgoten, †25. 1. 381 Konstantinopel; kämpfte 367–369 mit Kaiser Valens; Gegner des Christentums. Sein polit. Gegenspieler *Fritigern* († nach 382) schlug ihn mit Hilfe der Römer. A. teilte mit Fritigern die Herrschaft über die Westgoten. Mit dem kleineren Teil des Volkes zog sich A. 376 vor den Hunnen in die Ostkarpaten zurück. Von dort vertrieben ihn Stammesangehörige, u. er floh im Winter 380/81 mit kleinem Gefolge zu Theodosius nach Konstantinopel.

Athanasius, griech. Kirchenlehrer, Patriarch von Alexandria, Heiliger, *295 Alexandria, †2. 5. 373 Alexandria; Hauptverteidiger der

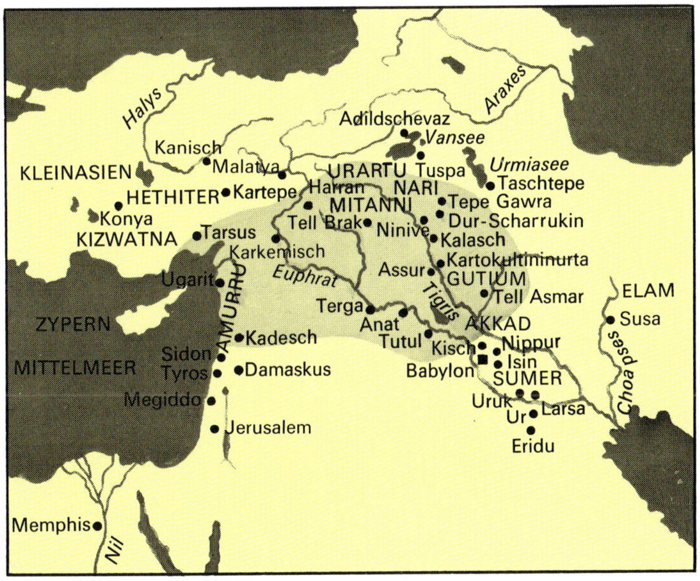

Assyrien: das Neuassyrische Reich unter Assurnasirpal II. und Salmanassar III.

Präsident Kemal Atatürk mit seiner Ehefrau Latifeh Hanim

Wesensgleichheit Christi mit dem Vater gegen die Arianer u. der Lehre von den zwei Naturen (göttl. u. menschl.) in Christus; Wegbereiter des trinitar. Dogmas von 381; trug zur Verbreitung der Mönchsidee im Abendland bei. Fest: 2. 5.

Athaulf ['ataulf], König der Westgoten 410–415, †415; führte sein Volk 412 aus Italien nach Südgallien u. von dort, durch die Römer verdrängt, nach Spanien. Als Gemahl der Kaisertochter *Galla Placidia* wollte A. den Ausgleich zwischen Goten und Römern.

Athen, neugrch. *Athinai, Athênai*, Hptst. von Griechenland u. des Verw.-Bezirks Attika, in der Küstenebene des Saronischen Golfes gelegen, 3,1 Mill. Ew.

Unter der von der Ägäischen u. Dorischen Wanderung unbezwungenen mykenischen Burg auf der Akropolis entwickelte sich allmähl. eine Stadt, auch durch Aufnahme von Vertriebenen, weshalb die keramische Produktion bald aufblühte u. A. später als Ausgangsort der Landnahme der Ionier galt. Bis zum 7. Jh. v. Chr. wurde die ganze Halbinsel Attika allmählich zum Stadtstaat A. vereinigt u. das Königtum durch eine von Archonten geleitete *aristokratische Republik* abgelöst. Zunehmende wirtschaftl. u. soziale Spannungen führten um 624 v. Chr. zur Aufzeichnung des Gewohnheitsrechts durch *Drakon*, das später, da die Schuldknechtschaft beibehalten wurde, als „drakonisch" streng galt, u. 594/93 v. Chr. zur Verfassungs- u. Sozialreform des *Solon*, der die politischen Rechte nach dem Vermögen abstufte u. A. so zu einer *Timokratie* machte. Doch die Parteikämpfe dauerten weiter u. führten ab 561 v. Chr. zur Tyrannis des sich auf radikale Gruppen stützenden *Peisistratos*. Erst als durch spartan. Intervention 510 v. Chr. dessen Sohn *Hippias* vertrieben war, konnte *Kleisthenes* mit seinen Reformen die Grundlage für A.s Demokratie legen. Deren radikale Durchführung bis zur Mitte des 5. Jh. v. Chr. begleitete den Aufstieg A.s während u. nach den Perserkriegen. Nach dem Abwehrsieg bei Marathon 490 v. Chr. wurde A. zwar 480/79 v. Chr. zweimal von den Persern niedergebrannt, aber durch den *1. Attischen Seebund* gewann es 477 v. Chr. die finanzielle Basis für die von *Themistokles* seit 482 v. Chr. geschaffene Flotte. Die äußeren Erfolge führten nach der Mitte des 5. Jh. v. Chr. unter *Perikles* zu reger Bautätigkeit u. kultureller Blüte, weshalb A. seit dem 4. Jh. v. Chr. das geistige Zentrum der Griechen war. Die Straffung des Seebundes zum „Attischen Reich" u. der Dualismus mit Sparta hatten den *Peloponnesischen Krieg* (431–404 v. Chr.) zur Folge, der mit A.s totaler Niederlage endete. Geschickte Ausnutzung günstiger Umstände erlaubten A. freilich bald einen Wiederaufstieg u. 377 v. Chr. die Gründung des *2. Attischen Seebundes*. Ohne die frühere Macht wiedererlangt zu haben, wurde A. seit 342 v. Chr. unter *Demosthenes* zum Vorkämpfer der Griechen gegen *Philipp II. von Makedonien*, mußte sich ihm jedoch 338 v. Chr. beugen. Nachdem es 229 v. Chr. von der makedon. Herrschaft wieder frei geworden war, schloß es sich 200 v. Chr. an Rom an u. erleichterte dessen Übergreifen nach Hellas, was ihm eine langdauernde privilegierte Stellung unter römischer Herrschaft einbrachte, die auch die Eroberung des zu *Mithridates VI.* übergegangenen A.s durch *Sulla* 86 v. Chr. überdauerte. Unter Kaiser *Hadrian* (117 –138 n. Chr.) erlebte es eine neue Blüte. Als Kaiser *Justinian* 529 n. Chr. die neuplaton. Akademie schloß, verlor A. seine Bedeutung u. sank im MA zu einer byzantin. u. dann türk. Kleinstadt („Plaka") herab, bis es 1833 zur Hauptstadt des neuen Griechenland wurde.

Äthiopien ETH

Demokratische Bundesrepublik Äthiopien

Fläche: 1 097 900 km². – *Einwohner:* 52,8 Mill. – *Hauptstadt:* Addis Abeba. – *Landessprache:* Amharisch. – *Nationalfeiertag:* 6. 4. – *Währung:* 1 Birr = 100 Cents. – *Lage:* zwischen 3°30′ und 14°52′ n. Br. sowie zwischen 33° und 48° ö. L. – *Zeitzone:* Mitteleuropäische Zeit + 2 Std. – *Grenzen:* im W Sudan, im NO Eritrea, im O Djibouti und Somalia, im S Kenia. – *Staatsform:* parlamentarische Republik.

Als Ä. wurden die Gebiete südl. von Ägypten (Nubien, das Gebiet des Reiches *Kusch*) bezeichnet.

Ä. stand im Altertum unter dem Einfluß der ägypt., dann der griech. Kultur. Im 1. Jh. n. Chr. entstand am Roten Meer das Reich von *Aksum*, das Teile des heutigen Ä. u. Gebiete Südarabiens eroberte u. das im 4. Jh. zum Christentum bekehrt wurde.

Dieses älteste christl. Reich in Afrika wehrte sich lange gegen den vordringenden *Islam*, wurde aber immer mehr auf das Hochland zurückgedrängt.

Seit dem 13. Jh. war Ä. ein Gesamtstaat unter dem *Negus Negesti* („König der Könige") u. mehreren Statthaltern *(Ras)* für die Teilfürstentümer Schoa, Tigre, Amhara u. Godscham.

Nach einer Blütezeit städtischer u. klösterl. Kultur geriet das Reich in Bedrängnis durch das Eindringen islam. Nachbarfürsten, die aber 1543 mit portugies. Hilfe zurückgeschlagen wurden. Neue Gefahr entstand, als das Nomadenvolk der *Galla* von S u. W vordrang, Grenzgebiete eroberte u. erst im 19. Jh. endgültig zurückgeschlagen wurde. Durch innere u. äußere Kämpfe zerfiel die Macht der Kaiser. Die Teilfürstentümer machten sich seit dem 18. Jh. immer selbständiger.

Ras Kasa besiegte die Stammesfürsten u. ließ

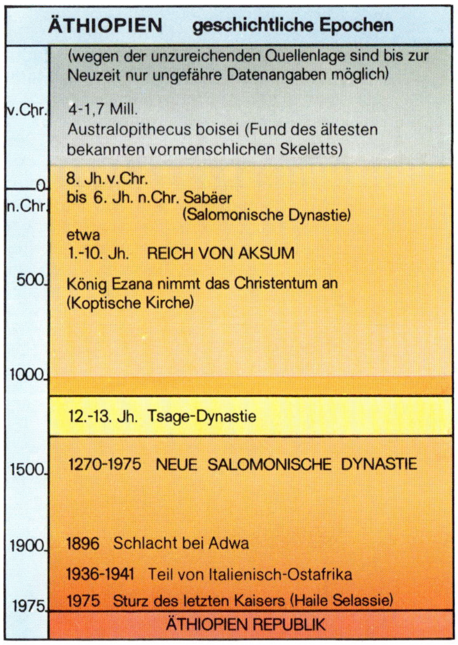

sich 1855 als *Theodoros II.* zum Kaiser (Negus) von Ä. krönen; er erschoß sich am 13. 4. 1868 in seiner von einer engl. Expedition belagerten Festung Magdala. 1872 ließ sich Kasa von Tigre als *Johannes IV.* zum Kaiser ausrufen; er fiel am 10. 3. 1889 bei Metemmeh gegen den Mahdi. Sein Nachfolger wurde mit italien. Hilfe *Menelik (II.)* von Schoa; er schlug dennoch am 1. 3. 1896 die Italiener bei Adwa. Unter seiner Herrschaft (bis 1913) gelang es, die Entwicklung Ä.s stark zu fördern. Sein Enkel *Lidsch Jeassu* (1913–1916) wurde im Sept. 1916 abgesetzt; Kaiserin wurde Meneliks Tochter *Zauditu* (*1876, †2. 4. 1930); Regent u. Thronfolger war ihr Neffe Ras Tafari Makonnen von Schoa, der sich nach ihrem Tod am 1. 10. 1930 zum Kaiser *Haile Selassie (I.)* krönen ließ.

Unter seiner starken Zentralregierung festigte sich der Staat weiter. Als Ä. 1935/36 durch Italien erobert wurde, mußte Haile Selassie nach England ins Exil gehen. Jedoch konnte er mit Hilfe der Engländer bereits im Mai 1941 nach Addis Abeba zurückkehren. Aufgrund eines UN-Beschlusses von 1950 wurde die frühere italien. Kolonie *Eritrea* am Roten Meer 1952 als Teilstaat an Ä. angeschlossen u. 1962 von Haile Selassie annektiert. 1955 wurde eine neue Verfassung eingeführt, u. 1957 wurden die ersten allgemeinen Wahlen abgehalten. Haile Selassie öffnete das Land dem Einfluß des modernen Bildungswesens u. bemühte sich auch um seine wirtschaftl. Entwicklung. Die feudale Gesellschaftsordnung wurde jedoch nicht angetastet, u. Ä. blieb eines der ärmsten u. rückständigsten Länder der Erde.

Ein militär. Putschversuch wurde 1960 niedergeschlagen. Nach einer zunächst verheimlichten Hungerkatastrophe (300 000 Tote) wurde Haile Selassie 1974 schrittweise durch das Militär entmachtet, schließlich abgesetzt u. unter Hausarrest gestellt; er starb 1975. Nachdem 1975 die Monarchie abgeschafft worden war, wurde Ä. 1976 zur Demokratischen Volksrepublik erklärt.

Nach dem Staatsstreich brachen die seit langem schwelenden innenpolitischen Gegensätze auf, vor allem wuchs der Widerstand gegen die Führungsrolle der Amharen, denen auch das Kaiserhaus angehörte. Gegen die Zentralgewalt des Vielvölkerstaats in Addis Abeba begehrten mehrere Provinzen auf: im Süden Ogaden, im Westen u. Norden die Provinzen Godscham u. Eritrea u. a. Wegen des benachbarten, früher französ. Territori-

ums Afar u. Issa lag Ä. mit Somalia bis zum Sturz des Negus in Streit. Unter der sozialistischen Militärregierung verloren die äthiopischen (islam.) Afar ihren Rückhalt. Bereits nach Aufhebung der Autonomie wuchs im wirtschaftl. besser entwickelten Teilstaat Eritrea der Widerstand gegen den Zentralismus. Es bildeten sich neben anderen die Befreiungsbewegungen *ELF (Eritrean Liberation Front)*, die *EPLF (Eritrean People's Liberation Front)* u. in Tigre die *Tigray People's Liberation Front* (TPLF). Im Krieg mit Somalia u. der von diesem Land unterstützten „Westsomal. Befreiungsfront" um Ogaden 1977/78 erlitt Ä. anfangs schwere Rückschläge, behauptete aber schließl. mit Hilfe der Sowjetunion u. Kubas seine Grenzen u. ging 1981/82 zur Gegenoffensive über. Die polit. gespaltenen Befreiungsbewegungen in Eritrea erzielten 1975–1977 beträchtl. Erfolge u. schlossen die Truppen Ä.s in den Städten ein, erlagen aber seitdem zunehmend der Übermacht der Zentralregierung.
Nach blutigen Machtkämpfen zwischen den rivalisierenden Offiziersgruppen setzte sich 1978 *Mengistu Haile Mariam* als Armee- u. Staatschef durch. 1984 wurde als kommunist. Einheitspartei die „Partei der Arbeiter Äthiopiens" gegründet, deren Generalsekretär ebenfalls Mengistu wurde. 1987 wurde durch Volksabstimmung die nach sowjet. Vorbild gestaltete Verfassung der „Demokrat. Volksrepublik Ä." angenommen; Mengistu wurde Präs. der Republik. Die Kämpfe der Befreiungsbewegungen dauerten an. Im Februar 1991 kam es zu einer Großoffensive der Freischärler gegen die Regierungstruppen. Im Mai 1991 erklärte Mengistu seinen Rücktritt u. floh aus dem Land. Eine Nationalkonferenz setzte einen Staatsrat mit der Aufgabe ein, demokrat. Strukturen u. Institutionen zu etablieren. Nach einem von der UNO überwachten Referendum wurde die Provinz Eritrea am 24. 5. 1993 zum selbständigen Staat. 1994 trat in Ä. eine parlamentar.-pluralist. Verfassung in Kraft. Min.-Präs. ist seit 1995 M. *Zenawi.*

Atlantik-Charta [-tʃarta], die am 14. 8. 1941 von F. D. *Roosevelt* u. W. *Churchill* an Bord des brit. Schlachtschiffs „Prince of Wales" verkündeten Kriegsziele der westl. Alliierten. Die A. enthielt 8 Punkte: Keine eigenen territorialen Vergrößerungen; territoriale Veränderungen nur mit Zustimmung der Betroffenen; Recht jedes Volkes, seine Regierungsform selbst zu wählen; Bemühen um gleiche Teilhabe aller Staaten an Welthandel u. Rohstoffen; Wunsch nach wirtschaftl. Zusammenarbeit aller Nationen; Schaffung einer

Atlantik-Charta: Roosevelt (links) und Churchill an Bord der „Prince of Wales"

Friedensordnung mit sicheren Grenzen für alle Nationen; Möglichkeit zur freien Benutzung der hohen See; Ziel eines Gewaltverzichts, eines allg. Sicherheitssystems u. der Abrüstung. – Zu den Grundsätzen der A. bekannten sich am 1. 1. 1942 in Washington 26 Staaten in einem Pakt der „Vereinten Nationen", wobei sie sich ferner verpflichteten, keinen Sonderfrieden mit dem Dt. Reich oder Japan zu schließen.

Atlantikschlacht, im 2. Weltkrieg der Kampf um die überseeischen Zufuhren für Großbritannien u. später für die gesamte alliierte Kriegführung in Europa. Von dt. Seite war es das Ziel, die Alliierten durch Versenkung möglichst vieler Handelsschiffe zum Einlenken zu zwingen. Anstelle gemischter Kampfgruppen aus Über- u. Unterwasserschiffen, die erst 1943 verfügbar sein sollten, setzte die dt. Seekriegsleitung von Kriegsbeginn an vornehmlich U-Boote ein, von denen viele aber ebenfalls erst im Krieg gebaut werden mußten. Die brit. Marine suchte den gruppenweisen dt. Angriffen (Rudeltaktik) durch Bildung von Geleitzügen zu entgehen, wofür anfangs nur unzureichende Kräfte zur Verfügung standen. Neben U-Booten, die fast 70 % der insges. 21 Mill. BRT versenkter Handelsschifftonnage vernichteten, wurden auch Minen, Handelsstörer, Flugzeuge sowie schwere Überwasserstreitkräfte verwendet. Nach bes. erfolgreichen Operationen in der ersten Hälfte 1942 schien Anfang 1943 der Zusammenbruch der alliierten Zufuhren nahe zu sein. Techn. Verbesserungen der U-Boot-Bekämpfung bei den Alliierten u. die Vervielfachung ihres Handelsschiffbaus veranlaßten die dt. Führung im Mai 1943 zunächst zum zeitweiligen Abbruch, später zur Einstellung der A. mit U-Booten. In der letzten Kriegsphase konnte die alliierte Versorgung nicht mehr nachhaltig gestört werden.

Atlantis, sagenhafter Inselkontinent, der nach *Platons* Altersdialogen „Timaios" u. „Kritias" „außerhalb der Meerenge" (von Gibraltar?) gelegen haben mag, zeitweise mit den Staaten des Mittelmeerraums in Konflikt geraten u. in einer furchtbaren Katastrophe untergegangen sein soll. Neuere geophysikal. Untersuchungen des Atlantikbodens haben ergeben, daß, zumindest seit die Erde von Menschen bewohnt ist, ein derartiger Inselkontinent im Gebiet des heutigen Atlantik nicht existiert haben kann. Nach verschiedenen älteren Ortsansätzen (an der Nigermündung, in Skandinavien, in der Nordsee bei Helgoland, Gleichsetzung mit Tartessos in Südspanien) gewann die Hypothese Anhänger, daß der A.-Erzählung Platons die Erinnerung an den plötzlichen Untergang des minoischen Reiches zugrunde liegt, das möglicherweise in den Seebebenwogen des Vulkanausbruchs auf der Insel *Thera* (Santorin) um 1500 v. Chr. unterging. Aber auch diese Annahme ist nach neuesten natur- u. geisteswissenschaftl. Erkenntnissen unhaltbar, da weder die Größe von A. noch die Bodenbeschaffenheit des ägäischen Meeres u. die Schilderung des Kontinents mit Thera u. Umgebung in Übereinstimmung gebracht werden können.

Atlassow, *Atlasov*, Wladimir Wassiljewitsch, russ. Forscher u. Eroberer, * um 1650, † 1711 Nischne-Kamtschatsk (ermordet); eroberte für Peter d. Gr. 1697 Kamtschatka.

Atomsperrvertrag, *Atomwaffensperrvertrag, Nonproliferationsvertrag, Nonproliferationsvertrag*, der am 1. 7. 1968 von den USA, der UdSSR u. Großbritannien unterzeichnete u. 1970 für eine Gültigkeitsdauer von 25 Jahren in Kraft getretene *Vertrag über die „Nichtweiterverbreitung von Kernwaffen"*. Im A. verpflichten sich einerseits die Atommächte Kernwaffen oder die Verfügungsgewalt darüber nicht weiterzugeben, u. wahren damit ihre Vormachtstellung, verzichten aber auf die Androhung u. Anwendung nuklearer

Attila (mittelalterliche Buchillustration)

Gewalt gegen kernwaffenlose Staaten. Die nichtnuklearen Staaten andererseits verzichten auf Herstellung, Erwerb u. Verfügungsgewalt u. unterwerfen sich einer vertraglich zu vereinbarenden Kontrolle. Damit soll verhindert werden, daß sich das Risiko eines Atomkriegs durch Weiterverbreitung insbes. unter den Staaten an der Schwelle zur Atomrüstung vergrößert, ohne daß die wissenschaftl., wirtschaftl. u. technolog. Entwicklung u. Nutzung behindert wird. In der Folgezeit traten viele Staaten dem A. bei. Die Bundesrepublik Deutschland hat den A. 1969 unterzeichnet u. 1974 ratifiziert. Im Mai 1995 wurde der A. von den inzwischen 178 Signatarstaaten unbefristet verlängert.

Attaliden, Dynastie von Pergamon 283–133 v. Chr., von *Philetairos* bis *Attalos III.*; infolge der Anlehnung an Rom die beherrschende Macht in Kleinasien.

Attalos, Könige von Pergamon: **1.** *A. I., A. Soter*, 241–197 v. Chr., * 269 v. Chr., † 197 v. Chr.; kämpfte als röm. Bundesgenosse gegen die Seleukiden u. Galater, förderte Künste u. Wissenschaft in Pergamon. In seiner Regierungszeit kam wegen einer Ausfuhrsperre des Papyrus-Schreibmaterials durch die Ptolemäer das *Pergament* als Schreibstoff von Pergamon aus in Umlauf.
2. *A. II., A. Philadelphos*, 159–138 v. Chr., * 220 v. Chr., † 138 v. Chr.; in seiner Regierungszeit wurde der *Pergamonaltar* vollendet.
3. *A. III., A. Philometor*, 138–133 v. Chr., Großneffe von 1), * 171 v. Chr., † 133 v. Chr.; vermachte das Reich von Pergamon testamentarisch den Römern.

Attentat [das; lat. *attentare*, „angreifen"], ein meist mit religiöser, sittl. oder polit. Notwendigkeit motivierter Anschlag auf das Leben eines anderen, um polit. oder Glaubensfeinde zu beseitigen, polit. Veränderungen herbeizuführen, zu beschleunigen oder zu verhindern, bestimmte Persönlichkeiten als Verantwortliche eines Systems zu treffen oder auch die Aufmerksamkeit der Welt auf bestimmte Zustände zu lenken. Berühmte A.e der Geschichte waren die Ermordung Julius Cäsars 44 v. Chr., Heinrichs IV. von Frankreich 1610, A. von Kotzebues 1819, des Zaren Alexander II. 1881, das A. von Sarajevo 1914, das mißglückte A. vom 20. Juli 1944 auf Hitler u. das A. auf J. F. Kennedy vom 22. 11. 1963.

Atticus, Titus Pomponius, röm. Ritter, * 110 v. Chr., † 32 v. Chr.; einer der reichsten Römer seiner Zeit, lebte lange in Athen (daher sein Name); unterhielt gute Beziehungen zu den führenden Politikern seiner Zeit, übte aber große polit. Zurückhaltung; engster Freund *Ciceros*, dessen Werke er verbreitete, indem er Abschriften anfertigen ließ.

Attila [wohl got., „Väterchen"], in der german. Sage als *Etzel, Azzilo* bekannt, König der Hunnen seit 434, †453; schuf mit seinem Bruder *Bleda* (†445) das letzte große Hunnenreich vom Kaukasus über Ungarn nach W; stieß bis Mittelfrankreich vor wurde dort von Römern u. Westgoten (Aëtius, Theoderich) 451 auf den *Katalaunischen Feldern* geschlagen, zog dann nach Italien, kehrte aber vor Rom um; starb in seinem Stammland Pannonien in der Nacht nach seiner Hochzeit mit der Germanin *Ildico* (Hildico); sein Reich zerfiel alsbald. – Ⓑ S. 65.

Attinghausen, schweizer. Freiherren-Geschlecht u. Burg im Kanton Uri. *Wernher II.* von A. war 1294–1321 Landammann von Uri, einer der Gründer der Eidgenossenschaft, der A. in Schillers „Wilhelm Tell".

Attischer Seebund, der *1. Attische Seebund* war ein im Winter 478/77 v. Chr. geschlossener Kampfbund der Griechen Kleinasiens u. der ägäischen Inseln mit Athen zur Abwehr neuer persischer Offensiven, der sich dann auf die Griechen an der Nordküste der Ägäis u. des Marmara-Meeres ausdehnte u. zu einem Mittel imperialistischer Politik Athens wurde. Sitz von Bundeskongreß u. Bundeskasse war bis 454 v. Chr. das Apollon-Heiligtum von *Delos* (daher auch *att.-delischer Bund* genannt), dann erfolgte die Verlegung nach Athen. Nach dem *Kalliasfrieden* 449 v. Chr. verwandelte Athen seine Führung immer mehr in eine Herrschaft mit Verfügungsrecht über die jährlichen Zahlungen der Mitglieder; Austrittsversuche wurden militärisch niedergeworfen u. bestraft. Erst der Niedergang von Athens Seemacht, seit 412 v. Chr., ermöglichte zunehmend den Abfall von Athen. Mit dem *Peloponnesischen Krieg* endete 404 v. Chr. auch der 1. Attische Seebund. Die Enttäuschung über Sparta konnte Athen 377 v. Chr. zur Gründung des *2. Attischen Seebundes* ausnützen, der jedoch weder die inzwischen wieder persisch gewordenen Griechen Kleinasiens umfaßte noch die Bedeutung des 1. Attischen Seebundes erreichte. Obwohl Athen frühere Fehler zu vermeiden suchte, fielen durch den Bundesgenossenkrieg 357–355 v. Chr. zahlreiche Mitglieder ab. 338 v. Chr. löste Philipp II. von Makedonien den Rest des 2. Attischen Seebundes auf.

Clement Attlee

Attlee ['ætli:], Clement Richard, Earl A. (1955), brit. Politiker (Labour Party), *3. 1. 1883 London, †8. 10. 1967 London; nach Studium in Oxford 1907 Eintritt in die Fabian Society, 1908 in die Independent Labour Party; seit 1922 Mitgl. des Unterhauses, Sekretär Macdonalds, Unterstaatssekretär in dessen 1. u. Minister in dessen 2. Kabinett (1929–1931); 1935–1955 Parteiführer, 1937 der erste amtl. besoldete Führer der Opposition in der engl. Parlamentsgeschichte; 1940 bis 1945 im Kriegskabinett Churchill als Lordsiegelbewahrer u. seit 1942 stellvertr. Premier. Er nahm als Oppositionsführer u. nach seinem Wahlsieg als Premier-Min. (1945–1951) an der Potsdamer Konferenz (17. 7.–2. 8. 1945) teil. Außenpolitisch lehnte sich A.s Regierung stark an die USA an (NATO-Beitritt) u. leitete mit der Entlassung Indiens in die Unabhängigkeit die Entkolonialisierung ein. Innenpolitisch führte er ein sehr umfangreiches Verstaatlichungsprogramm durch u. legte mit dem Nationalen Gesundheitsdienst den Grundstein für den brit. Wohlfahrtsstaat.

Aubin [o'bɛ̃], Hermann, Historiker, *23. 12. 1885 Reichenberg, Böhmen, †11. 3. 1969 Freiburg i. Br. 1925–1929 Prof. in Gießen, 1929–1945 in Breslau, 1946–1954 in Hamburg; gründete das Institut für geschichtl. Landeskunde der Rheinlande in Bonn u. das J.-G.-Herder-Institut in Marburg, war Präs. der Histor. Kommission in München u. Hrsg. der „Vierteljahrsschrift für Sozial- u. Wirtschaftsgeschichte". A. widmete sich bes. der Ostforschung. Werke: „Geschichtl. Landeskunde" 1925; „Zur Erforschung der dt. Ostbewegung" 1939; „Geschichtl. Kräfte im Sudetenraum" 1942; „Vom Altertum zum MA" 1947; „Geschichtl. Grundlagen u. Perspektiven geschichtl. Kulturraumforschung u. Kulturmorphologie" 1965.

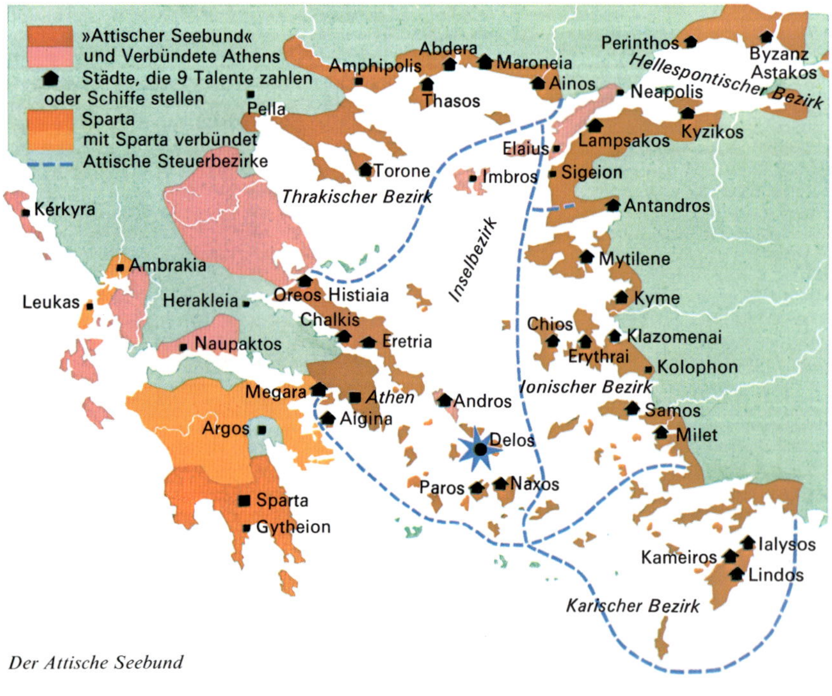

Der Attische Seebund

Auchinleck ['ɔ:kinlɛk], Sir Claude, brit. Feldmarschall (1946), *21. 6. 1884 Aldershot, †23. 3. 1981 Marrakesch, Marokko; Heerführer im 2. Weltkrieg (Norwegen, Mittlerer Osten, in Ägypten bis Aug. 1942 Gegenspieler Rommels), 1947 kurze Zeit Oberkommandierender der Streitkräfte der beiden neuen Dominien Indien u. Pakistan.

Auersperg, Uradelsgeschlecht aus der Krain:
1. Adolf Fürst A., österr. Staatsmann, *21. 7. 1821, †5. 1. 1885 Schloß Goldegg, Niederösterreich; 1871–1879 Min.-Präs., führte 1873 die Wahlreform (unmittelbare Abgeordnetenwahl) durch.
2. Karl (Carlos) Fürst A., Bruder von 1), österr. Staatsmann, *1. 5. 1814 Prag, †4. 1. 1890 Prag; Ministerpräsident im „Bürgerministerium" 1867/68, Gegner seines Vorgängers Ferdinand Graf Beust.

Auerstedt, Dorf bei Apolda; am 14. 10. 1806 Niederlage der Preußen (bei *Jena u. A.*) gegen die Franzosen.

Aufklärung, die im 18. Jh. vorherrschende geistige Bewegung der europ. Intelligenz. Ihr Kennzeichen ist das Vertrauen in die Vernunft als entscheidende Quelle aller Erkenntnis, als Richtschnur menschl. Handelns u. als Maßstab aller Werte. Die Bez. „A." für diese Bewegung ist in Dtschld. seit 1750 in Umlauf. *Kant* definierte 1784 in seiner Schrift „Was ist A.?" die A. als „Ausgang des Menschen aus seiner selbstverschuldeten Unmündigkeit" u. forderte die Menschen auf, den Mut zu haben, sich ihres eigenen Verstandes ohne Leitung eines anderen zu bedienen. Im vernünftigen Denken u. in einem durch die Vernunft bestimmten Handeln sahen die Aufklärer die Garantie für ein ständiges Fortschreiten der Menschheit in der Beherrschung der Naturkräfte ebenso wie in der Herbeiführung einer gerechten sozialen Ordnung.
Der sozialgeschichtl. Hintergrund der A. ist der wirtschaftl. u. soziale Aufstieg des Bürgertums, dessen Emanzipationsbestrebungen von der A. wiederum wichtige Impulse erhielten. Die A. war die geistige Wegbereiterin der Französ. Revolution. Die ideengeschichtl. Wurzeln der A. liegen im Humanismus, in der Reformation u. in den rationalist. philosoph. Systemen des 16. u. 17. Jh. *(Spinoza, Descartes).*
Die A. war eine gesamteurop. Erscheinung, die bis nach Nordamerika griff. Sie erfuhr ihre erste Ausprägung in den Niederlanden u. England, wo Philosophen u. Staatsrechtslehrer wie H. *Grotius*, T. *Hobbes* u. J. *Locke* die Idee des dem Menschen eingeborenen Naturrechts, der natürl. Religion, des Gesellschaftsvertrags u. der angeborenen Menschenrechte entwickelten. Sie stellten damit die Position des Königtums „von Gottes Gnaden" ebenso in Frage wie den Anspruch der Kirchen, höchste Entscheidungsinstanz in Fragen der Moral, im Bereich der Wissenschaft, der Literatur, der Kunst u. des Erziehungswesens zu sein.
Die A. entfaltete ihre größte intellektuelle, gesellschaftl. u. polit. Wirksamkeit in Frankreich, das zum klass. Land der A. wurde. Ihre bedeutendsten Vertreter waren *Voltaire, Montesquieu, Rousseau, Diderot, Holbach, d'Alembert.* In religiöser Hinsicht verschärfte die französ. A. den Kampf gegen die christl. Offenbarungsreligion u. die Kirche,

Aufklärung: Die Enzyklopädisten Jean le Rond d'Alembert (oben), Denis Diderot u. a. Vertreter des Kreises; Kupferstich von A. de Saint-Aubin

die als Quelle des Aberglaubens, des Fanatismus u. der geistigen Unterdrückung angesehen wurde (Voltaire). Im Bereich der Staats- u. Gesellschaftstheorien entwickelte Montesquieu aus engl. Vorbildern die Theorie der Gewaltenteilung von Exekutive, Gesetzgebung u. Justiz unter dem Dach einer konstitutionellen Monarchie. Auch Voltaire hielt am Ideal des aufgeklärten Monarchen fest u. forderte polit. Rechte nur für die Besitzenden. Dagegen vertrat Rousseau die Idee der Volkssouveränität u. der Gleichheit aller Bürger. Daraus ergab sich für ihn die Forderung nach der Republik. Als Abkehr von den Zwängen der feudalen Gesellschaft prägte er die Parole „Zurück zur Natur", die vor allem für das Erziehungswesen folgenreich wurde. Auf naturwissenschaftl. Gebiet vollzog J. O. de *Lamettrie* den Übergang zum Materialismus, indem er den Menschen als Maschine definierte. Philosophen wie z. B. Diderot, *Helvétius* u. Holbach übertrugen den Materialismus auf die Philosophie u. Ethik. Danach waren wohlverstandene persönl. Interessen u. nicht göttl. Gebote die Grundlagen aller Moral. Gegen die merkantilist. Wirtschaftspolitik des Absolutismus richtete sich die an A. *Smith* anknüpfende Wirtschaftstheorie der sog. Physiokraten *(Quesnay, Dupont de Nemours, Turgot)*. Statt reglementierend in das Wirtschaftsleben einzugreifen u. die Luxusindustrie u. den Außenhandel zu fördern, sollte der Staat die Wirtschaft sich in ihrer „natürlichen Ordnung" entfalten lassen u. die Landwirtschaft als die eigentl. Quelle des nationalen Reichtums wieder anerkennen. Die französ. A. machte Volkswirtschaftslehre, Statistik, Soziologie u. empirische Psychologie zu Wissenschaften. Ihre Prinzipien u. Ideen wurden zusammengefaßt u. verbreitet durch die „Encyclopédie ou Dictionaire raisonné des Sciences, des Arts et des Métiers" (Enzyklopädie der Wissenschaften, der Künste u. Gewerbe), hrsg. von Diderot u. d'Alembert unter Mitarbeit von Voltaire, Holbach, Grimm u. a. 1751–1780.
Die staats- u. bürgerrechtl. Vorstellungen der französ. A. u. ihre Forderung nach den Menschenrechten: religiöse Freiheit, Recht auf Leben, auf Freiheit der Person u. auf Erfüllung des Glücksstrebens, hatten über Frankreich hinaus zunächst großen Einfluß auf die Führer der amerikan. Unabhängigkeitsbewegung (T. *Jefferson*, T. *Paine*). Sie fanden Eingang in die Unabhängigkeitserklärung der nordamerikan. Kolonien, die „Virginia Bill of Rights" u. die amerikan. Verfassung. Von dort wirkten sie zurück auf die Französ. Revolution.
Im politisch zersplitterten Dtschld., dessen Bürgertum vergleichsweise schwach entwikkelt war, machte sich der Einfluß der A. ab Mitte des 18. Jh. vor allem in der Philosophie u. in der Literatur bemerkbar. Vorstufen der A. in Dtschld. waren die rationalist. Philosophie *(Leibniz, Thomasius)* u. die Naturrechtslehre *Pufendorfs*, aber auch der Pietismus mit seiner Kritik an der luth. Orthodoxie *(Spener, Francke)*. Von bes. Bedeutung für die Vorbereitung u. Durchsetzung der A. in der dt. Philosophie war C. *Wolff*, denn er leitete die Lösung der Philosophie u. der Sittenlehre von der Theologie ein u. entwickelte in seiner Staatslehre den Typus des aufgeklärten Despotismus. Eine ähnl. Schrittmacherfunktion in der Literatur hatte J. C. *Gottsched* mit seinen Schriften zur Ästhetik u. Literaturtheorie. Ihren Höhepunkt erreichte die dt. A. in der Literatur mit G. E. *Lessing*, F. G. *Klopstock* u. C. M. *Wieland*. Auch der Sturm u. Drang wird in Teilaspekten noch zur A. gerechnet. In der Philosophie gipfelte die A. in den großen philosoph. Systemen des dt. Idealismus zu Ende des 18. Jh.: *Kant* u. *Hegel*. Im polit. Bereich war der Einfluß der A. im „aufgeklärten Absolutismus" *Friedrichs II.* von Preußen u. Kaiser *Josephs II.* spürbar. Ergebnisse aufklärerischen Rechtsdenkens waren das Allg. Preuß. Landrecht von 1793 u. das Allg. Bürgerl. Gesetzbuch für Österreich (1811). Auch in den preuß. Reformen nach 1807 wirkten viele Einflüsse der A. nach.
Der Einfluß der A. auf Rußland läßt sich am Werk des Naturwissenschaftlers *Lomonossow* u. an aufklärerischen Elementen in der Gesetzgebung *Katharinas II.* erkennen; eine weiterreichende Wirkung entfaltete die A. hier aber erst im 19. Jh.

Augsburg, Hptst. des bayer. Reg.-Bez. *Schwaben*, zwischen Lech u. Wertach, 489 m ü. M., 246 000 Ew.; Bischofssitz, got. Dom, St.-Ulrichs-Kirche, Rathaus (17. Jh.), Perlachturm, Zeughaus, Fuggerhaus, soziale Kleinsiedlung „Fuggerei"; Röm. Museum. 15 v. Chr. als Römersiedlung gegr. *(Augusta Vindelicum)*; seit dem 8. Jh. Bischofssitz; 1316–1806 Reichsstadt; im 15., 16. u. 17. Jh. einer der wichtigsten Handelsplätze Europas (Kaufmannsgeschlechter der *Fugger* u. *Welser*); Tagungsort mehrerer Reichstage; 1534 lutherisch; 1806 zu Bayern. Die Wirtschaftsblüte am Anfang des 17. Jh. führte zu einem prächtigen, z. T. noch heute erhaltenen Stadtbild im Renaissance-Stil.

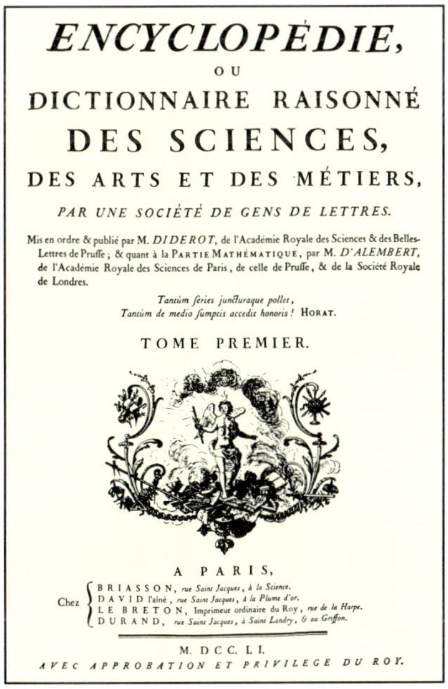
ENCYCLOPÉDIE,
OU
DICTIONNAIRE RAISONNÉ
DES SCIENCES,
DES ARTS ET DES MÉTIERS,
PAR UNE SOCIÉTÉ DE GENS DE LETTRES.

Mis en ordre & publié par M. DIDEROT, de l'Académie Royale des Sciences & des Belles-Lettres de Prusse; & quant à la PARTIE MATHÉMATIQUE, par M. D'ALEMBERT, de l'Académie Royale des Sciences de Paris, de celle de Prusse, & de la Société Royale de Londres.

Tantùm series juncturaque pollet,
Tantùm de medio sumptis accedit honoris! HORAT.

TOME PREMIER.

A PARIS,
Chez BRIASSON, rue Saint Jacques, à la Science.
DAVID l'aîné, rue Saint Jacques, à la Plume d'or.
LE BRETON, Imprimeur ordinaire du Roy, rue de la Harpe.
DURAND, rue Saint Jacques, à Saint Landry, & au Griffon.

M. DCC. LI.
AVEC APPROBATION ET PRIVILEGE DU ROY.

Aufklärung: Mit der „Encyclopédie ou Dictionnaire raisonné des Sciences, des Arts et des Métiers" gaben Diderot und d'Alembert ein maßgebendes Werk der französischen Aufklärung heraus

Augsburgisches Bekenntnis: Titelblatt der Augsburgischen Konfession

Augsburger Interim, von Kaiser Karl V. am 30. 6. 1548 erlassenes Reichsgesetz zur vorläufigen Regelung der konfessionellen Frage im Reich. Obwohl Theologen beider Seiten mitgearbeitet hatten, trug das A. I. angesichts der religiösen Überzeugung des Kaisers überwiegend kath. Züge: Beibehaltung der Bischofsverfassung u. der Messe, der Heiligenverehrung u. der kath. Sakramentslehre; nur Priesterehe u. Laienkelch wurden den Protestanten bis zur Entscheidung des Konzils zugestanden. Von den Katholiken als zu kompromißfreundlich, von den Protestanten als zu kath. abgelehnt, konnte Karl V. das A. I. nur in Süddeutschland mit Gewalt durchsetzen, während es die norddt. Territorien ablehnten oder höchstens formal einführten.

Augsburger Religionsfriede, Abschied des im Auftrag Karls V. durch König Ferdinand nach Augsburg berufenen Reichstags vom 25. 9. 1555, der den Anhängern des *Augsburgischen Bekenntnisses* unter Ausschluß der Reformierten u. Sekten einen dauernden Frieden gewährte. Mit der Anerkennung der bestehenden Konfessionsverhältnisse wurde auf ein einheitl. Bekenntnis im Reich verzichtet. Den Protestanten wurden gemäß dem *Speyrer Abschied* von 1544 die bisher eingezogenen Kirchengüter gesichert. Für die weltlichen Reichsstände galten Glaubensfreiheit u. Reformationsrecht, woraus sich der Grundsatz *„cuius regio, eius religio"* entwikkelte; andersgläubige Untertanen hatten das Recht auszuwandern; der „Geistliche Vorbehalt" bestimmte, daß geistl. Fürsten bei Übertritt zur luth. Lehre ihre Rechte u. Einkünfte verloren. In der den A. R.n ergänzenden *„Declaratio Ferdinandea"* erhielten die Untertanen geistlicher Fürsten ihr Bekenntnis garantiert. Das Bekenntnis der Reformierten wurde erst im Westfälischen Frieden 1648 als gleichberechtigt anerkannt.

Augsburgisches Bekenntnis, *Augsburgische Konfession,* lat. *Confessio Augustana,* von zahlreichen prot. Reichsständen anläßlich des Augsburger Reichstags 1530 als Bekenntnis ihres Glaubens vorgelegt, von den altgläubigen Ständen in der Confutatio Johann *Ecks* bestritten, die wieder von P. *Melanchthon* in der Apologie des Augsburg. Bekenntnisses beantwortet wurde. Die Schwabacher Artikel von 1529 gelten als Grundlage für die Behandlung der Glaubensfragen, die Torgauer Artikel von 1530 für Fragen der Kirchenordnung u. -bräuche. Gliederung: 1. Artikel des Glaubens u. der Lehre: a) 1–3 Übereinstimmung mit der altkirchl. Lehre von der Trinität, Erbsünde u. Christologie; b) 4–6, 18–20 Entfaltung des reformator. Verständnisses vom Evangelium; c) 9–15 Darlegung des reformatorischen Kirchen- u. Sakramentsverständnisses; d) 16–17, 21 Einzelfragen; 2. strittige Artikel, die vor allem die Mißbräuche in der Kirche behandeln, 22–28. Verfasser war hauptsächl. Melanchthon. Die dt. u. die latein. Fassung gelten nebeneinander als authentisch. Das Augsburg. Bekenntnis ist von größter kirchenpolit. Bedeutung für den gesamten Protestantismus. – Ⓑ S. 67.

August, schweizer. Ort am Rhein, östlich von Basel, rd. 900 Ew. A. entstand aus dem röm. *Augusta Raurica,* das 44 v. Chr. als Grenzfestung Galliens gegen das Alpengebiet auf dem Land der kelt. Rauricer gegründet wurde u. eine Verstärkung unter Augustus erfuhr; Ausbau um die Mitte des 2. Jh. n. Chr., in den Alemanneneinfällen 259/60 zerstört u. durch das diokletianische *Castrum Rauracense* (Kaiseraugst) ersetzt. Noch andauernde Ausgrabungen: Theater, Amphitheater, Forum mit Jupitertempel, weitere Foren u. Tempelbezirke, Basilica u. Curia, Thermen, größere Teile der Wohnviertel, gewerbl. Anlagen, Stadtmauer; Silberschatz aus der Mitte des 4. Jh.

August, Fürsten: Braunschweig-Wolfenbüttel: **1.** *A. der Jüngere,* Herzog von Wolfenbüttel 1635–1666, * 10. 4. 1579 Dannenberg, † 17. 9. 1666 Wolfenbüttel; beseitigte die Zerstörungen des Dreißigjährigen Kriegs, erließ neue u. moderne Schulgesetze, trug eine große Bibliothek auf Schloß Hitzacker zusammen, die er 1643 nach Wolfenbüttel überführte u. die zum Grundstock der

August der Starke; Gemälde von L. de Silvestre d. J. Moritzburg, Barockmuseum

August III.

heutigen Herzog-August-Bibliothek wurde. Er galt als gelehrtester Fürst seiner Zeit; schrieb unter dem Decknamen Gustavus *Selenus* „Das Schach- oder Königsspiel".

Oldenburg: **2.** *A. Paul Friedrich,* Großherzog 1829–1853, * 13. 7. 1783 Schloß Rastede, † 27. 2. 1853 Oldenburg; floh mit seinem Vater bei der Besetzung Oldenburgs durch Napoleon I. nach Rußland; Gouverneur von Estland, im „Deutschen Komitee" an der Aufstellung der Russisch-Deutschen Legion beteiligt; kehrte in den Befreiungskriegen nach Oldenburg zurück; nahm 1829 den Titel „Großherzog" an u. vereinbarte mit dem Landtag 1849 eine Verfassung.

Polen: **3.** *A. II., A. der Starke,* König 1697–1733, Kurfürst von Sachsen seit 1694 als *Friedrich A. I.,* * 12. 5. 1670 Dresden, † 1. 2. 1733 Warschau; trat zum Katholizismus über, um seine Wahl zum poln. König zu erreichen; nahm im Bündnis mit Rußland am Nordischen Krieg teil, von Karl. XII. von Schweden geschlagen u. 1704–1709 von Stanislaus Leszczyński als poln. König bis zur Niederlage Karls XII. bei Poltawa verdrängt; als König von Polen infolge der Adelsopposition u. des Einflusses Peters d. Gr. ohnmächtig, als Kurfürst von Sachsen Prototyp des absoluten Herrschers. Seine Bau- u. Sammeltätigkeit stattete Warschau u. Dresden mit barocken Bauten aus.

4. *A. III.,* König 1733–1763, Kurfürst von Sachsen als *Friedrich A. II.* seit 1733, * 17. 10. 1696 Dresden, † 5. 10. 1763 Dresden; Sohn von August II. (A. dem Starken), gewann den poln. Thron gegen den französ. Kandidaten Stanislaus Leszczyński durch bewaffnete russ.-sächs. Intervention im Poln. Thronfolgekrieg (1733–1738). A. war pracht- u. kunstliebend u. überließ die Politik seinem Min. Graf Heinrich *Brühl.* Polen war seinen Adelsparteien u. dem russ. Einfluß ausgesetzt; Sachsen nahm an den Schles. Kriegen zuerst auf preuß., seit 1742 auf österr. Seite teil u. war mehrmals preußisch besetzt.

Preußen: **5.** *A. Wilhelm,* Prinz, Bruder Friedrichs d. Gr., * 9. 8. 1722 Berlin, † 12. 6. 1758 Oranienburg; erhielt 1744 als vermutlicher Thronfolger den Titel „Prinz von Preußen", nahm am Siebenjährigen Krieg trotz seiner Vorbehalte gegen die preuß. Präventivkriegspolitik als General der Infanterie teil, wurde von Friedrich d. Gr. wegen mangelnder Straffheit entlassen, zog sich zurück u. schrieb eine Rechtfertigung „Relation über den Feldzug von 1757" (1769 gedruckt), die seinen Bruder stark angriff.

Sachsen: **6.** *„Vater A.",* Kurfürst 1553–1586, * 31. 7. 1526 Freiberg, † 12. 2. 1586 Dresden; verheiratet mit „Mutter Anna" (* 1532, † 1585), Tochter des dän. Königs Christian III.; hob als Nachfolger Kurfürst Moritz' sein Land wirtschaftl. u. kulturell; auf dem Augsburger Reichstag 1555 trat er als Führer der dt. Protestanten auf, nahm gegen die als „reichsfeindlich" beurteilten Calvinisten Stellung u. schloß sich für die Erhaltung des Reichsfriedens der habsburg. Politik an. Seine Gebiete konnte er durch den Erwerb der Bistümer Meißen, Naumburg u. Merseburg, des Vogtlands u. eines Teils der Grafschaft Hennegau vergrößern u. abrunden.

Augusta, dt. Kaiserin u. Königin von Preußen, Prinzessin von Sachsen-Weimar, * 30. 9. 1811 Weimar, † 7. 1. 1890 Berlin; 1829 verheiratet mit dem Prinzen von Preußen, dem späteren Kaiser *Wilhelm I.* Ihre liberale u. proengl. Einstellung führte zur Feindschaft mit Bismarck.

Augusteisches Zeitalter, die friedvolle Regierungszeit des röm. Kaisers *Augustus* (31 v. Chr. bis 14. n. Chr.), die das Röm. Reich zu hoher kultureller u. wirtschaftl. Blüte führte. Nach Beendigung der Bürgerkriege wurden in Anlehnung an altröm. Vorbilder eine Reihe polit. u. religiöser Reformen durchgeführt. Eine umfassende Ehegesetzgebung sollte die Bevölkerungszahl heben, Gesetze gegen Luxus u. Amtserschleichung die Sitten festigen. Verfallene Tempel wurden neu errichtet, Stadt u. Provinzen mit prächtigen Bauten geschmückt (Augustus-Forum, Augustus-Bogen, Ara Pacis Augustae u. Pantheon in Rom, Rundtempel der Roma u. des Augustus in Athen). Eine große Anzahl alter, z. T. halbvergessener Kulte wurde zu neuem Leben erweckt. Augustus kümmerte sich um Wasserleitungen u. Straßenbau in Rom u. Italien u. errichtete auf dem Palatin eine öffentl. Bibliothek. Der Römer *Maecenas* versammelte die bedeutendsten röm. Dichter wie *Vergil, Horaz, Properz* um sich; zur gleichen Zeit dichteten *Ovid* u. *Tibull;* die Römer *Livius* u. *Asinius Pollio* u. der Grieche *Dionys von Halikarnassos* verfaßten eine röm. Geschichte; wie der griech. Geograph *Strabon* kamen auch viele griech. Künstler nach Rom. Im Jahr 17 v. Chr. wurde in Rom die Säkularfeier der Stadt begangen, zu der *Horaz* das Kultlied *(carmen saeculare)* dichtete u. der augusteische Weltfriede *(pax Augusta)* verkündet wurde.

Augustenburger, aus einer Nebenlinie des oldenburg. (dänischen) Königshauses stammendes Herzogsgeschlecht in Schleswig-Holstein, benannt nach dem Schloß *Augustenburg* auf Alsen. Zu größerer polit. Bedeutung gelangten die A. im 19. Jh., als Herzog *Christian August* (* 1798, † 1869) seine Erbansprüche auf Schleswig-Holstein nach dem zu erwartenden Aussterben des dän. Königshauses verfocht. Er schloß sich der schleswigholstein. Erhebung an, an der auch sein Bruder führend beteiligt war, u. mußte das Land verlassen. Sein Sohn, Herzog *Friedrich VIII.* (* 1829, † 1880), ließ sich nach Ausbruch des dt.-dän. Zwistes 1863/64 in Holstein zum Herzog proklamieren u. gewann viele Anhänger, die für ein selbständiges Schleswig-Holstein eintraten. Die Angliederung der Herzogtümer an Preußen 1866/67 beendete seine Hoffnungen endgültig. Zu einer Aussöhnung zwischen den A.n u. dem preuß. Königshaus führte die Heirat des späteren Kaisers Wilhelm II. u. der Tochter Friedrichs VIII. (* 1829, † 1880), *Auguste Viktoria.*

Auguste Viktoria, dt. Kaiserin u. Königin von Preußen, Prinzessin von Schleswig-Holstein-Sonderburg-Augustenburg, * 22. 10. 1858 Dolzig, † 11. 4. 1921 Haus Doorn, Niederlande; 1881 verheiratet mit dem späteren Kaiser *Wilhelm II.;* förderte karitative u. kirchl. Bestrebungen sowie die Verwundetenfürsorge im 1. Weltkrieg.

Augustinus, Aurelius, Kirchenlehrer u. Heiliger, * 13. 11. 354 Thagaste, Numidien, † 28. 8. 430 Hippo; zunächst Rhetor in Karthago, Rom u. Mailand, wo er unter dem Einfluß des *Ambrosius* u. seiner christl. Mutter Monika Christ wurde (387 getauft), nachdem er zuvor den Manichäismus u. die neuplaton. Skepsis innerlich überwunden hatte; Rückkehr nach Nordafrika 388; 395 Bischof von Hippo. Hptw.: „Confessiones" („Bekenntnisse", Biographie seines inneren Werdegangs); „De trinitate" („Über die Dreieinigkeit"); „De ci-

Augustus: Statue; um 20. v. Chr. Rom, Vatikanische Museen

vitate Dei“ („Vom Gottesstaat“); „Enchiridion“. - Als Theologe war A. richtungweisend für die Trinitäts-, Gnaden - u. Kirchenlehre (Kampf gegen *Pelagius*), für die theolog. Schau der Geschichte, für die Stellung der Kirche zum Staat u. für die Entwicklung des westl. Mönchtums. Durch seine zahlreichen Schriften beeinflußte er die christl. Theologie bis in die Gegenwart. Fest: 28. 8.

Augustus [lat., der „Erhabene“], Ehrentitel röm. Kaiser seit 27 v. Chr.

Augustus, eigentl. *Gaius Octavius* bzw. *Gaius Iulius Cäsar Octavianus*, auch *Octavian*, röm. Kaiser, *23. 9. 63 v. Chr. Velitrae, †19. 8. 14 n. Chr. Nola; Großneffe *Cäsars*, von diesem testamentarisch adoptiert u. zum Erben eingesetzt; verschaffte sich mit Hilfe einer aus privaten Mitteln geworbenen Armee u. durch geschickte Diplomatie (Zusammenarbeit mit *Cicero*) die proprätorische Befehlsgewalt gegen *Antonius*; erzwang nach dem Sieg über diesen bei Mutina (Modena) durch einen Marsch auf Rom Konsulat u. Triumph; schloß mit Marcus Aemilius *Lepidus* u. Antonius im gleichen Jahr ein auf 5 Jahre befristetes (später verlängertes) *Triumvirat* mit diktator. Vollmachten zur Neuordnung des Staates; hier wurde u. a. die Proskription der polit. Gegner ausgehandelt. Im Vertrag von *Brundisium* 40 v. Chr. beschlossen die Triumvirn, nach dem Sieg über die Cäsarmörder bei *Philippi* 42 v. Chr. alleinige Herren des röm. Reiches, eine Teilung ihrer Einflußsphären: Antonius erhielt den Osten, Octavian den Westen, Lepidus Afrika. 37 v. Chr. schlossen Octavian u. Antonius einen Vertrag zur Bekämpfung des *Sextus Pompeius*, mit dem sich Lepidus 36 v. Chr. verständigte. Nach dem damit begründeten Ausscheiden des Lepidus aus dem Triumvirat u. dem Sieg über Pompeius bei *Naulochos* (36 v. Chr.) führten die Politik des Antonius im O u. seine Ehe mit *Kleopatra* zur Verschärfung des ohnehin gespannten Verhältnisses zu Octavian. Nach ihrer entscheidenden Niederlage bei *Aktium* 31 v. Chr. endeten Antonius u. Kleopatra in Alexandria (30 v. Chr.) durch Selbstmord; Octavian war Alleinherrscher. Er kehrte 29 v. Chr. nach Rom zurück u. feierte einen dreifachen Triumph; 27 v. Chr. legte er in einem geschickt inszenierten Staatsakt die Triumviralgewalt nieder, um sich sogleich auf Drängen des Senats bereit zu erklären, die Provinzen Ägypten, Syrien, Gallien u. Spanien zu befrieden u. ihre Grenzen zu sichern. Zum Dank verlieh man ihm den Ehrentitel „Augustus“, nachdem er vorher schon den Titel „Princeps“ (der Erste) geführt hatte. A. war jetzt Inhaber des *imperium proconsulare*, das nicht nur die Verantwortung für die genannten kaiserl. Provinzen bedeutete, sondern zugleich den Oberbefehl über das vorwiegend dort stationierte röm. Heer. 23 v. Chr. verzichtete er auf das Konsulat, das er vorher jedes Jahr bekleidet hatte. Zum Ausgleich erhielt er die Amtsgewalt u. damit die Unantastbarkeit eines Volkstribunen *(tribunicia potestas)*, ferner das ständige Recht, wie ein Konsul mit dem Senat zu verhandeln. Wenig später (19 v. Chr.) wurde er durch Verleihung der konsular. Ehrenrechte den Konsuln auch protokollarisch gleichgestellt. So hielt er sich hinsichtl. der Ämter u. Kompetenzen strikt an den republikanischen Rahmen, sprengte diesen aber durch deren Häufung.

20 v. Chr. schloß er einen Verständigungsvertrag mit den *Parthern*, bei dem die von *Crassus* verlorenen Feldzeichen zurückgegeben wurden; die röm. Herrschaft in Gallien u. Spanien wurde gefestigt, die Verwaltung der Provinzen neu geordnet, vor allem wurde durch Unterwerfung großer Gebiete östlich des Rheins, in den Alpen u. deren Vorland u. in Südosteuropa (bis zur Donau) das röm. Reich beträchtlich ausgedehnt u. abgerundet. Ersichtl. Ziel war die Erreichung natürlicher Grenzen u. gesicherter Verbindungswege. Nach der Niederlage des *Varus* in der Schlacht im Teutoburger Wald 9 n. Chr., in der durch den Cheruskerfürsten *Arminius* drei röm. Legionen vernichtet wurden, mußte A. die rechtsrheinischen Gebiete aufgeben, doch konnte er die Rheingrenze durch den späteren Kaiser *Tiberius* sichern. Dieser wurde, nachdem mehrere zur Nachfolge ausersehene Mitglieder der Familie gestorben waren, 4 n. Chr. von A. adoptiert u. zum Nachfolger bestimmt. A. starb nach einer Regierung, die dem Reich eine lange Zeit kultureller u. wirtschaftl. Blüte gebracht (→ Augusteisches Zeitalter) u. für die folgenden Jahrhunderte der röm. Kaiserzeit den Grund gelegt hatte. Er selbst hat einen Bericht über seine Leistungen verfaßt, der auf bronzenen Tafeln am Eingang seines Mausoleums auf dem Marsfeld aufgestellt wurde *(Monumentum Ancyranum)*. A. wurde zu Lebzeiten in den Provinzen, nach seinem Tode auch in Rom als Gott verehrt.

Aulis [grch.], altgriech. Hafenort an der Ostküste Böotiens, heute *Vathy*, galt als Versammlungsort der griech. Flotte vor der Ausfahrt gegen Troja. 397 v. Chr. opferte *Agesilaos II.* von Sparta hier, um seinen Kampf gegen die Perser durch die Erinnerung an den Trojan. Krieg gesamtgriech. Kolorit zu geben. Bekanntes Artemisheiligtum.

Aumale [o'mal], ursprüngl. *Albemarle*, ehem. französ. Grafschaft (seit 1547 Herzogtum) in der Normandie, 1755 mit der Krone vereinigt.

Aurangseb [-'se:b], Mohammed Muhi Ad din A. *Alamgir I.*, Großmogul in Indien 1658 bis 1707, *3. 11. 1618 Dohad Gujarat, †21. 2. 1707 Ahmadnagar; 3. Sohn *Schahjahans*, ermordete seinen Bruder Dara Schikoh u. übernahm die Herrschaft schon zu Lebzeiten seines Vaters. Unter ihm erreichte das Mogulreich die größte Ausdehnung, doch mußte A. immer wieder gegen Dekan-Staaten u. gegen den Marathen Schiwadschi kämpfen. Er war strenggläubiger Moslem, zerstörte Ansätze zu einer Partnerschaft mit den Hindus u. vernichtete zahllose hinduist. Tempel. Nach seinem Tod verfiel das Mogulreich.

Aurelian, *Lucius Domitius Aurelianus*, röm. Kaiser 270–275, illyr. Herkunft, *214 Sirmium, Pannonien, †275 bei Byzanz; befehligte unter *Claudius (Gothicus)* im Gotenkrieg die Reiterei, wurde nach dessen Tod 270 vom Heer an der Donau zum Kaiser ausgerufen; schlug die Sarmaten u. Wandalen zurück u. vertrieb 271 die eingedrungenen

Aurangseb; Miniatur im Mogul-Stil, Anfang des 18. Jhs. Berlin, Staatliche Museen Preußischer Kulturbesitz, Museum für Indische Kunst

Alemannen aus Italien; ließ Rom zum Schutz gegen künftige Barbareneinfälle mit einer Mauer umgeben *(Aurelianische Mauer)*. Um die Fronten des Reichs zu verkürzen, zog er die röm. Truppen in Dacien hinter die Donau zurück. Er erfocht 272/273 die Siege bei Antiochia u. Emesa über Zenobia, Königin von Palmyra, u. unterdrückte Unruhen in Gallien. Er festigte das Reich durch Verwaltungs- u. Wirtschaftsreformen u. machte den Sonnengott zum Reichsgott. Auf einem Zug gegen die Perser wurde A. ermordet.

Aurelische Straße, lat. *Via Aurelia*, altröm. Heerstraße von Rom nach Pisa längs der Küste; später bis nach Gallien verlängert.

Aureus [-re:us; der; Pl. *Aurei*; lat., „Goldener“], erstmals unter *Sulla*, seit *Cäsar* massenhaft geprägte röm. Einheitsgoldmünze.

Aureus des Sulla (82/81 v. Chr.)

Aurignacien [orinja'sjɛ̃; das; frz.], altsteinzeitl. Kulturstufe des älteren Jungpaläolithikums in Mittel- u. Osteuropa, benannt nach dem Fundort *Aurignac* im südfranzös. Pyrenäenvorland; zeitlich zwischen *Moustérien* u. *Gravettien* (nach C 14 vor 45 000 bis 20 000 Jahren), Überschneidungen sind jedoch wahrscheinlich, das Ende des A. noch unklar. Im A. tritt vermehrt der *homo sapiens sapiens (Aurignac-Mensch)* auf; es entstehen erste Siedlungen; charakteristisch ist die Klingentechnik, d. h. die Herstellung langer Feuersteinspäne, die zu Kratzern, Sticheln, Bohrern u. ä. verarbeitet wurden. Speer- u. Pfeilspitzen aus Knochen, Geweih u. Elfenbein und die Mammutjagd in Süddeutschland sprechen für höhere Spezialisation auf soziokultureller Ebene, was vielleicht das frühe Auftreten der Kleinplastiken von Tieren u. Menschen, die nach heutigem Wissen die ältesten der Welt sind, in süddt. Höhlen erklärt. Es findet sich außerdem anthropomorphe Gravierung aus dem südruss. Mura lovka.

Vincent Auriol

Auriol [o'rjɔl], Vincent, französ. Politiker (Sozialist), *27. 8. 1884 Revel, Haute-Garonne, †1. 1. 1966 Paris; 1936/37 Finanz-, dann Justiz-Min.; stimmte 1940 gegen die Kapitulation, interniert, 1943 nach Großbritannien entkommen; 1943/44 Mitgl. der provisor. Nationalversammlung in Algier u. Paris, 1946 Präs. der Nationalversammlung, 1947–1954 Präs. der 4. Republik; 1959 im Februar Austritt aus der Sozialist. Partei, da diese de Gaulle tolerierte. Aufzeichnungen: „Journal du septennat, 1947–1954" 7 Bde. 1970–1978.

Aurunker, oskischer Stamm im Raum der Rocca Monfina mit der Hauptstadt *Ausonia*, gegen Ende des 4. Jh. v. Chr. von den Römern vernichtet.

Auschwitz, poln. *Oświęcim*, Stadt in der poln. Wojewodschaft Bielsko, an der Weichsel, 45 500 Ew. In der Nähe wurde 1940 von der SS auf einem ehem. Kasernengelände ein Konzentrationslager errichtet, das bis 1945 dazu diente, die Arbeitskraft der (nicht nur jüdischen) Häftlinge in eigens eingerichteten Industriebetrieben auszubeuten. Der Gesamtkomplex A. mit Stamm- u. Nebenlagern umfaßte40 km². 1941/42 wurde A. durch den Bau spezieller Vergasungsanlagen in Birkenau (A. II) zum Vernichtungslager erweitert. Opfer der Massenvernichtung waren in erster Linie Juden, daneben Zigeuner, Polen u. sowjet. Kriegsgefangene. Bei Ankunft der Transporte fand eine „Selektion" statt: Arbeitsfähige wurden ausgesondert, die übrigen sofort durch Giftgas getötet. Insges. wurden in A. bis Nov. 1944 weit über 1 Mill. Menschen ermordet.

Ausgrabung, das Freilegen, Untersuchen u. Bergen von Bodendenkmälern als den Zeugnissen vergangener Kulturen mit wissenschaftl. Methoden.
A.en wurden u. werden in fast allen Ländern der Erde seit ihrem Beginn im 16. Jh. in Italien vorgenommen, mit wissenschaftl. Methoden jedoch erst seit den A.en von Pompeji (1799–1814). Die Zeit der großen A.en begann um 1811 in Babylon. 1842 legte P. E. *Botta* den Palast des Königs Sargon II. in Dur-Scharrukin (Khorsabad) frei, 1845–1850 H. A. *Layard* die Tontafelbibliothek des Königs Assurbanipal in Ninive u. 1857 C. T. *Newton* das Mausoleum in Halikarnassos. Seit 1871 gruben H. *Schliemann* u. W. *Dörpfeld* in Mykénai, Tiryns u. Troja, seit 1875 E. *Curtius* in Olympia, seit 1899 R. *Koldewey* in Babylon u. seit 1900 Sir A. *Evans* in Knossos auf Kreta. Anfang des 20. Jh. wurde Assur aufgedeckt, 1904 das Osebergschiff in Norwegen. 1906 begannen die A.en in Hattusa (Boğazköy), 1912 in Uruk (Warka) u. 1917 im Tal der Könige bei Luxor (Ägypten). Siedlungsspuren in Ur u. sumerische Königsgräber mit vielen Beigaben förderten seit 1925 die A.en von L. *Woolley* zutage, etwa gleichzeitig mit der Freilegung von Chichen Itzá (Yucatán), der altchines. Hauptstadt Anyang u. seit 1920 von Megiddo u. Lakhish in Palästina.
Nach dem 2. Weltkrieg wurden unterbrochene A.en oft wieder aufgenommen, neue kamen hinzu, so in Rom, Olympia, Athen, Ägypten, Palästina, Kleinasien, in südl. Teilen der Sowjetunion u. Mittel- u. Südamerika. Sehr früh schon fanden auch röm. Ruinen u. Funde Interesse. So werden seit etwa 130 Jahren röm. Militärstationen, Gutshöfe, Friedhöfe u. ä. systematisch untersucht, bes. aber die ausgedehnten Befestigunganlagen an Rhein u. Donau u. in West- u. Nordwesteuropa (Limesforschung). Seit der Mitte des 19. Jh. werden in steigender Zahl in der ganzen Welt auch A.en vorgeschichtl. Kulturen unternommen u. vor allem Höhlen, Siedlungen, Friedhöfe, Befestigungen u. Kultstätten untersucht. Ruinenbeseitigung u. Erdarbeiten vor dem Neuaufbau kriegszerstörter europ. Städte brachten die Stadtkernforschung in Gang. Neuerdings bedient man sich auch zur Lösung bau- u. siedlungsgeschichtl. Probleme des MA (Pfalzen, Burgen, Wüstungen, Kirchen) der Hilfe von A.en. Ein sehr modernes Projekt im Rahmen der *Siedlungsarchäologie* ist die nahezu vollständige Untersuchung von Siedlungen mit den dazugehörenden Gräbern, alten Ackerfluren u. Werkplätzen auf einer Geestinsel durch das Niedersächs. Landesinstitut für Marschen- u. Wurtenforschung in Wilhelmshaven, bei dem Archäologen, Botaniker, Bodenkundler, Geographen u. a. eng zusammenarbeiten, um modellhaft an dem Beispiel die Besiedlungsentwicklung von der Steinzeit bis heute zu demonstrieren.
Die meisten A.en sind heute kurzfristige Rettungsgrabungen, bei denen durch Erd- u. Bauarbeiten bedrohte Fundplätze untersucht werden.
Neu hinzugekommen sind großangelegte u. im voraus geplante Rettungsgrabungen, wie im Braunkohlenrevier der Aldenhovener Platte u. des Hambacher Forstes oder beim Bau des Rhein-Main-Donau-Kanals in Bayern. Dabei werden unter Einsatz von Bagger u. Raupe riesige Grabungsareale freigelegt, um dann so schnell wie möglich die wichtigsten Befunde aufzunehmen u. zu bergen. Zumeist kommt auch die Luftbildarchäologie zum Einsatz. Auf diese Weise konnten erstmals in so großem Umfang die Grundrisse vorgeschichtl. Dörfer vollständig freigelegt werden.
Ganz im Gegensatz dazu stehen die A.en von Seeufersiedlungen seit dem Neolithikum, bei denen zuweilen der Archäologe zusammen mit einer Reihe Naturwissenschaftlern wochenlang an der Auswertung von nur 1m² Erde, wie z. B. in Yverdon, beschäftigt ist. Die Ausgrabungsmethoden richten sich bei allen Grabungen nach den am Grabungsplatz angetroffenen Bodenverhältnissen, der Art u. Lage der Bodendenkmäler, der voraussichtl. Grabungstiefe u. der Flächenausdehnung der Fundstelle. Glatte waagerechte *(Planum)* u. senkrechte Erdschnitte *(Profil)* geben Einblick in den Boden. Mit Vermessung, Fotografie, Zeichnung, Stratigraphie u. naturwissenschaftl. Verfahren werden Fundsituation u. Fund an sich erfaßt u. Fundgegenstände sofort in ihrer Fundzugehörigkeit registriert. Der Grabungsleiter muß stets wissen, welche techn. Mittel u. speziellen Methoden er im gegebenen Fall anwenden muß. Die Ausgrabungsgesetze der meisten Staaten bestimmen daher, daß A.en nur von Fachleuten ausgeführt werden dürfen. Sie stellen außerdem ortsfeste Denkmäler unter Schutz u. verpflichten zur Meldung beim Auftreten von Bodenfunden.

Auschwitz: Eingang des Vernichtungslagers Birkenau

Außerparlamentarische Opposition, zusammenfassende Bez. für polit. Oppositionsbewegungen der Linken in der BR Dtschld. *(APO)*, die in der Zeit der „Großen Koalition" (ab 1966) entstanden. Die APO war keine einheitl. Organisation, sondern aus vielen Gruppen zusammengesetzt. Besonders die Studenten u. ihre polit. Verbände wirkten in der APO mit. Fehlende Massengefolgschaft u. Organisation führten insbes. nach dem Regierungswechsel (1969) zu einem raschen Zerfall der APO.

Austerlitz, tschech. *Slavkov u Brna*, Ort in Südmähren, bei Brünn, 6000 Ew. – In der Nähe entscheidender Sieg Napoleons I. ge-

Austerlitz: Napoleon im Biwak; Kupferstich von F. Fleischmann

gen die vereinigten Österreicher u. Russen nach der Besetzung Wiens am 2. 12. 1805 an der Straße von Brünn nach Olmütz. Wegen der Anwesenheit des Kaisers Franz II. von Österreich, des Zaren Alexander I. u. Napoleons als *Dreikaiserschlacht* bezeichnet. Auf französ. Seite entschied Marschall Soult gegen Kutusow den Kampf. Die Schlacht von A. führte zum Frieden von Preßburg.

Australien AUS

Australischer Bund

Fläche: 7713364 km². – *Einwohner:* 17,8 Mill. – *Hauptstadt:* Canberra. – *Landessprache:* Englisch. – *Nationalfeiertag:* 26. 1. – *Währung:* 1 Australischer Dollar = 100 Cents. – *Lage:* zwischen 10° und 44° s. Br. sowie 113°09′ und 153°39′ ö. L. – *Zeitzone:* Mitteleuropäische Zeit + 7 bis + 9 Std. – *Grenzen:* Kontinent zwischen Indischem Ozean (im W) und Pazifischem Ozean. – *Staatsform:* parlamentarische bundesstaatliche Monarchie mit der britischen Königin als Staatsoberhaupt.

Einzelne Entdeckungen austral. Küsten durch span. u. portugies. Seefahrer um die Mitte des 16. Jh. sind sehr wahrscheinlich. Gesicherte Forschungsberichte setzten Anfang des 17. Jh. ein. 1605 erreichte der Holländer Willem *Janszoon* den Carpentariagolf; 1606 durchfuhr der Spanier L. V. de *Torres* die später nach ihm benannte Torresstraße; 1616 betrat Dirk *Hartog* die westaustral. Küste („Land der Eendragt"). In den folgenden Jahrzehnten machten die Holländer wiederholt Entdeckungsfahrten zur Westküste des Kontinents, dem sie 1644 den Namen „Neu-Holland" gaben. 1642–1644 umsegelte Abel *Tasman* A. u. entdeckte Van Diemensland (Tasmanien) u. Neuseeland. Die Unwirtlichkeit der Westküste nahm jedoch den Holländern bald das Interesse an A. Erst 1770 landete der Engländer James *Cook* an der fruchtbareren Ostküste u. nahm sie als Neusüdwales für Großbritannien in Besitz. 1788 gründeten die Briten die erste Sträflingskolonie in der Nähe von Sydney (Botany Bay) u. legten damit den Grundstein zur Besiedlung des Erdteils durch Weiße. Bis 1851 bzw. 1868 wurden Sträflinge nach A. geschickt, die entweder auf Regierungsfarmen oder bei privaten Siedlern Zwangsarbeit leisten mußten. Schon 1793 landeten jedoch auch die ersten freien Kolonisten bei Sydney. Durch die Entdeckung der *Bass-Straße* 1798 u. durch die von M. *Flinders* unternommene Umseglung A.s im Jahre 1803 stand der Küstenverlauf fest. Nach 1820 wurde der Name A. für den Erdteil gebräuchlich. Ab 1827 beanspruchte Großbritannien nicht mehr nur die besiedelten Küstenstreifen, sondern den ganzen Kontinent.

Im 19. Jh. wurde das Innere A.s erforscht. Den Kontinent durchquerten der Deutsche Ludwig *Leichhardt* (1844–1847), die Engländer Thomas *Mitchell* (1845–1847), Augustus *Gregory* (1855/56) u. Robert O'Hara *Burke* (1860/61), der Australier John *Mackinley* (1861/62), der Engländer John Mac Douall *Stuart* (1862) u. der Australier David *Lindsay* (1887–1893). Großbritannien gründete 1829 die Kolonie West-A., 1836 die Kolonie Süd-A.; von Neusüdwales wurden 1851 Victoria, 1853 Tasmanien u. 1859 Queensland als selbständige Kolonien getrennt, 1836 wurden die Städte Melbourne u. Adelaide gegründet. Große Goldfunde in West-A. (seit 1823), Neusüdwales u. Victoria (1851) lockten einen Strom freiwilliger Siedler in das Land. A.s Austritt aus der kolonialen Unmündigkeit begann gesellschaftlich, als 1831 mit der Einstellung der Landzuweisungen u. 1840 mit der Abschaffung der Zwangsarbeit bei privaten Siedlern ein freier Land- u. Arbeitsmarkt geschaffen wurde, politisch mit der Einrichtung einer kolonialen Selbstverwaltung 1842–1850.

Im letzten Viertel des 19. Jh. wurde der Wunsch nach einem föderativen Zusammenschluß immer lauter. Aufgrund einer königl. Proklamation schlossen sich am 1. 1. 1901 die 6 Kolonien zu einem Bundesstaat *(Federal Commonwealth of Australia)* im Brit. Empire zusammen. Die austral. Verfassung orientierte sich am brit. u. US-amerikan. Vorbild. Eine starke polit. Stellung gewann die eng mit der starken Gewerkschaftsbewegung verbundene Arbeiterpartei, die Mindestlöhne, Achtstundentag u. Altersfürsorge schon 1908 durchsetzte; hohe Schutzzölle (1907) sollten die Zahlung hoher Löhne ermöglichen. Die Arbeiterpartei fand darin einen Bündnispartner in der Liberalen Partei gegen die Opposition der am Grundbesitz orientierten Landpartei (Country Party). Durch eine strenge Einwanderungspolitik wurden farbige Einwanderer ferngehalten (Parole: „weißes A."). 1911 wurde durch ein Wehrgesetz die Landesverteidigung organisiert u. mit dem Bau einer eigenen Flotte begonnen. Seit 1913 ist Canberra Bundeshauptstadt. Am 1. Weltkrieg nahm A. auf britischer Seite teil; 1921 erhielt es die dt. Besitzungen in der Südsee südlich des Äquators als Mandate, die inzwischen unabhängig oder Teil unabhängiger Staaten geworden sind. 1933 beanspruchte A. einen Sektor des antarkt. Kontinents.

Der japan. Expansionsdrang bedeutete für den dünnbesiedelten Kontinent bereits in den 1930er Jahren eine erhebl. Gefahr. Während des 2. Weltkriegs, an dem A. an der Seite Großbritanniens teilnahm, war der Kontinent nach dem Fall von Singapur (1942) unmittelbar von Japan bedroht. 1945 wurde A. Gründungsmitgl. der UN. 1947 wurden die Heard- u. Macdonaldinseln, 1955 die Kokosinseln, 1958 Christmas Island dem Austral. Bund unterstellt. 1951 trat A. dem ANZUS-Pakt, 1954 der SEATO (bis 1977) bei. Im Koreakrieg waren austral. Truppen als UN-Streitkräfte, im Vietnamkrieg auf südvietnames. Seite eingesetzt.

Die seit 1941 regierende Arbeiterpartei verlor 1949 die parlamentar. Mehrheit an den Bürgerblock, ein Bündnis der Liberalen u. der Landpartei. Der Bürgerblock regierte bis 1972 unter Führung liberaler Premierminister (1949–1966 R. G. *Menzies*). 1972 kam die Arbeiterpartei an die Regierung; sie verlor jedoch 1974 die Mehrheit im Senat. Dieser lehnte 1975 dreimal den Bundeshaushaltsplan ab. Daraufhin enthob der Generalgouverneur in rechtl. umstrittener Weise den Premier-Min. G. *Whitlam* seines Amtes. Die 1975 gewählte, 1977 u. 1982 wiedergewählte Regierung der Bürgerblockparteien unter M. *Fraser* wurde nach den Wahlen von 1983 durch eine Labor-Regierung unter R. *Hawke* abgelöst. 1991 wurde Hawke von P. *Keating* als Führer der Arbeiterpartei u. Regierungschef abgelöst. Die Regierung Keating, die bei den Wahlen 1993 im Amt bestätigt wurde, konzentrierte sich vor allem auf die Überwindung der Rezession. Die Wahlen 1996 gewann der Bürgerblock aus Liberalen u. Nationalpartei (früher Landpartei), Premier-Min. wurde der Liberale J. *Howard*.

Austrofaschismus: Einmarsch der Heimwehren in Wiener Neustadt, 1928

Austrien, *Austrasien*, der östl. Teil des *Frankenreichs* unter den Merowingern, umfaßte das Gebiet an Rhein, Maas u. Mosel mit der Champagne u. den Hauptstädten Metz u. Reims sowie mit der Herrschaft über die rechtsrhein. Stämme.

Austrofaschismus, die antidemokrat., auf Errichtung eines autoritären Ständestaats

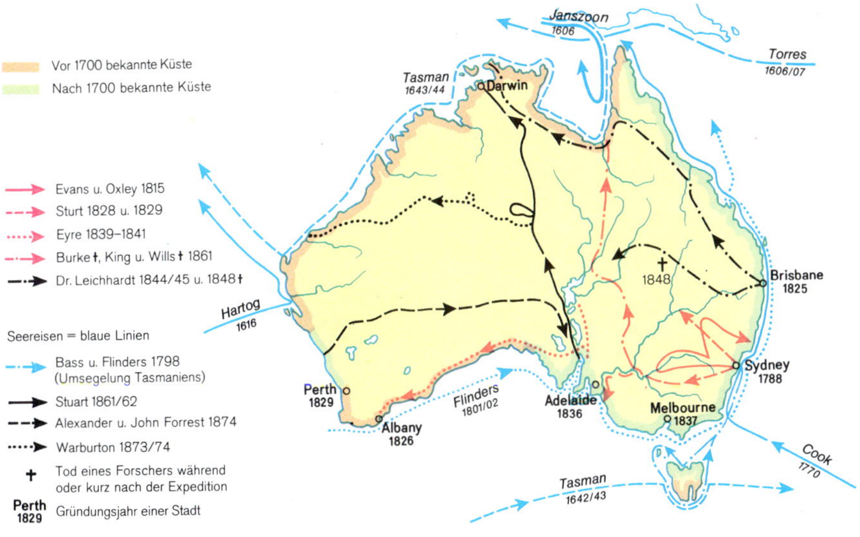

Australien: Entschleierung des Kontinents

Cortés erobert das Aztekenreich

Das erste Ziel konquistadorischen Entdeckungsdrangs wurden die Azteken.
Sie waren im 12. Jahrhundert von Norden her im heutigen Mexiko eingewandert, hatten allmählich die dort seßhaften Stämme unterworfen und ihre Herrschaft über das ganze Hochland ausgedehnt.

Den Höhepunkt ihrer Macht und Kultur erreichten die Azteken im ausgehenden 14. Jahrhundert. Nachrichten von den Reichtümern dieses Volkes lockten mehrfach kleinere spanische Unternehmungen an, die aber alle scheiterten. Da gelang es 1519 dem damals vierunddreißigjährigen Hernando Cortés (Hernán Cortéz, * 1485, † 1547), einem verarmten spanischen Adeligen, der sich – völlig untypisch für seine Standesgenossen – als Pflanzer in der Neuen Welt ein Vermögen erworben hatte, eine Truppe von 550 Mann auszurüsten und von Kuba aus zum mittelamerikanischen Festland überzusetzen.

Seine Landung und vor allem sein Vormarsch ins Landesinnere wurden anfangs wesentlich durch die Tatsache erleichtert, daß die Azteken in den weißhäutigen Fremdlingen die Nachfahren eines ihrer Götter erblickten, der nach einer Legende einst ausgewandert war und dessen Rückkehr sie erwarteten. (…)

Die Begegnung (1519) zwischen Cortés und dem Aztekenkaiser Moctezuma II. (Motecuzoma, Montezuma, genannt Xocoyotzin, R 1502–1520) gehört zu den tragischen Episoden der Weltgeschichte: auf der einen Seite der energische, rücksichtslose Spanier, auf der anderen der kooperationsbereite, verunsicherte und zugleich auch verängstigte zweiundfünfzigjährige Aztekenkaiser, der die Übermacht seiner Leute nicht nutzte, gefangengenommen wurde und schließlich bei einem vergeblichen Versuch, zwischen Spaniern und Azteken zu vermitteln, auf tragische Weise durch Steinwürfe seiner eigenen Untertanen tödlich verletzt wurde. (…)

Ein letzter Versuch der Azteken, unter der Führung eines jüngeren Bruders von Moctezuma die Spanier aus Tenochtitlán zu vertreiben, endete 1521 mit der Eroberung und der Zerstörung der Hauptstadt und zugleich der Vernichtung des Aztekenreiches.

Heinrich Pleticha in »Weltgeschichte – Entdecker und Reformatoren«, Bertelsmann Lexikon Verlag, Gütersloh 1989.

1

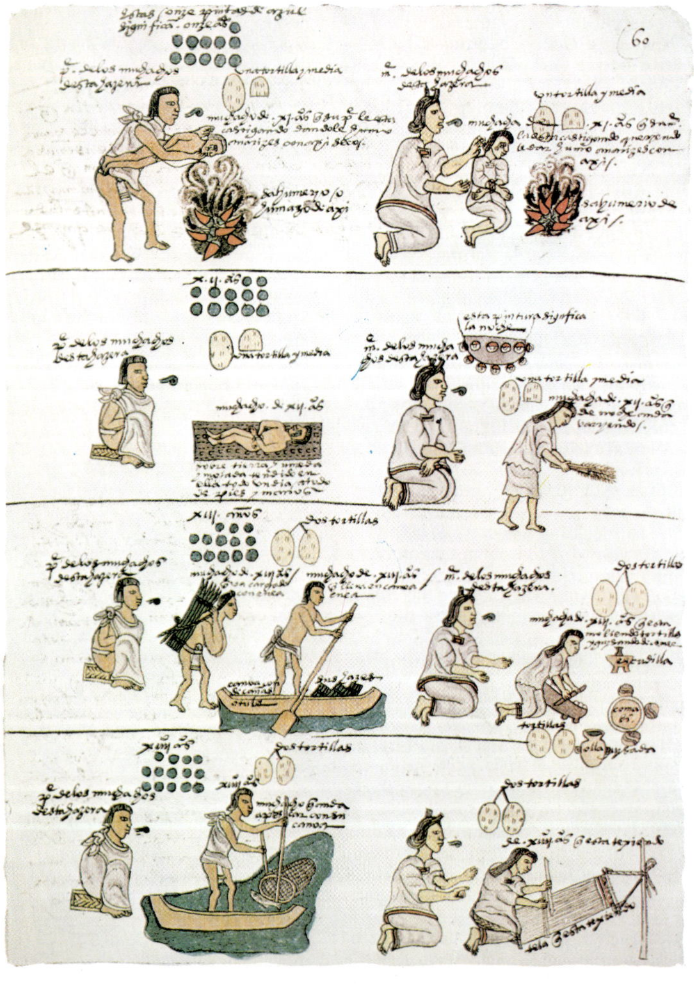
2

3

1 Steinplastik des Regengottes Tlaloc.

2 Darstellungen aus dem Codex Mendoza, der im Auftrag von Antonio de Mendoza, dem Vizekönig von Neuspanien (Mexiko), von einem aztekischen Künstler um 1541 für Kaiser Karl V. gezeichnet wurde.

3 Haupttempelbezirk von Tenochtitlán, in dem der Tempel des Stammesgottes Huitzilopochtli und der des Regengottes Tlaloc stand; Modell.

4 Der »Sonnenstein« von Tenochtitlán.

4

zielende Ideologie der österr. *Heimwehr*, die sich in den 1920er Jahren in Anlehnung an den italien. Faschismus herausbildete. Als A. bezeichnet man auch Theorie u. Praxis der klerikal-ständischen Diktatur der Regierungen *Dollfuß* u. *Schuschnigg* 1934–1938.

Austromarxismus, zwischen 1904 u. 1934 von Otto *Bauer*, Max *Adler*, Rudolf *Hilferding* u. Karl *Renner* („Marx-Studien", ab 1904, „Der Kampf", ab 1907) entwickelte österr. Richtung des Marxismus, erkenntnistheoretisch auf I. *Kant* zurückgreifend; neben dem *Revisionismus* u. dem *Kommunismus* Leninscher Prägung wichtigste Form des Marxismus im ersten Drittel der 20. Jh. Der A. setzte sich sowohl vom dt. Revisionismus als auch vom russischen Bolschewismus ab. Eine klassenlose Gesellschaft sollte über die allmähliche Vergesellschaftung der Produktionsmittel, die Teilhabe sozialist. Parteien an der Regierung, wirtschaftl. u. gesellschaftl. Reformen auf parlamentarischem Weg u. über größeren Einfluß des Staates auf die Wirtschaft erreicht werden. Als polit. Doktrin der österr. Sozialdemokratie der Ersten Republik ist der A. gekennzeichnet durch die Spannung zwischen verbalem Radikalismus u. reformistischer Praxis. Seine bes. Ausprägung fand er in der Gesellschafts- u. Kulturpolitik der sozialdemokrat. verwalteten Stadt Wien in den 1920er Jahren u. im „Linzer Programm".

Austroslawismus, polit. Bewegung der Slawen (bes. der Tschechen) in der Habsburger Monarchie des 19. Jh., die das Kaiserreich in einen trialist. „Bund gleichberechtigter Völker" (F. *Palacký*) umwandeln wollten (Deutschsprechende, Ungarn, Tschechen). Durch den österr.-ungar. Ausgleich 1867 fühlten sich die Slawen gegenüber den Ungarn benachteiligt. Die Anhänger des A. wurden gegen Ende des 19. Jh. von den radikalen Jungtschechen verdrängt.

Authari, König der Langobarden 584–590, † 5. 9. 590 Pavia. Nach zehnjährigem Interregnum zum König erhoben, verteidigte A. seine Herrschaft erfolgreich gegen Byzanz u. kam durch einen Bündnisvertrag zu einer Verständigung mit den Franken.

Auvernier [overn'je:], **1.** Ort am Neuenburger See (Schweiz), berühmt durch viele prähistor. Siedlungsfunde aus sog. *Ufersiedlungen* (mit *Pfahlbauten*); Besiedlungsphasen vom Mittelneolithikum bis zum Ende der Frühbronzezeit u. aus der Spätbronzezeit.

2. namengebender Fundort einer neolith. Gruppe der Saône-Rhône-Kultur. Nach einem Skelett aus A. (gefunden 1878) wurde eine der ersten Rekonstruktionen eines prähistor. Menschen hergestellt, die sog. „Frau von A.".

Auxilien [lat., „Hilfstruppen"], ursprünglich allg. Bez. für die auf röm. Seite kämpfenden Kontingente von Verbündeten, meist einer besonderen Waffengattung; seit der Kaiserzeit normalerweise reguläre Truppeneinheiten aus Nicht-Römern, die nach Ablauf ihrer Dienstzeit von 25 Jahren das röm. Bürgerrecht erhielten. Sie waren eingeteilt in Kavallerie *(Alen)* u. Infanterie sowie gemischte Einheiten *(Kohorten)* u. in *Kastellen* stationiert.

Avebury ['εivbəri], Dorf in der Grafschaft Wiltshire (Großbritannien), ca. 10 km südwestlich von Marlborough, mit einem sog. *Henge-Monument* aus dem Spätneolithikum; dieses besteht aus einem großen Steinkreis *(Round Circle)*, einem Ringwall (Durchmesser 427 m) mit einem Graben (Funde von neolith. Scherben), der eine Fläche von ca. 11,5 ha umschließt u. an 4 Stellen von Eingängen durchbrochen wird; der innere Graben wird von einem Kreis aus großen Sarsensteinen begrenzt, in dessen Innern sich zwei kleinere Kreise (Durchmesser ca. 100 m) befinden. Vom südl. Ausgang des Monuments führt eine ebenfalls von Sarsensteinen begrenzte 2,5 km lange u. 15 m breite Straße, die sog. *West-Kennet-Avenue*, zu einem als „Sanktuarium" bezeichneten kleinen Steinkreis. Anlagen wie in A. scheinen kult. Charakter gehabt zu haben.

Aventicum, heute *Avenches* (Schweiz), ursprünglich Hauptort des kelt. Stammes der *Helvetier*; unter Kaiser *Vespasian* (69–79) Ansiedlung einer Veteranenkolonie *(Colonia Pia Flavia Constans Emerita Helvetiorum Foederata)*, 259/60 von Alemannen zerstört; im 6. Jh. Bischofssitz (Vorläufer von Lausanne); gut erhaltene Reste (Mauern mit Osttor, Forum, Tempel, Thermen, Theater, Amphitheater, Privathäuser, Mosaiken).

Aventin, lat. *Aventinus mons*, einer der 7 Hügel Roms, im S der Stadt; schon früh im Mittelpunkt religiöser Verehrung, mit dem Dianatempel als Heiligtum des latinischen Bundes; in den *Ständekämpfen* Zentrum der *Plebejer* (Ort mehrfacher sog. *secessiones*); erst um 200 v. Chr. in die Stadtbefestigung u. unter Kaiser *Claudius* (41–54 n. Chr.) ins offizielle Stadtgebiet einbezogen, seitdem bevorzugtes Wohngebiet reicher Römer; heute Reste der antiken Bebauung.

Avignon [avi'njɔ̃], alte südfranzös. Stadt nahe der Mündung der Durance in die Rhône, Verw.-Sitz des Dép. Vaucluse, 90800 Ew., Erzbischofssitz; roman. Kathedrale (12. Jh.), mittelalterl. Stadtumwallung (8 Tore, 39 Türme), got. Residenzschloß der Päpste.
In der Antike als *Avenio* bekannt, im MA Bistum, seit 1475 Erzbistum; 1309–1376 Residenz der Päpste („Babylon. Gefangenschaft" der Kirche).

Awaren, *Avaren*, turkvölk. Reiternomaden,

Mohammed Ayub Khan

deren Herkunft umstritten ist (Zusammenhänge mit den Hephthaliten bzw. Weißen Hunnen). Von den Türken aus Westasien verdrängt, erschienen sie Mitte des 6. Jh. im Steppenraum nördlich des Kasp. u. Schwarzen Meers. Im Dienst des Byzantin. Reichs (558 Gesandtschaft zu Kaiser Justinian I.) unterwarfen sie die dort siedelnden ansässigen Völker; nach 565 wandten sie sich weiter westwärts u. bedrohten byzantin. Reichsterritorium. 567 warf ihr Kagan Bajan (565–602) im Bund mit den Langobarden die Gepiden nieder u. nahm nach dem Abzug der Langobarden nach Italien das Gebiet zwischen Donau u. Theiß in Besitz, das er in krieger. Unternehmungen gegen die Nachbarn zu einem awarischen Großreich von der Elbe bis in den Kaukasus, von der Adria bis zum Don ausbaute. Verheerende Streifzüge in das Innere der Balkanhalbinsel brachten Byzanz in Bedrängnis, das sich zu hohen Tributzahlungen verpflichten mußte (582 Eroberung Sirmiums). Nach der erfolglosen Belagerung Konstantinopels 626 gewannen die zentrifugalen Kräfte Auftrieb. Seit 681 entwickelte sich das Bulgarenreich im Ostteil der Balkaninsel zu einem mächtigen Konkurrenten. Die Feldzüge Karls d. Gr. zwischen 791 u. 803 (795 bzw. 796 Erstürmung des sog. Awarenrings [Hauptlager] durch den Markgrafen Erich von Friaul u. König Pippin von Italien) bereiteten dem A.reich ein Ende; die A. wurden von den umwohnenden Slawen bzw. den einwandernden Ungarn völlig assimiliert.

Axen, Hermann, Politiker (SED), * 6. 3. 1916 Leipzig, † 15. 2. 1992 Berlin; 1935–1938 u. 1940–1945 aus polit. Gründen inhaftiert, 1946–1949 Sekretär des Zentralrats der FDJ, 1950–1989 Mitgl. des Zentralkomitees der SED, 1950–1953 u. 1966–1989 Sekretär des ZK der SED (Agitation, internationale Verbindungen), 1956 bis 1966 Chefredakteur des „Neuen Deutschland"; 1970–1989 Mitgl. des Politbüros der SED; gegen A. wurde nach seinem Parteiausschluß ein Strafverfahren eingeleitet.

Ayub Khan, *Ajub Khan*, Mohammed, pakistan. Politiker, * 14. 5. 1907 Rihana, Distrikt Hazara, † 20. 4. 1974 Islamabad; bis 1947 Offizier in brit. Diensten; 1951 Oberbefehlshaber der pakistan. Armee; 1954/55 Verteidigungs-Min., 1958–1969 Regierungschef u. Staats-Präs.; gab 1962 Pakistan eine autoritäre Präsidialverfassung; bemüht um Reformen u. eine Lösung des Kaschmir-Problems; 1963–1970 Präs. der Moslemliga.

Azaña y Diez [a'θanja i di'εθ], Manuel, span. Schriftsteller u. Politiker, * 10. 1. 1880 Alcalá de Henares, † 4. 11. 1940 Montauban (Frankreich); antiklerikaler Republikaner; nach Abschaffung der Monarchie (1931) mehrfach Min.-Präs. u. 1936 Präs. der Republik; emigrierte 1939 nach Frankreich.

Azilien [azi'ljε̃; das; frz.], Kulturstufe der Mittelsteinzeit nach dem Ende der letzten Eiszeit, benannt nach der in Südfrankreich gelegenen Höhle *Mas d'Azil*, Département

Avignon: Blick auf den Papstpalast und die durch das Volkslied „Sur le pont d'Avignon" berühmt gewordene Brücke

Ariège. Typische Geräte waren Harpunenspitzen aus Hirschgeweih, Rundkratzer u. Federmesser aus Feuerstein, mit geometr. Mustern bemalte Kiesel. Verbreitungsgebiet von den Pyrenäen bis Süddeutschland; Datierung nach der C-14-Methode zwischen 10000 u. 6000 v. Chr.

Azincourt [azɛ̃'ku:r], französ. Ort im Dép. Pas-de-Calais; am 25. 10. 1415 Schlacht im Hundertjährigen Krieg zwischen Frankreich u. England. Obwohl Heinrich V. von England die Franzosen besiegte, hatte sich das französ. Nationalbewußtsein so gestärkt, daß sich der engl. König als französ. Thronerbe nicht durchsetzen konnte.

Aziru, König von *Amurru*, regierte ca. 1370–1335 v. Chr., bestieg als ägypt. Vasall den Thron, schloß sich später aber den *Hethitern* an u. eroberte von den Ägyptern weite Teile Nordsyriens.

Azteken, ein nahuatl-sprechender Indianerstamm der uto-aztek. Sprachfamilie. Der Ursprungssage nach kamen die A. mit sechs weiteren sprach- u. kulturverwandten Stämmen (den *Acolhua, Chalca, Tepaneca, Tlalhuica, Tlaxcalteca* u. *Xochimilca*) aus *Chicomoztoc* (sieben Höhlen), der legendären Urheimat in Nordwestmexiko, nach langer Wanderung um 1200 n. Chr. in das Hochtal von Mexiko. Sie selbst nannten sich auch *Mexica*. Zu dieser Zeit waren die A. noch ein kleiner u. armer Jägerstamm. Von den bereits im Hochtal siedelnden Stämmen meist älterer u. höherer Kultur zuerst unterdrückt u. mehrfach verjagt, flüchteten die A. auf die Inseln im großen See des Hochtals. Hier gründeten sie 1325 ihre Hptst. *Tenochtitlán*. Immer noch waren sie Vasallen des mächtigen *Tepanekenreiches*. Dieses zerstörten die A. 1428 mit Hilfe der Acolhua von Texcoco. Mit dem Rest der Tepaneken u. den Acolhua bildeten die A. jetzt einen Dreistaatenbund. Dieser eroberte bis 1519 fast ganz Mexiko. Das große Reich war keine feste polit. Einheit, sondern ein lockerer Verband von unterdrückten Stämmen, die zu Tributleistungen verpflichtet waren.

Die Insel-Hptst. Tenochtitlán war in einem rechtwinklig sich kreuzenden Straßensystem angelegt, das von mehreren Kanälen durchzogen war. Das Zentrum bildete der hl. Bezirk. Mit dem Festland war sie durch drei Straßendämme verbunden.

Die Herrschaft über die A. übte der Kriegshäuptling aus, dem der Oberpriester als Friedenshäuptling zur Seite stand. Erst der letzte unabhängige Herrscher, *Motecuzoma II.*, vereinigte beide Ämter in einer Hand. Das Volk war ständisch gegliedert in Adel, Kaufleute, Handwerker, Bauern u. Sklaven.

Die Grundlage der aztek. Wirtschaft bildete einerseits intensiver Feldbau auf Terrassenanlagen mit künstl. Bewässerung u. auf den Chinampas (künstl. schwimmende Inseln, die noch heute intakt sind), andererseits ausgedehnter Fernhandel, hauptsächlich in die trop. Gebiete des Tieflandes. Die Kaufleute dienten dabei gleichzeitig als Spione, die neu zu erobernde Gebiete auskundschafteten.

Die Kultur der A. basierte auf den älteren Kulturen des Hochlandes, vor allem auf der von *Teotihuacán* sowie der *Tolteken* u. *Mixteken*. Sie kannten zwei verschiedene Kalendersysteme, Mond- u. Sonnenkalender, die einander ergänzten, Hieroglyphen u. Bilderhandschriften. Neben monumentaler Steinarchitektur hatten sie ein hochstehendes Kunsthandwerk (die Bildhauerei, Steinschneide-, Gold-, Silber- u. Kupferschmiedekunst, Weberei, Federmosaik). Ihre Waffen waren steinzeitlich (Holzschwerter mit Obsidianklingen, Pfeile u. Speere mit Feuerstein- u. Obsidianspitzen, wobei die Speerschleuder diese zur wirksamen Fernwaffe machte, u. Feuersteinmesser). Pyramiden, die, im Unterschied zu den altweltlichen, nie als Grabbauten dienten, trugen auf der oberen Plattform einen oder zwei Tempel, in denen Götterstatuen standen. Vor den Tempeln, dem Volk sichtbar, brachten die A. dem Kriegsgott *Huitzilopochtli*, dem eigentl. Stammesgott, Menschenopfer dar, wobei den noch lebenden Opfern die Brust geöffnet u. das Herz herausgeschnitten wurde. Mit dem dampfenden Herzblut wurden die Götterstatuen bestrichen, um so Nahrungsaufnahme zu symbolisieren. Beim Frühlings- u. Fruchtbarkeitsfest zu Ehren des Gottes *Xipetotec* („Unser Herr der Geschundene") streifte sich ein Priester die abgezogene Haut eines Menschen über, als Sinnbild für die Erneuerung der Natur.

Die Verehrung des toltek. Kulturheros *Quetzalcoatl*, der nach aztek. Glauben einstmals weißhäutig u. bärtig aus dem O wiederkehren sollte, um den aztek. Thron einzunehmen, wurde den A. zum Verhängnis. Als das für dieses Ereignis von den Auguren vorhergesagte Datum mit der Ankunft der Spanier übereinstimmte, sah Motecuzoma II. die alten Weissagungen bestätigt u. behandelte H. *Cortés* als Gott, der sich Motecuzomas ohne Kampf bemächtigen konnte. Cortés vernichtete das A.-Reich 1519–1521 mit Hilfe der Tlaxcalteken, eine der wenigen von den A. noch unabhängigen Stämme, Erzfeinde der A. Die letzten Herrscher, Motecuzoma II. u. *Cuitlahuac*, fanden 1520, *Quauhtemoc* 1524 als Gefangener des Cortés auf dessen Zug nach Guatemala den Tod. Die Hptst. Tenochtitlán wurde völlig zerstört. Die Nachkommen der A. bilden noch heute einen großen Teil der mexikan. Landbevölkerung, die wie früher Nahuatl (jetzt „Mexicano" genannt) spricht. Ⓑ S. 72/73.

B

Baader-Meinhof-Gruppe, Selbstbezeichnung *Rote Armee Fraktion (RAF)*, nach ihren Mitgliedern Andreas *Baader* u. Ulrike *Meinhof* benannte Gruppe, die in den 1970er Jahren nach dem Konzept der Stadtguerilla zum bewaffneten Kampf gegen die „Gewalt der Herrschenden" in der BR Dtschld. aufrief. Ihre Wurzeln hat die B. in der *Außerparlamentarischen Opposition* Ende der 1960er Jahre, insbes. im Protest gegen die US-amerikan. Kriegführung in Vietnam. Mit der gewaltsamen Befreiung A. Baaders, der wegen Kaufhausbrandstiftung inhaftiert war, trat die B. 1970 erstmalig an die Öffentlichkeit. Neben Banküberfällen richteten sich weitere Aktionen, bei denen mehrere Menschen ums Leben kamen, bes. gegen US-amerikan. Einrichtungen (Hauptquartier Heidelberg). Die Aktionen der B. bewirkten nicht die erwartete Massensolidarisierung. 1972 wurden die führenden Mitglieder verhaftet. 1976 beging U. Meinhof in der Untersuchungshaft Selbstmord. Die zu lebenslanger Freiheitsstrafe verurteilten Mitglieder Baader, G. *Ensslin* u. J. C. *Raspe* starben 1977 durch Selbstmord, nachdem der Versuch von Gesinnungsgenossen, sie gegen den entführten Verbandspräsidenten H. M. *Schleyer* u. 86 Insassen einer entführten Lufthansa-Maschine freizupressen, gescheitert war.

Trotzdem gelang es den verbliebenen RAF-Mitgliedern in der Folgezeit, neue Organisationsstrukturen zu finden u. die terrorist. Aktivitäten fortzusetzen. Eine im Untergrund agierende *Kommandoebene*, der ca. 15–20 Personen angehören, ist dabei für die Ausführung von Sabotageakten u. Mordanschlägen verantwortlich. Diesen Anschlägen fielen u. a. J. *Ponto*, A. *Herrhausen* u. D. C. *Rohwedder* zum Opfer. Die Kommandoebene wird gestützt von den sogenannten *Militanten* u. dem aus rd. 250 Sympathisanten bestehenden *Umfeld*, das inhaftierte RAF-Mitglieder betreut u. polit. Agitation betreibt. Das Ministerium für Staatssicherheit der DDR gewährte der RAF logist. Unterstützung u. gab mehreren Terroristen die Möglichkeit, in der DDR unterzutauchen. 1998 verkündete die RAF ihre Selbstauflösung.

Baalbek, *Balbek* [„Baalstadt"], im Altertum syr. Stadt in der Ebene zwischen Libanon u. Antilibanon, seit der Seleukidenzeit griech. *Heliopolis*, seit Augustus röm. Kolonie; monumentaler Tempelbezirk aus dem 1.–3. Jh.; Ausgrabungen u. Restaurierungsarbeiten seit 1900; die ältesten Funde stammen aus der Bronzezeit.

Baalberger Gruppe, endneolith.-kupferzeitl., der mitteleuropäischen Trichterbecherkultur zugehörige Kulturgruppe im mitteldeutschen bis böhmischen Raum.

Baath-Partei [ba:t; arab. *Al Baath*, „Wiedererweckung"], panarab. Partei, gegr. 1947 von *A. Aflaq* u. *S. Bitar*. Die B. spaltete sich 1966 in einen linken Flügel, der in Syrien die Macht übernahm, u. einen gemäßigten, dessen Anhänger 1968 im Irak an die Macht gelangten.

Babenberger, Markgrafen- u. Herzogsgeschlecht in der bayer. Ostmark u. im Herzogtum Österreich von 976 bis 1246, 1192–1246 auch Herzöge der Steiermark. Das Geschlecht starb mit *Friedrich II.* (dem Streitbaren) 1246 aus. Ihr Zusammenhang mit dem älteren (906 erloschenen) ostfrank. Geschlecht der B. (Burg *Babenberg* an der Stelle des heutigen Bamberger Doms) ist ungeklärt. Unter den B.n erlebte Österreich seine erste wirtschaftl. u. kulturelle Blütezeit. Die B. erreichten für Österreich eine gewisse Eigenständigkeit innerhalb des dt. Reichsverbands.

Babenberger Stammbaum, 1497 entstanden, er befindet sich im Stift Klosterneuburg u. zeigt neben Ereignissen aus dem Leben der Babenberger detaillierte Stadtansichten Wiens.

Babeuf [ba'bœf], François Noël, genannt Gracchus, französ. Revolutionär (Jakobiner), * 23. 11. 1760 St.-Quentin, † 28. 5. 1797 Paris; vertrat in seiner Zeitung „Le tribun du peuple" ein Programm, das absolute soziale u. polit. Gleichheit, Abschaffung des Privateigentums, direkte Demokratie u. – zur Erreichung dieser Ziele – die vorübergehende Diktatur einer Minderheit vorsah. Seine „Verschwörung der Gleichen" gegen das Direktorium (1796) wurde aufgedeckt, u. B. wurde hingerichtet. Die Lehren B.s beeinflußten die französ. sozialist. Bewegung.

Babij Jar, Schlucht bei Kiew (Ukraine), in der am 29. u. 30. 9. 1941 über 33000 Juden von der SS ermordet wurden.

Babington ['bæbiŋtən], Anthony, engl. Höfling, * Okt. 1561 Dethik, † 20. 9. 1586 London; organisierte zusammen mit dem Jesuiten Ballard u. mit Zustimmung Philipps II. die nach ihm benannte Verschwörung gegen Elisabeth I. Diese sollte ermordet u. Maria Stuart auf den Thron gehoben werden. Wegen ihrer Beteiligung wurde Maria Stuart vor Gericht gestellt u. hingerichtet.

Babur, *Baber, Babar, Zahir uddin Mohammed*, erster Mogulkaiser in Indien, Nachkomme Timurs, mütterlicherseits von Tschingis Khan abstammend, * 14. 2. 1483 Ferghana, † 30. 12. 1530 Agra; eroberte 1504

Weltstadt Babylon

Die Stadt Babylon wurde Babilu, das »Tor Gottes«, genannt. Sie war als Hauptstadt Babyloniens und als kulturelles und wirtschaftliches Zentrum die bedeutendste Stadt des Vorderen Orients und auch die einst größte Stadt der Welt. Der Mythos Babylons ist vor allem durch die biblische Erzählung vom »Turmbau zu Babel«, den Ruf der sündhaften Metropole (»die große Hure Babylon«) und durch die »Hängenden Gärten« begründet, die als eines der Sieben Weltwunder der Antike auch Alexander der Große bewunderte.

1

2

In der ältesten uns bekannten Auflistung der Sieben Weltwunder aus dem 2. Jahrhundert v. Chr. sind auch die Mauern von Babylon enthalten, was die außergewöhnliche Bedeutung dieser frühen Weltstadt unterstreicht. Zu ihrer Blüte hatte besonders die Bautätigkeit Nebukadnezars II., des Begründers des Neubabylonischen Reiches, beigetragen, der die Juden nach der Eroberung Jerusalems 586 v. Chr. in die Babylonische Gefangenschaft deportierte.

Erst mit ihrem endgültigen Verfall im 3. Jahrhundert v. Chr. verblaßte auch der Ruf der Stadt als »Sündenbabel« – wiedergegeben in der Johannes-Offenbarung des Neuen Testaments. Sowohl die Prostitution im Tempel der Ischtar als auch der geschlechtliche Opfergang jeder babylonischen Frau als »Dienerin« dieser Göttin unterstrichen die Dekadenz der Stadt, wie der griechische Geschichtsschreiber Herodot erläuterte.

Ischtar war als Göttin des Kriegs und der Eroberung, aber auch der Liebe (Aphrodite) und des Geschlechtslebens, die bedeutendste Göttin Babylons. Ihr war auch das Ischtartor geweiht, das Nebukadnezar II. mit glasierten blauen Ziegeln verkleiden ließ, die, neben Löwen als Symbol der Göttin Ischtar, Stiere als heilige Tiere des Wettergottes Adad und »Rote Schlangendrachen«, die Symboltiere Marduks, zeigten. Marduk (auch Bel) war – im Zuge der Machtentfaltung des Stadtstaates Babylon zum Großreich – vom lokalen Gott zum Reichsgott (»Göttervater«) avanciert. Ihm waren der größte Tempel der Stadt, Esagila, und der »Tempel des Fundaments von Himmel und Erde«, der Etemenanki, erbaut worden. Bereits im Reich des Hammurapi (1728–1686 v. Chr.) war eine Zikkurat, die als terrassenförmiger Tempelturm von den Sumerern kopiert wurde, entstanden. Aber erst Nebukadnezar II. gab dem »Turm von Babel« seine endgültige Höhe (ca. 90 Meter) und Gestalt, die auch assyrische Einflüsse aufnahm. Mit der Errichtung dieses Tempels ist die Sage

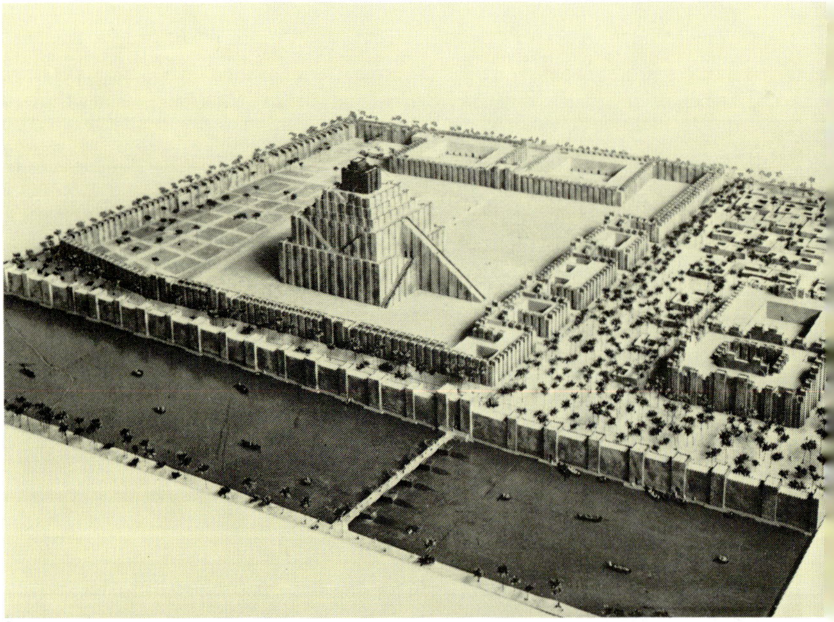

3

4

1 *Löwe und* **2** *Stier des Wettergottes Hadad auf Schmelzfarbenziegel vom Ischtartor.*

3 *Tempelanlage des Stadtgottes Marduk mit Zikkurat (»Turm von Babel«). Rekonstruktion. Berlin, Vorderasiatisches Museum.*

5

6

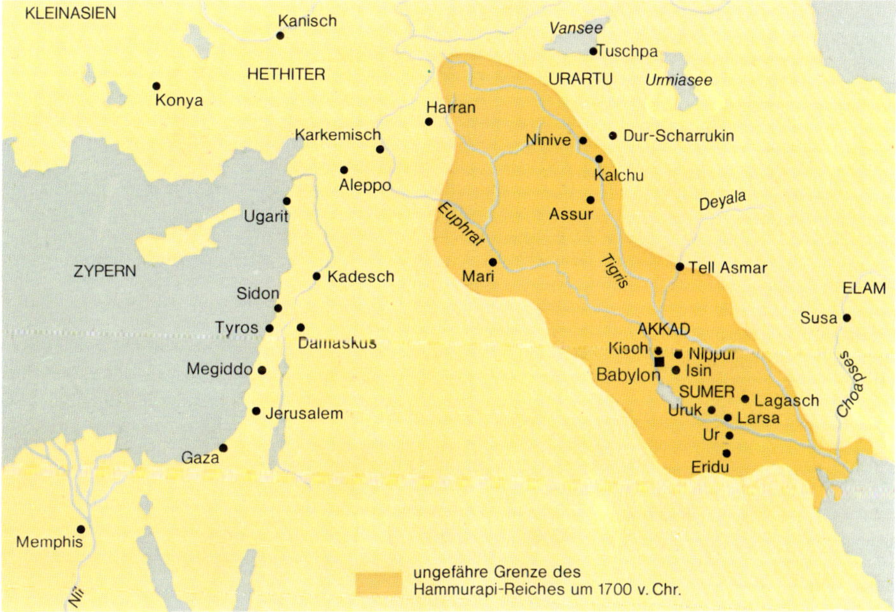

7

8

4 *Freigelegter Unterbau, wohl zu den sog. »Gärten der Semiramis« gehörend.*

5 *Ischtartor; Rekonstruktion.*

6 *Blick auf Babylon mit Prozessionsstraße und Ischtartor zur Zeit Nebukadnezars II.; Rekonstruktion.*

7 *Babylonisches Reich unter Hammurapi.*

8 *Der babylonische Kosmos, nach einer Ritzzeichnung auf einer Tontafel (nach E. Nager).*

von der »Babylonischen Sprachverwirrung« (1. Mose 11) verknüpft. Nebukadnezar ließ wohl auch auf Gewölben seines Stadtpalastes (Südburg) die »Hängenden Gärten der Semiramis« anlegen. Die Terrassenanlage wurde mit Hilfe von Hebewerken, die von Eseln und Sklaven angetrieben wurden, künstlich bewässert, so daß in der kargen Landschaft die Illusion eines blühenden Gartens bestaunt werden konnte.

In der politischen Gegenwart wurde unter dem Motto »Von Nebukadnezar zu Saddam Hussein – Babylon beschwört seine Glorien« 1987 in der nur 125 km südlich von Bagdad gelegenen Ruinenstätte ein internationales Festival abgehalten. Saddam suchte seine Diktatur sowohl mit der Herrschertradition Babylons als auch mit der des assyrischen Königs Sanherib historisch zu legitimieren, der 689 v. Chr. einen Aufstand in Babylon mit den Worten »Ich werde in der Stadt schlimmer als die Sintflut wüten.« niederschlug. *A.F.*

Kabul, 1522 Qandahar; besiegte die ind. Lodi-Dynastie entscheidend in der Schlacht von Panipat am 21. 4. 1526 u. schuf das Mogulreich. Von B. sind Gedichte u. wichtige Memoiren überliefert.

Babylon, *Babel,* Ruinenstadt am Euphrat, 80 km südl. von Bagdad, seit 1700 v. Chr. *(Hammurapi)* Hptst., Kultur- u. Kultmittelpunkt *Babyloniens,* zeitweilig (um 1531 v. Chr.) auch Hptst. der kassitischen Herrscher; seit 1250 v. Chr. mehrfach, zuletzt 689 v. Chr. durch *Sanherib,* von den Assyrern zerstört, immer wieder, am prächtigsten durch *Nebukadnezar II.* (605–562 v. Chr.), neu aufgebaut. 539 v. Chr. von *Kyros II.,* 522 v. Chr. von *Dareios II.,* 331 v. Chr. von *Alexander d. Gr.* erobert, verfiel es unter den *Seleukiden.* Die Inschriften Nebukadnezars u. die Beschreibungen verschiedener antiker Schriftsteller künden von Pracht u. Reichtum der Stadt. Dt. Ausgrabungen (1899–1917) legten die Stadt Nebukadnezars frei (die von Hammurapi liegt unter dem Grundwasserspiegel). Länge der Außenmauern etwa 18 km, 8 Tore, Prozessionsstraße, großer Palast mit Thronsaal u. „Hängenden Gärten"; Tempel, Sommerpalast. – B S. 76/77.

Babylonien, fruchtbares Tiefland am Unterlauf der Flüsse Euphrat u. Tigris; hier entstand eine der ersten Kulturen der Weltgeschichte. Die Urbevölkerung (Obed-Kultur) läßt sich nur archäologisch nachweisen. Geschichtlich faßbar sind erstmals zu Beginn des 3. vorchristl. Jahrtausends die Stadtstaaten der *Sumerer,* die mit ihrer straffen Organisation, der Be- u. Entwässerung des Bodens u. ihrer Keilschrift die Grundlagen für eine eigene Kulturentwicklung schufen. Bedeutende, miteinander rivalisierende Städte waren *Uruk, Ur, Kisch* u. *Lagasch,* wo um 2550 v. Chr. eine Dynastie zur Herrschaft kam, deren Herrscher *Eannatum, Entemena* u. *Lugalanda* aus bes. reicher Überlieferung bekannt sind. Nachdem der König *Lugalzaggesi* von *Umma* (um 2365–2340 v. Chr.) kurze Zeit ein sumer. Großreich regiert hatte, ging die Macht an das semit. Reich von *Akkad* (um 2350–2150 v. Chr.) über. Am Ende der Akkadzeit drangen wilde Bergstämme *(Gutäer)* ins Land ein, dennoch konnte *Gudea* von *Lagasch* seinem Volk Ruhe u. wirtschaftl. Blüte sichern. *Utuchengal* von *Uruk* (um 2070 v. Chr.) vertrieb die Gutäer, wurde aber von *Urnammu* von *Ur* (2062–2045 v. Chr.) entthront; unter seinen Nachfolgern erlebte das Sumerertum eine Renaissance. Das semit. Element wurde aber durch die Einwanderung der *Amoriter* immer stärker u. führte seit etwa 1950 v. Chr. zum allmähl. Zerfall des Staatswesens. Einzelne Städte, Isin u. Larsa im S u. Mari u. Eschnunna am mittleren Euphrat, kämpften um die Vorherrschaft, zeitweilig griff auch Assyrien in die Geschichte B.s ein.

Im 18. Jh. v. Chr. entstand um die Stadt *Babylon* der semit. Staat B., dessen bedeutendster Herrscher, *Hammurapi* (1728–1686 v. Chr.), das gesamte Gebiet bis nach Assyrien vereinigte. Um 1530 v. Chr. wurde Babylon bei einem Vorstoß der Hethiter unter König Mursilis völlig zerstört. Das zusammengebrochene Reich übernahmen die *Kassiten.* Unter ihrer Herrschaft wurde B. wiederholt von Assyrern u. Hethitern bedrängt. Durch den Einfall der *Elamiter* kam es 1160 v. Chr. zum Ende der Kassitenherrschaft. Es folgten die einheimischen Herrscher der Dynastie von Isin.

Im 1. Jahrtausend v. Chr. geriet B. zeitweise unter assyr. Herrschaft, bis schließlich der chaldäische Fürst *Nabupolassar* (625–606 v. Chr.) mit Hilfe der Meder Assyrien vernichten konnte u. damit zum Begründer des Neubabylon. Reichs wurde. Unter seinem Sohn *Nebukadnezar II.* (605–562 v. Chr.) wurde B. noch einmal Großmacht; er ließ seine Hptst. Babylon prachtvoll ausbauen. Doch schon 539 v. Chr. fiel es fast kampflos dem Perserkönig *Kyros II.* in die Hände, kam 331 v. Chr. zum Weltreich *Alexanders d. Gr.,* 321 v. Chr. an die *Seleukiden,* 140 v. Chr. an die *Parther,* 228 n. Chr. an die *Sassaniden* u. 635 an die *Araber.* Der heutige Südirak war das alte B., der Nordirak Assyrien.

Babylonische Gefangenschaft, *B. G. der Kirche,* Bez. für die Zeit, in der die Päpste vom französ. König abhängig waren u. in Avignon residieren mußten (1309–1377).

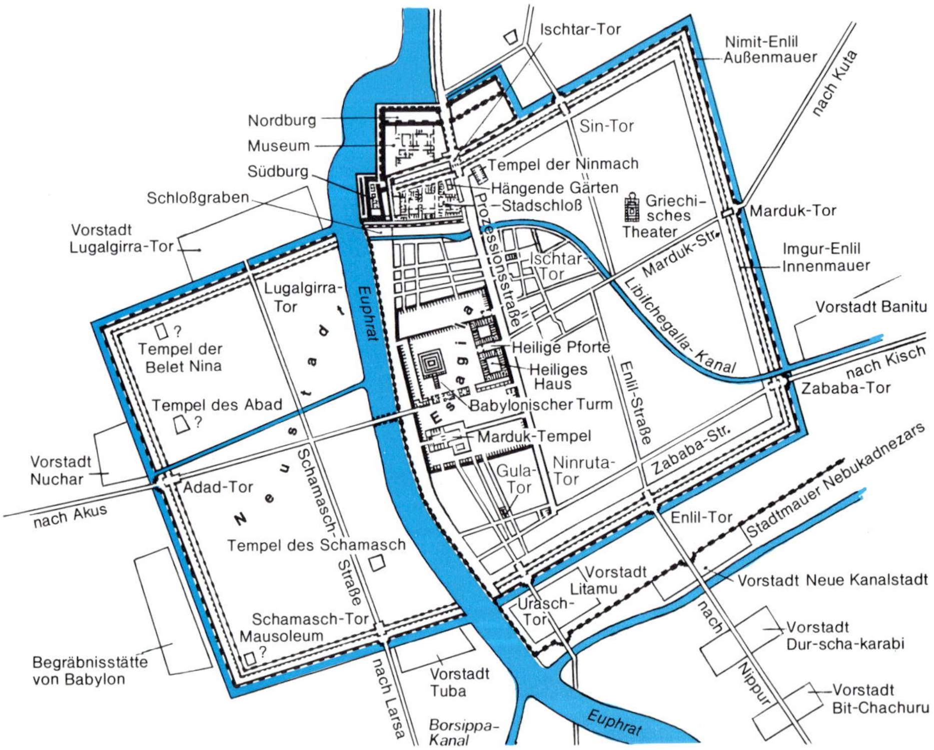

Babylon: Grundriß zur Zeit Nebukadnezars II. (nach E. Unger)

Francis Bacon; Bildnis von W. Marshall 1640

Babylonisches Exil, *Babylonische Gefangenschaft,* Aufenthalt der 597 u. 586 v. Chr. durch *Nebukadnezar II.* deportierten judäischen Oberschicht in Babylonien. Die Deportierten wurden am unteren Euphrat u. Tigris, am Kanal Kebar angesiedelt. Als das Ende des Babylon. Exils betrachtet man entweder den Kyros-Erlaß von 538 v. Chr. oder die Vollendung des Wiederaufbaus des Jerusalemer Tempels, den man deshalb als den zweiten Tempel bezeichnet, 515 v. Chr.

Bachem, 1. Carl, Vetter von 2), Zentrumspolitiker u. Schriftsteller, *22. 9. 1858 Köln, †11. 12. 1945 Burgsteinfurt; 1889–1904 Mitgl. des preuß. Abgeordnetenhauses, 1889–1906 Reichstags-Abg.; befürwortete einen zurückhaltenden Reformkurs; beteiligt an der Abfassung des Bürgerl. Gesetzbuchs; schrieb „Vorgeschichte, Geschichte u. Politik der Dt. Zentrumspartei", 9 Bde. 1927–1932.

2. Julius, Vetter von 1), Zentrumspolitiker u. Publizist, *2. 7. 1845 Mülheim an der Ruhr, †22. 1. 1918 Köln; 1876 bis 1891 Mitgl. des preuß. Abgeordnetenhauses; befürwortete eine Öffnung des Zentrums zu den Protestanten („Wir müssen aus dem Turm heraus"); Mitbegründer der Görresgesellschaft; Hrsg. des „Staatslexikons" 1886–1912.

Bacon ['bɛikən], Francis, engl. Renaissancephilosoph u. Staatsmann, *22. 1. 1561 London, †9. 4. 1626 London; stieg in glänzender Laufbahn vom Advokaten zum Lordkanzler auf, zum Baron von Verulam u. Viscount of St. Albans erhoben; 1621 wegen Bestechlichkeit angeklagt, verurteilt u. von Jakob I. begnadigt. B. gilt als Begründer des engl. *Empirismus* u. als Theoretiker der Induktion, ist aber auch ein phantasiereicher Programmatiker, glänzender Essayist („Essays" 1597 u. 1625, im epigrammat. Stil gehaltene Darstellung praktischer Lebensweisheit in den verschiedensten Bereichen) u. scharfsinniger Kritiker der Scholastik. Von seinem geplanten Hauptwerk („Instauratio magna") ist „De dignitate et augmentis scientiarum" (1623) eine Wissenschaftsklassifikation (eine Vorform erschien 1605 in engl. Sprache), während das „Novum Organon Scientiarum", der unvollendete 2. Teil (1620), erkenntnistheoretische u. logische Untersuchungen enthält: *Idolenlehre* (Lehre von den Vorurteilen der Menschen) u. *Instanzenlehre* (Lehre von den Beweismitteln). An die Stelle der Spekulation wollte B. die Erfahrung setzen, gesichert durch methodische Induktion (darum der Gegensatz des Titels seines Werkes gegen das „Organon" des Aristoteles), ohne jedoch die Bedeutung der Mathematik genügend zu beachten. Entsprechend seinem Satz, daß Wissen Macht sei, hat er die Ideale des techn. Zeitalters auch für die Neugestaltung der Gesellschaft („Nova Atlantis") zur Geltung gebracht. – Im 19. Jh. ist seine Identität mit *Shakespeare* behauptet, aber nicht überzeugend bewiesen worden.

Badari-Kultur, *Badarium, Badarien,* vordynast. Kultur Mittelägyptens, benannt nach dem Hauptfundort *Al Badari*; älteste bekannte neolith. Kultur Mittelägyptens, die jedoch auch schon Kupfergegenstände aufweist.

Baden, ehem. südwestdt. Land, 15069 km², 2,5 Mill. Ew. (1939), Hptst. *Karlsruhe.*
Seit dem 12. Jh. war B. Markgrafschaft unter den Zähringern. 1535 –1771 war es in die Markgrafschaften B.-Baden (kath. geblieben) u. B.-Durlach (ev.) geteilt. Markgraf Ludwig Wilhelm von B.-Baden (1677–1707) machte Rastatt zu seiner Residenz, Karl III. Wilhelm von B.-Durlach das 1715 erbaute Karlsruhe. Karl Friedrich von B.-Durlach erbte 1771 die Besitzungen der erloschenen Linie B.-Baden, wurde 1803 Kurfürst u. nach bedeutenden Gebietserwerbungen (Heidelberg, Mannheim, Breisgau, Baar, Konstanz u. a.) 1806 Großherzog. Neben Verwaltung u. Wirtschaft wurden die Universitäten Heidelberg u. Freiburg gefördert. 1818 erhielt B. eine liberale Verfassung. 1848/49 war B. ein Zentrum der revolutionären Bewegung. Der letzte der drei bad. Aufstände (Mai/Juni 1849) wurde von preuß. Truppen niedergeschlagen. Im Dt. Krieg 1866 stand B. auf österr. Seite. 1870 trat es dem Dt. Reich bei. Nach der Abdankung des Großherzogs 1918 wurde B. 1919 Freistaat. Seit 1933 unterstand es einem Reichsstatthalter. 1945 kam der Südteil des Landes zur französ. Besatzungszone; er erhielt 1947 eine Verfassung als Land *Baden.* Der amerikanisch besetzte Nordteil wurde mit Nordwürttemberg zum Land *Württemberg-Baden* vereinigt. Weitere Entwicklung: → Baden-Württemberg.

Badener Disputation, ein 1526 in Baden (Aargau) auf Betreiben von J. *Eck* gehaltenes Religionsgespräch zwischen den kath. Orten u. Zwinglianern, um die Glaubenseinheit in der Schweiz zu erhalten; doch U. *Zwingli* selbst kam nicht, u. die ev. Orte wie Basel u. Bern blieben beim ev. Glauben.

Badener Kultur, nach Baden bei Wien benannte Kulturgruppe der ausgehenden Jungsteinzeit bzw. Kupferzeit; auch *Péceler Kultur, Ossarner Typus, Bandhenkel-Kultur, Kannelurkeramik-Kultur* genannt; in Kroatien, Ungarn u. Böhmen verbreitet.

Badeni, Kasimir Felix Graf, österr. Politiker, *14. 10. 1846 Suchorów, Galizien, †9. 7. 1909 Krasne, Galizien; 1895–1897 Min.-Präs. u. Innen-Min.; durch seine Verordnung von 1897 sollte Tschechisch neben Deutsch zweite Amtssprache in Böhmen u. Mähren werden, was schwere Nationalitätenkämpfe in der österr.-ungar. Monarchie auslöste u. zum Sturz B.s führte.

Baden-Powell ['bɛidn 'pouəl], Sir Robert Stephenson Smyth, engl. General, *22. 2. 1857 London, †8. 1. 1941 Nyeri (Kenia); verteidigte die südafrikan. Stadt Mafeking gegen die Buren; Begründer u. seit 1907 Organisator u. Leiter der engl. Pfadfinderbewegung.

Baden-Württemberg, Land der BR Dtschld., umfaßt 35751 km² mit 9,29 Mill. Ew., Hptst. *Stuttgart.*
Nach dem 2. Weltkrieg wurde Südwestdeutschland von den Besatzungsmächten in drei Länder geteilt: *Baden* (der Süden des bisherigen Landes Baden, Hptst. Freiburg) u. *Württemberg-Hohenzollern* (Südwürttemberg u. der preuß. Regierungsbezirk Hohenzollern, Hptst. Tübingen) kamen zur französ. Zone, *Württemberg-Baden* (die nördl. Teile Württembergs u. Badens, Hptst. Stuttgart) zur US-amerikan. Zone. Versuche, das gesamte Gebiet zu einem „Südweststaat" („Großschwaben") zu vereinigen, scheiterten zunächst am Widerstand Südbadens. Aufgrund eines vom Bund erlassenen Neugliederungsgesetzes fand am 9. 12. 1951 eine Volksabstimmung statt, die eine Mehrheit für den Südweststaat ergab. Mit der Bildung einer vorläufigen Landesregierung am 25. 4. 1952 wurden die drei Länder zum Land B. vereinigt. Von bad. Seite wurden die Bestrebungen zur Wiederherstellung der alten Länder fortgesetzt. Die „bad. Frage" wurde endgültig geregelt, als sich am 7. 6. 1970 die Bewohner des ehem. Landes Baden in einer Volksabstimmung mit großer Mehrheit für den Verbleib beim Lande B. aussprachen. Bei der Verwaltungsreform von 1973 wurden die alten Landesgrenzen teilweise aufgehoben.
Stärkste Partei ist seit den Wahlen von 1952 die CDU; sie war seit 1953 an allen Regierungen beteiligt (1953–1960 Allparteienregierung, 1960–1966 u. seit 1996 kleine Koalition mit der FDP, 1966–1972 u. 1992–1996 große Koalition mit der SPD, 1972–1992 Alleinregierung). Die FDP hatte aufgrund der liberalen Traditionen des dt. Südwestens ursprüngl. eine sehr starke Stellung; ihr Stimmenanteil hat sich inzwischen dem in anderen Bundesländern angeglichen.
Ministerpräsidenten: 1952/53 Reinhold *Maier* (FDP), 1953–1958 Gebhard *Müller* (CDU), 1958–1966 Kurt Georg *Kiesinger* (CDU), 1966–1978 Hans *Filbinger* (CDU), 1978–1991 Lothar *Späth* (CDU), seit 1991 E. *Teufel* (CDU).

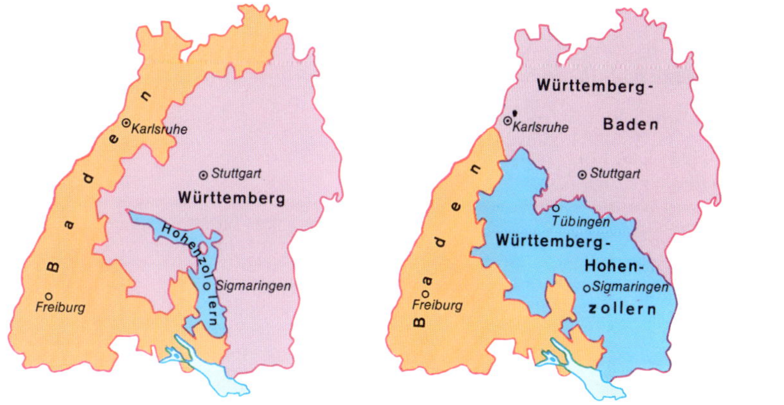

Baden-Württemberg: staatliche Gliederung bis 1945 (links) und 1945–1952 (rechts)

Badoglio [ba'dɔljo], Pietro, italien. Marschall (1926), *28. 9. 1871 Grazzano, Piemont, †1. 11. 1956 Grazzano; 1928–1933 Gouverneur von Libyen, leitete den Feldzug gegen Äthiopien 1935/36, anschließend Vizekönig von Italien.-Ostafrika, 1939/40 Chef des Generalstabs; nach dem Sturz Mussolinis am 25. 7. 1943 vom König zum Min.-Präs. ernannt, schloß im Sept. 1943 den Waffenstillstand mit den Alliierten u. trat am 9. 6. 1944 zurück; wegen Teilnahme am faschist. Regime 1945 verurteilt u. aus dem Senat ausgestoßen; 1947 rehabilitiert.

Baethgen, Friedrich, Historiker, *30. 7. 1890 Greifswald, †18. 6. 1972 München; Schüler K. Hampes, 1929 Prof. in Königsberg, 1939 in Berlin, 1948 Präsident der Zentraldirektion der Monumenta Germaniae Historica u. Prof. in München. Werke u. a. „Der Engelpapst" 1943; „Europa im Spät-MA" 1951.

Baffin ['bæfin], William, engl. Seefahrer, *1584, †23. 1. 1622 bei der Belagerung von Hormus (Iran); entdeckte auf der 4. u. 5. seiner 7 Reisen (1615 u. 1616) auf der Suche nach der Nordwestl. Durchfahrt die nach ihm benannte *B.bai* zwischen Grönland u. B.land, erreichte den Smithsund u. entdeckte den Jones- u. den Lancastersund.

Bagauden [lat., aus dem Kelt., etwa „die Streitbaren"], Bauern, die Ende des 3. Jh. in Gallien wegen überharter Belastungen durch staatl. Steuern u. Gutsbesitzer mit Raub- u. Plünderzügen rebellierten. Die Erhebung, die sich schnell ausbreitete, nötigte den Kaiser *Diocletian* dazu, Marcus Aurelius *Maximian* zum Mitregenten zu ernennen u. mit der Niederschlagung des Aufstandes zu betrauen. Auch nach Wiederherstellung der Ordnung im Jahre 286 gab es immer wieder, bis ins 5. Jh., von den B. ausgehende Unruhen.

Bagdad [auch -'dad], *Baghdad,* Hptst. des Irak, 1,5 Mill. Ew.
762 gründete Abu Djafar Al Mansur B. als Kalifensitz u. Hptst. des Islam. Reichs. Unter *Harun Ar Raschid* (9. Jh.) nahm die Stadt an Größe u. Bedeutung zu u. erreichte im 10. u. 11. Jh. ihren kulturellen u. wirtschaftl. Höhepunkt. Sie war Sitz mehrerer Universitäten (Nisamijja 1067, Mustansirija 1233). 1258 wurde B. von *Hülägü* erobert, seit 1534 von Persern u. Türken umkämpft, 1638–1917 türkisch. Seit 1920 ist B. Hptst. des Irak. 1955 wurde hier der Badgad-Pakt geschlossen (CENTO). Im Zuge des Golfkriegs 1991 wurde B. stark zerstört.

Bagdad: Belagerung und Einnahme der Stadt durch Hülägü 1258; Miniatur aus der „Geschichte der Mongolen" von Raschid Ad Din. Paris, Bibliothèque Nationale

Bagdad-Pakt, seit 1959 (Austritt des Irak) CENTO, Abk. für *Central Treaty Organization.* Diesem Verteidigungsbündnis gehörten der Iran, Irak, die NATO-Mitgl. Großbritannien u. die Türkei sowie das SEATO-Mitgl. Pakistan an. Die eigentl. Garantiemacht USA war nur Mitglied der Arbeitsausschüsse. CENTO wurde in ihrer ursprüngl. Konstruktion als Bindeglied zwischen NATO u. SEATO u. als Riegel zwischen der Sowjetunion u. dem Mittleren Osten geschaffen u. durch Beistandsabkommen der asiat. Mitgl. mit den USA ergänzt. Im März 1979 brach die CENTO auseinander, als (Umwälzung im Iran) der Iran, Pakistan u. die Türkei austraten. Formelle Auflösung am 28. 9. 1979.

Bagratiden, *Bagratunier,* armenisches Fürstengeschlecht im 1. Jh. v. Chr., erlosch im 11. Jh. n. Chr.

Bahadur Schah II., Großmogul 1837–1858, *1768, †7. 11. 1862 Rangun; letzter Mogulkaiser; Führer des ind. Aufstandes 1857/58; lebte in Birma im Exil.

Bagdad-Pakt: Mitglieder bei der Gründung 1955

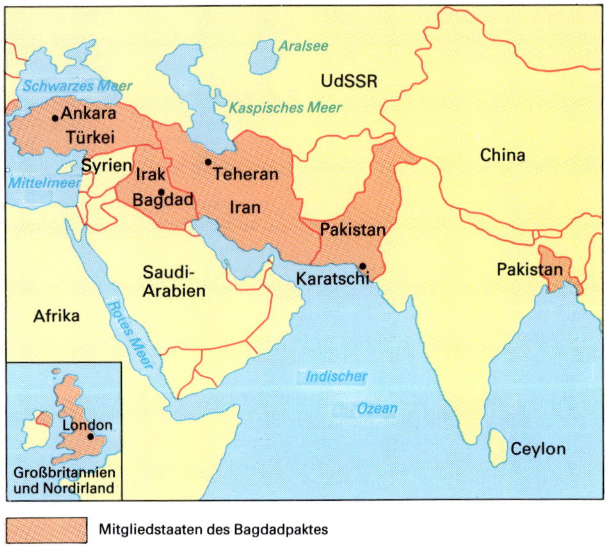

Bahamas BS

Bund der Bahamas

Fläche: 13878 km². – *Einwohner:* 268000. – *Hauptstadt:* Nassau. – *Landessprache:* Englisch. – *Nationalfeiertag:* 10. 7. – *Währung:* 1 Bahama-Dollar = 100 Cents. – *Lage:* zwischen 20°50′ und 27°25′ n. Br. sowie 72°37′ und 80°32′ w. L. – *Zeitzone:* Mitteleuropäische Zeit – 6 Std. – *Grenzen:* Inselgruppe im Atlantischen Ozean vor den Küsten von USA und Kuba. – *Staatsform:* parlamentarische Monarchie mit der britischen Königin als Staatsoberhaupt.

Nachdem die Spanier die indian. Urbevölkerung als Zwangsarbeiter in die Bergwerke Hispaniolas (Haitis) verschleppt hatten, waren die Inseln Anfang des 17. Jh. unbesiedelt. Die B. wurden bald zu einem wichtigen Stützpunkt der karibischen Piraten, gegen die sich die an den Inseln ebenfalls interessierten Briten erst zu Beginn des 18. Jh. durchsetzen konnten. Die B. verfügten von Beginn der brit. Herrschaft an über eine beschränkte koloniale Selbstverwaltung. Seit 1729 waren die Inseln eine brit. Kronkolonie. Die von US-amerikan. Einwanderern eingerichtete Plantagenwirtschaft mußte, vor allem infolge der Sklavenbefreiung (1834), wieder aufgegeben werden. – Nach 1959 begann die polit. Dekolonisierung; 1964 erhielten die B. innere Selbstverwaltung. 1967 siegte die aus Schwarzen zusammengesetzte sozialdemokratisch orientierte „Liberale Fortschrittspartei“ (PLP); L. O. *Pindling* wurde der erste schwarze Premierminister. Am 10. 7. 1973 erhielten die B. die volle Unabhängigkeit. Pindling bestimmte in der Folgezeit den polit. Kurs des Landes, da die PLP die Parlamentswahlen 1977, 1982 u. 1987 gewann. Eine Rezession in der Tourismusindustrie sowie Korruptionsvorwürfe gegen Pindling führten seit Beginn der 1990er Jahre zu einem Erstarken der Opposition. Bei den Parlamentswahlen 1992 gelang es der *Freien Nationalen Bewegung* (FNM), die langjährige Vorherrschaft der PLP zu beenden. H. *Ingraham* von der FNM löste Pindling als Premier-Min. ab.

Baha'u'llah [arab., „Glanz Gottes“], geistl. Name des *Mirza Hussein Ali Nuri,* pers. Religionsstifter, Begr. der Religion der Baha'i, *12. 11. 1817 Teheran, †29. 5. 1892 Akko (Palästina); Sohn eines Wesirs am pers. Hof; 1844 zum Babismus bekehrt u. deswegen 1852 verbannt; offenbarte sich 1863 in Bagdad als Prophet; später auch im Osman. Reich verfolgt u. nach Akko verbannt. Wesentl. Einfluß auf die weitere Entwicklung der Baha'i hatte sein Sohn *'Abbas Efendi,* geistl. Name *Abdu'l-Baha'* (*1844, † 1920).

Bahia-Kultur, indian. Kultur in der Provinz Manabí (Ecuador) um 500 v. Chr. (Periode der regionalen Entwicklung); starker Kulturaufschwung gegenüber der vorausgehenden präklassischen *Chorrera-Kultur;* planmäßige Anlage stadtähnlicher Siedlungen (Los Esteros, Manta, Bahia de Caraquez) mit pyramidalen Plattformen als Tempelunterbauten. Die Hauptgottheit der B. war vermutl. die Sonne.

Bahr, Egon, Politiker (SPD), *18. 3. 1922 Treffurt, Thüringen; Journalist; 1969–1972 Staatssekretär im Bundeskanzleramt, maßgeblich beteiligt an den Verhandlungen über den *dt.-sowjet. Vertrag* (Moskauer Vertrag) u. den *Grundvertrag* mit der DDR; 1972–1990 MdB; 1972–1974 Bundes-Min. für bes. Aufgaben, 1974–1976 für wirtschaftl. Zusammenarbeit; 1976–1981 Bundesgeschäftsführer der SPD.

Bahrain BRN

Staat Bahrain

Fläche: 678 km². – *Einwohner:* 548000. – *Hauptstadt:* Manama. – *Landessprache:* Arabisch. – *Nationalfeiertag:* 16. 12. – *Währung:* 1 Bahrain-Dinar = 1000 Fils. – *Lage:* zwischen 26°28′ und 25°37′ n. Br. sowie 50°21′ und 50°52′ ö. L. – *Zeitzone:* Inselgruppe im Persischen Golf vor den Küsten von Saudi-Arabien und Katar. – *Staatsform:* absolute Monarchie (Emirat) mit Machtteilhabe der Herrscherfamilie.

Im Altertum war B. (sumerischer Name *Dilmun*) wichtiger Umschlagplatz für den Handel der Sumerer u. Babylonier mit dem Indusstal. Nach der Eroberung durch die Araber im 7. Jh. wurde B. im Mittelalter von meist selbständigen Fürsten regiert. Um 1520 besetzten dann die Portugiesen die Inselgruppe, 1602 folgten die Perser, 1816 wurde B. wieder selbständig. Im 1. Weltkrieg übernahm Großbritannien das Protektorat über B. Nach seiner Unabhängigkeitserklärung 1971 wurde das Emirat B. Mitglied der Arabischen Liga.

Bahram, ['baxram], Name mehrerer sassanidischer Könige. **1.** *B. I.,* Großkönig 273–276 n. Chr., Sohn des Schapur I.; in seine Regierungszeit fällt der Tod des Religionsstifters *Mani.*

2. *B. II.,* Großkönig 276–293, Sohn von 1); von ihm stammen die meisten sassanidischen Felsreliefs, insgesamt zehn.

3. *B. III.,* Sohn von 2), regierte 293 nur vier Monate.

4. *B. V.,* Beiname *Gor* („Wildesel“), Großkönig 420–438, Sohn des Jezdegerd I.; bedeutender Herrscher, dessen Listen u. Klugheit in den Kriegen gegen Nomadenvölker im Osten u. gegen Byzanz ebenso wie seine Liebes- u. Jagdabenteuer häufig in der pers.-arab. Literatur geschildert werden.

5. *B. VI.,* ursprüngl. sassanidischer Heerführer, der dann durch eine Militärrevolte zur Herrschaft kam (590/591), wurde durch Chosroes II. besiegt.

Bahrgericht, *Bahrprobe,* eines der Gottesurteile: Der Beschuldigte galt als überführt, wenn bei seiner Annäherung der Leichnam des Ermordeten zu bluten begann (bzw. wenn das den Anwesenden so erschien).

Baibars I., *Beibars,* Mamlukensultan in Ägypten 1260–1277, *1233 im Kiptschak, † 1. 7. 1277 Damaskus; nahm 1250 an der Verschwörung gegen den letzten Ajjubiden *Turan Schah* teil. 1260 Sultan, nahm den Kreuzfahrern Antiochia, schlug die Johanniter u. unterwarf Nubien. Er ist Held arab. Volksromane (Sirat Baibars).

Bailly [ba'ji], Jean Sylvain, französ. Gelehrter u. Revolutionär, *15. 9. 1736 Paris, †11. 11. 1793 Paris (hingerichtet); ursprüngl. Astronom, 1789 Leiter des 3. Standes in der Generalständeversammlung, dann bis Nov. Präsident der Nationalversammlung, 1789–1791 Bürgermeister von Paris; beeinflußte nachhaltig die erste Phase der Französ. Revolution.

Bainville [bɛ̃'vi:l], Jacques, französ. Historiker, Essayist u. Politiker, *9. 2. 1879 Vincennes, † 9. 2. 1936 Paris; gründete mit C. M. *Maurras* die „Action française“, Mitgründer der „Revue Universelle“, 1935 Mitgl. der Académie Française. Zahlreiche Schriften, u. a. „Napoleon“ dt. 1950.

Bairaktar, *Bayraktar,* Mustafa, türk. Großwesir (seit 1807), *um 1755, †14. 11. 1808 Istanbul (Selbstmord); Verfechter einer Staatsreform, scheiterte beim Versuch, die *Janitscharen* auszuschalten.

Bajezid, *Bajesid, Bajezet, Bayazet,* osman. türk.Sultane: **1.** *I. Yıldırım* [türk., „Blitz"], 1389–1402, *1354 Demotika, †8. 3. 1403 Aksehir; eroberte Serbien, schlug 1396 bei Nikopolis ein Kreuzzugsheer; in der Schlacht von Ankara am 20. 7. 1402 geriet er in die Gefangenschaft *Timurs* u. starb kurze Zeit später.
2. *B. II.,* 1481–1512, *1447, †26. 5. 1512 bei Adrianopel (vergiftet); vertrieb bei der Thronbesteigung seinen Bruder *Dschem;* Freund u. Beschützer der Derwische.

Bajuwaren, *Baioaren, Baiovaren, Baiwaren, Baiern* [„Männer aus dem Lande Baia"], westgerman. Volksstamm, Vorfahren der heutigen Bayern.
Die Herkunft der um die Mitte des 6. Jh. n. Chr. zum ersten Mal schriftlich erwähnten B. ist ungewiß, ihre Sprache war mit dem Langobardischen u. dem Alemannischen verwandt. Festzustehen scheint jedoch die ethnisch uneinheitl. Zusammensetzung des Volkes: zu der kelt.-roman. Restbevölkerung im norisch-pannonischen Raum stießen nach der Aufgabe der röm. Provinz (488 n. Chr.) verstärkt zuwandernde Germanen aus O u. W. Andere Theorien vertreten eine Einwanderung aus dem heutigen Böhmen (Baia = Böhmen).
Die Stammesbildung der B. ist wahrscheinlich auf die Ablehnung einer möglicherweise zunächst ostgotischen, später fränkischen Oberherrschaft zurückzuführen, was ein „Stammesbewußtsein" zur Folge hatte. Archäolog. Quellen sind im wesentlichen Reihengräberfelder, die seit dem 6. Jh. angelegt wurden, kaum Siedlungsfunde. Das Hauptsiedlungsgebiet der B. lag im 6. u. 7. Jh. zwischen Lech u. Inn. Einzelfälle geben Hinweise auf die german. Pferdeopfersitte. Die Grabbeigaben-Sitte scheint nicht, wie in anderen Gebieten, direkt mit zunehmender Christianisierung aufzuhören.

Baker ['bɛikə], Sir Samuel White, engl. Afrikareisender, *8. 6. 1821 London, †30. 12. 1893 Devonshire; fand 1864 auf der Suche nach den Nilquellen den Albertsee u. die Murchisonfälle; eroberte 1870–1873 die Länder am Weißen Nil für Ägypten.

Baktrien, altpers. Landschaft, zwischen dem Hindukusch im Süden u. dem Oxusfluß im Norden, Teil des heutigen Afghanistan. Unter den Achämeniden u. Seleukiden bildete B. eine Satrapie (Provinz), machte sich aber um 239 v. Chr. als sog. graeco-baktrisches Reich selbständig u. konnte seine Grenzen bis nach Indien ausdehnen. Zwischen 133–129 v. Chr. wurde es von Nomaden aus Zentralasien erobert, die dort das Reich Kushan gründeten. Hauptstadt war *Baktra,* das heutige *Balch* im NO Afghanistans. B. war vermutlich Heimat des *Zarathustra.*

Bakunin, Michail Alexandrowitsch, russ. anarchist. Sozialist, *30. 5. 1814 Prjamuchino, Gouvernement Twer, †1. 7. 1876 Bern; beteiligte sich an fast allen revolutionären Bestrebungen Westeuropas seiner Zeit, u. a. 1848 in Paris u. Posen, 1849 in Dresden; wurde von Sachsen an Österreich, von diesem an Rußland ausgeliefert. 1861 entfloh er aus der sibir. Verbannung. 1864 wurde er Mitglied der 1. *Internationale,* jedoch 1872 auf Betreiben von *Marx* ausgeschlossen. B. wirkte bes. als praktischer Agitator und Revolutionär u. übte auf seine Umwelt einen starken, jedoch vorübergehenden Einfluß aus. Die von ihm gegründeten revolutionären Gruppen wurden zu Vorläufern der anarchistischen u. syndikalistischen Bewegungen der Mittelmeerländer. Dt. Werkauswahl: „Staatlichkeit u. Anarchie u. andere Schriften" 1972.

Balaguer [-'gɛːr], Joaquín, dominikan. Politiker; *1. 9. 1907 Santiago de los Caballeros; Gründer u. Führer der gemäßigt konservativen Reformist. Partei (PR); 1960–1962, 1966–1978 u. erneut 1986–1996 Staatspräsident.

Balance of Power ['bæləns ɔv 'pauə; die; engl., „Gleichgewicht der Kräfte"], in der neueren Geschichte der polit. Grundsatz Großbritanniens, das europ. Gleichgewicht, d. h. eine gleichmäßige Verteilung der Macht auf mehrere Festlandstaaten, zu fördern u. zu erhalten.

Balbo, Italo, italien. Politiker u. Fliegeroffizier, *5. 6. 1896 Quarterana, Prov. Ferrara, †28. 6. 1940 Tobruk (Flugzeugabsturz); 1922 führend am faschist. „Marsch auf Rom" beteiligt; 1929–1933 Luftfahrtminister, führte als erster große transatlantische Geschwaderflüge durch; 1933 Luftmarschall; 1934–1940 Generalgouverneur in Libyen; trat für eine prowestl. Neutralitätspolitik ein.

Balboa, Vasco Núñez de, span. Konquistador, *um 1475 Jerez de los Caballeros (Badajoz), †Januar 1517 Acla (Panama); erreichte am 29. 9. 1513 als erster Europäer über die Landenge von Darién (Panama) die Küste des Pazif. Ozeans, den er „Südsee" nannte. B. war der erste Gouverneur von Panama u. Coiba, fiel später in Ungnade u. wurde hingerichtet.

Balduin, Fürsten. Byzanz: **1.** *B. I.,* erster latein. Kaiser von Konstantinopel (1204/05), *1171, †1206; als *B. IX.* 1195–1202 Graf von Hennegau u. Flandern; kam nach der Eroberung Konstantinopels im 4. Kreuzzug auf den Thron; geriet 1205 in bulgar. Gefangenschaft.
2. *B. II.,* letzter latein. Kaiser von Konstantinopel 1228–1261, *1217, †1273; aus der französ. Dynastie Courtenay, Neffe Balduins I., bis 1237 unter Vormundschaft, zuletzt seines Schwiegervaters u. Mitkaisers Jean de Brienne; verlor 1261 Konstantinopel wieder an den in Nicäa residierenden byzantin. Kaiser, starb im Exil.
Jerusalem: **3.** *B. I.,* König 1100–1118, Graf von Edessa 1098, *1058, †2. 4. 1118; Bruder Gottfrieds von Bouillon; nahm am 1. Kreuzzug teil u. sicherte u. erweiterte dessen Erfolg.
4. *B. II. von Le Bourg,* König 1118–1131, Vetter von 2), †21. 8. 1131; unter ihm größte Ausdehnung des Königreichs.
5. *B. IV.,* König 1174–1185, *1160, †16. 3. 1185; siegte gegen *Saladin,* konnte aber dessen Übermacht nicht brechen; ernannte 1183 seinen fünfjährigen Neffen *B. (V.)* zum Mitkönig (†1186).

Balduin von Luxemburg, Erzbischof von Trier 1308–1354, *1285, †21. 1. 1354; verwaltete außerdem 1328–1337 das Erzbistum Mainz, 1331–1337 das Bistum Speyer, 1331 u. 1335–1337 das Bistum Worms; verhalf seinem Bruder Heinrich VII. zur dt. Krone, unterstützte später gegen Ludwig den Bayern das Gegenkönigtum Karls IV.; seine Politik versuchte gleichermaßen dem Erzbistum, dem luxemburg. Haus u. dem Reich zu dienen.

Baldwin [bɔːldwin], Stanley, Earl *B. of Bewdley* (1937), brit. Politiker (konservativ), *3. 8. 1867 Bewdley, †14. 12. 1947 London; 1908–1937 Unterhausabgeordneter, 1921 Handels-Min., 1922 maßgeblich am Sturz des Koalitionskabinetts unter Lloyd George beteiligt; Schatzkanzler im Kabinett Bonar Law u. 1923 dessen Nachfolger als Parteiführer, von 1923–Jan. 1924, Nov. 1924–1929 u. 1935 bis 1937 Premier-Min. B. bewältigte den Generalstreik von 1926 ebenso wie die „Abdankungskrise" von 1936, in der die Entscheidung König Eduards VIII., eine geschiedene Amerikanerin zu heiraten, das Ansehen der brit. Monarchie erschütterte.

Balfour ['bælfə], Arthur James, Earl of B. (1922), brit. Politiker (konservativ), *25. 7. 1848 Whittingehame, †19. 3. 1930 Woking; Parteiführer bis 1911; 1885–1892 u. 1895 bis 1902 verschiedene Ministerposten in den Kabinetten seines Onkels Lord Salisbury; 1892–1894 Führer der Opposition im Unterhaus; 1902–1905 Premier-Min., leitete mit der Entente Cordiale eine Wende in der brit. Außenpolitik ein; 1915 Erster Lord der Admiralität, 1916–1919 Außen-Min., vertrat Großbritannien in Versailles u. im Völkerbund; Urheber der *Balfour-Deklaration* u. der klass. Formel für das Verhältnis zwischen Dominions u. Mutterland auf der Reichskonferenz von 1926, mit der das „Imperial Commonwealth" (seit 1917) zum „British Commonwealth of Nations" wurde.

Balfour-Deklaration ['bælfə-], die in einen Brief des Außen-Min. A. J. *Balfour* an Baron Lionel Walter *Rothschild* vom 2. 11. 1917 gekleidete Erklärung der brit. Regierung, sie betrachte „die Schaffung einer nationalen Heimstätte in Palästina für das jüdische Volk mit Wohlwollen" u. werde „die größten Anstrengungen machen, um die Erreichung dieses Ziels zu erleichtern". Für das Zustandekommen der B., die den Zielen der zionist. Bewegung entgegenkam, hatte sich bes. C.

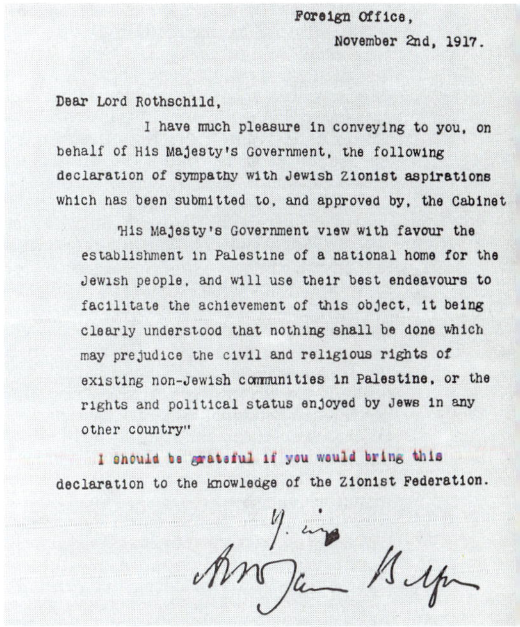
Foreign Office,
November 2nd, 1917.

Dear Lord Rothschild,

I have much pleasure in conveying to you, on behalf of His Majesty's Government, the following declaration of sympathy with Jewish Zionist aspirations which has been submitted to, and approved by, the Cabinet

'His Majesty's Government view with favour the establishment in Palestine of a national home for the Jewish people, and will use their best endeavours to facilitate the achievement of this object, it being clearly understood that nothing shall be done which may prejudice the civil and religious rights of existing non-Jewish communities in Palestine, or the rights and political status enjoyed by Jews in any other country"

I should be grateful if you would bring this declaration to the knowledge of the Zionist Federation.

Die Balfour-Deklaration vom 2. November 1917

Weizmann eingesetzt. Die brit. Regierung suchte durch sie vor allem die Unterstützung der US-amerikan. Juden für einen stärkeren Kriegseinsatz der USA zu gewinnen. Die B. stand im Widerspruch zu Versprechungen, die Großbritannien etwa gleichzeitig Arabern u. Franzosen machte. Das Völkerbundsmandat für Palästina von 1922 nahm ausdrücklich auf die B. Bezug.

Balk, *Balke,* Hermann, erster Landmeister des Dt. Ordens in Preußen, †1239; begann 1230 die Eroberung u. Christianisierung des Landes, gründete u.a. Thorn, Kulm, Marienwerder, Elbing; vollzog 1237 die Vereinigung mit dem Schwertbrüderorden.

Balkanbund, 1912 zwischen Serbien, Bulgarien, Montenegro u. Griechenland zur Aufteilung der europ. Türkei geschlossener Bund, der im Okt. 1912 den 1. Balkankrieg eröffnete.

Balkanentente [-ã'tãt], *Balkanpakt,* zwischen der Türkei, Griechenland, Rumänien u. Jugoslawien am 9. 2. 1934 geschlossenes Bündnis, das sich hauptsächlich gegen den bulgar. Revisionismus richtete; tagte vom 2.–4. 2. 1940 letztmals in Belgrad.

Balkankriege, Kriege der Balkanvölker 1912/13: 1. gegen die Türkei unter Beteiligung von Serbien, Bulgarien, Griechenland u. Montenegro; 2. Krieg Bulgariens 1913 gegen Serbien u. Griechenland, der durch den Kriegseintritt Rumäniens gegen Bulgarien entschieden wurde.
Die B. beendeten die osman. Herrschaft auf dem Balkan; die Türken behaupteten auf europ. Gebiet nur noch einen schmalen Streifen mit der Hauptstadt Istanbul u. Edirne (Adrianopel).
Balkanpakt, der am 28. 2. 1953 zwischen der Türkei, Griechenland u. Jugoslawien geschlossene Beistandspakt; 1958 in Zusammenhang mit der Zypernkrise von jugoslaw. Seite als erloschen bezeichnet.
Balliol ['beiljəl], Name einer anglo-normann. Familie mit großem Einfluß in der mittelalterlichen schottischen Geschichte. John de B. (†1268) kämpfte auf seiten Heinrichs III. gegen Simon Montfort u. gilt als Gründer des *Balliol College*, Oxford. Sein Sohn John (*1250, †1314) war 1292–1296 König von Schottland.
Balten, seit Mitte des 19. Jh. Bez. für die Deutschen in den russ. Ostseeprovinzen; später bürgerten sich auch die Bez. *Deutschbalten* u. *Baltendeutsche* ein. Die Deutschen in den balt. Ländern, die sich seit dem 13. Jh. dort angesiedelt hatten, bildeten in Stadt u. Land eine dünne Oberschicht. Ihre Stellung wurde bereits durch die Russifizierung im Zarenreich u. weiter durch die Enteignung des Großgrundbesitzes nach 1918 geschwächt. Aufgrund des Hitler-Stalin-Pakts von 1939 wurden die Deutschbalten größtenteils in den damaligen Warthegau (Westpolen) umgesiedelt.
Balthen [„die Kühnen"], westgot. Königsgeschlecht, dem u. a. *Alarich* entstammte.
Baltikum, *baltische Staaten,* Bez. für das Gesamtgebiet der nach dem 1. Weltkrieg unabhängig gewordenen, 1940 in die UdSSR eingegliederten u. seit 1991 wieder selbständigen Staaten Estland, Lettland u. Litauen.
Baltische Entente [-ä'tät], am 12. 9. 1934 zwischen Estland, Lettland u. Litauen geschlossener Vertrag, der außenpolitische Zusammenarbeit u. gegenseitige diplomat. Unterstützung vorsah; er war eine Reaktion auf den dt.-poln. Vertrag vom 26. 1. 1934; am 12. 5. 1990 erneuert als Forum für eine gemeinsame Politik gegen die Moskauer Zentralregierung.
Bamberger, Ludwig, liberaler Politiker, *22. 7. 1823 Mainz, †14. 3. 1899 Berlin; 1848 demokrat. Publizist, nahm 1849 an der Reichsverfassungskampagne teil, wurde in Abwesenheit zum Tode verurteilt u. lebte bis 1866 im Exil; Bankier; 1871–1893 Reichstagsabgeordneter, als Nationalliberaler zunächst finanzpolit. Berater Bismarcks, ging nach dessen konservativer Wende 1878/79 zu den oppositionellen Linksliberalen über (Liberale Vereinigung, später Dt.-Freisinnige Partei).

Bambergische Halsgerichtsordnung: Eidschwur vor dem Richter, Holzschnitt von 1508

Bambergische Halsgerichtsordnung, lat. *Constitutio Criminalis Bambergensis,* Strafrechtsordnung des Bistums Bamberg von Johann von *Schwarzenberg* (1507); über die Constitutio Criminalis Carolina von maßgebendem Einfluß auf die Entwicklung des neuzeitl. dt. Strafrechts.
Ban, *Banus* [ungar., serb.], im alten Kroatien höchster Würdenträger, später der Statthalter des ungarischen Königs in Kroatien; in Bosnien im 12.–14. Jh. Herrschertitel, ebenso Titel ungarischer Befehlshaber in mehreren Grenzmarken; ihr Machtbereich war die *Banschaft (Banat).*
Banat, süd-osteurop. Landschaft zwischen Mureş, Theiß, Donau u. Südkarpaten, schließt sich südöstl. an das Alföld an.
Das B. im engeren Sinn, das *Temescher Banat,* wurde durch Prinz Eugen von Savoyen von den Türken befreit (Friede von Passarowitz 1718). Trotz staatsrechtl. Zugehörigkeit zu Ungarn wurde es als der Wiener Militärverwaltung unterstellter Landesteil mit der Hauptstadt Temesvár (Temeschburg, heute Timişoara) unter Graf Mercy (erster Gouverneur seit 1716) u. später unter Maria Theresia mit Kolonisten, darunter vielen Deutschen *(Banater Schwaben),* besiedelt. Im S lag die Banater oder die ungarische Militärgrenze (1742–1872). Das nördl. B. kam 1779 (mit Ausnahme der Banater Militärgrenze) zu Ungarn; der östl. größere Teil mit Temeschburg fiel 1920 an Rumänien, der Rest an Jugoslawien.
Bancroft ['bænkrɔft], George, US-amerikan. Historiker u. Politiker, *3. 10. 1800 Worcester, Mass., †17. 1. 1891 Washington; studierte in Göttingen u. promovierte dort 1820; Botschafter in London 1846–1849, in Berlin 1867–1874. Sein Hauptwerk „The history of the United States" (10 Bde. 1834–1874) umfaßt die Zeit von den Entdeckungen bis 1782. Es spiegelt den amerikan. Nationalismus des 19. Jh. wider u. machte B. zum „Vater der amerikan. Geschichtsschreibung".
Banda, Hastings Kamuzu, malawischer Politiker, *14. 5. 1906 (?) bei Kasungu, †25. 11. 1997 Johannesburg; 1945–1953 Arzt in London, 1953–1958 in Ghana; kehrte 1958 heim u. übernahm die Führung der Nationalbewegung; 1959/60 in Haft, 1961 Wahlsieg seiner *Malawi Congress Party;* seit 1963 Premier-Min. von Nyasaland, das als Malawi 1964 unabhängig wurde; 1966–1994 Staats-Präs.
Bandaranaike, 1. Sirimavo, Witwe von 2), ceylones. Politikerin, *17. 4. 1916; Nachfolgerin ihres Mannes im Parteivorsitz der *Sri Lanka Freedom Party* (SLFP), führte die Partei 1960 zum Wahlsieg (buddhist.-marxist. Allianz); 1960–1965 erster weibl. Regierungschef in einer Demokratie, übernahm auch das Außen- u. das Verteidigungsministerium; 1970–1977 u. seit 1994 erneut Ministerpräsidentin.
2. Solomon, ceylones. Politiker, *8. 1. 1899 Colombo, †26. 9. 1959 Colombo (durch Attentat eines buddhist. Mönchs); Rechtsanwalt; 1948 Gesundheits-Min. u. Vize-Präs. der Weltgesundheitsorganisation (WHO); gründete 1951 die linksgerichtete *Sri Lanka Freedom Party* (SLFP); 1956 Min.-Präs.; vertrat außenpolitisch eine neutralist. Politik, innenpolitisch stützte er sich auf die buddhist. Bevölkerung; 1958 gab es wegen seiner Religions- u. Sprachpolitik blutige Zusammenstöße mit den aus Indien eingewanderten Hindu.
Bandhenkel-Kultur → Badener Kultur.

Bandkeramik: Gefäß aus der Rössener Kultur der Jungsteinzeit

Bandkeramik, die älteste Ackerbauern-Kultur der Jungsteinzeit in Mitteleuropa, benannt nach der mit bandartigen Mustern verzierten Keramik. Viele Indizien sprechen für eine allmähliche Ausbreitung der B. aus der Gegend des heutigen Ungarn bis ins Pariser Becken u. nach Polen, vorwiegend auf Lößböden. Die ältesten Keramikstile beschränken sich auf das östl. Gebiet, während ganz im Westen nur die jüngsten Elemente beobachtet werden. Im gesamten Verbreitungsgebiet findet man rundbodige, kugelförmige Gefäße (Kümpfe, Flaschen u. Schalen) mit eingeritzten, eingerillten oder reliefartigen Mustern (*Linearbandkeramik*); daraus entwickelten sich jüngere Lokalstile, so z. B. im Osten eine Keramikvariante mit mehr birnenförmigen Gefäßen und Einstichverzierung *(Stichbandkeramik).*
Bandung-Konferenz, nach verschiedenen Konferenzen asiat. u. nahöstl. Staaten 1947, 1949 u. 1954 *(Colombo)* am 18.–24. 4. 1955 in Bandung die erste Konferenz unabhängiger afrikan. u. asiat. Staaten. Teilnehmer waren 29 Staaten u. 5 Befreiungsbewegungen; Israel, Nord- u. Südkorea u. Südafrika nahmen nicht teil. Unter der Führung des ind. Min.-Präs. *Nehru* u. des chines. Regierungschefs *Zhou Enlai* einigten sich die Konferenzteilnehmer u. a. auf zehn generelle Prinzipien zur Verwirklichung eines friedlichen Zusammenlebens u. freundschaftlicher Zusammenarbeit aller Völker.
Die B. war die erste Konferenz der Staaten der „Dritten Welt" (spätere in Kairo, Algier u. a.).

Bangladesch BD

Volksrepublik Bangladesch

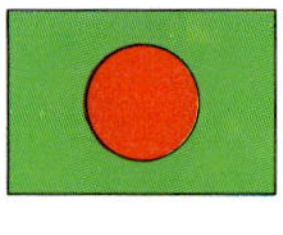

Fläche: 143 998 km². – *Einwohner:* 122,2 Mill. – *Hauptstadt:* Dhaka. – *Landessprache:* Bengali. – *Nationalfeiertag:* 26. 3. – *Währung:* 1 Taka = 100 Poisha. – *Lage:* zwischen 21°05′ und 26°40′ n. Br. sowie 88°05′ und 92°50′ ö. L. – *Zeitzone:* Mitteleuropäische Zeit + 5 Std. – *Grenzen:* im W, N und O Indien, im SO Birma, im S Golf von Bengalen. – *Staatsform:* parlamentarische Republik.

Die seit der Teilung Britisch-Indiens schwelende Krise zwischen Ost- u. Westpakistan, die auf sprachlich-kulturellen u. wirtschaftl. Gegensätzen beruhte, führte im März 1971 zur Unabhängigkeitserklärung Ostpakistans (Ostbengalens) als B. Die Erhebung wurde von der Zentralregierung niedergeschlagen. Indien nahm die Flucht von 9 Mill. Ostbengalen auf ind. Gebiet zum Anlaß, im Dez. 1971

Ostpakistan zu besetzen. Der von der Zentralregierung inhaftierte Führer der *Awami-Liga, Mudschib ur-Rahman,* mußte freigelassen werden u. übernahm 1972 als Premier-Min. die Regierung von B. (1974 Grenzabkommen mit Indien). 1975 errichtete er ein autoritäres Präsidialregime. Im gleichen Jahr wurde er bei einem Militärputsch ermordet. Mehrere Militärregime lösten einander ab. General *Zia ur-Rahman,* seit 1977 Staats-Präs., führte schrittweise den Übergang zur Zivilregierung herbei. 1979 kam es wegen des neuen ind. Farakka-Damms zum Streit um die Aufteilung des Gangeswassers mit Indien u. zu Grenzzwischenfällen. 1979 ließ Zia Parlamentswahlen abhalten, bei denen seine

Bangladesch: Mudschib ur-Rahman, in Westpakistan gefangen genommen, kehrte am 10.1.1972 im Triumphzug nach Dhaka zurück

Bangladesh Nationalist Party (BNP) siegte. Das Kriegsrecht wurde formell aufgehoben. 1981 wurde Zia von Putschisten in Chittagong ermordet. Ihm folgte der ebenfalls der BNP angehörende Abdus *Sattar.* 1982 kam es zu einem unblutigen Putsch unter Generalleutnant H. M. *Ershad,* der seitdem als „Hauptkriegsrechtverwalter" diktatorisch regierte u. sich 1983 zum Staatspräsidenten ernannte. Bei fortgeltendem Kriegsrecht gewann Ershads Jatiya-Partei 1986 u. 1988 Parlaments- u. Präsidentschaftswahlen, die von oppositionellen Kräften boykottiert wurden. Nach blutigen Demonstrationen erklärte Ershad am 4. 12. 1990 seinen Rücktritt. Bei freien u. demokrat. Wahlen am 27. 2. 1991 siegte die BNP unter *Begum Khaleda Zia,* der Witwe Zia ur-Rahmans, die Premier-Min. wurde. Durch eine Verfassungsänderung im selben Jahr wurde das bisherige Präsidialsystem durch das System der parlamentar. Demokratie ersetzt. Seit 1994 erhob die Opposition Korruptionsvorwürfe u. forderte den Rücktritt der Regierung. Massenproteste u. Generalstreiks führten zu schweren Beeinträchtigungen des öffentl. Lebens. Von der Opposition boykottierte Neuwahlen im Febr. 1996, in denen die bisherige Regierung bestätigt wurde, stabilisierten die Lage nicht. Deshalb trat Khaleda Zia im März 1996 zurück. Neuerl. Parlamentswahlen im Juni 1996 gewann die Awami-Liga unter Führung von *Sheikh Hasina Wajed,* einer Tochter Mudschib ur-Rahmans, die neue Regierungschefin wurde.

Bann, im MA das Recht des Königs (oder das Recht seiner Amtsträger im Namen des Königs) zu gebieten u. zu verbieten.

Bannkreis, *Vor- u. Frühgeschichte:* 1. Gerichtsstätte (Dingstätte, → Thing) der Germanen, die mit Haselstangen oder Steinen abgesteckt wurde. – 2. Kultstätte. – 3. Umschreitung oder Umreitung des bei Landnahme eroberten Besitzes.

Bannockburn ['bænəkbə:n], schott. Stadt südöstl. von Stirling, 6000 Ew.; durch den

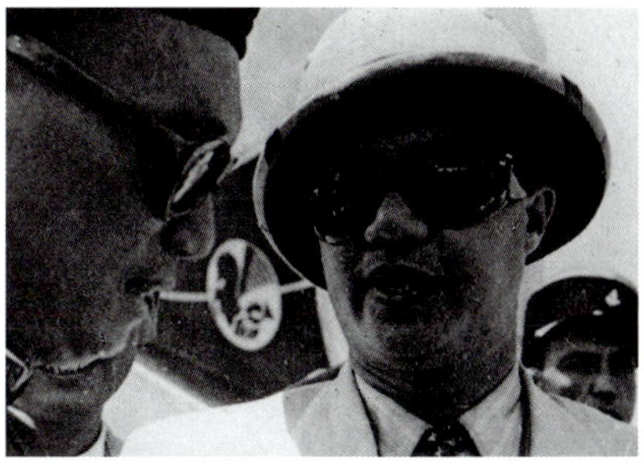

Bao-Dai (rechts), Staatsoberhaupt des am 14.7.1949 ausgerufenen Staates Vietnam

Sieg des schott. Fußheeres unter Robert I. Bruce über das engl. Reiterheer unter Edward II. am 23. 6. 1314 bei B. festigte Schottland seine Unabhängigkeit gegenüber England.

Bao-Dai, Virch–Thuy, Kaiser von Annam 1926–1945, *22. 10. 1913 Huë, †31. 7. 1997 Paris; dankte 1945 zugunsten Ho Chi Minhs ab, war 1949–1955 Staatschef des Nachfolgestaats Vietnam; spielte, meist in Frankreich lebend, während des Indochinakrieges eine passive Rolle; durch gelenktes Plebiszit in Südvietnam 1955 abgesetzt.

Barbados BDS

Fläche: 430 km². – *Einwohner:* 260 000. – *Hauptstadt:* Bridgetown. – *Landessprache:* Englisch. *Nationalfeiertag:* 30. 11. – *Währung:* 1 Barbados-Dollar = 100 Cents. – *Lage:* Inselstaat im Atlantischen Ozean, bei 59°37′ w. L. und 13°04′ n. Br. – *Zeitzone:* Mitteleuropäische Zeit – 5 Std. – *Staatsform:* parlamentarische Monarchie mit der britischen Königin als Staatsoberhaupt.

Nach der Entdeckung der Insel vernichteten die Spanier die präkolumbian. Wirtschafts- u. Gesellschaftsstrukturen u. verschleppten die Bevölkerung vollständig in die Bergwerke Hispaniolas (Haitis). Die Neubesiedlung mit weißen Kolonisten setzte nach der britischen Landnahme zu Beginn des 17. Jh. ein. Schon bald räumte Großbritannien der Insel beschränkte Selbstverwaltung ein (Vorherrschaft der weißen Plantagenbesitzer). 1966 wurde B. unabhängig; es blieb im Commonwealth. Im Zuge der Dekolonisierung u. Demokratisierung ist die polit. Macht in die Hände schwarzer Eliten übergegangen. Premierminister war 1961–1976 E. *Barrow,* Führer der *Democratic Labour Party* (DLP). 1976–1986 regierte die etwas weiter links stehende *Barbados Labour Party* (BLP) unter den Premierministern T. *Adams* (bis 1985) u. B. *St. John.* Die Wahl von 1986 gewann die DLP; E. Barrow wurde erneut Premierminister. Nach seinem Tod folgte ihm 1987 E. *Sandiford,* der auch nach den Wahlen von 1991 im Amt blieb. Nach einem Mißtrauensantrag gegen Sandiford gewann die BLP unter Führung von O. *Arthur* 1994 vorgezogene Neuwahlen.

Barbar [grch.], Nicht-Grieche, ursprüngl. auf die Sprache bezogen („unverständlich redend, stammelnd"). Seit dem Ende des 6. Jh. v. Chr. wurden vor allem die *Perser* u. ihr König als Unterdrücker von den Griechen so bezeichnet, aber im Hochgefühl kultureller Überlegenheit abwertend auch andere fremde Völker. In diesem Sinne nannten später auch die Römer die Völker außerhalb ihres Reiches u. die kriegerischen german. Söldner *barbari,* was in roman. *bravo* weiterlebt.

Barbaręskenstaaten, die islam. Seeräuberstaaten Nordafrikas im 15.–19. Jh.: Tripolitanien, Algerien, Marokko.

Barbarọssa [ital., „Rotbart"], **1.** Beiname Kaiser Friedrichs I.; → Friedrich (1). **2.** → Cheir ed-Din.

„Barbarọssa", Deckname für die dt. militär. Planungen zum Angriff gegen die Sowjetunion (Dez. 1940–Juni 1941).

Barcelọna, wichtigste Handels-, Industrie- u. Hafenstadt Spaniens, alte Hptst. *Kataloniens,* geistiger Mittelpunkt des Katalanentums, Hptst. der Prov. B.
In vorröm. Zeit gegr., seit 218 v. Chr. als *Barcino* römisch; nach wechselnder Fremdherrschaft im 9. Jh. Hptst. der span. Mark, danach unabhängige Grafschaft; vorübergehend wieder maurisch; 1137 erfolgte die Vereinigung mit Aragonien; 1714 von Philipp V. erobert; 1808–1813 französ. besetzt; 1909 Schauplatz eines Aufstandes gegen die span. Kolonialpolitik; während des Span. Bürgerkrieges u. seit 1977 Hptst. der Prov. Katalonien.

Bạrents, *Barendsz,* Willem, holländischer Seefahrer, *um 1550 Amsterdam, †20. 6. 1597 in der Nähe der Küste von Nowaja Semlja; suchte die Nordöstliche Durchfahrt im Nördlichen Eismeer, entdeckte die Bäreninsel u. Spitzbergen; nach ihm benannt ist die *B.-See,* der zwischen Nordskandinavien u. Nowaja Semlja liegende Teil des arktischen Mittelmeers.

Baring, Arnulf, Historiker u. Politikwissenschaftler, *8. 5. 1932 Dresden; 1969–1976 Prof. für Politikwissenschaft, danach für Zeitgeschichte u. internationale Beziehungen ab 1945 an der Freien Universität Berlin. – Veröffentlichungen: „Der 17. Juni 1953" 1965; „Außenpolitik in Adenauers Kanzlerdemokratie" 1969; „Machtwechsel. Die Ära Brandt-Scheel" 1982; „Unser neuer Größenwahn" 1988.

Bar Kọchba [hebr., „Sohn des Sterns"], Beiname des Simeon ben *Koziba,* Führer des jüd. Aufstands 132–135 gegen die Römer; eroberte Jerusalem, stellte den jüd. Kult wieder her u. trat selbst als Messias auf; bei der Eroberung der Stadt Bethar durch den Feldherrn des Kaisers Hadrian, S. Julius Severus, getötet. 1960/61 Funde von Briefen u. Dokumenten bei En Gedi am Toten Meer.

Barcelona: Luftangriff im Januar 1939. Foto von R. Capra

Barnave [bar'na:v], Antoine, französ. Revolutionär, *21. 9. 1761 Grenoble, †29. 11. 1793 Paris (hingerichtet); Mitgl. der verfassunggebenden Versammlung u. deren führender Redner neben *Mirabeau*, einer der Wegbereiter der Verfassung von 1791; beriet Ludwig XVI. 1791/92; nach dessen Sturz verhaftet u. 1793 zum Tode verurteilt.

Barnim, *B. IX.*, Herzog von Pommern seit 1523, von Pommern-Stettin 1532–1569, *2. 12. 1501 Oderburg bei Stettin, †2. 11. 1573 Oderburg; konnte während der gemeinsamen Regierung mit seinem Bruder Georg (†1531) im Grimnitzer Vertrag von 1529 die brandenburg. Lehnsansprüche auf Pommern abwehren u. die Reichsunmittelbarkeit erhalten. Nach Einführung der Reformation 1534 durch J. *Bugenhagen* zählten B. u. sein Neffe u. Mitregent Philipp (†1560) zu den Förderern des Protestantismus, ohne sich aktiv am Schmalkaldischen Krieg zu beteiligen. Nach der 1541 erfolgten Aufteilung Pommerns regierte B. in der Stettiner Gebietshälfte. 1569 legte er die Regierung nieder.

Baron [frz. von ahd. u. mlat. *baro*, „freier Mann"], Adelstitel; in Frankreich seit dem 11. Jh. Bez. für den Besitzer einer Burg, seit dem 13. Jh. die unterste Stufe des französ. Adels; in England unterste Stufe des hohen Adels; in Dtschld. seit dem 16. Jh. Anrede für Freiherrn, kein selbständiger Adelstitel (*Baronin*, Freifrau; *Baronesse*, Freifräulein).

Barras [bar'ra], Paul Jean Vicomte de, französ. Revolutionär, *30. 6. 1755 Fox-Amphoux, †29. 1. 1829 Chaillot bei Paris; militärisch tätig für die Sache der Französ. Revolution, förderte Napoleon; 1795 Mitgl. des Direktoriums, 1799 von Napoleon gestürzt.

Barre, 1. Mohammed Siyad, somal. Offizier u. Politiker, *1919 Region Ober-Yuba, †2. 1. 1995 Lagos; nach einem militär. Staatsstreich seit 1969 Staats-Präs., wurde nach einem Bürgerkrieg 1991 gestürzt u. ging ins Exil.

2. [ba:r], Raymond, französ. Politiker u. Wissenschaftler, *12. 4. 1924 Saint-Denis Réunion; Prof. für Recht u. Wirtschaft, 1967–1973 Vizepräsident der EG-Kommission, 1976–1981 Premierminister sowie Wirtschafts- u. Finanzminister unter Präs. *Giscard d'Estaing*.

Barrios, Justo Rufino, guatemaltek. Politiker (Beiname „Der Reformer"), *17. 7. 1835 San Lorenzo, †2. 4. 1885 Chalchuapa (El Salvador); während seiner Amtszeit als Staats-Präs. (1873–1885) erlebte das Land einen wirtschaftl. Aufschwung; seine Politik war stark antiklerikal ausgerichtet. B. fiel im Krieg gegen El Salvador.

Barrow ['bærou; engl.], vorgeschichtl. Grabhügel auf den Britischen Inseln. Der *Long B.* der Jungsteinzeit enthält Grabkammern für

Bartholomäusnacht; Kupferstich des 17. Jahrhunderts

Heinrich Barth; Steinzeichnung von Otto Speckter, 1853

mehrere Tote. Der *Round B.* der frühen Bronzezeit mit Ringgraben oder -palisade ist die typ. Grabform der engl. Glockenbecherkultur.

Barschel, Uwe, Politiker (CDU), *13. 5. 1944 Glienicke bei Berlin, †11. 10. 1987 Genf (tot aufgefunden); Jurist u. Politologe; 1979 Finanzminister, 1979–1982 Innenminister, 1982 bis 1987 Ministerpräsident von Schleswig-Holstein. Nach Vorwürfen wegen rechtswidrigen Verhaltens im Wahlkampf trat B. zurück u. nahm sich kurz darauf das Leben. Die Vorwürfe erwiesen sich zunächst vor einem parlamentar. Untersuchungsausschuß größtenteils als zutreffend. Ein zweiter Untersuchungsausschuß 1995 kam zu einem differenzierteren Ergebnis.

Bartenstein, Johann Christoph Frhr. von, österr. Staatsmann, *23. 10. 1689 Straßburg, †6. 8. 1767 Wien; 1727 Staatssekretär Karls VI.; als wichtigster Ratgeber Maria Theresias (1740) von bestimmendem Einfluß auf die österr. Außenpolitik; erster Direktor des Staatsarchivs.

Barth, Heinrich, Afrikareisender, *16. 2. 1821 Hamburg, †25. 11. 1865 Berlin; machte sich bes. um die Erforschung des westl. Sudan verdient, durchquerte in 5jähriger Reise die Sahara, erreichte den Tschadsee, entdeckte die Benuequellen u. stieß bis Timbuktu vor; Begründer der Völkerkunde des Sudan. Hptw.: „Reisen u. Entdeckungen in Nord- u. Zentralafrika" 5 Bde. 1855–1858; „Sammlung u. Verarbeitung zentralafrikan. Vokabularien" 1862–1866.

Bartholomäusnacht, *Pariser Bluthochzeit*, die Nacht vom 23. zum 24. 8. (Bartholomäustag) 1572, in der in Paris etwa 2000, in der Provinz anschließend 10000–20000 Hugenotten, u. a. auch *Coligny*, ermordet wurden. Die Hochzeit des prot. Königs *Heinrich von Navarra* mit *Margarete*, der (kath.) Schwester des französ. Königs *Karl IX.* (am 18. 8.), sollte zu einer Annäherung zwischen Katholiken u. Protestanten führen. Die B. wurde ausgelöst durch einen mißglückten Mordanschlag der Königinmutter, *Katharina von Medici*, auf Coligny am 22. 8. Als die Hugenotten mit Rache drohten, beschloß sie in Verbindung mit ihrem Sohn Karl IX. u. der kath. Partei die Niedermetzelung aller in Paris versammelten Hugenotten. Die Möglichkeit, Frankreich für den Calvinismus zu gewinnen, war damit endgültig zerstört.

Barthélemy [bartel'mi:], François Marquis de (seit 1818), französ. Diplomat u. Politiker, *20. 10. 1747 Aubagne, †3. 4. 1830 Paris; 1792–1797 Gesandter in der Schweiz, wo er 1795 mit Preußen u. Spanien den Sonderfrieden von Basel aushandelte; 1797 wurde er zum Mitgl. des Direktoriums gewählt, wegen monarchist. Gesinnung durch Staatsstreich am 4. 9. 1797 abgesetzt u. nach Cayenne deportiert; 1800–1814 Vize-Präs. des Senats; als Anhänger des konservativen Ultraroyalismus Mitgl. der Pairskammer.

Barthou [bar'tu:], Louis, französ. Politiker, *25. 8. 1862 Oloron-Sainte-Marie, Dép. Basses-Pyrénées, †9. 10. 1934 Marseille (ermordet zusammen mit König Alexander I. von Jugoslawien); wiederholt Minister, 1913 Min.-Präs., 1922–1926 Präs. der Reparationskommission, 1934 Außen-Min.; 1918 Mitglied der Académie Française.

Barzel, Rainer, Politiker (CDU), *20. 6. 1924 Braunsberg, Ostpreußen; Jurist; 1957–1987 MdB, 1962/63 Bundesminister für gesamtdt. Fragen, 1964–1973 Vorsitzender der Bundestagsfraktion der CDU/CSU, 1971–1973 Bundesvorsitzender der CDU. 1972 scheiterte der Versuch der CDU/CSU-Bundestagsfraktion, B. durch ein konstruktives Mißtrauensvotum anstelle von W. *Brandt* zum Bundeskanzler wählen zu lassen. 1982/83 war B. Bundesminister für innerdeutsche Beziehungen, 1983/84 Präsident des Deutschen Bundestages.

Basarab I., Wojewode der Walachei, lebte um 1320–1352; Stammvater der walach. Herrscherdynastie des 14.–17. Jh.; baute in Kämpfen mit den Tataren u. dem ungar. Königtum (1330 vernichtende Niederlage des von Karl Robert entsandten Ritterheeres in der Kleinen Walachei) seinen Herrschaftsbereich am Südhang der Karpaten in ein unabhängiges Fürstentum aus; die Familie gab der Landschaft Bessarabien (d. i. die östl. Moldau) den Namen.

Basel, zweitgrößte Stadt der Schweiz, beiderseits des Rheins, 172000 Ew.

Der ehem. röm. Lagerposten *Basilea* in der Nähe der damals weit bedeutenderen Siedlung *Augusta Raurica* (heute Basel-Augst) war in der Völkerwanderungszeit von Alemannen besiedelt, kam Ende des 5. Jh. zum Fränk. Reich, 912 an Burgund u. mit diesem 1006 zum Dt. Reich. 1019 wurde das Münster von Kaiser Heinrich II. gestiftet; 1225 entstand hier die erste Brücke über den Rhein. Zuerst unter bischöfl. Herrschaft, wurde B. im 14. Jh. freie Reichsstadt u. schloß sich 1501 der Eidgenossenschaft an. Eine kulturelle Blüte hatte die Stadt im 15./16. Jh.; 1431–1449 tagte in B. das → Basler Konzil. Im 16. Jh. war B. wichtiger Sitz des Humanismus (Erasmus von Rotterdam), der Künste (Holbein d. J.) u. des Buchdrucks. Im 17. u. 18. Jh. galt B. als Zentrum der mathemat.-naturwissenschaftl. Disziplinen (die *Bernoulli* u. Leonhard *Euler*). Die nach der Französ. Revolution sich durchsetzende Demokratisierung der Kantonsverfassungen wurde im Kanton B. unterdrückt, wo die Stadt dem Hinterland die polit. Rechtsgleichheit verweigerte. Es kam 1831 zum Bürgerkrieg u. 1833 zur Trennung in B.-Stadt u. B.-Land (Halbkantone).

Basileios, byzantin. Kaiser: **1.** *B. I.*, Kaiser 867–886; Begründer der makedon. Dynastie, stieg vom Stallknecht zum Mitkaiser Michaels III. auf, den er 867 ermorden ließ; bedeutender Herrscher, eroberte Süditalien zurück, bekämpfte die Araber, erkannte den armen. Staat der Bagratiden an u. führte innere Reformen durch; unter ihm begann die Mission der Ostslawen.

2. *B. II. Bulgaroktonos* [„Bulgarentöter"], Kaiser 976–1025, *957, †1025; vernichtete in einem grausamen Krieg 971–1018 das Bulgarenreich, das dem Byzantin. Reich eingegliedert wurde, u. führte Byzanz auf den Höhepunkt der äußeren Macht; verheiratete seine Schwester *Anna* mit Großfürst Wladimir von Kiew; damit wurde die Christianisierung Rußlands eingeleitet.

Basileios von Caesarea → Basilius der Große.

Basileus [grch.], in myken. Zeit unter dem

König stehender Funktionär, dann in den griech. Stammes- u. Stadtstaaten Königstitel; nach der Beseitigung der Monarchie hieß so der mit den kult. Aufgaben des Königtums betraute Beamte (z. B. der Archon B. in Athen). Alexander d. Gr. u. die hellenist. Herrscher gaben dem Titel B. neuen Glanz; seit dem 2. Jh. n. Chr. griech. Bez. für den röm. Kaiser, später Titel des byzantin. Kaisers.

Basiliken [die; grch., „kaiserl. Bücher"], Grundlage des byzantin. Rechtes, entstanden aus einer verkürzten Neubearbeitung der Rechtskodifikation Justinians I. (Corpus iuris civilis) in griech. Sprache. Das Gesetzeswerk in 60 Büchern wurde bald nach 886 unter Kaiser Leon VI. (886–912) erlassen.

Basilius der Große, *Basileios von Caesarea,* Kirchenlehrer, Heiliger, *um 330 Caesarea, Kappadokien, †1. 1. 379 Caesarea; seit 370 Bischof von Caesarea; mit seinem Bruder *Gregor von Nyssa* u. seinem Freund *Gregor von Nazianz* („die drei großen Kappadokier") wegweisend für die griech. Theologie; verfaßte auch exeget. u. asket. Schriften; Förderer u. Organisator des Mönchtums *(Basilianer)* u. der Wohlfahrtspflege. Fest: 2. 1.

Basken, span. *Vascos,* frz. *Basques,* Selbstbez. *Euskaldunak,* Volk in den Westpyrenäen: 700 000 Zugehörige in den baskischen Provinzen Spaniens, 130 000 in Frankreich; ferner 125 000 in Übersee.
Ein Teil der B. wanderte um 580 aus Spanien in die Gascogne ein; die B. konnten sich gegen die islam. wie gegen die fränk. Eroberung behaupten u. ihre polit. Privilegien bis zur Französ. Revolution (in Frankreich) bzw. in Spanien bis ins 19. Jh. wahren; sie erhielten sich ihre kulturelle Eigenart bis in die Gegenwart. Vom Franco-Regime wurden die Selbständigkeitsbestrebungen der B. unterdrückt. Nach der Demokratisierung Spaniens erhielt das B.land 1979 ein Autonomiestatut, das von der Mehrheit der Bevölkerung gebilligt wurde. 1980 wurde ein Regionalparlament gewählt. Die extremen Separatisten, organisiert in der *ETA (militar),* die schon seit den 1960er Jahren mit Terrorakten hervorgetreten waren, verweigerten die Mitarbeit im Parlament u. setzten ihre terrorist. Aktivitäten fort.

Basler Friede, 1. der zwischen Frankreich u. Preußen am 5. 4. 1795 geschlossene Friede, mit dem das geschwächte Preußen die Verbündeten des 1. Koalitionskriegs verließ. Es trat seine linksrhein. Besitzungen an Frankreich ab u. willigte in die Abtretung des ganzen linken Rheinufers an Frankreich ein. Der Versuch, das ganze Dt. Reich in den Frieden zu führen, scheiterte. Hinter einer am 17. 5. ausgehandelten u. von Preußen garantierten Demarkationslinie erlebte Norddeutschland eine kulturelle Blüte. Mit dem B. F.n wurde die Auflösung des alten Dt. Reichs eingeleitet.
2. Friede zwischen Frankreich u. Spanien am 22. 7. 1795, in dem Spanien seine Kolonie auf Haiti abgab.

Basileios II.; Miniatur, um 1020. Venedig, Biblioteca Marciana

Basken in Volkstracht

Basler Konzil, Reformkonzil 1431–1437, 1437 nach Ferrara, 1439 nach Florenz, 1442 nach Rom, 1448 nach Lausanne verlegt; endete mit dem Sieg des Papsttums über den Konziliarismus.

Bassermann, 1. Ernst, Politiker, *26. 7. 1854 Wolfach, †24. 7. 1917 Baden-Baden; ab 1898 Fraktions-Vors. der Nationalliberalen im Reichstag, ab 1905 deren Partei-Vors.; unterstützte die Blockpolitik des Reichskanzlers von *Bülow,* suchte die Zusammenarbeit mit den Linksliberalen u. lenkte seine Partei schließlich zu einer Rückbesinnung auf das Ziel einer Parlamentarisierung der Monarchie.
2. Friedrich Daniel, Politiker u. Verleger, *24. 2. 1811 Mannheim, †29. 7. 1855 Mannheim (Selbstmord); seit 1841 liberaler Sprecher im bad. Landtag, stellte dort am 12. 2. 1848 den wegbereitenden Antrag auf Wahl einer dt. Nationalvertretung; führender Repräsentant der liberal-konstitutionellen u. kleindt. Fraktion in der Frankfurter Nationalversammlung, Mitgl. der Provisor. Zentralgewalt. In einer Rede erwähnte B. verdächtige Gestalten in den Straßen Berlins, daher das geflügelte Wort „B.sche Gestalten". „Denkwürdigkeiten" (posthum) 1926.

Bassompierre [basɔ̃'pjɛːr], François de, französ. Marschall u. Diplomat, *12. 4. 1579 Haroué, Dép. Meurthe-et-Moselle, †12. 10. 1646 Provins, Dép. Seine-et-Marne; wurde unter Maria von Medici Generaloberst der Schweizer Garde u. war für Ludwig XIII. diplomatisch in Spanien (1620/21), der Schweiz (1625/26) u. England (1626) tätig; Gegner Richelieus; wurde 1632 auf dessen Veranlassung hin in der Bastille inhaftiert u. kehrte erst nach dem Tod des Kardinals an den Hof zurück; schrieb in der Haft „Journal de ma vie" 2 Bde. 1665.

Bastardfaden, heraldisches Beizeichen zur Kennzeichnung unehelicher Geburt: ein schmaler Schräglingsbalken, der über das väterl. Wappenbild gelegt wird.

Bastarnen, *Bastarner,* wahrscheinl. keltisch-german. Mischvolk, ursprüngl. wohl im Nordkarpatenraum beheimatet; genannt erstmals zwischen 233 u. 230 v. Chr., als es an die Schwarzmeerküste vorstieß; 280 n. Chr. von den Goten vertrieben u. in Thrakien angesiedelt. Möglicherweise waren die B. die

Träger der *Gesichtsurnen-Kultur* der frühen Eisenzeit im Weichselgebiet.

Bastille [-'tiːjə], Burg in Paris, 1369–1383 zum Schutz gegen die Engländer von Karl V. erbaut; später Gefängnis, bes. für polit. Vergehen, ohne Verhör u. Urteil, daher Symbol fürstl. Willkür u. Tyrannei. Der *Sturm auf die B.* am 14. 7. 1789 durch die Pariser leitete die Französ. Revolution ein; deshalb wurde der Tag zum französ. Nationalfeiertag *(Fête nationale,* endgültig seit 1879). Die B. wurde dem Erdboden gleichgemacht.

Bataver, german. Stamm an der Rheinmündung, seit dem Ende des 1. Jh. v. Chr. unter röm. Herrschaft; empörte sich 69/70 n. Chr. unter *Julius Civilis* gegen Rom (*B.aufstand*) u. ging, längst romanisiert, im 4. Jh. in den Franken auf.

Batavische Republik, 1795–1806 Name der

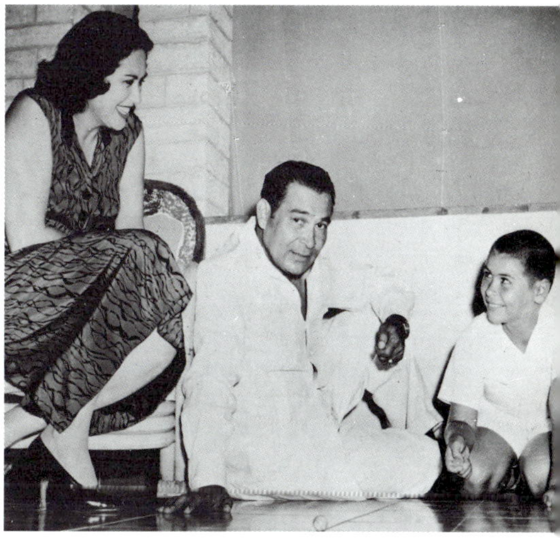

Fulgencio Batista y Zaldívar mit Frau und Kind nach dem Staatsstreich von 1952

nach französ. Vorbild als Tochterrepublik organisierten Niederlande; benannt nach den *Batavern,* die zur Zeit des Römischen Reichs im Rheinmündungsgebiet saßen.

Bates [bɛits], Henry Walter, englischer Forschungsreisender, *18. 2. 1825 Leicester, †16. 2. 1892 London; erforschte Fauna u. Flora des Amazonasgebiets.

Báthory, siebenbürg. Fürstengeschlecht bis 1613; bes. verdient in den Kämpfen gegen die Türken im 15./16. Jh. *Stephan (István) IV.* war 1576–1586 König von Polen.

Batista y Zaldívar [-iθal-], Fulgencio, kuban. Politiker, *16. 1. 1901 Banes, Oriente, †6. 8. 1973 Marbella (Spanien); Landarbeiter, 1918 Soldat, später Privatsekretär des Präsidenten G. *Machado y Morales,* den er 1933 als Führer einer revolutionären Gruppe zur Abdankung zwang; bis 1959 Beherrscher Kubas, 1940 zum Präsidenten gewählt, 1944–1948 im Ausland; stürzte 1952 den Präsidenten Prio *Socarrás,* errichtete eine Diktatur u. wurde 1959 von Fidel *Castro* abgesetzt.

Batlle y Ordóñez ['batlə i ɔr'dɔnjɛθ], José, uruguayischer Politiker, *11. 5. 1856 Montevideo, †21. 10. 1929 Montevideo; 1903–1907 u. 1911–1915 Staatspräsident. B. y O. schuf eine moderne Sozialgesetzgebung, setzte die Trennung von Staat u. Kirche durch u. errichtete nach Schweizer Muster für die Regierung ein Kollegialsystem (Verfassung von 1949).

Battenberg, ein 1314 ausgestorbenes hess. Grafengeschlecht. Den Titel *Prinz* bzw. *Prinzessin von B.* verlieh der hess. Großherzog 1858 den Nachkommen aus der morganat. Ehe (1851) zwischen Alexander Prinz von Hessen (*1823, †1888) u. Julie Gräfin von

Bauernkrieg

Das Unverständnis und die Kompromißlosigkeit der Obrigkeit führte zur Radikalisierung der politischen Forderungen und damit zur militärischen Eskalation im Bauernkrieg. Nach anfänglichen Rechtfertigungen wandte sich auch Luther gegen die aufständischen Bauern.

»Die Bauernunruhen nahmen 1513–1520 immer mehr zu. Auftrieb erhielten sie dadurch, daß Luther einige ihrer Forderungen anerkannte und die weltliche Autorität grundsätzlich in Frage stellte, indem er die Bibel zum Maßstab machte. Die Bauern glaubten, daß Luther die Brücke zwischen göttlichem und altem Recht geschlagen habe. Dadurch erhielt die geistige Grundlage der Bauernbewegung eine ungeheure Schlagkraft. Der Bauernkrieg 1524/25 nahm seinen Ausgang in der Landgrafschaft Stühlingen im Hegau. Es gelang nicht, den ausbrechenden Aufstand niederzuwerfen, und bald hatten sich die Unruhen über den Schwarzwald, den Breisgau, Württemberg, das Bodenseegebiet und das Allgäu ausgebreitet. In den Verhandlungen mit dem Schwäbischen Bund legten die Bauern folgendes Bekenntnis ab: ›Was uns das göttliche Wort nimmt und gibt, dabei wollen wir allzeit gerne bleiben und bei demselben uns wohl und wehe geschehen lassen.‹ Um dieselbe Zeit schrieb Sebastian Lotzer das Hauptdokument der Bauernbewegung. ›Die gründlichen und rechten Hauptartikel aller Bauernschaft und Hintersassen der geistlichen und weltlichen Obrigkeiten, von welchen sie sich beschwert vermeinten‹, kurz: Die ›Zwölf Artikel‹. (…)

Zunächst hatte die Bewegung Erfolg. Viele Fürsten, geistliche Herren und viele Städte verpflichteten sich zum Schein auf die ›Zwölf Artikel‹. Dann aber kamen ihnen nach der Schlacht von Pavia (Februar 1525) freigewordene Landsknechte zu Hilfe.

1

1 *Reichsritter Götz v. Berlichingen, Gegner des »Schwäbischen Bundes« und Bauernführer im Odenwald. Kupferstich von J.L. Appold. Stuttgart, Landesbildstelle Württemberg.*

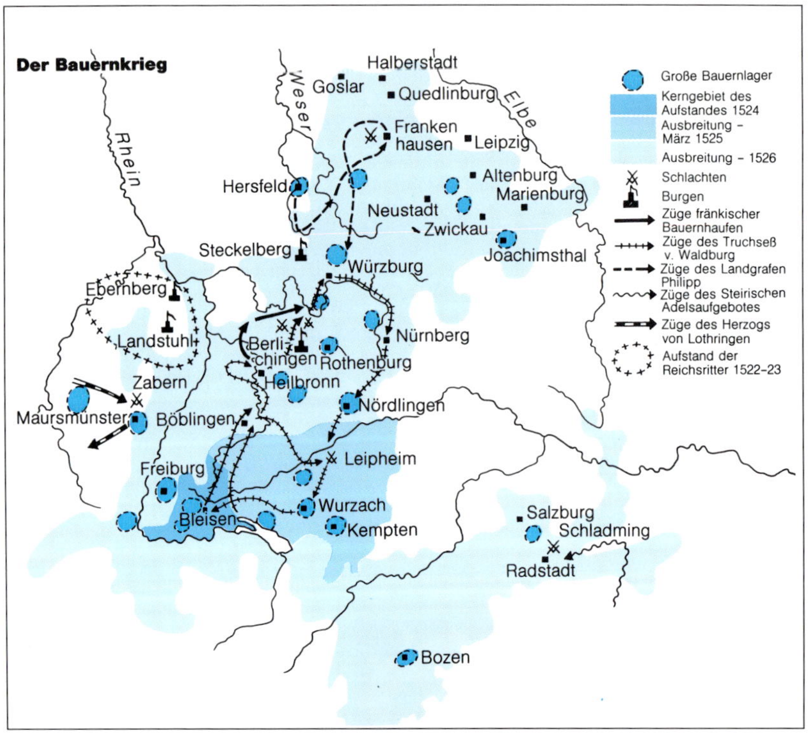

3

4

2 *Gefangene Bauern werden fortgeführt. Zeitgenössischer Holzschnitt.*

3 *Aufständischer Bauer. Holzschnitt von einem unbekannten Meister aus dem Jahre 1522.*

4 *Bauern bringen dem Fronvogt ihre Abgaben. Holzschnitt von 1479.*

5

5 *Plünderung des Klosters Weißenau. Kolorierte Federzeichnung aus der »Weißenauer Chronik« des Abtes Jacob Murer; 1525/26. Fürstlich Waldburg-Zeil'sches Gesamtarchiv, Schloß Zeil.*

Unter Führung Georgs von Waldburg wurden seit April 1525 bis in den November die Bauern überall geschlagen, Luther hatte bei dieser Niederwerfung theologisch mitgeholfen. In der Schrift ›Wider die räuberischen und mörderischen Rotten der Bauern‹ schrieb er: ›Drum soll hie zuschmeißen, würgen und stechen, heimlich und öffentlich, wer da kann, und gedenken, daß nichts Giftigeres, Teuflischeres sein kann denn ein aufrührerischer Mensch.‹

Ungefähr 100 000 Bauern fielen oder wurden nach der Niederlage hingerichtet. Die Folgen waren weniger wirtschaftlicher als politischer Art. Alle während des Krieges getroffenen Vereinbarungen wurden aufgehoben. Der Bauer wurde zum landesunmittelbaren Untertan (...).

›Der Bauernkrieg gab dem Landesfürsten den Weg frei, um den alten Ständestaat zu überwinden und den fürstlichen Territorialstaat aufzurichten‹ (G. Franz). Die Zahl der Verwaltungsbeamten stieg beträchtlich; für deren Lebensunterhalt mußten nicht der Fürst oder das Land, sondern die verwalteten Bauern aufkommen.

Aus: »Panorama der Weltgeschichte«, Bd. 1, Bertelsmann Lexikothek Verlag, Gütersloh 1990

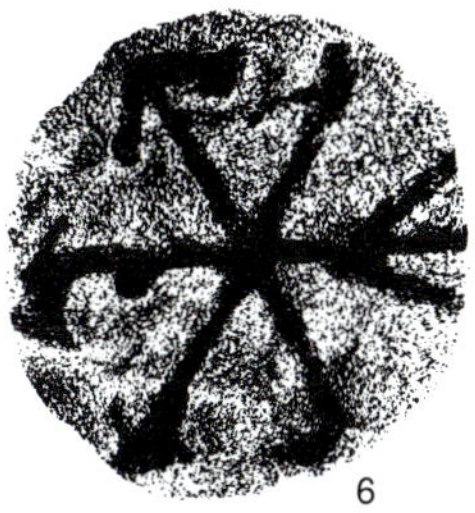

6

6 *Geheimes Siegel der aufständischen Bauern.*

Batzen: Avers und Revers einer ½-Batzen-Münze; Helvetische Republik; 1799

Haucke (* 1825, † 1895). Deren Sohn, Alexander I., Fürst von Bulgarien, dankte 1886 auf russ. Betreiben ab (Battenberg-Affäre). Die von Ludwig Alexander (* 1854, † 1921) abstammende Linie in England nahm 1917 den Namen *Mountbatten* an (Marquess of *Milford Haven*).

Batthyány ['bɔttja:ni], altes ungar. Adelsgeschlecht, 1603 bzw. 1630 Grafen, 1764 bzw. 1915 Fürsten. – *Lajos (Ludwig) B.*, * 14. 2. 1806 Preßburg, † 6. 10. 1849 Pest; war 1848 nach der Märzrevolution ungarischer Min.-Präs.; wünschte friedl. Ausgleich mit Österreich, Gegner von L. *Kossuth;* wegen angebl. Hochverrats hingerichtet.

Batu, mongol. Heerführer, Enkel Tschingis Chans, * 1204, † 1255 Sarai an der unteren Wolga; eroberte 1237–1240 Rußland, 1241 Polen u. Schlesien, besiegte dt. Ritter u. Polen bei Liegnitz am 9. 4. 1241, die Ungarn auf der Ebene Mohi am 11. 4. 1241, rückte wegen der Neuwahl des Groß-Chans in Innerasien danach nicht weiter nach W vor.

Batzen, seit dem 15. Jh. in Dtschld. u. in der Schweiz wegen des steigenden Bedürfnisses des Handels an größeren Münzen geschaffene Silbermünze, 1 B. = 4 Kreuzer; im 16. Jh.

Otto Bauer

Baudouin I.

als Halb-B. (2 Kreuzer) weit verbreitet; in der Schweiz noch im 19. Jh. geprägt.

Baudouin [bodu'ɛ̃], König der Belgier, * 7. 9. 1930 Schloß Laeken bei Brüssel, † 30. 7. 1993 Motril (Spanien); nach dem erzwungenen Thronverzicht seines Vaters, Leopolds III., mit dem er das Exil in der Schweiz teilte, zunächst Regent, seit dem 17. 7. 1951 König; verheiratet mit Fabiola de Mora y Aragón (seit 1960).

Bauer, 1. Gustav, Politiker (SPD), * 6. 1. 1870 Darkehmen, Ostpreußen, † 16. 9. 1944 Berlin; Büroangestellter; 1908–1918 zweiter Vors. der Generalkommission der Gewerkschaften; 1919 Reichsarbeits-Min., Juni 1919 bis März 1920 Reichs-Min.-Präs. bzw. Reichskanzler, 1920 u. 1921/22 Reichsschatz-Min. In seiner Amtszeit als Regierungschef wurden der Versailler Vertrag unterzeichnet u. die Weimarer Reichsverfassung verabschiedet. Nach Korruptionsvorwürfen zog sich B. 1925 aus der Öffentlichkeit zurück.

2. Otto, österr. Politiker (Sozialdemokrat), * 5. 9. 1881 Wien, † 4. 7. 1938 Paris; setzte sich 1918 als Staatssekretär im Außenministerium für den Anschluß Dt.-Österreichs an das Dt. Reich ein, trat nach dem Scheitern dieses Plans zurück u. wurde Wortführer des *Austromarxismus;* emigrierte nach den Februarkämpfen 1934.

3. Wilhelm, österr. Historiker, * 31. 5. 1877 Wien, † 23. 11. 1953 Linz an der Donau; Prof. in Wien 1917–1945. Werke: „Die öffentl. Meinung in der Weltgeschichte" 1930; „Deutsche Kultur von 1830–1870" 1937.

Bauernbefreiung, die Befreiung der auf privaten oder staatl. Gütern tätigen Landbevölkerung von persönl. Unfreiheit (Leibeigenschaft, Erbuntertänigkeit) u. die Befreiung der bäuerl. Grundstücke von lastenden Abgaben u. sonstigen Verpflichtungen (Fronden, Zehnten); erforderlich geworden aus wirtschaftl. u. sozialpolit. Gründen u. zum Durchbruch gekommen durch den Sieg liberaler Auffassungen im 18. u. 19. Jh. Die Verpflichtungen wurden meist mittels gesetzlich festgelegter Entschädigung in Land (½–⅓ der Fläche) reguliert bzw. abgelöst, selten entschädigungslos. Den Anfang machte in Preußen *Friedrich Wilhelm I.* 1718/19 auf den Domänen; *Friedrich d. Gr.* setzte die B. teilweise fort (1777). Das Edikt des Frhr. vom *Stein* vom 9. 10. 1807 verhieß den Bauern die Befreiung ab Martinstag 1811. Mehrere Regulierungsedikte des Fürsten *Hardenberg* 1811–1816 schränkten allerdings Art, Umfang u. Methode der B. teilweise erheblich wieder ein. In Bayern begann die B. 1808. Nach B.en in Sachsen u. Hannover 1831 vollendete die Revolution 1848 in Dtschld. den Prozeß der Liberalisierung u. rechtl. Gleichstellung der Bauern. Die Folge war allerdings auch das Aufkommen einer breiten Schicht landwirtschaftl. Tagelöhner.

In Österreich haben sich bes. *Maria Theresia* u. *Joseph II.* der B. angenommen. In Frankreich betonten die *Physiokraten* um die 2. Hälfte des 18. Jh. die Wichtigkeit des Ackerbaus für den Staat; nach ihrer Theorie, die auch in Dtschld. Anklang fand, brachte die Französ. Revolution (1789) die Beseitigung aller persönl. Bindungen u. später auch der dingl. Lasten. In Rußland führte *Alexander II.* mit seinem Gesetz von 1861 die B. durch.

Bauernkrieg, die gewaltsame Auseinandersetzung der um Wiederherstellung ihrer alten Rechte u. um wirtschaftl. Besserstellung kämpfenden süd- u. mitteldt. Bauern mit Adel u. Geistlichkeit in den Jahren 1524/25. Schon seit dem 14. Jh. hatte es Bauernaufstände gegeben, die meist blutig unterdrückt wurden. So scheiterten der → Bundschuh 1502, 1513, 1517 u. der → Arme Konrad 1514. – Die Flugschrift *„Zwölf Artikel"* (März 1525, vermutl. in Memmingen entstanden) forderte Markgenossenschaft, Rückgabe der

Publicandum

betreffend die,

durch das sub dato Memel den 9. October 1807,

ergangene Edikt,

erfolgte

Auflösung der persönlichen

Erbunterthänigkeit

in der

Provinz Schlesien und in der Grafschaft Glatz.

De Dato Königsberg den 8ten April 1809.

Breslau,

gedruckt bey Wilhelm Gottlieb Korn.

Bauernbefreiung: Amtliche Bekanntmachung von 1809

Allmende, Abschaffung der Hörigkeit, Recht auf Jagd, Fischfang u. Holzung u. Milderung der Frondienste. Die Neugestaltung des Reichs mit dem Kaiser an der Spitze sollte die Territorialherren zurückdrängen u. den Bauern größere polit. Rechte einräumen. Eine führende Rolle spielten vielfach wohlhabende Bauern. Unter dem Einfluß der reformator. Bewegung beriefen sich die Aufständischen nicht nur auf das „alte Recht", sondern auch auf das „göttl. Recht" des Evangeliums. *Luther* wandte sich gegen die Erhebung, weil er in dem Vorgehen der Bauern u. in ihrer Berufung auf göttl. Recht einen Mißbrauch des Evangeliums sah.

Die Aufstandsbewegung entbrannte im Elsaß, in Süd- u. Mittel-Dtschld. (Einfluß des schweizer. Vorbilds), in Österreich u. Tirol. Führer waren Götz von *Berlichingen* u. Georg *Metzler* im Odenwald, letzterer mit Unterstützung des Ritters Florian *Geyer*, Wendel *Hipler* im Hohenloheschen, Jäcklein *Rohrbach* bei Heilbronn, Michael *Gaismair* in Tirol, Thomas *Müntzer* in Thüringen. Zahlreiche Schlösser u. Klöster wurden erstürmt. Eine zentrale Führung war nicht vorhanden; auch fehlte es den Bauern an militär. Ausbildung u. Ausrüstung. Ihre unkoordinierten Heerhaufen wurden in getrennten

Bauernbefreiung: Bauern bei der Arbeit. Holzschnitt von Hans Beham, um 1530

Feldzügen besiegt, in Süddeutschland vor allem von *Georg Truchseß von Waldburg,* in Mitteldeutschland von *Philipp von Hessen.* Die Zahl der bäuerl. Todesopfer wird auf 100 000 geschätzt.
Der B. war die bedeutendste Massenerhebung der dt. Geschichte. Mit ihrer Niederlage wurden die Bauern für lange Zeit als polit. Faktor ausgeschaltet. Hauptnutznießer waren die Landesfürsten, da zugleich die Stellung des Adels geschwächt wurde. – Die marxist. Geschichtsschreibung interpretiert den B. als Teil einer „frühbürgerl. Revolution". Ⓑ S. 86/87.
Bauernlegen [das], die Einziehung unbebauter gutsherrlicher Bauernstellen *(Wüstungen)* zur Nutzung als Gutsland bzw. der Aufkauf freier Bauernhöfe, oft unter Druck, zu gleichem Zweck, vor allem infolge der Landabgabe bei der → Bauernbefreiung. In England begann das B. *(Einhegungen)* schon im 15. u. 16. Jh., um Raum für Weideland zu schaffen. In Mecklenburg u. Vorpommern waren die Bauern auf ritterschaftlichem Boden, z.T. schon seit dem Dreißigjährigen Krieg, fast ganz verschwunden. In Preußen erschwerte die Bauernschutzpolitik des 18. Jh. eine solche Entwicklung. Die Reformgesetzgebung des 19. Jh. stellte die Veränderungen im Grundbesitz unter die Prinzipien der liberalen Wirtschaft.
Bauge, Hals- u. Armring der Germanen.
Baumann, Oskar, österr. Afrikareisender, *25. 6. 1864 Wien, †12. 10. 1899 Wien; begleitete 1885 O. *Lenz* an den Kongo u. 1888 H. *Meyer* nach Ostafrika, entdeckte 1892/93 die Quellen des Kagera; 1896–1899 österr. Konsul in Sansibar.
Bautasteine [altnord.], hohe, aufrecht u. frei stehende, unbearbeitete u. inschriftlose Steine in Skandinavien; in der Völkerwanderungs- u. Wikingerzeit als Gedenksteine für in der Fremde gefallene Krieger errichtet. Verwandt sind Bild- u. Runensteine, die sich von den B.n nur durch die Verzierung, meist mit einem Motiv der nord. Heldensage, bzw. durch eine Runeninschrift unterscheiden.
Bay, türk. Titel, → Bey.
Bayar, Celâl, türk. Politiker, *15. 5. 1883 Umurbey bei Bursa, †22. 8. 1986 Istanbul; 1932–1937 Wirtschafts-Min., 1937–1939 Min.-Präs., Vors. der 1946 gegr. Demokrat. Partei, nach deren Wahlsieg 1950 Staats-Präs.; 1960 von der Armee gestürzt, zum Tode verurteilt, zu lebenslängl. Haft begnadigt, 1966 entlassen.
Bayard [ba'ja:r], Pierre du Terrail, Seigneur de, französischer Heerführer, *1476 Schloß Bayard bei Grenoble, †30. 4. 1524 Romagnano Sesia bei Novara; diente Karl VIII., Ludwig XII. u. Franz I. in ihren italienischen Heerzügen u. wurde von Franz I. 1515 nach dem Sieg von Marignano durch Ritterschlag geehrt.
Bayerische Königspartei, 1919 gegr. Partei mit dem Ziel der Wiederherstellung einer bayer. Monarchie, 1921 in *Bayerischer Heimat- u. Königsbund* umbenannt u. überparteilich organisiert; 1947 neu gegründet, jedoch von der US-Militärregierung zeitweilig verboten.
Bayerische Mittelpartei, Abk. *BMP,* Name der *Deutschnationalen Volkspartei* in Bayern; gegr. 1918 als bildungsbürgerlich mittelständische Partei mit starkem Beamtenanteil, durch prot. Grundausrichtung relativ stark vertreten im fränk. Raum, hier auch in bäuerl. Kreisen; nach Anschluß an die Deutschnationale Volkspartei im Jahr 1920 deren bayer. Landesverband (monarch. u. föderalistische Grundströmungen dort aber stärker ausgeprägt als in der Gesamtpartei); trotz geringer Mandatsgewinne 1920–1933 Regierungspartei im bayer. Kabinett.
Bayerischer Erbfolgekrieg, 1778/79 von Friedrich d. Gr. gegen Österreich geführter Feldzug in Böhmen, da Kaiser Joseph II. nach dem Aussterben der bayer. Wittelsbacher Niederbayern u. die Oberpfalz zu gewinnen hoffte. Der Feldzug erbrachte keine Schlachtentscheidung, sondern ging oft nur um Verpflegung, daher auch als „Kartoffelkrieg" bezeichnet; doch konnte Österreich in dem durch russ.-französ. Vermittlung zustande gekommenen *Frieden von Teschen* das Innviertel erwerben.

Celâl Bayar empfängt 1957 Theodor Heuss (links) in Ankara

Bayerische Volkspartei, Abk. *BVP,* im Nov. 1918 gegründete Partei mit christl., agrarischen, teilweise monarchist. u. stark föderalist. Bestrebungen. Sie stützte sich weitgehend auf ein bäuerliches, klerikales, aber auch industrielles Wählerpotential. Nach anfänglicher Konzessionsbereitschaft steuerte die BVP einen betont antisozialist. Kurs u. forderte die Revision der Weimarer Verfassung im Sinne des Bismarckschen Verfassungsmodells. 1920 lösten ihre Abgeordneten aus Protest gegen die Erzbergersche Finanzreform die Fraktionsgemeinschaft mit dem Zentrum. 1925 unterstützte die BVP, im Gegensatz zum Zentrum, die Präsidentschaftskandidatur P. von Hindenburgs. Trotz geringer Mandatszahlen war die BVP 1922–1923 u. 1925–1932 an Regierungskoalitionen im Reich beteiligt. Von 1920–1933 war sie stärkste Partei in Bayern u. stellte den Min.-Präs. (1924–1933). Letzter Vorsitzender war Fritz *Schäffer.* Pläne zur Wiedereinführung der Monarchie in Bayern gegen Ende der Weimarer Republik fanden in der BVP keine Mehrheit. 1933 stimmte die Partei dem Ermächtigungsgesetz zu u. wurde im selben Jahr von der nationalsozialist. Reichsregierung zur Selbstauflösung gezwungen.
Bayern, das größte Land der BR Dtschld., 70 553 km², 11,8 Mill. Ew., Hptst. *München.* Das bayer. Stammesherzogtum (→ Bajuwaren) mit dem ursprüngl. Zentrum Regensburg begann mit den *Agilolfingern.* Diese, seit dem 6. Jh. nachgewiesen, standen unter fränk. Oberhoheit u. endeten 788 mit der Ab-

Bayern

Herzöge	
Agilolfinger	um 560–788
Karolinger	788–899
Luitpoldinger	
Luitpold	899–907
Arnulf	907–937
Eberhard	937–938
Berthold von Kärnten	938–947
Liudolfinger (Sachsen)	
Heinrich I.	948–955
Heinrich II., der Zänker	955–976
Otto von Schwaben	976–982
Luitpoldinger	
Heinrich III. von Kärnten	983–985
Liudolfinger	
Heinrich II., der Zänker (erneut)	985–995
Heinrich IV. (= Kaiser Heinrich II.)	995–1004
Verschiedene Häuser	
Heinrich V. von Lothringen	1004–1009
Heinrich IV. (erneut)	1009–1017
Heinrich V. (erneut)	1018–1026
Heinrich VI. (= Kaiser Heinrich III.)	1027–1042
Heinrich VII. von Luxemburg	1042–1047
Heinrich VI. (erneut)	1047–1049
Konrad I. von Zütphen	1049–1053
Heinrich VIII. (= Kaiser Heinrich IV.)	1053–1054
Konrad II. von Franken	1054–1055
Agnes (Kaiserin)	1055–1061
Otto von Northeim	1061–1070
Welfen	
Welf IV. (I.)	1070–1077
Heinrich VIII. (erneut) (Salier)	1077–1095
Welf IV. (I.) (erneut)	1096–1101
Welf V. (II.)	1101–1120
Heinrich IX., der Schwarze	1120–1126
Heinrich X., der Stolze	1126–1139

Babenberger	
Leopold (= Leopold IV. von Österreich)	1139–1141
Heinrich IX. (= Heinrich II. Jasomirgott von Österreich)	1143–1156
Welfen	
Heinrich XII., der Löwe	1156–1180
Wittelsbacher	
Otto I.	1180–1183
Ludwig I.	1183–1231
Otto II., der Erlauchte	1231–1253
Ludwig II., der Strenge, und Heinrich XIII.	1253–1255
(mehrere Landesteilungen	1255–1505)
Albrecht IV., der Weise (Herzog von Bayern-München, 1505 von ganz Bayern)	1467–1508
Wilhelm IV.	1508–1550
Albrecht V., der Großmütige	1550–1579
Wilhelm V., der Fromme	1579–1597
Maximilian I. (1623 Kurfürst)	1598–1623
Kurfürsten	
Wittelsbacher	
Maximilian I. (seit 1598 Herzog)	1623–1651
Ferdinand Maria	1651–1679
Maximilian II.	1679–1726
Karl Albrecht (= Kaiser Karl VII.)	1726–1745
Maximilian III.	1745–1777
Karl Theodor	1777–1799
Maximilian IV. (1806 König Maximilian I.)	1799–1806
Könige	
Wittelsbacher	
Maximilian I. (seit 1799 Kurfürst Maximilian IV.)	1806–1825
Ludwig I.	1825–1848
Maximilian II.	1848–1864
Ludwig II.	1864–1886
Otto (unter Regentschaft)	1886–1913
Ludwig III.	1913–1918

setzung ihres letzten Vertreters, *Tassilos III.*, durch Karl d. Gr. 907–937 wurde das Herzogtum unter *Arnulf* erneuert. Otto d. Gr. versuchte 947, es durch Verleihung an seinen Bruder *Heinrich I.* enger an die Krone zu binden. Otto II. verkleinerte B. um Friaul, Kärnten, die Ostmark u. den Nordgau (Oberpfalz). 1070 verlieh Heinrich IV. B. an die *Welfen*, die es bis 1180 (Sturz Heinrichs des Löwen) behielten. 1156 wurde die Ostmark (Österreich) abgetrennt, 1180 die Steiermark. 1180 erhielt *Otto I. von Wittelsbach* das Herzogtum. *Otto II.* erwarb 1214 die Pfalzgrafschaft bei Rhein. 1314 gewann *Ludwig IV. (Ludwig der Bayer)* die dt. Königskrone, dazu Brandenburg, Tirol, Holland, Seeland, Hennegau u. 1340 Nieder-B. Die Kurwürde besaß seit der Goldenen Bulle die pfälzische Linie. Die Universität Ingolstadt wurde durch die Jesuiten ein wichtiges Zentrum der Gegenreformation. *Maximilian I.* (1597–1658) erwarb 1623 die Kurwürde u. 1628 die Oberpfalz. 1742–1745 war *Karl Albert* als Karl VII. röm.-dt. Kaiser. Mit *Maximilian III. Joseph* erlosch 1777 die bayer. Linie der Wittelsbacher. Das Erbrecht *Karl Theodors von der Pfalz* wurde vergeblich von Kaiser Joseph II. bestritten (→ Bayerischer Erbfolgekrieg).

In den Revolutions- u. Napoleonischen Kriegen stand B., dessen Politik der Minister M. J. Graf von *Montgelas* maßgeblich bestimmte, nach Abtretung der linksrhein. Gebiete an Frankreich (Friede von Lunéville 1803) auf Napoleons Seite.

Maximilian IV. Joseph konnte 1803 u. 1805 Bayer.-Schwaben u. Franken u. bei Eintritt in den Rheinbund den Königstitel erwerben u. auf dem Wiener Kongreß Besitzstand u. Krone wahren. 1818 erhielt B. eine Verfassung. Außenpolitisch hielt sich B. bis 1866 an der Seite Österreichs. 1871 wurde B. mit Reservatrechten Mitgl. des Dt. Reichs. Für *Ludwig II.* übernahm 1886 Prinzregent *Luitpold* (bis 1912) die Regierung. 1918 mußten die Wittelsbacher *(Ludwig III.)* abdanken. B. wurde Freistaat.

In den ersten Nachkriegsjahren erlebte B. schwere innenpolit. Erschütterungen (1919 Räterepublik, 1923 Hitlerputsch). Es wurde zu einem Zentrum rechtsradikaler Bestrebungen. 1920 kam der thüring. Gebietsteil Coburg durch Volksabstimmung an B. Seit 1924 regierte die Bayer. Volkspartei unter H. *Held*, der eine strikt föderalist. Politik trieb. 1933 wurde B. wie alle Länder „gleichgeschaltet"; Reichsstatthalter wurde F. *von Epp*. 1945 kam B. zur US-amerikan. Besatzungszone. Die Pfalz wurde abgetrennt u. der französ. Zone zugeschlagen.

Bayern: Mitglieder der konservativen Bürgerwehr nach der Niederschlagung der Räterepublik, Mai 1919

Beatrix (2)

1946 erhielt B. eine neue Verfassung. 1949 lehnte der bayer. Landtag das Grundgesetz für die BR Dtschld. als zu zentralistisch ab; er erkannte es jedoch als rechtsverbindlich auch für Bayern an. Stärkste Partei im Landtag war stets die CSU; mit Ausnahme der Jahre 1954–1957 war sie immer an der Regierung beteiligt; seit 1966 regiert sie ohne Koalitionspartner.

Ministerpräsidenten seit 1945: 1945 Fritz *Schäffer* (CSU), 1945/46 Wilhelm *Hoegner* (SPD), 1946–1954 Hans *Ehard* (CSU), 1954–1957 Wilhelm *Hoegner* (SPD), 1957–1960 Hanns *Seidel* (CSU), 1960–1962 Hans *Ehard* (CSU), 1962–1978 Alfons *Goppel* (CSU), 1978–1988 Franz Josef *Strauß* (CSU), 1988–1993 Max *Streibl* (CSU), seit 1993 Edmund *Stoiber* (CSU).

Bayernpartei, Abk. *BP*, 1946 von Ludwig Max *Lallinger* gegründete Partei mit agrarischen, monarchist. u. teilweise kath. Tendenzen; föderalist. u. partikularistisch orientiert; ihr mittelständ. Wählerpotential stammt aus vorwiegend bürgerl. u. bäuerl. Kreisen; seit der Gründung bis 1966 in allen bayer. Landtagen, im Bundestag jedoch nur 1949–1953 (mit 17 Abgeordneten) vertreten; bildete 1954–1957 in Bayern eine Koalition mit SPD, FDP u. BHE unter Ausschluß der CSU; seit 1958, insbes. nach der 1967 erfolgten Abspaltung einzelner Gruppen zur neugegründeten Bayerischen Staatspartei, sind beide Flügel bedeutungslos geblieben.

Bazaine [ba'zɛ:n], François Achille, französ. Marschall, *13. 2. 1811 Versailles, †28. 9. 1888 Madrid; 1863–1867 französ. Oberbefehlshaber in Mexiko; wegen der Übergabe von Metz aus Mangel an Lebensmitteln (1870) 1873 zum Tod verurteilt, von Präs. MacMahon zu 20jähriger Haft auf der Insel St. Marguerite bei Cannes begnadigt, floh von dort 1874 nach Madrid.

Beard [biəd], Charles Austin, US-amerikanischer Historiker, *27. 11. 1874 Knightstown, Ind., †1. 9. 1948 New Haven, Conn.; Prof. in New York u. Baltimore; betonte in seinen Werken über Verfassung u. Geschichte der USA die große Bedeutung wirtschaftl. u. gesellschaftl. Faktoren. Werke: „Economic interpretation of the constitution" 1913; „Economic origins of Jeffersonian democracy" 1915; „The rise of American civilization" 1927 zusammen mit seiner Frau, Mary Ritter B. (*1876, †1958), die auch seine Biographie schrieb.

Beatrix, 1. *B. von Burgund*, Erbin der Pfalzgrafschaft Hochburgund, *um 1140, †15. 11. 1184; seit 1156 die 2. Gemahlin Kaiser Friedrichs I.

2. *B. Wilhelmina Armgard*, Königin der Niederlande, *31. 1. 1938 Schloß Soestdijk, Niederlande; seit 1966 mit *Claus von Amsberg* vermählt, bestieg den Thron 1980 nach Abdankung ihrer Mutter, Königin Juliana.

3. *B.*, Königin von Ungarn, *14. 11. 1457 Capua (?), †13. 9. 1508 Neapel; Tochter König Ferdinands I. von Neapel u. Aragonien. Als zweite Gemahlin des ungar. Königs Matthias Corvinus brachte sie die Renaissancekultur an die Höfe von Ofen u. Višegrad.

Beatty [bi:ti], David, Earl Beatty of the Northsea and of Brooksby, englischer Seeoffizier, *17. 1. 1871 Borodale, Irland, †11. 3. 1936 London; im 1. Weltkrieg Chef des 1. Schlachtkreuzergeschwaders im Gefecht auf der Doggerbank (1915), Befehlshaber der Aufklärungsstreitkräfte u. der Vorhut der „Grand Fleet" vor dem Skagerrak (1916), bis 1919 Chef der „Grand Fleet"; 1919–1927 Erster Seelord.

Beaufort ['bɔufət], engl. Adelsgeschlecht, Familienname der Nachkommen *Johanns von Gent* (John of Gaunt, Herzog von Lancaster) aus seiner 1396 legitimierten Verbindung mit Catherine Swynford, benannt nach einem Schloß in Anjou: Henry B., Bischof von Winchester u. Kardinal, *um 1374, †11. 4. 1447 Winchester, krönte 1431 König Heinrich VI. von England in Paris.

Beauharnais, [boar'nɛ:], französ. Adelsgeschlecht, bis ins 14. Jh. zurückreichend:

1. Eugen, Sohn von 3) aus erster Ehe, Vizekönig von Italien 1805, Herzog von *Leuchtenberg* u. Fürst von Eichstätt 1817, *3. 9. 1781 Paris, †21. 2. 1824 München; → Leuchtenberg.

2. Hortense, Tochter von 3) aus erster Ehe, Königin von Holland, *10. 4. 1783 Paris, †5. 10. 1837 Arenenberg, Schweiz; aus ihrer unglückl. Ehe (1802–1810) mit Ludwig Bonaparte, dem König von Holland, entstammte Napoleon III.

3. Josephine Tascher de La Pagerie, in erster Ehe verheiratet mit Alexandre Vicomte de B., danach in zweiter Ehe mit Napoleon I., → Josephine.

Bebel, August, sozialdemokrat. Politiker, *22. 2. 1840 Köln, †13. 8. 1913 Passugg (Schweiz); Drechsler, seit 1876 Mitinhaber einer kleinen Fabrik, seit 1889 Berufspolitiker. Nach polit. Anfängen im Leipziger Arbeiterbildungsverein entwickelte sich B. vom Radikaldemokraten zum Lassalleaner u. dann zum Marxisten. 1869 gehörte er zu den Gründern der Sozialdemokrat. Arbeiterpartei in Eisenach. 1867–1881 u. 1883–1913 war er Mitglied des Reichstags. Seine Kritik an der Fortführung des Dt.-Französ. Kriegs 1870/71 als Eroberungskrieg führte zur Verurteilung wegen Hochverrats u. Majestätsbeleidigung; 1872–1875 war er in Haft. Auf dem Gothaer Parteitag 1875 setzte B. den Zusammenschluß der Sozialdemokrat. Arbeiterpartei („Eisenacher") mit dem Allg. Dt. Arbeiterverein („Lassalleaner") zur Sozialist. Arbeiterpartei, der späteren SPD, durch. Er war bis zu seinem Tode der anerkannte Führer (wenn auch nicht immer formell Vors.) der Partei, die nach der Aufhebung des Sozialistengesetzes 1890 zur Massenpartei wurde. B. war ein entschiedener Gegner des Revisionismus, verfolgte aber dennoch einen reformpolit. Kurs in Erwartung einer baldigen Selbstauflösung des Kapitalismus. Als Anhänger der Volksbewaffnung bekämpfte er den preuß. Militarismus, bekannte sich je-

August Bebel

Ludwig Beck

Thomas Beckets Ermordung: Wandgemälde in der Kirche Santi Giovanni e Paolo (Spoleto); Ende des 12. Jahrhunderts

doch zur Vaterlandsverteidigung. B. war einer der eindrucksvollsten Parlamentsredner seiner Zeit. Mehrere seiner Schriften erreichten hohe Auflagen: „Unsere Ziele“ 1870; „Die Frau u. der Sozialismus“ 1883; „Charles Fourier“ 1887; „Aus meinem Leben“, 3 Bde. 1910–1914.

Bech, Joseph, luxemburg. Politiker (christl.-sozial), *17. 2. 1887 Diekirch, †8. 3. 1975 Luxemburg; 1921–1926 Justiz- u. Unterrichts-Min., 1926–1959 Außen-Min., 1926–1937 u. 1953–1958 zugleich Min.-Präs.; 1959–1964 Präs. der Abgeordnetenkammer; verdient um die westeurop. Zusammenschlüsse. 1960 Karlspreis.

Becherkulturen, veraltete Bez. für Glockenbecher-Kultur u. Schnurkeramik.

Beck, 1. Józef, poln. Offizier u. Politiker, *4. 10. 1894 Warschau, †5. 6. 1944 Stanești, Rumänien; Mitarbeiter J. *Piłsudskis*, 1932–1939 Außen-Min., suchte einen Ausgleich mit Dtschld. u. schloß deswegen 1934 den dt.-poln. Nichtangriffspakt, lehnte aber Hitlers Forderungen im Frühjahr 1939 ab. Nach der dt. Besetzung Polens 1939 ging er nach Rumänien u. wurde dort interniert.
2. Ludwig, Offizier (1938 Generaloberst), *29. 6. 1880 Biebrich bei Wiesbaden, †20. 7. 1944 Berlin; im 1. Weltkrieg Generalstabsoffizier, 1933 Chef des Truppenamts im Reichswehrministerium, 1935–1938 Chef des Generalstabs des Heeres. An traditionellen Hegemonialvorstellungen orientiert, verfolgte B. eine militärisch fundierte deutsche Großmachtpolitik, wandte sich aber 1938 gegen Hitlers riskante aggressive Kriegspolitik u. trat im August von seinem Amt zurück. Seitdem war er eine der Zentralfiguren der national-konservativen Widerstandsbewegung u. von ihr als künftiges Staatsoberhaupt vorgesehen. Am Tag des Scheiterns des Sprengstoffattentats auf Hitler wurde er nach einem mißglückten Selbstmordversuch erschossen.
3. Max Wladimir Frhr. von, österr. Politiker, *6. 9. 1854 Wien, †20. 1. 1943 Wien; polit. Berater des Erzherzogs Franz Ferdinand, 1880–1906 Landwirtschafts-Min., 1906–1908 Minister-Präs.; setzte 1906 das allgemeine, gleiche Wahlrecht durch.

Beckerath, Hermann von, liberaler Politiker, *13. 12. 1801 Krefeld, †12. 5. 1870 Krefeld; Bankier; 1847 Mitgl. des Vereinigten Landtags, 1848/49 der Frankfurter Nationalversammlung (auch Finanz-Min. in der Provisor. Zentralgewalt), 1850 Mitgl. des Erfurter Parlaments. B. war ein führender Vertreter des rhein. Liberalismus; er resignierte nach einem gescheiterten Vermittlungsversuch im Verfassungskonflikt.

Becket ['bɛkit], Thomas, Erzbischof von Canterbury 1162–1170, *21. 12. 1118 London, †29. 12. 1170 Canterbury (ermordet); Kanzler *Heinrichs II.;* trat für die kirchl. Freiheiten u. die Rechte des Papstes u. der Geistlichkeit ein, geriet mit seinen Forderungen in Gegensatz zum König u. wurde von königstreuen Rittern in seiner Kathedrale erschlagen; 1173 heiliggesprochen.

Beernaert ['bɛːrnaːrt], Auguste Marie François, belg. Politiker (kath. Partei), *26. 7. 1829 Ostende, †6. 10. 1912 Luzern; Anwalt, 1873 bis 1878 Min. für öffentl. Arbeiten, 1884 bis 1894 Min.-Präs., 1894 bis 1900 Präs. der Abgeordnetenkammer; vertrat 1899 u. 1907 sein Land auf den Haager Friedenskonferenzen; 1909 Friedensnobelpreis.

Befreiungskriege, *Freiheitskriege,* 1813 bis 1815 die Erhebung der europ. Völker gegen Napoleon I., nachdem dessen „Große Armee“ 1812 in Rußland untergegangen war u. erfolgreiche Aufstände der Spanier seit 1808 u. der Tiroler 1809 den Mut der unterdrückten Nationen belebt hatten (→ Koalitionskriege). Der Freiherr vom Stein konnte Zar Alexander I. zur Fortsetzung des Kampfes gegen Napoleon über die russ. Grenzen hinaus bewegen. Die Hauptlast des Kampfes trug Dtschld. Das Napoleon 1812 unterstellte preuß. Hilfskorps unter L. Graf Yorck schloß am 30. 12. 1812 mit den Russen die *Konvention von Tauroggen* u. gab damit den Anstoß zur Erhebung in Preußen. Am 28. 2. 1813 schlossen Preußen u. Rußland in *Kalisch* ein Militärbündnis mit Grenzgarantien, am 17. 3. 1813 erließ Friedrich Wilhelm III. in Breslau den Aufruf „An Mein Volk“. Trotz anfängl.

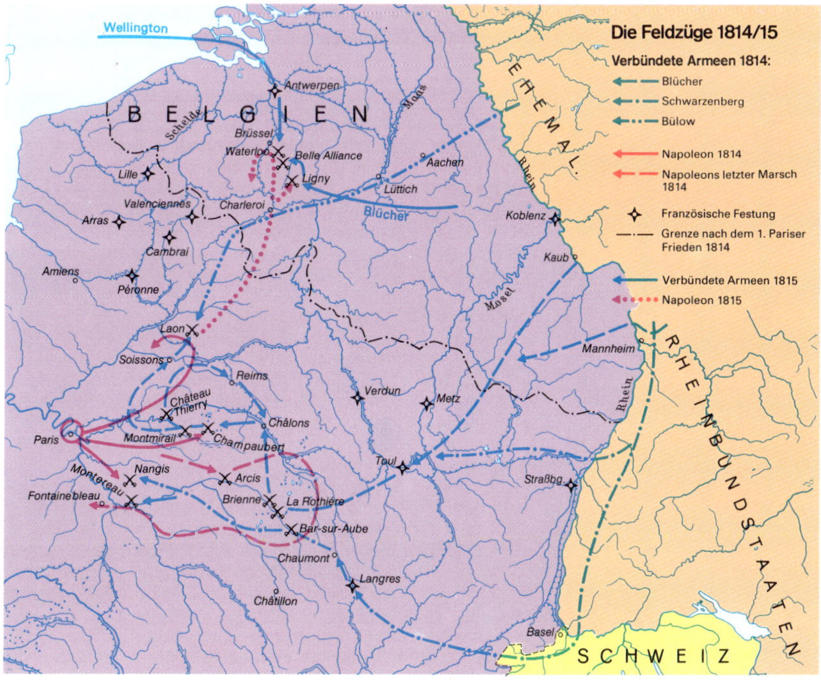

Befreiungskrieg 1813 (oben), Befreiungskriege 1814/15 (unten)

Erfolge (Großgörschen 2. 5., Bautzen 20./21. 5.) schloß Napoleon mit den Preußen u. Russen den *Waffenstillstand von Poischwitz* (5. 6.–10. 8.), währenddessen sich Österreich, England u. Schweden in den *Verträgen von Reichenbach* (14. 6.) den Verbündeten anschlossen. Diese, nunmehr zahlenmäßig überlegen, waren bei Großbeeren (23. 8.), an der Katzbach (26. 8.), bei Kulm u. Nollendorf (30. 8.), bei Dennewitz (6. 9.) u. in der *Völkerschlacht bei Leipzig* (16.–18. 10.) siegreich. Die Verfolgung Napoleons ging nach dem Rheinübergang G. L. von Blüchers bei Kaub (1. 1. 1814) bis nach Frankreich hinein, u. am 30. 3. 1814 wurde Paris besetzt. Am 11. 4. 1814 dankte Napoleon ab. Der *1. Pariser Friede* (30. 5. 1814) ließ Frankreich die Grenzen von 1792.
Als Napoleon am 1. 3. 1815 von seinem Verbannungsort Elba nach Frankreich zurückkehrte, wurde ein neuer Kriegszug unternommen; Napoleon unterlag schließlich bei *Waterloo* (Belle-Alliance, 18. 6.) den Engländern unter Wellington, denen Blücher mit seinen preuß. Truppen zu Hilfe geeilt war. Der *2. Pariser Friede* (20. 11. 1815) auferlegte den Franzosen 700 Mill. Francs Kriegsentschädigung sowie die Besetzung der nordöstl. Départements, wo die alliierten Truppen bis 1818 blieben. Die geraubten Kunstschätze mußten zurückgegeben werden. Die anschließende Neuordnung Europas auf dem *Wiener Kongreß* ließ die durch die B. genährte Hoffnung der Deutschen auf nationale Einheit unerfüllt.

Begin, Menachem, israelischer Politiker,* 16. 8. 1913 Brest-Litowsk (damals Russ.-Polen), † 9. 3. 1992 Tel Aviv; Jurist; in Polen Mitgl. der *Revisionist. Partei* u. Vorsitzender ihrer Jugendorganisation *Beitar*; 1940/41 in sowjet. Arbeitslagern; kam 1942 mit polnischen Truppen nach Palästina; 1943 Kommandant der antibrit. Untergrundorganisation *Irgun Zvai Leumi*; 1948 Mitgründer u. bis 1983 Parteiführer der *Cherut.* Fast ständig Oppositionsführer im Parlament (nur 1967–1970 Min. ohne Geschäftsbereich), vertrat B. eine extrem nationalist. Politik, insbes. im Hinblick auf das Westjordanland, das er als Bestandteil Israels betrachtet. Die Wiedergutmachungsabkommen mit der BR Dtschld. lehnte er ab. Nach dem Wahlsieg des von ihm geführten *Likud-Blocks* wurde B. 1977 Min.-Präsisdent einer Koalitionsregierung, die er 1981 mit geschrumpfter Mehrheit fortführte. Er zeigte sich konzessionsbereit in bezug auf die Sinai-Halbinsel u. schloß mit dem ägypt. Präs. Sadat am 17. 9. 1978 das Abkommen von Camp David u. am 26. 3. 1979 den israel.-ägypt. Friedensvertrag. 1978 erhielt er gemeinsam mit Sadat den Friedensnobelpreis. Unter B.s Führung unternahm Israel 1982 einen militärischen Vorstoß nach Libanon gegen palästinens. Kampfverbände. Die innenpolitischen Gegensätze verschärften sich in seiner Amtszeit. 1983 trat er zurück. B. schrieb „The revolt“ [3]1977; „White nights“ 1957.

Begum, *Begam* [türk., „mein Fürst“], ind. Titel für Fürstinnen.

Behendigkeiten, *die sieben B.*, Bestandteil der mittelalterl. ritterl. Erziehung, die neben den sieben freien Künsten *(artes liberales)* der geistigen Bildung auch folgende körperl. Gebiete umfaßte: 1. Reiten, 2. Schwimmen, 3. Schießen mit Armbrust u. Büchse, 4. Steigen u. Klettern, 5. Turnieren, 6. Ringen, Fechten, Weitspringen, 7. Tanzen.

Beibars → Baibars I.

Beil, kurzstieliges Schlagwerkzeug mit einseitiger Schneide zum Spalten oder Behauen von Holz, Knochen u. a. In der Ur- u. Frühgeschichte wird das B. von der *Axt* durch die undurchlochte Klinge unterschieden, da die Holme nur selten erhalten sind. Die ersten geschliffenen Stein-B.e traten im Neolithikum auf, im 3. Jahrtausend v. Chr. kamen vereinzelt Kupfer-B.e hinzu. Während der Bronzezeit wurden die unterschiedlichsten B.formen erprobt, deren 4 Hauptvertreter das *Randleisten-B.*, das *Absatz-B.*, das *Lappen-B.* u. das *Tüllen-B.* sind. Etwa seit der Eisenzeit haben Axt u. B. ihre optimale Form, die bis heute nur geringfügig verändert wurde.

Beirut: Im Bürgerkrieg erlitt die Stadt starke Zerstörungen

Beirut [bai'ru:t], *Bayrut*, Hptst. u. größter Hafen des Libanon, 1,5 Mill. Ew.; ehem. phöniz. u. röm. Handelsstadt, 1516–1918 türkisch, bis 1941 unter französischer Mandatsherrschaft.
Seit Ausbruch des libanes. Bürgerkrieges im April 1975 hat B. erheblich an Bedeutung verloren. Die Innenstadt wurde verwüstet, das Wirtschaftsleben kam nahezu zum Erliegen, zahlreiche Europäer u. westl. Firmen haben die Stadt u. das Land verlassen. Die Stadt wurde in einen vorwiegend christl. Ostteil u. einen vorwiegend islam. Westteil gespalten. Im Juli/Aug. 1982 wurde West-B., wo sich die bewaffneten Kräfte der PLO konzentrierten, von israel. Truppen belagert; dabei wurden schwere Zerstörungen angerichtet. Erst seit Ende 1990 konnte auch durch den Einsatz syr. Truppen eine gewisse Normalisierung der Lage in B. erreicht werden.

Beisassen, im MA Stadtbewohner ohne volles Bürgerrecht.

Beizeichen, heraldisches Zeichen, das dem Familienwappen zur Unterscheidung verschiedener Linien oder als Zeichen unehel. Geburt hinzugefügt wird; z. B. der → Bastardfaden.

Bekjaren, *Betjaren*, Bandengruppen in den Balkanländern seit dem 17. Jh.; kämpften gegen die Türkenherrschaft u. ließen sich gelegentl. als Söldner anwerben.

Béla, ['be:lɔ], Könige von Ungarn: **1.** *B. III.*, 1172–1196, gewann im Kampf gegen Byzanz Dalmatien, Kroatien u. Bosnien. Er rief Zisterzienser, Prämonstratenser u. Siebenbürger Sachsen ins Land u. führte eine Verwaltungsreform nach byzantinischen Vorbild durch.
2. *B. IV.*, 1235–1270, wurde 1241 von den Mongolen in der Schlacht von Sajó vernichtend geschlagen; mußte zeitweise außer Landes gehen. Zu den dann getroffenen Reorganisationsmaßnahmen gehörten die Befestigung von Budapest u. die Privilegierung der dt. Bürger 1244.

Belalcázar [-'kaθar], *Benalcázar*, eigentl. Sebastián de *Moyano*, span. Konquistador, * 1495 Belalcázar, † 1551 Cartagena (Kolumbien); Unterführer von *Pizarro*, mit dem er das Inkareich eroberte. Bei Expeditionen nach Ecuador gründete B. die Städte Quito u. Guayaquil. Auf der Suche nach dem sagenhaften *Dorado* gelangte er in die reichen Regionen der *Chibcha* auf der Hochfläche von Kolumbien, die vor ihm schon Jiménez de *Quesada* aufgesucht hatte.

Belau PAL

Republik Belau; Palau

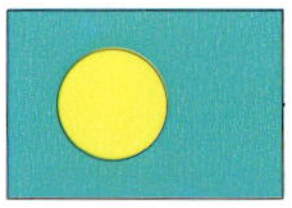

Fläche: 458 km². – *Einwohner:* 15 000. – *Hauptstadt:* Koror. – *Landessprache:* Englisch, mikronesische Dialekte. – *Nationalfeiertag:* 1. 10. – *Währung:* 1 US-Dollar = 100 Cents. – *Lage:* Inselgruppe in Mikronesien nördlich von Neuguinea, östlich der Philippinen. – *Zeitzone:* Mitteleuropäische Zeit + 9 Std. – *Staatsform:* präsidiale Republik.

Im 16. Jh. wurden die Inseln von den Spaniern in Besitz genommen. Nach dem verlorenen Krieg gegen die USA 1898 verkaufte Spanien B., die Karolinen u. die Marianen (außer Guam) an das Dt. Reich. 1914 besetzten die Japaner das Territorium, das später vom Völkerbund in ein Mandatsgebiet umgewandelt wurde u. bis 1945 unter japan. Verwaltung blieb.
1947 wurde B. Teil des US-amerikan. Treuhandgebiets der pazif. Inseln. 1981 trat eine eigene Verfassung der *Republik B.* in Kraft, die dadurch innere Autonomie erhielt. Der Vereinbarung über eine bereits 1982 ausgehandelte freie Assoziierung mit den USA (Compact of Free Association) stimmte die Bevölkerung nach sieben gescheiterten Referenden erst 1993 zu. Danach behalten die USA die Zuständigkeit für die Verteidigungs- u. Außenpolitik. Auf der Basis dieses Abkommens, das innerhalb der polit. Opposition auf starke Kritik stieß, wurde am 1. 10. 1994 die Unabhängigkeit B.s proklamiert.

Belaúnde, *Terry*, Fernando, peruan. Politiker, * 7. 10. 1912 Lima; gründete 1956 die Partei *Acción Popular;* 1963–1968 Staatspräsident, führte Reformen im Wirtschafts- u. Sozialbereich durch; 1968 vom Militär gestürzt, bis 1978 im Exil; nach Wiederherstellung der Demokratie 1980–1985 erneut Staatspräsident.

Belehnung, lat. *infeodatio, investitura*, die Begründung eines Lehnsverhältnisses: Der *Vasall* (Lehnsmann) wurde unter Verwendung von Symbolen (Zepter, Krone, Fahne, Schwert, Bischofsstab) in sein Lehen eingewiesen; der *Leihe* des Herrn entsprechend leistete der Vasall ihm *Mannschaft (homagium, Handgang* : Einlegen der gefalteten Hände des Vasallen in die des Lehnsherrn) u. schwor ihm *Huld (fidelitas*, Treueid).

Belgen, *Belgae*, wahrscheinl. kelt. Volksstamm; nach *Caesar*, der sie zwischen 57 u. 51 v. Chr. unterwarf, im Raum zwischen Seine, Marne, Rhein u. Nordsee anzusiedeln.

Belgien B

Königreich Belgien

Fläche: 30519 km². – *Einwohner:* 10,1 Mill. – *Hauptstadt:* Brüssel. – *Landessprachen:* Niederländisch, Französisch, Deutsch (regional). – *Nationalfeiertag:* 21. 7. – *Währung:* 1 Belgischer Franc = 100 Centimes. – *Lage:* zwischen 49°30′ und 51°30′ n. Br. sowie 2°32′ und 6°24′ ö. L. – *Zeitzone:* Mitteleuropäische Zeit. – *Grenzen:* im N und NO Niederlande, im O Bundesrepublik Deutschland, im SO Luxemburg, im S Frankreich, im W Nordsee. – *Staatsform:* parlamentarische Monarchie.

Die keltischen *Belgae*, zwischen 57 u. 51 v. Chr. von Cäsar unterworfen, gaben dem Land den Namen. Im 5. Jh. wurde das Gebiet des heutigen B. Kernstück des Reichs der salischen Franken. Es wurde 843 im Vertrag von Verdun zwischen Westfranken u. Ostfranken geteilt. Erst unter burgund. Herrschaft im 15. Jh. wieder geeint, kam es als Erbe Marias von Burgund durch deren Heirat mit Kaiser Maximilian I. an das Haus Habsburg, bei dem es (seit 1555 als Spanische, seit 1714 als Österr. Niederlande) auch nach der *Brabanter Revolution* 1789/90 bis 1793 blieb. Dann kam es an Frankreich. Auf dem Wiener Kongreß wurde es mit den Niederlanden u. Luxemburg zum Königreich der Vereinigten Niederlande zusammengeschlossen. Der Brüsseler Aufstand vom 25. 8. 1830 u. die Abwehr der niederländ. Rückeroberungsversuche im Sept. 1830 leiteten die Unabhängigkeit B.s ein.

Ein Nationalkongreß erließ 1831 eine parlamentar.-liberale Verfassung mit Zensuswahlrecht u. wählte am 4. 6. 1831 Leopold I. von Sachsen-Coburg zum König der Belgier

Belgien: Einzug König Leopolds I. in Brüssel 1831. Lithographie

(1831–1865). Die Londoner Konferenz von 1831 sanktionierte in den sog. 18 u. 24 Artikeln die Unabhängigkeit u. garantierte die Neutralität des Landes, die von den Niederlanden jedoch erst im Londoner Vertrag vom 19. 4. 1839 anerkannt wurden. Die westl. Teile Luxemburgs u. Limburgs kamen zu B. Die Annexionspläne Napoleons III. zwischen 1867 u. 1870 wurden von Bismarck vereitelt. Innenpolit. beherrschten seit 1847 die Gegensätze zwischen Klerikalen u. Liberalen, seit den 1860er Jahren zwischen Flamen u. Wallonen das öffentl. Leben; seit den 1880er Jahren verschärfte sich der gesellschaftl. Konflikt durch die Forderungen der Sozialisten.

Die sozialen Gegensätze wurden gemildert seit 1884 durch eine soziale Gesetzgebung u. durch die Einführung eines abgestuften allg. Wahlrechts 1894 (mit Plural- u. Listenwahlsystem). Die Sprachenfrage verlor zunächst an Schärfe durch die Anerkennung des Flämischen als Schul-, Amts- u. Gerichtssprache in den Sprachgesetzen von 1873, 1878, 1888 u. 1898. König *Leopold II.* (1865–1909) erwarb als Privatbesitz 1885 den Kongostaat, der 1908 von B. als Kolonie übernommen wurde.

Nach einer durch Befürchtungen vor einem möglichen dt. Angriff hervorgerufenen stärkeren Annäherung an Frankreich u. England kehrte König *Albert I.* (1909–1934) zur Politik der strikten Neutralität zurück, konnte jedoch im August 1914 Einmarsch u. Besetzung durch die Deutschen nicht verhindern. Die dt. Verwaltung, die sich fast ausschl. auf die fläm. Bewegung *(Rat von Flandern)* stützte, verschärfte den fläm.-wallon. Gegensatz erneut. Im Versailler Vertrag erhielt B. die preuß. Kreise Eupen, Malmédy u. St.-Vith u. in Dt.-Ostafrika das Mandat über Rwanda u. Urundi; die Neutralität wurde aufgehoben u. durch eine Militärkonvention mit Frankreich u. ein Bündnis mit England ersetzt. 1922/23 beteiligte B. sich an der Besetzung des Ruhrgebiets. 1919 wurde das allg. u. gleiche Wahlrecht eingeführt; in den Sprachengesetzen von 1932–1938 wurde in den fläm. u. wallon. Gebieten mit Ausnahme Groß-Brüssels die Einsprachigkeit durchgeführt.

Obwohl König *Leopold III.* (1934–1951) 1936 versuchte, zu einer Politik der bewaffneten Neutralität zurückzukehren, überfiel Hitler im Mai 1940 B.; der König geriet bei der Kapitulation in Kriegsgefangenschaft u. wurde auf Schloß Laeken interniert, während sich die Regierung nach London ins Exil begab. Die dt. Militärverwaltung wurde im Juli 1944 durch eine Zivilverwaltung unter einem Reichskommissar (Gauleiter Grohé) abgelöst, die sich auf fläm. Nationalisten u. die Rexistenbewegung L. *Degrelles* stützte. Nach der Landung in der Normandie wurde B. im Sept. 1944 befreit u. in den Grenzen von 1920 wiederhergestellt. Leopold III., vor allem von den Wallonen als Kollaborateur abgelehnt, ging ins Exil *(Königskrise);* sein Bruder *Charles* übernahm die Regentschaft; das Kabinett bildete der Sozialist Achille van *Acker.* Aufgrund einer Volksabstimmung 1950 zurückgerufen (durch 57,7 % der Abstimmenden), mußte Leopold III. wenig später auf sozialist. Druck hin (Generalstreik) seinem Sohn *Baudouin* die Regierung überlassen u. dankte am 16. 7. 1950 ab.

Wirtschafts- u. Sozialreformen wurden bereits unmittelbar nach Kriegsende eingeleitet, u. das Land erholte sich in der günstigen Wirtschaftskonjunktur nach 1945 schnell von den Folgen des Krieges. Das polit. Leben wurde durch häufige Regierungswechsel geprägt. Bis 1949 stellten die Sozialisten mit A. van *Acker,* P. H. *Spaak* u. C. *Huysmans* den Min.-Präs. Von 1949 bis 1954 wurden die Kabinette von Christdemokraten (G. *Eyskens,* J. *Duvieusart,* J. *Pholien* u. J. van *Houtte*) geführt. Nach den Parlamentswahlen 1954 bildete van Acker eine Koalitionsregierung mit den Liberalen, die eine antiklerikale Bildungspolitik betrieb. Der daraus resultierende Konflikt mit der kath. Kirche konnte 1958 mit dem sog. *Schulpakt* beigelegt werden. Seit 1958 regierten mit Ausnahme des Sozialisten E. *Leburton* (1973/74) nur noch christdemokrat. Min.-Präs. (G. Eyskens 1958–1961 u. 1968–1972, T. *Lefèvre* 1961–1965, P. *Harmel* 1965/66, P. van den *Boeynants* 1966–1968, L. *Tindemans* 1974–1978, W. *Martens* 1979–1981 u. 1981–1992, M. *Eyskens* 1981, J.-L. *Dehaene* seit 1992) in Koalitionsregierungen unterschiedl. Zusammensetzung.

1960 gab B. dem ehem. Belgisch-Kongo u. 1962 Rwanda u. Urundi die Unabhängigkeit. Ein gewachsenes Selbstbewußtsein der Flamen sowie wirtschaftl. Probleme in Wallonien verschärften seit Beginn der 1960er Jahre den Sprachenstreit. 1963 wurden die Sprachgrenzen auf Basis des *Abkommens von Hertoginnendal* gesetzlich festgelegt. Trotzdem behielt der Konflikt seine Sprengkraft. Die Volksgruppenparteien konnten bei Parlamentswahlen erhebl. Stimmengewinne erzielen. Durch eine Verfassungsänderung wurde B. 1970 in 4 Sprachregionen (Wallonien, Flandern, das zweisprachige Brüssel u. ein deutschsprachiges Gebiet im Osten) eingeteilt. Änderungen der Sprachgrenzen sollten künftig nur durch Gesetz möglich sein, wobei die Billigung durch alle Sprachgruppen in beiden Kammern des Parlaments vorausgesetzt wurde. Eine Verfassungsänderung von 1980 markierte mit der Einrichtung von regionalen Exekutiven eine weitere Abkehr von einem zentralisierten Staatswesen. 1984 erhielt auch die deutschsprachige Gemeinschaft eine eigene polit. Vertretung. Durch eine Verfassungsänderung 1988 wurde Flandern u. Wallonien volle Autonomie in der Wirtschafts-, Finanz-, Energie-, Umwelt- u. Kulturpolitik übertragen. Im Jahr darauf erhielt die Region Brüssel ein eigenes Statut. Eine weitere Verfassungsänderung 1993 institutionalisierte endgültig den föderalen Status B.s. Im selben Jahr starb König Baudouin. Sein Bruder wurde als *Albert II.* neuer Regent.

B. ist Gründungsmitglied der UNO, schloß sich 1948 der WEU, 1949 dem Atlantikpakt, 1952 der Montanunion, 1958 Euratom u. der EG an.

Belgrad, serbokr. *Beograd,* Hptst. von Jugoslawien, Landes-Hptst. von Serbien, am Zusammenfluß von Save u. Donau, in wichtiger strateg. Lage (alte Festung *Kalemegdan* über der Stadt), 1,47 Mill. Ew.

Häufig umkämpfte ehem. kelt. Siedlung u. röm. Legionslager (Singidunum); 1427–1521 ungarisch, 1521 von den Türken erobert; obwohl 1688 –1690, 1717 (unter Prinz Eugen) bis 1739 u. 1789–1791 von kaiserl. Truppen besetzt, wurde B. jeweils schnell wieder türkisch; nach 1806 war es die Hptst. Serbiens, bis 1867 mit türk. Besatzung. Im 1. Weltkrieg besetzten die Österreicher, im 2. Weltkrieg die Deutschen (bis 20. 10. 1944) die Stadt.

Belgrader Konferenz, Konferenz von 25 blockfreien Staaten, 1.–6. 9. 1961. Die B. K. war zustande gekommen auf Initiative *Titos, Nassers* u. *Nehrus.* In einer 27-Punkte-Erklärung wurden Unabhängigkeit u. Selbstbestimmung für alle Völker, auch für die Kolonialgebiete, Aufhebung der ausländ. Stützpunkte u. Abzug fremder Truppen aus afrikan., asiat. u. lateinamerikan. Ländern, wirtschaftl. Zusammenarbeit der Entwicklungsländer, Verbot von ABC-Waffen u. a. gefordert. – B S. 94.

Belgrano, Manuel, argentin. General u. Politiker, *1770 Buenos Aires, †Juni 1820 Buenos Aires; war 1810–1814 in Argentinien Befehlshaber der Aufständischen im Unabhängigkeitskampf gegen die Spanier; 1815–1819 hatte er den Oberbefehl in Peru inne.

Belisar, oström. Heerführer, * um 500, † 13. 3. 565 Konstantinopel; zerstörte 533/34 das Wandalenreich in Nordafrika, kämpfte gegen die Ostgoten in Italien u. gegen die Perser in Syrien u. rettete mehrmals die Herrschaft Kaiser *Justinians I.;* trotzdem zeitweilig in Ungnade.

Belize BH

Fläche: 22965 km². – *Einwohner:* 202000. – *Hauptstadt:* Belmopan. – *Landessprachen:* Englisch, Spanisch. – *Nationalfeiertage:* 10. 9. und 21. 9. – *Währung:* 1 Belize-Dollar = 100 Cents. – *Lage:* zwischen 15°53′ und 18°29′ n Br. sowie 87°45′ und 89°15′ w. L. – *Zeitzone:* Mitteleuropäische Zeit – 7 Std. – *Grenzen:* im N Mexiko, im W und S Guatemala, im O Karibisches Meer. – *Staatsform:* parlamentarische Monarchie mit der britischen Königin als Staatsoberhaupt.

Das an der Ostküste Zentralamerikas gelegene Land gehörte während der span. Kolonialzeit vorübergehend zu Guatemala; in der ersten Hälfte des 17. Jh. wurde es von engl. Holzfällern besiedelt; die Spanier erkannten im Pariser Frieden von 1763 diese Siedlungen an. 1862 wurde das Gebiet unter dem Namen Britisch-Honduras Kolonie, 1871 Kronkolonie. 1964 erhielt Britisch-Honduras innere Autonomie; erster Regierungschef wurde George C. *Price* von der *People's United Party (PUP).* 1973 wurde die Kronkolonie in B. umbenannt. Der völkerrechtl. Konflikt zwischen Guatemala, das B. beanspruchte, u. Großbritannien trug wesentlich dazu bei, daß B. erst am 21. 9. 1981 unter Protest Guatemalas in die Unabhängigkeit entlassen wurde. 1984 fanden die ersten allgemeinen Parlamentswahlen statt, in denen die konservative *United Democratic Party (UDP)* überlegen siegte. Price wurde als Premier-Min. von M. *Esquivel* abgelöst. 1989 übernahm wieder Price das Amt des Regierungschefs, das er nach vorgezogenen Parlamentswahlen 1993 jedoch erneut an Esquivel verlor.

Bellingshausen, Fabian Gottlieb von, russ. Seefahrer u. Südpolarforscher, *20. 9. 1778 Insel Ösel, † 25. 1. 1852 Kronstadt; begleitete A. J. von *Krusenstern* 1803 auf dessen Weltumseglung, umfuhr 1819–1821 das Südpolargebiet u. entdeckte südl. des Polarkreises die Peter-I.-Insel u. das Alexander-I.-Land.

Beloch, Karl Julius, Althistoriker, * 21. 1. 1854 Petschkendorf, Niederschlesien, † 1. 2. 1929 Rom; seit 1879 Prof. in Rom, Vertreter einer kritisch-rationalist. Geschichtsschreibung, die die kollektivist. Kräfte in der Geschichte betonte. Hptw.: „Griech. Geschichte" 1893–1904, ²1911–1927; „Die Bevölkerung der griech.-röm. Welt" 1886; „Röm. Geschichte bis zum Beginn der Punischen Kriege" 1926.

Below [-lo:], Georg Anton Hugo von, Wirtschaftshistoriker, * 19. 1. 1858 Königsberg, † 21. 10. 1927 Badenweiler; lehrte in Königsberg, Münster, Marburg, Tübingen u. 1905 bis 1924 in Freiburg i. Br.; Vertreter der histor. Schule, übte Ende des 19. Jh. einen starken Einfluß auf die Entwicklung der Sozial- u. Wirtschaftsgeschichte aus; Beiträge zur Verfassung von Gesellschaft u. Wirtschaft des MA.

Belgrader Konferenz: Gruppenfoto der 16 Vertreter der teilnehmenden Staaten

Belsazar, akkad. *Bēl-šar-usur,* letzter Kronprinz von Babylon, Sohn Nabonids, 539 v. Chr. von den Persern geschlagen. Die Erzählung des AT (Dan. 5) ist legendär.

Bełżec ['bɛuʒɛts], poln. Dorf in der Wojewodschaft Zamość, südöstl. von Lublin, nahe der sowjet. Grenze. 1941–1943 bestand in B. ein dt. Vernichtungslager, in dem schätzungsweise 600000 Menschen, hauptsächlich Juden, von der SS ermordet wurden.

Bem, Józef, poln. General, * 14. 3. 1794 Tarnów, † 10. 12. 1850 Aleppo (Syrien); am poln. Aufstand 1830/31 beteiligt, verteidigte in der Revolution 1848/49 das revoltierende Wien u. unterstützte in Siebenbürgen den ungar. Aufstand. Nach seiner Niederlage trat er als *Murad Pascha* in türk. Dienste.

Ben Barka, Al Mehdi, marokkan. Politiker, * 1920 Rabat, † (wahrscheinl.) 29. 10. 1965 bei Paris (ermordet); seit 1944 Mitglied der *Istiklal* -Partei; organisierte während der Verbannung Sultan *Mohammeds* 1953–1955 einen bewaffneten Widerstand; 1956–1958 Präs. der parlamentar. Beratenden Versammlung; gründete 1959 die Linkspartei *Nationale Union der Volkskräfte* (frz. Abk. *UNFP*; floh 1960 ins Ausland (Ägypten, Algerien, Schweiz, Frankreich); wurde 1965 in Marokko wegen Hochverrats in Abwesenheit zum Tod verurteilt; von unbekannten Tätern in Paris entführt u. ermordet. B. B. schrieb „Revolutionäre Alternative" 1969.

Ben Bella, Ahmed, alger. Politiker, * 25. 12. 1916 Marnia bei Oran; diente 1943–1945 in der französ. Armee. Nach 1946 baute er für eine nationalist. Partei bewaffnete Geheimverbände auf. 1954 gehörte er zu den Organisatoren des alger. Aufstands u. zu den Gründern der Nationalen Befreiungsfront *(FLN).* Am 22. 10. 1956 gelang es den Franzosen, B. B. durch Entführung seines Flugzeugs festzunehmen; er blieb bis zum Waffenstillstand von 1962 in Haft. Nach Erlangung der Unabhängigkeit Algeriens (3. 7. 1962) wurde er Min.-Präs., 1963 Generalsekretär der FLN u. Staats-Präs. 1965 wurde er von Generalstabschef H. Boumedienne gestürzt. Seitdem lebte er unter Hausarrest, der 1979 gelockert u. 1980 aufgehoben wurde. 1981–1990 lebte er in Frankreich im Exil.

Benckendorff, *Benkendorf, Benckendorf,* Alexander Christoforowitsch Graf, russ. General, * 4. 7. 1783, † 5. 10. 1844; war beteiligt an der Unterdrückung des Dekabristenaufstands (1825); 1826 Chef der Gendarmerie u. der polit. Geheimpolizei („3. Abteilung").

Benedek, Ludwig August Ritter von, österr. Heerführer, * 14. 7. 1804 Ödenburg, † 27. 4. 1881 Graz; 1860 Chef des Generalstabs, 1866 gegen seinen Willen Oberbefehlshaber der Nordarmee; bei *Königgrätz* entscheidend geschlagen, am 1. 11. 1866 verabschiedet.

Benedetti, Vincent Graf, französ. Diplomat, * 29. 4. 1817 Bastia, Korsika, † 28. 3. 1900 Paris; 1864–1870 Botschafter in Berlin. Im Auftrag Napoleons III. bemühte er sich 1866 um die preuß.-österr. Friedensverhandlungen u. versuchte erfolglos, Bismarcks Einwilligung in den Erwerb von Gebieten am Rhein, dann zur Annexion Luxemburgs u. Belgiens zu gewinnen; überreichte 1870 in Bad Ems König Wilhelm die französ. Forderungen zur span. Thronkandidatur, die den Anlaß zum Ausbruch des Dt.-Französ. Kriegs gaben (→ Emser Depesche). „Ma mission en Prusse" 1871.

Benedikt, Päpste: **1.** *B. I.,* 575–579, Römer, † 30. 7. 579 Rom.

2. *B. II.,* 684/685, Römer, Heiliger, † 8. 5. 685 Rom; erfolgreich um die Versöhnung Roms mit dem byzantin. Kaisertum bemüht.

3. *B. III.,* 855–858, Römer, † 7. 4. 858 Rom; setzte sich gegen den Gegenpapst *Anastasius III.* durch u. steigerte den innerkirchl. Einfluß des Papsttums.

4. *B. IV.,* 900–903, Römer, † Juli/August 903 Rom; stand auf seiten der Partei des Papstes *Formosus,* in Kämpfe zwischen röm. Adelsgruppen verwickelt.

5. *B. V.,* 964, Römer, † 4. 7. 965/66 Hamburg; gewählt nach Vertreibung Papst *Leos VIII.,* mit Hilfe Kaiser Ottos I. abgesetzt u. nach Hamburg verbannt.

6. *B. VI.,* 973/974, Römer, † Juli 974; nach dem Tod Kaiser Ottos I. von einer röm. Adelsgruppe abgesetzt u. auf Betreiben des Gegenpapstes *Bonifatius VII.* im Gefängnis ermordet.

7. *B. VII.,* 974–983, Römer, † 10. 7. 983 Rom; ursprüngl. Bischof von Sutri, unter dem Einfluß Kaiser Ottos II. zum Papst gewählt, förderte Kirchenreform u. Slawenmission.

8. *B. VIII.,* 1012–1024, eigentl. *Theophylakt,* aus dem in Rom mächtigen Geschlecht der Grafen von Tusculum, † 9. 4. 1024 Rom; errang einen wichtigen Sieg über die Sarazenen u. kämpfte im Einvernehmen mit Kaiser Heinrich II. auf mehreren Synoden gegen Priesterehe u. Simonie.

9. *B. IX.,* 1032–1044 (zum ersten Mal), 1045 (zum zweiten Mal), 1047/48 (zum dritten

Ahmed Ben Bella

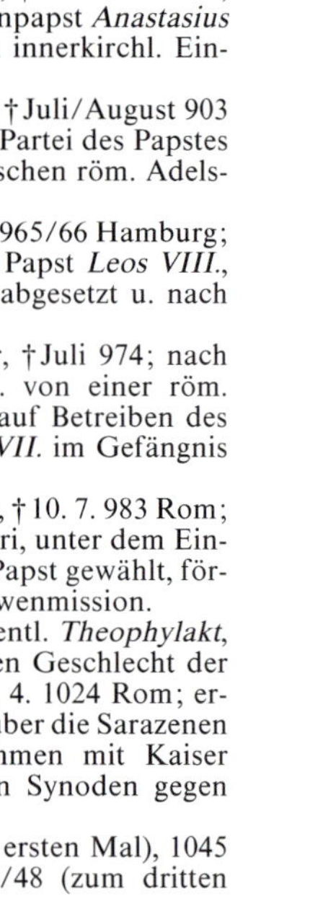

Vincent Graf Benedetti

Mal), eigentl. *Theophylakt*, Graf von Tusculum, Neffe der Päpste B. VIII. u. Johannes XIX., † um 1055 Grottaferrata (?); 1044 aus Rom vertrieben, trat 1045 zurück u. wurde auf der Reformsynode zu Sutri 1046 auf Betreiben Kaiser Heinrichs III. formell abgesetzt. Nach dem Tod von Papst Klemens II. machte er seinen Anspruch erneut geltend.

10. *B. X.*, Gegenpapst 1058/59, Römer, † nach 1073 in einem röm. Kloster; ursprüngl. *Johannes*, Bischof von Velletri; von dem der Kirchenreform abgeneigten röm. Adel nach dem Tod Papst Stephans IX. erhoben, von der mittlerweile sehr erstarkten Reformpartei jedoch nicht anerkannt u. im Einvernehmen mit dem dt. Hof abgesetzt (Jan. 1059).

11. *B. XI.*, 1303–1304, eigentl. Nikolaus *Boccasini*, * 1240 Treviso, † 7. 7. 1304 Perugia; Dominikaner, 1298 Kardinal; leitete die Versöhnung mit Frankreich ein; Seligsprechung 1736; Fest: 7. 7.

12. *B. XII.*, 1334–1342, eigentl. Jacques *Fournier*, * um 1285 Saverdun, Languedoc, † 25. 4. 1342 Avignon; Zisterzienser, 1327 Kardinal; reformierte die kirchl. Verwaltung u. den Klerus. Von Frankreich abhängig, setzte er den Kampf gegen Ludwig den Bayern fort; begann mit dem Bau des Papstpalasts in Avignon.

13. *B. (XIII.)*, Gegenpapst 1394–1423, eigentl. *Pedro de Luna*, * um 1327 im Königreich Aragon, † 23. 5. 1423 Peñiscola bei Valencia; 1375 Kardinal, nach 1378 Anhänger von Papst Klemens VII. in Avignon, dessen Nachfolger er 1394 wurde. Auch nach seiner Absetzung auf den Konzilien von Pisa 1409 u. Konstanz 1417 hielt er an seinem Anspruch fest, allein rechtmäßiger Papst zu sein, obwohl er isoliert auf der Feste Peñiscola saß u. nur noch von Aragon unterstützt wurde.

14. *B. XIII.*, 1724–1730, eigentl. Pietro Francesco *Orsini*, * 2. 2. 1649 Gravina, † 21. 2. 1730 Rom; Dominikaner, 1672 Kardinal; zu nachgiebig, bes. gegenüber den staatskirchl. Ansprüchen Siziliens u. Piemonts, dazu abhängig von dem korrupten Kardinal *Coscia*.

15. *B. XIV.*, 1740–1758, eigentl. Prosper *Lambertini*, * 31. 3. 1675 Bologna, † 3. 5. 1758 Rom; seit 1701 an der Kurie tätig, 1726 Kardinal; Gelehrter (bes. Kanonist) u. Mäzen. Er modernisierte Sakramentenrecht, Kurie u. Orden, den Jesuiten war er nicht wohlgesinnt. In der Politik kompromißbereit, schloß er mehrere Konkordate u. erkannte das preuß. Königtum an. Wegen seiner Toleranz wurde er auch z. B. von Friedrich d. Gr. u. Voltaire sehr geschätzt.

16. *B. XV.*, 1914–1922, eigentl. Giacomo *della Chiesa*, * 21. 11. 1854 Genua, † 22. 1. 1922 Rom; seit 1887 an der Kurie tätig, von Kardinal M. *Rampolla* sehr beeinflußt. Papst *Pius X.*, der ihm nicht sehr zugeneigt war, ernannte ihn 1907 zum Erzbischof von Bologna u. erst 1914 zum Kardinal. Im selben Jahr zum Papst gewählt, wahrte B. trotz persönl. Neigung zu Frankreich im Weltkrieg strikte Neutralität u. versuchte 1917, den Krieg durch einen Verhandlungsvorschlag abzukürzen. Seine umfangreiche karitative Tätigkeit in Krieg u. Nachkriegszeit kam auch Dtschld. sehr zugute. Nach 1918 wandte er sich gegen die harten Maßnahmen der Sieger. Unter B. trat das neue Kirchenrecht *(Codex Iuris Canonici)* in Kraft.

Benediktiner, lat. *Ordo Sancti Benedicti*, Abk. *OSB*, ältester kath. Mönchsorden im Abendland, gegr. im 6. Jh. Die B. leben nach der von *Benedikt von Nursia* verfaßten Regel, die eine ständige Anwesenheit im Kloster *(stabilitas)* verlangt. Neben den übl. Forderungen, die aus den sog. Evangelischen Räten abgeleitet werden, wird die regelmäßige Arbeit zur Pflicht gemacht; Grundsatz: *ora et labora* (lat., „bete u. arbeite"). Die Arbeit, Handarbeit u. jede Art geistiger Tätigkeit, steht gleichberechtigt neben dem Chordienst. Eine Neubelebung erfuhr das B.-Mönchtum durch die *Cluniazensische Reform*. Ursprünglich bestanden die einzelnen B.klöster unverbunden nebeneinander; seit dem 14./15. Jh. schlossen sie sich zu Kongregationen zusammen; 1893 wurde daraus die *benediktin. Konföderation* unter einem Abtprimas gebildet.

Benedikt von Nursia, Heiliger, * um 480/90 Nursia (heute Nòrcia, Mittelitalien), † 21. 3. 547 Monte Cassino; Gründer (um 529) u. erster Abt des Klosters auf dem Monte Cassino; gab durch seine Ordensregeln dem Mönchtum feste Form, wirkte als Erzieher zu mönch. Hingabe tief auf das abendländ. Bewußtsein; 1964 zum „Schutzpatron Europas" proklamiert; Fest: 11. 7.

Benelux-Staaten, die in einer Wirtschaftsunion zusammengefaßten Länder Belgien, Niederlande (Nederlands) u. Luxemburg. Nach einem Grundsatzabkommen der Exilregierungen von 1944 wurde 1948 die Zolleinheit verwirklicht; 1951 folgte die Vereinheitlichung der Landwirtschaft, 1953 die Koordination der Wirtschafts-, Sozial- u. Außenhandelspolitik, 1958 ein Vertrag über die Wirtschaftsunion (Den Haag), die ab 1960 voll wirksam wurde.

Beneš, *Benesch*, Eduard, tschechoslowak. Politiker, * 28. 5. 1884 Kožlány, Böhmen, † 3. 9. 1948 Sezimovo Ústí, Böhmen; 1909 Prof. der Nationalökonomie in Prag; enger Mitarbeiter T. *Masaryks* u. Mitbegründer der Tschechoslowakei, deren Errichtung er auf den Pariser Friedenskonferenzen 1919 durchsetzte; 1918–1935 Außen-Min., betrieb die Gründung der *Kleinen Entente;* 1935 Staats-Präs., im Herbst 1938 nach dem *Münchner Abkommen* u. der Abtretung des Sudetenlands zurückgetreten; 1940–1945 Chef der tschechoslowak. Exilregierung in London; 1945 wieder Staats-Präs.; im Juni 1948 nach der kommunist. Umwälzung zum Rücktritt gezwungen.

Benevento, dt. *Benevent*, italien. Stadt in Kampanien, nordöstl. von Neapel; Hptst. der Provinz B., 65 600 Ew. Kunststadt mit vielen altröm. u. mittelalterl. Bauten (Dom, Trajansbogen).

Ursprüngl. *Maleventum*, nach dem röm. Sieg über Pyrrhos (275 v. Chr.) u. der Anlage einer latin. Kolonie in B. [„Guter Ausgang"] umgetauft; später Herzogtum, seit 1051 päpstlich; 1806 von Napoleon I. als Titularfürstentum an *Talleyrand* gegeben, der den Titel Herzog von B. führte; 1815 wieder päpstlich (bis 1860); im 11. u. 12. Jh. Ort von 5 Konzilen.

David Ben-Gurion

Bengalen, Landschaft am Unterlauf von Ganges u. Brahmaputra, hauptsächlich von deren gemeinsamem Mündungsdelta gebildet, polit. zu Indien *(Westbengalen)* u. Bangladesch *(Ostbengalen)* gehörend.

Das buddhist. Land wurde um 1200 von Moslems erobert u. gehörte seit 1576 zum Großmogul-Reich, seit 1757 unter brit. Herrschaft; mit der Unabhängigkeit Indiens (1947) geteilt in den ind. Bundesstaat Westbengalen (Hptst. Calcutta) u. Ostpakistan (seit 1971 Bangladesch).

Benedikt von Nursia: Auf der Flucht in die Einsamkeit sieht er im Geist den von ihm geplanten Klosterbau. Subiaco, Sacro Speco

Bengtson, Hermann, Althistoriker, * 2. 7. 1909 Ratzeburg, † 2. 11. 1989 München; Prof. in Jena, Würzburg u. Tübingen, 1966–1977 in München. Werke: „Die Strategie in der hellenist. Zeit" 1937–1952, Neudruck 1964–1967; „Einführung in die Alte Geschichte" 1949, „Griech. Geschichte" 1950, „Grundriß der röm. Geschichte mit Quellenkunde" 1967 (beide in: Handbuch der Altertumswissenschaften); „Die Olymp. Spiele der Antike" 1971, „Herrschergestalten des Hellenismus" 1975; „Marcus Antonius" 1977.

Ben-Gurion, David, ursprüngl. D. *Grün*, israel. Politiker, * 16. 10. 1886 Płońsk (Polen), † 1. 12. 1973 Tel Aviv; seit 1904 Mitgl. der *Poalei Zion*; seit 1906 in Palästina, bis 1910 Landarbeiter, dann vornehml. Berufspolitiker; 1912–1914 Jurastudium in Istanbul; 1915 von den Türken aus Palästina ausgewiesen, 1918 Rückkehr; Mitgründer u. Führer der (alten) *Achdut Ha'avoda*, der *Mapai* u. der *Histadrut*; 1935–1948 Vors. der Exekutive der *Jewish Agency*, des wichtigsten jüd. Selbstverwaltungsorgans in Palästina. B. war 1948 maßgebend beteiligt an der Entscheidung, den Staat Israel auszurufen. 1948–1953 u. 1955–1963 war er Min.-Präs. u. Verteidi-

Benevento: Römisches Amphitheater

gungs-Min. Aufgrund persönl. Rivalitäten trat er 1965 aus der Mapai aus u. gründete die *Rafi*; 1970 zog er sich aus der Politik zurück. B. gilt als Vater des modernen Israel. Aufbau u. Strategie der israel. Armee wurden von ihm geprägt. Er befürwortete energisch eine Aussöhnung mit Deutschland. Werke: „Erinnerung u. Vermächtnis“ 1971; „Israel, die Geschichte eines Staates“ 1973.

Beni Hasan, *Bani Hasan,* Ort in Mittelägypten am Ostufer des Nils; ausgedehnte Nekropole der Gaufürsten von Hermopolis aus der Zeit Sesostris' I. – Sesostris' III. (Mittleres Reich, Anfang des 2. Jahrtausends v. Chr.).

Benin RB

Republik Benin

Fläche: 112622 km². – *Einwohner:* 5,1 Mill. – *Hauptstädte:* Porto-Novo/Cotonou. – *Landessprachen:* Französisch, Kwa, Fon u. a. – *Nationalfeiertag:* 1. 8. – *Währung:* 1 CFA-Franc = 100 Centimes. – *Lage:* zwischen 6°15′ und 12°30′ n. Br. sowie 0°45′ und 4° ö. L. – *Zeitzone:* Mitteleuropäische Zeit. – *Grenzen:* im NW Burkina Faso, im N Niger, im O Nigeria, im S Atlantischer Ozean, im W Togo. – *Staatsform:* präsidiale Republik.

Ein Königreich *Dahomey* entstand im 17. Jh. im afrikan. Binnenland. Die starke zentrale Macht der Könige stützte sich vor allem auf die Armee. Um 1720 dehnte sich das Reich bis zur Küste aus. Die Grundlage seines großen Reichtums bildete der Sklavenhandel mit europ. Ländern. 1852 setzten sich Franzosen in Porto-Novo fest u. eroberten bis 1894 trotz heftigen Widerstands das Land, das 1899 zu einer Teilkolonie Französ.-Westafrikas wurde. 1958 wurde Dahomey autonome Republik innerhalb der Französ. Gemeinschaft; 1960 erhielt es die Unabhängigkeit. Präs. war bis 1963 Hubert *Maga.* Einem Volksaufstand im Okt. 1963 folgten unruhige Jahre; Dahomey stand meist unter Militärherrschaft. Nach einer Periode der Zivilregierung kam 1972 wieder eine Militärjunta an die Macht. 1975 wurde die *Republik Dahomey* zur *Volksrepublik Benin* erklärt u. die Einheitspartei „Parti de la Révolution Populaire du Benin“ gegründet. Das Regime des Präs. *Kérékou* verfolgte einen gemäßigten sozialist. Kurs: Schaffung eines staatl. Wirtschaftssektors unter Beibehaltung des traditionellen afrikan. Handels. Weitergehende sozialist. Bestrebungen wurden durch die Notwendigkeit der Zusammenarbeit mit den Nachbarn Nigeria u. Togo gebremst. 1990 wurde per Referendum ein Präsidialsystem eingeführt. Die Volksrepublik wurde zur R. Die Präsidentschaftswahlen 1991 gewann N. *Soglo,* der 1996 wieder von Kérékou im Amt abgelöst wurde.

Benin, westafrikan. Landschaft im SW Nigerias, westl. des Nigerdeltas an der *Bucht von B.;* früher ein mächtiges Reich des Stamms der *Edo* (seit dem 12. Jh.), mit hochentwickelter Kunst (bes. Bronzeplastiken); im 18./19. Jh. Mittelpunkt des Sklavenhandels; Ende des 19. Jh. wurde das Königreich B. engl. Kolonie u. Nigeria eingegliedert. Das frühere Dahomey nahm den Namen *Benin* an, ob-

Otto I. empfängt das Schwert des aufständischen Berengars II. als Zeichen seiner Unterwerfung. Miniatur des 13. Jh. Mailand, Bibliotheca Ambrosiana

wohl das eigentliche B. auf nigerian. Staatsgebiet liegt.

Benjamin, Hilde, geb. *Lange,* Politikerin (SED), *5. 2. 1902 Bernburg/Saale, †18. 4. 1989 Ostberlin; Rechtsanwältin; seit 1927 KPD-Mitgl.; 1947–1949 Leiterin der Personal-Abt. in der Zentralverwaltung für Justiz der SBZ; 1949–1953 Vize-Präs. des Obersten Gerichts der DDR, Vorsitzende in zahlreichen Schauprozessen; 1953–1967 Min. für Justiz; seit 1954 Mitgl. des Zentralkomitees der SED.

Bennigsen, 1. Levin (Leontij Leontjewitsch), Graf von (1813), russ. General dt. Abstammung, *10. 2. 1745 Braunschweig, †3. 10. 1826 Banteln, Krs. Alfeld; maßgebl. beteiligt an der Ermordung Zar Pauls I. u. am Krieg gegen Napoleon I.

2. Rudolf von, nationalliberaler Politiker, *10. 7. 1824 Lüneburg, †7. 8. 1902 Bennigsen, Krs. Springe; Jurist; 1856–1866 liberaler Sprecher im hannoverschen Parlament, 1859–1867 Vors. des Dt. Nationalvereins,

Benin: König mit Würdezeichen und Schwertträgern; Bronzeplatte

1866 Mitbegründer der Nationalliberalen Partei, seit der Reichsgründung ihr Vors. Als konstitutioneller Monarchist spielte B. eine maßgebl. Rolle beim Ausbau des neuen Staates. Nach dem Scheitern seines Eintritts in das preuß. Ministerium 1877 u. der konservativen Wende Bismarcks 1878/79 schwand sein Einfluß. 1888–1898 war B. Oberpräsident der Provinz Hannover.

Bentesina, König von Amurru, ca. 1300 v. Chr.; war hethit. Vasall, schloß sich später den Ägyptern an, wurde daraufhin von den Hethitern besiegt u. als Gefangener nach Hattusa gebracht.

Bentinck ['bentiŋk], Henry William Cavendish, Lord B., engl. Politiker, *14. 9. 1774 Bulstrode, †17. 6. 1839 Paris; 1827–1835 Generalgouverneur von Indien, öffnete Indern den Zugang zum höheren Staatsdienst, verbot die Witwenverbrennung.

Ben-Zwi, Izhak, ursprüngl. Isaac *Schimschelewitz,* israel. Politiker, *6. 12. 1884 Poltawa (Ukraine), †23. 4. 1963 Jerusalem; kam 1907 nach Palästina; zunächst Marxist, dann Sozialdemokrat; politisch aktiv in *Poalei Zion, Achdut Ha'avoda* u. *Mapai*; 1931–1948 Präs. des Jüd. Nationalrates *(Vaad Leumi),* der parlamentar. Körperschaft vor der Staatsgründung; 1952–1963 Staatspräsident (zweimal wiedergewählt).

Berchtold, Leopold Graf, österr. Diplomat, *18. 4. 1863 Wien, †21. 11. 1942 Schloß Peresznye bei Ödenburg; 1906–1911 Botschafter in Petersburg, 1912–1915 Außen-Min.; richtete im Juli 1914 das Ultimatum an Serbien, das den 1. Weltkrieg auslöste.

Berengar, Könige von Italien: **1.** *B. I.,* †924 Verona (ermordet); Markgraf von Friaul, seit 888 König in Italien, 915 zum Kaiser gekrönt.

2. *B. II. von Ivrea,* †6. 8. 966 Bamberg; König seit 950; 952 von Otto I. mit Italien belehnt, 963 wieder abgesetzt u. gefangengehalten.

Berenike, Königinnen der *Ptolemäer* u. Frauen aus der Familie *Herodes' d. Gr.:* **1.** *B. I.,* 2. Gattin Ptolemaios' I., Mutter Ptolemaios' II., †279 v. Chr. Städte mit dem Namen B. wurden in Epirus (Griechenland), in der Cyrenaica (Libyen) u. am Roten Meer nach ihr benannt.

2. *B. II.,* †246 v. Chr., Gattin des Seleukidenkönigs Antiochos II. Theos, der sich von seiner ersten Gemahlin *Laodike* trennte u. B. II. heiratete; wegen der Erbrechte des Sohnes der B. II. brach der sog. Laodikekrieg aus.

3. *B. III.,* Gattin Ptolemaios' III. Euergetes, weihte ihr schönes Haar der Aphrodite, um ihren Mann heil aus dem 3. Syrischen Krieg (246–241 v. Chr., Laodikekrieg) zurückzuer-

langen. Die „Locke der B." verschwand aus dem Tempel, so daß man glaubte, sie sei von Göttern geholt worden, u. ein Sternbild *Haar der B.* nannte. *Kallimachos* behandelte die Legende in einem Gedicht, das von *Catull* ins Lateinische übersetzt wurde.
4. *B.*, Julia, Tochter des jüd. Königs Agrippa I. von Kypros (Zypern) u. zeitweilig Geliebte des späteren röm. Kaisers Titus.
Beresina, *Berezina*, rechter Nebenfluß des oberen Dnjepr; spielte vom 18. Jh. bis zum 2. Weltkrieg eine wichtige strateg. Rolle in den russ. Abwehrkämpfen gegen schwed., französ. u. dt. Invasionstruppen. Napoleon verlor auf seinem Rückzug von Moskau beim Überqueren der B. (bei Studenka, 26.–29. 11. 1812) einen großen Teil der ihm verbliebenen Truppen.
Berg, ehem. rechtsrhein. Herzogtum mit der Hptst. *Düsseldorf.* 1348 kam B. an die Grafen von *Jülich*, wurde 1380 Herzogtum u. ging 1511 in den Besitz der Herzöge von *Kleve* über; nach deren Aussterben 1609 fielen B. u. Jülich 1614 (endgültig erst nach dem *Jülich-Klevischen Erbfolgestreit* mit Brandenburg 1666) an *Pfalz-Neuburg.* 1685 wurde B. in Personalunion mit Kurpfalz, 1777 auch mit Bayern verbunden, das B. 1806 an Frankreich abgab. Napoleon I. erhob es zum *Großherzogtum* B. für seinen Schwager *Murat*, 1809 für den Sohn König Ludwigs von Holland, *Napoleon Louis* (* 1804, † 1831). 1813 aufgelöst, kam B. 1815 an Preußen u. wurde Teil der Rheinprovinz.
Bergen-Belsen, 1943–1945 Konzentrationslager in der Nähe der niedersächs. Stadt Bergen.
Berg Isel, Berg bei Innsbruck (Österreich), Schauplatz hartnäckiger Kämpfe während des Tiroler Volksaufstandes 1809 gegen die Fremdherrschaft Napoleons. Unter der Führung Andreas *Hofers* brachten die Aufständischen den Franzosen u. den mit ihnen verbündeten Bayern im Mai u. August empfindliche Niederlagen bei, mußten sich aber in der letzten Auseinandersetzung im Oktober 1809 wegen der feindl. Übermacht geschlagen geben.
Bergpartei, der „Berg", frz. *Montagne*, im französ. Konvent (1792–1795) die auf den oberen Rängen sitzende Gruppe von radikalen Abgeordneten. Berühmte Führer dieser *Montagnards* waren *Danton, Marat* u. *Robespierre.* Als B. bezeichnet man auch die linksrepublikan. Opposition in der französ. Nationalversammlung von 1849.
Bergsträsser, Ludwig, Historiker, * 23. 2. 1883 Altkirch, Oberelsaß, † 23. 3. 1960 Darmstadt; 1916 Prof. in Greifswald, 1921–1933 im Reichsarchiv tätig; 1924–1928 Mitgl. des Reichstags (DDP), 1945–1948 Regierungs-Präs. von Darmstadt, 1948/49 Mitgl. des Parlamentar. Rats, 1949–1957 Mitgl. des Bundestags (SPD); seit 1945 Prof. in Darmstadt. B. gehört zu den Mitbegründern der deutschen Parteien- u. Parlamentsgeschichte. Werke: „Studien zur Vorgeschichte der Zentrumspartei" 1910; „Geschichte der Reichsverfassung" 1914; „Geschichte der polit. Parteien in Dtschld." 1921, [11]1965 (hrsg. von W. Mommsen); „Der polit. Katholizismus" 1921/23, Neudr. 1976; „Das Frankfurter Parlament in Briefen u. Tagebüchern" 1929; „Mein Weg" 1953.
Berija, Lawrentij Pawlowitsch, sowjet. Politiker, * 29. 3. 1899 Mercheuli, Georgien, † 23. 12. 1953 Moskau (erschossen); nach 1921 führend bei der Unterdrückung der Selbständigkeitsbestrebungen Georgiens; seit 1938 unter verschiedenen Amtsbezeichnungen Chef der Staatssicherheitsorgane (NKWD, MWD, MGB), verantwortlich für den Polizeiterror der Stalin-Zeit; seit 1946 Mitgl. des Politbüros bzw. des Präsidiums des ZK der KPdSU. B. bildete von März bis Juni 1953 zusammen mit *Malenkow* u. *Molotow* die sowjet. Führungsspitze, konnte sich

Vitus Bering

aber im Machtkampf nicht halten; nach offiziellen Angaben wurde er im Dez. 1953 zum Tode verurteilt, Gerüchten zufolge schon vorher erschossen.
Bering, Vitus, dän. Asienforscher, * 1680 Horsens, † 19. 12. 1741 auf der Beringinsel; umfuhr als russ. Seeoffizier im Auftrag *Peters d. Gr.* die Ostspitze Asiens, fand dabei die nach ihm benannte *B.straße*; Leiter der „Großen Nordischen Expedition" (Ziele: Erforschung Nordasiens, Suche nach der Westküste Nordamerikas); starb nach der Entdeckung der Alaskaküste auf der Beringinsel an Skorbut.
Berlepsch, Hans Frhr. von, preuß. Beamter u. Politiker, * 30. 3. 1843 Dresden, † 2. 6. 1926 Seebach; 1890–1896 preuß. Handelsminister; versuchte eine strukturelle Anpassung des Kaiserreichs an die Erfordernisse des Industriezeitalters, förderte Arbeiterschutz u. Gewerbeordnung u. suchte die Arbeiterschaft mit dem Staat zu versöhnen; scheiterte, weil er bei Wilhelm II. nur vorübergehend Rückhalt fand u. auf konservativen Widerstand stieß.
Berlichingen, Götz von, Reichsritter, der „Ritter mit der eisernen Hand", * 1480 Jagsthausen, † 23. 7. 1562 Schloß Hornberg; führte zahlreiche Fehden, wurde zweimal geächtet, kämpfte 1519 für Herzog Ulrich von Württemberg gegen den Schwäb. Bund. Im *Bauernkrieg* übernahm B. 1525 die Führung der Aufständischen im Odenwald, um den Aufstand in gemäßigte Bahnen zu lenken. 1528–1530 wurde B. vom Schwäb. Bund in Augsburg gefangengehalten. 1542 kämpfte er im Dienst Karls V. gegen die Türken, 1544 gegen Frankreich.
„Götz von Berlichingen mit der eisernen Hand", Schauspiel von *Goethe* (1771 „Urgötz", 1773 veröffentlichte Fassung, 12. 4. 1774 in Berlin uraufgeführt); geschrieben als Tragödie des „Selbsthelfers in anarch. Zeit" unter dem Einfluß der Werke Shakespeares aufgrund der 1731 gedruckten Selbstbiographie des Götz von B.; das Vorbild für alle späteren Ritterstücke.

Berlin, Hptst. u. größte Stadt Deutschlands, zugleich deutsches Land, 883 km², 3,34 Mio. Ew. Das histor. Stadtzentrum im ehem. Ostsektor war Sitz der Reg.-Organe Preußens, des Dt. Reichs u. der DDR. Histor. Bauten u. a. Schloß Bellevue (Amtssitz des Bundes-Präs.); Schloß Charlottenburg (17./18. Jh.); Reichstagsgebäude (1884–1894); Zeughaus; Brandenburger Tor (1788–1791); Französ. Dom u. Deutscher Dom; Marienkirche.
B. (urkundl. 1244) u. *Cölln* (1237), beides Gründungen der Markgrafen Johann I. u. Otto III. von Brandenburg (1220–1266/67), entwickelten sich zu einer Doppelstadt, die, führend im Märk. Städtebund (1308), später Mitglied der Hanse, 1432 einen gemeinsamen Rat bildete. Die Vereinigung wurde jedoch 1442 von Kurfürst Friedrich II., dem Eisernen, wieder aufgehoben. B. war dann seit Kurfürst Johann Cicero (1455–1499) ständige Residenz u. Hptst. von Kurbrandenburg. Die Stadt nahm unter Friedrich Wilhelm I., dem Großen Kurfürsten, einen kräftigen Aufschwung (beginnende Industrialisierung; Hugenotteneinwanderung), der noch gesteigert wurde, als König Friedrich I. 1709, unter Hinzuziehung anderer Gemeinden, die Vereinigung mit Cölln endgültig wiederherstellte. Der Ausbau der Industrie wie die Förderung der Akademien der Künste (gegr. 1696) u. der Wissenschaften (1700) unter König Friedrich Wilhelm I. u. Friedrich d. Gr. sowie die Gründung der Universität (1810) machten die Stadt nicht nur zu einem wirtschaftl., sondern auch zu einem geistig-kulturellen Zentrum. 1871–1945 war B. Hptst. des Dt. Reiches. In dieser Zeit wuchs es zur Weltstadt heran. 1920 wurden 7 Städte (Charlottenburg, Spandau, Wilmersdorf, Schöneberg, Neukölln, Köpenick, Lichtenberg), 59 Landgemeinden u. 27 Gutsbezirke eingemeindet; es entstand *Groß-B.* Die damals geschaffenen Stadtgrenzen gelten im wesentl. noch heute.
Im 2. Weltkrieg erlitt B. schwere Zerstörungen. Bei Kriegsende wurde es von sowjet. Truppen erobert. Aufgrund des Londoner Protokolls vom 12. 9. 1944 u. des Londoner Abkommens vom 14. 11. 1944 wurde B. der

Berlin: Einnahme durch russische Truppen 1757. Radierung von J. M. Will

gemeinsamen Verwaltung der vier Siegermächte unterstellt; die USA, die UdSSR, Großbritannien u. Frankreich erhielten je einen Besatzungssektor. Unter der alliierten Kommandantur amtierte zunächst eine ernannte, seit 1946 eine gewählte dt. Stadtverwaltung. Im Zuge des sich verschärfenden Ost-West-Konflikts versuchte die UdSSR 1948, durch die Berliner Blockade die Westmächte aus B. zu verdrängen. Gleichzeitig führte sie die Spaltung der Stadt in *B. (Ost)* (sowjet. Sektor) u. *B. (West)* (die 3 westl. Sektoren) herbei. B. (Ost) wurde zunehmend in das System der Sowjetzone bzw. DDR eingegliedert u. 1949 zur Hptst. der DDR erklärt; formal behielt es noch bis 1978 einen gewissen Sonderstatus. B. (West) gab sich 1950 eine Verfassung, wonach es (übereinstimmend mit Art. 23 GG) ein Land der BR Dtschld. wurde. Die Westmächte suspendierten diese Bestimmung als unvereinbar mit dem Viermächtestatus u. behielten sich die oberste Regierungsgewalt selbst vor. Sie billigten jedoch die Einbeziehung von B. (West) in die Rechts-, Wirtschafts-, Finanz-, Währungs- u. Sozialordnung der BR Dtschld.
Die UdSSR u. die DDR unternahmen immer wieder Versuche, den Status von B. (West) durch wirtschaftl. u. polit. Druck auszuhöhlen u. die Stadt von der BR Dtschld. zu trennen (1958 sowjet. Forderung nach Umwandlung von B. (West) in eine „Freie Stadt"; Kontrollschikanen auf den Zufahrtswegen). Demgegenüber gaben die Westmächte mehrfach Garantien für B. (West) ab u. hielten am Viermächtestatus für Gesamt-B. fest. Die offene Sektorengrenze, die zahlreichen DDR-Bewohnern die Flucht nach Westen ermöglicht hatte, wurde am 13. 8. 1961 durch den Bau der Berliner Mauer abgeriegelt. In westöstl. Richtung waren die wenigen Mauerdurchgänge zunächst nur für ausländ. u. bundesdt. Besucher mit Tagesaufenthaltsgenehmigungen passierbar. 1963 wurde erstmals ein Passierscheinabkommen zwischen dem Senat von B. (West) u. der Regierung der DDR geschlossen, das es Westberlinern ermöglichte, zu den Festtagen ihre Verwandten in B. (Ost) zu besuchen.
Einen bedeutenden Schritt zur Normalisierung brachte das →Berlin-Abkommen zwischen den vier Mächten vom 3. 9. 1971 (in Kraft seit 3. 6. 1972). Es ermöglichte u. a. innerdt. Vereinbarungen über den Transitverkehr zwischen der BR Dtschld. u. B. (West), über die Einreise von Westberlinern nach B. (Ost) u. in die DDR sowie über die Wiederaufnahme des seit 1952 unterbrochenen Telefonverkehrs zwischen den beiden Teilen B.s. Die grundlegenden Differenzen über den Status B.s wurden jedoch nicht beigelegt. Die Westmächte betrachteten als Geltungsbereich des Abkommens ganz B., die UdSSR dagegen nur B. (West).
Die friedl. Revolution in der DDR von 1989 beendete die Spaltung B.s. Mit der deutschen Wiedervereinigung am 3. 10. 1990 wurde ganz B. ein Land der BR Dtschld. Der Einigungsvertrag erklärte es zur Hptst. Deutschlands. Nach Gesamt-B.er Wahlen trat 1991 die Verf. von 1950 für ganz B. in Kraft. Am 20. 6. 1991 erklärte der Dt. Bundestag B. zum Parlaments- u. Regierungssitz. 1995 wurde per Referendum eine neue Verfassung angenommen.
Regierende Bürgermeister von B. (West): 1951–1953 Ernst *Reuter* (SPD), 1953–1955 Walther *Schreiber* (CDU), 1955–1957 Otto *Suhr* (SPD), 1957–1966 Willy *Brandt* (SPD), 1966/67 Heinrich *Albertz* (SPD), 1967–1977 Klaus *Schütz* (SPD), 1977–1981 Dietrich *Stobbe* (SPD), 1981 Hans-Jochen *Vogel* (SPD), 1981–1984 Richard von *Weizsäcker* (CDU), 1984–1989 Eberhard *Diepgen* (CDU), 1989–1991 Walter *Momper* (SPD).
Oberbürgermeister von B. (Ost): 1948–1967 Friedrich *Ebert* (SED), 1967–1974 Herbert *Fechner* (SED), 1974–1990 Erhard *Krack* (SED), 1990 Christian *Hartenhauer* (PDS), 1990/91 Tino *Schwierzina* (SPD); von Gesamt-B. seit 1991 Eberhard *Diepgen* (CDU).

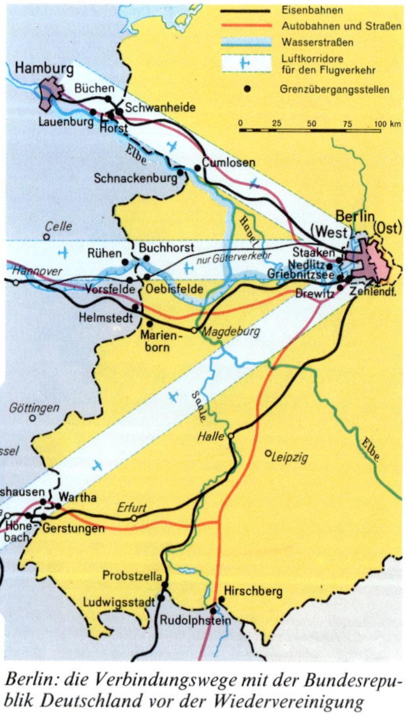

Berlin: die Verbindungswege mit der Bundesrepublik Deutschland vor der Wiedervereinigung

Berlin-Abkommen, *Viermächte-Abkommen, Vierseitiges Abkommen,* am 3. 9. 1971 unterzeichnetes, am 3. 6. 1972 in Kraft getretenes Abkommen zwischen Frankreich, Großbritannien, der UdSSR u. den USA zur Regelung von praktischen Fragen in bezug auf Berlin, die seit 1948/49 strittig waren; ergänzt durch 4 Anlagen u. 3 begleitende Dokumente. Das B. beseitigte nicht die grundsätzl. Meinungsverschiedenheiten zwischen den Westmächten u. der UdSSR über den Status von Berlin, bestätigte aber den Fortbestand der Viermächte-Verantwortung, die auf den Viermächte-Vereinbarungen von 1944/45 beruhte. Es stellte fest, daß Westberlin kein Bestandteil der BR Dtschld. sei, daß jedoch bes. Bindungen zwischen Westberlin u. der BR Dtschld. bestünden, deren Aufrechterhaltung u. Entwicklung von der UdSSR respektiert würden. Ferner enthielt es Bestimmungen über den Transitverkehr zwischen der BR Dtschld. u. Westberlin, die Einreise von Westberlinern nach Ostberlin u. der DDR, den Umfang der Bundespräsenz in Westberlin, dessen Außenvertretung durch die BR Dtschld. sowie über Gebietsfragen. Das B. wurde ausgefüllt durch die Post- u. Fernmeldevereinbarung vom 30. 9. 1971 u. das Transitabkommen vom 17. 12. 1971 zwischen den Regierungen der Bundesrepublik Deutschland u. der DDR sowie durch weitere Vereinbarungen zwischen dem Westberliner Senat u. der DDR-Regierung. Durch die Wiedervereinigung Deutschlands am 3. 10. 1990 ist das B. gegenstandslos geworden.

Berliner Blockade, die Unterbindung des Personen- u. Güterverkehrs auf den Land- u. Wasserwegen von u. nach Westberlin durch die Sowjet. Militärverwaltung in Dtschld. nach Einführung der DM-West in Westberlin am 24. 6. 1948. Ziel der UdSSR war die Verhinderung der Gründung eines westdt. Staates u. die Verdrängung der Westmächte aus Berlin. Die B. B. wurde mit Hilfe der vom Militärgouverneur der amerikan. Besatzungszone, L. D. Clay, organisierten *Luftbrücke*

Berliner Blockade: Die Aufhebung der Blockade wird gefeiert

durchbrochen, durch die 2,2 Mill. Westberliner mit Nahrung u. Brennstoff versorgt wurden. Die B. B. endete aufgrund des New Yorker Abkommens der vier Besatzungsmächte vom 4. 5. am 12. 5. 1949.

Berliner Friede, 1. der am 2. 7. 1850 geschlossene Friede zwischen Preußen u. Dänemark, worin Dänemark seinen Versuch, Holstein zu gewinnen, aufgeben mußte.
2. der auf dem Berliner Kongreß ausgehandelte Vergleich nach dem russ.-türk. Krieg.

Berliner Kongreß, Zusammenkunft der Vertreter der europ. Großmächte vom 13. 6. bis 13. 7. 1878 unter dem Vorsitz Bismarcks. Der B. K. war zur Revidierung des von den Russen den Türken abgezwungenen Friedens von San Stefano einberufen worden; er endete mit dem *Berliner Frieden* (2). Rußland verzichtete auf die Gründung eines Großbulgar. Reichs u. auf die Einverleibung fast aller besetzten Gebiete; Rumänien, Serbien u. Montenegro wurden unabhängige Staaten; Österreich erhielt die Verwaltung über Bosnien u. die Herzegowina, England über Zypern. Die Beschränkung der weitgespannten russ. Pläne führte zur Entfremdung zwischen Rußland u. Dtschld.

Berliner Mauer, die Sperranlagen entlang der 45,9 km langen Sektorengrenze zwischen Ost- u. Westberlin, die seit dem 13. 8. 1961 von der DDR errichtet wurden, um Bewohnern der DDR u. Ostberlins die Flucht nach Westberlin unmöglich zu machen. Die B. M. wurde zu einem nahezu unüberwindl., tiefgestaffelten Sperrsystem ausgebaut. Bestandteile waren: 3–4 m hohe Betonmauern bzw. Metallgitterzäune, bis 5 m tiefe Gräben, Stol-

Berliner Mauer: Vor der hohen Betonmauer befanden sich Reste der zunächst errichteten, einfacheren Steinmauer

perdrähte, Laufanlagen für Wachhunde, Signalzäune u. Beobachtungstürme. Ähnl. Sperranlagen riegelten die 114,6 km lange Grenze zwischen Westberlin u. dem DDR-Bezirk Potsdam ab. Dem Grenzverkehr zwischen Ost- u. Westberlin dienten 9 Übergangsstellen. Bei dem Versuch, die B. M. zu überwinden, kamen nach vorläufigen Ermittlungen 235 Menschen ums Leben, meist durch Schüsse von DDR-Grenzpolizisten.
Ab 9. 11. 1989 wurden von der DDR die Beschränkungen der Bewegungsfreiheit zwischen Ost- u. Westberlin aufgehoben. Wenig später wurde mit der Beseitigung der B. M. begonnen. Der Abriß der innerstädt. Mauer war am 30. 11. 1990 beendet. Drei Teilstücke blieben als histor. Denkmäler erhalten.

Berlinguer [-'gɛr], Enrico, italien. Politiker (Kommunist), *25. 5. 1922 Sassari, Sardinien, †11. 6. 1984 Padua; Sohn eines sozialist. Abgeordneten; 1949–1956 Generalsekretär des italien. kommunist. Jugendbunds, 1950 bis 1953 auch Präsident des (kommunist. beeinflußten) Weltbunds der demokrat. Jugend; 1957 Direktor der Zentralhochschule der italien. KP, 1959 Mitgl. des Parteivorstands, 1966 des Politbüros, seit 1972 (als Nachfolger von L. *Longo*) Generalsekretär der KP. B. verneinte mit zunehmender Deutlichkeit den Modellcharakter des sowjet. Systems u. die Führungsrolle der sowjet. KP, er wurde ein Hauptvertreter des Eurokommunismus u. propagierte einen „histor. Kompromiß" zwischen PCI u. DC, später die „Demokrat. Alternative" von PCI, PSI u. PSDI.

Enrico Berlinguer

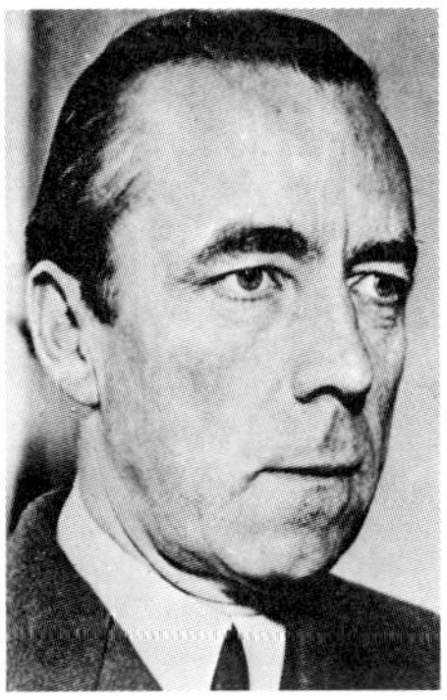
Graf Folke Bernadotte

Eduard Bernstein

Andreas Bernstorff

Bern, Bundes-Hptst. der Schweizer Eidgenossenschaft u. Hptst. des Kantons B., 136 000 Ew.
1191 durch Herzog Berchtold V. von Zähringen als Stadt gegr., ist B. wahrscheinl. einige Jahrzehnte früher entstanden. B. war ursprüngl. eine Siedlung um die Burg Nydegg, 1218 freie Reichsstadt, trat 1353 als 8. Ort dem „Eidgenöss. Bund" bei u. brachte es bis ins 16. Jh. zu umfangreichen Gebietserweiterungen. Der heutige Kanton B. ist der nach der Verselbständigung von Waadt, Aargau u. a. verbliebene Rest des Untertanenlandes, zu dem 1815 durch den Wiener Kongreß der größte Teil des ehem. Fürstbistums Basel, der B.er Jura, kam, dessen nördl. Gebiet B. an den 1979 neugebildeten Kanton Jura abtreten mußte. Seit 1848 ist B. schweizer. Bundes-Hptst.

Bernadotte [-'dɔt], Name des regierenden schwed. Königshauses, Nachkommen des französ. Marschalls Jean-Baptiste B., der 1818 als Karl XIV. Johann König von Schweden u. von Norwegen wurde. – Graf Folke B., schwed. Politiker, Neffe König Gustavs V., *2. 1. 1895 Stockholm, †17. 9. 1948 Jerusalem (ermordet); Leiter des schwed. Hilfswerks im 2. Weltkrieg, verhandelte 1945 mit Himmler über KZ-Häftlinge sowie die kampflose Räumung Norwegens u. Dänemarks u. erreichte die Freilassung u. Ausreise von 19 000 skandinav. KZ-Gefangenen. 1946 Präs. des Schwed. Roten Kreuzes, übernahm im Mai 1948 im Auftrage der UN die Vermittlung im Palästina-Konflikt; von israel. Terroristen ermordet, nachdem er seinen Friedensplan vorgelegt hatte, der vom UN-Teilungsplan von 1947 abwich.

Bernauer, Agnes, angebl. Tochter eines Baders aus Augsburg, mit Herzog *Albrecht III.* von Bayern seit 1432 heimlich verheiratet; von dem Vater des Herzogs als Zauberin verhaftet u. am 12. 10. 1435 bei Straubing in der Donau ertränkt.

Bernhard, Fürsten: **1.** König von Italien, *vor 800, †17. 4. 818 Aachen; als Enkel Karls d. Gr. folgte er seinem Vater Pippin 813 auf den Thron. Bei der Reichsteilung 817 übergangen, empörte er sich gegen Ludwig den Frommen. 818 gefangengenommen u. in Aachen geblendet.
2. Prinz der Niederlande, aus dem Hause Lippe-Biesterfeld, *29. 6. 1911 Jena; heiratete 1937 die niederländ. Prinzessin u. spätere (1948–1980) Königin *Juliana.*
3. Herzog von Sachsen-Weimar, Heerführer im Dreißigjährigen Krieg, *16. 8. 1604 Weimar, †18. 7. 1639 Neuenburg, Baden; kämpfte seit 1625 unter Christian IV. von Dänemark u. seit 1631 unter Gustav II. Adolf von Schweden, entschied nach dessen Tod den Ausgang der Schlacht bei Lützen, hatte 1633/34 das aus den Hochstiften Würzburg u. Bamberg gebildete Herzogtum Franken als Lehen der schwed. Krone inne, das ihm nach der Niederlage von Nördlingen wieder verlorenging. 1635 schloß sich B. Frankreich an (Vertrag von St.-Germain-en-Laye), erhielt die Landgrafschaft Elsaß u. die Ballei Hagenau übertragen u. bekämpfte im französ. Dienst erfolgreich die Kaiserlichen in Lothringen, Burgund u. am Oberrhein. B.s früher Tod verhinderte die Verwirklichung weitgehender Pläne.

Bernhard von Clairvaux [-klɛr'vo:], Heiliger, *um 1090 Fontaines-lès-Dijon, †20. 8. 1153 Clairvaux; 1115 erster Abt des Zisterzienserklosters Clairvaux-sur-Aube, gründete 68 neue Klöster seines Ordens; Gegner *Abälards,* bedeutender Theologe u. berühmter Prediger; übte durch die Erneuerung des kirchl. Geistes bei Adel, Klerus u. Volk großen Einfluß auf seine Zeit aus; Begründer der mittelalterl. Mystik (Liebesmystik, 86 Predigten über das Hohe Lied); gewann 1146 Kaiser Konrad III. zur Teilnahme am 2. Kreuzzug. Heiligsprechung 1174 (Fest: 20. 8.), Erhebung zum Kirchenlehrer 1830.

Bernheim, Ernst, Historiker, *19. 2. 1850 Hamburg, †3. 3. 1942 Greifswald; 1883 a. o., 1889–1921 o. Prof. in Greifswald. Neben seiner Tätigkeit als Mitarbeiter der „Monumenta Germaniae Historica" arbeitete B. zur Verfassungsgeschichte des MA.s sowie zur Geschichtsmethodologie und -theorie. Sein Werk „Mittelalterliche Zeitanschauungen in ihrem Einfluß auf Politik u. Geschichtsschreibung I." 1918 (Nachdruck: 1964) weist ihn als frühen Vertreter der Sozialgeschichtsschreibung aus.

Bernstein, Eduard, Publizist u. sozialdemokrat. Politiker, *6. 1. 1850 Berlin, †18. 12. 1932 Berlin; ab 1872 Mitglied der Sozialdemokrat. Partei, lebte 1878–1888 in Zürich, dann in London, wo er in engen Beziehungen zu F. *Engels* stand; begründete hier den *Revisionismus* in der dt. Sozialdemokratie; kehrte 1901 nach Dtschld. zurück; 1902–1906, 1912–1918 u. 1920–1928 Reichstagsabgeordneter; trat 1917 der USPD bei, schloß sich 1919 wieder der SPD an. Hptw.: „Gesellschaftliches u. Privateigentum" 1891; „Die Voraussetzungen des Sozialismus u. die Aufgaben der Sozialdemokratie" 1899; „Zur Geschichte u. Theorie des Sozialismus" 1900; „Die heutige Sozialdemokratie in Theorie u. Praxis" 1906; „Der Streik, sein Wesen u. sein Wirken" 1907; „Die Arbeiterbewegung" 1910; „Die Internationale der Arbeiterklasse u. der europ. Krieg" 1915; „Sozialdemokrat. Völkerpolitik" 1917; „Erinnerungen eines Sozialisten" 1918; „Die dt. Revolution" 1921; „Der Sozialismus einst u. jetzt" 1922.

Bernstorff, 1. Andreas Peter Graf, Neffe von 2), dän. Politiker, *28. 8. 1735 Hannover, †21. 6. 1797 Kopenhagen; 1773–1780 u. 1784–1797 Außen-Min. u. Präs. der Dt. Kanzlei, setzte die von seinem Onkel begonnene Friedens- u. Neutralitätspolitik fort u. vollendete 1773 dessen Vertrag über Gottorf mit Rußland; bemühte sich um den Ausbau des dän.-norweg. Gesamtstaats, um Förderung der Kieler Universität, um bäuerl. Reformen in Dänemark u. um Aufhebung der Leibeigenschaft in Schleswig-Holstein. Während des nordamerikan. Freiheitskriegs u. der französ. Revolutionskriege gelang es ihm, Dänemarks Neutralität zu sichern u. den Seehandel zu schützen.
2. Johann Hartwig Ernst Graf, dän. Politiker, *13. 5. 1712 Hannover, †18. 2. 1772 Hamburg; Außen-Min. des dän.-norweg. Gesamtstaats u. Leiter der Dt. Kanzlei 1751–1770. Der Grundgedanke seiner Politik war, Dänemark-Norwegens Neutralität in allen europ. Kriegen zu erhalten u. eine friedl. Bereinigung der mit Schweden u. Rußland bestehenden Streitfragen zu erreichen. Beide Aufgaben löste er während seiner fast 20jährigen Amtszeit; ihm ist vor allem der provisorische Tauschvertrag mit Rußland von 1765 zu verdanken, der die gottorfischen Gebiete Holsteins mit den königl. vereinigte u. der jüngeren Gottorfer Linie Oldenburg u. Delmenhorst überließ. B. förderte Handel, Schiffahrt u. Industrie u. die Befreiung des Bauerntums.
3. Johann Heinrich Graf von, Diplomat, *14. 11. 1862 London, †6. 10. 1939 Genf; 1908–1917 dt. Botschafter in Washington, ein Gegner des uneingeschränkten U-Boot-Kriegs; 1921–1928 Reichstags-Abg. der Dt. Demokrat. Partei; Präs. der Dt. Liga für Völkerbund; emigrierte 1933.

Berry [bɛ'ri:], Carles Ferdinand, Herzog von, *24.1.1778 Versailles, †13.2.1820 Paris; Sohn der Grafen von Artois (Karl X.); seine Ermordung beendete die liberale Phase der Restaurationszeit.

Bertha, 1. *Bertrada,* Tochter des Grafen Charibert von Laon, Frau Pippins des Jüngeren, Mutter Karls d. Gr., †12. 6. 783.
2. Tochter Karls d. Gr. u. Mutter des Geschichtsschreibers Nithard, *um 780, †814; verwoben in die Sage von Eginhard u. Emma.
3. *B. von Turin,* *21. 9. 1051, †27. 12. 1087 Mainz; Tochter Ottos von Savoyen u. Adelheids von Turin, wuchs am dt. Hofe als Verlobte *Heinrichs IV.* auf, mit dem sie 1066 verheiratet wurde. Nachdem der König 1069 vergeblich die Scheidung betrieben hatte, teilte B. später das Schicksal ihres Mannes u. auch dessen Gang nach Canossa.

Berthier [bɛr'tje:], Alexandre, französ. Marschall (seit 1804), *20. 11. 1753 Versailles, †1.

6. 1815 Bamberg; ein Freund Napoleons I., erhielt 1798 den Oberbefehl in Italien, wurde 1800 Kriegs-Min., 1809 Fürst von Wagram; trat 1814 zu Ludwig XVIII. über, von diesem als Marschall bestätigt; beging bei der Rückkehr Napoleons von Elba Selbstmord.

Berthold von Henneberg, Erzbischof u. Kurfürst von Mainz 1484–1504, *1442, †21. 12. 1504; Vertreter der Reichsreform, versuchte in der Reichsverfassung die Macht der Stände, insbes. der Kurfürsten, zu verankern, wodurch er in Gegensatz zu Kaiser Friedrich III. geriet; unterstützte 1486 die Wahl Maximilians I. u. erreichte von diesem auf dem Reichstag zu Worms 1495 die Einsetzung des Reichskammergerichts u. die Ausrufung des Ewigen Reichslandfriedens, konnte jedoch seine weitergehenden Reformvorstellungen nicht durchsetzen.

Berve, Helmut, Althistoriker, *22. 1. 1896 Breslau, †6. 4. 1979 Hechendorf am Pilsensee; 1927 Prof. in Leipzig, 1943 in München, 1954–1962 in Erlangen; Werke: „Griechische Geschichte" 1931–1933; „Die Tyrannis bei den Griechen" 1967.

Berwick ['bɛrik], engl.-schott. Grenzort, in dem im Juli 1586 Elisabeth I. u. Jakob VI. von Schottland, der spätere Jakob I. von England, eine Defensivallianz schlossen, die das engl.-schott. Einvernehmen trotz der Hinrichtung Maria Stuarts im gleichen Jahr festigte.

Besatzungsstatut, *i. w. S.* die insbes. in der *Haager Landkriegsordnung* von 1907 geregelte Ordnung der Rechtsverhältnisse zwischen besetzender Macht u. besetztem Gebiet u. dessen Bevölkerung *(Besatzungsrecht).*
I. e. S. die nach dem 2. Weltkrieg von den Vereinigten Staaten, Großbritannien u. Frankreich am 8. 4. 1949 für Westdeutschland beschlossene Regelung, die am 21. 9. 1949 in Kraft trat u. das Besatzungsregime auf eine vertragl. Grundlage stellte (mit Vorbehalten für die Alliierten, aber auch Übertragung von Befugnissen an die BR Dtschld.). Nach Änderungen vom 6. 3. 1951 trat das B. mit dem Wirksamwerden des Deutschlandvertrags *(Generalvertrag)* am 5. 5. 1955 außer Kraft, wobei einige Vorbehaltsrechte der Alliierten zunächst bestehenblieben, bes. in bezug auf Berlin, Dtschld. als Ganzes u. gewisse Fragen des Luftverkehrs. – Das B. behielt den Siegermächten u. a. Einspruchsrechte in die Innen- u. Außenpolitik vor, ferner die Überwachung der Entmilitarisierung, der Industrie, der wissenschaftl. Forschung, des Außenhandels, der Devisenwirtschaft u. die Kontrolle des Ruhrgebiets; die Mächte garantierten das Grundgesetz u. den Rechtsschutz der Bürger; sie behielten sich das Recht vor, notfalls die Ausübung der vollen Gewalt ganz oder teilweise wieder zu übernehmen. Mit dem am 12. 9. 1990 unterzeichneten „Vertrag über die abschließende Regelung in bezug auf Dtschld." erloschen alle Siegerrechte u. Dtschld. erhielt seine volle Souveränität zurück.

Besatzungszonen, die den Besatzungsmächten nach dem 2. Weltkrieg zugeteilten Gebiete in Dtschld. u. Österreich. Im Londoner Protokoll vom 12. 9. 1944 (ergänzt durch das Londoner Abkommen vom 14. 11. 1944) vereinbarten die Regierungen Großbritanniens, der UdSSR u. der USA, Deutschland nach der bedingungslosen Kapitulation für die Dauer der Besetzung durch ihre Truppen zu Verwaltungs- u. Kontrollzwecken in drei B. einzuteilen. Eine Teilung Deutschlands in Separatstaaten war damit nicht beabsichtigt. Die östl. Zone wurde der UdSSR, die nordwestl. Großbritannien, die südwestl. den USA zugewiesen. Das innerhalb der sowjet. Zone gelegene *Berlin* sollte gemeinsam besetzt u. für Verwaltungszwecke in drei Sektoren eingeteilt werden. Durch das Ergänzungsabkommen vom 26. 7. 1945 wurde Frankreich eine (aus der brit. u. der amerikan. Zone herausgeschnittene) westl. Zone u. ein Sektor in Berlin zugeteilt. Am 1. 1. 1947 vereinigten die amerikan. u. die brit. Regierung ihre Zonen zu einem Wirtschaftsgebiet. Diese *Bizone* wurde am 8. 4. 1949 durch den praktisch schon 1948 eingeleiteten Anschluß der französ. Zone zur *Trizone* erweitert u. umfaßte damit das Gebiet der in den folgenden Monaten gegründeten BR Dtschld. Für sie endete die Besatzungszeit mit dem Inkrafttreten der Pariser Verträge am 5. 5. 1955. Die UdSSR erklärte die 1949 auf dem Gebiet ihrer Zone entstandene DDR am 25. 3. 1954 für souverän.
Österreich wurde gemäß dem Londoner Abkommen vom 9. 7. 1945 zwischen den vier Siegermächten ebenfalls in vier B. eingeteilt; zusätzlich zu den vier Sektoren wurde in *Wien* der 1. Gemeindebezirk (Innere Stadt), Sitz der meisten Regierungsämter, zum internationalen Sektor unter monatlich wechselnder Verwaltung erklärt. Die Besetzung Österreichs endete nach dem Inkrafttreten des Staatsvertrags vom 15. 5. 1955 im Juli 1955.

Bẹseler, 1. Georg, Rechtslehrer u. Politiker, *2. 11. 1809 Rödemis bei Husum, †28. 8. 1888 Bad Harzburg; lehrte in Basel, Rostock, Greifswald u. Berlin; u. a. Lehrer Otto von *Gierkes*; nahm in seiner Schrift „Volksrecht u. Juristenrecht" (1843) gegen die histor. Rechtsschule u. die Rezeption des röm. Rechts Stellung.
B. war als Mitglied der Frankfurter Nationalversammlung 1848/49 an der Ausarbeitung der Grundrechte beteiligt; 1849–1852 u. 1861 war er Mitgl. des Preuß. Abgeordnetenhauses, seit 1875 des Herrenhauses, 1874–1881 Mitgl. des Reichstags. Hptw.: „Über die Lehre von Erbverträgen" 3 Bde. 1835–1840; „System des gemeinen dt. Privatrechts" 3 Bde. 1847–1855.
2. Hans Hartwig von (1904), Sohn von 1), preuß. Generaloberst, *27. 4. 1850 Greifswald, †20. 12. 1921 Neubabelsberg; im 1. Weltkrieg Kommandierender General eines Armeekorps, eroberte die Festungen Antwerpen (1914) u. Modlin (1915); seit 1915 Generalgouverneur in Warschau, plante die Gründung eines selbstständigen, nach Mitteleuropa ausgerichteten polnischen Staates.
3. Wilhelm Hartwig, Bruder von 1), schleswig-holstein. Politiker, *2. 3. 1806 Schloß Marienhausen bei Jever, †2. 9. 1884 Bonn; führende Persönlichkeit der schleswig-holstein. Erhebung gegen Dänemark; 1846 Präsident der Schleswiger Ständeversammlung, 1848 Präs. der Provisor. Regierung in Kiel u. Mitglied der Frankfurter Nationalversammlung, 1849–1851 mit F. von *Reventlow* Statthalter der Herzogtümer; verließ das Land nach dem Zusammenbruch der Erhebung; 1860 Kurator der Universität Bonn.

Bessarạbien, *Basarabia,* fruchtbare Landschaft im östl. Karpatenvorland, gehört größtenteils zur Rep. Moldova, der S zur Ukraine; 44400 km²; die Bevölkerung (rd. 4 Mill. Ew.) ist gemischt; rd. 115000 *B.deutsche* wurden 1940 ausgesiedelt.
Im Altertum von Skythen bewohnt, seit 106 n. Chr. in lockerer Abhängigkeit von Rom, in der Völkerwanderung u. im frühen MA Durchzugsgebiet. Im 13./14. Jh. gehörte B. zum Fürstentum *Halitsch-Wolynien.* Der Name B., abgeleitet von der Dynastie *Basarab,* bezog sich zunächst auf die Walachei. Seit 1367 war Nord-B. mit dem Fürstentum Moldau vereinigt. Seit Ende des 15. Jh. war B. unter türk. Herrschaft, seit dem Frieden von Bukarest 1812 russisch, 1918–1940 rumänisch. Auf ein Ultimatum vom 26. 6. 1940 hin wurde B. von Rumänien an die Sowjetunion abgetreten, die es mit der Moldauischen SSR vereinigte. 1941–1944 war B. vorübergehend wieder rumänisch.

Th. v. Bethmann Hollweg *Ferdinand Beust*

Bẹssos [grch.; altpers. *Baisa*], pers. Satrap u. als *Artaxerxes IV.* König von Baktrien 330–328 v. Chr.; ermordete den vor Alexander d. Gr. fliehenden *Dareios III.* u. ernannte sich zum Großkönig, floh vor Alexander, wurde an diesen ausgeliefert u. 328 v. Chr. in Ekbatana hingerichtet.

Best, Werner, nat.-soz. Politiker, *10. 7. 1903 Darmstadt, †23. 6. 1989 Düsseldorf; Jurist; seit 1930 NSDAP-Mitgl., 1931 Verfasser des Boxheimer Dokuments; 1935–1940 leitend im Geheimen Staatspolizeiamt u. im Reichsinnenministerium, Hauptamt Sicherheitspolizei, 1940–1942 in der Militärverwaltung im besetzten Frankreich tätig; 1942–1945 Bevollmächtigter des Dt. Reiches in Dänemark, dort 1948 zum Tode verurteilt, begnadigt u. 1951 entlassen. Ein Prozeß vor einem dt. Gericht wegen des Verdachts von NS-Verbrechen wurde 1982 aufgrund seines Gesundheitszustandes ausgesetzt.

Besthaupt, im MA Abgabe vom Nachlaß eines Grundhörigen an seinen Herrn *(Mortuarium, Todfall, Buteil, Bestfall, Beutelrecht),* die häufig im besten Stück Vieh (B., *Kurmede*) oder im besten Gewand *(Gewandfall)* bestand.

Bestụschew-Rjumin, *Bestužev-Rjumin,* Alexej Petrowitsch Graf, russ. Politiker, *1. 6. 1693 Moskau, †21. 4. 1766; seit 1740 Minister, 1741 Vizekanzler, seit 1744 Reichskanzler; 1741–1758 Leiter der russ. Außenpolitik; scheiterte mit seinem Bestreben nach einem Bündnis Rußlands, Österreichs u. Englands gegen Preußen u. Frankreich. Auf ihn ist die Beteiligung Rußlands am Siebenjährigen Krieg gegen Preußen zurückzuführen. 1758 verbannt, 1762 rehabilitiert.

Bethlen ['bɛtlɛn], **1.** Gábor (Gabriel), Fürst von Siebenbürgen 1613–1629, König von Ungarn 1620–1621, *1580 Marosillye, †15. 11. 1629 Karlsburg (Alba Julia, Weißenburg), Siebenbürgen; kämpfte erfolglos gegen Kaiser Ferdinand II. für den Protestantismus, den er in Siebenbürgen bes. durch Errichtung des Kollegs in Weißenburg stützte.
2. István (Stephan), ungar. Politiker, *8. 10. 1874 Gernyeszeg, †1947 bei Moskau; 1921–1931 Min.-Präs.; seine konservative Politik verhinderte zwar Reformen, brachte jedoch innere u. wirtschaftl. Konsolidierung; 1945 von der sowjet. Besatzungsmacht verhaftet.

Bethmann Hollweg, Theobald von, Politiker, *29. 11. 1856 Hohenfinow, Krs. Eberswalde, †2. 1. 1921 Hohenfinow; Verwaltungsjurist; 1899–1905 Oberpräsident der Provinz Brandenburg, 1905–1909 preuß. Min. des Innern, 1907–1909 zugleich Staatssekretär des Reichsamts des Innern, 1909–1917 Reichskanzler. Hochgebildet, auf einvernehmliche Lösungen bedacht u. führungsschwach, scheiterte B. H. an den schwierigen Aufgaben seiner Zeit. In den Friedensjahren erreichte er innenpolitisch trotz einiger Erfolge in der Sozial- u. Finanzpolitik nicht den Durchbruch zur Modernisierung des Kaiserreichs, d. h. die Abschaffung des preuß. Dreiklassenwahlrechts; außenpolitisch führten die Bemühungen um einen Ausgleich mit England wegen der verfehlten Flottenpolitik zu keinem Erfolg. Für den Ausbruch des 1. Weltkriegs trug er durch seine „Risikopolitik“ erhebl. Verantwortung. In der Kriegszielfrage steuerte er einen mittleren Kurs. Als die Oberste Heeresleitung (Hindenburg u. Ludendorff) annexionist. Ziele verfolgte u. die von ihm erstrebte innere „Neuorientierung“ (Wahlrechtsreform, Einbeziehung der Arbeiterschaft in den Staat) ausblieb, verlor er jeden Rückhalt. Die Heeresleitung erzwang seinen Rücktritt. B. H. schrieb „Betrachtungen zum Weltkrieg“, 2 Bde. 1919–1921.

Bettelorden, *Mendikanten,* im 13. Jh. entstandene Form des Mönchtums, die das Gebot der Armut in den Vordergrund stellt. Die Ordensmitglieder bestreiten ihren Lebensunterhalt durch Arbeit u. Betteln von Almosen. Unter den „vier B.“ des MA versteht man die Dominikaner, die Franziskaner (mit den Abspaltungen der Konventualen u. Kapuziner), die Karmeliter u. die Augustiner-Eremiten; später zählte man u.a. noch die Serviten u. die Mercedarier hinzu.

Beurmann, Karl Moritz von, Afrikaforscher, *28. 7. 1835 Potsdam, †Februar 1863 im Sudan; bereiste 1860/61 Nubien u. den ägypt. Sudan, ging 1862 auf die Suche nach E. *Vogel,* erreichte den Tschadsee u. wurde in Mao gefoltert u. ermordet.

Beust, Ferdinand Graf (1868), sächs. u. österr. Minister, *13. 1. 1809 Dresden, †23. 10. 1886 Schloß Altenberg bei Wien; seit 1849 sächs. Außen-Min., seit 1858 Min.-Präs. Als Gegner *Bismarcks* bestimmte er Sachsens Politik auf österr. Seite. Nach dem preuß. Sieg aus sächs. Diensten entlassen, wurde er 1866 österr. Außen-Min. Als Reichskanzler 1867 bis 1871 war B. mitverantwortlich für den österr.-ungar. Ausgleich u. die Einführung einer konstitutionellen Verfassung. Nach dem Scheitern seiner antipreuß. Politik wurde er 1871 amtsenthoben u. war 1871 bis 1878 Botschafter in England, dann bis 1882 in Frankreich.

Bevin ['bɛvin], Ernest, brit. Politiker (Labour Party), *9. 3. 1881 Winsford, Somerset, †14. 4. 1951 London; ursprüngl. Landarbeiter, 1921–1940 Generalsekretär der von ihm aus 32 Gewerkschaften zusammengeschlossenen Transportarbeitergewerkschaft, seit 1937 Vorsitzender des Generalrats der Gewerkschaften (Trades Union Congress), 1940 bis 1945 Arbeits-Min., 1945–1951 Außen-Min. im Kabinett *Attlee;* setzte sich für eine starke europ. Koalition u. eine Anlehnung an die USA ein; förderte dementsprechend den Brüsseler Vertrag (1948), die Gründung der OEEC sowie die Schaffung der NATO 1949.

Benazir Bhutto wird 1988 pakistanische Premierministerin

Bewegung 2. Juni, zur → Baader-Meinhof-Gruppe parallel gebildete terrorist. Vereinigung, genannt nach dem Todesdatum (2. Juni 1967) des bei der Demonstration gegen den Staatsbesuch von Schah Reza Pahlewi in Berlin erschossenen Studenten B. Ohnesorg; zahlreiche terrorist. Anschläge werden ihr angelastet.

Bey [bɛi; türk., „Herr“], *Bei, Beg,* in der osman. Türkei zunächst Titel für Adlige u. höhere Offiziersränge; später als höfliche Anrede gebraucht (nachgestellt); amtliche heute *Bay* (vorangestellt).

BHE, Abk. für → Bund der Heimatvertriebenen und Entrechteten.

Bhumibol Aduljadej → Phumiphol Aduljadedsch.

Bhutan — BHT

Königreich Bhutan

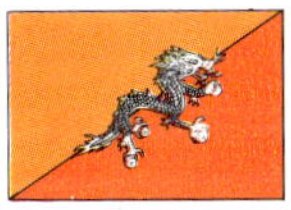

Fläche: 47000 km². – *Einwohner:* 1,7 Mill. – *Hauptstadt:* Thimbu. – *Landessprache:* Dsongha. – *Nationalfeiertag:* 17. 12. – *Währung:* 1 Ngultrum = 100 Chhetrum. – *Lage:* zwischen 26°50′ und 28°20′ n. Br. sowie 88°50′ und 92°05′ ö. L. – *Zeitzone:* Mitteleuropäische Zeit + 4½ Std. – *Grenzen:* im N China, im O, S und W Indien. – *Staatsform:* Monarchie mit Ansätzen eines parlamentarischen Systems ohne Parteien.

Die ursprüngl. ind. Fürsten wurden im 9. Jh. von Tibetern vertrieben. Herrschende Religion ist der lamaist. Buddhismus. 1774 nahm B. Beziehungen zu Britisch-Indien auf, dessen Protektorat es 1910 wurde. Seit 1907 wird B. von einem (Erb-)Maharadscha regiert, seit 1972 von *Jigme Singhye Wang-Schuk.* 1949 übertrug B. Indien die Führung seiner auswärtigen Angelegenheiten. Seit 1971 ist es UN-Mitglied.

Bhutto, 1. Benazir, Tochter von 2), pakistan. Politikerin, *21. 6. 1953; studierte in den USA u. Großbritannien; kämpfte seit ihrer Rückkehr 1977 mit der *Pakistan People's Party (PPP)* gegen die Herrschaft *Zia ul-Haqs;* 1984–1986 im brit. Exil; gewann 1988 die Parlamentswahlen u. wurde Premier-Min.; 1990 u. a. wegen des Vorwurfs der Korruption aus dem Amt entlassen; nach den Wahlen 1993 wieder Regierungschefin, wurde sie 1996 erneut des Amtes enthoben.

2. Zulfikar Ali Khan, pakistan. Politiker, *Jan. 1928 Lakarna, †4. 4. 1979 Rawalpindi (hingerichtet); Anwalt; 1958–1966 verschiedene Min.-Posten; Führer der *Pakistan People's Party (PPP).* Nach der Niederlage gegen Indien u. der Abspaltung Bangladeschs war B. 1971–1973 Staats-Präs.; nach der Verfassungsänderung war er 1973–1977 Premier-Min. Er wurde vom Militär gestürzt u. zum Tode verurteilt.

Biafra, eine 1967–1970 in der Ostregion *Nigerias* bestehende unabhängige Republik. Das Gebiet umfaßte 76355 km² mit 12,4 Mill. Ew. Vorausgegangen war der Sezession am 15. 1. 1966 ein Staatsstreich jüngerer Offiziere gegen die Bundesregierung u. die Regional-Regierungen Nigerias. Oberstleutnant C. *Ojukwu* erklärte am 30. 5. 1967 die Sezession u. die Unabhängigkeit B.s. Die wirtschaftl. Lebensfähigkeit des neuen Staates schien durch reiche Erdölvorkommen gesichert.

Zulfikar Ali Khan Bhutto

Nigeria griff B. jedoch militärisch an u. blokkierte es von der See aus. Der biafran. Widerstand war zunächst erfolgreich, in einer Gegenoffensive gelangten biafran. Truppen im August 1967 bis Benin. Nicht nur die Ibo als Hauptträger des neuen Staates, sondern auch die Minderheitengruppen verhielten sich gegenüber der Regierung B.s loyal. Die Nigerianer eroberten jedoch B.s Hauptstadt Enugu u. 1968 die Hafenstadt Port Harcourt. Nur vier afrikan. Staaten (Tansania, Sambia, Elfenbeinküste, Gabun) u. Haiti erkannten B. diplomatisch an. Während Großbritannien u. die Sowjetunion massive Militärhilfe an Nigeria leisteten, unterstützten B. nur Frankreich u. private Gruppen aus vielen westl. Ländern. Eine Luftbrücke zur Versorgung B.s wurde nur unter großen techn. Schwierigkeiten von der portugies. Insel São Tomé aus aufrechterhalten. Katastrophaler Mangel an Nahrungsmitteln, Waffen u. Versorgungsgütern führte Anfang 1970 zum militär. Zusammenbruch B.s. Ojukwu floh ins Ausland, u. B. mußte am 15. 1. 1970 kapitulieren.

Bibracte, Hauptort der *Häduer* auf dem Mont Beuvray, westl. von Autun. Hier schlug Cäsar 58 v. Chr. die Helvetier.

Bidault [bi'do], Georges, französ. Politiker, *5. 10. 1899 Moulins, †27. 1. 1983 Cambo-les-Bains; kath.-sozialer Publizist, im 2. Weltkrieg einer der Führer der Résistance, Mitgründer des (kath.) *Mouvement républicain populaire* (Abk. *MRP*), 1944–1946 u. 1953/54 Außen-Min., 1946 u. 1949/50 Min.-Präs.; bekämpfte als Anhänger eines „französ. Algerien“ seit 1958 die Algerien-Politik de Gaulles, ging 1963 nach Brasilien ins Exil, kehrte 1968 zurück u. wurde amnestiert.

Bierut ['bjɛ-], Bolesław, poln. Politiker, *18. 4. 1892 Rury Jezuickie bei Lublin, †12. 3. 1956 Moskau; seit 1918 Mitgl. der poln. KP, seit 1921 Kominternagent, 1927–1931 in der Emigration in Dtschld., Österreich u. der Tschechoslowakei für die Komintern tätig,

Bolesław Bierut

Bilderstreit: Nach einer Synode 815 unter Vorsitz des Patriarchen Theodotos Melissenos verfügt Kaiser Leon V. die Wiederaufnahme des Bilderverbots; Miniatur aus dem Psalter Barberini. Rom, Vatikanstadt, Biblioteca Apostolica Vaticana

1932–1939 in Haft in Rawicz. Nach der Besetzung Polens zunächst in sowjet. Emigration, wurde B. 1943 nach Polen eingeschleust u. organisierte in Warschau u. Lublin die kommunist. Polnische Arbeiterpartei (PPR). 1944 bis 1952 Staatsoberhaupt (Vors. des Landesnationalrats bzw. Staatspräsident); 1952–1954 Min.-Präs.; als Exponent des Stalinismus 1948–1956 an der Spitze der Poln. Vereinigten Arbeiterpartei (Vors., seit 1954 Erster Sekretär des ZK).

Bigatus [lat.], Bez. für den Denar der röm. Republik mit Zweigespann auf der Rückseite aus dem 2. Jh. v. Chr.; das Zweigespann zogen meist die Gottheiten Victoria, Diana oder Sol.

Bilák ['bila:k], Vasil, tschech. Politiker (Kommunist), *11. 8. 1917 Krajná Bystrá, Slowakei; ukrain. Herkunft; am slowak. Aufstand 1944 beteiligt, seit 1946 Mitgl. in der KP, ZK-Mitgl. seit 1954, 1962–1968 Mitgl. des Präsidiums u. des Sekretariats des ZK der slowak. KP, 1968 deren Erster Sekretär. B. befürwortete 1968 die sowjet. Intervention in der ČSSR u. war maßgeblich an den Säuberungen nach dem „Prager Frühling" beteiligt. Er war 1968–1988 Mitgl. des Präsidiums u. Sekretär des ZK der KP der ČSSR.

Bilalama, babylonischer Stadtfürst von *Eschnunna*, um 1850 v. Chr.; während seiner Herrschaft entstand die wohl älteste Gesetzessammlung Babyloniens.

Bilderstreit, grch. *Ikonoklasmus*, in der byzantin. Geschichte der Streit um die Rechtmäßigkeit der Verehrung christl. Bilder. Der B. begann 726 mit dem von Kaiser *Leo III.* verkündeten Bilderverbot, dessen theolog. Begründung die Bilderverbote des Alten u. des Neuen Testaments (2. Mose 20,4; Apg. 17,29) lieferten. Hinter der Frage der Zulässigkeit der Bilderverehrung verbargen sich polit., ethnische u. soziale Gegensätze. Zu den polit. Ursachen des B.s gehörte die im O eingetretene Entartung der Bilderverehrung, die der (bilderfeindl.) arabischen Propaganda Vorschub leistete. Den Bilderverehrern (*Ikonodulen*) wurde von der Gegenpartei (*Ikonoklasten*) Abgötterei u. Häresie vorgeworfen. Der B. wurde 843 auf der Synode von Konstantinopel nach Unterbrechungen durch Kaiserin *Theodora*, Witwe des Kaisers *Theophilos*, des letzten Ikonoklasten, endgültig zugunsten der Bilderverehrer entschieden. Zur Erinnerung daran wird das „Fest der Orthodoxie" von der orthodoxen Kirche jährlich gefeiert.

Bilderstürmer, grch. *Ikonoklasten*, Gegner kirchl. Kunstwerke, bes. jene Anhänger der Reformation, die bei unkontrollierten Volksaufläufen im 16. Jh. gewaltsam Bilder aus Kirchen entfernten. I. w. S. gelten als B. Personen, die aus polit. oder weltanschaul. Intoleranz die Beseitigung von Kunstwerken bestimmter Stil- u. Geschmacksrichtungen fordern u. sie mit gewaltsamen Maßnahmen durchsetzen.

Billendorfer Kultur, *Białowicer Kultur*, Kultur der Hallstatt-Zeit bes. im Raum Sachsen-Schlesien; Weiterentwicklung der *Lausitzer Kultur*.

Bill of Rights ['bil əv 'raits; engl., „Gesetz der Rechte"], engl. Staatsgrundgesetz, das nach der *Glorreichen Revolution* von 1688/89 von *Wilhelm III.* u. *Maria II.* angenommen u. 1689 vom Parlament verabschiedet wurde. Es erklärte die Ziele u. Herrschaftspraktiken *Jakobs II.*, die den Anstoß zur Glorreichen Revolution gegeben hatten, für verfassungswidrig, formulierte noch einmal die zur Begründung der Revolution herangezogene Rechtsfiktion, daß Jakob II. abgedankt habe u. der Thron vakant sei, u. erklärte die folgenden „alten Rechte und Freiheiten" der Engländer u. a. zu Verfassungsgrundsätzen der neuen Ordnung: Aufhebung des königl. Rechts zum Dispens von Gesetzen u. zur Suspendierung von Gesetzen, Verbot der Erhebung von Steuern ohne Zustimmung des Parlaments, Verbot der Aufstellung eines stehenden Heeres in Friedenszeiten, Freiheit der Wahlen zum u. der Debatten im Parlament, Freiheit der Geschworenengerichte u. Gültigkeit des Prinzips der Verhältnismäßigkeit bei Kautions- u. Strafmaßfestsetzungen. Damit hatte das Parlament über die Grundlagen der Verfassung bestimmt u. das Gesetz über Krone u. Dynastie gestellt. Die darin liegende Degradierung der Krone zu einem Staatsamt wurde aber vermieden, indem man die Verfassung weiterhin nach der Fiktion einer Balance zwischen Krone, Ober- u. Unterhaus interpretierte.

Billunger, *Billinger*, sächs., mit den Ottonen verschwägertes Adelsgeschlecht, Herzöge in Sachsen 961–1106; Besitzungen am Niederrhein, in Ostsachsen u. an der mittleren Weser; Hauptsitz war Lüneburg mit der Burg auf dem Kalkberg.

Billunger Mark, *Mark der Billunger*, 936 von Otto I. für das Gebiet zwischen Unterelbe, Elde u. Peene errichtete, *Hermann Billung* übertragene Markgrafschaft zur Abwehr u. Unterwerfung der dort ansässigen Slawen (*Obodriten*, nördl. *Lutizen*).

Bimbisara, *Shrenika*, König des altind. Reiches Magadha; Zeitgenosse u. Förderer des → Buddha u. des Mahavira. B. machte Magadha zum Großreich, wurde unter dem Einfluß des Buddha zum Friedenskönig u. dankte schließlich zugunsten seines Sohnes Ajatashatru ab, der ihn ermorden ließ.

Binford ['binfəd], Lewis, US-amerikan. Prähistoriker u. Anthropologe, *21. 9. 1929 Norfolk, Virginia; seit 1972 Prof. für Anthropologie an der University of New Mexico in Albuquerque; gilt als Begründer der *New Archaeology*; schrieb u. a. „Archaeological systematics and the study of culture process" 1965; „Bones: ancient man and modern myths" 1981.

Binger [bɛ̃ʒe:], Louis Gustave, französ. Afrikaforscher, *14. 10. 1856 Straßburg, †10. 11. 1936 L'Isle-Adam, Seine-et-*Oise*; erforschte von 1887–1889 als erster Europäer den Niger von dessen großer Schleife bis zur Mündung; schrieb darüber den wissenschaftl. Reisebericht „Du Niger au Golfe de Guinée" 1892.

Birger Jarl, schwed. Reichsstatthalter, †21.

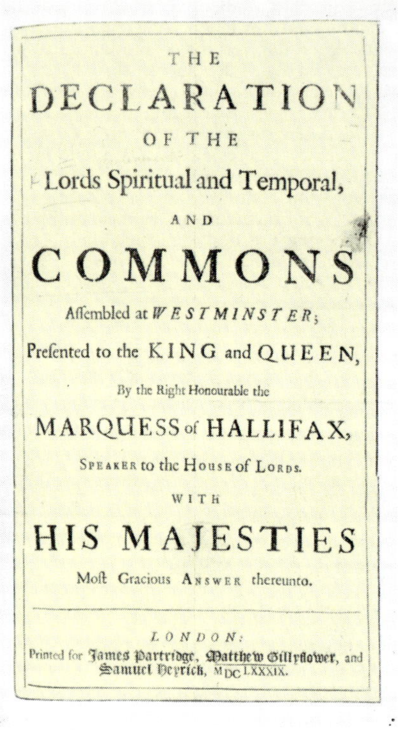

THE
DECLARATION
OF THE
Lords Spiritual and Temporal,
AND
COMMONS
Aſſembled at *WESTMINSTER*;
Preſented to the KING and QUEEN,
By the Right Honourable the
MARQUESS of HALLIFAX,
SPEAKER to the HOUSE of LORDS.
WITH
HIS MAJESTIES
Moſt Gracious ANSWER thereunto.

LONDON:
Printed for James Partridge, Matthew Gillyflower, and Samuel Heyrick, MDCLXXXIX.

Bill of Rights; Titelkupfer der Edition von 1689. London, Britisches Museum

10. 1266; gründete Stockholm, förderte die dt. Einwanderung, unternahm 1249 einen Eroberungszug in Form eines Kreuzzugs nach Finnland; Stammvater der *Folkunger*.

Birka, *Björkö*, frühmittelalterl. Siedlung auf der Insel Björkö im schwed. Mälarsee; während der Wikingerzeit (etwa 790–1000) ein internationales Handelszentrum. 829 predigte hier der hl. Ansgar das Evangelium.

Birkebeiner, norweg. Partei in der 2. Hälfte des 12. Jh., benannt nach den aus Birkenrinde fabrizierten Beinkleidern ihrer Mitglieder; waren in die Kämpfe um den Thron Norwegens verwickelt.

Birma BUR

Union Myanmar

Fläche: 676 522 km². – *Einwohner:* 41,7 Mill. – *Hauptstadt:* Yangon (Rangun). – *Landessprache:* Birmanisch. – *Nationalfeiertag:* 4. 1. – *Währung:* 1 Kyat = 100 Pyas. – *Lage:* zwischen 10° und 28°34' n. Br. sowie 92° und 101° ö. L. – *Zeitzone:* Mitteleuropäische Zeit + 5½ Std. – *Grenzen:* im NW Bangladesch und Indien, im NO China, im O und SO Laos und Thailand, im S und SW Golf von Bengalen. – *Staatsform:* Sozialistische Republik, Militärregime.

B. wurde von N u. S längs der Flüsse besiedelt. Im 5. Jh. gründete der Volksstamm der *Pyu (Piao)* im nördl. Irrawaddy-Delta ein stark unter ind. Kultureinfluß stehendes Königreich. Später beherrschten die *Mon* das ganze südl. B., bis im 11. Jh. von Norden her die *Birmanen* unter König *Anawratha* eindrangen. Unter seiner Dynastie entstand die Hauptstadt *Pagan*, die zum Mittelpunkt des

auf großer Höhe stehenden Kunst- u. Kulturlebens wurde. 1287 eroberten die Mongolen Pagan, u. das erste birman. Reich zerfiel. Im N drangen im 13. Jh. die *Schan*, ein Thai-Stamm, in B. ein. Die Folgezeit war durch Kämpfe zwischen Birmanen, Mon u. Schan gekennzeichnet.
1531 gelang es König *Tabinshwehti*, B. zu einen. Um 1580 erreichte B. einen Höhepunkt seiner Macht. Im 17. Jh. errichteten die Niederländer, Engländer, Franzosen u. Portugiesen Handelsniederlassungen in den Küstenstädten. 1753–1760 gründete *Alaungpaya* das neue birman. Reich. Seine Nachfolger stießen bis nach Indien vor u. eroberten Siam. Unter *Bodowpaja* (1781–1819) erreichte B. seine größte Machtentfaltung. Die Bedrohung Bengalens durch B. u. wirtschaftl. Interessen veranlaßten Großbritannien zum Eingreifen. Es kam zu drei anglo-birman. Kriegen (1824–1826, 1852/53 u. 1885/86), nach denen England ganz B. besetzte u. es zur Provinz machte, die von Britisch-Indien aus regiert wurde. Nachdem es in B. zahlreiche Aufstände gegeben hatte (1930–1932 Bauernaufstand unter dem buddhist. Mönch *Saya San*), trennten die Briten 1937 das Land von Indien u. gestanden den Birmanen Selbstverwaltung zu. Führende Kräfte des Unabhängigkeitsstrebens wurden *Aung San* u. *U Nu*. 1942–1945 war B. von den Japanern besetzt. 1947 ermordeten innenpolit. Gegner Aung San. Als Union von B. wurde das Land 1948 in die Unabhängigkeit entlassen. Es umfaßte außer der früheren brit. Kolonie die Gebiete der nicht birman. Stämme Schan, Karen u. Kachin. Min.-Präs. U Nu versuchte, die Unruhen im Innern (Unabhängigkeitsbewegungen der Schan, Karen u. Kachin sowie kommunist. Aufstände) ohne die Verhängung von Ausnahmegesetzen zu überwinden u. in der Außenpolitik Neutralität zu wahren. B. wurde 1948 Mitglied der UN, schloß sich 1952 dem Colombo-Plan u. 1955 den Bandung-Staaten an, trat aber nicht dem Commonwealth bei.
1962 stürzte die Armee die Regierung U Nu, die den Buddhismus zur Staatsreligion erheben wollte. General *Ne Win* setzte die Verfassung außer Kraft u. regierte diktatorisch. Zunächst als Präs., dann als Vors. der „Partei des birman. Weges zum Sozialismus" (BSPP)

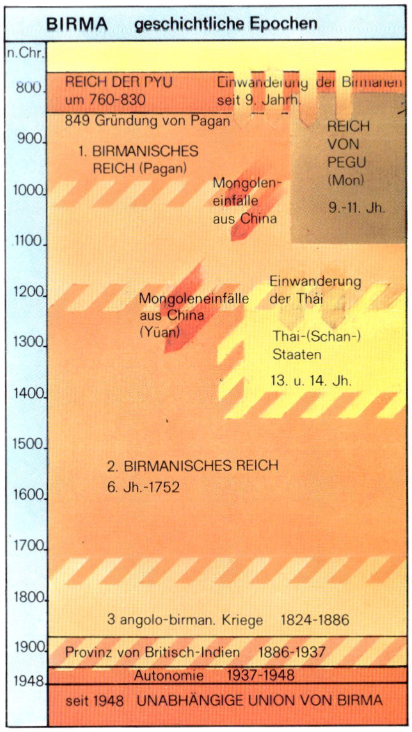

Otto von Bismarck

wandelte er B. in eine sozialist. Republik um. Dabei wurde die Wirtschaft B.s zerrüttet. Im Juli 1988 trat Ne Win zurück. Forderungen nach Wiedereinführung der Demokratie wurden vom Militär blutig unterdrückt. Im Sept. 1988 übernahm eine Militärjunta unter Führung von General *Saw Maung* die Macht. Der Staatsname B. wurde 1989 in *Union von Myanmar* geändert. Vom Regime zugelassene freie Wahlen gewann 1990 die bis dahin unterdrückte *Nationale Liga für Demokratie (NLD)*, obwohl Aung San Suu Kyi, NLD-Führerin u. Tochter Aung Sans, 1989 unter Hausarrest gestellt worden war. Die Militärs verweigerten jedoch die Machtübergabe. 1992 wurde General *Than Shwe* Nachfolger von Saw Maung. Trotz internationalen Drucks verweigerte die Junta weiterhin die Demokratisierung B.s.

Biron, ursprüngl. *Bühren*, westfäl., später kurländ. Adelsgeschlecht, 1638 auch in Polen geadelt; als Nachfolger der *Ketteler* seit 1737 Herzöge von Kurland, seit 1734 im Besitz der Standesherrschaft Wartenberg in Schlesien, seit 1786 des Herzogtums Sagan in Schlesien. – Ernst Johann, Reichsgraf von B., *23. 11. 1690 Kalnezeem, Kurland, †29. 12. 1772 Mitau; Favorit der Herzogin-Witwe *Anna Iwanowna* von Kurland, die 1730 Kaiserin von Rußland wurde. 1739 mit dem Herzogtum belehnt; 1740 wegen Mißwirtschaft auf Betreiben des Grafen Münnich gestürzt u. verbannt; von Katharina II. wieder eingesetzt; dankte 1769 ab.

Biron [bi:'rɔ̃], Charles de Gontaud, Herzog von, französ. Heerführer, *1562, †29. 7. 1602 Paris (hingerichtet); 1595 Marschall von Frankreich, 1598 Gouverneur von Burgund; da er mit Spanien konspirierte, ließ ihn Heinrich IV. zum Tode verurteilen.

Bischoffwerder, Johann Rudolf von, preuß. General, *13. 11. 1741 Ostramondra, Thüringen, † 31. 10. 1803 Marquardt bei Potsdam; antiaufklärerisch gesinnter Freimaurer u. Rosenkreuzer mit mystisch-spiritist. Neigungen; übte großen Einfluß auf den preuß. Thronfolger *Friedrich Wilhelm (II.)* aus, der ihn zum Hauptratgeber machte. 1791–1797 beeinflußte B. maßgeblich die preuß. Außenpolitik.

Biskupin, Fundort einer befestigten Siedlung (Gesamtsiedlungsfläche ca. 20000m²) der Lausitzer Kultur in der Wojewodschaft Bydgoszcz (Polen). Die Siedlung lag auf einer Seeinsel, umgeben von einem Wellenbrecher aus Eichenpfählen. Direkt dahinter erhob sich ein 3,5 m breiter u. ca. 6 m hoher Holz-Erde-Wall, unterbrochen von einem großen zweiflügeligen Tor aus Eichenpfosten. Im Inneren fand man 13 Reihen mit zusammen über 100 Reihenhäusern, die je an einer Straße aus Holzbohlen lagen; eine weitere Straße umgab den inneren Siedlungsbereich entlang der Wallinnenseite. Die Hauseingänge schauten alle nach Süden; die Fußböden bestanden aus einem mehrteiligen Holzrost, der mit Sand u. Lehm bedeckt war. Man beobachtete etwa 4 Siedlungsphasen bis ca. 350 v. Chr. Vom 4. Jh. n. Chr. an wurde der Platz neu besiedelt, wahrscheinlich von Slawen.

Bismarck, 1. Herbert Fürst von (1898), Sohn von 2) u. 3), Diplomat, *28. 12. 1849 Berlin, †18. 9. 1904 Friedrichsruh; seit 1874 im auswärtigen Dienst, 1886–1890 Staatssekretär des Auswärtigen Amtes; schied nach der Entlassung seines Vaters aus dem Amt.
2. Johanna von, geb. von *Puttkamer*, seit dem 28. 7. 1847 Ehefrau von 3), * 11. 4. 1824 Viartlum, Krs. Rummelsburg, Hinterpommern, †27. 11. 1894 Varzin.
3. Otto von *B.-Schönhausen*, 1865 Graf B., 1871 Fürst B., 1890 Herzog von Lauenburg, Politiker, *1. 4. 1815 Schönhausen bei Stendal, †30. 7. 1898 Friedrichsruh, Krs. Herzogtum Lauenburg; aus altmärk. uradligem Geschlecht, Sohn des Gutsbesitzers Ferdinand von B. u. seiner dem höheren Bürgertum entstammenden Frau Wilhelmine geb. Menken.
Nach dem Studium der Rechtswissenschaften in Göttingen ging B. 1836 als Referendar in den preuß. Staatsdienst, verließ ihn unbefriedigt 1839, bewirtschaftete das Gut Kniephof in Pommern, ab 1845 das Gut Schönhausen; wurde 1846 Deichhauptmann in Schönhausen u. Abg. des sächs. Provinziallandtages. Seine eigentl. polit. Laufbahn begann B. auf dem äußersten rechten Flügel des preuß. Vereinigten Landtags 1847. Beim Ausbruch der Dt. Revolution 1848 suchte er König *Friedrich Wilhelm IV.* für die Gegenrevolution zu gewinnen. 1849/50 war er Mitgl. der 2. Kammer des preuß. Landtags u. des Erfurter Parlaments, 1851–1859 preuß. Gesandter beim Bundestag in Frankfurt. In den frühen 1850er Jahren bildete sich unter Preisgabe konservativer Prinzipienpolitik seine Auffassung von Realpolitik heraus: Leitlinie sollte das Interesse der preuß. (dt.) Großmacht bei Respektierung der Interessen der übrigen Großmächte sein. Zunehmend bekämpfte er die führende Rolle Österreichs im Dt. Bund; mit Beginn der „Neuen Ära" 1858/59 entwickelte er Pläne, die dt. Nationalbewegung als Bundesgenossen zu gebrauchen u. den Dt. Bund zu sprengen. 1859–1862 war er Gesandter in St. Petersburg, 1862 kurzfristig Botschafter in Paris.
In einer für König *Wilhelm I.* u. die preuß. Monarchie vermeintlich aussichtslosen Lage wurde B. 1862 auf Anregung A. von *Roons* zum Min.-Präs. u. Außen-Min. bestellt. Der isolierte Monarch hatte den Heeres- und Verfassungskonflikt zum grundsätzl. Kampf um Königs- oder Parlamentsherrschaft zugespitzt. B. stellte sich Wilhelm zur bedingungslosen Durchsetzung der angestrebten Heeresreform zur Verfügung u. erhielt die für seine gesamte Regierungstätigkeit kennzeichnende weitestgehende Freiheit für seine Politik. Er regierte budgetlos gegen das Parlament, dem er in dessen Bestreben um eine Parlamentarisierung Preußens den Kampf ansagte. 1863/64 sondierte B. die Möglichkeiten einer Kooperation mit F. Lassalle u. einer Einführung des gleichen Wahlrechts, um die Majorität der Liberalen im Parlament, denen das Dreiklassenwahlrecht zugute kam, zu brechen.
Die Außenpolitik B.s stand in enger Wechselwirkung zur inneren Entwicklung Preußens. Bereits 1862 gab B. Österreich sein Ziel zu erkennen, Preußens Herrschaft in Norddeutschland durchzusetzen. 1863 setzten Re-

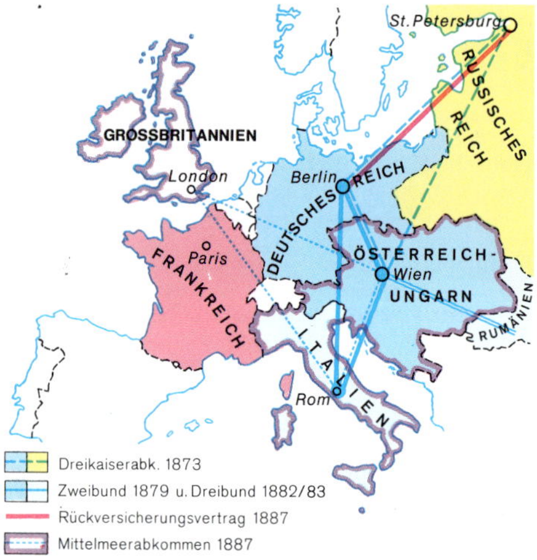

Bismarcks Bündnissystem

formvorschläge für den Dt. Bund ein, die auch die Schaffung einer Volksvertretung mit gleichem Wahlrecht vorsahen, wodurch die dt. Nationalbewegung gegen Österreich eingespannt werden sollte. Im gleichen Jahr versicherte sich B. durch die Alvenslebensche Konvention gegen Polen der Rückendeckung Rußlands für seine weitere Politik. In der Krise um Schleswig-Holstein 1863/64 gelang es B., den international abgesicherten Status der Elbherzogtümer durch eine Alleinverantwortlichkeit Preußens u. Österreichs zu ersetzen. Nach dem ersten dt. Einigungskrieg um Schleswig-Holstein wurde Dänemark 1865 im Vertrag von Gastein gezwungen, Holstein an Österreich u. Schleswig an Preußen abzugeben, wodurch erneut eine dualist. Neuordnung des Dt. Bundes möglich erschien. Erst 1866 nach Scheitern der friedl. Möglichkeiten betrieb B. die militärische Konfrontation mit Österreich, wobei nun auch die längerfristige Perspektive einer Verbindung mit Süddeutschland Bedeutung gewann. Er schloß mit Italien ein Bündnis u. erneuerte seinen Vorschlag zur Bundesreform durch Schaffung einer Volksvertretung. Nachdem die Schlacht von Königgrätz 1866 den Dt. Krieg zugunsten Preußens entschieden hatte, setzte B. gegen den Willen Wilhelms I. die Schonung Österreichs als Großmacht durch u. verwirklichte seine Neuordnungspläne: Nach der Aussöhnung mit dem preuß. Parlament u. der Mehrheit der Liberalen durch das Indemnitätsgesetz gründete er 1867 den Norddeutschen Bund, dessen Bundeskanzler u. Außen-Min. er wurde. Die nunmehr deutliche Kooperation mit der liberalen Nationalbewegung zeigte sich in der Konstruktion eines Reichstags mit gleichem Wahlrecht. B. band durch Verträge die süddt. Staaten militärisch an den Norddt. Bund. Vor dem Hintergrund französ. Kompensationsansprüche wegen des Machtzuwachses Preußens 1866/67 nahm B. 1870 einen Versuch *Napoleons III.*, Preußen in der Frage der span. Thronkandidatur eines Hohenzollernprinzen zu demütigen, zum Anlaß, durch die Emser Depesche den Dt.-Französ. Krieg auszulösen. Gegen H. von *Moltke*, der einen „Karthagofrieden" anstrebte, behauptete er den Primat der polit. gegenüber der militär. Führung. In Verträgen mit den süddt. Staaten u. mit der Kaiserproklamation Wilhelms I. am 18. 1. 1871 erreichte er die angestrebte Gründung des Dt. Reichs. Die Verfassung des Reichs als konstitutionelle Monarchie mit einem aus gleichem Wahlrecht hervorgegangenen Reichstag spiegelte die Verbindung von Zielen der liberalen dt. Nationalbewegung mit den Wesenszügen des preuß. Beamten- u. Militärstaates wider. B. wurde Reichskanzler des neuen Nationalstaates.

In den beiden Jahrzehnten der Reichskanzlerschaft verfügte B., der auch preuß. Min.-Präs. blieb, über eine nahezu unangreifbare innenpolit. Stellung. Er arbeitete zunächst mit den Nationalliberalen u. den sich ihm nur zögernd wieder annähernden Konservativen zusammen, doch fand er kein vertrauensvolles Wechselverhältnis zum Reichstag. In oppositionellen Kräften sah er „Reichsfeinde", wodurch der innere Frieden im Reich nachhaltig gestört wurde. Im → Kulturkampf, der Mitte der 1870er Jahre seinen Höhepunkt erreichte, suchte er das neu entstandene Zentrum wegen dessen Kooperation mit den Polen, Elsässern u. Welfen vergeblich zu treffen. Nach zwei Attentaten auf Wilhelm I. 1878 sollte das → Sozialistengesetz (bis 1890 mehrfach verlängert) die 1875 gegründete Sozialistische Arbeiterpartei Deutschlands, die mit den Anschlägen nichts zu tun hatte, ausschalten.

1878/79 brach B. mit der Mehrheit der Nationalliberalen, die langfristig eine Parlamentarisierung der Monarchie erwarteten, u. vollzog unter Androhung eines reaktionären Staatsstreichs durch die Einführung einer Schutzzollpolitik eine grundlegende konservative Wende der dt. Innenpolitik. Nunmehr sich auf wechselnde Mehrheiten im Reichstag stützend, begann er ein fortschrittl. sozialpolit. Programm zu verwirklichen: Krankenversicherung (1883), Unfallversicherung (1884), Alters- und Invalidenversicherung (1889); dessen Hauptzweck, die Entfremdung der Arbeiterschaft von der Sozialdemokratie, wurde nicht erreicht. Nachdem das „Kartell" aus Konservativen u. nach rechts geschwenkten Liberalen 1887 in einem von der Außenpolitik bestimmten Wahlkampf noch einmal gesiegt hatte, erlitten diese Parteien 1890 eine schwere Wahlniederlage. Als B. den seit 1888 regierenden u. auf Unabhängigkeit vom Kanzler bedachten Kaiser *Wilhelm II.* zu einem neuen Kampfprogramm gegen den Reichstag, möglicherweise aber auch zu einer Kooperation mit dem Zentrum bewegen wollte, wurde er von diesem am 18. 3. 1890 unter verletzenden Umständen entlassen.

Wenig umstritten ist demgegenüber die Außenpolitik B.s als Reichskanzler. Durchgehend bemüht, die Mächte zu überzeugen, Dtschld. sei „saturiert", betrieb er eine Politik der „freien Mitte", die Koalitionen gegen Dtschld. verhindern sollte. Der Berliner Kongreß 1878 brachte ihm dank seinem Bemühen, im Balkankonflikt als „ehrlicher Makler" zu vermitteln, den Ruf eines großen europ. Staatsmannes. Die dennoch auftretende schwere Krise des Verhältnisses zu Rußland veranlaßte ihn sodann zum Aufbau eines Bündnissystems: Zweibund 1879, Dreikaiservertrag 1881, Dreibund 1882 u. nach der Phase des Erwerbs von Kolonien 1884/85 Rückversicherungsvertrag 1887. Bei sich zum Teil widersprechendem Inhalt der Verträge diente das System dazu, den Bündnisfall u. damit den Krieg zu vermeiden. Seit der Mitte der 1880er Jahre auftretende neue schwere Krisen ließen die außenpolit. Lage Deutschlands zunehmend labil u. gefährdet erscheinen. B.s Sorge vor feindl. Koalitionen u. einem Zweifrontenkrieg wuchs u. ließ ihn nach Alternativen zum bestehenden Bündnissystem suchen. Militär. Abenteuer wie einen Präventivschlag gegen Rußland lehnte er konsequent ab.

Nach seinem Rücktritt bekämpfte B. den „Neuen Kurs". 1894 folgte eine äußerl. Aussöhnung mit Wilhelm II. 1895 lehnte der Reichstag einen Glückwunsch zum 80. Geburtstag ab, u. bei seinen Gegnern galt er weiterhin als „Blut-u.-Eisen"-Politiker. Doch noch zu seinen Lebzeiten setzte eine lange anhaltende, nahezu mythische Verehrung des „Eisernen Kanzlers" ein. Seine Memoiren „Gedanken u. Erinnerungen" (ursprüngl. von B. gewählter Titel: „Erinnerung u. Gedanke") sind, obwohl historisch nicht völlig zuverlässig, eine bedeutende schriftstellerische Leistung u. wichtige Quelle. – Gesammelte Werke, 15 Bde. 1924–1935.

Bisutun, *Behistun*, altpers. *Bagastana* („Götterstätte"), Felsen an der Straße Hamadan–Kermanschah in Kurdistan; bekannt durch das große Relief, das *Dareios I.* dort 520 v. Chr. anbringen ließ. Es zeigt den Großkönig, der den Fuß auf den besiegten Magier Gaumata setzt u. zu Ahuramazda betet; hinter ihm stehen sein Bogen- u. sein Lanzenträger. Hinter Gaumata stehen gefesselt weitere acht Aufrührer; später nach dem Feldzug gegen die Skythen wurde noch die Figur des gefangengenommenen Skythenkönigs hinzugefügt. Neben u. unter dem Relief befindet sich eine große keilschriftl. Inschrift des Dareios in Elamisch, Babylonisch u. Altpersisch, in der der König sein Recht auf die Herrschaft begründet u. einen Bericht über seine Taten ablegt. H. C. *Rawlinson* kopierte zwischen 1836 u. 1847 die Inschrift am Felsen, die ihm dann zur Entzifferung der altpersischen Schrift diente u. ihm später auch den Schlüssel für die Entzifferung der babylonischen Keilschrift lieferte. – Nicht weit entfernt befinden sich am Felsen noch zwei, allerdings beschädigte, parthische Reliefs.

Bit-Jakini, das alte „Meerland", Aramäerstaat des 9. u. 8. Jh. v. Chr. im tiefsten Süden Babyloniens. Sein mächtigster Fürst war *Merodachbaladan.*

Bittel, Kurt, Archäologe u. Prähistoriker, *5. 7. 1907 Heidenheim, †30. 1. 1991 Heidenheim; Präsident des Dt. Archäolog. Instituts 1960–1972; Direktor des Dt. Archäolog. Instituts in Istanbul 1938 bis 1960, Leiter der Ausgrabungen in Boghazköy-Hattusa. „Kleinasiatische Studien" 1942; „Boghazköy, Ergebnisse III" 1957.

Bituriger, großer kelt. Stamm in Gallien, geteilt in die *cubischen B.* mit dem Hauptort Avaricum (heute Bourges) u. die *viviscischen B.* mit dem Hauptort Burdigala (heute Bordeaux); 51 v. Chr. von Cäsar unterworfen.

Björkövertrag, von Kaiser Wilhelm II. u. Zar Nikolaus II. am 24. 7. 1905 bei der Insel *Björkö* (Primorsk) unterzeichneter Entwurf eines Defensivbündnisses zwischen Rußland u. Dtschld. (vorgesehen war noch Frankreich). Der Vertrag wurde von den verantwortl. Politikern verworfen.

Björnsson ['bjøsɔn], Sveinn, isländ. Politiker, *27. 2. 1881 Kopenhagen, †25. 1. 1952 Reykjavik; 1926–1941 Island-Minister in Dänemark, 1944–1952 erster Staats-Präs. der Rep. Island.

Black Muslims ['blæk 'mʌzlimz; engl., „Schwarze Moslems"], Selbstbez. zunächst *The Lost-Found Nation of Islam*, danach *World Community of Islam in the West* u. *American Muslims Mission*, 1930 von W. D. *Fard* mit separatist. Zielen gegr. radikal-religiöse Bewegung der Schwarzen in den USA. Zu prominenten Vertretern der von 1934 bis 1975 von *Elijah Muhammad* geführten B. M. wurden *Malcolm X* u. *Muhammad Ali.* Unter der Leitung von *Wallace Deen Muhammad*, dem Sohn E. Muhammads entradikalisierte sich die Bewegung u. verlor auch an polit. Einfluß. In den 1980er u. 1990er Jahren verschaffte L. *Farrakhan* durch die Neupropagierung einer *Nation of Islam* u. die Verbreitung radikaler Propaganda den B. M. wieder vermehrte öffentl. Aufmerksamkeit.

Black Panther ['blæk 'pænθə; engl., „Schwarzer Panther"], eine kleine, militante Organisation der schwarzen Bürgerrechtsbewegung in den USA; 1966 gegr., 1981 aufgelöst.

Black Power ['blæk 'pauə; engl., „Schwarze Macht"], 1966 von S. *Carmichael* in Anlehnung an den gleichnamigen Roman von R.

Wright kreierter Slogan, der als Kampfbegriff zum Synonym für die polit. Forderungen der militanten schwarzen Bürgerrechtsbewegung der USA wurde.

Blair [blɛə], Anthony (Tony) Charles Lynton, brit. Politiker (Labour Party), * 6. 5. 1953 Edinburgh; Jurist; seit 1973 Mitgl. der Labour Party; seit 1983 Abgeordneter im Unterhaus; seit 1994 Parteiführer u. seit 1997 Premierminister.

Blake [blɛik], Robert, engl. Admiral, * 1599 Bridgewater, Somersetshire, † 7. 8. 1657 bei Plymouth; Anhänger *Cromwells*, drang 1650 zum ersten Mal mit einer engl. Flotte ins Mittelmeer ein, kämpfte siegreich gegen die Holländer u. vernichtete 1657 die span. Flotte.

Blanc [blã], Louis, französ. Sozialist u. Sozialpolitiker, * 28. 10. 1811 Madrid, † 6. 12. 1882 Cannes; schrieb 1840 „Organisation du travail" u. verlangte darin gleichen Lohn für alle Arbeiter nach der Devise „Jeder nach seinen Fähigkeiten, jedem nach seinen Bedürfnissen". 1848 Mitgl. der provisor. Regierung, forderte die Einrichtung von Arbeiter-Produktivgenossenschaften, Staatshilfe u. Nationalwerkstätten zur Überwindung der sozialen Folgen des Kapitalismus; als Gegner der Reaktion u. des 2. Kaiserreichs 1848–1871 im Exil in England. Eingang fanden seine Thesen u. Forderungen vor allem 1871 in das Programm des Kommunerats in Verbindung mit Reformideen Proudhons. B. vertrat als erster die Auffassung, daß eine Neuorganisation der Gesellschaft vom Staat ausgehen müsse („erster Staatssozialist").

Blanca von Kastilien, Tochter Alfons' IX. von Kastilien, * 1188 Palencia, † 26. oder 27. 11. 1252 Paris; heiratete 1200 den späteren Ludwig VIII. von Frankreich u. führte 1226 bis 1236 sowie während dessen Teilnahme am 7. Kreuzzug (1249–1252) für ihren Sohn Ludwig IX. die Regentschaft.

Blancos [span., „Weiße"], in Südamerika Name einiger Parteien, insbes. der konservativeren der beiden traditionellen Parteien Uruguays.

Blandebjerg, neolith. Siedlungsplatz der *Trichterbecherkultur* auf der dän. Insel Langeland; namengebender Fundort für die 2. Phase des nord. Mittelneolithikums („Blandebjergzeit").

Blank, Theodor, Politiker (CDU), * 19. 9. 1905 Elz an der Lahn, † 14. 5. 1972 Bonn; Gewerkschaftssekretär; 1948–1950 3. Vors. der IG Bergbau; bereitete 1950–1955 als „Beauftragter des Bundeskanzlers für die mit der Vermehrung der alliierten Truppen zusammenhängenden Fragen" *(Dienststelle Blank)* die Aufstellung der Bundeswehr vor, 1955/56 Bundes-Min. der Verteidigung, 1957–1965 für Arbeit u. Sozialordnung.

Blanqui [blã'ki], Louis Auguste, französ. Sozialist, * 7. 2. 1805 Puget-Théniers, † 1. 1. 1881 Paris; beeinflußt von den Freiheits- u. Gleichheitsforderungen von C. H. de *Saint-Simon* u. F. N. *Babeuf.* B. nahm an der Julirevolution 1830 u. an der Revolution von 1848 teil, in der er zum linken (sozialist.) Flügel gehörte. Er verbrachte wegen seiner revolutionären Tätigkeit insges. 30 Jahre im Gefängnis. Die Anhänger B.s bildeten nach 1860 eine eigenständige polit. Bewegung (*Blanquismus*), die in der *Pariser Kommune* 1871 eine wichtige Rolle spielte. B. trat in dieser Zeit vor allem als Herausgeber der revolutionären Zeitung „La patrie en danger" auf u. hatte zahlreiche Anhänger in der Nationalgarde u. in den revolutionären bzw. republikan. Klubs. 1901 schlossen sich die Blanquisten der von Jules *Guesde* gegründeten sozialist. Partei an. – Es wird vielfach angenommen, daß die Auffassungen B.s von der revolutionären Avantgarde *Lenins* Theorie von der revolutionären Partei mitbeeinflußt haben.

Blasonierung [frz.], Beschreibung eines Wappens nach herald. Regeln. Wappen werden stets in der Blickrichtung des Schildträgers, nicht des Beschauers beschrieben. Daher ist die vom Beschauer aus linke Seite heraldisch rechts u. umgekehrt (die international übl. Bez. dafür sind *dexter* u. *sinister* [engl.] oder *dextre* u. *sinistre* [frz.]; *sinister* ist vom Träger aus gesehen links, *dexter* rechts). Man beschreibt zunächst den Schild nach Bild u. Farbe. Bei einem *geteilten Schild* beginnt man mit dem oberen, bei einem *gespaltenen Schild* mit dem (herald.) rechten Feld, bei einem *gevierten Schild* mit dem ersten Feld rechts oben. Nach dem Schild werden *Helm, Helmdecken* u. etwaige *Prachtstücke* beschrieben.

Blaue Division, span. *División Azul,* Verband span. Freiwilliger, die mit Dtschld. 1941 bis 1943 bes. am Wolchow u. am Ilmensee gegen die UdSSR kämpften. Ihre Befehlshaber waren A. *Muñoz Grandes* u. E. *Esteban-Infantes.* Nach Auflösung der B.n D. blieben Reste in der dt. Wehrmacht.

Bleichröder, 1803 gegr. Privatbankhaus in Berlin, 1931 mit dem Bankhaus *Gebr. Arnhold* vereinigt. – Der Sohn des Gründers Samuel B., Gerson von (1872) B. (* 1822, † 1893), war der Privatbankier *Bismarcks* u. sein einflußreicher Berater in Finanz- u. Wirtschaftsfragen.

Bleikammern, berüchtigtes venezian. Staatsgefängnis unter einem Bleidach; mit dem Dogenpalast durch die *Seufzerbrücke* verbunden; 1797 zerstört. Bekannt ist *Casanovas* Flucht aus den B.

Blenheim ['blɛnim], engl. Bez. für das Dorf *Blindheim* (Ldkrs. Dillingen, Bayern). Die

Louis Auguste Blanqui

Schlacht von Höchstädt an der Donau (1704) wird in Großbritannien als *Schlacht von B.* bezeichnet. Das für den Sieger dieser Schlacht, den Herzog von Marlborough, erbaute Schloß in der Grafschaft Oxfordshire heißt *B. Palace.*

Bligh [blai], William, engl. Seefahrer u. Admiral, * 9. 9. 1753 Tyntan, Cornwall, † 7. 12. 1817 London; Begleiter von J. *Cook* auf dessen zweiter Expedition 1772 –1774, wurde 1789 auf einer Südseefahrt von Meuterern seines Schiffes „Bounty" ausgesetzt u. erreichte nach abenteuerl. Bootsfahrt quer durch die Südsee Timor; 1805 nach erfolgreichem Einsatz im Seekrieg Gouverneur von Neusüdwales (Australien), wo er erneut einer von seinem Stellvertreter geführten Meuterei gegenüberstand, deren Beteiligte verurteilt wurden; 1811 Konter-, 1814 Vizeadmiral.

Blitzkrieg, zu Beginn des 2. Weltkriegs aufgekommene Bez. für die wider Erwarten schnell errungenen dt. Siege gegen einzelne militär. Gegner, bes. für die Kriege gegen Polen, Frankreich, Jugoslawien u. Griechenland. Wesentl. Merkmal des B.s ist der kombinierte Einsatz von Luft- u. Panzerstreitkräften. B.e bildeten die Voraussetzung für die schrittweise Erweiterung der wirtschaftl. u. territorialen Basis für den von Hitler anvisierten Lebensraumkrieg.

Bloch, Marc, französ. Historiker, * 6. 7. 1886 Lyon, † 16. 6. 1944 (von Deutschen bei Lyon erschossen); 1919–1936 Prof. in Straßburg u. an der Sorbonne, 1940 in Clermont-Ferrand u. Montpellier, 1942 von der Vichy-Regierung entlassen; als Mitglied der Résistance 1944 verhaftet. B. gründete 1929 mit L. *Febvre* die „Annales d'histoire économique et sociale". Unter Ablehnung der bisherigen rein politisch orientierten Geschichte forderte er eine neue Geschichtswissenschaft, die von den dauernden Strukturen, vor allem den sozialökonom. u. geograph., ausgeht. Da die den Menschen bedingenden gesellschaftl. Faktoren in den klass. histor. Zeugnissen nicht widergespiegelt würden, müßten neue quantitative Methoden entwickelt werden. Diese Forschungsrichtung wird durch die Mitarbeiter der Zeitschrift „Annales" repräsentiert. Hptw.: „Les rois thaumaturges" 1924; „Les caractères originaux de l'histoire rurale française" 1931, [2]1952; „La société féodale" 1939/40; „L'étrange défaite" 1946.

blockfreie Staaten, eine Gruppe von Staaten, die nicht paktgebunden sind u. sich zu einer „anti-imperialist." Politik bekennen. Dazu zählen die meisten afrikan., asiat. u. einige lateinamerikan. Staaten. Eine wichtige Rolle spielte bis zum Zerfall des Landes auch Jugoslawien. Führende Persönlichkeiten der Blockfreien waren *Nehru, Nasser, Tito.* Konferenzen: 1961 Belgrad, 1964 Cairo, 1970 Lusaka, 1973 Algier, 1976 Colombo, 1979 Havanna, 1983 Delhi, 1986 Harare, 1989 Belgrad, 1992 Jakarta, 1995 Cartagena.

Blomberg, 1. Barbara, * um 1527, † 18. 12.

Björkövertrag: Die Offiziere der „Gneisenau" werden Zar Nikolaus II. vorgestellt

Gebhard Leberecht von Blücher

1597 Ambrosero (Spanien); Tochter eines Regensburger Bürgers, 1546 Geliebte Kaiser *Karls V.*; Mutter des Don *Juan d'Austria*.

2. Werner von, Offizier (1936 Generalfeldmarschall), *2. 9. 1878 Stargard, Pommern, †14. 3. 1946 Nürnberg; 1927–1929 Chef des Truppenamts im Reichswehrministerium, 1933–1935 Reichswehr-, 1935–1938 Reichskriegsminister. B. trug maßgeblich zur Anpassung der Wehrmacht an das NS-Regime bei. Im Febr. 1938 wurde er unter dem Vorwand einer nicht standesgemäßen Heirat von Hitler entlassen, der die Wehrmacht als eigenständigen Machtfaktor völlig ausschalten wollte u. selbst den Oberbefehl übernahm.

Blücher, 1. Franz, Politiker, *24. 3. 1896 Essen, †26. 3. 1959 Bad Godesberg; Industrie- u. Bankkaufmann; 1946–1949 Vorsitzender der FDP in der brit. Zone, 1949–1954 Bundesvorsitzender der FDP, 1956 nach Parteiaustritt Mitbegründer der FVP, die 1957 in der DP aufging; 1949–1953 Bundesminister für Angelegenheiten des Marshallplans, 1953–1957 für wirtschaftliche Zusammenarbeit, 1949–1957 zugleich Stellvertreter des Bundeskanzlers.

2. Gebhard Leberecht von, Fürst von Wahlstatt (1814), preuß. Feldherr, *16. 12. 1742 Rostock, †12. 9. 1819 Krieblowitz; 1813 in den Befreiungskriegen Oberbefehlshaber der Schlesischen Armee; besiegte mit Gneisenau die Franzosen an der Katzbach, trug entscheidend zum Sieg in der Völkerschlacht bei Leipzig bei, überschritt in der Neujahrsnacht 1813/14 den Rhein bei Kaub u. siegte zusammen mit Wellington bei Waterloo 1815; als „Marschall Vorwärts" populärster Heerführer der Kämpfe gegen Napoleon.

3. *Bljucher*, eigentl. *Gurow*, Wassilij Konstantinowitsch, Marschall der Sowjetunion, *19. 11. 1889, †9. 11. 1938 (hingerichtet); nahm am 1. Weltkrieg als Unteroffizier teil; nach Eintritt in die Rote Armee kommandierte B. die 19. Division gegen Koltschak u. kämpfte 1920/21 im SW u. S der Sowjetunion. 1924 bis 1927 unter dem Namen *Galen* militär. Berater der Guomindang. 1927–1937 Oberbefehlshaber der „Besonderen Fernostarmee". Bei den stalinist. „Säuberungen" erschossen; 1956 rehabilitiert.

Blum, 1. Léon, französ. Politiker, *9. 4. 1872 Paris, †30. 3. 1950 Jouy-en-Josas, Dép. Seine-et-Oise; zusammen mit J. *Jaurès* 1902 Gründer der französ. sozialist. Partei, seit 1919 deren Führer. 1936/37 u. 1938 Min.-Präs. der Volksfrontregierung, 1940 von der Vichy-Regierung verhaftet, 1943–1945 in Dtschld. interniert, 1946 nochmals Min.-Präs.; Vertreter eines humanist. Sozialismus.

2. Robert, Politiker, *10. 11. 1807 Köln, †9. 11. 1848 Brigittenau bei Wien; Journalist u. Buchhändler in Leipzig; führender Oppositionspolitiker Sachsens im Vormärz; 1848 Vize-Präs. des Vorparlaments u. Führer der demokrat.-republikan. Opposition in der Frankfurter Nationalversammlung. Angesichts der wiedererstarkenden reaktionären Kräfte suchte B. zur Rettung der Errungenschaften der Märzrevolution einen Bruch zwischen Liberalen u. Demokraten zu verhindern. Mit einer Deputation der Linken der Nationalversammlung in das aufständ. Wien entsandt, wurde B. von der dort siegreichen Reaktion in der Absicht, das Werk der Reichsgründung in Frankfurt zu torpedieren, standrechtlich erschossen. Das Andenken an den Vorkämpfer der parlamentar. Demokratie spielte im Kaiserreich vor allem in der Arbeiterschaft eine polit. Rolle.

Blutfahne, *Blutbanner*, 1. eine rote Fahne, die im MA als Ausdruck der Gerichtsbarkeit als Lehen vom Landesherrn vergeben wurde. – 2. allg. die Bez. für eine bestimmte Fahne, die aufgrund kämpferischer Auseinandersetzungen propagandistisch heroisiert wird. – In der NSDAP wurde die beim gescheiterten Hitler-Putsch (Marsch zur Feldherrnhalle) in München am 9. 11. 1923 mitgeführte Hakenkreuzfahne kultisch verehrt.

Blut-Fluß [afrikaans, *Blood-River*], Fluß in Südafrika, an dem am 16. 12. 1838 burische Siedler die Armeen des Zulu-Königs *Dingan* vernichtend schlugen u. damit den schwarzafrikanischen Widerstand gegen die weiße Besiedlung Südafrikas brachen.

Blutiger Sonntag: Ein Rädelsführer der Streikbewegung wird von Polizisten abgeführt

Bluthochzeit, *Pariser B.* → Bartholomäusnacht.

Blutiger Sonntag, *Blutsonntag*, Beginn der bürgerl.-sozialist. Revolution in Rußland am 22. 1. 1905, als Gardetruppen in St. Petersburg das Feuer auf einen friedl. Bitt-Demonstrationszug unter Anführung des Priesters G. *Gapon* eröffneten. Die Revolution brach nach Bekanntwerden einer Niederlage gegen Japan u. wegen der herrschenden sozialen u. wirtschaftl. Mißstände aus.

Blut und Boden, zentraler Begriff der nat.-soz. Ideologie, der beinhaltet, daß Grundlage jeder Macht- u. Staatspolitik ein rassisch reines Volk auf eigenem Boden sei. Schon vorher gelegentlich gebraucht (z. B. bei O. *Spengler*), erhält der Begriff bei den Nationalsozialisten – insbes. durch die Schriften R. W. *Darrés* – einen festen Platz in Ideologie u. Propaganda. Praktische Auswirkungen zeigten sich vor allem in der nat.-soz. Agrar- u. Rassenpolitik. Die von diesen Anschauungen geprägte Literatur jener Zeit wird heute unter dem Oberbegriff *Blut-und-Boden-Dichtung* zusammengefaßt.

Léon Blum

Robert Blum

Blut und Eisen, gebräuchl. Zitierweise einer Äußerung *Bismarcks* in der Budgetkommission des preuß. Abgeordnetenhauses am 30. 9. 1862: „Nicht durch Reden u. Majoritätsbeschlüsse werden die großen Fragen der Zeit entschieden . . ., sondern durch Eisen u. Blut." Der Ausspruch wandte sich gegen die auf Parlamentarisierung u. friedl. Verständigung gerichtete Politik des liberalen Bürgertums.

Bobrzyński [bɔb'ʒinski], Michał, poln. Politiker (konservativ) u. Historiker, *30. 9. 1849 Krakau, †3. 7. 1935 Posen; seit 1877 Prof. für Rechtsgeschichte in Krakau, Verfasser einer Geschichte Polens (1879); Mitgl. des Reichsrats seit 1885, Statthalter für Galizien 1908–1913, österr. Min. für Galizien 1917/18. Vertreter einer austropoln. Politik.

Bock, Fedor von, Offizier (1940 Generalfeldmarschall), *3. 12. 1880 Küstrin, †5. 5. 1945 Heiligenhafen, Holstein; im 2. Weltkrieg Oberbefehlshaber von Armeen u. Heeresgruppen in Polen, Frankreich u. der Sowjetunion; 1942 von Hitler wegen strateg. Meinungsverschiedenheiten verabschiedet.

Bocskay ['botʃkoi], István (Stephan), Fürst von Siebenbürgen 1605/06, *1. 1. 1557 Klausenburg, † 29. 12. 1606 Kaschau; wandelte sich von einem loyalen Parteigänger des Kaisers unter dem Eindruck der Gegenreformation u. der Schreckensherrschaft habsburg. Söldner zu einem Verfechter der ungar. Ständefreiheit u. der Selbständigkeit Siebenbürgens zwischen den Fronten (Habsburgern u. Osmanen). Als Führer der siebenbürg. Insurrektion (1604–1606) erreichte er von Kaiser Rudolf II. im Wiener Frieden (23. 6. 1606) die Anerkennung der ständ. Religionsfreiheit.

Bodelschwingh, 1. Friedrich von, ev. Theologe, führend in der Inneren Mission, *6. 3. 1831 Tecklenburg, Westfalen, †2. 4. 1910 Bethel bei Bielefeld; übernahm 1872 die 1867 gegr. u. später nach ihm benannten Anstalten in *Bethel* (ursprüngl. nur für Epileptiker), die er um eine Diakonissen- u. eine Diakonenanstalt, eine Theolog. Schule, u. die Betheler Mission in Ostafrika erweiterte; bemühte sich um Resozialisierung der sog. „Brüder von der Landstraße", die steter Arbeit entfremdet waren; setzte als Mitglied des Preuß. Landtags 1903–1908 ein Wanderarbeitsstättengesetz durch (1903) u. gründete Arbeiterkolonien bei Berlin.

2. Friedrich von, Sohn von 1), ev. Theologe, * 14. 8. 1877 Bethel bei Bielefeld, † 4. 1. 1946 Bethel; 1933 zum Reichsbischof gewählt, legte nach Einsetzung eines Staatskommissars für die ev. Kirche in Preußen sein Amt aber wieder nieder; Nachfolger seines Vaters in der Leitung der Betheler Anstalten; verhinderte unter dem nat.-soz. Regime die Ermordung psychisch Kranker in Bethel.

Bodendenkmäler, *Bodenaltertümer*, materielle Zeugnisse menschl. Arbeit aus vorgeschichtl. u. geschichtl. Zeit, die unter die Erdoberfläche gekommen oder ein Bestandteil von ihr sind. Sie bilden für den größten Abschnitt der Menschheitsgeschichte die einzige Quelle kulturhistor. Erkenntnisse. Man unterscheidet sichtbare (z. B. Siedlungs- u. Grabhügel, Ruinen, alte Ackerfluren, Straßen) u. unsichtbare B. (z. B. Fundamente, Flachgräber, Hortfunde, Kulturschichten), je nachdem, ob sie das Relief der Erdoberfläche beeinflussen oder nicht, ferner bewegl. u. unbewegl. B. aus Stein u. Erde, menschl. Werkstoffe aller Art, menschl., tierische u. pflanzl. Überreste, wobei die Bedingungen der Erhaltung sehr verschieden sein können u. z. B. beim menschl. Körper vom Leichenschatten im norddt. Sand bis zur tätowierten Haut im Eis des Altaigebirges reichen. Die unbewegl. B. werden durch Ausgrabungen freigelegt u. wissenschaftlich untersucht, die beweglichen gelangen meist in die Museen.

Bodin [-'dɛ̃], lat. *Bodinus*, Jean, französ. Staatsrechtler, * 1530 Angers, † 1596 Laon; Schöpfer des Begriffs u. Begründer der Lehre von der Souveränität u. erster Theoretiker der absoluten Monarchie: Hptw.: „Six livres de la république" 1576, lat. „De republica libri sex" 1586.

Boehringer, Erich, Archäologe, * 10. 8. 1897 Hamburg, † 3. 4. 1971 Hamburg; 1938 Prof. in Greifswald, 1954–1960 Präsident des Dt. Archäolog. Instituts; Leiter der Ausgrabungen von Pergamon; Hptw.: „Die Münzen von Syrakus" 1927; „Der Caesar von Acireale" 1933.

Boetticher, Heinrich von, Beamter u. Politiker, * 6. 1. 1833 Stettin, † 6. 3. 1907 Naumburg; nach preuß. Beamtenlaufbahn u. konservativer parlamentar. Tätigkeit 1880–1895 Staatssekretär des Reichsamts des Innern u. preuß. Staats-Min. ohne Ressort, seit 1881 Stellvertreter des Reichskanzlers; in Zusammenarbeit mit Bismarck maßgebl. an der Sozialgesetzgebung der 1880er Jahre beteiligt; unter Caprivi Verfechter des „Neuen Kurses"; 1897–1906 Ober-Präs. der Prov. Sachsen.

Boğazköy [bɔː'azkœi], *Bowazkale*, Dorf in der Türkei, 150 km östl. von Ankara, nahebei die Ruinen von Hattusa, der Hptst. der Hethiter.

Bogdan, erster unabhängiger Wojewode der Moldau 1359–1365, † 1365; überwarf sich als Wojewode von Maramarosch mit seinem Lehensherrn, dem ungar. König *Ludwig I.*, u. schuf sich in der angrenzenden Provinz unter seinen walach. Landsleuten einen eigenen Herrschaftsbereich. Gründer des unabhängigen Fürstentums Moldau.

Bogoljubskij, Andrej, Großfürst von Wladimir 1157–1174, * um 1111, † 29. 6. 1174 Bogoljubowo; verlagerte das polit. Schwergewicht von Kiew nach dem nordöstl. Rußland; von Bojaren ermordet.

Bogomilen [slaw., „Gottesfreunde"], hergeleitet von dem angebl. Sektengründer *Bogomil*; Angehörige einer mittelalterl. dualist. Sekte, die im 10. Jh. im Bulgarenreich entstanden ist. Sie verstanden die Welt als Schöpfung des Teufels, verfolgten teilweise sozialrevolutionäre Zielsetzungen, distanzierten sich von der in ihren Augen verweltlichten Kirche u. predigten einen asket. Rigorismus. Wirkungen ihrer Lehre sind Anfang des 12. Jh. in Byzanz u. Konstantinopel, um 1180 im entstehenden serbischen Nemanjidenstaat zu erkennen. Fernwirkungen reichen über Norditalien *(Patarener)* bis Südfrankreich *(Katharer* oder *Albigenser)*. In Bosnien gewannen die B. teilweise im 13.–15. Jh. als Träger des nationalen Widerstandes gegen das ungar. Königtum Rückhalt beim Adel u. bei Hofe (sog. *Bosnische Kirche*, deren „häretischer" Charakter allerdings bis heute umstritten ist).

Bohemund von Tarent, Fürst von Antiochien, * um 1051, † 7. 3. 1111 Apulien; Sohn Robert Guiscards; einer der Führer des 1. Kreuzzuges, Begründer des Fürstentums Antiochien in Syrien, das er bald seinem Neffen Tankred überlassen mußte.

Böhm, *Behem*, Hans, auch unter dem Namen *Pfeifer (Pauker) von Niklashausen* bekannt, religiöser Schwärmer mit sozialrevolutionärer Tendenz; wurde am 19. 7. 1476 in Würzburg verbrannt.

Böhmen, tschech. *Čechy*, Beckenlandschaft im W der Tschechischen Republik, 52 778 km².

Die wahrscheinlich um 400 v. Chr. eingewanderten kelt. *Bojer* gaben dem Land den Namen; sie wurden um Christi Geburt von den german. Markomannen vertrieben, deren Führer *Marbod* 9 v. Chr. ein erstes german. Großreich errichtete. Den nach Bayern abgewanderten Markomannen folgten im 6.–7. Jh. unter awar. Oberhoheit stehende Slawen. Im 9. Jh. war B. vom Frankenreich abhängig bzw. in das Großmährische Reich der Mojmiriden einbezogen.

Das nach dessen Zerfall zersplitterte B. einigte der *Přemyslide* Herzog *Wenzel I.* (921–929). 973 wurde in Prag ein eigenes Bistum errichtet. Břetislaw I. Achilles (1034 bis 1055) legte das Erstgeburtsrecht fest. Wratislaw II. (1061–1092) u. Wladislaw II. (1140–1173) erhielten für ihre Unterstützung der dt. Kaiser den Königstitel. B. wurde unter Ottokar I. (1198–1230) erbl. Königtum. Unter König Přemysl Ottokar II. (1253–1278) erreichte es den Höhepunkt der Machtausdehnung. Beim Griff nach der Kaiserkrone unterlag er dem habsburg. Konkurrenten Rudolf u. fand in der Schlacht auf dem Marchfeld (26. 8. 1278) den Tod. 1306 starben die Přemysliden aus.

Unter den *Luxemburgern* (1310–1437), bes. unter *Karl IV.*, erlebte B. sein „goldenes Zeitalter". Die Hausmachtpolitik Karls I. (Kaiser Karl IV.) brachte zur böhm. Krone u. a. Schlesien u. die Lausitz. 1526–1918 stand B. unter der Herrschaft der *Habsburger*. Als diese mit Rekatholisierungsmaßnahmen vorgingen, erhoben sich 1618 die böhm. Stände u. wählten Friedrich von der Pfalz zum König. Nach dessen Vertreibung wütete die Gegenreformation u. vertrieb glaubenstreue Protestanten. Güterkonfiskationen u. Einschränkungen der ständischen Freiheiten sicherten die habsburg. Herrschaft, die durch die theresian. u. josephin. Reformen der Zentralverwaltung gefestigt wurde.

Die im 18. Jh. beginnende Neubelebung des Nationalgefühls spaltete B. im 19. Jh. in zwei feindl. Lager, ständische u. soziale Gegensätze verschärften die Spannungen. Die *Alttschechen* erstrebten Autonomie im Verband der Habsburger Monarchie, die Jungtsche-

Böhmen, Polen und Ungarn um 1300

chen traten für deren Beseitigung ein. Nach dem 1. Weltkrieg wurde die von J. *Masaryk* u. E. *Beneš* vorbereitete Unabhängigkeit der Tschechoslowakei proklamiert (28. 10. 1918). B. wurde integriert, der dt. Bevölkerungsteil zur Eingliederung gezwungen. 1939–1945 gehörte das „Protektorat B. u. Mähren" zum Dt. Reich.
1945/46 wurden die Sudetendeutschen aus B. vertrieben. Seit 1993 gehört B. zur *Tschech. Republik,* einem der beiden Nachfolgestaaten der Tschechoslowakei.

Böhmer, Johann Friedrich, Historiker, *22. 4. 1795 Frankfurt a. M., †22. 10. 1863 Frankfurt a. M.; 1830–1862 Bibliothekar in Frankfurt a. M. u. zusammen mit G. H. *Pertz* Direktor der „Monumenta Germaniae Historica", gab seit 1832 eine Sammlung von Regesten der dt. Herrscherurkunden bis ins 14. Jh. („Regesta Imperii") heraus. Vertreter der romant. Geschichtsauffassung u. Mitbegründer der modernen Diplomatik.

Böhmischer Aufstand, (1618) → Dreißigjähriger Krieg.

Böhmischer Ausgleich, eine von dem österreich. Min.-Präs. Eduard Graf *Taaffe* mit Vertrauensleuten der Großgrundbesitzer, der Alttschechen u. der Deutschen in Wien ausgehandelte, am 19. 1. 1890 unterzeichnete Vereinbarung über die Sicherung der jeweiligen nationalen Belange in Böhmen. Vorgesehen war u. a. eine Zweiteilung des Prager Obergerichts, des Landeskultur- u. des Landesschulrats in nationale Sektionen, die Abgrenzung nationaler Gerichtsbezirke in gemischtsprachigen Gegenden. Die Verwirklichung scheiterte vornehmlich an der radikalen Agitation der Jungtschechen.

Böhmischer Majestätsbrief, am 9. 7. 1609 von Kaiser Rudolf II. gegebene Zusicherung für die böhm. Stände, ihre Religion gemäß der Böhmischen Konfession von 1575 frei ausüben zu dürfen.

Böhmisch-Pfälzischer Krieg, die erste Phase des *Dreißigjährigen Krieges.*

Boissy d'Anglas [bwa'si: dãg'la:], François Antoine, Graf von, französ. Politiker, *8. 12. 1756 Saint-Jean-Chambre, Dép. Ardèche, †20. 10. 1826 Paris; stimmte im Nationalkonvent gegen die Hinrichtung Ludwigs XVI.; nach Robespierres Sturz Präs. des Konvents u. an der Abfassung der Direktorialverfassung beteiligt, 1801 Mitgl. des Tribunals, 1805 des Senats, nach 1814 von den Bourbonen geadelt u. Mitgl. der Pairskammer.

Bojar [altruss., „Edelmann"], Angehöriger des alten russ. Adels, hervorgegangen aus der *Druschina* der Kiewer Großfürsten. Die B.en erwarben im 12. u. 13. Jh. mit ihrem Grundbesitz zugleich starke wirtschaftl. u. polit. Bedeutung; bes. wichtig war ihr Recht, ihren Herrn frei zu wählen. Die Moskauer Großfürsten drängten seit dem 15. Jh. Einfluß u. Privilegien der B.en mit Hilfe des neugeschaffenen Dienstadels zurück. Beide Gruppen verschmolzen zu einer differenzierten, später völlig vom Staat abhängigen Adelsschicht. Als „Bojarenkinder" wurden die niederen B.en bezeichnet. In die *B.-Duma,* die nur beratende Funktion besaß, wurden hohe, im Hof- u. Staatsdienst tätige Adelige berufen; Peter d. Gr. löste sie auf. Die B.en traten meistens als Verfechter der alten Adelsrechte gegenüber der zentralist., vereinheitlichenden Politik der Moskauer Großfürsten auf.

Bojer, lat. *Boii,* einer der bedeutendsten keltischen Stämme, ursprüngl. in Südwest-Dtschld. ansässig; wanderte im 4. Jh. v. Chr.

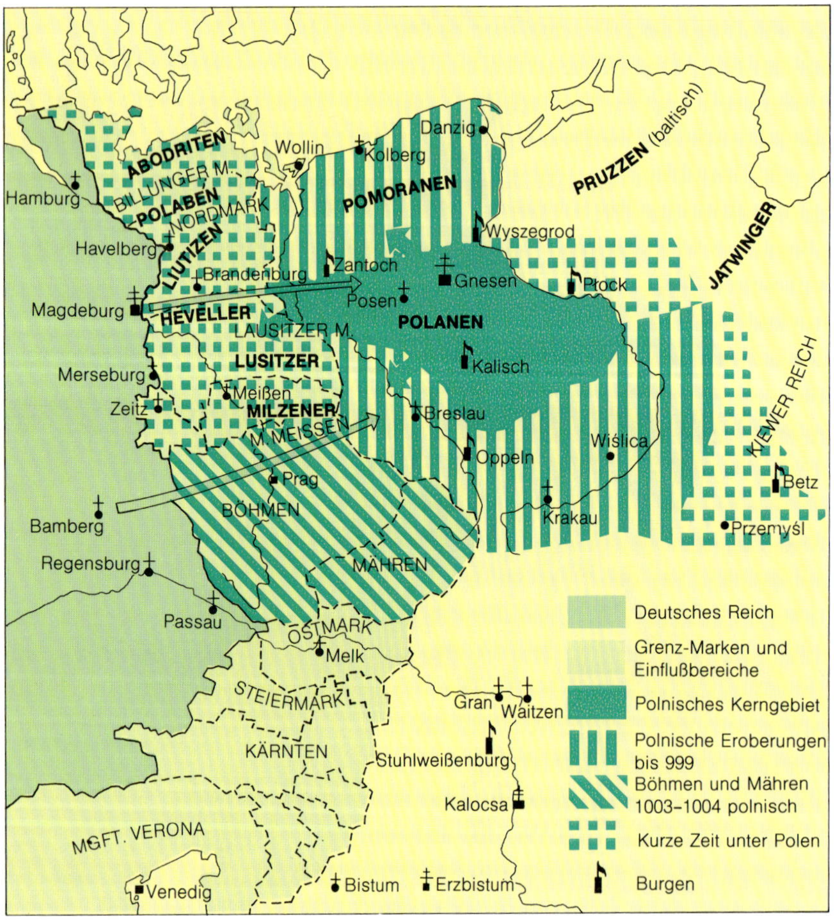

Das Reich Bolesławs (I) um 1000

Simón Bolívar

in das nach ihm benannte Böhmen (Boiohaemum) u. in die Poebene (Hptst. *Bononia,* heute Bologna), wo er 191 v. Chr. von den Römern unterworfen wurde. Um 60 v. Chr. verließ ein Teil der B. unter dem Druck benachbarter german. Stämme Böhmen u. siedelte sich in Noricum, Pannonien u. Gallien an, wo er bald romanisiert wurde. Der in Böhmen verbliebene Rest wurde um Christi Geburt von den Markomannen vertrieben.

Bokassa, Jean Bedel, Offizier u. Politiker in der Zentralafrikan. Republik, *22. 2. 1921 Bobangui, †3. 11. 1996 Bangui; wurde durch Staatsstreich 1966 Staats-Präs., machte sich 1976 zum Kaiser *Bokassa I.,* herrschte despotisch, wurde 1979 gestürzt u. ging ins Exil. 1986 kehrte er zurück, wurde 1987 zum Tode verurteilt, 1988 zu lebenslängl. Haft begnadigt u. 1993 amnestiert.

Bolesław, [bɔ'lɛsuaf], poln. Fürsten: **1.** *B. I. Chrobry* [„der Tapfere"], Herzog 992–1025, König seit 1025, *967, †1025; erwirkte bei Kaiser Otto III. im Zusammenhang mit dessen Idee eines universalen Kaisertums die Gründung des Erzbistums Gnesen, was zur Emanzipation Polens vom Dt. Reich beitrug. Nach Ottos III. Tod führte er 1002–1018 erfolgreiche Kämpfe gegen Kaiser Heinrich II., in denen er die Lausitz u. Mähren gewann; 1018 eroberte er von Kiew die tscherwenischen Burgen (Westukraine).
2. *B. II. Szczodry oder Śmiały* [„der Kühne"], Herzog 1058–1076, König 1076–1079, *1039, †1081; betrieb eine erfolgreiche Machtpolitik gegenüber dem Kiewer Reich u. Ungarn. Den Investiturstreit nutzte er, um die dt. Oberhoheit abzuschütteln u. sich 1076 zum König krönen zu lassen. Eine Verschwörung nach der Verurteilung des Krakauer Bischofs Stanisław zum Tod zwang ihn, 1079 nach Ungarn zu fliehen.
3. *B. III. Krzywousty* [„Schiefmund"], Herzog 1102–1138, *1085, †1138; schlug 1109 Kaiser Heinrich V. bei Breslau zurück, aber huldigte Kaiser Lothar 1135; unterwarf bis 1123 den slaw. Pommernstamm. Der zunehmenden Zersplitterung Polens suchte er durch das *Seniorat* zu begegnen.

Boleyn ['bulin], Anna → Anna (6).

Bolingbroke ['bɔliŋbruk], Henry St. John, Viscount B., engl. Politiker, *16. 9. 1678 Wiltshire, †12. 12. 1751; führender Tory-Politiker unter Königin Anna (1702–1714), 1704–1708 Kriegs-Min., 1710–1714 Außen-Min., maßgeblich am Abschluß des Friedens von Utrecht, der den span. Erbfolgekrieg beendete, beteiligt; 1715–1723 wegen seiner Beteiligung am Aufstand der *Jakobiten* (1715) im französ. Exil, wo er literarisch tätig war; nach seiner Rückkehr ab 1725 Führer der Tory-Opposition gegen Sir Robert Walpole.

Bolívar, Simón, südamerikan. Unabhängigkeitskämpfer u. Nationalheld, *24. 7. 1783 Caracas, †17. 12. 1830 bei Santa Marta (Kolumbien); bereiste längere Zeit Europa; beteiligte sich 1810 in Caracas an der Erhebung gegen die französisch-span. Herrschaft; Befreier *(Libertador)* Venezuelas, Kolumbiens, Panamas, Ecuadors, Perus u. Boliviens von der span. Herrschaft; 1819 Präs. von Kolumbien; 1827 Diktator von Peru. Auf der von ihm 1826 einberufenen 1. Panamerikan. Konferenz in Panama trug B. seinen Plan einer Konföderation aller amerikan. Staaten vor, den er aber nicht verwirklichen konnte.

Bolivien BOL

Republik Bolivien

Fläche: 1 098 581 km². – *Einwohner:* 7,7 Mill. – *Hauptstädte:* Sucre/La Paz. – *Landessprachen:* Spanisch, Ketschua, Aymará. – *Nationalfeiertag:* 6. 8. – *Währung:* 1 Boliviano = 100 Centavos. – *Lage:* zwischen 10°20′ und 23° s. Br. sowie 58° und 69° w. L. – *Zeitzone:* Mitteleuropäische Zeit – 5 Std. – *Grenzen:* im N und O Brasilien, im SO Paraguay, im S Argentinien, im SW Chile, im NW Peru. – *Staatsform:* präsidiale Republik.

1538 von Spanien erobert, gehörte B. bis 1776 zum Vizekönigreich Peru, seitdem zum Vizekönigreich *Río de la Plata.* 1809 begannen die ersten Freiheitskämpfe. 1825 wurde B. unabhängig. Erster Präsident (bis 1828) war A. J. de *Sucre.* Durch einen siegreichen Krieg B.s gegen Peru (1835) kam es zur Bildung einer bolivian.-peruanischen Union, die durch das Eingreifen Chiles (1839) wieder zerbrach. Weitere außenpolit. Konflikte u. innere Unruhen schwächten B. immer mehr. Im *Salpeterkrieg* (1879–1883) verlor B. seinen einzigen Zugang zum Meer an Chile. 1903 war B. gezwungen, im N das an Gummi reiche Acre-Gebiet an Brasilien abzutreten. Weitere territoriale Verluste erlitt es im *Chacokrieg* (1932–1935) gegen Paraguay.

Obwohl reich an Bodenschätzen u. fruchtbarem Boden blieb B. wirtschaftlich u. polit. eines der labilsten Länder Südamerikas. In der Kette von nahezu 200 Putschen seit Erlangung der Unabhängigkeit brachten nur die Regierungszeiten von V. *Paz Estenssoro* (1952–1956, 1960–1964), der sich auf den von ihm gegr. *Movimiento Nacionalista Revolucionario (MNR)* stützte, eine gewisse Kontinuität. Paz Estenssoro war durch Revolution an die Macht gekommen, die eine tiefgreifende Umstrukturierung zur Folge hatte: Verstaatlichung der Minen, Bodenreform, Entwaffnung der Streitkräfte u. Bewaffnung der Arbeitermilizen, Einführung des allg. Wahlrechts, Entmachtung der alten Oberschicht.

1964 stürzten Offiziere der neuen Militärelite Paz Estenssoro; General R. *Barrientos* Ortuño wurde Staats-Präs. (1966 gewählt). Er brach die Macht der Gewerkschaften u. Arbeitermilizen u. zerschlug die Guerillabewegung unter E. *Guevara* (1967 erschossen), der B. als günstige Ausgangsbasis für Revolutionen im Sinne des Castroismus für ganz Lateinamerika angesehen hatte. Ebenfalls durch Umsturz kam A. *Ovando* Gandía, Oberbefehlshaber der Armee u. kurzzeitig bereits Co-Präsident, an die Macht. Er wollte an den 1952 eingeleiteten Reformkurs anknüpfen u. versuchte zwischen den polit. Kräften zu lavieren. 1970 wurde er von linksnationalen Militärs unter General J. J. *Torres* González gestürzt, die ein Reformprogramm nach peruan. Vorbild in Angriff nahmen. 1971 kam durch Militärputsch ein rechtes Regime unter Oberst H. *Banzer* an die Macht. Es ließ 1978 Wahlen zu, die wegen Fälschung gerichtlich annulliert wurden. 1978/79 folgten drei Militärputsche kurz aufeinander. Der dritte stieß auf starken Widerstand der Bevölkerung u. brach zusammen. Auf die Parlamentswahlen im Juni 1980, die einem Mitte-links-Bündnis die Mehrheit brachten, reagierte das Militär im Juli mit einem Staatsstreich, dem eine blutige Unterdrückung der demokrat. Kräfte folgte. In der Folge regierte das Militär unter wechselnder Führung.

Angesichts einer katastrophalen Wirtschaftslage mußte es 1982 unter dem Druck eines Generalstreiks den Weg zu demokrat. Verhältnissen freigeben. Staatspräsident war 1982–1985 der linksstehende H. *Siles Zuazo,* der schon 1956–1960 das Amt bekleidet hatte. 1985 gelangte erneut Paz Estenssoro als Kandidat des MNR in das Amt des Staatspräsidenten. Er leitete tiefgreifende Wirtschaftsreformen ein. 1989 wurde J. *Paz Zamora* vom sozialdemokrat. *Movimiento de la Izquierda Revolucionario (MIR)* Präsident. Durch ein Abkommen mit Peru erhielt B. 1992 eine Freihandelszone im peruanischen Hafen Ilo u. damit wieder einen Zugang zum Pazifik. Bei den Präsidentschaftswahlen 1993 konnte G. *Sánchez de Lozada* vom MNR die meisten Stimmen auf sich vereinigen. Zu seinem Nachfolger als Staatschef wurde 1997 der frühere Amtsinhaber Banzer von der konservativen *Acción Democrática Nacionalista (ADN)* gewählt.

Bolotnikow [-kɔf], *Bolotnikov,* Iwan Isajewitsch, russ. Bauernführer, † 1608 Tula (?); führte z. Z. der Wirren in Rußland 1606/07 einen bäuerl.-kosak. Aufstand an, der durch die Beteiligung anderer Gruppen zeitweise zur sozialrevolutionären Bewegung wurde. Nach seiner Niederlage vor Tula gegen den Zaren Schujskij hingerichtet.

Bolschewiki [Pl., Sg. der *Bolschewik;* russ., „Mehrheitler"], Bez. der Anhänger *Lenins,* seit sie auf dem II. Kongreß der russ. Sozialdemokraten in Brüssel u. London (Juli/August 1903) eine Zufallsmehrheit erreichten. Die beiden Flügel der B. u. der *Menschewiki* („Minderheitler") entwickelten sich in der Folge zu selbständigen Parteien. Obwohl die gemäßigten, auf eine evolutionäre Entwicklung setzenden Menschewiki in den Arbeiterräten (Sowjets) von 1905 u. 1917 eine bedeutende Rolle spielten, konnten sich die radikalen, revolutionären B. in der Oktoberrevolution 1917 durchsetzen; sie verdrängten die Menschewiki u. verfolgten sie. Von April 1917 bis Oktober 1952 wurde die Bez. B. dem offiziellen Parteinamen (Kommunistische Partei der Sowjetunion) hinzugefügt.

Bolschewismus [von russ. *Bolschewiki,* „Mehrheitler"], von W. I. *Lenin* u. J. W. *Stalin* aus dem Marxismus entwickeltes System polit. Ideen u. Strategien. Der Begriff B. geht zurück auf die Spaltung der russ. Sozialdemokratie auf dem Parteitag 1903 in → Bolschewiki u. *Menschewiki.* Lenin gelang es in der Folgezeit, seine politisch-revolutionäre Konzeption durchzusetzen u. damit in Rußland den Umsturz herbeizuführen. Er sah dabei die Partei in der Rolle einer Kaderorganisation von Berufsrevolutionären, die sich am Prinzip des „demokratischen Zentralismus" ausrichtete. Ursprüngl. nur parteitaktisches Zeitprogramm im zaristischen, vorrevolutionären Rußland, wurde der B. nach der Revolution 1917 ideologische Grundlage der polit. Erneuerung. Dabei sah man – in Abänderung der Gedanken von Marx u. Engels – die Möglichkeit des Aufbaus des „Sozialismus in einem Land", dem agrarisch geprägten Rußland, in dem die Partei als Kaderorganisation eine proletarische Massenbasis schaffen sollte. Die diktatorische Ordnung der Sowjetunion wurde mit dem Weiterbestehen kapitalistischer Staaten gerechtfertigt, die die errungene Herrschaft gefährdeten. Aufgrund dieser These kam es zur stalinistischen Terrorherrschaft. Seit Beginn der 1950er Jahre war der Begriff B. in den sozialist. Staaten weitgehend außer Gebrauch.

Bolz, 1. Eugen, Politiker (Zentrum), * 15. 12. 1881 Rottenburg, † 23. 1. 1945 Berlin (hingerichtet); Jurist; 1919 Justiz-Min., 1923–1933 Innen-Min., 1928–1933 Staatspräsident von Württemberg; wegen Verbindung zur Widerstandsbewegung des 20. Juli im Dez. 1944 vom Volksgerichtshof zum Tode verurteilt.
2. Lothar, Politiker (NDPD), * 3. 9. 1903 Gleiwitz, † 29. 12. 1986 Ostberlin; Rechtsanwalt, 1933 emigriert, 1939–1945 in der Sowjetunion, 1948 Mitbegründer u. bis 1972 Vors. der National-Demokrat. Partei der DDR, war 1949–1953 Min. für Aufbau und 1953–1965 Min. für Auswärtige Angelegenheiten der DDR, 1950–1967 zugleich stellvertr. Min.-Präs.

Bonampak, Ruinenstadt der Maya im Urwald des Bundestaates Chiapas (Mexiko), 450–800 n. Chr., 1946 entdeckt. Architektonisch u. im künstlerischen Ausdruck ist B. verwandt den Schwesterstädten *Piedras Negras* u. *Yaxchilán* (Usumacinta-Stil), mit denen es in lockerer polit. Verbindung stand. Am bekanntesten in B. ist der dreiräumige „Tempel der Gemälde", dessen Innenwände u. spitzkonische Deckenflächen gänzl. mit in al fresco-Technik ausgeführten Wandmalereien bedeckt sind (UNESCO-Veröffentlichung), heute durch den Tourismus weitgehend zerstört. Die realistischen, in vielfältig leuchtender Farbskala gehaltenen Gemälde zeigen Prozessionen mit Tänzern u. Musikanten, Kriegs-, Unterwerfungs- u. Opferszenen.

Bonaparte, *Buonaparte,* kors. Familie, durch Napoleon B. bedeutungsvoll für die französ. u. europ. Geschichte: **1.** Carlo, * 29. 3. 1746 Ajaccio, † 24. 2. 1785 Montpellier; Jurist, Vater von 11), bekam seinen kors. Adelstitel von Frankreich bestätigt; verheiratet mit 6).
2. Elisa (Maria-Anna), Schwester von 11), Fürstin von Piombino ab 1805, Großherzogin von Toskana 1809–1814; * 3. 1. 1777 Ajaccio, † 6. 8. 1820 bei Triest; verheiratet mit Felice Bacciocchi, Fürst von Lucca u. Piombino (* 1762, † 1841).
3. Jérôme, Bruder von 11), Fürst von Montfort ab 1816, König von Westfalen 1807–1813 (Hofhaltung in Kassel), * 15. 11. 1784 Ajaccio, † 24. 6. 1860 Schloß Villegenis bei Massy.
4. Jérôme Napoleon, gen. Prinz Plon-Plon, Sohn von 3), * 9. 9. 1822 Triest, † 18. 3. 1891 Rom; im Krimkrieg General, liberal eingestellt u. Opponent Napoleons III. im Senat, 1876/77 als Vertreter der Linken Abg. in der Deputiertenkammer. Seit 1879 Haupt des Hauses B., dessen Ansprüche auf seine Nachkommen übergingen.
5. Joseph, Bruder von 11), König von Neapel 1806 bis 1808, von Spanien 1808–1813, * 7. 1. 1768 Corte, Korsika, † 28. 7. 1844 Florenz; lebte 1815–1841 in den USA (New Jersey).
6. Letizia (Lätitia), Frau von 1), Mutter von 11), * 24. 8. 1750 Ajaccio, † 2. 2. 1836 Rom.
7. Louis Napoleon, Sohn von 9), → Napoleon III.
8. Lucien, Bruder von 11), Fürst von Canino 1814, * 21. 5. 1775 Ajaccio, † 30. 6. 1840 Viterbo; verhalf als Präs. des Rats der Fünfhundert Napoleon zur Macht beim Staatsstreich am 18. Brumaire; später seinem Bruder entfremdet.
9. Ludwig (Louis), Bruder von 11), König von Holland 1806–1810, * 2. 9. 1778 Ajaccio, † 25. 7. 1846 Livorno; 1802 gegen seine Neigung verheiratet mit Hortense *Beauharnais,* Vater Napoleons III.
10. Maria Annunziata (Karoline), Schwester von 11), Königin von Neapel, * 25. 3. 1782 Ajaccio, † 18. 5. 1839 Florenz; heiratete 1800 Joachim *Murat.*

11. → Napoleon I.
12. Pauline (Marie Paulette), Schwester von 11), *20. 10. 1780 Ajaccio, †9. 6. 1825 Florenz; 1803 verheiratet mit dem Fürsten Camillo Filippo Ludovico Borghese, Herzog von Guastalla; begleitete Napoleon nach Elba.

Bonapartismus, *i. w. S.* Errichtung einer (Militär-) Diktatur nach Art *Napoleons I.*, die eine Zeit revolutionärer Unruhe beendet; *i. e. S.* eine plebiszitäre, auf das kapitalkräftige Bürgertum gestützte, technische Fortschritt u. Industrialisierung bewußt fördernde Diktatur wie das Herrschaftssystem *Napoleons III.*, das man für das Vorbild der modernen, nichtkommunistischen Diktaturen hält.

Bonapartisten, auch *Imperialisten*, im 19. Jh. polit. Richtung in Frankreich, die für die Herrschaftsansprüche der Familie *Bonaparte* eintrat. Seit dem Tod des einzigen Sohns Na-

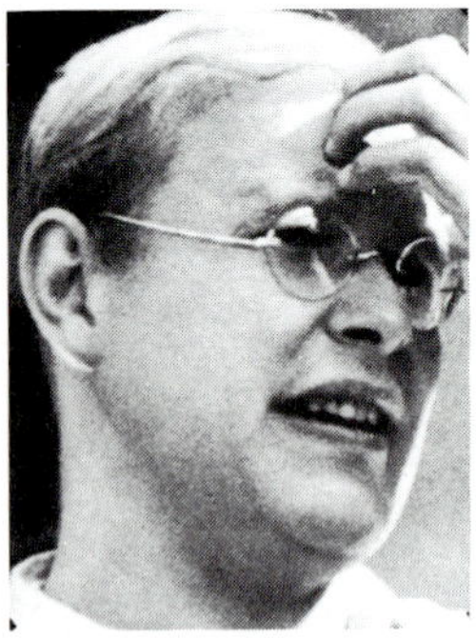

Dietrich Bonhoeffer

poleons III. (1879) u. vor allem seit der Krise um G. *Boulanger* bedeutungslos.

Boncompagni [-'panji], römisches Adelsgeschlecht, aus dem viele kirchl. Würdenträger, u. a. Papst Gregor XIII., entstammen.

Bonfini, Antonio, italien. Humanist u. Geschichtsschreiber, *nach 1427 Patrignone bei Ascoli, †1502 (?) Ofen; schrieb im Auftrag des ungar. Königs Matthias Corvinus im humanist. Stil eine Geschichte Ungarns („Rerum Ungaricarum Decades"), die für die Folgezeit beispielgebend wurde.

Taufe (links) und Märtyrertod des Bonifatius; Sakramentar aus dem 11. Jh.

Bonhoeffer, Dietrich, ev. Theologe, *4. 2. 1906 Breslau, †9. 4. 1945 KZ Flossenbürg; nach Vikariat in Barcelona u. Berlin-Wedding 1930 Habilitation in Berlin, 1931 Studentenpfarrer an der Techn. Hochschule Berlin; 1935 Leiter des ev. Predigerseminars der Bekennenden Kirche in Finkenwalde, Pommern; 1936 Entzug der Lehrbefugnis. In der Mitte seines Denkens u. Handelns stand das Kirchenproblem, die Diesseitigkeit des Christentums u. die „nichtreligiöse Interpretation biblischer Begriffe" in der „mündig" gewordenen Welt. B. versuchte im Mai 1942, über den Bischof von Chichester im Ausland Rückhalt für den Widerstand gegen Hitler zu finden; er wurde am 5. 4. 1943 verhaftet u. kurz vor Kriegsende nach einem standrechtl. Verfahren hingerichtet. Hptw.: „Nachfolge" 1937; „Ethik", aus dem Nachlaß hrsg. von E. Bethge 1952; „Widerstand u. Ergebung", hrsg. von E. Bethge, Neuausg. 1970. – Dietrich Bonhoeffer Werke 1986 ff.

Bonifatius, eigentl. *Wynfrith, Winfrid*, angelsächs. Benediktinermönch u. Missionar, *um 675 in Wessex, †5. 6. 754 bei Dokkum (Friesland); kam als Missionar auf das Festland, wo sein erster Bekehrungsversuch bei den Friesen 716 scheiterte. Papst Gregor II. beauftragte ihn 719 mit der Mission auf dem Gebiet des späteren Dtschld.; seit 721 missionierte B. in Hessen u. Thüringen, wurde 722 Bischof u. 732 Erzbischof. Er organisierte seit 738 als päpstl. Legat die bayer. u. mitteldt. Kirche (Errichtung der Bistümer Salzburg, Regensburg, Freising, Passau, Eichstätt, Würzburg, Büraburg, Erfurt sowie der Klöster Fulda, Amöneburg, Ohrdruf, Fritzlar, Tauberbischofsheim, Kitzingen, Ochsenfurt); sein Versuch, die fränk. Kirche zu reformieren, hatte wegen des Widerstrebens des fränk. Adels nur teilweise Erfolg. 746 übernahm B. das Bistum Mainz, nachdem seine Erhebung auf den bischöfl. Stuhl von Köln gescheitert war. 754 zog er nochmals als Missionar nach Friesland, wo er mit zahlreichen Gefährten den Märtyrertod erlitt; seine letzte Ruhestätte fand er in Fulda. – Die von ihm geknüpfte enge Verbindung der fränkischen Kirche an das Papsttum hatte lange Bestand. Fest: 5. 6.

Bonifatius, Päpste: **1.** *B. I.*, 418–422, Römer, Heiliger, †4. 9. 422 Rom; konnte sich 419 mit byzantinischer Hilfe gegen den Gegenpapst *Eulalius* durchsetzen u. war erfolgreich um Beilegung innerkirchl. Streitigkeiten u. Wahrung seiner Rechte gegenüber dem Patriarchen von Konstantinopel bemüht. Fest: 4. 9.

Carlo Bonaparte (* 1746, † 1785) ∞ **Letizia Bonaparte** (* 1750, † 1836)

Napoleon I. (* 1769, † 1821)
Kaiser der Franzosen
1804-1815
∞ 1. Josephine Tascher de la Pagerie, Witwe Alexandre de Beauharnais'
2. Marie-Louise v. Österreich Tochter Kaiser Franz I.

Elisa (* 1777, † 1820)
Großherzogin von Toskana
∞ Felice Bacciochi
Fürst von Lucca und Piombino

Pauline (* 1780, † 1825)
Herzogin von Guastalla
∞ 1. General Leclerc
2. Camillo Borghese

Jérôme (* 1784, † 1860)
König von Westfalen
1807-1813
∞ 1. Elisa Patterson
2. Katharina von Württemberg

Joseph (* 1768, † 1844)
König von Neapel
1806-1808
König von Spanien
1808-1813
∞ Julie Clary

Lucien (* 1775, † 1840)
Fürst von Canino
∞ 1. Christine Eleonore Boyer
2. Marie-Alexandrine de Bleschamp verw. Jouberthon

Ludwig (* 1778, † 1846)
König von Holland
1806-1810
∞ Hortense de Beauharnais, Tochter der Josephine Tascher

Karoline (* 1782, † 1839)
∞ Joachim Murat
König von Neapel

(2) **Napoleon II.** (* 1811, † 1832)
König von Rom
Herzog von Reichstadt

Charles Louis **Napoleon III.** (* 1808, † 1873)
Kaiser der Franzosen
1852-1870
∞ Eugénie Marie de Montijo de Guzmán

2. *B. II.*, 530–532, †532 Rom; stammte aus gotischer, aber romanisierter Familie; bestätigte die 529 erfolgte Verurteilung des Semipelagianismus.
3. *B. III.*, 607, Römer, †12. 11. 607 Rom; verbot Wahlabsprachen zu Lebzeiten eines Papstes.
4. *B. IV.*, 608–615, Benediktiner, Heiliger, †8. 5. 615 Rom; weihte das Pantheon in Rom zur Kirche u. war versöhnl. gegenüber den Monophysiten. Fest: 8. 5.
5. *B. V.*, 619–625, aus Neapel, †25. 10. 625 Rom; sehr um die erstarkende Kirche Englands bemüht.
6. *B. VI.*, 896, Römer, †896 Rom; von Aufständischen nach dem Tod des Formosus zum Papst erhoben; starb bereits zwei Wochen nach seinem Pontifikatsantritt.
7. *B. (VII.)*, 974 u. 984/85, Römer, †Ende Juli 985 (wohl ermordet); skrupelloser, von röm. Adeligen aus polit. Gründen erhobener Gegenpapst, der 974 Papst Benedikt VI. u. 984 Papst Johannes XIV. töten ließ. Dazwischen war er vor Kaiser Otto II. nach Byzanz geflohen.
8. *B. VIII.*, 1294–1303, eigentl. *Benedetto Gaetani*, *um 1235 Anagni, †11. 10. 1303 Rom; 1281 Kardinal, Berater Papst Cölestins V. B., eine willensstarke Herrscherpersönlichkeit, war vor allem Kanonist u. Politiker. Er versuchte vergebl., den päpstl. Weltherrschaftsanspruch über die erstarkenden Nationalstaaten zu behaupten (1302 Bulle „Unam sanctam"). Seine Niederlage gegen Philipp IV. von Frankreich leitete den Niedergang der päpstl. Macht ein. B. führte das Heilige Jahr ein (zuerst 1300) u. erweiterte das kirchl. Gesetzbuch durch eine Sammlung der seit 1234 erlassenen päpstl. Dekretalen.
9. *B. IX.*, 1389–1404, eigentl. *Pietro Tomacelli*, *um 1350 Neapel, †1. 10. 1404 Rom; Nachfolger Urbans VI. in Rom, während in Avignon Klemens VII. amtierte. Er stellte die päpstliche Herrschaft im Kirchenstaat wieder her. Von der Rechtmäßigkeit seiner Würde überzeugt, bemühte er sich zuwenig um die Beilegung des Schismas.

Bonn, Stadt in Nordrhein-Westfalen, 291 000 Ew. Nördl. vom heutigen Stadtkern befand sich zur Römerzeit das Militärlager *Castra Bonnensia*. Nach der fränk. Eroberung entstand bei einer Märtyrerkirche eine Siedlung, die mit der Ummauerung 1244 Stadtcharakter erhielt. B. war schon seit dem 13. Jh. häufig Aufenthaltsort der Kölner Erzbischöfe u. Kurfürsten; im 16. Jh. wurde es Verwaltungszentrum, im 17. Jh. Residenz des Erzbistums. Gleichzeitig wurde es zur Festung ausgebaut. 1798–1814 war B. französisch, dann kam es zu Preußen. 1948/49 tagte in B. der Parlamentar. Rat. 1949 wurde es zur vorläufigen Bundeshauptstadt erklärt. 1991 beschloß der Bundestag, Parlaments- u. Regierungssitz nach Berlin zu verlegen; für den Umzug wurden mehrere Jahre veranschlagt.

Bonnet [-'nɛ], Georges, französ. Politiker, *23. 7. 1889 Basillac, Dordogne, †18. 6. 1973 Paris; Radikalsozialist, von 1926–1936 verschiedene Ministerämter, 1937 Botschafter in Washington, 1938/39 Außen-Min., Vertreter der Beschwichtigungspolitik, 1941 Mitgl. des Nationalrats der Vichy-Regierung, nach Kriegsende im Schweizer Exil, 1951 Rückkehr in die französ. Politik, 1956 Abgeordneter.

Bonvin [bɔ̃'vɛ̃], Roger, schweizer. Politiker (kath.-konservativ), *12. 9. 1907 Icogne-Lens, Wallis, †5. 6. 1982 Sitten; 1962–1973 im Bundesrat, Vorsteher des Finanz- u. Zoll-, seit 1968 des Verkehrs- u. Energiewirtschaftsdep., 1967 u. 1973 Bundespräsident.

Boone [bu:n], Daniel, US-amerikan. Pionier, *2. 11. 1734 bei Reading, Berks County, Pa., †26. 11. 1820 bei St. Charles, Mo.; seine Taten in den Indianerkämpfen bei der Besiedelung u. Eroberung Kentuckys im 18. Jh. leben heute noch in der amerikan. Volksdichtung u. Literatur in sagenhafter Übertreibung („Lederstrumpf").

Bootgrab, *Schiffsgrab*, die Beisetzung des Toten in einem Boot oder Schiff, das von einem Grabhügel überwölbt ist; tritt in Nordeuropa vom Ende der Jungsteinzeit bis in die Wikingerzeit auf (Sutton Hoo, Oseberg). Vielleicht als Ersatz für ein Schiff kommt in Nordeuropa u. im Baltikum seit der Bronzezeit auch die Sitte vor, das Grab mit einer schiffsförmigen Steinsetzung zu umgeben.

Böotischer Bund, Verband der Städte der Landschaft *Böotien* in Mittelgriechenland; seit dem 5. Jh. v. Chr. unter Führung Thebens, verwaltet von 11 (bis 386 v. Chr., gegen 370 v. Chr. nur noch 7) aus den Mitgliedsbezirken nominierten *Boiotarchen* unter Kontrolle von 660 Räten. Berühmtester Boiotarch war *Epaminondas*.

Borchardt, Ludwig, Ägyptologe, *5. 10. 1863 Berlin, †12. 8. 1938 Paris; Ausgrabungen in Abusir u. Amarna; begründete das Deutsche Archäolog. Institut in Kairo u. war dessen erster Direktor 1906–1929; Mitorganisator des „Catalogue général du musée du Caire".

Borden ['bɔ:dən], Sir Robert Laird, kanad. Politiker (zunächst Liberaler, dann Konservativer), * 26. 6. 1854 Grand Pré, Neuschottland, †10. 6. 1937 Ottawa; 1911–1920 Premier-Min., setzte sich auf der Pariser Friedenskonferenz 1919 für Kanadas staatl. Eigenständigkeit ein.

Borghese [-'ge:zə], röm. Adelsfamilie, aus der u. a. Papst *Paul V.* (1605–1621) stammte. Weltberühmt durch die Sammlung antiker Kunstwerke u. neuzeitl. Gemälde, die sich, meist von dem Neffen Pauls V. zusammengebracht, bis 1891 in dem großen Stadtpalast der fürstl. Familie an der Via di Ripetta in Rom (begonnen 1590) befand. Seitdem sind die Gemälde u. Statuen Staatsbesitz u. in das Casino der *Villa B.* übergeführt, in einem großen Parkgelände, das an die Anlagen des Monte Pincio anschließt u. 1903 von der Stadt Rom übernommen wurde. Im Casino u. a. die berühmte ruhende Plastik der Pauline B.(Bonaparte) von Canova, die eine Schwester Napoleons war u. 1803 den Fürsten Camillo Filippo Ludovico B. (*1775, †1832) heiratete. Die Familie verlor um 1890 ihr Vermögen.

Borgia, ['bɔrdʒa], *Borja*, spanisches Adelsgeschlecht aus Játiva bei Valencia, das zu Beginn des 15. Jh. in Italien Macht erlangte: **1.** Alonso, wurde 1455 Papst unter dem Namen → Kalixt III.
2. Cesare, Sohn von 4), italien. Fürst, *13. 9. 1475, †12. 3. 1507 Viana, Spanien (gefallen im Dienst des Königs von Navarra); 1493 Erzbischof von Valencia, 1493–1498 Kardinal, 1501 Herzog der Romagna; skrupelloser Renaissancefürst, der mit Hilfe seines Vaters im Kirchenstaat u. in den angrenzenden Gebieten ein mittelitalien. Herzogtum aufbaute, das nach dem Tod Alexanders VI. zerfiel. Bei der Verfolgung seiner Pläne räumte er mit Dolch u. Gift seine Gegner, auch den eigenen Schwager, aus dem Weg. Er war das Vorbild für *Machiavellis* „Principe".
3. Lucrezia, Tochter von 4), *18. 4. 1480, †24. 6. 1519 Ferrara; förderte Kunst u. Wissenschaft; war mehrmals verheiratet, zuletzt in dritter Ehe mit Alfonso I. d'Este von Ferrara. Als Opfer der skrupellosen Familienpolitik wurde sie von ihren Zeitgenossen (wohl zu Unrecht) einer unsittl. Lebensführung beschuldigt.
4. Rodrigo , Neffe von 1), wurde 1492 Papst unter dem Namen → Alexander VI.; er hatte die Kinder: Cesare, Giovanni (Juan), Goffredo, Luigi u. Lucrezia. Aus Giovannis Familie ging Franz von Borgia hervor.

Martin Bormann an der Seite Hitlers

Boril, bulgar. Zar 1207–1218, Neffe des Zaren Kalojan (1197–1207), an dessen gewaltsamem Ende er mitbeteiligt war. Seine außenpolit. Mißerfolge (1208 vernichtende Niederlage gegen den latein. Kaiser von Konstantinopel, Heinrich von Flandern, bei Plovdiv) ebneten dem rechtmäßigen Thronerben Ivan Asen II., der ihn 1218 blenden ließ, den Weg. B. ist als Verfolger der *Bogomilen* (Synode von Tirnowo 1211) bekannt geworden.

Boris, Fürsten. Bulgarien: **1.** *B. I.*, erster christl. Fürst der Bulgaren 852–889 (getauft 864 oder 865, Taufname Michael), †2. 5. 907; eröffnete den aus Mähren vertriebenen slaw. Missionaren eine neue Wirkungsstätte u. förderte den Aufbau einer bulgar. Nationalkultur (Kulturzentren in Ochrid u. in der neuen Residenz Preslav); zog sich am Ende seines Lebens ins Kloster zurück; heiliggesprochen.
2. *B. III.*, König 1918–1943, Sohn Ferdinands I., *30. 1. 1894 Sofia, †28. 8. 1943 Sofia; erfolgreich beim Aufbau Bulgariens nach dem 1. Weltkrieg gegen außenpolit. Widerstand (Balkan-Entente) u. innenpolit. gegenüber A. *Stambolijski*; regierte seit 1934 autoritär; schloß sich im 2. Weltkrieg den Achsenmachten an.
Rußland: **3.** *B. Godunow*, Zar von Rußland 1598–1605, *um 1551 Kostroma, †23. 4. 1605 Moskau; *Bojar*, leitete 1584–1598 die Regierung für seinen Schwager, den Zaren *Fjodor I.* In B. Godunows Regierungszeit festigten sich die Leibeigenschaft der russ. Bauern u. die Unabhängigkeit der Kirche. Soziale Spannungen führten zu Aufständen mit falschen Thronprätendenten (*Pseudodemetrius*), die die Zeit der Wirren (1601 bis 1613) einleiteten.

Boris und Gleb, Kiewer Fürsten, beide †1015; Söhne Wladimirs des Heiligen; die christlich getauften Brüder wurden im Kampf um die Nachfolge des Vaters von ihrem heidnisch gebliebenen Halbbruder Swjatopolk ermordet. Seit ihrer erstmals 1072 erwähnten Heiligsprechung gelten sie als die ersten Heiligen der russ. Kirche.

Bormann, Martin, nat.-soz. Politiker, *17. 6. 1900 Halberstadt, †2. 5. 1945 Berlin; Gutsverwalter; 1922/23 Mitgl. eines Freikorps, 1924 wegen Beteiligung an einem Fememord zu einem Jahr Gefängnis verurteilt; 1927/28 NSDAP-Funktionär in Thüringen, seit 1928 in der Reichsleitung der Partei in München, 1933 Stabsleiter des „Stellvertreters des Führers", R. Heß, ab 1934 im Rang eines Reichsleiters; nach Heß' Flug nach England 1941 Leiter der Parteikanzlei, 1943 „Sekretär des Führers". B. wurde seit 1941 einer der einflußreichsten Mitarbeiter Hitlers; seine Macht gegenüber parteiamtl. u. staatl. Stellen beruhte darauf, daß er, bes. seit 1943, den Zugang zu Hitler kontrollierte. Vom Internationalen Gerichtshof in Nürnberg wurde er 1946 in Abwesenheit zum Tode verurteilt. Sein lange bezweifelter Tod ist durch die Identifikation seines 1972 in Berlin aufgefundenen Skeletts erwiesen.

Bornhöved, Gemeinde in Schleswig-Holstein, Ldkrs. Segeberg, östl. von Neumünster, 2600 Ew.; Feldsteinkirche (12., 18./19. Jh.). – Am 22. 7. 1227 siegte bei B. ein vereinigtes norddt. Heer (Lübecker, Hamburger, Dithmarscher, Graf Heinrich I. von Schwerin, Graf Adolf IV. von Holstein, Erzbischof Gerhard II. von Hamburg-Bremen u. Herzog Albrecht von Sachsen) über König Waldemar II. von Dänemark, wodurch dieser die ihm 1214 von Kaiser Friedrich II. verliehenen Länder nördl. von Elbe u. Elde (außer Rügen) wieder verlor.

Borobudur, buddhist. Kultstätte in Indonesien (Mittel-Java), zur Zeit der Shailendra-Dynastie (8./9. Jh. n. Chr.) gebaut, erstreckt sich über eine Fläche von ca. 1,5 km², erhebt sich über mandalaförmigem Grundriß als abgestumpfte Pyramide mit 9 Terrassen u. gipfelt in einem Stupa inmitten von 72 kleineren Stupas, mit denen die drei oberen Terrassen besetzt sind.

Borodino, Dorf 124 km westl. von Moskau an der Mündung der Kolotscha in die Moskwa. In der Schlacht von B. am 7. 9. 1812 erkämpfte sich Napoleon gegen Kutusow den Zugang nach Moskau.

Borough [ˈbʌrə; engl.], im mittelalterl. England Bez. für Städte, die durch Freibriefe mit besonderen Privilegien ausgestattet waren; seit dem 16. Jh. vor allem bedeutend als Wahlkreise für das Unterhaus. Jedes B. entsandte zwei Abgeordnete; das Wahlrecht war von B. zu B. verschieden. Im 18. Jh. hatten viele B.s ihre einstige Bedeutung verloren, ihr Wahlprivileg aber behalten. Das B. Old Sarum entsandte z. B. zwei Abgeordnete, hatte aber nur sieben Wähler. Solche „rotten boroughs" spielten in 18. Jh. für Wahlmanipulationen durch Bestechung der Wähler eine große Rolle. Mit der Änderung des Wahlrechts 1832 u. den Reformen in der Lokalverwaltung seit 1835 wurde das B. zu einer modernen kommunalen Verwaltungseinheit.

Borsippa, *Barsip*, heute *Birs Nimrud*, altmesopotamische Stadt u. bedeutende Kultstätte südl. von Babylon, mit dem sie durch einen Kanal verbunden war. Die Reste eines Stufentempels *(Zikkurat)* wurden von einigen Forschern als bibl. „Turm von Babel" angesehen.

Bosnien und Herzegowina — BIH

Republik Bosnien-Herzegowina

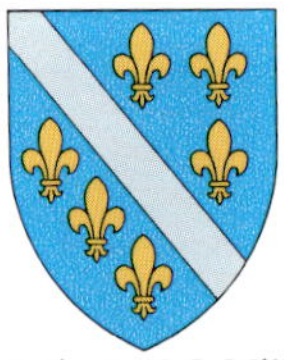

Fläche: 51 129 km². – *Einwohner:* 3,5 Mill. – *Hauptstadt:* Sarajevo. – *Landessprache:* Serbokroatisch. – *Nationalfeiertag:* 1. 3. – *Währung:* 1 Bosnisch-Herzegowinischer Dinar = 100 Para. – *Lage:* zwischen 42°34′ und 45°16′ n. Br. sowie 15°45′ und 19°37′ ö. L. – *Zeitzone:* Mitteleuropäische Zeit. – *Grenzen:* in N, W und SW Kroatien, im O und SO Jugoslawien. – *Staatsform:* Republik

Seit dem 2. Jh. v. Chr. wurden die ansässigen illyr. Stämme in das röm. Reich eingegliedert; slaw. Besiedlung erfolgte im 7. Jh.; eine eigenständige Entwicklung wurde durch mächtige Nachbarn lange Zeit behindert. Gestützt auf den Erzreichtum des Landes, konnten sich seit dem 12. Jh. einheim. Herrscher durchsetzen. Höhepunkt der territorialen Ausdehnung war die Erweiterung bis an die Adriaküste (Kotor, Split, Schibenik, Trogir) unter Ban Tvrtko I. (1353–1391), der sich 1377 in Mileševo zum König Bosniens u. Serbiens krönen ließ u. das Gebiet endgültig aus der ungar. Oberhoheit löste. 1463 eroberten die Türken Bosnien, 1482 auch das Land Hum (im 14. Jh. an Bosnien angegliedert, seit 1448 durch Verleihung des Herzogstitels bekannter als „Herzogsland", d. i. Herzegowina). In der Folgezeit gab es unter dem Adel u. den Städtern große Islamisierungserfolge. Bosnien wurde zu einem typ. Übergangsland zwischen den ethn. Gruppen (Kroaten u. Serben) u. den Konfessionen (Katholizismus, Orthodoxie u. Islam). Es war 1878 unter österr. Verwaltung, wurde 1908 von Österreich annektiert (Bosnische Krise) u. kam 1918 zum Königreich der Serben, Kroaten u. Slowenen, dem späteren Jugoslawien. Im 2. Weltkrieg war das Gebiet Teil der von Deutschland abhängigen Republik Kroatien. 1946 wurde B. Teilrepublik des jugoslaw. Bundesstaates. Mit dem Zerfall Jugoslawiens erklärte das Parlament (ohne Mitwirkung der serb. Abgeordneten) B. am 15. 10. 1991 für souverän. Der Parlamentsbeschluß wurde in einem Referendum am 29. 2. u. 1. 3. 1992, das von der serb. Volksgruppe boykottiert wurde, bestätigt. Aus diesen Entscheidungen entwickelte sich zwischen bosn. Serben, bosn. Kroaten u. bosn. Moslems ein blutiger Bürgerkrieg. Die EG erkannte am 7. 4. 1992 die Unabhängigkeit B.s an. Bosn. Serben u. bosn. Kroaten riefen souveräne Staaten auf bosn. Gebiet aus. Die bosn. Serben eroberten mit Unterstützung „Rest-Jugoslawiens" bis Okt. 1992 rd. 70 % des Staaatsgebiets von B. Auch zwischen den zumächst gemeinsam operierenden Truppen der bosn. Kroaten u. bosn. Moslems kam es zu militär. Auseinandersetzungen. Internationale Vermittlungsbemühungen, der Einsatz von UN-Truppen u. die Einrichtung von Schutzzonen für die moslem. Bevölkerung verhinderten nicht die Eskalation der Auseinandersetzungen. Unter dem Begriff „ethn. Säuberungen" vertrieben insbes. die bosn. Serben Angehörige der anderen Volksgruppen aus denen von ihnen eroberten Gebieten. Dabei wurde vor allem die Zivilbevölkerung Opfer von Greueltaten (Massaker, Massenvergewaltigungen). Große Teile der Einwohner B.s flohen aus ihren angestammten Wohngebieten. Im Febr. 1994 unterzeichneten die bosn. Regierung u. die bosn. Kroaten ein Waffenstillstandsabkommen u. später einen Vertrag zur Bildung einer Föderation. Inzwischen versuchten die bosn. Serben weiter, ihre militär. Position zu verbessern. 1995 erzielten die bosn. Regierungstruppen im Zusammenwirken mit Kroatien erhebl. Geländegewinne in West- u. Mittelbosnien. Polit. Druck der USA sowie Militärschläge der NATO gegen die bosn. Serben führten im Okt. 1995 zu einem Waffenstillstand u. zur Unterzeichnung des Friedensabkommens von Dayton (USA). Eine internationale Friedenstruppe sorgte für die Umsetzung des Abkommens. Im Sept. 1996 fanden Wahlen für die Exekutiven der Teilrepubliken, ein gemeinsames Parlament u. ein dreiköpfiges Staatspräsidium statt. A. *Izetbegović*, bereits seit 1992 Staatsoberhaupt, wurde zum Vors. des Staatspräsidiums gewählt.

Bosnische Krise, internationaler Konflikt auf dem Balkan 1908. Rußland hatte Österreichs Absicht, Bosnien u. Herzegowina zu annektieren, hingenommen in der Annahme, dafür Konzessionen in bezug auf die Öffnung der Dardanellen für seine Kriegsschiffe zu erhalten. Als dies gegen Englands Widerstand nicht durchzusetzen war, protestierte es gegen die Annexion. Dtschld. übte Druck auf Rußland aus u. bewog es zum Einlenken.

Bosporanisches Reich, griech. Königreich zu beiden Seiten des *Kimmerischen Bosporus*. Im 5. Jh. v. Chr. gegründet, umfaßte es unter der Dynastie der *Spartokiden* (438–107 v. Chr.) die griech. Kolonien Pantikapaion, Nymphaion u. Theodosia auf der östl. Krim, sowie Phanagoreia u. skythische Stämme am Kuban u. östl. des Asowschen Meeres. Als Getreideexporteur war es ein wichtiger Handelspartner Athens. Durch Sarmaten u. Krimskythen bedrängt, unterstellte sich das B. R. 107 v. Chr. *Mithridates VI.* von Pontos; von Augustus 17 v. Chr. zum röm. Satellitenstaat gemacht, bestand es unter röm. Schutz bis zum Ende des Altertums.

Bosporus, *Kimmerischer B.*, antike Bez. für die Meerenge zwischen Asowschem u. Schwarzem Meer, heute die Straße von Kertsch.

Bossuet [bosyˈɛ], Jacques Bénigne, französ. Theologe u. Kirchenpolitiker, *27. 9. 1627 Dijon, † 12. 4. 1704 Paris; 1669–1671 Bischof von Condom, dann Erzieher des Dauphin, seit 1682 Bischof von Meaux; bewunderte Ludwig XIV., war Schöpfer der sog. „gallikanischen Freiheiten".

Bosworth [ˈbɔzwəːθ], Ort in der mittelengl. Grafschaft Leicester. Der Sieg *Henry Tudors* über *Richard III.* in der Schlacht auf dem Feld von B. am 22. 8. 1485 beendete die *Rosenkriege.*

Botha, 1. Louis, südafrikan. General u. Politiker, *27. 9. 1862 Greytown, Natal, † 27. 8. 1919 Rusthof, Transvaal; einer der Burenführer, die nach ihrer Niederlage 1902 mit England die Südafrikan. Union aufbauten; 1910–1919 Min.-Präs. der Südafrikan. Union, leitete 1915 den Feldzug gegen Dt.-Südwestafrika.

2. Pieter Willem, südafrikan. Politiker (Nationalpartei), *12. 1. 1916 Bez. Paul Roux, Oranjefreistaat; Jurist; 1966–1978 Verteidigungs-Min., 1978–1984 Premier-Min.; 1984–1989 Staats-Präs.

Bothwell [ˈbɔθwəl], James Hepburn, Earl of B., seit 1567 Duke of Orkney and Shetland, *um 1536, † 4. 4. 1578 Dragsholm (Dänemark); leidenschaftlich anti-englisch eingestellt, förderte B. die schott. Belange gegenüber England, wurde zum engsten Vertrauten von *Maria Stuart* u. schmiedete das Mordkomplott gegen deren zweiten Gatten Henry *Darnley*. Nach der Ermordung Darnleys 1567 wurde B. trotz heftigen Widerstands des schott. Adels Marias dritter Gatte. Nach der Niederlage des königl. Heeres bei Edinburgh gegen die Truppen des schott. Adels wurde B. zur Flucht nach Dänemark gezwungen; die Ehe mit Maria wurde 1570 vom Papst annulliert.

Botswana — RB

Republik Botswana

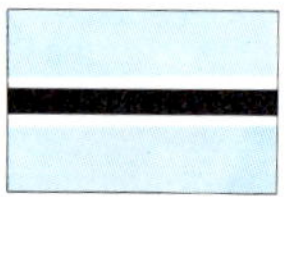

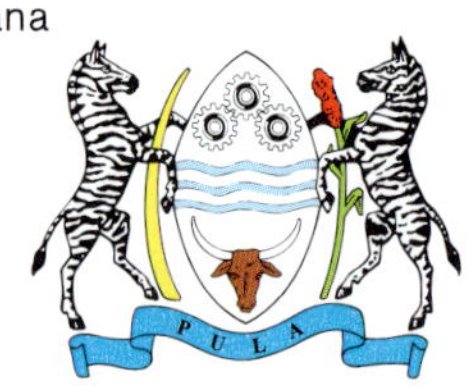

Fläche: 581 730 km². – *Einwohner:* 1,3 Mill. – *Hauptstadt:* Gaborone. – *Landessprachen:* Se Tswana, Englisch. – *Nationalfeiertag:* 30. 9. – *Währung:* 1 Pula = 100 Thebe. – *Lage:* zwischen 17°40′ und 27° s. Br. sowie 20° und 29°20′ ö. L. – *Zeitzone:* Mitteleuropäische Zeit + 1 Std. – *Grenzen:* in N und W Namibia, im S und SO Südafrika, im NO Simbabwe und Sambia. – *Staatsform:* präsidiale Republik im Commonwealth.

1885 wurde B. unter dem Namen *Betschuanaland* brit. Kolonie. Seit 1910 war es verwaltungstechnisch u. wirtschaftlich eng mit

Houari Boumedienne

der benachbarten Südafrikan. Union verbunden, wurde ihr jedoch nie politisch eingegliedert. Ab 1961 begann Großbritannien B. auf die nationale Unabhängigkeit vorzubereiten. Die Stabilität tradierter Strukturen u. die starke Stellung der Häuptlinge verzögerten den Prozeß der Politisierung. 1962 gründete der Bamangwato-Häuptling S. *Khama* als Reaktion auf das Entstehen radikaler Parteien die „Bechuanaland Democratic Party" (BDP), der Großbritannien am Tag der Unabhängigkeit (30. 9. 1966) die Macht übergab. Khama verfolgte als Staatspräsident u. Regierungschef bis zu seinem Tode 1980 eine gemäßigt konservative Innenpolitik. Er beteiligte die Bevölkerung auf Dorf- u. Distriktebene an polit. Entscheidungen. Konflikte zwischen modernen städt. u. traditionell ländl. Bereichen versuchte er durch Umverteilung der Gewinne aus dem Bergbau auf ländl. Entwicklungsvorhaben abzubauen. Unter Khamas Nachfolger J. *Masire* erreichte B. etwas mehr reale Unabhängigkeit von Südafrika, vor allem durch stärkere Zusammenarbeit mit seinen nördl. Nachbarstaaten. (Bau einer Allwetterstraße nach Sambia im Dreiländereck B., Namibia, Simbabwe). Die Diamantenproduktion ermöglichte dem Land seit den 1980er Jahren ein überproportionales Wirtschaftswachstum. 1998 legte Masire das Präsidentenamt nieder. Nachfolger wurde F. *Mogae*.

Bötticher, Karl, Archäologe, *29. 5. 1806 Nordhausen, †21. 6. 1889 Berlin; Schüler Schinkels, seit 1849 Prof. an der Bauakademie, 1868–1876 Direktor des Alten Museums in Berlin. Mit seinem Hptw. „Die Tektonik der Hellenen" 1844–1852 schuf er einen Katechismus offizieller preuß. Bautheorie der Zeit Friedrich Wilhelms IV. u. Wilhelms I.

Boucher de Crèvecœur de Perthes [bu'ʃe də krɛvkœr də'pɛrt], Jacques, auch *Boucher de Perthes*, französ. Prähistoriker, *10. 9. 1788 Rethel, Dép. Ardennes, †5. 8. 1868 Amiens; Zolldirektor in Abbeville; entdeckte 1837 in den Schottern der Somme vom Menschen geschlagene Steingeräte zusammen mit Knochen antediluvialer Tiere. Er führte somit den Nachweis des eiszeitl. Menschen. B. gilt als ein Mitbegründer der prähistorischen Forschung.

Boudicca [bau'dika], *Boadicea*, britannische Königin, †60 n. Chr.; Frau des Kleinkönigs Prasutagus, führte 60 n. Chr. eine Rebellion gegen die Römer an, die das Königreich ihres Mannes nach dessen Tod annektiert hatten. Nach Anfangserfolgen wurde B.s Aufstand niedergeschlagen.

Bougainville [bugɛ̃n'vi:l], Louis Antoine de, französ. Seefahrer, *11. 11. 1729 Paris, *31. 8. 1811 Paris; leitete 1766–1769 die erste französ. Weltumseglung.

Bouhler, Philipp, nat.-soz. Funktionär, *11. 9. 1899 München, †21. 5. 1945 bei Dachau (Selbstmord); Kaufmann; seit 1922 zweiter Geschäftsführer, 1925–1934 Reichsgeschäftsführer der NSDAP, 1934–1945 Chef der Kanzlei des Führers, seit 1933 Reichsleiter. B. wurde im Okt. 1939 zusammen mit Hitlers Arzt Karl *Brandt* durch Geheimbefehl Hitlers mit der Durchführung des sog. Euthanasieprogramms zur „Vernichtung unwerten Lebens" beauftragt.

Boulanger [bulɑ̃'ʒe:], Georges, französ. General, *29. 4. 1837 Rennes, †30. 9. 1891 Brüssel (Selbstmord); seit 1880 General; 1886/87

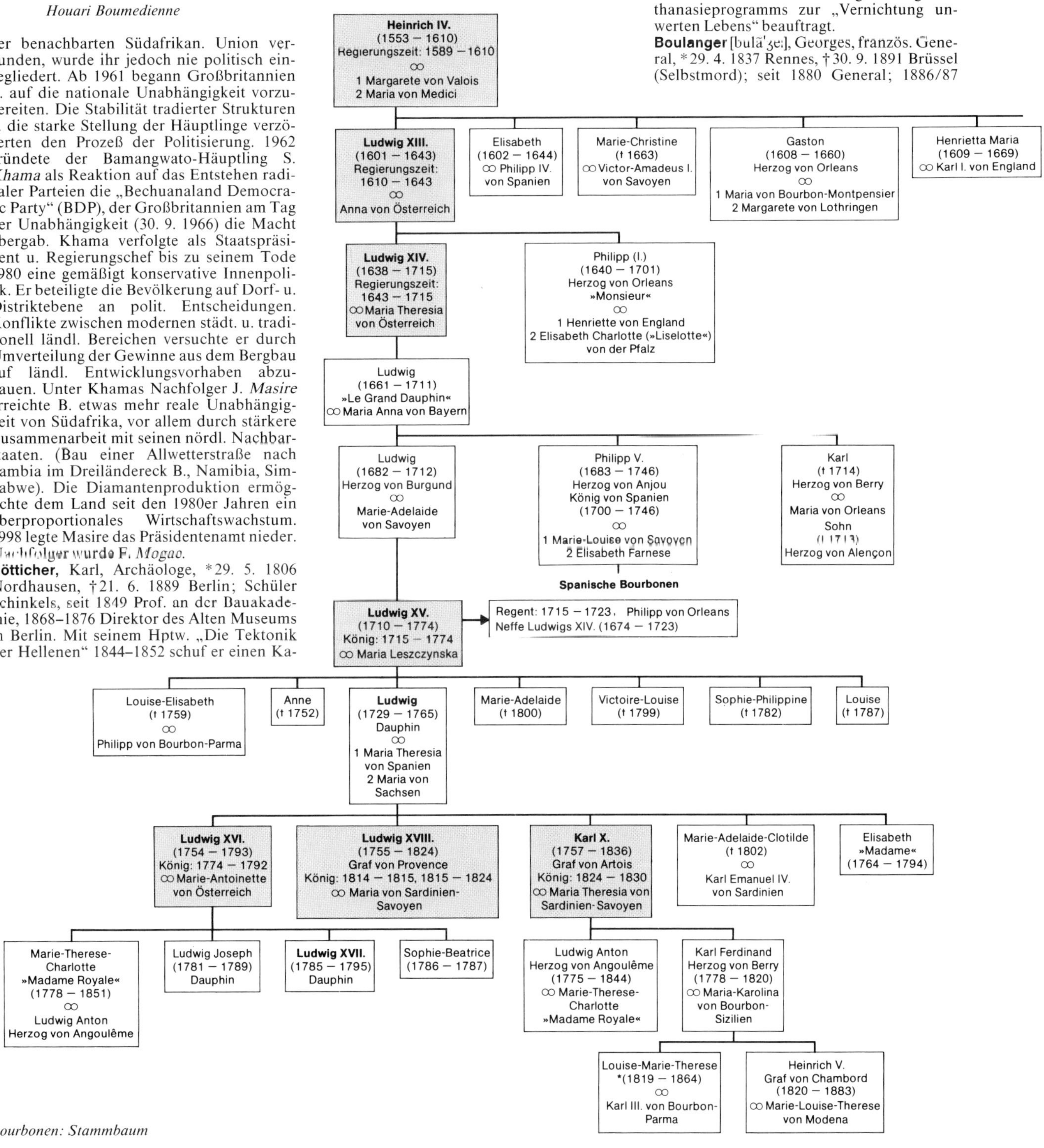

Bourbonen: Stammbaum

Kriegs-Min.; erstrebte den Revanchekrieg gegen Dtschld. (B.-Krise); seine Anhänger, die *Boulangisten*, feierten in ihm den leidenschaftl. Gegner der Republik; Abgeordneter seit 1888; wegen Umsturzversuchs angeklagt, floh B. nach Brüssel.

Boumedienne [bumə'djɛn], Houari, alger. Offizier u. Politiker, *1925 Guelma, Dép. Bône, †27. 12. 1978 Algier; kämpfte seit 1955 in der Guerillabewegung gegen Frankreich in Algerien, war 1960 Chef des Generalstabs der Exilregierung, verhalf 1962 Ben Bella zur Macht u. wurde Verteidigungs-Min. B. stürzte 1965 Ben Bella u. wurde Staatschef (Vors. des Revolutionsrats). Ⓑ S. 113.

Bourbọnen [bur-], französ. Königsgeschlecht, Zweig der Kapetinger, seit 1272 Herzöge von *Bourbon*, herrschte 1589–1792 u. 1814–1830 in Frankreich u. erlosch dort 1883 mit dem Tod des Herzogs von Chambord. B.-Linien regierten auch in Neapel-Sizilien 1734–1860, in Parma-Piacenza 1748–1802 u. 1847–1860 u. in Spanien 1700–1931, wo die B. 1975 erneut auf den Thron kamen. – Ⓑ S. 113.

Bourgeois [bur'ʒwa; frz.], der „Bürger", war Träger der Französischen Revolution von 1789 u. kam als wohlhabender Besitzbürger im Laufe des 19. Jh. zur polit. Herrschaft in den europ. Staaten; deshalb im sozialist.-kommunist. Sprachgebrauch abwertend der kapitalist. Gegner des Proletariats.

Bourgeois [bur'ʒwa], Léon, französ. Politiker, *29. 5. 1851 Paris, †29. 9. 1925 d'Oger, Dép. Marne; 1890–1917 mehrfach Min., 1895/96 Min.-Präs., 1920–1923 Präs. des Senats, 1899 u. 1907 Vertreter Frankreichs auf den Haager Friedenskonferenzen, ab 1920 im Völkerbundsrat; 1920 Friedensnobelpreisträger.

Bourguiba [burgi'ba], *Burgiba*, Habib, tunes. Politiker, *3. 8. 1903 Monastir; Begründer der für die Unabhängigkeit Tunesiens kämpfenden *Neo-Destur-Partei;* von Januar 1952 bis Mai 1955 interniert; 1956 Min.-Präs., seit 1957 Staats-Präs. (seit 1975 auf Lebenszeit), 1987 wegen Amtsunfähigkeit abgesetzt.

Boutros Ghali, Boutros, ägypt. Politiker, *14. 11. 1922 Kairo; Jurist u. Politikwissenschaftler; lehrte an der Universität in Kairo; wurde

Boxeraufstand vor der Pekinger Stadtmauer, August 1900

Habib Bourguiba

1977 Staats-Min. im Außenministerium; wirkte entscheidend am Camp-David-Abkommen mit; wurde 1991 stellvertretender Min.-Präs.; 1992–1996 Generalsekretär der UNO.

Bouvines [bu'vi:n], französ. Ort bei Lille, Dép. Nord. Am 27. 7. 1214 besiegten die Verbündeten, König Philipp II. August von Frankreich u. der Staufer Friedrich II., den mit dem engl. König verbündeten Welfen Kaiser Otto IV. In der Schlacht wurde die Thronfolge Kaiser Friedrichs II. entschieden. Philipp konnte die Macht der französ. Krone sichern.

Boxeraufstand, ein fremdenfeindl. Aufstand in Nordostchina 1900/01. Als „Boxer" wurden wegen ihrer Rituale von europ. Seite die Mitglieder einer Sammelbewegung von Geheimgesellschaften bezeichnet, die sich selbst *Yi-he-tuan* („Schutzverband für Gerechtigkeit u. Eintracht") nannten. Sie kämpften gegen das Eindringen der Westmächte nach China u. die westl. Missionare sowie deren chines. Anhänger. Im Juni 1900 besetzten sie Peking, ermordeten den dt. Gesandten K. von *Ketteler* u. überfielen die ausländ. Gesandtschaften. Die Kaiserinwitwe *Cixi* unterstützte zunächst die Boxer. Im Aug. 1900 nahm ein internationales Expeditionskorps der europ. Großmächte Peking ein. Nach dem „Boxerprotokoll" vom 7. 9. 1901 mußte China u. a. eine Kriegsentschädigung von 450 Mill. Silbertaels zahlen, die Stationierung ausländ. Truppen gestatten u. eine Sühnemission nach Dtschld. entsenden.

Boxheimer Dokument, ein von dem Rechtsberater der NSDAP-Gauleitung Hessen-Darmstadt, W. *Best*, 1931 ausgearbeiteter u. auf dem Boxheimer Hof bei Bürstadt in Parteikreisen beratener Plan für eine gewaltsame Machtübernahme der NSDAP im Falle eines von kommunist. Seite herbeigeführten Umsturzes. Das B. D. wurde Ende Nov. 1931 in der Öffentlichkeit bekannt. Weil dadurch Hitlers Legalitätskurs unglaubwürdig wurde, distanzierte sich die Partei von Best. Ein Hochverratsverfahren gegen ihn wurde 1932 eingestellt.

Boyen, Hermann von, preuß. Offizier (1847 Generalfeldmarschall) u. Heeresreformer, *23. 7. 1771 Kreuzburg, Ostpreußen, †15. 2. 1848 Berlin; Schüler Kants; 1814–1819 u. 1841–1847 Kriegs-Min., prägte 1814/15 durch Einführung der allg. Wehrpflicht u. Landwehr die preuß. Heeresverfassung bis zum Verfassungskonflikt von 1862.

Boyer [bwə'je:], Jean-Pierre, haitian. Politiker, *28. 2. 1776 Port-au-Prince, †9. 7. 1850 Paris; 1818–1843 Präs. von Haiti.

Boyne-Gruppe [bɔin-], *Boyne-Kultur*, eine vorgeschichtl. Fundgruppe von Megalithgräbern in Irland u. Nordwest-Wales, etwa aus der 2. Hälfte des 3. Jahrtausends.

Brabạnt, ehem. Herzogtum im belg.-niederländ. Raum; der Name lebt fort in: 1. *B. (Südbrabant)*, zentrale, dichtestbesiedelte (650 Ew./km²) Prov. Belgiens, mit der Landes- u. Prov.-Hptst. *Brüssel*, 3371 km², 2,2 Mill. Ew. 2. *B. (Nordbrabant)*, die niederländ. Prov.

Der ehemals fränk. Gau *Bracbantum* gehörte seit 870 zum Herzogtum Niederlothringen; seit 1191 nannten sich die Grafen von Löwen (Herzogtitel seit 1106) Herzöge von B.; 1349 Privilegien durch Kaiser Karl IV.; 1356 stänð. Verfassung. 1390 u. endgültig 1430 kam B. an die Herzöge von Burgund, 1477 an Habsburg, 1555 wurde es spanisch. Die nördl. Gebiete B.s wurden Anfang des 17. Jh. von den Generalstaaten erobert, seit 1648 als *Generalitätslande* verwaltet u. wurden 1795 als *Nordbrabant* gleichberechtigte Provinz der *Batavischen Republik*. Südbrabant blieb im Besitz der Habsburger (span., ab 1714 österr.), war 1789 Schauplatz der Brabanter Revolution u. wurde 1830 Kerngebiet des Königreichs Belgien. – *Herzog von B.* ist der Titel des belg. Thronfolgers.

Brabạnter Revolution, Aufstand gegen die Herrschaft Österreichs 1789/90 nach unpopulären Reformen Josephs II.; breitete sich über fast alle Provinzen der Österr. Niederlande aus, die im Jan. 1790 einen „Souveränen Kongreß der Vereinigten belgischen Staaten" bildeten. Als Leopold II. die Reformen zurücknahm u. sich mit Preußen auf gemeinsames Vorgehen einigte, brach die B. R. zusammen. Sie weckte zuerst das belg. Nationalgefühl u. war Vorbild für die Revolution von 1830.

Bracher, Karl Dietrich, Historiker u. Politologe, *13. 3. 1922 Stuttgart; Prof. für Politologie in Berlin, 1959–1987 in Bonn. Hptw.: „Die Auflösung der Weimarer Republik" 1955; „Die nat.-soz. Machtergreifung" 1960, Tb. 3 Bde. 1973; „Deutschland zwischen Demokratie u. Diktatur" 1964; „Die dt. Diktatur. Entstehung, Struktur, Folgen des Nationalsozialismus" 1969, „Das dt. Dilemma" 1971; „Die Krise Europas 1917–1975" 1976; „Zeit der Ideologien. Eine Gesch. polit. Denkens im 20. Jh." 1982.

Brạchium saeculạre [lat., „weltlicher Arm"], die weltl. Macht im Unterschied zur kirchlichen *(Brachium ecclesiasticum)*; bedeutsam bei den Ketzer- u. Hexenprozessen des späten MA u. der frühen Neuzeit, als das geistl. Gericht den Verurteilten dem weltl. Arm übergab, der das Urteil vollstreckte; denn die Kirche durfte kein Blut vergießen.

Bradford ['brædfəd], William, nordamerikan. Siedler, *1590 Austerfield, Yorkshire (England), †9. 5. 1657 Plymouth Colony, jetzt Mass.; erster Gouverneur der puritan. Pilgerväter nach der Landung in Amerika (1621 bis 1656).

Bragança [-'gãsa], das Geschlecht, aus dem die Könige von Portugal 1640–1853 u. die Kaiser Peter (Pedro) I. u. II. von Brasilien (1822–1889) stammten; in Portugal war Jo-

Brakteat: Silberpfennig Ulrichs I., 12. Jahrhundert; dargestellt ist die Steinigung des Heiligen Stephanus

hann IV. (1640–1656) der erste König aus dem Hause B. u. Maria II. da Gloria die letzte Herrscherin. Bis zum Ende der portugies. Monarchie (1910) herrschte das Haus *B.-Coburg*, begründet durch Ferdinand von Sachsen-Coburg-Gotha, Gemahl Marias II. Daneben gibt es noch heute eine prinzl. Linie, deren erster Vertreter der 1834 ausgewiesene Regent u. König Dom Miguel war.

Brain Trust ['brɛin trʌst; engl., „Gehirntrust"], Bez. für die größtenteils der Intelligenzschicht entstammenden Berater des US-Präsidenten Franklin D. *Roosevelt*, die seit 1933 das *New Deal* planten. Es bildeten sich zwei Gruppen, deren eine unter der Führung von Raymond *Moley* u. Adolf A. *Berle* vorzugsweise die Kräfte der Geschäftswelt mobilisieren wollte, während die andere, mit Rexford *Tugwell* als wichtigstem Vertreter, sich viel von staatl. Planwirtschaft versprach. – Jetzt allgemeine Bezeichnung für polit. Berater- u. Fachgremien.

Brakteat [der; lat., „dünnes Blech"], 1. Hohlpfennig, einseitig geprägte Münze, bekannt bes. aus Dtschld., Skandinavien, Polen, Böhmen, Schweiz, Ungarn. Der B. kam als Silberpfennig um 1130 im Harz-Elbe-Gebiet auf u. war in weiten Teilen Deutschlands verbreitet, zuletzt im 17. Jh. – 2. kreisrunder, einseitig geprägter Hängeschmuck aus Gold oder Silber der Völkerwanderungs- u. Merowingerzeit aus Südskandinavien, England u. dem nördl. Mitteleuropa. Mit der Beschreibung, dem Vergleich u. der Deutung der Darstellungen auf B.en beschäftigt sich die *Brakteatenikonologie*.

Brandenburg, früher auch „Mark B." oder „die Mark" genannt, Land der BR Dtschld. zwischen Elbe u. Oder, 29509 km², 2,64 Mill. Ew., Hptst. *Potsdam*.

Die slawische Gauburg *Brennaburg* wurde 928/29 von König Heinrich I. erobert; unter Otto d. Gr. unterstand das Gebiet dem Markgrafen Gero. 948 wurde ein *Bistum B.* gegründet. Durch den Slawenaufstand von 983 gingen die bisherigen Eroberungen wieder verloren, die Bischöfe kehrten erst im 12. Jh. nach B. zurück. Mitte des 12. Jh. erwarb der Askanier Albrecht der Bär das Havelland u. nannte sich *Markgraf von B.* Nach dem Aussterben der Askanier kam die Mark an die Wittelsbacher (1320–1373), dann an die Luxemburger (1373–1415). Seit der Herausbildung des Kurfürstenkollegs Mitte des 13. Jh. zählte der Markgraf von B. zu den Kurfürsten, 1356 wurde dieses Recht in der Goldenen Bulle endgültig bestätigt. 1415 belehnte Kaiser Sigismund den Nürnberger Burggrafen Friedrich VI. von Zollern (→ Hohenzollern) mit der Mark B.

1618 fiel das Herzogtum (Ost-)Preußen an die brandenburg. Linie der Hohenzollern; die Mark B. wurde damit zum Kernland des entstehenden → Preußen. Bei der Neugliederung des preuß. Staates 1815 wurde die *Provinz B.* gebildet, deren Gebiet sich jedoch nicht völlig mit der alten Mark B. deckte. 1920 wurde Berlin aus der Provinz B. ausgegliedert. Nach der Auflösung Preußens 1947 wurde die Provinz unter Abtrennung der östlich der Oder-Neiße-Linie liegenden Gebiete zum Land B. Min.-Präs. waren 1945–1949 K. *Steinhoff* (SPD/SED). 1949–1952 R. *Jahn* (SPD). Bei der Auflösung der Länder der DDR 1952 wurde B. auf die Bezirke Potsdam, Frankfurt u. Cottbus aufgeteilt. Bei der Wiedervereinigung Deutschlands wurde das Land B. wiederhergestellt. Min.-Präs. ist seit 1990 M. *Stolpe* (SPD).

Brandenburg, Erich, Historiker, *31. 7. 1868 Stralsund, †22. 1. 1946 Leipzig; 1899–1937 Prof. in Leipzig. Vertreter eines nüchternen Positivismus, der die ideengeschichtl. Richtung F. Meineckes ablehnte. In seinen Darstellungen zur dt. Geschichte setzte er die kleindt. Tradition fort. Werke: „Die Reichsgründung" 1916, „Von Bismarck zum Weltkriege" 1924. Hrsg. der „Historischen Vierteljahresschrift".

Brandenburg

Markgrafen (und seit 1356 Kurfürsten) von Brandenburg)

Askanier	
Albrecht I., der Bär	1157–1170
Otto I.	1170–1184
Otto II.	1184–1205
Albrecht II.	1205–1220
Johann I. und Otto III.	1220–1258
(Landesteilung; Linien Stendal und Salzwedel	1258–1320)
Wittelsbacher	
Ludwig der Ältere	1323–1351
Ludwig der Römer	1351–1356
Otto der Faule	1351–1373
Luxemburger	
Wenzel (1378 deutscher König)	1373–1378
Sigismund (1410 dt. König, 1433 Kaiser)	1378–1397
Jobst von Mähren	1397–1411
Sigismund (erneut)	1411–1415
Hohenzollern	
Friedrich I. (förmlich belehnt 1417)	1415–1440
Friedrich II., der Eiserne	1440–1470
Albrecht Achilles	1470–1486
Johann Cicero	1486–1499
Joachim I. Nestor	1499–1535
Joachim II. Hektor	1535–1571
Johann Georg	1571–1598
Joachim Friedrich	1598–1608
Johann Sigismund	1608–1619
Georg Wilhelm	1619–1640
Friedrich Wilhelm, der Große Kurfürst	1640–1688
Friedrich III. (1701 König Friedrich I.)	1688–1701

Brandgrab, vor- u. frühgeschichtl. Bestattungsform. Die Überreste des auf dem Scheiterhaufen verbrannten Toten wurden im *Urnengrab* in einem Aschegefäß beigesetzt. Im *Brandschüttungsgrab* liegen Leichenbrand, weitere Scheiterhaufenrückstände u. Beigaben auch außerhalb der Urne oder ohne eine solche in der Erde. Beim *Brandgrubengrab* wurden Behälter aus vergängl. Material verwendet. Das B. war in der jüngeren Bronze- u. älteren Eisenzeit die vorherrschende Bestattungsform in Europa.

Brandi, Karl, Historiker, *20. 5. 1868 Meppen, †9. 3. 1946 Göttingen; Prof. in Marburg u. Göttingen; gründete das „Archiv für Urkundenforschung" u. widmete sich bes. der italien. Renaissance u. der dt. Reformations- u. Gegenreformationszeit. B. verband strenge Urkundenforschung mit großer Darstellungskraft. Werke: „Die Renaissance in Florenz u. Rom" 1900; „Kaiser Karl V." 1937–1941; „Deutsche Geschichte im Zeitalter der Reformation u. Gegenreformation" 1927–1930, Neuaufl. 1969.

brandmarken, durch Aufdrücken eines *Brandmals* auf die Haut kennzeichnen; im MA übliche Strafe für Verbrecher.

Brändström, Elsa, schwed. Philanthropin, *26. 3. 1888 Petersburg, †4. 3. 1948 Cambridge, Mass.; seit 1914 als Delegierte des Roten Kreuzes tatkräftige Helferin der dt. Kriegsgefangenen in Sibirien („Engel von Sibirien"); gründete ein Kriegswaisenhaus u. ein Sanatorium für ehem. dt. Kriegsgefangene. Erinnerungsbuch: „Unter Kriegsgefangenen in Rußland u. Sibirien. 1914 bis 1920" 1921.

Brandt, Willy, ursprüngl. Herbert Ernst Karl *Frahm*, Politiker (SPD), *18. 12. 1913 Lübeck, †8. 10. 1992 Unkel; betätigte sich während der Gymnasialzeit in der Sozialist. Arbeiterjugend, der SPD u. der 1931 von ihr abgesplitterten Sozialist. Arbeiterpartei (SAP); emigrierte 1933 nach Norwegen, von dort 1940 nach Schweden; arbeitete in der Exil-SAP u. als polit. Journalist (u.a. unter dem Namen Willy B.); nach der Ausbürgerung durch das nat.-soz. Dtschld. 1938 seit 1940 norweg. Staatsbürger.

Nach Kriegsende kehrte B. als Berichterstatter skandinav. Zeitungen nach Dtschld. zurück; 1947 war er norweg. Presseattaché in Berlin. 1948 ließ er sich wieder einbürgern (formelle Namensänderung 1949). 1948 wurde er Vertreter des SPD-Parteivorstands in Berlin. 1950–1957 war er Mitgl., 1955–1957 Präs. des Westberliner Abgeordnetenhauses, 1957–1966 Regierender Bürgermeister von Berlin (West), 1958–1962 auch Vors. der Berliner SPD. 1964–1987 war er Partei-Vors., seit 1987 war er Ehren-Vors. der SPD. Für die Bundestagswahlen 1961 u. 1965 nominierte die SPD ihn zum Kanzlerkandidaten. 1966–1969 war B. Bundesminister des Auswärtigen u. Vizekanzler in der Regierung der Großen Koalition aus CDU/CSU u. SPD. 1969–1974 war B. Bundeskanzler einer von SPD u. FDP getragenen Koalitionsregierung. B., der sich als Bürgermeister auf internationaler Ebene wirkungsvoll für die Freiheit u. Lebensfähigkeit Westberlins eingesetzt hatte, förderte als Außen-Min. im Rahmen der Entspannungspolitik der Großmächte neben der Westintegration bes. die Verbesserung des Verhältnisses zu den östl. Nachbarn (1967 diplomat. Beziehungen mit Rumänien, 1968 Wiederaufnahme der Beziehungen zu Jugoslawien, entgegen der Hallstein-Doktrin). Als Bundeskanzler intensivierte B. mit Unterstützung von Außen-Min. Scheel (FDP) diese Ostpolitik (1970 Verträge mit der Sowjetunion u. Polen, 1973 mit der Tschechoslowakei.) Damit ermöglichte er den Abschluß des Berlin-Abkommens von 1971. Im Verhältnis zur DDR suchte B. ein „geregeltes Nebeneinander" herbeizuführen (1970 Treffen mit Min.-Präs. Stoph in Erfurt u. Kassel, 1972 Grundvertrag). Im Innern leitete die Regierung B. zahlreiche gesellschaftspolit. Reformen ein.

Nachdem die knappe Mehrheit der sozialli-

Willy Brandts historischer Kniefall vor dem Mahnmal für die Opfer des Warschauer Ghettos

beralen Koalition durch Fraktionsaustritte von Abgeordneten, die die Regierungspolitik nicht billigten, verlorengegangen war, überstand B. am 27. 4. 1972 zwar das von der CDU/CSU beantragte konstruktive Mißtrauensvotum, ebnete aber im September 1972 durch die bewußt herbeigeführte Abstimmungsniederlage bei einer Vertrauensfrage den Weg zu vorgezogenen Neuwahlen, in denen seine Regierung dann eine sichere Mehrheit gewann. 1974 übernahm B. für das Eindringen des DDR-Spions G. *Guillaume* in den Kreis seiner engsten Mitarbeiter die polit. Verantwortung u. trat am 6. 5. 1974 als Bundeskanzler zurück. 1976 wurde er Präs. der Sozialistischen Internationale, 1977–1979 leitete er die „Unabhängige Kommission für Internationale Entwicklungsfragen" (Nord-Süd-Kommission). 1971 erhielt B. den Friedensnobelpreis.

Brankovići, [-vitsji], serb. Adelsgeschlecht des 14. u. 15. Jh.; nach dem Aussterben der Lazarevići serb. Despoten bis 1502. **1.** *Vuk I.*, serb. Teilherrscher, †6. 10. 1398; beherrschte nach dem Untergang des serb. Zarentums (1371) ein Gebiet um das Amselfeld sowie Gebiete um Prizren u. Skopje. Gemeinsam mit seinem Schwiegervater Fürst *Lazar* war er Teilnehmer an der Schlacht auf dem Amselfeld gegen die Osmanen (15. 6. 1389).
2. *Djuradj*, (Georg), serb. Despot 1427 bzw. 1429–1456, *um 1375, †24. 12. 1456; Sohn von 1), behauptete wechselweise als ungar. u. als türk. Vasall nach dem Verlust Belgrads einen Restbestand des serb. Gebietes um die Festung Smederevo. 1456 verteidigte er mit Unterstützung durch János *Hunyady* erfolgreich Belgrad gegen die Türken.

Branting, Karl Hjalmar, schwed. Politiker, *23. 11. 1860 Stockholm, †24. 2. 1925 Stockholm; 1920 bis 1925 mehrmals Min.-Präs., Vertreter Schwedens im Völkerbundsrat; 1921 Friedensnobelpreis.

Brasidas, bedeutendster spartanischer General in der 1. Hälfte des Peloponnesischen Krieges. 424 v. Chr. zog er mit einer kleinen Streitmacht auf die *Chalkidike* u. ins thrakische Küstengebiet, wo er Athens Feinde um sich sammelte u. zahlreiche Städte des 1. Attischen Seebundes zum Abfall brachte. Eine athenische Gegenoffensive unter *Kleon* endete 422 v. Chr. mit B.' Sieg bei *Amphipolis*, wobei beide Feldherrn fielen.

Brasilien BR

Föderative Republik Brasilien

Fläche: 8 511 965 km². – *Einwohner:* 156,6 Mill. – *Hauptstadt:* Brasília. – *Landessprache:* Portugisisch. – *Nationalfeiertag:* 7. 9. – *Währung:* 1 Real = 100 Centavos. – *Lage:* zwischen 5°16' n. Br. und 33°45' s. Br. sowie 34°46' und 74° w. L. – *Zeitzone:* Mitteleuropäische Zeit – 4 Std. bis – 6 Std. – *Grenzen:* im N Venezuela, Guyana, Suriname und Französisch-Guyana, im O Atlantischer Ozean, im S Uruguay, Argentinien u. Paraguay, im W Bolivien, Peru u. Kolumbien. – *Staatsform:* bundesstaatliche präsidiale Republik.

B. wurde 1499 von dem Spanier V. *Yáñez Pinzón* entdeckt u. 1500 von dem Portugiesen P. A. *Cabral* für Portugal in Besitz genommen. Mehrere Versuche anderer europ. Staaten, sich in B. festzusetzen, konnten von den Portugiesen vereitelt werden. Nur den Holländern gelang es, 1630 in Pernambuco eine eigene Kolonie zu errichten (bis 1654). 1763 wurde Bahia, das seit 1541 Hptst. B.s war, von Rio de Janeiro abgelöst, das seit 1808 (bis 1820) auch Regierungssitz des von Napoleon I. vertriebenen portugies. Königs Johann VI. war.

Brasilien: Der fünfjährige Pedro II. wird 1831 in Rio de Janeiro zum Kaiser ausgerufen; zeitgenössische Lithographie. Paris, Nationalbibliothek

1822 erklärte sich B. unter dem portugies. Kronprinzen Dom Pedro für unabhängig von Portugal u. proklamierte ihn als *Peter (Pedro) I.* zum Kaiser. 1831 dankte er zugunsten seines fünfjährigen Sohnes *Peter II.* ab (bis 1840 Regentschaft). Peter II. begünstigte eine starke europ. Einwanderung, um die Entwicklung der brasilian. Wirtschaft zu fördern. 1851/52 nahm B. am Krieg gegen Rosas teil, u. 1864–1870 war es die militär. u. polit. Führungsmacht der Tripelallianz im Krieg gegen Paraguay. Die Abschaffung der Sklaverei (1888) führte 1889 zum Sturz des Kaisertums.
Marschall da *Fonseca* wurde der erste Staatspräsident. Die Verfassung der Republik der „Vereinigten Staaten von B." lehnte sich eng an das nordamerikan. Vorbild an. Unter den republikan. Regierungen machte die wirtschaftl. Entwicklung rasche Fortschritte. Grenzstreitigkeiten mit den Nachbarstaaten wurden durch Schiedssprüche friedlich beigelegt. Die Konkurrenz der neuen Gummiplantagen in Asien führte 1914 in B. zu einer ernsten Wirtschaftskrise, die erst nach dem 1. Weltkrieg, an dem sich B. seit 1917 gegen Dtschld. beteiligte, behoben werden konnte.
Revolutionen in São Paulo u. Rio Grande do Sul hemmten die Nachkriegsentwicklung. 1930 wurde G. *Vargas* durch Staatsstreich Präsident; ab 1937 regierte er diktatorisch. 1942 trat B. auf alliierter Seite in den 2. Weltkrieg ein. 1945 wurde Vargas vom Militär gestürzt, B. erhielt wieder eine demokrat. Verfassung. 1950 erlangte Vargas durch Wahl erneut die Präsidentschaft, 1954 wurde er abermals zum Rücktritt gezwungen. Unter Präs. J. *Kubitschek* (1956–1961) wurde die neue Hptst. Brasília gebaut. Präs. J. *Goulart* (seit 1961) nahm weitgehende Sozialreformen in Angriff u. zog sich dadurch die Gegnerschaft konservativer Kreise zu. Er wurde 1964 vom Militär gestürzt.
Das Militärregime bekämpfte seine Gegner mit harten, von der Weltöffentlichkeit zunehmend kritisierten Mitteln (willkürliche Verhaftungen, Folterungen in Gefängnissen). Widerstandsaktionen wurden von einem Teil des kath. Klerus (Erzbischof H. *Câmara*) u. von Intellektuellen getragen. 1967 führte man ein Zweiparteiensystem ein (Regierungspartei ARENA, Oppositionspartei MDB). Die Wirksamkeit der Parteien u. der Parlamente blieb jedoch stark eingeschränkt. Erste Ansätze zu einer Liberalisierung gab es unter Präs. *Geisel* (1974–1979). 1979 wurden die nahezu diktator. Sondervollmachten des Präs. aufgehoben, das Zweiparteiensystem abgeschafft u. die Gründung neuer Parteien zugelassen. Der innenpolit. Öffnungsprozeß (die *„abertura"*) wurde 1980 unterbrochen, dann aber fortgesetzt. Bei den Wahlen von 1982 konnte sich der aus der ARENA hervorgegangene PDS als stärkste Partei behaupten, verlor aber die absolute Mehrheit im Parlament. 1985 fanden nach 21jähriger Militärdiktatur wieder freie Präsidentschaftswahlen statt, die der Kandidat des oppositionellen Partido do Movimento Democrático (PMDB), T. de Almeida *Neves* gewann. Dieser starb aber noch vor Amtsantritt, u. der Vizepräsident J. *Sarney* übernahm verfassungsgemäß die Präsidentschaft. Der PMDB gewann 1986 auch die Wahlen zur verfassunggebenden Versammlung. Die neue Verfassung trat am 5. 10. 1988 in Kraft. Aufgrund wachsender wirtschaftl. Prosperität konnten zwar eine Reihe von Reformen eingeleitet werden (Bodenreform, „Feldzug gegen Analphabetentum", „Plan für soziale Integration"), bei sinkendem Realeinkommen, steigenden Lebenshaltungskosten u. einer hohen Inflationsrate verschärften sich jedoch die sozialen Spannungen. Sarneys Versuche, die Wirtschaft zu sanieren, blieben daher ohne Erfolg. 1989 gewann F. *Collor de Mello* die Präsidentschaftswahlen. Aufgrund einer Korruptionsaffäre wurde Collor de Mello im Sept. 1992 vom Amt des Staats-Präs. suspendiert. Gleichzeitig beschloß die Abgeordnetenkammer die Einleitung eines Amtsenthebungsverfahrens. Im Dez. 1992 erklärte Collor de Mello seinen Rücktritt. Sein Nachfolger wurde der bisherige Vize-Präs. I. *Franco*, der bereits im Okt. die Amtsgeschäfte des suspendierten Präs. übernommen hatte. 1993 fand ein Referendum über die Staatsform (Monarchie oder Republik) sowie über das Regierungssystem (parlamentar. oder präsidiale Demokratie) statt. Eine Mehrheit der Bevölkerung votierte dabei für die Beibehaltung des Präsidialsystems. Durch eine Währungsreform (Einführung des Real) versuchte die Regierung 1994, der rasch fortschreitenden Geldentwertung, die die wirtschaftl. Basis B.s zu zerstören drohte, Herr zu werden. Die Präsidentschaftswahlen im Okt. 1994 gewann F. H. *Cardoso*, Kandidat des PSDB.

Brassempouy [brasãpu'i], Dorf im französ. Dép. Landes; in dessen Nähe befinden sich Höhlen mit altsteinzeitl. Kleinkunst, darunter Frauenfigürchen aus Elfenbein.

Brătianu, [brə-], liberale rumän. Politiker: **1.** Constantin (Dinu) I. C., Sohn von 2), *11. 2. 1866 Florica, †1948 Sighetul Marmaţiei; gab als langjähriger Vorsitzender der „National-Liberalen Partei" (1934–1947) einer mehr konservativen Richtung nach, im Juni 1944 maßgebl. beteiligt an der Gründung des „National-Demokrat. Blocks" unter Einschluß der Sozialisten u. Kommunisten zum Sturz *Antonescus* u. dem Kriegsaustritt Rumäniens. Mit Iuliu *Maniu* kämpfte er gegen eine kommunist. Alleinregierung in den Nach-

kriegsjahren; von der Regierung interniert u. im Gefängnis gestorben.
2. Ion d. Ä., *2. 6. 1821 Piteşti, †16. 5. 1891 Florica; 1848–1857 nach Frankreich emigriert. 1866 Mitgründer der liberalen Partei u. maßgeblich an der Einsetzung König Karls I. (Carols I.) beteiligt, 1876–1888 fast ununterbrochen Min.-Präs., erreichte 1878 die Unabhängigkeit Rumäniens von der Türkei; zahlreiche Reformen im Inneren.
3. Ion d. J., Sohn von 2), *1. 9. 1864 Florica, †24. 11. 1927 Bukarest; seit 1909 Führer der liberalen Partei, war 1909–1911, 1914–1918, 1918/19, 1922–1926 u. 1927 Min.-Präs., setzte 1914 die Neutralität Rumäniens durch; 1916 Kriegseintritt auf seiten der Alliierten; schuf Großrumänien.

Braubach, Max, Historiker, *10. 4. 1899 Metz, †21. 6. 1975 Bonn; Prof. in Bonn; widmete sich bes. der Geschichte des 17. u. 18. Jh. sowie der rhein. Geschichte. Hptw.: „Versailles u. Wien von Ludwig XIV. bis Kaunitz" 1952; „Prinz Eugen von Savoyen" 5 Bde. 1963–1965; „Kurköln, Gestalten u. Ereignisse aus zwei Jahrhunderten rhein. Geschichte" 1949; „Vom Westfälischen Frieden bis zur Französ. Revolution" 1955; „Von der Französ. Revolution bis zum Wiener Kongreß" 1960.

Brauchitsch, Walter von, Offizier (1940 Generalfeldmarschall), *4. 10. 1881 Berlin, †18. 10. 1948 Munsterlager; Febr. 1938 zum Oberbefehlshaber des Heeres ernannt, um die Wehrmacht näher an den Nationalsozialismus heranzuführen. Obwohl B. gegen die forcierte Kriegspolitik Hitlers eingestellt war, entzog er sich 1938 u. 1939/40 Staatsstreichplänen aus dem Heer. Er leitete im 2. Weltkrieg formal die Feldzüge gegen Polen, Frankreich, Jugoslawien u. Griechenland, geriet während des Rußlandfeldzugs immer mehr in Gegensatz zu den militärischen Plänen Hitlers u. bat um seine Entlassung. B. wurde am 19. 12. 1941 verabschiedet. Er starb in britischer Haft.

Braudel [bro'dɛl], Fernand, französ. Historiker, *24. 8. 1902 Luméville, Meuse, †27. 11. 1985 Saint-Gervais, Savoyen; Prof. am Collège de France, gehörte zur Historikergruppe der von M. *Bloch* gegründeten „Annales". In „La Méditerranée et le monde méditerranéen à l'époque de Philippe II" 1949 schrieb er das bisher bedeutendste Werk dieser Schule. Im 1. Teil untersuchte er die geograph. Grundlagen, im 2. die sozialen u. wirtschaftl. Strukturen, im 3. stellte er die Ereignisse dar, wobei er der „Strukturgeschichte" gegenüber der „Ereignisgeschichte" Vorrang gab. Ein weiteres Hauptwerk B.s ist „Civilisation matérielle, économie et capitalisme, XVe–XVIIIe siècle" 3 Bde. 1979, dt. „Sozialgeschichte des 15.–18. Jahrhunderts" 3 Bde. 1985/86.

Brauer, Max, Politiker (SPD), *3. 9. 1887 Altona, †2. 2. 1973 Hamburg; Glasbläser; 1919–1924 Zweiter Bürgermeister, 1924–1933 Oberbürgermeister von Altona; 1933 Flucht vor nat.-soz. Verfolgung, Beratertätigkeit in China, Lehrtätigkeit in den USA; 1946–1953 u. 1957–1960 Erster Bürgermeister von Hamburg, 1961–1965 MdB.

Braun, Otto, Politiker (SPD), *28. 1. 1872 Königsberg, †15. 12. 1955 Ascona (Schweiz); Buchdrucker; führend in der ostpreuß. Landarbeiterbewegung, 1911–1921 Mitgl. des Parteivorstands der SPD, 1913–1918 Mitgl. des preuß. Abgeordnetenhauses, 1918 bis 1921 preuß. Landwirtschafts-Min. Im Anschluß an den Kapp-Lüttwitz-Putsch 1920 übernahm B. das Amt des preuß. Min.-Präs., das er mit kurzen Unterbrechungen (1921 u. 1925) bis 1932 bekleidete. In wechselnden Koalitionen (meist mit DDP u. Zentrum, bisweilen auch DVP) verstand er es, oft im Zusammenwirken mit Innen-Min. C. *Severing,* Preußen zu einem stabilisierenden Faktor der Weimarer Demokratie zu machen. Bedeutungsvoll waren bes. die Ansätze zur Schaffung einer republiktreuen Verwaltung. Nachdem B. im April 1932 die parlamentar. Mehrheit verloren hatte, wurde er am 20. 7. 1932 von Reichskanzler F. von *Papen* abgesetzt, der als Staatskommissar selbst die Regierungsgeschäfte in Preußen übernahm („Preußenschlag"). Nach der endgültigen Amtsenthebung am 6. 2. 1933 emigrierte B. in die Schweiz. Er schrieb „Von Weimar zu Hitler" 1940.

Brauns, Heinrich, Politiker (Zentrum), *3. 1. 1868 Köln, †18. 10. 1939 Lindenberg; kath. Geistlicher; nach 1918 um die Gründung einer interkonfessionellen christl. Partei bemüht; 1920–1933 Mitgl. des Reichstags, 1920–1928 Reichsarbeits-Min., verdient um die gesetzl. Regelung der Arbeitslosenversicherung; 1928–1933 Generaldirektor des Volksvereins für das kath. Dtschld.

Braunschweig, 1. ehem. Land des Dt. Reiches, seit 1946 Verw.-Bez., seit 1978 Reg.-Bez. in Niedersachsen, 8096 km², 1,59 Mill. Ew.
B. war im Besitz der Welfen, bei denen es auch nach dem Sturz Heinrichs des Löwen blieb. 1235 entstand das Herzogtum *B. u. Lüneburg,* das sich bald in mehrere Linien spaltete: Wolfenbüttel, Göttingen, Grubenhagen, Calenberg, Bevern u. Lüneburg. Das spätere Herzogtum B. ist im 14./15. Jh. aus dem Teilfürstentum *B.-Wolfenbüttel* (eigene Linie bis 1634) mit Bevern hervorgegangen. Aus den übrigen Teilfürstentümern wurde (1635 u. 1705) das Kurfürstentum u. spätere Königreich Hannover.
1807–1813 Teil des napoleon. Königreichs Westfalen, dann wieder selbständig, trat B. 1844 dem Dt. Zollverein bei u. schloß sich Preußen an. 1866 Beitritt zum Norddt. Bund u. 1871 zum Dt. Reich. Nach dem Tod Herzog Wilhelms (1830–1884) hätte B. an die preußenfeindl. hannoversche Linie fallen müssen; aber nach dem Regentschaftsgesetz von 1879 war 1885–1906 Prinz Albrecht von Preußen, 1907–1913 Johann Albrecht von Mecklenburg Regent. 1913–1918 war dann doch der Hannoveraner Ernst August Herzog. Nach 1918 war B. Freistaat. Bereits seit 1930 war die NSDAP an der Regierung beteiligt. Seit 1946 gehört B. größtenteils zum Land Niedersachsen.
2. Hptst. des Reg.-Bez. B., an der Oker, im nördlichen Harzvorland, 248 000 Ew.
Die Burg *Dankwarderode* u. die Kaufmannssiedlung *Altewiek* wurden im 9. Jh. gegr.; 1031 erste urkundl. Erwähnung („Brunesguik"), 1227 Stadtrecht, 1260 Hansestadt, bis 1671 Gemeinbesitz der Welfen, seit 1671 Alleinbesitz der Linie Braunschweig–Wolfenbüttel, seit 1753 Residenz.

Brazza [bra'za], Pierre Graf Savorgnan de, französ. Afrikaforscher, *26. 1. 1852 Rom, †14. 9. 1905 Dakar (Senegal); erforschte das nordwestl. Kongobecken u. schuf die (ehem.) Kolonie Französ.-Äquatorialafrika, gründete Franceville u. Brazzaville.

BRD, Abk. für *Bundesrepublik Deutschland.* Der früheste Beleg für die Abk. BRD stammt aus einem Aufsatz des Staatsrechtlers u. Diplomaten W. *Grewe* vom Juni 1949. Zunächst wurde sie auch in westdt. amtl. Verlautbarungen benutzt. In Veröffentlichungen der DDR wurde sie durchgehend erst seit 1970 gebraucht (vorherige Bez.: Westdeutschland, westdt. Bundesrepublik u. a.).
In der BR Dtschld. wurde erstmals 1965 in einer Bezeichnungsrichtlinie empfohlen, „BRD" im amtl. Sprachgebrauch nicht zu verwenden. Ein Beschluß der Regierungschefs von Bund u. Ländern untersagte 1974 den amtl. Gebrauch von „BRD". Ähnl. Anordnungen von Bundes- u. Landesbehörden folgten. Als Begründung wurde angeführt, der Gebrauch der Abk. verdränge den Begriff „Deutschland" aus dem öffentl. Bewußtsein. Kritiker dieser Auffassung wendeten demgegenüber ein, daß bei Verwendung der Abk. BRD u. DDR das Wort „Deutschland" deutlicher den Begriffsinhalt „Wohngebiet aller Deutschen" (d. h. beide dt. Staaten zusammen) behalte.

Breasted ['brestid], James Henry, US-amerikan. Orientalist, *27. 8. 1865 Rockford, Ill., †2. 12. 1935 New York; seit 1903 Prof. in Chicago, leitete die Ausgrabungen in Luxor u. Megiddo. „Ancient records of Egypt", 5 Bde. 1905–1907; „Geschichte Ägyptens" 1909, dt. 1910; „The dawn of conscience" 1933, dt. „Die Geburt des Gewissens" 1950.

Breda, niederländ. Handels- u. Industriestadt in Nordbrabant, 120 000 Ew.
Mit dem *Kompromiß von B.* 1566 schloß sich der niederländ. Adel zum Aufstand gegen die span. Gewaltherrschaft zusammen. Velázquez' Gemälde „Die Übergabe von B." entstand nach dem Sieg der Spanier 1625 über die Niederländer. Am 4. 4. 1660 gab Karl II. von England vor der Rückkehr auf seinen Thron im Zuge der Restauration die *Deklaration von B.* ab, die eine allg. Amnestie, Gewissensfreiheit u. Zustimmung zu Entscheidungen des Parlaments über die Gültigkeit von Landverkäufen während der Revolution u. über die Zahlung von Soldrückständen an die Armee in Aussicht stellte.

Bregenz, Hptst. des österr. Bundeslandes *Vorarlberg,* 26 100 Ew.
Auf dem Boden einer kelt. Siedlung errichteten die Römer das befestigte Lager *Brigantium,* das im 3. Jh. durch Germanen zerstört wurde. Die *Udalriche* errichteten um 950 eine Burg; ihnen folgten die Grafen von *Montfort.* 1249 wird B. erstmalig als Stadt erwähnt. 1523 kam B. durch Kauf an die Habsburger.

Breitenfeld, ehem. Dorf nördl. von Leipzig, bei dem im Dreißigjährigen Krieg am 17. 9. 1631 Schweden u. Sachsen unter Gustav II. Adolf über die Kaiserlichen unter Tilly siegten, ferner besiegten hier am 2. 11. 1642 die Schweden unter L. Torstensson die Kaiserlichen unter Erzherzog Leopold Wilhelm u. O. Piccolomini.

Breitscheid, Rudolf, sozialdemokrat. Politiker, *2. 11. 1874 Köln, †24. 8. 1944 Buchenwald (Luftangriff); Nationalökonom; seit 1912 Mitgl. der SPD, 1917–1922 der USPD; 1918/19 kurzfristig preuß. Innen-Min.; 1920 bis 1933 Mitgl. des Reichstags, 1928–1933 einer der Vors. der SPD-Fraktion; 1926–1930 Mitgl. der dt. Völkerbundkommission in Genf; emigrierte 1933, 1941 von französ. Behörden an die Gestapo ausgeliefert, seit 1943 im KZ Buchenwald.

Bremen, 1. mit 404 km² das kleinste Land der BR Dtschld., 654 000 Ew., umfaßt die Stadtgemeinden B. u. Bremerhaven; Senatspräsident u. neunköpfiger Senat sind zugleich Bürgermeister u. Magistrat der Stadt B.; die Legislative liegt in der Hand der Bürgerschaft (100 Mitgl., davon 20 aus Bremerhaven).
2. Hptst. des Bundeslandes B., an der Unterweser, 554 000 Ew., Sitz des Senats (Landesregierung) der Freien Hansestadt B.
Das Bistum B. wurde 787 gegründet (845 Erzbistum Hamburg-B.); es war im frühen MA Ausgangspunkt der Mission für Nordeuropa. Im 13. Jh. wurde die Stadt unabhängig vom Erzbischof; seit 1358 gehörte sie der Hanse an. 1646 wurde B. freie Reichsstadt, 1815 als Freie Hansestadt Mitgl. des Dt. Bundes, 1871 Bundesstaat des Dt. Reichs. 1920 erhielt B. eine demokrat. Verfassung. 1933–1945 unterstand es mit Oldenburg einem Reichsstatthalter. 1945 kam B. als Enklave zur US-amerikan. Besatzungszone. 1947 wurde das *Land B.* proklamiert; im gleichen Jahr erhielt es eine Verfassung, die sich weitgehend an die von 1920 anlehnte.
Senatspräsidenten seit 1945: 1945 Erich *Vagts* (parteilos), 1945–1965 Wilhelm *Kaisen* (SPD), 1965–1967 Willy *Dehnkamp* (SPD),

1967–1985 Hans *Koschnick* (SPD), 1985–1995 Klaus *Wedemeier*(SPD), seit 1995 Henning *Scherf*(SPD).

Brennus, Fürst der *Senonen*, Führer der Gallier (Kelten), die nach der von den Römern verlorenen Schlacht an der Allia am 18. 7. 387 v. Chr. Rom zerstörten; soll das Lösegeld der Stadt (1000 Pfund Gold) mit falschen Gewichten abgewogen u., als die Römer protestierten, mit dem Ausruf „vae victis!" („Wehe den Besiegten!") sein Schwert in die Waagschale geworfen haben.

Brentano, Heinrich von, Politiker (CDU), *20. 6. 1904 Offenbach a. M., † 14. 11. 1964 Darmstadt; Rechtsanwalt; 1945 Mitbegründer der CDU in Hessen, 1949–1964 MdB, 1949–1955 u. 1961–1964 Vors. der Bundestagsfraktion der CDU/CSU, 1955–1961 Bundes-Min. des Auswärtigen.

Breschnew ['breʒnjɛf], *Brežnev*, Leonid Iljitsch, sowjet. Politiker, *19. 12. 1906 Kamenskoje (Dnjeprodserschinsk), Ukraine, †10. 11. 1982 Moskau; Agrartechniker, Hütteningenieur, dann Parteifunktionär; im 2. Weltkrieg Politoffizier (zuletzt Generalmajor); anschließend in höheren Parteifunktionen, hauptsächlich in der Ukraine, der Moldauischen SSR u. Kasachstan. Von N. S. *Chruschtschow* gefördert, stieg B. in die Führung der KPdSU auf: er wurde 1956 Sekretär des ZK u. 1957 Mitgl. des Politbüros. 1960 bis 1964 war er Vors. des Präsidiums des Obersten Sowjets (nominelles Staatsoberhaupt), dann kehrte er in das ZK-Sekretariat zurück. Im Okt. 1964 war B. maßgeblich am Sturz Chruschtschows beteiligt u. wurde dessen Nachfolger als Erster Sekretär (ab 1966 Generalsekretär) des ZK der KPdSU. Aus dem Kreis der ursprüngl. kollektiven Führung trat er mehr u. mehr als maßgebender Politiker hervor u. behielt diese Stellung bis zu seinem Tode. Unterstrichen wurde dies dadurch, daß er 1976 den Rang eines Marschalls der Sowjetunion erhielt u. 1977 zusätzlich erneut das Amt des Staatsoberhauptes übernahm. In der Amtszeit B.s kamen die von seinem Vorgänger eingeleiteten Reformen größtenteils zum Stillstand oder wurden rückgängig gemacht; die Innenpolitik trug restaurative Züge u. war vor allem auf Stabilisierung des Regimes gerichtet. Außenpolitisch dehnte die Sowjetunion unter B.s Führung ihre Einflußsphäre weltweit aus u. erreichte durch forcierte Aufrüstung den strateg. Gleichstand mit den USA. Sie bemühte sich um Entspannung im Verhältnis zum Westen (Moskauer Vertrag mit der BR Dtschld., Berlin-Abkommen, SALT-Abkommen mit den USA, KSZE-Schlußakte von Helsinki), setzte aber militär. Mittel zur Sicherung ihrer hegemonialen Ansprüche ein (Besetzung der ČSSR 1968, Afghanistans 1979).

Breschnew-Doktrin ['breʒnjɛf-; nach L. *Breschnew*], Grundsatz der „beschränkten Souveränität" der sozialist. Staaten; in der westl. Welt verwendete Bez. für den anläßlich der Besetzung der Tschechoslowakei im August 1968 erhobenen Interventionsanspruch der Staaten des „sozialist. Lagers" gegenüber solchen sozialist. Staaten, deren Entwicklung „den Sozialismus gefährdet", d. h. die vom innerstaatl. Modell der Sowjetunion in wichtigen Punkten abweichen oder deren Interessen insbes. dem Zusammenhalt des sowjet. Herrschaftsbereichs zuwiderlaufen. Die Existenz der B. wurde bereits 1969 auf der 3. kommunist. Weltkonferenz in Moskau u. in der Folgezeit von der UdSSR bestritten.

Breslau, poln. *Wrocław*, Hptst. der poln. Wojewodschaft *Wrocław*, 640 000 Ew.
Burganlage des böhm. Herzogs *Wratislaw I.* (†921), seit 1163 Sitz von Piastenherzögen; erhielt 1261 dt. Stadtrecht, 1335 zu Böhmen (1526 habsburg.), Hansestadt; kam im *B.er Frieden* (1742) an Preußen; 1813 Ausgangspunkt der Erhebungen der Befreiungskriege; im 2. Weltkrieg zur Festung erklärt, fiel nach schweren Kämpfen, zu 70 % zerstört, am 7. 5. 1945. B. hatte 1939: 630 000 Ew., 1946: 171 000 Ew.

Brest, Hptst. des Verwaltungsgebiets B. im SW Weißrußlands., 269 000 Ew.
Im 16. Jh. poln., 1795 russ., 1921 erneut poln., 1939 wieder russ. – Am 22. 12. 1917 begannen in B. Friedensverhandlungen *(Friede zu Brest-Litowsk)* zwischen Staatssekretär R. von Kühlmann, General M. Hoffmann (Dtschld.), Graf O. Czernin (Österreich), A. Joffe u. später L. Trotzkij (Sowjetrußland). Nach dem Separatfrieden mit der Ukraine reiste Trotzkij ab. Durch einen Vormarsch auf Petrograd erzwang Dtschld. am 3. 3. 1918 einen Diktatfrieden, in dem Rußland mit dem Verzicht auf Polen, Finnland, die Ukraine u. das Baltikum 26 % seines europ. Territoriums, 27 % des anbaufähigen Landes, 26 % des Eisenbahnnetzes, 33 % der Textilindustrie, 73 % der Eisenindustrie u. 75 % der Kohlenbergwerke verlor. Im Zusatzvertrag vom 26. 8. 1918 wurde eine Kriegsentschädigung von 6 Mrd. Goldmark erzwungen. Der Friede von B. wurde nach dem Zusammenbruch Deutschlands für ungültig erklärt.

Bretagne [-'tanjə], größte Halbinsel Frankreichs, umfaßt die 5 Départements *Ille-et-Vilaine, Côtes-du-Nord, Finistère, Morbihan* u. *Loire-Atlantique*, zusammen 27 208 km², 2,76 Mill. Ew.
Die B. gehörte als *Armorica* zur röm. Provinz Lugdunensis; sie erhielt nach den im 5./6. Jh. einwandernden keltischen Briten den Namen *B.;* seit dem 10. Jh. Herzogtum, 1166 durch Heirat an England, 1213 an die kapeting. Grafen von Dreux; 1491 heiratete Karl VIII. von Frankreich Anna von der Bretagne, 1514 Franz I. von Frankreich Annas Tochter Claudia. 1532 fiel das Herzogtum B. an die französ. Krone. Nach der Französ. Revolution wurde die B. in 5 Départements aufgespalten. Im Zuge der Regionalisierung wurde 1972 die Region B. geschaffen.

Brétigny [bretin'ji:], Teil der Gemeinde Sours, Dép. Eure-et-Loire; hier schlossen am 8. 5. 1360 Johann II. von Frankreich u. Eduard III. von England einen Waffenstillstand, der die erste Phase des → Hundertjährigen Krieges beendete.

Břetislaw I. Achilles ['brʒɛ-], Herzog von Böhmen 1034–1055; aus dem Geschlecht der *Přemysliden*, schloß Mähren seinem Herrschaftsbereich an.

Bretwalda, angelsächs. Bez. für das Oberkönigtum des Herrschers eines der angelsächs. Teilkönigreiche.

Breve [das; lat. *brevis*, „kurz"], päpstl. Urkunde mit kurzem Text, vor allem zum Zweck von Ernennungen u. Gnadenerweisen.

Breysig, Kurt, Historiker, *5. 7. 1866 Posen, †16. 6. 1940 Potsdam; 1896–1934 Prof. in Berlin; begründete eine Theorie der Kulturentwicklung, nach der alle Kulturen sich in parallelen Wachstumsabschnitten aufwärtsentwickeln. B. beeinflußte damit vor allem O. *Spengler.* Hptw.: „Kulturgeschichte der Neuzeit" 1900/01; „Der Stufenbau u. die Gesetze der Weltgeschichte" 1905, ²1927; „Vom Sein u. Erkennen geschichtl. Dinge" 1935–1943; „Die Geschichte der Menschheit" 1936–1939.

Briand [bri'ã], Aristide, französ. Politiker, *28. 3. 1862 Nantes, †7. 3. 1932 Paris; mehrmals Minister u. Min.-Präs., 1925–1932 Außen-Min.; arbeitete mit G. *Stresemann* zusammen an einer dt.-französ. Verständigung unter gesamteuropäischen Gesichtspunkten, aber auch unter Wahrung des französ. Sicherheitsanspruchs (Locarnovertrag); er war der Initiator des Briand-Kellogg-Pakts. 1926 erhielt er zusammen mit Stresemann den Friedensnobelpreis.

Briand-Kellogg-Pakt [bri'ã-kelɔk-], *Kellogg-Pakt*, am 27. 8. 1928 geschlossener Vertrag zur Ächtung des Krieges, dem insges. 63 Staaten beitraten. Die Unterzeichner verzichten auf den Krieg als Mittel zur Austragung ihrer Streitigkeiten u. unterwerfen sich einem Schiedsgericht. Doch werden Verteidigungs- u. Sanktionskriege als legitim anerkannt. Der Vertrag ist nach den Urhebern, A. *Briand* u. F. B. *Kellogg*, benannt.
Die Bemühungen des Völkerbundes (1930, 1931), die Vorschriften der Völkerbundssatzung im Sinne des B.s zu erweitern, scheiterten. Heute ist der Inhalt des Vertrags in die UN-Charta aufgenommen worden.

Briefadel → Adel.

Brindisi, italien. Hafenstadt in Apulien, Hptst. der Provinz B., 93 500 Ew.
Im Altertum *(Brundisium)* bedeutende Hafenstadt; schon bei Herodot erwähnt; seit 266 v. Chr. römisch; Kriegshafen Roms bis in augusteische Zeit, dann Hafen für den Personenverkehr nach Griechenland; Todesort *Vergils.*

Brissot [bri'so:], Jacques Pierre, französ. Revolutionär, *15. 1. 1754 Chartres, †31. 10.1793 Paris (hingerichtet); Girondist, 1791 Abg. der Gesetzgebenden Versammlung, trat für den Krieg gegen Österreich ein; nach dem Sturz der Girondisten wurde B. zum Tode verurteilt.

Britannia, lat. Form für → Britannien.

Britannicus, Tiberius Claudius Caesar Germanicus B., Sohn des röm. Kaisers *Claudius*, *12. 2. 41, †55; obwohl leiblicher Sohn des Kaisers, wurde er unter dem Einfluß seiner Stiefmutter *Agrippina d. J.* gegenüber deren Sohn *Nero* schon zu Lebzeiten seines Vaters benachteiligt u. kurz nach Neros Thronbesteigung von diesem ermordet.

Brest – Brest-Litowsk: Unterzeichnung des Friedensvertrages vom 3. 3. 1918 durch Prinz Leopold von Bayern, den Kommandanten der deutsch-österreichischen Truppen: links die Delegation der Mittelmächte, rechts die russische Delegation. Wien, Österreich. Nationalbibliothek

Britannien, lat. *Britannia,* seit dem Altertum gebräuchlicher, vermutlich keltischer Name für England, Wales und Schottland (Großbritannien und Nordirland). – Die *Bretagne* im Norden Westfrankreichs erhielt ihren Namen von den keltisch-britischen Einwanderern *(Bretonen)* im 5./6. Jh. n. Chr.

Britisch-Borneo, der ehem. brit. Besitz im N der Insel Borneo (seit dem 19. Jh.), bestand aus den Kronkolonien *Sarawak* im NW u. *Sabah* im NO *(Malaysia)* u. aus dem Protektorat *Brunei* zwischen beiden; erstere wurden 1963 an Malaysia abgetreten, Brunei verblieb bis 1971 unter brit. Protektorat.

Britisches Reich, das ehem. brit. Weltreich, das z. Z. seiner größten Ausdehnung (1921) etwa 38 Mill. km² mit 450 Mill. Bewohnern umfaßte. Im 20. Jh. wandelte sich das B. R. allmählich in das →Commonwealth of Nations, einen Verband unabhängiger Staaten.

Ursprünge u. 1. Empire: Nach dem Verlust des kontinentaleurop. Besitzes im *Hundertjährigen Krieg* gegen Frankreich (1339–1453) u. nach der Beendigung des Bürgerkriegs zwischen der Roten u. der Weißen Rose (→Rosenkriege 1455–1485) gab die Entdeckung Amerikas 1492 u. die Entdeckung Neufundlands durch John *Cabot* 1497 den Anstoß zur Hinwendung Englands zum See- u. Kolonialhandel, die in der 2. Hälfte des 16. Jh. endgültig vollzogen wurde. Dabei geriet England in Konflikt mit den Interessen der Weltkolonialmacht Spanien, die als Vormacht der Gegenreformation das prot. England zum Kampf zwang. Es entwickelte sich ein unerklärter Dauerkrieg auf den offenen Meeren, der Handels-, Religions- u. Piratenkrieg zugleich war, schließlich – nach dem Abfall der Niederlande von Spanien 1579 – auf Europa übergriff u. in der Vernichtung der span. *Armada* (1588) gipfelte. Seit 1562 organisierte vor allem John *Hawkins* den Sklavenhandel zwischen Afrika u. Westindien; 1577–1580 umsegelte Sir F. *Drake* die Welt; 1583–1585 siedelten Sir W. *Raleigh* u. Sir Humphrey *Gilbert* in Neufundland u. Virginia. Zu der alten Kaufmannsgilde der *Merchant Adventurers* traten nun neue Handelsgesellschaften *(Chartered Companies),* die ein Monopol auf den Handel mit einer bestehenden Region erhielten: die Russ. Handelskompanie (seit 1555) als Nachfolgerin der Hanse (1598 Schließung des Londoner Stalhofs), die Levante-Kompanie (seit 1583) gegen die Venezianer, die Ostindische Kompanie (seit 1600) gegen die Holländer, die London- u. die Plymouth-Gesellschaft zur Besiedlung des 1606 für englisch erklärten nordamerikan. Gebiets zwischen dem 34. u. 41. Breitengrad. Diese ersten Siedlungsbemühungen scheiterten allerdings. Die Erfolge begannen in Nordamerika erst mit der Einwanderung der Puritaner (1620 *Pilgerväter* der „Mayflower"). 1612 wurden die Bermudas, 1623 Saint Kitts, 1627 Barbados, 1655 Jamaika besetzt. Die 1618 errichtete Afrikan. Gesellschaft (1672 neu gegr.) erhöhte die Zahl der Handelsstationen für Sklaven an der westafrikan. Küste.

In Indien wurden seit 1611 Faktoreien angelegt (1639 Madras, 1662 Bombay als Mitgift der portugies. Gattin Karls II., 1686 Calcutta), aber keine Siedlungsbemühungen unternommen. Erst zu Beginn des 18. Jh. begann die Ostindien-Kompanie ihr Einflußgebiet zu konsolidieren. Im 17. Jh. wurde Holland, das zum Träger des europ. Kolonialhandels aufgerückt war, der Hauptgegner Englands. Aber die von O. *Cromwell* 1651 erlassene Navigationsakte, die die Wareneinfuhr nach England engl. Schiffen oder denen des Ursprungslands vorbehielt u. den Handel mit den Kolonien ganz unter engl. Kontrolle brachte, sowie die folgenden Seekriege trafen den holländ. Zwischenhandel vernichtend. 1664 wurde durch den Erwerb Neu-Amsterdams (New York) die Verbindung zwischen Virginia u. den Neuenglandstaaten hergestellt.

Im Zuge des *Spanischen Erbfolgekriegs* (1701–1713/14) gewann England mit Gibraltar den Schlüssel zur Mittelmeerherrschaft sowie 1714 Neufundland u. Neuschottland von Frankreich. Dennoch entwickelte sich von nun an eine intensive koloniale Rivalität zwischen England u. Frankreich, die im *Siebenjährigen Krieg* ihren Höhepunkt erreichte. In Indien schaltete Lord *Clive* durch die Besetzung Bengalens (1757) die französ. Konkurrenz aus, im Frieden von Paris (3. 9. 1783) mußte Frankreich Kanada abgeben, so daß nun fast das ganze kolonialisierte Nordamerika in engl. Hand war.

Staatsrechtlich u. administrativ war das Britische Reich bis zum Ende des 18. Jh. eine lose Verknüpfung von formellen Kolonien (Nordamerika, Karibik), militär. Stützpunkten (Gibraltar) u. Handelsposten mit angrenzenden Einflußzonen, die einen halboffiziellen Status hatten. Die Kolonien standen unter der Kontrolle der Krone, nicht des Parlaments, obwohl sich dieses in seinen wirtschaftspolit. Debatten natürlich mit Kolonialfragen befaßte. Erst nach 1760 wurde die Doktrin der Parlamentssouveränität auch auf die Kolonien ausgedehnt. Der Streit um das Recht des engl. Parlaments, die nordamerikan. Kolonien zu besteuern („no taxation without representation"), spielte bei der Entstehung der amerikan. Unabhängigkeitsbewegung eine große Rolle. In den Kolonien war die Krone durch einen Gouverneur mit Beamtenstab vertreten, der sich nach ausführl. Instruktionen des Board of Trade (Handels- u. Kolonialamt) in London zu richten hatte. Ihm standen Vertretungen der Kolonisten gegenüber, deren legislativer Spielraum begrenzt u. an ein Prüfungsrecht des *Privy Council* in London gebunden war. Indien stand bis 1773 ganz unter der halb privaten, halb staatl. Verwaltung der →Ost-Indien-Kompanie, die jedoch in der engl. Öffentlichkeit derart in Mißkredit geriet, daß London in mehreren Gesetzen zu einer direkten Kolonialverwaltung übergehen mußte.

Das Ende des sog. 1. Empire kam, als das in den nordamerikanischen Kolonien erstarkte Selbstbewußtsein sich gegen die straffere Kolonialpolitik nach 1763 u. gegen die merkantilist. Bevormundung richtete. Die von den 13 Kolonien dann 1776 erklärte Unabhängigkeit mußte von der engl. Regierung 1783 anerkannt werden.

Das 2. Empire: Aus den Koalitionskriegen gegen das revolutionäre Frankreich u. gegen Napoleon ging England erneut als erste Kolonialmacht Europas hervor. Es beanspruchte ein Schutzrecht über die holländ. Kolonien, das gegenüber den Kolonisten z. T. gewaltsam durchgesetzt werden mußte (1796 Ceylon, 1806 Kapstadt), u. erweiterte seine Stützpunkte in der Karibik u. im Mittelmeer (1797 Trinidad, 1800 Malta). Auf dem *Wiener Kongreß* sicherte sich England 1815 gegen Ablösungszahlungen einen Teil der holländ. Kolonien u. erhielt von Frankreich die Seychellen u. Mauritius. In Fortsetzung dieser Politik verschaffte sich England 1819 Singapur, 1833 die Falklandinseln, 1839 Aden u. 1842 Hongkong, das China nach dem verlorenen Opiumkrieg abtreten mußte. Zusammen mit der Kapkolonie sicherten diese Erwerbungen den Seeweg nach Indien u. zu den asiat. Märkten. Gleichzeitig begann die Besiedlung *Australiens,* das zwar zunächst nur als Sträflingskolonie diente, aber angesichts der sozialen Probleme in England durch die Landvergabepolitik der engl. Regierung bald – wie auch das 1840 von den einheim. Maori erworbene Neuseeland – zur Siedlungskolonie wurde.

Diese Aufbauphase fand ihr Ende, als England 1846 zum Freihandel überging u. seinem formellen ein informelles Empire hinzufügte, das zwar weder völkerrechtlich noch administrativ mit England zusammenhing, aber im Zeichen des aus der wirtschaftl. Vormachtstellung Englands erwachsenden polit. Einflusses stand. Der 1839 von kanad. Protesten getragen Durham-Report führte zur Canada Union Act von 1840, die Ober- u. Niederkanada vereinigte u. den Siedlern ein größeres Maß an Eigenverantwortung zugestand. In den folgenden Jahren erhielten auch die anderen Siedlungskolonien Selbstregierungsrechte (1852 Neuseeland, 1855 bis 1859 die austral. Kolonien, 1872 die Kapkolonie, 1890 West-Australien, 1893 das 1843 der Kapkolonie einverleibte Natal), deren Rahmen durch die Colonial Law Validity Act von 1865 abgesteckt wurde. Damit war der erste Schritt in Richtung auf die Commonwealth-Regelung getan. Nur in Indien betrieb England weiter Kolonialpolitik im alten Stil. Zwar setzte mit der India Act von 1833, die das kommerzielle Monopol der Ostindien-Kompanie abschaffte, eine Befriedungs- u. Verständigungspolitik ein, die indes nicht zur Selbständigkeit führte. Das nach dem *Sepoy-Aufstand* erlassene Indien-Gesetz wies die Regierung Indiens einem Generalgouverneur u. einem „Staatssekretär für Britisch-Indien" in London zu.

In den 1870er Jahren kam es unter B. *Disraeli* zu einer neuerlichen Kehrtwendung der brit. Reichspolitik, die von der Veränderung der europ. Machtverhältnisse nach der dt. Reichsgründung u. der neuen Wirtschaftslage ebenso bestimmt war wie von einer regen imperialist. Publizistik. Disraeli setzte auf ein Bündnis mit dem Islam u. ging an den Bau einer Landbrücke nach England über Nordafrika u. den Nahen Osten (1875 Ankauf der Suez-Kanal-Aktien, 1878 Zypern). 1876 wurde Königin *Victoria* Kaiserin von Indien. Disraelis Nachfolger W. E. *Gladstone* versuchte zwar eine Revision der imperialist. Politik u. gab 1885 auf der *Kongo-Konferenz* gegenüber dt. u. französ. Ansprüchen nach, konnte aber 1882 doch nicht umhin, Ägypten zu besetzen. Unter R. A. *Salisbury* kehrte England zur imperialen Politik zurück u. beteiligte sich an der Aufteilung Afrikas (1884 Njassaland, 1885 Betschuanaland, 1889 Rhodesien, 1893 Kenia, 1894 Uganda, 1898 engl.-ägypt. Kondominium über den Sudan, 1900 Nigeria). Dahinter stand die von Männern wie C. *Rhodes* vertretene Vorstellung, der Kairo-Singapur-Achse müsse eine Kap-Kairo-Achse hinzugefügt werden. Der Höhe- u. Wendepunkt dieser Politik, die von der engl. Publizistik nachdrücklich unterstützt wurde, waren die Reichspläne des Kolonial-Min. J. *Chamberlain,* der das Empire zu einem durch Zollmauern vereinheitlichten Wirtschaftsraum machen wollte, u. der Bu-

Britisches Reich: Hinrichtung rebellischer Inder während des Aufstandes 1856–1862

renkrieg (1899–1902), der England zwar den Oranje-Freistaat u. Transvaal brachte, aber die imperialist. Politik diskreditierte u. die weltpolit. Isolierung Englands offenbar werden ließ. In den Kolonien sah sich England ohnehin wachsenden Selbständigkeitstendenzen gegenüber, die sich in einer Föderationsbewegung der räumlich beieinanderliegenden Kolonien nach dem Vorbild der Föderation der kanad. Kolonien zum Dominion of Canada (bereits 1867) ausdrückte (1910 Federal Commonwealth of Australia, 1910 Union of South Africa). Diese u. andere Kolonien erhielten nach der Kolonialkonferenz von 1907 die Bez. „Dominions", die *Eduard VII.* bei seiner Thronbesteigung schon in seinen Titel aufgenommen hatte. Dagegen gab es in Indien vorerst nur zaghafte Ansätze zu einer Beteiligung der einheim. Bevölkerung an der Regierung.

Vom Empire zum Commonwealth: Der 1. Weltkrieg brachte auch wesentl. Veränderungen in der Struktur des Brit. Reiches. Zwar erfolgte die Kriegserklärung für das ganze Empire, doch nahmen die Dominions über das *Imperial War Cabinet* (1917) einen begrenzten Einfluß auf die Kriegführung u. unterschrieben einschl. Indiens, das 1917 erstmals an einer Reichskonferenz teilgenommen hatte, den *Versailler Vertrag* wie selbständige Nationen. Mit Ausnahme Neufundlands wurden alle Dominions Mitgl. des *Völkerbunds.* Die Proteste der Dominions nach dem Chanak-Kommuniqué von 1922 brachten den Verzicht Englands auf sein Gegenzeichnungsrecht bei Abkommen der Dominions, seit 1925 erkannten die Dominions engl. Abkommen nur nach eigener Ratifikation an. Die Reichskonferenz von 1926 zog hieraus die Konsequenzen u. schuf das „British Commonwealth of Nations" nach einem Begriff, den Lord Roseberry schon 1885 verwandt u. den L. Curtis in einem Buchtitel 1916 aufgegriffen hatte. Die Beziehungen der Commonwealth-Mitglieder definierte Lord *Balfour* als die „autonomer Gemeinschaften innerhalb des brit. Empire, gleich im Status, in keiner Weise einander in inneren u. äußeren Angelegenheiten untergeordnet, obschon durch eine gemeinsame Bindung an die Krone vereinigt u. als Mitgl. des Brit. Commonwealth of Nations frei verbunden". 1931 erhielt die neue Struktur des brit. Reiches durch das Statut von Westminster Rechtskraft. Aus den Generalgouverneuren wurden Repräsentanten der Krone, während die Beziehungen zwischen den Regierungen durch Hochkommissare im Sinne von Botschaftern wahrgenommen wurden. Im Krönungseid *Georgs VI.* wurden alle Dominions einzeln aufgeführt. In bezug auf die noch verbliebenen Kolonien verband sich diese Politik mit einer ersten Phase der Dekolonialisierung, die im Falle des brit. Kolonialreichs in das Commonwealth hinein erfolgen konnte. Mit der *Colonial Development Act* von 1929 wurden zugleich erste Ansätze einer Entwicklungspolitik sichtbar.

Der 2. Weltkrieg brachte keine Festigung des brit. Commonwealth, obwohl die Dominions die engl. Kriegsanstrengung nach Kräften unterstützten. Die Labour-Regierung (seit 1945) trug der Tatsache Rechnung, daß England in der Mächtekonstellation der Nachkriegszeit an polit. Bedeutung eingebüßt hatte, u. setzte die vor dem Krieg begonnene Dekolonialisierung mit der Entlassung Indiens in die Unabhängigkeit (1948) entschieden fort. Auch das Commonwealth selbst wandelte sich erneut. Nachdem eine Erklärung der Premier-Min. der Commonwealth-Staaten 1949 die Krone ledigl. als das „Symbol der freien Vereinigung seiner unabhängigen Mitgliedstaaten" definiert hatte, waren verschiedene Staatsformen innerhalb des Commonwealth möglich. 1950 u. 1956 wurden Indien u. Pakistan Republiken. In England wurde aus dem Dominion Office das Commonwealth Relations Office, das 1968 mit dem Außenministerium verschmolzen wurde. Die Bez. „britisch" verschwand ebenfalls. Seit 1948 waren alle im Commonwealth lebenden Menschen nicht mehr „British Subjects", sondern „Commonwealth Subjects". Die Entkolonialisierungswelle der 1950er u. 1960er Jahre veränderte das innere Gefüge des Commonwealth insofern, als das bis dahin im Rahmen des Commonwealth bestehende brit. Kolonialreich bis auf wenige Kronkolonien zusammenschmolz u. die in die Unabhängigkeit entlassenen Kolonien den Status von Dominions erlangten. Die Folgen der Entkolonialisierung für die ehem. Kolonialherren ebenso wie für die ehem. Kolonien wurden damit allerdings kaum abgefangen, obwohl sich England gegen die Interessen seiner Siedlungskolonien Südafrika und Rhodesien unmißverständl. zum Grundsatz der Gleichberechtigung der Rassen u. Völker im Commonwealth bekannte u. 1961 den Austritt Südafrikas, 1965 u. 1970 die einseitige Unabhängigkeitserklärung Rhodesiens hinnehmen mußte. Die Möglichkeit des Austritts aus dem Commonwealth, von der die Republik Irland u. Birma zum erstenmal Gebrauch machten (1947), zeigt, wie sehr sich das Commonwealth von einer völkerrechtl. Einheit zum losen Zweckverband umgebildet hatte.

Britisch-Indien → Britisches Reich, Indien.

Britisch-Kamerun, *Cameroons*, ein Teil der ehem. dt. Kolonie *Kamerun*, wurde nach dem 1. Weltkrieg brit. Völkerbundsmandat u. später als UN-Treuhandgebiet mit Nigeria zusammen verwaltet. Sudanide Stämme bildeten die Mehrheit der Bevölkerung. 1961 entschied sich der Südteil mit Buea für den Anschluß an Kamerun, der Nordteil für den an Nigeria.

Britisch-Ostafrika, die ehem. brit. Besitzungen *Kenia, Uganda, Tanganjika* u. *Sansibar.*

Britisch-Somaliland, ehem. brit. Besitzung, seit 1960 ein Teil von → Somalia.

Britisch-Südafrika, zusammenfassende Bez. für die ehem. brit. Protektorate *Betschuanaland* u. *Basutoland* sowie für *Swasiland* u. *Rhodesien;* heute: Botswana, Lesotho, Swasiland, Simbabwe.

Britisch-Togo, bis 1914 ein Teil der dt. Kolonie Togo, nach dem 1. Weltkrieg brit. Völkerbundsmandat, nach dem 2. Weltkrieg Treuhandgebiet der UN. Seit 1957 ist das ehem. B. ein Teil des unabhängigen *Ghana.*

Britisch-Westafrika, die ehem. britischen Besitzungen *Nigeria, Sierra Leone, Gambia* u. *Ghana.*

Bro [bro:], Kirchplatz auf Gotland aus dem 12. Jh., mittelalterl. Wallfahrtskirche, gegr. auf altem heidnischen Opferplatz. Zentrum zahlreicher archäolog. Fundplätze.

Brockdorff-Rantzau, Ulrich Graf von, Politiker, *29. 5. 1869 Schleswig, †8. 9. 1928 Berlin; seit 1894 im diplomat. Dienst; Dez. 1918 Staatssekretär des Auswärtigen Amtes, Febr.–Juni 1919 Reichsaußen-Min.; suchte als Führer der dt. Friedensdelegation in Versailles durch selbstbewußte Verhandlungsführung vergeblich die Friedensbedingungen zu revidieren u. trat nach der von ihm kritisierten Annahme des Friedensvertrages durch die Reichsregierung zurück; 1922–1928 Botschafter in Moskau, bemüht um eine Annäherung an die UdSSR (Berliner Vertrag 1926); lehnte Stresemanns Locarnopolitik als zu stark nach Westen orientiert ab.

Brögger, Anton Wilhelm, norweg. Prähistoriker, *11. 10. 1884 Stockholm, †29. 8. 1951 Oslo; 1915–1950 Prof. in Oslo; Forschungsschwerpunkt: Wikingerzeit; zahlreiche Publikationen, u.a.: „Kulturgeschichte des norweg. Altertums" 1926; „Winlandfahrten. Wikinger entdeckten Amerika" 1939.

Ulrich Graf von Brockdorff-Rantzau

Broglie ['brɔj], Albert Victor, Duc de, französ. Staatsmann, *13. 6. 1821 Paris, †19. 1. 1901 Paris; parlamentar. Führer der Orléanisten nach 1870, bewirkte 1873 den Sturz A. *Thiers'*; 1873/74 u. Mai bis November 1877 Min.-Präs.; trat zurück, als sein gemeinsam mit P. M. *Mac-Mahon* unternommener Versuch, die mehrheitlich republikan. Deputiertenkammer durch Auflösung zu disziplinieren, scheiterte.

Brömsebro, Ortschaft in Südschweden; im 1645 geschlossenen *Frieden von B.* zwischen Schweden u. Dänemark wurde Dänemark aus seiner beherrschenden Stellung im N verdrängt. Das nach zweijährigem Krieg siegreiche Schweden erhielt die Ostseeinseln Ösel u. Gotland sowie die Provinzen Jämtland, Herjedalen u. Halland.

Bronzezeit ['brɔ̃sə-], vorgeschichtl. Phase, gekennzeichnet durch eine ausgereifte Bronzemetallurgie zur Herstellung von Geräten, Waffen u. Schmuck. Sie folgt in Europa, regional unterschiedlich früh, auf die Jungsteinzeit; die Übergänge sind fließend u. oft durch vermehrtes Aufkommen von Metallgegenständen, vor allem aus Kupfer *(Chalcolithikum, Kupferzeit),* charakterisiert. Während noch heute zeitgenöss. Menschengruppen in einer Art Steinzeit verharren, gibt es keine Kultur mehr, deren Merkmale denen der B. gleichen. Die ältesten Bronzegegenstände finden sich am Ende des 4. Jahrtausends v. Chr. in ägypt. Gräbern der 1. Dynastie, in Mesopotamien im Bereich der Dynastien von Ur, Lagasch, Umma u. Uruk zu Beginn des 3. Jahrtausends v. Chr. In Indien begann die B. nach den Funden von Harappa u. Mohenjo-Daro im Industal in der Mitte des 3. Jahrtausends v. Chr., in China im Gebiet des Huang He in der 1. Hälfte des 2. Jahrtausends v. Chr. In Europa umfaßt die B. hauptsächlich das 2. Jahrtausend v. Chr.: in Mitteleuropa die Aunjetitzer Kultur, im ägäischen Raum die kretisch-mykenische Kultur, in Italien die Terramare-Kultur, auf Sardinien die Zeit der Nuragen, in Spanien die Argar-Kultur, in Südost- u. Osteuropa die Andronowo- u. die Holzkammergrabkultur.

Eine mehr oder weniger veraltete Theorie besagt, die Kenntnis der Bronze u. ihrer Verarbeitungstechnik sei am Anfang des 2. vorchristl. Jahrtausends von Südosteuropa nach Mittel- u. Nordeuropa gekommen. Dahinter hätten kretisch-myken. Wirtschaftsinteressen gestanden: Diese Kultur mit ihren reichen Fürstenhöfen, der differenzierten Verwaltung, dem straffen Heerwesen, weitreichendem Handel u. den vielen Spezialhandwerkern war infolge ihres hohen Metallbedarfs auf rege Kontakte mit rohstoffreichen Ländern angewiesen. Sie war zugleich das kulturelle Bindeglied zwischen den Hochkulturen des Vorderen Orients u. dem übrigen Europa, das ein dichtes Netz von Handelswegen überzog. Handelsobjekte waren Rohmetalle (Gold, Silber, Kupfer, Zinn), Rohbronze, Bronzegegenstände, Bernstein, Salz u. Naturalien. Ähnlich wie im ägäischen Raum in

den Händen der Könige konzentrierten sich in Mitteleuropa Macht u. Kaufkraft auf eine soziale Oberschicht krieger. Anführer u. Herren, die einen maßgebenden Einfluß auf das Metallhandwerk ausübte oder dieses ganz beherrschte u. an weitreichenden Kulturkontakten interessiert war.
So bildeten sich in der frühen B. (etwa 1880–1550 v.Chr.) in Mittel- u. Nordeuropa in den Gebieten der Erzvorkommen u. entlang der Handelswege verschiedene, miteinander in Verbindung stehende Kulturzentren heraus.
Neuere Forschungen sprechen jedoch für unterschiedl. Entstehungszentren der B., die aber in Kontakt zueinander standen. So erscheint in Mitteleuropa die erste Blüte der B. in der jüngeren Phase der *Aunjetitzer Kultur* mit ihren reich ausgestatteten sog. Fürstengräbern (z. B. in Leubingen). Ein weiteres Indiz ist die Festung von Spišský Štvrtok der Otomani-Kultur in der Slowakei, ein mit Mykene vergleichbarer Fürstensitz. – Ein anderes Kulturzentrum mit nicht minder ausgestatteten Fürstengräbern war die im Schnittpunkt mehrerer Handelswege liegende *Wessex-Kultur* Südenglands, die ihre Bedeutung in erster Linie dem Zinnreichtum der Bretagne u. Südwestenglands verdankte. Zu ihren imponierendsten Denkmälern zählen große, sakralen Zwecken dienende Erd-, Holzpfosten- u. Steinkreise wie *Stonehenge.* Einen bescheideneren Eindruck scheint dagegen der nordalpine Kreis mit lokalen Kulturgruppen beiderseits der Donau bis westlich des Rheins u. südl. des Oberrheins zu machen, jedoch mag das quellenkundlich bedingt sein, denn auch aus diesem Gebiet sind überaus reiche Bronzehortfunde bekannt. Enge Kontakte mögen zur Rhônekultur Ostfrankreichs u. zur österr.-ungar. Kulturgruppe bestanden haben. Alle diese Erscheinungen werden auch unter dem Begriff „Apa-Horizont", benannt nach dem Hortfund von Apa, zusammengefaßt.
Eine typische Metallform dieser Zeit ist der sog. Stabdolch, dem vor allem die Funktion als Rangabzeichen zugesprochen wird.
Im Norden entstand die *Nordische Kultur* der B., der sog. „Nordische Kreis", die bis ins 7. Jh. fortdauerte. Sie ist durch einen völlig eigenen Stil, hochentwickelte Bronzetechnik, Tracht u. Waffenausstattung gekennzeichnet. Typisch sind u.a. zweiteilige Plattenfibeln, Gürtelscheiben u. -dosen sowie große Blasinstrumente *(Luren).* – Diesem nord. Kreis stand der mitteleurop. Kreis der *Hügelgräberkultur* gegenüber, der sich von Ostfrankreich bis nach Ungarn erstreckte. Die Variationsbreite keramischer u. bronzener Formen u. Verzierungen erlaubt Differenzierungen der Kultur in verschiedenen Stilprovinzen; ein solches Gebiet lag westlich des Rheins, ein anderes, sehr reiches, auf beiden Seiten der oberen Donau in Bayern, Österreich, im südl. Böhmen u. Südthüringen.
Ein dritter Kulturkreis war die *Lausitzer Kultur* in Ostdeutschland u. Westpolen u. ihre Vorläufer. Ein weitverbreitetes Totenritual der mittleren B., dem eine gleichartige Grundstruktur der religiösen Vorstellungen u. Gesellschaftsform entsprochen haben könnte, ist die Beisetzung von Männern wie Frauen in ihren Trachten, mit Waffen u. Schmuck, unter Grabhügeln, oft zusätzlich durch einen Baumsarg oder durch Steineinbauten geschützt. Da sich in den Grabhügeln Schleswig-Holsteins u. Dänemarks durch spezielle Bodeneigenschaften organ. Substanzen bes. gut erhalten, hat man hier manche der Toten noch mit allen Details der Kleidung u. Haartracht gefunden.
Eine ganz andere Entwicklung läßt der südwesteurop. Raum erkennen, wo sich frühbronzezeitl. Erscheinungen wie die Argar-Kultur lange hinauszögerten; dann setzte etwas später die mittlere B. in Form der atlantischen B. ein, die sich weniger in Gräbern als vielmehr in Siedlungen zeigt.
Im Kulturgefüge Zentral-, Süd- u. Westeuropas u. in Teilen von Osteuropa begannen im 13. Jh. v.Chr. größere Umformungen. Möglicherweise steht das vermehrte Auftreten von Befestigungsanlagen in Böhmen, Mähren, Niederösterreich u. der südl. Slowakei seit etwa der Mitte des 2. Jahrtausends v.Chr. in diesem Zusammenhang. Speerspitzen u. Schwerter wurden zu wichtigen Elementen der Bewaffnung; dazu kam in einigen Regionen der zweirädrige, von Pferden gezogene Streitwagen. In Ungarn, Rumänien, der östlichen Slowakei u. Nordjugoslawien gab es krieger. Wirren. Am Ende der durch diese noch nicht geklärten Vorgänge ausgelösten Entwicklung stand der Untergang des Hethiterreichs u. der kretisch-myken. Kultur; Ägypten erlebte den Einfall der „Seevölker". In Europa kam es zur Ausbildung der → Urnenfelderkultur, die sich in dem Brauch, Urnenfriedhöfe anzulegen, in einer gewissen Einheitlichkeit der Grabform, im Beisetzungsritus, in der Beigabenausstattung u. in formalen Übereinstimmungen der materiellen Hinterlassenschaften äußerten. Die Bronzegußtechnik erlebte eine neue Blüte. Die Urnenfelderkultur behauptete sich in Europa für längere Zeit u. ging im 8. Jh. v.Chr. allmählich in die frühe → Hallstattkultur (→ Eisenzeit) über.
Seit dem Ende des 3. Jahrtausends v.Chr. entstanden durch die Metallgewinnung u. -verarbeitung spezielle Berufe (Bergbau, Bronzehandwerk), die z.T. auf bestimmte Gebiete konzentriert u. von der sozialen Oberschicht getragen u. bestimmt waren. Für eine arbeitsteilige Organisation der Rohstoffgewinnung u. des Bronzegewerbes spricht die Lage von Bergbaubetrieben abseits der normalen Siedlungen, was sich am besten beim Kupferabbau des Ostalpenraums beobachten läßt, der sich entfernt von den Zentren der südd. B.kultur abspielte. Abbaugänge, Sortier- u. Schmelzplätze lagen nach Höhen gestaffelt längs der Hänge. Auf künstl. Terrassen zerschlug u. zermahlte man das erzhaltige Gestein u. schied es vom tauben Material. Danach entzog man ihm mit Hilfe von glimmender Holzkohle Schwefel u. schmolz es anschließend in Öfen über Holzkohle. Für diese Arbeiten benötigte man nach Schätzungen etwa 150 Mann. Holzgeräte, Keramik u. Textilien wurden dagegen weitgehend für den Eigenbedarf angefertigt. Neben den metallenen waren Steingeräte wie Pfeil- u. Speerspitzen noch lange in Gebrauch. Der Ackerbau wurde durch die zunehmende Benutzung des Pflugs u. von Rind u. Pferd als Zugtier intensiviert; auf schlechteren Böden wurde die Viehzucht gefördert u. die Alpwirtschaft ausgebaut. Aus der frühen B. kennt man zunächst wenig Siedlungen, dann neben befestigten Höhensiedlungen auch Flachland- u. Seeufersiedlungen, die bes. im Alpenvorland u. an den schweizer. Seen in der mittleren u. jüngeren B. zunehmen. Gegenstände des Totenrituals u. Kults wurden künstlerisch reich gestaltet; kleine menschl. Tonfiguren dienten vermutlich als Erinnerungsbilder Verstorbener. Auf vierrädrigen, bronzenen, ornamentierten oder plastisch geschmückten Wagen wurden vermutlich vornehme Tote im südosteurop. Raum zur Verbrennungsstätte gefahren. Vogel u. Sonnenscheibe waren im ganzen bronzezeitl. Europa als Sinnbilder bestimmter religiöser Vorstellungen bekannt; auf Helmen, Schildern, Panzern u. Beinschienen angebracht, sollten sie wohl den Schutzcharakter dieser Waffenstücke unterstreichen. Vogelfiguren u. Sonnenräder wurden vielfach auch als Schmuck bzw. Amulett getragen. Die goldbelegte Sonnenscheibe als Denkmal bronzezeitl. Sonnensymbolik hat ihr bekanntes Beispiel in dem von einem Pferd gezogenen Sonnenwagen von Trundholm (Seeland). Daneben erscheint als drittes Kultsymbol der Kegel; diese aus dünnem Goldblech getriebenen, reich verzierten hohen Gebilde gehören zu den erstaunlichsten Leistungen der mitteleurop. B.kunst. Felszeichnungen in Schweden zeigen Darstellungen wohl von Göttern mit Schiffssymbolen u. Szenen aus dem tägl. Leben. Ⓑ S. 122/123.

Brooke [bru:k], Sir James, 1842–1862 Raja von Sarawak in Nord-Borneo, *29. 4. 1803 Secrore bei Benares, †11. 6. 1868 Burrator, Devonshire; er u. seine Nachfahren waren als „Weiße Rajas von Borneo" bekannt. Für militär. Unterstützung des Raja von Brunei wurde B. mit der Herrschaft über Sarawak belohnt, das 1888 brit. Protektorat wurde.

Broqueville [brɔk'vil], Charles de, belg. Politiker (kath. Partei), *4. 12. 1860 Mol, †5. 9. 1940 Brüssel; 1892–1919 Abg., 1919–1935 Senator, 1911–1918 Min.-Präs., zeitweilig auch Kriegs- u. Außen-Min., 1926–1931 Verteidigungs-Min., 1932–1934 erneut Min.-Präs.; versuchte durch Deflationspolitik der Weltwirtschaftskrise zu begegnen u. betrieb eine vorsichtige Annäherung an Dtschld.

Broszat, Martin, Historiker, *14. 8. 1926 Leipzig, †14. 10. 1989 München; seit 1955 wiss. Mitarbeiter und seit 1972 Direktor des „Instituts für Zeitgeschichte" in München. B. erforschte vor allem die Sozialgeschichte der nationalsozialistischen Diktatur. Er schrieb u. a: „Der Nationalsozialismus. Weltanschauung, Programm und Wirklichkeit" 1960; „Die Anatomie des SS-Staates" 1965 (Mitverfasser); „Der Staat Hitlers. Grundlegung und Verfassung seiner inneren Entwicklung" 1969; „Bayern in der NS-Zeit", 6 Bde., 1977–1983 (Mithrsg.); „Nach Hitler. Der schwierige Umgang mit unserer Geschichte" 1986.

Brown [braun], John, US-amerikan. Freischärler (Abolitionist), *9. 5. 1800 Torrington, Conn., †2. 12. 1859 bei Charlestown, Va. (gehängt); befehligte ein Freikorps in Kansas 1856 („Bleeding Kansas") u. versuchte durch Handstreich auf Harper's Ferry, Virginia, 1859 einen Sklavenaufstand zu entfesseln. B. wurde jedoch von R. E. *Lee* gefangen u. nach einem Gerichtsverfahren hingerichtet. Von der Antisklavereibewegung als Märtyrer verehrt, lebte sein Andenken im Volkslied fort.

Bruce [bru:s], schott. Adelsgeschlecht normann. Abstammung, gewann 1306 mit Robert B. (*1274, †1329) den schott. Thron, verlor ihn aber schon 1371 wieder mit David II. B. (*1324, †1371) an das Haus Stuart.

Bruce [bru:s], James, schott. Afrikareisender, *14. 12. 1730 Kinnaird, Schottland, †27. 4. 1794 London; forschte in Äthiopien; entdeckte die Quellen des Blauen Nil.

Brück, Gregor, eigentl. G. *Heintze,* Jurist u. Politiker, *um 1483 Brück bei Belzig, †15. (20.?) 2. 1557 Jena; 1520–1529 kursächs. Kanzler, anschließend einflußreicher Berater des sächs. Kurfürsten. Als überzeugter Anhänger Luthers trat B. schon 1521 in Worms für den Reformator ein, war Verfasser der Protestation von Speyer 1529 u. einer der Wortführer auf dem Augsburger Reichstag 1530. B. stellte Verbindungen zu den Gegnern Habsburgs her, unterstützte den Schmalkaldischen Bund u. verhalf der Reformation in Kursachsen zum endgültigen Durchbruch.

Brügge, fläm. *Brugge,* französ. *Bruges,* Hptst. der belg. Prov. Westflandern, 118000 Ew.
Ersterwähnung im 7. Jh., Ende des 11. Jh. Residenz der Grafen von Flandern, 1384 an Burgund, 1482 habsburgisch; bedeutend als Hansestadt im 13.–15. Jh., damals größter Welthandelshafen Nordeuropas, versandete am Ende des MA; galt durch seinen auf dem

Bronzezeit

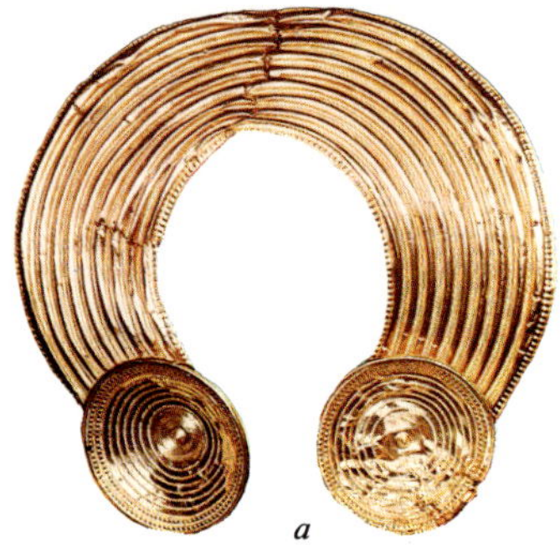

Im Vergleich zu den vorhergehenden Epochen (z. B. Steinzeit) stellt sich die Bronzezeit durch die Aufgliederung in kürzere Perioden wesentlich differenzierter dar. Dies verdeutlicht die raschen Umwälzungen in der kulturellen Entwicklung der Menschheit. Besonders die zunehmende Kenntnis von der Verarbeitung der Metalle veränderte den sozialen Aufbau und die Lebensweisen der Gesellschaft.

1

Die Hintergründe dieser Entwicklung veranschaulicht Hannsferdinand Döbler: »Bronzene Schilder, Schwerter und Beile sicherten qualitativ und quantitativ Überlegenheit, und wer überleben wollte, mußte sich entweder Waffen und Gerät aus Bronze beschaffen oder die Rohstoffe für die Metallurgie.«

Daraus resultierten Fortschritte in der gesellschaftlichen Arbeitsteilung sowie das Entstehen weitreichender Handelsbeziehungen, die große Teile Europas und Nordafrikas miteinander verbanden. Diese Entwicklungen ergaben sich aus den Bedingungen der Herstellung des Metalls Bronze, aus dem Austausch handwerklicher Produkte und besonders aus der Ansammlung (Akkumulation) eines ständig wachsenden Mehrproduktes. Die in der Folge sich beschleunigende soziale Differenzierung weist auf den Verfall der Urgesellschaft hin, die von einem niedrigen Grad der Arbeitsteilung in Ackerbau und Viehzucht geprägt war. Die Entdeckung der Bronze als Legierung aus Kupfer und Zinn befruchtete auch das Kunsthandwerk, das durch den Bronzeguß zu einer hohen Blüte gelangte. Das beeinflußte nicht zuletzt die Sakralkunst, wie die kunstvoll gestalteten Kultsymbole der Bronzezeit belegen, die auf religiöse bzw. Schutz versprechende Vorstellungen schließen lassen. Dazu gehören u. a. Vogelfiguren, Kegel, Kesselwagen mit einem Bronzegefäß und Sonnenräder bzw. Sonnenscheiben (auch Sonnensteine). Hier ist vor allem der Sonnenwagen von Trundholm zu nennen. Die Verwendung von Bronze war allerdings beschränkt. Dazu führt H. Döbler aus: »Man darf sich die Verhältnisse in Europa nicht so vorstellen, daß überall zwischen den Pyrenäen und den Karpaten, zwischen Nordsee und Alpen nun Geräte aus Bronze benutzt worden wären. Im Alltag blieben hölzerne und steinerne Geräte, die auf dem Bauernhof selbst hergestellt werden konnten, vorherrschend; nur eine dünne Schicht von Menschen trug Helme aus Bronze, benutzte Bronzeschwerter oder Pokale aus diesem Material.« *A.F.*

1 *Gegenstände aus der Bronzezeit: a) Halskragen; London, Victoria and Albert Museum. b) Radnadeln; Neuwied, Kreismuseum. c) Henkelkrug; Neuwied, Kreismuseum. d) Rekonstruktion des Dolches von Westerwanna; Hannover, Niedersächsisches Landesmuseum. e) Hängegefäß und Glocke; Hannover, Niedersächsisches Landesmuseum; f) Keramik aus Kronstorf, Oberösterreich; Linz, Oberösterreichisches Landesmuseum.*

2

2 *Sonnenstein von Harpstedt, ehem. Grafschaft Hoya.*

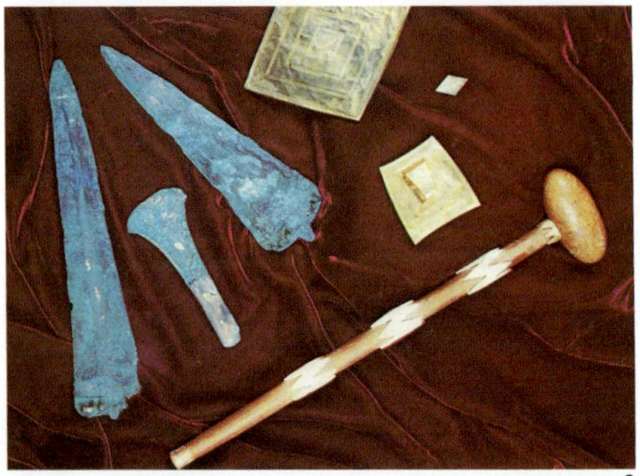

3

4

5

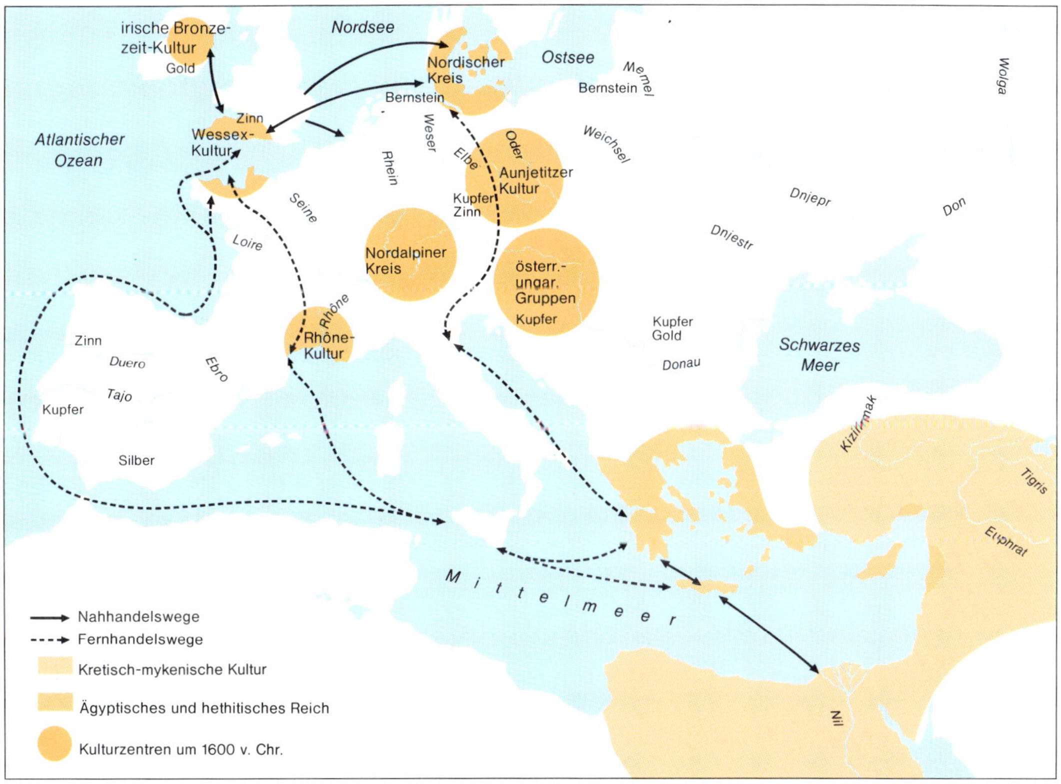

6

3 *Beigaben aus einem Männergrab der südenglischen Wessex-Kultur, die vor allem durch reich ausgestattete »Fürstengräber« bedeutsam ist.*

4 *Goldkegel (kultischer »Goldener Hut«) von Schifferstadt, Rheinland-Pfalz; Speyer, Museum.*

5 *Bronzene Hohlbuckelringe (keltisch) aus Hallein-Dürrnberg.*

6 *Die Karte verdeutlicht die Handelswege zwischen den Kulturzentren und damit die Verbindung der Kulturgruppen in der Bronzezeit.*

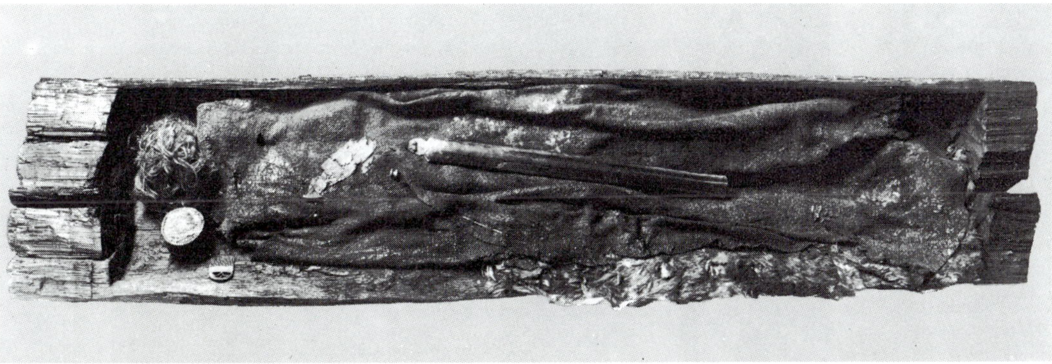

7

7 *Bestattung eines Mannes mit seiner Tracht im Baumsarg, der auch in Grabhügeln als besonderer Schutz verwendet wurde und dem Waffen und Schmuck beigegeben waren.*

Wollhandel fundierten Reichtum als eine der schönsten Städte der Welt („Venedig des Nordens").

Brühl, Heinrich Reichsgraf von, Politiker, *13. 8. 1700 Gangloffsömmern, Thüringen, †28. 10. 1763 Dresden; seit 1720 in kursächs. Diensten, nach der Thronbesteigung Friedrich Augusts II. (1733) praktisch Leiter der Staatsgeschäfte, seit 1746 allmächtiger Premier-Min. Kunstsinnig, auf staatl. Repräsentation u. zugleich auf persönl. Bereicherung bedacht, suchte er mit diplomat. Mitteln Militärausgaben überflüssig zu machen. Das Lavieren zwischen den Mächten während der „Ära B." führte infolge der mehrfachen preuß. Besetzung zur wirtschaftl. Ausblutung Sachsens.

Brukterer, german. Volksstamm, um Christi Geburt zwischen mittlerer Ems u. oberer Lippe ansässig, kämpfte mit den Batavern gegen Rom; erschien um 100 n. Chr. am Rhein u. ging später in den Franken auf.

Brumaire [bry'mɛːr; frz., „Nebelmonat"], der 2. Monat im französ. Revolutionskalender, 22.–24. 10. bis 20.–22. 11. Am 18. B. des Jahres VIII (9. 11. 1799) wurde Napoleon Bonaparte nach seiner überraschenden Rückkehr aus Ägypten durch Staatsstreich Erster Konsul u. schaffte damit die seit 1795 bestehende Regierung des Direktoriums ab.

Brundisium, antiker Name der italien. Stadt → Brìndisi.

Brunei BRU

Sultanat Brunei

Fläche: 5765 km². – *Einwohner:* 276000. – *Hauptstadt:* Bandar Seri Begawan. – *Landessprachen:* Malaiisch, Englisch. – *Nationalfeiertage:* 23. 2. und 15. 7. – *Währung:* 1 Brunei-Dollar = 100 Cents. – *Lage:* an der Nordwestküste von Borneo zwischen 4° und 5° n. Br. sowie 144° und 115°30′ ö. L. – *Zeitzone:* Mitteleuropäische Zeit + 7 Std. – *Grenzen:* im N Südchinesisches Meer, ansonsten Malaysia. – *Staatsform:* Monarchie mit Ansätzen zur parlamentarischen Regierungsform.

Schon im 9. Jh. gab es ein hinduistisches Reich B. Im 14. Jh. gehörte es zum Gebiet des ostjavanischen Reichs von *Madschapahit.* Um 1410 trat die Bevölkerung zum Islam über. 1521 kam *Magalhães* nach B., das damals die Vormachtstellung im südchines. Meer einnahm. Als im 16. Jh. der Norden des Reichs unter span. Oberherrschaft geriet u. die Hauptstadt zerstört wurde, verringerte sich der polit. Einfluß des Staats immer mehr. 1839 kam der Engländer Sir James *Brooke* nach Sarawak (Nordborneo), schlug dort einen Aufstand gegen den Radscha nieder u. wurde 1842 vom Sultan von B. mit Sarawak belohnt. 1847 konnte er einen Vertrag abschließen, in dem der Sultan die Insel Labuan an England abtrat. Damit begründete Großbritannien seine Herrschaft in Nordborneo. 1888 wurde B. brit. Protektorat. 1941–1945 besetzten die Japaner das Land. Zu einem Streit wegen B. kam es 1963 zwischen Indonesien u. Malaysia. Damals wurde es B. freigestellt, der Malaysischen Föderation beizutreten. Es blieb aber bis 1971 britisches Schutzgebiet mit weitgehen-

Brunei: Staatsoberhaupt Sultan Sir Muda Hassan Al Bolkiah 1984

der Selbstverwaltung. Danach wurde es autonom, Großbritannien nahm weiterhin die Außenbeziehungen wahr. Seit 1984 ist B. unabhängig.

Brunhilde, *Brunichilde,* fränkische Königin westgot. Herkunft, †613; Gemahlin des Merowingers Sigibert I. (561–575) u. Mutter Childeberts II., seit 595 Regentin für ihre unmündigen Enkel. Bestrebt, die Rechte des Königtums gegenüber dem Adel zu wahren, unterlag sie bei dem Versuch, von einem mit Burgund vereinigten Austrien aus die Führung des Reiches zu übernehmen, dem hohen Adel u. Chlothar II., der sie hinrichten ließ.

Brüning, Heinrich, Politiker (Zentrum), *26. 11. 1885 Münster, Westf., †30. 3. 1970 Norwich, Vt. (USA); Nationalökonom; nach dem 1. Weltkrieg in der christl. Gewerkschaftsbewegung tätig; 1924–1933 Mitgl. des Reichstags, 1929 Vors. der Zentrumsfraktion, 1930–1932 Reichskanzler, Mai–Juli 1933 letzter Vors. der Zentrumspartei vor ihrer Auflösung. B. übernahm das Amt des Reichskanzlers mit dem Ziel, von Parteien u. Reichstag unabhängig zu regieren; er erstrebte langfristig einen autoritären Staat mit wiederhergestellter Monarchie u. Großmachtposition. Zur mittelfristigen Lösung des Reparationsproblems u. zur Sanierung der Reichsfinanzen hielt er eine Deflationspolitik unter Inkaufnahme einer Verschärfung von Arbeitslosigkeit u. sozialen Spannungen für erforderlich. Nach Ablehnung eines ersten Finanzplanes durch den Reichstag u. Neuwahlen mit Sieg der NSDAP (14. 9. 1930) mußte er die parlamentar. Tolerierung durch die SPD in Anspruch nehmen, setzte aber seine finanz- u. wirtschaftspolit. Ziele mit Notverordnungen des Reichs-Präs. von Hindenburg durch. B. genoß im Ausland vielfach hohes Vertrauen, so daß Erfolge der Revisionspolitik in Aussicht standen; doch erreichte er selbst nicht mehr eine Regelung der Reparationsfrage, da Hindenburg ihm aus einer Vielzahl von Motiven (Reichswehrpolitik, Osthilfe, Stellung zur SPD wie zur NSDAP)

Heinrich Brüning

sein Vertrauen entzog u. ihn am 30. 5. 1932 entließ. B. ging 1934 ins Ausland, wurde 1939 Prof. in Harvard (USA), war 1951–1955 Prof. in Köln u. lebte dann wieder in den USA. „Memoiren 1885–1934" 1970; „Briefe u. Gespräche 1934–1945" 1974; „Briefe 1946–1966" 1974.

Brunkeberg, Ort der *Schlacht von B.* 1471 (heute ein Teil Stockholms); hier erlitt Christian I. von Dänemark eine Niederlage, als er versuchte, Schweden mit Waffengewalt in die → Kalmarer Union zurückzuführen. Die Schweden siegten unter dem Reichsvorsteher Sten *Sture d. Ä.*

Brunn, Heinrich von, Archäologe, *23. 1. 1822 Wörlitz, Anhalt, †23. 7. 1894 Schliersee; Leiter der Münchner Antikensammlung; Mitbegründer der modernen Archäologie, bes. auf dem Gebiet der analysierenden Stilkritik.

Brünn, tschech. *Brno,* Hptst. des Kraj Jihomoravský u. wichtigster Ort von Mähren, 393000 Ew.

In Stadtnähe altsteinzeitl. Bestattungsplatz; in einem der Gräber fanden sich neben einer Kette aus 600 Schnecken noch durchbohrte Elfenbeinscherben sowie eine ebenfalls aus Elfenbein gearbeitete männl. Statuette; der Fundplatz wird dem Gravettien zugeordnet. Burgsiedlung auf dem Spielberg, 1243 Stadt, Aufschwung unter den Luxemburgern als Hptst. Mährens mit vorwiegend dt. Bevölkerung; Altstadt um den Krautmarkt; Kaufmannssiedlung am Unteren Markt; Tuchmacherei u. Steinkohlenbergbau im 18. Jh.

Brunner, Otto, österr. Historiker, *21. 4. 1898 Mödling, †12. 6. 1982 Hamburg; 1931–1954 Prof. in Wien, 1954–1966 Prof. in Hamburg. B.s Hauptwerke liegen im Bereich der Sozial- u. Verfassungsgeschichte des MA: „Land u. Herrschaft" 1939; „Adeliges Landleben u. europäischer Geist" 1949; „Neue Wege der Verfassungs- u. Sozialgeschichte" 1968.

Bruno, 1. *Brun,* Heiliger, Erzbischof, *925, †11. 10. 965 Reims; jüngster Sohn Heinrichs I., 951 Erzkanzler seines Bruders Otto I., 953 Erzbischof von Köln u. Herzog von Lothringen; wirkte in der königl. Familie ausgleichend, unterstützte die Reichskirchenpolitik Ottos, der ihn oft für polit. Aufgaben einsetzte; förderte die Bildung des Klerus u. Reform der Klöster; beigesetzt in der von ihm gegründeten Abtei St. Pantaleon in Köln. Fest: 11. 10.

2. Heiliger, *um 1030 Köln, †6. 10. 1101 La Torre, Kalabrien; gründete 1084 den Orden der → Kartäuser. Fest: 6. 10.

Brunonen, sächs. Grafengeschlecht im 10. u. 11. Jh., reich begütert vor allem in der Gegend um Braunschweig; Graf *Bruno* (†1016) war der 2. Gatte der späteren Kaiserin *Gisela.*

Brüssel, fläm. *Brussel,* frz. *Bruxelles,* Hptst. u. Residenz des Königreichs Belgien, Hptst. der Provinz Brabant, 970000 Ew.

Ersterwähnung 966 als *Bruocsella;* seit dem 12. Jh. Sitz der Herzöge von Brabant, lebte damals insbes. von der Tuchindustrie; unter den Habsburgern Hptst. der 17 Provinzen, dann der Span. bzw. Österr. Niederlande, seit 1830 Hptst. Belgiens; Sitz des Generalsekretariats der Benelux-Union, der Europ. Kommission sowie des NATO-Rats.

Brüsseler Pakt, *Brüsseler Fünf-Mächte-Vertrag, Westpakt,* am 17. 3. 1948 zwischen Großbritannien, Frankreich, Belgien, den Niederlanden u. Luxemburg, in Erweiterung des Dünkirchener Beistandspaktes vom 4. 3. 1947 zwischen Großbritannien u. Frankreich, für 50 Jahre geschlossener Vertrag, der u. a. für den Fall eines Wiederauflebens der dt. Aggressionspolitik oder einer Nichterfüllung der dt. Kriegsauflagen von vornherein die Bündnispflicht Großbritanniens sichern sollte; mit dem Beitritt der BR Dtschld. u. Italiens am 23. 10. 1954 in die *Westeurop. Union* (WEU) umgewandelt. Die militär. Pflichten des Paktes gingen mit der Gründung der

NATO auf diese über, mit Ausnahme derjenigen, die weitergehend sind (nur 20jährige Dauer, keine automat. militär. Beistandspflicht bei der NATO, dagegen 50jährige Dauer u. automat. Beistandspflicht beim B.P.). Diese Pflichten binden auch heute die Signatarstaaten des B.P.s bzw. die Mitglieder der WEU.

Brussilow [bru'siləf], *Brusilov*, Alexej Alexejewitsch, russ. General, *19. 8. 1853 Tiflis, †17. 3. 1926 Moskau; führte im 1. Weltkrieg 1916 die erfolgreiche „B.-Offensive" gegen die Österreicher in Galizien durch; Mai–Aug. 1917 Oberbefehlshaber der Streitkräfte.

Bruttier [-tiɛr], ital. Stamm lukan. Herkunft, im 4. Jh. v. Chr. Bewohner des heutigen Kalabrien, 272 v. Chr. von den Römern unterworfen.

Brutus, 1. Lucius Iunius B., der Sage nach der erste Konsul der röm. Republik; vertrieb den letzten röm. König, *Tarquinius Superbus*. **2.** Marcus Iunius B., einer der Mörder *Cäsars*, *85 v. Chr., †42 v. Chr. bei Philippi; obwohl von Cäsar hochgeachtet, wurde B. das Haupt der republikan. Verschwörung gegen ihn; gab sich, von *Antonius* bei Philippi besiegt, selbst den Tod.

Bubalus-Periode, älteste Periode der Felsbildkunst der Sahara (Beginn ab etwa 9000 v. Chr. oder früher); vorherrschend sind Gravierungen von Wildtieren, keine Malereien; benannt nach den Darstellungen des *Bubalus antiquus*, einer seit Jahrtausenden ausgestorbenen Büffelgattung. Das zeitl. Ende der B. ist unklar; sie wird von der sog. *Rundkopf-Periode* abgelöst.

Bubastis, altägypt. Stadt beim heutigen Saqasiq, im Nildelta; Kultort der Katzengöttin *Bastet*; älteste Tempelanlagen aus der 4. Dynastie (um 2500 v. Chr.); um 950 v. Chr. gründeten libysche Söldner in B. die 22. Dynastie (sog. *Bubastiden-Dynastie*).

Buchanan [bju'kænən], James, US-amerikan. Politiker (Demokrat), *23. 4. 1791 Stony Batter bei Mercersbury, Pa., †1. 6. 1868 Wheatland bei Lancaster, Pa.; 15. Präsident der USA (1857–1861); begann seine polit. Laufbahn als Mitgl. des Repräsentantenhauses u. Gesandter am Zarenhof, 1834–1845 Senator; regelte als *Secretary of State* (Außen-Min.) unter J. *Polk* 1846 den Oregonkonflikt mit Großbritannien u. versuchte vergebens, Kuba zu annektieren; war mitverantwortlich für den Eroberungskrieg gegen Mexiko 1846–1848. Er blieb auch später Expansionist. Im Präsidentenamt hatte B. eine wenig glückliche Hand. Seine Politik gegenüber „Bleeding Kansas" (Auseinandersetzungen zwischen Befürwortern u. Gegnern der Antisklavereibewegung) zählt zu den Fehlgriffen in der Vorgeschichte des Sezessionskriegs.

Bucharin, Nikolaj Iwanowitsch, sowjet. Politiker, *9. 10. 1888 Moskau, †15. 3. 1938 Moskau (hingerichtet); enger Mitarbeiter *Lenins*, marxist. Theoretiker („Imperialismus u. Weltwirtschaft" 1918, „Ökonomik der Transformationsperiode" 1922) u. Publizist; 1918 bis 1929 Chefredakteur der „Prawda", 1924 bis 1929 Mitgl. des Politbüros der Kommunist. Partei, 1926–1929 Vors. des Exekutivkomitees der Komintern; unterstützte nach Lenins Tod *Stalin*, wurde von diesem ab 1928 als Führer der „rechten Opposition" bekämpft u. 1929 entmachtet. Im 3. Moskauer Schauprozeß 1938 war B. der Hauptangeklagte u. wurde zum Tode verurteilt. 1988 wurde er juristisch u. politisch rehabilitiert.

Buchenwald, 1937 von der SS auf dem Ettersberg bei Weimar angelegtes Konzentrationslager für Kriminelle u. aus polit., religiösen oder „rassischen" Gründen Verfolgte. In B. waren bis 1945 insges. rd. 238 000 Menschen aus 33 Ländern inhaftiert, die während des Krieges bes. in der Rüstungsindustrie eingesetzt wurden; von ihnen kamen rd. 56 000 um. 1945–1950 wurde B. von der sowjet. Besatzungsmacht als Internierungslager für rd. 32 000 Häftlinge benutzt, von denen rd. 13 000 starben. Seit 1958 ist B. „Nationale Mahn- u. Gedenkstätte" für die Opfer der Jahre vor 1945.

Nikolaj Iwanowitsch Bucharin (rechts neben Stalin)

Buchner, Edmund, Althistoriker, *22. 10. 1923 Ittling bei Straubing; 1969–1979 Prof. u. 1. Direktor der Kommission für Alte Geschichte u. Epigraphik des DAI in München, seit 1980 Präsident des DAI; Hauptforschungsgebiet: Antike Zeitmessung u. Uhren. Hptw.: „Der Panegyrikos des Isokrates" 1958; „Antike Reiseuhren" 1971; „Solarium Augusti u. Ara Pacis" 1976.

Buckingham ['bʌkiŋəm], engl. Grafen- u. Herzogtitel. Der Grafentitel, gebunden an die Grafschaft *Buckinghamshire*, wurde erstmals um 1097 an Walter *Giffard* verliehen u. befand sich 1444–1521 (als Herzogtitel) bei der Familie *Stafford*, von 1623–1687 bei der Familie *Villiers* u. von 1703–1739 bei der Familie *Sheffield* (ebenfalls als Herzogtitel). Der Titel eines Herzogs von B. wurde dann 1822 der Familie *Grenville* verliehen u. endete 1889 mit Richard Grenville.

Buckingham ['bʌkiŋəm], George *Villiers*, Herzog von, engl. Staatsmann, *28. 8. 1592 Brooksby, †23. 8. 1628 Portsmouth; aus dem ländl. Kleinadel (gentry) kommend, gelang B. als Favorit Jakobs I. (1603–1625) ein rascher Aufstieg (1617 Earl of B., 1618 Marquess of B., 1619 Lord High Admiral). Er brachte den übrigen Hochadel durch rücksichtslose Patronagepolitik gegen sich auf u. unternahm 1623 mit dem Thronfolger Karl eine abenteuerl. Reise nach Spanien, um über eine Heirat Karls mit der span. Infantin u. eine engl.-span. Allianz zu verhandeln, scheiterte aber u. zog England in einen Krieg mit Spanien. B. vergrößerte seinen Einfluß bei der Thronbesteigung Karls I.
Als B. auch mit seiner Frankreichpolitik scheiterte, leitete das Parlament ein Impeachment gegen ihn ein, das Karl I. durch Auflösung des Parlaments verhinderte. Hieraus entwickelte sich die erste Verfassungskrise unter Karl I., die durch die Ermordung B.s 1628 entschärft wurde.

Buckingham Palace ['bʌkiŋəm 'pæləs], Residenz der engl. Könige in London seit 1837; 1705 für den Herzog von *Buckingham* erbaut, 1761 von König Georg III. erworben.

Budapest [ungar. -pɛʃt], komitatsfreie Hptst. von Ungarn u. Hptst. des Komitats Pest, 525 km², 2,1 Mill. Ew. Auf dem rechten Ufer liegt der bergige, kleinere Stadtteil *Buda* (dt. *Ofen*) mit Burg, Zitadelle, Königsbad, Amphitheater, Fischerbastei u. staatl. Gebäuden; durch 6 Brücken mit dem rasch wachsenden, moderneren *Pest* auf dem flachen linken Ufer verbunden; zahlreiche Prachtbauten seit dem Barock, wie Parlament, St.-Stephans-Kirche, bes. am linken Donauufer.
Das heutige B. entstand 1872 aus der Zusammenlegung von Ofen (Buda) u. Pest mit Altofen (Óbuda) u. der Margaretheninsel. – Die strategisch günstige Lage nutzten schon die Römer, die eine Militärsiedlung *Aquincum* anlegten. Im MA entstand auf der Pester Seite eine Kaufmannssiedlung, die 1241 von den Mongolen zerstört u. mit Hilfe dt. Siedler als Stadt u. Festung wieder aufgebaut wurde. Ofen wuchs nach Magdeburger Stadtrecht seit der Mitte des 14. Jh. zur Hptst. Ungarns; Pest, nach süddt. Stadtrecht, blieb Handelsstadt. 1541–1686 standen beide Städte unter türk. Herrschaft, die ungar. Hptst. wurde nach Preßburg verlegt. Danach war Ofen bis zur Vereinigung mit Pest Sitz der österr. Verwaltung. Der vorwiegend dt. Charakter verlor sich im 19. Jh. 1956 war B. Zentrum der ungar. Erhebung.

Buddha [sanskr., pali, „der Erwachte", „der Erleuchtete"], geistlicher Titel des Begründers des *Buddhismus*, persönl. Name *Siddhartha Gautama* (pali *Siddhattha Gotama*), *560 v. Chr. Kapilavastu, †um 480 v. Chr. Kusinara (nach anderen Überlieferungen †um 540 oder 370 v. Chr.). B. stammte aus der Kshatriya- oder Adelsfamilie der Shakyas (daher sein Beiname *Shakyamuni*). Als Erfüller einer heilsgeschichtl. Aufgabe heißt er *Tathagata*; er wurde auch *Bhagavan* („der Erhabene") u. *Jina* („Sieger") genannt. Der Bodhisattva, d. i. der spätere B., verließ auf der Suche nach der Erlösung im Alter von 29 Jahren Haus u. Familie. (Seine Gattin Yasodhara u. sein Sohn Rahula wurden später in den buddhist. Mönchsorden aufgenommen.) Nach Jahren vergeblicher extremer Askese entdeckte er, unter dem Bodhi-Baum von Bodhgaya sitzend, den „mittleren Weg" zur erlösenden Erkenntnis *(bodhi)*, durch die er zum B. wurde. Danach zog er als wandernder philosophischer Lehrer durch Nordindien u. gründete den Sangha (buddhist. Mönchs- u. Nonnenorden). Im Alter von 80 Jahren starb er („ging ins Parinirvana ein"). Der histor. Lebenslauf des B. wurde später durch Legenden u. Mythen erweitert u. überlagert.
Der B. hat keine eigenen Schriften hinterlassen. Seine Lehrreden erhielten nach längerer mündl. u. schriftl. Überlieferung erst im 1. Jh. v. Chr. im Tripitaka ihre kanonische Form.

Buddhismus, die vom histor. Buddha gegr. Erlösungsreligion. Ihre Grundzüge sind in der ersten Lehrrede des Buddha („Predigt von Benares") als „vier hl. Wahrheiten" (Leiden, Ursache des Leidens, Aufhebung des Leidens u. der dazu führende Weg des „achtgliedrigen Pfades") formuliert. Die leidvolle Natur der Welt beruht auf der Vergänglichkeit alles Existierenden. Es gibt kein dauer-

Mahn- und Gedenkstätte Buchenwald

haftes „Selbst“; der Glaube an die Existenz einer unvergängl. Seele ebenso wie die materialist. Vorstellungsweise sind Selbsttäuschungen, durch die der Unerlöste im Daseinskreislauf *(samsâra)* festgehalten wird. Die Art der Wiedergeburt richtet sich nach dem Karma. Voraussetzung für die Erlösung ist die Überwindung der „Daseinsgier“. Heilsziel ist das Eingehen ins Nirvana, den außerweltl. Zustand absoluter Befreiung, aus dem es keine Rückkehr in die Welt der Erscheinungen gibt. Der Heilsweg besteht aus sittl. Verhalten, Meditation u. Erkenntnis der höchsten Wahrheit. Charakterist. buddhist. Meditationsmethode ist Satipatthâna („Vergegenwärtigung durch Achtsamkeit“). Um die Verwirklichung des Heilsweges zu ermöglichen, gründete der Buddha nach dem Vorbild anderer altind. Asketengemeinschaften den Sangha (Mönchs- u. Nonnenorden), dessen Leben durch den Vinaya (Ordensregel) geregelt ist. Während sich Mönche u. Nonnen auf höherer Ebene um die Erlösung bemühen, bereiten sich die Laienanhänger *(upasaka)* durch Befolgung der eth. Grundnormen (Panchaskila), Freigebigkeit u. a. auf ein geistl. Leben vor.
Die Lehren des frühen B. sind im *Theravada* (bes. in Sri Lanka) im wesentl. beibehalten worden. Etwa im 1. Jh. entstand in Indien das *Mahayana* („großes Fahrzeug“), das einen erweiterten Heilsweg u. neue Heilsmittel lehrt (auch Bodhisattva). Seit dem 5. Jh. gab es daneben auch das *Vajrayana*, die buddhist. Form des Tantrismus. Mahayana u. z. T. Vajrayana prägen den B. Zentral- u. Ostasiens. Der tibet. B. wird als Lamaismus bezeichnet. Die alte Meditationstradition wird im chines. Chan u. japan. Zen fortgesetzt; daneben ist in Ostasien der Sukhavati-B. verbreitet (auch Amitabha). In Nepal u. in Indonesien entstanden synkretist. Verbindungen von B. u. Hinduismus.

Budé [by'de:], Guillaume, französ. Humanist, *26. 1. 1468 Paris, †23. 8. 1540 Paris; größter Numismatiker der französ. Renaissance; mit seinem Standardwerk „De Asse et Partibus eius“ 1514–1550 leistete er einen wichtigen Beitrag zur Analyse griech. u. röm. Münzen. Gleichzeitig war er einer der Mitbegründer des „Collegium trilinguae“, aus dem das „Collège de France“ hervorging.

Budjọnnyj, *Budennyj*, Semjon Michailowitsch, sowjet. Heerführer (1935 Marschall), *25. 4. 1883 Kosjurin im Dongebiet, †27. 10. 1973 Moskau; Organisator einer Roten Reiterarmee im russ. Bürgerkrieg u. gegen Polen 1920; danach u. a. Inspekteur der Kavallerie u. stellvertr. Kriegskommissar; Juli bis Sept. 1941 Oberbefehlshaber der Südwestfront, anschließend der Nordkaukasusfront; seit 1943 wieder Inspekteur der Kavallerie; 1947 bis 1953 stellvertr. Verteidigungs-Min.

Buẹnos Aires, Hptst. der Rep. Argentinien, am Südufer des Río de la Plata, von hervorragender Bedeutung für Kultur, Wirtschaft u. Verkehr, 2,9 Mill. Ew.
1536 durch P. de *Mendoza* als „Puerta de Nuestra Señora Santa María del Buen Aire“ erstmals gegr., nach dem Fehlschlagen (1541) einer ständigen Siedlung 1580 zum zweitenmal durch J. de *Garay* an der heutigen Stelle gegr. Die Stadt war von Anfang an nach der Schutzpatronin der span. Seefahrer, der hl. Maria der guten Winde, benannt worden. 1776 Residenz der Vizekönige der Länder am La Plata, 1816 Hptst. der „Vereinigten Provinzen am Río de la Plata“, 1860 Hptst. der Rep. Argentinien, 1880 als Bundesdistrikt von der Prov. B. A. getrennt.

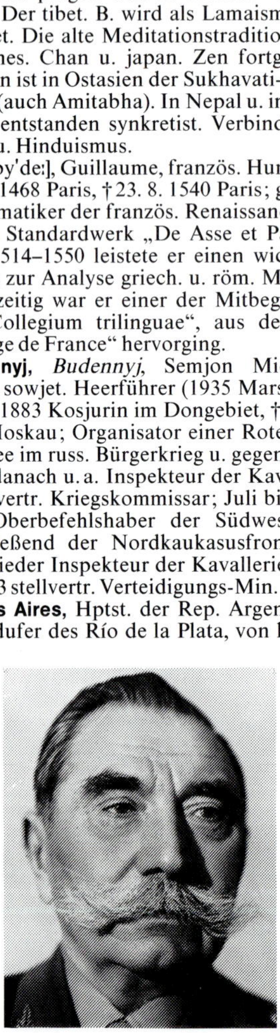

Semjon M. Budjonnyi

Bugạnda, Teilstaat der ostafrikan. Republik *Uganda;* bis 1966 ein autonomes Königreich, dessen Geschichte bis in das 16. Jh. zurückverfolgt werden kann. B. war ein Kleinstaat, dehnte sich aber im 19. Jh. auf Kosten des Nachbarreichs Bunyoro aus. Unter der Herrschaft des Königs (einheim. Titel: „Kabaka“) *Mutesa I.* (1856–1884) kamen 1862 die ersten Europäer nach B. Seit 1877 bis zur Errichtung des brit. Protektorats 1890 standen anglikan. u. französ. kath. Missionare in B. in Wettbewerb um ihren Einfluß. 1886 ließ der Kabaka *Mwanga* (1884–1888 u. 1890–1897) zahlreiche einheim. Christen hinrichten.

Bụgenhagen, Johannes, genannt *Doctor Pomeranus*, luth. Theologe, *24. 6. 1485 Wollin, Pommern, †20. 4. 1558 Wittenberg; Freund u. Berater *Luthers*; Mitarbeiter bei der Bibelübersetzung, Organisator des Kirchen- u. Schulwesens in Norddtschld., Wegbereiter der Reformation in Dänemark. Seine Kirchenordnungen waren, bes. für die luth. Liturgie, bis in die Gegenwart wirksame Modelle.

Bujịden, *Buyiden, Buwaihiden*, pers. Dynastie schiitischen Bekenntnisses, 932–1055. Ihr Begründer *Mu'izz Ad Daula* (932–967) bemächtigte sich von Isfahan aus der südpers. Provinzen u. besetzte 945 Bagdad. Den Höhepunkt ihrer Macht erreichten die B. unter *Adud Ad Daula* (976–983).

Bukạnier [karib., frz.], *Flibustier*, ursprünglich französ. Siedler auf der Insel St. Christopher u. später Haiti, die mit getrocknetem Fleisch handelten. Sie lagen im 17. Jh. im Kampf mit den Spaniern. Es bildeten sich Seeräuberbanden, die einerseits unter französ. Schutz Santo Domingo besiedelten, andererseits in Süd- u. Mittelamerika plünderten. 1697 wurden die B. nach der Plünderung von Cartagena durch eine engl.-holländ. Flotte nahezu aufgerieben.

Buke, japan. Schwertadelsgeschlechter aus der Provinz, im Gegensatz zum Hofadel; die führende Adelsschicht im feudalen Japan von der Begründung des Shogunats 1192 bis zur →Meiji-Restauration 1868. Das *Bukeshohatto* war das aus 13 Artikeln bestehende Grundgesetz für den Ritterstand, das, von Ieyasu *Tokugawa* 1612 erlassen, Disziplinierungsregeln enthielt.

Bukẹphalos [grch., „Stierkopf“], das Lieblingspferd *Alexanders d. Gr.*, durch Gründung der Stadt Bukephala am Hydaspes (im heutigen Pakistan) geehrt.

Bükker Kultur, neolith. Kultur der Ostslowakei u. Ungarns am Oberlauf u. nördlich der Theiß vor allem im namengebenden Bükkgebirge. Typisch ist eine dünnwandige, mit parallel verlaufenden band- oder spiralförmigen Motiven verzierte Keramik.

Bulẹ [die; grch.], in den griech. Stadtstaaten ständige Regierungsbehörde (Rat) neben der Volksversammlung, in Demokratien hinter diese zurücktretend, in Oligarchien mit entscheidenden Befugnissen u. meist auf Lebenszeit (Geronten in Sparta; Areopagiten in Athen) bestellten Mitgliedern. In den Demokratien wurde deren Wahl meist durch Losung ersetzt (z. B. beim Rat der 500 in Athen), was wegen der gesteigerten Chancengleichheit der Bürger als bes. demokratisch galt.

Buleutẹrion [das; grch.], Versammlungsgebäude der Ratsmitglieder *(Buleuten)*; bes. gut erhalten ist das B. in Priene in Kleinasien.

Bulgạnin, Nikolaj Alexandrowitsch, sowjet. Politiker u. Offizier (1947 Marschall), *11. 6. 1895 Nischnij Nowgorod (Gorkij), †24. 2. 1975 Moskau; 1938–1941 stellvertr. Vors. des Rats der Volkskommissare u. Leiter der Staatsbank, 1947–1949 Verteidigungs-Min., 1948–1958 Mitgl. des Politbüros des ZK der KPdSU bzw. des Parteipräsidiums, 1955 bis 1958 Min.-Präs.; 1958 als Mitgl. einer gegen N. S. *Chruschtschow* gerichteten Gruppe seiner Ämter enthoben.

Bulgạren, die sog. *Proto-* oder *Ur-Bulgaren*, Turkvolk, das nach älterer Auffassung aus den Resten der nach O abziehenden Hunnen u. aus den Ogurstämmen im nördl. Schwarzmeerbereich hervorgegangen ist. 480 n. Chr. kämpften die B. als Verbündete der Byzantiner gegen die Ostgoten, in der Folgezeit wurden sie durch wiederholte Einfälle u. Kriegszüge (z. T. unter awarischer Führung) zu einer wachsenden Bedrohung der byzantin. Nordgrenze. Als Verbündeter des Kaisers Herakleios gründete Anfang des 7. Jh. *Kovrat (Kuvrat)* ein *Großbulgarisches Reich* nördlich vom Schwarzen Meer, das allerdings schon in der Mitte des 7. Jh. unter dem Stoß der nach W drängenden Chasaren auseinanderbrach. Ein Teil der abwandernden B. wandte sich nordwärts u. gründete im Wolga-Kama-Gebiet das *Wolgabulgarische Reich*, eine andere Gruppe erschien um 660 unter Kovrats Sohn *Asparuch (Isperich)* an der unteren Donau u. erzwang 680 den Übertritt auf byzantin. Reichsterritorium. Kaiser Konstantin IV. mußte dieses *Donaubulgarische Reich* (zwischen dem Balkangebirge u. dem Dnjestr) 681 anerkennen u. jährl. Tributzahlungen leisten. Ein Großteil der ostbalkan. slaw. Stämme ist in diesen sich ausweitenden Herrschaftsverband der turkstämmigen Bulgaren einbezogen worden. Aus der Verschmelzung der protobulgar. Oberschicht, die bald assimiliert wurde, u. der Masse der slaw. Bevölkerung, die im 6. Jh. das ursprünglich von Thrakern bewohnte Gebiet besiedelt hatte, ist das slaw. Volk der heutigen B. entstanden.

Bulgarien BG

Republik Bulgarien

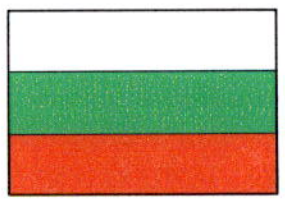

Fläche: 110 912 km². – *Einwohner:* 8,9 Mill. – *Hauptstadt:* Sofia. – *Landessprache:* Bulgarisch. – *Nationalfeiertag:* 3. 3. – *Währung:* 1 Lew = 100 Stótinki. – *Lage:* zwischen 41°41′ und 44°13′ n. Br. sowie 22°22′ und 28°37′ ö. L. – *Zeitzone:* Mitteleuropäische Zeit + 1 Std. – *Grenzen:* im N Rumänien, im O Schwarzes Meer, im S Türkei und Griechenland im W Jugoslawien und Makedonien. – *Staatsform:* parlamentarische Republik.

Nach der röm. Eroberung (abgeschlossen Mitte des 1. Jh. n. Chr.) begann die Romanisierung der Bewohner, der *Thraker.* Seit dem 6. Jh. drangen *Slawen* ein, 680 das Turkvolk der Bulgaren *(Protobulgaren)* unter *Asparuch (Isperich)*, die das erste *(Donau-)bulgar. Reich* von Pliska, später Preslaw (681–1018), gründeten, das einen Großteil der Balkanhalbinsel umfaßte. *Boris I.* trat 864/65 zum Christentum über. Nach Verhandlungen mit dem Papst u. dem Patriarchen beschloß das

Bulgarien: Der Bulgarenkhan Krum (802–814) feiert seinen Sieg über den byzantinischen Kaiser Nikephoros I.: Miniatur, um 1345. Rom, Biblioteca Apostolica Vaticana

Konzil in Konstantinopel 870 die Einführung des byzantin. Glaubens, was eine Verstärkung des byzantin. Einflusses auf Kunst, Literatur, Architektur u. Recht zur Folge hatte. *Simeon I.* (893–927), der bedeutendste Herrscher B.s im MA, besiegte die Serben u. Byzantiner, errichtete das bulgar. Patriarchat u. förderte die altbulgar. Literatur. 972 kam der O des Landes, 1018 auch der W unter byzantin. Herrschaft. Die Brüder Peter u. Asen errichteten das *Zweite Bulgar. Reich von Tirnowo* (1187–1393), das 1393 bzw. 1396 *(Widin)* unter türk. Herrschaft kam. In der Folgezeit brachen wiederholt Aufstände gegen die Türken aus. Seit der 2. Hälfte des 18. Jh. wurde die geistig-nationale Wiedergeburt vorbereitet, die zur Loslösung von der griech. Kirche (1870 Gründung eines selbständigen bulgar. Exarchats in Konstantinopel, seit 1878 in Sofia) u. zur Befreiung von der Türkenherrschaft führte.
Der Berliner Kongreß errichtete ein Fürstentum B., das aber dem Sultan tributpflichtig blieb, außerdem eine autonome Provinz Ostrumelien. Fürst *Alexander I.* (von Battenberg, 1879–1886) versuchte innere Reformen, erzwang 1885 die Vereinigung mit Ostrumelien u. besiegte die Serben, wurde aber durch eine von den Russen veranlaßte Verschwörung gestürzt. 1887 wurde *Ferdinand I.* von Sachsen-Coburg-Gotha-Koháry Fürst von B.; er erklärte 1908 die völlige Loslösung von der Türkei u. nahm den Zarentitel an.
Die Erfolge der bulgar. Truppen im *1. Balkankrieg* (Eroberung von Adrianopel) wiederholten sich im *2. Balkankrieg* nicht: Während die bulgar. Streitmacht an der griech. u. serb. Front gebunden war, drangen Rumänen bis Sofia vor u. eroberten Türken Adrianopel zurück. Die Süddobrudscha u. Makedonien gingen verloren.
Unter Abkehr von Rußland näherte B. sich Dtschld. u. nahm seit 1915 an dessen Seite am 1. Weltkrieg teil. Die Niederlage veranlaßte den bulgar. Zaren, zugunsten seines Sohnes *Boris III.* zurückzutreten. Dessen Person sicherte eine gewisse Stabilität der Politik des von Verschwörungen, Attentaten u. Ministerwechseln beunruhigten Landes, das sich im Vertrag von Neuilly einem harten Friedensdiktat beugen mußte. Die von der Agrar-Union Stambolijskis getragene Regierung (1919–1923) verschärfte die innenpolit. Krise der Nachkriegsjahre. Der König nutzte einen Offiziersputsch zur Errichtung eines autoritären Regimes (1934/35). Er erreichte 1933 auch eine Annäherung an Jugoslawien u. damit an die Balkanentente. Er trat in gute Beziehungen zu Dtschld., die er auch im 2. Weltkrieg beibehielt. Ihm folgte 1943–1946 sein Sohn *Simeon II.* Die Sowjetunion erklärte am 5. 9. 1944 B. den Krieg.
B. wurde ein Satellitenstaat der Sowjetunion. 1946 wurde durch Volksabstimmung die Monarchie abgeschafft; B. wurde Volksrepublik unter Führung der Kommunist. Partei. Parteiführer u. damit maßgebender Politiker war bis 1949 G. *Dimitrow,* 1949–1954 W. *Tschwerwenkow.* Von 1954–1989 stand T. *Schiwkow* an der Spitze der Partei, 1971 bis 1989 war er zugleich Staatsoberhaupt. Auf die Reformbestrebungen Gorbatschows seit 1985 reagierte Schiwkow hinhaltend bis ablehnend. Eine Verschärfung der Politik der Zwangsbulgarisierung der türk. Minderheit in B. führte im Mai 1989 zu schweren Unruhen u. zu einer Massenflucht bulgar. Türken in die Türkei. Reformorientierte Kräfte im Politbüro erzwangen am 10. 11. 1989 Schiwkows Rücktritt. Er wurde später wegen finanzieller Machenschaften vor Gericht gestellt. Nachfolger im Partei- u. Staatsamt wurde P. *Mladenow.* Es kam zu Massendemonstrationen für mehr Demokratie. 1990 verzichtete die Kommunist. Partei auf ihren Führungsanspruch u. änderte ihren Namen in *Bulgar. Sozialist. Partei (BSP).*
Bei der ersten freien Parlamentswahl im Juni 1990 errang die BSP die absolute Mehrheit. Stärkste Oppositionspartei wurde das Wahlbündnis *Union der demokrat. Kräfte (SDS).* Im Juli mußte Präs. Mladenow zurücktreten; zum Nachfolger wurde S. *Schelew* (SDS) gewählt.
Im Juli 1991 verabschiedete das Parlament eine neue Verfassung, die B. zur parlamentar. Republik erklärte. Bei neuerl. Parlamentswahlen im Okt. 1991 errang die SDS eine knappe Mehrheit. F. *Dimitrow* bildete eine Alleinregierung der SDS, die von der Partei der türk. Minderheit, der *Bewegung für Rechte u. Freiheiten (DPS),* toleriert wurde. 1992 gewann S. Schelew die Wahlen für das Amt des Staats-Präs. Im gleichen Jahr verlor die Regierung Dimitrow das Vertrauen des Parlaments u. trat zurück. Der Parteilose L. *Berow* wurde neuer Min.-Präs. Vorgezogene Parlamentswahlen im Dez. 1994 gewann die BSP mit absoluter Mehrheit. Ihr Vors. S. *Widenow* bildete als Min.-Präs. ein Kabinett aus BSP-Mitgliedern u. parteilosen Fachleuten. Die Präsidentschaftswahlen 1996 gewann P. *Stojanow,* Kandidat der oppositionellen SDS. Aufgrund der katastrophalen Wirtschaftslage erklärte Min.-Präs. Widenow im Dez. 1996 seinen Rücktritt. Nach Massendemonstrationen gegen die Politik der BSP fanden im April 1997 vorgezogene Neuwahlen statt, bei denen das Parteienbündnis *Vereinigte Demokrat. Kräfte (ODS)* unter Führung der SDS die absolute Mehrheit gewann. I. *Kostow* wurde neuer Regierungschef.

Bulle [die; lat. *bulla,* „Kapsel"], ursprünglich ein Siegel aus Metall (Gold, Silber bei Herrscherurkunden, Blei regelmäßig bei Papsturkunden), dann die Urkunde selbst: die feierlichste Form päpstl. Erlasse u. Rechtssetzungen in latein. Sprache, die oft nach ihren Anfangsworten zitiert werden (z. B. „Unam Sanctam" 1302). – *Goldene B.* (1356), das Reichsgrundgesetz Kaiser Karls IV.

Bullinger, Heinrich, schweizer. Reformator, *18. 7. 1504 Bremgarten, †17. 9. 1575 Zürich; 1531 Nachfolger H. *Zwinglis* in Zürich, Urheber der kirchl. Verfassung der Schweiz. Zwar gelang ihm keine Annäherung an *Luther,* aber er einigte sich 1549 im „Consensus Tigurinus" mit J. *Calvin* in der Abendmahlsfrage.

Bullock ['bulək], Alan Louis Charles, Baron of Leafield (1976), brit. Historiker, *13. 12. 1914 Bradford; lehrte in Oxford, Mithrsg. von „The Oxford history of modern Europe"; bekanntgeworden in Dtschld. durch eine Hitler-Biographie („Hitler", dt. 1953); ferner: „The life and times of Ernest Bevin" 2 Bde. 1960 u. 1967; „Hitler u. Stalin" 1991.

Bülow, [-lo], mecklenburg.-preuß. Adelsgeschlecht, 1154 urkundl. erstmals erwähnt. – **1.** Adam Heinrich Dietrich Frhr. von, Bruder von 5), preuß. Militärschriftsteller, *1757 Falkenberg, Altmark, †1807 Riga; seine mathematisch orientierten militär. Schriften („Geist des neuern Kriegssystems" 1799; „Lehrsätze des neuern Krieges" 1805 u.a.) beeinflußten die Kriegswissenschaft.
2. Bernhard Graf (1899), Fürst (1905) von, Sohn von 3), Politiker, *3. 5. 1849 Klein-Flottbek, †28. 10. 1929 Rom; seit 1874 im diplomat. Dienst; 1897–1900 Staatssekretär des Auswärtigen Amtes, 1900–1909 Reichskanzler u. preuß. Min.-Präs. Nach außen glänzender Repräsentant des Kaiserreichs, folgte B. innenpolitisch zunächst dem Reformkurs des Staatssekretärs A. von *Posadowsky-Wehner;* ab 1907, gestützt auf den liberalkonservativen „Bülow-Block", einem Kurs des Lavierens. Außenpolitisch führte er Dtschld. durch „Weltmachtpolitik" („ein Platz an der Sonne") in die Isolierung („Nibelungentreue" zum Dreibund). Als erster Kanzler wurde er 1909 wegen mangelnden Rückhalts im Reichstag gestürzt, nachdem er das Vertrauen *Wilhelms II.* bereits in der →Daily-Telegraph-Affäre verloren hatte. B. schrieb: „Denkwürdigkeiten", 4 Bde. (posthum) 1930/31.
3. Bernhard Ernst von, Diplomat, *2. 8. 1815 Cismar, Holstein, †20. 10. 1879 Frankfurt a. M.; 1852 bis 1862 Gesandter für Holstein u. Lauenburg beim Bundestag; 1873–1879 Staatssekretär des Auswärtigen Amtes, beteiligt am Aufbau des Bismarckschen Bündnissystems.
4. Friedrich Wilhelm Frhr. von, Graf von *Dennewitz* (1814), Bruder von 1), preuß. General, *16. 2. 1755 Falkenberg, Altmark, †25. 2. 1816 Königsberg; erfolgreicher Heerführer der Befreiungskriege; seine drei Siege 1813 bei Luckau, Großbeeren u. Dennewitz bewahrten Berlin vor der Einnahme durch die Franzosen.

Bulgarien: Demonstration in Sofia am 18.11.1989

5. Karl von, preuß. Generalfeldmarschall (1915), *24. 3. 1846 Berlin, †31. 8. 1921 Berlin; im 1. Weltkrieg Führer der 2. Armee in der Marne-Schlacht (Sept. 1914), 1915 verabschiedet.

Bund der Heimatvertriebenen und Entrechteten, *BHE, Gesamtdeutscher Block, Gesamtdeutsche Partei,* Anfang 1950 hauptsächlich auf Initiative von Waldemar *Kraft* gegründete polit. Partei. Im 2. Bundestag stellte der BHE eine 27köpfige Fraktion u. im 2. Kabinett Adenauer die Minister *Kraft* u. *Oberländer.* Diese verließen 1955 mit sechs anderen Abgeordneten den BHE u. schlossen sich der CDU/CSU-Fraktion an. 1952 hatte sich der BHE in *Gesamtdeutscher Block/ BHE* umbenannt. Der Versuch, durch Zusammenschluß mit der *Deutschen Partei* zur *Gesamtdeutschen Partei* bei der Bundestagswahl 1961 eine nationale Kraft zu bilden, mißlang. Hauptziel des BHE war die Wiedervereinigung Deutschlands, möglichst unter Einschluß des Sudetenlands u. des Memellands, u. die Rückführung der aus den früheren dt. Ostgebieten Vertriebenen.

Bundesarchiv, Abk. *BArch,* die 1952 als Nachfolge-Institut des *Reichsarchivs* gegründete, dem Bundesminister des Innern unterstellte Bundesbehörde für die archival. Aufgaben der BR Dtschld. mit Sitz in Koblenz u. Außenstellen u.a. in Berlin, Frankfurt a. M., Kornelimünster, Freiburg i. Br u. Potsdam. Das B. verwaltet u. a. Archivgut der Bundesregierung, der zonalen Verwaltungen, der DDR u. der Reichsregierung u. nimmt außer staatl. Archivgut auch private Nachlässe von Politikern u. Akten von Parteien u. Verbänden auf.

Bundesfestungen, die Festungen Landau, Luxemburg, Mainz (seit 1815) sowie Rastatt u. Ulm (1841/42), die vom *Deutschen Bund* unterhalten u. mit Bundestruppen belegt wurden.

Bundesgenossenkrieg, die Erhebung der minderberechtigten italischen Verbündeten Roms 91–89 v. Chr.; sie forderten Verleihung des röm. Bürgerrechts, das ihnen von den Volkstribunen G. S. *Gracchus* (122 v. Chr.) u. M. L. *Drusus* (91 v. Chr.) versprochen, vom Senat aber verweigert worden war. Die Aufständischen erhoben die Stadt Corfinium (östl. des Fuciner Sees) zur Hptst. *Italia,* setzten einen eigenen Senat u. eigene Beamte ein u. prägten eigene Münzen. Der B. war für Rom der gefährlichste Krieg seit dem Einfall Hannibals in Italien; es erlitt 90 Niederlagen u. mußte 14 Legionen aufbieten. Er wurde schließl. von *Sulla* beendet, u. alle Italiker südl. des Po erhielten das röm. Bürgerrecht.

Bundesrepublik Deutschland → Deutschland.

Bündnis 90/Die Grünen, 1993 aus der Vereinigung der Grünen mit dem Bündnis 90 entstandene Partei. Das Bündnis 90, ein Zusammenschluß verschiedener in der DDR entstandener Bürgerbewegungen, hatte sich 1991 als polit. Partei konstituiert. Die Grünen konstituierten sich 1980 auf Bundesebene als Partei. Ihren polit. Ursprung hatten die Grünen in den verschiedenen Ökologie- u. Bürgerinitiativbewegungen, die seit Anfang der 1970er Jahre in der BR Dtschld. entstanden u. stark vom Gedankengut der außerparlamentar. Opposition der 1960er Jahre geprägt waren. Unter verschiedenen Bez. (*Grüne Liste Umweltschutz, Alternative Liste für Demokratie u. Umweltschutz* u. a.) u. mit unterschiedl. ideologischer Ausrichtung kandidierten Grüne seit 1978 auch bei Landtagswahlen u. zogen in verschiedene Landesparlamente ein. An Bundestagswahlen nahmen sie seit 1980 teil. 1983 gelang ihnen der Einzug in den Bundestag. Die basisdemokrat. Grundorientierung der Grünen beinhaltete eine starke Anbindung der Abg. an die Mitgliederbasis. Unterschiedl. Auffassungen über die Zulässigkeit von Kompromissen u. polit. Bündnissen führten zur Herausbildung eines „fundamentalist." u. eines „realpolit." Flügels.
Für die erste Bundestagswahl nach der Wiedervereinigung 1990 kandidierte in den neuen Bundesländern die Listenverbindung *Bündnis 90/Die Grünen.* Sie erhielt 8 Sitze. Die Grünen in den alten Bundesländern scheiterten an der 5%-Klausel. Am 3. 12. 1990 erfolgte die Vereinigung der Grünen (West) mit den Grünen (Ost). 1991 verließen zahlreiche Anhänger des fundamentalist. Flügels die Partei u. gründeten die *Ökolog. Linke/Alternative Liste.* Auf einem Vereinigungsparteitag in Leipzig wurde am 16. 5. 1993 der Zusammenschluß von Bündnis 90 u. den Grünen vollzogen. Die Partei hatte Anfang 1997 rd. 48 000 Mitgl. Bei den Bundestagswahlen 1994 gewann sie 7,3 % der Stimmen u. 49 Sitze. Auf basisdemokratischer Grundlage sind ihre Hauptziele der ökolog. Umbau des Wirtschaftssystems, die weitgehende Entmilitarisierung Europas, der Einsatz für diskriminierte Minderheiten, die Schaffung einer multikulturellen Gesellschaft sowie eine stärker bedürfnisorientierte Güterproduktion u. Dezentralisierung.

Bundschuh, der mit Riemen über dem Knöchel festgebundene Schuh des mittelalterl. Bauern; seit dem 13. Jh. volkstüml. Symbol u. Name verschiedener Bauernbünde. Die von dem Bauern Joß *Fritz* 1502, 1513 u. 1517 geleiteten B.-Erhebungen im Rheingebiet standen unter der Forderung nach göttlicher Gerechtigkeit.

Bund Wiking, als antirepublikanischer Wehrverband Nachfolgeorganisation der aus der Brigade Ehrhardt hervorgegangenen terroristischen *Organisation Consul;* versuchte 1923 die Arbeiten zur Heeresverstärkung für seine radikalen nationalist. Ziele auszunutzen; ab 1924 politisch unbedeutend.

Buol-Schauenstein, Karl Ferdinand Graf, österr. Politiker, *17. 5. 1797 Wien, †28. 10. 1865 Wien; Gesandter in Petersburg u. London, 1852–1859 Außen-Min.; seine Politik im Krimkrieg führte zum Bruch Österreichs mit Rußland.

Buonarroti, Filippo Michele, französ. Revolutionär italien. Herkunft, *11. 11. 1761 Pisa, †16. 9. 1831 Paris; Freund L. N. *Babeufs,* 1796 aus Frankreich ausgewiesen, lebte 1815–1830 in Brüssel; seine Schrift „La conspiration des égaux dite de Babeuf", 2 Bde. 1828, machte Babeufs Ideen erst in weiten Kreisen bekannt.

Büraberg, Berg südwestlich der Stadt Fritzlar, Hessen; Besiedlung des Gipfelplateaus seit dem Mittelpaläolithikum bis um 1300 v. Chr. Die Besiedlungsschwerpunkte liegen im Neolithikum (Michelsberger Kultur), in der Hallstatt- u. Latènezeit. Ausgrabungen in den Jahren 1926–1931 u. 1967–1973 legten eine karoling. Burg frei, die etwa vom 7.–9. Jh. n. Chr. bestand.

Burchard, *B. I.,* Bischof von Worms 1000–1025, *um 965, †20. 8. 1025 Worms; bekannt vor allem durch die Kodifizierung des Wormser Hofrechtes für seine bischöfl. Dienstleute u. durch eine *Decretum* genannte kanonistische Sammlung.

Burckhardt, 1. Carl Jacob, schweizer. Historiker, Diplomat u. Essayist, *10. 9. 1891 Basel, †3. 3. 1974 Genf; 1927 Prof. in Zürich, 1932 in Genf, 1937–1939 Hoher Kommissar des Völkerbunds in Danzig, 1944–1948 Präsident des Internationalen Roten Kreuzes, 1945–1949 Gesandter in Paris. B. erhielt 1954 den Friedenspreis des Dt. Buchhandels. Werke: „Richelieu" 4 Bde. 1935–1967; „Gestalten u. Mächte" 1941; „Erinnerungen an Hofmannsthal" 1948; „Meine Danziger Mission 1937–1939" 1960. – Gesammelte Werke 1971.

2. Jacob Christoph, schweizer. Kunst- u. Kulturhistoriker, *25. 5. 1818 Basel, † 8. 8. 1897 Basel; studierte bis 1839 Theologie, später in Berlin u. Bonn Geschichte u. Kunstgeschichte; B. glaubte sich unter dem Einfluß der dt. Spätromantik lange Zeit zum Dichter berufen. Seine frühesten Forschungen galten der mittelalterl. dt. Kunst. Nach dreijähriger Professur an der Eidgenöss. Techn. Hochschule Zürich lehrte er 1858–1893 Geschichte u. Kunstgeschichte in Basel. Erste Hptw.: „Die Zeit Konstantins d. Gr." 1852; „Der Cicerone. Eine Anleitung zum Genuß der Kunstwerke Italiens" 1855; „Die Kultur der Renaissance in Italien" 1860. In der Kunstbetrachtung stellt B. den Wert des Augenerlebnisses über den der literar. Überlieferung. In seiner „Geschichte der Renaissance" (1867) erstrebte B. eine Ordnung der Kunstgeschichte nach Aufgaben. Universales Denken im Sinn Winckelmanns, Goethes u. der Brüder von Humboldt, histor. Einfühlungsvermögen sowie schriftsteller. Fähigkeiten machten B. zu einem der einflußreichsten Geisteswissenschaftler des 19. Jh. Auf das 20. Jh. wirkte er bes. durch den Geschichtspessimismus seiner posthum 1905 erschienenen „Weltgeschichtl. Betrachtungen" (unter dem Titel „Über das Studium der Geschichte" nach der Handschrift hrsg. von P. Ganz 1982). Aus dem Nachlaß erschienen ferner: „Erinnerungen an Rubens" 1898; „Griechische Kulturgeschichte" 4 Bde. 1898 bis 1902. – Gesamtausgabe, 14 Bde. 1929–1934; Gesammelte Werke, 10 Bde. 1955–1959, Nachdr. 1980; Briefe, 10 Bde. 1949ff.

3. Johann Ludwig, schweizer. Orient- u. Afrikaforscher, *24. 11. 1784 Lausanne, †17. 10. 1817 Kairo; bereiste als „Scheik Ibrahim" im Auftrag der Brit.-Afrikan. Gesellschaft von 1809 bis 1816 den Vorderen Orient, Ägypten u. Nubien.

Burebista, *Boirebistas,* König der Daker 60–44 v. Chr., †44. v. Chr.; vereinigte vorübergehend die dakischen Stämme zu einem Großreich (→ Dakien); Unterwerfung der Geten u. Zerstörung der Griechenkolonien entlang der westl. Pontusküste. Nach seiner Ermordung zerfiel das Reich in Teilfürstentümer. In der nationalen rumän. Geschichtsschreibung, die den Einfluß der Osmanen herunterzuspielen u. im Rückgriff auf die dako-röm. Antike eine dak. Kontinuität herzustellen sucht, spielt seine Gestalt eine große Rolle.

Buren, ndrl. *Boers, Boeren* [„Bauern"], die Nachfahren der seit 1652 von der Niederländ.-Ostind. Kompanie im Kapland angesiedelten Holländer u. Rheinländer. Seit 1806 unter engl. Herrschaft, fühlten sich viele von ihnen beengt u. bedrängt. Deshalb zogen 1835 etwa 10 000 B. nach N („Großer Treck") u. gründeten die B.republiken *Natal, Oranje-Freistaat* u. *Transvaal.* Von diesen wurde Natal schon 1842–1845 englisch; die beiden anderen Freistaaten wurden im *Burenkrieg* (1899 bis 1902) von den Engländern unterworfen. Die B. erhielten jedoch bald Gleichberechtigung u. Beteiligung am öffentl. Leben u. am 31. 5. 1910 durch die Bildung der *Südafrikanischen Union* ihren eigenen Staat im Rahmen des Brit. Empire. 1961 schied er aus dem Commonwealth aus u. erklärte sich zur Republik Südafrika. Die B. waren bis etwa 1945 in der Hauptsache Farmer u. Viehzüchter u. haben ihre eigene Sprache (Kapholländisch, *Afrikaans*).

Burenkrieg, bewaffnete Auseinandersetzung zwischen Großbritannien u. den Burenrepubliken Transvaal u. Oranjefreistaat 1899–1902. Seit 1886 hatte der Goldbergbau in Transvaal zu einer derartigen wirtschaftl. Überlegenheit dieser Republik in Südafrika geführt, daß die brit. Kolonien Natal u. Kapkolonie abhängig zu werden drohten. Großbritannien versuchte daraufhin, die selbständige Republik an eine südafrikan. Zollunion

Burenkrieg: Lord F. S. Roberts (rechts) und Generalstabschef H. H. Kitchener übernehmen den Oberbefehl im Krieg gegen die Buren

zu binden, u. ging dabei bis zum Putschversuch (*Jameson Raid* 1895). Es traf dabei auf die kompromißlose Haltung des Transvaal-Präs. P. *Kruger*, die durch das Dt. Reich („Kruger-Depesche" 1896) unterstützt wurde. Die dt. Einmischung berührte nach brit. Auffassung wiederum lebenswichtige Interessen des Brit. Empire, so daß nach gegenseitigen Ultimaten am 11. 10. 1899 der Krieg begann. Den militärisch überlegenen Briten unter den Generälen *Roberts* u. *Kitchener* gelang es, bis zum Sept. 1900 beide Burenrepubliken zu annektieren.
Dem nun beginnenden Guerillakrieg, den die Buren mit größerem Erfolg führten, begegneten die Briten mit der Taktik der „verbrannten Erde" u. der Inhaftierung der Zivilbevölkerung in Konzentrationslagern. Friedensinitiativen (seit Mitte 1900) wurden durch unversöhnliche Haltung auf beiden Seiten verschleppt, so daß es erst am 31. 5. 1902 zum Frieden von Vereeniging kam, der die Burenrepubliken zu brit. Kronkolonien machte, der bur. Identität Zugeständnisse machte (holländ. Sprache an den Schulen) u. eine „selbstverantwortliche Regierungsform" in Aussicht stellte. Der Krieg hinterließ die umstrittenen Länder verwüstet u. kostete über 50 000 Menschenleben.

Burg, mittelalterl. Wehranlage, die ihren Benutzern zugleich als Wohnung diente; entwickelt aus röm. Wehrbefestigungen, bes. aus dem *Kastell* u. dem von Wall u. Graben umgebenen Grenzturm *(burgus)*. Während die B. in Südeuropa meist in regelmäßiger Planung ausgeführt wurde, wurde sie im N meist den jeweiligen Geländeverhältnissen angepaßt u. dadurch uneinheitlich in der baul. Gliederung. Bei der *Ring-B.* unterscheidet man folgende Formen: 1. die Ringmauer-B. mit Mauerringen *(Zingel)*, seit dem 9. Jh. n. Chr.; 2. die Randhaus- oder Gaden-B., zusammengesetzt aus gleichmäßig an den Mauerring herangerückten B.häusern, die oft ein turmähnl. Aussehen erhalten; 3. die Turm-B. mit Zentralturm *(Bergfried)* inmitten der Gesamtanlage u. starker Randbefestigung, häufig auf künstl. Inseln oder Bergkuppen errichtet; 4. die Haus- oder Palas-B., bei der der Zentralturm durch ein hausähnl. Wohngebäude ersetzt ist. Häufiger als die Ring-B. kommt der Typus der *Abschnitt-B.* vor, gekennzeichnet durch ungleichmäßige, die natürlichen Gegebenheiten nutzende Befestigungen, ausgestattet mit Frontturm, Schildmauer oder – seltener – mit Hausdekkung. Die geradlinig gebildete röm. Kastellform, bes. in Westdeutschland heimisch, nahm gelegentlich Elemente der Ring- u. der Abschnitt-B. auf; ihre wichtigsten Formen sind das Randhaus-, das Vierturm- u. das Einhauskastell. Einen Sondertypus von monumentalen Maßen bildet die Ordensburg. Neben Befestigungsmauern, Bergfried (Wart- u. Wachturm, frz. *Donjon*) u. Palas (Herrenhaus) waren Kemenate (Wohnhaus) u. Wirtschaftsgebäude die Hauptteile der mittelalterl. B., meist um den B.hof gelagert, zu dem man über eine Zugbrücke durch einen Vorhof (Zwinger, Parcham) gelangte. Anlaß für die reiche architekton. Entwicklung, die die B. seit röm. Zeit in Nord- u. Mitteleuropa erlebte, waren u.a. die Kriege Karls d. Gr., die Kreuzzüge u. das Erstarken der mittelalterlichen Adelsmacht. Seit dem 15. Jh. vollzog sich der Wandel von der Wehr- u. Wohn-B. zur militärischen *Festung* einerseits u. zum wenig oder völlig unbefestigten *Schloß* andererseits.

Burgbann, der Bann des Burgherrn, aufgrund dessen er u. a. die umwohnende Bevölkerung zu Arbeiten beim Bau u. bei der Unterhaltung der Burg *(Burgwerk)* heranziehen durfte.

Burgenland, seit 1921 österr. Bundesland in Ostösterreich, 3965 km^2, 267 000 Ew., gebildet aus den Österreich im Vertrag von Saint-Germain 1919 zugesprochenen deutschsprachigen Gebieten der ehem. westungar. Komitate Ödenburg, Eisenburg u. Wieselburg (daher „Burgenland"); 1938 zwischen Niederösterreich (Niederdonau) u. Steiermark geteilt, 1945 wieder zusammengeschlossen. Hptst. ist *Eisenstadt*; Ödenburg, der natürl. Mittelpunkt, verblieb nach Abstimmung bei Ungarn. Die Abstimmung wurde nach heftigem Widerstand ungar. Freischärler u. Milizen von Ungarn durchgesetzt.

Bürgerkönig, Beiname des französ. Königs Louis-Philippe von Orléans.

Bürgerrechtsbewegung, Gruppen u. Einzelpersonen in den kommunist. Ländern Osteuropas, die von den Behörden die Respektierung der in den Verfassungen ihrer Staaten garantierten Menschen- u. Bürgerrechte forderten. Ansätze zu dieser B. entstanden in den 1960er Jahren. Seit der KSZE-Schlußakte von Helsinki 1975 trat die B. stärker hervor. Sie trug nicht unwesentlich zu den polit. Veränderungen in Osteuropa seit 1989 bei.

Bürgertum, der ehem. *Dritte Stand*, im Unterschied einerseits zu Adel u. Geistlichkeit, andererseits zur unfreien Landbevölkerung u. zum lohnabhängigen städt. Proletariat (dem Vierten Stand). *Bürger* hießen ursprüngl. die Bewohner einer vor den Mauern gelegenen Kaufmannssiedlung [mlat. *burgus, burgum*, „Vorburg"; Weiterbildung aus dt. *Burg*]; sie standen außerhalb des Lehnssystems u. waren oft sogar mit königl. Sonderrechten gegenüber den Stadtherren ausgestattet. Seit dem 12. Jh. zählte zum B. in diesem Sinn allg. die Schicht der freien Gewerbetreibenden in der Stadtgemeinde *(Stadtbürger)*. Sie waren genossenschaftl. in Gilden u. Zünften organisiert; ihre Merkmale waren: persönl. Freiheit (keine Hörigkeit oder Erbuntertänigkeit; „Stadtluft macht frei"), wirtschaftl. Initiative (die bürgerl. „Tüchtigkeit") u. kommunale Selbstverwaltung.
Innerhalb der mittelalterl. Ständegesellschaft konzentrierte sich die Zielsetzung des B.s auf die Schaffung eines möglichst gesicherten, möglichst großen, vererbbaren *Privateigentums* (als Grundlage für die freie Entfaltung einer Privatsphäre) – zu verstehen als Selbstbehauptung u. Absicherung gegenüber den privilegierten Ständen. Nach Aufhebung der Zunftschranken (Gewerbefreiheit) wurde das B. so zum Träger des industriellen Fortschritts (Kapitalismus). Dadurch entstand jedoch innerhalb des B.s selbst der Gegensatz zwischen einem erfolgreichen *Großbürgertum* (Großkaufleute, Bankiers, Fabrikanten; *Patrizier*, die schließlich wiederum eine Fürsten-ähnl. Stellung innehatten) u. einem davon abhängigen *Kleinbürgertum*.
Mit der Zerschlagung der Ständegesellschaft in den *bürgerl. Revolutionen* (seit der Französ. Revolution 1789) hatte das B. zum ersten Mal die Möglichkeit, seine Ziele („Freiheit, Gleichheit, Brüderlichkeit") über den kommunalen Bereich hinaus als Staatsform durchzusetzen. Es entstand die *bürgerl. Gesellschaft* des 18./19. Jh., die als Schutzmaßnahme gegen autokrat. Willkür eine gesetzl. Begrenzung u. ständige verfassungsmäßige Kontrolle der Staatsmacht entwickelte: den *parlamentar. Rechtsstaat*. Die *Bürgerrechte* (d. h. die ehem. Standes[vor]rechte des B.s gegenüber den unterprivilegierten Schichten) wurden zum Staatsgesetz; es entstand die *Demokratie* im Sinn des *Liberalismus*. Die Unantastbarkeit der Privatsphäre wurde zum Inhalt der Staatsidee. Denn für den Bürger liegt der wahre Entfaltungsraum der Persönlichkeit im privaten Bereich (einschl. der Privatwirtschaft). Aus dieser Grundeinstellung zum Verhältnis Einzelner/Gesellschaft heraus hat sich einerseits eine unvergleichl. Kultur der Individualität u. Subjektivität, der Privatsphäre u. des Familienlebens entwickelt (die ihren Höhepunkt in der Romantik u. im Biedermeier erreichte); andererseits aber ergab sich daraus ein Desinteresse des B.s am Staat, das zurückführte zum *Untertanen* (insbes. seit den „Gründerjahren").
Die bürgerl. Gesellschaft stand zunächst unter dem Leitbild des *Citoyen*, der Staatsträger sein wollte u. die erkämpften Bürgerrechte als Aufgabe wahrnehmen u., gemäß der Forderung nach „Brüderlichkeit", über den Kreis der Besitzenden hinaus ausdehnen wollte (in Form des *Sozialstaats*). Die Entwicklung der bürgerl. Gesellschaft wurde dann jedoch vom *Bourgeois* bestimmt, der die Freiheit des liberalen Staates in erster Linie zur Vermehrung seines Privatbesitzes benutzte. Nicht zuletzt aus handelspolit. Gründen entwickelten sich große *Nationalstaaten*, *Kolonialismus* u. *Imperialismus*. Aus dem ehemaligen fortschrittlichen Stand des B.s wurde im 19. Jh. eine konservative Klasse: die *Bourgeoisie*.
Im 20. Jh. hat die wirtschaftl. Entwicklung dazu geführt, daß große Teile des ehem. selbständigen B.s zu Lohn- u. Gehaltsempfängern geworden sind; dazu kommt die Veränderung der Vermögensverhältnisse durch Wirtschaftskrisen, Weltkriege, Inflationen u. „Wirtschaftswunder", ferner die Entwick-

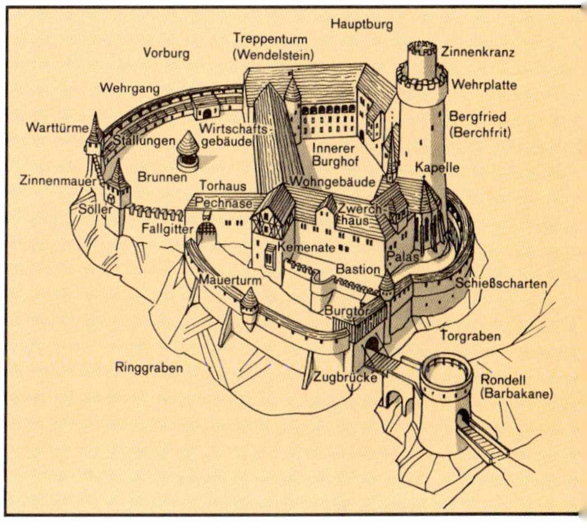

Burg: Anlage und Bauteile einer typischen Burg des Mittelalters

lung der Familie auf die Kleinfamilie hin, verbunden mit dem Eintritt der ehem. bürgerl. Frau ins Erwerbsleben. Dadurch sind die Grundlagen des B.s verlorengegangen, so daß man von einem in sich geschlossenen B. heute nicht mehr sprechen kann. Seine soziale Stelle nimmt statt dessen der Mittelstand ein.

Burgfriede, im MA die Abmachung, im Bezirk ummauerter Plätze (Burg, Stadt) Frieden zu halten; heute (im übertragenen Sinn) eine Vereinbarung zwischen parlamentar. Parteien oder anderen polit. Gruppen, einander bei bes. Anlässen (Krieg, Notzeiten) nicht zu bekämpfen.

Burggraf, im MA Beamter des Stadtherrn, in erster Linie militär. Befehlshaber der Burg, zudem auch Führer des militär. Aufgebots einer Stadt; in manchen Städten wie Köln oder Nürnberg zugleich Stadtgraf u. Richter. Der B. konnte aber auch mit anderen Aufgaben betraut sein, z. B. in Nürnberg mit der Verwaltung des Reichsguts.

Burgos, nordspan. Prov.-Hptst. auf der Hochebene Altkastiliens, am oberen Arlanzón, 164 000 Ew.
Die Heimat des spanischen Nationalhelden *El Cid*; Hptst. der ehem. Grafschaft Altkastilien sowie Krönungsstadt der Könige von Kastilien; im spanischen Bürgerkrieg bis zur Einnahme Madrids Sitz der Nationalen Regierung.

Burgund, frz. *La Bourgogne*, histor. Landschaft, heute Region im östl. Frankreich, umfaßt die Dép. Côte-d'Or, Nièvre, Saône-et-Loire u. Yonne, 31 592 km^2, 1,6 Mill. Ew., alte Hptst. *Dijon.*
Das seit 461 bestehende Reich der (german.) *Burgunder* wurde 534 von den Franken unterworfen.
Das Königreich B. entstand aus der Erbmasse des Fränk. Reichs. 879 wurde Graf Boso von Vienne zum König in *Nieder-B.* (mit Lyon, Vienne, Arles) gewählt; 888 wurde Graf Rudolf I. († 921) König in *Hoch-B.* Um 934 wurden beide Reiche zum *Königreich B.* oder *Arelat* vereinigt. In der Folgezeit ergaben sich enge Beziehungen zum dt. Königtum, dessen Lehnsoberhoheit anerkannt wurde. 1032 nahm Kaiser Konrad II. B. als Erbe in Besitz; doch die Stellung des Reichs in B. festigte sich erst unter den Staufern: 1156 heiratete Kaiser Friedrich I. (Barbarossa) Beatrix von B. (Freigrafschaft B.), 1178 wurde er in Arles zum König von B. gekrönt. Im späten MA kamen die westl. Teile von B. unter französ. Herrschaft, formal bestand jedoch die Lehnshoheit des Reichs weiter.
Das *Herzogtum B. (Bourgogne* im Unterschied zur Freigrafschaft B. – *Franche-Comté*) wurde unabhängig von den burgund. Königreichen gegründet. 1032 fiel es an eine Nebenlinie der Kapetinger; nach deren Erlöschen wurde es 1363 von König Johann dem Guten dessen jüngstem Sohn Philipp (dem Kühnen) übertragen. Damit begann die große Zeit des Herzogtums B.; Philipp gewann durch Heirat Flandern, das Artois u. die Freigrafschaft B. dazu. Seine Nachfolger, Johann ohne Furcht u. Philipp der Gute, dehnten ihre Macht weiter aus, bes. in den Niederlanden. Karl der Kühne hatte eine glänzende u. machtvolle Stellung unter den europ. Herrschern inne; er unterlag jedoch 1476 den Eidgenossen u. fiel 1477 bei Nancy im Kampf gegen den Herzog von Lothringen. Um das Erbe entbrannte ein Kampf zwischen Habsburg u. der französ. Krone. Der spätere Kaiser Maximilian I., der die Erbtochter Maria von B. geheiratet hatte, konnte die Herrschaft in den größten Teilen behaupten. Die Bourgogne u. einige weitere Gebiete fielen an Frankreich.

Burgund im 15. Jahrhundert

Edmund Burke

Burgunder, *Burgunden*, ostgerman., aus Skandinavien stammender Volksstamm, der nach langsamer Wanderungsbewegung von den Strommündungen zwischen Oder u. Nogat in der 2. Hälfte des 4. Jh. n. Chr. den Rhein erreichte u. um Worms ein Reich gründete. Der größte Teil des Volkes wurde 436 durch hunn. Söldner des röm. Statthalters Aëtius im Kampf um die röm. Provinz Belgica vernichtet (histor. Kern der *Nibelungensage*), der Rest wurde 443 zwischen Genfer See u. Rhône angesiedelt (Hauptstadt Lyon). 534 wurde dieses Gebiet von den Franken erobert u. aufgeteilt. Der Name lebt weiter in der Landschaftsbezeichnung *Burgund*, die freilich im Laufe der Zeit einen Bedeutungswandel durchgemacht hat.

Burgundischer Reichskreis, Bez. der „Siebzehn Provinzen" der Niederlande sowie der Freigrafschaft Burgund seit 1512; seit 1548 unabhängig vom Dt. Reich, da er nicht mehr zu dessen Beistand verpflichtet war, dabei aber seinen Schutz in Anspruch nehmen konnte. Die nördl. Niederlande schieden offiziell 1648, die Freigrafschaft 1659 aus, die südl. Niederlande 1801, als das Reich ihre Einverleibung ins Gebiet Frankreichs anerkannte.

Burgward, bes. im 10. u. 11. Jh. der zu einer Burganlage gehörige Bezirk mit militär. Organisation im östl. Grenz- u. Siedlungsgebiet des dt. Reichs; zugleich Gerichtssprengel u. Verwaltungseinheit.

Burke [bəːk], **1.** Edmund, engl. polit. Schriftsteller u. Parlamentarier, * 12. 1. 1729 Dublin, † 9. 7. 1797 Beaconsfield, Buckinghamshire; einer der führenden Whig-Oppositionspolitiker, 1765–1774 im Unterhaus, trat für die Freiheit der nordamerikan. Kolonien u. im Rahmen der Anklage gegen W. *Hastings* für die Rechte der „indischen Mitbürger" ein. B. kämpfte gegen die vordringende königl. Prärogative, für die Rechte der Parlamentsaristokratie u. eine sehr gemäßigte Reform des Parlaments. Pflicht des Abgeordneten war für ihn nicht die Vertretung spezieller Wählerinteressen, sondern die Verwirklichung des Allgemeinwohls. Er bejahte die Ausbildung von Parteigruppen. – B. wandte sich scharf gegen die Französ. Revolution, deren Greuel er voraussah, u. gegen die Befürworter einer radikalen Parlamentsreform auf der Grundlage des allg. Wahlrechts in England.

2. Robert O'Hara, irischer Australienforscher, *1821 St. Clerans, Galway, †28. 6. 1861; bei der Rückkehr vom Carpentariagolf, den er nach der ersten Durchquerung Australiens von S nach N von Melbourne aus erreicht hatte, am Cooperfluß verhungert.

Burkina Faso BF

Fläche: 274000 km². *Einwohner:* 10,1 Mill. – *Hauptstadt:* Ouagadougou. – *Landessprache:* Französisch. – *Nationalfeiertag:* 5. 8. – *Währung:* 1 CFA-Franc = 100 Centimes. – *Lage:* zwischen 9°30′ und 15° n. Br. sowie 2°30′ ö. L. und 5°30′ w. L. – *Zeitzone:* Mitteleuropäische Zeit – 1 Std. – *Grenzen:* im W und N Mali, im NO Niger, im SO Benin, im S Togo, Ghana und Elfenbeinküste. – *Staatsform:* präsidiale Republik.

Wahrscheinlich sind die *Mossi*, Nachkommen von Reitervölkern, vor 1100 von Osten in das Gebiet des heutigen B. F.s eingewandert. Hier entstanden drei Mossi-Fürstentümer (Ouagadougou, Ouahigouya u. Fada-n 'Gourma). Sie widersetzten sich mit Erfolg den Angriffen benachbarter Moslem-Staaten; im 15. Jh. gründeten sie ein Kaiserreich. Die Erforschung des Gebietes von Obervolta durch Europäer begann erst um 1888. Als Frankreich 1897 das Gebiet des heutigen Obervolta eroberte, ließ es das Kaiserreich der Mossi formell bestehen. Nach dem 1. Weltkrieg wurde eine Kolonie Obervolta aus Teilen von Ober-Senegal u. Niger gebildet. Die Auflehnung der jungen Elite Obervoltas gegen Kolonialherrschaft u. Mossi-Feudalstaat führte 1932 zu einer Aufteilung der Kolonie zwischen Elfenbeinküste, Mali u. Niger, die jedoch 1947 rückgängig gemacht wurde. 1957 erhielt Obervolta begrenzte Autonomie, am 5. 8. 1960 wurde es unter der Führung von Maurice *Yaméogo* unabhängig, der autoritär regierte u. 1966 nach einem Generalstreik zurücktreten mußte. In der Folge wechselten mehrmals aus Wahlen hervorgegangene Regierungen mit Militärdiktaturen. Seit 1980 regierte das Militär. 1983 riß nach einem Putsch Hauptmann Thomas *Sankara* die Macht an sich. Er benannte 1984 Obervolta in B. F. um u. leitete Reformen ein. Der Grenzstreit mit Mali wurde 1987 vom Internationalen Gerichtshof geschlichtet. Im gleichen Jahr wurde Sankara ermordet; neuer Machthaber wurde Hauptmann Blaise *Compaoré*. Im Zuge demokrat. Reformen trat am 11. 6. 1991 eine neue Verfassung in Kraft. In der von der Opposition boykottierten Präsidentschaftswahl im gleichen Jahr wurde Compaoré im Amt bestätigt. Bei den Parlamentswahlen 1997 gewann die Regierungspartei *CDP* die absolute Mehrheit.

Burleigh ['bə:li], *Burghley*, William *Cecil*, Baron B. (1571), engl. Politiker, *13. 9. 1520 Bourne, Lincolnshire, †4. 8. 1598 London; 1543 u. 1547 Parlamentsmitglied, Mitarbeiter des Lord Protectors Herzog von Somerset während der Minderjährigkeit Eduards VI.; 1558–1571 von der Thronbesteigung *Elisabeths I.* bis zu seiner Nobilitierung führendes Parlamentsmitglied, 1558–1598 zuerst als Erster Sekretär (Principal Secretary), dann ab 1572 als Lord Treasurer führender Berater Elisabeths I. B. beherrschte die engl. Außenpolitik im elisabethan. Zeitalter. Gegen die prononciert prot. Politiker in Elisabeths Rat hielt er an einer sparsamen u. defensiven Balancepolitik fest u. schuf die Voraussetzungen für den erfolgreichen engl. Abwehrkampf gegen Spanien.

Burmeister, Hermann, Südamerikaforscher, *15. 1. 1807 Stralsund, †2. 5. 1892 Buenos Aires; führte von 1850 an mehrere Reisen nach Brasilien, den La-Plata-Staaten u. Nordargentinien durch, ließ sich 1861 in Buenos Aires nieder.

Burnaburiasch II., kassitischer König von Babylon 1367–1346 v. Chr.; unterhielt diplomat. Beziehungen zu den ägypt. Königen *Amenophis III.*, *Echnaton* u. *Tutanchamun*, wie die Amarnabriefe (Amarna) zeigen.

Burton ['bə:tn], Sir Richard Francis, engl. Forschungsreisender; *19. 3. 1821 Hertford, †20. 10. 1890 Triest; seit 1853 ausgedehnte Reisen durch Arabien (Mekka, Medina) u. Somaliland; entdeckte 1858 mit H. *Speke* den Tanganjikasee u. bestieg 1861 das Kamerungebirge; übersetzte die oriental. Märchensammlung „Tausendundeine Nacht".

Burundi RU

Republik Burundi

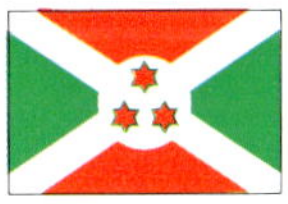

Fläche: 27834 km². – *Einwohner:* 6,0 Mill. – *Hauptstadt:* Bujumbura. – *Landessprachen:* Kirundi, Französisch. – *Nationalfeiertag:* 1. 7. – *Währung:* 1 Burundi-Franc = 100 Centimes. – *Lage:* zwischen 2°20′ und 4°30′ s. Br. sowie 29° und 31° ö. L. – *Zeitzone:* Mitteleuropäische Zeit + 1 Std. – *Grenzen:* im N Rwanda, im O Tansania, im W Kongo (Zaire). – *Staatsform:* präsidiale Republik.

Im 15. Jh. entstand in B. der südlichste der *Hima-* oder *Tutsi-Staaten*, in denen jeweils eine Minderheit hochwüchsiger Rinderhirten (Tutsi) mit monarch. Verfassung die bäuerl. Bevölkerung *(Hutu)* unterwarf, jedoch deren Bantu-Sprache übernahm. Das Königreich B. wurde etwa um 1500 gegründet. Die Königswürde war erblich. B. kam durch den dt.-brit. Vertrag von 1890 zu Dt.-Ostafrika, wurde jedoch erst 1899 tatsächlich besetzt. Im 1. Weltkrieg (1916) wurde B. von Truppen aus Belgisch-Kongo eingenommen u. einer Militärregierung unterstellt. 1919 kam es zusammen mit *Rwanda* als Völkerbundsmandat unter belg. Herrschaft (seit 1946 UN-Treuhandgebiet). König *(Mwami)* war seit 1915 der 1913 geborene *Mwambutsa IV.* 1960 leitete Belgien die Entkolonisierung ein, am 1. 7. 1962 wurde B. als konstitutionelle Monarchie unabhängig. Machtkämpfe zwischen den Tutsi u. mehrere Staatsstreiche führten 1966 zur Abschaffung der Monarchie u. zur Ausrufung der Republik am 28. 11. 1966. Präsidenten, die jeweils durch Staatsstreich an die Macht kamen u. diktatorisch regierten, waren 1966–1976 M. *Micombéro*, 1976–1987 J. B. *Bagaza* u. seit 1987 P. *Buyoya*. Der Dauerkonflikt zwischen der Bevölkerungsmehrheit der Hutu u. der herrschenden Schicht der Tutsi verhinderte eine polit. Stabilisierung B.s. 1972 u. 1988 kam es zu Massakern der Tutsi an den Hutu, denen über 100000 Menschen zum Opfer fielen.
1990 leitete Buyoya eine Liberalisierung des polit. Systems ein. 1992 wurde per Referendum eine neue demokrat. Verfassung angenommen. Auf Basis dieser Verfassung fanden 1993 freie Parlaments- u. Präsidentschaftswahlen statt. Mit M. *Ndadaye*, dem Kandidaten der bisherigen Oppositionspartei FRODEBU, übernahm erstmals ein Hutu das Amt des Staatschefs. Er wurde im selben Jahr von aufständ. Soldaten ermordet. Daraufhin brachen erneut blutige Kämpfe zwischen den verfeindeten Volksgruppen aus. Über 700000 Burundier flohen ins Ausland. Das Parlament wählte im Januar 1994 den Hutu C. *Ntaryamira* zum neuen Präs. Er kam im April 1994 zusammen mit dem Präs. Rwandas bei einem Flugzeugabsturz ums Leben. Zu seinem Nachfolger wurde S. *Ntibantunganya* bestimmt. Die innenpolit. Lage blieb gespannt. Gewalttätige Ausschreitungen häuften sich. Nach einem Armeeputsch im Juli 1996 übernahm wieder der frühere Präs. Buyoya, ein Tutsi, die Macht.

Busch, Ernst, Offizier, *6. 7. 1885 Bochum, †17. 7. 1945 (in englischer Gefangenschaft); im 2. Weltkrieg Oberbefehlshaber der 16. Armee in Polen, Frankreich, Sowjetunion u. 1944, an der Ostfront, der Heeresgruppe Mitte.

Büsching, Johann Gustav Gottlieb, Prähistoriker, *19. 9. 1783 Berlin, †4. 5. 1829 Breslau; 1812 Archivar u. Aufseher der Kunstgegenstände in Breslau, seit 1814 auch Aufsicht über die Altertümersammlung; seit 1822 Prof. in Berlin; die Veröffentlichung seiner Schrift „Abriß der dt. Altertumskunde" 1824 erhob die Vorgeschichtsforschung zum Rang einer Wissenschaft.

Buschor, Ernst, Archäologe, *2. 6. 1886 Hürben bei Krumbach, †11. 12. 1961 München; Professor in Erlangen (1919), Freiburg (1920) u. München (1929), Direktor des Deutschen Archäolog. Instituts in Athen 1921–1930, Leiter der Ausgrabungen im Heraion von Samos; wichtige Beiträge zum Verständnis der archaischen Plastik: „Altsamische Standbilder" 5 Bde. 1934–1951; „Plastik der Griechen" 1936; „Phidias der Mensch" 1948; „Medusa Rondanini" 1958. Hptw.: „Griech. Vasenmalerei" 1912; „Griech. Vasen" 1940.

Bush [buʃ], George, US-amerikan. Politiker (Republikaner), *12. 6. 1924 Milton, Mass.; während des 2. Weltkrieges Marineoffizier; nach einem wirtschaftswissenschaftl. Studium (1945–1948) in der Ölindustrie erfolgreich.
1966–1970 war B. Mitglied des Repräsentantenhauses, 1971–1973 UNO-Botschafter, 1974/75 Leiter des Verbindungsbüros (d. h. faktisch Botschafter) in Peking, 1976/77 Leiter des Geheimdienstes CIA. Danach war er wieder in der Wirtschaft tätig. 1981–1989 war er Vizepräsident unter R. *Reagan* u. 1989–1993 41. Präs. der USA. Er veranlaßte die US-amerikan. Intervention in Panama u. übernahm die polit. Führung im Golfkrieg gegen Irak. Die Vernachlässigung der Innen- u. Wirtschaftspolitik durch B. trug 1992 dazu bei, daß er die Präsidentschaftswahl gegen B. *Clinton* verlor.

Bussi, Giovanni Andrea, italien. Humanist, *14. 7. 1417 Vigevano, †4. 2. 1475 Rom; 1461 Bischof auf Korsika, 1472 Leiter der Vatikanischen Bibliothek; förderte humanist. Studien u. den Buchdruck; verwendete erstmalig 1469 den Begriff „Mittelalter".

Bute [bju:t], John Stuart Earl of B., englischer Staatsmann, *25. 5. 1713 Edinburgh, †10. 3. 1792 London; Favorit Georgs III. (1760 bis 1820), 1762/63 engl. Premier-Minister B. verdrängte den wegen seiner erfolgreichen Strategie im Siebenjährigen Krieg populären William Pitt d. Ä. u. betrieb eine Friedenspolitik, die in den Vertrag von Paris (1763) mündete. Er trat 1763 zurück.

Butler ['bʌtlə], Walter, Offizier, †25. 12. 1634 Schorndorf, Württ.; gebürtiger Ire; seit 1632 Oberst im Heer Wallensteins. Für seine Beteiligung an Wallensteins Ermordung wurde B. 1634 in den Grafenstand erhoben.

Butmir-Kultur, neolithische Kultur, benannt

nach dem Ort *Butmir* bei Sarajevo (Bosnien-Herzegowina); in den meist großen, überwiegend an Flußufern angelegten Siedlungen finden sich oft Häuser mit Fußböden aus gebranntem Lehm; besonders kennzeichnend ist eine häufig mit üppigen Spiralmustern verzierte Keramik, daneben Menschen- u. Tierfiguren.

Büttel, bis ins 18. Jh. der unterste Gerichtsbeamte; seine Aufgaben konnten Botendienste, die Leitung des Gefängnisses wie auch Hilfsdienste für den Scharfrichter umfassen.

Buyiden → Bujiden.

Byblos [grch.], hebr. *Gebal*, heute *Dschebeil*, Ort in Libanon, an der Küste nördlich von Beirut; ehem. bedeutende phöniz. Hafen- u. Handelsstadt, seit dem 4. Jahrtausend v. Chr. besiedelt, Blütezeit zwischen 2000 u. 1500 v. Chr. (Ausfuhr von Libanonzedern); abhängig von Ägypten (die Könige von B. waren zeitweilig ägypt. Beamte); 332 v. Chr. von Alexander d. Gr. erobert u. hellenisiert. Ausgrabungen seit 1919 brachten u. a. 2 Tempel, 7 hintereinander angeordnete Stadtmauern von der Frühbronze- bis zur Perserzeit u. Sarkophage der Könige von B. mit Inschriften in phöniz. Buchstabenschrift.

Byron ['baiərən], John, engl. Südseeforscher, *8. 11. 1723 Newstead Abbey, † 10. 4. 1786 London; auf seiner Weltumseglung 1764 bis 1766 entdeckte er in der Südsee einige Tokelau- u. Gilbertinseln. Nach ihm ist die gefahrvolle Meeresstraße zwischen Neumecklenburg u. Lavongai benannt.

Byzantinisches Reich, *Oströmisches Reich, Rhomäisches Reich, Ostrom, Byzanz*, die 395 n. Chr. nach der Teilung des Römischen Reichs entstandene griech.-oriental. Reichshälfte griech.-christl. Kultur, benannt nach der Hptst. *Byzanz (Konstantinopel)*. Nachdem schon im 3. u. 4. Jh. das röm. Kaisertum oft gespalten gewesen war, ohne daß jedoch die Reichseinheit aufgelöst worden wäre, machte *Konstantin d. Gr.* Konstantinopel 330 zur Hptst., in der seit 395 ständig ein Kaiser residierte. Nachdem um 400 die Westgoten das B. R. verlassen hatten u. die Hunnengefahr durch den freiwilligen Abzug Attilas gebannt war, gelang es Kaiser *Zenon* (474 bis 491), die Ostgoten nach Italien zu lenken. Das B. R. war alleiniger Nachfolger des Röm. Reichs; den Anspruch auf die westl. Reichsteile hat es nie aufgegeben, es hat sich selbst als „Römerreich" verstanden. Aber nicht nur der Barbarenansturm hat das Röm. Reich gespalten: Die kirchl. Auseinandersetzungen im 5. Jh., die auch das polit. Geschehen beherrschten, führten zum Schisma zwischen Rom u. Konstantinopel.

Justinian I. (527–565) gelang es mit Unterstützung der Kaiserin *Theodora*, die Reichseinheit zu erneuern, das Schisma zurückzudrängen u. durch seine Feldherren *Belisar* u. *Narses* in Afrika das Reich der Wandalen u. in Italien das Ostgotenreich zu vernichten. Bautätigkeit u. Rechtspflege („Corpus juris civilis") blühten, doch gingen große Teile Italiens wenige Jahre nach Justinians Tod an die Langobarden wieder verloren. Dabei blieb das B. R. Weltmacht, die zwar durch das Sassanidenreich in Persien nach Osten u. Kaukasien hin beschränkt, aber nicht in Frage gestellt wurde. Die christl. Kaiser waren zugleich Lenker der Kirche, die ökumen. Konzile einberiefen u. deren Beschlüsse bestätigten oder verwarfen. Durch die konfessionellen Gegensätze, bes. zwischen dem orthodoxen Kaisertum u. den Monophysiten in Ägypten u. Syrien, sowie durch die kulturelle Entfremdung des latein. Westens vom griech. Osten bahnte sich aber eine Lockerung des Reichsgefüges an. Seit dem letzten Viertel des 6. Jh. siedelten sich Slawen u. Awaren auf der Balkanhalbinsel an, zu Beginn des 7. Jh. er-

Byzantinisches (Oströmisches) Reich

Kaiser

Einige der Kaiser sind nicht den hier genannten Dynastien zuzuordnen, sondern entstammen anderen Familien; sie sind nicht besonders gekennzeichnet.

Theodosianische Dynastie	
Arkadios	395–408
Theodosios II.	408–450
Thrakische Dynastie	
Markianos	450–457
Leon I.	457–474
Leon II.	474
Zenon	474–475
Basiliskos	475–476
Zenon (erneut)	476–491
Anastasios I.	491–518
Justinianische Dynastie	
Justinos I.	518–527
Justinian I.	527–565
Justinos II.	565–578
Tiberios I.	578–582
Maurikios	582–602
Phokas	602–610
Herakleianische Dynastie	
Herakleios I.	610–641
Konstantin III.	641
Heraklonas	641
Konstans II.	641–668
Konstantin IV.	668–685
Justinian II.	685–695
Leontios	695–698
Tiberios II.	698–705
Justinian II. (erneut)	705–711
Philippikos	711–713
Anastasios II.	713–715
Theodosios III.	715–717
Syrische (Isaurier-)Dynastie	
Leon III.	717–741
Konstantin V.	741–775
Leon IV.	775–780
Konstantin VI.	780–797
Irene	797–802
Nikephoros I.	802–811
Staurakios	811
Michael I.	811–813
Leon V.	813–820
Amorische (Phrygische) Dynastie	
Michael II.	820–829
Theophilos	829–842
Michael III.	842–867
Makedonische Dynastie	
Basileios I.	867–886
Leon VI.	886–912
Alexandros	912–913
Konstantin VII.	913–959
Romanos I.	920–944
Romanos II.	959–963
Nikephoros II.	963–969
Johannes I.	969–976
Basileios II.	976–1025
Konstantin VIII.	1025–1028
Romanos III.	1028–1034
Michael IV.	1034–1041
Michael V.	1041–1042
Zoe und Theodora	1042
Konstantin IX.	1042–1055
Theodora (erneut)	1055–1056
Michael VI.	1056–1057
Isaak I.	1057–1059
Dynastie der Dukas	
Konstantin X.	1059–1067
Romanos IV.	1068–1071
Michael VII.	1071–1078
Nikephoros III.	1078–1081
Dynastie der Komnenen	
Alexios I.	1081–1118
Johannes II.	1118–1143
Manuel I.	1143–1180
Alexios II.	1180–1183
Andronikos I.	1183–1185
Dynastie der Angeloi	
Isaak II.	1185–1195
Alexios III.	1195–1203
Isaak II. (erneut)	1203–1204
Alexios V.	1204
Dynastie der Laskariden (in Nikaia)	
Theodor I.	1204–1222
Johannes III.	1222–1254
Theodor II.	1254–1258
Johannes IV.	1258–1261
Dynastie der Palaiologen	
Michael VIII.	1261–1282
Andronikos II.	1282–1328
Andronikos III.	1328–1341
Johannes V.	1341–1376
Johannes VI. (Gegenkaiser)	1347–1354
Andronikos IV.	1376–1379
Johannes V. (erneut)	1379–1391
Johannes VII. (Gegenkaiser)	1390
Manuel II.	1391–1425
Johannes VIII.	1425–1448
Konstantin XI.	1449–1453

Byzantinisches Reich: Eroberung Konstantinopels durch die Kreuzfahrer 1203. Miniatur aus den Chroniques abrégies von D. Aubert für Philipp den Guten; 1462. Paris, Bibliothèque de l'Arsenal

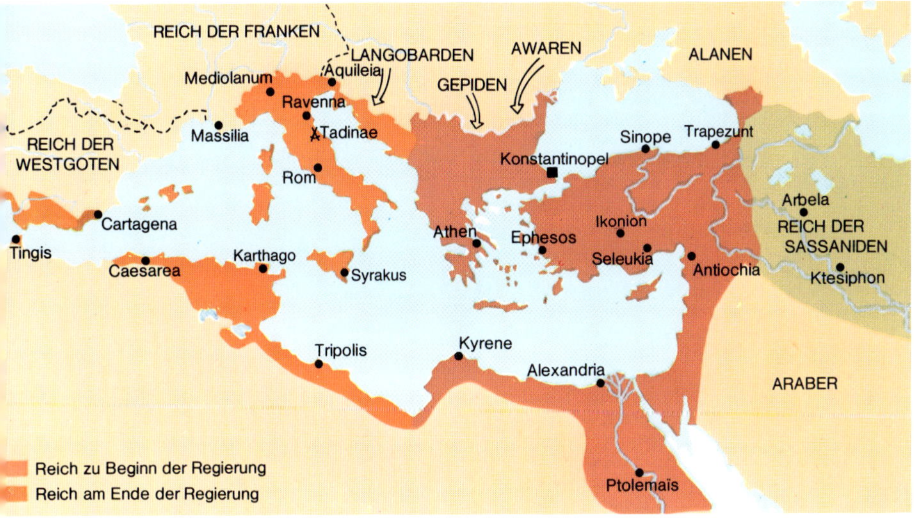

Byzantinisches Reich zur Zeit Justinians

oberten die Perser Ägypten u. Syrien, u. Perser u. Awaren bedrohten Konstantinopel; aber erst mit dem Siegeszug des Islams seit 636 (Sieg des Kalifen *Omar* am Jarmuk) zerbrach die Einheit des Mittelmeerraums endgültig.

Im Zweifrontenkrieg gegen Bulgaren u. Araber konnte sich das B. R. trotz der *Themenverfassung* (Militärverwaltung in den Provinzen), die *Herakleios I.* einführte, nicht behaupten. Armenien, Mesopotamien, Syrien u. Ägypten gingen (634–646) an die Araber verloren, u. *Konstantin IV.* (668–685) mußte das selbständige Bulgarenreich anerkennen. Die Donaugrenze blieb bedroht. Der *Bilderstreit* (726–843) führte zu einer inneren Krise, in deren Verlauf sich Rom, im Kampf gegen die Langobarden vom Kaiser im Stich gelassen, aus dem Reichsverband löste u. sich dem Fränkischen Reich zuwandte. Das Exarchat Ravenna ging im 8. Jh. an die Langobarden verloren, u. Sizilien fiel im 9. Jh den Arabern (später den Normannen) zu.

Der Verlust der latein. Reichsteile hatte zur Folge, daß das B. R. sich im 7. Jh. aus einem griech.-latein. in einen griech. Staat wandelte. Im Unterschied zum Westen blieben das in der Antike entstandene Städtewesen, die Geldwirtschaft u. das Steuer- u. Beamtensystem weitgehend intakt. Nachdem Bulgarien 813 hatte Frieden schließen müssen, konnte Kaiser *Basileios I.* (867–886) mit der Missionierung der Slawen u. Bulgaren beginnen. *Kyrill* dehnte die Missionstätigkeit bis nach Rußland aus, u. allmähl. konnte ganz Osteuropa für das griech. Christentum gewonnen werden. Spannungen zwischen der orthodoxen Kirche in Konstantinopel u. der latein. in Rom führten zur wechselseitigen Exkommunikation u. Nichtanerkennung; die westl. Christenheit war nicht mehr bereit, den Vorrang von Byzanz anzuerkennen.

Die Regierung der *makedonischen* Dynastie (867–1056) brachte dem B. R. erneut einen Höhepunkt in der kulturellen u. polit. Geschichte. Dem Islam konnten große Gebiete in Kleinasien entrissen werden. *Basileios II.* dehnte seine Herrschaft auf Bulgarien aus (1018). Als Gegenleistung für seine Hilfe im Kampf gegen Bulgarien konnte der Warägerfürst *Wladimir* von Kiew, der zum Christentum übertrat, die „purpurgeborene" byzantin. Prinzessin Anna heiraten. Doch nach dem Tod Basileios II. (1025) begann erneut der Verfall des Reichs. 1054 kam es zum Bruch zwischen der griech. u. der latein. Kirche (erst 1965 formell aufgehoben). Der Beamtenstaat verlor seine straffe Organisation, er wurde allmählich zu einem Feudalstaat. Für die Hilfe Venedigs gegen die Normannen vergrößerte Byzanz die Handelsprivilegien der Seemacht u. geriet mehr u. mehr in Abhängigkeit von den wirtschaftlich mächtigen italien. Städten.

Die Herrschaft der byzantin. *Beamtenaristokratie* (1025–1081) u. des Militäradels der *Komnenen* (1081–1185) vermochten die Entwicklung nicht aufzuhalten. 1071 eroberten die Seldschuken nach der Schlacht bei Mantzikert Kleinasien; im gleichen Jahr fiel der letzte byzantin. Platz in Unteritalien an die Normannen. Um 1180 konnten sich auch die Bulgaren, Serben u. Bosnier von der byzantin. Herrschaft befreien. Das B. R. blieb auf die griech. Gebiete beschränkt.

Zusätzliche Schwierigkeiten bereiteten die Kreuzfahrer, deren Weg auf byzantin. Gebiet führte. Der 4. Kreuzzug brachte schließlich die Eroberung des von dynast. Auseinandersetzungen im Innern u. Abwehrkämpfen gegen Seldschuken, Normannen, Serben u. Bulgaren geschwächten B. R. durch das Kreuzfahrerheer unter venetian. Leitung 1203. Konstantinopel wurde erobert u. 1204 das *Lateinische Kaiserreich* auf dem Boden des B. R. gegründet. Die Lateiner errichteten eine Reihe kleiner Fürstentümer, Venedig gewann Macht u. Einfluß auf byzantin. Boden, der byzantin. Restbereich wurde in mehrere kleinere Herrschaften zersplittert. Die Erneuerung ging vom *Kaiserreich Trapezunt* aus; die Lateiner konnten sich gegen den Widerstand der byzantin. Bevölkerung nicht halten. 1261 gelang es *Michael VIII. Palaiologos*, Konstantinopel im Handstreich zurückzugewinnen u. damit das Latein. Kaiserreich zu beseitigen.

Aber das B. R. konnte seine alte Weltstellung nicht zurückgewinnen. Große Teile blieben Kolonialboden der Venezianer, Genuesen u. Aragonesen; das inzwischen entstandene serb. Großreich auf dem Balkan u. die von Kleinasien andrängenden Osmanen bedrohten Byzanz. Wiederholte Hilfsbegehren an Westeuropa, Konstantinopel vor den islam. Türken zu retten, blieben ohne Resonanz, selbst als der byzantin. Kaiser sich der röm. Kirche unterwarf; der kulturelle u. konfessionelle Gegensatz zum Westen wurde seit Eroberung des B. R.s durch die Kreuzritter als so groß empfunden, daß das Volk jede kirchl. Einigung mit Rom als Verrat an Reich u. Glauben ansah.

Eine Atempause von rd. 150 Jahren vor dem endgültigen Niedergang war dem B. R. noch dadurch gegeben, daß die gegen Konstantinopel vordringenden Türken an ihrer Ostflanke von den Mongolen unter Timur angegriffen u. 1402 besiegt wurden. 1453 fiel der letzte byzantin. Kaiser, *Konstantin XI.*, im Kampf gegen die Janitscharenheere des Osmanen-Sultans *Mehmed II.* Doch blieb der byzantin. Kultureinfluß durch die Orthodoxie bis zum heutigen Tage bestehen.

Im Abwehrkampf gegen Hunnen, Germanen u. Slawen hat das B. R. das Erbe der Antike u. das Christentum griech. Prägung bewahrt u. an die Slawen in Osteuropa weitergegeben u. hat sie noch vor seinem Untergang für den christl. Kulturraum gewonnen. Nach dem Fall von Konstantinopel 1453 ging die Funktion, Europa gegen den Islam zu verteidigen, an die Balkanvölker u. das röm.-dt. Kaiserreich, seit Peter dem Gr. auch an Rußland über. Auf byzantin. Boden selbst rettete die Kirche die hellenist.-christl. Substanz in der Zeit der Türkenherrschaft; byzantin. Flüchtlinge beeinflußten nachhaltig die italien. Renaissance, u. Moskau trat als „drittes Rom" das Erbe von Byzanz an.

Byzantinismus, würdelose Kriecherei gegenüber Höherstehenden, wie sie vom strengen Zeremoniell des byzantin. Hofs gefordert wurde.

Byzantinistik, die Wissenschaft von Kultur, Geschichte u. Literatur des Byzantin. Reichs u. seiner Völker (330–1453). Die B. erreichte in Frankreich im 17. Jh. einen ersten Höhepunkt; seit dem Ende des 19. Jh. setzte eine neue Intensivierung in vielen Ländern ein (in Dtschld. u. a. durch Franz *Dölger*).

Byzanz, grch. *Byzantion, Konstantinopel*, heute Istanbul, Stadt am Bosporus, um 660 v. Chr. von *Megara* aus gegr.; B. blühte infolge des Naturhafens im *Goldenen Horn* u. seiner Schlüsselstellung im griech. Handel mit den Schwarzmeerländern rasch auf. 513 v. Chr. wurde es persisch u. war dann Mitgl. des 1. u. 2. *Attischen Seebundes*. Als autonomer Stadtstaat schloß sich B. schon zu Beginn des 2. Jh. v. Chr. den Römern an. Als sich 196 der röm. Gegenkaiser Pescennius Niger in B. verteidigte, wurde die Stadt von Septimus Severus zerstört, dessen Sohn Caracalla sie wieder aufbauen ließ. Kaiser *Konstantin I.* machte B., auf das Fünffache vergrößert, am 11. 5. 330 n. Chr. als „Neu-Rom" *(Nova Roma)* zum Regierungssitz, weshalb es auch den Namen „Konstantinsstadt" *(Constantinopolis)* erhielt; *Theodosius II.* (408–450) erweiterte es nochmals u. ließ die teilweise erhaltene gewaltige Stadtmauer erbauen. Von 395 bis zur Eroberung durch die Türken 1453 war B. die Hauptstadt des Oström. bzw. Byzant. Reiches.

C

Cabral, 1. Amilcar, afrikan. Politiker von Kap Verde, * 1924, † 20. 1. 1973 Conakry (ermordet); studierte in Portugal Landwirtschaft u. arbeitete nach 1952 als Beamter in Portugies.-Guinea, wo er 1956 an der Gründung der *Afrikanischen Unabhängigkeitspartei für Guinea u. die Kapverdischen Inseln (PAIGC)* teilnahm. 1963 begann die PAIGC unter seiner Führung mit Aufständen gegen die portugies. Herrschaft in Portugies.-Guinea. C. gilt als ein bedeutender marxist. Theoretiker der afrikan. Revolution.

2. Luis de Almeida, Halbbruder von 1), Politiker in Guinea-Bissau, *11. 4. 1931 Bissau; zunächst Angestellter einer portugies. Firma; Mitgründer der Unabhängigkeitsbewegung *PAIGC;* nach Ausrufung der Republik Guinea-Bissau 1973 Präs. des Staatsrates; 1980 von Führungsgenossen gestürzt, ging 1981 nach Kuba ins Exil.

3. Pedro Alvarez, portugies. Seefahrer, *um 1467/68, †um 1526; nahm bei der Umsegelung Afrikas (auf der Reise nach Indien) einen westl. Kurs u. entdeckte dabei im April 1500 Brasilien.

Cadamosto, *Ca'Da Mosto,* Alviseda, italien. Seefahrer in portugies. Diensten, *um 1426 Venedig, †Juni 1483 Rovigo; erforschte 1455/56 im Dienst Heinrichs des Seefahrers die Goldküste u. verfaßte den ersten geographisch bedeutenden Reisebericht über Westafrika. C. entdeckte 1456 die östl. Kapverdischen Inseln u. stieß bis zum Äquator vor.

Cade [kɛid], John, engl. Rebell, †12. 7. 1450 Heathfield, Sussex; führte im Juni 1450 einen Aufstand kleiner Landbesitzer in Kent an, die gegen die hohen Steuern protestierten. Im Thronstreit zwischen den Häusern York u. Lancaster stellte er sich auf die Seite des Herzogs von York. Er schlug eine Armee Heinrichs VI. u. nahm London ein, wurde dann von der seines Regiments überdrüssigen Londoner Bürgerschaft vertrieben. C.s Rebellion wird in Shakespeares Drama „Heinrich VI." thematisiert.

Cadorna, Luigi Graf, italien. Offizier, *4. 9. 1850 Pallanza, †21. 12. 1928 Bordighera; im 1. Weltkrieg Generalstabschef; nach der Niederlage von Karfreit (Caporetto) abgelöst; von Mussolini 1924 rehabilitiert u. zum Marschall ernannt.

Cadoudal [kadu:'dal], Georges, französ. Royalist, *1. 1. 1771 Brech, Dép. Morbihan, †25. 6. 1804 Paris (hingerichtet); 1793–1796 u. 1799–1800 einer der Führer der Chouans, versuchte 1803 mit C. *Pichegru* eine Verschwörung gegen Napoleon anzuzetteln, wurde entdeckt u. zum Tode verurteilt.

Caecilia Metella [tsɛ-], Tochter des *Caecilius Metellus Cretius* (†um 53 v. Chr.), berühmt durch ihr Grabmal an der Via Appia in der Nähe Roms: ein Rundbau von 20 m Durchmesser; diente im MA als Kastell.

Caelius ['tsɛ:-], ital. *Monte Celio,* einer der sieben Hügel Roms im SO der Stadt; erst in der 1. Hälfte des 4. Jh. v. Chr. in das Stadtgebiet einbezogen, in spätrepublikan. Zeit dichtbesiedeltes Viertel mit Mietskasernen; nach einem Brand 27 n. Chr. bevorzugte Wohngegend der Nobilität; Reste der antiken Besiedlung u. des monumentalen Tempels des Divus *Claudius.*

Caeroser [tsɛ-], zur Zeit Cäsars linksrheinisch siedelnder german. Stamm.

Caesar ['tsæ-], Beiname des röm. Geschlechts der *Iulier,* von *Augustus* aufgrund der Adoption durch C. Julius Caesar (→Cäsar) anstelle des Familiennamens geführt; von *Claudius* als Bestandteil der Kaisertitulatur beibehalten, seit *Hadrian* daneben Titel des designierten Nachfolgers. Daraus sind die Titel *Kaiser* u. *Zar* abgeleitet.

Caesarea (2): Kreuzfahrerburg

Caesar ['tsæ-], Gaius Julius →Cäsar.

Caesarea [tsæ-], **1.** *C. Mauretaniae,* heute *Shirshall,* antike Stadt westl. von Algier; unter dem Namen *Jol* alter punischer Handelsplatz, Hptst. Numidiens; erhielt durch *Juba II.* den Namen *C.* u. wurde Hptst. Mauretaniens; in der röm. Kaiserzeit eine der größten Städte Nordafrikas; Stadtmauer von 7 km Umfang, Theater, Amphitheater, Zirkus, Thermen, Leuchtturm, reiche Villen mit Mosaiken.

2. *C. Palaestinae, C. Stratonis, C. ad Mare,* antike Stadt südlich von Haifa, heute israel. Fremdenverkehrsort, hebr. *Qesari;* in hellenist. u. röm. Zeit Hptst. Palästinas, Sitz des röm. Statthalters, im 2. Jh. Bischofssitz, im 3. Jh. berühmt durch *Origenes* u. seine Schule; die reiche Bibliothek diente *Eusebios* u. *Prokopios von C.* zu ihren histor. Arbeiten; 640 von den Arabern erobert, im 13. Jh. in den Kreuzzügen völlig zerstört; Ausgrabungen seit 1956: Aquädukt, Amphitheater, einzige Pontius-Pilatus-Inschrift; Reste einer Kreuzfahrerburg.

3. *C. Philippi, C. Paneas,* heute *Baniyas,* antike Stadt am Hermon.

Caetano [kai'ta:nu], Marcelo, portugies. Politiker, *17. 8. 1906 Lissabon, †26. 10. 1980 Rio de Janeiro; Jurist, Prof. in Lissabon; enger Mitarbeiter *Salazars,* bekleidete unter ihm hohe Staatsämter, wurde 1968 sein Nachfolger als Min.-Präs., 1970 auch als Präs. der Einheitspartei Acçao Nacional Popular. C. scheiterte mit dem Versuch einer allmählichen Liberalisierung des Regimes; er wurde durch die Aprilrevolution 1974 gestürzt u. ging nach Brasilien ins Exil.

Cagliostro [ka'ljɔs-], Alexander (Alessandro) Graf von, eigentl. Giuseppe *Balsamo,* italien. Abenteurer, *8. 6. 1743 Palermo, †26. 8. 1795 San Leone bei Urbino (im Gefängnis); verschaffte sich durch angebl. alchemist. Geheimmittel, Elixiere u. Wunderkuren in ganz Europa ansehnl. Mittel u. Zutritt zu hochgestellten Personen (Halsbandaffäre), gründete eine Freimaurerloge, wurde vom Papst wegen Ketzerei zum Tod verurteilt, aber zu lebenslängl. Haft begnadigt.

Caillaux [ka'jo:], Joseph, französ. Politiker, *30. 3. 1863 Le Mans, †22. 11. 1944 Mamers, Dép. Sarthe; 1899–1902, 1906–1909, 1911 u. 1913 Finanz-Min.; vertrat als Min.-Präs. 1911–1914 eine Politik der Verständigung mit Dtschld. (Marokko-Kongo-Vertrag 1911), wurde deshalb scharf angegriffen, 1918 als „Landesverräter" verhaftet u. verurteilt, 1920 freigesprochen u. 1924 rehabilitiert; 1925/26 u. 1935 wieder Finanzminister.

Cairn [kɛən; kelt. *carn,* „Steinmal"; davon abgeleitet der Name der französ. Gemeinde *Carnac*], in Frankreich u. auf den britischen Inseln ein Megalithgrab, das von einem künstlich aufgeschichteten Hügel aus Steinen umgeben ist. Ein bes. großer C. ist in *Barnenez* in der Bretagne.

Caitian [tsaitjæn], *Tsai-t'ien,* chines. Kaiser, →Guangxu.

Cajamarca, Hptst. des peruan. Dep. C., 2814 m ü. M., in der westl. Kordillere, 99 600 Ew.
In vorspan. Zeit war C. Hptst. eines selbständigen Fürstentums (800–1400); es wurde um 1460 von den *Inka* erobert. Die *C.-Kultur* reicht bis zur Zeit um Christi Geburt zurück u. ist archäologisch in mehrere Stilphasen untergliedert. Typisch ist eine helle, fast weiße Keramik, die meist mit einfachen Linien oder, in Peru einzigartig, schriftähnl. Ornamenten bemalt ist. In C. wurde 1532 der letzte Inka-Herrscher *Atahualpa* von den Spaniern gefangengenommen u. 1533 hingerichtet.

Cajus, Papst 283–296, Heiliger, †22. 4. 296 Rom; regierte in einer Zeit des Friedens mit dem röm. Staat, vor der Verfolgung durch Diocletian. Fest: 22. 4.

Calcutta: Das Victoria Memorial, zu Ehren der englischen Königin Anfang des Jahrhunderts errichtet, enthält Sammlungen zur Geschichte der englischen Kolonialherrschaft in Indien

Cakchiquel [kaktʃi'kɛl], *Kakchiquel,* Maya-Stamm im Hochland von Guatemala, toltek. Ursprungs wie die benachbarten *Quiché;* die C. wanderten um 1100 n. Chr., aus Tabasco u. Chiapas kommend, ein u. gründeten *Iximche* als ihre Hptst. Die Geschichte der C. ist in den *Anales de los Cakchiqueles* niedergeschrieben.

Calais [ka'lɛ:], nordfranzös. Hafenstadt, 75 800 Ew.
C. entwickelte sich seit dem 12. Jh. zur bedeutenden Handelsstadt. 1347 wurde es von den Engländern erobert, war einer ihrer Hauptstützpunkte auf dem Festland u. fiel erst 1558 an Frankreich zurück. Danach wurde es stark befestigt. Im 2. Weltkrieg erlitt es Zerstörungen.

Calasasaya, ein 5400 m² großer, von Mauern umgebener Kultplatz in der Ruinenstadt *Tiahuanaco* (Bolivien), mit monolith. Eingangstreppe u. dem berühmten Sonnentor; zwischen 200 v. Chr. u. 500 n. Chr. datiert. – C. ist auch die Bez. der frühesten Keramik-Phase von Tiahuanaco, ca. 500–200 v. Chr.

Calchaqui-Kultur [kal'tʃaki-], alte Indianerkultur der Vor-Inka-Zeit in Nordwestargentinien, mit Bewässerungsanlagen u. Terrassenfeldbau. Ab 500 n. Chr. wurde die C. stark von der *Tiahuanaco-Kultur* Boliviens beeinflußt, die Kupferbergbau u. Bronzelegierung hierher verbreitete (bes. häufig in der C. sind Bronzescheiben u. -glocken). Auf ihrem Gebiet wurde Türkis abgebaut u. vor allem nach Bolivien u. Peru exportiert. Um 1500 wurde sie von den Inka erobert. – Verwandt ist die *Diaguitakultur* in Chile.

Calima-Kultur: Totenmaske. Berlin, Staatliche Museen Preußischer Kulturbesitz, Museum für Völkerkunde

Calcutta, *Kalkutta, Kalikata,* Hptst. des ind. Bundesstaates Westbengalen, 3,3 Mill. Ew., in der Agglomeration 9,2 Mill. Ew.
C. entwickelte sich aus einer 1690 gegr. Handelsniederlassung der British East India Company. 1773–1912 war es Sitz des Generalgouverneurs bzw. Vizekönigs. Im Stadtbild viele Bauwerke aus der brit.-kolonialen Vergangenheit; Kultbauten des Hinduismus, Jainismus. u. Islam.

Caligula, *Gaius Julius Caesar Germanicus,* röm. Kaiser 37–41 n. Chr., *31. 8. 12 Antium, †24. 1. 41 Rom; Sohn des Germanicus u. der Agrippina d. Ä.; wuchs im Feldlager auf, wo er den Spitznamen *C.* [„Stiefelchen"] seiner kleinen Soldatenstiefel wegen erhielt. 31 holte ihn Kaiser Tiberius an seinen Hof; nach dessen Tod wurde er zum Caesar ausgerufen. Nach wenigen Monaten vernünftiger Regierung schlug C.s Verhalten jedoch infolge schwerer Krankheit in despotische Willkür um; er führte ein Schreckensregiment, verschwendete die Staatsfinanzen u. wurde von den Prätorianern ermordet.

Caligula

Calima-Kultur, Indianerkultur in Mittel-Kolumbien; Blütezeit zwischen 200 v. Chr. u. 500 n. Chr. Die Toten wurden in tiefen Schachtgräbern mit Seitenkammern bestattet u. erhielten als Grabbeigaben Keramik u. Goldobjekte. Letztere wurden aus fast reinem Gold meisterhaft gehämmert oder gegossen (Totenmasken). Die spätere C. (1200 bis 1600) brachte nur noch wenige Goldgegenstände hervor. Die unbemalte Keramik, die den Gräbern beigegeben wurde, war plast. ausgeführt; Krüge hatten menschl. Formen oder das Aussehen von Phantasiegestalten u. waren mit feinen Ritzmustern verziert.

Calixtiner, *Utraquisten,* der gemäßigte Teil der hussitischen Reformbewegung in Böhmen, so genannt wegen ihrer Forderung nach Spendung des Abendmahls unter beiderlei Gestalt, also auch mit Kelch *(Calix).* Dies wurde 1433 in den Prager Kompaktaten bewilligt, so daß die C. bis in die Gegenreformationszeit geduldet blieben.

Calixtlahuaca [kalistlav'aka], Zentrum der *Matlatzinca-Kultur* im Bundesstaat Mexiko, bei der Stadt Toluca gelegen; 1476 von den Azteken unter König Ahuitzotl erobert. Die besterhaltene Rundpyramide aus aztek. Zeit war dem Gott *Quetzalcoatl* in seiner Eigenschaft als Windgott geweiht.

Calixtus, Päpste, → Kalixt.

Calonder, Felix, schweizer. Politiker, *7. 10. 1863 Schuls, Graubünden, †14. 6. 1952 Zürich; Führer der Freisinnig-demokrat. Partei, 1913–1920 Bundesrat; 1921–1937 Vors. der gemischten Völkerbundskommission für Oberschlesien.

Calvin [kal'vi:n, frz. kal'vɛ̃], *Caulvin, Cauvin,* Johannes, Reformator der französ. Schweiz, *10. 7. 1509 Noyon, Picardie, † 27. 5. 1564 Genf; nach philosoph.-theolog., jurist. u. humanist. Studien in Paris, Orléans u. Bourges u. nach Bekanntschaft mit reformator. Gedanken hatte er 1533 oder 1534 ein Bekehrungserlebnis, hielt sich in Frankreich zu ev. Kreisen u. mußte 1534 nach Basel auswandern. Auf einer Reise gewann ihn 1536 in Genf G. *Farel* als Helfer bei der Durchführung der Reformation. 1538 zusammen mit Farel verbannt, wandte sich C. nach Straßburg. 1541 kehrte er nach Genf zurück, schuf eine neue kirchl. Ordnung u. Verfassung mit 4 Gemeindeämtern (*Reformierte Kirche),* wobei er besonders über die Kirchenzucht wachte. Mit dem Züricher Protestantismus gelangte C. 1549 zu einer Einigung. C.s Hauptwerk ist der „Unterricht in der christl. Religion", 1535 verfaßt u. bis 1560 mehrfach erweitert. Daneben sind vor allem seine Kommentare zu den bibl. Büchern wichtig. Entscheidender Ausgangspunkt seiner Theologie ist das Bekenntnis zur Allmacht Gottes, dem in unbedingtem Gehorsam die Ehre gegeben werden muß. Daraus ergibt sich C.s Lehre von der doppelten *Prädestination.* In der Abendmahlslehre, in der er die Gegenwart Christi im Geist vertrat, unterscheidet er sich von H. *Zwingli* u. von *Luther.*

Câmara, Helder Pessoa, brasilian. kath. Theologe, *7. 2. 1909 Fortaleza; 1964–1985 Erzbischof von Recife u. Olinda, weltbekannt durch sein Eintreten für soziale Gerechtigkeit u. für grundlegende polit. Reformen in Lateinamerika; Schriften: „Revolution für den Frieden" 1969; „Es ist Zeit" 1970; „Hoffen wider alle Hoffnung" 1981; „Gott lebt in den Armen" 1986.

Cambacérès [kãbase'rɛs], *Cambaceres,* Jean Jacques Régis de, Herzog von Parma (seit 1808), *18. 10. 1753 Montpellier, †18. 5. 1824 Paris; 1794 als Präs. des *Nationalkonvents* u. Mitgl. des *Wohlfahrtsausschusses* am Sturz *Robespierres* beteiligt; unter dem *Direktorium* 1799 Justiz-Min., nach Napoleon Bonapartes Staatsstreich am 18. Brumaire 2. Konsul, 1804 Erzkanzler; maßgeblich an der Abfassung des *Code civil* beteiligt; 1815 bis 1818 verbannt.

Cambous [kã'bu:], prähistor. Fundort nordwestlich von Montpellier (Frankreich); sehr gut erhaltene u. konservierte länglich ovale Hausfundamente aus Trockenmauerwerk. C. gehört zur Gruppe von *Fontbouisse.*

Cambrai [kã'brɛ], früher *Cambray,* fläm. *Kambrijk,* nordfranzös. Kreisstadt im Dép. Nord, 35 000 Ew.; Erzbischofssitz.
1529 „Damenfriede" von C., der den 2. französ.-habsburg. Krieg abschloß u. von der Mutter Franz I. u. der Tante Karls V. vermittelt wurde; 20. 11. bis 6. 12. 1917 in der Schlacht von C. erstmals Großeinsatz von Panzerfahrzeugen („Tankwagen").

Camerarius, Ludwig, Staatsbeamter, *22. 1. 1573 Nürnberg, †4. 10. 1651 wahrscheinlich Heidelberg; bemühte sich als Rat Friedrichs V. von der Pfalz nach der Schlacht am Weißen Berge 1620 um die Wiedereinsetzung des Fürsten. Nebenamtlich in schwed. Diensten, wirkte C. bis zum Tode Gustav Adolfs im Sinne einer aktiven prot. Konfessionspolitik.

Camillus, Marcus Furius, röm. Politiker u. Feldherr, †365 v. Chr.; kämpfte als Konsulartribun 401 v. Chr. gegen Falerii u. 398 v. Chr. gegen Capena, eroberte als Diktator 396 v. Chr. Veji; soll Rom von der kelt. Besetzung befreit (390 v. Chr.) u. die Übersiedlung der Bevölkerung nach Veji verhindert haben (daher auch zweiter Gründer Roms genannt).

Camorra, terrorist. Geheimbund im Königreich Neapel, der ursprüngl. polit. Ziele verfolgte, später zur Verbrecherclique entartete. Im 19. Jh. teilweise von der Regierung geduldet, unterstützte er die Einigung Italiens, namentlich die Züge *Garibaldis;* Gegner des Hauses Savoyen. Unter dem Faschismus ausgeschaltet; nach dem 2. Weltkrieg bes. in den USA wieder aktiv.

Campbell-Bannerman ['kæmbl 'bænəmən], Sir Henry, engl. Politiker (Liberaler), *7. 9. 1836 Glasgow, †22. 4. 1908 London; Unterhaus-Abg. seit 1868, 1886 u. 1892–1895 Kriegs-Min., seit 1899 Führer der liberalen Partei. Er einte die gespaltene Liberale Partei, gewährte als Premier-Min. (1905–1908) den Buren Selbstregierung u. gewann sie dadurch für England.

Camp-David-Abkommen: (von links) A. Sadat, J. Carter und M. Begin

Camp David ['kæmp 'dɛivid], Landsitz des US-amerikan. Präs. bei Thurmont (Maryland). In C. D. trafen sich u. a. 1959 D. *Eisenhower* u. N. *Chruschtschow* zu Entspannungsgesprächen („Geist von C. D."), 1978 J. *Carter,* A. *Sadat* u. M. *Begin* zur Vorbereitung des ägypt.-israel. Friedensschlusses (Camp-David-Abkommen).

Camp-David-Abkommen [kæmp 'dɛivid-], Kurzbezeichnung für zwei Rahmenvereinbarungen zwischen Ägypten u. Israel vom 17. 9. 1978. Den Anstoß zur Aufnahme direkter Gespräche zwischen Ägypten u. Israel hatte der Besuch des ägypt. Präs. A. *Sadat* in Jerusalem im Nov. 1977 gegeben. Es folgten langwierige Verhandlungen, in die zunehmend die USA als Vermittler eingriffen. Die abschließenden Verhandlungen fanden im Sept. 1978 in Camp David statt. Das Abkommen unterzeichnete Sadat, der israel. Min.-Präs. M. *Begin* u. der US-amerikan. Präs. J. *Carter* „als Zeuge".
In der 1. Vereinbarung („Rahmen für Frieden im Nahen Osten") bekundeten die Unterzeichnerstaaten ihren Willen, eine „gerechte, umfassende u. dauerhafte Lösung des Nahostkonflikts" zu erreichen. Insbes. kamen sie überein, Verhandlungen über die Gewährung voller Autonomie an die Bewohner der von Israel besetzten Gebiete (Westjordanland u. Gazastreifen) zu führen u. hierzu auch Jordanien u. Vertreter der Palästinenser einzuladen. Die 2. Vereinbarung („Rahmen für den Abschluß eines Friedensvertrages zwischen Ägypten u. Israel") sah insbes. vor: Rückgabe des Sinai an Ägypten, Begrenzung der ägypt. militär. Präsenz auf dem Sinai, freie Durchfahrt für israel. Schiffe durch den Suezkanal, Aufnahme normaler Beziehungen zwischen den beiden Staaten. Aufgrund der 2. Vereinbarung wurde am 26. 3. 1979 in Washington der ägypt.-israel. Friedensvertrag geschlossen, u. die getroffenen Abmachungen wurden anschließend verwirklicht.

Camphausen, Ludolf, preuß. Politiker, *10. 1. 1803 Hünshoven bei Aachen, †3. 12. 1890 Köln; Kaufmann u. Bankier, verdient um den Ausbau von Eisenbahnen u. Dampfschiffahrt; führender rheinischer Liberaler; 29.3.–20. 6. 1848 preuß. Min.-Präs., scheiterte an seiner Mittelposition zwischen der absolutist. Reaktion u. der demokrat. preuß. Nationalversammlung; seit 1849 Mitgl. der Ersten Kammer bzw. des Herrenhauses.

Campignien [kãpi'njɛ̃], prähistor. Artefaktgruppe, benannt nach dem *Campigny-Hügel* bei Blangy-sur-Bresle, Dép. Seine-Maritime

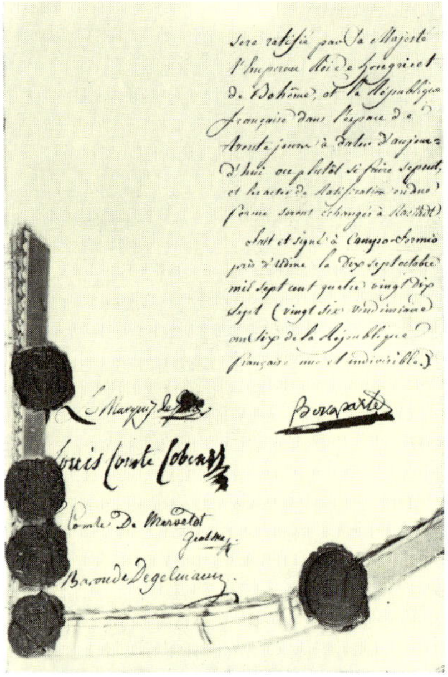

Campo Fòrmio: Faksimile der Schlußseite des Friedensvertrages von 1797. Wien, Österreichische Nationalbibliothek

(Frankreich). Das C. ist durch sehr grob bearbeitetes Steingerät gekennzeichnet, das früher für mesolithisch gehalten wurde, jedoch neolithisch bis bronzezeitlich zu sein scheint. Es repräsentiert keine Kultur, sondern nur ein technisch-wirtschaftl. Phänomen; möglicherweise handelt es sich um Bearbeitungsplätze von Rohlingen bzw. um Werkzeuge zum Silexabbau.

Campo Fòrmio, heute *Campoformido*, italien. Ort in der Region Friaul-Julisch-Venetien, südwestl. von Udine, rd. 6000 Ew. Der *Friede von C. F.* wurde 1797 zwischen Österreich (Graf L. Cobenzl) u. Napoleon I. geschlossen: Österreich verlor Belgien, Mailand u. Mantua u. stimmte in einem geheimen Artikel der Abtretung des linken Rheinufers an Frankreich zu. Österreich erhielt Dalmatien.

Canaris, Wilhelm, Marineoffizier (1940 Admiral), *1. 1. 1887 Aplerbeck heute Stadtteil von Dortmund, †9. 4. 1945 Flossenbürg, Oberpfalz; 1924–1928 im Stab des Chefs der Marineleitung im Reichswehrministerium; seit 1935 Chef der Abwehr-Abt. im Wehrmachtamt des Reichskriegsministeriums, seit 1938 des Amts Ausland/Abwehr im OKW, im Febr. 1944 entlassen. Seit 1938 hatte C. Verbindung zur (militär.) Widerstandsbewegung; nach dem Sprengstoffattentat auf Hitler am 20. 7. 1944 wurde er verhaftet u. 1945 nach einem SS-Standgerichtsverfahren gehängt.

Cannae, antike Stadt in Apulien, am unteren Aufidus (Ofanto); bekannt durch die *Schlacht bei C.* am 2. 8. 216 v. Chr., die zu einer vernichtenden Niederlage der Römer (70000 Tote) gegen den Karthager Hannibal wurde.

Cannanefaten, *Cananefaten*, mit *Batavern* u. *Chatten* verwandter german. Stamm, zwischen Waal u. Ijsselmeer in der heutigen niederländ. Provinz Südholland ansässig; 8 v. Chr. von Tiberius unterworfen.

Canossa, Stammburg der Markgrafen von C. südwestlich von Reggio nell'Emilia, erbaut im 10. Jh. Hier erreichte *Heinrich IV.* durch seinen Bußgang 1077 die Aufhebung des Banns durch Papst *Gregor VII.* (→ Investiturstreit). Der Gang nach C. – für Heinrich politisch ein momentaner Erfolg – ist zum geflügelten Wort für Selbstdemütigung geworden (Bismarcks Satz im Kulturkampf am 14. 5. 1872: „Nach C. gehen wir nicht!"). – C. wurde 1255 u. 1537 zerstört; heute Nationaldenkmal.

Cánovas del Castillo [-ka'stiljo], Antonio, span. Politiker u. Journalist, *8. 2. 1828 Málaga, †8. 8. 1897 Santa Agueda (ermordet); 1864 Innen-Min., 1865 Min. der Kolonien; vor der Revolution von 1868 verbannt, verantwortlich für die Rückkehr der Bourbonen auf den span. Thron (1874); 1875–1897 mit Unterbrechungen Min.-Präs., beendete den Karlistenkrieg u. den Aufstand in Kuba, setzte die Verfassung von 1876 in Kraft; von einem italien. Anarchisten getötet.

Cantemir, Dimitrie, Hospodar (Fürst) der Moldau 1693 u. 1710/11, *26. 10. 1673 Făciu, †21. 8. 1723 bei Charkow (Rußland); mit *Peter I.* politisch gegen die Osmanen verbündet, in Rußland im Exil; Orientalist u. Historiker von internationalem Rang; schrieb 1705 eine allegor. Satire auf die rumän. Gesellschaft („Hieroglyphengeschichte"), eine Geschichte der Osmanen (1714 –1716), histor. Studien über die Herkunft der Rumänen u. eine bedeutende histor.-geograph. u. polit. Beschreibung der Moldau (1716); 1714 Mitgl. der Berliner Akademie der Wissenschaften.

Canton, *Kanton*, chin. *Guangzhou*, Hptst. der südchines. Prov. Guangdong, am Perlfluß, 2,6 Mill. Ew.
Erste Ansiedlung um 200 v. Chr., heutiger Name seit dem 3. Jh. Unter der Tang-Dynastie (7.–10. Jh.) Zentrum des Überseehandels, bes. mit Indern u. Arabern; in C. entstand eine Moslem-Kolonie. 1517 erschienen in C. als erste Europäer Portugiesen, später Spanier, Holländer u. Engländer. Zwischen 1757 u. 1842 war C. der einzige Außenhandelsplatz Chinas. Nach dem 2. Opiumkrieg 1858 wurden engl. u. französ. Niederlassungen errichtet. In den revolutionären Bewegungen des 19. u. 20. Jh. war C. führend; Anfang der 1920er Jahre war es Sitz der republikan. Regierung, 1924 Tagungsort des ersten Kongresses der Guomindang. 1927 wurde ein kommunist. Aufstand *(C.er Kommune)* von Guomindang-Truppen niedergeschlagen. 1939–1945 war C. von den Japanern besetzt.

Capet [-'pɛ], *Hugo Capet* → Hugo (Fürsten, 2), → Kapetinger.

Capitol, ital. *Monte Capitolino*, einer der sieben Hügel Roms; hat zwei Kuppen u. zwischen diesen eine Einsattelung. Auf der nördl. Kuppe stand seit der Frühzeit die stark befestigte Zitadelle, später der Tempel der *Iuno Moneta*, seit 269 v. Chr. die Münzstätte u. das *Auguraculum*; auf der südl. der Tempel des *Jupiter Capitolinus*, am Osthang das Staatsarchiv.

Caprivi, Leo Graf von (1891), Offizier (1888 General) u. Politiker, *24. 2. 1831 Charlottenburg, †6. 2. 1899 Skyren bei Krossen; 1890–1894 Reichskanzler u. (bis 1892) preuß. Min.-Präs. (als Nachfolger Bismarcks auf dessen Vorschlag); Verfechter des *Neuen Kurses*, suchte durch Kooperation mit der vormaligen Opposition im Reichstag, durch Handelsverträge u. die Arbeiterschutzgesetze von 1891 Dtschld. zu modernisieren u. die inneren Gegensätze auszugleichen; erstrebte eine Veränderung des Bismarckschen Bündnissystems durch Nichtverlängerung des *Rückversicherungsvertrages*. C. scheiterte an konservativen Gegenkräften u. den sich politisch formierenden Agrariern.

Capsien [kaps'jɛ̃], *Capsium*, prähistor. Fundgruppe des Epipaläolithikums der Nordsahara, hauptsächlich in Maghreb u. Cyrenaica verbreitet, benannt nach der Stadt *Gafsa* (früher *Capsa*) in Tunesien, wo man das sog. *C. typique* fand, charakterisiert durch 10–15 cm lange Steinmesser mit bogenförmig retuschierter Längskante. Die campartigen Wohnplätze zeichnen sich durch Massenanhäufungen von Schneckenschalen u. Kochsteine aus. Neben der Jagd scheint das Ernten von Wildgetreide die Nahrungsgrundlage gebildet zu haben.

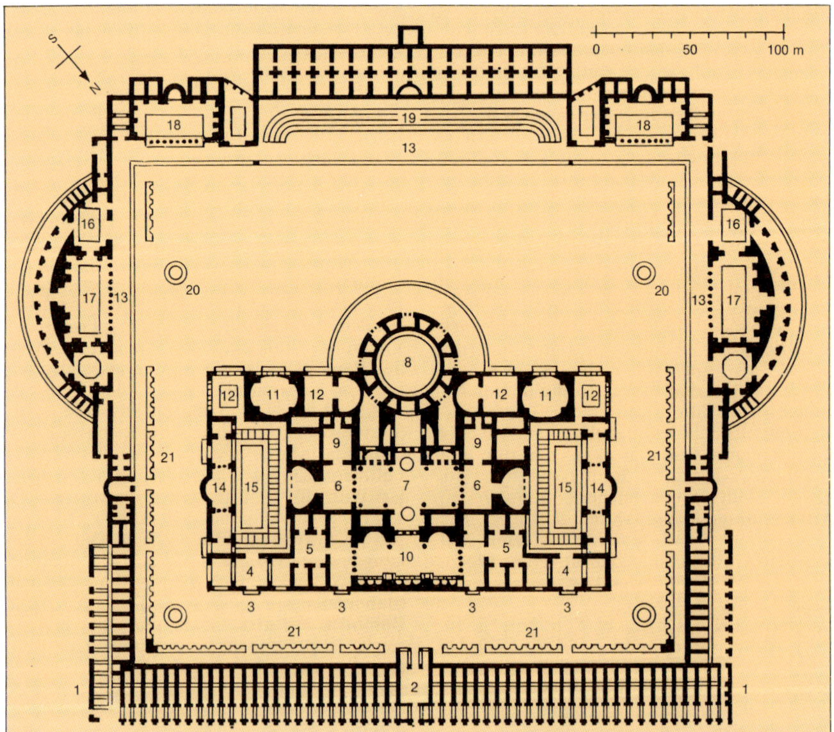

Caracalla: Thermen (Grundriß); 1 Läden, 2 Haupteingang, 3 Zugänge, 4 Vorhallen, 5 Apodyteria (Auskleideräume), 6 Höfe, 7 Tepidarium (Laubad), 8 Caldarium (Heißbad), 9 Sudaria (Schwitzräume), 10 Frigidarium (Kaltbad), 11 Gesellschaftsräume, 12 Sporträume, 13 Wandelgänge, 14 Vortragssäle, 15 Palästren, 16 Studierräume, 17 Gymnasium, 18 Bibliothek, 19 Treppe zur Säulenhalle, 20 Springbrunnen, 21 Podien

Caracalla

Capua, Stadt in der italien. Provinz *Caserta*, 18200 Ew. – Alte oskische Siedlung im Herzen der kampan. Ebene, eine der wichtigsten Städte des antiken Italien; um die Mitte des 6. Jh. v. Chr. von den Etruskern in eine Stadt mit zwei Stadtteilen verwandelt, 423 v. Chr. samnitisch, 343 v. Chr. Bündnis mit Rom, 295 v. Chr. Führung der Appischen Straße bis C.; im 2. Punischen Krieg zu Hannibal abgefallen u. deshalb nach der Eroberung 211 v. Chr. von den Römern streng bestraft (Auflösung der Gemeinde; Annexion des Territoriums); seit 58 v. Chr. röm. Kolonie (Ansiedlung von 20000 röm. Bürgern), weitere Ansiedlungen unter *Antonius* u. *Octavian*; in der frühen röm. Kaiserzeit Hauptzentrum der italien. Bronzeindustrie, deren Bronzeeimer, -becken u. -kannen nach Mittel- u. Nordeuropa exportiert wurden; in der späteren Kaiserzeit die achtgrößte Stadt der antiken Welt; 456 von Wandalen zerstört, Wiederaufbau; 840 erneut zerstört (durch Sarazenen), 856 von Bischof *Landulf* auf dem Platz des alten *Casilinum* neu errichtet. – Reste eines Amphitheaters aus dem 2. Jh. n. Chr., von Thermen u. einem mit Fresken ausgemalten Mithräum des 2. Jh.

Caracalla, Marcus Aurelius Antoninus, röm. Kaiser 211–217, *4. 4. 186 Lyon, †8. 4. 217 bei Edessa; Sohn des Septimius Severus u. der Julia Domna, Mitregent seines Vaters seit 198, erhielt den Namen *C.* nach seinem keltischen Kapuzenmantel; erließ 212 die *Constitutio Antoniniana*, ein Gesetz, das allen Freigeborenen röm. Bürgerrecht verlieh, wodurch die Provinzen dem röm. Italien politisch gleichgestellt wurden; Erbauer der berühmten *C.-Thermen* in Rom. Seine Prunksucht u. seine Geldspenden an die Soldaten führten zu Münzverschlechterung u. Steuererhöhung; ehrgeizig u. grausam, konnte er seine Herrschaft lange auf das von ihm bevorzugt behandelte Heer stützen u. wollte nach dem Vorbild Alexanders d. Gr. den Weltherrschaftsanspruch durch die Eroberung des Partherreichs verwirklichen, wurde aber 217 auf einem Kriegszug gegen die Parther auf Veranlassung eines Gardepräfekten ermordet.

Carbonari [ital. *carbonaio*, „Köhler"], die Mitglieder eines italien. polit. Geheimbunds *(Carboneria)*, gebildet 1806 gegen die französ. Herrschaft in Neapel u. dann in ganz Italien verbreitet. Die C. erstrebten die Unabhängigkeit Italiens u. vertraten eine Mischung von nationalen u. westl. demokrat. Ideen, die sich von den vorrevolutionären Geheimbünden der Aufklärung herleiteten.

Carl Gustaf, *Karl XVI. Gustav*, König von Schweden, → Karl (50).

Carlos, 1. Könige von Spanien, → Karl.

2. *Don Carlos*, span. Kronprinz (Infant, 1560 von den kastil. Ständen bestätigt), *8. 7. 1545 Valladolid, †24. 7. 1568 Madrid; Sohn *Philipps II.* aus 1. Ehe, durch Inzucht (die Großmutter beider Eltern war Johanna die Wahnsinnige) stark erblich belastet, mit Anzeichen von Wahnsinn. Trotz großer Bemühungen um den Sohn erkannte sein Vater, daß seine Thronbesteigung den Bestand der Monarchie gefährden mußte. Deshalb u. wegen Fluchtvorbereitungen wurde C. 1568 gefangengesetzt. Die behauptete unglückl. Liebe zu seiner Stiefmutter Elisabeth von Valois ist Legende.

3. *Don Carlos Maria Isidoro de Borbón*, span. Kronprinz (seit 1833 als Thronprätendent *Karl V.*), Bruder König Ferdinands VII. (*1784, †1833), *29. 3. 1788 Madrid, †10. 3. 1855 Triest; nach Abschaffung des salischen Erbfolgerechts durch Ferdinand (1830) von der Thronfolge ausgeschlossen zugunsten Isabellas, Ferdinands Tochter. C. beanspruchte dennoch 1833 den Thron u. wurde unterstützt von Anhängern der absoluten Monarchie, von der Geistlichkeit u. von den bask., aragones. u. katalan. Regionalisten. Die *Karlisten* kämpften in den 1834 beginnenden *Karlistenkriegen* (bis 1876) vergeblich für C.

Carlyle [ka:'lail], Thomas, engl. Schriftsteller schott. Herkunft, *4. 12. 1795 Ecclefechan, Schottland, †5. 2. 1881 London; wirkte nachhaltig als Kulturkritiker im Sinn eines ethischen Idealismus gegen den Materialismus des 19. Jh. Mit der ererbten Haltung des schott. Puritanismus verband C. die Gedankenwelt des dt. Idealismus u. wirkte für die Anerkennung der dt. Literatur u. des dt. Geisteslebens (Schiller-Biographie 1823/24; Übersetzung von Goethes „Wilhelm Meister" 1824). „Die franzos. Revolution" 1837 (dt. zuletzt 1947) ist mehr ein dichterisches als ein histor. Werk. „On heroes, hero-worship and the heroic in history" 1841 (dt. „Über Helden u. Heldenverehrung", zuletzt 1926) stellt das Wirken der großen Persönlichkeiten als bewegende Kraft der Weltgeschichte dar, durch die Gott unmittelbar in die Geschichte eingreift. Die beiden großen biograph. Werke C.s sind: „History of Frederick the Great" 6 Bde. 1858–1865 (dt. „Friedrich der Große" 1859–1869, zuletzt 1954, gekürzt) u. „Oliver Cromwell's letters and speeches" 1845. C. suchte die Lösung der sozialen Probleme seiner Zeit in der Rückkehr zum Geist des MA u. in der sittl. Verpflichtung zur Arbeit zu finden. – Works, 30 Bde. 1896–1899; Ausgewählte Werke, hrsg. von A. Kretzschmar, 1855; Sozialpolit. Schriften, 3 Bde. 1895 bis 1900.

Carnac, westfranzös. Gemeinde in der Bretagne; in der Umgebung vorgeschichtl. Denkmäler: fast 3000 Menhire in großen Steinreihen (manche mehr als 1000 m lang), Dolmen u. Tumuli.

Carnot [kar'no:], **1.** Lazare Graf, französischer Politiker u. Soldat, *13. 5. 1753 Nolay, Côte d'Or, † 3. 8. 1823 Magdeburg; Pionierhauptmann, schloß sich der Französ. Revolution an u. war nach 1791 Mitgl. der *Constituante* u. des *Konvents*, 1795 des *Direktoriums;* organisierte seit 1793 die Revolutionsheere (Massenaushebungen, *levée en masse*); 1800/01 Kriegs-Min., Gegner Napoleons, aber 1815 Innen-Min. unter Napoleon, ging nach dessen endgültigem Sturz ins Exil.

2. Marie François Sadi, Enkel von 1), 4. Präsident der französ. Republik, 1887–1894, *11. 8. 1837 Limoges, †25. 6. 1894 Lyon (ermordet); leitete 1871 die Volksbewaffnung in der Normandie, seit 1871 Abg. der gemäßigten Linken, 1885/86 Finanz-Min.; unter seiner Präsidentschaft begann Frankreich sich Rußland zu nähern.

Carnuntum, zwischen Petronell u. Bad Deutsch-Altenburg an der Donau gelegene, bedeutendste röm. Ruinenstadt Niederösterreichs; zunächst illyrisch, seit der 2. Hälfte des 1. Jh. v. Chr. bis zur röm. Eroberung keltisch; röm. Militärlager, Hauptfestung am pannonischen Donaulimes. Die daneben entstandene Zivilstadt hatte 40000 Einwohner; 106 wurde sie Hptst. Oberpannoniens. 307 fand hier eine von Diocletian einberufene Kaiserkonferenz statt. Ende des 4. Jh. von den Quaden zerstört. Zwei Amphitheater, Legatenpalast, sog. Heidentor (Triumphbogen); Ausgrabungen seit 1885 legten den größten Teil des Militärlagers frei.

Carol, rumän. Könige, → Karl.

Carolus Magnus [lat.], *Karl der Große* → Karl (12).

Carrera, José Miguel, lateinamerikan. Nationalheld u. chilen. Politiker, *15. 10. 1785 Santiago, †4. 9. 1821 Mendoza, Argentinien (hingerichtet); leitete den Unabhängigkeitskampf der südamerikan. Staaten gegen Spanien, erster Präsident Chiles (1812).

Carrhae, antike Stadt, → Harran.

Carrillo [ka'ri:jo], *C. Solares*, Santiago, span. Politiker (Kommunist), *18. 1. 1915 Gijón; 1936–1939 Offizier im Span. Bürgerkrieg; danach im Exil, überwiegend in Frankreich; seit 1958 Generalsekretär der (bis 1977 illegalen) KP (PCE); führender Vertreter des *Eurokommunismus*. C. trat 1982 nach einer Wahlniederlage zurück, brach 1985 mit der KP u. gründete 1987 eine eigene kommunist. Splitterpartei.

Carrington ['kæriŋtn], Peter Alexander Rupert, Baron of C., brit. Politiker (Konservativer), *6. 6. 1919 nahe Aylesbury, Buckinghamshire; 1961–1963 Marine-Min., 1963/64 Min. ohne Geschäftsbereich, 1970–1974 Verteidigungs-Min.; 1964–1970 u. 1974–1979 Oppositionsführer im Oberhaus; 1979–1982 Außen-Min.; 1984–1988 Generalsekretär der NATO.

Carstens, Karl, Politiker (CDU), *14. 12. 1914 Bremen, †30. 5. 1992 Meckenheim; Jurist; 1954–1966 im Auswärtigen Amt, seit 1960 als Staatssekretär; 1966/67 Staatssekre-

Don Carlos; Gemälde von Velázquez, um 1625. Madrid, Prado

Karl Carstens

tär im Bundesverteidigungsministerium, 1968/69 im Bundeskanzleramt; 1972–1979 MdB, 1973–1976 Vorsitzender der Bundestagsfraktion der CDU/CSU, 1976–1979 Präs. des Bundestags; 1979–1984 Bundespräsident.
1950–1973 lehrte C. Staats- u. Völkerrecht an der Universität Köln, seit 1960 als Professor. Er schrieb u. a.: „Polit. Führung. Erfahrungen im Dienste der Bundesregierung" 1971. 1984 erhielt er den Karlspreis.
Carter ['kɔ:tər], **1.** Sir Howard, engl. Archäologe, *9. 5. 1873 Swattham, Norfolk, †2. 3. 1939 London; entdeckte bei Ausgrabungen in Theben (Ägypten) mehrere Königsgräber, darunter das des Amenophis I., der Königin Hatschepsut u. des Thutmosis IV. sowie 1922 das Grab des Tutanchamun. „The tomb of Tut-Ankh-Amen" 3 Bde. 1922–1933, dt. „Tutench-Amun. Ein ägypt. Königsgrab" 3 Bde. 1924–1934.
2. James Earl (Jimmy), US-amerikan. Politiker (Demokrat. Partei), *1. 10. 1924 Plains, Ga.; Farmer, 1971–1975 Gouverneur von Georgia, 1977 bis 1981 39. Präs. der USA. C. vermittelte den Friedensschluß zwischen Israel u. Ägypten (→Camp-David-Abkommen), nahm volle diplomat. Beziehungen mit China auf u. schloß mit der UdSSR das Rüstungskontrollabkommen SALT II, das wegen des sowjet. Einmarschs in Afghanistan 1979 nicht ratifiziert wurde. Während seiner Amtszeit wurde das US-amerikan. Botschaftspersonal in Teheran vom dortigen Regime über ein Jahr lang in Geiselhaft gehalten. Das Scheitern vieler Reformen, der Dollarverfall u. die Energiekrise trugen dazu bei, daß C. 1980 die Präsidentschaftswahl gegen R. W. *Reagan* verlor.
Carteret ['ka:tərɛt], **1.** John Earl Granville,

Howard Carter bei der Öffnung des Tutanchamun-Grabes in Theben

engl. Politiker, *22. 4. 1690, †2. 1. 1763; führender Oppositionspolitiker während der Ära *Walpole*, 1742–1744 Secretary of State (Außen-Min.), verwickelte England auf der Seite Maria Theresias in den *österr. Erbfolgekrieg.*
2. Philipp, engl. Südseefahrer, *22. 1. 1733 Trinity Manor, Jersey, †21. 7. 1796 Southampton; entdeckte 1767–1769 u. a. Pitcairn u. die Salomonen; zeichnete die Karte der Westküste von Celebes.
Cartier [kar'tje:], Jacques, französischer Seefahrer, *1491 St.-Malo, †1. 9. 1557 St.-Malo; entdeckte u. erforschte 1535–1542 das St.-Lorenz-Gebiet. Ein französ. Kolonisierungsversuch in der Nähe von Quebec mißglückte.
Casablanca [arab. *Ad Dar Al Bayda*, „weißes Haus"], wichtigste Hafenstadt an der atlant. Küste Nordwestafrikas, Wirtschaftszentrum Marokkos, 2,51 Mill. Ew.
Die *Konferenz von C.* (14.–26. 1. 1943) zwischen F. D. Roosevelt u. W. Churchill diente der Koordinierung der US-amerikan. u. brit. Kriegspläne. Als nächste Schritte wurden die Landung in Sizilien im Sommer 1943 sowie eine Invasion Frankreichs im folgenden Jahr beschlossen. Die Konferenz beschloß ferner, von den Kriegsgegnern nur eine bedingungslose Kapitulation anzunehmen, u. vermittelte im Streit zwischen den französ. Generalen de Gaulle u. Giraud über die Führung in Französ.-Nordwestafrika.
Casa d'Austria, *Casa de Austria*, span. für „Haus Österreich", lat. *Domus Austriae*, ca. 1400–1806 Bez. für die Hausmachtpolitik u. den Besitz der Habsburger.
Cäsar ['tsæ-], **1.** lat. *Caesar*, Gaius Iulius, röm. Feldherr, Politiker u. Schriftsteller, *13. 7. 100 v. Chr., †15. 3. (an den *Iden des März*) 44 v. Chr. Rom (ermordet); 68 v. Chr. Quaestor in Spanien, veranstaltete 65 v. Chr. als curul. Aedil in Rom prunkvolle Spiele, wurde 63 v. Chr. zum Pontifex Maximus gewählt u. ging 62–61 v. Chr. als Propraetor nach Spanien. Im Jahr 60 v. Chr. schloß C. das 1. Triumvirat, ein geheimes Abkommen mit *Pompeius* u. *Crassus* gegen die Partei der Optimaten; 59 v. Chr. wurde er Konsul, ging im Jahr darauf als Prokonsul für fünf Jahre nach Gallien u. setzte nach Ablauf dieser Frist die Verlängerung seiner Amtszeit bis zum Jahr 51 v. Chr. durch. C. unterwarf das Gebiet des heutigen Frankreich, Belgien u. der Niederlande bis zum Rhein, drang 55 u. 53 v. Chr. über den Rhein in german. Gebiet u. 55/54 v. Chr. zweimal nach Britannien bis zur Themse vor; 52 v. Chr. warf er einen blutigen Aufstand der Gallier unter Führung des *Vercingetorix* nieder. Durch diese Erfolge u. sein starkes, kampferprobtes Heer war C. zu einer Macht gelangt, die den röm. Senat mit berechtigter Sorge erfüllte.
Als er sich in Abwesenheit für das Jahr 48 v. Chr. zum zweiten Mal um das Konsulat bewarb u. bis dahin bei seinem Heer in Gallien bleiben wollte, beschloß der Senat, C. habe sein Heer zu entlassen u. auf die Provinzen zu verzichten; gleichzeitig wurden dem Pompeius u. den übrigen Amtsträgern diktator. Vollmachten übertragen. Da ergriff C. die Initiative, überschritt 49 v. Chr. mit seinem Heer den *Rubikon* (damals der Grenzfluß zwischen Italien u. Gallia cisalpina), eroberte in zwei Monaten Italien u. bald darauf Spanien. 48 v. Chr. setzte er nach Epirus über u. brachte Pompeius, der mit seinen Truppen nach Griechenland geflohen war, bei *Pharsalos* in Thessalien eine entscheidende Niederlage bei. Pompeius entwich nach Ägypten u. wurde dort ermordet. C. besetzte Alexandria u. entschied den ptolemäischen Thronstreit für *Kleopatra*, die er 47 v. Chr. als Königin Ägyptens einsetzen konnte. Die Macht im O des Reichs sicherte C. 47 v. Chr. durch den Sieg bei Zela über den Herrscher von Pontos. Nach seinem Sieg über die Reste der Pompeianer in Nordafrika bei Thapsus 46 v. Chr. u. in Südspanien bei Munda 45 v. Chr. wurden ihm die Diktatur auf Lebenszeit, konsularische Gewalt u. tribuniz. Ehrenrechte mit Unverletzlichkeit sowie bes. Vollmachten über Heer, Finanzen u. Beamtenernennung übertragen.
Damit war C. Herr des Röm. Reichs. Er begann, seine Pläne zur Erneuerung Roms zu verwirklichen. Bereits 46 v. Chr. hatte er eine Kalenderreform durchgeführt *(Julian. Kalender)*; Maßnahmen zur Linderung der Schuldennot, zur Landversorgung der Veteranen, Vorbereitungen zur Kodifizierung des röm. Rechts, zur Regulierung des Tiber, zur Trockenlegung der Pontinischen Sümpfe u. zum Wiederaufbau von Karthago u. Korinth wurden getroffen; die Unterwerfung der Germanen u. der Balkanvölker sowie ein Feldzug gegen die Parther sollten folgen.

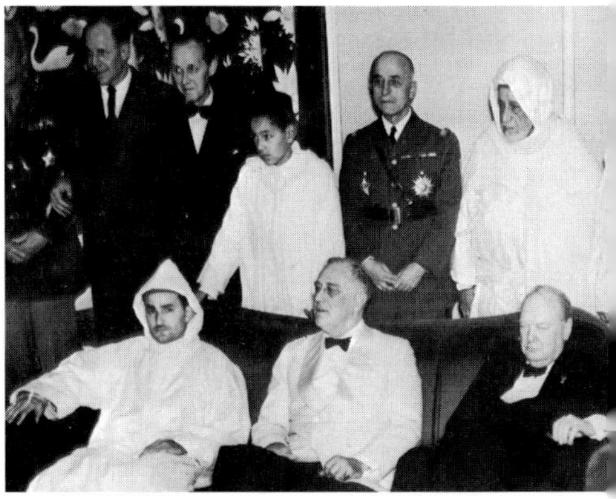

Casablanca: Konferenz im Januar 1943

Aber obgleich C. die ihm angetragene Königswürde ablehnte, wurde der Widerstand der Republikaner gegen seine Alleinherrschaft immer größer; es bildete sich eine Verschwörung unter Führung von Marcus *Brutus* u. Gaius *Cassius*, u. in der letzten Senatssitzung vor seinem Aufbruch zum Partherkrieg wurde C. erstochen, u. a. von Brutus.
C. hinterließ keine legitimen Kinder u. hatte in seinem Testament seinen Großneffen *Octavius* (den späteren Kaiser *Augustus*) als Erben eingesetzt. C. galt als vorzügl. Redner. Er war ein bewunderter Schriftsteller. Berühmt ist sein Bericht über den von ihm geführten Gallischen Krieg *(Commentarii de bello Gallico)* sowie sein Kommentar zu den Bürgerkriegen *(De bello civili)*. Andere Werke gingen verloren oder sind nur in Bruchstücken erhalten. Seine Milde gegen polit. Gegner war bekannt *(clementia Caesaris)*. Obwohl viele seiner Pläne unverwirklicht blieben, gab er der histor. Entwicklung des Römischen Reichs eine völlig neue Wendung u. beschleunigte den Prozeß, der zum röm. Kaisertum führte. B S. 140/141.
2. →Caesar.
Cäsarius von Heisterbach [tsæ-], Geschichtsschreiber, *um 1180 Köln, †um 1240 Heisterbach bei Königswinter; Mönch u. Prior im Zisterzienserkloster Heisterbach; schrieb mit großem Erzähltalent in mittellatein. Prosa Legenden u. Wundergeschichten: „Dialogus miraculorum" 1219–1223; „Libri miraculorum" 1225/26; außerdem Lebensbeschreibungen (Viten) des Erzbischofs Engelbert von Köln (zwischen 1226 u. 1237) u. der hl. Elisabeth (1236/37).
Casement ['kɛis-], Sir Roger, irischer Politiker, *1. 9. 1864 Kingstown, Grafschaft Dublin, †3. 8. 1916 London (hingerichtet); 1895–1911 brit. Diplomat in Afrika u. Südamerika; arbeitete seit 1914 von Dtschld. aus an der Organisation der irischen Unabhängigkeitsbewegung gegen England; kehrte 1916 nach Irland zurück, wurde gefangenge-

nommen u. wegen Hochverrats zum Tode verurteilt.

Casino [das; ital.], nach dem Versammlungslokal benannte wichtigste Regierungspartei der Frankfurter Nationalversammlung 1848/49. Unter Führung von A. Ritter von *Schmerling*, F. C. *Dahlmann*, H. von *Gagern* u. G. *Beseler* trat das C. für eine konstitutionelle Monarchie ein; es grenzte sich nach rechts gegen das *Café Milani* (Monarchisten) u. nach links gegen den *Deutschen Hof* (Demokraten) ab.

Cassiodor, *Flavius Magnus Cassiodorus,* west-röm. Gelehrter u. Politiker im Dienst der Ostgotenkönige, bes. Theoderichs d. Gr., * um 485, † nach 580; versuchte eine Aussöhnung zwischen Römern u. Ostgoten; vermittelte antike Traditionen an das MA. Seine 526–533 in 12 Bänden verfaßte Geschichte der Ostgoten („Historia Gothorum") ist nur in den Auszügen des *Jordanes* erhalten.

Cassius, Gaius C. Longinus, † 42 v. Chr.; mit seinem Schwager *Brutus* Führer der Verschwörung gegen *Cäsar* (44 v. Chr.); rettete 53 v. Chr. nach der von *Crassus* verlorenen Schlacht bei Carrhae gegen die Parther den Rest des röm. Heers; beging nach der Niederlage bei Philippi gegen *Antonius* Selbstmord.

Cassivelaunus, brit. Häuptling im 1. Jh. v. Chr., nach langem erfolgreichen Widerstand von Cäsar im 2. Britannienfeldzug (54 v. Chr.) unterworfen.

Castellum [lat.] → Kastell.

Castilla [-'tija], Ramón, peruan. Marschall u. Politiker, * 31. 8. 1797 Tarapacá, † 30. 5. 1867 Tiviliche, Arica; 1845–1851 u. 1855–1862 Staats-Präs., förderte durch energische u. weitsichtige Maßnahmen den Wirtschaftsaufbau Perus.

Castlereagh ['ka:slrɛi], Robert *Stewart,* Viscount C., Marquess of Londonderry (1821), brit. Politiker, * 18. 6. 1769 Dublin (Irland), † 12. 8. 1822 North Cray Farm, Kent (Selbstmord); 1798–1801 als Kabinettschef des Lordstatthalters in Irland wesentlich an der Unterdrückung des irischen Aufstands u. an der Vereinigung Englands u. Irlands beteiligt. 1805/06 u. 1807–1809 war C. Kriegs-Min., 1812 –1822 Außen-Min. Er festigte die Koalition gegen Napoleon I., setzte sich als brit. Vertreter auf dem *Wiener Kongreß* 1815 für ein Mächtegleichgewicht in Europa u. auf dem *Aachener Kongreß* 1818 für eine Fortentwicklung der Allianz der europ. Großmächte ein. C. legte damit den Grundstein für das „Konzert der europ. Mächte" im 19. Jh.; er distanzierte sich jedoch von der „Heiligen Allianz" u. widersetzte sich ihrer Interventionspolitik.

Castro, Cipriano, venezolan. Politiker, * 12. 10. 1858 Capacho, † 5. 12. 1924 San Juan de Puerto Rico; 1899–1908 Staats-Präs. In seiner Regierungszeit kam es 1902/03 zum bewaffneten Konflikt zwischen Venezuela u. drei europ. Staaten (Dtschld., Großbritannien u. Italien), die auf der Bezahlung der venezolan. Auslandsschulden bestanden. Dieser Zwischenfall löste in Amerika lebhafte Proteste aus u. wurde Anlaß für die Drago-Doktrin.

Castro Ruz [-ruθ], Fidel, kuban. Politiker, * 13. 8. 1926 Mayari, Provinz Oriente; Rechtsanwalt; seit 1953 aktiver Gegner der Diktatur F. *Batistas,* führte seit 1956 einen Guerillakrieg, der am 1. 1. 1959 mit dem Sturz u. der Flucht Batistas endete. C. übernahm die Regierungsgewalt (Min.-Präs. seit 1959) u. gab seiner national-sozialen Revolution, die Kuba zur Demokratie zurückführen sollte, einen neuen, kommunist. Inhalt. Nachdem C. innenpolitisch den Aufbau eines kommunist. Systems vorangetrieben u. sich außenpolitisch eng an den Ostblock angelehnt hatte, bekannte er sich im Dez. 1961 auch öffentlich zum Kommunismus. Er berief sowjet. Techniker u. Militärs nach Kuba. Seit 1965 ist er Erster Sekretär (Parteichef)

Fidel Castro Ruz

der Kommunist. Partei Kubas. Nach der Verabschiedung einer neuen Verfassung 1976 vereinigte er in seiner Person das Amt des Staatsoberhauptes (Vors. des Staatsrates) u. das des Regierungschefs. C. bemühte sich um eine führende Rolle in der Bewegung der Blockfreien, wegen seiner engen Bindung an die UdSSR jedoch nur mit begrenztem Erfolg. Durch die Demokratisierungsbewegung in Osteuropa seit 1989 wurde C. außenpolitisch isoliert. „Ausgewählte Reden zur internationalen Politik 1965–1976" 1977.

Castrum [das, Pl. *Castra*; lat., „fester Platz", „Burg"], Bez. für den Lagerplatz röm. Heere, als befestigtes Marsch- oder Standlager entsprechend ausgestattet: länglich rechteckige Form, Wall u. Graben, Palisaden bzw. Holz- oder Steinmauern, Zelte bzw. Holzbaracken od. Steinhäuser. Viele Legionsfestungen sind Vorläufer heutiger Städte (z. B. *Castra Regina* – Regensburg; *Castra Bonna* – Bonn; *Castra Mogontiacum* – Mainz).

Çatal Hüyük ['tʃa-], Stadt der Jungsteinzeit in Südanatolien, im Bez. Konya. Ausgrabungen seit 1961 legten fast stets durch Brand zerstörte, aneinandergereihte Häuser mit einheitl. Grundrißform u. Bauart frei, aus luftgetrockneten Ziegeln unter Verwendung von Holzstützen errichtet. Die Wohnräume waren an den Seiten mit Lehmbänken u. einem oder zwei Herden u. teilweise mit gemaltem oder plastischem Wandschmuck ausgestattet u. enthielten unter den Wandpodesten menschl. Bestattungen mit vielen Beigaben. Zahlreiche Funde: menschl. Statuetten, Tierfiguren, Stein- u. Knochengeräte, Perlen, Schmuck, Holzgefäße, Körbe.

Catargiu [katar'dʒiu], Lazăr, rumän. Politiker, * Nov. 1823 Jassy, † 11. 4. 1899 Bukarest; Vorkämpfer einer Vereinigung der Donaufürstentümer; nach der erzwungenen Abdankung des Fürsten A. *Cuza* Führer eines Allparteienkabinetts; 1871–1876, 1889 sowie 1891–1895 Min.-Präs.; 1895 Senator.

Cateau-Cambrésis [ka'to: kãbre'zi:], früherer Name der französ. Stadt *Le Cateau,* Dép. Nord. Im *Frieden von C.* am 3. 4. 1559 (zwischen Frankreich, Spanien, England u. Savoyen) überließ Frankreich Spanien die Vorherrschaft in Italien (die 140 Jahre bestand) u. erhielt dafür Calais; der Herzog von Savoyen bekam sein Land zurück.

Catilina, Lucius Sergius, röm. Adliger, * um 108 v. Chr., † 62 v. Chr.; nachdem er vergeblich versucht hatte, auf legalem Weg das Konsulat zu erringen, wurde er, ehrgeizig u. hemmungslos, Anführer der nach ihm benannten Verschwörung gegen den röm. Staat. Seine Pläne wurden jedoch von *Cicero* 63 v. Chr. aufgedeckt, u. C. mußte aus Rom fliehen. Der Versuch C.s, an der Spitze eines Heeres zurückzukehren, mißlang; er wurde bei Pistoria geschlagen u. fiel. Seine Anhänger waren des Hochverrats angeklagt u. schon Ende 63 v. Chr. hingerichtet worden.

Cato, 1. Marcus Porcius C. *Censorius,* genannt *C. maior* („d. Ä."), röm. Politiker, * 234 v. Chr. Tusculum, † 149 v. Chr.; zeichnete sich im 2. Punischen Krieg gegen *Hannibal* aus; bekleidete 184 v. Chr. das Amt des Zensors, das ihm wegen der Strenge, mit der er es handhabte, den Beinamen *Censorius* einbrachte; berühmt durch seinen Ausspruch, mit dem er auf der endgültigen Zerstörung Karthagos bestand („ceterum censeo Carthaginem esse delendam"). C. kämpfte für die altröm. Tugenden u. lehnte die Bekanntschaft Roms mit der hellenist. Kultur ab, obgleich er die griech. Sprache u. Literatur kannte. Schriftsteller u. Redner, Schöpfer des latein. Prosastils. Hptw.: die 7 Bücher „Origines", eine Geschichte des röm. Volks (verloren) u. ein Buch über die Landwirtschaft.

2. Marcus Porcius C. *Uticensis,* genannt *C. minor* („d. J."), Urenkel von 1), röm. Politiker, * 95 v. Chr., † 46 v. Chr. Utica; Kämpfer für die Erhaltung der röm. Republik; seine Politik war geprägt durch die stoische Lehre auf dem Boden der röm. Tradition; erbitterter Gegner *Cäsars*; beging nach der Schlacht bei Thapsus in Utica Selbstmord (daher der Beiname *Uticensis*), als er erkannte, daß seine Sache gegen Cäsar verloren war.

Caudillo [-'diljɔ; span., „Anführer"], in Spanien seit dem MA ein Heerführer, im 20. Jh. offizieller Titel des Staatschefs General *Franco*; in Lateinamerika vor allem im 19. Jh. auftretende Herrschergestalt, deren Herrschaftsausübung teilweise auf Gewalt, teilweise auf freiwilliger Anerkennung durch Gefolgsleute u. Anhänger beruhte. Dem C. hafteten charismat. Führungsqualitäten an.

Caulaincourt [kolɛ̃'ku:r], Armand Graf von, Herzog von Vicenza (1808), französ. Politiker, * 9. 12. 1773 Caulaincourt, Dép. Aisne, † 19. 2. 1827 Paris; 1807–1811 Gesandter am russ. Hof, 1813/14 u. 1815 unter Napoleon I. Außen-Min., unterzeichnete den Vertrag von Fontainebleau (Abdankung Napoleons); schrieb „Unter vier Augen mit Napoleon" dt. 1937.

Cavallero, Ugo Graf (Conte), italien. Marschall, * 20. 9. 1880 Casale Monferrato, † 12. 9. 1943 Frascati bei Rom (erschossen aufgefunden); Dez. 1940 bis Jan. 1943 Chef des Generalstabs, galt als Vertrauensmann der Deutschen. Beim Sturz Mussolinis kompromittiert, beging er vermutlich Selbstmord.

Cavour [ka'vur], Camillo Graf *Benso di C.,* italien. Politiker, * 10. 8. 1810 Turin, † 6. 6. 1861 Turin; Schöpfer der polit. Einheit Italiens („Bismarck Italiens") u. Mitbegründer der ihrer ganzen Zeit den Namen gebenden liberalen Zeitschrift „Il Risorgimento" (1847; etwa „Wiederauferstehung"); mehrfach Min. des Königreichs Sardinien, seit 1852 Min.-Präs., führte Wirtschafts- u. Rechtsreformen

Camillo Cavour

Die Feldzüge Cäsars

Aufgrund seiner erfolgreichen Feldzüge bildete Cäsar mit seiner ihm ergebenen Armee eine Bedrohung für den römischen Senat. Als dieser Cäsars Macht beschneiden wollte, überschritt der Feldherr den Rubikon (»Alea iacta est«: »Der Würfel ist gefallen«), besiegte im Bürgerkrieg von 49 bis 45 v. Chr. erst Pompeius und wurde dann der mächtigste Mann des Römischen Reiches als Diktator auf Lebenszeit mit außergewöhnlichen Vollmachten.

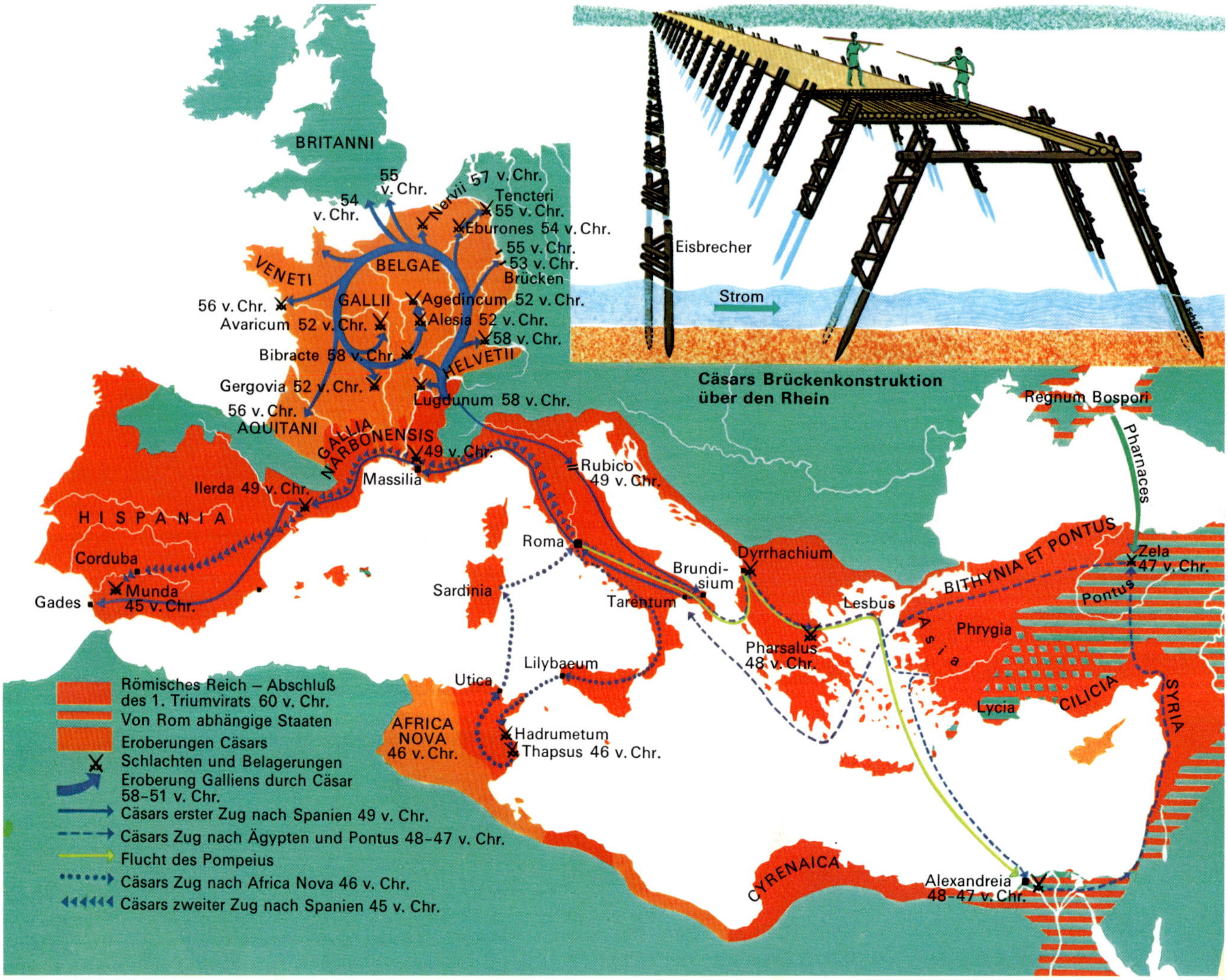

1

1 *Die Karte zeigt die von Cäsar geführten Feldzüge, auf denen er in Gallien, zweimal in Spanien, in Ägypten, Pontus und Afrika kämpfte.*

Der politische Konflikt zwischen Cäsar und dem Senat erhielt seine militärische Sprengkraft durch den starken Machtzuwachs, den der Feldherr und Prokonsul Cäsar vor allem durch die Niederwerfung Galliens von 58 bis 51 v. Chr. erreichte. Durch die Gegenstrategien in den außenpolitischen Krisensituationen war – auch schon mit Marius und Sulla – eine völlig neue Führergewalt als militärisches Nebenregiment zum Senat entstanden. Cäsar gibt darüber in seinen »Aufzeichnungen über den Gallischen Krieg« Auskunft und Rechenschaft. Er verfaßte das Werk im Winter 52/51 v. Chr., als die ehemalige Freundschaft mit Pompeius in Gegnerschaft umgeschlagen war. Cäsar beschreibt die vorläufigen Eroberungen Galliens und die Expeditionen in angrenzende Gebiete, die ihn bis nach Britannien und mit Hilfe einer besonderen Brückenkonstruktion über den Rhein führten. Cäsar schließt mit der endgültigen Befriedung Galliens, bei der er zunächst von den unter Vercingetorix vereinigten gallischen Truppen bei Gergovia geschlagen wurde, aber schon im gleichen Jahr 52 v. Chr. bei Alesia überwältigend siegte.

Ein Randergebnis dieser Geschichtsschreibung besteht darin, daß Cäsar gerade im Zusammenhang mit der Schilderung von Strafaktionen gegen die aufständischen Gallier eine herausragende Quelle zur Kultur der keltischen Spätzeit lieferte. Er eroberte danach im Laufe des Bürgerkriegs zunächst 49 v. Chr. Spanien. Schließlich siegte er 48 v. Chr. in der entscheidenden Schlacht bei Pharsalos endgültig über Pompeius. *A.F.*

2

3

4

2 *Silberdenar Cäsars, 1. Jh. v. Chr., Bibliothèque Nationale, Paris.*

3 *Porträtbüste des Cäsar, Rom, Vatikanische Museen.*

4 *Münzprägung mit Dolchen, an Cäsars Tod erinnernd.*

Gaius Iulius Cäsar 100–44 v. Chr.

Am 13. 7. als Sohn einer altadeligen Familie in Rom geboren	**100 ~**	In Mitteleuropa werden die Kelten von den Germanen nach Südfrankreich gedrängt
	88	Im Krieg gegen Mithradates muß Marius den Oberbefehl an Sulla abgeben. Sulla besetzt vorübergehend Rom
	87	Marius erobert Rom und wird Konsul / Adelsverfolgung mit blutigen Ausschreitungen
	86	Sulla erobert Athen / Marius gestorben
Tod des Vaters / C. heiratet Cinnas Tochter Cornelia	**84**	
Geburt der Tochter Julia	**83**	
Da C. durch seine Heirat zu den Marianern gehört, gerät er nach Sullas Rückkehr auf die Proskriptionslisten	**82**	Sulla kehrt nach Rom zurück, rächt sich an den Marianern und errichtet eine Diktatur
C. hält sich bis zu Sullas Tod (78 v. Chr.) im Osten des Reiches auf	**81**	
	71	Der Sklavenaufstand unter Spartacus wird von Pompeius niedergeschlagen. 6000 Sklaven werden gekreuzigt
Tod von C.s Frau Cornelia / C. wird Quaestor in Spanien	**68 ~**	Der ägyptische Isis-Kult verbreitet sich im Römischen Reich
C. gewinnt als curulischer Aedil die Massen durch prunkvolle Spiele	**65**	
C. wird Pontifex Maximus	**63**	Cicero deckt Catilinas Verschwörung auf
C. geht als Propraetor nach Spanien	**62**	Catilina wird besiegt und getötet
Erstes Triumvirat zwischen C., Crassus und Pompeius gegen die Optimaten	**60**	Catull schreibt die „Liebeslieder an Lesbia"
C. wird Konsul und setzt die Landverteilung an die Veteranen des Pompeius durch	**59**	Livius, römischer Historiker, geboren
C. geht als Prokonsul nach Gallien / Sieg über die Sueben unter Ariovist	**58**	Cato verwaltet Cypern
Zweites Triumvirat zwischen C., Pompeius und Crassus / C. erhält für weitere fünf Jahre das Prokonsulat in Gallien	**56**	Pompeius und Crassus werden Konsuln / Pompeius wird Statthalter in Spanien / Crassus in Syrien
C. dringt über den Rhein in germanisches Gebiet vor / Expedition nach Britannien	**55**	Cicero schreibt „De oratore"
Erneutes Vordringen bis zur Themse	**54 ~**	Tod des Ariovist (erste historische germanische Gestalt)
C. schlägt den Aufstand der Gallier unter Vercingetorix nach schweren wechselvollen Kämpfen nieder / In seinem Buch „De bello Gallico" berichtet C. über den Krieg	**52**	
	50 ~	Hochblüte des fernöstlichen Handels auf den „Seidenstraßen" / China ist Weltreich / Die gesicherte japanische Geschichte beginnt mit dem Geschlecht der Yamato
C. bewirbt sich erneut um das Konsulat, das der Senat ihm verweigert. Der Senat gibt Pompeius diktatorische Vollmachten und entzieht C. das Kommando über das Heer und die Verwaltung der Provinz Gallien / C. überschreitet den Rubikon und erobert Italien und Spanien	**49**	Beginn des Bürgerkrieges im Römischen Reich / Pompeius flieht nach Griechenland / In Griechenland entsteht die philosophische Schule des Skeptizismus
C. besiegt Pompeius bei Pharsalos in Thessalien / Er geht nach Alexandria, trifft Kleopatra und entscheidet den ptolemäischen Thronstreit zu ihren Gunsten	**48**	Pompeius flieht nach Ägypten und wird dort ermordet
C. beendet den alexandrinischen Krieg durch den Sieg bei Zela über den Herrscher Pharnakes von Pontos und sichert das römische Reich im Osten / Er schreibt „De bello civile", die Geschichte des Bürgerkriegs	**47**	Im Krieg zwischen C. und Pompeius wird die Bibliothek von Alexandria mit über 500 000 Schriften zerstört / Kleopatra gebiert C. einen Sohn, Caesarion (30 v. Chr. gestorben)
C. besiegt Reste des pompeianischen Heeres bei Thapsus in Nordafrika / Triumphzug durch Rom / C. führt den Julianischen Kalender ein / Er verteilt Land an die Veteranen	**46**	Cato der Jüngere und andere Republikaner begehen nach C.s Sieg bei Thapsus Selbstmord / Vercingetorix wird in C.s Triumphzug gezeigt und anschließend hingerichtet
Kampf gegen Söhne des Pompeius bei Munda in Südspanien. C. siegt endgültig / Er wird Diktator auf Lebenszeit, erhält konsularische und Tribunengewalt sowie Vollmachten über Heer, Finanzen und Beamtenernennung / C. adoptiert seinen Großneffen Gaius Octavius, den späteren Kaiser Augustus	**45**	
C. lehnt die ihm angetragene Königskrone ab / Am 15. März wird C. von 60 Republikanern unter Führung von Cassius und Brutus ermordet	**44**	

durch (Einfluß des engl. Konstitutionalismus) u. suchte vergeblich die kirchl. Privilegien einzuschränken. Als Verbündeter der westl. Mächte im Krimkrieg erwarb sich Sardinien unter Führung C.s internationale Anerkennung. Im Kampf um die Lombardei gegen Österreich konnte C. die Unterstützung Napoleons III. gewinnen u. zahlte dafür mit der Abtretung Nizzas u. Savoyens an Frankreich. Am 18. 3. 1861 wurde das Königreich Italien (dem nur Venetien u. der Kirchenstaat noch nicht angehörten) ausgerufen.

CDU, Abk. für → Christlich Demokratische Union.

Ceaușescu [tʃɛau'ʃɛsku], Nicolae, rumän. Politiker (Kommunist), *26. 1. 1918 Scornicesti, Walachei, † 25. 12. 1989 hingerichtet; seit 1936 Mitglied der (damals illegalen) KP; seit 1954 Sekretär des ZK, seit 1955 Mitglied des Politbüros des ZK; seit 1965 Parteichef (Generalsekretär des ZK), seit 1967 zugleich Staatsoberhaupt (Vorsitzender des Staatsrates, seit 1974 Präsident der Republik). Außenpolitisch verfolgte C. einen Kurs, der auf größere Selbständigkeit Rumäniens im Ostblock zielte. Innenpolitisch war er mit Terrormethoden auf Festigung des kommunist. Regimes bedacht. C. wurde nach einem blutigen Umsturz 1989 gestürzt, von einem Militärgericht abgeurteilt u. hingerichtet.

Cecil ['sɛsil], **1.** Sir Robert → Salisbury.
2. William → Burleigh.

Cecilie [tse'tsi-], Prinzessin von Mecklenburg-Schwerin, Kronprinzessin des Dt. Reichs, *20. 9. 1886 Schwerin, †6. 5. 1954 Bad Kissingen; seit 1905 verheiratet mit Kronprinz Wilhelm von Preußen.

Celio ['tʃɛlio], **1.** Enrico, schweizer. Politiker (Kath.-konservative Partei), *19. 6. 1889 Ambri, Tessin, †23. 2. 1980 Lugano Besso; 1940–1950 im Bundesrat (Verkehrs- u. Energiewirtschaftsdepartement), 1943 u. 1948 Bundes-Präs.; 1950–1956 Gesandter in Rom.
2. Nello, schweizer. Politiker (Freisinnig-demokrat. Partei), *12. 2. 1914 Quinto, Tessin, †29. 12. 1995 Bern; 1967–1973 im Bundesrat, 1967/68 Vorsteher des Militär-, seit 1969 des Finanz- u. Zolldepartements; 1972 Bundes-Präs.; 1973 von allen Ämtern zurückgetreten.

Celtic fields ['sɛltik 'fi:ldz; engl., „kelt. Felder"], irreführende Bez. für viereckige oder unregelmäßig vieleckige, unterschiedlich (meist 0,2–0,8 ha) große, von Wällen oder Hochrainen, die auch aus Steinen bestehen können, umgebene Äcker aus der Bronzezeit, der vorröm. Eisenzeit u. der röm. Kaiserzeit; in einem Streifen von Wales über England, Belgien, Holland, Norddtschld. u. Dänemark

Nicolae Ceaușescu (rechts) empfängt den französischen Präsidenten de Gaulle zu einem Staatsbesuch im Mai 1968

Chacokrieg: der bolivianische Präsident D. Salamanca bei seiner letzten Ansprache; er wurde am 28. 11. 1934 noch während des Krieges vom Militär gestürzt

bis Gotland verbreitet. In England wurden sie zuerst mit Hilfe der archäolog. Luftbildforschung entdeckt. Neuere Phosphatuntersuchungen sprechen dafür, daß in einigen Gebieten in der jüngeren Zeit ihres Vorkommens der Ackerbau vor allem auf den bis zu 17 m breiten Wällen betrieben wurde. .

Cenomanen, lat. *Cenomani,* ein keltischer Volksstamm im Gebiet des heutigen Le Mans.

Censor ['tsɛn-; lat.] → Zensor.

CENTO → Bagdad-Pakt.

Centuria → Zenturie.

Cernavodă [tʃernə'vodə], namengebender, westlich von Constanța (Rumänien) an der Donau gelegener Fundort einer Ackerbauern- u. Viehzüchterkultur aus dem Übergang vom Neolithikum zur Bronzezeit (→ Kupferzeit), die im unteren Donaugebiet verbreitet war.

Certosa [tʃɛr-; ital., „Kartause"], etruskisches Gräberfeld mit mehreren hundert Gräbern im W des heutigen *Bologna,* das 1869 unter einem Kartäuserkloster gefunden wurde. C. ist namengebender Fundort einer Phase der Villanova-Kultur, für die bes. kennzeichnend die *C.-Fibel* ist.

Cesarini [tʃe:-], Giuliano, päpstl. Diplomat, *1398 Rom, †10. 11. 1444 Warna (Bulgarien); seit 1426 Kardinal; päpstl. Legat im Hussitenkrieg von 1431, sodann am Basler Konzil (1431–1437) u. zuletzt beim Kreuzzug gegen die Türken; gehörte zu den Opfern der Niederlage bei Warna.

Ceylon ['tsai-] → Sri Lanka.

Chaban-Delmas [ʃa'bã dɛl'mas], Jacques, eigentl. Jacques *Delmas,* französ. Politiker (Gaullist), *7. 3. 1915 Paris; in der Résistance tätig, 1947–1969 Bürgermeister von Bordeaux, in der 4. Republik mehrmals Min., 1958–1969, 1978–1981 u. 1986–1988 Präs. der Nationalversammlung; 1969–1972 Premier-Min.

Chabrias ['ça-], athenischer Feldherr im 4. Jh. v. Chr., unterstützte 387/86 v. Chr. *Euagoras* auf Cypern gegen die Perser u. schützte 386–380 v. Chr. als Söldnerführer Ägypten gegen pers. Angriffe. Sein Seesieg bei *Naxos* über Sparta 376 v. Chr. sicherte den Bestand u. Ausbau des 2. Attischen Seebundes. 361/60 v. Chr. war er ägypt. Flottenbefehlshaber gegen die Perser.

Chacokrieg ['tʃakɔ-], Krieg zwischen Bolivien u. Paraguay 1932–1935. Bolivien, das im *Salpeterkrieg* seinen Zugang zum Meer verloren hatte, versuchte, sich im 20. Jh. durch das Gebiet des *Gran Chaco* nach SO auszudehnen, um über einen geeigneten Flußhafen am Río Paraguay eine Wasserverbindung zum Meer zu gewinnen. Der bolivian. Expansion stellte sich Paraguay entgegen, das den nördl. Gran Chaco für sich beanspruchte. 1928 kam es zwischen beiden Staaten zum ersten bewaffneten Konflikt u. 1932 zum C. Das bolivian. Heer, das dem trop. Klima im Gran Chaco nicht gewachsen war, wurde trotz seiner Überlegenheit 1935 zum Waffenstillstand gezwungen. Im Frieden von Buenos Aires (1938) wurde der größte Teil des strittigen Chacogebiets Paraguay zugesprochen; damit hatte sich das bolivianische Staatsgebiet in 120 Jahren um etwa ein Drittel der ursprüngl. Fläche vermindert. Auch → Bolivien.

Chadidscha [xa'di:dʒa], die erste Frau *Mohammeds,* † um 619 Mekka; etwa 15 Jahre älter als Mohammed, die „Mutter der Gläubigen"; Mutter der Fatima.

Chadli ['ʃa-], Bendjedid, alger. Politiker, *14. 4. 1929 Bouteldja; Offizier; 1979–1992 Staats-Präs. u. Generalsekretär der FLN.

Chaireddin Barbarossa [xai-] → Cheir ed-Din.

Chaironeia [çai-], lat. *Chaeronea,* antike Stadt, heute Dorf, im westl. Böotien, Heimat des *Plutarch;* berühmt ist C. durch den entscheidenden Sieg *Philipps II.* von Makedonien über die Athener u. Thebaner 338 v. Chr. Über dem Massengrab von 254 Gefallenen erhebt sich heute wieder das Löwendenkmal. 86 v. Chr. vernichtete *Sulla* hier ein Heer des Mithridates VI.

Chalcedon [çal'tse:dɔn], griech. *Kalchedon,* türk. *Kadiköy,* griech. Kolonie auf der kleinasiat. Seite des Bosporus, 685 v. Chr. von Megara aus gegr., in seiner Geschichte eng mit dem gegenüberliegenden Byzantion verbunden. Tagungsort des 4. ökumen. Konzils 451 n. Chr., das unter Aufnahme des Lehrbriefs Papst *Leos I.* zum Abschluß des christologischen Dogmas (Zweinaturenlehre) führte, zur Abweisung monophysitischer Lehren u. zur gleichberechtigten Anerkennung des Patriarchen von Konstantinopel neben dem Bischof von Rom. Das Bekenntnis von C. wurde auch von den ev. Kirchen uneingeschränkt übernommen.

Chaldäa [kal-], akkad. *Kaldu,* antiker Landschaftsname, ursprünglich nur für das südl. Mesopotamien, mit Ausdehnung des Chaldäerreichs für ganz Babylonien üblich.

Chaldäer [kal-; grch.], akkad. *Kaldu,* aramäisches Volk, das von 1000 v. Chr. an in Babylonien eindrang. Vom 9. Jh. v. Chr. an bildeten sich vor allem im „Meerland" am Pers. Golf chaldäische Staaten, die z. T. unter den Einfluß des erstarkenden Assyrien gerieten. Als die Meder mit dem Angriff auf Assyrien ihren Aufstieg begannen, wurde der Chaldäer *Nabupolassar* (625–606 v. Chr.) König von Babylonien. Sein Sohn *Nebukadnezar II.* (605–562 v. Chr.) errichtete nach dem Untergang Assurs das letzte babylon. Großreich. In der Schlacht bei Karkemisch am oberen Euphrat 605 v. Chr. schlug er den Pharao Necho u. gewann dadurch Syrien u. Palästina. 601 v. Chr. konnte Necho jedoch den Angriff Nebukadnezars auf Ägypten erfolgreich abwehren. Versuche der Juden, die chaldäische Fremdherrschaft abzuschütteln, schlugen fehl; 587 v. Chr. wurde Jerusalem zerstört, u. große Teile des Volkes wurden nach Babylonien deportiert („Babylonische Gefangenschaft"). Der letzte babylon. König der C.dynastie, *Nabonid* (555–539 v. Chr.), unterlag dem Perser Kyros II.

Chaled ['xa-], *Chalid, Khaled,* C. Ibn Abd Al Aziz, König von Saudi-Arabien 1975–1982, *1913 Riad, †13. 6. 1982 Ta'if; Nachfolger seines Bruders Faisal; gleichzeitig Min.-Präs. Er arbeitete eng mit der westl. Welt zusammen.

Chalkolithikum [çal-], *Äneolithikum* → Kupferzeit.

Chamaver [ça-], ein german. Stamm; ihr Siedlungsgebiet nördlich der Lippe am rechten Niederrhein müssen die C. schon vor 12 n. Chr. verlassen haben, um sich zwischen Brukterern im Osten, Tenkterern im Westen u. Marsern im Süden niederzulassen; der frühmittelalterl. Gauname *Hamaland* bei Deventer zwischen Ijssel u. Rhein scheint mit den C.n zusammenzuhängen. Im Jahre 358 n. Chr. wurden sie nach einem Einfall in röm. Gebiet von Julian besiegt u. zum Heeresdienst gezwungen. Erhalten blieb das Gesetzbuch der C., *Lex Francorum Chamavorum.*

Chamberlain ['tʃɛimbəlin], **1.** Sir Austen, Sohn von 2) u. Halbbruder von 3), brit. Politiker (konservativ), * 16. 10. 1863 Birmingham, † 16. 3. 1937 London; bekleidete seit 1895 verschiedene hohe Staatsämter; Mitglied des 2. Kriegskabinetts u. Kampfgefährte von *Lloyd Georges*, 1921 Führer der konservativen Partei u. 1921/22 Führer des Unterhauses, 1924–1929 Außen-Min.; bewirkte den Beitritt Englands zum Locarno- u. Briand-Kellogg-Pakt. 1925 Friedensnobelpreis.
2. Joseph, Vater von 1) u. 3), brit. Politiker, * 8. 7. 1836 London, † 2. 7. 1914 London; erst Liberaler, dann wegen der Home Rule-Frage

Arthur Neville Chamberlain bei der Rückkehr nach Großbritannien von der Unterzeichnung des Münchner Abkommens 1938

Liberaler Unionist auf seiten der Konservativen; verfolgte bes. als Kolonial-Min. (1895 bis 1903) eine großzügige imperialist. Politik. Zusammen mit Cecil *Rhodes* war Chamberlain mitverantwortlich für den Burenkrieg (1899–1902); er propagierte ein Zusammengehen von England, Dtschld. u. den USA zur Stärkung des Brit. Empire u. förderte deshalb den dt.-engl. Bündnisgedanken (1901). Demselben Ziel sollte auch sein Plan eines die Dominions u. das Mutterland umfassenden Schutzzolls (1903) dienen, der jedoch am Widerstand der freihändlerisch orientierten Liberalen scheiterte u. zum Sturz der konservativ-unionist. Regierung *Balfour* 1905 beitrug.
3. (Arthur) Neville, Sohn von 2) u. Halbbruder von 1), brit. Politiker (konservativ), * 18. 3. 1869 Edgbaston, † 9.11.1940 Heckfield; 1923 bis 1929 Führer der Konservativen, 1931 Gesundheits-Min., 1931–1937 Schatzkanzler, 1937–1940 Premier-Min. C. suchte den steigenden Ansprüchen der dt. Macht durch eine Politik des *Appeasement* (Beschwichtigung) zu begegnen u. den Frieden Europas in der Sudetenkrise 1938 durch die Verhandlungen von Berchtesgaden, Godesberg u. München *(Münchner Abkommen)* zu retten, ordnete aber zugleich die beschleunigte Wiederaufrüstung an. Seine Hoffnung auf „Frieden in unseren Tagen" scheiterte am aggressiven Vorgehen Hitlers gegen die Tschechoslowakei im Frühjahr u. gegen Polen im Herbst 1939. C. gab daraufhin seine Appeasementpolitik auf, übernahm zusammen mit Frankreich Garantieerklärungen für Polen u. führte die Wehrpflicht ein. C. mußte im Mai 1940 zurücktreten.

Chambord [ʃã'bɔr], Henri Charles Graf von, Herzog von Bordeaux, * 29. 9. 1820 Paris, † 24. 8. 1883 Frohsdorf bei Wiener Neustadt; bourbonischer Thronprätendent, vergab nach 1870 die Chance einer Restauration des Königtums durch überholte Forderungen (u. a. Einführung des Lilienbanners).

Champa, *Tschampa*, histor. Reich der Cham in Zentralvietnam, bestand seit dem 3. Jh., Höhepunkt 7.–10. Jh., 1471 von den Vietnamesen erobert.

Champagne [ʃã'panjə; lat. *Campania*, zu *campus*, „Feld"], nordostfranzös. Landschaft im Pariser Becken, zwischen der oberen Oise im N u. der Yonne im S bis zur oberen Maas im O.
Die Grafschaft C. fiel 1284 durch Heirat an Philipp den Schönen von Frankreich u. gehörte seit 1318 bzw. 1328 zur französ. Krone. Die wirtschaftl. Bedeutung ist heute sehr viel geringer als im MA, als die C. großen Aufschwung durch den Handel erfuhr. Der wirtschaftl. Höhepunkt lag im 13. Jh., danach ließ die Bedeutung durch Kriege (Hundertjähriger Krieg) u. Verlegung des Hofes nach Paris sowie Verlagerung der Handelsschwerpunkte nach Zentraleuropa nach.

Champlain [ʃã'plɛ̃], Samuel de, französ. Seefahrer u. Kolonisator, * um 1565 Brouage bei Rochefort, † 25. 12. 1635 Quebec; erforschte von 1603 an das Gebiet des St.-Lorenz-Stroms, gründete 1608 Quebec u. entdeckte 1609 den nach ihm benannten *Lake C.*; leitete mit Unterbrechungen die Verwaltung „Neu-Frankreichs".

Chan [xaːn; der], *Khan*, ältere Form *Kaghan, Chakan*, alter türk. Herrschertitel, bei den Mongolen dem Reichsherrscher vorbehalten, auch für andere Herrscher gebraucht (z. B. auf der Krim); oft einfacher Adelstitel (z. B. in Indien).

Chanat [xa-; das; türk. + lat.], *Khanat*, Herrschaftsbereich u. Würde eines *Chans.*

Chanchan [tʃan'tʃan], die größte Ruinenstätte des vorkolumb. Südamerika, unweit der heutigen Stadt *Trujillo* (Nordperu) an der Küste gelegen, die ehem. Hptst. des Reiches der Chimú. Sie bestand aus zehn, von hohen Lehmmauern umschlossenen, rund 300 × 500 m großen, rechteckigen Stadtvierteln (Gesamtfläche 18 km²) mit Straßen, Plätzen, Palästen, Pyramiden u. aus getrockneten Lehmziegeln errichteten Häusern, die häufig mit figürl. oder ornamentalen Lehmreliefs verziert waren. Jedes Stadtviertel hatte eigene Wasserreservoire u. bewässerte Gärten. Die Bevölkerung der Stadt, wahrscheinlich die Elite des Chimú-Reiches, lebte in verwandtschaftl. Gruppen bzw. nach Berufen getrennt in diesen Vierteln, in denen auch die Toten bestattet wurden. Diese innerstädt. Gräber wurden meist mit reichen Grabbeigaben versehen, die vom hohen Stand des Kunsthandwerks, vor allem der Goldschmiedekunst, in der Stadt zeugen. 1470 von den Inka erobert, jedoch nicht zerstört. Schwesterstädte von C. waren *Pacatnamú* u. *El Purgatorio.*

Chandella-Dynastie [tʃan-], *Chandelas*, nordind. Dynastie (10.–13. Jh.); unter ihrer Herrschaft entstanden die berühmten Hindu-Tempel in der Hptst. Khajuraho.

Chandragupta, [tʃan-], *Tschandragupta, Candragupta*, griech. *Sandrokottos*, ind. Könige: **1.** *C. Maurya*, König um 322–298 v. Chr.; Gründer des ersten ind. Großreiches u. der *Maurya-Dynastie* (320–185 v. Chr.), eroberte ganz Nordindien.
2. zwei Könige der Gupta-Dynastie im 4. u. 5. Jh. Auch → Gupta.

Chang'an [tʃaŋaːn], ehem. Name der chines. Stadt Xi'an. Hptst. während der Han- (206 v. Chr.–220 n. Chr.) u. der Tang-Dynastie (618–907); im 8. Jh. größte Stadt der Welt.

Chang Tso-lin, *Tschang Tsolin*, chines. Politiker, → Zhang Zuolin.

Chapiru [xa-], *Chabiru*, semit. Wander- u. Kriegergruppen, nach anderer Auffassung eine bestimmte (besitzlose) Bevölkerungsschicht des 3. u. 2. Jahrtausends v. Chr., in ganz Vorderasien auftretend. Ihre Gleichsetzung mit den bibl. *Hebräern* ist umstritten.

Chares ['ça-], athenischer Feldherr u. Söldnerführer im 4. Jh. v. Chr., kämpfte 357/56 v. Chr. unglücklich gegen abgefallene Mitglieder des 2. Attischen Seebundes u. verschuldete durch polit. Fehlgriffe, daß Athen diese freigeben mußte; bis 338 v. Chr. mehrfach athen. Befehlshaber gegen Philipp II. von Makedonien.

Charidschiten [xa-], extremist., religiös-polit. Richtung des Islams; ursprünglich auf seiten des Kalifen *Ali ibn Abi Talib*, sagten sich jedoch 657 von ihm u. auch von seinem Gegner *Moawija* los. Sie vertraten die Ansicht, daß der „Würdigste" ohne Rücksicht auf die Abstammung Kalif sein müsse, u. unternahmen in den folgenden Jh. zahlreiche Aufstände. Geringe Reste von ihnen leben heute in Algerien u. in Oman unter dem Namen *Ibaditen.*

Charles [tʃaːlz], **1.** Könige von Großbritannien: → Karl.
2. *C. Philip Arthur George*, 21. Prince of Wales, * 14. 11. 1948 London; als ältester Sohn Königin Elisabeths II. brit. Thronfolger; heiratete 1981 Lady Diana Spencer, von der er 1996 geschieden wurde.

Charlotte [ʃar-], Großherzogin von Luxemburg 1919–1964, * 23. 1. 1896 Schloß Berg, † 9. 7. 1985 Schloß Fischbach; seit ihrer Abdankung ist ihr Sohn *Jean* Staatsoberhaupt.

Charta ['kar-; die; ägypt. (?), grch., lat.], im Altertum u. MA: Urkunde, vor allem mit rechtsetzendem Inhalt; in neuerer Zeit im Staats- u. Völkerrecht: Grundgesetz, Verfassung; z. B. *Magna C. libertatum* (Freiheitsbrief des engl. Königs 1215), die *Charte constitutionelle* (Verfassung) von 1814 u. 1830 in Frankreich, *Atlantik-C., C. der Vereinten Nationen.*

Charta 77 ['kar-], Manifest tschechoslowak. Bürgerrechtler zur Konstituierung einer Vereinigung mit dem Ziel, einzeln u. gemeinsam für die Respektierung der Bürger- u. Menschenrechte in der Tschechoslowakei u. in der Welt einzutreten, wie von der KSZE-Schlußakte von Helsinki (1975) u. zahlreichen weiteren internationalen Dokumenten zugestanden. Die symbol. Bezeichnung C. 77 weist auf das Jahr 1977 hin, das zum Jahr der Rechte polit. Gefangener erklärt wurde. Be-

Chanchan: Ruinenstätte der ehemaligen Hauptstadt des Reiches Chimú in Nordperu

gründer: der ehem. Außenminister J. *Hájek*, der Dramatiker V. *Havel* u. der Philosoph J. *Patočka*. 1992 stellte die C. 77 ihre Aktivitäten ein.

Charta libertatum ['kar-; lat., „Urkunde der Freiheiten"], die Proklamation des engl. Königs *Heinrich I.* bei seiner Thronbesteigung 1100, die die Rechte der Kronvasallen nach der Ordnung Wilhelms des Eroberers zu wahren versprach, den Landfrieden nach den Gesetzen Eduards des Bekenners verkündete u. die Freiheit der Kirche bestätigte. Obwohl die C. l. nur ein polit. Schachzug war, um Adel u. Kirche für sich u. gegen seinen Rivalen um den Thron zu gewinnen, kann sie als das erste Verfassungsgesetz Englands angesehen werden, an das die *Magna Charta libertatum* von 1215 anknüpfte.

Chartisten [kar-], die Anhänger einer radikaldemokrat. Arbeiterbewegung (Chartismus) in England zwischen 1838 u. 1850, so benannt nach W. *Lovetts* „People's Charter", die eine Parlamentsreform auf der Grundlage des allg. u. geheimen Wahlrechts sowie gleicher Wahlkreise, die Abschaffung des Zensus im passiven Wahlrecht, die Einführung von Diäten für die Abg. sowie jährl. Unterhauswahlen forderte. Die Bewegung entstand in der Wirtschaftskrise von 1837/38. 1839 wurde eine Massenpetition der C. vom Parlament abgelehnt. Nach Unruhen 1840 u. Verhaftung führender C. kam es zur Gründung der „National Charter Association" u. zur Vorbereitung einer 2. Massenpetition, die das Parlament ebenfalls ablehnte. Unter der Führung von Feargus O'Connor verband sich mit der politischen eine sozialreformerische Siedlungsbewegung. Angesichts der verbesserten Wirtschaftslage Ende der 1840er Jahre verlor der Chartismus seine Stoßkraft, blieb jedoch für die Bildung des polit. u. sozialen Bewußtseins der engl. Arbeiterschaft bedeutend.

Chartres [ʃartr], nordfranzös. Stadt an der oberen Eure, 37 000 Ew.
Das antike *Autricum (Carnotum)* war Hptst. der Carnuten u. Zentrum des *Druidentums.* Seit Anfang des 4. Jh. Bischofssitz. Im 11. u. 12. Jh. wurde C. bekannt durch die philosoph. Schule von C. (gegr. von Fulbert von C., †1028). Die Lehrer von C. streben eine Synthese von Wissenschaft u. Offenbarungslehre an. Seit dem 10. Jh. war C. Hptst. der Grafschaft bzw. des Herzogtums (seit 1528) *Chartrain*; dieses war seit 1623 Apanage des Hauses Orléans.

Chasaren [xa-], Turkvolk im südl. Rußland, vom Ural her eingewandert. Vom 7. bis zum 9. Jh. erstreckte sich ihr Reich vom Uralfluß bis zum Dnjepr u. vom Kaukasus bis zur mittleren Wolga. Hptst. *Balandschar* (an der Wolgamündung), Hauptfestung *Sarkel* (russ. *Belowescha*) an der Donmündung, gegr. 835. Viele Nachbarvölker waren den C. tributpflichtig, bis diese dem Kiewer Reich 965 in einer Schlacht unterlagen. Ein knappes Jahrhundert später hatten die C. sämtl. polit. Macht an die Choresmier verloren; zum letzten Mal erwähnt werden sie im 13. Jh. Das C.-Reich war durch seinen Transithandel u. seine religiöse Vielgestaltigkeit (Oberschicht mosaischen Glaubens) bedeutend.

Chassey-Kultur [ʃa'sɛ], *Chasséen*, mittelneolith. Kultur in Frankreich, benannt nach dem Fundort *Camp de Chassey*, Dép. Saône-et-Loire. Charakteristisch sind rundbodige, glatte Gefäße feiner Machart, unverziert oder mit feinen, nach dem Brennen eingeritzten Mustern. Oft besitzen die Formen einen scharfen Wandknick. Regionale Besonderheiten bilden sog. Panflötenhenkel u. Gefäßständer mit eingeritzter Dekoration. Das C. folgt im Süden auf die *Impresso-Keramik*, im Norden auf die *Bandkeramik*. In manchen

Chavin-Kultur: Tongefäß in Gestalt eines Götterkopfes; vor 300 v. Chr.

Gebieten ist das C. die erste neolith. Kultur. Die Funde stammen aus Höhlen, Freilandsiedlungen u. Megalithgräbern. Die Daten nach der C-14-Methode zeigen eine breite Streuung zwischen 4000–2000 v. Chr., was annehmen läßt, daß unter dem Begriff C. viele noch nicht genau einer Gruppe zuweisbare Materialien zusammengefaßt werden.

Chasuarier [ça-], german. Stamm, dessen Name als „Anwohner des Flusses Hase", einem Nebenfluß der Ems, gedeutet wird. Im 3. Jh. tauchten sie wahrscheinlich wie Usipeter u. Tubanten im rechtsrhein. Gebiet zwischen Mainz u. Spessart auf.

Châtelperronien [ʃa'tɛlpərɔniɛ̃], altsteinzeitl. Kultur in Südwest- u. Zentralfrankreich, nach der C-14-Methode um 33 000–31 000 v. Chr.

Chatham ['tʃætəm], Earl of → Pitt, William d. Ä.

Chatten [ka-], *Katten*, german. Stamm zwischen Fulda, Eder u. Schwalm, später auch im Gebiet der Ubier angesiedelt; die erste Überlieferung 11 v. Chr. berichtet vom Krieg mit den *Sugambrern*; in der Varus-Schlacht u. beim Bataver-Aufstand gegen Rom verbündet; zwei Feldzüge Domitians gegen die C. führten zur Errichtung erster Limeslinien; letzte Erwähnungen in einer geograph. Liste zwischen 297 u. 320 n. Chr. u. in einer Nachricht über eine chattische Verbündeten-Truppe der Franken am Niederrhein im Jahre 392. Die C. behaupteten sich rd. 400 Jahre zwischen Römern u. benachbarten Germanenstämmen. Sie hatten eine Adelsherrschaft, kein Königtum; von Tacitus wird ihre militär. Tüchtigkeit hervorgehoben.

Chattuarier [xa-], german. Volk, das vermutlich in einem vorher von den *Chatten* bewohnten Gebiet siedelte, wahrscheinlich zwischen dem Gebiet der *Cannanefaten* u. dem der (Lippe-) *Brukterer* gelegen. Auch mittelalterl. Gaunamen wie *Hatteron, Hatterun* u. *Attoarias* an der Niers, unteren Ruhr u. dem rechten dt. Niederrhein werden mit den C.n in Verbindung gebracht.

Chattusa [xa-] → Hattusa.

Chattusili [xa-] → Hattusilis.

Chaudet [ʃo'dɛ], Paul, schweizer. Politiker (Freisinnig-demokratische Partei), *17. 11. 1904 Rivaz, Waadt, †7. 8. 1977 Lausanne; 1955–1966 im Bundesrat, Vorsteher des Militärdepartements, 1959 u. 1962 Bundes-Präs.

Chauken ['çau-], german. Stamm an der Nordseeküste zwischen Ems u. Elbe. Die C. wurden durch Tiberius 5 n. Chr. in die röm. Klientelstaaten eingegliedert u. beteiligten sich an Feldzügen des Germanicus. Unter Führung des Cannanefaten *Gameascus* plünderten sie um 47 n. Chr. die gallischen Küsten. Sie gingen später wahrscheinlich in den Sachsen auf.

Chaumont [ʃo'mɔ̃], ostfranzös. Stadt an der Marne, alte Hptst. des *Bassigny*, jetzt Sitz des Dép. Haute-Marne, 28 000 Ew. Im *Vertrag von C.* 1814 schlossen sich England, Rußland, Preußen u. Österreich gegen das napoleon. Frankreich zusammen.

Chauvinismus [ʃovi-; frz.], die fanatische, meist krieger. Steigerung des *Nationalismus*; der Begriff ist abgeleitet von dem Namen des säbelrasselnden *Chauvin*, einer kom. Figur aus dem französ. Lustspiel „La cocarde tricolore" (1831) der Brüder *Cogniard.*

Chavin-Kultur [tʃa'vin-], der erste große, die meisten Gebiete Perus umfassende „Horizontstil" des nördl. Andenraums (ob auch Staatsgebilde, ist ungeklärt) aus der Zeit von 1200 – 400 v. Chr., nach der am Río Mozna, einem kleinen Nebenfluß des Marañón, auf 3700 m Höhe gelegenen Ruinenstätte *Chavin de Huántar* benannt. Die monumentale Sakralarchitektur aus Stein (Tempel in Chavin de Huántar) u. Lehm (Nepeña-Tal), figürl. Steinreliefs u. -plastiken (Hauptmotiv: der Jaguar) in einem eigenartig verschlungenen, sehr symbolreichen, komplizierten Stil (sog. Raimondi-Stele, Reliefs vom Cerro Sechín) dienten dem Kult einer Jaguar- oder Puma-Gottheit. Stil u. Motiv der Darstellungen haben große Ähnlichkeit mit künstler. Zeugnissen der olmekischen Kultur in Mexiko; Keramik mit reliefartigem Dekor, Schmuck aus Türkisen, Bein u. getriebenem Goldblech; regionale Stilunterschiede.
Der Ursprung der C. ist noch ungeklärt. Vermutlich war die Kultur von *Kotosh*, die erst 1958 entdeckt wurde, ihre Vorläuferin. Am nachhaltigsten von der C. beeinflußt wurde die Kultur von *Paracas* (Südperu) in ihren frühen Phasen (1100–700 v. Chr.). Die Verbreitung der typischen C.-Stilelemente geschah vermutlich durch bemalte Gewebe, die vor allem in Südperu gefunden wurden.

Cheir ed-Din [xai-], *Chaireddin*, mit dem Beinamen „Barbarossa", türk. Herrscher in Algerien u. Seeheld, *um 1467, †4. 7. 1546 Konstantinopel, eroberte 1515 mit seinem Bruder Horuk (Arudsch) Algerien u. beherrschte es nach dessen Tod 1518 allein, eroberte Tunis, mußte aber einem Angriff Karls V. auf Tunis 1535 weichen; setzte dann als türk. Admiral von Konstantinopel aus seine Seeangriffe im Mittelmeer fort, unterstützte 1542 Franz I.

Chephrenpyramide: Sitzstatue des Königs Chephren aus dem der Pyramide vorgelagerten Totentempel. Kairo, Ägyptisches Museum

Chiang Kai-shek mit seiner Verlobten Mei-lin Soong 1927

von Frankreich u. nahm 1543 an der Einnahme Nizzas teil.

Chenla, frühkambodschanisches Reich, löste zu Anfang des 6. Jh. n. Chr. das Reich von *Funan* ab, zerfiel im 8. Jh. in zwei Teile, 802 Untergang durch Gründung des späteren *Angkor-Reiches.*

Chen Yi [tʃən iː], *Tschen Ji*, chines. Politiker u. Offizier (1955 Marschall), *1901 Provinz Sichuan, †6. 1. 1972 Peking; Partisanenführer, dann Oberbefehlshaber einer Armee der kommunist. Streitkräfte; 1954 stellvertr. Min.-Präs., 1956–1969 Mitgl. des Politbüros der Kommunist. Partei, 1958–1972 Außen-Min. Während der „Kulturrevolution" wurde er als enger Mitarbeiter des Min.-Präs. *Zhou Enlai* verfolgt u. konnte sein Amt nicht wahrnehmen.

Cheops ['çeː-; grch. Namensform], ägypt. *Chufu*, König von Ägypten, der 2. König der 4. Dynastie, Sohn u. Nachfolger des *Snofru*, regierte etwa 2545–2520 v. Chr., ließ die Cheopspyramide erbauen.

Cheopspyramide ['çeː-], Grabstätte des ägypt. Königs *Cheops* bei Gizeh, ca. 12 km südlich von Kairo, die größte Pyramide Ägyptens. Die Höhe betrug ursprüngl. 146,6 m, die Seitenlänge 230,3 m; infolge des Verlustes der Spitze ist das Bauwerk jetzt nur 137 m hoch. Die Pyramide wurde wahrscheinlich schon im Altertum von Grabräubern geplündert; die Sargkammer ist leer. 1954 wurde in einem Bootsgrab neben der C. ein 43 m langes Schiff entdeckt, das zur Grabausstattung gehörte.

Chephren ['çɛf-; grch. Namensform], ägypt. *Cha'efrê*, König von Ägypten, der 4. König der 4. Dynastie, Sohn u. zweiter Nachfolger des *Cheops*, regierte etwa 2510–2485 v. Chr., ließ die Chephrenpyramide erbauen.

Chephrenpyramide ['çɛf-], Grabstätte des ägypt. Königs *Chephren* bei Gizeh, ca. 12 km südlich von Kairo, die zweitgrößte Pyramide Ägyptens: Höhe 136,4 m, Seitenlänge 210,4 m. Dem Bauwerk vorgelagert war ein Totentempel. Dieser war durch einen über 500 m langen Aufweg mit dem Taltempel verbunden, der zu den besterhaltenen Monumentalbauten des ägypt. Alten Reiches zählt.

Chersones [çɛr-], grch. *Chersonesos*, lat. *Chersonesus* [„Halbinsel"], Name mehrerer griech. Städte auf Halbinseln; bes. C. auf der Krim, westlich von Sewastopol, von megarischen Siedlern aus Herakleia Pontike gegr., Blütezeit im 3. u. 2. Jh. v. Chr. – C. war ursprünglich Bez. für Halbinsel überhaupt, so die kimbrische C. (Jütland), die taurische C. (Krim), die thrakische C. (Gallipoli).

Cherusker [çe-], ein german. Volk, das zuerst bei *Cäsar* 53 v. Chr. erwähnt wird. Der Machtbereich der C. lag zwischen Teutoburger Wald u. mittlerer Elbe; im Norden waren sie Nachbarn der *Angriwarier*, im Süden der damals im heutigen Hessen ansässigen *Sweben*-Abteilung; ihr Kerngebiet scheint in der Gegend des heutigen Hameln zu suchen zu sein, da dort wahrscheinlich der als zentrales Heiligtum gedeutete *Donarhain* lag, wo sich 15 n. Chr. die C. mit Verbündeten gegen den röm. Feldherrn Germanicus sammelten. Im Jahre 9 n. Chr. hatten sie an der Spitze eines german. Völkerbunds unter Führung des Fürsten *Arminius* durch die Schlacht im Teutoburger Wald die röm. Macht in Germanien gebrochen, auch wehrten sie den Markomannen Marbod ab. Durch innere Fehden um die königliche Macht, denen 21 n. Chr. auch Arminius zum Opfer fiel, wurde die Einheit der C. geschwächt. Im Jahre 47 n. Chr. war nur noch ein Mitglied der „königlichen" Familie namens *Italicus* übrig. Um 100 n. Chr. muß der Westteil ihres Gebiets, möglicherweise ihr Kernraum, den Angriwariern zum Opfer gefallen sein, das östl. Gebiet kam zumindest z. T. unter den Einfluß der *Chatten.*

Chiang Ch'ing, *Tschiang Tsching* → Jiang Qing.

Chiang Ching-kuo, *Tschiang Tschingkuo, Jiang Jingguo*, chines. Politiker, *18. 3. 1910 Fenghua, Prov. Zhejiang, †13. 1. 1988 Taipeh; Sohn *Chiang Kai-sheks*; bekleidete seit 1950 hohe Ämter in der auf Taiwan beschränkten „Republik China"; 1972–1978 Min.-Präs., 1975–1988 Partei-Vors. der Guomindang, 1978–1988 Staats-Präs. C. C. hielt am Alleinvertretungsanspruch Taiwans für ganz China fest, leitete jedoch eine Liberalisierung des Regimes ein.

Chiang Kai-shek, *Tschiang Kaischek, Jiang Jieshi*, chines. Offizier u. Politiker, *31. 10. 1887 Fenghua, Provinz Zhejiang, †5. 4. 1975 Taipeh; war an der Revolution von 1911 u. den folgenden Kämpfen beteiligt; wurde Mitgl. der Guomindang u. nächster Mitarbeiter *Sun Yatsens*, der ihn zum Studium der Partei- u. Militärorganisation nach Moskau schickte. Nach seiner Rückkehr war C. K. militär. Leiter der Militärakademie Whampoa (bei Canton). Nach dem Tod Suns (1925) wurde er Führer der Guomindang; 1926 bis 1928 eroberte er das von örtl. Militärmachthabern beherrschte Mittel- u. Nordchina; 1927 brach er mit den verbündeten Kommunisten. Seit 1928 war er Vorsitzender der Nationalregierung in Nanjing. Zu Beginn des chines.-japan. Kriegs (1937–1945) einigte sich C. K. mit den Kommunisten auf gemeinsame Verteidigung. Nach Kriegsende begann nach vergeblichen Vermittlungsversuchen der USA der Endkampf der beiden Parteien um China. C. K.s Truppen wurden aus der Mandschurei u. Nordchina über den Chang Jiang nach Süden gedrängt. 1948 noch zum Präs. der Republik gewählt, trat C. K. 1949 zurück u. floh mit seinen Anhängern nach Taiwan. Von 1950 bis zu seinem Tod war er Präs. der auf Taiwan beschränkten „Republik China".

Chibcha ['tʃibtʃa], indian. Sprachfamilie u. Völkergruppe in Zentral- u. im nordwestl. Südamerika. Die wichtigsten Vertreter der C. waren die auf dem Hochland von Bogotá (Kolumbien) ansässigen *Muisca*, für die man früher allein die Bez. C. verwandte. Andere Stämme sind u. a.: *Cueva, Quimbaya, Ka-*

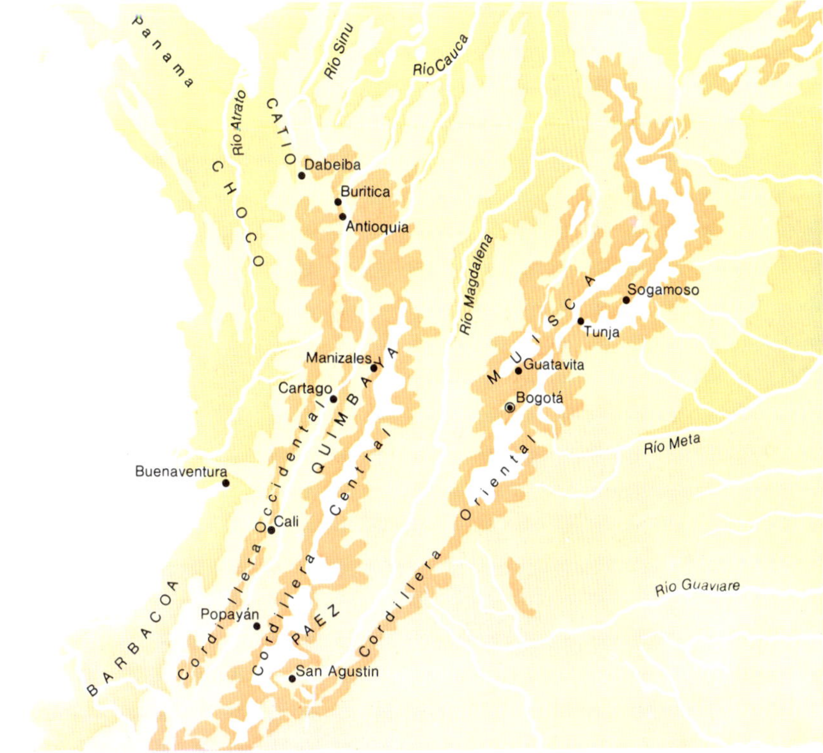

Chibcha: Verbreitungsgebiet der Völkergruppe im nördlichen Andenraum

gala, Guatuso, Paez, Barbacoa, Arauaco. Maisbau, Baumwollkleidung u. Goldarbeiten waren ihnen neben der verwandten Sprache gemeinsam; kulturell u. polit. waren sie getrennt. Die heutigen archäolog. Zonen Coclé, Veraguas, Chiriqui u. Darién in Costa Rica u. Panama mit typischen künstlerischen Ausdrucksmitteln (bemalte Keramik, Goldschmuck) entsprechen früheren Fürstentümern der C. des 14. u. 15. Jh.

Chichén Itzá [tʃi'ʃɛn it'sa; „am Rande des Brunnens der Itzá"], Ruinenstadt der *Maya* auf der Halbinsel Yucatán (Mexiko), östlich von Mérida. In vorspan. Zeit war die Stadt eines der wichtigsten religiösen u. polit. Zentren. Architektonisch u. historisch zweigeteilt: die Südstadt aus dem 7.–10. Jh. ist im klass. Puuc- u. Chenes-Stil (Maya-Kunststile, die nach bestimmten Landschaften benannt sind) erbaut, herausragend sind das sog. *Nonnenkloster* u. die *Iglesia*; die Nordstadt dagegen zeigt den Stil der als Eroberer aus Mexiko um 1000 eingewanderten *Tolteken.* Das sog. *Castillo,* auch Tempel des Kukulcan (Mayawort für das toltek. *Quetzalcoatl,* „Federschlange") genannt, ist eine der größten u. besterhaltenen Pyramiden. Der Kriegertempel mit der ihn umgebenden Halle der tausend Säulen hat seine direkte architekton. Entsprechung in Tula, der Tolteken-Hptst. in Zentralmexiko. Hier wie im Castillo finden sich auch typische toltek. Steinplastiken, wie Pfeiler mit Kriegerdarstellungen, Federschlangen, die zu Säulen gebildet sind, Atlanten, die große Altarplatten tragen, u. die Chacmools, auf dem Rücken liegende menschl. Figuren mit Opferschalen. Der Ballspielplatz von C. I. ist mit 75 m Länge der größte Mittelamerikas. Auf einer seiner gewaltigen Begrenzungsmauern steht der *Tempel der Jaguare,* berühmt durch seine Fresken im Inneren. Das interessanteste Gebäude der Toltekenstadt ist der Rundbau des Observatoriums *Caracol* (Schnecke), in dessen kegeliger Dachhaube sich ein schneckenförmig gewundener Gang befindet, von dem Fenster zum Beobachten der Sterne ausgehen. Die Gründung der Stadt war durch das Vorhandensein von Naturbrunnen *(Cenotes)* möglich, Erdeinbrüche, in denen sich unterirdisch fließendes Wasser sammelt. Im größten von ihnen, dem *Cenote de sacrificios,* wurden in alter Zeit bei Dürre dem Regengott *Chac* Menschenopfer dargebracht.

Im 13. Jh. wurde C. I. von den Cocom, den Herrschern der Mayastadt Mayapán, erobert, die Itzá zogen sich nach Nordguatemala zurück, wo sie erst 1697 von den Spaniern kolonialisiert wurden. C. I. wurde zwar weiter von Pilgern (zum hl. Cenote) besucht, verfiel jedoch.

Chichimẹken [tʃitʃi-], aztekische Bez. für die primitiven Jäger- u. Sammlerstämme im N u. NW Mexikos. Eine erste Welle von C. drang zwischen 700 u. 900 in das Hochtal von Zentralmexiko ein, wodurch es zum Untergang der *Teotihuacán-Kultur* kam; auf deren Grundlage bildete sich das Reich von *Tula* durch die chichimek. *Tolteken.* Eine zweite Welle von C. zerstörte um 1168 Tula. Mehrere C.-Stämme besiedelten jetzt ganz Mittelmexiko, die wichtigsten sind die Tepaneken von Azcapotzalco u. Tlacopan, die Acolhua von Texcoco u. die Tlaxcalteken im heutigen Bundesstaat Tlaxcala, bei denen es auch zur Bildung fester Staatsformen kam. Als letzter C.-Stamm erreichten die *Azteken* um 1200 das Hochtal; sie waren immer stolz auf ihre C.-Herkunft u. nannten sich auch Azteca-Chichimeca.

Chigi ['ki:dʒi], **1.** Adelsfamilie in Rom, ursprünglich aus Siena, Fürsten von Campagnano u. Herzöge von Ariccia; seit 1834 *C.-Albani.* Seit 1712 bekleiden die C. das Amt des Konklavemarschalls. Der *Palazzo C.* in Rom ist seit 1961 Amtssitz des italien. Ministerpräsidenten. Er enthielt die berühmte Bibliothek, die 1923 in den Besitz des Vatikans überging.

2. Agostino, päpstl. Hofbankier in Rom, *1465, †1520; ließ von Baldassare *Peruzzi* am Tiberufer die „Villa Farnesina" erbauen, die durch *Raffaels* Fresken mit der Darstellung „Amor u. Psyche" berühmt geworden ist.

3. Fabio, Papst, → Alexander VII.

Chilam Bạlam ['tʃi-], lokale Chroniken der *Maya* aus Nord-Yucatán, in der frühen Kolonialzeit in latein. Schrift, jedoch in der Sprache der Eingeborenen aufgezeichnet. Die sog. „Bücher des C. B." enthalten wichtige, freilich oft widerspruchsvolle Angaben über die frühe Geschichte der Maya, daneben Prophezeiungen, Mythen, wichtige Kalenderdaten, medizin. Rezepte vorspan. Ursprungs u. ä. *Chilam* lautete der Name bestimmter Opferpriester der Maya, während *Balam* [wörtl. „Jaguar"] auf den geheimnisvollen Inhalt der Chroniken anspielt.

Von den achtzehn noch erhaltenen Büchern sind die informativsten die C. B. von Chumayel, Tizimin u. der Codex Pérez.

Childebert, ['çil-],Frankenkönige aus dem Geschlecht der *Merowinger* : **1.** *C. I.,* König 511–558; Sohn Chlodwigs I., nach dessen Tod König im nördl. Frankenreich; gewann Teile Burgunds u. besiegte 531 bei Narbonne die Westgoten unter Amalarich I.

2. *C. II.,* König seit 575, *570, † Dez. 595; regierte in Austrien nach der Ermordung seines Vaters Sigibert I. unter der Vormundschaft seiner Mutter, der tatkräftigen Königin Brunhilde; erwarb 593 durch Erbvertrag Burgund.

3. *C. III.,* König 694/95–711; während seiner Regierung hatte der Hausmeier *Pippin* der Mittlere die tatsächl. Herrschaft inne.

Childerich, ['çil-], Frankenkönige aus dem Geschlecht der *Merowinger* : **1.** *C. I.,* König eines Teilstammes der salischen Franken in Nordgallien ab etwa 457, † 482; Vater Chlodwigs I., dessen Reichsgründung er vorbereitete. – Das 1653 in Tournai aufgefundene *C.grab* mit reichen Beigaben ist einer der berühmtesten u. wichtigsten Funde aus dem Bereich der fränk.-merowing. Kultur.

2. *C. II.,* König von Austrien ab 662, vom gesamten Frankenreich 673–675; 675 auf Anstiften des neustrischen Adels ermordet.

3. *C. III.,* König 743–751; als letzter Merowingerkönig von den Söhnen Karl Martells auf den Thron gesetzt u. von Pippin d. J. abgesetzt u. ins Kloster verwiesen.

Chichén Itzá: El Castillo, um die Wende vom 12. zum 13. Jahrhundert errichtet

Chile RCH

Republik Chile

Fläche: 756 945 km². – *Einwohner:* 13,8 Mill. – *Hauptstadt:* Santiago de Chile. – *Landessprache:* Spanisch. – *Nationalfeiertag:* 18. 9. – *Währung:* 1 Chilenischer Peso = 100 Centavos. – *Lage:* zwischen 17°15′ und 56° s. Br. sowie 67° und 76° w. L. – *Zeitzone:* Mitteleuropäische Zeit – 5 Std. – *Grenzen:* im N Peru, im NO Bolivien, im O Argentinien, im W Pazifischer Ozean. – *Staatsform:* präsidiale Republik.

Der nördl. Teil C.s wurde 1540–1544 von Pedro de *Valdivia* für Spanien erobert; der S wurde erst im 19. Jh., nachdem die Indianer zurückgedrängt worden waren (seit 1860), von Weißen besiedelt. 1778 wurde C., das bis dahin eine Provinz des Vizekönigreichs Peru war, selbständiges Generalkapitanat. 1817 beendete General J. *de San Martín* durch seinen Sieg bei Chacabuco die span. Herrschaft, u. 1818 wurde C. unter B. *O'Higgins* unabhängige Republik.

Nach einer Zeit innerer Wirren folgte von 1831–1871 eine Periode des wirtschaftl. u. polit. Aufbaus unter den jeweils rd. 10 Jahre regierenden Präsidenten J. *Prieto* (*1786, †1854), M. *Bulnes,* M. *Montt* (*1809, †1880) u. J. J. *Pérez* (*1800, †1889). Im *Salpeterkrieg* gegen Bolivien u. Peru (1879–1883) gewann C. durch die Angliederung der Atacamawüste das Weltmonopol in Salpeter, was ein rasches Aufblühen der chilen. Wirtschaft zur Folge hatte. Grenzstreitigkeiten mit Argentinien wurden 1902 durch Schiedsspruch des engl. Königs friedlich beigelegt.

Der wachsende Einfluß der chilen. Industriearbeiterschaft führte im 20. Jh. zu sozialen Unruhen, die das Land mehrfach in ernste Krisen stürzten.

So kam es 1932 zu schweren Meutereien in Heer u. Flotte u. zur Ausrufung einer „Sozialistischen Republik C.". Präs. A. *Alessandri* gelang es, den gemäßigten Kreisen C.s die Herrschaft wieder zu sichern u. die Folgen der Weltwirtschaftskrise zu überwinden. C. setzte seine traditionell guten Beziehungen zu Dtschld. fort u. suchte auch Kontakte zum übrigen Europa. 1964 wurde E. *Frei* (Christdemokrat) mit großer Mehrheit zum Staats-Präs. gewählt; mit seinem Programm sozialer u. wirtschaftl. Reformen („Revolution in Freiheit") erreichte er ansehnl. Verbesserungen der Sozialstruktur (Bodenreform, Schulwesen).

1970 gewann der Sozialist S. *Allende* mit einer Volksfrontkoalition *(Unidad Popular)* die Präsidentschaftswahl. Er erstrebte eine sozialist. Umgestaltung auf parlamentar.

Chile: Militärpolizisten vor dem zerstörten Präsidentenpalast nach dem Militärputsch 1973

Weg. Schlüsselindustrien wurden verstaatlicht, Großgrundbesitz enteignet u. die Einkommen der unteren Bevölkerungsschichten bedeutend erhöht. Nach Anfangserfolgen kam es zu wirtschaftl. Rückschlägen, wozu Kapitalflucht, Abwanderung von Führungskräften u. Boykottmaßnahmen in- u. ausländ. Wirtschaftskreise beitrugen. Zugleich nahm die polit. Polarisierung zu. 1973 wurde Allende von der Armeeführung gestürzt u. kam unter ungeklärten Umständen ums Leben.
Das Militärregime unter General A. *Pinochet*, der 1974 das Präsidentenamt übernahm, löste das Parlament auf, verbot jede polit. Tätigkeit u. verfolgte die Anhänger der Linksparteien. Wirtschaftspolitisch griffen die Militärs in Zielsetzungen u. Methoden auf die 1960er Jahre zurück; enteigneter Großgrundbesitz wurde zurückgegeben, verstaatlichte Betriebe wurden reprivatisiert; die sozialen Kosten des extremen ökonom. Liberalismus trugen bes. die Unter- u. z. T. die Mittelschichten.
Seit Anfang der 1980er Jahre duldete das Regime in gewissem Umfang die Aktivität polit. Gruppierungen. Das 1987 erlassene Parteiengesetz legalisierte mit einigen Einschränkungen die Betätigung polit. Parteien. 1988 fand eine Volksabstimmung über eine Verlängerung der Amtszeit Pinochets bis 1997 statt. Bei einer Beteiligung von 97 % stimmten knapp 55 % dagegen. Die Präsidentenwahl 1989 gewann der Kandidat des oppositionellen Parteienbündnisses CPPD, der Christdemokrat P. *Aylwin*. Er betrieb die kontinuierliche Demokratisierung des Landes. Eine erfolgreiche Wirtschaftspolitik führte bei den Parlaments- u. Präsidentschaftswahlen im Dez. 1993 erneut zu einem Sieg des CPPD. Der Christdemokrat E. *Frei*, dessen Vater 1964–1970 bereits das Amt des Präs. bekleidet hatte, löste Aylwin im März 1994 als Staatschef ab.
Chilperich, [ˈçil-], Frankenkönige aus dem Geschlecht der *Merowinger* : **1.** *C. I.*, König von Neustrien 561–584, regierte von Soissons aus; löste durch die Ermordung seiner Frau, der Westgotin *Galswintha* (†567), einen grausamen Familienkrieg aus. C., gebildet, aber skrupellos, war ein Vertreter des Königtums gegen Adel u. Kirche.
2. *C. II.*, Sohn Childerichs II., König von Neustrien 715–721, †721; regierte ab 719 als Scheinkönig neben *Karl Martell*.
Chimú [tʃiˈmu], indian. Staat in den Küstentälern Nord- u. Mittelperus vom heutigen Tumbez im N bis zur Grenzfestung Paramonga im S; bildete sich um 1000 n. Chr. nach dem Untergang des *Huari-Reichs*. Als Nachkommen der *Moche* (0–700) bauten die C. auf deren Kultur auf, ohne jedoch ihre hohe Kunstfertigkeit zu erreichen. So ist ihre meist grauschwarze Keramik nicht mehr handmodelliert, sondern mittels Tonmodeln hergestellt u. nicht bemalt. Dagegen waren die Metallverarbeitung u. die Weberei hoch entwickelt. Existenzgrundlage war ein intensiver Feldbau auf der Basis künstl. Bewässerung in den Flußtaloasen u. ausgedehnter Handel mit Stämmen des Hochlandes (Bezug von Lamawolle). Hptst. der C. war Chanchan, mit 18 km² Fläche die erste Großstadt Südamerikas. Weitere C.-Städte waren Pacatnamú u. El Purgatorio. Gegen Überfälle aus dem Hochland war das C.-Reich durch eine lange Mauer geschützt, doch wurde es 1470 von den *Inka* erobert.
Ch'in, *Ts'in*, chines. Dynastie, → Qin.

Chimú: die Festung Paramonga an der Küste Perus

China — TJ

Volksrepublik China

Fläche: 9 560 961 km². – *Einwohner:* 1,2 Mrd. – *Hauptstadt:* Peking. – *Landessprache:* Chinesisch. – *Nationalfeiertag:* 1. 10. – *Währung:* 1 Renminbi-Yuan = 10 Jiao = 100 Fen. – *Lage:* zwischen 18° und 53°57′ n. Br. sowie 71° und 135° ö. L. – *Zeitzone:* Mitteleuropäische Zeit + 7 Std. – *Grenzen:* im N Rußland und Mongolei, im O Demokratische Volksrepublik Korea und Ostchinesisches Meer, im SO Südchinesisches Meer, Hongkong und Macau, im S Vietnam, Laos, Birma, Indien, Bhutan und Nepal, im W Pakistan, Afghanistan, Tadschikistan, Kirgisien und Kasachstan. – *Staatsform:* kommunistische Republik.

Archäologische Funde beweisen, daß es bereits im 3. Jahrtausend v. Chr. am mittleren Huang He eine Kultur, die sogenannte Yangshao-Kultur, gab. Gemäß einer überlieferten Herrscherliste soll in der Zeit von 2205 bis 1766 v. Chr. die Xia-Dynastie geherrscht haben. Die erste sowohl histor.-literarisch als auch archäologisch belegbare Dynastie ist die der Shang im 15.–11. Jh. v. Chr. (seit dem 11. König Yin-Dynastie genannt). Die Ausgrabungen verweisen auf eine Hochkultur mit ausgebildeter Bronzekunst u. einer über 2000 Wortzeichen umfassenden Schrift. Das Priestertum hatte großen Einfluß, der Herrscher eine religiöse Stellung.
Von ca. 1100 bis 249 v. Chr. herrschte die Zhou-Dynastie. Der feudalist. Zhou-Staat war von den Gebieten der Lehnsfürsten umgeben, die ihren Machtbereich im Kampf gegen nicht-chines. Völkerstämme nach allen Seiten ausdehnten. In der Chunqiu-Periode (722–481 v. Chr.) übernahmen Lehnsfürsten die Macht, während dem Zhou-König, „Sohn des Himmels" genannt, nur die Ausübung sakraler Funktionen blieb. In den geistigen Auseinandersetzungen dieser Zeit u. der folgenden Periode der „Kämpfenden Reiche" (480–249 v. Chr.) entstanden philosoph. Schulen, deren Ideen die chinesische Kultur geprägt haben: der Daoismus *(Laozi)*, der Konfuzianismus (Konfuzius [*Kongzi*] und *Mengzi*), die Rechtsschule (Legalisten) u. a.
Aus den Machtkämpfen der absolutist. Einzelstaaten ging der Staat Qin als Sieger hervor, dessen König sich seit 221 v. Chr. „Erster Kaiser" *(Shihuangdi)* nannte. Unter ihm wurden rigorose Vereinheitlichungsmaßnahmen in Verwaltung u. Wirtschaft durchgeführt u. zur äußeren Sicherheit ein Grenzwall im Norden Chinas errichtet. Die tyrann. Herrschaft führte 210 v. Chr. zu Aufständen, in denen sich 206 v. Chr. die Han-Dynastie (bis 220 n. Chr.) durchsetzen konnte. In der Zeit der Han-Dynastie wurde China zu einem zentralist., theokrat. Beamtenstaat. Die histor.-literar. Studien erreichten ein hohes Niveau, die Kunst wurde verweltlicht u. verfeinert. 141–87 v. Chr. erweiterte Kaiser *Wudi* das Reich zum Weltreich, von Korea bis Turkistan u. von der Südmandschurei bis Annam. Auf den „Seidenstraßen" blühte der Handel mit Zentralasien. Nach dem Interregnum des Kaisers *Wang Mang* (9–23 n. Chr.) u. dem Aufstand der „Roten Augenbrauen" wurde 25 n. Chr. die (Spätere) Han-Dynastie wiederhergestellt, unter der der Buddhismus aus Indien in C. Eingang fand. Als 220 n. Chr. nach dem Aufstand der „Gelben Turbane" der General *Cao Cao* den letzten Han-Kaiser zur Abdankung zwang, zerfiel C. in die „Drei Reiche" (Wei, Shu u. Wu). Nach einer kurzen Periode der Einigung kam es zu einer Spaltung zwischen Nord- u. Süd-C., wobei im Norden fremde Völker herrschten. 590 gelang der in Nordchina zur Macht gekommenen Sui-Dynastie die Wiedervereinigung des chines. Reichs.
618–906 erlebte C. unter der Tang-Dynastie eine Epoche der kulturellen Blüte, in der seine Institutionen, seine Kunstformen u. Literatur von den Nachbarn nachgeahmt oder übernommen wurden. Die Kaiser schufen ein kosmopolit. Weltreich, in dem mit dem Außenhandel geistige u. kulturelle Einflüsse, bes. aus Indien u. Zentralasien, eindrangen u. der Buddhismus zur Vorherrschaft gelangte. Nach einem Jahrhundert des Friedens begann mit dem Aufstand des *An Lushan* 755 der Niedergang der Dynastie. Zunehmende Unruhen der Statthalter in den Provinzen führten zur Auflösung des Reichs in der Zeit der „Fünf Dynastien" (906–960).
Unter Kaiser *Taizu*, dem Begründer der Song-Dynastie (960–1279), wurde C. erneut geeint. Die Song-Kaiser schufen die Grundlagen des für die folgenden Jahrhunderte charakteristischen chines. Beamtenstaats mit straff zentralisiertem Examenswe-

China: Der erste und der letzte Kaiser

Das chinesische Kaiserreich hat 2132 Jahre lang bestanden. In diesen mehr als zwei Jahrtausenden gab es neben glanzvollen Perioden immer wieder Zeiten des Verfalls, der Spaltung und der Fremdherrschaft. Aber die Idee des universellen Kaisertums blieb in allen Wechselfällen lebendig, auch wenn das Reich geteilt war. Die lange Geschichte des chinesischen Kaiserreichs hat einen Anfang und ein Ende: den ersten und den letzten Kaiser.

1

Was wir heute China nennen, war im 3. Jahrhundert v. Chr. eine Ansammlung von Feudalstaaten, die einander in wechselnden Bündnissen heftig bekämpften. Einer dieser Staaten, am mittleren Huang He gelegen, hieß Qin. Der junge Fürst Zheng von Qin besiegte und eroberte in zehnjährigen Feldzügen alle anderen Staaten. 221 v. Chr. war er Herr von ganz China. Er nahm den Titel *huangdi* (etwa »erhabener Herrscher«) an, den wir mit »Kaiser« übersetzen und den bis 1911 alle Herrscher Chinas geführt haben. Sich selbst nannte er Qin Shihuangdi (»Erster Kaiser aus dem Hause Qin«). Er schuf eine streng zentralistische Verwaltung und vereinheitlichte das Münzsystem, die Maße und Gewichte, die Schrift und sogar die Spurweite der Wagen. Seine Herrschaft würde man heute als totalitär bezeichnen. Er entmachtete den alten Adel, verbot privaten Waffenbesitz und ordnete eine große Bücherverbrennung an. 460 mißliebige Gelehrte sollen auf seinen Befehl lebendig begraben worden sein. Nach seinem frühen Tod (210 v. Chr.) wurde er in einem riesigen unterirdischen Mausoleum beigesetzt. Die Entdeckung einer Armee von lebensgroßen Tonkriegern in der Nähe seines Grabes im Jahre 1974 war eine archäologische Weltsensation.

Chinas letzter Kaiser, Pu Yi, war in allem das Gegenteil dieses despotischen Reichsgründers. Sein Leben lang blieb er ein Werkzeug in den Händen anderer. Als Zweijähriger wurde er 1908 von der intriganten Kaiserinwitwe Cixi auf den Thron gehoben. Schon drei Jahre später mußte er abdanken. 1934 machten ihn die Japaner zum Kaiser ihres Marionettenstaates Mandschukuo. Nach dem Zweiten Weltkrieg verbrachte er vierzehn Jahre erst in sowjetischen, dann in chinesischen Gefängnissen, wo er »umerzogen« wurde. Danach durfte er als Gärtner, später als Archivar arbeiten und eine »selbstkritische« Autobiographie schreiben. Schließlich saß er dann bis zu seinem Tode (1967) als Abgeordneter im Volkskongreß, dem kommunistischen Scheinparlament eines China, das längst kein Kaiserreich mehr war. K. R.

4

1 *Unter diesem künstlich aufgeschütteten Hügel im Kreis Lintong, Provinz Shaanxi, liegt das Grab des ersten Kaisers; es ist archäologisch noch nicht erschlossen.*

2 *Pu Yi, der letzte Kaiser, der als Zweijähriger auf den Thron kam.*

3 *Das aus Jade gefertigte Totenkleid der Prinzessin Dou Wan (2. Jh. v. Chr.) aus ihrem Grab in Mancheng, Provinz Hebei.*

2

3

5

6

4 *Kaiser Wudi, der im 6. Jh. im Norden regierte, als das Reich geteilt war; Gemälde von Ren Liben (?).*

5 *Szene aus dem chinesisch-japanischen Krieg 1894/95, nach dem das besiegte China Taiwan an Japan abtreten mußte; japanische Darstellung.*

6 *Lebensgroße Kriegerfiguren aus Ton als »unterirdische Totenwache« des Kaisers Qin Shihuangdi in der Nähe seines Grabhügels.*

Zeit der kämpfenden Reiche

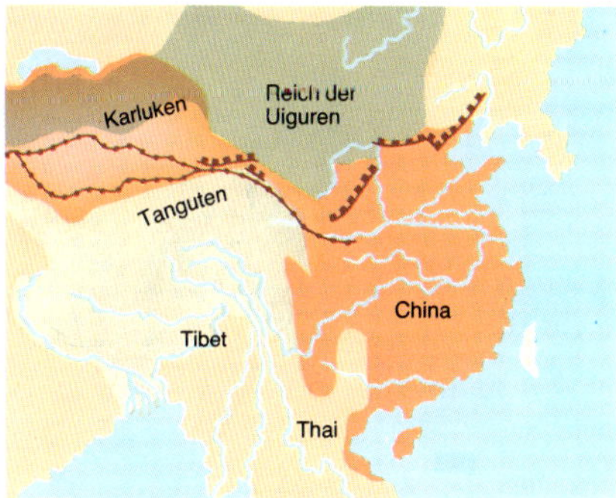

Tang-Dynastie 618–906

Yuan-Dynastie 1271–1368

Ming-Dynastie 1368–1644

China: Mao Zedong ruft am 1. 10. 1949 in Peking die Volksrepublik aus

sen, in dem die konfuzian. Lehre als allein verpflichtende Norm galt.
Beginnend mit der Einnahme Pekings (1215), wurde bis 1280 ganz C. von den Mongolen erobert. *Kublai Chan* begründete die Yuan-Dynastie (1271–1368). Seit 1348 kam es zu Erhebungen gegen die Fremdherrschaft; 1368 wurde der mongol. Kaiser vertrieben, u. die chines. Ming-Dynastie in Nanjing (Nanking) gelangte zur Herrschaft. Der 3. Ming-Kaiser, *Yongle*, verlegte die Hptst. nach Peking u. begann mit der Erneuerung der Chinesischen Mauer zum Schutz der Nordgrenze gegen die Mongolen.
Im 16. Jh. nahm mit dem Eintreffen portugies. Kaufleute Europa Einfluß in C. Im 17. Jh. gewannen Jesuitenmissionare zeitweilig Bedeutung am chines. Kaiserhof u. vermittelten andererseits die chines. Kultur nach Europa. Im nordwestl. C. hatten sich Anfang des 17. Jh. die Mandschu zu einem Königreich zusammengeschlossen. Sie beteiligten sich an den Aufständen gegen die Ming-Dynastie, besetzten Peking u. gründeten 1644 die Qing-Dynastie (bis 1912). Der 2. Mandschu-Kaiser, *Kangxi* (1662–1722), unter dem C. eine kulturelle Blüte erlebte, schlug die Rebellion des *Wu Sangui* nieder u. eroberte 1683 Taiwan. Die mandschurischen Eroberer lebten in „Acht Bannern" militärisch organisiert u. in Garnisonen über C. verteilt, abgesondert von den Chinesen. Erziehung u. Bildung waren streng nach einem orthodoxen konfuzian. System ausgerichtet. Unter der Regierung des Mandschu-Kaisers *Qianlong* (1736–1796) erreichte C. seine größte Ausdehnung (die Mandschurei, die Mongolei, Ostturkistan u. Tibet waren an C. angegliedert).
Im Opiumkrieg (1840–1842) wurde C. gezwungen, die Häfen Canton, Amoy, Ningpo (Yinxian), Fuzhou u. Schanghai dem europ. Handel zu öffnen. Unter dem Einfluß westl. Ideen entstanden seit der Mitte des 19. Jh. in C. revolutionäre u. reformerische Bewegungen. So verwüstete 1850–1864 die Taiping-Revolution große Teile C.s; die Rebellen unter *Hong Xiuquan* versuchten, soziale Reformen einzuführen (gemeinsames Eigentum, Gleichberechtigung der Frau u. a.). England u. Frankreich nutzten die Schwäche C.s im Lorcha-Krieg (1856–1860) zu erneuten Forderungen aus und unterstützten die Mandschu-Regierung bei der Niederwerfung der Rebellionen. Um den Einfluß in Korea brach 1894 der 1. chines.-japan. Krieg aus. C. unterlag u. mußte die „Unabhängigkeit" Koreas anerkennen u. Taiwan an Japan abtreten. 1898 mußte C. an Deutschland Jiaozhou (Kiautschou), an England Weihaiwei, an Frankreich Guangzhouwan u. an Rußland Süd-Liaodong verpachten.
1898 leitete Kaiser *Guangxu* unter der geistigen Führung von *Kang Youwei* überstürzt „moderne" Reformen ein. 1905 wurde das traditionelle literar. Prüfungssystem, das Fundament des konfuzian. Beamtenstaats, aufgehoben. 1899–1901 veranlaßte der christen- u. fremdenfeindl. Boxeraufstand das Eingreifen der europ. Großmächte. 1904/05 wurde auf chines. Hoheitsgebiet der Russ.-Japan. Krieg ausgetragen. Die Schwäche der Mandschu-Regierung trat immer deutlicher hervor. Den entscheidenden Anstoß zu ihrem Sturz gaben die idealist. Revolutionsgruppen um *Sun Yatsen*, unter dem 1911 eine provisor. Regierung gebildet wurde. 1912 veranlaßte General *Yuan Shikai* die Abdankung des letzten Kaisers u. wurde Präsident der Republik China. 1915 versuchte er, sich selbst zum Kaiser zu machen, starb aber bald darauf. Danach gab es praktisch keine handlungsfähige Zentralgewalt mehr.
Nach dem 1. Weltkrieg gewann Japan mit den „21 Forderungen" starken Einfluß in Nordchina u. erhielt im Versailler Vertrag Jiaozhou zugesprochen. Die Studentendemonstration vom 4. Mai 1919, die hiergegen in Peking protestierte, leitete die von der revolutionären Intelligenz geführte Bewegung der kulturellen Erneuerung C.s ein. Während in den folgenden Jahren in Nordchina Bürgerkrieg zwischen den Militärmachthabern herrschte, rüstete Sun Yatsen in Canton, seit 1924 mit sowjet. Hilfe, die 1912 gegr. Guomindang (Nationale Partei) militärisch aus, so daß ihre Streitkräfte unter der Führung *Chiang Kai-sheks* die Einheit C.s wiederherstellen u. 1928 in Peking einmarschieren konnten. Nanjing wurde Sitz der Nationalregierung, ihr Präs. Chiang Kai-shek. Dieser löste den Bund mit den Kommunisten u. zwang sie 1934 zur Flucht aus ihrem in Ji-

China

Die Liste folgt im wesentlichen der traditionellen chinesischen Chronologie. Für die Zeit vor 1368 werden nur die Dynastien aufgeführt, danach die Herrscher und Staatsoberhäupter. Bei den Kaisern der Ming- und der Qing-Dynastie wird an erster Stelle der Herrschername und an zweiter Stelle die Regierungsdevise genannt, die häufig auch als Name gebraucht wird. Den Kaisertitel nahm als erster König Zheng von Qin an; er regierte Gesamtchina 221–210 v. Chr. als »Erster Kaiser von Qin« (Qin Shihuangdi).

Dynastien

Xia (legendär)	21.–16. Jh. v. Chr.
Shang	16.–11. Jh. v. Chr.
Westliche Zhou	11. Jh.–770 v. Chr.
Östliche Zhou	770–476 v. Chr.
»Streitende Reiche«	475–221 v. Chr.
Qin	221–207 v. Chr.
Westliche Han	206 v. Chr.–24. n. Chr.
Östliche Han	25–220
»Drei Reiche«	220–265
Westliche Jin	265–316
Östliche Jin	317–420
»Nördliche und Südliche Dynastien«	420–589
Sui	581–618
Tang	618–907
»Fünf Dynastien«	907–960
Song	960–1279
Yuan (Mongolen)	1280–1368

Kaiser

Ming

Taizu/Hongwu	1368–1398
Huidi/Jianwen	1399–1402
Chengzu/Yongle	1403–1424
Renzong/Hongxi	1425
Xuanzong/Xuande	1426–1435
Yingzong/Zhengtong	1436–1449
Daizong/Jiangtai	1450–1456
Yingzong/Tianshun	1457–1464
Xianzong/Chenghua	1465–1487
Xiaozong/Hongzhi	1488–1505
Wuzong/Zhengde	1506–1521
Shizong/Jiajing	1522–1566
Muzong/Longqing	1567–1572
Shenzong/Wanli	1573–1620
Guangzong/Taichang	1620
Xizong/Tianqi	1621–1627
Sizong/Chongzhen	1628–1644

Qing (Mandschu)

Shizu/Shunzhi	1644–1661
Shengzu/Kangxi	1662–1722
Shizong/Yongzheng	1723–1735
Gaozong/Qianlong	1736–1795
Renzong/Jiaqing	1796–1820
Xuanzong/Daoguang	1821–1850
Wenzong/Xianfeng	1851–1861
Muzong/Tongzhi	1862–1874
Dezong/Guangxu	1875–1908
-/Xuantong (Pu Yi)	1909–1911

Präsidenten der Republik

Sun Yatsen	1912
Yuan Shikai	1912–1916
Li Yuanhong	1916–1917
Feng Guozhang	1917–1918
Xu Shichang	1918–1922
Cao Kun	1923–1924
Duan Chirui	1924–1926
Chiang Kaishek (Staatschef)	1928–1931
Lin Sen	1932–1943
Chiang Kaishek (1943–1948 Staatschef)	1948–1949

Staatsoberhäupter der Volksrepublik

Vorsitzender der Zentralen Volksregierung

Mao Zedong	1949–1954

Vorsitzende der Volksrepublik

Mao Zedong	1954–1959
Liu Shaoqi	1959–1968
Dong Biwu (amtierend)	1968–1975

Vorsitzende des Ständigen Ausschusses des Nationalen Volkskongresses

Zhu De	1975–1976
Wu De (amtierend)	1976–1978
Ye Jianying	1978–1983

Präsidenten der Volksrepublik

Li Xiannian	1983–1988
Yang Shangkun	1988–1993
Jiang Zemin	1993–

Ministerpräsidenten der Volksrepublik

Zhou Enlai	1949–1976
Hua Guofeng	1976–1980
Zhao Ziyang	1980–1987
Li Peng	1987–1998
Zhu Rongji	1998–

Parteiführer der Kommunistischen Partei

Vorsitzende des Zentralkomitees

Mao Zedong	1945–1976
Hua Guofeng	1976–1981
Hu Yaobang	1981–1982

Generalsekretäre des Zentralkomitees

Hu Yaobang	1982–1987
Zhao Ziyang	1987–1989
Jiang Zemin	1989–

inoffizieller Führer

Deng Xiaoping	1978–1997

China: Panzerkolonne der chinesischen Armee nach dem Massaker auf dem Platz des Himmlischen Friedens 1989

angxi errichteten Sowjetstaat (Langer Marsch) nach Shaanxi.
Im Herbst 1931 besetzten die Japaner die Mandschurei, errichteten den Staat Mandschukuo u. drangen nach C. vor. Es kam 1937 zum 2. chines.-japan. Krieg, in dem Peking u. Nanjing besetzt wurden. In Nanjing bildete *Wang Jingwei* eine japanfreundl. Regierung, während Chiang Kai-shek von Chongqing aus das Landesinnere verteidigte. Unter dem Druck einiger seiner Anhänger bildete er eine Einheitsfront mit den Kommunisten. Diese führten von Yan'an (Shaanxi) einen hinhaltenden Guerillakrieg in Nord- u. Ostchina. Nach der Kapitulation Japans im 2. Weltkrieg besetzte die Sowjetunion zunächst die Mandschurei. Nach vergebl. Vermittlungsversuchen der USA brach 1946/47 erneut der Bürgerkrieg zwischen Guomindang u. Kommunisten aus. Im Frühjahr 1949 überschritten die kommunistischen Truppen den Chang Jiang. Ende des Jahres war das ganze chines. Festland in ihrer Hand. Die Nationalregierung floh nach Taiwan.
Am 1. 10. 1949 proklamierten die Kommunisten die Volksrepublik China. An die Spitze der Zentralen Volksregierung trat der Parteivorsitzende *Mao Zedong*. 1950 schloß die Regierung einen Freundschaftspakt mit der Sowjetunion. 1951 wurde Tibet als „Autonomes Gebiet" eingegliedert.
Chines. Verbände griffen 1950 in den Korea-Krieg ein. Aufgrund dessen wurde die Volksrepublik von den UN zum Angreifer erklärt u. ein Totalembargo über Festland-China verhängt. Damit begann eine weitgehende weltpolitische Isolierung der Volksrepublik C. Von den meisten nicht kommunistischen Staaten wurde die Regierung in Taiwan als legitime Regierung C.s anerkannt; sie behielt auch den C. zustehenden Sitz in den UN u. im Weltsicherheitsrat.
1954 trat die von der kommunist. Parteiführung ausgearbeitete Verfassung in Kraft. Seit 1950 wurde in einer Bodenreform der Großgrundbesitz aufgeteilt, während Schwerindustrie, Außenhandel u. Verkehr verstaatlicht wurden. Nach sowjet. Muster wurden Wirtschaftspläne aufgestellt. 1957 führte die von Mao Zedong eröffnete „Hundert-Blumen-Kampagne" zu heftiger Kritik an Regierung u. Partei; die daraufhin gegen die „Rechtsorientierten" einsetzende Bewegung unterdrückte die „Abweichler". Der 1958 verkündete „Große Sprung nach vorn" sollte durch eine gewaltige Produktionssteigerung die Basis für den baldigen Übergang zum Kommunismus schaffen, schlug aber fehl. Mao Zedong, dessen Stellung dadurch geschwächt war, entfesselte 1966 die „Große Proletarische Kulturrevolution". Diese hauptsächlich von Jugendlichen getragene Bewegung, die vermutlich Hunderttausende von Todesopfern forderte, richtete sich bes. gegen den nach Meinung Maos bürokratisch erstarrten Partei- u. Staatsapparat. Nachdem Maos Widersacher (*Liu Shaoqi, Deng Xiaoping* u. a.) entmachtet worden waren, trat ab 1969 eine gewisse Konsolidierung ein. Das gesamte gesellschaftl. Leben wurde nach der maoist. Ideologie ausgerichtet, das Bildungswesen vernachlässigt. In der Wirtschaft verzichtete man weitgehend auf materielle Leistungsanreize. Für ein Mindestmaß an polit. Kontinuität sorgte insbes. *Zhou Enlai*, der 1949–1976 Min.-Präs. war.
Um 1960 waren ideolog. Differenzen zwischen C. u. der UdSSR sichtbar geworden, die sich rasch verschärften. An der gemeinsamen Grenze kam es wiederholt zu militär. Zusammenstößen. Der chines.-sowjet. Konflikt spaltete die kommunist. Weltbewegung. Mit der Entwicklung eigener Atombomben (1964) u. Erdsatelliten (1970) konnte C. sein internationales Ansehen beträchtlich steigern. 1971 wurde die Volksrepublik als einzige legitime Vertreterin C.s von den UN anerkannt. Während C. zu den Ländern der Dritten Welt seit langem enge Beziehungen unterhielt, bemühte es sich jetzt um verstärkte Kontakte zum Westen (1972 Besuch des US-Präs. R. *Nixon* in Peking).
In der Parteiführung hatte sich nach Abschluß der Kulturrevolution neben der radikalen eine gemäßigte Fraktion von heterogener Zusammensetzung halten können. Nach Maos Tod (9. 9. 1976) setzte sich diese rasch durch. Die radikale Fraktion („Viererbande"), zu der Maos Witwe *Jiang Qing* gehörte, wurde entmachtet u. später gerichtlich verurteilt. Partei-Vors. wurde *Hua Guofeng*, der seit April 1976 Min.-Präs. war u. eine mittlere Stellung einnahm. Die neue Führung leitete eine vorsichtige „Entmaoisierung" ein. Sie legte das Schwergewicht auf techn. Modernisierung u. wirtschaftl. Leistungssteigerung, verstärkte die Handelsbeziehungen zum Westen u. ließ in der Wirtschaft zunehmend Privatinitiativen zu. Auch im kulturellen Leben gewährte sie mehr Spielraum.
Als treibende Kraft der Modernisierungspolitik trat seit 1977 zunehmend der inzwischen rehabilitierte stellvertr. Parteivorsitzende *Deng Xiaoping* hervor. In der Parteiführung verloren die „orthodox-maoistischen" Kräfte, die den neuen Kurs nur widerstrebend unterstützten, mehr u. mehr an Einfluß gegenüber den „Pragmatikern". Hua Guofeng wurde 1980–1982 schrittweise aus der Parteiführung verdrängt. Neuer Min.-Präs. wurde *Zhao Ziyang*, neuer Partei-Vors. (seit 1982: Generalsekretär) *Hu Yaobang*, die beide als Gefolgsleute Dengs galten. 1982 trat die 4. Verfassung der Volksrepublik in Kraft, die z.T. an die 1. Verfassung von 1954 anknüpfte. So wurde das 1968 faktisch u. 1975 auch rechtlich abgeschaffte Amt des Staatsoberhauptes wieder eingeführt.
1978 schloß C. einen Friedens- u. Freundschaftsvertrag mit Japan. 1979 nahm es volle diplomat. Beziehungen mit den USA auf. Im gleichen Jahr unternahm es gegen Vietnam, das sich durch die kurz zuvor erfolgte Besetzung Kambodschas eine Hegemonialstellung in Südostasien zu schaffen suchte, eine verlustreiche militär. „Strafaktion". 1984 schloß C. ein Abkommen mit Großbritannien, auf Grund dessen es 1997 die Souveränität über Hongkong zurückerlangte.
Nachdem es im Gefolge der Reformpolitik zu Studentenunruhen gekommen war, mußte Hu Yaobang 1987 zurücktreten. Neuer Generalsekretär wurde Zhao Ziyang, Min.-Präs. *Li Peng*. Deng schied mit anderen alten Funktionären aus der Parteiführung aus, behielt jedoch bis zu seinem Tod 1997 seine überragende Stellung. Ein Staatsbesuch M. *Gorbatschows* besiegelte 1989 die Aussöhnung mit der UdSSR. Im gleichen Jahr wurde eine gewaltlose Bewegung für Demokratie blutig niedergeschlagen. Zhao wurde abgesetzt; als Generalsekretär folgte ihm *Jiang Zemin*.
Nach dem Zusammenbruch der kommunist. Regimes in Europa u. der UdSSR versicherte die chines. Führung, daß sie am Marxismus-Leninismus u. den „Mao-Zedong-Ideen" festhalte u. keinen Pluralismus dulden werde. 1992 wandte sie sich jedoch auf Initiative Dengs wieder der Reformpolitik zu. In der Verfassung wurde der Begriff „Planwirtschaft" durch „Sozialist. Marktwirtschaft" ersetzt. Privatwirtschaftl. Tätigkeit wurde in weitestem Umfang zugelassen. In der Wirtschaftsentwicklung zeigten sich große Unterschiede zwischen den Küstenprovinzen u. dem Landesinneren. Eine Änderung des polit. Systems wurde weiterhin ausgeschlossen. Präs. der Volksrepublik war 1983–1988 *Li Xiannian*, 1988–1993 *Yang Shangkun*. 1993 übernahm der Parteichef *Jiang Zemin* zusätzlich das Amt. Neuer Min.-Präs. wurde 1998 *Zhu Rongji*.

Chinchareich ['tʃintʃa-], um 1000 n. Chr. nach dem Untergang des *Huari-Reiches* durch ein polit. Bündnis mehrerer Fürsten an der südperuan. Küste entstandenes Reich; es umfaßte die Flußtäler Chincha, Pisco, Ica u. Nazca, die durch eine einheitl. Kultur, die sog. Ica-Kultur, miteinander verbunden waren. Typisch bei der Keramik dieser Kultur ist ein hochwandiger Teller mit polychromer Bemalung, die Textilmuster nachahmt. Wirtschaftsgrundlage waren ein umfangreicher

Die Chinesische Mauer bei Peking (historische Darstellung)

Bewässerungsfeldbau sowie Fernhandel, der durch eine intensive Küstenschiffahrt mit Balsaflößen begünstigt wurde. Die reichverzierten Kielschwerter dieser Schiffe, aus Hartholz, sind noch zahlreich erhalten.

Chinesische Mauer [çi-], *Große Mauer*, chin. *Wanli changcheng* [„lange Mauer von 10000 Li"], das größte Befestigungswerk der Erde; diente dem Schutz Chinas vor Nomadeneinfällen aus dem Norden. Die C. M. wurde im 3. Jh. v. Chr. unter dem „Ersten Kaiser" Qin Shihuangdi angelegt, indem man vorhandene Schutzwälle der Staaten Qin, Zhao u. Yan verband u. erweiterte. Spätere Dynastien setzten die Arbeiten fort. In ihrer heutigen Form geht die C. M. auf die Zeit der Ming-Dynastie (14./15. Jh.) zurück. Nach dem 16. Jh. verfiel sie. Einige Abschnitte sind in jüngster Zeit restauriert worden. Die Entfernung vom westlichsten Punkt bei Jiuquan (Prov. Gansu) bis zum östlichsten bei Shanhaiguan (am Gelben Meer) beträgt rd. 2500 km, doch kann man wegen der Windungen, Verzweigungen u. Verstärkungsarme mit einer Gesamtlänge von 5000–10 000 km rechnen. Der westl. Teil besteht meist aus gestampfter Erde, der östl. aus Steinen. In dem restaurierten Teilstück nördl. von Peking ist die C. M. 6, 6 m hoch, am Boden 6,5 m u. oben 5,5 m breit. In Abständen von 140 m befanden sich Wachttürme. – B S. 151.

chinesisch-japanische Kriege [çi-] → japanisch-chinesischer Krieg 1894/95, → japanisch-chinesischer Krieg 1937–1945.

Ch'ing, *Ts'ing*, chines. Dynastie, → Qing.

Ch'ing-lien-kang-Kultur → Qingliangang-Kultur.

Ch'in Shih Huang-ti, *Ts'in Schihuangti* → Qin Shihuangdi.

Chiòggia [ki'odʒa], italien. Stadt in Venetien, auf Pfahlrosten auf einer Insel am Südende der Lagune von Venedig erbaut, 24000 Ew. Im sog. *Chiòggia-Krieg* (1379–1381) behauptete Venedig im Turiner Frieden vom 8. 8. 1381 das Adriamonopol u. die levantin. Besitzungen gegen eine starke Koalition von Gegnern, die König Ludwig von Ungarn (mit Österreich, Görz, Aquileja, Padua u. insbes. dem Erzfeind Venedigs, Genua) aufgeboten hatte. Dalmatien ging an Ungarn, Triest an Aquileja, Zypern u. das Schwarze Meer an Genua verloren.

Chirac [ʃi'rak], Jacques, französ. Politiker (Gaullist), *29. 11. 1932 Paris; seit 1971 verschiedene Ministerposten, 1974–1976 u. 1986 bis 1988 Premier-Min., 1976–1981 u. 1982–1994 Vors. der Partei RPR *(Rassemblement pour la République)*, 1977–1995 auch Bürgermeister von Paris, seit 1995 Staatspräsident.

Chlodio ['klo:-], *Chlojo*, König eines Teils der salischen Franken, wahrscheinl. aus dem Geschlecht der Merowinger, ca. 425 bis ca. 455.

Chlodwig, ['klo:d-], *Chlodowech*, Frankenkönige aus dem Geschlecht der *Merowinger*: **1.** *C. I.*, Teilkönig der salischen Franken ab 482, *466, †27. 11.(?) 511; Sohn Childerichs I.; wurde durch Siege über den röm. Statthalter Syagrius (486 bei Soissons), die Alemannen (506) u. die Westgoten (507) zum Begründer des *Frankenreichs*; ließ sich um 498 in Reims (durch Bischof Remigius) katholisch taufen; nach seinem Tod wurde das Reich unter seine vier Söhne geteilt. Mit C. begann eine neue Epoche der europ. Geschichte, in der sich das Schwergewicht vom Mittelmeerraum nach Mitteleuropa verlagert; erstmalig verbanden sich in seinem Reich german. Königtum, röm. Staatsgewalt u. kath. Christentum.

2. *C. II.*, *633, †657; König von Neustrien u. Burgund 639–657, Sohn Dagoberts I., Vater Chlotars III.

Chlothar, ['klo:-], *Clotachar*, Frankenkönige aus dem Geschlecht der *Merowinger*: **1.** *C. I.*, König 511–561, *498, †561; Sohn Chlodwigs I., erbte nach dessen Tod das Teilreich um Soissons; eroberte 531 mit Hilfe seines Halbbruders Theuderich Thüringen u. 532–534 Burgund. Durch den Tod seiner Brüder u. Neffen konnte C. 558 das gesamte Frankenreich vereinigen, das nach seinem Tod jedoch erneut geteilt wurde.

2. *C. II.*, König 584–629, Sohn Chilperichs I., vereinigte nach seinem Sieg über die Königin Brunhilde (613) das gesamte Frankenreich; mußte 614 im *Edictum Chlotarii* dem Adel weitgehende Zugeständnisse machen.

3. *C. III.*, König von Neustrien u. in Burgund 657–673, †673, Sohn Chlodwigs II., unter ihm war das Gesamtreich für kurze Zeit (661/62) vereinigt. Seine Mutter *Balthilde* (†680) u. der Hausmeier *Ebroin* (†680/81) führten für ihn die Regierung.

Chlothilde [klo-], *Chrodechilde*, Heilige, burgund. Königstochter, *um 475, †3. 6. 544 Tours; Königin der Franken durch ihren Gatten Chlodwig I., an dessen Bekehrung sie Anteil hatte. Fest: 3. 6.

Chmielnicki [xmjɛl'nitski], russ. *Chmelnickij*, ukrain. *Chmelny(t)zkij*, Bohdan Michajlowitsch, ukrain. Nationalheld, Kosakenhetman der Ukraine, *um 1595, †6. 8. 1657 Tschigirin; sagte sich 1648 mit der Ukraine von Polen los, schlug wiederholt poln. Heere; vereinbarte 1654 im Vertrag von Perejaslawl den Anschluß der Ukraine an Rußland.

Choiseul [ʃwa'zœl], Étienne François, Herzog von C.-Amboise, Marquis de Stainville, französ. Politiker, *28. 6. 1719 Stainville, †8. 5. 1785 Paris; Günstling der Madame Pompadour, 1758–1770 Staatssekretär des Auswärtigen, führte in Heer u. Marine Reformen durch; verbot den Jesuitenorden in Frankreich; vermittelte die Heirat zwischen dem Dauphin u. Marie Antoinette. 1770 auf Veranlassung der Dubarry gestürzt.

Chola-Dynastie [tʃ-], *Tschola, Cola*, vom 9.–13. Jh. mächtigste südind. Dynastie, 1025 unter König Rajendra Chola Flottenexpedition nach Sumatra u. Malaysia.

Choltitz ['kɔl-], Dietrich von, Offizier, *9. 11. 1894 Schloß Wiese, Oberschlesien, †4. 11. 1966 Baden-Baden; lehnte als Wehrmachtbefehlshaber in Paris (7.–24. 8. 1944) Hitlers Befehl zur Zerstörung der Stadt ab u. übergab Paris kampflos an die Alliierten.

Cholula [tʃɔ-; aztek. *chollollan*, „Ort des Laufens"], *San Pedro C.*, mexikan. Ort westlich von Puebla, rd. 15000 Ew.; in vorspanischer Zeit eine der bedeutendsten Städte (religiöses Zentrum, Handelsmetropole) des mexikan. Hochlandes nach dem Untergang von *Teotihuacan* u. vermutlich das Zentrum der polychromen sog. Mixteca-Puebla-Keramik. Die große Pyramide in C. ist mit 55 m Höhe u. einer Grundfläche von 16 ha das größte Einzelbauwerk Altamerikas. Nach der ersten kleinen präklassischen Konstruktion ist sie durch vier nachträgliche Überbauungen gewachsen. Geweiht war sie dem Gott *Quetzalcoatl*, der besonderen Schutzgottheit C.s. Auf ihrer Plattform steht die kolonialspan. Kirche „Nuesta Señora de los Remedios". In den letzten Jahren haben Rekonstruktionen des Pyramidenkomplexes u. umfangreiche Ausgrabungen, die stollenartig in dem Pyramidenhügel angelegt wurden, sein Inneres erschlossen; dabei wurden farbenprächtige Wandgemälde entdeckt.

Vom 3.–7. Jh. bestanden enge kulturelle Verbindungen zwischen C. u. Teotihuacan sowie Kulturen der Golfküste. Später war das Gebiet von C. von den Olmeca-Xicalanca (sog. histor. Olmeken) besetzt, die 1292 von chichimek. *Tolteken* vertrieben wurden. Aus der Eroberungsgeschichte ist C. bekannt durch das große Massaker, das Cortéz unter dem Adel u. den Kriegerkasten der Stadt 1519 veranstaltete. C. blieb auch während der span. Kolonialzeit ein wichtiger religiöser Ort, wie der Bau von 365 Kirchen u. Kapellen beweist.

Chomeini [xɔ'mɛini], *Khomeini*, Ruhollah Mussawi, eigentl. R. M. *Hendi*, iranischer Religionsführer u. Politiker, *24. 9. 1902 Khomein bei Isfahan, †3. 6. 1989 Teheran; aus einer schiitischen Gelehrtenfamilie stammend, studierte C. 1914–1927 Theologie, islamische Rechtswissenschaften, Astronomie, Philosophie u. Gnosis in Isfahan, Arak u. Gom, wo er dann als Religionslehrer tätig war. Schon unter Schah Riza u. vollends unter dessen Sohn Mohammed Riza, der Einfluß u. Landbesitz der Mullahs beschränken wollte, agitierte C. gegen das Schah-Regime in Iran. Nach seiner Verhaftung u. Abschiebung in die Türkei 1963/64 ging er 1965 nach Irak u. organisierte von dort aus den Widerstand gegen den Schah, der 1978 seinen Einfluß in Irak geltend machte, worauf C. das Land verlassen mußte u. sich in der Nähe von Paris niederließ. Hier schürte er die beginnende iranische Revolution weiter, bis im Januar 1979 der Kaiser u. die Kaiserin Iran verlassen mußten u. er in seine Heimat zurückkehrte. In einer Volksabstimmung entschied sich die Mehrheit des iran. Volkes für die Rep., woraufhin C. die „Islamische Rep. Iran" proklamierte (April 1979). Eine vom Volk gebilligte neue Verfassung räumte der islamischen Geistlichkeit eine führende Stellung im Staatsapparat ein, wobei C. die aus der schiitischen Lehre abgeleitete Position als *Vali-e-Faghik* („der herrschende Gottesgelehrte") eingeräumt wurde, dem in allen polit. u. religiösen Fragen eine letzte Entscheidungsbefugnis zusteht. – Bei der Geiselnahme in der amerikan. Botschaft 1979–1981 stellte sich C. hinter die Forderung der Geiselnehmer, die die Auslieferung des Schahs verlangten.

Choresm [xɔ-], Oblast in Usbekistan, am unteren Amudarja, 6300 km², 919000 Ew. Hptst. *Urgentsch*; altes Kulturland. Die 1937–1947 von S. P. *Tolstow* durchgeführten Expeditionen gaben Aufschluß über die Frühgeschichte von C.

C. *(Chorezm, Choresmien, Chwarizm, Chwarezm)* war schon im 4. Jh. v. Chr. als selbständiger Staat bekannt. Im 8. Jh. n. Chr. von den Arabern erobert u. islamisiert, 1043–1194 dem Seldschukenreich angegliedert, dann Zentrum des Reichs der Choresmischen Schahs (bis 1220); unter dem Mongolensturm Kulturverfall, Teil des Reichs der Goldenen Horde. 1388 von Timur unterworfen, wurde Ende des 19. Jh. russ. 1924 kam das Gebiet zur Usbekischen SSR.

Chorsabad [xor-] → Khorsabad.

Chosroes, [xɔ-], Name mehrerer sassanidischer Könige: **1.** *C. I. Anuschirvan* [pers., „unsterbliche Seele"], Großkönig 531–579; einer der bedeutendsten sassanidischen Herrscher; reorganisierte Heer- u. Steuerwesen; führte mehrere erfolgreiche Feldzüge gegen Byzanz.

2. *C. II. Aparvez* [pers., „der Siegreiche"], Großkönig 590–628; unter ihm erreichte das Sassanidenreich seine größte Ausdehnung. C. führte langjährige Kriege gegen Byzanz, das zuletzt unter Kaiser Heraklios die Oberhand behielt. Bei einer Revolte, angeführt durch seinen Sohn *Scheroes*, wurde C. II. getötet. Er u. seine Gattin *Schirin*, eine Christin, sind in der persischen Dichtung ein vielbesungenes Paar.

3. *C. III.*, Neffe von 2), regierte für kurze Zeit (bis 630) nach dem Tode C. II. im Ostteil des Reiches; wurde ermordet.

4. *C. IV.*, regierte etwa 630–632.

Chotek ['xɔtɛk], Sophie Gräfin, *1. 3. 1868 Stuttgart, †28. 6. 1914 Sarajevo; morganat. Ehe mit dem österr. Thronfolger Franz Ferdinand, 1909 wurde sie in den erbl. Fürstenstand mit dem Namen „von Hohenberg" u. im gleichen Jahr zur Herzogin von Hohenberg erhoben. Mit Franz Ferdinand in Sarajevo ermordet.

Chou, *Tschou,* chines. Dynastie, → Zhou.

Chouans [ʃwã; frz., „Nachteulen"], königstreue Aufständische gegen die Französ. Revolution in der Bretagne u. rechts des Unterlaufs der Loire; die C. zettelten, zuweilen mit engl. Unterstützung, zahlreiche Aufstände gegen die Republik u. Napoleons I. Kaiserreich an, wurden zwar 1796 geschlagen, kämpften aber noch nach der Rückkehr Napoleons 1815 gegen diesen; ihre Anführer wurden von den Bourbonen zu hohen Offizieren erhoben.

Chou En-lai, *Tschou Enlai* → Zhou Enlai.

Chou-kou-tien, vorgeschichtl. Fundort, → Zhoukoudian.

Chremonides [çrɛ-], athen. Politiker, veranlaßte den nach ihm benannten *Chremonideischen Krieg* von 267–261 v. Chr., in dem unter seiner Leitung Athen, Ptolemaios II. von Ägypten u. Areus von Sparta gegen Makedonien zu Felde zogen, um die makedon. Herrschaft über Athen zu brechen. Der Krieg endete jedoch mit der Besetzung Athens (263/62 v. Chr.) durch Antigonos II. Gonatas von Makedonien.

Christentum, auf dem Boden des Spätjudentums u. in der Umwelt des Hellenismus entstandene Glaubensbewegung, die sich auf Jesus von Nazareth, den *Christus,* als ihren Stifter beruft. Das C. hat seinen Ursprung in der judenchristl. Gemeinde zu Jerusalem. Vor allem durch die Missionstätigkeit u. die Theologie des Apostels *Paulus* wurde das Bekenntnis zu Christus rasch in der hellenistischen Welt heimisch u. breitete sich trotz mehrerer → Christenverfolgungen im Gebiet des Röm. Reichs aus. In der Auseinandersetzung mit dem Staat u. der Umwelt bildeten sich die Glaubensbekenntnisse als Zusammenfassung der biblischen Verkündigung u. das Bischofsamt als Ausleger des Kanons der Bibel Alten u. Neuen Testaments heraus. Die Duldung des C.s durch *Konstantin* (Mailänder Edikt) bedeutete eine Vorstufe zur späteren Anerkennung als Staatsreligion (380). In langen dogmatischen Kämpfen formierte sich auf den ökumen. Synoden die christl. Lehre, wobei jedoch der Gegensatz zwischen westl. u. östl. Denken immer stärker zutage trat, bis die längst eingetretene Entfremdung 1054 zum endgültigen Bruch zwischen Rom u. Byzanz führte. Der Übertritt der german. Stämme zum C. u. die Vorherrschaft der Franken sowie die Verbindung des dt. Königtums mit der Idee des röm. Kaisertums vermittelten dem C. starke national-german. Einflüsse. Die durch den vordringenden Islam im Mittelmeerraum erlittenen Verluste konnte das C. durch erfolgreiche Missionstätigkeit unter Kelten, Nordgermanen, Slawen u. Ungarn wettmachen. Dem Höhepunkt der polit. Macht des abendländ. christl. Kaiserreichs folgte eine Blüte der christl. Wissenschaft *(Scholastik)* u. Kunst *(Romanik, Gotik).* Verfallserscheinungen der spätmittelalterl. Kirche führten zu innerkirchl. Reformversuchen. Die tiefgreifenden Wandlungen der Neuzeit prägten auch die weitere Entwicklung des C.s in Europa. Die mittelalterl. Einheit des abendländischen C.s löste sich in der von *Luther* ausgehenden *Reformation* auf, die zur Entstehung eines evangelischen C.s verschiedener kirchl. Formen führte. Lehre u. Praxis beider Konfessionen entfalteten sich seither in der Auseinandersetzung mit dem fortschreitenden Säkularisierungsprozeß der Moderne. Seit der Entdeckung neuer Weltteile im 16. Jh. lebte die Missionstätigkeit der Kirche wieder auf. In der Gegenwart gehen von den selbständig werdenden „Jungen Kirchen" in den Entwicklungsländern neue Impulse aus. Eine Annäherung der verschiedenen christl. Bekenntnisse wollen die ökumenische Bewegung u. das 2. Vatikan. Konzil fördern. Für das C. der Neuzeit in der westl. Welt ist kennzeichnend, daß C. u. Kirche nicht mehr in jedem Fall identisch sind, so daß weithin ein Nebeneinander der mehr oder weniger christl. bestimmten Haltung des einzelnen u. des Lebens der verfaßten Kirchen besteht. Dies wird an der gewandelten Wortbedeutung sichtbar: Noch im 18. Jh. bezeichnet C. die Praxis des Glaubens, während C. ab 1850 zum Ausdruck christl. Gesinnung wird, die Kirche nicht mehr unbedingt braucht.

Christenverfolgungen, zunächst die vom röm. Staat ausgegangenen Verfolgungen des Christentums, bes. unter den Kaisern Nero, Decius, Valerian u. Diocletian; in der Weigerung der Christen, dem Kaiser bzw. seiner Statue religiöse Ehren zu erweisen, erblickte der Staat eine Majestätsbeleidigung. Die Duldung des Christentums durch das Edikt von Mailand 313 brachte das Ende der C. im Röm. Reich. Im MA fanden C. seitens heidn. Völker, wie Slawen u. Normannen, sowie des Islams bei seinem Vordringen in Europa statt. Die Neuzeit erlebte C. in allen Weltteilen infolge des Totalitätsanspruchs nationalist. oder bolschewist. Bewegungen.

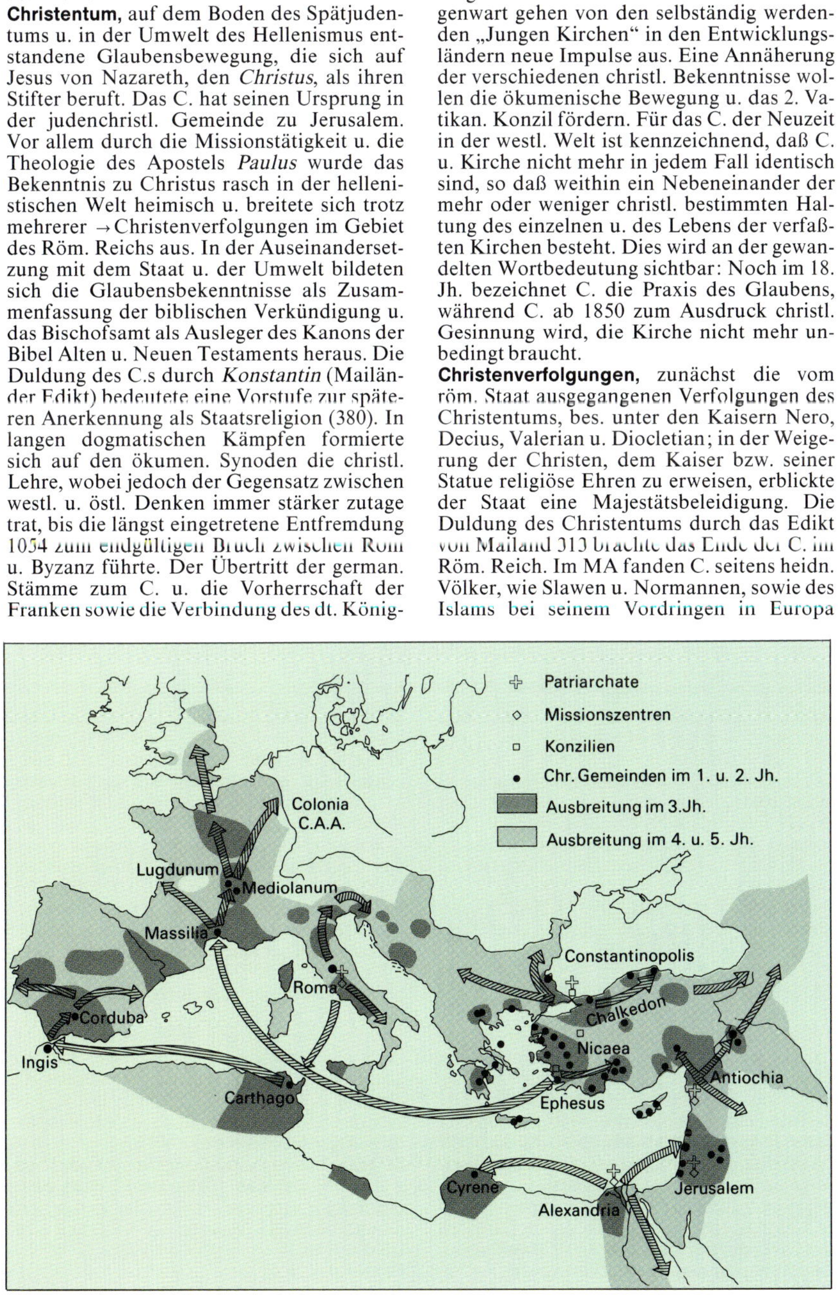

Die Ausbreitung des Christentums

Christian IV. von Dänemark

Christian, Fürsten. Anhalt-Bernburg: **1.** *C. I.,* Fürst von Anhalt seit 1586, von Anhalt-Bernburg seit 1603, *11. 5. 1568 Bernburg, †17. 4. 1630 Bernburg; lutherisch erzogen, bekannte sich unter dem Einfluß Heinrichs IV. von Frankreich seit 1592 zum Calvinismus, den er später auch in Anhalt-Bernburg einführte. 1595–1620 Ratgeber der pfälz. Kurfürsten; Mitgründer der prot. Union; befehligte das Heer Friedrichs V. von der Pfalz in der Schlacht am Weißen Berge (1620).

Brandenburg-Bayreuth: **2.** *C. Ernst,* Markgraf seit 1655, *27. 7. 1644 Bayreuth, †10. 12. 1712 Erlangen; trat nach sorgfältiger Erziehung durch seinen Obervormund, den Großen Kurfürsten, 1661 die Regierung an; machte Bayreuth zum Verwaltungszentrum; baute für geflüchtete Hugenotten die Stadt Christian-Erlang; bewährte sich in mehreren Feldzügen gegen Frankreich.

Braunschweig: **3.** *C. der Jüngere,* Herzog von Braunschweig-Wolfenbüttel, Administrator von Halberstadt 1616–1624 („der tolle Halberstädter"), *20. 9. 1599 Gröningen bei Halberstadt, †16. 6. 1626 Wolfenbüttel; kämpfte im Dreißigjährigen Krieg auf prot. Seite im Dienst von Moritz von Oranien, Friedrich V. von der Pfalz u. Christian IV. von Dänemark.

Dänemark: **4.** *C. I.,* König 1448–1481, in Norwegen seit 1450, in Schweden seit 1457; *1426, †21. 5. 1481 Kopenhagen; Graf von Oldenburg u. Delmenhorst; wurde 1460 in Ripen zum Herzog von Schleswig u. Grafen von Holstein gewählt. Stammvater des noch heute regierenden Königshauses; gründete 1479 die Universität Kopenhagen.

5. *C. II.,* Enkel von 4), König von Dänemark, Norwegen u. Schweden 1513–1523, *1. 7. 1481 Nyborg, †25. 1. 1559 Kalundborg; das von ihm befohlene *Stockholmer Blutbad* 1520 löste die Freiheitsbewegung Schwedens u. dessen Trennung von Dänemark aus. Gegen die Vorherrschaft des Adels bediente er sich der Hilfe der niederen Stände. 1523 wurde er aus Dänemark vertrieben. Spätere Versuche, die verlorene Herrschaft wiederzugewinnen, scheiterten.

6. *C. III.,* König 1534–1559, *12. 8. 1503 Gottorf, †1. 1. 1559 Koldinghus; mußte nach der Wahl sein Königreich erobern; Anhänger der Reformation, die er als Herzog 1528 zunächst in Nordschleswig, nach seiner Thronbesteigung 1536 auch in Dänemark u. 1542 in Schleswig u. Holstein einführte. Durch die *Säkularisation* des Kirchengutes verdreifachte er die Bruttoeinnahmen der Krone.

7. *C. IV.,* Enkel von 6), König 1596–1648, *12. 4. 1577 Frederiksborg, †28. 2. 1648 Kopenhagen; suchte im Kampf gegen Schweden die dän. Herrschaft über die Ostsee zu erlangen u. durch sein Eingreifen in den Dreißigjährigen Krieg in Norddtschld. territoriale Eroberungen zu machen, was jedoch mit einem Mißerfolg endete (1626 Niederlage gegen Tilly bei Lutter am Barenberg, Friede von Lübeck 1629). C. förderte Industrie u. Handel; gründete 1624 Christiania neben der alten Stadt Oslo.

8. *C. V.*, König 1670–1699, *15. 4. 1646 Flensburg, †25. 8. 1699 Kopenhagen; führte zusammen mit dem Großen Kurfürsten 1675–1679 Krieg gegen Schweden; erließ 1683 das *Danske Lov*, ein umfassendes Gesetzbuch.

9. *C. VIII.*, König 1839–1848, *18. 9. 1786 Kopenhagen, †20. 1. 1848 Kopenhagen; wurde 1814 zum Erbkönig von Norwegen gewählt, mußte aber auf Verlangen der Großmächte der Krone entsagen; förderte Kunst u. Wissenschaft, bemühte sich vergebens, die nationalen Gegensätze zwischen Deutschen u. Dänen auszugleichen. Die Schleswig-Holsteiner empfanden den 1846 von ihm erlassenen „Offenen Brief", der die dän. Gesamtmonarchie durch einheitl. Erbfolge zu erhalten suchte, als Vertrauensbruch.

10. *C. IX.*, König 1863–1906, *8. 1. 1818 Gottorf, †29. 1. 1906 Kopenhagen; Sohn Herzog Wilhelms von Schleswig-Holstein-Sonderburg-Glücksburg; wurde durch das Thronfolgegesetz von 1852 als Erbprinz von Dänemark bestätigt, jedoch ohne die Zustimmung in Schleswig-Holstein u. Lauenburg; mußte nach seinem Regierungsantritt die eider-dän. Verfassung unterzeichnen, die den Krieg von 1864 auslöste.

11. *C. X.*, Enkel von 10), König 1912–1947, *26. 9. 1870 Charlottenlund, †20. 4. 1947 Kopenhagen; führte 1915 die demokrat. Verfassung *(Grundloven)* ein; bewahrte im 1. Weltkrieg Dänemarks Neutralität u. verhinderte 1940 beim dt. Einmarsch den aussichtslosen offenen Kampf.

Mainz: **12.** *C. von Buch*, Erzbischof u. Kurfürst von Mainz 1165–1183, *1130, †25. 8. 1183 Tusculum; 1171–1183 kaiserl. Legat in Italien; tüchtiger Heerführer u. kluger Diplomat, vertrat die kaiserlichen Interessen geschickt u. tatkräftig in Dtschld., Italien u. Byzanz.

Norwegen: **13.** = Christian II. von Dänemark; → Christian (5).

Schweden: **14.** = Christian II. von Dänemark; → Christian (5).

Christine, Fürstinnen: **1.** Königin von Schweden 1632–1654, *17. 12. 1626 Stockholm, †19. 4. 1689 Rom; Tochter Gustavs II. Adolf; war hochbegabt, genoß eine gründl. wissenschaftl. u. polit. Ausbildung, versammelte Künstler u. Gelehrte um sich, stand im Briefwechsel mit Descartes. C. erwies sich als eine energische u. zielbewußte Regentin. Umstritten u. nicht ganz geklärt sind die Beweggründe, aus denen sie zum Katholizismus übertrat u. die Krone niederlegte (nach der Verordnung von Örebro 1617 durfte kein Katholik schwed. König sein). Sie verließ nach dem Thronverzicht Schweden u. lebte seitdem meist in Rom.

2. *Maria C.*, Königin von Spanien, → Maria (14).

Christlich Demokratische Union, Abk. *CDU*, polit. Partei in der BR Dtschld., 1945 als christl. Partei auf überkonfessioneller Grundlage gegründet. Gründungszentren waren Berlin (A. *Hermes*, W. Schreiber, J. *Kaiser*, E. *Lemmer*) u. das Rheinland (K. *Arnold*, R. *Lehr*, K. *Adenauer*). Seit 1948 im Verwaltungsrat des Vereinigten Wirtschaftsgebiets (u. a. durch H. *Pünder* u. H. *Schlange-Schöningen*) u. von 1949 bis 1969 in der Bun-

Christine von Schweden

desregierung (durch die Kanzler K. Adenauer, L. *Erhard*, K. G. *Kiesinger* u. viele Minister) maßgeblich am Aufbau u. an der polit. Entwicklung der BR Dtschld. beteiligt.

Nach dem antikapitalistisch ausgerichteten *Ahlener Programm* (1947) setzte sich 1949 L. Erhards Konzept der „sozialen Marktwirtschaft" in der Gesamtpartei durch. 1953 folgte das Bekenntnis zur Integration der BR Dtschld. in das westliche Bündnissystem. Mit diesen Leitlinien arbeitete die Partei weiter, gestützt auf ein „christliches Menschenverständnis" u. unter Betonung der Grundwerte Freiheit, Gerechtigkeit u. Solidarität. Mit Aufgreifen der „Neuen sozialen Frage" wurde 1975 die Übermacht organisierter Interessen gegenüber schwächeren gesellschaftlichen Gruppen als wichtige sozialpolitische Konfliktlage erkannt.

Neben der Chancengleichheit setzt sich die Partei für das Prinzip der Subsidiarität im Bereich der Sozialpolitik ein u. bemüht sich um eine bewußte Stärkung der Familie. Sie befürwortet ein gegliedertes, durchlässiges Bildungssystem. Ihre Haltung zum Extremistenbeschluß (1972) betonte ihr engagiertes Eintreten für die demokratische Ordnung. Ihr außenpolitisches Engagement gilt u. a. der europäischen Einigung u. dem Bündnis mit den USA. Die 1990 realisierte deutsche Einheit war höchstes Ziel ihrer Deutschlandpolitik.

Die CDU stellt in mehreren Ländern den Regierungschef. Im Oktober 1982 gelangte die CDU durch den Bruch der soziallliberalen Koalition wieder zu Regierungsverantwortung im Bund, seitdem besteht ein Regierungsbündnis mit der FDP. Mit H. *Kohl* stellte sie zum vierten Mal den Kanzler. Seit den Bundestagswahlen von 1994 ist sie mit 244 Abg. im Parlament vertreten.

Die CDU stützt sich auf alle Berufsschichten u. hat Parteiorganisationen in allen Ländern der BR Dtschld. mit Ausnahme Bayerns; dort verfolgt die CSU ähnl. Ziele. Im Bundestag bilden CDU u. CSU seit 1949 eine gemeinsame Fraktion.

Partei-Vors. ist seit Juni 1973 H. Kohl, Generalsekretär seit 1992 P. *Hintze*. Die CDU hatte 1997 rd. 650 000 Mitgl.

Die 1945 in der sowjet. Zone gegründete CDU hatte schon 1948 unter dem Druck der Besatzungsmacht ihre Selbständigkeit eingebüßt. Sie ordnete sich seit 1949/50 als Blockpartei der SED unter. Nach der Umwälzung in der DDR 1989 trat sie aus dem Demokr. Block aus u. nahm enge Kontakte zur CDU der BR Dtld. auf. Sie schloß mit der DSU u. dem DA das Wahlbündnis *Allianz für Deutschland*, wurde in der Volkskammerwahl am 18. 3. 1990 stärkste Partei u. stellte in der Reg. der DDR den Min.-Präs. (L. de *Maizère*) u. 10 Minister. Die Vereinigung mit der CDU der BR Dtld. wurde 1990 vollzogen.

Christlichdemokratische Volkspartei, Abk. *CVP*, bis 1970 *Konservativ-christlichsoziale Volkspartei*, gegr. 1912 als *Schweizerische Konservative Volkspartei*. Die CVP ist an ihre christl. Weltanschauung gebunden u. bes. in den kath. Kantonen stark.

Christlichsoziale Partei, 1. im Dt. Reich 1878 von Hofprediger Adolf *Stoecker* gegr. ev. Partei (ursprüngl. *Christlichsoziale Arbeiterpartei*). Sie sollte ein ev. Gegengewicht zum *Zentrum* bilden u. die Arbeiterschaft mit der Monarchie aussöhnen; wandte sich gegen Liberalismus u. Sozialismus; zeitweise waren auch antisemit. Tendenzen stark vertreten. Zunächst in organisator. Verbindung mit der Konservativen Partei, löste sich Stoecker 1896 völlig von ihr. Seine Bewegung blieb bedeutungslos, wurde von Kaiser Wilhelm II. bekämpft u. errang nur ein Reichstagsmandat. Stoeckers Anhänger arbeiteten in der Deutschkonservativen u. später in der Deutschnationalen Volkspartei (DNVP) weiter. Sie trennten sich 1928 aus Protest gegen A. *Hugenbergs* Politik von der DNVP u. schlossen sich mit den süddt. Christlich-Sozialen zum *Christlich-Sozialen Volksdienst* zusammen.

2. österr. Partei, aus dem 1887 gegr. *Christlich-sozialen Verein* hervorgegangen, 1891 als Partei konstituiert; verfolgte eine demokrat., kleinbürgerl. u. antisemit. Politik, verdankte ihren Aufschwung Karl *Lueger*. 1907–1911 stärkste Partei im österr. Reichsrat, 1918–1934 Regierungspartei in der 1. Republik. 1934 ging sie in der *Vaterländischen Front* auf.

Christlich-Soziale Union, Abk. *CSU*, **1.** *Christlich-Soziale Union*, 1945 u. a. von A. *Stegerwald*, J. *Müller* u. A. *Hundhammer* gegr. christl. Partei auf überkonfessioneller Grundlage mit dem Anspruch, von Bayern aus Deutschland u. Europa im Sinne abendländ. Kultur mitzugestalten; beschränkt sich organisatorisch auf Bayern u. ist (mit Ausnahme von 1954–1957) dort führende Regierungspartei. Ministerpräsidenten: H. *Seidel*, H. *Erhard*, A. *Goppel*, F. J. *Strauß*, M. *Streibl* und E. *Stoiber*. Die CSU bildete im Wirtschaftsrat u. im Parlamentarischen Rat mit der CDU eine gemeinsame Fraktion. Dies wurde im Bundestag fortgesetzt. Die Partei betont dabei ihre Eigenständigkeit durch eine organisatorisch unabhängige Landesgruppe in Bonn. Wegen unzureichender Berücksichtigung des Föderalismus stimmte sie 1949 gegen die Annahme des Grundgesetzes. Die CSU war 1949–1969 u. ist seit 1982 an der Bundesregierung beteiligt (u. a. W. *Dollinger*, H. *Höcherl*, I. *Kiechle*, H. *Klein*, F. *Schäffer*, O. *Schneider*, F. J. *Strauß*, T. *Waigel*, J. *Warnke*, F. *Zimmermann*). Sie hatte 1997 rd. 180 000 Mitglieder. Seit den Bundestagswahlen von 1994 ist sie mit 50 Abgeordneten im Parlament vertreten. Parteivorsitzender ist T. Waigel (seit 1988). Als Volkspartei stützt sich die CSU auf Wähler aller gesellschaftl. Gruppen u. vertritt in der Zusammenarbeit mit ihrer Schwesterpartei CDU in vielen Bereichen die konservativeren Positionen. Mit der zeitweisen Drohung einer bundesweiten Ausdehnung (Kreuther Beschluß) der CSU u. der Kandidatur von F. J. Strauß als gemeinsamem Kanzlerkandidaten der Union 1980 unterstrich die Partei ihren bundespolit. Anspruch, der durch ihr Auftreten im Bundesrat zur Geltung kommt. Die absolute Mehrheit im bayer. Landtag erlaubt der Partei eine relativ eigenständige Landespolitik. 1993 verabschiedete die CSU ein neues Grundsatzprogramm.

2. Eine Splitterpartei gleichen Namens, die im Saargebiet existierte.

3. eine Listenverbindung zur Bundestagswahl 1957 der damaligen christlichen Konkurrenzpartei der CDU im Saargebiet, der *Christlichen Volkspartei* (CVP), mit der CSU.

Christoph, Fürsten. Baden: **1.** *C. I.*, Markgraf von Baden 1475–1515, *13. 11. 1453, †19. 3. 1527 Hohenbaden; vergrößerte

Nikita Chruschtschow (links) mit dem indischen Premierminister Nehru

durch Erwerbungen (in der Ortenau, im hochberg-sausenberg. Gebiet, in Luxemburg) seinen Territorialstaat um das Doppelte, den er durch Verwaltungsreformen, Rezeption des röm. Rechts sowie Förderung von Handel u. Gewerbe modernisierte; von Maximilian I. 1488 zum Gouverneur von Luxemburg, 1496 zum Statthalter von Verdun ernannt; zog sich dann nach Luxemburg zurück, teilte 1515 erneut seine Länder; 1516 auf Betreiben seiner Söhne entmündigt.
Dänemark: **2.** *C. II.*, König 1320–1326 u. 1329/30, *29. 9. 1276, †2. 8. 1332 Nyköbing auf Falster; Sohn Erich Klippings, hatte als erster der dän. Könige vor seiner Wahl eine in Nordeuropa beispielgebende „Handfeste“ (Wahlkapitulation) zu besiegeln, die die Macht des Königs stark einschränkte u. dem hohen geistl. u. weltl. Adel weitgehende Rechte zugestand.
3. *C. III.*, Pfalzgraf bei Rhein u. zu Neumarkt, König von Dänemark seit 1440, von Schweden seit 1441, von Norwegen seit 1442, *26. 2.(?) 1416, †5./6. 1. 1448 Helsingborg; erhielt 1439 als nächster Erbberechtigter seines vertriebenen Onkels Erich von Pommern vom dän. Reichsrat die Krone angeboten; gab in Schweden dem allg. Landgesetz eine neue Fassung.
Oldenburg: **4.** Graf seit 1526, *1504, †4.8.1566 Rastede; förderte die Reformation in enger Verbindung mit Philipp von Hessen; befehligte zugunsten seines vom dän. Thron vertriebenen Vetters Christian II. in der *Grafenfehde* ein lübisches Heer, mit dem er 1534 Holstein u. Kopenhagen eroberte; Reichsverweser von Dänemark, 1536 von Christian III. geschlagen; kämpfte mit Albrecht III. von Mansfeld (*1480, †1560) im Schmalkaldischen Krieg 1546/47 u. wandte sich während des Fürstenkrieges 1552 Albrecht Alcibiades von Brandenburg-Kulmbach zu, nach dessen Tode er sich nach Rastede zurückzog.
Württemberg: **5.** Herzog seit 1550, *12. 5. 1515 Urach, †28. 12. 1568 Stuttgart; Sohn des 1519 vertriebenen Herzogs Ulrich; vollendete die Reformation Württembergs, förderte Landwirtschaft, Handel u. Gewerbe u. das Bildungswesen; bemühte sich um die Einheit der prot. Konfessionen sowie um eine Verständigung mit den Katholiken; führte dazu einen ausgedehnten Briefwechsel, z. B. mit Vergerio d. J., Albrecht von Preußen, Kaiser Maximilian II. (hrsg. von Victor Ernst, 4 Bde., 1899–1907).

Christophorus, Gegenpapst 903/04; von röm. Adeligen erhoben, schon bald von Papst Sergius III. gestürzt.

Chronik ['kro:-; grch. *chronos*, „Zeit“], Bericht über geschichtl. Vorgänge in zeitl. Anordnung, jedoch nicht auf der Grundlage der Kalender-Jahre *(Annalen)*, sondern im größeren chronologischen Zusammenhang der Regierungszeiten von Königen, Päpsten u. ä. – Im MA zunächst nur lat., dann in dt. Reimen (*Kaiser-C.*, um 1150, Regensburg), schließl. (14. Jh.) in Prosa (*Städte-* u. *Landes-C.en*). Eine *Welt-C.* will die gesamte Weltgeschichte behandeln; die *Reim-C.* ist in Versen abgefaßt, die *Bilder-C.* mit Abbildungen versehen. Die *Skandal-C.* (*„Chronique scandaleuse“*, Titel einer um 1488 von Jean de *Roye* verfaßten Schrift) schildert die Narrheiten oder Verderbtheiten (Sittenauswüchse) einer Zeit oder eines Ortes.

Chronologie [kro-; grch., „Zeitkunde“], die Lehre vom Zeitbegriff u. von der Zeitmessung u. Zeiteinteilung in verschiedenen Kulturepochen u. bei verschiedenen Völkern. Als wichtige histor. Hilfswissenschaft versucht sie, geschichtl. Ereignisse zu datieren bzw. auf die moderne Zeitrechnung umzurechnen (absolute C.) u. das zeitl. Verhältnis mehrerer histor. Vorgänge zueinander festzustellen (relative C.). Genutzt werden dafür die in den Quellen vorkommenden Datierungshilfen wie Königs- u. Regierungslisten, Listen von Jahresnamen u. Olympioniken, Chroniken, Priesterverzeichnisse u. einzelne Ären, Angaben über gleichzeitige Ereignisse oder über astronomisch datierbare Himmelsereignisse wie Mond- u. Sonnenfinsternisse.
In der *Archäologie* erfolgt die Festlegung der relativen C. mit Hilfe stratigraphischer Beobachtungen bei Ausgrabungen, durch Fundvergleich u. durch kombinationsstatist. Verfahren. Dabei spielt der sog. *geschlossene Fund* eine große Rolle. Die absolute C. wurde früher ausschließlich durch den Vergleich relativ-chronologisch bestimmter Funde mit Fundmaterial aus historisch datierten Befunden, wie z. B. ägyptische Pharaonengräber oder das Childerichgrab, gewonnen. Heute gibt es daneben naturwissenschaftl. Methoden, z. B. die *C-14-Methode*, die *Dendrochronologie* oder die *Thermolumineszenzdatierung*, die für einzelne Gegenstände ein ungefähres Datum festlegen. Erst die statist. Verteilung vieler solcher Daten aus einer prähistor. Kultur läßt für diese die momentan genaueste absolute Datierung festlegen.

Chruschtschow [xru'ʃtʃɔf], *Chruščev*, Nikita Sergejewitsch, sowjetischer Politiker, *17. 4. 1894 Kalinowka (Gouvernement Kursk), †11. 9. 1971 Moskau; Bolschewik seit 1918, 1935 bis 1938 Erster Sekretär des Moskauer Gebiets- u. Stadtparteikomitees; 1938–1949 Erster Sekretär der KP in der Ukraine; 1939 bis 1964 Mitglied des Politbüros (seit 1952 des Präsidiums) des ZK, 1953 Erster Sekretär des ZK der KPdSU; seit 1958 auch Min.-Präs. C. schaltete 1953–1959 die gesamte aus der Stalin-Ära stammende oberste Führungsspitze mit Ausnahme Mikojans aus u. ersetzte sie durch seine Anhänger. Mit C.s Namen ist vor allem die *Entstalinisierung* verbunden. Auf seine Initiative wurde der Stalinsche Terror verurteilt, die Macht der Sicherheitsorgane beschnitten u. ein gewisses Maß an Rechtssicherheit hergestellt. Er bemühte sich um eine Auflockerung des Wirtschaftssystems u. die Hebung des allg. Lebensstandards. Außenpolitisch orientierte er die UdSSR auf Hinwendung zur Dritten Welt u. – bei fortgesetzter Aufrüstung – auf „friedliche Koexistenz“ mit dem Westen. Nach innen- u. außenpolit. Mißerfolgen (wirtschaftliche Fehlschläge, Kuba-Krise 1962) wurde C. im Okt. 1964 als Partei- u. Regierungschef abgesetzt. Im Westen erschienen Memoiren, deren Authentizität umstritten ist („C. erinnert sich“ dt. 1971).

Chubilai ['xu-], Mongolenherrscher, → Kublai Chan.

Chulalongkorn [dʒula'lɔŋkɔrn], *Rama V.*, König von Siam (Thailand) 1868–1910, *20. 9. 1853 Bangkok, †23. 10. 1910 Bangkok; setzte das von seinem Vater, König Mongkut, begonnene Werk der Modernisierung Siams zielstrebig fort (Abschaffung der Sklaverei, Eisenbahnbau, Erziehung u. a.); seine geschickte Außenpolitik verhinderte die Unterwerfung durch europ. Mächte.

Chuquimancú [tʃuki'manku], von dem Historiker Garcilaso de la *Vega* aus der Eroberungszeit Perus überlieferter Fürstenname. Das Geschlecht der C. beherrschte im 13. u. 14. Jh. die Küstentäler von Mala, Chilca u. Cañete u. wurde 1450 von den Inka unterworfen.

Churchill [t'ʃə:tʃil], Sir (1953) Winston Spencer, brit. Politiker, *30. 11. 1874 Blenheim Palace, † 24. 1. 1965 London. Der Sohn des konservativen Parteiführers Randolph C. (*1849, †1895) u. der Amerikanerin Jennie Jerome war Nachkomme des Herzogs von Marlborough. Seine Ausbildung erhielt er in Harrow u. auf der Militärakademie Sandhurst. 1897/98 war C. Offizier u. Kriegsberichterstatter in Indien u. dem Sudan, 1899/1900 im Burenkrieg. Er begann seine polit. Laufbahn 1900 als konservativer Abg., wechselte 1904

Winston Spencer Churchill

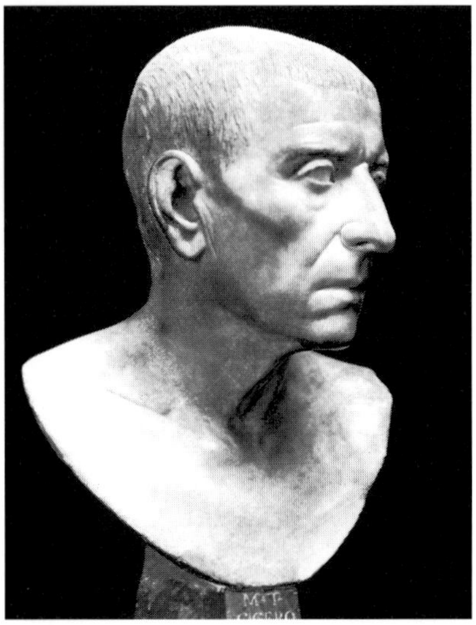

Cicero: Marmorbüste. Florenz, Uffizien

zu den Liberalen über, war mit 31 Jahren Unterstaatssekretär, mit 33 Jahren Handels-Min., kurz darauf (1910) Innen-Min., wobei er die Sozialpolitik Lloyd Georges erfolgreich unterstützte. C. stand als Erster Lord der Amiralität (seit 1911) bei Ausbruch des 1. Weltkriegs auf entscheidendem Posten, mußte aber 1915 auf Druck der Konservativen im neuen Koalitionskabinett u. nach dem Scheitern des hauptsächlich von ihm betriebenen *Gallipoli-* Unternehmens zurücktreten. Er nahm 1915/16 als Major u. Oberstleutnant am Weltkrieg teil u. wurde 1917 Munitions-Min. ohne Kabinettsrang. Als Kriegs-Min. (1919–1921) drängte er auf Unterstützung der weiß-russ. Streitkräfte, trat 1922 (als Kolonial-Min.) angesichts der Kritik an seiner Nahostpolitik zurück, verlor seinen Sitz im Unterhaus u. schrieb seine Kriegserinnerungen („Die Weltkrisis" 1924 ff.). 1924 ins Unterhaus gewählt, schloß er sich wieder den Konservativen an; 1924–1929 vertrat C. als Schatzkanzler eine strikt marktwirtschaftl. Politik, die den Problemen der brit. Wirtschaft nicht gerecht wurde.

Nach dem Sieg der Labour Party 1929 blieb C. 10 Jahre lang Unterhausmitglied ohne Staatsamt. Die unfreiwillige Pause nutzte er zu Auslandsreisen, Vorträgen u. histor.-polit. Arbeiten; er warnte schon seit 1932 vor einem Dtschld. unter Hitler u. geriet damit in Opposition zur Beschwichtigungspolitik N. Chamberlains. Bei Kriegsbeginn 1939 wurde C. wieder Erster Lord der Admiralität, 1940–1945 Premier-Min. u. Verteidigungs-Min.; in ihm erwuchs dem kriegführenden Dtschld. ein kompromißloser Gegner. Er koordinierte seit Ende 1941 die brit. Kriegsanstrengungen mit den USA. Obgleich er sich keine Illusionen über den Kommunismus machte, zog er 1942 auch die Sowjetunion in die „Anti-Hitler-Koalition". C. war so das Rückgrat der Allianz gegen Hitler, das sowjet. Vordringen in Europa vermochte er als schwächster Partner des Pakts dabei nicht zu verhindern. Obwohl C. als Staatsmann internationales Ansehen genoß, verlor seine Partei die Unterhauswahl 1945; C. mußte während der Potsdamer Konferenz zurücktreten. Als Oppositionsführer inspirierte er die Gründungen der NATO u. des Europa-Rats, propagierte das Bündnis mit den USA u. warnte vor der Gefahr der sowjet. Expansion. 1951 wurde C. erneut Premier-Min. u. trat 1955 aus gesundheitl. Gründen zurück; er blieb als Abg. des Wahlkreises Woodford Mitgl. des Unterhauses.– C. schrieb u.a. „Marlborough. His life and times" 4 Bde. 1933–1938; „Der Zweite Weltkrieg" 6 Bde. 1948–1954, dt. 1948–1954; „A history of the English-speaking peoples" 4 Bde. 1956–1958, dt. „Geschichte" 1956–1958. Er erhielt 1953 den Nobelpreis für Literatur, 1956 den Karlspreis.

Churriter [xu-] → Hurriter.

Ciano ['tʃa:no], Galeazzo, Conte di Cortellazzo, italien. Diplomat u. Politiker, * 18. 3. 1903 Livorno, † 11. 1. 1944 Verona (hingerichtet); Schwiegersohn u. zunächst Vertrauter *Mussolinis* in außenpolit. Fragen, 1935 Propaganda-Min., 1936 –1943 Außen-Min.; übte seit 1939 wachsende Kritik an Mussolinis Bindung an Hitler u. stimmte im Juli 1943 im Faschist. Großrat für die Resolution, die Mussolinis Entmachtung zur Folge hatte; wurde 1944 von einem Sondergericht in Verona zum Tode verurteilt. Seine Tagebücher (dt. 1947–1949) sind eine wichtige zeitgeschichtl. Quelle.

Cicero ['tsitsəro:], Marcus Tullius, röm. Staatsmann, * 3. 1. 106 v. Chr. Arpinum, † 7. 12. 43 v. Chr. bei Formiae; glänzender Redner, Politiker, Schriftsteller, Philosoph, der seinem Ideal des freien Staates bis zum Tod treu geblieben ist; in jungen Jahren schon einer der erfolgreichsten Anwälte Roms. 79–77 v. Chr. Studienaufenthalt in Athen u. auf Rhodos. 75 v. Chr. Quaestor in Sizilien (hielt 70 v. Chr. als Patronus der Sizilier Anklagereden gegen *Verres*), 69 v. Chr. Aedil, 66 v. Chr. Praetor; als Konsul unterdrückte er 63 v. Chr. die Verschwörung des *Catilina* u. ließ seine Anhänger hinrichten; mußte 58 v. Chr. aufgrund eines Gesetzes des P. *Clodius Pulcher* in die Verbannung gehen, wurde jedoch 57 v. Chr. unter hohen Ehren zurückgerufen; 51/50 v. Chr. Statthalter in Kilikien. Angesichts des Kampfes zwischen *Pompeius* u. *Cäsar* schwankte er lange, wessen Partei er ergreifen sollte, u. stellte sich schließlich auf Pompeius' Seite. Nach Cäsars Sieg bei Pharsalos wurde C. von ihm schonend behandelt. Nach Cäsars Ermordung 44 v. Chr. hoffte C. auf ein Wiedererstehen der Republik u. wandte sich in scharfen Reden gegen *Antonius* (*Philippicae*, „Philippische Reden", nach dem Vorbild der Reden des *Demosthenes* gegen den makedon. König Philipp). Bei Abschluß des 2. Triumvirats 43 v. Chr. erreichte Antonius daraufhin die Proskription C.s u. ließ ihn ermorden.

Cid [θid], spanischer Nationalheld, eigentlich *Rodrigo Díaz de Vivar*, * um 1043 bei Burgos, † 10. 7. 1099 Valencia; von den Arabern C. („Herr"), von den Spaniern *el Campeador* („Kämpfer") genannt, Vorbild krieger. Tapferkeit, kämpfte auf seiten der Christen, fiel bei Alfons VI. in Ungnade, stand zeitweilig im Dienste der Mauren u. schuf sich 1094 ein eigenes Herrschaftsgebiet um Valencia. Erfolgreiche Kämpfe gegen die Almoraviden.

Cincinnatus [tsintsi-], Lucius Quinctius, röm. Konsul 460 v. Chr.; wurde der Sage nach 458 v. Chr. vom Pflug geholt, um als Diktator das röm. Heer gegen die Aequer zu führen, u. kehrte nach erfüllter Aufgabe auf sein Gut zurück; wurde 439 v. Chr. erneut zum Diktator ernannt, als infolge einer Hungersnot in Rom Unruhen ausbrachen; von den röm. Historikern als Vorbild altröm. Tugenden gefeiert.

Cingiz-Han → Tschingis Chan.

Cinna ['tsi-], Lucius Cornelius, Parteigänger des *Marius* gegen *Sulla* während der röm. Bürgerkriege, * um 130 v. Chr., † 84 v. Chr.; Konsul 87–84 v. Chr.; berüchtigt wegen seiner Grausamkeit gegen polit. Gegner. Als er 84 v. Chr. in Ancona ein Heer gegen Sulla einschiffen wollte, wurde er bei einer Meuterei von Soldaten erschlagen.

cisalpinisch ['tsis-; lat., „diesseits der Alpen"], auf der röm. Seite der Alpen gelegene Gebiete des Röm. Reichs (Gegensatz: *transalpinisch*, „jenseits der Alpen"), z. B. *Gallia cisalpina*, die in der Antike von Kelten bewohnte Poebene.

Cisjordanien, das Land „diesseits" – d. h. westlich – des Jordan, im Gegensatz zu *Transjordanien*. Der Begriff C. ist geographisch nicht eindeutig festgelegt. Heute bezeichnet man als C. meist die Teile des ehem. brit. Mandatsgebietes Palästina, die nach dem 1. arabisch-israelischen Krieg 1948 von Jordanien annektiert wurden u. nach dem „Sechstagekrieg" 1967 unter israel. Verwaltung kamen. Für das gleiche Gebiet werden auch die Bez. *Westjordanland* u. *West Bank* gebraucht.

Cisleithanien, *Zisleithanien* [lat., „Land diesseits der Leitha"] nach dem österr.-ungar. Ausgleich 1867 die österr. Reichshälfte. Zu C. gehörten: das heutige Österreich, Böhmen, Mähren, Österr.-Schlesien, Galizien, Bukowina, Krain, Küstenland, Südtirol, Dalmatien. Die ungarische Reichshälfte hieß *Transleithanien*.

Citoyen [sitwa'jɛ̃; frz.], der Bürger, ursprünglich der wahlberechtigte Stadtbürger, in der Französ. Revolution jeder Staatsbürger. C. u. *Citoyenne* („Bürgerin") sollten nach einem Dekret für die Umgangssprache als Anrede an die Stelle von *Monsieur* u. *Madame* treten.

Civilis [tsi-], Julius, Bataver aus königl. Geschlecht, unter Nero Kohortenpräfekt; zettelte einen für Rom gefährl. Aufstand an, der 69/70 die wichtigsten german. u. gallischen Stämme u. einen Teil des röm. Heers ergriff. Ziel war ein von Rom unabhängiges Imperium. Nach anfängl. Erfolgen wurde C. 70 in einer Schlacht in der Nähe von Trier von Petilius Cerialis besiegt.

Civis Romanus ['tsi:-; lat.], im Altertum Inhaber des röm. Bürgerrechts, das durch Geburt, Freilassung, Einzel- oder Gruppenverleihung (Kaiserzeit) u. automat. aufgrund von Spezialgesetzen bei bestimmten Verdiensten um röm. Interessen erlangt wurde. Zunächst nur auf Rom beschränkt; durch die *Constitutio Antoniniana* 212 n. Chr. erwarb jeder freie Bürger des Reiches das röm. Bürgerrecht. Seine bes. Bedeutung ergab sich aus den damit verbundenen privatrechtl. Vorteilen.

Civitas ['tsi:-; die; lat.], 1. *C. Romana*, im alten Rom Gesamtheit der freien Bürger (*cives*, Civis Romanus), denen das röm. Bürgerrecht zustand. – 2. im röm. Reich Bez. für überwiegend fremde Staaten *(civitates peregrina)*. Unterschieden wurden verbündete Staaten *(civitates foederatae)*, die durch Abkommen mit Rom volle Souveränität besaßen, u. Staaten ohne Bündnis *(civitates sine foedere)* mit beschränkter Selbstständigkeit. – 3. im MA Stadtstaat, Stadt, Gemeinde.

Cixi [tsəçi], *Tz'u-hsi*, persönl. Name *Xiaoqin*,

Kaiserin Cixi; Gemälde von Katherine Carl, 1903. Peking, Palastmuseum

Claudius: römische Büste. Florenz, Uffizien

chines. Kaiserin, *29. 11. 1835, †15. 11. 1908 Peking; Nebenfrau des Kaisers *Xianfeng*, übernahm nach dessen Tod 1861 durch Staatsstreich die Regentschaft u. blieb bis zu ihrem Tod die eigentl. Herrscherin; regierte zunächst für ihren Sohn († 1875), dann für ihren Neffen, den späteren Kaiser *Guangxu*, den sie 1898 wegen seiner Reformbemühungen entmachtete. Ihre eigenen Reformversuche nach dem Boxeraufstand blieben erfolglos. – Während der „Kulturrevolution" (seit 1966) ließ *Jiang Qing* das Bild C.s aufwerten, um ihr eigenes Machtstreben durch eine histor. Parallele zu stützen.

Clairvaux [klɛr'vo], lat. *Claravallis*, ehem. Zisterzienserkloster im nordfranzös. Dép. Aube, 1115 gegr. von Bernhard von Clairvaux, 1792 säkularisiert; seit 1808 Gefängnis.

Clarendon ['klærəndən], Edward Hyde, Earl of, engl. Politiker u. Historiker, *18. 2. 1609 Dinton, †9. 12. 1674 Rouen (Frankreich); 1640–1642 Parlamentsmitglied, ursprüngl. auf seiten des Parlaments im Kampf gegen Mißbräuche der königl. Macht, stellte sich aber dann gegen weiterreichende Machtansprüche des Parlaments u. trat nach der Grand Remonstrance (Souveränität beim Parlament) von 1641 auf die Seite des Königs über. Ab 1642/43 vertrat C. als Berater Karls I. eine gemäßigte, auf Kompromiß zielende Politik, geriet aber zwischen die Fronten u. wurde als Mentor des Thronfolgers polit. ausgeschaltet. Nach Jahren im Exil (1648 bis 1660) betrieb C. die Restauration der Stuarts u. blieb bis 1665 Schlüsselfigur der engl. Politik. 1667 mußte er erneut nach Frankreich fliehen, wo er seine 1646 begonnene Geschichte des engl. Bürgerkriegs „History of the rebellion and the civil wars" vollendete.

Claudius, *Tiberius C. Nero Germanicus*, röm. Kaiser 41–54, *1. 8. 10 v. Chr. Lugdunum (Lyon), †13. 10. 54 n. Chr. Rom; Sohn des *Drusus d. Ä.*, Bruder des *Germanicus*, Onkel des *Caligula*; wurde ohne eigenes Zutun nach der Ermordung des Caligula von Prätorianern zum Kaiser ausgerufen u. regierte zunächst, insbes. gestützt auf sachkundige Freigelassene in zentralen Verwaltungspositionen u. ein loyales Heer, in bewußter Anlehnung an *Augustus*, zurückhaltend u. erfolgreich. Unter ihm wurden Mauretanien, das südl. Britannien u. Thrakien als röm. Provinzen eingerichtet; unter dem Feldherrn Gnaeus Domitius *Corbulo* wurde gegen die Friesen gekämpft. Die bereits von *Cäsar* geplante Anlage eines neuen Hafens an der Tibermündung wurde von ihm verwirklicht. Seine Herrschaft wandelte sich unter dem Einfluß seiner beiden letzten Frauen zum Schlechten: Er war in 3. Ehe verheiratet mit der durch sexuelle Exzesse berüchtigten Valeria *Messalina* u. nach deren Hinrichtung (48) mit seiner Nichte *Agrippina d. J.*, die bei C. die Adoption ihres Sohnes aus 1. Ehe, des späteren Kaisers *Nero*, durchsetzte (50) u. C. wenige Jahre später vergiftete.

Claudius Caecus [-'tsæ-], Appius, röm. Konsul 307 u. 296 v. Chr., Zensor 312 v. Chr., einmal Diktator zwischen 292 u. 285 v. Chr.; ein Politiker, der der histor. Entwicklung durch einschneidende Reformen Rechnung trug; sorgte für die Ausdehnung des Bürgerrechts auf die nichtgrundbesitzenden Schichten (darunter viele Freigelassene); ließ den Kalender der Gerichtstage u. die zur Einleitung von Prozessen nötigen Rechtsformeln veröffentlichen, deren Kenntnis bis dahin Vorrecht der Pontifices war; verhinderte 280 v. Chr. durch eine berühmte Rede im Senat die Annahme der Friedensbedingungen des Königs Pyrrhos von Epirus. Als Zensor veranlaßte C. C. den Bau der nach ihm benannten *Appischen Straße* u. einer großen Wasserleitung nach Rom, der *Aqua Appia*.

Claudius Gothicus, auch *Claudius II.*, Marcus Aurelius C. G., röm. Kaiser 268–270, *10. 5. 219 oder 220 in Dalmatien, †270 Sirmium; illyrischer Herkunft, im Heeresdienst emporgekommen, nach der Ermordung des *Gallienus* 268 zum Kaiser erhoben; vertrieb alemann. Scharen aus Oberitalien (268) u. errang 269 einen großen Sieg über die Goten u. Heruler bei Naissus (heute *Niš*); starb an der Pest.

Clausewitz, Carl von, preuß. Offizier (1818 Generalmajor) u. Kriegstheoretiker, *1. 6. 1780 Burg bei Magdeburg, †16. 11. 1831 Breslau; seit 1810 im preuß. Generalstab, Bürochef Scharnhorsts, 1812 Generalstabschef der dt.-russ. Legion (wirkte bei der Konvention von Tauroggen mit), 1815 des III. Armeekorps, 1818–1830 Verwaltungsdirektor der Allg. Kriegsschule in Berlin. Mit dem erst nach seinem Tode herausgegebenen Werk „Vom Kriege" (1832–1834) schuf C. eine bis ins 20. Jh. vielbeachtete Theorie der Kriegführung. Er betont den Primat der Politik u. die Wechselwirkungen polit., militär. u. gesellschaftl. Erscheinungen. – Hinterlassene Werke, 10 Bde. 1832–1837.

Carl von Clausewitz

Clay [klɛi], **1.** Henry, US-amerikan. Politiker, *12. 4. 1777 Hannover County, Va., †29. 6. 1852 Washington; 1806–1810 Senator, 1811–1825 Sprecher des Repräsentantenhauses u. bis 1812 Führer der „War Hawks", einer Gruppe, die zum Krieg gegen Großbritannien drängte; Mitgl. der US-Friedensdelegation in Gent 1814. C. nahm Einfluß auf den Abschluß des Missouri-Kompromisses 1820. Außen-Min. unter J. Q. Adams 1825–1829; Kandidat der Whig-Partei für die Präsidentschaft, danach erneut Senator 1831–1852; Schöpfer des „Kompromisses von 1850", eines großangelegten Interessenausgleichs zwischen N u. S, der vier Gesetze miteinander verknüpfte.

2. Lucius Dubignon, US-amerikan. General, *23. 4. 1897 Marietta, Ga., †16. 4. 1978 Chatham, Mass.; 1947–1949 Militärgouverneur der US-amerikan. Zone in Dtschld., Organisator der Luftbrücke nach Berlin; nach 1949 in der Wirtschaft tätig; 1961/62 Beauftragter Präs. Kennedys in Berlin. C. schrieb „Entscheidung in Dtschld." dt. 1950.

Georges Clemenceau

Clemenceau [kləmã'so:], Georges, französ. Politiker, *28. 9. 1841 Mouilleron-en-Pareds, Dép. Vendée, †24. 11. 1929 Paris; 1871 wurde er in die Nationalversammlung gewählt u. war dort seit 1876 Führer der Linken. 1885 trug er zum Sturz des Kabinetts *Ferry* bei (seitdem Beiname „der Tiger"). 1893 war er in die Bestechungsaffäre um die Genehmigung der Anleihen zum Bau des Panamakanals verwickelt u. wurde nicht wiedergewählt. Er rehabilitierte sich, indem er gemeinsam mit *Zola* für den zu Unrecht abgeurteilten A. *Dreyfus* eintrat. Als Min.-Präs. 1906–1909 verwirklichte er die Trennung von Kirche u. Staat; er trat 1917 erneut an die Spitze der Regierung u. erzwang den Vorrang der polit. vor der militär. Führung. C. war einer der Väter des Versailler Vertrags. 1920 bei der Staats-Präs.-Wahl unterlegen, zog er sich aus der Politik zurück.

Clemens, Päpste: → Klemens.

Cletus, Papst, → Anaklet (1).

Cleveland ['kli:vlənd], Grover, US-amerikan. Politiker (Demokrat), *18. 3. 1837 Caldwell, N. J., † 24. 6. 1908 Princeton, N. J.; 22. (1885–1889) u. 24. (1893–1897) Präs. der USA; Anti-Imperialist, brachte den US-Annexionsvertrag mit Hawaii 1893 zu Fall u. legte gegen mehr als ein Drittel aller Kongreßgesetze sein Veto ein.

Cliff-dwellings [klif 'dwɛliŋz; engl., „Klippenwohnungen"], steinerne Hausbauten der Indianer der *Anasazi-Kultur* in den natürl. Aushöhlungen der Felswände an Steilhängen der Cañons von Arizona, New Mexico, Utah u. Colorado, zum Schutz vor räuberischen Überfällen.

Grover Cleveland

Clifford ['klifəd], Thomas, Baron of Chudleigh, engl. Politiker, *1. 8. 1630 Ugbrooke, †18. 8. 1673 Ugbrooke (Selbstmord); 1660/61 Parlamentsmitglied, nach dem Sturz E. *Clarendons* 1668 Mitgl. des „*Cabal*"-*Ministeriums*, förderte außenpolitisch die Zerstörung der holländ.-schwed. Allianz u. eine Verständigung mit Frankreich. 1672 Schatzkanzler u. Leiter der engl. Außenpolitik; trat 1673 als Katholik aus Protest gegen die *Test-Akte* von allen öffentl. Ämtern zurück.

Clinton ['klintən], William Jefferson (Bill), ursprüngl. William Jefferson *Blythe*, US-amerikan. Politiker (Demokrat), *19. 8. 1946 Hope, Ark.; Jurist; 1979–1981 u. 1983–1993 Gouverneur von Arkansas; wurde 1993 42. Präs. der USA.

Robert Clive

Clive [klaiv], Robert, Baron C. of Plassey, engl. Kaufmann u. Offizier der Ostind. Kompanie, *29. 9. 1725 Styche, Shropshire, †22. 11. 1774 London (Selbstmord); Begründer der brit. Herrschaft in Indien, schlug im Dienst der Ostind. Kompanie am 23. 6. 1757 den Nabob von Bengalen bei Plassey vernichtend; 1764 –1767 Gouverneur von Indien, in England wegen seiner Indienpolitik u. persönl. Bereicherung angeklagt.

Clodius Pulcher [-çɛr], Publius, Volkstribun u. radikal-populärer Politiker in der Zeit der späten röm. Republik, *um 90 v. Chr., †52 v. Chr.; Feind Ciceros; bildete bewaffnete Banden, deren gewaltsame Aktivitäten stark zum Niedergang der Republik beitrugen; wurde von den Anhängern seines Feindes Milo erschlagen.

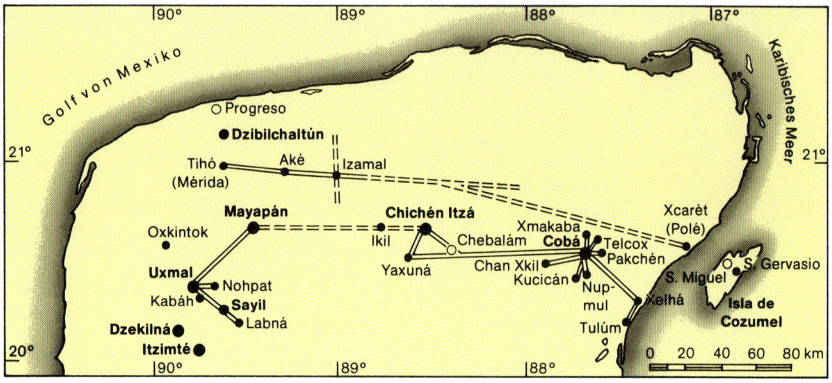

══ Nachgewiesene Zeremonialstraßen ═══ Vermutete Zeremonialstraßen ● Zeremonialzentren ○ Heutige Orte

Cobá: Zeremonialstraßensystem

Cluniazensische Reform [kly-], eine von der Abtei *Cluny* Anfang des 10. Jh. ausgehende Bewegung (bes. unter den Äbten Odo, Majolus, Odilo, Hugo), die eine Reform des Mönchtums erstrebte; die Grundlage des Klosterlebens ist die Benediktinerregel, jeder Laieneinfluß soll ausgeschaltet u. eine enge Bindung an das Papsttum hergestellt werden. Um diese Reformgedanken besser durchführen zu können, bildete Cluny aus den Klöstern, die die C. R. annahmen, eine Kongregation, innerhalb deren der Abt von Cluny große Machtbefugnisse hatte. Die Richtlinien der C.n R. sind in den *consuetudines* („Gewohnheiten") enthalten, die unter Zurückdrängung der Handarbeit eine feierl. Liturgie u. das Psalmengebet fordern, ferner den Kreuz- u. Petruskult sowie Fürbitten für Verstorbene pflegen. Die C. R. schuf den Boden, auf dem die Gregorian. Reform wachsen konnte. Sie bildete die Voraussetzung für den Machtanspruch des Papsttums im MA (Investiturstreit) u. hatte weltgeschichtl. Wirkung mit Höhepunkt im 11. Jh. Auf dt. Reichsboden schlossen sich nur wenige Klöster direkt der C.n R. an, doch die hier entstandenen Mittelpunkte der Klosterreform wie *Peterlingen, Hirsau* u. *Siegburg* lassen den Einfluß der C.n R. erkennen.

C-14-Methode, ein Verfahren der radioaktiven Altersbestimmung; typischer Meßbereich: ca. 50 000 Jahre.

Cobá, Maya-Stadt in Quintana Roo, Mexiko, zwischen fünf Seen gelegen; vom 7. Jh. bis zur span. Eroberung bewohnt. Die Tempelpyramide der Stadt, im spätklass. Petén-Stil erbaut (700–900), war Mittelpunkt eines ausgedehnten Zeremonialstraßensystems. Die größte u. besterhaltene Steinstraße verläuft über 99 km zur westlich gelegenen Stadt *Yaxuná*. Eine in C. gefundene steinerne Straßenbauwalze mißt 4 m u. wiegt 5 t.

Cobbett ['kɔbit], William, engl. Sozialpolitiker u. Schriftsteller, *9. 3. 1763 Farnham, Surrey, †18. 6. 1835 bei Guildford; wirkte als Pamphletist (Hrsg. der „Political Register") u. Parlamentarier für die Rechte der unteren Volksschichten; kritisierte aus einer radikal traditionalist. Sicht die soziologischen Veränderungen im Zuge der industriellen Revolution.

Cobden, Richard, engl. Politiker u. Ökonom, *3. 6. 1804 Dunford Farm, Sussex, †2. 4. 1865 London; ab 1841 Parlamentsmitglied; mit seiner Forderung nach einer nicht-interventionistischen Außenpolitik u. einem Minimum von staatl. Eingriffen in Handel u. Gewerbe sowie mit seinem Kampf um die Beseitigung der Kornzölle in England 1846 (Gründung der *Anti-Corn-Law League* 1838) war C. einer der Hauptvertreter des Manchester-Liberalismus Er war maßgeblich beteiligt an dem 1860 zwischen England u. Frankreich abgeschlossenen Freihandelsvertrag (C.vertrag), der richtungweisend für ähnliche mitteleurop. Freihandelsverträge mit Meistbegünstigungsklauseln wurde.

Cobenzl, 1. Ludwig Graf von, österr. Politiker, *21. 11. 1753 Brüssel, †22. 2. 1809 Wien; 1779 Gesandter in St. Petersburg; bekämpfte innen- u. außenpolitisch entschieden die Französ. Revolution; schloß mit Napoleon 1797 den Frieden von Campo Fòrmio, 1801 den von Lunéville; Staatsvizekanzler 1801 bis 1805.

2. Philipp Graf von, Vetter von 1), österr. Politiker, *28. 5. 1741 Laibach, † 30. 8. 1810 Wien; 1779–1793 Staatsvizekanzler, handelte 1779 den Frieden zu Teschen aus; wurde 1792 Kaunitz' Nachfolger als Außen-Min., doch schon 1793 wegen Österreichs Ausschaltung bei der 2. Poln. Teilung gestürzt.

Cocceji [kɔk'tseːji], Samuel Freiherr von, Jurist, *20. 10. 1679 Heidelberg, †4. 10. 1775 Berlin; 1702 Prof. in Frankfurt/Oder, 1723 Präs. des Kammergerichts, 1731 des preuß. Ober-Appellationsgerichts, wiederholt Minister, 1747 Großkanzler (Justizminister); hob durch umfassende Justizreformen die Qualität der Rechtsprechung.

Cochinchina [kɔtʃin'çiːna], *Kotschinchina*, Name für einen von Kambodscha, seit Beginn des 18. Jh. von Annam abhängigen Staat; 1859–1946 Teil Französ.-Indochinas (Vietnam) mit der Hptst. Saigon; heutiger Name *Nam Bô*.

Cochise-Kultur [ko'tʃize-], steinzeitl. indian. Kultur im SW der USA (Arizona, New Mexico), ab ca. 7500 v. Chr. Während ihrer frühesten Phase, *Sulphur Spring* genannt, war hier noch Großwildjagd auf Mammut, Bison, Pferd u. Antilopenarten möglich; daneben Sammelwirtschaft (Samen u. Pflanzen). In der späteren Phase, *Chiricahua*, wurde in Bat

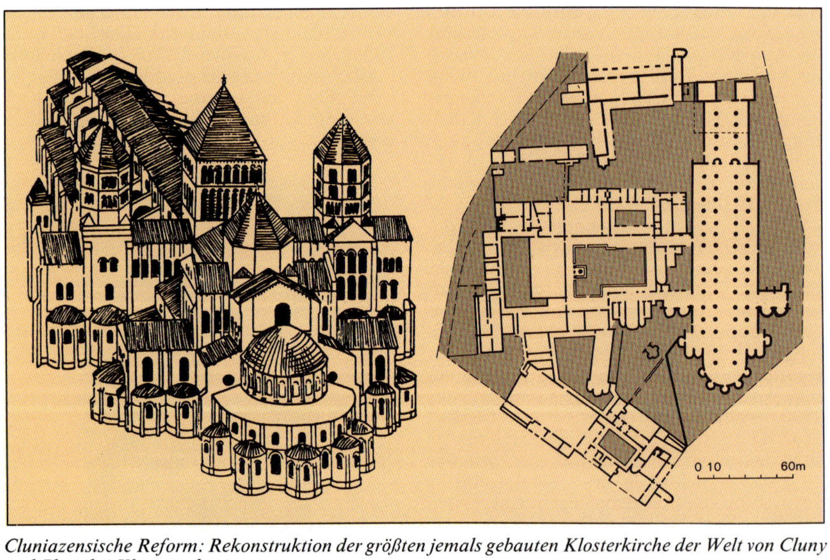

Cluniazensische Reform: Rekonstruktion der größten jemals gebauten Klosterkirche der Welt von Cluny und Plan der Klosteranlage

Cave der erste Mais in der frühesten Domestikationsform gefunden, auf 4000–3500 v. Chr. datiert. Letzte Phase der C. ist *San Pedro* mit verbreitetem Feldbau u. erster Keramik dieses Raumes. Die C. bildet die Basis der späteren Feldbaukulturen des SW (*Basketmaker* u. a.).

Coclé, Zentralprovinz von Panama, Zentrum einer altindian. Kultur gleichen Namens, von 300 v. bis 1500 n. Chr. Wichtigster archäolog. Fundort ist *Sitio Conte*. Die Metallarbeiten aus C. datieren ab 500 n. Chr u. gehören zu den frühesten Zentral-amerikas. C.-Goldarbeiten sind stilistisch mit denen der *Quimbaya* Kolumbiens verwandt; auch der Gebrauch kolumb. Smaragde ist in C. nachgewiesen. Die Keramik von C. ist von großer Eleganz, ebenso ihre polychrome Bemalung (bewegte Drachenmotive, tanzende Menschen- u. Tierfiguren). Die weiten Handelsbeziehungen der C.-Kultur sind durch Funde von C.-Objekten in *Chichén Itzá* (Yucatán, Mexiko), *Copán* (Honduras) u. *Altun Há* (Belize) bewiesen.

Code, ein Gesetzbuch, bes. die Gesetzbücher *Napoleons I.* : *C. civil* oder *C. Napoleon* (bürgerl. Recht, 1804–1807), *C. de commerce* (Handelsrecht, 1808), *C. pénal* (Strafrecht, 1810), *C. de procédure civile* (Zivilprozeßrecht, 1807), *C. d'instruction criminelle* (Strafprozeßrecht, 1808). Der bes. bedeutsame C. civil galt in den linksrheinischen Teilen Deutschlands u. unwesentlich abgewandelt als *badisches Landrecht* in Baden bis 1900 (Inkrafttreten des BGB); auch der C. pénal beeinflußte das dt. (Straf-)Recht.

Codex, Sammlung kaiserl. Gesetze, z. B. *C. Justinianeus* als Teil des → Corpus juris civilis, der aus rd. vier Jahrhunderten alle noch geltenden Kaiserkonstitutionen von Hadrian bis Justinian enthält, aufgeteilt in zwölf Bücher; Titel u. innerhalb der Titel chronologisch geordnet.

Codreanu, Corneliu Zelea, eigentl. *Zelinski*, rumän. nationalist. Politiker, * 13. 9. 1899 Jassy, † 30. 11. 1938 bei Bukarest (erschossen); gründete die ultranat. „Legion Erzengel Michael", aus der die „Eiserne Garde" (bis 1941) hervorging, deren Führer er war. 1938 wegen Hochverrats zum Tod verurteilt. Hptw. „Die Eiserne Garde", dt. 1939.

Coke [kɔuk], Sir Edward, engl. Jurist u. Politiker, * 1. 2. 1552 Milcham, Norfolk, † 3. 9. 1634 Stoke Poges; verteidigte als oberster Richter (seit 1606) den Grundsatz der Herrschaft des Rechts (*Rule of Law*) gegen die absolutist. Bestrebungen König Jakobs I. unter Hinweis auf die Tradition des *Common Law*. Als Unterhausabgeordneter (seit 1620) kämpfte er gegen die königl. Prärogative für

Jean-Baptiste Colbert

die Rechte des Parlaments. Er brachte 1628 die *Petition of Right* ein, die die Grundrechte des Landes gegen die königl. Willkür stellte. Mit der Veröffentlichung seiner „Institutes of English Law" prägte er das engl. Verfassungs- u. Rechtsdenken.

Colbert [kɔl'bɛ:r], Jean-Baptiste, Marquis de Seignelay, französ. Politiker, * 29. 8. 1619

Gaspard de Coligny

Reims, † 6. 9. 1683 Paris; 1661 Oberintendant der Finanzen, 1669 Marine-Min.; schuf die wirtschaftl. Grundlage für den französ. Absolutismus durch Steigerung der Staatseinkünfte, Förderung von Handel u. Industrie, Verbesserung von Straßen u. Wasserwegen; wollte Frankreich zur ersten See- u. Kolonialmacht erheben. C. stiftete 1666 die Akademie der Wissenschaften. Seine Grundanschauung war die des Merkantilismus: durch staatl. Lenkung der Wirtschaft, Monopole u. Anziehung der Steuern, Zentralisation der Verwaltung die Staatsmacht zu stärken. Die Aufhebung des Edikts von Nantes u. die Machtpolitik Ludwigs XIV. machten sein Werk zum großen Teil wieder zunichte.

Cölestin, [tsø-], Päpste: **1.** *C. I.*, 422–432, Heiliger, † 27. 7. 432 Rom; bekämpfte mit Erfolg den Pelagianismus u. den Semipelagianismus u. trat für Augustinus u. dessen Lehre ein; bemühte sich um die Christianisierung Irlands, wandte sich gegen Nestorius u. ließ sich auf dem Konzil in Ephesos durch drei Legaten vertreten. Fest: 6. 4.

2. *C. (II.)*, Gegenpapst 1124, eigentl. *Theobald Buccapecus*, † 1126 (?); verzichtete schon bald nach seiner Wahl zugunsten von Honorius II.

3. *C. II.*, 1143/44, eigentl. *Guido von Città di Castello*, aus Umbrien, † 8. 3. 1144 Rom; gelehrter Theologe, war Schüler und Freund Abälards, 1127 Kardinal, mehrfach päpstl. Legat. Sein früher Tod verhinderte die Verwirklichung seiner Reformabsichten.

4. *C. III.*, 1191–1198, eigentl. *Hyazinth Bobo*, * um 1106, † 8. 1. 1198 Rom; 1140 verteidigte er seinen Lehrer Abälard gegen Bernhard von Clairvaux; 1144 Kardinal. C. krönte Heinrich VI. zum Kaiser, geriet aber bald mit ihm in heftigen Konflikt, weil Heinrich nach der Eroberung Siziliens die Erblichkeit des Kaisertums erstrebte u. die päpstl. Macht in Mittelitalien bedrohte. Durch kluge Politik wußte C. seine Position zu halten u. zu verbessern, bis der plötzl. Tod des Kaisers (1197) eine Wendung zu seinen Gunsten brachte.

5. *C. IV.*, 1241, eigentl. *Goffredo Castiglioni*, aus Mailand, † 10. 11. 1241 Rom; Neffe Papst Urbans III., Zisterzienser, 1227 Kardinal. C., der in hohem Alter Papst wurde, war der Kandidat der für friedl. Ausgleich mit Kaiser Friedrich II. eintretenden Kardinalspartei. Er starb bereits wenige Tage nach seiner Wahl.

6. *C. V.*, 1294, eigentl. *Pietro del Murrone*, Heiliger, * 1215 Isèrnia, † 19. 5. 1296 Castello di Fumone; Benediktiner, Abt in Faifoli u. Einsiedler auf dem Murrone bei Sulmona. Obwohl ungeeignet, wurde er in den Streitigkeiten zwischen den Parteien der Colonna u. der Orsini als gänzlich Unbeteiligter zum Papst gewählt, in der Hoffnung, in ihm den vielfach ersehnten Engelpapst zu erhalten. Er geriet bald in völlige Abhängigkeit von Karl II. von Neapel (Anjou), der seine Wahl unterstützt hatte. Von seiner polit. Unfähigkeit überzeugt, dankte er nach fünfmonatiger Regierung am 13. 12. 1294 freiwillig ab. Sein Nachfolger Bonifatius VIII. ließ ihn bis zu seinem Tod in Haft halten, weil er ein Schisma fürchtete. Fest: 19. 5.

Colhuacán, Stadtstaat der *Colhua*, 1164 n. Chr. von toltek. Flüchtlingen aus dem untergegangenen *Tula* gegr., die im SW des Hochtals von Mexiko siedelten. Sie bildeten die wichtigste Gruppe bei der Vermittlung toltek. Kultur an die später eindringenden chichimek. Stämme (Azteken u. a.).

Coligny [kɔli'nji], Gaspard de, Seigneur de Châtillon, französ. Politiker u. Militär, * 16. 2. 1519 Châtillon-sur-Loing, † 24. 8. 1572 Paris (ermordet in der *Bartholomäusnacht*); Generaloberst u. Admiral von Frankreich. 1557 zum Calvinismus übergetreten (Hugenottenführer); wollte den jungen König Karl IX. für den reformierten Glauben gewinnen u. einen entscheidenden Kampf gegen die kath. Vormacht Spanien führen. Als C. auf den König Einfluß zu gewinnen u. seinem Ziel nahe schien, ließen ihn Katharina von Medici u. die Herzöge von Guise ermorden.

Colima-Kultur, indian. Kultur im namengebenden mexikan. Bundesstaat *Colima*, von 200 v. Chr. bis 400 n. Chr., mit charakterist. sog. *Colima-Keramik*: große, realistisch geformte Hohlfiguren, als Gefäße verwendbar, stets rot bemalt mit Ritzornamenten, stellen die Menschen u. ihre Umwelt dar, vor allem die berühmten *Colima-Hunde* (mexikan. Nackthund). Colima-Keramik wurde in tiefen Schachtgräbern mit Seitenkammern, in denen auch über längere Zeit nachbestattet wurde, gefunden. Kupfergeräte weisen auf Beziehungen zu Nordperu, hatten jedoch keine wirtschaftl. Bedeutung; degeneriert in Form u. Stärke, bildeten sie eine Art Zahlungsmittel. Die wichtigsten Fundplätze der C. sind *Los Ortices* u. *Chanchopa*.

Colleoni, *Coleoni, Coglioni*, Bartolomeo, italien. Condottiere, * 1400 bei Bergamo, † Nov. 1475 Schloß Malpagna bei Bergamo; stand meist im Dienst der Republik Venedig, die nach seinem Tode die berühmte Reiterstatue durch *Verrocchio* in Venedig errichten ließ; vorübergehend auch in Diensten des Herzogs Filippo Maria von Mailand.

Collins, Michael, irischer Politiker, * 16. 10. 1890 bei Clonakilty, Grafschaft Cork, † 22. 8. 1922 bei Beal-na-Blath, Cork (gefallen); führend beteiligt am Aufstand von 1916, später Innen- u. Finanz-Min. der provisor. *Sinn-Féin-Regierung* u. der eigentl. Organisator des Kampfes der irischen Illegalen 1919–1921; fiel als Verteidiger des 1921 im Frieden mit England errichteten Freistaats gegen die radikale Richtung de *Valeras* im Bürgerkrieg von 1922.

Colloredo, auf *Wilhelm von Mels*, der 1302 die Stammburg C. in Friaul erbaute, zurückgeführte österr. Adelsdynastie, deren Linien sich durch Heirat in die Namen *Colloredo-Waldsee* u. *Colloredo-Mannsfeld* spalteten. Erstere gelangten 1624 u. 1724 in den Reichsgrafenstand, letztere wurden 1763 Fürsten. Die C. stellten führende Persönlichkeiten im österreichischen Militär- u. Verwaltungswesen.

Colombo-Konferenz, Konferenz der Staaten Birma, Ceylon, Indien, Indonesien u. Pakistan vom 28. 4. bis 2. 5. 1954 in Colombo, die die Bandung-Konferenz vorbereitete.

Colonia [lat., „Bauernsiedlung"], Ansiedlung von Römern oder Latinern im unterworfenen Gebiet zur militär. Sicherung u. Versorgung der eigenen Bürger; wichtigstes Mittel zur Latinisierung des röm. Herrschaftsbereichs. Später Veteranenkolonie, für die das nötige Land durch Kauf oder Enteignung beschafft wurde, oder Titularkolonie (Titel u. rechtl. Stellung einer Kolonie als Ehrung).

Colọnna, röm. Adelsgeschlecht, führt den Namen (urkundlich belegt seit 1101) nach dem Ort *La C.* in den Albaner Bergen; lag oft im Kampf gegen die Orsini, meist auf seiten der Ghibellinen bei der Auseinandersetzung zwischen Kaiser u. Papst.

Colọnna, Odo, auf dem Konzil von Konstanz 1417 zum Papst → Martin V. gewählt.

Colọnus [lat.] → Kolonat.

Colụmbus, Entdecker Amerikas, → Kolumbus.

COMECON, Abk. für engl. *Council for Mutual Economic Assistance* (auch: *Aid*), im Westen übliche Bez. für *Rat für gegenseitige Wirtschaftshilfe,* Abk. *RGW,* russ. Abk. *SEW,* wirtschaftl. Zusammenschluß der Ostblockstaaten; gegr. am 25. 1. 1949 in Moskau auf einer Konferenz von Vertretern der Sowjetunion, Bulgariens, Polens, Ungarns, Rumäniens u. der Tschechoslowakei; 1949 trat Albanien dem Rat bei, wurde aber 1962 wegen seiner antisowjet. Haltung im Streit zwischen Peking u. Moskau ausgeschlossen. Die DDR war von 1950–1990 Mitglied. 1962 wurde die Mongol. Volksrepublik, 1972 Kuba, 1978 Vietnam Mitglied. 1964 schloß der Rat ein Assoziierungsabkommen mit Jugoslawien.
Das COMECON war als Gegenorganisation gegen die 1948 im Westen gegr. *OEEC* gedacht u. diente zunächst dazu, die Ostblockstaaten von der westl. Welt zu isolieren u. ihren Handel in die Sowjetunion zu lenken. Erst nach Stalins Tod, als die volksdemokrat. Länder nach größerer wirtschaftl. Selbständigkeit strebten, entwickelte sich das COMECON zu einem Instrument der sowjet. Großraumplanung. Auf der Tagung des Rates im Mai 1956 in Ostberlin wurden die nationalen Planziele der Ostblockstaaten koordiniert. 1958 wurden zweiseitige Abkommen zwischen der Sowjetunion u. den Ostblockstaaten über die Koordinierung der Perspektivpläne u. des gegenseitigen Warenaustauschs getroffen, u. 1960 wurde die Koordinierung der Wirtschaftsplanungen aller Partner vereinbart, durch die die sozialist. Arbeitsteilung eine bes. Rolle erhielt. Die polit. Umwälzungen in Osteuropa seit 1989 führten dazu, daß am 28. 6. 1991 in Budapest die Auflösung des COMECON beschlossen wurde.

Comitạtus [lat.], im MA das Gebiet eines *Comes,* Grafschaft.

Comịtia → Komitien.

Cọmmodus, Lucius Aelius Aurelius, auch *Marcus Aurelius C. Antonius,* röm. Kaiser 180–192, *161 Lanuvium, †192 Rom; Sohn Kaiser *Marc Aurels* u. der Faustina; 176 zum Mitregenten des Vaters erhoben, nach dessen Tod (180) Alleinherrscher. C. führte das absolutistische Regiment eines mit oriental. Ideen erfüllten Herrschers, trat als Tierkämpfer in der Arena auf u. ließ sich als röm. Herkules feiern. Er wurde, nachdem mehrere Attentate fehlgeschlagen waren, von Personen seiner nächsten Umgebung erwürgt.

Commonwealth-Konferenz in London

Commonwealth ['kɔmənwɛlθ; engl. „Gemeinwesen"], im 16. u. 17. Jh. Bez. für die Gesamtheit von Staat u. Gesellschaft in der polit. Theorie; konkreter die engl. Republik von der Hinrichtung Karls I. bis zur Rückkehr Karls II. (1649–1660); später Bez. für das → Britische Reich, aus dem im 20. Jh. das *C. of Nations* hervorging. Die Mitgliedsländer halten jährliche Konferenzen der Staats- u. Regierungschefs ab. Das C.-Sekretariat befindet sich in London.

Commune [kɔ'my:n] → Kommune von Paris.

Compiègne [kɔ̃'pjɛnj], nordfranzös. Kreisstadt im Dép. Oise, 40400 Ew.; 1430 wurde Jeanne d'Arc bei C. gefangengenommen. Im *Wald von C.* wurde am 11. 11. 1918 im Salonwagen des Marschalls Foch der Waffenstillstand zwischen Dtschld. u. der Entente, an der gleichen Stelle am 22. 6. 1940 der Waffenstillstand zwischen Dtschld. u. Frankreich unterzeichnet.

Compiègne: Marschall Foch (2. v. r.) nach Unterzeichnung des Waffenstillstandes

Comunẹros, *Communeros,* Aufständische in Spanien gegen die niederländ. Ratgeber Kaiser Karls V.; 1521 bei Villalar von den Regierungstruppen geschlagen.

Condé, [kɔ̃'de:], Seitenlinie der französ. Bourbonen: **1.** Ludwig (Louis) I. von Bourbon, Fürst von C., *7. 5. 1530 Vendôme, †13. 3. 1569 Dreux; kämpfte für die Hugenotten, wurde 1569 gefangen u. erschossen.

Louis II. Condé

2. Ludwig (Louis) II., „der große C.", Urenkel von 1), französ. Heerführer, *8. 9. 1621 Paris, †11. 12. 1686 Fontainebleau; siegte 1643 entscheidend über Spanien bei Rocroi. Wandte sich während der *Fronde* 1650 von Mazarin ab. Nachdem er 1652 von Turenne besiegt worden war, kämpfte er als Befehlshaber der span. Truppen gegen ihn in den Niederlanden. Nach dem Pyrenäenfrieden rehabilitiert, 1675 Oberbefehlshaber der französ. Armee in Dtschld.

3. → Enghien.

Condorcet [kɔ̃dɔr'sɛ], Antoine Caritat, Marquis de, französ. Mathematiker, Politiker u. Philosoph, * 17. 9. 1743 Ribemont bei St.-Quentin, †27. 3. 1794 Clamart bei Bourg-la-Reine; Mitgl. u. 1777 ständiger Sekretär der Akademie; Enzyklopädist; schloß sich der Französ. Revolution an u. entwarf die republikan. Verfassung. 1792 Präs. der Nationalversammlung, erarbeitete ein Programm für die Erziehung, die von Staat u. Kirche unabhängig werden sollte. Da C. sich den Girondisten angeschlossen hatte, wurde er mit deren Sturz angeklagt u. starb in der Haft. Seine „Esquisse d'un tableau historique des progrès de l'esprit humain" (1794, dt. 1976) übte Einfluß auf C. H. *Saint-Simon* u. A. *Comte* aus.

Confẹssio Augustạna → Augsburgisches Bekenntnis.

Connétable [-'ta:bl; frz. aus lat. *comes stabuli,* „Stallmeister"], Hofbeamter im Fränk. Reich, seit dem 12. Jh. Großschwertträger der französ. Könige, seit dem 14. Jh. auch Oberbefehlshaber der Landstreitkräfte, stand als oberster Beamter, der Würde nach, über den Marschällen. Im 16. Jh. wurde die erbl. C.-Würde zunehmend für das Königtum gefährlich; sie wurde 1627 abgeschafft. C. war erneut Hoftitel im französ. Kaiserreich.

Conrad von Hötzendorf, Franz Graf (1918), österr. Feldmarschall (1916), *11. 11. 1852 Penzing bei Wien, †25. 8. 1925 Bad Mergentheim; 1906–1911 u. 1912–1917 Generalstabschef, im 1. Weltkrieg Leiter der Operationen der österr.-ungar. Armee; 1917/18 Oberbefehlshaber der Tiroler Heeresgruppe. C. v. H. forderte schon 1907 einen Präventivkrieg gegen Serbien u. vertrat 1914 die politisch brisante Überzeugung von der Unausweichlichkeit eines großen Krieges der Mittelmächte zur Sicherung ihrer Großmachtrolle. Als Verfechter einer engen polit. u. militär. Anlehnung an das Dt. Reich erzielte er im 1. Weltkrieg beachtl. militär. Erfolge (Durchbruch bei Gorlice), konnte aber seine operativen Planungen (Verlagerung der Kämpfe nach Osten, doppelte Umfassung der Russen) nicht verwirklichen.

Consạlvi, Ercole, Marchese, Kardinal u. päpstl. Staatssekretär 1800–1823, *8. 6. 1757 Rom, †24. 1. 1824 Rom; schloß das Konkordat mit Napoleon 1801 ab; erreichte auf dem Wiener Kongreß die Wiederherstellung des Kirchenstaats u. führte unter Pius VII. erfolgreich die Regierung. 1821 erzielte er mit dem preuß. Staat eine Einigung über die Einteilung der preuß. Bistümer.

Consẹnsus Tigurịnus, Einigungsformel zwischen J. *Calvin* u. H. *Bullinger* (1549), die die Meinungsverschiedenheiten zwischen der deutschen u. der französischen Schweiz beendete, die Züricher Reformation der Genfer annäherte u. somit eine wichtige Grundlage für die Verbreitung des Calvinismus bedeutet.

Cọnstans, 1. Flavius Julius, röm. Kaiser 337–350, *323, †350; jüngster Sohn Kaiser *Konstantins d. Gr.*; nach dessen Tod Kaiser des mittleren Reichsteils; besiegte 340 seinen Bruder *Konstantin II.* in der Schlacht bei Aquileia u. regierte nunmehr auch im Westen. Erließ 341 ein Verbot aller heidn. Opfer u. entschied in der christolog. Frage zugunsten des *Athanasius*; wurde 350 von seinem Offizier Flavius Magnus *Magnentius*, der sich in Gallien zum Kaiser ausrufen ließ, gestürzt u. ermordet.

2. *C. II.*, Kaiser von Byzanz 641–668, *630, †15. 9. 668 Syrakus; residierte seit 663 in Syrakus; im Kampf gegen Slawen erfolgreich, aber gegen die Araber unterlegen (Verlust Ägyptens an *Moawija*); während seiner Maßnahmen zur Abwehr der arab. Expansion ermordet.

Constantius, röm. Kaiser: **1.** *C. I. Chlorus*, Gaius Flavius Valerius, Kaiser 293–306, *um 264 in Illyrien, †306 Eburacum (York); Vater *Konstantins d. Gr.;* von Diocletian u. dessen Mitkaiser Maximian 293 zum Caesar des Westreichs in den Provinzen Spanien, Gallien u. Britannien erhoben u. 305 mit *Galerius* zum Augustus ausgerufen; starb auf einem Feldzug in Britannien.

2. *C. II.*, Flavius Julius, röm. Kaiser 337–361, *317 Sirmium, †361 Kilikien; Sohn *Konstantins d. Gr.*; erhielt zunächst als Augustus den Ostteil des Reichs; kämpfte 12 Jahre lang gegen die Perser; seit 351 Alleinherrscher nach dem Sieg über den Usurpator *Magnentius*; erhob 355 den späteren Kaiser *Julian Apostata* zum Caesar des Westens; starb 361 am Fieber, bevor es zum Kampf mit Julian, der seit 360 Anspruch auf die Kaiserwürde erhob, kommen konnte. C. griff noch energischer als sein Vater in die Geschicke der Kirche ein, unterstützte jedoch den *Arianismus*.

3. *C. III.*, Flavius, weström. Kaiser 421, †421 Ravenna; als Heermeister unter Stilicho emporgekommen, gewann großen Einfluß auf den Kaiser *Honorius*, der seine Erfolge um die Stabilisierung des Reichs durch die Heirat mit seiner Schwester *Galla Placidia* u. die von Ostrom nicht anerkannte Erhebung zum Augustus belohnte.

Constitutio Criminalis Carolina [lat.], Abk. *CCC, Peinliche Gerichtsordnung* Kaiser *Karls V.* von 1532 (Reichstag zu Regensburg); nach dem Vorbild der *Bambergischen Halsgerichtsordnung* von 1507 gestaltet, deren Verfasser J. von *Schwarzenberg* bis zu seinem Tode 1528 maßgeblich auch an der Ausarbeitung der CCC beteiligt war. Sie machte die Verbrechensbekämpfung zur staatl. Aufgabe *(Offizialprinzip)*; ihr Beweisverfahren beruhte auf dem *Inquisitionsprinzip*, in dem die Schuld des Angeklagten festgestellt wurde. Neu waren genauer definierte Straftatbestände u. darauf abgestimmte Strafen. Sie verband Prinzipien des röm. u. des kanon. Rechts mit dt. Rechtstraditionen u. beherrschte bis ins 18. Jh. Theorie u. Praxis des Strafrechts.

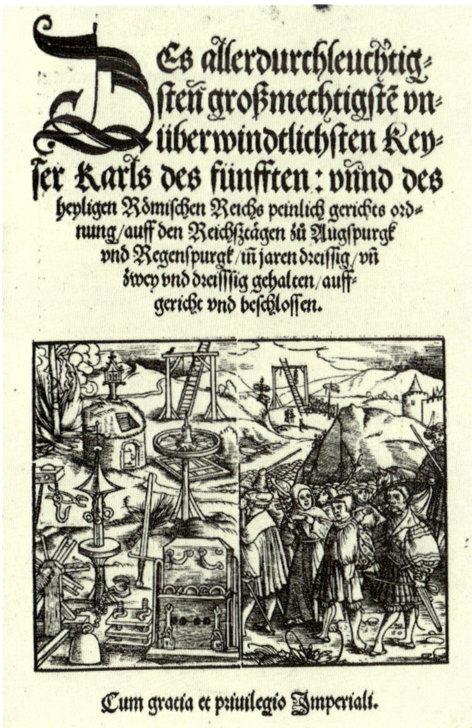
Des allerdurchleuchtig-
sten großmechtigisten vn-
überwindtlichsten Key-
ser Karls des fünfften: vnnd des
heyligen Römischen Reichs peinlich gerichts ord-
nung/auff den Reichßtägen zu Augspurgk
vnd Regenspurgk/in jaren dreissig/vn
zwey vnd dreissig gehalten/auff-
gericht vnd beschlossen.

Cum gratia et priuilegio Imperiali.

Constitutio Criminalis Carolina: Titelblatt

James Cook

Consul → Konsul.

Contarini, venezian. Adelsgeschlecht, dem mehrere Dogen u. Politiker entstammen: **1.** Andrea, Doge 1367–1382, übernahm nach einem anfänglich für Venedig ungünstigen Feldzug Genuas selbst den Oberbefehl u. zwang 1381 Genua zum Frieden.

2. Domenico, Doge 1043–1071, begann den Bau der Markuskirche in Venedig.

3. Gasparo, Kardinal seit 1535, *16. 10. 1483 Venedig, †24. 8. 1542 Bologna; 1541 bemühte er sich als päpstl. Legat auf dem Regensburger Reichstag um die Überwindung der Konfessionsgegensätze u. kam dabei den Neuerern so weit entgegen, daß er selbst (allerdings zu Unrecht) in den Ruf der Häresie geriet.

Conti, 1. [kɔ̃'ti:], François Louis, Prinz von La Roche-sur-Yon u. C., *30. 4. 1664 Paris, †22. 2. 1709 Paris; wurde 1697 von einem Teil des poln. Adels zum König gewählt, unterlag aber Kurfürst August dem Starken von Sachsen. Das Geschlecht der C. entstammte einer jüngeren Seitenlinie der → Bourbonen.

2. ['kɔnti], Niccolò dei, venezian. Kaufmann, *um 1395 Chioggia, †1469; machte von 1414 bis 1439 die bemerkenswerteste Asienreise des 15. Jh.; lernte als erster Europäer das Innere Indiens kennen, stieß auf dem Landweg vielleicht bis Südchina vor u. besuchte Borneo u. Java.

contrat social [kɔ̃'tra so'sjal; frz., „Gesellschaftsvertrag"], *„Du contrat social ou principes du droit politique"*, (1762), ein Hauptwerk von J. J. *Rousseau*, in dem er seine Lehre vom Gesellschaftsvertrag entwickelte.

Cook [kuk], James, brit. Seefahrer, einer der größten Entdeckungsreisenden, *27. 10. 1728 Marton, Yorkshire, †14. 2. 1779 auf Hawaii; erforschte auf zwei Weltreisen (1768–1771 u. 1772–1775) die Ostküste Australiens, durchfuhr erneut die Torresstraße zwischen Australien u. Neuguinea, umsegelte die Küsten Neuseelands, entdeckte dabei in der Südsee zahlreiche Inseln u. widerlegte die Annahme eines riesigen Südkontinents (der *Terra australis*); auf der 3. Reise (Suche nach einer nördl. Durchfahrt vom Pazifik zum Atlantik, dabei Erforschung der Alaskaküste u. der Beringstraße) von Eingeborenen erschlagen.

Coolidge ['ku:lidʒ], Calvin, US-amerikan. Politiker (Republikaner), *4. 7. 1872 Plymouth, Va., † 5. 1. 1933 Northampton, Mass.; 30. Präs. der USA 1923–1929, hielt an der Isolationspolitik fest, doch brachten Dawes- u. Youngplan eine Annäherung an europ. Politik.

Cooper ['ku:pə], **1.** Alfred Duff, (seit 1952) Viscount Norwich of Aldwick, brit. Politiker (konservativ), *22. 2. 1890 London, †1. 1. 1954 an Bord eines Dampfers vor Vigo, Spanien; 1924–1929 u. 1931–1945 Unterhaus-Abg., 1935–1937 Kriegs-Min., 1937/38 Erster Lord der Admiralität, dann aus Opposition gegen A. N. Chamberlains Politik (→ Appeasement) zurückgetreten. 1940/41 Informationsminister; auch histor. Schriftsteller: Biographien Talleyrands, dt. 1935, u. Haigs, dt. 1937.

2. Anthony Ashley → Shaftesbury.

Copán, im westl. Honduras gelegene Ruinenstätte der *Maya* mit einer „Akropolis" u. fünf weiten, von Bauwerken u. Treppenanlagen umgebenen Höfen. Die zahlreichen, mit

Copán: Maya-Stele

Enface-Figuren u. Hieroglypheninschriften versehenen Steinmonumente, die aus dem 8. Jh. n. Chr. stammen, gehören zu den schönsten Werken der Maya-Kunst. Auf den 63 Stufen der großen „Hieroglyphentreppe" befindet sich die längste bisher bekannte Inschrift mit über 2000 Zeichen. C., das „Alexandria der Neuen Welt" genannt, scheint 773 Versammlungsort eines „Astronomenkongresses" gewesen zu sein. Die von Priestern gepflegte Maya-Astronomie erlebte hier ihre höchste Blüte.

Corday [kɔr'dɛ:], Charlotte de *C. d' Armont*, *27. 8.1768 Saint-Saturnin bei Caen, †17. 7. 1793 Paris (hingerichtet); Royalistin; erstach, um ihre girondist. Verwandten zu rächen u. das Terrorregime der „Bergpartei" zu beenden, am 13. 7. 1793 J.-P. *Marat* in dessen Pariser Wohnung im Bad.

Cordeliers [kɔrdə'lje; frz., „Strickträger"], ursprünglich die Franziskaner; in der Französ. Revolution ein radikaler polit. Klub (in einem Franziskanerkloster gegründet, daher der Name). Die wichtigsten Anhänger waren: J.-P. *Marat*, G. J. *Danton*, C. *Desmoulins*, J.-R. *Hébert*.

Córdoba, südspan. Stadt mit stark maur. Charakter, Hptst. der gleichnamigen Prov., 299000 Ew.; sechzehnbogige Granitbrücke über den *Guadalquivir*, mächtiger maur. Brückenkopf Calahorra, Alcázar (Burg) u. die riesige Kathedrale „La Mezquita", die ehem. Hauptmoschee (785–990) der westl. arab. Welt, durch spätere Einbauten im Renaissancestil nur wenig verändert. Das röm. *Corduba*, zeitweilig Hauptstadt der röm. Provinz *Baetica*, 572 gotisch; seit 711 mau-

Córdoba: Arkaden der Großen Moschee

risch, 756 Residenz des westl. Kalifats, islam. Kultur- u. Gewerbezentrum; 1236 an Kastilien. C. ist unter den span. Städten am stärksten vom Islam geprägt.

Coriolanus, *Coriolan,* Gnaeus Marcius, sagenhafter Held der röm. Frühzeit; eroberte 493 v. Chr. die Volskerstadt Corioli (daher sein Beiname). 491 v. Chr. geriet er als Vorkämpfer des Patriziats mit der Plebs in Konflikt u. wurde aus Rom verbannt. 489 u. 488 v. Chr. kämpfte er an der Spitze eines Volskerheers gegen Rom, gab jedoch auf die Bitten seiner Mutter u. Frau hin die Eroberung auf u. wurde daraufhin von den erzürnten Volskern getötet.

Cornelia, röm. Frauenname. Berühmt ist C., die Mutter der Gracchen u. Tochter des älteren Scipio Africanus, † um 110 v. Chr.

Cornelius, altröm. Patriziergeschlecht, dem u. a. die Scipionen, Sulla, Tacitus, Cornelius Nepos u. Cornelia, die Mutter der Gracchen, entstammten.

Cornelius, Papst 251–253, Heiliger, † 253 Centumcellae; Römer, gewählt nach der Verfolgung des Decius. Da er eine milde Bußpraxis einführte, die den in der Verfolgung Abgefallenen die Rückkehr zur Kirche erleichterte, erhob eine strenge Gruppe des röm. Klerus *Novatian* zum Gegenbischof. Es gelang C. jedoch, sich in der ganzen Kirche durchzusetzen. Als unter Kaiser Gallus die Verfolgung von neuem einsetzte, wurde C. nach Centumcellae verbannt, wo er bald starb. Fest: 16. 9.

Cornwallis [kɔ:n'wɔlis], Charles, Marquess (1793) u. Earl (1762) of, brit. General u. Politiker, * 31. 12. 1738 London, † 5. 10. 1805 Ghazipur (Indien); kommandierte während des Amerikan. Unabhängigkeitskrieges die engl. Truppen im Süden, obwohl er ein Gegner der engl. Amerikapolitik war; kapitulierte 1782 bei Yorktown; führte 1786–1795 u. 1805 als Generalgouverneur in Indien wesentl. Verwaltungsreformen durch; 1798–1801 Vizekönig in Irland, schlug dort die Rebellion von 1798 nieder, vertrat sonst eine vermittelnde Politik.

Corpus catholicorum [lat.], die Gesamtheit der kath. Reichsstände seit dem Westfäl. Frieden. Das C. c. machte von seinem Recht der Trennung vom *Corpus evangelicorum* erstmals 1672 Gebrauch. Den Vorsitz hatte Kurmainz.

Corpus evangelicorum [lat.], die Körperschaft der prot. Reichsstände unter Vorsitz von Kursachsen seit dem Westfäl. Frieden, durch den festgestellt wurde, daß im Reichstag in „Religionssachen" nicht abgestimmt, sondern zwischen den ev. u. kath. Ständen *(Corpus catholicorum)* als Gesamtheit eine gütliche Einigung ausgehandelt werden sollte.

Corpus inscriptionum [lat.], Inschriftensammlung; auch → Inschriftenkunde.

Corpus juris civilis [lat.], seit 1583 übliche Bez. für das 528–534 geschaffene Gesetzgebungswerk des oström. Kaisers *Justinian I.* (Leiter der Gesetzgebungskommission: *Tribonian*); die Kodifikation des röm. Rechts u. die Grundlage seiner Weltgeltung.

Cortaillod-Kultur [kɔrta'jo:-], neolithische Kultur der Schweiz mit vereinzelten Kupferfunden, benannt nach dem Fundort *Cortaillod* am Neuenburger See; Ufersiedlungen mit Rechteckhäusern (Ständerbau, Bodenbelag aus Rindenbahnen), erste Stallungen; rundbodige Tongefäße, oft mit Einlagen aus Birkenrinde verziert.

Cortes [span. 'kɔrtes, port. kɔr'tɛʃ; Pl.], auf der Iberischen Halbinsel u. in Sardinien seit dem hohen MA bis in die frühe Neuzeit Ständeversammlung, die vom König einberufen wurde u. Einfluß auf die Politik nahm. Im Zeitalter des Absolutismus waren die C. bedeutungslos, kamen aber als Volksvertretungen mit meist zwei Kammern in den konstitutionellen Monarchien des 19. Jh. wieder auf. Im Franco-Regime waren die C. gesetzgebendes Organ mit einer Kammer. Seit der Demokratisierung Spaniens 1976 bezeichnet C. das Parlament. – In Portugal hieß die Volksversammlung bis 1911 C.

Cortés, *Cortez,* Hernando (Hernán), span. Konquistador in Mexiko, * 1485 Medellín, Estremadura, † 2. 12. 1547 Castilleja de la Cuesta bei Sevilla; eroberte am 13. 8. 1521 Tenochtitlán, heute Mexico, die Hptst. des Aztekenreichs, u. wurde nach der Eroberung des Aztekenreichs Statthalter u. Generalkapitän von Neuspanien; zog 1524/25 durch Veracruz, Tabasco u. Chiapas bis nach Honduras. Um sich von der Anschuldigung des Amtsmißbrauchs zu reinigen, reiste C. 1528 nach Spanien, wo er von Karl V. mit dem Titel *Marqués del Valle de Oaxaca* ausgezeichnet wurde, aber das Statthalteramt verlor. 1530 nach Mexiko zurückgekehrt, führte er 1536 eine Expedition nach Kalifornien.

Corvinus, 1. Antonius, luth. Theologe, * 1501 Warburg, † 5. 4. 1553 Hannover; ursprünglich Zisterziensermönch, dann theolog. Berater Philipps von Hessen u. Reformator Niedersachsens.

Hernando Cortés

Cosimo I. Medici

2. → Matthias Corvinus.

Cosel, Anna Konstanze Gräfin von, * 17. 10. 1680 Depenau, Holstein, † 31. 3. 1765 Stolpen; geb. von *Brockdorff,* 1699 geschieden von dem sächs. Minister A. M von *Hoym,* 1700–1712 Geliebte *Augusts des Starken*; seit 1716 in Stolpen gefangengehalten. Ihre Kinder wurden 1724 legitimiert.

Cosgrave ['kɔsgrɛiv], **1.** Liam, Sohn von 2), irischer Politiker (Fine Gael), * 17. 4. 1920; 1965–1977 Parteiführer, 1973–1977 Premier-Min.

2. William Thomas, irischer Politiker, * 6. 6. 1880 Dublin, † 16. 11. 1965 Dublin; 1922 bis 1932 Präs. des Exekutivrats der irischen Republik (Premier-Min.); führend in der nationalist. Partei *Sinn Fein;* um Ausgleich mit England u. soziale Eingliederung der Protestanten bemüht; 1933–1944 Führer der Partei *Fine Gael.*

Cosimo I. Medici [-tʃi], Herzog von Toskana 1537–1574, * 11. 6. 1519 Florenz, † 21. 4. 1574 Villa di Castello bei Florenz; Begründer der großherzoglichen (jüngeren) Linie der *Medici,* stellte sich auf die Seite der Spanier. 1555 eroberte er Siena u. erhielt es von Philipp II. zum Lehen. Gegen den Protest Kaiser Maximilians II. erhob ihn Papst Pius V. 1569 zum Großherzog von Toskana. Trotz einer gewalttätigen Herrschaft brachte er sein Land zu großer Blüte. 1562 gründete er den S. Stefansorden zum Schutz des Levantehandels. 1542 erneuerte er die Universität Pisa u. legte als erster Herrscher geordnete Archive an.

Cossiga, Francesco, italien. Politiker (Democrazia Cristiana), * 26. 7. 1928 Sassari, Sardinien; 1975 u. 1976–1979 Innen-Min., 1979/80 Min.-Präs., 1985 bis 1992 Staats-Präs.

Costa e Silva, Arturo da, brasilian. General u. Politiker, * 3. 10. 1902 Taquari, Rio Grande do Sul, † 17. 12. 1969 Rio de Janeiro; mitbeteiligt an der Revolution 1964 gegen die Regierung J. *Goulart,* 1964–1967 Kriegs-Min., 1967–1969 als Nachfolger von *Castelo Branco* Staats-Präs; bekämpfte kommunist. Unterwanderung u. bemühte sich erfolgreich um die Stabilisierung der brasilian. Wirtschaft; regierte seit 1968 diktatorisch.

Costa Rica → S. 163.

Costello [kɔs'tɛlou], John Aloysius, irischer Politiker (Fine Gael), * 20. 6. 1891 Dublin, † 5. 1. 1976 Dublin; 1926–1932 Generalstaatsanwalt, 1948–1951 u. 1954–1957 Premier-Min.; unter seiner Regierung trat Irland 1949 aus dem Brit. Commonwealth aus.

Cougnac [kun'jak], Bilderhöhle des Magdalénien in der Nähe von Gourdon, Dép. Lot (Frankreich); bei der Entdeckung der Tropfsteinhöhle (1949) fand man die steinzeitl. Geräteschaften so, wie sie die ehem. Bewohner zurückgelassen hatten. Die Malereien zeigen neben Tierdarstellungen (Rentier, Steinbock,

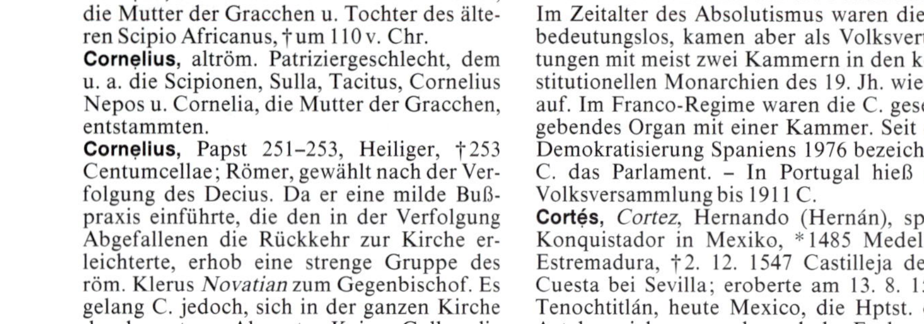

Córdoba: Grundriß der Großen Moschee (links), Fassadengestaltung der Großen Moschee (rechts)

Costa Rica CR

Republik Costa Rica

Fläche: 51 100 km². – *Einwohner:* 3,3 Mill. – *Hauptstadt:* San José. – *Landessprache:* Spanisch. – *Nationalfeiertag:* 15. 9. – *Währung:* 1 Costa-Rica-Colón = 100 Céntimos. – *Lage:* zwischen 8° und 11° n. Br. sowie 83° und 86° w. L. – *Zeitzone:* Mitteleuropäische Zeit – 7 Std. – *Grenzen:* im N Nicaragua, im O Karibisches Meer und Panama, im SW Pazifischer Ozean. – *Staatsform:* präsidiale Republik.

Kolumbus betrat das Land 1502 auf seiner letzten Reise u. gab ihm den Namen C. R. („reiche Küste"). In den folgenden Jahren wurde es von den Spaniern erobert u. nach 1520 dem Generalkapitanat Guatemala als Provinz eingegliedert. 1821 erlangte C. R. die Unabhängigkeit von Spanien. 1823–1838 bildete es zusammen mit mehreren Nachbarstaaten die Zentralamerikanische Konföderation. Seit deren Auflösung ist es selbständig. Während Konflikte mit den Nachbarrepubliken u. innere Unruhen den Fortschritt C. R.s im 19. Jh. lähmten, setzte nach 1900 ein intensiver wirtschaftl. u. kultureller Aufbau ein.

Innenpolitisch galt C. R. lange Zeit als eines der demokratischsten u. stabilsten Länder Lateinamerikas. In der 2. Hälfte der 1970er Jahre mehrten sich jedoch infolge sozialer Probleme die innenpolit. Spannungen. Regierende Partei war 1982–1990 der sozialdemokratisch orientierte *Partido Liberación Nacional* (PLN) unter Präsident Luis Alberto *Monge* (bis 1986) u. dessen Nachfolger Oscar *Arias Sanchez.* 1990 wurde dann der Christdemokrat Rafael Angel *Calderón* zum Staats-Präs. gewählt. Mit J. M. *Figueres* gewann 1994 erneut ein Kandidat des PLN die Präsidentschaftswahlen. Er wurde 1998 von M. A. *Rodríguez* (Partido Unidad Social Cristiana) als Staatschef abgelöst.

Costa Rica: Präsident José Figueres (mit hellem Hut in der Mitte) mit Selbstverteidigungseinheiten 1955

Mammut, Hirsch) auch Gespensterwesen u. von Speeren durchbohrte Männer.

Coxinga, chines. Heerführer, → Zheng Chenggong.

Cozumalhuapa [koθumal'uapa], *Santa Lucia C.*, zentraler Fundplatz der altindian. C.-Kultur in der guatemaltek. Provinz *Escuintla*, nahe den Fundplätzen *Bilbao* u. *El Baul*; 400–900 n. Chr.

Craig [krɛig], Gordon Alexander, US-amerikan. Historiker brit. Herkunft, *26. 11. 1913 Glasgow; Prof. in New York (1947/48 u. 1949/50), Princeton (1950–1961) u. Stanford, Calif. (seit 1961); beschäftigte sich vor allem mit der dt. Geschichte u. dem Phänomen des Militarismus. Werke: „Die preuß.-dt. Armee" dt. 1960; „Dt. Geschichte 1866–1945" dt. 1980; „Über die Deutschen" dt. 1982, „Die Politik der Unpolitischen" 1993.

Cranmer ['krænmə], Thomas, Kaplan König *Heinrichs VIII.* von England, *2. 7. 1489 Aslacton, †21. 3. 1556 Oxford; seit 1533 Erzbischof von Canterbury; führte vorsichtig zögernd die Reformation in England ein, gab 1552 dem „Common Prayer Book" seine endgültige Form; 1553 von der Königin Maria der Katholischen im Tower festgesetzt, 1556 als Ketzer verbrannt.

Crannog ['kræno; kelt. *crann*, „Baum"], vor- u. frühgeschichtl. Ansiedlungen auf künstlich errichteten Inseln in Moor-, Fluß- u. Seengebieten Irlands u. Schottlands; sie bestanden aus einer aus Erde, Buschwerk u. Steinen aufgeschütteten u. durch Pfahlkonstruktionen befestigten Plattform von 20–70 m Durchmesser mit einer oder mehreren Hütten, waren oft von einer Palisade umgeben u. durch einen Erddamm oder Holzsteg mit dem festen Land verbunden.

Crassus [lat., „der Dicke"], Marcus Licinius, röm. Politiker u. Bankier, *um 115 v. Chr., †53 v. Chr.; Konsul 70 u. 55 v. Chr.; beendete 71 v. Chr. den Sklavenaufstand des Spartacus; schloß 60 v. Chr. mit *Cäsar* u. *Pompeius* das erste Triumvirat, 56 das zweite; er wurde 53 v. Chr. von den Parthern bei Carrhae in Kleinasien vernichtend geschlagen u. mit seinem Sohn nach Verrat ermordet. C. war ein Finanzgenie u. einer der reichsten Römer seiner Zeit.

Crécy-en-Ponthieu [kresiãpõ'tjø], nordfranzös. Gemeinde im Dép. Somme, 1600 Ew. – In der Schlacht von C. (26. 8. 1346, im Hundertjährigen Krieg um den französ. Thron) zwischen dem engl. (Eduard III.) u. dem französ. (Philipp VI.) Thronanwärter mußte das französ. Ritterheer eine entscheidende Niederlage gegen die mit moderneren Schußwaffen ausgerüsteten engl. Truppen hinnehmen.

Crescentier, röm. Adelsgeschlecht, das im 10. u. 11. Jh. zeitweise großen Einfluß in Rom u. auf die Päpste hatte u. mit *Johannes XIII.* (965–972) ein Mitglied der Familie auf den päpstl. Stuhl brachte; unter ihm konnten die C. ihre Machtstellung im Kirchenstaat beträchtl. erweitern. – *Crescentius de Theodora*, mitschuldig an der Ermordung Benedikts VI., starb 984 als büßender Mönch. Sein Sohn *Johannes Nomentanus Crescentius* beherrschte nach Kaiser Ottos II. Tod (983) als Patrizius Rom, vertrieb die kaiserl. Päpste u. erhob Gegenpäpste; Otto III. ließ ihn 998 gefangennehmen u. hinrichten. Nach Ottos III. Tod (1002) übte der letzte C. von Bedeutung, *Johannes d. J.* (†1012), Sohn seines gleichnamigen Vaters, für ein Jahrzehnt als Patrizius die Herrschaft über Rom aus; mit ihm ging die Macht an andere röm. Familien über.

Creswellien [-l'jɛ̃; das], Kulturgruppe am Ende der Altsteinzeit in England, benannt nach den Höhlen von *Creswell Crag*, Derbyshire. In dem Steinmaterial finden sich Federmesser, kleine runde Kratzer u. Kerbspitzen. Bei den Knochengeräten treten Harpunen mit beidseitigen Widerhaken aus Rengeweih auf. Das C. ist etwa gleich alt wie das jüngere Magdalénien in Frankreich (ca. 8000 v. Chr.).

Cripps, Sir Stafford, brit. Politiker, *24. 4. 1889 London, †21. 4. 1952 Zürich; Sohn des Labour-Abgeordneten Lord *Parmoor*, gehörte dem linken Flügel der Partei an (der „brit. Trotzkij"); 1940–1942 Botschafter in Moskau, dann Lordsiegelbewahrer, 1945 Handels-Min., leitete 1947–1950 als Schatzkanzler die Politik der Austerity ein.

Crispi, Francesco, italien. Politiker, *4. 10. 1819 Ribera bei Agrigent, Sizilien, † 11. 8. 1901 Neapel; Mitkämpfer *Garibaldis* u. *Cavours* bei der Einigung Italiens, 1887–1891 u. 1893–1896 Min.-Präs.; Anhänger des Dreibunds. Nach dem mißglückten Versuch einer Eroberung Äthiopiens (Niederlage von Adua) 1896 trat C. zurück.

Crô-Magnon [kroman'jɔ̃; frz.], Höhle in Les Eyzies im südfranzös. Dép. Dordogne, im Vézèretal, in der 1868 fünf menschl. Skelette u. a. Siedlungsreste der jüngeren Altsteinzeit (Aurignacien) gefunden wurden. Hauptmerkmale der Cromagnonrasse *(Cromagnide)* : mittellangschädelig, Nasenwurzel tief eingezogen, Augenhöhlen sehr niedrig, breit, rechtwinklig abgeknickt, starkes Überaugendach, breite Jochbögen, Kinn vorspringend, großwüchsig. Die Rassenmerkmale der Cromagnonrasse finden sich noch in den heutigen europ. Rassen; Funde auf dt. Boden in Bonn-Oberkassel u. Stetten ob Lonetal (Ldkrs. Heidenheim).

Oliver Cromwell

Cromwell ['krɔmwəl], **1.** Oliver, engl. Politiker, *25. 4. 1599 Huntingdon, †3. 9. 1658 London. C. stammte aus dem ländl. Kleinadel; er war 1628, 1640 u. 1640–1653 Parlamentsmitglied, diente sich nach Ausbruch des Bürgerkriegs zwischen König u. Parlament im Parlamentsheer empor u. trug wesentlich zu den Siegen bei *Marston Moor* (1644) u. *Naseby* (1645) bei. Er vermittelte 1647 zwischen der wegen ihrer Auflösung aufgebrachten Armee, dem Parlament u. dem gefangenen König u. schloß sich 1648 nach langem Zögern den erklärten Gegnern des Königs an. C. war Mitunterzeichner des Todesurteils für Karl I. u. erster Vorsitzender des Staatsrates der neuen Republik; er vermittelte 1650–1653 erneut zwischen Armee u. Parlament, trieb dann aber 1653 das *Lange Parlament* auseinander u. setzte eine nominierte Versammlung an seine Stelle (Barebone's Parlament). C. übernahm als *Lord Protector* die Regierungsgewalt, errang außenpolit. Erfolge gegen Holland u. Spanien, führte innenpolit. Reformen im Rechts- u. Erziehungswesen durch u. bekämpfte die radikalen Strömungen, vermochte die Lage jedoch nicht zu stabilisieren u. hatte Schwierigkeiten mit seinen Parlamenten. Er gewährte als *Independent* allen religiösen Gruppen außer Anglikanern u. Katholiken religiöse Toleranz.

2. Richard, Sohn von 1), *4. 10. 1626 Huntingdon, † 12. 7. 1712 Cheshunt; 1658 Protektor, trat 1659 auf Drängen des Langen Parlaments u. des Heeres zurück.

3. Thomas, Earl of Essex, engl. Politiker, * um 1485 Putney, † 28. 7. 1540 Bolton; Sohn eines Kaufmanns, trat zunächst in die Dienste Kardinal *Wolseys*, schuf 1536–1540 als Lordkanzler Heinrichs VIII. eine effektive Verwaltung, vollzog die engl. Reformation u. führte die Säkularisation der Klöster durch; wegen angebl. Hochverrats u. Ketzerei hingerichtet.

Crotone, das alte *Kroton*, italien. Hafenstadt an der Ostküste Kalabriens, 60 400 Ew.
Um 710 v. Chr. von den Griechen gegr., eine der reichsten u. blühendsten griech. Kolonien in Italien; Aufenthaltsort des Philosophen *Pythagoras* u. seiner Schule; 194 v. Chr. römische Kolonie. 982 dort Niederlage Kaiser Ottos II. durch Sarazenen.

CSU, Abk. für → Christlich-Soziale Union.

Cuauhtemoc, letzter Herrscher der Azteken, → Quauhtemoc.

Cucuteni-Kultur, jungsteinzeitl. Kulturgruppe in Nordrumänien, die sich unter dem Namen Tripolje-Kultur bis weit in die Ukraine erstreckt.

Cuéllar ['kuejar] → Pérez de Cuéllar.

Cuicuilco, führender Ort der späten präklass. Periode, 500 v. Chr. bis Christi Geburt, im zentralen Hochland von Mexiko, mit einer der frühesten Pyramiden, einem vierstufigen Rundbau, noch mit unbehauenen Feldsteinen verkleidet. C. wurde von den Lavaströmen des nahen Vulkans Xictli verschüttet u. von seinen Bewohnern aufgegeben.

Cuismancu, von dem Historiker *Garcilaso de la Vega* erwähnter indian. Fürstenname, dessen Träger kurz vor der Eroberung durch die *Inka*, 1450, ein Fürstentum in den peruan. Küstentälern von Chancay, Ancón, Chillon u. Rimac beherrschten. Einheitl. Kunststil ist der sog. Chancay-Stil. Hptst. des Fürstentums war *Cajamarquilla*, das ganz aus Lehmziegelbauten errichtet war. Auf dem Gebiet der C. liegt auch die berühmte Tempelstadt *Pachacamac*, die bis zur span. Eroberung Sitz eines vielbesuchten Orakels war. Bekannt ist das Totenfeld von *Ancón*, wo 1875/76 die ersten systemat. Ausgrabungen in Peru durch die Deutschen W. Reiss u. A. *Stübel* stattfanden.

Cuitlahuac [kuitlau'ak; „Herr von Cuitlahuac", „Beschützer des Reiches"], vorletzter Herrscher der Azteken, Bruder u. Nachfolger von *Motecuzoma II.*; kämpfte verzweifelt gegen die Eroberung Tenochtitlans; starb nach nur viermonatiger Regierungszeit 1520 an einer von den Spaniern eingeschleppten Krankheit.

Cucuteni-Kultur: bemalte Keramikvase

cuius regio, eius religio [lat., „wessen das Land, dessen der Glaube"], Auslegung des Greifswalder Juristen Joachim *Stephani* (* 1544, † 1623; „Demonstrationes politicae" 1576) für das sog. *ius reformandi*, die im → Augsburger Religionsfrieden von 1555 verankerte Befugnis des Landesherrn, die Religion der Untertanen zu bestimmen (lat. *nam ubi unus dominus, ibi sit una religio*); 1815 endgültig aufgegeben.

Cuma, grch. *Kyme*, lat. *Cumae*, am Nordende des Golfs von Neapel gelegene, älteste griech. Kolonie in Italien, um 750 v. Chr. von Euböa aus gegr., Mutterstadt *Neapels* u. Ausgangsplatz des griech. Kultureinflusses auf Etrusker u. Römer. 524 u. 474 v. Chr. von den Etruskern vergeblich angegriffen, wurde 421/20 v. Chr. von samnitischen Oskern Kampaniens erobert u. 338 v. Chr. römisch; seit 37 v. Chr. war es Bestandteil der röm. Flottenbasis *Misenum*. Die Grotten unter der Akropolis wurden als Sitz der *Cumäischen Sibylle* angesehen. In C. verteidigten Ostgoten sich u. den Königsschatz gegen Narses bis Ende 553 n. Chr. 915 wurde die Stadt von den Sarazenen zerstört, 1207 auch ihre Burg als Piratennest von den Neapolitanern.

Cumberland ['kʌmbələnd], engl. Herzogstitel, 1644 dem Prinzen *Ruprecht von der Pfalz* (* 1619, † 1682) verliehen, 1689 dem Prinzen *Georg von Dänemark* (* 1653, † 1708), dann 1745 dem Sohn König Georgs II., *Wilhelm August von Hannover* (* 1721, † 1765), Befehlshaber der engl. Armee in der Schlacht bei *Culloden* 1746 gegen die aufständischen Schotten u. Oberbefehlshaber der engl.-hannoverschen Armee von 1757. Wegen seiner blutigen Unterdrückung des *Jakobitenaufstandes* von 1745 „Schlächter von C." genannt. Der Titel C. gelangte dann 1765 an *Heinrich Friedrich* (* 1745, † 1790), den Bruder König Georgs III., u. 1799 an den späteren König *Ernst August* von Hannover.

Cunningham ['kʌniŋəm], Sir Alan Gordon, brit. General, * 1. 5. 1887 Dublin, † 30. 1. 1983 Turnbridge Wells; vertrieb 1940/41 die Italiener aus Äthiopien, versagte aber gegen *Rommel* in Libyen; 1945–1948 Hochkommissar in Palästina.

Cuno, Wilhelm, Politiker, * 2. 7. 1876 Suhl, † 3. 1. 1933 Aumühle bei Hamburg; 1918 Generaldirektor der Hapag; 1922/23 Reichskanzler („Kabinett der Wirtschaft"), verkündete gegen den französ. Ruhreinfall 1923 den passiven Widerstand; schied nach dessen Scheitern aus der Politik aus und ging später zur Hapag zurück.

Curia, das Sitzungs- u. Versammlungsgebäude des Senats im alten Rom.

Curius Dentatus, Manius, römischer Konsul 290, 275 u. 273 v. Chr., Zensor 272 v. Chr.; verdankte seinen Aufstieg in die höchsten Ämter sowie seinen großen Nachruhm seinen militärischen Leistungen, insbes. im 3. Samnitenkrieg (298–290 v. Chr.), im Keltenkrieg (285–282 v. Chr.) u. in der letzten Schlacht gegen Pyrrhos (275 v. Chr.). Später galt er als Muster des bescheiden-sparsamen alten Römers.

Curtius, 1. Ernst, Altphilologe u. Archäologe, * 2. 9. 1814 Lübeck, † 11. 7. 1896 Berlin; Erzieher des späteren Kaisers Friedrich III., Prof. in Göttingen u. Berlin, Leiter der dt. Ausgrabungen in Olympia; Hptw.: „Die Ausgrabungen zu Olympia" 1877–1881; „Peloponnesos" 1852; „Griech. Geschichte bis zur Schlacht bei Chäronea" 1857–1861, ^{6}1887–1889.

2. Julius, Politiker, * 7. 2. 1877 Duisburg, † 10. 11. 1948 Heidelberg; seit 1920 MdR (Dt. Volkspartei), 1926–1929 Reichswirtschafts-, 1929–1931 Außen-Min. als Nachfolger Stresemanns; trat 1931 zurück, nachdem sein Plan einer Zollunion zwischen Dtschld. u. Österreich am Einspruch des Internationalen Schiedsgerichtshofs in Den Haag gescheitert war.

Wilhelm Cuno

George Curzon

3. Ludwig, Archäologe, * 13. 12. 1874 Augsburg, † 10. 4. 1954 Rom; Prof. in Erlangen, Freiburg i. Br. u. Heidelberg, Direktor des Dt. Archäolog. Instituts in Rom 1928–1937, lebte in Rom; Hptw.: „Die Wandmalerei Pompejis" 1929, ^{2}1960; „Das antike Rom" 1944; „Interpretationen von sechs griech. Bildwerken" 1947; „Dt. u. antike Welt" 1950; „Torso. Verstreute u. nachgelassene Schriften" 1957.

Curtius Rufus, Quintus, römischer Historiker der Kaiserzeit, vermutlich nicht vor dem 2. Jh. n. Chr. Schrieb die einzige weitgehend erhalten gebliebene (8 von 10 Büchern) Geschichte Alexanders d. Gr. in lateinischer Sprache.

curulische Beamte, höhere Beamte im alten Rom, mit dem Recht, auf einem Wagen zu fahren u. auf der *sella curulis* zu sitzen; zu ihnen gehörten: Interrex, Konsuln, Praetoren, Decemvirn, Konsulartribunen, Prokonsuln, Propraetoren sowie der Diktator u. sein oberster Gehilfe, der Magister equitum (Reiterführer), ferner die curul. Aedilen.

Curzon ['kə:rzn], George, Earl (1911), Marquess (1921) *C. of Kedleston*, brit. Politiker (konservativ), * 11. 1. 1859 Kedleston Hall, Derbyshire, † 20. 3. 1925 London; 1899–1905 Vizekönig von Indien, 1919–1924 Außen-Minister C. war der Schöpfer der *C.-Linie*, die 1921 beim russ.-poln. Waffenstillstand zunächst als Demarkationslinie (gemäß den ethnographischen Verhältnissen: Grodno–Brest-Litowsk–Sokoły–Przemyśl) festgesetzt, aber als Grenze gedacht war. Die Polen erreichten nach einem Abwehrsieg über die Rote Armee im Frieden von Riga (1921) eine für sie günstigere Lösung. 1943 wurde der UdSSR in Teheran die C.-Linie mit geringen Abweichungen als neue Grenze zugestanden.

Cuza ['kuza], *Cusa*, Alexandru Ioan I., * 20. 3. 1820 Galatz, † 15. 5. 1873 Heidelberg; nach der Doppelwahl des Jahres 1859 als Fürst in der Moldau u. in der Walachei proklamierte er am 23. 12. 1861 die Vereinigung der Donaufürstentümer u. wurde der erste Fürst des vereinigten Fürstentums Rumänien. Er wurde 1866 von den Bojaren gestürzt.

Cuzco, Hptst. des peruan. Dep. C., in einem fruchtbaren Becken der Anden, 3470 m ü. M., 255 000 Ew.
Von 1100–1533 war C. die Hptst. des Inkareiches in Peru, gegliedert in *Hanan-C.* (Ober-C.) u. *Hurin-C.* (Unter-C.); die zwölf Bezirke waren in vier Stadtteile unterteilt. Vom Hauptplatz ging ein rasterförmig angelegtes Straßennetz aus. Die Mehrzahl der Tempel u. Paläste stammte aus der mit dem Regierungsantritt des Inka *Pachacutec* (1438) beginnenden imperialen Periode. Die Häuser waren ein- bis dreistöckig, die Königsbauten mit Gold verkleidet. C.s prächtigstes Gebäude, das Haupttheiligtum *Coricancha* („Goldhaus"), hatte einen Innenhof mit Pflanzen u. Tieren aus Gold. C. wurde 1533 von Pizarro erobert u. brannte 1535 bei einem

Aufstand nieder. Die noch teilweise erhaltenen Bauten sind heute mit span. Häusern überbaut. Oberhalb C.s erhebt sich die Feste Sacsayhuaman.

CVP, Abk. für → Christlichdemokratische Volkspartei (Schweiz).

Cymbeline ['simbili:n], *Cunobelinus*, legendärer englischer König im 1. Jh. n. Chr., der sich der röm. Okkupation widersetzte; Hauptfigur in Shakespeares gleichnamigem Drama.

Cyrankiewicz [tsiran'kjɛwitʃ], Józef, poln. Politiker, *23. 4. 1911 Tarnów, †20. 1. 1989 Warschau; seit 1933 aktives Mitgl. der Poln. Sozialist. Partei (PPS); 1941–1945 im dt. KZ. Nach 1945 organisierte C. die PPS u. wirkte als deren Generalsekretär an der Fusion der PPS mit der kommunist. Poln. Arbeiterpartei 1948 mit. C. war seit 1948 Mitgl. des Politbüros u. des Sekretariats der Vereinigten Polnische Arbeiterpartei, 1947–1952 u. 1954–1970 Min.-Präs., 1970–1972 Vors. des Staatsrats (Staatsoberhaupt). 1971 schied er aus dem Politbüro aus.

Czartoryski, [tʃartɔ'riski], poln. Fürstengeschlecht litauischer Abstammung (von einem Bruder des Königs *Władysław Jagiełło*): **1.** Adam-Jerzy (Georg), Sohn von 2), poln. Politiker, *14. 1. 1770 Warschau, † 15. 7. 1861 Montfermeil bei Paris; seit 1801 war C. Vertrauter des späteren Kaisers Alexander I.; 1804–1807 stellvertretender russ. Außenminister; 1803–1823 Kurator der Universität Wilna, 1830/31 Präsident der aufständ. poln. Regierung; seit 1831 Haupt der konservativen poln. Emigration („Hôtel Lambert"); leitete eine diplomat. antiruss. Tätigkeit, bes. in den Balkanländern.

2. Adam-Kazimiers (Kasimir), poln. Politiker u. Schriftsteller, *1. 12. 1734 Danzig, †19. 3. 1823 Sieniawa, Galizien; General-Starost von Podolien, auf allen Gebieten der polnischen Aufklärungsreform tätig, Anhänger der Konstitution vom 3. Mai 1791.

Czernin ['tʃɛrnin], Ottokar Graf *C. von und zu Chudenitz*, österr.-ungar. Politiker, *26. 9. 1872 Dimokur, Böhmen, †4. 4. 1932 Wien; 1916–1918 Außen-Min., spielte eine wenig glückliche Rolle bei der Übermittlung der österr. Sonderfriedenswünsche an die Entente u. mußte im April 1918 wegen der *Sixtus-Affäre* zurücktreten; schloß für Österreich den Frieden von Brest-Litowsk.

D

Dąbrowski [dɔm'brɔfski], Jan Henrik, poln. General u. Nationalheld, *2. oder 29. 8. 1755 Pierzchowiec bei Krakau, †6. 6. 1818 Winnogóra (Großpolen); nahm an poln. Aufständen 1794 u. 1806 teil. 1797–1801 Führer der poln. Legion in Oberitalien, deren Hymne „Noch ist Polen nicht verloren" poln. Nationalhymne wurde.

Dachau, Kreisstadt in Oberbayern, 32 900 Ew. Nordöstl. von D. errichtete die SS 1933 ein Konzentrationslager, das bis 1945 bestand u. dem zahlreiche Außenlager angeschlossen waren. Insges. waren über 200 000 Häftlinge in D. eingekerkert, von denen mindestens 30 000 umkamen. Auf dem Gelände wurden nach 1945 Sühnekapellen, ein Mahnmal (1960) u. ein Karmeliterinnen-Kloster (1964) errichtet.

Dagobert, Könige der Franken aus dem Geschlecht der *Merowinger* : **1.** *D. I.*, König Austriens ab 623, des gesamten Frankenreichs ab 629, †639; vertrat die Einheit des fränk. Reichs nach außen u. innen energisch, wenn auch letztlich erfolglos; führte Kämpfe gegen die Slawen unter *Samo*.

2. *D. II.*, König in Austrien 656–660 u. 676–679, Enkel von 1), †679 (ermordet); einige Jahre nach seines Vaters *Sigibert III.* (633/34–656) Tod von dem die Regierung führenden Hausmeier *Grimoald* (643–661/62) in ein irisches Kloster verbannt, 676 erneut zum König erhoben.

Dahlem, Franz, Politiker, *14. 1. 1892 Rohrbach, Lothringen, †17. 12. 1981 Ostberlin; kaufmänn. Angestellter; seit 1920 Funktionär der KPD, 1928–1939 Mitgl. ihres Zentralkomitees u. Politbüros, 1928–1933 MdR; 1934 Emigration nach Frankreich, 1939–1945 in französischen u. dt. Konzentrationslagern; 1946–1953 u. seit 1957 Mitgl. des Zentralkomitees der SED, 1946–1949 Mitgl. des Zentralsekretariats, 1949–1953 des Politbüros; 1953 „wegen polit. Blindheit gegenüber imperialist. Agenten" aller Funktionen enthoben, 1956 rehabilitiert.

Dahlmann, Friedrich Christoph, Politiker, Historiker u. Staatswissenschaftler, *13. 5. 1785 Wismar, †5. 12. 1860 Bonn; Prof. in Kiel, Göttingen u. Bonn. Als einer der *„Göttinger Sieben"*, die gegen die Aufhebung der Verfassung durch König Ernst August von Hannover Protest erhoben, wurde er abgesetzt u. des Landes verwiesen. 1848 war D. Vertrauensmann Preußens beim Frankfurter Bundestag, dazu Abg. in der Paulskirche u. dort Mitgl. der gemäßigt-liberalen kleindt. Casinopartei. Auch als Historiker vertrat er die Ideen des kleindt. konstitutionellen Liberalismus, mit denen er die Schule der polit. Historiker (H. von *Treitschke*, H. von *Sybel*) beeinflußte. Seine Verfassungsideale waren an der engl. Verfassung orientiert. Hptw.: „Quellenkunde der dt. Geschichte" 1830 (fortgesetzt von G. Waitz, in Neuauflagen bis zur heutigen Zeit); „Geschichte von Dänemark" 1840–1843; „Politik, auf den Grund u. das Maß der gegebenen Zustände zurückgeführt" 1835, Neuausgabe 1924; „Geschichte der engl. Revolution" 1844; „Geschichte der französ. Revolution" 1845.

Dahomey [dao'me:; frz.], seit 30. 11. 1975 → Benin.

Dai → Dei.

„Daily-Telegraph"-Affäre ['deili 'teligra:f-], innenpolit. Krise in Dtschld., ausgelöst durch die Veröffentlichung von Äußerungen Kaiser Wilhelms II. in der engl. Tageszeitung „Daily Telegraph" am 28. 10. 1908. Wilhelm II. hatte u. a. erklärt, er habe England während des Burenkrieges durch einen Feldzugsplan u. durch Verhinderung einer Kontinentalliga unterstützt. Die Veröffentlichung hatte weitreichende Folgen: England zeigte sich brüskiert u. verstimmt; der verantwortl. Reichskanzler *Bülow* erweckte fälschlich den Anschein, es liege ein Beispiel für das „persönl. Regiment" des Kaisers vor; der Reichstag stärkte in Angriffen auf den Kaiser die eigene Position; Wilhelm wurde bei vermindertem Selbstvertrauen seiner Rolle als konstitutioneller Kaiser noch weniger als zuvor gerecht u. entzog Bülow seine Unterstützung.

Daimyo, jap. Abkürzung von *daimyoshu*, d. h. „Besitzer von viel Namensland" (Land, das seinen Namen trägt), Bez. für Großgrundbesitzer aus dem Adelsstand (Buke). Unter den Tokugawa wurde der D. zum Träger eines Lehens von mindestens 10 000 Koku (1 Koku = 160 kg Reis). In ihren Daimiaten, den Lehensbezirken, regierten die D. uneingeschränkt, unterstanden jedoch einer strengen Aufsicht des Bakufu in Edo. Sie durften keine Festungen in ihren Lehen anlegen, mußten regelmäßig eine bestimmte Zeit in Edo zubringen u. bedurften zur Eheschließung der Genehmigung durch den Shogun. Die D. wurden gegen Ende der Tokugawa-Zeit zu einem funktionslosen Repräsentationsadel; sie verarmten wegen des aufwendigen Lebensstils in Edo u. verschärften die Abgabepflichten der Bauern. Aus den Reihen der von den Tokugawa 1600 unterworfenen D. ging die Opposition gegen das Shogunats-System hervor, die sich nach 1854, der erzwungenen Öffnung Japans, verstärkte u. die Meiji-Restauration von 1868 vorbereiten half. Die insgesamt 290 Daimiate wurden 1871 aufgehoben, Japan wurde in Präfekturen gegliedert. Die D. wurden 1884 in den neu errichteten Adel (kasoku) übernommen. Auch → Japan.

Dachau: Befreiung der Häftlinge des Konzentrationslagers durch amerikanische Truppen am 29. April 1945

Dajan → Dayan.

Dakien, lat. *Dacia*, altröm. Provinz, die sich auf Siebenbürgen, den östl. Teil des Banats u. Oltenien erstreckte; erlangte erst unter dem thrak. Volksstamm der *Daker* seit dem 2. Jh. v. Chr. Bedeutung, in Lebensart u. Zivilisation von den eingedrungenen *Skythen* u. *Kelten* geprägt. Um die Mitte des 1. Jh. v. Chr. kam es unter *Burebista* zur Vereinigung des bis dahin von mehreren Fürsten beherrschten Volkes; unter *Decebalus* wurde es zu einem gefährlichen Gegner des Röm. Reichs. Der

„Daily-Telegraph"-Affäre: Reichskanzler Fürst Bernhard von Bülow (Mitte, mit Stock und Zylinder) nach seiner Audienz beim Kaiser vor dem Potsdamer Bahnhof

Dakien: dakische Krieger. Rom, Trajanssäule

erste, von Domitian geführte Feldzug (86–89) verlief für Rom nicht günstig, erst Trajan unterwarf das Land in den Feldzügen 101/02 u. 105/06 (auf der Trajanssäule in Rom geschildert) u. machte es zur röm. Provinz (Ansiedlung von Kolonisten aus allen Teilen des Imperiums, intensive Romanisierung). In den Markomannenkriegen verwüstet u. seit Galienus durch den Ansturm der Gepiden gefährdet, wurde es um 271/72 von Aurelian den Goten überlassen.

Daladier [-'dje:], Edouard, französ. Politiker, *18. 6. 1884 Carpentras, Dép. Vaucluse, †10. 10. 1970 Paris; radikalsozialist. Abgeordneter, bekleidete seit 1924 verschiedene Ministerposten, 1933/34 u. 1938–1940 Min.-Präs.; unterzeichnete das Abkommen in München 1938 u. die Kriegserklärung an Dtschld. 1939; bis Mai 1940 Kriegs-Min., dann kurz Außen-Min., von der Vichy-Regierung verhaftet, an Dtschld. ausgeliefert u. interniert; 1946–1958 Abg.; 1957/58 Partei-Vors. der Radikalsozialisten.

Dalai-Lama [mongolisch, „Weltmeerpriester"], *Gyalba Rinpoche*, (tibet., „Herrscherjuwel"), höchster geistl. Würdenträger der Gelugpa, der von Tsong-kha-pa gegründeten reformierten Form des Lamaismus. Er gilt als Verkörperung göttl. Wesenheiten, u. zwar des *Avalokiteshvara*. Nach dem Ableben eines D. wird der Nachfolger aufgrund bestimmter Vorzeichen unter neugeborenen Kindern gefunden (Chubilghanische Erbfolge). Als erster D. wird Gendün Truppa (*1391, †1475), Neffe des Tsong-kha-pa u. seit 1438 Abt des Klosters Ganden in Lhasa, gezählt; der Titel D. wurde dem 3. D. 1578 vom mongol. Chan verliehen. Die bedeutendsten D. waren der 5. D. (*1617, †1682) u. der 13. D. (*1876, †1933). Seit 1642 bis zur chines. Annexion 1950 übten die D. mit kürzeren Unterbrechungen auch die weltl. Herrschaft über Tibet aus. Ihre Residenz war der Potala in Lhasa. Der am 6. 6. 1935 nahe Kumbum in Osttibet geborene 14. D., *Ngawang Lobsang Tenzin Gyatso*, floh 1959 aus Tibet u. lebt in Dharamsala in Indien im Exil. 1989 erhielt er den Friedensnobelpreis.

Dalberg, 1. Emmerich Joseph Herzog von, französ. Diplomat, *30. 5. 1773 Mainz, †27. 4. 1833 Herrnsheim; vermittelte die Heirat Napoleons I. mit Marie-Louise von Österreich; 1814 unter Talleyrand Mitgl. der Regierung; französ. Vertreter beim Wiener Kongreß, seit 1816 französ. Gesandter in Turin.

2. Johann (III.) von, *14. 8. 1455 Oppenheim, †27. 7. 1503 Heidelberg; 1481–1497 Kanzler des Kurfürsten Philipp des Aufrichtigen von der Pfalz (1476–1508) sowie der Universität Heidelberg, seit 1482 zugleich Bischof von Worms; hochgebildet, machte Heidelberg, Worms u. seine Residenz Ladenburg durch seine Beziehungen zu R. Agricola, S. Brant, C. Celtis, J. Reuchlin, J. Trithemius, J. Wimpfeling u. a. zu Zentren des Humanismus in Dtschld.; auch mit diplomat. Missionen des Reiches betraut.

3. Karl Theodor von, letzter Kurfürst (Erzbischof) von Mainz u. Erzkanzler des Heiligen Römischen Reiches 1802–1813, *8. 2. 1744 Herrnsheim bei Worms, †10. 2. 1817 Regensburg; reger Förderer der Kultur (Beziehungen zur Weimarer Klassik); seit 1806 Fürstprimas u. einflußloses Haupt des Rheinbunds, vergeblich um eine Reorganisation des Reiches in Anlehnung an Napoleon u. Schaffung einer Nationalkirche bemüht; 1810–1813 Großherzog von Frankfurt, danach Erzbischof von Regensburg.

Dalhousie [dæl'hauzi], James Andrew *Ramsay*, Earl u. Marquess *D. of the Punjab*, brit. Kolonialpolitiker, *22. 4. 1812 Dalhousie Castle bei Edinburgh, †19. 12. 1860 Dalhousie Castle; 1848–1856 Generalgouverneur von Ostindien, annektierte die erbenlosen ind. Fürstentümer für die engl. Krone, führte

Edouard Daladier

Reformen im Verkehrssystem (Eisenbahnbau) u. im sozialen Bereich durch.

Dalmatien, serbokr. *Dalmacija*, reichgegliederte kroat. Küstenlandschaft am Adriat. Meer.
In vorchristl. Zeit war D. ein Teil *Illyriens*; es wurde seit dem 2. Jh. v. Chr. von den Römern unterworfen u. war später ständiger Zankapfel zwischen West- u. Ostrom. Im 6./7. Jh. drangen im N *Kroaten*, im S *Serben* ein. Im MA stritten bes. Ungarn u. Venedig, das die Küstenstädte (mit Ausnahme von Ragusa/Dubrovnik) für sich gewinnen konnte, um D.; seit dem 15. Jh. schrittweise türk. Eroberung, 1699 u. 1718 wieder venezian. Gewinne. Im Frieden von Campo Fòrmio (1797) wurde D. Österreich zugesprochen. Es gehörte 1919–1991 großenteils zu Jugoslawien. Einige Teile (Städte u. Inseln) fielen von 1919 bzw. 1924 (Fiume) bis 1944 an Italien; zwischen 1941–1944 waren Küstengebiete von den Achsenmächten besetzt.

Dalwigk *zu Lichtenfels*, Karl Friedrich Reinhard Frhr. von, hess. Politiker, *19. 12. 1802 Darmstadt, †28. 9. 1880 Darmstadt; seit 1850 Min., 1852–1871 Min.-Präs. des Großherzogtums Hessen-Darmstadt; führender Vertreter einer großdt. bzw. partikularist. *Triaspolitik*, der sich aus Gegnerschaft zu Preußen u. dessen Führungsanspruch in erster Linie an Österreich sowie an Frankreich anlehnte, auch noch nach der Niederlage an der Seite Österreichs im Dt. Krieg 1866, als Oberhessen dem Norddt. Bund beitreten mußte. D. unterzeichnete zwar 1870 den Vertrag über den Beitritt seines Landes zum Dt. Reich, mußte jedoch kurz nach dessen Gründung auf Betreiben Bismarcks zurücktreten.

Damaschke, Adolf, Führer der dt. Bodenreformbewegung, *24. 11. 1865 Berlin, †30. 7. 1935 Berlin; 1886–1896 Lehrer, seit 1898 Vorsitzender des „Bundes Deutscher Bodenreformer". Hptw.: „Die Bodenreform" 1902; „Geschichte der Nationalökonomie" 1905, u. a.; gab seit 1889 die Zeitschrift „Bodenreform" heraus.

Damaskus, arab. *Dimashq*, Hptst. von Syrien inmitten der fruchtbaren Ghuta-Oase am Südosthang des Antilibanon, 1,29 Mill. Ew.; beträchtl. Ausbauten jenseits der alten Stadtmauer; islam. Pilgerstätte (über 70 Moscheen, u. a. Omajjadenmoschee, Grab Saladins), eine der heiligen Städte des Islam.
Erste Erwähnung um 1470 v. Chr., seitdem wichtige Handelsstadt am Schnittpunkt großer Fernstraßen (Beirut–Bagdad–Iran, Istanbul–Aleppo–Kairo) u. ein bedeutender Etappenort an der Pilgerstraße Istanbul–Mekka. Im 1. Jahrtausend v. Chr. von Assyrien erobert, kam später zum Neubabylon., Achämeniden-, dann Seleukiden-, 64 v. Chr. zum Röm. Reich u. wurde 635 n. Chr. von den Arabern erobert; unter den Omajjaden 661–750 Hptst. des Islamischen Reichs (Sitz des Kalifen), im 12. Jh. Residenz Saladins, 1260 an die Mamluken, 1516–1918 osmanisch; seit 1946 Hptst. der Republik Syrien.

Damasus, Päpste: **1.** *D. I.*, 366–384, Heiliger, *um 305 wahrscheinl. Rom, †11. 12. 384 Rom; konnte sich erst nach langen Auseinandersetzungen mit dem von einer Minderheit gewählten *Ursinus* allg. Anerkennung verschaffen. Er erlangte Zugeständnisse des röm. Staats an die geistl. Gerichtsbarkeit u. wußte den Primat Roms gegenüber den Kirchen des Ostens durchzusetzen. Auf verschiedenen Synoden nahm er zu den dogmat. Streitigkeiten seiner Zeit Stellung. Er erteilte den Auftrag an Hieronymus, eine neue latein. Übersetzung der Bibel vorzunehmen. Fest: 11. 12.

2. *D. II.*, 1048, eigentl. *Poppo*, aus fränk.-bayer. Adel, †9. 8. 1048 Palestrina; Heinrich III. erhob ihn 1040 zum Bischof von Brixen u. nominierte ihn nach dem Tod Klemens' II. zum Papst. D. konnte die vom abgesetzten

Der Dalai Lama in Indien 1959

Papst *Benedikt IX.* zurückeroberte Stadt Rom nach kurzer Zeit einnehmen, die Kirchenreform aber nicht vorantreiben, da er schon drei Wochen nach seiner Wahl starb.

Damenfriede → Cambrai.

Damokles, Höfling des Tyrannen *Dionysios I.* oder *II.* von Syrakus. Der Tyrann ließ ihn köstl. Speisen unter einem an einem Pferdehaar aufgehängten Schwert verzehren, um so das gefährl. Glück des Herrschers zu verdeutlichen. – Daher: *Damoklesschwert*, sprichwörtlich für eine drohende Gefahr.

Danaer, bei *Homer* griech. Kämpfer. Es ist unklar, ob sich der Ausdruck *D.* (im Unterschied zu *Achäer)* auf alle Griechen oder auf einen Teil bezieht u. ob die *Danuna*, eines der „Seevölker" auf Siegesstelen Ramses' III. in Medinet Habu, mit den D.n zusammenhängen. Der sprichwörtl. Ausdruck *D.geschenk* für eine unglückbringende Gabe geht auf das von den Griechen angeblich als Weihegabe zurückgelassene hölzerne Pferd *(Trojan. Pferd)* zurück, in dessen Leib Griechen versteckt waren.

Danckelman, Eberhard Frhr. von, brandenburg.- preuß. Staatsbeamter, * 23. 11. 1643 Lingen, † 31. 3. 1722 Berlin; Erzieher u. Vertrauter des späteren Königs Friedrich I. von Preußen, 1695 Premier-Min.; leitete die Außenpolitik im Sinne des Großen Kurfürsten u. versuchte innere Reformen; fiel 1697 in Ungnade; auf Betreiben der Königin Sophie Charlotte bis 1707 in Spandau u. Peitz inhaftiert; 1713 rehabilitiert, aber nur gelegentlich vom neuen König Friedrich Wilhelm I. in polit. Fragen konsultiert.

Dandolo, venezian. Patrizierdynastie, der einige Dogen entstammten. Bedeutendster Vertreter war *Enrico D.*, Doge 1193–1205, * um 1108, † 1. 6. 1205 Konstantinopel; er begründete die Herrschaft Venedigs im östl. Mittelmeer u. im Schwarzen Meer. Als Venedig den 4. Kreuzzug, der gegen Ägypten geführt werden sollte, mit Schiffen u. Mannschaften ausgerüstet hatte, ließ D. 1202 zur Bezahlung zuerst die kath. Stadt Zara erobern. Von Papst Innozenz III. gebannt, gelang es ihm trotzdem, das Kreuzzugsheer gegen Konstantinopel zu lenken, das unter seiner Führung 1204 erobert wurde.

Danebrog [der; dän. *brog*, „Flagge"], *Dannebrog*, dän. Nationalflagge (weißes Kreuz in rotem Feld), der Sage nach auf dem Zug Waldemars II. nach Estland 1219 vom Himmel gefallen, bekannt seit Ende des 14. Jh.

Dänemark DK

Königreich Dänemark

Fläche: 43077 km². – *Einwohner:* 5,2 Mill. – *Hauptstadt:* Kopenhagen. – *Landessprache:* Dänisch. – *Nationalfeiertag:* 5. 6. – *Währung:* 1 Dänische Krone = 100 Öre. – *Lage:* zwischen 54°34′ und 57°45′ n. Br. sowie 8°05′ und 12°35′ (Bornholm 15°12′) ö. L. – *Zeitzone:* Mitteleuropäische Zeit. – *Grenzen:* im N Skagerrak, im O Kattegat und Ostsee, im S Deutschland, im W Nordsee. – *Staatsform:* parlamentarische Monarchie.

Dänemark

Könige

Gorm der Alte	† um 950
Harald Blauzahn	um 950–986
Sven I. Gabelbart	986–1014
Harald Svensson	1014–1018
Knut der Große	1018–1035
Hardeknut	1035–1042
Magnus I., der Gute	1042–1047
Sven Estridsen	1047–1076
Harald Hein	1076–1080
Knut der Heilige	1080–1086
Olaf Hunger	1086–1095
Erich I.	1095–1103
Niels	1104–1134
Erich II.	1134–1137
Erich III.	1137–1147
(Thronkämpfe	1147–1157)
Waldemar I., der Große	1157–1182
Knut VI.	1182–1202
Waldemar II., der Sieger	1202–1241
Erich IV.	1241–1250
Abel	1250–1252
Christoph I.	1252–1259
Erich V.	1259–1286
Erich VI.	1286–1319
Christoph II.	1319–1326
Waldemar III.	1326–1330
Christoph II. (erneut)	1330–1332
(Interregnum	1332–1340)
Waldemar IV. Atterdag	1340–1375
Olaf IV.	1376–1387
Margarete I.	1387–1412
Erich VII. von Pommern	1412–1439
Christoph III. von Bayern	1440–1448
Haus Oldenburg	
Christian I.	1448–1481
Johann	1481–1513
Christian II.	1513–1523
Friedrich I.	1523–1533
(»Grafenfehde«	1533–1536)
Christian III.	1536–1559
Friedrich II.	1559–1588
Christian IV.	1588–1648
Friedrich III.	1648–1670
Christian V.	1670–1699
Friedrich IV.	1699–1730
Christian VI.	1730–1746
Friedrich V.	1746–1766
Christian VII.	1766–1808
Friedrich VI.	1808–1839
Christian VIII.	1839–1848
Friedrich VII.	1848–1863
Haus Glücksburg	
Christian IX.	1863–1906
Friedrich VIII.	1906–1912
Christian X.	1912–1947
Friedrich IX.	1947–1972
Margarete II.	1972–

D. war schon in vorgeschichtl. Zeit germanisch besiedelt, doch ist das dän. Volk erst seit dem 6. Jh. v. Chr. geschichtlich nachzuweisen. Seine ursprüngl. Heimat war nach heute vorherrschender Meinung das südl. Schweden, von wo aus es sich allmählich über die Inseln u. nach Jütland ausdehnte. Bis zur Mitte des 11. Jh. erreichte die dän. Siedlung die Schleilinie. Ein dän. König *Dan* ist nur aus der Sage bekannt. Das Land wurde zunächst von Teilkönigen regiert, von denen *Göttrik* um 800 die erste Befestigungsanlage (Danewerk) südlich der Schlei zur Abwehr des Frankenreichs errichtete.

Die erste staatl. Zusammenfassung gelang den Königen *Gorm* u. *Harald Blauzahn* im 10. Jh.; Harald nahm das Christentum an u. förderte die von S kommende Mission. Das 11. Jh. ist die Zeit ausgreifender dän. Wikingerzüge im Nordseeraum. König *Sven Gabelbart* eroberte England; *Knut d. Gr.* (1018–1035) beherrschte ein dän. Nordseereich (Dänemark, Norwegen, England, Schottland), das nach seinem Tod jedoch wieder zerfiel. Zwischen 1025 u. 1035 wurde die Eider endgültig zur Südgrenze D.s. Kirchlich löste sich D. u. mit ihm der Norden Europas durch die Gründung des Erzbistums Lund aus der seit 948 bestehenden Verbindung mit dem Erzbistum Hamburg–Bremen. Nach inneren Wirren erneuerte König *Waldemar d. Gr.* (1157–1182) das Reich u. überwand die Slawengefahr. Seine Nachfolger *Knut VI.* (1182–1202) u. *Waldemar II.* (1202 bis 1241) schufen ein dän. Ostseereich, das außer Holstein, Hamburg u. Lübeck auch Mecklenburg, Pommern, Rügen u. Estland umfaßte, aber nach der Schlacht von *Bornhöved* (1227) auseinanderbrach.

Die erneute Auflösung des Reichs in den ersten Jahrzehnten des 14. Jh. wurde durch *Waldemar IV. Atterdag* (1340–1375) beendet, der freilich die Sonderentwicklung des Herzogtums Schleswig nicht verhindern u. die Vormachtstellung der Hanse nicht brechen konnte. Seine Tochter *Margarete* gründete 1397 die Union aller drei Reiche des Nordens *(Kalmarer Union)*; ihr Großneffe u. Erbe König *Erich von Pommern* geriet durch seine maßlose Politik jedoch in Konflikt mit der Hanse, Schweden, den holstein. Grafen u. dem einheim. Adel, verlor Norwegen u. Schweden u. wurde 1439 aus D. vertrieben.

1448 wählte der dän. Reichsrat Graf *Christian (I.)* von Oldenburg zum König, er wurde 1450 König von Norwegen u. 1457 von Schweden u. wurde 1460 vom schleswig-holstein. Rat zum Herzog von Schleswig u. Grafen von Holstein gewählt; aber die schwed. Krone konnte nicht dauernd gesichert werden: Die Union mit Schweden zerbrach 1523; *Christian II.* büßte nicht nur Schweden, sondern auch seinen dän. Thron ein. 1523 wurde sein Onkel, Herzog Friedrich von Schleswig-Holstein, zum König gewählt. Sein Sohn *Christian III.* führte 1536 durch einen Staatsstreich die Reformation ein, die durch luther. Prediger schon in D. Fuß gefaßt hatte (Kirchenordnung 1537). Polit. u. konfessionelle Gründe bewogen *Christian IV.*, in den Dreißigjährigen Krieg einzugreifen; er wurde 1626 geschlagen u. mußte im Frieden von Lübeck auf seine norddt. Ausdehnungspläne verzichten. In der Folgezeit geriet D. immer mehr in Gegensatz zu Schweden, das zur beherrschenden Macht in Nordeuropa u. im Ostseeraum aufstieg; so ging 1658 der gesamte Besitz auf der skandinav. Halbinsel, Schonen, Blekinge, Halland u. das zu Norwegen gehörende Bohuslän an Schweden verloren.

Die äußere Gefährdung führte zur inneren Umgestaltung D.s: Die Macht der Stände wurde beseitigt, 1660 das Erbkönigtum eingeführt, 1665 der Absolutismus urkundl. festgelegt (Königsgesetz). 1767–1773 wurde durch Verträge mit Rußland die den Frieden in Europa gefährdende „Gottorfer Frage" bereinigt. Der dän. Gesamtstaat, der von Is-

Dänemark: der große Runenstein in Jelling; vom Dänenkönig Harald Blauzahn um 980 als Gedenkstein für seine Eltern errichtet

land u. vom Nordkap bis zur Elbe reichte, hielt sich von allen Kontinentalkriegen fern u. widmete sich vor allem inneren Reformen. 1807, nach dem Überfall der brit. Flotte auf Kopenhagen, schloß sich D. Frankreich an, hielt an dem Bündnis mit Napoleon I. noch 1813 fest u. mußte dafür den Staatsbankrott u. 1814 (Kieler Friede) den Verlust Norwegens hinnehmen.
1815 wurde der dän. König für Holstein u. das neuerworbene Herzogtum Lauenburg Mitgl. des Deutschen Bundes, das mit Holstein verbundene Schleswig blieb außerhalb des Bundes.
Die innere Entwicklung wurde seit 1830 immer mehr durch die liberale Opposition u. durch den nationalen Gegensatz zwischen Deutschen u. Dänen beeinflußt, den *Christian VIII.* in schwankender Politik ohne Erfolg auszugleichen suchte. Sein „Offener Brief" von 1846 wollte den Gesamtstaat erhalten durch die gleiche Erbfolge für D., Schleswig, Lauenburg u. Teile Holsteins, hatte aber einen unheilbaren Bruch mit den dt. Schleswig-Holsteinern zur Folge. Ihre Erhebung gegen die Gefahr einer Einverleibung Schleswigs in D. führte im März 1848 zu einem fast dreijährigen Krieg, ohne daß die entscheidenden Streitfragen gelöst wurden. Die liberale Verfassung D.s vom 8. 6. 1849 (Juni-Grundgesetz) wurde nicht auf Schleswig ausgedehnt; D. erreichte zwar im Londoner Vertrag von 1852 die Anerkennung des dän. Gesamtstaats u. die europ. Billigung einer für D. u. die Herzogtümer gemeinsamen Erbfolge, mußte sich aber gegenüber Österreich u. Preußen verpflichten, eine auf Gleichstellung der Landesteile beruhende Gesamtstaatsverfassung einzuführen u. auf die Einverleibung Schleswigs zu verzichten. Die gesamtstaatl. Verfassungsversuche scheiterten jedoch, u. es gelang nicht, die Deutschen zu versöhnen. Das Grundgesetz von 1863, eine dän.-schleswigsche Verfassung, die unvereinbar war mit den gegebenen Zusagen, löste ein Ultimatum der beiden dt. Vormächte Österreich u. Preußen u. den Krieg von 1864 aus. Im Wiener Frieden 1864 mußte D. die drei Herzogtümer Schleswig, Holstein u. Lauenburg an die Sieger abtreten, der dän. Gesamtstaat war damit zerfallen. Nach außen folgte D. seitdem dem Grundsatz der Neutralität zwischen den Gegensätzen der europ. Mächte, im Innern setzten vor allem seit 1900 Liberale u. Sozialdemokraten sich immer mehr durch. Ein demokrat. Grundgesetz wurde 1915 unter *Christian X.* eingeführt. Der Versailler Vertrag sah eine Volksabstimmung in Nordschleswig u. Teilen Mittelschleswigs vor; sie brachte 1920 Nordschleswig eine dän. Mehrheit, so daß die Südgrenze der ersten Abstimmungszone nördlich von Flensburg u. südlich von Tondern zur Grenze zwischen D. u. Dtschl. wurde, wobei eine deutsche Minderheit im dän. Nordschleswig, eine dän. Minderheit bei Dtschl. verblieb.
Die Besetzung D.s durch deutsche Truppen 1940–1945 löste bes. seit 1943 eine Widerstandsbewegung in weiten Kreisen des dän. Volkes aus. 1944 löste Island die Personalunion mit D. Die Verfassungsänderung von 1953 sicherte der ältesten Tochter *Frederiks IX.* († 1972), Margarete, die Thronfolge u. beseitigte das *Landsting* (erste Kammer); seitdem ist das *Folketing* das einzige Parlament. D. war an der Gründung der UNO beteiligt, ist Mitglied des Europarats u. der NATO u. steht durch den *Nordischen Rat* in enger Fühlung mit den anderen Staaten Nordeuropas. 1972 trat es der EG bei. 1955 unterzeichneten D. u. die BR Dtschld. die „Grundsatzerklärungen" über die Rechte der beiderseitigen nationalen Minderheiten. 1979 wurde dem zu D. gehörenden Grönland eine umfassende Autonomie zugestanden. Seine Bewohner entschieden sich 1982 in einem Referendum gegen eine Beteiligung Grönlands an der EG. 1993 billigte die dän. Bevölkerung in einer Volksabstimmung den *Vertrag über die Europ. Union*.
Die dän. Politik wurde in der Nachkriegszeit weitgehend von der Sozialdemokratie bestimmt, die dann 1947–1950, 1953–1968, 1971–1973 u. 1975–1982 teils in Koalitionen, teils allein regiert hat. In den Jahren 1945–1947, 1950–1953, 1968–1971, 1973–1975 regierten bürgerl. Kabinette verschiedener Zusammensetzung. 1975–1982 war der Sozialdemokrat A. *Jørgensen* Min.-Präs.; ihm folgte P. *Schlüter* als Ministerpräsident an der Spitze bürgerlicher Koalitionsregierungen unterschiedlicher Zusammensetzung. Aufgrund einer innenpolit. Affäre *(Tamilen-Skandal)* trat Schlüter 1993 zurück. Neuer Min.-Präs. an der Spitze einer Vierparteienkoalition (Christl. Volkspartei, Demokrat. Zentrum, Sozialliberale, Sozialdemokratie) wurde der Sozialdemokrat P. N. *Rasmussen*. Nach den Wahlen 1994 setzte Rasmussen die Koalition ohne die Christl. Volkspartei, die den Sprung ins Parlament nicht mehr schaffte, fort. 1996 kündigte das Demokrat. Zentrum die Mitarbeit in der Koalition auf. Nach den Wahlen 1998 setzten Sozialdemokraten u. Sozialliberale die Regierungsarbeit unter Führung von Rasmussen fort.
Danewerk, eine von dän. Königen in der Zeit vom 9. bis zum Ende des 12. Jh. zur Abwehr südl. Feinde errichtete Verteidigungsanlage, westlich der Stadt Schleswig. Das D. besteht aus mehreren, z. T. durch Mauerwerk befestigten Erdwällen.
Danilewskij, *Danilevskij*, Nikolaj Jakowlewitsch, russ. Naturforscher u. polit. Publizist, * 10. 12. 1822 Oberez, Gouvernement Orel, † 19. 11. 1885 Tiflis; durch sein Buch „Rußland u. Europa" 1871 wurde er Exponent des russ. *Panslawismus*. Nach seiner Kulturtypenlehre war das Slawentum der Erbe der „abtretenden" german.-abendländ. Kultur.

Georges J. Danton

Danilo I., Petrović Njegoš, Fürst von Montenegro, * 25. 5. 1826 Njeguši bei Kotor, † 13. 8. 1860 Kotor (ermordet); 1851 zum weltl. Fürsten ausgerufen; leitete Reformen in Verwaltung u. Rechtswesen ein; wehrte 1852 u. 1858 türk. Angriffe ab.
Dänischer Krieg, die zweite Phase des *Dreißigjährigen Kriegs*.
Dänisch-niedersächsischer Krieg → Dreißigjähriger Krieg.
Dankwarderode, Burg in Braunschweig, 1887 auf den Resten eines um 1175 entstandenen Saalbaus Heinrichs des Löwen errichtet; Aufbewahrungsort des Welfenschatzes.
Danton [dã'tɔ̃], Georges Jacques, französ. Revolutionär, * 28. 10. 1759 Arcis-sur-Aube, † 5. 4. 1794 Paris (hingerichtet); Rechtsanwalt, mitreißender Redner, radikal u. tatkräftig, Urheber des Klubs der *Cordeliers*; veranlaßte durch seine zündenden Reden den Bastille-Sturm, den Sturz des Königtums u. als Justiz-Min. die „Septembermorde" (1792), um die Anhänger der Monarchie einzuschüchtern. Als Mitgl. des Konvents organisierte er die Revolution in Belgien u. schuf in den „außerordentl. Gerichten" die Vorläufer der Revolutionstribunale; mit der *Bergpartei* stürzte er die Girondisten, mit *Robespierre* die Hébertisten. Mit diesem u. *Marat* gehörte er zur Führung des Wohlfahrtsausschusses, vertrat hier aber zunehmend die gemäßigte Richtung; daher wurde er Ende März auf Veranlassung von Robespierre verhaftet u. zum Tode verurteilt.
Danzig, poln. *Gdańsk*, im MA lat. *Gedanum*, Hptst. der poln. Wojewodschaft Gdańsk, bedeutende Hafen- u. Handelsstadt im Ostseeraum am Zusammenfluß von Mottlau u. Toter Weichsel, 468 000 Ew.
Der Ort D. geht auf eine 997 erwähnte, am Mottlau-Ufer gelegene slaw. Burg zurück u. erhielt als Hauptort des Herzogtums *Pommerellen* 1263 lübisches Stadtrecht, kam 1309 zum *Dt. Orden* (Sitz eines Komturs), wurde 1361 Mitgl. der *Hanse* u. blühte rasch auf. D. geriet jedoch in Gegensatz zur Politik des Dt. Ordens u. trat nach dessen Niederlage 1454 in ein Schutzverhältnis zum poln. König. Es blieb dreieinhalb Jahrhunderte unter poln. Oberhoheit, widersetzte sich aber der Polonisierung. Seit 1526 gewann rasch der Protestantismus an Boden. Bis zum beginnenden 18. Jh. konnte D. seine führende Stellung im Ostseehandel behaupten, worauf seine im Stadtbild ausgeprägte kulturelle Blüte beruhte. Die Verlagerung der bisher über D. führenden Handelswege u. kriegerische Ereignisse brachten einen Niedergang. D. wurde nach der Aufteilung Polens 1793 preußisch, 1807 (durch Napoleon) *Freie Stadt* u. 1814 wieder preußisch.

Dänemark: Die Beschießung Kopenhagens durch die Engländer, 2. April 1801; Gemälde von C. A. Lorentzen. Hillerød, Det Nationalhistoriske Museum pa Frederiksborg

Nach dem 1. Weltkrieg wurde D. durch den Versailler Vertrag ohne eine Abstimmung vom Dt. Reich abgetrennt u. mit Teilen der umgebenden Landkreise als *Freistaat* dem Völkerbund unterstellt (Ew. 1923: 353000 Deutsche u. 12000 Polen). Nach der Verfassung von 1922 (abgeändert 1930) war D. ein selbständiges Staatswesen mit beschränkter Souveränität (z. B. Militär- u. Kriegswaffenverbot), dessen äußere u. innere Sicherheit der Völkerbund garantierte. Der Freistaat war poln. Zollgebiet, die Hafenverwaltung oblag einer Kommission (5 Danziger, 5 Polen, 1 Schweizer). Die Wirtschaftsbeziehung zu Polen war durch Verträge geregelt. Aus dieser Situation resultierten Differenzen: D. verlor durch seine Isolierung die Funktion des wichtigsten Umschlaghafens für Westpreußen, Ostpreußen u. Polen. Zudem schuf Polen durch den Ausbau von Gdingen (Gdynia) einen Konkurrenzhafen. Durch einen Wirtschafts- u. Zollkrieg sollte der Freistaat wirtschaftlich zermürbt u. letztlich seine Eingliederung in den poln. Staat erreicht werden. 1933 erlangte die NSDAP die Mehrheit im D.er Parlament (Volkstag) u. stellte die Regierung (Senats-Präs. 1933/34 H. *Rauschning*, 1934–1939 A. *Greiser*). Sie schaltete durch Verfassungsverletzungen die Opposition aus u. vollzog die Gleichschaltung mit dem Dt. Reich (z. B. Einführung der nat.-soz. Rassegesetze). 1939 forderte Hitler ultimativ die Rückkehr D.s zum Dt. Reich; die poln. Ablehnung nahm er zum Anlaß, mit dem Angriff auf Polen den 2. Weltkrieg zu entfesseln. Am 1. 9. 1939 wurde D. dem Dt. Reich eingegliedert; wenig später wurde es Hptst. des Reichsgaues D.-Westpreußen. 1945 wurde D. polnischer Verwaltung unterstellt u. als *Gdańsk* Hptst. der gleichnamigen Wojewodschaft. D. war 1970 u. 1980 das Zentrum von Arbeiterunruhen. 1980 ging von D. die Gründung der unabhängigen Gewerkschaft „Solidarność" aus.

Da-pen-keng-Kultur, *Ta-p'en-k'eng-Kultur*, prähistor. Kultur in Nordtaiwan, benannt nach dem gleichnamigen Fundort im Bezirk Taipeh.

Dardanellen [nach der antiken Stadt *Dardanos* am Hellespont], *Çanakkale Boğazi*, im Altertum *Hellespont*, Meeresstraße zwischen der Halbinsel *Gallipoli* (europ. Türkei) u. Kleinasien, verbindet die Ägäis mit dem Marmarameer.

Dareios d. Gr., gefolgt von zwei Dienern; Relief vom Nordtor des Palastes in Persepolis

Die D. hatten schon im Altertum große polit. u. strateg. Bedeutung, in gleichem Maß als überbrückbare Enge zwischen den Kontinenten für Heere (*Xerxes I.*, 480 v. Chr.; *Alexander d. Gr.*, 334 v. Chr.) u. als Seehandelsweg der Mittelmeermächte zu den Kornkammern am Schwarzen Meer. Im MA (1354) besetzten Osmanen die D., wodurch Konstantinopel vom Mittelmeer abgeschnitten wurde. Nach dessen Einnahme ließ Sultan *Mohammed II.* beide Ufer der D. durch zwei Schlösser befestigen, denen der Großwesir Mehmed *Köprülü* 1659 zwei weitere Festungen zum Schutz gegen die Angriffe Venedigs zur Seite stellte. Im 18. Jh. bemühte sich Rußland um den Zugang zum Mittelmeer u. suchte daher die Kontrolle über die D. zu gewinnen, was den engl. u. französ. Interessen zuwiderlief. 1774 (im Frieden von *Kütschük Kainardschi*) erreichte Rußland freie Durchfahrt für Handelsschiffe. 1833 sicherte der Vertrag von Hunkar Iskelesi auch russ. Kriegsschiffen die Durchfahrt durch die D., die im Krieg für alle anderen Nationen geschlossen sein sollten. 1840/41 beendeten die beiden Konventionen von London die russ. Sonderrechte u. verpflichteten die Türkei, im Kriegsfall die D. für Schiffe aller Nationen zu sperren. Die Bestimmungen wurden erneuert im *Pariser Frieden* von 1856 mit dem gegen Rußland gerichteten Verbot aller Kriegsschiffe im Schwarzen Meer („Pontos-Klauseln"), das 1870 von Rußland gekündigt wurde, sowie im *Pontos-Vertrag* von 1871 u. auf dem *Berliner Kongreß* 1878.

Im 1. Weltkrieg schlugen alle Versuche der Alliierten fehl, die mit dt. Unterstützung verteidigten D. zu erobern; 1918 jedoch besetzten die Alliierten die D. u. vergaben die Halbinsel Gallipoli an Griechenland, demilitarisierten die Meerengen, öffneten sie für jede Schiffahrt u. unterstellten sie einer internationalen Kommission (Friedensvertrag von Sèvres 10. 8. 1920 – nicht in Kraft getreten). Das Abkommen von Lausanne gab 1923 die Kontrolle der D. größtenteils, die Konvention von Montreux vom 20. 7. 1936 gänzlich an die Türkei zurück.

Im Frieden haben nur Handelsschiffe freie Durchfahrt durch die Meerengen, während Kriegsschiffe einer Sonderregelung unterliegen. Im Kriegsfall entscheidet die Türkei nach ihrem Ermessen. Nach dem 2. Weltkrieg bekundete die UdSSR erneut Interesse an der Kontrolle der D. u. forderte Stützpunkte, wogegen England u. die USA Einspruch erhoben.

Dardaner, illyrischer Volksstamm, im Altertum an der oberen Morava beheimatet; von dort aus fielen die D. seit dem 3. Jh. v. Chr. wiederholt in Makedonien ein. Sie wurden 28 v. Chr. durch M. L. *Crassus* von den Römern unterworfen, die sie ihrer Tapferkeit wegen häufig als Söldner anwarben. D. waren wohl auch ins nordwestl. Kleinasien ausgewandert, wo sie in der Landschaft Troas siedelten u. die Stadt *Dardania* am Fuß des Ida unweit *Troja* gründeten. Da die Trojaner ihren Ursprung auf den sagenhaften König *Dardanos* zurückführten, werden die Trojaner auch D. genannt.

Dareikos, *Dareike* [grch., „Münze des Dareios"], pers. einseitige Königsgoldmünze, bes. des 4. Jh. v. Chr., mit Darstellung des Königs als Bogenschützen; war die am weitesten verbreitete Goldmünze der alten Welt; Gewicht 8,4 g.

Dareios, [grch.], lat. *Darius*, altpers. *Darajavausch*, Name mehrerer altpers. Könige aus dem Geschlecht der *Achämeniden:* **1.** *D. I.*, *D. d. Gr.*, Sohn des Hystaspes, Urenkel des Ariaramnes, Großkönig 522–486 v. Chr., Vater Xerxes' I.; entstammte einer Nebenlinie der Achämeniden u. konnte erst nach seinem Sieg über den Magier *Gaumata* den Thron besteigen. Nach der Niederwerfung von Aufständen im Reich unternahm D. 519/18 v. Chr. einen Zug nach Ägypten; 513 v. Chr. zog er gegen die Skythen u. unterwarf Thrakien u. Makedonien; das Industal wurde seiner Herrschaft unterstellt; den Aufstand der kleinasiat. Griechen 500 v. Chr. warf er nieder u. schickte eine Strafexpedition gegen die Stadtstaaten Griechenlands, die ihre Landsleute unterstützt hatten (→ Perserkriege). Er führte eine Reichswährung ein, errichtete einen königl. Kurierdienst, kodifizierte das Recht in Ägypten u. ließ Königsstraßen u. Paläste in Susa, Ekbatana u. Persepolis bauen.
2. *D. II.*, Großkönig 423–405 v. Chr., Sohn Artaxerxes' I.; Korruption u. Intrigen kennzeichnen seine Herrschaft; das Gold des D. II. half den Spartanern, den Peleponnesischen Krieg gegen Athen zu gewinnen; Ägypten ging unter seiner Herrschaft für längere Zeit verloren.
3. *D. III. Kodomannos*, Urenkel von 2), Großkönig 335–330 v. Chr.; letzter König der Achämeniden, von Alexander d. Gr. 333 v. Chr. bei Issos u. 331 v. Chr. bei Gaugamela besiegt u. von dem Satrapen Bessos auf der Flucht ermordet.

Darnley ['da:nli], Henry Stuart, Earl of *Ross* u. Duke of *Albany*, *7. 12. 1545 Temple Newsam, Yorkshire, †10. 2. 1567 Edinburgh; gegen den Widerstand des schott. Adels u. der schott. Kirche zweiter Gatte *Maria Stuarts*; war an der Ermordung von Marias Sekretär David *Rizzio* beteiligt, wahrscheinlich unter Mitwissen Marias ermordet.

Darré, Richard Walther, Politiker (NSDAP), *14. 7. 1895 Belgrano (Argentinien), †5. 9. 1953 München; Diplom-Landwirt; Verfasser der Bücher „Das Bauerntum als Lebensquell der nord. Rasse" 1928 u. „Neuadel aus Blut u. Boden" 1930; 1930 Gründer u. Leiter der agrarpolit. Abt. der Reichsleitung der NSDAP, 1931–1938 Leiter des Rasse- u. Siedlungshauptamts der SS, 1933–1942 Reichs-Min. für Ernährung u. Landwirtschaft, 1934 bis 1942 Reichsbauernführer, 1942 aus allen Ämtern entlassen; 1949 vom US-Militärgericht in Nürnberg wegen Verantwortlichkeit für Judendiskriminierung u. Plünderung zu 7 Jahren Gefängnis verurteilt, 1950 begnadigt.

Dassel, Rainald von → Rainald von Dassel.

Datierung, die Bestimmung des Zeitpunkts bzw. des Datums eines histor. Ereignisses. Auf Schwierigkeiten stößt die D. durch das Fehlen von schriftl. Überlieferung, durch irrige oder sich widersprechende Angaben u. bes. durch die von unserem modernen Kalender abweichende *Zeitrechnung* der Völker des Altertums u. z. T. auch des MA, wobei Herrscherdynastien, kult. Feste oder unterschiedl. Zeitpunkte der Erschaffung der Welt für die D. bedeutsam sind. Zudem war die Zählung von gleich langen Jahren vielfach unbekannt oder aus Mangel an astronom. Kenntnissen ungenau. Meist wurde eine Zeitrechnung auch nicht bei ihrem Beginn festgesetzt, sondern erst Jahrhunderte später, wobei weiter zurückliegende Ereignisse falsch zurückdatiert wurden. So wurde z. B. auch die christl. Zeitrechnung erst 525 n. Chr. durch den röm. Abt *Dionysius Exiguus* begründet, der das Geburtsjahr Jesu jedoch falsch berechnete: Jesus wurde 3–7 Jahre vor dem von Dionysius berechneten Datum geboren.

Daun, Leopold Joseph Graf, österr. Heerführer, *24. 9. 1705 Wien, †5. 2. 1766 Wien; Gründer u. Leiter (1752) der Militärakademie in Wiener Neustadt; vorsichtiger Stratege, brachte im *Siebenjährigen Krieg* durch die Siege bei Kolin, Hochkirch u. Maxen Friedrich d. Gr. in eine schwierige Lage, zögerte aber mit der Ausnutzung seiner Erfolge; verlor 1760 die Schlacht bei Torgau; nach 1748 Reorganisator des österr. Heeres, 1762 Präs. des Hofkriegsrates.

Davids (I) Salbung durch Samuel: byzantinische Metallarbeit, 7. Jahrhundert. New York, Metropolitan Museum of Art

Dauphin [do'fɛ̃], 1349–1830 Titel der französ. Thronfolger.
Dauphiné [dofi'ne:], histor. Landschaft im südöstl. Frankreich, zwischen Rhône u. italien. Grenze; umfaßt hauptsächlich die 3 Départements Isère, Hautes-Alpes u. Drôme; Zentrum *Grenoble.*
Die D., im Altertum Stammgebiet der *Allobroger,* wurde im frühen MA Lehnsfürstentum des Königreichs Burgund. Die seit 1163 dort herrschende Familie *Albon* nannte sich nach Einnahme der Grafschaft Vienne im 12. Jh. *Dauphin von Viennois;* daher erhielt die Landschaft ihren Namen. 1349 wurde sie mit kaiserl. Zustimmung an Frankreich verkauft unter der Bedingung, daß jeder französ. Thronerbe Titel u. Wappen der D. tragen u. daß das Land seine Grenzen behalten solle.
David, 1. israelit. König, *um 1040 v. Chr., †um 965/64 v. Chr.; Schwiegersohn u. Nachfolger *Sauls,* zuerst Truppenführer unter Saul (Sage von *D. u. Goliat,* 1. Samuel 17), nach dem Zerwürfnis mit ihm vorübergehend als Söldnerführer im Dienst der Philister; nach dem Tod Sauls König von *Juda,* später auch von *Israel;* unterwarf die Philister, eroberte Jerusalem u. machte es zur Hptst. der durch Personalunion geeinten Reiche. Das von ihm durch Siege über die Nachbarstaaten gegr. Großreich umfaßte Syrien u. Palästina. Seine Nachkommen regierten bis 586 v. Chr. in Jerusalem. Die sich an seine Dynastie knüpfenden messian. Hoffnungen haben die jüd. Religion bis ins NT stark beeinflußt. D. gilt als Verfasser vieler Psalmen.
2. *D. I.,* König von Schottland 1124–1153, *um 1082, †24. 5. 1153 Carlisle; nahm in den engl. Thronfolgeauseinandersetzungen unter König Stephen für seine Nichte Mathilde u. deren Sohn Heinrich II. Partei; organisierte sein Reich nach anglo-normann. Vorbild; wurde als Förderer des Mönchtums heiliggesprochen.
3. *D. II.,* König von Schottland 1329–1371, *5. 3.1324 Dumferline, †22. 2. 1371 Edinburgh; folgte Robert I. the Bruce auf dem Thron, wurde schon 1333 durch Eduard III. von England vertrieben; kämpfte in Frankreich mit Philipp VI. gegen die Engländer, kehrte 1357 nach Schottland zurück, konnte aber die Macht der Krone nicht wiederherstellen.
Davis ['dɛivis], **1.** Jefferson, US-amerikan. Politiker, *3. 6. 1808 Todd, Ky., †6. 12. 1889 New Orleans; war Präsident der Konföderierten (Süd-)Staaten von Amerika im Sezessionskrieg 1861–1865, nach dem Zusammenbruch des Südens ohne Gerichtsurteil 1865–1867 in Haft.
2. John, engl. Seefahrer, *um 1550 Sandridge, †27. 12. 1605 vor Malakka; unternahm 1585–1587 Fahrten zur Auffindung der Nordwestl. Durchfahrt, später mehrere Seereisen nach Ostindien; nach ihm ist die *D.straße* benannt.
Davout [-'vu:], Louis Nicolas, Herzog von Auerstedt, Fürst von Eggmühl, französ. Marschall, * 10. 5. 1770 Annoux, Yonne, † 1. 6. 1823 Paris; Sieger von Auerstedt, Eggmühl u. Wagram, einer der fähigsten Heerführer Napoleons; plünderte 1813 die Bank von Hamburg; 1819 von Ludwig XVIII. zum Pair von Frankreich erhoben.
Dawes [dɔ:z], Charles Gates, US-amerikan. Bankier u. Politiker, *27. 8. 1865 Marietta, Ohio, †23. 4. 1951 Evanston, Ill.; im 1. Weltkrieg General, 1925–1929 Vize-Präs. der USA, 1929–1932 Botschafter in London, seit 1933 Vors. der City National Bank in Chicago; 1925 Friedensnobelpreis; Initiator des *Dawes-Plans.*
Dawes-Plan [nach C. G. *Dawes*], 1924 in London geschlossenes Abkommen, das die Zahlung der dt. Reparationen von der Zahlungsfähigkeit Deutschlands abhängig machte. Einerseits bedeutete dies einen tiefen Eingriff in die Souveränität Deutschlands (u. a. die Verpfändung der Dt. Reichsbahn), andererseits war die damit verbundene Anleihe von 800 Mill. Goldmark die Voraussetzung für das Gelingen der Währungsumstellung u. für den wirtschaftl. Aufschwung Deutschlands.
Dayan, *Dajan,* Moshe, israel. Offizier (1953 Generalleutnant) u. Politiker, *20. 5. 1915 Kibbuz Deganya, †16. 10. 1981 Tel Aviv; früh Mitgl. der *Hagana,* dann Berufssoldat; 1953 bis 1957 Generalstabschef, leitete 1956 den Suez-Feldzug. Als Mitgl. der *Mapai* war er 1959–1964 Landwirtschafts-Min. 1965 verließ er mit Ben-Gurion u. a. die Mapai u. gründete die *Rafi,* kehrte aber 1968 zur *Israel. Arbeiterpartei* zurück. Als Verteidigungsminister 1967–1974 trug er entscheidend zum Sieg im Sechs-Tage-Krieg (1967) bei. Nach öffentl. Kritik an seiner Amtsführung im Jom-Kippur-Krieg (1973) trat er zurück. Er verließ 1977 die Arbeiterpartei, wurde Außen-Min. im Kabinett Begin u. war maßgebend beteiligt am Friedensschluß mit Ägypten. Wegen Differenzen mit Begin in der Palästinenserfrage schied er 1979 aus der Regierung aus. D. schrieb „Die Geschichte meines Lebens" dt. 1976; „Die Mission meines Lebens" dt. 1981.
DDR, Abk. für *Deutsche Demokratische Republik;* → Deutschland.
Deák, Franz von, ungar. Politiker, *17. 10. 1803 Söjtör (Komitat Zala), †29. 1. 1876 Budapest; Führer der liberalen Opposition im ungar. Reichstag, 1848 Justiz-Min.; maßgebend beteiligt am Österr.-Ungar. Ausgleich von 1867.
Debré [də'bre:], Michel Jean-Pierre, französ. Politiker (Gaullist), *15. 1. 1912 Paris, †2. 8. 1996 Montlouis-sur-Loire; 1943/44 in der Exilregierung in Algier, 1948 bis 1958 Senator; Gegner der EVG u. des Gemeinsamen Marktes; 1958/59 Justiz-Min. 1959–1962 Premier-Min.; 1966–1968 Finanz- u. Wirtschafts-Min., 1968 Außen-Min., 1969–1973 Verteidigungs-Min; 1988 Mitgl. der Académie Française.
Decebalus [-'tsɛ-], König von Dakien 87–106, †106; straffte die dak. Stammesorganisation; führte gegen die Römer unter *Domitian* 86–89 Krieg; beging Selbstmord, als Dakien im 2. Dakerfeldzug Trajans (105/06) endgültig unterworfen u. röm. Provinz wurde.
Decemvirn [-'tsɛm-; lat. *decem viri,* „zehn Männer"], *Dezemvirn,* im alten Rom für Sonderaufgaben ernannte 10köpfige Kommissionen. Auch → Zwölftafelgesetz.
Decius [-tsi-], Gaius Messius Quintus Traianus, röm. Kaiser 249–251, *zwischen 190 u. 200 Budalia oder Sirmium, †251 bei Abrittus; von revoltierenden Truppen in Mösien zum Kaiser ausgerufen; ein überzeugter Vertreter

Decius

u. Erneuerer altröm. Tradition; forderte das Kaiseropfer unter Androhung von Gefängnisstrafen, Konfiskation des Vermögens u. Hinrichtung u. löste damit seit dem Herbst 249 die erste große Christenverfolgung im ganzen Röm. Reich aus, die bis zu seinem Tod dauerte; er fiel im Kampf gegen die nach Thrakien eingedrungenen Goten, die er hinter die Donau zurückgeworfen hatte.
Decius Mus [-tsi-], Name dreier röm. Konsuln aus dem Geschlecht der *Decier* (Vater, Sohn u. Enkel), die sich jeweils in Schlachten gegen die *Latiner* (340 v. Chr.), die *Samniten* (295 v. Chr.) u. gegen *Pyrrhos,* den König von Epirus (279 v. Chr.), für den Sieg des röm. Heeres freiwillig den Totengöttern geweiht u. geopfert haben sollen.
Declaration of Independence [deklə'rɛiʃən əv indi'pɛndəns], die *Unabhängigkeitserklärung* der → Vereinigten Staaten von Amerika.
Declaration of Rights [deklə'reiʃən əv'raits; engl., „Erklärung der Rechte"], im Februar 1688 vom Konventionsparlament verabschiedete Erklärung, die von Wilhelm III. akzeptiert werden mußte, bevor er zum König proklamiert wurde; enthielt eine Verurteilung der Ziele u. Herrschaftspraktiken Ja-

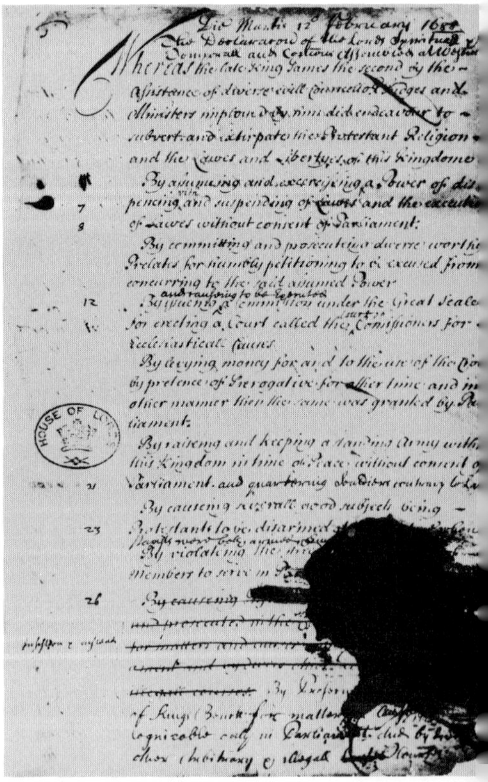

Declaration of Rights: Faksimile der ersten Seite der Erklärung

kobs II., Rechtsregeln, um eine Wiederholung zu verhindern u. Bestimmungen über die Thronfolge; ging der *Bill of Rights* voraus.

Decumates Agri [lat.], Bez. des röm. Historikers *Tacitus* für das Gebiet zwischen Rhein, Main u. Neckar auf der röm. Seite des Limes, das seit Domitian zum Röm. Reich gehörte; um 260 von den Alemannen erobert. Die Bedeutung der Bez. ist umstritten; wahrscheinlich „Zehntland" oder „Zehnland" (kelt. kantonale Flureinteilung).

Defensor fidei [lat., „Verteidiger des Glaubens"], Ehrentitel der engl. Könige; von Papst Leo X. 1521 an *Heinrich VIII.* wegen seines Eintretens für den kath. Glauben gegen Luther verliehen.

De Gasperi, Alcide, italien. Politiker, *3. 4. 1881 Pieve Tesino bei Trient, †19. 8. 1954 Sella di Valsugana, Prov. Trient; 1911–1918 Abg. im österr. Reichsrat (als Vertreter der Irredenta), 1919 mit Don Luigi *Sturzo* Gründer der kath. Volkspartei, 1921 Abg. im italien. Parlament, beteiligte sich 1924 am Auszug der Opposition auf den Aventin; 1926 zu Gefängnis verurteilt, 1929 auf Fürsprache des Erzbischofs von Trient hin freigelassen; fand als Bibliothekar Asyl im Vatikan, beteiligte sich während des 2. Weltkriegs an der Widerstandsbewegung u. war Mitgründer der Democrazia Cristiana; 1944–1946 u. 1951–1953 Außen-Min., außerdem 1945–1953 Min.-Präs., 1946–1954 Vors. der Democrazia Cristiana. Bei den Verhandlungen über den Pariser Frieden führte er die italien. Delegation; am 5. 9. 1946 schloß er mit Österreich ein Abkommen über die Autonomie für Südtirol *(Gruber-De-Gasperi-Abkommen)*. D. G.s Verdienst ist innenpolitisch die Festigung der Demokratie gegen kommunist. Umsturzpläne u. die Durchsetzung der Unabhängigkeit seiner Partei als bürgerl. Sammelpartei u. gegen vatikan. Lenkungsansprüche. Außenpolitisch war er einer der Wegbereiter der europäischen Einigung u. führte Italien in das westl. Bündnis. 1952 erhielt er den Aachener Karlspreis.

de Gaulle [də'go:l], Charles → Gaulle, Charles de.

Degrelle [də'grɛl], Léon, belg. Politiker, *15. 6. 1906 Bouillon, †31. 3. 1994 Málaga; gründete 1930 die Rexistenbewegung *(Rex)*; kämpfte mit der von ihm gegr. „Wallonischen Legion" auf dt. Seite im 2. Weltkrieg in Rußland; 1945 als Kollaborateur zum Tod verurteilt, aber ins span. Exil entkommen.

Dehler, Thomas, Politiker (FDP), *14. 12. 1897 Lichtenfels, †21. 7. 1967 Streitberg; Rechtsanwalt, 1947–1949 Oberlandesgerichts-Präs.; seit 1919 Mitgl. der DDP, seit 1946 der FDP; 1948/49 Mitgl. des Parlamentarischen Rates, 1949–1967 MdB, 1949–1953 Bundes-Min. der Justiz; 1954–1957 Bundes-Vors. der FDP.

Dei [türk., „Oheim"], *Dai, Dey,* Titel der 1600–1830 in Algerien herrschenden Janitscharenfürsten; auch Anrede für die Janitscharen-Offiziere.

Deiokes, nach Herodot der erste König der *Meder,* der um 715 v. Chr. das Reich begründete, vielleicht identisch mit dem zur selben Zeit in neuassyr. Quellen genannten Mederfürsten *Daiaukku.*

Dejotarus, König der Galater, †40 v. Chr., seit den Kriegen gegen *Mithridates* von Pontos auf röm. Seite u. aufgrund enger persönl. Beziehungen zu Spitzenpolitikern in die röm. Innenpolitik verwickelt; trotz mancher Gefahren (insbes. unter *Cäsar*) konnte er durch geschickte Schwenkungen seine Position in Galatien im wesentlichen bis zu seinem Tode bewahren.

Dekabristen [russ. *dekabr,* „Dezember"], die Teilnehmer am (gescheiterten) Dezemberaufstand 1825 gegen die autokrat. Zarenherrschaft. Ihr Ziel war eine Verfassung u. die Aufhebung der Leibeigenschaft. 5 D. wurden hingerichtet, 121 nach Sibirien verbannt.

Dekeleia, antiker Ort im N Attikas, heute im Park des Schlosses Tatoi gelegen. 413 v. Chr. legten die Spartaner dort eine befestigte Basis für ihre Operationen in Attika an, weshalb der letzte Teil des Peloponnesischen Krieges (413–404 v. Chr.) der „Dekeleische" heißt.

Delbrück, 1. Clemens von, Neffe von 3), Vetter von 2), Politiker, *19. 1. 1856 Halle (Saale), †18. 12. 1921 Jena; 1905–1909 preuß. Handels-Min., 1909–1916 Staatssekretär des Innern u. Stellvertreter des Reichskanzlers; suchte im 1. Weltkrieg als enger Mitarbeiter *Bethmann Hollwegs* das Konzept einer innenpolit. „Neuorientierung" zu verwirklichen; Okt. 1918 letzter Chef des kaiserl. Zivilkabinetts; Nov. 1918 Mitbegründer der Deutschnationalen Volkspartei, in der er seine republiktreuen Vorstellungen nicht durchsetzen konnte.

2. Hans, Neffe von 3), Vetter von 1), Historiker, *11. 11. 1848 Bergen, Rügen, †14. 7. 1929 Berlin; Schüler H. von *Sybels*; 1895/96–1921 Prof. in Berlin als Nachfolger H. von *Treitschkes.* Sein Hauptarbeitsgebiet war die Kriegsgeschichte: „Geschichte der Kriegskunst im Rahmen der polit. Geschichte" (Teil 1–4 1900–1920), ein bedeutendes Werk, das aber wegen einzelner Thesen auf starke Kritik der offiziellen Militärhistorie stieß. Seine „Weltgeschichte" (5 Bde. 1923–1928) ist der letzte Versuch eines einzelnen Forschers auf diesem Gebiet. Hrsg. der „Preuß. Jahrbücher" 1883 –1919. D. war freikonservativer Abg. im preuß. Abgeordnetenhaus 1882–1885 u. des Reichstags 1884–1890, Gegner der Alldeutschen u. der Vaterlandspartei; bekämpfte nach dem 1. Weltkrieg die „Dolchstoßlegende".

3. Rudolf von (1896), preuß. Politiker, *16. 4. 1817 Berlin, †1. 2. 1903 Berlin; verdient um den Ausbau des Dt. Zollvereins, den Abschluß des freihändler. Handelsvertrags mit Frankreich 1862 u. die Einbeziehung der süddt. Staaten in das Reich; 1867–1876 Präs. des Reichskanzleramts; wichtigster Mitarbeiter *Bismarcks* beim inneren Ausbau des Dt. Reichs bis zu seinem Rücktritt. „Lebenserinnerungen 1817–1867" 2 Bde. 1905.

Delcassé, Théophile, französ. Politiker, *1. 3. 1852 Pamiers, Dép. Ariège, †22. 2. 1923 Nizza; verwandelte als Außen-Min. 1898 bis 1905 den engl.-französ. Gegensatz in die *Entente cordiale*; 1911–1913 Marine-Min., 1913/14 Botschafter in St. Petersburg; 1914/15 wieder Außen-Min., gewann das mit den Mittelmächten verbundene Italien für die *Entente.*

Delhi-Sultanat ['de:li-], 1206 von Qutb-ud-din-Aibak nach der Eroberung Nordindiens gegründetes Sultanat; erster Höhepunkt islam. Herrschaft in Indien; unter Sultan *Ala-ud-din* (1296–1316) erreichte das D. seine größte Ausdehnung bis Südindien; 1526 wurde der letzte Sultan von Delhi vom ersten Großmogul *Babur* besiegt.

De Long, George Washington, US-amerikan. Nordpolfahrer, *22. 8. 1844 New York, † Herbst 1881 im Lenadelta; versuchte 1879, den Nordpol von der Beringstraße aus zu erreichen, entdeckte die *De-Long-Inseln* (nordöstl. der Neusibir. Inseln), erreichte nach der Zerstörung seines Schiffs durch Eispressungen die Lenamündung u. ist dort mit anderen Expeditionsteilnehmern verhungert.

Delors [də'lɔ:r], Jacques, französ. Politiker (Sozialist), *20. 7. 1925 Paris; Wirtschaftsfachmann, 1981–1984 Wirtschafts- u. Finanz-Min.; 1985–1995 Präs. der Europ. Kommission in Brüssel.

Delos, *Dilos, Mikra D.,* griech. Kykladeninsel, unbewohnt, 4 km²; nach der griech. Göttersage Geburtsort von *Apollon* u. *Artemis;* schon Anfang des 1. Jahrtausends v. Chr. war das Apollonheiligtum religiöser Mittelpunkt der ionischen Griechen, einschließlich Athens; 477–454 v. Chr. Verwaltungssitz des *Attischen Seebunds,* berühmte kultische Festspiele; seit 166 v. Chr. als Freihafen wichtiger Umschlagplatz u. größter Sklavenmarkt des Altertums; in den Mithridatischen Kriegen 88 u. 69 v. Chr. fast völlig zerstört, seit dem 2. Jh. n. Chr. unbewohnt. – Ausgrabungen bereits seit 1873: u. a. 3 kleinere Apollontempel des 6. u. 5. Jh. v. Chr., die von Löwen flankierte Feststraße aus dem 7. Jh. v. Chr., der Tempel der Leto aus dem 6. Jh. v. Chr. u. der heilige See; Schatzhäuser, Wohnstadt u. Handelshöfe aus hellenistischer Zeit.

Delphi, grch. *Delphoi,* antike Stadt in der Landschaft Phokis, in wildromant. Lage am Fuß der steil aufragenden, zum Parnaß gehörenden Phaidriaden; Heiligtum seit dem 2. Jahrtausend v. Chr. an den Stellen der späteren Hauptkulte des Gottes *Apollon* u. der *Athena Pronaia;* seit dem 8. Jh. v. Chr. wichtigster Kultort Apollons, der der Legende nach durch die Tötung des Drachen Python Herr des Ortes wurde. Der Apollontempel (seit dem 7. Jh. v. Chr. mehrfach zerstört u. wieder aufgebaut, zuletzt im 4. Jh. v. Chr.) war Mittelpunkt des Ortes; in ihm verkün-

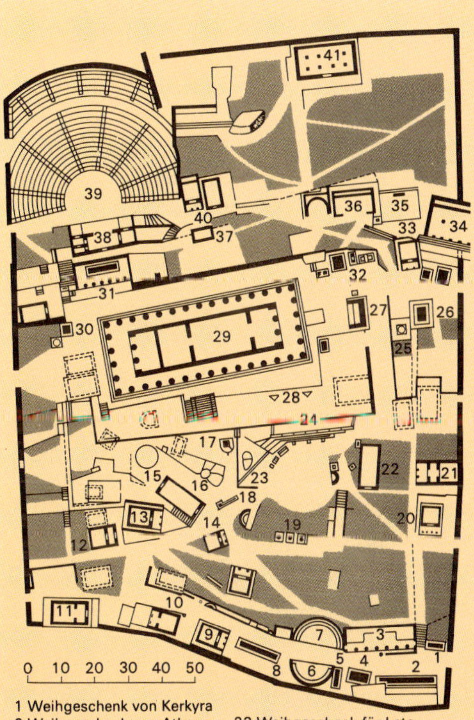

1 Weihgeschenk von Kerkyra
2 Weihgeschenk von Athen
3 Weihgeschenk des Lysander von Sparta
4 - 7 Weihgeschenke von Argos
8 Weihgeschenk von Tarent
9 Schatzhaus von Sikyon
10 Schatzhaus von Siphnos
11 Schatzhaus von Theben
12 Schatzhaus von Poteidaia
13 Schatzhaus von Athen
14 Schatzhaus von Knidos
15 Rathaus (Buleuterion)
16 Heiligtum der Sibylle
17 Sphinx der Naxier
18 Weihgeschenk von Böotien
19 Weihgeschenk der Ätoler
20 Schatzhaus von Kyrene
21 Prytaneion (Amtsgebäude des Heiligtums)
22 Schatzhaus von Korinth
23 Weihgeschenk für Leto
24 Halle der Athener
25 Schlangensäule
26 Stiftung von Rhodos
27 Altar von Chios
28 Denkmäler von Messene
29 Apollon-Tempel
30 Stiftung von Kerkyra
31 Weihgeschenk Alexanders d.Gr
32 Verschiedene Stiftungen
33 Schatzhaus von Akanthos
34 Attalos-Halle
35 Neptolemus-Heiligtum
36 Weihgeschenk des Daochos
37 Poseidon-Heiligtum
38 Skene (Bühne)
39 Theater
40 Dionysos-Heiligtümer
41 Lesche (Versammlungshalle) von Knidos
Ungedeutete Gebäude

Delphi: Gesamtanlage des Apollon-Heiligtums (nach archäologischen Befunden und der Beschreibung des antiken griechischen Reiseschriftstellers Pausanias)

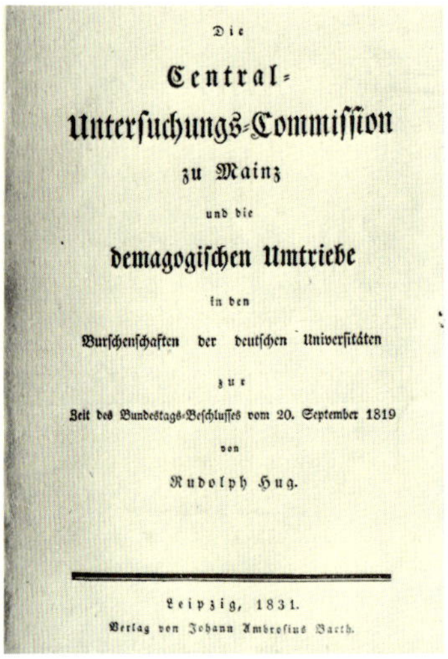
Die
Central-
Untersuchungs-Commission
zu Mainz
und die
demagogischen Umtriebe
in den
Burschenschaften der deutschen Universitäten
zur
Zeit des Bundestags-Beschlusses vom 20. September 1819
von
Rudolph Hug.

Leipzig, 1831.
Verlag von Johann Ambrosius Barth.

Demagogenverfolgung: Titel zur „Central-Untersuchungs-Commission", Leipzig 1831

dete die Seherin *Pythia* in vieldeutigen Sprüchen die Orakel Apollons. Die zu seinem Tempel führende „heilige Straße" war von zahlreichen Schatzhäusern für Weihgeschenke u. Denkmälern der griech. Staaten gesäumt. Gesondert u. tiefer lag der Bezirk der Athena Pronaia mit der Tholos aus der Zeit um 380 v. Chr. Zum Heiligtum gehörten Theater u. Stadion; südlich u. westlich des heiligen Bezirks lag die Stadt. Die größte polit. Bedeutung hatte D. in archaischer Zeit, es wirkte auf die Verfassung der griech. Städte, viele polit. Unternehmungen u. die Kolonisation ein, war autonom u. Sitz der „pyläisch-delphischen Amphiktyonie". Der Einfluß D.s ging seit 450 v. Chr. zurück, es verlor sogar zeitweilig die Selbständigkeit. 356–346 v. Chr. war es von den Phokern besetzt, dann wurde es von Makedonien, dem Aitolischen Bund u. zuletzt von Rom kontrolliert. Im 2. Jh. n. Chr. erlebte es eine Spätblüte unter Kaiser Hadrian u. durch Herodes Atticus. Als 390 n. Chr. Theodosius I. die heidn. Kulte verbot, war D. schon bedeutungslos. – Ausgrabungen seit 1840, Museum mit reichen Skulpturenfunden.

Demagogenverfolgung, Maßnahmen zur Unterdrückung liberaler u. nationaler Strömungen nach den Befreiungskriegen u. dem Wiener Kongreß; ausgelöst durch die Ermordung A. von *Kotzebues* durch den Burschenschafter K. *Sand* (1819). Die dt. Regierungen gingen aufgrund der → Karlsbader Beschlüsse gegen Burschenschafter, Turner u. patriotische Vereine vor. Prominenteste Opfer wurden E. M. *Arndt,* F. L. *Jahn,* J. J. von *Görres,* K. T. *Welcker,* K. *Follen* u. (nach 1833) F. *Reuter.* Ende der 1820er Jahre ging die D. zurück. Nach der Julirevolution 1830, dem Hambacher Fest 1832 u. dem Sturm auf die Frankfurter Hauptwache 1833 kam es zu abermals verschärften Maßnahmen. Bei knapp 2000 Untersuchungen wurden viele drakonische Urteile, darunter zahlreiche Todesurteile, ausgesprochen. Auf der Wiener Ministerkonferenz 1834 wurden Pressezensur u. Kontrolle der Universitäten vervollständigt. Preußen galt infolge der D. als Hauptgegner der sich formierenden liberalen Bewegung.

Demetrios, Könige der Seleukiden- u. Antigoniden-Dynastie: **1.** *D. I. Poliorketes,* [„Städtebelagerer"], König von Makedonien 294–287 v. Chr., *336 v. Chr., †283 v. Chr. Apameia; befreite in den Diadochenkämpfen 307 v. Chr. Athen von der Herrschaft des *Kassandros;* erhielt seinen Beinamen wegen der Verwendung von Belagerungsmaschinen vor Salamis (auf Zypern) u. Rhodos; wurde durch einen Militäraufruhr vom makedon. Thron entfernt u. starb in Gefangenschaft des *Seleukos I.*
2. *D. II.,* König von Makedonien 239–229 v. Chr., Sohn u. Nachf. Antigonos' II. Gonatas; fiel im Kampf gegen die Dardaner im N Griechenlands.
3. *D. I. Soter,* König von Syrien 162–150 v. Chr.; Sohn Seleukos' IV., kämpfte gegen die Juden (Tod des Judas Makkabäus), fiel in einer Schlacht gegen Alexander I. Balas.

Demetrius, russ. *Dmitrij,* russ. Fürsten:
1. *D. Iwanowitsch Donskoj,* Fürst von Moskau (1359) u. Großfürst von Wladimir (1363), *12. 10. 1350, † 19. 5. 1389; vereinigte mehrere russ. Teilfürstentümer mit Moskau; siegte als erster russ. Fürst in offener Feldschlacht auf dem Kulikowo Pole am Don (daher der Beiname *Donskoj*) gegen die Mongolen (1380).
2. *D. Iwanowitsch,* russ. Thronfolger, Sohn Iwans IV. (des Schrecklichen), *19. 10. 1582, †25. 5. 1591 Uglitsch; von *Boris Godunow* mit seiner Mutter nach Uglitsch verbannt u. dort ermordet (ob auf Betreiben von Boris Godunow, ist ungeklärt). Die Unsicherheit über seinen Tod verleitete zum Auftritt falscher Thronfolger, die sich als D. ausgaben.
3. *Pseudo-D. I., D. Samoswanez,* russ. Zar 1605/06, †27. 6. 1606 Moskau (erschlagen); wahrscheinlich der entlaufene Mönch Grigorij *Otrepjew;* usurpierte als angebl. Thronfolger D. Iwanowitsch mit Unterstützung des poln. Königs Sigismund III. den Thron (1605); bald danach ermordet.
Das vieldeutige Thronprätendenten-Schicksal dieses russ. Zaren ist oft literarisch gestaltet worden, meist als Drama; so schon von *Lope de Vega;* in Rußland von A. S. *Puschkin* („Boris Godunow" 1831, als Oper von M. *Mussorgskij* 1874 u. von N. *Rimskij-Korsakow* 1896), A. N. *Ostrowskij* (1867) u. A. K. *Tolstoi* (1867–1870); in der dt. Literatur: die Fragmente von *Schillers* letztem Drama (1805) u. von F. *Hebbel* (1863), später Dramen von P. *Ernst* (1905), W. *Flex* (1909), A. *Schaeffer* (1923), A. *Lernet-Holenia* (1926), H. von *Heiseler* (1929), F. *Schreyvogel* (1937), A. *Müller* (1942).
4. *Pseudo-D. II., D. Samoswanez,* russ. Thronprätendent, †21. 12. 1610 Kaluga (ermordet); gab sich 1606 für den (ermordeten) Pseudo-D. I. aus u. bedrohte Moskau mit einem Kosaken- u. Bauernheer.

Demirel, Süleyman, türk. Politiker (konservativ), *6. 10. 1924 Islâmköy, Prov. Isparta; Ingenieur; 1964–1980 Vors. der „Gerechtigkeitspartei"; 1965–1971, 1975–1977, 1979/80 u. 1991–1993 Min.-Präs., 1971 u. 1980 vom Militär gestürzt; 1987–1993 Vors. der „Partei des richtigen Weges"; seit 1993 Staats-Präs.

Democrazia Cristiana, Abk. *DC, Christliche Demokratie,* italienische Partei, als Nachfolgepartei der katholischen Volkspartei *(Partito Popolare)* 1942 unter Führung A. *De Gasperis* entstanden; 1946–1994 die stärkste polit. Partei Italiens. Die DC war von 1946 bis 1994 an allen Koalitionsregierungen beteiligt u. stellte in der Regel die Ministerpräsidenten. Wichtigste Politiker neben De Gasperi († 1953): Amintore *Fanfani,* Aldo *Moro* (von Terroristen ermordet), Mariano *Rumor,* Emilio *Colombo,* Francesco *Cossiga,* Arnoldo *Forlani,* Giulio *Andreotti.* Unpräzise Programmatik u. die Entstehung verschiedener Flügel *(correnti),* die kaum auf einen gemeinsamen Nenner zu bringen waren u. die Regierungsfähigkeit der Partei stark erschwerten, spiegelten die vielfältigen Interessen ihrer Klientel (Handwerker, Unternehmer, Arbeiter) wider. Seit Beginn der 1990er Jahre verlor die DC zunehmend an Ansehen, da sie mitverantwortlich für die Korruption in der italien. Politik gemacht wurde. Nach dem Auseinanderbrechen der Partei 1994 entstanden als Nachfolgeorganisationen der Partito Popolare Italiano (PPI), das Centro Cristiano Democratico (CCD) u. die Cristiani Democratici Uniti (CDU).

Demokraten [grch.], **1.** allg. die Vertreter demokrat. Ideen, im Gegensatz zu den Anhängern von autoritären u. totalitären Vorstellungen.
2. in den USA die Anhänger der *Democratic Party,* einer der beiden großen polit. Parteien. Ihr Gegensatz zu den *Republikanern* ist nicht grundsätzlich, da beide sich zur privatwirtschaftl. Gesellschaftsordnung bekennen u. über die republikan.-demokrat. Organisation des staatl. Lebens der USA einig sind; beide haben kein ständiges verbindliches Programm, auf Bundesebene sind sie als recht lockerer Zusammenschluß regionaler Parteigliederungen organisiert, ohne dauerhafte u. festgefügte Mitgliedschaften.
1828 von Anhängern des Präsidenten A. *Jackson* gebildet, sind die D. bis in das 20. Jh. hinein mehr für die Rechte der Einzelstaaten gegenüber dem Bund (Partikularismus) u. für die Interessen der Agrarländer im S u. W gegenüber den nordöstl. Industriegebieten eingetreten, sie wandten sich vor allem gegen zentralstaatliche Eingriffe in Wirtschaft u. Gesellschaft. Von 1860–1932 stellten sie lediglich in vier Amtsperioden den Präs., darunter T. W. *Wilson.*
Der gesellschaftl. Wandel im Gefolge der Industrialisierung u. Massengesellschaft bewirkte spätestens seit den 1920er Jahren eine Veränderung in den Vorstellungen der D., sie griffen Forderungen der Arbeiterschaft auf u. verlangten staatliche Maßnahmen im sozialen u. wirtschaftl. Bereich.
Großstädtische Arbeiterschaft u. Gewerkschaften, ethnische u. rassische Minderheiten, Katholiken, sozial benachteiligte Schichten setzen ihre polit. Erwartungen eher in die Demokrat. Partei u. bilden einen großen Anteil ihrer Wählerschaft; in das traditionelle demokrat. Wählerpotential der Südstaaten haben seit den 1960er Jahren die Republikaner erhebliche Einbrüche erzielt.
Die D. haben 1932–1952 mit den Präsidenten F. D. *Roosevelt* u. H. S. *Truman* die amerikan. Politik geprägt; 1961–1968 waren sie mit Präs. J. F. *Kennedy* u. L. B. *Johnson* wieder führend u. stellten erneut 1976–1980 mit J. *Carter* u. seit 1993 mit B. *Clinton* die Präs.
3. in der Schweiz spaltete sich die *Demokrat. Partei,* Abk. *Dem.,* als linksbürgerl. Gruppe 1896 von der *Freisinnig-Demokratischen Partei* ab; sie stand zwischen Freisinn u. Sozialdemokratie. Die D. hatten ihren Schwerpunkt in Graubünden. 1971 haben sich bedeutende Teile der Partei (Kantone Glarus u. Graubünden) mit der früheren *Bauern-, Gewerbe- u. Bürgerpartei* zur → Schweizerischen Volkspartei zusammengeschlossen.

Demokratie [grch., „Volksherrschaft"], die Staatsform, in der die Staatsgewalt vom Volk ausgeht („getragen" wird) u. direkt oder (und) indirekt von ihm ausgeübt wird. – Die D. entwickelte sich in Europa zuerst in den griech. Stadtstaaten als *direkte* oder *unmittelbare D.* Sie wurde von *Aristoteles* unter dem Namen *Politie* zu den drei grundlegenden „guten" Staatsformen gerechnet, wohingegen er als D. die Entartung der Politie bezeichnete. Doch war die griech. D., ebenso wie die römische, wirtschaftlich u. soziologisch auf der Sklaverei aufgebaut. Sie kann insofern nicht mit der modernen Entwicklung der D. verglichen werden. Auch die ursprüngl. Verfassungen der german., roman. u. slaw. Stämme Europas hatten demokrat. Charakter, der aber im Lauf des MA vom Feudalismus überwuchert u. in der Neuzeit vom Absolutismus fast ganz beseitigt wurde.
Die *moderne D.* erwuchs zunächst aus den calvinist. Glaubenskämpfen des 17. Jh., bes. in Schottland, England u. den Niederlanden, in denen die Gemeinde als Träger des religiö-

sen u. polit. Lebens hervortrat, sodann aus den Lehren der *Aufkärung*, bes. aus ihren Anschauungen von der Freiheit u. Gleichheit aller u. von der normativen Bedeutung des vernünftigen Denkens des einzelnen über Staat u. Gesellschaft. Grundlegend wurden die Lehren J. J. *Rousseaus* von der *Volkssouveränität* als einem unteilbaren u. unveräußerl. Recht des Volkes.
Den ersten modernen demokrat. Staat bildeten die *USA*. In Europa wurde erstmals in der *Französ. Revolution* ein Staat auf demokrat. Prinzipien gegr., u. zwar wurden hier schon die beiden für die weitere Entwicklung der Gesamtordnung demokrat. Staaten wichtigen Phasen, die der *liberal-rechtsstaatl.* (*konstitutionellen* u. *gewaltenteilenden*) *D.* (1789–1792) u. die der *diktatorischen* u. manchmal auch *absolutistischen D* (Jakobinerherrschaft 1792–1794) durchlaufen. Im zuletzt genannten Fall zeigte es sich, wie schnell eine nicht genügend gefestigte D. in die Tyrannei von Massen u. schließl. von einzelnen (Robespierre, Napoleon) umschlagen kann. – Echte demokrat. Verfassungselemente erhielten sich in der Schweiz.
Die Entwicklung der einzelnen europ. Staaten zur D. verlief sehr unterschiedlich. Während *Großbritannien* unabhängig von der Beibehaltung der Monarchie in der Staatsgestaltung des 19. Jh. (Ausprägung des Parlamentarismus, des Kabinettsystems, des Zweiparteiensystems) nahezu unmerklich eine demokrat. Staatsform entwickelte, war dies in *Frankreich* nach einigen kurzen Versuchen (1848) erst mit der Entstehung der III. Republik der Fall (1871, Verfassungsgesetz von 1875), in *Deutschland* nach dem Scheitern der unter konstitutionellem Vorzeichen stehenden Versuche von 1848 im Kaiserreich erst mit der Verfassungsänderung vom 28. 10. 1918 (Einführung der parlamentar. Verantwortung der Regierung, Ausdehnung des Gegenzeichnungsrechts nunmehr auf alle militär. Akte des Kaisers) u. vor allem mit der Errichtung der *Weimarer Republik* (Verfassung vom 11. 8. 1919).
Nach 1945 wurde in Dtschld. erneut der Versuch einer Verwirklichung der demokrat. Staatsform gemacht. Im W entstand in der *Bundesrepublik Deutschland* eine D. westl. Prägung im Sinne der Gewaltenteilung, der Rechtsstaatlichkeit u. des Bundes- u. Sozialstaats (Art. 20 u. 28 des 1949 in Kraft getretenen Grundgesetzes). Die sowjet. Besatzungszone wurde in die dem sowjet. Modell nachgeformte *Deutsche Demokratische Republik* umgewandelt (1949). Zwar trug die ursprüngl. Verfassung auch hier noch deutliche Kennzeichen der liberalen Republik von Weimar, doch die Verfassungspraxis u. später auch die geschriebene Verfassung entfernte sich immer mehr hiervon.

Demos [der, Pl. *Demoi* oder *Demen;* grch., „Gemeinde, Volk"], zuerst eine zusammen siedelnde Sippe, dann das „Volk" in jeder Bedeutung dieses Wortes: „niederes Volk" (auch „Kriegsvolk"), „freies Volk" (bes. in Athen), „Volksversammlung", „Volksherrschaft" *(Demokratie)*, schließlich die „Gesamtgemeinde" u. der „Staat". In Attika hießen seit Kleisthenes auch die Untergliederungen der Phylen so. Im Byzanz. Reich war D. das Stadtvolk von Byzanz, im heutigen Griechenland ist D. der kleinste Verwaltungsbezirk.

Demosthenes, 1. athen. Feldherr im Peloponnesischen Krieg, †413 v. Chr.; errichtete 425 v. Chr. bei *Pylos* an der Westküste des Peloponnes einen Stützpunkt; wurde 413 v. Chr. dem auf Sizilien in Schwierigkeiten geratenen *Nikias* zu Hilfe gesandt, konnte aber das athen. Heer nicht retten; zusammen mit Nikias von den Syrakusanern hingerichtet.
2. athen. Redner u. Politiker, *384 v. Chr. bei Athen; †322 v. Chr. Kalaureia; anfangs Anwalt in Privatprozessen (d. h., er schrieb die Reden, die dann sein Mandant vortrug), wurde er auf dem Weg über polit. Prozesse zum polit. Redner. Seitdem *Philipp II.* von Makedonien die griech. Freiheit bedrohte, machte es sich D. zur Aufgabe, seine Mitbürger immer wieder auf diese Gefahr hinzuweisen (philipp. u. olynth. Reden). In der Auseinandersetzung mit einer makedonienfreundl. Partei *(Äschines)* wurde er zum leitenden Staatsmann Athens. Seine Bemühungen scheiterten im Krieg gegen Philipp II. durch dessen Sieg bei Chaironeia (338 v. Chr.). Nach der Thronbesteigung *Alexanders d. Gr.* verlor D. seine führende Stellung. Als nach Alexanders Tod eine makedon. Besatzung nach Athen kam, nahm er Gift.
Seine kunstvollen Reden, die von leidenschaftlicher Vaterlandsliebe erfüllt sind, haben ihn zum großen Stilvorbild späterer Rednergenerationen werden lassen. Etwa 30 der 60 unter seinem Namen erhaltenen Reden sind echt.

Denar, mittelalterl. Hauptwährungsmünze, erstmals im 7. Jh. im Frankenreich geprägt; von den Karolingern zur Grundlage des mittelalterl. Geldwesens erhoben; als *Denarius* zugleich lateinische Bez. für den silbernen Pfennig des Mittelalters.

Denbigh-Kultur [-bi-], *Denbigh flint complex*, steinzeitl. Jägerkultur in Alaska, benannt nach dem Ort *Denbigh.* Das Steingeräteinventar ähnelt sowohl dem jungpaläolith. Material der Alten Welt als auch den archaischen Formen der Neuen Welt. So tauchen neben Sticheln auch beidseitig retuschierte Spitzen mit Schäftungsrinnen auf. Da außer dem Steinmaterial nur wenig andere Funde bekannt sind, läßt sich über die Lebensweise dieser Kultur keine genaue Aussage machen. Nach der C-14-Methode wird sie auf ca. 3000–3500 v. Chr. datiert.

Dendrochronologie [die; grch.], *Baumringdatierung, Jahresringdatierung*, die z.Z. für einen Zeitraum bis 5000 v. Chr. genaueste Methode zur Datierung archäolog. u. kunstgeschichtl. Objekte (z. B. prähistor. Funde, Baudenkmäler, Gemäldetafeln) anhand des vorgefundenen oder verwendeten Holzes, die erstmals 1929 von A. E. *Douglass* im SW der USA an kaliforn. Mammutbäumen angewandt wurde. Sie beruht auf der Auswertung der unterschiedlich breiten Jahresringe innerhalb eines Stammes. Die sog. *mitteleurop. Eichenchronologie* reicht heute bis 724 v. Chr. zurück; andere Bäume, wie z. B. die kaliforn. Borstenkiefer, die Jahrtausende alt wird, ermöglichen eine vollständige D. bis um 5200 v. Chr. Die D. ist eine wichtige Methode zur Überprüfung der C-14-Methode (radioaktive Altersbestimmung).

Deng Xiaoping [dəŋ çjaupiŋ], *Teng Hsiao-p'ing*, chines. Politiker (Kommunist), *22. 8. 1904 Paifang, Provinz Sichuan, †19. 2. 1997 Peking; studierte in Frankreich, nahm 1934/35 am „Langen Marsch" teil; wurde 1945 Mitgl. des ZK, 1954 Generalsekretär des ZK, 1955 Mitgl. des Politbüros u. 1956 Mitgl. des Ständigen Ausschusses des Politbüros der KP. Während der „Kulturrevolution" ab 1966 wurde er als „Machthaber auf dem kapitalist. Weg" angegriffen u. politisch geächtet. Auf Betreiben von *Zhou Enlai* wurde er 1973 rehabilitiert, war stellvertr. Min.-Präs. u. seit 1975 wieder Mitgl. des Ständigen Ausschusses des Politbüros. 1976 nach dem →Tiananmen-Zwischenfall wurde er aller Ämter enthoben; 1977 abermals rehabilitiert, wieder eingesetzt u. außerdem zum Generalstabschef ernannt. 1980 legte er die Staatsämter nieder, behielt aber die Parteiämter u. wurde 1981 zusätzlich Vors. der Militärkommission des ZK u. 1983 Vors. der (staatl.) Zentralen Militärkommission, d. h. Oberbefehlshaber. 1987 schied er aus den Parteiführungsgremien aus, 1989 auch aus den militär. Ämtern, behielt jedoch überragenden Einfluß.

Denar: böhmischer Silberdenar des Herzogs Boleslaw II. (976–999); Vorder- und Rückseite

D. X., der sich nach dem Tod *Mao Zedongs* (1976) rasch im Machtapparat durchsetzen konnte, war seit 1978 faktisch Parteiführer. Er war die treibende Kraft der begrenzten Entmaoisierung, betrieb die Verurteilung der Radikalen („Viererbande") u. die Rehabilitierung der Opfer der Kulturrevolution, setzte sich für einen sachlicheren Arbeitsstil der Partei ein, förderte eine pragmat. Wirtschaftspolitik (Abbau des Zentralismus, Auflösung der Kollektivwirtschaften, Zulassung privater Initiativen) u. erweiterte die Öffnung zum Westen. Zu einer Liberalisierung des polit. Systems war er jedoch nicht bereit, sondern hielt am kommunist. Machtmonopol fest. 1979, 1986/87 u. insbes. 1989 unterdrückte er gewaltsam demokrat. Reformbewegungen. Nach vorübergehender Rückkehr zur zentralen Wirtschaftslenkung gab D. X. 1992 den Anstoß zur Einführung einer „sozialist. Marktwirtschaft".

Den Haag, *s'Gravenhage*, niederländ. Stadt, Residenz (seit 1831) des Königshauses, Sitz von Regierung u. Parlament sowie des Internationalen Gerichtshofs der UN u. anderer internationaler Einrichtungen. 445 000 Ew.
D. H. wird urkundlich erstmals 1370 erwähnt. Kern der späteren Stadt waren das Jagdschloß der Grafen von Holland u. der von Wilhelm (Graf von Holland u. Dt. König) erbaute Palast aus dem Jahre 1250. Für die zweite Hälfte des 14. Jh. ist eine bürgerl. Siedlung belegt. Seit dem 16. Jh. war D. H. Sitz der Generalstaaten u. Residenz der Statthalter. Stadtrecht erhielt D. H. erst unter Louis Napoleon.

Denikin, Anton Iwanowitsch, russ. General, *4. 12. 1872 bei Warschau, †8. 7. 1947 Ann Arbor, Mich. (USA); nach der Februarrevolution 1917 Oberbefehlshaber der russ. Südfront u. Stabschef des Oberkommandos; 1918 als Nachfolger L. G. *Kornilows* Oberbefehlshaber der Weißen Armee in Südrußland. Nach der gescheiterten Offensive gegen Moskau im Sommer 1919 zog sich D. 1920 auf die Krim zurück u. emigrierte.

Denktaş [-'taʃ], Rauf A., zypriot. Politiker, *27. 1. 1924 Paphos; Anwalt; seit 1963 Vertreter der Zypern-Türken auf der Insel, 1973 Vize-Präs. Zyperns, 1975 nach Proklamation des türk. Teilstaats dessen Präs.

Depotfunde [de'po:-], *Hortfunde, Verwahrfunde*, Sammelfunde einzelner fertiger, im Rohzustand belassener oder beschädigter Gegenstände, meist aus Stein oder Metall, die absichtlich versteckt oder vergraben oder in Flüssen, Seen u. Mooren versenkt u. nicht mehr geborgen wurden. Sie stammen aus allen Epochen der Vor- u. Frühgeschichte, bes. häufig aus der jüngeren Bronzezeit. Die Gründe für die Niederlegung von Depots dürften verschiedene gewesen sein: Kriegsgefahr, unsichere Zeitumstände, Angst vor Raub, Handels- u. Wertdepots, Weih-, Opfer- oder Totengaben, Selbstausstattung für das Jenseits. Da die verschiedenen Gegenstände eines Depotfundes gleichzeitig in den Boden gekommen sind, sind sie wichtig für die Herausarbeitung von Kultur- u. Handelsbeziehungen u. für die vorgeschichtl. Chronologie.

Depretis, Agostino, italien. Politiker, *31. 1. 1813 Mezzana bei Pavia, †29. 7. 1887 Stradella bei Pavia; 1876–1879 u. 1881–1887 Min.-Präs., unterzeichnete den *Dreibund* für Italien.

Deputation, 1. *Reichsdeputation,* Ausschuß des Reichstags im Hl. Römischen Reich. Die Reichs-D.en mußten seit 1663 konfessionell paritätisch zusammengesetzt sein (aus dem *Corpus catholicorum* u. dem *Corpus evangelicorum*) u. dienten der Vorbereitung der Gesetzgebung (sog. *Reichsdeputationsschlüsse,* z. B. → Reichsdeputationshauptschluß 1803). 2. *Kaiserdeputation,* die Abordnung der Frankfurter Nationalversammlung, die 1849 Friedrich Wilhelm IV. von Preußen die dt. Kaiserkrone antrug, u. die Abordnung des Norddt. Reichstags, die 1870 Wilhelm I. das gleiche Angebot unterbreitete. Beide Abordnungen wurden von E. von *Simson* geführt.

Dertinger, Georg, Politiker, *25. 12. 1902 Berlin, †21. 1. 1968 Leipzig; Journalist, 1946 bis 1949 Generalsekretär der CDU in der Sowjet. Besatzungszone, 1949–1953 Min. für Auswärtige Angelegenheiten der DDR; 1953 verhaftet u. 1954 wegen angeblicher Zusammenarbeit mit westl. Geheimdiensten zu 15 Jahren Zuchthaus verurteilt, 1964 begnadigt.

Derwisch [pers., „Armer"], Mitglied enthusiast. islam. Orden, in denen die Mystik des Sufismus gepflegt wurde. Den *Orden der tanzenden D.e* stiftete der Sufi-Mystiker u. pers. Dichter *Dschelal ed-Din Rumi* (*1207, †1273). In der Türkei (wo D.klöster verboten sind) bis ins 19. Jh. u. früher auch in Albanien von bedeutendem polit. Einfluß.

Deschnew [dɛʒ'njɔf], *Deschnjow, Dežnev,* Semjon Iwanowitsch, russ. Seefahrer u. Kosak, *um 1605, †1673 Moskau; umfuhr 1648 als erster das Ostkap Asiens *(Kap D.)*; der Bericht dieser Entdeckungsfahrt blieb 100 Jahre im Archiv von Jakutsk liegen. 1898 wurde das Ostkap nach D. benannt.

Desiderius, letzter König der Langobarden, 756–774; Herzog von Tuszien; wurde mit päpstl. u. fränk. Unterstützung König. Nachdem jedoch Karl d. Gr. die Tochter des D.,

Tanzende Derwische: Handschrift aus Herat, 1485. Dublin, Chester Beatty Library

Désirée von Schweden

Desiderata, nach einjähriger Ehe (771) verstoßen hatte, griff D. den Kirchenstaat an, um den Papst zur Krönung der von der fränk. Thronfolge ausgeschlossenen Neffen Karls d. Gr. zu zwingen. 774 besiegte Karl d. Gr. D. u. machte sich selbst zum König der Langobarden.

Désirée, Eugénie Bernardine, Königin von Schweden, *8. 11. 1777 Marseille, †17. 12. 1860 Stockholm; Tochter des Seidenhändlers *Clary* aus Marseille. Sie war befreundet mit Napoleon Bonaparte, eine geplante Heirat kam nicht zustande. 1798 heiratete sie den französ. Marschall *Bernadotte,* den späteren König *Karl XIV. Johann* von Schweden. D.s Schwester Julie (*1771, †1845) heiratete 1794 Napoleons Bruder Joseph.

Desmoulins [dɛmu'lɛ̃], Camille, französ. Revolutionär (Republikaner), *2. 3. 1760 Guise, Dép. Aisne, †5. 4. 1794 Paris; einer der Organisatoren des Bastillesturms, 1790 Mitgründer der Cordeliers; Gegner der Girondisten, verurteilte jedoch seit 1793 die Schreckensherrschaft; deshalb mit Danton hingerichtet.

Dessalines [desa'lin], Jean Jacques, Kaiser von Haiti, *vor 1758, †17. 10. 1806 Jacmel (ermordet); beteiligte sich 1797 an der Vertreibung der Briten u. am Aufbau eines unabhängigen Staates ehem. schwarzafrikan. Sklaven; 1804 erklärte er die Unabhängigkeit Haitis, sich selbst machte er zum Kaiser.

Deusdedit, *Adeodatus I.,* Papst 615–618, Römer, Heiliger, †8. 11. 618 Rom; begünstigte den Weltklerus, der unter Gregor I. hinter der Ordensgeistlichkeit hatte zurückstehen müssen. Fest: 8. 11.

Deutsch, Julius, österr. Politiker (Sozialist), *2. 2. 1884 Lackenbach, Burgenland, † 17. 1. 1968 Wien; war 1919/20 Staatssekretär u. 1920–1932 Parlamentskommissar für Heereswesen; gründete 1924 den Republikanischen Schutzbund; führende Rolle während der Februarkämpfe 1934 gegen das autoritäre Dollfuß-Regime, 1934–1946 in der Emigration, 1936–1939 Teilnahme am Span. Bürgerkrieg.

Deutsch-Dänische Kriege, die 1848–1850 u. 1864 zwischen Dänemark, Preußen u. Österreich geführten Kriege um Schleswig-Holstein.

Deutsche Arbeitsfront, Abk. *DAF,* der NSDAP angeschlossener Verband, in dem 1933–1945 bei formal freiwilliger, praktisch jedoch obligatorischer Mitgliedschaft die in Industrie, Handel u. Gewerbe tätigen Arbeitnehmer u. Unternehmer zusammengeschlossen waren. Die DAF wurde am 10. 5. 1933 nach der Zwangsauflösung aller Gewerkschaften gegründet. Sie übernahm deren Vermögen u. erlangte dadurch eine gewisse Unabhängigkeit gegenüber der NSDAP, deren Reichsorganisationsleiter R. *Ley* in Personalunion Führer der DAF war. Sie war fachlich in 19 Fachämter u. territorial wie die NSDAP gegliedert. 1939 umfaßte sie 22,5 Mill. Mitglieder in 4 Mill. Betrieben. Die innere Ordnung der Betriebe verband die autoritäre Leitung durch den „Führer des Betriebes" mit einer Interessenvertretung der Arbeiter u. Angestellten, die aber nicht von diesen selbst wahrgenommen, sondern im wesentl. von Partei- u. Staatsseite kontrolliert wurde. Über Tariffragen bestimmten die im Mai 1933 eingesetzten „Treuhänder der Arbeit", Beamte, die dem Reichsarbeitsministerium unterstanden u. an Weisungen der Regierung gebunden waren. Die DAF widmete sich vor allem der weltanschaulich-polit. Schulung u., zur Steigerung der Arbeitsfähigkeit, der sozialen Betreuung ihrer Mitglieder. Verbesserte Sozialleistungen u. Einrichtungen wie die auf Massen-Freizeitgestaltung u. -Reisen spezialisierte NS-Gemeinschaft *„Kraft durch Freude"* (1937/38: 11 Mill. Teilnehmer an 100000 Fahrten) wurden von Teilen der Bevölkerung als sozialer Fortschritt u. als Förderung des Gedankens der Volksgemeinschaft begrüßt.

Deutsche Demokratische Partei, Abk. *DDP,* im November 1918 als Sammlung liberaler Kräfte gegr. aus der *Fortschrittspartei* u. einem Teil der *Nationalliberalen*; trat für bürgerl. Demokratie, Wirtschaftsfreiheit u. Trennung von Staat u. Kirche ein u. siedelte sich im linksliberalen polit. Spektrum an. Innere Spannungen führten bald zur Abspaltung des rechten Flügels, aus dem unter maßgeblicher Beteiligung Gustav *Stresemanns* die *DVP* hervorging. Die DDP war an fast allen Reichsregierungen beteiligt u. bildete in Preußen (1920–1932) mit SPD u. Zentrum die Regierung der Weimarer Koalition. In der Weimarer Nationalversammlung nach SPD u. Zentrum mit 73 Abgeordneten drittstärkste Fraktion, verlor sie bei den nachfolgenden Wahlen gegenüber den Rechtsparteien zunehmend Stimmen u. Mandate. Mit der wachsenden antidemokratischen Einstellung bürgerlicher Kreise in den Krisenjahren der Weimarer Republik wurde die Partei politisch isoliert. 1930 schloß sie sich mit dem *Jungdeutschen Orden* zur *Deutschen Staatspartei* zusammen, war aber trotzdem in den letzten Reichstagen nur mit wenigen Abgeordneten vertreten (1933: 5 Sitze). Im Juli 1933 nach der Zustimmung zum Ermächtigungsgesetz löste sie sich selbst auf. Bekannte Repräsentanten der DDP: Friedrich *Naumann* (Vorsitzender 1919); Hugo *Preuß* u. Max *Weber,* die Schöpfer der Weimarer Verfassung; Außenminister Walther *Rathenau*; Reichswehrminister Otto *Gessler*; die Frauenrechtlerin Gertrud *Bäumer*; als Mitglieder des letzten freigewählten Reichstags Theodor *Heuss,* Ernst *Lemmer* u. Reinhold *Maier.*

Deutsche Demokratische Republik, Abk. *DDR,* → Deutschland.

deutsche Farben, die Nationalfarben Deutschlands. Ihre Geschichte ist eng mit der Geschichte der dt. Nationalbewegung im 19. Jh. verbunden. Das alte Reich vor 1806 hatte keine Nationalfarben, da die staatl. Einheit fehlte. Als kaiserl. Farben galten entsprechend dem Reichswappen (schwarzer Doppeladler auf gelbem Grund) Schwarz-Gelb. Sie blieben in Österreich bis 1918 erhalten. Bei der Gründung der *Allg. Dt. Burschenschaft* 1818 wählte man aufgrund eines Mißverständnisses die auf die *Lützowschen Jäger* zurückgehenden Farben Schwarz-Rot-Gold als angebl. Farben des alten Dt. Reichs. Mit der Auflösung der Burschenschaften wurden diese Farben verboten. Die schwarz-rot-goldenen Farben in ihrer heutigen Form traten erstmals auf dem *Hambacher Fest* (1832) in Erscheinung. Sie waren das Symbol des großdt. Gedankens u. freiheitl. Gesinnung. Das Zeigen oder Tragen dieser Farben wurde deshalb vom Bundestag in Frankfurt verboten. Die Revolution 1848 verhalf dann den Farben Schwarz-Rot-Gold zum allg. Durchbruch. Die Nationalversammlung erklärte sie zu Bundesfarben; die Truppen der Bundesfürsten trugen z. T. bis 1852 eine schwarz-rotgoldene Kokarde. Im Krieg von 1866 verwendete Österreich die Farben noch als Zeichen des Dt. Bundes.

Im bewußten Gegensatz hierzu führte Bismarck als Flagge des *Norddt. Bundes* die Flagge Schwarz-Weiß-Rot ein. In ihr waren das Schwarz-Weiß Preußens mit dem Rot-Weiß Brandenburgs u. der Hansestädte vereinigt. Diese Flagge wurde 1870/71 auf das neue Dt. Reich übertragen u. 1892 zur Nationalflagge erklärt. In der *Novemberrevolution* 1918 wurde Schwarz-Rot-Gold zum Symbol der Republik. Die Nationalversammlung entschloß sich 1919 jedoch zu dem politisch folgenschweren Kompromiß: Die Reichsfarben waren Schwarz-Rot-Gold, die Handelsflagge Schwarz-Weiß-Rot mit den Reichsfarben im Obereck. Die Nationalsozialisten schafften diese Regelung am 12. 3. 1933 ab u. führten Schwarz-Weiß-Rot als Reichsfarben wieder ein. Durch das Reichsflaggengesetz vom 15. 9. 1935 wurde die Hakenkreuzfahne zur alleinigen dt. Nationalflagge erklärt. Die BR Dtschld. u. die DDR führten bei ihrer Gründung Schwarz-Rot-Gold wieder ein. Seit dem 1. 10. 1959 trug die DDR-Flagge zusätzlich das Staatssymbol Hammer u. Zirkel im Ährenkranz.

Deutsche Fortschrittspartei, Abk. *DFP,* im Juni 1861 zunächst in Preußen gegründete erste deutsche Partei im modernen Sinn. Sie vereinigte in ihren Reihen Vertreter der Altliberalen u. radikal demokratisch gesonnene Politiker in der Nachfolge der Revolution von 1848. Sie siegte in den preuß. Landtagswahlen im Herbst 1861 u. versuchte, eine liberal-parlamentarische Umwälzung auf dem Reformweg durchzusetzen. Die DFP war liberal u. national, erstrebte Deutschlands Einheit unter Führung Preußens u. verteidigte 1862–1866 im preuß. Verfassungskonflikt gegen Bismarck die bürgerl. Parlamentsrechte. Im neuen Reich stand die DFP im Kulturkampf z. T. zwar hinter Bismarck, trennte sich aber von ihm, als er zum Schutzzoll überging. 1884 vereinigte sie sich mit abgesplitterten Nationalliberalen zur Deutschen Freisinnigen Partei (→ Freisinnige).

Deutsche Freisinnige Partei → Freisinnige.

Deutsche Friedensgesellschaft, unter dem Einfluß der Schriftstellerin Bertha von *Suttner* 1892 gegr. pazifist. Vereinigung, stand politisch dem Linksliberalismus nahe, erlangte keine Massenbasis (1926: 30000 Mitgl.). Führende Vertreter in der Weimarer Repubik waren L. *Quidde* u. C. von *Ossietzky.* Die D. F. wurde 1933 aufgelöst. 1946 wurde sie in Frankfurt a. M. wiedergegründet, 1968 mit der *Internationale der Kriegsdienstgegner* u. 1974 mit dem *Verband der Kriegsdienstverweigerer* vereinigt.

Deutsche Kolonialgesellschaft, Agitationsverband zur Förderung des Kolonialgedankens u. zur Ausweitung des dt. Kolonialbesitzes, hervorgegangen 1887 aus dem Zusammenschluß des *Dt. Kolonialvereins* (gegr. 1882) u. der *Gesellschaft für dt. Kolonisation* (gegr. 1884); 1914: 36000 Mitgl. Nach 1918 propagierte die D. K. die Rückgewinnung der dt. Kolonien. 1933 wurde sie dem *Reichskolonialbund* angegliedert.

deutsche Kolonien, die vom Dt. Reich seit 1884 erworbenen Überseebesitzungen in Afrika (Kamerun, Togo, Dt.-Südwestafrika, Dt.-Ostafrika), Ozeanien (Kaiser-Wilhelm-Land, Bismarckarchipel, Nauru, Nördl. Salomonen, Karolinen, Marianen, Marshallinseln, Palauinseln, Samoa) u. China (Kiautschou [Jiaozhou]). 1914 umfaßten die d.n K. rd. 2,9 Mill. km² mit 13,7 Mill. Ew. Nach dem 1. Weltkrieg wurden sie aufgrund des Versailler Vertrags als Mandate dem Völkerbund, nach dem 2. Weltkrieg als Treuhandgebiete der UNO unterstellt. Sie sind inzwischen unabhängig bzw. Teil unabhängiger Staaten geworden.

Deutsche Kommunistische Partei, Abk. *DKP,* 1968 neugegründete kommunist. Partei in der BR Dtschld., der zahlreiche frühere Mitglieder der 1956 verbotenen KPD angehörten. Die Führungsschicht war von dieser Illegalitätszeit geprägt; die jüngeren Mitglieder kamen z. T. aus der *Außerparlamentarischen Opposition.* Vors. waren 1968 bis 1973 K. *Bachmann,* 1973–1990 H. *Mies.* Die DKP wurde politisch von der SED gesteuert u. war finanziell von ihr abhängig. Ihr Modell des Sozialismus sah sie in der DDR verwirklicht. In Bundes- u. Landtagswahlen blieb sie erfolglos. Um 1980 hatte die DKP rd. 50000 Mitglieder. In den späten 80er Jahren kam es wegen des reformfeindl. Kurses der Parteiführung zu einer Austrittswelle. Nach dem Untergang der DDR mußte die DKP aus finanziellen Gründen ihre Aktivitäten stark einschränken. 1997 hatte sie noch rd. 6000 Mitglieder.

Deutsche Legion, 1. eine Truppe, die während des Rußlandfeldzuges Napoleons 1812 auf Initiative des Frhr.n vom *Stein* u. durch Aufrufe E. M. *Arndts* aus dt. Soldaten, die die Grande Armée verließen, u. Kriegsgefangenen in Rußland gebildet wurde. Die D. L. operierte während des Befreiungskrieges 1813 hauptsächlich in Nord-Dtschld. u. wurde nach dem Pariser Frieden 1814 aufgelöst.

2. im März 1848 von dt. Demokraten (G. Herwegh u. a.) in Paris gebildete Freischar aus ca. 1000 arbeitslosen dt. Handwerksgesellen, die die Revolution in Dtschld. unterstützen sollte. Sie überschritt am 23. 4. 1848 den Rhein u. wurde am 27. 4. 1848 von württemberg. Truppen geschlagen.

deutsch-englisches Flottenabkommen, am 18. 6. 1935 abgeschlossenes Abkommen, das die zukünftige Stärke der dt. Flotte gegenüber der Gesamtflottenstärke der Mitgl. des Brit. Commonwealth im Verhältnis 35 : 100 festlegte; Dtschld. erhielt das Recht, im Rahmen dieses Gesamt-Tonnageverhältnisses die gleiche Untersee-Tonnage wie Großbritannien zu besitzen. Das Abkommen war unbegrenzt, wurde 1936 durch ein Flottenmemorandum, 1937 durch einen Flottenvertrag über Seerüstungsbegrenzung u. Flottenbau-Nachrichtenaustausch ergänzt u. 1939 (nach den engl.-französ. Garantieerklärungen für Polen) von Hitler gekündigt. Im Jahre 1935 war das d. F. ein wichtiger diplomat. Erfolg für Hitler.

Deutsche Partei, Abk. *DP,* 1949 aus der *Niedersächsischen Landespartei* hervorgegangen u. auf Bundesebene konstituiert; versuchte welfischen u. preuß. Konservativismus zu vereinen. Ihre Anhängerschaft ging aus mittelständischen Kreisen der Stadt- u. Landbevölkerung hervor. Mit ihrer sehr stark nationalistisch eingefärbten Grundhaltung band sie in den Nachkriegsjahren weite Teile des rechten Wählerpotentials, konnte allerdings in Süddeutschland keine vergleichbare Position aufbauen wie im Norden. Die DP war in den ersten drei Bundestagen vertreten (1949: 17 Abg.; 1953: 15 Abg.; 1957: 17 Abg.) u. 1949–1960 an der Bundesregierung beteiligt (durch die Minister H. *Hellwege,* H. C. *Seebohm* u. H. von *Merkatz*). Da die CDU der DP sichere Wahlkreise überließ, konnte die Partei trotz Verfehlens der 5 %-Hürde politisch auf Bundesebene wirken. Seit 1960 führten interne Konflikte zu Auflösungserscheinungen. Der Versuch, durch Fusion mit dem *BHE* zur *Gesamtdeutschen Partei* eine nationale Kraft zu bilden, mißlang bei der Bundestagswahl 1961. Fast alle Führungspersönlichkeiten u. ein Großteil der Mitglieder sind zur *CDU* übergetreten. Die DP besteht noch in Niedersachsen u. Bremen, ist aber bedeutungslos.

Deutscher Bund, von 1815 bis 1866 bestehender „unauflöslicher" Bund von 35 (zuletzt 31) souveränen dt. Fürsten u. 4 Freien Städten zur Erhaltung der äußeren u. inneren Sicherheit Deutschlands. Sein Ausbau erfolgte nach der *Bundesakte* vom 8. 6. 1815 (Teil der Kongreßakte des Wiener Kongresses) u. der *Wiener Schlußakte* vom 15. 5. 1820. Dem Dt. Bund mit zunächst knapp 30 Mill. Einwohnern gehörten u. a. Österreich u. Preußen mit den Gebieten an, die bis 1806 Teil des Reichs gewesen waren, sowie der König von England für Hannover, der König von Dänemark für Holstein u. der König der Niederlande für Luxemburg u. Limburg.

Einziges Organ war ein ständiger Gesandtenkongreß in Frankfurt unter österr. Vorsitz (*Bundesversammlung* oder *Bundestag*), dessen *Engerer Rat* meist die Geschäfte führte. Praktisch bestand durch Österreich u. Preußen eine einvernehmliche dualist. Leitung, bis in den 1850er Jahren das Ringen dieser Staaten um die Vorherrschaft in Dtschld. bestimmend wurde. Verfassungsänderungen verlangten Einstimmigkeit; hierdurch sowie durch die Garantie der Signatarmächte der Kongreßakte ergab sich der statisch-konservative Charakter des Dt. Bundes. Der nicht realisierte Art. 13 der Bundesakte sah landständ. Verfassungen der Gliedstaaten vor. Ein *Bundesheer* (zunächst 550000 Mann) bestand aus je drei österr., preuß. u. gemischten Armeekorps, besaß im Frieden aber weder einheitliche Organisation noch gemeinsame Führung. Die Errichtung eines Bundesge-

Deutsche Kolonien

richts scheiterte, die Wirtschaftsgesetzgebung blieb den Einzelstaaten überlassen (auch → Deutscher Zollverein). In der Phase der Dt. Revolution 1848/49 war der Dt. Bund aufgelöst. Im Dt. Krieg 1866 folgte sein endgültiges Scheitern.
Der Dt. Bund stellte für die Gliedstaaten eine engere Verklammerung als das 1806 untergegangene Hl. Röm. Reich Dt. Nation dar. Er bewahrte Mitteleuropa für über 50 Jahre den Frieden. Seine Frontstellung gegen die liberale u. nationale Bewegung des 19. Jh. führte zu einem Ausbau der reaktionären Elemente der inneren Struktur.

Deutsche Rechtspartei, Abk. *DRP,* polit. Partei der dt. Westzonen mit nationalist.-konservativer, z. T. auch rechtsradikaler Zielsetzung; gegr. 1946. Die DRP erhielt bei der 1. Bundestagswahl (1949) 1,8 % der Stimmen u. 5 Sitze (Schwerpunkt: Niedersachsen). 1950 ging die DRP in der Deutschen Reichspartei auf.

Deutsche Reichspartei, Abk. *DRP,* rechtsradikale Partei in der BR Dtschld., gegr. 1950 als Nachfolgerin der → Deutschen Rechtspartei; nahm ab 1952 auch zahlreiche Mitglieder der verbotenen Sozialistischen Reichspartei auf. Der polit. Kurs wurde maßgeblich von ihrem Vorsitzenden A. von *Thadden* bestimmt, der die Idee einer Sammlung der Rechtskräfte in der BR Dtschld. verfolgte. Die DRP übersprang nur einmal die 5 %-Grenze (Landtagswahl 1959 in Rheinland-Pfalz: 5, 1 %). Insbes. die Neuauflage eines „Reichsgedankens" nationalsozialistischer Prägung fand in der Wählerschaft, die nach vorn orientiert war, in den 1950er u. 1960er Jahren keinen Anklang. Wegen anhaltender Mißerfolge u. Druck der polit. Öffentlichkeit löste sie sich 1965 auf; ihre Mitgliedschaft bildete den Kern der Nationaldemokratischen Partei Deutschlands.

Deutsche Revolution, die revolutionären Bewegungen in Dtschld. 1848/49. Nach dem Sieg der Februarrevolution in Frankreich erreichten die liberalen u. demokratischen „Achtundvierziger" zuerst in Süddeutschland, dann auch in Österreich u. Preußen bei nur schwachem Widerstand der Mächte u.

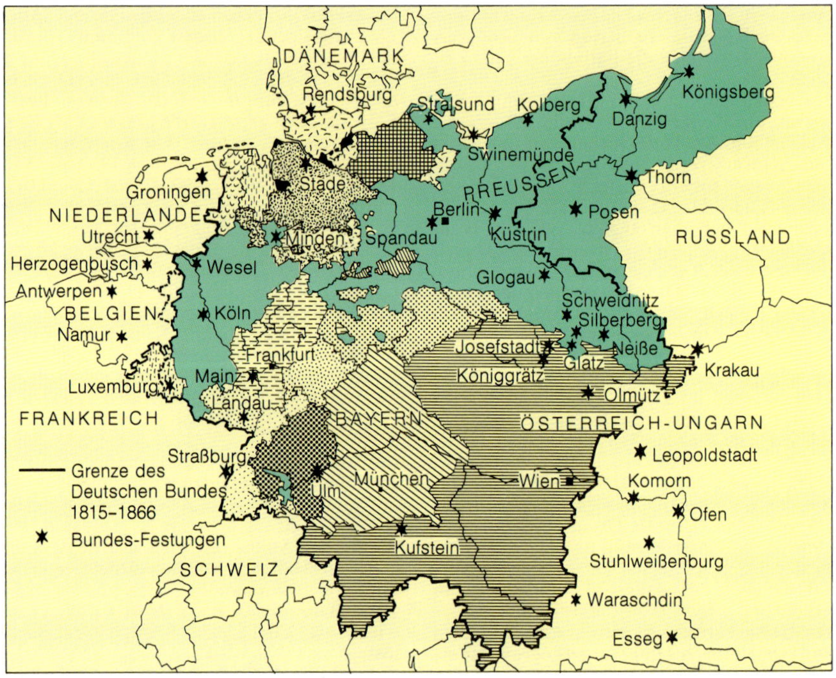

Der Deutsche Bund

Regierungen des Dt. Bundes die Verwirklichung der „Märzforderungen": Bürgerl. Freiheitsrechte wurden gewährt, Schwurgerichte eingerichtet, liberal-konstitutionelle Regierungen eingesetzt. In Österreich forderten die Nationalitäten ihr Recht; in Berlin erklärte König Friedrich Wilhelm IV., Preußen werde fortan in Dtschld. aufgehen. Trotz der Wirtschaftskrise von 1847 u. anfängl. Bauernunruhen spielten soziale Forderungen keine bestimmende Rolle. Dafür rückten die Forderungen nach einem dt. Nationalstaat in den Vordergrund, der den vornationalen, reaktionären u. zu selbständiger Politik unfähigen Dt. Bund ersetzen sollte.
Nach der frühen Ausschaltung der Republikaner um F. Hecker u. G. von Struve bestimmten in der *Frankfurter Nationalversammlung* Persönlichkeiten wie A. Ritter von Schmerling u. H. von Gagern sowie die liberal-konstitutionelle *Casino-Partei* den Kurs, während R. Blum u. die Demokraten des *Deutschen Hofs* die Opposition bildeten. Angestrebt wurde ein mächtiges konstitutionelles Deutsches Reich, das Mitteleuropa beherrschen sollte. Die Reichsverfassung wurde erst am 28. 3. 1849 vollendet. Die meist dem Bildungs- u. Besitzbürgertum angehörenden Liberalen beanspruchten die führende Rolle im Staat, strebten langfristig aber eine klassenlose Bürgergesellschaft an. Sie konnten ihr nationales Programm nicht realisieren u. den Erfolg der Revolution nicht stabilisieren.
Obwohl sich in Frankfurt der Dt. Bund auflöste u. eine liberale *Provisorische Zentralgewalt* gebildet wurde, zeichnete sich seit Herbst 1848 ein Sieg der Konterrevolution ab, zumal die Zentralgewalt keine Kontrolle über das Militär der alten Mächte gewann. In der Habsburger-Monarchie wurden die revolutionären Kräfte in Prag im Juni, in Italien im Juli u. in Wien im Okt. niedergeschlagen; die Erschießung R. Blums in Wien signalisierte die Kampfansage an Frankfurt. In Preußen gewann der König durch den von der Frankfurter Nationalversammlung initiierten Einsatz preuß. Bundestruppen in Schleswig u. Holstein, aber auch durch das Wirken der preuß. Nationalversammlung, die erst den preuß. Staat stabilisierte u. danach im Nov. gewaltsam aufgelöst werden konnte, die Handlungsfreiheit zurück. Nachdem sich bereits Österreich der Gründung eines großdt. Staates versagt hatte, konnte Friedrich Wilhelm IV. am 3. 4. 1849 die ihm von der Frankfurter Nationalversammlung angetragene Kaiserkrone ablehnen. Damit war die in Frankfurt erarbeitete Übergangslösung hinfällig, wonach bis zur Verwirklichung eines großdt. Reiches zunächst ein kleindt. Reich errichtet werden sollte. Die folgende *Reichsverfassungskampagne* endete mit der Auflösung eines Rumpfparlaments in Stuttgart am 18. 6. u. der Kapitulation der Festung Rastatt am 23. 7. 1849.
Die Gründung eines bürgerl. Nationalstaats war gescheitert, ohne daß die außerdeutschen Großmächte über ein Eingreifen entscheiden mußten. Die Liberalen erlitten eine

Deutsche Revolution: Barrikaden in der Breiten Straße in Berlin, März 1848. Zeitgenössische Lithographie. Berlin, Kunstbibliothek Preußischer Kulturbesitz

den Verlauf der dt. Geschichte nachhaltig beeinflussende Niederlage. Die Demokraten wurden verfolgt u. zur polit. Bedeutungslosigkeit verurteilt. Nach dem Scheitern des *Erfurter Unionsparlaments* 1850 u. der Erneuerung des Dt. Bundes auf den Dresdener Konferenzen 1850/51 setzte die Phase der Reaktion in Dtschld. ein. Allerdings war die Tatsache, daß Preußen 1848 eine oktroyierte u. 1850 eine vereinbarte Verfassung erhielt, ein wichtiger polit. Ansatzpunkt, von dem aus Ziele der D.n R. wieder aufgegriffen werden konnten.

Deutscher Flottenverein, Verein zur Förderung der Flottenpolitik von A. von *Tirpitz* u. der wilhelmin. „Weltpolitik", gegr. 1898; wurde in Anknüpfung an die Flottenpolitik der Dt. Revolution 1848/49 insbes. vom Bildungsbürgertum getragen, erhielt Unterstützung von der Industrie u. unterhielt enge Beziehungen zur polit. Führung; größter Agitationsverband im Kaiserreich (1914: 1,1 Mill. Mitgl.); 1918 umbenannt in *Deutscher Seeverein*, 1934 z. T. übergeführt in den *Reichsbund Deutscher Seegeltung*.

Deutscher Fürstenbund von 1785 → Fürstenbund.

deutscher König, der Herrscher des Heiligen Römischen Reichs, seit Otto d. Gr. auch *Kaiser*; Titel zunächst „fränk. König" (lat. *rex Francorum*), seit Heinrich III. (1040) „röm. König" *(rex Romanorum)*, seit Konrad III. mit dem Zusatz *(et semper) augustus*, womit das Anrecht des dt. Königs auf das röm. Kaisertum ausgedrückt werden sollte. Oft wird der Titel *rex* ohne nähere Bestimmung gebraucht. *Rex Teutonicorum* ist erst seit dem 11. Jh. bezeugt u. vor allem seit dem Investiturstreit mit abwehrender polit. Tendenz in päpstlich gesinnten Quellen gebraucht.

Bei der Erhebung des dt. Königs wirkten *Wahlrecht u. Geblütsrecht* zusammen. Er wurde gewählt von den „Großen des Reichs", d. h. den weltl. u. geistl. Fürsten; die Beteiligung des Volkes trat schon früh zurück. Seit Ende des 12. Jh. gab es bevorrechtigte Wahlfürsten (vier oder sechs), später erwarben sieben → Kurfürsten das alleinige Wahlrecht (reichsrechtlich verankert in der → Goldenen Bulle von 1356). Daneben begründete jedoch die Verwandtschaft mit dem vorhergehenden König oder eine *Designation* durch diesen einen bes. Anspruch auf die Wahl. Das von der Kurie aus der Zubilligung der Anwartschaft auf die Kaiserkrone abgeleitete Recht auf *Approbation* des gewählten dt. Königs erstarrte in der Goldenen Bulle zur leeren Form. Wieweit der Gedanke des Erbrechts u. der Designation sich durchsetzte, war wesentlich eine Frage der königl. Autorität u. Macht, doch konnten auch gerade wegen der befürchteten Übermacht eines Kandidaten von den wahlberechtigten Fürsten das Recht der freien Wahl durchgesetzt u. dem Erwählten (seit 1519) *Wahlkapitulationen* auferlegt werden. Rechtlich blieb der dt. König bis 1806 Wahlkönig, praktisch wurde das dt. Königtum jedoch seit 1438 erblich im Hause Habsburg (Ausnahme Karl VII., 1742–1745). Der letzte vom Papst zum Kaiser gekrönte dt. König war Karl V. (1530), aber schon seit Maximilian I. (1508), bei dem es nicht zur Kaiserkrönung gekommen war, führte der dt. König den Titel *„Erwählter röm. Kaiser"*, während „Röm. König" zum Titel für den zu Lebzeiten des regierenden Herrschers gewählten u. gekrönten Nachfolger geworden war.

Der dt. König war oberster Heerführer u. Richter, er stand an der Spitze der Lehnspyramide, übte den Friedensbann u. die Hoheit über die *Reichskirche* aus, bezog seine Einkünfte aus dem treuhänderisch verwalteten *Reichsgut*, den → Regalien u. seinem *Hausgut*; er mußte sich stets gegen die Stammesherzöge bzw. Territorialfürsten behaupten. Es kam in Dtschld. letztlich zu keiner starken Zentralgewalt, da hier die dem dt. König widerstrebenden Kräfte zu mächtig waren, das Reich zudem an einer Rechtszersplitterung u. an finanzieller Schwäche litt.

Deutscher Krieg, der 1866 zwischen Preußen u. Österreich ausgetragene Entscheidungskampf um die Vorherrschaft in Dtschld. Auslöser der von Bismarck angestrebten militärischen Konfrontation war der Streit um die seit 1864 gemeinsam verwalteten Herzogtümer Schleswig u. Holstein. Als Preußen seine Annexionstendenzen verstärkte, erwirkte Österreich beim Bundestag die Mobilmachung des Bundesheeres; dies faßte Preußen als Kriegserklärung auf. Auf der Seite Preußens standen Italien u. 17 zumeist kleinere norddt. Staaten, auf der Seite Österreichs 13 dt. Staaten (darunter die Staaten mittlerer Größe). Die unerwartete Kriegsentscheidung zugunsten Preußens fiel vor allem durch H. von *Moltkes* Heeresführung („getrennt marschieren, vereint schlagen") in der Schlacht bei Königgrätz am 3. 7.; die staatl. Neuordnung erfolgte im Frieden von Prag am 23. 8. 1866. Preußen annektierte Schleswig-Holstein, Hannover, Kurhessen, Nassau u. Frankfurt a. M. Es bildete mit seinen Verbündeten den *Norddeutschen Bund*, dem sich weitere dt. Staaten anschlossen. Der Dt. Krieg war eine stärker einschneidende Zäsur als der Untergang des Hl. Röm. Reichs Dt. Nation (1806). Die seit dem MA vorherrschende vornationale Ordnung in Mitteleuropa fand ihr Ende. Mit dem Norddt. Bund entstand ein neues nationales u. machtpolit. Zentrum. Das auf Bismarcks Drängen maßvoll behandelte Österreich schied aus Mitteleuropa aus.

Deutscher Nationalverein, unter Vorsitz von R. von *Bennigsen* 1859 in Frankfurt gegründete polit. Gruppierung, der viele Vorkämpfer des Revolutionsjahres 1848/49 angehörten. Ziele waren die Einberufung einer Nationalversammlung u. die Schaffung eines dt. Bundesstaates unter preuß. Hegemonie. Der Verband hielt jährlich Generalversammlungen ab. Er wuchs während der Neuen Ära in Preußen rasch an, geriet bei Ausbruch des preuß. Heeres- u. Verfassungskonflikts u. wegen der Schleswig-Holstein-Frage in Gegensatz zur preuß. Führung u. verlor seinen Einfluß mit dem sich abzeichnenden nationalpolit. Erfolg Bismarcks. 1867 löste er sich auf.

Deutscher Orden, *Deutscher Ritterorden, Deutschherren, Marienritter, Orden des Spitals S. Mariens vom Deutschen Hause*, eigentl. *Ordo Theutonicorum, Fratres domus* bzw. *Ordo S. Mariae Theutonicorum*, jüngster (nach Templern u. Johanniterorden) in Palästina während der Kreuzzüge entstandener geistl. Ritterorden; 1190 vor Akko als Spitalbrüderschaft von dt. Kaufleuten gegr., 1198 in einen geistl. Ritterorden umgewandelt. Der Dt. Orden erwarb Besitz im Mittelmeerraum (Palästina, Syrien, Griechenland, Sizilien, Apulien, Spanien u. a.), in Frankreich, vor allem aber in Livland, Preußen u. Dtschld. An seiner Spitze stand der vom *Generalkapitel* (später oft Großkapitel genannt) auf Lebenszeit gewählte *Hochmeister*, beraten von den 5 *Großgebietigern: Großkomtur* (Stellvertreter des Hochmeisters, innere Ver-

Deutscher Orden: territoriale Entwicklung des Ordensstaates

Deutscher Orden: Siegel des Großschäffers (Handelsbeauftragter) von Marienburg, um 1399

waltung), *Marschall* (Kriegswesen), *Spittler* (Wohlfahrtswesen), *Trappier* (Bekleidungswesen) u. *Treßler* (Finanzen). Die Zusammensetzung des Generalkapitels wurde vom Dt. Orden im ganzen MA nicht gesetzlich geregelt; ihm gehörten u. a. der Landmeister für Livland sowie der Deutschmeister an. Eine Ordensprovinz, *Ballei* genannt, wurde vom *Landkomtur*, ein Haus mit einem vollständigen Konvent von einem *Komtur* geleitet. Es gab Ritter-, Priester- u. dienende Brüder, seit dem 14. Jh. auch Schwestern. Ordenskleid: weißer Mantel, schwarzes Kreuz.

Der erste Sitz des Hochmeisters war Akko, seit 1291 Venedig, seit 1309 die Marienburg, seit 1457 Königsberg. Der vierte Hochmeister, *Hermann von Salza*, wurde 1211 vom König von Ungarn mit der Christianisierung der Kumanen im siebenbürg. Burzenland beauftragt, aber 1225 wieder verdrängt, da die beginnende Territorialbildung dem ungar. Königtum u. Adel zu gefährlich erschien. Als der Orden 1225 von Herzog Konrad von Masowien zur Christianisierung der Pruzzen gegen Überlassung des *Kulmerlandes* gerufen worden war, verlieh Kaiser Friedrich II. durch die Goldbulle von Rimini (1226) dem Hochmeister für dieses als zum Imperium gehörig bezeichnete Land landesherrliche Hoheitsrechte; die Kurie nahm 1234 das Ordensland unter ihren Schutz. Die Eroberung Preußens begann unter dem Land- u. Deutschmeister *Hermann Balk* von der Weichsel her (Burgen 1231 in Thorn, 1232 in Kulm, 1233 in Marienwerder). Die Aufnahme des *Schwertbrüderordens* in Livland 1237 erbrachte dessen unter der Lehnshoheit des Erzbischofs von Riga stehendes Landdrittel Livlands; ein Vorstoß auf Nowgorod scheiterte 1242 in der Schlacht auf dem Eis des Peipussees. Ebensowenig gelang die Christianisierung und Unterwerfung Litauens. Kurland wurde 1267, Sudauen 1283, Semgallen 1290 erobert, 1309 (endgültig 1343) wurde Pommerellen mit Danzig erworben, 1346 Nordestland von Dänemark, 1398 Gotland u. 1402 als Pfandbesitz die brandenburgische Neumark (bis 1455). Damit war die größte Ausdehnung des Ordensgebiets erreicht. Seine innere Konsolidierung war vor allem das Werk des Hochmeisters *Winrich von Kniprode* (1351–1382).

Der Hochmeister war als Führer des Ordens zwar nicht Reichsfürst, mit dem Ordensland auch nicht vom Kaiser belehnt, aber der Ordensstaat galt als zum Reich gehörend. Die Leistung des Ordens als staatsbildender Faktor, in Kunst, Literatur u. Wissenschaft, bei der Christianisierung u. Kultivierung des Landes ist bedeutend. Die Gründe für den inneren Niedergang sind in der mangelnden Verwurzelung der zur Ehelosigkeit verpflichteten Ordensangehörigen im Land u. im Wegfall der ursprüngl. Aufgabe nach der von Polen her erfolgenden Christianisierung der Litauer zu suchen, für den äußeren in der übermächtigen Umklammerung nach der Vereinigung Polens u. Litauens 1386.

1410 unterlag der Orden unter Hochmeister *Ulrich von Jungingen* bei Tannenberg zum ersten Mal Polen u. Litauen. *Heinrich von Plauen*, der die Marienburg erfolgreich verteidigt hatte, versuchte vergeblich, den Orden zu reformieren. Als er zum Krieg gegen Polen rüstete, wurde er 1414 von einer Friedenspartei gestürzt. Die mit der Ordensherrschaft unzufriedenen Stände (Adel u. Städte) schlossen sich 1440 zum *Preuß. Bund* zusammen, suchten u. fanden Rückhalt bei Polen u. bekämpften 1454–1466 den Orden, der im *2. Thorner Frieden* Polen das Kulmerland, das Ermland u. Pommerellen mit Danzig, Elbing u. der Marienburg abtreten u. die poln. Oberhoheit über seine restl. Besitzungen anerkennen mußte. Die Hochmeister *Friedrich von Sachsen* (1498–1510) u. *Albrecht von Brandenburg-Ansbach* (1511–1525) versuchten vergeblich, Reichshilfe gegen Polen zu erlangen. Im Anschluß an die Reformation säkularisierte Albrecht 1525 das preuß. Ordensgebiet u. nahm es als erbl. Herzogtum von Polen zu Lehen. Kaiser u. Papst haben diesen Akt nie anerkannt. In Livland konnte der Landmeister *Wolter von Plettenberg* (†1535) die Herrschaft gegen Rußland u. Polen noch behaupten; 1562 nahm *Gotthard Kettler* Kurland von Polen zu Lehen; Livland fiel an Polen, Estland an Schweden.

Der kath. gebliebene Teil der Ordensritter behauptete sich im Besitz der Ordensgüter in Dtschld. u. erhielt im 17. Jh. noch einmal eine große Aufgabe in den Türkenkriegen. Sitz des Dt. Ordens wurde Mergentheim; 1809 löste Napoleon ihn auf. In Österreich nahm Franz I. den Dt. Orden unter seinen Schutz u. garantierte ihm seine Besitzungen; bis 1918 war stets ein österr. Erzherzog Hochmeister (*„Hoch- u. Deutschmeister“*). 1929 wurde der im 19. Jh. wieder aufgeblühte priesterliche Zweig des Dt. Ordens in einen rein geistl. Orden mit dem alten Namen *Brüder des Deutschen Ordens S. Mariens zu Jerusalem* vom Papst umgewandelt; Sitz in Wien. Der *Deutschherrenorden* (als Laienorden) wurde 1960 neu gebildet; Sitz: Frankfurt a. M.

Deutscher Reformverein, Gegengruppierung zum *Dt. Nationalverein*, bestand 1862–1866 unter dem Vorsitz von Frhr. G. von *Lerchenfeld* u. H. von *Gagern*. Der Dt. Reformverein unterstützte die österr. Bestrebungen zur Reform des Dt. Bundes u. war sich einig in der Ablehnung einer preuß. Hegemonie. Meinungsverschiedenheiten in Einzelfragen bewirkten, daß er keine polit. Durchschlagskraft gewann.

Deutscher Ritterorden → Deutscher Orden.

Deutscher Zollverein, der wirtschaftspolit. Zusammenschluß dt. Staaten im 19. Jh. Da die in der Bundesakte des Dt. Bundes vorgesehenen Verhandlungen „wegen des Handels u. Verkehrs“ u. die österr. Bemühungen um einen großdt. Zollverband nicht zum Erfolg führten, konnte die wirtschaftl. Einigung Deutschlands unter preuß. Führung eingeleitet werden. Preußen, seit 1818 einheitl. Zollgebiet u. freihändlerisch orientiert, schloß unter Finanz-Min. F. von Motz mit den zwischen seinen Territorien liegenden Staaten entspr. Handels- u. Zollverträge u. gründete 1828 mit Hessen-Darmstadt einen Zollverein. Parallel entstandene süddt. u. mitteldt. Zollverbände konnten durch weitere Verträge Preußens gesprengt werden. Hierdurch wurde der Weg zur Gründung des *Dt. Zollvereins* am 1. 1. 1834 geebnet. 1842 gehörten ihm 28 Staaten an. 1854 trat der von Hannover geführte u. eine Barriere zur Nordsee bildende *Steuerverein* bei. Mit der Reichsgründung 1871 hörte der Dt. Zollverein auf zu bestehen. Hamburg u. Bremen kamen erst später zum dt. Zollgebiet hinzu. Die Existenz des Dt. Zollvereins, zu dessen ideeller Vorbereitung F. *List* viel beigetragen hatte, förderte außer der wirtschaftl. Entwicklung auch die Staatsgründung des Dt. Reichs.

Deutsches Historisches Institut, geschichtl. Forschungsinstitut in Rom; entstand 1888 nach der Öffnung des Vatikanischen Archivs (1881) als Preuß. Histor. Institut u. wurde 1933 in D. H. I. umbenannt; 1953 wurde es wieder eröffnet. Es erforscht die dt.-italien. Beziehungen im MA u. in der Neuzeit sowie die Musikgeschichte u. gibt zusammen mit dem Österr. Histor. Institut u. a. die „Nuntiaberichte aus Deutschland“ heraus. Dt. Histor. Institute gibt es auch in Paris zur Erforschung der dt.-französ. Beziehungen u. in London zur Erforschung der dt.-brit. Beziehungen.

Deutsches Institut für Erforschung des Mittelalters, 1936–1945 *Reichsinstitut für ältere dt. Geschichtskunde*, eine Forschungseinrichtung, die die Monumenta Germaniae Historica herausgibt. Die bis 1936 bestehende, von den dt. Akademien getragene Zentraldirektion der Monumenta Germaniae Historica wurde 1946 unter dem Namen „MGH. Dt. Institut für Erforschung des MA“, mit Hauptsitz in München, wiederhergestellt. Seit 1950 ist die Zeitschrift „Dt. Archiv für Erforschung des MA“ Organ der MGH.

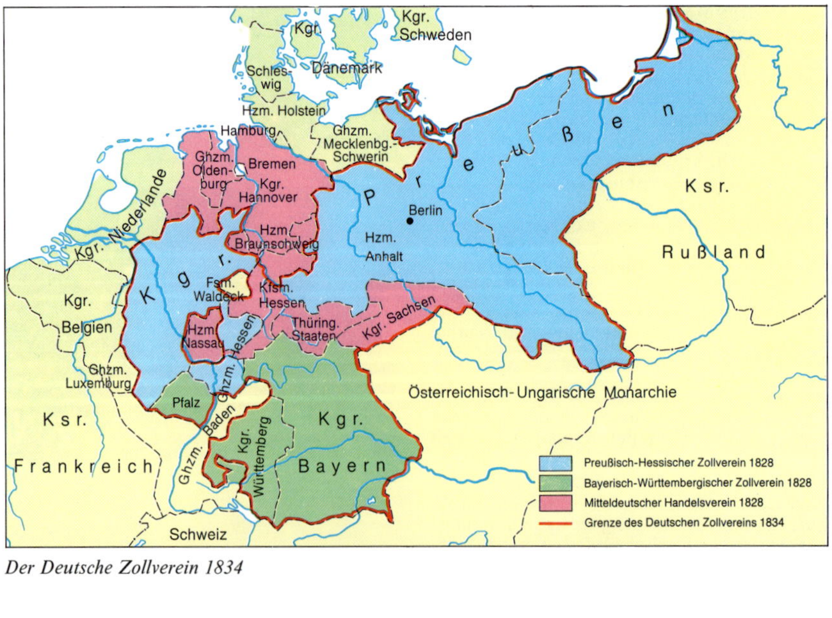

Der Deutsche Zollverein 1834

deutsches Recht, das aus den *Volksrechten* der german. Stämme erwachsene Recht einheimischen Ursprungs im Gegensatz zum *kanonischen Recht* der Kirche u. zum *röm. Recht*, mit dem sich die Rechtswissenschaft seit dem 12. Jh. beschäftigte. Das dt. Recht war ursprünglich an die Person u. die Stammeszugehörigkeit gebunden u. wandelte sich im Hoch-MA zum gebietsgebundenen *Land-, Lehn-, Stadt-* u. *Dorfrecht*. Dabei standen unschriftliches u. aufgezeichnetes *Gewohnheitsrecht* neben *Gesetzesrecht*. Die *Rechtsbücher* des MA (Sachsenspiegel, Schwabenspiegel) waren private Aufzeichnungen des geltenden Gewohnheitsrechts, die mit dem allg. Vordringen der Schriftlichkeit große praktische Bedeutung erlangten, bis man sie schließlich selbst als Gesetzbücher ansah u. sie Kaiser *Lothar* (Lotharlegende) oder *Karl d. Gr.* zuschrieb. Statutarrecht überwog bei den Stadtrechten, die wie die Spiegelrechte häufig von anderen Städten oder Regionen übernommen wurden, auch über die Gebiete der dt. Ostsiedlung hinausgreifend (*Stadtrechtsfamilien*: z. B. *Lübisches Recht* im ganzen Ostseeraum, *Magdeburger Recht* bis nach Südrußland; Spiegelrechte vor allem im Südosten u. auf dem Balkan). Die steigende Zersplitterung u. das stoffliche Anwachsen des dt. Rechts führte zu den *Rechtsreformationen* des ausgehenden 15. u. 16. Jh., deren Kodifikationen sich an den gelehrten Rechten orientierten u. die deutschrechtl. Normen nur z. T. u. in höchst unterschiedlichem Umfang übernahmen (Rezeption). Im *Allg. Preuß. Landrecht* (1794) u. im *österr. ABGB* (1811) steht d. R. neben Naturrecht, während im *BGB* röm.-rechtl. Züge im Allg. Teil u. im Schuldrecht dominieren, deutschrechtl. dagegen im Sachen- u. Familienrecht.

Deutsches Reich, 1. lat. *regnum Teutonicorum*, erstmals 920 (Größere Salzburger Annalen) vorkommende Bez. für › Heiliges Römisches Reich, später auch für dessen dt. Teil (neben Reichsitalien u. Burgund).
2. die offizielle staatsrechtliche Bez. für Dtschld. 1871–1945, niedergelegt in den Reichsverfassungen von 1871 u. 1919. Nachdem Dtschld. im 2. Weltkrieg besiegt u. von den 4 Siegermächten in Besatzungszonen aufgeteilt worden war, bestanden auf dem Boden des Dt. Reiches (ohne Ostgebiete) 1949–1990 die beiden Staaten BR Dtschld. u. die DDR. Nach der Rechtsauffassung des Bundesverfassungsgerichts (Urteil zum Grundvertrag vom 31. 7. 1973) ist das Dt. Reich nicht untergegangen; es existiert fort, besitzt nach wie vor Rechtsfähigkeit, ist allerdings als Gesamtstaat mangels Organisation selbst nicht handlungsfähig. Die (damalige) BR Dtschld. war nach dieser Auffassung nicht Rechtsnachfolger des Dt. Reiches, sondern als Staat identisch mit dem Staat D. R., in bezug auf seine räuml. Ausdehnung allerdings nur „teilidentisch“. Nach dieser Rechtsauffassung ist das wiedervereinigte Dtschld. also identisch mit dem Dt. Reich.

Deutsche Staatspartei, Abk. *DSTP*, polit. Partei der Weimarer Republik; 1930 aus der Verbindung der *Deutschen Demokrat. Partei* u. der *Volksnationalen Reichs-Vereinigung* gegr.; 1933 aufgelöst.

Deutsche Vaterlandspartei, von Gegnern der Friedensresolution des Reichstags 1917 gegründete Partei. Unter Führung von Herzog *Johann Albrecht* von Mecklenburg, A. von *Tirpitz* u. W. *Kapp* gewann sie binnen kurzem 1250000 Mitglieder. Nach der Novemberrevolution 1918 löste sie sich auf. Sie verstand sich als nationale Sammlungsbewegung. Hierin u. durch ihr annexionist., vor allem nach Osten zielendes Programm war die D. V. eine Vorläuferin der NSDAP.

Deutsche Volkspartei, Abk. *DVP*, **1.** demokrat. Partei, 1868 in Stuttgart gegr.; ging 1910 in der *Fortschrittlichen Volkspartei* auf.
2. Ende 1918 aus dem rechten Flügel der *Nationalliberalen Partei* u. einzelnen Mitgliedern der *Fortschrittlichen Volkspartei* hervorgegangene Partei; stützte sich auf Kreise des nationalen Bürgertums u. der Schwerindustrie (H. *Stinnes*). Anfangs monarchistisch u. nationalistisch mit deutlicher Anlehnung an imperialistische Anschauungen der Kaiserzeit, söhnte sich die DVP unter G. *Stresemanns* Führung mit der Republik aus u. unterstützte gemeinsam mit den Parteien der Weimarer Koalition (SPD, Zentrum, DDP) seine Verständigungspolitik. Der Parteiführung gelang eine Konsolidierung der auseinanderstrebenden Flügel, die unterstützt wurde durch Abwanderung extremer Kräfte zur rechtsstehenden *DNVP*. Gleichzeitig erschlossen sich neue Wählerschichten aus bürgerlich-liberalen Teilen der *DDP*.
Nach Stresemanns Tod (1929) war die DVP unter E. *Scholz* u. E. *Dingeldey* starken antidemokrat. Einflüssen ausgesetzt, denen sie nicht standhalten konnte. Sie sank nach 1930 zur Bedeutungslosigkeit herab. 1933 erfolgte die Selbstauflösung.

Deutsche Volksunion, Abk. *DVU*, rechtsradikale u. nationalist. Partei. Die DVU wurde 1971 von dem Verleger G. *Frey* als Sammlungsbewegung gegr., die sich 1987 als DVU-Liste D auf Bundesebene als Partei konstituierte. 1987 u. 1991 gelang ihr der Einzug in die Bremer Bürgerschaft, 1992 schaffte sie den Sprung in den Landtag von Schleswig-Holstein, 1998 den Einzug in den Landtag von Sachsen-Anhalt.

Deutsche Wirtschaftskommission, Abk. *DWK*, seit Februar 1948 Zusammenfassung der dt. Zentralverwaltungen in der SBZ, Vorläufer der Regierung der DDR.

Deutsch-Französischer Krieg 1870/71, nach dem Dt.-Dän. Krieg 1864 u. dem Dt. Krieg 1866 der letzte der drei dt. Einigungskriege. Napoleon III. hatte seit dem Dt. Krieg vergeblich versucht, Kompensationen für den preuß. Machtzuwachs zu erhalten, u. strebte Bündnisse mit Österreich u. Italien an. Bismarck, von der Unvermeidlichkeit eines Krieges überzeugt, nutzte eine sich im Zusammenhang mit der span. Thronkandidatur des Erbprinzen Leopold von Hohenzollern-Sigmaringen bietende Chance, um durch die Emser Depesche die Kriegserklärung Frankreichs an Preußen zu provozieren. Unter dem Eindruck der nun vollen Unterstützung der dt. Nationalbewegung für Bismarck sahen die mit dem Norddt. Bund durch Defensivbündnisse verbundenen süddt. Staaten den Bündnisfall als gegeben an. Bismarck gelang es erneut, das Eingreifen anderer Großmächte in den Krieg zu vermeiden.
Eine erste Phase des Krieges endete mit der Kapitulation einer französ. Armee unter General MacMahon bei Sedan am 1. 9. 1870 u. der Gefangennahme Napoleons am folgenden Tag, womit aber die von Generalstabschef H. von Moltke geplante Vernichtung der Macht des Gegners noch nicht erreicht war. Frankreich führte den Krieg unter republikan. Führung weiter, der sich nun zu einem Volkskrieg u. verlustreichen Ringen wandelte (fast 190000 dt. u. französ. Tote). Mit der Kapitulation von Paris am 28. 1. 1871 streckte Frankreich die Waffen. Der endgültige Friedensschluß erfolgte in Frankfurt am 10. 5. 1871. Die seit 1868 stagnierende Einigung Deutschlands kam durch den Dt.-Französ. Krieg u. insbes. die Proklamation Wilhelms I. zum Dt. Kaiser am 18. 1. 1871 im dt. Hauptquartier in Versailles zum Abschluß. Der Krieg belastete, bes. durch die erzwun-

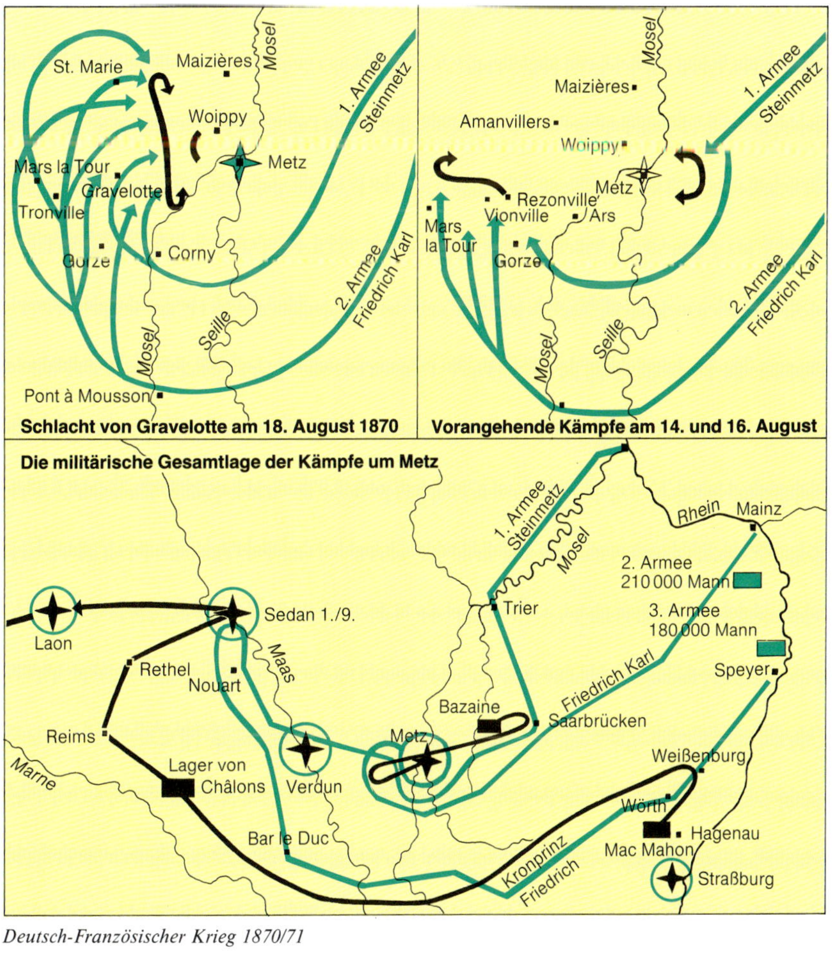

Deutsch-Französischer Krieg 1870/71

gene Abtretung Elsaß-Lothringens, das dt.-französ. Verhältnis auf Dauer; der 2. 9. wurde als „Sedanstag" Nationalfeiertag im Kaiserreich.

Deutsch-Hannoversche Partei, ehemalige Landespartei (bis 1933), meist *Welfen* genannt; bildete sich 1869 nach der Einverleibung Hannovers in Preußen (1866), trat für die Wiederherstellung der welfischen Dynastie u. für einen selbständigen Staat Hannover innerhalb des Dt. Reiches ein. Ihre Abgeordneten schlossen sich im Reichstag als Hospitanten dem Zentrum an.

Deutschherren → Deutscher Orden.

Deutschkonservative Partei, 1876 durch den Zusammenschluß partikularstaatlich-konservativer Gruppen, die zunächst die dt. Reichsgründung abgelehnt hatten, gegründete Partei. Die D. P. repräsentierte vor allem die ostelbischen Agrarier. Sie bildete im Reichstag die rechte Flügelpartei u. beherrschte das preuß. Abgeordnetenhaus, wodurch sie in Zusammenarbeit mit dem *Bund der Landwirte* die Modernisierung des Kaiserreichs erheblich hinauszögern konnte.

Deutschland D

Bundesrepublik Deutschland

Fläche: 356 733 km². – *Einwohner:* 81,0 Mill. – *Hauptstadt:* Berlin. – *Landessprache:* Deutsch. – *Nationalfeiertag:* 3. 10. – *Währung:* 1 Deutsche Mark = 100 Deutsche Pfennig. – *Lage:* zwischen 47° und 55° n. Br. sowie 6° und 15°12′ ö. L. – *Zeitzone:* Mitteleuropäische Zeit. – *Grenzen:* im N Nordsee, Dänemark und Ostsee, im O Polen und Tschechische Republik, im S Österreich und Schweiz, im W Frankreich, Luxemburg, Belgien und Niederlande. – *Staatsform:* parlamentarische bundesstaatliche Republik.

Der Landesname *Deutschland* ist entstanden durch allmähliche Bedeutungserweiterung des Wortes *deutsch*, das – seit dem 8. Jh. belegt – ursprünglich nur die in einem Teil des Frankenreichs gesprochene germanische Sprache bezeichnete. Seit dem 11. Jh. wurde es auf deren Sprecher („deutsche Leute") u. ihre Wohngebiete („deutsche Lande") übertragen. Die Singularform D. ist erst seit dem 15. Jh. geläufig.

Das → Frankenreich, das unter Karl d. Gr. seine größte Machtentfaltung erreichte, brach nach dessen Tod (814) bald auseinander. Im Laufe mehrerer Erbteilungen entstanden ein West- u. ein Ostreich, wobei die polit. Grenze annähernd mit der Sprachgrenze zwischen Germanisch u. Romanisch zusammenfiel. Mit diesem Zerfall des Frankenreichs, u. zwar in seinem östl. Teil, beginnt die eigentl. dt. Geschichte.

F r ü h - und H o c h m i t t e l a l t e r: Der Übergang vom ostfränk. zum dt. Reich, der sich nach dem Tod Karls III. („des Dicken") schon ankündigte in der Wahl des illegitimen Karolingers *Arnulf von Kärnten* durch die rechtsrhein. Stammesfürsten zum König nur für das Ostreich (888), manifestierte sich nach dem Aussterben der ostfränk. Karolinger in der völligen Abkehr von diesem im Westfrankenreich noch regierenden Geschlecht bei der Königswahl *Konrads I.*

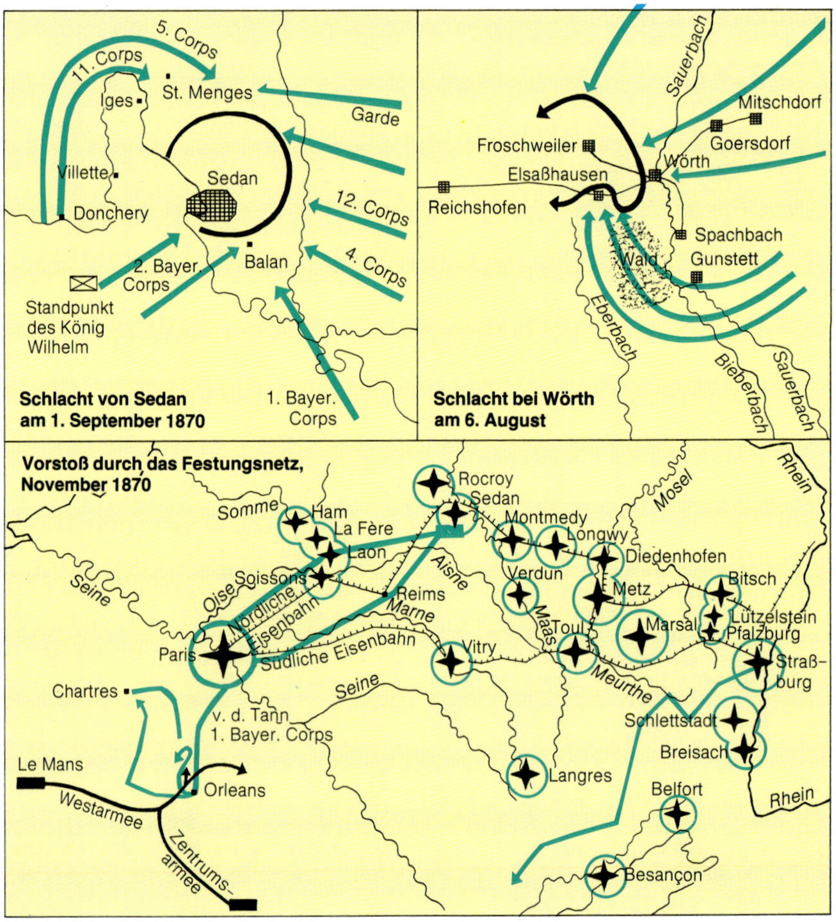

Deutsch-Französischer Krieg 1870/71

(911–918). Die Wahl ging aus von den Trägern der fränk. u. sächs. Stammesgewalten. Auf der Grundlage der Stämme hatten sich im Ostfrankenreich angesichts der Schwäche des erlöschenden karoling. Königtums u. unter dem Zwang der Abwehr von Slawen, Normannen, Dänen u. Ungarn aus markgräfl. Gewalten starke, weitgehend selbständige Stammesherzogtümer entwickelt, zuerst in Bayern u. Sachsen, später auch in Franken (hier am schwächsten), in Schwaben u. Lothringen. Gegen diese Gewalten vermochte Konrad, der zwar noch die Anerkennung Schwabens u. Bayerns fand, während sich Lothringen dem Westreich anschloß, sein Königtum nicht wirklich durchzusetzen, u. gegen die Ungarn blieb er machtlos. Mit Konrad I. endete auch die fränk. Tradition der Herrschaft.

Mehr Erfolg hatte sein von ihm empfohlener Nachfolger aus dem Sachsenstamm, dessen Herrscher *(Ottonen)* fortan über ein Jh. die Geschicke des jungen Reichs bestimmten: *Heinrich I.* (919–936), zuerst wiederum nur von Franken u. Sachsen anerkannt, setzte seine Oberhoheit auch über Bayern u. Schwaben durch, gewann 925 Lothringen zurück, siegte über die Ungarn (933) u. sicherte das Reich durch ein neues System von Marken u. Burganlagen, unter deren Schutz im mitteldt. Raum frühe Städte entstanden (z. B. Goslar, Quedlinburg, Merseburg).

Auf der von Heinrich I. geschaffenen Machtbasis konnte sein von ihm designierter u. von den Großen aller Stämme anstandslos gewählter Sohn *Otto I.* (936–973) weiterbauen. Der neue König knüpfte schon bei seiner Thronbesteigung in Aachen bewußt an die karoling. Tradition an u. brachte seinen Anspruch auf die Stellung des Oberherrn zeremoniell zum Ausdruck (Hofdienste der Herzöge, Erzämter). Durch Niederwerfung von Aufständen, Einziehung Frankens u. Umwandlung der übrigen Stammes- in Amtsherzogtümer sowie Heranziehung der hohen Geistlichkeit zur Reichsverwaltung (ottonisch-salisches Reichskirchensystem) konnte Otto ein tatsächl. Königtum aufrichten. Die Sicherung der Ostgrenze durch die Billunger Mark, die Nord- (936/37) u. die bayer. Ostmark (955) sowie die Unterwerfung der Slawen bis zur Oder (955) u. ihre Missionierung unter dem Erzbistum Magdeburg (968); die Unterwerfung Böhmens (950) u. später (963) auch Polens; die Übernahme des Seniorats über Burgund sowie der lan-

gobard. Königswürde Italiens (951); die endgültige Beseitigung der Ungarngefahr (955) – alle diese außenpolit. Erfolge verliehen Otto „dem Großen", wie er schon damals genannt wurde, eine Machtfülle, die in der Krönung zum Kaiser (962) den angemessenen Ausdruck fand. Damit hatte Otto als deutscher König das Kaisertum Karls d. Gr. erneuert u. dem dt. Königtum die alleinige Anwartschaft auf die Kaiserkrone des „Römischen Reichs" erworben, die auch später, als sich die Anwartschaft nicht mehr durchsetzen ließ, kein anderer getragen hat.
Mit dem Romzug Ottos I. zur Erlangung der Kaiserwürde begann die Italienpolitik der dt. Könige u. Kaiser. Teils erwuchs sie aus der kaiserl. Verpflichtung, Beschützer (Vogt) der Kirche u. der Christenheit zu sein, teils aus Machtbedürfnissen. Das neue Kaisertum entstand im Zeichen einer Oberhoheit über das Papsttum, die ein Jahrhundert lang behauptet wurde, u. begründete eine 300jährige dt. Herrschaft in Ober- u. Mittelitalien.
Die otton. Markenpolitik hatte noch weiter reichende Folgen. Die Billunger begründeten ein neues sächs. Herzogtum. Die Nordmark wurde nach dem Tod des ersten Markgrafen Gero († 965) aufgeteilt in die neue Nordmark (später Mark Brandenburg), die sächs. Ostmark (mit der Lausitz) u. die Mark Meißen. *Otto II.* (973–983) trennte nach Aufständen in Bayern (976) Kärnten als neues Herzogtum ab u. gab die bayer. Ostmark (966 erstmals *Ostarrîchi*, „Österreich", genannt) an die *Babenberger.* Damit entstanden auf Markengebiet die Kernlande der beiden späteren Vormächte im Reich.
Der Versuch Ottos II., der sich programmatisch „Römischer Kaiser" (lat. *imperator Romanorum augustus*) nannte, die Herrschaft des Reichs auf Unteritalien auszudehnen, scheiterte. In seinem Todesjahr ging durch einen großen Slawenaufstand die Herrschaft über alle ostelb. Gebiete wieder verloren. *Otto III.* (983–1002) strebte in Weiterführung väterl. Pläne, aber ebenfalls vergeblich, eine christl.-röm. Universalmonarchie an (lat. *renovatio imperii Romanorum*); durch die Gründung der Erzbistümer Gnesen u. Gran (1000) in Polen u. Ungarn, die er dem Reich einzuverleiben gedachte, förderte er eher deren Selbständigkeit. Erst *Heinrich II.* (1002–1024), der letzte Sachsenkaiser, u. die ersten *Salier, Konrad II.* (1024–1039) u. *Heinrich III.* (1039–1056), vermochten, gestützt auf Reichskirche u. Ministerialität, das Reich vorwiegend auf dt. Grundlage wieder zu festigen u. seine Ost- sowie Nordgrenze (Eider) zu sichern: Rückgewinnung Böhmens (1004/1041) u. der Lausitz (1031); Gründung des Missionsbistums Bamberg (1007); Lehnshoheit über Polen (1013) u. Ungarn (1044). Der feste Erwerb Burgunds (1033) erleichterte die Verbindung (Alpenpässe) zwischen dem dt. Reich u. Reichsitalien u. stellte die „Trias" her, die nunmehr das Imperium ausmachte.
Unter Heinrich III. stand das dt. König- u. Kaisertum auf dem Höhepunkt der Macht. Weltl. u. geistl. Autorität in seiner Person vereinend u. den von Cluny u. Gorze ausgehenden kirchl. Reformideen zugetan, verhalf er ihnen durch Ersetzung sich befehdender u. von den röm. Adelsparteien abhängiger Päpste durch reformfreundliche deutsche zum Durchbruch, ohne Königsrechte preiszugeben. Sein früher Tod wurde zu einer Schicksalsstunde des Hochmittelalters, weil er in Heinrich IV. einen nur 6jährigen Sohn hinterließ u. die von ihm geförderten Reformbestrebungen sich bis zum Kampf des Papsttums um Freiheit von jeglichem weltl. Einfluß, ja bis zur Forderung nach Herrschaft über die weltl. Gewalt auswuchsen.
Der Kampf um das Verhältnis der beiden obersten Zentralgewalten (lat. *imperium* u. *sacerdotium*) wurde zwischen *Heinrich IV.* (1056–1106) u. Papst Gregor VII. im Investiturstreit ausgetragen, der sich für den König noch verschärfte, weil er zugleich gegen eine dt. Fürstenopposition zu kämpfen hatte, die sich mit dem Papst zu verbinden drohte. Das konnte der gebannte König, vorwiegend auf den niederen Adel u. die oberdt. Städte gestützt, zwar durch seinen Bußgang nach Canossa verhindern, wodurch er seine polit. Handlungsfreiheit zurückerlangte. Aber durch Heinrichs Bannung u. Unterwerfung unter den Papst erfuhr das dt. Königtum u. die höchste weltl. Gewalt eine entscheidende, nicht wiedergutzumachende Rangeinbuße. Deshalb gilt der Investiturstreit als die große polit. u. geistige Wende des abendländ. Mittelalters.
Heinrich IV. war auch der erste dt. König, während dessen Regierungszeit ein Gegenkönig erhoben wurde (Rudolf von Rheinfelden). Das war besonders deshalb bedeutsam, weil dabei erstmals in der dt. Geschichte ein Wahlrecht der Fürsten in Anspruch genommen u. praktiziert wurde gegenüber dem herkömmlichen Geblütsrecht des königl. Geschlechts. Der Investiturstreit wurde beigelegt durch das Wormser Konkordat (1122), ohne daß dadurch die Rivalität von Papsttum u. Königtum ausgeräumt worden wäre. Der Kompromiß führte zum Zusammenbruch der Reichskirchenverfassung (die Bischöfe, bisher Reichsbeamte, wurden Vasallen u. schließlich geistl. Territorialherren) u. auf Kosten von Königsrechten u. Gütern, die usurpiert wurden, zu einer weiteren Stärkung

Deutschland: Der Kaiser und die sieben Kurfürsten; Miniatur des „Hansekopiars" von 1487

der weltl. Fürsten sowie zu einer Verselbständigung der oberitalien. Städte.
Nach dem Aussterben der Salier mit *Heinrich V.* (1106–1125) setzte sich das Wahlrecht vollends durch, aus dem deutlich eigennützigen Bestreben der Fürsten, nicht mehr den Mächtigsten König werden zu lassen. So übergingen sie bei der Wahl *Lothars von Supplinburg* (1125–1137) geblütsrechtliche Ansprüche des Staufers Friedrich II. von Schwaben u. bei der Wahl *Konrads III.* (1138–1152) ebensolche Ansprüche des Welfen Heinrich des Stolzen. Darin war zugleich der Gegensatz zwischen den Staufern u. den Welfen angelegt, der in der Folgezeit die dt. Geschichte prägte.
Unter Lothar, der die Ostpolitik Ottos d. Gr. wiederaufnahm (Marken Meißen u. Lausitz an den Wettiner Konrad I., Grafschaft Holstein an den Schauenburger Adolf I., Nordmark an den Askanier Albrecht den Bären), setzte die → Ostsiedlung ein, die das dt. Siedlungsgebiet u. später auch das Staatsgebiet beträchtlich nach Nordosten, Osten u. Südosten erweiterte.
Mit Konrad begann für mehr als ein Jahrhundert die Herrschaft der Staufer u. ihr Kampf mit den Welfen, deren mächtigster Vertreter *Heinrich der Löwe* war. Während Konrad sich an der Führung des erfolglosen 2. Kreuzzugs beteiligte, unternahm Heinrich einen ersten siegreichen Ausfall ins Slawenland (Wendenkreuzzug 1147), wo er Lübeck neu gründete (1158) u. sich in Mecklenburg u. Pommern (Vasallität 1163 bzw. 1167) eine zusätzliche Machtbasis im Anschluß an sein sächsisches Herzogtum schuf.
Unter *Friedrich I. Barbarossa* (1152–1190) verlor Heinrich 1180 jedoch seine Herzogtümer u. wurde auf seine Hausgüter Braunschweig u. Lüneburg beschränkt. Bayern kam damals an die *Wittelsbacher* (bis 1918), unter Abtrennung der Steiermark als Herzogtum (1192 an Österreich). Die westl. Teile Sachsens wurden Herzogtum Westfalen, Lübeck Reichsstadt u. Heinrichs slaw. Vasallen von Mecklenburg u. Pommern Reichsfürsten. Daraufhin ging im Norden u. Osten, wo seit 1163 in Schlesien ebenfalls die dt. Siedlung begonnen hatte, der dt. Einfluß zurück, u. der dän. breitete sich aus.
Friedrich sicherte sich durch Heirat Burgund (Arelat) u. nahm die Reichspolitik in Italien wieder auf, wo er nach langen Kämpfen mit

Deutschland: Die Reichsinsignien der römisch-deutschen Kaiser und Könige: Reichskrone; entstanden um 962 auf der Reichenau, später ergänzt (links) – Krönungsmantel; entstanden 1133/34 in Palermo (Mitte) – Reichsapfel; entstanden Ende des 12. Jh. in Köln (rechts); alle: Wien, Kunsthistorisches Museum, Weltliche Schatzkammer

dem Papst zu einem Ausgleich kam (Friede von Venedig 1177) u. gegen Zugeständnisse die Hoheit des Reichs über die lombard. Städte wiederherstellen konnte (Friede von Konstanz 1183). Friedrich Barbarossa wurde zur überragenden Herrscherpersönlichkeit seiner Zeit u. führte das abendländ. Kaisertum zu einer neuen Blüte.

Jedoch hatte in Deutschland mit der Aufteilung alter Herrschaftsgebiete eine territoriale Zersplitterung ihren Anfang genommen, die über die Entstehung eigener Landeshoheiten das Reich schließlich auflösen sollte. *Heinrich VI.* (1190–1197), durch Heirat auch König von Sizilien, wollte schon die Erblichkeit der Territorien zugestehen, gegen die Erblichkeit auch des dt. Königtums u. -reichs in seiner Familie. Diese wie seine Weltreichpläne scheiterten jedoch nicht nur am Widerstand des Papstes u. der Fürsten, sondern auch an den erwachenden Nationalstaaten Westeuropas. Trotzdem errang Heinrich eine immense Machtfülle (Lehnshoheit über England, Zypern u. Armenien). Sein früher Tod ohne einen regierungsfähigen Erben war für das Reich eine Katastrophe; er stürzte es von unwiederbringlicher höchster Kaisermacht in langjährige Wirren des in einer Doppelwahl (Philipp von Schwaben u. Otto IV.) wiederauflebenden stauf.-welf. Gegensatzes, wobei in Innozenz III. der Papst zum Schiedsrichter wurde.

Innozenz III. unterstützte zunächst *Otto IV.* (1198–1218), Heinrichs des Löwen Sohn, der dafür Reichsrechte in Mittel- u. Süditalien sowie Königsrechte des Wormser Konkordats preisgab. Als der Welfe Otto jedoch die stauf. Italienpolitik wiederaufnahm, ließ der Papst nach der Ermordung Philipps den Sohn Heinrichs VI., Friedrich II., zum Gegenkönig wählen, der nach der Niederlage Ottos bei Bouvines (1214), einer ersten Schlappe des Reichs gegen einen aufkommenden westeurop. Nationalstaat, in D. allg. anerkannt wurde.

Friedrichs II. (1212–1250) Politik galt der Wiederherstellung des Reichs Heinrichs VI. Sie basierte hauptsächlich auf dem nach normann. Tradition straff organisierten Beamtenstaat Sizilien. In Deutschland überließ Friedrich zur Unterstützung seiner Politik wesentliche Regalien den geistl. u. weltl. Fürsten (1220 bzw. 1231/32), die jetzt erstmals „Landesherren" (lat. *domini terrae*) genannt wurden. 1226 bestätigte er dem Deutschen Orden das Kulmerland u. gestattete dort u. in dem zu erobernden Preußen die Aufrichtung einer Landeshoheit. 1227 schlugen die norddt. Fürsten mit Unterstützung Lübecks bei Bornhöved den dän. König Waldemar II. u. erzwangen die Rückgabe der ihm von Friedrich abgetretenen Küstengebiete jenseits von Elbe u. Elde, wodurch diese der dt. Siedlung wieder geöffnet wurden u. ein dt. Ostseehandel sich entwickeln konnte.

Imperial gesehen, war die Stellung Friedrichs, der bei dem von ihm geführten 5. Kreuzzug noch die Krone des Königreichs Jerusalem errang, jedoch auch in D. unangefochten, wo er seinen Sohn Heinrich (VII.) als König eingesetzt hatte. Das zeigte sich bei dessen Wiederabsetzung u. der Durchführung des Mainzer Reichslandfriedens (1235) ebenso wie in der Aussöhnung mit den Welfen (*Otto das Kind*, der Stammvater aller späteren Welfen, wurde Herzog von Braunschweig-Lüneburg) u. der Wirkungslosigkeit der Gegenkönige Heinrich Raspe u. Wilhelm von Holland zu seinen Lebzeiten. In Ober- u. Mittelitalien konnte Friedrich wieder eine straff organisierte Reichsverwaltung aufbauen. Nur gegen das Papsttum blieb ein letzter Erfolg aus, obgleich Friedrich es durch den Besitz auch Unteritaliens in Umklammerung hielt.

Diese Umklammerung löste sich nach Friedrichs Tod, weil seine Nachfahren *Konrad IV.* (1237/1250–1254), *Manfred* (1258–1266) u. *Konradin* (†1268) schwach waren u. sich in Kämpfen um ihr sizil. Erbe verzehrten, das die Kurie Karl von Anjou verliehen hatte. Mit Konrad IV. endete das stauf. Königtum in D. u. mit ihm nicht nur die Italienpolitik des Reichs, sondern auch das von dt. Königen getragene universale abendländ. Kaisertum, das schon mit dem Tod Friedrichs II. seine Macht verloren hatte.

Spätmittelalter und frühe Neuzeit: Es folgte eine Zeit des Gegen- u. Doppelkönigtums, Interregnum genannt, während deren sich keiner der Prätendenten durchsetzen konnte, die Königsmacht verfiel u. das Reich in Auflösung u. Fehden versank. Statt dessen entwickelten die großen Territorien ihre Landeshoheit weiter, u. die Städte blühten auf. Rechtsbücher u. Feme sollten Ersatz bieten für den Mangel an geordneter Rechtspflege. Verfassungsrechtlich bedeutsam wurde das zu dieser Zeit sich durchsetzende alleinige Königswahlrecht der Kurfürsten. Die Wahl *Rudolfs von Habsburg* (1273–1291) beendete das Interregnum. Die Grundlage seines Königtums wurden anstelle der verlorengegangenen Reichsgüter Hausgüter, die Rudolf sich bes. in Kämpfen gegen seinen Rivalen Ottokar II. von Böhmen errang (Österreich, Steiermark, Kärnten, Krain). Hausmachtpolitik führten auch seine Nachfolger. Mit der Ermordung Albrechts I. u. der Wahl des Luxemburgers Heinrich VII. zerschlug sich die Möglichkeit der Errichtung eines starken nationalen dt. Königtums der Habsburger – von den Kurfürsten bewußt hintertrieben. *Heinrich VII.* (1308–1313) begründete durch Einziehung Böhmens die luxemburg. Hausmacht u. erlangte als erster dt. König nach dem Interregnum wieder die Kaiserkrone (1312). 1309 erwarb der Dt. Orden Pommerellen, wodurch sein Territorium nun unmittelbar an das Reich anschloß u. die Ostseeküste von der Kieler Bucht bis zum Finnischen Meerbusen in dt. Hand war.

Der Wittelsbacher *Ludwig der Bayer* (1314 bis 1347), der die Mark Brandenburg gewann u. sich vom röm. Volk zum Kaiser krönen ließ, trug den Kampf mit dem Papsttum um das Königswahlrecht aus, das endgültig durch die Goldene Bulle Karls IV. von 1356 gegen die Kurie zugunsten der Kurfürsten entschieden wurde. Diese erhielten zudem weitere Königsrechte, u. als „Säulen des Reichs" erfuhr ihre Gewalt eine reichsrechtl. Konsolidierung. Auch die Städte hatten dank ihrer wirtschaftl. Macht an Einfluß gewonnen u. waren zu eigenständigen Rechts- u. Verfassungseinrichtungen geworden, während die kleinen Grafen, Herren u. Ritter allmählich an Bedeutung verloren. Der Zusammenschluß zu Städtebünden brachte eine weitere Stärkung. Der bedeutendste Städtebund, die Hanse, errang 1370 im Stralsunder Frieden die Vormachtstellung im Ostseeraum, der erst im 15. Jh. ein Niedergang folgte. Die süddt. Städte unterlagen 1388/89

Deutsche Herrscher und Staatsoberhäupter bis 1945

Könige und Kaiser

911–918	Konrad I.	
Ottonen		
919–936	Heinrich I.	
936–973	Otto I., der Große	
973–983	Otto II.	
983–1002	Otto III.	
1002–1024	Heinrich II.	
Salier		
1024–1039	Konrad II.	
1039–1056	Heinrich III.	
1056–1106	Heinrich IV.	
(1077–1080	Rudolf von Rheinfelden)	(Gegenkönige Heinrichs IV.)
(1081–1088	Hermann von Salm)	(Gegenkönige Heinrichs IV.)
1106–1125	Heinrich V.	
1125–1137	Lothar III. von Supplinburg (Sachse)	
Staufer		
1138–1152	Konrad III.	
1152–1190	Friedrich I. Barbarossa	
1190–1197	Heinrich VI.	
1198–1208	Philipp von Schwaben	(Doppelwahl)
1198–1218	Otto IV. (Welfe)	(Doppelwahl)
1212–1250	Friedrich II.	
(1246/47	Heinrich Raspe von Thüringen)	(Gegenkönige Friedrichs II.)
(1247–1256	Wilhelm von Holland)	(Gegenkönige Friedrichs II.)
1250–1254	Konrad IV.	
Interregnum		
1257–1275	Alfons X. von Kastilien	
1257–1272	Richard von Cornwall	
Habsburger, Luxemburger u. a.		
1273–1291	Rudolf I. von Habsburg	
1292–1298	Adolf von Nassau	
1298–1308	Albrecht I. von Österreich (Habsburger)	
1308–1313	Heinrich VII. von Luxemburg	
1314–1347	Ludwig IV., der Bayer (Wittelsbacher)	(Doppelwahl)
1314–1330	Friedrich der Schöne von Österreich (Habsburger)	(Doppelwahl)
1346–1378	Karl IV. (Luxemburger)	
1349	Günther von Schwarzburg (Gegenkönig Karls IV.)	
1378–1400	Wenzel von Böhmen (Luxemburger)	
1400–1410	Ruprecht von der Pfalz (Wittelsbacher)	
1410–1437	Sigismund (Luxemburger)	
1410/11	Jobst von Mähren (Luxemburger; Gegenkönig)	
Habsburger		
1438/39	Albrecht II.	
1440–1493	Friedrich III.	
1493–1519	Maximilian I.	
1519–1556	Karl V.	
1556–1564	Ferdinand I.	
1564–1576	Maximilian II.	
1576–1612	Rudolf II.	
1612–1619	Matthias	
1619–1637	Ferdinand II.	
1637–1657	Ferdinand III.	
1658–1705	Leopold I.	
1705–1711	Joseph I.	
1711–1740	Karl VI.	
1742–1745	Karl VII. von Bayern (Wittelsbacher)	
Habsburg-Lothringen		
1745–1765	Franz I.	
1765–1790	Joseph II.	
1790–1792	Leopold II.	
1792–1806	Franz II.	
Hohenzollern		
1871–1888	Wilhelm I.	
1888	Friedrich III.	
1888–1918	Wilhelm II.	

Staatsoberhäupter

1919–1925	Reichspräsident Friedrich Ebert
1925–1934	Reichspräsident Paul von Hindenburg
1934–1945	„Führer u. Reichskanzler" Adolf Hitler
1945	„Reichspräsident" Karl Dönitz

den Fürsten, mußten auf Bündnisse Verzicht leisten u. schieden dadurch als polit. Machtfaktor des Reichs aus.
Karl IV. (1346–1378), unter dem Böhmen zum Kernland des Reichs wurde, konnte Schlesien u. die Niederlausitz daran anschließen sowie die Mark Brandenburg erwerben, die Sigismund, Nachfolger der schwachen Könige Wenzel u. Ruprecht von der Pfalz, 1415/1417 Friedrich VI. (I.) von Hohenzollern übertrug, womit die Voraussetzung für den Aufstieg des Kurfürstentums geschaffen war. Auch die Vergabe Sachsen(-Wittenbergs) an den Wettiner Friedrich den Streitbaren 1423 begünstigte eine landesherrschaftl. Entwicklung.
Sigismund (1410–1437), der letzte Luxemburger, König von Ungarn, Deutschland u. Böhmen, 1433 zum Kaiser gekrönt, sah sich noch einmal als Sachwalter der abendländ. Christenheit u. berief die Reformkonzilien von Konstanz u. Basel ein, die das Schisma beseitigten, aber die innerkirchl. Mißstände (lat. *gravamina*) nicht beheben konnten. So blieb die Forderung nach einer Reform der Kirche bestehen, die sich in D. mit der nach einer Reichsreform (Nikolaus von Kues) verband. Die während des Konstanzer Konzils nach der Verbrennung von J. Hus ausbrechenden Hussitenkriege führten zu einer Schwächung der Königsmacht in Böhmen.
Zu Erben der Luxemburger wurden durch *Albrecht II.* (1438–1439), den Schwiegersohn Sigismunds, die Habsburger, jetzt die stärkste Macht im Reich, die fortan bis zu dessen Ende fast ausschließl. die Könige und Kaiser des Reichs stellten. *Friedrich III.* (1440–1493), 1452 als letzter Kaiser vom Papst in Rom gekrönt (Karl V. ließ sich 1530 in Bologna vom Papst krönen), kam in der Reichsreform nicht voran, mußte mancherlei fürstl. Machtkämpfe u. Fehden im Reich dulden u. fast alle habsburg. Besitzungen südl. des Rheins den Schweizer Eidgenossen überlassen, konnte jedoch durch seine beharrl. Politik die Macht seines Hauses, zeitweise durch einheim. Könige der Böhmen u. Ungarn stark gefährdet, wahren u. mehren (Erb- u. Heiratsverträge mit Burgund, Böhmen u. Ungarn). – 1460 nach dem Aussterben der Schauenburger wurden Schleswig u. Holstein in Personalunion mit Dänemark vereinigt (bis 1863), wobei Holstein im Reichsverband verblieb u. die Stände beider Länder ewige Zusammengehörigkeit gelobten. 1466 verlor der Dt. Orden Pommerellen u. damit die Landverbindung zum Reich, ferner das Kulmerland u. das Ermland an Polen u. mußte für den restl. Ordensstaat (Preußen) die poln. Oberhoheit anerkennen (Aufstieg Danzigs).
Friedrichs Sohn *Maximilian I.* (1493–1519), durch seine Ehe mit Maria von Burgund († 1482) auch im Besitz der Niederlande u. der Freigrafschaft Burgund, schritt zur überfälligen Reichsreform, der jedoch wenig Erfolg beschieden war. Nur das schwerfällige Reichskammergericht u. die Reichskreise von 1512 waren von Dauer, während alle Versuche, dem Kaiser ein „Reichsregiment" zur Seite zu stellen, scheiterten. In den Territorien hingegen entwickelte sich ein Dualismus zwischen Fürsten u. Landständen, der sie bis ins 17. Jh. charakterisierte. Die Schweiz erkannte die Reformbeschlüsse für sich nicht an u. schied durch Exemtion von der Reichsgerichtsbarkeit 1499 de facto aus dem Reichsverband aus.
Maximilian setzte die habsburg. Heiratspolitik fort u. schuf durch die Vermählung seines Sohns Philipp des Schönen mit der span. Erbin Johanna der Wahnsinnigen die Voraussetzung zu einer Ausweitung der habsburg. Macht unter Karl V. Beispielgebend für alle späteren dt. Könige, auch ohne Kaiserkrönung, nahm Maximilian den Titel „Erwählter röm. Kaiser" an, aber das Kaisertum war fortan nicht viel mehr als ein Ehrenvorrang, u. das Reich, für das im 15. Jh. die Bezeichnung *Hl. Röm. Reich Deutscher Nation* aufkam, ein Staat unter anderen.
Im Innern begann sich das Reich ebenfalls zu einem dualist. Ständestaat zu entwickeln, in dem sich „Kaiser u. Reich" gegenüberstanden: das Reichsoberhaupt u. die Reichsstände, wobei letztere einerseits eine monarch. Führung verhinderten, andererseits jedoch nicht gewillt waren, selbst eine straffe Reichsverwaltung aufzubauen, sondern Eigeninteressen verfolgten, was bei größeren Territorien oft zu völliger Landeshoheit führte unter Ausschluß der kaiserl. Gewalt. Mit der Rezeption des röm. Rechts vollzog sich die staatl. Weiterbildung mehr u. mehr auf dem Boden der Territorien, vor allem in den Kurfürstentümern u. in den größeren Einzelstaaten. Die Städte entwickelten sich zu Zentren wirtschaftl. Macht. Das mittelalterl. Handels- u. Wirtschaftssystem wurde durch den Frühkapitalismus abgelöst.
Mit dem polit. u. wirtschaftl. Wandel ging auch ein geistiger einher.
Zeitalter der Reformation und der Gegenreformation: Alle Unzufriedenheit mit der Kirche u. die Glaubensnot des Volkes kam zum Ausbruch in der Reformation, deren Folgen weit über den religiösen Bereich hinausgingen.
Unter *Karl V.* (1519–1556) konnte sie sich sogleich stark ausbreiten. Karl, der Enkel Maximilians I., als König von Spanien gegen den französ. Monarchen Franz I. zum dt. König gewählt, mehr Burgunder als Deutscher, war durch Erbschaft (der Niederlande u. Burgunds, Spaniens mit Neapel u. den überseeischen Besitzungen, eines Teils der habsburg. Lande) u. nach dem Anspruch noch einmal ein universaler Kaiser, der sich als solcher als Haupt der Christenheit fühlte u. an der Idee einer Universalkirche festhielt, den aber die Weltpolitik u. die ständigen Kämpfe mit seinem alten Rivalen Franz I. sowie mit den Türken zu sehr in Anspruch nahmen, als daß er seinen Willen in Dtschld. durchsetzen konnte. 1521/22 überließ Karl die habsburg. Erblande seinem Bruder Ferdinand, der nach dem Tod König Ludwigs von Böhmen u. Ungarn diese Länder erbte, womit der Grund für die spätere österr.-un-

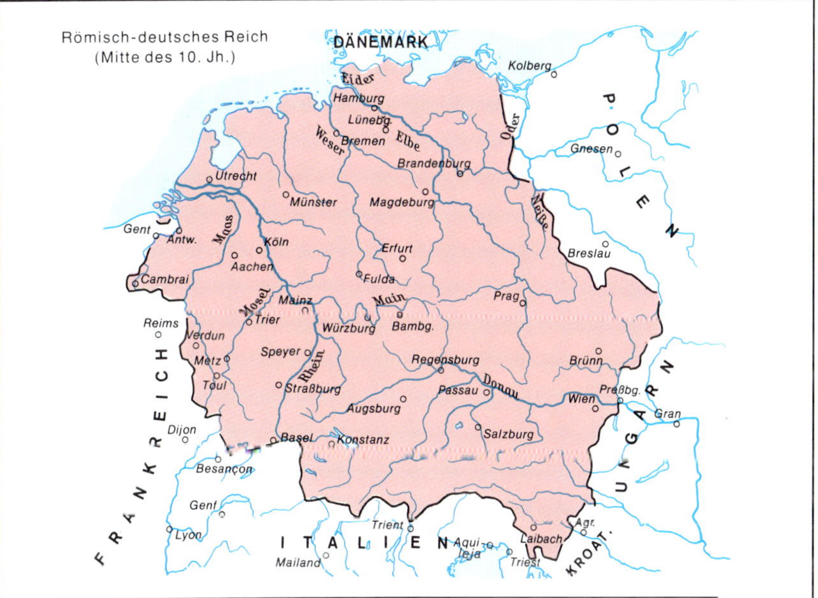

gar. Monarchie gelegt war. In den Auseinandersetzungen mit Franz I. lag der Beginn des habsburg.-französ. Gegensatzes.
Religiöse Schriften *Luthers* (z. B. „Von der Freiheit eines Christenmenschen"), irrtümlich als soziale Aufrufe angesehen, wirkten befeuernd auf den Ritterkrieg Franz von Sikkingens 1522/23 wie auf den Bauernkrieg von 1525. Beide wurden blutig niedergeschlagen. Damit waren nach den Städten auch der Ritterstand u. der Bauernstand politisch ausgeschaltet, u. zwar wiederum von den Fürsten, denen allein die Zukunft gehörte, auf deren Ebene bereits vornehmlich das Für u. Wider der Reformation ausgetragen wurde u. die auch ihre Hauptnutznießer wurden (Landeskirchentum). 1525 wurde der Ordensstaat Preußen durch Übertritt des Hochmeisters Albrecht von Brandenburg zur Reformation weltl. Herzogtum.
Die lutherischen Reichsstände, seit dem 2. Speyerer Reichstag „Protestanten" genannt u. fast alle im Schmalkaldischen Bund seit 1531 zusammengeschlossen, wurden 1546/47 vom Kaiser geschlagen, erlangten aber nach dem Augsburger Interim durch den Fürstenaufstand von 1552, bes. durch den Frontwechsel *Moritz' von Sachsen* (der Metz, Toul u. Verdun an Frankreich opferte), im Augsburger Religionsfrieden 1555 die Anerkennung der Gleichberechtigung ihrer Konfession, die zugleich eine Anerkennung der religiösen Spaltung D.s war.
1555/56 dankte Karl V. resigniert ab, u. es kam zu einer Teilung des habsburg. Weltreichs. Die Nachfolge im span.-burgund. Erbe mit den Niederlanden u. den italien. u. den überseeischen Besitzungen trat sein Sohn Philipp II. an, Kaiser wurde mit den habsburgischen Erblanden *Ferdinand I.* (1556 bis 1564), wobei die größte Macht für die nächsten 100 Jahre bei der span. Linie lag. Das letzte abendländ. Universalreich war den dt. Territorial- u. den westeurop. Nationalstaaten erlegen, die zusammen das neue europ. Staatensystem bildeten.
Das Reich Ferdinands u. seiner Nachfolger war schwach u. politisch unbedeutend; die Reformation machte weitere Fortschritte u. breitete sich über ganz Mittel- u. Nordwestdeutschland, Österreich, die Alpenländer u. Böhmen aus. West- u. Süddeutschland blieben überwiegend katholisch. Dabei herrschte zwischen den Konfessionen ein schroffer Gegensatz, der durch die Gegenreformation noch verschärft wurde u. nach Versuchen, die Bestimmungen des Augsburger Religionsfriedens zugunsten einer Konfession zu ändern (Kölner Krieg 1583–1585, Straßburger Bistumsstreit 1592–1604), zur Gründung von Religionsparteien (prot. Union 1608, kath. Liga 1609) führte u. schließlich zum Dreißigjährigen Krieg.
Brandenburg gewann 1614 nach dem Jülich-Cleveschen Erbfolgestreit Cleve, Mark u. Ravensberg u. 1618 durch Erbschaft das noch unter poln. Lehnshoheit stehende Herzogtum Preußen, womit von Westen nach Osten die „Trittsteine" für das weitere territoriale Ausschreiten beisammen waren.
Der Dreißigjährige Krieg, der D. verwüstete u. etwa ein Drittel seiner Bevölkerung kostete, wurde aus einem dt. Religionskrieg zu einem europ. Machtkampf auf dt. Boden gegen das Haus Habsburg, dessen Vorherrschaft in Europa er vereitelte. Der Westfälische Friede, der die konfessionelle Spaltung D.s besiegelte, sicherte in polit. Hinsicht auf Kosten der kaiserl. Zentralgewalt die Mitbestimmung der Reichsstände in allen Reichsangelegenheiten sowie deren volle Souveränität über ihre Territorien. Das Vertragswerk wurde (nach der Goldenen Bulle) zu einem neuen Reichsgrundgesetz.

Deutschland: Feierliche Eröffnungssitzung des „immerwährenden" Reichstags zu Regensburg; 1663. Regensburg, Museum

Die weitgehende Auflösung der alten Formen des Reichs war das Ergebnis. Die Unabhängigkeit der Schweiz u. der Vereinigten Niederlande mußte anerkannt werden. Das einheitl. kaiserl. Österreich trat erstmals in einen Gegensatz zu dem territorial zersplitterten D., wo sich Brandenburg mit dem Erwerb Hinterpommerns u. einiger geistl. Territorien als neue Vormacht bereits abzeichnete.
Zeitalter des Absolutismus: Das Reich versank in einen Zustand polit. Ohnmacht, aus dem es auch durch verschiedene Reformversuche (Rheinbund 1658; Reichskriegsordnung 1661; Assoziation der vorderen Reichskreise 1697) nicht mehr herausfinden konnte, da die Reichsgewalt ausgehöhlt wurde durch die Ausbildung der Staatshoheit der Einzelstaaten, die den Absolutismus des französ. Königs übernahmen u. durch den Merkantilismus auch wirtschaftlich erstarkten.
Mit der europ. Machtpolitik des 17. u. 18. Jh. war D. auf doppelte Weise verknüpft: durch den hauptsächlich von Österreich geleisteten Abwehrkampf gegen Ludwig XIV. von Frankreich in den Reunionskriegen u. in den Türkenkriegen sowie durch den Aufstieg Preußens u. seine Verwicklung in den Nordischen Krieg. Nach anfängl. schwerer Bedrohung u. nach der Rettung Wiens 1683 stieg Österreich durch den Erwerb Ungarns (Friede von Karlowitz 1699) u. von Teilen der bisher türk. Balkanländer (Friede von Passarowitz 1718) zur führenden Großmacht Südosteuropas auf. Die erfolgreiche Verteidigung der Westgrenze des Reichs (nur das Elsaß mit Straßburg war 1681 bei den Reunionen verlorengegangen) verlieh Österreich unter Kaiser *Leopold I.* (1658–1705) u. seinen Nachfolgern sogar für einige Jahrzehnte den Rang der führenden Großmacht Europas. Der Verlust Serbiens u. der Walachei an die Türkei (Friede von Belgrad 1739) u. der Schlesiens an Preußen 1745 sowie die Rivalität mit Rußland auf dem Balkan verdrängten es jedoch wieder aus dieser Rolle.
Preußen, in dem unter dem Großen Kurfürsten *Friedrich Wilhelm* (1640–1688), König *Friedrich I.* (1688–1713, seit 1701 König) u. König *Friedrich Wilhelm I.* (1713–1740) Absolutismus u. Merkantilismus neben Österreich am ausgeprägtesten zur Geltung gelangt waren, überflügelte zunächst das seit dem MA in Norddeutschland politisch u. wirtschaftlich führende Sachsen, das durch seine Beteiligung am Nord. Krieg, seine Verbindung mit Polen u. die Verschwendung seiner Mittel unter August dem Starken (Friedrich August II.) entscheidend geschwächt wurde. *Friedrich d. Gr.* (1740–1786) erhob Preußen durch die Erwerbung Schlesiens (Schlesische Kriege 1740–1742 u. 1744/45; Österreichischer Erbfolgekrieg 1740–1748) u. dessen Behauptung (Siebenjähriger Krieg 1756 bis 1763) zur zweiten dt. Großmacht.
Auf dieser Grundlage entwickelte sich der preuß.-österr. Dualismus, der 1866 mit der Niederlage Österreichs endete.
Die Regierungen Friedrichs d. Gr., Maria Theresias (1740–1780) u. auch Josephs II. (1765–1790) verwirklichten fast ideal einen aufgeklärten Absolutismus, womit sie zum Vorbild zahlreicher anderer dt. Staaten wurden u. D. an die Spitze der sozialen u. verfassungspolit. Entwicklung rückten, so daß es den Ideen der Französ. Revolution zunächst kaum Angriffsflächen bot.
Vom Heiligen Römischen Reich Deutscher Nation zum Deutschen Bund: Dennoch gehörte zu den Folgen des Umsturzes in Frankreich auch die Auflösung des Hl. Röm. Reichs. Der Vormarsch der französ. Revolutionsarmeen auf deutschem Boden nach der Kanonade von Valmy (1792) veranlaßte Preußen 1795 zum Separatfrieden von Basel, mit dem das linke Rheinufer Frankreich ausgeliefert wurde. Der Friede von Campo Formio 1797 zwischen Napoleon u. Österreich bestätigte diese Bestimmungen, denen sich das Reich dann im Frieden von Lunéville 1801 unterwerfen mußte. Die Durchführung seiner Bestimmungen durch den Reichsdeputationshauptschluß von 1803 leitete das Ende des Hl. Röm. Reichs Dt. Nation ein. Die Vergrößerung Bayerns, Württembergs u. Badens u. ihre Erhebung zu Königreichen bzw. Großherzogtümern in den Jahren 1805/06, die Bildung des Rheinbunds 1806 u. die Niederlegung der Kaiserkrone durch Franz II. am 6. 8. 1806 vollendeten diesen Prozeß.
Der Friede zu Preßburg zwischen Österreich u. Frankreich 1805 u. der zu Tilsit zwischen Preußen u. Frankreich 1807 nach Preußens Niederlage bei Jena u. Auerstädt 1806 ließen Österreich seine oberdeutschen, Preußen seine westelbischen u. polnischen Besitzungen verlieren. In Norddeutschland bildete Napoleon für seinen Bruder Jérôme das Königreich Westfalen; Polen wurde in Vereinigung mit Sachsen als Großherzogtum Warschau wiederhergestellt. Der Versuch Österreichs, 1809 Napoleons Vorherrschaft abzuschütteln, kostete es im Frieden von Schönbrunn sogar Teile seiner alten dt. Stammlande. Der Kongreß zu Erfurt 1808 u. die Annexion der dt. Nordseeküste u. Lübecks zur besseren Durchführung der Kontinentalsperre zeigten Napoleon auf dem Höhepunkt seiner Macht in D.
Die Wendung nach seiner Niederlage in

Rußland 1812 war vorbereitet worden durch innere Reformen in Preußen (Freiherr vom *Stein*, Fürst *Hardenberg*, G. von *Scharnhorst*, N. von *Gneisenau*, W. von *Humboldt*) u. Österreich (Graf J. P. K. von *Stadion*, Erzherzog *Karl*). Unter Führung Hardenbergs u. *Metternichs* u. durch eine allgemeine Volkserhebung gelang in den Befreiungskriegen mit russ., engl. u. schwed. Hilfe die Befreiung D.s von der französ. Vorherrschaft. Der Rheinbund löste sich auf.

Die Regelungen des Wiener Kongresses 1815 erfüllten die Hoffnung der Deutschen auf Bildung eines eigenen Nationalstaats nicht. Der Deutsche Bund, der an die Stelle des alten Reiches trat, war ein loser Zusammenschluß souveräner Einzelstaaten. Gegenüber Frankreich wurden die Grenzen von 1792 wiederhergestellt; die süddt. Staaten behielten ihren Besitzstand; Preußen, das einen großen Teil Polens an Rußland abgeben mußte, wurde durch das nördl. Sachsen u. die Rheinlande entschädigt. In den süddt. Staaten, in Hessen u. in Weimar konnte sich konstitutionelles Leben halten. In Preußen, Österreich, den übrigen dt. Staaten u. im Bund war die Politik der nächsten Jahrzehnte durch den Gegensatz der konservativen Staatsmacht zu den nationalen u. liberalen Tendenzen der Zeit charakterisiert.

Diese Restauration mußte letztlich versagen, obwohl sie nach dem Wartburgfest (1817) u. der Ermordung A. von Kotzebues 1819 in den Karlsbader Beschlüssen durch Verschärfung der geistigen Knebelung (Demagogenverfolgungen, Zentraluntersuchungskommission in Mainz) alle liberalen Bestrebungen zu unterdrücken versuchte. In Auswirkung der französ. Julirevolution von 1830 („Junges D.") entstanden Verfassungen in Sachsen, Hannover u. Kurhessen. Die nächsten Jahre brachten im Hambacher Fest 1832 u. im Frankfurter Wachensturm 1833 weitere liberale Aktionen u. Erhebungen. Die Aufhebung der Hannoverschen Verfassung durch König Ernst August II. 1837 führte zur Vertreibung der protestierenden „Göttinger Sieben".

Die französ. Februarrevolution von 1848 löste im März des gleichen Jahres die Deutsche Revolution aus. Die liberale u. nationale Bewegung D.s stellte sich in der Frankfurter Nationalversammlung (Paulskirche) die Aufgabe, das Reich in einer bundesstaatl. Verfassung zu erneuern. Trotz ihrer Annahme scheiterte der Versuch aus mehreren Gründen. Die Provisor. Zentralgewalt des Reichsverwesers Erzherzog *Johann* hatte gegenüber den Einzelstaaten keine Autorität. Nach anfänglichen Siegen, vor allem in Preußen, Österreich, Bayern u. Sachsen, schloß das Bürgertum in diesen Staaten sehr bald unter dem Eindruck der Gefahr kleinbürgerlich-sozialistischer Bewegungen wieder seinen Frieden mit den konservativen Kräften. In Preußen, das durch den Dt. Zollverein beträchtl. Einfluß gewonnen hatte, begnügte es sich 1850 mit einer vom König erlassenen, von der konservativen Parlamentsmehrheit gebilligten Verfassung. In Österreich gelang es der Armee unter A. Fürst zu *Windisch-Graetz* u. J. Graf *Radetzky* sowie dem Staatskanzler F. Fürst zu *Schwarzenberg* nach Niederwerfung der Aufstände in Italien u. Böhmen u. mit russischer Hilfe in Ungarn, auch Wien zu bezwingen u. eine neue, stark zentralistische gesamtstaatliche Verfassung zu oktroyieren. Diese Entwicklung führte in Frankfurt zum Bruch zwischen der großdt. u. der kleindt. Richtung. Die Großdeutschen unterlagen, als Schwarzenberg die Aufnahme ganz Österreich-Ungarns in das Reich verlangte. Die Kleindeutschen boten König *Friedrich Wilhelm IV.* von Preußen die Kaiserkrone an, die dieser jedoch ablehnte. Demokratische Aufstände in Sachsen, Baden u. der Pfalz im Mai 1849 konnten das Werk der Paulskirche nicht mehr retten. Dazu kam, daß die Nationalversammlung sich außenpolitisch als ohnmächtig erwiesen hatte, als sie bei Gegnerschaft Frankreichs, Englands u. Rußlands die Erhebung der Schleswig-Holsteiner gegen Dänemark unterstützte. Auch der Versuch Preußens, 1850 in der Erfurter Union unter seiner Führung die kleindeutsche Lösung noch zu retten, scheiterte am Widerstand Österreichs u. Rußlands (Konvention von Olmütz 1850). Preußen mußte in die Wiederherstellung des Bunds einwilligen.

Erst die Berufung *Bismarcks* zum preuß. Ministerpräsidenten (im Heeres- u. Verfassungskonflikt 1862) brachte die dt. Frage wieder in Bewegung, da dieser sich die Lösung des preuß.-österr. Dualismus zur Aufgabe machte. Als Dänemark versuchte, im Widerspruch zum Londoner Protokoll von 1851 Schleswig u. Holstein ganz zu annektieren, verstand Bismarck es, Österreich den Interessen Preußens dienstbar zu machen. Der Streit beider Mächte um die Verwaltung der nach dem Dt.-Dän. Krieg von 1864 abgetretenen Länder (Vertrag von Gastein 1865) u. die Notwendigkeit einer Reform des Dt. Bunds, die Österreich im großdt. Sinn (Frankfurter Fürstentag 1863), Preußen aber in der Errichtung eines kleindt. Bundesstaats unter seiner Führung anstrebte, führte 1866 zum Dt. Krieg. Österreichs Niederlage bei Königgrätz hatte im Frieden von Prag die Auflösung des Dt. Bunds zur Folge u. das Ausscheiden Österreichs aus den dt. Verhältnissen.

Norddeutscher Bund und Deutsches Reich: Preußen annektierte außer Schleswig-Holstein die mit Österreich verbündet gewesenen Staaten Hannover, Kurhessen u. Nassau sowie die Freie Stadt Frankfurt a. M. u. gründete den Norddeutschen Bund, in dem, mit dem preuß. Ministerpräsidenten Bismarck als Bundeskanzler, zum ersten Mal ein Teil D.s auf bundesstaatlich-konstitutioneller Basis vereinigt war. Mit den süddt. Staaten wurden Schutz- u. Trutzbündnisse gegen Frankreich geschlossen, das „Kompensationen" auf dem linken Rheinufer verlangte. Die Ansprüche Napoleons III. auf Luxemburg wurden mit engl. Vermittlung durch Neutralisierung dieses Landes abgewiesen, das daher in den Norddt. Bund nicht aufgenommen werden konnte (Personalunion mit Holland, 1890 selbständig).

Die Vorgänge um die Kandidatur des Prinzen Leopold von Hohenzollern-Sigmaringen für den span. Thron, in der Napoleon III. die Gefahr einer Wiederherstellung des „Reiches Karls V." sah, führte zum Dt.-Französ. Krieg von 1870/71. Nach dem Sieg der erstmals vereinigten dt. Truppen über Frankreich u. dem von Bismarck ausgehandelten Beitritt der süddt. Staaten zum Norddt. Bund wurde am 18. 1. 1871 im Spiegelsaal des Schlosses von Versailles der preuß. König *Wilhelm I.* (1861–1888) zum „Dt. Kaiser" ausgerufen u. damit das *Deutsche Reich* gegründet. Dieses kleindeutsche Kaiserreich, ein konstitutionell-monarch. Bundesstaat unter preuß. Führung (Reichskanzler Bismarck), bestätigte den Verzicht auf die Zugehörigkeit Österreichs, das einen Staatsverband mit Ungarn einging, jedoch von Bismarck später durch Bündnisse so eng wie möglich an das Reich angeschlossen wurde. Der Friede von Frankfurt von 1871 erzwang von Frankreich die Abtretung von Elsaß u. Lothringen, die zum Reichsland Elsaß-Lothringen zusammengefaßt wurden.

Das neue Reich, das durch die Industrialisierung u. die französ. Kriegsentschädigung zunächst wirtschaftlich einen gewaltigen Aufschwung nahm, geriet jedoch bald innenpolitisch in eine Krise durch Bismarcks erfolglosen Kampf gegen die kath. Kirche (Kulturkampf 1872–1878) u. die organisierte Arbeiterbewegung (Sozialistengesetz 1878). Trotz der späteren vorbildl. Sozialgesetzgebung (Kranken-, Unfall-, Invalididäts- u. Altersversicherung 1883–1889) vermochte Bismarck nicht, die rasch anwachsende Arbeiterschaft dem Staat zu integrieren, da er ihr die politische Gleichberechtigung versagte. Meinungsverschiedenheiten über die Arbeiterschutzgesetzgebung trugen zu seiner Entlassung bei.

Außenpolitisch versuchte Bismarck, dem „saturierten" Reich durch eine konsequente Friedens- u. Bündnispolitik unter Isolierung Frankreichs eine gesicherte Stellung in dem neuen europ. Kräfteverhältnis zu schaffen (Dreikaiserabkommen 1872; Berliner Kongreß 1878; Zweibund 1879; Dreibund 1882; außerdem Rückversicherungsvertrag u. Mittelmeerdreibund 1887).

Das Bismarcksche System geriet ins Wanken mit der Entlassung des Kanzlers 1890 durch Kaiser *Wilhelm II.* (1888–1918), den Enkel Wilhelms I. u. Sohn *Friedrichs III.*, der nach nur 99tägiger Regierungszeit gestorben war. Im Zeitalter des Imperialismus ging D. zur „Weltpolitik" über. Die Nichterneuerung des Rückversicherungsvertrags beantwortete Rußland 1892 mit einer Militärkonvention u. 1894 mit einem Bündnis mit Frankreich. Die

Deutschland: Kaiserproklamation in der Spiegelgalerie des Schlosses von Versailles am 18. 1. 1871; Gemälde von A. von Werner, Schloß Friedrichsruh

koloniale Expansionspolitik D.s (Kolonien seit 1884; Erwerb von Eisenbahnkonzessionen in der Türkei seit 1888; dt. Führung bei der europ. Intervention im chines. Boxeraufstand 1900; Bau der Bagdadbahn seit 1902) machte eine Annäherung an England notwendig, die andererseits erschwert wurde durch die Unterstützung, die D. mit der Krüger-Depesche 1896 den Buren zuteil werden ließ, u. den Beginn des Baus der Hochseeflotte unter A. von *Tirpitz*. Der von J. Chamberlain zwischen 1898 u. 1901 unternommene Versuch eines Ausgleichs scheiterte. Die Annäherung Englands an Frankreich u. Rußland wurde gefördert durch die dt. Marokkopolitik. Auf dem Balkan dagegen gelang es der dt. Politik in Zusammenarbeit mit England (Annexionskrise 1908; Tripoliskrieg 1911/12; Balkankriege 1912/13), den Ausbruch eines allgemeinen Krieges zu verhindern. Der Versuch einer direkten Verständigung mit England über den Flottenbau (1912) mißlang. In der Julikrise 1914, die der Ermordung des österr. Thronfolgers Franz Ferdinand folgte, trug D. bes. durch seine vorbehaltlose Unterstützung der Politik Österreichs gegenüber Serbien eine beträchtliche Mitverantwortung dafür, daß es zum Ausbruch des 1. Weltkriegs kam (→ Weltkrieg).

Nach großen Anfangserfolgen zeigte sich, daß D. dem Mehrfrontenkampf nicht gewachsen war. Zwar gelang es, die Kampfhandlungen vom Boden des Reichs fernzuhalten, aber schließlich erlag D. seinen Gegnern, die bes. seit dem Kriegseintritt der USA 1917 eine erdrückende Überlegenheit besaßen. Die polit. Führung D.s lag seit 1917 praktisch in den Händen der Obersten Heeresleitung (P. von *Hindenburg*, E. *Ludendorff*), die alle Bemühungen um einen Verständigungsfrieden ablehnte, aber im Sept. 1918 abrupt einen sofortigen Waffenstillstand forderte. Dem damit offenkundig gewordenen militär. Zusammenbruch D.s folgte die Novemberrevolution. Die Dynastien traten ab, ohne Widerstand zu leisten; D. wurde Republik.

Deutschland zur Zeit der Weimarer Republik: Die Macht lag zunächst in den Händen sozialdemokrat. Politiker (F. *Ebert*, P. *Scheidemann* u. a.), die ihre Hauptaufgabe darin sahen, einen geordneten Übergang von der alten zur neuen Staatsform zu sichern. Versuche linksradikaler Gruppen, die Revolution in sozialist. Richtung weiterzutreiben, wurden abgewehrt, wobei sich die Regierung auf antirepublikanisch gesinnte Truppen stützte. Die im Jan. 1919 gewählte, in Weimar tagende Nationalversammlung schuf mit einer neuen Reichsverfassung die Grundlagen für die → Weimarer Republik. Der Versailler Vertrag (1919) entmachtete D. militärisch, zwang es zur Abtretung großer Gebiete (Eupen u. Malmédy, Ost-Oberschlesien, Posen u. Westpreußen, Memelland, Danzig, sämtl. Kolonien) u. legte ihm mit den Reparationen schwere wirtschaftl. Lasten auf, die durch die militär. Besetzung des Rheinlands u. später des Ruhrgebiets noch verschärft wurden. Trotz der Annäherung an die Sowjetunion (Rapallovertrag 1922) sah sich D. politisch-militärisch bedroht durch Frankreichs Bündnis mit Polen u. der Kleinen Entente sowie durch seine anfängl. Nichtzulassung zum Völkerbund. Erst im Locarno-Vertrag 1925 gelang es, eine Entspannung zwischen D. u. Frankreich herbeizuführen. Daraufhin konnte D. 1926 dem Völkerbund beitreten. Ziel der von G. *Stresemann* geprägten dt. Außenpolitik war eine friedl. Revision des Versailler Vertrags.

Im Innern waren die ersten Jahre der Weimarer Republik gekennzeichnet durch Inflation, Wirtschaftskrise, soziale Unruhen u. Umsturzversuche radikaler Rechts- u. Linksgruppen. Bereits 1920 verloren die Parteien, die sich uneingeschränkt zur republikan. Staatsform bekannten („Weimarer Koalition“ aus SPD, DDP u. Zentrum), die Mehrheit im Reichstag. Eine kurze Periode relativer Stabilität 1924–1929, die auch kulturell bedeutende Leistungen hervorbrachte, endete mit der Weltwirtschaftskrise u. der damit einsetzenden Massenarbeitslosigkeit. Seit 1930 gewann die von A. *Hitler* geführte NSDAP sprunghaft an Wählerstimmen; 1932 wurde sie stärkste Partei im Reichstag. Da sie auf keine entschlossene Gegenwehr der demokrat. Kräfte stieß u. Unterstützung von konservativer Seite erhielt, konnte sie die Macht erringen.

Deutschland unter der Herrschaft des Nationalsozialismus: Am 30. 1. 1933 wurde Hitler vom Reichspräsidenten Hindenburg zum Reichskanzler ernannt. Er entledigte sich rasch seiner konservativen Bundesgenossen, sicherte sich durch ein Ermächtigungsgesetz, dem alle bürgerl. Parteien zustimmten, nahezu unbegrenzte Befugnisse u. verbot alle Parteien außer der eigenen. Die Gewerkschaften wurden zerschlagen, die Grundrechte praktisch außer Kraft gesetzt, die Pressefreiheit aufgehoben. Gegen mißliebige Personen ging das Regime mit rücksichtslosem Terror vor; sie wurden ohne Gerichtsverfahren in Konzentrations-

Deutschland: Philipp Scheidemann ruft am 9. 11. 1918 von einem Fenster des Reichstagsgebäudes die Republik aus

lagern eingekerkert. Sofort nach der Machtergreifung nahm Hitler die Verwirklichung seines antisemit. Programms in Angriff; es begann mit der allmähl. Entrechtung der dt. Juden u. endete mit der Ermordung von 6 Mill. Juden aus allen besetzten europ. Ländern während des Krieges. Beim Tode Hindenburgs 1934 vereinigte Hitler in seiner Person das Kanzler- u. das Präsidentenamt, womit er als Oberster Befehlshaber auch die Wehrmacht in seine Hand bekam.

Bei großen Teilen der Bevölkerung fand Hitler Zustimmung durch seine Propagandathese von der „Volksgemeinschaft", die er dem parlamentar. „System" der Weimarer Republik gegenüberstellte, u. vor allem durch die rasche Beseitigung der Arbeitslosigkeit. Gestärkt wurde seine Stellung durch außenpolit. Erfolge: 1933 Reichskonkordat mit dem Vatikan, Austritt aus dem Völkerbund, 1934 Nichtangriffspakt mit Polen, 1935 dt.-engl. Flottenabkommen, Rückkehr des Saarlands zum Reich u. Einführung der allg. Wehrpflicht, 1936 Rheinlandbesetzung, 1938 Anschluß Österreichs u. des Sudetenlands. Vor allem Großbritannien kam ihm hierbei mit seiner Appeasement-Politik weit entgegen. Der dt. Überfall auf die Tschechoslowakei 1939 bewirkte eine Wende in der Haltung der Westmächte. Die engl.-französ. Garantiepolitik zugunsten Polens beantwortete Hitler mit der Kündigung des dt.-engl. Flottenabkommens u. des dt.-poln. Vertrages sowie mit dem Abschluß des dt.-italien. Militärbündnisses u. des dt.-sowjet. Nichtangriffspaktes. Am 1. 9. 1939 eröffnete er mit einem Angriff den von ihm schon lange geplanten Krieg gegen Polen, der sich zum 2. Weltkrieg ausweitete (→ Weltkrieg).

Nach dt. Siegen über Polen, Dänemark, Norwegen, Holland, Belgien, Frankreich, Jugoslawien u. Griechenland u. erfolgreichem Vordringen in der Sowjetunion u. in Nordafrika kam es 1942 zur Wende des Krieges u. zu Rückzügen an allen Fronten. Am 20. 7. 1944 scheiterte ein vornehmlich von Offizieren getragener Aufstand; ein Bombenattentat gegen Hitler schlug fehl. Der Krieg wurde bis zum völligen Zusammenbruch des Reiches fortgesetzt. Am 30. 4. 1945 beging Hitler Selbstmord. Der von ihm testamentarisch bestimmte Nachfolger K. *Dönitz* ließ am 7. u. 8. 5. 1945 die bedingungslose Kapitulation der dt. Wehrmacht vollziehen.

Das geteilte Deutschland: Nach der Verhaftung der von Dönitz eingesetzten „Geschäftsführenden Reichsregierung" unter L. Graf *Schwerin von Krosigk* am 23. 5. übernahmen die vier Siegermächte mit der Berliner Erklärung vom 5. 6. 1945 die oberste Regierungsgewalt. D. wurde in vier Besatzungszonen eingeteilt, während Berlin von den vier Mächten gemeinsam besetzt u. verwaltet wurde. Zur Wahrnehmung der Regierungsgewalt wurde der Alliierte Kontrollrat aus den Oberbefehlshabern der vier Zonen gebildet, zur Verwaltung Berlins die Alliierte Kommandantur. Die Potsdamer Konferenz der Regierungschefs der USA, der UdSSR u. Großbritanniens im Juli/Aug. 1945 billigte die Unterstellung der Ostgebiete des Dt. Reichs unter poln. u. sowjet. Verwaltung u. eine Überführung der dt. Bevölkerungsteile aus Polen, der Tschechoslowakei u. Ungarn „in ordnungsgemäßer u. humaner Weise". Tatsächlich handelte es sich jedoch um eine Vertreibung mit zahlreichen Todesopfern. Die Festlegung der Grenzen D.s sollte ebenso wie die Fixierung seiner Rechtsstellung Sache einer späteren Friedensregelung sein.

Wegen der bestehenden u. sich rasch verschärfenden Differenzen zwischen den Siegermächten erwies sich der Alliierte Kontrollrat auf die Dauer als nicht arbeitsfähig. Die von der Potsdamer Konferenz vorgesehenen dt. Zentralverwaltungen kamen nicht zustande. Das Schwergewicht der Entwicklung verlagerte sich in die einzelnen Zonen. Während die Wiederherstellung des polit. u. wirtschaftl. Lebens in den drei westl. Zonen nur langsam in Gang kam, betrieb die UdSSR in ihrer Zone konsequent eine Politik der polit., sozialen u. wirtschaftl. Umgestaltung im Sinne ihrer eigenen Gesellschaftsordnung. Durch erzwungene Vereinigung der SPD mit der KPD wurde die Sozialistische Einheitspartei Deutschlands (SED) gegründet, die fortan – nach der Besatzungsmacht – die bestimmende polit. Kraft war. Die Wirtschaft der sowjet. Zone wurde zur Leistung von Reparationen nicht nur – wie im Westen – durch Demontagen, sondern auch aus der laufenden Produktion herangezogen.

Da auf den Nachkriegskonferenzen der Siegermächte eine Einigung über die D. betreffenden Fragen nicht erzielt werden konnte, wurden die Wirtschaftsverwaltungen der amerikan. u. der brit. Zone 1947 zusammengelegt (Bizone); die Londoner Sechsmächte-Konferenz 1948 empfahl die Bildung eines provisor. Staatswesens aus den drei Westzonen als Antwort auf die zunehmende Separation der Sowjetzone durch die UdSSR. Die Spaltung D.s wurde zum erstenmal deutlich in der getrennten Währungsreform 1948. Im Zusammenhang damit kam es auch zur Spaltung Berlins und zu der zehnmonatigen Blockade Westberlins durch die UdSSR 1948/49. Die Westmächte beriefen in ihren Zonen einen Parlamentar. Rat zur Beratung einer Verfassung nach Bonn. Dieser verabschiedete 1949 das Grundgesetz mit dem Anspruch, „auch für jene Deutschen gehandelt (zu haben), denen mitzuwirken versagt war". In der sowjet. Zone beschloß der von der SED beherrschte Dt. Volkskongreß, ebenfalls mit gesamtdt. Anspruch, die Verfassung der Deutschen Demokrat. Republik. Die Teilung D.s wurde besiegelt mit der Konstituierung der *Bundesrepublik Deutschland* (BR Dtschld.) am 7. 9. 1949 aufgrund der Wahlen zum ersten Dt. Bundestag u. der Gründung der *Deutschen Demokratischen Republik* (DDR) am 7. 10. 1949, nachdem sich der vom Volkskongreß gebildete Dt. Volksrat als Provisorische Volkskammer konstituiert hatte.

Die Wiedervereinigung D.s blieb zunächst erklärtes Ziel beider Staaten. Von seiten der BR Dtschld. wurden gesamtdt. freie Wahlen, von seiten der DDR gesamtdt. Beratungen paritätisch zusammengesetzter Gremien gefordert. Eine sowjet. Note von 1952 bot die Wiedervereinigung D.s unter der Bedingung seiner Neutralisierung an; von westl. Seite wurde das Angebot nicht auf seine Ernsthaftigkeit geprüft. Die Berliner Viermächtekonferenz 1954 brachte keine Resultate. Die schon früh einsetzende Einbeziehung der beiden dt. Staaten in die Bündnissysteme der jeweiligen Schutzmächte fand ihren Abschluß 1955 mit dem Beitritt der BR Dtschld. zur NATO u. dem Beitritt der DDR zum Warschauer Pakt. Von östl. Seite wurde seither nicht mehr die Wiedervereinigung, sondern eine Konföderation der beiden Staaten angeboten. Die Bundesregierung unter K. *Adenauer* hoffte weiterhin, die Wiedervereinigung langfristig durch eine mit Hilfe der westl. Bündnispartner von der UdSSR zu erwirkende Preisgabe der DDR zu erreichen.

Um die Massenflucht von DDR-Bewohnern in die BR Dtschld. zu unterbinden, errichtete die Regierung der DDR seit 1952 entlang der Zonengrenze umfangreiche Sperranlagen. Flüchtlinge hatten aber noch die Möglichkeit, über Ostberlin ungehindert nach Westberlin u. von dort in die BR Dtschld. zu gelangen. Dieser Fluchtweg wurde am 13. 8. 1961 durch den Bau der Berliner Mauer abgeschnitten. Bis zu diesem Zeitpunkt waren rd. 3,5 Mill. Menschen aus der Sowjetzone bzw. DDR nach Westen geflüchtet.

Der Mauerbau machte deutlich, daß auf absehbare Zeit mit einer Wiedervereinigung D.s nicht zu rechnen war. Um das Verhältnis zwischen den beiden dt. Staaten auf eine neue Grundlage zu stellen, nahm die Bundesregierung unter W. *Brandt* im Rahmen ihrer neuen „Ostpolitik" 1970 erstmals Kontakte auf Regierungsebene mit der DDR auf. 1972 wurde der „Vertrag über die Grundlagen der Beziehungen zwischen der BR Dtschld. u. der DDR" (Grundvertrag) geschlossen. Die beiden Staaten verpflichteten sich, gutnachbarl. Beziehungen zu entwickeln, auf Gewaltanwendung zu verzichten u. die Unabhängigkeit u. Selbständigkeit in inneren u. äußeren Angelegenheiten gegenseitig zu respektieren. Jeder der beiden Staaten richtete am Regierungssitz des anderen eine Ständige Vertretung ein. Die BR Dtschld. lehnte es jedoch ab, die DDR völkerrechtlich als Ausland anzuerkennen.

Der Grundvertrag u. andere Abkommen zwischen den beiden dt. Staaten brachten beträchtl. Erleichterungen, insbes. im Transitverkehr zwischen der BR Dtschld. u. Westberlin u. in bezug auf Reisen von Bundesbürgern in die DDR. Die grundlegenden Gegensätze blieben jedoch bestehen. Um neu erwachten Hoffnungen auf Wiedervereinigung bei der eigenen Bevölkerung zu begegnen, betrieb die DDR eine Politik strikter „Abgrenzung" u. entfernte 1974 aus ihrer Verfassung alle Hinweise auf den Fortbestand der dt. Nation. Den Besucherverkehr aus der

Deutschland: Sitzung des nationalsozialistischen Reichstages in der Berliner Kroll-Oper

Bundesrepublik suchte die Regierung der DDR einzuschränken, indem sie 1980 den Betrag, der bei der Einreise obligatorisch in DDR-Währung einzutauschen war, drastisch erhöhte. Konsequent bestritt sie das Bestehen bes. Beziehungen zwischen den beiden dt. Staaten; sie forderte wiederholt die Herstellung normaler diplomat. Beziehungen u. die Umwandlung der beiderseitigen Ständigen Vertretungen in Botschaften.

Die Bundesrepublik Deutschland: Nach der ersten Bundestagswahl 1949 bildete K. *Adenauer* als Bundeskanzler eine Koalitionsregierung aus CDU/CSU, FDP u. der rechtsstehenden Dt. Partei. Diese Konstellation – CDU/CSU mit einem oder zwei kleineren Partnern an der Regierung, SPD in der Opposition – bestimmte die polit. Landschaft der Bundesrepublik bis 1966. Kernpunkte der Regierungspolitik waren marktwirtschaftl. Orientierung u. Integration in das System des Westens. Gefördert durch den Marshallplan, ging der wirtschaftl. Wiederaufbau rasch voran. Millionen Vertriebene u. Flüchtlinge konnten in das Wirtschaftsleben eingegliedert werden. Parallel verlief die polit. u. auch militär. Einbeziehung in die sich formierende westl. Gemeinschaft. 1951 wurde die BR Dtschld. in den Europarat aufgenommen u. an der Montanunion beteiligt. Die 1952 vereinbarte Aufstellung dt. Streitkräfte im Rahmen einer europ. Armee scheiterte zunächst an der Ablehnung durch Frankreich. 1955 wurde die BR Dtschld. in die NATO aufgenommen u. erhielt gleichzeitig ihre Souveränität zurück. 1957 gehörte sie zu den Gründungsmitgliedern der Europäischen Wirtschaftsgemeinschaft.

Im Vordergrund der Außenpolitik der BR Dtschld. stand das gute Verhältnis zu den USA u. zu Frankreich. Der Versuch Frankreichs, das Saarland abzutrennen, mißlang, weil dessen Bevölkerung ein von der Bundesregierung gebilligtes „europ." Saarstatut 1955 ablehnte. 1963 wurde ein Freundschaftsvertrag mit Frankreich geschlossen. Eine Wiedergutmachung der durch die nat.-soz. Judenverfolgung verursachten materiellen Schäden wurde 1952 durch ein Abkommen mit Israel geregelt.

Die innere Entwicklung der Bundesrepublik war gekennzeichnet durch einen fast kontinuierlichen wirtschaftlichen Aufschwung, Vollbeschäftigung, wachsende soziale Stabilisierung u. Konzentration auf wenige Parteien. Unter Adenauers Nachfolger L. *Erhard* (seit 1963) kam es 1966 zu einer wirtschaftl. Rezession. Die damit verbundenen Differenzen im Regierungslager nötigten Erhard zum Rücktritt. Es wurde eine Regierung der Großen Koalition aus CDU/CSU u. SPD unter Bundeskanzler K. G. *Kiesinger* gebildet, die die Rezession mit gezielten Maßnahmen rasch überwand. 1968 verabschiedete sie verfassungsändernde Notstandsgesetze, gegen die sich eine linke „außerparlamentar. Opposition" formierte. Gleichzeitig erzielte die rechtsradikale NPD vorübergehende Erfolge in Landtagswahlen.

Nach der Bundestagswahl 1969 bildeten SPD u. FDP, die zusammen eine schwache Mehrheit besaßen, eine Regierung unter W. *Brandt.* Diese erstrebte – ohne die Zugehörigkeit zum westl. Bündnis in Frage zu stellen – eine Normalisierung des Verhältnisses zu den östl. Nachbarn, was inbes. die Unverletzlichkeit der durch den 2. Weltkrieg geschaffenen Grenzen einschloß. Sie schloß 1970 entsprechende Verträge mit der UdSSR u. Polen, wodurch gleichzeitig der Abschluß des Viermächteabkommens über Berlin ermöglicht wurde, u. suchte ein „geregeltes Nebeneinander" mit der DDR herzustellen (siehe oben, „Das geteilte Deutschland"). 1973 traten die beiden dt. Staaten gleichzeitig den Vereinten Nationen bei.

Die „Ostpolitik" führte zu scharfen innenpolit. Auseinandersetzungen. 1972 scheiterte ein von der CDU/CSU eingebrachtes konstruktives Mißtrauensvotum gegen Brandt. Aus vorgezogenen Neuwahlen ging die Koalition gestärkt hervor. Im Innern suchte sie ein umfassendes Reformprogramm zu verwirklichen, bes. im Bildungswesen, in der betriebl. Mitbestimmung u. im weiteren Ausbau der sozialen Sicherheit.

1974 trat Brandt zurück, weil sich herausstellte, daß ein enger Mitarbeiter im Dienst der DDR-Spionage gestanden hatte. Neuer Bundeskanzler wurde H. *Schmidt,* der die sozialliberale Koalition auch nach den Wahlen von 1976 u. 1980 fortführte. Die Auswirkungen der 1973 einsetzenden Weltwirtschaftskrise machten sich immer stärker auch in der Bundesrepublik bemerkbar. Seit 1974 stieg die Zahl der Arbeitslosen stark an; sie überschritt 1982 die Zweimillionengrenze. Die Finanzierung der öffentl. Haushalte, bes. der gesetzl. Sozialversicherung, stieß auf zunehmende Schwierigkeiten. Reformvorhaben mußten zurückgestellt oder beschnitten werden. Vor allem in der jungen Generation verbreitete sich eine ablehnende Einstellung gegenüber dem Staat u. den „etablierten" Parteien („Staatsverdrossenheit"). Bewegungen für radikalen Umweltschutz u. „alternative" Lebensformen fanden viele Anhänger.

Angesichts der wirtschaftl. u. finanziellen Schwierigkeiten kam es zu wachsenden Differenzen in der Regierungskoalition u. schließlich zu ihrem Auseinanderbrechen. Am 1. 10. 1982 stimmte die FDP-Fraktion mehrheitlich für ein von der CDU/CSU eingebrachtes konstruktives Mißtrauensvotum gegen Schmidt, das Erfolg hatte. Neuer Bundeskanzler wurde der CDU-Vors. H. *Kohl.* Er bildete eine Regierung aus CDU/CSU u. FDP, die Haushaltseinsparungen vornahm u. die private Investitionstätigkeit anzuregen suchte. Vorgezogene Bundestagswahlen 1983 sicherten den Bestand der neuen Koalition. Sie konnte auch nach den Wahlen von 1987 fortgeführt werden. Eine beträchtl. Belebung der Wirtschaft war zu verzeichnen, doch blieb die Arbeitslosenzahl hoch.

Seit 1983 war im Bundestag – wie vorher schon in mehreren Länderparlamenten – die neue Partei der „Grünen" vertreten, die das industrielle Wachstum ablehnte, neutralist. Tendenzen vertrat u. dem parlamentar. System mit gewissen Vorbehalten gegenüberstand. Das bisherige Dreiparteiensystem war damit außer Kraft gesetzt. Auf Landesebene kam es zu Koalitionen der SPD mit den Grünen u. verwandten Gruppierungen.

Die Deutsche Demokratische Republik: In der sowjet. Zone war schon vor 1949 eine gesellschaftl. Umgestaltung nach sowjet. Vorbild eingeleitet worden. Die SED war bereits im Besitz aller Machtpositionen. Nach der Staatsgründung wurden zunächst die äußeren Formen der parlamentar. Demokratie u. des föderativen Staatsaufbaus gewahrt. 1952 wurden die fünf Länder aufgehoben u. an ihrer Stelle 14 Bezirke geschaf-

Deutschland: Das erste Kabinett Adenauer am 20. 9. 1949

Bundesrepublik Deutschland

Die Bundespräsidenten

Theodor Heuss (FDP)	1. Amtsperiode	1949–1954
	2. Amtsperiode	1954–1959
Heinrich Lübke (CDU)	1. Amtsperiode	1959–1964
	2. Amtsperiode	1964–1969
Gustav Heinemann (SPD)		1969–1974
Walter Scheel (FDP)		1974–1979
Karl Carstens (CDU)		1979–1984
Richard von Weizsäcker (CDU)	1. Amtsperiode	1984–1989
	2. Amtsperiode	1989–1994
Roman Herzog (CDU)		1994–

Die Bundeskanzler

Konrad Adenauer (CDU)	1. Kabinett	1949–1953
	2. Kabinett	1953–1957
	3. Kabinett	1957–1961
	4. Kabinett	1961–1963
Ludwig Erhard (CDU)	1. Kabinett	1963–1965
	2. Kabinett	1965–1966
Kurt Georg Kiesinger (CDU)		1966–1969
Willy Brandt (SPD)	1. Kabinett	1969–1972
	2. Kabinett	1972–1974
Helmut Schmidt (SPD)	1. Kabinett	1974–1976
	2. Kabinett	1976–1980
	3. Kabinett	1980–1982
Helmut Kohl (CDU)	1. Kabinett	1982–1983
	2. Kabinett	1983–1987
	3. Kabinett	1987–1991
	4. Kabinett	1991–1994
	5. Kabinett	1994–

fen. Gleichzeitig proklamierte die SED den „Aufbau der Grundlagen des Sozialismus", der mit verschärfter Repression u. verschlechterten Lebensbedingungen einherging. Die Unzufriedenheit der Bevölkerung führte am 17. 6. 1953 zu einem spontanen Aufstand, der von der Sowjetarmee niedergeschlagen wurde. Nach vorübergehender Lockerung wurde die Parteiherrschaft wieder gestrafft. Die Verstaatlichung der Industrie wurde in den 1950er Jahren, die Kollektivierung der Landwirtschaft 1960 abgeschlossen. Eine anhaltende Fluchtbewegung schwächte die schon durch Demontagen u. Reparationen geschädigte Wirtschaft. Nach dem Bau der Berliner Mauer 1961 trat eine gewisse Konsolidierung ein.
1954 wurde die DDR von der UdSSR für souverän erklärt. Mehrere Verträge zwischen DDR u. UdSSR folgten, zuletzt 1975 ein Freundschafts- u. Beistandspakt auf 20 Jahre. 1967 gab sich die DDR gesetzlich eine eigene Staatsbürgerschaft, 1968 eine neue Verfassung, in der erstmals die SED als „führende Kraft" erwähnt wurde. Im gleichen Jahr beteiligten sich DDR-Truppen an der Intervention in der ČSSR.
Maßgebender Politiker der DDR war von Anfang an W. *Ulbricht*, der seit 1950 als Generalsekretär (seit 1953 Erster Sekretär) an der Spitze der SED, seit 1960 als Vors. des Staatsrates auch formell an der Spitze des Staates stand. 1971 wurde er, wohl wegen seines Widerstands gegen die Entspannungspolitik u. mit sowjet. Billigung, zum Rücktritt genötigt. Der neue Parteichef E. *Honecker*, der 1976 auch den Staatsratsvorsitz übernahm, bemühte sich nicht ohne Erfolg um eine Verbesserung der materiellen Lebensbedingungen der Bevölkerung u. gewährte zunächst auch im kulturellen Leben größeren Spielraum, ohne jedoch das Machtmonopol der SED anzutasten.
Die 1973 einsetzende Weltwirtschaftskrise wirkte sich mit Auslandsverschuldung u. Außenhandelsdefizit auch auf die DDR aus. Seit Mitte der 1970er Jahre verschlechterte sich die Versorgung mit Konsumgütern fühlbar, u. die Entwicklung des Lebensstandards stagnierte. Der Rückstand gegenüber der Bundesrepublik nahm immer mehr zu. Unter Berufung auf die KSZE-Schlußakte von Helsinki (1975) bildeten sich Ansätze einer Bürgerrechtsbewegung, die vor allem Gewährung des Rechts auf Freizügigkeit forderte. Um oppositionellen Strömungen die potentiellen Wortführer zu nehmen, liberalisierte die Parteiführung die Genehmigungspraxis für Reisen u. Übersiedlungen in die Bundesrepublik. Hunderttausende von Ausreiseanträgen wurden jedoch abgelehnt. 1987 stattete Honecker der Bundesrepublik einen offiziellen Besuch ab.

Deutsche Demokratische Republik

Die Staatsoberhäupter (1949–1960 u. seit 1990 Präsident, 1960–1990 Vorsitzender des Staatsrates)

Wilhelm Pieck (SED)	1949–1960
Walter Ulbricht (SED)	1960–1973
Willi Stoph (SED)	1973–1976
Erich Honecker (SED)	1976–1989
Egon Krenz (SED)	1989
Manfred Gerlach (LDPD; amtierend)	1989–1990
Sabine Bergmann-Pohl (CDU; amtierend)	1990

Die Ministerpräsidenten bzw. Vorsitzenden des Ministerrats

Otto Grotewohl (SED)	1949–1964
Willi Stoph (SED)	1964–1973
Horst Sindermann (SED)	1973–1976
Willi Stoph (SED)	1976–1989
Hans Modrow (SED/PDS)	1989–1990
Lothar de Maizière (CDU)	1990

Deutschland: Jubelnde Menschen vor dem Reichstagsgebäude in Berlin feiern den Tag der Wiedervereinigung

Die Wiedervereinigung: In der zweiten Hälfte der 1980er Jahre verstärkte sich die Mißstimmung in der DDR, u. a. deshalb, weil die SED-Führung eine Reformpolitik, wie sie M. *Gorbatschow* seit 1985 in der UdSSR betrieb, im Gegensatz zu den Parteiführungen Polens u. Ungarns entschieden ablehnte. Kritik am Herrschaftssystem u. Unzufriedenheit mit der polit. u. wirtschaftl. Lage wurden immer offener geäußert. Als Ungarn im Sommer 1989 die Grenze zu Österreich öffnete, begann eine Massenflucht von DDR-Bürgern über Ungarn, später auch über die Tschechoslowakei in die Bundesrepublik. In den Großstädten kam es zu Massendemonstrationen für Demokratie, Reise- u. Meinungsfreiheit, die nach anfängl. Unterdrückungsversuchen geduldet wurden. Oppositionelle Gruppen formierten sich. Eine tiefe polit., wirtschaftl. u. moral. Krise des SED-Regimes wurde sichtbart. Zögernde Reformschritte der Führung konnten die Volksbewegung nicht mehr eindämmen.
Im Herbst 1989 vollzog sich in der DDR eine gewaltlose Revolution. Honecker trat als Partei- u. Staatschef zurück. Sein nur 7 Wochen amtierender Nachfolger E. *Krenz* vermochte das Regime nicht zu retten, obwohl alle Reisebeschränkungen aufgehoben wurden (Öffnung der Berliner Mauer am 9. 11.) u. die neue Regierung unter H. *Modrow* eine „demokrat. Erneuerung" versprach. Die SED verzichtete auf ihren Führungsanspruch u. nannte sich fortan „Partei des demokrat. Sozialismus" (PDS). Neuer Partei-Vors. wurde G. *Gysi*; Mitglieder des alten Politbüros wurden wegen Korruption u. Machtmißbrauch verhaftet (zumeist jedoch als haftunfähig bald wieder auf freien Fuß gesetzt). Die bisherigen Blockparteien verselbständigten sich, u. die oppositionellen Gruppen erlangten polit. Mitsprache an einem „Runden Tisch". Einigkeit bestand über das Ziel, polit. Pluralismus, Rechtsstaat u. Marktwirtschaft einzuführen.
Die Forderung nach Wiedervereinigung D.s, zuerst von Teilnehmern der Demonstrationen in der DDR erhoben, gewann in beiden dt. Staaten rasch an Boden. Auf Regierungsebene wurde zunächst nur an eine „Vertragsgemeinschaft" oder Konföderation gedacht; doch angesichts der Willensbekundung der DDR-Bevölkerung, des anhaltenden Übersiedlerstroms (täglich 2–3000) u. des polit. u. wirtschaftl. Verfalls der DDR erschien bald die volle staatliche Einheit als einzige Lösung. Zu ihr bekannten sich seit Anfang 1990 praktisch alle polit. Kräfte. In der DDR bildete sich ein neues Parteiensystem heraus, das sich weitgehend an das der Bundesrepublik anlehnte. Bei der ersten freien Volkskammerwahl am 18. 3. 1990 wurde die CDU stärkste Partei. Eine Regierung der Großen Koalition unter L. de *Maizière* wurde gebildet. Sie verkündete als Ziel den Beitritt der DDR zur Bundesrepublik nach Artikel 23 des Grundgesetzes. Rechtsvorschriften, die sich auf die sozialist. Staatsordnung bezogen, wurden außer Kraft gesetzt. Am 1. 7. trat eine Währungs-, Wirtschafts- u. Sozialunion der beiden dt. Staaten in Kraft; die DM wurde alleiniges Zahlungsmittel in ganz D. Die 1952 aufgelösten fünf Länder in der DDR wurden wiederhergestellt, die Bezirkseinteilung aufgehoben. Am 31. 8. wurde der „Einigungsvertrag" der beiden dt. Staaten geschlossen.
Die vier Siegermächte des 2. Weltkrieges standen dem dt. Wiedervereinigungsprozeß zunächst reserviert oder ablehnend gegenüber. Nach längeren Verhandlungen mit den beiden dt. Staaten („zwei plus vier") akzeptierten sie die dt. Einheit. Am 12. 9. wurde ein „Vertrag über die abschließende Regelung in bezug auf D." unterzeichnet, durch den alle Siegerrechte erloschen u. D. seine volle Souveränität wiedererlangte. Die UdSSR stimmte der NATO-Mitgliedschaft des vereinigten D. zu. Die DDR trat aus dem Warschauer Pakt aus. Am 3. 10. 1990 wurde die Wiedervereinigung D.s feierlich vollzogen. D. erkannte die Oder-Neiße-Grenze mit Polen völkerrechtlich an u. schloß mit der UdSSR einen Vertrag über gute Nachbarschaft, Partnerschaft u. Zusammenarbeit. Die 34 KSZE-Staaten begrüßten auf ihrer Gipfelkonferenz am 21. 11. die dt. Wiedervereinigung.
Bei der ersten gesamtdt. Bundestagswahl 1990 waren CDU, CSU u. FDP erfolgreich. Die Regierungskoalition unter H. Kohl wurde fortgesetzt. 1991 erklärte der Bundestag Berlin zum Parlaments- u. Regierungssitz. Als Zeitpunkt für den Umzug von Bonn nach Berlin wurden später die Jahre 1999/2000 ins Auge gefaßt
In der ehem. DDR war der Übergang von der totalitären Diktatur zur pluralist. Demokratie u. von der Zentralverwaltungswirtschaft zur sozialen Marktwirtschaft mit großen wirt-

Die Wiedervereinigung

Die Wiedervereinigung Deutschlands vollzog sich 1990 innerhalb weniger Monate. Von niemandem vorausgesehen, erschien sie fast wie ein Wunder. Erst in der Rückschau wird erkennbar, welche Voraussetzungen zusammenkommen mußten, um das gänzlich Unerwartete Wirklichkeit werden zu lassen.

1

Die deutsche Wiedervereinigung war kein isolierter Vorgang. Sie war eingebettet in den Zerfallsprozeß des Kommunismus, der 1989/90 mit dem jähen Zusammenbruch des Herrschaftssystems in sechs Staaten des damaligen Ostblocks endete. Nicht ausgelöst, aber stark beschleunigt wurde der Prozeß durch die Reformpolitik Gorbatschows in der UdSSR. Gorbatschow ließ eine bis dahin undenkbare Lockerung der Blockdisziplin zu und gab schließlich zu erkennen, daß sich die Sowjetunion nicht in die inneren Angelegenheiten der »Bruderländer« einzumischen gedachte. Dieser Politik lag die Einsicht zugrunde, daß das von Stalin ererbte System der Satellitenstaaten für Moskau eher eine Belastung als ein Trumpf war. So kam es, daß die Parteiführungen der Blockstaaten – mit Ausnahme der rumänischen – den demokratischen Kräften, die sich in Massendemonstrationen gegen sie erhoben, fast widerstandslos das Feld räumten. Das war auch in der DDR der Fall, aber hier kam etwas Besonderes hinzu: die DDR war kein Nationalstaat. Ungarn blieb Ungarn, Polen blieb Polen, gleichgültig, wer dort regierte. Die DDR existierte nur kraft der von der Sowjetunion gestützten Diktatur der SED. Sie war von der großen Mehrheit der Bevölkerung niemals als ihr Staat akzeptiert worden. Die SED-Ideologen glaubten selbst nicht an ihre Propagandathese, in der DDR sei eine eigene Nation entstanden. So kam der stärkste Anstoß zum Sturz des SED-Regimes nicht von den mutigen Oppositionellen, die auf die Straße gingen und Reformen forderten; er kam vielmehr von der Massenflucht einfacher DDR-Bürger, die im September 1989 einsetzte, nachdem Ungarn seine Grenze zu Österreich geöffnet hatte. Diese Flüchtlinge wollten keine andere, bessere DDR, sondern überhaupt keine DDR; sie wollten in der Bundesrepublik leben. Als klar wurde, daß die Sowjetunion nicht zugunsten des Regimes eingriff, war das Schicksal der DDR besiegelt. Die überwältigende Mehrheit stimmte in die Losung »Deutschland, einig Vaterland« ein. Die Wiedervereinigung war das Werk einer elementaren Volksbewegung. Politikern und Diplomaten blieb nur die Aufgabe, das Ergebnis in rechtliche Formen zu kleiden. *K.R.*

2

3

4

1 *Ein DDR-Bürger überquert im »Trabi« die geöffnete Grenze.* **2** *Demonstranten gegen die SED-Herrschaft appellieren an den Reformer Michail Gorbatschow.* **3** *DDR-Flüchtlinge aus der Prager Botschaft der Bundesrepublik, die mit Reichsbahn-Zügen ausreisen durften, bei der Ankunft im Westen.* **4** *Grenzpolizisten aus Ost und West an der zum Teil schon abgebauten Berliner Mauer.* **5** *Am Potsdamer Platz in Berlin in den Tagen der Maueröffnung.* **6** *Schelesnowodsk im Kaukasus, 16. Juli 1990, nach dem »Durchbruch« in den deutsch-sowjetischen Verhandlungen. Von links: Eduard Schewardnadse, Hans-Dietrich Genscher, Helmut Kohl, Michail Gorbatschow, Hans Klein, Theo Waigel.* **7** *Die ersten Ministerpräsidenten der wiedererstandenen Länder im Gebiet der ehemaligen DDR. Von links: Josef Duchač (Thüringen), Kurt Biedenkopf (Sachsen), Manfred Stolpe (Brandenburg), Alfred Gomolka (Mecklenburg-Vorpommern), Gerd Gies (Sachsen-Anhalt).*

5

6

7

Chronik der Wiedervereinigung Deutschlands

2. 5. 1989 Ungarn beginnt mit dem Abbau des Grenzzauns zu Österreich. In den folgenden Wochen versuchen viele DDR-Bürger, trotz fortbestehender Grenzkontrollen über Ungarn in die Bundesrepublik zu fliehen. In den Botschaften der Bundesrepublik in Prag und Warschau sammeln sich DDR-Bürger, die ihre Ausreise erzwingen wollen.

11. 9. Ungarn öffnet die Grenze zu Österreich für alle DDR-Bürger. Innerhalb von drei Tagen reisen 15 000 DDR-Bürger aus.

19. 9. Die Oppositionsgruppe „Neues Forum" beantragt beim DDR-Innenministerium ihre offizielle Zulassung; diese wird abgelehnt.

25. 9. In Leipzig findet die erste große „Montagsdemonstration" für Meinungsfreiheit und Reformen statt (5000 Teilnehmer).

30. 9. 6000 DDR-Flüchtlinge aus den Botschaften in Prag und Warschau dürfen in Sonderzügen über DDR-Gebiet in die Bundesrepublik ausreisen.

2. 10. Bei der Leipziger Montagsdemonstration (20 000 Teilnehmer) kommt es zu schweren Übergriffen der Polizei.

3. 10. Die DDR-Regierung setzt den visumfreien Reiseverkehr in die Tschechoslowakei aus.

4. 10. Weitere 7600 Flüchtlinge reisen in Sonderzügen aus. Unterwegs versuchen DDR-Bürger auf die Züge aufzuspringen. In Dresden kommt es vor dem Hauptbahnhof zu gewalttätigen Auseinandersetzungen zwischen 3000 Demonstranten und der Polizei.

7. 10. In Anwesenheit des sowjetischen Präsidenten Michail Gorbatschow feiert die SED-Führung das 40jährige Bestehen der DDR. Gorbatschow gibt zu erkennen, daß er die Reformunwilligkeit der SED mißbilligt. Demonstrationen in Ostberlin und anderen Städten werden gewaltsam aufgelöst.

9. 10. Montagsdemonstration in Leipzig (70 000 Teilnehmer). Die aufmarschierten Sicherheitskräfte greifen nicht ein.

11. 10. Das Politbüro der SED äußert in verklausulierter Form seine Bereitschaft, mit der Bevölkerung über anstehende Probleme zu diskutieren; dabei erwähnt es erstmals die Massenflucht von DDR-Bürgern.

18. 10. SED-Generalsekretär Erich Honecker tritt „aus gesundheitlichen Gründen" von allen Partei- und Staatsämtern zurück; tatsächlich hat ihn das Politbüro gestürzt. Nachfolger als Parteichef wird Egon Krenz. Er gesteht „Fehler" der bisherigen Führung ein und kündigt eine „Wende" an, hält aber am Sozialismus und am Führungsanspruch der SED fest.

23. 10. In vielen Städten der DDR finden Massendemonstrationen statt (in Leipzig 300 000 Teilnehmer).

24. 10. Die Volkskammer wählt Krenz zum Vorsitzenden des Staatsrates und des Nationalen Verteidigungsrates; dabei gibt es erstmals Gegenstimmen und Stimmenthaltungen.

27. 10. Der DDR-Staatsrat beschließt eine Amnestie für „Republikflüchtlinge" und fordert sie zur Rückkehr auf.

1. 11. Der visumfreie Reiseverkehr in die Tschechoslowakei wird wieder zugelassen. Zahlreiche DDR-Bürger suchen Zuflucht in der Prager Botschaft der Bundesrepublik.

3. 11. Ab sofort dürfen ausreisewillige DDR-Bürger das Gebiet der Tschechoslowakei ohne Formalitäten in Richtung Bundesrepublik verlassen. Bis zum 9. 11. machen über 40 000 Menschen davon Gebrauch.

4. 11. Auf einer Massenkundgebung in Ostberlin, zu der Künstlerkreise aufgerufen haben, demonstrieren über 500 000 Menschen für demokratische Reformen. Die Veranstaltung wird vom DDR-Fernsehen direkt übertragen.

6. 11. Das Innenministerium der DDR veröffentlicht den Entwurf eines neuen Reisegesetzes. Er wird bereits am nächsten Tag vom Verfassungs- und Rechtsausschuß der Volkskammer als zu restriktiv verworfen.

7. 11. Die DDR-Regierung unter Willi Stoph tritt zurück.

8. 11. Auf einer Tagung des Zentralkomitees (ZK) der SED tritt das Politbüro zurück. Das ZK wählt ein neues Politbüro, dem mehrere prominente Mitglieder der alten Führung nicht mehr angehören. Krenz wird als Generalsekretär bestätigt. – Das „Neue Forum" wird vom DDR-Innenministerium als Vereinigung anerkannt.

9. 11. Die DDR öffnet die Grenzübergänge zur Bundesrepublik und nach Westberlin und hebt alle Reisebeschränkungen auf. In den folgenden Wochen besuchen Millionen DDR-Bürger Westberlin und Westdeutschland.

10. 11. Das ZK der SED verkündet ein Aktionsprogramm.

13. 11. Die Volkskammer wählt Hans Modrow, bisher Erster Sekretär der SED im Bezirk Dresden, zum Ministerpräsidenten der DDR.

17. 11. Modrow kündigt in seiner Regierungserklärung eine „demokratische Erneuerung des öffentlichen Lebens" an und schlägt eine „Vertragsgemeinschaft" der beiden deutschen Staaten vor.

19. 11. Krenz und Modrow erklären in Interviews, eine Wiedervereinigung Deutschlands stehe nicht zur Diskussion.

20. 11. Bei der Leipziger Montagsdemonstration fordern erstmals größere Teilnehmergruppen die Wiedervereinigung Deutschlands.

26. 11. Krenz erklärt, freie Wahlen in der DDR könnten nicht vor Ende 1990 stattfinden.

28. 11. Bundeskanzler Helmut Kohl legt dem Bundestag einen Stufenplan zur Deutschlandpolitik vor. Sein Endziel (ohne zeitliche Festlegung) ist die Herstellung einer bundesstaatlichen Ordnung, d. h. die staatliche Einheit Deutschlands.

29. 11. Die sowjetische Regierung weist Kohls Plan scharf zurück. Die westlichen Verbündeten nehmen ihn reserviert auf.

1. 12. Die Volkskammer streicht den Passus der DDR-Verfassung, in dem die führende Rolle der SED verankert war. Ein Untersuchungsausschuß berichtet über Privilegien der bisherigen Partei- und Staatsführung.

3. 12. Das ZK der SED tritt geschlossen zurück. Damit verliert Krenz sein Amt als Parteichef. Ein provisorischer Ausschuß übernimmt die Parteiführung. Zwölf Mitglieder der alten Führung, darunter Honecker, Stoph, Mittag, Mielke und Tisch, werden aus der Partei ausgeschlossen.

4. 12. Die bisherigen „Blockparteien" CDU und LDPD erklären ihren Austritt aus dem „Demokratischen Block der Parteien und Massenorganisationen".

6. 12. Krenz tritt von seinen Staatsämtern zurück. Amtierendes Staatsoberhaupt wird der LDPD-Vorsitzende Manfred Gerlach.

7. 12. In Ostberlin tagt erstmals der „Runde Tisch", ein Gesprächskreis aus Vertretern der etablierten Parteien und der neuen oppositionellen Bewegungen.

8. 12. In Ostberlin beginnt ein außerordentlicher Parteitag der SED. Gregor Gysi wird zum Parteivorsitzenden gewählt. Die Partei distanziert sich vom Stalinismus.

16. 12. Die SED versieht ihren Parteinamen mit dem Zusatz „Partei des demokratischen Sozialismus" (PDS).

19. 12. Bundeskanzler Kohl führt in Dresden Gespräche mit Ministerpräsident Modrow. Eine Vertragsgemeinschaft der beiden deutschen Staaten wird in Aussicht genommen. Am nächsten Tag spricht Kohl auf einer Massenversammlung zur Dresdner Bevölkerung.

20. 12. Der französische Präsident François Mitterrand trifft zu einem dreitägigen Staatsbesuch in der DDR ein.

22. 12. Das Brandenburger Tor in Berlin wird nach 28 Jahren wieder geöffnet.

24. 12. Bundesbürger und Westberliner dürfen ohne Visum und Zwangsumtausch in die DDR und nach Ostberlin reisen.

31. 12. Im Jahre 1989 sind insgesamt 343 854 Personen aus der DDR in die Bundesrepublik übergesiedelt.

8. 1. 1990 Bei den Montagsdemonstrationen in Leipzig und anderen Städten überwiegen Parolen für die Wiedervereinigung und gegen die SED-PDS.

11. 1. In einer Regierungserklärung sagt Modrow, eine Wiedervereinigung stehe nicht auf der Tagesordnung.

12. 1. Die am 7. 10. 1989 in der Illegalität gegründete SPD der DDR hält ihre erste Landesdelegiertenkonferenz ab.

15. 1. Demonstranten stürmen das Gebäude des ehemaligen Ministeriums für Staatssicherheit in Berlin.

21. 1. Krenz und weitere 13 prominente Funktionäre werden aus der SED-PDS ausgeschlossen.

22. 1. Der britische Außenminister Douglas Hurd trifft zu einem dreitägigen Besuch in der DDR ein. Er befürwortet eine Intensivierung der bilateralen Beziehungen.

29. 1. Honecker wird nach einem Krankenhausaufenthalt verhaftet, aber einen Tag später für haftunfähig erklärt. Ein evangelischer Pfarrer nimmt ihn und seine Frau in sein Haus auf.

1. 2. Modrow schlägt die schrittweise Vereinigung der beiden deutschen Staaten vor. Als Vorbedingung nennt er ihre militärische Neutralität.

4. 2. Die SED-PDS nennt sich nur noch PDS.

5. 2. Acht Mitglieder oppositioneller Parteien und Gruppen treten als Minister ohne Geschäftsbereich in die DDR-Regierung ein.
Die Bundesregierung schlägt der DDR-Regierung vor, unverzüglich in Verhandlungen über eine Währungsunion einzutreten.

10. 2. Präsident Gorbatschow erklärt, daß es Sache der Deutschen sei, den Zeitpunkt und den Weg der Einigung selbst zu bestimmen.
11. 2. Die britische Premierministerin Margaret Thatcher erklärt, Deutschland könne nur mit Zustimmung aller 35 Signatarstaaten der KSZE-Schlußakte von Helsinki vereinigt werden.
13. 2. Modrow reist mit einer großen Regierungsdelegation zu einem zweitägigen Besuch nach Bonn. Die Bildung einer Expertenkommission zur Vorbereitung einer Währungsunion und Wirtschaftsgemeinschaft wird vereinbart. Einen von der DDR-Regierung und dem Runden Tisch geforderten „Solidarbeitrag" von 10–12 Milliarden DM lehnt die Bundesregierung ab.
14. 2. Die vier Siegermächte des Zweiten Weltkrieges und die beiden deutschen Staaten vereinbaren die Aufnahme von Verhandlungen über die äußeren Aspekte der deutschen Einheit („Zwei plus vier").
1. 3. Die DDR-Regierung beschließt die Gründung einer Treuhandanstalt zur Verwaltung des Volkseigentums.
6. 3. Anläßlich eines Moskau-Besuchs von Modrow erklären die Regierungen der UdSSR und der DDR übereinstimmend, die Vereinigung der beiden deutschen Staaten dürfe nicht durch Beitritt der DDR nach Artikel 23 erfolgen, sondern müsse in Etappen vor sich gehen, und Gesamtdeutschland dürfe nicht Mitglied der NATO sein.
8. 3. Die DDR-Regierung „entpflichtet" die 109 000 ehemaligen „inoffiziellen Mitarbeiter" der Staatssicherheit.
12. 3. Letzte Sitzung des Runden Tisches.
18. 3. Erste freie Wahl zur Volkskammer in der DDR. Stärkste Partei wird die CDU, an zweiter Stelle steht die SPD, an dritter die PDS.
1. 4. Die Deutsche Bundesbank schlägt vor, bei einer Währungsunion Einkommen und Renten in der DDR im Verhältnis 2:1 umzustellen. Dies führt zu heftigen Protesten in der DDR.
5. 4. Die neugewählte Volkskammer der DDR konstituiert sich. Sabine Bergmann-Pohl (CDU) wird zur Präsidentin gewählt. Lothar de Maizière (CDU) wird mit der Regierungsbildung beauftragt. Der Staatsrat wird abgeschafft; die Volkskammerpräsidentin nimmt provisorisch die Aufgaben des Staatsoberhauptes wahr. Die Präambel der Verfassung, in der die DDR als „sozialistischer Staat der Arbeiter und Bauern" bezeichnet wird, wird gestrichen.
12. 4. Die Volkskammer wählt Lothar de Maizière zum Ministerpräsidenten und bestätigt die von ihm gebildete Regierung der großen Koalition.
18. 4. Die Sowjetunion äußert in einem Memorandum Bedenken gegen einen schnellen Beitritt der DDR nach Artikel 23.
19. 4. De Maizière gibt seine Regierungserklärung ab. Als Ziel nennt er die rasche Herstellung der Einheit über einen vertraglich zu vereinbarenden Weg gemäß Artikel 23.
23. 4. Die Bundesregierung schlägt der DDR eine Währungsunion mit einem Umtauschkurs von 1:1 für Löhne, Gehälter und Renten sowie fürBargeld und Sparguthaben bis 4000 Mark pro Kopf vor.
28. 4. Eine Gipfelkonferenz der EG stimmt einmütig der Vereinigung Deutschlands zu.
5. 5. In Bonn beginnen die „Zwei-plus-vier"-Gespräche der Außenminister der beiden deutschen Staaten und der vier Siegermächte.
6. 5. Bei den Kommunalwahlen in der DDR ergibt sich annähernd die gleiche Stimmenverteilung wie bei der Volkskammerwahl am 18. 3.
16. 5. Bund und Länder einigen sich auf die Schaffung eines Fonds „Deutsche Einheit" in Höhe von 115 Milliarden DM zur Unterstützung der DDR. Das Geld soll größtenteils am Kapitalmarkt aufgenommen werden.
18. 5. In Bonn unterzeichnen die Finanzminister Theo Waigel (Bundesrepublik) und Walter Romberg (DDR) den Staatsvertrag über die Währungs-, Wirtschafts- und Sozialunion.
31. 5. Die Volkskammer beschließt, das Vermögen der Parteien und Massenorganisationen unter die treuhänderische Verwaltung einer Regierungskommission zu stellen. Weiterhin beschließt sie, das Staatswappen der DDR in und an allen öffentlichen Gebäuden zu entfernen.
17. 6. Die Volkskammer beschließt ein Gesetz über Verfassungsgrundsätze. Dadurch werden Rechtsvorschriften, die sich auf die sozialistische Staatsordnung beziehen, außer Kraft gesetzt.
21. 6. Der Bundestag und die Volkskammer verabschieden eine gleichlautende Erklärung über die Endgültigkeit der Oder-Neiße-Linie als polnische Westgrenze.
1. 7. Die Währungs-, Wirtschafts- und Sozialunion tritt in Kraft. Damit ist die D-Mark alleiniges Zahlungsmittel in beiden deutschen Staaten. Alle Personenkontrollen an der innerdeutschen Grenze fallen weg. Das Notaufnahmeverfahren für Übersiedler aus der DDR wird abgeschafft. Seit Jahresbeginn sind 238 384 Personen aus der DDR in die Bundesrepublik übergesiedelt.
3. 7. Die Regierung der DDR stimmt der Abhaltung gesamtdeutscher Wahlen am 2. 12. zu.
6. 7. Die Regierungen der beiden deutschen Staaten nehmen Verhandlungen über den „Einigungsvertrag" auf.
16. 7. Gespräche zwischen Gorbatschow und Kohl in Moskau und im Kaukasus werden mit dem Ergebnis abgeschlossen, daß die UdSSR einer NATO-Mitgliedschaft des künftigen Gesamtdeutschlands zustimmt. Die sowjetischen Truppen sollen innerhalb von 3 bis 4 Jahren aus Deutschland abgezogen werden.
22. 7. Die Volkskammer beschließt ein Gesetz über die Wiederherstellung der 1952 aufgelösten Länder Brandenburg, Mecklenburg-Vorpommern, Sachsen, Sachsen-Anhalt und Thüringen. Landtagswahlen werden auf den 14. 10. angesetzt.
19. 8. Die SPD verläßt die Regierungskoalition der DDR.
23. 8. Nach langwierigen Auseinandersetzungen beschließt die Volkskammer, den Beitritt der DDR zur Bundesrepublik am 3. Oktober zu vollziehen.
31. 8. Schäuble und Krause unterzeichnen in Ostberlin den Einigungsvertrag (Vertrag über die Herstellung der Einheit Deutschlands).
12. 9. Die Außenminister der vier Siegermächte und der beiden deutschen Staaten unterzeichnen in Moskau den Zwei-plus-vier-Vertrag (Vertrag über die abschließende Regelung in bezug auf Deutschland). Nach seiner Ratifizierung erlöschen alle Rechte der vier Mächte in bezug auf Deutschland.
20. 9. Die Volkskammer und der Bundestag ratifizieren den Einigungsvertrag. Am folgenden Tag stimmt auch der Bundesrat zu.
24. 9. Die DDR tritt aus dem Warschauer Pakt aus.
28. 9. In der letzten ordentlichen Sitzung der Volkskammer kommt es zu einer turbulenten Debatte über die Ergebnisse eines Untersuchungsausschusses, wonach mehrere Abgeordnete und Minister inoffizielle Mitarbeiter der Staatssicherheit gewesen sein sollen.
1. 10. Die vier Siegermächte suspendieren ihre Vorbehaltsrechte in bezug auf Deutschland bis zum Inkrafttreten des Zwei-plus-vier-Vertrages, der noch von den Parlamenten ratifiziert werden muß. Damit hat Deutschland bereits jetzt seine volle Souveränität zurückerlangt.
2. 10. Um Mitternacht wird vor dem Reichstag in Berlin feierlich die deutsche Flagge gehißt.
3. 10. Mit Anbruch des 3. Oktober 1990 ist die Teilung Deutschlands beendet. Überall finden Volksfeste statt. Der 3. Oktober wird Nationalfeiertag.
4. 10. Im Berliner Reichstag tritt der nunmehr gesamtdeutsche Bundestag, der um 144 von ihren Fraktionen delegierte Volkskammerabgeordnete erweitert worden ist, zu seiner ersten Sitzung zusammen.
12. 10. Bundesaußenminister Genscher und der sowjetische Botschafter Terechow unterzeichnen einen Vertrag „über die Bedingungen des befristeten Aufenthalts und die Modalitäten des planmäßigen Abzugs der sowjetischen Truppen". Bis Ende 1994 sollen die Truppen abziehen.
14. 10. Landtagswahlen in den Ländern der ehemaligen DDR. In Mecklenburg-Vorpommern, Sachsen, Sachsen-Anhalt und Thüringen wird die CDU stärkste Partei, in Brandenburg die SPD.
9. 11. In Bonn unterzeichnen Kohl und Gorbatschow den deutsch-sowjetischen „Vertrag über gute Nachbarschaft, Partnerschaft und Zusammenarbeit".
14. 11. In Warschau unterzeichnen die Außenminister Genscher und Skubiszewski einen Vertrag über die Endgültigkeit der Oder-Neiße-Grenze.
30. 11. Der Abriß der Berliner Mauer ist beendet. Drei Teilstücke bleiben als historische Denkmäler erhalten.
2. 12. Erste gesamtdeutsche Bundestagswahl. Sieger sind die Koalitionsparteien CDU, CSU und FDP.
20. 12. Der neugewählte Bundestag tritt im Berliner Reichstag zu seiner konstituierenden Sitzung zusammen. Alterspräsident ist Willy Brandt.

schaftl., sozialen u. auch psycholog. Problemen verbunden. Der Aufbau einer demokrat. u. rechtsstaatl. Verwaltung u. Justiz erwies sich als schwierig, da das gesamte Rechtssystem der Bundesrepublik übernommen werden mußte u. es an geeignetem unbelastetem Personal fehlte. Für die Bewältigung der dringendsten öffentl. Aufgaben mußten in den westl. Landesteilen erhebliche Mittel aufgebracht werden. Die jährl. Transferleistungen beliefen sich auf rd. 160 Mrd. DM. Dies machte Steuererhöhungen u. hohe Kre-

ditaufnahmen notwendig. Die zur Verwaltung des „volkseigenen" Wirtschaftssektors gegründete Treuhandanstalt privatisierte bis 1994 rd. 15000 bisher staatl. Betriebe. Viele Betriebe mußten jedoch stillgelegt werden, was eine hohe Arbeitslosigkeit zur Folge hatte.
1993 trat der Vertrag von Maastricht über den Ausbau der EG zu einer Europ. Union in Kraft. Nach der Bundestagswahl von 1994 blieb die bisherige Koalition mit geschrumpfter Mehrheit im Amt. In den östl. Ländern erzielte die PDS beträchtl. Wahlerfolge. Im Zusammenhang mit Strukturveränderungen der Weltwirtschaft (der sog. Globalisierung) stieg die Zahl der Arbeitslosen auf über 4 Millionen. Auseinandersetzungen über die Finanzierbarkeit sozialstaatl. Leistungen bestimmten das innenpolit. Klima der späten 1990er Jahre.

Deutschlandlied, 1841 von H. *Hoffmann von Fallersleben* auf Helgoland gedichtet; zugrunde lag die von J. *Haydn* komponierte Melodie der österr. Kaiserhymne. Das D. setzte sich nur allmählich nach 1870, stärker nach 1914 u. 1918 durch; es wurde 1922 durch Verfügung des Reichspräsidenten F. Ebert zur Nationalhymne erklärt, 1933 mit dem Horst-Wessel-Lied gekoppelt, 1945 von den Alliierten verboten. Seit 1952 ist es als Nationalhymne der BR Dtschld. anerkannt, wobei nur die 3. Strophe gesungen wird.

Deutschlandvertrag, *Generalvertrag*, der am 26. 5. 1952 in Bonn unterzeichnete Vertrag über die Beziehungen zwischen der BR Dtschld. u. den drei westl. Besatzungsmächten USA, Großbritannien u. Frankreich. Der D. entstand im Zusammenhang mit der seit 1950 vor allem von den USA erhobenen Forderung nach einem eigenständigen dt. Beitrag zur europ. Sicherheit. Er sollte das Besatzungsregime in der BR Dtschld. beenden, sie – bei gewissen Vorbehalten der Westmächte in bezug auf Dtschld. als Ganzes, Berlin u. einen künftigen Friedensvertrag – zum souveränen Staat machen u. sie durch die Koppelung an den Vertrag über die *Europ. Verteidigungsgemeinschaft* (EVG) in eine kontinentaleuropäische Gemeinschaft einbeziehen. Der D. wurde 1952 in den USA u. Großbritannien, 1953 in der BR Dtschld. ratifiziert, doch scheiterte die Ratifizierung des EVG-Vertrags in der französ. Nationalversammlung am 30. 8. 1954. Daraufhin wurde auf der Neun-Mächte-Konferenz (USA, Kanada, Großbritannien u. die sechs EVG-Staaten) in London vom 28. 9. bis 3. 10. 1954 die Aufnahme der BR Dtschld. in die NATO, die Gründung der WEU u. die Neufassung des D.s durch das Protokoll über die Beendigung des Besatzungsregimes in der BR Dtschld. beschlossen. Diese Beschlüsse bildeten den Inhalt der *Pariser Verträge* vom 23. 10. 1954. Nach ihrer Ratifizierung trat der D. am 5. 5. 1955 in Kraft.

Deutschmeister, Vertreter des Hochmeisters des → Deutschen Ordens, dem alle Ordensprovinzen im Reich unterstanden (bis auf die 5 Balleien Etsch, Österreich, Böhmen, Koblenz u. Elsaß, die seit 1360 dem Hochmeister direkt unterstellt waren). Gegen Ende des 14. Jh. erhielt der D. zu seinen 12 dt. Balleien auch die Leitung über die restl. Ordensprovinzen am Mittelmeer u. nannte sich seitdem *Meister in deutschen u. welschen Landen.*

deutschnationale Bewegung, in Österreich um die Mitte des 19. Jh. entstandene politische Bewegung, vertrat im Nationalitätenkampf großdeutsche (G. von *Schönerer*), antisemitische u. antikatholische (Los-von-Rom-Bewegung) Tendenzen; der von Schönerer gegründete Deutschnationale Verein forderte im Kampf gegen das Habsburgerreich den engeren Anschluß an das Deutsche Reich; eine gemäßigte Gruppe *(Deutscher Klub)* erkannte dagegen die habsburgische Dynastie u. die Eigenstaatlichkeit an. Der Deutsche Nationalverband bildete 1911 mit 104 Abgeordneten die stärkste Fraktion im österreichischen Reichsrat, zerfiel aber schon 1917/18 in 17 Splitterparteien.

Deutschnationale Volkspartei, Abk. *DNVP*, gegr. Nov. 1918 als konservativ-nationale Partei auf dem rechten Flügel im Parteiensystem der Weimarer Republik mit deutlich antisemitischen Tendenzen; erstrebte die Wiederherstellung der Monarchie, Wiederaufrüstung, Stärkung der Stellung des Reichspräsidenten; lehnte daher die demokrat. Verfassung von Weimar entschieden ab u. bekämpfte leidenschaftlich den Versailler Vertrag u. alle sog. „Erfüllungspolitiker". Teile der Partei unterstützten sogar offen den Kapp-Putsch.
Die Partei stützte sich auf Grundbesitz u. einen Teil des Unternehmertums, enthielt viele Elemente des alten Junkertums u. sammelte antidemokratische Gruppen aller Volksschichten in ihren Reihen. Dadurch bot sie nach außen in zahlreichen Fragen ein Bild programmatischer Zerrissenheit, selbst dann noch, als der antisemitische Flügel die Partei verließ. Hauptstreitpunkt bildete die Entscheidung zwischen totaler Konfrontation u. bedingter Bereitschaft zur Übernahme demokratischer Verantwortung. Nach kurzer Regierungsbeteiligung veranlaßte die Verständigungspolitik G. *Stresemanns* 1924 die DNVP zum Ausscheiden.
Mit dem beginnenden Niedergang 1928 u. der Wahl A. *Hugenbergs* zum Vorsitzenden schlug die Partei einen kompromißlosen Konfrontationskurs gegen das demokrat. System ein. Ihr Bündnis mit der NSDAP in der *Harzburger Front* war ebenso wie die Regierungskoalition vom Januar 1933 von der Berechnung bestimmt, mit Hilfe der NSDAP zur Macht u. zur Wiederherstellung der Monarchie zu kommen. Abspaltungen u. Wahlverluste ließen die Partei jedoch stark zusammenschrumpfen. Hugenberg schätzte die Kräfteverhältnisse falsch ein. Er leistete einen entscheidenden Beitrag zur Machtergreifung Hitlers u. besiegelte damit gleichzeitig sein polit. Ende. Die Partei mußte sich im Juli 1933 selbst auflösen. Hauptvertreter: K. *Helfferich*, K. Graf *Westarp*, A. Hugenberg.

Deutsch-Ostafrika, größte u. wertvollste der ehem. dt. Kolonien, nach dem 1. Weltkrieg aufgeteilt in die Völkerbundsmandate Tanganjika u. Ruanda-Urundi, heute das Gebiet der drei afrikan. Staaten Tansania, Rwanda u. Burundi.

Deutsch-Österreich, die bis 1918 von der deutschsprechenden Bevölkerung bewohnten Teile Österreich-Ungarns; vom 12. 11. 1918 bis 21. 10. 1919 auch Staatsname der in diesem Gebiet errichteten Republik. Der Friedensvertrag von St.-Germain verbot den Namen D.

deutsch-polnische Verträge, mehrere Abkommen zur Regelung der seit dem Ende des 2. Weltkriegs strittigen Frage der dt.-poln. Grenze.
1. Im *Görlitzer Abkommen* vom 6. 7. 1950 stellten die DDR u. die Volksrepublik Polen übereinstimmend fest, daß die → Oder-Neiße-Linie die Staatsgrenze zwischen Dtschld. u. Polen bilde.
2. Im *Warschauer Vertrag* vom 7. 12. 1970 stellten die BR Dtschld. u. die Volksrepublik Polen übereinstimmend fest, daß die Oder-Neiße-Linie die westl. Staatsgrenze Polens bilde u. daß sie gegeneinander keinerlei Gebietsansprüche hätten u. solche auch in Zukunft nicht erheben würden. In den vorangehenden Verhandlungen hatte die Bundesregierung erklärt, daß sie nur für die (damalige) Bundesrepublik handeln, ein wiedervereinigtes Dtschld. also nicht binden könne.
3. Im *Warschauer Vertrag* vom 14. 11. 1990, der nach der Wiedervereinigung Deutschlands geschlossen wurde, bestätigten die BR Dtschld. u. die Republik Polen unter Bezugnahme auf die beiden früheren Verträge die zwischen ihnen bestehende Grenze u. erklärten, daß sie gegeneinander keinerlei Gebietsansprüche hätten u. solche auch in Zukunft nicht erheben würden.

deutsch-sowjetische Verträge, 1. → Rapallovertrag (2).
2. *dt.-sowjet. Nichtangriffspakt, Hitler-Stalin-Pakt*, am 23. 8. 1939 in Moskau von den Außen-Min. J. von Ribbentrop u. W. M. Molotow unterzeichneter, auf 10 Jahre geschlossener Vertrag, in dem sich das Dt. Reich u. die UdSSR verpflichteten, keine aggressiven Handlungen gegeneinander zu begehen, bei Auseinandersetzungen eines Vertragspartners mit Dritten neutral zu bleiben u. Konflikte untereinander friedlich beizulegen. In einem geheimen Zusatzprotokoll, dessen Existenz die UdSSR erst 1989 zugab, wurden für den Fall einer „territorial-polit. Umgestaltung" in Polen u. den balt. Staaten die Interessensphären abgegrenzt: Finnland, Estland, Lettland, Polen östl. von Narew, Weichsel u. San sowie Bessarabien sollten zum sowjet., Litauen u. das übrige Polen zum dt. Einflußbereich gehören. Nach der Zerschlagung Polens schlossen die beiden Mächte am 28. 9. 1939 einen Grenz- u. Freundschaftsvertrag mit zwei geheimen Zusatzprotokollen: Die dt.-sowjet. Interessengrenze in Polen wurde weiter nach O verschoben (etwa bis zur heutigen poln.-sowjet. Grenze); Litauen kam zur sowjet. Interessensphäre.
Der Pakt kam nach ergebnislosen brit.-französ.-sowjet. Verhandlungen kurzfristig zustande. Er gab Hitler freie Hand gegen Polen; Stalin verschaffte er große Gebietsgewinne u. die Aussicht, nicht in den Krieg zwischen Dtschld. u. den Westmächten verwickelt zu werden. Mit dem für Stalin unerwarteten Angriff auf die UdSSR am 22. 6. 1941 brach Dtschld. den Pakt.
3. *Moskauer Vertrag*, am 12. 8. 1970 von den Regierungschefs W. Brandt u. A. N. Kossygin u. den Außen-Min. W. Scheel u. A. A. Gromyko unterzeichneter Vertrag zwischen der BR Dtschld. u. der UdSSR. Die beiden Staaten bekundeten ihr Bestreben, die Normalisierung der Lage in Europa zu fördern u. dabei von der „wirkl. Lage" auszugehen. Sie verpflichteten sich zu gegenseitigem Gewaltverzicht u. erklärten die Grenzen aller europ. Staaten einschl. der Oder-Neiße-Linie u. der Grenze zwischen der BR Dtschld. u. der DDR für unverletzlich. In einem bei der Unterzeichnung übergebenen „Brief zur dt. Einheit" stellte die Bundesregierung fest, daß der Vertrag nicht im Widerspruch zu dem polit. Ziel der BR Dtschld. stehe, auf einen Zustand des Friedens in Europa hinzuwirken, in dem das dt. Volk in freier Selbstbestimmung seine Einheit wiedererlange. Der Vertrag war das erste konkrete Ergebnis der → Ostpolitik der Regierung Brandt. Er diente der Entkrampfung im Verhältnis zur UdSSR u. schuf die Voraussetzungen für die Normalisierung der Beziehungen zu den anderen damals kommunist. Staaten Osteuropas.
4. *Vertrag über Freundschaft, Zusammenarbeit u. gegenseitigen Beistand zwischen der DDR u. der UdSSR*, am 7. 10. 1975 in Moskau von den Parteichefs E. Honecker u. L. I. Breschnew unterzeichneter, auf 25 Jahre geschlossener Vertrag. Unter Berufung auf das „Fundament des Marxismus-Leninismus u. des sozialist. Internationalismus" verpflichteten sich die beiden Staaten zu „ewiger u. unverbrüchl. Freundschaft" u. „brüderl. gegenseitiger Hilfe auf allen Gebieten", was eine enge Verpflechtung der beiden Volkswirtschaften („sozialist. ökonom. Integration") einschloß. Im Fall eines bewaffneten

Überfalls auf einen Vertragspartner war militär. Beistand vorgesehen. Der Vertrag löste den Freundschaftsvertrag vom 12. 6. 1964 ab, der seinerseits an die Stelle des Vertrags vom 20. 9. 1955 getreten war. Im Unterschied zu diesen beiden Verträgen enthielt er keinen Hinweis auf eine mögl. Wiedervereinigung Deutschlands u. keinen Vorbehalt eines mit Dtschld. abzuschließenden Friedensvertrags. Damit trug er der von der DDR vertretenen These Rechnung, daß seit dem Abschluß des Grundvertrags zwischen den beiden dt. Staaten (1972) keine offene deutsche Frage mehr bestehe. Durch die Wiedervereinigung Deutschlands am 3. 10. 1990 ist der Vertrag gegenstandslos geworden.
5. *Vertrag zwischen der BR Dtschld. u. der UdSSR über die Bedingungen des befristeten Aufenthalts u. die Modalitäten des planmäßigen Abzugs der sowjetischen Truppen aus dem Gebiet der BR Dtschld.*, unterzeichnet am 12. 10. 1990 in Bonn, regelte den Aufenthalt der früheren sowjetischen Besatzungstruppen in Dtschld. u. ihren Abzug bis spätestens Ende 1994. Nach einem am 9. 10. 1990 unterzeichneten Abkommen über „einige überleitende Maßnahmen" gewährte die Bundesrepublik Deutschland der UdSSR hierzu Beihilfen in Höhe von 12 Mrd. DM. Rechtsnachfolger der 1991 aufgelösten UdSSR wurde Rußland.
6. *Vertrag über gute Nachbarschaft, Partnerschaft u. Zusammenarbeit zwischen der BR Dtschld. u. der UdSSR*, am 9. 11. 1990 in Bonn von Bundeskanzler H. Kohl u. Präsident M. S. Gorbatschow unterzeichneter Vertrag über die Gestaltung der dt.-sowjet. Beziehungen nach der Wiedervereinigung Deutschlands. Die beiden Mächte erklärten, daß sie keine Gebietsansprüche gegen irgend jemand haben u. die Grenzen aller europ. Staaten als unverletzlich betrachten. Weitere Hauptpunkte: Gewaltverzicht, Eintreten für Abrüstung u. Rüstungskontrolle, Unterstützung des KSZE-Prozesses, allseitige Zusammenarbeit, Erleichterung von menschl. Begegnungen. Konsultationen auf höchster polit. Ebene sollen mindestens einmal jährl. stattfinden. Sowjetischen Bürgern dt. Nationalität soll es ermöglicht werden, ihre nationale, sprachl. u. kulturelle Identität zu entfalten. Die auf dt. Boden errichteten Denkmäler für sowjet. Opfer des Krieges u. der Gewaltherrschaft werden unter den Schutz dt. Gesetze gestellt. – Gleichzeitig unterzeichneten die zuständigen Minister einen Vertrag über Zusammenarbeit auf dem Gebiet der Wirtschaft, Industrie, Wissenschaft u. Technik u. ein Abkommen über Zusammenarbeit auf dem Gebiet des Arbeits- u. Sozialwesens. Rechtsnachfolger der 1991 aufgelösten UdSSR wurde Rußland.

deutsch-tschechoslowakische Verträge, 1. *Prager Abkommen*, vom 11. 12. 1973 zur Normalisierung des Verhältnisses zwischen der BR Dtschld. u. der Tschechoslowakei; das → Münchner Abkommen wurde für nichtig erklärt u. die Aufnahme diplomat. Beziehungen vereinbart.
2. unterzeichnet in Prag am 27. 2. 1992. Die bestehenden Grenzen wurden bestätigt, die Rechte der dt. Minderheit in der Tschechoslowakei ausdrücklich anerkannt. Der Vertrag befaßte sich nicht mit Vermögensfragen.

deutschvölkische Bewegung, Sammelbegriff für die sich überkreuzenden, bald zusammenwirkenden, bald sich bekämpfenden Gruppen des jüngeren dt. Antisemitismus. Zu ihnen gehörte die *Deutschvölkische Partei* von 1914, die extreme rassistische Positionen mit fanatischen Durchhalteparolen verband mit dem Ziel eines „Siegfriedens" als einzig akzeptabler Beendigung des 1. Weltkrieges. Dabei stand sie der *Deutschen Vaterlandspartei* nahe. Nach Auflösung der Deutsch-Völkischen Partei 1918 sammelten sich große Teile der Mitglieder erneut in der *Deutschnationalen Volkspartei* (DNVP). Im gleichen Bereich ist der 1918 entstandene *Deutschvölkische Bund* anzusiedeln, aus dem als einer der bekanntesten dieser Bünde der *Deutschvölkische Schutz- u. Trutzbund* hervorging. Er trug konspirative Züge u. beabsichtigte, in kleinbürgerlichen Kreisen mit nationalist. antisemitistischer Agitation gewaltsame Aktionen gegen die Republik zu schüren. Die Nationalsozialisten konnten später die geschulte Anhängerschaft weitgehend in ihre Bewegung integrieren. Als Theoretiker des Bundes sind T. *Fritsch*, A. *Dinter* u. A. *Bartels* zu nennen. Da er in politisch motivierte Mordanschläge verwickelt war, wurde der Bund 1922 verboten. Noch im gleichen Jahre entstand jedoch, von den Deutschnationalen R. *Wulle* u. A. von *Graefe* als Abspaltung von der DNVP gegr., die *Deutschvölkische Freiheitspartei*, die bei den Reichtagswahlen 1924 zusammen mit den damals noch wenig bekannten Nationalsozialisten als Nationalsozialist. Freiheitspartei auftrat. Mit dem Wiedereintritt Hitlers in die Politik, nach der durch den Hitlerputsch eingetretenen Zwangspause, zerfiel 1925 die Verbindung mit den Nationalsozialisten. Das Eintreten der völkischen Parteigänger für eine Wiederherstellung der Monarchie verhinderte weitere Zusammenarbeit. 1933 mußte sich die Deutschvölkische Freiheitspartei selbst auflösen.

Devolutionskrieg, der 1. Reunionskrieg Ludwigs XIV. 1667/68 gegen die span. Niederlande.

Devonshire ['dɛvnʃiə], engl. Herzogstitel, seit 1618 im Besitz der Familie *Cavendish*, erstmals vom König Jakob I. an William Cavendish verliehen u. heute im Besitz von Robert Burton Cavendish (* 1920), 11. Duke of D.

de Witt, Jan → Witt, Johan de.

Dezemberverfassung, nach dem *Österreichisch-Ungarischen Ausgleich* 1867 erlassene Verfassungsgesetze, die die Rechtsprechung, die Ausübung der Regierungs- u. Vollzugsgewalt sowie das Nationalitätenrecht im Sinne des liberalen Bürgertums neu regelten. Zu den bleibenden Errungenschaften der D. gehört die Kodifizierung der staatsbürgerl. Grundrechte.

Diadochen [grch., „Nachfolger"], ehemalige Generale u. Freunde *Alexanders d. Gr.*, teilten nach seinem Tode (323 v. Chr.) das Alexander-Reich auf u. bekämpften sich in wechselnden Bündnissen: *Antipater* behielt Makedonien, *Lysimachos* bekam Thrakien, *Antigonos I.* Lykien, Pamphylien u. Großphrygien, *Eumenes* Kappadokien u. Paphlagonien (Kleinasien), *Ptolemaios I.* Ägypten, *Seleukos I.* Babylonien. *Perdikkas* war Reichsverweser bis zu seinem Tod 321 v. Chr. Im Verlauf dieser *D.kämpfe* wurden alle legitimen Erben Alexanders ausgerottet. Wichtige Schlachten fanden bei *Ipsos* 301 v. Chr. u. bei *Kurupedion* 281 v. Chr. statt. In dieser Zeit bildete sich das hellenistische Staatensystem heraus. Auch → Hellenismus.

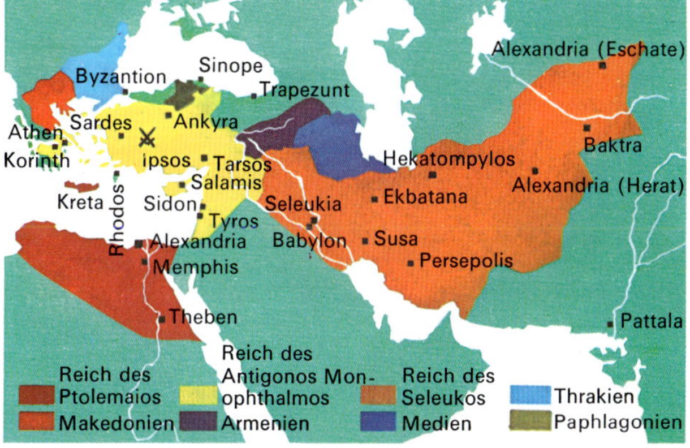

Die Reiche der Diadochen, die sich nach dem Tode Alexanders d. Gr. (323 n. Chr.) bildeten

Diaguita-Kultur [-'gi-], alte indian. Kultur in Nordchile, deren Träger Stämme der Diaguita-Sprachgruppe waren; Sprachverwandte sind die *Calchaqui* (Calchaqui-Kultur) in Nordwestargentinien, jedoch mit anderer Kultur. Die D. wird in drei zeitl. Phasen unterteilt: archaische D. (600–1000 n. Chr.), Übergangszeit u. klass. D. (1000–1450), dann wurde sie von den Inka erobert. Besonderes handwerkl. Können hatten die Diaguita in der Kupfer- u. Goldschmiedekunst; es wurden reich verzierte Zeremonialäxte, Zierscheiben u. a. gefunden.
Die Keramik, vor allem der ersten Phase, zeigt starken Einfluß der *Tiahuanaco-Kultur* Boliviens, von dort kam auch die Kenntnis der Bronzelegierung; die späteren Holzarbeiten (Schnupftabletts u. Holzkästen) lehnen sich stilistisch denen der benachbarten *Atacameño-Kultur* an.

dialektischer Materialismus, von F. *Engels* – vor allem in seinen Schriften „Anti-Dühring" u. „Dialektik der Natur" – vorgenommene Übertragung des gesellschafts- u. geschichtsbezogenen *historischen Materialismus* auf alle Seinsbereiche. Hauptgedanke des dialekt. Materialismus ist, daß die Einheit der Welt in der Materie, die ewig u. unendlich ist, begründet ist. Damit wird es möglich, die Unterschiede von Sein u. Bewußtsein, von belebten u. unbelebten Dingen anzuerkennen u. trotzdem an einem gemeinsamen Ursprung (Materie) festzuhalten. Das erkenntnistheoret. Grundprinzip des dialekt. Materialismus ist die *Widerspiegelungstheorie*, nach der die konkrete Wirklichkeit im Bewußtsein des Menschen abgebildet wird. Diese materialist. Grundannahmen werden mit der Dialektik verknüpft. Die Wirklichkeit ist danach von bestimmten Bewegungsgesetzen geprägt. Die Dynamik der Materie resultiert aus dem Kampf von Gegensätzen, der über die *Negation der Negation* zu qualitativen Änderungen führt. Diese von Engels entwickelte Naturdialektik wurde von *Lenin* wieder aufgegriffen u. von *Stalin* zu einem dogmatischen Bestandteil der kommunist. Weltanschauung gemacht, was zu Beschränkungen in der naturwissenschaftl. Forschung führte. In der nachstalinschen Ära kam es zu einer gewissen Auflockerung dieses weltanschaul. Dogmatismus.

Diana [engl. dai'ænə], Prinzessin von Wales, * 1. 7. 1961 Sandringham, † 31. 8. 1997 Paris (Autounfall); Tochter des 8. Earl of *Spencer*; heiratete 1981 den brit. Thronfolger, Prinz *Charles*, von dem sie 1996 geschieden wurde.

Diane de Poitiers [di'a:n də pwa'tje:], Mätresse König Heinrichs II. von Frankreich, * 3. 9. 1499 Poitiers, † 22. 4. 1566 Schloß Anet, Eure-et-Loir; Herzogin von Valentinois; als Gegnerin der Hugenotten u. Parteigängerin der Guise übte sie im Staat polit. Einfluß aus; berühmte Schönheit.

Diaz, 1. ['dias], Armando, italien. Marschall, *5. 12. 1861 Neapel, †29. 12. 1928 Rom; seit November 1917 Oberbefehlshaber des italien. Heeres, 1922–1924 Kriegs-Min.
2. ['diaʃ], Bartolomëu, portugies. Seefahrer, *um 1450, †29. 5. 1500 (im Südatlantik ertrunken); umfuhr als erster Europäer im Winter 1487/88 die (vermeintliche) Südspitze Afrikas, der er den Namen Cabo tormentoso (Stürmisches Kap) gab (später Kap der Guten Hoffnung).
D. begleitete Vasco da Gama auf dessen erster Indienfahrt (1497/98).

Díaz ['dias], Porfirio, mexikan. Politiker, *15. 9. 1830 Oaxaca, †2. 7. 1915 Paris; Jurist, dann republikan. General, 1877–1880 u. 1884 bis 1911 Staats-Präs. D. bekämpfte Klerikale, Franzosen u. Kaiser Maximilian; er befriedete während seiner Präsidentschaft mit diktatorischer Gewalt das bürgerkriegsgeschwächte Land, sanierte die Wirtschaft u. baute das mexikan. Eisenbahn- u. Telegraphennetz auf. 1911 wurde er durch einen Aufstand unter Francisco I. Madero mit nordamerikan. Hilfe gestürzt.

Díaz del Castillo ['diaθ dɛl ka'stiljo], Bernal, span. Konquistador u. Historiker, *um 1498 Medina del Campo, †um 1582 Guatemala; Teilnehmer u. Chronist der Eroberung des Cortés in Mexiko.

Díaz Ordaz ['dias 'ɔrdas], Gustavo, mexikan. Politiker, *12. 3. 1911 Ciudad Cerdán, †15. 7. 1979 Mexico; Jurist, 1958–1964 Innen-Min., 1964–1970 Staats-Präs.; förderte ausländ. Investitionen u. verbesserte die wirtschaftl. Infrastruktur.

Dickel, Friedrich, Politiker (SED), *9. 12. 1913 Wuppertal-Vohwinkel, †22. 10. 1993 Berlin; Former; seit 1931 Mitgl. der KPD; 1937–1946 in der Sowjetunion; seit 1946 am Aufbau der Volkspolizei beteiligt; 1956–1963 stellvertr. Min. für Nationale Verteidigung der DDR; seit 1963 Min. des Innern u. Chef der Dt. Volkspolizei, seit 1967 Mitgl. des ZK der SED; verlor nach dem polit. Umsturz 1989 alle Ämter.

Dictator [lat., „Befehlshaber"], in der röm. Republik ein Ausnahmebeamter, für den das Kollegialitätsprinzip nicht galt, dessen Amtszeit jedoch auf maximal ein halbes Jahr beschränkt war. Der D. wurde vorwiegend in Zeiten massiver militär. Bedrohung, aber auch zur Durchführung bestimmter religiöser Zeremonien eingesetzt. In der späten Republik wurde die Einrichtung der Diktatur zur Legalisierung revolutionärer Maßnahmen u. Zustände benutzt.

Didius Julianus, Marcus Didius Severus Julianus, röm. Kaiser, *30. 1. 133, †1. 6. 193; unter Förderung von Marcus Aurelius (→ Marc Aurel) Karriere als Offizier u. Statthalter; nach der Ermordung des Petinax dank hoher Geldversprechungen von den Prätorianern zum Kaiser aufgerufen (März 193); wenig später, als der Gegenkaiser Septimius Severus vor Rom erschien, ermordet.

Didymaion, altgriech. Orakelstätte u. Heiligtum des Apollon südlich von Milet an der Westküste Kleinasiens; der alte, aus ionischer Zeit stammende Tempel (erbaut im 6. Jh. v. Chr.) wurde 494 v. Chr. von Persern zerstört. Mit dem gewaltigen Neubau wurde um 300 v. Chr. mit Hilfe Seleukos' I. begonnen, noch im 2. Jh. n. Chr. war der Bau unvollendet. Mit seinen Ausmaßen (110 x 51 m; doppelte Ringhalle mit 10 zu 21 Säulen im Außenring) war er einer der größten griech. Tempel. 1453 stürzte er nach einem Erdbeben ein, wurde aber von dt. Archäologen weitgehend restauriert.

Dieckmann, Johannes, Politiker (LDPD), *19. 1. 1893 Fischerhude bei Bremen, †22. 2. 1969 Berlin; Redakteur; 1919–1933 Funktionär der Dt. Volkspartei; 1933–1945 Verbandsgeschäftsführer in der Kohlewirtschaft; 1945 Mitbegründer der Liberal-Demokratischen Partei Deutschlands; 1948 bis 1950 Justiz-Min. u. stellvertr. Min.-Präs. in Sachsen, 1949–1969 Präs. der Volkskammer der DDR.

Diederichs, Georg, Politiker (SPD), *2. 9. 1900 Northeim, †19. 6. 1983 Laatzen; Apotheker; seit 1930 Mitgl. der SPD; 1935/36 polit. Häftling; 1948/49 Mitgl. des Parlamentar. Rates; 1957–1961 Min. für Soziales, 1961 bis 1970 Min.-Präs. von Niedersachsen.

Diehards ['daiha:rdz; engl., „schwer Sterbende"], ursprünglich Ehrenname für Truppen, die hartnäckig Widerstand leisteten; seit 1910 Bez. für die Mitglieder des äußersten rechten Flügels der engl. Konservativen.

Diem [djɛm], südvietnamesischer Politiker, → Ngo Dinh Diem.

Diện Biện Phu [djɛn bjɛn 'fu], *Dien-bien-phu*, Stadt in Nordvietnam nahe der Grenze zu Laos; am 7. 5. 1954 Schauplatz einer entscheidenden Niederlage der französ. Armee gegen die Viet-Minh. Die Kapitulation der französ. Truppen bei D. B. P. leitete den Rückzug Frankreichs aus Indochina ein.

Dienstadel → Ministerialen.

Dienstmann, im MA Ritter im Fürstendienst (u. a. als Ministeriale).

Diepenbrock, Melchior Freiherr von, Fürstbischof von Breslau (seit 1845), *6. 1. 1798 Bocholt, Westf., †20. 1. 1853 Schloß Johannesberg; 1848 Mitgl. des Frankfurter Parlaments, 1850 Kardinal; bemüht um Neuordnung des kirchl. Lebens u. um Befreiung der Kirche von staatskirchenrechtl. Bindungen; Verfasser geistl. Lieder.

Dietl, Eduard, Generaloberst, *21. 7. 1890 Bad Aibling, †23. 6. 1944 bei Graz (Flugzeugabsturz); befehligte im 2. Weltkrieg die dt. Armee in Nordfinnland u. Lappland, besetzte 1940 Narvik.

Dietrich, 1. Hermann, Politiker, *14. 12. 1879 Oberprechtal im Schwarzwald, †6. 3. 1954 Stuttgart; 1911–1918 MdL in Baden, 1919–1933 MdR (Dt. Demokrat. Partei, ab 1930 Dt. Staatspartei), 1928–1930 Reichsernährungs-Min., 1930 Reichswirtschafts-Min., 1930–1932 Reichsfinanz-Min.; 1945 Mitbegründer der FDP; 1946/47 Vors. des Bizonen-Ausschusses für Ernährung u. Landwirtschaft.
2. Josef (Sepp), SS-Führer, *28. 5. 1892 Hawangen, Oberbayern, †21. 4. 1966 Ludwigsburg; 1911–1919 Berufssoldat; vor 1933 im persönl. Sicherheitsdienst Hitlers tätig, seit 1933 Kommandeur der SS-Leibstandarte Adolf Hitler. Während des 2. Weltkriegs befehligte D. Verbände der Waffen-SS, 1944/45 als Generaloberst die 6. SS-Panzerarmee. 1946 wurde D. wegen seiner Mitverantwortung für die Erschießung US-amerikan. Kriegsgefangener zu 25 Jahren Haft verurteilt (1955 begnadigt), 1957 wegen der Beteiligung an der Ermordung E. *Röhms* (1934) zu 18 Monaten Gefängnis.
3. Otto, Politiker (NSDAP), *31. 8. 1897 Essen, †22. 11. 1952 Düsseldorf; Journalist; 1931–1945 Reichspressechef der NSDAP, 1938–1945 Pressechef der Reichsregierung u. Staatssekretär im Reichsministerium für Volksaufklärung u. Propaganda; seit 1945 inhaftiert, 1949 vom US-Militärgericht in München u. a. wegen Verbreitung von Judenhaß zu 7 Jahren Gefängnis verurteilt, 1950 begnadigt. D. schrieb „Mit Hitler in die Macht" 1933; „Zwölf Jahre mit Hitler" (posthum) 1955.

Dietrich von Nieheim, Geschichtsschreiber, *um 1340 Brakel, †1418 Maastricht; seit 1370 kurialer Beamter; schrieb aus eigenem Erleben über das Große Schisma u. das Konstanzer Konzil, außerdem konziliaristische Traktate zur Unionsfrage u. Kanzleiordnungen. Als providierter Bischof in Verden konnte er sich nicht durchsetzen. In Rom wurde er der eigentl. Begründer u. erste Rektor des dt. Kollegs der Anima.

Dieu et mon droit [djø: e: mɔ̃ 'drwa; frz., „Gott u. mein Recht"], Wahlspruch im engl. Königswappen, erstmals 1654–1656 im Widerstand gegen die Republikaner von Royalisten gebraucht.

Diktator [lat.], Herrscher mit unbeschränkter Gewalt; → Dictator, → Diktatur.

Diktatur [lat.], als Staats-(Regierungs-, Herrschafts-) form die Zusammenfassung der polit. Gewalt in einer Hand unter Ausschaltung verfassungsrechtl. oder gewohnheitsrechtl. Schranken.
Nach ihrem Ursprung in der röm. Republik war die D. zunächst eine zeitbegrenzte Herrschaftsform zur Beseitigung gewisser Notstände (Krieg, Bürgerkrieg). Ihre Anwendung war also rechtlich vorgesehen *(kommissarische D.)*. Doch schon in der Zerfallszeit der röm. Republik zeigte sich die Gefahr, daß die zeitl. Begrenzung mißachtet u. ein Dauerregime errichtet wird. Auch Revolutionen münden mitunter in eine D. aus, so in England 1649 (Cromwell) u. in Frankreich 1789 (Napoleon). Ferner begünstigen Kriege diktatorische Gestaltungen.
Im modernen Verfassungsrecht sehen auch die Demokratien die *D. als vorübergehenden Zustand* zur Bewältigung bestimmter Aufgaben, etwa zur Niederschlagung von Aufständen oder zur Behebung von naturbedingten Notständen, vor: Ausnahmezustand, Belagerungszustand, nationaler Notstand usw. Dabei kann es zur Verhängung des Kriegsrechts, Aufhebung sonst bestehender Schranken für

Diện Biện Phu: General Vo Nguyen Giap (auf dem Foto ganz in schwarz) demonstriert mit Hilfe eines Modells seinen Schlachtplan

die Ausübung der Staatsgewalt (Einschränkung der Grundrechte, Sondervollmachten für die Polizei) sowie zum Gesetzgebungsrecht für die Exekutive kommen.
Die *D. als Dauerzustand* ist meist durch die Aufhebung der Gewaltenteilung, den Übergang der Rechtsetzung auf die Exekutive (Ermächtigungsgesetz vom 24. 3. 1933), die Vereinigung der Exekutivämter in einer Hand (Ämter des Reichspräsidenten u. Reichskanzlers 1934), die Ausschaltung des Parlaments, die Ernennung von Kommissaren, die Einrichtung von Sondergerichten, die Verstärkung des Strafrechtsschutzes zugunsten des Regimes, die Aufstellung von Milizverbänden usw. gekennzeichnet. Die D. einer staatstragenden Partei kennt außerdem noch Personalunionen zwischen Partei- u. Staatsämtern, die Errichtung von Gliederungen u. angeschlossenen Verbänden, ihre Ausstattung mit Befehlsrechten, eigene Parteigerichtsbarkeit.
In vielen Ländern hatte sich nach dem 1. Weltkrieg die konstitutionell begründete Diktaturgewalt auf scheinbar legalem Weg zu einem verfassungswidrigen oder verfassungslosen Dauerzustand entwickelt: in Italien *(Mussolini)*, Polen *(Piłsudski)*, den Balkanstaaten, in der Türkei *(Kemal Atatürk)*, in Spanien *(Primo de Rivera, Franco)*, Portugal *(Salazar)*, Österreich *(Dollfuß, Schuschnigg)* u. in verschiedenen Staaten Südamerikas. Diese Tendenz ist in verschiedenen afroasiat. Staaten in der Gegenwart wieder aufgetaucht.

Dimini, jungneolith. Siedlung auf einer Anhöhe bei Vólos in Thessalien, von mehreren Mauern umschlossen, mit einem von einer starken Mauer umgebenen Zentralbau in Form eines Megarons; polychrome Keramik mit Schachbrett-, Mäander- u. Spiralmustern, weibl. Statuetten. Namengebend für die jungneolith. *D.-Gruppe* Thessaliens.

Dimitrijević [-vitsj], Dragutin, gen. *Apis*, serb. Offizier, *17. 8. 1876 Belgrad, †26. 6. 1917 Saloniki (hingerichtet); 1913–1915 Leiter des Nachrichtenbüros im Generalstab, an der Offiziersverschwörung gegen den letzten *Obrenović* 1903 ebenso beteiligt wie an der Geheimorganisation *Schwarze Hand* u. dem Attentat von Sarajevo gegen den österr. Thronfolger Franz Ferdinand 1914; als unbequemer Mitwisser im sog. „Saloniki-Prozeß" zum Tode verurteilt, 1952 rehabilitiert.

Dimitrow, *Dimitrov, Dimitroff*, Georgi, bulgar. Politiker, *18. 6. 1882 Kovacevci, Bezirk Pernik, †2. 7. 1949 Barwicha bei Moskau; Gewerkschaftler (1901) u. Sozialdemokrat (seit 1902), 1913–1923 Parlamentsabgeordneter, 1919 Mitgründer der Kommunist. Partei Bulgariens; nach Niederwerfung des kommunist. Aufstands 1923 ins Ausland geflohen, 1933 in Deutschland in den Reichstagsbrand-Prozeß hineingezogen, freigesprochen u. in die Sowjetunion abgeschoben. 1935 Generalsekretär der Komintern, Mitgl. des Obersten Sowjets der UdSSR (1937–1945), seit der Rückkehr nach Bulgarien (Nov. 1945) Führer der bulgar. KP, ab 1948 als Generalsekretär; 1946–1949 Min.-Präs.

Dinghofer, Franz, österr. Politiker, *6. 4. 1873 Ottensheim, Oberösterreich, †12. 1. 1956 Wien; 1918 Präs. der Provisor. Nationalversammlung; Führer der Großdeutschen Volkspartei; 1926/27 Vizekanzler, 1927/28 Justiz-Min., bis 1938 Präs. des Obersten Gerichtshofs.

Dinis [di'niʃ], *Diniz der Gerechte, Dionysius*, König von Portugal 1279–1325, *9. 10. 1261 Lissabon, †7. 1. 1325 Santarém; verweigerte beim Regierungsantritt dem Papst den Lehnszins ungeachtet des päpstl. Banns u. verbot die Vererbung von Grundstücken an die Kirche; förderte Landwirtschaft, Handel u. Gewerbe durch eine neue Städteordnung, Kunst u. Wissenschaft u. a. durch Gründung der Universität Lissabon 1290, die Anfang

Diocletian und seine drei Mitregenten. Venedig, San Marco

des 14. Jh. nach Coimbra verlegt wurde; dichtete u. regte die nach ihm benannte Sammlung von Troubadour-Liedern an.

Dio Cassius, eigentl. *Cassius Dio Cocceianus*, röm. Konsul u. griech. Geschichtsschreiber, *um 150 n. Chr. Nicäa, † nach 229; verfaßte eine sorgfältige, teilweise erhaltene röm. Geschichte von den Anfängen bis 229 n. Chr., die vor allem für die Erforschung der Kaiserzeit von Bedeutung ist.

Diocletian, Gaius Valerius *Diocles*, als Kaiser: C. Aurelius Valerius *Diocletianus*, röm. Kaiser 284–305, *um 240 Dalmatien, †316 (?) Salona; stammte aus sozial niedrigen Verhältnissen u. war als Soldat emporgekommen; am 17. 11. 284 von den Soldaten in Nikomedien zum Kaiser ausgerufen. D. schuf das System der *Tetrarchie* („Viererherrschaft"), d. h. die Regierung des Reichs durch zwei Augusti mit je einem Caesar. D. setzte zuerst seinen Freund Marcus Aurelius Valerius *Maximianus* zum Caesar u. 286 zum Augustus für den Westen ein. Durch Annahme des Beinamens *Iovius* für D. u. *Herculius* für Maximian kam die übergeordnete Stellung des D. zum Ausdruck; ein streng geregeltes Hofzeremoniell wurde eingeführt. Caesares wurden 293 Gaius *Galerius* Valerius *Maximianus* u. Marcus Flavius Valerius *Constantius Chlorus;* durch Heiraten mit weibl. Verwandten der Augusti u. Adoption wurde das tetrarchische System dynastisch unterbaut. D. verwaltete den Osten (Residenz Nikomedia), Maximian Italien u. Africa (Residenz Mailand), Galerius Illyrien, Makedonien, Griechenland (Residenz Sirmium), Constantius Chlorus Spanien, Gallien u. Britannien (Residenzen Trier u. York). Gesetzlich wurde festgelegt, daß die Augusti nach 20jähriger Regierung gleichzeitig abdanken u. die Caesares nachrücken sollten; dieses System zerbrach jedoch bereits zu Lebzeiten D.s, nachdem er u. Maximian 305 zurückgetreten waren. Zum Teil dauerhafter waren andere Reformen: Militär- u. Zivilverwaltung wurden streng getrennt, die Gliederung u. Verwaltung des Reichs dezentralisiert, indem man das Reich in 12 Diözesen mit insgesamt 101 Provinzen aufteilte. Die wirtschaftl. u. finanzielle Lage versuchte D. durch Ausbau des staatl. Zwangsapparats zu verbessern: einschneidende Steuerreformen u. tiefe Eingriffe in die Autonomie der Gemeinden; Ausbau eines bewegl. Feldheers u. Zwangsinnungen der Handwerker zu dessen Versorgung; Bindung der Bauern an die Scholle (Kolonat) zur Verhinderung der Landflucht u. besseren Steuererhebung; Münzreform; Höchstpreistarif gegen die zunehmende Teuerung. D. kämpfte gegen Franken u. Alemannen, sicherte Ägypten, gewann Britannien zurück u. erzwang 298 die Anerkennung der röm. Oberhoheit in Armenien durch die Perser. 303/04 befahl D. eine allgemeine *Christenverfolgung* mit Kultverbot, Niederreißen der Kirchen, Beschlagnahme des Gemeindevermögens u. Bibelverbrennungen; die Christen wurden gezwungen, dem Bildnis des Kaisers als dem eines Gottes zu opfern, u. hatten bei Verweigerung mit Folterung u. Zwangsarbeit in Bergwerken zu rechnen. Am 1. 5. 305 trat D. zurück u. ließ sich in dem von ihm um 300 erbauten Palast in Spalato (Split) an der dalmatin. Küste nieder; er wurde dort nach seinem Tod in einem Mausoleum beigesetzt.

Diokles, demokrat. Staatsmann in Syrakus, setzte 413 v. Chr. eine harte Behandlung der athen. Kriegsgefangenen durch u. verwandelte 412 v. Chr. den Staat in eine radikale Demokratie attischer Prägung mit Losung der Beamten, wodurch Syrakus den Karthagern bald hilflos gegenüberstand u. die plebiszitäre Machtergreifung *Dionysios' I.* ermöglicht wurde. Er wurde nach dem Verlust von Himera gestürzt u. 408/07 v. Chr. in die Verbannung geschickt.

Dion, Machthaber in Syrakus 357–354 v. Chr., *409 v. Chr., †354 v. Chr. (ermordet); Schwager, später auch Schwiegersohn *Dionysios I.* von Syrakus, rief *Platon* an den Hof von Syrakus; von *Dionysios II.* 366 v. Chr. verbannt, kehrte 357 v. Chr. nach Syrakus zurück u. stürzte den Tyrannen. Er versuchte den platon. Idealstaat zu verwirklichen, scheiterte jedoch politisch u. erlag 354 v. Chr., von seinem vermeintlichen Freund Kallippos verraten, einer Söldnerverschwörung.

Dionysios, 1. *D. I. von Syrakus*, Feldherr u. ab 403 v. Chr. Tyrann von Syrakus, *430 v. Chr., †367 v. Chr.; schuf die längste u. mächtigste Tyrannenherrschaft der Antike. Infolge der karthagischen Gefahr u. durch hemmungslose Demagogie 405 v. Chr. zum Feldherrn mit Sondervollmachten gewählt, wurde er nach Niederschlagung seiner polit. Gegner 403 v. Chr. der Machthaber in Syrakus, das er zur größten Festung des Altertums ausbaute, mit dem Kastell *Euryalos* als westl. Bollwerk. In einem wechselvollen „Befreiungskrieg" (398–392 v. Chr.) brachte er Sizilien größtenteils unter seine Herrschaft u. beschränkte Karthago wieder auf dessen äußersten Westen. Sein Lebensziel, die Vertreibung der Karthager von Sizilien, erreichte D. jedoch nicht. Nach einem Krieg 382–374 v. Chr. mußte er ihnen dessen westl. Drittel überlassen mit dem Flußlauf des *Halykos* (heute Plàtani) als bis ins 3. Jh. v. Chr. bestehender Grenze; bald nach Eröffnung eines neuen Karthagerkrieges starb er 367 v. Chr. Wichtig waren seine kriegstechn. Neuerungen (unter ihm wurde u. a. das Katapult erfunden); sein bei formalem Weiterbestehen der demokrat. Institutionen vor allem auf z. T. eingebürgerte Söldner gestütztes Regime war politisch umstritten, sein außenpolit. Ansehen jedoch groß u. sein Hof von Bedeutung im Kulturleben.

2. *D. II.*, Sohn u. Nachfolger von 1), Tyrann 367–357 bzw. 344 v. Chr., *um 397 v. Chr.; war vor allem an glänzender Hofhaltung u. Philosophie interessiert (*Platon* war zwischen 366 u. 360 v. Chr. zweimal an seinem Hof) u. untergrub die Grundlagen seiner Herrschaft. 357 v. Chr. von *Dion* in Abwesenheit gestürzt, konnte er 347–345 v. Chr. nochmals Herr von Syrakus werden. 344 v. Chr. ergab er sich *Timoleon* u. lebte danach in Korinth im Exil.

Dionysius, Papst 259–267 (268?), Heiliger, †26. 12. 267/268 Rom; einer der bedeutendsten Päpste des 3. Jh., reorganisierte die röm. Gemeinde. In einem Schreiben an die Kirche von Alexandria legte er die Trinitätslehre dar. Fest: 30. 12.

Dionysius von Portugal → Dinis.

Diori [djɔ'ri], Hamani, nigrischer Politiker, *16. 6. 1916 Soudouré, Niger, †23. 4. 1989 Rabat; Moslem, Lehrer u. a. in Paris, seit 1946 Partei-Vors. der Fortschrittspartei (PPN); vertrat Niger in der französ. Nationalversammlung u. wurde 1957 deren Vize-Präs., 1958 erster Min.-Präs. der autonomen Regierung von Niger, 1960–1974 Staats-Präs.

Dioscurus, Papst 530, †14. 10. 530 Rom; aus Alexandria, nach einflußreicher Mitarbeit unter mehreren Päpsten wurde er von der byzanzfreundl. Mehrheit des Klerus zum Papst erhoben, während eine Minderheit den von Felix III. designierten Bonifatius II. wählte. Durch D.' baldigen Tod fand das Schisma sein Ende.

Diospolis magna → Theben.

Diouf [dju:f], Abdou, senegales. Politiker, *7. 9. 1935 Louga; 1961 Gouverneur der Region Siné-Saloum; 1965 General-Sekretär im Präsidial-Amt; 1970–1980 Premier-Min.; nach dem freiwilligen Rücktritt von Präs. *Senghor* 1980 Präs. von Senegal, 1983, 1988 und 1993 wiedergewählt.

Diplomatik [grch.] → Urkundenlehre.

Direktorium, frz. *Directoire,* oberste Regierungsbehörde Frankreichs 1795–1799, bestehend aus 5 Direktoren, von denen jährlich einer ausschied. Am 18. Brumaire (9. 11. 1799) wurde das D. von Napoleon Bonaparte gestürzt.

Diskos von Phaistos, eine 1908 im Palast von Phaistos auf Kreta gefundene tönerne Rundscheibe mit 16,5 cm Durchmesser u. einer maximalen Stärke von etwa 2 cm. Der Diskos ist auf beiden Seiten spiralförmig von außen nach innen mit insgesamt 241 Bildzeichen, davon 45 verschiedene, bestempelt, die eine unbekannte Form haben. Er entstand etwa 1650 v. Chr. u. zeigt das älteste Schriftsystem aus der minoischen Zeit Kretas. 1982 wurde der Text als an einen Weissagerkönig gerichtete Bitte um Rat u. Orakel gedeutet.

Displaced Persons [dis'plɛist 'pə:sənz; engl., „verschleppte Personen"], Abk. *D. P.,* die rund 1 Mill. Zwangsarbeiter, die im 2. Weltkrieg (mit weiteren 5,3 Mill., die in ihre Heimat zurückgekehrt sind) nach Dtschld. verschleppt worden waren u. es 1945 ablehnten, in ihre inzwischen kommunistisch gewordenen Staaten zurückzugehen. Die D. P. wurden von verschiedenen internationalen Organisationen betreut, u. a. von der *Internationalen Flüchtlingsorganisation* (IRO). Etwa 800 000 D. P. sind nach Übersee ausgewandert.

Dispositio Achillea [lat.], *Achilleisches Hausgesetz,* von Kurfürst *Albrecht Achilles* von Brandenburg 1473 für seine Söhne erlassene Erbordnung, die die Mark Brandenburg, die Kurwürde u. den Titel des Erzkämmerers dem ältesten Sohn, den beiden jüngeren Söhnen die fränkischen Fürstentümer zusprach. Wenn auch im Wortlaut weder die Primogenitur noch die Unteilbarkeit der Mark festgesetzt waren, so wurden diese Bestimmungen in der Folgezeit doch als bindend betrachtet u. hatten die endgültige Loslösung der fränkischen Fürstentümer von der Mark Brandenburg zur Folge.

Disraeli [diz'rɛili], Benjamin, Earl of *Beaconsfield* (1876), engl. Politiker (konservativ) u. Romancier, *21. 12. 1804 London, †19. 4. 1881 London; Sohn eines engl. Literaten italien.-jüd. Abstammung, trat 1817 vom Judentum zum Christentum über; seit 1837 Abg., seit 1848 Parteiführer im Unterhaus; vertrat einen unabhängigen Konservatismus, der die Bindung an Krone, Adel u. Staatskirche mit sozialpolit. Ideen von Arbeiterschutz u. -wohlfahrt verband (Tory-Demokratie). 1868 u. 1874–1880 war D. Premier-Min.; er führte eine Reihe sozialer Reformen durch (Wohnungs- u. Gesundheitswesen) u. sicherte 1875 England durch Aktienkauf den maßgebenden Einfluß auf den Suezkanal. Dahinter stand eine weitausgreifende imperiale Politik, die den Seeweg nach Indien um das Kap durch eine Landbrücke in Nordafrika u. im Nahen Osten ergänzen wollte. D. veranlaßte 1876 die Proklamation des Kaiserreichs Indien u. verhinderte 1878 (Berliner Kongreß) die russ. Ausdehnung auf dem Balkan. Seine imperialist. Konzeption leitete einen Umschwung der brit. Politik in Indien u. im Nahen Orient ein. – D. schrieb zahlreiche Novellen u. Romane: „Coningsby" 1844; „Sybil" 1845; „Tancred" 1847.

Dittmann, Wilhelm, sozialdemokrat. Politiker, *13. 11. 1874 Eutin, †7. 8. 1954 Bonn; Tischler; 1912 bis 1918 u. 1920–1933 Mitgl. des Reichstags; Wortführer des linken Flügels der SPD; 1917 Mitgründer der USPD; Nov./Dez. 1918 Mitgl. des Rates der Volksbeauftragten; kehrte 1922 zur SPD zurück; 1933–1951 in der Schweiz.

divide et impera [lat., „teile u. herrsche"], angebl. Ausspruch *Ludwigs XI.* von Frankreich (1461–1483), in späterer Zeit zur Charakterisierung der altröm. Politik gebraucht; besagt: Man fördere die Uneinigkeit unter den Besiegten, um sie leichter zu beherrschen.

Divus [lat., der „Vergöttlichte"], seit *Cäsar* Ehrenname röm. Kaiser nach ihrem Tod.

Diwan [auch 'di-; der; pers.], *Divan,* in der islam. Verwaltung ein Register von Schriftstücken staatl. oder wirtschaftl. Art; auch Ratsversammlung, Kanzlei, Gerichtshof, Empfangsraum des Herrschers, in der osman. Türkei der Staatsrat; ferner die zur Einrichtung der betr. Räume gehörenden niedrigen Polsterbänke an der Wand (davon abgeleitet im europ. Gebrauch der D. als Möbelstück).

Djibouti — DJI

Republik Djibouti

Fläche: 23 200 km². – *Einwohner:* 481 000. – *Hauptstadt:* Djibouti. – *Landessprachen:* Französisch, Arabisch, kuschitische Sprachen. – *Nationalfeiertag:* 27. 6. – *Währung:* 1 Djibouti-Franc = 100 Centimes. – *Lage:* zwischen 10°55' und 12°43' n. Br. sowie 41°48' und 43°25' ö. L. – *Zeitzone:* Mitteleuropäische Zeit + 2 Std. – *Grenzen:* im N Eritrea, im W und N Äthiopien, im O Golf von Aden, im SO Somalia. *Staatsform:* präsidiale Republik.

Frankreich erwarb 1866 den Hafenplatz Obok u. in der Folgezeit das Gebiet des heutigen D. 1892 wurde die Kolonie *Französisch-Somaliland* geschaffen. 1946 wurde die Kolonie zum Überseeterritorium erklärt; sie behielt 1958 als einziges französ. Gebiet auf dem afrikan. Festland diese Stellung, als die Politiker in den übrigen Kolonien sich für Autonomie im Rahmen der Communauté française entschieden. Die Spannung zwischen Äthiopien u. Somalia, die beide im Fall einer Entkolonialisierung den Hafen D. beanspruchten, sowie innere Gegensätze zwischen den Afar u. den (somalischen) Issa stärkten Frankreichs Position. 1967 erhielt das Gebiet unter dem Namen *Französisches Territorium der Afar u. Issa* eine etwas weitergehende Autonomie, nachdem eine Volksabstimmung eine knappe Mehrheit für Frankreich ergeben hatte.

1977 sprach sich in einer neuen Volksabstimmung die Mehrheit für die Unabhängigkeit aus, und am 27. 6. 1977 wurde die *Republik D.* proklamiert. Zunächst bestand ein Mehrparteiensystem. 1981 wurde das *Rassemblement populaire pour le progrès* (RPP) durch Gesetz zur Einheitspartei erklärt; alle anderen Parteien wurden verboten. Staats-Präs. ist seit 1977 der Issa Hassan *Gouled Aptidon.* Seit 1991 kam es zu militär. Auseinandersetzungen mit regierungsfeindl. Afar-Rebellen. 1992 wurde per Referendum eine neue Verfassung angenommen (Mehrparteiensystem). Bei den von der Opposition boykottierten Parlamentswahlen im gleichen Jahr gewann das RPP alle Mandate. Frankreich unterhält Militärstützpunkte u. übt in D. beträchtl. polit. Einfluß aus.

Djilas, Milovan, jugoslaw. Politiker (Kommunist) u. Schriftsteller, *12. 6. 1911 Polja bei Kolašin, Montenegro, †20. 4. 1995 Belgrad; ehem. enger Mitarbeiter Titos, führender Parteitheoretiker, Mitglied des Politbüros; 1954 wegen Kritik an den Herrschaftsmethoden der Partei aller Ämter enthoben, 1955–1961 u. 1962–1966 im Gefängnis; schrieb u. a. „Die neue Klasse" 1957; „Gespräche mit Stalin" 1962; „Njegoš oder Dichter zwischen Kirche und Staat" 1968; „Tito" 1982.

Djoser, *Zoser,* altägypt. König der 3. Dynastie, um 2635–2615 v. Chr.; ließ durch seinen Baumeister *Imhotep,* der später als Heiliger u. Gott verehrt wurde, die Stufenpyramide von *Saqqara* erbauen. Die aus der ägypt. Grabform der Mastaba entwickelte Pyramide gehört zu den ältesten monumentalen Steinbauten.

DKP, Abk. für → Deutsche Kommunistische Partei.

DNVP, Abk. für → Deutschnationale Volkspartei.

Dodona, *Dodone,* uralte, im Altertum neben *Delphi* berühmteste Orakelstätte (Zeusheiligtum) in Epirus. Geweissagt wurde bes. aus dem Rauschen der Blätter des heiligen Baumes, wohl einer Eiche, später aus dem Klang erzener Becken. Besiedlung seit dem 3. Jahrtausend v. Chr., seit dem 2. Jahrtausend v. Chr. kultischer Gebrauch der Doppelaxt; nach Zerstörung des Heiligtums 219 v. Chr. durch die Aitoler allmähl. Niedergang.

Doe [dou], Samuel Kanyon, liberian. Offizier, *6. 5. 1952 Tuzon, †10. 9. 1990 Monrovia (ermordet); 1980 nach einem Putsch, der Präs. *Tolbert* stürzte, Staats- u. Regierungschef; durch die Wahlen von 1985 in seinen Ämtern bestätigt; erster liberian. Staatschef, der nicht aus der Schicht der „Amerikano-Liberianer" – Nachkömmlinge befreiter u. aus den USA rückgekehrter Sklaven – stammte; nach anfängl. sozialist. Erklärungen um Beibehaltung der traditionell engen Beziehungen zu den USA u. deren Wirtschaftshilfe bemüht; während des Bürgerkriegs 1990 ermordet.

Doge ['do:ʒə; der; ital., „Führer, Herzog"], das gewählte Staatsoberhaupt im Fürstenrang in den Republiken Venedig (seit 697) u. Genua (seit 1339) bis 1797.

Dohna, Alexander Burggraf zu D. u. Graf zu *D.-Schlobitten,* preuß. Offizier (1713 Generalfeldmarschall) u. Politiker, *1661 Coppet bei Genf, †25. 2. 1728 Königsberg; Erzieher des späteren Königs Friedrich Wilhelm I.; seit 1711 Leiter des Kammer- u. Domänenwesens in Preußen.

Der von den Nationalsozialisten ermordete Engelbert Dollfuß auf dem Totenbett

Dohnányi ['dɔxna:nji], **1.** Hans von, Jurist, * 1. 1. 1902 Wien, † 8. (?) 4. 1945 Konzentrationslager Sachsenhausen; 1929–1938 im Reichsjustizministerium, 1938/39 am Reichsgericht tätig, seit 1939 Leiter des Referats Politik im Amt Ausland/Abwehr des OKW. Als führendes Mitgl. der zivilen Widerstandsgruppen wurde D. 1943 verhaftet, am 6. 4. 1945 von einem SS-Standgericht zum Tode verurteilt u. gehängt.
2. [do'na:ni], *Dohnanyi*, Klaus von, Sohn von 1), Politiker (SPD), * 23. 6. 1928 Hamburg; Jurist; 1968/69 Staatssekretär im Bundeswirtschaftsministerium; 1969–1981 MdB; 1969–1972 parlamentar. Staatssekretär, 1972 bis 1974 Bundesminister für Bildung und Wissenschaft; 1976 bis 1981 Staatsminister beim Bundesminister des Auswärtigen; 1979 bis 1981 Landesvorsitzender der SPD in Rheinland-Pfalz; 1981–1988 Erster Bürgermeister von Hamburg.
Dolchstoßlegende, die in dt. bürgerl.-nationalen Kreisen nach 1918 weitverbreitete Ansicht, der 1. Weltkrieg sei nicht durch die Erschöpfung des Feldheeres u. durch die wirtschaftl. Unterlegenheit Deutschlands, sondern durch Sabotage aus der Heimat („Dolchstoß von hinten") verloren worden, wobei die einen schlechthin annahmen, der 1918 noch mögliche Sieg sei durch revolutionäre Machenschaften der bürgerl. u. sozialist. Linken absichtlich vereitelt worden, während andere glaubten, der Krieg sei zwar militärisch nicht mehr zu gewinnen gewesen, es hätten sich aber ohne das Vorkommen von Streiks, Meutereien u. bewußt verbreiteten defätist. Tendenzen ein weiteres Standhalten des Heeres u. damit bessere Friedensbedingungen erreichen lassen. Die D. wurde von militär. Kreisen gezielt zur Verschleierung der militär. Niederlage vor der Bevölkerung eingesetzt. Sie trug wesentlich zur Ablehnung des somit als ungerecht empfundenen Versailler Vertrages u. des polit. Systems der Weimarer Republik bei.
Dolgorukij, *Dolgorukow*, russ. Fürstenfamilie, deren Stammvater *Rjurik* sein soll. Der erste Träger des Namens war angeblich *Iwan Andrejewitsch*, Herrscher eines kleinen Fürstentums an der Protwa im 15. Jh. Sein Kriegsname „der Langarmige", russ. *D.*, wurde Familienname. Die bedeutendsten Mitglieder der Familie: *Jakow D.* (*1639, † 24. 6. 1720), ein einflußreicher Ratgeber Zar Peters d. Gr., 1687 dessen Gesandter in Paris, dann Senator u. General. Er zeichnete sich im Kampf gegen Karl XII. von Schweden aus. – *Iwan D.* (* 1710, † 6. 11. 1739), Großneffe des vorigen, Günstling Zar Peters II., der Iwans Schwester Katharina 1729 heiratete, dann aber bald starb. Der Staatsrat, geleitet von Iwan u. seinem Vetter *Wassilij Lukitsch D.* (* 1670, † 27. 11. 1739), erhob *Anna Iwanowna* zur Zarin, versuchte aber, ihre Macht zu beschränken. Diese verbannte daraufhin die Familie D. nach Sibirien, rehabilitierte sie 1735, ließ aber schon vier Jahre später Iwan u. Wassilij in Nowgorod enthaupten. – *Wassilij Wladimirowitsch D.* (* 1667, † 22. 2. 1746), seit 1715 von Peter d. Gr. mit mehreren polit. Missionen betraut, aber 1718 als Anhänger des Zarewitsch Alexej verbannt. Von Katharina I. 1726 zurückgerufen, wurde er 1728 Feldmarschall Peters II. Während der Verbannung der Familie D. befand sich Wassilij als Häftling in Iwanogorod, bis ihn 1741 Zarin Elisabeth zum Präsidenten des Kriegsrats ernannte. – *Wassilij Krimskij D.* (* 1722, † 10. 2. 1782), eroberte für Katharina II. 1771 in 15 Tagen die Krim. – *Iwan Michajlowitsch D.* (* 18. 4. 1764, † 16. 12. 1823 Petersburg), Gouverneur von Samara, polit. Dichter. – *Peter Wladimirowitsch D.* (* 8. 1. 1817 Moskau, † 18. 8. 1868 Bern), von Zar Nikolaus I. 1843 verbannt, dessen Unwillen er sich unter dem Pseudonym *Almagro* mit der Schrift „Notice sur les principales familles de la Russie" zugezogen hatte; verfaßte eine Geschichte der Familie D. (1840), schuf ein Adelslexikon (1854), wurde seines Buchs „La vérité sur la Russie" wegen 1860 aus Rußland verwiesen, lebte in Paris u. schließl. als Schriftsteller in Genf. – *Jekaterina Michajlowna*, Prinzessin D. (* 1846, † 16. 2. 1922 Cannes), Geliebte Zar Alexanders II., der sie zur Fürstin *Jurjewskaja* machte; sein Leben beschrieb sie 1882 unter dem Pseudonym Victor *Laferté*. – *Jurij D.* → Jurij Dolgorukij.
Dollfuß, Engelbert, österr. Politiker (christl.-sozial), * 4. 10. 1892 Texing, Niederösterreich, † 25. 7. 1934 Wien (ermordet); 1932–1934 Bundeskanzler. Sein Versuch, gestützt auf die *Vaterländische Front* u. in Anlehnung an Italien, einen christl. Ständestaat mit autoritärer Führung zu errichten, führte im Februar 1934 zum Aufstand der Sozialdemokraten, der blutig niedergeschlagen wurde, u. nach Einführung der Verfassung (1. 5. 1934) im Juli 1934 zum Putsch der von D. verbotenen Nationalsozialist. Partei, bei dem D. in seinen Amtsräumen erschossen wurde.
Dolmen [der; kelt., frz., „Steintisch"], vorgeschichtl. Grabform der Jungsteinzeit u. frühen Bronzezeit; eine aus 3–6 Steinblöcken (Tragsteinen) gebildete Grabkammer, die mit einem oder mehreren Decksteinen bedeckt ist u. meist mit einem Erdhügel überwölbt war.
Domesday Book ['du:mzdɛi 'buk; engl., „Buch des Jüngsten Gerichts"], das unter *Wilhelm dem Eroberer* 1085/86 angelegte engl. Staatsgrundbuch, das seinen Beinamen im 12. Jh. erhielt; eines der ältesten Geschichtsdenkmäler Englands; enthält die Namen aller Grundbesitzer u. Angaben über Größe und Wert ihres Besitzes, Zahl der Landarbeiter u. Inventar; ermöglichte die Festsetzung der Lehnszahlungen u. war eine katasterähnliche Grundlage im Dienst der feudalen königlichen Finanzverwaltung.
Domfreiheit, ein Gebiet in der Umgebung des Doms, das im MA von der weltl. Gerichtsbarkeit befreit war u. der geistl. Gerichtsbarkeit des Domstifts unterstand.
Dominat [der oder das; lat.], Herrschaftsform der röm. Kaiserzeit, oft auch als Epochenbegriff für die Spätantike verwendet. An die Stelle des *Princeps*, der formell auch den Senat an der Regierung teilhaben ließ, trat der Alleinherrscher (*Dominus*, „Herr") mit uneingeschränkter Gewalt.

Dominica WD

Dominicanischer Bund

Fläche: 751 km². – *Einwohner:* 72 000. – *Hauptstadt:* Roseau. – *Landessprache:* Englisch. – *Nationalfeiertag:* 3. 11. – *Währung:* 1 Ostkaribischer Dollar = 100 Cents. – *Lage:* Inselstaat im Karibischen Meer im Bereich der Kleinen Antillen zwischen 15°13′ und 15°38′ n Br. sowie 61°15′ und 61°29′ w. L. – *Zeitzone:* Mitteleuropäische Zeit – 5 Std. – *Staatsform:* parlamentarische Republik.

Die Insel wurde 1493 von Kolumbus entdeckt; zu Beginn des 18. Jh. kamen verstärkt französ. Siedler. 1805 geriet D. endgültig unter brit. Kolonialherrschaft. 1883 wurde D. der Kolonie der Leeward Islands (Inseln über dem Winde) angegliedert u. 1940 der Kolonie der Windward Islands (Inseln unter dem Winde).
In den 1940er Jahren begann der Dekolonisierungs- u. Demokratisierungsprozeß (1947 erste allg. Wahlen); 1958 schloß sich D. der *Westindischen Föderation* an. 1967 erhielt D. den Status eines mit Großbritannien assoziierten Staates, 1978 die volle Unabhängigkeit. 1980–1995 regierte die konservat. Dominica Freedom Party. 1995 wurde E. *James* von der United Workers Party neuer Premier-Min.
Dominikaner, lat. *Ordo Fratrum Praedicatorum*, Abk. *OP*, *Prädikantenorden*, kath. Bettelorden, aus der Auseinandersetzung des hl. *Dominikus* mit den Albigensern u. Waldensern entstandener Predigerorden, der kontemplatives u. aktives Leben miteinander verbindet, 1216 von Papst Honorius III. bestätigt. Ordensziel ist das Apostolat des Wortes in Predigt u. Lehre.

Dominikanische Republik DOM

Fläche: 48 734 km². – *Einwohner:* 7,6 Mill. – *Hauptstadt:* Santo Domingo. – *Landessprache:* Spanisch. – *Nationalfeiertag:* 27. 2. – *Währung:* 1 Dominikanischer Peso = 100 Centavos. – *Lage:* zwischen 17°30′ und 20° n. Br. sowie 71°30′ und 68°30′ w. L. – *Zeitzone:* Mitteleuropäische Zeit – 6 Std. – *Grenzen:* im N Atlantischer Ozean, im S Karibisches Meer, im W Haiti. – *Staatsform:* präsidiale Republik.

Als Haiti, der westl. Teil der Insel Hispaniola, 1697 französisch wurde, blieb der größere Ostteil bei Spanien u. machte sich 1821 unabhängig. Nach vorübergehendem Anschluß an Haiti (1822–1844) u. erneuter Vereinigung mit Spanien (1861–1865) wurde das Land 1865 endgültig selbständige Republik. Dauernde Revolutionen u. Bürgerkriege wurden durch die diktator. Herrschaft des sich skrupellos bereichernden Generals Rafal Leonidas *Trujillo Molina* von 1930 bis 1961 (Staats.-Präs. 1930–1938 u. 1942–1952) beendet. Nach seiner Ermordung 1961 wurde das Land von neuen Unruhen heimgesucht. 1965 griffen Truppen der USA u. der OAS ein. Die Präsidentschaftswahl 1966 gewann J. *Balaguer*, Führer der gemäßigt konservativen Reformist. Partei (PR), der bis 1978 durch einen begrenzten Reformkurs die innenpolitischen Gegensätze auszugleichen suchte. In der Folge stellte die sozialdemokratisch orientierte Revolutionäre Partei (PRD) die Präsidenten A. *Guzmán Fernández* († 1982) u. S. *Jorge Blanco*. Zwistigkeiten innerhalb des PRD begünstigten 1986 einen erneuten Wahlsieg Balaguers, der auch 1990 u. 1994 im Amt bestätigt wurde. Nach dem Urnengang 1994 wurde ihm Wahlbetrug vorgeworfen. Auf Druck der USA fanden 1996 vorgezogene Neuwahlen statt, aus denen L. *Fernández* (PLD) als Sieger hervorging.

Dominion [dɔ'minjən; das, Pl. *Dominien;* lat., engl.], seit der Reichskonferenz von 1907 offiziell anerkannte u. bis 1948 geltende Bez. für einen sich selbst regierenden *(self-governing D.)*, nur noch durch die Krone mit dem Mutterland verbundenen Staat des British Commonwealth of Nations; z. B. Kanada (seit 1867), Australien (1900), Neuseeland (1907), Südafrikanische Union (1910), Ceylon (1948). Die D.s wurden 1948 *Länder* des Commonwealth of Nations.

Domịnium mạris Bạltici [lat., „Herrschaft über das Baltische Meer"], angeblich von *Sigismund II. August* von Polen erstmals 1563 gebrauchte Losung für das Bestreben der Anliegerstaaten, die Ostseeherrschaft durch Besetzung der Gegenküsten zu erlangen.

Dọminus [lat., „Herr"], im antiken Rom Hausherr, Gebieter; im Christentum Bez. für Gott u. Jesus.

Domitiạn, Titus Flavius *Domitianus*, röm. Kaiser 81–96, *24. 10. 51 Rom, †18. 9. 96 Rom; Sohn Vespasians, Bruder des Titus, dem er auf dem Thron folgte; führte erfolgreiche Feldzüge in Britannien u. Germanien; begann mit dem Bau des Limes; erlitt mehrere Niederlagen gegen die Daker u. Sarmaten; Friedensschlüsse 89 u. 92 wahrten aber den röm. Einfluß in diesen Gebieten. D. baute die Reichsverwaltung aus u. suchte den Sittenverfall zu bekämpfen. Zugleich förderte er den Kaiserkult; er forderte u. a. den Titel *Dominus et Deus* für sich. Damit provozierte er eine starke Opposition u. wurde 96 ermordet.

Domịtius, altröm. Plebejergeschlecht mit den beiden Hauptlinien *Ahenobarbi* u. *Calvini*.

Domitian

Dominikanische Republik: Oberst Francisco Caamaño Deno (Mitte) wird am 3. 5. 1965 zum vorläufigen Präsidenten ernannt

Bes. bekannt wurde Lucius *D. Ahenobarbus*, 54 v. Chr. röm. Konsul, Gegner Cäsars, Neffe Catos d. J., der das Triumvirat Cäsars mit Pompeius u. Crassus verhindern wollte u. bei Pharsalos 48 v. Chr. fiel; ferner Lucius *D. Ahenobarbus*, Großvater des späteren Kaisers *Nero*, Konsul 16 v. Chr., als Statthalter von Illyrien kurz vor Christi Geburt bis über die Elbe vorgestoßen.

Donatịsmus, nach 300 in Nordafrika entstandene, nach dem Bischof *Donatus* von Karthago († um 355) benannte Bewegung, die forderte, daß die Kirche alle offenbaren Sünder ausschließen solle u. daß die von sündigen Priestern gespendeten Sakramente ungültig seien. Die *Donatisten* gründeten eine Sonderkirche, die sich bis ins 7. Jh. hielt.

Donaufürstentümer, die Moldau u. die Walachei bis zu ihrer Vereinigung als → Rumänien.

Donauländischer Kulturkreis, Kulturkreis der Jungsteinzeit (3500–2400 v. Chr.), verbreitet im mittel- u. südosteurop. Lößbereich; Bauernkultur mit Stein- u. Knochengeräten sowie Keramik, die sich in linearkeramische u. (die jüngere) bemaltkeramische Kultur gliedern läßt. Die runde, kugelartige Form der Gefäße ist für die Linearkeramik typisch. Die Bemaltkeramik zeichnet sich durch flaschenförmige Gefäße, konische Schalen u. Becher aus. Der D. K. wurde durch die *Mondseekultur* abgelöst.

Donaumonarchie, nichtamtl. Name für Österreich-Ungarn.

Donauschwaben, nach dem 1. Weltkrieg Sammelname für die ehem. ungarländischen dt. Siedler, die nunmehr auf ungarisches, jugoslaw. u. rumän. Territorium aufgeteilt waren. Die „schwäbischen" Bauern waren zumeist im 18. Jh. nach den Türkenkriegen aus der Rheinpfalz, Hessen u. Österreich in das Donaugebiet eingewandert.

Don Carlos → Carlos (2).

Dönhoff, Sophie Gräfin von, *17. 10. 1767, †28. 1. 1834 Werneuchen; Mätresse *Friedrich Wilhelms II.* von Preußen, wurde ihm 1790 morganatisch angetraut, 1792 vom Hof verwiesen. Ihr Sohn Graf Friedrich Wilhelm von *Brandenburg* (*1792, †1850) war 1848–1850 preuß. Min.-Präs.

Dönitz, Karl, Seeoffizier (1943 Großadmiral), *16. 9. 1891 Berlin-Grünau, †24. 12. 1980 Aumühle bei Hamburg; Reorganisator der durch den Versailler Vertrag bis 1935 verbotenen U-Boot-Waffe; entwickelte ab 1939 ein Konzept der Seekriegführung, das sich ausschließlich auf diese Waffe u. nicht auf eine ausgewogene Flotte unter Einbeziehung von Großkampfschiffen stützen sollte. Strateg. Ziel war die Unterbindung des alliierten Schiffsverkehrs über den Atlantik durch gruppenweisen Einsatz von U-Booten (→ Atlantikschlacht). 1943 bis 1945 war D. Oberbefehlshaber der Kriegsmarine, die er auf kleinere Einheiten umstellte. Von Hitler testamentarisch zu seinem Nachfolger als „Reichspräsident" berufen, bildete D. Anfang Mai 1945 eine „geschäftsführende Reichsregierung" unter L. Graf Schwerin von Krosigk. Die Kapitulation suchte er zunächst nur gegenüber den Westalliierten u. schrittweise zu vollziehen, um möglichst vielen dt. Soldaten u. Zivilisten die Flucht aus dem Osten zu ermöglichen; am 7. u. 8. 5. ließ er die Gesamtkapitulation durchführen. Am 23. 5. wurde er von den Engländern verhaftet. Im Nürnberger Hauptkriegsverbrecherprozeß wurde D. zu 10 Jahren Gefängnis verurteilt, die er in Spandau bis 1956 verbüßte. Er schrieb u. a. „Die U-Bootwaffe" 1939; „Zehn

Karl Dönitz

Jahre u. zwanzig Tage" 1958; „Mein wechselvolles Leben" 1968.

Dọnkosaken, die russ. Kosaken am unteren Don.

Doppeladler, heraldisches Fabeltier: Adler mit zwei Köpfen; uraltes Tierornament, im Orient schon um 1000 v. Chr. bekannt. Ein gelber D. auf rotem Grund war das Wappen der Kaiser von Byzanz, ein schwarzer D. auf gelbem Grund seit 1433 das Wappen der röm.-dt. Kaiser. In den Siegeln einiger Reichsstädte erscheint der D. schon seit dem 13. Jh. (Kaiserswerth 1272). Der österr. D. war (1804–1918 u. 1934–1938) schwarz auf gelbem Grund. Auch das Wappentier des russ. Zarenreichs war ein D.

Doppelaxt, zweischneidige Axt, im Jungneolithikum Nord- u. Nordwesteuropas als steinerne Streitaxt verwandt, als eiserne Kriegswaffe zuletzt in der Wikingerzeit. In der frühen Bronzezeit Europas gab es Bronzebarren in D.form. Die D. erscheint schon sehr früh im Kultleben Vorderasiens (D.-Amulette) u.

Südosteuropas (D.-Darstellungen auf Kultgefäßen u. Idolen), offenbar als Symbol der Gottheit oder als Zeichen der Herrscherwürde. Bes. Bedeutung gewann die D. in der minoischen Kultur: Doppeläxte aus Gold oder dünnem Bronzeblech waren in kret. Heiligtümern (nach Darstellungen auf Siegeln) auf Altären aufgepflanzt; die D. erscheint als stilisierte Wiedergabe in Verbindung mit dem Stierkopf, das D.zeichen auf Kupfertalenten, die D. als Silbenzeichen in der minoischen Schrift. Das vorgriech. Wort *Labrys* für „D." ist vielleicht mit dem kret. Wort *Labyrinthos* stammverwandt u. mit dem karischen Gott *Labraundos* (mit Zeus gleichgesetzt) oder einem altmittelmeerischen Stiergott in Verbindung zu bringen.

Doria, *d'Oria, de Aurea,* genues. Patriziergeschlecht, seit 1100 nachweisbar: **1.** Andrea, Admiral, Doge von Genua seit 1528, *30. 11. 1468 Onèglia, †25. 11. 1560 Genua; nacheinander Condottiere im Dienst des Papstes, des Herzogs von Urbino, des Königs von Neapel, trat 1522 in den Dienst Franz' I. von Frankreich, schwenkte 1528 auf die Seite Kaiser Karls V., der ihn zu seinem Admiral ernannte u. ihm u. a. 1531 das Fürstentum Melfi verlieh. D. schlug 1532 die türk. Flotte, leitete 1535 das Unternehmen gegen Tunis u. nahm an den Unternehmungen gegen Algier teil. 1554 vertrieb er die Franzosen aus Korsika.
2. Giovanni Andrea, Befehlshaber der genues. Flotte seit 1556, *1539, †1606; führte die Flotte Genuas in der Schlacht von Lepanto, verschuldete durch vorzeitigen Rückzug 1571 den Verlust Zyperns, da sich die Venezianer allein nicht gegen die Türken halten konnten.

Andrea Doria

Dorier, *Dorer,* einer der großen, später als die übrigen eingewanderten griechischen Stämme. Auf dem Peloponnes war vor allem Argos Ausgangspunkt ihrer weiteren Expansion nach S (Lakonien; Messenien), über Megara gegen das jedoch nicht bezwungene Athen u. nach O über das Meer. Nach Abschluß ihrer Landnahme saßen sie im östl. u. südl. Peloponnes, auf Kreta, den südl. Sporaden, Rhodos, an der Südwestküste Kleinasiens u. durch die Kolonisation des 8.–6. Jh. v. Chr. auch im S von Sizilien, in Kyrene in Libyen, in Tarent u. auf Kerkyra (Korfu). Auf Kreta erhielten sich die ursprüngl. dorischen Lebens- u. Gesellschaftsformen lange am reinsten, in Sparta fand der bei den D.n besonders ausgeprägte Sinn für staatl. Ordnung seinen wichtigsten Ausdruck. Seit dem Ende des 6. Jh. v. Chr. war es der führende dorische Staat im Mutterland, wie Syrakus auf Sizilien. Im Tempelbau entwickelten die D. nach dem 8. Jh. v. Chr. den kraftvollen *dorischen Stil*; ihr Dialekt spielte in der griech. Dichtung eine bedeutende Rolle.

Doppeladler

Dorische Wanderung, der Ägäischen Wanderung nachfolgende Einwanderung von Hirten- u. Bauernkriegern aus dem dalmatinisch-albanischen Raum in den östl. Peloponnes u. nach Kreta wohl im 11. Jh. v. Chr.; in der griech. Sage zur „Rückkehr der Herakliden" verklärt. Auch die Landnahme der Nordwestgriechen in *Elis* gehört in diesen Zusammenhang.

Dörpfeld, Wilhelm, Archäologe, *26. 12. 1853 Barmen, †25. 4. 1940 auf Leukas; 1887–1911 Direktor des Dt. Archäolog. Instituts in Athen, Begründer des wissenschaftl. archäolog. Ausgrabungswesens (Ausgrabungen in Troja, Mykene, Pergamon, Olympia); Schriften: „Troja u. Ilion" 1902; „Alt-Ithaka" 1927; „Alt-Olympia" 1935; „Alt-Athen u. seine Agora" 1937–1939.

Dost Mohammed, afghan. Herrscher 1829–1863, *1793, †9. 6. 1863; begründete die Barakzai-Dynastie, die der Durrani-Dynastie folgte, unter deren letztem Herrscher Mahmud Schah D. M. hohe Ämter innehatte. Er verlor 1834 die äußeren Provinzen u. festigte den nun in sich geschlossenen Staat, der 1839–1842 eine brit. Invasion abwehren konnte.

Douaumont [duo'mɔ̃], *Fort D.*, Panzerfort der Festung *Verdun*, im 1. Weltkrieg schwer umkämpft; Soldatenfriedhöfe, Gebeinhaus, Nationaldenkmal.

Dougga, das antike *Thugga*, röm. Ruinenstadt südwestl. von Teboursouk (Tunesien); schon in der phöniz. Zeit eine bedeutende Siedlung, Blütezeit im 2. und 3. Jh. n. Chr. unter den Römern; Kapitol (Heiligtum der Götterdreiheit Jupiter, Minerva u. Juno, 2. Jh. n. Chr.), Theater (2. Jh. n. Chr.), Bogen des Severus Alexander (3. Jh. n. Chr.), libysch-pun. Mausoleum (2. Jh. v. Chr.), Tempelruinen.

Douglas ['dʌgləs], schott. Grafengeschlecht, das auf William de D. (13. Jh.) zurückreicht; zeichnete sich bes. in den Kriegen gegen England (13. bis 15. Jh.) aus. Die D. werden heute durch die Dukes of *Hamilton*, die Earls of *Home (D.-Home)*, die Dukes of *Buccleuch and Queensberry*, die Earls of *Morton*, die Earls of *Wennyss* u. a. vertreten. – *Archibald D.*, 6. Earl of Angus, *1489, †1557 Fantallon; von seinem Mündel Jakob V., für den er als Regent u. Gatte der Königinwitwe Margarete die Regierungsgeschäfte führte, nach dessen Mündigkeit verbannt; im dt. Sprachraum bekannt hauptsächl. durch die histor. Ballade „Archibald D." von T. Fontane. – *James D.*, 4. Earl of Morton, war 1572–1577 Regent von Schottland während der Minderjährigkeit Jakobs VI., des späteren engl. Königs Jakob I.; er stärkte die Autorität der Zentralregierung gegenüber der herrschenden Adelsanarchie.

Douglas-Home ['dʌgləs 'hjuːm], Sir Alexander (Alec) Frederick, 1951–1963 (14.) Earl of *Home*, seit 1974 Baron *Home of the Hirsel*, brit. Politiker (konservativ), *2. 7. 1903 London, †9. 10. 1995 Berwickshire; 1931–1945, 1950/51 u. 1963–1974 Unterhausabgeordneter, enger Mitarbeiter N. *Chamberlains* seit 1937; 1951–1963 Mitglied u. 1957–1960 Führer des Oberhauses; 1956 bis 1960 Min. für Commonwealth-Beziehungen; 1960–1963 Außen-Min., beteiligt am Zustandekommen des Atomteststoppabkommens. Nach dem Rücktritt von H. *Macmillan* 1963 wurde D. Premier-Min. (1963/64). Vorher hatte er seinen Adelstitel als Earl of Home abgelegt u. war als Sir Alec D. ins Unterhaus eingezogen. 1965 als Oppositionsführer von E. *Heath* abgelöst; 1970–1974 Außen-Min. im Kabinett Heath; 1974 wieder geadelt.

Doumergue [du'mɛrg], Gaston, französ. Politiker (Radikalsozialist), *1. 8. 1863 Aigues-Vives, Dép. Gard, †18. 6. 1937 Aigues-Vives; 1893–1910 Abg. der Deputiertenkammer, 1902–1910 mehrfach Min., 1913–1914 Min.-Präs., 1923 Senats-Präs., 1924–1931 Präs. der Rep., mußte 1934 als Min.-Präs. eines Kabinetts der Nationalen Einheit zurücktreten, als er versuchte, die Rechte der Kammer zu beschneiden.

Downing Street ['dauniŋ 'striːt], Straße in London, benannt nach einem engl. Diplomaten des 17. Jh. Im Haus Nr. 10 befindet sich seit 1735 der Amtssitz des brit. Premierministers.

Drachme [die; grch., „was in der Hand gefaßt wird"], **1.** griech. Silbermünze u. Gewicht (4,2 g); 1 D. = 6 Obolen, auch als vierfache *(Tetradrachmon)* u. zehnfache *(Dekadrachmon)* D. geprägt; Einheit der meisten altgriechischen Währungen.
2. Silbermünze (2,6 g) der Kreuzfahrer des 13. Jh., die mit der antiken D. nur den Namen gemeinsam hatte u. mehr dem *Direm* glich.

Dragonaden [frz.], in Frankreich unter Ludwig XIV. Quälereien durch zwangseinquartierte Dragoner, um die Reformierten zum Übertritt zur kath. Staatskirche zu nötigen.

Dragut, auch *Thorgu*, eigentl. *Thurgut Ali Re'is*, türk. Seeheld, *1485 bei Mentesche (heute Muğla), †23. 7. 1565 St. Elmo auf Malta (gefallen); plünderte mit Cheir ed-Din die italienischen Südküsten, nahm 1551 Tripolis u. wurde vom Sultan zu dessen Bei ernannt.

Drake [dreik], Sir Francis, engl. Seeheld im Kampf gegen die span. Seemacht, *um 1540 bei Tavistock, †28. 1. 1596 Porto Bello (Panama); umsegelte 1577–1580 als zweiter, nach Magalhães, die Erde; spielte eine füh-

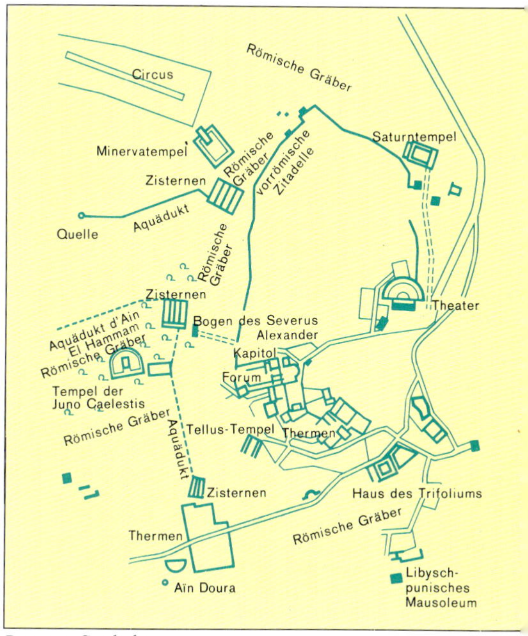

Dougga: Stadtplan

Dreißigjähriger Krieg

**Der Dreißigjährige Krieg war eine verwirrende Abfolge kriegerischer Auseinandersetzungen zwischen mehreren europäischen Mächten auf deutschem Boden.
Im Gedächtnis der Nachwelt sind jedoch die machtpolitischen und konfessionellen Motive der Staaten und die schließlich im Westfälischen Frieden fixierten Ergebnisse weit weniger gegenwärtig als die schrecklichen Leiden, die jene dreißig Jahre über zahllose Menschen brachten.**

Das frühe 17. Jahrhundert kannte kein stehendes Heer und keine allgemeine Wehrpflicht. Typisch für die Zeit waren Söldnerheere. Mit der Aufstellung einer Armee – der »Armierung« – wurde erst begonnen, wenn man angreifen wollte oder einen Angriff befürchtete. Den Auftrag dazu erteilte der Landesherr einem bewährten Söldnerführer, der seine Werbeoffiziere ausschickte. Gesucht wurden Männer, die entweder »schon gedient hatten oder zum ersten Mal probieren wollten, ob der Plünderer nicht seinen Vorteil hätte im Vergleich mit dem Geplünderten« (Golo Mann). Kriegführen war ein Beruf; man wechselte den Dienstherrn, wenn ein anderer besseren Sold und höheren Beuteanteil bot. Das galt auch und besonders für Offiziere. Ein Obrist, der nacheinander in schwedischen, polnischen, kaiserlichen und kursächsischen Diensten stand, war keine Ausnahme.

Die Söldnerführer waren Unternehmer, die den Krieg als Geschäft betrieben. Am reinsten verkörperte Wallenstein diesen Typus. Als er 1625 zum kaiserlichen Oberbefehlshaber ernannt wurde, stellte er auf eigene Kosten ein Heer von 50000 Mann auf und erhielt dafür die Vollmacht, in den eroberten Gebieten die für die Versorgung der Truppe erforderlichen Mittel zu erheben. Doch er beschränkte sich nicht auf eroberte, d. h. feindliche Gebiete, und die anderen Heerführer taten das ebensowenig. Denn es gab kein funktionierendes Nachschubwesen; alles Notwendige wurde an Ort und Stelle requiriert. Es galt der Grundsatz: »Der Krieg muß den Krieg ernähren.« So mußte denn das Land, in dem sich die Armee gerade befand – gleichgültig, ob feindlich, verbündet oder neutral –, für Sold, Quartier und Verpflegung aufkommen. Städte, die von Einquartierung verschont blieben, hatten dafür stattliche Abstandsgel-

1

2

1 *Prager Fenstersturz 1618. Stich von M. Merian.*

2 *Belagerung Magdeburgs durch Tilly 1631. Stich von M. Merian.*

3 *Gehenkte Marodeure. Radierung von J. Callot.*

4 *Ermordung Wallensteins. Zeitgenössischer Stich.*

5 *Westfälischer Frieden, eine Vertragsseite.*

6 *Friedensschwur im Rathaus zu Münster. Gemälde von G. Terborch.*

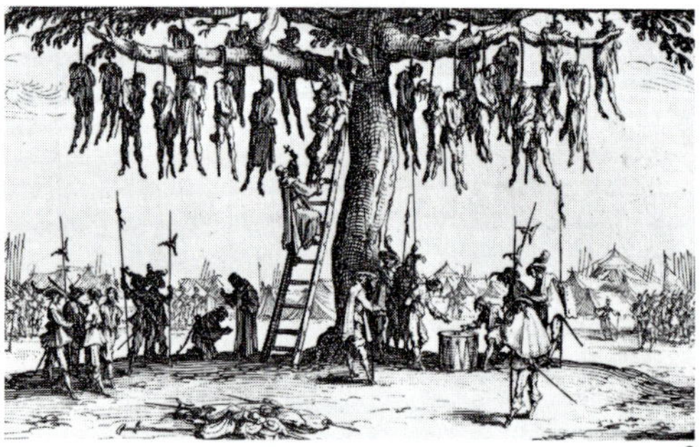
3

4

Feldzüge und Schlachten des Dreißigjährigen Krieges

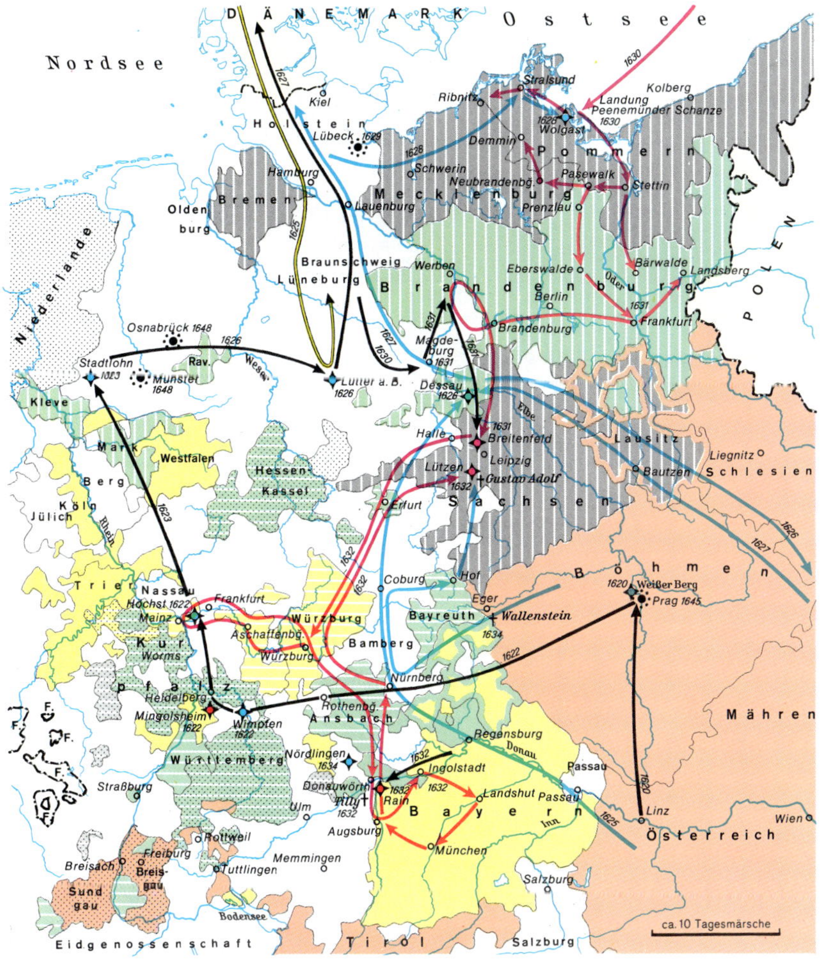

Gebiete der Habsburger
Gebiete der Liga (1609–35)
Gebiete der Union (1608–21)
Von Schweden abhängige bzw. mit Schweden verbündete Gebiete (1632–35)
Gebiete des Heilbronner Bundes (1633–35)
Mit Frankreich verbündete Gebiete (nach 1635)
Reichsgrenze
F. zu Frankreich
Züge Tillys
Züge Wallensteins
Zug Christians IV.
Züge Gustav Adolfs
Siege der Kaiserlichen/Liga
Siege der Protestanten/Union
Friedensschluß

der zu zahlen. Manche Truppenbewegungen erfolgten gar nicht aus militärischen Gründen, sondern wegen der Versorgungslage: Wenn ein Landstrich restlos ausgesogen war, mußte das Heer wohl oder übel woandershin ziehen.

Am meisten hatte unter dieser Kriegführung die Landbevölkerung zu leiden. Sie war der Willkür der durchziehenden Heere schutzlos ausgeliefert, während die Städter hinter ihren Mauern halbwegs sicher waren, falls sie nicht zum Öffnen der Tore gezwungen wurden. Zu den »regulären« Requisitionen, die schon drückend genug waren, kam das eigenmächtige Plündern (»Marodieren«) der Soldaten. Für ungenügende oder ganz ausbleibende Soldzahlung hielten sie sich an den Bauern schadlos. Wie grausam sie dabei vorgingen, ist unvergeßlich in Grimmelshausens »Simplizissimus« geschildert. Die Verheerungen waren schrecklich. Brachliegende Felder, niedergebrannte Häuser, leere Ställe blieben zurück, wenn die Soldaten abrückten. Obdachlose und Flüchtlinge irrten umher; manche von ihnen schlossen sich zu Räuberbanden zusammen.

Wie viele Menschenleben der Krieg forderte, ist nicht bekannt. In einigen Gebieten ging mehr als die Hälfte der Bevölkerung zugrunde; freilich muß man bedenken, daß die einzelnen Landesteile unterschiedlich hart vom Krieg betroffen waren. Die Gefallenen und Erschlagenen waren nicht die einzigen Opfer; viele verhungerten, und noch mehr starben an Seuchen. In den Jahren 1634–1640 wütete die Pest; sie konnte rasch um sich greifen, weil so viele Menschen unterwegs waren. Erst nach einem Jahrhundert war im großen und ganzen der alte Bevölkerungsstand wieder erreicht.

K.R.

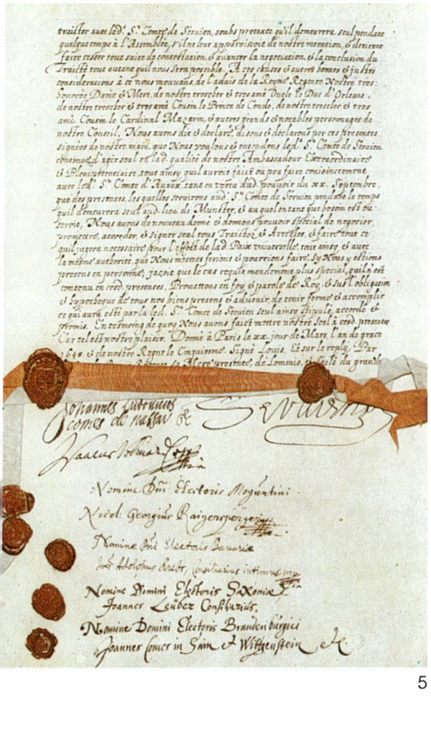
Nomine Dñi Electoris Moguntini
Nomine Dñi Electoris Bavariae
Nomine Domini Electoris Saxoniae
Nomine Domini Electoris Brandenburgici

5 6

rende Rolle im Kaperkrieg gegen Spanien u. bei dem Sieg über die *Armada.*

Drakon, um 624 v. Chr. Verfasser des ältesten, wegen seiner „drakonischen (richtiger: drakontischen) Härte" berüchtigten Gesetzbuchs der Athener; es brachte wahrscheinlich eine Weiterentwicklung des Rechtslebens, indem es Mord von Totschlag unterschied u. private Blutrache durch staatl. Rechtspflege ersetzte.

Drees, Willem, niederländ. Politiker (Sozialdemokrat), *5. 7. 1886 Amsterdam, †14. 5. 1988 Den Haag; 1945–1948 Sozial-Min.; 1948–1958 Min.-Präs.

Dreibund, geheimes Verteidigungsbündnis zwischen dem Dt. Reich, Österreich-Ungarn u. Italien 1882 in Erweiterung des dt.-österr. Zweibunds (1879), indirekt 1883 erweitert durch ein Bündnis zwischen Österreich, Dtschld. u. Rumänien, zuletzt 1912 erneuert. Italiens Stellung im D. änderte sich mit den wachsenden dt.-engl. Spannungen, dem Entstehen des französ.-russ. Bündnisses 1894, der engl.-französ. Entente 1904 u. der allmähl. engl.-russ. Annäherung. 1915 verließ Italien den D. u. erklärte Österreich-Ungarn u. Dtschld. den Krieg.

Drei-Grafen-Ministerium, *Dreigrafenkabinett,* konservatives österr. Ministerium, gebildet im Juli 1865, benannt nach den Grafen R. *Belcredi* (Min.-Präs.; *1823, †1902), J. *Larisch* (Finanzen; *1821, †1884) u. A. *Mensdorff-Pouilly* (Äußeres; *1813, † 1871); setzte im Sept. 1865 das *Februarpatent* außer Kraft, trat im Februar 1867 zurück.

Dreikaiserabkommen, zwischen dem Dt. Reich, Österreich-Ungarn u. Rußland 1873–1878 u. 1881–1886 („Dreikaiservertrag") bestehendes Freundschaftsbündnis, das hauptsächlich auf innerer Übereinstimmung der drei Monarchen beruhte u. gemeinsame Abwehr der von Westen drohenden Revolution bezweckte sowie die von Bismarck erstrebte Isolierung Frankreichs förderte.

Dreikaiserjahr, 1. das Jahr 1888, in dem nacheinander die dt. Kaiser Wilhelm I., Friedrich III. u. Wilhelm II. regierten.
2. ungenaue Bez. für die Zeit von Neros Ende (68) bis zum endgültigen Sieg Vespasians (Ende 69); bezieht sich auf die 3 jeweils nur kurz regierenden Kaiser *Galba, Otho* u. *Vitellius.*

Dreikaiserschlacht, 1805 bei Austerlitz.

Dreimächtepakt, am 27. 9. 1940 geschlossener Vertrag zwischen Dtschld., Italien u. Japan mit dem Hauptzweck, die USA vom Eingreifen in den europ. u. den japan.-chines. Krieg abzuhalten u. die Welt (unter Berücksichtigung der Interessen der USA u. der Sowjetunion) in großräumige Interessensphären aufzuteilen. Dem D. traten 1940 Ungarn, Rumänien u. die Slowakei, 1941 Bulgarien u. Jugoslawien/Kroatien bei. Da Japan selbst am 7. 12. 1941 die USA angriff, waren Dtschld. u. Italien vertraglich nicht zu ihrer (am 11. 12. gleichwohl ausgesprochenen) Kriegserklärung verpflichtet. Der D., der am 18. 1. u. 2. 6. 1942 durch militär. u. wirtschaftl. Vereinbarungen ergänzt wurde, führte insgesamt nicht zu enger Zusammenarbeit der Vertragspartner.

Dreiperiodensystem, Einteilungsschema der Ur- u. Frühgeschichte nach den jeweils neu hinzutretenden u. kulturprägenden Werkstoffen in eine *Stein-, Bronze-* u. *Eisenzeit.* Das D. wurde bei der Ordnung des Dän. Nationalmuseums in Kopenhagen 1816–1819 erstmals durch Christian *Thomsen* angewandt.

Dreißigjähriger Krieg, Sammelbez. für mehrere Kriege um die Vorherrschaft in Europa von 1618–1648, verursacht durch die konfessionellen u. polit. Gegensätze zwischen dem Reich u. Habsburg. Die Verschärfung der konfessionellen Gegensätze seit dem *Augsburger Religionsfrieden* 1555 führte 1608/09 zu einer Verhärtung der Fronten zwischen den Reichsständen (1608 prot. *Union,* 1609 kath. *Liga*) sowie zwischen ihnen u. dem Kaiser. Auslösend wirkte die Verletzung des Majestätsbriefs Rudolfs II. für Böhmen durch *Ferdinand II.* Sie führte im „Prager Fenstersturz" 1618 zur offenen Empörung der böhmischen Stände u. zur Wahl des Kurfürsten *Friedrich V.* von der Pfalz zum prot. Gegenkönig. Da die böhm. Stände Unterstützung bei Siebenbürgen, Savoyen, der Union u. einem Teil der österr. Landstände fanden, wandte sich Ferdinand an die Liga u. Spanien.
Der Böhmisch-Pfälzische Krieg 1618 bis 1623 brachte zunächst die Niederlage Friedrichs V. durch *Tilly* u. die Liga am Weißen Berg bei Prag 1620; Friedrich verlor Böhmen u. die Pfalz. Protestantismus u. ständische Verfassung in Böhmen u. den österr. Erblanden wurden beseitigt.
Dänischer Krieg 1623–1630: Versuche, diese neue Machtstellung zur Festigung der kaiserl. Macht im Reich u. zur Durchführung der Gegenreformation in Nord-Dtschld. zu nützen, veranlaßten *Christian IV.* von Dänemark zum Eingreifen; er fand dabei Unterstützung durch England u. die Niederlande gegen die Truppen der span. Habsburger. Unter *Wallenstein* gelang es dem Kaiser, ein eigenes Heer aufzustellen, mit dem dieser 1626 bei Dessau den Grafen Mansfeld u. mit Tilly Christian IV. bei Lutter am Barenberg schlug u. Jütland besetzte. Das *Restitutionsedikt* 1629 sollte dem Protestantismus die Machtgrundlage entziehen, zugleich aber dem Kaiser die Möglichkeit geben, seine Macht über alle Reichsstände zu festigen. Diese schlugen auf dem Kurfürstentag zu Regensburg 1630 zurück u. erzwangen die Entlassung Wallensteins.
Schwedischer Krieg 1630–1635: Die Festigung der Machtstellung des Kaisers in Nord-Dtschld., vor allem die Pläne zur Errichtung einer kaiserl. Ostseeherrschaft, aber auch die Bedrohung des Protestantismus allgemein, veranlaßten nunmehr *Gustav Adolf* von Schweden zum Eingreifen. Die schwed. Pläne gingen sehr weit (prot. Gegenkaisertum Gustav Adolfs?). Tilly konnte 1631 Magdeburg erobern, erlitt aber bei Breitenfeld 1631 eine entscheidende Niederlage. Gustav Adolf stieß 1632 nach Süd-Dtschld. vor, wurde aber durch den wiederberufenen Wallenstein zum Rückzug gezwungen. In der für die Schweden siegreichen Schlacht bei Lützen 6. 11. 1632 fiel Gustav Adolf. Die schwed. Politik unter A. *Oxenstierna* schien mit dem *Heilbronner Bund* 1633 der Unterstellung der prot. Stände des Reichs unter schwed. Führung nahe. Doch die Ermordung Wallensteins, der dann 1633 mit den Schweden u. Sachsen Sonderfriedensverhandlungen begonnen hatte, u. die Niederlage *Bernhards von Weimar* u. der Schweden bei Nördlingen 1634 machten diese Erfolge wieder zunichte. Kursachsen schloß 1635 mit dem Kaiser Frieden, dem sich die meisten Reichsstände anschlossen.
Französischer Krieg 1635–1648: Eine vierte Epoche des Kriegs wurde durch das Eingreifen *Richelieus* ausgelöst. Frankreich stellte Bernhard von Weimar Mittel zur weiteren Kriegführung zur Verfügung. Seit 1644 wurden Friedensverhandlungen geführt. Die letzten Phasen des Kriegs spielten sich vornehml. in Süd-Dtschld. gegen die Franzosen u. in Böhmen gegen die Schweden ab. Der → Westfälische Friede zu Münster u. Osnabrück am 24. 10. 1648 beendete den Krieg, dessen endgültige Liquidation (Kampf gegen Söldnerbanden) allerdings noch fast ein Jahrzehnt in Anspruch nahm.
Aus konfessionellen Gegensätzen entstanden, zu einem Reichskrieg um die kaiserl. Stellung gegenüber den Ständen ausgeweitet, entwickelte sich der Krieg durch das Eingreifen Schwedens u. Frankreichs zu einem auf dt. Boden geführten Machtkampf um die europ. Stellung des Hauses Habsburg. Kaiser u. Reich wurden zugunsten der dt. Territorialstaaten geschwächt. Der Krieg war eine Katastrophe für das dt. Volk u. die Volkswirtschaft (bis zu 50 % Verluste der Bevölkerung). Die Notwendigkeit des Wiederaufbaus begünstigte in den Territorien die Ausbildung des absolutist. Staats. In Europa begann sich die Ära habsburg. Vormacht ihrem Ende zuzuneigen. 🅱 S. 202/203.

Dreißig Tyrannen, 1. übliche Bez. für eine „die Dreißig" genannte oligarchische Behörde, welche, nach dem Peloponnesischen Krieg 404 v. Chr. auf Druck *Lysanders* von der athen. Volksversammlung zur Ausarbeitung einer neuen Verfassung eingesetzt, rasch die Macht in Athen an sich riß u. nach Hinrichtung gemäßigter Mitglieder wie *Theramenes* unter Führung des *Kritias* mit blutigem Terror ein extrem reaktionäres Programm durchzuführen versuchte. Die in Massen vor allem nach Theben geflüchteten Demokraten beendeten diese Schreckensherrschaft im Winter 404/03 v. Chr. durch bewaffneten Gegenschlag.
2. röm. Offiziere, daneben auch zwei Frauen, die (an Gesamtzahl wahrscheinlich weniger) im wesentlichen in der Regierungszeit des *Gallienus* (253–268) in den Provinzen zu Kaisern ausgerufen wurden.

Dreiverband, *Tripelentente, Tripelallianz,* das 1907 dem *Dreibund* entgegengesetzte Einvernehmen zwischen Frankreich, England u. Rußland vor dem 1. Weltkrieg, das, ohne feste Verträge wie jener, sich doch innerlich u. äußerlich als stärker erwies.

Dresden, Hptst. des Landes Sachsen, 464 000 Ew.
Die aus einer slaw. Siedlung *(Drežga)* entstandene Stadt ist seit 1216 bezeugt. Sie erhielt 1403 magdeburg. Stadtrecht, wurde 1485 Residenz der albertin. Wettiner u. Hptst. der Mark Meißen u. des daraus hervorgegangenen Landes (Kurfürstentums, Königreichs, Freistaats) Sachsen. Bei dem Luftangriff auf D. im Febr. 1945 kamen rd. 35 000 Menschen ums Leben. 1952–1990 war D. Hptst. des gleichn. Bezirks der DDR.
Der *Friede von D.* vom 24. 12. 1745 beendete den Zweiten Schlesischen Krieg u. bestätigte Friedrich II. von Preußen im Besitz Schlesiens; dieser erkannte dafür den Gemahl Maria Theresias, Franz I. Stephan, als röm.-dt. Kaiser an.

Dresdner Handschrift, auch *Codex Dresdensis,* nach dem Aufbewahrungsort, der Sächs. Landesbibliothek Dresden, benannte schönste der vier erhaltenen Maya-Handschriften. Die D. H. ist um 1200–1250 gefertigt, vermutlich als Kopie einer älteren Vorlage. Die ersten grundlegenden Versuche der Entzifferung veröffentlichte E. *Förstemann* 1892.

Dreyfus [drɛ'fys], Alfred, französ. Offizier, *9. 10. 1859 Mülhausen, Elsaß, †11. 7. 1935 Paris; jüd. Herkunft; aufgrund gefälschter Dokumente wegen Landesverrats 1894 zu lebenslängl. Deportation verurteilt. Der Schriftsteller É. *Zola* löste mit seiner Veröffentlichung „J'accuse" 1898, in der er die Regierung scharf angriff, die *D.-Affäre* aus, die zu heftigen innenpolit. Auseinandersetzungen u. einem Aufleben des Antisemitismus führte. Durch sie wurde der Bruch zwischen Frankreich u. dem Vatikan hervorgerufen, was den Anlaß zur Trennung von Kirche u. Staat in Frankreich gab. D. wurde 1899 bei Wiederaufnahme des Verfahrens zu 10 Jahren Gefängnis verurteilt, aber begnadigt. 1906 wurde er gänzlich freigesprochen u. rehabilitiert.

Dritte Republik, der französ. Staat 1871–1940; → Frankreich.

Dresden: der Zwinger, erbaut ab 1709 von Daniel Pöppelmann für die großen Hoffeste Augusts des Starken von Sachsen

Dritter Stand, frz. *Tiers état,* in den französ. Generalständen bis 1789 Vertretung des Bürgertums u. der Bauern neben Adel u. Geistlichkeit, erreichte in der Französ. Revolution polit. u. rechtl. Gleichstellung mit den anderen Ständen.

Drittes Reich, häufig verwandte, aber seit 1939 parteiamtlich abgelehnte Bez. für den nat.-soz. dt. Staat 1933–1945. Die Vorstellung von der Geschichte als Abfolge dreier Reiche gehörte seit *Joachim von Fiore* zum festen Bestand der europ. Geschichtsphilosophie. Zum polit. Schlagwort in Dtschld. wurde der Begriff bes. durch A. *Moeller van den Brucks* gleichnamiges Werk (1923), in dem er das Heilige Röm. Reich Dt. Nation als Erstes u. das Bismarck-Reich als Zweites Reich bezeichnete u. ein D. R. aus dem „Geist der Rassenseele" prophezeite. Hitler u. der Nationalsozialismus nahmen diesen Begriff zunächst für ihre Propagandazwecke in Anspruch, doch wurde sein Gebrauch 1939 vom Propagandaministerium untersagt.

Drittes Rom, die nach Rom u. Byzanz (Konstantinopel) vom Großfürstentum Moskau beanspruchte führende Rolle in der christl. Staatengemeinschaft.

Dritte Welt, Sammelbezeichnung für jene Länder in Afrika, Asien, Europa u. Lateinamerika, die wirtschaftlich unterentwickelt sind. Die Wortprägung D. W. entstand aus der Gegenüberstellung dieser Länder zu den marktwirtschaftl. orientierten Industriestaaten („Erste Welt") u. den Staatshandelsländern („Zweite Welt"). Typisch für die Länder der D.n W. sind: Konzentration auf einen Handelspartner; Konzentration auf bestimmte Produktions- u. Exportgüter (oft Monokulturländer mit nur einem einzigen Primärerzeugnis oder sehr wenigen Erzeugnissen für den Export); mangelnde Kommunikation mit anderen, selbst geographisch angrenzenden Ländern der D.n W.
Die *Abhängigkeit* auf dem ökonom., polit., militär., kommunikativen u. kulturellen Sektor bewirkt eine steigende Tendenz zur Verarmung dieser Länder. Überproportionales Bevölkerungswachstum, Ausfuhr von Agrarerzeugnissen oder mineral. Stoffen gegen fertige Industrieprodukte, traditionell-feudalistische Gesellschaftsformen, Landflucht, hohe äußere Verschuldung u. Zerstörung des ökolog. Gleichgewichts sind typ. Merkmale dieser Verarmung. Die Länder der D.n W. artikulierten sich bereits 1955 auf der Konferenz von Bandung. 1964 bildeten sie auf der ersten Welthandels- u. Entwicklungskonferenz der UNO die informelle „Gruppe der 77", der heute über 100 Staaten angehören. Auch im Rahmen der WTO werden die Interessen der D.n W. vertreten. Trotzdem können diese Länder nicht als Einheit betrachtet werden.
Die am wenigsten entwickelten Staaten *(least developed countries)* werden inzwischen schon als „Vierte Welt" bezeichnet. Eine Gruppe mit fortgeschrittenem Entwicklungsstatus bilden die „Schwellenländer".

Drost [niederdt.], *Droste,* früher Verwalter eines Bezirks oder einer Vogtei, bes. in Niedersachsen. Der D. vertrat den Landesherrn u. hatte Polizeigewalt (*Land-D.*).

Droste zu Vischering, Clemens August Frhr. von, Erzbischof von Köln (seit 1835), *21. 1. 1773 Münster, †19. 10. 1845 Münster; geriet wegen der Mischehenpraxis in Gegensatz zur preuß. Regierung, die ihn 1837 verhaftete u. bis 1839 in Minden internierte; gab 1841 seine Zustimmung, daß Johannes von *Geissel* Koadjutor in Köln wurde, u. ermöglichte so die Beendigung des Konflikts. 1808 gründete D. z. V. die „Genossenschaft der Barmherzigen Schwestern" (Clemensschwestern).

Droysen, Johann Gustav, Historiker, *6. 7. 1808 Treptow an der Rega, †19. 6. 1884 Berlin; Gymnasiallehrer, Prof. in Kiel 1840, Jena 1851, Berlin 1859. Über die schleswig-holstein. Frage kam D. zur Politik: 1848 Vertreter der provisor. Regierung in Kiel beim Bundestag in Frankfurt, dann Abg. der Nationalversammlung, in der er sich dem rechten Zentrum anschloß. D. stellte sich mit seinem Erstlingswerk „Geschichte Alexanders d. Gr." 1833 in die erste Reihe der Historiker seiner Zeit. Den Begriff *Hellenismus* erhob er zur Epochenbezeichnung u. bestimmte ihn als Synthese des Orients mit der griech. Kultur, die die Ausbreitung des Christentums erst ermöglichte. Mit deutlicher Parallele zu Preußen u. dem Problem der dt. Einheit vertrat D. die These, daß nicht die griech. Kleinstaaten, sondern die makedonische Monarchie die griech. Kultur erhalten habe. Später ging er zur neueren Geschichte über; seine „Geschichte der preuß. Politik" (1855–1886) ist die umfassendste Darstellung der preuß.-kleindt. Geschichtsidee. Als Geschichtstheoretiker begründete D. die Selbständigkeit der Geschichtswissenschaft in Zielsetzung u. Methodik („Historik. Vorlesungen über Enzyklopädie u. Methodik der Geschichte" [posthum] 1937) u. legte die Grundlage für die Verstehenslehre der modernen Geisteswissenschaften. Weitere Werke: „Geschichte des Hellenismus" 1836, 1843; „Vorlesungen über das Zeitalter der Freiheitskriege" 1846.

Druiden, Priester u. Lehrer der Kelten, die in Gallien u. Britannien unter einem Oberpriester neben dem Adel die polit. Macht in den Händen hatten. Die D. waren Opferpriester, Zauberer, Ärzte u. Richter; sie besaßen bes. Gewalt durch den Bann, den sie über Widerspenstige aussprechen konnten. Als ihr Ursprungsland galt Britannien, wo eine Art druid. Orden bestanden haben soll. Da die D. zugleich die Träger des kelt. Nationalgefühls waren, wurde die Priesterschaft der D. von den Römern aufgelöst. Z. T. sanken sie zu Wahrsagern herab, andere übernahmen die röm. Bildung u. wurden zu Lehrern; ihnen verdankt Gallien seinen blühenden Wissenschaftsstand. In der irischen Heldensage lebten die D. in ihrer alten Funktion fort.

Drummond ['drʌmənd], Sir Eric, Earl of Perth, brit. Diplomat, *17. 8. 1876 Yorkshire, †15. 12. 1951 Rogate, Sussex; 1919–1933 Generalsekretar des Völkerbunds, 1933–1939 Botschafter in Rom.

Druschina [-'ʒi:-; russ.], *Družina,* kriegerische Gefolgschaft der Fürsten in Rußland im 9.–13. Jh.

Drusen, um 1000 durch *Mohammed ibn Ismail Daraze* (*Darasi;* †um 1020) in Syrien verbreitete islam. Sekte, die als abgetrennte Völkerschaft (etwa 250 000) noch heute in Syrien (bes. im Haouran oder Jabal Ad Duruz, *D.gebirge*), in Israel u. Libanon lebt. Die D. glauben an den kommenden *Imam,* gehören also zur *Schia,* gehen in ihren Lehren aber z. T. auf vorislam. Traditionen zurück.

Johann Gustav Droysen

Drusus, Beiname der röm. Familie der Claudier: **1.** *Nero Claudius D. Germanicus,* d. Ä., *14. 1. 38 v. Chr., †9 v. Chr.; Stiefsohn des Augustus, Bruder des Tiberius u. Vater des Claudius. Seit 13 v. Chr. Statthalter Galliens u. der Oberbefehlshaber der Rheinfront; kämpfte erfolgreich gegen die Germanen am Niederrhein, in Nord- u. Mitteldtschld. (12–9 v. Chr.) u. stieß bis zur Elbe vor; starb auf der Rückkehr an einem Unfall u. wurde in Mainz beigesetzt.
2. *D. Iulius Caesar,* d. J., *15/12 v. Chr., †1. 7. 23 n. Chr.; Sohn des Tiberius, von diesem zum Mitregenten erhoben; auf Anstiften des kaiserl. Günstlings Seian von seiner eigenen Frau ermordet.

Dschagatai → Tschagatai.

Dschahangir → Jahangir.

Dschem, Osmanen-Prinz, Sohn Sultan Mehmeds II., *1459, †25. 2. 1495 Capua (vergiftet?); von seinem Bruder Bajezid II. 1481 als Thronprätendent vertrieben, mußte nach Ägypten u. Rhodos fliehen, wurde dann an Frankreich u. den Papst Innozenz VIII. ausgeliefert.

Dschihad [der; arab.], der *Heilige Krieg* des Islams gegen alle Ungläubigen; die am D. Beteiligten haben hohen Lohn im Jenseits zu erwarten.

Dschimmu-Tenno → Jimmu-Tenno.

Dschingis-Chan → Tschingis Chan.

Dserschinskij [-'ʒin-], *Dzierżyński,* Feliks Edmundowitsch, sowjet. Politiker poln. Her-

Alexander Dubček bei seiner Rückkehr von Verhandlungen in der UdSSR vor dem Einmarsch der Truppen des Warschauer Paktes 1968

kunft, *11. 9. 1877 Dserschinowo, Gouvernement Wilna, †20. 7. 1926 Moskau; organisierte im Dez. 1917 die Geheimpolizei *Tscheka* u. leitete sie sowie ihre Nachfolgeorgane *GPU* u. *OGPU* bis zu seinem Tod; daneben 1920/21 Volkskommissar des Inneren, 1921–1924 für Verkehr, 1924–1926 Vors. des Obersten Volkswirtschaftsrats.

Dubai → Vereinigte Arabische Emirate.

Dubarry [dyba'ri], *du Barry*, Marie Jeanne *Bécu*, 1769 Gräfin D., *19. 8. 1743 Vaucouleurs, †8. 12. 1793 Paris (guillotiniert); verschwenderische Mätresse Ludwigs XV. von Frankreich, ließ den Kleinen Trianonpalast (Petit Trianon) in Versailles erbauen.

Dubček ['dubtʃɛk], Alexander, tschechoslowak. Politiker (Kommunist), *27. 11. 1921 Uhrovec, Slowakei, †7. 10. 1992 Prag; Maschinenschlosser; 1925–1938 in der UdSSR; 1963–1968 Erster Sekretär des ZK der slowak. KP; 1968 Nachfolger A. *Novotnýs* als Erster Sekretär des ZK der KPČ. D. wurde zum führenden Repräsentanten des reformkommunistischen Kurses in der ČSSR („Prager Frühling"), dem am 21. 8. 1968 durch den Einmarsch der Warschauer-Pakt-Mächte gewaltsam ein Ende gesetzt wurde. Am 17. 4. 1969 mußte D. als Parteichef zurücktreten, April–Sept. 1969 war er Vors. der Nationalversammlung, dann kurze Zeit Botschafter in Ankara; im Juni 1970 wurde er aus der Partei ausgeschlossen. Im Zuge der neuen Reformpolitik wurde D. 1989 Parlaments-Präs.

Dubois [dy'bwa], Guillaume, französ. Politiker u. Kardinal (seit 1721), *6. 9. 1656 Brive-la-Gaillarde, Dép. Corrèze, †10. 8. 1723 Versailles; Erzieher Philipps II. von *Orléans*, unter dessen Regentschaft als Außen-Min. auf Ausgleich mit England, den Niederlanden u. Österreich bedacht; 1722 leitender Min.

Dubrovnik, ital. *Ragusa*, kroat. Hafenstadt u. Kurort an der Adria, 66 100 Ew.

Anfang des 7. Jh. auf dem Eiland Lave oder Lausa (daher der roman. Name Rausa – Ragusa) von Flüchtlingen aus der ehemals griech. Siedlung Epidaurum (heute Zavtat, Cavtat) gegr. Unter byzantin. Herrschaft vom 9. Jh. bis 1205, dann bis 1358 als Stadtrepublik unter venezian. Oberhoheit, 1358–1526 ungar., 1526–1806 türk., 1815–1918 österr., 1918–1992 jugoslaw., seitdem kroatisch. D. war seit dem MA bis zur Türkenherrschaft bedeutende Handelsmetropole, Höhepunkt als Rivalin Venedigs im 15. Jh.; vom 15. bis 17. Jh. auch kulturell bedeutend.

Duce ['du:tʃɛ; ital., „Führer"], der Titel des italien. Diktators B. *Mussolini*.

Dudu, akkadischer König ca. 2195–2174 v. Chr.; nach seinem Tod fiel Akkad während der Regierung seines Sohnes *Šu-Durul* den Gutäern in die Hände, wurde zerstört u. verschwand aus der polit. Geschichte Vorderasiens.

Duesterberg, Theodor, Offizier (zuletzt Oberstleutnant), *19. 10. 1875 Darmstadt, †4. 11. 1950 Hameln; 1924–1933 Zweiter Bundesführer des nationalist. „Stahlhelm, Bund der Frontsoldaten"; 1932 Kandidat für das Amt des Reichspräsidenten (gegen Hitler u. Hindenburg); 1933 durch interne Machenschaften aus seiner Stellung verdrängt; stand während des 2. Weltkriegs der Widerstandsbewegung nahe.

Dufour [dy'fu:r], Guillaume Henri, schweizer. General, *15. 9. 1787 Konstanz, †14. 7. 1875 Genf; 1831 Generalstabschef, 1847 im *Sonderbundskrieg* Oberbefehlshaber der schweizer. Armee, die er reorganisierte; Schöpfer (1833–1865) der topograph. Karte der Schweiz 1 : 100 000 *(D.-Karte)*; Mitgründer des *Roten Kreuzes*.

Dühring, Karl Eugen, Philosoph u. Nationalökonom, *12. 1. 1833 Berlin, †21. 9. 1921 Berlin. Seine Schriften enthalten heftige Angriffe auf Militarismus, Universitäten, Christentum u. Judentum („Der Ersatz der Religion durch Vollkommneres" 1882). D. war Sozialist, verwarf aber die ökonom. Theorie von K. *Marx*. In der Philosophie war er Positivist u. kritischer Materialist („Kritische Geschichte der Philosophie" 1869). Wirtschaftl. Hptw.: „Kursus der National- u. Sozialökonomie" 1873; „Kritische Geschichte der Nationalökonomie u. des Sozialismus" 1871.

Dukat [der; lat.], *Dukaten*, als *Zecchino* erstmals 1284 in Venedig geprägte Goldmünze (3,5 g) mit der Inschrift „Sit tibi Christe datus quem tu regis iste ducatus" [Dir, Christus, sei dieses Herzogtum gegeben, das du regierst], verdrängte den Goldgulden im 16. Jh. u. wurde im 17. Jh. zur wichtigsten Goldmünze. In Dtschld., Österreich, Ungarn, Böhmen, Holland u. Skandinavien geprägt, in der Tschechoslowakei noch 1934.

Duke [dju:k; engl.], Herzog, seit 1337 (Edward, the Black Prince) höchster engl. Adelstitel. Der älteste Sohn eines D. übernimmt die zweithöchste Adelsbezeichnung eines *Marquess* u. erbt dann beim Tod des Vaters den Titel D.

Dulles ['dʌləs], John Foster, US-amerikan. Politiker, *25. 2. 1888 Washington, †24. 5. 1959 Washington; kam als Anwalt, Bankdirektor, Treuhänder u. Vors. großer Stiftungen zur Außenpolitik. 1945 Chefberater der US-Delegation bei der Gründung der UN in San Francisco. Der Friedensvertrag zwischen den USA u. Japan (1951) war hauptsächl. sein Werk; 1953–1959 Außen-Min.

Dukat: Nürnberger Golddukat auf den Friedensschluß von 1648, geprägt 1649

Duma [die; russ., ursprüngl. „Gedanke", später „Rat", „Ratsversammlung"], Volksvertretung in Rußland.

1. *Bojarenduma, bojarskaja duma*, ging mit dem 10. Jh. aus der *Druschina* sowie dem städt. u. ländl. Adel hervor; existierte bis Anfang des 18. Jh. als höchstes polit. u. soziales Gremium unter den Großfürsten bzw. ab 1547 unter den Zaren, ohne dabei zu einer repräsentativen Ständevertretung wie in Westeuropa zu werden. Die Bojaren-D. bestand aus fallweise berufenen Adligen; sie übte nie mehr als eine Beratungsfunktion bei der Rechtsprechung, der Außenpolitik u. bei verschiedenen innerstaatl. Fragen aus; bei kirchenpolit. Angelegenheiten wurden hohe Geistliche hinzugezogen. Versuchen der Bojaren, mit Hilfe der Bojaren-D. ihre Rechte abzusichern u. zu erweitern, begegneten die Moskauer Großfürsten mit einer verstärkten Einbeziehung des Dienstadels (Dworjanin). Seit dem ausgehenden 16. Jh. zunehmend von der stark anwachsenden Staatsbürokratie bestimmt, verlor die Bojaren-D. im 17. Jh. an Bedeutung. Mit der Bildung des Senats 1711 hob Peter d. Gr. die Bojaren-D. auf.

2. *Städtische Duma, gorodskaja duma*, Stadtverordnetenversammlung, erstmals 1785 von Katharina II. eingeführt, im Zuge der Städtereform 1870 auf der Basis des Zensuswahlrechts neu verfaßt.

3. *Reichsduma, gosudarstwennaja duma*, russ. Parlament 1905–1917. Unter dem Eindruck der polit. u. sozialen Unruhe in Rußland gestattete Nikolaus II. am 3. 3. 1905 die Konstitution der Reichs-D. Das Gesetz vom 19. 8. 1905 schloß große Gruppen von der Wahl aus u. sah für die Reichs-D. nur ein Beratungsrecht vor. Am 30. 10. 1905 erhielt sie eine modifizierte Gesetzgebungskompetenz, das indirekte Wahlrecht war allgemein, aber sehr kompliziert u. nicht demokratisch. Die 1. Reichs-D. 1906 u. die 2. Reichs-D. 1907 wurden wegen ihres Radikalismus aufgelöst, die 3. Reichs-D. 1907–1912 u. die 4. Reichs-D. 1912–1917 wurden nach einem neuen, oktroyierten Gesetz gewählt, das die besitzenden Schichten bevorzugte. 1917 brachte die Reichs-D. eine von ihr gestellte Regierung an die Macht (→ Februarrevolution).

4. *Staatsduma*, das seit 1993 bestehende russ. Unterhaus mit 450 Abg.

Dumbarton Oaks [dʌm'ba:tn 'ouks], Landsitz in Washington, D. C.; Aug.–Okt. 1944 berieten dort Vertreter der USA, Großbritanniens, Chinas u. der Sowjetunion über die Satzungen einer Organisation der Vereinten Nationen, die den Völkerbund ersetzen u. dessen Schwächen vermeiden sollte. Die Beratungen auf D. O. waren eine Vorbereitungsphase zur Konferenz von San-Francisco.

Dumouriez [dymu'rje], Charles François, französ. General u. Politiker, *25. 1. 1739 Cambrai, †17. 3. 1823 Turville, Oxfordshire; kämpfte während der Französ. Revolution auf seiten der *Girondisten;* war 1792 Außen-Min.; siegte 1792 bei Valmy u. bei Jemappes u. eroberte die österr. Niederlande; als er sie 1793 nach der Schlacht von Neerwinden verlor, wurde er unter Anklage gestellt, versuchte vergeblich einen Staatsstreich u. ging zum Gegner über.

Dunant [dy'nã], Jean Henri, schweizer. Philanthrop, *8. 5. 1828 Genf, †30. 10. 1910 Heiden; veranlaßte 1862 den Abschluß der *Genfer Konvention* u. die Gründung des *Roten Kreuzes*. 1901 Friedensnobelpreis.

Duncan ['dʌŋkən], schott. König kelt. Ursprungs, 1034–1040, bekannt in Verbindung mit seinem Mörder *Macbeth*, dem letzten Vertreter des rein kelt. Königtums in Schottland.

Dur-Scharrukin: Quaderwerk an der Rampe zur oberen Palastterrasse und Reste der Brücke zum Nabu-Tempel

Duncker, 1. Franz, Bruder von 2), liberaler Politiker, *4. 6. 1822 Berlin, †18. 6. 1888 Berlin; gründete 1869 mit Max *Hirsch* (*1832, †1905) u. H. *Schulze-Delitzsch* den Verband der *Hirsch-Dunckerschen Gewerkvereine.*
2. Maximilian, Bruder von 1), Historiker u. Politiker, *15. 10. 1811 Berlin, † 21. 7. 1886 Ansbach; während der Demagogenverfolgung 1837 zu Festungshaft verurteilt, 1842 Prof. in Halle, 1848/49 Mitgl. der Frankfurter Nationalversammlung (Casino-Partei), 1861 bis 1866 Berater des Kronprinzen Friedrich Wilhelm, 1867–1874 Direktor des von ihm neu organisierten preuß. Staatsarchivs. Hptw.: „Geschichte des Altertums" 1852 bis 1857.

Dünkirchen, frz. *Dunkerque,* fläm. *Duinekerke,* stark befestigte französ. Hafen-, Industrie- u. Kreisstadt im Dép. Nord.
Nach Zerstörungen im 2. Weltkrieg wieder aufgebaut.
Zum Abschluß der ersten Phase des Krieges gegen Frankreich im 2. Weltkrieg gelang es den dt. Truppen, bei D. das brit. Expeditionsheer, die französ. Nordarmeen u. Reste des belg. Heeres einzukesseln. Diese Truppen konnten sich zwischen dem 28. 5. u. dem 4. 6. 1940, nachdem die dt. Offensive zum Stillstand gekommen war, nach England absetzen (rd. 335 000 Mann). Sie bildeten den Kern der Invasionsarmee von 1944. Der überraschende Entschluß zum Abstoppen der dt. Offensive vor D. entsprang wahrscheinlich nicht gezielter Rücksichtnahme Hitlers auf England (Hoffnung auf Friedensbereitschaft), sondern ging auf operative Erwägungen der Militärs zurück.
Der *Vertrag von D.,* ein Bündnis zwischen Frankreich u. Großbritannien vom 4. 3. 1947, sieht gegenseitige Hilfestellung gegen jede Wiederaufnahme einer dt. Angriffspolitik vor; er sollte vor allem dem französ. Sicherheitsbedürfnis Rechnung tragen u. Frankreich eine elastischere Politik gegenüber Dtschld. ermöglichen.

Dunois [dy'nwa], Jean Graf von, französ. Heerführer, *23. 11. 1403 Paris, †24. 11. 1468 Le Hay; unehel. Sohn aus dem Haus Orléans (der „Bastard von Orléans"), Kampfgefährte der Jungfrau von Orléans, verteidigte 1429 die belagerte Stadt Orléans, bis sie von Jeanne d'Arc befreit wurde.

Dupleix [dy'plɛks], Joseph François, französ. Politiker,*1. 1. 1697 Landreciers, Dép. Nord, †10. 11. 1763 Paris; als Generalgouverneur der Französ.-Ostind. Kompanie 1742–1754 zunächst erfolgreich im Kampf gegen die brit. Ostind. Kompanie, verlor aber im Siebenjährigen Krieg (1756–1763) die französ. Machtbasis in Indien.

Düppel, dän. *Dybbøl,* dän. (seit 1920) Ort in Nordschleswig, am Wenningbund, 1800 Ew. Die 1848 erbauten *D.er Schanzen* wurden am 13. 4. 1849 von Reichstruppen (Frankfurter Nationalversammlung) bei Unterstützung der schleswig-holstein. Erhebung u. am 18. 4. 1864 im Dt.-Dän. Krieg von preuß. Truppen erstürmt.

Duprat [dy:'pra], Antoine, französ. Politiker u. Kardinal (seit 1527), *17. 1. 1463 Issoire, Dép. Puy-de-Dôme, †9. 7. 1535 Nantouillet, Dép. Seine-et-Marne; 1507 Präs. des Parlaments von Paris, 1515 Kanzler von Frankreich, schloß 1516 mit Papst Leo X. das Konkordat ab; entschiedener Gegner der Reformation.

Durán, Diego, in Spanien geborener u. in Mexiko aufgewachsener Dominikaner-Pater, * 1537, †1588; schrieb um 1580 eines der wichtigsten Werke zur Geschichte der *Azteken,* über deren Götter u. Riten sowie über den vorspanischen Kalender Mexikos mit Tageszeichen u. Beschreibung der 18 aztek. Monatsfeste. Die Handschrift befindet sich in der Nationalbibliothek in Madrid.

Dürnkrut, Schlacht bei → Marchfeld.

Durrani, von *Ahmed Schah* 1747 in Afghanistan begründete Dynastie. Unter seinem Nachfolger *Timur Schah* (1773–1793) verfiel das Reich unter Verlust Nordwestindiens. Timurs Sohn *Zaman Schah* wurde 1800 von seinem Bruder *Mahmud Schah* entthront; nach dessen Tod (1829) kamen mit *Dost Mohammed* die *Barakzai* zur Macht.

Durrës ['durəs], ital. *Durazzo,* serbokr. *Drač,* wichtiger Hafen Albaniens, zugleich Hafen der Hptst. Tirana, an der Adria, 72 400 Ew.
626/25 v. Chr. von Korinth u. Kerkyra (Korfu) gemeinsam unter dem Namen *Epidamnos* gegr., entwickelte sich die Stadt dank ihrer günstigen Verkehrslage bald zu Wohlstand u. wurde aus dem gleichen Grund immer wieder hart umkämpft. Innere Kämpfe bildeten einen der Anlässe des Peloponnesischen Kriegs; im 2. röm. Bürgerkrieg spielte D. 48 v. Chr. als Stützpunkt des Pompeius gegen Cäsar eine Rolle. In röm. Zeit war D. unter dem Namen *Dyrrhachion* [lat. *Dyrrhachium*] als gegenüber Brindisi gelegener Hafen Ausgangspunkt der nach Byzanz führenden *Via Egnatia.* Noch in byzantin. Zeit Zentrum eines Verwaltungsbezirks, wurde D. nach wechselvollen Zwischenspielen 1392 venezianisch, 1501 türkisch u. war 1913–1921 Hptst. Albaniens.

Dur-Scharrukin, heute Ruinenhügel *Khorsabad,* nordöstl. von Mosul, großartige, aber kurzlebige Stadtgründung *Sargons II.* von Assyrien (722–705 v. Chr.); 1852–1855 u. 1928–1935 ausgegraben. Mauergürtel von 1760 × 1685 m mit 7 Toren, zahlreiche Tempel, Palast mit vielen Räumen u. Höfen, reich mit Reliefs u. Malerei ausgestattet.

Düsseldorf, Hptst. des Landes Nordrhein-Westfalen u. des Reg.-Bez. D., westl. des Bergischen Landes am rechten Rheinufer gelegen, 561 000 Ew.
Die um die Mitte des 12. Jh. erstmals erwähnte Siedlung D. wurde von Graf Adolf von Berg 1288 zur Stadt erhoben. Im 15. Jh. wurde D. feste Residenz der Herzöge von Jülich-Berg, die 1685 die pfälz. Kurwürde erwarben. Die 1716 erfolgte Verlegung der Residenz nach Mannheim wirkte sich nachteilig für D. aus. 1806 wurde D. Hptst. des von Napoleon I. geschaffenen Großherzogtums Berg. 1815 kam es zu Preußen u. wurde Sitz eines Regierungspräsidenten u. des Provinziallandtages. Seit 1946 ist es Landeshauptstadt.

Dutschke, Rudi, Politiker, *7. 3. 1940 Schönefeld bei Luckenwalde, †24. 12. 1979 Århus (Dänemark); führender Kopf der antiautoritären Studentenbewegung Westberlins u. der BR Dtschld. 1965–1968; wurde durch einen Mordanschlag am 11. 4. 1968 schwer verletzt u. lebte danach im Ausland. Seit Ende 1976 engagierte sich D. politisch wieder in der BR Dtschld., zuletzt für die Bewegung der Grünen. Er starb an Spätfolgen des Attentats. Schriften: „Versuch, Lenin auf die Füße zu stellen" 1974; „Über den radikalen Frieden u. die Militanz der Ordnung. Aufsätze, Reden u. Tagebuchnotizen von 1964 bis 1979" 1980; „Mein langer Marsch. Reden, Schriften u. Tagebücher aus zwanzig Jahren" 1980.

Duumvirn, *duoviri* [lat., „Zweimänner"], im alten Rom ein aus 2 Männern bestehender Magistrat, in Landstädten oberste örtl. Behörde.

Duvalier [dyval'je], **1.** François, haitian. Politiker, *14. 4. 1907 Port-au-Prince, †21. 4. 1971 Port-au-Prince; Arzt („Papa Doc"); 1957 zum Staats-Präs. gewählt u. 1964 durch manipulierten Volksentscheid auf Lebenszeit in diesem Amt bestätigt; regierte diktatorisch u. gegen eine wachsende Opposition, die mehrere vergebliche Versuche unternahm, ihn zu stürzen.
2. Jean-Claude, gen. „Baby Doc", Sohn von 1), haitian. Politiker, *3. 7. 1951 Port-au-Prince; folgte seinem Vater 1971 als diktatorisch regierender Staats-Präs. u. wurde 1986 gestürzt.

Dux [lat.], (militär.) Führer; Herzog.

Dworjanin [russ., „Höfling", Pl. *Dworjane*], seit dem 12./13. Jh. niederer russ. Dienstadel. Die Dworjane wurden unter den Moskauer Großfürsten ab Ende des 14. Jh. zunehmend mit Dienstgütern ausgestattet u. verschmolzen später mit den übrigen Adelsschichten. Nach der Einführung der Rangtabelle durch Peter d. Gr. wurde die Bez. D. sowie Dworjanstwo für den ganzen russ. Adel üblich.

Dynast [grch.], im Hl. Röm. Reich Bez. für einen reichsunmittelbaren, aber keine Landeshoheit ausübenden Fürsten.

Dynastie [grch.], *Herrscherhaus, Herrschaft,* eine Familie, die durch das Gesetz der Erbfolge in mehreren Generationen den Herrscher eines Landes stellt; heute auch im übertragenen Sinn für bürgerl. Familien mit großer wirtschaftl. Macht gebraucht, z. B. Krupp-D.

Dyrrhachion [grch.], röm. *Dyrrhachium,* antiker Name der Stadt → Durrës.

Dzibilchaltún [dzibil'tʃaltun], ausgedehnte (rd. 50 km²) archäolog. Zone in Nordwestyucatán (Mexiko), von 1000 v. Chr. bis zur Gegenwart von den *Maya* bewohnt. Bis heute sind in D. über 21 000 Wohn- u. Tempelstätten festgestellt, die wichtigste davon ist die „Palastgruppe", die den *Cenote* umschließt. Der „Tempel der sieben Puppen" ist bemerkenswert durch seine Fenster, die sonst in der Maya-Architektur unbekannt sind. Durch die Mitte eines stadtähnlichen Teils von D. läuft eine 2,5 km lange, 20 m breite Straße in ost-westl. Richtung.

E

Ealdorman, in der angelsächs. Zeit Bez. für den adeligen Vertreter des Königs in einer Grafschaft, der mit der Aufrechterhaltung der öffentl. Ordnung u. der Rechtsprechung betraut war, seit dem 12. Jh. ersetzt durch die Bez. *earl* von nord. *jarl*; lebt fort in der Bez. *alderman* (Stadtverordneter).

Eanes [ɛ'a:nɛʃ], António dos Santos Ramalho, portugies. Offizier (1975 General) u. Politiker, * 25. 1. 1935 Alcains, Prov. Beira

Baixa; nach der Revolution von 1974 in verschiedenen militär. u. zivilen Funktionen; schlug 1975 einen Linksputsch nieder; 1975/76 Stabschef des Heeres; 1976–1986 Staatspräsident, zugleich bis 1981 Generalstabschef der Streitkräfte; 1986/87 Vors. der Demokrat. Erneuerungspartei (PRD).

Eannatum, sumer. König von *Lagasch* um 2470 v. Chr.; kämpfte erfolgreich gegen Elam, Uruk, Ur u. Mari u. konnte das Herrschaftsgebiet von Lagasch beträchtlich ausdehnen. Als Hptst. von Lagasch baute er die einige Jahrzehnte vorher zerstörte Stadt *Girsa* wieder auf.

Earl [əːl; engl.], Adelstitel: Graf; 3. Rangstufe des Peers, zwischen *Marquess* u. *Viscount;* weibl. Titel: Countess.

Eban, Abba, israel. Politiker (Mapai, Israelische Arbeiterpartei), *2. 2. 1915 Kapstadt; in England aufgewachsen; Orientalist; im 2. Weltkrieg brit. Offizier; seit 1942 in Palästina, 1948–1959 Vertreter Israels bei den UN u. zugleich seit 1950 Botschafter in den USA, 1960–1963 Erziehungs-Min., 1964/65 stellvertr. Min.-Präs., 1966–1974 Außen-Min.; 1958–1966 Präsident des Weizmann-Instituts in Rehovot.

Ebendorfer, Thomas, österr. Geschichtsschreiber, Humanist, *10. 8. 1388 Haselbach, Niederösterreich, †12. 1. 1464 Wien; Rektor der Universität Wien u. ihr Vertreter auf dem Basler Konzil; schrieb ein „Chronicon Austriacum" (österr. Geschichte) 1449ff., das bis 1463 reicht u. eine Hauptquelle für die 1. Hälfte des 15. Jh. ist, u. ein „Diarium" (Tagebuch) des Konzils.

Eberhard, Fürsten. Franken: **1.** Herzog von Franken seit 918, †2. 10. 939 Andernach (erschlagen); Helfer seines Bruders, König Konrads I., überbrachte nach dessen Tod Heinrich I. die Kroninsignien, schloß sich 938 u. 939 Aufständen gegen Otto I. an.

Salzburg: **2.** *E. II.*, Graf von Waldburg, Erzbischof von Salzburg 1200–1246, *um 1170, †30. 11. 1246 Friesach, Kärnten; „Gründer des Landes Salzburg", schuf die Landeshoheit Salzburg.

Württemberg: **3.** *E. I., der Erlauchte*, Graf, regierte 1279–1325, *13. 3. 1265, †5. 6. 1325 Stuttgart; kämpfte wechselvoll um sein Land gegen Reichsstädte, Grafen u. Herren sowie gegen König Rudolf I. von Habsburg u. dessen Nachfolger, die nach dem Interregnum die Herzogsgewalt in Schwaben wiederaufrichten wollten. E. wurde endgültig 1323 von König Ludwig (IV.) dem Bayern in seinem erweiterten Besitz bestätigt; seine Residenz war seit 1321 Stuttgart.

4. *E. II., der Greiner* (d. h. der Zänker) oder *der Rauschebart*, Enkel von 3), Graf, regierte 1344–1392, anfängl. zusammen mit seinem Bruder *Ulrich IV.* (†1366), * 1315, †15. 3. 1392; besiegte nach jahrelangen Kämpfen den Schwäb. Städtebund am 24. 8. 1388 in der Schlacht bei Döffingen, in der E.s einziger Sohn *Ulrich* (*1342) fiel. E. ist bekannt durch einen Gedichtzyklus L. *Uhlands*.

Friedrich Ebert; 1925

5. *E. III.*, der Milde, Enkel von 4), Graf, regierte 1392–1417, *1364, †16. 5. 1417; besiegte die *Schlegler* 1395 in Heimsheim, wonach sich dieser Ritterbund auflöste.

6. *E. V. (I.), E. im Bart*, regierte als Graf seit 1457 unter Vormundschaft, seit 1459 allein, ab 1495 als erster Herzog von Württemberg, *11. 12. 1445, †24. 2. 1496 Tübingen; gründete 1477 die Universität Tübingen; legte 1482 die Unteilbarkeit Württembergs fest; seit 1488 führend im *Schwäb. Bund*; 1495 von Kaiser Maximilian I. zum Herzog erhoben.

7. *E. Ludwig*, Herzog 1693–1733, *18. 9. 1676 Stuttgart, †31. 10. 1733 Ludwigsburg; kaiserl. Heerführer im Span. Erbfolgekrieg, seit 1710 Oberbefehlshaber des Reichsheeres am Oberrhein in Vertretung des Prinzen Eugen, erschöpfte seine Finanzen durch Prachtentfaltung, bes. angeregt durch seine Mätresse Wilhelmine von *Grävenitz* (*1686, †1744), die ab 1708 großen Einfluß auf ihn hatte. E. erbaute das Schloß u. gründete die Stadt Ludwigsburg.

Ebert, 1. Friedrich, Politiker (SPD), *4. 2. 1871 Heidelberg, †28. 2. 1925 Berlin; zunächst Sattler, frühzeitig in der Gewerkschafts- u. Arbeiterbewegung, seit 1893 Parteifunktionär, seit 1905 im Parteivorstand, seit 1913 Mit-Parteivorsitzender als Nachfolger A. *Bebels*, seit 1916 Mit-Vors. der Reichstagsfraktion. Im Verlauf des 1. Weltkriegs wurde E. zum einflußreichsten sozialdemokrat. Politiker. Unter seiner Führung verfolgte die SPD den Kurs des „Burgfriedens", wobei sie die Abspaltung des linken Flügels (der späteren USPD) in Kauf nahm. Seine Politik zielte auf Heranführung der SPD an den Staat durch innere Reformen. Annexionen lehnte er ab.

In der revolutionären Situation am 9. 11. 1918 übernahm E. von Prinz Max von Baden die Geschäfte des Reichskanzlers; am folgenden Tag, nach der von ihm mißbilligten Ausrufung der Republik durch P. Scheidemann, wurde er neben H. Haase Vors. des *Rats der Volksbeauftragten*. E. bemühte sich um eine rasche Konsolidierung des Staates; er trat gegen weiterreichende reformerische u. revolutionäre Ansprüche der Rätebewegung auf u. zog zu diesem Zweck auch republikfeindl. Kräfte der alten Ordnung heran. Am 11. 2. 1919 wählte ihn die Weimarer Nationalversammlung zum vorläufigen Reichspräsidenten. 1922 wurde seine Amtszeit durch Gesetz bis zum 30. 6. 1925 verlängert. Durch seine bedachtsame Amtsführung trug er zur Stabilisierung der Weimarer Republik bei. Persönl. Angriffe, bes. von rechtsradikaler Seite, trafen ihn schwer.

2. Friedrich, Sohn von 2), Politiker, *12. 9. 1894 Bremen, †4. 12. 1979 Ostberlin; Buchdrucker, Redakteur; 1913–1946 Mitgl. der SPD, 1928–1933 MdR; nach 1933 zeitweise in Haft; 1946 Mitbegründer der SED, 1947–1949 Mitgl. des Zentralsekretariats, 1949–1979 des Politbüros der SED; 1948–1967 Oberbürgermeister von Ostberlin, 1971–1979 stellvertr. Vors. des Staatsrates der DDR.

3. Max, Prähistoriker, *4. 8. 1879 Stendal, †15. 11. 1929 Berlin; 1922 Prof. in Riga, 1923 in Königsberg, ab 1927 Ordinarius in Berlin; Hrsg. des „Reallexikons der Vorgeschichte" 15 Bde. 1924–1932.

Ebla, heutiger Ruinenhügel *Tell Mardich* südl. von Aleppo (Syrien); um 2500 –2000 v. Chr. bedeutender unabhängiger Stadtstaat. E. konnte mehrere Jahrhunderte lang seine Selbständigkeit behaupten u. unterhielt weitgespannte Handelsbeziehungen, bes. nach Mesopotamien. Nach 2000 v. Chr. wurde es wohl dem Staat Jamhad (Hptst. Aleppo) einverleibt u. um 1600 v. Chr. vermutlich von Hethitern zerstört.

Ebla: Fundstelle der Keilschrifttafeln im königlichen Palast. Die Tafeln (mit staatspolitischen Texten) waren in Holzregalen gelagert, die einem Brand zum Opfer fielen

Ebo, *Ebbo*, Erzbischof von Reims 816–835 u. 840–841 u. Bischof von Hildesheim 845–851, †20. 3. 851 Hildesheim; von Kaiser Ludwig dem Frommen gefördert, gehörte dann zu dessen Opponenten u. wurde abgesetzt, was zu einer Kontroverse über die Gültigkeit der von ihm später erteilten Weihen führte u. die Entstehung der *pseudoisidorischen Fälschungen* veranlaßt haben soll.

Eboli, Anna de *Mendoza*, Fürstin von E., *29. 6. 1540 Portugal, †2. 2. 1592 Pastrana; verheiratet mit dem Fürsten von Eboli, einem Gegner des Herzogs von Alba; fiel 1579 bei Philipp II. in Ungnade u. floh nach Frankreich. Die Fürstin E. in Schillers „Don Carlos" ist großenteils ungeschichtlich.

Ebstorfer Weltkarte, größte u. reichhaltigste Radkarte des MA (mit Jerusalem als Mittelpunkt), aus 30 Pergamentblättern bestehend, 3,50 m Durchmesser; 1832 im ehem. Kloster Ebstorf (Kreis Uelzen, Niedersachsen) aufgefunden, seit 1835 im Staatsarchiv Hannover, wurde dort 1943 durch Bombenangriff zerstört. Eine Nachbildung auf Pergament befindet sich im Kloster Ebstorf.

Ecevit [ɛdʒɛv'it], Bülent, türk. Politiker, *28. 5. 1925 Istanbul; Journalist; 1972–1980 Vorsitzender der Republikan. Volkspartei, die er auf einen sozialdemokrat. Kurs führte; 1974, 1977 u. 1978/79 Ministerpräsident; nach dem Militärputsch von 1980 mehrfach inhaftiert; 1987 Vors. der Demokrat. Linkspartei; danach Rückzug aus der Politik; seit 1989 erneut Partei-Vors.

Anna Fürstin von Eboli; Lithographie von José Vallejo nach einem zeitgenössischen Bildnis

Echnaton [auch -'na-], *Achenaten, Achanjati*, ursprüngl. *Amenophis IV.*, altägypt. König der 18. Dynastie, um 1364 –1347 v. Chr. (nach anderen Berechnungen um 1378–1362 v. Chr.), war vielleicht eine Zeitlang Mitregent seines Vaters *Amenophis III.* Er wollte den traditionellen Polytheismus u. bes. den in der Hptst. Theben herrschenden Kult des Gottes Amun durch eine monotheist. Religion ersetzen, in deren Mittelpunkt der Sonnengott *Aton* stand. Im Zusammenhang damit änderte er seinen Namen aus Amenophis (= *Amunhotep*, „Amun ist gnädig") in E. („Dem Aton wohlgefällig") u. verlegte die Residenz von Theben nach dem neugegründeten *Achet-Aton* („Horizont des Aton") in der Nähe des heutigen Tell Al *Amarna* in Mittelägypten. Bei der Durchsetzung der neuen Lehre ging E. mit zunehmendem Radikalismus vor. Er trat als Hohepriester des Aton u. einziger Mittler zwischen Gott u. den Menschen auf, womit er zugleich auf eine Machtsteigerung des Königtums hinzielte. Mit der religiösen Reform ging die Entwicklung eines neuen Kunststils mit naturalist. u. expressionist. Zügen einher („Amarna-Kunst"). Zur Staatsverwaltung zog E. aus Mißtrauen gegen die traditionelle Beamtenschaft wahrscheinlich Angehörige der Unterschicht heran. Er unternahm anscheinend einen Feldzug nach Nubien, unterstützte aber nicht die von den Hethitern bedrohten syr. Vasallen Ägyptens. Aus E.s Ehe mit *Nofretete*, die vermutlich bürgerl. Abkunft war, gingen sechs Töchter hervor. Über die letzten Regierungsjahre E.s u. sein Ende ist nichts Genaues bekannt. Sein unmittelbarer Nachfolger *Semenchkare* überlebte ihn nur um kurze Zeit; dessen Nachfolger *Tutanchamun* (beide waren mit Töchtern E.s verheiratet) stellte den Amun-Kult wieder her. Im weiteren Fortgang dieser Restauration wurde E. als Ketzer verfemt; sein Name wurde aus den Königslisten getilgt. B S. 210/211.

Echter von Mespelbrunn, Julius, Fürstbischof von Würzburg 1573–1617, *18. 3. 1545 Schloß Mespelbrunn, †13. 9. 1617 Würzburg; führte mit Hilfe der Jesuiten in Würzburg u. Franken die Gegenreformation durch, gründete 1576 das Juliusspital u. 1582 die Universität in Würzburg, reorganisierte die innere Verwaltung u. die Kirche seines Fürstbistums; Mitgründer der kath. Liga.

Ecuador EC

Republik Ecuador

Fläche: 283 561 km². – *Einwohner:* 11,3 Mill. – *Hauptstadt:* Quito. – *Landessprachen:* Spanisch, Ketschua. – *Nationalfeiertag:* 10. 8. – *Währung:* 1 Sucre = 100 Centavos. – *Lage:* zwischen 1 °27′ n. Br. und 5 ° s. Br. sowie 75 °12′ und 81 ° w. L. – *Zeitzone:* Mitteleuropäische Zeit – 6 Std. – *Grenzen:* im N Kolumbien, im O und S Peru, im W Pazifischer Ozean. – *Staatsform:* präsidiale Republik.

Das Gebiet des heutigen E. war die nördl. Provinz des Inkareichs u. wurde 1533/34 von *Pizarros* Unterführer S. de *Belalcázar* für Spanien erobert. Seit 1563 gehörte E. als *Audiencia de Quito* zum span. Vizekönigreich Peru u. seit 1739 zum Vizekönigreich Neugranada. Die ersten Unabhängigkeitskämpfe (1809) blieben ohne Erfolg. Erst 1822 beseitigte S. *Bolívar* die span. Herrschaft in E., das

Ecuador: Jaime Roldós am Tag seiner Wahl zum Präsidenten 1979

ein Teil von Groß-Kolumbien wurde u. sich 1830 unter J. J. *Flores* zur selbständigen Republik erklärte. Der konservativ-klerikale Präsident G. *García Moreno* beendete Grenzkonflikte zwischen E. u. den Nachbarstaaten u. regierte das Land in enger Anlehnung an die kath. Kirche. Nach seiner Ermordung (1875) machte E. eine Zeit schwerer innerer Unruhen u. Bürgerkriege durch.
Dem Präsidenten J. M. *Velasco Ibarra* gelang es zwar, in den 30er u. 40er Jahren des 20. Jh. durch sein Programm des „Velasquismo" u. mit nordamerikanischer Hilfe eine gewisse politische u. wirtschaftliche Stabilität in E. durchzusetzen, doch auch er scheiterte an den sozialen Problemen. Durch den Schiedsspruch von Rio de Janeiro (1942) verlor E. seine Ostgebiete an Peru. Velasco war insgesamt fünfmal Präsident, konnte aber nur eine Amtszeit durchstehen, ohne vom Militär gestürzt zu werden. Nach seinem endgültigen Sturz bestanden 1972–1978 mehrere Militärdiktaturen. 1978 wurde durch Volksabstimmung eine neue Verfassung eingeführt u. die Rückkehr zur Demokratie eingeleitet. Präsidentschaftswahlen im gleichen Jahr brachten kein klares Ergebnis. In der Stichwahl 1979 siegte der Linksliberale Jaime *Roldós*, der sich mit seiner pragmatischen Politik der linken Mitte breite Zustimmung im Volk erwarb. 1984–1988 regierte der christl. Demokrat León *Febres Cordero*. Die Präsidentschaftswahl 1988 gewann Rodrigo *Borja Cevallos* von der sozialdemokratisch orientierten „Demokratischen Linken". 1992 wurde der Konservative S. *Durán Ballén* Staats.-Präs. 1995 kam es zu einem militär. Konflikt mit dem Grenznachbarn Peru. Im Febr. 1997 enthob das Parlament den 1996 gewählten Präs. A. *Bucarám* wegen geistiger Unfähigkeit seines Amtes. Nachfolger wurde F. *Alarcón Rivera*.

Edelfreie, auch *Hochfreie* genannt u. als *Freiherrn* betitelt, nach der mittelalterl. Standesordnung die höchste Stufe des nichtfürstl. Adels; adelige Grundherren mit bes. Vorrechten.

Edelweißpiraten, nach ihrem Erkennungszeichen, einem Edelweiß, benannte Gruppe von Jugendlichen ohne feste Organisation, die bes. im Rheinland u. im Ruhrgebiet Widerstand gegen das nat.-soz. Regime leisteten. 13 E. wurden im Nov. 1944 in Köln ohne Verfahren öffentlich gehängt.

Eden [i:dn], Sir (1954) Anthony, Earl of Avon (1961), brit. Politiker, *12. 6. 1897 Windlestone Hall, Durham, †14. 1. 1977 Salisbury, Wiltshire; 1923–1957 im Unterhaus u. führendes Mitgl. der Konservativen Partei; 1934 Lordsiegelbewahrer, 1935–1938 Außen-Min., trat 1938 aus Opposition gegen die Politik N. *Chamberlains* zurück; 1940 Kriegs-Min., 1940–1945 u. 1951–1955 Außen-Min. unter *Churchill;* nach dem 2. Weltkrieg maßgebl. am Ausbau des europ. Verteidigungssystems beteiligt. 1955–1957 als Nachfolger Churchills Premier-Min. Die von ihm verantwortete brit.-französ. Intervention in Ägypten im Okt./Nov. 1956 (Suezkrise) löste heftige Proteste aus, die seinen Rücktritt erzwangen. 1961 Mitgl. des Oberhauses. Memoiren: „Full circle" 1960, „Facing the dictators" 1962, „The reckoning" 1965.

Edessa, antike syr. Stadt, das heutige türk. *Urfa*, am Balissos, einem linken Nebenfluß des Euphrat gelegen, Hauptstadt der Osroëne, seit 132 n. Chr. selbständiges Königtum, seit 165 röm. Kolonie; nahm sehr früh das Christentum an u. wurde zum bedeutenden Bischofssitz. Im 3. Jh. bildete sich hier eine von Antiochia bestimmte Schule, deren bedeutendster Lehrer Ephräm der Syrer (†373) war; seit dem 5. Jh. ein Mittelpunkt westsyr. Christentums; 641–1031 islamisch; 1098–1144 unter der Herrschaft der Kreuzfahrer Zentrum der gleichnamigen Grafschaft, dann unter verschiedenen Herrschern, seit 1517 (außer 1623–1637) türk. Besitz.

Edgar, König von England 959–975, *943, †8. 7. 975; herrschte 957 in Mercien u. Northumbrien, seit 959 in ganz England (letzte Blüteepoche vor der Dänen- u. Normannenzeit); führte Klosterreformen durch.

Edictum Theodorici, ein auf Ausgleich zwischen Römertum u. Germanentum bedachtes Gesetzbuch der Völkerwanderungszeit;

Anthony Eden

wurde früher dem Ostgotenkönig *Theoderich d. Gr.* (471–526) in Italien zugeschrieben, jetzt dem Westgotenkönig *Theoderich II.* (453–466) in Südgallien.

Edikt von Mailand → Mailänder Edikt.

Edikt von Nantes [-nãt] → Nantes.

Edo-Zeit, *Yedo-Zeit*, 1603–1868, Abschnitt in der japan. Geschichte, zeitlich identisch mit der *Tokugawa-Epoche;* benannt nach der Stadt *Edo*, dem heutigen Tokio, damals Regierungssitz der *Shogune* aus dem Hause Tokugawa. Die Edo-Kultur u. der Reichtum der Stadt prägten die Epoche entscheidend.

Eduard, engl. *Edward*, Fürsten. England bzw. Großbritannien: **1.** *E. der Bekenner*, angelsächs. König 1042–1066, *nach 1002, †5. 1. 1066 London; durch 25jährigen Auslandsaufenthalt den heim. Verhältnissen entfremdet; holte normann. Familien ins Land u. legte die Grundlagen für die normann. Eroberung, obwohl er auf dem Totenbett Harold, Earl of Wessex (→ Harald II.), den bedeutendsten Vertreter der angelsächs. Aristokratie, zu seinem Nachfolger designierte. Großzügiger Förderer von Kirchen u. Klöstern, bes. von Westminster Abbey, das durch sein Grab zum Nationalheiligtum wurde. 1161 heiliggesprochen; Fest: 5. 1.

2. *E. I.*, König 1272–1307, *17. 6. 1239 Westminster, †7. 7. 1307 Burgh by Sands; bedeu-

Echnatons religiöser Umsturz

1

Der »Ketzerkönig« Echnaton hat die moderne Nachwelt (die erst seit dem 19. Jahrhundert von ihm weiß) immer fasziniert. Zahllose Legenden und Spekulationen ranken sich um ihn und seine schöne Gemahlin Nofretete. In Wirklichkeit ist unser Wissen über Echnaton recht dürftig. Wir kennen nicht einmal sein Geburts- und Sterbejahr, und fast jede Einzelheit seines Lebens ist unter den Ägyptologen umstritten. Unstreitig ist jedoch seine Rolle in der Geschichte: Er war der Stifter der ersten monotheistischen Religion und der Inspirator einer unvergleichlichen Bildkunst.

Das alte Ägypten kannte eine schier unübersehbare Zahl von Göttern und Göttinnen, die alle ihren eigenen Kult besaßen. Der Sonnengott Re wurde schon tausend Jahre vor Echnaton verehrt; eine seiner Erscheinungsformen war die Sonnenscheibe, der Aton. Diesen Aton erklärte Echnaton zur einzigen Gottheit, neben der es keine andere geben sollte. Ihn feierte er in einem grandiosen Hymnus (zu dem sich übrigens bemerkenswerte Parallelen im 104. Psalm finden). Die Tempel aller anderen Götter ließ er schließen. Besonders verhaßt war dem König der alte Reichsgott Amun: seine Bilder wurden, soweit erreichbar, zerstört, und sein Name wurde ausgetilgt, wo er sich fand. »Amun« kam auch als Bestandteil von Personennamen vor (etwa wie in unserem »Gottfried«), und noch heute kann man an ägyptischen Tempelwänden Inschriften sehen, bei denen dieser Namensteil ausgekratzt ist. Sogar der Plural »Götter« wurde aus Inschriften entfernt, weil es ja nur einen Gott gab. Einziger Mittler zwischen Gott und den Menschen war der König. Vor seinem Bild verrichteten die Untertanen ihre Andacht, sein Bild begleitete sie auch ins Grab. Auf diesen Bildern steht der König nicht allein seinem Gott gegenüber, sondern – etwas ganz Neues in der religiösen Kunst Ägyptens – gemeinsam mit seiner Frau und seinen Töchtern. Man hat vermutet, daß die Einbeziehung der königlichen Familie gewissermaßen ein Ersatz für die verpönten Göttermythen war. Auch die Darstellung der Körperlichkeit Echnatons ist für Ägypten ganz ungewöhnlich: im Gegensatz zum traditionellen Idealbild des Herrschers erscheint sein Porträt naturalistisch. Manchmal wirkt er geradezu zwitterhaft, und ältere Forscher sahen darin Symptome einer hormonalen Störung. Heute deutet man auch diese Darstellungsweise religiös: sie zeigt den König als Schöpfergott, als Vater und Mutter in einem. *K.R.*

2

3

1 *Reliefporträt Echnatons aus der frühen Amarna-Zeit. Berlin, Ägyptisches Museum.*
2 *Echnaton und Nofretete mit ihren Töchtern (von links) Meritaton, Maketaton und Anchesenpaaton; über ihnen Aton, dessen Strahlen in Händen enden, die das Zeichen Anch (= Leben) halten. Kalksteinrelief, wahrscheinlich von einem Hausaltar eines Privathauses in Amarna. Berlin, Ägyptisches Museum.*
3 *Echnaton, unter den Strahlen Atons sitzend. Bemaltes Relief. London, British Museum.*

4

4 *Echnaton bringt seinem Gott ein Entenopfer dar; die einzige bekannte Darstellung dieses Themas. Ein in einer Hand endender Sonnenstrahl hält Echnaton das Anch-Zeichen vor die Nase. New York, Norbert Schimmel Collection.*

6 *Junges Königspaar im Garten, vermutlich Semenchkare, der Schwiegersohn und Nachfolger Echnatons, mit seiner Gemahlin Meritaton. Bemaltes Kalksteinrelief. Berlin, Ägyptisches Museum.*

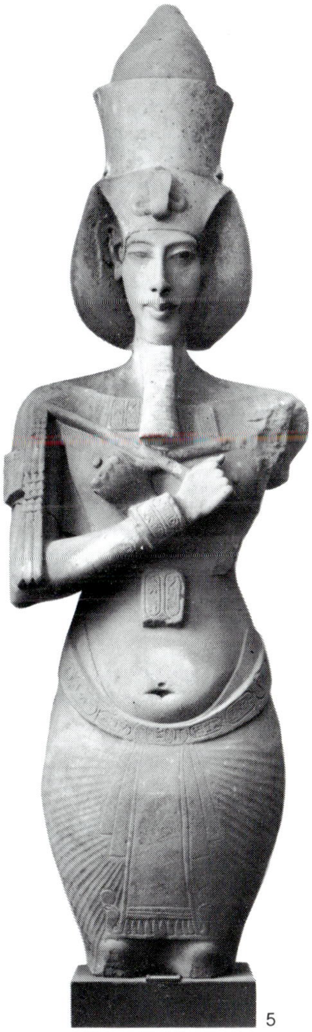
5

5 *Bemalte Kolossalfigur Echnatons aus dem zerstörten Aton-Tempel in Karnak. Kairo, Ägyptisches Museum.*

6

Eduard I. von England im Gespräch mit einem Erzbischof; Miniatur, um 1300. London, British Library

tender Herrscher aus dem Haus Plantagenet, behauptete das Königtum gegenüber dem Hochadel, drängte den kirchl. Einfluß zurück, richtete eine zuverlässige Verwaltung ein u. erließ Reformgesetze. 1276–1284 unterwarf er Wales u. wurde 1292 Oberlehnsherr von Schottland; er führte lange Kämpfe gegen die französ. Krone um seine südfranzös. Besitzungen. Um der Schwierigkeiten im Lande Herr zu werden, berief E. 1295 das *Model Parliament* (Musterparlament) ein, das mit der Hinzuziehung der Gemeinen *(Commons)* als Vertreter der Städte u. Grafschaften die Parlamentsgeschichte einleitete.

3. *E. II.*, Sohn von 2), König 1307–1326/27, *25. 4. 1284 Caernarvon Castle, †21. 9. 1327 Berkeley Castle (ermordet); trug als erster engl. Thronfolger den Titel *Prince of Wales* (1301), mußte 1323 die schott. Unabhängigkeit wieder anerkennen; wurde vom Hochadel, an dessen Spitze seine Frau Isabella (*1295, †1358) trat, 1325 gefangengenommen, 1326 vom Parlament abgesetzt u. 1327 ermordet.

4. *E. III.*, Sohn von 3) König 1327–1377, *13. 11. 1312 Windsor, †21. 6. 1377 Sheen (heute Richmond); unterwarf Schottland erneut; nahm, nachdem die direkte Linie der Kapetinger ausgestorben war, als Enkel Philipps des Schönen den französ. Königstitel an (1340), den bis 1801 jeder engl. König führte. Damit begann der Hundertjährige Krieg mit Frankreich. Nach Siegen in der Seeschlacht bei Sluys (1340) u. der Landschlacht bei Crécy (1346) gewann er Westfrankreich, das aber später wieder aufgegeben werden mußte. Infolge der großen Militärausgaben wuchs unter seiner Regierung der Einfluß des Parlaments.

5. Prince of Wales, Sohn von 4), der *Schwarze Prinz* (nach der Farbe seiner Rüstung), *15. 6. 1330 Woodstock, †8. 6. 1376 Westminster; einer der bedeutendsten Heerführer im Hundertjährigen Krieg, schlug die Franzosen 1356 bei Poitiers, hielt als Prinz von Aquitanien (seit 1362) in Bordeaux hof, konnte aber seine französ. Besitzungen gegen den Widerstand des französ. Adels u. des französ. Königs nicht halten. E. führte Peter den Grausamen von Kastilien (*1334, †1369) mit Waffengewalt auf seinen Thron zurück.

6. *E. IV.*, König 1461–1483, *28. 4. 1442 Rouen, †9. 4. 1483 Westminster; sein Sieg über die Anhänger von Lancaster *(Rote Rose)* u. seine Krönung in Westminster 1461 verschaffte dem Haus York *(Weiße Rose)* den Thron; sein Vorgänger Heinrich VI. wurde im Tower gefangengehalten. Im wechselvollen Verlauf der *Rosenkriege* (1455–1485) gelang es E. mit Hilfe Karls des Kühnen von Burgund erst 1471, seine Herrschaft endgültig zu sichern. Er stellte die Friedens- u. Rechtsordnung wieder her, förderte die engl. Wirtschaft durch Handelsverträge u. reformierte das Finanzsystem. Nach seinem Tod bemächtigte sich sein Bruder Richard (III.) der Krone u. ließ wahrscheinl. seine thronberechtigten Neffen *E. V.* (*1470) u. Richard (*1472) 1483 ermorden.

7. *E. VI.*, König 1547–1553, *12. 10. 1537 London, †6. 7. 1553 London; einziger ehelicher Sohn Heinrichs VIII.; bis zu seiner Volljährigkeit herrschte ein Regentschaftsrat, der ab 1549 von dem Earl of *Warwick* u. späteren Herzog von *Northumberland* dominiert wurde. Dieser veranlaßte E. zu einem Testament, das seine Halbschwestern Maria u. Elisabeth entgegen der Thronfolgeregelung ausschloß u. Northumberlands eigene Schwiegertochter Lady Jane *Grey* zur Thronerbin machte. Unter E. wurde die engl. Reformation wesentlich in die calvinist. Richtung vorangetrieben.

8. *E. VII.*, König 1901–1910, *9. 11. 1841 London, †6. 5. 1910 London; Sohn der Königin Viktoria, Onkel Kaiser Wilhelms II., bis kurz vor seiner Thronbesteigung von seiner Mutter weitgehend von allen polit. Entscheidungen ferngehalten, nahm über die Parteien hinweg persönl. Einfluß auf die brit. Außenpolitik u. förderte die brit.-französ. Entente von 1904 sowie den brit.-russ. Vertrag von 1907; maßgebl. an der polit. Isolierung Dtschlds. beteiligt, wobei sich polit. Erwägungen mit persönl. Abneigung gegen Wilhelm II. verbanden. E. spielte eine große Rolle im Londoner Gesellschaftsleben.

9. *E. VIII.*, König Jan.–Dez. 1936, Herzog von Windsor seit 1937, *23. 6. 1894 White Lodge, †28. 5. 1972 Paris; Sohn Georgs V., verzichtete auf den Thron für seine nicht gebilligte Ehe mit Wallis *Warfield Simpson*.

Eferding, Bez.-Hptst. an der Donau in Oberösterreich, 271 m ü. M., 3100 Ew. Stadt seit 1222, im Nibelungenlied als Stätte der Nächtigung Krimhilds erwähnt; im 12. Jh. zu Passau gehörig, 1559–1848 Sitz der Grafen Schaunberg u. Starhemberg. Bei E. wurde 1626 die Entscheidungsschlacht des österr. Bauernkrieges geschlagen.

Eduard IV. (Gemälde eines unbekannten Künstlers. Cambridge, Corpus Christi College)

Eduard VII.

Lamoral Graf v. Egmont

Égalité [frz., „Gleichheit"], eine der wichtigsten Forderungen der Französ. Revolution, neben *Liberté* („Freiheit") u. *Fraternité* („Brüderlichkeit"); Beiname des Herzogs Philippe von Orléans (*1747, †1793), des Vaters König *Louis-Philippes*, der 1793 im Konvent für das Todesurteil gegen Ludwig XVI. stimmte.

Egbert, 1. Erzbischof von York 735–766, †19. 11. 766 York; der eigentl. Begründer des Erzbistums; schrieb liturg. u. kanonist. Werke. Unter ihm erreichte die Yorker Domschule eine hohe Blüte.

2. Erzbischof von Trier 977–993, †8. oder 9. 12. 993 Trier; 976/77 Kanzler Kaiser Ottos II.; förderte Reformen in seiner Diözese, stiftete zahlreiche wertvolle Kunstgegenstände, u. a. den *E.schrein* u. den *Codex Egberti*, ein mit Miniaturen geschmücktes Evangeliar, das er dem Paulinstift in Trier schenkte (heute in der Trierer Stadtbibliothek).

Egmont, *Egmond*, Lamoral Graf von, Fürst von *Gavre*, *18. 11. 1522 La Hamaide, Hennegau, †5. 6. 1568 Brüssel; nahm an Kriegen Karls V. u. Philipps II. teil; 1559 Statthalter von Flandern u. Artois, Gegner der span. Zentralisierungspolitik in den Niederlanden, aber kein Feind des Königtums, trotzdem auf Befehl von Herzog Alba zusammen mit dem Grafen P. *Hoorn* enthauptet.

Egolzwiler-Kultur, Gruppe des mittleren Neolithikums in der Zentralschweiz, benannt nach der Pfahlbausiedlung *Egolzwil 3* am Wauwiler See, Kanton Luzern. Die Rechteckhäuser waren in mehrere Räume unterteilt, der Fußboden war mit mehreren Birkenrindenschichten belegt.

Ehard, Hans, Politiker (CSU), *10. 11. 1887 Bamberg, †17. 10. 1980 München; Jurist; 1923/24 Staatsanwalt im Münchener Hitler-Prozeß, 1933–1945 Senatspräsident am Oberlandesgericht München; 1945/46 Staatssekretär im bayerischen Justizministerium; 1946–1954 u. 1960–1962 bayer. Min.-Präs., 1947 Initiator der Münchener Konferenz der Ministerpräsidenten aus den vier Besatzungszonen; 1949–1955 Vors. der CSU; 1962–1966 bayer. Justizminister.

Ehem, *Eheim*, Christoph von, Staatsbeamter, *24. 3. 1528 Augsburg, †1. 6. 1592 Heidelberg; Prof. der Rechte in Heidelberg, wirkte 1557/58 unter Einfluß Melanchthons an der reformator. Umgestaltung der Universität mit; seit 1574 kurpfälz. Kanzler; überzeugter Calvinist, gehörte zu den Initiatoren pfälz. religiöser Bündnisbestrebungen, aus denen später die ev. Union hervorging.

Ehrenstein, Ort im Alb-Donau-Kreis in Baden-Württemberg; bekannt durch eine 1952 ausgegrabene jungsteinzeitl. Siedlung: holzbelegte Straße, nördl. u. südl. von ihr ein- u. zweiräumige Wohnhäuser mit Wänden aus Flechtwerk, Rundhölzern oder Spaltbohlen; vier durch Brandhorizonte getrennte Bauperioden; die Funde (Keramik, Marmorperlen, Getreidereste u. a.) gehören zur *Michelsberger* u. *Schussenrieder Gruppe*.

Ehrhardt, Hermann, Marineoffizier, *29. 11. 1881 Diersburg, Baden, †27. 9. 1971 Brunn am Walde, Niederösterreich; gründete 1919 das Freikorps *Brigade E.*, das gegen linksradikale Aufstandsversuche eingesetzt wurde. 1920 war E. am *Kapp-Lüttwitz-Putsch* beteiligt; er besetzte mit seiner Truppe Berlin. Nach Auflösung der Brigade gründete E. den Bund Wiking u. die terrorist. Organisation Consul. 1922 wurde er verhaftet, konnte fliehen u. wurde 1925 amnestiert.

Eichhorn, Karl Friedrich, Rechtslehrer, *20. 11. 1781 Jena, †4. 7. 1854 Köln; Prof. in Frankfurt (Oder) 1805, Berlin 1811, Göttingen 1817–1829 u. wieder Berlin 1832 –1834, gehörte dem preußischen Obertribunal (ab 1834), dem Staatsrat (ab 1838) u. der Gesetzgebungskommission (1842–1847) an; Mitbegründer der Historischen Schule der dt. Rechtswissenschaft.

Eichmann, Adolf, SS-Obersturmbannführer, *19. 3. 1906 Solingen, †31. 5. 1962 Ramla, Israel (hingerichtet); Handelsvertreter; seit 1932 Mitgl. der SS, seit 1934 im SD-Hauptamt mit Judenfragen befaßt, leitete seit 1939 das Judenreferat im Reichssicherheitshauptamt. Von 1941 bis Kriegsende organisierte E. die Deportation u. Vernichtung der im dt. Machtbereich lebenden Juden („Endlösung der Judenfrage").
Nach dem Krieg lebte er unter falschem Namen in Argentinien. 1960 wurde E. vom israel. Geheimdienst nach Israel entführt u. 1961 nach mehrmonatigem Prozeß aufgrund des israel. Kriegsverbrechergesetzes von 1950 als einer der Hauptverantwortlichen für die Ermordung von mehr als 5 Mill. Juden zum Tode verurteilt.

Eidechsenbund, Zusammenschluß der Ritterschaft des *Kulmerlandes*, 1397 gegr., um eigene ständische Rechte gegenüber dem *Dt. Orden* durchzusetzen, den die Mitglieder des E.s in der Schlacht bei Tannenberg 1410 im Stich ließen u. gegen dessen Hochmeister Heinrich von Plauen sie 1411 eine mißglückte Verschwörung unternahmen. Der E. ging im *Preuß. Bund* auf.

Eiderdänen, polit. Partei der Nationalliberalen in Dänemark, die von 1848 bis 1864 den Zusammenschluß Schleswigs bis zur Eider mit Dänemark propagierte. Das Programm wurde 1842 von Orla *Lehmann* verkündet.

Eidgenossenschaft, *Schweizerische Eidgenossenschaft* → Schweiz.

Eifler, Alexander, Edler von *Lobenstedt*, österr. Politiker, *30. 5. 1890 Wien, †2. 1. 1945 Konzentrationslager Dachau; im 1. Weltkrieg hochdekorierter Offizier, wandte sich nach 1918 der Arbeiterbewegung zu, ab 1931 Stabschef des *Republikanischen Schutzbundes*; nach der Okkupation Österreichs durch Dtschld. im März 1938 verhaftet.

Adolf Eichmann während seines Prozesses in Jerusalem 1961

Eike von Repkow, *Repgow*, aus Reppichau bei Aken (Elbe) stammend, *um 1180, †nach 1233; Schöffe u. Rechtsberater im Dienst der Askanier; verfaßte den Sachsenspiegel u. wohl auch die Sächsische Weltchronik.

Einaudi [ɛi'na:udi], Luigi, italien. Politiker (Liberaler), *24. 3. 1874 Carrù, Piemont, †30. 10. 1961 Rom; Prof. der Finanzwissenschaften in Turin, emigrierte 1943 in die Schweiz; 1945–1948 Präs. der Bank von Italien, 1947/48 Finanz-Min., 1948–1955 Staats-Präs.

Einhard, Gelehrter, Vertrauter *Karls d. Gr.*, *um 770, †14. 3. 840 Seligenstadt am Main; Gesandter u. Baumeister Karls d. Gr., Berater Ludwigs des Frommen u. Erzieher Kaiser Lothars; zog sich als Laienabt in die von ihm erbaute Abtei Seligenstadt zurück. Seine Lebensbeschreibung Karls d. Gr. „Vita Caroli Magni", verfaßt 817–822 nach dem Vorbild der antiken Kaiserbiographien Suetons, gilt als beste mittelalterl. Biographie. E.s Briefe sind eine wichtige Quelle zur Geschichte seiner Zeit.

Einzelgrab-Kultur, prähistor. Fundgruppe aus dem späten Neolithikum in Norddeutschland (etwa 2500–2000 v. Chr.), deren Siedlungen nahezu unbekannt sind; benannt nach der Bestattungssitte im Einzelgrab in Hocklage (Hockergrab), das entweder (meist ohne Steinschutz) in die Erde eingetieft wurde oder auch auf ehemaliger Erdoberfläche u. im Hügel, als Nachbestattung, angelegt wurde (Unter-, Boden-, Obergrab). Daneben gab es auch Nachbestattungen in Megalithgräbern. Die E. gehört zum Komplex der Schnurkeramischen Becherkulturen.

Eisenhower [-hauər], Dwight David, US-amerikan. General u. Politiker (Republikaner), *14. 10. 1890 Denison, Tex., †28. 3. 1969 Washington, D. C.; bearbeitete 1929–1933 die Pläne für die wirtschaftl. Mobilmachung der USA, war 1934–1939 Mitarbeiter General MacArthurs auf den Philippinen. 1942 erhielt E. den Oberbefehl über die US-Truppen auf dem europ. Kriegsschauplatz u. wurde der Leiter der Invasion in Nordafrika u. Frankreich. 1944/45 war er Oberbefehlshaber der alliierten Streitkräfte in West-Europa, dann der amerikan. Besatzungstruppen in Dtschld., 1945–1948 Generalstabschef des Heeres, 1949 militär. Berater Präs. Trumans, 1950–1952 Oberbefehlshaber der NATO-Streitkräfte in Europa. Als 34. Präs. der USA 1953–1961 traf E. gemeinsam mit J. F. *Dulles* u. C. A. *Herter* eine Reihe weltpolit. Entscheidungen. Der Koreakrieg wurde beendet (1953), ebenso der von Frankreich geführte Indochinakrieg (1954). Die USA u. Großbritannien beschlossen, der drohenden kommunist. Machtergreifung in Südostasien vorzubeugen (Beginn des US-amerikan. Engagements in Vietnam); die SEATO, Beistandspakte mit Taiwan u. Japan ergänzten diese Politik (1954–1960). In Europa wurden der Staatsvertrag für Österreich abgeschlossen, die BR Dtschld. wiederbewaffnet u. nach einem Gipfeltreffen mit sowjet. Staatsmännern neue Abrüstungsgespräche begonnen (1955). Im Nahen Osten verschlechterte sich das Verhältnis zu den Arabern wegen des *Bagdad-Paktes* (1955) u. der Suezkrise (1956). Die *E.-Doktrin* änderte daran wenig (1957). Das Berlin-Ultimatum der UdSSR (1958) u. ihr Entwurf eines gesamtdt. Friedensvertrages (1959) stellte E.s Kurs auf die Probe. Gipfelkonferenzen mit N. S. *Chruschtschow* (Camp David 1959; Paris 1960) endeten mit Rückschlägen.
In der Innenpolitik suchte die Regierung E. einen liberalen Kurs zu steuern, erzielte aber nur begrenzte Erfolge. Die Aufhebung der

Dwight Eisenhower mit Konrad Adenauer während eines Deutschlandbesuches 1959

Rassentrennung an Schulen stieß auf heftigen Widerstand (1954/55); ein eng gefaßtes Bürgerrechtsgesetz führte zu Rassenkrawallen (1957). Das Verlangen der Wählermehrheit nach einem Regierungswechsel wurde durch die Erhebung von Alaska u. Hawaii zu Staaten der Union kaum gemindert (1959). E. schrieb „Crusade in Europe" 1948, dt. 1948, u. „Waging peace – the White House years" 1965, dt. 1965.

Eisenzeit, genauer *vorrömische Eisenzeit*, die auf die *Bronzezeit* folgende, letzte Epoche der Vorgeschichte in Mitteleuropa. Sie beginnt im 8. Jh. v. Chr. u. endet etwa mit der römischen Okkupation im 1. Jh. v. Chr. Die E. ist gekennzeichnet durch die allmähliche Verdrängung des Werkstoffes Bronze durch das Eisen für die Herstellung von Waffen u. Geräten, seltener von Schmuck.
Eisen kommt als Meteoreisen, gediegenes terrestrisches Metall u. in mineralogisch gebundener Form als Eisenerz (z. B. Raseneisenstein, Bohnerz) vor. Für die vorgeschichtl. Eisengewinnung waren nur Eisenerze von Bedeutung. Die Reduktion des Eisens erfolgte unter Zugabe von Holzkohle (Rennverfahren). In Mittel-, Nord- u. Osteuropa wurde Eisenerz im Tagebau gefördert; der Beginn des Untertagebaus setzte im Verlauf der jüngeren Phase der E. u. vor allem in der folgenden röm. Kaiserzeit ein.
Die ältesten Eisengegenstände finden sich seit dem 3. Jahrtausend v. Chr. im Vorderen Orient; Eisen wird auch auf der Gesetzesstele des Hammurapi von Babylon erwähnt. Ab

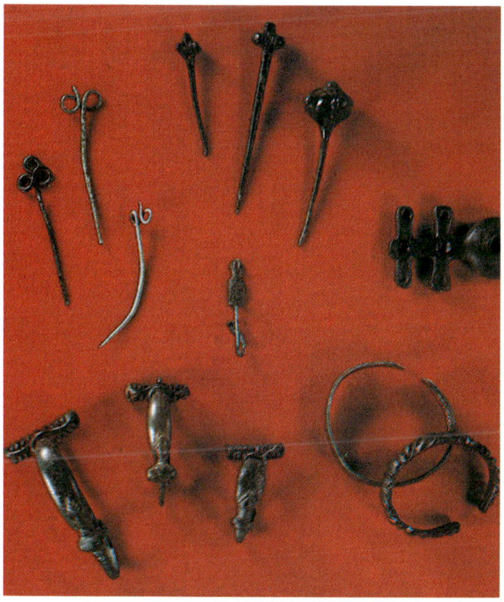

Eisenzeit: Funde aus der Pipinsburg bei Osterode am Harz

Eiserne Krone der Langobarden. Monza, Dom

Mitte des 2. Jahrtausends v. Chr. ist die Eisengewinnung in Kleinasien belegt (Reich von Mitanni); vom 12. Jh. v. Chr. ab ist die große Rolle der Hethiter als Eisenmetallurgen in Keilschrifttexten überliefert. Von Kleinasien aus verbreitete sich die Kenntnis der Eisenverarbeitung nach Mitteleuropa; sie ist vom 8. Jh. v. Chr. an im griechisch-makedonischen Raum, in Süditalien, im etruskischen Gebiet u. in der Zone der Hallstattkultur zu finden.

In Mitteleuropa wird die E. in einen älteren u. in einen jüngeren Abschnitt unterteilt. Der ältere Abschnitt (8.–5. Jh. v. Chr.), wird von der *Hallstattkultur* geprägt. Das nördl. (Mittel-) Europa verharrte zunächst in bronzezeitl. Lokalkulturen (*Nordischer Kreis*, späte *Lausitzer Kultur, Billendorfer Kultur*) u. nahm erst in einer jüngeren Phase der Hallstattkultur Eisen als Werkstoff an (Beginn der *Jastorf-Kultur*). Der jüngere Abschnitt der E. in Mitteleuropa (5. – Mitte des 1. Jh. v. Chr.) wird durch die → Latènekultur charakterisiert, die auch die Jastorf-Kultur beeinflußte.

Eisenzeitl. Kulturen in Italien seit dem 10. Jh. v. Chr. sind die *Villanova-Kultur*, die *Este-Kultur* u. die *Golasecca-Kultur*. In Griechenland deckte sich die E. mit der protogeometrischen u. geometrischen Zeit (11.–8. Jh. v. Chr.). Auf der Balkanhalbinsel bildeten sich u. a. die *Glasinac-Kultur* u. die *Nowa-Kultur* aus. In Frankreich bestanden neben der echten Hallstattkultur lokale Mischgruppen in Südwest- u. Nordwestfrankreich, die auch England beeinflußten; in Spanien vermischten sich auf der Meseta bronzezeitl. Traditionen mit Hallstatteinflüssen; später stand der gesamte westeurop. Raum unter dem Einfluß der Latènekultur.

Eiserne Front, Abwehraktion republikan. Kräfte zur „Überwindung der faschist. Gefahr" in der Endphase der Weimarer Republik. Die E. F. wurde im Dez. 1931 als lose Dachorganisation gegründet. Teilnehmer waren die SPD, die freien Gewerkschaften, das Reichsbanner Schwarz-Rot-Gold u. mehrere Arbeitersportverbände. Auf regionaler Ebene wurden „Kampfleitungen", in Betrieben „Hammerschaften" gebildet. Das Emblem der E.n F. zeigte drei Pfeile. Bei der „Machtergreifung" der NSDAP trat die E. F. nicht in Aktion; mit der Zerschlagung der Gewerkschaften im Mai 1933 hörte sie auf zu bestehen.

Eiserne Garde, christl.-nationale, antibolschewist., antisemit. Erneuerungsbewegung in Rumänien mit wechselnden Namen u. Organisationsformen (u. a. 1927 „Legion Erzengel Michael", 1933 „Alles für das Vaterland"), gegr. von C. *Codreanu;* mehrfach verboten, unter I. *Antonescu* 1940 vorübergehend an der Regierung beteiligt, nach Putschversuch 1941 aufgelöst.

eiserne Jungfrau, ein nicht sicher nachweisbares mittelalterl. Folterinstrument in Frauengestalt; aufklappbar u. innen mit Spitzen versehen; wurde angeblich um den zu Folternden gepreßt. Die e. J. in der Nürnberger Burg ist eine Fälschung des 19. Jh.

Eiserne Krone, Königskrone im Dom von Monza, genannt nach dem innen eingelegten eisernen Reif, der aus einem Nagel vom Kreuz Christi geschmiedet sein soll. Die E. K. war angeblich die Krone der langobard. Könige, entstand aber erst Anfang des 9. Jh. in Norditalien. Einige Male wurde sie zur Krönung zum „König von Italien" benutzt, zuerst bei *Konrad III.* (1128), dann bei *Karl V.* (1530), *Napoleon I.* (1805), zuletzt bei *Ferdinand I.* (1838); sie galt auch nach der Einigung als Krone Italiens.

Eiserner Vorhang, nach 1945 aus der Theatersprache übernommene Bez. für die Absperrung der sog. sozialist. Staaten gegenüber der übrigen Welt. Analog wurde in bezug auf die Volksrepublik China vom *Bambusvorhang* gesprochen.

Eisler, Gerhart, Journalist u. Politiker, *20. 2. 1897 Leipzig, †21. 3. 1968 Armenische SSR (UdSSR); 1919/20 Mitgl. der KPÖ, seit 1921 der KPD, führender Parteifunktionär, stellte sich 1928 als „Versöhnler" gegen den Linkskurs der Partei; 1929–1939 im Auftrag der Komintern u. a. in China, den USA u. Spanien tätig, 1939/40 in Frankreich interniert, lebte 1941–1949 in den USA; 1949–1952 Leiter des Amts für Information der DDR, seit 1962 Vors. des Staatl. Rundfunkkomitees der DDR, seit 1967 Mitgl. des ZK der SED.

Eisner, Kurt, Politiker (SPD, dann USPD), *14. 5. 1867 Berlin, †21. 2. 1919 München (ermordet); Journalist; vertrat einen ethisch begründeten, schwärmerischen Sozialismus; proklamierte am 7. 11. 1918 in München die Republik u. wurde bayer. Min.-Präs. E. suchte den Parlamentarismus mit dem Rätesystem zu verbinden u. betrieb eine betont eigenstaatl. bayer. Politik. Seine Ermordung durch den Grafen *Arco auf Valley* gab den Anstoß zur Ausrufung der Münchener Räterepublik.

Eje, *Ay, Aja, Aia*, altägypt. König der 18. Dynastie, um 1340 v. Chr., seine Herkunft ist unbekannt, wohl bürgerlich. E. spielte die entscheidende Rolle bei der Überwindung der Amarnareligion unter *Tutanchamun*, dessen Wesir er war u. nach dessen Tod er selbst die Herrschaft übernahm. Sein Titel „Gottesvater" weist auf enge Beziehungen zum Königshaus von Amarna, vielleicht ist in ihm der Vater der Königin *Nofretete* zu sehen. E. regierte nur 4 Jahre u. wurde vom General *Haremhab* während eines Militärputsches vertrieben u. getötet. Er wurde im Tal der Könige begraben.

Ekbatana, *Egbatana, Agbatana*, altpers. *Hagmatana* [„Versammlungsplatz"], heute *Hamadan;* um 700 v. Chr. gegr. Hptst. des Reichs der Meder, um 550 v. Chr. von Kyros d. Gr., dann von Alexander d. Gr. 330 v. Chr. erobert; noch in röm. Zeit Kreuzungspunkt wichtiger Straßen.

Kurt Eisner (Mitte) mit seinem Sekretär Felix Fechenbach (links) und einem Begleiter

Ekbatana: Der Löwe aus der Zeit Alexanders d. Gr. stand an einem Stadttor und sollte die Stadt schützen

Elagabal, *Heliogabal*, Marcus Aurelius Antoninus (vorher Varius Avitus), röm. Kaiser 218–222, *204 Emesa, †11. 3. 222 Rom; Großneffe der *Julia Domna;* 217 aus Rom vertrieben, darauf oberster Priester des syr. Sonnengottes E. von Emesa (Homs), nach dem er sich nannte; 218 auf Betreiben seiner Großmutter *Julia Maesa* als angebl. Sohn *Caracallas* von den Soldaten auf den Thron gehoben; brachte den Kult des E. nach Rom u. versuchte, seinen Gott zum universalen Reichsgott zu machen. Als E.s Religionspolitik ihn immer unbeliebter machte, sicherte Julia Maesa die Nachfolge für seinen Vetter *Severus Alexander* u. opferte E., der mit seiner Mutter bei einem Aufruhr der Garde erschlagen wurde.

Elam [hebr.; assyr. u. babylon. *Elamtu*, „Hochland"], Gebiet östl. des Tigris, nördl. des Pers. Golfs, etwa die heutige Provinz *Khusestan*. Die erste Erwähnung des Reiches von E. findet sich um 2700 v. Chr. in einem mesopotam. Text; Hauptstadt Susa. E. war sehr häufig in Auseinandersetzungen mit den verschiedenen Reichen in Mesopotamien verwickelt. Die bedeutendsten Herrscher E.s regierten zwischen 1300 u. 1100 v. Chr. In dieser Zeit wurde Babylon erobert (1160 v. Chr.) u. geplündert, der Staat straff organisiert u. eine große Bautätigkeit entfaltet. Um 1110 v. Chr. eroberte der babylon. Herrscher *Nebukadnezar* E. Im 7. Jh. v. Chr. wehrten sich Babylon u. E. vergeblich gegen Assyrien, 646 v. Chr. eroberte *Assurbanipal* Susa; 539 v. Chr. wurde E. pers. Provinz, die es bis zu den Eroberungszügen *Alexanders d. Gr.* blieb; danach konnte es sich zeitweilig selbständig machen. – Zeugnisse E.s sind in der Bibel (Jesaia u. Jeremia) u. in der um 2500/2400 v. Chr. aus der babylon. Keilschrift entwickelten Keilschrift vorhanden. Schon vorher (ab ca. 2900 v. Chr.) verwendeten die Elamer eine Bilderschrift, die sog. „protoelamische Schrift".

Elbgermanen, *Elbe-Gruppe*, neuere Bez. für eine durch archäolog. Funde der römischen Kaiserzeit entlang der Elbe (von der heutigen Tschech. Republik bis ins Elbmündungsgebiet) gekennzeichnete Gruppe. Charakteristisch für diese Gruppe sind Urnenfriedhöfe u. eine schwarzpolierte Keramik mit Rädchenmäanderverzierung. Man glaubte, damit die Hinterlassenschaften der nach Tacitus zu den Sweben gehörenden Stämme zu finden (daher spricht man von E.), jedoch reichte deren Gebiet nach histor. Überlieferungen über das Gebiet der Funde hinaus.

Elbherzogtümer, die Herzogtümer Schleswig u. Holstein, zuweilen auch Lauenburg, bes. im Dt.-Dän. Krieg gebrauchte Bez.

Elb- und Ostseeslawen, die seit dem 6./7. Jh. zwischen Elbe, Odergebiet, Ostsee u. Erzgebirge siedelnden slawischen Stammesverbände (*Obodriten, Heveller, Lutizen, Sorben*). Sie gerieten seit dem 8. Jh. zunehmend unter fränk. bzw. sächs.-dt. Herrschaft u. verloren bis zum 13. Jh. ihre Selbständigkeit u. auch (außer den Sorben) ihre ethn. Identität.

Eldorado [das; span.], sagenhaftes Goldland im Inneren des nördl. Südamerika. Die Sage beruhte auf Berichten, wonach sich der Kazike der Muisca von Guatavita bei gewissen religiösen Festen den Körper mit Goldstaub puderte (*el dorado*, „der Vergoldete"), auf den See hinausfuhr, um zu opfern, u. anschließend den Goldstaub im Wasser des Sees abwusch. Zahlreiche Abenteurer u. Entdecker zogen aus, um E. zu suchen (u. a. G. *Hohermuth* u. Philipp von *Hutten* 1535; G. *Quesada* 1537; S. de *Belalcázar* 1539; W. *Raleigh* 1595). – Übertragen wird E. im Sinn von „Paradies", „Schlaraffen-, Traumland" gebraucht.

Elendenbruderschaften, *Elendengilden*, vom 14. bis 16. Jh. Bruderschaften zur Pflege von Reisenden u. Pilgern, häufig an Wallfahrtsstraßen.

Eleonore von Aquitanien, *Eleonore von Poitou*, französ., dann engl. Königin, * 1122, † 1. 4. 1204 Fontevrault-L'Abbaye; Herzogin u. Erbin von Aquitanien u. Gascogne, Gräfin von Poitou, heiratete 1137 Ludwig VII. von Frankreich u. 1152, drei Wochen nach der Scheidung vom französ. König, Heinrich II. Plantagenet, den Herzog der Normandie u. Grafen von Anjou, der 1154 engl. König wurde. Durch ihre Ehe kam fast ganz Westfrankreich an England. E. förderte die Troubadourlyrik.

Elephantine, eine Nilinsel bei Assuan; der altägypt. Name der Insel war „Abu", mit der Hieroglyphe eines Elefanten geschrieben, woraus der griech. Name resultiert. E. bildete seit der frühesten Zeit die Südgrenze Ägyptens. Aus dem Alten Reich konnte eine gewaltige Stadtmauer ausgegraben werden. Gegen Ende des Alten Reichs wurde E. von Gaufürsten verwaltet, deren noch gut erhaltene Gräber auf dem Westufer des Nils liegen. Auf E. wurden mit *Chnum*, *Satis* u. *Anukis* die Kataraktengottheiten verehrt, deren Tempelanlagen aus der Zeit Thutmosis' III. u. Hatschepsuts von dt. Archäologen restauriert werden. Aus E. stammen aramäische Papyri der dort stationierten jüdischen Kaufleute aus dem 5. Jh. v. Chr. sowie der älteste bekannte griech. Ehevertrag von 311 v. Chr. Mehrere *Nilometer* dienten zur Messung der Überschwemmungshöhe.

Eleusis, *Elevsis*, Stadt am Rande der Agglomeration Athen, 20 km westl. der Hauptstadt an der gleichnamigen Bucht des Saronischen Golfes gelegene Industriestadt, 20 300 Ew. In der Antike war E. Schauplatz der von der Göttin *Demeter* gestifteten berühmten *eleusinischen Mysterien*, die alljährl. mit rituellen Festen die Wiederkehr der *Persephone* (Tochter der Demeter) aus der Unterwelt feierten. In den Kult, der großes Ansehen genoß, ließen sich zahlreiche berühmte Persönlichkeiten des Altertums, auch röm. Kaiser, einweihen. Das Mysterienhaus u. der hl. Bezirk sind durch Ausgrabungen freigelegt.

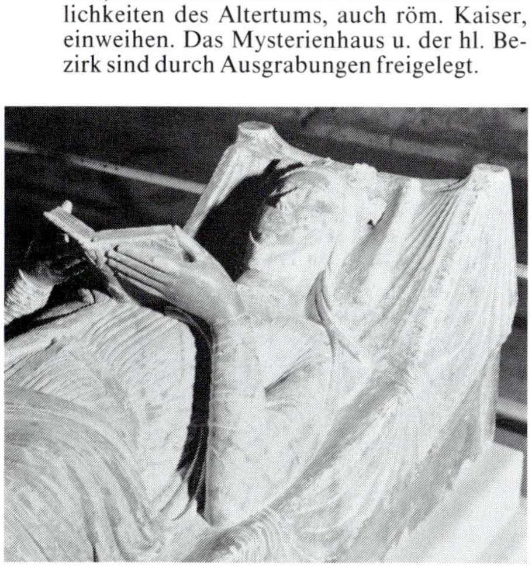

Eleonore von Aquitanien: Grabmal in der Abtei von Fontevrault, Frankreich

Eleutheropolis, arab. *Bet-Dschibrin*, heute *Beit Guvrin*; antike Stadt südwestl. von Jerusalem, Blüte in röm. Zeit, Höhlengräber mit wertvollen Malereien.

Eleutherus, Papst um 175–189, † 189 Rom; wahrscheinl. Grieche, Heiliger. Er leitete die röm. Gemeinde in einer Zeit äußerer Ruhe, hatte sich aber mit den Häresien *Marcions* u. dem *Montanismus* auseinanderzusetzen. Fest: 26. 5.

Elfenbeinküste CI

Republik Côte d'Ivoire

Fläche: 322 463 km². – *Einwohner:* 13,4 Mill. – *Hauptstadt:* Yamoussoukro. – *Landessprachen:* Französisch, Diula, Kwa. – *Nationalfeiertag:* 7. 12. – *Währung:* 1 CFA-Franc = 100 Centimes. – *Lage:* zwischen 4°20′ und 10°45′ n. Br. sowie 2°30′ und 8°35′ w. L. – *Zeitzone:* Mitteleuropäische Zeit – 1 Std. – *Grenzen:* im N Mali und Burkina Faso, im O Ghana, im S Atlantischer Ozean, im W Liberia und Guinea. – *Staatsform:* präsidiale Republik.

Das Gebiet der heutigen Rep. E. wies bis zur Kolonialzeit keine Staatenbildung auf. Die Portugiesen trieben seit dem 15. Jh. Handel mit den Küstenstämmen, wurden aber seit dem 17. Jh. von den Franzosen verdrängt, die das Gebiet 1893 zur Kolonie erklärten. Die Niederschlagung von Aufständen, bes. des Stammeshäuptlings *Samory Touré*, nahm allerdings noch 20 Jahre in Anspruch. 1904 wurde E. ein Teil Französ.-Westafrikas, 1956 erhielt es innere Selbstverwaltung u. wurde 1958 autonome Rep. innerhalb der Französ. Gemeinschaft. Am 7. 8. 1960 erhielt E. die volle Unabhängigkeit unter Félix *Houphouët-Boigny*, der bis zu seinem Tode 1993 Staatspräsident (bis 1990 auch Regierungschef) war. Nachfolger wurde H. K. *Bédié*.

Eliot ['ɛljət], Sir John, engl. Politiker, * 11. 4. 1592 St. Germans, Cornwall, † 28. 11. 1632 London; seit 1614 Mitgl. des Unterhauses. E. wurde im Lauf seiner Parlamentstätigkeit zum Verfechter der Parlamentsrechte u. der engl. Freiheiten gegen die absolutist. Bestrebungen Jakobs I. u. vor allem Karls I. sowie gegen die Politik seines früheren Freundes G. *Buckingham* (* 1592, † 1628). Er war 1626 an der Parlamentsanklage gegen diesen beteiligt, setzte 1628 die Annahme der *Petition of Rights* durch u. wurde 1629 wegen seines Widerstands gegen den Befehl zur Auflösung des Parlaments zusammen mit acht Parlamentariern vom König in den Tower geworfen. E. beugte sich nicht dem königl. Willen u. starb im Tower als Märtyrer für die Rechte des Parlaments.

Elis, *Eleia*, neugrch. *Ileia*, fruchtbare Landschaft u. Verw.-Bez. an der Westküste des Peloponnes, 2681 km², 160 000 Ew.
Im Altertum war E. nach Homer Heimat der *Epeier*. Erst mit den Doriern sind die nordwestgriech. *Eleier* eingewandert; sie unterwarfen seit 570 v. Chr. auch die Landschaft Pisatis am Alfeios mit Olympia; ab 471 v. Chr. Staat mit gleichnamiger Hptst. am oberen Peneios; zeitweise Mitgl. des Peloponnes. Bundes, im 3. Jh. v. Chr. des Aitol. Bundes, seit 191 v. Chr. des Achäischen Bundes. Im MA war E. Residenz fränk. Fürsten.
E. war Trainingsstätte für die antiken olymp. Spiele. Die Teilnehmer mußten mindestens 30 Tage vor den Spielen dort eintreffen u. unter der Aufsicht der Hellanodiken üben. Der Marsch über die Heilige Straße nach Olympia wurde am Ende der Vorbereitungszeit gemeinsam angetreten.

Elisabeth, Fürstinnen. Brandenburg: **1.** Kurfürstin von Brandenburg, * 1485 Kopenhagen, † 10. 6. 1555 Berlin; Gattin *Joachims I.*, geriet als Anhängerin Luthers in Widerstreit zu den religiösen Anschauungen ihres Mannes u. hielt sich 1528–1545 unter dem Schutz des sächs. Kurfürsten in Torgau, Wittenberg u. Weimar auf. Nach dem Tod Joachims wirkte sie über ihre Söhne Joachim II. u. Johann auf die reformator. Gestaltung der Mark Brandenburg ein.
Braunschweig: **2.** Herzogin von Braunschweig-Calenberg, * 1510 Berlin (?), † 25. 5. 1558 Ilmenau; Tochter Kurfürst Joachims I. von Brandenburg, Gattin *Erichs I.* von Braunschweig-Lüneburg, setzte gegen dessen Willen die Reformation in dem ihr zugesprochenen Landesteil Calenberg (später Göttingen) u. nach seinem Tod (1540) im ganzen Lande durch.
England bzw. Großbritannien: **3.** *Elizabeth I.*, Königin von England 1558 bis 1603, * 7. 9. 1533 Greenwich, † 24. 3. 1603 Richmond; Tochter *Heinrichs VIII.* u. der *Anna Boleyn*, unter der Regierung Marias der Katholischen 1554 kurze Zeit im Tower gefangengehalten, wurde sie nach deren Tod 1558 vom Parlament als Thronfolgerin anerkannt. E. besaß große polit. Fähigkeiten u. hatte bei der Auswahl ihrer Berater eine glückliche Hand. Ihre vermittelnde Politik suchte mit Erfolg die Ansprüche von Staat, Verwaltung u. Gesellschaft in Einklang zu bringen. Mit der Religionsregelung von 1559–1563, die ein Kompromiß zwischen den Forderungen der aus dem Exil zurückgekehrten radikalen Protestanten u. E.s eigener konservativer Grundhaltung war, legte E. die Grundlage für die anglikan. Staatskirche u. hielt selbst während der span.-kath. Großoffensive gegen England nach 1586 an einer maßvollen Katholikenpolitik fest, die England die kontinentale Erfahrung blutiger Religionsverfolgungen ersparte. Gegenüber dem Parlament nahm E. eine vermittelnde Haltung ein, die die Stellung der Krone wahrte, ohne das wachsende politische Gewicht des Parlaments zu vernachlässigen.

Elisabeth I.: das Armada-Porträt von Marcus Geeraerts d. J.; 1588 (Ausschnitt)

Elisabeth Charlotte (Lieselotte) von der Pfalz

Außenpolitisch verfolgte E. zusammen mit ihrem Berater Lord *Burghley* eine Balance-Politik, derzufolge Englands Sicherheit durch die Fortdauer des span.-französ. Gegensatzes u. durch die politisch-militärische Neutralisierung Schottlands u. der Niederlande garantiert wurde. In diesem Sinne unterstützte E. die gegen *Maria Stuart* rebellierenden schottischen Barone, den Freiheitskampf der Niederlande u. Heinrich IV. in den religiös gefärbten Auseinandersetzungen um den französ. Thron. Die letzten 15 Jahre der Herrschaft E.s standen im Zeichen des Krieges gegen Spanien, den England dank der sparsam-defensiven Strategie E.s als prot. Vormacht überstand.
Wegen ihrer Ehelosigkeit hieß E. die „jungfräuliche Königin". Ihre bekanntesten Günstlinge waren Lord *Leicester* u. Lord *Essex*, der 1601 gegen sie rebellierte. Die Hinrichtung der schott. Königin Maria Stuart 1587 wurde vom Parlament gefordert u. von E. nur zögernd zugestanden. E.s Ära, in der Shakespeare lebte u. die Renaissancekultur blühte sowie richtungweisende Sozialgesetze (Armenrecht, Gewerbeverfassung) erlassen wurden, heißt nach ihr das *Elisabethanische Zeitalter.*
4. *Elizabeth II.*, Königin von Großbritannien u. Nordirland seit 1952, *21. 4. 1926 London; Tochter Georgs VI., seit dem 6. 2. 1952 Königin, am 2. 6. 1953 gekrönt, seit 1947 verheiratet mit Philip Mountbatten, Herzog von Edinburgh.
Frankreich: **5.** *E. Charlotte, Liselotte von der Pfalz*, Herzogin von Orléans seit 1671, *27. 5. 1652 Heidelberg, †8. 12. 1722 St.-Cloud; Tochter des Kurfürsten Karl Ludwig von der Pfalz, heiratete 1671 nach ihrer Konversion zum Katholizismus Herzog Philipp I. von Orléans, Bruder Ludwigs XIV. Dieser erhob nach Aussterben der Linie Pfalz-Simmern gegen E.s Willen 1685 Anspruch auf die Pfalz, wobei er, von den europ. Mächten zum Rückzug gezwungen, die Pfalz schwer verwüstete (u. a. das Heidelberger Schloß). E. war die Mutter *Philipps II. von Orléans*, des französ. Regenten während der Unmündigkeit Ludwigs XV. E. bewahrte ihre oft derbe Originalität in der überfeinerten französ. Umgebung u. hinterließ zahlreiche Briefe mit vorzügl. Charakteristik des französ. Hoflebens.
Österreich-Ungarn: **6.** *E. Amalie Eugenie*, Kaiserin von Österreich seit 1854, Königin von Ungarn seit 1867, *24. 12. 1837 München, †10. 9. 1898 Genf (ermordet); Tochter des Herzogs Maximilian in Bayern (*1808, †1888), heiratete 1854 Kaiser *Franz Joseph I.;* aus dieser Ehe stammten 4 Kinder, darunter Kronprinz Rudolf. E. setzte sich für den Ausgleich mit Ungarn ein. Bes. nach dem Tod ihres Sohnes 1889 zog sie sich vom Hofleben u. den Repräsentationspflichten zurück, lebte an der Adria, zunehmend isoliert; auf einer ihrer vielen Reisen wurde E. von einem italien. Anarchisten erdolcht.
Pfalz: **7.** Pfalzgräfin bei Rhein, *26. 12. 1618 Heidelberg, †8. 2. 1680 Herford; Tochter des „Winterkönigs" Friedrich V. von der Pfalz; trat 1640 in Beziehungen zu Descartes, der ihr seine „Principia Philosophiae" widmete; wurde 1667 durch Vermittlung des Großen Kurfürsten Fürstäbtissin der prot. Abtei Herford, wo sie Umgang mit Gelehrten pflog u. verfolgte Sektierer (Quäker u. Labadisten) aufnahm.
Preußen: **8.** *E. Christine*, Königin seit 1740, *8. 11. 1715 Wolfenbüttel, †13. 1. 1797 Berlin; Tochter Herzog Ferdinand Albrechts II. von Braunschweig-Bevern, heiratete am 12. 7. 1733 *Friedrich d. Gr.* Die Eheschließung war eine polit. Heirat gegen die Neigung Friedrichs, sie blieb kinderlos. E. lebte seit dem Regierungsantritt Friedrichs getrennt von ihm in Schloß Schönhausen bei Berlin.
9. Königin seit 1840, *13. 11. 1801 München, †14. 12. 1873 Dresden; Tochter Maximilians I. Joseph von Bayern (*1756, †1825), heiratete 1823 den späteren König *Friedrich Wilhelm IV.*, auf den sie politisch u. konfessionell Einfluß nahm.
Rußland: **10.** *E. Petrowna*, russ. *Jelisaweta Petrowna*, Zarin 1741–1762, *29. 12. 1709 Moskau, †5. 1. 1762 St. Petersburg; Tochter Peters d. Gr. u. Katharinas I., stürzte mit Hilfe der Garde Iwan VI. u. setzte sich gegen die Thronansprüche der Regentin Anna Leopoldowna durch. Zum Nachfolger machte sie ihren Neffen Peter von Holstein-Gottorf (Peter III.), den sie 1745 mit Sophie Friederike Auguste von Anhalt-Zerbst, der späteren Zarin Katharina II., vermählte. 1743 beendete sie den Krieg mit Schweden u. kämpfte im Österreichischen Erbfolgekrieg wie im Siebenjährigen Krieg auf seiten Österreichs gegen Preußen. Sie gründete die Universität Moskau 1755 u. die Akademie der Künste in Petersburg 1758.
Sachsen: **11.** Herzogin von Sachsen, *4. 3. 1502 Marburg, †6. 12. 1557 Schmalkalden; Gattin des sächs. Thronfolgers Johann (*1498, †1537), Schwester Philipps von Hessen; setzte sich für die Ausbreitung der luth. Lehre im albertin. Sachsen ein, suchte im Schmalkald. Krieg Moritz von Sachsen im luth. Sinne zu beeinflussen, vermittelte zwischen den sächs. Linien der Albertiner u. Ernestiner.
Spanien: **12.** *E. von Valois*, Königin seit 1559, *22. 11. 1545 Fontainebleau, †3. 10. 1568 Aranjuez; Tochter Heinrichs II. von Frankreich u. der Katharina von Medici, heiratete Philipp II. (3. Ehe) u. starb bei der Geburt der 2. Tochter. Das ihr nachgesagte Liebesverhältnis zu Don Carlos ist Legende.
13. *E. Farnese*, seit 1714 verheiratet mit Philipp V. von Spanien, *25. 10. 1692, †11. 7.

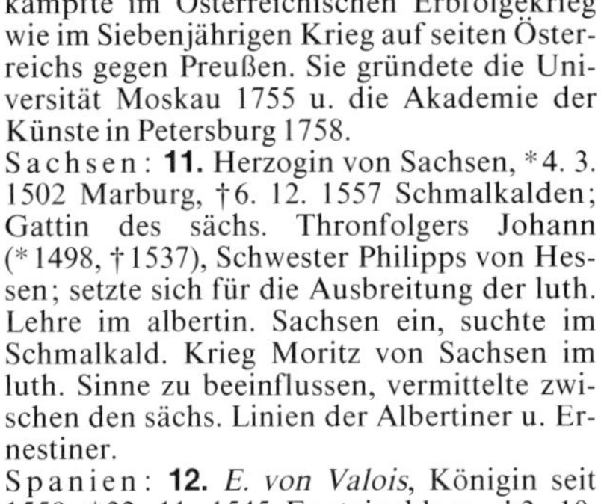

Zarin Elisabeth I. von Rußland

Die heilige Elisabeth, Landgräfin von Thüringen

1766 Aranjuez; als letzte ihres Hauses kämpfte sie um ihr Erbe u. hielt mit ihren Plänen, für ihre Söhne in Italien Gebiete zu erlangen, die Diplomatie von 1715–1735 in Atem.
Ihr erster Vertrauter, G. *Alberoni*, verwikkelte Spanien in einen gefährlichen Krieg mit den europ. Mächten, setzte aber den Anspruch ihres Sohnes Don Carlos (1735 König von Neapel-Sizilien) auf italien. Gebiet durch; ihr Sohn Philipp wurde 1748 Herzog von Parma-Piacenza.
Thüringen: **14.** *hl. E.*, Landgräfin von Thüringen, *1207 Sáros-Patak (Ungarn), †17. 11. 1231 Marburg; Tochter des ungar. Königs Andreas II., heiratete 1221 den Landgrafen *Ludwig IV.* von Thüringen. Unter dem Einfluß der Eisenacher Franziskaner u. ihres Beichtvaters *Konrad von Marburg* wandte sich E. der Mildtätigkeit zu u. ganz vom höfischen Leben ab.
Nach dem frühen Tod ihres Mannes (1227) während eines Kreuzzugs verließ sie, wohl von ihrem Schwager *Heinrich Raspe* vertrieben, die Wartburg u. stiftete in Marburg ein Franziskanerhospital, wo sie sich dem Armen- u. Krankendienst widmete. 1235 wurde sie heiliggesprochen u. in der Marburger E.-Kirche beigesetzt (Legende im Glasfenster der Marburger E.-Kirche, Reliquienschrein). Fest: 19. 11.
Elisabethanisches Zeitalter → Elisabeth (3).
Ellerbek-Kultur, Gruppe der → Ertebölle-Kultur in Norddeutschland.
Ellsworth ['ɛlzwəːθ], Lincoln, US-amerikan. Polarforscher, *12. 5. 1880 Chicago, †26. 5. 1951 New York; nahm an vielen Polarflügen teil, die er zum großen Teil finanzierte: 1925 mit Amundsen zum Nordpol (mißglückt), 1926 „Norge"-Expedition zum Nordpol, 1931 Arktisfahrt des Luftschiffs „Graf Zeppelin"; überflog 1935 mit dem Luftschiff „Wyatt Earp" als erster die Antarktis, von der Dundee-Insel bis zur Walbucht.
El Salvador → S. 217.
Elsaß, frz. *Alsace*, fruchtbares Grenzland zwischen Dtschld. u. Frankreich, die histor. Landschaft umfaßt die beiden Dép. *Bas-Rhin* u. *Haut-Rhin* u. bildet die Region E. mit zusammen 8310 km^2, 1,6 Mill. Ew.
Ursprünglich von Kelten bewohnt, seit 58 v. Chr. römisch (von Cäsar unterworfen), gehörte das E. zur Provincia Germania superior, wurde in der Völkerwanderungszeit alemannisch, seit 496 von den Franken unterworfen u. christianisiert; bei der Reichsteilung im Vertrag zu Meersen 870 kam es zum ostfränk. (dt.) Reich u. gehörte seit 925 zum Herzogtum Schwaben. Nach dem Untergang

El Salvador ES

Republik El Salvador

Fläche: 21 041 km². – *Einwohner:* 5,5 Mill. – *Hauptstadt:* San Salvador. – *Landessprache:* Spanisch. – *Nationalfeiertag:* 15. 9. – *Währung:* 1 El-Salvador-Colón = 100 Centavos. – *Lage:* zwischen 13°09′ und 14°27′ n. Br. sowie 87°41′ und 90°08′ w. L. – *Zeitzone:* Mitteleuropäische Zeit – 7 Std. – *Grenzen:* im N Honduras, im S Pazifischer Ozean, im W Guatemala. – *Staatsform:* präsidiale Republik.

E. S. wurde 1524 von Spanien erobert; 1811 gab es erste Freiheitskämpfe; seit 1821 ist E. S. unabhängig, 1823–1839 war es Mitglied der Zentralamerikanischen Konföderation; seither ist es eine selbständige Republik. Die Präsidentschaft von General M. *Hernández Martínez* (1931–1944) brachte einen wirtschaftl. Aufschwung. 1948 übernahm eine Militärjunta die Macht. 1950 fanden die ersten freien Wahlen statt, die Präsident O. *Osorio* (1950–1956) gewann. Ihn löste J. *Lemus* ab, der 1960 durch einen Militärputsch gestürzt wurde.

Seit 1962 regierte die „Nationale Versöhnungspartei", deren Stütze der Großgrundbesitz u. das Militär waren. 1969 kam es zur militär. Auseinandersetzung mit Honduras, deren Ausgangspunkt Gewalttaten anläßlich eines Fußball-Länderspiels, der Hintergrund jedoch die Gegnerschaft der Bevölkerung Honduras' gegen die Einwanderer aus dem übervölkerten E. S. waren. Der seit 1977 regierende Präs. C. *Romero* wurde 1979 von einer Junta gestürzt, in der 1980 rechtsextreme Kräfte die Oberhand gewannen. Während 1980–1982 der Christdemokrat J. N. *Duarte* das Präsidentenamt innehatte, wurden eine Agrarreform u. die Verstaatlichung von Banken u. des Exporthandels durchgeführt. Trotzdem entwickelte sich eine linksgerichtete Guerilla (marxist. Befreiungsfront FMLN), u. es kam zu einem Bürgerkrieg, der Zehntausende von Opfern forderte. Nachdem 1982/83 ein Übergangsparlament unter Präs. A. *Magaña* eine neue Verfassung erarbeitet hatte, wurde Duarte 1984 erneut zum Präsidenten gewählt. 1989 wurde der rechtsgerichtete A. *Cristiani* Präsident. Nach langwierigen Verhandlungen unterzeichneten Regierung u. Guerilla 1992 ein Friedensabkommen, mit dem der Bürgerkrieg beendet wurde. Die Präsidentschaftswahlen 1994 gewann der Konservative A. *Calderón Sol.*

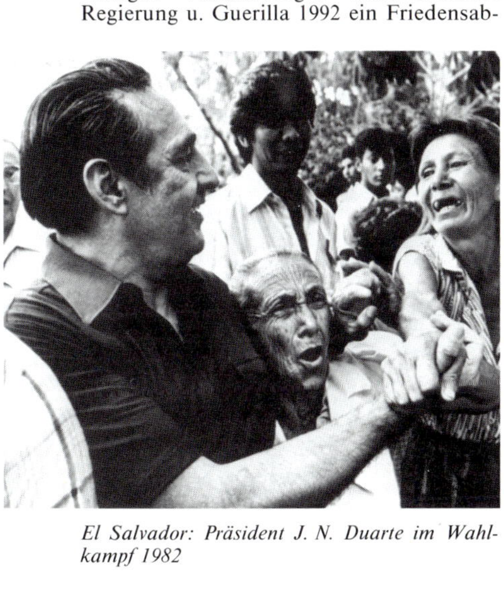

El Salvador: Präsident J. N. Duarte im Wahlkampf 1982

der Staufer zerfiel es in die Landgrafschaften *Nieder-E.* u. *Ober-E.* Die Reichsstädte mit Ausnahme von Straßburg u. Mülhausen schlossen sich 1354 zum Zehnstädtebund zusammen, der einem vom Kaiser ernannten Landvogt unterstand. Zur mittelhochdt. Dichtung *(Gottfried von Straßburg)*, zur got. Baukunst *(Erwin von Steinbach)* u. zum Humanismus (S. *Wimpfeling*, S. *Brant*, M. *Bucer*) hat das E. bedeutende Beiträge geleistet. In der Reformationszeit ging vom E. die Bauernbewegung „Bundschuh" aus. Straßburg wurde Mitgl. des Schmalkaldischen Bundes. Im Westfälischen Frieden kamen die habsburg. Besitzungen sowie die Landvogtei über die Reichsstädte an Frankreich, Ludwig XIV. dehnte seine Oberhoheit allmählich auf die kleineren Reichsstände aus (Reunionen). Straßburg wurde besetzt, doch blieben Verbindungen mit dem Reichsgebiet bestehen, da das E. nicht zu den französ. Zollgebieten gehörte u. kulturell wie religiös rechtsrheinisch orientiert war. Zugleich genoß es die Vorteile einer ausgezeichneten französ. Verwaltung. Während der Französ. Revolution wurde das E. Frankreich vollkommen eingegliedert. 1871–1918 war das E. Teil des dt. Reichslandes → Elsaß-Lothringen. 1919 fiel es wieder an Frankreich u. verblieb dort bis auf die kurze Unterbrechung der dt. Besetzung 1940–1945.

Elsaß-Lothringen, frz. *Alsace-Lorraine*, dt. Reichsland 1871–1918, nach dem Dt.-Französ. Krieg annektiert, aus dem *Elsaß* (außer Belfort) u. Teilen *Lothringens* mit Metz bestehend, 14 507 km² mit 1 640 986 Ew. (1900); Hptst. *Straßburg*. Da die Bevölkerung für einen Verbleib im französ. Staatsverband optierte, in Dtschld. die Reichstreue der Einwohner angezweifelt wurde u. die dt. Regierungen keine entgegenkommende Politik verfolgten, entwickelte sich E. nur sehr langsam von einer reichsunmittelbaren – im Vergleich zu den anderen dt. Gliedstaaten diskriminierten – Gebietskörperschaft zu einem Reichsland, dessen Status dem der übrigen Staaten angepaßt war. 1879 wurde eine Landesregierung unter einem kaiserl. Statthalter eingesetzt, u. erst 1911 erhielt E. einen Landtag (2 Kammern) u. 3 Stimmen im Bundesrat. Die sich hierdurch abzeichnende Integration in das Dt. Reich erlitt 1913 durch die → Zabern-Affäre einen schweren Rückschlag. Durch den Versailler Vertrag 1919 fiel E. an Frankreich zurück. 1940–1945 war es ohne förml. Annexion wieder dem Dt. Reich angeschlossen.

Elser, Johann Georg, Tischler, *4. 1. 1903 Hermaringen, †9. 4. 1945 KZ Dachau (erschossen); führte am 8. 11. 1939 ein Bombenattentat gegen A. Hitler im Münchener Bürgerbräukeller durch, bei dem es 8 Tote u. 63 Verletzte gab.

Hitler entging dem Attentat, weil er den Ort früher als geplant verlassen hatte. E. wurde bei einem Fluchtversuch in die Schweiz verhaftet. Als „Sonderhäftling des Führers" wurde er in Dachau kurz vor Kriegsende auf höheren Befehl erschossen.

Eltz-Rübenach, Paul Frhr. von, Verkehrsfachmann, *9. 2. 1875 Wahn bei Köln, †25. 8. 1943 Linz am Rhein; Beamter im Eisenbahnwesen; 1932–1937 Reichsverkehrs- u. Reichspost-Min., trat aus Opposition gegen die antichristl. Einstellung des nat.-soz. Regimes zurück.

Elymais [grch.], ein kleines Reich in der Seleukiden- u. Partherzeit, das um 220 n. Chr. dem Sassanidenreich einverleibt wurde. Anfangs umfaßte es wohl nur die Bachtiariberge, später eroberten die Elymäer auch die Susiana mit *Susa* hinzu.

Elymer, vorgriech. Volk im westl. Sizilien; von antiken Historikern für Nachkommen geflüchteter Trojaner gehalten, wahrscheinl. aber ligurischer Herkunft; mit den Phöniziern verbündet u. den Griechen feindlich; seit dem 5. Jh. v. Chr. als Volk nicht mehr erwähnt.

Emanuel, Fürsten. Portugal: **1.** *E. I., E. d. Gr., E. der Glückliche, Manuel I.*, König 1495–1521, *31. 5. 1469 Alcochete, †13. 12. 1521 Lissabon; in seiner Regierungszeit Entdeckungen Vasco da Gamas u. Cabrals, Begründung des portugies. Kolonialreichs u. der Macht Portugals, Blüte der portugies. Kultur *(Emanuelstil)*.

2. *E. II.*, König 1908–1910, *15. 11. 1889 Belém, †2. 7. 1932 Twickenham (England); folgte 1908 seinem Vater Karl I. auf den Thron, nachdem dieser u. dessen erster Sohn Ludwig Philipp einem Attentat zum Opfer gefallen waren; um das Vordringen republikan. Kräfte aufzuhalten, bemühte er sich um schnelle Reformen, doch erfolglos; seine kurze Regierungszeit endete mit der Revolution von 1910; nach Ausrufung der Republik floh E. nach England.

Savoyen: **3.** *E. Philibert I.*, Herzog, *8. 7. 1528 Chambéry, †30. 8. 1580 Turin; trat 1548 in die Dienste Kaiser Karls V. u. zeichnete sich als Feldherr aus. 1556 Gouverneur der Niederlande; im Frieden von Cateau-Cambrésis 1559 u. in den Jahren danach erhielt er den größten Teil seines Landes zurück.

Emin Pascha, Mehmed, eigentl. Eduard *Schnitzer*, Afrikaforscher, *28. 3. 1840 Oppeln, †23. 10. 1892 in Zentralafrika (ermordet); trat 1865 als Arzt in türk. Dienste, wechselte zum Islam u. trat 1875 in ägypt. Dienste, wurde 1878 Gouverneur der Äquatorialprovinz; schlug die aufständ. Mahdisten 1888 bei Dufili, erforschte Arabien, Uganda u. seit 1890 in dt. Auftrag das ostafrikan. Seengebiet. „Die Tagebücher von Dr. E. P.", hrsg. von F. Stuhlmann, 3 Bde. 1917–1922.

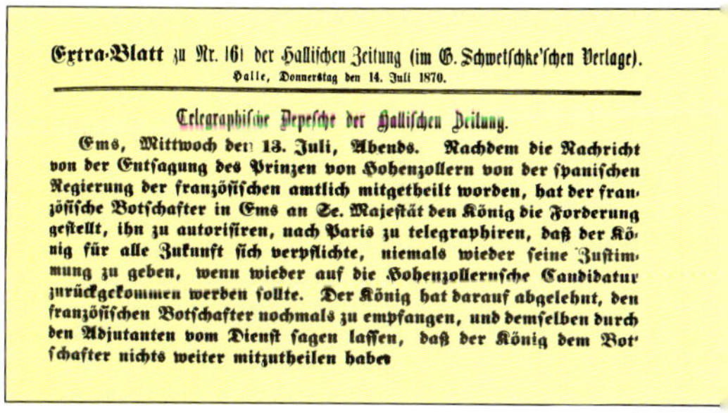

Extra-Blatt zu Nr. 161 der Hallischen Zeitung (im G. Schwetschke'schen Verlage).
Halle, Donnerstag den 14. Juli 1870.

Telegraphische Depesche der Hallischen Zeitung.

Ems, Mittwoch den 13. Juli, Abends. Nachdem die Nachricht von der Entsagung des Prinzen von Hohenzollern von der spanischen Regierung der französischen amtlich mitgetheilt worden, hat der französische Botschafter in Ems an Se. Majestät den König die Forderung gestellt, ihn zu autorisiren, nach Paris zu telegraphiren, daß der König für alle Zukunft sich verpflichte, niemals wieder seine Zustimmung zu geben, wenn wieder auf die Hohenzollernsche Candidatur zurückgekommen werden sollte. Der König hat darauf abgelehnt, den französischen Botschafter nochmals zu empfangen, und demselben durch den Adjutanten vom Dienst sagen lassen, daß der König dem Botschafter nichts weiter mitzutheilen habe.

Emser Depesche: die von Bismarck redigierte Fassung als Zeitungsmeldung

Emma, Regentin der Niederlande 1890 bis 1898, *2. 8. 1858 Arolsen, †20. 3. 1934 Den Haag; heiratete 1879 den niederländ. König Wilhelm III. u. übernahm nach dessen Tod die Regentschaft für ihre minderjährige Tochter Wilhelmina.

Empire [ã'pi:r; frz.], **1.** das Kaiserreich Napoleons I. u. Napoleons III. (Erstes u. Zweites E.).

2. ['ɛmpaiə; engl.] → Britisches Reich.

Emser Depesche, Telegramm des preuß. Geheimrats H. *Abeken* aus Bad Ems vom 13. 7. 1870 an *Bismarck*. Die E. D. berichtete über eine Unterredung König *Wilhelms I.* von Preußen mit dem französ. Botschafter *Benedetti* anläßlich des Ansinnens Napoleons III., der König solle dem bereits erfolgten Verzicht Leopolds von Hohenzollern-Sigmaringen auf die span. Thronkandidatur beitreten, deren Endgültigkeit verbürgen u. sich noch nachträglich entschuldigen. Wilhelm hatte dies abgelehnt.

Die Entdeckung Amerikas

Am 12. Oktober 1992 jährte sich zum 500. Mal der Tag, an dem Kolumbus den Fuß auf die Insel Guanahani (San Salvador) setzte. Mit diesem Ereignis beginnt – nach den Erkundungen der Wikinger um 1000 n. Chr. – die Entdeckung der »Neuen Welt«, die ein wesentliches chronologisches Faktum für den Beginn der Neuzeit darstellt.

1 *Die Landung von Christoph Kolumbus am 12. Oktober 1492 auf der Insel San Salvador (von den einheimischen Aruak-Indianern auch Guanahani genannt).*

Auf seiner ersten Amerikafahrt erreichte Kolumbus am 6. Dezember 1492 auch die Antilleninsel Hispaniola (»Kleinspanien«). Hispaniola wurde als der »Mikrokosmos transatlantischer Kolonisationsgeschichte« bezeichnet. Das Zusammentreffen von zwei kulturellen Entwicklungsstufen, die im Zivilisationsprozeß so eklatant differierten, mußte Mißverständnisse provozieren. Dazu gehörte schon die Bezeichnung der Ureinwohner als Indianer, weil Kolumbus glaubte, den Seeweg nach Indien gefunden zu haben. Dieses begriffliche Mißverständnis wuchs sich zu einem kulturellen und sozialen aus, so daß sich der Schluß aufdrängt, Kolumbus hat zwar Amerika entdeckt, nicht aber die Amerikaner.

Die mit der Entdeckung einhergehende soziale Entwurzelung der Indianer führte zu Selbstmordepidemien. Sie wurden durch die Vergewaltigungen indianischer Frauen und Mädchen sowie durch den Einsatz der Eingeborenen als Zwangsarbeiter im Ackerbau und bei der Gewinnung von Gold ausgelöst, dessen Suche bei den weißen Konquistadoren zur Gier ausartete. Als Strafaktionen ausgegebene Vernichtungsfeldzüge sowie die die Existenzgrundlage der Indianer zerstörende Kolonisation führte zum ersten von Europäern verschuldeten Völkermord, bei dem über eine Million Eingeborene innerhalb von einem halben Jahrhundert ausgerottet wurden. Zwar weist der Entdeckungshistoriker Urs Bitterli darauf hin, daß die spanische Kolonialismusdiskussion, geführt von Augenzeugen wie Las Casas, das verhängnisvolle Aufeinanderprallen der Kulturen durchaus reflektierte. Dennoch richtete in der Folgezeit die Entdekkungsgeschichte ihre Beschreibung vornehmlich auf die Durchdringung »fremden Kulturraums« durch die Europäer. Eine Umkehrung dieser eurozentrischen Perspektive kann zu überraschenden Erkenntnissen führen, wie der deutsche Aufklärer Georg Christoph Lichtenberg belegt: »Der Amerikaner, der Kolumbus zuerst entdeckte, machte eine böse Entdeckung.« *A.F.*

1

2

3

4

5

6

7

8

2 *Die Entdeckung der Magalhãesstraße um 1520. Illustration aus dem 19. Jahrhundert, Berlin, Archiv für Kunst und Geschichte.*
3 *Landung des Kolumbus. Im Vordergrund: der Auftraggeber König Ferdinand von Aragón. Holzschnitt, 1493. Österreichische Nationalbibliothek, Wien.*

4 *Zeitgenössische Darstellung des Christoph Kolumbus. Ein authentisches Bildnis des genuesischen Seefahrers in spanischen Diensten ist nicht bekannt. 16. Jahrhundert. Anonym. Museo de América, Madrid.*
5 *Flußüberquerung mit Floß (hier aus getrockneten Kürbissen bzw. Binsen) und Seilbrücke; ein Einblick in die Lebensweise der Indianer im Andenbereich. Aus: de Bry, »Americae«, Bd. 2, 1591.*
6 *Spanische Konquistadoren metzeln die Bewohner eines Dorfes nieder. Die Langhäuser innerhalb der Palisadeneinfriedung waren typisch für den indianischen Baustil. Aus: de Bry, »Americae«.*
7 *Die Franzosen, die am 1. Mai 1562 nach Florida kamen, siedelten u. a. am Maifluß (dem heutigen St. John's River). Sie errichteten 1564 das Fort Caroline beim heutigen Jacksonville. Aus: de Bry, »Americae«.*
8 *Joan Stadion verläßt Lissabon zu seiner ersten Reise nach Brasilien. Aus: de Bry, »Americae«.*

Friedrich Engels

Die Depesche wurde von Bismarck so gekürzt, daß die Ablehnung der französ. Forderung in brüsker Form zum Ausdruck kam. Dies wurde in Frankreich als Demütigung aufgefaßt u. führte zur Kriegserklärung an Dtschld. *(Deutsch-Französischer Krieg).* In Dtschld. stellte sich die Nationalbewegung jetzt geschlossen hinter Bismarck, gegen den zu Unrecht der Vorwurf einer Fälschung erhoben wurde.

Emser Punktation, die auf dem Kongreß in Bad Ems 1786 in 22 Artikeln zusammengefaßten Beschlüsse der Bevollmächtigten der Erzbischöfe von Mainz, Trier, Köln u. Salzburg, die sich gegen die Jurisdiktion der päpstl. Nuntien im Reich richteten u. im Geist des *Febronianismus* jede päpstl. Jurisdiktion in Gebieten, die dt. Metropoliten unterstellt waren, ablehnten.

Ender, Otto, österr. Politiker (christl.-sozial), *24. 12. 1875 Altach, Vorarlberg, †25. 6. 1960 Bregenz; 1918–1934 Landeshauptmann von Vorarlberg, 1930/31 Bundeskanzler, 1933/34 Schöpfer der österr. Bundesverfassung auf ständischer Grundlage, 1938 in nat.-soz. Haft, dann aus Vorarlberg u. Tirol ausgewiesen.

„Endlösung der Judenfrage“, nat.-soz. Bez. für die geplante physische Ausrottung des europ. Judentums; → Judenverfolgung.

Engel, Johann Christian von, dt.-ungar. Historiker, *17. 12. 1770 Leutschau, †20. 3. 1814 Wien; veröffentlichte als Beamter der siebenbürg. Hofkanzlei in Wien seit 1791 grundlegende Studien insbes. zur Geschichte der Balkanvölker, u. a. „Commentatio de expeditionibus Trajani ad Danubium et origine Valachorum“ 1795, „Geschichte des ungar. Reiches u. seiner Nebenländer“ 4 Bde. 1797 bis 1804, „Geschichte des Königreiches Ungarn“ 5 Bde. 1812–1813, „Geschichte des Freistaates Ragusa“ 1807.

Engelbert, Erzbischof von Köln 1216–1225, Heiliger, *um 1185, †7. 11. 1225 bei Schwelm; Graf von Berg, 1220 Reichsverweser für Friedrich II. u. Vormund für dessen Sohn Heinrich (VII.); von einem Verwandten ermordet. Fest: 7. 11.

Engelbrecht, *Engelbrechtsson*, schwed. Nationalheld, *um 1390, †April 1436; stammte aus dt., in Schweden geadeltem Geschlecht, erhob sich 1434 erfolgreich an der Spitze eines Bauernheeres gegen die dän. Herrschaft u. wurde 1435 Reichshauptmann. Er stieß aber auf die zunehmende Gegnerschaft des Adels u. der Geistlichkeit u. wurde von einem Hochadeligen ermordet.

Engels, Friedrich, Politiker u. sozialist. Theoretiker, *28. 11. 1820 (Wuppertal-)Barmen, †5. 8. 1895 London; Sohn eines Fabrikanten, kam während der Militärzeit in Berlin in Berührung mit den „Linkshegelianern“ u. der materialist. Theorie L. *Feuerbachs*, nahm bei einem England-Aufenthalt 1842–1844 auch Kontakte zur Chartisten-Bewegung u. zum „Bund der Gerechten“ auf u. wurde dann Sozialist („Die Lage der arbeitenden Klasse in England“ 1845). Seit der Rückkehr nach Dtschld. arbeitete er eng mit K. *Marx* zusammen (gemeinsame Werke: „Die heilige Familie“ 1845; „Die dt. Ideologie“, aus dem Nachlaß 1932). Als Programmschrift für den „Bund der Kommunisten“, dem Marx u. E. 1847 beitraten, verfaßten sie das „Kommunist. Manifest“ 1848. Während der Revolution von 1848/49 war E. Redakteur der von Marx geleiteten „Neuen Rheinischen Zeitung“. Nach Teilnahme an dem gescheiterten pfälz. Aufstand emigrierte er nach England, wo er kaufmänn. Tätigkeit (bis 1869) mit polit. u. schriftstellerischer Arbeit verband. E. sorgte auch für die finanzielle Unterstützung von Marx. 1870 wurde er Mitgl. des Generalrats der 1. Internationale. In zahlreichen Schriften („Der dt. Bauernkrieg“ 1850; „Herrn Eugen Dührings Umwälzung der Wissenschaft“ 1877/78; „Die Entwicklung des Sozialismus von der Utopie zur Wissenschaft“ 1882; „Der Ursprung der Familie, des Privateigentums u. des Staates“ 1884, u. a.) wirkte er maßgeblich an der Ausbildung der marxist. Theorie mit u. trug zu ihrer Popularisierung bei. Aus dem Nachlaß von Marx gab er den 2. u. 3. Bd. des „Kapital“ heraus (1885, 1894). Im letzten Jahrzehnt seines Lebens war E., ohne eine offizielle Funktion zu bekleiden, einer der anerkannten geistigen Führer des internationalen Sozialismus, insbes. der dt. Sozialdemokratie. – Marx/Engels, Werke (MEW), 39 in 43 Bden. 1956–1968; Gesamtausgabe (MEGA), rd. 100 Bde., 1975 ff.

Enghien [ã'gjɛ̃], Louis Antoine Henri de Bourbon-Condé, Herzog von E., *2. 8. 1772 Chantilly, † 21. 3. 1804 Vincennes bei Paris (erschossen); kämpfte im Emigrantenkorps gegen die Französ. Revolution; auf Veranlassung Napoleons völkerrechtswidrig auf dt. Boden in Ettenheim in Baden, wo er seit 1801 lebte, gefangengenommen, verschleppt u. hingerichtet. Der Justizmord erregte großes Aufsehen u. schadete dem Ansehen Napoleons, der damit die Bourbonen abschrecken wollte, vor allem im Ausland sehr.

Engholm, Björn, Politiker (SPD), *9. 11. 1939 Lübeck; Schriftsetzer, Politologe; 1969–1983 MdB; 1977–1981 Parlamentarischer Staatssekretär beim Bundes-Min. für Bildung u. Wissenschaft, 1981/82 Bundes-Min. für Bildung u. Wissenschaft; seit 1988 Min.-Präs. von Schleswig-Holstein; seit 1991 Partei-Vors.; trat 1993 im Zusammenhang mit einer Falschaussage vor dem Barschel-Untersuchungsausschuß von allen Ämtern zurück.

England [„Land der Angeln“] → Großbritannien und Nordirland.

Enke, Wilhelmine, Gräfin von *Lichtenau* (1794), *19. 12. 1753 Dessau, †9. 6. 1820 Berlin; Mätresse des preuß. Thronfolgers u. späteren Königs *Friedrich Wilhelm II.*, hatte von ihm 5 Kinder (Grafen u. Gräfinnen von der Mark); wurde 1782 mit dem Kammerherrn Ritz verheiratet; nach der Thronbesteigung Friedrich Wilhelms III. (1797) war sie zeitweise in Haft.

Enlilnarari [assyr., „Enlil ist mein Helfer“], assyrischer König um 1341–1332 v. Chr.; Sohn Assuruballits I.; besiegte ein kassitisches Heer u. kämpfte erfolgreich gegen König Kurigalzu III. von Babylon. Der Friedensvertrag mit Babylon sicherte dem assyrischen Reich babylonische Städte u. begründete die spätere Macht Assyriens. E. hat die Stadtmauern u. die befestigten Tore von Assur erweitert.

Enosis [grch., „Anschluß“], seit dem 19. Jh. Losungswort einer Volksbewegung auf Zypern, die für den Anschluß der Insel an Griechenland eintritt. Die E.-Bewegung (seit 1950 geführt von Erzbischof *Makarios*) wurde bis zur Erlangung der staatl. Unabhängigkeit (1960) von den meisten griech. Zyprioten unterstützt; sie blieb auch danach noch stark, doch ergaben sich Differenzierungen.

Enragés [ãra'ʒe:; frz., „Besessene“], in der Französ. Revolution die radikalen → Sansculotten unter Jacques *Roux*. Sie traten seit Aug. 1792 hervor u. forderten durchgreifende Maßnahmen gegen das Massenelend sowie die Herstellung echter Gleichheit. Die Bewegung erlosch nach der Hinrichtung ihres Anführers im Sept. 1793.

Entdeckungsgeschichte, die Geschichte der Entdeckung u. Erforschung bisher unbekannter Gebiete durch Vertreter des europ.-mediterranen Kulturkreises. Die E. vom Standpunkt anderer Weltteile (z. B. Ostasiens) aus ist bisher stark vernachlässigt worden.

Aus wirtschaftl. Interesse oder Abenteuerlust, später auch aus wissenschaftl. Gründen unternommene Fahrten führten bis zur Gegenwart zur Erforschung u. weitgehenden Erschließung fast der gesamten Erdoberfläche.

Im Altertum waren von Europa aus der Vordere Orient u. das Mittelmeergebiet gut bekannt (Kreter, Phönizier); das geograph. Weltbild wurde durch die Karthager bis Westafrika ausgeweitet, durch die Griechen bis zum Schwarzen Meer, durch die Ägypter bis zum oberen Niltal, durch Alexander d. Gr. bis Indien, durch die Römer bis zur Nord- u. Ostsee. Um 600 v. Chr. gelang Phöniziern die erste Umseglung Afrikas. Doch gab es für die Völker am Mittelmeer noch keine einheitl. geograph. Vorstellungen.

Im MA entdeckten irische Mönche Island (8. Jh.), die Normannen Grönland (9./10. Jh.) u. Nordostamerika (um 1000), die Araber Sibirien; jüd. u. arab. Reisende besuchten China, Mittelafrika u. Madagaskar; der Araber *Ibn Battuta* kam bis Ostasien u. Indonesien, u. *Marco Polo* bereiste Zentral-, Ost- u. Südasien. Im 13. Jh. folgten mehrere Gesandtschaftsreisen kath. Mönche (u. a. G. de P. *Carpini*, W. von *Rubruk*) an den Hof des mongol. Großkhans.

Durch Handelsinteressen getrieben u. durch Erfindungen auf naut. Gebiet (Kompaß, Astrolabium, Jakobsstab) unterstützt, leiteten Portugiesen u. Spanier Ende des 15. Jh. das Zeitalter der Entdeckungen ein. 1487/88 umsegelte B. *Diaz* die Südspitze Afrikas; C. *Kolumbus* entdeckte 1492 Westindien, 1498 die südamerikan. u. 1502 die mittelamerikan. Küste, ohne jedoch das Festland als einheitl. u. zusammenhängenden Kontinent zu erkennen; 1497/98 betrat G. *Caboto* Nordamerika; 1498 erreichte *Vasco da Gama* Vorderindien; 1513 stieß V. de *Balboa* über die Landenge von Panama bis zum Pazif. Ozean vor; 1519–1522 erfolgte die erste Weltumsegelung durch F. de *Magalhães* u. J. S. de *Elcano.*

Schon 50 Jahre nach Kolumbus waren Süd- u. Mittelamerika sowie der S Nordamerikas in großen Zügen bekannt; an der folgenden Erschließung waren auch jesuit. Missionsstationen maßgeblich beteiligt.

Im 17. u. 18. Jh. übernahmen die Holländer, Engländer u. Franzosen die Führung, erreichten Australien (J. *Jansz* 1605, D. *Hartog* 1616), Tasmanien, Neuseeland u. die Südsee (A. J. *Tasman* 1642), erschlossen das Hinterland an der nordamerikan. Ostküste (J. *Smith* 1606, S. de *Champlain* 1608, „Mayflower“ 1620, R. C. de *La Salle* 1682), umfuhren Kap Hoorn (C. *Schouten* u. J. *Le Maire* 1616) u. suchten eine nordöstl. u. nordwestl. Durchfahrt durch das Nördl. Eismeer nach Indien u. China. W. *Barents* kam bis Nowaja Semlja (1596/97); V. *Bering* erreichte als Leiter der russischen Großen Nordischen Expedition (1734–1743) die Westküste Amerikas südlich von Alaska (1741); J. *Cook* erforschte bes. den Stillen Ozean (1768–1779); A. *Mackenzie* durchquerte Nordamerika (1792/93); das

Verschollensein von J. *Franklin* löste die „Franklinsuche" mit etwa 40 Expeditionen aus (1848–1879), in deren Verlauf die gesamte nordamerikan. Nordküste u. die vorgelagerte arkt. Inselwelt gründlich erforscht wurden. Im 19. Jh. begann die wissenschaftl. Erforschung der Kontinente u. Weltmeere unter Beteiligung fast aller europ. Völker. Nach Gründung der brit. Afrika-Gesellschaft 1788 setzte eine umfassende geograph. Erforschung Afrikas ein (F. K. *Hornemann* 1797–1800, D. *Livingstone* 1849–1873, M. H. *Stanley* 1874–1877, H. *Barth* 1850–1855 u. a.). Innerasien erforschten bes. N. *Prschewalskij* (1870–1885) u. Sven *Hedin* (1894 bis 1935), China vor allem F. Frhr. von *Richthofen* (1868–1872), Australien L. *Leichhardt* (1844–1847) u. R. O. *Burke* (1860/61). Weiterhin gelangen die Nordöstl. Durchfahrt (O. *Nordenskiöld* 1878/79) u. die Auffindung der Nordwestpassage (R. *MacClure* 1850, R. *Amundsen* 1903 1906). 1893–1896 unternahm F. *Nansen* seine berühmte Driftfahrt mit der „Fram" durch das Nördl. Eismeer, ohne jedoch den Nordpol zu erreichen. Dies gelang R. E. *Peary* 1909. 1895 betrat C. E. *Borchgrevink* als erster das antarkt. Festland; 1911 erreichte *Amundsen* den Südpol, wenig später R. F. *Scott*. Die engl. „Challenger"-Expedition (1872–1874) unter G. S. *Nares* leitete die wissenschaftl. Erforschung der Weltmeere ein; 1960 erreichte das von A. *Piccard* entwickelte Tauchboot „Trieste" im Marianengraben (Südostasien) eine Tiefe von 10910 m. Das dt. Forschungsschiff „Meteor", 1964 in Dienst gestellt, unternahm seither mehrere große Expeditionen in den Ind. u. Atlant. Ozean. Alpinisten aus aller Welt setzten zu Beginn des 20. Jh. verstärkt zum Angriff auf die Hochgipfel des Himalaya an: 1950 erstiegen M. *Herzog* u. L. *Lachenal* den Annapurna (als ersten Achttausender), 1953 E. *Hillary* u. *Tenzing Norgay* den Mount Everest (den höchsten Berg der Erde) u. H. *Buhl* den Nanga Parbat. 1964 waren alle größeren Achttausender bezwungen, als letzter der Gösainthang Ri durch chines. Bergsteiger.

Das Internationale Geophysikal. Jahr 1957/58 gab den Anstoß zur weiteren Erforschung der Polargebiete. 1955–1958 gelang V. *Fuchs* u. E. *Hillary* die erste Durchquerung des antarktischen Kontinents über den Südpol. 1958 erreichte das US-amerikan. Atom-U-Boot „Nautilus" unter dem Polareis den Nordpol, u. sowjet. Forscher gelangten an den meerfernsten Punkt der Antarktis, den „Pol der Unzugänglichkeit". 1966 bestiegen US-amerikan. Polarforscher den Mount Vinson, den höchsten Berg der Antarktis. Moderne Technologie (Satelliten) erleichtert heute die Erforschung schwer zugänglicher Gebiete. Ⓑ S. 218/219.

Entemẹna, sumerischer König von *Lagasch* um 2430 v. Chr. Einer bedeutenden Kegelinschrift aus seiner Regierung zufolge befehdete er die Stadt Umma u. unterwarf sie. Zahlreiche Bauten stammen aus seiner Zeit (Tempel, Paläste, Teiche u. ein Kanal vom Tigris zum Euphrat). Ein Bündnis mit dem König von Uruk sicherte sein Reich gegen Angriffe.

Entente [ã'tãt; die; frz., „Verständigung, Bündnis"], *E. cordiale*, „herzliches Einverständnis", das 1904 zwischen Großbritannien u. Frankreich geschlossene Abkommen über koloniale Fragen, aus dem 1907 durch den Beitritt Rußlands der Dreiverband (Tripelentente) wurde. Im 1. Weltkrieg wurden die E.-Mitglieder die kriegführenden Gegner des Dt. Reiches. Auch in der Zwischenkriegszeit wurde E. als Ausdruck für das Bündnis zwischen Großbritannien u. Frankreich gebraucht. Um die Verhältnisse der Pariser Vorortverträge (1919/20) zu sichern, schuf der tschechoslowakische Außen-Min. E. Beneš 1920–1922 die *Kleine E.* zwischen der Tschechoslowakei, Jugoslawien u. Rumänien (bis 1939).

Entkolonialisịerung, *Entkolonisierung, Dekolonisierung*, die Befreiung von Ländern u. Völkern aus der Abhängigkeit von Kolonialmächten, die Auflösung des vom 16.–20. Jh. bestehenden Kolonialsystems.

Einen erfolgreichen Kampf gegen die Kolonialherrschaft führten die USA bereits im 18. Jh., die meisten Länder Lateinamerikas im 19. Jh. Unter E. im engeren Sinne versteht man jedoch die Bewegung, die im 20. Jh. entscheidend durch die beiden Weltkriege, vor allem den zweiten, ausgelöst u. vorangetrieben wurde.

Die Formen kolonialer Herrschaft waren so vielfältig (Kolonien, Dominien, Treuhandgebiete, Mandate, Einflußgebiete) wie die Formen des Übergangs in die Unabhängigkeit (legale u. geregelte Machtübergabe, gewaltloser Widerstand, nationale Revolutionen, Befreiungsbewegungen, Bürgerkriege, Guerillakriege). Die Interessen der Kolonialmächte wurden in der Regel jedoch dadurch gewahrt, daß Abhängigkeiten anderer Art, insbes. wirtschaftl. Abhängigkeit, erhalten blieben unter Vermeidung der Nachteile aufwendiger Verwaltungs- u. Besatzungskosten in den jeweiligen abgelegenen Gebieten. Eine kulturelle E. fand – bedingt durch die

Bedeutende (geographische) Entdeckungen

Um 600 v. Chr.	Phöniker umsegeln Afrika von Osten her
Um 450 v. Chr.	Reisen Herodots (*um 485, †425 v. Chr.) nach Vorderasien, Persien, Ägypten und Nordafrika
327–326 v. Chr.	Alexander der Große (*356, †323 v. Chr.) in Indien
325 v. Chr.	Erste Nordfahrt des Phytheas von Marseille nach der »Insel Thule« (Norwegen oder die Shetlandinseln?)
795 n. Chr.	Irische Mönche in Island
878	Gründung arabischer Handelsniederlassungen in China
983	Die Wikinger (Erich der Rote; *um 950, †1007) an der Westküste Grönlands
1000	Erste Entdeckung Amerikas (»Markland«, »Helluland« und »Vinland«) durch Wikinger unter Führung Leifs, des Sohnes Erichs des Roten
1254–95	Der Venezianer Marco Polo (*1254, †1341) in Zentral- und Ostasien
1325–52	Reisen des Arabers Ibn Battuta (*1304, †1377) nach Persien, Indien, China, Afrika
1341	Portugiesen auf den Kanarischen Inseln
Seit 1415	Fahrten der Portugiesen (Heinrich der Seefahrer; *1394, †1460) an der Westküste Afrikas
1485	Entdeckung der Kongomündung durch Diego Cão (†1486) und M. Behaim (*1459, †1507)
1487/88	B. Díaz (*um 1450, †1500) umfährt als erster das Kap der Guten Hoffnung
1492	(Wieder-)Entdeckung Amerikas (Guanahani, eine der Bahamainseln) durch C. Kolumbus (*1451, †1506)
1497/98	Vasco da Gama (*1469, †1524) erreicht Ostindien
1497/98	Die italienischen Seefahrer G. (*um 1450, †1498 oder 1499) und S. Caboto (*1472 oder 1483, †um 1557) befahren die Ostküste Nordamerikas von Neufundland bis Florida
1498	Kolumbus entdeckt das Festland von Südamerika
1499/1500	Amerigo Vespucci (*1454, †1512) an der Orinocomündung
1500	Der Portugiese Pedro Alvares Cabral (*um 1467, †1526) landet an der Küste Brasiliens
1502–04	Kolumbus landet an der Festlandsküste Mittelamerikas
1513	Der Spanier Vasco Núñez de Balboa (*1475, †1517) erreicht über die Landenge von Panama als erster den Stillen Ozean
1519–21	H. Cortéz (*1485, †1547) erobert Mexiko (Vernichtung des Aztekenreichs)
1520/21	Der Portugiese F. Magalhães (*1480, †1521) umfährt Südamerika (Magalhãesstraße) und erreicht die Philippinen
1526	Entdeckung Neuguineas (durch Spanier)
1531–33	F. Pizarro (*um 1478, †1541) erobert Peru (Vernichtung des Inkareichs)
1535–42	Der Franzose J. Cartier (*1491, †1557) in Kanada
1542	Der Portugiese F. Mendez Pinto (*1509, †1583) in Japan
1567	Entdeckung der Salomoninseln
1578	Der Engländer F. Drake (*1540, †1506) an der Westküste Nordamerikas (Oregon)
1579–82	Der Kosakenführer T. Jermak (*um 1525, †1584) erobert Sibirien
1594–97	Der holländische Seefahrer W. Barents (*1550, †1597) entdeckt Nowaja Semlja und Spitzbergen
1602–05	Reise des Jesuiten B. Goes (*1552, †1607) von Indien durch Zentralasien und China
1605	Der Holländer W. Jansz (*1570, †1636) entdeckt Australien
1609/10	Der Engländer H. Hudson (*1550, †1611) entdeckt Hudsonfluß, Hudsonstraße und Hudsonbai
1610	Eine russische Expedition fährt den Jenissej abwärts bis zum Nordpolarmeer
1616	Die Holländer C. Schouten (*1580, †1625) und J. Le Maire (*1585, †1616) umfahren Kap Hoorn
1639	Erste Durchquerung Sibiriens auf dem Landwege
1642–44	Der Niederländer A. Tasman (*1603, †1659) umfährt Australien und ent-

	deckt Tasmanien, Neuseeland, die Tonga- und Fidschiinseln
1643	Der Holländer de Vries entdeckt die Ostküste Japans, die Kurilen und Sachalin
1648	Der Kosak S. I. Deschnew (* 1605, † 1673) entdeckt die Beringstraße (zwischen Asien und Nordamerika), benannt nach dem dänischen Seefahrer V. Bering (* 1680, † 1741), der sie 1728 als Leiter einer russischen Expedition (1725–42) zum erstenmal durchfuhr
1722	Entdeckung der Samoainseln
1741	V. Bering und A. Tschirikow erreichen die Westküste Amerikas südlich von Alaska
1767	Entdeckung der Marshallinseln und Tahitis
1768–71, 1772–75, 1776–79	Drei Weltreisen (erste Erdumsegelung) des englischen Seefahrers J. Cook (* 1728, † 1779)
1789–93	A. Mackenzie (* 1755, † 1820) im nördlichen Nordamerika
1792/93	Erste Durchquerung Nordamerikas durch Mackenzie
1795	Reise des Engländers Mungo Park (* 1771, † 1806) zum Niger
1797–1800	F. K. Hornemann (* 1772, † 1801) durchquert Afrika von Ägypten zum Niger
1799–1804	A. von Humboldt (* 1769, † 1859) in Mittel- und Südamerika (Besteigung des Chimborazo)
1820–23	F. P. Wrangel (* 1797, † 1870) und Anjou erforschen die Nordküste Sibiriens
1831	J. Ross (* 1777, † 1856) entdeckt den magnetischen Nordpol (auf Boothia Felix)
1840–47	R. Campbell (* 1808, † 1894) und J. Bell in Alaska
1844–46	E. R. Huc (* 1813, † 1860) und J. Gabet in Tibet
1844–46 und 1847/48	L. Leichhardt (* 1813, 1848; verschollen) erforscht Australien
1850–54	R. J. Mac Clure (* 1807, † 1873) entdeckt die Nordwestliche Durchfahrt
1850–55	H. Barth (* 1821, † 1865) in der Sahara und im Sudan
1852–56	D. Livingstone (* 1813, † 1873) durchquert das südliche Afrika (Sambesi)
1854–57	H. (* 1826, † 1882) und R. (* 1833, † 1885) von Schlagintweit in Indien und Chinesisch-Turkestan
1857/58	J. H. Speke (* 1827, † 1864) entdeckt den Tanganjika- und den Victoriasee
1860/61	Erste Durchquerung Australiens durch R. O'Hara Burke (* 1821, † 1861)
1861–74	A. E. Nordenskiöld (* 1832, † 1901) erforscht Spitzbergen
1862	Speke und A. Grant (* 1827, † 1892) entdecken die Nilquellen
1865–67	G. Rohlfs (* 1831, † 1896) durchquert Nordafrika von Tripolis nach Lagos
1867–73	Livingstone im Kongogebiet
1868–72	F. Freiherr von Richthofen (* 1833, † 1905) in China
1869/70	G. Schweinfurth (* 1836, † 1925) im Nil- und Kongogebiet
1869–74	G. Nachtigal (* 1834, † 1885) durchquert die Sahara und den Sudan
1872–74	J. Ritter von Payer (* 1842, † 1915) und K. Weyprecht (* 1838, † 1881) entdecken Franz-Joseph-Land
1874–77	H. M. Stanley (* 1841, † 1904) durchquert Südafrika
1879	Nordenskiöld entdeckt die Nordöstliche Durchfahrt
1880	O. Lenz (* 1848, † 1925) durchquert die Sahara von Marokko bis Timbuktu
1881/82	H. von Wißmann (* 1853, † 1905) durchquert Zentralafrika
1887–89	Stanley durchquert Zentralafrika
1887–90	F. E. Younghusband (* 1863, † 1942) durchquert Zentralasien
1888	F. Nansen (* 1861, † 1930) durchquert Südgrönland
1889	H. Meyer (* 1858, † 1929) ersteigt den Kilimandscharo
1891	R. E. Peary (* 1856, † 1920) an der West- und Nordküste Grönlands
1893–96	Nansen mit der »Fram« im Nördlichen Eismeer (bis 86° 13' n. Br.)
1894–97	S. Hedin (* 1865, † 1952) in Zentralasien (Tarimbekken)
1897	Luftballonfahrt des Schweden S. A. Andrée (* 1854, † 1897) zum Nordpol; verunglückt (Leiche 1930 aufgefunden)
1899–1902	Hedin in Zentralasien (Tarimbecken und Tibet)
1901–03	Deutsche Südpolexpedition unter E. von Drygalski (* 1865, † 1949); Entdeckung von Kaiser-Wilhelm-II.-Land (1902)
1903–06	R. Amundsen (* 1872, † 1928) durchfährt die Nordwestliche Durchfahrt
1904	W. Filchner (* 1877, † 1957) im Quellgebiet des Huang He
1904–06	Deutsche Expedition unter L. Frobenius (* 1873, † 1938) in Innerafrika
1905–08	Hedin in Zentralasien (Transhimalaya)
1907–09	Eine englische Expedition unter E. H. Shackleton (* 1874, † 1922) erreicht den magnetischen Südpol und 88° 23'
1909	Peary am Nordpol (6. April)
1910/11	Frobenius im westlichen Sudan
1910–12	Amundsen am Südpol (14. 12. 1911)
1910–12	R. F. Scott (* 1868, † 1912) mit einer englischen Expedition am Südpol (18. 1. 1912)
1911/12	Filchner im Südpolargebiet
1912/13	A. Wegener (* 1880, † 1930) durchquert Grönland
1915	Eine russische Expedition umfährt Nordasien von Ost nach West
1916–18	K. Rasmussen (* 1879, † 1933) in Nordgrönland
1925	Erster Nordpolarflug Amundsens (bis 87° 44' n. Br.)
1925–27	Maritime Forschungsexpedition der »Meteor«
1926	Amundsen, U. Nobile (* 1885, † 1978) und R. Byrd (* 1888, † 1957) überfliegen den Nordpol
1926–28	Filchner in Tibet
1927/28	Hedin und Trinkler in Zentralasien
1928	Nobiles Nordpolexpedition mit dem Luftschiff »Italia« verunglückt; Amundsen seit seinem Rettungsversuch mit dem Flugzeug verschollen
1928–30	Hedin in der Wüste Gobi
1929	Byrd überfliegt den Südpol
1929/30	Wegener (†) in Grönland
1931	H. Eckeners (* 1868, † 1954) Arktisfahrt mit »Graf Zeppelin«
1931	U-Boot »Nautilus« mit G. H. Wilkins (* 1888, † 1958) und O. Sverdrup (* 1854, † 1930) erreicht von Spitzbergen aus 82° n. Br.
1932–37	Filchner in Zentralasien
1938/39	Deutsche Antarktische (»Schwabenland«-)Expedition
1947	T. Heyerdahls (* 1914) »Kon-tiki«-Expedition
1953	Erstbesteigung des Mount Everest durch E. Hillary (* 1919) und T. Norgay (* 1914, † 1986) und des Nanga Parbat durch H. Buhl (* 1924, † 1957)
1954	Erstbesteigung des K 2 und Cho Oyu
1954	Französisches Tiefseetauchboot erreicht 4050 m
1955	Erstbesteigung des Gangtschhendsönga und Makalu
1955–58	»Transantarktis-Expedition des Commonwealth« unter Leitung des Geologen V. Fuchs (* 1908); erste Durchquerung des Kontinents über den Südpol durch Fuchs und Hillary
1956	Erstbesteigung des Manaslu, Lhotse und Gasherbrum II
1957	Erstbesteigung des Broad Peak
1957/58	Internationales Geophysikalisches Jahr
1958	Erstbesteigung des Gasherbrum I
1958	Das amerikanische Atom-U-Boot »Nautilus« erreicht als erstes Unterwasserfahrzeug unter dem Polareis den Nordpol
1958	Sowjetische Forscher erreichen den meerfernsten Punkt der Antarktis, den »Pol der Unzugänglichkeit«
1960	Erstbesteigung des Dhaulagiri
1960	Das von A. Piccard (* 1884, † 1962) entwickelte Tauchboot »Trieste« erreicht im Marianengraben (Südostasien) eine Tiefe von 10 910 m
1964	Erstbesteigung des Gösainthang Ri
1966	Erstbesteigung des Mount Vinson, des höchsten Berges der Antarktis, durch amerikanische Forscher
1970–77	Internationales antarktisches glaziologisches Forschungsprojekt

Enver Pascha (links) mit Generalfeldmarschall August von Mackensen an der Balkanfront im Kriegsjahr 1916

gemeinsame Sprache u. die kulturelle Dominanz der ehem. Kolonialmacht – selten statt. Die Weltgeschichte der Nachkriegszeit wurde zu einem Teil von den Folgen des Kolonialismus geprägt (Koreakrieg, Nahostkrise, Vietnamkrieg, Kongokrise, Bangladesch). Auch der Zusammenschluß der Staaten der Dritten Welt (Bandung-Konferenz) ist als eine Folgeerscheinung der E. zu werten. Die nicht unumstrittene Entwicklungspolitik sucht die Folgen der fast immer unzulänglich gewesenen Vorbereitung auf die Unabhängigkeit der ehem. Kolonialgebiete zu steuern.

Entremont [ãtrə'mɔ̃], keltoligurisches Oppidum des Stammes der Salluvier beim heutigen Aix-en-Provence (Frankreich); schachbrettartige Stadtanlage, umgeben von einer Mauer mit Rechtecktürmen, bes. bekannt durch ein Heiligtum aus der mittleren Latènezeit, das einige der seltenen Beispiele barbarischer Steinskulpturen außerhalb des griechisch-römischen Einflußbereichs enthält, darunter Skulpturen von Menschenköpfen im sog. „Saal der Köpfe", die einem keltischen Schädelkult zugeschrieben werden. Die Bildwerke mögen auf den Einfluß der damals griech. Kolonie Massilia *(Marseille)* zurückgehen. Im Jahr 123 v. Chr. wurde E. durch den röm. Consul C. Sextius Calvinus zerstört u. dafür im folgenden Jahr die Stadt Aquae Sextiae *(Aix-en-Provence)* gegründet.

Enver Pascha, türk. General u. Politiker, *9. 3. 1881 Monastir, †4. 8. 1922 bei Baldschuwan am Pamir (gefallen); führend in der Revolution der *Jungtürken* 1908; 1914 Kriegs-Min., unter dem die Türkei im 1. Weltkrieg auf dt. Seite kämpfte; verließ nach dem Waffenstillstand 1918 das Land u. beteiligte sich führend an Kämpfen gegen die Sowjetherrschaft in Turkistan.

Enzio [ital., „Heinz"], König von Sardinien seit 1238, *um 1215, †14. 3. 1272 Bologna; ältester unehel. Sohn Kaiser Friedrichs II., 1239 kaiserl. Generallegat in Italien, begann die Eroberung der Mark Ancona; fing 1241 in der Nähe der Insel Montecristo (südöstl. von Elba) die genuesische Flotte mit den kaiserfeindl. Kirchenfürsten auf dem Weg zum Konzil in Rom ab; seit 1249 (bis zu seinem Tod) in Gefangenschaft der Bolognesen.

EOKA, Abk. für grch. *Ethniki Organosis Kyprion Agoniston*, die „Nationale Organisation Zypriotischer Kämpfer", gegen Großbritannien gerichtete Untergrundbewegung der griech. Zyprioten, die in den 1950er Jahren für den Anschluß Zyperns an Griechenland kämpfte. Ihr bekanntester Vertreter war General G. *Grivas*. Die E. wurde 1974 auf Zypern verboten.

Eötvös ['øtvøʃ], József Baron von, ungar. Politiker u. Schriftsteller, *3. 9. 1813 Ofen, †2. 2. 1871 Pest; Befürworter einer liberalen Reformpolitik gegen den konservativen Adel; 1848–1851 im Kabinett *Batthyány* Kultus- u. Unterrichts-Min., verteidigte neben F. von *Déak* den österr.-ungar. Ausgleich; als Kultus-Min. nach 1867 setzte er Reformen im Bildungs- u. Schulwesen durch; schuf die ungar. Volksschule; schrieb den antifeudalen Schlüsselroman „Der Dorfnotar" 1845, dt. 1846, u. polit. Werke.

Epaminondas, *Epameinondas*, thebanischer Feldherr, *um 420 v. Chr., †362 v. Chr.; schlug durch die von ihm entwickelte „schiefe Schlachtordnung" (keilartige Verstärkung des linken Flügels der Phalanx zur Zerschlagung des feindl. rechten Flügels, solange sich die übrige Schlacht noch unentschieden hinzog) 371 v. Chr. die spartan. Übermacht bei *Leuktra* in Böotien u. beendete damit die Hegemonie Spartas in Griechenland. In darauffolgenden Feldzügen auf den Peloponnes mißlangen zwar 370/69 u. 362 v. Chr. Versuche, Sparta zu erobern; er schwächte dieses aber dauernd durch die Befreiung der Messenier 369 v. Chr. u. die Anlage der Festung *Messene*. 362 v. Chr. fiel er in der Schlacht bei *Mantineia* gegen die Spartaner. Sein Feldherrngenie brachte Theben kurzzeitig (371–362 v. Chr.) die Hegemonie über Teile Griechenlands, was jedoch durch das Ausbleiben einer polit. Neuordnung nur zur allg. Zerrüttung führte.

Eparch [grch. *eparchos*, „Befehlshaber"], griech. Wiedergabe von lat. *praefectus*, später auch Amtstitel des Provinzstatthalters im Röm. u. Byzantin. Reich; sein Verwaltungsgebiet, die *Eparchie*, wurde als kommunalpolit. u. kirchl. Verwaltungseinheit in das moderne Griechenland übernommen.

Epernon [e:per'nɔ̃], Jean Louis Herzog von, französ. Politiker, *8. 5. 1554, †13. 1. 1642 Loches; Günstling *Heinrichs III.*, unterwarf sich dessen Nachfolger *Heinrich IV.* u. überzeugte nach dessen Ermordung 1610 das Parlament von Paris, der Regentschaft *Marias von Medici* zuzustimmen; 1641 von Richelieu verdrängt.

Ephebe [grch., „Mannbarer"], im antiken Griechenland allg. der Knabe, der die Pubertät erreicht hatte; in Athen: Jüngling ab 18 Jahren, der in eine Bürgerliste eingetragen wurde u. eine zweijährige staatl. (sportl. u. militär., später auch geistige) Ausbildung erhielt als Voraussetzung für die Erlangung des vollen Bürgerrechts.

Ephemeriden, Tageblätter, Tagebücher; im Altertum Amtstagebücher (z. B. die sog. E. am Hof Alexanders d. Gr.); in der Literaturwissenschaft: Tagebücher (z. B. Goethes E.); auch Titel von Zeitschriften.

Ephesos, *Ephesus*, altgriech. Stadt an der Westküste Kleinasiens, nahe der Mündung des Kaystros (heute Küçük Menderes) u. dem heutigen Ort *Selçuk;* berühmt durch den im 6. Jh. v. Chr. errichteten Tempel der Artemis (das *Artemision*), der 356 v. Chr. von *Herostratos* in Brand gesteckt u. prächtiger wiedererrichtet wurde.

E. war in röm. Zeit neben *Pergamon* eine Hptst. der Provinz Asia u. eine der größten Städte Kleinasiens; es wurde in seiner wirtschaftl., polit. u. kulturellen Bedeutung erst im 4. Jh. n. Chr. von Konstantinopel zurückgedrängt; der Hafen verlandete im frühen MA. E. war Tagungsort des 3. Ökumen. Konzils 431 n. Chr. Die Stadt wurde im 8. bzw. 10. Jh. n. Chr. infolge der Plünderungszüge arabischer Flotten aufgegeben. – Von engl. u. österr. Archäologen seit 1869 teilweise ausgegraben; einzelne Gebäude werden neuerdings restauriert.

Ephialtes, 1. ein Grieche aus Trachis, der im Jahr 480 v. Chr. die Perser in den Rücken der unter *Leonidas* die Thermopylen verteidigenden Spartaner führte.

2. demokrat. athen. Staatsmann, †461 v. Chr.; seit 464 v. Chr. Hauptgegner *Kimons*, in dessen Abwesenheit er 462 v. Chr. durch eine Verfassungsreform dem Areopag seine polit. Zuständigkeiten nahm u. auf Volksversammlung, Volksgericht u. Rat der 500 übertrug, was den Beginn der radikalen Demokratie bedeutete kurz darauf 461 v. Chr. ermordet.

Ephoren [Pl.; grch. *ephoroi*, „Aufseher"], wichtige Regierungsbehörde in Sparta, wo ihre Liste 754/53 v. Chr. begann, u. in einigen anderen dorischen Stadtstaaten. Die fünf E., die auf 1 Jahr von der Spartiatenversammlung aus ihrer Mitte gewählt wurden, entwickelten sich zu Vertretern des Volksinteresses u. steigerten ihre Befugnisse im 6. Jh. v. Chr. vor allem durch Entmachtung der Könige so sehr, daß sie vom 5.–3. Jh. v. Chr. die eigentliche Regierung Spartas waren. Ihre Zuständigkeiten: Mitwirkung in Außenpolitik, Kriegführung u. Rechtsprechung; Polizeigewalt u. Aufsicht über Zucht u. Ordnung; Kontrolle der Staatsfinanzen u. der anderen Beamten. Im 4. u. 3. Jh. v. Chr. spielten die E. eine Rolle bei der konservativen Erstarrung Spartas.

Ephoros von Kyme, griech. Geschichtsschreiber aus Kyme an der Westküste Kleinasiens; Verfasser einer die Zeit von der Dorischen Wanderung („Rückkehr der Herakliden") bis 340 v. Chr. umfassenden materialreichen Weltgeschichte in 30 Büchern (erschienen ca. 350–330 v. Chr.), von der nur wenig erhalten ist.

Epibaten [grch.], auf antiken Kriegsschiffen die bewaffnete Mannschaft (Hopliten, Legionäre) im Gegensatz zu den Ruderern.

Epidamnos, antiker Name von Durrës.

Epigraphik [grch.] → Inschriftenkunde.

Epipaläolithikum [das; lat.], Bez. für die steinzeitl. Kulturen am Ende der letzten Eiszeit u. zu Beginn der Nacheiszeit. Das E. umfaßt den Zeitraum vom 8. bis zum 4. Jahrtausend v. Chr. Das Steingeräteinventar zeigt anfangs noch Formen, wie sie aus der → Altsteinzeit bekannt sind, im jüngeren Verlauf werden Mikrolithen (Steingeräte, die in der Regel kleiner als 2,5 cm sind) hergestellt. Dieser jüngere Abschnitt wird in Mitteleuropa auch *Mesolithikum* (Mittelsteinzeit) genannt, der ältere wird wegen seiner Ähnlichkeit mit dem Paläolithikum (Altsteinzeit) das *Spätpaläolithikum* genannt.

Epirus, *Epeiros, Ipeiros*, gebirgige Landschaft u. Region im NW von Griechenland, an Albanien grenzend.

Die epirotischen Stämme des Altertums waren nach Sprache u. Kultur mit den Makedonen u. den Illyriern verwandt. Sie gerieten früh unter griech. Einfluß. Unter Führung der Molosser schlossen sie sich am Ende des 5. vorchristl. Jh. Athen, später Philipp II. von Makedonien an. Eine eigenständige Entwicklung erfuhr E. unter dem König der Molosser, *Pyrrhos* (306–302, 297–272), der Hegemon des epirot. Bundes (Hptst. Ambrakia) wurde.

146 v. Chr. wurde E. röm. Provinz. Bei der Neuordnung des Reiches unter *Diocletian* wurde Süd-Illyrien (Hptst. *Dyrrhachium*) als *Epirus Nova* (Neu-Epirus) ausgegliedert. Alt-Epirus wurde als Provinz des byzantin. Reiches nach dem latein. Kreuzzug 1204–1230 Zentrum eines westgriech. Reiches unter den *Angeloi* (sog. Despotat Epiros). Das epirot. Territorium wurde seither mehrfach unter den starken Nachbarn aufgeteilt u. während der Türkenzeit unter Ali Pascha an der Wende zum 19. Jh. zu einem eigenständigen Herrschaftsbereich ausgebaut. Im 19./20. Jh. war E. Streitobjekt zwischen Albanern u. Griechen, die 1834, 1881, 1912/13 den Hauptteil gewannen.

Epoche [grch.], eigentl. der Zeitpunkt eines Ereignisses, Wendepunkt; heute meist für „Zeitraum, Periode“ gebraucht. In der Geschichte der durch ein herausragendes Ereignis, eine Person, eine wirtschaftl., geistige oder künstlerische Tendenz gekennzeichnete geschichtl. Zeitraum.

Eponym [grch.], **1.** ein Gott oder Heros, nach dem in der Antike eine Stadt oder ein Geschlechterverband hieß.
2. der Jahresbeamte, nach dem in antiken Stadtstaaten das Jahr zur offiziellen Datierung benannt wurde (z. B. Archon Eponymos in Athen, die Konsuln in Rom).

Epp, Franz Ritter von (1917), Offizier (1923 Generalleutnant) u. Politiker (NSDAP), *16. 10. 1868 München, †31. 12. 1946 München; im 1. Weltkrieg Regimentskommandeur, nahm 1919 mit dem *Freikorps E.* an der Niederwerfung der Münchener Räterepublik teil, schied 1923 aus der Reichswehr aus; 1928 Mitgl. der NSDAP, 1928–1945 MdR, 1932 Leiter des Wehrpolit. Amtes der NSDAP; März/April 1933 Reichskommissar u. kommissar. Ministerpräsident von Bayern, dann bis 1945 Reichsstatthalter in Bayern; 1934–1945 zugleich Leiter des Kolonialpolit. Amtes u. Reichsleiter der NSDAP.

Erbfolgekrieg, *Sukzessionskrieg,* um das Erbe bzw. die Erbfolge eines Herrscherhauses, eines Herrschers oder einer Linie eines Herrschergeschlechts geführter Krieg. Solche E.e haben insbes. im 18. Jh. die europ. Politik bestimmt: *Span. E.* 1701–1714, *Poln. E.* 1733–1738, *Österr. E.* 1740–1748, *Bayer. E.* 1778/79.

Erblande, 1. im Hl. Röm. Reich (Dt. Nation) die Länder, die die ererbte Machtgrundlage einer Dynastie bildeten u. meist durch verfassungsrechtl. Sonderstellung von späteren Neuerwerbungen unterschieden waren.
2. in Österreich die Habsburgischen Erblande, die bis 1918 westl. der Leitha gelegenen Gebiete der Habsburger, im Unterschied zu den ungar. u. italien. Besitzungen.

Erblehen, ein Bauernlehen, für das alle Rechte u. Verpflichtungen des *Lehnsrechts* galten, ausgenommen die Verpflichtung zu Ritterdiensten.

Erbleihe, mit Zins u. vielfach auch mit Diensten verbundene *Landleihe* entweder an einen Hörigen oder an einen Freien *(freie E.).*

Erbprinz, Titel des ältesten Sohns eines regierenden oder mediatisierten Herzogs oder Fürsten, in Bayern auch des ältesten Sohns des Kronprinzen.

Erbstatthalter, die 1747 an Wilhelm IV. von Oranien verliehene erbl. Würde eines Statthalters aller sieben Provinzen der Rep. der Vereinigten Niederlande.

Erbuntertänigkeit, eine Art der Hörigkeit.

Erbverbrüderung, im Hl. Röm. Reich seit dem 14. Jh. zwischen regierenden Häusern geschlossener Vertrag mit dem Zweck, beim Aussterben des einen Hauses dem anderen die Erbfolge zu sichern. Die *Erbeinigung* verpflichtete die Nachkommen zu gegenseitigen Schutzbündnissen.

Erbzins, *Erbzinsrecht, Erbleihe,* vererbliches u. veräußerliches *Untereigentum* an einem (bes. landwirtschaftl.) Grundstück *(E.gut),* an dem ein Grundherr das *Obereigentum* besitzt, zu dessen Anerkennung der *E.mann* regelmäßig E. *(Kanon)* u. (z. B. bei Besitzerwechsel) Sonderabgaben zahlt; im MA in Dtschld. weit verbreitet, zur Zeit der Bauernbefreiung abgelöst.

Erbämter → Erzämter.

Erdmann, Karl Dietrich, Historiker, *29. 4. 1910 Köln, †23. 6. 1990 Kiel; 1953 bis zu seiner Emeritierung 1978 Prof. in Kiel, Hrsg. der Ztschr. „Geschichte in Wissenschaft u. Unterricht“ seit 1950, 1962–1967 Vors. des Verbandes der Historiker Deutschlands, 1966 bis 1970 Vors. des Dt. Bildungsrats, 1975 bis 1980 Präs. des Comité International des Sciences Historiques. Werke: „Die Zeit der Weltkriege“ in „Hdb. der dt. Geschichte“ Bd. 4, [9]1974; „Geschichte, Politik u. Pädagogik. Aufsätze u. Reden“ 1970.

Erdmannsdörffer, Bernhard, Historiker, *24. 1. 1833 Altenburg, †1. 3. 1901 Heidelberg; Prof. in Berlin, Greifswald, Breslau u. seit 1874 in Heidelberg (als Nachfolger H. von *Treitschkes*); gehörte der ausgehenden kleindt. Schule an u. wandte sich einer wissenschaftl.-unbefangenen Betrachtung der nationalen Geschichte zu. Hptw.: „Dt. Geschichte vom Westfäl. Frieden bis zum Regierungsantritt Friedrichs d. Gr.“ 1892, Neudr. 1932; „Mirabeau“ 1900, Neudr. 1943.

Eresburg, *Heresburg,* ehem. Grenzfeste der Sachsen an der oberen Diemel, 772 von Karl d. Gr. erobert; mit der auf ihr errichteten Kirche 826 durch Ludwig den Frommen dem Kloster Corvey geschenkt.

Eretria, altgriech. Stadt auf Euböa, Rivalin des etwa 20 km entfernten Chalkis; wurde 490 v. Chr. von den Persern zerstört (die Bürger wurden in das heutige Khusestan deportiert), aber bald wieder aufgebaut; 198 v. Chr. von den Römern zerstört. – Ruinen in der Nähe des heutigen *Nea Psara* (Ausgrabungen).

Erfüllungspolitik, eine Richtung der Außen- u. Wirtschaftspolitik in der Weimarer Republik. Im Gegensatz zu den Politikern, die sich von einer radikalen Ablehnung der Versailler Friedensbedingungen, bes. finanzieller Art, Revisionsmöglichkeiten erhofften, ging es den Vertretern der E. (M. *Erzberger,* J. *Wirth,* W. *Rathenau* u. a.) ab 1920 darum, durch guten Willen, zumal bei den Reparationszahlungen, zu beweisen, daß die festgesetzten Beträge volkswirtschaftlich nicht zu erbringen seien, so daß die Alliierten eine Lockerung anbieten müßten. Der Begriff E. wurde hauptsächlich als polemisches Schlagwort der nationalist. Rechten verwandt. Die jüngere histor. Forschung weist demgegenüber auf die Grenzen des Entgegenkommens gegenüber den Siegermächten im Rahmen der E. hin.

Erfurt, größte Stadt des Thüringer Beckens u. Landeshauptstadt von Thüringen, in fruchtbarer Umgebung an der Gera, 219 000 Ew. Anfang des 8. Jh. entstand beim heutigen E. ein Kloster. Das 741 von Bonifatius gegr. Bistum ging 752 im Erzbistum Mainz auf, das bis 1802 die Oberhoheit über E. behielt. 805 wurde die Siedlung E. Haupthandelsplatz für den Handel mit den Slawen. Im 12. Jh. entwickelte sie sich zur Stadt. 1244 erkannte der Erzbischof die Selbstverwaltung durch den Rat an. Im 14./15. Jh. war E. eine der größten dt. Städte, wurde aber nicht reichsunmittelbar. Die Universität (1392–1816) war im 16. Jh. ein Zentrum des dt. Humanismus. 1803, endgültig 1815 wurde E. preußisch. 1944 kam es mit dem Reg.-Bez. E. zu Thüringen. 1948–1952 war es thüring. Landeshauptstadt; 1952–1990 war es Bezirkshauptstadt.
Auf dem *E.er Fürstentag* 1808 traf Napoleon I. mit Alexander I. von Rußland zusammen. 1850 tagte das Erfurter Unionsparlament. 1891 beschloß ein Parteitag der SPD das Erfurter Programm. 1970 trafen sich in E. erstmals die Regierungschefs der BR Dtschld. u. der DDR (W. Brandt u. W. Stoph).

Erfurter Programm, das 1891 neu formulierte, in seinem grundsätzl. Teil marxistisch geprägte Parteiprogramm der SPD; trat an die Stelle des *Gothaer Programms* von 1875 u. wurde 1921 durch das *Görlitzer Programm* ersetzt.

Ergamenes, Name von zwei meroitischen Königen des 3. Jh. v. Chr.

Erhard, Ludwig, Politiker (CDU), *4. 2. 1897 Fürth, Bayern, †5. 5. 1977 Bonn; Volkswirt; bis 1942 Mitarbeiter des Instituts für Wirtschaftsbeobachtung der Handelshochschule Nürnberg, 1942–1945 Leiter des Instituts für Industrieforschung in Nürnberg, 1947 Honorar-Prof. in München, 1950 in Bonn; 1945/46 bayer. Wirtschaftsminister, 1947/48 Vors. der Sonderstelle Geld u. Kredit in der Bizonen-Verwaltung (Vorbereitung der *Währungsreform*), 1948/49 Direktor der Verwaltung für Wirtschaft des Vereinigten Wirtschaftsgebiets in Frankfurt. Am Tag der Währungsreform (20. 6. 1948) ließ E. gegen den Willen der westl. Besatzungsmächte die meisten der bis dahin geltenden Bewirtschaftungsvorschriften aufheben.
1949–1963 war E. Bundes-Min. für Wirtschaft, 1957–1963 zugleich Vizekanzler. Der Erfolg der von ihm u. seinen Beratern geförderten wirtschaftl. Liberalisierung nach dem Konzept der *sozialen Marktwirtschaft* verhalf dem „Vater des dt. Wirtschaftswunders“ in den 1950er Jahren im In- u. Ausland zu großer Popularität. Er leistete einen bedeutenden Beitrag zu den Wahlerfolgen der CDU, der er seit 1949 angehörte.
1963 entschied sich die CDU/CSU gegen den Widerstand K. *Adenauers* für E. als dessen Nachfolger. Am 16. 10. 1963 wurde E. zum Bundeskanzler gewählt u. bildete eine Koalitionsregierung aus CDU/CSU u. FDP. 1966/67 war er auch Vors. der CDU. Unter E. wurden, bei stärkerer Berücksichtigung der brit. Interessen, die westl. Integrationspolitik u. die Wiedergutmachungspolitik gegenüber Israel (1965 Aufnahme diplomat. Beziehungen) fortgesetzt u. verhaltene Bemühungen um eine Verbesserung der Beziehungen zu Osteuropa unternommen. Nach dem Bundestagswahlsieg von 1965 kam es zu Schwierigkeiten in der Wirtschaft (Kohle- u. Stahlkrise im Ruhrgebiet) u. in der Außenpolitik (Spannungen mit Frankreich, Differenzen mit den USA wegen der Stationierungskosten für die US-amerikan. Truppen in der BR Dtschld.). In der Öffentlichkeit u. der Partei wuchs die Unzufriedenheit mit E.; Zweifel an seinen Führungsqualitäten verstärkten sich. Nach vergebl. Bemühungen um eine Sanierung des Bundeshaushalts zerbrach die Koalition, die FDP-Minister verließen am 27. 10. 1966 die Regierung. E. blieb bis zum 1. 12. 1966 Kanzler einer Minderheitsregierung. Sein Nachfolger K. G. *Kiesinger* bildete eine Regierung der „Großen Koalition“ aus CDU/CSU u. SPD.

Erich, *Erik,* nordische Könige: **1.** *E. I. Ejegod* [„immer gut“], König von Dänemark 1095–1103, †11. 9. 1103 Zypern; unterband die Seeräuberei der Wenden, eroberte Rügen u. Oldenburg.
2. *E. IX., E. der Heilige,* König von Schweden, etwa 1150–1160, †18. 5. 1160 Uppsala (ermordet); unternahm 1157 einen Kreuzzug nach Südfinnland. Heiliger u. Schutzpatron Schwedens.
3. *E. Magnusson,* König von Schweden 1357–1359, *1339, †1359; stellte sich 1356 an die Spitze eines Aufstandes gegen seinen Vater Magnus Erikson, der ihn 1357 als König anerkennen mußte.
4. *E. von Pommern, Erich VII.,* König von Schweden u. Dänemark 1397–1439 u. Norwegen 1442, *um 1382, †16. (?) 6. 1459 Rügenwalde; erster Unionskönig der *Kalmarer Union,* Sohn Herzog Wratislaws VII. von Pommern-Stolp, folgte 1412 seiner Großtante *Margarete;* wollte die Union zum zentralist. Einheitsstaat umwandeln, ein dän.-pommersches Ostseereich errichten u. im Kampf gegen die Holsteiner Grafen das Herzogtum Schleswig wiedergewinnen; unterlag den Grafen u. der mit ihnen verbündeten Hanse.
5. *E. XIV.,* König von Schweden 1560–1569, *13. 12. 1533 Stockholm, †26. 2. 1577 Orbyhus (ermordet?); Sohn Gustav Wasas; förderte Kunst u. Wissenschaft, legte durch die Eroberung Estlands den Grund zur schwed.

Ostseeherrschaft u. behauptete sich im *Nord. Krieg.* Er zeigte zunehmend Anzeichen von Geisteskrankheit, heiratete 1568 seine Geliebte Karin *Månsdotter* u. ließ sie krönen; deshalb wurde er nach der erfolgreichen Empörung seiner Brüder Karl u. Johann auf dem Stockholmer Reichstag am 25. 1. 1569 abgesetzt u. wahrscheinlich vergiftet.

Erich der Rote, *Erik Raude,* normann. Seefahrer, *um 950 Norwegen, †um 1007; mußte wegen eines Totschlags aus Island fliehen, betrat als erster Europäer 981/82 die Insel Grönland u. begründete 986 an der Südwestküste eine normann. Kolonie.

Eridu, die heutige Ruinenstätte *Abu Schahrain* in Südmesopotamien, südwestl. von Ur; lag ursprüngl. am Meer u. mußte im 1. Jahrtausend v. Chr. wegen Versandung verlassen werden; von Bedeutung in prähistor. Zeit (Eridu-Kultur) u. in sumer. Zeit; Kultort des weisen Schöpfergotts *Enki-Ea* im 3. u. 2. Jahrtausend v. Chr. – 1946–1948 z. T. ausgegraben.

Eritrea ER

Republik Eritrea

Fläche: 124 000 km². – *Einwohner:* 3,5 Mill. – *Hauptstadt:* Asmera. – *Landessprachen:* Arabisch, Tigrinya – *Nationalfeiertag:* 24. 5. – *Währung:* 1 Birr = 100 Cents. – *Lage:* zwischen 12°20′ und 17°56′ n. Br. sowie 36°27′ und 43°18′ w. L. – *Zeitzone:* Mitteleuropäische Zeit + 2 Std. – *Grenzen:* im N u. NO Rotes Meer, im SO Djibouti, im S Äthiopien, im W Sudan. – *Staatsform:* Republik.

E. war seit alters ein Teil Äthiopiens u. wurde 1890 italien. Kolonie. 1940 wurde es von brit. Truppen besetzt. Bei Wahlen 1947 gewannen diejenigen Kräfte, die die Unabhängigkeit des Landes anstrebten, eine knappe Mehrheit. Aufgrund eines UNO-Beschlusses von 1950 kam E. jedoch 1952 als autonomes Gebiet zu Äthiopien. 1962 hob Äthiopien die Autonomie auf u. machte E. zur Provinz ohne Sonderstatus. Unabhängigkeitsbestrebungen, die von arab. Staaten unterstützt wurden, hatten schon vorher eingesetzt. 1961 entstand die *Eritreische Befreiungsfront (ELF),* von der sich 1970 die *Eritreische Volksbefreiungsfront (EPLF)* abspaltete. Nach der Abschaffung der Monarchie in Äthiopien spitzte sich der Konflikt zu. Der Zentralregierung gelang es trotz der Unterstützung durch kuban. Truppen nicht, die Befreiungsbewegung dauerhaft auszuschalten. 1987 erhielt E. den Status einer autonomen Region. Inzwischen waren aufgrund der anhaltenden Bürgerkriegswirren rd. 500 000 Menschen ins Ausland geflohen. 1989 begannen die Rebellen der EPLF mit einer Großoffensive gegen die Regierungstruppen. Nach dem Sturz des Mengistu-Regimes 1991 erkannte die neue äthiop. Regierung den Anspruch E.s auf Souveränität an. In einem Referendum im April 1993 sprach sich die eritre. Bevölkerung für die Unabhängigkeit des Landes aus, die am 24. 5. 1993 proklamiert wurde.

Erlander, Tage, schwed. Politiker (Sozialdemokrat), *13. 6. 1901 Ransäter, Värmland, †21. 6. 1985 Stockholm; 1933–1973 Mitgl. des Parlaments, 1945/46 Kultus-Min., 1946–1969 Min.-Präs.

Erlaucht [mhd. *erlucht,* „erleuchtet"], im röm.-dt. Reich Titel der regierenden Reichsgrafen; seit 1829 Titel der mediatisierten Grafen.

Erler, Fritz, Politiker (SPD), *14. 7. 1913 Berlin, †22. 2. 1967 Pforzheim; 1932–1938 Kommunalbeamter; 1931 Mitgl. der SPD; wegen Untergrundtätigkeit für die sozialist. Gruppe „Neu Beginnen" 1938–1945 polit. Häftling; 1945 Landrat in Biberach, 1947 bis 1949 in Tuttlingen; 1949–1967 MdB, außen- u. wehrpolit. Experte seiner Partei, führend an der Durchsetzung des Reformkurses in der SPD (Godesberger Programm 1959) beteiligt, 1964–1967 Vors. der SPD-Bundestagsfraktion.

Ermächtigungsgesetz, ein Gesetz, das ein sonst dafür nicht zuständiges Staatsorgan, etwa die Bundesregierung oder einen Bundesminister, zum Erlaß von *Rechtsverordnungen* ermächtigt. – Das bedeutendste u. an Folgen schwerste E., nach dem die zu erlassende Rechtsnorm selbst sogar als Gesetz bezeichnet werden durfte, war das E. des Deutschen Reiches vom 24. 3. 1933 (amtlich: Gesetz zur Behebung der Not von Volk u. Reich), das der Regierung *Hitler* die Befugnis zur Gesetzgebung übertrug. Durch dieses Gesetz wurde die Weimarer Reichsverfassung praktisch beseitigt. Seine Geltungsdauer betrug 4 Jahre; es blieb jedoch (nach Verlängerungen 1937, 1939 u. 1943) bis zum Ende der nat.-soz. Herrschaft in Kraft.

Ermanarich, *Ermanrich, Ermenrich,* König der Ostgoten ca. 350–375; gründete ein großes Reich in Südrußland, das nach seinem Tod um 375 von den Hunnen zerstört wurde. In der dt. Heldensage erscheint E. als tyrannischer Gegner *Dietrichs von Bern,* der E. besiegt u. tötet.

Ernestiner, *Ernestinische Linie,* Zweig der *Wettiner,* Nachkommen des Kurfürsten Ernst von Sachsen. Die E. verloren 1547 die sächs. Kurwürde an die Albertiner. Sie waren zeitweise in 10 Linien aufgespalten, seit 1825 auf 3 Hauptzweige vereinigt. Bis 1918 regierten sie in Sachsen-Weimar-Eisenach, Sachsen-Coburg-Gotha, Sachsen-Altenburg u. Sachsen-Meiningen.

Ernst, Fürsten. Baden: **1.** Markgraf von Hochberg seit 1515, 1533–1552 von Baden-Durlach, *7. 10. 1482 Pforzheim, †6. 2. 1553 Sulzburg, Baden; begründete die Linie *Baden-Durlach* (vertragl. 1535); duldete die Reformation in seiner Herrschaft, blieb aber selbst katholisch.

2. *E. Friedrich,* Markgraf von Baden-Durlach 1577–1604; *17. 10. 1550 Mühlburg, †14. 4. 1604 Remchingen; gilt wegen seines Übertritts zum Calvinismus u. der im „Staffortschen Buch" niedergelegten Bekenntnissätze als Typ des reformierten Fürsten. Mit der „Oberbadischen Okkupation" erschloß er ein kath. Territorium erneut dem Protestantismus u. bereitete dadurch die Vereinigung aller bad. Teilgebiete in einer Hand vor.

Braunschweig: **3.** *E. der Bekenner,* Herzog von Braunschweig-Lüneburg-Celle, *26. 6. 1497 Uelzen, †11. 1. 1546 Celle; an der Universität Wittenberg ausgebildet u. durch seinen Erzieher G. *Spalatin* beeinflußt, gehörte E. zu den führenden prot. Fürsten u. war Mitgl. des Schmalkaldischen Bundes. Seine Auffassung vom weltl. Regiment war religiös begründet. An seinem 1535 gegr. Hofgericht galt erstmalig röm. Recht.

4. *E. August,* Herzog 1913–1918, *17. 11. 1887 Penzing bei Wien, †30. 1. 1953 Marienburg bei Hannover; Sohn des letzten Kronprinzen von Hannover (*E. August,* Herzog von Cumberland, *1845, †1923); heiratete 1913 *Viktoria Luise,* die Tochter Kaiser Wilhelms II.; damit wurde die Aussöhnung zwischen Hohenzollern u. Welfen nach der preußischen Annexion Hannovers (1866) besiegelt.

Hannover: **5.** *E. August I.,* Kurfürst 1692–1698, *20. 11. 1629 Herzberg, Harz, †23. 1. 1698 Herrenhausen bei Hannover; ev. Bischof von Osnabrück seit 1662, erhielt 1679 das Fürstentum Calenberg, setzte 1682 im Welfenhaus das Erstgeburtsrecht fest; erhielt 1692 von Kaiser Leopold I. die Kurwürde, womit die Zahl der Kurfürsten auf neun erhöht wurde. Durch seine Eheverbindung mit

Berliner Ausgabe
83. Ausg. • 46. Jahrg. • Einzelpreis 15 Pf.
Berliner Ausgabe
Berlin, Freitag, 24. März 1933

VÖLKISCHER BEOBACHTER

Herausgeber Adolf Hitler

Kampfblatt der national-sozialistischen Bewegung Großdeutschlands

Der Wille des deutschen Volkes erfüllt:

Der Reichstag übergibt Adolf Hitler die Herrschaft

Annahme des Ermächtigungsgesetzes mit der überwältigenden Mehrheit von 441 gegen 94 Stimmen der S.P.D. / Einstimmige Annahme auch im Reichsrat / Hitlers historische Abrechnung mit den Novembermännern

Der Führer gibt die Regierungserklärung bekannt

Freie Bahn für die Regierung der nationalen Revolution!

Der Führer verpflichtet S.A. und S.S. zu weiterer treuer Gefolgschaft

Die Regierungserklärung:

Für Freiheit und Ehre der deutschen Nation! Gegen die Scheidung der Völker in „Sieger und Besiegte"!

Ein stolzes Programm des Wiederaufbaues

Deutschland bzw. seine Regierung trage die Schuld am Ausbruch des Krieges. Diese Behauptung war wissentlich und sachlich falsch.

Es ist weiter das charakteristische Merkmal dieser vierzehn Jahre gewesen, daß, abgesehen von natürlichen Schwankungen, die wirtschaftliche Entwicklung konstant nach unten führte.

Das Programm des Wiederaufbaues von Volk und Reich

Die Brandstiftung im Reichstag als mißglückter Versuch einer großangelegten Aktion ist nur ein Zeichen dessen, was Europa vom Siege dieser teuflischen Lehre zu erwarten hätte.

Ermächtigungsgesetz: Kommentar des „Völkischen Beobachters"

Sophie von der Pfalz (Enkelin Jakobs I.) sicherte er seinem Haus die Anwartschaft auf die brit. Krone, die 1714 seinem Sohn Georg Ludwig (Georg I.) zufiel. E. beschäftigte Leibniz als Historiographen an seinem Hof.
6. *E. August II.*, König 1837–1851, *5. 6. 1771 London, †18. 11. 1851 Hannover; 5. Sohn König Georgs III. von Großbritannien; als Herzog von *Cumberland* Führer der Ultrakonservativen im brit. Oberhaus. Mit seiner Thronbesteigung in Hannover 1837 endete wegen unterschiedl. Thronfolgebestimmungen die Personalunion mit Großbritannien. E. hob sofort das Staatsgrundgesetz von 1833 auf u. regierte absolutistisch. Dies führte zu einer Protestbewegung u. zur Entlassung der → Göttinger Sieben. 1848 wurde E. gezwungen, eine konstitutionelle Regierungsform hinzunehmen.
Hessen-Darmstadt: **7.** *E. Ludwig*, Landgraf 1678–1739, *15. 12. 1667 Gotha, †12. 9. 1739 Schloß Jägersburg bei Groß-Rohrheim; folgte seit den Kriegen Ludwigs XIV., die sein kleines Territorium hart bedrückten, einem strikt antifranzös. Kurs; praktizierte religiöse Toleranz gegenüber Katholiken u. Waldensern u. führte straffe Verwaltungsreformen in absolutist. Sinne durch.
8. *E. Ludwig*, letzter regierender Großherzog 1892–1918, *25. 11. 1868 Darmstadt, †9. 10. 1937 Wolfsgarten; liberal-konstitutioneller Landesfürst u. Mäzen, gründete u. a. die Darmstädter Künstlerkolonie.
Köln: **9.** Kurfürst u. Erzbischof 1583–1612, *17. 12. 1554 München, †17. 2. 1612 Arnsberg; 5. Sohn Herzog Albrechts V. von Bayern u. Annas (*1528, †1590), der Tochter Kaiser Ferdinands I.; Jesuitenzögling, Nachfolger des zum Protestantismus übergetretenen Erzbischofs Gebhard Truchseß zu Waldburg; verhinderte mit kaiserl. Hilfe, daß Köln prot. wurde; vereinigte die Bistümer Freising, Hildesheim, Lüttich (1581) u. Münster (1584) mit Köln u. förderte die Jesuiten. E. führte einen aussschweifenden Lebenswandel, erwarb sich aber Verdienste als Förderer der Künste.
Österreich: **10.** *E. der Tapfere*, Markgraf von Österreich, *1027, †10. 6. 1075; Sohn des Babenbergers Markgraf Adalbert. Als dessen Nachfolger (1055) gelang ihm ein schrittweiser Ausbau seiner Herrschaft (Böhm. Mark, Neumark) sowie die vorübergehende Stabilisierung der Ostgrenze der Mark. Er fiel als Gefolgsmann König Heinrichs IV. in einem Gefecht gegen die aufständ. Sachsen.
11. *E. der Eiserne*, Herzog von Österreich, *1377 Bruck a. d. Mur, †10. 6. 1424 Bruck; 3. Sohn des Habsburgers Herzog *Leopold III.*; erhielt nach der Teilung der Erblande die Steiermark u. wurde nach dem Tode seines Bruders Leopold IV. Alleinherrscher *Innerösterreichs.*
Sachsen: **12.** Kurfürst 1464–1486, *24. 3. 1441, †26. 8. 1486 Colditz; Sohn Friedrichs II. des Sanftmütigen (*1412, †1464), 1455 zusammen mit seinem Bruder Albrecht dem Beherzten durch Kunz von Kaufungen (†1455) geraubt *(Sächs. Prinzenraub)*; regierte gemeinsam mit dem Bruder, bis er 1485 die für die Machtstellung seines Hauses schädl. Teilung des wettin. Besitzes, den er erheblich vergrößert hatte, veranlaßte; Begründer der *Ernestinischen Linie.*
13. *E. der Fromme*, Herzog von Sachsen-Gotha 1640–1675, *25. 12. 1601 Altenburg, †26. 3. 1675 Gotha; Bruder des Feldherrn Bernhard von Sachsen-Weimar; kämpfte an der Seite Gustav Adolfs im Dreißigjährigen Krieg. Ohne seinen zersplitterten Besitz (Gotha, Altenburg, Coburg) zu vereinigen, reformierte E. die Landesverwaltung („Revidierte u. vermehrte Landesordnung“ 1653) mit Hilfe V. L. von *Seckendorffs* u. das gesamte Erziehungswesen mit Hilfe A. *Reyhers*, nachdem schon 1642 die Schulpflicht eingeführt worden war; veranlaßte auch den Druck allgemeinverständlicher Lehrbücher.
14. *E. II.*, Herzog von Sachsen-Coburg u. Gotha 1844–1893, *21. 6. 1818 Coburg, †22. 8. 1893 Reinhardsbrunn; Bruder des engl. Prinzgemahls Albert; Förderer der dt. liberalen Nationalbewegung, Protektor des Dt. Nationalvereins; gewährte zahlreichen polit. Flüchtlingen Asyl. „Aus meinem Leben“ 1887–1889.
Schwaben: **15.** *E. I.*, Herzog 1012–1015, *vor 984, †31. 5. 1015; aus dem Haus der Babenberger; nahm an einer erfolglosen Empörung (1003) gegen Kaiser Heinrich II. teil; erlangte sein Herzogtum durch die Ehe mit *Gisela*, der Tochter Hermanns II. von Schwaben.
16. *E. II.*, Sohn von 15), Herzog 1015–1030, *um 1010, †17. 8. 1030 im Schwarzwald; empörte sich gegen seinen Stiefvater Konrad II.; büßte sein Herzogtum ein, weil er sich weigerte, seinen Vasallen u. Freund *Werner von Kyburg* preiszugeben, verfiel wie dieser der Reichsacht u. kam zusammen mit ihm um. – Spielmannsepos u. Volksbuch „Herzog E.“; Drama von L. *Uhland.*

Erstgeburt, das Vorzugsrecht des Erstgeborenen (selten der Erstgeborenen): *Majorat*, → Primogenitur.

Ertebölle-Kultur, *Ertebölle-Ellerbek-Kultur*, eine prähistor. Kulturgruppe, die nach der C-14-Methode ins 5. bis 3. Jahrtausend v. Chr. datiert wird (zeitl. Überschneidung mit der → Trichterbecher Kultur), benannt nach der Muschelhaufenstation *Ertebölle* am Limfjord (Dänemark); verbreitet im heutigen Dänemark mit angrenzenden Gebieten Schwedens u. Norddeutschlands *(Ellerbek-Kultur)*, möglicherweise auch in den Niederlanden. Ihre Wohnplätze in Küstennähe sind durch wallartige, bis 200 m lange, 40 m breite u. mehrere Meter hohe Muschelhaufen *(Kökkenmöddinger*, „Küchenabfallhaufen“) gekennzeichnet, die aus eßbaren Muscheln, vor allem Austern, u. anderen Speiseresten bestehen u. gelegentlich auch Herdstellen u. menschl. Bestattungen enthalten. Typ. Geräte sind Kern- u. Scheibenbeile, gepickte Walzenbeile, querschneidige Pfeilspitzen, Äxte u. Angelhaken aus Hirschgeweih u. Knochen, Fischreusen, Holzpaddel; dickwandige, schlecht geformte Kruken u. ovale Schalen. Insgesamt scheint es sich bei der E. um ein Mesolithikum zu handeln mit regionalen Übergängen zum Neolithikum wie im Gebiet der Ellerbek-Gruppe, wo sich Getreideanbau u. Haustierhaltung nachweisen lassen. Die Anregungen dazu sind möglicherweise von der Kultur der Stichbandkeramik ausgegangen.

Erzämter, Reichs- u. Hofämter (Titularämter) im Hl. Röm. Reich, die seit dem 10. Jh. von den vornehmen Reichsfürsten ausgeübt wurden u. im 14. Jh. an die vier weltl. Kurfürsten übergingen, die sie symbolisch bei den Krönungsfeierlichkeiten versahen (*Erztruchseß:* Pfalzgraf bei Rhein; *Erzmundschenk:* König von Böhmen; *Erzmarschall:* Herzog von Sachsen; *Erzkämmerer:* Markgraf von Brandenburg). Die drei geistl. Kurfürsten waren *Erzkanzler.* – Den E.n entsprachen die seit dem 12. u. 13. Jh. im erbl. Besitz bestimmter Geschlechter befindl. *Erbämter* (Reichs-Erbtruchseß: Waldburg; Reichs-Erbschenk: Limpurg; Reichs-Erbmarschall: Pappenheim; Reichs-Erbkämmerer: Bolanden-Falkenstein). Später wurden mit der Einrichtung neuer Kurwürden (Pfalz, Hannover) auch neue E. *(Erzschatzmeister, Erzbannerherr, Erzjägermeister)* u. entspr. Erbämter geschaffen, die jedoch praktisch keine Bedeutung mehr hatten.

Erzberger, Matthias, Politiker (Zentrum), *20. 9. 1875 Buttenhausen, Württemberg, †26. 8. 1921 Bad Griesbach, Baden (ermordet); Volksschullehrer; seit 1903 MdR; als Führer des linken Zentrums Gegner der dt. Kolonialpolitik. Im 1. Weltkrieg zunächst in diplomat. u. propagandist. Funktion für die Reichsleitung im Ausland tätig, wurde E. mehr u. mehr zum Gegner der dt. Kriegspolitik; er war einer der Urheber der Juliresolution 1917. Im Okt. 1918 trat E. als Staatssekretär in die Reichsregierung ein. Er unterzeichnete am 11. 11. 1918 den Waffenstillstand von Compiègne u. befürwortete die Unterzeichnung des Versailler Vertrags. Von Febr. bis Juni 1919 war er Reichsminister ohne Geschäftsbereich (zuständig für die Ausführung des Waffenstillstands), anschließend bis März 1920 Reichsfinanzminister (Erzbergersche Finanzreform). Von der polit. Rechten maßlos bekämpft, fiel E. einem Attentat von Mitgliedern der *Organisation Consul* zum Opfer.

Erzherzog, 1359–1918 Titel der Prinzen des österr. Herrscherhauses, 1453 von Kaiser Friedrich III. anerkannt.

Erzkanzler, im Hl. Röm. Reich eines der *Erzämter.* Jeder der drei geistl. Kurfürsten war E.: der Erzbischof von Mainz für Dtschld., der von Köln für Italien u. der von Trier für Burgund.

Erzurum, *Erzerum*, osttürk. Prov.-Hptst. in Ostanatolien, 1950 m ü. M., 253 000 Ew.
Im 5. Jh. n. Chr. wichtige Festung *(Theodosiopolis)* in strategisch bedeutsamer Lage, viel umkämpft; Verkehrs- u. Handelsstation an der „Seidenstraße“; seit 1517 mit Unterbrechungen durch russ. Besetzung (1829, 1878, 1916) türkisch.

Eschatokoll [esça-; das; grch.], die Gesamtheit der Schlußformeln einer mittelalterl. Urkunde, vor allem deren Datierung u. Unterzeichnung.

Escherich, Georg → Organisation Escherich.

Eschkol, *Eshkol*, ursprüngl. *Schkolnik*, Levi, israel. Politiker (Hapoel Hazair, Mapai), *25. 10. 1895 Oratowo (Ukraine), †26. 2. 1969 Jerusalem; seit 1914 in Palästina; in Gewerkschaft u. Siedlungswesen tätig; 1951/52 Landwirtschafts-Min., 1952–1963 Finanz-Min., 1963–1969 Min.-Präs. (seit 1967 Kabinett der „nationalen Einheit“), 1963–1967 auch Verteidigungs-Min.

Eschnunna, heute die Ruinenstadt *Tell Asmar*, etwa 25 km nordöstl. von Bagdad; Stadt u. Staat am Deyala (Seitenarm des Tigris) im 3. u. 2. Jahrtausend v. Chr., pflegte enge Beziehungen zu *Elam;* mit eigenen Gesetzen (in *Tell Harmal* gefunden); große Palastanlage aus altbabylon. Zeit.

Eskil, Erzbischof von Lund 1138–1177, *um 1100, †6.(?) 9. 1181 Clairvaux; begründete die Selbständigkeit der nord. Kirche gegenüber Bremen-Hamburg; 1156 Primas von Schweden u. päpstl. Legat für den Norden; förderte die Reformen Gregors VII. u. ebnete den Zisterziensern u. Prämonstratensern den Weg nach Dänemark.

Espartero, Baldomero, Herzog von Victoria, span. Politiker u. Offizier, *27. 2. 1792 Granátula, Prov. Ciudad Real, †8. 1. 1879 Logroño; erfolgreicher Heerführer in den Karlistenkriegen, 1840 u. 1854–1856 Min.-Präs., 1841 bis 1843 Regent u. Vormund *Isabellas II.*

Esquire [es'kwaiə; engl.], *Squire*, Abk. *Esq.*, ursprüngl. Bez. für den Knappen eines Ritters, später Bez. für den Angehörigen des engl. Kleinadels *(gentry).*

Esquivel [ɛski'bɛl], Adolfo Pérez, argentin. Bürgerrechtler, *26. 11. 1931 Buenos Aires; Bildhauer u. Architekt; Präs. der lateinamerikan. Organisation „Servicio Paz y Justicia“ („Dienst für Frieden u. Gerechtigkeit“); erhielt 1980 den Friedens-Nobelpreis.

Essex ['ɛsiks], ursprüngl. eines der Teilkönigreiche der angelsächs. Zeit; engl. Grafentitel seit 1139, erstmals an Geoffrey de Mandeville vergeben; seit 1661 Titel der Familie *Capel*, dessen erster Träger, Arthur Capel, 1683 durch Selbstmord im Tower endete. – Robert *Devereux*, Earl of E., *10. 11. 1566 Netherwood, Herefordshire, †25. 2. 1601 London (hingerichtet); Stiefsohn des Earl of *Leicester*, seit 1588 Günstling der Königin Elisabeth I., 1599 Statthalter in Irland, wegen seiner Mißerfolge zu Haft verurteilt, später freigelassen; versuchte 1601 in London einen Aufstand u. wurde enthauptet. Sein gleichnamiger Sohn (*1591, †14. 9. 1646) kommandierte bis April 1645 die Armee des Parlaments im engl. Bürgerkrieg.

Este, eine der ältesten Dynastien Italiens. Die Stammväter waren Welf IV. E. (in Dtschld., *Welfen*) u. Fulco I. (in Italien, *Fulc-E.*), dessen Nachfahren 1452 von Kaiser Friedrich III. zu Herzögen von Mòdena u. Règgio u. 1471 von Papst Paul II. zu Herzögen von Ferrara erhoben wurden. Der Hof Ercoles I. (†1505) sowie seiner Nachkommen Alfonso I. (†1534; vermählt mit Lucrezia Borgia), Ercole II. (*1508, †1558) u. Ippolito d'E. wurde Treffpunkt für Dichter, Künstler u. Humanisten. Die ältere Linie starb mit Alfonso II. 1597 aus. Das Herzogtum Ferrara fiel als päpstl. Lehen an den Papst zurück. Die jüngere Bastard-Linie herrschte bis 1796 in Mòdena, seit 1738 auch in Massa u. Carrara. Sie bekam 1801 als Entschädigung den Breisgau u. die Ortenau u. starb mit Ercole Rinaldo 1803 aus; dessen Tochter heiratete Erzherzog Ferdinand, einen Sohn Maria Theresias, u. begründete das Haus Österreich-E., das 1814 Mòdena zurückerhielt, bis es 1859 im Königreich Italien aufging. – Für Kardinal Ippolito d'E. wurde die Villa d'E. in Tivoli bei Rom (seit 1550) gebaut.

Este-Kultur, früheisenzeitl. Kultur des Volkes der *Veneter* in Nordostitalien u. Westslowenien; mit engen Beziehungen zur Hallstattkultur. Bes. charakteristisch sind mit Tiergestalten u. Bändern mit Figuralmotiven verzierte Situlen (eimerförmige Gefäße). Die E. überstand die Invasion der Kelten u. ging im Röm. Reich auf.

Esterházy ['ɛstɛrha:zi], *E. von Galántha*, ungar. Adelsgeschlecht (Grafen u. Fürsten), bis 1945 der größte Grundbesitzer Ungarns (Zentrum in Kismarton-Eisenstadt), zeichnete sich im Militär- u. Staatsdienst Ungarns bzw. Österreich-Ungarns aus. Nikolaus Joseph (Miklós József) *E.*, Fürst, kaiserl. Feldmarschall, *18. 12. 1714 Wien, †28. 9. 1790 Wien, baute 1766–1769 seinen Sommersitz Schloß Esterháza am Neusiedler See zum „ungar. Versailles" aus. Sein Bruder Paul Anton, *Pál Antal*, * 18. 12. 1714, †18. 3. 1762 Wien, berief 1761 J. *Haydn* als Leiter des fürstl. Hausorchesters nach Eisenstadt.

Estland EST

Republik Estland

Fläche: 45 100 km². – *Einwohner:* 1,6 Mill. – *Hauptstadt:* Tallinn (Reval). – *Landessprache:* Estnisch. – *Nationalfeiertag:* 24. 2. – *Währung:* 1 Estnische Krone = 100 Senti. – *Lage:* zwischen 53°31′ und 59°39′ n. Br. sowie 21°44′ und 28°09′ ö. L. – *Zeitzone:* Mitteleuropäische Zeit + 1 Std. – *Grenzen:* im W und N Ostsee, im O Rußland, im S Lettland. – *Staatsform:* parlamentarische Republik.

Die zur finn. Völkerfamilie gehörenden Esten wurden 1207–1227 von S her von den *Schwertbrüdern*, von N her durch König *Waldemar II.* von Dänemark (1219) unterworfen. 1346 löste der *Dt. Orden* die dän. Oberhoheit über den nördl. Landesteil (Reval, Harrien u. Wierland) einschl. Wiek u. Ösel ab. Beim Zerfall Livlands wurde Nord-E. 1561 (bis 1918 als E. bezeichnet) schwedisch; im Nord. Krieg wurde es russisch (1721). Am 24. 2. 1918 wurde unter Einschluß der von Esten besiedelten Teile Livlands die *Republik E.* ausgerufen, die im Frieden von Dorpat (1920) von Sowjetrußland anerkannt wurde. Die Aufteilung des Großgrundbesitzes 1920 konnte die sozialen u. nationalen Spannungen nicht beseitigen. 1924 wurde ein kommunist. Putsch niedergeschlagen. 1934 errichtete Min.-Präs. K. *Päts* unter Ausschaltung des Parlaments ein autoritäres Präsidialregime. Das geheime Zusatzprotokoll des dt.-sowjet. Nichtangriffspaktes von 1939 sprach E. der sowjet. Einflußsphäre zu. 1940 marschierten sowjet. Truppen ein. Ein aus Scheinwahlen hervorgegangenes Parlament beantragte die Aufnahme E.s als *Estnische Sozialist. Sowjetrepublik* in die UdSSR, die im Aug. 1940 vollzogen wurde. Über 100 000 Esten wurden ins Innere der UdSSR deportiert. 1941–1944 war E. von dt. Truppen besetzt. Nach der Wiederherstellung der Sowjetherrschaft folgten weitere Deportationen u. eine massenhafte Einwanderung von Russen. Im Zuge der sowjet. Reformpolitik entstand 1988 eine Volksbewegung, die eine weitgehende Autonomie E.s forderte. Am 30. 3. 1990 proklamierte E. die Unabhängigkeit, die von der sowjet. Regierung aber erst 1991 anerkannt wurde. 1992 wurde per Referendum eine neue Verfassung angenommen. Bei den Parlamentswahlen im gleichen Jahr erhielt das konservative Wahlbündnis *Isamaa* die meisten Stimmen. L. *Meri* (Isamaa) wurde zum Staats-Präs. gewählt (Wiederwahl 1996). Die Parlamentswahlen 1995 gewann ein bürgerl. Bündnis aus *Koalitionspartei* u. *Bauernunion*. Min.-Präs. ist seit 1997 M. *Siimann* (Koalitionspartei).

Estrada Cabrera, Manuel, guatemaltek. Politiker, *21. 11. 1857 Retalhuleu bei Quezaltenango, † 24. 9. 1924 Ciudad de Guatemala; 1899–1920 Staats-Präs., regierte diktatorisch, begann zahlreiche Reformen.

Estrées, [est're:], französ. Adelsgeschlecht aus dem Artois: **1.** François Annibal, Marquis de *Coevres*, Herzog von E., Bruder von 2), Heerführer u. Diplomat, *1573, †5. 5. 1670 Paris; wurde 1626 Marschall, 1636–1640 Gesandter in Rom. Er schrieb „Mémoires sur la régence de Marie de Médicis (1610–1616) et sur celle d'Anne d'Autriche (1643–1650)", hrsg. von P. Bonnefon, 1910.

2. Gabrielle, Marquise de *Monceaux*, Herzogin von *Beaufort*, Schwester von 1), *1571, †10. 4. 1599; Geliebte *Heinrichs IV.*, der sie nach seiner Scheidung von *Margarete von Valois* zur Königin erheben wollte, sie starb jedoch. Aus ihrer Verbindung ist die Bastardlinie der Vendôme hervorgegangen.

3. Jean, Graf von E., Sohn von 1), französ. Seeheld, *1624 Solothurn, †9. 7. 1707; besiegte als Vizeadmiral 1677 die Niederländer bei Tobago. 1681 Marschall, 1686 Vizekönig in Kanada.

4. Louis Charles César le *Tellier*, Marquis de *Courtanvaux*, Enkel von 3), französ. Feldherr, *2. 7. 1695 Paris, †2. 1. 1771 Paris; 1757 Marschall, gewann 1757 mit der Schlacht von Hastenbeck kurzfristig das Kurfürstentum Hannover. Mit ihm erlosch das Geschlecht E.

ETA, Abk. für bask. *Euzkadi Ta Askatasuna*, „Baskenland u. Freiheit", terrorist. Untergrundbewegung mit separatist. Zielen im Baskenland, 1959 aus der Jugendgruppe des PNV (Partido Nacionalista Vasco, Baskische Nationalist. Partei) hervorgegangen. Die ETA ging mit Terroranschlägen gegen Repräsentanten der Franco-Diktatur vor; so ermordete sie 1973 L. *Carrero Blanco*.
In den 1970er Jahren kam es zu einer Spaltung der ETA in einen militär. *(ETA militar)* u. einen parteiähnl. *(ETA politico-militar)* Flügel. ETA militar setzte den bewaffneten Kampf auch nach der 1977 einsetzenden Demokratisierung Spaniens mit zahlreichen Terrorakten fort, vor allem gegen Angehörige der Guardia Civil. Beide Flügel lehnen das Autonomiestatut für das Baskenland (1978) ab u. treten für die völlige Unabhängigkeit ein. Polit. Arm der ETA ist die linksextremist. Partei *Herri Batasuna*. Die ETA richtete im französ. Baskenland Stützpunkte zur logist. Vorbereitung ihrer Terroranschläge ein.

Ethelbert ['eθəlbə:t], König von Kent 560–616, *um 552, †616; verheiratet mit *Bertha*, einer fränk. Prinzessin, unter deren Einfluß er die Mission Augustins (des 1. Erzbischofs von Canterbury) u. seiner Mönche (597) unterstützte. Er errang die Oberherrschaft über den S Englands, wurde schließl. selbst Christ u. ließ um 600 das erste geschriebene sächs. Gesetzeswerk abfassen.

Etrusker, lat. *Etrusci, Tusci*, grch. *Tyrrhenoi, Tyrsenoi*, Eigen-Bez. *Rasenna*, ein Volk, das vom 8. Jh. v. Chr. bis ins 1. Jh. v. Chr. im westmittelitalien. Raum zwischen Arno u. Tiber als Träger einer Kultur auftrat, die hauptsächlich aus Grabbauten u. -beigaben bekannt ist. Herkunft u. Rassenzugehörigkeit der E. sind bis heute ungeklärt. Schon im Altertum wurden sie bald als Einwanderer aus Kleinasien, bald als alteingesessene Urbevölkerung angesehen. Aufgrund der vielen

Etrusker: Bemalte Aschenurne aus Terrakotta. Tarquinia, Museo Nazionale Tarquiniese

Etrusker: Porta all'Arco; Ende des 5. Jh. v. Chr. Volterra

neuen Funde der Villanova-Kultur, die nahtlos in die etrusk. Phase übergeht, neigt die Forschung heute dazu, das Entstehen des E.tums im mittelitalien. Raum anzunehmen. Das erste Auftreten der E. fiele dann in die erste Hälfte des 10. Jh. v. Chr. Bis 600 v. Chr. unterwarfen sie Volksteile der *Umbrer;* Oberitalien geriet in ihre Hände; um 540 v. Chr. wurde *Felsina* (heute Bologna) gegr. Schon im 7. Jh. v. Chr. hatte die Expansion nach S in den Raum von *Latium* u. *Kampanien* begonnen, wo ebenfalls z. T. bereits bestehende Siedlungen als Städte neu gegründet oder organisiert wurden (u. a. *Rom, Praeneste, Capua, Pompeji).* Um 535 v. Chr. konnten die E. im Bunde mit Karthago in der Seeschlacht bei *Alalia* (Aleria auf Korsika) gegen Kolonisten aus dem kleinasiat. Phokaia den griech. Einfluß zurückdrängen u. die Seeherrschaft über das nach ihnen benannte Tyrrhenische Meer gewinnen. Ebenfalls im 6. Jh. v. Chr. gewann das etrusk. Geschlecht der *Tarquinier* die Vorherrschaft über Rom u. die latin. Städte. Das 5. Jh. v. Chr. brachte den Niedergang der etrusk. Macht. Um 510 v. Chr. sollen die Tarquinier aus Rom vertrieben worden sein. 474 v. Chr. endete die Seeherrschaft der E. mit einer Niederlage zur See gegen *Hieron von Syrakus,* der die Küsten Etruriens plündern ließ. Nach 424 v. Chr. brach die etrusk. Herrschaft in Kampanien durch die Erhebung der *Samniten* zusammen. Ende des 5. Jh. v. Chr. ging Oberitalien an die *Gallier* verloren, die nach Überschreiten der Alpen in die Po-Ebene eindrangen. Im 5. Jh. begannen auch die zunächst durch Waffenstillstands- u. Stillhalteabkommen unterbrochenen Auseinandersetzungen des aufstrebenden Rom mit einzelnen etrusk. Städten oder Städtegruppen. *Veji* wurde 396 v. Chr. zerstört u. entvölkert; 353 v. Chr. wurde *Caere* röm.; 351 v. Chr. mußte *Tarquinia* nach langen Auseinandersetzungen mit Rom auf einen Waffenstillstand eingehen. Einzelne Städte standen in den *Samnitenkriegen* gegen Rom, aber im 3. Samnitenkrieg (298–290 v. Chr.) ging auch das restl. Etrurien im röm. Machtbereich auf. Die langen Kämpfe bewirkten Entvölkerung, Verarmung u. Verfall der etrusk. Gebiete, immer mehr setzten sich an die Stelle eines etrusk. Bauerntums von Sklaven bewirtschaftete Latifundien röm. Grundbesitzer. Erst das 1. Jh. v. Chr. brachte den E.n das röm. Bürgerrecht.

Von den polit. u. sozialen Strukturen der E. ist wenig bekannt. Die dominierende Einheit war die Stadt, über der es keine übergeordnete polit. Gewalt gab. Der *Zwölfstädtebund* hatte eher religiösen Charakter, andere außenpolit. Bündnisse waren lose. Die polit. Zersplitterung bedeutete eine große Schwächung des E.tums insgesamt. – Im Inneren wurden die Städte zunächst von Monarchen (Priesterfürsten, *lucumones)* beherrscht, seit dem Ende des 6. Jh. v. Chr. übernahmen die schon vorher starken adligen Schichten allmählich selbst die Regierung. – Im gesellschaftl. Leben, das einen ausgeprägt aristokratischen Charakter hatte, nahmen die Frauen eine – verglichen mit dem griech. u. röm. Leben – wichtige Position ein. Grabgemälde u. Reliefs auf Sarkophagen u. Urnen in den ausgedehnten Nekropolen der E. liefern ein Bild dieses Lebens. Sie zeigen Familienszenen mit Kindern u. Haustieren, Fisch- u. Vogelfang, Wettrennen, Gladiatoren- u. Theaterspiele, Bankette u. Tänze mit Musikbegleitung. In hoher Blüte stand das Orakelwesen. Die Zeichendeuter *(haruspices)* sagten die Zukunft nach bestimmten Vorzeichen voraus (Etruskische Disziplin). Tiefgreifend war der griech. Einfluß. Handelsbeziehungen zwischen Griechen u. E.n begannen bereits um 800 v. Chr. (auffallend die Vorliebe der E. für griech. Vasen). Der Fern- u. Luxusgüterhandel war bei den E.n ohnehin bedeutend; nach der Einnahme Oberitaliens führten sie Metalle, Felle u. Bernstein aus Nordeuropa in den Mittelmeerraum ein. Von den Griechen übernahmen die E. auch die Schrift; deshalb kann man ihre Sprachdenkmäler zwar lesen, aber mangels der Kenntnis der etrusk. Sprache nicht verstehen. Hier liegt noch eine zentrale Aufgabe für die Forschung. – Die etrusk. Kultur hatte eine starke Nachwirkung auf die Römer. Davon zeugen Eigennamen u. Schriftzeugnisse, die Magistratsinsignien u. Einrichtungen des religiösen Kultus.

Etter, Philipp, schweizer. Politiker (Kath.-Konservative Partei), *21. 12. 1891 Menzingen, Kanton Zug, †23. 12. 1977 Bern; 1934–1959 im Bundesrat (Departement des Inneren); 1939, 1942, 1947 u. 1953 Bundes-Präs.

Euagoras, Stadtkönig der griech. Stadt *Salamis* bei Famagusta an der Ostküste Zyperns, *um 435 v. Chr., †374/73 v. Chr.; versuchte 390–381 v. Chr. im Bündnis mit Athen u. Ägypten vergeblich, von den Persern unabhängiger Herrscher über ganz Zypern zu werden.

Euangelion [grch.; lat. *Evangelium*], in der griech. Antike eine private oder polit. Freudenbotschaft, seit dem Ende des 4. Jh. v. Chr. auch die Nachricht von einem Friedensschluß; in der röm. Kaiserzeit eine wichtige Nachricht vom Herrscher, zum Beispiel die Thronbesteigung, aber auch eine kaiserl. Anordnung.

Eudokia, eigentl. *Athenais,* byzantin. Kaiserin 421–443, Frau Theodosius' II., * um 400 Athen, †460 Jerusalem; übte großen Einfluß auf den Kaiser aus, wirkte auf die Herausgabe der Gesetzessammlung *Codex Theodosianus,* auf die Reorganisation der Universität in Konstantinopel sowie auf die Entwicklung der griechischen Hochsprache entscheidend ein.

Eudusen, *Eudosen,* german. Stamm an der Westküste des nördl. Jütland; früheste Erwähnung durch Cäsar (der sie in der erhaltenen Handschrift fälschlich *Sedusier* nannte) als einer der german. Stämme, die unter Führung des Ariovist im Jahre 58 v. Chr. von den Römern geschlagen wurden. Nach dieser Niederlage suchten die E. wohl Siedlungsraum in Süddeutschland, wo sie sich vermutlich dem Südteil der *Hermunduren* angeschlossen haben. Ihre direkten Nachkommen sind wahrscheinlich die *Juthungen.*

Eugen, Päpste: **1.** *E. I.,* 654–657, Römer, †2. 6. 657 Rom; nach der Verhaftung Martins I. unter kaiserl. Druck gewählt, war zwar bereit, gegenüber dem Kaiser u. dem Patriarchen von Konstantinopel in der Frage des Monotheletismus nachzugeben, konnte sich aber in Rom nicht gegen den Klerus u. die Gläubigen durchsetzen. Heiliger; Fest: 2.6.

2. *E. II.,* 824–827, Römer, †27. 8. 827 Rom; nach langem Wahlkampf unter fränk. Einfluß als Kandidat der Adelspartei erhoben, mußte die förmliche Oberhoheit der fränk. Kaiser (Ludwig der Fromme, Lothar I.) über den Kirchenstaat anerkennen; im innerkirchl. Bereich suchte er dagegen die Selbständigkeit zurückzugewinnen, die dem Papsttum unter Karl d. Gr. verlorengegangen war.

3. *E. III.,* 1145–1153, eigentl. *Bernhard Pignatelli,* Zisterzienser aus Pisa, †8. 7. 1153 Tivoli; Schüler *Bernhards von Clairvaux;* mußte bald nach seiner Wahl wegen polit. Wirren Rom verlassen. Er regte den 2. Kreuzzug an, hielt mehrere wichtige Synoden ab (1148 in Trier) u. förderte die Kirchenreform. 1152 konnte er nach Rom zurückkehren; 1153 einigte er sich im Konstanzer Vertrag mit Kaiser Friedrich I. Barbarossa über den beiderseitigen Rechts- u. Besitzstand. Seliger; Fest: 8. 7.

4. *E. IV.,* 1431–1447, eigentl. Gabriele *Condulmer,* Neffe Papst Gregors XII., *um 1383 Venedig, †23. 2. 1447 Rom; Augustinereremit, 1408 Kardinal; hatte sich während seines ganzen Pontifikats mit dem Konziliarismus auseinanderzusetzen. Das *Basler Konzil* (eröffnet 1431), das er vergeblich aufzulösen versuchte, verlegte er 1437 nach Ferrara u. bald darauf nach Florenz. Dort kam 1439 unter dem Druck der Türkengefahr eine vorübergehende Union mit der griech. Kirche zustande. Die in Basel gebliebene Minderheit der Konzilsteilnehmer wählte 1439 den Gegenpapst *Felix V.,* gegen den E. sich aber mit Hilfe Frankreichs, des dt. Königs Friedrich III. u. der Kurfürsten durchsetzen konnte. Die Bemühungen der Baseler um eine Demokratisierung der Kirche scheiterten damit. E. mußte den ihn unterstützenden Fürsten kirchenpolit. Konzessionen machen (Fürstenkonkordate 1447).

Eugen, *Prinz Eugen,* Prinz von Savoyen, Politiker u. Feldherr in Österreich, *18. 10. 1663 Paris, †21. 4. 1736 Wien; kämpfte, von Ludwig XIV. abgewiesen, seit 1683 im kaiserl. Heer gegen die Türken, dann auch gegen Frankreich; 1693 Feldmarschall; schlug die Türken entscheidend bei Mohács 1687, bei Zenta 1697 sowie bei Peterwardein 1716 u. Belgrad 1717, wodurch er die Türkengefahr endgültig bannte. Im Span. Erbfolgekrieg siegte er bei Höchstädt (1704), Turin (1706), mit *Marlborough* bei Oudenaarde (1708) u. Malplaquet (1709). 1714–1724 war er Statthalter der Österr. Niederlande. E. war nicht nur der bedeutendste Feldherr seiner Zeit, Vorbild für Friedrich d. Gr. u. Napoleon, sondern auch Ratgeber des Kaisers mit hervorragenden staatsmänn. Eigenschaften sowie Kunstmäzen. Er ließ das Belvedere u. das Stadtpalais in Wien erbauen.

Eugenie [øʒe'ni:], *Eugénie,* Marie de *Guzmán,* Gräfin *Montijo,* Kaiserin der Franzosen seit 1853, *5. 5. 1826 Granada, †11. 7. 1920 Sevilla; heiratete am 29. 1. 1853 Napoleon III., auf den sie in der Spätzeit seiner Regierung starken Einfluß ausübte; führte mehrfach in dessen Abwesenheit die Regentschaft; Gegnerin der italien. u. dt. Politik des Kaisers; trat für den Feldzug in Mexiko, für die Besetzung des Kirchenstaats durch französ. Truppen, für die Unterstützung Österreichs 1866 u. für den Krieg gegen Preußen 1870 ein. Nach der Ausrufung der Republik am 4. 9. 1870 in Paris floh sie nach England.

Eulalius, Gegenpapst 418/19, wahrscheinl. Grieche, †423 (?); von den röm. Diakonen gegen den von den Presbytern gewählten *Bonifatius I.* gewählt, zunächst von Kaiser *Honorius* anerkannt, dann aber abgesetzt u. verbannt.

Eulenburg, 1. Botho Graf zu, Vetter von 3), Neffe von 2), Politiker, *31. 7. 1831 Wicken, Krs. Friedland, †5. 11. 1912 Berlin; 1878 bis 1881 preuß. Innen-Min., Verfechter des Sozialistengesetzes; als preuß. Min.-Präs. 1892–1894 reaktionärer Gegenspieler des Reichskanzlers *Caprivi*.

2. Friedrich Albrecht Graf zu, Politiker, *29. 6. 1815 Königsberg, †2. 6. 1881 Berlin; 1862–1878 preuß. Innen-Min., Mitarbeiter *Bismarcks* im Verfassungskonflikt; gliederte nach 1866 die annektierten Gebiete in Preußen ein, begann 1872 eine Verwaltungsreform, die liberale Forderungen aufgriff.

3. Philipp Fürst (1900) zu *E. u. Hertefeld*, Vetter von 1), Neffe von 2), Diplomat, *12. 2. 1847 Königsberg, †17. 9. 1921 Liebenberg, Krs. Templin: 1894–1902 Botschafter in Wien; einflußreicher Freund u. Berater *Wilhelms II.*; mußte 1907 den Hof verlassen, da die Angriffe M. *Hardens* gegen ihn wegen (im Prozeß nicht erwiesener) homosexueller Neigungen dem Ansehen des Kaisers sehr schadeten.

Eumenes, 1. makedon. Feldherr u. Staatsmann, *um 362 v. Chr., †316 v. Chr.; Geheimschreiber u. Privatsekretär *Philipps II.* u. *Alexanders d. Gr.*, nach dessen Tod Statthalter von Kappadokien; setzte sich in den Diadochenkämpfen erfolgreich gegen *Antigonos I.* zur Wehr, bis er bei einer Verschwörung gefangengenommen u. ermordet wurde.

2. *E. II. Soter*, König von Pergamon 197–159 v. Chr., aus dem Geschlecht der *Attaliden;* wichtigster Bundesgenosse der Römer in Kleinasien, die er 190 v. Chr. in der Schlacht gegen *Antiochos d. Gr.* bei Magnesia entscheidend unterstützte. E. versammelte Künstler u. Gelehrte an seinem Hof; in seiner Regierungszeit wurde der *Pergamonaltar* vollendet.

Eupatriden [grch., „Abkömmlinge edler Väter"], Uradelsgeschlechter im alten Attika; mit polit. Vorrechten ausgestattet, die sie durch die Gesetzgebung *Solons* u. die Verfassungsreform des *Kleisthenes* verloren.

Eupen-Malmédy-St. Vith, drei Kantone der belg. Provinz Lüttich, zwischen der Eifel u. der niederländ. Provinz Limburg. – 1815 von den Niederlanden abgetrennt u. preußisch, 1920 aufgrund des Versailler Vertrags belgisch.

Euratom, Abk. für *Europäische Atomgemeinschaft*, von den Mitgliedstaaten der *Europ. Gemeinschaft für Kohle u. Stahl (Montanunion)* 1957 zusammen mit der *Europ. Wirtschaftsgemeinschaft* begründeter gemeinsamer Markt für Kernbrennstoffe u. Ausrüstungen zur friedl. Nutzung der Kernenergie. Sitz der E. ist Brüssel. Die E. ist eine Organisation mit eigener Rechtspersönlichkeit unter dem Dach der Europ. Union. Aufgabe der E. ist die Koordinierung der Kernforschung, der Investitionen u. des Strahlenschutzes in der Kernenergiewirtschaft der Mitgliedstaaten.

Eurich, König der Westgoten 466–484, †484; Sohn *Theoderichs I.*, überzeugter Arianer. Nachdem er seinen Bruder *Theoderich II.* ermordet hatte, erreichte unter seiner energ. Regierung das Westgotenreich in Gallien u. Spanien seine größte Ausdehnung u. entzog sich der röm. Oberherrschaft. Im *Codex Euricianus* ließ E. erstmalig westgot. Recht aufzeichnen (früheste Kodifikation german. Rechts).

Eurokommunismus, um 1975 von nichtkommunist. Seite geprägte Bez. für eine Richtung im Kommunismus, die den sowjet. Führungsanspruch ablehnte u. einen demokrat. Weg zum Sozialismus proklamierte. Das Wort E. bezeichnete keinen geographischen, sondern einen politischen Sachverhalt; nicht alle westeurop. kommunist. Parteien waren Eurokommunisten; umgekehrt vertraten einige überseeische kommunist. Parteien eurokommunist. Konzeptionen. Zum E. rechnete man i. e. S. die kommunist. Parteien Italiens u. Spaniens (in geringerem Maße auch die KP Frankreichs).

Europa, mit rd. 10 Mill. km² der zweitkleinste Erdteil (6,5 Mill. km² Festland, 3,5 Mill. km² Inseln u. Halbinseln).

Begriffsgeschichte: Der Name E. stammt vermutlich vom semit. *ereb*, „dunkel". Bereits auf assyr. Denkmälern findet sich der Unterschied zwischen *asu* („Asien"), dem Land der aufgehenden Sonne, u. *ereb* oder *irib* („Europa"), dem Land der Dunkelheit oder der untergehenden Sonne. Von dort wurde der Name anscheinend durch die Phönizier an die Griechen weitergegeben. Diese bezeichneten in homerischer Zeit Mittelgriechenland oder Thessalien im Unterschied zum Peloponnes u. den Ägäischen Inseln als E. Im Zusammenhang mit den Kriegen der Griechen gegen die Perser wurde der Name E. auf das ganze griech. Festland ausgedehnt. Ende des 6. Jh. v. Chr. unterschied *Hekatäus von Milet* zwei Erdteile: E. u. Asien. Bei Herodot kam als dritter Erdteil *Libyen* (d. h. Afrika) dazu. Als Grenze zwischen E. u. Asien wurde seit Herodot für lange Zeit der Fluß *Tanais* (heute: Don) angegeben.

Von Anfang an spielte bei der Abgrenzung E.s von Asien das Bewußtsein unterschiedl. kultureller u. polit. Verhältnisse eine Rolle; so in den Perserkriegen der Gegensatz zwischen Hellenen u. Barbaren, zwischen demokrat. u. monarch. Staatsordnung. Andererseits wurden die kleinasiat. Griechen trotz ihrer kulturellen Gemeinsamkeit mit den anderen Griechen nicht zu E. gerechnet. Im Hellenismus wurde der Gegensatz zwischen E. u. Asien durch den Orient u. Okzident verbindenden Begriff der *Ökumene* abgeschwächt. Dieser Gedanke wurde vom *Imperium Romanum* übernommen u. nach Einführung des Christentums zur Vorstellung vom christl. Abendland entwickelt.

Nach der Spaltung in eine weströmische u. eine oström. Reichshälfte, mithin in eine röm.-kath. u. eine griech.-orth. Kirche, beschränkte sich die Auffassung von E. bzw. dem Abendland auf den Herrschaftsbereich der röm. Kirche. Byzanz u. dem Islam gegenüber fühlten sich die europ. Völker u. Herrscher als Gemeinschaft; als Einheit der „Franken" wurden sie auch von außen gesehen.

Obwohl eine polit. Einheit E.s nie existierte u. die religiöse Einheit in der Reformation zerbrach, erhielt sich das Bewußtsein einer europ. Gemeinschaft in säkularisierter Form beispielsweise in der Vorstellung vom europ. Staatensystem, das im 19. Jh. ein gemeinsames Völkerrecht. Eine bewußt auf die politische Einigung E.s unter demokrat. Vorzeichen ausgerichtete Bewegung gibt es erst seit dem 1. Weltkrieg.

Vor- u. Frühgeschichte: E. wird seit der das gesamte Eiszeitalter umfassenden Altsteinzeit von Menschen bewohnt, die sich – zunächst relativ gleichartig – im Lauf ihrer Entwicklung immer mehr differenzierten u. technisch weiterentwickelten, wie sich an der allmählichen Vervollkommnung u. Spezialisierung ihrer Geräte abzeichnet. In diese Zeit fällt auch der erstmalige Gebrauch des Feuers. In der Altsteinzeit u. in der nachfolgenden → Mittelsteinzeit bildeten die Jagd u. das Sammeln pflanzlicher Nahrung die Grundlage der Ernährung. Mit der Einwanderung der Träger der → Bandkeramik vollzog sich seit dem 5. Jahrtausend v. Chr. in Mitteleuropa der Übergang von der aneignenden zur produktiven Wirtschaftsweise: Ackerbau, Viehzucht, Töpferei, seßhafte Wohnweise. Im Mittelmeerraum trat, möglicherweise etwas früher, die Abdruckkeramik auf. Mit der Glockenbecher-Kultur beginnt der Gebrauch von Metall (vor allem *Kupfer*) für Geräte u. Waffen. Durch die Verwendung von *Bronze* für Waffen, Geräte u. Schmuck ist die folgende → Bronzezeit im 2. Jahrtausend v. Chr. gekennzeichnet. Kulturelles Bindeglied zwischen den Hochkulturen des Vorderen Orients u. E. waren in dieser Zeit die minoische Kultur u. die mykenische Kultur. Ein dichtes Netz von Handelswegen überzog E.; Macht u. Kaufkraft konzentrierten sich auf eine soziale Oberschicht kriegerischer Herren, die einen maßgebenden Einfluß auf das Metallhandwerk ausübten u. am Anknüpfen u. Unterhalten weitreichender Kulturkontakte interessiert waren. – Gegen Ende dieser Epoche zeigten sich im 13. Jh. v.

Europa um 1250

Chr. Umformungen im gesamten Kulturgefüge E.s mit Ausnahme des Nordens, die zum Untergang der bronzezeitl. Welt u. zur Ausbildung der *Urnenfelder-Kulturen* führten. In diese Zeit fällt auch die Einwanderung der *Griechen* in den südl. Teil der Balkanhalbinsel.

Altertum: Die Griechen schufen die erste europ. Hochkultur, die später in der Form des →Hellenismus von den *Römern* übernommen wurde. Das 8. Jh. v. Chr. hatte für E. die zunehmende Verwendung von Eisen für Waffen u. Geräte gebracht, doch bestanden in der damit angebrochenen →Eisenzeit die kulturellen Großräume der Urnenfelderzeit weiter. In Italien blühte bis in die letzten Jahrhunderte v. Chr. die Kultur der →Etrusker; das →Römische Reich entstand, das bald E. seinen Stempel aufprägte. In West-E. u. Teilen von Mittel-E. waren die letzten vier Jahrhunderte v. Chr. durch die *Kelten* bestimmt (→Latènekultur); mit der Eroberung Galliens durch *Cäsar* begannen die Kämpfe mit den Römern, die bis um die Zeitenwende zur völligen Einnahme der kelt. Gebiete durch die Römer führten. In die ersten vier Jahrhunderte n. Chr. (→römische Kaiserzeit) fallen die ersten Wanderbewegungen der Germanen u. die Auseinandersetzungen zwischen ihnen u. dem Röm. Reich.

Mittelalter: Das Röm. Reich zerfiel 395 in eine westl. u. östl. Hälfte. In existenzbedrohenden, jahrhundertelangen Abwehrkämpfen des Byzantinischen Reichs (Oström. Reichs) gegen Germanen, Sassaniden, Araber u. Slawen ging die kulturelle u. polit. Einheit der Mittelmeerwelt verloren. Konstantinopel mußte hinnehmen, daß zwei neue Macht- u. Kulturzentren entstanden: im östl. Mittelmeerraum das Kalifat der Araber u. in Zentraleuropa das Frankenreich, das ihm das Monopol des Kaisertums streitig machte. Doch konnte Byzanz den nichtkath. Teil der Slawen in die europ. Gemeinschaft eingliedern u. ihn für das Christentum orthodoxer Prägung gewinnen (Rußland verstand sich nach dem Zusammenbruch des Byzantin. Reichs – dem Nachfolgestaat des Röm. Reichs – seit Mitte des 15. Jh. als das „Dritte Rom"). Synchron zum Zerfall des Byzantin. Reichs gewann die islam. Welt die Herrschaft über das Mittelmeer u. griff auf E. aus. Sie drang in West-E. über Spanien, das erst nach 700 Jahren islam. Herrschaft wieder vollen Anschluß an das Abendland fand, bis nach Frankreich vor u. wurde im Südosten E.s nach dem Niedergang von Byzanz unmittelbarer Nachbar Österreichs, dem der – ebenfalls Jahrhunderte währende – Abwehrkampf gegen die Türken zufiel.

Als Folge der *Hunneneinfälle* waren in Ost- u. Südost-E. die frühen Reiche der Bulgaren, Awaren u. Slawen auf z. T. röm. (byzantin.) Reichsboden entstanden, gegen die sich Byzanz in langen Abwehrkämpfen nur mühsam behaupten konnte. 955 besiegte Otto I. die das Abendland ständig bedrohenden *Ungarn* entscheidend bei Augsburg, die darauf seßhaft gemacht u. für das Christentum gewonnen werden konnten.

Die slawisch besiedelte Zone östl. von Elbe u. Saale wurde allmählich in den abendländ.-christl. Kulturraum integriert. Ost-E. war bis zum Aufstieg *Rußlands* seit dem 15. Jh. Einfallstor türk.-mongol. Nomaden aus Zentralasien, die jahrhundertelang eine Gefahr für E. bedeuteten. Zwischen Rußland, das durch die rd. 250 Jahre währende Auseinandersetzung mit den Mongolen E. entfremdet wurde, u. dem Reich dehnte sich das *poln.-litauische Großreich* von der Ostsee bis zum Schwarzen Meer aus.

Die westl. Hälfte des Röm. Reichs erlag während der Völkerwanderungszeit dem Ansturm der Germanen. Eine Zeit des Umbruchs folgte, in der die german. Stämme sich von ihren überlieferten Lebens- u. Glaubensvorstellungen lösten, Christentum, röm. Wesen, Recht u. Verwaltung übernahmen u. nach 450 eigene Reiche gründeten, in denen es zu der für das Abendland entscheidenden Verschmelzung von Germanentum, hellenist.-röm. Welt u. Christentum kam.

Das Schwergewicht E.s verlagerte sich auf das Reich der *Franken*, die bis 788 sämtl. rechtsrhein. german. Stämme u. das Langobardenreich in ihr Gebiet eingliederten. Die Krönung *Karls d. Gr.* 800 mit der röm. Kaiserkrone durch den Papst bedeutete die Fortsetzung der Tradition des Röm. Reichs durch einen fränk.-christl. Herrscher unter bewußter Ignorierung des byzantin. Kaisertums.

Die Geschichte E.s hat zwar im MA in dem aus Dtschld., Italien u. Burgund gebildeten Heiligen Römischen Reich einen Kaiser u. seit der Kaiserkrönung *Ottos d. Gr.* (962) den Anspruch auf eine Erneuerung des Römischen Reiches gekannt, doch war E. auch im MA nie ein geeintes Staatswesen. Das Reich hat aber bis ins Spätmittelalter, nicht zuletzt auf den Konzilen von Konstanz u. Basel, eine Art ideeller Oberhoheit über E. ausgeübt. Der sich aus einem Miteinander von *Imperium* u. *Sacerdotium* entwickelnde Machtkampf zwischen Papst u. Kaiser endete nach dem Tod Kaiser *Friedrichs II.* (1250) mit dem Zusammenbruch des röm.-dt. Kaisertums u. mit der sog. *Babylonischen Gefangenschaft der Kirche* in Avignon (1309 bis 1377).

Frankreich, das seit dem Hochmittelalter mit Paris das abendländ. Bildungszentrum hatte, erlangte nun zentrale Bedeutung für E. In den Wirren des Hundertjährigen Krieges (1338 bis 1453 bzw. 1475) entstand, begünstigt durch die Zerrüttung der feudalen Gewalten, in Frankreich der nationale Königsstaat mit Fachbeamtentum, geordneter Geldwirtschaft u. stehendem Heer. Portugal u. das 1479 nach dem Kampf gegen die Mauren dynastisch geeinte Spanien folgten diesem Beispiel. In England entstanden nach 1485 u. in Schweden nach 1525 nationale Königreiche.

Neuzeit: Von Italien, das nach dem Ende des Kampfes der Universalmächte seit dem Frieden von Lodi (1454) in einem System des polit. Gleichgewichts lebte, gingen indirekt die Impulse zur Veränderung des neuzeitl. E. aus: Durch Einflüsse aus Byzanz u. aus der arab. Welt u. durch die Bestrebungen zur Wiedererweckung der Antike war es im 14. u. 15. Jh. zu der geistigen u. kulturellen Blüte der Renaissance gekommen. Mit dem Zug *Karls VIII.* von Frankreich nach Neapel, wo er das Erbe der Anjou antreten wollte, wurde 1494 der Kampf um Italien eröffnet, an dem sich das Reich, Frankreich u. Spanien beteiligten. In seinem Verlauf entstand das europ. Staatensystem, u. die Kultur der Renaissance fand in ganz E. Verbreitung. – Unter Kaiser *Karl V.* (1519–1556), dem Erben Spaniens u. Burgunds, schien sich die mittelalterl. kaiserl. Universalmonarchie zu wiederholen. Auf dem Hintergrund der von Spaniern u. Portugiesen entdeckten Länder entstand ein Weltreich, „in dem die Sonne nicht unterging". Die einsetzende Reformation beraubte Karl V. aber der Möglichkeit, seine Ländermassen einheitl. einsetzen zu können. 1556 resignierte er, nachdem er die habsburg. Länder zwischen seinem Bruder *Ferdinand* (Österreich, Böhmen u. Ungarn) u. seinem Sohn *Philipp II.* (Spanien mit den Kolonien, die Niederlande u. Neapel-Sizilien, Freigrafschaft Burgund u. Mailand) geteilt hatte. Frankreich, das sich unter *Franz I.* u. *Heinrich II.* gegen den Kaiser behauptet hatte, wurde nun von Spanien im O u. W umklammert. Dies war der Anfang der bis zum Pyrenäen-Frieden (1659) andauernden u. von Philipp II. geprägten span. Vorherrschaft. Die *Reformation Luthers* u. die dadurch ausgelösten Bewegungen der Gegenreformation u. des Calvinismus haben die seit dem HochMA bedrohten christl. Kräfte wieder belebt. Unter der geistigen Oberhoheit des Papstes blieben nur Spanien u. Italien; in Frankreich, Dtschld., Böhmen u. Polen konnte das Vordringen der neuen Lehre erst durch die *Gegenreformation* aufgehalten werden; England u. die skandinav. Länder trennten sich von Rom. Der Protestantismus wurde zur wichtigsten gestaltenden Kraft des modernen E. Nach dem Tod *Heinrichs II.* (1559) verfiel Frankreich für nahezu 40 Jahre in Religionskämpfe, bis im *Edikt von Nantes* (1598) eine Form des Zusammenlebens von Katholiken u. Protestanten gefunden wurde. In Dtschld. verlief die Entwicklung entgegengesetzt: Nachdem Karl V. mit seinem Plan gescheitert war, die Protestanten zu unterwerfen, war es

Europa nach dem Westfälischen Frieden (1648)

Europa nach dem Wiener Kongreß (1814/15)

im *Augsburger Religionsfrieden* (1555) zu einer Regelung gekommen, die ein gleichberechtigtes Nebeneinander beider Konfessionen vorsah. Die Entscheidung über die Zugehörigkeit der Untertanen zu einer Konfession lag beim Landesherrn. Den Untertanen blieb das Recht auf Auswanderung. Das weitere Vordringen des Protestantismus, das Einsetzen der Gegenreformation u. das Lahmlegen der Reichsverfassung durch die in den Religionsfrieden nicht aufgenommenen Reformierten löste, als der Führer der Reformierten, Kurfürst *Friedrich V. von der Pfalz*, zum König von Böhmen gewählt wurde, den *Dreißigjährigen Krieg* aus. Von Anfang an mehr als ein innerdeutscher Religionskrieg, ging es um die auf der Verbindung der beiden habsburg. Linien beruhenden span. Vorherrschaft, um den Aufstieg Frankreichs u. im Reich um kaiserl. Vorherrschaft oder ständische Libertät. Beim völligen Zerfall der kaiserl. Herrschaft entstand in *Richelieu*, der den Krieg durch Subventionen an Schweden u. schließl. durch den Eintritt Frankreichs bewußt verlängerte, der Plan, die Dtschld. u. Nord- u. Mittelitalien beherrschende kaiserl. Lehenshoheit durch ein System der kollektiven Sicherheit, das sich auf die Großmächte Frankreich u. Schweden stützen sollte, zu ersetzen. Der Plan ist jedoch von *Mazarin* im *Westfälischen Frieden* nicht zuletzt deshalb nicht weiter verfolgt worden, weil sich nach der Preisgabe der habsburg. Familienallianz die Möglichkeit ergab, das Reich, wenn auch in einem sehr losen Verband, weiterhin zusammenzuhalten.

Der Westfälische Friede unterwarf das Reich einer perfekten Rechtsordnung, u. diese wurde zur europ. Friedensordnung. Das in seinem Ansehen schwer getroffene Kaisertum gewann in der Verteidigung des Abendlandes gegen die Türken (Belagerung Wiens 1683) neuen Glanz. Doch nach dem *Pyrenäen-Frieden* (1659) u. der vollen Regierungsübernahme *Ludwigs XIV.* (1661) stieg Frankreich zur beherrschenden Macht im E. des *Absolutismus* auf. Durch eine Politik ständiger Friedensbrüche führte es schließl. im *Span. Erbfolgekrieg* eine übermächtige Koalition Englands, Hollands u. des Kaisers herbei, der Frankreich zu erliegen drohte. Erst der Parteiwechsel in England u. die durch den Tod Kaiser *Josephs I.* (1711) drohende erneute Vereinigung Spaniens mit Österreich in der Hand *Karls VI.* brachte eine Wendung herbei u. rettete das total erschöpfte Frankreich.

Nach dem Frieden von Utrecht (1713) setzte sich in dem von Kriegen ausgebluteten Europa das von England beherrschte System des *europ. Gleichgewichts* durch. Den bourbon. Mächten Frankreich u. Spanien stand das in den Türkenkriegen u. durch die span. Nebenlande (Mailand, Neapel-Sizilien u. die Span. Niederlande) zur Großmacht erstarkte Österreich gegenüber. An die Stelle des im 3. *Nordischen Krieg* (1700–1721) geschwächten Schweden trat das Rußland *Peter d. Gr.* Die fortdauernde habsburg.-bourbon. Rivalität fand 1756 in der durch Heiraten besiegelten bourbon.-habsburg. Allianz ein Ende. Sie sicherte in Italien bis zur napoleon. Zeit den Frieden. Diese Allianz hatte freilich noch weitere Ziele. Kaiserin *Maria Theresia* wollte das ihr von *Friedrich II.* von Preußen 1740 im *Österr. Erbfolgekrieg* entrissene Schlesien zurückerobern. Dem mit Preußen verbündeten England aber ging es um das französ. Kolonialreich. England hatte Mitte des 17. Jh. die bis dahin im Welthandel führenden Niederlande überrundet. Seit 1672 mit England gegen Frankreich verbündet, verloren die Niederlande 1713 endgültig ihre dominierende Stellung, während England einen Großteil des Handels im span. u. portugies. Weltreich an sich reißen konnte. Im *Siebenjährigen Krieg* gewann England das französ. Kolonialreich in Indien u. Nordamerika. – Das europ. Gleichgewicht war in der zweiten Hälfte des 18. Jh. durch die habsburg.-bourbon. Verbindung ebenso gesichert wie seit 1763 durch das Gleichgewicht der beiden dt. Großmächte Österreich u. Preußen. Das Einverständnis der drei östl. Großmächte Rußland, Österreich u. Preußen führte 1772 zwar zur ersten Teilung Polens u. damit zur Bedrohung des zerspaltenen mitteleurop. Länderkomplexes, garantierte aber durch die Verbindung mit den bourbon. Mächten 30 Jahre den Frieden.

Inzwischen war der Ordnung des *Ancien régime* in der europ. *Aufklärung* der entscheidende Gegner erwachsen. Ursprüngl. aus der Diskrepanz zwischen dem Weltbild der Bibel u. den Ergebnissen der Wissenschaft (*Kepler, Galilei, Newton*) u. Entdeckungen entstanden, entwickelte sich noch im 17. Jh. eine Philosophie *(Descartes, Spinoza, Locke, Leibniz, Shaftesbury)*, die mit ihren Ideen von Toleranz, Humanität u. einer vernunftgemäßen Ordnung im Lauf des 18. Jh. insbes. in Frankreich das Regime des Absolutismus in Frage stellte. Die von Frankreich unterstützte amerikan. Revolution (1776 amerikan. Unabhängigkeitserklärung) brachte die Ideen der Volkssouveränität u. der Menschenrechte zum Durchbruch.

In der Französischen Revolution wurden mit der Forderung nach Freiheit, Gleichheit u. Brüderlichkeit die Grundlagen der Alten Welt zerstört. Nach der Beseitigung des Königtums setzte sich die Idee des *demokrat. Nationalstaats* durch. Das Ideengut von 1789 blieb bis heute für die Entwicklung E.s entscheidend. In den *Napoleon. Kriegen* ging auch die alte polit. Ordnung in Dtschld., Italien u. Spanien zugrunde. Der Versuch Napoleons, den Kontinent unter seiner Vorherrschaft zu einen, scheiterte an Großbritannien u. Rußland u. an dem in Spanien u. Dtschld. erwachenden Nationalismus.

Die auf dem *Wiener Kongreß* 1814/15 von den vereinigten Mächten Großbritannien, Frankreich, Österreich, Preußen u. Rußland angestrebte *Restauration* der Ordnung E.s wurde in der antirevolutionären „Heiligen Allianz“ durch das Prinzip der Legitimität gesichert. Sie war bedroht von dem in Südamerika u. auf dem Balkan einsetzenden Freiheitskampf unterdrückter Völker. Die Antipoden waren Rußland, das bes. unter *Nikolaus I.* (1825–1855) ein Hort der Reaktion, der autoritären Herrschaft u. Staatsallmacht wurde, u. Großbritannien, das als ein Land verfassungsmäßiger Einrichtungen *Liberalismus* u. *Nationalismus* förderte. In den Revolutionsjahren 1830 u. 1848 erlebte das antirevolutionäre System heftige Erschütterungen.

Durch die von Großbritannien ausgehende *Industrialisierung*, die nach 1800 Frankreich u. nach 1830 auch Dtschld. ergriff, entstand die *soziale Frage*, für die das alte System keine Lösung bieten konnte. Von diesen inneren Spannungen waren bes. das Kaisertum *Napoleons III.* (1852–1870) gekennzeichnet, der es verstand, durch eine weit ausgreifende Außenpolitik u. durch ein pseudodemokrat. System auch die Bedürfnisse der Arbeiterschaft so weit zu befriedigen, daß Aufstände vermieden wurden. Napoleon machte sich zum Beschützer des italien. Nationalismus. – In den dt. Einigungskriegen 1866 u. 1870/71 erzwang *Bismarck* das Ausscheiden Österreichs u. die Gründung des Dt. Reiches; fast gleichzeitig vollendete sich mit der Einnahme Roms (1870) auch in Italien der *Nationalstaat.* In den folgenden Jahren wurde Dtschld. durch eine maßvolle Politik zum Garanten einer auf den Großmächten Dtschld., Großbritannien, Frankreich, Rußland, Österreich u. Italien beruhenden Gleichgewichtspolitik. Erst das aus innenpolit. Spannungen erwachsene Ausgreifen Deutschlands in die Welt um 1890 schuf neue Unruhe. Eine weitere Bedrohung des Weltfriedens war dann der Sieg der Nationalstaatsidee in den Vielvölkerstaaten Türkei u. Österreich.

Die nun zu voller Wirkung gelangende Bevölkerungsexplosion führte zur fast völligen Aufteilung der Erde unter die europ. Großmächte u. damit zu neuen Rivalitäten. Von innen war diese *imperialist. Weltaufteilung* durch eine *soziale Revolution* bedroht, die in der Ausbeutung der Arbeiterschaft, in der steigenden Industrialisierung u. in der Bevölkerungsvermehrung ihre Ursache hatte. Neben Großbritannien u. den USA stieg Dtschld. zur führenden Industrienation auf. Sein starkes Heer u. der 1897 einsetzende Ausbau seiner Flotte wurden von den europ.

Mächten als Bedrohung des Gleichgewichts angesehen. Gegen den 1882 gegr., aber in seinem inneren Zusammenhang immer schwächer werdenden Dreibund Dtschld., Österreich u. Italien bildete sich 1892 die französ.-russ. Allianz, die 1904 durch einen engl.-französ. u. 1907 durch einen engl.-russ. Bündnisvertrag ergänzt wurde. Im *1. Weltkrieg* erlagen Dtschld., Österreich u. die Türkei dieser 1917 durch den Beitritt der USA entscheidend verstärkten Allianz.

20. Jahrhundert: Der daraus folgende Zusammenbruch der Monarchien in Dtschld., Österreich, Rußland u. der Türkei verwandelte das Bild des Kontinents entscheidend. Mit der russ. *Oktoberrevolution* von 1917 entstand zum erstenmal ein von den Lehren des Marxismus geprägter Staat. Die Verbindung von Staat u. Kirche wurde in Rußland mit dem Ende der beherrschenden Stellung der russ.-orth. Kirche gelöst. In der Türkei wiederholte sich der Vorgang mit dem Ende des osman. Kalifats im Jahre 1924. In Dtschld. brachte die Revolution das Ende des *Summepiskopats* der prot. Fürsten. Damit war wie in Westeuropa auch in Mittel- u. Osteuropa die Trennung von Staat u. Kirche durchgeführt. In *Versailles* versuchte man, eine Wiederholung der Katastrophe des 1. Weltkriegs durch ein System der kollektiven Sicherheit zu verhindern. Da die USA sich aus dem internationalen Geschehen weitgehend zurückzogen u. die Sowjetunion völlig isoliert war, erhielt E. noch einmal die Chance, die Geschicke der Erde zu bestimmen. Obwohl die Kolonialreiche Großbritanniens u. Frankreichs jetzt ihre größte Ausdehnung erreichten, war diese Ordnung jedoch von vornherein von innen bedroht. Der Freiheitswille der Kolonialvölker spielte dabei eine ebenso große Rolle wie die Verschuldung der europ. Mächte an die USA u. der Aufstieg Japans zur führenden Wirtschafts- u. Militärmacht Ostasiens. In E. selber aber war das in den Pariser Vorortverträgen geschaffene System durch die Tatsache bedroht, daß die im Völkerbund verankerte Vorherrschaft Frankreichs nur so lange zu halten war, wie Dtschld. u. Rußland darniederlagen.

Europa nach den Pariser Vorortverträgen (1919)

Die Tatsache, daß in Rußland 1917 die alte Gesellschaftsordnung restlos beseitigt u. eine sozialist. Ordnung mit allen Konsequenzen eingeführt wurde, erschien dem bürgerl. E. als eine Bedrohung u. stellte es vor ganz neue Probleme. Angesichts dieser Bedrohung sah man den *Faschismus* in Italien u. Dtschld. als das geringere Übel an, der Aufstieg des nat.-soz. Deutschland wurde daher von den Westmächten als eine Art Schutzwall gegen den Bolschewismus hingenommen. Die von Neville *Chamberlain* konzipierte *Appeasementpolitik* war der Versuch, die Vorherrschaft E.s in der Welt durch Vermeidung eines Konflikts mit Dtschld. zu sichern. Durch Erfüllung aller nationalen Forderungen der Deutschen sollte Dtschld. in E. integriert werden. Der Versuch scheiterte aber an der Gewaltpolitik *Hitlers*. Im *2. Weltkrieg* schied E. als gestaltende Kraft der Welt aus. In einem von den USA mit allen Mitteln geförderten Prozeß zerfielen die Kolonialreiche der Holländer, Franzosen, Belgier u. wandelte sich das Commonwealth in einen lockeren Staatenverband. Seither sind die alten europ. Vormächte Frankreich u. Großbritannien auf ihr europ. Territorium zurückgeworfen. Von den alten überseeischen Bindungen sind nur noch wenige übriggeblieben.

Mit dem Ausgang des 2. Weltkrieges besaß E. keine Macht mehr, die den Weltmächten USA u. UdSSR ein Gegengewicht bieten konnte. Daher bewirkte der um 1947 ausbrechende Konflikt zwischen den beiden Großmächten eine Teilung E.s, die im Westen einen Block von Nationalstaaten mit jeweils eigenständigen polit. Strukturen hinterließ, im Osten einen Block von Volksdemokratien, die, politisch u. gesellschaftlich nach sowjet. Vorbild ausgerichtet, die ideolog. Führungsrolle der Sowjetunion anerkannten.

Nach 1945 entstand unter dem Eindruck der sowjetischen Bedrohung im Westen eine *E.-Bewegung*. Auf wirtschaftl. Gebiet setzte die Erholung mit dem *Marshallplan* (1947) ein. Der 1948 gegr. *Europ. Wirtschaftsrat* (OEEC) u. der 1949 entstandene *Europarat* ließen die Souveränitätsrechte unangetastet. 1957/58 bildete sich die aus der *Montanunion* (1951) hervorgegangene *Europ. Gemeinschaft* (EG). Als Gegengewichte entstanden die zunächst von England geführte *Europ. Freihandelsassoziation* (EFTA) u. im O das *COMECON*. Bei allen Einigungsbestrebungen war es West-E. zwar gelungen, als Wirtschaftsfaktor eine eigene Rolle zu spielen, als polit. Kraft war es jedoch von den Weltmächten abhängig. Unter dem Eindruck der als bedrohlich empfundenen Atomrüstung der Weltmächte entstanden seit den 1970er Jahren in West-E. Friedensbewegungen, die diese Rüstung ablehnten. In Ost-E. wurden ähnliche Bewegungen unterdrückt.

Eine entscheidende Wende in der Geschichte E.s wurde durch die Reformpolitik, die M. Gorbatschow seit 1985 in der UdSSR betrieb, eingeleitet. Die Demokratisierung in Ost-E. führte zum Zusammenbruch des Kommunismus, zur deutschen Wiedervereinigung u. 1991 zur Auflösung der Sowjetunion. Damit war die polit. Blockbildung in E. beendet. Während die EG-Staaten mit dem *Vertrag über die Europäische Union* die polit. Integration weiter vorantrieben, bildeten sich durch den Zerfall Jugoslawiens sowie durch die Transformationsprobleme der GUS neue europ. Problemfelder.

Europäische Freihandelsassoziation, engl. *European Free Trade Association*, Abk. *EFTA*, 1960 erfolgter Zusammenschluß mehrerer europäischer Länder zu einer Freihandelszone. 1997 waren Island (seit 1970), Liechtenstein (seit 1991), Norwegen (Gründungsmitglied) u. die Schweiz (Gründungsmitglied) Mitglieder der EFTA. Die früheren Mitglieder Dänemark, Finnland, Großbritannien, Österreich, Portugal sowie Schweden schieden aus, als sie Vollmitglieder der EG bzw. EU wurden.

Organisation: Oberstes Organ der EFTA ist der *EFTA-Rat*, der in der Regel zweimal jährlich tagt. Seine Arbeit wird von verschiedenen *Komitees* (u. a. Wirtschaftskomitee) unterstützt. Das *EFTA-Sekretariat* hat seinen Sitz in Genf.

Ziele der EFTA: Die Mitgliedstaaten streben den Abbau von Zöllen, die Ausweitung der wirtschaftl. Tätigkeit, Vollbeschäftigung, Steigerung der Produktivität, rationelle Ausnützung aller Hilfsquellen, finanzielle Stabilität u. Verbesserung des Lebensstandards an. Bis Ende 1969 gelang die Abschaffung der Zölle auf Industrieerzeugnisse. Aufgrund bilateraler Freihandelsabkommen mit der EG wurden auch hier bis zum 1. 7. 1977 im gegenseitigen Warenaustausch die Zölle für Industrieerzeugnisse beseitigt. EG u. EFTA-Staaten unterzeichneten am 3. 5. 1992 in Porto den Vertrag über die Schaffung eines gemeinsamen *Europäischen Wirtschaftsraums (EWR)*. Die Bevölkerung der Schweiz lehnte den Beitritt zum EWR in einem Referendum ab.

Europäische Gemeinschaft → Europäische Union (Abk. *EU*).

europäisches Gleichgewicht, seit dem 16. Jh. ein Grundsatz der europ. Politik: Kein Staat sollte so viel Macht erlangen, daß nicht mindestens alle anderen zusammen ihm das Gegengewicht halten könnten. Seit dem Aufstieg Englands zur Weltmacht wurde das europ. Gleichgewicht der wichtigste Grundsatz der engl. Außenpolitik als Voraussetzung zur Erhaltung des allg. Friedens u. der engl. Weltstellung, gemäß dem England immer wieder Koalitionen gegen jede das europ. Gleichgewicht bedrohende Kontinentalmacht bildete. Auf dem *Wiener Kongreß* wurde dieses Prinzip für ein Jahrhundert Maßstab der Ordnung Europas. Durch den 1. Weltkrieg schwer erschüttert, besteht es seit dem 2. Weltkrieg in der ursprüngl. Form nicht mehr. Eine neue Form des Gleichgewichts entstand durch die Verlagerung des weltpolit. Schwergewichts in europ. Randzonen bzw. auf außereurop. Gebiet u. durch die Teilung Europas in Interessensphären der beiden Weltmächte. Durch die Aufhebung dieser Teilung seit 1989 ergeben sich für das europ. Gleichgewicht neue Perspektiven.

europäische Sicherheitskonferenz → OSZE.

Europäische Union, Abk. *EU,* auf Grundlage des *Vertrags von Maastricht* am 1. 11. 1993 von den 12 EG-Mitgliedern Belgien, Dänemark, Deutschland, Frankreich, Griechenland, Großbritannien, Irland, Italien, Luxemburg, Niederlande, Portugal u. Spanien geschaffene überstaatl. Organisation, die den institutionellen Rahmen für eine gemeinsame Außen- u. Sicherheitspolitik (GASP), für die Zusammenarbeit in der Justiz- u. Innenpolitik sowie für die *Europäischen Gemeinschaften (EG;* Europ. Wirtschaftsgemeinschaft, Europ. Gemeinschaft für Kohle u. Stahl, Europ. Atomgemeinschaft) bildet.
Der Beginn der institutionellen Entwicklung, die zur Bildung der EU führte, liegt in der 1951 von der BR Dtschld., Frankreich, Italien u. den Benelux-Staaten gegründeten *Europ. Gemeinschaft für Kohle u. Stahl (EGKS, Montanunion).* Die 6 Staaten der EGKS unterzeichneten 1957 die *Röm. Verträge,* die 1958 zur Gründung der *Europ. Atomgemeinschaft (Euratom)* u. der Europäischen Wirtschaftsgemeinschaft (EWG) führten. Der EWG-Vertrag definierte in Art. 2 (Fassung von 1957) als Hauptziel, „durch die Errichtung eines Gemeinsamen Marktes u. die schrittweise Annäherung der Wirtschaftspolitik der Mitgliedstaaten eine harmon. Entwicklung des Wirtschaftslebens innerhalb der Gemeinschaft, eine beständige u. ausgewogene Wirtschaftsausweitung, eine größere Stabilität, eine beschleunigte Hebung der Lebenshaltung u. engere Beziehungen zwischen den Staaten zu fördern, die in dieser Gemeinschaft zusammengeschlossen sind." Gleichzeitig sollte ein freier u. ungehinderter Waren-, Dienstleistungs-, Personen- u. Kapitalverkehr gewährleistet, alle mengenmäßigen Beschränkungen der Ein- u. Ausfuhr aufgehoben sowie alle Zölle abgeschafft werden. Eine gemeinsame Politik legte der Vertrag für die Bereiche Fischerei, Landwirtschaft u. Wettbewerb fest. Die 1958 gegr. *Europ. Investitionsbank* wurde zentrales Kreditinstitut der EWG. 1959 entstand mit dem *Europ. Entwicklungsfonds (EEF)* ein gemeinsamer entwicklungspolit. Mechanismus. Der 1960 gegr. *Europ. Sozialfonds* wurde Basis für Maßnahmen der Arbeitsmarkt- u. Beschäftigungspolitik. 1962 folgte der *Europ. Ausrichtungs- u. Garantiefonds für die Landwirtschaft (EAGLF),* der sich in der Folgezeit zum Finanzierungsmittel für den *gemeinsamen Agrarmarkt* der EWG entwickelte. Dabei führte ein System von garantierten Mindestpreisen die Agrarpolitik bald an die Grenzen der Finanzierbarkeit.
1967 wurde die EWG zusammen mit der EGKS u. der Euratom integrierter Bestandteil der Europäischen Gemeinschaft (EG). Bereits 1968 gelang den Mitgliedstaaten mit der Schaffung der *Zollunion* die Vollendung des Kernstücks des gemeinsamen Marktes. 1970 erfolgte die Koordinierung der Außenpolitik im Rahmen der *Europ. Polit. Zusammenarbeit (EPZ).* Großbritannien, Irland u. Dänemark traten 1973 der EG bei. Im gleichen Jahr wurden mit dem *Europ. Fonds für währungspolit. Zusammmenarbeit (EFWZ)* die Grundlagen für eine gemeinsame Wechselkurspolitik gelegt, die 1979 zur Schaffung des *Europäischen Währungssystems* führte. Der 1975 gegründete *Europäische Regionalfonds* sollte wirtschaftl. Ungleichheiten zwischen den verschiedenen EG-Regionen abbauen. Als Kontrollbehörde konstituierte sich 1975 der *Europäische Rechnungshof.* 1981 wurde Griechenland Mitglied der EG, Portugal u. Spanien folgten 1986.
1987 trat die *Einheitl. Europ. Akte* in Kraft, die u. a. die Errichtung eines *Europ. Binnenmarktes* (seit 1. 1. 1993) sowie eine gemeinsame Forschungs- , Entwicklungs- u. Umweltpolitik festlegte u. damit die EG-Gründungsverträge erweiterte. Mit dem 1992 unterzeichneten Maastrichter *Vertrag über die Europäische Union* wurde die europ. Integration beschleunigt u. eine abermalige Erweiterung der EG-Gründungsverträge vollzogen. Diese Erweiterung beinhaltet neben dem Ziel einer gemeinsamen Außen- u. Sicherheitspolitik u. a. die stufenweise Errichtung einer *Wirtschafts- u. Währungsunion,* die Gründung einer *Europ. Zentralbank,* die Einführung einer Unionsbürgerschaft sowie die Weiterentwicklung der Sozialpolitik. Im gleichen Jahr vereinbarten die EG u. die EFTA die Bildung eines *Europ. Wirtschaftsraumes (EWR).* 1995 traten Finnland, Österreich und Schweden der EU bei. Mit dem 1997 beschlossenen *Vertrag von Amsterdam* soll die EU vor allem im Hinblick auf eine Erweiterung durch neue Mitglieder institutionell reformiert werden.
Organe der EU: Zum *Europ. Rat* treffen sich in der Regel halbjährlich die Staats- u. Regierungschefs der Mitgliedsländer. Im *Rat der Europäischen Union* sind die Regierungen der Mitglieder durch je einen Minister vertreten. Im turnusmäßigen Wechsel übernimmt jeder Mitgliedstaat für 6 Monate den Vorsitz im Rat, der das wichtigste Entscheidungsorgan der EU darstellt. Die Zusammensetzung des Rats wechselt entsprechend den zu beratenden Themen (Außen-Min., Innen-Min. u. a.).
Die Exekutive der EU ist die *Europ. Kommission (Kommission der Europ. Gemeinschaften).* Ihre auf 5 Jahre ernannten 20 Mitglieder haben die Aufgabe, die Durchführung der Vertragsbestimmungen zu überwachen, dem Rat u. dem Europ. Parlament Vorschläge für wirtschaftl. u. soziale Maßnahmen der EU zu unterbreiten, Berichte über die Wirtschaftslage der Mitgliedstaaten zu veröffentlichen u. a. Der *Wirtschafts- u. Sozialausschuß* dient als wirtschaftl. Beratungsorgan für Rat u. Kommission. Er besteht, ebenso wie der *Ausschuß der Regionen,* aus 222 Vertretern. Rechtsprechendes Organ der EU ist der *Europäische Gerichtshof* in Luxemburg.
Die 626 Abgeordneten des *Europ. Parlaments,* dem parlamentar. Organ der EU, werden seit 1979 in den Mitgliedsländern direkt gewählt. Sie haben vor allem kontrollierende u. beratende Funktionen. Das Parlament kann die Kommission durch ein Mißtrauensvotum zum Rücktritt zwingen. Es hat außerdem ein Zustimmungsrecht bei Beitrittsbeschlüssen u. Assoziierungsverträgen.
71 Staaten Afrikas, der Karibik u. des Pazifiks *(AKP-Staaten)* werden im Rahmen des *Lomé-Abkommens* durch die Entwicklungspolitik der EU gefördert.

europäische Unionsbewegungen, *Pan-Europa-Bewegungen,* Bewegungen zur Errichtung der *Vereinigten Staaten von Europa* durch freiwilligen Zusammenschluß der europ. Völker unter einer gemeinsamen Verfassung mit gemeinsamen polit., kulturellen u. wirtschaftl. Institutionen. Der Gedanke wurde nach dem 1. Weltkrieg bes. durch die von R. N. Graf *Coudenhove-Kalergi* gegr. *Paneuropa-Bewegung* vertreten. Nach dem 2. Weltkrieg arbeiteten in derselben Richtung u. a.: die *Europa-Bewegung,* aus deren Arbeit der *Europarat* hervorging; die auf Anregung Coudenhoves 1947 gegründete *Europ. Parlamentarische Union,* die die Parlamentarier der europ. Staaten zusammenführt.

Europäische Verteidigungsgemeinschaft, Abk. *EVG, Pleven-Plan,* durch den Pariser Vertrag von 1952 vorgesehene übernationale Gemeinschaft (Belgien, BR Dtschld., Frankreich, Italien, Luxemburg, Niederlande) zur Aufstellung einer integrierten Verteidigungsmacht unter gemeinsamem Oberbefehl u. nationalem Kommando bis zur Divisionsstärke. Der Plan wurde 1954 in der französ. Nationalversammlung zu Fall gebracht. An die Stelle der EVG traten die Erweiterung des Brüsseler Pakts zur *Westeuropäischen Union (WEU)* u. die Erweiterung der *NATO* durch die Aufnahme der BR Dtschld. *(Pariser Verträge).*

Europarat, am 5. 5. 1949 gegr. Organisation europ. Staaten auf völkerrechtl. Grundlage. Gründungsmitglieder: Beneluxstaaten, Dänemark, Frankreich, Großbritannien, Irland, Italien, Norwegen, Schweden. Weitere Mitglieder (Stand Januar 1998): Albanien, Andorra, Bulgarien, Deutschland, Estland, Finnland, Griechenland, Island, Kroatien, Lettland, Liechtenstein, Litauen, Makedonien, Malta, Moldova, Österreich, Polen, Portugal, Rumänien, Rußland, San Marino, Schweiz, Slowakei, Slowenien, Spanien, Tschechische Republik, Türkei, Ukraine, Ungarn u. Zypern. Der E. ist ein Forum zur Diskussion europ. Probleme.
Organe: Ministerkomitee, Parlamentarische Versammlung, Generalsekretariat, Ordentliche Ausschüsse. Die *Parlamentarische* (bis 1974 *Beratende*) *Versammlung,* deren Mitglieder von den nationalen Parlamenten gewählt werden, aber polit. (christl.-demokrat., sozialist., liberale) statt nationale Fraktionen bilden, tritt dreimal jährl. zusammen u. kann nur Empfehlungen geben. Das *Ministerkomitee,* dem die Außenminister angehören, entscheidet darüber, ob die Empfehlungen der Versammlung an die Mitgliedstaaten weitergegeben werden, wobei es mehr den nationalen u. Regierungsinteressen folgt. Es kann wichtige Entschließungen nur einstimmig fassen, die übrigen nur mit ⅔-Mehrheit der abgegebenen Stimmen. Die Schwerpunkte der Tätigkeit des E.s liegen auf den Gebieten: Schutz der Menschenrechte, Humanisierung des Arbeitslebens, Rechtsangleichung, gemeinsamer Schutz u. Nutzung natürl. Reichtümer, Angleichung der Erziehungs- u. Bildungspolitik, Freizügigkeit des Verkehrs im Interesse von Bildung, Arbeit u. Freizeit. – Der E. hat seinen Sitz in Straßburg.

Europatag, der Gründungstag (1949) des Europarats, alljährlich der 5. Mai.

Eurybiades, spartanischer Befehlshaber der griech. Flotte bei *Artemision* u. *Salamis* 480 v. Chr.

Eurypontiden, Königsgeschlecht im antiken Sparta.

Eusebius, Papst 309 oder 310, † 17. 8. 309 (310?); unter seiner kurzen Regierung dauerte der Streit um die Wiederaufnahme der in der diokletianischen Verfolgung Abgefallenen an. Von Kaiser Maxentius wurde er nach Sizilien verbannt, wo er bald starb. Heiliger; Fest: 17. 8.

Eutychianus, Papst 275–283, † 7. 12. 283 Rom; regierte die Kirche in einer Zeit äußerer Ruhe. Vertrauenswürdige Nachrichten über sein Pontifikat sind nicht überliefert. Heiliger; Fest: 8. 12.

Evangelische Volkspartei, Abk. *EVP,* Schweiz: ausgehend vom Kanton Zürich 1917 gegr. polit. Partei auf konfessioneller Grundlage. Im Nationalrat gehörten ihre Vertreter bis 1971 der demokratischen u. evangelischen Fraktion an.

Evans ['ɛvənz], Sir Arthur, engl. Archäologe, * 8. 7. 1851 Nash Mills, Hertfordshire, † 11. 7. 1941 Oxford; erforschte die kret. Kultur des 3. u. 2. Jahrtausends v. Chr.; grub den Palast von *Knossos* aus. Hptw.: „The palace of Minos" 4 Bde. 1921–1936.

Evaristus, Papst ungefähr 97–105, Grieche, Heiliger; Fest: 26. 10.

Evren, Kenan, türk. General u. Politiker, * 1. 1. 1917 Alaşehir (Manisa); 1977 Oberbefehlshaber der Landstreitkräfte, 1978–1983 Generalstabschef; 1980–1989 Staatspräsident.

Ewiger Bund, der 1291 zwischen den drei Urkantonen Uri, Schwyz u. Unterwalden geschlossene Bund, Keimzelle der Schweizerischen Eidgenossenschaft.
Exarch [der; grch.], Befehlshaber, Feldherr; seit 584 Titel der byzantin. Statthalter in Italien u. Afrika.
Exarchat [grch.], **1.** *E. von Afrika*, byzantin. Provinz in Nordafrika mit der Hptst. Karthago vom Ende des 6. Jh. bis zur arab. Eroberung 697.
2. *E. von Ravenna*, der byzantin. Herrschaftsbereich in Italien, der von der langobard. Eroberung frei blieb; bestand von 584 bis 751 u. wurde nach der fränk. Besetzung eine Keimzelle des Kirchenstaats.
Exclusion-Krise [iks'kluʒən-], Bez. für die Versuche dreier engl. Parlamente zwischen 1679 u. 1681, den Herzog von York, den späteren Jakob II., wegen seiner Nähe zum Katholizismus von der Thronfolge auszuschließen. Die Versuche scheiterten, doch bildeten sich in der E. zum ersten Mal die beiden parlamentar. Parteien des 18./19. Jh., *Whigs* u. *Tories*, heraus.
Exulanten, allg. Verbannte, bes. die im 17. u. 18. Jh. aus den habsburg. Erblanden, Schlesien u. Salzburg vertriebenen Protestanten.
Exzellenz [lat.], Abk. *Exz.*, ursprünglich Titel der höchsten Beamten in Rom u. Byzanz, ebenso der langobardischen u. fränkischen Könige, dann der dt. Kaiser u. Könige; schließlich auch der Gesandten, Minister, geistl. u. weltl. Würdenträger, auch Generäle, durch Verleihung; heute nur noch im diplomat. Verkehr üblich.
Eyadéma, Etienne Gnassingbé, togoischer Militär u. Politiker, * 26. 12. 1935 Piya, Lama-Kara-Distrikt; führte 1963 nach einer militär. Karriere bei der französ. Kolonialarmee den Putsch gegen Präs. Sylvanus *Olympio* an; stürzte 1967 Präs. Nicolas *Grunitzki* u. ist seitdem Staatschef.
Eyre ['ɛːr], Edward John, Australienforscher u. brit. Kolonialbeamter, * 5. 8. 1815 Yorkshire, † 30. 11. 1901 Devonshire; reiste 1839/40 in das südl. u. mittlere Australien. Nach ihm benannt die *Eyre-Halbinsel* sowie der *Lake Eyre*.
Eyskens ['ɛis-], **1.** Gaston, belg. Politiker (Christl.-Soziale Partei), * 1. 4. 1905 Lier, † 3. 1. 1988 Löwen; seit 1931 Prof. der Nationalökonomie in Löwen, 1945 u. 1947–1949 u. 1965/66 Finanz-Min., 1950 Wirtschafts-Min.; Min.-Präs. 1949/50, 1958–1961 (durch die Kongokrise zum Rücktritt veranlaßt) u. 1968–1972.
2. Mark, belg. Nationalökonom u. Politiker (Christl. Volkspartei), Sohn von 1), * 29. 4. 1933 Löwen; 1979 Min. für Entwicklungshilfe, 1980 Finanz-Min., im April 1981 Min.-Präs.; erlitt 1981 wegen der Wirtschaftskrise eine Wahlniederlage; 1981–1988 Wirtschafts- bzw. Finanz-Min.; 1989–1992 Außen-Min.
Eyzies-de-Tayac-Sireuil [ei'sjæ də tei'jak sirøil], *Les E.*, Stadt an der Vézère in der Dordogne (Frankreich). In der Umgebung liegen zahlreiche prähistor. Fundstellen, die z. T. weltberühmt wurden, wie *La Micoque, Le Moustier, Cro-Magnon* u. *Abri Pataud.* Ebenso bekannt sind die Bilderhöhlen der näheren Umgebung *Combarelle* u. *Bernifal.* In einem Museum, das 1923 gegr. wurde, sind Sammlungen dieser Fundplätze ausgestellt.
Ezzelino da Romano, Machthaber in Verona, Padua, Vicenza u. in der Mark Treviso, Führer der kaisertreuen *Ghibellinen*, * 25. 4. 1194 Onara bei Padua, † 1. 10. 1259; schloß sich eng an Kaiser *Friedrich II.* an, dessen unehel. Tochter *Selvaggia* er heiratete. E. d. R. ging rücksichtslos u. erfolgreich gegen die päpstl. Parteigänger vor, wurde 1259 bei Soncino geschlagen u. starb in der Gefangenschaft.

F

Fabianismus, eine Richtung im engl. Sozialismus, die unter Ablehnung des Klassenkampfes durch langsamen, „zaudernden" (nach dem röm. Feldherrn *Fabius Cunctator*) Übergang der Produktion u. des Grundbesitzes in die Hände des Staates die sozialist. Gesellschaftsordnung verwirklichen wollte. Der F. wurde von der 1883 gegr., von bürgerlich-radikalen Intellektuellen getragenen *Fabian Society (Fabier)* unter Sidney u. Beatrice *Webb* begründet. Weitere Vertreter: G. B. *Shaw*, H. G. *Wells*.
Fabianus, Papst 236–250, † 20. 1. 250 Rom; in der der Verfolgung des Kaisers *Decius* vorausgehenden Friedenszeit führte er eine wichtige Neuorganisation der röm. Gemeinde durch, sein Einfluß in der Gesamtkirche war beträchtlich. Er gehörte zu den ersten Opfern der Decischen Verfolgung. Heiliger; Fest: 20. 1.
Fabiola, Doña *F. de Mora y Aragón*, Königin der Belgier 1960–1993, * 11. 6. 1928 Madrid; heiratete 1960 König *Baudouin I.*, der 1993 verstarb.
Fabius, Quintus *F. Maximus Verrucosus Cunctator* („Zauderer"), röm. Feldherr u. Konsul (fünfmal), * um 280 v. Chr., † 203 v. Chr.; nach der Niederlage der Römer gegen *Hannibal* am Trasimenischen See 217 v. Chr. zum Diktator ernannt; erhielt seinen Beinamen *Cunctator* nach seiner Hinhaltetaktik, die Hannibal keine Gelegenheit zu großen Schlachten mehr gab, seine Kräfte aber band u. es Rom damit ermöglichte, sich auf anderen Kriegsschauplätzen Erfolge zu schaffen.
Fabricius, Gaius *F. Luscinus*, röm. Konsul 282 u. 278 v. Chr., Feldherr gegen den in Italien eingefallenen König *Pyrrhos* von Epirus, den er im Jahr seines 2. Konsulats durch geschickte Diplomatie zum Abzug bewog; seine Lebensgeschichte wurde schon früh mit Legenden ausgeschmückt.
Fagerholm, Karl August, finn. Politiker (Sozialdemokrat), * 31. 12. 1901 Porkkala, † 22. 5. 1984 Helsinki; 1948–1950, 1956/57 u. 1958 Min.-Präs., 1945–1948, 1959–1962 u. 1965/66 Reichstags-Präs.
Fahd [faxd], *F. Ibn Abd Al Aziz*, König von Saudi-Arabien seit 1982, * 1922 (?); Sohn des Staatsgründers Ibn Saud; seit 1975 Kronprinz u. stellvertr. Min.-Präs.; 1982 Nachf. seines Bruders *Chaled*.
Fahne, ein an einer Stange fest angebrachtes ein- oder mehrfarbiges Tuch, oft mit Wappen oder Sinnbildern versehen. Die F. wurde von den Truppen der Heere in der Neuzeit, bei den berittenen Truppen *Standarte* genannt, als Feldzeichen geführt: im 18. Jh. von den Kompanien, Schwadronen u. Batterien, später von Bataillonen u. Kavallerieregimentern; sie galt der Truppe als zur Treue verpflichtendes Symbol. – F.n waren als *Feldzeichen* schon im Altertum u. MA in Gebrauch; sie waren auch Anwesenheitszeichen u. Symbol der Herrscher, z. B. der mittelalterl. Kaiser, deren *Bluts-F.*, unter der Reichslehen mit Gerichtsbarkeit über Leben u. Tod verliehen wurden, zur *Reichs-F.* u. *Reichssturmfahne* wurde. Dem Landsknechthaufen, *Fähnlein* genannt, war die F. Sammelpunkt in der Schlacht; der *Fähnrich* haftete mit seinem Leben für sie. Der Verlust der F. bedeutete für die Truppe Entehrung, die nur durch hervorragende Taten wieder ausgeglichen werden konnte. Ehrenbezeigungen wurden der F. wie Vorgesetzten erwiesen.
Im 1. Weltkrieg wurden F.n noch mit ins Feld genommen, aber bald in die Standorte zurückgebracht, da sich herausstellte, daß sie in einem modernen Krieg ihren Sinn verloren hatten. Die deutsche Reichswehr hatte keine F.n, erst 1936 wurden sie wieder bei allen Truppenteilen eingeführt. Seit 1965 haben die Bataillone u. Geschwader der Bundeswehr eine Truppen-F. mit dem Bundesadler u. dem Eisernen Kreuz an der F.nschaftspitze.
Eine *weiße F.* zeigt die Bereitwilligkeit zur Unterhandlung oder zur Kapitulation an; die *Genfer F.* (rotes Kreuz im weißen Feld) ist das Zeichen des Roten Kreuzes. Eine *schwarze F.* macht Munitionstransporte kenntlich. Die *rote F.* ist das Symbol der polit. Linken. Der Islam führt traditionell eine *grüne F.*
Fahnenweihe, ein militärisches Zeremoniell, das die Verleihung von neuen Truppenfahnen betrifft.
Faidherbe [fɛ'dɛrb], Louis Léon César, französ. General u. Kolonialpolitiker, * 3. 6. 1818 Lille, † 28. 9. 1889 Paris; 1854–1861 u. 1863–1865 Gouverneur von Senegal; leitete die militär. Sicherung des Binnenlands ein, schlug die Mauren u. 1857 vor Médine (rechts am Senegal) Al Hadsch Omar; er gründete 1857 Dakar, sicherte die Landverbindung von Dakar zur Hauptstadt Saint-Louis, hob die ersten senegales. Truppen aus u. förderte die französ. Schulerziehung. 1871 kommandierte F. die französ. Nordarmee. 1879 wurde er in den Senat gewählt.
Fairfax ['fɛəfæks], Thomas Lord F. of Cameron, englischer General, * 17. 1. 1612 Denton, Yorkshire, † 12. 11. 1671 Nunappleton, Yorkshire; seit Ausbruch des engl. Bürgerkriegs auf seiten des Parlaments, 1645 Oberkommandierender der parlamentar. Truppen, organisierte die *New Model Army*, zog sich 1650 aus der Politik zurück u. trug 1660 zur Restauration der Monarchie bei.
Faisal, *Feisal*, Fürsten. Irak: **1.** *F. I.*, König 1921–1933, * 20. 5. 1885 Mekka, † 8. 9. 1933 Bern; Sohn König Hussains des Hedjas; 1920 König von Syrien, von den Franzosen verdrängt; wurde mit englischer Unterstützung am 28. 8. 1921 König des Irak, den er zur Unabhängigkeit führte.
2. *F. II.*, Enkel von 1), König 1939–1958, * 2. 5. 1935 Bagdad, † 14. 7. 1958 Bagdad (bei einem Staatsstreich getötet); beim Tod seines Vaters Ghasi I. noch unmündig, bis 1953 unter der Vormundschaft seines Onkels Abd Al Ilah.
Saudi-Arabien: **3.** *F. Ibn Abdal-Aziz Ibn Saud*, König 1964–1975, * 1907 (?) Riad, † 25. 3. 1975 Riad; 1958–1960 Vors. des Ministerrats, Nachfolger seines Bruders Saud auf dem Königsthron; Gegner der sozialist. arab. Staaten; arbeitete mit dem Westen zusammen. Er wurde von einem Verwandten ermordet.
Falange [fa'laŋxə; die; span., „Schar"], ursprüngl. nur die von J. A. *Primo de Rivera* (Sohn des früheren Diktators M. Primo de Rivera) 1933 gegr. Organisation *F. Española*, 1934 mit nationalsyndikalist. Gruppen vereinigt zur *F. Española Tradicionalista y de las Juntas de Ofensiva Nacional-Sindicalista.* Die F. hatte eine von faschistischen u. totalitären Ideen geprägte Programmatik u. kämpfte im Bürgerkrieg auf seiten *Francos*, der die F. 1937 zwang, mit den ihm nahestehenden Gruppierungen eine Einheitspartei zu bilden. Dadurch nahm die F. ihr vorher fremde konservativ-monarchist. Züge an. Außerdem verlor sie ihr sozialrevolutionäres Potential. Franco benutzte die F. zur innenpolit. Absicherung seiner Herrschaft in den 1940er Jahren. Als dieses Ziel erreicht war, ließ der öffentlich-polit. Einfluß der F. stark

nach. 1958 erfolgte die Umbenennung in *Nationale Bewegung*. Der Tod *Francos* 1975 beschleunigte den Niedergang der F. 1977 löste der span. Ministerrat die F. offiziell auf.

Faliero, Marino, Doge von Venedig, *1274, †17. 4. 1355 Venedig (hingerichtet); 1354 gewählt, versuchte er Venedig in eine in seiner Familie erbl. Signorie umzuwandeln. Sein Leben wurde mehrfach dichterisch behandelt (u. a. E. T. A. Hoffmann, Lord Byron) u. zum Opernstoff verwendet (unter anderem Donizetti).

Falisker, antikes italisches Volk, wohnhaft um ihren Hauptort *Falerii* (heute *Cività Castellana*); seit dem 8. Jh. v. Chr. politisch u. kulturell unter etrusk. Einfluß; dem Lateinischen verwandte Sprache; bedeutende Vasenmalerei.

Falk, Adalbert, preuß. Politiker, *10. 8. 1827 Metschkau, Schlesien, †7. 7. 1900 Hamm; Mitarbeiter Bismarcks im *Kulturkampf*, 1872–1879 Kultusminister. F. bemühte sich um eine liberale Ordnung des Rechtsverhältnisses zwischen Staat u. Kirche. Er führte die staatl. Schulaufsicht ein, ließ Simultanschulen zu u. schuf die Synodalverfassung der ev. Landeskirche. Von der ev. Orthodoxie u. von der kath. Kirche bekämpft.

Falkenhausen, 1. Alexander von, Offizier (1940 General), *29. 10. 1878 Rittergut Blumenthal, Krs. Neiße, †1. 8. 1966 Nassau; nach dem 1. Weltkrieg bis 1930 in der Reichswehr; 1934–1939 militär. Berater Chiang Kai-sheks; 1940–1944 Militärbefehlshaber in Belgien u. Nordfrankreich, wegen seiner Kontakte zur Widerstandsbewegung 1944/45 im KZ Dachau; 1951 in Belgien zu 6 Jahren Zwangsarbeit verurteilt, kurz darauf entlassen.

2. Ludwig Frhr. von, Offizier (1914 Generaloberst), *13. 9. 1844 Guben, †4. 5. 1936 Görlitz; im 1. Weltkrieg Führer der 6. Armee, 1917/18 Generalgouverneur in Belgien.

Falkenhayn, Erich von, Offizier (1915 General), *11. 9. 1861 Belchau, Krs. Graudenz, †8. 4. 1922 Schloß Lindstedt bei Potsdam; 1896–1902 in China (Kriegsschullehrer, dann beim Expeditionskorps gegen den Boxeraufstand); 1913–1915 preuß. Kriegs-Min.; im 1. Weltkrieg seit Herbst 1914 als Nachfolger des jüngeren *Moltke* Chef des Generalstabs des Feldheeres (sog. 2. Oberste Heeresleitung). Im Osten erzielte F. Erfolge, geriet aber wegen seiner begrenzten Kriegsziele in Gegnerschaft zu *Hindenburg* u. *Ludendorff*. An der Westfront war er verantwortl. für die blutige u. erfolglose „Ermattungsstrategie" (Schlacht um Verdun). Im Aug. 1916 wurde er abberufen u. durch Hindenburg u. Ludendorff abgelöst. Anschließend war er Armeeführer in Rumänien, Palästina u. an der Ostfront.

Falkenhorst, Nikolaus von, Offizier (1940 Generaloberst), *17. 1. 1885 Breslau, †18. 6. 1968 Holzminden; befehligte 1940 das Unternehmen „Weserübung" (Besetzung Dänemarks u. Norwegens), 1940–1944 Wehrmachtbefehlshaber in Norwegen; 1946 von einem brit. Militärgericht zum Tod verurteilt, zu 20 Jahren Zwangsarbeit begnadigt, 1953 entlassen.

Falklandinseln, *Malwinen*, engl. *Falkland Islands*, span. *Islas Malvinas*, Inselgruppe im südl. Atlant. Ozean, 11 961 km², 1900 Ew.; die F. bilden zusammen mit Südgeorgien u. den Südsandwichinseln die brit. Kronkolonie *Falkland Islands and Dependencies* (die Inselgruppen werden von den Falklandinseln aus verwaltet); seit 1833 von Argentinien beansprucht.

Die F. wurden nach argentin. Angaben 1519 von Kapitän Estéban *Gómez*, nach brit. Angaben 1592 von Kapitän John *Davis* entdeckt. In der Folge gründeten Franzosen, Engländer u. Spanier Siedlungen auf den F. Als Argentinien unabhängig geworden war, erhob es Anspruch auf die Inselgruppe u. setzte 1823 einen Gouverneur ein. Nachdem die USA 1831 die Siedler vertrieben hatten, okkupierten 1832/33 die Engländer den Archipel. Seither beharren Argentinien u. Großbritannien, das die F. 1842 zur Kronkolonie erhob, auf ihren Besitzansprüchen, die völkerrechtlich ungeklärt sind. Die große Mehrheit der Bevölkerung wünscht den Verbleib bei Großbritannien. – Im April 1982 landeten argentin. Truppen auf den F. Großbritannien entsandte einen Flottenverband u. eroberte in Luft-, See- u. Landgefechten bis Juli 1982 die F. zurück; die Zahl der Todesopfer lag über 1000. Die Niederlage führte das Ende des argentin. Militärregimes im Jahr darauf herbei.

Fallières [fa'ljɛːr], Armand, französ. Politiker, *6. 11. 1841 Mézin, Dép. Lot-et-Garonne, †21. 6. 1931 Mézin; Anwalt; 1876–1890 Abg., 1883 Min.-Präs., 1890 Senator; Anhänger L. *Gambettas*, wirkte mit an der Trennung der Kirche vom Staat; 1906–1913 Präs. der Republik.

Fallmerayer, Jakob Philipp, österr. Historiker u. Publizist, *10. 12. 1790 Pairdorf bei Tschötsch, Südtirol, †25. 4. 1861 München; einer der Begründer der dt. Byzantinistik („Geschichte des Kaisertums Trapezunt" 1827). F. nahm in seiner „Geschichte der Halbinsel Morea im MA" (2 Bde. 1830–1836) fälschlich an, daß die Neugriechen slaw. oder alban. Herkunft seien. 1831–1834 unternahm er Reisen in den Vorderen Orient („Fragmente aus dem Orient" 2 Bde. 1845), die seinen Ruhm als glänzender Essayist u. Landschaftsschilderer begründeten. 1826–1834 war er Prof. in Landshut, 1848 in München, wurde 1849 wegen seiner Teilnahme an der Nationalversammlung entlassen u. arbeitete danach als Orientexperte der „Augsburger Allg. Zeitung".

Falloux [fa'luː], Alfred Frédéric Pierre, Graf von, französ. Politiker, *7. 11. 1811 Paris, † 6. 1. 1886 Paris; 1848 Abg. der klerikalen Partei in der Nationalversammlung; von Louis Napoleon Bonaparte zum Unterrichts-Min. ernannt, bereitete er 1850 das nach ihm benannte Schulgesetz vor, das der kath. Kirche bedeutenden Einfluß im Bildungswesen zugestand. Nach 1871 bemühte er sich um eine Aussöhnung zwischen den Orléanisten u. dem Grafen von *Chambord*.

Fallrecht, eine Art des german. Erbrechts, bei der das Vermögen des nachkommenlosen Erblassers entspr. seiner Herkunft an die Vater- oder Muttersippe zurückfällt.

Fanon [fa'nɔ̃], Frantz, afro-amerikan. revolutionärer Theoretiker, *20. 7. 1925 Fort-de-France (Martinique), †3. 12. 1961 New York; Psychiater in Frankreich; kam 1953 nach Algerien, schloß sich 1956 der alger. Nationalen Befreiungsfront an u. vertrat die provisor. Regierung Algeriens zeitweilig als Botschafter in Accra. Berühmt, bes. in der Dritten Welt, wurde er durch seine revolutionären Schriften, in denen er eine Philosophie der Gewalt als Antwort auf ein bestehendes koloniales Gewaltsystem vertrat. Hptw.: „Die Verdammten dieser Erde" 1961, dt. 1966; „Pour la révolution africaine" 1964.

Farah Diba, iran. Kaiserin, *15. 10. 1938 Iranisch-Aserbaidschan; seit 1959 verheiratet mit Schah *Mohammed Riza Pahlewi* (†1980); ging mit ihm 1979 ins Exil nach Ägypten.

Farinacci [fari'natʃi], Roberto, italien. Politiker, *16. 10. 1892 Isermia, †28. 4. 1945 Vimercate, Prov. Mailand; seit 1919 Mitgl. der Faschist. Partei, 1925/26 deren Generalsekretär; als Führer des extremen Flügels des Faschismus für viele Gewalttaten verantwortlich; trat für Übernahme der nat.-soz. Rassenpolitik u. bedingungsloses Zusammengehen mit Dtschld. ein. Er wurde auf der Flucht von Partisanen erschossen.

Farnese, italien. Dynastie, die ihren Namen nach dem Schloß F. bei Orvieto trägt. Ihr Aufstieg begann mit Papst *Paul III.* (1534 bis 1549), der seine Söhne Oratio (†1553) u. Pier Luigi (*1503, †1547) zu erbl. Herzögen erhob. Als Haupt der antikaiserl. Partei wurde Pier Luigi auf Veranlassung des kaiserl. Statthalters in Mailand, Ferrante Gonzaga, ermordet. Sein Enkel Ottavio (* 1520, †1586) heiratete 1538 Margarethe, die natürliche Tochter Kaiser Karls V. 1731 erlosch das Geschlecht, u. die Herzogtümer kamen an Don Carlos, den Sohn Philipps V. von Spanien u. der Elisabeth F.

1. Alessandro, *1468, †10. 11. 1549; war 1534–1549 als *Paul III.* Papst. Von ihm erhielt das Geschlecht die Besitzungen Castro u. Ronciglione sowie Nepi.

2. Alessandro, Sohn des Ottavio F., *27. 8. 1545 Rom, †3. 12. 1592 bei Arras; erfolgreicher Heerführer (u. a. bei Lepanto); seit 1578 span. Statthalter in den Niederlanden, rettete 1579 im Frieden von Arras die südl. Provinzen für Spanien. Seine großen militär. (u. a. die Einnahme Antwerpens 1585) u. polit. Leistungen liegen in der Befriedung der südl. Niederlande, des heutigen Belgien. 1590 entsetzte er das von Heinrich von Navarra belagerte Paris.

Faruk I., König von Ägypten 1936–1952 u. König des Sudan 1951/52, *11. 2. 1920 Kairo, † 18. 3. 1965 Rom; bis 1937 unter Regentschaft; im Juli 1952 durch einen Militärputsch unter Führung A. M. *Nagibs* u. G. A. *Nassers* zur Abdankung gezwungen, lebte danach im Exil in Italien.

Fasces [Pl.; lat.], mit roten Riemen umschnürte Rutenbündel aus Ulmen- oder Birkenholz mit herausragendem Beil; ursprüngl. Zeichen der etruskischen Könige, bedeuteten die F. Gewalt über Leben u. Tod; sie wurden den hohen röm. Beamten von *Liktoren* vorangetragen, innerhalb des Stadtgebiets ohne, außerhalb mit herausragendem Beil. Die F. wurden von der faschist. Bewegung B. *Mussolinis* als Abzeichen übernommen.

Faschismus [ital. *fascio*, „Bund, Bündel", von lat. *fascis*, → Fasces], die von B. *Mussolini* 1919 gegr. polit. Bewegung, die zunächst aus Kampfverbänden *(fasci di combattimento)* bestand, sich 1921 als Partei formierte u. 1922–1945 Italien beherrschte. Der Name F. wird schon seit den 1920er Jahren als Gattungsbezeichnung für ähnl. polit. Bewegungen u. Herrschaftssysteme außerhalb Italiens

Faschismus: Faschistische Zeitungen in europäischen Ländern (Italien, Deutschland, Finnland, Griechenland)

gebraucht, die sich selbst in der Regel nicht „faschistisch" nannten oder nennen. Die Frage, welche Merkmale für den F. wesentlich sind, ist Gegenstand einer seit Jahrzehnten geführten Diskussion. Es gibt enger u. weiter gefaßte Begriffsbestimmungen, aber auch die Auffassung, daß die Bez. F. auf das historische italien. System beschränkt werden sollte.
Man kann den F. i. w. S. definieren als ein polit. System, das gekennzeichnet ist durch antiparlamentar., oft antisemit., totalitäre Führerstaatstendenzen u. sich vielfach einer sozialrevolutionären Ausdrucksweise bedient. Der an die Macht gelangte F. läßt jedoch die bestehende Gesellschaftsordnung grundsätzlich unangetastet. Von Militärdiktaturen unterscheidet sich der F. durch eine breitere Machtbasis, die vor allem durch zentral gesteuerte Massenorganisationen angestrebt wird. Diese Massenanhängerschaft des F. kommt vor allem aus dem kleinen Mittelstand, der sich zwischen den Machtblöcken des Großkapitals u. der Arbeiterbewegung bedroht fühlt. Der herrschende F. sucht jedoch den Ausgleich mit dem Großkapital, während er demokrat.-unabhängige Arbeiterorganisationen (Gewerkschaften, Arbeiterparteien) zerstört bzw. verbietet. Meistens neigt der F. zu einer (berufs)ständischen Ordnung. Insgesamt ist der F. gekennzeichnet durch die Reaktion gegen die demokrat. Bewegung, die von der Französ. Revolution ausging, auch durch die erbitterte Gegnerschaft gegen die liberalen u. die sozialist. Auffassungen vom Menschen u. Staatsbürger.
Geschichte: Der Ursprung des F. lag vor allem in der Situation nach dem 1. Weltkrieg. Revolutionen, Bürgerkriege, Wirtschaftskrisen u. das Weiterbestehen antiparlamentarisch, antidemokratisch u. nationalistisch eingestellter Führungseliten in Justiz, Verwaltung, Industrie u. Politik führten z. B. in Italien, Rumänien, in der Türkei, in Österreich u. Dtschld. zur Bildung von faschist. Gruppen. Während jedoch die *Heimwehren* Österreichs nur langsam Bedeutung erlangten, in Rumänien die *Eiserne Garde* niedergehalten werden konnte u. in der Türkei Kemal *Atatürk* das Einparteienregime zum Aufbau des rückständigen Landes einsetzte, kam es in Italien infolge des Machtzerfalls der demokrat. Einrichtungen anläßlich des sog. „Marsches auf Rom" (28. 10. 1922) zur Diktatur Mussolinis.
Am 30. 1. 1933 wurde Hitler dt. Reichskanzler, u. in wenigen Jahren wurde der Nationalsozialismus zur führenden faschist. Macht. Von 1935 an arbeiteten Hitler u. Mussolini immer enger zusammen u. verhalfen im folgenden Jahr durch Unterstützung *Francos* dem F. auch in Spanien *(Falangismus)* zum Durchbruch. Nach 1939 entwickelten sich mit dt.-italien. Unterstützung die in den besetzten Ländern bereits bestehenden faschist. Gruppen zu vorübergehender Bedeutung: in Norwegen unter Führung V. *Quislings*, in Ungarn F. *Szálasis* „Pfeilkreuzler"-Bewegung, in Kroatien unter A. *Pavelić* (Ustascha), in Frankreich unter J. *Doriot*, in den Niederlanden unter A. A. *Mussert*, in Belgien unter L. *Degrelle*. Die NSDAP stand auch mit den faschist. Gruppen im übrigen Ausland in Verbindung (z. B. mit O. E. *Mosley* in England).
Nach der Überwindung der faschist. Hauptmächte 1945 u. nach dem Bekanntwerden der von ihnen verübten Greuel verstärkte die während des Krieges überwiegend von Emigranten gebildete Front des *Antifaschismus* ihre Bemühungen, den F. nicht wiederaufleben zu lassen. Trotzdem hielten sich in den ehem. faschist. Staaten Splittergruppen *(Neofaschismus)*, deren Einflußpotential u. reale Stärke widersprüchlich beurteilt wird. Der F. in Spanien hat im Zuge der Demokratisierung seit 1976 an polit. Bedeutung verloren, verfügt aber immer noch über eine gewisse Anhängerschaft. Dem F. verwandte Strömungen gibt es in unterschiedlicher Stärke in vielen Ländern.

Faschismus: Ein Beispiel für faschistische Architektur: das Foro Mussolini in Rom

Faustkeil (Altsteinzeit) aus Feuerstein

Faschoda, früherer Name der sudanes. Stadt *Kodok*. 1898 kam es durch den Zusammenstoß französ. u. brit. Kolonialtruppen in F. u. eine anschließende brit. Kriegsdrohung zur *Faschodakrise*. Frankreich verzichtete vertraglich 1899 auf das obere Nilgebiet u. erhielt dafür von England den westl. Sudan als Einflußzone zuerkannt.
Fasti [lat.], der altröm. Amts- u. Festkalender mit den für den röm. Bürger wichtigen Verzeichnissen der Werk- u. Feiertage; außerdem wurde auch ein Magistratsverzeichnis geführt: so enthalten die unter Augustus redigierten *F. consulares* (als Geschichtsquelle von großer Bedeutung) eine Aufstellung aller Konsuln von 509 v. Chr. bis 13 n. Chr., die *F. triumphales* ein Verzeichnis aller Triumphatoren, von dem legendären Romulus (753 v. Chr.) bis 19 v. Chr. – Die *fasti dies* waren für Staats- u. Gerichtsangelegenheiten festgesetzte Tage.
Fath Ali Schah [fatx-], *Fath Ali Schah*, Herrscher von Persien aus der Dynastie der Kadscharen (1797–1834), * 1771, † 1834; festigte die neue Dynastie u. lavierte in napoleon. Zeit zwischen Britisch-Indien, Rußland u. den Franzosen. Nach verlustreichen Kriegen 1813 u. 1826–1828 mußte er Kaukasien den Zaren überlassen.
Fatima, Tochter des Propheten Mohammed u. der Chadidscha; Gattin des *Ali*, * um 607 Mekka, † 632 Medina; von Alis Anhängern, den *Schiiten*, als weibl. Idealbild verehrt, gilt als Ahnfrau der *Fatimiden*.
Fatimiden, ismailitisch-schiitische Dynastie, 909–1171 in Nordafrika, seit 969 (bis 1171) in Ägypten, zeitweilig auch in Syrien u. Palästina; angebl. von *Fatima* u. *Ali* abstammend. Unter den F. erlebte Ägypten im 10. u. 11. Jh. eine große Blütezeit. Sie wurden von *Saladin* gestürzt.
Faure [fɔ:r], **1.** Edgar, französ. Politiker (bis 1955 Radikalsozialist, später Gaullist), * 18. 8. 1908 Béziers, Dép. Hérault, † 30. 3. 1988 Paris; 1945/46 Anklagevertreter bei den Nürnberger Prozessen; 1946–1958 Abg., 1952 u. 1955/56 Min.-Präs., 1953–1955 Finanz-, später Außen-Min.; 1958 Min. für Finanzen, 1959 Senator, 1966–1968 Min. für internationale wirtschaftl. Zusammenarbeit, 1968/69 Unterrichts-Min., 1973–1978 Präs. der Nationalversammlung.
2. François Félix, französ. Politiker, * 30. 1. 1841 Paris, † 16. 2. 1899 Paris; Staats-Präs. 1895–1899; während seiner Amtszeit kam es zur Dreyfusaffäre u. zum Abschluß des französ.-russ. Bündnisses.
Faustkeil, meist aus Feuerstein oder Quarzit hergestelltes, zweischneidiges Steingerät, das vermutlich ungeschäftet benutzt wurde; tritt in verschiedenen Typen u. Größen auf u. ist eine wichtige Leitform altsteinzeitl. Kulturen.
Favianis, *Favianae*, röm. Siedlung an der norisch-pannonischen Grenze in der Nähe des heutigen Mautern (Krems); Klostergründung des hl. Severin um 450.
Favre [fa:vr], Jules, französ. Politiker (Republikaner), * 21. 3. 1809 Lyon, † 19. 1. 1880 Versailles; war Oppositionsführer gegen das 2. Kaiserreich, nach dessen Sturz 1870 Außenminister, schloß 1871 mit Deutschland den Vorfrieden in Versailles u. den Frankfurter Frieden ab.
Fawkes [fɔ:ks], Guy, engl. Verschwörer, * 16. 4. 1570 York, † 31. 1. 1606 (hingerichtet); übernahm bei der als Antwort auf die Diskriminierung der Katholiken gedachten Pulververschwörung die Aufgabe, die Pulvermine anzuzünden, die am 5. 11. 1605 bei der Eröffnung des Parlaments König Jakob I. u. das gesamte Parlament in die Luft sprengen sollte. Dieser Tag wird noch heute in England als *Guy-Fawkes-Day* gefeiert.
FDP, **1.** seit 1969 *F.D.P.*, Abk. für → Freie Demokratische Partei (der BR Dtschld.).
2. Abk. für → Freisinnig-Demokratische Partei (der Schweiz).
Februarkämpfe 1934, durch Unterdrükkungsmaßnahmen der Regierung Dollfuß provozierte Erhebung österr. Arbeiter unter Führung des Republikan. Schutzbunds. Der Aufstand wurde niedergeschlagen, die Sozialdemokrat. Partei, die Gewerkschaften u. alle Arbeiterorganisationen wurden verboten, im Mai 1934 wurde der Ständestaat ausgerufen.
Februarpatent, *Februarverfassung*, das von Kaiser Franz Joseph am 26. 2. 1861 erlassene österreichische Verfassungsgesetz, in dem nach der Ära des Neoabsolutismus erste demokratische Prinzipien ihren Niederschlag fanden; Zweikammersystem im Reichsrat: Herrenhaus-Mitgliedschaft geschah durch Ernennung oder war erblich, Abgeordnetenhaus-Mitglieder wurden durch die von Kurien gewählten Landtage bestellt.
1865 aufgehoben, fand das F. dennoch Eingang in die Verfassung Österreich-Ungarns von 1867.

Guy Fawkes (3. von rechts) und seine Mitverschwörer; zeitgenössischer Holzschnitt

Gemälde der Schlacht bei Fehrbellin; Gobelin von P. Mercier

Februarrevolution, 1. die Revolution in Frankreich 1848, ausgelöst durch den Pariser Aufstand von Arbeitern u. Studenten am 22.–24. 2. Allg. Unzufriedenheit mit dem kapitalist. System des Bürgerkönigtums, sozialist.-republikan. Propaganda, die Erinnerung an die große Revolution u. der Ruf nach allg. u. gleichem Wahlrecht waren die Hauptmotive für den Sturz Louis Philippes u. die Ausrufung der Republik. Die harte militär. Niederwerfung des sozialist. Aufstands der Pariser Arbeiter im Juni ließ die F. scheitern u. machte den Weg frei für die Wahl Louis Napoleons zum Präs. (Dez. 1848). Die F. wirkte auslösend auf die Erhebungen 1848 in Dtschld., Österreich, Ungarn u. Italien. Auch → Märzrevolution 1848.

2. die russ. Revolution vom März (Februar alten Stils) 1917, die zur Abdankung Zar Nikolaus' II. führte.

Febvre [fɛ:vr], Lucien, französ. Historiker, *22. 7. 1878 Nancy, †25. 9. 1956 St.-Amour, Dép. Jura; 1910 Prof. in Straßburg, gründete 1929 mit M. *Bloch* „Les annales d'histoire économique et sociale", 1933 am Collège de France. Beeinflußt durch den wirtschaftl. u. sozialen Aspekt bei H. *Pirenne* u. durch den Gedanken der Verbindung von Geschichte u. Geographie schrieb er „Philippe II et la Franche-Comté" 1911. Dieses Buch erfüllt seine Forderung, nicht die Geschichte der Tatsachen, sondern der Menschen u. Gesellschaften zu schreiben. In „Combats pour l'histoire" 1953 faßte er seine Geschichtskonzeption zusammen u. stellte sie gegen die Ansichten der älteren Generation. F. leitete die Herausgabe der „Encyclopédie Française".

Fechner, Max, Politiker, *27. 7. 1892 Rixdorf bei Berlin, †13. 9. 1973 Berlin; Werkzeugmacher; seit 1910 Mitgl. der SPD, 1917–1922 USPD; 1928–1933 MdL Preußen; 1933/34 u. 1944 polit. Häftling; 1945/46 Vors. des Zentralausschusses der SPD, 1946–1949 Mitgl. des Zentralsekretariats der SED; 1948/49 Präs. der Dt. Zentralverwaltung für Justiz, 1949–1953 Min. für Justiz der DDR; wegen Eintretens für das Streikrecht nach dem 17. Juni 1953 aus der SED ausgeschlossen u. bis 1956 inhaftiert, 1958 wieder in die SED aufgenommen.

Fedaijin, *Fedayin,* [arab., „Opferbereite"], Angehörige polit.-religiöser Terror-Organisationen im Orient.

Feder, Gottfried, Politiker (NSDAP), *27. 1. 1883 Würzburg, †24. 9. 1941 Murnau, Oberbayern; Bauingenieur, seit 1908 selbständiger Unternehmer; seit 1919 polit. Propagandist mit finanzreformerischem Programm („Manifest zur Brechung der Zinsknechtschaft"), seit 1919 Mitgl. der NSDAP, 1924–1936 MdR, 1933/34 Staatssekretär im Reichswirtschaftsministerium, 1934 Reichskommissar für das Siedlungswesen; 1934 wegen des dogmat. Festhaltens an seinen finanzpolit. Reformideen als außerordentl. Prof. an die TH Charlottenburg abgeschoben.

Federmann, Nikolaus, dt. Konquistador, *um 1505 Ulm, †Februar 1542 Gent; suchte im Dienst der Welser 1530–1532 u. 1535 bis 1539 von Venezuela aus das Dorado; erreichte 1539 nach den span. Konquistadoren G. *Quesada* u. *Belalcázar* das Hochland von Bogotá, das Zentrum der goldreichen Chibchakultur.

Federzoni, Luigi, italien. Politiker, *27. 9. 1878 Bologna, †24. 1. 1967 Rom; anfangs konservativer Nationalist, dann Faschist; seit 1911 Hrsg. der Zeitung „Idea Nazionale"; gab 1922 beim „Marsch auf Rom" dem König den Rat, Mussolini zu berufen; 1922–1928 Kolonial- bzw. Innen-Min.; 1929–1939 Senats-Präs.; stimmte 1943 im Faschist. Großrat gegen Mussolini u. wurde deshalb in Abwesenheit zum Tode verurteilt; lebte bis 1951 in Portugal.

Fehde, in german. Zeit u. im MA anerkannte Selbsthilfemaßnahme eines in seinen Rechten Verletzten gegen den Rechtsbrecher; von Einzelnen, Sippen oder anderen Gruppen gegeneinander geführt, wobei bestimmte vom *F.recht* verlangte Formen (Ansage durch *F.brief,* Werfen des *F.handschuhs* u. ä.) gewahrt werden mußten. Der Rechtscharakter der F. geriet bes. im Spät-MA in Verruf, als Adlige unter dem Deckmantel der F. vielfach Unrecht begingen (z. B. Raubritter gegen Kaufleute u. Städte). Die F., seit dem 10./11. Jh. durch die Kirche (Gottesfrieden) u. den Staat (Landfrieden) bekämpft bzw. eingeschränkt, im Ewigen Landfrieden von 1495 im Hl. Röm. Reich verboten, wurde erst im modernen Staat beseitigt.

Fehme → Feme.

Fehrbellin, Stadt in Brandenburg im Osthavelland, am Rhinluch, 3100 Ew.
Bei F. besiegte Friedrich Wilhelm, der Große Kurfürst, am 28. 6. 1675 die Schweden, wodurch Brandenburg vom Feind befreit wurde. Entscheidenden Anteil am Gewinn der Schlacht hatte Friedrich II. von Hessen-Homburg.

Fehrenbach, Konstantin, Politiker (Zentrum), *11. 1. 1852 Wellendingen, Baden, †26. 3. 1926 Freiburg i. Br.; Rechtsanwalt; 1885–1913 im bad. Landtag, 1907–1909 dessen Präs.; 1903–1926 MdR, 1917 Vors. des Hauptausschusses, 1918 Präs. des Reichstags, 1919/20 der Nationalversammlung; 1920/21 Reichskanzler der ersten bürgerl. Koalition der Weimarer Republik, Führer der dt. Delegation auf den Konferenzen von Spa u. London.

Feisal → Faisal.

Felber, René, schweizer. Politiker (Sozialdemokrat), *14. 3. 1933 Biel; Lehrer; 1988–1993 Bundesrat (Departement für auswärtige Angelegenheiten); 1993 Bundes-Präs.

Felfe, Werner, Politiker (SED), *4. 1. 1928 Großröhrsdorf bei Dresden, †7. 9. 1988; kaufmänn. Angestellter; seit 1946 SED-Funktionär, seit 1954 Kandidat, seit 1963 Mitgl. des ZK der SED, seit 1973 Kandidat, seit 1976 Mitgl. des Politbüros des ZK der SED; 1971–1981 Erster Sekretär der SED-Bezirksleitung Halle, seit 1981 Sekretär des ZK (zuständig für Landwirtschaft).

Felix, Päpste: **1.** *F. I.,* 268–273 oder 269–274, †30. 12. 273 oder 274 Rom; Heiliger; Fest: 30. 12.

2. *F. (II.),* Gegenpapst 355–358, †22. 11. 365 Porto; nach der Vertreibung des Papstes *Liberius* auf Drängen des Kaisers *Constantius II.* zum Papst gewählt. Er ließ sich von arianischen Bischöfen weihen u. nahm damit die Kirchengemeinschaft mit den Arianern auf. Nach der Rückkehr des Liberius wurde F. aus Rom vertrieben, obwohl Constantius die gemeinsame Leitung der Kirche durch beide Päpste wünschte; aufgrund einer Verwechslung als hl. Märtyrer gefeiert.

3. *F. III. (II.),* 483–492, †1. 3. 492 Rom; Sohn des Presbyters Felix aus röm. Adel, Vorfahr Papst Gregors des Großen, unter dem Einfluß des Königs *Odoaker* gewählt. 484 verhängte er über *Acacius,* den Patriarchen von Konstantinopel (472–489), den Kirchenbann, was das erste Schisma zwischen Rom u. Konstantinopel zur Folge hatte (bis 519). Von seinem Archidiakon, dem späteren *Gelasius I.,* unterstützt, wandte sich F. gegen die Bevormundung der Kirche durch den Kaiser. Heiliger; Fest: 1. 3.

4. *F. IV. (III.),* 526–530, aus Samnium, †22. (?) 9. 530 Rom; nach langen Wahlstreitigkeiten auf Wunsch des Ostgotenkönigs *Theoderich* gewählt. Er regierte im Frieden mit den Ostgoten u. bekämpfte den Semipelagianismus. Auf dem Sterbebett designierte er seinen Nachfolger, Bonifatius II., um neuem Streit vorzubeugen. Heiliger; Fest: 22. 9.

5. *F. (V.),* letzter Gegenpapst, Amadeus VIII. von Savoyen.

Fellgiebel, Erich, Offizier (1940 General), *4. 10. 1886 Pöpelwitz, Kreis Breslau, †4. 9. 1944 Berlin (hingerichtet); seit 1938 Chef des Heeresnachrichtenwesens u. Chef der Wehrmacht-Nachrichtenverbindungen im OKW; versuchte am 20. Juli 1944 durch Sperren des Nachrichtennetzes den Verschwörern der Widerstandsbewegung die Machtübernahme zu ermöglichen; wurde am selben Tag verhaftet u. später vom Volksgerichtshof zum Tode verurteilt.

Felonie [frz. *félon,* „Verräter"], Lehnsverrat, Bruch der Lehnstreue durch den Vasallen oder – selten – durch den Lehnsherrn (z. B. Verweigerung der Heerfahrt durch den Vasallen oder grundlose Einziehung des Lehens durch den Herrn).

Felsbilder, an Felswänden u. auf sonstigem felsigen Untergrund angebrachte Gravierungen, Malereien u. Reliefs aus vorgeschichtl. Zeit u. bei Naturvölkern in historisch faßbaren Epochen.
Die F. wurden mit mineralischen Farbstoffen wie Ocker, Braunstein, Feldspat, Mangan u. Holzkohle in feuchtem Zustand durch Auflösen in Wasser, Fett oder Pflanzensäften oder trocken direkt mit den Farbstücken auf die Felsen aufgetragen oder in pulverisierter Form aufgestäubt.
Die meisten F., so solche in Afrika u. viele amerikanische, lassen sich noch nicht genau oder nur sehr schwer datieren. Das Alter der

Felsbilder: Skandinavische Felszeichnungen

eiszeitl. F. kann u. U. durch Verbindung mit datierbaren geolog. bzw. Kulturschichten oder durch abgebildete, schon ausgestorbene Tiere bestimmt werden; bei nacheiszeitlichen F.n erfolgt die zeitl. Einordnung durch Vergleich der abgebildeten Gegenstände mit archäolog. oder ethnolog. Material (Tracht, Bewaffnung, Gerät u. ä.) der betreffenden Gebiete.
Die ältesten bisher bekanntgewordenen F. findet man in der jüngeren Altsteinzeit in Höhlen Westeuropas, vereinzelt auch in Süd- u. Osteuropa u. in Ostsibirien. Am häufigsten sind eiszeitl. Jagdtiere wie Mammut, Wisent, Pferd u. Hirsch in naturalist. Treue wiedergegeben, selten menschliche u. menschenähnl. sowie menschl.-tier. Mischgestalten, ferner Handabbildungen u. geometr. Gebilde wie rechte Winkel u. parallele Liniengruppen. Rote, braune u. schwarze Farbtöne überwiegen, selten sind Gelb, Violett u. Weiß. Oft sind die Malereien zusätzlich noch graviert. Gravierungen ritzte man in der Steinzeit mit Feuersteinsticheln, in jüngeren Epochen mit Metallsticheln ein. F. mit lebendigen Kampf-, Jagd- u. Tanzszenen, bes. häufig an freien Felswänden in Ostspanien u. Nord- u. Südafrika, erweisen sich zumindest als nacheiszeitlich; Abbildungen großer Rinderherden, bes. mit gefleckten Tieren, deuten auf Datierung ins Neolithikum, vielleicht auch jünger. Während die Tierbilder noch naturalistisch gestaltet sind, erscheinen die Menschen langgezogen u. stilisiert. Ähnliche Motive kommen auf F.n in Kleinasien u. auf den Wandgemälden von Çatal Hüjük vor.
Auch die jungsteinzeitl. F. der arktischen Gruppe in Skandinavien, Nordrußland u. Sibirien bilden mit ihren Jagd- u. Fangszenen in Stil u. Thematik eine Fortsetzung der altsteinzeitl. Kunst. Dagegen standen in der Felsbildkunst Nordafrikas nach 4000 v. Chr. Darstellungen der Tierzucht im Vordergrund. Die meist eingeritzten F. der Bronze- u. Eisenzeit in Schweden zeigen dagegen vielfach Ackerbauriten, die auf Agrarkulte u. eine vielgestaltige Götterwelt hindeuten. Erstmalig werden Pflug u. Wagen, oft auch Schiffe dargestellt. Diesem Themenkreis schließen sich auch die F. Norditaliens (Val Camonica, Monte Bego) an.
Von den außereurop. F.n heutiger Jägervölker haben die austral. u. die der Buschmänner in Südafrika durch ihre noch heute ersichtliche Verbindung mit Kult u. Mythos, da sie im Rahmen ritueller Handlungen ausgeführt werden, bes. Bedeutung.
Felsgrab, in den anstehenden Felsen gearbeitete Grabkammer, entwicklungsgeschichtlich auf die ältere Form des *Höhlengrabs* zurückgehend u. bes. in Vorderasien seit dem 2. Jahrtausend v. Chr. als Begräbnisstätte für Herrscherpersonen verwendet u. z. T. mit reichen Fassaden u. Vorhallen ausgestattet. Unter den altpers. Felsgräbern sind die der achämenid. Großkönige bei Persepolis die bedeutendsten. Die ältesten ägypt. Felsgräber stammen aus der Zeit des Alten Reichs; bes. Berühmtheit erlangten die in den Fels gehauenen Gräber der Pharaonen im Tal der Könige.
Feme, *Fehme, Veme,* **1.** im MA aus den Grafengerichten in Westfalen, die unmittelbar dem König unterstanden, entwickelte *Freigerichte*; sie beanspruchten Zuständigkeit über todeswürdige Straftaten *(Femgericht)* im ganzen Reich. Unter Oberleitung des *Stuhlherren* u. Vorsitz des *Freigrafen* fanden die *Freischöffen*, die jede ihnen bekanntgewordene F.tat selbst vor Gericht bringen konnten, auf der Gerichtsstätte *(Freistuhl)* das Urteil in öffentl. *(offen[bar]es Gericht)* oder nicht öffentl. (*heimliches* oder *stilles Gericht*) Sitzung. Bei Ausbleiben des geladenen oder Flucht des verurteilten Beschuldigten wurde

Kaiser Ferdinand II.

dessen *Verfemung (Ächtung)* ausgesprochen, die jedem Schöffen dann das Recht gab, ihn zu töten.
2. allg. Bez. für geheime, illegale „Gerichte", zu denen die F. (1) allmählich ausartete. Die Vollstreckung von Todesurteilen solcher „Gerichte" ist Mord.
Fememorde, Bez. für Mordtaten, die bes. in den Jahren 1920–1924 von Angehörigen der „Schwarzen Reichswehr", der *Freikorps* u. anderer rechtsextremer Gruppen in angemaßter Gerichtsbarkeit an eigenen Leuten, aber auch an Außenstehenden begangen wurden, angeblich, um illegale militärische Betätigung vor Verrat zu schützen. In den anschließend durchgeführten *Fememordprozessen* entgingen die Schuldigen häufig einer gerechten Strafe, weil zahlreiche Richter politisch mit ihnen sympathisierten.
Fenians [-njənz], *Fenier*, nach den sagenhaften altirischen Kriegergefolgschaften *(Fiann)* benannte Geheimbewegung, die 1858 von James *Stephens* (* 1824, † 1901) in Dublin u. von John *O'Mahony* in New York gegründet wurde u. mit terrorist. Mitteln der Befreiung Irlands vorarbeitete.
Sie verbreitete sich vor allem in den USA, Australien, Südamerika, Kanada u. den Großstädten Englands. Der amerikan. Flügel führte Überfälle in Kanada durch. Der irische Flügel der Bewegung hieß zeitweilig *Irisch-Republikanische Bruderschaft*. In Irland blieb der Einfluß der F. wegen der ablehnenden Haltung der kath. Kirche gering, Aufstandspläne scheiterten. Stephens gab hier 1863–1865 die revolutionäre Zeitung „Irish People" heraus.
Ferdinand, Fürsten. Römisch-deutsche Kaiser: **1.** *F. I.*, 1526 König von Böhmen u. Ungarn, röm. König seit 1531, Kaiser 1556–1564, * 10. 3. 1503 Alcalá de Henares bei Madrid, † 25. 7. 1564 Wien; Sohn Philipps des Schönen u. Johannas der Wahnsinnigen, erhielt 1521 von seinem Bruder *Karl V.* die österr. Erblande, wurde dessen Stellvertreter u. Nachfolger im Reich, wo er sich auch unter seinen polit. u. konfessionellen Gegnern große Sympathien erwarb. Von den Ideen des *Erasmus von Rotterdam* beeinflußt, erstrebte F., auch aus polit. Gründen, einen Ausgleich zwischen Katholiken u. Protestanten *(Augsburger Religionsfriede* 1555).
In Österreich wirkte er im Sinne einer Zentralisierung der Verwaltung; dort begünstigte er die Gegenreformation.
2. *F. II.*, Enkel von 1), 1617 König von Böhmen, 1618 König von Ungarn, Kaiser 1619–1637, * 9. 7. 1578 Graz, † 15. 2. 1637 Wien; Sohn Erzherzog *Karls* (* 1540, † 1590), Jesuitenzögling, durch Unterdrückung des Protestantismus Miturheber des Dreißigjährigen Kriegs; suchte nach den Siegen Tillys u. Wallensteins die Gegenreformation auch im Reich durchzusetzen (Restitutionsedikt von 1629) u. eine starke kaiserl. Zentralgewalt zu errichten, behauptete sich aber nur schwer gegen Schweden u. Frankreich, obwohl ihm Gustav Adolfs Tod (1632), das Scheitern Wallensteins u. der Sieg bei Nördlingen (1634) den Abschluß des Prager Friedens (1635) ermöglichten.
3. *F. III.*, Sohn u. Nachfolger von 2), König von Ungarn 1626, König von Böhmen 1627, röm. König 1636, Kaiser 1637–1657, * 13. 7. 1608 Graz, † 2. 4. 1657 Wien; vom Jesuitenorden beeinflußt; Oberbefehlshaber im Dreißigjährigen Krieg, bemühte sich um den Beitritt der ev. Reichsstände zum Prager Frieden (1635); brachte den Westfälischen Frieden (1648) zustande, der allerdings die kaiserliche Macht stark einschränkte.
Aragón: **4.** *F. II., F. der Katholische*, als König von Spanien *F. V.* (1479), König von Aragón 1479 bis 1516, * 10. 3. 1452 Sos, Aragón, † 23. 1. 1516 Madrigalejo; heiratete 1469 die kastil. Thronerbin *Isabella I.*, übte seit 1474 gemeinsam mit ihr die Regierung in Kastilien aus, kam 1479 auf den aragones. Thron; begründete den span. Nationalstaat; 1504 auch König von Neapel; Vater Johannas der Wahnsinnigen; Renaissanceherrscher span. Prägung; baute ein neuzeitl. Staatswesen auf, gewann große Macht über die Kirche (Patronatsrecht), stärkte die königl. Gewalt u. erneuerte die Inquisition; vertrieb die Juden u. nichtchristlichen Mauren aus Spanien; eroberte 1512 Navarra u. beendete die Reconquista (1492 Einnahme Granadas). Für die koloniale Expansion (seit 1434) wurden die Interessen von Spanien u. Portugal im Vertrag von Tordesillas (1494) abgegrenzt. F. begründete die Vormachtstellung Spaniens.
Bayern: **5.** *F. Maria*, Kurfürst 1651–1679, * 31. 10. 1636 München, † 26. 5. 1679 Schleißheim, Oberbayern; Sohn u. Nachfolger *Maximilians I.;* bis 1664 Parteigänger Österreichs, 1670 mit Frankreich verbündet; bemüht um die Behebung der Schäden des Dreißigjährigen Krieges u. um eine merkantilist. Wirtschaftspolitik (Kameralist J. J. *Becher*); förderte Oper u. Schauspiel.
Braunschweig: **6.** *F. Albrecht II.*, Herzog von Braunschweig-Bevern seit 1687, von Wolfenbüttel seit 1735, * 29. 5. 1680, † 3. 9. 1735 Salzdahlum bei Wolfenbüttel; Sohn *F. Albrechts I.* (* 1636, † 1687), des ersten Herzogs von Braunschweig-Bevern; Schwiegervater Friedrichs d. Gr.; 1733 Reichsgeneral-

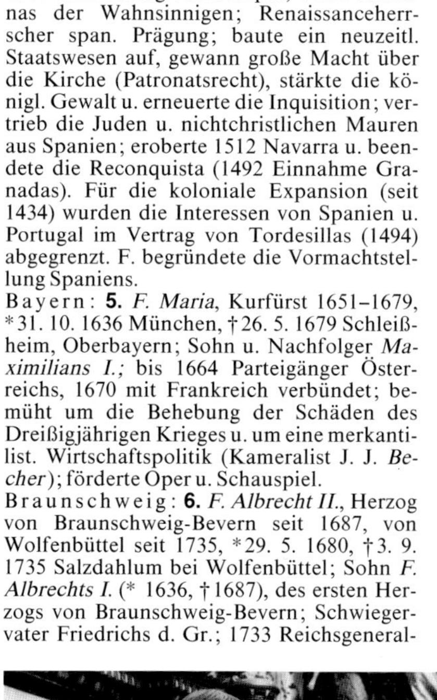

Ferdinand II. von Aragón: Holzplastik, Vigarni zugeschrieben. Granada, Capilla Real

feldmarschall, focht unter Prinz Eugen in den Türkenkriegen u. im Poln. Erbfolgekrieg gegen Frankreich.
7. Sohn von 6), Prinz, preuß. Generalfeldmarschall, * 12. 1. 1721 Wolfenbüttel, † 3. 7. 1792 Braunschweig; nahm am 1. u. 2. Schlesischen Krieg teil; führte im Siebenjährigen Krieg eine Armee nach Sachsen u. übernahm 1757 das preuß.-hannoversche Heer, mit dem er sich gegen Reichsarmee u. Franzosen in Westfalen u. Hessen behauptete; nahm 1766 wegen Streitigkeiten mit Friedrich d. Gr. als Gouverneur von Magdeburg seinen Abschied.
Bulgarien: **8.** *F. I.*, Fürst 1887–1908, König 1908–1918, * 26. 2. 1861 Wien, † 14. 8. 1948 Coburg; aus der Linie Sachsen-Coburg-Gotha-Koháry; am 7. 7. 1887 zum Fürsten von Bulgarien (unter türk. Oberhoheit) gewählt, konnte erst nach dem Sturz *Stambulows* sein sog. „persönliches Regiment“ durchsetzen, erklärte sich 1908 zum unabhängigen Zaren der Bulgaren; schloß sich 1915 den Mittelmächten an u. dankte 1918 zugunsten seines Sohns *Boris III.* ab.
Kastilien u. León: **9.** *F. I.*, *F. d. Gr.*, König 1035–1065, * um 1018, † 27. 12. 1065 León; vereinigte Kastilien u. León, dehnte seinen Besitz im Kampf gegen Navarra aus, focht siegreich gegen die Mauren, die ihm z. T. tributpflichtig wurden, eroberte Coimbra (1064) u. nannte sich seit ca. 1054 Kaiser.
10. *F. III.*, *F. der Heilige*, König 1217–1252, * um 1200, † 30. 5. 1252 Sevilla; beseitigte die Maurenherrschaft bis auf Granada (unter kastil. Oberhoheit), vereinigte 1230 wieder León mit Kastilien u. gründete 1239 die Universität Salamanca; 1671 heiliggesprochen.
Köln: **11.** Kurfürst u. Erzbischof von Köln 1612–1650, * 7. 10. 1577 München, † 13. 9. 1650 Arnsberg, Westfalen; Sohn Herzog *Wilhelms V.* von Bayern (* 1548, † 1626); Koadjutor seines Onkels Ernst, des Erzbischofs von Köln, zugleich Bischof von Lüttich, Münster, Hildesheim (1612) u. Paderborn (1619); wirkte unter engem Anschluß an Bayern für die Gegenreformation u. sicherte den Bestand der bayer. Sekundogenitur durch Annahme seines Neffen *Maximilian Heinrich* (* 1621, † 1688) als Koadjutor, der bei seinem Tod Kölner Kurfürst wurde.
Neapel: **12.** *F. I. Ferrante*, König 1458–1494, * 1423 Spanien, † 25. 1. 1494 Genua; der natürl. Sohn Alfons V. von Aragonien u. Neapel; mußte seiner Abstammung wegen gegen die *Anjou* um sein Erbe kämpfen, das er trotz schwerer Niederlagen behaupten konnte. Er machte seinen Hof zu einem Zentrum von Renaissance u. Humanismus.
13. *F. IV.*, König, als König beider Sizilien *F. I.*, * 12. 1. 1751 Neapel, † 4. 1. 1825 Neapel; als sein Vater *Karl III.* König von Spanien wurde, erhielt F. 1759 Neapel. Den Vorsitz des Regentschaftsrates hatte der Reform-Min. B. *Tanucci*. Nach dessen Sturz 1776 bestimmte F.s Gemahlin Maria Carolina, eine Tochter Maria Theresias, die Regierungspolitik. F. führte sein Königreich in alle Koalitionen gegen Frankreich. 1798–1800 u. 1806 bis 1815 regierte er, aus Neapel vertrieben, in Sizilien. Nach seiner Rückkehr vereinigte er 1816 seine Besitzungen zum Königreich beider Sizilien. 1820 zum Erlaß einer Repräsentativverfassung gezwungen, rief er die Österreicher zu Hilfe, die den Absolutismus wiederherstellten.
Österreich: **14.** Sohn von 1), Erzherzog, * 14. 6. 1529 Linz, † 24. 1. 1595 Innsbruck; heiratete 1557 heiml. Philippine *Welser* (* 1521, † 1580); übernahm 1564 die Regierung in Tirol u. Vorderösterreich u. führte die Gegenreformation durch; legte den Grundstock für die Ambraser Sammlungen (Schloß Ambras bei Innsbruck).
15. *F. I.*, Kaiser 1835–1848, als *F. V.* König von Ungarn seit 1830, von Böhmen seit 1836, * 19. 4. 1793 Wien, † 29. 6. 1875 Prag; Sohn Kaiser Franz' I.; stand wegen seiner Geistesschwäche unter Leitung einer Geheimen Staatskonferenz (u. a. *Metternich*), trat 1848 in Olmütz zugunsten seines Neffen *Franz Joseph* (I.) zurück.
Portugal: **16.** *F. I.*, König 1367–1383, * 31. 10. 1345 Coimbra, † 22. 10. 1383 Lissabon; schloß 1373 das für Portugals Geschichte entscheidende u. häufig erneuerte Bündnis mit England (Vorläufer des Windsorvertrags). Die von ihm durch Heirat seiner Tochter mit *Johann I.* von Kastilien (* 1358, † 1390) angestrebte Vereinigung der beiden Reiche wurde von den portugies. Cortes vereitelt, die seinen Halbbruder *Johann* (I.) 1385 zum König proklamierten.
17. *F. der Heilige*, Infant, * 29. 9. 1402 Santarém, † 7. 6. 1443 Fés; Sohn Johanns I.; nachdem 1437 den Portugiesen die Eroberung Tangers mißlungen war, wurde er von den Mauren als Geisel gefangengehalten u. vom Sultan von Fés als Sklave behandelt; sein Martyrium schildert *Calderón* in seinem Drama „Der standhafte Prinz“.
Rumänien: **18.** *F. I.*, König 1914–1927, * 24. 8. 1865 Sigmaringen, † 20. 7 1927 Sinaia; Sohn Fürst Leopolds von Hohenzollern-Sigmaringen, folgte seinem kinderlosen Onkel König *Carol* (Karl) I.; schloß Rumänien 1916 der Entente an. Nach der Verwirklichung eines „Großrumänien“ durch die Pariser Vorortverträge 1922 zum „König aller Rumänen“ in Karlsburg gekrönt.
Sizilien: **19.** *F. II.*, König beider Sizilien 1830–1859, * 12. 1. 1810 Palermo, † 22. 5. 1859 Caserta; zu Beginn seiner Regierung strebte F. Reformen im Verwaltungs-, Finanz- u. Heereswesen an, kehrte aber bald zum antiliberalen Kurs seines Vaters Franz I. zurück. 1848 zu einer Verfassung genötigt, bereitete er gleichzeitig den Staatsstreich vom 15. 5. 1848 vor, der sie beseitigte. Gegen sein rachsüchtiges, grausames Regiment danach protestierten England u. Frankreich vergeblich. Er starb an den Folgen eines 1856 verübten Attentats.
20. *F. I.* → Ferdinand (13).
Spanien: **21.** *F. V.* → Ferdinand (4).
Toskana: **22.** *F. I.*, Großherzog von Toskana 1587–1609, * 30. 7. 1549 Florenz, † 17. 2. 1609 Florenz; seit 1563 Kardinal; mit der Verheiratung seiner Nichte Maria mit Heinrich IV. von Frankreich u. seines Sohnes Cosimo mit Erzherzogin Maria Magdalena wirkte er dem span. Einfluß in Italien entgegen. Zusammen mit seiner Gemahlin Christine von Lothringen gehörte er zu den Förderern Galileis.
23. *F. II.*, Großherzog von Toskana 1621–1670, * 14. 7. 1610 Florenz, † 23. 5. 1670 Florenz; versuchte im Dreißigjährigen Krieg vergeblich eine Liga zur Neutralität der italienischen Staaten zu bilden. Seine Teilnahme am Mantuanischen Erbfolgekrieg schädigte sein Land schwer.
24. *F. III.*, Großherzog von Toskana 1796–1801, 1814–1824, * 6. 5. 1769 Florenz, † 18. 6. 1824 Florenz; Sohn Kaiser Leopolds II.; in den ersten beiden *Koalitionskriegen* versuchte er vergeblich, eine vermittelnde bzw. neutrale Politik zu betreiben, verlor aber 1801 sein Land; 1814 wieder Großherzog von Toskana.
Ferguson ['fəːgəsən], Adam, schott. Geschichtsschreiber u. Moral- u. Sozialphilosoph, * 20. 6. 1723 Logierait bei Perth, † 22. 2. 1816 St. Andrews; Geistlicher, Bibliothekar, 1759–1785 Prof. in Edinburgh; ein Vorläufer der modernen Soziologie u. (durch Betonung des Entwicklungsgedankens) des Historismus; Hptw.: „Principles of moral and political science“ 1792, dt. 1795; „Essay on the history of civil society“ 1767, dt. 1923; „Institutes of moral philosophy“ 1769, dt. 1772–1779; „History of the progress and termination of the Roman Republic“ 1783, dt. 1784–1786.
Ferman [pers.], *Firman*, Befehlsurkunde eines islamischen Herrschers, bes. des türk. Sultans.
Fernández de Córdoba y Aguilar [-dεθ-], Gonzalo, span. Heerführer, genannt *el gran capitán*, „der große Hauptmann“, * 1. 9. 1453 Montilla bei Córdoba, † 2. 12. 1515 Granada; reformierte das span. Heer u. vertrieb die Franzosen aus Neapel, das 1504 (1529) span. Vizekönigtum wurde.
Ferrara, italien. Stadt im NO der Region Emilia-Romagna, Hptst. der Provinz F., 143 000 Ew.
Um 1200 unter den Markgrafen von Toskana, im 12. Jh. Mitgl. des Lombard. Städtebunds, 1471 an die Herzöge von *Este*, im 15. u. 16. Jh. Blütezeit u. ein Zentrum der italien. Renaissance, gehörte 1597–1859 zum Kirchenstaat.
Ferrassie, *La F.*, mehrere Abris in der Dordogne (Frankreich), mit altsteinzeitl. Funden u. Bestattungen des Neandertalers.
Ferry, Jules, französ. Politiker, * 5. 4. 1832 Saint-Dié, Vogesen, † 17. 3. 1893 Paris; 1879 Unterrichts-Min. (antiklerikal); versuchte als Min.-Präs. (1880/81 u. 1883–1885) das Verhältnis zu Dtschld. zu verbessern u. den französ. Nationalismus vom Rhein auf die Kolonien (Tunis, Madagaskar, Indochina) abzulenken.
Fersen, Hans Axel Graf von, schwedisch-französ. Diplomat u. Offizier, * 4. 9. 1755 Stockholm, † 20. 6. 1810 Stockholm; nahm als Oberst am amerikan. Unabhängigkeitskrieg teil; bereitete als Günstling der Königin *Marie Antoinette* 1791 die Flucht des Königspaares vor, die in Varennes scheiterte. 1794 nach Schweden zurückgekehrt, wurde er Vertrauter *Gustavs IV. Adolf.* 1810 der Vergiftung des Thronfolgers bezichtigt, wurde er von einer aufgebrachten Volksmenge ermordet.
Feudalismus [mlat. *feodum, feudum*, „Lehen“], *i. e. S.* das mittelalterl. europ. Lehnswesen, das durch den absolutist. Staat abgelöst wurde; *i. w. S.* die Herrschaftsform des adligen Grundherrn, d. h. einer sich auf Grundbesitz stützenden, mit polit., militär. u. Verwaltungsvorrechten ausgestatteten Ober-

Feudalismus: Abgabe des Zehnten an den Feudalherrn (mittelalterliche Darstellung)

schicht. Diese Entwicklungsstufe war nicht auf Europa beschränkt, sondern findet sich auch z. B. in Ägypten, Japan, in der islam. Welt u. in den frühamerikan. Kulturen, ist also eine universalgeschichtl. Erscheinung. In Europa entwickelte der mittelalterl. Lehnsstaat ein mehrschichtiges System der *Vasallität* (Lehnsketten) mit dem König an der Spitze der Lehnspyramide. Wo wie in Frankreich u. England der Satz „Kein Land ohne Herrn" galt, wo also alles Land als lehnrührig (der Verleihung unterliegend) galt, konnte sich alle Macht zentralistisch in der Hand des obersten Lehnsherrn (des Königs) sammeln. In Dtschld. dagegen galt alles Land, falls nicht anders bewiesen, als freies Eigen *(Allod)*, namentlich in Rodungsgebieten, so daß hier kein zentralistischer F. möglich war. Die feudale Oberschicht formte eine durch die Stufenfolgen von Gefolgschafts- u. Schutzverpflichtungen gekennzeichnete polit. u. soziale Ordnung aus, die ihre wirtschaftl. Grundlage in der Verfügung über hörige Bauern hatte, denen allerdings der Grundherr eine gesicherte Existenz zu bieten hatte. Die aristokrat. Lebensformen des F. wurden in Heer u. Beamtentum vorherrschend u. erhielten sich dort teilweise bis zur Neuzeit. Der F. im histor. Sinn fand seine Fortsetzung im *Ständestaat*. – In der marxist. Geschichtsauffassung ist der F. die Gesellschaftsordnung, die die alte Sklavenhaltergesellschaft ablöst u. ihrerseits von der kapitalist. Gesellschaftsordnung abgelöst wird.

Feuerprobe, *Eisenprobe*, eines der *Gottesurteile*; bestand im Tragen glühenden Eisens in der bloßen Hand oder im Schreiten über glühende Pflugscharen; heilten die dabei zugezogenen Wunden normal, galt die Probe als bestanden.

Feuillants [fœ'jã], polit. Klub zur Zeit der Französ. Revolution, der sich in einem ehemaligen Kloster der *Feuillanten* (Zisterzienser) in Paris versammelte; er wollte die Errichtung der konstitutionellen Monarchie.

Fey, Emil, österr. Politiker, *23. 3. 1886 Wien, †16. 3. 1938 Wien (Selbstmord); 1932 Staatssekretär für Sicherheitswesen, 1933–1935 abwechselnd Vizekanzler, Sicherheits- u. Innen-Min.; war als Heimwehrführer maßgeblich an der Niederschlagung der Februarkämpfe 1934 beteiligt.

Fibel [lat. *fibula*, „Klammer"], in vorgeschichtl. Zeit Gewandschließe – zum Zusammenhalten des Gewandes an Brust oder Schulter –, entweder als *eingliedrige F.* nach Art der modernen Sicherheitsnadel oder als *zweigliedrige F.*, bei der die Nadel frei beweglich am Bügel befestigt ist. F.n wurden in Europa seit der Bronzezeit im *Nordischen Kreis* (in der zweigliedrigen Form), im S seit der *Hallstatt-Kultur* (in der eingliedrigen Form) verwendet. Die *Scheibenfibel*, die bei den Römern seit der zweiten Hälfte des 1. Jh. n. Chr. aufkommt – vereinzelt auch schon in der Latènekultur – u. später ein wichtiger Trachtbestandteil der Völkerwanderungs- u. Merowingerzeit ist, hatte wohl eher Schmuckfunktion wie unsere heutige Brosche u. ist damit keine F. im engeren Sinne mehr. Sie wurde in der Merowingerzeit in verschiedensten Techniken verziert (Cloisonné, Preßblech, Kerbschnitt, Tauschierung, Bronzeguß u. Filigran). Die F. ist eine der wichtigsten *Leitformen* der Vor- u. Frühgeschichte.

Ficker, Julius von (seit 1885), Historiker u. Jurist, *30. 4. 1826 Paderborn, †10. 7. 1902 Innsbruck; 1852 Prof. in Innsbruck; begründete die Verfassungsgeschichte des MA auf der Grundlage der histor. Urkundenkritik u. rechtshistorischer Forschungen.
Als kath. Großdeutscher verteidigte er im Streit mit H. von Sybel die dt. Kaiserpolitik des MA („Das dt. Kaiserreich in seinen universalen u. nationalen Beziehungen" 1861). Hptw.: „Vom Reichsfürstenstand" 1861; „Forschungen zur Reichs- u. Rechtsgeschichte Italiens" 1868–1874; „Beiträge zur Urkundenlehre" 1877/78.

Fidschi FJI

Republik Fidschi

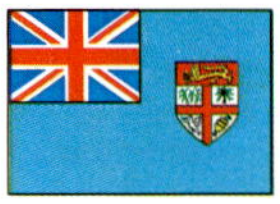

Fläche: 18 274 km². – *Einwohne:* 747 000. – *Hauptstadt:* Suva. – *Landessprachen:* Englisch, Fidschianisch. – *Nationalfeiertag:* 10. 10. – *Währung:* 1 Fidschi-Dollar = 100 Cents. – *Lage:* zwischen 15° und 22° s. Br. sowie 177° w. L. und 175° ö. L. – *Zeitzone:* Mitteleuropäische Zeit + 11 Std. – *Grenzen:* Inselgruppe im Pazifischen Ozean zwischen Samoa (im N), Tonga (im O) und Vanuatu (im W). – *Staatsform:* Republik.

Die Inselgruppe wurde 1643 von A. J. *Tasman* entdeckt. Im 19. Jh. bildete sich ein unabhängiges Königreich, das 1874 britische Kolonie wurde. 1966 erhielt F. Selbstverwaltung, 1970 wurde es unabhängig. Es blieb im Commonwealth als parlamentar. Monarchie mit der brit. Königin als Staatsoberhaupt, vertreten durch einen einheim. Generalgouverneur. Bis 1987 regierte die *Alliance Party* unter Premier-Min. K. *Mara*, die die melanes. Fidschi vertritt. 1987 gewann die *National Federation Party*, die Vertretung der Inder, die Wahlen u. stellte mit T. *Bavadra* den Premier-Min. Wenig später stürzte das Militär unter S. *Rabuka* die neue Regierung. F. wurde zur Republik erklärt u. schied aus dem Commonwealth aus. Staats-Präs. wurde der bisherige Generalgouverneur P. *Ganilau*, Premier-Min. erneut Mara. Die Verfassung von 1990 stärkte die Rechte der Melanesier zu Lasten der ind. Bevölkerungsgruppe. Die Wahlen 1992 gewann die *Fijian Political Party (FPP)*. Rabuka löste Mara als Regierungschef ab. 1993 starb Präs. Ganilau. Sein Amt übernahm Mara. Die Wahlen 1994 gewann erneut die FPP. Nach der Verabschiedung einer neuen Verfassung, die die Bevorzugung der Melanesier abschwächte, wurde F. 1997 wieder Mitgl. des Commonwealth.

Fierlinger, Zdeněk, tschech. Diplomat u. Politiker, *11. 7. 1891 Olmütz, †2. 5. 1976 Prag; Gesandter in Den Haag (1921), Washington (1925), Bern u. beim Völkerbund in Genf (1928), Wien (1932), Moskau (1937–1939), Paris (1939/40). Mitgl. der Exilregierung in London. In der Nachkriegszeit Vors. der Sozialdemokrat. Partei u. erster Min.-Präs., mitverantwortlich für den Staatsstreich 1948, bei dem die Kommunisten die Regierung übernahmen; nach Zusammenschluß seiner Partei mit der Kommunist. Partei Mitgl. des ZK (1948), des Politbüros (1954) u. des Parteipräsidiums der KPČ (1962). 1946/47, 1948 u. 1949–1953 stellvertr. Min.-Präs., 1950–1953 Min. für kirchl. Angelegenheiten, 1953–1964 Präs. der Nationalversammlung.

Fiesco, Giovanni Luigi de, Graf von Lavagna aus der genues. Patrizierfamilie *Fieschi*, gewöhnl. F. genannt, *1523, ertrank am 2. 1. 1547 im Hafen von Genua bei dem mißglückten Versuch, den Dogen *Andrea Doria* von Genua zu beseitigen.

Figl, Leopold, österr. Politiker (ÖVP), *2. 10. 1902 Rust, Niederösterreich, †9. 5. 1965 Wien; bis 1951 Bundesparteiobmann der ÖVP, 1945–1953 Bundeskanzler, 1953–1959 Außen-Min., maßgebl. beteiligt am Zustandekommen des österr. Staatsvertrags 1955, den er für Österreich unterzeichnete; 1959 bis 1962 Präs. des Nationalrats; 1945 u. 1962 bis 1965 Landeshauptmann von Niederösterreich.

Figner, Vera Nikolajewna, russ. Revolutionärin, *24. 1. 1852 Nikiforow, Gouvernement Kazan, †16. 6. 1942 Moskau; wegen Beteiligung am Attentat auf Zar Alexander II. (1881) zum Tode, dann zu lebenslängl. Haft verurteilt; 1904–1917 im Exil. Lebenserinnerungen „Nacht über Rußland" dt. 1928.

Figueres Ferrer [fi'gɛrɛs -], José, costarican. Politiker (Nationalliberale Partei), *25. 9. 1906 San Ramón, †8. 6. 1990 San José; Ingenieur u. Wirtschaftswissenschaftler; stürzte 1948 unter Zusammenfassung der demokrat. Kräfte das linksliberale Regime in Costa Rica; erließ als Gründer der 2. Republik eine neue Verfassung u. führte umfassende soziale Reformen durch; 1948/49, 1953–1958 u. 1970–1974 Staats-Präs.

Filbinger, Hans, Politiker (CDU), *15. 9. 1913 Mannheim; Jurist; 1958–1960 Staatsrat in der Landesregierung, 1960–1966 Innenminister, 1966–1978 Ministerpräsident von Baden-Württemberg, 1971–1979 Landes-Vors. der CDU; trat nach öffentlichen Auseinandersetzungen über seine Tätigkeit als Militärrichter im 2. Weltkrieg zurück (ausgelöst durch eine Veröffentlichung von R. *Hochhuth*). F. schrieb „Die geschmähte Generation" 1987.

Filchner, Wilhelm, Forschungsreisender u. Geodät, *13. 9. 1877 München, †7. 5. 1957 Zürich; wurde 1900 bekannt durch den Ritt über den Pamir, leitete 1903–1905 die dt. China-Tibet-Expedition, durchquerte 1910 Spitzbergen, leitete 1911/12 die 2. dt. Südpolarexpedition („Zum sechsten Erdteil" 1922), bereiste 1926–1928 u. 1934–1937 erneut Zentralasien („Om mani padme hum" 1929; „Bismillah" 1938), reiste 1938 nach Nepal („In der Fieberhölle Nepals" 1951), wo er sein Lebenswerk, die erdmagnet. Erforschung Zentralasiens, vollendete; blieb bis 1948 in Indien u. schrieb seine Lebenserinnerungen („Ein Forscherleben" 1950).

Filiation, bei der Ahnenprobe Nachweis der Rechtmäßigkeit der Ehen der Vorfahren (F.sprobe).

Fillmore [-mɔː], Millard, US-amerikan. Politiker (Whig), *7. 1. 1800 Locke, Cayuga County, N.Y., †8. 3. 1874 Buffalo, N.Y.; 1848 Vize-Präs. u. 1850–1853 (13.) Präs. nach dem Tod Z. Taylors; förderte den „Kompromiß von 1850" u. half damit die „Union bewahren"; autorisierte die Flottenexpedition des Commodore M. C. *Perry* zur Öffnung der japan. Häfen (Vertrag von Kanagawa, 31. 5. 1854).

Finck von Finckenstein, Karl Wilhelm Graf, preuß. Staatsbeamter, *11. 2. 1714 Berlin, †3. 1. 1800 Berlin; seit 1749 Kabinettsminister; lebenslanger engster Freund *Friedrichs d. Gr.*, 1757 von diesem für den Fall seines Todes zum Verweser des Königreiches bestimmt; diente auch Friedrich Wilhelm II. u. Friedrich Wilhelm III.

Finke, Heinrich, Historiker, *13. 6. 1855 Krechting, Westfalen, †19. 12. 1938 Freiburg i. Br.; Prof. in Münster u. Freiburg. F. war einer der besten Kenner der spätmittelalterlichen u. der span. Geschichte; er entdeckte umfangreiches Quellenmaterial in den Archiven des Vatikans u. Barcelonas. Hrsg. der „Acta Concilii Constanciensis" 1896–1928; „Acta Aragonensia" 1908–1922. „Das Papsttum u. der Untergang des Templerordens" 2 Bde. 1907.

Finnland → S. 241.

Firusabad, *Firuzabad*, pers. Ruinenstadt südlich von Shiraz (Prov. Fars); erste Residenz der Sassaniden, als kreisrunde Anlage mit zentralem Feuerheiligtum gebaut; auf den parthischen Palasttypus zurückgehender Palast des Königs Ardaschir.

Finnland SF

Republik Finnland

Fläche: 338 145 km². – *Einwohner:* 5,0 Mill. – *Hauptstadt:* Helsinki. – *Landessprachen:* Finnisch, Schwedisch. – *Nationalfeiertag:* 6. 12. – *Währung:* 1 Finnmark = 100 Pinniä. – *Lage:* zwischen 59°48′ und 70°05′ n. Br. sowie 20°33′ und 31°35′ ö. L. – *Zeitzone:* Mitteleuropäische Zeit + 1 Std. – *Grenzen:* im S und W Ostsee, im NW Schweden, im N Norwegen, im O Rußland. – *Staatsform:* parlamentarische Republik.

F. war ursprünglich von Einwanderern aus Schweden u. Rußland besiedelt. Im 2. Jh. wanderten die Finnen von O her ein. Im frühen MA schickten die röm.-kath. u. die griech.-orthodoxe Kirche Missionare ins Land. In den schwed. Kreuzzügen (*Birger Jarl* 1249) wurde F. röm.-kath. u. zu einer schwed. Provinz. Im 14. Jh. wanderten Schweden ein, doch behielten die Finnen ihre ethnische Eigenart u. hatten an der Verwaltung des Landes teil; es bildete sich ein finn. Adelsstand. *Gustav I. Wasa* führte die Reformation ein. Im Nordischen Krieg war F. 1714–1721 von Russen besetzt. Im Laufe des 18. Jh. mußte Schweden ganz Südost-F. an Rußland abtreten.
Das erwachende Nationalbewußtsein schuf Unmut gegen Schweden, u. finn. Offiziere, die sich mit schwedischen im *Anjalabund* gegen *Gustav III.* verschworen, hofften, dem Land unter russ. Schutz die Eigenständigkeit zu sichern. 1809 wurde ganz F. Großfürstentum des Zaren, behielt jedoch seine innere Selbständigkeit sowie die Verfassung, Gesetze, Verwaltungsreinrichtungen aus der Zeit seiner Zugehörigkeit zu Schweden.
Der finn. Landtag wurde unter *Nikolaus I.* von Rußland nicht mehr einberufen u. konnte erst nach 1863 wieder regelmäßig zusammentreten. Zahlreiche Reformen wurden vorgenommen (z. B. kommunale Selbstverwaltung, Volksschule), doch betrieb Rußland nach 1880 eine starke Russifizierungspolitik, dem Landtag wurden Schwierigkeiten gemacht, das finn. Heer 1901 aufgelöst. Nach Rußlands Niederlage gegen Japan 1905 erzwang der finn. Nationalstreik eine Verfassung mit allg. Wahlrecht, u. am 6. 12. 1917 erklärte der Landtag F. für unabhängig.
Im Januar 1918 brachen Kämpfe zwischen Kommunisten, die den Anschluß an Sowjetrußland forderten, u. bürgerlich-konservativen Kräften aus. General C. G. *Mannerheim* schlug die Kommunisten nach einem viermonatigen blutigen Bürgerkrieg.
1919 wurde F. Republik u. K. J. *Ståhlberg* ihr erster Präsident. Sowjetrußland mußte 1920 die finnische Unabhängigkeit anerkennen u. Ostkarelien innere Autonomie garantieren. 1921 erklärte der Völkerbund die von einer schwed. sprechenden Bevölkerung bewohnten Ålandsinseln zum finnischen Besitz. Da die Bedrohung durch Moskau, die von den finnischen Kommunisten durch Umsturzversuche verstärkt wurde, weiter bestehen blieb, erzwang 1930 der Bauernmarsch *(Lappobewegung)* nach Helsinki den Rücktritt der Regierung u. die Ausschaltung der Kommunisten aus dem innenpolitischen Leben. 1932 konnte ein Nichtangriffspakt mit Moskau geschlossen werden. 1935 entschied die finn. Regierung, sich der skandinav. Neutralitätspolitik anzuschließen. Trotzdem provozierte die UdSSR nach Aufkündigung des Nichtangriffspakts 1939 einen Krieg *(Winterkrieg)*, in dem F. nach heftiger Gegenwehr unterlag. Im Frieden von Moskau vom 12. 3. 1940 mußte F. die Karel. Landenge, Teile Ost-F.s, die Küsten des Ladogasees u. Hanko abtreten. 1941–1944 kämpfte F. auf dt. Seite gegen die Sowjetunion, fiel jedoch vom dt. Bundesgenossen ab, nachdem Mannerheim (als Nachfolger R. *Rytis*) 1944 Staatspräsident geworden war. Am 19. 9. 1944 schloß F. einen Waffenstillstand. F.s Selbständigkeit konnte dadurch bewahrt werden.
Im Frieden von Paris vom 10. 2. 1947 erkannte F. die Grenze von 1940 u. die Abtretung von Petsamo (mit Nickelgruben) an die Sowjetunion an. Staatspräsident wurde 1946 J. K. *Paasikivi.* 1948 schloß F. einen Freundschafts- u. Beistandspakt mit der UdSSR, an dem sich die finn. Außenpolitik in der Folgezeit orientierte. 1955 wurde das Land Mitgl. des Nord. Rates u. der UNO. 1956 gab die UdSSR Porkkala an F. zurück. Im gleichen Jahr wurde U. *Kekkonen* Staats-Präs. Ihm folgte 1982 M. *Koivisto.* Trotz der Sonderbeziehungen zur UdSSR entwickelte sich das Land zu einem modernen Industrie- u. Wohlfahrtsstaat. Nach dem Ende der UdSSR u. der Auflösung des Vertrages von 1948 begann für F. 1992 eine neue Epoche in der Außenpolitik. 1994 wurde der Sozialdemokrat M. *Ahtisaari* zum Staats-Präs. gewählt. 1995 trat F. der EU bei.
Zentrumspartei (bis 1965 Bauernbund), konservative Sammlungspartei u. Sozialdemokraten sind die beherrschenden Kräfte in der finn. Innenpolitik. Min.-Präs. ist seit 1995 der Sozialdemokrat P. *Lipponen.*

Finnland: antikommunistische Demonstration der Lappobewegung vor der Kathedrale von Helsinki 1930; in der Bildmitte C. G. Mannerheim (mit Degen), hinter ihm Staatspräsident P. E. Svinhufvud

Fischer, 1. Fritz, Historiker, *5. 3. 1908 Ludwigsstadt, Oberfranken; 1942–1973 Prof. in Hamburg; rief 1961 durch sein Buch „Griff nach der Weltmacht" eine Diskussion über den Anteil des Dt. Reichs an der Auslösung des 1. Weltkriegs hervor *(Fischer-Kontroverse).* Weitere Werke: „Moritz August von Bethmann Hollweg u. der Protestantismus" 1938; „Ludwig Nicolovius" 1939; „Weltmacht oder Niedergang" 1965; „Krieg der Illusionen" 1969; „Der Erste Weltkrieg u. das dt. Geschichtsbild" 1977; „Bündnis der Eliten" 1979.
2. Oskar, Politiker (SED), *19. 3. 1923 Asch (Tschechoslowakei); Schneider; 1947–1955 FDJ-Funktionär; 1955–1959 Botschafter der DDR in Bulgarien; 1965–1973 stellvertretender Minister, 1973–1975 Staatssekretär u. Erster stellvertretender Minister, 1975–1990 Minister für Auswärtige Angelegenheiten der DDR; 1971–1989 Mitglied des Zentralkomitees der SED.
3. Ruth, eigentl. Elfriede *Eisler*, verh. *Friedländer*, später *Golke*, Schwester von Gerhart u. Hanns *Eisler*, Politikerin (KPD), *11. 12. 1895 Leipzig, †13. 3. 1961 Paris; Mitgründerin der KP Österreichs; seit 1920 Mitgl. der KPD, 1921–1925 Leiterin des Parteibezirks Berlin-Brandenburg, 1924/25 maßgebende Parteiführerin (zusammen mit Arkadij *Maslow*, *1891, †1941), betrieb die „Bolschewisierung" der Partei; 1926 als „Linksoppositionelle" aus der KPD ausgeschlossen; seit 1933 in der Emigration (Frankreich, USA); schrieb „Stalin u. der dt. Kommunismus" dt. 1950.

Fischhof, Adolf, österr. Politiker, *8. 12. 1816 Alt-Ofen, Ungarn, †23. 3. 1893 Emmersdorf bei Klagenfurt; Arzt, durch seine Rede am 13. 3. 1848 Führer der liberalen Studentenschaft u. Initiator der Märzrevolution; Obmann des Wiener Sicherheitsausschusses u. Abg. des Wiener u. Kremsierer Reichstages. Er war seit 1849 nicht mehr politisch aktiv, trat in seinen Schriften für die Föderalisierung der Monarchie ein.

Fisher ['fiʃə], John Arbuthnot, Baron F. of Kilverstone, brit. Admiral, *25. 1. 1841 Ceylon, †10. 7. 1920 London; 1904–1910 u. 1914/15 als Erster Seelord erfolgreich mit Reformen in der Kriegsmarine u. im Flottenwettrüsten mit Dtschld. vor dem 1. Weltkrieg; verantwortlich für den Bau der *Dreadnought*, des Prototyps der neuen Serie der schweren Schlachtschiffe.

Fjodor, russ. Zaren: **1.** *F. I. Iwanowitsch*, Zar 1584–1598, *11. 5. 1557, †17. 1. 1598; Sohn Iwans des Schrecklichen, letzter Herrscher der Rjurikdynastie; überließ die Regierung seinem Schwager Boris Godunow.
2. *F. III. Alexejewitsch*, Zar 1676–1682, *30. 5. 1661, †27. 4. 1682; älterer Bruder Peters d. Gr., schwach u. kränklich; die Regierung überließ er den Bojaren.

Flagellanten [lat.], *Geißler, Geißelbrüder, Flegler, Kreuzbrüder*, Bez. für Schwärmer, die die öffentl. Selbstgeißelung vornahmen. Seit dem 11. Jh. war bei italien. Einsiedlern die asket. Geißelung üblich; die F. traten mehrmals 1260 in Perugia öffentl. auf u. verbreiteten sich über Europa; eine zweite Welle folgte Mitte des 14. Jh. zur Zeit der großen Pest. Die F., die durch die Geißelung auf gewaltsame Weise Befreiung von der Sünde erreichen wollten, waren vielfach durch endzeitl. Erwartungen beeinflußt. Die Kirche verbot die Geißelfahrten. Doch erhielten sich die F. in karitativen Bruderschaften oder auch in sektierer. Gemeinschaften. Zu einem letzten Aufflackern der öffentl. Geißelung kam es zur Zeit der kath. Reform in von Jesuiten u. Kapuzinern geleiteten oder beeinflußten Bruderschaften u. Ordensgenossenschaften.

Flagge, Fahne aus leichtem Tuch in den Nationalfarben des betreffenden Staates, meist mit Wappen oder Sinnbildern zur Kennzeichnung der Nationalität eines Schiffs *(National-F.)*, im allg. mit Unterschieden für Kriegs- u. Handelsschiffe (bei den Handelsschiffen fällt häufig das Wappen fort). Die F. ist am Flaggenstock mittels einer Leine befestigt, die das Hochziehen *(Hissen)* u. Niederholen gestattet. Das Führen falscher F.n ist strafbar. Admirale, Kommodores, Flottenchefs, Befehlshaber u. Kommandeure führen Stander. Bes. Zwecken dienen: *Not-*, *Quarantäne-* (bei ansteckenden Krankheiten an Bord) u. *Lotsen-F.n* (zum Heranrufen eines Lotsen). *Signal-F.n* werden zur gegenseitigen Verständigung zwischen Schiffen gebraucht. Außer den National-, Handels- u. Kriegs-F.n werden von Behörden *Dienst-F.n* (z. B. Post, Zoll) u. von Reedereien *Reederei-F.n (Haus-F.n, Kontor-F.n)* geführt.

Flamen, *Flamländer*, ndrl. *Vlamingen*, frz. *Flamands*, geschichtlich u. stammesmäßig den Holländern u. Niederdeutschen verwandtes german. Volk im W u. N Belgiens (hauptsächlich in West- u. Ostflandern, Brabant u. Limburg ansässig) u. in angrenzenden Teilen Nordostfrankreichs (bis Lille, St.-Omer). Die F. sind überwiegend kath. u. haben ihre eigene Sprache, Malerei (Maler wie die Brüder van *Eyck*, P. P. *Rubens*, A. van *Dyck*) u. Literatur; kulturelle Mittelpunkte sind Brügge, Gent, Antwerpen. Nachdem die F. durch die Revolution von 1830/31 vom Königreich der Niederlande losgerissen u. mit den Wallonen zum Königreich Belgien vereinigt worden waren, entstand bald aus Furcht vor einer Überfremdung durch das in Staat u. Gesellschaft sich durchsetzende französ. Element eine fläm. Volkstumsbewegung, die das Festhalten an der fläm. Tradition, bes. die gleichberechtigte Zulassung des Flämischen als Amtssprache verlangte u. im Lauf des 19. Jh. auch erreichte. In den Kreisen der F., die ihre Forderungen nicht genügend berücksichtigt glaubten, suchten viele einen Rückhalt an Dtschld.; so bes. die „Aktivisten" des 1. Weltkriegs (Gründung der Fläm. Universität Gent mit dt. Hilfe, Bildung eines *Rates von Flandern* als einheim. Regierungsorgan). Der bis in die Gegenwart andauernde belg. Sprachenstreit hat seine Ursache ebenfalls in der Sorge der F., daß das Flämische in Politik u. Kultur nicht angemessen repräsentiert sei.

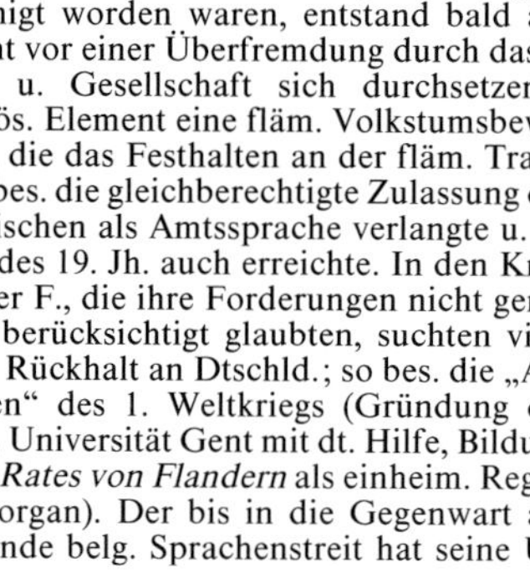

Flaminius: römisches Münzporträt

Flamininus, Titus Quinctius, röm. Feldherr, *228 v. Chr., †174 v. Chr.; als Konsul des Jahres 198 v. Chr., danach als Prokonsul leitete er erfolgreich die röm. Operationen gegen *Philipp V.* im 2. Makedonischen Krieg (197 v. Chr. großer Sieg in der Schlacht von *Kynoskephalai*) u. beendete diesen Krieg, der den totalen Rückzug Makedoniens aus Griechenland brachte. Höhepunkt von F.' philhellen. Politik war die Verkündung der Freiheit für die Griechen bei den Isthmischen Spielen 196 v. Chr.

Flaminische Straße, lat. *Via Flaminia*, altröm. Heerstraße zwischen Rom u. Rimini, durch Etrurien u. Umbrien führend; 220 v. Chr. von Gaius *Flaminius* erbaut.

Flaminius, Gaius, röm. Konsul, †217 v. Chr.; Vorkämpfer des Volks *(plebs)* gegen den Senat u. Exklusivitätstendenzen der Nobilität; besiegte als Konsul 223 v. Chr. die Kelten in Oberitalien; veranlaßte als Zensor 220 v. Chr. den Bau der *Flaminischen Straße* u. des *Circus F.*; während seines 2. Konsulats in der Schlacht am Trasimenischen See gegen Hannibal gefallen.

Flämische Bewegung, *Vlaamse Beweging*, eine politisch-kulturelle Reaktion des niederländisch-sprachigen („flämischen") Bevölkerungsteils in Belgien gegen die Diskriminierung seitens der Wallonen, die vor allem seit der Mitte des 19. Jh. hervortrat. Die Bewegung erreichte 1873–1883 erste Erfolge durch Gleichstellung des Niederländischen vor Gericht u. in der Verwaltung sowie im Schulwesen. 1929/30 wurde die Universität Gent „niederlandisiert", kurz vor dem 2. Weltkrieg folgten weitere Sprachengesetze zur Gleichstellung der Flamen. Die Kollaboration von kleinen Teilen der F.n B. mit den Deutschen in den beiden Weltkriegen kompromittierte die Bewegung als Ganzes u. verzögerte ihre Erfolge. Nach dem 2. Weltkrieg trat sie politisch selbstbewußter auf, zumal sich das wirtschaftl. Schwergewicht mehr nach dem Norden Belgiens verlagerte. Neben einer eigenen flämischen Partei („Volksunion") entstanden durch Aufspaltung fläm. Sektionen der großen belgischen Parteien (Christliche, Sozialisten, Liberale). 1963 wurde die Sprachgrenze zwischen Flandern u. Wallonien sowie die des zweisprachigen Brüssel gesetzlich festgelegt; die Verfassungsreform 1970–1974 brachte den Sprachregionen die kulturelle u. wirtschaftl. Autonomie, die in den 1980er Jahren weiter ausgebaut wurde. Eine Verfassungsänderung 1993 brachte die endgültige Föderalisierung Belgiens.
Nicht zuletzt wegen der ökonomischen Schwierigkeiten hat der *Sprachenstreit* zwischen Wallonen u. Flamen aber seine innenpolit. Sprengkraft behalten. Auch → Flamen.

Flandern, ndrl. *Vlaanderen*, frz. *Flandre*, histor. Landschaft im niederbelg.-nordfranzös. Tiefland.
Im 3. Jh. n. Chr. drangen Franken u. Friesen in das Gebiet des heutigen F. ein. Durch den Vertrag von Verdun 843 wurde F. so geteilt, daß der größere Teil an Westfranken, der rechts der Schelde gelegene Teil an Ostfranken fiel. *Balduin II.* (*879, †918), Schwiegersohn Karls des Kahlen, wird als erster Graf von F. bezeugt. Seine Nachfolger dehnten ihre Herrschaft bis zur Normandie aus. Seit der Belehnung *Balduins V.* (1035 bis 1067) 1056 mit dem „Land der vier Ambachten" u. der Landschaft Aalst durch den Kaiser unterschied man das französ. *Kron-F.* u. das kaiserl. *Reichs-F. Balduin VI.* (1067–1070) vereinigte durch Heirat F. u. die Grafschaft Hennegau 1051. *Robert I.* (1071–1093) widmete sich bes. dem Auf- u. Ausbau der flandr. Städte u. wurde 1063 Regent der Grafschaft Holland. 1214 gelang es dem französ. König, in der Schlacht bei Bouvines die Oberlehnsherrschaft wieder zu festigen. Unter dem Grafengeschlecht *Dampierre* griffen die Städte Ypern, Gent u. Brügge in das Geschick F.s ein u. erreichten mit der „Sporenschlacht" bei Kortrijk (Courtrai) 1302 gegen Philipp den Schönen, daß Ost-F. von französ. Herrschaft befreit wurde, während Wallonisch-F. 1302 an Frankreich fiel. Durch Heirat kam F. 1384 zu Burgund, 1482 an die Habsburger u. 1556 an deren span. Linie. 1648 wurde von diesem Gebiet Seeländisch-F. an die Generalstaaten abgetreten. In mehreren Friedensschlüssen (Pyrenäen-Friede 1659, Aachen 1668, Nimwegen 1678) wurden das Artois u. die südl. flandr. Gebiete französisch. 1714 kam F. zu Österreich (span. Erbschaft). Seit der Französ. Revolution war F., 1794–1814 in zwei Départements geteilt, in französ. Besitz; es kam nach dem Wiener Kongreß als Ost- u. West-F. an das Königreich der Vereinigten Niederlande u. wurde durch die Revolution 1830 ein Teil des neuen Königreichs Belgien. – Gegenwärtig versteht man unter F. auch den gesamten niederländischsprachigen Teil Belgiens.

Flandin [flã'dɛ̃], Pierre-Etienne, französ. Politiker, *12. 4. 1889 Paris, †13. 6. 1958 Saint-Jean-Cap-Ferrat, Riviera; Mitgl. der gemäßigten Rechten; zwischen 1924 u. 1931 verschiedene Male Minister, 1934/35 Min.-Präs., 1935/36 u. Dez. 1940 –Febr. 1941 Außen-Min. in der Vichy-Regierung u. zeitweilig Stellvertreter Pétains, nach 1945 wegen Kollaboration in Haft; 1932 u. 1950 Präs. der „Alliance démocratique".

Flavius, römischer Familienname; in der Republik selten, in der Kaiserzeit häufiger, besonders bekannt durch die Flavische Dynastie (69–96) mit den Kaisern *Vespasian, Titus* u. *Domitian*; in der Spätantike seit *Constantius I.*, dessen ursprünglicher Familienname F. war, als Name auf alle Herrscher seiner Dynastie, schließlich auf alle Kaiser übergegangen.

Flavius Severus, *Flavius Valerius Severus*, röm. Kaiser 306–307, illyr. Herkunft; als Offizier im röm. Heer durch den Einfluß seines Freundes Galerius 305 Caesar im westlichen Reichsteil; 306 zum Augustus erhoben, 307 von *Maxentius* getötet.

Fleury [flœ'ri], ehem. Benediktinerabtei in Mittelfrankreich (bei Orléans) mit berühmter Klosterschule (Mittelpunkt der cluniazens. Bewegung); um 640 gegr., 1798 aufgehoben, 1944 wieder besiedelt.

Fleury [flœ'ri], André Hercule de, französ. Kardinal (1726) u. Politiker, *22. 6. 1653 Lodève, Languedoc, †29. 1. 1743 Issy-les-Moulineaux bei Paris; seit 1726 leitender Minister Ludwigs XV., erlangte im Poln. Thronfolgekrieg gegen Österreich 1738 die Anwartschaft auf das Herzogtum Lothringen für Frankreich. Als letztem Min. vor der Französ. Revolution gelang ihm der Ausgleich der Staatsfinanzen.

Flinders ['flindəz], Matthew, engl. Seefahrer u. Australienforscher, *16. 3. 1774 Donington, Lincolnshire, †19. 7. 1814 London; erforschte 1795–1799 die Südostküste (dabei Umschiffung von Tasmanien), 1801 die Südküste u. 1802 die Ost- u. Nordküste Australiens; die Küsten wurden von F. genau vermessen; nach ihm benannt: *F.-Insel* nördl. von Tasmanien, *F. River* in Queensland, *F. Range* in Südaustralien; schlug 1810 für „Neuholland" den Namen „Australien" vor, der sich rasch einbürgerte. Hptw.: „A voyage to Terra Australis" 1814, dt. 1816.

FLN, Abk. für frz. *Front de libération nationale*, „Nationale Befreiungsfront", Zusammenschluß der für die Befreiung Algeriens arbeitenden Parteien u. Gruppen, gegr. 1955; als Fortsetzung des CRUA (*Comité révolutionnaire d'unité d'action*, „Revolutionäres Komitee für Aktionseinheit"), das den Ausbruch des Revolutionskrieges am 1. 11. 1954 organisiert hatte. Die FLN bildete am 19. 9. 1958 die alger. Exilregierung unter Ferhat *Abbas* in Tunis u. Kairo; sie organisierte die alger. Befreiungsarmee (ALN, *Armée de libération nationale*). Nachdem Algerien am 3. 7. 1962 die Unabhängigkeit erlangt hatte, setzte die FLN sich als Einheitspartei durch; die Führer des Revolutionskrieges wurden ausgeschaltet.

Flodoard, französ. Geschichtsschreiber, *893, †28. 3. 966 Reims; Domherr u. Archivar in Reims, verfaßte ein die Zeitereignisse festhaltendes Annalenwerk (919–966), eine Reimser Kirchengeschichte u. eine Universalkirchengeschichte in Versform unter dem Titel „De Christi triumphis" (unvollendet).

Florenz, norditalien. Stadt am Arno, Hptst. der *Toskana* u. der Provinz F., 421 000 Ew.
Das antike *Florentia*, 59 v. Chr. von Cäsar gegr., war eine röm. Siedlung, deren Gebiet noch heute im Stadtplan zu erkennen ist.
Der Aufstieg der von inneren Kämpfen zerrissenen Stadt begann im 12. Jh.; 1302 wurde *Dante* verbannt. Aus dieser Zeit sind das Baptisterium u. die Kirche San Miniato al Monte auf einem Hügel des linken Arnoufers erhalten. Im 14. Jh. hatte die Stadt bereits 120 000 Einwohner u. stieg zur führenden Macht Mittelitaliens auf. Nach der Pest 1348 ging die Bevölkerung auf die Hälfte zurück u. erreichte erst am Ende des 15. Jh. die alte Zahl. Für Handel, Gewerbe u. Geldverkehr war F. in dieser Zeit der erste Platz Europas. Der Florentiner Gulden (Abkürzung daher noch heute fl.) war eine überall begehrte Währung. Die Einnahme von Pisa 1406 u. Livorno 1421 verschaffte F. den Zugang zum Meer.
Der große Reichtum der Stadt brachte eine einmalige Kunstpflege hervor, als deren sichtbarster Ausdruck der Dom u. bes. die von *Brunelleschi* errichtete Kuppel galt. Mit *Giotto, Arnolfo di Cambio, Donatello, Masaccio, Michelangelo, Verocchio, Ghiberti, Fra Angelico* u. vielen anderen beherbergte F. die ersten Künstler der Zeit. 1434 errichtete *Cosimo de Medici* (1434–1464), ohne die republikan. Staatsform zu zerstören, die Herrschaft seiner Familie, die unter seinem Enkel *Lorenzo* (1469–1492) ihren Höhepunkt fand. Das von Ferrara 1439 nach F. verlegte Unions-Konzil brachte wenige Jahre vor dem Fall Konstantinopels mit Kaiser Johannes VIII. Palaiologos viele Gelehrte des Ostens in die Stadt, die ein Sammelbecken griech. Gelehrsamkeit im Westen wurde. 1494 wurde F. von *Karl VIII.* von Frankreich besetzt, im selben Jahr wurden die Medici vertrieben. 1498 scheiterte *Savonarola* mit seinem Versuch, ein theokrat. Regime aufzurichten. Die Wahl *Giovanni de Medicis* zum Papst (*Leo X.* 1513 bis 1521) zog viele Künstler nach Rom, das nun die künstler. Nachfolge von F. antrat. 1512 zurückgekehrt, wurden die Medici 1527 erneut vertrieben. *Giulio de Medici* als Papst *Clemens VII.* (1523–1534) erreichte von Kaiser Karl V. nach harter Belagerung 1531 die Einsetzung seines Neffen *Alessandro* zum Herzog. Die Stadt verlor damit die republikan. Regierungsform u. wurde Hptst. des Herzogtums F., seit 1569 des Großherzogtums Toskana, wobei die jüngeren Medici die Tradition einer vorbildl. Kunstpflege fortsetzten.
Unter *Napoleon* wurde F. die Hptst. des Königreichs Etrurien. 1815–1860 war es die Hptst. des wiederhergestellten Großherzogtums, 1865–1871 Hptst. des Königreichs Italien.

Flores, Juan José, ecuadorian. Unabhängigkeitskämpfer, *19. 7. 1800 Puerto Cabello (Venezuela), †1. 10. 1864 vor Santa Rosa; kämpfte als General unter S. *Bolívar* erfolgreich gegen die Spanier, wurde militär. Oberbefehlshaber in Ecuador u. war nach dessen Loslösung von Groß-Kolumbien (1830) der erste Staats-Präs. (1831–1835 u. 1839–1845). Während seiner Regierung kam es wiederholt zu Grenzkonflikten zwischen Ecuador u. Peru bzw. Kolumbien; 1845 wurde er vertrieben.

Flottenpolitik, die planmäßige maritime Aufrüstung Deutschlands 1898–1914. Die F. war in erster Linie das Werk des späteren Großadmirals A. von *Tirpitz;* sie wurde mitgetragen von Kaiser *Wilhelm II.* u. mitverantwortet von den Reichskanzlern *Bülow* u. *Bethmann Hollweg.* Die dt. Kriegsmarine wurde zur zweitstärksten der Welt ausgebaut. Durch Konzentration auf den Bau von Schlachtschiffen erhielt die F. eine offensive Stoßrichtung, gekennzeichnet durch den nicht konkretisierten Anspruch auf Teilhabe an einer imperialen Weltherrschaft (Bülow: „Platz an der Sonne“) u. den Wunsch, England als herrschender Seemacht den Rang abzulaufen. Nach offizieller Darstellung sollte die Flotte nur so stark werden, daß sie für jede angreifende Macht ein Risiko bilde („Risiko-Theorie“). Trotz dieser defensiven Verbrämung der Ziele u. obwohl die weitreichenden dt. Pläne nicht verwirklicht wurden, trug die F. dazu bei, die Ausgangskonstellation des 1. Weltkriegs zu schaffen.

Flüchtling, engl. *Refugee*, frz. *Réfugié*, jede Person, die infolge von Krieg, wegen polit. Verfolgung oder aus Gewissensgründen ihre Heimat verlassen muß. Sondergruppen der F.e sind die *Vertriebenen* u. die *Displaced Persons.*
Nach den beiden Weltkriegen erhielt das F.sproblem internationale Bedeutung. In Dtschld. war der Flüchtlingsstrom durch Vertreibung u. Aussiedlung aus den ehem. dt. Ostgebieten (rd. 13,1 Mill.), Flucht aus der SBZ/DDR (rd. 3,9 Mill.) u. Umsiedlung von Volksdeutschen bes. groß.
In außereurop. Gebieten, bes. in Afrika, Asien u. Südamerika ist die F.sfrage zeitweise zu einem Problem für alle Staaten der Welt geworden, weil es hier in der Zeit nach dem 2. Weltkrieg zu starken F.sbewegungen kam. Die Aufspaltung des ind. Subkontinents (1947) in die beiden Staaten Indien u. Pakistan führte dazu, daß rd. 8,8 Mill. Hindus u. 8,6 Mill. Moslems ihre Heimat verloren. Während des Koreakrieges 1950–1953 waren etwa 5 Mill. Koreaner auf der Flucht. Auch die Entkolonialisierung Afrikas verstärkte das F.sproblem. Seit 1960 verloren hier etwa 12 Mill. Menschen ihre Heimat (z. B. während des Biafra-Konfliktes 1967–1970). Zu einem F.sschwerpunkt entwickelte sich, bewirkt durch die polit. Ereignisse in Vietnam u. Kambodscha, seit 1978 Südostasien. Nach dem Einmarsch sowjet. Truppen flüchteten 1979 rd. 5 Mill. Menschen aus Afghanistan. In jüngster Zeit lösten die Ereignisse im Zusammenhang mit dem Golfkrieg 1991 eine Fluchtwelle der Kurden im Irak aus. Weitere große Flüchtlingsbewegungen entstanden in den 1990er Jahren vor allem in Afrika (Liberia, Rwanda, Sudan) sowie auf dem Balkan (Zerfall Jugoslawiens).
Ziel einer effektiven F.shilfe ist, die akute soziale Not zu lindern, F.e in aufnahmefähige Länder umzusiedeln (z. B. Förderung der Aufnahme von Vietnam-F.en in Industriestaaten) bzw. für ihre freiwillige Repatriierung (z. B. Rückkehr von F.en aus dem ehem. Rhodesien in das heutige Simbabwe) zu sorgen. Nach dem 1. Weltkrieg nahm sich der Völkerbund der F.e an, 1944 ging diese Aufgabe an die UN über (Internationale Flüchtlingsorganisation). 1950 wurde das Amt des Hohen Kommissars der Vereinten Nationen für das Flüchtlingswesen (UNHCR, United Nations High Commissioner for Refugees) geschaffen mit Sitz in Genf.

Foch [fɔʃ], Ferdinand, französ. Offizier (1918 Marschall), *2. 10. 1851 Tarbes, †20. 3. 1929 Paris; zeichnete sich im 1. Weltkrieg in der Marneschlacht, bei Ypern, im Artois u. an der Somme aus. 1917 Chef des französ. Generalstabs, März 1918 alliierter Oberbefehlshaber; leitete die erfolgreiche Gegenoffensive, die zum Waffenstillstand von Compiègne am 11. 11. 1918 führte. Seine Pläne für eine dauerhafte Ausschaltung Deutschlands als Großmacht wurden nicht realisiert. „Meine Kriegserinnerungen 1914–1918“ dt. 1931.

Föderalismus [lat. *foedus*, „Bund“], eine Zusammenfassung mehrerer Staaten unter einer gemeinsamen Regierung, wobei den einzelnen Mitgliedern weitgehend Selbstverwaltung gelassen wird. Man unterscheidet dabei Staatenbund u. Bundesstaat. Das gemeinsame Kennzeichen aller föderativen Ideen ist der Grundsatz, die Eigenständigkeit eines jeden Mitglieds zu bewahren u. es zugleich zu Leistungen nach eigenem Vermögen für das Gemeinwohl zu verpflichten (Subsidiarität). Bundesgesinnung u. Bundestreue der Glieder sind die unentbehrl. Voraussetzungen jedes föderativen Ganzen, wie umgekehrt der Bundesstaat gegenüber den eingegliederten u. im Staatenbund die durch ihn als völkerrechtliche Vereinigung verbundenen Staaten wechselseitig zu Fürsorge u. Treue verpflichtet sind. In den USA wird im *federalism* der Vorrang der Interessen des Gesamtstaats betont, ähnlich in der Schweiz. In Dtschld. zielt im F. die polit. Gesinnung auf Stärkung der Einzelstaaten. Jedoch braucht jeder F. ein gewisses Maß von *Unitarismus* im Gegensatz zum Zentralismus, bei dem alle soziale u. po-

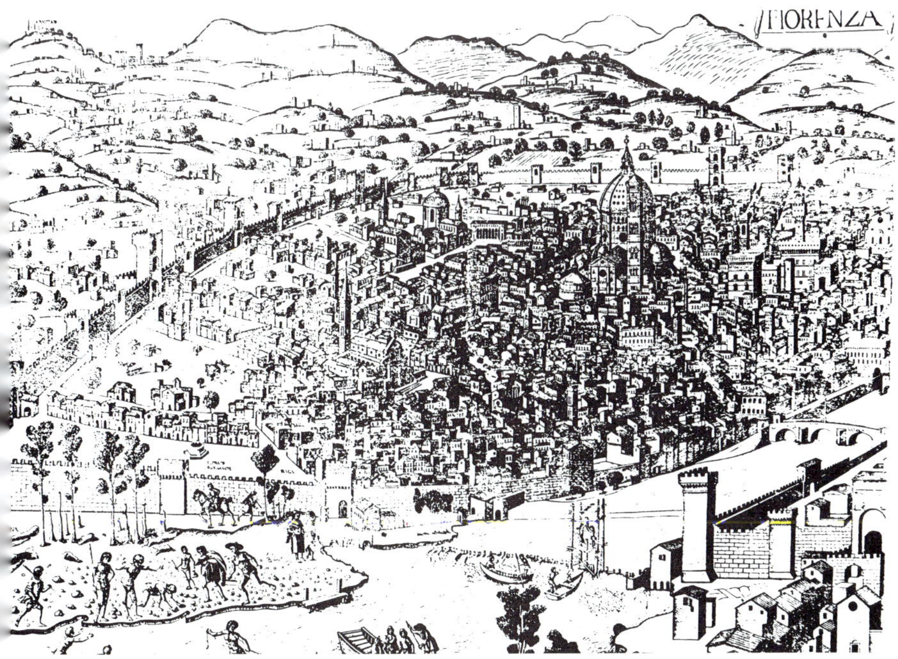

Florenz: Stadtansicht nach dem Holzschnitt (Ausschnitt) eines unbekannten Meisters, 15. Jh. (wahrscheinlich 1486)

Folter im Mittelalter („Feuerprobe")

lit. Willensbildung beim Ganzen konzentriert ist. Theoretisch wurde der F. in Frankreich von *Montesquieu* (L'esprit des lois) u. *Proudhon* (Du principe fédératif), in Dtschld. von Konstantin *Frantz*, O. von *Gierke*, F. *Oppenheimer* u. O. *Spann* begründet, staatsrechtlich von M. von *Seydel* u. H. *Triepel*.

Foertsch, Friedrich, Offizier (1961 General), *19. 5. 1900 Drahnow, Westpreußen, †14. 12. 1976 Goslar; 1945 Chef des Generalstabs der Heeresgruppe Kurland, 1945–1955 in sowjet. Kriegsgefangenschaft; 1956 zur Bundeswehr, 1959–1961 stellvertr. Chef des Planungsstabs im NATO-Hauptquartier, 1961–1964 Generalinspekteur der Bundeswehr.

Foix [fwa], ehem. Grafschaft am nördl. Abhang der Pyrenäen, ursprünglich Lehen der Grafen von Toulouse, im 13. Jh. französ. Lehen, im 17. Jh. zur französ. Krone.

Folkunger, Herrscherdynastie 1250–1363 in Schweden, 1319–1387 in Norwegen.

Folsom-Kultur ['fɔulsəm-], prähistorische nacheiszeitl. Jägerkultur Nordamerikas; benannt nach dem Fundort *Folsom*, N. Mex.; um 10 000 v. Chr. von New Mexico bis Alaska verbreitet; charakteristisch sind Speer- u. Pfeilspitzen aus Feuerstein mit Oberflächenretusche u. breiter Furche, Feuersteinmesser u. -schaber sowie Knochengeräte. Der bekannteste u. am besten erforschte Fundplatz ist die *Lindenmeier-site* in Nordostcolorado (nach der C-14-Methode um 8800 v. Chr.) mit der für Großwildjägerkulturen typischen Zweiteilung in Schlacht- u. Wohnstätte.

Folter [mlat. *poledrus*, „Marterwerkzeug"], *Marter, Tortur*, das Hervorrufen körperl. Qualen, bes. als Mittel der Nötigung zu Geständnissen, bedeutsam im Straf-, Inquisitions- u. Hexenprozeß des MA *(peinliche Befragung, peinliche, harte Frage)*, da ein Indizienbeweis noch unbekannt war u. ein Urteil nur nach einem Geständnis des Beklagten gefällt werden durfte. Nach der Constitutio Criminalis Carolina war die Anwendung der F. nur bei begründetem Tatverdacht gestattet. Nach ihrer Abschaffung durch Naturrecht u. Aufklärung wird die F. wieder von Geheimpolizeien heutiger Diktaturen u. Truppeneinheiten vieler moderner Staaten angewandt.

Fonseca, Manuel Deodoro da, brasilian. Marschall u. Politiker, *5. 8. 1827 Alagoas, †23. 8. 1892 Rio de Janeiro; war der maßgebl. Führer der Revolution von 1888/89, die Kaiser *Pedro II.* zum Rücktritt zwang. 1890/91 erster Staats-Präs. Brasiliens.

Fontainebleau [fɔ̃tɛn'blo], französ. Stadt südöstl. von Paris, im Wald von F. (170 km²), links der Seine, 15 700 Ew.; bekanntes Lustschloß (Renaissance, 16.–18. Jh.), einst Residenz französ. Könige u. bevorzugter Aufenthaltsort Napoleons I., der hier 1814 abdankte; bis 1967 Sitz des NATO-Hauptquartiers.

Der *Vertrag von F.* war eine am 30. 5. 1631 für acht Jahre zwischen Frankreich u. Maximilian von Bayern abgeschlossene Defensivallianz, die jedoch schon 1632 durch die allg. militär. Kräfteverschiebung wirkungslos wurde.

Fontes rerum Austriacarum [lat.], die von der Histor. Kommission der Österr. (früher Kaiserl.) Akademie der Wissenschaften in Wien seit 1849 herausgegebenen österr. Geschichtsquellen; eingeteilt in drei Abteilungen: 1. „Scriptores", 2. „Diplomataria et Acta", 3. „Fontes iuris".

Forckenbeck, Max von, Politiker, *21. 10. 1821 Münster, †26. 5. 1892 Berlin; nach Teilnahme an der Revolution 1848 Anwalt; seit 1858 Parlamentarier, 1866–1873 Präs. des preuß. Abgeordnetenhauses, 1874–1879 des Reichstages; 1873–1878 Oberbürgermeister von Breslau, 1878–1892 von Berlin; führendes Mitgl. der Fortschrittspartei, einer der Hauptgegner Bismarcks im preuß. Heeres- u. Verfassungskonflikt; 1866 Mitbegründer der Nationalliberalen Partei, deren konservative Wende er 1878/79 nicht mitvollzog.

Ford, Gerald R., US-amerikan. Politiker (Republikaner), *14. 7. 1913 Omaha, Nebraska; 1965–1973 Fraktionsführer im Repräsentantenhaus, 1973/74 als Nachfolger des zurückgetretenen Agnew Vize-Präs., nach Rücktritt R. Nixons 1974–1977 (38.) Präs. der USA.

Formenkreis, ursprünglich die Bez. für das Verbreitungsgebiet gleicher *Leitformen*; heute für alle archäolog. Fundstellen mit mehr oder weniger identischem Fundgut; die sog. Leitform verliert dabei an Bedeutung. Mehrere ähnliche F.e werden zu einer archäolog. Kultur zusammengefaßt. Eine wichtige Aufgabe des Prähistorikers besteht darin, eine vernünftige Deutung für das Zustandekommen eines F.es zu finden.

Formosus, Papst 891–896, *um 816 Rom, †4. 4. 896 Rom; 864 Bischof von Porto, 876 abgesetzt u. exkommuniziert, 882 wieder in sein Bischofsamt eingesetzt; bestätigte gegen den Protest des Kölner Erzbischofs die Selbständigkeit des Erzbistums Bremen-Hamburg. Gegen die Bevormundung des Papsttums durch die Herzöge von Spoleto rief F. den dt. König *Arnulf von Kärnten* zu Hilfe, der Rom 896 eroberte u. von F. zum Kaiser gekrönt wurde. Nach dem Tod des F. setzten die Spoletaner ihren Anhänger *Stephan VI.* als Papst ein; der Leichnam des F. wurde aus dem Grab geholt, vor Gericht gezerrt, verstümmelt u. in den Tiber geworfen, seine Amtshandlungen für ungültig erklärt, da er als früherer Bischof von Porto gegen das Verbot verstoßen hatte, sein Bistum zu wechseln. Durch *Theodor II.* wurde das Andenken des F. schon 897 feierlich rehabilitiert.

Forrest ['fɔrist], **1.** Alexander, Bruder von 2), austral. Forschungsreisender, *22. 8. 1849 Bunbury, Westaustralien, †20. 6. 1901 Perth; begleitete 1874 seinen Bruder auf der ersten West-Ost-Durchquerung Inneraustraliens, erkundete 1879 Nordwestaustralien.

2. Sir John Baron F. of Bunbury, austral. Forscher u. Politiker, *22. 8. 1847 Bunbury, Westaustralien, †3. 9. 1918 auf See; unternahm 1869, 1870 u. 1874 Expeditionen ins Innere Australiens; 1890 Premier-Min. von Westaustralien, das er 1900/01 in den austral. Bundesstaat führte; ab 1901 im Bundesparlament u. auf verschiedenen Regierungsposten (1901–1903 Verteidigungs-Min.); 1918 als erster Australier in den Adelsstand erhoben.

Fortschrittliche Volkspartei, 1910 durch den Zusammenschluß von kleineren Parteien *(Dt. Volkspartei, Freisinnige Vereinigung, Freisinnige Volkspartei)* entstandene linksliberale Sammelpartei, vertrat Handel, Banken, Exportindustrie u. das Bildungsbürgertum. Die F. V. arbeitete als erste bürgerl. Partei im Kaiserreich mit der SPD zusammen. Sie gründete mit dem Zentrum u. der SPD 1917 den *Interfraktionellen Ausschuß*. 1918 vereinigte sie sich mit Teilen der Nationalliberalen zur *Deutschen Demokratischen Partei (DDP)*.

Forum, in der röm. Antike der Marktplatz, das Zentrum für alle städt. Organe, das auch als Gerichtsstätte für Volksversammlungen diente.

Forum Romanum, im alten Rom zwischen den Hügeln Capitol, Palatin u. Quirinal gelegene sumpfige Niederung, im 9.–7. Jh. v. Chr. Nekropole der latin. Siedlung auf dem Palatin. Nach Entwässerung durch die *Cloaca Maxima* entstand hier der Staatsmarkt, das polit.-religiöse Zentrum der Röm. Republik mit Rathaus *(Curia)*, Rednertribüne *(Rostra)* u. Gerichtshallen, von denen die späteste, die

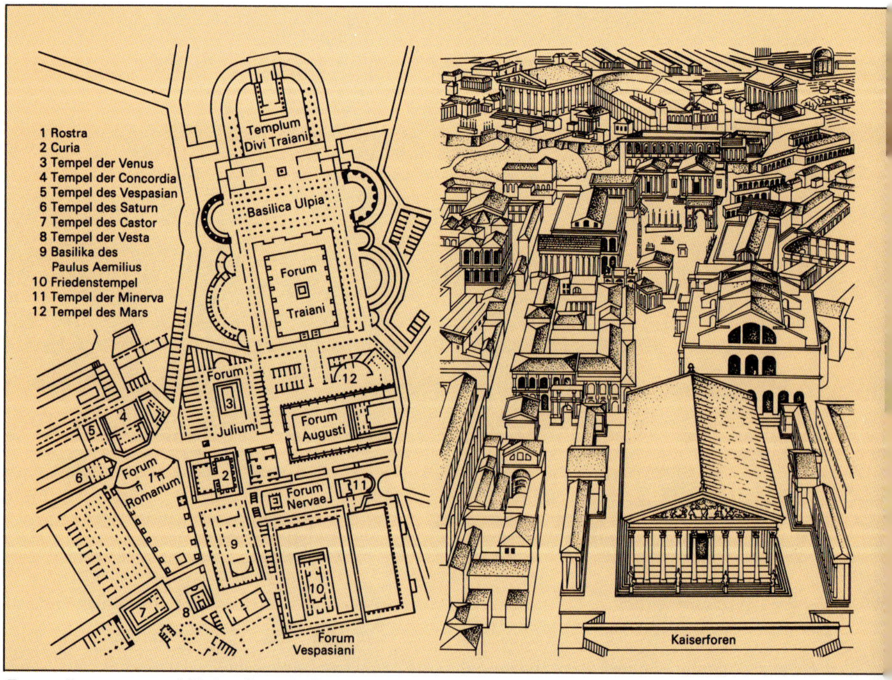

Forum Romanum und Kaiserforen in Rom

von Konstantin d. Gr. nach 312 vollendete *Maxentius-Basilika* zugleich das imposanteste noch aufrecht stehende Bauwerk des F. R. ist (100 × 60 m, Höhe der Gewölbe 35 m). Die zahlreichen Tempel u. Heiligtümer, von denen das der Vesta für das röm. Staatsbewußtsein einen bes. Rang einnahm, waren durch die *Via Sacra* verbunden, die bis zum Capitol führte. Diesen Weg nahm auch der röm. Triumphzug.
In der Kaiserzeit wurde das F. R. um weitere Ehrenstatuen, Triumphbögen, Tempel u. a. bereichert, war in MA u. Neuzeit hoch verschüttet u. Viehdrift u. ist erst durch die seit 1803 u. 1878 einsetzenden Ausgrabungen wieder freigelegt worden.

Foscari, Francesco, venezian. Politiker, *1373, †1. 11. 1457 Venedig; 1423 zum Dogen gewählt; unter ihm gewann Venedig die größte territoriale Ausdehnung auf dem italien. Festland. Nach der Einnahme Konstantinopels (1453) durch die Türken mußte er mit dem Osman. Reich 1454 einen Frieden schließen, der die venezianische Herrschaft im östlichen Mittelmeer beendete. Intrigen der Familie Loredan führten 1457 zu seinem Sturz.

Fouché [fu'ʃe], Joseph, Herzog von *Otranto* (1809), französischer Politiker, *21. 5. 1759 Nantes, †25. 12. 1820 Triest; führend beteiligt an der Französischen Revolution, stimmte im Konvent für die Hinrichtung Ludwigs XVI. u. Robespierres, 1799–1810 u. 1815 Polizei-Min. u. geschickter Organisator der Polizei unter Napoleon I., 1813 Gouverneur der illyrischen Provinzen, 1815 Chef der provisorischen Regierung, die Ludwigs XVIII. Rückkehr vorbereitete, u. anschließend Gesandter in Dresden; im Jan. 1816 zurückgetreten u. als ehemaliger „Königsmörder" verbannt.

Fouquet [fu'kɛ], Nicolas, Vicomte de Vaux, Marquis de Belle-Isle, französ. Politiker u. Finanzmann, *21. 1. 1615 Paris, †23. 3. 1680 Pinerolo. Sprang während der Fronde *Mazarin* finanziell bei u. wurde von ihm 1653 zum Finanz-Min. ernannt. Durch seinen Rivalen, den Generalkontrolleur *Colbert*, wegen Unregelmäßigkeiten angezeigt, wurde er 1661 aufgrund gefälschter Beweise zu lebenslängl. Haft verurteilt.

Fourier [fu'rje], François Marie Charles, französ. Frühsozialist, *7. 4. 1772 Besançon, †10. 10. 1837 Paris; entwarf das Bild einer egalitären Gemeinschaft, die von Harmonie geprägt ist. Diese kann in der bestehenden Gesellschaft nicht verwirklicht werden, weil in ihr die Gefühle u. die natürl. Triebe der Menschen unterdrückt werden. Es muß daher angestrebt werden, durch öffentl. u. gleiche Erziehung die unterdrückten Triebe frei zu entwickeln. Parallel zu diesen Gedanken entwarf F. eine dreistufige geschichtsphilosophische Konzeption (Patriarchat, Barbarei, Zivilisation). Die Sozialordnung sollte sich gründen auf *„phalanstères"* (agrarisch geprägte Wirtschaftsgenossenschaften), die, eng gekoppelt an solidarisch organisierte Lebensgemeinschaften *(„familistères")*, sich föderativ zusammenschließen u. unmittelbar auf die Schaffung von Freiheit u. Glück hinarbeiten sollten. Von F.s Ideen finden sich Teilaspekte in der marxist. Theorie sowie bei *Freud*. Hptw.: „Theorie der vier Bewegungen u. der allg. Bestimmungen" 1808, dt. 1966; „Traité de l'association domestique et agricole" 2 Bde. 1822; „Le nouveau monde industriel et sociétaire" 1829; „Théorie de l'unité universelle" 4 Bde. 1841–1844.

Fox, Charles James, brit. Politiker, *24. 1. 1749 London, †13. 9. 1806 Chiswick bei London; bereits 1768 Unterhausabgeordneter, schloß sich als Gegner der absolutist. Politik Georgs III. der Opposition an, kämpfte zusammen mit E. Burke für eine Parlamentsreform u. für die Freiheit der nordamerikan. Kolonien. 1782/83 war er Außen-Min. F. un-

Der deutsche Botschafter General Wilhelm Faupel überreicht Francisco Franco am 8.3.1937 im Salamanca sein Beglaubigungsschreiben

terlag 1784 seinem größten Gegenspieler, dem jüngeren W. *Pitt*, gegen den er sich zum ersten großen Oppositionsführer im Unterhaus entwickelte. Er begrüßte die Französ. Revolution, trat für innenpolit. Reformen ein u. verteidigte die Bürgerrechte gegen den Repressionskurs, den die Regierung Pitt angesichts der auch in England zu beobachtenden innenpolit. Gärung verfolgte. Er war erst 1806 als Außen-Min. wieder führend im polit. Leben.

Franc [frã; der; frz.], französ. Goldmünze, 1360 eingeführt (3,8 g); 1577–1641 geprägte französ. Silbermünze (14 g), die durch den *Louis d'argent* ersetzt wurde; 1795 eingeführte französ. Hauptwährungsmünze, ursprüngl. in Silber (5 g). Napoleon I. ließ 20- u. 40-F.-Münzen in Gold u. Napoleon III. 100-F.-Stücke in Gold prägen.

Francia ['fransia], José Gaspar Rodrigues de, genannt *Dr. F.*, paraguayischer Politiker, *6. 1. 1766 Asunción, †20. 9. 1840 Asunción; Anwalt; maßgebender Führer der paraguay. Unabhängigkeitsbewegung von 1811; 1813 Konsul, 1814–1840 Diktator; förderte die wirtschaftl. Entwicklung Paraguays durch intensive Aufbauarbeit u. bewahrte die Unabhängigkeit des Landes durch strenge Isolierung.

Franco, *F. Bahamonde*, Francisco, span. General u. Politiker, *4. 12. 1892 El Ferrol, †20. 11. 1975 Madrid; befehligte u. a. die span. Fremdenlegion, leitete die Militärakademie in Saragossa, war 1934 Chef des Generalstabs, wurde dann auf die Kanar. Inseln versetzt, organisierte von dort u. den span. Besitzungen in Afrika aus im Sommer 1936 die Erhebung gegen die Volksfront-Regierung u. gewann mit der Unterstützung dt. u. italien. Verbände den bis 1939 dauernden *Spanischen Bürgerkrieg* gegen Republikaner, Sozialisten u. Kommunisten, die von Gleichgesinnten aus Europa u. Übersee unterstützt wurden. Seit 1936 Staatschef *(Caudillo)*, Oberbefehlshaber (Generalissimus) der nationalen Streitkräfte u. Chef der *Falange* (1937), bildete er 1938 eine diktatorische, auf Armee, Falange, Klerus u. Großgrundbesitz gestützte Regierung, an deren Spitze er bis 1975 stand. F. blieb im 2. Weltkrieg neutral, ließ Spanien 1947 zur Monarchie erklären, einigte sich mit dem in Portugal im Exil lebenden Thronprätendenten *Don Juan* über die Thronfolge für dessen Sohn *Juan Carlos* u. liberalisierte das Regime nach 1965 aufgrund von Streiks u. Unruhen sowie aufgrund der teilweise veränderten Haltung der Kirche (Referendum 1967, Pressegesetz, Staatsgrundgesetz). Der wirtschaftl. Aufschwung des Landes war unverkennbar; die soziale Entwicklung konnte nicht Schritt halten. Außenpolitisch führte F. Spanien durch Stützpunktabkommen mit den USA aus der Isolation heraus, in die es 1945 geraten war. Er pflegte Beziehungen zur arab. Welt u. Freundschaft mit Portugal u. Lateinamerika. In Europa suchte er den Kontakt zu den westl. Ländern, bes. Frankreich. Nach seinem Tode kehrte das Land zur Demokratie zurück.

François-Poncet [frã'swa pɔ̃'sɛ], **1.** André, französ. Diplomat u. Politiker (Republikan. Partei) *13. 6. 1887 Provins, Dép. Seine-et-Marne, †8. 1. 1978 Paris; ursprünglich Germanist, 1924–1931 Abg., 1928–1931 Unterstaatssekretär, 1931–1938 Botschafter in Berlin, 1938–1940 in Rom; 1943–1945 in Dtschld. interniert; 1949–1955 französ. Hochkommissar bzw. Botschafter in der BR Dtschld.; 1955–1967 Präs. des Französ. Roten Kreuzes; Kanzler des Institut de France; seit 1952 Mitgl. der Académie Française, 1955–1960 Präs. des französ. Rates der Europ. Bewegung. Schrieb „Souvenirs d'une ambassade à Berlin" 1946, dt. „Als Botschafter in Berlin, 1931–1938" 21962.

2. Jean, Sohn von 1), französ. Diplomat u. Politiker, *8. 12. 1928 Paris, 1978–1981 Außen-Min.

Frangipani, [frandʒi-] italien. Adelsgeschlecht, im 11.–13. Jh. eine der mächtigsten Familien Roms, papsttreu. Giovanni *F.* lieferte 1268 *Konradin* von Hohenstaufen an Karl von Anjou aus. Die Hauptlinie der F. starb im 17. Jh. aus. Das Erbe kam an die *Barberini*.

Frank, 1. Anne, Opfer der Judenverfolgung, *12. 6. 1929 Frankfurt a. M., †März 1945 Konzentrationslager Bergen-Belsen; in einem Amsterdamer Hinterhaus, wo ihre Familie sich nach dem Einmarsch der Deutschen versteckt hielt, schrieb sie vom 14. 6. 1942 bis zum 1. 8. 1944 ein Tagebuch, das 1946 als „Het Achterhuis", dt. 1950 als „Das Tagebuch der Anne F." veröffentlicht u. bald weltbekannt wurde. Eine Dramatisierung (1955, dt. 1956) ging über fast alle Bühnen; 1959 auch verfilmt. Aus dem Nachlaß ferner: „Geschichten u. Ereignisse aus dem Hinterhaus" 1960.

2. Hans, Politiker (NSDAP), *23. 5. 1900 Karlsruhe, †16. 10. 1946 Nürnberg (hingerichtet); Rechtsanwalt; verteidigte seit 1927 in zahlreichen Prozessen Hitler u. Mitglieder der NSDAP; 1933/34 bayer. Staats-Min. der Justiz, 1934–1945 Reichs-Min. ohne Geschäftsbereich, 1933–1942 Präs. der Akademie für Deutsches Recht, 1939–1945 Generalgouverneur im besetzten Polen (Sitz Krakau); 1946 in Nürnberg vom Internationalen Militärgerichtshof wegen Kriegsverbrechen u. Verbrechen gegen die Menschlichkeit zum Tode verurteilt. Aufzeichnungen: „Im Angesicht des Galgens" (posthum) 1953.

3. Karl Hermann, Politiker, *24. 1. 1898 Karlsbad, †22. 5. 1946 Prag (hingerichtet); kaufmänn. Angestellter, dann Buchhändler; seit 1933 führend in der Sudetendt. Partei tätig, seit 1936 Stellvertreter K. *Henleins*, 1938/39 stellvertr. Gauleiter Sudetenland der NSDAP; 1939–1943 Staatssekretär beim Reichsprotektor in Böhmen u. Mähren, 1943 bis 1945 Deutscher Staats-Min. für Böhmen u. Mähren; wegen seiner Verantwortlichkeit für Greueltaten während der Besatzungszeit von einem tschechoslowak. Gericht zum Tode verurteilt.

Franken [die „Freien, Kühnen"], von den Römern bald nach der Mitte des 3. Jh. gebrauchter Name für einen westgerman. Stammesverband, der sich aus dem Zusammenwirken istwäonischer Kleinstämme (u. a. der *Salier, Chamaven, Chattuarier, Brukterer, Usipier, Amsivarier)* bildete. Seit der Mitte des 3. Jh. drangen die F. in röm. Grenzprovinzen u. in Gallien ein, wurden mehrfach

Das Frankenreich: eine Folge von Erbteilungen

Dem Reich Karls des Großen war keine Dauer beschieden. Ein so riesiges, von mehreren Völkern bewohntes Herrschaftsgebiet ließ sich mit den unentwickelten administrativen Mitteln der damaligen Zeit nicht lange zusammenhalten. Beschleunigt wurde der unvermeidliche Zerfall durch die traditionelle Herrschaftsteilung.

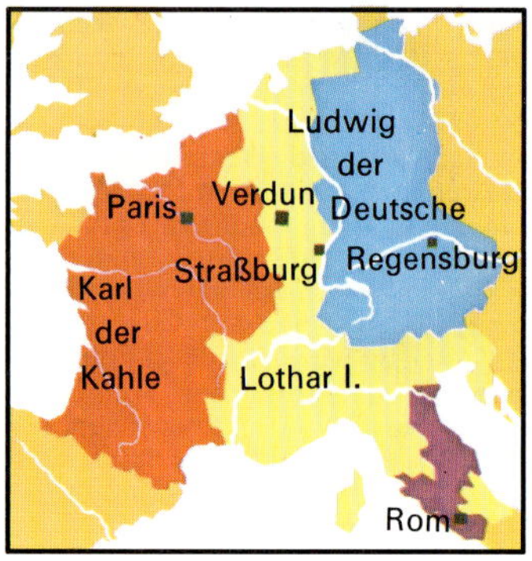

Vertrag von Verdun 843

Seit dem Reichgründer Chlodwig war es im Frankenreich Brauch, nach dem Tod des Königs die Herrschaft unter seine legitimen Söhne aufzuteilen. Auch Karl der Große hielt sich daran und erließ 806 eine entsprechende Ordnung. Da jedoch zwei seiner drei Söhne vor ihm starben, wurde Ludwig (der Fromme) 814 sein Alleinerbe. Ludwig wollte, unterstützt von der Geistlichkeit, die Reichseinheit wahren und bestimmte bereits 817 seinen Sohn Lothar (I.) zum Mitkaiser und Haupterben, während die beiden jüngeren Söhne Pippin und Ludwig (der Deutsche) nur kleinere Teilherrschaften erhielten. 823 wurde ihm in zweiter Ehe ein weiterer Sohn geboren, Karl (der Kahle). Ihm sprach er 829 auf Kosten Lothars ein eigenes Herrschaftsgebiet zu. Das führte zum offenen Aufstand der drei älteren Söhne und zur faktischen Entmachtung des Kaisers. Nach seinem Tod (840) verkehrten sich die Fronten: Ludwig und Karl (Pippin war 838 gestorben) verbündeten sich gegen Lothar, der seinen Anspruch auf die Oberherrschaft gegen sie durchzusetzen suchte. Er wurde 841 in der Schlacht von Fontenoy geschlagen und mußte 843 mit seinen Brüdern den Vertrag von Verdun schließen: Karl erhielt den Westen des Reichs, Ludwig den Osten und Lothar – der nominell Kaiser blieb – einen Mittelstreifen von der Rhein- bis zur Rhônemündung sowie Italien. Damit war der Teilungen noch kein Ende. Nach Lothars Tod wurde das Mittelreich unter seine Söhne geteilt: Lothar (II.) erhielt den nördlichen Teil, Ludwig (II.) Italien und den Kaisertitel. Als Lothar II. starb, teilten seine beiden Onkel, Ludwig der Deutsche und Karl der Kahle, im Vertrag von Meersen (870) sein Gebiet unter sich auf. Zehn Jahre später folgte im Vertrag von Ribémont eine Korrektur zugunsten des Ostreichs.

Herrschaftsteilung war zwar nie als dauerhafte Reichsteilung verstanden worden, und auch jetzt noch fühlte man sich in Ost und West als Glieder eines Reichsverbands. Tatsächlich aber war die Trennung nicht mehr rückgängig zu machen. Aus dem Ost- und dem Westfrankenreich wurden im Lauf des nächsten Jahrhunderts Deutschland und Frankreich. *K.R.*

Vertrag von Meersen 870

Vertrag von Ribémont 880

1 *Reliquiar (»Pilgertasche«) aus der Hofschule Karls des Großen, gearbeitet aus Gold- und Silberblech über einem Holzkern. Die »karolingische Renaissance« verschmolz spätantike, byzantinische, orientalische und germanische Formelemente.*

Verwaltungssystem im Frankenreich

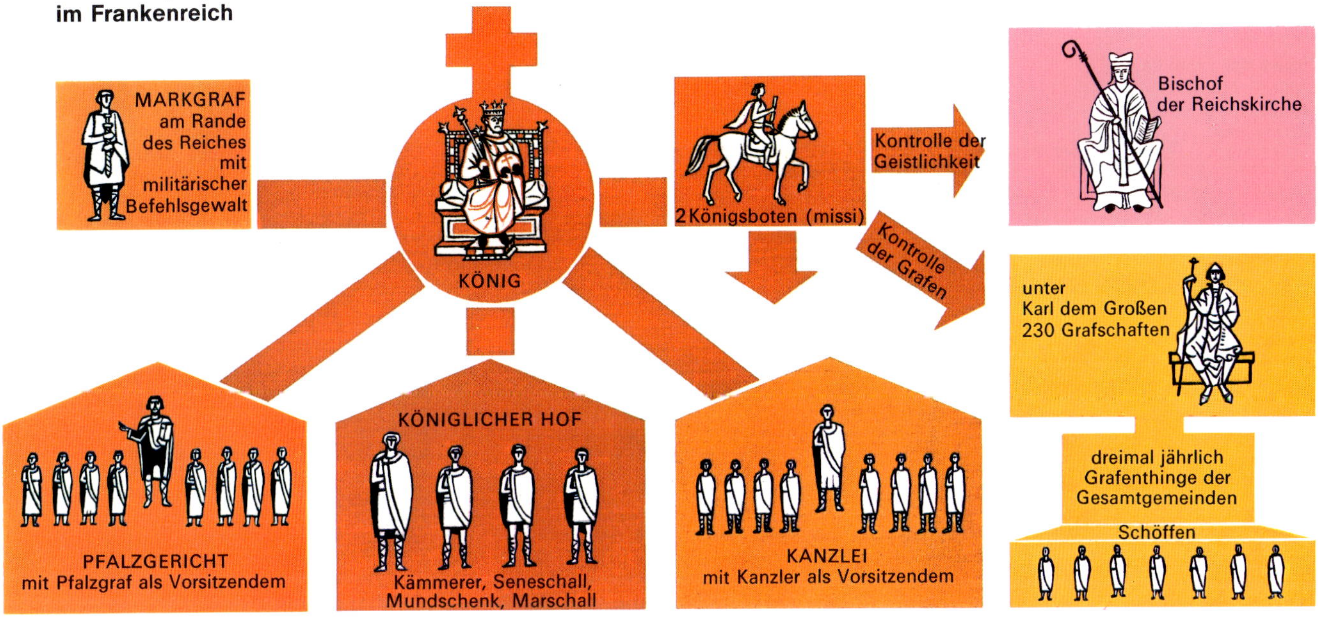

2

Frankenreich

3

2 *Die Taufe Chlodwigs. Miniatur aus der Lebensbeschreibung des heiligen Dionysius; um 1250.*

3 *Fränkischer Graf als Stifter einer Kirche. Fresko in Mals (Südtirol), St. Benedikt.*

Reich der Franken

Könige	
Merowinger	
Chlodwig I.	481 od. 482–511
(Reich geteilt	511–558)
Chlotar I.	558–561
(Reich geteilt	561–613)
Chlotar II.	613–629
Dagobert I.	629–638 od. 639
(Reich geteilt)	638–679)
Theuderich III.	679–690 od. 691
Chlodwig III.	690 od. 691–694
Childebert III.	694–711
Dagobert III.	711–715 od. 716
Chilperich II.	715 od. 716–721
Theuderich IV.	721–737
(Interregnum	737–743)
Childerich III.	743–751
Karolinger	
Pippin III.	751–768
(Reich geteilt	768–771)
Karl I., d. Gr. (seit 800 Kaiser)	771–814
Ludwig I., der Fromme (Kaiser)	814–840
Lothar I. (Kaiser)	840–843
(Reichsteilung	843)
Ostfränkisches Reich	
Ludwig der Deutsche	843–876
(Reich geteilt	876–882)
Karl III., der Dicke (Kaiser)	882–887
Arnulf von Kärnten (Kaiser)	887–899
Ludwig das Kind	900–911
Westfränkisches Reich	
Karl der Kahle (Kaiser)	843–877
Ludwig II., der Stammler	877–879
(Reich geteilt	879–884)
Karl III., der Dicke (von Ostfranken)	884–887
Odo von Paris (Kapetinger)	888–898
Karl III., der Einfältige	898–923
Rudolf (Burgunder)	923–936
Ludwig IV.	936–954
Lothar II.	954–986
Ludwig V., der Faule	986–987

geschlagen, schlossen aber auch mit röm. Kaisern Bündnisverträge. Die niederrhein. *Salier* wurden im 4. Jh. von den Römern in Toxandrien (Nordbrabant) angesiedelt, fielen von dort im 5. Jh. in Gallien ein, übernahmen die Führung des fränk. Volksverbands u. gründeten das Frankenreich.
Um dieselbe Zeit stießen die *Rheinfranken* (auch *Ripuarier*) gegen Mainz vor, eroberten noch vor 459 Köln, strebten in der Folge nach SW u. besiedelten das Moselgebiet. Sie bildeten den Kern des späteren dt. Stammes der F., der sich schon seit der Mitte des 6. Jh., mit größerer Intensität aber erst seit Beginn des 8. Jh., auch am Main ausbreitete. Die Führung dieses Stammes erkämpften sich 906 die *Konradiner*, die den Herzogtitel führten u. in *Konrad I.* den ersten dt. König (911) stellten. Seit *Eberhards I.* Tod (939) blieb F. in der Hand des Königs; die Entwicklung zu einem fränk. Stammesherzogtum war damit abgebrochen.
Um 1200 waren mit dem Namen *F.* nicht mehr die mittelrhein. Gebiete verknüpft, sondern man verstand darunter nur noch die Gegenden am Mittel- u. Obermain. Der unter Maximilian I. errichtete *Fränk. Reichskreis* entsprach diesem Raum.

Frankenreich, *Fränkisches Reich,* lat. *regnum Francorum,* die bedeutendste, Romanen u. Germanen umfassende Reichsbildung des frühen MA. Die Ausdehnung der *Franken* nach Gallien hinein als röm. Bundesgenossen (Schlacht auf den Mauriazensischen Feldern bei Troyes 451 gegen die Hunnen) führte unter *Chlodio* u. *Childerich I.* aus dem Geschlecht der → Merowinger im 5. Jh. zu einer ersten Herrschaftsbildung mit dem Zentrum Doornik (Tournai). Childerichs Sohn *Chlodwig* beseitigte die Reste der röm. Herrschaft in Gallien (486, Reich des *Syagrius),* machte sich zum Alleinherrscher der Franken, unterwarf danach bis 507 die auf dem Boden Galliens liegenden Teile des Westgoten- (Aquitanien) u. des Alemannenreichs u. nahm den kath. Glauben an. Damit sowie durch Übernahme röm. Verwaltungsformen waren die Voraussetzungen für ein fränk. Einheitsreich (Hptst. Paris) gegeben u. die Möglichkeit des Zusammenwachsens mit der romanisierten Bevölkerung geschaffen.
Nach salischem Erbrecht wurde das Reich 511 nach Chlodwigs Tod unter seine vier Söhne geteilt (Residenzen Paris, Soissons, Orléans, Reims). 531 wurden die Thüringer, 532–534 die Burgunder unterworfen; die noch freien Alemannen sowie die Bayern gerieten unter fränk. Einfluß. Innere Fehden der Merowinger, Teilung des Reichs in *Austrien, Neustrien* u. *Burgund,* Gegensätze zwischen Königtum u. Aristokratie führten nach dem Tod *Dagoberts I.* 639 zu immer stärkerem Verfall u. zum Übergang der tatsächl. Macht an die → Hausmeier, vor allem an die → Karolinger Austriens. *Pippin II.* gewann 687 die Macht im ganzen Reich. Sein Sohn *Karl Martell* sicherte das Reich in der Schlacht bei Poitiers gegen den Ansturm der Araber (732). Sein Enkel *Pippin d. J. (III.)* beseitigte 751 das merowing. Königtum *(Childerich III.).* Er ließ sich, um das Fehlen des Geblütsrechts auszugleichen, mit Zustimmung des Papstes (Zacharias) von den Franken zum König wählen u., zunächst von Bonifatius, später (754) vom Papst (Stephan II.) die Salbung spenden. Durch diese kirchl. Sanktion u. durch die Verleihung des Amts des *patricius Romanorum,* andererseits durch Anerkennung der päpstl. Herrschaft im Kirchenstaat (Pippinische Schenkung) gewann diese Herrschaftsübertragung eine für das ganze MA nachwirkende Bedeutung. Die Beseitigung der wieder selbständig gewordenen Teilherzogtümer (um 700 Thüringen, 730 Alemannien, 768 Aquitanien, 788 Bayern), die Unterwerfung der Friesen (nach 719) u. der Sachsen (772–804) sowie des Langobardenreichs in Italien (774) erweiterte das Reich u. festigte seine Einheit.
Pippins Sohn *Karl d. Gr.* sicherte dieses in Verbindung mit dem Papsttum erstarkte, in seinen östl. Teilen von iroschott. Mönchen christianisierte Reich durch die Begründung der Spanischen Mark zwischen Ebro u. Pyrenäen (795) im SW u. den Sieg (796) über die Awaren (Karolingische Ostmarken) im SO. Die Kaiserkrönung (800) bestätigte den Rang als Nachfolgereich des *Weström. Reichs* (neben Byzanz als *Oström. Reich).* Kulturell trat das Reich in der sog. *Karolingischen Renaissance* (Aachen, Pfalzschule) ebenso die Nachfolge des Römertums an wie Karl bemüht war, die germanische Tradition (Stammesrecht) zu wahren.
Das fränk. Königtum, das das german. Heer-

Zeittafel zur Geschichte des Frankenreiches

Etwa 350–etwa 450	Kleinere westgermanische Stämme (z. B. Salier, Chamaven, Brukterer, Usipeter, Amsivaren), die sich insgesamt »Franken« nennen, dehnen sich von Ems, Lippe, Rhein und Mosel über Maas und Schelde bis zur Somme aus; merowingische Dynastie.
R 482–511	Chlodwigs Regierungszeit
486	Chlodwig erobert den Rest des weströmischen Imperiums zwischen Somme und Loire.
496	Chlodwig unterwirft die Alamannen.
498/499	Chlodwig nimmt das Christentum in der katholischen Form an.
500	Chlodwig besiegt die Burgunder. 532–534 Anschluß ans Frankenreich.
507	Angriff der Franken und Burgunder auf das Westgotenreich führt nur zu einem Teilerfolg.
531–534/535	Nach dem Sieg der Franken über die Thüringer (531) kommen auch die Bayern in Abhängigkeit.
Etwa 560–etwa 680	Erbteilungen, Bruderkriege und Verwandtenmord lösen das merowingische Frankenreich nahezu auf; Emporkommen der »Hausmeier«: Diese Verwalter des Königs in den einzelnen Kernländern kommen mit dem Adel in Konflikt und befehden sich gegenseitig.
R Etwa 687–714	Pippin II. d. M., »Hausmeier« Austrasiens, setzt sich im noch verbliebenen Gesamtreich durch.
R 714–741	Karl Martell, Sohn Pippins d. M., reorganisiert das Reich; Verstärkung der Kontakte mit dem Papsttum.
732	Karl Martell besiegt zwischen Tours und Poitiers die über die Pyrenäen vorgedrungenen Araber.
R 751–768	Pippin III. d. J.; seit 751 erster König der karolingischen Dynastie, gesalbt durch Bonifatius.
754	Pippin III. d. J. »Patricius Romanorum« (Schutzherr der Römer); Errichtung des Kirchenstaates unter fränkischem Schutz.
R 768–814	Karl d. Gr.; herrscht nach dem Tode seines Bruders Karlmann (771) allein über das Frankenreich.
772–774	Unterwerfung und Christianisierung der Sachsen.
773–774	Unterwerfung der Langobarden; Karl d. Gr. König der Langobarden.
789–811	Kriege gegen die Slawen und Dänen.
791–796	Unterwerfung der Awaren in Ungarn.
793	Begründung der Spanischen Mark; Ansatz zur Reconquista.
800	Krönung Karls zum Kaiser durch Papst Leo III. in Rom.
812	Anerkennung des neuen Kaisertums durch Byzanz.
R 814–840	Ludwig der Fromme; schon vor seinem Tode Erbteilungskämpfe.
843	Vertrag von Verdun; Erste Reichsteilung: Westfranken, Mittelreich (Lotharingen), Ostfranken.
870	Zweite Reichsteilung: Lotharingen zwischen Ost- und Westfranken aufgeteilt.
885–887	Letzte Vereinigung des Imperiums unter Kaiser Karl III. (König: R 876–887; Kaiser: R 881–887), dann völliges Auseinanderbrechen.

königtum mit röm. Verwaltungstradition verband u. sich auf Befehls- u. Strafgewalt stützte, ersetzte in späterer Zeit die überkommene Gauverfassung mit gewählten Volksbeamten durch eine wohl örtlich verschiedene Grafschaftsverfassung mehr u. mehr mit königl. Beamten (als fränk. Dienstadel). Mit König u. Kirche herrschte eine zahlenmäßig sehr geringe adlige Oberschicht, unter der die große Masse unfreier u. abhängiger Leute in mannigfacher Differenzierung lebte u. arbeitete. Aus ihr ragten die Königsfreien *(Franci homines)* hervor, germanische wie fremdstämmige Wehr- u. Rodungsbauern, zu denen auch die aus der Alt-Odalfreiheit abgesunkenen u. wirtschaftlich abhängig gewordenen ehem. Freien zählten.
Nach Karls Tod zerfiel die Einheit des Reichs infolge Erbteilung sehr rasch, auch wenn man an ihr als Idee noch festhielt (Herrschaftsteilungen, keine Reichsteilungen). *Ludwig der Fromme* (814–840) überlebte zwar seine Brüder u. stellte so die Reichseinheit wieder her, teilte aber das Reich erneut unter seine Söhne. Der Vertrag von Verdun (843) schuf 3 Teilreiche: *Westfranken* unter *Karl dem Kahlen*, ein Mittelreich mit Burgund u. Italien unter *Lothar*, der den Kaisertitel erhielt, u. *Ostfranken* unter *Ludwig dem Deutschen*. Das dieser Teilung vorangegangene Treffen Karls mit Ludwig in Straßburg (842) hatte zum erstenmal die verschiedene sprachl. Entwicklung der West- u. Ostfranken gezeigt. In den Verträgen von Meersen (870) u. Ribémont (880) wurde das Mittelreich geteilt: Burgund u. Italien verselbständigten sich, *Lotharingien* kam an das ostfränk. Reich.
Nur für drei Jahre konnte *Karl III.* alle Teilreiche noch einmal vereinigen (885–887). Nach seinem Tod schieden sich 888 endgültig Westfranken u. Ostfranken sowie Hochburgund, Niederburgund (Arelat) u. Italien. Die ostfränkischen Karolinger starben 911 aus, die westfränkischen 987. Ⓑ S.246/47.

Frankfurt, *Frankfurt am Main*, größte Stadt des Landes Hessen, eine der wichtigsten deutschen Handels-, Industrie-, Börsen- u. Messestädte, beiderseits des unteren Main, im Schnittpunkt uralter Handelsstraßen, 660000 Ew.
Im 1. Jh. bestand an der Stelle des heutigen F. ein röm. Kastell. In karoling. Zeit war F. eine wichtige Königspfalz; *Franconofurd* wird 794 als Ort einer Reichsversammlung Karls d. Gr. erstmals erwähnt. Am südl. Mainufer entstand vermutlich eine Siedlung deportierter Sachsen *(Sachsenhausen)*. Eine in Verbindung mit der Pfalz entstandene Marktsiedlung nahm in der 2. Hälfte des 12. Jh. Stadtcharakter an. Die Herbstmesse ist seit 1150 nachweisbar. An die Stelle des königl. Vogts trat bald nach 1200 ein Stadtschultheiß, der ab 1311 durch zwei vom Rat zu wählende Bürgermeister abgelöst wurde. 1372 erlangte F. die Reichsunmittelbarkeit. Durch die Goldene Bulle von 1356 wurde F. als Ort der Wahl des dt. Königs bestätigt; seit 1562 war es auch Krönungsort. Das F.er Stadtrecht (älteste Aufzeichnung 1297) erlangte weite Verbreitung.
1533 nahm F. die Reformation an, 1536 trat es dem Schmalkald. Bund bei. Mehrere Erhebungen für eine demokrat. Stadtverfassung (z. B. *Fettmilch-Aufstand* im 17. Jh.) schlug der patriz. Rat nieder; erst im 18. Jh. wurde eine Beteiligung der Bürger an der Stadtregierung zugestanden. 1806 wurde F. Sitz des Fürstprimas des Rheinbundes, K. T. von *Dalberg;* 1810–1813 war es Hptst. des *Großherzogtums F.* 1815–1866 war F. – neben den Hansestädten die letzte Freie Reichsstadt – Mitgl. des Dt. Bundes u. Sitz des Bundestages. 1848/49 tagte in der Paulskirche die → Frankfurter Nationalversammlung. Nach dem Dt. Krieg, in dem sich F. auf die Seite Österreichs gestellt hatte, wurde es von Preußen annektiert. 1945 kam es zu dem neugeschaffenen Land (Groß-)Hessen.

Frankfurter Anstand, durch Kaiser Karl V. am 10. 4. 1539 zwischen der kath. Nürnberger Liga u. dem ev. Schmalkaldischen Bund geschlossener Waffenstillstand gegen die andrängenden Türken. Ergebnis: Der Nürnberger Religionsfriede von 1532 wird auf alle Augsburger Konfessionsverwandten ausgedehnt, die Kammergerichtsprozesse gegen die Schmalkaldener werden auf 15 Monate ausgesetzt, u. ein Religionsgespräch wird für Nürnberg verabredet. Am Ende hat Karl V. den F. A. jedoch nicht ratifiziert.

Frankfurter Friede, am 10. 5. 1871 von *Bismarck* u. J. *Favre* unterzeichneter Vertrag zwischen dem Dt. Reich u. Frankreich, der den → Deutsch-Französischen Krieg beendete. Frankreich mußte Elsaß-Lothringen an Dtschld. abtreten u. innerhalb von 3 Jahren eine Kriegsentschädigung von 5 Mrd. Francs (4 Mrd. Mark) zahlen

Frankfurter Fürstentag, auf Einladung Österreichs (Staatskanzler A. von *Schmerling)* vom 17. 8. bis 1. 9. 1863 in Frankfurt tagende Versammlung aller dt. Fürsten mit Ausnahme des preußischen Königs, der auf Veranlassung Bismarcks fernblieb. Österreich schlug einen begrenzten Ausbau des Dt. Bundes vor, der seine Vorherrschaft in Dtschld. sichern u. die Gegebenheiten des eigenen Vielvölkerstaates berücksichtigen sollte. Dieser letzte Versuch einer großdeutschen Politik Österreichs u. einer Wiederannäherung an Preußen scheiterte an Bismarck, der die Gleichberechtigung Preußens u. eine stärkere Einbeziehung liberaler Kräfte durch eine aus allg. Wahlen hervorgegangene Volksvertretung forderte.

Frankfurter Nationalversammlung, das erste frei gewählte gesamtdt. Parlament, das vom 18. 5. 1848 bis zum 29. 5. 1849 in der Paulskirche zu Frankfurt a. M. tagte (daher auch *Paulskirchen-Parlament*). Nach der erfolgreichen → Märzrevolution trat zunächst das nicht gewählte *Frankfurter Vorparlament* zusammen (31. 3. – 3. 4. 1848). Die Vertreter der bürgerl. Nationalbewegung in dieser Versammlung setzten durch, daß der Dt. Bund Wahlen für eine Nationalversammlung nach gleichem u. geheimem Wahlrecht ausschrieb. Gewählt wurde im Territorium des Bundes mit Ausnahme einiger slawischer Gebiete Österreichs u. zusätzlich in Schleswig, Ost- u. Westpreußen sowie im Großteil Posens.
Von den knapp 600 Abgeordneten der F. N. waren etwa 550 Akademiker, darunter zahlreiche Juristen u. Professoren („Professorenparlament"). Rd. 110 Abg. waren der Wirtschaft zuzurechnen; Handwerk u. Bauernschaft waren schwach, die Arbeiterschaft gar nicht vertreten. Die radikaldemokrat. Linke war ebenso wie die partikularist. Konservativen nicht repräsentiert. Die gouvernementale Mehrheit stellten die liberalen Konstitutionellen. Ihre nach Versammlungslokalen genannten Fraktionen waren das *Casino*, der *Württemberger Hof*, der *Landsberger Hof* u. der *Augsburger Hof.* Die oppositionellen demokrat. Republikaner tagten im *Dt. Hof* u. im *Donnersberg.* Die zahlenmäßig schwachen liberalen Konservativen trafen sich im *Café Milani.*
Auf Vorschlag des ersten Präs. der F. N., H. von *Gagern*, wurde Ende Juli 1848 die Bildung einer Provisor. Zentralgewalt mit einem Reichsministerium u. die Einsetzung des österr. Erzherzogs *Johann* als Reichsverweser beschlossen. Konfrontiert mit den Problemen der Schaffung eines starken Nationalstaates, der das europ. Mächtegefüge von Grund auf verändern mußte, u. der Ausarbeitung einer Verfassung, geriet die F. N. bereits im Sept. im Zusammenhang mit dem Krieg gegen Dänemark um Schleswig in große Schwierigkeiten (→ Frankfurter Septemberunruhen). Gründe dafür waren der von beiden Seiten zu verantwortende Mangel an Zusammenarbeit von Liberalen u. Demokraten, die Anlehnung der Liberalen an die traditionellen Kräfte sowie die weitgespannten nationalen Ziele. Als Österreich eine Mitarbeit an der Nationalstaatsgründung ablehnte (Erschießung R. *Blums*), mußte der tatkräftige Min.-Präs. A. von *Schmerling* zurücktreten. Sein Nachfolger H. von *Gagern* strebte nun die Gründung eines kleindt. Reiches (ohne Österreich) an, das eine Vorstufe für den weiter als unverzichtbares Endziel erachteten großdt. Bund bilden sollte. Das Fraktionswesen veränderte sich von Grund auf; die Anhänger des Stufenplans nannte man später *Kleindeutsche*, deren Gegner *Großdeutsche.* Als der preuß. König *Friedrich Wilhelm IV.* das kleindt. Projekt am 28. 4. 1849 zurückwies, war die F. N. endgültig gescheitert. Nach Abberufung bzw. Auszug der meisten Abgeordneten tagte ein *Rumpfparlament* vom 6. bis 16. 6. 1849 in Stuttgart. Trotz seines Scheiterns verdient das Werk der F. N., die das wichtigste Organ der Deutschen Revolution war, Beachtung. Der im Dez. 1848 beschlossene Grundrechtskatalog setzte Zielpunkte, die erst in der Weimarer Republik erreicht wurden. Die im März 1849 verabschiedete Verfassung, in der dem Kaiser nur ein aufschiebendes Veto, dem Parlament aber große Rechte eingeräumt wurden, diente fortschrittl. Kräften als Modell. Die 1849 einsetzende konstitutionelle Entwicklung Preußens war durch das Werk der F. N. stark beeinflußt; sie prägte ihrerseits die Verfassungswirklichkeit des dt. Kaiserreichs.

Frankfurter Septemberunruhen, eine radikale Erhebung in Frankfurt a. M. im Sept.

Frankfurter Nationalversammlung in der Paulskirche; zeitgenössische Lithographie. Frankfurt a. M., Historisches Museum

1848, zu der es kam, als die Mehrheit der Liberalen in der Frankfurter Nationalversammlung den als demütigend empfundenen Malmöer Waffenstillstand mit Dänemark billigte. Die demokrat. Linke des Parlaments drohte sich zu spalten, u. ein radikaler Flügel setzte sich an die Spitze einer außerparlamentar. Bewegung. Die konservativen Abgeordneten Fürst F. von *Lichnowsky* u. H. von *Auerswald* wurden von einer erregten Menschenmenge ermordet. Als die Gefahr einer außerparlamentar. Volksbewegung beseitigt war, nutzten reaktionäre Politiker u. Militärs, insbes. aus Preußen, die Unsicherheit der Provisor. Zentralgewalt u. provozierten blutige Straßenkämpfe. Die F. S. festigten in Preußen u. Österreich die Überzeugung, daß die Konterrevolution eine Chance besaß, u. führten in der dt. Nationalbewegung zu einer unüberbrückbaren Kluft zwischen Liberalen u. Demokraten.

Frankfurter Wachensturm, die Erstürmung der Hauptwache u. der Konstablerwache in Frankfurt a. M. am 3. 4. 1833 durch eine Gruppe von Burschenschaftern. Der F. W. sollte in Südwestdeutschland zu einer Revolution u. zur Beseitigung der restaurativen Herrschaft führen. Nach dem raschen Zusammenbruch des Putsches waren verschärfte Verfolgungen von Burschenschaftern u. sogenannten Demagogen die Folge.

fränkische Kaiser → Salier.

fränkisches Recht, 1. das Volksrecht der Franken, z. B. das der Salfranken, lateinisch aufgezeichnet in der Lex Salica (Anfang des 6. Jh.), das der ribuarischen Franken in der Lex Ribuaria.

2. Amtsrecht der fränk. Könige (Edikte, Dekrete), in der Karolingerzeit nach der Kapiteleinteilung Kapitularien genannt.

Fränkisches Reich → Frankenreich.

Franklin ['fræŋklin], **1.** Benjamin, US-amerikan. Politiker, Schriftsteller u. Naturforscher, * 17. 1. 1706 Boston, † 17. 4. 1790 Philadelphia; kam jung von Boston nach Philadelphia u. trat bald öffentlich hervor (Gründung der Universität von Pennsylvania auf konfessionsfreier Grundlage). Als Vertreter Pennsylvanias bei der brit. Regierung wirkte er zunächst für Verständigung zwischen dieser u. den amerikan. Kolonien, wurde jedoch dann führend in der Unabhängigkeitsbewegung u. arbeitete im Kontinentalkongreß an der Unabhängigkeitserklärung mit. 1753–1775 war F. Generalpostmeister der engl. Kolonien in Nordamerika, 1776–1785 Gesandter in Paris; er brachte das Bündnis mit Frankreich zustande. An der Verfassung der USA hatte er maßgebenden Anteil. – F. gewann Weltruhm durch seine Forschungen in der Elektrizitätslehre (Erfinder des Blitzableiters). Als Schriftsteller verlieh er in seinen Almanachen, Essays u. der Selbstbiographie einem nüchternen, von der Moral eines verweltlichten Puritanismus bestimmten Erfolgsdenken Ausdruck; er gilt als Repräsentant des amerikan. Wirklichkeitssinnes.

2. Sir John, britischer Polarforscher, * 16. 11. 1786 Spilsby, Lincolnshire, † 11. 6. 1847 King-Williams-Land (kanad. Arktis); unternahm verschiedene Fahrten zur Erforschung der amerikanischen Eismeerküste; auf der Suche nach einer Durchfahrt durch die amerikan.-arkt. Inseln 1847 verschollen. Das Schicksal seiner Expedition löste die „Franklinsuche" aus, etwa 40 Expeditionen, in deren Verlauf die kanad. Arktis gut erforscht wurde.

Franko, Iwan Jakowlewytsch, ukrain. Schriftsteller u. Politiker, * 27. 8. 1856 Nahujewytschi, † 28. 5. 1916 Lemberg; als Revolutionär mehrmals verhaftet; Mitgründer der Nationaldemokratischen Partei; schrieb sozial ausgerichtete Werke.

Frankreich F

République Française

Fläche: 551 500 km². – *Einwohner:* 57,5 Mill. – *Hauptstadt:* Paris. – *Landessprache:* Französisch. – *Nationalfeiertag:* 14. 7. – *Währung:* 1 Französischer Franc = 100 Centimes. – *Lage:* zwischen 42°30′ und 51° n. Br. sowie 4°30′ und 9°30′ ö. L. – *Zeitzone:* Mitteleuropäische Zeit. – *Grenzen:* im N Belgien und Luxemburg, im O BR Dtschld., Schweiz und Italien, im S Mittelmeer, Spanien und Andorra, im W Atlantischer Ozean. – *Staatsform:* parlamentarisch-präsidiale Republik.

Obwohl die Franzosen ihre Geschichte mit *Karl d. Gr. (Charlemagne)* beginnen lassen, kann man von einer eigenständigen, sich von der ostfränk. unterscheidenden westfränk. Geschichte erst seit der endgültigen Teilung des *Frankenreichs* von 888 sprechen. Nach der Absetzung Kaiser Karls des Dicken wurde zunächst Graf Odo von Paris zum König gewählt. Von den *Normannen* bedrängt, geriet das Königtum in eine Krise: den Karolinger Karl III. (den Einfältigen) wählten die Großen des Reiches bereits zu Lebzeiten Odos zum König, u. er wurde nach Odos Tod 898 im ganzen Reich anerkannt. Er bannte die Normannengefahr durch die Verleihung der Normandie als Herzogtum an den Normannenführer *Rollo* (911). Im Gegensatz zur Festigung der polit. Verhältnisse im Dtschld. der sächs. u. fränk. Kaiser verfiel die Zentralgewalt in Westfranken unter den letzten Karolingern u. den ersten Kapetingern (seit 987), weil die weltl. Großen das Königtum aufs äußerste beschränkten, auch das Kirchengut fast ganz in ihre Hand brachten u. geistl. Stellen nach ihrem Gutdünken besetzten.

Die Kapetinger: *Hugo Capet* konnte sich nur noch auf die Île-de-France, sein eigentl. Hausgut, stützen. Durch die Wahl der Nachfolger bei Lebzeiten sicherten die ersten Kapetinger zwar praktisch die Erblichkeit der Krone, doch waren sie den großen Kronvasallen gegenüber so gut wie machtlos. Erst *Ludwig VI.* gelang es, wenigstens in seinem Hausgut die Kronvasallen wieder zu unterwerfen. Sein Nachfolger, *Ludwig VII.*, der durch seine Heirat mit *Eleonore von Aquitanien* dieses Gebiet für die Krone gewonnen hatte, setzte durch seine Scheidung alles wieder aufs Spiel, da Eleonore sich nunmehr mit *Heinrich II. Plantagenet*, dem Herrn von Anjou, Maine u. der Touraine, vermählte, der

Frankreich: Bernhard von Clairvaux ruft zum 2. Kreuzzug auf. Paris, Nationalbibliothek

1154 König von England u. damit Herzog der Normandie wurde (Verbindung Englands mit der Normandie seit 1066) u. die Bretagne erwarb. Damit war ganz West-F. in engl. Besitz. *Philipp II. August* besiegte 1214 in der *Schlacht von Bouvines* die mit Kaiser Otto IV. verbündeten Engländer u. gewann bis auf die Guyenne alle an England gefallenen Kronlehen zurück. Im Innern tat er die ersten Schritte zum Einheitsstaat, indem er den niederen Adel u. das städtische Bürgertum stützte u. förderte sowie den Widerstand von Adel u. Klerus brach, sie zu Abgaben verpflichtete u. dem königl. Gericht unterwarf u. eine erste königl. Verwaltung durch absetzbare Beamte *(Baillis)* einführte. Im Lauf des 12./13. Jh. errang F. neben der politischen auch die geistige Führung in Europa. An den Kreuzzügen waren Franzosen am stärksten beteiligt, u. ihr Adel entwickelte sich zum Vorbild des europ. Rittertums. In F. blühte die neue Philosophie *(Scholastik)*; das Kloster *Cluny* (im 11. Jh.) u. *Bernhard von Clairvaux* (im 12. Jh.) hatten großen Einfluß auf die Entwicklung der abendländ. Kirche u. auf die Politik. In der Kunst war F. durch seine roman. u. got. Bauten, die Lyrik der Troubadours u. die höf. Epik das Vorbild aller europ. Nationen. Die sich seit dem 12. Jh. herausbildende Universität Paris wurde zu einem der bedeutendsten geistigen Zentren. Unter *Ludwig VIII.* begann die Durchsetzung der Zentralgewalt in Süd-F. In den Albigenser-Kriegen mußte Graf *Raimund VII.* von Toulouse 1229 König *Ludwig IX.* bereits die Hälfte seiner Besitzungen abtreten; dessen Bruder *Alfons von Poitou* erbte 1249 den Rest, *Karl von Anjou* 1246 die Provence u. 1256 Neapel-Sizilien, *Philipp III.* nach dem Tod Alfons' von Poitou auch noch dessen Gebiet 1271.

Zwei Gefahren bedrohten allerdings diese neue Machtstellung der französ. Krone: die Anerkennung der engl. Lehnsherrschaft in der Guyenne u. der Ausbruch des Machtkampfs mit dem Papsttum zwischen *Philipp IV.* u. Papst *Bonifatius VIII.* Dieser hatte sich in der Bulle „Unam Sanctam" (1302) für den Inhaber der höchsten geistl. u. weltl. Gewalt erklärt, der alle Herrscher ein- u. absetzen könne (Zwei-Schwerter-Theorie), u. durch die Bulle „Clericis laicos" die Besteuerung der französ. Geistlichkeit untersagt. Die röm.-rechtlich geschulten Kronjuristen des Königs stellten sich dagegen auf den Standpunkt, daß die weltl. Gewalt die ältere u. mithin selbständig sei. Auf ihren Rat u. mit Zustimmung der erstmals einberufenen *Generalstände* (Klerus, Adel u. Städte) ließ Philipp daraufhin Bonifatius 1303 in Anagni gefangennehmen u. nach dessen Tod den Erzbischof von Bordeaux zum Papst *(Clemens V.)* wählen, der seinen Sitz in Avignon nahm („Babylon. Gefangenschaft der Kirche").

Damit hatte der Nationalstaatsgedanke über den kirchl. Universalismus gesiegt. Mit der Vernichtung des Templerordens seit 1307 sanierte der König durch Einziehung von dessen Gütern die Staatsfinanzen, für die er im Rechnungshof eine Zentralbehörde schuf. Die Ablösung der Lehnspflichten der Vasallen durch Geldabgaben ermöglichte ihm die Anwerbung eines Heeres aus Soldrittern. Die Frühformen des modernen Staates begannen sich auszubilden. Durch Erwerb des Erzbistums Lyon (1307) rundete sich das Staatsgebiet ab. Die (bei *Courtrai* zunächst 1302 gescheiterten) französ. Versuche, Flandern als erledigtes Lehen einzuziehen, trafen England schwer durch Schädigung seines Woll- u. Tuchhandels mit Flandern. Aber erst das Aussterben der älteren Kapetinger 1328 brachte den Gegensatz zu England zum Ausbruch, da die Stände nach dem salischen Erbrecht die Thronfolge des Enkels aus weibl. Linie, *Eduards III.* von England, zugunsten *Philipps VI.* von *Valois*, des Neffen Philipps

Frankreich: Philipp II. August siegt bei Bouvines über die Heere Johanns I. von England und Kaiser Ottos IV.; Miniatur. Paris, Nationalbibliothek

IV., verneinten. Philipp VI. erwarb 1349 die Dauphiné, nach dessen Fürstentitel (Dauphin) seitdem der französ. Kronprinz genannt wurde.

Der Hundertjährige Krieg: Zur Anerkennung seines Thronfolgerechts begann Eduard III. (1327–1377) 1338 den Krieg mit F., der mit längeren Unterbrechungen bis 1453 dauerte. Er war in verschiedenen Beziehungen von weitreichender Wirkung. Die *Schlacht bei Crécy* (1346) bewies die Unterlegenheit von Ritterheeren gegenüber den aufkommenden Schußwaffen. Angesichts der Länge der Kämpfe waren soziale Unruhen die Folge: der Bauernaufstand der *Jacquerie* u. der Zunftaufstand in Paris (1356 bzw. 1357/58). Als Folge des Krieges kam es zu schweren inneren Krisen zwischen den mit den Valois eng verwandten Häusern Burgund u. Orléans (1407–1435). Als es jedoch *Heinrich V.* von England unter Ausnutzung dieser Kämpfe durch den Sieg von *Azincourt* 1415 gelang, die Anerkennung seiner Ansprüche durchzusetzen, zeigte sich, daß durch den Krieg das französ. Volk zur staatsbewußten Nation geworden war. *Jeanne d'Arc* wurde zur Verkörperung des neuen Nationalbewußtseins, als sie 1429 Orléans entsetzte u. *Karl VII.* durch die Krönung in Reims zur allg. Anerkennung verhalf. Das Kriegsende sah F. als geeinten Nationalstaat; nur Calais (bis 1558) u. die Kanalinseln blieben in engl. Besitz.

Frankreich

Könige

Kapetinger	
Hugo Capet	987–996
Robert	996–1031
Heinrich I.	1031–1060
Philipp I.	1060–1108
Ludwig VI.	1108–1137
Ludwig VII.	1137–1180
Philipp II. August	1180–1223
Ludwig VIII.	1223–1226
Ludwig IX., der Heilige	1226–1270
Philipp III.	1270–1285
Philipp IV., der Schöne	1285–1314
Ludwig X.	1314–1316
Philipp V.	1316–1322
Karl IV.	1322–1328
Haus Valois	
Philipp VI.	1328–1350
Johann der Gute	1350–1364
Karl V., der Weise	1364–1380
Karl VI.	1380–1422
Karl VII.	1422–1461
Ludwig XI.	1461–1483
Karl VIII.	1483–1498
Haus Valois-Orléans	
Ludwig XII.	1498–1515
Haus Angoulême	
Franz I.	1515–1547
Heinrich II.	1547–1559
Franz II.	1559–1560
Karl IX.	1560–1574
Heinrich III.	1574–1589
Haus Bourbon	
Heinrich IV.	1589–1610
Ludwig XIII.	1610–1643
Ludwig XIV.	1643–1715
Ludwig XV.	1715–1774
Ludwig XVI.	1774–1792

Erste Republik

Nationalkonvent	1792–1795
Direktorium	1795–1799
Konsulat	1799–1804

Erstes Kaiserreich

Napoleon I.	1804–1814

Könige

Haus Bourbon	
Ludwig XVIII.	1814–1815

Erstes Kaiserreich (»Hundert Tage«)

Napoleon I.	1815

Könige

Haus Bourbon	
Ludwig XVIII.	1815–1824
Karl X.	1824–1830
Haus Orléans	
Ludwig Philipp	1830–1848

Zweite Republik

Präsident Louis Napoleon Bonaparte (1852 Kaiser Napoleon III.)	1848–1852

Zweites Kaiserreich

Napoleon III.	1852–1870

Dritte Republik

Präsidenten

Adolphe Thiers	1871–1873
Patrice Maurice Comte de Mac-Mahon	1873–1879
Jules Grévy	1879–1887
Sadi Carnot	1887–1894
Jean Casimir-Périer	1894–1895
Félix Faure	1895–1899
Émile Loubet	1899–1906
Armand Fallières	1906–1913
Raymond Poincaré	1913–1920
Paul Deschanel	1920
Alexandre Millerand	1920–1924
Gaston Doumergue	1924–1931
Paul Doumer	1931–1932
Albert Lebrun	1932–1940

Vichy-Regime

Philippe Pétain (Chef des Staates)	1940–1944

Übergangszeit

Charles de Gaulle (provisorisches Staatsoberhaupt)	1944–1946

Vierte Republik

Präsidenten

Vincent Auriol	1947–1954
René Coty	1954–1959

Fünfte Republik

Präsidenten

Charles de Gaulle	1959–1969
Georges Pompidou	1969–1974
Valéry Giscard d'Estaing	1974–1981
François Mitterrand	1981–1995
Jacques Chirac	1995–

Regierungschefs der Vierten und der Fünften Republik

(Statt der häufig wechselnden Parteibezeichnungen ist die allgemeine politische Richtung des jeweiligen Regierungschefs angegeben: chr.-dem. = christlich-demokratisch; gaull. = gaullistisch; kons. = konservativ; linkslib. = linksliberal; soz. = sozialistisch.)

Ministerpräsidenten (Vierte Republik)

Félix Gouin (soz.)	1946
Georges Bidault (chr.-dem.)	1946
Léon Blum (soz.)	1946–1947
Paul Ramadier (soz.)	1947
Robert Schuman (chr.-dem.)	1947–1948
André Marie (linkslib.)	1948
Schuman (erneut)	1948
Henri Queuille (linkslib.)	1948–1949
Bidault (erneut)	1949–1950
Queuille (erneut)	1950
René Pleven (linkslib.)	1950–1951
Queuille (erneut)	1951
Pleven (erneut)	1951–1952
Edgar Faure (linkslib.)	1952
Antoine Pinay (kons.)	1952
René Mayer (linkslib.)	1953
Joseph Laniel (kons.)	1953–1954
Pierre Mendès-France (linkslib.)	1954–1955
Christian Pineau (soz.)	1955
Faure (erneut)	1955–1956
Guy Mollet (soz.)	1956–1957
Maurice Bourgès-Maunoury (linkslib.)	1957
Félix Gaillard (linkslib.)	1957–1958
Pierre Pflimlin (chr.-dem.)	1958
Charles de Gaulle	1958–1959

Premierminister (Fünfte Republik)

Michel Debré (gaull.)	1959–1962
Georges Pompidou (gaull.)	1962–1968
Maurice Couve de Murville (gaull.)	1968–1969
Jacques Chaban-Delmas (gaull.)	1969–1972
Pierre Messmer (gaull.)	1972–1974
Jacques Chirac (gaull.)	1974–1976
Raymond Barre (parteilos)	1976–1981
Pierre Mauroy (soz.)	1981–1984
Laurent Fabius (soz.)	1984–1986
Chirac (erneut)	1986–1988
Michel Rocard (soz.)	1988–1991
Edith Cresson (soz.)	1991–1992
Pierre Bérégovoy (soz.)	1992–1993
Edouard Balladur (gaull.)	1993–1995
Alain Juppé (gaull.)	1995–1997
Lionel Jospin (soz.)	1997–

Neubeginn u. früher Absolutismus: So konnte Karl VII., gestützt auf die neugeordneten Finanzen (Ertrag der Krongüter für den Hof, Verbrauchsteuern, Aides u. Zölle für die Verwaltung, Grund- u. Kopfsteuer, Taille, mit vielen Exemptionen für die Armee), in den Ordonnanzkompagnien ein erstes stehendes Heer unterhalten u. in der Pragmatischen Sanktion von Bourges 1438 durch Beschränkung der Wahl von Bischöfen auf Franzosen u. durch Einschränkung der päpstl. Gerichtsbarkeit über den Klerus zum Begründer der französ. Nationalkirche werden. *Ludwig XI.* (1461–1483) brach den Widerstand der in der *Ligue du bien public* vereinten Vasallen gegen diese Neuordnung, zog Burgund, Anjou, Maine u. die Provence als erledigte Lehen ein, u. *Karl VIII.* (1483–1498) brachte durch Heirat als letztes selbständiges Lehnsherzogtum die Bretagne an die Krone. Mit der Einziehung des Herzogtums Burgund (Bourgogne) nach dem Tod *Karls des Kühnen* 1477 beschränkte Ludwig XI. dann die Machtbasis des burgundisch-niederländischen Staatswesens, dessen Beherrscher *Philipp der Gute* sich bereits aller Lehnspflichten gegen die Krone entledigt hatte, u. verhinderte dadurch, daß es sich zu einem selbständigen Staat zwischen Dtschld. u. F. entwickelte. Freilich fiel 1493 durch die Heirat Maximilians von Österreich mit der Tochter Karls des Kühnen, Maria, ein Teil des französischen Lehnsgebietes (Flandern, Artois) dem Deutschen Reich zu.
Ludwig XI. führte den unter Karl VII. begonnenen Wiederaufbau der Zentralgewalt zu Ende u. festigte damit den frühmodernen Absolutismus. Mit seinem Sohn Karl VIII. begann das Ausgreifen des wiedererstarkten F. nach Italien. Karl beanspruchte das Erbe der Anjou in Neapel, das er 1495 eroberte, angesichts einer Koalition zwischen dem Papst, Spanien, Mailand u. dem Kaiser aber kurz darauf wieder räumen mußte. Ludwig XII. eroberte Neapel 1501–1503 kurzfristig zurück, erhob dann aber Erbansprüche auf Mailand u. wurde 1513 durch den Sieg der Eidgenossen von Novara aus Italien vertrieben. Franz I. eroberte 1515 durch den Sieg bei Marignano Mailand zurück. 1516 schloß er mit dem Papst ein Konkordat, das ihm die Mitwirkung bei der Besetzung der Bistümer u. Abteien sicherte, während er auf seine Rechte, die auf den Gallikanischen Freiheiten beruhten, verzichtete. 1519 unterlag er Karl V. bei der Kaiserwahl, 1525 verlor er gegen dessen Truppen in der Schlacht von Pavia seinen Einfluß in Norditalien. Gegen die Einkreisung durch die Habsburger (Spanien, Norditalien, Franche-Comté, Niederlande) führten er u. sein Sohn Heinrich II. insgesamt sechs Kriege, ohne entscheidende Erfolge zu erzielen. Einbrüche in den Einschließungsring gelangen lediglich 1552 im Bündnis mit Moritz von Sachsen durch den Erwerb von Metz, Toul u. Verdun.
Reformation u. Hugenottenkriege: Hatte in F. am Ausgang des MA das Königtum deutlich das Übergewicht über die Stände gewonnen, so wurde dies nach dem plötzlichen Tod Heinrichs II. (1559) noch einmal in Frage gestellt. Religiöse Auseinandersetzungen zwischen den Calvinisten *(Hugenotten)* u. den Katholiken vermischten sich mit Bestrebungen zur Selbständigkeit der Stände u. Rivalitäten im Hochadel. Das lutherische Bekenntnis hatte in Frankreich kaum Anhänger gefunden. Die Ausbreitung reformatorischer Gedanken begann erst, als nach 1540 der Calvinismus zahlreiche Gefolgsleute gewann u. den hohen Adel in die beiden Parteien der calvinist. *Bourbonen* u. der kath. *Guise* spaltete. Ihre von zahlreichen Waffenstillständen unterbrochenen, durch grausame Verfolgungen (*Bartholomäusnacht* 24. August 1572) u. Bürgerkriege gekennzeichneten Kämpfe um die Macht im Staat u. über die Krone erschütterten F. aufs schwerste. Beide Parteien bedienten sich dabei ausländ., die Hugenotten niederländ. u. engl., die Guise span. Hilfe. Der letzte dieser Religionskriege, der Krieg der drei Heinriche (1585–1589; König Heinrich III., Herzog Heinrich von Guise, Heinrich von Navarra), erschöpfte beide Parteien. Dies führte zum Übergewicht des Königtums über die Stände, weil vor allem diejenigen Anhänger fanden, die zur Wiederherstellung des inneren Friedens eine starke Zentralgewalt forderten (Jean *Bodin*, Begründer der Theorie des Absolutismus in seinen „Sechs Büchern über das Staatswesen" 1576). Als *Heinrich IV.* (Heinrich von Navarra) vom Calvinismus zum Katholizismus übertrat u. darauf im ganzen Land anerkannt wurde, befand sich F. wieder auf dem Weg zum geschlossenen, einheitlich monarchisch regierten, absolutist. Staat.
Der absolutist. Staat: F. setzte sich in seiner Außenpolitik im *Jülich-Kleveschen Erbfolgestreit* u. im *Dreißigjährigen Krieg* sofort wieder die Aufgabe, die Umklammerung durch die übermächtige spanisch-dt. Kombination der Habsburger zu zerbrechen. Das *Edikt von Nantes* (1598) verlieh den Hugenotten beschränkte religiöse Duldung u. staatsbürgerl. Gleichberechtigung sowie militär. Sicherung u. diente damit der inneren Geschlossenheit F.s. Infolge der erstarkten Stellung des Königtums erscheint es im Gegensatz zum Augsburger Religionsfrieden nicht als Vertrag zwischen König u. Ständen, sondern als Akt königl. Gesetzgebung. Bedeutete die Regierung Heinrichs IV. u. seines Ministers M. *Sully* den Abschluß der Epoche blutiger Ständekämpfe, so gelang es doch erst den beiden Kardinälen *Richelieu* u. *Mazarin*, den absoluten Staat endgültig aufzurichten, zumal Richelieu die militär. Machtstellung der Hugenotten durch Zerschlagung ihrer Sicherheitsplätze (Eroberung von *La Rochelle* 1628) hatte brechen können. Der *Westfälische Friede* u. der *Pyrenäenfriede* mit Spanien (1659) ließen F. anstelle Spaniens zur führenden Macht in Europa aufsteigen.
Ludwig XIV. hat nach innen u. außen das Erbe der großen Minister Richelieu u. Mazarin angetreten. Der von ihm zur Vollendung geführte absolutist. Staat fand seine Grundlage in der merkantilist. Politik seines größten Ministers, *Colbert*. Durch die starken Bestrebungen, die führende Rolle F.s auszubauen (*Devolutionskrieg* 1667/68, *Holländ. Krieg* 1672–1678, *Pfälz. Erbfolgekrieg* 1688–1697 u. *Span. Erbfolgekrieg* 1701–1714), vereinte Ludwig XIV. allmählich ganz Europa in Koalitionen unter Führung Englands u. Österreichs (Marlborough u. Prinz Eugen) gegen sich. Schon der *Friede von Rijswijk* (1697) ersetzte die Führungsrolle F.s durch ein „Gleichgewicht der Mächte". Der *Friede von Utrecht* (1713), der den nach dem Aussterben der span. Habsburger ausgebrochenen Span. Erbfolgekrieg beendete, bestätigte zwar die Erbansprüche Ludwigs XIV. für seinen Enkel auf den span. Thron, ließ aber die Führung Europas an Großbritannien übergehen.
Die Zerrüttung der Staatsfinanzen durch die Kriege Ludwigs XIV., die Verschwendungssucht der Vormundschaftsregierung des Herzogs Philipp von Orléans (Régence) u. die Mätressenwirtschaft am Hof Ludwigs XV. (Madame *Pompadour*) konnte auch Kardinal A. de *Fleury*, der bedeutendste unter seinen Ministern, nicht verhindern. Die Verstrickung F.s in den *Österreichischen Erbfolgekrieg* u. den *Siebenjährigen Krieg* in Europa u. Amerika brachte F. finanziell an den Rand des Ruins. Ernsthafte Reformversuche, die der König ab 1770 einleitete u. die die Revolution verhindert hätten, wurden von seinem unerfahrenen Nachfolger zunächst aufgegeben.
Das wirtschaftlich erstarkende u. sozial aufsteigende Bürgertum, das in der *Aufklärung* die ihm gemäße Bildungsform entwickelte, begann immer stärker u. offener, Kritik an den herrschenden Zuständen u. Klassen zu üben. Die großen französ. Staatsdenker des 18. Jh. standen im Kampf gegen die absolute Monarchie. J.-J. *Rousseau* ging den entscheidenden Schritt weiter indem er im „Gesellschaftsvertrag" (1754) vom Prinzip der Gleichheit aller Menschen aus die Volkssouveränität zur Grundlage des Staates in der Form der direkten Demokratie machte. Die wohlmeinenden Reformversuche *Ludwigs XVI.* u. seiner Minister, vor allem A. R. J. *Turgots*, kamen zu spät u. scheiterten an der Halbheit der Maßnahmen u. am Widerstand der privilegierten Stände.
Die Revolution 1789: Die Unfähigkeit der privilegierten Stände (Geistlichkeit, Adel), auf ihre Vorrechte zu verzichten, der Aufstieg des dritten Standes, das Unvermögen der absoluten Monarchie zu Reformen, die Finanzkrise des Staates, eine plötzlich einsetzende Wirtschaftskrise u. der machtpolit. Niedergang Frankreichs schufen die Bedingungen für die *Französ. Revolution*. Ihre konstitutionelle Phase (1789–1792) begann, als die 600 Abgeordneten des Dritten Standes der zum 5. 5. 1789 nach Versailles berufenen Generalstände sich weigerten, nach Ständen abzustimmen statt nach Köpfen, u. sich am 17. 6. zur *Nationalversammlung* u. am 20. 6. beim Eid im *Ballhaus* zur Verfassunggebenden Versammlung *(Constituante)* erklärten. Auf die Erstürmung der *Bastille* durch Pariser Volksmassen (14. 7.) folgten Abschaffung aller Feudalrechte, Verkündigung der Men-

Frankreich: Ludwig XIV. empfängt 1714 in Fontainebleau den späteren sächsischen Kurfürsten Friedrich August II., Gemälde von Louis de Silvestre. Versailles, Musée National du Château de Versailles et de Trianon

Frankreich: Die drei Konsuln (Cambacérès, Bonaparte, Lebrun) vereidigen am 25. Dezember 1799 den Staatsrat; Detail aus einem Gemälde von Auguste Couder. Versailles, Musée National du Château de Versailles et de Trianon

schen- u. Bürgerrechte, Aufhebung der Klöster u. Orden, Einziehen des Kirchengutes, Verstaatlichung der Schulen u. Einführung der Zivilehe. Die Verfassung 1791 machte Frankreich zur konstitutionellen Monarchie. Der Fluchtversuch Ludwigs XVI., der Tod H. G. de *Mirabeaus* (2. 4. 1791) u. die Einmischung des Auslands verschafften den *Girondisten* immer stärkeren Einfluß bis zur Kriegserklärung an Österreich (20. 4. 1792), zur Erstürmung der Tuilerien (10. 8.) unter dem Eindruck des Einmarsches der inzwischen verbündeten Österreicher u. Preußen u. zur Verhaftung des Königs. In den Septembermorden (2.–6. 9.) kam es zum Bruch zwischen Girondisten u. radikalen *Jakobinern* unter G. J. *Danton* u. M. de *Robespierre*. Die 1791 gewählte Legislative wurde durch einen *Nationalkonvent* ersetzt, der am 22. 9. 1792 die Republik *(Erste Republik)* ausrief u. den König am 21. 1. 1793 hinrichten ließ. – Die nun einsetzende sogenannte Schreckensherrschaft (1793/94) hatte das Ziel, das Land gegenüber dem militärischen Druck der 1. Koalition (→ Koalitionskriege) verteidigungsfähig zu machen. Die wichtigsten Maßnahmen waren: Preis- u. Lohnfestsetzung, Errichtung des Revolutionstribunals (10. 3. 1793), Einsetzung des Wohlfahrtsausschusses (6. 4. 1793), Niederwerfung der girondist. Aufstände, Organisation der *levée en masse* (allg. Wehrpflicht), Kalenderreform u. Ersetzung des Christentums durch den Kultus der Vernunft. Eine am 24. 6. 1793 verabschiedete republikanische Verfassung mit weitreichenden demokratischen Rechten kam nicht zur Anwendung. Die Ausdehnung der Schreckensherrschaft auf die eigene Partei (Hinrichtung Dantons u. J.-R. *Héberts*) führte zum Sturz u. zur Hinrichtung Robespierres (9. Thermidor/27. 7. 1794) u. zur Herrschaft gemäßigter Politiker, die sich eines jakobinischen Aufstands am 1. Prairial (20. 5. 1795) erwehren konnten. – Nach der Niederwerfung eines royalistischen Aufstandes in Paris durch General Napoleon *Bonaparte* (5. 10. 1795/13. Vendémiaire) u. der Annahme der Direktorialverfassung (23. 9. 1795) löste sich der Konvent im Oktober 1795 auf. Die Herrschaft des Direktoriums (1795–1799), eine Klassenherrschaft des Großbürgertums aufgrund des Zensuswahlrechts, konnte sich der royalist. Gegenrevolution (Vendée) u. eines kommunist. Umsturzversuchs (F. *Babeuf*) erwehren. Erst der Staatsstreich P. de *Barras'* (18. Fructidor/4. 9. 1797) gegen neugewählte royalistische Direktoren u. Abgeordnete sicherte das neue System. Nach großen außenpolit. Erfolgen (Basler Friede 1795 mit Preußen u. Friede von Campo Fòrmio 1797 mit Österreich) führten die Umgestaltung Italiens u. der Schweiz u. die ägypt. Expedition Bonapartes zur Bildung der 2. Koalition u. zum Verlust Italiens sowie zu Prestigeverlusten des Direktoriums im Innern. Bonapartes Staatsstreich (9. 11. 1799/ 18. Brumaire) stürzte das Direktorium u. brachte in Gestalt der Konsularverfassung das Ende der Französ. Revolution. Auch → Französische Revolution.

Erstes Kaiserreich (Napoleon I.): Mit diesem Staatsstreich schuf Napoleon das neue System der plebiszitären autoritären Herrschaft. Der erste Schritt dazu war seine Ernennung zum Konsul auf Lebenszeit 1802 durch Volksabstimmung. Er vollendete die Revolution, indem er der neuen Gesellschaftsordnung im *Code civil* (1804) ihre bis heute noch verbindl. Rechtsgrundlage gab, den Prinzipien der Freiheit u. Gleichheit zum Durchbruch verhalf u. damit einen entscheidenden Beitrag zur Säkularisierung des Lebens leistete. Andererseits war das Ergebnis nicht eine bürgerl. Demokratie, sondern eine Militärdiktatur. So wurde Napoleon Vollender u. Bezwinger der Revolution zugleich. Der von einer Volksabstimmung mit großer Mehrheit gebilligte Beschluß des Senats, F. in ein erbl. Kaisertum umzuwandeln, gab der neuen Herrschaftsform ihre „legale" Grundlage (1804). Napoleons Gegensatz zu Großbritannien brachte jedoch dem Land keinen dauerhaften Frieden, sondern immer neue Auseinandersetzungen mit Koalitionen der europäischen Mächte. Die mit der → Kontinentalsperre 1806 verhängte Wirtschaftsblockade gegen England nötigte zu immer weiter ausgreifender Expansion, bis der Untergang der „Großen Armee" 1812 in Rußland sowohl die unterdrückten Völker Europas zum Befreiungskampf ermunterte als auch in F. selbst den Kaiser um seine Anhängerschaft brachte. Dem Einmarsch der verbündeten Truppen 1814 war F. nicht mehr gewachsen. Angesichts der bevorstehenden Niederlage setzte der Senat den Kaiser ab, u. seine Marschälle zwangen ihn zur Abdankung. Die verbündeten Mächte wiesen ihm die Insel Elba als Herrschaftsgebiet u. dauernden Aufenthalt zu. Die noch bestehenden Verfassungsorgane beriefen gegen die Zusicherung, eine liberale Politik zu führen, den im engl. Exil lebenden Bourbonen Ludwig XVIII., Bruder des 1793 hingerichteten Königs, zum Staatsoberhaupt. Gegen ihn u. vor allem seine fanatische Anhängerschaft erhob sich aber bald eine solche Unzufriedenheit, daß Napoleon I. zur Rückkehr ermutigt wurde (→ Hundert Tage). Dies bedeutete für die Verbündeten erneut Krieg, u. die Niederlage von Waterloo (18. 6. 1815) setzte dem Versuch, das Kaiserreich wiederherzustellen, ein Ende.

Restauration, Julimonarchie u. Zweite Republik: Nach der endgültigen Vertreibung Napoleons I. übten die Anhänger Ludwigs XVIII. im ganzen Land blutige Rache (Weißer Terror), ehe das polit. Leben wieder in geordnete Bahnen kam. Die vom König verliehene Verfassung *(Charte constitutionnelle)* versuchte, das revolutionäre Erbe u. die monarchist. Tradition zu verbinden. Erst die Ermordung des Herzogs von Berry (1820) führte zu einer reaktionären Wendung u. damit auch zur Verschärfung der Opposition, die sich unter *Karl X.* ab 1824 noch verstärkte. Die *Julirevolution* von 1830 zwang Karl X. zur Flucht nach England; mit *Louis-Philippe* von Orléans, dem „Bürgerkönig", kam die bürgerl.-liberale Monarchie ans Ruder. Diese ausgesprochene Klassenherrschaft des Bürgertums wurde in der *Februarrevolution von 1848* gestürzt. Arbeiter u. Kleinbürger als ihre Träger erzwangen in einem schon stark sozialist. Züge aufweisenden Aufstand (22.–24. 2. 1848) die Ausrufung der Republik *(Zweite Republik)* u. die Ersetzung des bisherigen, das Großbürgertum begünstigenden Zensuswahlrechts durch das allg. u. gleiche Wahlrecht. Zum ersten Mal waren Vertreter der radikalen Linken, A. *Ledru-Rollin* u. Louis *Blanc*, Mitglieder der provisor. Regierung. Blanc, einer der Theoretiker der frühsozialist. Bewegung, setzte seine Forderung nach „Recht auf Arbeit" durch die Gründung von Nationalwerkstätten durch; ihre Schließung wegen Bankrotts, der durch ungenügende Organisation verursacht war, entfachte im Juni in Paris einen blutigen Aufstand, den General L. *Cavaignac* niederwarf. Das Bürgertum, durch dieses plötzl. Auftauchen der „roten Gefahr" tief beunruhigt, unterstützte im Dez. 1848 die Wahl des Prinzen *Louis Napoleon* zum Präs. der Republik. Da dieser nur vier Jahre als Präsident amtieren durfte u. eine Verfassungsrevision, die ihm die Wiederwahl ermöglicht hätte, von der Nationalversammlung abgelehnt wurde, beseitigte er am 2. 12. 1851 durch einen Staatsstreich die Republik u. ließ sich in einer Volksabstimmung zum Präsidenten auf 10 Jahre wählen.

Zweites Kaiserreich: Nachdem Louis Napoleon eine Verfassung ähnlich der des Ersten Kaiserreichs durchgesetzt hatte, ließ er sich vom Senat zum Kaiser ausrufen u. diesen Schritt durch eine neue Volksabstimmung bestätigen (1852). Als *Napoleon III.* bestieg er am 2. Dezember den Thron; er wußte das Mittel der durch Volksabstimmungen bestätigten autoritären Staatsführung zum ersten Mal in Europa mit wahrer Virtuosität zu handhaben.

Napoleons III. Außenpolitik erstrebte die

Frankreich: Julirevolution 1830 in Paris: Kampf in der Rue de Rohan; Gemälde von Hippolyte Lecomte. Paris, Musée Carnavalet

volle Wiederherstellung der alten Machtposition F.s in Europa u. der Welt. Im *Krimkrieg* im Bund mit Großbritannien gegen Rußland u. im Krieg mit Sardinien gegen Österreich, der ihm Savoyen u. Nizza einbrachte, schien dieses Ziel in greifbare Nähe gerückt. Die abenteuerl. Unternehmung in Mexiko u. die Gegnerschaft gegen die Einigung Deutschlands, die sich von den vergebl. Versuchen einer Machterweiterung auf dem linken Rheinufer 1866 bis zur planmäßigen Demütigung der preuß. Politik in der Frage der span. Thronkandidatur der Hohenzollern steigerte u. in den *Deutsch-Französischen Krieg* von 1870/71 mündete, kostete ihn den Thron; F. verlor das Elsaß u. Teile von Lothringen.
Ein Ausgleich für diese Einbuße bot sich durch den Aufbau des zweiten französ. Kolonialreichs nach dem Verlust des ersten während der Revolution u. der Kriege Napoleons I.: Eroberung Algeriens seit 1830, Schutzherrschaft über Ägypten im türk.-ägypt. Krieg von 1839/40 (Bau des Suezkanals durch F. de *Lesseps* 1859–1869), Ausbau der Stützpunkte in Indochina: Cochinchina (1859), Kambodscha (1867), Annam (1883) u. nach einem Krieg mit China (1884/85) Tonkin; 1893 mußte Siam Laos abtreten.
Das 19. Jh. brachte auch für F. den Prozeß der Industrialisierung u. damit die soziale Frage, obwohl sie sich hier weniger zuspitzte, weil die Bevölkerung nicht so stark anstieg u. mehr Menschen auf dem Lande lebten als in den anderen Industriestaaten.
Dritte Republik: Die nach dem Sturz des Zweiten Kaiserreichs gegründete Dritte Republik (1870) konnte sich zunächst im Innern nur schwer gegen starke royalist. Kräfte durchsetzen, die den Marschall M. *MacMahon* zum Präsidenten wählten. Sie stabilisierte sich erst nach einer Reihe tiefgehender Krisen (Panama-Skandal, Dreyfus-Affäre). Eine weitere schwere Belastung war der Kampf mit der kath. Kirche, der seit 1879 drohte u. 1901 ausbrach, als die radikale Kammermehrheit Radikalsozialistische Partei) den geistl. Orden die Unterrichtsbefugnis entzog. 1905 wurde nach verschiedenen anderen Kampfmaßnahmen gegen die Orden durch Gesetz die völlige Trennung von Staat u. Kirche vollzogen.
Außenpolitisch war die Republik durch Bismarcks Gleichgewichtspolitik zunächst isoliert. Die eifrig geschürte Revanche-Idee zur

Frankreich: das bombardierte Reims 1917; in der Mitte die Kathedrale

Wiedergewinnung Elsaß-Lothringens führte mehrmals zu schweren Spannungen mit Dtschld. (1875 Krieg-in-Sicht-Krise, 1884 Boulanger-Krise); an ihr scheiterten auch Versuche der Verständigung (Jules *Ferry*). Im Wettlauf um Kolonialgebiete mit Großbritannien gewann F. 1881 Tunis, 1885 Madagaskar, 1890 die Gesellschaftsinseln; aber zunehmende Spannungen bestanden mit Großbritannien bes. im Sudan bis zur *Faschoda-Krise* 1898. Schon in den 1880er Jahren hatte sich eine allmähl. Annäherung an Rußland vollzogen, die 1892 zur Militärkonvention, 1894 zum Bündnis führte. Faschoda benutzte der Außenminister T. *Delcassé* jetzt zur Bereinigung des Verhältnisses mit Großbritannien, die in der *Entente cordiale* von 1904 gipfelte; parallel dazu ging der Ausgleich mit Italien; beide erkannten F. Marokko zu, F. den Engländern Ägypten u. den Italienern Tripolis. Auf der *Konferenz von Algeciras* 1906 konnte F. seinen Anspruch auf Marokko zwar noch nicht durchsetzen, aber Dtschld. weitgehend isolieren. Nach dem Scheitern einer direkten Verständigung mit Dtschld. 1909 begann F. 1911, Marokko militärisch zu besetzen. Die darüber ausgebrochene zweite *Marokko-Krise* sicherte ihm den Besitz Marokkos u. brachte in der Marinekonvention mit Großbritannien eine weitere Annäherung dieser beiden Mächte.
In der Julikrise 1914 stellte sich Präs. R. *Poincaré* entschlossen auf die Seite Rußlands. Damit wurde das Land in den 1. Weltkrieg hineingezogen, der zum großen Teil auf französ. Boden ausgefochten wurde. Die militär. Niederlage im August 1914, der seit dem „Wunder an der Marne" einsetzende Stellungskrieg, die Opfer des Kampfes um Verdun 1916 u. das Scheitern der Frühjahrsoffensive 1917 führten zu schweren Krisen, die innenpolitisch erst durch G. *Clemenceau*, militärisch durch das Eingreifen der USA seit Herbst 1917 gemeistert werden konnten. Der *Versailler Vertrag* gab F. Elsaß-Lothringen zurück, übertrug ihm in Kamerun, Togo u. Syrien wertvolle Mandatsgebiete u. versuchte darüber hinaus, in der Reparationspolitik F. endgültig das Übergewicht über Dtschld. zu sichern. Diese Politik scheiterte schließlich im *Ruhrkampf* (1922/23) u. wurde mit der Unterzeichnung des Dawes- u. des Young-Plans (1924 u. 1929) aufgegeben. Auch der Versuch, Dtschld. durch Bündnisse (Belgien, Polen, Kleine Entente) u. Abrüstung niederzuhalten, mußte im *Vertrag von Locarno* (A. *Briand*, G. *Stresemann*) u. mit dem Eintritt Deutschlands in den Völkerbund aufgegeben werden. Nur die dt.-österr. Zollunion konnte 1931 verhindert werden. Auf der *Genfer Abrüstungskonferenz* gestand F. 1932 Dtschld. grundsätzl. Gleichberechtigung zu, in der Lausanner Konferenz 1932 verzichtete es auf Reparationen; F. mußte auch die Wiederbesetzung der Rheinlande, die Rückgliederung des Saargebiets u. den Anschluß Österreichs an Dtschld. hinnehmen u. im *Münchener Abkommen* der Abtretung des Sudetenlands zustimmen. Der dt. Einmarsch in Prag veranlaßte F. u. Großbritannien, Polen u. den Staaten der Kleinen Entente Garantieerklärungen abzugeben, die F. am 3. 9. 1939 zur Kriegserklärung an Dtschld. zwangen.
In der Innenpolitik bildete nach dem 1. Weltkrieg die Sanierung der Finanzen u. der Währung das Hauptproblem. Sie gelang Poincaré zwar 1926 bis 1928 zeitweise, führte aber durch wachsende Radikalisierung zu einer Krise des Parlamentarismus (Stavisky-Skandal, Unruhen im Februar 1934), der weder ein Kabinett der nationalen Konzentration 1934 noch die Volksfrontregierung Léon *Blums* 1936 Herr werden konnte. Erst die bürgerl. Regierung É. *Daladiers* (1938) brachte eine neue Stabilisierung.
Zweiter Weltkrieg: Der dt. Angriff im

Frankreich: General de Gaulle bei seinem berühmten „Aufruf" vor dem Mikrophon der BBC in London am 18. Juni 1940

Mai 1940 überrannte F. in 6 Wochen u. stürzte es in seine schwerste Krise. Am 22. 6. schloß Marschall P. *Pétain*, seit dem 16. 6. Regierungschef, einen Waffenstillstand, der den größten Teil des Landes mit Paris einer dt. Besatzung unterwarf. Im freien Teil bildeten Pétain u. P. *Laval* im *État Français* (Regierungssitz Vichy) eine autoritäre Regierung, die sich um Zusammenarbeit (Kollaboration) mit Dtschld. bemühte. Im Land entstand aber allmählich eine Widerstandsbewegung *(Résistance)*, deren Kampf sich verschärfte, als nach der Landung der Alliierten in Nordafrika auch Vichy-Frankreich von dt. Truppen besetzt wurde. General C. de *Gaulle* setzte seit 1940 von London, seit Juni 1943 von Algier aus *(Comité français de libération nationale)* den Kampf fort u. landete – nach der alliierten Landung in der Normandie – ebenfalls in der Normandie. Am 25. 8. 1944 zog de Gaulle in Paris ein u. blieb bis Jan. 1946 an der Spitze einer provisor. Regierung. Dank der Beteiligung französ. Truppen an der Eroberung Süddeutschlands konnte de Gaulle die Einrichtung einer französ. Besatzungszone in Dtschld. erlangen.
Vierte Republik: Mit der Verfassung vom Okt. 1946 trat die Vierte Republik ins Leben. Sie wandelte zugleich das französ. Kolonialreich in die *Französische Union* um. In den 12 Jahren ihres Bestehens wurde sie von schweren inneren u. äußeren Krisen erschüttert. Infolge des raschen Anwachsens der Zahl der Kommunisten u. der Gaullisten schwand für die die Regierung tragenden Parteien der Mitte mehr u. mehr die Basis, immer schnellere Regierungswechsel waren die Folge. Die Abrechnung mit den „Kollaborateuren" (Pétain, Laval u. a.) belastete zusätzlich das polit. Klima. Außenpolitisch konnte F. die fortschreitende Auflösung der Union nicht verhindern: Indochina mußte nach schweren Kämpfen 1954 aufgegeben werden; 1956 lösten sich Marokko u. Tunis los; der Aufstand der Algerier mit dem Gegenterror der dortigen Europäer u. dem daraus entstehenden militär. Willkürregiment (Parachutistes) u. der Putschdrohung vom 13. 5. 1958 erschütterten die Republik in ihren Grundfesten. Min.-Präs. P. *Pflimlin* trat zurück u. machte de Gaulle Platz.
Gegenüber Europa vollzog jedoch R. *Schuman* die entscheidende Wendung: Nachdem F. zunächst eine harte Dtschld.-Politik verfolgt hatte (Abtretung des Saargebiets, Internationalisierung des Ruhrgebiets), stimmte er im April 1949 dem Anschluß der französ. Zone in Dtschld. an das Vereinigte Wirtschaftsgebiet u. im Mai der Gründung der BR

Dtschld. zu. 1951 schloß F. mit der BR Dtschld., den Benelux-Ländern u. Italien den Montanunionsvertrag ab. Allerdings lehnte die Nationalversammlung 1954 den EVG-Vertrag ab, stimmte aber in den *Pariser Verträgen* der Aufnahme der BR Dtschld. in die Westeurop. Union u. die NATO zu. Nach dem Scheitern des Saar-Statuts 1955 regelte der Vertrag vom 27. 10. 1956 die Rückkehr des Saarlands zu Dtschld.

Fünfte Republik: Aufgrund der am 4. 10. 1958 in Kraft getretenen Verfassung der Fünften Republik trat de Gaulle Anfang 1959 als Nachfolger R. *Cotys* das Amt des Präsidenten an. Trotz Umwandlung der Französ. Union in die *Französische Gemeinschaft*, deren Glieder allmählich die Unabhängigkeit erlangten, mußte de Gaulle Algerien 1962 aus ihr entlassen. Die Europa-Politik der Vierten Republik (25. 3. 1957 Gründung der Europ. Wirtschaftsgemeinschaft [EWG]) wurde von der autoritären Fünften Republik zunächst weitergeführt, ja intensiviert: 1963 Vertrag über dt.-französ. Zusammenarbeit. Doch zielte die Außenpolitik de Gaulles innerhalb der EWG (Ablehnung des Beitritts Großbritanniens) ebenso wie die Militärpolitik innerhalb der NATO (Ausbildung einer eigenen Atomstreitmacht sowie Herauslösung der französ. Truppen aus der militär. Integration des Bündnisses) zunehmend auf eine stärkere Betonung der Selbständigkeit F.s („Europa der Vaterländer", besondere Beziehungen zu China u. zur Sowjetunion). Im Mai 1968 kam de Gaulle infolge mehrwöchiger Studentenunruhen in Paris vorübergehend in große innenpolit. Bedrängnis. Nach einem Wahlsieg seiner Partei im Juni versuchte er, eine Neugliederung F.s in politisch u. wirtschaftlich selbständigere Regionen durchzusetzen. Nach einer negativ verlaufenen Volksabstimmung über diesen Plan trat er am 28. 4. 1969 zurück. Zu seinem Nachfolger wurde der Gaullist G. *Pompidou* gewählt, in dessen Amtszeit Frankreich dem EWG-Beitritt Großbritanniens zustimmte (1971). Nach Pompidous Tod wurde mit knapper Mehrheit vor dem Sozialisten F. *Mitterrand* der Unabhängige Republikaner V. *Giscard d'Estaing* Staatspräsident; er berief zunächst J. *Chirac*, danach (1976) R. *Barre* zum Premierminister.

Giscard d'Estaings Politik versuchte, vor allem im engen Einvernehmen mit der BR Dtschld., die selbständige Rolle F.s in Europa zu unterstreichen. Gleichzeitig wurde eine aktive Nahost- u. Afrikapolitik betrieben. Die wirtschaftl. Probleme trugen dazu bei, daß Giscard d'Estaing im Mai 1981 die Präsidentschaftswahlen gegen F. Mitterrand verlor.

Der neue Präsident löste die Nationalversammlung auf u. schrieb Neuwahlen aus. Die Sozialisten gewannen die absolute Mehrheit, gingen aber trotzdem eine Koalition mit den Kommunisten ein. In der Wirtschaftspolitik standen die Verstaatlichung von Schlüsselindustrien, Erhöhung der Mindestlöhne, Arbeitszeitverkürzung, Senkung des Rentenalters u. Arbeitsbeschaffungsmaßnahmen auf dem Regierungsprogramm. Die 1972 gebildeten Regionen sowie die Départements u. Gemeinden erhielten größere Selbständigkeit, was u. a. zu einer Beruhigung militanter regionalist. Bewegungen (bes. in Korsika) beitragen sollte. Außenpolitisch wurde die eigenständige Linie weiterverfolgt. Premierminister war 1981–1984 P. *Mauroy*, 1984 bis 1986 L. *Fabius*.

Wachsende wirtschaftl. Schwierigkeiten bewogen die Sozialisten 1984 zur Abkehr von ihrer bisherigen Wirtschafts- u. Sozialpolitik, bes. zur Kürzung öffentl. Ausgaben, woraufhin die Kommunisten das Regierungsbündnis verließen. Bei den Parlamentswahlen von 1986 konnten sich die Sozialisten zwar als stärkste Partei behaupten, verloren aber die Mehrheit. Die bürgerl. Parteien u. unabhängigen Konservativen gewannen eine knappe absolute Mehrheit. Es wurde eine Koalitionsregierung unter dem Gaullisten J. *Chirac* gebildet, deren Programm die Rücknahme zahlreicher Maßnahmen ihrer Vorgängerin vorsah. Das Nebeneinander („cohabitation") eines sozialist. Präsidenten u. einer konservativen Regierung führte zu Konflikten.

1988 wurde Mitterrand als Präsident wiedergewählt; Gegenkandidat war Chirac. Mitterrand ernannte den Sozialisten M. *Rocard* zum Premierminister u. löste das Parlament auf. Die Sozialisten blieben nach Neuwahlen die stärkste Partei. In den Golfkonflikt 1990/91 griff Frankreich militärisch ein. 1991 trat Rocard zurück. Neue Premierministerin wurde E. *Cresson*. Nach schweren Verlusten der Sozialisten bei Regionalwahlen 1992 mußte auch E. Cresson zurücktreten. Unter ihrem Nachfolger P. *Bérégovoy* setzte sich der Niedergang der Regierungspartei fort.

Im Sept. 1992 sprach sich die französische Bevölkerung in einem Referendum für den Vertrag von Maastricht über die Europäische Union aus. 1993 errangen die bürgerl. Parteien einen überwältigenden Sieg bei den Parlamentswahlen. RPR u. UDF gewannen 458 von 577 Abgeordnetenmandaten. Der Gaullist E. *Balladur* bildete eine konservative Koalitionsregierung (erneute „cohabitation"). Bei den Präsidentschaftswahlen 1995 unterlag der Sozialist L. *Jospin* dem gaullist. Kandidaten Chirac, der Nachfolger von F. Mitterrand wurde. Chirac berief A. *Juppé* zum neuen Premier-Min., der eine harte Sparpolitik durchführte, um die Haushaltsdefizite zu reduzieren u. die Sozialsysteme zu sanieren. Damit sollte F. der Weg in die Europ. Währungsunion geebnet werden. 1997 löste Chirac überraschend die Nationalversammlung auf u. schrieb vorzeitige Neuwahlen aus. Die Unzufriedenheit der Wähler mit der Politik der Regierung Juppé brachte der Linken die absolute Mehrheit im Parlament. Die Sozialist. Partei (PS) wurde zur stärksten polit. Kraft. Ihr Führer Jospin übernahm das Amt des Premier-Min. an der Spitze einer linken Koalitionsregierung, an der sich neben den Kommunisten die linksnationale Bürgerbewegung, Radikalsozialisten u. Grüne beteiligten. Damit erlebte F. wiederum das Phänomen der „cohabitation". Die Regierung Jospin setzte sich vor allem die Bekämpfung der hohen Arbeitslosigkeit zum Ziel.

Franz, Fürsten, Römisch-deutsche

Franz I., König von Frankreich. Gemälde, Jean Clouet zugeschrieben; 16. Jh. Paris, Louvre

Kaiser: **1.** *F. I. (Stephan)*, Herzog von Lothringen 1729, Großherzog von Toskana 1737, dt. König u. röm.-dt. Kaiser 1745–1765, *8. 12. 1708 Nancy (Frankreich), †18. 8. 1765 Innsbruck; heiratete 1736 die habsburg. Erbin *Maria Theresia* u. gab sein Herzogtum auf, um die französ. Anerkennung seiner Anwartschaft auf die Kaiserwürde zu erlangen, erhielt dafür das Großherzogtum Toskana. Obwohl von Maria Theresia zum Mitregenten in den österr. Landen berufen, blieb er ohne Einfluß auf die Staatsgeschäfte. Mit ihm beginnt die Linie *Habsburg-Lothringen*.

2. *F. II., F. Joseph Karl*, Enkel von 1), röm.-dt. Kaiser 1792–1806, Kaiser von Österreich (*F. I.*) 1804–1835, König von Ungarn, *12. 2. 1768 Florenz, †2. 3. 1835 Wien; Sohn u. Nachfolger Kaiser *Leopolds II.*; nahm als Gegner der Französ. Revolution an den Koalitionskriegen teil, mußte 1797–1801 die Besitzungen auf dem linken Rheinufer abtreten u. der französ. Neuordnung in Italien zustimmen; erhob nach der Kaiserkrönung *Napoleons* die österr. Erblande zum Kaisertum, legte 1806 die röm. Kaiserkrone nieder; erlitt 1805 u. 1809 große Gebietsverluste; gab Napoleon 1810 seine Tochter *Marie-Louise* zur Frau. Die Beteiligung an den Freiheitskriegen brachte Österreich die alte Machtstellung zurück. F. war abhängig von seinen Ministern *Thugut, Stadion* u. *Metternich*; er war Anhänger des Legitimismus, der Restauration u. der Hl. Allianz.

Frankreich: **3.** *F. I.*, König 1515–1547, *12. 9. 1494 Cognac, †31. 3. 1547 Rambouillet; folgte seinem Vetter u. Schwiegervater *Ludwig XII.*, führte 1515 einen Eroberungskrieg in Italien (Mailand), konnte trotz großer Bestechungssummen 1519 die Kaiserkrone nicht erlangen; 1521 begann er den jahrzehntelangen Krieg gegen die Habsburger (zunächst gegen *Karl V.*), die mit Spanien, Italien u. Dtschld. Frankreich umklammerten. Die wechselvollen Kämpfe gingen zu seinen Ungunsten aus, obwohl er die Türken zu Hilfe rief u. sich mit den dt. Protestanten verbündete. In seine Regierungszeit fallen die Blüte der französ. Renaissance u. die Anfänge der Reformation, die er anfänglich zurückhaltend, später energisch bekämpfte, da er infolge des 1516 abgeschlossenen Konkordats über genügend Rechte über die Kirche verfügte u. von der Reformation keine Vorteile zu erwarten hatte.

4. *F. II.*, Enkel von 3), König 1559–1560, *19. 1. 1544 Fontainebleau, †5. 12. 1560 Orléans; körperlich u. geistig schwach, 1558 mit *Maria Stuart* verheiratet, regierte nur ein Jahr, konnte den Machtkämpfen zwischen den kath. Guisen u. den prot. Bourbonen keinen Einhalt gebieten.

Liechtenstein: **5.** *F. Joseph II.*, Fürst, *16. 8. 1906 Frauenthal, Steiermark, †13. 11. 1989 Grabs, Schweiz; trat am 30. 3. 1938 die Thronfolge an.

Mainz: **6.** *F. Ludwig*, Pfalzgraf von *Neuburg*, Kurfürst u. Erzbischof von Trier 1716–1729, von Mainz 1729–1732, *24. 7. 1664 Neuburg, †18. 4. 1732 Breslau; schon mit 19 Jahren Bischof von Breslau; vereinigte in seiner Person mehrere hohe Kirchenämter, mußte aber nach den Bestimmungen des Reichsrechts die Trierer Kurwürde gegen die Mainzer aufgeben. Als Reichserzkanzler setzte er sich für die *Pragmatische Sanktion* ein.

Österreich: **7.** *F. I.*, der röm.-dt. Kaiser *F. II.*, → Franz (2).

8. *F. Joseph I.*, Enkel von 2), Kaiser 1848–1916, König von Ungarn seit 1867, *18. 8. 1830 Schönbrunn, †21. 11. 1916 Schönbrunn; bestieg nach Abdankung seines Onkels *Ferdinand* den Thron, regierte zunächst zentralistisch u. absolutistisch; seine den

Französische Revolution: das Jahr des Terrors

1

Alexis de Tocqueville spricht in seinem klassischen Werk »L'Ancien Régime et la Révolution« von dem »Kontrast zwischen der Menschenfreundlichkeit der Theorien und der Wildheit der Taten, der einer der seltsamsten Charakterzüge der Französischen Revolution gewesen ist«. Dieser Kontrast trat am schärfsten zutage im Jahr der »Schreckensherrschaft« vom Sommer 1793 bis zum Sommer 1794.

Im Jahr 1793 war die Revolution von außen und innen bedroht. Die verbündeten Monarchien Europas rückten gegen das revolutionäre Frankreich vor. Überall im Lande züngelten gegenrevolutionäre Aufstände. In Paris herrschte Hungersnot. In dieser gefährlichen Lage steigerten sich die führenden Jakobiner in einen Radikalismus hinein, der paranoide Züge annahm. Der diktatorisch regierende »Wohlfahrtsausschuß« proklamierte *la terreur* (den Terror) als Herrschaftsprinzip. Robespierre verkündete: »Der Terror ist nichts anderes als sofortige, strenge, unbeugsame Gerechtigkeit. Er ist also ein Ausfluß der Tugend.« Ein Gesetz vom September 1793 erlaubte, alle »verdächtigen Personen« in Haft zu nehmen. Als verdächtig galten z. B. alle, »die sich durch ihr Verhalten oder ihre Beziehungen oder ihre Ansichten als Parteigänger der Tyrannen und Feinde der Freiheit zu erkennen gegeben haben.« Ein anderes Gesetz wies dem Revolutionstribunal die Aufgabe zu, »die Volksfeinde zu bestrafen«. Das Gericht hatte nur die Wahl zwischen Todesurteil und Freispruch; eine Verteidigung war nicht zugelassen. Das Gesetz definierte elf Kategorien von Volksfeinden in so allgemeiner Form, daß niemand vor Anklage und Verurteilung sicher war. (Bezeichnenderweise übernahm Stalin den Begriff »Volksfeinde« für die wirklichen oder vermeintlichen Gegner seines eigenen Schreckensregiments.) Das Pariser Tribunal fällte im Laufe des einen Jahres mehrere tausend Todesurteile; zwischen Verhaftung und Hinrichtung lagen meist nur ein oder zwei Tage. Der Terror wütete auch in den Provinzen, oft ohne jedes Gerichtsverfahren; so wurden in Nantes zwei- oder dreitausend Menschen in der Loire ertränkt. Schließlich griff der Terror nach seinen Urhebern. »Linke« und »rechte« Kritiker Robespierres endeten auf dem Schafott, und zuletzt er selbst. Mit seiner Hinrichtung am 28. Juli 1794 war alles zu Ende. Die Gesamtzahl der Opfer des Schreckensjahres ist nicht bekannt; sie wird auf 40000 geschätzt. Im Ausland erregte der Terror Entsetzen bei vielen, die – wie z. B. Klopstock und Schiller – die Revolution anfangs begrüßt hatten. *K.R.*

2

Zeitgenössische Darstellungen zur Französischen Revolution:

1 *Der Sturm auf die Bastille, das verhaßte Staatsgefängnis, am 14. Juli 1789 gilt als Auftakt zur Revolution.*

2 *Am 20. Juni 1789 schwört die Nationalversammlung – der bisherige »Dritte Stand« – im Ballhaus zu Versailles, erst nach Verabschiedung einer Verfassung auseinanderzugehen.*

3

3 *Pariser Straßenszene im Jahr 1792.*

4

5

6

4 *Am 10. August 1792 erstürmt die Volksmenge den Tuilerien-Palast und nimmt König Ludwig XVI. mit seiner Familie gefangen.*

5 *Foullon de Doué, ein hoher Beamter, wird am 22. Juli 1789 von Demonstranten aufgehängt, weil er sich über das Volk lustig gemacht haben soll.*

6 *Hinrichtung Ludwigs XVI. am 21. Januar 1793. Der Scharfrichter zeigt den Zuschauern den abgeschlagenen Kopf.*

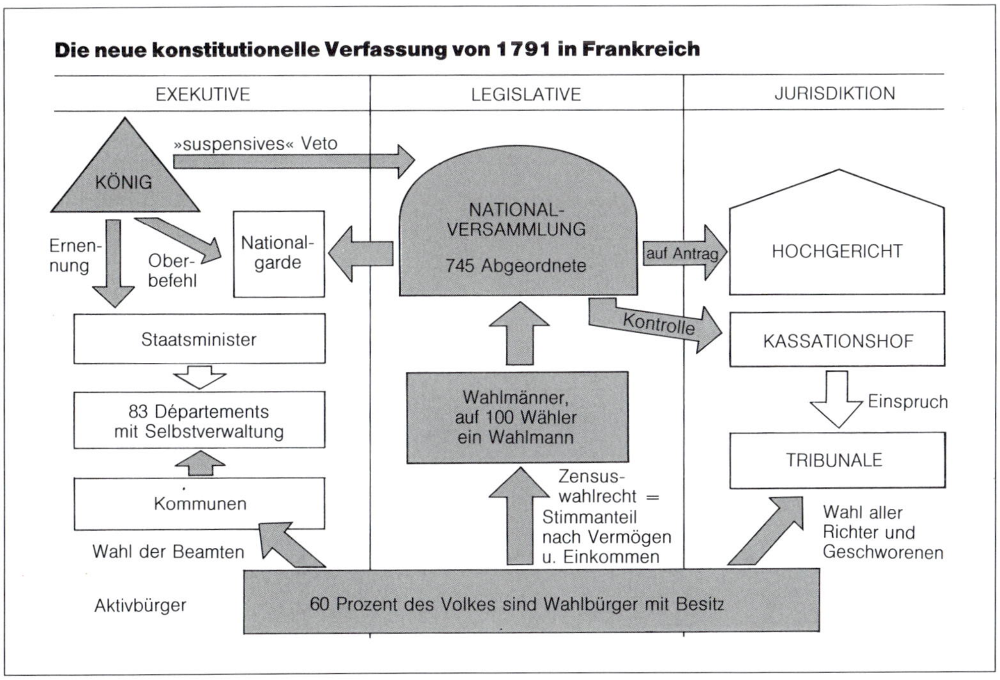

Westmächten zuneigende Neutralität im Krimkrieg kostete ihn die Freundschaft Rußlands; nach der Niederlage gegen Frankreich 1859 mußte er den Verlust der Lombardei hinnehmen; verfassungsrechtl. Versuche führten nach der Niederlage gegen Preußen zum Ausgleich mit Ungarn u. zum Staatsgrundgesetz 1867; 1879 schloß er den Zweibund mit Dtschld., der durch den Beitritt Italiens (1882) zum Dreibund wurde; wegen Balkanrivalität wurden die Beziehungen zu Rußland trotz des Dreikaiserbündnisses zunehmend schlechter (Berliner Kongreß 1878, Annexion Bosniens 1908). F. führte den 1. Weltkrieg in der Überzeugung, das Auseinanderbrechen der Habsburger Monarchie nur durch militär. Abwehr der serb. Aggressionen abwenden zu können. 1854 heiratete er *Elisabeth* von Bayern; er erlebte viel persönl. Leid (Erschießung seines Bruders *Maximilian*, Selbstmord seines einzigen Sohnes Kronprinz *Rudolf*, Ermordung seiner Frau u. seines Nachfolgers Erzherzog *F. Ferdinand*).

9. *F. Ferdinand*, Erzherzog von Österreich-Este, *18. 12. 1863 Graz, †28. 6. 1914 Sarajevo (ermordet); wurde nach dem Selbstmord des Kronprinzen *Rudolf* u. dem Thronverzicht seines Vaters Erzherzog *Karl Ludwig* Thronfolger; stand durch seine tschech. Frau Gräfin *Sophie Chotek*, später Herzogin Hohenberg, den Kreisen nahe, die durch Berücksichtigung der slaw. Nationalitäten die Doppelmonarchie in einen Drei-Nationen-Staat *(Trialismus)* umwandeln wollten. Das Attentat eines serb. Fanatikers, dem F. u. seine Frau zum Opfer fielen, löste den 1. Weltkrieg aus.

Franz, Günther, Historiker, *23. 5. 1902 Hamburg, †22. 7. 1992; Prof. in Heidelberg, Jena u. Straßburg, seit 1957 in Hohenheim. Werke: „Der dt. Bauernkrieg" 1933; „Der Dreißigjährige Krieg u. das dt. Volk" 1940; „Bücherkunde zur Weltgeschichte" 1956; „Bücherkunde zur dt. Geschichte" 1951. Zusammen mit H. Rößler „Sachwörterbuch zur dt. Geschichte" 1958 u. „Biographisches Wörterbuch zur dt. Geschichte" 1952.

Franzien, lat. *Francia*, seit Mitte des 6. Jh. gebrauchter Ausdruck für das fränkische Siedlungsgebiet bes. in Gallien, der sich später immer mehr auf die Île de France einschränkte. Seit dem Ende des 9. Jh. war F. das Herzogtum der Kapetinger, der späteren französ. Königsdynastie; daher wurde der Ausdruck F. bald für ganz Frankreich gebraucht.

Franziskaner, lat. *Ordo Fratrum Minorum*, Abk. OFM, *Orden der Minderbrüder des hl. Franziskus*, geht auf die 1209 erfolgte Gründung des Franz von Assisi zurück, neben den Dominikanern der bedeutendste Bettelorden; päpstl. Bestätigung der endgültigen (3.) Regel 1223 durch *Honorius III.* (1. Regel 1210, 2. Regel 1221). Die F. lehnten jeglichen Besitz ab. Ihr Hauptarbeitsgebiet war von Anfang an neben der Seelsorge die Pflege der Wissenschaft. Die Ausbreitung der F. wurde gefördert durch die Anlage von Klöstern in den aufblühenden Städten u. durch das Privileg, überall ohne Bindung an die Ortsgeistlichkeit predigen u. Seelsorge ausüben zu dürfen. Über die Auslegung des Armutsideals kam es von Anfang an zu Streit u. Richtungskämpfen. 1517 wurde der Orden geteilt in Konventualen u. Observanten.

Französische Gemeinschaft, frz. *Communauté française*, die 1958–1960 bestehende Verbindung zwischen Frankreich u. seinen bisherigen Kolonien in Westafrika (außer Guinea), Äquatorialafrika u. Madagaskar; Nachfolgeorganisation der 1946 gegr. *Union française* (Französische Union). Die Bindung an Frankreich (Personalunion) erwies sich als zu eng für die polit. Emanzipationsbestrebungen Afrikas. Obwohl eine Verfassungsergänzung vom Mai 1960 die Mitgliedschaft unabhängiger Staaten in der F.nG. ermöglichte, verzichteten mehrere afrikan. Republiken auf diese Stellung. Als Institution der französ.-afrikan. Zusammenarbeit ist die F.G. seitdem bedeutungslos, ihre Organe treten nicht mehr zusammen.

Französische Revolution, die polit.-geistig-soziale Freiheitsbewegung in Frankreich am Ende des 18. Jh., die durch die → Koalitionskriege auch das übrige Europa erfaßte. Die Verbindung von liberalen u. nationalen Gedanken zerstörte die Welt des Ancien régime in Europa innerlich, indem sie die wesentl. Voraussetzungen für die bürgerl. Gesellschaft des 19. Jh. schuf, äußerlich, indem sie dem Gedanken des Nationalstaats zum Durchbruch verhalf, militärisch, indem sie durch die allgemeine Wehrpflicht neue Formen der Strategie u. Taktik zur Wirkung brachte. Die Epochen: die konstitutionelle vom Sturm auf die Bastille bis zum Sturz des Königtums (1789–1792), die Zeit des republikanischen Konvents mit der sog. Schreckensherrschaft bis zur Auflösung des Konvents (1792–1795) u. das Direktorium bis zum Staatsstreich Napoleons (1795–1799). B S.256/257.

Französische Revolutionskriege → Koalitionskriege.

Französische Union, frz. *Union française*, Versuch der Neuorganisierung des französ. Kolonialreichs nach dem 2. Weltkrieg; durch die Verfassung der Vierten Republik 1946 errichtet. Die Union bestand aus der Französ. Republik u. den *Assoziierten Staaten* sowie den *Assoziierten Territorien.* – Durch den Zusammenbruch der französ. Herrschaft in Indochina verlor die F. U. ihre Aufgabe. Nachfolgeorganisation wurde 1958 die → Französische Gemeinschaft.

Fraternité [frz., „Brüderlichkeit"], eine der polit. Forderungen in der Französischen Revolution.

Frauenbewegung, die auf Gleichberechtigung der Frau mit dem Mann gerichteten Bestrebungen. Die F., eingeleitet durch die beginnende Frauenemanzipation, entstand in Nordamerika u. England. Ziel war die polit. Gleichberechtigung der Frau, die in Nordamerika 1787 durch die USA-Verfassung (vorher konnten Frauen in einigen Staaten wählen) u. in England 1832 durch das Reformgesetz (qualifizierte Frauen hatten bisher Wahlrecht) verlorengegangen war. Mary *Smith* focht ohne Erfolg das Reformgesetz von 1832 an. Vorkämpfer der F. in England wurde John Stuart *Mill* („The subjection of women" 1869), der 1866 im Unterhaus eine von 1466 Frauen unterschriebene Petition vorlegte, die zwar abgelehnt wurde, aber doch zur Bildung der ersten Frauenrechtsorganisationen in London u. a. Städten führte. 1869 erhielten einige Frauen daraufhin Kommunalstimmrecht. 1870 scheiterte eine vom Unterhaus in 2. Lesung angenommene Gesetzesvorlage (Einführung des Frauenwahlrechts) am Veto des Premierministers W. E. *Gladstone*. Es fanden dann 1883–1903 wiederholt große Massenkundgebungen der Frauen statt. 1880 erteilte die autonome Insel Man den Frauen das Wahlrecht. 1903 gründete Emmeline *Pankhurst* die „Women's Social and Political Union", Nachfolgeorganisation der 1884 von Millicent Garrett *Fawcett* gegr. „National Union of Women's Suffrage Societies", deren Mitglieder, die *Suffragetten*, mutig u. kämpferisch, trotz Verhaftungen u. Zwangsernährung bei Hungerstreiks, für die Gleichberechtigung eintraten. Das Wahlrecht in Großbritannien erhielten die Frauen 1918 teilweise u. 1928 ganz.

In den USA führte der Weg der F. über die Aktivität der Frauen in der *Antisklaverei-Bewegung*, über die erste Versammlung für Frauenrecht 1848 in Seneca Falls u. die patriotische Haltung der Frauen im Bürgerkrieg 1861. Wyoming erteilte als erster Staat 1869 seinen Bürgerinnen das Wahlrecht, 1893 folgten Colorado, 1896 Idaho u. Utah. Im Mai 1919 erteilte der amerikan. Kongreß die Wahlrechte allen Frauen der USA.

In Deutschland hatte die F. vorwiegend kulturpolit. Ziele. 1847 arbeitete Luise *Otto-Peters* ein Programm aus, das im „Vorwärts" veröffentlicht wurde. Wilhelm *Lette* gründete 1865 in Berlin einen Verein zur Förderung der Frauenerwerbstätigkeit. 1888 entstand der Frauenverein „Reform", dem 1898 der Verein „Frauenbildung – Frauenstudium" folgte. 1893 wurde das erste Frauengymnasium in Karlsruhe gegr., 1901 öffnete sich die erste Universität (zuerst Freiburg u. Heidelberg) den Frauen (in der Schweiz seit 1867). 1909 entstand der „Verband für handwerksmäßige u. fachgewerbliche Ausbildung der Frau" u. 1912 das Frauenberufsamt. Der 1904 gegr. Zweigverein der „Internationalen Abolitionischen Föderation" unternahm wiederholt Versuche, das Bürgerl. Gesetzbuch zugunsten der Frau abzuändern u. das Familienrecht u. das allg. Wahlrecht in dieser Hinsicht zu verbessern. 1905 gründete Helene *Stöcker* den „Bund für Mutterschutz", der sich insbes. der unverheirateten Mütter annahm. Der 1902 gegr. „Verein für Frauenstimmrecht" betonte allein die staatspolit. Ziele der dt. F. Seit 1919 haben die Frauen sowohl aktives als auch passives Stimmrecht. Kurz vor u. nach der Jahrhundertwende entstanden unzählige Frauenvereine u. -verbände, u. a. „Dt. Evangelischer Frauenbund" 1899; „Dt. Katholischer Frauenbund" 1903; „Reichsverband dt. Hausfrauenvereine" 1915. Die nat.-soz. Diktatur (1933–1945) bedeutete zunächst das Ende der dt. F. (Auflösung der Organisationen, Aberkennung des passiven Wahlrechts für Frauen). Nach 1945 wurden in der BR Dtschld. Frauenverbände neu gegründet u. im *Dt. Frauenrat* zusammengeschlossen.

Ausgehend von den USA entwickelte sich mit der Gründung der „National Organization of Women" (NOW, 1966 B. *Friedan* u. a.) neben der traditionell organisierten F. in den 1960er Jahren die *Neue F.* In der BR Dtschld. kamen 1970 die Initiatorinnen der *Neuen autonomen F.* überwiegend aus linksgerichteten Gruppen u. Organisationen, die die Belange der Frau zu wenig berücksichtigt sahen (innerhalb des SDS: Bildung des Weiberrats, Kinderladenbewegung). Zum eigentl. Grundstein der Neuen F. erwuchs der Kampf um die Streichung des § 218 StGB, an dem sich Frauen unterschiedlichster Gruppierungen beteiligten. Neue Frauenprojekte entstanden wie z. B. Frauenzentren, Frauenhäuser, Frauenkneipen, Frauencafés, Frauengesundheitszentren, Frauenverlage, feminist. Zeitschriften, Frauenbuchläden, Frauenbildungsstätten u. -ferienhäuser. Kernpunkt der Neuen F. ist der Kampf gegen die gesellschaftlich definierte Frauenrolle, das sog. „Wesen der Frau".

Fredegunde, fränk. Königin, *um 550, †597; Geliebte des westfränk. Königs Chilperich I. (561–584), um derentwillen dessen Gattin Galswintha 567 verstoßen u. ermordet wurde. Das führte zu dem in die Nibelungensage eingegangenen Bruderkrieg mit dem ostfränk. König Sigibert I. (561–575) u. dessen Gattin Brunhilde, einer Schwester der Galswintha. F. führte nach 584 die Regierung für ihren Sohn Chlotar II. (584–629).

Frederik, dänische Könige, → Friedrich.

Frederiksborg [freðrɔgs'bɛr], dän. Renaissanceschloß (1602–1625 erbaut) bei Hilleröd, südwestl. von Helsingör, auf 3 Inseln im F.see. – Am 3. 7. 1720 beendete der Friede von F. zwischen Dänemark u. Schweden den Nord. Krieg.

Frei [frɛi], *Frei Montalva*, Eduardo, chilen. Politiker (Christl. Demokrat), *16. 1. 1911

Santiago de Chile, †22. 1. 1982 Santiago de Chile; 1941–1946 Vors. der konservativen Partei „Falange Nacional“ (aus der später die Christl.-Demokrat. Partei hervorging); 1945/46 Min. für Öffentliche Arbeiten, 1949–1957 Mitgl. der Abgeordnetenkammer, danach Mitgl. des Senats. Als Staats-Präsident 1964–1970 bemühte sich F. erfolgreich um soziale Reformen (Bodenreform, Schulwesen).
Ab 1976 wurde F. zur wichtigsten Persönlichkeit der Opposition gegen das 1973 errichtete Militärregime. 1977–1979 war er ständiges Mitgl. der „Nord-Süd-Kommission“. Er schrieb „Lateinamerika am Scheideweg“ dt. 1978.

Freibrief, 1. Urkunde über die Freilassung von Hörigen im MA.
2. fürstl. Privileg, das gewisse Vorrechte gewährte.

Freiburg, *F. im Breisgau,* Stadt in Baden-Württemberg, 197000 Ew.
F. wurde um 1120 von den Zähringern gegründet. 1218 fiel es an die Grafen von Urach, 1368 an die Habsburger. Im 15. Jh. hatte es zeitweise die Stellung einer Reichsstadt. Nach 1648 war F. Regierungssitz der Vorderösterreichischen Lande; 1678–1697 war es französisch; 1805 kam es zu Baden. 1946 bis 1952 war es Hptst. des Landes (Süd-)Baden; seither des Reg.-Bez. F. (bis 1972 Reg.-Bez. Südbaden); Verw.-Sitz des Ldkrs. *Breisgau-Hochschwarzwald.*
Das Bistum Freiburg wurde 1821 gegr., das Erzbistum 1827 aus Teilgebieten der Bistümer Konstanz, Straßburg, Speyer, Mainz, Worms, Würzburg. Zusammen mit den Bistümern Mainz u. Rottenburg-Stuttgart (bis 1929 gehörten auch Fulda u. Limburg dazu) bildet es die Oberrheinische Kirchenprovinz.

Freie, bei den Germanen Stammesangehörige mit persönlicher u. politischer Freiheit sowie einem höheren Wergeld als die *Minderfreien* u. Knechte. Die F.n bildeten die Volksversammlung, das Thing, u. waren die tragende Schicht.
Im MA unterschied der Sachsenspiegel als F.: *Edle* (Adlige), *Schöffenbar-F.* (Edel-F. mit einem Grundbesitz von mindestens etwa 100 ha, an dem das Schöffenamt hing), *Pfleghafte, Biergelden* (Freibauern mit Eigengut, die den „Grafenschatz“ zahlten, d.h. Heer- oder Dingsteuer bzw. Rodezins) u. *Landsassen* (Pächter oder Zinsbauern ohne eigenen Besitz). Die F.n in Süd-Dtschld. dürften zumeist den Pfleghaften des Sachsenspiegels entsprochen haben. Seit der Karolingerzeit hatten sich immer mehr F. wegen der drückenden Heereslasten oder aus wirtschaftl. Not in die Abhängigkeit der Grundherren begeben bzw. waren in Angleichung nach unten in die Hörigkeit Minderfreier abgesunken. Durch inneren Landesausbau u. durch die *Ostsiedlung* besserte sich zunächst die Lage der Bauern; als aber im Spät-MA die Grundherren wieder zur Eigenwirtschaft übergingen, nahm die Zahl freier Bauern in manchen dt. Ländern stark ab; im Alpengebiet, in Westfalen u. in Dithmarschen konnten sie sich erhalten. Im Siedlungsland des Ostens entstand ein freies Bauerntum, das aber später in strenge Erbuntertänigkeit geriet. Erst die Aufhebung der Leibeigenschaft im 18./19. Jh. machte alle Bauern wieder frei. – Die Ministerialen hatten im Spät-MA den Makel der Unfreiheit verloren u. waren freie Herren geworden; in den Städten hatte sich ein freies Bürgertum gebildet.

Freie Demokratische Partei, Abk. *FDP* (seit 1969 offiziell *F.D.P.*), 1948 in Heppenheim gegr. liberale Partei, nach SPD u. CDU/CSU drittgrößte etablierte Parteiengruppe in der BR Dtschld. mit rd. 75000 Mitgl. (1997). Die FDP sieht sich in der Tradition der liberalen Parteien der Weimarer Republik; ohne eigentliches Aktionsprogramm will sie dem Liberalismus einen erneuerten, der Gegenwart angepaßten Inhalt geben. Sie bekennt sich zu einer „sozial verpflichteten Marktwirtschaft“, lehnt jedoch Sozialismus u. Kollektivismus ab wie auch Machtbestrebungen der Gewerkschaften u. den Mißbrauch der Religion im polit. Tageskampf. Gefordert wird die Beschränkung des Staats auf die notwendigen Regierungs- u. Verwaltungsaufgaben. Besondere Aktivität zeigt die FDP in gesellschafts- u. innenpolitischen Fragen.
Parteivorsitzende: 1948/1949 Theodor *Heuss,* 1949–1954 Franz *Blücher,* 1954–1957 Thomas *Dehler,* 1957–1960 Reinhold *Maier,* 1960–1968 Erich *Mende,* 1968–1974 Walter *Scheel,* 1974–1985 Hans-Dietrich *Genscher,* 1985–1988 Martin *Bangemann,* 1988–1993 Otto Graf *Lambsdorff,* 1993–1995 Klaus *Kinkel* u. seit 1995 Wolfgang *Gerhardt.* Die FDP stellte bisher 2 Bundespräsidenten, T. Heuss 1949–1959 u. W. Scheel 1974–1979.
Sie trug von 1949 bis 1956 Regierungsverantwortung im 1. u. 2. Kabinett Adenauer. Aufgrund einer Koalition von FDP u. SPD auf Landesebene (Nordrhein-Westfalen) kam es 1956 zu einem Zerwürfnis zwischen der Gesamtpartei u. den im Kabinett Adenauer amtierenden FDP-Ministern. Diese traten aus der Partei aus u. gründeten die Freie Volkspartei. Aus diesem Grund befand sich die FDP bis zu den Bundestagswahlen 1961 in der Opposition, ging unter E. Mende aber dann – trotz gegenteiliger Wahlkampfaussage – erneut eine Koalition mit der CDU/CSU unter Adenauer ein. 1966 wurde die CDU/CSU-FDP-Koalition durch die Große Koalition von SPD u. CDU/CSU abgelöst. Unter W. Scheel erfolgte eine Annäherung an die SPD, was schließlich 1969 zu einer sozialliberalen Regierungskoalition unter Bundeskanzler W. Brandt (SPD) führte. Aufgrund einer stärkeren Hervorhebung wirtschaftsliberaler Positionen sowie der damit verbundenen Distanzierung von linksliberalem Ideengut der Partei kam es Anfang der 1980er Jahre zu einer sich allmählich verschärfenden Konfrontation mit der SPD u. schließlich 1982 zum Bruch der sozialliberalen Koalition u. zur Neuauflage einer CDU/CSU-FDP-Regierung, die in den vorgezogenen Bundestagswahlen 1983 sowie 1987 bestätigt wurde. 1990 vereinigte sich die FDP mit den liberalen Parteien der DDR. Nach den Bundestagswahlen 1990 u. 1994 setzte die FDP die Koalitionsregierung mit der CDU/CSU fort. Sie ist seit 1994 mit 47 Abgeordneten im Bundestag vertreten.

Freie Deutsche Jugend, Abk. *FDJ,* die Massenorganisation der Jugendlichen in der DDR, wurde am 7. 3. 1946 in der damaligen SBZ gegr., ging aus den *antifaschist. Jugendausschüssen* hervor. Die FDJ wurde von der SED benutzt, um Schule u. Erziehungswesen in der DDR zu kontrollieren. Außerdem erfolgte im Rahmen der FDJ die vormilitär. Ausbildung in der DDR. Nach dem polit. Umsturz in der DDR u. der deutschen Wiedervereinigung blieb die nun politisch bedeutungslose FDJ als Jugendorganisation bestehen.

Freies Frankreich, *France libre,* die französ. Exilregierung in London unter C. de *Gaulle* während des 2. Weltkriegs. Symbol: das Lothringer Kreuz. Das Freie Frankreich bestand bis 1944.

Freie Städte, seit dem späten MA die Städte, die sich von geistl. Herrschaft befreit hatten u. sich selbst regierten, so Augsburg, Basel, Köln, Magdeburg, Straßburg, Worms u. a., auch *Freie Reichsstädte* genannt. Von den *Reichsstädten* unterschieden sie sich dadurch, daß sie von bestimmten Verpflichtungen gegenüber dem Reich frei waren. – Die Bez. Freie Stadt führten auch Hamburg, Bremen u. Lübeck sowie Frankfurt a. M. seit 1815 als Mitglieder des Dt. Bundes. Frankfurt wurde 1866, Lübeck 1937 Preußen angeschlossen.

Freie Volkspartei, Abk. *FVP,* rechtsgerichtete polit. Partei, durch Abspaltung von der *Freien Demokratischen Partei* 1956 gegr.; verschmolz 1957 mit der *Deutschen Partei.*

Freigrafschaft Burgund, *Pfalzgrafschaft Burgund,* frz. *Franche-Comté,* im MA Grafschaft im nördlichsten Teil des Königreichs Burgund zwischen Saône u. Jura mit dem Hauptort *Besançon;* im 5. Jh. burgundisch, 534 unter fränk. Herrschaft, dann Teil des Königreichs Burgund; kam 1032/33 an das Heilige Röm. Reich u. war seitdem Reichslehen; seit dem 12. Jh. als Pfalzgrafschaft Burgund bezeichnet. Durch die Heirat *Friedrich Barbarossas* mit *Beatrix von Burgund* kam sie an die Staufer, 1208 an das Haus Andechs. Das Haus Châlon leitete 1295 gegen den Widerspruch des dt. Königs den Übergang an Frankreich ein u. verkaufte seine Rechte an die Kapetinger, die aber 1356 die Lehnshoheit des Reichs anerkennen mußten. 1384 fiel sie an Herzog *Philipp den Kühnen* von Burgund, nach dem Tode *Karls des Kühnen* an Habsburg. Im Frieden von Nimwegen 1678 erwarb sie *Ludwig XIV.* endgültig für Frankreich.

Freiheit, Gleichheit, Brüderlichkeit, frz. *Liberté, Égalité, Fraternité,* Forderungen der Französ. Revolution.

Freiheitliche Partei Österreichs, Abk. *FPÖ,* 1955/56 gegr. rechtsliberale Partei, aus Teilen des 1949 gegr. Verbandes der Unabhängigen (VdU) u. liberal-deutschnationalen Gruppen gebildet; gewann bei den Nationalratswahlen 1995 40 Mandate. An der Spitze der FPÖ steht der Bundesobmann: 1955/56–1958 A. *Rheintaler,* 1958–1978 F. *Peter,* 1978/79 A. *Götz,* 1979–1986 N. *Steger,* seit 1986 J. *Haider.* Die FPÖ bildete 1983–1986 zusammen mit der SPÖ eine Koalitionsregierung. Aus Protest gegen die rechtsgerichtete Politik Haiders verließen 1993 mehrere Nationalratsabgeordnete die Partei u. gründeten das *Liberale Forum.* 1995 wurde die FPÖ in die *Freiheitlichen* umbenannt.

Freikonservative Partei, auch *Dt. Reichspartei,* eine 1866/67 gegründete konservative Gruppierung, die die Politik Bismarcks unterstützte u. auch im wilhelmin. Zeitalter stets den Regierungskurs verfocht. Die F.P. vertrat trotz abnehmender Mandatszahlen nachhaltig die Interessen von Agrariern u. Industrie u. galt als „Minister- u. Botschafterpartei“. Sie verfolgte einen mittleren Kurs zwischen der radikalen Rechten (Deutschkonservative) u. den Rechtsliberalen.

Freikorps, seit dem 18. Jh. Truppen außerhalb der stehenden Heere, so das *Lützowsche F.* in Dtschld. 1918/19 zum Schutz der Ostgrenze u. zur Wiederherstellung der Ordnung im Innern oft spontan gebildete u. ganz auf ihre Führer eingeschworene militär. Formationen. Die neue Regierung der Volksbeauftragten nahm die F. zur Durchsetzung ihrer Autorität in Dienst, obwohl sie zumeist die republikan. Ordnung scharf ablehnten. Im März 1919 wurden die F. in der „vorläufigen Reichswehr“ reichsrechtlich anerkannt. Den Forderungen der Alliierten nach Auflösung der F. suchte die Reichsregierung bis Anfang 1921 teils durch endgültige Übernahme einzelner Mitglieder, teils durch Entlassung zu begegnen.

Freimaurerei, ursprünglich wahrscheinlich eine der Geheimgesellschaften, die sich im 17. Jh. auf naturphilosophischer, oft noch mystisch-alchemistischer Grundlage darum bemühten, das Urprinzip der Welt u. damit zugleich auch die Formel zur Heilung ihrer Schäden u. Leiden zu finden. Diese geistige Herkunft ist noch erkennbar in den der F. u. jenen anderen Gesellschaften gemeinsamen Zügen, z. B. in der Symbolik der Zeichen u.

Zahlen (Dreizahl, Dreieck, Kreis) sowie in dem Bestreben, sich eine möglichst bis auf die Weisheit der alten vorderasiat. Völker (Tempel- u. Pyramidenbauer, Pythagoräer u. a.) zurückreichende geistige Tradition zuzuschreiben. Spezifisch freimaurerisch ist die Anknüpfung an die Tradition der Bauhütte („Freimaurer", da sie sich im Gegensatz zu den lokal gebundenen Zünften überall, wo große Steinbauten entstanden, zeitweise niederließen). Deren Brauchtum sind Terminologie, kultische Geräte, Embleme u. der Ritus der F. nachgebildet (Loge [d. h. Bauhütte], Hammer, Kelle, Winkelmaß, Schürze, Grade des Meisters, Gesellen, Lehrlings).

Geschichtlich faßbar wird die F. zunächst in England mit dem Erscheinen des Konstitutionsbuches der „Alten Pflichten" von James *Anderson* 1723 u. der Bildung von Logenzusammenschlüssen (Großlogen). In jener Zeit war die F. bereits zu einem Sammelbecken der Aufklärungsphilosophie geworden u. breitete sich auch auf dem Kontinent aus; in Dtschld. etwa seit 1736. Sie fand bald Eingang in die höchsten Kreise u. dadurch einen starken gesellschaftl. Rückhalt, obgleich sie eigentlich den Idealen des aufstrebenden Bürgertums diente u. dementsprechend unter den Vätern der amerikan. u. der französ. Revolution u. deren Verfassungen, ferner unter dem liberalen Beamtentum bes. auch der preuß. Reformzeit ihre wichtigsten Vertreter hatte. Doch war die F. schon damals in zahlreiche Neubildungen aufgespalten, die sich heftig bekämpften u. großenteils wieder verschwanden. Als bedeutendste Organisation der dt. F. entstanden die drei preuß. Großlogen (deren einer fast alle Hohenzollern seit Friedrich d. Gr. angehörten), während die französ. F. im „Großen Orient von Frankreich" ein eigenes, stärker säkularisiertes Gepräge erhielt.

So sind die einzelnen Logen u. Logenverbände nach Herkunft u. Charakter sehr verschieden. Von einer einheitl. Organisation der F. zu bestimmten Zwecken kann nicht gesprochen werden. Ihrer Herkunft entsprechend ist fast allen Logen gemeinsam die Verbundenheit mit den humanitären u. freiheitl. Ideen der Aufklärung. Deshalb tritt die F. ein für die Überwindung der nationalen u. konfessionellen Gegensätze im brüderl. Geist, für Duldsamkeit, gegenseitige Hilfeleistung u. liberale polit. Institutionen. Ihren Zielen u. ihrer sozialen Zusammensetzung nach ist sie eine Organisation des liberalen Bürgertums gewesen u. geblieben, kein Geheimbund, sondern eine geschlossene Gesellschaft, die sich aber durch Geheimhalten der eigentl. Lehren manchen Mißdeutungen ausgesetzt hat.

Sie gliedert sich nach *Logen*, die in Landeslogen zusammengeschlossen sind. Ein Weltfreimaurerbund ist der Zusammenschluß einiger, nicht jedoch aller Logen. Unter den „Brüdern" der einzelnen Logen gibt es die Grade des Lehrlings, Gesellen u. Meisters. An der Spitze einer Loge steht der „Meister vom Stuhl". Während die vor allem in Dtschld. verbreiteten, nach dem Schutzheiligen der Steinmetzen benannten „Johanneslogen" eine weitere Gradeinteilung nicht kennen, haben die schottischen, nach dem Schutzheiligen ihres Landes benannten „Andreaslogen" eine bis zu 33 Graden aufsteigende Hierarchie (Hochgrad-F.); sie sind hauptsächlich in den angelsächs. Ländern verbreitet. In kath. geprägten Ländern trägt die F. einen stark antiklerikalen Charakter, da sie in der kath. Kirche bald ihren erbittertsten Gegner fand (noch heute ist die Mitgliedschaft für Katholiken verboten), während es mit dem liberalen Protestantismus des 18. u. 19. Jh. kaum zu Auseinandersetzungen kam. Neben deistisch-aufklärerischen gibt es heute christliche sowie humanitäre Logen. In Dtschld. wurde die F., die 1933 in 9 Großlogen 76000 Mitglieder zählte, vom Nationalsozialismus als eine der „überstaatl. Mächte" unterdrückt, lebte jedoch nach 1945 wieder auf.

1949 schlossen sich 194 humanitäre Logen in der Frankfurter Paulskirche zur „Vereinigten Großloge der F. von Deutschland" zusammen. Die christliche „Große Landesloge der F. von Deutschland" verband sich mit ihr 1958 in den „Vereinigten Großlogen von Dtschld., Bruderschaft der deutschen Freimaurer" (rd. 20000 Mitglieder).

Freisasse, im alten Recht ein persönl. freier, aber auf grundherrlichem Boden angesiedelter Bauer.

Freising, Kreisstadt in Oberbayern, 36200 Ew.

Im 8. Jh. wurde F. Residenz der bayer. Herzöge (Agilolfinger); die Burg *Frigisinga* wird erstmals 744 erwähnt. Das Bistum F. wurde im Anschluß an die Missionstätigkeit des hl. *Korbinian* 739 von *Bonifatius* gegr. Im 10./11. Jh. war F. Verwaltungszentrum Bayerns. Die Stadtbildung begann um 1020; gleichzeitig wurde das Benediktinerkloster *Weihenstephan* neugegründet. Infolge der Bevorzugung Münchens durch Heinrich den Löwen verlor die Stadt F. aber seit dem 12. Jh. an Bedeutung. Der Bischof von F. hatte Sitz u. Stimme im Reichsfürstenrat. Das Bistum F. wurde dann 1803 säkularisiert u. ging 1821 in dem neuerrichteten Erzbistum *München u. F.* auf.

Freisinnig-Demokratische Partei, in einigen Kantonen auch *Radikal-Demokratische Partei* genannt, Abk. *FDP*, schweizer. Partei seit 1894; bekennt sich zum liberalen Gedankengut u. zu einer freien Wirtschaft; tritt für eine Stärkung der Parlamentsrechte ein. Die Partei steht eher auf dem rechten Flügel des heutigen Liberalismus.

Freisinnige, zwischen 1848 u. 1914 in Dtschld. u. der Schweiz allg. gebräuchliche Bez. für den linken Flügel des polit. Liberalismus. Im Deutschen Reich ging 1884 aus der Vereinigung von abgesplitterten Mitgliedern der *Nationalliberalen Partei* mit der *Deutschen Fortschrittspartei* die *Dt. Freisinnige Partei* hervor. Sie verfolgte unter Eugen *Richter* die Linie der linken Mitte, spaltete sich aber 1891 schon wieder. 1910 schloß sich der Freisinn mit anderen liberalen Gruppen zur *Fortschrittl. Volkspartei* zusammen u. erlangte damit erstmals wieder ein gewisses polit. Gewicht im Reichstag (45 Abgeordnete); er ging 1918 in der *Deutschen Demokrat. Partei* auf. In der Schweiz besteht die 1894 gebildete *Freisinnig-Demokratische Partei* noch heute, vertritt aber einen gemäßigten Standpunkt.

Freisler, Roland, Jurist u. Politiker (NSDAP), *30. 10. 1893 Celle, †3. 2. 1945 Berlin (Luftangriff); seit 1925 Mitgl. der NSDAP; 1933/34 Staatssekretär im preuß., 1934–1942 im Reichsjustizministerium; 1942–1945 Präs. des *Volksgerichtshofes.* F. hatte wesentl. Anteil an der Pervertierung der Justiz zum Terrorinstrument des nat.-soz. Regimes. Berüchtigt ist sein Auftreten in den Prozessen gegen Mitglieder der Widerstandsbewegung nach dem 20. Juli 1944.

Freistuhl → Feme.

Fremdenlegion, frz. *Légion étrangère*, aus angeworbenen Ausländern bestehende Truppe, bes. die in Frankreich seit der Revolution von 1830 aus polit. Flüchtlingen, Abenteurern u. a. gebildete Truppe, von französ. Offizieren geführt; sie leistete Frankreich große Dienste, bes. in den nordafrikan. Kolonien sowie nach dem 2. Weltkrieg bei den Kämpfen in Indochina u. Algerien. Das dt. Element war in der französ. F. stark vertreten. Anwerbung für die F. in der BR Dtschld. u. durch Deutsche im Ausland ist strafbar. – Mit der Unabhängigkeit Algeriens (1962) wurde das Hauptquartier der F. von Sidi-Bel-Abbès nach Aubagne (bei Marseille), das Gros der F. auf Korsika verlegt. Von den rd. 8000 Legionären sind nur noch die Hälfte Ausländer.

French [frɛntʃ], John, Earl *F. of Ypres and of High Lake* (1921), brit. Offizier (1913 Feldmarschall), *28. 9. 1852 Ripple, Kent, †21. 5. 1925 Deal Castle, Kent; 1912 Chef des Generalstabs, im 1. Weltkrieg 1914/15 brit. Oberbefehlshaber, 1918–1921 Vizekönig von Irland.

Frevel, allg. (bes. sittl., moral.) Schandtat, Unrechtshandlung; im MA eine Straftat, die nur an „Haut u. Haar" (*Züchtigung*, Scheren) bestraft wurde; Gegensatz: *Ungericht*, das zu „Hals u. Hand" mit Todes- u. Verstümmelungsstrafe geahndet wurde; jetzt veraltet für Übertretungen des Feld- u. Forstrechts *(Baum-, Feld-, Forst-F.).*

Friaul, ital. *Friuli*, Landschaft in den südl. Kalkalpen *(F.er Alpen)* mit zugehörigem Vorland, von Isonzo u. Tagliamento durchflossen; vielumkämpftes Durchgangsland; heutiger Hauptort *Udine.* 1976 von Erdbeben heimgesucht.

Der Name ist von der röm. Stadt *Forum Iulii (cividale)* abgeleitet. F. war seit 568 langobard. Herzogtum u. wurde im 8. Jh. fränk. Markgrafschaft, aus deren Herrschergeschlecht Markgraf *Berengar* (†924) hervorging, der 888–924 ganz Norditalien beherrschte. 952 kam F. an Herzog *Heinrich von Bayern*, dann 1077 durch Kaiser *Heinrich IV.* an den Patriarchen von Aquileia (deshalb auch *Mark von Aquileia* genannt); der östl. Teil fiel im Erbgang 1500 an Kaiser *Maximilian I.* u. wurde österr., wie auch der von Venedig 1420 eroberte Teil 1797 an Österreich fiel. Diese Besitzungen kamen nach dem 1. Weltkrieg an Italien; der östl. Teil fiel 1947 an Jugoslawien.

Der über die Medien verbreitete starke Einfluß des Italienischen u. die gleichzeitige Zurückdrängung der furlanischen *(friulanischen)* Mundart verhalf polit.-regionalist. Bewegungen zu neuem Auftrieb. Sie wurden vor allem von Priestern u. Philologen getragen u. richten ihre Aktivitäten neben kultureller Repräsentanz heute stärker auf wirtschaftl. Absicherung der furlanischen Emigranten.

Frick, Wilhelm, Politiker (NSDAP), *12. 3. 1877 Alsenz, Pfalz, †16. 10. 1946 Nürnberg (hingerichtet); Jurist; 1917–1925 Oberamtmann bei der Polizeidirektion München; 1924 wegen Mitwirkung am Hitlerputsch zu Festungshaft verurteilt; 1924–1945 MdR, seit 1928 Fraktionsführer der NSDAP; 1930/31 Innen- u. Volksbildungs-Min. in Thüringen; 1933–1943 Reichs-Min. des Innern, maßgeblich an der administrativen Sicherung der national-sozialistischen Herrschaft beteiligt; 1943–1945 Reichsprotektor in Böhmen u. Mähren; 1946 in Nürnberg vom Internationalen Militärgerichtshof wegen Kriegsverbrechen u. Verbrechen gegen den Frieden u. gegen die Menschlichkeit zum Tode verurteilt.

Friedensbewegung, Sammelbez. für polit. Bewegungen, die sich generell für Abrüstung u. ein friedl. Zusammenleben der Völker einsetzen. Sie fordern die Herstellung sozialer, polit. u. ökonom. Bedingungen, die Rüstung u. Krieg nicht länger begünstigen. Die F. lehnt sich an Traditionen des → Pazifismus an.

In der BR Dtschld. formierte sich ausgehend von der *Anti-Atomtod-Kampagne* der 1950er Jahre u. der *Ostermarschbewegung* der 1960er Jahre, nach dem *NATO-Doppelbeschluß* von 1979, der die Stationierung weiterer atomarer Mittelstreckenraketen in Europa mit einschloß, eine neue F. Ihre bevorzugten Aktionsmittel wurden Unterschriftensammlungen, Aufrufe u. Demonstrationen.

Personell u. institutionell kam es zu einer starken Verankerung der F. in der Ev. Kirche sowie in links orientierten Gruppen u. in der alternativen Bewegung. In den USA entstand die Freeze-Bewegung, die sich für ein Einfrieren der atomaren Rüstung engagierte. Ansätze einer F. in der DDR („Schwerter zu Pflugscharen") gingen bes. von kirchl. Kreisen aus u. trugen nicht unwesentlich zur polit. Wende 1989 bei. Aus dem durch den Zusammenbruch der kommunist. Herrschaftssysteme in Europa eingetretene Wandel der globalen polit. u. militär. Kräfteverhältnisse ergeben sich auch für die F. in den 1990er Jahren neue Probleme u. Perspektiven. Dabei können die Analysen der Institute für Friedens- u. Konfliktforschung wissenschaftl. Impulse geben.

Friedensburg, Ferdinand, Politiker, *17. 11. 1886 Schweidnitz, †11. 3. 1972 Berlin; Verwaltungsbeamter u. Bergbaufachmann; führendes Mitgl. der Deutschen Demokratischen Partei, 1925–1927 Polizei-Vizepräsident von Berlin, 1927–1933 (abgesetzt) Regierungspräsident in Kassel; 1935 polit. Häftling; 1946–1948 Bürgermeister von Berlin, 1948–1951 von Berlin (West), 1952–1965 MdB (CDU). F. schrieb „Die Weimarer Republik" 1946 u. (zusammen mit G. Dorstewitz) „Die Bergwirtschaft der Erde" 1938.

Friederike, *F. Luise*, Königin von Griechenland 1947–1964, *18. 4. 1917 Blankenburg, Harz, †6. 2. 1981 Madrid; Tochter des Herzogs Ernst August von Braunschweig u. Lüneburg, heiratete 1938 den späteren König Paul I. von Griechenland.

Friedjung, Heinrich, österr. Historiker u. Publizist, *8. 1. 1851 Rostschin, Mähren, † 14. 7. 1920 Wien; 1873–1879 Prof. in Wien; danach als Journalist u. Schriftsteller tätig, u.a. Schriftleiter des offiziellen Organs der Deutschnationalen Partei, der „Deutschen Zeitung"; trennte sich später von den Deutschnationalen unter G. von Schönerer wegen des antisemitischen Charakters der Partei. Sein Buch „Der Kampf um die Vorherrschaft in Deutschland 1859–1866" (1897/98) stellt die Geschichte der Reichsgründung aus großdeutscher u. österr. Sicht dar. Weitere Werke: „Der Krimkrieg u. die österr. Politik" 1907, „Österreich 1848–1860" 2 Bde. 1908–1912, „Das Zeitalter des Imperialismus 1884–1914" 1919–1922.

Friedlosigkeit, eine Strafe des altgerman. Rechts: die Selbstverwirkung des Friedensschutzes der Rechtsordnung bei Verbrechen gegen den Sippenfrieden *(relative F.)* oder den Volksfrieden *(absolute F.)*, im letzteren Fall bes. bei polit. Verbrechen u. bei Verweigerung rechtlich gebotener Handlungen (z.B. Nichtbefolgung eines Urteils). Jedes Mitglied der verletzten Friedensordnung war berechtigt u. verpflichtet, den *Friedlosen* zu töten u. seine Habe zu vernichten. Die absolute F. trat bei Ergreifung auf frischer Tat sofort ein, sonst wurde die *Friedloslegung* im Volksthing durch Stabbrechen u.ä. ausgesprochen.

Friedrich, Fürsten. Deutsche Könige u. Kaiser: **1.** *F. I. Barbarossa* („Rotbart"), König seit 1152, Kaiser 1155–1190, *1122, †10. 6. 1190 (ertrunken im Fluß Saleph, Kleinasien); Sohn des stauf. Herzogs *Friedrich II.* von Schwaben (*1090, †1147) u. der Welfin *Judith* (* um 1100, † nach 1130), der Tochter Herzog Heinrichs des Schwarzen von Bayern; seit 1147 Herzog von Schwaben, 1152 als Nachfolger seines Onkels Konrad III. zum dt. König gewählt.

Im *Konstanzer Vertrag* 1153 mit Papst Eugen III. kündigte sich eine die weltl. u. geistl. Macht vereinigende, gegen Byzanz u. das Normannenreich gerichtete imperiale Politik F.s an, der schon bei seinem ersten Italienzug 1154/55 zum König von Italien u. von Papst Hadrian IV. zum Kaiser gekrönt wurde. 1156 legte F. innenpolitisch den stauf.-welf. Gegensatz bei, indem er seinem welf. Vetter,

Kaiser Friedrich I. mit seinen Söhnen Heinrich (VI.) und Friedrich V. von Schwaben; Welfenchronik; um 1180. Fulda, Hessische Landesbibliothek

dem Sachsenherzog *Heinrich dem Löwen*, auch Bayern wieder zusprach, allerdings verringert um die Mark Österreich, die, zum Herzogtum erhoben, den Babenbergern verliehen wurde *(Privilegium minus).*

In den folgenden Jahren geriet F. in Gegensatz zur Kurie, die den Ausgleich mit den Normannen gefunden hatte u. 1157 (Reichstag von Besançon) einen Vorstoß gegen die kaiserl. Vormachtstellung unternahm. F. beanspruchte dagegen auf seinem nächsten Italienzug (1158–1162, Reichstag von Roncaglia) energisch die kaiserl. Rechte in Ober- u. Mittelitalien (Eroberung Mailands); die Unterstützung von drei Gegenpäpsten während des großen Schismas (1159–1178) brachte keinen durchschlagenden Erfolg. Den 4. Italienzug mußte F. nach der Eroberung Roms 1167 abbrechen; durch eine Seuche ging ein großer Teil des Heeres verloren, darunter auch Kanzler *Rainald von Dassel*, die wichtigste Stütze der Reichspolitik Barbarossas. Erst nach dem weiteren Ausbau der Königsmacht in Dtschld. konnte sich F. wieder nach Italien wenden.

Trotz seiner Niederlage 1176 gegen ein Lombardenheer bei Legnano, wo er von Heinrich dem Löwen im Stich gelassen worden war, festigte sich die kaiserl. Position; 1177 wurde auch mit dem Papst zu Venedig Frieden geschlossen.

Der 1176 erneut ausgebrochene Konflikt mit Heinrich dem Löwen führte auf F.s Betreiben 1179 zu dessen Ächtung u. 1180 zum Verlust seines Reichslehens, zur Aberacht u. zum Reichskrieg gegen ihn. F. teilte Sachsen auf u. gab Bayern (ohne die Steiermark) an die Wittelsbacher. Mit Oberitalien gelang 1183 (Konstanzer Friede) ein Ausgleich, u. durch die Eheschließung von F.s Sohn *Heinrich VI.* mit der normann. Königstochter *Konstanze* wurde ein neues Verhältnis zum Normannenreich begründet. Die kaiserl. Machtstellung bewährte sich nun auch in weiteren Zusammenstößen mit der Kurie. 1189 brach F. als Führer des 3. Kreuzzugs zur Befreiung Jerusalems auf, erreichte sein Ziel jedoch nicht, sondern fand durch Ertrinken einen plötzlichen Tod.

F. zählt zu den bedeutendsten Herrschergestalten der europ. Geschichte. Sein Bild ist auch in den folgenden Jahrhunderten lebendig geblieben. Die *Kaisersage* ist allerdings erst seit der Reformationszeit von *Friedrich II.* auf Barbarossa übertragen worden.

2. *F. II.*, Enkel von 1), dt. König seit 1196 bzw. 1212, König von Sizilien seit 1198, Kaiser seit 1220, König von Jerusalem seit 1229, *26. 12. 1194 Iesi bei Ancona, †13. 12. 1250 Fiorentino; Sohn *Heinrichs VI.* u. der normann. Prinzessin *Konstanze;* 1196 noch zu Lebzeiten seines Vaters zum dt. König gewählt, bei dessen Tod Verzicht auf den Titel durch seine Mutter, die F. zum König von Sizilien krönen ließ; seit ihrem Tod bis 1208 Vormundschaft des Papstes *Innozenz III.*, der 1212 eine neuerliche Wahl F.s zum dt. König durch die Fürstenopposition gegen *Otto IV.* veranlaßte. Mit Unterstützung auch Frankreichs setzte sich F. in Dtschld. rasch durch u. wurde 1215 in Aachen gekrönt, wo er ein Kreuzzugsgelübde ablegte. 1220 verzichtete F. in der *Confoederatio cum principibus ecclesiasticis* auf die Ausübung königl. Rechte zugunsten der geistl. Fürsten in Dtschld., kehrte nach Italien zurück, wurde noch im gleichen Jahr von Papst *Honorius III.* in Rom zum Kaiser gekrönt u. beschäftigte sich fortan hauptsächlich mit dem Ausbau des sizilian. Staates zu einem straff organisierten Beamtenstaat; die Neuordnung gipfelte dann in der Kodifikation des Verwaltungsrechts *(Konstitutionen von Melfi* 1231).

Das Verhältnis zur Kurie war zunächst gut. 1227 kam es zum ersten Konflikt, da der gelobte Kreuzzug von F. immer wieder verschoben wurde. F. wurde von Papst *Gregor IX.* gebannt, trat aber 1228 den (5.) Kreuzzug tatsächlich an, dessen Erfolg er hauptsächlich durch Verträge herbeiführte; im Frühjahr 1229 krönte F. sich selbst zum König von Jerusalem. Nach seiner Rückkehr gelang ihm eine vorübergehende Aussöhnung mit der Kurie. In Dtschld. mußte F. 1231/32 allen Fürsten wichtige Hoheitsrechte überlassen *(Statutum in favorem principum).* 1235/36 zog er noch einmal nach Dtschld., um seinen aufrührerischen Sohn *Heinrich (VII.)* zu unterwerfen *(Mainzer Landfriedensgesetz* 1235). In den folgenden Jahren kam es zu schweren Kämpfen mit den lombard. Städten, die F. trotz eines glänzenden Sieges bei Cortenuova (1237) nicht endgültig bezwingen konnte. In diesen Kampf griff 1239 die Kurie ein, die F. aufs neue in den Bann tat.

Damit begann die letzte Phase der Regierung F.s. Trotz Einsatzes aller Machtmittel gelang ihm kein endgültiger Erfolg gegen die Kurie. 1245 ließ *Innozenz IV.* den Kaiser durch das Konzil von Lyon absetzen. In Dtschld. wurden Gegenkönige gewählt *(Heinrich Raspe, Wilhelm von Holland);* in Sizilien kam es 1246 zu einer Verschwörung, die aber niedergeschlagen wurde. Die Macht des Kaisertums blieb trotz aller Erschütterungen ungebrochen. Während der Vorbereitung zu einem neuen Zug nach Dtschld. u. Lyon starb F. überraschend.

F. wurde schon zu Lebzeiten überird. Größe nachgesagt; seine Gestalt blieb nach seinem Tod in Sagen *(Kaisersage)* u. Prophetien lebendig. Seine unbezweifelbare Genialität, die auch in seinem Interesse für Dichtung, Mathematik, Philosophie u. Naturwissenschaft (arab. Anregungen) Ausdruck fand, wies weit über seine Zeit hinaus. Seine Staatskunst u. polit. Ideenwelt waren vorbildlich für die italien. Renaissance. [B] S. 262/263.

3. *F. der Schöne*, König 1314–1330, Herzog von Österreich u. Steiermark seit 1308, *1289, †13. 1. 1330 Schloß Gutenstein; Sohn Albrechts I.; 1314 von vier Kurfürsten gegen *Ludwig den Bayern* gewählt, 1322 bei Mühldorf von diesem gefangengenommen, 1325 wieder freigelassen u. als Mitkönig anerkannt. In F.s Regierungszeit fiel die schwere

Friedrich II. in Sizilien

Friedrich II., der letzte der großen Staufenkaiser, hat sich wenig um Deutschland gekümmert; er überließ es weitgehend dem Partikularismus der Fürsten. In erster Linie fühlte er sich als Herrscher von Sizilien.

Das Königreich Sizilien, Friedrichs mütterliches Erbe, umfaßte neben der Insel dieses Namens ganz Unteritalien. Als Friedrich 1220, nach achtjährigem Aufenthalt in Deutschland, dorthin zurückkehrte, herrschte im Lande Anarchie; die Grafen und Barone hatten sich selbständig gemacht. Die vordringlichste Aufgabe war die Wiederherstellung der königlichen Autorität. Die Feudalherren wurden gewaltsam entmachtet, und in den folgenden Jahren führte Friedrich eine für damalige Begriffe unerhört moderne Staatsordnung ein, die in manchem den Absolutismus späterer Jahrhunderte vorwegnahm. Ämter wurden nicht mehr durch Wahl besetzt; die Verwaltung wurde Beamten übertragen, die an der 1224 gegründeten Universität Neapel eine solide juristische Ausbildung erhielten. Die zehn Justitiare (Provinzgouverneure) durften nicht aus der ihnen unterstellten Provinz stammen und dort kein Eigentum erwerben. Steuern und Zölle wurden rigoros eingetrieben. Der Staat monopolisierte den Außenhandel. Ärzte und Apotheker mußten sich strikt an detaillierte Gebührenordnungen halten. Der Kaiser erließ sogar ganz aktuell anmutende Vorschriften für die Reinhaltung von Wasser und Luft. Eine Geheimpolizei mit einem Netz von Spitzeln überwachte die Untertanen und die Beamtenschaft. Geradezu totalitär wirken die Eingriffe ins Privatleben: Die Ehe mit Ausländern war grundsätzlich verboten, und Adlige durften überhaupt nur mit Genehmigung des Kaisers heiraten. Friedrich selbst war viermal verheiratet, immer mit politischem Hintergrund. Seine legitimen Frauen lebten, von Eunuchen bewacht, in einer Art glanzvoller Gefangenschaft. Ganz im Stil orientalischer Herrscher unterhielt er einen Harem. Seine Hofhaltung – erst in Palermo, dann meist in Foggia – hatte kosmopolitischen Charakter und war ein Zentrum geistigen Lebens. Friedrich war vielseitig interessiert und hochgebildet; neben seiner italienischen Muttersprache, in der er Verse schrieb, beherrschte er sechs Sprachen. Er pflegte Umgang mit christlichen, jüdischen und islamischen Gelehrten und sorgte dafür, daß wichtige arabische Werke ins Lateinische übersetzt wurden. *K.R.*

1

2

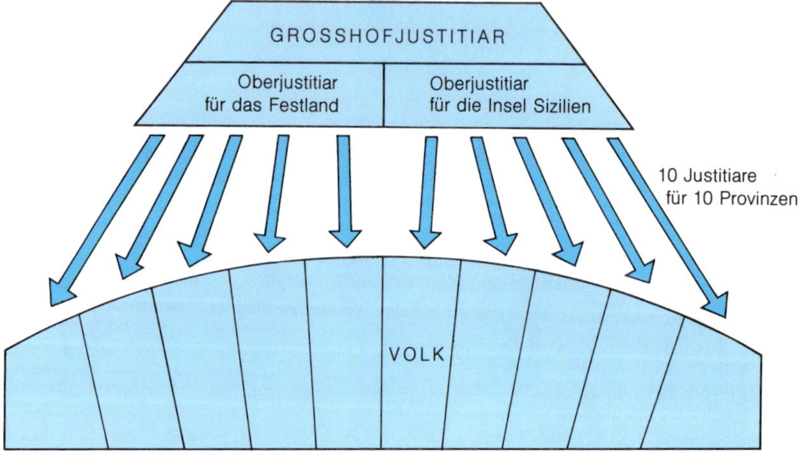

Friedrich II. regiert Sizilien

3

4 5

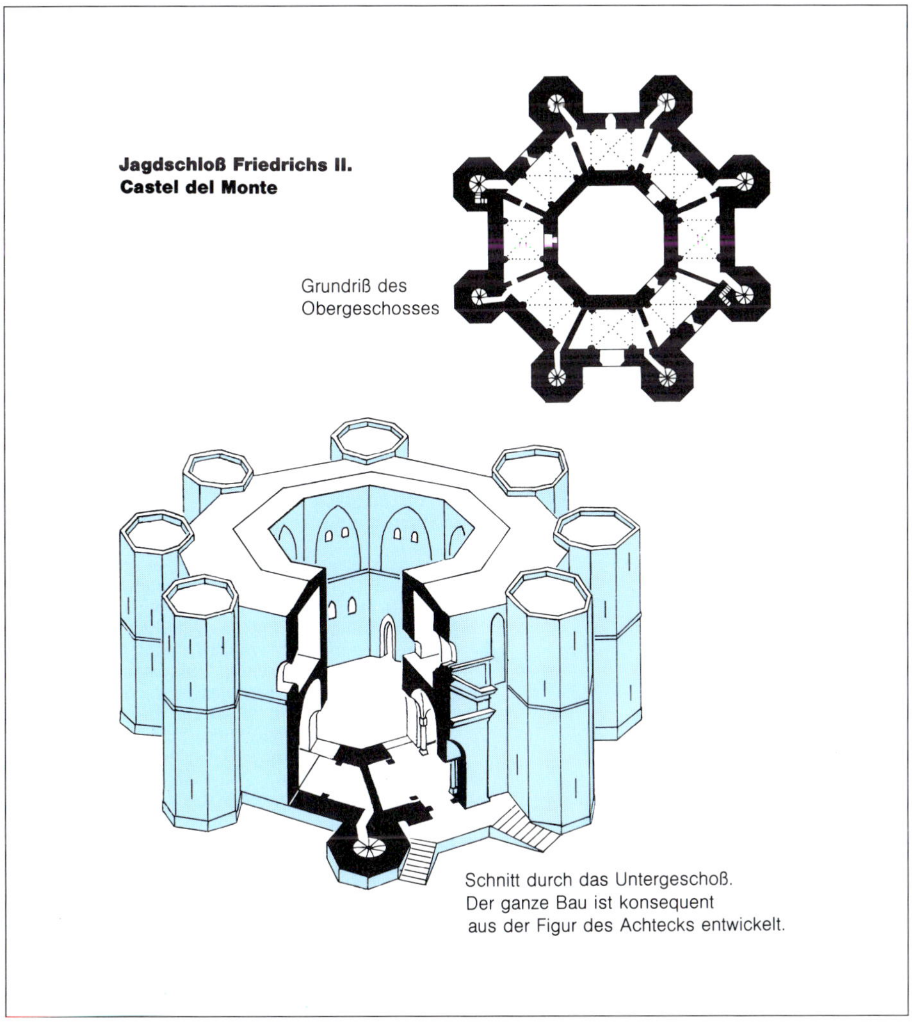

1 *Wachssiegel Friedrichs II., Frankfurt a.M., Stadtarchiv.*

2 *Kaiser Friedrich II.*

3 *Aus Friedrichs Falkenbuch: Der Falkner erhält die Anweisung, wie er den schreckhaften Falken mittels eines Fleischstücks ablenken und auf der Hand halten kann. Miniatur aus »De arte venandi cum avibus«; Rom, Biblioteca Apostolica Vaticana.*

4 *Die Vermählung Friedrichs mit Isabella von Brienne-Jerusalem, 9. Februar 1225. Abbildung aus dem »Codex Chigi«; Rom, Biblioteca Apostolica Vaticana.*

5 *Kaiser Friedrich II. Buchmalerei aus der Kölner Königschronik; Brüssel, Bibliothèque Royale Albert 1er.*

Niederlage der Habsburger gegen die Schweizer Eidgenossen 1315 bei Morgarten.
4. *F. III.*, König seit 1440, Kaiser 1452–1493, *21. 9. 1415 Innsbruck, †19. 8. 1493 Linz; als Nachfolger seines Vetters Albrecht II. 1440 in Frankfurt gewählt, 1442 gekrönt, am 19. 3. 1452 von Papst Nikolaus V. zum Kaiser gekrönt (letzte Kaiserkrönung in Rom). F. gelang es nicht, die habsburg. Ansprüche auf Böhmen u. Ungarn für den nachgeborenen Sohn Albrechts II., *Ladislaus Posthumus*, bzw. nach dessen Tod für sich selbst gegen János Hunyadi u. Matthias I. Corvinus von Ungarn u. Georg von Podiebrad von Böhmen durchzusetzen; er ließ sogar 1485–1490 Wien, das Land bis zur Enns, Kärnten u. die Steiermark in die Hände des Matthias fallen. F. war ein Gegner der Reichsreform, konnte aber seine Absetzung durch die Fürsten u. die Wahl eines Gegenkönigs verhindern u. erreichte 1486 die Wahl seines Sohnes *Maximilian (I.)* zum Röm. König. 1448 schloß F. mit dem Papst das *Wiener Konkordat*, das bis 1806 Grundlage der Beziehungen zwischen der Kurie u. dem Hl. Röm. Reich war. F.s unkriegerische, abwartende Politik u. seine kluge Finanzwirtschaft fanden zwar im Reich wenig Anerkennung; verbunden mit einer Reihe glückl. Erbfälle u. Heiraten (1477 Heirat Maximilians mit Maria von Burgund), schuf sie jedoch die Grundlage für die habsburg. Weltmacht.
5. *F. III.*, (als Kronprinz *F. Wilhelm*), Dt. Kaiser u. König von Preußen 1888, * 18. 10. 1831 Potsdam, †15. 6. 1888 Potsdam; Sohn *Wilhelms I.;* führte in den dt. Einigungskriegen 1866 u. 1870/71 wichtige militär. Kommandos. Bei ausgeprägt monarch. Bewußtsein stand er unter dem Einfluß seiner engl. Gemahlin *Viktoria* wiederholt in Gegnerschaft zu Bismarck u. hielt Verbindung zu liberalen Politikern wie F. von *Roggenbach* u. G. *Freytag*. F. war bei seiner Thronbesteigung schwer kehlkopfleidend u. regierte nur 99 Tage; er konnte sich daher politisch nicht profilieren.
Baden: **6.** *F. I.*, Markgraf, *1249, †29. 10. 1268 Neapel; machte gegen *Ottokar II.* von Böhmen ohne Erfolg seine Erbansprüche auf Österreich u. Steiermark geltend; begleitete 1267 König *Konradin* nach Süditalien, wo er gemeinsam mit ihm hingerichtet wurde.

Kaiser Friedrich III. (5)

7. *F. VI.*, Markgraf von Baden-Durlach 1659 bis 1677, *16. 11. 1617 Durlach, †31. 1. 1677 Durlach; focht unter Bernhard von Sachsen-Weimar u. Karl X. Gustav von Schweden in Dtschld. u. Polen, 1644 gegen die Türken, 1674–1676 gegen Frankreich als Reichsfeldmarschall.
8. *F. I.*, Regent seit 1852, Großherzog 1856–1907, *9. 9. 1826 Karlsruhe, †28. 9. 1907 Insel Mainau, Bodensee; heiratete 1856 *Luise* (*1838, †1923), Tochter des späteren Kaisers Wilhelm I.; führte in Baden 1904 eine liberale Verfassungsreform durch; förderte 1870/71 die Einigung Deutschlands unter preuß. Führung durch Einwirkung auf die süddt. Fürsten u. brachte bei der Kaiserproklamation in Versailles ein Hoch auf „Kaiser Wilhelm" aus, womit er die problemat. Titelfrage umging.
Brandenburg: **9.** *F. I.*, Markgraf seit 1415, Kurfürst 1417–1440, *1371, †20. 9. 1440 Cadolzburg; Burggraf von Nürnberg aus dem Haus *Hohenzollern*, auf dem Konstanzer Konzil von Kaiser Sigismund aus Dank für geleistete Dienste mit der Mark Brandenburg u. der Kurfürstenwürde belehnt. Nach erbitterten Kämpfen mit dem brandenburgischen Adel u. mit Pommern widmete F. sich ab 1426 dann ganz seinen fränk. Landen u. der Reichspolitik.
10. *F. II.*, *F. der Eiserne*, Sohn von 9), Kurfürst 1440–1470, *19. 11. 1413, †10. 2. 1471 Neustadt an der Aisch; vergrößerte sein Gebiet, erwarb die Neumark vom Dt. Orden zurück; setzte sich gegen die Städte durch, ordnete sich die Bistümer Brandenburg u. Havelberg unter, reformierte die Verwaltung seines Landes u. sicherte es nach außen durch eine Vielzahl von Verträgen; trat 1470 zugunsten seines Bruders *Albrecht Achilles* zurück.
11. *F. Wilhelm*, der *Große Kurfürst*, Kurfürst 1640 bis 1688, *16. 2. 1620 Berlin, †9. 5. 1688 Potsdam; erlangte im *Westfäl. Frieden* die territorialen Voraussetzungen für den Aufstieg Brandenburgs (Erwerb Hinterpommerns sowie einiger geistl. Territorien als Entschädigung für den Verzicht auf Vorpommern mit Stettin); der Friede von Oliva (1660) bestätigte ihm die im Nord. Krieg erworbene Souveränität über das Herzogtum Preußen. Im Reichskrieg gegen Ludwig XIV. von Frankreich siegte er am 28. 6. 1675 bei *Fehrbellin* über die mit Frankreich verbündeten Schweden u. vertrieb sie aus Vorpommern u. Preußen, mußte aber im Frieden von St.-Germain erneut auf Vorpommern verzichten.
Innenpolitisch setzte er gegen den Wider-

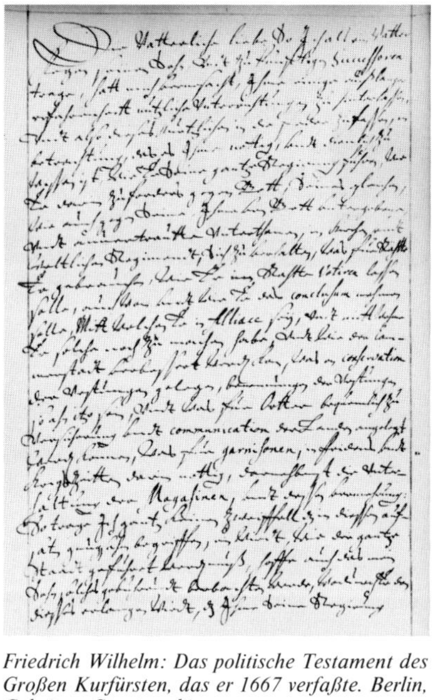

Friedrich Wilhelm: Das politische Testament des Großen Kurfürsten, das er 1667 verfaßte. Berlin, Geheimes Staatsarchiv

stand der Stände die landesherrl. Steuerhoheit durch, schuf ein kleines stehendes Heer u. Ansätze einer absolutist. Verwaltung. Er betrieb merkantilist. Wirtschaftspolitik (Kanalbauten, Anfänge einer Handelsflotte, Stützpunkte an der Küste Guineas *[Groß-Friedrichsburg]*, die aber unrentabel blieben). Seine Religionspolitik zielte auf Kirchenfrieden zwischen den Lutheranern u. der reformierten Minderheit, der er selbst angehörte. Durch das *Potsdamer Edikt* (1685, großenteils erst vom Nachfolger verwirklicht) gab er rd. 15000 Hugenotten Heimat in Brandenburg u. bewirkte dadurch einen wirtschaftl. u. kulturellen Aufschwung seines Landes. Durch geschicktes Lavieren zwischen den europ. Mächten, das durch den Westfäl. Frieden gesicherte Bündnisrecht der Territorien ausnutzend, errang er eine selbständige Stellung, wenn auch die außenpolit. Erfolge hinter seinen Wünschen zurückblieben.
12. *F. III.*, Sohn von 11), Kurfürst seit 1688, als *F. I.* König in Preußen: → Friedrich (34).
Dänemark: **13.** *F. I.*, König 1523–1533, Sohn von Christian I., *3. 9. 1471, †10. 4. 1533 Gottorf; bekam 1482 als Herzogtum Teile Schleswig-Holsteins u. wurde damit Stammvater der folgenden gottorfischen Herzöge. Nach dem Aufstand gegen Christian II. (1523) wurde F. die dän. Krone an-

Friedrich Wilhelm, der Große Kurfürst, im Kreise seiner Familie

geboten. Als König förderte er die nationale luth. Kirche. 1532 trat er dem *Schmalkaldischen Bund* bei.
14. *F. II.*, König 1559–1588, *1. 7. 1534 Hadersleben, †4. 4. 1588 Antvorskov bei Slagelse; unterwarf 1559 Dithmarschen; kämpfte erfolglos im Nordischen Krieg 1563–1570 gegen Schweden (Dreikronenkrieg).
15. *F. III.*, Enkel von 14), König 1648–1670, Bischof von Verden seit 1623, Erzbischof von Bremen 1634, *18. 3. 1609 Hadersleben, †9. 2. 1670 Kopenhagen; verlor nach 2 Kriegen gegen Schweden alle Gebiete jenseits des Sunds (Friede zu Roskilde 1658, zu Kopenhagen 1660); führte daraufhin die Erbmonarchie ein, die im Königsgesetz *(Lex regia)* von 1665 verankert ist.
16. *F. IV.*, Enkel von 15), König 1699–1730, *11. 10. 1671 Kopenhagen, †12. 10. 1730 Odense; kämpfte um den Gottorffschen Anteil von Schleswig mit Polen u. Rußland gegen Karl XII. von Schweden u. konnte ihn 1720 besetzen; förderte das Schulwesen u. hob die Leibeigenschaft der Bauern auf, die er jedoch 1724 der Schollenpflichtigkeit (Bindung an das adlige Gut) unterwarf.
17. *F. V.*, Enkel von 16), König 1746–1766, *31. 3. 1723 Kopenhagen, †14. 1. 1766 Kopenhagen; Fürst des aufgeklärten Absolutismus, berief Johann Hartwig von *Bernstorff* als leitenden Minister, erhielt im Tausch gegen Oldenburg das Herzogtum Holstein; zog u. a. F. G. *Klopstock* an seinen Hof u. setzte ihm ein Jahresgehalt aus.
18. *F. VI.*, Enkel von 17), König 1808–1839, *28. 1. 1768 Kopenhagen, †3. 12. 1839 Kopenhagen; führte seit 1784 bis zur Thronbesteigung die Regentschaft für seinen geisteskranken Vater. Unter seiner Regierung wurden die Agrarreformen durchgeführt (Auflösung der Feldgemeinschaft, Verkoppelung) u. die Leibeigenschaft der Gutsbauern aufgehoben. 1834 wurden beratende Ständeversammlungen in Dänemark u. Schleswig-Holstein eingeführt. F. mußte Norwegen im Kieler Frieden 1814 an Schweden abtreten.
19. *F. VII.*, König 1848–1863, *6. 10. 1808 Kopenhagen, †15. 11. 1863 Glücksburg; gab im März 1848 dem Drängen der Opposition nach, indem er die Regierung durch Berufung mehrerer Eiderdänen umbildete, u. unterzeichnete 1849 das erste liberale Grundgesetz Dänemarks. Nach dem Scheitern der schleswig-holstein. Erhebung gelang es ihm nicht, die dt.-dän. Gegensätze auszugleichen. Er unterstützte die gegen die dt. Schleswiger gerichtete Verwaltungspolitik, berief 1861 Orla *Lehmann* ins Kabinett, starb aber, bevor er die dän.-schleswig. Verfassung unterzeichnen konnte.
20. *F. IX.*, König 1947–1972, *11. 3. 1899 Schloß Sorgenfri bei Lyngby, †14. 1. 1972 Kopenhagen; Sohn Christians X.
Hessen-Homburg: **21.** *F. II.*, Landgraf („mit dem silbernen Bein") 1681–1708, *30. 3. 1633 Homburg vor der Höhe, †24. 1. 1708 Homburg vor der Höhe; widmete sich mit Erfolg dem Ausbau der Verwaltung seines Landes; 1654–1660 schwedischer General (1659 Verlust eines Beins), seit 1670 in brandenburgischen Diensten, tat sich bei *Fehrbellin* 1675 hervor. – Titelheld des Dramas *„Prinz Friedrich von Homburg"* (1821) von H. von *Kleist.*
Hessen-Kassel: **22.** *F. II.*, Landgraf 1760 bis 1785, *14. 8. 1720 Schloß Weißenstein, Wilhelmshöhe bei Kassel, †31. 10. 1785 Schloß Weißenstein; trat zum Katholizismus über, was aber ohne Folgen für den Bekenntnisstand der Landgrafschaft blieb, u. beteiligte sich auf preuß. Seite am Siebenjährigen Krieg; überließ gegen Subsidien 12000 Hessen an die Engländer für ihren nordamerikan. Krieg.
23. *F. Wilhelm I.*, Kurfürst 1847–1866, *20. 8. 1802 Hanau, †6. 1. 1875 Prag; Sohn u. seit 1831 Mitregent des Kurfürsten *Wilhelm II.* (*1777, †1847); berüchtigter Gegner des Konstitutionalismus u. der dt. Nationalbewegung; provozierte 1850–1852 in Verbindung mit seinem Min. L. von *Hassenpflug* eine Steuerverweigerung der Stände u. den Rücktritt des Offizierskorps. Nach diesem in der dt. Geschichte einmaligen Vorgang wurde er durch Intervention des Dt. Bundes gerettet. Im Dt. Krieg 1866 schloß er sich Österreich an, wurde von den Preußen gefangengenommen u. zog sich auf seine böhm. Güter zurück.
Liegnitz: **24.** *F. II.*, Herzog 1499–1547, *12. 2. 1480 Liegnitz, †17. 9. 1547 Liegnitz; vergrößerte seinen Besitz um Wohlau, Glogau, Münsterberg u. Frankenstein, vermittelte 1525 zwischen dem Deutschordenshochmeister Albrecht von Brandenburg u. König Sigismund I. von Polen den Krakauer Frieden u. ging 1537 mit Kurfürst Joachim II. eine Erbverbrüderung ein. Sein Versuch, in Liegnitz 1526 eine prot. Universität zu gründen, schlug wegen der theolog. Wirren um K. *Schwenckfeld* fehl.
Mainz: **25.** Erzbischof 937–954, †25. 10. 954 Mainz; erhielt als erster Mainzer Erzbischof die dann in Mainz bleibende Würde eines Reichserzkanzlers u. wurde vom Papst zu seinem Vikar in Dtschld. ernannt; zählte zu den bedeutendsten Politikern um *Otto d. Gr.*, doch machte ihn die otton. Reichskirchenpolitik zu dessen Gegner.
Meißen: **26.** *F. der Freidige* („Unerschrokkene"), Markgraf von Meißen u. Landgraf von Thüringen, *1257, †16. 11. 1323 Eisenach; Wettiner, strebte aufgrund seiner Verwandtschaft mit den Staufern, unterstützt von den italien. Ghibellinen, nach der Kaiserkrone, scheiterte jedoch am Einspruch des Papstes (Gregor X.). Seit 1307 allein regierend, behauptete F. nach vielen Kämpfen die wettin. Macht gegen das Reich, gegen Brandenburg u. Böhmen.
Niederlande: **27.** *F. Heinrich*, Prinz von Oranien, Statthalter der Republik der Vereinigten Niederlande 1625 –1647, *29. 1. 1584 Delft, †14. 3. 1647 Den Haag; jüngster Sohn Wilhelms I. von Oranien, hervorragender Feldherr im Kampf gegen Spanier u. Habsburger; Schwiegervater des Großen Kurfürsten, dessen Heeresaufbau in Brandenburg-Preußen nach seinem Vorbild erfolgte, bedeutender Stratege u. Taktiker, namentlich im Festungskrieg.
Österreich: **28.** *F. II.*, *F. der Streitbare*, Herzog 1230–1246, *um 1210, †15. 6. 1246; der letzte *Babenberger*, wegen seiner kaiserfeindl. selbständigen Politik 1236/37 in die Reichsacht erklärt u. in Reichskriege verwikkelt, versöhnte sich jedoch 1239 mit Kaiser F. II.; fiel gegen Bela IV. von Ungarn.
29. *F. IV.*, Herzog, *1382, †24. 6. 1439 Innsbruck; regierte seit 1406 die habsburg. Vorlande (Vorderösterreich) u. hatte in Tirol große Auseinandersetzungen mit dem Adel u. dem Bischof von Brixen. Wegen seiner Hilfe bei der Flucht des (Gegen-) Papstes *Johannes (XXIII.)* vom Konstanzer Konzil wurde er 1415 geächtet u. verlor einen Teil der habsburg. Stammlande an die Schweizer. Seine Nöte brachten ihm den Beinamen „mit der leeren Tasch".
Pfalz: **30.** *F. I.*, *F. der Siegreiche*, Kurfürst 1451–1476, *1. 8. 1425, †12. 12. 1476; Sohn des Kurfürsten *Ludwig III.* (*1378, †1436), seit 1449 als Vormund seines unmündigen Neffen *Philipp* (*1448, †1508) Regent der Pfalz, seit 1451 mit Billigung der Vornehmen des Landes Herr der Pfalz (unter Wahrung des Erbrechts Philipps); in dieser Stellung von Papst u. Kurfürsten, nicht aber von Kaiser Friedrich III. anerkannt; erfolgreichster Territorialpolitiker seiner Zeit, der sein Land nach innen (Reform der Heidelberger Universität, Rezeption des röm. Rechts, geschickte Finanzpolitik, schlagkräftiges Heer) u. außen ausbaute. – Einer Ehe F.s mit Klara *Tott* (†1520) entstammen die Grafen *Löwenstein-Wertheim.*
31. *F. II.*, *F. der Weise*, Kurfürst 1544–1556, *9. 12. 1482 Winzingen bei Neustadt an der Weinstraße, † 26. 2. 1556 Alzey; setzte sich bei der Kaiserwahl 1519 für Karl V. u. 1531 für Ferdinand I. ein. 1545 führte er die Reformation in der Pfalz ein, fand jedoch bei den im Schmalkaldischen Bund vereinigten Fürsten keinen Rückhalt für seine Dänemark betreffenden polit. Pläne.
32. *F. III.*, *F. der Fromme*, Kurfürst 1559–1576, *14. 2. 1515 Simmern, †26. 10. 1576 Heidelberg; kath. erzogen, aber durch seine Frau, *Marie von Brandenburg-Kulmbach* (*1519, †1567), zum Luthertum bekehrt, wandte sich F. dem Calvinismus zu u. versuchte erfolglos, die Zwistigkeiten unter den prot. Fürsten auszugleichen (1564 Kirchenordnung u. Heidelberger Katechismus).
33. *F. V.*, Kurfürst 1610–1623, König von Böhmen 1619/20, *26. 8. 1596 Amberg, †29. 11. 1632 Mainz; Führer der von seinem Vater, *Friedrich IV.* (*1574, †1610), gegr. prot. *Union;* verheiratet mit *Elisabeth* (*1596, †1662), Tochter König Jakobs I. von England, unter deren Einfluß er sich zum König von Böhmen wählen ließ; nach der gegen Tilly verlorenen *Schlacht am Weißen Berge* bei Prag (1620) floh er in die Niederlande u. verlor mit seinem Erbland die Kurwürde an Bayern. Wegen seiner kurzen Herrschaft in Böhmen erhielt er den Spottnamen „Winterkönig".
Preußen: **34.** *F. I.*, Sohn von 11) König in Preußen 1701–1713 (als *F. III.* Kurfürst von Brandenburg seit 1688), *11. 7. 1657 Königsberg, †25. 2. 1713 Berlin; unterstützte die Habsburger im Span. Erbfolgekrieg u. erlangte dafür die Zustimmung Kaiser Leopolds I. zur Erhebung des außerhalb der Reichsgrenzen gelegenen Herzogtums (Ost-) Preußen zum Königreich (Selbstkrönung zum „König in Preußen" am 18. 1. 1701 in Königsberg). Der von ihm getriebene höf. Aufwand überstieg die finanziellen Möglichkeiten des Staates. F. förderte Kunst u. Wissenschaft, gründete 1694 die Universität Halle, 1696 die Akademie der Künste in Berlin, 1700 die Gesellschaft der Wissenschaften, beraten von S. von *Pufendorf* u. G. W. *Leibniz.* Er nahm in Preußen prot. Flüchtlinge auf, vor allem aus Frankreich (Hugenotten) nach dem Beispiel seines Vorgängers.

Friedrich Wilhelm I. von Preußen

35. *F. Wilhelm I.*, Sohn von 34), König 1713–1740, *14. 8. 1688 Berlin, †31. 5. 1740 Potsdam; machte der verschwenderischen Hofhaltung, die sein Vater betrieben hatte, ein Ende u. führte ein Regime strenger Sparsamkeit ein, um die zerrütteten Staatsfinanzen zu ordnen. Er schuf ein stehendes Heer von 80000 Mann („Soldatenkönig") u. eine exakte, straffe, von fähigen Beamten geführte Verwaltung *(Generaldirektorium, Kriegs- u.*

Domänenkammern), beseitigte die Reste ständischer Vorrechte u. zog den Adel stärker zum Staatsdienst heran, vor allem im Offiziersberuf. F. befreite die Domänenbauern, förderte großzügig die Besiedlung Ostpreußens u. führte eine streng merkantilist. Wirtschaft. Im Spanischen Erbfolgekrieg erwarb er Obergeldern, im Nordischen Krieg (Friede von Stockholm 1720) Vorpommern.
Die Regierung des pflichteifrigen, fähigen, aber harten u. jähzornigen, dem kulturellen Leben fernstehenden F. brachte Preußen wirtschaftl. u. polit. Aufschwung; zugleich begründete sie die Tradition des preuß. Militarismus u. forderte von den Beteiligten schwere Opfer. Der Konflikt mit seinem Sohn *Friedrich II.* führte fast zur Katastrophe; F. erkannte jedoch dessen Fähigkeiten u. ließ ihn sorgfältig auf sein Herrscheramt vorbereiten.

36. *F. II., F. der Große,* Sohn von 35), König 1740–1786, *24. 1. 1712 Berlin, †17. 8. 1786 Schloß Sanssouci bei Potsdam. F. geriet durch seine geistigen u. künstlerischen Neigungen sowie durch den von seiner Mutter *Sophie Dorothea* begünstigten Plan einer Heirat mit einer engl. Prinzessin früh in Gegensatz zu seinem Vater, unternahm 1730 einen Fluchtversuch u. mußte eine Festungshaft in Küstrin verbüßen. Nach förml. Aussöhnung mit dem Vater schloß er 1733 die von diesem aus polit. Gründen (Verwandtschaft mit den Habsburgern) gewünschte Ehe mit *Elisabeth Christine* von Braunschweig-Bevern. Seit 1736 lebte F. in Rheinsberg u. widmete sich seinen geistigen Interessen. Er befaßte sich mit der französ. Aufklärungsphilosophie, bes. mit *Voltaire,* den er als König 1750–1753 an seinen Hof zog. 1739 verfaßte F. die Schrift „Antimachiavell", in der er erstmals seine Auffassung niederlegte, der Fürst habe „der erste Diener des Staates" zu sein. Diese Haltung war kennzeichnend für den *aufgeklärten Absolutismus,* zu dessen bedeutendsten Vertretern F. gehört.
Schon kurz nach seiner Regierungsübernahme 1740 fiel F., die Schwierigkeiten Österreichs nach dem Tod Karls VI. ausnutzend, unter dem Vorwand alter Erbansprüche im Bund mit Sachsen u. Frankreich in Schlesien ein *(Schlesische Kriege, Österreichischer Erbfolgekrieg),* das er eroberte u. dessen Besitz er sich von Maria Theresia im Frieden von Dresden 1745 bestätigen ließ. 1744 war ihm durch Erbschaft Ostfriesland zugefallen. Die Annäherung an England *(Westminster-Konvention* 1756) führte zum „Umsturz der Bündnisse", nämlich zu der von F. nicht vorausgesehenen Einigung Österreichs mit Frankreich, Rußland u. Sachsen, die Preußen auf dem Festland isolierte u. der Kriegsgefahr aussetzte. Um einem Angriff der weit stärkeren Verbündeten zuvorzukommen, fiel F. in Sachsen ein u. löste damit den *Siebenjährigen Krieg* aus. Trotz bedeutender Erfolge (1757 Siege bei *Roßbach* u. b. *Leuthen*) geriet er in die Defensive u. in äußerste Bedrängnis (1759 Niederlage b. *Kunersdorf*). Seine schwierige Lage wurde von den Gegnern nicht ausgenutzt u. fand ihr Ende durch den Tod der Zarin Elisabeth 1762 u. das völlige Umschwenken ihres Nachfolgers Peter III. („das Wunder des Hauses Brandenburg"). So konnte F. sich u. den eroberten Besitzstand behaupten *(Friede von Hubertusburg* 1763); er konnte sogar noch Westpreußen (ohne Danzig u. Thorn), das Ermland u. den Netzedistrikt hinzugewinnen *(1. Poln. Teilung* 1772), österr. Ausdehnungspläne hingegen vereiteln *(Bayer. Erbfolgekrieg* 1778/79; *Dt. Fürstenbund* 1785). Mit alledem gab F. Preußen den Rang einer europ. Großmacht, hauptsächlich auf Kosten Österreichs, des Repräsentanten des

Friedrich der Große. Gemälde nach A. Graff; 1781. Berlin, Schloß Charlottenburg

Heiligen Römischen Reiches, das an diesem *preuß.-österr. Dualismus* in seiner polit. Existenz zugrunde ging. Seit 1772 nannte sich F. nicht mehr „König in Preußen", sondern „König von Preußen".
Innenpolitisch führte F., vor allem in den Friedenszeiten, das Werk seines Vaters, das er schätzen gelernt hatte, mit starkem persönl. Einsatz fort, nämlich den Ausbau des absolutist. Staates: straffe, zentralist. Verwaltung (durch Fachdepartements verbessert, aber zu stark auf die Person des Herrschers zugeschnitten); merkantilist. Wirtschaftsförderung (Manufakturen, Kanalbauten) bei strenger Besteuerung; Melioration u. „Peuplierung" des Oder-, Warthe- u. Netzebruchs; Aufhebung der Erbuntertänigkeit auf den Domänen u. Verbot des Bauernlegens; Justizreformen (S. von *Cocceji*); Abschaffung der Folter; Grundlegung des „Allg. Preuß. Landrechts" *(Corpus Juris Fridericianum;* C. G. *Svarez);* Förderung des Schulwesens, das der Geistlichkeit unterstellt wurde, sowie der Wissenschaft (Wiederbelebung der *Akademie der Wissenschaften*); Glaubensfreiheit (Ansiedlung von *Réfugiés,* wirtschaftlich von Vorteil). Wie bei der Führung des stehenden Heeres, das F. auf eine Größe von fast 200000 Mann u. auf einen vorbildl. Ausbildungsstand brachte, stützte er sich in erster Linie auf den Adel, dem er wirtschaftl. Vergünstigungen gewährte.
F. war auch schriftstellerisch tätig (neben dem „Antimachiavell" u. a. die histor. Werke „Mémoires pour servir à l'histoire de la maison de Brandebourg" 1751 u. „Histoire de la guerre de sept ans" 1763 sowie die Schrift „De la littérature allemande" 1780, die der dt. Literatur Rückständigkeit vorwarf, ihr aber nicht gerecht wurde) u. ein Musikliebhaber (Flötenspiel, Kompositionen), wobei er wie auch in seiner sonstigen regen Teilnahme am geistigen u. künstler. Leben zeitlebens französ. u. italien. Vorbildern verbunden blieb. – In das breitere dt. Geschichtsbewußtsein ist F. hauptsächlich als der „Alte Fritz" (seit dem Siebenjährigen Krieg) eingegangen, als der strenge, aber gerechte Landesvater. – Ausgaben: Hinterlassene Werke, 15 Bde., 4 Supplement-Bde. [2]1789; Œuvres, hrsg. von der Berliner Akademie der Wissenschaften 31 Bde. 1846–1857; Polit. Korrespondenz 46 Bde. 1879–1939; Werke, hrsg. von G. B. Volz 10 Bde. 1912–1914.

37. *F. Wilhelm II.,* Neffe von 36) König 1786 bis 1797, *25. 9. 1744 Berlin, †16. 11. 1797 Potsdam; regierte durch seine Premier-Min. (E. F. Graf von *Hertzberg,* H. R. von *Bischoffwerder*); schloß als Gegner der Französ. Revolution 1790 die *Konvention von Reichenbach* mit Österreich, ohne daß dadurch die preuß.-österr. Gegensätze beseitigt worden wären. Angesichts der Schwierigkeiten durch die *3. Poln. Teilung,* bei der Preußen „Neu-Ostpreußen" gewann, kam es zum *Basler Frieden* 1795 u. zum Ausscheiden Preußens aus der antifranzös. Kriegskoalition. Innenpolitisch versuchte F. den Zentralismus zu lockern; er beendete 1788 die friderizian. Aufklärung durch das *Religions- u. Zensuredikt,* förderte aber Künste u. Wissenschaften. Ungünstig für die Entwicklung des Staats wirkten sich seine Mätressenwirtschaft (Gräfin Sophie von *Dönhoff* u. vor allem Wilhelmine *Enke,* spätere Gräfin Lichtenau) sowie seine spiritistisch-mystischen Neigungen *(Rosenkreuzer)* aus.

38. *F. Wilhelm III.,* Sohn von 37), König 1797–1840, *3. 8. 1770 Potsdam, †7. 6. 1840 Berlin; seit 1793 verheiratet mit der populären *Luise* von Mecklenburg-Strelitz, seit 1824 in morganat. Ehe mit Auguste Gräfin *Harrach.* Der pflichtbewußte, nüchterne u. sparsame König setzte einen konservativen, auf die Macht der Krone u. ein Bündnis restaurativer Mächte abzielenden Kurs durch, verschloß sich aber nicht unerläßlichen staatl. Erneuerungen. Nach der katastrophalen Niederlage gegen Frankreich 1806 ließ F. das bisherige Kabinettsystem fallen u. gab den Reformern um *Stein* u. *Scharnhorst* die Möglichkeit zu einer umfassenden Neuordnung des Staates. Der Freiheits- u. Nationalbewegung von 1813 stand er ablehnend gegenüber u. erließ nur zögernd den Aufruf „An mein Volk". Nachdem Preußen auf dem Wiener Kongreß 1814/15 die Provinzen Sachsen, Posen, Westfalen u. Rheinland erhalten hatte, erwies sich F. als Exponent der Restauration. Außenpolitisch ein Anhänger der Heiligen Allianz, führte er im Innern die eingeleiteten Reformen nicht fort u. machte sie z. T. rückgängig. Verfassungsversprechen von 1815 verwirklichte er nur ansatzweise. Bedeutend waren die Leistungen der in seiner Regierungszeit reformierten Verwaltung.

39. *F. Wilhelm IV.,* Sohn von 38), König 1840 bis 1861, *15. 10. 1795 Berlin, †2. 1. 1861 Schloß Sanssouci bei Potsdam; hochbegabt u. gebildet, aber sprunghaft u. nicht frei von patholog. Zügen. Der König, der als einziger Hohenzoller keinen Krieg führte, strebte romantisierend einen patrimonialen, christl.-german. Ständestaat an. Dieser sollte von den Habsburgern geführt werden, während ein Hohenzoller Reichsfeldherr sein sollte. Er lehnte sowohl den Absolutismus seiner Vorgänger wie die Vorstellungen der Liberalen von einem konstitutionell-repräsentativen Staat ab. Sein Regierungsantritt 1840 erweckte nach dem starren Regiment seines Vaters große Hoffnungen, die er zunächst nährte (Beendigung des Kölner Kirchenstreits, Lockerung der Zensur, Begnadigung sog. Demagogen), dann aber enttäuschte. In der Märzrevolution 1848 verzichtete F. auf den Einsatz der militär. Macht u. beugte sich liberalen Forderungen, insbes. durch die Berufung des Ministeriums *Camphausen.*
Als die dt. Nationalbewegung vor allem Preußen den Krieg gegen Dänemark führen ließ, konnte F. seine Position wieder stärken. Er löste die preuß. Nationalversammlung auf u. oktroyierte 1849 seinem Land eine Verfassung, die trotz des Übergewichts der monarchischen Organe die konstitutionelle Entwicklung in Preußen u. später im Dt. Reich einleitete. Die Innenpolitik der nachrevolutionären Phase wurde durch das reaktionäre Ministerium *Manteuffel* bestimmt. Die Wahl zum dt. Kaiser durch die Frankfurter Nationalversammlung lehnte er vor allem wegen des damit verbundenen Eingriffs in die monarchische Souveränität ab. Unter dem Einfluß von J. M. von *Radowitz* verfolgte F. bis zum Olmützer Vertrag 1850 Unionspläne für Dtschld.; dann stimmte er der Restitution des

Dt. Bundes zu. Ein Schlaganfall 1857 führte zu seiner geistigen Umnachtung. Sein Bruder, der spätere König u. Kaiser *Wilhelm I.*, übernahm 1857 die Stellvertretung u. 1858 die Regentschaft.

40. *F. Karl*, Prinz von Preußen, Generalfeldmarschall (1870), *20. 3. 1828 Berlin, †15. 6. 1885 Klein-Glienicke; Neffe *Wilhelms I.*; leitete 1864 im Dt.-Dän. Krieg den Sturm auf die Düppeler Schanzen, war im Dt. Krieg 1866 am Sieg bei Königgrätz beteiligt u. eroberte im Dt.-Französ. Krieg 1870 Metz.

41. *F. III.*, König u. Dt. Kaiser 1888, → Friedrich (5).

Sachsen: **42.** *F. I.*, *F. der Streitbare*, Kurfürst von Sachsen 1423–1428, *11. 4. 1370 Altenburg, †4. 1. 1428 Altenburg; stand nach dem Tod seines Vaters, *Friedrichs III.* des Strengen (*1332, †1381), des Markgrafen von Meißen u. Landgrafen von Thüringen, mit seinen Brüdern unter Vormundschaft seines Onkels *Wilhelm I.* (*1343, †1407); erlangte nach dessen Tod 1410 Meißen u. wurde 1423 nach Aussterben der Askanier von Kaiser Sigismund mit dem Kurfürstentum Sachsen belehnt; gründete 1409 die Uni-

Kurfürst Friedrich III. von Sachsen

versität Leipzig, kämpfte mit wechselndem Erfolg gegen die Hussiten.

43. *F. III.*, *F. der Weise*, Urenkel von 42), Kurfürst 1486–1525, *17. 1. 1463 Torgau, †5. 5. 1525 Lochau; gründete 1502 die Universität Wittenberg; nahm Anteil an den Reichsreformplänen des Mainzer Kurfürsten Berthold von Henneberg, war seit 1500 Statthalter des Reichsregiments, lehnte bei der Kaiserwahl 1519 aber die Krone ab; begünstigte Luther u. die Reformation, obwohl er sich nicht offen der neuen Lehre anschloß.

44. *F. August I.*, *August der Starke*, Kurfürst, als *August II.* König von Polen: → August (3).

45. *F. August II.*, Kurfürst 1733–1763, als *August III.* König von Polen: → August (4).

46. *F. August I.*, *F. August der Gerechte*, 1763 Kurfürst *(F. August III.)*, 1806 erster König von Sachsen, *23. 12. 1750 Dresden, †31. 5. 1827 Dresden; trat nach der preuß. Niederlage bei Jena u. Auerstädt dem Rheinbund bei, wurde von Napoleon I. zum König erhoben; geriet als dessen Verbündeter in der Völkerschlacht bei Leipzig 1813 in Gefangenschaft u. konnte erst in seine Herrschaft zurückkehren, nachdem er auf dem Wiener Kongreß 1815 den größten Teil seines Landes (die spätere *Prov. Sachsen*) an Preußen abgetreten hatte.

47. *F. August II.*, Neffe von 46), König 1836–1854, *12. 5. 1797 Dresden, †9. 8. 1854 Brennbüchel, Tirol; seit 1830 Mitregent seines Onkels *Anton I.*; befreundet mit dem romantisierenden König Friedrich Wilhelm IV. von Preußen; floh als Gegner der dt. Nationalbewegung vor dem Dresdner Maiaufstand 1849, kehrte nach dessen Niederschlagung durch preuß. Truppen zurück.

48. *F. August III.*, König 1904–1918, *25. 5. 1865 Dresden, †18. 2. 1932 Sybillenort bei Breslau; Sohn König Georgs II., letzter, volkstüml. sächs. König, mußte nach der Novemberrevolution abdanken („Macht euern Dreck alleene!").

Schleswig-Holstein: **49.** *F. Christian August*, Herzog von Schleswig-Holstein-Sonderburg-Augustenburg, *28. 9. 1765 Augustenburg, †14. 6. 1814 Augustenburg; geheimer Staats-Min. in Dänemark, unterstützte *Schiller* mit einem jährl. Geldgeschenk; verhinderte die Einverleibung Holsteins durch den dän. Kronprinzen Friedrich.

50. *F. VIII.*, Herzog 1863–1866, *6. 7. 1829 Augustenburg, †14. 1. 1880 Wiesbaden; vertrat nach dem Aussterben des Hauses Schleswig-Holstein-Sonderburg in männl. Linie die Erbansprüche der Augustenburger Nebenlinie, die 1863–1866 von den Herzogtümern, dem Dt. Bund u. der dt. Nationalbewegung unterstützt, jedoch von Preußen nicht anerkannt wurden. F. mußte 1866 das Land verlassen.

Thüringen: **51.** *F. der Freidige*, Landgraf, → Friedrich (26).

Württemberg: **52.** *F. II.*, Herzog 1797 bis 1805, als *F. I.* König 1805–1816, *6. 11. 1754 Treptow, †30. 10. 1816 Stuttgart; Sohn von Herzog *Friedrich Eugen* (*1732, †1797); 1774–1786 in preuß. bzw. russ. Diensten; nahm 1803 den Kurfürstentitel an; konnte als Verbündeter Napoleons sein Territorium auf mehr als das Doppelte vergrößern, sicherte 1813 durch Übertritt zur antinapoleon. Koalition die Fortexistenz seines Staates; zerschlug die landständ. Tradition, ermöglichte durch die oktroyierte Verfassung von 1815 jedoch den Beginn einer konstitutionellen Entwicklung in Württemberg.

Friesen, westgerman. Stamm *(Ingwäonen)* zwischen Rheinmündung u. Weser, erstmals 12 v. Chr. erwähnt, im 7. u. 8. Jh. christianisiert, von den Franken unterworfen. Die F. dehnten sich im 9. u. 10. Jh. bis zur dän. Grenze *(Nord-F.)* aus u. wahrten jahrhundertelang ihre Unabhängigkeit *(Fries. Freiheit)*. Das Gebiet westl. der Ems *(Friesland)* fiel 1524 an die habsburg. Niederlande. Die *Ost-F.*, seit 1464 durch Ulrich *Cirksena* vereint, blieben als Reichsgrafschaft (später Fürstentum) *Ostfriesland* bis 1744 selbständig u. kamen dann zu Preußen.

Friesland, niederländ. Prov., 3788 km², 599 000 Ew.; Hptst. *Leeuwarden*.
F. erstreckte sich im frühen MA entlang der Nordseeküste von Brügge bis zur Wesermündung; 785 wurde das von den Angelsachsen (Bonifatius) missionierte Gebiet fränkisch. Ende des 9. Jh. kam der Landstrich westl. der Zuidersee an die Grafen von Holland („Westfriesland"); das Gebiet östl. davon bis zur Lauwers wurde 1524 von Karl V. erworben u. dem Verband der 17 niederländ. Provinzen angegliedert. 1579 trat es der Utrechter Union bei u. bildete seitdem eine der 7 Provinzen der Republik der Vereinigten Niederlande.

Frimaire [fri'mɛːr; der; frz.], ein Monat im französ. Revolutionskalender.

Fritigern, *Frithigern*, westgot. Fürst, †nach 382; führte nach Auseinandersetzungen mit Athanarich 376 den christl. Teil seines Volkes ins Römerreich u. erzwang durch seine Siege bei Marcianopel 376 u. bei Adrianopel 378 Ansiedlungsverträge südlich der unteren Donau.

Fritsch, Werner Frhr. von, Offizier (1936 Generaloberst), *4. 8. 1880 Benrath, †22. 9. 1939 vor Warschau; 1934 Chef der Heeresleitung, seit 1935 als Oberbefehlshaber des Heeres maßgeblich für die dt. Aufrüstung mitverantwortlich; äußerte 1937 Zweifel an Hitlers Expansionsplänen, wurde im Februar 1938 aufgrund einer Intrige (Vorwurf der Homosexualität) von Hitler entlassen, der selbst den Oberbefehl über die Wehrmacht übernahm. F. wurde im gleichen Jahr rehabilitiert, aber nicht wieder in sein Amt eingesetzt. Er fiel als Chef eines Artillerieregiments.

Fröbel, Julius, Publizist (Pseudonym: C. *Junius*) u. Politiker, * 16. 7. 1805 Griesheim, Thüringen, †6. 11. 1893 Zürich; 1833–1844 Prof. für Mineralogie in Zürich; seit 1839 als Demokrat u. Republikaner publizistisch u. verlegerisch erst in Zürich, ab 1846 in Dresden tätig; 1848 Mitgl. der Frankfurter Nationalversammlung, wurde von der Linken nach Wien entsandt, dort mit R. *Blum* zum Tode verurteilt, dann aber begnadigt; 1849–1857 im Exil in den USA; dann wieder in Österreich; unterstützte publizistisch die Habsburger Reformpläne für den Dt. Bund; 1873–1876 Konsul des Dt. Reiches in Smyrna, 1876–1888 in Algier. Von seinen nur anfangs radikaldemokrat. Mitteleuropa-Plänen zeugen seine Schriften „Wien, Dtschld. u. Europa" 1848; „Die Forderungen der dt. Politik" 1860; „Die Leitung der großdt. Angelegenheiten" 1861.

Froissart [frwa'saːr], Jean, französ. Geschichtsschreiber u. Dichter, *1337 Valenciennes, Hennegau, †um 1410 Chimay; seine Chroniken des 14. Jh. („Chroniques de France, d'Angleterre, d'Écosse, d'Espagne, de Bretagne, de Gascogne, de Flandres et lieux circonvoisins") sind eine wichtige Quelle für die Kulturgeschichte während des Hundertjährigen Kriegs.

Fromm, Friedrich, Offizier (1940 Generaloberst), *8. 10. 1888 Berlin, †12. 3. 1945 Brandenburg (hingerichtet); hatte als Befehlshaber des Ersatzheeres 1939–1944 eine Funktion inne, die für ein Gelingen der Umsturzpläne der Widerstandsbewegung zentrale Bedeutung besaß. F., der unmittelbare Vorgesetzte des Grafen *Stauffenberg*, wußte von diesen Plänen, verhielt sich dann allerdings abwartend u. befahl nach dem Fehlschlag des Attentats vom 20. Juli 1944 die Erschießung Stauffenbergs u. dreier Mitverschworener; wurde dennoch verhaftet u. zum Tode verurteilt.

Fron, *Fronde*, im dt. Recht des MA die Grundhörigkeit eines unfreien Bauern *(Hintersassen)* gegenüber dem Grundherrn; auch der *F.dienst* innerhalb der F. auf dem *F.hof.*

Fronbote, im MA Gerichtsbote, Vollstreckungsbeamter.

Fronde ['frɔ̃də; die; frz., „Schleuder"], ursprüngl. der Name einer gegen *Mazarin* u. das absolutist. Königtum in Frankreich gerichteten Adelsbewegung (1648–1653); übertragen: oppositionelle Gruppe innerhalb einer herrschenden Schicht, deren Auflehnung meist nicht durch grundsätzl. Kritik, sondern durch allg. Unzufriedenheit oder Gruppeninteressen motiviert ist.

Frontinus, Sextus Julius, *um 30, †um 100; röm. Konsul u. Schriftsteller, seit den 70er Jahren des 1. Jh. als Offizier, Beamter (dreimal Konsul) u. Statthalter hervorgetreten; im Jahre 97 zum Verantwortlichen für die röm. Wasserversorgung *(curator aquarum)* ernannt; diese Tätigkeit veranlaßte ihn zur Abfassung der Schrift „Über Wasserleitungen"; außerdem verfaßte F. Bücher über „Kriegslisten" u. über Landvermessung.

Frühgeschichte, in Mitteleuropa der auf die *Ur-* bzw. *Vorgeschichte* folgende Zeitabschnitt, in dem außer den archäolog. Funden auch histor. Quellen wie etwa Schriftzeugnisse, Ortsnamen, Münzen u.ä. zur Erforschung einer Epoche beitragen, aber allein zu ihrer Kenntnis nicht ausreichen; neuerdings oft verstanden als die archäolog. Erforschung des 1. Jahrtausends n. Chr. in Mittel-, Nord- u. Osteuropa unter Ausschluß der *provinzialröm. Archäologie*; in der älteren Literatur auch gleichbedeutend mit dem heutigen Begriff Ur- u. Frühgeschichte bzw. Vorgeschichte.

Frühpaläolithikum, ältester Abschnitt der → Altsteinzeit.

Frundsberg, Georg von, Herr auf *Mindelheim,* Landsknechtführer, *24. 9. 1473 Mindelheim, †20. 8. 1528 Mindelheim; diente unter Maximilian I., der ihn 1502 zum Ritter schlug; befehligte 1519 das Fußvolk des *Schwäb. Bundes* gegen Ulrich von Württemberg; in Worms 1521 Begegnung mit Luther. Karl V. übertrug ihm als kaiserl. Feldhauptmann den Oberbefehl gegen Frankreich. F., „Vater der Landsknechte", führte diese von ihm durch „Ordnungen" organisierte Truppe in siegreichen Schlachten u. a. bei Pavia 1525.

Frunse, *Frunze,* Michail Wassiljewitsch, sowjet. Heerführer, *2. 2. 1885 Pischpek (jetzt Frunse), †31. 10. 1925 Moskau; erfolgreich gegen A. W. *Koltschak* 1919/20 u. P. N. von *Wrangel*; reorganisierte die Rote Armee, 1925 Oberbefehlshaber u. Verteidigungskommissar; auch Militärtheoretiker.

Frutolf von Michelsberg, Prior des Klosters Michelsberg bei Bamberg, †17. 1. 1103 Michelsberg; schrieb 1098–1101 die umfassendste Weltchronik des MA, eine wichtige Quelle für die Zeit von 1071 bis 1101, eine sachliche Darstellung des Investiturstreits; Fortsetzer: *Ekkehard von Aura* im päpstlichen (bis 1125) u. *Burchard von Ursberg* (bis 1229) im staufischen Sinn.

Fuad I., König von Ägypten 1922–1936, *26. 3. 1868 Gizeh, †28. 4. 1936 Kairo; folgte seinem Bruder *Hussain Kamil* 1917 als Sultan u. nannte sich König, nachdem Großbritannien 1922 die Unabhängigkeit Ägyptens anerkannt hatte.

Fuad Pascha, Mehmed, türk. Politiker, *17. 1. 1814 Konstantinopel, †12. 2. 1869 Nizza; als Außen-Min. (1852) u. Großwesir (1861–1866) ordnete er die Balkangebiete neu.

Fugger, seit dem 14. Jh. in Augsburg ansässiges Geschlecht; ursprünglich Weber u. Tuchhändler. Jakob I. (†1469) ist der

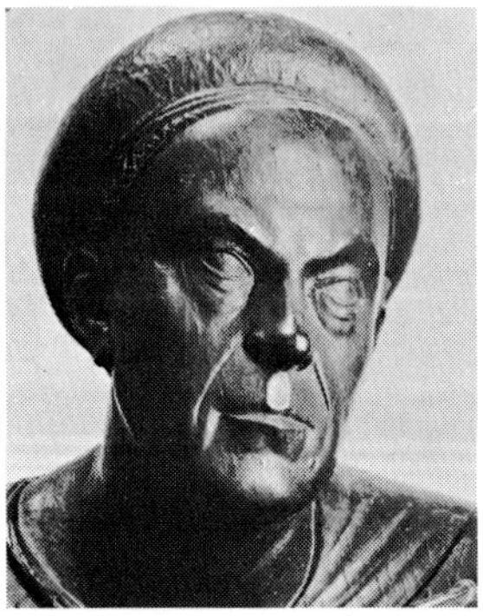

Jakob Fugger II.

Stammvater der Linie *F. von der Lilie* u. Gründer des F.schen Handelshauses, dem seine Söhne Georg (†1506), Ulrich (†1510), Jakob II. u. andere Nachfahren durch Handels- u. Geldgeschäfte, Bergwerkunternehmungen, Faktoreien, Agenturen u. Verbindungen nach Übersee Weltgeltung u. Einfluß auf die Reichspolitik verschafften.

Jakob II. F., der Reiche (*1459, †1525; 1511 Reichsadel, 1514 Reichsgraf) besaß das Kupfermonopol in Europa durch Erwerbung von Bergwerken in Spanien, Tirol, Kärnten u. Ungarn u. war am ostind. Gewürzhandel beteiligt. Kaiser *Maximilian I.* verpflichtete sich durch Annahme von Geld zur Unterstützung seiner weitreichenden Pläne. Kaiser *Karl V.* wurde durch seine Finanzierung gewählt u. 1552 durch *Anton F.* (*1493, †1560, 1526 Reichsgraf) vor der Katastrophe des Fürstenaufstands bewahrt.

Im 16. Jh. erlangten die F. einige süddt. Herrschaften. Im 17. Jh. ging die Bedeutung des

Georg von Frundsberg

Handelshauses zurück, aber einzelne Vertreter der Familie konnten auch in der Folgezeit noch im kirchl. u. polit. Leben einflußreiche Stellungen gewinnen. Die Linie *F.-Babenhausen* wurde 1803 in den Reichsfürstenstand erhoben. In Augsburg errichteten die F. das *Fuggerhaus* u. die *Fuggerei* (1511–1517), eine Siedlung für mittellose Bürger.

Führer, Titel A. *Hitlers* (Nachahmung des italien. *Duce* für Mussolini); zunächst als Parteiführer der NSDAP; nach dem Tod Hindenburgs 1934 offizielle Amtsbezeichnung für den innerdeutschen Gebrauch („F. u. Reichskanzler").

Fujiwara [fudʒi-], *Fudschiwara,* japan. Adelsgeschlecht, 669 begründet, rangierte bis 1945 an erster Stelle in der Hofaristokratie. Von der Mitte des 9. Jh. an übten die F. die Vorherrschaft am Kaiserhof für über 300 Jahre aus. Als Regenten, Zivildiktatoren u. hohe geistliche Würdenträger prägten sie das polit. u. geistige Leben in der Heian-Zeit. Die F. gehörten zu einer der fünf Familien, aus denen die Gemahlinnen des Kaiserhauses ausgewählt wurden. Im 12. Jh. verloren sie die Vormachtstellung an die Taira u. Minamoto, übten aber bis in die Edo-Zeit einen großen Einfluß bei Hofe aus. Sie blieben auch im modernen Japan polit. einflußreich; der letzte Genro, Saionji Kimmochi, u. der wichtigste Vorkriegspremier, Fürst Konoe Fumimaro, entstammten dem F.-Geschlecht.

Fulbright-Resolution ['fulbrait rɛsɔ'lu:ʃən], eigentl. *Conally-Fulbright-Resolution,* Beschluß des US-amerikan. Kongresses über die Schaffung einer internationalen Friedensorganisation, eingereicht von Politikern aller Parteien, verwirklicht am 21. 9. u. 5. 11. 1943. Durch die F. wurde der US-amerikan. Isolationismus überwunden, u. es wurde den USA ermöglicht, Verpflichtungen im Rahmen der UN einzugehen.

Fuldaer Annalen, im ostfränk. (dt.) Sinn abgefaßte fränk. Reichsgeschichte, wichtig für die Zeit von 830 bis 900.

Funan, ein zwischen dem 2. u. 6. Jh. in Hinterindien bestehendes Königreich mit Zentrum im Mekong-Delta, das früheste bekannte polit. Gebilde auf südostasiat. Boden; Hptst. *Vyadhapura.* F.s Wohlstand beruhte auf seinem Handel, den es bis nach China u. Indien führte. Bedeutende Hafenstadt *Oc Eo* mit römischen Funden, die auf Handelsverbindungen mit dem Mittelmeerraum schließen lassen.

Fundsch, *Fundj, Fung,* arabisierte Afrikaner, die von etwa 1500 bis 1700 in Ostsudan ein mächtiges Reich bildeten.

Fünfte Kolonne, Begriff aus dem Span. Bürgerkrieg 1936–1939, von General Mola geprägt, der mit 4 Kolonnen der Franco-Truppen gegen das von den Republikanern verteidigte Madrid anrückte u. seine getarnten Anhänger innerhalb der Stadt als 5. Kolonne bezeichnete; seitdem Schlagwort für innere, mit dem Feind sympathisierende und ihm Vorschub leistende Untergrundorganisationen.

Fünfte Republik, die Republik Frankreich seit 1958.

Fünf Zivilisierte Stämme, die fünf bedeutendsten Indianerstämme im SO der USA, die Muskhogeestämme der *Creek, Chickasaw, Choctaw* u. *Seminolen* u. der Irokesenstamm der *Cherokee,* die zu Beginn des 19. Jh. aus eigener Kraft einen beachtl. wirtschaftl. u. kulturellen Aufschwung erzielten u. Gesetze u. eine Verfassung hatten. Entgegen den vertragl. Zusicherungen wurden sie in den 1830er Jahren – z. T. nach blutigen Kämpfen – in das Indianerterritorium Oklahoma umgesiedelt, wo sie sich zu einem Staatswesen mit geschriebenen Gesetzen, eigenen Gerichten u. ä. zusammenschlossen u. ihr wirtschaftl. Leben reorganisierten. Erst mit der Schaffung des Bundesstaates Oklahoma 1907 ging ihre Selbstverwaltung zu Ende.

Funk, Walther, Politiker (NSDAP), *18. 8. 1890 Trakehnen, Ostpreußen, †31. 5. 1960 Düsseldorf; Handelsjournalist, 1922–1930 Chefredakteur des Wirtschaftsteils der „Berliner Börsenzeitung"; seit 1931 Wirtschaftsberater in der Reichsleitung der NSDAP, 1933–1937 Pressechef der Reichsregierung u. Staatssekretär im Reichsministerium für Volksaufklärung u. Propaganda, 1938–1945 Reichs-Min. für Wirtschaft, 1939–1945 zugleich Reichsbank-Präs. Wegen der Mitwirkung bei der Vorbereitung von Angriffskriegen u. an der Entrechtung der Juden wurde F. 1946 in Nürnberg vom Int. Militärgerichtshof zu lebenslanger Haft verurteilt; 1957 aus Gesundheitsgründen entlassen.

Furgler, Kurt, schweizer. Politiker (CVP), *24. 6. 1924 St. Gallen; 1972–1986 Bundesrat (bis 1982 Dep. für Justiz u. Polizei, dann für Volkswirtschaft).

Furrer, Jonas, schweizer. Politiker (Liberaler), *3. 3. 1805 Winterthur, †25. 7. 1861 Ragaz; 1847/48 Zürcher Bürgermeister, 1848 bis 1861 im Bundesrat, 1848 erster schweizer. Bundes-Präs.

Fürst [ahd. *furisto,* „der Vorderste"], allg. ein regierender Herrscher; ursprüngl. bei den Germanen ein vom Volk aus Edelfreien gewählter Richter u. Heerführer. Im MA bildete sich aus den hohen Reichsbeamten (Herzöge, Grafen, Mark- u. Pfalzgrafen) sowie aus dem hohen Klerus (Erzbischöfe, Bischöfe, Äbte von Reichsklöstern) der *Reichsfürstenstand.* Seit dem 16. Jh. war das charakterist. Merkmal des F.enstands die Reichsstandschaft mit Sitz u. *Virilstimme* im Reichstag, während Grafen u. Herren nur *Kuriatstimmen* hatten. Außerdem traten seit dem 16. Jh. noch durch kaiserl. Privilegierung in den Reichsfürstenstand erhobene Familien hinzu. Der *Reichsdeputationshauptschluß* beseitigte mit Ausnahme der Territorien des Hoch- u. Deutschmeisters u. des neugeschaffenen für den Kurerzkanzler sämtl. geistl. u. einen Teil der weltl. F.entümer u. mediatisierte viele Grafen u. Freiherrn; das Vorrecht zur Erhebung in den F.enstand ging nach Auflösung des Reichs 1806 an die Territorial-F.en über. Außerhalb des alten Reichs gab es den F.entitel nur in Rußland (Knjas), in Italien (Principe) u. seit Napoleon in Frankreich (Prince).

Fürst, Walter, aus Attinghausen, Kanton Uri, sagenhafter Stifter (mit *Stauffacher* u. *Melchtal*) des Bundes auf dem Rütli 1291, der gegen die habsburg. Vögte gerichtet war; urkundlich nachweisbar 1303–1317.

Fürstabt, im Hl. Röm. Reich Bez. für Äbte, die Sitz u. Stimme im Fürstenkolleg des Reichstags hatten.

Fürstbischof, im Hl. Röm. Reich Bez. für Bischöfe, die Sitz u. Stimme im Fürstenkolleg des Reichstags hatten; noch heute Ehrentitel für Bischöfe in Österreich, deren Sprengel vor 1740 errichtet worden sind. Entsprechender Titel für Erzbischöfe: *Fürsterzbischof.*

Fürstenabfindung, im Jahr 1926 eingeleitete Schlußphase in der vermögensrechtl. Auseinandersetzung mit den dt. Fürstenhäusern,

die 1918 abgedankt hatten. Nachdem ein von den Linksparteien durchgesetzter Volksentscheid gegen einen Gesetzentwurf über die Abfindung der Dynastien nur 15,5 Mill. Stimmen erbracht hatte u. dadurch gescheitert war, wurden fast überall von den Landesregierungen Vergleiche eingegangen, durch die die Fürstenhäuser große Teile ihres früheren Vermögens zurückerhielten.
In Österreich wurden die *Habsburger* im Jahr 1919 durch Gesetz enteignet.

Fürstenberg, schwäb., ursprüngl. wohl fränk. Grafengeschlecht, seit 1720 nach der Burg F. im Schwarzwald genannt: **1.** Franz Egon Graf, Bruder von 2), seit 1664 Fürst von F., Bischof von Metz 1658–1663, von Straßburg 1663–1682, *16. 4. 1626 Heiligenberg, †1. 4. 1682 Köln; Premier-Min. des Kurfürsten u. Erzbischofs *Maximilian Heinrich* von Köln (*1621, †1688), seit 1655 Anhänger Frankreichs.
2. Wilhelm Egon Graf, Bruder von 1), seit 1664 Fürst von F., Bischof von Straßburg 1682–1704, Kardinal seit 1686, *2. 12. 1629 Heiligenberg, †10. 4. 1704 Paris; kurkölnischer Diplomat, Parteigänger Frankreichs, 1674–1679 in kaiserl. Haft, bemühte sich 1688 vergebens um die Kölner Kurwürde.

Fürstenbund, *Dt. F.*, 1785 auf Veranlassung *Friedrichs d. Gr.* gegr. Verbindung dt. Reichsfürsten zum Schutz der Reichsverfassung gegen die Pläne des Kaisers *Joseph II.;* 1790/91 aufgelöst.

Fürstenspiegel, Schriften mit Anweisungen für das Verhalten von Fürsten, auch als Grundlage zur Erziehung junger Fürsten benutzt; oft in Versen, auch als idealisiertes Lebensbild eines bestimmten Herrschers verfaßt, oft mit utop. Einschlag. Berühmte F. sind: *Xenophons* „Erziehung des Kyros" 362 v. Chr., *Thomas von Aquins* „De regimine principum" 1266, *Machiavellis* „Il principe", gedruckt 1532, *Fénelons* „Télémaque" 1699, *Friedrichs d. Gr.* „Antimachiavell" 1740 u. a.

Fürstentag, nach der im 15. Jh. erfolgten Institutionalisierung des Reichstags des Hl. Röm. Reiches mit mehreren *Kurien* (Kurfürsten, Fürsten, Grafen u. Herren, Städte) die Versammlung allein der Fürsten, meist auf den Reichstagen, um gemeinsame Maßnahmen zu beraten (entspr. *Kurfürsten-, Grafen-, Ritter-* u. *Städtetage*). Als F. werden auch die Fürstenkongresse zu Erfurt 1808 u. zu Frankfurt 1863 bezeichnet.

Fürstentümer, im Hl. Röm. Reich reichsunmittelbare Territorien, wozu die geistlichen Fürstentümer gehörten u. die Territorien der meisten Herzöge, eines Teils der Mark-, Pfalz- u. Landgrafen u. einzelner Grafen, sofern sie herzogsgleiche Landesherrschaft ausübten u. lehnsrechtl. Reichsunmittelbarkeit besaßen. Die reichsrechtl. Stellung der geistl. F. wurde von Friedrich II. 1220, die sämtlicher F. 1231/32 im „Gesetz zugunsten der Fürsten" *(Statutum in favorem principum),* die der Kurfürsten in der Goldenen Bulle Karls IV. 1356 geregelt. Die geistl. F. wurden 1803–1806 säkularisiert, die weltl. z. T. mediatisiert. Die verbliebenen erlangten die Souveränität, die sie, bis auf Liechtenstein, 1866 bis 1871 bzw. 1918 wieder verloren.

Fürstenverschwörung, zwischen den prot. Fürsten Johann von Küstrin, Albrecht von Preußen u. Johann Albrecht von Mecklenburg 1550 getroffene, konfessionell begründete geheime Abmachung, die zunächst defensiven Charakter hatte. Der Beitritt Moritz' von Sachsen 1551 u. der Abschluß eines Bündnisses mit Frankreich (Vertrag von Chambord) machten die gegen Kaiser Karl V. gerichtete polit. Zielsetzung deutlich; daraufhin schied Johann von Küstrin aus. Nach militär. Auseinandersetzungen u. der Flucht des Kaisers mußte Ferdinand I. in seinem Namen in den *Passauer Vertrag* (1552) einwilligen.

G

Gablenz, Ludwig Frhr. von, österr. Offizier, *19. 7. 1814 Jena, †28. 1. 1874 Zürich (Selbstmord); kämpfte 1859 bei Solferino u. Magenta, 1864 Befehlshaber der österr. Truppen im Dt.-Dän. Krieg, 1865/66 Statthalter von Holstein, zuletzt Kommandierender General.

Gabrong, prähistor. Fundort im Tibesti-Gebirge, Sahara, etwa 30 km nordöstl. von Bardai (Tschad). Dort wurden 1966 unter einem Abri (Wohnstätte unter einem Felsvorsprung) mit Farbresten von Felsmalereien alte Seeablagerungen entdeckt, die wichtige Aufschlüsse über die Klima- u. Vegetationsgeschichte der Sahara erbrachten. Sensationell war der Fund eines Siedlungsplatzes mit Keramikresten, die durch die C-14-Methode auf rd. 6000 v. Chr. datiert sind. Sie warfen die bisher noch unbeantwortete Frage nach einem vom Vorderen Orient getrennten Entstehungszentrum des Neolithikums in Nordafrika auf.

Gabun G

Gabunische Republik

Fläche: 267 667 km². – *Einwohner:* 1,0 Mill. – *Hauptstadt:* Libreville. – *Landessprachen:* Französisch, Fang, Batéké. – *Nationalfeiertage:* 12. 3. und 17. 8. – *Währung:* 1 CFA-Franc = 100 Centimes. – *Lage:* zwischen 4° s. Br. und 2° n. Br. sowie 8°30′ und 14°30′ ö. L. – *Zeitzone:* Mitteleuropäische Zeit. – *Grenzen:* im N Äquatorialguinea und Kamerun, im O und S Kongo, im W Atlantischer Ozean. – *Staatsform:* präsidiale Republik.

Das Land wurde 1472 durch die Portugiesen entdeckt. Vom 14. bis zum 18. Jh. beherrschten Sklavenhändler die Küste. Seit 1839 wurde das Land allmählich von Franzosen besetzt. Die Gründung von *Libreville* als französ. Hafen- u. Siedlungskolonie für befreite Sklaven erfolgte 1848. Seit 1854 war G. französ. Kolonie u. seit 1910 ein Teil von *Französ.-Äquatorialafrika;* private Kolonialgesellschaften konnten bis nach dem 2. Weltkrieg das Land fast unbeschränkt ausbeuten.
1958 wurde G. autonome Republik; am 17. 8. 1960 erhielt es die Selbständigkeit. Erster Staats-Präs. war Léon *M'Ba* (1961–1967); die erste Regierung ging aus einer Koalition der beiden großen Parteien *Union Démocratique et Socialiste Gabonaise* (UDSG) u. *Bloc Démocratique Gabonais* (BDG), dem auch M'Ba angehörte, hervor. Die marxistisch orientierte UDSG wurde in der Folge zunehmend in die Opposition gedrängt. Als M'Ba 1964 das Parlament auflöste u. Neuwahlen mit einer Einparteienliste ansetzte, kam es zu einem von der UDSG u. dem Militär getragenen Putsch, der durch französ. Truppen niedergeschlagen wurde. Die polit. Opposition wurde in der Folge gewaltsam ausgeschaltet. Nach M'Bas Tod 1967 folgte dessen Vize-Präs. Albert B. *Bongo* als Staatschef. Er gründete 1968 als Nachfolgepartei des BDG den *Parti Démocratique Gabonais* (PDG). 1979 u. 1986 ließ sich Bongo durch Wahlen im Amt bestätigen. 1990 wurde ein Mehrparteiensystem eingeführt. Parlamentswahlen im gleichen Jahr gewann die PDG. Am 14. 3. 1991 verabschiedete das Parlament eine neue Verfassung. Die demokrat. Reformen veränderten die bestehenden diktator. Machtverhältnisse jedoch kaum. 1993 wurde Bongo erneut zum Präs. gewählt.

Gaeta, das antike *Caieta*, italien. Hafenstadt, Festung u. Seebad in Latium, am *Golf von G.*, 22 600 Ew.
Bereits in röm. Zeit war G. von Bedeutung, im MA Sitz langobard. Herzöge. Die Stadt hat großenteils ihr mittelalterl. Aussehen bewahrt. Das Schloß zu G. wurde im 8. Jh. begründet u. in der Folge von den Hohenstaufen, den Anjou sowie den Aragonesen erweitert. Kathedrale Sant Erasmo aus dem 12. Jh., Campanile im roman.-maur. Stil; Mausoleum des *Lucius Munatius Placus* aus dem Jahre 20 v. Chr.

Gagern, 1. Hans Christoph Ernst Frhr. von, Politiker, *25. 1. 1766 Kleinniedesheim bei Worms, †22. 10. 1852 Hornau bei Höchst; 1788–1811 Gerichts-Präs. u. leitender Min. in Nassau-Weilburg, das er bei Gebietsgewinnen in den Rheinbund führte. In der Erwartung getäuscht, Napoleon werde ein dt. Kaiserreich wiedererrichten, quittierte er 1811 den Dienst. 1813–1818 stand er im Dienst Wilhelms von Oranien u. führte 1816–1818 beim Deutschen Bund die luxemburgische Stimme. Er trat publizist. für einen begrenzt konstitutionellen u. zentralist. Ausbau des Dt. Bundes u. eine Öffnung des Adels zum Bürgertum ein.
2. Heinrich Frhr. von, Sohn von 1), Politiker, *20. 8. 1799 Bayreuth, †22. 5. 1880 Darmstadt; als Student in Heidelberg Mitbegründer der Burschenschaft; 1821–1833 im hess. Staatsdienst, seit 1832 Landtags-Abg. u. führender Liberaler seines Landes, im März 1848 kurze Zeit Min.-Präs. G. trug maßgeblich zur Einberufung der *Frankfurter Nationalversammlung* bei u. war von Mai bis Dez. 1848 ihr erster Präs. Anschließend führte er bis Mai 1849 den Vorsitz im Frankfurter Reichsministerium. 1850 war er Mitgl. des Erfurter Unionsparlaments, 1863–1872 hess. Gesandter in Wien. – Als überragende Persönlichkeit der Nationalversammlung in der Paulskirche setzte G. wesentl. Akzente durch das Bekenntnis zur Souveränität der Nation, die Einsetzung der provisor. Zentralgewalt, die Wahl Erzherzog Johanns zum Reichsverweser u. seinen Plan eines engeren u. eines weiteren Bundes für Dtschld. Als Friedrich Wilhelm IV. von Preußen die Führung des engeren Bundes ablehnte, war G.s Lebens-

Heinrich von Gagern

werk gescheitert. In der Reaktionszeit von Preußen enttäuscht, richtete er seine nationalen Hoffnungen auf Österreich. Er begrüßte die Reichseinigung von 1871, hatte aber keinen polit. Einfluß mehr.

3. Maximilian Frhr. von, Sohn von 1), Politiker, *26. 3. 1810 Weilburg/Lahn, † 17. 10. 1889 Wien; 1829–1854 im niederländ. u. nassauischen Staatsdienst, 1855–1874 Hof- u. Ministerialrat in Wien. G. trat 1848 als Mitstreiter seines Bruders Heinrich hervor; er suchte im März 1848 im Auftrag der südwestdt. Staaten Preußen zur Führung Deutschlands zu gewinnen u. war Unterstaatssekretär des Auswärtigen im Frankfurter Reichsministerium.

Gaismair, *Gaysmayr,* Michael, Tiroler Bauernführer, *um 1490 Sterzing, †1532 Padua (ermordet); Beamter in Südtirol; unterlag 1525 im Tiroler u. 1526 im Salzburger Bauernaufstand, verfaßte 1526 die *Tiroler Landesordnung* (Abschaffung der Vorrechte des weltl. u. geistl. Adels, Wiederherstellung der alten Bauernrechte u. -freiheiten); auf Veranlassung der Tiroler Regierung in Italien ermordet.

Gaius, Papst, → Cajus.

Galater, ein kelt. Stamm, der sich 278 v. Chr., vom Balkan kommend, in der kleinasiat. Landschaft *Galatien* an den Flüssen Halys u. Sangarios nach blutigen Kämpfen mit den Königen von Pergamon festsetzte; Hptst. *Ankyra* (das heutige Ankara). Die G. bewahrten, trotz röm. Herrschaft seit Augustus, bis in die röm. Kaiserzeit ihr Volkstum u. ihre Sprache. – Bekannt ist der Brief des Apostels *Paulus* an die G.

Galba, Servius Sulpicius, röm. Kaiser 68/69, *3 v. Chr., †15. 1. 69 n. Chr. (ermordet); wurde als 71jähriger gleichzeitig mit *Neros* Ächtung von den Soldaten zum Kaiser ausgerufen u. am 8. 6. 68 vom Senat anerkannt.

Galen, westfäl. Adelsgeschlecht seit dem 12. Jh.: **1.** Christoph Bernhard Graf von, Fürstbischof von Münster seit 1650, *12. 10. 1606 Bisping, Krs. Soest, †19. 9. 1678 Ahaus; genannt „Kanonenbernd"; regierte absolutist. u. hielt ein stehendes Heer, mit dem er 1661 das Selbständigkeitsstreben der Stadt Münster unterdrückte, 1665 im Bund mit England gegen die Niederlande kämpfte u. seit 1672 im französ.-niederländ. Krieg zunächst auf französ., seit 1674 auf kaiserlicher Seite teilnahm. G. förderte Klerikerbildung u. Schulwesen u. bemühte sich, die Schäden des Dreißigjährigen Krieges zu beheben.

2. Clemens August Graf von, Bischof von Münster, *16. 3. 1878 Burg Dinklage, Oldenburg, †22. 3. 1946 Münster; aufrechter Gegner des Nationalsozialismus, den er in Hirtenbriefen u. Predigten furchtlos angriff („Löwe von Münster"). Bes. erfolgreich war sein Kampf gegen das nat.-soz. „Euthanasie"-Programm („Vernichtung lebensunwerten Lebens").

Clemens August Graf von Galen (Bildmitte) nach seiner Ernennung zum Kardinal am 16.3.1946 vor der Lamberti-Kirche in Münster

Galerius, Gaius *G. Valerius Maximianus,* röm. Kaiser 305–311, *um 250, †311; Schwieger- u. Adoptivsohn *Diocletians,* von diesem 293 zum Caesar erhoben u. nach dessen Abdankung (305) neben *Constantinus Chlorus* zum Augustus ernannt. G. war für den östl. Reichsteil zuständig, gemeinsam mit seinem Caesar *Maximinus Daja.* Er führte im Donauraum Abwehrkämpfe gegen die Germanen. Zunächst bes. energisch in der Verfolgung der Christen seit der diocletian. Christenverfolgung, erließ er auf dem Sterbebett gemeinsam mit dem Kaiser *Licinius Licinianus* ein Toleranzedikt (30. 4. 311).

Galicien, *Galizien,* span. *Galicia,* histor. Landschaft Nordwestspaniens bis zur portugies. Grenze, 29434 km², 2,8 Mill. Ew., alte Hptst. *Santiago de Compostela.*

Im 5. Jh. drangen die german. Sweben in das von Kelten besiedelte G. ein u. gründeten dort ein selbständiges Reich. 585 eroberten die Westgoten G., das nach Befreiung von der Maurenherrschaft im 8. Jh. zunächst zum Königreich Asturien, später zu León u. Kastilien gehörte. 910–914 u. 1060–1071 war G. selbständig.

Galizien, *Galicien,* poln. *Galicja,* das nördl. Karpatenvorland zwischen der oberen Weichsel u. der Bukowina, vor 1939: 80000 km², 8,5 Mill. Ew.; Ost-G. gehört seit 1939 zur Ukraine, West-G. (bei Polen) wird *Podkarpacie* [„Karpatenvorland"] genannt.

Der Name *G.* knüpft an das Fürstentum *Halitsch* (Galitsch) an, das sich im 11. Jh. vom Kiewer Reich löste. 1198 wurde es unter *Roman von Wladimir* (Wolynien) mit diesem vereinigt. 1349 kam das Gebiet nördl. der Karpaten u. östl. des San an Polen. Bei der 1. Poln. Teilung 1772 fiel es zusammen mit dem kleinpoln. Gebiet südl. von Weichsel u. Wisłoka als *Königreich Galizien u. Lodomerien* an Österreich; dieses gesamte Gebiet hieß seit 1795 *Ostgalizien.* Die in der 3. Poln. Teilung 1795 von Österreich erworbenen Gebiete bis zum Bug u. zur Pilica, *Westgalizien* genannt, kamen an das Großherzogtum Warschau, 1815 an Kongreßpolen. – Das historisch überwiegend von Ukrainern bewohnte östl. G. wurde 1919 wieder Polen einverleibt, nachdem dort kurze Zeit eine *Westukrainische Volksrepublik* existiert hatte. Seit 1939 ist dieses neuerdings gleichfalls *Ostgalizien* genannte Gebiet ein Teil der Ukraine. Als *Westgalizien* bezeichnet man heute das poln. Nordkarpatenvorland.

Galizyn, russ. Fürstenfamilie, → Golizyn.

Galla Placidia, Tochter des röm. Kaisers *Theodosius d. Gr.,* †27. 11. 450; bei der Eroberung Roms 410 von den Westgoten gefangen, heiratete 414 deren König *Athaulf,* nach dessen Tod (415 ermordet) 417 den röm. Heerführer *Constantius;* 425–437 Regentin anstelle ihres Sohns, des Kaisers *Valentian III.;* förderte die kirchl. Kunst durch rege Bautätigkeit. Berühmt wurde ihre Grabkapelle in Ravenna.

Gallas, Matthias, Graf von *Campo,* Herzog von *Lucera,* kaiserl. General, * 16. 9. 1584 Trient, †25. 4. 1647 Wien; begann als Offizier im Heer der Liga, löste im Dreißigjährigen Krieg 1634 Wallenstein als Befehlshaber des kaiserl. Heeres ab u. erhielt zur Belohnung für seine Beteiligung an dessen Ermordung die Herrschaft *Friedland;* besiegte bei Nördlingen 1634 die Schweden, hatte aber später Mißerfolge u. wurde seines Amtes enthoben.

Gallien, Siedlungsgebiet kelt. Stämme, u. a. der namengebenden *Gallier,* zwischen Rhein, Atlantik, Pyrenäen u. Alpen u. in einem Teil Oberitaliens. Nach seiner Lage zu Rom unterschieden die Römer *Gallia cisalpina* (diesseits der Alpen), das heutige Oberitalien, von *Gallia transalpina* (jenseits der Alpen), dem heutigen Frankreich. Gallia cisalpina wurde in die Provinzen *Gallia cispadana* (südl. des Po) u. *Gallia transpadana* (nördl. des Po) eingeteilt. Seit Augustus gab es im transalpinen Gallien *(Gallia comata)* die Provinzen *Narbonensis, Aquitania, Lugdunensis* u. *Belgica.* Seit dem Anfang des 2. Jh. v. Chr. wurden die Gallier von den Römern zunächst in Oberitalien, dann bes. durch *Cäsar* 58–51 v. Chr. im sog. *Gallischen Krieg* unterworfen u. romanisiert. Nach mehreren Unruhen u. Aufständen im 1. Jh. n. Chr. folgte eine lange Zeit des Friedens, die zu blühendem Handel u. hohem Wohlstand führte. Die wichtigsten Städte waren Nemausus (Nîmes), Narbo u. Arausio (Orange) mit noch heute erhaltenen Resten röm. Bauten. Unter *Marc Aurel* fand der erste Einbruch von Germanen statt. 258–277 bildete sich ein gallisches Sonderreich, das erst unter *Aurelian* dem Röm. Reich wieder angegliedert wurde. Das 4. Jh. brachte den Einfall der Alemannen, Franken, Burgunder u. Westgoten, was im 5. Jh. zur Aufteilung G.s unter diese german. Reiche führte.

Gallienus

Gallienus, Publius Licinius Egnatius, röm. Kaiser 253–268, *218, †268; Sohn Kaiser *Valerians,* von diesem 253 zum Mitkaiser erhoben. G. hatte harte innen- u. außenpolit. Kämpfe zu bestehen; er führte angesichts der gefährdeten Grenzen (260 wurde Valerian vom Perserkönig *Schapur* gefangen) u. der Neubildung regionaler Gewalten (seit 258 Bildung eines gallischen Sonderreichs mit Anschluß von Spanien u. Britannien) eine Heeresreform durch; sie bestand in der Aufstellung einer rasch bewegl. Reservereiterei, die hauptsächl. aus Germanen, Sarmaten u. Mauren bestand. Ferner erhielten Ritter anstelle von Senatoren die Statthalterschaft in den Provinzen. 261 gelang ihm bei Mailand ein Sieg über die in Italien eingefallenen Alemannen; während der palmyrenische Klientelfürst *Odenath* das Reich im Osten erfolgreich gegen die Perser verteidigte, verheerten Goten u. Heruler die Ägäis u. Griechenland. Im Kampf gegen den Usurpator *Aureolus* fiel G. 268 einer Verschwörung seiner Generale zum Opfer.

Gallier, die Bewohner von Gallien, größtenteils Kelten. Die Bez. G. wird oft auch synonym mit „Kelten" verwendet. – Die Darstellung der G. in der antiken bildenden Kunst wurde angeregt durch die Kämpfe des Pergamenischen Reichs gegen die in Kleinasien eingedrungenen *Galater* (Kelten). Um 230 v. Chr. stiftete *Attalos I.* Galliergruppen für Pergamon u. Athen, die in Kopien erhalten sind.

Gallikanismus [lat.], eine in Frankreich im 14. Jh. Einfluß gewinnende Bewegung, die das Landeskirchentum gegenüber den Ansprüchen des Papstes zu stärken suchte; 1438 in der *Pragmatischen Sanktion von Bourges* begründet. 1681/82 wurden unter Ludwig XIV. die *Gallikan. Artikel* veröffentlicht, in denen

Vasco da Gama

die Ansprüche des Staates erneut scharf formuliert waren; diese Artikel blieben bis 1789 in Kraft. Zwar wurden sie im Konkordat Napoleons von 1801 formal aufgegeben, in der Praxis jedoch weiterhin angewendet. Erst mit der Trennung von Kirche u. Staat 1905 verloren sie ihre Gültigkeit.

Gallinazo, indian. Kultur an der Nordküste Perus, 200 v. Chr.–200 n. Chr.; nach ihrem Zentrum, dem Virú-Tal, auch *Virú-Kultur* genannt. Die namengebende Fundstelle G. war eine große, stadtähnl. Siedlung mit ca. 5000 Einwohnern. Ihr Zeremonialzentrum mit einer 25 m hohen Pyramide war von mehrräumigen Häusern umgeben, alles aus kegelförmigen Adobe erbaut. Neben weiteren Siedlungen u. kleineren religiösen Zentren finden sich Verteidigungsanlagen im oberen Teil des Virú-Tales. Intensiver Feldbau mit künstl. Bewässerung bildete die wirtschaftl. Grundlage; die Träger der G.-Kultur erbauten die Hauptkanäle des Überflutungssystems, die z. T. nicht nur von späteren Kulturen benutzt wurden, sondern auch heute noch in Gebrauch sind.

Gallipoli, türk. *Gelibolu,* rd. 900 km² große, langgestreckte Halbinsel der europ. Türkei, verläuft parallel zur Nordwestküste Kleinasiens u. bildet dadurch die *Dardanellen*; mit gleichnamigem Hauptort u. Hafen (im Altertum *Kallipolis,* „schöne Stadt"), 14 600 Ew. Im MA hatte G. strateg. Bedeutung als Brükkenkopf auf europ. Boden: 1190 überquerte das Heer Friedrich Barbarossas (3. Kreuzzug) den Hellespont bei G.; 1354 faßten die Osmanen in G. in Europa Fuß. 1915 scheiterte ein auf Veranlassung des brit. Marine-Min. W. Churchill unternommener Versuch brit. u. französ. Truppen, G. zu erobern. Dabei wurde auch ein austral.-neuseeländ. Expeditionskorps eingesetzt, das schwere Verluste erlitt.

Gallischer Krieg, der von *Cäsar* als Prokonsul in den Jahren 58–51 v. Chr. in Gallien gegen die Kelten, Belgier u. Aquitanier geführte Krieg, in dem er das freie Gallien zwischen Rhein, Pyrenäen u. Atlantischem Ozean unterwarf u. in dessen Verlauf er 55/54 v. Chr. einen Vorstoß nach Britannien bis zur Themse unternahm. Der Krieg wurde von Cäsar in seinem Bericht „De bello Gallico" [„Über den Gallischen Krieg"] beschrieben.

Gallitzin, russ. Fürstenfamilie, → Golizyn.

Gallitzin, Amalia Fürstin von, geb. Gräfin von *Schmettau,* *28. 8. 1748 Berlin, † 27. 4. 1806 Münster; kath. getauft; seit 1765 Hofdame am preuß. Hof, 1768 Heirat mit dem russ. Botschafter in Den Haag Fürst G. (Golizyn), 1775/76 Trennung von ihrem Gatten u. Freundschaft mit dem Aufklärungsphilosophen F. *Hemsterhuis*; seit 1779 mit ihren beiden Kindern in Münster, dort Rückkehr zur kath. Kirche unter Einfluß des Generalvikars F. von *Fürstenberg.* In ihrem Haus bildete sich der „Kreis von Münster". Dieser Kreis, auch „die heilige Familie" genannt, wurde für die Erneuerung des dt. Katholizismus im 19. Jh. von großer Bedeutung.

Gallus Anonymus, Geschichtsschreiber, † um 1116; vermutl. aus Frankreich stammender Benediktiner; verfaßte zwischen 1111 u. 1116 am Hofe *Boleslaws III.* in Krakau eine bis 1113 reichende Chronik, die älteste zusammenhängende Geschichte Polens.

Gama, Vasco da, Graf von *Vidigueira,* portugies. Seefahrer, *1469 Sines, Prov. Alentejo, † 24. 12. 1524 Cochin (heute Indien); umsegelte 1497/98 das Kap der Guten Hoffnung u. gelangte auf dem Seeweg nach Indien; 1502/03 wiederholte er die Reise; 1524 Vizekönig von Ostindien, schuf die Voraussetzungen für das portugies. Kolonialreich.

Gambetta [gãbɛ'ta], Léon, französ. Politiker, *3. 4. 1838 Cahors, † 31. 12. 1882 Ville d'Avray bei Paris; Gegner *Napoleons III.,* rief am 4. 9. 1870 mit Jules *Favre* (*1809, † 1880) die Republik aus, übernahm das Innenministerium der provisorischen Regierung u. organisierte, nachdem er das von dt. Truppen belagerte Paris im Ballon verlassen hatte, als Kriegs- u. Finanz-Min. ein Entsatzheer für Paris. Nach dem Pariser Vorfrieden trat er demonstrativ zurück. 1871 als Führer der Republikaner wiedergewählt, bekämpfte er die monarchist. Mehrheit in der Nationalversammlung u. die Bonapartisten u. Klerikalen in der Kammer. 1877 leitete er die Opposition der Republikaner gegen *MacMahon.* Als Präs. der Deputiertenkammer (1879) war er sehr einflußreich; 1881 nach dem Wahlsieg der Republikaner bildete er das „große Ministerium", trat aber bereits im Jan. 1882 wegen des Scheiterns seiner Listenwahlpläne zurück.

Gambia — WAG

Republik Gambia

Fläche: 11 295 km². – *Einwohner:* 1,1 Mill. – *Hauptstadt:* Banjul. – *Landessprachen:* Englisch, Mandingo, Wolof, Ful, Arabisch. – *Nationalfeiertag:* 18. 2. – *Währung:* 1 Dalasi = 100 Bututs. – *Lage:* zwischen 13° und 13°50′ n. Br. sowie 13°50′ und 16°50′ w. L. – *Zeitzone:* Mitteleuropäische Zeit – 1 Std. – *Grenzen:* im W Atlantischer Ozean, ansonsten Senegal. – *Staatsform:* präsidiale Republik.

Das heutige Gambia war wie Senegal im 13. u. 14. Jh. Teil des *Mali*-Reiches; beide Gebiete waren bis zur Kolonialherrschaft ethnisch, wirtschaftlich u. politisch ein zusammenhängendes Territorium. Mitte des 15. Jh. wurde die Küste von Portugiesen entdeckt; 1588–1752 kämpften engl. u. französ. Kaufleute um die Handelsvollmacht an der Gambia-Mündung, die 1765 britisch wurde u. zusammen mit Senegal als Kolonie *Senegambien* verwaltet wurde. 1807 kam Senegal an Frankreich, während G. brit. Besitz blieb u. 1821 *Sierra Leone* unterstellt wurde. 1843–1902 war es brit. Kolonie, erhielt dann den Status eines Protektorats u. 1963 innere Autonomie.

Seit 1965 ist G. unabhängiger Staat im Commonwealth. 1970 votierten die Gambier mit großer Mehrheit für die republikanische Staatsform. Staatspräsident u. Regierungschef war seit der Unabhängigkeit Sir D. K. *Jawara,* Führer der „People's Progressive Party" (PPP). Korruption, steigende Arbeitslosigkeit, niedrige Löhne u. Auswüchse des modernen Tourismus schufen ein Klima der Unzufriedenheit, das 1981 zu sozialistischen Putschversuchen führte, die nur mit Hilfe senegalesischer Truppen niedergeschlagen werden konnten. Diese Abhängigkeit beschleunigte den schon lange geplanten Zusammenschluß der beiden Staaten zu der Konföderation Senegambia (1982). Die Konföderation bestand bis 1989. 1994 wurde Jawara durch einen Militärputsch gestürzt. Eine Junta unter Führung von Y. *Jammeh* übernahm die Macht. 1996 stimmte die Bevölkerung in einem Referendum einer neuen Verfassung zu. Im gleichen Jahr wurde Jammeh zum zivilen Präs. gewählt.

Gambrivier, *Gambrivii,* nach *Strabo* Name eines bedeutenden german. Volksstammes neben den *Cheruskern, Chatten* u. *Chattuariern.* Ursprünglich wird der Name G. nur der eines Kultverbandes gewesen sein, dessen Zentrum die Marsen bildeten.

Gamelin [gam'lɛ̃], Maurice Gustave, französ. Offizier, *20. 9. 1872 Paris, † 18. 4. 1958 Paris; seit 1931 Chef des französ. Generalstabs. Als Oberbefehlshaber der alliierten Streitkräfte 1939/40 wurde G. für die ungünstig verlaufenden Operationen der Alliierten verantwortlich gemacht u. im Mai 1940 von General L. M. *Weygand* abgelöst. Bis Kriegsende war er zunächst in französ., später in dt. Haft.

Gandasch, erster König der babylon. Kassitendynastie, regierte rd. 16 Jahre um 1650 v. Chr.; von ihm ist nur wenig bekannt. Er erbaute eine Kapelle für den Gott Enlil in Babylon u. führte die Titel eines Königs von Akkad u. Sumer u. Babylon.

Gandhi, 1. Indira (nicht verwandt mit 2), ind. Politikerin (Kongreßpartei), *19. 11. 1917 Allahabad, † 31. 10. 1984 Delhi (ermordet); Tochter von J. *Nehru,* Mitarbeiterin ihres Vaters; 1964–1966 Informations-Min.; 1966 bis 1977 Premier-Min. G. spaltete 1969 die Kongreßpartei, schloß 1971 einen Freundschaftsvertrag mit der Sowjetunion u. unterstützte militärisch die Sezession Ostpakistans, das als Bangladesch selbständig wurde. Wegen Wahlkorruption gerichtlich verurteilt, verhängte sie 1975 den Ausnahmezustand u. regierte diktatorisch. 1977 ließ sie Wahlen zu, in denen sie unterlag, u. trat zurück. Nachdem sie 1977 die Kongreßpartei nochmals gespalten hatte, siegte sie 1980 in vorgezogenen Neuwahlen u. wurde erneut Premierministerin.

2. Mohandas Karamchand, gen. *Mahatma* [„Große Seele"], ind. Politiker u. Reformator, *2. 10. 1869 Porbandar, † 30. 1. 1948 Neu-Delhi (ermordet); beeinflußt von den Lehren J. *Ruskins* u. L. *Tolstojs;* Rechtsanwalt u. a. in Brit.-Südafrika, wo er für die Gleichstellung der Inder eintrat *(Natal Indian Congress* 1894 gegr.). 1914 kehrte er nach Indien zurück u. kämpfte für Selbstregierung u. Befreiung von der engl. Herrschaft; er setzte sich auch für eine Milderung der Kastenun-

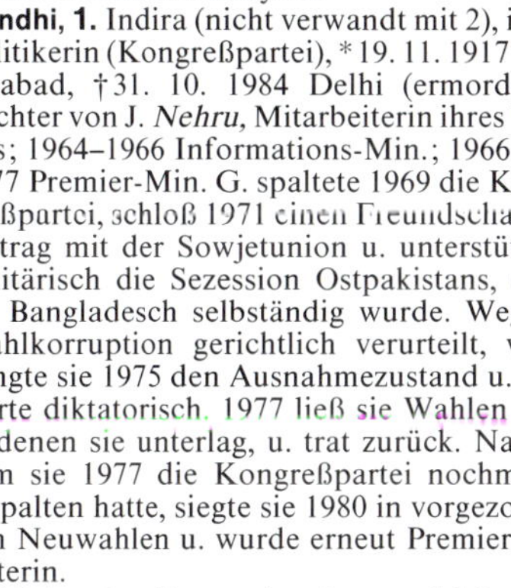

Indira Gandhi mit ihrem Vater Nehru

terschiede u. Überwindung des Gegensatzes zwischen Hindus u. Moslems ein. Er organisierte Massenbewegungen gegen britische Wirtschaftsinteressen in Indien (seit 1921 häusliches Spinnen u. 1930 Salzgewinnung gegen das britische Monopol). G.s hervorragende Stellung in seinem Volk beruhte auf seiner Persönlichkeit; seine weltgeschichtl. Bedeutung liegt in der erfolgreichen Durchführung des Prinzips der Gewaltlosigkeit (*Satyagraha*, „Ergreifen der Wahrheit") durch passiven Widerstand (*Non-cooperation* u. ziviler Ungehorsam) gegen Unrecht setzende Maßnahmen u. Gesetze. Er galt ab 1920 als geistiger Führer der Allind. Kongreßpartei, auch nach seinem formellen Rückzug aus der Partei 1934. Im 2. Weltkrieg forderte er zwar strikte Neutralität auch gegenüber England, war aber einer der Initiatoren der *Quit-India-Bewegung*, die 1942 die sofortige Beendigung der brit. Herrschaft forderte. Nach dem Krieg hatte seine Politik Erfolg, als die Engländer Indien 1947 verließen, allerdings unter Preisgabe der Einheit des Landes. Es ist G. nicht gelungen, den Gegensatz zwischen Hindus u. Moslems zu überwinden. Er wurde von einem hinduistischen Fanatiker erschossen.

3. Rajiv, Sohn von 1), ind. Politiker, *20. 8. 1944 Delhi, †21. 5. 1991 Sriperumbudur (ermordet); war ursprüngl. Pilot, bis er nach dem Tod seines jüngeren Bruders Sanjay 1980 von seiner Mutter zur Politik verpflichtet wurde, um den Führungsanspruch des Hauses *Nehru* zu wahren; wurde 1981 ins Parlament gewählt u. 1983 zu einem der 5 Generalsekretäre der Kongreß-Partei berufen. Nach der Ermordung seiner Mutter wurde G. am 12. 11. 1984 zum Premierminister gewählt u. amtierte bis zu der Wahlniederlage 1989; fiel während des Wahlkampfs 1991 einem Bombenattentat zum Opfer.

Ganggrab, mit einem Gang versehenes Großsteingrab der *Megalithkultur*.

Garaschanin, *Garašanin*, Ilija, serb. Politiker, *28. 1. 1812 Garaschani, Kragujevac, †28. 6. 1874 Belgrad; übernahm 1837 als Oberst das Kommando des neugebildeten stehenden Heeres Serbiens, geriet als „Konstitutionalist" in Konflikt mit der regierenden Dynastie u. mußte vorübergehend emigrieren; 1843–1852 Innen-Min., 1852/53 u. 1861 bis 1867 Min.-Präs.; verfolgte in der anstehenden Lösung der Orientfrage einen Zusammenschluß der Balkanvölker unter serb. Führung gegen Österreich u. Rußland.

Gardiner, Stephen, engl. Politiker u. Bischof, *um 1482, †12. 11. 1555; Sekretär Kardinal *Wolseys* u. Günstling König *Heinrichs VIII.*, für dessen Scheidung von Katharina von *Aragón* er eintrat; nach Wolseys Tod Sekretär des Königs, seit 1531 Bischof von Winchester. G. verteidigte den königl. Supremat über die Kirche, lehnte aber die protestant. Theologie ab u. gehörte zu den konservativen Verfechtern der henrizischen Reformation. Unter Eduard VI. wurde er gefangengehalten (1548–1553); nach dessen Tod wurde er unter *Maria der Katholischen* Lordkanzler.

Garibaldi und seine Freiwilligen; kolorierte Lithographie nach einer Zeichnung eines französischen Künstlers, um 1870

Mahatma Gandhi

Garfield ['ga:fi:ld], James Abram, US-amerikan. Politiker (Republikaner), *19. 11. 1831 Orange bei Cuyahoga, Ohio, †19. 9. 1881 Elberon, N. J.; 20. Präs. der USA (1881), wurde bald nach seinem Amtsantritt das Opfer eines Attentats.

Garibaldi, Giuseppe, italien. Freiheitskämpfer, *4. 7. 1807 Nizza, †2. 6. 1882 Caprera; zunächst piemontes. Marineoffizier, nach der Teilnahme an einem Aufstand 1834 polit. Flüchtling in Frankreich, dann in Südamerika. 1848 zurückgekehrt, kämpfte er in der Lombardei gegen die Österreicher, später in Rom auf seiten der Revolutionäre. Nach Ausrufung der röm. Republik (1849) übernahm er die Verteidigung gegen die Franzosen. 1859 unterstützte er Graf *Cavour* als Führer eines Alpenjägerkorps durch den „Zug der Tausend" gegen Sizilien, das er eroberte. 1860 stürzte er, nachdem er auch Neapel gewonnen hatte, mit den Piemontesen die Herrschaft der Bourbonen. Er versuchte vergeblich, den Kirchenstaat dem Königreich einzugliedern. 1866 kämpfte er auf seiten Frankreichs mit einem Freikorps gegen Österreich in Südtirol, 1870 gegen Dtschld. Er war kurze Zeit Mitgl. der französ. Nationalversammlung u. eine der Hauptgestalten des italienischen Risorgimento; berühmt, erfolgreich und volkstümlich, innenpolitisch schwankend zwischen dem König u. Mazzini, stand er schließlich im italien. Parlament auf der äußersten Linken.

Garvey ['ga:vi], Marcus Moziah, afroamerikan. Bürgerrechtler, *17. 8. 1887 St. Ann's Bay, Jamaika, † 10. 6. 1940 London; Repräsentant des Panafrikanismus; gründete 1918–1920 in Harlem, New York, die *Universal Negro Improvement Association* (UNIA) zur kommerziellen, propagandist. u. polit. Förderung der schwarzen Rasse u. trat für scharfe Rassentrennung sowie die Rückführung aller Schwarzen nach Afrika ein. Als ein Kolonisationsversuch in Afrika scheiterte, weil Liberia unter engl. Druck seine Unterstützung verweigerte, brach die Bewegung rasch zusammen.

Gascogne [-'kɔnjə], im Altertum *Vasconia* [„Baskenland"], als röm. Provinz *Gasconia*, historische Landschaft Südwestfrankreichs, ehem. Hptst. *Auch*. Im 6. Jh. von Basken besiedelt, im 11. Jh. an das Herzogtum Aquitanien, 1154 unter engl. Kontrolle, 1453 an Frankreich.

Gasnawiden → Ghasnawiden.

Gassaniden → Ghassaniden.

Gasteiner Konvention, am 14. 8. 1865 in Badgastein geschlossene Vereinbarung zwischen Preußen u. Österreich über die Verwaltung der im Dt.Dän. Krieg 1864 erworbenen Herzogtümer Schleswig u. Holstein. Bei Fortbestand der gemeinsamen Oberhoheit sollte Schleswig von Preußen, Holstein von Österreich verwaltet werden. Die G. K. war der letzte Ausgleichsversuch der dt. Großmächte im Ringen um die Führung in Dtschld. Für Österreich bedeutete sie einen Prestigeverlust, weil es den bis dahin unterstützten Augustenburger Friedrich VIII. fallen ließ.

Gattamelata [ital., „gescheckte Katze"], *Il G.*, eigentl. *Erasmo da Narni*, Kondottiere, *um 1370 Narni, †16. 1. 1443 Padua; führte 1434–1441 die venezian. Truppen gegen Mailand, 1437 venezian. Generalkapitän. – Reiterstandbild in Padua von *Donatello* (1446/47).

Gattinara, Mercurino de, Großkanzler Kaiser *Karls V.* seit 1518 u. Kardinal seit 1529, *10. 6. 1465 Schloß Arborio, Piemont, †5. 6. 1530 Innsbruck; hatte großen Einfluß auf den Kaiser u. versuchte, zum Ausgleich mit Frankreich zu gelangen.

Gau, *Gäu*, Landschaft, Bezirk; bei den Germanen Untereinheit der Stammesgliederung. Das Wort G. kam früh außer Gebrauch; es erhielt sich nur als Bestandteil von Landschaftsnamen, bes. in West- u. Süd-Dtschld., z. B. in Verbindung mit Namen von Flüssen (Rheingau), Gebirgen (Eifelgau), Himmelsrichtungen (Nordgau) u. alten Völkerschaften (Vintschgau). Im 18. Jh. fand das Wort G. wieder Eingang in die Dichtersprache. Seit dem 19. Jh. benutzten es die Turnerschaft, die Jugendbewegung u. andere Verbände für ihre gebietl. Untergliederung. G. hießen auch die meist einem Land oder einer Provinz entsprechenden regionalen Einheiten der NSDAP, die jeweils einem Gauleiter unterstellt waren.

Gaugamela, antiker Ort in Assyrien (heute *Gomal* in Irak), nordöstl. von Ninive; 331 v. Chr. Schauplatz der Entscheidungsschlacht *Alexanders d. Gr.* gegen die *Perser (Dareios III.)*.

Gaulle [go:l], Charles de, französ. General u. Politiker, *22. 11. 1890 Lille, †9. 11. 1970 Colombey-les-deux-Églises; war u. a. Mitgl. der französ. Militärmission in Polen 1920/21 u. Lehrer an der Kriegsakademie Saint-Cyr, schrieb Werke über den Panzerkrieg. 1940 wurde er Divisionskommandeur, dann Unterstaatssekretär für Verteidigung. Nach dem Zusammenbruch Frankreichs organisierte er von London aus die Fortsetzung des Krieges u. gründete das Komitee „Freies Frankreich"; er wurde das Haupt der französ. Widerstandsbewegung, 1943 Präs. des *Comité français de libération nationale* in Algier u. 1944 Chef der provisor. Regierung. Im Konflikt mit den wiederauflebenden Parteien, gegen die er eine starke Präsidialgewalt verfocht, trat er 1946 zurück. 1947 gründete er das *Rassemblement du peuple français*. Nach der Zuspitzung des Militärputsches in Algier beauftragte ihn Staatspräsident R. *Coty* 1958 mit der Regierungsbildung; die Nationalversammlung bestätigte seine Einsetzung u. erteilte ihm weitgehende Vollmachten, u. a. zu einer Verfassungsrevision, die nach seinen Ideen erfolgte u. die 4. Republik beendete. Am 21. 12. 1958 wurde er zum 1. Präs. der Fünften Republik gewählt. Entgegen extremist. Forderungen verhandelte er mit der Alger. Befreiungsfront (FLN) erstmals offiziell u. brachte im *Vertrag von Évian* vom 18. 3. 1962 den Waffenstillstand u. die Unabhängigkeit Algeriens zum Abschluß. – Anstelle der europ. Integration erstrebte de G. ein „Europa der Vaterländer", d. h. einen Zusammenschluß ohne Aufgabe nationaler Souveränitätsrechte, u. baute eine selbständige Atommacht auf *(Force de frappe)*. Der *Vertrag über deutsch-französische Zusammenarbeit*, der 1963 von de G. u. K. *Adenauer* abgeschlossen wurde, sollte den Auftakt zu einem neuen Verhältnis zwischen beiden Völkern bilden. Durch sein Veto verhinderte de G. 1963 den Beitritt Großbritanniens zur EWG u. setzte sich damit, wie auch mit der Aufnahme di-

Charles de Gaulle wird 1940 in London von der British Home Guard begrüßt

plomat. Beziehungen zur Volksrepublik China 1964, dem Ausscheiden aus der militär. Integration der NATO 1966 u. dem Plan einer Neutralisierung Südostasiens, in Gegensatz zu seinen westl. Verbündeten, insbes. zu den USA. 1965 wiedergewählt, geriet de G. seit 1967 zunehmend in innenpolit. Schwierigkeiten; am 28. 4. 1969 nach der Niederlage bei einer Volksabstimmung über die Verwaltungsreform Frankreichs trat er zurück. Er schrieb u. a. „Mémoires de guerre" 3 Bde. 1955–1959 (dt. „Memoiren 1940–1946" 2 Bde. 1955–1961) „Mémoires d'espoir" 1970 (dt. „Memoiren der Hoffnung" 1970).

Gaullismus [go-], die von C. de *Gaulle* gegründete u. geführte polit. Bewegung u. das von ihr geschaffene polit. System in Frankreich.

Gaumata, persischer Magier; gab sich 522 v. Chr. als *Bardiya* (grch. Smerdis), den jüngeren Bruder des *Kambyses*, aus u. versuchte während dessen Ägyptenaufenthalts die Macht an sich zu reißen. Er wurde aber 521 v. Chr. von *Dareios I.* besiegt u. getötet. Die Inschrift am Felsen von Bisutun berichtet u. a. von diesem Vorgang.

Gauten, *Götar*, nordgerman. Volk, frühere Bewohner von Westergötland in Schweden; das zweite große Volk neben den *Svear* in Schweden, das von letzteren im 6. Jh. unterworfen wurde; die *Geatas* des Beowulf.

Gaza ['ga:za], *Ghaza, Ghazzah*, Stadt in der südl. Küstenebene von Palästina, Hauptort des *Gazastreifens*, 273 000 Ew. (1991). G., in ägyptischen Quellen erstmals um 1800 v. Chr. erwähnt, war ein wichtiger Handelsplatz u. Militärstützpunkt an der Küstenstraße von Ägypten nach Syrien. Im Altertum unter wechselnder Herrschaft, ist es seit dem 7. Jh. eine arab. Stadt u. teilt die Geschichte Palästinas. Der G a z a s t r e i f e n , ist ein von NO nach SW verlaufender schmaler Küstenstreifen, 363 km² mit 658 000 Ew. (1992), von denen ein großer Teil in Flüchtlingslagern lebt. Mit künstl. Bewässerung werden Zitrusfrüchte, Datteln, Obst u. Gemüse angebaut. Im arab.-israel. Krieg von 1948/49 wurde der Gazastreifen, ein Teil des ehem. brit. Mandatsgebiets Palästina, von Ägypten besetzt. Im israel.-ägypt. Krieg von 1956 besetzte ihn Israel, gab ihn aber 1957 an Ägypten zurück, u. er kam unter UNO-Aufsicht. Im „Sechstagekrieg" von 1967 wurde der Gazastreifen erneut von Israel besetzt. Aufgrund eines 1993 geschlossenen Abkommens mit der PLO zog Israel 1994 seine Truppen ab, und eine begrenzte palästinens. Selbstverwaltung wurde im Gazastreifen errichtet.

Gazastreifen → Gaza.

Gaznaviden → Ghasnawiden.

Gebhard, *Truchseß von Waldburg*, Kurfürst u. Erzbischof von Köln 1577–1583, * 10. 11. 1547 Heiligenberg bei Pfullenberg, Baden, † 31. 5. 1601 Straßburg; wegen seines Übertritts zur reformierten Kirche 1582 u. seiner Heirat mit der Gräfin *Agnes von Mansfeld* († nach 1601) 1583 vom Papst für abgesetzt erklärt. Da G. aus dem Erzbistum jedoch nicht weichen wollte, vielmehr versuchte, es als Fürstentum zu behalten, kam es zwischen ihm u. dem zu seinem Nachfolger ernannten Prinzen *Ernst* von Bayern zum *Kölnischen Krieg*. G. mußte 1584 nach Holland ausweichen; seit 1589 lebte er in Straßburg.

Gebhardt, Bruno, Historiker, * 9. 10. 1858 Krotoschin, Posen, † 13. 2. 1905 Berlin; Gymnasiallehrer; gab zuerst 1891/92, in 2. Aufl. 1901 mit anderen Mitarbeitern in zwei Bdn. ein „Handbuch der deutschen Geschichte" heraus, das nach seinem Tod mehrfach neu bearbeitet wurde, wobei G.s Name in den Titel einging. Weitere Werke: „W. von Humboldt als Staatsmann" 2 Bde. 1896–1899; „Politische Denkschriften W. von Humboldts 1802–1834" 3 Bde. 1903–1904.

Geblütsrecht, der Anspruch der Königssippe auf die Bestellung eines ihrer Glieder zum Nachfolger; in Dtschld. bis zum Ende des 12. Jh. uneingeschränkt gültig, dann (Gegenkönige gegen Heinrich IV.) durch das freie *Wahlrecht* (Wahlmonarchie) durchbrochen, das seit dem Ende der Staufer allein Gültigkeit hatte.

Gedrosien, *Gedrosia*, antike Landschaft, etwa das Gebiet des heutigen *Belutschistan*, mit einem rd. 1000 m hohen Wüstenplateau im Innern. Auf dem Rückzug *Alexanders d. Gr.* von Indien nach Babylon wurde sein Heer durch die Strapazen beim Marsch durch G. stark dezimiert.

Gedymin, *Gedimin*, litauisch *Gediminas*, litauischer Großfürst 1316–1341, * um 1275, † 1341 oder 1342; Sohn Pukuwers; Schöpfer des großlitauischen Reichs; heiratete *Aldona*, die Tochter des poln. Königs Władysław I. Lokietek.

gefürstet, bis 1806 im Dt. Reich ein Prädikat der Grafen u. Prälaten, denen Ehrenrechte u. Titel eines Fürsten zustanden (Fürstabt, g.er Graf); die Bez. wurde auch auf die Territorien übertragen, z. B.: g.e Grafschaft Henneberg.

Gegenkönig, bzw. *Gegenkaiser*, ein gegen den herrschenden König oder Kaiser unter legalen oder scheinbar legalen Formen von dessen Gegnern, im europ. Hoch-MA von einer Gruppe von Fürsten, im Spät-MA von Kurfürsten, gewählter König; so *Rudolf von Rheinfelden* gegen Heinrich IV. im Hoch-MA, *Günther von Schwarzburg* gegen Karl IV. im Spät-MA.

Gegenpapst, jemand, der zu Lebzeiten eines kanonisch gewählten Papstes eine Papstwahl annimmt. Die Reihe der Gegenpäpste beginnt im 3. Jh. mit *Hippolytos* u. endet im 15. Jh. mit *Felix V.* Die Wahl von Gegenpäpsten beruhte oft auf Unstimmigkeiten u. Parteibildungen im Kardinalskollegium, was einen zwiespältigen Wahlausgang zur Folge hatte. Manche Wahlen verliefen so stürmisch, daß schon die Zeitgenossen unsicher waren, welcher von den Gewählten der rechtmäßige Papst sei. Hinzu kommt, daß es bis ins 12. Jh. keine eindeutigen Vorschriften für die Papstwahl gab. Oft hat erst die Nachwelt entschieden, wer der legitime u. wer der G. war. Die Zahl der Gegenpäpste schwankt daher in der historischen Beurteilung zwischen 25 u. 40. Vielfach wurden Gegenpäpste unter dem Druck weltlicher Mächte erhoben (stadtrömische Adelsparteien, dt. Kaiser des MA), die sich dabei von polit. oder kirchenpolit. Motiven leiten ließen.

Gegenreformation, im 18. Jh. geprägte Bez. für die Gegenbewegung der kath. Kirche zur *Reformation*, auch *kath. Reform* genannt.

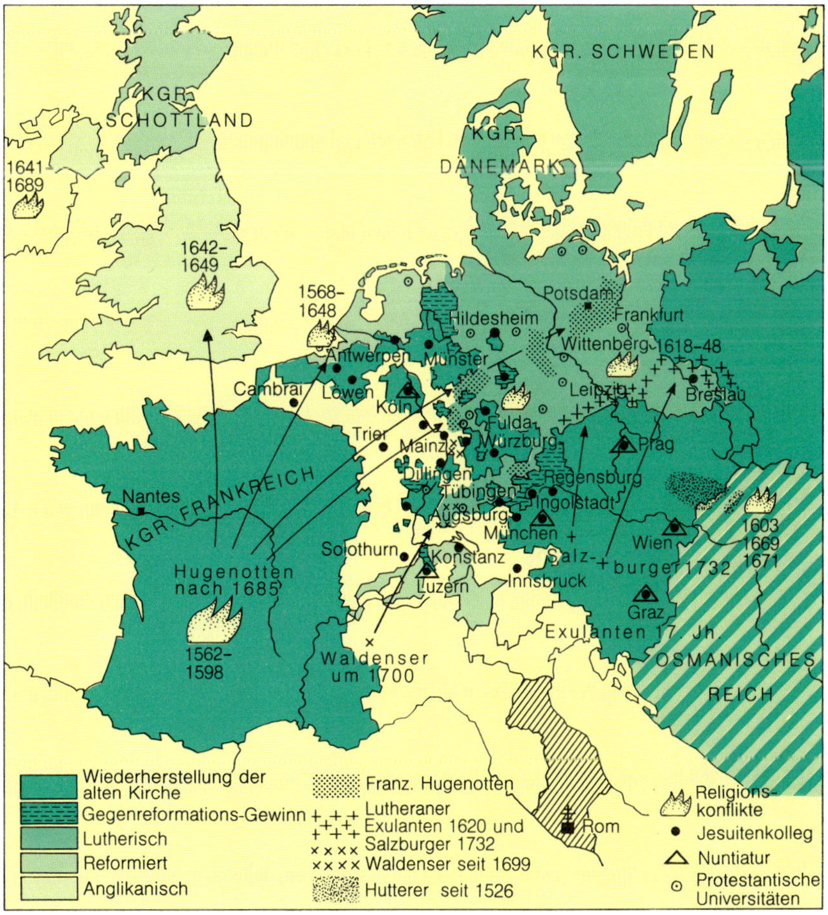

Gegenreformation: Europa im Zeichen der Glaubensspaltung im 16. u. 17. Jh.

Schon im MA war der Ruf nach einer Erneuerung der Kirche erhoben worden. Das große päpstl. Schisma (Rom/Avignon) verstärkte die Forderung nach einer kath. Reform an Haupt u. Gliedern. Die sog. *Reformkonzilien* erfüllten die auf sie gesetzten Erwartungen nicht, da die Päpste seit dem Abschluß des Basler Konzils bestrebt waren, alle konziliaren Beschlüsse, die das Papsttum beeinträchtigten, abzubauen. Auch Reformversuche seitens einzelner Päpste blieben in den Anfängen stecken. Erst die Reformation erzwang eine umfangreiche Reform der kath. Kirche, die jedoch von Rom nur wenig gefördert wurde. Das Trienter Konzil erließ eine Anzahl von Reformdekreten, die die Durchführung der kath. Reform in der ganzen kath. Kirche ermöglichten. In Dtschld. wurde die kath. Reform die Grundlage einer alle Bereiche des geistigen u. religiösen Lebens umfassenden Bewegung; da sie auch prot. gewordene Gebiete durch politische Macht für die kath. Kirche zurückzugewinnen suchte, wird sie im allg. G. genannt. Allerdings sind in Spanien u. in den Niederlanden schon vor Beginn der Reformation M. *Luthers* kath. Reformansätze zu beobachten. Der neue Orden der *Gesellschaft Jesu (Jesuiten)* bemühte sich bes. um die kath. Reform durch intensive kath. Erziehung der Jugend, durch Belehrung des Volkes über die Glaubenswahrheiten (Katechismus des Petrus *Canisius*), durch Volksmission u. durch Bereitstellung von Ordensangehörigen als Beichtväter für die Fürsten. Daneben waren bes. die *Kapuziner* in der Volksseelsorge tätig. Die Tätigkeit der Jesuiten wurde politisch gefördert durch die Habsburger in Dtschld. u. Spanien, in Dtschld. später auch durch die Wittelsbacher. Die Bestimmung des *Augsburger Religionsfriedens* 1555, daß der Landesherr über die Konfession seiner Untertanen zu entscheiden habe (seit ca. 1600 *cuius regio, eius religio*), hatte zahlreiche Härten im Gefolge (*geistlicher Vorbehalt*). Der Übertritt des Landesherrn zu einer anderen Konfession zwang in der Regel auch die Untertanen, den Glauben zu wechseln. Die Verquickung von polit. mit religiösen Beweggründen führte zu Fürstenbündnissen (prot. *Union* 1608, kath. *Liga* 1609). Bei den von allen Seiten oft grausam geführten sog. Religionskriegen (in Dtschld. der → Dreißigjährige Krieg, in Frankreich die Hugenottenkriege, in den Niederlanden die Kämpfe zwischen Spaniern u. Geusen, ferner die Kriege zwischen England u. Schottland, England u. Spanien, Schweden u. Polen) diente die Religion, bes. nach dem Tod des aus Gewissensgründen für den Protestantismus eintretenden Königs Gustav Adolf von Schweden, vielfach nur als Vorwand; machtpolitische Kämpfe verwüsteten große Gebiete bes. Deutschlands. Der *Westfälische Friede* 1648 sicherte den Konfessionen den Besitzstand, wobei für den Besitz der geistl. Güter u. die Religionsausübung das Jahr 1624 als Stichjahr festgesetzt wurde. Reformierte erhielten die gleichen Rechte wie die Katholiken u. Lutheraner. Während das Reich politisch geschwächt aus dem Krieg hervorging, bedeutete er für die Entwicklung der einzelnen Fürsten u. Nationen eine Stärkung; Kirche u. Frömmigkeit erfuhren eine krisenhafte Erschütterung.

Geheimes Staatsarchiv, 1604 als brandenburg. Landesbehörde gegr.; entwickelte sich im 18. Jh. zum Hauptarchiv der preuß. Monarchie u. bestand seit 1803 unter dem Namen *G. S.* als Zentralarchiv des preuß. Staates. Sitz war seit 1923 Berlin-Dahlem. Nach 1945 kam der größere Teil der Bestände in das *Deutsche Zentralarchiv* (jetzt *Zentrales Staatsarchiv*), Abt. Merseburg, der kleinere in das Hauptarchiv des Westberliner Senats; er gehört seit 1965 zur *Stiftung Preußischer Kulturbesitz* (Berlin-Dahlem). Das Geheime Staatsarchiv bewahrt Akten u. Urkunden des brandenburg.-preuß. Staates u. des ehem. Dt. Reiches auf.

Geheime Staatspolizei → Gestapo.

Gehlen, Reinhard, Geheimdienstchef, * 3. 4. 1902 Erfurt, † 8. 6. 1979 Berg am Starnberger See; 1942–1945 Leiter der Abt. Fremde Heere Ost im Generalstab des Heeres, 1944 Generalmajor; seit 1946 im Auftrag des US-amerikan. Geheimdienstes Leiter des vor allem gegen die Ostblockstaaten operierenden geheimen Auslandsnachrichtendienstes *Organisation Gehlen,* der 1956 als *Bundesnachrichtendienst* (BND) der Bundesregierung unterstellt wurde; bis 1968 Präs. des BND. Memoiren: „Der Dienst" 1971.

Geiserich, *Genserich,* Wandalenkönig 428 bis 477, * 389, † 24. 1. 477; setzte 429 mit seinem Volk auf requirierten Schiffen von Spanien nach Nordafrika über u. errichtete hier ein Reich auf römischem Boden, das 442 als erstes Germanenreich von Rom anerkannt wurde (Hauptstadt Karthago, 439 erobert). Mit einer überlegenen Seemacht eroberte G. 455 Rom, unterwarf Teile von Sizilien, Sardinien, Korsika u. die Balearen.

Geißelung, im Altertum u. MA häufige Strafe für Vergehen: der Verurteilte wurde mit Stricken, Ruten u. Lederriemen geschlagen.

Geißler, *Geißelbrüder* → Flagellanten.

geistliche Fürstentümer, im Hl. Röm. Reich die Territorien der reichsunmittelbaren geistl. Fürsten: aller Erzbischöfe, der meisten Bischöfe, vieler Äbte u. Äbtissinnen von Reichsklöstern u. -stiften sowie einzelner Pröpste von Reichsstiften. Die g.n F. waren zur Zeit der Ottonen u. Salier die stärkste Stütze der Königsmacht *(ottonisch-salisches Reichskirchensystem).* Durch Friedrichs II. „Bund mit den geistl. Fürsten" (lat. *Confoederatio cum principibus ecclesiasticis)* von 1220 erlangten sie weitgehende Unabhängigkeit u. ihre rechtl. Grundlage. Mit dem *Reichsdeputationshauptschluß* 1803 wurden die g.n F. säkularisiert, bis auf das Bistum Aschaffenburg-Regensburg des Fürstprimas K. T. von Dalberg, das erst 1810 in das Großherzogtum Frankfurt umgewandelt wurde.

geistlicher Vorbehalt, lat. *Reservatum ecclesiasticum,* eine Bestimmung im Augsburger Religionsfrieden, wonach geistliche kath. Reichsstände bei Konfessionswechsel ihr kirchl. Amt u. Reichslehen verloren.

Gela ['dʒɛːla], bis 1927 *Terranova,* italien. Stadt an der Südküste Siziliens, 78 600 Ew. Von dorischen Rhodiern u. Kretern um 690 v. Chr. gegr.; Mutterstadt von *Agrigento*; Heimat von *Gelon,* Todesstätte des Tragikers *Aischylos*; 405 v. Chr. von den Karthagern u. um 280 v. Chr. von den Mamertinern zerstört, worauf der Tyrann *Phintias* von Agrigent die Gelaer beim heutigen Licata ansiedelte. 1233 gründete Kaiser Friedrich II. an der Stelle der antiken Stadt *Terranova di Sicilia.* 1927 erhielt G. seinen ursprüngl. Namen wieder.

Gelasius, Päpste: **1.** *G. I.,* 492–496, † 21. 11. 496 Rom; nach Leo I. der bedeutendste Papst des 5. Jh.; hatte schon als Vertrauter von Felix III. die Politik der Kurie entscheidend beeinflußt u. war ein energischer Vorkämpfer des päpstl. Primats. In aller Schärfe formulierte er die den Vorrang der geistl. Macht betonende Zweigewaltenlehre, um während des Akazianischen Schismas die dogmatischen Verlautbarungen des byzantin. Kaisers zurückzuweisen. Die Briefe u. Traktate von G. waren im MA sehr verbreitet u. übten großen Einfluß auf die Entwicklung des Kirchenrechts aus. G. stand in guten Beziehungen zu Theoderich d. Gr. u. bekämpfte Pelagianismus, Manichäismus u. heidnische Bräuche. Heiliger; Fest: 21. 11.

2. *G. II.,* 1118–1119, eigentl. *Johannes von Gaeta,* † 28. 1. 1119 Cluny; nach Studien in Montecassino 1088 Kardinal u. Leiter der päpstl. Kanzlei, Anhänger Paschalis' II. Da G. in der Investiturfrage zu keinem Entgegenkommen bereit war, mußte er bald nach seiner Wahl vor Kaiser Heinrich V. u. den kaiserfreundl. Frangipani nach Frankreich fliehen, wo er in Vienne eine Synode hielt. Obwohl er den größten Teil seines Pontifikats außerhalb Roms verbringen mußte, konnte er den Einfluß des kaiserl. Gegenpapsts Gregor VIII. stark zurückdrängen.

gelbe Gefahr, seit dem Boxeraufstand (1899–1900) u. bes. seit dem japan. Sieg über Rußland (1904/05) gebrauchtes Schlagwort für die vermeintl. Bedrohung der weißen Welt durch die gelbe Rasse.

Gelbe Turbane, religiös motivierter, von daoist. Sekten getragener Bauernaufstand, der 184 n. Chr. im NO Chinas ausbrach u., blutig niedergeschlagen, das Ende der späteren Han-Dynastie einleitete.

Gelderland ['xɛldərlant], *Geldern,* niederländ. Prov. südöstl. des IJsselmeers, 5128 km², 1,8 Mill. Ew., Hptst. *Arnheim.*
G. entstand als Territorium zwischen Rhein u. Maas im 12. Jh. u. dehnte sich durch Erwerb der Grafschaft *Zutphen* bis zur Zuidersee hin aus. 1339 wurde Graf *Rainald II.* von Kaiser *Ludwig dem Bayern* zum Herzog erhoben. Nach dem Aussterben von Rainalds Nachkommen wurde 1538 Herzog *Wilhelm von Jülich-Kleve-Berg* von den Ständen zum Landesherrn gewählt. Dagegen wandte sich *Karl V.* u. eroberte G. im Geldrischen Erbfolgestreit (1543), das seitdem zum Verband der 17 niederländ. Provinzen gehörte. 1579 schloß sich der nördl. Teil der *Utrechter Union* an u. bildete fortan eine der 7 Provinzen der Republik der Vereinigten Niederlande. Der südl. Teil kam 1714 an Preußen; seit 1830 bildet er die nördl. Hälfte der niederländ. Provinz *Limburg.*

Gelimer, *Geilamir,* letzter Wandalenkönig, Urenkel Geiserichs, setzte 530 den schwächlichen Hilderich ab; von Belisar im Auftrag des röm. Kaisers Justinian seit 533 bekämpft, besiegt u. 534 gefangengenommen.

Gelon, Tyrann von Gela (im S von Sizilien) 491–478 v. Chr., aus dem Geschlecht der Deinomeniden, † 478 v. Chr.; nach Eingreifen in Syrakusaner Parteikämpfe um 485 v. Chr. wurde er auch Tyrann von Syrakus, wohin er seine Residenz verlegte u. die halbe Einwohnerschaft seiner Vaterstadt verpflanzte. Die Verwaltung von Gela übertrug er seinem Bruder *Hieron I.* G. besiegte zusammen mit *Theron* von Agrigent 480 v. Chr. bei Himera die Karthager u. sicherte dadurch die Griechen Siziliens für etwa 70 Jahre vor den Karthagern.

Gelzer, Matthias, Althistoriker, * 19. 12. 1886 Liestal (Schweiz), † 23. 7. 1974; Prof. in Frankfurt a. M. 1919–1955; Werke: „Die Nobilität der röm. Republik" 1912; „Vom röm. Staat" 2 Bde. 1943; „Pompeius" 1949; „Cäsar, der Politiker u. Staatsmann" 1921.

Gemeines Recht, das in Deutschland seit der Rezeption bis zum Inkrafttreten umfassender u. ausschließlicher Kodifikationen (preuß. Allg. Landrecht 1794, österr. ABGB 1812, BGB 1900) überall u. allg. geltende Recht *(ius commune)* im Gegensatz zu regionalem (z. B. *bayer. Landrecht*) oder lokalem Sonderrecht *(Stadtrecht, Dorfrecht).*

Gemeinfreie, die nicht zum Adel gehörenden Freien.

Genealogie [grch.], *Familienkunde, -forschung, Geschlechterkunde,* die Lehre von den auf Abstammung u. Verwandtschaft beruhenden Beziehungen zwischen Menschen; eine histor. Hilfswissenschaft. Man unterscheidet die *darstellende G.* u., darauf aufbauend, die *theoret. G.* Die darstellende G. behandelt die Abstammung u. die verwandtschaftl. Beziehungen einzelner Personen oder Personengruppen; die theoret. G. befaßt sich mit den allg. Regeln u. Gesetzen der G.

Generalstände: Eröffnung der Versammlung des „Dritten Standes" am 5. Mai 1789 in Versailles; Kupferstich von Isidore Stanislas Helman

Der älteste Zweig der darstellenden G. ist die *Ahnenforschung*, das ist die zeitlich rückwärts schreitende generationsweise Erforschung der Vorfahren *(Aszendenz)*. Der Nachweis rechtmäßiger Abstammung von bestimmten Vorfahren *(Ahnenlinie)* war in den Herrscherhäusern notwendig, um den Anspruch auf die Thronfolge zu begründen. Im späteren MA mußten die Bewerber um eine dem Adel vorbehaltene Stelle in einem Stift oder Domkapitel oder um die Mitgliedschaft in einem Ritterorden ihre adelige Abstammung bis zur 4. oder 5. Generation (8 bzw. 16 Ahnen) nachweisen *(Ahnenprobe)*. Die mathemat. Progression der Ahnentafel führt theoret. bald zu riesigen Zahlen, die faktisch aber nicht erreicht werden, weil fast stets durch Verwandtenehen einige Vorfahren mehrfach erscheinen *(Ahnenverlust* oder *Ahnengleichheit)*. Die Ergebnisse der Ahnenforschung legt man in der *Ahnentafel* nieder.

Den Gegensatz zur Ahnenforschung bildet die *Nachkommenforschung*. Sie befaßt sich mit der Nachkommenschaft *(Deszendenz)* eines Ehepaares, der *Stammeltern*. Der Ahnentafel entspricht hier die *Nachfahrentafel*. Die Erfassung der gesamten Nachkommenschaft eines Stammelternpaars über mehrere Generationen hinaus kann wichtig sein für den Nachweis der Erbberechtigung oder für die Erfassung erbbiolog. Tatbestände wie Disposition zu Zwillingsgeburten oder erbl. Krankheiten. Eine Auswahl aus der Nachfahrentafel ist die *Stammtafel*, die nur die männl. Deszendenten, d. h. die Träger des gleichen Familiennamens ermittelt (graphisch als *Stammbaum* dargestellt).

genealogische Taschenbücher, Sammlungen von Geschlechterfolgen, Nachfahren- u. Stammtafeln einzelner Familiengruppen. – Deutschland: für adelige Familien: Gothaische Genealogische Taschenbücher, mit den Reihen: Hofkalender (1763–1943), Gräfliche Häuser (1825 ff.), Freiherrliche Häuser (1866 ff.), Adelige Häuser (1870 ff.), seit 1951 Genealogisches Handbuch des Adels; für bürgerliche Familien: Deutsches Geschlechterbuch (1889–1943).
Österreich: Österr. Adels-Lexikon des 18. u. 19. Jh. (1822 ff.), Genealog. Taschenbuch der Adeligen Häuser Österreichs (1905 ff.), Österr. Familienarchiv (2 Bde. 1963).

Generaldirektorium, Kurzform für *General-Oberfinanz-, Kriegs- u. Domänendirektorium*, 1723 von *Friedrich Wilhelm I.* von Preußen errichtete Zentralbehörde der Finanz-, Innen- u. Militärverwaltung, in Provinzial- u. Sachdepartements eingeteilt; 1808 aufgelöst.

Generalitätslande, die Teile Brabants, Flanderns, Limburgs u. Gelderns, die 1648–1795 von den Vereinigten Niederlanden erobert, den *Generalstaaten* unmittelbar unterstellt waren u. von diesen verwaltet wurden.

Generalstaaten, ndrl. *Staten-Generaal* (dt. eigentl. *Generalstände*), seit 1465 die Versammlung der Abgeordneten der niederländ. Provinzialstaaten oder -stände; in der Republik der Vereinigten Niederlande 1588–1795 die Versammlung der zur Leitung des Staates von den Ständen der 7 Provinzen gewählten Abgeordneten; auch als Bez. für den Staat selbst gebraucht; seit 1815 die niederländ. Volksvertretung (2 Kammern).

Generalstände, frz. *États généraux*, in Frankreich seit 1302 die Versammlung der Abgeordneten der drei Stände (Adel, Geistlichkeit sowie Städte u. Bauern) aller Provinzen; sie hatte wegen des Steuerbewilligungsrechts bedeutenden Einfluß, wurde aber von 1614 bis zum 5. 5. 1789 nicht mehr einberufen. Der „Dritte Stand" der G. *(tiers état)* erklärte sich am 17. 6. 1789 zur Verfassunggebenden Nationalversammlung u. leitete damit die Französische Revolution ein.

Generalstatthalter [ndrl. meist „Landvogt" genannt], seit *Karl V.* Vertreter oder Vertreterin des Landesherrn in den 17 niederländ. Provinzen, später in den südl. (span. bzw. österr. Niederlanden) mit Sitz in Brüssel; in der Regel nahe Verwandte der *Habsburger*.

Generalvertrag → Deutschlandvertrag.

Genf, frz. *Genève*, ital. *Ginevra*, Hptst. des schweizer. Kantons G. am Ausfluß der Rhône aus dem G.er See, 161 000 Ew.
Eine vorgeschichtl. Siedlung befand sich auf dem Hügel zwischen Arvemündung im Süden u. Rhône u. See im Norden. Diese wurde zur Hptst. der kelt. *Allobroger* u.kam 120 v. Chr. unter röm. Herrschaft. G. fiel im 5. Jh. an die *Burgunder* u. war im 5./6. Jh. Sitz ihrer Könige; um 450 auch Sitz eines Bischofs, der von 1124 bis ins 13. Jh. zugleich Landesherr war, aber oft mit den Grafen von G. u. den Grafen von Savoyen in Auseinandersetzungen verwickelt war. 1032 fiel G. an das Dt. Reich; 1387 wurde der Stadt vom Bischof kommunale Selbstverwaltung eingeräumt. Im 16. Jh. verbündete sich G. mit mehreren Städten der Eidgenossenschaft gegen Savoyen u. erlangte 1603 von Herzog Karl III. von Savoyen die Unabhängigkeit. 1536 fand die Reformation in G. Eingang, u. seit 1541 machte *Calvin* nach der Vertreibung des Bischofs als polit. Oberhaupt der Stadt G. zum „prot. Rom"; er schuf eine republikan. Verfassung, aus der sich im 17. Jh. eine aristokrat. Geschlechterherrschaft entwickelte. 1798 wurde G. von Frankreich besetzt, 1814 wurde es wieder unabhängig. Die Bedeutung G.s als Ort internationaler Konferenzen u. Organisationen wurde in der 2. Hälfte des 19. Jh. begründet.
Die Geschichte des Kantons ist weitgehend die der Stadt G. 1814 trat G. als 22. Kanton der Eidgenossenschaft bei. Auf dem Wiener Kongreß 1815/16 wurde das Gebiet um einige ehem. französ. bzw. sardin. Orte, z. B. *Carouge* u. *Hermance*, erweitert. 1847 wurde eine demokrat. Verfassung eingeführt, 1907 erfolgte die Trennung von Staat u. Kirche.

Genfer Konferenzen, 1. *Genfer Abrüstungskonferenz*, vom Völkerbund einberufene Konferenz von 61 Staaten am 2. 2. 1932, die sich auf die 1926–1931 gesammelten Arbeiten der *Abrüstungskommission* stützte. Dtschld. verlangte militär. Gleichberechtigung, verließ die Konferenz am 14. 10. 1933 (wegen des französ. Plans einer 4 Jahre währenden Übergangsfrist bis zur Abrüstung) u. trat aus dem Völkerbund aus.
2. *Genfer Indochinakonferenz*, (im Rahmen der Indochina- u. Koreakonferenz) vom 26. 4. bis 21. 7. 1954. Unter gemeinsamem Vorsitz Großbritanniens u. der UdSSR nahmen die Volksrepublik China, Frankreich, Kambodscha, Laos, die USA u. Nord- u. Südvietnam teil, um den *Indochinakrieg* zu beenden. Zu den wichtigsten Ergebnissen gehörten die Waffenstillstandsabkommen für Vietnam, Laos u. Kambodscha, weiter deren Unabhängigkeit sowie die Neutralisierung von Laos u. Kambodscha. Die Schlußerklärung der Konferenz betonte (unter Vorbehalten der USA u. Protest Südvietnams) u. a. die Vorläufigkeit der rein militär. Waffenstillstandsregelung für Vietnam. Der Vertrag setzte auch die Demarkationslinie zwischen dem nördl. u. südl. Vietnam etwa am 17. Breitengrad fest, forderte gesamtvietnames. Wahlen u. garantierte die Nichteinmischung in Vietnam. Frankreich mußte sich aus Indochina zurückziehen. Diese Regelungen wurden weitgehend auch später als Modelle für die Lösung des Vietnamkonflikts vorgeschlagen.
3. *Genfer Viermächtekonferenz*, vom 18. bis 23. 7. 1955; nach Abschluß des österr. Staatsvertrags u. der Pariser Deutschlandverträge der erste (vergebliche) Versuch der Regierungschefs Frankreichs, Großbritanniens, der UdSSR u. der USA, auf einer Gipfelkonferenz Probleme der europ. Sicherheit, die Deutschlandfrage, Ost-West-Kontakte u. die Abrüstung zu regeln.
4. *Genfer Außenministerkonferenz*, vom 11. 5. bis 20. 6. u. 13. 7. bis 5. 8. 1959 über die Berlin- u. Dtschld.-Frage sowie Abrüstung; Teilnehmer: die Außenminister Frankreichs, Großbritanniens, der UdSSR u. der USA. Einziges Ergebnis: die Bildung eines Zehnmächte-Abrüstungsausschusses.
5. *Genfer Laos-Konferenz*, vom 16. 5. 1961 bis 23. 7. 1962; Teilnehmer waren 14 Staaten; Ziel: Beendigung des Bürgerkriegs in Laos.
6. *Genfer Abrüstungskonferenz der 17 Mächte*. Nach der ergebnislosen Genfer Zehn-Mächte-Abrüstungskonferenz 1960 wurde zum 14. 3. 1962 erneut eine Abrüstungskonferenz einberufen, an der 17 Mächte (Frankreich, als 18. Staat eingeladen, blieb fern) teilnahmen. 1969 erfolgte eine Erweiterung auf 26, 1975 auf 31 u. 1978 auf 40 Staaten (inzwischen als UN-Abrüstungskommission). Sie trug bei zur Vorbereitung des Teststoppabkommens (1963), des Atomsperrvertrags (1968), des Meeresbodenvertrags (1971), des B-Waffenvertrags (1972) u. des Vertrags gegen Umweltkriegsführung (1977).

Genf: Stadtwappen aus dem Jahre 1540. Bern, Bernisches Historisches Museum

7. *UNCTAD*, Welthandelskonferenz.
8. *Genfer Nahostkonferenz*, tagte am 21./22. 12. 1973 unter Teilnahme der UN, der USA u. UdSSR, Israels, Ägyptens u. Jordaniens.

Genfer Protokolle, 1. vertragliche Vereinbarungen vom 4. 10. 1922 zur Aufrechterhaltung der Unabhängigkeit Österreichs; Vertragsmächte: Österreich, Großbritannien, Frankreich, Italien, Tschechoslowakei. Die Grundlage bildete ein Kredit zur Rettung der Staatsfinanzen Österreichs mit den Bedingungen eines neuerlichen Verzichts Österreichs auf einen Anschluß an Dtschld. u. der Stabilisierung von Staatshaushalt u. Währung unter der Kontrolle eines Kommissärs des Völkerbundes. – Die geplante dt.-österr. Zollunion *(Schober-Curtius-Plan)* wurde 1931 vom Ständigen Internationalen Gerichtshof wegen Verstoßes gegen dieses Protokoll als unzulässig betrachtet.
2. von der Völkerbundsversammlung ausgearbeiteter Vertragsentwurf vom 2. 10. 1924 betr. das Verbot des Angriffskriegs, die Verpflichtung zum Verteidigungs- u. zum Sanktionskrieg in einem System der kollektiven Sicherheit, die friedl. Streitbeilegung u. die Verpflichtung zur Rüstungsbeschränkung. Dieses Protokoll entsprach einer Revision der Völkerbundsatzung. Sein Inkrafttreten wurde durch die Ablehnung Großbritanniens verhindert.
3. Vertrag vom 17. 6. 1925 betr. das Verbot der Anwendung von Giftgasen u. bakteriologischen Mitteln. Er verbietet die „Verwendung von erstickenden, giftigen oder gleichartigen Gasen sowie allen ähnlichen Flüssigkeiten, Stoffen oder Verfahrensarten im Krieg". Umstritten ist, ob dieses Verbot für atomare u. nukleare Waffen Gültigkeit besitzt. Vertragspartner des Protokolls von 1925 sind die meisten größeren Staaten.

Genro [japan., „Älteste"], eine Gruppe erfahrener, adeliger japan. Staatsmänner aus der Reformbewegung in der Meiji-Zeit, die sich außerhalb der 1889 gewährten Verfassung als informeller Ratgeberstab des *Tenno* bildete. Ihre Hauptaufgabe bestand in der Auswahl des Premierministers. Von 1924 bis 1940 war *Saionji Kimmochi* der letzte Vertreter.

Gens [die, Pl. *Gentes*; lat.], im alten Rom Sippe bzw. Geschlecht von Familien (familiae), die durch gleiche Abkunft, Tradition u. Namen (Gentilnamen) verbundenen waren, z. B. die *G. Iulia*, aus der *Cäsar* stammte. I. w. S. auch Bez. für Stamm oder Volk.

Genscher, Hans-Dietrich, Politiker (FDP), * 21. 3. 1927 Reideburg, Saalkreis; Rechtsanwalt; 1959–1965 Geschäftsführer der Bundestagsfraktion, von 1962–1964 Bundesgeschäftsführer der FDP, seit 1965 Mitglied des Bundestages, in der SPD/FDP-Koalition 1969–1974 Bundesminister des Innern, seit 1974 Bundesminister des Auswärtigen u. Stellvertreter des Bundeskanzlers, 1974–1985 zugleich Vorsitzender der FDP. G. setzte sich 1982 für den Koalitionswechsel der FDP ein u. war seitdem in der CDU/CSU/FDP-Regierung wieder Außenminister u. Vizekanzler. In diesen Funktionen war er maßgeblich an der Realisierung der dt. Einheit 1990 beteiligt. 1992 schied G. auf eigenen Wunsch aus der Regierung aus.

Gent [gɛnt; fläm. xɛnt], frz. *Gand*, Hptst. der belg. Prov. Ostflandern, an der Mündung der Leie in die Schelde, 230 000 Ew.
Der Name der Stadt ist kelt. Ursprungs u. bedeutet „Mündung". Der Hl. Amandus predigte im Gau *Gandao* (Kernland der salischen Franken) zwischen 620 u. 625. Von ihm wurden die beiden Abteien Sint Baafs u. Sint Pieter gegründet. Zu diesen kam als dritter Siedlungskern die Burg der Grafen von Flandern, der „Gravensteen". Bald entstand eine Kaufmannssiedlung, die in kurzer Zeit polit. Rechte gegenüber den Grafen erhielt u. ein Patriziat bildete. Im 13./14. Jh. entwikkelte sich G. zu einer der bedeutendsten u. reichsten Städte Europas (Tuchhandel). Handwerker wurden erst nach der *Sporenschlacht* bei Kortrijk (1302) am Rat beteiligt. Kaiser *Karl V.* nahm G. 1540 alle polit. Rechte. Zur Zeit des niederl. Aufstandes wurde es mit span. Truppen belegt, war zugleich aber eines der Zentren des Widerstandes. Nach Abschluß des *Zwölfjährigen Waffenstillstandes* (1609) zwischen Spanien u. den Niederlanden entstand erneut großer Wohlstand, der aber durch die Kriege *Ludwigs XIV.* wieder abgebaut wurde. Durch Leinenweberei großen Stils sowie Baumwollverarbeitung nach 1750 wurde der Beginn der Entwicklung G.s zur modernen Industriestadt begründet.
Der *Friede von G.* beendete den Krieg zwischen England u. Amerika (1814). 1830 kam G. zu Belgien. Die 1817 gegründete Universität wurde seit dem späten 19. Jh. zu einem Streitobjekt zwischen der Fläm. Bewegung u. der Brüsseler Regierung, welche die Einführung des Niederländischen als Unterrichtssprache lange verweigerte. Nachdem die dt. Besatzungsmacht diese während des 1. Weltkriegs verordnet hatte u. sie danach wieder rückgängig gemacht worden war, wurde die Universität 1929 endgültig „niederlandisiert".

Gentilen [lat.], im alten Rom die Angehörigen einer Sippe *(Gens)*.

Gentry ['dʒɛntri; die; engl.], i. e. S. der niedere engl. Adel *(Baronets* u. *Knights;* Titel: *Sir);* i. w. S. außer den Adligen auch bürgerl. Großgrundbesitzer u. schließlich die gesellschaftl. Führungsschicht außer dem Hochadel.

Gentz, Friedrich von, Publizist u. Politiker, * 2. 5. 1764 Breslau, † 9. 6. 1832 Weinhaus bei Wien; 1785–1801 im preuß. Staatsdienst; wandelte sich vom Anhänger zum Gegner der Französ. Revolution, entwickelte seine konservativen Ideen in dem offiziösen „Histor. Journal" (1799/1800); geriet wegen seiner entschieden antifranzös. Haltung in Gegensatz zur offiziellen preuß. Politik; seit 1802 in Österreich, publizistisch gegen Napoleon tätig; seit 1810 – zunächst ohne amtl. Stellung – enger Mitarbeiter des Staatskanzlers *Metternich.*

Genua, ital. *Gènova*, Hptst. der italien. Prov. G. und von Ligurien am Golf von G., 701 000 Ew.
Seit dem 10. Jh. selbständige Republik, die von gewählten Konsuln regiert wurde; 1133 Erzbistum. G. u. Pisa vertrieben 1010 gemeinsam die Araber von Sardinien u. teilten sich nach langem Ringen die Herrschaft. Kaiser *Friedrich I. Barbarossa* anerkannte die ganze Küste von Porto Venere bis Monaco als genues. Gebiet. Nach der Vernichtung der Flotte Pisas 1284 u. dem Sieg über Venedig 1298 gewann G. die Vormachtstellung im Tyrrhen. Meer u. den Höhepunkt seiner Macht. Wegen der Aktivität G.s im östl. Mittelmeer kam es zu einem hundertjährigen Krieg mit Venedig, der bis 1381 dauerte u. zuungunsten G.s endete. Die Differenzen der großen Familien *(Doria, Grimaldi)* im Innern gaben dem Volk das Übergewicht, das S. *Boccanegra* zum Dogen wählte (1339). 1353 übertrug man die Herrschaft dem König von Frankreich. Sein Regiment ging 1421 an Mailand über. Nach vielfach wechselnder Abhängigkeit von Frankreich u. Mailand stellte Andrea Doria, der Admiral Kaiser *Karls V.*, 1528 die Republik unter den Schutz des Kaisers. Die 1575 eingeführte Verfassung sah einen Senat von 400 u. einen engeren Rat von 100 Personen vor. Die Regierung bildeten 8 Prokuratoren. An der Spitze des Staates stand ein auf 2 Jahre gewählter Doge. Der aristokrat. Charakter der Verfassung blieb bestehen.
Schweren Schaden erlitt G.s Handel durch die Türken seit der Eroberung Konstantinopels (1453); im 16. Jh. verloren die Genuesen wichtige Niederlassungen an die Türken, die sich auch des Handels im Mittelmeerraum bemächtigten. Als Geldgeber Karls V. u. der Spanier u. als deren Nachschubhafen erlebte G. 1528–1627 (Genuesisches Jahrhundert) einen unerhörten Aufstieg, der mit dem *Mantuan. Erbfolgekrieg* endete. Der darauf folgende Abstieg brachte G. mehrfach an den Rand seiner Existenz. 1684 ließ *Ludwig XIV.* G. von seiner Flotte beschießen. Im *Österr. Erbfolgekrieg* wurden Stadt u. Hafen von einer österr.-sardin. Armee besetzt. Die zur Rep. gehörende Insel Korsika, auf der es seit 1729 fast ständig Aufstände gab, wurde 1768 an Frankreich verkauft. 1797 wurde unter französ. Druck in G. die *Ligurische Republik* ausgerufen. 1805 wurde G. von Napoleon I. annektiert. 1815 kam G. zum Königreich Sardinien u. 1861 zum geeinten Königreich Italien.

Geoffrey von Monmouth ['dʒɛfri – 'mɔnməθ], engl. Chronist, * um 1100 Monmouth, † 1154; 1152 Bischof von St. Asaph; beschrieb in der „Historia Regum Britanniae" (vollendet 1139, hrsg. 1508 in Paris) die sagenhafte Geschichte Englands bis zur Zeit des Königs *Artus.*

Georg, Fürsten. Baden-Durlach: **1.** *G. Friedrich*, Markgraf 1604–1622, * 30. 1. 1573 Durlach, † 24. 9. 1638 Straßburg; Vertreter eines straff organisierten luth. Landesfürstentums; kämpfte ohne viel Erfolg auf prot. Seite im Dreißigjährigen Krieg.
Brandenburg: **2.** *G. der Fromme*, Markgraf von Brandenburg-Ansbach 1515–1543, * 4. 3. 1484, † 27. 12. 1543; seit 1505 am ungar. Hof seines Oheims Wladislaw II., Erzieher des jungen Königs *Ludwig II.* von Ungarn (* 1506, † 1526); regierte in Ansbach bis 1527 zusammen mit seinem Bruder *Kasimir* (* 1481, † 1527), erwarb die Herrschaften Jägerndorf (1523) u. Oderberg-Beuthen (1526) sowie die Herzogtümer Oppeln u. Ratibor (1532) als Pfandbesitz in Schlesien, wo er wie in Ansbach der Reformation zum Durchbruch verhalf; wirkte als Vermittler bei der Umwandlung des Ordenslandes Preußen in ein weltliches Herzogtum zugunsten seines Bruders *Albrecht.*
3. *G. Friedrich*, Sohn von 2), Markgraf von Brandenburg-Ansbach u. Bayreuth, Herzog in Jägerndorf u. in Preußen, * 5. 4. 1539 Ansbach, † 26. 4. 1603 Ansbach; übernahm 1556 die Regierung, verhalf durch sparsame Wirtschaftsführung u. Verwaltungsreformen seinem fränkischen Fürstentum zu Wohlstand, ordnete das luth. Kirchenregiment nach sächsischem Vorbild. Als Vormund (seit 1568) des geisteskranken *Albrecht Friedrich* von Preußen (* 1553, † 1618) u. nach seiner Belehnung mit dem Herzogtum Preußen (1578) gelang es G., gegen den Widerstand der preuß. Stände eine Neuordnung Preußens nach fränkischem Vorbild durchzusetzen; er förderte das Schulwesen sowie die Universität Königsberg u. unterstützte eine Verbindung der preuß. Erbin *Anna* (* 1576, † 1625) mit Kurprinz *Johann Sigismund* von Brandenburg; in Absprachen mit der Kurlinie regelte er die Erbfolge im Geraischen Hausvertrag.
4. *G. Wilhelm*, Kurfürst 1619–1640, * 13. 11. 1595 Cölln an der Spree, † 1. 12. 1640 Königsberg; während des Dreißigjährigen Kriegs trotz verwandtschaftlicher Beziehungen zur Pfalz und zu Schweden innen- u. außenpolitisch unentschlossen, konnte sich der starken Opposition der Stände nicht erwehren.
Braunschweig: **5.** Herzog von Braunschweig-Lüneburg 1611–1641, * 17. 2. 1583 Celle, † 2. 4. 1641 Hildesheim; beteiligte sich auf kaiserl. Seite 1626 am Feldzug gegen Christian IV. von Dänemark, schloß sich

aber nach Erlaß des Restitutionsedikts 1629 Gustav Adolf von Schweden an. 1635 trat er dem Prager Frieden bei. Seit 1636 regierte er die Fürstentümer Calenberg u. Göttingen, zu deren Hauptstadt er Hannover machte.

6. *G. Wilhelm*, Herzog von Braunschweig-Lüneburg, *26. 1. 1624 Herzberg, Harz, †28. 8. 1705 Wienhausen; erhielt nach der Teilung der braunschweig. Lande 1665 das Fürstentum Lüneburg u. erbte 1689 Sachsen-Lauenburg; kämpfte im Reichskrieg gegen Frankreich 1674/75, unterstützte 1688 Wilhelm von Oranien gegen Jakob II. von England. Seine Tochter *Sophie Dorothea* (*1666, †1726), geschiedene Prinzessin von Ahlden, heiratete 1682 G. Ludwig von Hannover (→ Georg [9]).

Griechenland: **7.** *G. I.*, als dän. Prinz *Wilhelm*, König der Hellenen 1863–1913, *24. 12. 1845 Kopenhagen, †18. 3. 1913 Saloniki (ermordet); zweiter Sohn Christians IX. von Dänemark, von der griech. Nationalversammlung unter Einfluß Großbritanniens zum König gewählt, bedang sich die Vereinigung der Ionischen Inseln mit Griechenland von England vor Annahme der Krone aus; seine Nachgiebigkeit gegenüber griech. extremen Nationalisten verursachte den Kriegsausbruch gegen die Türkei 1897.

8. *G. II.*, König 1922–1924, 1935–1947, *19. 7. 1890 Schloß Tatoi, †1. 4. 1947 Athen; ältester Sohn *Konstantins I.* u. Enkel *Georgs I.*, mußte nach der Ausrufung der Republik 1924 das Land verlassen, kehrte nach dem Sieg der Monarchisten 1935 zurück, ging nach dem dt. Einmarsch 1941 wieder ins Ausland (Kreta, dann Ägypten bzw. London) u. kehrte nach einer Volksabstimmung 1946 erneut nach Griechenland zurück.

Großbritannien: **9.** *G. I.*, König 1714–1727, als *G. Ludwig* auch Kurfürst von Hannover seit 1698, * 28. 3. 1660 Hannover, †11. 6. 1727 Osnabrück; mütterlicherseits von Jakob I. von England abstammend, kam nach der letzten Stuart-Königin *Anna* († 1714) auf den engl. Thron, konnte sich aber mit den engl. Verhältnissen nicht befreunden u. überließ die Regierung weitgehend der Whig-Partei u. ihrem Premierminister R. *Walpole* (seit 1721), machte jedoch seinen Einfluß in der Außenpolitik stärker geltend; hatte 1715 u. 1719 gegen jakobitische Umtriebe zu kämpfen. Von seiner Frau *Sophie Dorothea* (*1666, †1726) ließ er sich 1694 wegen angebl. strafbarer Beziehungen zu Graf Philipp Königsmarck (*1665, †1694) scheiden.

10. *G. II.*, Sohn von 9), König 1727–1760, auch Kurfürst von Hannover, *10. 11. 1683 Herrenhausen bei Hannover, †25. 10. 1760 London; fühlte sich mehr als Hannoveraner

Georg II. von England

Georg III. von England

denn als Engländer, siegte im Österr. Erbfolgekrieg 1743 bei Dettingen über die Franzosen, unterstützte widerstrebend Friedrich d. Gr. im Siebenjährigen Krieg; ließ in der Innenpolitik dem Whig-Ministerium *Walpole* (bis 1742) u. seit 1757 dem älteren W. *Pitt* freie Hand, was die Herausbildung einer parlamentar.-konstitutionellen Monarchie weiter förderte.

11. *G. III.*, Enkel von 10), König 1760–1820, auch Kurfürst, seit 1814 König von Hannover, *4. 6. 1738 London, †29. 1. 1820 Windsor; der erste in England geborene König des Hauses Hannover; versuchte von Anfang an, sich als „patriotischer König" in die aktive Politik einzuschalten. G. regierte bis 1782 mit „persönl. Königtum", d. h., er ließ die von der Parlamentsmehrheit gestützten Min. nicht frei schalten, sondern versuchte, seinen persönl. Einfluß auf die Politik zu verstärken u. durch den Einsatz des königl. Patronageapparates der Krone eine eigene parlamentar. Basis zu verschaffen. Dies schlug sich in seiner harten Haltung gegenüber den nordamerikan. Kolonien nieder, deren Verlust ihn zusammen mit seiner zunehmenden Krankheit polit. Gewicht kostete. Deshalb fügte er sich später der parlamentar. Regierung unter dem jüngeren W. *Pitt* gemäß der konstitutionellen Tradition seiner Vorgänger u. griff nur noch gelegentl. (wie 1801 mit seinem Widerstand gegen die Aufhebung der rechtl. Diskriminierung der Katholiken) in die Politik ein. Hannover wurde von London aus regiert. Um 1811 wurde G. geisteskrank, sein Sohn (G. IV.) übernahm die Regentschaft.

12. *G. IV.*, Sohn von 11), König 1820–1830, zugleich König von Hannover, *12. 8. 1762 London, †26. 6. 1830 Windsor; für den geisteskranken Vater seit 1811 Regent; streng erzogen, u. a. wegen seiner starken Verschuldung u. seines Lebenswandels unbeliebt beim Volk, wurde noch unpopulärer durch die Scheidung von seiner Frau *Karoline von Braunschweig* (*1768, †1821).

13. *G. V.*, König 1910–1936, seit 1911 Kaiser von Indien, *3. 6. 1865 London, †20. 1. 1936 Sandringham, Norfolk; beschränkte sich im Unterschied zu seinem Vater *Eduard VII.* auf repräsentative Pflichten; 1917 benannte er unter dem Einfluß der deutschfeindl. Stimmung im 1. Weltkrieg das Königshaus Hannover in „Windsor" um.

14. *G. VI.*, Sohn von 13), König 1936–1952, *14. 12. 1895 York Cottage, Sandringham, †6. 2. 1952 Sandringham; folgte seinem zurückgetretenen Bruder *Eduard VIII.*, trat polit. nicht hervor; wurde volkstüml. durch seine Tatkraft während der Bombenangriffe auf London im 2. Weltkrieg; verzichtete 1948 auf den Titel „Kaiser von Indien".

Hannover: **15.** *G. Ludwig*, Kurfürst, als *G. I.* König von Großbritannien: → Georg (9).

16. *G. II.* → Georg (10).

17. *G. III.* → Georg (11).

18. *G. IV.* → Georg (12).

19. *G. V.*, König 1851–1866, *27. 5. 1819 Berlin, †12. 6. 1878 Paris; Sohn Ernst Augusts II., seit 1833 blind; hob 1855 die liberale Verfassung von 1848 auf u. erneuerte die reaktionäre Verfassung von 1840. G. trat im Dt. Krieg 1866 auf Österreichs Seite, was zur Annexion Hannovers durch Preußen führte u. G. den Thron kostete. Er kämpfte auch nach Kriegsende von Paris aus gegen Preußen. Die dort von ihm betriebene Aufstellung einer *Welfenlegion* aus geflüchteten Hannoveranern nahm Bismarck zum Anlaß, das Privatvermögen des Königshauses zu beschlagnahmen (→ Welfenfonds).

Hessen-Darmstadt: **20.** Landgraf, kaiserl. Feldmarschall, *25. 4. 1669 Darmstadt, †14. 9. 1705 Barcelona; in engl. u. österr. Diensten, 1697–1701 u. seit 1704 Vizekönig von Katalonien, eroberte im Span. Erbfolgekrieg 1704 Gibraltar u. hielt es; fiel bei der Erstürmung von Fort Montjuich bei Barcelona.

Pommern: **21.** *G. I.*, Herzog 1523–1531, *11. 4. 1493, †10. 5. 1531 Stettin; erreichte während der gemeinsamen Regierung mit seinem Bruder *Barnim IX.* im Grimnitzer Vertrag 1529 die Lösung seines Fürstentums aus der brandenburg. Lehnshoheit u. die unmittelbare Unterstellung unter das Reich.

Sachsen: **22.** *G. I.*, *G. der Reiche*, *G. der Bärtige*, Herzog 1500–1539, *27. 8. 1471 Meißen, †17. 4. 1539 Dresden; energischer Verwalter der albertin. Lande; nach der Leipziger Disputation zwischen Luther u. Eck Gegner der Reformation, im Gegensatz zu den prot. Ernestinern in Kursachsen. Da seine Söhne starben, gelang es G. nicht, seinen prot. Bruder *Heinrich V.* (den Frommen, *1473, †1541) von der Erbfolge auszuschließen.

23. *G. II.*, *Georg II.*, König 1902–1904, *8. 8. 1832 Pillnitz, †15. 10. 1904 Pillnitz; kommandierte im Dt.-Französ. Krieg ein sächs. Armeekorps u. wurde 1888 preuß. Generalfeldmarschall; folgte seinem Bruder *Albert* auf dem Thron; seit 1859 mit der portugies. Infantin *Maria Anna* (*1843, †1884) verheiratet.

Sachsen-Meiningen: **24.** *G. II.*, Herzog 1866 bis 1914, *2. 4. 1826 Meiningen, †25. 6. 1914 Wildungen; nahm als preußischer General am Dt.-Französischen Krieg teil; liberaler Regent; bekannt als „Theaterherzog", da er sich bes. seinem Hoftheater widmete, das durch den „Meininger Stil" (Ensemble-Spiel u. historische Ausstattung) berühmt wurde; förderte Orchesterkonzerte (H. von *Bülow*).

Georg V. von England mit Zar Nikolaus II. von Rußland

Gerasa: Hadriansbogen

W a l d e c k : **25.** *G. Friedrich*, regierender Graf seit 1662, Fürst seit 1682, * 31. 1. 1620 Arolsen, † 19. 11. 1692 Arolsen; trat 1642 in die militär. Dienste Friedrich Heinrichs von Oranien; 1651–1658 brandenburg. General u. Minister unter dem Gr. Kurfürsten; später in schwed. u. niederländ. Diensten; organisierte dt. Fürstenkoalitionen gegen Ludwig XIV. (*Laxenburger Allianz* 1682, *Augsburger Allianz* 1686); 1683 bis 1685 Reichsfeldmarschall im Türkenkrieg; bereitete als Vertrauter Wilhelms III. dessen Übergang nach England diplomatisch vor; 1688 stellvertr. niederländ. Generalkapitän.

Georgenberger Handfeste, Erbvertrag vom 17. 8. 1186 zwischen Herzog *Otakar IV.* von Steiermark u. Herzog *Leopold V.* von Österreich; der Georgenberg bei Enns markierte die Grenze der Herrschaftsbereiche; der Erbfall trat 1192 ein, Kaiser *Heinrich VI.* bestätigte nachträglich durch die Belehnung Leopolds V. mit der Steiermark diese beträchtl. Machterweiterung der Babenberger.

Georgien GE

Republik Georgien

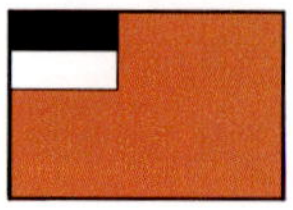

Fläche: 69700 km². – *Einwohner:* 5,5 Mill. – *Hauptstadt:* Tbilisi (Tiflis). – *Landessprache:* Georgisch. – *Nationalfeiertag:* 26. 5. – *Währung:* 1 Lari = 100 Tetri. – *Lage:* zwischen 41°08′ und 43°34′ n. Br. sowie 40° und 46°44′ ö. L. – *Zeitzone:* Mitteleuropäische Zeit + 2 Std. – *Grenzen:* im N Rußland, im O Aserbaidschan, im S Armenien und Türkei, im W Schwarzes Meer. – *Staatsform:* präsidiale Republik.

Erste Staatsbildungen auf georg. Boden entstanden im 4. Jh. v. Chr. nach der Zerschlagung des pers. Reichs durch Alexander d. Gr. als *Kolchis* im W u. *Iberien* im O. Sie wurden im 1. Jh. v. Chr. von *Pompeius* dem Röm. Imperium angegliedert. Im 4. Jh. breitete sich das Christentum aus, u. im 6. Jh. residierte in Tiflis ein selbständiger Katholikos. Im 7. Jh. eroberten die Araber G. u. faßten es im Kalifat Tiflis zusammen. *David II.* (der Restaurator) befreite Tiflis 1122. Unter der Herrschaft *Georgs III.* (1156–1184) u. seiner Tochter *Tamara* (1184 bis 1213) erreichte G. die größte Ausdehnung (vom Schwarzen bis zum Kaspischen Meer).
1235–1240 wurde G. von *Batu*, 1386 von *Timur* erobert u. verwüstet. Seit dem 15. Jh. zerfiel es dann in die Königreiche *Kachien, Kartlien* u. *Imerien* u. in zahlreiche Teilfürstentümer, die vom 16. bis zum 18. Jh. teils von der Türkei, teils von Persien abhängig waren. Rußland eroberte die unter türk. Herrschaft stehenden Teile G.s u. machte es 1801 zur russ. Provinz.
Nach dem russ. Zusammenbruch 1917 erklärte G. 1918 seine Unabhängigkeit, die von der Sowjetunion 1920 anerkannt wurde; die *Republik Georgien* wurde von der Partei der Menschewiki regiert. 1921 eroberten die Bolschewiki G. binnen eines Monats u. wandelten es in die *Grusinische SSR* um.
Am 9. 4. 1991 erklärte die Republik ihre Unabhängigkeit. Der erste frei gewählte Präs. S. *Gamsachurdia* wurde aufgrund seines totalitären Regierungsstils 1992 gestürzt. Neues Staatsoberhaupt (Parlamentspräsident) wurde der frühere sowjet. Außen-Minister E. *Schewardnadse*. Der Konflikt mit den nationalen Minderheiten der Abchasier u. Osseten eskalierte zum blutigen Bürgerkrieg. Eine Erhebung der Anhänger Gamsachurdias verschärfte 1993 die innenpolit. Situation. Um seine Macht zu erhalten, verkündete Schewardnadse den Beitritt G.s zur GUS u. nahm russ. Militärhilfe in Anspruch. 1995 wurde Schewardnadse zum Staats-Präsidenten gewählt.

Georgiew, *Georgiev*, Kimon, bulgar. Politiker, * 11. 8. 1882 Pasardschik, † 28. 9. 1969 Sofia; an der Vorbereitung des Staatsstreichs von 1923 beteiligt, später an der Gründung des Zveno-Kreises; 1926–1928 Verkehrs-Min., nach Offiziersputsch 1934/35 Min.-Präs.; trat für eine slaw. Balkanföderation ein u. unterdrückte die makedon. Terrororganisation; 1944–1946 erneut Min.-Präs.; erklärte Dtschld. den Krieg, führte eine eng an die Sowjetunion angelehnte Politik u. betrieb die Abschaffung der Monarchie; unter der Regierung G. *Dimitrows* 1946–1950 u. 1959–1962 Stellvertr. Min.-Präs., 1962 Mitglied des Präsidiums der Nationalversammlung.

Georg von Podiebrad → Podiebrad, Georg von.

Gepiden, ein ostgermanischer Stamm, den *Goten* nahestehend; kam mit diesen von

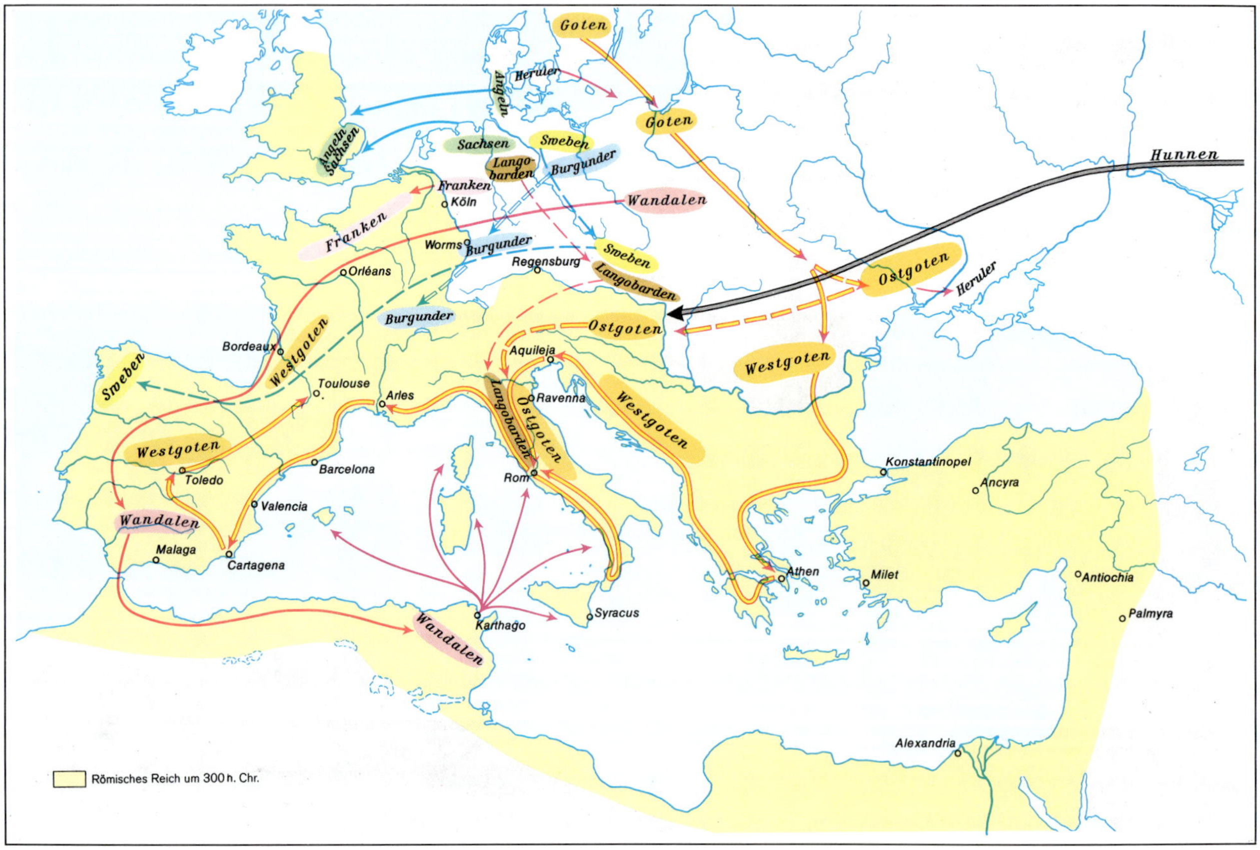

Germanen: Wanderungen germanischer Stämme im 1.–6. Jahrhundert n. Chr.

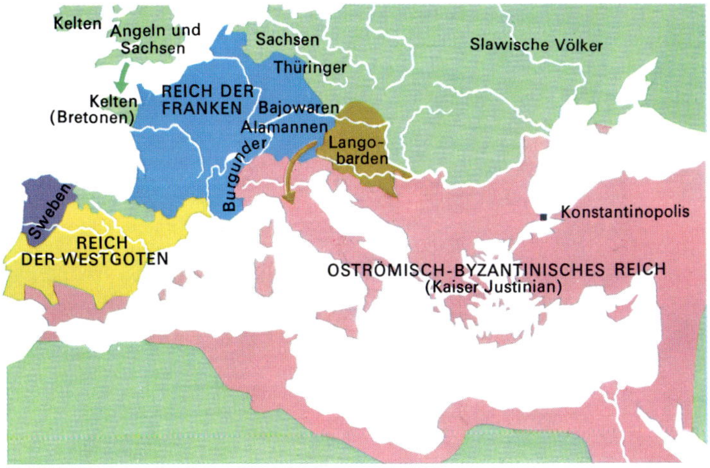

Germanenreiche auf römischem Boden (um 570)

Schweden ins untere Weichselgebiet, von dort nach 250 in den Karpatenraum. Die G. gerieten Ende des 4. Jh. in hunn. Abhängigkeit, befreiten sich unter ihrem König *Ardarich* nach Attilas Tod 453 u. besetzten die ungarische Tiefebene. 567 erlag ihr Reich den vereinigten Langobarden u. Awaren. Ein Teil der G. zog mit den Langobarden nach Italien, die anderen gingen in den Awaren auf.

Geraischer Hausvertrag, *Geraer Hausvertrag*, im Anschluß an die *Dispositio Achillea* endgültig 1603 getroffene Festsetzung der Unteilbarkeit u. der Primogenitur für die Mark Brandenburg; mit der Mark verbunden war die Anwartschaft auf Preußen, wogegen die fränkischen Fürstentümer getrennte Herrschaften blieben.

Gerasa, Stadt in Jordanien, südöstl. des Sees Genezareth; in der Zeit Alexanders d. Gr. gegr., Ausbau unter *Antiochos IV. Epiphanes* im 2. Jh. v. Chr., seit 53 n. Chr. römisch, Blüte unter *Hadrian* u. den *Antoninen* im 2. Jh. n. Chr., bedeutende Bischofsstadt in konstantin. u. justinian. Zeit; allmähl. Niedergang nach der Zerstörung durch die Perser (614) u. Araber (635). Ausgrabungen haben einen großen Teil der Stadt freigelegt: Forum mit Kolonnadenstraße, 2 Theater, Stadion, 2 Thermenanlagen, Zeus- u. Artemistempel, 4 byzantin. Kirchen.

Gerbert von Aurillac [-ɔri'jak] → Silvester II.

Gerhardsen, Einar, norweg. Politiker (Arbeiterpartei), *10. 5. 1897 Oslo, †19. 9. 1987 Oslo; 1923–1925 u. 1935–1945 Generalsekretär der Arbeiterpartei, 1945 deren Vors., im gleichen Jahr Bürgermeister von Oslo; 1945–1951 u. (mit kurzer Unterbrechung) 1955–1965 Min.-Präs.

Gerlach, 1. Hellmut von, Journalist u. Politiker, *2. 2. 1866 Mönchmotschelnitz, Krs. Wohlau, †1. 8. 1935 Paris; schloß sich zunächst der christl.-sozialen Richtung der Konservativen Partei an, gründete 1896 mit F. *Naumann* den Nationalsozialen Verein, 1908 mit R. *Breitscheid* die Demokrat. Vereinigung; 1903–1907 MdR; im 1. Weltkrieg Vorkämpfer der radikalen bürgerl. Linken u. des Pazifismus; 1918/19 Unterstaatssekretär im preuß. Innenministerium; Chefredakteur der „Welt am Montag", führend in der Dt. Friedensgesellschaft u. der Liga für Menschenrechte; mußte 1933 emigrieren. Autobiographie: „Von Rechts nach Links" 1936, Nachdr. 1978.

2. Leopold von, Politiker, *17. 9. 1790 Berlin, †10. 1. 1861 Potsdam; preuß. General, seit den 1820er Jahren aufgrund gleicher polit. u. kirchl. Anschauungen eng mit dem späteren preuß. König *Friedrich Wilhelm IV.* verbunden. Geprägt von der histor. Schule F. C. von *Savignys*, dem Modell der Heiligen Allianz u. dem patrimonialstaatl. Denken C. L. von *Hallers*, gehörte G. mit seinen Brüdern Ernst Ludwig u. Otto (*1801, † 1849) zu den Gründern des preuß. Konservativismus. 1848 wurde er zur führenden Persönlichkeit der *Kamarilla*, einer Art Nebenregierung des Monarchen. Er war verantwortlich für die Berufung des konservativen Grafen Friedrich Wilhelm von *Brandenburg* (*1792, †1850) im Herbst 1848 zum preuß. Min.-Präs. u. die Ernennung *Bismarcks* 1852 zum Bundestagsgesandten. „Denkwürdigkeiten" 2 Bde. 1891/92.

3. (Ernst) Ludwig von, Politiker, *7. 3. 1795 Berlin, †18. 2. 1877 Berlin; 1844–1874 Präs. des Oberlandesgerichts Magdeburg, 1849 bis 1858 u. 1873–1877 Mitgl. des Abgeordnetenhauses; doktrinärer Verfechter des Legitimismus u. preuß. Konservativismus; gründete 1828 die neupietist. „Ev. Kirchenzeitung" u. 1848 die reaktionäre „Neue Preuß. Zeitung" („Kreuzzeitung"); Gegner der dt. Nationalbewegung („Nationalitätenschwindel"), aber auch der bürokrat.-konservativen Regierung Manteuffel; lehnte die Reichsgründung 1870/71 als den preuß. Traditionen widersprechend ab. „Aufzeichnungen aus seinem Leben u. Wirken" 2 Bde., hrsg. von H. Diwald 1970.

Germanen, Sammelbezeichnung für eine Anzahl von Stämmen, die um die Zeit von Christi Geburt in Nord- u. Mitteleuropa in Erscheinung traten. Herkunft u. Bedeutung des Namens G. sind unbekannt. Zum ersten Mal hat ihn vermutlich der griech. Historiker *Poseidonios* im 2. Jh. v. Chr. gebraucht; im 1. Jh. v. Chr. kam er dann bei den Römern in Gebrauch *(Germani)*. Die betreffenden Stämme selbst nannten sich nicht G.; sie kannten überhaupt keine einheitl. Selbstbezeichnung u. hatten kein Bewußtsein der Zusammengehörigkeit.

Die Kenntnis der Nachwelt von den G. stammt fast ausschließlich aus den Werken röm. Autoren, vor allem von *Cäsar, Tacitus* („Germania") u. *Plinius d. Ä.* Der G.begriff der Römer ist nicht identisch mit dem der modernen Sprachwissenschaft. Diese verwendet den exakten Begriff germanische Sprachen. Die röm. Autoren berichten jedoch nichts über die Sprachen der Stämme, die sie G. nannten, u. die Stämme selbst haben keine Sprachdenkmäler hinterlassen. Es ist daher nicht sicher, ob alle von den Römern so bezeichneten G. Sprachen gesprochen haben, die die heutige Sprachwissenschaft Germanisch nennt. Es ist denkbar, daß einige dieser Stämme z. B. keltische Sprachen gesprochen haben. Der Begriff G. bleibt deshalb für Zeiten, aus denen keine sprachl. Zeugnisse vorliegen, unklar; eindeutig im sprachwissenschaftl. Sinne wird er erst seit der Völkerwanderungszeit.

Die Bez. G. ist früher auch von der Archäologie gebraucht worden; so wurden verschiedene vorgeschichtl. Kulturen, insbes. der *Nordische Kreis*, den G. zugeordnet. Der Beginn der german. Geschichte wurde auf diese Weise bis ins 2. Jahrtausend v. Chr. zurückverlegt. Eine ethnische u. sprachl. Kontinuität zwischen den Schöpfern des Nordischen Kreises u. den G. der Zeit um Christi Geburt ist jedoch nicht nachweisbar. Die Bez. G. wird daher für vorgeschichtl. Zeiten nicht mehr verwendet.

Nach Tacitus u. Plinius gab es drei german. Stammesgruppen: an der Küste die *Ingaevonen (Ingwäonen)*, in der Mitte die *Herminonen* u. im übrigen Gebiet die *Istaevonen (Istwäonen)*. Sie sollten nach den drei Söhnen des *Mannus*, eines Sohnes des erdgeborenen Gottes *Tuisto*, benannt sein. Man hat sich darunter wohl Kultverbände vorzustellen. Die german. Altertumskunde bestimmt die drei Gruppen als Nordseegermanen, Elbgermanen u. Weser-Rhein-Germanen. Für den Norden ist ein weiterer Verband überliefert, der die Göttin *Nerthus* verehrte.

Die G. gehörten zu dem europiden Rassenzweig der Menschheit. Sie waren verhältnismäßig groß gewachsen, hellfarbig, aber nicht durchweg langköpfig (dolichokephal).

Die G. lebten in Sippenverbänden u. patriarchal. Großfamilien. Die höchste Gewalt übte die Volksgemeinschaft aus. Sie wählte auch die Richter, die aber nur bei Verbrechen eingriffen, die das Gemeinwesen gefährdeten; sonst überließ man die Ahndung dem Geschädigten oder seiner Sippe. Es gab drei Stände: Freie, Halbfreie u. Sklaven. Aus den Freien bildete sich verhältnismäßig spät ein Adel; aus der Heerführung bei Wanderzügen entstand ein Königtum mit sakralen Funktionen. Viele Herren hielten sich Gefolgschaften. Jeder Freie war zum Kriegsdienst verpflichtet. Das nach Sippen geordnete Heer kämpfte in Keilform; Hauptwaffen waren Lanze u. Schild.

Die G. hatten feste Wohnsitze; sie siedelten in Dörfern u. Einzelgehöften. Bei Ausgrabungen konnten ganze Dorfanlagen *(Wurten)* rekonstruiert werden. Die Häuser waren viereckig, hatten Wände aus Holz, Grassoden u. Lehmflechtwerk u. trugen ein Giebel- oder Walmdach. Mensch u. Tier hausten unter einem Dach. Grundlage der Wirtschaft waren Ackerbau u. Viehzucht. Der Boden war im allg. Gemeineigentum, doch gab es auch persönl. Grundbesitz. Auf Wanderzügen betrieben die G. den Ackerbau gemeinschaftlich. Angebaut wurden Gerste, Weizen, Hafer, Roggen, Hirse, Flachs, Gemüse. Die G. gewannen Erz u. verfügten über ein hochentwickeltes Schmiedehandwerk. Sie tauschten Sklaven u. Bernstein gegen Glas, Keramik u. Metallgegenstände. Die germanische Kultur war keine Hochkultur. Die Berührung mit den Römern brachte kulturelle Fortschritte: Wein- u. Obstanbau, Verbesserungen des Hausbaus u. der Küchenkultur. Hunderte von latein. Lehnwörtern im Deutschen bezeugen den röm. Kultureinfluß.

Rom kam zum erstenmal im 2. Jh. v. Chr. mit G. in Berührung. Es besiegte die ins Röm. Reich eingefallenen *Kimbern* u. *Teutonen*, die als G. galten, vielleicht aber in sprachl. Hinsicht keine waren. In jahrhundertelangen Kämpfen wehrten die Römer ständig aus dem Norden nach Süden vorgestoßene Völkerscharen ab. Als Herren von Gallien versuchten sie, rechtsrheinisch-german. Gebiet zu erobern, zogen sich aber nach Niederlagen, deren größte ihnen der Cheruskerfürst *Arminius* 9 n. Chr. zufügte, auf zunächst sichere Grenzen an Rhein u. Limes zurück. In den ersten nachchristl. Jahrhunderten bildeten sich hinter diesen Grenzen die historisch wirksamen german. Stämme heraus: Langobarden, Sachsen, Franken, Alemannen, Markomannen. Die Römer erzogen german. Fürstensöhne in Rom, gliederten german.

Krieger, die wegen ihrer Tapferkeit berühmt u. begehrt waren, in ihr Heer ein, wo diese immer mehr Macht erlangten, u. schlossen Klientelverträge mit den german. Stämmen. Doch war der Druck der G. auf das Röm. Reich nicht zum Stillstand zu bringen. 166–180 führte *Marc Aurel* Krieg gegen die Markomannen, 238 fielen die Goten in Mösien ein, 260 überwanden Alemannen den Limes, von 400 an war die Rheingrenze nicht mehr zu halten. 375 zerbrach das german. Gotenreich unter dem Ansturm der Hunnen. Dadurch wurde die große german. → Völkerwanderung ausgelöst, die tiefgreifende Veränderungen in Europa hervorrief. Auf dem Boden des Röm. Reiches bildeten sich german. Reiche. 476 setzte der german. Heerführer *Odoaker* den röm. Kaiser *Romulus Augustulus* ab u. beendete damit die Existenz des weström. Reiches. Die german. Reiche waren nicht von langer Dauer: Ostgoten in Italien 493–553, Westgoten in Südgallien u. Spanien 412–711, Wandalen in Nordafrika 429–534, Langobarden in Oberitalien 568–774. Lediglich das Reich der Franken (→ Frankenreich) behauptete sich; es absorbierte german. u. nichtgerman. Völkerschaften u. wurde zur Keimzelle Frankreichs u. Deutschlands.
Nachdem die Schrift „Germania" des Tacitus im 15. Jh. wiederentdeckt worden war, entstand das Klischee vom tapferen, ehrlichen u. tugendhaften G. Mit dem Aufkommen des modernen Nationalismus steigerte sich dieses Klischee in Deutschland zu einem G.kult. Die G., in denen man die „ersten Deutschen" sah, wurden als Träger positiver Eigenschaften gegenüber allen anderen Völkern herausgehoben. In Verbindung mit dem Rassismus wurde der G.kult zu einem Hauptbestandteil der nat.-soz. Ideologie.
Germania [lat.] → Germanien.
„Germania", eine geographisch-ethnographische Schrift des röm. Geschichtsschreibers *Tacitus* vom Ende des 1. Jh., in der die Wohnsitze u. die Lebensweise von Stämmen in Mitteleuropa beschrieben werden. Der Titel ist nicht original, sondern stammt von Philologen, die das Werk im 15. Jh. in Italien wiederentdeckten. Tacitus hat Land u. Leute Germaniens selbst nicht gesehen, sondern benutzte Berichte anderer. Das Werk ist nicht in allen Teilen glaubwürdig u. nicht ohne Tendenz. Es ist die Auseinandersetzung eines hochgebildeten Römers mit einer „barbarischen" Lebensweise, die er teils negativ, teils positiv bewertet.
Germanicus, Gaius Julius Cäsar, röm. Feldherr, *15 v. Chr. Rom, †19 n. Chr. Antiochia; Sohn des *Drusus d. Ä.*; 4 n. Chr. von *Tiberius* adoptiert, Vater des *Caligula*; unternahm 14–16 n. Chr. als Oberbefehlshaber Kriegszüge in Germanien; Vorstoß von Mainz gegen die Chatten; 15 Gefangennahme der Thusnelda, Gattin des Arminius; 16 Sieg über Arminius bei Idistaviso an der Weser; Bei der Rückkehr auf dem Seeweg scheiterte seine Flotte im Sturm. Daraufhin wurde G. von Tiberius aus Germanien abberufen, u. die Offensiven gegen Germanien wurden eingestellt. 17 feierte er einen Triumph in Rom u. erhielt dann ein Oberkommando im Osten. G. starb an einer Krankheit.
Germanien [lat. *Germania*], **1.** das von *Germanen* bewohnte Gebiet zwischen Rhein u. Weichsel, Küste u. Alpen, von den Römern *Germania magna* oder *Germania libera* genannt. Versuche der Römer, ihren Machtbereich bis zur Elbe auszudehnen, schlugen fehl (Varusschlacht). Lediglich die Gebiete zwischen der Reichsgrenze (befestigt durch den obergermanischen-rätischen → Limes) u. dem Freien G., das Limesvorland, lagen im Einflußbereich röm. Grenzpolitik. Davon

Georg Gottfried Gervinus

wurden die röm. Provinzen Ober- u. Unter-G. (*Germania superior* u. *Germania inferior*) unterschieden. Germania inferior mit der Hptst. *Colonia Agrippinensis* (Köln) befand sich auf dem linken Rheinufer u. hatte seine Grenze im Vinxtbach bei Andernach. *Germania superior* mit der Hptst. *Mogontiacum* (Mainz) reichte bis zum Tal des Neckar u. Main u. bis zum Taunus. Berichte über das G. der röm. Zeit finden sich bei *Cäsar, Tacitus, Plinius* u. *Ptolemäus.*
2. im MA u. bis in die Neuzeit hinein in einigen fremden Sprachen als allg. Bez. für *Deutschland* gebraucht, so engl. *Germany*, ital. *Germania*, russ. *Germanija.*
Germinal [ʒɛrmi'nal; der; frz.], ein Monat im französ. Revolutionskalender.
Gero, Markgraf, *um 900, †20. 5. 965; eroberte im Auftrag Ottos d. Gr., der ihn 937 als Markgrafen an der mittleren Elbe u. an der Saale über *Sorben* u. *Wilzen* eingesetzt hatte, slawische Gebiete bis zur Warthe u. schlug mehrere Slawenaufstände nieder; zwang den Polenherzog *Mieszko I.* 963 zur Anerkennung der dt. Oberherrschaft u. war an der Gründung der Bistümer Havelberg u. Brandenburg beteiligt. Begraben wurde G. in dem von ihm gegründeten Kloster *Gernrode* am Harz; die Mark G.s wurde zunächst in 6 Grafschaften aufgeteilt, die dann später wieder zusammengefaßt wurden zur *Nordmark*, (sächs.) *Ostmark* u. *Mark Meißen.*
Geroldseck, ehemalige Reichsgrafschaft in Baden bei Lahr. Die Burg *Hohengeroldseck* (heute Ruine) war seit dem 12. Jh. Sitz der Grafen von G., denen im 13. Jh. die Stadt Lahr gehörte. 1643 starb das Geschlecht aus; der Kaiser vergab das Lehen an den Grafen von *Kronberg.* Seit 1636 hatten die Grafen von u. zu der *Leyen* die Anwartschaft auf Hohengeroldseck u. besetzten die Herrschaft 1692 nach Aussterben der Kronberger. 1806 wurde G. souveränes Fürstentum, 1815 kam es an Österreich u. 1819 zu Baden.
Geront [grch. *geron*, „der Alte"], im alten Griechenland, bes. in den dorischen Staaten, Mitgl. eines Ältestenrats, polit. Berater des Königs. Der Rat der Geronten in Sparta, die *Gerusia*, zählte 28 über 60 Jahre alte, auf Lebenszeit gewählte Mitglieder unter dem Vorsitz der beiden jeweiligen Könige. Sie bereiteten die Volksversammlung maßgebl. vor u. besaßen die Kriminalgerichtsbarkeit. In bestimmten Fällen tagten sie gemeinsam mit den *Ephoren.*
Gerstenmaier, Eugen, Politiker (CDU), *25. 8. 1906 Kirchheim unter Teck, †13. 3. 1986 Remagen; ev. Theologe; 1944 wegen Teilnahme an der Widerstandsbewegung (Kreisauer Kreis) zu 7 Jahren Zuchthaus verurteilt; 1945–1951 Leiter des Hilfswerks der EKD; 1949–1969 MdB, 1954–1969 Präs. des Dt. Bundestags; Rücktritt nach Vorwürfen wegen der hohen Wiedergutmachungszahlung, die G. für die Behinderung seiner akadem. Laufbahn durch das nat.-soz. Regime erhalten hatte. Erinnerungen: „Streit u. Friede hat seine Zeit" 1981.
Gerusia [grch., „Rat der Alten"], lakon. *Gerochia*, im antiken Sparta das Kollegium der *Geronten* (→ Geront).
Gervinus, Georg Gottfried, Historiker u. Literarhistoriker, *20. 5. 1805 Darmstadt, †18. 3. 1871 Heidelberg; Professor in Heidelberg 1835 u. 1844, in Göttingen 1836, wurde als einer der „Göttinger Sieben" entlassen; zeitweise Mitglied der Frankfurter Nationalversammlung; 1853 Entzug der Lehrbefugnis nach der Veröffentlichung der „Einleitung in die Geschichte des 19. Jh.", die in „geometrischer Progression" ein Zeitalter der Demokratie für Dtschl. voraussagte. G. gründete 1847/48 die „Deutsche Zeitung". Er stellte die Literatur im Zusammenhang mit der geschichtl.-polit. Entwicklung dar. Werke: „Geschichte des 19. Jh. seit den Wiener Verträgen" 1855–1866; „Geschichte der deutschen Dichtung" 5 Bde. 1853 (aus früheren Arbeiten seit 1835 zusammengefaßt); „Grundzüge der Historik" 1837; „Einleitung in die Geschichte des 19. Jh." 1853, 1967.
Gesamtdeutsche Volkspartei, Abk. *GVP*, Ende 1952 von G. *Heinemann* gegründete neutralist. Partei, bekämpfte scharf die Politik *Adenauers;* blieb bei den Bundestagswahlen 1953 ohne Mandat (1,2 % der abgegebenen Stimmen). 1957 löste sich die GVP auf; Heinemann, Helene *Wessel* u. zahlreiche andere führende Mitglieder traten zur SPD über.
geschacht, Bez. für eine heraldische Schildteilung, bei der die Schildfläche zu mindestens zwölf Feldern zweifarbig in Schachbrettform aufgeteilt ist.
Geschichte, grch. *historie, i. w. S.* der zeitl. Ablauf allen Geschehens in Natur (z. B. Erdgeschichte, Naturgeschichte) u. Gesellschaft; *i. e. S.* das Handeln von Menschen u. gesellschaftl. Gruppen. Unter den Versuchen, „das Wesen" der G. zu bestimmen, gibt es prinzipiell zwei Positionen: Die *idealistische* sieht die G. weitgehend als Konstruktion des Historikers an, betont die Einmaligkeit, Unwiederholbarkeit des Geschehens u. bestreitet daher die Existenz von Gesetzen in der G. Die *materialistische* sieht in der G. einen nach objektiven Gesetzen verlaufenden Entwicklungsprozeß der Gesellschaft, der durch menschl. Handeln bestimmt wird u. der unabhängig von der Erkenntnisleistung des Historikers verläuft.
Geschichtsklitterung [*klittern*, „schmieren"], auf J. *Fischart* zurückgehende Bez. für eine Geschichtsschreibung, die historische Fakten durch sinnentstellende Verwendung bewußt verfälscht.
Geschichtsphilosophie, ein Zweig der Philosophie, der sich mit den Gesetzmäßigkeiten der Geschichte, mit dem Sinn u. Ziel der Geschichte *(Geschichtsmetaphysik)* sowie mit den logischen Grundlagen, Methoden u. Erkenntnismöglichkeiten der Geschichtswissenschaft *(Geschichtslogik)* beschäftigt. Der Begriff G. (*philosophie de l'histoire*) wurde von *Voltaire* eingeführt.
Entwicklung: Erste Ansätze einer systematischen G. finden sich in der antiken Vorstellung von einem „Goldenen Zeitalter", von dem sich die Menschheit im Laufe der Geschichte immer weiter entfernt habe (z. B. bei *Empedokles, Platon,* der *Stoa*), in der Theorie vom Kreislauf der Verfassungen *(Polybios)* u. in der Auffassung, daß sich die Geschichte ständig wiederhole *(Thukydides).*
Richtungweisend für die G. des MA war die vom Kirchenvater *Augustinus* in seinem „Gottesstaat" („De Civitate Dei" 412–426) entwickelte Lehre vom göttl. Heilsplan, der sich hinter dem zufällig erscheinenden Weltgeschehen verbirgt. Inhalt der Weltgeschichte ist der Kampf zwischen Gottesstaat *(civitas dei)* u. Weltstaat *(civitas diaboli).* Die Geschichte vollendet sich mit dem Sieg des Gottesstaates im Jüngsten Gericht. Die von Augustin ausgehenden Lehren einer stufen-

weisen Annäherung an Gott finden sich bei *Thomas von Aquin* u. *Joachim von Fiore*.
Die G. der Renaissance u. des Humanismus lehnte eine außerweltl., göttl. Sinngebung der Geschichte ab u. griff auf die zyklischen Geschichtstheorien der Antike zurück, so N. *Machiavelli* in seiner Theorie von Verfall u. Regenerierung der *virtù* (etwa: „Herrscherkraft") u. G. *Vico* in seiner Lehre vom gesetzmäßigen Aufstieg u. Niedergang der Völker u. der Menschheit im Ganzen. Die göttl. Vorsehung wurde durch das Walten des Zufalls, der *fortuna*, ersetzt.
Die G. der Aufklärung sah den Verlauf der Weltgeschichte als notwendigen, gesetzmäßigen u. zielgerichteten *(teleologischen)* Entwicklungsprozeß, als Fortschritt von der Barbarei zur Zivilisation u. von der Unwissenheit zur Herrschaft der Vernunft an (*Perrault, Fontenelle, Voltaire, Hume, Gibbon*, in Dtschld. die *Göttinger Schule*). Diese mechanisch-lineare Fortschrittsidee der Frühaufklärung wurde von *Herder* abgelehnt, weil sie die Vergangenheit ausschließlich negativ u. die Gegenwart allzu unkritisch positiv beurteilte. Herder entwickelte die Ansätze zu einer dialektischen Fortschrittsidee, in der die „dunklen", von der Gegenwart negativ beurteilten Epochen der Weltgeschichte nicht lediglich als „Fehlleistungen" u. Hemmnisse bei der Durchsetzung des Fortschritts, sondern als historisch notwendige Bestandteile des Fortschreitens der Menschheit vom Chaos zu einem harmonischen Weltsystem, zur Verwirklichung der Humanität, angesehen wurden. – Von Herder führt ein direkter Weg zur G. des deutschen *Idealismus*, die über *Kant, Fichte, Schelling* bei *Hegel* ihren Höhepunkt erreichte. Hegel interpretierte die Weltgeschichte als einen sich in Widersprüchen vollziehenden – dialektischen – „Stufengang der Entwicklung des Prinzips, dessen Gehalt das Bewußtsein der Freiheit ist". Mit der Verwirklichung der vorausgegebenen absoluten Idee findet der geschichtl. Prozeß sein Ende: „Das Ziel der Weltgeschichte ist also, daß der Geist zum Wissen dessen gelangt, was er wahrhaft ist."
Ausgehend von Hegel entwickelte *Marx* seine Lehre vom *historischen Materialismus*. Er übernahm Hegels Dialektik, stellte sie aber „vom Kopf auf die Füße", indem er die hinter den geschichtl. Erscheinungen u. den Beweggründen der Menschen stehenden Triebkräfte der Geschichte u. die Gesetze ihres Ablaufs nicht mehr wie Hegel aus der philosoph. Spekulation an die Geschichte herantrug, sondern sie aus dem geschichtl. Prozeß u. seiner einzelwissenschaftl. Untersuchung zu gewinnen suchte. Entscheidend für den gesellschaftl. Fortschritt ist nach Marx die Entwicklung der Produktivkräfte, die wiederum die Menschen zwingt, „bestimmte notwendige, von ihrem Willen unabhängige" Produktionsverhältnisse einzugehen u. diese im Zuge des Klassenkampfes u. der sozialen Revolution zu verändern, wenn sie dem Stand der Produktivkräfte nicht mehr entsprechen. Der Fortschritt in der Weltgeschichte drückt sich bei Marx in der Aufeinanderfolge bestimmter, durch antagonistische Klassengegensätze gekennzeichneter Gesellschaftsformationen aus, die jeweils in ihrer Eigengesetzlichkeit u. als notwendige Etappe im geschichtl. Gesamtprozeß erkannt werden müssen. Mit dem Übergang vom Kapitalismus zum Sozialismus, mit der Vergesellschaftung der Produktionsmittel endet nach Marx der antagonistische Klassenkampf; die „Vorgeschichte der menschl. Gesellschaft" ist abgeschlossen, nicht aber die Geschichte überhaupt, vielmehr machen nunmehr die Menschen in Kenntnis der Entwicklungsgesetze der Gesellschaft ihre Geschichte „mit vollem Bewußtsein" selbst.
Unter dem Eindruck der schnellen technischen Entwicklung, der Industrialisierung u. des gesellschaftl. Wandels versuchten Geschichtsphilosophen in der 2. Hälfte des 19. Jh. in Anlehnung an oder im Gegensatz zu Marx die Entwicklungsgesetze der Gesellschaft mit Hilfe der Einzelwissenschaften, insbesondere der Naturwissenschaften u. der Soziologie, zu finden *(Positivismus)*.
Die aus der G. des dt. Idealismus entwickelte u. auf *Rankes* historische Methode gegründete Praxis u. Theorie des *Historismus* lehnte die Übertragung des naturwissenschaftl. Gesetzesbegriffs auf die Geschichte ab u. beharrte auf der Einmaligkeit u. Unwiederholbarkeit des histor. Geschehens. In der zu Beginn des 20. Jh. geführten Diskussion über die Unterschiede zwischen den *nomothetischen* (Gesetze aufstellenden) Methoden der Naturwissenschaften u. der *ideographischen* (das Individuelle beschreibenden) Methode der Geisteswissenschaften lehnten die *Neukantianer* (W. *Windelband*, H. *Rickert*) die Idee der Gesetzmäßigkeit u. des Fortschritts für die Geschichte ab. W. *Dilthey* entwickelte seine Lehre vom „Verstehen" der geschichtl. Welt, die er zu einer Theorie der Geisteswissenschaften erweiterte. Gegen die Erklärung historischer Zusammenhänge von einer Theorie aus setzte Dilthey seine Auffassung, wonach vergangenes Geschehen nur durch Anschauung, Versenkung in die Vergangenheit u. Intuition in seiner Bedeutung verstanden werden könne. Max *Weber* schärfte den Blick für die Problematik von Werturteilen u. die Grenzen objektiver Erkenntnis in der Geschichtswissenschaft. Die durch diese Diskussionen ausgelöste „Krise des Historismus" (K. *Heussi*), der damit verbundene Methoden- u. Werterelativismus führten nach dem 1. Weltkrieg dazu, daß Historiker u. Geschichtsphilosophen die „Geschichte als Sinngebung des Sinnlosen" (T. *Lessing*, 1920) auffaßten oder sich zyklischen Geschichtsbetrachtungen zuwandten. O. *Spengler* u. A. *Toynbee* interpretierten die Weltgeschichte als Abfolge von Hochkulturen, die immer wieder die gleichen Stadien oder „Lebensalter" von Aufstieg u. Verfall durchmachten.
Die praktische Arbeit der Historiker ist von den Diskussionen der Geschichtsphilosophen zunächst weitgehend unberührt geblieben. Erst in der Auseinandersetzung mit dem Marxismus u. den Methoden der Sozialwissenschaften sind diese Probleme als „Grundlagenkrise der Geschichtswissenschaft" begriffen worden. Die neuere G. hat sich verstärkt den theoretischen u. methodologischen Grundlagen der Geschichtswissenschaft u. der Stichhaltigkeit ihrer Aussagen zugewandt u. ist um die Abfassung einer modernen „Historik" bemüht.

Geschichtsschreibung, *Historiographie*, die Darstellung der Geschichte aufgrund der Überlieferung, der eigenen Erfahrung oder kritischer Forschung (Geschichtswissenschaft). Aufzeichnungen, die das Ziel verfolgen, die Kenntnis vom Geschehen der Zeit an nachfolgende Zeiten zu überliefern, finden sich bereits in allen alten Kulturen; jedoch machte zuerst die griechische G. den Versuch, über die Tradierung bloßer Tatsachen hinaus eine zusammenhängende deutende Darstellung zu geben. *Herodot*, der Begründer der griech. G., erzählte die Geschichte der Perserkriege. *Thukydides* erörterte bereits die Zuverlässigkeit seiner Quellen u. versuchte, die Motive der Handelnden durch eingeschobene Reden deutlich zu machen. Seine Geschichte des Peleponnes. Krieges gilt als erste *histor. Monographie*. Die G. galt als literarisches Kunstwerk u. folgte bestimmten Gesetzen. Neben der rhetor. G. findet sich die Form des politisch-militär. Tatsachenberichts *(Xenophon)*, die bis zu Cäsar nachwirkte.
Grundform der ältesten römischen G. war die *Annalistik* (→ Annalen). Neben sie traten später die histor. Monographie *(Sallust)* u. Biographie *(Plutarch* u. *Sueton)*. Höhepunkt ist die G. des *Tacitus*. Wesentl. Elemente der antiken G. sind die künstler. Form, die Lehrhaftigkeit u. sehr oft die tätige eigene Erfahrung der Geschichtsschreiber.
Die byzantinische G. führte die Tradition der Antike fort. Sie übernahm die Form der Monographie *(Prokop)*. Daneben bildete sie als weiterführenden Typ der G. die *Chronik* heraus, die die Ereignisse zwar in zeitl. Ordnung wie die Annalen, jedoch in größeren Zeitabschnitten darstellte. Sie wurde geprägt von *Eusebios von Cäsarea* (um 300) unter christl. Einfluß.

Geschichtsschreibung: Illustration aus der Weltchronik Hartmann Schedels. Nürnberg 1493

Die mittelalterliche G. gründete sich auf die Auffassung von einer einzigen u. endlichen Welt. Sie war in der Hauptsache ein Werk von Geistlichen u. in latein. Sprache geschrieben. Sie bediente sich bestimmter Formen der Darstellung: In den *Origines* (Volksgeschichten) wurden Herkunft u. Taten der german. Völker erst von römischen, dann von german. Zeitgenossen aufgrund mündl. Überlieferung oder eigener Erfahrungen dargestellt (so die Geschichte der Goten von *Cassiodor*, die der Franken von *Gregor von Tours*, die der Langobarden von *Paulus Diaconus*, die der Angelsachsen von *Beda*, die der Sachsen von *Widukind von Corvey*, die der Dänen von *Saxo Grammaticus*). Wichtig für die mittelalterl. Geschichtsauffassung sind vor allem die *Weltchroniken*. Sie standen in der Nachfolge von *Augustin* u. stellten, als Universalgeschichten gedacht, die Geschichte des Volkes Gottes von der Schöpfung bis zum Jüngsten Tag dar *(Eusebius* u. *Hieronymus*, Höhepunkt: *Otto v. Freising*). Im späten MA wurde diese Gattung auch in den Volkssprachen fortgeführt (z.B. *Eike von Repkow* „Sächsische Weltchronik" u. *Heinrich von Herford* in Dtschld., *Froissard* u. *Philippe de Commines* in Frankreich). Aus den knappen Eintragungen auf den *Ostertafeln* der Merowingerzeit entwickelte sich im Laufe des MA die G. der *Annalen*, die besonders in den Klöstern gepflegt wurde. Ihr berühmtestes Beispiel sind die *fränk. Reichsannalen*, fortgesetzt durch die *Annales Bertiniani*, die *Annales Fuldenses* u. die *Annales Xantenses*. Eine weitere Blütezeit erreichte die *Annalistik* im 11. *(Lampert von Hersfeld)* u. 12. sowie im 14. Jh. In der mittelalterl. Herrscherbiographie, vor allem in der berühmten Lebensbeschreibung Karls d. Gr. von Einhard, ist der Einfluß Suetons spürbar. Der größte Teil der mittelalterl. Biographie ist der Lebensbeschreibung der Heiligen *(Heiligen-Viten, Hagiographie)* gewidmet. Weitere Formen der G. waren die *Gesta* (Taten), d.h. Darstellungen von Bistums-, Kloster-, Kreuzzugs-, Landesgeschichten u.a., sowie die Landes-, Stadt- u. Hauschroniken des späten MA.

Die humanistische G. ging aus von den italien., hauptsächlich florentin. Humanisten. Mit dem neuen Selbstgefühl des Humanismus verband sich die Abwendung von der christl. Form der Weltchronik. Die G., jetzt von Nicht-Geistlichen getragen, wandte sich weltl.-polit. Interessen zu. Mit seiner Kritik an der *konstantinischen Schenkung* gab Lorenzo *Valla* ein Vorbild für die moderne Quellenkritik. Neben die humanist. G. in antiker Tradition (Annalistik der *Bruni* -Schule) trat die *Biographie* als eigentl. künstler. Gestaltungsform. Ihren Höhepunkt erreichte die italien.-humanist. G. in den Werken von N. *Machiavelli* u. F. *Guicciardini*, mit denen eine polit.-realist. Darstellung begann. Die hier begonnene moderne Staaten-G. verbreitete sich seit dem Ende des 15. Jh. weiter in Europa u. galt bis in die Zeit *Rankes* als Vorbild.

In Frankreich entwickelten sich nach dem Vorbild *Philippe de Commines* die *Memoiren* zur bevorzugten Form der G. In Dtschld. lieferte *Wimpheling* in Auseinandersetzung mit Frankreich den ersten Abriß einer deutschen Geschichte („Epitome rerum Germanicarum" 1505, fortgeführt von *Beatus Rhenanus*). Die Sammlung u. Sichtung von Geschichtsquellen zur dt. Geschichte begann: 1473 wurde die neu entdeckte „Germania" des Tacitus zum ersten Mal gedruckt. Kaiser Maximilian förderte die G. als Mittel polit. Propaganda u. zur Verklärung seines Ruhms. Das Zeitalter der Glaubenskämpfe stand im Zeichen konfessionell-polemischer Geschichtsdarstellungen. Mit dem prot. Werk der „Magdeburger Zenturien" von M. *Flacius (Illyricus)* entstand die historiograph. Form der *Kirchengeschichte*. Die bedeutendsten Werke dieser Zeit waren die „Histoire des variations des églises protestantes" von J.-B. *Bossuet* u. G. *Arnolds* „Unparteiische Kirchen- u. Ketzerhistorie" 1699/1700. J. *Sleidan* wertete für die Geschichte seiner Zeit („De statu religionibus et rei publicae Caroli V.") die Akten des *Schmalkaldischen Bundes* aus u. begründete die Form der aktenkundigen Zeitgeschichtsschreibung. Die französ. *Bollandisten* legten als Hrsg. der „Acta Sanctorum" die Grundlagen der Quellenkritik.

Die G. des Jh. der Aufklärung begründete eine als Kulturhistorie verstandene säkularisierte *Universalgeschichte*. Sie ging erstmals nicht von den Regenten aus, sondern vom Volk bzw. der Nation, worunter in erster Linie das Bürgertum verstanden wurde. Da die Aufklärung Geschichte als ständige Aufwärtsentwicklung der Menschheit interpretierte, war ihre G. weniger auf Verständnis der Vergangenheit als auf Belehrung der Gegenwart ausgerichtet. Vorbild war *Voltaires* „Essai sur les mœurs et l'esprit des nations" 1765. Von der französ. Aufklärungshistorie ging eine starke Wirkung auf die engl. Geschichtsschreiber (D. *Hume*, E. *Gibbon* u.a.) aus. Die dt. G. dieser Zeit wurde im wesentl. von Gelehrten u. Professoren mit dem Schwerpunkt in Göttingen getragen (J. C. Gatterer, A. L. Schlözer, L. T. von Spittler, A. Heeren u.a.).

Ihren größten Aufschwung nahm die G. im 19. Jh., welches, veranlaßt durch das neue Denken des → Historismus u. auf der Grundlage der Methoden der philolog. Quellenkritik, das große Jh. der G. wurde, das in Historikern wie L. von *Ranke*, A. de *Tocqueville*, T. B. *Macaulay* kulminierte. Nicht nur in Dtschld., sondern auch in England u. Frankreich lag das Schwergewicht auf der polit. G. (Ranke, Macaulay, G. *Guizot*, H. von *Treitschke*). Trotz des Anspruchs auf Objektivität u. quellennahe Darstellung konnte die G. des 19. Jh. ihre Verbundenheit mit den polit. Strömungen u. Kämpfen der Zeit nicht verleugnen. In Dtschld. wurde J. G. *Droysen* zum Begründer der *borussischen Schule*, die Preußens Anspruch auf die Führung in Deutschland aus der Geschichte zu rechtfertigen suchte. H. von Treitschke, der wichtigste Vertreter dieser Schule, übte mit seiner G. großen Einfluß auf das Geschichtsbild des dt. Bürgertums im Kaiserreich aus. Die Tradition der polit. G. hat sich in Deutschland von der boruss. Schule über die sogenannten Neurankeaner (M. *Lenz*, W. *Marcks*, H. *Oncken*) u. die gegen die Kriegsschuldthese kämpfenden Historiker der Weimarer Republik bis über den 2. Weltkrieg behaupten können. Das gleiche gilt für die von F. *Meinecke* begründete *Ideengeschichte*. Dagegen hatten andere Bereiche der G., z.B. die Kultur-G. K. *Lamprechts* u. K. *Breysigs* u. die *Sozial-G.*, einen schweren Stand. Die Anfänge einer marxistischen G. in Deutschland gehen auf F. *Engels* zurück; ihre Hauptvertreter vor dem 1. Weltkrieg waren F. *Mehring* u. E. *Bernstein*. Durch die Anwendung der quellenkrit. Methode war die G. im herkömml. Sinn auf neue Grundlagen gestellt u. zur Geschichtswissenschaft geformt worden, behielt aber immer noch einen künstler. oder publizist. Einschlag.

Von J. G. Droysen („Historik") stammt die theoretisch-systemat. Einteilung der Darstellungsformen der neueren Historiographie in untersuchende u. erzählende Darstellung, die für die moderne G. charakterist. wird. Überlieferte Formen der G. sind zurückgetreten oder weiterentwickelt worden. So blieb die Welt- oder Universalgeschichte als Darstellung einer Geschichte der Menschheit unter Einschluß aller, auch der nichteuropäischen Kulturen, zwar erhalten, sie folgt aber nicht mehr einer einheitl. Interpretation, sondern erscheint als Sammelwerk verschiedener Autoren. Der letzte große Versuch einer synthetischen Gesamtdeutung eines einzelnen Autors ist A. Toynbees „A study of history". Die Epochenmonographie wird in der neuen Form problemgeschichtl. Versuche gepflegt (J. *Huizinga* „Herbst des MA"; F. *Braudel* „La Méditerranée et le monde méditerranéen à l'époque de Philippe II"). Die im 19. Jh. dominierende nationalgeschichtl. Monographie hat nach den Katastrophen des 20. Jh. viel von ihrer Anziehungskraft verloren, ist aber nicht verschwunden. Das gleiche gilt für die Biographie, die immer noch große Leistungen aufzuweisen hat. Das Schwergewicht der modernen G. hat sich auf die problemgeschichtl. Monographie verlagert. Darin werden nach wie vor diplomatiegeschichtl., ideengeschichtl. u. in zunehmendem Maße wirtschafts- u. sozialgeschichtl. Probleme erörtert. Mit der Annäherung der Geschichtswissenschaft an die Sozialwissenschaften, mit der Übernahme sozialwissenschaftl. Begriffe u. Erklärungsmodelle u. der Herausbildung einer eigenen Fachsprache sieht sich die moderne G. vor ein besonderes Problem gestellt: Sie kann sehr präzise Aussagen über die Vergangenheit machen, bleibt in ihrer Wirkung aber weitgehend auf die fachkundigen Leser beschränkt, während sich das histor. Interesse des breiten Publikums der histor. Belletristik u. Journalistik zuwendet.

Geschichtswissenschaft, eine geisteswissenschaftl. bzw. sozialwissenschaftl. Disziplin, die die Vergangenheit erforschen u. mittels der → Geschichtsschreibung darstellen will. Ihre Grundlage sind Überlieferungen aller Art, die sie kritisch mit den verschiedenen ihr zur Verfügung stehenden Methoden auf ihren Wahrheitsgehalt u. ihre Aussagefähigkeit überprüft. Gegenstand der geschichtswissenschaftl. Forschung ist alles vergangene Geschehen, vor allem die Gemeinschaftsbildungen der Menschen, wie Staaten, Nationen, Klassen, Institutionen, wirtschaftl. Entwicklungen u. Verhältnisse, die Entwicklung u. Wirkung von Ideen, das Handeln einzelner Persönlichkeiten u. sozialer Gruppen. Ziel der G. ist es, die geschichtl. Tatbestände möglichst genau festzustellen, in Zusammenhänge, Entwicklungen u. Wirkungen einzuordnen u. – je nach geschichtswissenschaftl. bzw. geschichtsphilosophischer Position des Historikers – Gesetzmäßigkeiten, Tendenzen, Typen oder Besonderheiten der geschichtl. Entwicklung herauszuarbeiten.

Im Laufe ihrer Entwicklung hat sich die G. in verschiedene Wissens- u. Arbeitsbereiche aufgegliedert u. spezialisiert: strukturell z. B. in Wirtschaftsgeschichte, Sozialgeschichte, politische Geschichte, Kulturgeschichte, Rechtsgeschichte, Kirchengeschichte, Geschichte der Arbeiterbewegung, räumlich in Weltgeschichte, Geschichte einzelner Staaten u. Völker, Landes- u. Regionalgeschichte, Stadtgeschichte, zeitlich in Vor- u. Frühgeschichte, Alte Geschichte, Mittelalterliche Geschichte, Geschichte der Neuzeit, Zeitgeschichte.

Eine einheitl. historische Methode wie noch im 19. Jh. gibt es nicht mehr. Die moderne G. bedient sich vielmehr einer Vielzahl von Methoden. Grundlage der geschichtswissenschaftl. Arbeit bildet aber nach wie vor die philologisch-quellenkritische (= historische) Methode zur Untersuchung der schriftl. u. sachl. Überlieferung (Quellen) auf Echtheit u. Zuverlässigkeit, Entstehungszeit u. -ort, Anlaß u. Urheber, Absicht u. Verbindung mit anderen Quellen. Zur Erforschung der Quellen bedient sich die G. der sogenannten Hilfs- oder Grundwissenschaften wie Quellenkunde, Paläographie, Diplomatik, Heraldik, Sphragistik, Numismatik, Chronologie, Ge-

nealogie, histor. Landeskunde. Daneben sind auch Rechts-, Sozial-, Wirtschafts- u. Sprachgeschichte Grundwissenschaften der G. Für die neuere Geschichte treten moderne Aktenkunde, Geschichte der Publizistik, histor. Statistik u. histor. Demographie hinzu.
Die moderne G. entstand zu Beginn des 19. Jh. in enger Verbindung mit der kritischen Philologie, als B. G. *Niebuhr* u. L. von *Ranke* die seit dem 17. Jh. in Theologie, Philologie u. Geschichtsschreibung betriebene Quellenkritik in systematischer Weise auf die geschichtswissenschaftl. Forschung übertrugen u. ihre Schüler entsprechend ausbildeten. Mit Hilfe der Quellenkritik wollte Ranke zu einem objektiven Bild der Vergangenheit gelangen u. zeigen, „wie es wirklich gewesen ist". Die auf Ranke aufbauende Praxis der G. wird allgemein als *Historismus* bezeichnet, obwohl die geschichtsphilosophische u. -theoretische Begründung des Historismus erst zu Beginn des 20. Jh. erfolgte. Die am Historismus orientierte G. war vor allem in Dtschld. bis in die Mitte des 20. Jh. maßgebend für die akademische G. Kennzeichnend für diese Art der G. war die Betonung der Einmaligkeit des geschichtl. Geschehens, die Ablehnung von Gesetzmäßigkeiten u. die Konzentration auf polit. Geschichte u. Ideengeschichte. Kulturgeschichte u. Wirtschafts- u. Sozialgeschichte wurden eher außerhalb der historischen Institute betrieben.
Der starke Einfluß, den der Historismus anfangs auch auf die G. in Westeuropa u. die der USA hatte, wurde bis Ende des 19. Jh. zurückgedrängt durch die Weiterentwicklung des kulturgeschichtl. Ansatzes der Aufklärung (J. *Burckhardt* „Die Kultur der Renaissance in Italien" 1860; J. *Huizinga* „Herbst des Mittelalters" 1919), durch den *Positivismus* (A. *Comte*, H. T. *Buckle*, W. *Bagehot*, H. *Adams*, H. *Taine*) u. durch marxist. Einflüsse. Die „New History" in den USA versuchte, geschichtswissenschaftl. Analysen mit politischen Wertungen zu verbinden. Sie stellte sich damit bewußt in den Dienst einer polit. Reformbewegung u. wandte sich verstärkt der Wirtschafts-, Sozial- u. Geistesgeschichte zu (C. *Beard* „Economic interpretation of the constitution" 1915). Eine ähnl. Annäherung an Gegenstände u. Arbeitsweisen der Sozialwissenschaften vollzog in Frankreich die Schule der „Annales" seit 1920. Statt sich an den polit. Ereignissen *(histoire événémentielle)* zu orientieren, wollten L. *Febvre* u. M. *Bloch* die Wurzeln der historischen Erscheinungen *(histoire profonde)* u. die stabilen geographischen u. institutionellen Strukturen *(histoire de la longue durée)* untersuchen (F. Braudel: „La Méditerranée et le monde méditerranéen à l'époque de Philippe II" 1949) oder Kollektivmentalitäten erforschen.
Nach dem 2. Weltkrieg gelang der sozialwissenschaftl. Betrachtungsweise in der G. Westeuropas u. der USA ein weitgehender Durchbruch. In zunehmendem Maße wandte die G. z. B. quantifizierende u. vergleichende Methoden zur Analyse politischen Verhaltens, der Klassenschichtung oder des Wirtschaftswachstums an. In der BR Dtschld. begannen sozial- u. strukturgeschichtl. Fragestellungen seit den 1960er Jahren relevant zu werden. Marxistische Ansätze u. Erklärungsmuster finden sich in Westeuropa vor allem in der französ. u. englischen G., etwa bei der Ursachenerklärung der Französ. Revolution oder der Analyse von Klassenkonflikten, ohne daß deshalb das System des *historischen Materialismus* als Ganzes übernommen würde. Insgesamt ist die gegenwärtige G. in demokrat. Gesellschaften durch eine prinzipielle Offenheit u. einen breiten Methodenpluralismus gekennzeichnet, der von einigen Historikern als Mangel gegenüber dem geschlossenen System des Historismus einerseits u. des historischen Materialismus andererseits beklagt, von anderen dagegen als Voraussetzung für einen breiteren Zugang zur Geschichte begrüßt wird.
In der Sowjetunion u. den Staaten ihres Machtbereichs war der historische Materialismus die einzige geschichtsphilosophische bzw. theoretische Grundlage der G. Die G. wurde in entscheidendem Maße von der Partei- u. Staatsführung beeinflußt, die ihr Aufgaben zuwies u. durch Parteitage, ZK-Resolutionen u. Leitartikel in der Parteipresse richtungweisend auf Auswahl u. Deutung historischer Probleme einwirkte.
Der Schwerpunkt der geschichtswissenschaftl. Ausbildung liegt in den histor. Instituten oder Seminaren der Universitäten. Für die Forschung ebenso wichtig sind die außeruniversitären Einrichtungen wie historische Kommissionen u. Institute zur Veröffentlichung von Geschichtsquellen u. Forschungen auf internationaler u. nationaler Ebene um landesgeschichtl. Kommissionen, um nationale u. regionale Archive u. um Altertums- u. Geschichtsvereine, die sich um die Förderung von Geschichtsinteresse u. -kenntnis in der Bevölkerung bemühen. Die Historiker sind in nationalen → Historikerverbänden organisiert, diese sind im „Internationalen Historikerverband" (frz. *Comité International des Sciences Historiques*) zusammengeschlossen. Auch → Geschichtsphilosophie, → Geschichtsschreibung.
Geschlechter, im MA Bez. für die *Patrizier.*
Gesellschaftswappen, Wappen von Körperschaften, Universitäten, Gilden, Innungen, Vereinen u. a.; wurden außer in England selten nach festen heraldischen Regeln gestaltet.
Gesichtsurnen, eisenzeitl. Tongefäße zur Beisetzung von Leichenbrand mit plast. Darstellung eines Gesichts am Oberteil, später auch mit Armen, Kleidungs- u. Waffendetails u. eingeritztem oder wirkl. Schmuck, oft noch verziert mit geometr. u. figürl. Ritz- u. Punktzeichnungen. G. treten in Skandinavien, bes. aber in Nord- u. Mittel-Dtschld. u. im Oder-Weichsel-Gebiet in der ostdt. *G.-Kultur* auf, deren Träger vielleicht die ostgerman. *Bastarnen* waren. Möglicherweise besteht Verwandtschaft mit etrusk. G. *(Kanopen).*
gespalten, heraldische Schildteilung durch eine senkrechte Mittellinie.
Gespan [slaw. *župan*, ungar. *ispán*], ungarischer Graf *(comes)*, leitete als Stellvertreter des Königs ein *Komitat;* davon abgeleitet *Gespanschaft* (Grafschaft).
Gessler, Otto, Politiker (Dt. Demokrat. Partei bis 1927), *6. 2. 1875 Ludwigsburg, Württemberg, †24. 3. 1955 Lindenberg im Allgäu; 1919 Reichsminister für den Wiederaufbau, 1920–1928 Reichswehrminister; einer der Schöpfer der Reichswehr, die er gegen den Reichstag abzuschirmen suchte; nahm starkes Interesse an Problemen der Reichsreform („Bund für die Erneuerung des Reiches"), 1931–1933 Vors. des Vereins für das Deutsch-

Geusen: symbolischer Bettelnapf. Amsterdam, Rijksmuseum

Florian Geyer

tum im Ausland, nach dem 20. 7. 1944 Haft im KZ Ravensbrück, 1950–1952 Präs. des Dt. Roten Kreuzes.
Geßler, der Sage nach rücksichtsloser habsburg. Landvogt in Schwyz u. Uri, von *Wilhelm Tell* bei Küssnacht erschossen; als histor. Gestalt nicht belegt.
Gesta [lat., „Taten"], ein Typ der mittelalterl. Geschichtsschreibung, wobei der histor. Stoff nach den Regierungszeiten u. Taten der Regenten gegliedert wird, um so die Geschichte einer bestimmten Institution zu schildern: eines Reiches *(Gesta regum)*, einer Kirche *(Gesta episcoporum)*, einer Abtei *(Gesta abbatum)* u. ä. Ein berühmtes Beispiel ist der *Liber pontificalis (Gesta pontificum Romanorum)* des Papsttums, der während des ganzen MA in Fortsetzungen geschrieben wurde.
Gestapo, Abk. für *Geheime Staatspolizei*, die polit. Polizei des nat.-soz. Regimes in Dtschld. 1933–1945. Die G., zunächst eine preuß. Einrichtung, war seit 1936 reichseinheitlich organisiert. Ab 1940 war die G. als Amt IV dem *Reichssicherheitshauptamt* eingegliedert. Chef der G. war 1939–1945 SS-Gruppenführer H. *Müller.* Ihre Aufgabe war neben der Ermittlung polit. Straftaten (Hoch- u. Landesverrat; Verstoß gegen Blutschutz-, Rundfunk-, Heimtückegesetz u.a. NS-Gesetze) die Verfolgung aller Personen u. Einrichtungen, die das NS-Regime als seine Gegner betrachtete (Juden, Freimaurer, Marxisten, „Reaktionäre", christl. Kirchen, „östl. Untermenschen" u.a.). Die Vernichtung der Juden (Judenverfolgung) war eine Aufgabe des Referats IV B 4 (SS-Obersturmbannführer A. *Eichmann*). Im Dt. Reich u. in den während des 2. Weltkriegs besetzten Gebieten war die G. durch ihre schrankenlose, oft willkürl. Gewalt, ihre unmenschl. Methoden u. den von ihr ausgehenden Gewissenszwang das gefürchtetste Instrument polit. Terrors.
Geta, Publius Septimius, röm. Kaiser, *27. 5. 189, †212; jüngerer Sohn des Septimius Severus u. der Julia Domna; seit 209 Statthalter in Britannien u. Mitregent; seit 211 Mitregent seines Bruders Caracalla, der ihn 212 ermorden ließ.
geteilt, heraldische Schildteilung durch eine waagerechte Mittellinie.
Geten, thrakisches Reitervolk an der unteren Donau, seit dem 5. Jh. v. Chr. bezeugt; im 1. Jh. n. Chr. von den Römern unterworfen. Die G. wurden von antiken u. späteren Historikern oft mit den *Goten* verwechselt.
Geusen, nördl. *Geuzen* ['xø:zən, von frz. *gueux*, „Bettler"], im 16. Jh. niederländ. Freiheitskämpfer gegen die politische u. religiöse Gewaltherrschaft Philipps II. von Spanien u. seines Statthalters Herzog Alba. „G" war zunächst ein Spottname für die aufständischen verarmten niederländ. niederen Adeligen,

dann die Bez. für alle niederländ. Gegner Spaniens, so auch die *Wasser-G. (Meer-G.).*

geviert, *geviertet,* heraldische Schildteilung: zwei sich rechtwinklig kreuzende Mittellinien bilden 4 gleich große Felder.

Geyer, Florian, fränk. Reichsritter, *um 1490 Giebelstadt bei Ochsenfurt, †9. 6. 1525 Rimpar bei Würzburg; Landsknechtshauptmann im Krieg des Schwäbischen Bundes gegen Herzog Ulrich von Württemberg 1519, dann als Truppenführer u. Diplomat im Dienst des Hochmeisters des Dt. Ordens, Albrecht von Preußen. Als Anhänger Luthers übernahm G. bei Ausbruch des *Bauernkriegs* die Führung des Tauberhaufens. Er führte Verhandlungen mit dem Ziel, ein auf Bauern u. Bürger gestütztes Reich ohne Vorrechte des Adels u. der Geistlichkeit aufzurichten. G. wurde von Knechten seines Schwagers W. von *Grumbach* erschlagen. Ⓑ S. 283.

Géza, ['ge:zɔ], *Geisa,* ungar. Fürsten: **1.** Großfürst 972–997, *940/45, †1. 2. 997; Urenkel von *Árpád,* öffnete Ungarn dem Christentum u. der abendländ. Kultur.

2. *G. I.,* König 1074–1077, *um 1044, †25. 4. 1077; älstester Sohn *Bélas I.,* Gegenkönig des Königs Salomon, den er nach dessen Niederlage bei Mogyoród 1074 verdrängte.

3. *G. II.,* König 1141–1162, *um 1130, †31. 5. 1162 Buda; rief flämische, wallonische u. dt. Siedler (Siebenbürger Sachsen) nach Siebenbürgen u. in die Zips.

Ghadafi, *Gaddafi, Khadafi,* Muammer Al (Moammer Al), libyscher Offizier u. Politiker, *1942 (?) Misurata; stürzte 1969 die Monarchie, wurde Vors. des Revolutionsrates u. Oberbefehlshaber der Streitkräfte; war 1970–1979 unter wechselnden Bez. Staatschef; trat 1979 von den Staatsämtern zurück, blieb aber als „Führer der Revolution" der tatsächl. Machthaber. G. betreibt eine radikal panarab. Politik; er leitete mehrmals Fusionen Libyens mit anderen arab. Staaten ein, von denen jedoch keine Bestand hatte. Er gehört zu den schärfsten Gegnern einer Anerkennung Israels, lehnte sich außenpolit. an die UdSSR an u. gilt als Förderer des internationalen Terrorismus. Die von ihm angestrebte neue, streng islam. ausgerichtete Gesellschaftsordnung beschreibt er in der Schrift „Das grüne Buch – Die dritte Universaltheorie".

Ghadames, *Gadames,* das röm. *Cydamus,* Oase u. wichtiger Schnittpunkt des Karawanenverkehrs in der nördl. Sahara, in Libyen.

Ghana GH

Republik Ghana

Fläche: 238 537 km². – *Einwohner:* 17,1 Mill. – *Hauptstadt:* Accra. – *Landessprachen:* Englisch und westafrikanische Sprachen. – *Nationalfeiertag:* 6. 3. – *Währung:* 1 Cedi = 100 Pesewas. – *Lage:* zwischen 4°44′ und 11°10′ n. Br. sowie 3°15′ w. L. und 1°12′ ö. L. – *Zeitzone:* Mitteleuropäische Zeit – 1 Std. – *Grenzen:* im N Burkina Faso, im O Togo, im S Atlantischer Ozean, im W Elfenbeinküste. – *Staatsform:* präsidiale Republik.

Seit dem 15. Jh. trieben die Portugiesen an dem westafrikan. Küstenstrich, der später *Goldküste* genannt wurde, Sklaven- u. Warenhandel. Im 17. Jh. legten auch Holländer, Dänen, Brandenburger u. vor allem Engländer dort Küstenforts an, die dem Sklavenhandel dienten. Um 1700 entstand im Hinterland um die Stadt *Kumasi* der militär. Staatenbund der *Ashanti,* der um 1800 seine Macht bis zu den Dagomba im N u. bis zu den Fanti-Kleinstaaten an der Küste ausdehnte. Die engl. (privaten) Besitzungen an der Goldküste kamen Anfang des 19. Jh. unter staatl. Gewalt; bis 1872 erwarb Großbritannien die anderen europ. Siedlungen für seine Kolonie. In sieben Kriegen zwischen 1826 u. 1900 wurden die Ashanti unterworfen. Nach dem 1. Weltkrieg kam auch der westl. Teil der dt. Kolonie *Togo* als Völkerbundsmandat (nach dem 2. Weltkrieg bis 1956 als UN-Treuhandgebiet) unter britischer Herrschaft. Der S wurde als Kronkolonie, das Ashanti-Land u. der N wurden als Protektorate verwaltet.

Seit 1920 entstand hier eine moderne Nationalbewegung, die bis 1949 unter Führung von Häuptlingen u. westl. erzogenen Juristen oder Geistlichen stand. Gegen sie setzte sich Kwame *Nkrumah* mit seiner Massenpartei durch, der *Convention People's Party (CPP).* Nach einem Wahlsieg 1951 wurde Nkrumah Min.-Präs. der ersten autonomen schwarzafrikan. Regierung im Brit. Empire. Die CPP gewann auch 1954 u. 1956 die Parlamentswahlen gegen die konservative Opposition. Am 6. 3. 1957 erhielt das Land die Unabhängigkeit u. nahm den Namen des alten Reiches *G.* an. Am 1. 7. 1960 wurde G. Republik, Nkrumah Präsident mit diktator. Vollmachten. Er leitete 1961 eine sozialist. Politik ein u. beanspruchte für G. eine Führungsrolle bei der Errichtung eines gesamt-afrikan. Bundesstaats. Gleichzeitig wollte er G. rasch industrialisieren u. die allg. Schulbildung einführen. Diese Politik überanstrengte die Wirtschaft G.s, zumal Nkrumahs Polemik gegen den westl. „Neokolonialismus" die Auslandshilfe stagnieren ließ. Wirtschaftsbeziehungen zu kommunist. Staaten brachten keine Abhilfe. 1966 stürzten Polizei- u. Armee-Offiziere Nkrumah, der sich auf Staatsbesuch außer Landes befand u. in Guinea Asyl erhielt. G. wurde bis 1969 von einem *Nationalen Befreiungsrat (NLC)* der Offiziere regiert. 1969 fanden Parlamentswahlen statt; die siegreiche Fortschrittspartei (PP) stellte mit K. *Busia* den Premier-Min. 1972 ergriff erneut das Militär die Macht. Staatschef war bis 1978 I. K. *Acheampong.* Nach zwei weiteren Militärputschen fanden 1979 Präsidentschaftswahlen statt; Sieger wurde H. *Limann* (Nationale Volkspartei, PNP). Er wurde 1981 von dem Flieger-Hauptmann J. J. *Rawlings,* der 1979 schon einmal für wenige Monate die Macht übernommen hatte, gestürzt. Dieser führte das Land mit einem stark auf seine Person bezogenen, autoritären Regierungsstil. 1991 wuchs der Druck der Opposition in bezug auf eine Demokratisierung G.s. Am 28. 4. 1992 stimmte die Bevölkerung per Referendum einer neuen Verfassung zu. Rawlings wurde bei Präsidentschaftswahlen im Amt bestätigt u. bemühte sich in der Folgezeit um wirtschaftl. Reformen. 1996 wählte ihn die Bevölkerung erneut zum Präs.

Edward Gierek (links) im Gespräch mit Walter Scheel bei einem Besuch in Bonn 1976

Ghana, bedeutendes mittelalterl. Reich im westl. Sudan, zwischen Senegal u. Niger; Ruinen der Hptst. liegen beim heutigen Koumbi Saleh (Republik Mauretanien). Wirtschaftl. Basis war der Austausch von Gold aus dem S u. Salz aus dem N. G. entstand vermutlich im 4. Jh. n. Chr. Seit dem 8. Jh. herrschte eine Dynastie aus dem Volk der *Soninke.* Der Höhepunkt der Macht lag um 1000, die Hptst. wurde durch die Almoraviden 1077 erobert, das Reich endgültig durch Mali im 13. Jh. vernichtet. Es gibt keine nachweisbare kulturelle oder ethn. Verbindung zum heutigen G.

Ghasnawiden, *Gasnawiden, Ghaznawiden, Gaznaviden,* islam. Dynastie in Ghasni (Afghanistan) u. Khorasan (Iran) 999–1186; begründet von dem Türken *Sübük Tigin* (†997) in Ghasni, der unter Oberhoheit der Samaniden auch über Ghor u. einen kleinen Teil Indiens herrschte. Sein Sohn *Ismail* war Statthalter der Samaniden in Khorasan u. wurde von seinem Bruder *Mahmud* (*um 970, †1030) ermordet. Dieser errichtete die Herrschaft der G. in Iran, die 1040 in der Schlacht von Dandankan an die Seldschuken verlorenging. Ihm folgten *Mas'ud I.* (ermordet 1041), *Mawdud, Abd Ar Raschid* u. *Ibrahim* (1059–1099). Unter der friedl. Herrschaft Ibrahims entstanden bedeutende Kunstdenkmäler, vor allem in dem durch seine Herrschaft geprägten *Ghasni (Ghazni). Arslan* (1116–1118) geriet unter die Oberhoheit der Ghoriden; die Dynastie wurde 1150 aus Ghasni vertrieben u. endete mit *Chosrau Malik* (1160–1186).

Ghasni, *Ghazni,* Hptst. der südostafghan. Prov. G., am Gul Kuh, 40 000 Ew.; im MA ein Kultur- u. Herrschaftszentrum; Knotenpunkt alter Karawanenwege vom Mittelmeer nach Indien.

Nordöstl. des heutigen G. die Ruinen der ehem. Hptst. der Ghasnawiden, die ihren Namen von G. ableiteten. G. bestand seit dem 10. Jh.; nach 1150 von den Ghoriden zerstört.

Ghassaniden, *Gassaniden,* arab. christl. (monophysitisches) Fürstengeschlecht, das im 5. Jh. als Vasallen Ostroms im Ostjordanland herrschte. 529 wurde *Harith ibn Gabala*

Ghasnawiden: Tod Mahmuds; persische Miniatur, um 1314. Edinburgh, Universitätsbibliothek

von Kaiser Justinian zum Phylarchen *(Patricius)* der Araber in Syrien ernannt. Der letzte Herrscher fiel 636 gegen die Moslems.

Gheorghiu-Dej [gɛɔr'giu'deʒ], Gheorghe, rumän. Politiker, *8. 11. 1901 Bîrlad, †19. 3. 1965 Bukarest; seit 1930 Mitgl. der Kommunist. Partei, 1932 Generalsekretär der Eisenbahnergewerkschaft; 1933–1944 in Haft, unterdessen (1934) ins Zentralkomitee gewählt; 1945–1947 Verkehrs-Min., 1949 Min. für Industrie u. Handel, 1952–1955 Min.-Präs.; Okt. 1945–1954 u. erneut seit 1955 Generalsekretär der Kommunist. Partei, 1961–1965 zugleich Vors. des Staatsrats (Staatsoberhaupt); suchte Rumänien allmählich aus der Abhängigkeit von der Sowjetunion zu lösen.

Ghibellinen [gi-; nach der Staufer-Burg *Waiblingen*], *Gibellinen*, im mittelalterl. Italien Bez. für die kaiserl. Partei; erstmalig um 1215 nachweisbar. Die päpstlich gesinnte Gegenpartei waren die Guelfen (dt. *Welfen*). Der Kampf zwischen den beiden Parteien in den ober- u. mittelitalien. Städten überdauerte den Untergang der Staufer.

Ghoriden, *Guriden, Goriden,* sunnit. Fürstendynastie aus Ghor, 1186–1215 Könige in Ghasni; *Izz ud-din Hussain* wurde 1099 von dem Ghasnawiden Masud als Fürst bestätigt; *Ala ud-din Hussain* schlug 1150 die Ghasnawiden vernichtend. Die G. dehnten ihre Herrschaft für kurze Zeit über Afghanistan, Khorasan u. 1192 über Nordindien aus, wo sie das Sultanat von Delhi begründeten; erloschen aber bereits Anfang des 13. Jh.

Gibbon ['gibən], Edward, brit. Historiker, *8. 5. 1737 Putney, Surrey, †16. 1. 1794 London; schildert in seinem Hptw. „The history of the decline and fall of the Roman Empire" 1776–1788 den Niedergang des Röm. Reichs mit skeptischer Ablehnung der Rolle des Christentums.

Gibraltar [auch gibral'tar; arab. *Jabal Tariq*, „Felsen des Tarik"], Halbinsel (5,8 km²) an der Südspitze von Spanien, zwischen der Bahía de Algeciras u. dem Mittelländ. Meer mit stark befestigtem brit. Kriegs- u. Handelshafen an der flacheren Westseite des G.felsens, 28 800 Ew.

711 errichtete der arab. Feldherr *Tarik* in G. eine Festung. Bis 1462 blieb G. maurisch, dann kam es zu Spanien. 1704 eroberten es die Engländer im Span. Erbfolgekrieg; im Frieden von Utrecht 1714 erhielten sie es zugesprochen. 1830 wurde es Kronkolonie. Als die Straße von G. beherrschende Festung spielte G. für die Kolonialpolitik Großbritanniens eine bedeutende Rolle. G. wird von Spanien beansprucht. 1967 stimmte die Bevölkerung für den Verbleib bei Großbritannien. Die 1970 verhängte span. Landblokkade G.s wurde 1982 aufgehoben.

Gierek ['gjɛrɛk], Edward, polnischer Politiker (Kommunist), *6. 1. 1913 Porąbka; 1923 bis 1934 in Frankreich, 1937–1948 in Belgien als Bergmann u. in der belg. Arbeiter- u. Widerstandsbewegung; seit 1956 Mitgl. des Politbüros, 1957–1970 Erster Sekretär der Wojewodschaft Kattowitz, seit 1970 (nach dem Rücktritt W. *Gomułkas*) Erster Sekretär des ZK der Vereinigten Poln. Arbeiterpartei. G. betrieb eine expansive Wirtschaftspolitik, die nach Anfangserfolgen zu Versorgungsschwierigkeiten u. schließlich zu Unruhen führte. Er mußte 1980 als Parteiführer zurücktreten, verlor danach auch seine sonstigen Ämter u. wurde 1981 aus der Partei ausgeschlossen.

Giers, *Girs,* Nikolaj Karlowitsch, russ. Politiker, *21. 5. 1820 bei Radziwillowa, †26. 1. 1895 St. Petersburg; 1882–1895 Außen-Min.; schloß 1887 den Rückversicherungsvertrag mit *Bismarck,* richtete aber bald darauf die russ. Außenpolitik auf Frankreich aus, mit dem er 1892/93 eine Militärkonvention abschloß.

Giesebrecht, Wilhelm von (seit 1865), Historiker, *5. 3. 1814 Berlin, †18. 12. 1889 München; Prof. in Königsberg u. München, Schüler L. von *Rankes;* Hptw.: „Geschichte der dt. Kaiserzeit" 6 Bde. 1855–1895 (eine romantisch verklärende Darstellung des dt. MA bis zum Tode Barbarossas).

Gisela mit ihrem Gatten Konrad II. Goldenes Buch von Prüm. Trier, Stadtbibliothek

Gildas der Weise ['gildəs-], *Gildas Sapiens,* britann. Mönch u. Geschichtsschreiber, *um 500, †um 570; lebte in Irland u. Wales; schrieb um 547 „De excidio et conquestu Britanniae", die erste engl. Geschichte über den Abzug der Römer u. die Eroberung Britanniens durch die Sachsen.

Gilgamesch, sumer. König der 1. Dynastie von Uruk, regierte im 3. Jahrtausend v. Chr.; Held des *Gilgamesch-Epos.* G. war Sohn des Königs Lugalbanda von Uruk; spätere Inschriften nennen einen Dämon als göttl. Vater. G. wird die Erbauung der Stadtmauer von Uruk zugeschrieben, das er gegen Angriffe der Könige von Kisch verteidigte, wovon auch das Epos berichtet. – Nach der Vergöttlichung zählte G. zu den Göttern der Unterwelt.

Gimi-Sin, *Gimi-Schu-Sin,* neusumer. König der 3. Dynastie von Ur, um 2000 v. Chr.

Giolitti [dʒo-], Giovanni, italien. Politiker, *27. 10. 1842 Mondovi, †17. 7. 1928 Cavour, Provinz Turin; der leitende Staatsmann Italiens vor dem 1. Weltkrieg, Min.-Präs. 1892–1914 (mehrfach) u. 1920/21; trat als Freund des Dreibunds 1914 zurück, billigte jedoch die Haltung seines Landes im 1. Weltkrieg. In seine Regierungszeit fielen die Erwerbung Libyens (1911) u. des Dodekanes (1920), die Verstaatlichung der Eisenbahnen u. die Einführung des allg. Wahlrechts.

Girai, die Dynastie, die als Erbe der Goldenen Horde 1438–1783 über die Halbinsel Krim u. (zeitweise) einige Nachbargebiete herrschte.

Giraud [ʒi'ro:], Henri, französ. General, *18. 1. 1879 Paris, †13. 3. 1949 Dijon; geriet als Armeeführer 1940 in dt. Kriegsgefangenschaft, entkam 1942 nach Algier, dort 1943/44 Oberkommandierender der gaullist. Streitkräfte; Mai bis Nov. 1943 zusammen mit C. *de Gaulle* Präs. des Französ. Komitees zur nationalen Befreiung (*CFLN*).

Gladiator: Kampf eines Schwertfechters gegen einen mit Lanze und Krummdolch Bewaffneten; röm. Fußbodenmosaik, 250 n. Chr. Bad Kreuznach, Museum

Girondisten [ʒirɔ̃-], frz. *Girondins,* die gemäßigte Partei der Französ. Revolution, genannt nach dem Dép. *Gironde,* aus der einige Wortführer stammten. Ein großer Teil der G. wurde 1793/94 von den *Jakobinern* guillotiniert.

Girsu, *Girschu,* Stadt in Südbabylonien, das heutige *Tello.* Als Residenz der sumer. Könige von *Lagasch* war G. in der Zeit von 2750–2350 v. Chr. von großer Bedeutung.

Giscard d'Estaing [ʒiskardɛ'stɛ̃], Valéry, französ. Politiker, *2. 2. 1926 Koblenz; Staatsbeamter, seit 1956 unabhängiger Abg., 1962 bis 1966 u. 1969–1974 Finanz- u. Wirtschafts-Min. 1966 gründete G. d'E. die Partei der unabhängigen Republikaner. 1974 wurde er mit Unterstützung der Gaullisten zum Präs. gewählt; der gaullist. Parteichef J. *Chirac* war 1974–1976 sein Premierminister. G. d'E. bemühte sich jedoch um Distanz zum Gaullismus u. um eine „neue Mehrheit" unter Einschluß der Mittelparteien (Premier-Min. R. *Barre* 1976–1981). Reformansätze kamen wegen der Mehrheitsverhältnisse u. der sich verschärfenden Wirtschaftskrise nicht zum Abschluß. Bei der Präs.-Wahl 1981 unterlag G. d'E. dem Sozialisten F. *Mitterrand.* Memoiren: „Macht u. Leben" dt. 1988.

Gisela, Kaiserin, *um 990, †15. 2. 1043 Goslar; Tochter des Herzogs *Hermann II.* von Schwaben (†1003) u. der burgund. Prinzessin *Gerberga* (†um 1000); seit 1015/1017 verheiratet mit Kaiser *Konrad II.*; hatte großen Einfluß auf Konrad u. vermittelte mehrfach zwischen ihm u. *Ernst II.* von Schwaben (ihrem Sohn aus erster Ehe mit Herzog *Ernst I.*) sowie ihrem Oheim, König *Rudolf III.* von Burgund (†1032), dessen Nachfolger Konrad 1033 wurde; so kam Burgund an das Hl. Röm. Reich.

William Ewart Gladstone

Giselbert, Herzog von Lothringen 915–939, *um 890, †2. 10. 939 bei Andernach; versuchte die Lehnshoheit des westfränk. Königs *Karl III.* (des Einfältigen) abzuschütteln u. mußte sich 925 dem dt. König *Heinrich I.* unterwerfen; so kam Lothringen, das sich zunächst dem westfränk. Reich angeschlossen hatte, an das (ostfränk.-)dt. Reich. G. heiratete 928 Heinrichs Tochter *Gerberga* (†984) u. beteiligte sich nach dessen Tod an dem Aufstand gegen *Otto d. Gr.*, wurde aber 939 geschlagen u. ertrank im Rhein.

Gisevius, Hans Bernd, Jurist u. polit. Schriftsteller, *14. 6. 1904 Arnsberg, Westfalen, †23. 2. 1974 St.-Légier-La-Chiésaz (Schweiz); Verwaltungsbeamter, im 2. Weltkrieg Sonderführer in der Abteilung Abwehr im OKW, mit Nachrichtendienstauftrag ab 1940 als Vizekonsul in Zürich; arbeitete für die Widerstandsbewegung; schrieb: „Bis zum bitteren Ende" 1946/47; „Adolf Hitler" 1963; „Wo ist Nebe?" 1966; „Der Anfang vom Ende. Wie es mit Wilhelm II. begann" 1971.

Giskra, Karl, österr. Politiker (Liberaler), *29. 1. 1820 Mährisch-Trübau, †1. 6. 1879 Baden bei Wien; 1848 Anführer der „Sturmpetition" in Wien, 1848/49 in der Frankfurter Nationalversammlung, später Führer der Deutschliberalen, 1867 Präs. im österr. Abgeordnetenhaus, 1867–1870 Innen-Min.

Gladiator [lat. *gladius*, „Schwert"], Schwertfechter im alten Rom. Die *G.enkämpfe* wurden von den Etruskern übernommen u. wie bei diesen in Rom lange Zeit ausschließlich bei Bestattungen ausgetragen. Nachdem auf Senatsbeschluß zum Gedächtnis *Cäsars* (ermordet 44 v. Chr.) jährlich ein Tag für G.enkämpfe festgesetzt worden war, wurden die blutigen Spiele in der Kaiserzeit regelmäßig abgehalten. Die G.en waren Kriegsgefangene, verurteilte Verbrecher, Sklaven oder Berufskämpfer, die in bes. Kasernen eine harte Ausbildung erhielten; sie kämpften paarweise, zunächst auf dem Forum, später im Kolosseum. Ⓑ S. 285.

Gladstone ['glædstən], William Ewart, brit. Politiker (Liberaler), *29. 12. 1809 Liverpool, †19. 5. 1898 Hawarden, Wales; bis 1855 konservativ, wandte sich dann einem Liberalismus zu, dessen pazifist.-humanitäre Ausrichtung jegliche Gewaltanwendung vermeiden wollte. 1832 zum ersten Mal ins Unterhaus gewählt, seit 1843 verschiedene Ministerposten unter *Peel, Aberdeen* u. *Palmerston*, in denen er finanz- u. wirtschaftspolit. Erfahrungen sammelte. Seit 1865 war er Parteiführer; 1868–1874, 1880–1885, 1886 u. 1892 bis 1894 Premier-Min. G. war ein Gegner B. *Disraelis* u. der imperialist. Außen- u. Flottenpolitik, obwohl unter ihm 1882 entgegen seinen Absichten Ägypten besetzt wurde. Er setzte mehrere Reformen (u.a. eine Parlamentsreform) durch. Als seine Hauptaufgabe sah er die Lösung der irischen Frage an *(Home Rule)*. Er widmete sich auch humanistisch-theolog. Studien. Ⓑ S. 285.

Glaise von Horstenau [glɛːz-], Edmund, österr. Politiker u. Historiker, *27. 2. 1882 Braunau am Inn, †12. 7. 1946 Lager Langwasser bei Nürnberg (Selbstmord); 1925 bis 1938 Direktor des Wiener Kriegsarchivs, 1934 Mitgl. des Staatsrats, 1936–1938 Innen-Min., 1938 Vizekanzler der Regierung Seyß-Inquart, 1943 General der dt. Wehrmacht.

Glarus, ostschweizer. Kanton, 685 km², 39100 Ew., davon 84,5 % deutsch u. 12,2 % italienisch sprechend.
Die Landschaft G., seit 1352 Glied der Eidgenossenschaft, verteidigte ihre Unabhängigkeit 1388 bei Näfels gegen die Österreicher u. löste 1395 die Rechte des Klosters Säckingen durch eine Zahlung ab. 1528 schloß sich die Mehrheit der Bevölkerung der Reformation an; 1683–1837 gab es getrennte Verwaltungen für beide Konfessionen.

Glasinac-Kultur ['glasinats-], bronze- u. eisenzeitl. Kultur, benannt nach der Hochebene von *Glasinac* in der Nähe von Sarajevo; charakterist. war die Körperbestattung unter Grabhügeln mit Stein-Erde-Konstruktionen; bes. reiche Metallfunde gibt es aus der Hallstatt-Kultur.

Glasnost, *Glasnost'* [russ., etwa „Offenheit"], ursprüngl. die Öffentlichkeit von Gerichts- u. Verwaltungsverfahren; seit 1985 von dem sowjet. Parteichef M. *Gorbatschow* in Umlauf gebrachtes Schlagwort für eine Politik größerer Transparenz (z.B. bessere Information der Bevölkerung über staatl. Maßnahmen, öffentl. Erörterung von Mißständen).

Gleichheit, ein Grundprinzip moderner, demokratisch verfaßter Gesellschaften, das im Gegensatz zu den real feststellbaren sozialen u. natürl. Unterschieden von Gruppen u. Individuen die Gleichrangigkeit aller Menschen unter übergeordneten sittl. Maßstäben postuliert.
Bereits in den griech. Stadtstaaten spielte die Diskussion des G.sbegriffs eine bedeutende Rolle.
Die Vollbürger forderten gleiche polit. Rechte (so der freien Meinungsäußerung u. der Stimmabgabe in der Agora), um demokrat. Verfahrensweisen zu etablieren. Die Naturrechtslehre des 5. Jh. v. Chr. sowie *Platon* u. *Aristoteles* setzten diese Diskussion mit unterschiedl. Akzentsetzung fort. Im Frühchristentum knüpften sich an die Anschauung von der G. aller Menschen vor Gott auch Forderungen nach der Aufhebung sozialer Ungerechtigkeiten; Vorstellungen, die sich auch noch in den Utopien der frühen Neuzeit wiederfinden lassen.
Im Vorfeld der Französ. Revolution (bes. bei *Montesquieu* u. *Rousseau*) wird G. endgültig zum polit. Emanzipations- u. Kampfbegriff, mit dem der Feudalismus attackiert wird. Die Forderung nach G. aller vor dem Gesetz mit den daraus resultierenden Konsequenzen (z. B. gleiches Wahlrecht) schlägt sich in den während der Französ. Revolution verabschiedeten Verfassungen auch praktisch nieder. Die während dieser Revolution formulierten Prinzipien G., Freiheit u. Brüderlichkeit *(égalité, liberté, fraternité)* beeinflußten die im 19. Jh. in Dtschld. konzipierten Verfassungen, ohne sich jedoch real durchzusetzen. Auch in der US-amerikan. Unabhängigkeitserklärung von 1776 ist der G.sgedanke enthalten.
Die Fragwürdigkeit einer rein formalen polit. G. bei daneben existierender sozialer Ungleichheit extremen Ausmaßes veranlaßte K. Marx zu einer entschiedenen Kritik des bürgerl. G.sbegriffs. Er unterscheidet dabei die rechtl. G. des Individuums als Staatsbürger („citoyen") bei materieller Ungleichheit als „bourgeois". Soziale G. ist nach Marx erst in einer kommunist. Gesellschaft möglich.
Im Völkerrecht kommt der Grundsatz der G. der Menschen (vor dem Gesetz) heute auch als völkervertragsrechtl. Gebot (u.a.) zum Ausdruck in den Menschenrechtskonventionen der UN u. in der Europ. Konvention zum Schutz der Menschenrechte u. Grundfreiheiten vom 4. 11. 1950.

Gleichschaltung, die erzwungene Unterordnung u. einheitliche Ausrichtung von polit. Gruppen, Einrichtungen u. Ämtern nach den Richtlinien einer polit. Zentralgewalt. Die meist mit der Anwendung von Gewalt u. Terror einhergehende G. dient der Machtfestigung u. -konzentration bei der Errichtung diktatorischer Herrschaft. Erstmals gebraucht wurde der Begriff im Zusammenhang mit den Maßnahmen, die das nat.-soz. Regime 1933 ergriff, um alle Lebensbereiche unter seine Kontrolle zu bringen. Die G. vollzog sich auf der Grundlage der nach dem Reichstagsbrand erlassenen *Notverordnung* des Reichspräsidenten vom 28. 2. u. des *Ermächtigungsgesetzes* vom 24. 3. 1933 in mehreren Schritten.
Ein anderes Beispiel für einen G.sprozeß bietet die Entwicklung in der sowjet. Besatzungszone Deutschlands 1947–1949.

Glockenbecher-Kultur: jungsteinzeitlicher Glokkenbecher aus Logabirum bei Leer (Ostfriesland)

Gleve ['glɛːfə; die; frz.], Bez. für die obere Hälfte der Lilie; auch eine Lanze mit lilienförmiger Spitze.

Globke, Hans, Verwaltungsbeamter, *10. 9. 1898 Düsseldorf, †13. 2. 1973 Bonn; 1929 bis 1945 im preuß. bzw. Reichsministerium des Innern (seit 1938 Ministerialrat); 1949–1953 Ministerialdirektor, 1953–1963 Staatssekretär im Bundeskanzleramt, einer der engsten Mitarbeiter K. *Adenauers*. Als Referent für Personenstandsfragen hatte G. 1936 mit Staatssekretär W. *Stuckart* den Kommentar zu den antisemit. Nürnberger Gesetzen verfaßt.
Deswegen wurde seine Beschäftigung in einem sehr einflußreichen Amt der Bundesregierung häufig kritisiert. Zu seiner Entlastung wurden Hilfeleistung für sog. Rassenmischlinge u. Zusammenarbeit mit der kath. Kirche unter dem nat.-soz. Regime angeführt. Trotz aller Vorwürfe hielt Adenauer bis zum Ende seiner Amtszeit an dem fähigen Administrator G. fest.

Glockenbecher-Kultur, eine prähistor. Fundgruppe des ausgehenden Neolithikums bzw. der Kupferzeit, die mit regionalen Unterschieden im Bereich des westl. Mittelmeeres u. Nordafrikas sowie in ganz Westeuropa bis Mitteldeutschland u. Ungarn vorkommt. Charakteristisch sind die sog. *Glockenbecher* (glockenförmige, meist mit Zonenbändern verzierte Tongefäße), steinerne Armschutzplatten, kleine Kupferdolche, Feuersteinpfeilspitzen u. Schmuck aus Kupfer, Gold, Bernstein u. Knochen. Diese Funde sind meist Grabbeigaben aus Gräbern, in denen die Toten nach den regional unterschiedlichen, auch ohne diese Grabbeigaben üblichen, zeitgleichen Bestattungssitten beigesetzt wurden. Allerdings deuten anthropolog. Untersuchungen auf einen einheitl. Menschentypus (mit sog. planoccipitalem Steilkopf) in allen Gebieten der G. hin.
Siedlungsfunde sind ausgesprochen selten; am häufigsten waren sie bisher auf der Iber. Halbinsel (Vila Nova de São Pedro, Zambujal, Orce). Hatte man früher auch allg. dort die Entstehung der G. angenommen, so gibt es nach dem heutigen Forschungsstand kaum noch ein Gebiet innerhalb ihrer Verbreitung, in dem sie nicht entstanden sein könnte. Datiert wird die G. in die Jahrhunderte um 2000 v. Chr.

Glorreiche Revolution, engl. *Glorious Revolution*, die engl. Revolution von 1688/89, so genannt wegen ihres unblutigen Verlaufs. Ursache der G.n R. waren die Versuche *Jakobs II.*, den Katholizismus zu fördern u. das polit. Gewicht der Krone auf Kosten der traditionellen polit. Elite des Landes zu vermehren. Die *Declaration of Rights* u. die *Bill of Rights* führten gegen die in diesem Zusammenhang getroffenen Maßnahmen Beschwerde. Sieben prominente Politiker forderten daraufhin *Wilhelm von Oranien*, den Gatten der ältesten Tochter Jakobs II., zur Invasion auf. Jakob II. floh, was als Abdankung interpretiert wurde, u. die Krone ging auf Wilhelm u. Maria gemeinsam über. Die neue Monarchie wurde durch eine Reihe von Verfassungsgesetzen als konstitutionell-parlamentarische eingerichtet.

Glosse, Kommentierung antiker röm., langobardischer u. kanonischer Rechtstexte mit teils einfachen, teils dogmatisch gewichtigen Inhaltserläuterungen, oft auch mit ausführli-

August Neidhardt von Gneisenau

chen Verweisungen auf parallele u. entgegenstehende Textbelege an anderen Stellen eines Gesamtwerkes. Diese Glossierungen bildeten bis ins 19. Jh. die Grundlage der wissenschaftl. Auswertung u. der praktischen Anwendung des Kanonischen Rechts.

Gloucester ['glɔstə], Titel eines Earl u. seit dem 14. Jh. eines Herzogs, konnte an nachgeborene Prinzen u. Adoptivkinder des engl. Königshauses verliehen werden. Bedeutende Herzöge von G. waren *Humphrey* (*1390, †1447), der die Regentschaft für den unmündigen König Heinrich VI. übernahm, u. der spätere König *Richard III.*

Gloucester ['glɔstə], Thomas of Woodstock, Duke of G., engl. Politiker, *7. 1. 1355 Woodstock, †im Sept. 1397 Calais; stand 1386–1389 an der Spitze der Adelsopposition gegen *Richard II.* (1377–1399); 1393 Leutenant von Irland, 1397 verhaftet u. vermutl. auf Befehl Richards ermordet.

Glubb [glʌb], Sir (1956) John Bagot, gen. *Glubb Pascha*, brit. Offizier, *16. 4. 1897 Preston, Lancaster, †17. 3. 1986 Mayfield, Sussex; im 1. Weltkrieg in Arabien, dann brit. Agent in den Mandatsgebieten Palästina u. Transjordanien, organisierte seit 1931 die *Desert-Patrol* [„Wüstenpatrouille"] in Jordanien, 1939–1956 Kommandeur der „Arabischen Legion"; spielte als militär. Berater der Araber u. als Treuhänder der brit. Interessen im Nahen Osten eine wichtige Rolle.

Gnägi, Rudolf, schweizer. Politiker (Bauern-, Gewerbe- u. Bürgerpartei), *3. 8. 1917 Schwadernau bei Bern, †20. 4. 1985 Bern; 1965–1977 im Bundesrat, zunächst Vorsteher des Verkehrs- u. Energiewirtschafts-, ab 1968 des Militärdepartements; 1971 u. 1976 Bundespräsident.

Gneisenau, August Graf (1814) Neidhardt von, preuß. Offizier (1825 Generalfeldmarschall), *27. 10. 1760 Schildau bei Torgau, †23. 8. 1831 Posen; nahm 1782/83 mit ansbach. Truppen am amerikan. Unabhängigkeitskrieg teil; seit 1786 in preuß. Diensten; rückte nach der Verteidigung Kolbergs 1806/07 in die militär. Führung Preußens auf u. war mit *Scharnhorst* u. *Boyen* die treibende Kraft bei der Einleitung u. teilweisen Durchführung der preuß. Heeresreform. G. quittierte 1809 vorübergehend den Dienst, weil Preußen Österreich im Kampf gegen Napoleon nicht half. In den Befreiungskriegen 1813–1815 hatte er als Stabschef *Blüchers* wesentl. Anteil an den Siegen bei Leipzig u. Waterloo. In der Zeit der Restauration galt er als revolutionär u. war politisch ausgeschaltet. G. erlag 1831 als Oberbefehlshaber des preuß. Observationskorps beim poln. Aufstand der Cholera. – Unter den preuß. Reformern trat G. als entschiedenster Verfechter eines nationalen Volkskriegs u. einer auf die Vernichtung des Gegners zielenden Strategie hervor. Seine polit. Vorstellungen von einer dauerhaften Schwächung Frankreichs wurden nicht realisiert. Die von ihm abgelehnte friderizian. Heerestradition wurde nur teilweise überwunden.

Gnesen, poln. *Gniezno*, Stadt in Polen, östl. von Posen, 63 500 Ew.
Ausgrabungen einer altsteinzeitlichen Siedlung; im 10. Jh. Fürstensitz, im 10. u. 11. Jh. poln. Hptst.; im Jahr 1000 gründete Kaiser Otto III. das Erzbistum G.; im 13. Jh. dt. Stadtrecht, bis 1320 poln. Krönungsstadt, 1793 bis 1919 preußisch, dann wieder polnisch.

Gobineau [gɔbi'no], Joseph Arthur Graf de, französ. Schriftsteller, *14. 7. 1816 Ville d'Avray bei Paris, †13. 10. 1882 Turin; Diplomat; entwickelte in seinem „Versuch über die Ungleichheit der Menschenrassen" 1853–1855, eine pessimist. Geschichtsphilosophie, die sich ausschl. auf den Begriff der Rasse gründete. Er erklärte die weiße Rasse für allein kulturfähig u. die Arier für deren wertvollste Ausprägung. Das Ende der Kulturentwicklung infolge fortgeschrittener Rassenvermischung sah er als unabwendbar an. Seine Wirkung, bes. auf R. *Wagner*, F. *Nietzsche*, H. S. *Chamberlain* u. indirekt auf den Nationalsozialismus war nicht unerheblich.

Godesberger Programm, das 1959 angenommene Grundsatzprogramm der SPD; → Sozialdemokratische Partei Deutschlands.

Godoy, Manuel de *G. y Alvarez de Faria*, Herzog von *Alcudia*, span. Politiker, *12. 5. 1767 Castuera, Badajoz, †4. 10. 1851 Paris; 1792–1798 an der Spitze der Regierung u. der Außenpolitik, auch weiterhin bis 1808 die einflußreichste polit. Persönlichkeit; führte 1793–1795 Krieg gegen die Französ. Revolution, lehnte sich aber sonst an Frankreich an u. spielte es gegen Portugal aus. G. verdankte seine Stellung seiner Liebschaft mit Königin *Maria Luise* (*1754, †1819) u. der Unfähigkeit *Karls IV.* (1788–1808); er erwarb als bes. Titel den eines *Principe de la Paz* [span., „Friedensfürst"] u. Generalissimus. Als die Franzosen auf dem Weg zu der mit G. vereinbarten Teilung Portugals waren (1808) u. Madrid besetzten, mußte G. vor der Volkswut ins Ausland fliehen.

Godwine ['gɔdwin], Earl of *Wessex*, angelsächs. Magnat, †15. 4. 1053; stieg als Günstling des Dänenkönigs *Knut* (1016–1035 König von England) zum Earl of Wessex auf, bis 1051 beherrschende Figur der engl. Politik während der Regierung *Eduards des Bekenners* (1042–1066) verbannt (1051), weil er gegen Eduards normannenfreundl. Politik opponierte. G.s Sohn Harald wurde 1066 Eduards Nachfolger, bis er von Wilhelm dem Eroberer verdrängt wurde.

Goebbels, Joseph, Politiker (NSDAP), *29. 10. 1897 Rheydt, Rheinland, †1. 5. 1945 Berlin (Selbstmord mit Familie); schloß sich nach Promotion in Germanistik u. Versuchen als freier Schriftsteller um 1925 der NSDAP an u. war zunächst im Gau Rheinland-Nord tätig. 1926 wurde er Gauleiter von Berlin, gründete 1927 die Zeitung „Angriff", war seit 1928 Mitgl. des Reichstages u. seit April 1930 Reichspropagandaleiter der NSDAP. 1933 wurde er Reichsminister für Volksaufklärung u. Propaganda u. Präsident der Reichskulturkammer. Durch rigorose Sprachregelung lenkte G. seitdem die öffentl. Meinung u. übte entscheidenden Einfluß auf Literatur, Theater, bildende Kunst u. Musik aus; Presse, Film u. Rundfunk hatte er ganz in seiner Hand.
Nach dem Attentat auf Hitler am 20. 7. 1944 wurde G. „Generalbevollmächtigter für den totalen Kriegseinsatz". – G. war neben Hitler der erfolgreichste Redner der NSDAP. Skrupellosigkeit u. virtuose Beherrschung propagandist. Effekte machten ihn, auch wenn sein Einfluß in der NSDAP u. bei Hitler schwankte, zu einem der Hauptverantwortlichen für die NS-Verbrechen.
G. schrieb u. a. „Vom Kaiserhof zur Reichskanzlei" 1934. Zeitgeschichtlich wichtig sind seine privaten Aufzeichnungen: „Die Tagebücher von Joseph G. Sämtliche Fragmente – Aufzeichnungen 1924–1941" 1987 u. „Die Tagebücher von Joseph G. – Diktate 1941–1945" 1993 ff.

Joseph Goebbels als Wahlkampfredner 1928

Goerdeler, Carl Friedrich, Politiker, *31. 7. 1884 Schneidemühl, †2. 2. 1945 Berlin-Plötzensee (hingerichtet); Jurist; 1922–1931 Vorstands-Mitgl. der DNVP; 1930–1937 Oberbürgermeister von Leipzig, 1931/32 u. 1934/35 zugleich Reichskommissar für Preisüberwachung. Von seinem Amt als Oberbürgermeister trat G. zurück, da die NSDAP sich weigerte, das in seiner Abwesenheit entfernte Denkmal des jüd. Komponisten F. Mendelssohn-Bartholdy wiederaufzustellen. G. wurde nach Ausbruch des 2. Weltkriegs der führende Kopf der Widerstandsbewegung u. war im Fall von Hitlers Sturz als Reichskanzler vorgesehen. Nach dem Fehlschlagen des Attentats am 20. Juli 1944 wurde G. verhaftet u. zum Tode verurteilt.

Goetz, Walter, Historiker u. Politiker, *11. 11. 1867 Leipzig, †30. 10. 1958 Adelbolzen, Oberbayern; Prof. in München, Tübingen, Straßburg u. Leipzig (1915–1933 als Nachfolger K. *Lamprechts*); in der national-sozialen u. ev.-sozialen Bewegung F. *Naumanns* engagiert, mit L. *Brentano* u. T. *Heuss* befreundet, 1920–1928 MdR (Demokrat. Partei); 1946–1951 Präs. der Münchener Histor. Kommission; Hptw.: „Briefe u. Akten zur Geschichte des Dreißigjährigen Krieges" 4 Bde. 1907–1948; Hrsg. der „Propyläen-Weltgeschichte" 1929–1933 u. des „Archivs für Kulturgeschichte" seit 1921; Mitbegründer der „Neuen Dt. Biographie".

Gokstad, Ort bei Sandefjord, Vestfold (Norwegen), bekannt durch den Fund eines hochseegehenden Langschiffs u. dreier Boote in einem Grabhügel der Wikingerzeit. Das Schiff war aus Eichenholz in Klinkerbauweise gebaut u. trug einen 12 m hohen Mast; 64 über beide Relinge gehängte Rundschilde dienten zum Erhöhen der Bordwand bei schwerer See. Auf dem Schiff war eine Grabkammer, in der ein Mann auf einem Prunkbett bestattet war.

Golan, *Golanhöhen, Gaulan, Djolan*, die antike *Gaulanitis*, Hochland im südwestl. Syrien, östl. des Sees Genezareth.
Der G., fast 20 Jahre lang Ausgangspunkt syr. Anschläge auf israel. Grenzdörfer, kam nach dem „Sechstagekrieg" 1967 unter israel. Verwaltung. Im 4. arab.-israel. Krieg 1973 war der G. erneut umkämpft; nach dem Waffen-

stillstand u. einem israel. Teilrückzug wurden an der Waffenstillstandslinie UNO-Truppen stationiert. Israel legte auf dem G. zahlreiche Siedlungen an. Am 14. 12. 1981 erließ das israel. Parlament ein Gesetz, das den G. der israel. Gesetzgebung, Rechtsprechung u. Verwaltung unterstellte; dies kam einer Annexion gleich.

Golasẹcca-Kultur, eisenzeitl. Kultur im norditalien. Seengebiet, bes. am Südrand des Lago Magiore u. des Comer Sees; um 800 v. Chr. aus einheimischen Gruppen der Bronzezeit entstanden, Blüte während der Hallstattzeit, verlor nach dem Kelteneinfall in Norditalien an Bedeutung; Funde: vasen- u. amphorenartige, ritzverzierte Gefäße, Tonsitulen mit schwarzroter Querstreifung, Fußschalen, verzierte Eimerdeckel, Schlangen- u. Kahnfibeln.

Goldene Bulle, Königs- oder Kaiserurkunde mit „goldenem Siegel" (lat. *bulla aurea*), vom 13. bis 18. Jh. über wichtige staatsrechtl. Fragen ausgefertigt. Bes. bedeutsam ist die G. B. *Karls IV.* von 1356 (Reichstage von Nürnberg u. Metz), eine der wichtigsten Verfassungsurkunden des Hl. Röm. Reiches, in der u. a. das Königswahlrecht des Kurfürstenkollegs bestätigt, der Grundsatz der Mehrheitswahl, die Siebenzahl der Kurfürsten u. ihre Ausstattung mit Sonderrechten festgelegt wurden.
Als G. B. bezeichnet man auch das Privileg, das König Friedrich II. 1212 dem König Přemysl Ottokar I. von Böhmen erteilte, u. das 1222 von Andreas II. erlassene älteste Grundgesetz Ungarns.

Goldene Horde, das Reich bzw. ein großes Heerlager *Tschutschis,* des ältesten Sohns *Tschingis Khans;* zwischen Kaukasus, mittlerer Wolga, Kama, Ural, Kaspischem Meer u. Aralsee; das westl. Eroberungsgebiet der Mongolen, genannt Khanat *Kiptschak,* nach dem Sieg über die Polowzer u. die russ. Großfürsten in der Schlacht 1223 an der Kalka. Unweit von Astrachan gründete ein Sohn *Tschutschis, Batu,* die Hptst. *Sarai.* Versuche, die Herrschaft noch weiter nach W auszudehnen, scheiterten (Schlachten bei Liegnitz u. Mohi 1241). Unter *Ösbek* (1313–1341; danach *Usbeken*) erreichte die G. H. eine bedeutende Macht (Durchsetzung des sunnit. Islams). Seit 1359 brachen Erbfolgestreitigkeiten aus. Erst nachdem 1376 *Tochtamysch* vom Emir → Timur zum Groß-Khan der G.n H. eingesetzt worden war, konnte das vereinigte Reich nochmals bis 1395 (Vertreibung Tochtamyschs durch Timur) aufblühen. Im 15. Jh. bildeten sich die selbständigen Khanate Astrachan, Krim u. Kasan, die teils unter russ., teils unter osman.-türk. Herrschaft fielen. Der letzte Groß-Khan der G.n H. wurde 1502 vertrieben.

Goldenes Zeitalter, bei *Hesiod* u. a. griech. Schriftstellern das älteste von 4 oder 5 Weltaltern, in dem die Menschen unter der Herrschaft des *Kronos* oder der *Dike* ohne Mühen u. Sorgen, ohne Krankheit u. Alter friedlich lebten.

Goldene Bulle Karls IV.: Titelblatt mit thronendem Christus. Kopie von 1400

Golfkrieg (1): Iranische Frauen demonstrieren Kampfbereitschaft für den „Heiligen Krieg"

Goldmann, Nahum, zionist. Politiker, *10. 7. 1895 Wischnewo, Polen, †29. 8. 1982 Bad Reichenhall; studierte in Berlin u. Marburg Jura, seit 1918 in der zionistischen Bewegung tätig; lebte 1940–1964 in den USA, seit 1964 in der Schweiz u. in Israel; 1949–1977 Präs. des Jüdischen Weltkongresses, 1956–1968 Präs. der Zionist. Weltorganisation. G. hielt die Gründung Israels 1948 für verfrüht u. war stets ein heftiger Kritiker der israel. Politik. Autobiographie: „Mein Leben als deutscher Jude" 1979; „Mein Leben. USA – Europa – Israel" 1982.

Golfkrieg, 1. kriegerische Auseinandersetzung seit 1980 zwischen Irak u. Iran um das Mündungsgebiet von Euphrat u. Tigris *(Schatt Al Arab)* am Persischen Golf. Die umstrittene Grenze führte seit dem 19. Jh. mehrfach zu Konflikten zwischen Iran u. der Türkei, später zwischen Großbritannien u. der Türkei. 1975 wurde die Flußmitte als Grenze festgelegt. 1980 nutzte der irak. Präsident S. *Hussein* die Schwäche Irans nach dem Sturz des Schahs zur Kündigung des Abkommens von 1975; er beanspruchte nicht nur den gesamten Flußlauf, sondern auch iran. Territorium auf dem östl. Ufer. Mit zunächst erfolgreichen irakischen Angriffen, denen bald iranische Gegenoffensiven folgten, begann ein Abnützungskrieg, in dem keine Seite eine dauernde Überlegenheit gewann.
Am 20. 8. 1988 wurde mit UN-Vermittlung ein Waffenstillstand geschlossen. Im Zusammenhang mit dem G. (2) anerkannte Irak das Grenzabkommen von 1975, räumte die besetzten iran. Gebiete u. ließ alle Kriegsgefangenen frei. Damit wurde die Stellung Irans in der Nahostregion gestärkt.

2. um die Befreiung des vom Irak annektierten Kuwaits 1991 geführter Krieg zwischen dem Irak u. einem multinationalen Streitkräfteverband unter Führung der USA. Der Konflikt wurde eingeleitet durch den Vorwurf Iraks, Kuwait halte irak. Gebiet im Norden des Ölfeldes von Rumaila besetzt u. entziehe dem Irak dadurch Erdöleinnahmen. Nach vergeblichen Vermittlungsbemühungen anderer arab. Staaten marschierten am 2. 8. 1990 irak. Truppen in Kuwait ein. Das Emirat wurde zur 19. irak. Prov. erklärt. Als Reaktion verhängte der UN-Sicherheitsrat ein Handelsembargo gegen Irak. Gleichzeitig leiteten die USA die „Operation Wüstenschild" ein u. verlegten Truppenverbände nach Saudi-Arabien u. in den Persischen Golf. Andere Staaten schlossen sich an. Am 29. 11. 1990 verabschiedete der UN-Sicherheitsrat eine Resolution, die die multinationalen Truppen für den Fall, daß der Irak Kuwait nicht bis zum 15. 1. 1991 räumen würde, zur Anwendung von Gewalt autori-

Golfkrieg (2): Vor den brennenden Ölquellen Kuwaits untersucht ein US-amerikanischer Soldat einen zerstörten irakischen Panzer

sierte. Die alliierten Truppen begannen am 17. 1. 1991 mit dem Luftkrieg („Operation Wüstensturm") gegen Irak. Die am 24. 2. 1991 eingeleitete Bodenoffensive führte zur völligen Niederlage der irak. Truppen sowie zur Befreiung Kuwaits. Am 28. 2. 1991 endete die militär. Auseinandersetzung mit einer Waffenruhe. Am 11. 4. 1991 trat ein Waffenstillstandsabkommen in Kraft. Auch → Irak.

Golizyn, *Galizyn, Gallitzin*, russ. Fürstenfamilie, die von dem litauischen Großfürsten *Gedymin* abstammte u. zahlreiche Heerführer u. Staatsbeamte stellte: **1.** Alexander Nikolajewitsch, *20. 12. 1773, †4. 12. 1844 Gaspra; Jugendgefährte des Zaren Alexander I., Anhänger eines universalen Christentums; 1803 Oberprokuror des Hl. Synods, 1817 bis 1824 Min. für Volksaufklärung u. geistl. Angelegenheiten.

2. Boris Alexejewitsch Fürst G., Vetter von 4), Erzieher Peters d. Gr., *1654, †1714; Angehöriger des Regentschaftsrats für Peter d. Gr., später dessen Mitarbeiter.

3. Michail Michajlowitsch Fürst G., russ. Feldmarschall, *11. 11. 1675, †21. 12. 1730 Moskau; erfolgreicher Heerführer im Nordischen Krieg.

4. Wassilij Wassiljewitsch Fürst G., Vetter von 2), russ. Politiker, *1643, †1. 5. 1714 Woloko-Pineschskaja Wolost, Gouvernement Archangelsk; Favorit der Regentin *Sophie* (Sofija Alexejewna) u. Leiter der Staatsgeschäfte; nach Sophies Sturz 1689 von Peter d. Gr. verbannt.

Golownin, *Golovnin*, Wassilij Michailowitsch, russ. Seefahrer, *19. 4. 1776 Gulynki, Gouvernement Rjasan, †11. 7. 1831 St. Petersburg; geriet auf seiner ersten Weltreise in japan. Gefangenschaft (1811–1813), unternahm eine zweite Weltreise 1817–1819.

Goltz, märkisches Adelsgeschlecht, 1297 erstmals urkundlich erwähnt; mit freiherrl. u. gräfl. Linien: **1.** August Friedrich Ferdinand Graf von der G., preuß. Diplomat u. Politiker, * 20. 7. 1765 Dresden, †17. 1. 1832 Berlin; preuß. Gesandter in Polen, Dänemark u. Rußland; 1807–1814 Außen-Min., schloß 1807 den Frieden von Tilsit, vertrat 1808 Preußen auf dem Erfurter Kongreß; 1816 bis 1824 Bundestagsgesandter.

2. Colmar Frhr. von der G. *(G.-Pascha)*, Offizier (1896 türk. Marschall, 1911 preuß. Generalfeldmarschall), *12. 8. 1843 Bielkenfeld, Krs. Labiau, † 19. 4. 1916 Bagdad; seit 1867 meist in Generalstabsstellungen, trat früh als Militärschriftsteller hervor. 1883–1896 reorganisierte F. die türk. Armee. Danach war er in hohen Kommandostellen des preuß. Heeres tätig, erlangte aber wegen seiner Kritik an mangelhafter Kriegsvorbereitung keinen größeren Einfluß. 1911 gründete er den *Jungdeutschlandbund* als Dachverband nationalist. Jugendbünde. Im 1. Weltkrieg war G. zunächst Generalgouverneur in Belgien. 1915 führte er türk. Armeen an den Dardanellen u. in Mesopotamien, wo er während der siegreichen Schlacht von *Kut-el-Amara* am Fleckfieber starb. Er schrieb u. a. „Von Roßbach bis Jena" 1883; „Das Volk in Waffen" 1883.

3. Robert Graf von der G., preuß. Diplomat, *6. 6. 1817 Paris, †24. 6. 1869 Berlin; vertrat Preußen in Athen, Konstantinopel, St. Petersburg u. Paris; entwickelte 1848 liberal-konservative Reformpläne für den Dt. Bund; half 1864 u. 1866 im Dt.-Dän. u. im Dt. Krieg die französ. Neutralität sichern; galt zeitweise als *Bismarcks* liberaler Gegenspieler.

4. Rüdiger Graf von der G., Offizier, *8. 12. 1865 Züllichau, †4. 11. 1946 Kinsegg, Oberbayern; 1918/19 Kommandeur der dt. Truppen in Finnland u. im Baltikum, seit 1924 Vors. der Vereinigten Vaterländischen Verbände, nahm 1931 an der Harzburger Front teil; 1934 Führer des Reichsverbandes Dt. Offiziere.

Gömbös ['gœmbœʃ], Gyula G. von *Jákfa*, ungar. Offizier u. Politiker, *26. 12. 1886 Murga bei Tolna, †6. 10. 1936 München; stand M. *Horthy von Nagybánya* nahe (Gruppe von Szegedin), verhinderte 1921 die Rückkehr Kaiser Karls auf den ungar. Thron; 1932–1936 Min.-Präs., betrieb die enge Zusammenarbeit Ungarns mit den Achsenmächten.

Gómez ['gɔmɛs], **1.** José Miguel, kuban. Politiker, *6. 7. 1858 Sancti-Spiritus, Las Villas, †13. 6. 1921 New York; kämpfte 1895–1898 gegen die span. Herrschaft, war 1909–1913 als Kandidat der Liberalen Partei Staats-Präs.

Władysław Gomułka im Jahre 1957

2. Juan Vicente, venezolan. Politiker u. Offizier, *24. 7. 1857 San Antonio de Táchira, †17. 12. 1935 Maracay, Aragua; seit 1908 Oberbefehlshaber des Heeres, 1908–1929 u. 1931–1935 Diktator; unter ihm entwickelte sich Venezuela zu einem der führenden Exportländer für Erdöl u. wurde damit zu einem der reichsten Staaten Lateinamerikas.

Gomułka, Władysław, poln. Politiker (Kommunist), *6. 2. 1905 Krosno, †1. 9. 1982 Warschau; trat 1927 der KP bei; war nach 1939 in der kommunist. Widerstandsbewegung tätig. 1942 wurde er Erster Sekretär der (illegalen) Poln. Arbeiterpartei (PPR) in Warschau; 1943–1948 war er Generalsekretär der PPR. Wegen seiner selbständigen Haltung gegenüber der UdSSR wurde er 1948 als „Nationalist" amtsenthoben; 1951–1954 war er ohne Prozeß in Haft. Im Zuge der Entstalinisierung rehabilitiert, wurde er im Okt. 1956 Erster Sekretär (Parteiführer) der Vereinigten Poln. Arbeiterpartei. G. lockerte das kommunist. Herrschaftssystem, machte die Kollektivierung der Landwirtschaft rückgängig, suchte ein Arrangement mit der kath. Kirche u. schloß den Warschauer Vertrag mit der BR Dtschld. Nach Arbeiterunruhen mußte er 1970 zurücktreten.

Gondophernes [-'fɛr-], *Gondophares*, indoparthischer König, rd. 20–46 n. Chr., der über Nordwestindien herrschte. In seiner Zeit soll der Apostel Thomas Indien besucht haben. Als *Kaspar* ging G. als einer der drei heiligen Könige aus dem Morgenland in die christl. Legenden ein.

Michail Gorbatschow wird am 12.6.1989 von Bundespräsident Richard von Weizsäcker in Bonn empfangen

Gonfanon [ital.], eine längliche, mehrzipfelige, meist bildlose Kriegsfahne, die in vorheraldischer Zeit an einer Lanze befestigt wurde.

Gonzaga, italien. Fürstengeschlecht aus dem Burgdorf G., seit dem 12. Jh. in Mantua, im 15. Jh. kaiserl. Markgrafen u. Reichsvikare, von Kaiser Karl V. 1530 mit der Herzogswürde belehnt.

Später erwarben sie durch Heirat noch die Grafschaft Montferrat. *Francesco G.* (*um 1466, †1519), verheiratet mit *Isabella d'Este*, führte in Mantua einen überaus prächtigen u. luxuriösen Renaissancehof, an dem Künste u. Wissenschaften in Blüte standen. 1627 starben die G. in Mantua aus, was der Anlaß zum Mantuan. Erbfolgekrieg wurde. *Ferrante G.* (*1503, †1557), Graf von *Guastalla*, war unter Karl V. ein bedeutender Feldherr, von 1536–1546 Vizekönig von Sizilien u. von 1546–1555 Gouverneur von Mailand.

González Márquez [gɔn'θalɛθ 'markɛθ], Felipe, span. Politiker, *5. 3. 1942 Sevilla; Jurist; schloß sich 1964 der im Untergrund operierenden Sozialist. Arbeiterpartei Spaniens (PSOE) an u. wurde 1974 Parteiführer. Nach der Legalisierung (1976) brachte er die ursprüngl. marxist. Partei auf einen sozialdemokrat. Kurs. Aufgrund des Wahlsiegs der PSOE wurde er 1982 Min.-Präs.; Wahlerfolge 1986, 1989 u. 1993 bestätigten ihn im Amt. G. M. vollzog den Eintritt Spaniens in die EG u. setzte sich für seinen Verbleib in der NATO ein. Nach den Wahlen 1996 verlor er das Amt des Min.-Präs. an J. M. *Aznar*.

Gooch ['gu:tʃ], George Peabody, brit. Historiker, *21. 10. 1873 London, †31. 8. 1968 Beaconsfield; einer der besten Kenner dt. Geschichte; Hptw.: „History of modern Europe 1878–1919" 1923; „Germany" 1925, dt. 1925; „Friedrich d. Gr." 1947, dt. 1951; „Studies in German history" 1948; „Geschichte u. Geschichtsschreiber im 19. Jh." 1913, dt. 1964; „Historical surveys and portraits" 1966; Hrsg. der „Contemporary Review" u. zusammen mit W. V. Temperley der „British documents on the origins of the war (1898–1914)" 1926 bis 1938.

Good Parliament [gu:d 'pa:ləmənt; engl., „gutes Parlament"], Bez. für das engl. Parlament von 1376, in dem das Unterhaus Klage wegen zu hoher Steuern u. wegen der Ineffizienz u. der Verschwendung von Steuergeldern im Krieg gegen Frankreich erhob. Die Klagen wurden von Sir *Peter de la Mare* vorgetragen, der deshalb als der erste *Speaker* angesehen wird. Zugleich setzte das G. P. durch, daß einigen Beratern des Königs der Prozeß gemacht wurde u. neue Berater ernannt wurden. Diese Beschlüsse wurden jedoch noch im gleichen Jahr aufgehoben, u. für 1377 wurde ein gefügigeres Parlament berufen.

Goppel, Alfons, Politiker (CSU), *1. 10. 1905 Reinhausen bei Regensburg, †24. 12. 1991 Johannisberg; Jurist; 1954 bis 1978 Mitgl. des bayer. Landtags, 1957/58 Staatssekretär im Justizministerium, 1958 bis 1962 Innenminister, 1962 bis 1978 Min.-Präs. von Bayern.

Gorbach, Alfons, österr. Politiker (ÖVP), *2. 9. 1898 Imst, Tirol, †31. 7. 1972 Graz; 1933–1938 Landesführer der „Vaterländischen Front" in der Steiermark; 1938–1942 u. 1944/45 im KZ; wurde als Nachfolger J. *Raabs* 1960 Bundespartei-Obmann der ÖVP; 1961–1964 Bundeskanzler.

Hermann Göring als Reichsmarschall; 1942

Goslar: Rekonstruktion der Kaiserpfalz

Gorbatschow, *Gorbačëv*, Michail Sergejewitsch, sowjet. Politiker, *2. 3. 1931 Priwolnoje bei Stawropol; Jurist u. Agrarökonom; seit 1955 Komsomol- u. Parteifunktionär, 1970–1978 Erster Sekretär des Gebietskomitees Stawropol, 1978–1985 Sekretär des ZK, seit 1980 Mitgl. des Politbüros der KPdSU. 1985 wurde G. als jüngstes Mitgl. des Politbüros zum Generalsekretär des ZK der KPdSU gewählt. 1988 wurde er Vors. des Präsidiums des Obersten Sowjets (nominelles Staatsoberhaupt). Unter den Schlagworten „Glasnost" (Offenheit) u. „Perestrojka" (Umgestaltung) nahm er eine Reform des sowjet. Staats- u. Wirtschaftssystems in Angriff u. setzte eine umfangreiche Verfassungsreform durch. Im Zuge dieser Reform wurde G. 1989 vom neugeschaffenen Kongreß der Volksdeputierten zum Vors. des Obersten Sowjets (Staatsoberhaupt mit weitreichenden Vollmachten) gewählt. Nach einer weiteren Verfassungsreform 1990 wurde G. in das neu geschaffene Amt des Staats-Präs. gewählt. Den Vorsitz im Obersten Sowjet legte er nieder. G. schloß mit den USA ein Abkommen über Raketenabrüstung u. veranlaßte den Abzug der sowjet. Truppen aus Afghanistan. Aufgrund der steigenden innenpolit. Instabilität betrieb G. seit Mitte 1990 eine zunehmend konservativere Politik. Außenpolitisch tolerierte er die Demokratisierung des Ostblocks sowie die dt. Wiedervereinigung. Außerdem suchte er den Ausgleich mit den USA u. betrieb damit die Beendigung des Ost-West-Konflikts. 1991 scheiterte ein Putsch gegen G. Er legte daraufhin das Amt des Generalsekretärs der KPdSU nieder. Nach Gründung der *GUS* trat G. auch vom Amt des Staats-Präs. der UdSSR zurück. – 1990 erhielt G. den Friedensnobelpreis. Ⓑ S. 289.

Gordian, Name von drei röm. Kaisern: **1.** *G. I.*, Marcus Antonius *Gordianus Sempronianus Romanus Africanus*, *159, †238; war gleichzeitig mit seinem gleichn. Sohn *G. II.* (*um 192, †238) einen Monat an der Macht (März 238).

2. *G. III.*, Marcus Antonius *Gordianus*, röm. Kaiser 238–244, *225, †244; führte Krieg gegen die Perser, wurde 244 ermordet.

Gordion, *Gordium*, heute *Yassihüyük*, Hptst. der *Phryger*, 90 km westlich von Ankara in der Türkei. Im 8. Jh. v. Chr. Residenz der phrygischen Herrscher; am Anfang des 7. Jh. v. Chr. von den *Kimmeriern* zerstört; im 6. Jh. v. Chr. persisch. Bei Ausgrabungen wurden Teile des phrygischen Palasts freigelegt. In der Umgebung der Stadt gibt es große Grabhügel der Angehörigen des phryg. Herrscherhauses mit reich ausgestatteten Grabkammern. Hier stand der alte Streitwagen der phrygischen Könige, dessen verknotetes Joch (Gordischer Knoten) *Alexander d. Gr.* durchschlug.

Gordischer Knoten, von *Gordios*, dem sagenhaften Gründer u. König von Phrygien, kunstvoll um das Joch seines geweihten Ochsenwagens geschlungener Knoten, den nach seiner Weissagung nur der künftige Beherrscher Asiens sollte lösen können; *Alexander d. Gr.* durchschlug ihn in Gordion im Winter 334/333 v. Chr. angeblich mit einem Schwerthieb.

Gordon ['gɔ:dn], Charles George, *G. Pascha*, brit. Offizier, *28. 1. 1833 Woolwich, †26. 1. 1885 Khartum; nahm 1863 in China an der Niederschlagung der Taiping-Revolution teil; 1874–1876 Gouverneur der Provinz Equatoria im ägypt. Sudan; 1877–1880 Generalgouverneur des Sudan, wo er den Sklavenhandel abschaffte; 1884 zur Bekämpfung des mahdist. Aufstands erneut in den Sudan entsandt; fand beim Fall Khartums den Tod.

Görgey ['gørgɛi], Artúr von, ungar. General, *30. 1. 1818 Torporc, Zips, †21. 5. 1916 Budapest; umstrittener militär. Führer in der ungar. Revolution 1848/49, kurze Zeit Kriegs-Min., mußte am 13. 8. 1849 bei Világos die Waffen strecken; begnadigt u. nach Klagenfurt verbannt; seit 1867 in Ungarn Eisenbahningenieur.

Goriden → Ghoriden.

Göring, Hermann, Politiker (NSDAP), *12. 1. 1893 Rosenheim, Oberbayern, †15. 10. 1946 Nürnberg (Selbstmord); erfolgreicher Jagdflieger des 1. Weltkriegs, 1919–1921 Flieger in Dänemark u. Schweden. 1922 trat G. der NSDAP bei u. übernahm die Führung der SA. Beim Hitlerputsch 1923 schwer verwundet, floh er ins Ausland. 1927 kehrte er nach Dtschld. zurück, wurde 1928 Mitgl. u. 1932 Präs. des Reichstags. 1933 war G. maßgeblich an der Bildung der Regierung Hitler beteiligt. Er wurde preuß. Min.-Präs. u. Innen-Min. sowie Reichs-Min. der Luftfahrt, außerdem 1934 Reichsforst- u. Reichsjägermeister. Im Zuge der Machtübernahme entstanden unter G. erste Konzentrationslager für polit. Gegner u. das Geheime Staatspolizeiamt (Gestapo). Eine oft behauptete Mitwirkung G.s am Reichstagsbrand (27. 2. 1933) ließ sich bisher nicht schlüssig nachweisen. Die zahlreichen Erschießungen anläßlich des sog. Röhm-Putsches (30. 6. 1934) wurden entscheidend von G. mitveranlaßt. 1935 wurde G. Oberbefehlshaber der von ihm aufgebauten Luftwaffe (1938 Generalfeldmarschall), 1936 Beauftragter für den Vierjahresplan. 1939 bestimmte ihn Hitler für den Fall seines Todes zum Nachfolger; 1940 erhielt er den neugeschaffenen Rang eines Reichsmarschalls. Im 2. Weltkrieg war G. mitverantwortlich für die Fehlschläge u. Fehlplanungen der dt. Luftwaffe, die sein Prestige u.

seine Stellung bei Hitler beeinträchtigten. Am 29. 4. 1945 wurde er „wegen eigenmächtiger Verhandlungen mit dem Feind" von Hitler aus allen Partei- u. Staatsämtern ausgestoßen. Vom Internationalen Militärgerichtshof in Nürnberg wegen Vorbereitung von Angriffskriegen, Kriegsverbrechen u. Verbrechen gegen die Menschlichkeit zum Tode verurteilt, entzog sich G. der Hinrichtung durch Gift.

Gorm der Alte, Dänenkönig, *um 860, †um 940; erreichte die erste staatl. Zusammenfassung Dänemarks. Von ihm stammt der zu Ehren seiner Frau *Thyra* errichtete kleine Runenstein von Jellinge (Jütland). Ihrer beider Sohn *Harald Blauzahn* setzte seinen Eltern den großen Stein von Jellinge, der die älteste nord. Christusdarstellung trägt.

Gorodez-Kultur [gɔra'djɛts-], vorgeschichtl. Viehzüchter- u. Jägervölkerkultur (Pelztierjagd) aus der Zeit 600 v. Chr.–500 n. Chr. westlich der mittleren Wolga u. im Flußgebiet der Oka in Mittelrußland; Merkmale: burgähnliche Siedlungen mit Umwallung, Körperbestattung, hochentwickelte Metallurgie, Handelsbeziehungen zum skythischen Gebiet. Die Träger der G. gelten als Vorläufer der Ost- u. Westfinnen.

Görres, Joseph von (1839), Publizist u. Gelehrter, *25. 1. 1776 Koblenz, †29. 1. 1848 München; zuerst rhein. Republikaner („Der allgemeine Friede, ein Ideal" 1798), gehörte als Privatdozent 1806–1808 mit A. von *Arnim* u. C. *Brentano* zur Heidelberger Romantik u. gab „Die teutschen Volksbücher" 1807 heraus, schrieb auch eine „Mythengeschichte der asiat. Welt" 1810. Mit seinem 1814 in Koblenz gegründeten „Rhein. Merkur", der zunächst gegen Napoleon für den Reichsgedanken kämpfte, wurde er zu einem Schöpfer der modernen polit. Zeitung; 1819 mußte er, als ihm seine Schrift „Teutschland u. die Revolution" einen preuß. Haftbefehl eintrug, in die Schweiz fliehen. Dort kehrte er zur kath. Kirche zurück, wurde 1826 Prof. für Geschichte in München u. führend in der kath. Spätromantik („Die christliche Mystik", 4 Bde. 1836–1842). – Gesammelte Schriften, 28 Bde. 1926ff.

Goten

Reich der Ostgoten in Italien

Könige	
Theoderich d. Gr.	473–526
Athalarich (unter Vormundschaft von Amalasuntha)	526–534
Theodehad	534–536
Witiches (Witigis)	536–540
Ildibad (Hildebad)	540–541
Erarich	541
Totila	541–552
Teja	552

Reich der Westgoten in Südfrankreich und Spanien

Könige	
Wallia	415–418
Theoderich I. (Theoderid)	418–451
Thorismund	451–453
Theoderich II.	453–466
Eurich	466–484
Alarich II.	484–507
Gesalech	507–511
Amalarich (bis 526 unter ostgotischer Vormundschaft)	511–531
Teudis	531–548
Teudegisel	548–549
Agila	549–555
Athanagild	555–567
Leowa I.	567–572
Leowigild	568–586
Rekkared I.	587–601
Leowa II.	601–603
Witterich	603–610
Gundemar	610–612
Sisibut	612–621
Rekkared II.	621
Swintila	621–631
Sisinand	631–636
Chintila	636–639
Tulga	639–642
Chindaswind	642–653
Rekkeswind	653–672
Wamba	672–680
Erwich	680–687
Egica	687–702
Witiza	702–710
Roderich	710–711

Goten: Seite des „Codex Vigilano" von 976 u. a. mit Darstellungen von Königen der späten Westgoten-Zeit; El Escorial bei Madrid

Gortschakow, *Gorčakov,* Alexander Michajlowitsch, Fürst, russ. Politiker, *15. 7. 1798, †11. 3. 1883 Baden-Baden; 1856 Außen-Min., 1862 Vizekanzler, 1867 Staatskanzler. G. bemühte sich zunächst um eine russ.-preuß. Annäherung; den Dt.-Französ. Krieg 1870/71 nutzte er aus, um Rußland von der Schwarzmeerklausel des Pariser Friedens von 1856 zu befreien. 1873 war G. maßgeblich am Zustandekommen des Dreikaiserabkommens beteiligt. Seinem Streben, den Einfluß Rußlands auf dem Balkan zu verstärken, wurden trotz militär. Erfolge im Krieg mit der Türkei 1877/78 von den Westmächten auf dem Berliner Kongreß (1878) Grenzen gesetzt.

Gortyn, antike Stadt im S Kretas; Funde aus myken. Zeit bis zur Zerstörung durch die Araber 828; u. a. 42 Inschrift-Blöcke mit dem Stadtrecht aus dem 5. Jh. v. Chr. (inhaltlich jedoch älter), die wichtig für die griech. Rechtsgeschichte sind; Ruine der frühchristl. Kirche des hl. Titus (erster Bischof Kretas) aus dem 6. Jh.

Gorze, ehemalige Benediktinerabtei (gegr. 749, säkularisiert 1572) südwestl. von Metz; im 10./11. Jh. Ausgangspunkt einer von Cluny unabhängigen Klosterreformbewegung, der *Gorzer Reform,* die sich bes. im dt. Raum verbreitete u. etwa 160 Abteien erfaßte. Im Gegensatz zu Cluny wurde sie vom Episkopat u. vom lothring. Adel gefördert u. entsprach dem otton. Reichskirchensystem.

Goslar, Kreisstadt in Niedersachsen, 46200 Ew.; mittelalterl. Bauwerke. G. wurde um 920 als Handelsplatz (Wik) gegr. u. nahm durch die Entwicklung des Silberbergbaus auf dem Rammelsberg vor 1000 städt. Charakter an. Die seit 1005 errichtete Pfalz war der bevorzugte Aufenthalt der salischen Kaiser (Heinrich III., dessen Herz in der Ulrichskapelle bestattet liegt, u. Heinrich IV.). 1131 wurden G. die Stadtrechte verliehen. 1281 trat es der Hanse bei. 1290 wurde G. Reichsvogtei. 1340–1802 war es als einzige niedersächs. Stadt reichsunmittelbar. 1803 kam G. zu Preußen, 1815 zu Hannover, 1866 wieder zu Preußen, 1941 zu Braunschweig u. 1946 zu Niedersachsen.

Goslarer Friede, am 16. 1. 1642 geschlossener Ausgleich der welf. Herzöge Friedrich, August u. Christian Ludwig von Braunschweig-Lüneburg mit Kaiser Ferdinand II., dem sie Gehorsam u. Unterstützung zusagten, während ihnen Amnestie u. Rückgabe der besetzten Gebiete einschl. Wolfenbüttel gewährleistet wurde.

Gospodar, *Hospodar,* [slaw. „Herr"], Fürstentitel, bes. in der Moldau u. der Walachei (14.–19. Jh.).

Goten [germ., „Männer, Helden"], ein ostgerman. Volk, ursprüngl. in Südschweden, danach auf *Gotland,* das sich im unteren Weichselgebiet niederließ, von dort sein Gebiet nach dem späteren Ostpreußen u. nach S ausdehnte, im 2. Jh. n. Chr. zur Nordküste des Schwarzen Meers zu ziehen begann u. um 230 wohl am unteren Dnjepr ansässig war. Um diese Zeit fielen die G. in das Röm. Reich (zumeist in Mösien) ein, unterlagen aber den Römern bei Naïssus (Niš, 269). Im 3. Jh. spalteten sich die G. in die Ostgoten unter dem Königshaus der *Amaler* u. die Westgoten unter den *Balthen.*

Die Ostgoten [eigentl. *Austrogoti,* die „strahlenden G."] bildeten unter *Ermanarich* (etwa 350–375) ein Großreich, kamen aber seit 375 unter die Oberherrschaft der Hunnen. Durch Attilas Tod 453 wurden sie wieder frei u. siedelten in Pannonien. Von hier führte sie *Theoderich d. Gr.* (473–526) im Auftrag des oström. Kaisers nach Italien, das sie (mit Sizilien, Dalmatien, Teilen von Rätien, Noricum u. Illyrien) im Kampf gegen *Odoaker* eroberten. Die Provence u. andere Gebiete kamen hinzu. Im Ostgotenreich blieben G. u. Römer politisch getrennt, unter weitgehender Duldung der röm. Einrichtungen. Der Plan Theoderichs, bes. durch seine Heiratspolitik einen german. Staatenbund (mit Westgoten,

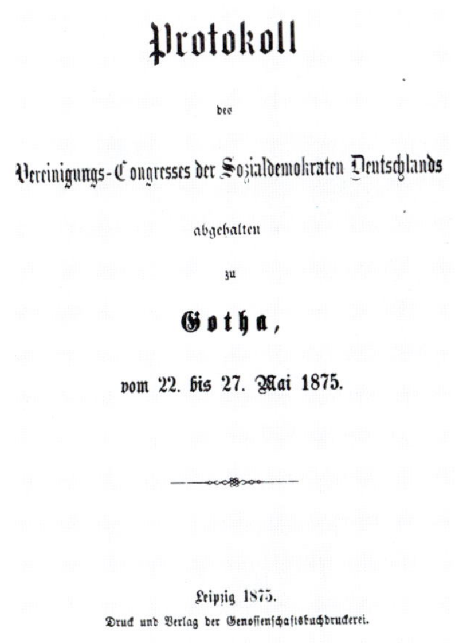

Protokoll

des

Vereinigungs-Congresses der Sozialdemokraten Deutschlands

abgehalten

zu

Gotha,

vom 22. bis 27. Mai 1875.

Leipzig 1875.

Druck und Verlag der Genossenschaftsbuchdruckerei.

Gothaer Programm: Titelseite des Protokolls des Gothaer Vereinigungskongresses der Sozialdemokraten Deutschlands

Burgundern, Wandalen, Franken, Thüringern) unter seiner Führung zu bilden, scheiterte am Frankenkönig *Chlodwig.* Auch wuchs der Widerstand der got. „Nationalpartei“ unter seiner Tochter *Amalasuntha,* die wahrscheinlich auf Veranlassung ihres Vetters *Theodohad* (534–536) getötet wurde. Das gab dem byzantin. Kaiser Justinian den Anlaß, den G. Sizilien u. Unteritalien zu entreißen. König *Witigis* (536–540) wurde von dessen Heerführer Belisar gefangengenommen. Noch einmal richtete *Totila (Badwila,* 541–552) die got. Herrschaft auf, eroberte Mittel- u. Unteritalien zurück, unterlag aber gegen das durch german. Söldner verstärkte Heer des byzantin. Heerführers Narses u. fiel bei Tadinae 552, ebenso der letzte König *Teja* 552 am Mons Lactarius (Golf von Neapel). Die Reste der Ostgoten zogen nach N ab.
Den Westgoten [eigentl. *Wisigothae,* die „edlen G.“] gelang es, sich vor den Hunnen nach W zurückzuziehen. Sie schlugen den röm. Kaiser Valens 378 bei Adrianopel u. erzwangen von Kaiser Theodosius die Aufnahme in das Röm. Reich als Bundesgenossen (380). *Alarich I.* (†410) wurde oström. Statthalter von Illyrien u. eroberte Italien (410 Einnahme Roms). Nach seinem Tod zogen die Westgoten unter *Athaulf* nach Südfrankreich u. Spanien. *Theoderich I.* (418–451) gründete ein Reich mit der Hauptstadt Toulouse u. zog gegen die Hunnen; in der Schlacht auf den Mauriazensischen (oder Katalaunischen) Feldern fiel er. *Eurich* (466–484) löste sich von den Römern u. führte das Westgotenreich zur größten Ausdehnung (fast ganz Spanien u. Gallien bis zur Loire) u. höchsten Macht. Aber bereits sein Sohn *Alarich II.* (484–507) verlor fast ganz Gallien an den Franken Chlodwig. *Rekkared I.* (586–601) trat 589 zum Katholizismus über, u. nun gingen die Westgoten rasch in den Romanen auf. Letzter König war *Roderich* (710/11), der sein Reich bis auf kleine Reste im N an die Araber verlor.

„Gotha“, Kurzbez. für *Gothaische Genealogische Taschenbücher.*

Gotha, Kreisstadt in Thüringen, 53300 Ew. G. wird 775 erstmals urkundlich erwähnt; wahrscheinlich befand sich dort ein fränk. Königshof. 1189 wird es als Stadt genannt. 1639 wurde es Residenz der Herzöge von Sachsen-G.; seit 1826 war es Hptst. des Herzogtums Sachsen-Coburg-G. 1920 kam es zum Land Thüringen. 1952–1990 gehörte G. zum Bezirk Erfurt.

Die Göttinger Sieben (zeitgenössische Darstellung); oben: Gervinus, Albrecht; Mitte: Ewald, Dahlmann, Weber; unten: W. Grimm, J. Grimm

Gothaer Nachparlament, im Anschluß an die *Frankfurter Nationalversammlung* vom 26. 6. bis 28. 6. 1849 in Gotha tagende Versammlung von Abgeordneten, die in der Paulskirche für die Errichtung eines engeren dt. Bundes u. die Wahl des preuß. Königs zum dt. Kaiser gestimmt hatten. Das G. N. unterstützte die Wahlen zum *Erfurter Unionsparlament,* in dem die Gothaer die Mehrheit stellten. Der Begriff *Gothaer* wird oft synonym für *Kleindeutsche* gebraucht.

Gothaer Programm, das 1875 auf dem Parteitag in Gotha angenommene Gründungsprogramm der Sozialistischen Arbeiterpartei Deutschlands (der späteren SPD); es enthielt neben marxistischen auch lassalleanische Gedanken (z. B. die Forderung nach Errichtung von sozialist. Produktivgenossenschaften mit Staatshilfe) u. wurde deshalb von K. *Marx* scharf kritisiert. Auch →Sozialdemokratische Partei Deutschlands. Ⓑ S. 291.

Gothein, Eberhard, Historiker, *29. 10. 1853 Neumarkt, Schlesien, †13. 11. 1923 Berlin; Prof. in Karlsruhe, Bonn u. Heidelberg; widmete sich bes. der Kultur- u. Wirtschaftsgeschichte; Hptw.: „Die Aufgaben der Kulturgeschichte“ 1889; „Die Kulturentwicklung Süditaliens“ 1886; „Schriften zur Kulturgeschichte der Renaissance, Reformation u. Gegenreformation“ 1924.

Gottesgnadentum, die aus theokrat. Vorstellungen erwachsene, auf Römerbrief 13,1 („keine Obrigkeit ohne von Gott; wo aber Obrigkeit ist, ist die von Gott verordnet“) gestützte, von der Geistlichkeit seit dem Konzil von Ephesus (431 n. Chr.) gebrauchte, in der Karolingerzeit von den weltl. Herrschern, auch gegenüber den Vertretern der Kirche, übernommene Formel u. Begründung für die Herrschaftsansprüche vornehmlich der absolutist. Herrscher (lat. *Dei gratia,* „von Gottes Gnaden“). Die Behauptung des G.s diente der Abwehr der schon im MA erörterten Lehre von der Volkssouveränität u. der durch das Lehnswesen geförderten *Vertragstheorie.* Aus der Idee des G.s ergibt sich gegensätzlich die Lehre vom Widerstandsrecht gegen einen Herrscher, der nach dem Empfinden des Volkes nicht mehr der Gnade teilhaftig ist u. entsprechend handelt. Im Konstitutionalismus des 19. Jh. wurde die Formel vom G. zwar weitergeführt, konnte jedoch keine polit. Kraft mehr entfalten u. wurde zum traditionellen Zierat. Sie steht, wie das Beispiel Großbritanniens u. anderer europ. Monarchien zeigt, einer Entwicklung zur Demokratie nicht mehr im Wege. Volkssouveränität u. G. sollten zeitweise verbunden werden in der von den italien. Königen u. auch von Napoleon III. gebrauchten Formel „von Gottes Gnaden u. durch den Willen der Nation“.

Gotteshausbund, von Talschaften in Graubünden 1367 geschlossener Bund gegen die Bedrohung durch die habsburg. Herzöge von Österreich.

Gottesurteil, *Ordal,* im Strafprozeß bis zum hohen MA die Entscheidung über Schuld oder Unschuld eines Beschuldigten durch äußere, auf göttliche Einwirkung zurückgeführte Zeichen, z. B. Zweikampf, Kreuzurteil, Feuer-, Eisen- oder Wasserprobe, wobei man glaubte, Gott greife direkt zugunsten des Unschuldigen ein u. lasse den Schuldigen unterliegen; deshalb wurden die G.e in feste liturg. Formen (vorheriges Fasten, Messe, Anwesenheit von Geistlichen) eingekleidet. Seit dem 12./13. Jh. durch rationalere Rechtsvorstellungen umstritten, verbot die Kirche 1215 (4. Laterankonzil) die Anwesenheit von Geistlichen u. entzog so den G.en die kirchliche Sanktion.

Gottfried, Herzöge von Lothringen: **1.** *G. II., G. der Bärtige,* 1044–1046/47 Herzog von Ober-, seit 1065 von Niederlothringen, †21. 12. 1069 Verdun; empörte sich zweimal vergeblich gegen Kaiser Heinrich III., wodurch er seine ursprüngl. Herrschaft verlor; durch seine Ehe 1054 mit *Beatrix* († 1076), der Witwe des Markgrafen von Tuszien, gewann er großen Einfluß in Mittelitalien u. während der Unmündigkeit Heinrichs IV. auch auf die Reichspolitik; Höhepunkt seines Einflusses war die Wahl seines Bruders Friedrich zum Papst: Stephan IX. (1057).

2. *G. IV., G. von Bouillon,* Herzog von Niederlothringen seit 1087, *um 1060, †18. 7. 1100 Jerusalem; konnte sich in seinem Herzogtum nicht durchsetzen; Führer des 1. *Kreuzzugs* (1096–1099); verkaufte zuvor alle seine Güter einschließlich der Stammburg *Bouillon,* weil er sich im Hl. Land eine neue Herrschaft erhoffte; erstürmte 1099 Jerusalem, wurde im gleichen Jahr zum ersten *König von Jerusalem* gewählt, begnügte sich aber mit dem Titel „Vogt des Heiligen Grabes“; schlug ebenfalls 1099 die Ägypter bei Askalon (Ashqelon).

Göttinger Sieben, sieben Professoren der Universität Göttingen (W. *Albrecht,* F. C. *Dahlmann,* H. *Ewald,* G. *Gervinus,* J. u. W. *Grimm,* W. *Weber*), die gegen die unrechtmäßige Aufhebung der hannoverschen Verfassung von 1833 durch den 1837 zur Regierung gekommenen reaktionären König *Ernst August II.* Einspruch erhoben u. deshalb abgesetzt u. zum Teil des Landes verwiesen wurden; als Opfer fürstl. Willkür u. Bekenner freiheitl. Gesinnung populär u. in ganz Dtschld. gefeiert.

Gottkönigtum, als gottgesetzt angesehenes Königtum. Die Vorstellung beruht möglicherweise auf der Vertretung des Gottes durch den König im Kult. Das G. entwickelte sich in den altorientalischen Reichen, wo der König als von den Göttern eingesetzt galt oder wo der Träger des Königtums zu Lebzeiten, nach dem Tod oder im Kult als Gott bzw. als Inkarnation eines Gottes verehrt wurde. Die Griechen kannten kein G., doch entwickelte sich aus der Heroisierung mancher Könige nach ihrem Tod im Hellenismus der Herrscherkult.

Gottorf, *Gottorp,* Nebenlinie des oldenburg.-dän. Königshauses, benannt nach der Residenz Schloß G. bei Schleswig. Das Herzogtum entstand durch die vom dän. König *Christian III.* vorgenommene Erbteilung von 1544. – Die *G.-Frage,* der Gegensatz zwischen den G.ern u. den dän. Königen, führte 1720 zum *Nordischen Krieg,* in dem die G.er ihre Anteile am Herzogtum Schleswig verloren. Die jüngere Linie G. regierte bis 1918 im Großherzogtum Oldenburg. Das Haus *Holstein-G.* regierte 1762–1917 in Rußland.

Göttrik, dän. König, †um 810; setzte sich im Schleigebiet fest, kämpfte gegen die Obodriten u. Karl d. Gr.; siedelte in Haithabu eine Kaufmannschaft an u. baute die ersten Anlagen des *Danewerks.*

Gottschalk, Obodritenfürst, Heiliger, †14. 6. 1066 Lenzen an der Elbe (ermordet); erzogen im Michaeliskloster zu Lüneburg, nach der Ermordung seines Vaters *Uto* († 1028) verbannt; diente in England u. Norwegen; gelangte um 1044 wieder an die Herrschaft, die er um 1058 über die lutizischen *Kessiner* u. *Circipaner* ausdehnen konnte. Durch Förderung der christl. Mission gewann G. die Gunst des Erzbischofs *Adalbert* von Hamburg-Bremen, mit dem zusammen er die Bistümer Mecklenburg u. Ratzeburg gründete, dessen Sturz 1066 jedoch eine heidnisch-nationale Reaktion auslöste, der G. zum Opfer fiel. – Fest: 14. 6.

Gottwald, Klement, tschechoslowak. Politiker (Kommunist), *23. 11. 1896 Dědice, Mähren, †14. 3. 1953 Prag; seit 1929 Generalsekretär der Kommunist. Partei der Tschechoslowakei; 1939 nach Moskau emigriert; nach seiner Rückkehr 1945 Partei-Vors. u. Stellvertr. Min.-Präs., 1946–1948 Min.-Präs.,

Granada: Einzug Ferdinands II. und Isabellas I. in die eroberte Stadt; Altarrelief von Felipe Vigarny, 1520

vollzog 1948 den Übergang zur Volksdemokratie; 1948–1953 Staats-Präs.

GPU, Abk. für russ. *Gossudarstwennoje politscheskoje uprawlenije*, „Staatliche Politische Verwaltung", 1922–1934 Name der sowjet. geheimen Staatspolizei.

Graber, Pierre, schweizer. Politiker (Sozialdemokrat), *6. 12. 1908 La Chaux-de-Fonds; Anwalt, 1946–1950 Stadt-Präs. von Lausanne, 1962–1969 im Waadtländer Regierungsrat, 1970–1978 im Bundesrat, Vorsteher des Polit. Departements (Außenpolitik); 1975 Bundes-Präs.

Gracchus ['graxus; Pl. *Gracchen*], Zweig des plebejischen Adelsgeschlechts der *Sempronier* im alten Rom; erlangte bes. polit. Bedeutung durch die Brüder *Tiberius Sempronius G.* (*162 v. Chr., †133 v. Chr.) u. *Gaius Sempronius G.* (*153 v. Chr., † 121 v. Chr.). Als Volkstribun des Jahres 133 v. Chr. wollte Tiberius G. durch eine Neuverteilung des großenteils in den Händen der adligen Großgrundbesitzer befindlichen *ager publicus* die Lage des röm. Bauerntums verbessern: Privater Landbesitz sollte 500 Morgen nicht übersteigen (für die beiden ältesten Söhne zusätzlich je 250 Morgen), das freigewordene Land unter die besitzlosen Bauern aufgeteilt werden. Den Widerstand der Senatsmehrheit brach Tiberius G. unter Mißachtung geltenden Rechts (Abwahl eines Volkstribunen). Als er sich entgegen der Verfassung für das Jahr 132 v. Chr. erneut zum Volkstribunen wählen lassen wollte, kam es zum Kampf, u. er wurde mit 200–300 seiner Anhänger erschlagen. Das Ackergesetz wurde nicht mehr angewandt. 123 v. Chr. nahm Gaius G. das Reformprogramm seines Bruders in erweiterter Form wieder auf. Durch ein Korngesetz (Verteilung des Getreides zu niedrigsten Preisen) gewann er die Menge. Dem Ritterstand gab er die bisher den Senatoren vorbehaltene Besetzung der Geschworenengerichte u. schuf damit den Anlaß zu Auseinandersetzungen zwischen Rittern u. Senatoren. Für die Agrarreform sah er außeritalisches Land vor. 122 v. Chr. erneut zum Volkstribun gewählt, stellte er einen Antrag auf Verleihung des vollen Bürgerrechts an die Latiner u. des latin. Rechts an die übrigen italischen Bundesgenossen. Der Widerstand der Optimaten führte 121 v. Chr. zu Kämpfen in Rom, u. Gaius G. ließ sich auf der Flucht von einem Sklaven töten; 3000 seiner Anhänger kamen bei den Unruhen ums Leben.

Grächwil, Ortsteil von Meikirch, Kanton Bern (Schweiz), bekannt durch zwei Grabhügel aus der Hallstatt-Kultur; davon barg einer ein Fürstengrab. Es enthielt u. a. die *Hydria von G.*, ein importiertes griech. Bronzegefäß aus der 2. Hälfte des 6. Jh. v. Chr. mit reichem Figurenschmuck.

Gradl, Johann Baptist, Politiker (CDU), *25. 3. 1904 Berlin, †2. 7. 1988 Berlin; Volkswirt u. Journalist; bis 1933 Mitgl. der Zentrumspartei, 1945 Mitbegründer u. Vorstands-Mitgl. der CDU in Berlin u. der Sowjet. Besatzungszone, 1947 von der Sowjet. Militäradministration abgesetzt, seitdem geschäftsführendes Vorstands-Mitgl. u. seit 1970 Vors. der Exil-CDU; 1957–1980 MdB, 1965/66 Bundes-Min. für Vertriebene, Flüchtlinge u. Kriegsgeschädigte, 1966 auch für gesamtdt. Fragen.

Graeco-Baktrisches Reich, bedeutendes Reich auf dem Gebiet des heutigen Afghanistan und von Teilen der Länder Tadschikistan u. Usbekistan; entstand aus dem Abfall der Satrapie *Baktrien* vom Seleukidenreich unter dem Satrapen *Diodotos* um etwa 240 v. Chr. Um etwa 140 v. Chr. wurde dieses Reich mit seiner Hauptstadt *Bactra*, dem heutigen Balch, von den *Kuschan* erobert. Der in der späteren Kunst dieser Gebiete, bes. in *Gandhara*, erkennbare griech. Einfluß wird heute auf das Nachwirken der graeco-baktrischen Kunst zurückgeführt. 1964 begann eine französ. Mission mit der Ausgrabung der ersten graeco-baktr. Stadt: *Ai Chanum* am Oxus.

Graetz, Heinrich, Historiker, *31. 10. 1817 Xions, Posen, †7. 9. 1891 München; Dozent am Jüdisch-Theologischen Seminar u. Professor in Breslau; „Geschichte der Juden von den ältesten Zeiten bis auf die Gegenwart" 1853–1875.

Graf, [ahd. *grafio, gravo*, vielleicht von grch. *grapheus*, „Schreiber"], lat. *comes*, frz. *comte*, **1.** ursprüngl. wohl der aus einer Gefolgschaft hervorgegangene Stellvertreter eines Königs an der Spitze einer bestimmten Verwaltungseinheit im Merowinger- u. Frankenreich *(Grafschaft, Gau)*; zunächst mit Wehrhoheit, im Frankenreich auch mit Gerichtsbarkeit, Finanz- u. Verwaltungshoheit ausgestattet; anfangs Beamter, seit dem 9. Jh. erblich. Die Grafschaftsverfassung des Frankenreichs wurde von England *(county)*, Frankreich, Spanien, Italien u. Ungarn *(Komitat)* übernommen. Im MA gehörten die G.en in Dtschld. zum Hochadel; ein Teil wurde im Verlauf der Geschichte zu Landesherren, wurde Reichsstand u. zählte dann weiterhin zum Hochadel, der andere Teil gehörte dem landsässigen, niederen Adel an. 1806 wurden die reichsunmittelbaren G.en mediatisiert. Seit 1919 ist in Dtschld. der G.entitel wie die anderen Adelstitel nur noch Bestandteil eines Familiennamens; in Österreich wurde der Titel abgeschafft.
2. seit dem späten MA Titel für genossenschaftl. Beauftragten, z. B. Deichgraf.

Grafenfehde, die 1534–1536 unternommenen Versuche des Lübecker Bürgermeisters J. *Wullenwever*, unter Ausnutzung eigensüchtiger Pläne der Grafen *Christoph von Oldenburg* u. *Johann (VII.) von Hoya* (†1535) die alte Vormachtstellung Lübecks zurückzugewinnen u. die Thronfolge *Christians III.* in Dänemark durch Befreiung des gefangenen *Christian II.* zu verhindern. Mit schwed. Hilfe u. Unterstützung protest. Fürsten konnte Christian III. militärisch gegen Lübeck vorgehen u. im Frieden von Hamburg am 14. 2. 1536 seine Anerkennung durchsetzen.

Gramont [gra'mɔ̃], Antoine Alfred Agénor Herzog von G., Fürst von *Bidache*, französ. Politiker u. Diplomat, *14. 8. 1819 Paris, †18. 1. 1880 Paris; Anhänger Louis Napoleons (Napoleons III.), 1870 Außen-Min.; mitverantwortlich für den Ausbruch des Dt.-Französ. Kriegs 1870/71, u. a. durch seine leidenschaftl. Kammerreden.

Gramsci ['gramʃi], Antonio, italien. Politiker u. marxist. Theoretiker, *23. 1. 1891 Ales, Sardinien, †27. 4. 1937 Rom; seit 1913 Mitgl. der Sozialist. Partei, bildete 1919 die Gruppe „Ordine Nuovo", die Keimzelle der 1921 von ihm mitgegründeten Kommunist. Partei Italiens; leitete im April 1920 den Generalstreik in Turin u. gründete 1924 die Zeitung „Unità", die bis heute das Zentralorgan der KPI ist. 1924–1927 war G. Generalsekretär der KPI; 1926 wurde er verhaftet u. 1928 von einem faschistischen Sondergericht zu 20 Jahren Zuchthaus verurteilt; er starb im Krankenhaus an den Folgen der Haft. G. war zwischen den beiden Weltkriegen der führende Theoretiker des italienischen Kommunismus; seine zahlreichen, größtenteils in der Haft verfaßten u. posthum erschienenen Schriften (bes. die „Quaderni del carcere" 6 Bde. 1947) beeinflussen auch die internationale marxistische Diskussion der Gegenwart.

Granada, südspan. Prov.-Hptst. im Andalus. Bergland, 260 000 Ew.
G. wurde 711 von den Arabern erobert, unterstand seit 755 dem Emir, später dem Kalifen von Córdoba u. wurde 1238 maurisches Königreich unter den Nasriden, das den kastilischen Königen Tribut zu leisten hatte. Mit dem Feldzug Ferdinands II. u. Isabellas I. gegen G. (1481–1492) fiel G. als das letzte Maurenreich in die Hände der christl. Herrscher. Die *Reconquista* auf der Iberischen Halbinsel war damit abgeschlossen.

Grandi, Dino Graf (1937), italien. Politiker (Faschist), *4. 6. 1895 Mordano, Provinz Bologna, †21. 5. 1988 Bologna; 1929–1932 Außen-Min., 1932–1939 Botschafter in London, 1939–1943 Justiz-Min. u. Kammerpräsident; löste in der Sitzung des Faschist. Großrats am 24./25. 7. 1943 den Sturz Mussolinis aus; floh nach Portugal, lebte bis 1957 in Brasilien, kehrte dann nach Italien zurück.

Grandval [grã'val], Gilbert, eigentl. G. *Hirsch*, französ. Politiker, *12. 2. 1904 Paris, † 29. 11. 1981 Paris; nach 1940 führend in der französ. Widerstandsbewegung, 1945–1948 Militärgouverneur, 1948–1952 Hoher Kommissar, 1952–1955 Botschafter im Saarland; um die Loslösung des Saargebiets von Dtschld., dann um die Europäisierung bemüht; 1955 Generalresident von Marokko, 1962–1966 Arbeits-Min.

Granikos, heute *Biga*, kleiner Fluß im nordwestl. Kleinasien, mündet ins Schwarze Meer; bekannt durch die Schlacht am G. 334 v. Chr.; sie war der erste Sieg *Alexanders d. Gr.* über die Perser.

Grant [grænt], Ulysses Simpson, US-amerikan. General u. Politiker (Republikaner), *27. 4. 1822 Point Pleasant, Ohio, †23. 7. 1885 Mount McGregor bei Saratoga, N. Y.; erkämpfte im Sezessionskrieg für den Norden 1863 die Siege von Vicksburg u. Chattanooga, zwang als Oberbefehlshaber 1865 den konföderierten Oberbefehlshaber *R. E. Lee* zur Kapitulation von Appomattox Court House. 1867/68 war G. Kriegsminister. 1869–1877 war er (18.) Präs. der USA (Wiederwahl 1872); er scheiterte bei der dritten Nominierung 1876. Besondere Ereignisse seiner Präsidentschaft waren die Konsolidierung der Bundesschuld, die Zurücknahme aller Besatzungstruppen aus den Südstaaten u. eine Zivildienstreform. Er schrieb „Personal Memoirs" 1885.

Granvelle, [grã'vɛl], *Granvela*, **1.** Antoine *Perrenot de G.*, Sohn von 2), span. Politiker, *20. 8. 1517 Besançon, †21. 9. 1586 Madrid; 1550 als Nachfolger seines Vaters Staatssekretär Karls V., dann Philipps II.; ging in den Niederlanden als Berater (bis 1564) Margaretes von Parma scharf gegen die Protestanten

u. den niederländ. Adel vor; 1560 Erzbischof von Mecheln u. 1561 Kardinal, bis 1579 in Italien u.a. als Vizekönig von Neapel; nach Antonio *Pérez*'Sturz Berater Philipps II.

2. Nicolas *Perrenot de G.*, burgund.-span. Politiker, *1486 Ornans, Doubs, †28. 8. 1550 Augsburg; Diplomat, 1530 Staatssekretär Karls V., dem er eine friedl. Politik gegen die dt. Protestanten, ihre Entzweiung u. Rückgewinnung für die kath. Kirche empfahl.

Gratian, Flavius *Gratianus*, röm. Kaiser 367–383, *359 Sirmium, †383 Lyon; Sohn *Valentinians I.*, 367 Mitkaiser im westl. Reichsteil neben seinem Vater, seit 375 neben seinem jüngeren Bruder *Valentinian II.* Während seiner Regierung griffen die Hunnen die am Schwarzen Meer siedelnden Goten an, die ihrerseits die Grenzen des Röm. Reichs bedrängten u. zunächst 376 durch Ansiedlungsvertrag in die Donauprovinzen aufgenommen wurden. 378 fiel G.s Oheim *Valens*, Kaiser des östl. Reichsteils, in der Schlacht bei Adrianopel gegen die Goten, bevor G. zu Hilfe kommen konnte. 379 wurde *Theodosius* zum Mitkaiser für die gefährdeten Donauprovinzen berufen. G. wollte 383 dem Usurpator *Maximus* in Gallien entgegentreten, seine Truppen liefen jedoch über, u. G. wurde auf der Flucht ermordet.

Grattan ['grætən], Henry, irischer Politiker, *3. 6. 1746 Dublin, †6. 6. 1820 London; Protestant; schloß sich Anfang der 1770er Jahre der Bewegung für größere Selbständigkeit des irischen Parlaments an u. wurde 1795 ihr Führer, setzte 1779 die Aufhebung der Handelsbeschränkungen für Irland durch, erreichte 1782 den Verzicht des engl. Parlaments, für Irland Gesetze zu erlassen. G. kämpfte 1800 gegen die legislative Union Irlands u. Englands, saß aber trotzdem ab 1805 im engl. Unterhaus, wo er für die Abschaffung aller die Katholiken diskriminierenden Gesetze eintrat.

Gratz, Leopold, österr. Politiker (SPÖ), *4. 11. 1929 Wien; Jurist; 1963 einer der 3 Zentralsekretäre der SPÖ, 1970/71 Unterrichts-Min., 1971–1973 Fraktions-Vors. der SPÖ im Nationalrat. 1973–1984 Bürgermeister von Wien, 1984–1986 Außen-Min., wurde 1986 Präs. des Nationalrats; trat 1989 im Zusammenhang mit der *Lucona-Affäre* von diesem Amt zurück.

Graubünden, *Bünden*, ital. *Grigioni*, rätorom. *Grischun*, frz. *Les Grisons*, schweizer. Kanton, 7106 km², 182 000 Ew.; Hptst. *Chur.* Wegen der Alpenpässe war G. wichtig für die Römer, Ostgoten u. Franken u. für die dt. Kaiser im MA. Um den Landfrieden aus eigener Kraft zu sichern, z.T. auch um eine Herrschaft der Habsburger über G. zu verhindern, schlossen sich Domleschg, Bergell, Oberhalstein, das Engadin, Chur u. das Churer Domkapitel zusammen (*Gotteshausbund* 1367, *Grauer* oder *Oberer Bund* 1395 bzw. 1424, *Zehngerichtebund* 1436). 1498 wurde G. ein „zugewandter Ort" der Eidgenossenschaft; es wurde großenteils protestantisch. Im Dreißigjährigen Krieg noch Kampfplatz der Österreicher, Spanier u. Franzosen, wurde es durch J. *Jenatsch* weitgehend unabhängig. 1798 sollte G. als Kanton *Rätien* der Helvet. Republik angeschlossen werden, worauf sein Bundestag österr. Truppen gegen die Franzosen rief. Durch die Mediationsakte (1803) fiel G. endgültig der Schweiz zu, allerdings behielt es zunächst noch seine histor. Landeseinteilung u. Verwaltung; diese wurde 1854 den übrigen Kantonen angeglichen.

Gregor der Große

Gravamina [Pl., Sg. das *Gravamen;* lat.], Beschwerden; bes. im 15. u. 16. Jh. *Beschwerdeschriften* der dt. Reichsstände gegen Kirche u. Papsttum.

Gravelotte [grav'lɔt], lothring. Gemeinde im französ. Dép. Moselle, westl. von Metz, 500 Ew.– Am 16./18. 8. 1870 siegten hier dt. Truppen über die Franzosen unter F. A. *Bazaine.*

Grävenitz, Wilhelmine Gräfin von, *4. 2. 1686 Schwerin, †21. 10. 1744 Berlin; seit 1706 Mätresse des Herzogs *Eberhard Ludwig* von Württemberg; übte bis 1731 beherrschenden Einfluß auf den Herzog u. die Regierung des Landes aus.

Gravettien [gravɛ'tjɛ̃; das], Kulturstufe der jüngeren Altsteinzeit, benannt nach dem Fundort *La Gravette* bei Bayac, Département Dordogne (Frankreich); gekennzeichnet durch die sog. *Gravette-Spitze*, eine schmale, lamellenartige, zugespitzte Feuersteinklinge mit Kantenretusche, durch weibl. Statuetten aus Stein oder Elfenbein u. Reliefbilder.

Graziani, Rodolfo, Marchese de *Neghelli*, italien. Offizier (1936 Marschall), *11. 8. 1882 Filettino bei Frosinone, Latium, †11. 1. 1955 Rom; als General erfolgreich in den italien. Kolonialfeldzügen 1921–1929, später im äthiop. Krieg 1935/36; 1936/37 Vizekönig von Äthiopien; 1939 Generalstabschef, 1940/41 Oberbefehlshaber in Nordafrika, wegen der Niederlage gegen die Engländer abgelöst; 1943–1945 Kriegs-Min. der faschist. Republik in Norditalien; 1950 zu 19 Jahren Gefängnis verurteilt, aber amnestiert.

Gregor, Päpste: **1.** *G. I., G. d. Gr.*, 590–604, Heiliger u. Kirchenlehrer, *um 540 Rom, †12. 3. 604 Rom; stammte aus senatorischem Adel, 572/73 Stadtpräfekt von Rom, lebte seit 575 als Mönch in seinem zum Kloster umgewandelten Palast. Pelagius II. ernannte ihn 579 zum Gesandten in Konstantinopel u. berief ihn 585 als seinen Berater nach Rom zurück. Nach dem Tod des Pelagius wurde G. zum Papst gewählt. Während des Niedergangs des Oström. Reichs u. der Bedrohung Italiens durch die Langobarden bereitete G. die päpstl. Herrschaft im Kirchenstaat vor. Er organisierte die Verwaltung des ausgedehnten päpstl. Grundbesitzes, schützte die Bauern vor Ausbeutung, richtete eine großzügige sozial-karitative Fürsorge ein u. wurde so der Anwalt u. Führer der italien. Bevölkerung. Mit großem Erfolg bemühte er sich um die Einbeziehung der german. Völker in die Kirche: Er betrieb die Mission der Angelsachsen u. erreichte eine engere Bindung der Westgoten an Rom u. einen friedl. Ausgleich mit den Langobarden, deren Übertritt zum kath. Bekenntnis er zusammen mit ihrer kath. Königin *Theodolinde* vorbereitete. Durch seine Schriften, die vor allem moraltheolog. Inhalts waren, hat er das Denken des MA sehr beeinflußt. Besonders wichtig für die Entwicklung der mittelalterl. Mentalität wurden die Dialoge, eine Sammlung von Wundergeschichten über den hl. Benedikt u. andere latein. Heilige; durch sie wurde der Glaube an die Wunderkraft der Reliquien u. an das Fegefeuer verbreitet. Auch liturg. Neuerungen gehen auf ihn zurück; dagegen war er an der Entstehung des nach ihm benannten *Gregorianischen Chorals* nicht direkt beteiligt. Der Vorrechte des röm. Bischofs war er sich voll bewußt; als aber der Patriarch von Konstantinopel sich den Titel „ökumenischer Patriarch" beilegte, antwortete er mit der Selbstbezeichnung „Servus servorum Dei" [lat., „Knecht der Knechte Gottes"], die seitdem offizieller Titel der Päpste ist. Fest: 3. 9.

Gregor VII.

2. *G. II.*, 715–731, Heiliger, *669 Rom, †11. 2. 731 Rom; verband sich mit den Langobarden gegen die Machtansprüche des oström. Kaisers u. seines Exarchen, verhinderte aber eine nationalitalien. Revolution gegen Byzanz u. die Erhebung eines Gegenkaisers. Auch die Eroberung Roms durch die Langobarden wußte er zu verhindern. Er erneuerte röm. Kirchen u. Klöster u. machte sich um die Missionierung des Frankenreichs verdient. 719 erhielt *Bonifatius* von ihm den Missionsauftrag für das Gebiet des späteren Dtschld. (hauptsächl. bei den Thüringern, Friesen, Hessen), 722 weihte G. ihn zum Missionsbischof. Fest: 11. 2. u. 12. 2.

3. *G. III.*, 731–741, Heiliger, Syrer, †28. 11. 741; regierte die röm. Kirche in einer der schwierigsten Perioden ihrer Geschichte. Nach vergebl. Vermittlungsversuchen verurteilte er die bilderfeindl. Maßnahmen des oström. Kaisers *Leon III.* u. geriet dadurch in schärfsten Gegensatz zu Byzanz. Der Kaiser entzog Süditalien, Illyrien u. Griechenland der röm. Jurisdiktion u. unterstellte sie dem Patriarchen von Konstantinopel. Auch gegen die Expansionspolitik des langobardischen Königs *Liutprand* mußte G. sich zur Wehr setzen. Als erster Papst rief er die Franken (Hausmeier Karl Martell) um Hilfe an, aber dieser Schritt blieb vorläufig noch ergebnislos. Fest: 28. 11.

4. *G. IV.*, 827–844, Römer, †Jan. 844 Rom; um die Missionierung des Ostens u. des Nordens bemüht; versuchte vergebens, im Streit zwischen Kaiser Ludwig dem Frommen u. seinen Söhnen zu vermitteln.

5. *G. V.*, 996–999, eigentl. *Bruno von Kärnten*, *972, †18. (?) 2. 999 Rom; erster dt. Papst, Urenkel Ottos d. Gr.; von Otto III. zum Papst nominiert, den er zum Kaiser krönte. G. widmete sich der Kirchenreform u. regierte in engem Einvernehmen mit dem Kaiser. Gegen den von einer röm. Adelspartei (Crescentier) mit byzantin. Hilfe erhobenen Gegenpapst *Johannes XVI.* konnte er sich nur mit militär. Hilfe Ottos III. durchsetzen.

6. *G. (VI.)*, Gegenpapst 1012; von den Crescentiern erhoben; unterlag dem Tuskulaner *Benedikt VIII.*, für den sich auch der dt. Kaiser Heinrich II. entschieden hatte.

7. *G. VI.*, 1045–1046, eigentl. *Johannes Gratianus*, †1047 Köln (?); erhielt die päpstl.

Würde von *Benedikt IX.* gegen eine Abfindung. Kaiser Heinrich III., der offenbar den Wiederausbruch des Schismas befürchtete, veranlaßte seine Absetzung wegen Simonie durch die Synode von Sutri, vielleicht in Form einer Selbstverurteilung, u. wies ihm wahrscheinl. Köln als Zwangsaufenthalt zu.

8. *G. VII.*, 1073–1085, eigentl. *Hildebrand*, Heiliger, *zwischen 1019 u. 1030 Soana (?), Toskana, †25. 5. 1085 Salerno; begleitete 1047 Gregor VI. in die Verbannung nach Köln; 1048 Mönch in Cluny. Von Leo IX. wurde er 1049 nach Rom berufen, wo er in hohe Ämter aufrückte u. seit 1059 die Politik der Kurie mitbestimmte. Als Papst setzte er die unter seinen Vorgängern begonnene Reform (gegen Simonie u. Priesterehe) u. die kirchl. Zentralisation energisch fort, wobei er auf den Widerstand vieler Bischöfe stieß. Diesen versuchte er zunächst mit Hilfe der Fürsten zu überwinden, doch geriet er über die Investiturfrage bald besonders mit dem dt. König Heinrich IV. in heftige u. grundsätzl. Auseinandersetzungen, die die Verfassung des Reiches u. der Reichskirche zu erschüttern drohten (→Investiturstreit), aber auch ihm selbst zum Verhängnis wurden. Schließlich war er Gefangener in der Engelsburg, wurde im Mai 1084 vom Normannenherzog *Robert Guiscard* befreit, mußte aber wegen der Erbitterung der Römer über die Verwüstungen der Normannen fliehen u. starb im Exil. – G., dessen persönl. Integrität unbestritten ist, hat durch seinen Radikalismus seine persönl. Niederlage mitverschuldet, doch hat sein Pontifikat den Sieg der Kirchenreform des 11. Jh. entschieden; durch seinen Kampf um eine religiös überhöhte Ordnung der Welt ist er einer der geistigen Gestalter des hohen MA geworden. Obwohl er selbst kein Mann der theolog. Spekulation oder der jurist. Definitionen war, sind während seines Pontifikats die entscheidenden Anstöße erfolgt, die zur wissenschaftl. Kanonistik u. zur Ausbildung der scholastischen Methode führten. Fest: 25. 5.

9. *G. (VIII.)*, Gegenpapst 1118–1121, eigentl. *Mauritius*, Franzose, †nach 1137; unter dem Einfluß Kaiser Heinrichs V. u. der Frangipani gegen *Gelasius II.* erhoben. Er war sehr ehrgeizig u. fand nur wenig Anhang; auch der Kaiser ließ ihn bald fallen. 1121 fiel G. in die Hand von *Kalixt II.*; den Rest seines Lebens mußte er in Klosterhaft verbringen.

10. *G. VIII.*, 1187, eigentl. *Alberto de Morra*, †17. 12. 1187 Pisa; italien. Augustiner-Chorherr; 1156/57 Kardinal, 1178 Kanzler der röm. Kirche; gab im Streit mit den Staufern nach, begann Reformen, strebte nach dem Fall Jerusalems einen neuen Kreuzzug an; sein baldiger Tod verhinderte die Verwirklichung seiner Absichten.

11. *G. IX.*, 1227–1241, eigentl. Graf *Ugolino* (oder *Hugolin*) *von Segni*, *um 1160 Anagni, †22. 8. 1241 Rom; Neffe von Papst Innozenz III., 1206 Kardinalbischof von Ostia; hoch begabt u. bes. juristisch gebildet; versuchte mit größter Energie, den päpstl. Machtanspruch u. die Freiheit des Kirchenstaats aufrechtzuerhalten, geriet darüber in Konflikt mit Kaiser *Friedrich II.* Er begründete den kirchl. Inquisitionsprozeß u. stärkte durch seine Dekretalensammlung die päpstl. Autorität. Großzügig unterstützte er die neuentstandenen Bettelorden (Franziskaner u. Dominikaner) sowie die Tätigkeit des Deutschen Ordens im Osten. Um Förderung der theolog. Studien sowie um die Mission war er ebenfalls bemüht.

12. *G. X.*, 1271–1276, eigentl. Tedaldo *Visconti*, *1210 Piacenza, †10. 1. 1276 Arezzo; nach langen Auseinandersetzungen gewählt; um die Wiedereroberung der hl. Stätten bemüht. Auf dem 2. Konzil von Lyon 1274, auf dem er eine vorübergehende Wiedervereinigung mit der griech. Kirche erreichte u. mehrere Reformbestimmungen erließ, setzte er sich mit großer Energie für einen Kreuzzug ein. Um lange Sedisvakanzen zu vermeiden, führte er für die Papstwahl das Konklave ein. Im Interregnum mahnte er die dt. Kurfürsten zur Königswahl u. erkannte Rudolf von Habsburg an. Seliger; Fest: 10. 1.

13. *G. XI.*, 1370–1378, eigentl. Pierre-Roger de *Beaufort*, *1329 Maumont, †27. 3. 1378 Rom; Neffe von Papst Klemens VI., letzter Papst im Exil von Avignon, zugleich letzter französ. Papst; verurteilte Lehren J. *Wiclifs*; vermittelte den Frieden zwischen dem Dt. Reich u. Ungarn u. bemühte sich um die Rückverlegung der päpstl. Residenz nach Rom, die er 1376/77 durchführen konnte.

14. *G. XII.*, 1406–1415, eigentl. Angelo *Correr*, *um 1325 Venedig, †8. 10. 1417 Recanati; während des abendländ. Schismas gewählt. Nach dem Konzil von Pisa 1409/10, das ihn absetzte, verlor er den größten Teil seiner Anhänger; um die Wiedervereinigung der Kirche zu ermöglichen, dankte er 1415 auf dem Konstanzer Konzil ab, blieb Kardinal u. wurde auf Lebenszeit päpstl. Legat.

15. *G. XIII.*, 1572–1585, eigentl. Ugo *Buoncompagni*, *1. 1. 1502 Bologna, †10. 4. 1585 Rom; zunächst Kanonist, seit 1539 in kirchl. Dienst, an der Abfassung der Reformdekrete des Konzils von Trient beteiligt, 1565 Kardinal; einer der großen Päpste der *Gegenreformation.* Er bemühte sich um die Wiedergewinnung verlorener Gebiete u. die innerkirchl. Erneuerung (Durchführung der tridentin. Dekrete, liturg. Reformen), wobei er den Jesuiten weitreichenden Einfluß gewährte. Im Zuge der Gegenreformation billigte er z. B. auch das Vorgehen Philipps II. in den Niederlanden u. den Kampf gegen die Hugenotten *(Bartholomäusnacht).* Dtschld. galt sein besonderes Interesse: Er gründete eine eigene Kardinalskongregation für die dt. Angelegenheiten u. errichtete neue Nuntiaturen in Köln, Graz u. Luzern. Großzügig förderte er die kirchl. Wissenschaft (Errichtung mehrerer Kollegien in Rom) u. die Mission. G. wurde bekannt durch die nach ihm benannte *Kalenderreform.* Obwohl er persönl. einfach lebte, zerrüttete der Aufwand für Wissenschaft u. große Bauten in Rom die Finanzen des Kirchenstaats, der auch von Banditen heimgesucht wurde.

16. *G. XIV.*, 1590–1591, eigentl. Niccolò *Sfondrati*, *11. 2. 1535 Somma Lombardo, †16. 10. 1591 Rom; 1560 Bischof von Cremona, 1583 Kardinal. Der fromme Papst (Freundschaft mit Karl Borromäus u. Filippo Neri) überließ die Politik seinem Neffen Paolo Emilio Sfondrati, der sich zum Schaden des Papsttums vollkommen in die Abhängigkeit Spaniens begab (so wurde Heinrich IV. von Frankreich erneut gebannt).

17. *G. XV.*, 1621–1623, eigentl. Alessandro *Ludovisi*, *9. 1. 1554 Bologna, †8. 7. 1623 Rom; 1612 Erzbischof von Bologna, 1616 Kardinal. G., der alt u. krank war, überließ die Regierung weitgehend seinem Neffen Ludovico *Ludovisi* (* 1595, †1632). Sein Pontifikat war dennoch von gleich großer Bedeutung für die innerkirchl. Reform wie für die Wiedergewinnung verlorengegangener Gebiete. 1622 wurde die Propagandakongregation als Zentrum der kath. Mission gegründet. In Dtschld. unterstützte G. Maximilian von Bayern u. dessen Rekatholisierungspolitik.

18. *G. XVI.*, 1831–1846, eigentl. Bartolomeo Alberto *Cappellari*, *18. 9. 1765 Belluno, †1. 6. 1846 Rom; Kamaldulenser, 1823 Ordensgeneral, 1826 Kardinal u. Präfekt der Propagandakongregation; Förderer von Kunst u. Wissenschaft, vertrat in Theologie u. Politik sehr konservative Prinzipien, in denen ihn sein reaktionärer Kardinalstaatssekretär Luigi *Lambruschini* (seit 1836) bestärkte. Mit äußerster Konsequenz trat G. für die Steigerung der päpstl. Vollgewalt ein; Reste des Febronianismus u. des Gallikanismus bekämpfte er, neuere theolog. Systeme (so den Rationalismus des G. *Hermes*) verwarf er. Am deutlichsten zeigte sich seine Ablehnung aller modernen Ideen in der Enzyklika „Mirari vos“ gegen die Grundforderungen des Liberalismus (Presse- u. Gewissensfreiheit, Trennung von Staat u. Kirche). Er wandte sich aber auch gegen das Staatskirchentum, so gegen die Ehegesetzgebung Preußens (Kölner Kirchenstreit) u. gegen staatl. Bischofsernennungen. Politisch arbeitete er mit den von Metternich geführten konservativen Staaten zusammen u. lehnte die italien. Einigungsbewegung ab.

Gregor von Tours [-tu:r], *Georgius Florentius Gregorius*, fränk. Geschichtsschreiber, *30. 11. 538 oder 539 Clermont, †17. 11. 594 Tours; Angehöriger der röm. Senatorenaristokratie, seit 573 Bischof von Tours; bedeutender Erzähler, wurzelte in röm. Tradition u. schrieb in enger Anlehnung an das gesprochene Latein seiner Zeit; verfaßte Heiligenleben, Wunderlegenden u., als wichtige Quelle für die Geschichte des Merowingerreichs, deren Zeuge er am Merowingerhof war, eine fränk. Geschichte: „Zehn Bücher Geschichten“ („Historiarum libri X“ oder „Gesta Francorum“ genannt).

Greifswald, Kreisstadt in Mecklenburg, 64200 Ew.

Das 1199 gegr. Zisterzienserkloster *Eldena* (heute Ruine) erhielt 1241 das Marktrecht. Der von den Mönchen planmäßig angelegte Marktflecken *Gripheswald* wird 1248 erstmals erwähnt; er kam 1249 zu Pommern u. erhielt 1250 lübisches Stadtrecht. 1278 erstmals als Hansestadt genannt, war G. eine der führenden Städte des „Wendischen Quartiers“ der Hanse, der es bis zum Dreißigjährigen Krieg angehörte. 1456 wurde auf Initiative des Bürgermeisters H. *Rubenow* die Universität gegründet. 1648 kam G. zu Schweden (Schwed.-Pommern), 1815 mit Neuvorpommern u. Rügen zu Preußen, 1945 zu Mecklenburg u. 1952–1990 zum Bezirk Rostock.

Greiser, Arthur, Politiker (NSDAP), *22. 1. 1897 Schroda bei Posen, †14. 7. 1946 Posen (hingerichtet); Handelsvertreter; 1930–1939 stellvertr. Gauleiter der NSDAP in Danzig; 1933 Senator des Innern, 1934–1939 Präs. des Senats der Freien Stadt Danzig; 1939–1945 Gauleiter u. Reichsstatthalter des neugeschaffenen Reichsgaues Wartheland (Sitz Posen); 1946 wegen seiner Gewaltpolitik gegen die poln. Bevölkerung von einem poln. Gericht zum Tode verurteilt.

Grenada WG

Fläche: 344 km². – *Einwohner:* 92000. – *Hauptstadt:* St. George's. – *Landessprachen:* Englisch, kreolisches Englisch, kreolisches Französisch. – *Nationalfeiertag:* 7. 2. – *Währung:* 1 Ostkaribischer Dollar = 100 Cents. – *Lage:* Inselstaat im Karibischen Meer, im südlichen Bereich der Kleinen Antillen bei 12°07′ n. Br. und 61°40′ w. L. – *Zeitzone:* Mitteleuropäische Zeit – 5 Std. – *Staatsform:* parlamentarische Monarchie mit der britischen Königin als Staatsoberhaupt.

Der Inselstaat in der Gruppe der Windward Islands, die zu den Kleinen Antillen gehören, besteht aus G. u. den südl. *Grenadinen*, die

Grenada: gelandete US-Truppen, 1983

sich aus mehreren kleineren Inseln zusammensetzen.
G. wurde 1498 von Kolumbus entdeckt. Im 17. u. 18. Jh. war die Insel abwechselnd in französ. u. engl. Besitz, bis sie 1783 (Vertrag von *Versailles*) endgültig an England fiel. Nach Aufhebung der Sklaverei (1834) holten die weißen Pflanzer für den Zuckerrohranbau Vertragsarbeiter aus Asien ins Land. 1877 erhielt G. den Status einer Kronkolonie. Im Zuge der Dekolonisierung übertrugen die Briten die polit. Macht schrittweise der einheimischen farbigen Elite, die sich überwiegend aus Gewerkschaftsführern u. Geschäftsleuten zusammensetzte. 1951 erfolgte die Einführung des allgemeinen Wahlrechts; 1958–1962 war das Land Mitgl. der „Westindischen Föderation“. Die völlige innere Autonomie erhielt G. 1967 als „assoziierter Staat“. 1974 wurde es unter Premier-Min. Eric *Gairy* im Rahmen des Commonwealth unabhängig. Nach dem Sturz Gairys 1979 übernahm unter Premier-Min. Maurice *Bishop* eine prokubanisch-prosowjetisch eingestellte „Revolutionäre Volksregierung“ die Staatsgewalt. 1983 wurde Bishop von radikalen Kräften seiner Bewegung gestürzt u. ermordet; daraufhin besetzten US-amerikanische Einheiten vorübergehend die Insel. Seit den Wahlen von 1984 regierte die bürgerl. *New National Party (NNP).* Sie wurde 1990 vom *National Democratic Congress* abgelöst. Seit 1995 regiert wieder die NNP unter Führung von K. *Mitchell.*

Grenzmark Posen-Westpreußen, eine 1922 aus Resten der aufgrund des Versailler Vertrags an Polen abgetretenen preuß. Provinzen Posen u. Westpreußen gebildete preuß. Provinz (Hptst. *Schneidemühl;* 1938: 7715 km², 340 000 Ew.); 1938 größtenteils als Reg.-Bez. G. P. (Sitz Schneidemühl) zu Pommern, 1939 zum Reichsgau Wartheland, 1945 zu Polen.

Grenzschutz, diejenigen *Freikorps*, die bei Kriegsende 1918 mit dem Schutz der dt. Ostgrenze beauftragt waren. Nach der Auflösung aufgrund des Versailler Vertrags blieb der G. mit Zustimmung der Reichs- u. der preuß. Regierung in gelockerter Form bestehen.

Grẹtschko, *Grečko*, Andrej Antonowitsch, sowjet. Offizier (1955 Marschall), *17. 10. 1903 Golodajewska, Taganrog, †26. 4. 1976 Moskau; im 2. Weltkrieg erfolgreicher Truppenführer, 1953–1957 Oberbefehlshaber der sowjet. Truppen in Dtschld.; 1957–1960 Oberbefehlshaber der sowjet. Landstreitkräfte, stellvertretender Verteidigungs-Min.; 1960–1967 Oberbefehlshaber der Streitkräfte des Warschauer Pakts; 1967–1976 Verteidigungs-Min. der UdSSR; seit 1973 Mitgl. des Politbüros der KPdSU.

Grévy [gre:'vi], Jules, französ. Politiker, *15. 8. 1807 Mont-sous-Vaudry, Département Jura, †9. 9. 1891 Mont-sous-Vaudry; in der 3. Rep. gemäßigter Republikaner u. Gegner *Gambettas*, 1879–1887 Präs. der Republik, trug durch strenge Beachtung der von der Verfassung von 1875 festgelegten Spielregeln zur Festigung der 3. Republik bei. Er mußte wegen einer Bestechungsaffäre, in die sein Schwiegersohn verwickelt war, zurücktreten.

Grey [grɛi], *Gray*, Jane (Johanna), 1553 engl. Königin (für 9 Tage), *Okt. 1537 Bradgate, Leicestershire, †12. 2. 1554 London; Urenkelin *Heinrichs VII.;* von *Eduard VI.* zu seiner Nachfolgerin ernannt u. auf Veranlassung ihres Schwiegervaters, des Lord Protectors *Northumberland*, als Königin gegen *Maria die Blutige* ausgerufen; auf deren Befehl hingerichtet.

Grey [grɛi], **1.** Charles, Earl of G., brit. Politiker (Whig), *13. 3. 1764 Fallodon, Northumberland, †17. 7. 1845 Howick, Northumberland; 1806/07 Außen-Min.; setzte sich bereits seit 1792 für eine Parlamentsreform ein u. führte als Premier-Min. (1830–1834) 1832 die erste große Änderung des brit. Wahlrechts *(Reformbill)*, die sog. „bürgerliche Reform“, durch.
2. Sir Edward, Viscount *G. of Fallodon* (1916), brit. Politiker (Liberaler), *25. 4. 1862 London, †7. 9. 1933 Fallodon; 1885–1916 Unterhaus-Abg., vollendete als Außen-Min. (1905–1916) unter H. *Campbell-Bannerman* u. H. *Asquith* die Isolierung Deutschlands, indem er den engl.-russ. Gegensatz beilegte. Seine Flottenvereinbarung von 1912 war die Antwort auf die dt. Flottenrüstung u. band England im Kriegsfall an Frankreich. Seine unklare Haltung in der Juli-Krise 1914 war nicht geeignet, den Kriegsausbruch zu verhindern. Er hatte großen Anteil am Kriegseintritt Italiens 1915 u. bekannte sich zum Völkerbundsgedanken.

Griechen, im Altertum die Gesamtheit der griech. Stämme, von den Römern G. (lat. *Graeci*) genannt; nannten sich selbst seit dem 7. Jh. v. Chr. *Hellenen*; die Herkunft des Namens G. ist ungeklärt.
Die ersten griech. Stämme *(Achäer, Ionier)* wanderten zu Beginn des 2. Jahrtausends v. Chr. nach Griechenland ein u. verschmolzen mit der nichtindoeurop. Vorbevölkerung. Es kam zu einer Art Staatenbildung der einzelnen Burgherren, die sich zeitlich u. räumlich mit der myken. Kultur deckte. Eine zweite Einwanderungswelle indoeuropäischer, den ersten G. verwandter, aber kulturell niedriger stehender Stämme aus weiter nördl. gelegenen Wohnsitzen im 11. Jh. v. Chr. nach der Zerstörung der myken. Kultur *(Dorische Wanderung)* verstärkte das griech. Volkstum u. übernahm gewisse religiöse Vorstellungen sowie die Erinnerung an das Gewesene durch die Sage. Die *Dorier* vollzogen die Landnahme in der mittelgriech. Landschaft Doris, im O u. S des Peloponnes, in den Landschaften um ihre späteren Städte Argos, Korinth, Megara, Sparta u. mit einiger Verzögerung auch in Südlakonien u. in Messenien. Ihnen folgten als *Nordwestgriechen* bezeichnete dörflich-agrarische Stämme, die den NW des Peloponnes (Elis u. Achaia) u. Mittelgriechenland in Besitz nahmen u. in Böotien u. Thessalien einsickerten, so daß sich hier achäisch-nordwestgriech. Mischzonen (später als *Äoler* bezeichnet) bildeten. In Arkadien konnte sich das achäische Element verhältnismäßig rein erhalten. Den Ioniern blieben nur Attika u. die Insel Euböa.
Die Wanderung zwang einen großen Teil der Ionier u. Achäer, denen ein Teil der Neuankömmlinge folgte, zur Auswanderung auf die Inseln der Ägäis u. die anatol. Westküste, wo sich die Stämme parallel zur Verteilung in Griechenland niederließen: im N die Äoler, in der Mitte die Ionier u. im S die Dorier. Die Wanderung verstärkte das indogerman.-griech. Element, setzte aber der Gemeinsamkeit des Achäertums ein Ende; sie isolierte die Landschaften Arkadien u. Attika, in denen sich das vordorische griech. Element behauptete, so daß sich die Dialekte unterschiedl. weiterentwickeln konnten u. die einzelnen Teilbereiche auch polit. ebenso wie die Dorier u. Nordwestgriechen eigene Wege gingen. Die G. gelangten trotz des Zusammengehörigkeitsgefühls gegenüber den *Barbaren* zu keiner polit. Einheit; indessen gab es über allen Zwistigkeiten u. Kämpfen eine gemeinsame Literatur u. Kunst, die großen Spiele, zu denen G. aus der ganzen griech. Welt zusammenkamen, u. religiöse Bünde um bestimmte Heiligtümer, von denen die Delphische Amphiktyonie der wichtigste war.

Griechenland GR

Republik Griechenland

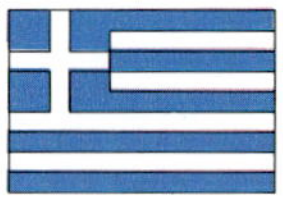

Fläche: 131 957 km². – *Einwohner:* 10,3 Mill. – *Hauptstadt:* Athen. – *Landessprache:* Griechisch. – *Nationalfeiertag:* 25. 3. – *Währung:* 1 Drachme = 100 Lepta. – *Lage:* zwischen 34°48′ und 41°45′ n. Br. sowie 19°23′ und 29°39′ ö. L. – *Zeitzone:* Mitteleuropäische Zeit + 1 Std. – *Grenzen:* im N Albanien, Makedonien und Bulgarien, im NO Türkei, im O Ägäisches Meer, im S und W Mittelmeer. – *Staatsform:* parlamentarische Republik.

Altertum: Das antike G. *(Hellas)* umfaßte die eigentl. Halbinsel ohne Makedonien u. Thrakien mit den zugehörigen Inseln u. den Inseln der Ägäis einschließl. Kreta. Das Gebiet des festländ. G. läßt sich in Nord-G., Mittel-G. u. die Halbinsel Peloponnes einteilen. Nord-G. gliederte sich in die westl. Landschaft Epirus u. den östl. Teil Thessalien (mit der *Hestiäotis* im NW, der *Pelasgiotis* u. *Magnesia* im NO, der *Phthiotis* im SO u. *Thessaliotis* im SW). Zu Mittel-G. gehörten (von W nach O): *Akarnanien, Ätolien*, die *ozolische Lokris, Doris, Phokis* (um Delphi), die (epi- oder hypoknemidische) *opuntische Lokris, Böotien* (um Theben), *Attika* (mit Athen) u. *Megaris.* Der Peloponnes zerfiel ebenfalls in Teillandschaften: *Messenien* im SW, *Elis* (mit *Triphylien* u. *Pisatis*) im NW, *Korinth, Sikyon, Phlius, Achaia* im N, *Argolis* (um Argos) im NO, *Lakonien* (mit Sparta) im SO u. *Arkadien* im Inneren.
G. ist seit der Altsteinzeit besiedelt. Dieser noch kaum erforschten Epoche folgte vom 5. bis zum Anfang des 3. Jahrtausends v. Chr. die neolith. Sesklo-Kultur Thessaliens, die nach S bis auf den Peloponnes verbreitet war. In Thessalien schloß sich zeitlich die durch Verwendung von Kupfer u. Gold gekennzeichnete *Dimini-Gruppe* an. Mit Beginn der Bronzezeit entwickelte sich im 3. u. in der 1. Hälfte des 2. Jahrtausends v. Chr. die *ägäische Kultur.* Sie umfaßte nach der Kykladen-Kultur auf den ägäischen Inseln die minoische Kultur auf Kreta u. die helladische Kultur auf dem griech. Festland. Träger war eine einheitl. ägäische, nichtindoeurop. Bevölkerung (in der griech. Überlieferung wer-

Zeittafel zur frühen Geschichte Griechenlands

Seit 2000 v. Chr. 1600–1200 v. Chr. n. a. A.	»Erste Indogermanische Einwanderung«
2800–1200 v. Chr.	Zeitalter der Mykenischen oder Späthelladischen Kultur
Um 1500–1000 v. Chr.	Kolonisation und Machtausdehnung nach Kleinasien (Milet), Kreta, Melos, Rhodos, Zypern (Äoler, Ioner)
Seit 1400	Spätmykenische Zeit. Große Befestigungsanlagen (Mykenä, Tiryns, Pylos). Kuppelgräber. Löwentor. Um 1150 Zerstörung der mykenischen Burgen
Um 1200 v. Chr.	»Zweite Indogermanische« oder »Dorische Einwanderung« (Nordwestgriechen, Dorer, eisenzeitliche Reiterkrieger)
10.–8. Jh. v. Chr. n.a.A. 698 v. Chr.	Griechisches Alphabet und geometrische Epoche der Kunst
Um 800 v. Chr.	Herausbildung von Adelsherrschaften (Aristokratien)
Nach 800 v. Chr.	Epen Homers (Odyssee, Ilias)
776 v. Chr.	Erste Olympische Spiele
Um 700 v. Chr.	Geldwirtschaft (Talent, Mine) bei Ionern. Orientalisierende Kunstepoche. Großplastiken des Kreters Daidalos
750–550 v. Chr.	Griechische Kolonisation (Schwarzmeergebiet, Unteritalien, Sizilien)
740–720 v. Chr.	»Erster Messenischer Krieg« Spartas
Seit 700	Aufkommen der Tyrannis
660–640 v. Chr.	»Zweiter Messenischer Krieg« Spartas. Einführung der Phalanx
621 v. Chr.	Gesetzgebung Drakons
Seit 600	In der Kunst Archaische Epoche mit Weihestatuen von Mädchen und Jünglingen. Höhepunkt der schwarzfigurigen Vasenmalerei.
594/93 v. Chr.	Reformen Solons in Athen (Einschränkung der Adelsmacht)
560 v. Chr.	Persische Einflußnahme auf Ionien; seit 546 Persische Herrschaft
508/07 v. Chr.	Reformen des Kleisthenes in Athen (Demokratie)
500–479 v. Chr.	Perserkriege
500 v. Chr.	Ionischer Aufstand unter der Führung Milets
Im 5. Jh. v. Chr.	Statuen des Polyklet, Phidias (Pharthenonstatuen: Zeus, Athene); Literatur: Aischylos, Sophokles, Euripides, Aristophanes; Geschichtsschreibung: Herodot, Thukydides, Xenophon; Philosophie: Sophisten, Platon
490 v. Chr.	Sieg der Athener unter Miltiades bei Marathon
480 v. Chr.	Feldzug des Xerxes gegen Griechenland
480 v. Chr.	Kampf der Spartaner unter Leonidas bei den Thermopylen; Seesieg der von Themistokles geführten Athener bei Salamis; Sieg der Westgriechen über die Karthager bei Himera (Sizilien)
479 v. Chr.	Sieg des griechischen Landheeres bei Plataä unter der Führung des Pausanias
477 v. Chr.	»Delisch-Attischer Seebund« (»Erster Attischer Seebund«)
465 v. Chr.	Sieg Kimons über Perser
448 v. Chr.	»Kallias-Friede« mit den Persern
Um 450–430 v. Chr.	Blütezeit Athens unter Perikles. Vollendung der athenischen Demokratie
446 v. Chr.	»Dreißigjähriger Friede« zwischen Athen und Sparta
431–404 v. Chr.	»Peloponnesischer Krieg«
429 v. Chr.	Tod des Perikles
Im 4. Jh. v. Chr.	Statuen des Praxiteles, Skopas, Lysipp. Literatur: Aristoteles
399 v. Chr.	Tod des Sokrates
395–387 v. Chr.	»Korinthischer Krieg«: Athen, Theben, Korinth und Argos gegen Sparta
387 v. Chr.	»Königsfriede« mit den Persern
377 v. Chr.	»Zweiter Attischer Seebund«
362 v. Chr.	Tod des Epaminondas und Ende der Vorherrschaft Thebens
359–336 v. Chr.	Philipp II. von Makedonien
347 v. Chr.	Tod Platons
337 v. Chr.	»Korinthischer Bund« (alle griech. Städte ohne Sparta)
336–323 v. Chr.	Alexander d. Große

den die *Pelasger, Karer* u. a. genannt), die nach Sprache (Namensgut) u. Kultur Beziehungen zu Westkleinasien aufwies. Sie wurde um 1900 v. Chr. durch von N nach G. u. in den Ägäisraum einwandernde indoeurop. Stämme (die später als *Achäer, Ionier* bezeichneten Frühgriechen) unterworfen. Diese wurden die Träger der in der späthelladischen Epoche von der minoischen Kultur beeinflußten mykenischen Kultur. Dabei kam es an verschiedenen Fürstenhöfen (u. a. Mykene, Tyrins, Pylos) zu einer beachtlichen Machtentfaltung u. Kulturentwicklung mit einer differenzierten Verwaltung, einem straffen Heerwesen u. weitreichendem Handel. Die Frühgriechen setzten sich bald auch auf Kreta u. anderen ägäischen Inseln, auf Zypern u. an der West- u. Südküste Kleinasiens fest. Auf Kämpfe um kleinasiatische Städte weist die Sage vom *Trojanischen Krieg*, auf Auseinandersetzungen mit der minoischen Kultur die Sage vom *Minotauros* hin.

Gegen Ende des 2. Jahrtausends v. Chr. ging diese Kultur durch den Völkersturm der *Ägäischen Wanderung* in langen Kämpfen zugrunde. Die griech. Vorbewohner wurden verdrängt oder überlagert u. verschmolzen mit den neuen griech. Einwanderern. Andere Bevölkerungsgruppen wichen vor den Eindringlingen auf die Inseln u. Küsten des mittleren westl. Kleinasiens aus. In G. bildeten sich die späteren stammesartigen Verbände heraus. Die polit. Zentren waren meist kleine Städte; an der Spitze der herrschenden Schicht des ritterlichen Adels stand der König. Die Wirtschaft beruhte fast ganz auf der Landwirtschaft; Krieg u. Raub zu Wasser u. zu Land spielten eine große Rolle. Kenntnis von dieser Epoche geben in erster Linie die im 8. Jh. v. Chr. entstandenen Epen *Homers*.

Die Zeit von etwa 750–550 v. Chr. war die der großen Kolonisation, zu der Übervölkerung, Zwistigkeiten u. Handelsinteressen drängten. An den Küsten rings um das Mittelmeer entstanden selbständige Städte, die die Kulte, Sitten u. Einrichtungen der Mutterstadt beibehielten, den Zusammenhang mit dem Mutterland bewahrten u. somit einen Teil der griech. Welt bildeten. Gleichzeitig übernahm in G. fast überall der Adel anstelle des Königtums die Macht, eine starke staatl. Zersplitterung war die Folge. Vom 7.–5. Jh. v. Chr. lösten in friedl. Auseinandersetzungen oder blutigen Revolutionen, an deren Anfang oft die Aufzeichnung geltenden Rechts stand, demokrat. Staatsformen die Adelsherrschaft ab. Dabei kam es in den großen Städten im späten 7. u. im 6. Jh. v. Chr. zur Ausbildung der *Tyrannis*. Die Tyrannen waren Adlige, die als Führer breiter Schichten eine meist kurzlebige monarchische Herrschaft ausübten u. neben einer kraftvollen Politik Bautätigkeit, bildende Kunst u. Dichtung förderten.

Die führenden Stadtstaaten *(Poleis)* in Mittel-G. waren Athen u. Theben. Auf dem Peloponnes wurde nach Argos u. Korinth →Sparta, das seine militärisch-aristokrat. Staatsform bis ins 3. Jh. v. Chr. beibehielt, der mächtigste Staat. Nach der Unterwerfung Messeniens in zwei Kriegen zu Anfang u. Ende des 7. Jh. v. Chr. war Sparta im 6. Jh. v. Chr. als Hptst. des *Peloponnesischen Bundes* auch Vormacht G.s, bis Athen ihm diese Rolle streitig machte. Der pers. Übergriff auf G. zwang zunächst zum nationalen Zusammengehen. In den →Perserkriegen 490–479 v. Chr. (formell erst 449 v. Chr. im sog. *Kalliasfrieden* beendet) wurde das Vordringen der pers. Weltmacht nach Europa verhindert. Gleichzeitig kämpften die Griechen Siziliens unter Führung des Tyrannen *Gelon* erfolgreich gegen *Karthago*. Durch die Siege über die Perser stieg Athen zur ersten Seemacht G.s empor, übernahm die Führung aller zur Vertreibung der Perser aus der Ägäis bereiten griech. Städte u. schloß sich mit ihnen im *1. Attischen Seebund* 478/77 v. Chr. zusammen. Er wurde unter *Perikles* immer mehr zu einem Instrument Athens, um die Führung in G. an sich zu reißen. So kam es zum Krieg (459–446 v. Chr.) zwischen Athen u. Sparta u. den jeweiligen Bundesgenossen. Zunächst blieb Athen erfolgreich, aber der Verschleiß seiner auch gegen die Perser gebundenen Kräfte veranlaßte Perikles zum Friedensschluß mit den Persern u. zu einem 30jährigen Frieden mit Sparta. Die Friedenszeit brachte Athen seine höchste polit., wirtschaftl. u. kulturelle Bedeutung. Aber bereits 431 v. Chr. brach der entscheidende *Peloponnesische Krieg* zwischen Athen u. Sparta aus, den das durch überspannte u. unglückliche Unternehmen geschwächte Athen *(Sizilische Expedition)* verlor. Athen mußte sich nach der vernichtenden Seeniederlage bei *Aigospotamoi* 405 v. Chr. den Spartanern ergeben; die Stadt wurde erobert u. ihre Stadtmauer teilweise zerstört.

Um 400 v. Chr. wurde der kleinasiat. Teil Griechenlands wieder von den Persern beansprucht, im W mußten die Griechen in Sizilien Karthago, in Italien die einheim. Stämme abwehren. Sparta, das den Kampf gegen Persien wieder aufnahm, herrschte oft gewaltsam über die anderen griech. Staaten. So kam es zum *Korinthischen Krieg* (395–386 v. Chr.), den Theben, Korinth, Argos u. Athen mit pers. Hilfe gegen Sparta führten. Er verlief unentschieden, bis der Spartaner *Antalkidas* bei Persien gegen die Abtretung der kleinasiat. Griechenstädte erreichte, daß dieses die Autonomie der einzelnen griech. Staaten festlegte u. Sparta ihre hegemoniale Überwachung übertrug *(Köngisfriede)*.

Griechenland – Die Geburt der Demokratie

Die Bedeutung der Demokratie zeigt sich nicht nur als Herrschaftsform der modernen Staaten und als soziale Utopie der freien Selbstbestimmung aller, sondern auch in den Versuchen totalitärer Regime, ihr Machtmonopol demokratisch zu legitimieren. Ihre antike Entstehung in der Polis Athen war ein außergewöhnlicher Prozeß, der nicht mit den Kämpfen unterprivilegierter Schichten um politische Partizipation in der Neuzeit verglichen werden kann.

Im Zuge einer durch den Vorstoß der Illyrer zum Mittelmeer ausgelösten Wanderungsbewegung (»Dorische Wanderung«) kam es in Griechenland seit dem 12. Jh. v. Chr. zu Stammesgruppenbildungen. Im Norden ließen sich die Äoler, in der Mitte die Ionier und im Süden die Dorier nieder. Es entstanden auf ehemaligen mykenischen Burghöhen errichtete Stadtsiedlungen, aus denen sich später die Polis als politische Organisationsform des öffentlichen Lebens entwickelte.

Hatte das Heerkönigtum der Wanderzeit zunächst ein monarchisches Regierungsprinzip begünstigt, übernahm seit dem 7. Jh. in Athen – aber auch in anderen Stadtstaaten – zunehmend die Aristokratie die Herrschaft. Diese Vormachtstellung des Adels war verbunden mit der Unterdrükkung und Ausbeutung der Bauernschaft.

Hier setzten 594 v. Chr. die Reformen Solons an. Er beseitigte die Schuldknechtschaft und Hörigkeit der Bauern. Gleichzeitig organisierte Solon die Rechte und Pflichten der Staatsbürger durch eine Vier-Klassen-Einteilung nach den Besitzverhältnissen neu (Timokratie).

Nach einer Periode der Tyrannenherrschaft setzte Kleisthenes das Reformwerk Solons fort. Dabei wurde die Macht der adeligen Sippenverbände durch eine räumliche Neuordnung Attikas gebrochen. Aus zehn Bezirken (Phylen) wurden nach Vorwahl jährlich 50 Abgeordnete in den »Rat der Fünfhundert« delegiert. Damit war in Athen zumindest formal gleiches Recht für alle Staatsbürger verwirklicht. Ihre Vollendung erreichte die attische Demokratie in der Regierungszeit des Perikles. So erhielten nun auch die besitzlosen Flottenmannschaften (Theten) volles Bürgerrecht. Außerdem führte Perikles Tagegelder (Diäten) für die Inhaber öffentlicher Ämter ein. Dadurch eröffnete er auch ärmeren Schichten den Zugang zum Staatsdienst. Dieses System führte zur innenpolitischen Stabilität und zu einer Wertschätzung der Demokratie, die erst durch die Niederlage Athens im Peloponnesischen Krieg erschüttert wurde. *G. M.*

1 *Hydria (Wasserkrug) des Priamosmalers; attisch, um 530 v. Chr. Madrid, Museo Arqueológico Nacional.*

2 *Soldaten aus Athen, Marmorrelief, um 500 v. Chr. Die bürgerliche politische Öffentlichkeit, die u. a. durch die regimentsfähigen Hopliten gebildet wurde, führte Athen zu höherer politischer und militärischer Effizienz.*

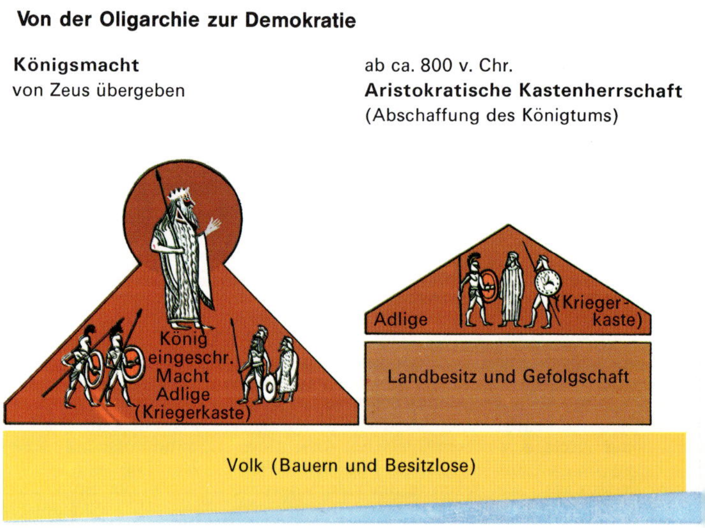

3

»Achäische (Erste indogermanische) Wanderung«

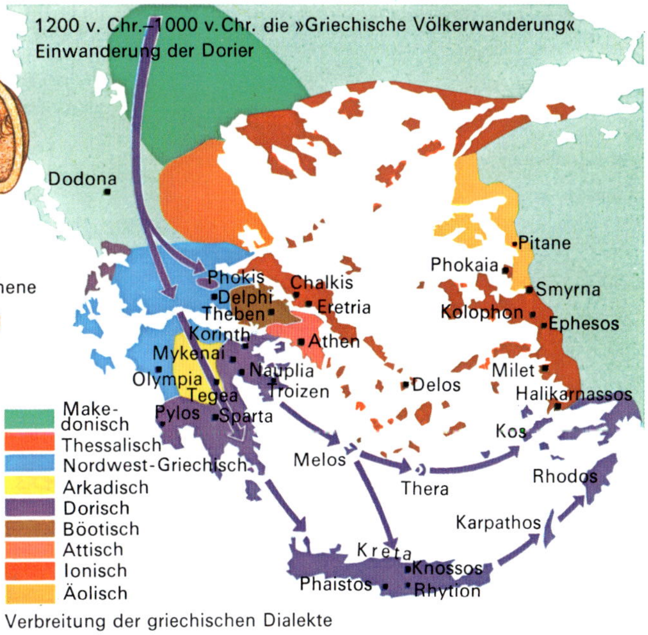

»Ägäische (Dorische) Wanderung«
(oder »Zweite indogermanische Wanderung«)

4

5

3 *Schematische Darstellung der antiken Demokratieentwicklung*

4 *Ruinen des griechischen Theaters von Taormina, Sizilien.*

5 *Greifenprotome; peloponnesisch, Mitte des 7. Jahrhunderts v. Chr. Olympia.*

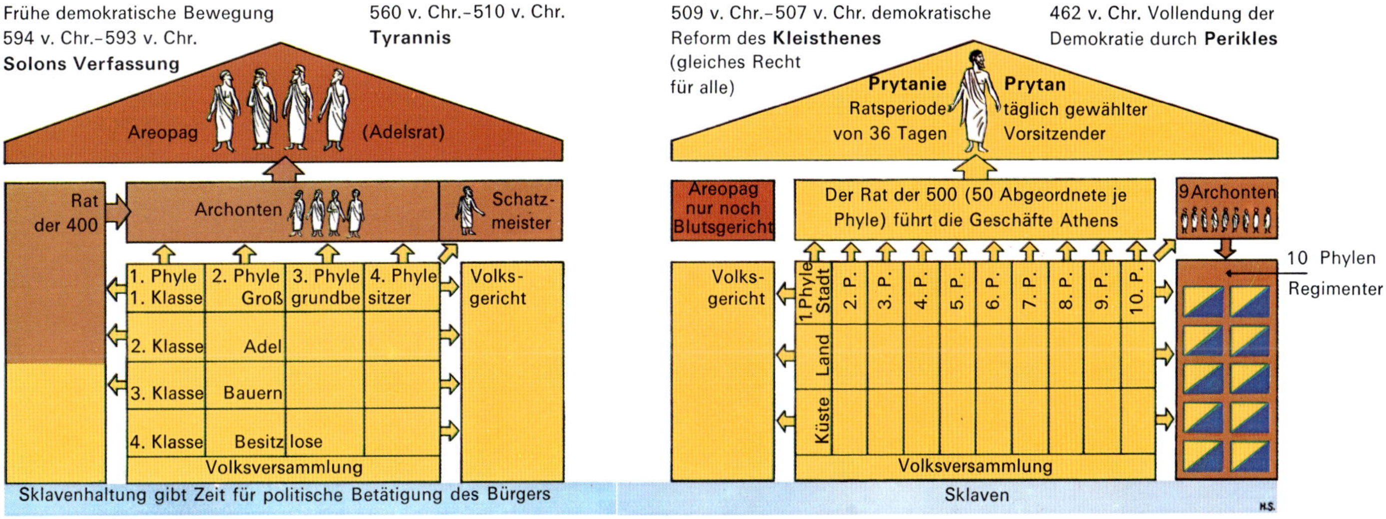

Sparta nutzte seine neu gefestigte Vormachtstellung zu oft gewaltsamen Übergriffen aus, bis die Böoter unter *Epaminondas* ihr in der Schlacht bei Leuktra 371 v. Chr. ein Ende machten. Die dadurch entstandene sog. theban. Hegemonie endete mit Epaminondas' Tod 362 v. Chr. Kein griech. Stadtstaat war nun noch zur Führung fähig; Krieg folgte auf Krieg, hinzu kamen viele, oft blutige Unruhen.
Der Streit zwischen Böotien u. Phokis um Delphi gab *Philipp II.* von Makedonien, dessen Land seit 359 v. Chr. stärkste griech. Macht geworden war, die Gelegenheit, in G. einzugreifen u. sich schließlich nach seinem Sieg bei *Chaironeia* 338 v. Chr. über die vereinigten Böoter u. Athener zum Herrn über G. zu machen. Sein Sohn *Alexander d. Gr.* eroberte das pers. Reich u. gründete zwischen Balkan, Sahara u. Indus sein Weltreich. Aus der Vereinigung der griech. Kultur mit oriental. Elementen entstand die hellenist. Weltkultur (→ Hellenismus). Erst nach den Diadochenkämpfen um Alexanders Nachfolge festigte sich das hellenist. Staatensystem. Die wichtigsten Staaten waren Makedonien unter den *Antigoniden*, das *Seleukidenreich*, das fast den gesamten asiat. Reichsteil umfaßte, das *Ptolemäerreich* in Ägypten u. Küstengebiete am östl. Mittelmeer. In G. selbst stiegen im 3. Jh. v. Chr. neben den von Makedonien beherrschten Stadtstaaten der *Aitolische* u. *Achäische Bund* auf, die sich aber durch ihren Dualismus bald gegenseitig behinderten.
Nachdem der griech. Westen schon im Krieg gegen *Pyrrhos* (280–272 v. Chr.), im *1. Punischen Krieg* (262–241 v. Chr.) u. schließlich durch die Eroberung von *Syrakus* im *2. Punischen Krieg* 212 v. Chr. römisch geworden war, ermöglichten Kriege der hellenist. Reiche untereinander den Römern auch ein Übergreifen nach Osten. Makedonien wurde in 3 Kriegen (215–205 v. Chr.; 200–197 v. Chr.; 171–168 v. Chr.) zerschlagen, 192–189 v. Chr. das Seleukidenreich besiegt u. der Aitolische Bund entmachtet; Makedonien wurde 148 v. Chr. röm. Provinz, dessen Statthalter nach einer Erhebung des Achäischen Bundes u. der Zerstörung Korinths 146 v. Chr. auch G. unterstellt wurde. Der Anschluß großer Teile von G. an *Mithridates VI.* von Pontos führte 86 v. Chr. zur Eroberung Athens durch *Sulla*; aber erst 27 v. Chr. wurde G. unter dem Namen *Achaia* offiziell Provinz. Unter der röm. Herrschaft war G. auch wirtschaftlich schwach, doch gelangten einige Orte, von einzelnen röm. Kaisern wie *Nero* u. *Hadrian* u. a. städtebaulich gefördert, zu neuer kultureller Blüte.
Mittelalter: Bei der Teilung des Römischen Reichs 395 n. Chr. kam G. an das Oströmische Reich (→ Byzantinisches Reich). Das Land wurde von Westgoten, Awaren u. Bulgaren heimgesucht u. seit dem 6. Jh. von slaw. Siedlern überflutet; das Griechentum hielt sich aber in den Städten (Fluchtburgen) u. Randgebieten, von wo aus im 9. Jh. die griech. Rückeroberung einsetzte. Erst im 10. Jh. begann die wirtschaftl. Erholung. Im Anschluß an die Errichtung des *Lateinischen Kaiserreichs* 1204 gründeten französ. Adelsgeschlechter u. Venezianer kurzlebige Herrschaften. Nach 1259 faßten die byzantin. Kaiser nochmals auf dem Peloponnes Fuß (Despotat von Mistra bis 1460), doch große Teile des griech. Siedlungsraumes blieben in fremder Hand (u.a. Herzogtum Athen unter den Acciaiuoli). Nach der Eroberung durch die Türken wurde G. Bestandteil des Osmanischen Reichs. Es wurde in *Sandschaks* (Provinzen) aufgeteilt. Verwaltung u. Grundbesitz gingen in die Hände der Türken über. Das islam. Fremdenrecht sicherte der unterworfenen Bevölkerung (Rajahs) wichtige Eigenrechte, die die Griechen auf vielen Gebieten (Handel, Bildung, Kirche) zu nutzen verstanden; dadurch konnten sie auch unter der Fremdherrschaft eine gewisse Sonderstellung vor den übrigen orthodoxen Balkanvölkern wahren. Bewaffnete Erhebungen schlugen jedoch fehl. Vorübergehend gewannen die Venezianer Athen u. den Peloponnes (Morea) zurück (1684–1715 bzw. 1718).
Neuzeit: Der Freiheitswille der Griechen fand Unterstützung bei dem auf den Balkan drängenden Rußland (Türkenkrieg *Katharinas II.*, 1769–1774). Die Errichtung der Republik der *Ionischen Inseln* (1799–1806 unter dem gemeinsamen russ.-türk. Protektorat, 1815–1864 unter brit. Protektorat) als erster griech. nationaler Staat seit der Eroberung Konstantinopels eröffnete eine zukunftweisende Perspektive für eine Neuregelung der nationalen Frage; die von der Französ. Revolution ausgehenden liberal-nationalen Ideen u. die zunehmende innere Schwäche des Osman. Reichs entfachten schließlich den Unabhängigkeitskampf der Griechen. 1821 brach der Aufstand, vorbereitet durch den Geheimbund *Hetärie*, gleichzeitig in der Moldau u. auf dem Peloponnes aus. Die Osmanen suchten der Erhebung zwar durch grausame Unterdrückung Herr zu werden; doch mit Hilfe weltweiter Sympathien *(Philhellenismus)* u. mit der Unterstützung durch Frankreich, Großbritannien u. Rußland (Seeschlacht bei Navarino 1827) gewann G. seine Souveränität. Bereits 1822 hatte die erste griech. Nationalversammlung in Epidauros die Unabhängigkeit erklärt; sie wurde nach dem russ.-türk. Krieg 1828/29 *(Friede von Adrianopel)* 1830 *(Londoner Protokoll)* anerkannt. 1827 wurde Graf *Kapodistrias* (Capo d'Istrias) zum Regenten gewählt, aber 1831 von einem Griechen ermordet. Die chaotischen innenpolitischen Entwicklungen machten eine Regierung fast unmöglich, so daß die Großmächte den bayer. Prinzen Otto von Wittelsbach als König *(Otto I.)* vorschlugen, den die griech. Nationalversammlung auch annahm. Die wachsende Unzufriedenheit mit der Innen- u. Außenpolitik des Königs u. seiner Ratgeber kostete Otto jedoch nach der Militärrevolte 1862 den Thron. Sein Nachfolger wurde der englandfreundl. Dänenprinz Wilhelm als *Georg I.* Allerdings blieben Parteienstreit u. häufig wechselnde Kabinette weiterhin kennzeichnend.
Nach dem russ.-türk. Krieg 1877/78 konnte G. seine Ansprüche auf Thessalien u. einen Teil (Arta) von Epiros in der *Konvention von Konstantinopel* (1881) durchsetzen. 1897 erlitten die Griechen, als sie im kretischen Aufstand gegen die Türken (1895–1897) intervenierten, eine vernichtende militär. Niederlage in Thessalien. Dennoch gelang den Kretern (1908) der Anschluß an das Mutterland. Der Führer der kret. Anschlußbewegung, E. *Venizelos*, betätigte sich politisch seit 1910 in G., wurde Min.-Präs. u. veranlaßte die Teilnahme G.s am 1. u. 2. *Balkankrieg*, in denen es bedeutenden Gebietszuwachs erhielt (u. a. Makedonien), in denen aber auch eine langjährige Feindschaft gegen Bulgarien entstand. Auf den 1913 ermordeten Georg I. folgte sein Sohn *Konstantin I.* Das Land, das im 1. Weltkrieg unter seiner Regentschaft zunächst neutral blieb, trat auf Betreiben von Venizelos u. aufgrund des Eingreifens der Alliierten (Besetzung Salonikis u. Nordgriechenlands, Seeblockade) in den Krieg auf seiten der Entente ein; der König wurde zum Thronverzicht gezwungen. Griech. Truppen besetzten 1919 Smyrna u. das Hinterland u. lösten den verhängnisvollen *griech.-türk. Krieg* 1920–1922 aus, der zur kleinasiat. Katastrophe führte. Nach dem Sturz der Regierung Venizelos bestieg Konstantin I. erneut den Thron, mußte aber nach dem verlorenen Krieg 1922 wieder abdanken. Ihm folgte sein Sohn *Georg II.*, der im *Frieden von Lausanne* (1923) Gebietsverluste hinnehmen mußte. 1924 wurde G. Republik (bis 1935). Bis zur Regierungsübernahme durch General J. *Metaxas* 1936 (bis 1941), der autoritär regierte, kam es immer wieder zu Unruhen u. Regierungswechseln. Das Verhältnis zu Italien, Jugoslawien u. zur Türkei wurde während der erneuten Amtsperiode von Venizelos als Min.-Präs. (1928–1932) vertraglich geregelt, doch blieben die Beziehungen zu Bulgarien wegen der makedon. Frage gespannt.
Im 2. Weltkrieg (Oktober 1940) griff Italien G. in Epirus an, die Italiener wurden aber nach Albanien zurückgeworfen; erst als dt. Truppen in G. einmarschierten u. die brit. Hilfstruppen zum Rückzug gezwungen wurden, gab G. seinen Widerstand auf. Die z. T. von den Alliierten unterstützten Widerstandsgruppen waren in Nationalisten *(EDES)*, Kommunisten *(EAM* u. *ELAS)* u. „Volksbefreiungsarmee" *(EKKA)* zersplittert. Der nach dem Rückzug der dt. Truppen (Oktober 1944) sich daraus entwickelnde Bürgerkrieg konnte von der Regierung unter Erzbischof D. P. *Damaskinos* nicht beendet werden. Die prokommunist. Gruppen wurden von der Sowjetunion, Bulgarien u. Jugoslawien, die prowestl. Regierung zunächst von Großbritannien, dann von den USA unterstützt. Die Einstellung der jugoslaw. Unterstützung u. das Eingreifen der USA ermöglichten 1949 den Sieg der Regierungstruppen. Seither vollzog sich die Eingliederung G.s in

Griechenland: Vernehmung einer gefangenen Partisanin im Bürgerkrieg 1948

Griechenland: Georgios Papadopoulos (links) und Stylianos Pattakos, die Führer des Militärputschs von 1967

die westl. Welt: 1948 Mitglied der OECD, 1952 der NATO, 1961 assoziiertes Mitglied der EWG, seit 1981 Mitglied der EG.
1946 hatten die monarchist. Kräfte die Wahlen gewonnen u. Georg II. zurückgerufen; er starb 1947. Ihm folgte sein Bruder *Paul I.* (1947–1964). Nach dessen Tod wurde sein Sohn *Konstantin II.* König. Bis Anfang der 60er Jahre hatten im Parlament konservative Parteien die Mehrheit. Min.-Präs. waren Marschall A. *Papagos* (1952–1955) u. K. *Karamanlis* (1955–1963).
Als nach Wahlsiegen der linksliberalen Zentrumsunion der neue Min.-Präs. G. *Papandreou* (1963–1965) eine stärkere Kontrolle der Armee anstrebte, wurde er 1965 vom König entlassen. In der folgenden Krisensituation ergriff 1967 eine Offiziersgruppe unter Oberst G. *Papadopoulos* die Macht u. regierte diktatorisch. Nach einem erfolglosen Versuch, sie zu stürzen, verließ Konstantin II. Ende 1967 das Land, blieb aber formal Staatsoberhaupt. 1973 schaffte Papadopoulos (seit Ende 1967 Min.-Präs.) die Monarchie ab u. ließ sich zum Präs. wählen. Wenig später wurde er von einer anderen Militärjunta gestürzt. Im Juli 1974 unterstützte diese einen Putsch gegen den zypr. Präs. *Makarios* u. provozierte damit die türk. Landung auf Zypern. Nach diesem Mißerfolg gab sie die Macht in zivile Hände zurück.
Min.-Präs. wurde K. Karamanlis, dessen Partei *„Neue Demokratie"* (ND) in freien Wahlen die absolute Mehrheit erhielt. Im gleichen Jahr entschied sich in einer Volksabstimmung die Mehrheit des griech. Volkes gegen die Monarchie u. für die Republik. 1975 trat eine neue Verfassung in Kraft; Präs. der Republik wurde K. *Tsatsos.* Die Wahlen von 1977 gewann wiederum Karamanlis. 1980 ließ er sich zum Präs. wählen; er gab die Parteiführung u. das Amt des Min.-Präs. an G. *Rallis* ab. Die Parlamentswahlen von 1981 brachten eine Wende: Die „Panhellenische Sozialistische Bewegung" (PASOK) gewann überlegen unter A. *Papandreou,* der das Amt des Min.-Präs. übernahm. Trotz verfassungswidriger Beeinflussung der Präsidentenwahl von 1985, bei der C. *Sartzetakis* zum neuen Staatsoberhaupt gewählt wurde, gelang es der PASOK im selben Jahr bei den Parlamentswahlen, die absolute Mehrheit der Sitze zu behaupten. 1986 stärkte eine Verfassungsänderung die Stellung des Min.-Präs. auf Kosten des Präs. 1988 wurde das Ansehen der Regierung Papandreou durch Finanzskandale u. private Affären in Mitleidenschaft gezogen. Zwei Parlamentswahlen brachten 1989 keine regierungsfähigen Mehrheiten. Nach den Wahlen von 1990 wurde K. *Mitsotakis* von der ND Min.-Präs.; zum Staats-Präs. wurde erneut K. Karamanlis (ND) gewählt. Ein Gerichtsverfahren gegen A. Papandreou wegen Bestechung endete 1992 mit Freispruch. Außenpolit. Konfliktstoff entstand durch den Streit über den Namen der durch den Zerfall Jugoslawiens unabhängig gewordenen Republik Makedonien.
1993 verlor die Regierung Mitsotakis aufgrund des Parteiwechsels zweier Abgeordneter ihre Mehrheit im Parlament. Bei vorgezogenen Neuwahlen gewann die PASOK die absolute Mehrheit der Mandate. A. Papandreou übernahm wieder das Amt des Min.-Präs. 1995 wurde K. *Stephanopoulos* als unabhängiger Kandidat zum Staats-Präs. gewählt. Im gleichen Jahr verbesserten sich die Beziehungen zu Makedonien. Im Jan. 1996 legte der schwer erkrankte Papandreou das Amt des Min.-Präs. nieder. Neuer Regierungschef wurde K. *Simitis,* der nach dem Tode Papandreous auch den Vorsitz der PASOK übernahm. Simitis führte die PASOK bei vorgezogenen Wahlen im Sept. 1996 wieder zur absoluten Mehrheit im Parlament.
Griffith [-fiθ], Arthur, irischer Politiker, *31. 3. 1872 Dublin, †12. 8. 1922 Dublin; gründete 1899 die Zeitschrift „The United Irishman" u. wurde der Führer der radikalen Sinn-Féin-Partei; 1919/20 Präs. der irischen Rebellenregierung; unterzeichnete 1921 den Vertrag, in dem Großbritannien Irland Dominionstatus gewährte. G. wurde Präs. des Irischen Freistaats.

Andrej Andrejewitsch Gromyko

Grimaldi, genues. Adelsgeschlecht, neben den *Fieschi* Führer der Guelfenpartei, seit 1454 Herren von Monaco: Domenico G. war 1571 Admiral der päpstl. Flotte in der Seeschlacht bei Lepanto. Onorato II. (*1597, †1662) nahm 1659 den Fürstent. von Monaco an. 1731 starb die männl. Linie aus; Name u. Land gingen über die Erbtochter Louise an Jacques Comte de *Thoriguy* (*1689, †1751) über. 1920 heiratete die Erbtochter Charlotte Pierre Comte de *Polignac,* deren Sohn Fürst Rainier III. (*31. 5. 1923) ist.
Grimaldigrotten, Höhlengruppe bei Mentone, an der westitalien. Küste nahe der französ. Grenze. Die seit dem Altpaläolithikum vom Menschen aufgesuchten Höhlen sind wegen der darin erkennbaren Schwankungen des Meeresspiegels bedeutsam für die Verbindung der archäolog. u. geolog. Eiszeitchronologie. Hier fanden sich in reichhaltigen Kulturschichten jungpaläolith. Bestattungen des Menschen vom *Cro-Magnon-Typus (Grimaldirasse),* Herdstellen u. weibl. Statuetten aus Speckstein.
Grimani, altes venezian. Patriziergeschlecht, dem u. a. drei Dogen entstammten: Antonio (1521–1523), Marino (1595–1605) u. Pietro (1741–1752). Der Sohn des Antonio, Domenico (*1461, †1523), Kardinal u. Patriarch von Aquileia, erwarb das „Breviarium Grimani", ein bedeutendes Denkmal der fläm. Buchmalerei (heute in der Markusbibliothek). Vincenzo G. (*1655, †1710), vermittelte die Allianz zwischen Savoyen u. Österreich. Kaiser Leopold II. erwirkte für ihn den Kardinalshut; er leitete in Rom die Vorbereitungen der Eroberung Neapels, dessen österr. Vizekönig er von 1708–1710 war.
Grimme, Adolf, Schulreformer u. Politiker (SPD), *31. 12. 1889 Goslar, †27. 8. 1963 Degerndorf am Inn; 1928/29 Ministerialrat im preuß. Kultusministerium, 1930–1932 preuß. Min. für Wissenschaft, Kunst u. Volksbildung; 1942–1945 polit. Häftling; 1946–1948 Kultus-Min. in Niedersachsen, 1948 bis 1956 Generaldirektor des Nordwestdeutschen Rundfunks. – Für bes. gute Fernsehsendungen der Gebiete Bericht, Dokumentation u. Spiel wurde 1961 vom Dt. Volkshochschulverband der *Adolf-Grimme-Preis* gestiftet, der jährlich vergeben wird.
Grimnitzer Vertrag, am 26. 8. 1529 geschlossener Vergleich zwischen Kurfürst Joachim I. von Brandenburg u. Herzog Georg I. von Pommern, in dem Brandenburg der unmittelbaren Belehnung Pommerns durch das Reich zustimmte. Die Erbfolge blieb nach Aussterben des pommerschen Herzogshauses im Mannesstamm bei Brandenburg.
Grimoald, fränk. Hausmeier aus dem Geschlecht der Karolinger, *um 620, †662 Paris; Sohn des Hausmeiers *Pippin d. Ä.;* führte die Regierung für König Sigibert III. (638–656); suchte nach dessen Tod die Merowinger-Dynastie zugunsten seines von Sigibert bereits adoptierten Sohnes Childebert zu stürzen, wurde nach dem Scheitern seines Unternehmens hingerichtet.
Grischin, *Grišin,* Wiktor Wassiljewitsch, sowjet. Politiker, *18. 9. 1914 Serpuchow bei Moskau, †25. 5. 1992 Moskau; 1956–1967 Vors. des Zentralrats der Gewerkschaften, 1967–1985 1. Sekretär des Moskauer Stadtkomitees der KPdSU, 1971–1986 Mitglied des Politbüros des ZK der KPdSU.
Grivas, Georgios, zypr. Politiker u. Offizier, *23. 5. 1898 Trikomo, †27. 1. 1974 Limassol; 1955–1959 Führer der zypr. Untergrundbewegung EOKA gegen die brit. Kolonialherrschaft (Deckname „Digenis"); erstrebte den Anschluß Zyperns an Griechenland *(Enosis);* verließ nach dem Londoner Zypern-Abkommen 1959 die Insel, kehrte 1964 zurück u. war bis 1967 Oberbefehlshaber der griech.-zypr. Streitkräfte; der Politik von Präs. *Makarios* stand er mit zunehmender Ablehnung gegenüber.
Gröber, Adolf, Politiker (Zentrum), *11. 2. 1854 Riedlingen/Donau, †19. 11. 1919 Berlin; Gründer u. Vors. des Zentrums in Württemberg; 1887–1918 MdR, 1917/18 Fraktionsvorsitzender; 1918 Staatssekretär im Kabinett Max von Baden.
Groener, Wilhelm, Offizier (1916 Generalleutnant) u. Politiker, *22. 11. 1867 Ludwigsburg, Württemberg, †3. 5. 1939 Potsdam; 1914–1916 Chef des Feldeisenbahnwesens; als Nachfolger Ludendorffs Okt. 1918 – Sept. 1919 Erster Generalquartiermeister, spielte eine Schlüsselrolle bei der Abdankung Wilhelms II. u. vereinbarte mit F. Ebert die Zusammenarbeit zwischen der Obersten Heeresleitung u. dem Rat der Volksbeauftragten; 1920–1923 Reichsverkehrsminister; 1928 bis 1932 Reichswehr-, 1931/32 zugleich kommissarischer Reichsinnenminister.
Groen van Prinsterer [xru:n-], Guillaume, niederländ. Politiker (Antirevolutionäre Partei) u. Historiker, *21. 8. 1801 Voorburg, †10. 5. 1876 Den Haag; 1840, 1849–1857 u. 1862–1866 Mitgl. der 2. Kammer, als führender Kopf der Konservativen christl.-calvinistischer Prägung Gegner des Liberalismus; trat jedoch zugleich für einen rechtlich abgesicherten Verfassungsstaat ein.
Grolman, Karl Wilhelm Georg von, preuß. Offizier, *30. 7. 1777 Berlin, †15. 9. 1843 Posen; gehörte zum Kreis der Heeresreformer um *Scharnhorst* u. *Gneisenau* u. nahm als Generalstabsoffizier an den Befreiungskriegen teil; nach zeitweiligem Abschied in der Restaurationszeit 1832 Kommandierender General in Posen, Mitarbeiter E. von *Flottwells.*
Gromyko, Andrej Andrejewitsch, sowjet. Politiker, *18. 7. 1909 Staryje Gromyki, Oblast Gomel, †2. 7. 1989 Moskau; 1943–1946 Botschafter in Washington, 1946–1948 ständiger Vertreter der Sowjetunion im Sicherheitsrat der UN, 1948–1952 u. 1953–1957 stellvertr. Außen-Min., 1952/53 Botschafter in London; 1957–1985 Außen-Min., 1983–1985 zugleich Erster Stellvertr. Vors. des Ministerrats; 1973–1988 Mitgl. des Politbüros der KPdSU; 1985–1988 Vors. des Präsidiums des Obersten Sowjets (Staatsoberhaupt).
Gronchi ['grɔŋki], Giovanni, italien. Politiker (christl.-demokrat.), *10. 9. 1887 Pondedera, Pisa, †17. 10. 1978 Rom; 1944–1946 Wirtschafts-Minister, 1948–1955 Kammer-Präs., 1955–1962 Staats-Präs.; Mitbegründer der *Democrazia Cristiana.*
Grönland [„Grünland"], die größte Insel der

Arktis u. zugleich die größte der Erde, dem amerikan. Kontinentalblock zugehörig, auton. dän. Hoheitsgebiet, Hptst. *Godthåb.*
986 veranlaßte der Norweger *Erich der Rote* von Island aus die Besiedlung G.s. Die enge Verbindung mit Norwegen riß im 15. Jh. ab, u. die norweg. Kolonien verschwanden. Seit 1721 besiedelten u. christianisierten die Dänen das Land; sie setzten sich zuerst im südwestl. Teil fest u. durchdrangen bis etwa 1920 alle bewohnten Gebiete. Die Erforschung des Landesinnern übernahmen zahlreiche Expeditionen, so die von F. *Nansen* (1888), R. E. *Peary* (1891–1895) u. Alfred *Wegener* (1929 u. 1930/31). 1931 versuchte Norwegen vergeblich, das Land zu annektieren; es wurde 1941 unter den Schutz der USA gestellt, die Luftstützpunkte u. Wetterstationen errichteten. 1951 schlossen Dänemark u. die USA ein Schutzbündnis zur gemeinsamen Verteidigung G.s. Mit der Verfassung von 1953 wurde G. gleichberechtigter Teil des dän. Königreichs; es entsendet zwei Vertreter in das dän. Parlament. Nach einer Volksabstimmung erhielt die Insel am 1. 5. 1979 innere Autonomie mit einem Parlament *(Landsting)* u. einem Ministerkabinett.
Bei dem dän. Volksentscheid, der 1972 zum EG-Beitritt führte, hatte es in G. 71 % Gegenstimmen gegeben. Mit einem zweiten Referendum 1982 entschied sich das nunmehr autonome G. für den Austritt aus der EG, der 1984 durch Parlamentsbeschluß vollzogen wurde. Im Rahmen von Sondervereinbarungen mit der EG erhielt G. den Status eines Überseeterritoriums.

Groschen [der; lat. *grossus*, „dick"], *Grossus denarius*, Großsilbermünze des MA im Wert mehrerer *Pfennige* u. dadurch ein bequemeres Zahlungsmittel als der Pfennig selber; zuerst Ende des 12. Jh. in Italien als *Grosso* geprägt. Wichtige G.: *Gros Tournois* (Turnose) seit 1266; Prager Groschen seit 1300; *Meißner G.* seit 1338. Bereits im 14. Jh. hatte der G. den Pfennig völlig zurückgedrängt; seit dem 16. Jh. wurde er zur wichtigsten Unterteilung des Talers: *Guter G.* = Taler; *Apfel-G.* = Taler; Fürstengroschen = Taler; Mariengroschen = Taler. Der *Silber-G.* (Taler) war 1821–1873 die Hauptscheidemünze; dann übertrug sich in der Umgangssprache die Bez. G. auf das 10-Pfennig-Stück.

Großbritannien und Nordirland — GB

Vereinigtes Königreich von Großbritannien und Nordirland

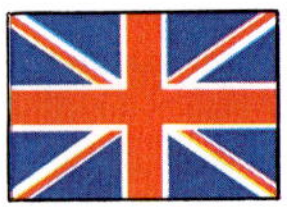

Fläche: 241 752 km². – *Einwohner:* 58,6 Mill. – *Hauptstadt:* London. – *Landessprache:* Englisch. – *Nationalfeiertag:* im Juni, Datum wird jährl. neu festgelegt. – *Währung:* 1 Pfund Sterling = 100 Pence. – *Lage:* zwischen 50° und 61° n. Br. sowie 1°45′ ö. L. und 8°10′ w. L. – *Zeitzone:* Mitteleuropäische Zeit – 1 Std. – *Grenzen:* im W Atlantischer Ozean, Irische See und Republik Irland, im N und O Nordsee, im S der Kanal des Atlantischen Ozeans. – *Staatsform:* parlamentarische Monarchie.

Vor- u. Frühgeschichte: Die älteste Besiedlung der brit. Inseln (damals noch in Landverbindung mit dem Festland) fand in der Altsteinzeit statt. In der Mittelsteinzeit wurde die bisher volksarme Siedlungsfläche durch Einwanderungen aus Nord- u. Südwesteuropa stark erweitert. Um 2500 v. Chr. kam mit Beginn der Jungsteinzeit ein neuer Bevölkerungszustrom aus Westeuropa, der die Bauernkultur mit Anbau von Weizen, die Viehzucht u. eine einfache Keramik brachte *(Windmill-Hill-Kultur).* Später verbreitete sich, aus Westeuropa kommend, die *Megalith-Kultur* in England u. Irland. Am Ende des Neolithikums drangen in dieses Milieu aus den Niederlanden u. aus Mittel- u. Südwesteuropa in mehreren Wellen neue Völker aus den sog. *Becherkulturen*; auch sie errichteten Henge-Denkmäler (u. a. *Stonehenge*). Ausgebaut wurden diese durch die zu Beginn der Bronzezeit (um 1500 v. Chr.) in Südengland blühende, mit reichen Fürstengräbern ausgestattete, am Schnittpunkt mehrerer Handelswege liegende *Wessex-Kultur*, die ihre Bedeutung dem Zinnreichtum der Bretagne u. Südwestenglands verdankte. In der mittleren Bronzezeit wurden die Leichenverbrennung u. die Beisetzung in Urnen statt der bisherigen Körperbestattung üblich; die Sitte bestand in Irland bis um Christi Geburt. Die Menschen wohnten in leichten Rundhütten; Viehzucht herrschte vor, doch wurden auch Weizen u. Gerste angebaut. Nach 700 v. Chr. aus den Niederlanden eindringende, vielleicht schon kelt. Völker brachten intensiven Ackerbau *(Celtic fields)* u. umwallte Hofstätten mit Rundhäusern *(Crannog)* mit. Um 600 v. Chr. brachten neue Ansiedler vom Festland die Kenntnis der Eisenverarbeitung, die Kultur aus dem Hallstätter Milieu u. später Wesenszüge der *Latènekultur* auf die Inseln. Die Kelten bildeten eine kriegerische Oberschicht u. verschafften der kelt. Sprache Geltung. Doch erst im 2. Jh. v. Chr. setzte sich die Latènekultur voll durch (u. a. Schmucksachen nach gallischen Vorbildern). Im 1. Jh. v. Chr. siedelten *Belgen* aus Nordgallien u. der Rhein-Maas-Gegend in Südengland. Die Belgenstämme setzten den Römern, die erstmals 55/54 v. Chr. unter *Cäsar* über den Kanal gedrungen waren, heftigen Widerstand entgegen. Erst seit 43 n. Chr. eroberten röm. Legionen das Gebiet des heutigen England,

England/Großbritannien

Könige

Haus Wessex	
Egbert	825–839
Ethelwulf	839–855
Ethelbald	855–860
Ethelbert	860–866
Ethelred I.	866–871
Alfred der Große	871–899
Eduard I., der Ältere	899–924
Athelstan	934–939
Edmund	939–946
Edred	946–955
Edwy	955–959
Edgar	959–975
Eduard II., der Märtyrer	975–978
Ethelred II.	978–1016
(dänische Herrschaft	1016–1042)
Eduard der Bekenner	1042–1066
Harald II.	1066
Normannen	
Wilhelm I., der Eroberer	1066–1087
Wilhelm II.	1087–1100
Heinrich I.	1100–1135
Stephan von Blois (Usurpator)	1135–1154
Haus Anjou-Plantagenet	
Heinrich II.	1154–1189
Richard I. Löwenherz	1189–1199
Johann ohne Land	1199–1216
Heinrich III.	1216–1272
Eduard I.	1272–1307
Eduard II.	1307–1327
Eduard III.	1327–1377
Richard II.	1377–1399
Haus Lancaster	
Heinrich IV.	1399–1413
Heinrich V.	1413–1422
Heinrich VI.	1422–1461, 1470–1471
Haus York	
Eduard IV.	1461–1470, 1471–1483
Eduard V.	1483
Richard III.	1483–1485
Haus Tudor	
Heinrich VII.	1485–1509
Heinrich VIII.	1509–1547
Eduard VI.	1547–1553
Maria (die Katholische oder die Blutige)	1553–1558
Elisabeth I.	1558–1603
Haus Stuart	
Jakob I.	1603–1625
Karl I.	1625–1649

Lordprotektoren der Republik

Oliver Cromwell	1653–1658
Richard Cromwell	1658–1659

Könige

Haus Stuart	
Karl II.	1660–1685
Jakob II.	1685–1688
Wilhelm III. (Haus Oranien und Stuart)	1689–1702
Anna	1702–1714
Haus Hannover	
Georg I.	1714–1727
Georg II.	1727–1760
Georg III.	1760–1820
Georg IV.	1820–1830
Wilhelm IV.	1830–1837
Viktoria	1837–1901
Haus Sachsen-Coburg-Gotha (umbenannt 1917 in *Haus Windsor*)	
Eduard VII.	1901–1910
Georg V.	1910–1936
Eduard VIII.	1936
Georg VI.	1936–1952
Elisabeth II.	1952–

Premierminister des 20. Jahrhunderts

(Kons. = Konservative Partei; Lab. = Labour Party; Lib. = Liberale Partei)

Arthur James Balfour (Kons.)	1902–1905
Sir Henry Campbell-Bannerman (Lib.)	1905–1908
Herbert Henry Asquith (Lib.)	1908–1916
David Lloyd George (Lib.)	1916–1922
Andrew Bonar Law (Kons.)	1922–1923
Stanley Baldwin (Kons.)	1923–1924
James Ramsay MacDonald (Lab.)	1924
Baldwin (erneut)	1924–1929
MacDonald (erneut)	1929–1935
Baldwin (erneut)	1935–1937
Arthur Neville Chamberlain (Kons.)	1937–1940
Winston Churchill (Kons.)	1940–1945
Clement Attlee (Lab.)	1945–1951
Churchill (erneut)	1951–1955
Sir Anthony Eden (Kons.)	1955–1957
Harold Macmillan (Kons.)	1957–1963
Sir Alec Douglas-Home (Kons.)	1963–1964
Harold Wilson (Lab.)	1964–1970
Edward Heath (Kons.)	1970–1974
Wilson (erneut)	1974–1976
James Callaghan (Lab.)	1976–1979
Margaret Thatcher (Kons.)	1979–1990
John Major (Kons.)	1990–1997
Anthony Blair (Lab.)	1997–

das nach der erfolgreichen Statthalterschaft von *Agricola* (78–84 n. Chr.) 85 röm. Provinz wurde. Sie wurde durch feste Lager, Heerstraßen u. Befestigungsanlagen gesichert. Unruhen in hadrianischer Zeit führten zur Errichtung eines starken Grenzwalls *(Hadrianswall)* 120–128 gegen Schottland; der unter *Antoninus Pius* weiter nördlich angelegte Grenzwall wurde schon 184 wieder aufgegeben, der Hadrianswall 195 zerstört. Die folgenden Jahrhunderte waren durch ständige Kämpfe zwischen Aufständischen u. Römern gekennzeichnet. *Severus* überließ nach Ordnung der Verhältnisse 208–211 mehr u. mehr einheimischen Stämmen die Verteidigung nach Norden. Seit 383 wurden zum Schutz Italiens zunehmend röm. Truppen abgezogen, bis der Sachseneinfall von 410 das Ende der röm. Herrschaft in Britannien einleitete.

Die Kleinkönigreiche: Nach dem Abzug der röm. Legionen (410 n. Chr.) zerfielen Verwaltung u. Kultur. Die Britannier riefen um 450 n. Chr. gegen die krieger. *Pikten* u. *Scoten* die german. *Angeln* u. *Sachsen* zur Hilfe, die nach erfolgreichem Kampf sich zu Herren machten, die Britannier in den W nach Wales oder in die Bretagne abdrängten u. weitere Stammesgenossen nachkommen ließen. Das von den german. Invasoren ausgerottete Christentum erhielt sich auf den brit. Inseln nur im Walisischen; von dort eroberte es Irland, von wo fast gleichzeitig mit dem päpstl. Missionsauftrag an Abt *Augustinus* im 7. Jh. die Christianisierung der Angeln u. Sachsen ausging. Es bildeten sich rivalisierende Königreiche *(Sussex, Wessex, Essex, Kent, Ostanglien, Mercien, Northumbrien)*, von denen im 7. Jh. Northumbrien, im 8. Jh. Mercien u. im 9. Jh. schließl. Wessex den Vorrang gewannen. König *Egbert* († 839) von Wessex vereinigte 825 die benachbarten Kleinreiche unter seiner Krone, so daß sein Reich sich bei der großen Däneninvasion 865 behaupten konnte. Dem westsächs. König *Alfred d. Gr.* gelang es, die Dänen auf den „Danelag" (886) zu beschränken. Erst der Däne *Knut d. Gr.* (1016–1035) verdrängte die westsächs. Dynastie u. erzwang seine Wahl u. Krönung zum König von England. Er vereinigte England, Dänemark, Norwegen, Grönland u. die Nordinseln einschl. der Lehnsoberhoheit über Schottland zu einem Großreich, das unter dem kurzen Regiment seiner Söhne jedoch wieder auseinanderfiel. Danach bestieg *Eduard der Bekenner* als rechtmäßiger Erbe den Thron; seiner schwächl. Herrschaft folgte *Harald II.* (1066) als letzter angelsächs. König. Er konnte die Norweger abwehren, unterlag aber in der Schlacht bei *Hastings* (14. 10. 1066) den Normannen unter *Wilhelm dem Eroberer*, der von der Normandie übergesetzt war u. Erbansprüche geltend machte.

Die normann. Herrschaft organisierte sich in Form einer geschlossenen Lehnshierarchie, die bis zum kleinsten Landbesitzer hinabreichte u. in einem umfassenden Grundkataster, dem *Domesday Book* (1086), festgehalten wurde. Auf der Lehnsverfassung u. der Oberherrschaft über die Kirche beruhte die Macht der Krone, die außerdem an die volksrechtl. Elemente des angelsächs. Königtums anknüpfte. Besonders *Heinrich I.* festigte die Königsgewalt gegen die feudalen Magnaten durch Berufung auf Gesetze u. Recht der angelsächsischen Zeit. Im Konflikt mit der Kirche behauptete er seine oberlehnsherrliche Gewalt bei der Investiturfrage (1107).

Dem folgenden Verfall unter König *Stephan von Blois* setzte erst *Heinrich II. Plantagenet (Anjou-Plantagenet)*, Sohn des Grafen Gottfried von *Anjou* u. der Mathilde, Tochter Heinrichs I., ein Ende. Er vollendete seine Königsherrschaft durch eine Rechts- u. Verwaltungsordnung, die mit der *Assise von Clarendon* (1166) die regionalen Volks- u. Feudalrechte sowie die kirchl. Ansprüche seiner königl. Justiz unterwarf, so daß ein allg. Recht, ein „Common Law", in Geltung gesetzt war. Nach dem Aufbau seines Herrschaftssystems in England u. der Normandie zwang er Wales, Schottland u. Irland, seine Oberlehnshoheit anzuerkennen, u. setzte seine Ansprüche auf das väterl. u. mütterl. Erbe in Frankreich durch (Anjou, Maine u. Touraine; Aquitanien, Gascogne u. Poitou mit Lehnshoheit über die Bretagne). Er galt als der mächtigste Herrscher nach Friedrich Barbarossa; Heinrich der Löwe u. die Könige von Kastilien u. Sizilien waren seine Schwiegersöhne. – Aber unter seinen Söhnen *Richard I. Löwenherz* u. *Johann ohne Land* ging der Festlandbesitz an den französ. König Philipp II. August verloren. Diese Schwächung des Königtums benutzte der Adel, dem König 1215 die *Magna Charta* aufzuzwingen, in der erstmalig die ständischen Rechte schriftlich festgehalten wurden. Die Konflikte setzten sich jedoch unter *Heinrich III.* fort, u. 1265 trat auf Betreiben des oppositionellen Magnaten *Simon von Montfort* erstmalig eine Ständeversammlung *(Parlament* genannt) zusammen, um über die Steuer zu beraten („parlieren"). *Eduard I.* schränkte die Rechte des Hochadels u. der Kirche ein. Ihm gelang es auch, 1284 Wales zu erobern; die Wirtschaft (u. damit auch seine Einkünfte) förderte er, indem er der dt. Hanse Handelsvorrechte gewährte. Im Krieg gegen Frankreich, Schottland u. Wales berief er 1295 das *Model Parliament* („Musterparlament") nach Westminster, das erstmals alle sozial u. politisch bedeutsamen Bevölkerungsgruppen vereinigte u. unter *Eduard II.* erheblich an Macht gewann.

Eduard III. erhob beim Aussterben der französ. Kapetinger 1328 gegenüber den Valois Ansprüche auf den französ. Thron. In dem daraus entstehenden Hundertjährigen Krieg (mit Unterbrechungen 1338–1453) zwischen Franzosen u. Engländern siegten letztere bei Sluis 1340, Crécy 1346 u. Maupertuis 1356. Zu einem schweren Rückschlag kam es, als die Pest 1348–1350 ein Drittel des engl. Volks hinwegraffte. Die damit verbundene Zerrüttung der bestehenden Sozialverfassung setzte indes zugleich die Herausbildung der modernen Gesellschaftsordnung in Gang. Unter *Richard II.* führte dies im Verein mit den hohen Geldsummen, die die Kriege in Frankreich u. gegen Schottland verschlangen, zu Unruhen, die auf alle Volksschichten übergriffen (Bauernaufstand unter Wat *Tyler*, Bewegung der *Lollarden*). Als Richard II. seit 1397 immer selbstherrlicher regierte, wurde er mit Billigung des Parlaments von *Heinrich IV.* aus dem Haus Lancaster abgesetzt. *Heinrich V.* warf die Franzosen völlig nieder u. wurde durch den Vertrag von Troyes als Erbe des französ. Throns anerkannt. Doch gingen infolge seines frühen Todes u. der Minderjährigkeit seines Sohnes Heinrich VI. alle Erfolge verloren; der Festlandsbesitz mußte bis auf Calais aufgegeben werden.

Die Schwäche des Königtums begünstigte den Ausbruch des Adelskrieges 1455–1485 (Rosenkriege) zwischen dem Haus Lancaster (Wappen: rote Rose) u. dem Haus York (Wappen: weiße Rose). Dem Geschlecht York gehörten die Könige *Eduard IV.* u. *Eduard V.* (* 1470, † 1483) an. *Richard III.*, der Mörder Eduards V. u. Usurpator, wurde von einem Verwandten der Lancaster, Heinrich Tudor, bei Bosworth besiegt u. fiel im Kampf. Als *Heinrich VII.* stellte dieser wieder Ruhe u. Ordnung im Land her, indem er, gestützt auf Kleinadel u. Stadtbürgertum, den Feudaladel endgültig entmachtete u. durch seine Finanz- u. Friedenspolitik die Mitwirkung des Parlaments nahezu ausschloß. Seine Kronmacht beruhte auf dem erweiterten Kronbesitz u. der Stärkung des

Großbritannien und Nordirland: Die aus dem 17. Jahrhundert stammende St. Edwards-Krone wird auch heute noch bei der Krönungszeremonie benutzt

königl. Haushalts. Wirtschaft u. Handel blühten auf. – Bereits *Heinrich VIII.* betrieb wieder eine aktivere Außenpolitik. Er kämpfte zunächst abwechselnd gegen den französ. König *Franz I.* u. Kaiser *Karl V.*, um schließl. zwischen den beiden zu vermitteln. Wegen seiner Ehescheidung geriet er in Gegensatz zum Papst, trennte sich deshalb von Rom u. machte sich unter Mithilfe des Parlaments zum Haupt der engl. Staatskirche. Die sich anschließende Klöstersäkularisation erweiterte die Machtbasis der Krone beträchtlich u. band auch die engl. polit. Elite mit ihren Eigentumsinteressen fortan an die protestantische Sache. Unter den folgenden engl. Herrschern wurde um den Protestantismus hart gerungen. Ein Förderer der neuen Lehre war der Lordprotektor *Eduard*, Herzog von Somerset (* 1500, † 1552), der Vormund Eduards VI.; *Maria die Blutige* dagegen verfolgte Protestanten u. erkannte das Papsttum wieder an. 1558 ging Calais verloren. *Elisabeth I.*, unter deren Regierung England einen ebenso großen machtpolit. wie kulturellen Aufstieg erlebte, stellte die Staatskirche auf eine neue Grundlage u. machte England zur prot. Vormacht. Die Auseinandersetzung mit Spanien, dem Vorkämpfer des Katholizismus, endete nach einem langen Krieg (1587–1609) zugunsten Englands (1588 Untergang der span. Armada). England war auf dem Weg zur beherrschenden Seemacht u. unternahm erste Schritte in der Kolonialpolitik. Die Venezianer, die Hanse u. später die Holländer wurden beiseite gedrängt u. überflügelt.

Die engl. Tuchindustrie wurde zum Rückgrat der engl. Wirtschaft. Als Elisabeth I. kinderlos starb u. die Thronfolge an den schott. Stuart *Jakob VI.* fiel, wurde Schottland zunächst in Personalunion mit England vereinigt. Die so mit *Jakob I.* beginnende Stuart-Dynastie geriet durch ihre Hinneigung zum Katholizismus ebenso wie durch ihren Anspruch auf eine absolute Herrschaft in Gegensatz zur Führungsschicht des Landes, die das Parlament zu ihrem polit. Forum machte. Der Gegensatz verschärfte sich unter *Karl I.*, der 1629–1640 ohne Parlament regierte. Als sich die Schotten gegen die Unterwerfung unter die engl. Staatskirche mit Waffengewalt zur Wehr setzten, war der König, um das zur Aufstellung eines Heeres nötige Geld zu erhalten, gezwungen, 1640 das Parlament (Langes Parlament) wieder einzuberufen. Dieses beschnitt die Rechte des Königs u. stellte sich

auf die Seite der *Puritaner,* einer streng kalvinist. Strömung mit polit. Engagement, die zahlreiche Anhänger gefunden hatte. Der Streit über die Frage, wer die bewaffnete Macht kontrollieren sollte, entwickelte sich zum offenen Konflikt. Die Puritaner schlugen unter Oliver *Cromwell* die Königlichen in offener Feldschlacht. Mit der Hinrichtung des Königs 1649 nahm England die republikan. Staatsform an unter einem Staatsrat, der jedoch kaum reale Macht besaß. Der eigentl. Herrscher war Cromwell, der die aufständischen Schotten niederwarf u. Irland eroberte. Er wurde 1654 zum Lordprotektor erhoben. Die *Navigationsakte* von 1651 versetzte vor allem dem holländ. Seehandel einen vernichtenden Schlag u. schuf die Grundlagen für die engl. Seemacht u. das nach merkantilist. Prinzipien verwaltete erste Kolonialreich. Das Königtum wurde wiederhergestellt (Restauration 1660), als sich zeigte, daß Cromwells Sohn Richard, 1658/59 Lordprotektor, staatsmänn. Fähigkeiten fehlten. *Karl II.* vermied den offenen Kampf mit dem Parlament, sein kath. Bruder *Jakob II.* (1685–1688) konnte ihm in der Herrschaft folgen. Da dieser die Rückführung Englands u. Schottlands zum Katholizismus u. einen Machtzuwachs für die Monarchie auf Kosten der polit. Ansprüche der etablierten Führungsschicht erstrebte, wurde er durch seinen vom Parlament gerufenen Schwiegersohn *Wilhelm von Oranien* vertrieben *(Glorreiche Revolution)*; dieser wurde als Wilhelm III. engl. König.
In den Kriegen gegen die Niederlande in der 2. Hälfte des 17. Jh. war die holländ. See- u. Kolonialmacht zerstört worden. Der durch die Ausbeutung der Kolonien in das Land strömende Reichtum hob England wie vorher Spanien u. Holland über die anderen europ. Mächte empor. – Wilhelm III. bekämpfte die stärkste Festlandsmacht, das Frankreich Ludwigs XIV., u. sicherte sich dabei die Unterstützung der anderen europ. Mächte. Im Span. Erbfolgekrieg, in dem die Engländer unter J. C. *Marlborough* bei Höchstädt, Ramilliès u. Malplaquet große Siege errangen, wurde Frankreich entscheidend geschwächt; der Friede von Utrecht 1713 brachte außer Kolonialgewinn in Nordamerika die Bestätigung des Besitzes von Gibraltar u. damit die engl. Präsenz im Mittelmeer. Unter Königin *Anna* (Stuart) wurden England u. Schottland 1707 auch staatsrechtl. durch Zusammenlegung ihrer Parlamente vereinigt u. führten seitdem den Namen *Großbritannien.*
Die Dynastie Hannover begann mit *Georg I.* (1714–1727), der von der Partei der Whigs unter *Walpole* unterstützt wurde, während die strengen Tories Stuart-Anhänger blieben. Das Parlament wurde im Laufe des 18. Jh. endgültig zum unanfechtbaren Machtzentrum u. entwickelte mit der Ausbildung parlamentar. Parteien u. des Zusammenspiels von Regierung u. Opposition im Verein mit der Bindung der Regierung an die Parlamentsmehrheit eine neue polit. Kultur. Unter *Georg II.* (1727–1760) beteiligte sich England an den festländ. Auseinandersetzungen (Österr. Erbfolgekriege u. Siebenjähriger Krieg) vorwiegend durch Geldzahlungen an seine Verbündeten u. konnte zu gleicher Zeit den See- u. Kolonialwettstreit mit Frankreich zu seinen Gunsten entscheiden (Gewinn Kanadas u. Vorderindiens). *Georg III.* (1760–1820) scheiterte mit seinem Versuch, die Parlamentsmacht zurückzudrängen, als die nordamerikan. Kolonien sich vom engl. Mutterland unabhängig machten u. er die Schuld an diesem polit. Fehlschlag auf sich nehmen mußte. Die Feindschaft gegen Frankreich u. die Abneigung gegen die Französ. Revolution u. ihren Machtanspruch verursachte einen 22jährigen Kampf (Koalitionskriege, Befreiungskriege), in dem Frankreich mit Hilfe Rußlands, Österreichs u. Preußens niedergerungen wurde.
Nunmehr stieg Großbritannien ungehindert zur vorherrschenden See-, Kolonial- u. Weltmacht empor, die durch ihre fortgeschrittene Industrie u. die aus den Kolonien nach England strömenden Reichtümer auch unbestrittene Handels- u. Wirtschaftsvormacht war. Die Unterstützung der immer stärker werdenden freiheitl. u. nationalen Bestrebungen der europ. u. südamerikan. Völker brachte England viel Sympathien ein.
Unterdessen durchlief Großbritannien einen wirtschaftl. u. sozialen Umstrukturierungsprozeß. Seit dem Ende des 18. Jh. war die Industrialisierung in vollem Gange. Führend war zunächst die Baumwolltuchindustrie, seit den 1830er u. 1840er Jahren dann der Kohlebergbau u. die Eisen- u. Stahlindustrie,

die von dem Auf- u. Ausbau des Eisenbahnnetzes profitierten. Die *Industrielle Revolution* ermöglichte zwar die Abwendung der demographischen Katastrophe, zu der die Vervierfachung der engl. Bevölkerung zwischen 1800 u. 1900 hätte führen müssen, brachte jedoch durch die Schaffung eines Industrieproletariats, das bis zum letzten Drittel des 19. Jh. in großem sozialen Elend lebte, u. einer neuen kommerziell-industriellen Mittelklasse neue soziale u. polit. Probleme mit sich. Diese wurden innenpolitisch auf evolutionärem Wege durch eine Reihe von Reformen bewältigt. Die Wahlrechtsreform von 1832 u. die Aufhebung der Kornzölle 1846 integrierten die neue Mittelklasse, die Wahlrechtsreformen von 1867, 1884 u. 1918, die Anerkennung der Gewerkschaftsbewegung u. der *Labour Party* führten die Arbeiterschaft nach den Kämpfen der ersten Hälfte des 19. Jh. (Chartisten) an den Staat heran.
Die Weichen hierfür wurden während der langen Regierungszeit *Viktorias* gestellt, die für Großbritannien zum „goldenen Zeitalter" wurde *(Viktorianisches Zeitalter).* Innenpolitisch waren diese Jahre von der Blüte des Parlamentarismus u. der Umgestaltung des Parteiensystems in Richtung auf moderne Wählerparteien hin geprägt. Außenpolitisch behielt Großbritannien seine Vormachtstellung in Europa. Das Erstarken Rußlands zur kontinentalen Vormacht konnte im Krimkrieg (1853–1856) hinausgezögert werden. Die nationale Einigung Italiens wurde unterstützt, u. die nationalen Bestrebungen der Deutschen wurden mit Sympathie betrachtet, da sich beide Entwicklungen im Sinn des europ. Gleichgewichts auszuwirken schienen. Doch nach 1871 entstand Mißtrauen gegen Deutschlands militär. Stärke, sein wachsendes Handels- u. Wirtschaftspotential u. sein koloniales Machtstreben. In Reaktion hierauf ging England unter *Disraeli* in den 1870er Jahren wieder zu einer imperialen Politik über, nachdem es in den vorausgegangenen Jahrzehnten eher formlos, auf Grund seiner wirtschaftl. Autorität, imperiale Macht ausgeübt hatte. Allerdings wirkte diese Grund-

Großbritannien und Nordirland: Ein Höhepunkt in der Entwicklung des Britischen Weltreichs war die Proklamation Königin Viktorias 1877 zur Kaiserin von Indien. Das Gemälde von G. P. Jacomb-Hood (Windsor Castle, Royal Art Collection) zeigt die Krönung ihres Enkels Georg V. zum Kaiser von Indien 1911

Das Britische Weltreich 1927

Margaret Thatcher verläßt nach ihrem Rücktritt 1990 Downing Street 10

haltung insofern weiter, als die Liberalen unter *Gladstone* nur zögernd Kolonialpolitik betrieben u. den Selbständigkeitsbestrebungen der Kolonien weiter entgegenkamen, bis diese 1907 den *Dominion-Status* erhielten. In der Frage der irischen Selbstverwaltung *(Home Rule)* führte diese Politik allerdings zur Spaltung der liberalen Partei, so daß die Konservativen 1885–1905 mit kurzen Unterbrechungen an der Regierung blieben. Ihr Führer *Salisbury* verfolgte eine imperiale Politik, die zu wachsenden Spannungen mit Frankreich, Rußland u. Dtschld. führte. Bes. der dt. Flottenbau beunruhigte die Engländer. Nachdem ein Ausgleich mit Dtschld. an dessen mangelndem Verständnis scheiterte, wandte sich die engl. Politik gegen das Dt. Reich.

Unter *Eduard VII.* kam es zur Beilegung der Gegensätze mit Frankreich u. 1904 zum Abschluß eines Bündnisses, der *Entente cordiale*, die zur Grundlage der engl. Europapolitik wurde. Auch mit Rußland kam es 1907 zu einer Einigung. Italien wurde dem Dreibund mit Dtschld. u. Österreich entfremdet. In den *Marokkokrisen* 1905 u. 1911 stand Großbritannien auf französ. Seite gegen das politisch fast isolierte Dtschld.

Wirtschaftlich geriet Großbritannien im letzten Drittel des 19. Jh. in eine lang andauernde Krise, die auf Alterserscheinungen in der engl. Industriewirtschaft zurückgeführt wird. Die seit 1905 herrschende liberale Regierung hatte die Außenpolitik der Konservativen weitergeführt, u. auch die Thronbesteigung *Georgs V.* (1910) änderte nichts an der deutschfeindl. Politik Großbritanniens. Der dt. Angriff auf Frankreich, gekoppelt mit dem Durchmarsch dt. Truppen durch Belgien, war der Anlaß zum Eintritt Großbritanniens in den 1. Weltkrieg. Die Kriegsjahre 1914–1918 forderten harte Opfer u. leiteten außen- u. innenpolitisch eine neue Epoche ein. Trotz des Gewinns dt. Kolonien u. der vorderasiat. Gebiete der Türkei als Völkerbundsmandate war Großbritannien als Weltmacht hinter die USA zurückgefallen. Das Empire begann sich zu lockern; an seine Stelle trat das Brit. Commonwealth.

Durch die innenpolit. Reformen von 1918 war das Wahlrecht weiter demokratisiert u. auf die Frauen ausgedehnt worden, die 1928 den Männern rechtl. gleichgestellt wurden. Die liberale Partei war nach Kriegsende zur Bedeutungslosigkeit herabgesunken, die Arbeiterpartei (Labour Party) unter J. R. *Macdonald* bildete 1924 erstmalig die Regierung. Ihre Annäherung an die Sowjetunion führte jedoch zu ihrem baldigen Sturz. Die an ihre Stelle rückenden Konservativen sahen sich großen wirtschaftl. Schwierigkeiten gegenüber, die sich 1926 zum Generalstreik steigerten u. auch den Verlust fremder Märkte nach sich zogen. Außenpolitisch förderte Großbritannien die Milderung der durch den Versailler Vertrag auf dem Festland entstandenen Spannungen. Es unterstützte den Locarno-Vertrag u. Deutschlands Beitritt zum Völkerbund, in dem Großbritannien eine Führungsrolle übernahm. Premier-Min. war 1929–1935 abermals Macdonald (seit 1931 in einem Koalitionsministerium). Unter dem Druck der Wirtschaftskrise ging Großbritannien zur Schutzzollpolitik über.

Der nat.-soz. Machtergreifung in Dtschld. gegenüber verhielt sich Großbritannien abwartend u. mißtrauisch, suchte aber die dt. Forderungen, bes. in der Abrüstungsfrage, gegenüber den Franzosen zur Anerkennung zu bringen. Die dt. Wiederbewaffnung, die Auflösung des Locarnopakts, der dt. Einmarsch ins Rheinland u. der Anschluß Österreichs riefen engl. Proteste hervor; schließl. aber fand sich London damit ebenso ab wie mit der Eroberung Äthiopiens durch das faschist. Italien. Die konservative Regierung unter S. *Baldwin*, seit 1937 unter N. *Chamberlain*, sah die Wirkungslosigkeit des Völkerbunds ein, belebte deshalb die Entente mit Frankreich neu u. machte sich mit dem Gedanken einer Aufrüstung vertraut, betrieb aber einstweilen eine Politik des Appeasement. Die Aufrüstung wurde angesichts des *Span. Bürgerkriegs* beschleunigt, war aber noch nicht so weit fortgeschritten, daß Großbritannien in der *Sudetenkrise* 1938 u. bei der dt. Besetzung der Tschechoslowakei 1939 Dtschld. in den Arm fallen konnte. Die Einigung von München 1938 wurde von den Engländern zunächst begrüßt, bald darauf aber als eine schimpfl. Niederlage Chamberlains angesehen. Unter dem Druck der öffentl. Meinung mußte Chamberlain den Gegnern seiner Appeasement-Politik größeren Einfluß einräumen. Es folgten Garantieerklärungen für die Kleinstaaten um Dtschld. u. eine verstärkte Bündnispolitik, die jedoch die Sowjetunion nicht einzubeziehen vermochte. Der engl. Beistandspakt mit Polen (25. 8. 1939) während der dt.-poln. Verhandlungen sollte den Polen den Rücken stärken u. Dtschld. warnen; er wurde aber von Hitler nicht ernst genommen. Als die dt. Truppen am 1. 9. 1939 in Polen einmarschierten, machte Großbritannien mobil u. erklärte am 3. 9. Dtschld. den Krieg, da dieses das engl. Ultimatum, die dt. Truppen aus Polen zurückzuziehen, ablehnte *(2. Weltkrieg)*. Im Frankreichfeldzug 1940 entging das engl. Expeditionskorps bei Dünkirchen nur knapp der völligen Vernichtung, doch blieb Großbritannien in der Luftschlacht um England siegreich. Die gefürchtete dt. Landung in Großbritannien unterblieb. Die engl. Unternehmungen in Skandinavien u. Nordafrika scheiterten. Erst 1942, als nach der Sowjetunion auch die USA aktiv in den Kampf gegen die Achsenmächte eingriffen, trat eine für England günstigere Wendung ein. Allerdings mußte Premierminister W. *Churchill*, der seit Mai 1940 an der Spitze eines Allpar-

Großbritannien und Nordirland: britische Militärposten in Nordirland, 1981

teienkabinetts stand, es hinnehmen, daß die militär. u. polit. Führung der Alliierten immer mehr an die USA überging.

Nach dem 2. Weltkrieg war Großbritannien als Weltmacht auf den 3. Platz hinter den USA u. der Sowjetunion zurückgefallen, u. es sah sich mit einer Fülle alter u. neuer sozialer u. wirtschaftl. Probleme konfrontiert. Den Auftrag zum Neuaufbau gab das engl. Volk bei den Juliwahlen 1945 nicht Churchill, sondern der Labour Party, deren Führer C. *Attlee* Premier-Min. wurde. Die Arbeitslosigkeit wurde bekämpft, der Wohnungsbau gefördert, die Volksbildung ausgebaut u. vor allem die Sozialpolitik ausgedehnt. Aber der Krieg hatte Großbritannien empfindlich geschwächt u. ihm große Einbußen an Macht u. Kapital gebracht. In den Nachkriegsjahren gingen Birma, Palästina u. endgültig Irland (Freistaat) verloren. Das Gefüge des *Commonwealth* lockerte sich beträchtlich. Indien, Pakistan u. Ceylon wurden unabhängig u. lehnten sich stärker an die USA an. Mit Hilfe des US-amerikan. Marshallplans wurde Ende 1948 die größte wirtschaftl. Not beseitigt. Durch Verstaatlichung der Bank von England, der Eisenbahn u. des Autofernverkehrs, der Elektrizitätserzeugung, des Kohlenbergbaus, des Gesundheitswesens u. der Stahlindustrie suchte die Labour-Regierung den wirtschaftl. Aufstieg zu fördern. Der Kapitalmangel nötigte Großbritannien, in der von engl. Truppen besetzten Zone Deutschlands die Demontage in großem Umfang durchzuführen.

Die enge Zusammenarbeit mit den USA blieb seit dem 2. Weltkrieg Grundlage der engl. Außenpolitik; doch war London darauf bedacht, kein Abhängigkeitsverhältnis daraus werden zu lassen. Infolge der zunehmenden Spannungen zwischen dem Westen u. der Sowjetunion wurde Großbritannien immer stärker in das System der Blöcke integriert. 1949 wurde es Mitgl. der NATO. 1950 beteiligte es sich am Koreakrieg. 1956 beantwortete Großbritannien die Verstaatlichung des Suezkanals durch Ägypten mit einer Militäraktion, die unter internationalem Druck aufgegeben werden mußte u. das Ende der brit. Weltpolitik alten Stils markierte. Der Krieg um die brit. Kronkolonie Falklandinseln, die 1982 von Argentinien besetzt worden war, endete allerdings mit der Rückeroberung. Den Bemühungen um eine wirtschaftl. u. polit. Einigung Europas stand Großbritannien zunächst abwartend gegenüber. Widerstände im eigenen Land u. das Veto Frankreichs verhinderten lange den Anschluß an die Europ. Gemeinschaft. Erst am 1. 1. 1973 trat Großbritannien der EG bei. In einer Volksabstimmung, der ersten der brit. Geschichte, bestätigten 1975 zwei Drittel der Bevölkerung diese Hinwendung zu Europa.

Ihrem Vater Georg VI. folgte 1952 Königin *Elisabeth II.* In der Regierung lösten die beiden großen Parteien einander ab. Das innenpolit. Klima wurde seit 1969 durch bürgerkriegsähnl. Zustände in Nordirland belastet. Hauptprobleme der 1970er Jahre waren ungenügendes Wirtschaftswachstum, Inflation, Arbeitslosigkeit u. die starke Einwanderung von Farbigen aus Commonwealthländern. Dies rief vor allem die Gewerkschaftsbewegung auf den Plan, die das Land in heftigen Verteilungskämpfen bis an den Rand der Unregierbarkeit brachte. 1974 wurde die konservative Regierung *Heath* von den Bergleuten praktisch aus dem Amt gestreikt. Den Labour-Regierungen erging es wenig besser. Nach dem konservativen Wahlsieg 1979 wurde Margaret *Thatcher* Premier-Min. u. war damit der erste weibl. Regierungschef Europas. Sie betrieb eine konsequent antiinflationäre Wirtschaftspolitik. Dazu gehörten die Privatisierung staatl. Betriebe sowie bestimmter öffentl. u. sozialer Dienste u. gesetzgeberische Maßnahmen mit dem Ziel, Streiks zu erschweren. Die Rückeroberung der Falklandinseln begünstigte den Sieg der Konservativen bei den Unterhauswahlen 1983. 1984 schloß Großbritannien ein Abkommen mit China über die Zukunft Hongkongs. In den Unterhauswahlen von 1987 konnte Frau Thatcher die Regierungsmacht behaupten. Danach kam es allerdings zu einem zunehmenden Popularitätsverlust der konservativen Regierung, da die konsequent monetarist. Wirtschaftspolitik die sozialen Gegensätze verschärfte. Die Einführung einer neuen Gemeindesteuer *(poll-tax)* verursachte 1990 gewalttätige Proteste. Nachdem M. Thatcher das Vertrauen ihrer Partei verloren hatte, trat sie im Nov. 1990 zurück. Neuer Premier-Min. wurde J. *Major.* Im Golfkonflikt 1990/91 engagierte sich Großbritannien militärisch auf seiten der USA. In der Folgezeit bemühte sich Major verstärkt um die europ. Integration sowie um größere soziale Ausgewogenheit in der Wirtschaftspolitik. Trotz ungünstiger Prognosen führte er die Konservativen in den Unterhauswahlen 1992 zum Sieg. Obwohl sich die wirtschaftl. Lage des Landes seit 1994 stetig verbesserte, verlor die konservative Regierung zunehmend an Ansehen. Korruptionsaffären sowie ein schwankender Kurs in der Europapolitik ließen Zweifel an der Führungsfähigkeit Majors aufkommen, dem mit dem neuen Labour-Führer T. *Blair* ein ernst zu nehmender Gegenspieler erwuchs. In der Außenpolitik beteiligte sich G. u. N. an der Beilegung des Balkankonflikts. 1996 begannen Allparteiengespräche über eine Lösung des Nordirlandproblems. Im gleichen Jahr wurde die Ehe des Thronfolgers Prinz Charles geschieden. Inzwischen verstärkte sich die Krise der Konservativen Partei. Bei den Unterhausneuwahlen im Mai 1997 gewann die Labour Party 419 von 659 Mandaten. Mit T. Blair stellte sie erstmals seit 1979 wieder den Premier-Min. Am 1. 7. 1997 kehrte Hongkong unter chines. Souveränität zurück. Der Unfalltod Prinzessin Dianas im gleichen Jahr erschütterte die brit. Öffentlichkeit.

Großdeutsche, in der Schlußphase der Dt. Revolution 1848/49 aufgekommene Bez. für die Anhänger einer Vereinigung des gesamten geschlossenen dt. Siedlungsgebiets einschl. Dt.-Österreichs in einem Nationalstaat, während die *Kleindeutschen* die Habsburger Gebiete nicht aufnehmen wollten. Alle Abg. der Frankfurter Nationalversammlung waren G.; strittig war nur die Frage, ob das ganze Habsburger Reich oder nur dessen Westteil zum Dt. Reich gehören sollte. Zur Bildung des Begriffs G. führten H. von *Gagerns* Plan eines engeren u. eines später zu errichtenden weiteren Bundes sowie die Kaiserwahl für den engeren Bund. F. von *Schwarzenbergs* Plan eines 70-Millionen-Reiches u. J. M. von *Radowitz'* Unionspläne waren beide großdeutsch; unterschiedlich waren nur die Vorstellungen über die Führung des Dt. Reiches. Erst nach dem Erfurter Unionsparlament 1850 wurden die Kleindeutschen im eigentl. Wortsinn zu einer polit. Kraft. Die Diskussionen um groß- oder kleindt. Zielvorstellungen erhielten durch den österr.-italien. Krieg 1859 große Aktualität. Die Anhänger der großdt. Konzeptionen fanden sich im Deutschen Reformverein, die der kleindt. im Deutschen Nationalverein zusammen. Hierbei waren sich die G.n nur in der Ablehnung einer preuß. Führung Deutschlands einig; im übrigen vertraten sie ganz unterschiedl. Ziele: österr. Hegemonie, Trias-Lösung, konservativen Partikularismus, republikan. Zentralismus oder völk. Ideen. Der *Frankfurter Fürstentag* war eine äußerlich glänzende Manifestation großdt. polit. Wollens. Nach der Bismarckschen Reichsgründung von 1871 u. bes. nach dem Abschluß des Zweibundes 1879 schien der großdt. Gedanke verblaßt, obwohl Teile des Bildungsbürgertums, aber auch das Zentrum u. die SPD an ihm festhielten. Er gewann jedoch in der Zeit des Wilhelminismus neue Kraft. Vor allem die Alldeutschen in Dtschld. u. insbes. in Österreich strebten eine dt. „Weltpolitik" auf großdt. Basis an. Im 1. Weltkrieg wurde die Verwirklichung eines Großdeutschlands weithin erwartet, doch scheiterte nach dessen Ende der Versuch einer großdt. Staatsgründung am Verbot der Siegermächte. Großdt. Ziele gehörten aber weiterhin zum revisionist. Programm der österr. u. dt. Führung sowie fast aller polit. Parteien. 1931 scheiterten die Außenminister J. *Curtius* u. J. *Schober* mit dem Plan einer dt.-österr. Zollunion als Vorstufe für ein Großdeutschland am französ. Veto. Das 1938 durch den Anschluß verwirklichte Großdt. Reich sollte im Sinne der Hitlerschen Programmatik als Vorstufe für ein „Großgermanisches Reich" dienen. Durch diese Realisierung wurde der großdt. Gedanke nachhaltig diskreditiert.

Großdeutsches Reich, nach dem Anschluß Österreichs (1938) inoffiziell gebrauchte Bez. für das Deutsche Reich; später auch amtlich verwendet.

Großdeutsche Volkspartei, in Österreich 1919 aus einer großen Zahl von Splittergruppen der *deutschnationalen Bewegung* u. der Bauernpartei zunächst als *Großdeutsche Vereinigung* gebildet. Die G. V. trat entschieden für den Anschluß Österreichs an das Dt. Reich ein. Sie war 1921–1932 an der Regierung beteiligt u. stellte 1922–1927 den Vizekanzler. Nach dem Verbot der G.n V. 1934 trat ein Teil ihrer Anhänger zu den ebenfalls illegalen Nationalsozialisten über.

Großer Kurfürst, Beiname des Kurfürsten *Friedrich Wilhelm* von Brandenburg, → Friedrich (11).

Großer Sprung nach vorn, chin. *da yue jin,* offizielle Bez. für den 1958/59 in China unternommenen Versuch, die Modernisierung des Landes mit einer gewaltigen Kraftanstrengung voranzutreiben. Das Ziel war, bis 1972 Großbritannien in der Pro-Kopf-Produktion von Kohle u. Stahl zu überholen; es sollte durch die Mobilisierung des „revolutionären Enthusiasmus der Massen" erreicht werden. Während die Schwerindustrie weiterhin vorrangig ausgebaut wurde, entstanden überall, bes. in ländl. Gebieten, kleine Industrieanlagen zur Erzeugung von Eisen („Hinterhof-Hochöfen"), Zement u. Kunstdünger. Um gleichzeitig Großprojekte in der Landwirtschaft durchführen zu können, wurde die gesamte Landbevölkerung in straff organisierten Volkskommunen zusammengefaßt; noch vorhandene private u. halbprivate Eigentumsformen wurden abgeschafft. Es wurde erklärt, daß auf diese Weise eine historische Etappe auf dem Weg zum Kommunismus übersprungen werden könne. Nach Anfangserfolgen zeigte sich Mitte 1959, daß das überhastete Unternehmen gescheitert war. Das entstandene wirtschaftl. Chaos führte zu der schweren Hungersnot von 1960–1962. *Mao Zedong* mußte dem Abbruch der Kampagne zustimmen.

Großfürst, in Rußland ursprüngl. der Titel des Herrschers im Kiewer Reich. Im 12.–14. Jh. gab es mehrere G.entümer, bis zur ausschl. Übernahme des Titels durch den Herrscher des Moskauer Staates (später „Zar"). Seit 1797 war G. Titel der kaiserl. Prinzen. In Litauen war G. der Titel des Herrschers, nach der Personalunion mit Polen 1386 wurde er mit kurzfristigen Ausnahmen vom poln. König geführt.

Großgebietiger, die fünf höchsten Amtsträger des → Deutschen Ordens.

Großherzog, Titel eines Fürsten im Rang zwischen König u. Herzog bzw. Kurfürst;

1569 vom Papst dem Herzog von Toskana, von Napoleon einigen dt. Fürsten verliehen (z. B. Baden), heute nur noch in Luxemburg. Prädikat: Königl. Hoheit. Ältester Sohn des G.s ist der *Erb-G.*

Großkönig, Titel der Perserkönige, griech. *megas basileus*; neupers. *Schahinschah,* „König der Könige".

Großmährisches Reich, etwa 830–906 bestehendes slaw. Reich mit seinem Zentrum im östl. Mähren, in dessen Grenzen zeitweise Böhmen, Ungarn u. Teile Polens lagen. Die Reichsbildung wurde ermöglicht durch die Siege Karls d. Gr. über die Awaren 791–796, da sie die Slawen von deren Herrschaft befreiten. Die Fürsten *Mojmir, Rastislaw* u. *Swatopluk* verstanden es, die Rivalität zwischen dem Byzantin. Reich, dem Papsttum u. dem Frankenreich auszunutzen. So rief Rastislaw 863 die Slawenapostel Kyrillos und Methodios zur Mission ins Großmährische Reich, um ein Gegengewicht gegen die fränk.-röm. Missionare zu schaffen. Nach dem Tod Swatopluks (894), der sich dem Ostfränkischen Reich unterworfen hatte, konnte trotz dessen Hilfe das Großmähr. Reich den Ansturm der Magyaren nicht abwehren u. zerbrach nach 906.

Großmeister, der Oberste des *Johanniter-* u. des *Templerordens*; bei den *Freimaurern* der Vorsitzer einer Großloge.

Großmogul, Titel der Herrscher des von *Babur* 1526 gegründeten mongolisch-islam. Reichs in Indien. Kriegerische Tüchtigkeit, administrative Fähigkeiten u. hohe Bildung zeichneten die ersten G.e aus: *Humajun* (1530–1556), *Akbar* (1556–1605), *Jahangir* (1605–1627), *Schah Jahan* (1627–1658) u. *Aurangseb* (1659–1707). Ihre Nachfolger wurden fortschreitend entmachtet. 1858 wurde der letzte G., *Bahadur Schah II.*, nach Beteiligung an der Aufstandsbewegung von 1857 *(Mutiny)* von den Engländern abgesetzt.

Großostasiatische Wohlstandssphäre, engl. *Greater East Asia Co-Prosperity Sphere,* aus dem Begriff Neue Ordnung Ostasiens hervorgegangene, Ende 1940 vom *Konoe-* Kabinett propagierte Zielsetzung Japans in Ostasien. Nach dem Kriegseintritt (7./8. 11. 1941) sollte unter japan. Hegemonie mit den gewaltsam eroberten Gebieten im polit., wirtschaftl. u. kulturellen Bereich eine Partnerschaft auf Gegenseitigkeit angestrebt werden, um die Asiaten von den weißen Kolonialmächten zu befreien. Diese Konzeption wurde durch die selbstherrl. brutale japan. Besatzungspolitik im wesentlichen vereitelt; sie führte dennoch politisch zur sog. Unabhängigkeit von Birma (1. 8. 1943), den Philippinen (14. 10. 1943) u. kurz vor Kriegsende von Indochina (9. 3. 1945) u. Indonesien (17. 8. 1945). Diese Zugeständnisse verhinderten größere Partisanenbewegungen im japan. Machtbereich u. vereitelten nach 1945 die dauerhafte Rückkehr der alten Kolonialmächte nach Ostasien.

Großpolen → Kleinpolen.

Großsteingräber, *Hünengräber, Megalithgräber* → Megalithbauten.

Großwesir, bis 1922 Titel des obersten Staatsbeamten (Min.-Präs.) in der osman. Türkei; allg. der leitende Minister in den islam. Ländern.

Grotefend, Hermann, Archivar u. Chronologe, *18. 1. 1845 Hannover, †26. 5. 1931 Schwerin; 1887–1921 Leiter des Geheimen u. Hauptarchivs in Schwerin. Für die Geschichtswissenschaft von Bedeutung ist seine grundlegende Arbeit zur histor. Zeitrechnung: „Handbuch der histor. Chronologie" 1872, 2. Aufl. unter dem Titel: „Zeitrechnung des dt. MA u. der Neuzeit" 2 Bde. 1891–1898.

Grotewohl, Otto, Politiker, *11. 3. 1894 Braunschweig, †21. 9. 1964 Ostberlin; Buchdrucker, später Krankenkassenangestellter; 1912 Mitgl. der SPD, 1918–1922 der USPD, dann wieder der SPD; 1921/22 Min. für Inneres u. Volksbildung, 1923/24 für Justiz u. Inneres in Braunschweig, 1925–1933 MdR, 1925–1933 Präs. der Landesversicherungsanstalt Braunschweig; nach 1933 Handelsvertreter, 1938 polit. Häftling; 1945/46 Vors. des Zentralausschusses der SPD in Berlin. Nach anfängl. Widerstreben hatte G. wesentl. Anteil an der Vereinigung von SPD u. KPD zur SED in der sowjet. Besatzungszone. 1946 bis 1954 war er gemeinsam mit W. Pieck Vors. der SED, 1946–1964 Mitgl. ihres Zentralsekretariats bzw. Politbüros, 1949–1964 Min.-Präs. der DDR.

Otto Grotewohl

Grotius, Hugo, eigentl. Huig de *Groot,* niederländ. Rechtsgelehrter, Theologe u. Politiker, *10. 4. 1583 Delft, †28. 8. 1645 Rostock (auf der Reise von Stockholm nach Lübeck); 1607 zum Generalfiskal der Provinzen Holland u. Seeland, 1613 zum Ratspensionär in Rotterdam ernannt. Er geriet in die Religionswirren seiner Zeit (Arminianer), wurde zu lebenslängl. Haft verurteilt, konnte 1621 auf abenteuerl. Weise fliehen, fand Unterstützung am französischen Hof, wandte sich dann nach Schweden, wurde Gesandter der Königin Christine in Paris, verlor jedoch das Vertrauen Mazarins u. erbat 1645 seine Entlassung. G. hinterließ dichterische, theologische u. juristische Werke. Er gilt als „Vater des modernen Völkerrechts", weil er naturrechtliche Vorstellungen mit positivem Recht zu einem System zu verbinden wußte (eklektische Schule). Bekannt ist seine Forderung nach Handels- u. Meeresfreiheit („Mare liberum" 1609, als Teil der Schrift „De jure praedae"). In seinem wichtigsten Werk „De jure belli ac pacis" 1625 behandelte er nahezu alle Probleme des Staats- u. Völkerrechts seiner Zeit.

Grotten-Kultur, ältere Bez. für das frühe Neolithikum auf der Iber. Halbinsel, später auch *Hispano-Mauretaniense* genannt, um Beziehungen zu Nordafrika zu verdeutlichen. Es ist jedoch fraglich, ob man für beide Gebiete eine gemeinsame neolith. Kultur annehmen kann. Man spricht für die Iber. Halbinsel von Kulturen mit Abdruckkeramik (Cardialkeramik).

Groza ['grɔza], Petru, rumän. Politiker, *6. 12. 1884 Băcia (Siebenbürgen), †7. 1. 1958 Bukarest; 1933 Führer der neugegründeten radikalen „Landarbeiterfront", 1943/44 inhaftiert, nach dem Sturz *Antonescus* Befürworter einer Koalition mit den Kommunisten, führte 1945 ein Kabinett der „National-Demokratischen Front", bis 1952 Vors. des Ministerrates, dann als Vors. des Präsidiums der Nationalversammlung Staatsoberhaupt.

Grubengrab-Kultur, neolith. Kultur in Rußland zwischen Karpaten u. Ural, benannt nach der Bestattung ihrer Toten in Grabgruben unter Hügeln; Ackerbau u. Viehzucht; Keramik mit Stich- u. Schnurverzierung.

Grubenhaus, *Grubenhütte,* ein mehr oder weniger in die Erde eingetieftes Haus oder eine Hütte, im Neolithikum in Südosteuropa u. auf dem Nordbalkan verbreitet; in der röm. Kaiserzeit, im MA u. in der Gegenwart Nebengebäude, oft Weberei.

Gruber-De-Gasperi-Abkommen → Südtirol.

Grujić ['gru:jitsj], Sava, serb. General u. Politiker, *25. 11. 1840 Kolari, Krs. Smederevo, †21. 10. 1913 Belgrad; als Kriegs-Min. 1876–1878 verantwortlich für die Reorganisation der serb. Armee; anschließend im diplomat. Dienst serb. Vertreter in Bulgarien (1879), Athen (1882), St. Petersburg (1885) u. in Istanbul (1891–1893 bzw. 1900–1903). Als Mitgl. der Radikalen Partei bekleidete er mehrmals den Posten des Min.-Präs. (1887, 1889–1891, 1893/94, 1903/04, 1906) u. führte die 1888 beschlossene Verfassung ein.

Grumbach, Wilhelm von, fränk. Reichsritter, *1. 6. 1503 Rimpar bei Würzburg, †18. 4. 1567 Gotha, Anhänger *Albrecht Alcibiades'* von Brandenburg-Kulmbach, nach dessen Tod im Bund mit *Johann Friedrich II.* von Sachsen-Weimar (*1529, †1595); geriet in Streit mit dem Würzburger Fürstbischof *Melchior Zobel von Giebelstadt* (*1505, †1558), in dessen Gebiet seine Besitzungen lagen *(G.sche Händel).* Bischof Melchior wurde ermordet; G. verfiel der Reichsacht, wurde 1567 mit dem sächs. Kanzler G. *Brück* gefangen u. gevierteilt.

Grumbkow [-ko], Friedrich Wilhelm von, preuß. Offizier u. Minister, *4. 10. 1678 Berlin, †18. 3. 1739 Berlin; 1713 Finanz-Min. u. wichtigster außenpolit. Berater *Friedrich Wilhelms I.* Zusammen mit dem österr. Gesandten F. H. Graf von *Seckendorff* bestimmte G. den König zur polit. Zusammenarbeit mit Österreich *(Berliner Vertrag* von 1728).

Gründerjahre, *Gründerzeit,* die Jahre 1871–1873, in denen Dtschld. infolge der nach dem Dt.-Französ. Krieg ins Land strömenden französ. Kriegsentschädigungen (4 Mrd. Mark) einen ungewöhnl. Konjunkturaufschwung erlebte. Zahlreiche Firmen, vor allem Aktiengesellschaften, wurden gegründet, häufig auf unsolider Grundlage. Nach einer internationalen Börsenkrise im Mai 1873 setzte in Dtschld. eine Stagnations- u. Umschichtungskrise ein („große Depression"), die bis zum Beginn der 1890er Jahre anhielt.

Grundgesetz → Deutschland.

Grundmann, Herbert, Historiker, *14. 2. 1902 Meerane, Sachsen, †20. 3. 1970 München; 1939 Prof. in Königsberg, 1944 in Münster, 1959 in München; 1959–1970 Präs. der *Monumenta Germaniae Historica;* Hrsg. von Gebhardts „Handbuch der Dt. Geschichte" sowie des „Archivs für Kulturgeschichte"; Hptw.: „Studien über Joachim von Fiore" ²1966; „Religiöse Bewegungen im MA" ²1963; „Ketzergeschichte des Mittelalters" 1963; „Geschichtsschreibung im MA" 1965.

Grundrechte, die Rechte des einzelnen gegenüber Inhabern öffentlich-rechtl. oder gesellschaftl. Macht, wie sie meist durch die Verfassung verbürgt sind. G. sind in geschichtlicher Entwicklung individueller G. bes. Freiheitsrechte, politische Rechte, Rechte auf Gleichheit u. *soziale G.* auf Leistungen des Staates (z. B. auf Arbeit, Bildung, Wohnung, Erholung u. soziale Fürsorge in der Allg. Erklärung der Menschenrechte durch die UNO vom 10. 12. 1948).

Grundvertrag, *Grundlagenvertrag,* amtlich *Vertrag über die Grundlagen der Beziehungen zwischen der Bundesrepublik Deutschland und der Deutschen Demokratischen Republik.* Der G. wurde im Rahmen der neuen Ost- u. Deutschlandpolitik der Regierung Brandt-Scheel im Anschluß an die Ostverträge, das Berlin-Abkommen u. den Verkehrsvertrag ausgehandelt u. am 21. 12. 1972 in Ostberlin von Bundes-Min. E. *Bahr* u. DDR-Staatssekretär M. *Kohl* unterzeichnet;

er wurde durch ein Zusatzprotokoll sowie mehrere Briefe u. Erklärungen ergänzt. Die wichtigsten Vereinbarungen waren: gegenseitige Anerkennung der Unverletzlichkeit der zwischen den beiden Staaten bestehenden Grenzen u. Achtung der territorialen Integrität u. Souveränität; Verzicht auf Gewalt; gegenseitiger Verzicht auf einen Alleinvertretungsanspruch; Austausch ständiger Vertretungen, wobei die Vertretung der BR Dtschld. auch die Interessen Westberlins in Übereinstimmung mit dem Viermächteabkommen wahrnahm; Zusammenarbeit auf wirtschaftl., techn., wissenschaftl., kulturellem, sportl. u. humanitärem Gebiet, im Verkehr, Rechtsverkehr, Post-, Fernmelde- u. Gesundheitswesen u. beim Umweltschutz; menschl. Erleichterungen (kleiner Grenzverkehr, Familienzusammenführung u. ä.). Mit dem Vertragswerk war seitens der BR Dtschld. keine völkerrechtl. Anerkennung der DDR verbunden. Die DDR wurde an die Viermächteverantwortung gebunden u. Westberlin in das Vertragswerk einbezogen. Es wurde festgestellt, daß über die nat. Frage u. die Frage der Staatsbürgerschaft unterschiedl. Auffassungen bestünden. Der Dt. Bundestag billigte das Ratifizierungsgesetz am 11. 5. 1973, am 21. 6. 1973 trat der G. in Kraft. In einem Normenkontrollverfahren, das die bayer. Staatsregierung angestrengt hatte, entschied das Bundesverfassungsgericht am 31. 7. 1973, das Ratifizierungsgesetz zum G. sei in der vom Gericht vorgenommenen Auslegung mit dem Grundgesetz vereinbar. Durch die Wiedervereinigung Deutschlands am 3. 10. 1990 ist der G. gegenstandslos geworden.

Grüne, *Die Grünen* → Bündnis 90/ Die Grünen.

Guadalcanal [span. guaðalka'nal; engl. gwɔdlkə'næl], größte Insel der Salomonen, 6470 km², 71 300 Ew., Hptst. *Honiara.*
Die Schlacht von G. von Aug. 1942 bis Febr. 1943 erbrachte nach der japan. Seeniederlage bei den *Midways* (4. 7. 1942) auch die Wende im Landkrieg zugunsten der Amerikaner. Die amerikan. Landung (7. 8. 1942) vereitelte das japan. Vorhaben, von G. aus weiter über die Salomonen in Richtung Australien vorzustoßen u. die alliierten Schiffahrtslinien zu unterbinden. Obwohl die Japaner ihre militär. Anstrengungen auf den Entsatz der Insel konzentrierten, mußten sie der amerikan. Luftüberlegenheit weichen u. G. im Februar 1943 räumen. Der amerikan. Sieg leitete das „Inselspringen" in Richtung auf das japan. Mutterland ein u. fiel mit der Wende auf dem europ. Kriegsschauplatz (Stalingrad) zeitlich zusammen.

Guam-Doktrin, die am 25. 7. 1969 auf der Insel Guam vom US-amerikan. Präsidenten R. M. *Nixon* verkündete Absicht der USA, Verbündete in Zukunft nur noch bei Angriffen von außen zu unterstützen, nicht aber bei inneren Auseinandersetzungen; von Bedeutung für den Rückzug der amerikan. Truppen aus dem Vietnamkrieg.

Guangxu [gwaŋçy], *Kuang-hsü,* eigentl. *Caitian,* der vorletzte Kaiser der Qing-(Mandschu-)Dynastie in China, *1871, †Nov. 1908 Peking; suchte 1898 einige Reformen mit dem Ziel der Modernisierung Chinas einzuleiten, wurde deswegen von seiner Tante, der Kaiserinwitwe *Cixi,* entmachtet u. bis zu seinem Tod gefangengehalten.

Guastalla, italien. Stadt in der Region Emilia-Romagna, 13 000 Ew.
Die Grafschaft G. (1406) wurde 1621 zum Herzogtum erhoben, das 1748 mit Parma vereinigt wurde. 1805 gab Napoleon I. es seiner Schwester Pauline Borghese, 1848 kam es an Mòdena u. ging 1860 im Königreich Italien auf.

Guatemala GCA

Republik Guatemala

Fläche: 108 889 km². – *Einwohner:* 10,0 Mill. – *Hauptstadt:* Guatemala. – *Landessprachen:* Spanisch, Maya-Quiché-Dialekte. – *Nationalfeiertag:* 15. 9. – *Währung:* 1 Quetzal = 100 Centavos. – *Lage:* zwischen 13°45′ und 17°49′ n. Br. sowie 88°14′ und 92°13′ w. L. – *Zeitzone:* Mitteleuropäische Zeit – 7 Std. – *Grenzen:* im W und N Mexiko, im NO Belize und Karibisches Meer, im O Honduras und El Salvador, im S Pazifischer Ozean. – *Staatsform:* präsidiale Republik.

Das Land war bereits im 3. vorchristlichen Jh. besiedelt. Vor der Eroberung durch die Spanier 1524 war G. Teil des Maya-Reichs; es besitzt in Tikal die wohl älteste u. größte Ruinenstätte der Maya-Kultur. Die Maya wurden unter der span. Herrschaft stark dezimiert; ihr Land wurde zum span. Generalkapitanat erklärt. 1821 wurde die Unabhängigkeit G.s proklamiert, u. ein Jahr später wurde es dem Kaiserreich Mexiko angeschlossen. 1823 lösten sich die zentralamerikan. Staaten von Mexiko u. schlossen sich zur Zentralamerikanischen Konföderation zusammen. 1839 trat G. aus der Föderation aus u. wurde selbständig. Kennzeichnend für die polit. Gegensätze des Landes blieb der Wechsel zwischen liberalen u. konservativen Regierungen im 19. u. 20. Jh. sowie die Aufeinanderfolge von Diktaturen u. Putschen. Die nach langer Zeit erstmals wieder demokratisch gewählten Staatspräsidenten *Arevalo* (1945–1951) u. J. *Arbenz Guzmán* (1951–1954), bemühten sich um Reformen. Arbenz Guzmán setzte eine Bodenreform durch u. versuchte, die Macht der ausländ. Konzerne einzuschränken. Mit Hilfe von US-Konzernen u. der CIA wurde er aber 1954 gestürzt. Die Militärregierung unter Castillo *Armas* begann eine Säuberungskampagne gegen die politische Linke. Es folgten Revolten u. Putsche, u. in den 1960er Jahren entstand u. a. die FAR *(Fuerzas Armadas Rebeldes),* eine linksextreme Guerillaorganisation. Auf der Gegenseite bildeten sich paramilitär. Polizeieinheiten („Todesschwadrone"). Das Militär u. die Todesschwadrone liefern sich seit Beginn der 1970er Jahre eine blutige Auseinandersetzung (mehr als 100 000 Todesopfer) mit der Guerilla, der viele Indios angehören. Als erstes Anzeichen einer Demokratisierung erschien 1984 die Wahl zu einer verfassunggebenden Versammlung, die eine Mehrheit für die gemäßigten Parteien ergab. 1985 wurde der Christdemokrat V. Cerezo *Arévalo* zum Präs. gewählt; er trat 1986 sein Amt an. Im selben Jahr trat die neue Verfassung in Kraft. Arévalos Nachfolger wurde 1991 der rechtsgerichtete J. *Serrano Elias.* Er löste 1993 das Parlament auf u. schränkte die Verfassungsrechte ein. Unter dem Druck der Opposition zwang das Militär Serrano zum Rücktritt. Im Juni 1993 wurde der Oppositionspolitiker R. de *León Carpio* zum neuen Präs. gewählt. Die Präsidentschaftswahlen 1996 gewann A. *Arzú Irigoyen* als Kandidat des rechten Partido de Avanzada Nacional.

Guatimozin [-'θin], *Quauhtemotzin, Cuautémoc,* der letzte Herrscher der Azteken 1520/21, *um 1500, †15. 2. 1524; Neffe u. Schwiegersohn *Motecuzomas* u. dessen Nachfolger; verteidigte zäh u. klug die Hptst. Tenochtitlan (Mexico) bis zum 13. 8. 1521 gegen *Cortez;* wurde 1524 während Cortez' Zug nach Honduras wegen einer angebl. Verschwörung gehängt.

Guayana → Guyana.

Gudea, sumer. König von *Lagasch,* etwa 2143–2124 v. Chr.; nichtkönigl. Abstammung, kam durch die Heirat mit der Tochter seines Vorgängers *Urbaba* auf den Thron. G. beherrschte Ur u. Uruk u. kontrollierte den Seehandel am Persischen Golf. Krieger. Auseinandersetzungen mit *Elam* führten zur erhebl. Vergrößerung seines Machtbereichs. Ausgedehnte Handelsbeziehungen brachten ihm wirtschaftl. Wohlstand, der sich u. a. in seiner regen Bautätigkeit in *Girsu* u. anderen Städten seines Gebiets äußerte. Zwei noch erhaltene Tonzylinder tragen eine von ihm verfaßte lange Bauinschrift für einen Tempel in Girsu. G. ist in zahlreichen Statuen dargestellt (heute meist im Louvre, Paris).

Guderian, Heinz, Offizier (1904 Generaloberst), *17. 6. 1888 Kulm, Westpreußen, †14. 5. 1954 Schwangau; Organisator der dt. Panzerwaffe, mit der während des W. Weltkriegs in Polen u. Frankreich durchschlagende Erfolge erzielt wurden. Als G. 1941 seine Truppen vor Moskau eigenmächtig zurückverlegte, wurde er von Hitler abgesetzt, im März 1943 jedoch zum Generalinspekteur der Panzertruppen ernannt; von Juli 1944 bis März 1945 war er Chef des Generalstabs.

Guelfen [auch 'gɛlfən], im spätmittelalterl. Italien Bez. für eine der großen Parteien im Kampf zwischen Kaiser- u. Papsttum, die im Gegensatz zu den Ghibellinen unter Führung des Papstes gegen die Stärkung der kaiserl. Zentralgewalt in Reichsitalien u. für den Supremat des Papstes kämpfte. Der Name leitet sich von *Welfen* ab u. stammt wohl aus der Zeit der Kämpfe zwischen dem Welfen Otto IV. u. dem Staufer (Waiblinger) Friedrich II.

Guernica, *G. y Luno* [gɛr'nika i'luno], Ort in Nordspanien, nördl. von Bilbao, Prov. Vizcaya, 18 100 Ew. – Im span. Bürgerkrieg wurde G. am 26. 4. 1937 durch einen Luftangriff der auf Francos Seite kämpfenden dt. „Legion Condor" total vernichtet. Dieses Ereignis veranlaßte P. *Picasso* zur Schaffung des gleichn. Bildes (351 × 782 cm, auf Wunsch von Picasso seit 1981 in Madrid, früher New York, Museum of Modern Art), wodurch G. zum Symbol für die Schrecken des Krieges wurde.

Gudea von Lagasch; Sitzbild. Paris, Louvre

Guesclin [gɛ'klɛ̃], Bertrand de la Motte-Broons, Sire Du, französ. Feldherr, *1320 Schloß La Motte-Broons bei Dinan, Dép. Côtes-du-Nord, †13. 7. 1380 bei Schloß Randron, Dép. Lozère; wurde 1370 zum Konnetabel von Frankreich ernannt u. hatte maßgebl. Anteil an der vorübergehenden Vertreibung der Engländer während des Hundertjährigen Krieges.

Guevara, Ernesto („Che"), lateinamerikan. Sozialrevolutionär, *14. 6. 1928 Rosario (Argentinien), †9. (?) 10. 1967 bei Higueras (Bolivien; erschossen); Arzt; kämpfte als Guerillaführer seit 1956 mit Fidel *Castro* gegen den kuban. Diktator F. *Batista* u. hatte nach dem Sieg der Revolution wichtige Staatsämter in Kuba inne (u.a. 1961–1965 Industrieminister); verließ 1965 Kuba, um andere revolutionäre Bewegungen in Lateinamerika zu organisieren. Sein Versuch, durch die Mobilisierung der indian. Landbevölkerung einen Umsturz in Bolivien herbeizuführen, scheiterte; seine Guerillaeinheit wurde von der bolivian. Armee aufgerieben, er selbst gefangengenommen u. erschossen.

Guibert von Nogent [gi'bɛːr - no'ʒã], Geschichtsschreiber, *1053 Beauvais, †1124 Nogent; seit 1104 Abt von Nogent bei Laon; verfaßte eine Kreuzzugsgeschichte („Gesta Dei per Francos") u. eine Autobiographie.

Guicciardini [guitʃar'diːni], Francesco, italien. Geschichtsschreiber u. Politiker, *6. 3. 1483 Florenz, † 22. 5. 1540 Arcetri bei Florenz; 1516–1524 florentin. Gesandter in Spanien, Freund u. Anhänger *Machiavellis.* Im Dienst der *Medici* u. des Papstes brachte G. die gegen Kaiser *Karl V.* gerichtete Liga von *Cognac* (1526) zustande. Er verfaßte 1537 bis 1540 aufgrund von Quellen eine „Storia d'Italia", die die Zeit 1492–1532 umfaßt, 20 Bücher erschienen posthum 1561 ff., das erste Beispiel einer modernen Staatengeschichte, zugleich eine historisch bedeutsame Quelle für die Anfänge des europ. Staatensystems.

Guido von Lusignan ['giːdo - lyzi'njã], König von Jerusalem 1186–1190, †Mai 1194; in der Schlacht bei Hattin (1187) von Sultan *Saladin* gefangen; mußte 1192 seinen Anspruch auf Jerusalem aufgeben u. wurde von *Richard Löwenherz* mit dem Königreich Zypern abgefunden, das er seinem Bruder *Amalrich* u. dessen Nachkommen vererbte.

Guiengola [gieŋ'gola; span.], große aztekische Festungsanlage in der Nähe von Tehuantepec (Mexiko); Ausgangspunkt der Feldzüge gegen die *Zapoteken* u. *Mixteken.*

Guillaume, Günter, Offizier des Staatssicherheitsdienstes der DDR, *1. 2. 1927 Berlin, †10. 4. 1995 Eggersdorf; Fotograf; kam 1956 als angebl. Flüchtling in die BR Dtschld.; 1964–1969 Angestellter der SPD in Frankfurt, seit 1970 Referent im Bundeskanzleramt, seit 1973 im Büro des Bundeskanzlers. Am 24. 4. 1974 wurden G. u. seine Frau Christel unter Spionageverdacht verhaftet. Bundeskanzler W. *Brandt* übernahm die polit. Verantwortung für die Affäre u. trat am 6. 5. 1974 zurück. G. wurde 1975 zu 13 Jahren, seine Frau zu 8 Jahren Haft verurteilt. 1981 wurden beide in die DDR entlassen.

Guillotine [gijo'tiːnə; die; frz.], schon im Altertum u. im MA bekanntes, auf Vorschlag des französ. Arztes Joseph-Ignace *Guillotin* (*1738, †1814) während der Französ. Revolution eingeführtes u. nach ihm benanntes mechan. Fallbeil zur Enthauptung Verurteilter.

Guinea ['gini; die; engl.], seit 1663 unter Karl II. geprägte engl. Münze aus Gold (8,40 g); seit 1717 im Wert von 21 Shilling; seit 1816 nur noch Rechnungswert u. durch den *Sovereign* abgelöst; vom Volksmund nach der Guinea-Küste, von der das Gold für die Prägung stammte, benannt. Die G. zeigte auf der Vorderseite einen kleinen Elefanten, auf der Rückseite das Landeswappen.

Guinea RG

Republik Guinea

Fläche: 245 857 km^2. – *Einwohner:* 6,3 Mill. – *Hauptstadt:* Conakry. – *Landessprachen:* Französisch, Mandingo, Ful. – *Nationalfeiertag:* 2. 10. – *Währung:* 1 Guinea-Franc = 100 Centimes. – *Lage:* zwischen 7° und 12° n. Br. sowie 8° und 15° w. L. – *Zeitzone:* Mitteleuropäische Zeit – 1 Std. – *Grenzen:* im N Guinea-Bissau und Senegal, im NO Mali, im O Elfenbeinküste, im S Liberia und Sierra Leone, im W Atlantischer Ozean. – *Staatsform:* präsidiale Republik.

Vor der Kolonisation bestand in G. ein islamischer Staat der *Fulbe* im Hochland Fouta Djalon. Im 19. Jh. gründete Samory *Touré* von G. aus ein Reich, das die Franzosen 1890–1898 niederwarfen; 1904 wurde es Territorium von Französisch-Westafrika (A.O.F.). Eine aktive Nationalbewegung erwachte 1952 unter Führung von Sékou *Touré (Demokratische Partei Guineas, PDG,* innerhalb des *Rassemblement Démocratique Africain, RDA).* 1957 erhielt G. Teil-Autonomie. 1958 lehnten 95 % der Wähler (als einziges Territorium in Französ. West-Afrika) die Verfassung der Französischen Gemeinschaft ab; damit wurde G. am 2. 10. 1958 unabhängige Republik unter Präsident Touré.

1978 wandelte sich G. nach Zusammenlegung von Partei- u. Staatsgremien in einen Partei-Staat, blieb aber de facto unter der Diktatur Tourés, dessen Terrorsystem auf Repression, Überwachung, Denunziantentum, Folter u. Mord beruhte. Nach seinem Tod 1984 übernahm ein Militärkomitee die Macht. Die Einheitspartei PDG wurde aufgelöst. Staats-Präs. wurde Oberst Lansana *Conté.*

Zu Beginn der 1990er Jahre wuchs – wie in anderen afrikan. Staaten auch – in G. der Demokratisierungsdruck. Im Dez. 1990 sprach sich die Bevölkerung in einem Referendum für eine neue Verfassung u. die Übertragung der Regierungsgewalt auf eine Zivilregierung aus. Bei Wahlen 1993 wurde Conté im Amt bestätigt. Die Opposition erhob den Vorwurf des Wahlbetrugs.

Guinea-Bissau GNB

Republik Guinea-Bissau

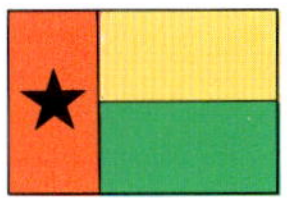

Fläche: 36 125 km^2. – *Einwohner:* 1,0 Mill. – *Hauptstadt:* Bissau. – *Landessprache:* Portugiesisch. – *Nationalfeiertag:* 24. 9. – *Währung:* 1 Guinea-Peso = 100 Centavos. – *Lage:* zwischen 10°52′ und 12°40′ n. Br. sowie 13°38′ und 16°43′ w. L. – *Zeitzone:* Mitteleuropäische Zeit – 2 Std. – *Grenzen:* im N Senegal, im O und S Guinea, im W Atlantischer Ozean. – *Staatsform:* präsidiale Republik.

1446 entdeckte Nuño Tristão die im nördl. Westafrika gelegene Küste von G. Die portugies. Kolonialherrschaft setzte sich 1879 durch. 1951 wurde G. als „Übersee-Provinz" zum festen Bestandteil des Mutterlandes erklärt u. erhielt 1955 ein gewisses Maß an Autonomie. 1956 gründeten Mitglieder der kleinen Gruppe von Assimilados (vornehmlich von den ebenfalls portugies. Kapverdischen Inseln) die linksextreme Befreiungsbewegung *Partido Africano da Independencia de Guinea-Bissau e Cabo Verde* (PAIGC). Nachdem Petitionen u. Forderungen nach Selbstbestimmung an Portugal erfolglos geblieben waren, entschloß sich die PAIGC nach der blutigen Niederschlagung eines Streiks 1959 zum bewaffneten Kampf gegen die Kolonialtruppen. Anführer war der Agronom Amilcar *Cabral,* dessen theoret. Schriften gegen den portugies. Kolonialismus auch in den anderen afrikan. Kolonien bedeutsam wurden. Obwohl die Kolonialtruppen in G. über eine moderne Ausrüstung verfügten, wurden sie von der Guerilla in einen ausweglosen Kampf hineingezogen; dies führte 1974 zum Aufstand der portugies. Armee gegen das Regime *Caetano* in Lissabon. Die 1973 einseitig von der PAIGC erklärte Unabhängigkeit wurde im Sept. 1974 von Portugal offiziell anerkannt.

Die PAIGC blieb nach der Erlangung der Unabhängigkeit bestimmend. Die bereits im Namen der Partei ausgesprochene Einheit mit den Kapverdischen Inseln kam praktisch nie zustande. Die fortbestehende Vorherrschaft der (meist gemischtrassigen) Kapverdianer in Regierung u. Verwaltung führte in G. 1980 zum Staatsstreich durch Major J. B. *Vieira* gegen Präs. Luis *Cabral,* den Bruder des Parteigründers. Die 1976 gewählte Nationalversammlung u. der Staatsrat wurden aufgelöst. Die neue Staats- u. Parteileitung wurde jetzt mehrheitlich von Schwarzafrikanern gestellt. Am 16. 5. 1984 wurde eine neue Verfassung verabschiedet, die die PAIGC als führende polit. Kraft bestätigte. Staatschef blieb Vieira. Eine Vereinigung mit den Kapverdischen Inseln wurde nicht mehr beabsichtigt. Seit Beginn der 1990er Jahre leitete das Regime vorsichtig demokrat. Reformen ein. 1991 wurde ein Mehrparteiensystem eingeführt. Auf Basis dieser Reformen fanden 1994 Parlaments- u. Präsidentschaftswahlen statt. Die PAIGC gewann die absolute Mehrheit der Sitze. Bei den Präsidentschaftswahlen setzte sich Vieira gegen den Oppositionsführer K. *Ialá* erst in der Stichwahl durch.

Guisan [gi'zã], Henri, schweizer. Offizier, *21. 10. 1874 Mézières, Waadt, †7. 4. 1960 Pully, Waadt; ursprüngl. Landwirt u. Milizoffizier, 1926 mit der Übernahme eines Divisionskommandos Berufsmilitär; 1939 vom Parlament zum General u. Oberbefehlshaber des Bundesheeres gewählt, leitete während des 2. Weltkriegs den bewaffneten Schutz der schweizer. Neutralität, ordnete 1940 die Errichtung des *Réduit national* an; populär als Symbol des Widerstandswillens gegen jede äußere Bedrohung.

Guiscard [dt. 'giskart; frz. gis'kaːr], Robert → Robert (1).

Guise [giːz], lothring. Herzogsfamilie, Nebenlinie des Hauses *Lothringen;* erstrebte zeitweilig den französ. Thron u. bekämpfte die französ. Protestanten (→ Hugenotten); 1675 ausgestorben.

1. Charles de Lorraine, Bruder von 3), Kardinal (seit 1547 „Kardinal von Lothringen"), *17. 2. 1524 Joinville, †26. 12. 1574 Avignon; seit 1538 Erzbischof von Reims, leitete die Politik unter Franz II., verlor aber seinen Einfluß unter Karl IX. 1562; Vertreter Frankreichs auf dem Konzil von Trient.

2. Charles de Lorraine, Sohn von 3), Bruder von 4), Herzog von Mayenne, *26. 3. 1554 Alençon, †3. 10. 1611 Soissons; Führer der

Liga 1588, bis zur Thronbesteigung Heinrichs IV. französ. Thronprätendent.
3. François de Lorraine, Bruder von 1), französ. Heerführer, *17. 2. 1519 Bar le-Duc, †24. 2. 1563 Saint-Mesmin bei Orléans; entriß 1558 den Engländern Calais, die letzte engl. Festung auf französ. Boden; entfachte 1562 durch das Blutbad von Wassy (an den Hugenotten) die französ. Religionskriege.
4. Henri I. de Lorraine, Sohn von 3), Bruder von 2), genannt „le Balafré" („der Zernarbte"), *31. 12. 1550, †23. 12. 1588 Blois; Mitanstifter der Bartholomäusnacht, gründete 1576 die Heilige Liga; führend am Pariser Aufstand 1588 gegen Heinrich III. beteiligt, auf dessen Veranlassung ermordet.
Guizot [gi'zo:], François Pierre Guillaume, französ. Politiker u. Historiker, *4. 10. 1787 Nîmes, †12. 9. 1874 Val-Richer, Normandie; Prof. an der Sorbonne, Gegner des Regimes *Karls X.*; nach der Julirevolution war G. 1830 Innen-, Unterrichts- u. schließlich 1840–1848 Außen-Min., als der er die Regierung leitete. Seine ablehnende Haltung gegenüber der Wahlreform trug 1848 zum Ausbruch der Revolution bei. G. hielt in seinen Schriften den Mittelstand für die treibende Kraft des Fortschritts. Hptw.: „Histoire de la révolution d'Angleterre" 1826/27; „Histoire de la république d'Angleterre et d'Oliver Cromwell" 1854; „Histoire générale de la civilisation en Europe" 1828; „Histoire de la civilisation en France" 1829–1832; „Mémoires pour servir à l'histoire de mon temps" 1858–1867.
Gulag, *GULag*, Abk. für russ. *Glawnoje Uprawlenije Lagerej*, „Hauptverwaltung der Lager", seit A. Solschenizyns Werk „Der Archipel Gulag" (1973 ff.) im Westen eingebürgerte Bez. für das System der Straf- u. Arbeitslager in der UdSSR.
Gulden [der; zu *Gold*], **1.** die 1252 von Florenz als Goldgulden (*Floren*, 3,54 g) eingeführte wichtigste Goldmünze des MA; bald weitgehend in Mitteleuropa, bes. vom Rhein. Münzverein, nachgeprägt; Verschlechterung bes. im 15. Jh. (*Postulatsgulden*); 1559 silbernes Äquivalent im *Reichsgulden* zu 60 Kreuzern, was zur Entstehung des Talers führte; galt im späten MA in Deutschland als die am weitesten verbreitete Gold- u. Rechnungsmünze zugleich.
2. der ⅔-Taler nach dem Münzfuß von Zinna (1667) u. Leipzig (1690).
3. der ½-Taler des Konventionsfußes; im 18. Jh. in Süddeutschland u. Österreich.
4. 1857 eingeführte österr.-süddt. Silbermünze; blieb bis 1892 in Österreich Währungseinheit.
5. 1679 eingeführte niederländ. Silbermünze (9,7 g) zu 20 Stübern; seit 1816 Währungseinheit in den Niederlanden: 1 G. (Abk. f, Gld., *hfl*) = 100 *Cent*.
Gumelniţa-Kultur [gu'mɛlnitsa-], spätneolith. Kultur der Walachei u. Bulgariens, von den ägäischen Küstengebieten bis zu den Karpaten u. zur Donaumündung verbreitet, benannt nach dem Fundort *Gumelniţa* an der Donau, südl. von Bukarest; Tellsiedlungsweise, Häuser mit rechteckigem Grundriß, die alle nach einem Schema in burgartigen Siedlungen angelegt waren, was für überregionale Organisationsformen spricht. Eine differenzierte soziale Struktur spiegelt sich auch in den z. T. sehr reichen Gräbern – wie z. B. in *Varna* – wider. Die G. vermittelte Kulturgut der ägäischen Frühbronzezeit an die südost- u. mitteleurop. Kulturgruppen der Jungsteinzeit.
Gumplowicz [-vitʃ], Ludwig, österr. Soziologe u. Jurist poln. Herkunft, *9. 3. 1838 Krakau, †19. 8. 1909 Graz; lehrte ab 1875 in Graz Staatsrecht u. Verwaltungslehre. G. gehört zu den Pionieren der Soziologie. Zentrales Thema für G. war als treibende Kraft der Geschichte der Kampf der „Rassen", später der sozialen Gruppen, die er als die „wahren Elemente sozialer Vorgänge" ansah. Hptw.: „Rasse und Staat" 1875, unter dem Titel „Der Rassenkampf" 1883; „Grundriß der Soziologie" 1885; „Die soziolog. Staatsidee" 1892; „Sozialphilosophie im Umriß" 1910.
Gundestrup ['gonəsdrɔb], dän. Ort bei Års, Amtskommune Ålborg, im östl. Jütland; bekannt durch einen im Moor gefundenen Silberkessel kelt. Herkunft (vermutlich in Nord- oder Ostgallien angefertigt) aus dem 1. Jh. v. Chr. Der Kessel ist innen u. außen mit einem in Silberblech getriebenen Dekor verziert, der Brustbilder von Göttern, Opferszenen, Krieger mit Feldzeichen u. a. zeigt.
Gundikar, *Gundahar*, König der Burgunder, der *Gunther* des Nibelungenlieds; unterlag 436 einer hunn. Abteilung in röm. Diensten.
Günther, Graf von Schwarzburg, dt. Gegenkönig, *1304, †14. 6. 1349; am 30. 1. 1349 von der wittelsbach. Partei gegen *Karl IV.* als Nachfolger Ludwigs des Bayern zum dt. König gewählt; verzichtete jedoch nach wenigen Monaten auf die Krone.
Guntram, Merowingerkönig in Burgund 561–592, †28. 3. 592 Chalon-sur-Saône; nahm im Streit zwischen den merowing. Teilreichen Neustrien u. Austrien eine vermittelnde Haltung ein. Da er ohne Nachkommen starb, wurde Burgund infolge des Vertrages von Andelot (586) mit Austrien vereinigt.
Guomindang [chin., „Nationale Volkspartei"], *Kuomintang*, 1912 nach dem Sturz der Mandschu-Dynastie gegr. national-republikan. Partei, die erste nach westl. Vorbild organisierte Partei Chinas. Das Programm der G. richtete sich aus an den von ihrem Gründer *Sun Yatsen* entwickelten „Drei Grundlehren vom Volk" (Sanmin-Lehre: Nationalismus, Demokratie, Sozialismus) u. sah eine „Fünf-Gewalten-Verfassung" vor (Exekutive, Legislative, Rechtsprechung, Beamtenausbildung, Aufsicht). Politisch sollten auf eine Periode der Militärherrschaft eine Periode der Vormundschaftsregierung der G. u. schließlich eine demokrat. Regierung folgen. Im Kampf mit dem Militärdiktator *Yuan Shikai* mußte die G. das Zentrum ihrer Aktivität nach Südchina verlegen. 1923/24 reorganisierte Sun unter Mithilfe sowjetruss. Berater (M. *Borodin*) die G. nach bolschewist. Vorbild. Während dieser Zeit hielt sich *Chiang Kai-shek* als Sondergesandter Suns in Moskau auf; nach seiner Rückkehr übernahm er die militär. Leitung der neugegründeten Militärakademie Whampoa bei Canton. Die Führungskrise in der G., die nach dem Tod Suns 1925 ausbrach, beendete Chiang Kai-shek 1926 durch einen Staatsstreich. Nach der Niederschlagung des kommunist. Widerstands in Schanghai 1927 durch Chiang Kai-shek kam es zum Bruch zwischen der G. u. der Kommunist. Partei Chinas.
Als der Waffenstillstand zwischen G. u. Kommunisten, der zur Abwehr der japan. Invasion 1937 geschlossen worden war, bei Kriegsende zusammenbrach, machten die USA die Zusage von Aufbauhilfen für China von der Bildung einer Koalitionsregierung aus G. u. Kommunisten abhängig. Nach dem Scheitern der US-amerikan. Versöhnungsmission stießen die kommunist. Truppen 1948/49 von der Mandschurei aus nach Süden vor u. verdrängten die G. vom Festland. Chiang Kai-shek u. seine Anhänger zogen sich nach Taiwan (Formosa) zurück u. erklärten Taipeh zur provisor. Hauptstadt der Republik China (→ Taiwan).
Gupta, nordind. Herrscherdynastie von 320 n. Chr. bis ins frühe 6. Jh. Sie stieg auf unter *Chandragupta I.* (320–340) in Magadha; sein Lebenslauf ist in die *Aschoka-Säule* in Allahabad gemeißelt. *Samudragupta* (um 340 bis 380) eroberte Nordindien, Nepal u. Assam u. drang im S bis Kanchipuram (Conjeeveram) vor. Unter *Chandragupta II.* (380 bis 414), der das Gebiet der Saka, von Malwa u. Gandhara gewann, erlebte das Reich der G. die größte Ausdehnung u. höchste kulturelle Blüte, die sich vor allem in den Werken des Dichters *Kalidasa* niederschlug. Die hinduistische Kultur erhielt in der G.-Zeit ihre klass. Prägung. Unter *Kumaragupta I.* (415–455) u. *Skandagupta* (455–470) konnte das Reich die Hunneneinfälle noch abwehren, zerfiel aber unter *Budhagupta* (476 bis um 500).
Gurjara-Pratihara [gur'dʒara-], aus dem Gurjara-Volk (Gujarat) hervorgegangene, mittelalterl. *Rajputen-Dynastie*, die vom späten 8. Jh. bis ins frühe 11. Jh. n. Chr. über Nordindien herrschte. Ihre Hptst. war *Kanauj*, ihr Heer hielt den Vormarsch der Araber auf.
Gurnia, *Gournia*, heutiger Name einer in Ostkreta in der Nähe des Golfs von Mirabello an u. auf einem Höhenrücken gelegenen, 130 × 170 m großen minoischen Anlage; 1901–1904 von amerikan. Archäologen ausgegraben. Die z. T. extrem kleinen Häuser waren ein- bis zweistöckig, doch sind nur die Grundmauerzüge aus Bruchsteinsockeln erhalten.
Gürtner, Franz, Jurist u. Politiker, *26. 8. 1881 Regensburg, †29. 1. 1941 Berlin; seit 1909 im bayer. Justizdienst, 1922–1932 als Mitgl. der Bayer. Mittelpartei (DNVP) bayer. Min. der Justiz, 1932–1941 in den Regierungen Papen, Schleicher u. Hitler Reichs-Min. der Justiz.
GUS, Abk. für *Gemeinschaft Unabhängiger Staaten*, im Dez. 1991 von den früheren Sowjetrepubliken Armenien, Aserbaidschan, Kasachstan, Kirgisien, Moldova, Rußland, Tadschikistan, Turkmenistan, Ukraine, Usbekistan u. Weißrußland gebildete Staatengemeinschaft. Die Gründung der GUS bedeutete das Ende der UdSSR. Aserbaidschan erklärte im Okt. 1992 seinen Austritt aus der GUS, wurde im Sept. 1993 aber erneut Mitglied. Im gleichen Jahr erklärte auch Georgien seinen Beitritt zur GUS. 1996 bildeten Rußland u. Weißrußland die Gemeinschaft Souveräner Republiken (GSR). Gleichzeitig vertieften Kasachstan, Kirgisien, Rußland u. Weißrußland ihre Zusammenarbeit mit der Gründung der Gemeinschaft Integrierter Staaten (GIS).
Gustav, Könige von Schweden: **1.** *G. I. Wasa*, König 1523–1560, *12. 5. 1496 (oder 1497) Lindholmen oder Rydboholm, Uppland, †29. 9. 1560 Stockholm; aus dem Haus *Wasa*, kämpfte unter Sten *Sture* gegen die Dänen, geriet in dän. Gefangenschaft, floh aber nach Lübeck, mit dessen Unterstützung er Schweden eroberte. Mit seiner Wahl zum König endete die *Kalmarer Union*. Nach Einführung der Reformation 1527 zog er zur

Gustav I. Wasa

Gustav III.

Sanierung der Finanzen das Kirchengut ein u. ließ eine Kriegsflotte bauen. Seine Teilnahme an der *Grafenfehde* führte zum erfolgreichen Krieg gegen die Hanse. 1544 machte er die Monarchie für das Haus Wasa in Schweden erblich.

2. *G. II. Adolf,* Enkel von 1), König 1611–1632, * 9. (oder 19.) 12. 1594 Stockholm, † 6. 11. 1632 bei Lützen (gefallen); Sohn Karls IX., kämpfte gegen Dänemark, Rußland u. Polen, eroberte Ingermanland, Karelien, Livland u. z. T. die preuß. Ostseeküste. Ein sechsjähriger Waffenstillstand mit dem von den Habsburgern unterstützten Polen ermöglichte ihm die Landung in Pommern 1630 u. im Dreißigjährigen Krieg die Rettung des schwer bedrängten dt. Protestantismus. Er besiegte *Tilly* bei Breitenfeld 1631 u. am Lech 1632 sowie *Wallenstein* bei Lützen 1632, fiel aber in dieser Schlacht. Sein Tod war ein schwerer Schlag für die junge schwed. Großmacht u. die dt. Protestanten. Innenpolitisch leitete G. eine Reihe nachhaltiger Reformen ein.

3. *G. III.,* König 1771–1792, * 24. 1. 1746 Stockholm, † 29. 3. 1792 Stockholm (ermordet); Neffe Friedrichs d. Gr., beendete durch einen Staatsstreich 1772 die schwed. „Freiheitszeit", die fast unumschränkte Macht des Reichstags u. der Stände, u. errichtete eine absolutist. Herrschaft; reformierte die Verwaltung u. das Finanz- u. Heerwesen u. schaffte 1772 die Folter ab. Eine Verschwörung, zu der sich schwed. u. finn. Offiziere 1788 nach Beginn des Krieges gegen Rußland verbündet hatten (Anjalabund), konnte G. unterdrücken. Im Anschluß daran setzte er mit Hilfe der Geistlichkeit, Bürger u. Bauern eine neue Verfassung („Vereinigungs- u. Sicherheitsakte") gegen den Hochadel durch, der ihn durch einen verabschiedeten Offizier auf einem Maskenfest in Stockholm ermorden ließ. – G. förderte Kunst u. Wissenschaft u. schrieb auch einige Schauspiele.

4. *G. IV. Adolf,* Sohn von 3), König 1792–1809, * 1. 11. 1778 Stockholm, † 7. 2. 1837 Sankt Gallen; bis Ende 1796 unter Vormundschaft; führte Kriege gegen *Napoleon I.,* die dem Land innere Wirren u. Not brachten; verlor Finnland u. wurde deshalb 1809 von einer Offiziersverschwörung unter Führung von K. J. *Adlercreutz* entthront.

5. *G. V.,* König 1907–1950, * 16. 6. 1858 Schloß Drottningholm, † 29. 10. 1950 Schloß Drottningholm; hielt Schweden aus dem 1. u. 2. Weltkrieg heraus; wegen seiner Einfachheit u. Sportbegeisterung (als „Mr. G." im Tennissport bekannt) bei seinem Volk u. im Ausland beliebt.

6. *G. VI. Adolf,* Sohn von 5), König 1950–1973, * 11. 11. 1882 Stockholm; † 15. 9. 1973 Helsingborg; widmete sich der Kunstgeschichte u. Archäologie u. veranlaßte die schwed. Ausgrabungen in Griechenland.

Güstrow [-stro], Kreisstadt in Mecklenburg, 36 200 Ew.

Seit dem 8. Jh. slaw. Siedlung u. Burgwall am rechten Nebelufer. Daneben gründete der mecklenburg. Obodritenfürst *Heinrich Borwin II.* 1226 einen Dom nebst Kollegialsstift u. eine Stadt (Stadtrecht um 1228) am linken Nebelufer, die planmäßig (fast kreisförmig, mit gitterförmigem Straßennetz u. rechteckigem Markt) angelegt wurde. Seit der mecklenburg. Landesteilung 1229 war G. Hauptort der Linie *Werle-G.* (bis 1436). 1550 wurde die Reformation eingeführt u. das Dom-Kapitel aufgehoben. G. wurde 1555 von Herzog Ulrich III. von Mecklenburg wieder zur Residenz erhoben, 1558–1564 Bau des Schlosses; 1621–1695 Hauptstadt des Herzogtums *Mecklenburg-G.* (1628/29 Residenz *Wallensteins*), seitdem nur noch Nebenresidenz der Schweriner Herzöge. – In G. wirkten 1849–1870 der mecklenburg. Mundartdichter J. *Brinckman,* 1910–1938 der Bildhauer, Graphiker u. Dichter E. *Barlach.*

Gutäer, *Guti,* im Altertum Bergvolk im westl. Iran, nördl. des Deyala. Die G. zerstörten um 2150 v. Chr. das erste semit. Großreich von *Akkad* u. beherrschten etwa 100 Jahre Babylonien.

Gutschkow [-'kɔf], *Gučkov,* Alexander Iwanowitsch, russ. Politiker, * 1862 Moskau, † 14. 2. 1936 Paris; 1905 Mitgründer der Oktobristen-Partei, 1909–1911 Präsident der Duma; drängte 1917 den Zaren zur Abdankung; März–Mai 1917 Kriegs-Min.; emigrierte 1918.

Gutsherrschaft, seit dem 16. Jh. bes. in Ost-Dtschld. entstandene Form des Großgrundbesitzes: Der *Gutsherr* bewirtschaftete (im Gegensatz zur *Grundherrschaft*) den Grundbesitz selbst u. war in Preußen bis ins 19. Jh. Gerichtsherr innerhalb seines *Gutsbezirks* (Patrimonialgerichtsbarkeit).

Guyana GUY

Kooperative Republik Guyana

Fläche: 214 969 km². – *Einwohner:* 835 000. – *Hauptstadt:* Georgetown. – *Landessprache:* Englisch. – *Nationalfeiertag:* 23. 2. – *Währung:* 1 Guyana-Dollar = 100 Cents. – *Lage:* zwischen 1° und 8°30′ n. Br. sowie 56°27′ und 61°28′ w. L. – *Zeitzone:* Mitteleuropäische Zeit – 5 Std. – *Grenzen:* im N Atlantischer Ozean, im O Suriname, im S Brasilien, im W Venezuela. – *Staatsform:* präsidiale Republik.

1499 wurde G. entdeckt u. Ende des 16. Jh. von den Niederlanden in Besitz genommen. Als Folge des engl.-niederländ. Kriegs von 1781 gelangte ein Teil des Gebiets 1796 in brit. Besitz (später Kronkolonie Brit.-Guayana). 1816 wurde G. endgültig britisch. 1966 erhielt das Land die Unabhängigkeit. Erster Premier-Min. des neuen Commonwealth-Staats war Forbes *Burnham,* Führer der Partei „People's National Congress" (PNC), deren Anhänger vorwiegend zum afrikan. Bevölkerungsteil u. zur Mischlingsbevölkerung gehören. Bei den Wahlen 1968 u. 1973 konnte sich Burnham erneut durchsetzen. 1970 löste sich G. von der brit. Krone u. nahm den Namen *Kooperative Republik Guyana* an; es blieb im Commonwealth. 1980 wurde mit einer neuen Verfassung das Präsidialsystem eingeführt. Der nunmehrige Staats-Präsident Burnham wurde im selben Jahr durch Wahl in seinem Amt bestätigt. Nach dem Tod Burnhams 1985 wurde H. D. *Hoyte* Präsident. Das Land versuchte bis 1989 einen nichtkapitalist. Entwicklungsweg zu gehen. Aufgrund der schlechten Wirtschaftslage wurde eine ideolog. Kehrtwendung eingeleitet. Die autokrat. Strukturen lockerten sich. Parlamentswahlen 1992 gewann die „Progressive People's Party" (PPP), die hauptsächlich die Interessen der ind. Bevölkerung vertritt. Neuer Staats-Präs. wurde C. *Jagan,* der bereits 1953 u. 1957–1964 das Amt des Premier-Min. bekleidet hatte. Nach Jagans Tod im März 1997 übernahm S. *Hinds* die Staatsführung.

Guyenne [gy'jɛn], Landschaft im *Aquitanischen Becken,* frz. Bez. für → Aquitanien.

Guzmán Blanco [gus'man 'blaŋko], Antonio, venezolan. Politiker, * 29. 2. 1828 Caracas, † 28. 7. 1899 Paris; führte 1861–1863 den liberalen Aufstand gegen den Diktator J. A. *Páez* an; war 1870–1877, 1879–1884 u. 1886–1888 Staats-Präs.; förderte bes. die Wirtschaft des Landes.

Gyges, König von Lydien um 680–652 v. Chr. Um seinen Regierungsantritt, mit dem die Dynastie der *Mermnaden* in Lydien zur Herrschaft gelangte, rankt sich eine Reihe sagenhafter Erzählungen: Nach *Herodot* hatte *Kandaules,* der letzte König der vorangegangenen Dynastie, G. heimlich in das königl. Schlafgemach geführt, damit er sich von der Schönheit der Königin überzeugen könne; die Königin entdeckte die ihr damit angetane Schmach u. ließ G. die Wahl zwischen Tod oder Heirat mit ihr selbst, nachdem G. den König Kandaules getötet habe; G. entschied sich für Heirat u. wurde nach Ermordung des Kandaules König. Nach *Plutarch* gelangte G. durch militär. Erhebung zur Herrschaft. *Platon* erzählt, G. sei ein Hirte gewesen, der einen unsichtbar machenden Ring gefunden habe; mit Hilfe des Rings habe G. die Königin gewonnen u. den König getötet.

H

Haager Konferenz, im August 1929 u. Januar 1930 in Den Haag abgehaltene Konferenz zur Änderung des Dawes-Plans von 1924, die die Zahlung der dt. Reparationen festlegte (Young-Plan). Als Gegenleistung erreichte G. *Stresemann* die vorzeitige Räumung des Rheinlands. Die Kompromisse der H. K. führten in Dtschld. zu einer verstärkten Agitation der Rechten, bedeuteten aber tatsächlich das Ende von Sanktionen wegen Nichterfüllung des Versailler Vertrages.

Haakon, *Håkon* ['hoːkɔn], norweg. Könige: **1.** *H. IV. Haakonsson der Alte,* König 1217–1263, * 1204, † 1263; Sohn von H. *Sverreson* († 1204); einigte Norwegen u. legte 1260 die Unteilbarkeit des Reichs sowie die Erblichkeit des Königtums fest. 1261 erwarb er Grönland, 1262 Island. Sein Leben wurde von dem Isländer *Sturla Tordarson* geschildert.

2. *H. VI. Magnusson,* König 1343–1380,

1362–1364 auch Regent in Schweden, *1340, †1380; Sohn von *Magnus Eriksson*, regierte seit 1355; verlor die schwedische Krone an *Albrecht von Mecklenburg*, bereitete durch Heirat mit der dänischen Prinzessin *Margarete* die Vereinigung der drei nordischen Reiche vor.
3. *H. VII.*, König 1905–1957, *3. 8. 1872 Charlottenlund, †21. 9. 1957 Oslo; Sohn *Friedrichs VIII.* von Dänemark, heiratete die Tochter des engl. Königs Eduard VII.; hielt in den Weltkriegen freundschaftl. Kontakt mit England, lebte dort während des 2. Weltkriegs im Exil.
Haase, Hugo, sozialdemokrat. Politiker, *29. 9. 1863 Allenstein, †7. 11. 1919 Berlin (Opfer eines Attentats); Rechtsanwalt; 1897–1907 u. außerdem 1912–1918 Reichstagsabgeordneter; 1911–1916 einer der beiden Partei-Vors., 1912–1915 einer der Fraktions-Vors. der SPD. Im 1. Weltkrieg gehörte H. zum pazifist. Flügel der Partei; er stimmte ab 1915 gegen die Kriegskredite u. beteiligte sich 1917 an der Gründung der USPD, deren Vors. er wurde. Vom 10. 11. bis 29. 12. 1918 war H. neben F. Ebert Vors. des Rats der Volksbeauftragten. 1919 war er Mitgl. der Nationalversammlung.
Habịb ul-lạh Khan, *Habib Ullah Chan*, Emir von Afghanistan 1901–1919, *3. 7. 1872 Taschkent, †21. 2. 1919 Qala-i-Gusch bei Jalabad (ermordet); Sohn Abd ur-Rahmans; befolgte ein Abkommen mit England, das gegen größere Jahreszahlungen die afghan. Außenpolitik den Engländern überließ u. für Afghanistan die Erlaubnis enthielt, durch ind. Gebiet Waffen einzuführen.
Habsburger, nach der *Habsburg* benanntes europ. Herrschergeschlecht, das wahrscheinlich aus dem Elsaß stammt. Sein ältestes beglaubigtes Mitgl. ist *Guntram der Reiche*, dessen Enkel Bischof *Werner von Straßburg* (1001–1028) um 1020 die Habsburg erbaute; sein Bruder *Radbot* (†vor 1045) ist als Begründer der Linie anzusehen, die sich später „von Habsburg" nennt. Auf Radbot folgte sein Sohn *Werner II.* (†1099); dessen Sohn *Otto II.* (†1111) wird 1090 erstmals „Graf von Habsburg" genannt; er bekam von Kaiser Heinrich V. die Landgrafschaft im Elsaß verliehen. – In den folgenden Jahrzehnten erwarb das Geschlecht im oberelsäss. u. schweizer. Gebiet ausgedehnte Besitzungen, u. a. 1173 die Grafschaft im Zürichgau, die Vogtei von Säckingen, das Gut der Freiherren von Biederthal im Oberelsaß, ausgedehnte Ländereien in den Kantonen Unterwalden u. Luzern u. die Grafschaft Aargau. Einen weiteren Aufschwung nahmen die H. unter der Führung *Rudolfs I.*, der die Jahre nach dem Untergang der Staufer zu beträchtl. Vermehrung u. Abrundung seines Hausbesitzes in der Schweiz nutzte. Als er 1273 zum dt. König gewählt wurde, befand sich außerdem fast das ganze linke Rheinufer vom Bodensee bis zu den Vogesen in seiner Hand; zudem besaß er ausgedehnte Güter in Schwaben. – Durch den Sieg Rudolfs I. über Ottokar II. von Böhmen kamen die H. 1278 in den Besitz der Herzogtümer Österreich u. Steiermark. Damit begann die allmähliche Verlagerung der habsburg. Macht vom SW des Reiches nach dem SO. Als in der Schweiz die Gemeinden sich zum Kampf um ihre Freiheit verbündeten u. als die Eidgenossenschaft die H. im 14. u. 15. Jh. allmählich vollständig verdrängte u. zum „Ewigen Verzicht" zwang, war deren Machtstellung im Osten bereits gesichert: 1335 wurden Kärnten u. Krain, 1363 Tirol erworben. Rudolf von Habsburg war der erste der langen Kette von H.n, denen es (mit Ausnahme der Jahre 1292–1298, 1308–1437, 1742–1745) bis 1806 gelang, auf den dt. Königsthron gewählt zu werden.
1379 teilte sich das Haus in die österr. *(Albertinische)* u. die steier. *(Leopoldinische) Linie*. Der ersteren gehörte Albrecht V. (†1439) an, der als Schwiegersohn u. Erbe Kaiser Sigismunds bereits vorübergehend Ungarn u. Böhmen gewann u. 1438 als *Albrecht II.* zum dt. König gewählt wurde. Von der steier. Linie erlangte Friedrich (als Kaiser *Friedrich III.*, † 1493), der ganz Österreich erwarb, die dt. Königskrone u. die Kaiserwürde. Obwohl seine Herrschaft in den habsburg. Erblanden nicht stetig u. im Reich wenig erfolgreich war, sagte er den zukünftigen Glanz seines Hauses voraus u. deutete die alphabet. Folge der Vokale *A. E. I. O. U.*, die er an vielen Stellen anbringen ließ, als „Alles Erdreich ist Österreich unterthan" (lat. „Austriae est imperare orbi universo"). Durch die Vermählung seines Sohns *Maximilian I.* mit Maria, der Erbin von Burgund, wodurch 1482 außer Burgund auch die reichen Niederlande den H.n zufielen, bereitete er die internationale Stellung seines Geschlechts vor.
Mit Maximilian I. begann die Weltherrschaft der H.; 1496 vermählte sich sein Sohn *Philipp der Schöne* mit der Infantin Johanna der Wahnsinnigen, der Erbin von Aragón u. Kastilien u. des span. Kolonialbesitzes. Von ihren Söhnen wurde der älteste, Karl, nach seines Vaters Tod Herr der Niederlande u. Burgunds, König von Spanien u. 1519 als *Karl V.* Kaiser u. Herr der österr. Erblande. Zwar setzte er über die letzteren schon 1521/22 seinen Bruder *Ferdinand I.* zum Mitregenten ein, dem 1526 noch der Erwerb der Königreiche Ungarn (ohne die östl. Teile) u. Böhmen gelang, doch blieb Karl V. Oberherr des ganzen habsburg. Besitzes u. konnte behaupten, daß „in seinem Reiche die Sonne nicht untergehe". – Erst nach Karls V. Abdankung 1556 wurde das Reich endgültig geteilt: An Ferdinand I., den nunmehrigen Kaiser u. den Begründer der dt. bzw. *österr. Linie*, fielen die österr. Erblande, Böhmen u. Ungarn. Karls Sohn, *Philipp II.* von Spanien, erhielt außer Spanien u. dessen überseeischen Kolonien Burgund, die Niederlande, Mailand, Neapel, Sizilien u. Sardinien. Mit ihm begann die *span. Linie* der H., die bis 1700 den span. Thron innehatte u. ihre Macht in den Dienst der kath. Gegenreformation stellte. Nach ihrem Aussterben gingen die habsburgischen Nebenländer (Spanische Niederlande, Mailand, Sizilien u. Neapel) in den Besitz der österreichischen H. über. In dieser österreichischen Linie wurde seit Ferdinand I. die Kaiserwürde fast erblich; die Wahl durch die Kurfürsten sank zu einer reinen Formalität herab.
Zum größten Verdienst des Herrscherhauses an Dtschld. u. Europa wurde die Abwehr der Türken, deren Heere seit Beginn des 16. Jh. generationenlang vom Balkan aus das Abendland zu überfluten drohten. Allerdings blieb dabei die dt. Westgrenze ungeschützt, u. 1648 mußte das Elsaß an Frankreich abgetreten werden. Auch der Versuch, die span. Königskrone zurückzugewinnen, mißlang. – *Karl VI.* erließ, da er keine Söhne hatte, 1713 die → Pragmatische Sanktion (Unwiderruflicher Staatserlaß), die die Gesamtheit des habsburg. Hausbesitzes für unteilbar erklärte u. seine älteste Tochter, *Maria Theresia*, zur Thronfolgerin ernannte. Frankreich u. Spanien garantierten den Erlaß, nachdem an letzteres Sizilien u. Neapel abgetreten worden waren. Mit dem Tod Karls VI. erlosch die österr. Linie der H. im Mannesstamm. Nach einer kurzen Regierung des Wittelsbachers Karl VII. († 1745) bestieg der Gemahl Maria Theresias, Franz Stephan von Lothringen, als *Franz I.* 1745 den Kaiserthron u. wurde zum Begründer des Hauses *Habsburg-Lothringen*. Seine Nachfolger waren noch bis 1806 im Besitz der röm.-dt. Kaiserwürde; der letzte röm.-dt. Kaiser, *Franz II.*, verzichtete, nachdem er sich 1804 zum österr. Kaiser (Franz I.)

Emil Hácha und Hitler (am 16. 3. 1939 in der Prager Burg)

hatte ausrufen lassen, auf die röm.-dt. Kaiserkrone.
Bis zum Beginn des 20. Jh. hielten die H. den Vielvölkerstaat Österreich, in dem die erwachenden nationalen Leidenschaften bald gefährliche Unruhen entfachten, mühsam zusammen. Das Attentat auf den Thronfolger *Franz Ferdinand* in Sarajevo (28. 6. 1914), das den 1. Weltkrieg auslöste, der Tod des langjährigen Kaisers *Franz Joseph I.* (†1916) angesichts schwerer krieger. Verwicklungen u. der Ausgang des Krieges führten zur Loslösung der nichtdeutschsprachigen Gebiete von Österreich u. zur Auflösung der Monarchie. Der letzte österr. Kaiser, *Karl I.*, verzichtete 1918 auf den Thron. 1919 wurden die Kron- u. Familienfideikommisse der H. in Österreich beschlagnahmt u. die H. des Landes verwiesen. Karls Sohn, Otto Habsburg-Lothringen, ist das gegenwärtige Oberhaupt der H.; er darf seit 1966 Österreich wieder betreten; 1978 erwarb er die dt. Staatsbürgerschaft. – [B] S. 314/315.
Habsburg-Lothringen, Otto, Politiker, österr.-ungar. Kronprinz 1916–1918, *20. 11. 1912 Reichenau, Niederösterreich; z. Z. Haupt des Hauses H.; verzichtete 1961 auf politische Betätigung in Österreich u. darf das Land seit 1966 wieder betreten; wurde 1978 dt. Staatsbürger.
Hácha ['ha:xa], Emil, tschechoslowak. Politiker, *12. 7. 1872 Schweinitz, Böhmen, †27. 6. 1945 Prag (im Gefängnis); Jurist, 1925–1938 Präs. des Obersten Verwaltungsgerichts; 1938 in der Sudetenkrise als Nachf. von E. *Benesch* Staats-Präs., im März 1939 von Hitler zur Annahme des Protektoratsabkommens gezwungen; 1939–1945 einflußloser Präs. der „autonomen Verwaltung" des „Protektorats Böhmen u. Mähren".
Haçilar ['hatʃilar], neolith. Fundort bei Burdur (Türkei), neben *Çatal Hüyük* einer der frühesten Siedlungsplätze (6. Jahrtausend v. Chr.); mehrere Kulturschichten mit Keramik.
Hạdrian, *Adrian*, Päpste: **1.** *H. I.*, 772–795, Römer, †25. 12. 795 Rom; vom Langobardenkönig Desiderius bedrängt, nahm die Politik Stephans II. wieder auf u. ersuchte *Karl d. Gr.* um Hilfe. Karl vernichtete 773/74 das Langobardenreich u. erneuerte das Schenkungsversprechen *Pippins*, das für die Ausbildung des Kirchenstaats von größter Bedeutung war, wenn sich auch Karl in den folgenden Jahren weigerte, die versprochenen Landschenkungen tatsächlich vorzunehmen. Daher kam es zu Spannungen zwischen Papst u. Frankenkönig, die sich verschärften, als Karl im Bilderstreit dem Papst dogmat. Irrtümer vorwarf. Die wachsende Macht des fränk. Herrschers u. seine Einmischung in innerkirchl. Angelegenheiten wirkten sich jedoch erst voll unter H.s Nachfolger Leo III. aus.
2. *H. II.*, 867–872, *792 Rom, †14. 12. 872 Rom; wohlmeinend, aber schwach; konnte die unter Nikolaus I. errungene Machtstel-

lung des Papsttums weder im innerkirchl. noch im polit. Bereich aufrechterhalten. Bleibende Bedeutung hatten H.s Leistungen für die Slawenmission: Er gestattete die Verwendung der slawischen Sprache in der Liturgie u. ernannte Methodios zum päpstl. Legaten bei den Slawen.

3. *H. III.*, 884/85; starb nach kurzer Regierung 885 auf der Reise (bei Mòdena) nach Dtschld., wohin ihn Kaiser Karl III. eingeladen hatte; Heiliger; Fest: 8. 7.

4. *H. IV.*, 1154–1159, eigtl. Nikolaus *Breakspear*, *zwischen 1110 u. 1120, †1. 9. 1159 Anagni; der einzige engl. Papst; 1149 Kardinal, 1152 päpstl. Legat in Skandinavien; unterdrückte die von Arnold von Brèscia in Rom verursachten Unruhen, erstrebte den Ausbau der geistl. u. weltl. Machtstellung des Papsttums u. geriet darüber in Gegensatz zu Friedrich I. Barbarossa, gegen den er sich mit den Normannen verbündete. Den Ausbruch des offenen Kampfes mit dem Kaisertum hat H. nicht mehr erlebt.

5. *H. V.*, 1276, eigentl. Ottobono *Fieschi*, †18. 8. 1276 Viterbo; Neffe von Papst Innozenz IV.; seit 1251 Kardinal u. als solcher von großem Einfluß auf die päpstl. Politik im Sinne Frankreichs u. der Anjou; hob die Konklaveordnung Gregors X. auf.

6. *H. VI.*, 1522/23, eigentl. Adrian *Florisz*, *2. 3. 1459 Utrecht, †14. 9. 1523 Rom; seit 1491 Prof. der Theologie in Löwen, 1507 Erzieher Karls V., dessen enger Ratgeber er wurde, 1516 Regent in Spanien u. Bischof von Tortosa, 1517 Kardinal. Wegen seines vorbildlichen Lebens u. seiner Freundschaft mit Karl V. wurde er in Abwesenheit zum Papst gewählt. Sein Hauptanliegen war die Eindämmung der Reformation durch eine gründl. innere Reform der Kirche; daneben bemühte er sich um die Einigung der Christenheit gegen die Türken. Noch vor seinem frühen Tod deutete sich das Scheitern seiner Absichten an: In Rom verhinderten Abneigung gegen den Fremden u. mangelnde Reformbereitschaft die angestrebte Kurienreform, politisch begab er sich vollkommen in Gegensatz zu Frankreich u. verlor damit die Möglichkeit, als Vermittler zwischen Frankreich u. Karl V. aufzutreten.

Hadrian [auch 'ha-], Publius Aelius *Hadrianus*, röm. Kaiser 117–138, *24. 1. 76 in Spanien, † 10. 7. 138 Baiae; von *Trajan* adoptiert; verzichtete nach seinem Regierungsantritt auf dessen Eroberungspolitik im O, sicherte die Grenzen in Mösien u. Dakien u. schloß 117 Frieden mit den Parthern unter Preisgabe Armeniens, Assyriens u. Mesopotamiens; ließ 122 den Limes verstärken u. 122–128 den *Hadrianswall* im nördl. England errichten; unternahm ausgedehnte Reisen in die Provinzen des Reiches zur Inspektion von Militär u. Verwaltung. 132–135 führte er Krieg in Palästina gegen *Bar Kochba* u. erreichte die Rückeroberung Jerusalems. Schwer erkrankt, adoptierte er 136 den L. *Ceionius Commodus* als L. *Aelius Caesar* (seitdem trug der designierte Nachfolger der römischen Kaiser den Titel *Caesar*) u. nach dessen Tod 138 den Titus Aurelius *Antoninus* (→Antoninus Pius), den er gleichzeitig zu seinem Mitregenten erhob. Im Innern führte H. eine Heeresreform durch, verstärkte den Beamtenapparat aus dem Ritterstand, verbesserte das Finanz- u. das Rechtswesen u. stattete die Provinzen mit Städten, Straßen u. Wasserleitungen aus (u. a. Hadriansstadt, Olympieion, Hadrianstoa in Athen); eine rege Bautätigkeit entfaltete er auch in u. bei Rom: Pantheon, Roma-Venus-Tempel, Engelsburg, Hadriansvilla bei Tivoli.

Hadrianswall → Hadrian.

Hadwig, Herzogin von Schwaben, *um 938, †28. 8. 994; Tochter Herzog Heinrichs I. von Bayern, heiratete 955 Herzog *Burkhard II.* von Schwaben († 973). H. betrieb in ihrer Witwenzeit, nachdem sie als Verlobte eines griechischen Prinzen Griechisch gelernt hatte, gelehrte Studien mit dem Sankt Galler Mönch *Ekkehard II.* auf dem Hohentwiel bei Singen.

Haeduer, *Aeduer*, ein kelt. Stamm, zwischen Loire u. Saône ansässig; Hauptort *Bibracte*, später *Augustodunum* (Autun); einer der mächtigsten Stämme, der sich um die Vorherrschaft in Gallien bemühte; im Gallischen Krieg von *Cäsar* unterworfen (58–50 v. Chr.).

Haeften ['haf-], **1.** Hans von, Offizier (1920 Generalmajor) u. Kriegshistoriker, *13. 6. 1870 Haus Fürstenberg am Rhein, †9. 6. 1937 Gotha; 1916–1918 Leiter der militär. Dienststelle im Auswärtigen Amt, 1918 Vertreter der Obersten Heeresleitung beim Reichskanzler. Als Präs. des Reichsarchivs leitete H. 1931–1935 die Herausgabe des amtl. Werks über den 1. Weltkrieg.

2. Hans Bernd von, Sohn von 1), Diplomat u. Widerstandskämpfer, *8. 12. 1905 Berlin, †15. 8. 1944 Berlin-Plötzensee (hingerichtet); seit 1933 im diplomat. Dienst; in der Bekennenden Kirche engagiert; als Teilnehmer an den Beratungen des *Kreisauer Kreises* nach dem Attentat auf Hitler vom 20. Juli 1944 vom Volksgerichtshof zum Tode verurteilt.

3. Werner Karl von, Sohn von 1), Syndikus u. Widerstandskämpfer, *9. 10. 1908 Berlin, †20. 7. 1944 Berlin; seit Nov. 1943 Ordonnanzoffizier des Obersten C. Graf Schenk von *Stauffenberg*; war mit diesem am 20. Juli 1944 beim Attentat auf Hitler in dessen Hauptquartier Wolfsschanze u. wurde um Mitternacht des gleichen Tages mit Stauffenberg u. anderen im Oberkommando des Heeres in Berlin standrechtlich erschossen.

Hagana [hebr., „Schutz“], 1920 gegründete zionist. militär. Untergrundorganisation in Palästina, die Juden vor arab. Überfällen schützen sollte. Die H. unterstand der *Histadrut*, arbeitete aber auch mit palästinens. Juden zusammen, die nicht dieser Arbeitnehmerorganisation angehörten, u. wurde so zum Vorläufer der israel. Armee. Von den brit. Mandatsbehörden wurde die H. teils geduldet, teils verfolgt. 1944 hatte sie rd. 36 000 Mitglieder.

Hager, Kurt, Politiker (SED), *24. 7. 1912 Bietigheim an der Enz; Journalist, seit 1949 Prof. für Philosophie an der Humboldt-Universität Berlin; seit 1930 Mitgl. der KPD, nach 1933 zeitweilig politischer Häftling, 1937–1939 Teilnehmer am Span. Bürgerkrieg, dann in Frankreich u. England; 1946 Leiter der Abt. Parteischulung, 1949–1952 der Abt. Propaganda, seit 1952 der Abt. Wissenschaft im Parteivorstand bzw. ZK der SED; 1950–1954 Kandidat, seit 1954 Mitgl. des ZK der SED; seit 1955 Sekretär des ZK (zuständig für Kultur u. Wissenschaft); 1958–1963 Kandidat, seit 1963 Mitgl. des Politbüros des ZK der SED; verlor nach dem Umsturz 1989 alle Ämter u. wurde 1990 aus der Partei ausgeschlossen. 1995 wurde gegen H. im Zusammenhang mit den Todesschüssen an der innerdeutschen Grenze Anklage erhoben.

Haiduken, [ung., „Hirten“], *Hajduken, Heiducken*, **1.** im osmanischen Machtbereich in Südosteuropa vom ausgehenden 15. Jh. bis ins 19. Jh. zunächst Söldner, die gegen die Türken eingesetzt wurden, meist südslaw. Herkunft, dann Sammelname für Freischärler u. Aufständische, die sich gegen Mißstände, nationale u. soziale Unterdrückung wandten, mit fließenden Übergängen zu Räuberbanden. In Ungarn wurden ihnen nach der Teilnahme am *Bocskay-Aufstand* 1605 im Komitat *Szabolcs* im sog. H.distrikt (seit 1876 Komitat *Hajdú*) eigene Wohnsitze zugewiesen. Bis 1740 hießen die ungar. Fußtruppen H.-Regimenter.

2. die Lakaien, Gerichtsdiener, Läufer u. Trabanten der ungar. Adeligen, die nach Art der H. gekleidet waren.

Haig [hɛɪg], Douglas, Earl of, brit. Feldmarschall (1917), *19. 6. 1861 Edinburgh, †29. 1. 1928 London; 1915–1919 brit. Oberbefehlshaber in Frankreich.

Haile Selassie, *H. S. I.*, eigentl. Ras (Fürst) *Tafari Makonnen*, Kaiser *(Negus)* von Äthiopien 1930 bis 1974, *23. 7. 1892 Edjersso, Prov. Harar, †27. 8. 1975 Addis Abeba; 1916–1930 Regent unter Kaiserin *Zauditu*; ging nach der Eroberung Äthiopiens durch Italien 1936 nach London ins Exil u. kehrte am 5. 5. 1941 in das befreite Land zurück. Er entsandte als einziger afrikan. Staatschef ein Truppenkontingent in den Korea-Krieg; obwohl er den USA bis zu seiner Entmachtung Stützpunkte in seinem Lande *(Eritrea)* gewährte, spielte er viele Jahre eine aktive u. führende Rolle in der Bewegung der *Blockfreien* u. bei der Gründung der *OAU*. Sein autokratisches Regime verhinderte die Modernisierung des Landes. 1960 schlug er nach Rückkehr von einem Auslandsbesuch erfolgreich einen Militärputsch nieder. Nach einer über viele Monate geheimgehaltenen Hunger-Katastrophe in den Provinzen *Wollo* u. *Tigre* wurde er 1974 schrittweise von den Militärs entmachtet, dann gefangengesetzt. Einer Darstellung der äthiop. Justizbehörden von 1994 zur Folge wurde H. S. von Soldaten des Militärregimes ermordet.

Hainisch, 1. Marianne, österr. Frauenrechtlerin, *25. 3. 1839 Baden bei Wien, †5. 5. 1936 Wien; begann 1870 unter dem Eindruck der Not der Baumwollspinnerinnen, sich für die Rechte der Frauen im polit. u. sozialen Bereich, vor allem aber für die Erweiterung der Bildungsmöglichkeiten einzusetzen. Sie gründete 1902 den *Bund Österreichischer Frauenvereine* u. konzentrierte ihre Tätigkeit nach 1918 auf die von B. von *Suttner* begonnene Friedensarbeit u. das Fürsorgewesen. 1924 bewirkte sie die Einführung des Muttertages in Österreich.

2. Michael, Sohn von 1), österr. Politiker, *15. 8. 1858 Aue bei Gloggnitz, Niederösterreich, †26. 2. 1940 Wien; befaßte sich als freier Schriftsteller mit agrar- u. sozialpolit. Problemen; 1920–1928 Bundes-Präs., 1929/30 Minister für Handel u. Verkehr.

Haithabu, *Hedeby*, frühmittelalterl. Siedlung am Westufer einer Schleibucht, nahe dem heutigen Schleswig an der schmalsten Stelle der schleswig-holstein. Landbrücke; im 8. Jh. als unbefestigte Kaufmannssiedlung gegr., 804 als *Sliesthorp*, um 850 als *Sliaswich* bezeugt. Im 9. Jh. entstand eine planmäßige

Haile Selassie I. von Äthiopien

Die Machtentwicklung Habsburgs

Das habsburgische Machtpotential wurde vornehmlich durch politische Heiraten (Habsburgische Heiratspolitik) und das der Machtentfaltung entgegenlaufende Rechtsprinzip bestimmt, allen Söhnen ein Erbe zuzugestehen, was zu häufigen Bruderzwisten sowie vielfachen Teilungen des Reiches führte. Außerdem schränkten die Erbfolgekriege des 18. Jahrhunderts Macht und Besitz der Dynastie ein.

Der Aufstieg der Habsburger begann mit dem Ende des Interregnums im Heiligen Römischen Reich als am 1. Oktober 1273 Rudolf von Habsburg zum deutschen König gewählt wurde. Die Krönung erfolgte am 24. Oktober in Aachen. Der Erlangung der Königswürde schloß sich eine Verlagerung des habsburgischen Machtzentrums aus dem alemannischen Südwesten Deutschlands in den Osten an. Hier hatte der böhmische König Ottokar die Zeit des Interregnums (1256 bis 1273) genutzt, seine Machtposition auszubauen. Er widersetzte sich der Königswahl Rudolfs und ließ es zum offenen Konflikt mit dem Habsburger kommen. In der Schlacht auf dem Marchfeld am 26. 8. 1278 wurde Ottokar schließlich besiegt und fand auf der Flucht den Tod.

Mit diesem Sieg Habsburgs waren die machtpolitischen Voraussetzungen für den weiteren Aufstieg der Dynastie geschaffen. Unter Friedrich III. gelangte 1452 die römisch-deutsche Kaiserwürde an das Haus Habsburg. Die Heiratspolitik brachte in der Folgezeit u. a. Burgund und die Niederlande sowie den spanischen Thron in den Besitz der Habsburger. Die Weltherrschaft Karls V. markierte den Höhepunkt in der Machtentwicklung der Dynastie, deren innere Basis dann allerdings durch Erbteilungen allmählich erodierte, da bei den Habsburgern das Erbrecht aller Söhne galt.

Eine weitere Zäsur war 1806 die Niederlegung der Krone des »Heiligen Römischen Reiches Deutscher Nation« durch Franz II., wodurch die enge Verknüpfung der Reichsgeschichte mit der Familiengeschichte auch formal beendet wurde.

Das zur Zeit Kaiser Ferdinands I. 1839 erlassene »Familienstatut« förderte zwar die Macht des Familienoberhauptes und die strenge Reglementierung der Heiratspolitik, war aber als dynastischer Anachronismus kein Mittel, um die Macht des Hauses Habsburg dauerhaft zu erhalten. Ihm wurden 1919 »alle Herrscherrechte (...) in Deutschösterreich« entzogen. *A.F.*

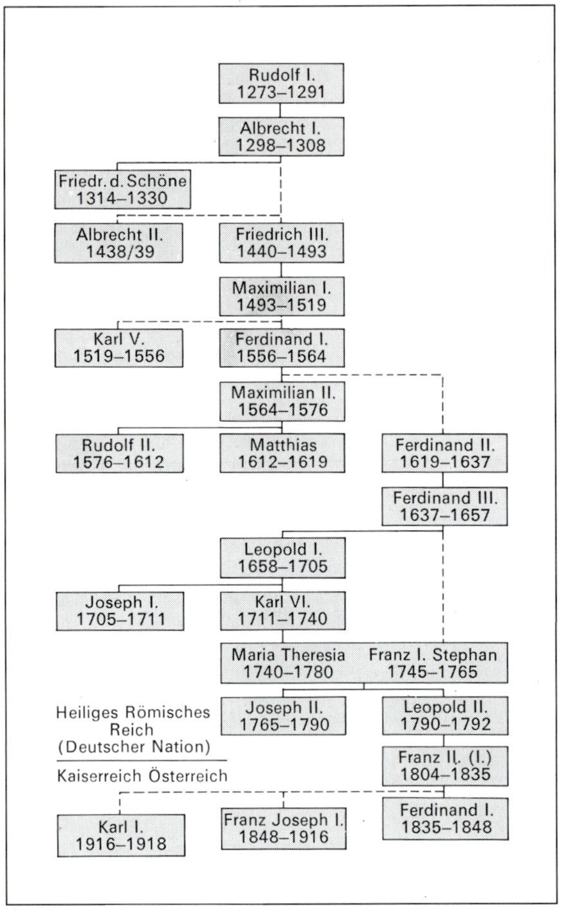

1 *Stammtafel der regierenden deutschen und österreichischen Habsburger.*

1

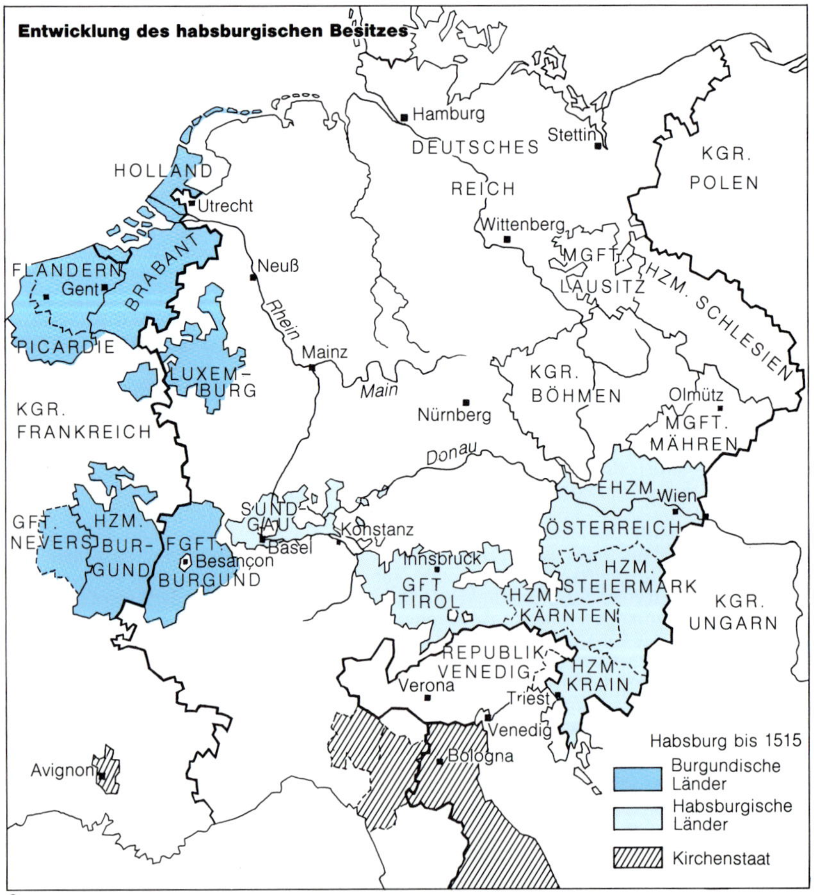

2

Die schematischen Karten **2** *und* **4** *zeigen die Entwicklung des Besitzes der Habsburger bis 1515 mit den erheirateten burgundischen Ländern (einschließlich der burgundischen Niederlande) und die Ausdehnung des Reiches unter Karl V., in dem (mit den spanischen Kolonien) »die Sonne nicht unterging«.*

3 *Habsburgische Heiratspolitik. Mit der Hochzeit von Kaiser Maximilian I. und Maria von Burgund, der reichsten Erbin jener Zeit, im Jahre 1477 wurde Habsburg eine europäische Großmacht.*

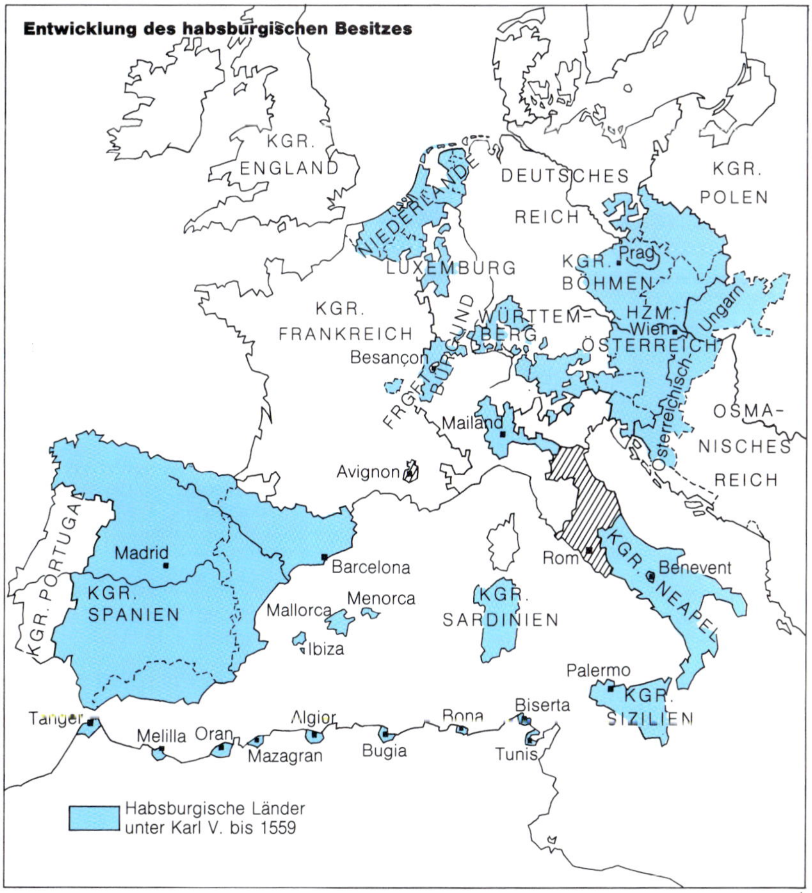

4

5

5 *Die ungarische Stephanskrone, die die Habsburger aufgrund der Doppelhochzeit von 1515 mit den Kindern des böhmisch-ungarischen Königs Wladislaw zusätzlich von 1526 bis zum Ende des Ersten Weltkriegs trugen.*

Haithabu: Schalenfibel, auch Schildkrötenfibel genannt; einschalig aus Bronze und vergoldet, 10. Jahrhundert

Siedlung mit Häusern, umzäunten Höfen u. Wegen; Handwerker siedelten sich an, H. bekam eine Münzstätte u. wurde Knotenpunkt des Transithandels zwischen den Nord- u. Ostseeländern u. Skandinavien u. dem fränkisch-dt. Raum. Seine Blüte war im 10. Jh., in dieser Zeit wurde die Siedlung mit einem Halbkreiswall aus Holz u. Erde befestigt; zunächst unter dän. Herrschaft, um 900 von schwed. Wikingern besetzt, 934 vom dt. König *Heinrich I.* erobert, 983/84 wieder dänisch; seit 1000 verödete die Siedlung wirtschaftlich u. wurde um 1050 durch Brand zerstört. In der Nähe der Siedlung fanden sich Friedhöfe mit z.T. reich ausgestatteten Gräbern. Ausgrabungen (vereinzelt seit 1796, planmäßig seit 1900) lieferten wichtige Aufschlüsse zur Wirtschafts-, Kultur- u. polit. Geschichte der Wikingerzeit. Funde u. Bauten zeugen von weitreichenden Handelsbeziehungen u. örtl. Handwerk.

Haiti — RH

Republik Haiti

Fläche: 27750 km². – *Einwohner:* 6,2 Mill. – *Hauptstadt:* Port-au-Prince. – *Landessprachen:* Französisch, kreolisches Französisch. – *Nationalfeiertag:* 1. 1. – *Währung:* 1 Gourde = 100 Centimes. – *Lage:* umfaßt den westlichen Teil der Insel Haiti, die zu den Großen Antillen gehört, zwischen 18° und 20° n. Br. sowie 72° und 74°30' w. L. – *Zeitzone:* Mitteleuropäische Zeit – 6 Std. – *Grenzen:* im N Atlantischer Ozean, im O Dominikanische Republik, im S und W Karibisches Meer. – *Staatsform:* präsidiale Republik.

Kolumbus entdeckte die Insel 1492 u. errichtete ein kleines Fort, Navidad; die Insel erhielt den Namen *Española* (span. *Hispaniola*, „Klein-Spanien"). 1493 wurde Isabella (heute Ruinenstadt) gegründet, von wo aus die Goldminen von Cibao ausgebeutet wurden. Bald darauf wurde die Hptst. *Santo Domingo* angelegt u. nach ihr die Insel benannt. – Nach Aussterben der Indianer führten die Spanier schwarzafrikan. Sklaven für den Bergbau ein. Im 17. Jh. setzten sich die Bukanier in H. fest, u. ein Teil siedelte im W der Insel unter französ. Schutz. Im Frieden von Rijswijk 1697 mußte Spanien diesen Teil an Frankreich abtreten, der dann unter dem Namen *Saint Domingue* zu wirtschaftl. Blüte gelangte. Als Folge der Französ. Revolution brach 1791 ein Aufstand der Neger u. Mulatten aus. Nachdem im Basler Frieden 1795 auch der span. Teil H.s französisch geworden war, gelang es dem Farbigen P. D. *Toussaint l'Ouverture*, die Insel zu unterwerfen u. zu einigen. Ein Heer Napoleons I. beendete die Herrschaft der Farbigen. Es folgten jedoch neue Sklavenaufstände; die Franzosen unterlagen deren Führer J. J. *Dessalines*, der sich 1804 als Kaiser *Jacques I.* von H. ausrufen ließ, die Insel für unabhängig erklärte u. ihr eine Verfassung gab. Er wurde 1806 ermordet; Schwarze u. Mulatten stellten sich nun gegeneinander, während Spanien seinen ehem. Besitz zurückeroberte. Auf französ. Gebiet entstand 1808 eine Mulattenrepublik im S unter der Präsidentschaft von A. S. *Pétion*, im N richtete der Schwarze Henri *Christophe* 1811 eine erbl. Monarchie ein u. ließ sich als *Henri I.* krönen. 1818 wählte die

Haiti: Amtseinführung des demokratisch gewählten Präsidenten J. B. Aristide (links, mit roter Schärpe), 1991

Mulattenrepublik General J. P. *Boyer* zum Präsidenten, der 1820 das nördl. Königreich eroberte, u. 1822 schloß sich dieser Republik der span. Teil H.s an. Die Republik H. wurde von den Großmächten anerkannt u. erlebte bis 1842 Jahre des Friedens.

Nach neuerl. Mordtaten der Staatsführer trennte sich in einem Aufstand der ursprüngl. span. Teil im O der Insel als selbständige Mulattenrepublik *Santo Domingo* ab (→ Dominikanische Republik). Der verbleibende Teil H.s wurde durch andauernde Kämpfe der Schwarzen, Mulatten u. Weißen verwüstet. – Die Gefährdung US-amerikan. Wirtschaftsinteressen durch die inneren Auseinandersetzungen veranlaßte 1915 den Einsatz von Marinetruppen der USA. H. blieb Protektorat der USA mit amerikan. Wirtschaftshilfe u. Beamtenschaft. Nach dem 2. Weltkrieg übernahm das Militär die Macht, bis Oberst P. E. *Magloire* eine neue Verfassung in Kraft setzte. Er regierte diktatorisch bis 1956, dann mußte er das Land verlassen. Ihm folgte 1957 François *Duvalier* im Präsidentenamt. Seit 1961 regierte er despotisch. Es kam zu mehreren Aufständen u. zu vorübergehender Einstellung der US-Wirtschaftshilfe. Nach dem Tod des Diktators 1971 wurde dessen 20jähriger Sohn Jean-Claude Duvalier zum Präsidenten auf Lebenszeit proklamiert. Er setzte die Politik seines Vaters in kaum gemäßigter Form fort. Nach schweren sozialen Unruhen wurde er 1986 gestürzt u. verließ das Land. Eine Militärjunta unter General H. *Namphy* übernahm die Macht. 1987 wurde durch Volksabstimmung eine demokrat. Verfassung eingeführt, die dem Land jedoch keine Stabilität brachte. 1988–1990 regierte das Militär unter General P. *Avril.* Der 1990 zum Staats-Präs. gewählte oppositionelle Priester J. B. *Aristide* bemühte sich nach seinem Amtsantritt 1991 um polit. u. soziale Reformen. Er wurde noch im gleichen Jahr durch einen Militärputsch gestürzt u. floh ins Ausland. Verhandlungen über eine Rückkehr Aristides blieben zunächst erfolglos, obwohl die UNO Embargomaßnahmen beschloß. Mit der Androhung einer gewaltsamen Intervention erzwangen die USA 1994 schließlich den Rücktritt der Militärjunta u. die Wiedereinsetzung Aristides, die durch die Stationierung US-amerikan. Truppen abgesichert wurde. 1995 wurde R. *Préval* zum neuen Präs. gewählt.

Hakam, *Al H.*, muslimische Emire in Córdoba: *H. I.* (796–822), *770 Córdoba, †21. 5. 822 Córdoba; behauptete die Einheit des omajjadischen Reiches, verlor aber Barcelona 801 an die Christen. – *H. II.* (961–976), *915 Córdoba, †1. 10. 976 Córdoba; Kalif; Sohn *Abd Ar Rahmans III.*, förderte Kunst u. Wissenschaften, sammelte eine Bibliothek von etwa 400000 Bänden (verloren).

Hakenkreuz, sanskr. *Swastika, Svastika*, uraltes Symbol in Kreuzform, dessen Enden rechtwinklig umgebogen sind; als Sinnbild der Sonne (Sonnenrad) oder als zwei sich kreuzende Blitze („Thors Hammer") gedeutet. Das Symbol ist in Europa u. Asien bekannt, selten auch in Afrika u. Lateinamerika. Es wurde bereits in vorgeschichtlicher Zeit, aber auch in der christlichen Kunst des MA als Ornament verwendet, dann als Kennzeichen verschiedener Unabhängigkeitsbewegungen sowie antisemit. Organisationen im 20. Jh.; von den Nationalsozialisten als Partei-Emblem übernommen. Die *Hakenkreuzflagge* war 1935–1945 Flagge des Dt. Reichs.

Hakim, *Al H.*, fatamidischer Kalif Ägyptens (996–1021), *985, †13. 2. 1021 bei Kairo (verschollen); betrachtete sich als Verkörperung Gottes u. gab damit 1017 Anlaß zur Entstehung der *Drusen.* Er verfolgte zeitweise die *Kopten* u. zerstörte 1009 die Grabeskirche in Jerusalem. – Mit ihm begann der Niedergang der *Fatimiden.*

Håkon ['ho:kɔn], norweg. Könige, → Haakon.

Halberstadt, Kreisstadt in Sachsen-Anhalt, an der Holtemme u. den nördlichen Ausläufern des Harzes, 43500 Ew. – 827 erste urkundlich Erwähnung als Bischofssitz, 1108 erstmals Stadt genannt, 1179 durch Heinrich den Löwen zerstört, seit 1387 Mitglied der Hanse; 1648 wurde das Bistum brandenburgisches Fürstentum; Ende des 2. Weltkriegs zu 82% zerstört, beim Wiederaufbau Rekonstruktion der kunsthistorisch wertvollen Bauwerke.

Haldane ['hɔ:ldɛin], Richard Burdon, Viscount *H. of Cloan*, brit. Politiker (Liberaler), *30. 7. 1856 Edinburgh, †19. 8. 1928 Cloan (Schottland); 1905–1912 Kriegs-Min., reorganisierte das engl. Heer nach dt. Vorbild, unternahm 1912 in Berlin einen mißglückten Verständigungsversuch mit Dtschld. (Flottenbau, Bagdad-Bahn); 1912–1915 u. 1924 Lordkanzler.

Halder, Franz, Offizier (1940 Generaloberst), *30. 6. 1884 Würzburg, †2. 4. 1972 Aschau, Chiemgau; 1938–1942 Chef des Generalstabs des Heeres, geriet seit Beginn des Kriegs gegen die Sowjetunion zunehmend in Gegensatz zu Hitlers strategischen Vorstel-

Johannes Haller

lungen u. wurde deshalb im Sept. 1942 entlassen; seit 1938 in engem Kontakt mit der militär. Widerstandsbewegung gegen Hitler; nach dem Attentat vom 20. Juli 1944 bis Kriegsende inhaftiert. H. schrieb „Hitler als Feldherr" 1949; „Kriegstagebuch" 3 Bde. 1962–1964.

Halifax ['hælifæks], **1.** Charles *Montague*, Earl of H., engl. Politiker, * 16. 4. 1661 Horton, † 19. 5. 1715 London; führender *Whig*-Politiker in der Ära nach der *Glorreichen Revolution*; 1693–1699 im Schatzamt; begründete als *Lord Treasurer* (1697–1699 u. 1714) das engl. Finanzsystem im 18. Jh.

2. Edward Frederick Lindley *Wood*, Baron *Irwin* (1925), Viscount (1934), Earl (1944) of H., britischer Politiker (Konservativer), * 16. 4. 1881 Powderham Castle, Devon, † 23. 12. 1959 Garrowby Hall bei York; seit 1910 Abgeordneter, 1922–1924 Unterrichts-Min., 1924/25 Landwirtschafts-Min.; 1925–1931 Vizekönig in Indien, wo er einen Ausgleich mit M. *Gandhi* herbeiführte; 1935 Kriegs-Min., 1935 bis 1938 u. 1940 Lordsiegelbewahrer, 1938–1940 Außen-Min.; identifizierte sich mit der von N. *Chamberlain* vertretenen Politik des Appeasement gegenüber Hitler-Deutschland; 1941–1946 Botschafter in Washington.

3. George *Savile*, Marquis of H., brit. Politiker u. Schriftsteller, * 11. 11. 1633 Thornhill, Yorkshire, † 5. 4. 1695 London; brachte während der „Exclusion Crisis" (1679–1683) die Gesetzesvorlage zu Fall, die den kath. *Jakob II.* von der Thronfolge ausschließen sollte, u. trat statt dessen für seine zeitweilige Verbannung ein. Später geriet er in Gegensatz zu König Jakob II. u. setzte sich für die Thronerhebung *Wilhelms III.* von Oranien ein, 1688–1690 führender Min.

Halikarnassos, antike Stadt (dorische Kolonie) an der Südwestküste Kleinasiens, an der Stelle des heutigen *Bodrum*; berühmt durch das Grabmal des karischen Fürsten Mausolos *(Mausoleum)*; Geburtsstadt *Herodots*; im Museum die Funde aus dem von US-amerikanischen Unterwasser-Archäologen ausgegrabenen Schiffsfriedhof von *Kap Gelonida* bei H.

Halitsch, *Halič*, Fürstentum, → Galizien.

Halle, *Halle (Saale)*, Stadt in Sachsen-Anhalt, am Ausgang der Leipziger Bucht, 298 000 Ew.

806 wird erstmals ein karoling. Kastell bei *Halla* [ahd. *halhus*, „Saline"] erwähnt, das zum Schutz der schon in vorgeschichtl. Zeit ausgebeuteten Salzquellen u. des Saaleübergangs errichtet wurde. 968 kam H. mit Burg *Giebichenstein* (zuerst 961) an den Erzbischof von Magdeburg. Nach 1160 wurde H. Stadt genannt, 1281 wurde es Mitglied der Hanse. Salzherstellung u. -handel führten im 14.–16. Jh. zu wirtschaftl. Hochblüte u. polit. Selbstbestimmung (1310 Anerkennung der Stadtverfassung durch den Erzbischof). 1478 verlor H. die städt. Freiheit, die *Moritzburg* wurde als erzbischöfl. Zwingburg u. Residenz erbaut. 1680 fiel H. mit dem Erzbistum Magdeburg an Brandenburg-Preußen. 1694 erfolgte die Gründung der Universität, die ein Zentrum der Aufklärung u. des Pietismus wurde (C. *Thomasius*, C. von *Wolff*, A. H. *Francke*), 1695 die Gründung der Franckeschen Stiftungen. Seit der 2. Hälfte des 19. Jh. entwickelte sich H. zu einer bedeutenden Industriestadt. Im 2. Weltkrieg erlitt es schwere Zerstörungen. 1945–1952 war es Hptst. der Provinz bzw. des Landes Sachsen-Anhalt; 1952–1990 Hptst. des gleichnamigen Bezirks.

Haller, 1. Berchtold, schweizer. Reformator, * 1492 Aldingen bei Rottweil, † 25. 2. 1536 Bern; führte in Anlehnung an U. *Zwingli* in Bern die Reformation ein.

2. Johannes, Historiker, * 16. 10. 1865 Keinis (Estland), † 24. 12. 1947 Tübingen; 1902 Prof. in Marburg , 1904 in Gießen, 1913–1932 in Tübingen; befaßte sich zuerst mit Problemen der mittelalterl. Geschichte u. mit der Geschichte des Papsttums; von der kath. Kritik seiner Grundkonzeption wegen abgelehnt. Unter dem Eindruck des 1. Weltkriegs wandte er sich, in der Tradition der nationalen Geschichtsschreibung stehend, der Zeitgeschichte zu. Von großer Wirkung war die Veröffentlichung seiner Vorlesung „Die Epochen der dt. Geschichte" 1923 (Neudr. 1950), die die dt. Geschichte unter dem Aspekt der Niederlage von 1918 maß. Weitere Werke: „Das Papsttum, Idee u. Wirklichkeit" 3 Bde. 1934–1945, 5 Bde. [5]1950 bis 1953; „Das altdt. Kaisertum" 1926; „Die Ära Bülow" 1922; „Tausend Jahre dt.-französ. Beziehungen" 1930; „Abhandlungen zur Geschichte des MA" 1944; „Lebenserinnerungen" 1960.

3. Karl Ludwig von, schweizer. Politiker u. Staatstheoretiker, * 1. 8. 1768 Bern, † 20. 5. 1854 Solothurn; 1795 Sekretär des Berner Rats, bekämpfte nach Bildung der Helvetischen Republik 1798 von Österreich aus die Revolution; 1806 Prof. für Staats- u. Völkerrecht u. Geschichte in Bern; 1814 nach Wiederherstellung der aristokrat. Verfassung Mitgl. des Großen Rats von Bern; 1820 Übertritt zum Katholizismus u. Verlust aller Ämter; 1825 im Dienst Karls X. von Frankreich, 1830 Rückkehr nach Solothurn. Sein Hptw.: „Die Restauration der Staatswissenschaft oder Theorie des natürlich-geselligen Zustandes, der Chimäre des künstlich-bürgerlichen entgegengesetzt" (Bd. 1–4: 1816–1820, Bd. 2: 1826–1834) gab der Epoche der Restauration den Namen.

Hallesche Kultur, eisenzeitl. Kulturgruppe im Saalegebiet (etwa 800–400 v. Chr.), deren Träger durch die Gewinnung u. den Vertrieb von Salz aus den dortigen Solequellen reich wurden.

Hallstattkultur, *Hallstattzeit*, die auf die jüngere Bronzezeit folgende ältere Stufe der mitteleurop. Eisenzeit (800–400 v. Chr.), geprägt durch die von Ostfrankreich nach O bis in das Karpatenbecken, zur Adria u. auf die nordwestl. Balkanhalbinsel reichende Verbreitung. Man unterscheidet zwischen einem *Westhallstattkreis* in Ostfrankreich u. Süd-Dtschld., der mit der Kultur der frühen Kelten eng verbunden ist, u. einem *Osthallstattkreis* im östl. Österreich u. auf der Balkanhalbinsel, der Beziehungen zu den Illyrern u. Thrakern aufweist. Der namengebende Fundort *Hallstatt* liegt in der Grenzzone der beiden Kreise u. blühte dank der örtl. Salzgewinnung u. dem ausgedehnten Salzhandel so auf, daß hier die reichsten Funde der H. gemacht wurden. Unterschiedliche Grundlagen, Umwelt u. Handelsverbindungen gaben jedem Hallstattkreis seine Eigenart. Der Osthallstattkreis bevorzugte Tongefäße mit mehr figuralen u. anthropomorphen Motiven, der Westhallstattkreis Keramik mit geometr. Mustern. Fein bemalt oder mit Kerbschnitt verziert u. oft mehrfarbig waren die Gefäße der süddt. H.

Die H. ging in einzelnen Gebieten aus regionalen Gruppen der vorangehenden Urnenfelder-Kultur hervor, nahm Anreize aus dem O auf u. stand in enger Verbindung mit dem norditalien. Raum *(Villanova-Kultur)*, dem etrusk. Kulturkreis u. der griech. antiken Welt; sie war in einzelnen Gebieten jedoch stark lokal gefärbt. Neu war die Einführung des Eisens als Nutzmetall in Mitteleuropa; daneben gab es weiterhin Waffen, Geräte u. Schmuck aus Bronze. Zur Bewaffnung gehörten Schwerter, kurze Dolche, Messer, verschieden geformte Äxte, Lanzen- u. Pfeilspitzen u. Helme. Unter dem Bronzeschmuck überwogen die auf italische Anregungen zurückgehenden Fibelformen; ferner bevorzugte man Klapperbleche, Tierfiguren, reichverzierte Gürtelbleche, Ringe u. Nadeln. Metalltechnisch auf einer hohen Stufe standen die getriebenen, mit geometr. u. pflanzl. Motiven oder figural mit Tierfriesen, marschierenden Kriegern, Wagenfahrern, Reitern, Bogenschützen u. ä. verzierten Bronzegefäße (Ciste, Situla). Darstellungen von Sonnenscheiben, Vogelprotomen u. Gestalten mit erhobenen Händen deuten darauf, daß es sich wohl teilweise um mytholog. Bilder handelt. Kultische Wagenumzüge sind auf den Ödenburger Urnen des Osthallstattkreises dargestellt. Für rituelle Fahrten nach zwei Richtungen war der Kultwagen von Strettweg, Steiermark, bestimmt, auf dem eine Anzahl aus Bronze gegossener Figuren steht, in der Mitte eine große weibl. Gestalt, die auf den erhobenen Händen eine flache Schale hält. Diese szenischen Darstellungen in der Bronzekunst geben bedeutsame Einblicke in die früheisenzeitl. Kultur u. zeigen, daß die Künstler in gewissem Umfang Vorbilder für motivische Details ihrem eigenen kulturellen Milieu entnahmen.

Durch den raschen Aufschwung der Erzeugung u. des Fernhandels war es zu einer sehr schnell fortschreitenden gesellschaftl. Differenzierung gekommen. Es herrschte eine Schicht adliger Krieger, deren Waffe das eiserne Langschwert war u. die entweder zu Pferd kämpfte oder sich auf einem zunächst vierrädrigen, später zweirädrigen Wagen fahren ließ. Sie bestatteten ihre Toten in Kammergräbern unter z. T. mächtigen Hügeln *(Hohmichele)* u. gaben ihnen u. a. ihre Waffen, Pferd u. Wagen mit ins Grab. Auch sonst herrschte allgemein die Hügelgrabsitte vor; Leichenverbrennung u. Körperbestattung bestanden nebeneinander; reiche Beigaben zeugen vom Glauben an ein Fortleben nach dem Tod. Zuweilen errichtete man auch Grabmäler, wie die etwa lebensgroße Sandsteinfigur von einem Grabhügel bei Hirschlanden in Württemberg. Diese monumentale Plastik verdankte ihre Entstehung Beziehungen zur mediterranen Welt, die von einer Reihe großer Feudalherren an Seine, Saône, Rhein u. Donau intensiviert wurden. Sie standen auf einem hohen Lebensniveau u. konnten sich den Import von griech. u. etrusk. Bronzegefäßen u. Schmuckstücken (Krater u. Diadem von *Vix*, Hydria von *Grächwil*), Weinamphoren und attischer schwarzfiguriger Keramik des 6. Jh. v. Chr. leisten, lebten auf befestigten, burgähnl. Herrensitzen *(Heuneburg, Vix)* u. unterhielten untereinander wirtschaftliche u. familiäre Beziehungen.

Hallstein, Walter, Jurist u. Diplomat, * 17. 11. 1901 Mainz, † 29. 3. 1982 Stuttgart; seit 1930 Prof. für bürgerl. Recht, Handels- u. Wirtschaftsrecht in Rostock; seit 1941 in Frankfurt a. M.; 1950 Leiter der dt. Delegation bei den Pariser Verhandlungen über den Schuman-Plan (Montanunion); 1950/51 Staatssekretär des Bundeskanzleramts, 1951–1958 im Auswärtigen Amt; 1958–1967 erster Präsident der Kommission der Europ. Wirtschaftsgemeinschaft; 1969–1972 MdB (CDU). – „Europ. Reden" 1979.

Hallstein-Doktrin, 1955 aufgestelltes, nach W. *Hallstein* benanntes Programm für die Außenpolitik der BR Dtschld., das der *Zwei-Staaten-Theorie* entgegenwirken sollte. Die H. besagte, daß die BR Dtschld. als einzige Rechtsnachfolgerin des Dt. Reichs allein berechtigt sei, diplomat. Vertretungen im Ausland zu unterhalten *(Alleinvertretungsanspruch).* Die H. wurde angewandt beim Abbruch der diplomat. Beziehungen zu Jugoslawien 1957 u. zu Kuba 1963. Seit 1967 (Botschafteraustausch mit Rumänien 1967, Wiederaufnahme der Beziehungen zu Jugoslawien 1968) wurde sie allmählich abgebaut u. nach 1970 endgültig aufgegeben.

Halphen [al'fɛn], Louis, französ. Historiker, *4. 2. 1880 Paris, †7. 10. 1950 Paris; 1910 Prof. in Bordeaux, 1928–1950 an der Sorbonne; schrieb maßgebl. Arbeiten über das frühe MA: „Les Barbares" 1926; „Charlemagne et l'Empire carolingien" 1949; Hrsg. von „Peuples et Civilisations" 1926 ff. (mit P. *Sagnac*), „Les classiques de l'histoire de France au moyen âge" 1923 ff., u. a.

Halsbandaffäre, ein Skandal am französ. Hof 1785/86, an dem der Kardinal Prinz *Rohan* u. der Abenteurer A. *Cagliostro* beteiligt waren. Die den Franzosen verhaßte Königin Marie Antoinette wurde zu Unrecht beschuldigt, sie habe sich durch eine Liebschaft mit Rohan ein kostbares Diamantenkollier verschaffen wollen. Die H. schädigte das Ansehen des französ. Hofes sehr u. wurde von den Revolutionären zur Propaganda gegen das Königtum verwendet. *Schiller* behandelte das Thema in seinem Romanfragment „Der Geisterseher" 1786–1788.

Halseisen, im MA verwendetes eisernes „Halsband", das an einem öffentl. Gebäude oder einem Pfahl befestigt war u. in dem Verurteilte angeschlossen u. öffentl. ausgestellt wurden, vor allem am Pranger.

Halsgericht, im späten MA Strafgericht zur Aburteilung schwerer Straftaten (Hochgericht).

Halsgerichtsordnung, Bez. für einige Straf- u. Strafprozeßgesetze des 15. u. 16. Jh., z. B. die *Nürnbergische H.* 1485 u. die *Bambergische Halsgerichtsordnung.*

Halskleinod, das vom Turnierhelm an einer Kette herunterhängende Medaillon.

Hạmah, das bibl. *Emath* oder *Hamath,* später *Epiphania,* syr. Prov.-Hptst. u. Handelsstadt, 214 000 Ew.; H. liegt mitten in einer fruchtbaren, dicht besiedelten Ackerebene. – Siedlung seit dem 4. Jahrtausend v. Chr.; vom 13. Jh. v. Chr. an syrisch-hethit., später aramäischer Stadtstaat; dem israelit. Reich des Königs David benachbart, Blütezeit im 8. Jh. v. Chr.; Zentrum syrisch-phöniz. Kunsthandwerks; 1982 durch innenpolit. Auseinandersetzungen großenteils zerstört.

Hambacher Fest, Massenkundgebung von 30 000 Liberalen u. Demokraten zumeist aus der Rheinpfalz auf der Maxburg bei Hambach (bei Neustadt an der Haardt) vom 27. bis 30. 5. 1832. Bei Teilnahme von zahlreichen Vertretern der seit 1819 verbotenen dt. Burschenschaften forderten Redner wie P. J. *Siebenpfeiffer,* J. G. A. *Wirth* u. L. *Börne* Volkssouveränität, die dt. Einheit u. eine Föderation europ. Republiken. Das H. F. kennzeichnete den in Dtschld. seit der französ. Julirevolution von 1830 gewachsenen Widerstand gegen den Dt. Bund u. bildete den Höhepunkt der Einigkeit zwischen der dt. u. der poln. Nationalbewegung (Solidarität mit dem Novemberaufstand 1830 in Polen). Der Dt. Bund reagierte mit erneuten Repressionsmaßnahmen wie der Aufhebung der Presse- u. Versammlungsfreiheit am 28. 6. u. 5. 7. 1832.

Hamburg, Freie u. Hansestadt H., Bundesland u. Hafenstadt im N der BR Dtschld. 747,5 km², 1,7 Mio. Ew.

Im Raum des heutigen H. gab es um 700 ein kleines sächs. Dorf. Nach Eingliederung des Gebiets in das Frankenreich wurde zu Beginn des 9. Jh. die *Hammaburg* mit einer christl. Kirche errichtet; daneben entstand eine Marktsiedlung. 831 wurde das Bistum (834 Erzbistum) H. mit *Ansgar* als erstem Bischof gegründet. Seit 1188 entstand neben der erzbischöfl. Altstadt als Handels- u. Umschlagplatz eine Neustadt, errichtet durch den Holsteiner Grafen *Adolf III. von Schauenburg.* H. gehörte seit dem 13. Jh. der Hanse an u. erlangte zunehmende Bedeutung als Handelsstadt. Seit 1510 galt es als reichsunmittelbar. Im 16. Jh. wanderten Glaubensflüchtlinge aus den span. Niederlanden u. portugies. Juden ein, u. engl. Kaufleute gründeten Niederlassungen, so daß H. zum internationalen Stapelplatz für Nordeuropa wurde. Infolge der Französ. Revolution zog ein Teil des niederländ. u. französ. Handels nach H., was der Stadt einen starken Aufschwung gab, der aber wieder gebremst wurde durch die Kontinentalsperre Napoleons I. 1810 vorübergehend Frankreich einverleibt, trat H. 1815 als *Freie u. Hansestadt* dem Dt. Bund bei, wurde jedoch nicht Mitglied des Dt. Zollvereins. An die Stelle der noch weitgehend patrizischen Staatsordnung trat 1860 eine Verfassung mit bürgerl.-liberalen Zügen: Die Mitglieder des Senats, die teils Juristen, teils Kaufleute sein mußten, wurden auf Lebenszeit gewählt; die Bürgerschaft als repräsentative Volksvertretung ging zur Hälfte aus allg. Wahlen der steuerzahlenden Bürger, im übrigen aus Wahlen der Grundeigentümer u. der „Notabeln" hervor.

Hamburg: Evakuierung der Bewohner während der Flutkatastrophe 1962

1866 schloß H. ein Bündnis mit Preußen, verweigerte aber die Teilnahme am Dt. Krieg. 1871 trat H. dem Dt. Reich bei. Unter starkem Druck Bismarcks schloß es sich jetzt auch dem Dt. Zollverein an, behielt sich jedoch einen Freihafen vor. 1921 erhielt H. eine parlamentar.-demokrat. Verfassung, die die bisherigen Einschränkungen des Wahlrechts aufhob. 1933 wurde die H.er Bürgerschaft aufgelöst u. ein Reichsstatthalter eingesetzt, 1937 *Groß-H.* durch den Zusammenschluß mit den preuß. Städten Altona, Wandsbek, Harburg-Wilhelmsburg u. 27 Landgemeinden geschaffen. Im 2. Weltkrieg erlitt H. schwere Zerstörungen. 1946 fanden die ersten freien Wahlen der Nachkriegszeit statt. 1952 erhielt H. eine neue demokrat. Verfassung.

Erste Bürgermeister seit 1945: 1945/46 Rudolf *Petersen* (parteilos), 1946–1953 Max *Brauer* (SPD), 1953–1957 Kurt *Sieveking* (CDU), 1957–1960 Max *Brauer* (SPD), 1961–1965 Paul *Nevermann* (SPD), 1965–1971 Herbert *Weichmann* (SPD), 1971–1974 Peter *Schulz* (SPD), 1974–1981 Hans-Ulrich *Klose* (SPD), 1981–1988 Klaus von *Dohnanyi* (SPD), 1988–1997 Henning *Voscherau* (SPD), seit 1997 Ortwin *Runde* (SPD).

Hamburger Kultur, Rentierjägerkultur des ausgehenden Jungpaläolithikums in Norddtschld. u. den Niederlanden (Pfeilbogen aus Holz, Feuersteinspitzen, Geräte aus Rengeweih: Pfriemen, Riemenschneider, Harpunen). Die Träger dieser Kultur waren ausschl. Renjäger in der Tundra (Erjagung u. Auswertung des Rens; im Wasser versenkte Rentiere als Opfer). In den nur im Sommer aufgesuchten nördl. Jagdrevieren wohnte man in zeltförmigen Hütten (nach A. *Rust*) aus zusammengenähten, gegerbten Fellen; auf den Rand der Zeltwand wurde Sand geschüttet.

Hamịlkar, Name mehrerer Feldherren Karthagos. Der bedeutendste war *H. Barkas* („Blitz"), †229 v. Chr. (gefallen), Vater *Hannibals.* Er kämpfte erfolgreich im 1. Punischen Krieg, übernahm gegen Ende des Krieges das Oberkommando über die karthag. Flotte u. führte nach der karthag. Nie-

Hambacher Fest 1832; zeitgenössische Darstellung

derlage gegen die römische Flotte bei den Ägadischen Inseln 241 v. Chr. die Friedensverhandlungen. Nach der Niederwerfung des Söldneraufstands in Libyen wurde er dort Oberbefehlshaber, unterwarf in dieser Eigenschaft seit 237 v. Chr. das südliche Spanien u. schuf damit eine neue Provinz für Karthago.

Hamilton ['hæmiltən], altes schott. Adelsgeschlecht, wohl von Gilbert H. abstammend, der um 1270 in Schottland ansässig wurde. James H. († 1479) heiratete die Tochter Jakobs II. von Schottland u. erhielt dadurch die Grafschaft *Arran*.
Der 2. Earl of Arran, James IV. H. († 1575), war 1542–1554 Regent u. Vormund für Maria Stuart. John H. († 1604) wurde 1599 zum Marquis von H. ernannt. Claude H. († 1622) ist Stammvater der Herzöge (seit 1868) von *Abercorn*. Der Enkel des 1. Marquis von H., James H. (* 1606, † 1649), wurde 1643 in den Herzogsstand erhoben. Mit William, dem 2. Herzog von H. (* 1616, † 1651), starb der Mannesstamm der H. aus; der Herzogstitel wurde 1660 auf den Mann Annas, Tochter des ersten Herzogs von H., William Douglas Earl of *Selkirk*, übertragen.

Hamilton ['hæmiltən], **1.** Alexander, US-amerikan. Politiker, Jurist u. Offizier, * 11. 1. 1755 Insel Nevis, Britisch-Westindien, † 11. 7. 1804 New York (im Duell mit A. *Burr* tödlich verwundet); im amerikan. Unabhängigkeitskrieg 1775–1783 Adjutant von G. *Washington* u. Regimentskommandeur, Anwalt in New York; 1787 Mitgl. der verfassunggebenden Versammlung in Philadelphia. Als führender „Föderalist" erstrebte er eine starke Zentralgewalt des Bundesstaates, trat aber vorbehaltlos für die Ratifizierung der durch Kompromiß zustande gekommenen Verfassung ein. 1789–1795 war H. der erste Finanzminister der USA. Er entwickelte, im Gegensatz zu T. *Jeffersons* agrar-demokratische Richtung, ein umfangreiches fiskalisches Programm, den sog. Fundierungsplan. Zu seiner dann für die Zukunft grundlegenden Finanz-, Zoll- u. Währungspolitik *(Hamiltonian System)* gehörte auch die Gründung der Bank of the United States 1791. Während des Konflikts mit Frankreich 1798–1800 war H. stellvertr. Oberbefehlshaber der Armee, gleichwohl polit. Gegner des Präsidenten J. *Adams*. Bei den Präsidentschaftswahlen 1800 unterstützte H. seinen früheren Widersacher Jefferson, um A. Burr auszuschalten, u. zog sich damit die todbringende Feindschaft des letzteren zu.

Hammurapi; oberer Teil der Gesetzesstele: der König betet eine Gottheit an

2. Lady Emma, geb. *Lyon*, getauft 12. 5. 1765 Great Neston, Cheshire, † 15. 1. 1815 Calais; Tochter eines Hufschmieds, eine berühmte Schönheit, nach abenteuerl. Leben 1791 verheiratet mit dem engl. Gesandten in Neapel, Sir William H. († 1803). Sie spielte in Neapel auch eine polit. Rolle u. war seit 1798 die Geliebte H. *Nelsons*.

Hammarskjöld ['hamarʃœld], **1.** Dag, Sohn von 2), schwed. Politiker u. Diplomat, * 29. 7. 1905 Jönköping, Südschweden, † 17. 9. 1961 bei Ndola (Sambia); 1941–1948 Präs. der schwed. Staatsbank; 1951–1953 stellvertretender Außen-Min., Vertreter Schwedens auf zahlreichen internationalen Konferenzen; 1953 zum UN-Generalsekretär gewählt, 1957 wiedergewählt; bemüht um die Erhaltung des Friedens (Suez-, Ungarn-, Kongokrise), auf einem Flug zum Präs. von Katanga, M. *Tschombé*, tödlich verunglückt durch ungeklärten Flugzeugabsturz. H. wurde 1961 posthum mit dem Friedensnobelpreis ausgezeichnet.
2. Hjalmar, schwed. Politiker, * 4. 2. 1862 Väderum, Kalmar, † 12. 10. 1953 Stockholm; als Min.-Präs. 1914–1917 verantwortlich für die schwed. Neutralitätspolitik während des 1. Weltkriegs; 1924–1926 Vors. des Kuratoriums der Haager Völkerrechtsakademie.

Hammer und Sichel, als Symbol der Verbindung von Arbeiter- u. Bauernstand ein Emblem des Kommunismus. H. u. S. gekreuzt u. von einem fünfstrahligen Stern überhöht waren das Staatsemblem der UdSSR.

Hammurapi, babylon. König u. Reichsgründer, 1728–1686 v. Chr.; eroberte ganz Babylonien, Mari u. Eschnunna; sein Reich erstreckte sich im N bis Ninive. Er war Gesetzgeber *(Codex H.)* u. hinterließ zahlreiche Briefe zur Politik u. Reichsverwaltung. Durch ihn wurde *Marduk*, der Stadtgott von Babylon, zum obersten Gott unter den babylon. Göttern gemacht, was sich z. B. im babylon. Weltschöpfungsepos zeigt, in dem Marduk als Weltschöpfer u. Beauftragter der anderen Götter erscheint.

Han, verschiedene chines. Herrscherdynastien u. Staaten; die bedeutendste (206 v. Chr.–220 n. Chr.) gliedert sich in die *Frühere* (westl.) u. *Spätere* (östl.) *H.-Dynastie*.

Handelskompanien, *Handelskompagnien*, seit dem 16. Jh. errichtete Gesellschaften für den (überseeischen) Handelsbetrieb, nicht selten mit Monopolen u. Privilegien für den Kolonialhandel ausgestattet. Besonders die 1600 gegründete engl. u. die 1602 gegründete holländ. *Ostindische Kompanie* sind wegen ihrer Bedeutung für das Kolonialreich dieser Länder bekannt geworden. Ihnen waren sogar Hoheitsrechte verliehen, die es ihnen gestatteten, außerhalb Europas Krieg zu führen u. Frieden zu schließen, in Straf- u. Zivilsachen Recht zu sprechen u. Münzen zu prägen. Frankreich verlieh der 1717 gegründeten *Mississippi-Gesellschaft* einen Teil dieser Rechte, ebenso Preußen der sog. *Seehandels-Gesellschaft* (gegr. 1772), aus der später die preußische Staatsbank *(Seehandlung)* hervorging.

Handfeste, ursprüngl. eine Urkunde, die vom Aussteller durch Handauflegen bekräftigt wurde; später allg. ein *Privileg*, vor allem die Stadtrechtsverleihung. – *Kulmer H.*, die vom Deutschen Orden für Ansiedler in Preußen erlassene Rechtssatzung (1233).

Hannibal, Feldherr u. Staatsmann Karthagos, * 247/246 v. Chr., † 183 v. Chr.; Sohn des *Hamilkar Barkas*. 221 v. Chr. wurde H. in Spanien vom karthag. Heer zum Oberbefehlshaber ausgerufen; 219 v. Chr. eroberte er die mit Rom verbündete Stadt Sagunt. Als seine Vorbereitungen zu einem Feldzug gegen Nordspanien offenkundig wurden, erklärte Rom Karthago den Krieg. Daraufhin überquerte H. mit seinem Heer in einem verlustreichen Zug die Pyrenäen u. Alpen u. stand im Herbst 218 v. Chr. völlig überra-

Hannibal

schend in Norditalien. Die ihm von den Römern eilig entgegengeworfenen Heere wurden 218 v. Chr. am Fluß Trebia, 217 v. Chr. am Trasimenischen See geschlagen. H. krönte seine Erfolge 216 v. Chr. in der großen Umfassungsschlacht bei *Cannae*. Da Rom trotz der schweren Niederlage Verhandlungen ablehnte, H. eine Belagerung Roms nicht wagte u. sein Appell zum Abfall an die Bundesgenossen der Römer nur z. T. Widerhall fand, sicherte sich H. in Capua u. anderen süditalien. Orten Stützpunkte. Doch die Verzögerungstaktik des röm. Feldherrn Q. *Fabius Maximus Cunctator* gab H. keine Gelegenheit zu großen Schlachten mehr. Auch Bündnisse mit *Philipp V.* von Makedonien (215 v. Chr.) u. mit *Syrakus* (214 v. Chr.) u. die Landung eines karthag. Heeres auf Sizilien brachten keine Hilfe. 212 v. Chr. eroberte der röm. Feldherr *Marcellus* Syrakus zurück. Um die Römer von der Eroberung Capuas abzuhalten, marschierte H. 211 v. Chr. gegen Rom (*Hannibal ad portas*, „H. vor den Toren!"), mußte aber angesichts der Verteidigungsmaßnahmen der Stadt die Vergeblichkeit seines Vorhabens erkennen. Nach dem Fall Capuas 211 v. Chr. mußte H. seine Positionen in Kampanien, Apulien u. Lukanien räumen u. sich nach Bruttium zurückziehen. Eine Wende schien sich 208/207 v. Chr. noch einmal anzubahnen, als H.s Bruder *Hasdrubal* mit einem Ersatzheer die Pyrenäen u. Alpen überschritt; er wurde jedoch, noch bevor sich beide Heere vereinigen konnten, am Metaurus von den Römern geschlagen u. fiel.
Als P. Cornelius *Scipio* 203 v. Chr. Karthago bedrohte, wurde H. nach Afrika zurückgerufen. Nachdem er 202 v. Chr. bei *Zama* von Scipio geschlagen worden war, riet er zum Frieden. Er versuchte in der Folgezeit, den Staatsaufbau Karthagos zu reformieren u. im verborgenen erneut gegen Rom zu rüsten, wurde aber aus seiner Heimat von polit. Gegnern vertrieben. Er floh 195 v. Chr. zu *Antiochos III.*, gewann dort jedoch wenig Einfluß u. mußte nach dem Sieg der Römer über Antiochos bei Magnesia 190 v. Chr. erneut fliehen. Er ging nach Kleinasien zu *Prusias I.*, König von Bithynien (um 230–182 v. Chr.). Als auch dort röm. Gesandte seine Auslieferung verlangten, nahm sich H. das Leben.

Hanno, 1. König von Karthago, Seefahrer; versuchte zwischen 520 u. 450 v. Chr., von Gades aus Afrika zu umschiffen, mußte jedoch, nach Gründung mehrerer Kolonien entlang der marokkan. Küste, bei der heuti-

Handelsmacht Hanse

Die Hanse, deren Ursprung mit der »Gildehalle« der Kölner Kaufleute in London 1157 belegt ist, baute ihre wirtschaftliche Macht vom 14. bis zum 16. Jahrhundert aus, indem sie den Güteraustausch vornehmlich zwischen Ost- und Westeuropa organisierte. Die Hanse sicherte ihre Handelsmacht auch durch militärische Aktionen und gestaltete somit als einflußreicher Faktor die Politik in Nordeuropa, z. B. im Frieden von Stralsund 1370.

Für die Wirtschaftsgeschichte des Mittelalters ist der Aufstieg und Niedergang der Hanse von zentraler Bedeutung.

Zunächst waren es einzelne Kaufleute, die sich zu kleinen Genossenschaften zusammenschlossen, um sich Rechtsschutz und Handelsprivilegien im Ausland zu sichern. Aus diesen Anfängen entwickelte sich gegen Ende des 13. Jh. ein Bund von rd. 70 Städten unter der Führung Lübecks.

Ein entscheidender Faktor für die Beherrschung des Seehandels im Nord- und Ostseeraum wurde die effiziente Bewältigung des Seetransports durch den Schiffstyp der Kogge. Trotz hoher Ladefähigkeit (rd. 200 Tonnen) konnte sie auch bei bewegter, wechselnder See gut gesegelt werden.

Der Handel war vorwiegend als Tauschhandel organisiert. Dabei war vor allem der Hering ein Hauptprodukt. »Alljährlich in der Hauptfangzeit des Herings – das war zwischen dem 11. August und dem 9. Oktober – steuerten Hanseflotten aus Danzig, Stettin, Stralsund, Rostock, Bremen und Lübeck ihre Niederlassungen an der Südküste Schonens an, um den dänischen Fischern ihre riesigen Frachten abzukaufen. Man schätzt, daß jährlich 100 000 Tonnen Hering in weite Teile Europas exportiert wurden.« (L. Häusler) Die wirtschaftliche und militärische Bedeutung des Städtebundes wuchs rasch.

Zur Vormacht des Nordens wurde die Hanse nach dem gewonnenen Krieg gegen den Dänenkönig Waldemar IV. Atterdag, der versucht hatte, die Privilegien der Hanse aufzuheben.

Für den Niedergang der Hanse war ein Bündel ökonomischer Gründe verantwortlich. So machte sich seit Mitte des 15. Jh. verstärkt ein nationalstaatlicher Verdrängungswettbewerb im Handel bemerkbar. Gleichzeitig bewirkte der Zusammenbruch des Deutschen Ordens den Verlust der preußischen Absatzgebiete. Auch die Heringsschwärme verlagerten sich. Letztlich bedeutungslos wurde die Hanse dann durch den Dreißigjährigen Krieg. *G. M.*

2

1

3

4

1 *Rolandsäule von 1404 auf dem Marktplatz von Bremen.*

2 *Zollstelle am Hamburger Hafen; Miniatur zum »Schiffsgericht« aus dem Hamburger Stadtrecht; 1497.*

3 *Modell eines Segelschiffes, einer Kogge von 1380, die vom 13. bis 15. Jh. als wendiges Handelsschiff diente; Bremen, Focke-Museum.*

4 *Hansekontor Bergen in Norwegen mit Rosenkranzturm und Haakonshalle.*

5 *Gesamtansicht von Wismar; kolorierter Stich aus dem Städteatlas »Civitates orbis terrarum«, von G. Braun und F. Hogenberg; Köln 1572–1618; München, Bayerische Staatsbibliothek.*

5

gen Bucht von Sherbro in Sierra Leone aus Proviantmangel umkehren. Seine Fahrt war eine der bedeutendsten Entdeckungsfahrten der Antike. Er beschrieb u.a. einen Vulkan, den er „Götterwagen" nannte u. der gegenwärtig fast allg. mit dem Mt. Kakoulima (1046 m) identifiziert wird. Hauptquelle ist H.s fast vollständig erhaltener Bericht.

2. *H. d. Gr.*, in der 2. Hälfte des 3. Jh. v. Chr. polit. Gegner *Hannibals* u. Führer der aristokrat. Partei in Karthago.

Hannover, 1. ehem. dt. Land, rd. 38 500 km², 2,2 Mill. Ew. (1890), erstreckte sich vom Weserbergland bis zur Nordseeküste u. zur unteren Elbe. Im NW gehörte auch das Emsland dazu.

Aus dem welf.-braunschweig. Fürstentum (Braunschweig) Calenberg-Göttingen-Grubenhagen (seit 1635) entstand 1692 unter Ernst August I. das *Kurfürstentum H.*, mit dem 1705 auch das Fürstentum Lüneburg vereinigt wurde. Nach dem Tod der engl. Königin Anna Stuart wurde der mit dem Haus Stuart verwandte Kurfürst Georg Ludwig 1714 als *Georg I.* König von England, wodurch H. bis 1837 mit diesem in Personalunion verbunden war; sie wurde aufgelöst, weil die weibl. Erbfolge (in England Viktoria) in H. nicht galt. 1807–1813 gehörte H. teils zum Königreich Westfalen, teils zum französ. Kaiserreich. 1814 wurde es als *Königreich H.* neu gebildet. Eine Verfassung (nur eine beratende Stimme der Volksvertretung bei der Gesetzgebung) wurde 1819 eingeführt, 1833 eine neue erlassen, die aber von *Ernst August II.* 1837 aufgehoben wurde. Liberale Maßnahmen von 1848 machte *Georg V.* rückgängig. 1866 unterlag H. im Dt. Krieg gegen Preußen am 29. 6. bei Langensalza. Die Welfen wurden entthront, H. preuß. Provinz. Seit 1946 ist die ehem. Prov. H. das Kerngebiet des Landes Niedersachsen.

2. Hptst. des Landes Niedersachsen u. des Reg.-Bez. H., an der Leine u. am Mittellandkanal, 524 000 Ew.

Kurz nach 1000 wird ein Dorf *Tigislege* genannt, das auf dem jetzigen Stadtgebiet am günstigen Leineübergang lag. Es wurde von der östlich davon entstehenden u. sich ausbreitenden Marktsiedlung *Honovere* (Ersterwähnung um 1150) aufgenommen. H. wurde seit 1189 Stadt genannt; 1241 wurden die Stadtprivilegien erneuert, 1386 wurde H. Hansestadt. Beim welf. Teilungsvertrag 1495 kam H. zu Braunschweig-Calenberg, seit 1636 war es dessen Residenz. 1692 wurde H. Hptst. des Kurfürstentums, 1814 des Königreichs H., 1866 der preuß. Provinz H., 1946 des Landes Niedersachsen.

Hans-Adam, *H.-A. II.*, Fürst von Liechtenstein, *14. 2. 1945 Zürich; Wirtschafts- u. Sozialwissenschaftler; übernahm 1984 von seinem Vater *Franz Joseph II.* die Führung der Amtsgeschäfte; trat nach dessen Tod 1989 die Thronfolge an u. wurde Staatsoberhaupt.

Hanse, *Hansa* [die; ahd., „Schar, Bund"], seit dem 12. u. 13. Jh. übliche Bezeichnung für eine genossenschaftliche Vereinigung dt., besonders norddeutscher Kaufleute, veranlaßt durch gemeinsame Handelsinteressen u. die Notwendigkeit gegenseitiger Unterstützung im Ausland. Später traten an die Stelle der einzelnen Kaufleute die Heimatstädte der verschiedenen H.n. Gegen Ende des 13. Jh. kam es zu einem losen Gesamtverband der „stede van der dudeschen hense" unter der Führung der Reichsstadt Lübeck. Unter H. versteht man heute in erster Linie diese *Deutsche H.*

Der auf Vorrechten beruhende Handel der H., die lange Zeit Handelsmonopole im Ostseeraum, in England u. in den Niederlanden (Flandern) besaß, war möglich durch ihre maritime u. politische Überlegenheit u. die enge Verknüpfung mit der deutschen Siedlung im Ostseeraum. Eine Hauptvoraussetzung für den Handel der H. war die den Austausch fördernde ungleichmäßige Struktur des europ. Wirtschaftsraums im MA. Die stärkste Unterstützung fand die H. beim *Dt. Orden*, da beider Interessen weitgehend gleichliefen, keine dagegen bei Kaiser u. Reich.

Die H. war ein lockerer Bund ohne feste Verfassung. Die meist in Lübeck abgehaltenen *H.tage* wurden nicht von allen H.städten besucht; doch ihre Beschlüsse *(H.-Rezesse)* waren bindend. Mitglieder der H. waren Städte vom Niederrhein bis Livland, von Stockholm bis Krakau u. Breslau; sie hatte Kontore u. Faktoreien in London, Bergen, Oslo, Kopenhagen, Nowgorod u. a. außerdt. Städten. In ihrer Blütezeit im 15. Jh. hatte die H. über 160 Mitglieder; sie verband Reichs-, Bischofs-, Ordens- u. landesherrl. Städte, die alle unterschiedl. Rechtsverhältnissen unterworfen waren. War der Handel gefährdet, so stellte die H. eine ansehnl. Streitmacht, wie 1367 in der *Kölner Konföderation*, um den Dänenkönig *Waldemar IV. Atterdag* zu bekämpfen, der 1361 die Insel Gotland mit dem wichtigen Handelsplatz Visby erobert hatte u. die Vorrechte der H. auf Schonen nicht anerkannte. Im *Stralsunder Frieden* 1370 sicherte die siegreiche H. ihre Vormachtstellung im Norden. Noch im 15. Jh. griff die H. militärisch zur Aufrechterhaltung ihres Handelsmonopols in England, Flandern u. Dänemark ein; ihr Einfluß zeigte sich bei der Absetzung *Christians II.* von Dänemark 1523.

Die Erschließung des großen einheitl. Wirtschaftsraums der H. führte zum Aufblühen der Städte, vor allem in Nord- u. Osteuropa. Als aber die Landesfürsten seit dem späten MA Städte zum Austritt aus der H. zwangen, war diese den erstarkenden Ost- u. Nordseestaaten nicht mehr gewachsen, zumal die Landwege im Osthandel immer größere Bedeutung erlangten. Der Mißerfolg des Lübecker Bürgermeisters J. *Wullenwever* in der *Grafenfehde* infolge mangelhafter Unterstützung durch die H. besiegelte ihren Niedergang. Die Schiffe der Holländer, bald auch der Engländer drangen in die Ostsee vor, u. die genannten Länder beseitigten im 16. Jh. die Vorrechte der H. (Schließung des Petershofs in Nowgorod 1494, des Stalhofs in London 1598). Auf dem letzten H.tag im Jahr 1669 waren nur noch sechs Städte vertreten. Ⓑ S. 320/321.

Hansemann, David, preuß. Politiker, *12. 7. 1790 Finkenwerder, †4. 8. 1864 Schlangenbad; vielseitiger Unternehmer, der im Eisenbahnbau u. Versicherungswesen Pionierleistungen vollbrachte; seit Mitte der 1840er Jahre führender Repräsentant des rhein. Liberalismus. Nach der Märzrevolution 1848 war er Finanzminister in den Kabinetten Camphausen u. Auerswald. Als Gegner der Frankfurter Nationalversammlung wirkte er für einen Fortbestand Preußens in einem reformierten Dt. Bund. 1851 gründete er die Disconto-Gesellschaft, eine der ersten dt. Großbanken. Von ihm stammt das geflügelte Wort: „Bei Geldfragen hört die Gemütlichkeit auf."

Hansson, Per Albin, schwed. Politiker (Sozialdemokrat), *28. 10. 1885 Fosie, Malmö, †6. 10. 1946 Stockholm; 1917–1924 Chefredakteur der Parteizeitung „Socialdemokraten"; 1920–1925 Verteidigungs-Min., ab 1925 Parteiführer; 1932–1946 Min.-Präs.

Harakiri, alte japan. Selbstmordart, Seppuku.

Harald, Fürsten. Dänemark: **1.** *H. Klak* [„Schmutzfleck"], König. Von den Söhnen Göttriks aus Jütland vertrieben, floh er zu Kaiser Ludwig dem Frommen, wurde 826 in Ingelheim getauft, brachte den hl. Ansgar nach Dänemark u. starb, abermals vertrieben, in Friesland.

2. *H. Blaatand* [„Blauzahn"], König etwa 940–980, †986 oder 987 auf der Jomsburg; Sohn Gorms des Alten, ließ sich um 960 taufen; unterwarf Norwegen, das er nach einem verlorenen Krieg gegen Kaiser Otto II. wieder preisgeben mußte; von seinem Sohn *Sven Gabelbart* verbannt.

England: **3.** *H. I. Harefoot* [„Hasenfuß"], König 1035–1040, †17. 3. 1040 Oxford; Sohn Knuts d. Gr.

4. *H. II., Harold II.*, angelsächs. König 1066, *um 1022, †14. 10. 1066 Hastings (gefallen); Sohn des Earl Godwine von Wessex, folgte Eduard dem Bekenner auf den Thron; schlug H. *Haardradi* bei Stamfordbridge, wurde aber im selben Jahr von *Wilhelm dem Eroberer* bei Hastings geschlagen u. fiel. H. war der letzte angelsächs. König.

Norwegen: **5.** *H. Haarfagri* [„Schönhaar"], König um 860–933; besiegte die Stammeskönige u. einigte Norwegen unter seiner Herrschaft; führte Reformen nach karoling. Muster ein, deren rigorose Durchführung ihn in Gegensatz zum unabhängigen Bauerntum brachte. Nach seinem Tod zerfiel das Einigungswerk (danach Rückfall in das Kleinkönigtum).

6. *H. Hardraadi* [„der Harte"], König um 1046–1066, *um 1015, †25. 9. 1066 Stamfordbridge (gefallen); Halbbruder Olafs des Heiligen, seit etwa 1030 Führer der kaiserl. Leibwache in Byzanz; 1047 nach dem Tod Magnus' des Guten als König anerkannt. Er versuchte, seine Herrschaft auf England u. Dänemark auszudehnen, wobei er von dem Angelsachsen *H. II.* geschlagen wurde u. fiel.

7. *H. V.*, König seit 1991, *21. 2. 1937 Skaugum, Asker; Sohn Olafs V., verheiratet mit der bürgerl. Sonja *Haraldsen*.

Haran, die antike Stadt → Harran.

Harappa-Kultur, vorgeschichtl. ind. Kultur (3.–2. Jahrtausend v. Chr.), benannt nach der Stadt Harappa an der Rawi im Pandschab (Pakistan), auch *Indus-Kultur* genannt. Vorstufen der H. fanden sich in Kot Didschi, Amri u. Kalibangan.

Harald II. von England bei seiner Krönung; Wandteppich von Bayeux

Karl A. von Hardenberg

Hardecanute ['haːdikənjuːt], König von Dänemark 1036–1042 (als *Knut III.*) u. England 1040–1042, * 1019, † 8. 6. 1042; Sohn des Dänenkönigs *Knut II.*; konnte den engl. Thron erst 1040 besteigen, weil ein Teil des engl. Adels seinen Halbbruder Harald favorisierte; wegen seiner Brutalität verhaßt.

Hardenberg, Karl August Reichsfreiherr, seit 1814 Fürst von, preuß. Politiker, * 31. 5. 1750 Essenrode bei Gifhorn, † 26. 11. 1822 Genua; trat nach Tätigkeit für Hannover u. Braunschweig 1790 in den preuß. Staatsdienst ein u. leitete die Verwaltung der 1792 preußisch gewordenen Markgrafschaften Ansbach u. Bayreuth. 1795 schloß er den Sonderfrieden von Basel mit Frankreich. 1804–1806 war er Außenminister u. April–Juni 1807 leitender Minister; er wurde auf Weisung Napoleons entlassen, erreichte aber die Berufung des Freiherrn vom *Stein* zu seinem Nachfolger. Von 1810 bis zu seinem Tode war er als Staatskanzler der maßgebende Leiter der preuß. Politik.

H. strebte Reformen nach dem französ. Vorbild, nicht aber einen liberalen Verfassungsstaat an. Die Finanzedikte von 1810 zielten auf Vereinheitlichung des Finanz- u. Steuerwesens u. Beseitigung feudaler Privilegien, das Regulierungsedikt von 1811 auf die Bauernbefreiung. 1810 führte H. die Gewerbefreiheit ein, 1812 sorgte er mit dem Gendarmerieedikt für eine staatl. Kreisverwaltung, u. im gleichen Jahr folgte die Judenemanzipation. 1813 leitete H. behutsam die Beteiligung Preußens an den Befreiungskriegen ein. Er vertrat sein Land geschickt auf dem Wiener Kongreß, erreichte jedoch nicht die angestrebte Erwerbung ganz Sachsens. Im Dt. Bund u. in der Heiligen Allianz konnte er weitgehend die Gleichberechtigung Preußens durchsetzen. Seit den Karlsbader Beschlüssen nahm sein Einfluß deutlich ab.

H. gilt neben Stein als der führende Repräsentant der preuß. Reformzeit. Sein aufgeklärter Etatismus hatte eine durchgreifende Veränderung der friderizian. Staatsstruktur zum Ziel. Der Widerstand feudaler Kräfte gegen die Finanzreform u. die Bauernbefreiung sowie der Einspruch des Königs gegen eine beratende Nationalrepräsentation verhinderten die volle Realisierung der Pläne H.s, doch konnte er den preußischen Staat nach der Katastrophe von Tilsit in erheblichem Maße modernisieren u. seine Gestalt im 19. Jh. prägen.

Harding ['haːdiŋ], Warren Gamaliel, US-amerikan. Politiker (Republikaner), * 2. 11. 1865 Corsica, Morrow County, Ohio, † 2. 8. 1923 San Francisco; Zeitungsverleger; 29. Präs. der USA (1921–1923), war gegen den Eintritt der USA in den Völkerbund.

Hardinge ['haːdiŋ], Henry, Viscount *H. of Lahore* (1846), brit. Offizier u. Politiker, * 30. 3. 1785 Wrotham, Kent, † 24. 9. 1856 South Park, Kent; engl. Bevollmächtigter im preuß. Hauptquartier während der Schlacht bei Waterloo, 1820–1844 Unterhaus-Abg., 1828 Kriegs-Min. im Kabinett *Wellington*, 1841 bis 1844 Kriegs-Min. unter R. *Peel*; 1844–1848 Generalgouverneur in Indien, wo er Reformen im Sozial- u. Bildungswesen durchführte; 1852 Oberbefehlshaber des brit. Heeres, 1855 Feldmarschall.

Haremhab, *Horemheb*, ägypt. König der 18. Dynastie, um 1330–1305 v. Chr.; ursprüngl. General, gelangte durch einen Staatsstreich auf den Thron u. stellte nach dem Scheitern der Reformen *Echnatons* die innere Ordnung wieder her.

Harley ['haːlei], Robert, Earl of Oxford, engl. Politiker, * 5. 12. 1661 London, † 21. 5. 1724 London; ab 1688 im Unterhaus, führend in der Opposition gegen die *Whig*-Regierungen *Wilhelms III.* (1688/89–1702), unter *Anna Stuart* (1702–1714) 1704–1708 Secretary of State (Außen-Min.), 1710–1714 Schatzkanzler u. führender Tory-Min., gehörte zu den wesentlichen Mitgestaltern des engl. polit. Lebens nach der *Glorreichen Revolution*.

Harmodios, ein Athener, der gemeinsam mit *Aristogeiton* 514 v. Chr. einen Anschlag auf den athen. Tyrannen *Hippias* verübte. Es wurden dabei jedoch nur dessen Bruder *Hipparchos* u. H. selbst getötet. Die beiden Verschwörer galten später als Tyrannenmörder u. Freiheitshelden, obgleich dem Attentat auf seiten des H. auch persönl. Rachemotive zugrunde lagen.

Harold ['hærəld], *H. II.*, angelsächs. König, → Harald(4).

Harpstedter Gruppe, eisenzeitl. Kulturgruppe in Nord-Dtschld., nach dem Fundort *Harpstedt*, Krs. Syke (Niedersachsen), benannt. Charakteristisch sind die oft als Urnen verwendeten *Harpstedter Rauhtöpfe*, grobe Gefäße mit Wellenrand.

Harrach, böhmisches Uradelsgeschlecht mit Besitz in Böhmen u. Österreich, seit 1552 Reichsfreiherren, seit 1627 Reichsgrafen. – Karl H. (* 1570, † 1628) war Min. Kaiser Ferdinands II. u. Schwiegervater Wallensteins. Ferdinand Bonaventura (* 1637, † 1706) war als Diplomat im Dienst Kaiser Leopolds I. 1697 Gesandter in Madrid, um die Erbrechte der österrischen Habsburger zu behaupten; er begründete die Harrachsche Gemäldegalerie in Wien. Johann Josef H. (* 1678, † 1764) nahm unter Prinz Eugen an den Schlachten von Peterwardein u. Belgrad teil; er wurde später Feldmarschall u. 1736 Präsident des Hofkriegsrats. Auguste H. (* 1800, † 1873) lebte als *Fürstin von Liegnitz* seit 1824 in morganat. Ehe mit Friedrich Wilhelm III. von Preußen.

Harran, *Haran, Charran, Carrhae, Karrhae, Karrhai*, antike Stadt im nordwestl. Mesopotamien, mit uralter Kultstätte des Mondgotts *Sin* (seit Ende des 3. Jahrtausends v. Chr.); nach bibl. Überlieferung (1. Mos. 11,31) zeitweiliger Wohnsitz *Abrahams* auf der Wanderung von Ur nach Kanaan. H. kam um 1300 v. Chr. zum assyr. Reich, dann zum neubabylon. Reich u. wurde 312 v. Chr. von Makedonien besetzt. 53 v. Chr. besiegten u. töteten die *Parther* bei H. den römischen Feldherrn *Crassus*.

Harriman ['hærimən], **1.** Edward Henry, US-amerikan. Unternehmer, * 20. 2. 1848 Hempstead, Long Island, † 9. 9. 1909 New York; war eine führende Persönlichkeit des amerikan. Eisenbahnwesens; 1906 Kongreßuntersuchung wegen umstrittener Geschäftspraktiken.

2. William Averell, Sohn von 1), US-amerikan. Bankier u. Politiker (Demokrat), * 15. 11. 1891 New York, † 26. 7. 1986 New York; kam 1934 aus dem Eisenbahngeschäft zum *New Deal*; Berater u. Sonderbeauftragter des Präs. F. D. *Roosevelt* während des 2. Weltkriegs, einigte sich 1941 mit *Stalin* über das Ausmaß der US-amerikan. Hilfe; organisierte das Leih-Pacht-*(Lend-Lease)* System zur Unterstützung der UdSSR u. Großbritanniens 1941/42; 1943–1946 Botschafter in Moskau, 1946 in London, Teilnehmer der Konferenzen von Casablanca, Teheran u. Potsdam; 1946–1948 Handels-Min.; auch danach noch vielseitig auf wirtschaftspolit. u. polit. Gebiet tätig, u. a. 1954–1958 Gouverneur des Staates New York, 1968/69 Unterhändler bei den Pariser Friedensverhandlungen über Vietnam. Er schrieb „America and Russia in a changing world" 1971.

Harrington ['hæriŋtən], James, engl. Staatstheoretiker, * 7. 1. 1611 Upton, † 11. 11. 1677 London; entwickelte in seinem Hptw. „The Commonwealth of Oceana" 1656 eine Theorie, die das engl. u. amerikan. Denken nachhaltig beeinflußte. Darin interpretierte H. die polit. Umwälzungen des 17. Jh. in England als eine Folge der gesellschaftl. u. wirtschaftl. Kräfteumschichtungen während der vorangegangenen zwei Jh. u. entwarf einen Stabilität verbürgenden Modellstaat.

Harrison ['hærisən], **1.** Benjamin, US-amerikan. Politiker (Republikaner), * 20. 8. 1833 North Bend, Ohio, † 13. 3. 1901 Indianapolis; General der Union im Sezessionskrieg; 23. Präs. der USA 1889–1893. Während seiner Regierungszeit wurde die *McKinley-Bill* erlassen. H. nahm 1899 an der Haager Friedenskonferenz teil.

2. William Henry, US-amerikanischer Politiker, * 9. 2. 1773 Berkeley, Va., † 4. 4. 1841 Washington; 1799 Kongreßdelegierter für das Northwest Territory, für dessen Trennung in Ohio u. Indiana er sich einsetzte. Er wurde populär durch das „Log Cabin"-Landgesetz von 1800, das ärmeren Siedlern mit langfristigen Krediten kleinere Parzellen des Regierungslandes zugänglich machte. H. besiegte 1811 die unter *Tecumseh* vereinigten Indianerstämme bei Tippecanoe, 1813 die Briten, Kanadier u. Indianer am Thames River. Er scheiterte als Präsidentschaftskandidat der Whig-Partei 1836, wurde 1840 gewählt (9. Präs. der USA 1841), starb jedoch einen Monat nach seinem Einzug ins Weiße Haus.

Harun Ar Raschid: Miniatur von Behzad (16. Jahrhundert). Paris, Bibliothèque Nationale

Harsha, *Harshavardhana, Harscha,* bedeutender frühmittelalterlicher König Indiens 606–647, der Nordindien nach dem Hunneneinbruch (um 500) wieder vereinte; Förderer des Buddhismus.

Hartog [-tɔx], Dirk, holländ. Seefahrer, lebte um 1600; segelte im Auftrag der holländischen Ostindienkompanie; betrat als erster Europäer im Oktober 1616 die Westküste Australiens u. benannte diese Region nach seinem Schiff „Eendracht Land". Auf seiner Weiterfahrt nach Java erkundete er diese Küste bis zum Nordwestkap.

Hartung, Fritz, Historiker, * 12. 1. 1883 Saargemünd, † 24. 11. 1967 Berlin; Prof. in Kiel u. 1923–1949 Berlin, Schüler u. Nachfolger O. *Hintzes;* befaßte sich insbes. mit dt. Verfassungsgeschichte; Hptw.: „Dt. Verfassungsgeschichte der Neuzeit" 1914; „Dt. Gesch. von 1871–1919" 1920; 1927–1952 zusammen mit A. Brackmann Hrsg. der „Jahresberichte für dt. Geschichte".

Haruder, *Haruden,* german. Stamm in Nordjütland, möglicherweise aus Norwegen stammend.

Harun Ar Raschid, *Hārūn Ar Rašid* [arab., „Aaron der Rechtgeleitete"], Abbasidenkalif 786–809 in Bagdad, * 763 oder 766 Ray, † 24. 3. 809 Tus (jetzt Mashhad); unter seiner Regierung erreichte das Kalifenreich die größte Macht u. kulturelle Blüte. An seinem Hof versammelten sich Kenner aller Wissenschaften. H. wird in den Erzählungen „1001 Nacht", volkstümlich idealisiert, als Typ des Kalifen dargestellt. Er schickte eine Gesandtschaft an den Hof Karls d. Gr. Ⓑ S. 323.

Harzburger Front, ein vorübergehender Zusammenschluß der „nationalen Opposition" gegen die Regierung H. *Brüning* u. die Weimarer Republik überhaupt. An dem Treffen in Bad Harzburg am 11. 10. 1931 beteiligten sich Führer u. Abordnungen der *Deutschnationalen Volkspartei,* des *Stahlhelm,* der *NSDAP,* der *Vereinigten Vaterländischen Verbände* sowie prominente Einzelgänger aus Fürstenhäusern, Finanz- u. Wirtschaftsleben. Obgleich die Initiative von A. *Hugenberg* ausging, verschob sich von jetzt an das Schwergewicht der „nationalen Front" endgültig auf die NSDAP u. *Hitler.* Weil dieser den Gedanken der „Gemeinsamkeit" im Prinzip ablehnte, wurde die H. F. rasch zu einem bloßen Begriff ohne Inhalt (kein gemeinsamer Kandidat für die Reichspräsidentenwahl 1932); die DNVP wurde lediglich als Koalitionshelfer (so am 30. 1. 1933) geduldet.

Haschemiten, *Haschimiden,* **1.** Geschlecht aus dem Stamm der Koreischiten in Mekka; der Stammvater *Haschim Ibn Abd Al Manaf* war der Großvater des Propheten Mohammed.

2. arab. Herrscherdynastie, wahrscheinlich von den H. (1) abstammend: *Hussain,* König des Hedjas 1916–1924; sein Sohn *Abdullah,* 1923 Emir, später König von Transjordanien; dessen Bruder *Faisal I.,* 1921 König des Irak. Im Irak wurden die H. 1958 entthront, in Jordanien regieren sie noch heute.

Hasdrubal, Feldherren Karthagos: **1.** Schwiegersohn des *Hamilkar Barkas,* † 221 v. Chr. (ermordet); dessen Nachfolger in der Herrschaft über Spanien seit 229 v. Chr.; gründete *Carthago nova* (heute Cartagena) u. dehnte die Herrschaft Karthagos bis zum Ebro aus.

2. Bruder *Hannibals,* † 207 v. Chr.; kämpfte in Spanien gegen die beiden *Scipionen* u. vernichtete ihr Heer 211 v. Chr. Er fiel 207 v. Chr. in der Schlacht am Metaurus in Italien, als er seinem Bruder zu Hilfe eilte.

3. Feldherr, als Führer eines karthag. Aufgebots 150 v. Chr. vom Numidierkönig *Massinissa* besiegt. Im 3. Punischen Krieg 149–146 v. Chr. leitete er zunächst erfolgreich den Kampf gegen die röm. Belagerungsarmee, ergab sich aber bei der Eroberung Karthagos den Römern u. starb als Kriegsgefangener in Italien.

Die Schlacht bei Hastings

Hasenclever, Wilhelm, sozialdemokrat. Politiker, * 19. 4. 1837 Arnsberg, † 3. 7. 1889 Berlin; Lohgerber; seit 1864 Mitgl., 1871–1875 Präs. des Allg. Dt. Arbeitervereins; 1875 maßgeblich am sozialdemokrat. Vereinigungsparteitag in Gotha beteiligt, 1875/76 Mit-Vors. der Sozialist. Arbeiterpartei, 1876–1878 mit W. *Liebknecht* Chefredakteur des „Vorwärts"; 1869–1871 Mitgl. des Norddt., 1874–1888 des Dt. Reichstages. W. vertrat in der vereinigten Sozialdemokratie weitgehend die polit. Ideen F. *Lassalles.* „Erlebtes" 1879.

Hasner, Leopold, Ritter von *Artha,* österr. Politiker, Nationalökonom u. Jurist, * 15. 3. 1818 Prag, † 5. 6. 1891 Bad Ischl; Prof. in Prag, dann in Wien; 1867–1870 Unterrichts-Min., schuf das österr. Volksschulgesetz 1869; 1870 Min.-Präs.; schrieb rechtsphilosoph. u. staatsrechtl. Werke.

Haspinger, Joachim (Johann Simon), Tiroler Freiheitskämpfer, * 28. 10. 1776 St. Martin im Pustertal, † 12. 1. 1858 Salzburg; studierte zunächst Medizin, trat 1802 in den Kapuzinerorden ein (Pater H.); 1809 neben A. *Hofer* u. J. *Speckbacher* (* 1767, † 1820) Führer im Freiheitskampf Tirols gegen Napoleon I.

Hassan, *Hasan,* **1.** Sohn des Kalifen *Ali* u. der *Fatima,* * um 625 Medina, † 669 Medina; verzichtete 661 als Nachfolger seines Vaters auf die Kalifenwürde.

2. *H. II.,* König von Marokko seit 1961, * 9. 7. 1929 Rabat; ältester Sohn Mohammeds V., aus der *Alawiten-Dynastie.* 1971 u. 1972 überlebte er nur knapp zwei von Militärs angeführte Putschversuche, in deren Folge er seine persönl. Macht weiter ausbaute. Nach dem Verzicht Spaniens auf seine Kolonie Westsahara vereinbarte H. 1976 mit dem südl. Nachbarland Mauretanien die Teilung des Gebiets. 1979 annektierte er auch den Mauretanien zugesprochenen südl. Teil der Westsahara. Im Nahostkonflikt suchte H. zwischen Israel u. seinen arab. Gegnern zu vermitteln. Eine 1984 mit Libyen geschlossene Staatenunion, die keine prakt. Bedeutung erlangte, kündigte er 1986 auf. 1988 akzeptierte er Vermittlungsbemühungen der UN im Westsahara-Konflikt.

Hassel, Kai-Uwe von, Politiker (CDU), * 21. 4. 1913 Gare (heute Tansania), † 8. 5. 1997 Aachen; 1935–1939 Pflanzungskaufmann in Tanganjika; 1947/48 Bürgermeister von Glücksburg; 1950–1965 Mitgl. des Landtags, 1954–1963 Min.-Präs. von Schleswig-Holstein; 1953/54 u. 1965–1980 MdB; 1963–1966 Bundes-Min. der Verteidigung, 1966–1969 für Vertriebene, Flüchtlinge u. Kriegsgeschädigte; 1969–1972 Präs., 1972–1976 Vize-Präs. des Dt. Bundestags.

Hassell, Ulrich von, Diplomat u. Widerstandskämpfer, * 12. 11. 1881 Anklam, † 8. 9. 1944 Berlin-Plötzensee (hingerichtet); Jurist; seit 1908 im diplomat. Dienst, 1932–1937 Botschafter in Rom; nach seiner Abberufung in Wirtschaftsorganisationen tätig. H. spielte eine führende Rolle in der Widerstandsbewegung gegen Hitler u. war als Außenminister einer Regierung Goerdeler vorgesehen; nach dem Attentat auf Hitler vom 20. Juli 1944 vom Volksgerichtshof zum Tode verurteilt. „Die Hassell-Tagebücher 1938–1944" 1988.

Hassenpflug, Hans Daniel Ludwig, Politiker, * 26. 2. 1794 Hanau, † 10. 10. 1862 Marburg; 1832–1837 u. 1850–1855 Innen- u. Ju-

Königin Hatschepsut, 18. Dynastie. New York, Metropolitan Museum of Art

stizminister in Hessen. Durch sein autoritäres Regime u. Verfassungsverletzungen führte er den entschiedenen Widerstand der Liberalen, eine Bundesexekution gegen diese u. die Gefahr eines Krieges mit Preußen 1851/52 herbei. Das Wirken H.s, dem die Spottnamen „Hessenfluch" u. „Haß und Fluch" beigelegt wurden, brachte den Staat an den Rand des Zusammenbruchs.

Hastings ['heistiŋz], Stadt u. Distrikt in East Sussex, an der Straße von Dover (Großbritannien), 75000 Ew. – Am 14. 10. 1066 in der *Schlacht bei H.* besiegte *Wilhelm der Eroberer*, Herzog der Normandie, den angelsächs. König *Harald (Harold) II.* Die Schlacht entschied über die Herrschaft der Normannen auf der brit. Insel.

Hastings ['heistiŋz], **1.** Francis *Rawdon*, Marquess of H. (seit 1817), brit. Offizier u. Politiker, *9. 12. 1754 County Down (Irland), †28. 11. 1826 Neapel; 1806 Generalfeldzeugmeister, 1812–1823 Generalgouverneur von Indien, 1824 Gouverneur von Malta.
2. Warren, brit. Kolonialpolitiker, *6. 12. 1732 Churchill, Oxfordshire, †22. 8. 1818 Daylesford, Oxfordshire; seit 1750 im Dienst der Ostind. Gesellschaft, 1772 Gouverneur von Bengalen, 1774–1785 Generalgouverneur von Britisch-Indien; behauptete Indien vor dem französ. Zugriff für England; 1785 von E. *Burke* vor dem Unterhaus in London wegen Brutalität gegen die Eingeborenen u. wegen Bereicherung angeklagt, 1795 freigesprochen.

Hatschepsut, *Hatschepsowet*, ägypt. Königin der 18. Dynastie, um 1490–1468 v. Chr.; Witwe ihres Halbbruders Tuthmosis II., Regentin für ihren unmündigen Stiefsohn Tuthmosis III.; sie vermied krieger. Auseinandersetzungen; ließ den Terrassentempel *Dêr Al Bahari* im W von Theben erbauen.

Hatta, Mohammed, indones. Politiker, *12. 8. 1902 Fort de Kock, Menangkabau; †14. 3. 1980 Jakarta; Anführer der indones. Unabhängigkeitsbewegung u. Gründer der nationalindones. Partei (1932); wegen seiner gegen die niederländ. Herrschaft gerichteten Politik 1927 u. 1933 verhaftet, 1934 verbannt; kehrte 1945 zurück u. rief mit A. *Sukarno* 1945 die Indones. Republik aus; bis 1948 Vize-Präs., 1948–1950 Min.-Präs.; führte 1949 Verhandlungen mit den Niederlanden über die Unabhängigkeit Indonesiens; 1950–1956 erneut Vize-Präs., trat 1956 aus Protest gegen Sukarnos Politik zurück. Er stand der gemäßigten islam. Bewegung nahe.

Hatto, *H. I.*, Erzbischof von Mainz 891–913, *um 850 (?), †5. 5. 913; von König *Arnulf von Kärnten* zum Erzbischof erhoben; erlangte großen polit. Einfluß; stützte zuerst Arnulf, leitete dann mit Bischof *Salomon III.* von Konstanz (890–919) die Reichspolitik unter *Ludwig dem Kind*; verhalf wahrscheinlich 911 *Konrad I.* zur Wahl u. Krönung zum dt. König.

Hattusa [ha'tuʃa], *Chattusa*, Hptst. des Reichs der *Hethiter* aus dem 2. Jahrtausend v. Chr., heute Ruine bei dem Dorf *Boğazköy* in der Türkei; seit 1907 Ausgrabungen: Burg der hethit. Könige, mehrere Tempel, Stadtmauer mit Toren; umfangreiche Funde von Keilschrifttafeln.

Hattusilis [ha'tuʃilis], *Hattusili, Chattusili*, Könige der Hethiter: **1.** *H. I.*, um 1570 v. Chr.; Gründer des althethit. Reichs, machte *Hattusa* zur Hptst. des Landes u. drang bis nach Nordsyrien vor.
2. *H. III.*, um 1280–1250 v. Chr.; herrschte zur Blütezeit des hethit. Großreichs, sicherte durch einen Friedensvertrag mit *Ramses II.* von Ägypten den hethit. Einfluß in Nordsyrien.

Hatzfeldt, altes edelfreies Geschlecht in Hessen, gehörte zur rhein. Ritterschaft mit der Stammburg Schloß H. an der Eder, im 12. Jh. nachweisbar, besaß die Herrschaften *Rosenberg* in Franken, *Gleichen* in Thüringen sowie *Trachenberg* in Schlesien u. gewann durch Heirat 1430 *Wildenburg* (Rheinprovinz). Die trachenbergsche Linie erlangte 1635/1640 den Reichsgrafen-, 1748 den Reichsfürstenstand; die wildburg. Linie wurde 1870 fürstlich.
1. Paul Graf von, preuß. Diplomat, *8. 10. 1831 Düsseldorf, †22. 11. 1901 London; 1874 Gesandter in Madrid, 1878 Botschafter in Konstantinopel, 1881–1885 Staatssekretär des Auswärtigen, dann Botschafter in London; war bestrebt, die dt.-engl. Beziehungen zu verbessern.
2. Sophie Gräfin von, *10. 8. 1805 Trachenberg, Schlesien, †25. 1. 1881 Wiesbaden; 1851 nach erzwungener u. unerträgl. Ehe geschieden von ihrem Vetter Edmund Graf von *H.-Wildenburg* (*1798, †1874). Ihr Anwalt in dem langwierigen Prozeß war der eng mit ihr befreundete F. *Lassalle*, der die jurist. Auseinandersetzung gleichzeitig als polit. Kampf gegen die Adelsgesellschaft führte. Die Gräfin H. übte, vor allem nach Lassalles Tod, einen gewissen Einfluß auf die Politik des Allg. Dt. Arbeitervereins aus.

Haubach, Theodor, Journalist u. Widerstandskämpfer, *15. 9. 1896 Frankfurt a. M., †23. 1. 1945 Berlin-Plötzensee (hingerichtet); war aktiv in der SPD u. im republikanischen „Reichsbanner Schwarz-Rot-Gold"; 1930 bis 1932 Pressereferent im Polizeipräsidium Berlin; 1933–1936 mehrfach polit. Häftling; in der Widerstandsbewegung gegen Hitler tätig, Freund C. *Mierendorffs*, Mitgl. des *Kreisauer Kreises*; nach dem Attentat auf Hitler vom 20. Juli 1944 vom Volksgerichtshof zum Tode verurteilt.

Haugwitz, **1.** Christian Graf von (1786), preuß. Politiker, *11. 6. 1752 Peuke, Schlesien, † 9. 2. 1832 Venedig; suchte seit 1792 als Kabinetts-Min. kriegerische Verwicklungen mit Frankreich zu vermeiden (Friede von Basel 1795), bemühte sich als Außen-Min. 1802–1804 u. 1805/06 um eine Frontstellung Preußens gegen Frankreich. Bei Verkennung des napoleon. Angebotes eines norddt. Bundes führte er die bündnis- u. militärpolitisch katastrophale Ausgangslage der Doppelschlacht von Jena u. Auerstedt 1806 herbei.
2. Friedrich Wilhelm Graf von, österr. Minister, *11. 12. 1702, †11. 9. 1765 Knöritz, Mähren; führte nach dem Vorbild der Verfassungsreformen Friedrichs II. u. des französ. Merkantilismus Neuerungen in Österreich, Schlesien, Kärnten u. Krain u. Böhmen durch u. arbeitete den Finanzierungsplan für ein starkes stehendes Heer (108000 Mann) für Maria Theresia aus; 1749–1761 1. Präsident des allg. „Directorium in publicis et cameralibus" in Wien, 1761 neben W. A. *Kaunitz* u. L. J. Graf *Daun* Min. in dem über allen Zentralstellen stehenden Staatsrat.

Hauser, Kaspar, Findling, *angeblich 30. 4. 1812, †17. 12. 1833 Ansbach (nach einem 2. Mordanschlag oder durch Selbstmord?); tauchte 1828 in Nürnberg auf u. gab vor, in völliger Einsamkeit aufgewachsen zu sein. Seine rätselhafte Herkunft gab zu vielerlei Vermutungen (badischer Prinz, Abkömmling Napoleons) u. zu reicher Literatur Anlaß. A. von *Feuerbach* u. Lord P. H. *Stanhope* setzten sich für H. ein. Die Verhaltensforschung hat H. zum Modellfall für isoliertes Aufwachsen genommen.

Hausgut, ursprüngl. der Besitz des Landadels *(Stammgut)*, später des im Territorialstaat regierenden Fürstenhauses (Hausmacht); in neuerer Zeit in *Familiengut* verwandelt u. reduziert.

Haus-, Hof- und Staatskanzlei, 1742 in Wien für auswärtige Angelegenheiten von Maria Theresia gegr.; bestand bis 1848 als Ministerium des Äußeren.

Hausmacht, der Erbbesitz eines regierenden Fürstenhauses. Die Größe der H. bestimmte seit dem Spät-MA den Rang u. die Bedeutung des Königs, da das *Reichsgut* zunehmend den Territorialstaaten anheimgefallen war. Bes. erfolgreich war die auf Vermehrung der H. gerichtete Politik *(H.politik)* der Habsburger u. der Hohenzollern, deren große, flächenmäßig zusammenwachsende Territorien daraufhin als selbständige Staaten Österreich bzw. Brandenburg-Preußen aus dem Hl. Röm. Reich herauswuchsen.

Hausmeier, lat. *maior domus*, der höchste Amtsträger am fränk. Königshof. Mit der zunehmenden Schwächung des merowing. Königtums im 7. Jh. wurde die Machtstellung der H. in den einzelnen Teilreichen ausgebaut. Der H. stand an der Spitze des Dienstadels, der Hofgerichte u. des Heeres, er verwaltete außerdem die Domänen. Den *Arnulfingern* (→Karolinger) gelang es 687, das Amt erblich für das ganze Reich an sich zu bringen. Die H. wurden zu unabhängigen Regenten des Reiches u. drängten die Könige zur Bedeutungslosigkeit herab. 751 übernahm der H. *Pippin der Jüngere* selbst das Amt des Königs; die Zeit der großen H. war damit zu Ende.

Haußmann, Conrad, Politiker (Linksliberaler), *8. 2. 1857 Stuttgart, †11. 2. 1922 Stuttgart; Rechtsanwalt; 1889–1922 Abg. des württemberg. Landtags, 1890–1918 u. 1920 bis 1922 Reichstags-Abg.; bemühte sich im 1. Weltkrieg um einen Verständigungsfrieden u. um die Parlamentarisierung des Dt. Reiches; Okt./Nov. 1918 Staatssekretär im Kabinett des Prinzen *Max von Baden*; 1919/20 Vize-Präs. der Weimarer Nationalversammlung; Mitgründer der *Deutschen Demokratischen Partei.*

Haussmann [os'man], Georges-Eugène, Baron (seit 1853), französ. Städteplaner u. Advokat, *27. 3. 1809 Paris, †12. 1. 1891 Paris; führte seit 1852 im Auftrag Napoleons III. (z. T. nach strateg. Gesichtspunkten) die städteplaner. Umgestaltung von Paris durch (Avenuen, Boulevards, Sternplätze mit Kasernen), die als „Pariser System" den europ. Städtebau bis um 1900 stark beeinflußte.

Havel ['havɛl], Václav, tschech. Dramatiker u. Politiker, *5. 10. 1936 Prag; Regisseur u. Dramaturg; durfte 1970–1989 in der Tschechoslowakei nicht publizieren; Mitinitiator der *Charta 77*; wurde als Regimegegner mehrfach inhaftiert. H. schrieb Theaterstücke mit absurden u. grotesken Elementen: „Die Benachrichtigung" 1965, dt. 1967; „Erschwerte Möglichkeiten der Konzentration" 1968, dt. 1968; „Die Audienz" 1975, dt. 1976; „Die Versuchung" Uraufführung dt. 1986. Außerdem: „Briefe an Olga" dt. 1984; „Fernverhör" (Gespräch) dt. 1987. Nach dem polit. Umsturz 1989 wurde H. als führender Repräsentant der Opposition zum Staats-Präs. gewählt. 1990 wurde er in diesem Amt bestätigt. Nach der Souveränitätserklärung der Slowakei im Juli 1992 trat H. als Staats-Präs. der Tschechoslowakei zurück. 1993 wurde er zum Staats-Präs. der Tschech. Rep. gewählt (1998 Wiederwahl). – H. erhielt 1989 den Friedenspreis des Dt. Buchhandels u. 1991 den Karlspreis.

Hawkins ['hɔːkinz], Sir John, engl. Admiral, *1532 Plymouth, †12. 11. 1595 auf See vor Puerto Rico; kam als Afrikakaufherr u. Sklavenhändler mit den Spaniern in Konflikt; 1577 Marineschatzmeister, 1588 einer der Kommandeure der engl. Flotte gegen die *Armada*, 1589 Marineinspekteur; bewirkte den Bau der leichten u. wendigen Schlachtschiffe, die die engl. Flotte der span. überlegen machten, u. konzipierte die Strategie der Silberblockade (d. h. des Kaperkriegs gegen die span. Silberschiffe aus Amerika), die Spanien im Krieg gegen England finanziell schwächen sollte.

Hayes [hɛiz], Rutherford Birchard, US-amerikan. Politiker (Republikaner), *4. 10. 1822 Delaware, Ohio, †17. 1. 1893 Fremont, Ohio; 1864 u. 1866 zum Abg. im Kongreß gewählt, anschließend Gouverneur von Ohio. In seiner Amtszeit als Präs. der USA (19. Präs. 1877–1881) bemühte er sich um die Aussöhnung mit den Südstaaten, ließ die seit Ende des Bürgerkriegs im Süden stationierten Regierungstruppen abziehen u. verlieh den Südstaaten wieder polit. Eigenständigkeit.

Heath [hiːθ], Edward, brit. Politiker (Konservativer), *9. 7. 1916 Broadstairs; seit 1950 im Unterhaus, 1955–1959 Whip („Einpeitscher", d. h. Fraktionsgeschäftsführer) der konservativen Fraktion, 1959/60 Arbeits-Min., 1960 bis 1963 Lordsiegelbewahrer; leitete 1961 bis 1963 die Verhandlungen über den Beitritt Großbritanniens zur EG; 1963/64 Min. für Handel u. Industrie; 1965–1975 Führer der Konservativen, 1970–1974 Premier-Min.; unterzeichnete 1972 den EG-Beitritt Großbritanniens. Karlspreis der Stadt Aachen 1963.

Hébert [e'bɛːr], Jacques René, Beiname *Père Duchesne*, französ. Revolutionär, *15. 11. 1757 Alençon, †24. 3. 1794 Paris; gab das jakobin. Blatt „Père Duchesne" heraus. Er u. seine Anhänger, die *Hébertisten*, bildeten die radikalste Gruppe im Konvent. H. geriet deswegen in Gegensatz zu G. J. *Danton* u. M. de *Robespierre* u. wurde auf deren Veranlassung hin guillotiniert.

Hecker, Friedrich, Revolutionär, *28. 9. 1811 Eichtersheim, Baden, †24. 3. 1881 Saint Louis (USA); Anwalt; seit 1842 liberaler Abg. der Zweiten Kammer Badens, wandelte sich unter dem Einfluß G. von *Struves* zum radikaldemokrat. Parteiführer. Er akzeptierte die im Vorparlament 1848 gefallene Vorentscheidung gegen eine dt. Republik nicht u. organisierte mit Struve den ersten Aufstand in Baden. Nach der Niederlage bei Kandern floh er in die Schweiz u. wanderte dann nach den USA aus. Er nahm als Oberst am amerikan. Bürgerkrieg teil. „H.hut" u. „H.lied" zeugten von seiner Popularität.

Hedin, Sven Anders, schwed. Asienforscher, *19. 2. 1865 Stockholm, †26. 11. 1952 Stockholm; lieferte schon auf seinen ersten größeren Reisen durch Zentralasien u. Tibet (1894–1897, 1899–1902 u. 1905–1908) durch die Entdeckung der Quellen des Indus u. Brahmaputra sowie des später nach ihm benannten H.-Gebirges (Transhimalaya) wichtige Beiträge zur Erforschung Innerasiens. 1927–1933 leitete er mehrere internationale Forschungsexpeditionen nach Zentralasien; 1934/35 bereiste er Chines.-Turkistan. Er schrieb neben wissenschaftl. Veröffentlichungen populäre Reisewerke.

Hedschra [die; arab.], *Hidschra*, die Auswanderung des Propheten *Mohammed* von Mekka nach Medina Ende September 622 n. Chr.; Ausgangspunkt der islam. Zeitrechnung (in Mondjahren).

Hedwig, Fürstinnen: **1.** *Jadwiga*, poln. Königin 1382–1399, *1374, †17. 7. 1399; Tochter Ludwigs I. von Ungarn u. Polen, als Kind mit Herzog Wilhelm von Österreich verlobt, mußte auf Veranlassung des poln. Adels 1386 Jagiełło von Litauen heiraten. Damit wurde die poln.-litau. Personalunion hergestellt.

2. schles. Herzogin, Heilige, *1174/78 wahrscheinlich Andechs, †14. 10. 1243 Trebnitz bei Breslau; Tochter des Grafen Berthold VI. von Andechs (Markgraf von Istrien u. Herzog von Meran u. Dalmatien; †1204), verheiratet mit Herzog *Heinrich I.*, dem Bärtigen, von Schlesien (†1238); förderte die christl. Religion u. die dt. Kultur in Schlesien. – 1267 heiliggesprochen, Patronin Schlesiens (Fest: 16. 10.).

Heer, 1. Friedrich, Pseudonym: Hermann *Gohde*, österr. Historiker u. Publizist, * 10. 4. 1916 Wien, †18. 9. 1983 Wien; 1961 Chefdramaturg am Burgtheater, seit 1962 Prof. in Wien; Hptw.: „Die Tragödie des Reiches" 1952; „Europ. Geistesgeschichte" 1953, [2]1965; „Europa, Mutter der Revolutionen" 1964; „Das Hl. Röm. Reich" 1967; „Gottes erste Liebe" 1967; „Der Glaube des Adolf Hitler" 1968; „Der Kampf um die österr. Identität" 1981; „Der König u. die Kaiserin. Friedrich u. Maria Theresia – ein deutscher Konflikt" 1981.

2. Joachim, schweizer. Politiker, *25. 9. 1825 Glarus, †1. 3. 1879 Glarus; 1857–1875 Landammann von Glarus, bes. tätig für die Hebung des Schulwesens; 1866 Gesandter in Berlin u. bei den süddt. Staaten; 1875–1878 im Bundesrat; 1877 Bundes-Präs.

Heerbann, im frühen MA das Recht des Königs, das Heer zum Kriegsdienst aufzubieten; auch das aufgebotene Heer selbst. Nichtbeachtung des H.s zog eine Strafe nach sich. Der H. umfaßte auch das Befestigungsrecht (Burgenbau).

Heeren, Arnold, Historiker, *25. 10. 1760 Arbergen bei Bremen, †6. 3. 1842 Göttingen; 1794 Prof. der Philosophie, 1799 der Geschichte in Göttingen. Vertreter der Aufklärung, stark von *Montesquieu* u. A. *Smith* beeinflußt, wies erstmals auf die Bedeutung technischer u. wirtschaftl. Faktoren für die geschichtl. Entwicklung hin. Werke: „Ideen über die Politik, den Verkehr u. den Handel der vornehmsten Völker der alten Welt" 3 Bde. 1793–1812, 4. Aufl. in 5 Bdn. 1824–1826; „Handbuch der Geschichte der Staaten des Altertums" 1799; „Hdb. der neueren Staatengeschichte" 1809.

Heeres- und Verfassungskonflikt, der Streit zwischen Regierung u. Abgeordnetenhaus in Preußen 1861–1866. König *Wilhelm I.* u. Kriegs-Min. A. von *Roon* wollten eine notwendige Modernisierung des Heeres – Einführung einer dreijährigen Dienstpflicht u. Auflösung der seit der Scharnhorst-Boyenschen Heeresreform von 1814 bestehenden bürgerl. u. volkstüml. Landwehr – benutzen, um das preuß. Wehrpflichtigenheer zu einem Machtmittel in der Hand des Monarchen zu machen. Das von der Fortschrittspartei beherrschte Abgeordnetenhaus widersetzte sich dieser Intention u. verweigerte die Verabschiedung eines Budgets. Wilhelm beendete die „Neue Ära" u. berief ein „Konfliktministerium" unter *Bismarck*. Dieser regierte budgetlos u. vollzog die Heeresreform. Bismarcks außenpolit. Erfolge, insbes. im Dt. Krieg 1866, ebneten ihm den Weg zum Indemnitätsgesetz, mit dem die Staatsausgaben nachträglich gebilligt wurden. Der Ausgang des Konflikts prägte maßgebl. das Verhältnis zwischen polit. u. militär. Führung sowie die Heeresstruktur im Dt. Reich u. schwächte die Position des liberalen Bürgertums, obwohl Bismarck die konstitutionelle Regierungsform letztlich nicht in Frage stellte.

Georg Wilhelm Friedrich Hegel; kolorierter Holzschnitt

Heerschild, lat. *clipeus militaris*, im frühen MA das Recht, *Vasallen* aufzubieten u. zu befehligen; seit dem 13. Jh. in den Rechtsbüchern allg. als *Lehnsordnung*. Der H. war von Bedeutung für die aktive u. passive Lehnsfähigkeit: Man durfte nur Lehen von einem Angehörigen eines höheren H.s annehmen, wollte man nicht seinen eigenen Rang mindern.

Hegel, Georg Wilhelm Friedrich, Philosoph, *27. 8. 1770 Stuttgart, †14. 11. 1831 Berlin; studierte 1788–1793 in Tübingen (u. a. zusammen mit F. *Hölderlin* u. F. W. J. *Schelling)* Philosophie u. nach dem Magisterexamen (1790) Theologie; war von 1793–1800 Hauslehrer in Bern u. Frankfurt; 1801 auf Betreiben Schellings in Jena Dozent, nach der Schlacht von Jena 1806 u. der Schließung der Universität 1807/08 Zeitungsredakteur in Bamberg, 1808–1816 Gymnasialdirektor in Nürnberg. 1816 bekam H. den Lehrstuhl seines Gegners J. F. *Fries* in Heidelberg; 1818 wurde er als Nachfolger J. G. *Fichtes* nach Berlin berufen, wo er bis zu seinem Tod als Haupt einer einflußreichen Schule lehrte (*Hegelianismus).*

Nach seinen Jugendschriften über „Volksreligion u. Christentum" (1794) u. über den „Geist des Christentums u. sein Schicksal" (1797) veröffentlichte H. seine Habilitationsschrift in Jena („Differenz des Fichteschen u. Schellingschen Systems" 1801), ihr folgten einige Aufsätze in dem mit Schelling herausgegebenen „Kritischen Journal der Philosophie", dann die „Phänomenologie des Geistes" 1807, in Nürnberg die „Logik" 1812–1816, in Heidelberg die „Enzyklopädie der philosoph. Wissenschaften" 1817, die 1827 u. 1830 in umgearbeiteten Neuauflagen

erschien, in Berlin die „Rechtsphilosophie" („Naturrecht u. Staatswissenschaft im Grundrisse: Grundlinien der Philosophie des Rechts" 1821).
Vor allem H.s Geschichts- u. Staatsphilosophie hatte Einfluß auf das polit. Denken seiner Zeit. – Jubiläums-Ausgabe, hrsg. von H. *Glockner*, 26 Bde. (mit H.-Lexikon u. H.-Monographie) 1927ff.; Sämtl. Werke, hrsg. von G. *Lasson* u. J. *Hoffmeister*, 1905ff.; Ges. Werke, hrsg. im Auftrag der Dt. Forschungsgemeinschaft, 1968ff.

Heiạn-Zeit, Abschnitt der japan. Geschichte (794–1185), benannt nach dem 794 als Regierungssitz gewählten *Heiankyo*, dem heutigen *Kyoto*. In der H. bauten die Fujiwara innenpolitisch ihre Führungsposition aus u. drängten den *Tenno* zur Legitimierung ihrer Herrschaft auf seine sakrale Funktion zurück. Aus den Kämpfen der Zentralmacht mit dem neu entstandenen Schwertadel ging *Minamoto Yoritomo* als Sieger hervor u. verlegte die Regierung 1185 nach *Kamakura*. Der Tenno verblieb in Kyoto, der offiziellen Hauptstadt bis 1868. Die H. erlebte eine kulturelle Hochblüte. Das Erstlingswerk der klassischen japan. Prosa, die Erzählungen der Hofdame *Murasaki Shikibu*, entstand um 1001.

Heidelberg, kreisfreie Stadt in Baden-Württemberg, 140000 Ew.
Bedeutende Bauwerke in der Altstadt: Heiliggeistkirche (15. Jh.), Peterskirche (1485; im 19. Jh. umgebaut), Alte Universität (1711) mit Karzer (1778–1914 benutzt), Rathaus (1701–1703), Haus zum Ritter (1592; heute Hotel), ehem. Marstall (16. Jh.), Karl-Theodor-Brücke („Alte Brücke", 1786–1788). H. ist Geburtsort der Pfalzgräfin *Elisabeth Charlotte* („Liselotte von der Pfalz") u. von F. *Ebert*.
H. wird erstmals 1196 genannt. Die Burg bestand wohl schon im 11. Jh. als Grundlage der pfälz. Territorialmacht im unteren Neckartal. Vom 14. Jh. bis 1720 war H. die Residenz der Pfalzgrafen. 1386 grundete *Ruprecht I.* von Kurpfalz (* 1309, † 1390) die Universität, die, nach Pariser Vorbild u. mit 4 Fakultäten eingerichtet, das Zentrum des Humanismus in Dtschld. wurde. 1556 hielt die Reformation Einzug in H.; die Universität wurde Mittelpunkt der calvinist. Glaubensrichtung *(H.er Katechismus)* bis zum Dreißigjährigen Krieg. 1622 eroberte *Tilly* H., 1633 die Schweden, u. 1635 wüteten abermals die Kaiserlichen dort. Im Westfäl. Frieden erhielt *Karl Ludwig*, Sohn des Winterkönigs, H. zurück, besserte vor allem das Schloß aus u. eröffnete die Universität neu. 1688 belagerten die Franzosen H. unter ihrem Feldherrn E. Graf von *Mélac* († 1709), zerstörten es am 2. 3. 1689 u. sprengten das Schloß. 1693 richtete die französ. Eroberung noch größeren Schaden an. 1720 wurde die Residenz nach Mannheim verlegt. 1803 kam H. an Baden; die Universität wurde bad. Landesuniversität. – Seit 1945 ist H. Sitz des US-Oberkommandos in Dtschld., außerdem heute Sitz des Hauptquartiers der amerikan. Heeres-Streitkräfte in Europa.

Heilige Allianz (von links): Zar Alexander I., Kaiser Franz I. und Friedrich Wilhelm III. am 26.9.1815, Lithographie nach einem Kupferstich von J. C. Bock.

Heilbrọnner Bund, am 23. 4. 1633 geschlossenes Bündnis zwischen dem schwed. Kanzler Axel *Oxenstierna* u. Vertretern prot. deutscher Stände, das den schwed. Einfluß im Reich nach dem Tode *Gustav Adolfs* gewährleisten sollte. Der H. B. bestand bis zum Frieden von Prag 1635.

Heilige Alliạnz, auf Veranlassung des Zaren *Alexander I.* u. nach seinen Ideen zwischen den Monarchen von Rußland, Österreich u. Preußen am 26. 9. 1815 in Paris geschlossenes Bündnis, um die Staaten nach den Grundsätzen des Christentums, der Gerechtigkeit, der Liebe u. des Friedens zu leiten. Alle europ. Herrscher außer England u. dem Papst traten der H.n A. bei. Sie wurde unter Führung *Metternichs* zum Werkzeug der reaktionären Mächte gegen die nationalen u. liberalen Strömungen der Völker.

Heilige Liga → Liga.

Heiliger Krieg, Krieg aus religiösen oder weltanschaulichen Gründen zur Bekehrung oder Unterwerfung des Gegners aus vermeintlich „göttlicher" Verpflichtung oder zur Verteidigung „heiliger" Werte.

Heiliges Römisches Reich *Deutscher Nation*, lat. *Sacrum Imperium Romanum (Nationis Germanicae)*, der Name des im 9./10. Jahrhundert aus dem ostfränkischen Reich hervorgegangenen (bis 1806 währenden) deutschen Reichs, begründet in der Translationstheorie.
Schon *Karl d.Gr.* hatte sich als Kaiser „Lenker des röm. Reichs" *(imperator, Romanum gubernans imperium)* genannt, u. auch *Otto d. Gr.* empfing vom Papst die Kaiserkrone als Symbol der Herrschaft über das röm. Weltreich. Sein Sohn *Otto II.* führte seit 982, mit einer Wendung gegen Byzanz, den Titel *Romanorum imperator augustus*, u. sein Enkel *Otto III.* sprach programmatisch von der „Erneuerung des röm. Reichs" *(renovatio imperii Romanorum)*. Unter *Konrad II.* setzte sich die offizielle Bez. *Imperium Romanum* (urkundlich zuerst 1039) für das Kaiserreich durch, bestehend aus der Trias Dtschld., Reichsitalien u. Burgund.
Die Bez. *sacrum imperium* kam unter Fortentwicklung der Kaiseridee bei *Friedrich I. Barbarossa* seit 1157 auf u. betonte die christl. Tradition des Kaisertums seit Konstantin d. Gr. u. seinen sakralen Charakter (neben der *sancta ecclesia* des Papsttums). Die Formel *Sacrum Imperium Romanum* erscheint erstmals 1254.
Der Zusatz „dt. Nation" entstammt dem 15. Jh. (fixiert in der Landfriedensordnung von 1483; vollständiger Titel erstmals im Kölner Reichsabschied von 1512). Er ist verschieden interpretiert worden: von den Staatsrechtslehrern des 17. u. 18. Jh. als Ausdruck oder Anspruch der dt. Vorherrschaft im röm. Reich, seither als ausgrenzende Bez. für den dt. Teil des Reichs bzw. als Kennzeichnung seiner Nationalität, die nach dem allmählichen Verlust der übrigen Gebiete nahezu einheitlich deutsch war.

Heimpel, Hermann, Historiker, * 19. 9. 1901 München, † 23. 12. 1988 Göttingen; Prof. in Freiburg (1931), Leipzig (1934), Straßburg (1941) u. Göttingen (1946); Direktor des Max-Planck-Instituts für Geschichte; Hptw.: „Deutschland im späteren MA", in: „Handbuch der dt. Geschichte" 1938; „Der Mensch in seiner Gegenwart" 1954; „Kapitulation vor der Geschichte?" 1956; „Studien zur Kirchen- u. Reichsreform des 15. Jh." 1974.

Gustav Heinemann

Heimwehr, *Heimatwehr, Heimatschutz*, Selbstschutzverbände nach 1918 in den Alpenländern Österreichs gegen feindl. Übergriffe der Nachbarstaaten u. gegen die Kommunisten. Unter der Führung R. *Steidles* u. des ehem. preuß. Offiziers W. *Pabst* entwickelte sich die H. zur Schutzmacht der Christlich-Sozialen Partei gegen Sozialdemokraten u. den Republikan. Schutzbund. Die H. beteiligte sich seit 1930 mit Graf E. R. *Starhemberg* u. E. *Fey* an den Regierungen C. *Vaugoin* (* 1873, † 1949) u. E. *Dollfuß* u. verschmolz 1936 mit der von Dollfuß gegr. *Vaterländ. Front*.

Heinemann, Gustav, Politiker, * 23. 7. 1899 Schwelm, Westfalen, † 7. 7. 1976 Essen; als Jurist in leitenden Stellungen der Schwerindustrie; 1930–1933 Mitgl. des Christlich-Sozialen Volksdienstes; im Kirchenkampf 1933–1945 für die Bekennende Kirche tätig; 1945–1967 Mitgl. des Rates, 1945–1955 auch Präses der Synode der Evangelischen Kirche in Dtschld.; 1945 Mitbegründer der CDU in Essen, 1946–1949 Oberbürgermeister von Essen; 1947–1950 Mitgl. des Landtags, 1947/48 Justizminister von Nordrhein-Westfalen; 1949/50 Bundes-Min. des Innern. Aus Protest gegen die Pläne zur Aufrüstung der BR Dtschld. legte H. dieses Amt nieder; er trat 1952 aus der CDU aus, war 1953 Mitbegründer der Gesamtdeutschen Volkspartei u. trat nach ihrer Auflösung 1957 der SPD bei. 1957–1969 war er MdB, 1966–1969 Bundes-Min. der Justiz, 1969–1974 Bundespräsident. In diesem Amt setzte sich H. bes. für die Aussöhnung der Deutschen mit ihren europ. Nachbarn, für die Förderung des Friedens in Europa, für die Vertiefung des demokratisch-republikan. Bewußtseins u. für die Minderheiten in der Gesellschaft ein.

Heinrich, Fürsten. Deutsche Könige u. Kaiser: **1.** *H. I.*, König 919–936, * um 875, † 2. 7. 936 Memleben; Herzog von Sachsen, aus dem Geschlecht der *Liudolfinger (Ottonen)*. Trotz seines Konflikts mit König *Konrad I.* wurde H. von diesem zum Nachfolger designiert u. von Franken u. Sachsen im Mai 919 in Fritzlar zum König gewählt. Auch *Giselbert von Lothringen* erkannte 925 H.s Oberhoheit an, wodurch Lothringen zum dt. Reich kam. Von den mehrfach ins Reich einfallenden Ungarn erlangte H. 926 gegen Tributzahlungen einen neunjährigen Waffenstillstand; er baute während dieser Zeit eine schlagkräftige Reitertruppe auf u. ließ befestigte Plätze (Burgen) anlegen. So gerüstet, besiegte H. 928/29 die Slawen, eroberte *Brandenburg* u. gründete die Burg *Meißen*. 933 schlug er die einfallenden Ungarn bei *Riade* an der Unstrut vernichtend. 934 besiegte er die Dänen u. erneuerte die alte dän. Mark zwischen Eider u. Schlei. H. knüpfte an die hegemoniale Politik der ostfränk. Karolinger (Arnulf von Kärnten) an.

2. *H. II.*, Sohn von 10), König 1002–1024, Kaiser seit 1014, Heiliger, *6. 5. 973 in Bayern, † 13. 7. 1024 Grona bei Göttingen; 995 als Nachfolger seines Vaters Herzog von Bayern, 1002 als letzter Nachkomme des sächs. Kaiserhauses *(Ottonen)* im Mannesstamm zum dt. König gewählt; setzte sich rasch gegen die Prätendenten Markgraf *Ekkehard I.* von Meißen († 1002) u. Herzog *Hermann II.* von Schwaben († 1003) durch; kämpfte, mit den heidn. *Lutizen* verbündet, erfolgreich gegen den poln. Herzog *Boleslaw I. Chrobry*, sicherte sich im W die Anwartschaft auf das Königreich Burgund u. vertrieb 1004 auf dem 1. Italienzug Markgraf *Arduin von Ivrea* (*955, † 1015). H. wurde 1014 auf dem 2. Italienzug in Rom zum Kaiser gekrönt. Er sicherte seine Herrschaft durch Ausbau des otton. Reichskirchensystems, das zur wichtigsten Stütze der Reichspolitik wurde. H. unterstützte die reformfreudigen Kräfte innerhalb der Kirche u. gründete 1007 das Missionsbistum *Bamberg*, wo er begraben liegt. – 1146 heiliggesprochen (Fest: 13. 7.).

3. *H. III.*, König 1039–1056, Kaiser seit 1046, *28. 10. 1017 Osterbeck, Geldern, † 5. 10. 1056 Bodfeld, Harz; Salier, Sohn Konrads II., 1026 zum dt. König designiert, 1028 gekrönt, 1039 Nachfolger seines Vaters. Trotz seiner gefestigten königl. Machtstellung hatte H. Auseinandersetzungen im Reich zu bestehen, bes. mit den Herzögen von Lothringen. Er sicherte 1041 die Lehnsabhängigkeit Böhmens u. (vorübergehend) auch die Oberhoheit über Ungarn, verstärkte die überkommene Bindung zwischen Reichskirche u. Königtum, förderte die Kirchenreform u. unterstützte das Klosterwesen. Auf den Synoden von Sutri u. Rom (1046) setzte H. drei rivalisierende Päpste ab u. den dt. Papst *Klemens II.* ein. Noch im selben Jahr wurde H. von Klemens II. zum Kaiser gekrönt.

Heinrich I., deutscher König (Chorstuhlwange im Kloster Pöhlde)

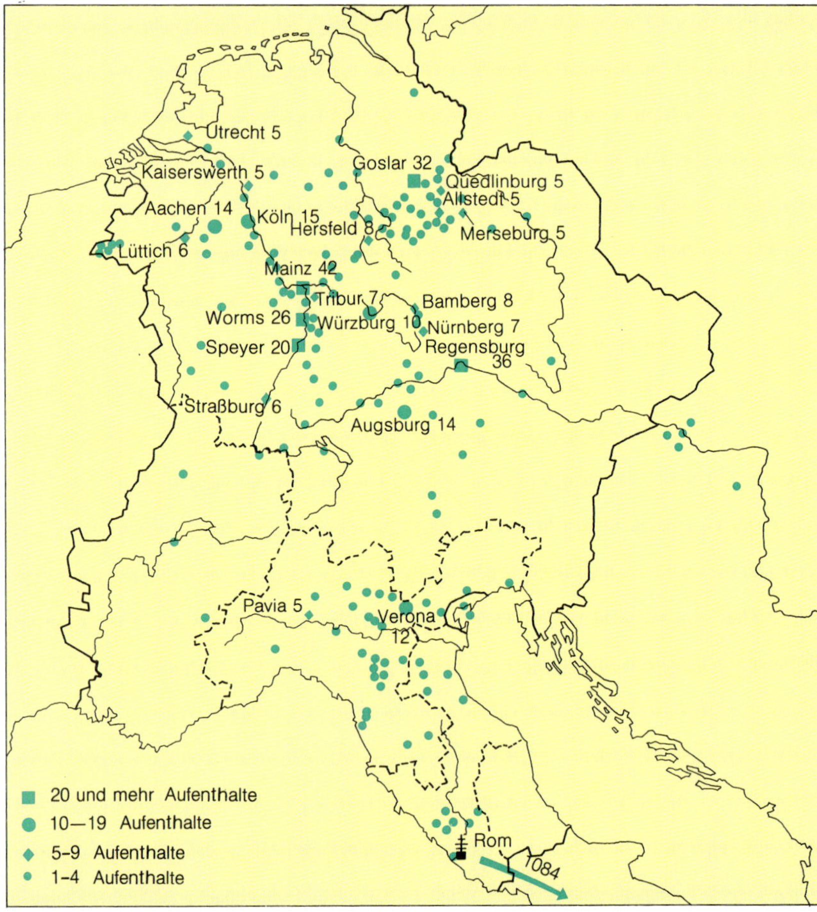

Aufenthalte Heinrichs IV.

4. *H. IV.*, Sohn von 3), König 1056–1106, Kaiser seit 1084, *11. 11. 1050, † 7. 8. 1106 Lüttich; bereits unter der Regierung seines Vaters 1053 zum König gewählt, nach dessen Tod zunächst unter der Regentschaft seiner Mutter *Agnes von Poitou*, dann der Erzbischöfe *Anno von Köln* u. *Adalbert von Hamburg-Bremen* (1062–1065). Zur Selbständigkeit gelangt, versuchte H., die territorialen Machtgrundlagen des Königtums wiederherzustellen u. das großenteils verlorengegangene Reichsgut, bes. im thüring.-sächs. Raum, der Krone zurückzugewinnen. Er stieß auf den erbitterten Widerstand des sächs. Adels, an dessen Spitze *Otto von Northeim* stand. Erst nach zähen Kämpfen in Sachsen u. schwierigen Verhandlungen unterwarfen sich schließlich die sächs. Führer (1075).

Gleichzeitig geriet H. mit dem wiedererstarkten Papsttum in Konflikt um die Besetzung der Bistümer. Damit begann der → Investiturstreit, der die Stellung H.s u. des Königtums überhaupt schwer erschütterte. Durch den Bußgang nach → Canossa erreichte H. 1077 die Aufhebung des von Papst *Gregor VII.* verhängten Bannes. Danach vermochte er in Dtschld. die Fürstenopposition u. das Gegenkönigtum *Rudolfs von Rheinfelden* zurückzudrängen. Auch in Italien war er erfolgreich; seine Gegenpäpste konnten sich jedoch nicht durchsetzen. (*Klemens III.* krönte H. 1084 in Rom zum Kaiser.) Danach wurde H. auch in Dtschld. durch die päpstl. Politik u. die Fürstenopposition immer stärker isoliert. 1093 trat sein ältester Sohn, *Konrad* (*1074, † 1101), zur Gegenpartei über; 1104 erhob sich sein zweiter Sohn, *H. (V.)*, gegen ihn.

H. dankte 1105 unter Zwang ab, sammelte dann noch einmal seine Anhänger, schlug seinen Sohn H. bei Visé, starb jedoch in Lüttich vor Beginn weiterer kriegerischer Auseinandersetzungen mit ihm.

Kaiser Heinrich IV.

5. *H. V.*, Sohn von 4), König 1106–1125, Kaiser seit 1111, * wohl 11. 8. 1086, † 23. 5. 1125 Utrecht; 1098 zum dt. König gewählt, 1099 gekrönt; erzwang 1105 die formelle Abdankung seines Vaters, wurde jedoch erst 1106 nach dessen Tod allg. anerkannt, verließ dann die päpstl. Partei u. nahm sehr entschieden die Reichspolitik seines Vaters wieder auf. 1110/11 unternahm H. einen erfolgreichen Romzug. Der Versuch einer radikalen Lösung des Investiturstreits (Verzicht des Königs auf die Investitur, dafür Rückgabe aller Regalien seitens der Kirche) scheiterte am Widerstand der dt. Bischöfe u. Fürsten. Daraufhin setzte H. Papst *Paschalis II.* gefangen u. ließ sich unter Druck das Recht der Investitur zusichern u. sich zum Kaiser krönen (1111). Die Auseinandersetzungen mit der Kirche verschärften sich in den folgenden Jahren; 1112 wurde H. gebannt. 1116 sicherte er sich in Oberitalien das Erbe der *Mathilde von Tuszien*, besetzte 1117 erneut Rom u. stellte 1118 einen Gegenpapst auf *(Gregor VIII.)*. 1122 kam es schließlich im *Wormser Konkordat* zu einem Ausgleich zwischen H. u. Papst *Kalixt II.* u. damit zur Beilegung des Investiturstreits. 1124 unternahm H. zusammen mit König H. I. von England (H. war seit 1114 mit dessen Tochter *Mathilde* verheiratet) einen erfolglosen Feldzug gegen Frankreich.

6. *H. VI.*, König 1190–1197, Kaiser seit 1191, *Herbst 1165, †28. 9. 1197 Messina; 2. Sohn Kaiser Friedrichs I. (Barbarossa) u. Beatrix' von Burgund, 1169 zum dt. König gewählt u. gekrönt, 1186 König von Italien, Mitherrscher seines Vaters, den er 1186/87 in Italien u. 1189/90 in Dtschld. vertrat, seit dessen Tod Alleinherrscher; 1191 von Papst Coelestin III. zum Kaiser gekrönt.

Seit 1186 mit *Konstanze*, der Tochter *Rogers II.* von Sizilien, verheiratet, versuchte H. 1191 vergeblich, das als sein Erbe beanspruchte sizilian. Reich zu erobern. In Dtschld. hatte er sich einer starken Fürstenopposition zu erwehren. Eine Wendung zu seinen Gunsten trat ein, als er den mit seinen Gegnern verbündeten engl. König *Richard I. Löwenherz* 1193 in seine Hand bekam u. diesen nach Zahlung eines hohen Lösegelds zur Lehnshuldigung zwang. Bei einem 2. Italienzug gelang H. die Eroberung Siziliens; 1194 wurde er in Palermo zum König von Sizilien gekrönt. Nach der Geburt seines Nachfolgers *(Friedrich II.)* versuchte H., das dt. Königtum in seinem Haus erblich zu machen (Erbreichsplan) u. so das sizilian. mit dem dt. Reich fester zu verbinden; er scheiterte aber mit diesen Plänen am Widerstand der dt. Fürsten wie des Papstes. Im Herbst 1197 starb H. unmittelbar vor Beginn des Kreuzzugs in Messina; er wurde in Palermo beigesetzt.

7. *H. (VII.)*, König 1220–1235, *1211 Sizilien, †12. 2. 1242 Martirano, Kalabrien; Sohn Kaiser Friedrichs II. u. Konstanzes von Aragón, bereits 1212 zum König von Sizilien gekrönt, 1216 nach Dtschld. gebracht u. dort 1220 zum dt. König gewählt (1222 gekrönt). Seit 1228 nahm H. selbständig die Reichsgeschäfte in Dtschld. wahr. Seine in der Auseinandersetzung mit den Fürsten verfolgte Politik (Stärkung der Zentralgewalt, Ausdehnung der Hausmacht, Begünstigung der Städte, Förderung der Ministerialen) trieb ihn in einen sich verschärfenden Gegensatz zu seinem Vater, gegen den er sich 1234 offen empörte. H. mußte sich 1235 unterwerfen u. gab sich nach langer Kerkerhaft 1242 wahrscheinlich selbst den Tod.

8. *H. VII.*, König 1308–1313, Kaiser seit 1312, *1274 oder 1275 Valenciennes, †24. 8. 1313 Buonconvento bei Siena; Graf von Luxemburg, mit Hilfe seines Bruders *Balduin von Luxemburg* 1308 gegen den Franzosen Karl von Valois u. andere Kandidaten zum dt. König gewählt (1309 gekrönt); vermied schwerere Zusammenstöße in Dtschld. u. konnte 1310 seinen Sohn *Johann* (von Luxemburg) mit Böhmen belehnen u. mit der Přemyslidin *Elisabeth* (* 1292, †1330) verheiraten. Im gleichen Jahr zog er mit einem kleinen Heer nach Italien, wo er von den Ghibellinen (u.a. auch von Dante Alighieri) begrüßt, von den Guelfen in langwierige Kämpfe verwickelt u. 1312 im Lateran von Kardinälen zum Kaiser gekrönt wurde. Im

Kaiser Heinrich VI. (aus der Manessischen Liederhandschrift)

Begriff, gegen König *Robert von Neapel* zu ziehen, erkrankte H. während der erfolglosen Belagerung von Florenz u. starb bald darauf.

Bayern: **9.** *H. I.*, Sohn von 1), Herzog 948–955, *um 920, †1. 11. 955 Regensburg; erhob sich 938–941 mehrmals gegen seinen Bruder *Otto d. Gr.*, wurde von diesem gefangengesetzt, begnadigt u. 948 mit Bayern belehnt.

10. *H. II., H. der Zänker*, Sohn von 9), Herzog 955–976 u. 985–995, *951, †28. 8. 995 Gandersheim; zunächst unter Vormundschaft seiner Mutter *Judith* (*925, †um 987), erhob sich erfolglos gegen *Otto II.*, zeitweilig abgesetzt; versuchte 984 vergebens, die Vormundschaft über *Otto III.* u. das Königtum an sich zu reißen; erwarb 989 Kärnten.

11. *H. IX., H. der Schwarze*, Herzog 1120–1126, *um 1074, †13. 12. 1126 Ravensburg; Sohn Welfs IV. (* 1030/40, †1101), verheiratet mit *Wulfhild* (*1075, †1126), der Tochter des letzten Billungers, Herzogs Magnus von Sachsen. H.s Tochter *Judith* (*um 1100, †nach 1147) war verheiratet mit dem Stauferherzog Friedrich II. von Schwaben (*1090, †1147); deshalb unterstützte H. zunächst dessen Thronabsichten. Als Lothar III. von Supplinburg seine einzige Tochter *Gertrud* (*1115, †1143) aber H.s Sohn, *H. X., dem Stolzen*, versprach, setzte H. sich für Lothars Wahl ein. Er übergab Bayern seinem Sohn u. zog sich 1126 in das welf. Kloster Weingarten zurück.

Bayern u. Sachsen: **12.** *H. X., H. der Stolze*, Sohn von 11), Herzog von Bayern 1126–1138 u. von Sachsen 1137–1139, *um 1108, †20. 10. 1139 Quedlinburg; Schwiegersohn Kaiser Lothars III. von Supplinburg, übernahm nach dessen Tod das Herzogtum Sachsen. H.s Hoffnungen auf die Nachfolge Lothars als dt. König erfüllten sich nicht; er verlor 1138 auf den Reichstagen zu Würzburg u. Goslar Sachsen an *Albrecht den Bären* u. Bayern an den Babenberger *Leopold IV.* (*1108, †1141), behauptete sich aber bis zu seinem Tod in Sachsen.

13. *H. der Löwe*, Sohn von 12), Herzog von Sachsen 1142–1180 u. von Bayern 1156–1180; *wohl 1129/30, †6. 8. 1195 Braunschweig; erhielt von Kaiser *Friedrich I. Barbarossa*, der damit den stauf.-welf. Gegensatz beseitigen wollte, 1156 das Herzogtum Bayern zurück, unter Verzicht auf die Mark Österreich, die zum Herzogtum erhoben wurde. Die Folge war eine Periode gegenseitiger Unterstützung des Kaisers u. des mächtigsten Herzogs des Reiches. So begleitete H. den Kaiser nach Italien u. zeichnete sich 1155 mit seinen Rittern bei der Niederschlagung eines röm. Aufstands aus. H. erweiterte energisch seine Machtstellung bis zur Peene, trieb eine planmäßige Erwerbspolitik, vor allem im östl. Sachsen, förderte die *Ostsiedlung* u. den Handel im Ostseeraum, errichtete die Bistümer Ratzeburg, Oldenburg (Sitz: Lübeck) u. Mecklenburg (Sitz: Schwerin) neu u. förderte die Städte (Gründung Münchens u. Schwerins, Neugründung Lübecks, Erweiterung Braunschweigs). 1168 heiratete H. *Mathilde* (*1156, †1189), die Tochter König H.s II. von England.

Die Weigerung H.s, den Kaiser 1176 in Oberitalien militärisch zu unterstützen (Sieg der Lombarden bei Legnano 1176), erneuerte den welf.-stauf. Konflikt u. führte, aufgrund der Gegnerschaft der meisten norddt. Fürsten gegen H.s rücksichtslose Machtpolitik, zu seinem Sturz. In land- u. lehnsrechtl. Prozessen 1179/80 geächtet u. der Herzogtümer Bayern u. Sachsen verlustig erklärt, unterwarf sich H., von seinen Vasallen verlassen, 1181 dem Kaiser u. ging 1182 in die Verbannung zu seinem Schwiegervater nach England. Er hatte nur seinen Hausbesitz Braunschweig-Lüneburg behalten, von wo aus er, 1189 nach Dtschld. zurückgekehrt, erfolglos versuchte, die Machtstellung der Welfen zurückzuerobern. 1194 versöhnte sich H. mit Kaiser H. VI.

Braunschweig-Wolfenbüttel: **14.** *H. der Jüngere*, Herzog 1514–1568, *10. 11. 1489 Wolfenbüttel, †11. 6. 1568 Wolfenbüttel; erhielt nach der *Hildesheimer Stiftsfehde* durch die Gunst Karls V. 1523 einen Teil des Bistums Hildesheim u. war seitdem getreuer Gefolgsmann des Kaisers u. Gegner des *Schmalkaldischen Bunds* (auf H. zielt Luthers Spottschrift „Wider Hans Worst"). 1542 während des Schmalkald. Kriegs wurde H. aus Sachsen u. Hessen vertrieben. Mit Hilfe *Moritz' von Sachsen* besiegte er 1553 bei Sievershausen den in Braunschweig eingefallenen brandenburg. Markgrafen *Albrecht Alcibiades*. H. erzwang in seinem Land das Erstgeburtsrecht u. machte mit einer Finanz- u. Grundsteuerreform aus dem Fürstentum Braunschweig-Wolfenbüttel einen modernen Territorialstaat.

Byzanz: **15.** Kaiser des Latein. Reichs 1206–1216, Graf von Flandern u. Hennegau, *1174, † 1216; begleitete auf dem 4. Kreuzzug seinen Bruder *Balduin I.*, der 1205 von den Bulgaren gefangengenommen wurde. An seiner Stelle wurde H. Reichsverweser, dann Kaiser; er rettete das Reich vor dem Untergang u. war der fähigste latein. Herrscher von Byzanz, erfolgreich im Kampf gegen die Bulgaren u. *Theodoros I. Laskaris* von Nicäa.

England: **16.** *H. I., H. Beauclerc*, König 1100–1135, *1068 Selby, Yorkshire, †1. 12. 1135 Lyons-La Forêt, Frankreich; 4. Sohn Wilhelms des Eroberers. Seine Krönungsproklamation *(Charta libertatum)* leitete, obwohl in erster Linie taktisches Manöver, um Bundesgenossen gegen seinen ebenfalls thronberechtigten Bruder *Robert Curthose* zu gewinnen, die Versöhnung der besiegten Angelsachsen mit den normannischen Eroberern ein u. kann als das erste Verfassungsgesetz Englands angesehen werden. 1101 scheiterte eine Invasion Roberts, 1106 wurde er auch in der Normandie besiegt u. so das Stammland *Wilhelms des Eroberers* wieder zu England geschlagen. Gegen den Hochadel stützte H. sich auf niederen Adel u. auf das Volk u. setzte im *Investiturstreit* gegen den Papst durch, daß die Bischöfe zuerst den Vasalleneid leisten mußten (Vertrag von Westminster 1107).

17. *H. II. Plantagenet*, König 1154–1189, *5.

3. 1133 Le Mans, †6. 7. 1189 Chinon; Sohn Mathildes, der Tochter von 16), u. des Grafen Gottfried von Anjou-Plantagenet; dadurch u. durch die Ehe mit Eleonore von Aquitanien auch Herr eines Drittels von Frankreich. Sein Ziel war die Errichtung eines westeurop. Imperiums. In England stärkte er im Kampf gegen den Adel die königl. Gewalt in Rechtsprechung u. Verwaltung u. schränkte den polit. Einfluß der Kirche durch die Konstitutionen von Clarendon (1164) ein. Als sein Kanzler *Thomas Becket*, zum Erzbischof von Canterbury erhoben, sich im Sinn des Papstes gegen ihn wandte, wurde der Kanzler ermordet (1170). Aus Rivalität gegen das dt. Kaisertum ergriff H. jedoch außenpolitisch die Partei des Papstes u. *H.s des Löwen* gegen *Friedrich I. Barbarossa.* H. starb im Kampf gegen seine Söhne. Vor allem aber stärkte H. im Innern die Stellung der Krone gegen die Barone durch den Aufbau eines effektiven, zentral gelenkten Verwaltungssystems u. eine tiefgreifende Reform der Straf- u. Zivilgerichtsbarkeit.

18. *H. III.*, Enkel von 17), König 1216–1272, *1. 10. 1207 Winchester, †16. 11. 1272 Westminster; zuerst unter Vormundschaft, später unter dem Einfluß der Verwandten seiner Frau u. des Hochklerus; durch den Aufstand der Barone u. Gemeinen (Commons) unter seinem Schwager *Simon von Montfort* zeitweilig verdrängt; mußte den Verlust des brit. Festlandbesitzes nördl. der Charente anerkennen u. für die Gascogne dem französ. König Lehnseid leisten.

19. *H. IV.*, Herzog von *Bolingbroke*, König 1399 bis 1413, *April 1366 Bolingbroke, † 20. 3. 1413 Westminster; Sohn *Johanns von Gent*; erster Lancaster-König; führte die Adelsopposition gegen *Richard II.* u. setzte ihn ab; bekämpfte erfolgreich 1400–1408 Aufstände u. suchte seine schwache Stellung durch Nachgiebigkeit gegenüber Parlament u. Kirche zu festigen.

20. *H. V.*, Sohn von 19), König 1413–1422, *16. 9. 1387 Monmouth, †1. 9. 1422 Vincennes; versuchte ein letztes Mal mit großem Erfolg, die Herrschaft über Frankreich zu erringen (Sieg bei Azincourt 1415 u. Friede von Troyes 1420), nahm den Titel eines Königs von Frankreich an, heiratete die Tochter Karls VI. von Frankreich u. wurde als Thronfolger u. Regent von Frankreich anerkannt. Sein plötzlicher Tod vernichtete jedoch die Machtstellung des engl. Königtums für etwa 100 Jahre.

21. *H. VI.*, Sohn von 20), König 1422–1461 u. 1470/71, *6. 12. 1421 Windsor, †21. 5. 1471 London; stand bis zu seiner Volljährigkeit unter der Vormundschaft des Herzogs *Humphrey von Gloucester.* Von schwächl. Charakter u. mehr geistig u. religiös interessiert, gelang es ihm nicht, den durch die lange Regentschaft heraufbeschworenen Zerfall der engl. Königsmacht aufzuhalten. Bis 1453 verlor er allen brit. Besitz auf dem französ. Festland. Mit dem Anspruch *Richards von York* (*1411, †1460; Wappen der Weißen Rose) auf den engl. Thron begannen die verhängnisvollen *Rosenkriege.* H. kämpfte mit wechselndem Erfolg gegen Richards Sohn *Eduard (IV.)*, mußte 1461 fliehen u. wurde 1465–1470 eingekerkert. Er kam 1470 nochmals auf den Thron, wurde wenige Monate später endgültig gestürzt u. starb unter rätselhaften Umständen.

22. *H. VII.*, König 1485–1509, *28. 1. 1457 Pembroke Castle, Wales, †21. 4. 1509 Richmond; erster *Tudor* -König, Graf von Richmond; kam durch seinen Sieg über König *Richard III.* 1485 bei Bosworth auf den Thron u. suchte durch die Ehe mit Elisabeth von York seine Herrschaft zu legitimieren (Ende der *Rosenkriege*).

Heinrich VIII. (23)

23. *H. VIII.*, Sohn von 22), König 1509–1547, *28. 6. 1491 Greenwich, †28. 1. 1547 Westminster; erste Schritte in der Außenpolitik brachten außer einem Sieg über die Schotten (*Flodden Field* 1513) wenig greifbare Ergebnisse, leiteten aber den Aufstieg Kardinal *Wolseys* ein, der England 1517–1527 als Lordkanzler weitgehend selbständig regierte. Nachdem H.s Bemühungen um die dt. Kaiserkrone 1519 fehlgeschlagen waren, ging er für kurze Zeit ein Bündnis mit Kaiser Karl V. ein, das jedoch bald zerbrach. In den 1520er Jahren verstärkte Wolseys kostspielige Außenpolitik die antiklerikale Stimmung im Lande u. bereitete damit den Boden für H.s Reformation.

H. war zunächst ein gläubiger Katholik; seine Schrift gegen Luther 1521 trug ihm sogar den päpstlichen Titel eines *Fidei defensor* [„Verteidiger des Glaubens"] ein. Dennoch trennte er England von Rom (1534) u. errichtete die *anglikanische Staatskirche*, als der Papst seine Ehe mit *Katharina von Aragón*, der Witwe seines älteren Bruders u. Mutter seiner Tochter Maria (der Katholischen), nicht scheiden wollte. 1533 hatte H. diese Ehe für nichtig erklären lassen u. *Anna Boleyn*, von der er eine Tochter, *Elisabeth (I.)*, hatte, geheiratet. 1536 ließ er seine 2. Frau wegen angeblichen Ehebruchs hinrichten. Seine 3. Frau, *Johanna Seymour*, starb kurz nach der Geburt ihres Sohnes *Eduard (VI.)*. Von seiner 4. Frau, *Anna von Cleve* (*1515, †1557), ließ sich H. bereits nach wenigen Monaten wieder scheiden. Seine 5. Frau, *Katharina Howard*, erlitt das gleiche Schicksal wie Anna Boleyn. Seine 6. Frau, *Katharina Parr*, überlebte ihn.H. benutzte die Trennung von Rom unter geschickter Hinzuziehung des Parlaments zum Ausbau der königlichen Machtstellung (Begründung des königlichen Supremats über die Kirche 1535, Säkularisierung der Klöster von 1538 bis 1540). Sein Lordkanzler Thomas *Cromwell* legte durch die „Tudor Revolution in Government" die ersten Grundlagen für ein effektiv verwaltetes Staatswesen.

Frankreich: **24.** *H. I.*, König 1031–1060, Kapetinger, *um 1008, †4. 8. 1060 Vitry, Sohn *Roberts II.* u. dessen Mitregent seit 1027; bekämpfte den Hochadel u. setzte die Oberhoheit des Königtums im Norden des Landes durch.

25. *H. II.*, König 1547–1559, *31. 3. 1519 Saint-Germain-en-Laye, †10. 7. 1559 Paris; Sohn *Franz' I.*, verheiratet mit *Katharina von Medici*; besetzte aufgrund eines Bündnisses mit den dt. Protestanten gegen Kaiser Karl V. (Vertrag von Chambord) Metz, Toul u. Verdun u. vertrieb die Engländer aus Boulogne u. Calais. Im Frieden von Cateau-Cambrésis (1559) verzichtete er auf Ansprüche in Italien. Er stand unter dem Einfluß seiner streng kath. Geliebten *Diane von Poitiers* u. des Hugenottenfeinds *Franz von Guise.*

26. *H. III.*, *H. von Valois*, Sohn von 25), König 1574–1589, *19. 9. 1551 Fontainebleau, †2. 8. 1589 Saint-Cloud (ermordet); zuerst Herzog von Anjou, 1573 nach Zugeständnis der *Articuli Henriciani* u. *Pacta conventa* zum König von Polen gewählt, ging aber heimlich nach Frankreich zurück, um dort seine Thronansprüche durchzusetzen; 1569 bis 1572 unter dem Einfluß seiner Mutter *Katharina von Medici* Gegner der Hugenotten u. mitverantwortlich für die *Bartholomäusnacht.* Als 1584 H.s jüngerer Bruder, der Herzog von *Anjou*, starb, begann der Kampf um die Nachfolge des kinderlosen Königs zwischen Henri de *Guise*, *H. von Navarra* u. H. selbst, der schließlich den Guiseherzog ermorden ließ. Im daraufhin ausbrechenden Krieg mit der Liga verbündete er sich mit H. von Navarra u. übereignete ihm nach einem Mordanschlag sterbend den Thron.

27. *H. IV.*, *H. von Navarra*, König 1589–1610, *13. 12. 1553 Pau, †14. 5. 1610 Paris (ermordet); erster König aus dem Haus *Bourbon*, zunächst Hugenottenführer. Die Hochzeit H.s mit *Margarete von Valois* (1572) nahmen die Königinmutter *Katharina von Medici* u. König *Karl IX.* zum Anlaß, die meisten Hugenottenführer ermorden zu lassen (Bartholomäusnacht). Nachdem ihn sein Vorgänger 1589 zum Nachfolger bestimmt hatte, versuchte er vergebl. sich durchzusetzen. Vor allem Paris verschloß ihm die Tore. Daraufhin wurde er 1593 Katholik („Paris ist eine Messe wert") u. gewährte im *Edikt von Nantes* 1598 den Hugenotten polit. u. religiöse Gleichberechtigung. Er schuf durch Hebung der Königsmacht die Grundlagen für den Absolutismus in Frankreich. Seine Expansionspolitik gegen Dtschld. (Habsburg) bildet den Anfang des französ. Vorherrschaftsstrebens in Europa. Nach der Trennung von Margarete von Valois heiratete er 1600 *Maria von Medici.* Im Begriff, in den jülisch-kleveschen Erbstreit einzugreifen, wurde er ermordet.

28. *H. V.*, Bez. der französ. Legitimisten für den Grafen H. von Chambord.

Hessen: **29.** *H. I.*, *H. das Kind*, regierender Landgraf 1265–1308, *24. 6. 1244, †21. 12. 1308; Sohn H.s II. von Brabant (*um 1207, †1248) u. Sophies von Thüringen (*1224, †1275), konnte von seinem thüring. Erbgut nur Hessen in Besitz nehmen; begründete die Dynastie der hessischen Landgrafen.

Kärnten: **30.** *H. von Görz*, *um 1270, †2. 4. 1335 Schloß Tirol; der letzte (seit 1295 regierende) Herzog von Kärnten u. Graf von Tirol aus dem Görzer Haus; 1307 zum König von Böhmen gewählt, wo er aber 1310 dem Luxemburger *Johann* weichen mußte. Nach seinem Tod fiel Kärnten an die Habsburger, Tirol durch die Ehe seiner Tochter *Margarete*

Heinrich IV. von Frankreich (27)

Maultasch († 1369) zunächst an die Wittelsbacher.
Meißen: **31.** *H. III., H. der Erlauchte,* Markgraf 1221–1288, * 1215/16, † vor dem 8. 2. 1288; sicherte sich aus der Erbschaft *H. Raspes* (→ Heinrich [39]) erhebl. territorialen Gewinn u. förderte die kulturelle u. wirtschaftl. Entwicklung seiner Territorien. Aus der Teilung seines Besitzes (Mark Meißen, Pfalzgrafschaft Sachsen, Niederlausitz, Thüringen, Mark Landsberg, Dresden) entstand der Erbstreit der *Wettiner.*
Obodriten: **32.** Obodritenfürst ca. 1093 bis 1127, † 22. 3. 1127 (wahrscheinlich ermordet); Sohn *Gottschalks* u. der dän. Prinzessin *Sigrid*; dehnte seine Herrschaft über alle slaw. Stämme zwischen Elbe u. Oder nördl. der Havel (Obodriten, Lutizen, Heveller) aus u. wurde „König" genannt. Er war Christ u. stand in enger Verbindung zum sächs. Herzog u. späteren König *Lothar III.*, der ihn gegen innere Widerstände unterstützte. H.s Reich zerfiel nach seinem Tod.
Österreich: **33.** *H. II. Jasomirgott,* Markgraf u. Herzog 1141 bzw. 1156–1177, * 2. 4. 1114, † 13. 1. 1177 Wien; aus dem Geschlecht der *Babenberger,* 1139–1141 rhein. Pfalzgraf, 1143–1156 Herzog von Bayern, das er gegen *H. den Löwen* nicht behaupten konnte; nach dem Verzicht auf Bayern 1156 von Kaiser *Friedrich I. Barbarossa* zum Herzog von Österreich erhoben u. durch das *Privilegium minus* (eine wichtige Urkunde verfassungsrechtl. Charakters) mit bes. Rechten ausgestattet. H. machte Wien zu seiner Residenz.
Polen: **34.** *H. von Valois,* = H. III. von Frankreich; → Heinrich (26).
Preußen: **35.** Prinz von Preußen, General, * 18. 1. 1726 Berlin, † 5. 8. 1802 Schloß Rheinsberg; Bruder *Friedrichs II.* (d. Gr.), vor allem in der Verteidigung Sachsens im Siebenjährigen Krieg als Heerführer bewährt; auch Diplomat (1772 erste Polnische Teilung, 1795 Friede von Basel). Obwohl H. die geistigen Interessen Friedrichs II. teilte, war das Verhältnis zwischen den Brüdern häufig gespannt; H. versammelte in Rheinsberg einen aufklärerisch-frankophilen, frondenhaften Kreis um sich.
36. *H. (Albert Wilhelm),* Prinz, Großadmiral seit 1909, * 14. 8. 1862 Potsdam, † 20. 4. 1929 Hemmelmark bei Eckernförde; Bruder Kaiser *Wilhelms II.*, 1906–1909 Chef der deutschen Hochseeflotte, im 1. Weltkrieg Oberbefehlshaber in der Ostsee.
Sachsen: **37.** *H. der Löwe* → Heinrich (13).
Schlesien: **38.** *H. I., H. der Bärtige,* Herzog, * um 1163, † 19. 3. 1238 Crossen (Oder); vereinigte Schlesien, Süd-Großpolen, Krakau u. Sandomir; förderte die dt. Besiedlung u. das dt. Stadt- u. Dorfrecht.
Thüringen: **39.** *H. Raspe,* Landgraf 1227, Reichsverweser 1242, Gegenkönig 1246/47, * um 1204, † 1247 Wartburg; Sohn des Landgrafen von Thüringen u. Pfalzgrafen von Sachsen *Hermann I.*, folgte 1227 seinem Bruder *Ludwig IV.* dem Heiligen als Regent (Belehnung wahrscheinlich 1241) für dessen Sohn *Hermann II.* (* 1223, † 1241), vertrieb Ludwigs Witwe, die *heilige Elisabeth,* von der Wartburg. Von Kaiser Friedrich II. 1242 zum Reichsverweser in Deutschland für *Konrad IV.* bestellt, ließ H. sich 1246 bei Würzburg von der päpstlichen Partei zum Gegenkönig wählen („Pfaffenkönig") u. schlug Konrad im August des Jahres bei Frankfurt, erkrankte jedoch bei der Belagerung von Ulm u. starb 1247 ungekrönt als letzter der thüringischen Landgrafen aus dem Haus der *Ludowinger.*

Heinrich der Seefahrer, Sohn König Johanns I. von Portugal, * 4. 3. 1394 Porto, † 13. 11. 1460 Sagres; initiierte u. finanzierte die Erforschung der afrikan. Westküste, indem er seit 1416 viele Seefahrer (z. B. *Codamosto*) aussandte; gab damit den Anstoß für die portugies. Seemachtstellung; gründete in Sagres

Heinrich der Seefahrer

die erste Seefahrtschule der Erde u. eine Sternwarte.

Heinrich von Plauen, Hochmeister des *Dt. Ordens* 1410–1413, * vor 1370 im Vogtland, † 9. 11. 1429 Lochstädt, Ostpreußen; 1407 Komtur der Burg Schwetz; rettete nach der Niederlage des Ordensheeres bei Tannenberg 1410 mit seiner Mannschaft die Marienburg vor den Polen, wurde zum Hochmeister gewählt u. eroberte nahezu das gesamte Ordensgebiet zurück, bis es zum *1. Thorner Frieden* 1411 kam. Mit hohen Steuern zur Bezahlung der Kriegsschulden forderte er den Widerstand von Rittern u. Städten heraus. Am 14. 10. 1413 ließ der Ordensmarschall M. *Küchmeister* ihn absetzen. Bis 1422 wurde H. auf der Festung Brandenburg (Ostpreußen) gefangengehalten u. erhielt dann das Pflegeramt in Lochstädt am Frischen Haff. – Drama von J. von *Eichendorff* : „Der letzte Held von Marienburg" 1830.

Heinzen, *Heanzen,* dt. Bauern, die nach 1076 aus Oberfranken auswanderten u. im Burgenland, in der Oststeiermark u. (bis 1945) im ungar. Komitat Ödenburg (Sopron) ansässig waren; sie hingen vorwiegend dem kath. Glauben an u. bewahrten ihre Stammeseigenart bis ins 20. Jh.

Hekatäus von Milet, *Hekataios,* griech. Geschichtsschreiber, * ca. 560/550 v. Chr.; verbesserte aufgrund seiner eigenen Reiseerfahrungen die Erdkarte des *Anaximander* u. fügte ihr eine literarische „Erdbeschreibung" bei.

Held, 1. Heinrich, Politiker (Zentrum, ab 1918 Bayer. Volkspartei), * 6. 6. 1868 Erbach, Taunus, † 4. 8. 1938 Regensburg; seit 1907 Mitglied des bayer. Landtags, 1924–1933 bayer. Ministerpräsident, schloß 1925 das Konkordat mit dem Hl. Stuhl ab; entschiedener Föderalist; 1933 von den Nationalsozialisten abgesetzt.
2. Matthias, Reichsvizekanzler, * um 1490 Arlon, Ardennen, † 1563 Köln; befürwortete die kompromißlos gegen die Protestanten gerichtete Politik *Karls V.*, die sich jedoch wegen außenpolit. Schwierigkeiten des Kaisers, bei deren Überwindung er auf die Hilfe aller Reichsstände angewiesen war, nicht durchführen ließ.

Helfferich, Karl, Politiker, * 22. 7. 1872 Neustadt an der Weinstraße, † 23. 4. 1924 bei Bellinzona (Eisenbahnunglück); Nationalökonom, Privatdozent in Berlin; seit 1901 in der Kolonialabteilung des Auswärtigen Amts, 1906 Direktor der Anatol. Eisenbahngesellschaft in Istanbul; 1908 Direktor der Dt. Bank, 1915 Staatssekretär des Reichsschatzamtes, 1916/17 des Reichsamtes des Innern u. stellvertr. Reichskanzler; nach dem 1. Weltkrieg einer der Gründer u. Führer der Deutschnationalen Partei; Wortführer der nationalist. u. republikfeindl. Rechten, radikaler Gegner der „Erfüllungspolitik"; beteiligt an der Währungsreform von 1923.

Helgoland, dt. Nordseeinsel (mit Düne 1,6 km^2) in der Helgoländer Bucht (gehört zum schleswig-holstein. Ldkrs. Pinneberg).
Die Gleichsetzung H.s mit „Forsetisland" durch den Chronisten Adam von Bremen († nach 1081) läßt den Sitz eines german. Heiligtums vermuten. Die Insel wurde von Friesen besiedelt u. gehörte seit dem 15. Jh. dem Herzogshaus Schleswig-Holstein-Gottorp. Sie fiel 1714 an Dänemark u. wurde während der Kontinentalsperre 1807 von Engländern besetzt. Auf dem Wiener Kongreß (1814/15) wurde der engl. Besitz legalisiert. Durch den *H.-Sansibar-Vertrag* vom 1. 7. 1890 fiel H. an das Deutsche Reich u. wurde 1891 durch Übernahme in die Prov. Schleswig-Holstein preußisch.
Vor H. fand 1849 während der schleswig-holstein. Erhebung ein dt.-dän. Seegefecht statt, das auf engl. Einspruch hin abgebrochen wurde, 1864 im Dt.-Dän. Krieg ein österr.-dän. u. 1914 zu Beginn des 1. Weltkriegs ein engl.-dt. Seegefecht. Die militär. Anlagen wurden 1919 geschleift u. 1935 wiederaufgebaut. 1945, am Ende des 2. Weltkriegs, wurde die Insel wiederum von den Engländern besetzt. Bereits durch Bombenangriffe schwer getroffen, wurde H. durch engl. Sprengungen 1947/48 u. durch die Verwendung als Versuchsziel der engl. Luftwaffe (bis 1951) stark zerstört. Am 1. 3. 1952 erreichte die Bundesregierung die Freigabe H.s. Die Siedlungen wurden wiederaufgebaut; die 1947 ausgewiesene Bevölkerung kehrte zurück. H. genießt von alters her Zollfreiheit.

Helgoland-Sansibar-Vertrag, am 1. 7. 1890 zwischen England u. Dtschld. (Reichskanzler L. von *Caprivi*) geschlossener Vertrag: Dtschld. verzichtete auf *Witu* (Uganda) u. erhielt von Südwestafrika aus Zugang zum Sambesi *(Caprivi-Zipfel)*; der Festlandbesitz des Sultans von Sansibar fiel an Deutsch-Ostafrika, dafür sicherte England sein Protektorat über die Inseln Sansibar u. Pemba; *Helgoland,* seit 1807 englisch, wurde an Schleswig Holstein zurückgegeben.

Heliogabal → Elagabal.

Heliopolis [grch., „Sonnenstadt"], **1.** ägypt. *On,* Ruinenstätte nordöstl. von Kairo; altägypt. Gauhauptstadt von Unterägypten. Ihr Lokalgott *Atum* wurde frühzeitig mit dem Sonnengott *Re* gleichgesetzt, dem in der 12. Dynastie einer der größten u. reichsten Tempel Ägyptens errichtet wurde; erhalten ist nur noch ein 20 m hoher Obelisk, den *Sesostris I.* um 1950 v. Chr. aufstellen ließ. Neben Theben u. Memphis war H. die heiligste Stadt Ägyptens; die Priesterschaft von H. hatte bes. Einfluß auf die Entwicklung der ägypt. Religion u. stand auch in Griechenland (nach *Strabon)* im Ruf großer Weisheit.
2. → Baalbek.

helladische Kultur, bronzezeitl. Kultur des griech. Festlands; nach Unterschieden in den Funden u. in Analogie zu den etwa gleichzeitigen Perioden der minoischen Kultur gegliedert in eine *frühhelladische* (2500–1900 v. Chr.), eine *mittelhelladische* (1900–1600 v. Chr.) u. eine *späthelladische* (1600–1100 v. Chr.) *Periode.* In der frühhellad. Zeit bildete das griech. Festland unter dem Einfluß der kleinasiat. Metallurgie mit den Kykladen, dem frühminoischen Kreta, Makedonien u. Anatolien eine Kultureinheit *(ägäische Kultur),* getragen von einer einheitl. nichtindogerman. Bevölkerung. Die Siedlungen hatten städt. Charakter. Die Fundamente der Rechteckhäuser (u. a. Megarontyp) u. Apsidenbauten waren aus Stein, die Wände aus luftgetrockneten Lehmziegeln mit eingesetzten Holzbalken. Monumentalbauten in Lerna u. Tiryns deuten auf das Bestehen von Herrensitzen. Neben Kupfer u. Bronze verwandte man noch Stein (u. a. Obsidian) u. Knochen; in den Töpfereien überwog die glasierte, Metallglanz imitierende Urfirniskeramik. Am Anfang des 2. Jahrtausends v. Chr. wurden die frühhellad. Siedlungen von einwandernden Indogermanen (den als *Achäer, Ionier* bezeichneten Frühgriechen) zerstört. In der folgenden mittelhellad. Periode bildete sich eine Mischkultur aus traditionell ägäischen u. indogermanischen Elementen. Hauptgrabtyp war jetzt das Steinkistengrab. Keramik mit Mattmalerei u. die einfarbige graue, schwarze oder gelbe sog. minysche Ware traten ohne Vorstufen auf. Durch Einflüsse von Kreta entstand um 1600 v. Chr. die mykenische Kultur, die der späthellad. Periode Griechenlands entspricht.

Hellas, ursprüngl. der Name mehrerer griech. Landschaften: Gebiet um Dodona, Teil von Achaia Phthiotis im südl. Thessalien u. Achaia im nördl. Peloponnes; in histor. Zeit der allg. Name für das ganze von Griechen besiedelte Gebiet; seit 1883 der amtl. Name des neugriech. Staats.

Helldorf, Wolf Heinrich Graf von, Politiker, * 14. 10. 1896 Merseburg, † 15. 8. 1944 Berlin-Plötzensee (hingerichtet); Offizier, 1919/20 Freikorpstätigkeit; 1924–1928 u. 1932/33 Mitgl. des preuß. Landtags (Deutschvölk. Freiheitspartei, dann NSDAP); 1931–1933 SA-Führer in Berlin; 1933–1935 Polizeipräsident in Potsdam, 1935–1944 in Berlin; stand in Kontakt mit der Widerstandsbewegung gegen Hitler, nach dem Attentat vom 20. Juli 1944 vom Volksgerichtshof zum Tode verurteilt.

Helldorff, Otto Heinrich von, konservativer Politiker, * 16. 4. 1833 Schloß Bedra bei Merseburg, † 10. 3. 1908 Schloß Bedra; 1871 bis 1874, 1877–1881 u. 1884–1893 Mitgl. des Reichstags, seit 1890 des preuß. Herrenhauses. H. war 1876 maßgeblich an der Gründung der Deutschkonservativen Partei beteiligt; er war 1876–1892 Partei-Vors., 1876 bis 1881 u. 1884–1892 zugleich Fraktions-Vors. Als Repräsentant des gemäßigt gouvernementalen Flügels wurde er 1892 von ostelbisch-reaktionären Kreisen politisch ausgeschaltet.

Hellenismus [grch. *hellenismos*, „das Griechisch-Reden", allg. „Griechisch-Sein"], von der Geschichtswissenschaft geprägter Begriff (zuerst bei J. G. *Droysen*) für die Zeit, in der das Griechentum Weltgeltung errang. Die griech. Kultur des klassischen Hellas, die durch die Eigenart der Stadtstaaten *(Polis)* geprägt u. nur auf diese bezogen war, drang in der Epoche *Alexanders d. Gr.* u. seiner Nachfolger weit über die Grenzen u. Einflußgebiete Griechenlands hinaus u. gewann dabei neue charakterist. Züge. Als typische Merkmale des H. gelten die Wendung zu kosmopolitischem Denken, die Herausbildung u. Verselbständigung eines Weltbürgertums u. eine hochentwickelte Zivilisation.

Heller, *Häller, Haller,* ursprüngl. die seit dem 12. Jh. in Schwäbisch Hall geprägten Pfennige („Händel-H.", weil die Rückseite die Innenfläche einer Hand zeigte; auf der Vorderseite war ein Spaltkreuz), die sich im 13./14. Jh. ein weites Umlaufgebiet eroberten u. überall nachgeahmt wurden.

Hellpach, Willy, Arzt, Politiker (Dt. Demokrat. Partei), Soziologe u. Psychologe, * 26. 2. 1877 Oels, Schlesien, † 6. 7. 1955 Heidelberg; lehrte in Karlsruhe, seit 1926 in Heidelberg; 1922–1925 bad. Kultusminister, 1924/25 Staatspräsident von Baden, 1925 Kandidat der DDP für das Amt des Reichspräsidenten, 1928–1930 Mitglied des Reichstags; Verfasser zahlreicher Schriften zur Sozial- u. Völkerpsychologie.

Helm, Kopfschutz u. krieger. Kopfschmuck aus Leder oder Metall.
In der Heraldik ist der H. neben dem Schild der wichtigste Bestandteil eines Familienwappens. Auf ihm ist die *Helmzier* angebracht. Die Form des H.es ist je nach seiner Entstehungszeit verschieden: Topf-H. (13. Jh.), Kübel-H. (14. Jh.), Stech-H. (15. Jh.) u. Spangen-H. (16. Jh.). Bei der Darstellung eines Wappens muß der H. im Stil zu der Form des Schildes passen.

Helmold von Bosau, geistl. Chronist, * vor 1125, † nach 1177; 1143 Chorherr im Stift Neumünster, nach 1156 Priester in Bosau am Plöner See; seine 1167–1172 verfaßte „Chronica Slavorum" schildert die Christianisierung u. dt. Besiedlung Ostholsteins u. Mecklenburgs zur Zeit Heinrichs des Löwen bis 1171. Sie wurde fortgesetzt von *Arnold von Lübeck.*

Helmzier, *Helmkleinod,* plast. Schmuck des ritterl. Helms. Schild, Helm u. H. gehören zu einem vollständigen Familienwappen *(Vollwappen).* Die H. ist teils willkürlich gewählt, teils wiederholen sich in ihr die Wappenfarben oder das Wappenbild. Verschiedene Zweige einer Familie unterscheiden sich vielfach bei gleichem Wappenbild durch die H.

Heloten, grch. *Heilotes,* im alten Sparta die dem Staat hörigen Kleinbauern, hervorgegangen aus der von den eingewanderten Doriern unterworfenen vorgriech. Bevölkerung.

Helvetier, ein kelt. Volksstamm, ursprüngl. in Süd-Dtschld., seit dem 3.–2. Jh. v. Chr. in der Schweiz ansässig. Von *Cäsar* nach der Niederlage in der Schlacht bei Bibracte 58 v. Chr. am Auswandern nach Südfrankreich gehindert, blieben sie in der Schweiz als Verbündete der Römer.

Helvetische Republik → Schweiz.

Henckel von Donnersmarck, seit 1651 gräfl. Adelsgeschlecht in Schlesien. Auf seinem Grundbesitz wurden im 19. Jh. Kohle u. Eisen gefunden. Der von Kaiser Wilhelm II. 1901 zum *Fürsten von Donnersmarck* erhobene u. geförderte Graf Guido von *Henckel* (* 1830, † 1916), Mitgl. des preuß. Staatsrats, baute eines der mächtigsten Wirtschaftsimperien im dt. Kaiserreich auf. Der zur Montanindustrie gehörende, aber auch chemische Betriebe umfassende Besitz, der sich auch auf das russische Polen erstreckte, fiel 1919 zum Großteil an Polen.

Henderson ['hɛndəsn], **1.** Arthur, brit. Politiker (Labour Party), * 13. 9. 1863 Glasgow, † 20. 10. 1935 London; ehem. Metallarbeiter, führender Gewerkschaftler, seit 1903 im Unterhaus, 1911–1934 Sekretär der Labour Party; 1915–1917 Min. in den Kabinetten *Asquith* u. *Lloyd George*; 1918 wesentlich an der Ausarbeitung der Statuten u. des Programms der Labour Party beteiligt; im Kabinett *MacDonald* 1924 Innen-Min., kämpfte 1925/26 für die Abgrenzung seiner Partei von den Kommunisten; 1929–1931 Außen-Min., 1932/33 Präs. der Weltabrüstungskonferenz in Genf; Friedensnobelpreis 1934.
2. Sir Nevile, brit. Diplomat, * 10. 6. 1882 Sedgwick Park bei Horsham, Sussex, † 30. 12. 1942 London; 1937–1939 Botschafter in Berlin, unterstützte die Appeasement-Politik; überreichte der dt. Regierung die engl. Kriegserklärung.

Henge-Denkmäler [hɛndʒ-; engl.], große, sakralen Zwecken dienende Erd-, Holzpfosten- u. Steinkreise aus der jüngeren Steinzeit u. Bronzezeit mit einem oder zwei einander gegenüberliegenden Eingängen; vornehmlich in England *(Avebury, Stonehenge)* u. in der Bretagne *(Ménec)* verbreitet.

Henlein, Konrad, sudetendt. Politiker, * 6. 5. 1898 Maffersdorf bei Reichenberg, † 10. 5. 1945 Pilsen (Selbstmord); Bankbeamter, seit 1925 Turnlehrer; 1931 Turnwart des Dt. Turnverbands in der Tschechoslowakei; 1933 Mitbegründer der Sudetendt. Heimatfront, die 1935 als Sudetendt. Partei die zweitstärkste Partei im tschechoslowak. Parlament wurde; wirkte für den Anschluß des Sudetenlands an Dtschld.; nach dem Münchener Abkommen Reichskommissar für die sudetendt. Gebiete, seit April 1939 Reichsstatthalter im Reichsgau Sudetenland; 1938–1945 auch Gauleiter der NSDAP.

Henneberg, ehem. Grafschaft in Franken. Nach der Burg H. nannte sich ein aus dem Grabfeld stammendes Grafengeschlecht, das 1037 erstmals urkundlich erwähnt wird. – *Poppo VII.* von H. († 1245) nahm 1228/29 am (5.) Kreuzzug Friedrichs II. teil u. wurde 1236 Statthalter von Wien.
1274 wurde die Grafschaft geteilt. Am längsten bestand die *Schleusinger Linie*, die unter Ludwig dem Bayern gefürstet wurde u. 1583 mit *Georg Ernst* von H. ausstarb. H. fiel an Sachsen u. wurde seit 1660 von den Ernesti-

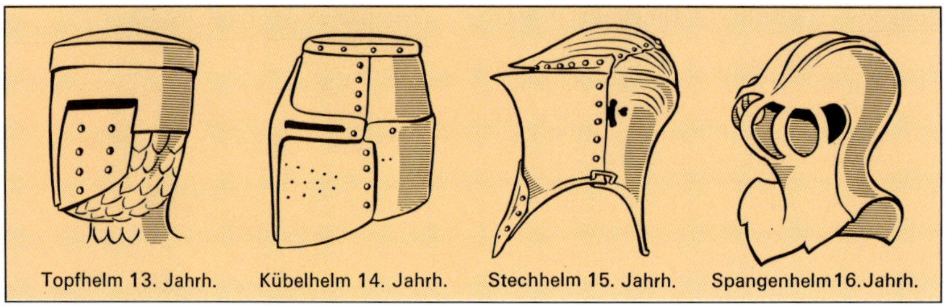

Helmformen

Zeittafel zur Geschichte des Hellenismus

336 v. Chr.	Regierungsantritt Alexanders des Großen
333 v. Chr.	Schlacht bei Issos / Sieg über die Perser
327–325 v. Chr.	Alexanders Zug nach Indien
323 v. Chr.	Tod Alexanders / Beginn der Diadochenkämpfe
280 v. Chr.	Ende der Diadochenkämpfe. Entstehung der drei großen Monarchien Ägypten, Syrien und Makedonien. Gleichgewicht der politischen Kräfte im östlichen Mittelmeerraum. Zeit des Hellenismus
Ab 220 v. Chr.	Hervortreten der griechischen Kleinstaaten
Ab 200 v. Chr.	Beginn der Vorherrschaft Roms in der hellenistischen Staatenwelt
168 v. Chr.	Schlacht bei Pydna / Ende des Königtums der Antigoniden in Makedonien
146 v. Chr.	Korinth wird von den Römern erobert und zerstört. Errichtung der römischen Provinz Macedonia, der auch die griechischen Städte unterstellt werden
133 v. Chr.	Pergamon fällt an die Römer / Errichtung der kleinasiatischen Provinz Asia
64 v. Chr.	Die Römer unter Gn. Pompeius unterwerfen das Seleukidenreich
30 v. Chr.	Nach dem Tod der Königin Kleopatra wird das Ptolemäerreich in Ägypten römische Provinz

nern u. den Albertinern gemeinsam verwaltet. 1680 gelangte der ernestin. Teil an Sachsen-Meiningen; das übrige Gebiet fiel im 19. Jh. an Preußen. – Der Linie *H.-Römhild* entstammte Berthold von Henneberg, Erzbischof von Mainz (1484–1504) u. Reichsreformer unter Kaiser Maximilian I.

Hennecke, Adolf, Bergarbeiter, *25. 3. 1905 Meggen, Westfalen, †22. 2. 1975; seit 1946 Mitgl. der SED; förderte nach sorgfältiger technischer Vorbereitung am 13. 10. 1948 in Oelsnitz 387% seiner Tagesnorm u. wurde von der SED nach dem Vorbild der sowjet. *Stachanow-Bewegung* zum Begründer der *Aktivistenbewegung* (auch *H.-Bewegung*) in der SBZ bzw. DDR gemacht; seit 1951 in verschiedenen Ministerien u. anderen staatl. Institutionen im Energiebereich tätig; seit 1954 Mitgl. des ZK der SED.

Hennegau, fläm. *Henegouwen*, frz. *Hainaut*, belg. Provinz, 3790 km², 1,27 Mill. Ew.; Hptst. *Mons*. Der größte Teil der Provinz (nördl. der Sambre) gehört zur gleichnamigen Landschaft, der Rest der Provinz entfällt auf das *Condroz*, die *Fagne* u. die *Ardennen*. Die in spätkarolingischer Zeit entstandene Grafschaft gelangte Mitte des 11. Jh. in den Besitz der Grafen von Flandern u. 1299 in den der Grafen von Holland. 1433 von den burgund. Herzögen erworben, bildete sie später eine der 17 niederländ. Provinzen. 1579 schloß sie mit dem *Artois* die Union von Arras ab u. kehrte unter die Herrschaft des span. Königs zurück. Die seit 1815 sog. Provinz H. ist lediglich das Gebiet des in der Zeit der Zugehörigkeit zu Frankreich gebildeten Dép. *Jemappes*.

Henotikon [das; grch., „vereinigend"], Edikt des byzantin. Kaisers *Zeno* von 482, durch das er (vergeblich) die Einheit mit den *Monophysiten* erreichen wollte.

Hephthaliten [pers. *Haital, Habtal*, chin. *Yeta*], *Weiße Hunnen*, ein Nomadenverband iran. Prägung, der im Verband der westl. Hunnen nach Turkistan vorstieß u. aus dem Raum um Herat zwischen 425 u. 552 das Reich der *Sassaniden* bedrängte. Anfang des 6. Jh. drang er ins *Pandschab* ein u. stürzte das Reich der *Gupta*; hier wurde er um 660 vernichtet. Reste des Volkes hielten sich noch bis gegen 1000 um Balch.

Herakleia, [grch., „Heraklesstadt"], mehrere altgriech. Städte: **1.** *H. am Latmos*, etwa 25 km östl. von Milet, im Altertum an einer offenen Meeresbucht; bes. gut erhaltene, zu Anfang des 3. Jh. v. Chr. errichtete Befestigung mit Türmen u. Schießscharten.

2. *H. in Lukanien*, beim heutigen Policora, am Golf von Tarent; 432 v. Chr. von Tarentinern gegr., bekannt durch den Pyrrhossieg 280 v. Chr.

3. *H. Lynkestis*, im nordwestl. Makedonien, beim heutigen Bitola; vielleicht eine Gründung *Philipps II.* von Makedonien.

4. *H. Minoa*, an der Südküste Siziliens, etwa 25 km westl. von Akragas; von Selinunt aus auf dem Boden einer vorgriech. (sikanischen) Siedlung gegründet. Es wechselte wegen seiner Lage im griech.-karthag. Grenzgebiet öfter den Herrscher u. wurde nach 132 v. Chr. endgültig römisch. Bei Grabungen wurden Teile der Festungsmauern eines Theaters freigelegt.

5. *H. Pontike*, lat. *Heraclea Pontica*, heute Ereğli, in Bithynien, an der Südküste des Schwarzen Meers; um die Mitte des 6. Jh. v. Chr. von Kolonisten aus Megara u. Böotien gegr., hatte eine beherrschende Stellung im Schwarzmeerhandel; Hafenplatz mit Leuchtturm, auf den Münzen der Stadt abgebildet. – Nördl. von H. liegt das *Acherontal* mit seinen Höhlen. Von hier aus soll *Herakles* in die Unterwelt gestiegen sein, um den *Zerberus* zu holen.

6. *H. Sintike*, im östl. Makedonien, beim heutigen Zervochori bei Nigrita; eine Gründung *Philipps II.* von Makedonien.

7. *H. Trachinia*, in der Ebene unter dem steilen Burgfelsen am Ausgang der Asoposschlucht, westl. der Thermophylen: 426 v. Chr. von den Lakedämoniern gegr., neu befestigt durch Kaiser *Justinian*.

Herakleios, *Heraclius*, byzantin. Kaiser 610–641, *575, †11. 2. 641; einer der bedeutendsten byzantin. Kaiser, nahm den Titel *Basileios* an. Er gewann Syrien, Kleinasien u. Ägypten von den Persern zurück, besiegte auf dem Balkan die Awaren, verlor aber Syrien u. Ägypten seit 635 wieder an die muslim. Araber. Mit seinen Reichs- u. Verwaltungsreformen (Themenverfassung) beginnt die mittelbyzantin. Periode.

Herakliden, Nachkommen des *Herakles*, als die sich die *Dorier* seit dem 7. Jh. v. Chr. bezeichneten, um ihren Anspruch auf den Peloponnes mythisch begründen zu können.

Heraldik [germ., frz.], *Wappenwesen*, bestehend aus Wappenkunde, Wappenkunst u. Wappenrecht; das Wort leitete sich von Herold ab.

Herculaneum [-nɛum], *Herkulaneum*, heute Ercolano, antike Küstenstadt in Kampanien, 7 km östl. von Neapel; 79 n. Chr. mit *Pompeji* vom Schlamm des Vesuvausbruchs zugeschwemmt; Ausgrabungen seit 1738 brachten Siedlungsreste aus samnitischer Zeit zutage. Seit 307 v. Chr. ist H. römisch; es fanden sich ein rechtwinklig angelegtes Straßennetz, Stadtmauer, Theater, 2 Thermenanlagen, sog. Basilika (wahrscheinlich Curia, mit den schönsten Wandmalereien von H.) u. vorzüglich erhaltene Privathäuser mit z. T. erhaltenen Inneneinrichtungen (Mobiliar aus Holz u. Hausrat). Vor der Stadt lagen Villen mit Bronzebildwerken u. einer Bibliothek von Papyrusrollen.

Hermandad [ɛrman'ðað; die; span., „Bruderschaft"], Bündnis kastil. u. aragones. Städte zum Schutz gegen den raublustigen Adel u. Räuberbanden. Die 1476 gegr. *Heilige H. (Santa H.)* Kastiliens war eine polit.-militär. Organisation, die an die Stelle der regionalen Städtebündnisse trat u. unmittelbar den Königen unterstand, ausgestattet mit Gerichtsbefugnissen u. einer Polizeitruppe; 1488 auch in Aragón. Aus der Heiligen H. ging die span. Gendarmerie *(guardia civil)* hervor.

Hermann, Fürsten: **1.** *H. der Cherusker* → Arminius.

2. *H. V.*, Kurfürst u. Erzbischof von Köln 1515–1546, Graf von *Wied*, *14. 1. 1477 Wied, †15. 8. 1552 Wied; krönte 1520 Karl V. in Aachen; bis 1536 romtreu, führte dann, unterstützt von M. *Bucer* u. P. *Melanchthon*, eine gemäßigte Kirchenreform in seinem Erzstift ein; vom Papst 1546 exkommuniziert u. von Karl V. nach dem Schmalkald. Krieg 1547 abgesetzt.

3. *H. Billung*, Markgraf 937, Herzog von Sachsen 961–973, †27. 3. 973 Quedlinburg; von *Otto d. Gr.* an der Unterelbe mit dem Schutz der Grenze gegen Obodriten u. Dänen beauftragt; regierte zeitweilig als Stellvertreter Ottos in Sachsen u. gewann eine herzogähnl. Stellung.

4. *H. I.*, Pfalzgraf von Sachsen 1181–1217, Landgraf von Thüringen seit 1190, *um 1155, †25. 4. 1217 Gotha; lavierte geschickt zwischen Staufern u. Welfen, rückte 1211 von *Otto IV.* (von Braunschweig) ab u. setzte sich für die Wahl *Friedrichs II.* ein, dessen schneller Einzug in Dtschld. H. vor dem Verlust seiner sächsischen Lande rettete. Bekannt ist H. vor allem durch seine Hofhaltung auf der *Wartburg*, die bedeutende mittelhochdeutsche Dichter zusammenführte (*Wolfram von Eschenbach, Walther von der Vogelweide* u. a.) u. deren Ausstrahlungskraft aus dem Fortleben in der Sage („Sängerkrieg auf der Wartburg") ersichtlich ist.

5. *H. I., H. von Salm*, Gegenkönig 1081–1088, †28. 9. 1088; aus dem Luxemburger Grafenhaus, nach dem Tod *Rudolfs von Rheinfelden* von einer Gruppe sächs. u. schwäb., päpstlich gesinnter Fürsten zum Gegenkönig *Heinrichs IV.* gewählt u. vom Erzbischof von Mainz gekrönt, konnte sich jedoch trotz eines Siegs bei Bleichsfeld (1086) gegen den König nicht durchsetzen. Als die ihn hauptsächlich unterstützenden sächs. Großen sich Heinrich unterwarfen, gab er den Kampf auf u. kehrte in seine lothring. Heimat zurück, wo er in einer Fehde fiel.

Hermann von Reichenau, *Hermannus Contractus, Hermann der Lahme*, schwäb. Gelehrter u. Geschichtsschreiber, *18. 7. 1013, †24. 9. 1054 Reichenau; Benediktinermönch im Kloster Reichenau; beschäftigte sich mit Musiktheorie, Mathematik, Astronomie, Dichtung u. Geschichte; schrieb das „Chronicon ab urbe condita", die erste erhaltene Weltchronik Schwabens u. der deutschen Kaiserzeit bis 1054, die sich auf seine (verlorene) „Schwäbische Weltchronik" (um 1040) stützt; verfaßte die Abhandlung „De musica", in der er eine neue Notenschrift entwarf.

Hermann von Salza, Hochmeister des *Deutschen Ordens* 1209–1239, *um 1170 Langensalza, †20. 3. 1239 Salerno; aus thüringischem Ministerialengeschlecht; seit 1220 Vertrauter Kaiser *Friedrichs II.*, später Vermittler zwischen diesem u. der Kurie. Nach einem gescheiterten Versuch in Siebenbürgen eröffnete er dem Dt. Orden ein neues Wirkungsfeld: die ihm von Friedrich II. ausgestellte *Goldbulle von Rimini* (1226) verlieh dem Orden die landesherrl. Hoheitsrechte in Preußen.

Hermes, Andreas, Politiker, *16. 7. 1878 Köln, †4. 1. 1964 Krälingen, Eifel; Landwirt; 1920–1922 Reichs-Min. für Ernährung u. Landwirtschaft, 1922/23 der Finanzen, 1924–1928 Mitgl. des preuß. Landtags (Zentrum), 1928–1933 Mitgl. des Reichstages u. Präs. der Vereinigung der dt. christlichen Bauernvereine, 1930–1933 Präs. des Reichsverbandes der dt. landwirtschaftl. Genossenschaften (Raiffeisen); 1933 polit. Häftling; 1936–1939 Regierungsberater in Kolumbien; 1945 wegen Beteiligung am Widerstand gegen Hitler vom Volksgerichtshof zum Tode verurteilt; 1945 Mitbegründer u. Vors. der CDU in Berlin u. der SBZ, wegen Widerstands gegen die Bodenreform von der Sowjet. Militäradministration abgesetzt; Mitbegründer u. 1948–1954 Präs. des Dt. Bauernverbandes, 1948–1961 auch des Dt. Raiffeisenverbandes.

Herminonen, *Hermionen, Erminonen, Irminonen*, nach *Tacitus* einer der drei german. Stammesverbände; wahrscheinlich mit den *Elbgermanen* identisch.

Hermoupolis, *Hermopolis, Chmun, Eschmunên*, zwei altägypt. Städte: *H. magna* in Oberägypten am Nil, südl. von Al Minya; *H. parva* in Unterägypten.

Hermunduren, *Ermunduren*, german. Teilstamm der *Sweben*, zwischen Erzgebirge, Harz, Thüringer Wald u. Schwarzer Elster. Sie spielten in den Kämpfen der Germanen gegen die Römer u. zwischen den german. Stämmen eine wichtige Rolle u. gingen im 3. Jh. in den *Thüringern* auf.

Herodes, jüd.-hellenist. Fürsten: **1.** *H. der Große*, König von Galiläa u. Judäa 37–4 v. Chr.; entstammte einer einflußreichen altjüd. Familie Idumäas, wegen seiner proröm. Politik u. seines nicht sakral fundierten Königtums unter den Juden unbeliebt; ging rücksichtslos gegen polit. Rivalen vor u. ließ die makkabäischen Nachkommen, einschl. seiner zweiten Frau *Mariamne* u. deren Söhnen, ausrotten; brachte seinem Land äußeren Frieden u. wirtschaftl. Blüte; erfolgreich als Bauherr (u. a. Erneuerung des Jerusalemer Tempels).

2. Sohn von 1) u. Mariamne, ohne Ehrgeiz auf eine Nachfolge seines Vaters, zeitweilig

Palast Herodes' des Großen; Rekonstruktion im Maßstab 1:50 im Garten des Holyland-Hotels, Jerusalem

verheiratet mit Herodias, der Tochter seines Halbbruders Aristobulos.

3. *H. Agrippa I.*, Enkel von 1) u. Sohn des Aristobulos, †44 n. Chr.; in Rom aufgewachsen, wurde 37 n. Chr. Nachfolger des Philippos, Herrscher von Nordpalästina, 39 n. Chr. des H. Antipas (H. [5]) u. zwei Jahre später auch des H. Archelaos (H. [6]). So vereinigte er noch einmal bis zu seinem Tode das ganze Königreich seines Großvaters. Er verfolgte die urchristl. Gemeinde (Apg. 12,1 ff.), betätigte sich als Bauherr.

4. *H. Agrippa II.*, Sohn von 3), †92/93 n. Chr. oder nach anderen Berechnungen 100 n. Chr.; seit 50 König im Gebiet des Libanon mit dem Recht, über Jerusalems Tempel Aufsicht zu führen.

5. *H. Antipas*, Sohn von 1) u. Malthake, 4 v. Chr.–39 n. Chr. Tetrarch von Galiläa u. Peräa u. damit Landesherr Jesu. Seine 2. Ehe mit Herodias, seiner Schwägerin, wurde von *Johannes* dem Täufer getadelt (Markus 6,14 ff.). Er ließ ihn deshalb u. auch aus anderen Gründen hinrichten. Aufgrund ehrgeiziger Pläne – seine Frau wollte ihn anstelle ihres Bruders (H. [3]) als König sehen – geriet er in Rom in Ungnade u. wurde 39 n. Chr. von Caligula nach Lugdunum (Lyon) verbannt.

6. *H. Archelaos*, Sohn von 1) u. dessen Frau Malthake, erhielt durch letztwillige Entscheidung seines Vaters die Königswürde, ohne allerdings den Titel eines Königs anzunehmen. Seine Tyrannenallüren führten zu Aufständen, die zu Beschwerden jüdischer Kreise in Rom u. im Jahre 6 n. Chr. zu seiner Absetzung u. Verbannung nach Vienna in Gallien Anlaß wurden. Sein Gebiet (Judäa, Samaria, Idumäa) wurde seitdem von einem Prokurator verwaltet.

Herodọt, grch. *Herodotos*, griech. Geschichtsschreiber, *um 485 v. Chr. Halikarnassos, Karien, †um 425 v. Chr. Thurioi, Unteritalien; der „Vater der Geschichtsschreibung"; unternahm ausgedehnte Reisen nach Persien, Ägypten, Babylonien, der Cyrenaica u. an das Schwarze Meer. Das reiche histor. u. ethnographische Material verwendete er mit großer Erzählkunst in seinen 9 Büchern der Geschichte, darunter eine Beschreibung der Perserkriege bis 479. Das Streben nach histor. Wahrheit, nach Ordnung u. Verarbeitung der Nachrichten macht ihn bei aller Nähe zum Mythologischen u. Legendären zum Begründer der kritischen Geschichtsschreibung. H.s Grunderlebnis war das der Auseinandersetzung zwischen Hellenen u. Persern, die er mit einem im Sittlich-Religiösen wurzelnden Geschichtsverständnis schildert.

Hẹrold, seit dem späten MA ein fürstl. Dienstmann, der über das Hofzeremoniell wachte u. bes. die Turnierfähigkeit der Ritter bei Turnieren prüfte. Daraus entwickelte sich die Wappenkunde *(Heraldik)*. Der H. war auch Kriegs- u. Friedensbote. In der Neuzeit entstanden *H.sämter* in einzelnen dt. Staaten zur Führung der *Adelsmatrikel*. Einziges noch tätiges Amt ist das brit. „College of Arms"; das preuß.-dt. H.samt wurde nach dem 1. Weltkrieg aufgelöst.

Hẹroldsbild, ein Wappenbild, das durch strichförmige, geometrische Aufteilung der Schildfläche gebildet ist; Gegensatz: *gemeine Figur*.

Herrenklub, eine Vereinigung konservativer Persönlichkeiten, gegr. 1924; lehnte die Weimarer Republik ab u. befürwortete einen autoritären Staat; erlangte polit. Bedeutung während der Regierungen F. von Papen u. K. von Schleicher.

Herriot [ɛri'o], Édouard, französ. Politiker (Radikalsozialist), *5. 7. 1872 Troyes, Champagne, †26. 3. 1957 Saint-Genis-Laval, Dép. Rhône; 1912–1919 Senator, später Abg. u. einer der Führer der Radikalsozialisten; 1916/17 Arbeitsminister, 1919–1924 Führer der Opposition; nach dem Sieg der Linken 1924/25 Min.-Präs. u. Außen-Min.; setzte sich für die Anerkennung der UdSSR, die Räumung des Ruhrgebiets u. die Annahme des Dawesplans ein; 1926–1936 mehrmals Minister, 1932 erneut Min.-Präs., 1936–1940 Präs. der Kammer, 1947–1954 Präs. der Nationalversammlung; galt als leidenschaftl. Republikaner u. Gegner der totalitären Staatsform; 1946 Mitglied der Académie Française.

Herrscherkult, die Verehrung des Herrschers als Gott oder in der einem Gott gebührenden Form. Der H. entwickelte sich, in Anlehnung an das *Gottkönigtum* oriental. Könige, in Griechenland in der Zeit des Hellenismus aus der Heroisierung hervorragender Menschen, die als Zwischenglied zwischen Mensch u. Gott angesehen wurden u. nach ihrem Tod göttl. Ehren erhielten. Zu Lebzeiten erhielt sie als erster der spartan. Feldherr *Lysander*, u. schon *Alexander d. Gr.* wurde von den Griechen als Gott anerkannt. In den hellenist. Reichen der *Ptolemäer, Seleukiden, Attaliden* u. a. wurde der H. verbindlicher Staatskult. Die Herrscher wurden unter Beinamen wie Retter, Gründer u. a. als Götter verehrt, zu denen aber nicht gebetet wurde. Auch die Römer kannten ursprüngl. keinen H.; als erster erhielt *Cäsar* in Rom göttl. Ehren zuerkannt. *Augustus* lehnte eine offizielle Verehrung als Gott in Rom u. Italien ab, duldete sie jedoch in den Provinzen. Unter den Nachfolgern des Augustus entwickelte sich ein Kaiserkult, je nach Persönlichkeit u. nach den Anschauungen der einzelnen Kaiser verschieden. Die Heroisierung des Herrschers drückte sich etwa in der Überlebensgröße seiner Bildnisse u. Porträts aus. Erst im 3. Jh. ließ sich *Aurelian* offiziell als „Herr u. Gott" anreden. Durch *Konstantin d. Gr.* wurde die Kaiserverehrung als Religion abgeschlossen u. in eine Huldigung umgewandelt, an der auch die Christen teilnehmen konnten. – Als moderne Form des H.s kann man den Personenkult bezeichnen.

Hertling, Georg Graf von (1914), Politiker (Zentrum), *31. 8. 1843 Darmstadt, †4. 1. 1919 Ruhpolding; 1880–1882 Prof. für Philosophie in Bonn, seit 1882 in München; Mitbegründer (1876) u. bis zu seinem Tod Vors. der Görres-Gesellschaft. H. war 1875–1890 u. außerdem 1896–1912 Reichstagsabgeordneter, 1909–1912 Fraktions-Vorsitzender, 1912 bis 1917 bayer. Min-Präs. u. Nov. 1917 bis Sept. 1918 Reichskanzler. Vor dem 1. Weltkrieg war H. vor allem mit sozialpolit. Fragen befaßt; er baute das Zentrum, das durch den Kulturkampf geprägt worden war, zur gouvernementalen Partei aus. Im Krieg stand er als Exponent eines christl.-konservativen Flügels in zunehmendem Gegensatz zu M. *Erzberger*. Als Reichskanzler führte er die Parlamentarisierung des Kaiserreichs nicht fort; er scheiterte an den Kräften des Interfraktionellen Ausschusses u. vor allem an der die polit. Führung beanspruchenden Heeresleitung unter Hindenburg u. Ludendorff. Neben zahlreichen philosoph. Werken schrieb H. „Erinnerungen aus meinem Leben" 2 Bde. 1919/20.

Hertzberg, Ewald Friedrich Graf von, preuß. Staatsbeamter, *2. 9. 1725 Lottin, Hinterpommern, †27. 5. 1795 Berlin; schloß 1763 den Frieden von Hubertusburg, wurde danach Staats- u. Kabinetts-Minister. Nach dem Tod Friedrichs d. Gr. versuchte H. die Annäherung an England u. Rußland (Allianz 1788) mit dem Ziel eines umfassenden Nordischen Bundes einschl. der skandinav. Länder. Diese antiösterr. Politik mußte er nach der Konvention von Reichenbach aufgeben; H. schied 1791 aus dem Amt.

Hẹrtzog, James Barry Munnick, südafrikan. Politiker u. Offizier, *3. 4. 1866 Wellington, Kapland, †21. 11. 1942 Pretoria; kämpfte im *Burenkrieg* gegen England, dessen Gegner er blieb; seit 1912 an der Spitze der National-Buren, arbeitete auf Trennung Südafrikas vom Brit. Reich hin, entschied sich aber 1934 für eine weitgehende Selbständigkeit Südafrikas innerhalb des Commonwealth; 1924–1939 Min.-Präs. der Union (1933 Koalitionsregierung mit J. *Smuts*).

Hẹruler, *Eruler*, ein Germanenvolk, ursprüngl. wohl in Nordeuropa beheimatet; sie zogen z. T. an den Rhein *(West-H.)* u. gingen in den *Franken* auf. Ein anderer Teil *(Ost-H.)* wanderte nach Südrußland (Asowsches Meer), trat mit den *Ostgoten* in Verbindung u. geriet mit diesen in Abhängigkeit von den *Hunnen*. Sie bildeten nach *Attilas* Tod ein Reich im Donaugebiet, das bald nach 500 von den *Langobarden* zerstört wurde. Ein Teil der H. ging nach Nordeuropa zurück, der andere blieb auf dem Balkan u. nahm das Christentum an. Sie wurden um 550 vom oström. Kaiser besiegt u. sind geschichtlich seitdem nicht mehr faßbar.

Herzl, Theodor, Schriftsteller u. zionist. Politiker, *2. 5. 1860 Budapest, †3. 7. 1904 Edlach, Niederösterreich (sein Leichnam wurde 1949 nach Jerusalem übergeführt); berief 1897 den 1. Zionistenkongreß nach Basel ein u. wurde zum Präs. der Zionist. Weltorganisation gewählt. Anschließend führte er zahlreiche Verhandlungen (u. a. mit Kaiser Wilhelm II. u. dem türk. Sultan) mit dem Ziel, eine „Heimstätte des jüd. Volkes" in Palästina zu schaffen. Obwohl seinerzeit ohne greifbaren Erfolg, schuf H.s Tätigkeit wesentl. Voraussetzungen für die Gründung des

Theodor Herzl auf der Fahrt nach Palästina im Jahre 1898

Hessen: Einschiffung hessischer Soldaten, die Landgraf Friedrich II. an England für dessen Kriegsführung in Amerika verkaufte. Anonymer Stich, um 1776

Staates Israel (1948). Seine Ideen entwickelte er in der Schrift „Der Judenstaat" 1896.

Herzog [ahd. *herizogo*, „der mit dem Heer auszieht"], lat. *dux*; bei den german. Stämmen ein nur für die Dauer eines Krieges gewählter Heerführer. Im *Frankenreich* waren die Herzöge dem König untergeordnet u. hatten eigene Ämter in bestimmten Bezirken *(ducatus)*, lockerten aber ihre Abhängigkeit vom König zusehends. Gefährlich wurden die entstehenden Herzogsdynastien dem König bei den unterworfenen Bayern, Schwaben u. Thüringern. Die Karolinger beseitigten bis 788 diese (älteren) *Stammesherzogtümer*. Seit Heinrich I. versuchten die Könige bzw. Kaiser – letztlich vergeblich –, die sog. jüngeren Stammesherzogtümer, die sich in der späten Karolingerzeit gebildet hatten, durch Lehnshuldigung der Herzöge an das Reich zu binden, so daß später auch einem H. durch lehnsrechtl. Aberkennung sein Land wieder abgenommen werden konnte (z. B. Heinrich dem Löwen 1180). Aus dem Stammesherzogtum entwickelte sich einerseits das *Titularherzogtum* (nur Titel), andererseits seit Ende des 12. Jh. das H.tum als Territorialherrschaft *(Gebietsherzogtum)*. Der H. ist die höchste Adelsstufe. – In England *(Duke)* u. Skandinavien ist die H.swürde ledigl. ein hoher Adelstitel, in Frankreich *(Duc)* seit dem 10. Jh. auch Titel der Lehnsfürsten.

Herzog, 1. Chaim, israel. Politiker (Arbeiterpartei), * 17. 9. 1918 Belfast, † 17. 4. 1997 Tel Aviv; Jurist u. Offizier; seit 1935 in Palästina; während des 2. Weltkriegs in der brit. Armee; 1948–1962 in der israel. Armee (zuletzt Brigadegeneral); danach zeitweise in der Wirtschaft tätig; 1975–1978 UNO-Botschafter; 1983–1993 Staatspräsident.

2. Roman, Politiker (CDU), * 5. 4. 1934 Landshut; Jurist; 1966–1969 Prof. an der Freien Universität Berlin, danach an der Hochschule für Verwaltungswissenschaften in Speyer; seit 1970 Mitgl. der CDU; 1973–1978 Leiter der rheinland-pfälz. Landesvertretung in Bonn; 1978–1980 Kultus-Min. u. 1980–1983 Innen-Min. von Baden-Württemberg; 1983–1987 Vize-Präs. u. 1987–1994 Präs. des Bundesverfassungsgerichts, seit 1994 Bundes-Präs.

Heß, Rudolf, Politiker (NSDAP), * 26. 4. 1894 Alexandria (Ägypten), † 17. 8. 1987 Berlin-Spandau (Selbstmord); kaufmänn. Ausbildung, Fliegerleutnant, Student in München; 1920 Mitgl. der NSDAP, 1924 wegen Teilnahme am Hitler-Putsch mit Hitler in Haft, 1925–1933 Privatsekretär Hitlers, seit April 1933 dessen Stellvertreter als Parteiführer u. seit Dez. 1933 zugleich Reichs-Min. ohne Geschäftsbereich, am 1. 9. 1939 vor dem Reichstag von Hitler zum zweiten seiner Nachfolger (nach H. Göring) designiert. Am 10. 5. 1941 flog H., sehr wahrscheinl. ohne Wissen Hitlers u. in der Absicht, die brit. Regierung zum Friedensschluß zu bewegen, nach England, wo er interniert wurde. Im Nürnberger Hauptkriegsverbrecherprozeß wurde H. 1946 wegen der Teilnahme an der Vorbereitung von Angriffskriegen zu lebenslanger Haft verurteilt, die er (seit 1966 als alleiniger Häftling) im alliierten Kriegsverbrechergefängnis in Berlin-Spandau verbüßte.

Hessen, Land der BR Dtschld., 21 114 km², 6,0 Mill. Ew.; Hptst. *Wiesbaden*. – Die H. waren ursprünglich ein Stamm im Siedlungsgebiet der german. *Chatten*. In der Völkerwanderungszeit siedelten sie zwischen Eder, Fulda u. Lahn; durch *Bonifatius* wurden sie christianisiert. Aus dem fränk. *H.gau* stammte das Geschlecht der *Konradiner*. Die *Ludowinger*, das führende Grafenhaus, waren zugleich Landgrafen von Thüringen.

Im thüring.-hess. Erbfolgekrieg gelang es, H. von Thüringen zu lösen. *Heinrich I., das Kind*, wurde Stammvater der hess. Fürsten; er erwarb 1265 die Grafschaft Gleiberg (Gießen), machte Kassel zur Hauptstadt u. erhielt die Anerkennung der neuen Landgrafschaft sowie ihre Erhebung zum Reichsfürstentum (1292). Nach verschiedenen Teilungen vereinigte *Philipp der Großmütige* alle Landesteile, führte 1526 die Reformation ein u. gründete 1527 die Universität Marburg. Nach seinem Tod wurde H. unter seine vier Söhne geteilt.

Der älteste Sohn, Landgraf *Wilhelm IV., der Weise*, erhielt Niederhessen mit Schmalkalden u. Ziegenhain u. wurde Begründer des Fürstenhauses H.-Kassel, das bis 1866 herrschte. Es konnte sich im Westfäl. Frieden 1648 Hersfeld u. einen Teil der Grafschaft Schaumburg sichern. Durch den Reichsdeputationshauptschluß 1803 wurde es unter *Wilhelm (IX.) I.* zum Kurfürstentum *(Kurhessen)* erhoben. Nach dem Tilsiter Frieden 1807 wurde das Territorium dem Königreich Westfalen eingegliedert, was wiederholt Aufstände zur Folge hatte (W. von *Dörnberg* 1809); 1813 erhielt Wilhelm alle seine früheren Lande zurück u. führte auch den bedeutungslos gewordenen Titel „Kurfürst" mit dem Prädikat „Königl. Hoheit" weiter. Die schweren Unruhen (1821–1847) um eine liberale demokrat. Verfassung wurden erst durch den Deutschen Krieg von 1866 beendet, in dem Preußen den ihm feindlichen Kurfürsten *Friedrich Wilhelm I.* als Staatsgefangenen nach Stettin brachte u. Kurhessen annektierte.

H.-Darmstadt, die jüngere Linie, entstanden aus der Obergrafschaft Katzenelnbogen (1576 an *Georg I.*, * 1547, † 1596, Sohn des hess. Landgrafen Philipp I. des Großmütigen) mit Darmstadt (1605 Gründung der Universität Gießen), stand immer auf seiten Habsburgs u. daher oft gegen H.-Kassel. Landgraf *Ludwig X.* (* 1753, † 1830) wurde 1806 als *Ludwig I.* Großherzog, nachdem er dem Rheinbund beigetreten war. 1820 erhielt das Land eine Verfassung. 1828 trat es dem preuß. Zollsystem bei, kämpfte im Dt. Krieg 1866 auf österr. Seite u. mußte die Landgrafschaft H.-Homburg (Nebenlinie seit 1622) u. den Kreis Biedenkopf an Preußen abtreten. 1867 folgte ein Bündnis mit Preußen, 1870 der Beitritt zum Norddt. Bund u. 1871 zum Dt. Reich. Nach dem 1. Weltkrieg wurde H.-Darmstadt 1919 zum Volksstaat H. 1933 wurde es einem Reichsstatthalter unterstellt. 1945 kam der rechtsrhein. Teil zu dem von der US-amerikan. Besatzungsmacht geschaffenen Land Großhessen, der französisch besetzte Teil (*Rhein-H.* mit Worms, Mainz u. Bingen) zu Rheinland-Pfalz.

H.-Nassau wurde 1868 aufgrund der Annexion im Dt. Krieg als preuß. Provinz gebildet aus Kur-H., Herzogtum Nassau, Amt Homburg, den bayer. Bezirken Gersfeld u. Orb, den darmstädt. Kreisen Biedenkopf u. Vöhl u. der Freien Stadt Frankfurt; Hptst.: Kassel. 1944 wurden daraus zwei Provinzen, die 1945 mit den rechtsrhein. Teilen von H.-Darmstadt zu Großhessen vereinigt wurden. Durch Volksabstimmung erhielt das vereinigte Land 1946 eine neue demokrat. Verfassung, wobei der Name in Land Hessen geändert wurde.

Ministerpräsidenten seit 1945: 1945–1947 Karl *Geiler* (parteilos), 1947–1951 Christian *Stock* (SPD), 1951–1969 Georg-August *Zinn* (SPD), 1969–1976 Albert *Osswald* (SPD), 1976–1987 Holger *Börner* (SPD), Walter *Wallmann* (CDU) 1987–1991, seit 1991 Hans Eichel (SPD).

Hetärie [grch., „Kameradschaft"], im alten Griechenland jede Art öffentl. oder geheimer Verbindung von Freunden; auch zu polit. Zwecken, wie z. B. im Athen des 5. Jh. v. Chr., hier entfernt mit heutigen polit. Parteien vergleichbar; in Makedonien Adelsbruderschaften, denen sich später Kameradschaften freier, als Fußvolk dienender Bauern *(Pezhetären)* zugesellten; maßgeblich an Alexanders d. Gr. Schlachtenerfolgen beteiligt; im modernen Griechenland ein 1814 gegr. Geheimbund, *Philike Hetärie* unter Führung des Grafen *Ypsilanti*, zur Befreiung von der türk. Herrschaft.

Hethiter, *Hettiter, Hittiter, Chetiter*, ein Volk mit indoeurop. Sprache in Kleinasien, das nach 2000 v. Chr. auf noch nicht bekannten Wegen östl. oder westl. des Schwarzen Meers in Anatolien einwanderte; im 2. Jahrtausend v. Chr. die herrschende Macht in Kleinasien. – Nach der Einwanderung entstanden zunächst selbständige Stadtstaaten, die gegeneinander um die Vormachtstellung kämpften. Um 1600 v. Chr. errang die Dynastie des *Labarna* aus Kussara, dessen Name später Königstitel wurde, die Vorherrschaft; *Hattusilis I.* machte dann *Hattusa* zur Hptst. u. dehnte seine Herrschaft über weite Teile Kleinasiens u. bis nach Nordsyrien hin aus. Sein Sohn, *Mursilis I.*, eroberte Aleppo u. drang um 1531 v. Chr. auf einem Kriegszug bis nach Babylon vor. In der folgenden Zeit gingen diese Eroberungen infolge von Thronwirren wieder verloren. Am Anfang des 15. Jh. v. Chr. un-

Der hethitisch-ägyptische Friedensvertrag

Die Hethiter werden an einigen Stellen der Bibel erwähnt. Man hielt sie immer für einen kleinen Volksstamm in Palästina. Erst seit dem Anfang dieses Jahrhunderts wissen wir, daß sie im Altertum ein mächtiges Reich in Kleinasien besaßen, das der ägyptischen Großmacht zeitweise ebenbürtig war und mit ihr um die Vorherrschaft in Syrien kämpfte. Der Friedensvertrag zwischen den beiden Mächten ist der älteste, den die Geschichte kennt.

1

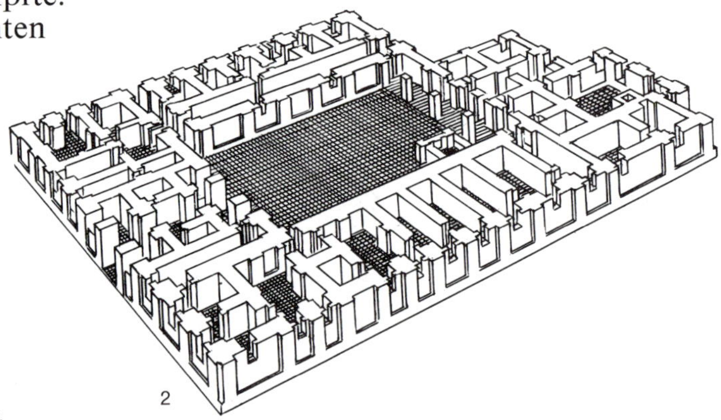

2

Bei Kadesch, nahe dem heutigen Homs in Syrien, stießen um 1293 v. Chr. (das Jahr ist nicht genau bekannt) die Heere der Ägypter und der Hethiter aufeinander. Lange Zeit kannte man nur den Schlachtbericht des ägyptischen Königs Ramses II.; danach hatten die Ägypter einen glänzenden Sieg erfochten. Seit man auch die hethitischen Dokumente lesen kann, stellt sich die Sache anders dar: Die Schlacht ging unentschieden aus, vielleicht sogar mit einem leichten Vorteil für die Hethiter. Da sich die beiden Mächte als gleich stark erwiesen hatten, entschlossen sie sich einige Jahre später, nach einem Thronwechsel im Hethiterreich, zur Verständigung; sie schlossen einen Friedens- und Freundschaftsvertrag. Er wurde auf silbernen Tafeln niedergelegt, die verloren sind. Erhalten sind aber zwei Textfassungen: eine ägyptische in Hieroglyphen an Tempelwänden in Karnak und Theben-West und eine hethitische in der damaligen Diplomatensprache Akkadisch auf einer Keilschrift-Tontafel, die sich heute in Istanbul befindet. Die beiden Könige geloben einander, das Land des anderen nicht anzugreifen, womit wohl der beiderseitige Besitzstand in Syrien stillschweigend anerkannt wird. Darüber hinaus verpflichten sie sich zu gegenseitigem militärischem Beistand für den Fall, daß ein Dritter einen von ihnen angreift. Schließlich enthält der Vertrag noch einen ganz erstaunlichen Artikel: Die beiden Herrscher vereinbaren die gegenseitige Auslieferung von politischen Flüchtlingen. Über diesen Punkt scheint es Meinungsverschiedenheiten gegeben zu haben, denn in einem Nachtrag wird festgelegt, daß die Ausgelieferten nicht bestraft werden dürfen. Am Schluß des Dokuments werden die »tausend Götter des Landes Hatti und die tausend Götter Ägyptens« als Zeugen angerufen. Gefestigt wurde das Vertragsverhältnis später durch eine diplomatische Hochzeit: Ramses heiratete eine Tochter des Hethiterkönigs Hattusili. Er unterstrich die Bedeutung des Aktes, indem er sie nicht als Nebenfrau, sondern als »Große Königliche Gemahlin« in den Kreis seiner Frauen aufnahm. *K.R.*

Hethiterreich um 1350 v. Chr.

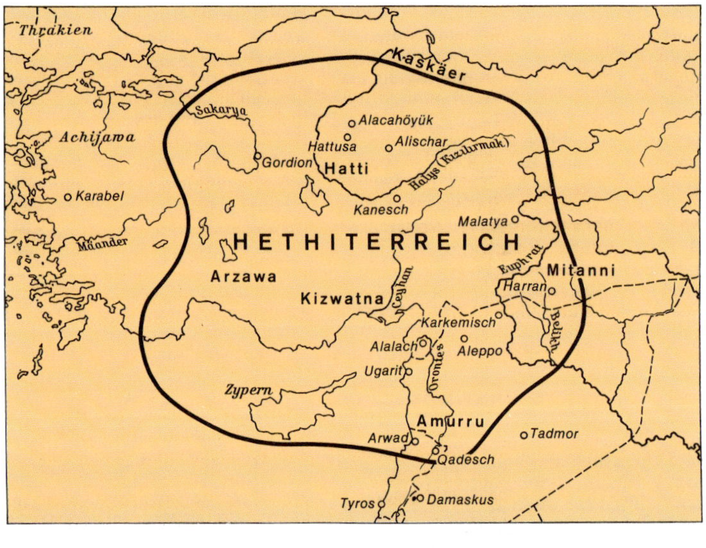

3

4

1 *Löwentor in der hethitischen Hauptstadt Hattusa beim heutigen Boğazköy (Rekonstruktion).* 2 *Aufriß des Tempels I in Hattusa.*
3 *Blick auf die Ruinen der Königsburg von Hattusa. Im 13. Jh. v. Chr. bedeckte die Stadt eine Fläche von über 160 Hektar.*

4 *Grabstätte einer Fürstin aus Sendschirli, um 750 v. Chr. Berlin, Staatliche Museen.*
5 *König Tuthalija IV. (13. Jh. v. Chr.), Relief im Felsheiligtum Yazilikaya bei Boğazköy. Der König steht auf zwei Bergkegeln und trägt seine Namenskartusche.*
6 *Schnabelkanne aus Kültepe, 18. Jh. v. Chr. Ankara, Archäologisches Museum.*

6

5

7 *Bronzene Kultstandarte aus Alaca Hüyük, um 2200 v. Chr. Ankara, Archäologisches Museum.*

7

ternahm *Telipinus* den Versuch, durch eine Thronfolgeregelung die inneren Machtkämpfe zu beenden.
Der Wiederaufstieg des hethit. Reichs zur Weltmacht ist das Werk des *Suppiluliuma I.* (um 1380–1345 v. Chr.), der die feindlichen Nachbarn in Anatolien zurückdrängte, den Mitannistaat unterwarf u. Nordsyrien bis an den Euphrat eroberte; sein jüngerer Sohn, *Mursilis II.*, unternahm ausgedehnte Feldzüge, durch die weite Teile des westl. Kleinasien vom hethit. Reich abhängig wurden. Unter *Muwatallis* begannen die Auseinandersetzungen mit Ägypten, die wegen der beiderseitigen Interessen in Syrien unvermeidlich waren. Um 1285 v. Chr. fand bei Kadesch in Syrien (am See von Homs) eine bedeutende Schlacht zwischen Muwatallis u. Ramses II. statt, die aber keine Entscheidung brachte. *Hattusilis III.* schloß 1278 v. Chr. einen Friedensvertrag mit Ägypten, in dem der hethit. Besitzstand in Nordsyrien anerkannt wurde. *Tuthalija IV.* konnte Macht u. Ansehen des Reiches in mehreren Feldzügen vor allem in Westanatolien erfolgreich verteidigen; wahrscheinlich unterwarf er auch Zypern. Unter seinem jüngeren Sohn *Suppiluliuma II.* begann sich die Völkerverschiebung abzuzeichnen, die um 1200 v. Chr. den Zusammenbruch des hethit. Reichs verursachte. – Nach Auflösung der Zentralgewalt bildeten sich in Südostanatolien u. Nordsyrien einzelne Fürstentümer, in denen polit. u. kulturelle Traditionen der H. bis zur Eroberung durch die Assyrer im 8. Jh. v. Chr. fortlebten.
Die indoeurop. Sprache der H. wurde mit akkadischer Keilschrift auf Tontafeln geschrieben; daneben gab es eine von den H.n erfundene Bilderschrift (hethit. Hieroglyphen), die vor allem für monumentale Inschriften auf Stein verwendet wurde. Neben dem Hethitischen gebrauchte man, vor allem im Kult, einige andere kleinasiatische Sprachen.
Der hethit. König wurde erst nach seinem Tod vergöttlicht. Das Königtum vererbte sich seit der Zeit des Telipinus nach festen Regeln, vorher lassen sich Spuren eines Wahlkönigtums erkennen. Im Sommer hatte der König zumeist das Heer auf seinen jährl. Feldzügen zu führen; den Winter verbrachte er im Land, um den kult. Aufgaben als oberster Priester zu genügen.
Der Aufbau der Gesellschaft war feudalistisch. Neben dem Adel gab es Freie, Halbabhängige u. Sklaven. Das Recht war weit entwickelt u. kodifiziert.

Heuneburg, große Befestigungsanlage aus der Späthallstatt- u. beginnenden Latènezeit auf dem Gebiet der Gemeinde *Hundersingen*, Ldkrs. Saulgau (Baden-Württemberg), am Steilrand des westl. Donautals; Fürstensitz. Ausgrabungen seit 1950 erbrachten mehrere, teilweise durch Brand zerstörte Bauphasen, darunter eine etwa 3 m breite u. 4 m hohe Mauer mit turmartigen Bastionen in Abständen von 10 m, nach mediterranem Vorbild aus luftgetrockneten Lehmziegeln errichtet; ferner griech. Importwaren des späten 6. Jh. v. Chr., darunter Amphoren mit Wein u. griech. schwarzfigurige Keramik. In der Umgebung der H. befinden sich neun z. T. reich mit Gold ausgestattete Grabhügel der Späthallstattzeit, darunter der 13 m hohe *Hohmichele*.

Heusinger, Adolf, Offizier (1957 General), *4. 8. 1897 Holzminden, †30. 11. 1982 Köln; 1931–1944 im Generalstab des Heeres, 1940–1944 Chef der Operations-Abt., nach dem Attentat auf Hitler vom 20. Juli 1944 seines Postens enthoben u. vorübergehend inhaftiert; seit 1950 Berater der Bundesregierung bei der Vorbereitung eines Wehrbeitrags der BR Dtschld.; 1955 Vors. des militär. Führungsrates im Bundesministerium der Verteidigung, 1957–1961 Generalinspekteur der Bundeswehr, 1961–1964 Vors. des Ständigen Militärausschusses der NATO in Washington.

Theodor Heuss bei seiner Vereidigung zum Bundespräsidenten am 12.9.1949

Heuss, Theodor, Publizist u. Politiker, *31. 1. 1884 Brackenheim, Württemberg, †12. 12. 1963 Stuttgart; entstammte dem schwäb. demokrat. Liberalismus u. schloß sich früh dem Kreis um F. *Naumann* an. Nach histor., kunsthistor. u. volkswirtschaftl. Studien war H. 1905–1912 Redakteur an Naumanns Zeitschrift „Die Hilfe" in Berlin, 1912–1918 Chefredakteur der „Neckar-Zeitung" in Heilbronn. Neben seiner publizist. Tätigkeit lehrte er 1920–1933 an der Hochschule für Politik in Berlin. 1924–1928 war er Reichstagsabgeordneter der Dt. Demokratischen Partei, 1930–1932 u. 1933 der Dt. Staatspartei. Von den Nationalsozialisten aus seinen Ämtern gedrängt, gab er 1933–1936 „Die Hilfe" heraus u. widmete sich ganz der schriftstellerischen Arbeit.
1945/46 war H. Kultminister von Württemberg-Baden. Als Mitbegründer der Demokratischen Volkspartei 1945 gehörte er 1946–1949 dem Landtag dieses Landes an. 1948 wurde er zum Honorarprofessor an der TH Stuttgart berufen; im Dez. 1948 zum Vors. der FDP in Westdeutschland u. Berlin gewählt. 1948/49 arbeitete er im Parlamentarischen Rat führend an der Abfassung des Grundgesetzes für die BR Dtschld. mit. Das gerade erworbene Bundestagsmandat legte er nieder, als er am 12. 9. 1949 gegen K. *Schumacher* zum Bundespräsidenten gewählt wurde. 1954 ohne Gegenkandidaten wiedergewählt, amtierte er bis zum 12. 9. 1959. H. prägte das Amt durch seine Persönlichkeit u. seine überparteil. Amtsführung.
Zu H.' größeren Werken gehören: „Die neue Demokratie" 1920; „Politik. Ein Nachschlagebuch für Theorie u. Geschichte" 1927; „Hitlers Weg" 1932; Biographien über Friedrich Naumann (1937), Hans Poelzig (1939), Justus von Liebig (1942) u. Robert Bosch (1946); „Zur Kunst dieser Gegenwart" 1956; „Erinnerungen 1905–1933" 1963; „Aufzeichnungen 1945–1947" 1966; „Tagebuchbriefe 1955–1963" 1970.

Heveller, *Stodoranen*, um 850 erstmals erwähnte Völkerschaft der Elb- u. Ostseeslawen an der oberen u. mittleren Havel um Brandenburg u. Havelberg, teilweise zu den *Lutizen* gerechnet.

Hexenprozesse, die Verfolgung u. Verurteilung von vermeintl. Hexen etwa 1400–1700. Die H. entwickelten sich zu Beginn der Ketzerverfolgung als bes. Verfahren der *Inquisition*; es wurden vorwiegend Frauen verfolgt. In Dtschld. beauftragte Papst *Innozenz VIII.* in seiner Bulle „Summis desiderantes affectibus" die Inquisitoren H. *Institoris* u. Jakob *Sprenger* (* um 1436, † 1495), alle Hexen aufzuspüren u. auszurotten. Maßgeblich für die Durchführung der H. wurde das von den Genannten 1487 in Straßburg in Druck gegebene Buch Hexenhammer. Auch die prot. Länder beteiligten sich an den H.n.
Der letzte der offiziellen H. in Dtschld. fand 1793 in Posen statt, doch noch 1836 wurde eine angebl. Hexe auf Hela der Wasserprobe unterzogen u. ertrank.

Heydrich, Reinhard, SS-Führer u. Politiker (NSDAP), *7. 3. 1904 Halle (Saale), †4. 6. 1942 Prag; als Oberleutnant zur See 1931 wegen Unwürdigkeit aus der Marine entlassen; trat im gleichen Jahr der SS bei u. baute den Sicherheitsdienst (SD) auf; seit März 1933 Leiter der bayer. Polit. Polizei, 1934 des Geheimen Staatspolizeiamts in Preußen; 1936, nach der Zusammenfassung der dt. Polizei unter H. *Himmler*, Chef der Sicherheitspolizei u. des SD, 1939 Leiter des Reichssicherheitshauptamts; seit Januar 1939 mit der Förderung der jüdischen Auswanderung aus Dtschld., seit Juli 1941 mit der „Endlösung der Judenfrage" in Europa beauftragt, was spätestens seit Herbst 1941 die physische Vernichtung bedeutete (Wannsee-Konferenz); seit Sept. 1941 zusätzlich stellvertr. Reichsprotektor von Böhmen u. Mähren; starb dort an den Folgen eines am 27. 5. 1942 von tschech. Widerstandskämpfern verübten Bombenanschlags.

Heyerdahl ['hεiərda:l], Thor, norweg. Naturforscher, *6. 10. 1914 Larvik; unternahm 1947 eine 97tägige Floßfahrt („Kon-Tiki"-Expedition) von Peru nach Tahiti, wodurch er seine umstrittene, seit seinem Aufenthalt 1937/38 auf Fatuhiva entstandene Theorie einer Besiedlung der Südseeinseln von Südamerika (nicht Asien) her beweisen wollte. 1970 gelang ihm beim 2. Anlauf die Überquerung des Atlant. Ozeans von Marokko nach Westindien mit dem Papyrusboot Ra II; damit ist die Möglichkeit erwiesen, daß Ägypter schon in frühgeschichtl. Zeit nach Amerika gelangt sein könnten.

Hidalgo y Costilla [i'ðalgo i kɔs'tija], Miguel, mexikan. Unabhängigkeitskämpfer u. Nationalheld, *8. 5. 1753 Corralejo bei Guanajuato, †27. 7. 1811 Chihuahua; Priester; stellte sich 1810 an die Spitze eines indian. Volksheeres, um Mexiko von der span. Herr-

Cautio
CRIMINALIS,
Seu
DE PROCESSIBUS
CONTRA SAGAS
Liber.
AD MAGISTRATUS
Germaniæ hoc tempore necessarius,
Tum autem
Consiliariis, & Confessariis Principum,
Inquisitoribus, Judicibus, Advocatis, Confessariis
reorum, Concionatoribus, cæterisq; lectu
utilissimus.
AUCTORE
INCERTO THEOLOGO ROMANO.

RINTHELII,
Typis exscripsit Petrus Lucius Typog. Acad.
M DC XXXI

Hexenprozesse: Friedrich Spees von Langenfeld anonym veröffentliche „Cautio criminalis" (Rinteln 1631) war ein mutiger Vorstoß gegen das Unwesen der Hexenprozesse

schaft zu befreien. Er wurde 1811 vernichtend geschlagen u. erschossen.

Hierapolis, [hiːe-; grch., „heilige Stadt"], mehrere antike Städte: **1.** Badeort mit berühmten Thermen in Phrygien, am Lykos; hellenist. Ruinen beim heutigen *Tambuk-Kalessi*; Kultstätte der *Kybele*, Vaterstadt des Philosophen *Epiktet*.
2. *H.-Bambyke*, Stadt in Nordsyrien, an der alten Straße von Antiochia nach Mesopotamien; berühmte Kultstätte der Muttergottheit *Derketo (Atargatis)* u. des Gottes *Hadad*; 637 von den Arabern erobert, 1240 endgültig durch die Choresmier zerstört.

Hierl, Konstantin, Politiker (NSDAP), *24. 2. 1875 Parsberg, Oberpfalz, †23. 9. 1955 Heidelberg; Generalstabsoffizier, 1924 als Oberst verabschiedet; seit 1929 Mitgl. der NSDAP, 1933 Staatssekretär, 1934 Reichskommissar für den freiwilligen Arbeitsdienst, 1935–1945 als Reichsarbeitsführer Leiter des Reichsarbeitsdienstes (RAD), 1936 Reichsleiter der NSDAP, 1943 Reichsminister; 1949 zu fünf Jahren Arbeitslager verurteilt.

Hierodulen [hiːe-; grch., „heilige Knechte"], Tempelsklaven (-sklavinnen) im Altertum, als Eigentum der Götter zum Tempeldienst verpflichtet, bes. in Kleinasien, Syrien u. Phönizien. Die H. im Heiligtum der Aphrodite in Korinth waren zugleich Hetären *(Tempelprostitution)* u. mußten einen Teil ihrer Einnahmen der Göttin überlassen; die geschlechtl. Verbindung mit den H. sollte zur Vereinigung mit der Gottheit führen.

Hieron, ['hiːerɔn], Herrscher von Syrakus: **1.** *H. I.*, † um 467 v. Chr. Ätna (Catania); Tyrann von Gela 485 v. Chr., dann von Syrakus 478–467 v. Chr.; gründete um 475 v. Chr. die syrakusan. Tochterstadt *Ätna* (heute Catania) u. besiegte 474/73 v. Chr. die Etrusker bei Cuma; Freund u. Förderer der Künste, zog die bedeutendsten Dichter seiner Zeit, *Äschylus, Bakchylides, Pindar* u. *Simonides*, an seinen Hof.
2. *H. II.*, Feldherr u. König von Syrakus 269–215 v. Chr., *um 306 v. Chr., †215 v. Chr.; siegte 269 v. Chr. über die *Mamertiner* u. wurde deshalb zum König ausgerufen; stellte sich nach anfänglichem Sympathisieren mit Karthago im *1. Punischen Krieg* auf Roms Seite u. sicherte Syrakus im Frieden von 241 v. Chr. die Fortdauer seiner Selbständigkeit; schuf ein vorbildl. Steuersystem, das von den Römern übernommen wurde, u. machte sein Reich zur Kornkammer Italiens.

Hilarus, Papst 461–468, Heiliger, aus Sardinien, †29. 2. 468 Rom; setzte die maßvolle Primatspolitik *Leos I.* mit Erfolg fort. Fest: 28./29. 2.

Hilderich, König der Wandalen 523–530, *zwischen 456 u. 472, †533 Karthago; Enkel *Geiserichs*; durch seine Mutter *Eudoxia* (†484), eine Tochter des röm. Kaisers *Valentinian III.*, dem röm. Wesen zugeneigt; begünstigte den Katholizismus, gab das ostgot. Bündnis auf u. lehnte sich eng an Byzanz (Justin u. Justinian I.) an; von der german. Opposition unter *Gelimer* gestürzt, gefangengesetzt u. beim Anmarsch *Belisars* getötet.

Hildesheim, Kreisstadt in Niedersachsen, 106 000 Ew.
Ludwig der Fromme gründete 815 das Bistum H., das dem Erzbischof von Mainz unterstellt wurde. Es wuchs unter den Bischöfen *Bernward* (993–1022) u. *Godehard* (1022–1038) durch Einverleibung zahlreicher Grafschaften u. Gerichtsbarkeiten. Das Marktrecht wurde wahrscheinl. von *Otto III.* verliehen. Mit der heranwachsenden Stadt H., die Mitgl. der Hanse wurde, lagen die Bischöfe jedoch bald in ständigem Streit, ebenso mit den *Welfen*. Durch die *Hildesheimer Stiftsfehde* (1519–1523) wurde das Bistum geteilt in das *Kleine Stift* (Peine, Steuerwald, Marienburg u. Stadt H.), das dem Bischof verblieb, u. in das *Große Stift* mit den übrigen Gebieten, das von den Herzögen von Braunschweig-Wolfenbüttel u. Braunschweig-Calenberg bis 1643 vereinnahmt, später aber, inzwischen prot., dem Bischof zurückgegeben wurde. Die Stadt H. war 1542 auch prot. geworden. Das gesamte Hochstift fiel mit dem Reichsdeputationshauptschluß dann 1803 an Preußen. Durch den Frieden von Tilsit 1807 wurde H. dem Königreich Westfalen angeschlossen, kam 1813 zu Hannover u. 1866 mit diesem wieder zu Preußen.

Heinrich Himmler bei einer SS-Einheit

Hilferding, Rudolf, sozialdemokrat. Politiker u. marxist. Theoretiker, *10. 8. 1877 Wien, † Febr. 1941 Paris; Arzt; 1907–1915 Redakteur der SPD-Zeitung „Vorwärts"; schloß sich 1917 der USPD an, kehrte 1922 zur SPD zurück u. wurde Mitgl. des Parteivorstands; 1923 u. 1928/29 Reichsfinanz-Min.; emigrierte 1933 nach Frankreich, wurde 1941 an die Gestapo ausgeliefert u. starb unter ungeklärten Umständen in der Haft. H. war ein Hauptvertreter des Austromarxismus, er entwickelte nach dem 1. Weltkrieg eine Theorie des „organisierten Kapitalismus". Hptw.: „Das Finanzkapital" 1910.

Hillgruber, Andreas, Historiker, *18. 1. 1925 Angersburg, †8. 5. 1989 Köln; seit 1972 war H. Prof. in Köln. Sein wissenschaftliches Werk wurde durch die politische Geschichte geprägt, die besonders die Außenpolitik u. die internationalen Beziehungen der Großmächte untersucht. Er schrieb u. a. „Die gescheiterte Großmacht. Eine Skizze des Deutschen Reiches 1871–1945" 1980; „Der zweite Weltkrieg 1939–1945. Kriegsziele u. Strategien der Großen Mächte" 1982; „Deutsche Geschichte 1945–1982" 1983.

Himera, die westlichste der griech. Kolonien an der Nordküste Siziliens, Tochterstadt von *Messina*; wahrscheinlich Geburtsort des Dichters *Stesichoros* (* um 640 v. Chr.). Bei H. fand 480 v. Chr. die für die Griechen siegreiche Entscheidungsschlacht gegen die Karthager statt. 409 v. Chr. wurde H. von den Karthagern so zerstört, daß kein Wiederaufbauversuch unternommen wurde. Außerhalb der Stadt wurde ein nach 480 v. Chr. erbauter dorischer Tempel ausgegraben.

Himiko, sagenumwobene Priesterkönigin des ersten frühgeschichtlichen japanischen Staates im 3. Jahrhundert.

Himjaren, *Himjariten*, südarab. Stamm, seit dem 2. Jh. v. Chr. bekannt. Er herrschte in den ersten nachchristl. Jahrhunderten über große Teile Südarabiens u. Jemens u. wurde im 4. Jh. von den Äthiopiern unterworfen. 521–530 machte sich *Dhu Nuwas* wieder unabhängig. Er trat zum Judentum über u. verfolgte die Christen.

Himmler, Heinrich, Politiker (NSDAP), *7. 10. 1900 München, †23. 5. 1945 bei Lüneburg (Selbstmord); Dipl.-Landwirt; trat 1923 der NSDAP bei u. nahm am Hitlerputsch teil, 1925/26 stellvertr. Gauleiter Niederbayern, 1926–1930 stellvertr. Reichspropagandaleiter, außerdem 1927–1929 stellvertr. Reichsführer, 1929–1945 Reichsführer der *Schutzstaffel (SS)* der NSDAP. Nach Hitlers Regierungsantritt übernahm H. 1933/34 die Polit. Polizei der Länder; im Juni 1936 wurde er Chef der gesamten dt. Polizei, die personell u. organisatorisch mit der SS verklammert wurde. Als Reichskommissar für die Festigung des dt. Volkstums seit Okt. 1939 leitete er die Umsiedlungs- u. Germanisierungspolitik in Ost- u. Südosteuropa. Seit 1943 war er zusätzlich Reichs-Min. des Innern, seit dem 20. 7. 1944 auch Befehlshaber des Ersatzheeres; bereits vorher verfügte H. mit der Waffen-SS über eine eigene militär. Truppe. Der machtbewußte, aber Hitler bis fast zum Schluß kritiklos ergebene H., der die nat.-soz. Rassenideologie ernst nahm u. sie mittels der SS realisieren wollte, wurde zum mächtigsten Mann im nat.-soz. Staat nach Hitler. Für die Verbrechen der SS, insbes. die Ermordung von rd. 6 Millionen Juden, trug H. unmittelbar Verantwortung. – „Geheimreden", hrsg. von A. Petersen u. B. Smith, 1974.

Hindenburg, Paul von *Beneckendorff u. von H.*, Offizier (1914 Generalfeldmarschall) u. Politiker, *2. 10. 1847 Posen, †2. 8. 1934 Neudeck; nach erfolgreicher Offizierslaufbahn 1911 als General der Infanterie verabschiedet; im Herbst 1914, nach Ausbruch des 1. Weltkriegs, in kritischer Lage reaktiviert u. (mit E. *Ludendorff* als Generalstabschef) mit der Verteidigung Ostpreußens beauftragt. Durch die Siege bei Tannenberg u. an den Masurischen Seen erlangte H. große Popularität als erfolgreicher Feldherr („H.-Mythos"). Ende 1914 wurde er Oberbefehlshaber der dt., später aller verbündeten Truppen im Osten, im Aug. 1916 Chef des Generalstabs des Feldheeres u. damit praktisch Oberbefehlshaber aller dt. Truppen. Mit Ludendorff, der ihm als Erster Generalquartiermeister beigegeben wurde u. bestimmenden Einfluß auf ihn ausübte, bildete er die sog. 3. Oberste Heeresleitung, die zunehmend diktatorisch in die Reichspolitik eingriff. Nach dem Zusammenbruch der Monarchie führte H., unterstützt von Ludendorffs Nachfolger W. *Groener*, das Feldheer geordnet in die Heimat zurück; er organisierte noch den Grenzschutz im Osten, ehe er 1919 den Oberbefehl niederlegte.
1925 wurde H. als Kandidat der Rechten zum Reichspräsidenten gewählt.

Paul von Hindenburg (3. v. l.) anläßlich der Reichstagsgedenksitzung zum Tode G. Stresemanns mit (von links) Reichskanzler H. Müller, dem Abgeordneten S. v. Kardorff, dem Staatssekretär H. O. Meissner, sowie seinem Sohn O. v. Hindenburg

Trotz seiner monarch. Gesinnung akzeptierte er die Republik u. verhielt sich zumeist verfassungsmäßig. Er erschien deshalb auch den Parteien der Mitte u. der gemäßigten Linken als Garant gegen den Radikalismus auf beiden Seiten u. wurde 1932 wiedergewählt. Im Machtvakuum des Jahres 1932 war H. zu Entscheidungen aufgerufen, denen er wegen seiner im Grunde unpolitischen Natur u. seines hohen Alters nicht gewachsen war.
Er entließ den Reichskanzler H. *Brüning*, bildete das „Präsidialkabinett" F. von *Papen* u. ließ sich, nachdem auch dessen Nachfolger K. von *Schleicher* keine Reichstagsmehrheit für sein Kabinett hatte gewinnen können, trotz schwerer Bedenken dazu bewegen, 1933 mit *Hitler* die Nationalsozialisten zur Macht zu berufen. Der Errichtung der nat.-soz. Diktatur setzte er keinen nennenswerten Widerstand entgegen. – Erinnerungen: „Aus meinem Leben" 1920.

Hinkmar, Erzbischof von Reims 845–882, *um 806, † 21. 12. 882 Épernay; der bedeutendste u. mächtigste fränk. Kirchenfürst seiner Zeit; arbeitete mit dem westfränk. König *Karl dem Kahlen* zusammen, verteidigte jedoch seine erzbischöfl. Rechte nicht nur gegen päpstl. (Nikolaus I., Hadrian II.) u. bischöfl., sondern auch gegen königl. Ansprüche. Im Kreis seiner Gegner scheinen die *Pseudoisidorischen Dekretalen* entstanden zu sein, als H. für sich u. damit für die fränk. Kirche das Recht in Anspruch nahm, Bischöfe abzusetzen. (Seinen Neffen H., Bischof von Laon, †879, hatte er 871 absetzen lassen.) Als gelehrter Theologe u. Kirchenfürst bekämpfte er die Prädestinationslehre *Gottschalks von Orbais*. Eine Geschichte seiner Zeit (861–882) schrieb H. in seiner Fortsetzung der *Annales Bertiniani*.

Hintersasse, im Recht des MA ein Kleinbauer, der zu einem Grundherrn in einem Abhängigkeitsverhältnis stand.

Hintze, Otto, Historiker, *27. 8. 1861 Pyritz, Pommern, †25. 4. 1940 Berlin; Schüler J. G. *Droysens* u. G. *Schmollers*, 1899–1920 Prof. in Berlin. Auf dem Gebiet der vergleichenden Verfassungs- u. Verwaltungsgeschichte entwickelte er die Grundsätze einer Sozial- u. Strukturgeschichte am Beispiel der preuß. Geschichte des 17. u. 18. Jh. Mitarbeiter an den *Acta Borussica* 1888–1910, Hrsg. der „Forschungen zur brandenburgischen u. preuß. Geschichte" 1898–1912; Werke: „Die Hohenzollern u. ihr Werk" 1915; „Wesen u. Wandlung des modernen Staats" 1931.

Hipler, Wendel, Bauernführer, *um 1465, †1526 Heidelberg; nach Studienjahren in Leipzig hohenlohischer Sekretär; im Bauernkrieg Kanzler u. Schreiber der Odenwälder Bauern; verband mit den Zielen der aufständ. Bauern den Plan einer Reichsreform, den er auf dem Heilbronner Bauernlandtag 1525 beraten ließ; starb in pfälz. Gefangenschaft.

Hipparchos, *Hipparch*, zusammen mit seinem Bruder *Hippias* Tyrann von Athen 528/27–514 v. Chr.; Sohn des *Peisistratos*, rief Anakreon, Simonides u. a. Dichter nach Athen; fiel 514 v. Chr. dem gegen ihn u. seinen Bruder unternommenen Mordanschlag der Freunde *Harmodios* u. *Aristogeiton* zum Opfer.

Hippias, Tyrann von Athen 527–510 v. Chr., †um 490 v. Chr.; ältester Sohn des *Peisistratos*, regierte bis 514 v. Chr. zusammen mit seinem Bruder *Hipparchos* u. entging dem Anschlag von *Harmodios* u. *Aristogeiton*; floh 510 v. Chr., von den Athenern u. dem König von Sparta, *Kleomenes I.*, vertrieben, zu den Persern; regierte dann als Tyrann von Sigeion in der Troas u. hoffte vergeblich, mit den Persern 490 v. Chr. nach Athen zurückzukehren. Er, seine Brüder u. Söhne wurden in ganz Griechenland geächtet.

Kaiser Hirohito im Palastgarten in Tokio, Aufnahme aus den 1930er Jahren

Hippolytos, *Hippolyt von Rom*, erster Gegenpapst 217–235, Heiliger; ließ sich als Gegenpapst gegen *Kalixt I.* aufstellen, da er dessen maßvolle Bußpraxis ablehnte. Das Schisma dauerte auch unter den Päpsten *Urban I.* u. *Pontianus* fort. Zusammen mit Pontianus wurde H. 235 nach Sardinien verbannt, wo beide zur Wiederherstellung der kirchl. Einheit auf ihr Amt verzichteten. Von großer Bedeutung ist H. als Verfasser zahlreicher exegetischer, dogmatischer u. historischer Werke. Nach seinem Tod in der Verbannung wurde er als Märtyrer verehrt. Fest: 13. 8., in den orth. Kirchen: 30. 1.

Hippo Regius, *Hippo*, antike Stadt in Nordafrika; Ruinen bei *Bône* (Algerien); phönizische Handelsniederlassung, nach 201 v. Chr. Residenz der numidischen Könige; unter *Cäsar* zur Provinz *Africa nova* gehörig, unter den Antoninen röm. Kolonie; dann die Bischofsstadt des *Augustinus*; 431 von den Wandalen erobert, die H. R. an das Byzantin. Reich verloren; 697 von den Arabern zerstört.

Hira, im MA Residenz der *Lachmiden* im Irak am Euphrat westl. Kufa; im 6./7. Jh. berühmtes Zentrum von Kunst u. Wissenschaft.

Hiram, grch. *Hirom*, König von Tyros, Mitte des 10. Jh. v. Chr.; Zeitgenosse u. Handelspartner König *Salomos*, mit dem er gemeinsam die Schiffahrt in Ezyon Gever (am Golf von Aqaba), die dortige Kupferverarbeitung u. den Handel mit dem goldreichen Ophir betrieb.

Hirohito, persönl. Name des Kaisers (Tenno) von Japan, *29. 4. 1901 Tokio, †7. 1. 1989 Tokio (MEZ: 6. 1.); bereiste als Kronprinz 1921 Europa u. übernahm unmittelbar nach seiner Rückkehr die Regentschaft (25. 11. 1921) für seinen erkrankten Vater *Yoshihito*. Am 25. 12. 1926 bestieg H. als 123. Tenno den Thron u. leitete die Ära *Showa* („leuchtender Friede") ein. In seine Regierungszeit fiel die sozialimperialistische Expansionspolitik, die über die Besetzung der Mandschurei (1931), den Beginn des Krieges mit China (1937) in den Pazifischen Krieg (1941) u. schließlich in die totale Niederlage (1945) führte.
Der Grad seiner Einflußnahme auf die Kriegspolitik des Landes ist umstritten, seine Haltung war indes weder passiv noch retardierend; er entschied 1945 die Kapitulation u. teilte diesen Beschluß in der ersten Rundfunkrede eines Tenno am 15. 8. 1945 seinen Untertanen mit. Um der Kontinuität der Regierungsautorität willen nahmen die Amerikaner H. von der Anklage wegen Kriegsverbrechen aus. Nachdem er selbst im Januar die Göttlichkeit seiner Person öffentlich zurückgewiesen hatte, beraubte ihn die Verfassung von 1947 seiner sakralen Position u. aller politischen Rechte.

Hirsau, baden-württ. Luftkurort im nördl. Schwarzwald, an der Nagold, seit 1975 Ortsteil von *Calw-H.*; Ruine eines um 830 gegründeten, 1692 von den Franzosen zerstörten Benediktinerklosters. Das Kloster H., eine Tochtergründung des Klosters *Cluny*, wurde zum Hauptträger der *Cluniazensischen Reform* in Deutschland. Zunächst nur auf religiösem Gebiet tätig, wurden die H.er Klöster (im ganzen mehr als 100) bald die stärksten Stützen der Kurie im Kampf gegen *Heinrich IV.* (→ Investiturstreit). Mit dem 12. Jh. verlor die *Hirsauer Reform* an Bedeutung.

Hirtius, Aulus, röm. Konsul 43 v. Chr., †21. 4. 43 v. Chr.; Verfasser des 8. Buches von Cäsars „Bellum Gallicum".

Histiaios, Tyrann von Milet, †493 v. Chr.; vom Perserkönig *Dareios I.* ausgezeichnet, weil er auf dem pers. Skythenfeldzug die Donaubrücke vor der Zerstörung bewahrt hatte; erregte jedoch bald das Mißtrauen der Perser u. wurde unter einem ehrenvollen Vorwand nach Susa an den pers. Hof berufen; von dort aus soll er seinen Vetter u. Schwiegersohn *Aristagoras* zum *Ionischen Aufstand* angestiftet haben. Zu dessen Beilegung ausgesandt, billigte er ihn nachträglich u. versuchte mit wenig Erfolg, sich eine eigene Machtbasis zu schaffen. Er wurde 493 v. Chr. von dem pers. Satrapen *Artaphernes* gefangen u. gekreuzigt.

Historia Augusta, 1603 von I. *Casaubonus* herausgegebene Sammlung von Biographien röm. Kaiser von Hadrian bis Numerian (117–285, Lücke 244–253); fraglich sind die Entstehungszeit, die Identität der Autoren u. die Glaubwürdigkeit einzelner Passagen.

Historie [lat.], die Geschichte; auch Geschichtswissenschaft.

Historik [lat.], die Lehre von der Methodik der Geschichtswissenschaft.

Historiker [lat.], Geschichtswissenschaftler.

Historikerstreit, öffentl. Auseinandersetzung um den singularen Charakter der nationalsozialist. Verbrechen am jüd. Volk. Ausgelöst wurde der H. 1986 durch einen Zeitungsartikel des Historikers E. *Nolte*, in dem dieser die Frage aufwarf, ob es einen Zusammenhang zwischen der Judenvernichtung der Nationalsozialisten u. deren Angst vor dem „Klassenmord" des Bolschewismus gebe. Der Artikel Noltes führte zu einer Replik J. Habermas, in der dieser „apologetische Tendenzen" in der dt. Zeitgeschichtsschreibung verurteilte, die eine krit. Auseinandersetzung mit dem Dritten Reich verhinderten. Daraus entwickelte sich eine breite publizist. Debatte über die Frage nach dem Ort des Nationalsozialismus in der dt. Geschichte u. dem polit. Selbstverständnis der BR Dtschld.

Historikerverbände, Fachverbände der Geschichtswissenschaftler. Der *Internationale Historikerverband (Comité international des sciences historiques)* wurde 1926 gegründet; ihm sind zahlreiche nationale Historikerverbände angeschlossen. Er veranstaltet alle 5 Jahre einen Kongreß u. publiziert seit 1926 die „Internationale Bibliographie der Geschichte". Ihm gehört u. a. als nationale Sektion der *Verband der Historiker Deutschlands* an, der seit 1893 alle 2–3 Jahre Historikertage abhält. In der DDR bestand das marxistisch orientierte *Nationalkomitee der Historiker der DDR* (gegr. 1959). In Österreich wurde 1949 der *Verband österreichischer Geschichtsvereine* gegründet, in der Schweiz 1877 die *Allg. Geschichtsforschende Gesellschaft.* Vereinigungen mit ähnlichen Zielen sind u. a. die *American Historical Association* (gegr. 1884) in den USA u. das *Comité français des sciences historiques* in Frankreich.

Historiographie [lat. + grch.], Geschichtsschreibung.
historische Hilfswissenschaften, die Grundwissenschaften zur vorbereitenden Untersuchung von Geschichtsquellen; zu ihnen gehören i. e. S.: *Chronologie* (Zeitrechnungslehre), *Diplomatik* (Urkundenlehre), *Aktenlehre, Epigraphik* (Inschriftenkunde), *Heraldik* (Wappenkunde), *Numismatik* (Münzkunde), *Sphragistik* (Siegelkunde), *Genealogie* (Familienkunde), *Paläographie* (Handschriftenkunde) u. *Papyrologie* (Papyrusforschung) u. i. w. S.: *Geldgeschichte* u. *Metrologie* (Lehre von den Maßen u. Gewichten), *historische Statistik, Begriffsgeschichte, historische Demographie* (Bevölkerungsgeschichte) u. *historische Geographie.*
historische Kommissionen, geschichtswissenschaftl. Institutionen zur Publikation von Geschichtsquellen u. zur Durchführung geschichtl. Forschungen. 1858 wurde auf Anregung L. von *Rankes* die *Münchner Histor. Kommission* bei der Bayer. Akademie der Wissenschaften als gesamtdeutsche Institution gegründet; sie publizierte u. a. die „Allgemeine dt. Biographie" u. die „Neue dt. Biographie", ferner die Reichstagsakten des alten Dt. Reichs, Städtechroniken u. Geschichtsquellen des 19. u. 20. Jh. – 1927 entstand in Berlin die *Histor. Reichskommission* für die Bearbeitung der dt. Geschichte seit 1867; sie wurde in der NS-Zeit 1936 zur Auflösung gezwungen. In Österreich existiert seit 1901 die *Histor. Kommission für die Herausgabe der Akten u. Korrespondenzen zur neueren Geschichte Österreichs.*
historischer Materialismus, *materialistische Geschichtsauffassung,* zusammen mit dem dialektischen Materialismus die geschichtsphilosoph. Grundlage der Theorie des *Kommunismus,* die außer diesen beiden Grundlehren noch einen Komplex von wirtschaftl. u. polit. Lehrsätzen umschließt. Er wurde von K. *Marx* u. F. *Engels* gemeinsam ausgearbeitet, wobei (auch nach Engels' eigener Angabe) die entscheidende Rolle Marx zufiel. – Bei der Formulierung des histor. Materialismus ging Marx von der Auffassung aus, daß die gesellschaftl. Entwicklung in der Geschichte einer notwendigen Gesetzmäßigkeit unterliege, ähnlich wie die Natur den Naturgesetzen. Er sah den Faktor, der letztlich den gesamten sozialen, polit. u. geistigen Lebensprozeß der Menschheit bestimmt, in der Art u. Weise, wie die Menschen die zum Leben notwendigen materiellen Güter produzieren. Die weiteren Lehrsätze u. Folgerungen sind hauptsächlich: In dieser Produktionsweise sind zwei Hauptfaktoren zu unterscheiden: die *Produktivkräfte* (Arbeitswerkzeuge u. Maschinen, aber auch die sie betätigenden Menschen u. ihr Ausbildungsstand) u. die *gesellschaftlichen Produktionsverhältnisse* (alle Verhältnisse der Menschen, die sie in der Produktionstätigkeit zueinander eingehen: Eigentumsverhältnisse, Klassenverhältnisse, Kauf, Verkauf, Verteilung u. a.). Da sich die Produktivkräfte im allg. dauernd vervollkommnen, die Produktionsverhältnisse jedoch ein mehr beharrendes u. konservatives Element sind, kommt es im Lauf der geschichtl. Entwicklung immer wieder zu einem Widerspruch zwischen dem Entwicklungsstand der Produktivkräfte u. dem der Produktionsverhältnisse. Und da die einen Klassen an der Erhaltung der veralteten Produktionsverhältnisse interessiert sind (weil sie diesen Klassen Vorrechte gewähren), die anderen jedoch an deren Veränderung, so setzt sich der Konflikt in einen *Klassenkampf* um, der erst durch eine revolutionäre Umgestaltung der Produktionsverhältnisse seine Lösung findet. Es folgt dann notwendigerweise, wenn auch oft erst allmählich, eine Umgestaltung des gesamten polit. u. geistigen Lebens (Recht, Moral, Kunst, Philosophie, Religion, z. T. auch Wissenschaft). Die Produktionsverhältnisse sind demnach die *Basis,* der ein politischer u. ideologischer *Überbau* zugeordnet ist.
Historische Schule, im Zuge der deutschen Romantik u. in Auseinandersetzung mit der Aufklärung u. der Französischen Revolution entstandene Richtung insbesondere der Geschichtswissenschaft, die das Quellenstudium u. die exakte Kritik der historischen Überlieferung zur Grundlage der Forschung machte. Sie erarbeitete die methodische Grundlage des Historismus im 19. Jh. Der bedeutendste Vertreter in Dtschld. war L. von *Ranke.*
„Historische Zeitschrift", abgekürzt *HZ,* älteste Zeitschrift der dt. Geschichtswissenschaft, gegr. 1859 von H. von *Sybel;* eingestellt 1943; fortgesetzt 1949; Herausgeber u. a. H. von *Treitschke,* L. *Dehio,* T. *Schieder.*
Historismus [grch., lat.], i. w. S.: geistige Bewegung des 19. u. frühen 20. Jh., die das Prinzip verfolgte, die Wirklichkeit geschichtlich, als einen Prozeß ständiger Veränderungen u. Entwicklungen zu erfassen. Der H. wurde vor allem in Dtschld. Grundlage für die theoretische Begründung der histor. Wissenschaften, insbesondere der Geschichtswissenschaft, u. bezeichnet daher i. e. S. eine geschichtsphilosophische Richtung, die um 1900 auf den Begriff H. gebracht wurde, als Methodenlehre aber bereits seit der ersten Hälfte des 19. Jh. Grundlage für die Praxis der dt. Geschichtswissenschaft war.
Kennzeichnende geschichtstheoretische Elemente des H., wie sie schon L. von *Ranke* entwickelt hat, sind das Vertrauen, mit Hilfe der quellenkritischen Methode (historische Methode) objektive Erkenntnisse über die Vergangenheit erlangen zu können, u. das Individualitätsprinzip, wonach nicht nur historische Persönlichkeiten, sondern auch Institutionen, Staaten u. Völker jeweils Individuen eigener Art sind u. nur aus sich selbst heraus verstanden werden können. Der H. lehnte daher sowohl die Annahme von Gesetzmäßigkeiten als auch die Idee des Fortschritts in der Geschichte ab u. beharrte auf der Einmaligkeit u. Unwiederholbarkeit des historischen Geschehens. Die im Zusammenhang mit der *Lebensphilosophie* um die Jahrhundertwende entstandene Geschichtsphilosophie des H. (H. *Rickert,* W. *Windelband,* W. *Dilthey)* betonte den ständigen Wandel der Erscheinungen der geschichtl. Welt, in dem die historischen Individualitäten nur relativen Wert hätten. Als *Erkenntnistheorie* des H. entwickelte W. Dilthey die Lehre vom Verstehen. Danach gehe es in der Geschichte u. in den Geisteswissenschaften anders als in den Naturwissenschaften nicht darum, Erscheinungen zu erklären u. nach Gesetzen zu suchen *(nomothetische Methode),* sondern darum, die historischen Individualitäten durch Anschauung u. Bedeutung zu verstehen *(idiographische Methode).*
Die Kritik am H. setzte bereits um 1900 ein u. richtete sich vor allem gegen seine geschichtsphilosophischen Prämissen wie das Individualitätsprinzip u. die Verstehenslehre. F. *Nietzsche* („Vom Nutzen u. Nachteil der Historie für das Leben" 1874) z. B. sah im H. eine rein antiquarische Geschichtsbetrachtung, die auf ein wertendes Urteil verzichtete u. damit einem völligen Relativismus verfalle. Neben der Kritik am Werterelativismus u. dem Objektivitätsglauben des H. führte die Anwendung systematisierender u. generalisierender Begriffe wie Typus (M. *Weber)* u. Klasse (K. *Marx)* sowie quantifizierender Methoden in den Sozialwissenschaften in den 1920er Jahren zu einer „Krise des H." (K. *Heussi).*
In der dt. Geschichtswissenschaft ist der Einfluß des H. seit etwa 1960 durch Zweifel an seinen erkenntnistheoretischen Grundlagen u. Kritik an der Bevorzugung von Politik- u Geistesgeschichte sowie seiner Staatslehre erschüttert worden. Die historische Methode ist in zunehmendem Maße durch sozialwissenschaftl. Methoden ergänzt worden.
Historizismus [grch., lat.], ein einseitiger *Historismus.* F. *Nietzsche* spricht in „Genealogie der Moral" von Kritizismus u. H. als Verfallsformen. In einem bes. Sinn hat K. R. *Popper* in „The poverty of historicism" 1957 (dt. „Das Elend des H." 1965) den Begriff gedeutet: Eine historizist. Geschichtsauffassung suche durch Aufdeckung eines gesetzmäßigen Ablaufs der geschichtl. Entwicklung eine histor. Voraussage als Ziel zu erreichen; in diesem Determinismus liege das „Elend" des H.
Hitler, Adolf, Politiker (NSDAP), * 20. 4. 1889 Braunau am Inn, Oberösterreich, † 30. 4. 1945 Berlin (Selbstmord); viertes von sechs Kindern aus der dritten Ehe des Zollbeamten Alois H. (* 1837 unehelich als A. *Schicklgruber,* † 1903), mußte 1905 wegen unzureichender Leistungen die Realschule verlassen u. blieb ohne Berufsausbildung. Interesse an Kunst (Malerei, Architektur u. Opern, bes. R. Wagner) führte ihn 1907 nach Wien, wo zwei Bewerbungen um Aufnahme in die Malschule der Kunstakademie wegen mangelnder Begabung abgelehnt wurden. Waisengeld (Tod der Mutter 1907), Erbe u. der Verkauf eigener Zeichnungen ermöglichten es H., die meiste Zeit relativ sorgenfrei zu leben; die von ihm später behauptete materielle Not u. seine Tätigkeit als Bauarbeiter sind allenfalls vorübergehend zutreffende Stilisierungen seines Lebenslaufs. Die verletzten Empfindungen des geltungshungrigen, von Erfolgen als Künstler u. Baumeister träumenden, aber antriebsschwachen Einzelgängers am Rande der Gesellschaft, die ihn umgebenden polit. u. sozialen Spannungen in der Hauptstadt der Donaumonarchie u. planlose Lektüre formten H.s Weltbild, in dem der sozialdarwinistische Gedanke vom „Recht des Stärkeren", Haß auf die Juden als Gefahr für die germanische „Herrenrasse", alldeutscher Sendungsglaube u. eine Haßliebe zu bürgerl. Anschauungen u. Lebensgewohnheiten dominierten, ohne schon eine polit. Stoßrichtung anzunehmen.
1913 entzog sich H. dem österr. Militärdienst durch Übersiedlung nach München, trat allerdings 1914 bei Kriegsausbruch freiwillig in die bayer. Armee ein. 1914–1918 war er Meldegänger an der Westfront (1915 Gefreiter, 1918 mit dem Eisernen Kreuz 1. Klasse ausgezeichnet).
Im Okt. 1918 nach einer Gasvergiftung vorübergehend erblindet, blieb H. bis März 1920 noch Soldat u. wurde 1919 in München u. Umgebung als Vertrauensmann u. Agitator einer Reichswehr-Propaganda-Abt. eingesetzt. Im Sept. 1919 trat er der *Deutschen Arbeiterpartei* (seit Anfang 1920 *Nationalsozialistische Deutsche Arbeiterpartei*) bei, wurde ihr Werbeobmann u. verkündete im Febr. 1920 das von ihm mitverfaßte 25-Punkte-Parteiprogramm. Nach innerparteilichen Auseinandersetzungen über den Kurs der Partei übernahm H. im Juli 1921 den Vorsitz mit weitreichenden Machtbefugnissen. Bis zum Herbst 1923 schwoll die NSDAP auf über 50 000 Mitgl. an, die vor allem von H.s radikaler Agitation gegen den Versailler Vertrag, die „jüdisch-marxist. Novemberverbrecher", das „jüd. Großkapital" u. das liberal-demokrat. „System" der Weimarer Republik angezogen wurden. Als Massenagitator fand H. Förderung durch rechtsgerichtete Kräfte in bayer. Reichswehr-, Polizei-, Regierungs- und Wirtschaftskreisen, die selbst Staatsstreichgedanken gegen Berlin hegten u. H. in ihre Pläne einbezogen.
Am 8./9. 11. 1923, auf dem Höhepunkt der Inflation u. in äußerst gespannter polit. Lage

Adolf Hitler

in Dtschld., versuchte H. zusammen mit E. *Ludendorff*, die zaudernden Rechtskreise durch die Ausrufung einer „Regierung der nationalen Revolution" zum Handeln zu zwingen. Der dilettantisch angelegte H.-Putsch scheiterte. Die NSDAP wurde verboten, H. verhaftet u. vom Münchner Volksgericht am 1. 4. 1924 mit einigen Mittätern zu 5 Jahren Festung verurteilt. Da die eigentl. Hintergründe des Putsches im Prozeß verschleiert wurden, konnte H. seine aktive Rolle sehr vorteilhaft herausstreichen. Bereits im Dez. 1924 aus der Festung Landsberg, wo er den 1. Bd. seiner Bekenntnis- u. Programmschrift „Mein Kampf" (erschienen 1925, 2. Bd. 1927) verfaßt hatte, wieder entlassen, erreichte H. die Aufhebung des Verbots der Partei u. begann im Febr. 1925 mit ihrem Wiederaufbau, jetzt von vornherein reichsweit. Infolge der vorübergehenden Konsolidierung der polit. u. wirtschaftl. Verhältnisse in Dtschld. u. auch wegen des Redeverbots, das zwischen 1925 u. 1928 in den meisten Reichsländern gegen ihn verhängt wurde, gewann die Partei nur allmählich an Boden. Immerhin sammelte sie in diesen Jahren einen verläßlichen Kader von Unterführern u. Gefolgsleuten, die H. nahezu vorbehaltlos ergeben waren, u. formte sich zur „Führerpartei".

Den Durchbruch zur Massenpartei, der H. in seiner Führerrolle bestätigte, erreichte die NSDAP seit 1929 unter den für sie günstigen Umständen der Weltwirtschaftskrise (1932 über 6 Mill. Arbeitslose) u. des rapide anwachsenden Zweifels der Bevölkerung an der Fähigkeit der demokrat. Kräfte, mit den Problemen fertig zu werden. In dieser Lage wuchs H. eine Schlüsselrolle zu, da er über den plebiszitären Rückhalt (37,3 % der Stimmen bei der Reichstagswahl Juli 1932) verfügte, der den Gegnern der Republik auf der polit. Rechten in Militär, Verwaltung, Großgrundbesitz u. Großwirtschaft fehlte. H. verfolgte eine Taktik der Zusammenarbeit in der „nationalen Opposition" bei gleichzeitiger Wahrung der Eigenständigkeit der NSDAP. Im April 1932 verlor H. die Reichspräsidentenwahl gegen *Hindenburg* (um kandidieren zu können, wurde er vom nat.-soz. Innenminister von Braunschweig zum Regierungsrat ernannt u. erhielt dadurch die dt. Staatsbürgerschaft). Im August wies Hindenburg seinen Anspruch, als Führer der stärksten Partei zum Reichskanzler berufen zu werden, brüsk zurück. Dadurch wankte die Basis von H.s bisheriger Stärke, der unaufhaltsam erscheinende Erfolg; die Partei geriet in eine ernste Krise. Die eigennützige Initiative F. von *Papens*, der dabei auf A. *Hugenberg*, den Stahlhelm, aber auch auf die Reichswehrführung bauen konnte, veranlaßte Hindenburg schließlich doch, H. am 30. 1. 1933 zum Reichskanzler zu ernennen.

In der Koalitionsregierung überspielten H. u. die beiden nat.-soz. Minister W. *Frick* u. H. *Göring* sehr schnell ihre 8 deutschnationalen bzw. parteilosen Kollegen. Der 18monatige Prozeß der „Machtergreifung" verlief zwar unsystematisch, festigte aber die Stellung der NSDAP auf allen Ebenen. Als H. nach Hindenburgs Tod am 2. 8. 1934 das Amt des Reichs-Präs. aufhob u. dessen bisherige Befugnisse auf sich als den „Führer u. Reichskanzler" übertrug, war der Nationalsozialismus in seiner Person grundsätzlich – unbeschadet von ihm geduldeter oder in Kauf genommener eigenständiger Entwicklungen im Rahmen des Systems – als der maßgebl. polit. Wille in Dtschld. etabliert. Bei der Benutzung des polit., bürokrat., militär. u. wirtschaftl. Instrumentariums war H. fortan nicht mehr an rechtliche Normen gebunden. Seine Entscheidungen konnten sich in Gesetzes- oder Verordnungsform niederschlagen, aber auch im persönl. Auftrag, im „Führerbefehl".

H. konzentrierte sein Interesse von 1933 an in erster Linie auf Außen-, Militär- u. Rüstungspolitik (seit Febr. 1938 war er auch formal Oberbefehlshaber der Wehrmacht), daneben auch auf Repräsentationsbauten, in denen sich das nat.-soz. Dtschld. als Weltmacht darstellen sollte. Zunächst betrieb er mit Nachdruck den Ausbau des militär. u. rüstungswirtschaftl. Potentials bei gleichzeitiger außenpolit. Abschirmung durch Friedenspropaganda u. lediglich revisionistische Forderungen, bis die Gefahr einer direkten Intervention der infolge innerer Schwierigkeiten geschwächten Westmächte überwunden war. Von 1936 an war seine Politik dann beschleunigt auf den Übergang zur kriegerischen Expansion ausgerichtet. Insofern war der Ausbruch des 2. Weltkriegs mit dem dt. Überfall auf Polen am 1. 9. 1939 Folge eines insgesamt, wenn auch nicht in jedem einzelnen Schritt zielgerichteten Kurses.

Die militär. Erfolge der ersten Feldzüge, deren Strategie H. mitbestimmt hatte, führten dazu, daß er sich auch als Feldherr für unfehlbar zu halten begann (Propagandaslogan: „Größter Feldherr aller Zeiten"). Im Dez. 1941 übernahm er selbst den Oberbefehl über das Heer. Widerspruch seiner militär. Berater ertrug er immer weniger, auch als die Kriegslage immer aussichtsloser wurde. Ein Waffenstillstand kam für ihn zu keinem Zeitpunkt des Krieges in Frage („Deutschland muß siegen oder untergehen"). Die Unterdrückungsmaßnahmen in den eroberten Gebieten, vor allem die Verfolgung u. Vernichtung der Juden im dt. Machtbereich, fanden in den meisten Fällen auf H.s ausdrückliche Weisung, jedenfalls aber mit seinem Wissen u. seiner Billigung statt. H. entging mehreren Versuchen von Mitgl. der Widerstandsbewegung, ihn zu töten u. damit Dtschld. vor der totalen Niederlage zu retten. Der Verantwortung für den Ruin des Dt. Reiches entzog sich H. am 30. 4. 1945 durch Selbstmord im Bunker der Reichskanzlei in Berlin, das bereits von sowjet. Truppen eingeschlossen war. Mit ihm starb seine langjährige Geliebte Eva *Braun*, die er am Vortag geheiratet hatte. Ihre Leichen wurden verbrannt. – H. Sämtl. Aufzeichnungen 1905–1924, hrsg. von E. Jäckel u. A. Kuhn 1980; H.s Zweites Buch, hrsg. von G. Weinberg 1961; H. Reden u. Proklamationen 1932–1945, hrsg. von M. Domarus, 2 Bde. 1965.

Hitler-Jugend, Abk. *HJ*, Teilorganisation der *NSDAP* zur Erfassung u. Gleichschaltung aller Jugendlichen vom 10. bis zum 18. Lebensjahr, 1926 als Nachwuchsorganisation der *SA* gegr. Die HJ fand zunächst nur wenige Anhänger; erst als nach der „Machtergreifung" Repressalien angewendet werden konnten (Benachteiligung der Nichtmitglieder in Schule u. Beruf), stieg die Mitgliederzahl sprunghaft an. Am 1. 12. 1936 erklärte ein Gesetz die HJ zur einzigen Staatsjugendorganisation; sie erhielt die Aufgabe, die gesamte dt. Jugend für den Nationalsozialismus zu erziehen. Durchführungsverordnungen verpflichteten ab 1939 zur Mitgliedschaft; die Jugendlichen wurden nunmehr jahrgangweise erfaßt. Der Reichsjugendführer (bis 1940 Baldur von *Schirach*, dann Arthur *Axmann*) leitete zentral die HJ-Erziehungstätigkeit. Die HJ war in vier Teilorganisationen gegliedert: 10- bis 14jährige: Jungen, *Deutsches Jungvolk*; Mädchen, *Jungmädel*; 14- bis 18jährige: Jungen, *Hitler-Jugend* (im engeren Sinn); Mädchen, *Bund Deutscher Mädel (BDM)*. Sie waren in straffer Befehlspraxis von oben nach unten durchorganisiert. Ziel der HJ-Erziehung war der sportlich trainierte, wehrtüchtige, kampffreudige, blindgehorsame, fanatisch nat.-soz. denkende junge Deutsche („hart wie Kruppstahl, zäh wie Leder, flink wie Windhunde"); dementsprechend sahen die Dienstpläne insbes. Sport, vormilitär. Ausbildung, Aufenthalte in Lagern u. weltanschaul. Schulung vor; Motor-, Flieger-, Marine-HJ-Einheiten dienten der Ausbildung von Spezialisten. Sondereinsätze der HJ bei Straßen-, Altmaterial- u. sonstigen Sammlungen, bei der Einbringung der Ernte, als Luftwaffen- u. Marinehelfer u. in den Kinderlandverschickungslagern erhöhten die Bedeutung der HJ bes. für die Kriegswirtschaft. Die Reichsführung der HJ erweiterte gleichzeitig ihre Kompetenz als Erziehungsmacht immer mehr. Elternhaus u. Schule blieben als Unterstützer des HJ-Erziehungsprogramms geduldet, für die Zukunft war jedoch die Identität von HJ-Führer u. Lehrer sowie die Erziehung in Internatsschulen vorgesehen.

Hlinka, Andrej, slowak. Politiker, *27. 9. 1864 Černová bei Rosenberg, †16. 8. 1938 Rosenberg; kath. Priester; organisierte in den 1890er Jahren durch Lebensmittel- u. Kreditgenossenschaften die slowak. Selbsthilfe gegen die wirtschaftl. Ausbeutung des Volkes; 1918 für Trennung von Ungarn u. gemeinsame Staatsgründung mit den Tschechen, Führer der Slowak. Volkspartei (gegr. 1905), die zunächst auf eine möglichst große Selbständigkeit im Rahmen der ČSR, schließlich aber, vor allem unter seinem Nachfolger J. *Tiso*, auf die Autonomie der Slowakei hinarbeitete.

Hoare [hɔː], Samuel, Viscount *Templewood of Chelsea* (1944), engl. Politiker (Konservativer) u. Diplomat, *24. 2. 1880 London, †7. 5. 1959 London; seit 1910 Mitgl. des Unterhauses, 1922–1924 u. 1924–1929 Luftfahrt-Min., 1931–1935 Staatssekretär für Indien, 1935 Außen-Min. (dt.-engl. Flottenabkommen), 1936 Marine-Min., 1937–1939 Innen-Min., 1940–1944 Botschafter in Spanien, trat gegen die Forderung nach einer bedingungslosen Kapitulation Deutschlands auf; schrieb „Das 4. Siegel" 1930, dt. 1935; „Neun bewegte Jahre" 1954, dt. 1955.

Hobbes [hɔbz], Thomas, engl. Philosoph u. Staatstheoretiker, *5. 4. 1588 Westport bei Malmesbury, †4. 12. 1679 Hardwick; einer der großen Systematiker u. Begründer der neuzeitl. Philosophie, mit der Philosophie R. *Descartes* vertraut; stand im Sinne *Galileis*, den er als Vorbild betrachtete, ganz unter dem Einfluß des modernen physikal. Denkens. Um der engl. Revolution zu entgehen, emigrierte H. 1640–1651 nach Paris, kehrte jedoch unter O. *Cromwell* zurück. Nach der Thronbesteigung Karls II., den er in der Verbannung unterrichtet hatte, erhielt H. eine Pension.

H.' Philosophie ist streng nominalistisch u. mechanistisch u. ordnet die Theologie als positives Lehrsystem der Politik unter. Sie befaßt sich nur mit Gegenständen, natürlichen u. künstlichen, d.h. vom Menschen geschaffenen, die der verstandesmäßigen „Berechnung" zugänglich sind. Am wirksamsten wurde seine Staatsphilosophie, die seine

Lehre vom Naturzustand u. Gesellschaftsvertrag *(Naturrecht)* beinhaltet: In der Natur herrscht das Recht des Stärkeren, der Krieg aller gegen alle; dieser ist jedoch unvernünftig, weil er gegen die Interessen jedes einzelnen geht, u. muß daher aufgehoben werden, indem sich alle freiwillig einer Staatsmacht unterwerfen. H., für den die Diktatur Garant des inneren Friedens ist, kann somit als ein Theoretiker des Staatsabsolutismus bezeichnet werden. Werke: „Elements of law natural and political" 1640; „Elementa philosophiae", Teil 1: „De corpore" 1655, Teil 2: „De homine" 1658, Teil 3: „De cive" 1642; „Leviathan" 1651.

Hochburgund → Burgund.

Hoche [ɔʃ], Lazare, französ. General, *25. 6. 1768 Montreuil bei Versailles, †18. 9. 1797 Wetzlar; tat sich während der Koalitionskriege bei mehreren militär. Unternehmungen hervor (Verteidigung von Diedenhofen u. Dünkirchen 1792) u. erhielt 1793 den Oberbefehl über die Moselarmee, eroberte das Elsaß zurück, wurde dennoch von A. *Saint-Just* verhaftet, aber nach dem Sturz *Robespierres* (1795) wieder freigelassen. 1795 schlug H. die Royalisten in der Vendée; er scheiterte 1796 mit dem Versuch einer Invasion Irlands u. drang 1797 bis Wetzlar vor. – Drama von P. Déroulède: „La mort de H." 1897.

Ho Chi Minh, *Ho Tschi Minh, Ho Schi Min* [„der Erleuchtete"], eigentl. *Nguyen Ai Quoc*, vietnames. Revolutionär u. Politiker, *19. 5. 1890 Kim Lien, Mittelvietnam (Datum festgesetzt), †3. 9. 1969 Hanoi; Sohn eines kaiserl. Mandarins, Gründungsmitglied der französ. Kommunist. Partei (1920), 1923 zwei Jahre in Moskau, danach im Auftrag der Komintern in China; gründete 1930 in Hongkong die Kommunist. Partei Indochinas u. organisierte seit 1941 eine Guerillatruppe *(Viet-Minh)*, mit der er zuerst gegen die Japaner, seit Ende 1946 gegen die Franzosen kämpfte u. seit 1954 gegen das mit den USA verbündete Südvietnam. H. C. M. rief am 2. 9. 1945 als Führer der Unabhängigkeitsbewegung die Republik Vietnam aus u. wurde deren Staats-Präs.; er arbeitete zuerst mit nichtkommunist. Nationalisten zusammen. 1953 verkündete er eine Agrarreform. Seit der Teilung Vietnams 1954 war er Staats-Präs. von Nordvietnam. – Sein Lebenslauf ist nur z. T. bekannt.

Höchstädt an der Donau, Stadt in Schwaben (Bayern), Ldkrs. Dillingen an der Donau, 418 m ü. M., 5100 Ew.
Bei H. a. d. D. fanden im Span. Erbfolgekrieg zwei Schlachten statt. Am 20. 9. 1703 schlugen Bayern u. Franzosen die Kaiserlichen. Am 13. 8. 1704 besiegten die Kaiserlichen (unter Prinz *Eugen*) u. die Engländer (unter dem Herzog von *Marlborough*) ein bayer.-französ. Heer. Kurbayern wurde von den Kaiserlichen besetzt. Die zweite Schlacht wird in England „Schlacht von Blenheim" (nach dem Dorf Blindheim) genannt.

Hoch- und Deutschmeister, seit 1530 Titel für das Oberhaupt des *Dt. Ordens*, der nach der Umwandlung des preuß. Ordensgebietes in einen weltl. Staat auf das übrige Dtschld. beschränkt blieb. Sitz des H.- u. D.s war bis 1806 Mergentheim an der Tauber. Den Titel H.- u. D. führte seit dem 19. Jh. jeweils ein österr. Erzherzog; dieser war Chef des österr. Infanterieregiments Nr. 4 (die „H.- u. D.", gegr. 1696).

Hockergrab, seit der Altsteinzeit vorkommende Bestattungsform, bes. häufig in der Jungsteinzeit u. älteren Bronzezeit, doch auch in jüngeren vorgeschichtl. Epochen u. bei zahlreichen Naturvölkern auftretend. Der Tote ist, auf der linken oder rechten Seite liegend, selten sitzend, mit mehr oder weniger stark an den Leib gezogenen Knien beigesetzt, wobei Arme u. Beine oft gefesselt sind.

Hodscha, islam. Schriftgelehrter in der Türkei.

Hodscha, Enver → Hoxha.

Hodscho → Hojo.

Hodža ['hɔdʒa], Milan, tschechoslowak. Politiker (Bauernpartei), *1. 2. 1878 Sučany, Slowakei, †27. 6. 1944 Clearwater, Fla. (USA); Min.-Präs. (1935–1938) während der Sudetenkrise; versuchte, den Gegensatz zwischen Tschechen u. Slowaken auszugleichen.

Hoegner, Wilhelm, Politiker (SPD), *23. 9. 1887 München, †5. 3. 1980 München; Staatsanwalt; seit 1919 Mitgl. der SPD, 1924–1932 u. 1946–1970 Mitgl. des bayer. Landtags, 1930–1933 MdR; 1933 vor nationalsozialistischer Verfolgung über Österreich in die Schweiz geflohen; 1945/46 und 1954–1957 Min.-Präs. von Bayern, 1946/47 u. 1950 bis 1954 stellvertr. Min.-Präs. und Justiz- bzw. Innenminister; Mitautor der bayer. Verfassung von 1946.

Hoepner, Erich, Offizier (1940 Generaloberst) u. Widerstandskämpfer, *14. 9. 1886 Frankfurt (Oder), †8. 8. 1944 Berlin-Plötzensee (hingerichtet); seit 1938 an Staatsstreichvorbereitungen gegen Hitler beteiligt; im Jan. 1942 als Oberbefehlshaber einer Panzerarmee abgesetzt u. aus der Wehrmacht ausgestoßen, weil er seine gefährdete Truppe vor Moskau gegen Hitlers Befehl auf eine günstigere Befestigungslinie zurückgezogen hatte; nach dem Attentat auf Hitler vom 20. Juli 1944 vom Volksgerichtshof zum Tode verurteilt.

Hof, Haushaltung, Wohnsitz u. Gefolge eines Fürsten. Die ältesten *H.ämter* sind die des *Marschalls, Seneschalls, Kämmerers, Truchsesses* u. *Schenken*. Sie waren ursprünglich mit echten Dienstleistungen verbunden, wurden aber später reine Verwaltungsämter, aus denen sich wiederum die Zentralbehörden *(Hofkammer, Hofkanzlei)* entwickelten. Die Arbeiten bei H.e wurden von Dienern *(Offizianten)* ausgeführt. Die *Hofbeamten (Hofchargen)*, die Ehrendienste verrichtenden *Kammerherrn (Kammerjunker)* u. die Diener bildeten den *Hofstaat*. Die grundsätzl. Erlaubnis, bei H.e zu erscheinen *(Hoffähigkeit)*, besaßen ursprünglich nur die Adligen, später auch Offiziere, hohe Beamte, Künstler u. Wissenschaftler. Die *Hofkleidung* (H.tracht) ist bzw. war bes. zu bestimmten Anlässen (z. B. Trauerfall, Krönung) vorgeschrieben. Die Einhaltung des *Hofzeremoniells* (H.etikette) wird bzw. wurde vom Zeremonienmeister überwacht.

Hofburg, bis 1918 die Residenz der Habsburger in Wien, heute Sitz des österr. Bundespräsidenten.

Hofer, Andreas, Tiroler Freiheitskämpfer, *22. 11. 1767 St. Leonhard, Passeiertal, † 20. 2. 1810 Mantua (erschossen); Besitzer des Gasthauses „Am Sand" bei St. Leonhard im Passeiertal, 1809 Oberkommandant u. zeitweilig Regent von Tirol bei der Erhebung gegen die französ. Besatzung, schlug diese u. die Bayern dreimal am Berg Isel u. befreite Innsbruck. Die Wiener Regierung gab jedoch im Wiener Frieden (14. 10. 1809) Tirol preis, u. H. unterwarf sich. Durch falsche Nachrichten versehentlich oder bewußt getäuscht, erhob er sich von neuem, mußte flüchten u. kam durch Verrat in Gefangenschaft. Über das uneinige Kriegsgericht hinweg wurde er auf Befehl Napoleons I. in Mantua standrechtlich erschossen.

Andreas Hofer

Hoffmann, 1. Arthur, schweizer. Politiker (Liberaler), *18. 6. 1857 St. Gallen, †23. 7. 1927 St. Gallen; Bundesrat 1911, Bundes-Präs. 1914; versuchte als Leiter der Außenpolitik im 1. Weltkrieg, zwischen Dtschld. u. Rußland Frieden zu vermitteln; mußte nach Bekanntwerden seines Mißerfolgs 1917 demissionieren.

2. Heinz, Politiker (SED) u. Offizier (1961 Armeegeneral), *28. 11. 1910 Mannheim, †2. 12. 1985; Maschinenschlosser; seit 1930 Mitgl. der KPD, 1935/36 u. 1939–1945 in der Sowjetunion, 1936/37 Bataillonskommandeur u. Politkommissar im Span. Bürgerkrieg; seit 1946 Mitgl. u. Mitarbeiter der Landesleitung Berlin der SED; 1950 Generalinspekteur der Volkspolizei, 1952–1955 Chef der Kasernierten Volkspolizei u. stellvertr. Min. des Innern der DDR, 1955–1957 Besuch der Generalstabsakademie der UdSSR, 1956–1960 Erster stellvertr. Min. für Nationale Verteidigung, zugleich Chef des Heeres bzw. Chef des Stabes, seit 1961 Min. für Nationale Verteidigung; 1950–1954 Kandidat, seit 1954 Mitgl. des ZK der SED; seit 1973 Mitgl. des Politbüros des ZK der SED.

3. Johannes, saarländ. Politiker, *23. 12. 1890 Landsweiler, Krs. Ottweiler, †21. 9. 1967 Völklingen; Journalist; Mitgl. des Zentrums, bis 1933 für die Rückgliederung des Saargebiets an ein nicht-nat.-soz. Dtschld., 1935 bis 1945 in der Emigration (Luxemburg, Brasilien); Mitbegründer u. 1946–1956 Vors. der Christl. Volkspartei des Saarlandes, 1947 bis 1955 Min.-Präs.; trat zurück, als seine Politik einer Europäisierung des Saarlands bei wirtschaftl. Anschluß an Frankreich in der Volksabstimmung über das Saarstatut am 23. 10. 1955 abgelehnt wurde.

4. Max, Offizier (1917 Generalmajor), *25. 1. 1869 Homberg bei Kassel, †8. 7. 1927 Bad Reichenhall; Rußland-Experte des Generalstabs, 1914 maßgeblich am Sieg bei Tannenberg beteiligt, seit 1916 Generalstabschef des Oberbefehlshabers Ost, vertrat bei den Friedensverhandlungen von Brest-Litowsk 1917/18 einen gemäßigteren Kurs als Hindenburg u. Ludendorff u. griff deren Haltung nach dem Krieg scharf an.

Hofgericht, 1. das Gericht des dt. Königs im MA (auch *Reichs-H.*), im 15. Jh. vom *Reichskammergericht* u. *Reichshofrat* abgelöst.

2. das Gericht des fürstl. Landesherrn eines dt. Territorialstaats.

3. das Gericht des Grundherrn über seine Eigenleute u. Hörigen (auch *Fron-H., Bauding, Hubding*). Richter waren der Vogt, Schulze oder Meier.

Hofjuden, *Hoffaktoren*, Bez. für Juden, die an dt. Fürstenhöfen im 16.–18. Jh. als Finanziers u. Heereslieferanten eine wichtige Rolle spielten.

Hofkanzlei, die seit 1620 neben der *Reichskanzlei* errichtete Zentralbehörde der österr. Länder, bes. für auswärtige, innere u. Justizverwaltung; seit 1749 für die deutsch-böhm. Länder die *Geheime Haus-, Hof- u. Staatskanzlei*.

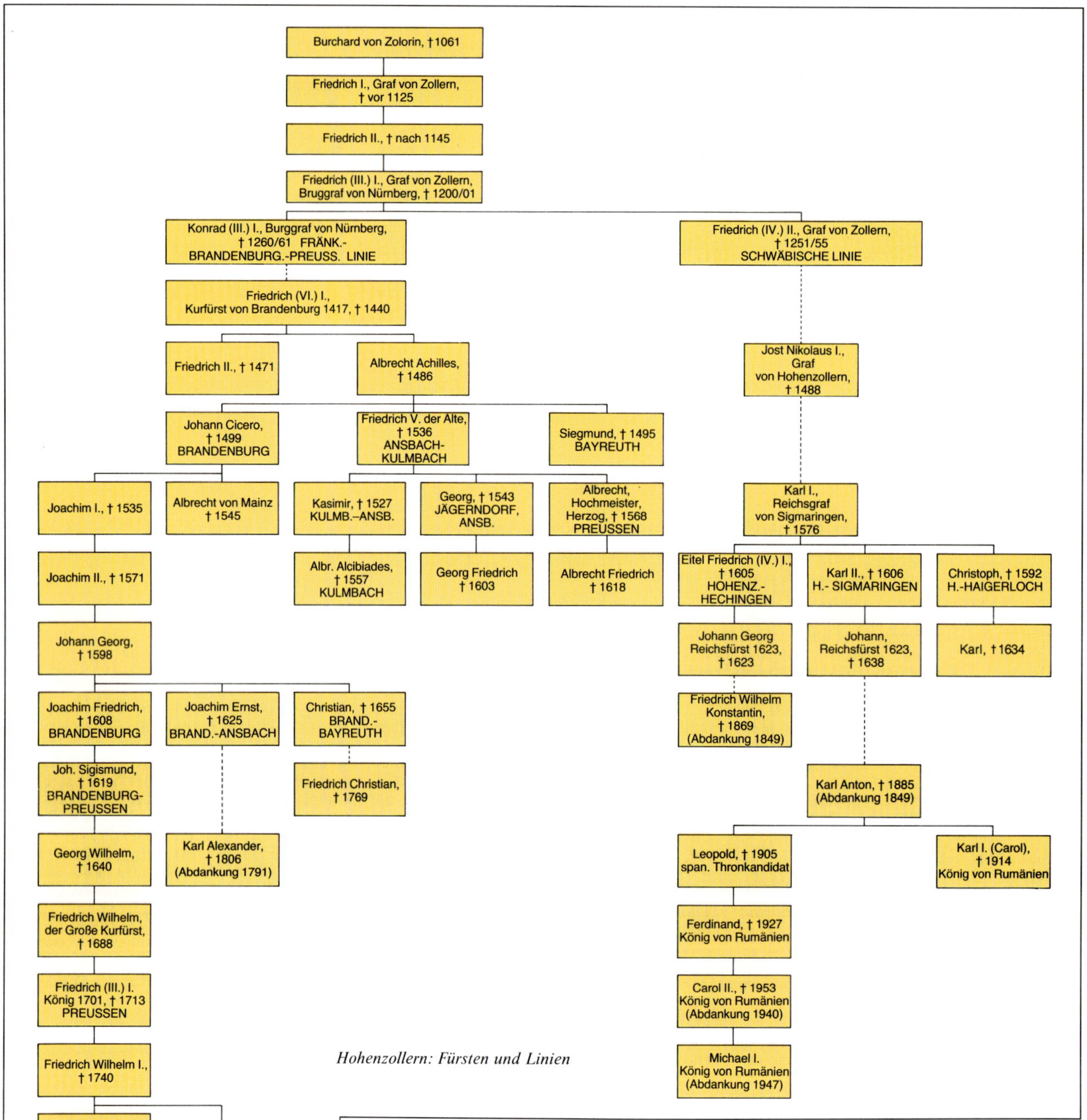

Hohenzollern: Fürsten und Linien

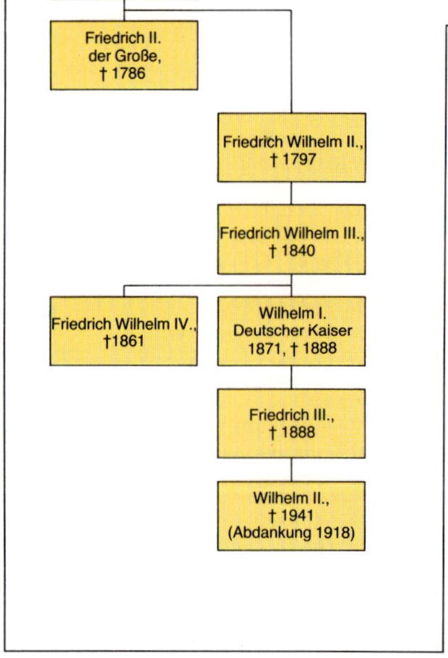

Hofkriegsrat, die oberste Militärverwaltung im alten Österreich, 1556 gegr.; seit 1848 *Kriegsministerium.*

Hofpfalzgraf, ein von Kaiser *Karl IV.* nach älteren italien. Vorbildern geschaffenes Hofamt, dem die Erteilung von Adelsbriefen, die Ernennung von Notaren u. ä. oblag.

Hofrat, seit dem 16. Jh. die oberste Verwaltungs- u. Justizbehörde in dt. Ländern.

Hofrecht, das Recht der Grundherrschaft.

Hoftag, lat. *curia*, im MA allg. eine von Fürsten einberufene Versammlung der Großen des Landes, auf der Gesetze erlassen u. Beschlüsse gefaßt wurden. Aus dem H. des dt. Königs entwickelte sich allmählich eine ständige Einrichtung, die zum *Reichstag* (seit dem 15. Jh. gebräuchl. Bez.) wurde.

Hogendorp ['hoːxəndɔrp], Gysbert Karel Graf (seit 1815) van, niederländ. Politiker, *27. 10. 1762 Rotterdam, †5. 10. 1834 Den Haag; 1813 an der Befreiung der Niederlande beteiligt, führte bis zur Rückkehr der Oranier die Regierung, entwarf dann die neue Verfassung. Seit 1817 war er in Opposition zum Regierungsstil *Wilhelms I.*

Hohenberg, Herzogin von H. →Chotek, Sophie.

Hohenheim, Franziska Reichsgräfin von (1774), *10. 1. 1748 Adelmannsfelden, †1. 1. 1811 Kirchheim unter Teck; seit 1769 Mätresse des Herzogs *Karl Eugen* von Württemberg, der sie 1785 heiratete; hatte keinen direkten polit. Einfluß, wirkte aber mildernd auf den Herzog ein.

Hohenlohe, weitverzweigtes Adelsgeschlecht aus Franken, benannt nach der Burg Holloch (Hohlach) bei Uffenheim: **1.** Chlodwig Fürst zu *H.-Schillingsfürst*, Bruder von 2), Politiker, *31. 3. 1819 Rotenburg an der Fulda, †6. 7. 1901 Ragaz; 1866–1870 bayer. Min.-Präs., 1874–1885 Botschafter in Paris, 1885–1894 Statthalter in Elsaß-Lothringen, 1894–1900 Reichskanzler u. preuß. Min.-Präs. Der antiklerikale u. preußenfreundl. H. unterstützte 1871 die Reichsgründung.

2. Gustav Adolf Prinz zu *H.-Schillingsfürst*, Bruder von 1), Kardinal seit 1866, *26. 2. 1823 Rotenburg an der Fulda, †30. 10. 1896 Rom; seit 1846 in Rom; Gegner der Jesuiten u. der Unfehlbarkeitsdekrete des Vatikan.

Konzils; 1872 zu Beginn des Kulturkampfs als Gesandter des Reiches bei der Kurie abgelehnt (Anlaß für Bismarcks Wort: „Nach Canossa gehen wir nicht!“); seit 1876 Großalmosenier.

Hohenstaufen, Fürstengeschlecht, → Staufer.

Hohenwart, Karl Siegmund Graf von, österr. Politiker, * 12. 2. 1824 Wien, † 26. 4. 1899 Wien; Statthalter in Oberösterreich, scheiterte als Min.-Präs. (Febr.–Okt. 1871) mit dem Versuch, durch Nachgiebigkeit gegenüber den Slawen eine föderalist. Umbildung der Reichsverfassung zu erreichen, u. mußte zurücktreten. 1891 gründete er den konservativen u. übernationalen *H.klub.* H. mußte 1897 aus dem Reichsrat ausscheiden.

Hohenzollern, dt. Fürstengeschlecht; wahrscheinlich aus dem alten schwäb. Herzogsgeschlecht der *Burchardinger* hervorgegangen, da bei ihm in früherer Zeit der Name *Burchard* sehr häufig war. Deren nachweisbarer Ahnherr war Graf *Huntfried* von Rätien (9. Jh.). In Chroniken des 11. Jh. findet man zunächst den Namen *von Zolre* [„von Söller“; nach der Lage der Burg] oder *von Zolorin,* später *von Zollern* u. endlich *von Hohenzollern. Burchard* u. *Wezil* von Zolorin erscheinen erstmalig 1061 in der Geschichtsschreibung. Auf Burchards Sohn Graf *Friedrich I.* († vor 1125) folgten *Friedrich II.* (erwähnt 1125–1145) u. dessen Sohn *Friedrich III.* († um 1200), der das Geschlecht nach Franken führte. Als treuer Gefolgsmann der Staufer u. durch günstige Heirat wurde er als *Friedrich I.* kaiserl. Burggraf von Nürnberg (1192 als solcher genannt). Seine Söhne begründeten zwei Linien: *Friedrich II.* († 1251/55) die schwäb. Linie u. *Konrad I.* († um 1261) die fränk. Linie.
Die fränkische Linie der H. erlangte mit *Friedrich VI.*, als Markgraf *Friedrich I.*, 1415 die Markgrafschaft Brandenburg. Sie übte in den folgenden fünf Jahrhunderten größten Einfluß auf die brandenburg.-preuß. u. die dt. Geschichte aus. Durch die Dispositio Achillea von 1473 wurden die fränkischen Nebenlinien *Ansbach* u. *Bayreuth* gegründet. Ihre Besitzungen fielen 1792 an Preußen.
Die schwäbische Linie teilte sich in die Linien *H.-Haigerloch, H.-Hechingen* u. *H.-Sigmaringen.* H.-Haigerloch starb bereits 1634 aus. Die beiden Fürsten von H.-Hechingen u. H.-Sigmaringen verzichteten 1849 auf ihre Souveränität zugunsten Preußens; ihre Länder wurden ein preuß. Regierungsbezirk.
Mit der Abdankung Kaiser *Wilhelms II.* (1918) endete der Einfluß der H. auf die dt. Geschichte. In der vermögensrechtl. Auseinandersetzung mit dem preuß. Staat 1925/26 erhielten die direkten Nachkommen des Kaiserhauses 62 000 ha Land, darunter die schles. Herrschaft Oels (Wohnsitz des 1923 nach Dtschld. zurückgekehrten Kronprinzen Wilhelm), sowie 15 Mill. Reichsmark. Ein großer Teil dieser Ländereien ging den H. durch den 2. Weltkrieg verloren. Gegenwärtig ist *Christian Sigismund* von Preußen interimist. Chef des Hauses H. Er vertritt *Georg Friedrich Ferdinand* von Preußen, der mit Erreichung des 30. Lebensjahres die Führung des Familienverbandes übernehmen wird.

Hohe Pforte [türk. *Bâb-y alî*], bis nach dem 1. Weltkrieg Bez. für die Regierung des osman.-türk. Sultans in Istanbul.

Hohokam-Kultur [hə'houkam-], eine auf Bewässerungsanlagen basierende vorgeschichtl. Indianerkultur im SW Nordamerikas (300 v. Chr.–1400 n. Chr.).

Hojo, japan. Adelsgeschlecht von der heutigen Izuhalbinsel, das nach dem Tode von *Minamoto Yoritomo* im Jahre 1199 die Macht in Japan an sich riß u. die Stellvertreter *(Shikken)* für die machtlosen Shogune in *Kamakura* bis 1333 stellte. Die Herrschaft der H. bescherte Japan innere Stabilität u. ermöglichte die Abwehr mongolischer Invasionsversuche 1274 u. 1281.

Holland, der Westteil der Niederlande mit den Provinzen Nord- u. Süd-H.
Die ehem. Grafschaft H. entstand im 10. Jh.; sie dehnte sich im Kampf mit dem Bistum Utrecht u. den Grafen von Flandern bis zur Regierungszeit *Wilhelms II.* († 1256) innerhalb der späteren Provinzgrenzen aus. 1299 fiel H. als Erbschaft dem Grafen von Hennegau zu; mit dem Tod (1345) *Wilhelms IV.*, des letzten Grafen von Hennegau u. Holland, erhielt dessen Schwiegersohn, der Wittelsbacher Kaiser *Ludwig der Bayer,* H. 1433 verdrängte Burgund, das ebenfalls Erbansprüche erhob, die Wittelsbacher; als burgund. Erbe kam H. 1477 zum Haus Habsburg. 1579 bildete H. mit 6 anderen Provinzen die Republik der Vereinigten Niederlande, in der es auf Grund seiner Wirtschaftskraft die beherrschende Stellung innehatte. Der Name der Provinz wurde auf das *Königreich H.* übertragen, das 1806–1810 unter der Herrschaft *Louis Bonapartes* stand.

Holländischer Krieg, der 2. Reunionskrieg (1672–1678), beendet durch den Frieden von Nimwegen.

Holocaust ['hɔlokɔːst; von grch.-lat. Holokaustum], in Israel u. der englischsprachigen Welt gebräuchl. Bez. für die Massenvernichtung von Juden durch das nat.-soz. Regime im 2. Weltkrieg.

Holstein, Friedrich August von, Diplomat u. Politiker, * 24. 4. 1837 Schwedt, † 8. 5. 1909 Berlin; seit 1860 mit Unterbrechungen im diplomat. Dienst, 1880–1906 Vortragender Rat, lehnte die Berufung zum Staatssekretär ab, behielt aber bis zu seinem Tod eine Schlüsselstellung in der dt. Außenpolitik als „graue Eminenz“. Anfänglich enger Mitarbeiter Bismarcks, strebte H. seit 1885 ein Ende der Bindungen des Dt. Reichs an Rußland an. In der Wilhelmin. Ära vertrat er eine „Politik der freien Hand“, deren Methoden insbes. die Frontstellung Englands gegenüber Dtschld. bewirkten. H. galt lange Zeit zu Unrecht als geheimer Lenker der Reichspolitik, er verfügte aber nur über eine Art Vetorecht in außenpolit. Fragen.

Holtzmann, 1. Robert, Historiker, * 17. 10. 1873 Heidelberg, † 27. 6. 1946 Berlin; Prof. in Gießen, Breslau, Halle (Saale) u. Berlin; Hptw.: „Geschichte der sächs. Kaiserzeit 900–1024“ 1941; „Französ. Verfassungsgeschichte von der Mitte des 9. Jh. bis zur Revolution“ 1910; Hrsg. der „Geschichtsquellen der dt. Kaiserzeit“ in W. *Wattenbachs* „Deutschlands Geschichtsquellen im MA“ 1938–1948 u. der 7. Aufl. von *Gebhardts* „Handbuch der deutschen Geschichte“ 1930.
2. Walther, Historiker, * 31. 12. 1891 Eberbach am Neckar, † 25. 11. 1963 Bonn; Prof. in Halle (Saale) u. 1936–1953 in Bonn, 1953–1961 Direktor des Dt. Histor. Instituts in Rom; Hptw.: „Papsturkunden in England“ 1931–1952; „Beiträge zur Reichs- u. Papstgeschichte des hohen MA“ 1957; zusammen mit G. *Ritter* (Hrsg.) „Die deutsche Geschichtswissenschaft im Zweiten Weltkrieg. Bibliographie 1939–1945“ 1951.

Holzappel, Peter Melander Reichsgraf von, Feldherr, * 1585 Hadamar, † 17. 5. 1648 bei Zusmarshausen; 1625–1633 in venezian. Diensten; trat trotz seines calvinist. Bekenntnisses 1642 zum Kaiser über, wurde Feldmarschall u. nach dem Tod von M. *Gallas* Oberkommandierender der kaiserl. Armeen; fiel in der letzten Schlacht des Dreißigjährigen Krieges.

Holzkammergrab-Kultur, *Balkengräber-Kultur,* bronzezeitl. Kulturgruppe Südrußlands, vom Wolgagebiet bis zur Dnjeprmündung reichend; benannt nach ihrer Bestattungsart in von Hügeln überwölbten Grabgruben mit Holzeinbauten aus Balken oder Dielen, in denen die Toten in Hockerlage beigesetzt wurden. Ihre unbefestigten Siedlungen an Flußufern bestanden aus acht bis zehn rechteckigen, bis 1 m in die Erde eingetieften Hütten mit zwei Eingängen u. mehreren Herden. Es gibt enge Kontakte zur gleichzeitigen *Andronowo-Kultur.*

Holzschuh, Dietrich, gen. *Tile Kolup,* Hochstapler, † 17. 7. 1285 Wetzlar; gab sich seit 1284 für den 1250 gestorbenen Kaiser *Friedrich II.* aus; fand wegen des weitverbreiteten städt. Widerstands gegen die Steuerpolitik *Rudolfs von Habsburg* zeitweise Anhänger, bes. in Neuß u. Wetzlar, wurde von dieser Stadt an Rudolf ausgeliefert, der H. als Ketzer u. Zauberer verbrennen ließ.

Home Rule ['houmruːl; engl., „Selbstregierung“], die Forderung einzelner Gebiete des Brit. Reichs (vor allem Irlands u. Indiens, aber auch Schottlands u. Wales') nach Selbständigkeit. Bes. dramatisch war der Kampf der Iren um die H. R. im 19. u. im ersten Drittel des 20. Jh., dann der Inder unter M. *Gandhi.* In beiden Fällen endete er mit der völligen Trennung von Großbritannien.

Honduras HN

Republik Honduras

Fläche: 112 088 km². – *Einwohner:* 5,6 Mill. – *Hauptstadt:* Tegucigalpa. – *Landessprache:* Spanisch. – *Nationalfeiertag:* 15. 9. – *Währung:* 1 Lempira = 100 Centavos. – *Lage:* zwischen 13° und 16° n. Br. sowie 83°10′ und 89°20′ w. L. – *Zeitzone:* Mitteleuropäische Zeit – 7 Std. – *Grenzen:* im N Karibisches Meer, im SO Nicaragua, im S Pazifischer Ozean und El Salvador, im W Guatemala. – *Staatsform:* präsidiale Republik.

Die Küsten von H. wurden 1502 von *Kolumbus* entdeckt. Nach 1524 wurde H. von Spanien erobert u. gehörte zum Generalkapitanat Guatemala; 1821 wurde H. unabhängig, 1823–1838 war es Mitgl. der *Zentralamerikan. Konföderation;* seit 1838 ist es selbständige Republik. Die Geschichte von H. ist durch ständige Unruhen u. Bürgerkriege gekennzeichnet, in die 1911, 1913 u. 1925 die USA militärisch eingriffen. Erst die Präsidentschaft von Tiburcio *Carías Andino* (1933–1948), der diktatorisch regierte, brachte eine gewisse Konsolidierung. Nach seinem Sturz kam es wieder zu labilen Verhältnissen mit zahlreichen Putschen. Die *Liberale Partei* u. die *Nationale Partei,* beide caudillist. ausgerichtet, dominierten dabei die Parteienpolitik.
Nach einem Militärputsch 1963 bestimmte General O. *López Arellano* (Staatschef 1963–1971 u. 1972–1975) den polit. Kurs in H. Im Juli 1969 brach zwischen H. u. El Salvador ein militär. Konflikt, der sogenannte „Fußballkrieg“, aus, der von der OAS beigelegt werden konnte. J. A. *Melgar Castro,* der Nachfolger Arellanos, wurde 1978 von einer Junta unter P. *Paz García* gestürzt. 1980 leitete das Regime demokrat. Reformen ein. 1981 fanden Präsidentschaftswahlen statt, die R. *Suazo Córdova* (Liberale Partei) gewann. Am 20. 1. 1982 trat eine neue präsidialdemokrat. Verfassung in Kraft. Das Militär blieb jedoch ein entscheidender Machtfaktor. Mit J. *Azcona Hoyo* stellten die Liberalen bei den Präsidentschaftswahlen 1985 erneut den Sieger. H. unterstützte vorbehaltlos die US-amerikan. Mittelamerikapolitik u. erhielt

Erich Honecker (links) mit Bundeskanzler Helmut Kohl am 7.9.1987 in Bonn

dafür Wirtschafts- u. Militärhilfe. 1990 wurde R. L. *Callejas Romero* (Nationale Partei) Präs. Ein Urteil des Internationalen Gerichtshofes legte 1992 den seit 1969 bestehenden Grenzkonflikt mit El Salvador bei. Die Präsidentschaftswahlen 1993 gewann C. R. *Reina* (Liberale Partei). Zu seinem Nachfolger wurde mit C. *Flores Facussé* 1997 erneut der Kandidat der Liberalen gewählt.

Honecker, 1. Erich, verheiratet mit 2), Politiker (SED), *25. 8. 1912 Wiebelskirchen bei Neunkirchen, Saar, †29. 5. 1994 Santiago de Chile; Dachdecker; seit 1929 Mitgl. der KPD, Jugendfunktionär; 1935 nach illegaler Widerstandstätigkeit verhaftet, bis Kriegsende im Zuchthaus Brandenburg; 1945 Jugendsekretär des ZK der KPD, 1946–1955 Vors. der FDJ; 1950–1958 Kandidat, dann Mitgl. des Politbüros der SED, 1958–1971 Sekretär des ZK der SED (zuständig u. a. für Sicherheitsfragen, leitete 1961 die Vorbereitungen für den Bau der Berliner Mauer). 1971 trug H. maßgeblich zum Sturz seines Förderers W. *Ulbricht* bei u. wurde dessen Nachfolger als Erster Sekretär des ZK der SED (seit 1976 mit dem Titel Generalsekretär) u. Vors. des Nationalen Verteidigungsrates, 1976 auch als Vors. des Staatsrates der DDR (Staatsoberhaupt).

In diktator. Machtfülle prägte H. die Entwicklung der DDR in den 70er u. 80er Jahren, die außenpolitisch von wachsender internationaler Anerkennung, innenpolitisch von Repression, Stagnation u. wirtschaftl. Verfall gekennzeichnet war. H. lehnte Reformen nach dem Vorbild des sowjet. Parteichefs M. *Gorbatschow* ab u. ignorierte die explosive Massenstimmung in der DDR. Im Okt. 1989 wurde er vom Politbüro zum Rücktritt von allen Ämtern gezwungen u. wenig später aus der SED ausgeschlossen.

Nach der Wiedervereinigung Deutschlands wurde gegen H. als Verantwortlichen für die Erschießung von Flüchtlingen an der innerdt. Grenze ein Strafverfahren eingeleitet; diesem entzog er sich im März 1991 durch Flucht in die UdSSR. Als ihm die russ. Regierung im Dez. 1991 mit Ausweisung drohte, suchte er mit seiner Frau Zuflucht in der chilen. Botschaft in Moskau. Im Juli 1992 wurde er zum Verlassen der Botschaft genötigt u. nach Berlin gebracht, wo im Nov. der Prozeß gegen ihn u. 5 Mitangeklagte begann. Das Verfahren gegen H. wurde wegen seines schlechten Gesundheitszustandes im Jan. 1993 eingestellt; er übersiedelte nach Chile zu seinen Angehörigen.

2. Margot, geb. Feist, verheiratet mit 1), Politikerin (SED), *17. 4. 1927 Halle (Saale); Telefonistin; bekleidete 1946–1953 leitende Funktionen in der FDJ, danach im Volksbildungsministerium; seit 1963 Ministerin für Volksbildung der DDR u. Mitgl. des ZK der SED; verlor nach dem polit. Umsturz 1989 alle Ämter. Sie begleitete 1991 ihren Ehemann in die UdSSR; 1992 übersiedelte sie nach Chile zu ihrer Tochter.

Hongkong, chin. *Xiang Gang*, Sonderverwaltungsgebiet der Volksrepublik China (frühere brit. Kronkolonie), bestehend aus den Inseln H. (mit der Hptst. *Victoria*), *Lantao*, vielen kleineren Inseln sowie der Halbinsel *Kowloon* mit der gleichn. Hafenstadt u. ihrem Hinterland *(New Territories)*; 1075 km², 6,2 Mill. Ew.

Nach dem Opiumkrieg mußte China im Vertrag von Nanjing (1842) die Insel H. „für alle Zeiten“ an Großbritannien abtreten, im Vertrag von Tianjin (1860) außerdem Kowloon. 1898 erzwang Großbritannien zusätzlich die Verpachtung der „New Territories“ für 99 Jahre. 1941–1945 war H. von Japan besetzt. Die Volksrepublik China erkannte die Verträge mit Großbritannien nicht an, duldete aber den bestehenden Zustand, vor allem deshalb, weil sie über H. große Teile ihres Außenhandels mit der westl. Welt abwickeln konnte. Aufgrund eines 1984 geschlossenen brit.-chines. Abkommens, auf dessen Abschluß die H.er Bevölkerung keinen Einfluß hatte, kehrte H. am 1. 7. 1997 als „Sonderverwaltungsgebiet“ unter chines. Souveränität zurück. China hat sich verpflichtet, das bestehende Wirtschafts-, Gesellschafts- u. Rechtssystem in H. (einschl. des Privateigentums u. aller bürgerl. Freiheiten) noch 50 Jahre nach Wiedererlangung der Souveränität unverändert zu lassen.

Hong Xiuquan [xuŋ çiutçyan], *Hung Hsiu-ch'üan*, chines. Revolutionär, *1. 1. 1814 Krs. Huaxian, Prov. Guangdong, †1. 6. 1864 Nanjing; Dorflehrer; gewann unter dem Einfluß christl. Missionsschriften die Überzeugung, ein „jüngerer Bruder Jesu“ zu sein u. den göttl. Auftrag zur Bekämpfung der „Teufel auf Erden“ zu haben. H. X. gründete eine „Gesellschaft der Gottesverehrer“, die rasch zur sozialrevolutionären Bewegung anwuchs u. sich militärisch organisierte; damit begann 1850 die Taiping-Revolution. 1851 nahm H. X. den Titel *Tianwang* („Himmlischer König“) an u. proklamierte das *Taiping Tianguo* („Himmlische Reich des allg. Friedens“). 1853 machte er das von seinen Truppen eroberte Nanjing zur Hauptstadt des Reiches, das einen großen Teil Südostchinas umfaßte. Er residierte dort mit dem traditionellen kaiserl. Pomp. H. X., der wahrscheinlich schizophren war, mußte die Leitung der Bewegung stets mit anderen Führern teilen u. hatte nach schweren inneren Auseinandersetzungen zuletzt nur noch nominelle Autorität. Er starb kurz vor der Einnahme Nanjings durch kaiserl. Truppen, vermutlich beging er Selbstmord.

Honorius, Päpste: **1.** *H. I.*, 625–638, †12. 10. 638 Rom; Schüler Gregors I., dem er in seiner vorbildl. Verwaltung der Kirchengüter nacheiferte. Auch die von Gregor I. begonnene Angelsachsenmission führte er fort. Der unter seinen Zeitgenossen hochangesehene Papst wurde später heftig umstritten: Er hatte mit nur mangelhaftem theolog. Rüstzeug in den Streit um den Monotheletismus eingegriffen, die Diskussion um eine oder zwei Energien in Christus verboten u. sich zur Lehre von einem einzigen Willen in Christus bekannt. Damit war er im Sinne der späteren Orthodoxie, die zwei Willen bekannte, zum Häretiker geworden, u. das 6. Konzil von Konstantinopel verurteilte ihn deshalb als Häretiker; Papst Leo II. bestätigte 682 diese Verurteilung.

2. *H. (II.)*, Gegenpapst 1061–1064, eigentl. *Cadalus von Parma*, *um 1010, † wahrscheinlich 1072; 1045 Bischof von Parma; stand in guten Beziehungen zum dt. Hof, der ihn auf Drängen röm. Patrizier u. lombard. Bischöfe zum Gegenpapst gegen *Alexander II.* erhob. H. konnte sich jedoch nicht durchsetzen, u. auch das Reich erkannte auf der Synode von Mantua 1064 Alexander II. an.

3. *H. II.*, 1124–1130, eigentl. *Lambert*, †13. 2. 1130 Rom; als Kardinal Berater von *Kalixt II.*, in dessen Auftrag er 1122 das Wormser Konkordat abschloß; unterstützte den dt. König *Lothar III.* von Supplinburg gegen den staufischen Gegenkönig Konrad u. stand ebenfalls mit Frankreich u. England in gutem Einvernehmen.

4. *H. III.*, 1216–1227, eigentl. Cencio *Savelli*, Römer, *um 1150, †18. 3. 1227 Rom; führte die Politik von *Innozenz III.* fort, war jedoch stets auf Mäßigung u. Ausgleich bedacht. Seine Bemühungen um die Durchführung des auf dem 4. Laterankonzil 1215 beschlossenen Kreuzzugs hatten nur geringen Erfolg. 1220 krönte er *Friedrich II.* zum Kaiser, obwohl dieser die Erfüllung seines Kreuzzugsversprechens immer wieder hinausschob. Er bestätigte die neuen Orden der Dominikaner, Franziskaner u. Karmeliter u. ließ eine Sammlung seiner Dekretalen vornehmen.

5. *H. IV.*, 1285–1287, eigentl. Jacobus *Savelli*, Großneffe von 4), *1210 Rom, †3. 4. 1287 Rom. Wegen seiner erfolglosen Einmischung im Konflikt um Sizilien zwischen Frankreich u. Aragón, in dem er sich völlig auf die französ.-angevinische Seite stellte, verfielen während seines Pontifikats Ansehen u. Macht des Papsttums. Immerhin versuchte er durch die Aussöhnung mit dem dt. König Rudolf von Habsburg u. durch Maßnahmen gegen die Anjou in Unteritalien ein Gegengewicht zu schaffen.

Honorius, Flavius, erster weström. Kaiser 393–423, *9. 9. 384 Konstantinopel, †15. 8. 423 Ravenna; Sohn des *Theodosius I.*, der bei der Reichsteilung 393 zwischen *Arcadius* u. H. diesem die Westhälfte gab. H. war seit 398 verheiratet mit Maria, der Tochter seines german. Heerführers u. Reichsverwesers *Stilicho*, den er 408 wegen angebl. Verrats hinrichten ließ; er stürzte damit das Reich in schwere Wirren.

Hongkong: Unterzeichnung des britisch-chinesischen Hongkong-Abkommens durch die Regierungschefs Margaret Thatcher und Zhao Ziyang; Peking, Dezember 1984. Hinter M. Thatcher der britische Außenminister Christopher Howe, neben ihm die chinesischen Politiker Deng Xiaoping und Li Xiannian

Hoorn, *Horne*, Philipp von *Montmorency-Nivelle*, Graf von H., niederländ. Politiker, *1524 Nevele, †5. 6. 1568 Brüssel (hingerichtet); Mitglied des niederländ. Staatsrats, Admiral von Flandern, Statthalter von Geldern u. Zutphen; trat für Toleranz gegenüber Protestanten ein u. zeigte beim Bildersturm 1566 eine schwankende Haltung. *Alba* ließ ihn daher als Hochverräter gemeinsam mit *Egmont* 1567 verhaften u. enthaupten.

Hoover ['hu:və], **1.** Herbert Clark, US-amerikan. Politiker (Republikaner), *10. 8. 1874 West Branch, Iowa, †20. 10. 1964 New York; Bergingenieur; organisierte im 1. Weltkrieg die Lebensmittelversorgung der USA, nach dem Krieg das amerikan. Hilfswerk für die notleidenden Gebiete Europas einschl. der ehem. Gegner *(Quäkerspeisung);* 1921–1928 Handels-Min.; 1929–1933 (31.) Präs. der USA; vermittelte Dtschld. 1931 zur Abwendung der Wirtschaftskrise ein Moratorium (*H.-Moratorium*, Young-Plan); nach dem 2. Weltkrieg Leiter des Hilfskomitees für Europa u. Asien *(H.-Speisung).*

2. John Edgar, US-amerikan. Jurist u. Verwaltungsbeamter, *1. 1. 1895 Washington, †2. 5. 1972 Washington; 1931 stellvertr. Leiter, seit 1934 bis zu seinem Tod Direktor des *FBI*, das unter seiner Führung wachsende kriminalist., aber auch polit. Bedeutung erlangte.

Hopewell-Kultur ['həupwɛl-], vorgeschichtl. indian. Kultur im Ohiogebiet der USA, 300 v. Chr. bis 300 n. Chr.; Hügel *(mounds)* mit Tempeln darauf als Kultstätten; Schmuck aus kaltgehämmertem Kupfer, figürliche Tabakspfeifen aus Stein.

Hopliten [grch.], die altgriech. schwerbewaffneten Fußtruppen, seit Ende des 7. Jh. v. Chr. die entscheidende Waffengattung; ausgerüstet mit großem Schild, Helm, Panzer, Beinschienen, Schwert.

Hörigkeit, das frühere Rechtsverhältnis von (meist) Bauern, die an Grund u. Boden gebunden waren, also keine Freizügigkeit besaßen, u. dem Grundherrn zu verschiedenen Dienst- u. Zinsleistungen verpflichtet waren; in Dtschld. bes. in der Grundherrschaft. Die H. ist zu unterscheiden von der *Leibeigenschaft*, mit der zusammen sie im Rahmen der *Bauernbefreiung* aufgehoben wurde.

Hormayr, Josef, Frhr. von *Hortenburg*, österr. Historiker, *20. 1. 1782 Innsbruck, †5. 11. 1848 München; beteiligte sich mit A. *Hofer* an der Vorbereitung zur Erhebung Tirols gegen Napoleon; 1816 als Direktor des Wiener Staatsarchivs österr. Hofhistoriograph, seit 1828 in bayer. Diensten, zuletzt Direktor des bayer. Reichsarchivs; zahlreiche Darstellungen zur österr. Geschichte.

Hormisdas, Papst 514–523, Heiliger, †6. 8. 523 Rom; konnte das Schisma des *Acacius von Konstantinopel* (†489) beilegen, die kaiserl. Religionsedikte durch eine kirchl. Professio fidei (Hormisdas-Formel) ersetzen u. die wenigstens theoret. Anerkennung des röm. Lehrprimats durch den byzantin. Kaiser erreichen.

Hormizd [-'mizd], *Hormisdas, Ormizd, Ormazd*, vier Sassaniden-Könige in Iran (3.–6. Jh.).

Horn, [hu:rn], schwed. Adelsgeschlecht: **1.** Arvid Bernhard, Graf af *Ekebyholm*, schwed. Offizier u. Politiker, *6. 4. 1664 Vuorentaka (Finnland), †17. 4. 1742 Ekebyholm, Uppland; bis 1715 Günstling *Karls XII.*, nach dessen Tod 1718 am Sturz des Absolutismus beteiligt u. bis 1738 der eigentl. Regent Schwedens.

2. Gustaf, Graf af *Björneborg*, schwed. Heerführer, *22. 10. 1592 Örbyhus, Uppland, †10. 5. 1657 Skara; kam im Dreißigjährigen Krieg 1630 mit *Gustav II. Adolf* nach Dtschld. u. wurde nach des Königs Tod Oberbefehlshaber der schwed. Truppen in Dtschld.; 1634 bei Nördlingen geschlagen u. gefangen (bis 1642); 1653 Reichsfeldherr.

Miklós Horthy

Horthy von Nagybánya [-'nɔdjba:njɔ], Miklós (Nikolaus), ungar. Politiker u. Offizier, *18. 6. 1868 Kenderes, †9. 2. 1957 Estoril (Portugal); 1918 Flottenkommandant u. Konteradmiral, Oberbefehlshaber der österr.-ungar. Flotte; 1919 ungar. Kriegsminister, dann Führer der gegenrevolutionären Nationalarmee, 1920–1944 ungar. Reichsverweser, verhinderte die Restaurationsversuche Kaiser *Karls* (1921); gab der ungar. Politik revisionist. u. konservative Züge, beteiligte sich 1938 an der Aufteilung der Tschechoslowakei u. 1940 Rumäniens u. führte Ungarn 1941 auf starkes Drängen Deutschlands in den Krieg. Als er 1944 versuchte, zu einem Sonderfrieden mit den Alliierten zu kommen, wurde er von Hitler in Dtschld. interniert; 1945/46 war er in amerikan. Gefangenschaft u. lebte seit 1949 in Portugal.

Hoßbach, Friedrich, Offizier (1943 General), *21. 11. 1894 Unna, Westfalen, †10. 9. 1980 Göttingen; 1934–1938 Adjutant der Wehrmacht bei Hitler. Zentrale Bedeutung für die Kenntnis der Vorgeschichte des 2. Weltkriegs hat die von H. angefertigte, im Nürnberger Prozeß u. später oft unzutreffend als *H.-Protokoll* bezeichnete Niederschrift vom 10. 11. 1937 über eine Besprechung in der Reichskanzlei am 5. 11. 1937 zwischen Hitler, dem Reichskriegs-Min. W. von Blomberg, den Oberbefehlshabern der drei Wehrmachtteile W. von Fritsch, H. Göring, E. Raeder u. dem Reichs-Min. des Auswärtigen K. von Neurath, bei der Hitler seine Absicht darlegte, den dt. „Lebensraum" in Europa bis spätestens 1943–1945 durch Gewaltanwendung zu erweitern. Unmittelbare Folgen der Besprechung waren die Neufassung des Aufmarschplans gegen die Tschechoslowakei u. die Ablösung Neuraths u. Fritschs, die Hitler widersprochen hatten, durch J. von Ribbentrop u. W. von Brauchitsch am 4. 2. 1938.

Ho Tschi Minh → Ho Chi Minh.

Hötzendorf → Conrad von Hötzendorf.

Houphouet-Boigny [u'fwɛ bwa'nji], Félix, Politiker der Elfenbeinküste, *18. 10. 1905 Yamoussoukro (Elfenbeinküste), †7. 12. 1993 Yamoussoukro; Arzt, von der französ. Kolonialregierung zum Häuptling ernannt, 1945–1959 Mitglied der französ. Nationalversammlung, 1956–1959 Minister in französ. Regierungen; 1946 Mitgründer u. Präsident der Afrikan. Demokrat. Sammlungsbewegung (*Rassemblement Démocratique Africain*, RDA); 1959 Min.-Präs. der Elfenbeinküste, seit Erlangung der Unabhängigkeit (1960) Staatspräsident.

Howard ['hauəd], engl. Adelsgeschlechts, das auf den 1295 erstmals im Parlament auftretenden Anwalt William H. zurückgeht u. seit 1483 u. a. den Titel der Herzöge von *Norfolk* führte. Ihm entstammte Katharina (3) H., die 5. Gemahlin *Heinrichs VIII.*

Howe [hau], William Lord H., engl. General, *10. 8. 1729, †12. 7. 1814 Plymouth; von 1776 bis 1778 Oberbefehlshaber der engl. Truppen im amerikan. Unabhängigkeitskrieg, trat wegen einer strategischen Fehlentscheidung, die zum amerikan. Sieg bei *Saratoga* (1777) führte, zurück.

Hoxha ['hɔdʒa], *Hodscha*, Enver, alban. Politiker, *16. 10. 1908 Gjirokastër, †11. 4. 1985 Tirana; studierte in Frankreich u. Belgien, 1936–1939 Lehrer; 1941 Mitgründer u. Führer der illegalen alban. Kommunist. Partei, Partisanenführer, 1942 Mitgl. des „Nationalen Befreiungsrates", seit 1943 Generalsekretär (seit 1954: Erster Sekretär) der Kommunist. Partei (seit 1948: Partei der Arbeit) Albaniens; 1944 bzw. 1946–1954 zugleich Regierungschef der Volksrepublik Albanien, auch Verteidigungs- u. Außen-Min. (bis 1953). H. prägte den Sondercharakter des alban. Kommunismus u. brach sowohl mit der sowjetischen als auch mit der chinesischen Richtung.

Hsia, chines. Dynastie, → Xia.

Huaca Prieta ['waka -], Fundstätte der ältesten Ackerbau-Kultur Perus, am Ausgang des Chicamatals in Nordperu; mit Hilfe der Radiocarbonmethode auf die Zeit von 2500 bis 1200 v. Chr. datiert; Fischerei u. erster Pflanzenbau, noch keine Keramik; gravierte Kürbisschalen, geflochtene u. gewebte Stoffe aus Baumwolle.

Hua Guofeng [xua guofəŋ], *Hua Kuofeng*, chines. Politiker (Kommunist), *1921 Kreis Jiaocheng, Prov. Shanxi; nach Parteifunktionen auf regionaler Ebene seit 1969 Mitgl. des ZK, seit 1973 des Politbüros der KP; 1975 Min. für öffentl. Sicherheit; wurde als Nachfolger *Zhou Enlais* im April 1976 Min.-Präs.; nach dem Tod *Mao Zedongs* führend beteiligt an der Ausschaltung der linksradikalen „Viererbande"; seit Okt. 1976 als Nachfolger Maos Vors. des ZK; seit 1978 von der Gruppe um *Deng Xiaoping* schrittweise entmachtet. 1980 mußte er das Amt des Regierungschefs, 1981 den Parteivorsitz niederlegen. Auf dem XII. Parteitag 1982 wurde er zum einfachen ZK-Mitgl. herabgestuft.

Huari ['wari], altperuan. Kultur (600–1200 n. Chr.) im zentralperuan. Hochland, in der Nähe der Stadt Ayacucho; von *Tiahuanaco* beeinflußt; figürl. Großsteinplastik, Steinkammern mit sorgfältig bearbeitetem Mauerwerk, polychrome Keramik, feine Textilien.

Huascar ['waskar], 12. Inka-Herrscher von Peru 1527–1532, älterer Sohn des *Huayna Capac* u. Halbbruder *Atahualpas*, von dem er nach kurzer Herrschaft entthront u. getötet wurde.

Huayna Capac ['waina 'kapax], 11. Inka-Herrscher von Peru 1493–1527. Unter seiner Regierung erlebte das Inka-Reich seine weiteste Ausdehnung.

Hubatsch, Walther, Historiker, *17. 5. 1915 Königsberg, †29. 12. 1984 Bonn; 1949–1956 Prof. in Göttingen, seit 1956 Prof. in Bonn; Hptw.: (mit M. Gerhardt) „Dtschld. u. Skandinavien im Wandel der Jahrhunderte" 1950; „Die dt. Besetzung von Dänemark u. Norwegen 1940" 1952; „Das Zeitalter des Absolutismus 1600–1789" 1962; „Hindenburg u. der Staat" 1966; „Geschichte der Ev. Kirche Ostpreußens" 3 Bde. 1968; „Deutschland zwischen 30jährigem Krieg u. Französ. Revolution" 1973; „Die Stein-Hardenbergschen Reformen" 1977; „Das Reichswirtschaftsministerium 1880 bis 1933" 1978.

Huber, Kurt, Musikwissenschaftler u. Psychologe, *24. 10. 1893 Chur (Schweiz), †13. 7. 1943 München (hingerichtet); seit 1926 außerordentlicher Professor in München; entwickelte sich zum Gegner des Nationalsozialismus und beteiligte sich 1942/43 an den Flugblattaktionen des Kreises um die Geschwister *Scholl*; nach deren Hinrichtung verhaftet u. vom Volksgerichtshof zum Tode verurteilt.

Hubertusburg, sächs. Jagdschloß (18. Jh.)

Der Protestantismus der Hugenotten

Die Hugenotten wurden als Anhänger des Calvinismus in Frankreich, also als französische Protestanten, vom katholischen Königtum sowohl aus religiösen als auch aus politischen Gründen bekämpft. Auf diesem Hintergrund ist die eminente wirtschaftliche Bedeutung zu beurteilen, die die geflohenen Calvinisten in den jeweiligen Aufnahmeländern erlangten.

Schon zu Beginn der Reformation waren deren Anhänger in Frankreich scharfen Repressionen ausgesetzt. Seit Mitte des 16. Jahrhunderts fand die Lehre Calvins Verbreitung, deren Vertreter das despotische Königtum bekämpften. Soziologisch setzte sich die protestantische Minderheit vornehmlich aus Teilen des Adels, Honoratioren, dem Bildungsbürgertum und den Kaufleuten zusammen. Regionale Schwerpunkte waren neben Gemeinden in Paris und der Normandie vor allem Zentral- und Südfrankreich, wo die neuen religiösen Ideen lokale Forderungen befruchteten und auch die Landbevölkerung zur Anhängerschaft zählte.

Die blutigen Auseinandersetzungen mit der katholischen Partei (Hugenottenkriege, Bartholomäusnacht) konnte erst der frühere Hugenottenführer Heinrich von Navarra entschärfen, der als Heinrich IV. 1589 König von Frankreich geworden war. Er konvertierte, um seine Machtposition zu sichern, 1593 zwar zum Katholizismus (»Paris ist eine Messe wert«), erreichte aber mit dem Edikt von Nantes 1598 volles Bürgerrecht für die Hugenotten. Damit konnte er sie für die Stärkung seiner monarchischen Macht gewinnen. Danach verschärfte sich die Repression gegen die Hugenotten erneut. Durch ihre Massenflucht unter Ludwig XIV. belebten die Hugenotten dann u. a. in Deutschland – ausgestattet mit Privilegien – die wirtschaftliche Entwicklung nach den Zerstörungen des Dreißigjährigen Kriegs. Sie brachten dabei solche Fertigkeiten wie die Handschuhmacherei oder die Strumpfwirkerei mit in ihre neue Heimat.

In Frankreich engagierten sich die Hugenotten nach der vollen politischen und rechtlichen Gleichstellung durch die Französische Revolution ebenfalls besonders im Wirtschaftsleben. Max Weber suchte die sozioökonomischen Zusammenhänge dieser Entwicklung in seiner Abhandlung »Die protestantische Ethik und der Geist des Kapitalismus« (1905) zu analysieren. Danach begründeten die strikte rationale Moral, die puritanische Ethik sowie die religiös motivierte Intensivierung der calvinistischen Lebensführung Sparsamkeit und eine asketische Interpretation der Arbeit. *A.F.*

1

1 *Ermordung Colignys am 23. August 1572. Zeitgenössischer Stich aus einem Flugblatt.*

2

2 *Gemetzel in Nîmes, 1567; Kupferstich von Jean Perrissim.*

3

3 *Kamisarden während einer Feier zur Zeit der »Kirche der Wüste«, also nach der großen Auswanderung; 17. Jahrhundert. Paris, Bibliothèque du Protestantisme.*

4 *Katharina von Medici.*

4

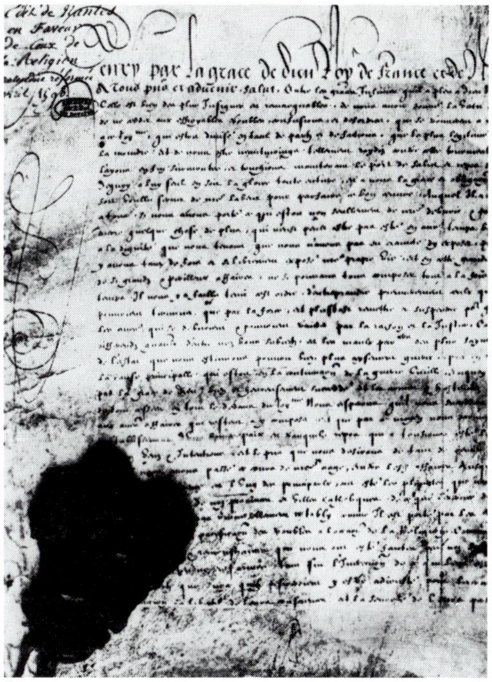

enry par la grace de dieu Roy de france

5

5 *Das von Heinrich IV. 1598 erlassene Edikt von Nantes, das den Hugenotten sowohl Gewissensfreiheit als auch 200 befestigte Plätze garantierte, wurde 1685 von Ludwig XIV. durch das Edikt von Fontainebleau widerrufen. Außerdem verbot er nicht nur die Religionsausübung, sondern auch die Auswanderung.*

6 *Das Blutbad der Bartholomäusnacht vom 23. zum 24. August 1572. Links hinten Katharina von Medici; Gemälde von François Dubois de Amiens. Lausanne, Musée des Beaux Arts (Ausschnitt).*

6

westl. von Oschatz. – Der *Friede von H.* beendete am 15. 2. 1763 den *Siebenjährigen Krieg* für Preußen, Österreich u. Sachsen: Schlesien u. die Grafschaft Glatz blieben bei Preußen, das sich als Großmacht behauptete. Die Verträge wurden ergänzt durch den Frieden von Paris 1763 zwischen England u. Frankreich.

Hudsonbai-Kompanie ['hʌdsənbɛi-], engl. *Hudson's Bay Company*, brit.-kanad. Pelzhandelsgesellschaft; gegründet 1670 in London durch Freibrief König Karls II. von England; erhielt weitgehende Hoheits- u. Handelsrechte (u. a. Verwaltung u. Gerichtsbarkeit) in der Hudsonbai u. Hudsonstraße. Im Auftrag der H. wurde der Westen Kanadas erforscht. 1821 fusionierte die H. mit der 1783 gegründeten *North West Companie*, zu der sie vorher in Konkurrenz stand. 1863 gingen die Rechte an eine Kapitalgesellschaft (International Financial Company) über, die ihr Eigentum 1869 an das Dominium of Canada verkaufte.

Huemac [uɛ-], letzter Herrscher der *Tolteken*; soll nach dem Fall von *Tollan* durch Selbstmord gestorben sein.

Hügelgrab, lat. *tumulus*, engl. *barrow*, vor- u. frühgeschichtl. Grabform, bei der über den Toten ein oft noch heute sichtbarer Hügel aus Erde, Lehm, Sand, Steinen oder Grasplaggen errichtet wurde, zuweilen von Gräben, Palisaden, Steinringen oder Plaggen umgeben. Die oft in Gruppen zusammenliegenden Hügelgräber enthalten im Innern nach sozialer Stellung des Toten, Zeit u. Kultur unterschiedl. Bestattungen (Baumsarg, Steinkiste oder -packung, hölzerne Grabkammer, Totenhaus, Urne u. ä.) u. Grabausstattungen. Hügelgräber sind bes. in Europa u. Asien von der Jungsteinzeit bis zur Wikingerzeit errichtet worden, bes. typisch sind sie für die mitteleurop. Bronzezeit.

Hügelgräber-Kultur, von Ostfrankreich bis zum Karpatenbecken verbreitete Kultur der voll entwickelten mitteleurop. Bronzezeit (etwa 1550–1200 v. Chr.) mit mehr oder weniger ausgeprägten lokalen Besonderheiten. Nach der Variationsbreite der keramischen Formen u. Verzierungen läßt sich die H. in verschiedene Stilprovinzen aufteilen, die in sich wieder in lokale Gruppen zerfallen. Ein Kulturzentrum lag westlich des Rhein; ein anderes, sehr reiches, auf beiden Seiten der oberen Donau, in Bayern, Österreich, dem südl. Böhmen u. Südthüringen; ein dritter Kulturkreis war die *Lausitzer Kultur* in Ost-Dtschld. u. Westpolen. Gemeinsam waren ein gleiches Totenritual, dem eine gleichartige Grundstruktur der religiösen Vorstellungen u. der Gesellschaftsform entsprochen haben wird, gewisse formale Übereinstimmungen der materiellen Hinterlassenschaften, eine überregionale Bronzeindustrie u. weitreichende Handelsbeziehungen u. Kulturkontakte. Von der Siedlungs- u. Wirtschaftsweise weiß man wenig. Männer u. Frauen wurden in ihrer Tracht, mit Waffen u. Schmuck in Grabhügeln unterschiedl. Größe, meist ausgestreckt auf dem Rücken liegend u. oft zusätzlich durch einen Baumsarg oder Steineinbauten geschützt, beigesetzt.

Hugenberg, Alfred, Politiker u. Wirtschaftsführer, *19. 6. 1865 Hannover, †12. 3. 1951 Kükenbruch bei Rinteln; 1894–1903 Mitglied der staatlichen Ansiedlungskommission in Posen, 1909–1918 Vorsitzender des Direktoriums der Krupp-Werke; erwarb 1916 (u. a. mit Industriegeldern) den *Scherl-Verlag* u. baute einen der größten dt. Zeitungskonzerne auf *(H.-Konzern)*. 1927 erwarb er die *UFA*, die er reorganisierte u. zum führenden Filmunternehmen Europas entwickelte.

H., der zu den Gründern des *Alldeutschen Verbandes* (1891) gehörte, war seit 1919 deutschnationaler Reichstagsabgeordneter

Alfred Hugenberg

u. seit 1928 Parteiführer der *DNVP*. Im Grunde Monarchist, war H. stets ein scharfer Gegner der Weimarer Republik, deren Außenpolitik er bes. durch das Volksbegehren gegen den Young-Plan angriff. H.s Versuch, durch zeitweiliges Zusammengehen mit der NSDAP (*Harzburger Front* 1931) u. durch die Beteiligung (auf Hindenburgs Wunsch) an Hitlers Kabinett (als Wirtschafts- u. Landwirtschafts-Min.) den Einfluß der Deutschnationalen zu sichern, scheiterte. Deshalb trat H. am 26. 6. 1933 zurück. Er blieb bis 1945 Reichstagsabgeordneter, hatte jedoch keinen polit. Einfluß mehr.

Er war 1946–1949 in Haft u. wurde 1951 bei der Entnazifizierung als „Entlasteter" eingestuft.

Hugenotten [vermutlich von frz. *aignos*, „Eidgenossen"], französ. Protestanten meist calvinist. Richtung, die während der Regierungszeit *Heinrichs II.* (1547–1559) vor allem im französ. Adel Anhänger gewannen. Auf der ersten Synode 1559 in Paris wurden die Glaubens- u. Disziplinartikel sowie die Provinzialordnung festgelegt. Das kath. Königtum, als Repräsentant der Staatseinheit, versuchte vergeblich, die Ausbreitung der H. zu unterbinden, an deren Spitze sich die Adelsfamilien *Bourbon* u. *Châtillon* gestellt hatten. Nach dem Tod Franz' II. übernahm *Katharina von Medici* die Regentschaft u. gewährte den H. im Januaredikt 1562 (Edikt von Saint-Germain) Freiheit des Gottesdienstes außerhalb der Städte, um ihre eigene Stellung gegenüber den Herzögen von *Guise* zu festigen. Dies führte durch das Blutbad von Vassy (Niedermetzelung der H.-Gemeinde) zum *1. H.-Krieg*, aus dem die H. gestärkt hervorgingen. Der von Ludwig von *Condé* inszenierte Überfall 1567, der den jungen *Karl IX.* in die Hände der H. bringen sollte u. zum *2. H.-Krieg* führte, schadete dem Ansehen der H. im französischen Volk so, daß es zu keinem friedl. Zusammenleben mehr kommen konnte. Mit dt.-prot. Unterstützung gelang es Admiral G. de *Coligny*, nach dem *3. H.-Krieg* im Frieden von Saint-Germain-en-Laye volle Glaubensfreiheit u. vier eigene Festungen auszuhandeln. *Karl IX.* schloß sich den H. an, berief Coligny zum Berater u. verheiratete seine Schwester Margarete von Valois mit dem H.-Führer *Heinrich von Navarra* (dem späteren Heinrich IV.). Diese Machtstellung der H. wurde von der kath. Partei, angeführt von Katharina von Medici, in der *Bartholomäusnacht* (23./24. 8. 1572) zerschlagen; im folgenden Monat wurden weitere 30 000 H. ermordet.

Im *4. H.-Krieg* 1572/73 gelang es den H., sich unter der Führung Heinrichs von *Condé* (*1552, †1588) zu behaupten, u. nach dem *5. H.-Krieg* 1574–1576 erlangten sie im Frieden von Beaulieu Freiheit des Gottesdienstes im ganzen Land mit Ausnahme von Paris u. Mitspracherecht in den Parlamenten. – Jedoch bis zum *Edikt von Nantes* (1598), in dem Heinrich IV., inzwischen zum kath. Glauben zurückgekehrt, den H. volle Gewissensfrei-

Zeit der Hugenottenkriege

heit, eine straffe militär. u. polit. Organisation u. 200 befestigte Plätze gestattete, mußten die H. noch drei weitere Kriege (1577, 1580 u. 1585–1589) gegen die vom Papst u. von Spanien unterstützte kath. *Liga* unter Führung der Guise bestehen.

Gegen *Ludwig XIII.* erhoben sich die H. 1620 erneut u. verloren 1622 den größten Teil ihrer Festungen, auch brauchten sie fortan die Genehmigung des Königs für ihre Versammlungen. Schließlich brach A. de *Richelieu* die polit. u. militär. Macht der H. nach dem Fall der Hauptfestung La Rochelle im Oktober 1628 im Frieden von Alais. Das Edikt von Nantes blieb nur für die Glaubensfreiheit bestehen. Dies blieb auch während *Mazarins* Regierungszeit gewahrt. *Ludwig XIV.* aber wollte auch den Rest des „Staates im Staat" beseitigen: Die H. wurden aus allen Ämtern verdrängt; ab 1680 wurden Grausamkeiten nicht nur wieder geduldet, sondern sogar gefördert; sog. Gnadenstellen u. die „Bekehrungskasse" bewogen viele H. zur Rückkehr zum kath. Glauben. 1685 widerrief Ludwig XIV. das Edikt von Nantes u. verbot den H. die Religionsausübung u. die Auswanderung bei Todesstrafe. 200 000 H. gelang dennoch die Flucht in prot. Länder, wo sie als *Réfugiés* gern aufgenommen wurden u. bes. in Brandenburg-Preußen großen wirtschaftl. Einfluß gewannen. Die in Frankreich verbliebenen H. bildeten die „Kirche der Wüste", zogen sich in die Cevennen zurück u. lieferten dem französ. König 1702–1705 einen erbitterten Krieg (Aufstand der *Kamisarden).* Die Aufklärung verhalf den H. zu einer gerechteren Behandlung, Ludwig XVI. erließ 1787 ein *Toleranzedikt,* aber erst die *Assemblée Constituante* gab 1791 den H. alle staatsbürgerl. Rechte. Ⓑ S. 348/349.

Hugo, Fürsten. Frankreich: **1.** *H. d. Gr.,* Herzog von Franzien, Sohn Roberts I. von Paris, † 16. 6. 956 Dourdan, Dép. Seine-et-Oise; entthronte König *Ludwig IV.,* wurde aber durch dessen Schwager, Kaiser *Otto d. Gr.,* gezwungen, ihn wieder einzusetzen; gewann Aquitanien u. Burgund.

2. *H. Capet,* Sohn von 1), König 987–996, * um 940 Paris, † 24. 10. 996 Melun; auf Betreiben einer Gruppe von Großen unter Führung des Erzbischofs *Adalbert von Reims* gewählt; konnte sich gegen die großen Lehnsherren kaum durchsetzen, sicherte aber die Nachfolge seines Sohnes (*Robert II.,* der Fromme) gegen den Anspruch des letzten Karolingers; Ahnherr der *Kapetinger.*

Italien: **3.** *H. von Arles,* König 926–947, † 10. 4. 948 Arles; erbte die Grafschaft Vienne, führte für Kaiser Ludwig III. die Regierung in Niederburgund; wurde von oppositionellen Kreisen auf den italien. Thron gerufen, konnte die Kaiserkrönung in Rom nicht erlangen; dankte zugunsten seines Sohnes Lothar ab.

Huizinga ['hœiziŋxa], Johan, niederländischer Historiker, * 7. 12. 1872 Groningen, † 1. 2. 1945 De Steeg, Arnheim; 1905–1915 Professor in Groningen, 1915–1940 in Leiden, seit 1933 zugleich Präs. der niederländischen Akademie der Wissenschaften, von den Deutschen 1942 als Geisel festgenommen. Hauptthemen seiner Forschungen waren die Kultur- u. Geistesgeschichte des burgund.-niederländ. späten MA, die Bedeutung des Spielelements in der Kultur u. der Kulturverfall der Gegenwart. H. konstatierte eine entscheidende Formveränderung der Geschichte seit Mitte des 19. Jh., wo allmählich Kollektivformen verschiedener Art in den Vordergrund getreten seien. Hptw.: „Herbst des MA" 1919, dt. 1924; „Im Banne der Geschichte" 1929, dt. 1942, Nachdr. 1943; „Holländische Kultur im 17. Jh." 1933, Nachdr. 1961; „Homo ludens" 1938, dt. 1939; „Erasmus" 1924; „Wenn die Waffen schweigen" 1941, dt. 1945.

Huizong [xuidsuŋ], *Hui-tsung,* chines. Kaiser der Song-Dynastie, Dichter, Maler u. Kalligraph, * 1082 Kaifeng, † 1135 Nordmandschurei (in Dschurdschen-Gefangenschaft); regierte 1101–1126, studierte taoist. Schriften, reorganisierte die Malakademie u. schuf selber Tier- u. Pflanzenbilder in realist. Stil, die zu den ältesten gesicherten Meisterwerken der chines. Malerei zählen. Hptw.: „Der fünffarbige Papagei" (Boston, Museum of Fine Arts).

Hülägü, *Hulagu,* Mongolenfürst u. Feldherr, * um 1217, † 8. 2. 1265 Maragha (Iran); Enkel *Tschingis Khans.* Vom Groß-Chan, seinem Bruder *Möngke,* beauftragt, eroberte er 1256 Persien, 1258 Irak u. kurzfristig Syrien. Er nannte sich 1260 *Ilchan* („Landesfürst"); seine Nachfolger (→ Ilchane) nahmen den Islam an u. herrschten in Iran bis 1335 bzw. 1353.

Huldigung, im Lehnsrecht das Treuegelöbnis (bes. der Stände) gegenüber einem neuen Herrscher; im modernen Staat vom Eid auf den Monarchen oder auf die Verfassung abgelöst.

Hull [hʌl], Cordell, US-amerikan. Politiker (Demokrat), * 2. 10. 1871 Overton County, Tenn., † 23. 7. 1955 Bethesda, Maryland; 1907–1921 u. 1923–1931 Mitgl. des Repräsentantenhauses, 1931–1933 des Senats der USA; förderte als Secretary of State (Außen-Min.) Präs. Roosevelts den Freihandel u. die „Politik der guten Nachbarschaft" (gegenüber Lateinamerika); organisierte auf den interamerikan. Konferenzen von Panama (1939) u. Havanna (1940) die „Sicherheitszone" der „Westlichen Hemisphäre"; unterstützte Großbritannien im 2. Weltkrieg, sah sich aber von der Atlantikkonferenz (1941) u. den Treffen der „Großen Drei" (Roosevelt, Churchill, Stalin) ausgeschlossen. Angesichts des japan. Expansionismus blieb H. unnachgiebig. Bei der Moskauer Außenministerkonferenz 1943 erreichte er, daß sich die UdSSR zur Teilnahme am Krieg gegen Japan verpflichtete. Für die diplomat. Vorbereitung der UN wurde ihm 1945 der Friedensnobelpreis verliehen. H. schrieb Erinnerungen: „The memoirs of Cordell Hull" 1948, dt. „Memoiren" 1948.

Hultschiner Ländchen, schlesisches Teilfürstentum nordwestl. von Ostrau, kam 1742 zu Preußen, wurde 1919 (316 km², 48 000 Ew.) an die Tschechoslowakei abgetreten.

Humahuaca [huma'waka], vorgeschichtl. Indianerkultur in den nordargentin. Kordilleren; Wohndörfer mit Häusern aus Trockenmauerwerk an den Berghängen u. Festungen auf den Bergkuppen; Lamazucht, Anbau von Mais u. Kartoffeln auf künstlich angelegten Terrassen.

Humann, Carl, Eisenbahningenieur in der Türkei, * 4. 1. 1839 Steele, † 12. 4. 1896 Smyrna; leitete Ausgrabungen in Kleinasien, bes. in Pergamon, u. entdeckte den *Pergamon-Altar.*

Humayun, *Humájún,* zweiter Großmogul 1530–1539 u. 1554–1556, * 6. 3. 1508 Kabul, † 26. 1. 1556 Delhi; Sohn *Baburs,* Vater *Akbars;* vom Bengalenkönig *Scher Sháh* (Schir Khan) u. dessen Sohn aus Indien vertrieben, eroberte mit pers. Hilfe 1545 Qandahar u. 1555 Agra u. Delhi zurück.

Humbert, Fürsten, → Umberto.

Humboldt, 1. Alexander Frhr. von, Bruder von 2), Naturforscher, Begründer der *physischen Geographie,* * 14. 9. 1769 Berlin, † 6. 5. 1859 Berlin; bereiste 1790 mit G. *Forster* Nordwest- u. Westeuropa. 1791 besuchte er die Bergakademie zu Freiberg u. wurde dann Oberbergmeister in Franken. 1798 traf er in Paris mit dem Botaniker A. *Bonpland* zusammen, mit dem er 1799–1804 über die Kanar. Inseln nach Amerika reiste u. zahlreiche neue naturwissenschaftl. Beobachtungen aus Venezuela, dem Orinocogebiet, Kolumbien, Ecuador (1802 Besteigung des Chimborazo), Mexiko u. Kuba nach Europa brachte. 1805 bis 1827 wohnte er in Paris. Seit 1827 folgten die berühmten, gegen G. W. F. *Hegels* Naturphilosophie gerichteten Vorlesungen in Berlin u. 1829 eine Expedition nach Zentralasien (Ural, Altai, Dsungarei, Kaspisches Meer). – Hptw.: „Kosmos" 5 Bde. 1845–1862, ein Zusammenfassung des naturwissenschaftl. Wissens seiner Zeit (Neuausgabe 1978); „Ansichten der Natur" 2 Bde. 1808; „Voyage aux régions équinoxiales du Nouveau Continent" 30 Bde. 1811–1826.

2. Wilhelm Frhr. von, Bruder von 1), Gelehrter u. Staatsmann, * 22. 6. 1767 Potsdam, † 8. 4. 1835 Tegel bei Berlin; lebte nach dem Studium, größeren Reisen u. diplomat. Dienst seit 1794 in Weimar, wo er Freundschaft mit W. H. von *Dalberg, Goethe, Schiller* u. den Brüdern *Schlegel* pflegte („Ästhet. Versuche" Bd. 1 1798). Dort entstanden Gedichte, literaturkrit. Arbeiten, Übersetzungen u. „Ideen zu einem Versuch, die Grenzen der Wirksamkeit des Staates zu bestimmen" (posthum) 1851. Darin spricht er für die Entwicklung der freien Persönlichkeit u. gegen die Bevormundung durch den absoluten Staat. – H. war seit 1791 verheiratet mit Karoline von *Dacheröden.* 1797–1799 lebte er in Paris u. Spanien, 1801–1808 als preuß. Ministerresident in Rom. 1809 wurde er auf Empfehlung des Frhr. vom *Stein* Leiter des Kultus- u. Unterrichtswesens; er ist Begründer der Berliner Universität u. des neuhumanist. Gymnasiums in Preußen. 1810 ging er als Gesandter nach Österreich u. vertrat Preußen auf verschiedenen Kongressen, bes. 1814/15 auf dem Wiener Kongreß. Er entwarf die Verfassung des Dt. Bundes, konnte sie jedoch gegen den Widerstand *Metternichs* nicht durchsetzen (Polit. Denkschriften). Nach seiner Entzweiung mit dem preuß. Staatskanzler *Hardenberg* ging er als Gesandter nach London. 1819 wurde er Minister für ständische u. kommunale Angelegenheiten, jedoch führte seine Ablehnung der Karlsbader Beschlüsse zu seiner Entlassung (1819). Er lebte seitdem auf Schloß Tegel u. verfaßte sprachwissenschaftl. Arbeiten („Über die Verschiedenheit des menschl. Sprachbaues u. ihren Einfluß auf die geistige Entwickelung des Menschengeschlechts" 1836). – Gesammelte Schriften, 17 Bde. 1967/68.

Hundertjähriger Krieg, der Krieg zwischen England u. Frankreich 1338–1453 (mit Unterbrechungen). Er begann, als der engl. König *Eduard III.* den französ. Königstitel annahm; zeitweise beherrschten die engl. Könige ganz Frankreich. Nach dem Friedensschluß 1475 behielt Großbritannien noch Calais bis 1558 u. die normann. Inseln. Auch → Frankreich, → Großbritannien und Nordirland.

Hundert Tage, frz. *Cent jours,* die Zeit zwischen dem 20. März 1815, an dem *Napoleon I.* nach der Rückkehr aus Elba in Paris einzog, u. dem 28. Juni 1815, an dem *Ludwig XVIII.* die Regierungsgewalt wieder übernahm; bzw. zwischen der Landung Napoleons am 1. 3. 1815 u. der Niederlage von *Waterloo* (18. 6.).

Hünengrab, *Hünenbett,* volkstüml. Bez. für *Megalithgrab.*

Hung-li, *Hongli,* chines. Kaiser, → Qianlong.

Hunnen, ein Nomadenvolk (vermutlich mit einer ural-altaischen Sprache), das in vorchristl. Zeit den Chinesen wohl schon als *Xiongnu* bekannt war. Von den Chinesen im 1. Jh. v. Chr. besiegt, zogen Teile der H. westwärts u. unterwarfen um 370 die Alanen in Nordkaukasien, 375/76 die Ostgoten. Unter König *Attila* (dem *Etzel* der german. Sage) besaßen sie ein großes Reich nördl. des Schwarzen u. des Kaspischen Meers; das Byzantin. Reich wurde von ihnen abhängig. Auf ihren Furcht verbreitenden Raubzügen stießen sie bis Südfrankreich u. Rom vor, bis sie von Römern *(Aëtius)* u. Westgoten 451 auf den *Katalaunischen Feldern* besiegt wurden. Nach Attilas Tod 453 löste sich das Reich der H. allmählich auf; die H. wurden vernichtet oder gingen in anderen Völkern auf. Als *Weiße H.* werden die Hephthaliten bezeichnet.

Hunnenschlacht, die Schlacht auf den *Katalaunischen Feldern* 451.

Hunyadi ['hunjɔdi], **1.** János (Johann), ungar. Feldherr u. Reichsverweser 1446–1452, *um 1400 in Siebenbürgen, †11. 8. 1456 Semlin; entstammte einer walachischen Bojarenfamilie; Vater des *Matthias Corvinus*; durch *Wladislaw I.* 1439 zum Banus von Severin u. 1441 zum Wojewoden von Siebenbürgen ernannt; kämpfte gegen Hussiten u. Türken (Siege bei Semendria 1441 u. Hermannstadt 1442, Niederlagen bei Warna 1444 u. auf dem Amselfeld 1448); wurde nach dem Tod des *Wladislaw* (1444) zum Reichsverweser gewählt, bis Albrechts II. Sohn *Wladislaw Posthumus* als 13jähriger 1452 den Thron bestieg. Den Einfall Sultan *Mehmeds II.* 1454 wehrte H. ab u. zog 1456 siegreich mit einem Entsatzheer in die Festung Belgrad ein. Er starb kurz danach an der Pest.
2. Matthias Corvinus, Sohn von 1), → Matthias Corvinus.

Hurdes, Felix, österr. Politiker (ÖVP), *9. 8. 1901 Bruneck, Südtirol, †12. 10. 1974 Wien; Anwalt, 1938/39 u. 1944/45 im KZ; 1945 Mitgründer der ÖVP, bis 1951 Generalsekretär; 1945–1952 Unterrichts-Min., 1953–1959 Präs. des Nationalrats.

Hurriter, *Horiter, Churriter, Churri,* Bergvolk unbekannter Herkunft im nördl. Mesopotamien südl. des Van-Sees im 3. u. 2. Jahrtausend v. Chr.; breiteten sich am Ende des 18. Jh. v. Chr. über Syrien, Palästina u. Ägypten aus u. gründeten um 1600 v. Chr. das Reich *Mitanni.* Nachfahren schufen um 900 v. Chr. das Reich *Urartu.* Durch die H. wurde zum ersten Mal eine auf dem Kriegeradel aufgebaute Staatsform im Vorderen Orient möglich; ihre Götterwelt, ihre religiösen Rituale

Jan Hus; die Verbrennung des Reformators während des Konzils zu Konstanz 1415. Wien, Österreichische Nationalbibliothek

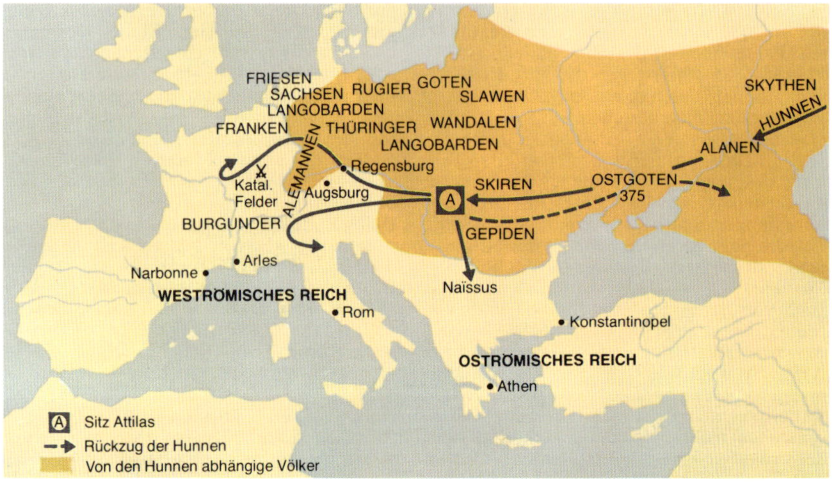

Hunnen: Feldzüge im 4. und 5. Jahrhundert

u. ihre Mythen wurden von ihren Nachbarn weitgehend übernommen. Die aus den *Amarnabriefen* u. Texten von *Ugarit, Alalach* u. *Nuzi* bekannte Sprache der H. ist weder semitisch noch indoeuropäisch.

Hus, *Huß,* Jan (Johannes), tschech. theolog. Reformer in Böhmen, *um 1370 Hussinec, Böhmen, †6. 7. 1415 Konstanz; Prediger an der Bethlehemskapelle in Prag, 1409/10 Rektor der Universität. H. stand unter dem Einfluß der Lehren J. *Wiclifs,* bekämpfte bes. die verweltlichte Kirche u. wandte sich erst später gegen verschiedene Dogmen. Da er u. a. auch die tschech. Sprache förderte, wurde er immer mehr zum Begründer einer böhm. nationalkirchl. Bewegung. 1411 vom Papst exkommuniziert, trat er gegen die Ablaß- u. Kreuzzugsbulle Papst Johannes' XXIII. auf; das führte auch zu polit. Auseinandersetzungen. Obwohl er freies Geleit zum Konzil von Konstanz von König Sigismund zugebilligt bekommen hatte, um dort seine Lehre verteidigen zu können, wurde er 1414 verhaftet u. 1415 als Ketzer verbrannt.

Husák, Gustav, tschechoslowak. Politiker (Kommunist), *10. 1. 1913 Dúbravka, †18. 11. 1991 Preßburg; Jurist; 1944 führend am slowak. Aufstand beteiligt, 1951–1960 als „bürgerl. Nationalist" inhaftiert, 1968 stellvertr. Min.-Präs.; nach der sowjet. Invasion im August 1968 Sekretär der slowak. KP, 1969–1987 Parteichef (Erster Sekretär, ab 1971 Generalsekretär) der tschechoslowak. KP, seit 1975 auch Staats-Präs.; trat 1989 zurück u. wurde 1990 aus der Partei ausgeschlossen.

Hussain, arab. Herrscher: **1.** Sohn des Kalifen *Ali* u. der *Fatima,* Enkel *Mohammeds,* *626 oder 627 Medina, †10. 10. 680 bei Kerbela am Euphrat (gefallen); beanspruchte als Nachfolger seines Bruders *Hassan* die Herrschaft. H. wird in Karbala von den Schiiten, die dort alljährlich ein großes Fest zu seinen Ehren feiern, als dritter *Imam* u. als Märtyrer verehrt.
2. *H. I. Ibn Ali,* König des Hedjas 1916–1924, *1853 Mekka, †4. 6. 1931 Amman; aus dem Geschlecht der *Haschimiden*; 1908 Scherif von Mekka, baute während des 1. Weltkriegs mit engl. Hilfe, die T. E. *Lawrence* organisierte, seine Macht im Hedjas aus, machte sich von der Türkei unabhängig u. ließ sich 1917 in Mekka zum „König von Arabien" ausrufen. 1919–1926 eroberte der inzwischen von England begünstigte *Ibn Saud* das ganze Land. 1924 übertrug H. die Herrschaft seinem Sohn *Ali,* der sich bis 1926 in Djidda halten konnte, u. floh nach Aqaba. Von dort wiesen ihn die Engländer im Juni 1926 nach Zypern aus; 1930 durfte er nach Jordanien (Transjordanien) übersiedeln.
3. *H. II.,* König von Jordanien seit 1952 (Krönung 1953), *14. 11. 1935 Amman; folgte seinem entthronten Vater *Talal* (*1909, †1972), hielt sich trotz Anfeindungen von innen (Fedayin) u. außen („progressive" arab. Staaten), zerschlug 1970/71 die auch seine Herrschaft bedrohenden antiisrael. palästinens. Organisationen, nahm zeitweise gegenüber Israel eine kompromißbereitere Haltung als die meisten anderen arab. Führer ein. H. stützt sich vor allem auf die Beduinen u. die Armee.

Hussaini, *Hus(s)eini,* Mohammed Amin Al *H.,* Groß-Mufti von Jerusalem, *1895 Jerusalem, †4. 7. 1974 Beirut; im 1. Weltkrieg türk. Offizier, 1920 Mufti, 1926 Groß-Mufti; Führer der arab. Unabhängigkeitspolitik in Palästina u. Gegner der jüd. Einwanderung; 1937 wegen Beteiligung an der Ermordung eines hohen brit. Beamten aus Palästina ausgewiesen, knüpfte 1941 Beziehungen zu *Hitler* an, wurde 1944 in Frankreich interniert, entkam 1946 nach Kairo; 1948 zum Präs. des arab. Nationalrats für Palästina gewählt.

Hussarek von Heinlein, Max Frhr. von, österr. Politiker, *3. 5. 1865 Preßburg, †6. 3. 1935 Wien; 1911–1917 Unterrichts-Min., Juli–Okt. 1918 vorletzter Min.-Präs. von Österreich-Ungarn; beteiligt an dem von Kaiser *Karl* 1918 erlassenen Manifest, das durch das Versprechen, die Donau-Monarchie auf nationalstaatl.-föderalist. Grundlage umzubilden, den drohenden Zusammenbruch aufzuhalten suchte.

Hussein, Saddam, irak. Politiker, *28. 4. 1937 bei Tikrit; trat 1957 der Baath-Partei bei; floh nach einem mißglückten Anschlag auf General *Kassem* 1959 nach Kairo, wo er ab 1962 Rechtswissenschaften studierte. Nach Sturz u. Hinrichtung Kassems 1963 kehrte H. nach Irak zurück u. gehörte der Baath-Parteiführung an. Nach der Machtübernahme durch die Baath-Partei 1968 war er stellvertr. Generalsekretär; nach dem Rücktritt von General

Saddam Hussein

Al Bakr 1979 wurde er Staats- u. Regierungschef sowie Generalsekretär der Partei. Er verwickelte Irak in die beiden *Golfkriege*.
H. gab nach dem verlorenen Golfkrieg 1991 zwar bis 1994 das Amt des Regierungschefs auf, konnte aber sein diktator. Regime bewahren.

Hussiten, die Anhänger des J. *Hus*. Sie spalteten sich früh in zwei Gruppen: Die gemäßigten H. wollten das Abendmahl „unter beiderlei Gestalt" [lat. *sub utraque specie*], sie nannten sich daher *Utraquisten* oder auch Calixtiner [lat. *calix*, „Kelch"]; die radikalen H. hießen *Taboriten* [nach ihrem Hauptort *Tabor* in Südböhmen]. Nach der Verbrennung des Hus 1415 gewannen die H. in Böhmen immer mehr an Boden. 1420 forderten sie in vier *Prager Artikeln:* Freiheit der Predigt, den Laienkelch, Armut der Geistlichen u. weltl. Strafen für Todsünden. Die Verweigerung ihrer Forderungen u. der Anspruch Kaiser *Sigismunds*, der für die Hinrichtung des Hus mitverantwortlich war, auf die böhm. Krone führten zu den *Hussitenkriegen* (1419–1436; *Kelchkriege*), die sowohl kirchenreformerische als auch national-tschech. Ziele verfolgten. Es kam unter den H.-Führern Johannes *Žižka* u. A. *Prokop* 1420–1431 zu mehreren entscheidenden Siegen über die kath. Kreuzheere. 1433 wurde in den *Prager Kompaktaten* der Gebrauch des Laienkelchs erlaubt; mit der Anerkennung Sigismunds als König von Böhmen fanden die Auseinandersetzungen ihren Abschluß, wenn auch erst 1485 der Landtag von Kuttenberg einen Ausgleich zwischen den Parteien brachte. Im Verlauf des 16. Jahrhundert schloß sich die Mehrzahl der H. der Reformation an; der Rest der Taboriten ging in den *Böhmischen Brüdern* auf.

Hutten, 1. Philipp von, Konquistador, *um 1510, †1546 Tocuya (ermordet); begleitete im Dienst der *Welser* 1535–1538 G. *Hohermuth* auf der Suche nach *Eldorado* u. durchzog 1541–1546 mit einer eigenen Expeditionstruppe das Hinterland von Venezuela u. Kolumbien.
2. Ulrich von, Reichsritter u. Humanist, *21. 4. 1488 Burg Steckelberg bei Fulda, †29. 8. 1523 Insel Ufenau im Zürichsee; floh 1505 aus dem Kloster Fulda, wurde von Maximilian I. zum Ritter geschlagen u. zum Dichter gekrönt; seit 1519 streitbarer Anhänger M. *Luthers*; Mitarbeiter an den gegen J. *Reuchlins* Feinde gerichteten *Dunkelmännerbriefen;* veröffentlichte die Schrift des L. *Valla* über die Fälschung der „Konstantinischen Schenkung"; entwickelte nach dem Vorbild des *Lukianos* das (latein.) Streitgespräch zum bildkräftigen Kampfmittel, mit dem er Karl V. für die Erneuerung des Reiches gewinnen wollte.

Hu Yaobang [xu jaubaŋ], *Hu Yaopang*, chines. Politiker (Kommunist), *1915 Liuyang, Prov. Hunan, †15. 4. 1989 Peking; 1934/35 Teilnehmer am „Langen Marsch"; während der „Kulturrevolution" verfolgt; seit 1977 Mitgl. des ZK der KP, seit 1978 Mitgl. des Politbüros, 1980–1987 Mitgl. des Ständigen Ausschusses des Politbüros, 1980/81 Generalsekretär des ZK, 1981/82 Vors. des ZK, nach Abschaffung dieses Amtes 1982–1987 wieder Generalsekretär des ZK. H. Y. galt als Vertrauter von *Deng Xiaoping*. Nach Studentenunruhen mußte er als Generalsekretär zurücktreten.

Hyginus, Papst 136–140 (oder 138–142), Grieche, Heiliger, Fest: 11. 1.

Hyksos [ägypt., „Herrscher fremder Länder"], Könige asiat. Herkunft, die um 1650–1550 v. Chr. in Ägypten herrschten (15. Dynastie).

Hypereides, athen. Redner u. Politiker, *um 390 v. Chr., als einer der Führer der Antimakedonenpartei von *Antipater* grausam hingerichtet. Von seinen 52 Reden sind 6 fragmentarisch erhalten.

I

I, Abk. für *Imperator* in röm. Inschriften.

Ialysos, die wahrscheinl. älteste Siedlungsstelle im N der Insel *Rhodos*, am Westabhang des Filerimo gelegen; achäische Besiedlung ab 1400 v. Chr., dann von den Doriern besetzt; bis zur Gründung der Stadt Rhodos 408 v. Chr. eine der drei polit. Gemeinden der Insel neben Lindos u. Kamiros, gegen Ende des Altertums verlassen.

Iason, *I. von Pherai*, etwa 380–370 v. Chr. Tyrann von Pherai im antiken Thessalien; er einigte 374 v. Chr. ganz Thessalien unter seiner Herrschaft u. erstrebte die Führung Griechenlands, wurde aber 370 v. Chr. ermordet.

Ibáñez del Campo [i'banjɛz ðɛl-], Carlos, chilen. Politiker u. Offizier, *3. 11. 1877 Linares, †28. 4. 1960 Santiago de Chile; seit 1894 Offizier, 1925 General; 1925 Kriegs- u. 1927 Innen-Min., 1927–1931 u. 1952–1958 Staats-Präs.

Ibárruri, Dolores, span. Politikerin, *9. 12. 1895 Guallarte, †12. 11. 1989 Madrid; 1921 Mitgründerin der Kommunist. Partei Spaniens, 1930 Mitgl. des ZK, 1932 des Politbüros; im Bürgerkrieg 1936–1939 berühmt als „La Pasionaria"; 1939–1977 in der Emigration (meist Sowjetunion); 1942–1960 Generalsekretärin, dann (Ehren-)Vorsitzende der KP; 1977–1979 Abg. im Parlament.

Ibbi-Sin, letzter sumerischer König der III. Dynastie von Ur, um 2027–2003 v. Chr. Zuerst beherrschte er noch Elam mit der Hauptstadt Susa, doch im vierten Jahr seiner Regierung fiel dieses Gebiet von ihm ab. Wenig später machten sich auch Lagasch u. Nippur selbständig. Die Rebellion des Militärkommandanten von Isin u. Isbierra u. der Einfall wilder Nomadenstämme führten zu schweren wirtschaftl. Schwierigkeiten. Ein Krieg gegen Elam beendete die Herrschaft des I. u. führte zur Zerstörung von Ur.

Iberer, die vorindoeurop. Bevölkerung der Pyrenäenhalbinsel u. Südfrankreichs, deren ethnische Zugehörigkeit noch nicht geklärt ist. Ihre Kultur entwickelte sich unter griech. u. röm. Einfluß zu bes. Höhe. Die I. hatten in der 2. Hälfte des 1. Jahrtausends v. Chr. befestigte Städte, eine hochstehende Kunst u. eine eigene Schrift. In Wirtschaft u. Gesellschaft zeigten sich mutterrechtl. Züge. In Nordostspanien vermischten sie sich mit den eindringenden Kelten seit dem 6. Jh. v. Chr. zu *Keltiberern*.

Ibéromaurusien, *Ibero-Maurusien* → Oranien.

Ibn Battuta, arab. Weltreisender, *24. 2. 1304 Tanger, †1377 Fès; bereiste 1325–1349 Nord- u. Ostafrika, den Orient, Indien, die Sunda-Inseln, China, Turan u. Südrußland, 1352/53 das Nigergebiet (Timbuktu). Sein Hptw., „Reisen ans Ende der Welt 1325–1353" 1975, gilt als wertvolles sozialhistor. Dokument, in dem die gesellschaftl. u. wirtschaftl. Verhältnisse der bereisten Länder beschrieben werden.

Ibn Chaldun, *Ibn Haldun, Ibn Khaldun*, Abd Al Rahman, arab. Geschichtsschreiber, *27. 5. 1332 Tunis, †17. 3. 1406 Kairo; stand als Beamter im Dienst verschiedener arab. Fürsten in Nordafrika u. Spanien (u. a. in Tunis, Fès, Granada); ging 1382 nach Kairo, war dort seit 1384 Richter u. lehrte an der Al-Azhar-Universität. Neben anderen Büchern, die nicht erhalten sind, schrieb I. C. ein großes Geschichtswerk, enthaltend eine allg. Weltgeschichte u. eine Geschichte der Berber, die als Quelle wichtig ist. Seine bedeutendste Leistung ist die umfangreiche Einleitung *(Al Muqaddima)* zu diesem Werk. Darin entwickelt I. C. eine Theorie der Gesetzmäßigkeiten des Geschichtsablaufs, insbes. des Aufstiegs u. Verfalls der Staaten u. Kulturen, die z. T. moderne soziolog. Auffassungen vorwegnimmt.

Ibn Saud, *Ibn Sa'ud*, arab. Dynastie in Nadjd: **1.** *Mohammed Ibn Saud*, *1735, †1766(?); zur älteren Linie gehörig; nahm den Begründer der → Wahhabiten bei sich auf u. begründete das Wahhabitenreich.
2. *I. S. Abd Al Aziz III.*, Gründer u. König von Saudi-Arabien, *24. 11. 1880 Riad, †9. 11. 1953 Ta'if; zur jüngeren Linie gehörig. Von Kuwait aus, wohin die Familie vertrieben worden war, eroberte er 1902 Riad zurück u. baute den Wahhabitenstaat im Nadjd neu auf, indem er die Wahhabitenbewegung durch Gründung einer weltlich-religiösen

Abd Al Aziz Ibn Saud

Bruderschaft *(Ichwan)* neu belebte. Den Zusammenbruch des osman.-türk. Reichs im 1. Weltkrieg nutzend, bemächtigte er sich 1921 Ha'ils, 1924 Mekkas, 1925 Medinas u. 1926 Djiddas. (Das sind die Gebiete, die zu dem 1916 gebildeten haschimidischen Königreich Hedjas gehörten.) 1926 stellte sich Asir im südl. Hedjas unter seinen Schutz. I. S. nannte sich nun König des Nadjd u. Hedjas. 1932 gab er seinem Herrschaftsgebiet den Namen Saudi-Arabien. Die 1933 beginnende Erschließung der reichen Erdölvorkommen des Landes durch US-amerikan. Gesellschaften (seit 1944 Arabian American Oil Company) machte I. S. zum reichsten Herrscher des Vorderen Orients. Im 2. Weltkrieg verstand er es, neutral zu bleiben.
3. Sohn von 2), → Saud.

Ibrahim, osman. Sultan, *4. 11. 1615, †16. 8. 1648 Konstantinopel (erdrosselt); stand unter dem Einfluß des Scharlatans Dschindschi Hodscha u. ging weitgehend im Haremsleben auf, während *Kara Mustafa* die Regierung führte. Von ihm stammen alle späteren Sultane ab.

Ibrahim Ibn Jakub, jüd. Handelsreisender aus dem islam. Spanien; verfaßte eine Beschreibung Frankreichs, Deutschlands u. der westslaw. Länder um 965 (oder 973?) mit zahlreichen sonst nicht überlieferten Tatsachen. Sie erhielt sich bei arab. Geographen des MA. Dt. von G. Jakob: „Arabische Berichte" 1927.

Ibrahim Pascha, Vizekönig von Ägypten Juni bis Nov. 1848, *1789 Kawála, Makedonien, †10. 11. 1848 Kairo; Stiefsohn *Mohammed Alis*; führte das ägypt. Heer 1816–1819 gegen die Wahhabiten, besiegte 1824–1827 die gegen die türk. Herrschaft aufständischen Griechen u. gewann 1831–1833 Syrien, mußte sich aber nach engl. Intervention wieder zurückziehen.

Ica-Stil, vorspan. indian. Kunststil des Kleinreiches der *Chincha*-Fürsten, die die Küstentäler von Chincha, Ica u. Nazca zwischen 900 u. 1470 beherrschten; benannt nach der Stadt u. dem Fluß im gleichnamigen südperuan. Dep. Typische Keramikformen des I.s sind große Schalen mit ausschwingender Wandung, spitzbauchige Behälter u. die charakterist. *Ica-Schale*, ein tellerartiges Gefäß mit nach innen gezogener Wand; die Gefäßbemalung besteht aus kleinen geometr. Motiven, die an Textilmuster erinnern; ferner gibt es Treibarbeiten in Gold- u. Silberblech.

Ichschididen, *Ihšididen*, islamische Dynastie 935–969 in Ägypten u. zeitweilig in Syrien u. Palästina, iranischer Herkunft; von den *Fatimiden* abgelöst.

Ideengeschichte, ein Zweig der Geschichtswissenschaft, der die geschichtlich wirksamen Ideen erforscht u. darstellt. Die I. versteht sich vielfach im Gegensatz zu einer Geschichtsschreibung, die sich nur mit den polit., wirtschaftl. u. sozialen Zuständen beschäftigt. Sie richtet ihr Augenmerk entweder auf die persönl. geistigen Schöpfungen (philosoph. Systeme, Dichtungen u.ä.) oder auf geistige Bewegungen des öffentl. Lebens. Sie ist als Zweig der Geschichtswissenschaft vorwiegend von W. *Dilthey* u. seiner Schule entwickelt worden; auch die Geschichtsschreibung F. *Meineckes* war ideengeschichtlich orientiert (z. B. „Die Idee der Staatsräson" 1924; „Weltbürgertum u. Nationalstaat" 1908). Die I. ist heute weitgehend zurückgedrängt. Sie setzt sich (i.w.S.) in der angelsächsischen *intellectual history* fort.

Iden [Pl.; lat. *idus*], im altröm. Kalender Bez. für die Monatsmitte. Im März, Mai, Juli u. Oktober fallen die I. auf den 15. Tag, in allen übrigen Monaten auf den 13. Bes. bekannt sind die *Iden des März* 44 v. Chr. als Tag der Ermordung *Cäsars*.

Ideologie [grch., frz.], als polit. Schlagwort allg. Bez. für die Weltanschauungen von gesellschaftl. Gruppen, Nationen oder Völkern, außerdem Bez. für theoret. Konstrukte, die mit den Ansprüchen wissenschaftl. Exaktheit u. genereller Gültigkeit in polit. Praxis umgesetzt werden sollen (z. B. Marxismus, Faschismus). Im heutigen Sprachgebrauch wird der Begriff nicht einheitlich verwendet.

Obwohl versucht wurde, eine Vorgeschichte des I.begriffs zu konstruieren (z. B. mit dem Hinweis auf Bacons *Idolenlehre*), beginnt die eigentl. Begriffsgeschichte erst gegen Ende des 18. Jh. u. findet ihre für die Folgezeit bedeutsame theoret. Grundlegung bei K. *Marx*. Zum ersten Mal verwendet wird der Begriff 1796 von A. L. C. Graf *Destutt de Tracy*, einem Vertreter jener französ. Philosophengruppe (P. J. G. *Cabanis*, * 1757, † 1808; E. B. de *Condillac*; P. P. *Royer-Collard*, * 1763, † 1845, u. a.), die davon ausging, daß Ideen durch Sinneswahrnehmungen vermittelt sind, u. von daher eine von metaphysischen (insbes. theolog.) Vorurteilen befreite Wissenschaft u. Erziehung forderte. Napoleon I. verurteilte diese Bemühungen als wirklichkeitsferne Gedankenspielerei u. gab damit dem I.begriff einen negativen Akzent.

Die von Marx in unsystemat. Form begründete I.theorie erwächst aus der Kritik der Hegelschen Philosophie, zu deren Grundprinzipien es gehört, Gedanken als von der gesellschaftl. Praxis losgelöst zu betrachten. Marx versteht dagegen Bewußtseinsformen als abhängig von den materiellen Lebensprozessen u. bezeichnet die gegenteilige Auffassung als I., die dadurch möglich wird, daß es durch die gesellschaftl. Entwicklung zu einer Trennung von körperl. und geistiger Arbeit gekommen ist. Gerade die Annahme, daß die gedankl. Hervorbringungen der Menschen unabhängig von materiellen Grundlagen seien, ist Kennzeichen für bestimmte Widersprüche in der gesellschaftl. Realität, die die Ursache für das notwendig „falsche Bewußtsein" der Individuen bilden. Eine weitere Komponente des Marxschen I.begriffs bildet die These, daß die herrschende Klasse ihr besonderes Klasseninteresse als Interesse von allgemeiner gesellschaftl. Relevanz darstellt, um so ihre Herrschaft zu sichern. Aufgabe der *Ideologiekritik* ist es, die sich als Überbau von der materiellen Basis abhebenden Gedankengebäude wie Moral, Religion u. Recht auf ihre die wahren gesellschaftl. Verhältnisse verschleiernden Funktionen hin zu untersuchen.

Der I.begriff wurde in der Folgezeit sowohl in den marxist. als auch in den nichtmarxist. Sozialwissenschaften mit unterschiedl. Gewichtung weiter behandelt. So wird seit Lenin der Begriff auch positiv für das Gedankengut des Marxismus-Leninismus verwendet. In den 1920er Jahren waren es in der dt. Wissenssoziologie K. *Mannheim* u. M. *Scheler*, die die Diskussion fortsetzten. Dabei entwarf Mannheim den Begriff der totalen I., der die Beziehungen zwischen Denken u. Sein verallgemeinert u. damit die krit. Komponente weitgehend aufgibt. Die Kritische Theorie (vor allem T. W. *Adorno*) sieht in der modernen Gesellschaft I. u. Realität eng verknüpft. Von daher verliert nach J. *Habermas* die materielle Basis als Parameter für die I.kritik ihre Funktion. Die Entwicklung neuer Technologien u. der Fortschritt der Wissenschaften haben als Resultat, daß polit. Entscheidungen sich nur noch an Sachzwängen orientieren u. von daher eine ideolog. Wirkung ausüben, die zur Verflachung u. Verarmung der öffentl. polit. Diskussion führt.

Idris I., Mohammed *Idris As Senussi*, König von Libyen 1951–1969, * 12. 3. 1890 Djaghabub, † 25. 5. 1983 Kairo; seit 1916 Oberhaupt der Senussi, ging aus Protest gegen die italien.-faschist. Libyenpolitik nach Ägypten u. unterstützte während des 2. Weltkriegs die Alliierten; kehrte 1943 in sein Land zurück; 1949 Emir der Cyrenaica, 1951 König des unabhängig gewordenen Libyen; 1969 durch Militärputsch gestürzt, lebte seitdem im Exil.

Idrisi, *El Edrisi*, arab. Geograph, * 1100 Ceuta, † 1166 auf Sizilien; bereiste Spanien, Vorderasien u. Nordafrika, schrieb eine Geographie der damals bekannten Welt u. schuf eine berühmte Weltkarte (1154).

Idrisiden, islam. Fürstenfamilie, von dem Aliden *Idris I.* († 791) begründet, herrschte 788–974 in Nordwestafrika.

Ignatios, Patriarch von Konstantinopel 847–858 u. 867–877, * um 798, † 23. 10. 877 Konstantinopel; aus kaiserl. Familie stammend; führte Auseinandersetzungen mit Rom um den Primat u. mit dem aus polit. Gründen gegen ihn erhobenen Patriarchen *Photios*, der ihn gleichwohl kanonisierte; trat auch als theolog. Schriftsteller hervor.

Ignatius von Loyola

Ignatius von Loyola [-lo'jola], Gründer des Ordens der Jesuiten, Heiliger, * 1491 Schloß Loyola, Prov. Guipúzcoa (Spanien), † 31. 7. 1556 Rom; bis 1521 span. Offizier. Schwer verwundet, bekehrte er sich zu einem religiösen Leben. Während seines Aufenthalts in der Einsamkeit von Manresa (1522/23) entwarf er seine „geistl. Übungen" (Exerzitien), die durch Meditation u. Konzentration zu Erkenntnis der Sünde u. Aneignung des Heils führen sollen. 1525/27 wurde er wegen Häresieverdachts mehrfach von der Inquisition in Haft genommen. Er studierte 1528–1535 in Paris u. 1536 in Venedig u. erhielt 1537 die Priesterweihe. Nachdem I. v. L. bereits in Paris die ersten Gefährten für eine dauernde Gemeinschaft zusammengeführt hatte, erhielt der Orden der Jesuiten 1540 die päpstl. Bestätigung. 1541 wurde I. v. L. zum ersten Ordensgeneral gewählt. Seit 1537 hielt er sich ständig in Rom auf, betätigte sich seelsorgerisch, stellte die Ordensverfassung auf, errichtete Schulen, führte einen umfangreichen Briefwechsel u. wirkte so für die kirchl. Erneuerung des 16. Jh. Heiligsprechung 1622; Fest: 31. 7.

Ignatjew, *Ignat'ev*, Nikolaj Pawlowitsch Graf, russ. Politiker, * 29. 1. 1832 St. Petersburg, † 3. 7. 1908 St. Petersburg; 1864–1877 Gesandter bzw. Botschafter in Konstantinopel, schloß den Vorfrieden von San Stefano (1878), 1881/82 Innen-Min.; führender Vertreter des *Panslawismus*.

Igor, Fürsten: **1.** Fürst von Kiew 912–945, * 877, † 945; Sohn *Rjuriks*, zog 941 u. 944 gegen Byzanz, unterwarf die ostslaw. Stämme der Ulitschen u. Drewljanen, wurde aber von letzteren bei der Tributeinziehung erschlagen.

2. *Igor Swjatoslawitsch*, Fürst von Nowgorod, * 1151, † 1202; seinen verlorenen Feldzug (1185) gegen die heidn. Kumanen (Polowzer) schildert das *Igorlied*.

Ikeda, Hayato, japan. Politiker, * 3. 12. 1899 Takehara, † 13. 8. 1965; mehrmals Finanzminister (1949–1952, 1956/57) u. Min. für Internationalen Handel u. Industrie (1950, 1952, 1959/60), 1960–1964 Premierminister, zugleich Vorsitzender der Liberaldemokrat. Partei.

Ilchane, mongolische Dynastie in Persien u. im Irak (1256–1335), anfangs buddhistisch; gegründet von *Hülägü*, einem Enkel Tschingis-Chans, vielfach im Kampf mit der *Goldenen Horde* u. den Mamluken in Ägypten u. Syrien. Die Dynastie verschaffte Iran eine Zeitspanne verhältnismäßiger Ruhe. Der Reformer *Ghazan Chan* (1295–1304) nahm den Islam an. Nach 1335 rieb sich die Dynastie in Bürgerkriegen auf.

Iligchane, andere Bez. für die Dynastie der Karachaniden in Innerasien.

Ilion, *Ilios*, lat. *Ilium*, antiker Name mehrerer Städte, bes. von → Troja.

Illyrer, *Illyrier*, indoeurop. Völkergruppe im Nordwestteil der Balkanhalbinsel u. an der Adriaküste; zahlreiche Stämme ohne polit. Zusammenhang, deren Vergangenheit u. Werdegang in einigen Fällen archäologisch möglicherweise zurückverfolgt werden kann bis etwa 1800 v. Chr. So waren die Träger der *Glasinac-Kultur* u. der *Osthallstattkultur* im südöstl. Alpenraum vielleicht I. Sie setzten sich auch in Ost- u. Süditalien *(Apuler, Iapyger, Messapier)* u. in Nordgriechenland fest. Die I., als Seeräuber gefürchtet, standen seit dem 5. Jh. v. Chr. meist in kriegerischen Auseinandersetzungen mit ihren Nachbarn u. wurden erst unter dem röm. Kaiser *Augustus* völlig unterworfen u. weitgehend romanisiert. Aus ihren Reihen gingen später einige röm. Kaiser hervor (u. a. *Decius, Aurelian, Diocletian, Konstantin*).

Illyrien, grch. *Illyris*, lat. *Illyricum*, von den *Illyrern* seit dem 4. Jh. v. Chr. besiedeltes Gebiet, das ungefähr Bosnien u. Dalmatien umfaßte. Es war ursprüngl. in Stammesgebiete zerfallen; nur in der 2. Hälfte des 3. Jh. v. Chr. kam es unter dem König *Agron* u. seiner Frau *Teuta* zu einem festen Staat in den mitt-

leren u. südl. Küstengebieten mit *Skodra (Skutari)* als Mittelpunkt. Die dalmatin. Küste bot günstige Schlupfwinkel für Piraten, die die Schiffahrt im Mittelmeer so störten, daß Rom, von den Griechen zu Hilfe gerufen, 228 v. Chr. diese Küstengebiete besetzen mußte. Die Kämpfe I.s mit den Römern endeten erst 33 v. Chr., als Kaiser *Augustus* ganz I. unterwarf u. die 168 v. Chr. gegr. röm. Provinz *Illyricum* in Pannonien u. Dalmatien aufteilte. In der Folgezeit gehörten zu I. im weiteren Sinn Mösien, Dalmatien, Pannonien, Rätien u. Noricum. Durch Diocletians Reichsreform wurde I. eine der 4 Präfekturen u. umfaßte auch noch Griechenland u. Kreta, Makedonien, Dardanien u. Dakien. Bis 476 blieb I. beim Weström. Reich u. kam nach der got. Herrschaft 537 an das Byzantin. Reich.
Im 6. u. 7. Jh. wanderten Slawen ein, die eigene Reiche gründeten. Im 14. Jh. wurde I. von den Türken besetzt. 1797 kam es an Österreich. Im Frieden von Schönbrunn 1809 fielen Westkärnten, Krain, Görz, Triest, Istrien, Fiume, Dalmatien u. ein Teil Kroatiens an das Kaiserreich Frankreich; Napoleon bildete daraus die Illyr. Provinzen. Diese kamen 1814 wieder in österr. Besitz. Aus Kärnten, Görz u. Triest wurde 1816 ein Königreich I. geschaffen, das 1849 in die Kronländer Kärnten, Krain, Görz-Gradisca u. Istrien aufgelöst wurde. 1919 kam I. zum Königreich der Serben, Kroaten u. Slowenen; ein kleiner Teil wurde italienisch.

Ilow ['i:lo], *Illo*, Christian von, kaiserl. Feldmarschall (seit 1633), * 1585 in der Neumark, † 25. 2. 1634 Eger; nahm am Dreißigjährigen Krieg an der Seite *Wallensteins* teil u. versuchte, diesen zum Abfall vom Kaiser zu bewegen. Er wurde zusammen mit Wallenstein u. Terzka ermordet.

Imam [arab., „Anführer"], **1.** der Vorbeter der islam. Gemeinde. Jede Moschee hat einen oder mehrere I.e.
2. bei den *Schiiten* das Oberhaupt der gesamten islam. Gemeinde; er muß aus der Familie des Propheten stammen. Der letzte I. gilt seit Jahrhunderten als verborgen, um am Ende der Zeiten als *Mahdi* (Welterlöser) ein Idealreich zu errichten.
3. Titel der früheren Herrscher von Jemen; danach das Land *Imamat.*

Imamiten, die Anhänger einer Partei im Islam, die glaubt, die Imam-Würde habe sich von *Ali*, dem Vetter des Propheten *Mohammed*, in gerader Linie bis auf den 11. Abkömmling *Imam Hasan al-Askari* († 874) fortgeerbt. Sein Sohn verschwand als Knabe vor der Verfolgung durch die Abbasiden, u. man glaubt, er halte sich in Bagdad verborgen, um als *Mahdi* einst wiederzukehren. Diese Anschauungen stimmen im allg. mit denen der Schiiten überein.

Imhotep, griech. *Imuthes*, ägypt. Architekt u. Arzt, Ratgeber des Königs Djoser (3. Dynastie, um 2650 v. Chr.); soll die Stufenpyramide von Saqqara u. die Tempel in diesem Bezirk erbaut haben. In hellenist. Zeit wurde er in Memphis als Gott der Heilkunst verehrt u. als in einer Papyrosrolle lesender Priester mit kahlem Schädel dargestellt.

Immunität, die Freistellung bestimmter Personen von der Anwendung staatl. Zwangsgewalt, vor allem der Strafgewalt.
Im röm. u. im Merowingerreich war I. die Freiheit der kaiserl. Domänen bzw. des Königsgutes u. gewisser Privatgüter von öffentl. Leistungen u. Abgaben. Im Frankenreich wurde die I. auf den Adelsbesitz ausgedehnt (Pariser Edikt von 614); zur Abgabenfreiheit gesellte sich das Verbot für öffentl. Beamte, im I.sgebiet Amtshandlungen vorzunehmen. Die staatl. Funktionen, insbes. die niedere Gerichtsbarkeit, übte allein der I.sherr aus, meist durch einen Beauftragten, den *Vogt.*

Imperator [Pl. *I.en*; lat.], im alten Rom Ehrentitel des siegreichen Feldherrn, der von seinen Soldaten nach einem Sieg zum I. ausgerufen wurde; seit *Augustus* Ehrentitel der röm. Kaiser.

Imperialismus [von *Imperium*], das Streben eines Landes oder seiner Führung nach größtmöglicher Macht über andere Länder (als Kolonien, Provinzen u. ä.), bes. nach der Weltherrschaft; oft, zumindest nach außen hin, verbunden mit einem weltanschaul. Sendungsbewußtsein oder dadurch angetrieben. In diesem Sinne hat es I. bereits vor Prägung u. Verwendung des Begriffs im 19. Jh. gegeben. Daher wird er oft rückprojiziert auf die expansive Politik z. B. Alexanders d. Gr., das Rom der Kaiserzeit, die Politik der mittelalterl. Kaiser u. auf die frühen Kolonialreiche der Spanier u. Portugiesen.
Im eigentl. Sinne bezeichnet I. aber die Politik der industrialisierten europ. Mächte, der USA u. Japans seit Ende des 19. Jh. Dieser I. war darauf gerichtet, durch koloniale Erwerbungen, militärische Intervention, Kapitalexport u. kulturelle Beeinflussung andere Länder u. ihre Bewohner abhängig zu machen, auszubeuten u. direkt oder indirekt zu beherrschen. Er beschränkte sich nicht auf Kolonialpolitik; auch nominell selbständige u. souveräne Staaten wie das Osmanische Reich, China oder südamerikan. Republiken gerieten wegen ihrer wirtschaftl. Schwäche u. polit. Ohnmacht in Abhängigkeit vom europ., amerikan. u. japan. I. Der I. war bestimmt durch wirtschaftl. Interessen an Rohstoffquellen, Absatzmärkten u. neuen Möglichkeiten für Kapitalinvestitionen (wirtschaftl. I.). Er ermöglichte außerdem eine Abschwächung der sozialen Gegensätze im Innern der imperialist. Mächte (Sozial-I.).
Der europ. u. amerikan. I. wurde ideologisch überhöht u. gerechtfertigt mit der „Mission des weißen Mannes", Fortschritt u. Zivilisation über alle Gebiete der Erde zu verbreiten u. Aberglaube, Despotismus u. Korruption zu beseitigen. In diesem Sinne wurde I. in den 1880er Jahren in England zum polit. Programm u. Schlagwort. In Dtschld. leitete bereits Bismarck den Übergang zum I. ein. Die „Weltpolitik" Wilhelms II. war der Versuch, Dtschld. neben dem brit. Weltreich u. den aufsteigenden USA als „Weltmacht" zu etablieren. Kolonialpolitik u. Flottenpolitik sollten zugleich helfen, innere Gegensätze zu überbrücken u. das konservative Gesellschafts- u. Regierungssystem des Kaiserreichs zu stabilisieren. Ähnliche innenpolit. Gründe lagen auch dem Ziel des italien. I., die röm. Mittelmeerherrschaft wiederherzustellen, zugrunde. Mit dem Faschismus trat der I. in ein neues Stadium ein, da sich territoriale Ausdehnung, wirtschaftl. Beherrschung u. physische Vernichtung nunmehr auch gegen europ. Völker richteten.
Mit dem Niedergang der europ. Mächte nach dem 2. Weltkrieg u. der Auflösung ihrer Kolonialreiche ist die Epoche des kolonialen I. zu Ende gegangen. Dennoch spielte der Begriff des polit. I. weiterhin eine Rolle; einerseits im Zusammenhang mit der Politik der USA u. der westeurop. Staaten, die durch Kreditvergabe, Handelsabkommen u. Militärhilfe ihren Einfluß auf ehemalige Kolonien u. abhängige Staaten in Afrika, Asien u. Südamerika aufrechterhalten u. ausbauen wollen, andererseits bis zum Ende der 1980er Jahre im Hinblick auf die sowjetruss. Herrschaft in Osteuropa u. die Versuche der Sowjetunion, durch Unterstützung nationaler Befreiungsbewegungen ihrerseits Einfluß auf die Staaten der „Dritten Welt" zu nehmen.
Die Mittel zur Durchsetzung des I. reichen von der brutalen militär. Unterwerfung über polit.-diplomat. Maßnahmen (Schutzverträge, Protektorate, Aufdrängung von polit. u. militär. Beratern) u. finanzielle Transaktionen (Anleihen, Wirtschaftshilfe, Subsidien, Konzessionen) bis zu propagandist. Methoden (Presse, Rundfunk, Kulturveranstaltungen u. ä.).
Parallel zur Politik u. Rechtfertigung des I. bildeten sich kritische I.theorien heraus. Die erste ökonom. Deutung u. zugleich eine erste allg. Theorie des I. lieferte J. A. *Hobson* 1902 in seinem Buch „Imperialism", dt. 1968. Ausgehend von Hobson analysierten R. *Hilferding* u. R. *Luxemburg* den I. als jüngste Entwicklungsstufe des Kapitalismus. Danach sichere der I. das Überleben des Kapitalismus nur noch so lange, wie nichtkapitalist. Gebiete zur Expansion offenständen. *Lenin* faßte diese Thesen 1916 in einer Schrift „Der I. als höchstes Stadium des Kapitalismus" zusammen, wobei er bei aller Kritik am I. diesen als notwendige Stufe der Entwicklung u. „Vorabend des Sozialismus" darstellte. Grundlegend für neuere nichtmarxist. I.-Theorien ist der Rückgriff auf die These von A. *Schumpeter*, wonach der I. nicht die notwendige Folge des Kapitalismus, sondern das Produkt überlebter u. anachronistischer Herrschaftsformen u. Gesellschaftsstrukturen innerhalb der modernen kapitalist. Gesellschaft ist.

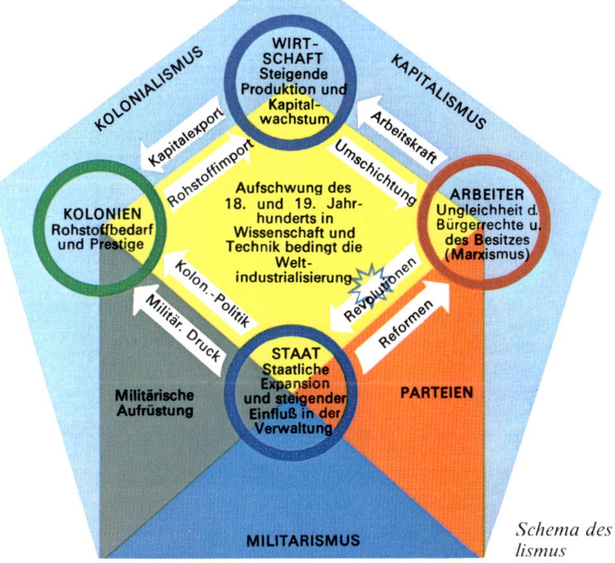

Schema des Imperialismus

Imperium [das, Pl. *Imperien*; lat.], ursprüngl. die unumschränkte militär. u. zivile Macht der hohen Beamten im alten Rom, zunächst auf ein Jahr beschränkt, dann auch für längere Zeit verliehen; später als Bez. für den Geltungsbereich dieser Gewalt verwendet. Von daher hieß seit dem 1. Jh. v. Chr. das Römische Reich *I. Romanum*. Den gleichen Namen führte im MA das Heilige Röm. Reich. In der Neuzeit wurden Kolonial- oder Weltreiche als I. bezeichnet, z. B. das brit. I.

Impressokeramik, eine Art der Abdruckkeramik des älteren Neolithikums im adriatisch-griechischen Raum mit unregelmäßigen, flächendeckenden Abdrücken vorwiegend von Fingernägeln oder Kardiummuschelrändern; die Gefäße der I. sind stets flachbodig.

Imrédy ['imre:dj], Béla von, ungar. Politiker, *29. 12. 1891 Budapest, †28. 2. 1946 Budapest (hingerichtet); 1932 Finanz-Min.; 1936 Präs. der Nationalbank; 1938/39 Min.-Präs., richtete die ungar. Politik auf die Achsenmächte aus; Führer der ungar. Rechten (1940 „Partei der Ungar. Erneuerung"), 1945 von den Westmächten an die ungar. Regierung ausgeliefert u. in einem Volksgerichtsverfahren zum Tode verurteilt.

Indemnitätsgesetz → Heeres- und Verfassungskonflikt.

Independence Day [indi'pɛndəns dɛi; engl., „Unabhängigkeitstag"], der US-amerikan. Nationalfeiertag (4. 7.), der an die Unabhängigkeitserklärung der USA vom 4. 7. 1776 erinnert.

Indianer, span. *Indios* [„Bewohner Indiens", nach der irrtüml. Meinung des *Kolumbus*], *Rothäute* [nach ihrer Kriegsbemalung], die Ureinwohner Amerikas (mit Ausnahme der Eskimo). Die Zahl der I. belief sich in vorkolumbian. Zeit auf rd. 25 Mill., sank durch Kämpfe, systemat. Ausrottung, Zwangsdeportationen, eingeschleppte Krankheiten, wirtschaftl. u. soziale Schwierigkeiten u. Mischung mit Europäern rapide ab u. hat erst heute einschl. der Mischlinge diesen Stand annähernd wieder erreicht (in den USA rd. 2 Mill., in Kanada 230 000, der Großteil in Lateinamerika). Viele Stämme mußten sich durch das Zusammentreffen mit den europ. Eroberern u. Kolonisatoren aus ihren angestammten Lebensräumen zurückziehen u. haben ihre Stammeskultur eingebüßt.

So zwangen z. B. die Spanier die Sammlervölker Kaliforniens u. des SW zur Aufgabe ihres nomad. Lebens. Diese Völker wurden fast völlig dezimiert, wohingegen die seßhaften Bodenbauern des SW (bes. die *Pueblo-I.*) den Druck der span. Herrschaft besser auffangen konnten u. durch eine eher äußerliche Anpassung ihre traditionellen Kulturformen wenigstens teilweise bis heute bewahren konnten. Die Franzosen störten aufgrund ihrer Handelsinteressen die traditionellen indian. Lebensformen wenig. Engländer, Deutsche u. Skandinavier drängten mit ihren Siedlungen die I. vom Atlantik immer weiter in das Innere des Landes hinein; schließlich wurden alle I. des O in ein I.-Territorium westl. des Mississippi vertrieben u. in Reservationen eingewiesen.

Die Reservationen boten einen gewissen Schutz vor weiterer Ausbeutung u. Unterdrückung, so daß sich bis heute in Nordamerika über 100 verschiedene indian. Sprachen u. Kulturen erhalten haben. Da die ökonom. Voraussetzungen für ein Überleben in der nordamerikan. Leistungsgesellschaft denkbar schlecht sind, werden über staatl. Stellen Hilfen für Erziehung, Krankenpflege, Fürsorge u. zum Aufbau von Landwirtschaft u. Kunsthandwerk gegeben.

Von den altindian. Reichen Mexikos ist durch die span. Eroberung nur die bäuerl. Grundschicht übriggeblieben, die heute in z. T. stark zersplitterten Restgruppen als Akkerbauern inmitten einer homogenen Mestizenbevölkerung mit stark span. Gepräge lebt (etwa 3 Mill.). Die dörfl. Organisation mit ihrem polit. u. religiösen Ämtersystem wird heute immer mehr von der mexikan. Staatsgesellschaft beeinflußt. In den weiteren Teilen Mittelamerikas leben noch knapp 1 Mill. I., die kulturell von den Einflüssen der indian. Hochkulturen u. kolonialspan. Kulturelementen geprägt sind.

Auf den Westind. Inseln wurden die I. ausgerottet u. durch Afrikaner (früher als Sklaven eingeführt) „ersetzt". In den meisten mittelamerikan. u. in den Andenstaaten Südamerikas spielen die I. bzw. ihre Mischlinge auch politisch eine wichtige Rolle.

In Südamerika leben heute noch etwa 14 Mill. I., davon über 10 Mill. in den Zentralanden. Die I. der Zentralanden, die in weiten Regionen die Mehrheit der Bevölkerung bilden, sind kolonialspanisch beeinflußt u. seit Jahrhunderten offiziell Christen. Trotzdem hat sich erstaunlich viel altindian. Kulturgut (Mythen, Märchen, Brauchtum) erhalten. Die von ihrer Zahl ohnehin geringe I.bevölkerung im O Südamerikas setzte den europ. Kolonisatoren, nicht zuletzt aufgrund ihrer demokrat. Gesellschaftsstruktur, mehr Widerstand entgegen u. war demzufolge um so stärker von Unterdrückung u. Völkermord (der bis ins 20. Jh. feststellbar ist) betroffen. Heute kämpfen noch viele dieser Gruppen mit einfacher bäuerlicher Kultur, etwa in den Urwaldgebieten Amazoniens, um die Sicherung ihrer Landrechte u. um ihr Überleben.

Die I. gelten als Einwanderer aus Asien, die seit 30 000 v. Chr. als Großwildjäger über eine eiszeitl. Landbrücke (Beringstraße) in mehreren Schüben nach Amerika gekommen sind. Nach ihren körperlichen Merkmalen sieht man sie, anthropologisch als Indianide bezeichnet, als einen Zweig der *Mongoliden* mit alteuropiden Einschlägen an.

Die ältesten Funde (u. a. Santa Rosa Island, California) reichen in die Zeit zwischen 30 000 u. 15 000 v. Chr. zurück. Die Sandiafunde *(Sandiahöhle* in New Mexico) sind rd. 15 000 Jahre alt. Es folgen die Funde von *Clovis* (um 12 000 v. Chr.) u. vom Ausgang der Altsteinzeit die Funde der *Folsom-Kultur* (um 10 000 v. Chr.) mit Resten ausgestorbener Bisonarten. Aus der Mittelsteinzeit stammt der bislang wohl älteste Skelettfund von *Tepexpan* (Mexiko). Die Funde von *Lagoa Santa* (ebenso von *Confins* in Brasilien u. *Punin* in Ecuador) gelten als etwas jünger, doch immer noch mittelsteinzeitlich. Etwa seit 10 000 v. Chr. folgten im SW der USA die *Cochise-Kultur* (Sammelwirtschaft, im 3. Jahrtausend v. Chr. zum Ackerbau übergehend), die von der *Mogollon-* u. *Hohokam-Kultur* weitergeführt wurde, sowie *Basketmaker* [„Korbmacher"] u. die *Anasazi-Kultur*, die sich als *Pueblo-Kultur* (ab 700 n. Chr.) weiterentwickelte. In Südamerika folgte auf die Zeit der frühen Jäger (ab 7000 v. Chr.) u. frühen Pflanzer (ab 1500 v. Chr.) im Andengebiet die hochstehende *Chavín-Kultur* (1200 v. Chr. bis 400 v. Chr.), später dann – nach der Zeit der Kulturen von *Gallinazo, Salinar, Moche, Recuay* u. *Nazca* – etwa ab 500 n. Chr. die klassische *Tiahuanaco-Kultur.*

In Mittelamerika erreichte die Kulturentwicklung – auf den „Mittleren Kulturen" (1500 v. Chr. bis 200 v. Chr.) aufbauend – in der *Teotihuacán-Kultur* (200 v. Chr. bis 700 n. Chr.) einen ersten Höhepunkt; etwa parallel dazu verlief die *La-Venta-Kultur* der *Olmeken* (→ Maya).

Entgegen der Annahme von Thor *Heyerdahl* hält man eine kulturelle Ausstrahlung in den pazif. Raum für wenig wahrscheinlich, glaubt aber aufgrund bestimmter Kulturmerkmale an eine polynes. Beeinflussung der peruan. Küsten-I., der I. in Mittelamerika u. der Nordwestamerikaner. – Nach ihren letzten Wohnsitzen vor der europ. Durchdringung faßt man aufgrund kultureller Ähnlichkeiten folgende Gruppen zusammen:

N o r d a m e r i k a : Im subarkt. Gebiet der Wälder u. Waldtundren, anschließend an die Eskimostämme der Küsten, lebten die *Kanadischen Jäger* mit den Stämmen der *Algonkin* u. *Athapasken.* An der pazif. Küste (von Nordkalifornien bis ins südöstl. Alaska) fand sich die auf den Fischfang gegründete Kultur

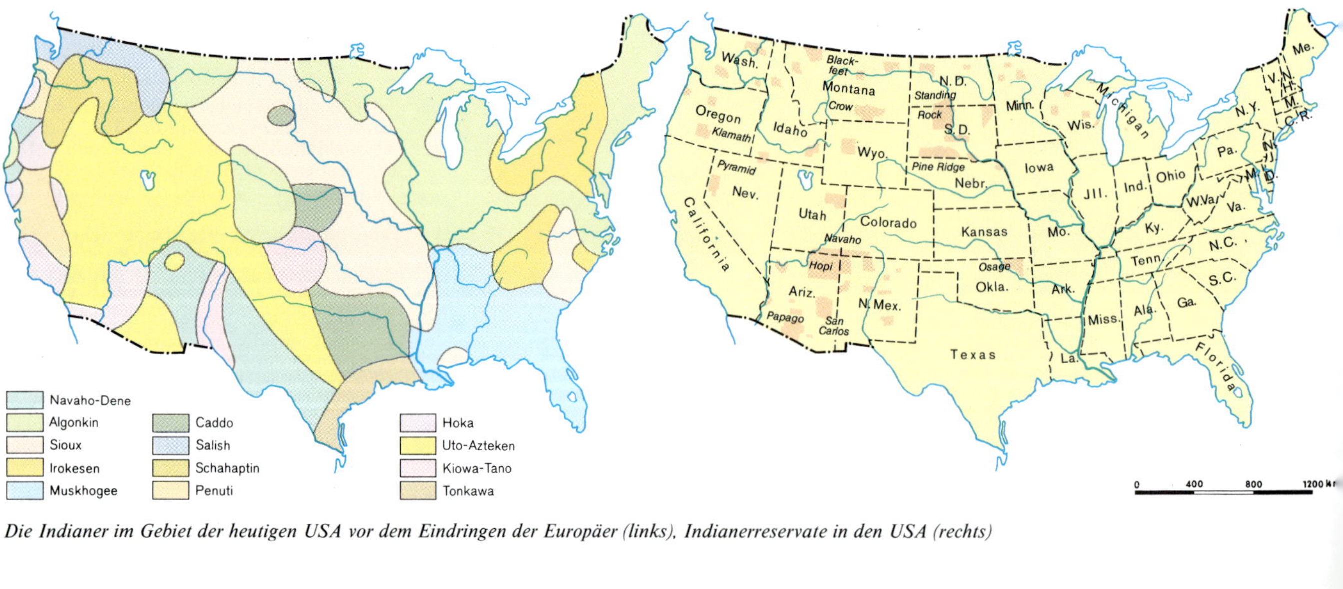

Die Indianer im Gebiet der heutigen USA vor dem Eindringen der Europäer (links), Indianerreservate in den USA (rechts)

Indianersiedlung im südlichen Südamerika; Darstellung in einem deutschen Reisebericht des 16. Jahrhunderts

der *Nordwestküsten-I.* (mit Totempfahl, Holzschnitzerei, Flecht- u. Webarbeiten). Auf den Hochebenen zwischen den Ketten der Kordilleren jagten u. sammelten Stämme der *Salish* u. *Shahaptin* mit einer Kultur (Korbflechter), die der der Stämme im Großen Becken u. der *Kalifornischen I.* glich. Im O, vor den Rocky Mountains, schloß sich die Zone der *Prärie-I.* an, die durch Übernahme des Pferdes zu Reiterstämmen wurden. Entlang des Missouri–Mississippi fand sich ein Gebiet von Maispflanzern *(Mandan, Osage, Caddo)*, denen im NO (zwischen den Großen Seen u. dem Atlant. Ozean, südl. von den Jägern des kanad. Waldlands) die Anbau (Mais) treibenden *Irokesenstämme* u. im SO die *Muskhogee* u. *Cherokee* benachbart waren. Die gleichfalls Anbau treibenden Stämme der *sonorischen Völker* leiten bereits zu den Kulturvölkern Mittelamerikas über. Von Kalifornien an südwärts erstreckt sich die Durchsetzung indian. mit span. Kultur.
M i t t e l a m e r i k a : In diesem Gebiet ist aus den von N zwischen die Urbevölkerung *(Otomi, Tarasken)* eingewanderten Stämmen der *Nahua* das Hochkulturvolk der *Azteken* hervorgegangen, mit dem die eindringenden Spanier im 16. Jh. zusammentrafen. Zugleich entdeckten diese die großartigen Städte- u. Tempelruinen der *Maya.* Nach S schließt sich das Kulturvolk Nicaraguas an, die *Chorotega* oder *Mangue*, die von den Nahua Kakaokultur u. Zucht des Truthahns übernahmen. Die kulturell abgesunkenen Chibchastämme *Talamanca, Guetar* u. *Corobici* weisen bereits südamerikan. Einfluß auf. Die Antillen waren von Florida aus durch die im 17. Jh. ausgestorbenen *Ciboney* besiedelt worden, die von *Aruakstämmen* verdrängt wurden, die wiederum *Karibenstämmen* weichen mußten.
S ü d a m e r i k a : Die Gruppe der Chibchavölker, der Träger der nordwestl. Hochkulturen, setzt sich mit den *Chibcha (Muisca)* im Andengebiet fort; sie hatten wegen ihres Goldschmucks bes. unter den span. Eroberern zu leiden. Nach S folgt der Einflußbereich der *Inka* mit den *Ketschua* u. den *Aymará* (einst Träger der *Tiahuanaco-Kultur*). Ältere Kulturen der pazif. Küste *(Chavín, Moche, Recuay, Nazca, Chimú, Chancay, Ica)* sind nur archäologisch faßbar. Auf der Südspitze des Kontinents finden sich heute, nur noch in Resten, die *Feuerländer.* In Chile u. auf der argentin. Pampa lebten, nachdem sie von den Spaniern das Pferd übernommen hatten, die Reitervölker der *Araukaner, Puelche, Tehuelche, Charrua* u. – bereits im Gran Chaco – die *Abipon*; heute sind sie zum größten Teil untergegangen. Das riesige trop. Waldgebiet des Amazonasbeckens mit dem angrenzenden Brasilian. Hochland u. der Küste weist eine ziemliche Gleichförmigkeit der einheimischen Kulturen auf; bis auf wenige Wildbeuterstämme finden sich überall Hackbauern. Es sind Stämme der Sprachgruppen der *Aruak* u. *Kariben*, der *Tupi* u. *Gê* sowie einige Stämme, deren Sprache nicht einzuordnen ist: *Caraja, Bororo, Tacana, Siriono* u. a.
Die I. hatten an eigentl. Haustieren nur Lama, Truthahn u. Hund. An Pflanzen der Neuen Welt hatten sie Mais, Kartoffeln, Kakao u. den Kokastrauch in Kultur genommen. Sie kannten weder Wagen noch Rad. Metallbearbeitung (Gold, Silber, Kupfer) war bekannt im Inka- u. Chibchagebiet, bei Maya u. Azteken, das Hämmern von kaltem Kupfer auch im Gebiet der Großen Seen.

Indien IND

Republik Indien

सत्यमेव जयते

Fläche: 3 287 590 km². – *Einwohner:* 896 Mill. – *Hauptstadt:* Dehli. – *Landessprachen:* Hindi, Englisch; insgesamt sind 15 Haupt- und Regionalsprachen zugelassen. – *Nationalfeiertage:* 26. 1. und 15. 8. – *Währung:* 1 Indische Rupie = 100 Paise. – *Lage:* zwischen 8°04′ und 37°06′ n. Br. sowie 68°07′ und 97°25′ ö. L. – *Zeitzone:* Mitteleuropäische Zeit + 4½ Std. – *Grenzen:* im W Pakistan, im N China, Nepal und Bhutan, im O Birma und Bangladesch, im SO Golf von Bengalen, im SW Indischer Ozean. – *Staatsform:* parlamentarische bundesstaatliche Republik.

Bis zur Entstehung der unabhängigen Indischen Union u. Pakistans 1947 ist unter indischer Geschichte die Geschichte des gesamten Subkontinents zu verstehen.
D i e F r ü h z e i t : Früheste Funde menschl. Lebens in der Region stammen aus Flußtälern südl. des Himalaya in der Nähe von Rawalpindi. Die nur wenig bearbeiteten Steinwerkzeuge aus dem Paläolithikum dürften 300 000–400 000 Jahre alt sein. Während im N Geröll u. Abschläge benutzt wurden, tauchte in Zentral- u. Südindien bereits der Faustkeil auf, dessen Ursprungsgebiet in Afrika lag. Gegen Ende der Altsteinzeit differenzierten sich die Werkzeuge in Mittel- u. Südindien (Klingen, Stichel, Schaber). Die Verbreitung von *Mikrolithen* im gleichen Gebiet während der Mittel- u. Jungsteinzeit deutet auf Veränderungen in der Lebensweise. Zwischen 4000 u. 3000 v. Chr. verließen die Jäger im Nordwesten des Subkontinents die Berge u. siedelten als Bauern in den Dörfern am Indus (Pandschab u. Sindh), wo sich seit dem 4. Jahrtausend v. Chr. auch die ersten städt. Kulturen entwickelten.
D i e I n d u s k u l t u r e n : In einem etwa 1600 km von N nach S sich erstreckenden Gebiet vom Siwali-Gebirge bis zur Kathiawar-Halbinsel, also weit über das Flußtal hinaus, entstanden die sog. Induskulturen: die *Amri-Kultur*, die bereits mit Steinen baute (um 3000 v. Chr.); die *Harappa-Kultur*, die am weitesten entwickelt war (Bewässerungstechniken) u. darum oft auch allein als Induskultur bezeichnet wird (um 2500–1500 v. Chr.); schließlich die *Jhukar-* u. die *Jhangar-Kultur*, bei denen verschiedene Fertigkeiten (z. B. die Schrift), die die Harappa Kultur kannte, fehlten.
Die größten Städte der Region waren *Harappa* u. *Mohenjo-Daro.*
D i e v e d i s c h e Z e i t : Über den Untergang der Induskulturen ist wenig überliefert. Harappa ist von heute nicht mehr bekannten Angreifern zerstört worden. Die gegen 1300 v. Chr. in mehreren Wellen aus afghan. u. iranischem Gebiet kommenden, vom NW her einfallenden indoeurop. *Arier* mieden vermutlich die Region: Sie drängten nach O u. eroberten das gesamte Ganges-Gebiet. Einblick in diese bis zum Auftreten *Buddhas* im 6. Jh. v. Chr. dauernde Epoche geben die *Veden*, Hymnen, die viele Verfasser hatten u. mündlich überliefert wurden, sowie die vedischen Erläuterungstexte, die *Brahmanas* u. die *Upanischaden.* Die einheim. Bevölkerung war den arischen Eindringlingen waffentechnisch weit unterlegen. Jene besaßen härtere Bronzewaffen u. zweirädrige Kriegswagen, die, von zwei Pferden gezogen, jeweils zwei Kriegern Platz boten. Dem konnten die Verteidiger nur Ochsenkarren entgegensetzen. Mit der Unterwerfung der dunkelhäutigen Nichtarier kam es zu einem Verbot der Rassenmischung, das allerdings vorerst nicht eingehalten wurde: Die Mischung der Rassen u. die gegenseitige Beeinflussung der Kulturen vollzog sich in zunehmendem Maße. Die vormals halbnomad. Arier wurden seßhafte Ackerbauern u. Viehzüchter. In der altvedischen Zeit (1300–1000 v. Chr.) kannten die Arier nur zwei Stände: den Kriegeradel u. die freien Stammesangehörigen, geführt von einem Herzog, der von ihnen kontrolliert wurde. In spätvedischer Zeit (1000–500 v. Chr.) setzte sich allmählich eine Vierständeordnung durch: Die Priester *(Brahmanen)*, die es verstanden hatten, im Laufe der Zeit die volkstüml. Opferreligion der frühen Arier zu einer Geheimwissenschaft zu machen, bildeten die oberste Kaste. Es folgten die Krieger, dann die Bauern u. schließlich die Hörigen, die sich aus Nichtariern u. deklassierten Ariern zusammensetzten. Die Sklaven, die keine große wirtschaftl. Rolle spielten, standen, wie auch niedrigere Kasten, die sich später bildeten, außerhalb der Ständeordnung. Die Stabilität des Kastenwesens, das sich in I. bis in die Gegenwart gehalten hat, erklärt sich größtenteils aus dem spätvedischen Dogma von der Vergeltung der Taten in der nächsten Wiedergeburt, das die Upanischaden (um 800–600 v. Chr.) aufstellten: Wer gut handelt, d. h. seiner Kaste gemäß lebt, kann mit der Wiedergeburt in einer höheren Kaste rechnen.
Das Ende der vedischen Epoche fällt mit den Lebenszeiten der Religionsstifter *Buddha* u. *Mahawira* zusammen. Das buddhist. u. jinist. Schriftgut erwies sich als oft verläßliche histor. Quelle, so daß von da an ind. Geschichte genauer rekonstruiert werden kann. Der Schwerpunkt des Geschehens lag im Gangesgebiet, wo im 6. Jh. v. Chr. Adelsrepubli-

ken noch neben absolutistisch regierten Staaten bestehen konnten, im 5. Jh. jedoch von diesen vernichtet wurden. Als mächtigster Staat bildete sich das *Magadha-Reich* heraus mit der Hauptstadt *Pataliputra (Patna).* Hier übernahm in der Mitte des 4. Jh. v. Chr. *Mahapadma Nanda*, der von niedriger Geburt war, die Macht. Mit seinen neun Söhnen eroberte er das südl. angrenzende *Kalinga.*
Das Indus-Gebiet wurde Ende des 6. Jh. v. Chr. als 20. Satrapie dem pers. Großreich untergeordnet, bis *Alexander d. Gr.* 331 v. Chr. die pers. Macht brach, selbst die Herrschaft übernahm u. Statthalter einsetzte. Nach dem Tod Alexanders konnten die Indus-Reiche die griech. Herrschaft rasch abschütteln.
Die Maurya-Zeit: Im Ganges-Gebiet, das von der griech. Invasion nicht berührt worden war, kam es 320 v. Chr. zu einer folgenreichen Umwälzung: *Chandragupta Maurya* stürzte die Nandas u. schuf ein Großreich, das vom Indus bis nach Bengalen u. vom Himalaya bis zum Narmada-Fluß reichte. Er wußte das Reich auch gegen den Diadochen *Seleukos I.* zu verteidigen, der 305 v. Chr. das ind. Erbe Alexanders antreten wollte. Chandragupta Maurya schuf einen bürokrat. Verwaltungsstaat mit zentralist., dirigistischem Wirtschaftssystem.
Der bedeutendste Herrscher aus der Maurya-Dynastie war der Enkel Chandragupta Mauryas, *Aschoka*, der wahrscheinlich 270 v. Chr. die Macht übernahm. Wichtige Ereignisse seiner Regierungszeit sind durch Inschriften in Felsen u. Säulen überliefert. Er setzte anfangs die Eroberungspolitik seiner Vorgänger fort, bis er nach der grausamen Unterwerfung Kalingas, zum Buddhismus bekehrt, sein fast den ganzen Subkontinent umfassendes Reich nicht weiter auszudehnen suchte, sondern ein humanes, wenngleich straff zentralistisches Regime ausübte. In seinen letzten Regierungsjahren entglitt Aschoka die Führung, u. nach seinem Tod zerfiel das Reich in Einzelstaaten, die von seinen Söhnen u. Enkeln regiert wurden. Der S machte sich selbständig. Der letzte Maurya-Herrscher *Brhadratha* wurde um 180 v. Chr. von seinem Feldherrn *Pusyamitra* ermordet, der die *Shunga-Dynastie* in Magadha, dem Kernland der Maurya, begründete. Er förderte die alte brahman. Religion u. machte sich die Buddhisten zum Feind, die dadurch zu natürl. Verbündeten der später eindringenden Griechen wurden. Die Shungas regierten bis etwa 70 v. Chr. u. wurden von der Dynastie der *Kanvas* abgelöst, die um 28 v. Chr. ihr Ende fand.
Die Zeit der Überfremdung: Bereits 183 v. Chr. unternahm der Grieche *Demetrios* von seinem Königreich Baktrien (Nordafghanistan) aus einen großangelegten Indien-Feldzug u. eroberte große Teile Nordost- u. Zentralindiens. Nachdem die griech. Herrschaft in Baktrien um 130 v. Chr. durch das zentralasiat. Skythen-Volk der *Sharkas* beendet worden war, eroberten letztere auch den größten Teil der Indus-Region. Nur im Kabultal überdauerte die griech. Herrschaft bis ins 1. Jh. n. Chr. Die Sharkas wurden von den *Parthern* unterworfen, die unter König *Gundofarr* (etwa 19–65 n. Chr.), der als einer der drei Weisen aus dem Morgenland („Caspar") gilt, ein parthisch-ind. Großreich gründeten. Noch während dessen Regierungszeit begann der Stamm der *Kushan* aus dem zentralasiat. Nomadenvolk der Yüe-chi von Afghanistan her sich im Indus-Gebiet auszubreiten. Später eroberten sie auch den O des Subkontinents. Unter ihrem Herrscher *Kanischka*, einem gläubigen, dabei toleranten Buddhisten, dessen Datierung Schwierigkeiten bereitet (Regierungsantritt entweder 78 oder 144 oder 225 n. Chr.), umfaßte das Kushan-Reich Afghanistan, Kaschmir u. das obere Ganges-Gebiet. Nach seinem Tode zerfiel das Reich, u. im N des Subkontinents wurden mehrere kleine Staaten unabhängig.
Die Gupta-Zeit: Das Reich der Gupta begann seinen Aufstieg um 320 unter *Chandragupta*, dem Enkel des Begründers der Dynastie. Chandragupta unterwarf einige an das Kernland Magadha grenzende Staaten. Er wertete den Namen der eigenen Dynastie durch die Einheirat in das angesehene Geschlecht der *Licchavi* auf. Der aus dieser Verbindung hervorgegangene Sohn *Samudragupta* (†um 380) eroberte große Gebiete westl. u. nördl. von Magadha, scheiterte aber im S am Widerstand des Pallava-Königs *Visnugopa* u. seiner Verbündeten. Samudraguptas Sohn *Chandragupta II.* gelang es, den Nordosten zu unterwerfen, so daß am Ende des 4. Jh. die nördl. Hälfte des Subkontinents von den Guptas beherrscht wurde. Wie sein Vater war er den Religionen gegenüber tolerant. Er förderte die Künste, besonders die Dichtkunst. Seinem Sohn, *Kumaragupta I.*, der ihm 415 folgte, gelang es, den Bestand des Reichs zu wahren, er mußte sich aber am Ende seiner 40jährigen Regierungszeit schon der *Weißen Hunnen*, eines aus Zentralasien stammenden Nomadenvolkes, erwehren. Sein Sohn *Skandagupta* (455–470) vermochte noch einmal die Hunnen zurückzuschlagen. Der letzte bedeutende Gupta-Fürst *Budhagupta* (476–500) herrschte nur noch über ein von Kämpfen zerrissenes Reich, das nach seinem Tod in mehrere Staaten zerbrach, von denen die meisten innerhalb kurzer Zeit von den Hunnen unterworfen wurden u. der südl. Provinz ihres Großreiches, das von Persien bis Zentralasien reichte, angegliedert wurden.
Die Hunnenherrschaft währte nicht lange. Die ind. Völker setzten ihr starken Widerstand entgegen u. drängten die Eindringlinge bis um 600 nach Afghanistan zurück.
Vorderindien vor der islam. Invasion: Beim Ringen um die Macht im nördl. I. setzte sich in der Folge die bis dahin unbedeutende Dynastie der *Vardhanas* durch, die in Thanesvar (nördl. Delhi) ihre Residenz hatte. *Harsha* (auch Harshavardhana) wurde 606 nach dem Tode seines älteren Bruders König u. verlegte die Residenz nach Kanauj (südöstl. Delhi). Er war der letzte ind. Großkönig. In sechs Jahren eroberte er den gesamten nordind. Raum. Sein 620 unternommener Kriegszug ins südl. I. jedoch scheiterte an dem *Chalukya-König Pulakeshin*, der ihn am Narmada-Fluß besiegte. Harsa förderte großzügig die Künste, dichtete auch selbst; er neigte zum Buddhismus, war aber anderen Religionen gegenüber tolerant. Nach seinem Tod 647 zerfiel das Reich. Die Residenz *Kanauj* erlebte noch einmal einen kulturellen Aufschwung im 8. Jh. unter *Yaśovarman*, der von seinem Hofdichter *Vakpatiraja* verherrlicht wurde.
Mitte des 8. bis ins 12. Jh. herrschte in Bengalen u. Magadha die Dynastie der *Palas*, die

Zeittafel zur frühen Geschichte Indiens

Spätvedische Zeit: 1000 v. Chr.–600 v. Chr.
Wichtige Entwicklungen: Besiedlung der Gangesebene durch arische Stämme, Entstehung komplizierter Riten und Kosmologien, Machtzuwachs der Brahmanen.

Zeit der rivalisierenden Adelsrepubliken und Königreiche: 600 v. Chr.–322 v. Chr.
Wichtige Entwicklungen: Kurzlebige Dynastien, Zerbrechen der Stammes- und Sippenbindungen, wirtschaftliche und soziale Wandlungen, geistige Auseinandersetzungen der frühen Philosophen *(Mahawira, Buddha)*, Reformen, 473 v. Chr. erstes buddhistisches Konzil.
Um 550 v. Chr. Vorherrschaft des Königreiches *Magadha.*
518 v. Chr.–515 v. Chr.: *Darius* (Daraios) I. begründet die persische *Satrapie Indien.*
327 v. Chr.–325 v. Chr.: Zug *Alexanders d. Gr.* nach Indien. Indogriechische Königreiche.

Blütezeit des Buddhismus: 322 v. Chr.–etwa 150 n. Chr.
Maurya-Dynastie: um 320 v. Chr.–185 v. Chr.
Hauptstadt: *Pataliputra.* – *Wichtige Entwicklungen:* Um 320 v. Chr. übernimmt *Chandragupta* die Herrschaft in Magadha und gründet das Maurya-Reich; um 260 v. Chr. bekehrt sich *Aschoka* zum Buddhismus; Entstehung der buddhistischen Ikonographie, Ausbreitung des Buddhismus, Anfänge der graeco-buddhistischen Kunst.
Shunga-Dynastie: um 180 v. Chr.–etwa 70 v. Chr.
Hauptstadt: *Pataliputra.* – *Wichtige Entwicklungen: Stupa-Kult,* frühe Skulpturen von *Bharhut, Sarnath* und *Sanchi.*
Parthische Dynastien: 90 v. Chr.–48 n. Chr.
Satavahana-Dynastie: (im Dekan) etwa 74 v. Chr.–250 n. Chr.
Wichtige Entwicklungen: Höhlenarchitektur.
Kushan-Dynastie: 78–250.
Hauptstadt: *Mathura.* – *Wichtige Entwicklungen: Mathura* künstlerisches Zentrum, erste Buddhadarstellungen, buddhistische Höhlenmalerei in *Adschanta, Gandhara-*Kunst, Aufkommen der *Mahajana-Lehre* des Buddhismus.

Zeit der Verdrängung des Buddhismus durch den Hinduismus: 150–9. Jahrhundert
Wichtige Entwicklungen: um 150 *Bhavagita-Lehre* im Mahabharata.
Gupta-Dynastie: 320–467. – *Wichtige Entwicklungen:* der *Bühnendichter Kalisada,* Pilger *Fa-hsien,* Invasion der *Hunnen* 485, Niederlage der Hunnen 528.
Chalukya-Dynastie: 550–750 – *Palara-Dynastie:* 6.–9. Jahrhundert – *Pala-Dynastie* in *Bengalen:* 750–1150.

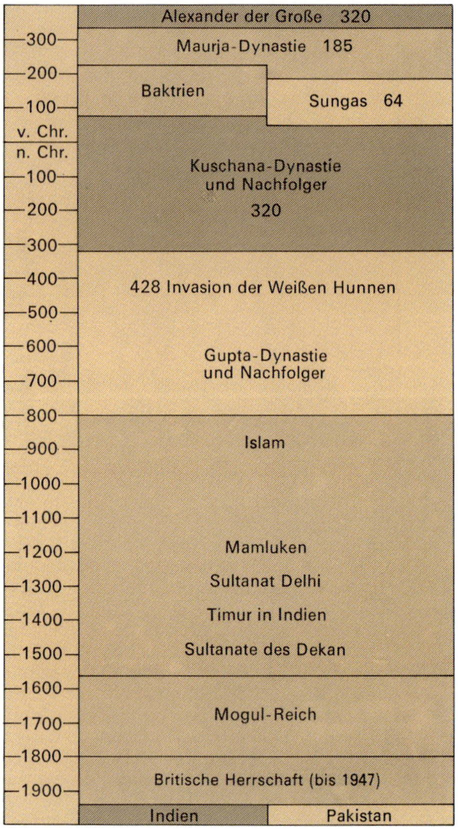

Indien: geschichtliche Epochen

den Buddhismus förderte u. politisch u. kulturell bis Südostasien wirkte.
Seit dem 8. Jh. drängten Araber von W her gegen den nordind. Raum. Hier erwies sich das Reich der *Gurjara-Pratihara*, das das Indus-Gebiet umfaßte u. sich im 9. Jh. bis Kanauj ausdehnte, vorläufig noch als Bollwerk. Als es Anfang des 10. Jh. im innerind. Machtkampf zerbrach, war die islam. Invasion nicht mehr aufzuhalten. 1192 schlugen zentralasiat. Turkvölker unter dem *Ghoriden-Sultan Mohammed von Ghor* bei Delhi die letzte große Hindu-Konföderation entscheidend.

Die Entwicklung in Südindien: Während der N des Subkontinents schon um 1000 v. Chr. durch die vedischen Arier geprägt wurde, hielt sich im S die ursprüngl. *drawidische Kultur* wesentlich länger. Über die frühe Entwicklung ist allerdings wenig bekannt, weil die literar. Überlieferung hier etwa 1000 Jahre später einsetzt als im N.
Um 300 v. Chr. gab es im südlichsten I. die Reiche der *Pandyas*, der *Cholas* u. der *Cheras*, denen bereits eine lange polit. u. kulturelle Entwicklung vorausgegangen sein mußte. Nach der Herrschaft Aschokas gründete die Dynastie der *Andhras* im 1. Jh. v. Chr. ein mächtiges Reich zwischen den Flüssen Narmada u. Krishna. Sie öffnete es der nordind. Kultur: *Sanskrit* wurde nun auch hier bevorzugte Sprache, u. die buddhist. u. brahman. Religionen wurden gefördert. Die drei Reiche des äußersten Südens pflegten dagegen bis etwa ins 5. Jh. n. Chr. drawidische Religionen u. Sprachen.
Im 5. Jhr. entstand im SO das Reich der *Pallavas* mit der Hauptstadt Kanchi *(Kanchipuram)*. Die Pallavas förderten bes. im 7. Jh. arische Kultur u. Religion (Tempel- u. Universitätsbauten). Im ehem. Andhra-Reich stieg im 6. Jh. die Chalukya-Dynastie auf, die im 7. Jh. mit den Pallavas in Konflikt geriet u. im 8. Jh. von den *Rastrakutas* abgelöst wurde. Nach einer machtvollen Herrschaft u. Eroberungen im N wurden diese von einer zweiten Chalukya-Dynastie verdrängt. Seit der Zeitenwende betrieben die südind. Staaten ausgedehnten Überseehandel, vor allem mit dem Röm. Reich u. mit Südostasien.

Empfang am Mogulhof: Miniatur, 17. Jh. Berlin, Staatl. Museen Preuß. Kulturbesitz

Die islam. u. hinduist. Reiche vom 13.–16. Jh.: Nach der Eroberung durch Mohammed von Ghor gehörte das ind. Gebiet zu dessen Großreich, das in Ghor (nördl. Kabul) sein Zentrum hatte. Nach seinem Tode zerfiel das Ghoriden-Reich, u. Nordindien wurde als *Sultanat von Delhi* unter der sog. *Sklaven-Dynastie*, die bis 1290 regierte, ein selbständiges Großreich, das vom Indus bis zum Gangesgebiet reichte, im N von Kaschmir u. im S vom Narmada-Fluß begrenzt wurde. Eine weitere Ausdehnung nach S verbot sich, als im 13. u. 14. Jh. die aus Innerasien kommenden *Mongolen* durch ihre Raubzüge die militär. Kräfte der neuen Herrscher banden. Indessen konsolidierte sich die Macht des Sultanats bes. unter *Balban* (1266–1287). Er festigte die Zentralgewalt in Delhi auf Kosten der lokalen Machthaber, gleichgültig, ob sie islamischen oder hinduist. Glaubens waren. Nach den Ghoriden kam 1296 die Dynastie der *Khaljis* an die Macht. Diese überzogen seit 1307 den S mit Kriegen, konnten aber nur wenige Gebiete ihrer zentral gesteuerten Verwaltung unterstellen. Die südind. Regionalstaaten blieben, von Tributzahlungen abgesehen, unabhängig. Den Khaljis folgten 1320 die *Tughluqs*, deren wichtigster Herrscher *Mohammed Ibn Tughluq* (1325–1351) war. Seine extreme Eroberungs- u. Finanzpolitik sowie seine grausame Herrschaft schwächten das Sultanat so, daß *Timur* bei seinem Plünderungszug 1398 auf keinen nennenswerten Widerstand stieß. Erst unter *Sikandar Lodi* (1489–1517) stabilisierte sich das Reich wieder u. umfaßte schließlich fast ganz Nordindien.
Obwohl das Sultanat auf dem ind. Subkontinent nach polit. Einheit unter seiner zentralen Gewalt strebte, gelang es ihm seit dem 14. Jh. immer weniger, die Einzelstaaten zu beherrschen. Diese entwickelten sich unter hinduist. oder islam. Führung zu oft machtvollen Reichen. Unter den islamischen ragten das *Bahmani-Sultanat* u. *Bengalen* heraus. Bis Ende des 15. Jh. entfalteten sich in dem von *Bahman Schah* gegr. Sultanat Wirtschaft u. Kultur. Es scheiterte um 1500 an der mangelhaften Verwaltung seiner Provinzen u. zerfiel in 5 Staaten, in denen sich die islam. Kultur weiterhin lebhaft entwickelte, sich auch mit der indischen zu neuen Formen verband. In Bengalen, das bis 1576 selbständig blieb, entstand aus der Verbindung der herkömml. Ziegelbauweise mit dem islam. Baustil eine neuartige Architektur.
Da das Sultanat von Delhi nicht ernstlich gegen den Hinduismus anging, sondern im Gegenteil die alte hinduist. Beamtenschaft in seine Verwaltung einbezog, kam in den Staaten, in denen die Zentralgewalt nur wenig vermochte (bes. im S des Subkontinents), die einstige hinduist. Führungsschicht, die Rajputen, wieder zur Macht. In der Zeit des Niedergangs des Sultanats im 14./15. Jh. machten sich die Rajputen-Reiche *Udaipur* u. *Jodhpur* in Zentralindien selbständig u. behaupteten sich in der Folge.
Auch hinduistisch, aber nicht von Rajputen beherrscht war das ausgedehnte *Vijayanagar-Königreich* im S, das in der 1. Hälfte des 14. Jh. nach einer Revolte gegen die dort schwache Sultanatsherrschaft entstand. Durch die ständige Bedrohung aus dem N sowie die eigenen Expansionsgelüste bildete es sich rasch zum straff geführten Militärstaat. Mitte des 16. Jh. verfiel die Macht des Reiches, u. 1565 wurde es von einer türk. Konföderation geschlagen u. existierte in der Folge als unbedeutender Kleinstaat weiter.
Als die *Portugiesen* 1510 die Insel *Goa* besetzten, förderte das Vijayanagar-Königreich, das zu der Zeit auf der Höhe seiner Macht stand, den Ausbau der fremden Handelsmacht auf der Insel u. wickelte den größten Teil seines Außenhandels über Goa ab. Der Titel des portugies. Königs „Herr über Indien" entsprach allerdings nicht den Tatsachen. Nur auf den östl. Meeren liefen die Portugiesen im 16. Jh. den Arabern den Rang ab u. kontrollierten dort den Handel. Im 17. Jh. verfiel ihre Handelsmacht in Indien, was z. T. mit dem Aufstieg des *Mogulreiches* zusammenhing, das den Handel von den Meeren auf die Straßen Innerasiens verlegte.

Das Großreich der Moguls: Mit der Eroberung Delhis 1526 durch den Herrscher von Kabul, *Babur* aus der Dynastie der Moguls, war der erste Schritt zu einem neuen ind. Großreich getan. Babur eroberte bis zu seinem Tode 1530 das Pandschab u. das nordwestl. Ganges-Gebiet. Unter seinem Sohn zerfiel das Reich, wobei der ind. Teil von *Sher Shah* (1545–1554), dem Statthalter von Bihar, erobert werden konnte, der – selbst kein Mogul – die Grundlage des künftigen Großreiches legte: die konsequente Zentralisierung der Macht (Straßenbau, verbindl. Steuersystem, Gebietsreform). Das südl. von Delhi gelegene *Agra* war Hauptstadt.
Als Baburs Enkel *Akbar* 1556 fünfzehnjährig Kaiser wurde, setzte er die Zentralisierungspolitik fort u. begann zugleich mit einer klug durchdachten Eroberungspolitik. Nach der Unterwerfung des zentralind. Königreichs *Gondwana* 1564 mußte Akbar, wollte er auch Süd-I. erobern, das südwestl. an das Sultanat grenzende Reich *Mewar* überwinden, in dem die hinduist. Rajputen auf ihren schwer einnehmbaren Festungen die islam. Herrschaft überdauert hatten. Nachdem Akbar sie besiegt hatte, gewann er sie zu Bundesgenossen, indem er sie zu seinen Armeeführern machte. Andererseits ging er, wenn er Abschreckung für opportun hielt, auch brutal vor (Hinrichtung von 30000 Bauern 1567, Errichtung einer Pyramide aus 2000 Schädeln 1573). 1572/73 eroberte Akbar das reiche *Gujarat* u. 1576 das seit über 200 Jahren unabhängige Bengalen. In der Folge bekämpfte er eine Reihe von Aufständen, die z. T. von islam. Führern, denen die wachsende Zentralgewalt mißfiel, unterstützt wurden, sowie die krieger. *Usbeken*, die von Zentralasien her das Pandschab bedrohten (bis 1598). Bis zu seinem Tode 1605 dehnte Akbar das Reich noch weiter nach S aus bis auf die Höhe von Bombay.
Unter seinem Sohn *Jahangir* (1605–1627) wurde Akbars Politik der Zentralisierung fortgesetzt. *Shah Jahan* (1628–1658), der Sohn Jahangirs eroberte 1631/32 die Reiche *Golkonda* u. *Bijapura* auf dem Dekan sowie 1633 *Ahmadnagar*. Die Verwaltung der Neuerwerbungen übertrug er seinem Sohn *Aurangseb*. Shah Jahan unterstrich, im Gegensatz zu seinem Großvater, wieder mehr den islam. Charakter des Staates. Er förderte die orthodoxen Sunniten u. geriet dadurch in Konflikt mit den schiitischen Persern, die unter Jahangir Einfluß im Mogul-Reich gewonnen hatten. Aurangseb (1658–1707) setzte die Eroberungspolitik seiner Vorgänger fort u. beherrschte schließlich fast den ganzen Subkontinent.

Machtverschiebungen im 18. Jh.: Nach dem Tode Aurangsebs verloren die Moguls bis zur Jahrhundertmitte schrittweise an Macht. Oft waren sie jetzt von hohen Hofbeamten eingesetzt u. wurden mitunter von gegner. Parteien ermordet. Während der Kampf zwischen den religiösen u. ethnischen Gruppen am Hofe zunahm, nahm die Effektivität der für das Großreich so wichtigen Verwaltung ab, u. die Regionalstaaten gewannen ihre Selbständigkeit zurück. Der NW des Reiches wurde 1738/39 von dem pers. Usurpator *Nadir Shah (Nadir Schah)* verheert, der bis Delhi kam, es plünderte u. die Abtretung Afghanistans an Persien erzwang. Nach seiner Ermordung 1747 machte sich General

Ahmed Chan Abdali in Afghanistan selbständig, annektierte das Pandschab u. bedrohte bis zu seinem Tode 1773 Nordindien. Der Verfall der islam. Macht brachte die über Jahrhunderte mehr oder weniger unterdrückten hinduist. Gruppierungen wieder auf den Plan: Die Rajputen blieben nicht länger die zuverlässigen Heerführer des Sultanats. Die räuberischen *Jats*, eine Bauernkaste, durch überzogene Steuerforderungen in die Illegalität gedrängt, agierte erfolgreich um Agra. Den *Sikhs*, einer kämpfer. religiösen Gemeinschaft, die ursprünglich nördl. von Delhi angesiedelt war, gelang es seit dem Ende des 17. Jh., ihr Einflußgebiet so auszudehnen, daß sie ein Jh. später das Pandschab beherrschten.
Stärkste Macht im I. des 18. Jh. wurden die *Marathen*, ursprünglich Bergbewohner aus der Gegend von Bombay, die seit dem 13. Jh. eine dem Islam standhaltende hinduist. Gemeinschaft bildeten u. sich im 17. Jh. für unabhängig erklärten. Anfangs von einem König zentral gelenkt, entwickelte sich das Marathen-Reich im 17./18. Jh. zu einer Konföderation aus vielen Kleinkönigreichen. Das von ihnen beherrschte Gebiet umfaßte ganz Zentral-I., ihr Einfluß reichte im 18. Jh. über den gesamten Subkontinent. Trotzdem gründeten sie kein Großreich, sondern blieben Vasallen des Mogul-Kaisers, der freilich keinerlei Macht über sie hatte. Ihr Einfluß wurde geschwächt, als sie für das Mogul-Reich das Pandschab gegen die eindringenden Afghanen verteidigten u. 1761 bei Panipat eine entscheidende Niederlage erlitten.
Neben den hinduistischen bildeten sich auch islamische Regionalstaaten, von denen sich der bedeutendste, das Fürstentum *Hyderabad* mit der gleichnamigen Hauptstadt, unter *Nisam Al Mulk* (1724–1748) unabhängig machte. Das Fürstentum behauptete seine Selbständigkeit bis zur Gründung des indischen Nationalstaates 1948. Auch Bengalen entwickelte sich im 18. Jh. zu einem unabhängigen Reich, das in Kooperation mit der

Indien: Proklamation des indischen Kaiserreichs in der Hauptstadt Delhi; 1877. Zeitgenössische Darstellung

britischen *Ostindienkompanie* eine starke Handelsmacht wurde.
Die Kolonialzeit: Seit Beginn des 17. Jh. gründete die private brit. Ostindienkompanie Stützpunkte auf dem Subkontinent, zuerst an der Westküste (Surat 1613), dann aber bes. an der Ostküste (Fort St. George, das spätere Madras, 1639; Calcutta 1690). Dabei mußte sie sich mit den Portugiesen, Niederländern u. Franzosen auseinandersetzen. Während die beiden ersteren leicht verdrängt werden konnten, wurden letztere im Rahmen des *Siebenjährigen Krieges* (1756–1763) von den Truppen der brit. Gesellschaft unter R. *Clive* geschlagen u. als Konkurrenten ausgeschaltet. Damit hatten die Engländer die Vorherrschaft über den Indienhandel errungen u. begannen nun mit dem Erwerb größerer kolonialer Gebiete, wobei anfangs das Hauptmotiv der Gesellschaft die Sicherstellung des Handels war.
Die Erfolge der im Verhältnis zur Landmasse u. Bevölkerungszahl I.s winzigen Gruppe waren nur möglich, weil gleichzeitig der Zerfall der ind. Zentralgewalt u. die internen Auseinandersetzungen der ind. Staaten ihren Höhepunkt erreichten. 1757 übernahm die Gesellschaft die Herrschaft über Bengalen, nachdem der ind. Nawab („Statthalter") von Bengalen in falscher Einschätzung der brit. Kampfkraft Calcutta angegriffen hatte. Die von den Engländern eingesetzten Nawabs erwiesen sich jedoch nicht als willfährig u. lehnten sich auf. Bei einer dieser Auseinandersetzungen fiel der Kompanie der Mogul-Kaiser in die Hände, der sie nun mit Bengalen belehnte u. ihr das Recht der Steuererhebung übertrug. 1765–1767 war Clive erster Gouverneur dieser Provinz. Im S des Subkontinents ließ sich die brit. Ostindienkompanie in die inneren Auseinandersetzungen der ind. Staaten hineinziehen u. wurde bis zur Jahrhundertwende auch hier beherrschend. 1817 bis 1819 wurden die Marathen endgültig von den unter dem Generalgouverneur Lord *Wellesley* stehenden Truppen geschlagen. Damit gelangten große Gebiete Zentralindiens unter den Einfluß der Gesellschaft. Während die Ostindienkompanie den Subkontinent schrittweise annektierte, machte der brit. Staat zunehmend seinen Einfluß geltend, so daß schließlich die Verwaltung der ind. Kolonialgebiete von Staat u. Kompanie gemeinsam durchgeführt wurde.
Nachdem die Herrschaft der Briten in I. gesichert war, kam es mit Beginn der *Pax Britannica* 1818 zu einer Konsolidierung für die Kolonialherren u. einer spürbaren Entlastung u. wirtschaftl. Erholung auch für die Inder, wenngleich im N die Eroberungen fortgesetzt wurden (1849 das Pandschab; 1839–1843 die Sindh-Provinz). Unter dem Generalgouverneur Lord *Dalhousie* (1848–1856) begann die Kompanie, die abhängigen, aber noch von ind. Nawabs geführten Fürstentümer der brit. Verwaltung direkt zu unterstellen. Diese Annexionen sowie eine als ungerecht empfundene Agrarreform führten zum Sepoy-Aufstand von 1857/58, der, außer den S u. den NW, den ganzen Subkontinent erfaßte. Er wurde mit Hilfe indischer Truppen niedergeschlagen u. hatte die *India Act* von 1858 zur Folge, die die Verwaltung reformierte. Die Ostindienkompanie wurde aufgelöst, die Kolonie dem Indienministerium in London unterstellt. Die britische Krone vertrat ein Generalgouverneur oder Vizekönig. Dieser hatte die eigentl. Macht im I. des 19. Jh., er regierte wie ein absoluter Fürst. Gleichzeitig wurde offiziell das Ende des Mogul-Reiches erklärt. 1876 nahm Königin *Viktoria* den Titel „Kaiserin von I." an.
Die Niederschlagung des großen Aufstandes 1858 konnte nicht das Erwachen eines ind. Nationalismus verhindern, der vor allem von westlich gebildeten Indern getragen wurde u. 1885 in Puna zur Bildung des *Indian National Congress* führte. Gleichzeitig kam es auf dem Subkontinent zu einer Rückbesinnung auf die eigene Kultur, besonders bei den Hindus, die auch in der Kongreßpartei die Führung übernommen hatten. 1906 bildete sich als Interessenvertretung der islam. Minderheit die *Moslem-Liga*. In der Folge kam es zu schweren Auseinandersetzungen zwischen den beiden religiösen Gruppen.

Indien: M. Gandhi (1. von links) auf der Round-Table-Konferenz 1931 in London

Wurden die Forderungen nach der „Selbstregierung" anfangs nur von einer radikalen Minderheit in der Kongreßpartei vertreten, so verstärkten sich die Unabhängigkeitsbestrebungen zur Zeit des 1. Weltkriegs, an dem ind. Truppen loyal an der Seite Großbritanniens teilnahmen. Die prominentesten Führer des ind. Unabhängigkeitskampfes waren M. *Gandhi* u. J. *Nehru*, der seit 1929 Präs. der Kongreßpartei war. Um die Inder geschlossen gegen die Kolonialmacht zu führen, bemühte sich Gandhi um Toleranz zwischen Hindus u. Moslems u. bekämpfte das Kastenwesen. Sein Aufruf zum Generalstreik 1919 hatte zur Folge, daß im Pandschab ein antibrit. Aufruhr ausbrach, der von den Europäern brutal niedergeschlagen wurde. Daraufhin propagierte Gandhi die gegen die Briten gerichtete gewaltfreie „Boykott-Bewegung". Streiks, Unruhen u. antibrit. Protestaktionen verschärften sich, u. der Ruf nach völliger Unabhängigkeit wurde stärker. Eine Round-Table-Konferenz mit Gandhi 1930, zu der sich die Engländer genötigt sahen, endete ergebnislos, weil sich die Inder nicht über die Volksvertretungen der Minderheiten einigen konnten. 1935 gewährte Großbritannien parlamentar. Selbstverwaltung in den Provinzen. 1937 gewann die Kongreßpartei unter Nehru die Wahlen zu den Provinzparlamenten mit großer Mehrheit. Sie lehnte eine Koalition mit der Moslem-Liga ab, was zur Verschärfung des Konflikts zwischen Moslems u. Hindus führte. Seit 1940 war es das Ziel der Moslem-Liga, den islam. Teil des Landes vom hinduistischen zu trennen.
Nach dem 2. Weltkrieg stellte sich für Großbritannien die Aufgabe, I., die größte Kolonie der Welt, möglichst reibungslos in die Unabhängigkeit zu entlassen. Der letzte brit. Vizekönig in I., Lord *Mountbatten*, schlug die Teilung des Landes in einen islam. u. einen hinduist. Teil vor. Nach der Billigung dieses Planes durch Moslem-Liga u. Kongreßpartei wurden die Indische Union u. Pakistan am 15. 8. 1947 als Dominien in die Selbständigkeit entlassen (weitere Geschichte Pakistans → Pakistan). Mit dem Ende des Dominion-Status trat am 26. 1. 1950 die ind. Verfassung in Kraft.
Während Frankreich seine ind. Enklaven 1952–1954 aufgab, hielt Portugal seine Kolonie Goa, bis I. sie 1961 annektierte, was die Glaubwürdigkeit von Nehrus Idee einer gewaltfreien Außenpolitik erschütterte.
Entwicklung nach der Unabhän-

gigkeit: Nach Erlangen der Unabhängigkeit traten die meisten der über 500 Fürsten der Ind. Union bei u. erhielten dafür Privilegien, die Anfang der 1970er Jahre aufgehoben wurden. Nur Hyderabad, das von einem islam. Maharadscha regiert wurde, mehrheitlich aber hinduistisch ist, wurde von ind. Truppen erobert.
In der jungen ind. Republik kam es immer wieder zu erbitterten, oft blutigen, Auseinandersetzungen um die Sprachenfrage, wobei die Regionalsprachen mit den Amtssprachen Englisch u. Hindi konkurrierten. Der regionale Sprachenstreit führte 1956 zu einem Gesetz, das Sprachgebiete als Bundesstaaten zuließ. In der Folge wurden die alte Provinz Bombay u. das Pandschab geteilt, neue Bundesstaaten entstanden. Religiöse, ethnische u. polit. Konflikte, verbunden mit blutigen Unruhen, vor allem in den nördl. Gliedstaaten Pandschab, Assam u. Kaschmir versuchte die Zentralregierung in Delhi mit einer Politik begrenzter Zugeständnisse zu entschärfen.
Von Anfang an verfolgte die Ind. Union eine Politik der Blockfreiheit. Neben dem chines. Regierungschef *Zhou Enlai* war der ind. Premierminister Nehru Wortführer der Bandung-Konferenz von 1955. Sein Plan einer Führung I.s u. Chinas in der Blockfreienbewegung scheiterte am indisch-chinesischen Grenzkonflikt im N (Kaschmir) u. NO (Assam), der 1962 mit einer Niederlage I.s endete. In dieser Situation band sich I. enger an die Sowjetunion.
Bei militär. Auseinandersetzungen mit dem Grenznachbarn Pakistan 1947–1949 u. 1965 ging es um das in eine ind. u. eine pakistan. Region geteilte → Kaschmir, das jeder der beiden Staaten ganz beanspruchte. Für das um seine Unabhängigkeit kämpfende Ostpakistan (→ Bangladesch) ergriff I. 1971 Partei, nachdem es sich zuvor in einem Freundschaftsvertrag mit der Sowjetunion gegen das Eingreifen Dritter abgesichert hatte.
Mit den ersten Wahlen 1951 kam die Kongreßpartei an die Macht. Bis zu seinem Tode 1964 vereinigte Nehru Partei- u. Staatsführung in seiner Hand; ihm folgte L. B. *Shastri* bis 1966 u. diesem Nehrus Tochter I. Gandhi, die 1975, um nicht aus einem Korruptionsskandal die Konsequenzen ziehen zu müssen, den Ausnahmezustand verkündete u. diktatorisch regierte. Überraschend ließ sie 1977 Wahlen zu, bei denen die Kongreßpartei gegen den *Janata-Block* eine Niederlage erlitt. Die neue Regierung unter M. *Desai* wurde der sozialen u. wirtschaftl. Probleme nicht Herr u. verlor ihre parlamentar. Grundlage. Bei den Wahlen 1980 errang die Kongreßpartei I. Gandhis eine Zweidrittelmehrheit.
Autonomiebestrebungen radikaler Sikhs im Pandschab wurden von der Regierung blutig unterdrückt. 1984 wurde I. Gandhi von Sikhs ermordet. Neuer Premier-Min. wurde ihr Sohn Rajiv *Gandhi*. Unter seiner Führung errang die Kongreßpartei bei der Unterhauswahl 1984 einen überwältigenden Sieg. Nach der Wahlniederlage 1989 wurde R. Gandhi von V. P. *Singh* als Premier-Min. abgelöst. Die innenpolit. Lage blieb vor allem aufgrund der ungelösten religiösen Konflikte instabil. Singh trat 1990 von seinem Amt zurück. 1991 kam es zu vorgezogenen Parlamentsneuwahlen. Während des Wahlkampfs wurde der frühere Premier-Min. R. Gandhi durch einen Bombenanschlag getötet. Neuer Premier-Min. wurde P. V. *Narasimha Rao* von der Kongreßpartei. Rao leitete eine Liberalisierung der Wirtschaftspolitik ein. Sezessionistische Bestrebungen in Assam, Pandschab u. Tamil Nadu sowie das weiterhin ungelöste Kaschmir-Problem belasteten das innenpolit. Klima. Der religiöse Dauerkonflikt zwischen Hindus u. Moslems entlud sich 1992/93 in blutigen Unruhen (Zerstörung der Babri-Moschee in Ayodhya). Bei den Parlamentswahlen 1996 gewann die radikal-hinduist. Bharatiya Janata Partei (BJP) die meisten Mandate. Ihrem Spitzenkandidat *Atal Bihari Vajpayee* gelang es jedoch nicht, eine mehrheitsfähige Regierung zu bilden. Neuer Premier-Min. wurde *Deve Gowda*, Führer des gemäßigt linken Parteienbündnisses Vereinigte Front. Im Frühjahr 1997 entzog das Parlament Deve Gowda das Vertrauen. Auch sein Nachfolger als Regierungschef, I. K. *Gujral*, konnte sich nur kurze Zeit im Amt behaupten. Bei vorgezogenen Parlamentswahlen 1998 gewann wiederum die BJP die meisten Mandate. Vajpayee wurde neuer Premier-Min. an der Spitze einer Mehrparteienkoalition.

Indischer Nationalkongreß, engl. *Indian National Congress, Kongreßpartei*, Abk. *NK* bzw. *K*, 1885 gegr. ind. polit. Partei. Der Ind. Nationalkongreß wurde zum Ausgangspunkt für die Forderung nach Unabhängigkeit, die endgültig 1947 erfüllt wurde. 1969 lösten Auseinandersetzungen zwischen den jungen sozialist. u. den alten konservativen Kräften (bes. um die Nationalisierung der Banken) eine Spaltung der Kongreßpartei aus. Es entstand der Kongreß O (Organisation) als sog. „alter" Ind. Nationalkongreß unter M. *Desai* u. M. *Patel*. Er ging später in der Janata-Partei auf. Der von I. Gandhi geführte sog. „neue" Indische Nationalkongreß behielt die Mehrheit der Abgeordneten u. Parteimitglieder hinter sich. Er spaltete sich 1978 in den nach dem Präs. D. Urs benannten Ind. Nationalkongreß (U), den Ind. Nationalkongreß (J) unter J. Ram sowie den Indira Gandhi-Flügel Ind. Nationalkongreß (I). Der Ind. Nationalkongreß (I) war von 1980 bis zu den Wahlen 1996 die stärkste Partei im ind. Parlament.

Indochinakriege, die im Anschluß an den 2. Weltkrieg in Indochina ausgetragenen Kriege: 1. der Krieg der *Viet-Minh* gegen die französ. Kolonialmacht 1946–1954. Japan mußte das während des 2. Weltkriegs besetzte *Französisch-Indochina* 1945 wieder räumen, Frankreich übernahm erneut die Herrschaft. Im Sept. 1945 proklamierte die Viet-Minh unter *Ho Chi Minh* die *Demokratische Republik Vietnam*. Obwohl Frankreich 1946 Vietnam als unabhängigen Staat innerhalb der Französ. Union anerkannt hatte, übte es weiterhin eine Kolonialherrschaft aus. Am 19. 12. 1946 begann die Viet-Minh den Partisanenkampf gegen die Fremdherrschaft, der sich mit chines. Unterstützung zu einem Krieg ausweitete. Die Schlacht bei *Diên Biên Phu* am 7. 5. 1954 beendete die Kolonialherrschaft Frankreichs in Indochina.
Auf der Genfer Indochinakonferenz wurde am 21. 7. 1954 ein Waffenstillstand geschlossen, die Teilung Vietnams am 17. Breitengrad vereinbart u. die Wiedervereinigung für 1956 vorgesehen. Die USA unterzeichneten das Abkommen nicht. Da die südvietnames. Regierung Waffenstillstandsabkommen u. Neutralitätsverpflichtung nicht anerkannte u. die Wiedervereinigung verhinderte, brach der Kampf erneut aus.
2. → Vietnamkrieg.

Indogermanen, *Indoeuropäer, i. w. S.* Völker mit indogermanischen (indoeuropäischen) Sprachen; *i. e. S.* ein hypothetisches vorgeschichtliches Volk. Um 1800 gelang der Nachweis, daß die Sprachen einer Anzahl von Völkern, die in der Frühgeschichte in einem Raum von Indien bis zum Atlantischen Ozean saßen, miteinander verwandt sind. Für diese Sprachfamilie wurde die Bez. *indogermanisch*, für die ursprüngl. u. die gegenwärtigen Sprecher der Sprachen die Bez. *I.* geprägt. Beide Ausdrücke werden zuerst 1823 bei dem dt. Orientalisten J. von *Klaproth* greifbar. Sie werden im allg. nur in Dtschld. benutzt. Außerhalb Deutschlands setzten sich die von dem engl. Arzt u. Physiker T. *Young* geprägten Namen *indoeuropäisch* u. *Indoeuropäer* durch. Von der Verwandtschaft der Sprachen ausgehend, nahmen die meisten Sprachwissenschaftler des 19. Jh. ein „Urvolk" der I. an, auf das alle heutigen Völker, die indogerman. Sprachen sprechen, ihren Stammbaum zurückführen könnten. Zeitweilig wurden die I. mit der sog. nordischen Rasse gleichgesetzt. Um die Frage, ob die Heimat dieses Volkes in Europa oder Asien gelegen habe, entbrannte ein Streit, der Auswirkungen bis in die weltanschaul. u. polit. Agitation hatte. Heute lehnen die meisten Sprachwissenschaftler u. Prähistoriker den Gedanken eines „Urvolkes" u. einer einzigen Keimzelle der indoeurop. Sprachen ab. Sie erwägen vielmehr sekundäre Verwandtschaft aus räuml. Nachbarschaft sowie Sprachübertragung durch Krieg u. Eroberung.

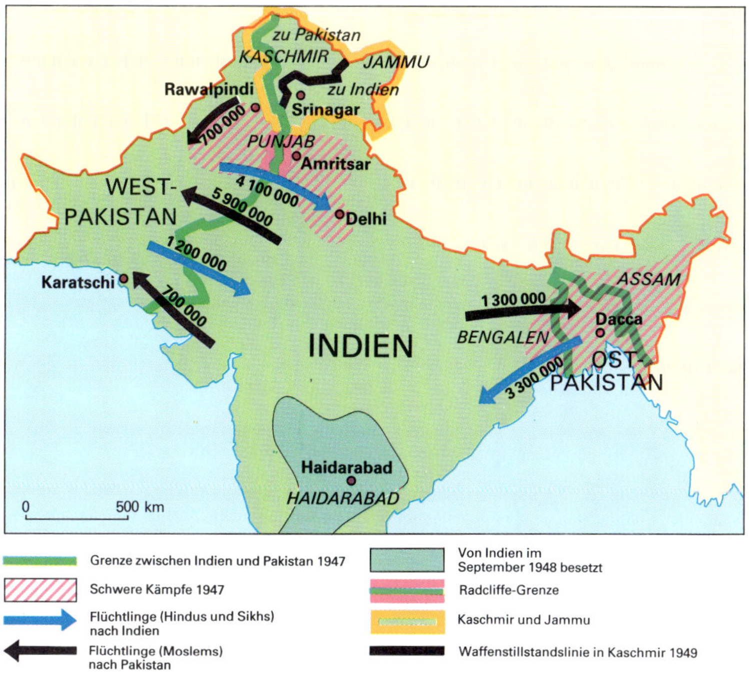

Indien: Flüchtlingsbewegungen nach Bildung der zwei Staaten Pakistan und Indien

Indonesien RI

Republik Indonesien

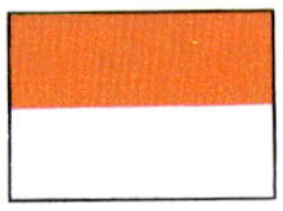

Fläche: 1904569 km². – *Einwohner:* 194,6 Mill. – *Hauptstadt:* Jakarta. – *Landessprachen:* Bahasa Indonesia, über 250 regionale Einzelsprachen. – *Nationalfeiertag:* 17. 8. – *Währung:* 1 Rupiah = 100 Sen. – *Lage:* zwischen 6°08′ n. Br. und 11°15′ s. Br. sowie 94°15′ und 141°05′ ö. L. – *Zeitzone:* Mitteleuropäische Zeit + 6 Std. bis + 8 Std. – *Grenzen:* Inselgruppe im Indischen Ozean, südlich von Malaysia. – *Staatsform:* präsidiale Republik.

In I., das von Hinterindien aus besiedelt worden war, bestand im 15. Jh. v. Chr. eine Megalithkultur, die aber schon auf älteren Kulturen basierte. Seit dem 3. Jh. n. Chr. brachten Kaufleute u. Missionare den Hinduismus u. den Buddhismus aus Vorderindien; das führte seit dem 5. Jh. n. Chr. zu Reichsbildungen auf Java u. Sumatra. Das ältere Reich von Mataram auf Java (um 700–um 950) schuf unter der Shailendra-Dynastie gewaltige Kultbauten *(Borobudur)*. In Ostjava erreichte um die Jahrtausendwende die Literatur in der Kawi-Sprache eine Hochblüte. Auf Sumatra entwickelte sich seit dem 7. Jh. das Reich Srivijaya (Sriwidschaja) zur Seemacht. Wahrscheinlich unterwarf das in Ostjava entstandene Reich Madschapahit (1292–1511) fast ganz I. im 14. Jh.

Gewürzhandel zog die Portugiesen an, die 1511 Malakka eroberten; ihnen folgten die Niederländer (1602 Gründung der *Niederländ.-Ostind. Kompanie*) u. erweiterten von ihrem Stützpunkt Batavia (Jakarta) aus ihr Einflußgebiet innerhalb von 300 Jahren über ganz I.

Zwischen dem 13. u. 16. Jh. breitete sich der Islam in I. aus. Das halbislam. jüngere Mataram (1586–1830) wurde Mitte des 18. Jh. aufgeteilt. Als letzte Insel I.s unterwarf Holland Bali (1849).

Niederländisch-Indien wurde 1942 von den Japanern, die als Befreier auftraten, erobert; am 17. 8. 1945 entstand die Indonesische Republik mit dem Nationalistenführer *Sukarno* als Präsidenten. Nach Kämpfen gegen die Holländer mußten diese 1947 in der *Konvention von Linggadjati* die Gründung der Vereinigten Staaten von I. zugestehen. Im November 1949 wurde die Unabhängigkeit gewährt u. am 27. 12. 1949 vollzogen. 1950 wurde eine provisorische Verfassung mit zentralist. Staatsaufbau eingeführt. 1954 wurde der Unionsvertrag mit den Niederlanden gelöst. Islam., protestant. u. andere separatist. Lokalaufstände 1949–1958 scheiterten. Als Veranstalterland der *Bandung-Konferenz* (1955) bemühte es sich durch eine scharf antikolonialistische Politik um eine führende Stellung im Kreis der „blockfreien" Nationen. 1955 wurden in allgemeinen Wahlen ein Parlament u. eine verfassunggebende Versammlung gewählt, bereits 1959 aber wurde zu einer „gelenkten Demokratie" übergegangen. 1959/60 machten Parlament und verfassunggebende Versammlung den ernannten Vertretungsorganen Platz.

1963 übergaben die Niederlande unter dem Druck der UN ihre bisherige Kolonie West-Neuguinea an I., das sie als *West-Irian* dem Staatsverband eingliederte. 1963–1966 befand sich I. in einem kriegsähnlichen Zustand der „Konfrontation" mit Malaysia. Gleichzeitig lehnte es sich eng an die Volksrepublik China an. Ein kommunist. Putschversuch mit militär. Beteiligung 1965 scheiterte; seine Niederschlagung durch die Armeeführung führte 1966 zur Entmachtung Sukarnos u. zum Verbot der KP. Anschließenden Kommunistenverfolgungen fielen Hunderttausende zum Opfer. Regierungschef (seit 1966) u. Staats-Präs. (seit 1967) ist General *Suharto*. Außenpolitisch folgten eine Aussöhnung mit Malaysia u. eine Abkühlung des Verhältnisses zu China. 1976 besetzte I. die portugiesische Kolonie Ost-Timor u. erklärte sie zu einem Teil I.s. In der Folgezeit bekämpfte die Suharto-Regierung mit militär. Mitteln die Unabhängigkeitsbewegung *Fretilin* auf Ost-Timor. Mit Beginn der 1990er Jahre beschleunigte sich das Wirtschaftswachstum des Landes.

Indoskythisches Reich, zusammenfassende Bez. der klass. Autoren für die von Nomadenvölkern aus Zentralasien, vor allem im 1. Jh. v. Chr. von den *Saken* geschaffenen Staatenbildungen in Afghanistan u. Nordwestindien; eine der wichtigsten Städte war *Taxila*. Im 1. u. 2. Jh. n. Chr. drangen ebenfalls *Parther* u. die *Kuschan* in das Gebiet ein.

Indulgenzerklärungen, die Erklärungen, mit denen Karl II. u. Jakob II. von England den engl. Katholiken Bekenntnisfreiheit gewährten. Die insges. 4 Erklärungen (1662, 1672, 1687, 1688), von denen die beiden ersten vom Parlament aufgehoben wurden u. die beiden letzten zusammen mit anderen Faktoren zur Glorreichen Revolution führten, verfolgten allerdings die Absicht, unter dem Deckmantel religiöser Toleranz den Katholizismus zu fördern.

Indonesien: Nationalistenführer Achmed Sukarno während der japanischen Besetzung

industrielle Revolution, Anfang des 19. Jh. in Analogie zur polit. Revolution gebildeter Begriff, der zunächst den rapiden Wandel in der Produktionstechnik bezeichnete u. von A. *Blanqui* 1837 u. von F. *Engels* 1844/45 auf die infolge der veränderten Produktionsbedingungen in England auftretenden Veränderungen der wirtschaftl. u. sozialen Verhältnisse erweitert wurde. Mit A. *Toynbees* „Lectures on the industrial revolution in England" hat sich der Begriff seit 1884 im wissenschaftl. Sprachgebrauch eingebürgert. Er bezeichnet die Phase rascher technischer, wirtschaftl. u. sozialer Veränderungen, durch die sich seit Ende des 18. Jh. zunächst England, dann die meisten kontinentaleurop. Staaten, die USA u. Japan aus Agrargesellschaften in Industriegesellschaften verwandelten.

Inês de Castro [iˈneʃ də ˈkaʃtru], Geliebte des Infanten *Dom Pedro* (Peter I.) von Portugal, *um 1320 Spanien, †1355 Coimbra; Alfons IV. ließ sie wegen Verrats verurteilen u. hinrichten, da er die illegitimen Kinder seines Sohnes Pedro mit I. de C. u. den Einfluß von deren span. Brüdern als Gefahr für den portugies. Thron sah. Nach seiner Thronbesteigung 1357 rächte sich Pedro grausam an den verantwortlichen Ratgebern seines Vaters. In der Königsgruft im Kloster Alcobaça schuf er I. de C. als seiner rechtmäßigen Frau ein Grabmal. Das Inês-Thema gehört zum Nationalstoff der portugies. Literatur.

Infant [lat. *infans*, „kleines Kind"], span. *Infante*, Titel der königl. Prinzen in Spanien u. Portugal; *Infantin*, span. *Infanta*, Titel der königl. Prinzessinnen.

Inflation [lat., „Aufblähung"], Zustand einer Geldwertverschlechterung u. Kaufkraftsenkung.

Folgen einer I. sind im allg. Einschränkung der Produktion als Folge der Fehlleitung u. Verschwendung von Ressourcen, beschleunigte Zunahme der Umlaufgeschwindigkeit des Geldes, „Flucht in die Sachwerte", Übergang zur Tauschwirtschaft (Zigarettenwährung), wenn die Annahme des Geldes schließlich verweigert wird.

Ein bes. eindringliches Beispiel bietet die I. im Dt. Reich nach dem 1. Weltkrieg. Die im 1. Weltkrieg begonnene Kreditfinanzierung wurde anschließend beibehalten und führte – vor allem durch den → Ruhrkampf 1923 – zu einem Fall der Reichsmark ins Bodenlose. Im Nov. 1923 war die Relation 1 US-Dollar = 4,2 Billionen Papiermark erreicht. Die Stabilisierung begann am 15. 11. 1923 mit der Einführung der Rentenmark (= 1 Billion Papiermark), deren Deckung auf industriellem u. landwirtschaftl. Grundbesitz beruhte.

Indonesien: Eroberung Balis durch die Niederländer, 1849

INF-Verhandlungen [*INF*, Abk. für engl. *Intermediate-range Nuclear Forces*, „nukleare Mittelstreckenwaffen"], seit dem 30. 11. 1981 in Genf geführte Verhandlungen zwischen der Sowjetunion u. den USA über die atomaren Mittelstreckenwaffen (Reichweite zwischen 1000 u. 5500 km) in Europa. Nach zwischenzeitl. Abbruch der I. u. der Stationierung neuer Mittelstreckenwaffen in Europa durch die USA aufgrund des *NATO-Doppelbeschlusses* (Pershing II u. Cruise missiles) führten erneute Verhandlungen schließlich im Dez. 1987 zur Unterzeichnung eines Abkommens zur Vernichtung dieser u. anderer Mittelstreckenraketen.

Ingrid, Königin von Dänemark, *28. 3. 1910 Stockholm; Tochter *Gustavs VI. Adolf*, des späteren Königs von Schweden; heiratete 1935 den Kronprinzen Friedrich *(Frederik)* von Dänemark (1947–1972 König).

Ingwäonen, *Ingväonen, Ingävonen, Ingwaier*, nach *Tacitus* einer der drei german. Stammesverbände der röm. Kaiserzeit, zu dem wahrscheinlich die *Chauken* u. a. nördl. Stämme gehörten.

Inka, indianische Dynastie eines Ketschua-Stamms im mittleren Andenraum. Der Titel I. kam ursprüngl. nur dem Herrschergeschlecht zu, später wurde er auf das ganze Volk übertragen. Die I. hatten in den letzten hundert Jahren vor der Ankunft der Spanier ein Großreich mit der Hptst. *Cuzco* geschaffen, das unter dem Inka *Huayna Capac* den größten Teil Ecuadors, Perus u. Boliviens sowie Teile von Argentinien u. Chile umfaßte.

Die Anfänge der I. liegen im Dunkeln. Als Gründer der Dynastie gilt nach mündl. Überlieferung der Herrscher *Manco Capac* (um 1200), dessen Gestalt die Züge eines Anführers, Religionsstifters u. Kulturheros trägt. Genauere Regierungsdaten liegen nur für die letzten 5 der insgesamt 13 Herrscher vor. Erst der 8. Inka *Viracocha* ist historisch richtig faßbar; sein Sohn *Pachacutec Yupanqui* (1438–1471) rettete die Dynastie vor dem Angriff der Chancay, die Cuzco bedrohten, u. begann die Reihe von Eroberungen, die den I.-Staat zur Großmacht werden ließ. Unter *Topa Inka Yupanqui* u. Huayna Capac hielt die Expansion an, der nur im O die Urwaldgebiete des Amazonas Halt geboten. *Huayna Capac* (1493–1527) teilte das Reich unter seine Söhne *Huascar* u. *Atahualpa*; ihr Bruderkrieg erleichterte *Pizarro* 1532 die Eroberung des I.-Reichs. Die Gefangennahme u. Hinrichtung Atahualpas bedeutete das Ende der I.-Herrschaft. Der von span. Seite als Scheinkönig eingesetzte *Manco Capac II.* entfesselte einen Aufstand (Belagerung von Cuzco), der jedoch niedergeschlagen wurde. Indian. Führer späterer Rebellionen (so *Tupac Amaru* im Jahre 1780) versuchten vergebens, an die alte inkaische Tradition anzuknüpfen.

Die I. organisierten unter geschickter Einbeziehung bereits vorhandener Kulturen einen Großstaat auf theokratischer Basis. An der Spitze des streng zentralistisch verwalteten, in 4 Provinzen gegliederten Reichs stand als absoluter Herrscher der *Sapa Inka* (der „alleinige I."). Er ehelichte seine Schwester u. genoß als Sohn des Sonnengotts göttliche Verehrung, vor allem nach seinem Tod. Zur Verwaltung zog er blutsverwandte Adlige heran. Sie bildeten die herrschende Klasse u. zahlten keine Steuern. Es folgten der höhere Adel (wegen seiner Ohrzierate von den Spaniern *Orejones* [„Großohren"] genannt) u. der niedere Adel *(Kuraca)*, zu dem auch die meist im Amt belassenen Führer der unterworfenen Stämme gehörten. Sie lebten von den Steuerleistungen der gemeinfreien Bauern, die die Hauptmasse der Bevölkerung bildeten. Eine Sonderstellung nahmen die Sklaven ein, die sich aus Fremdstämmigen, Kriegsgefangenen u. Verbrechern zusammensetzten. Die Bevölkerung war in Gruppen von 100, 1000 u. 10000 Haushaltungen eingeteilt; daneben bestand eine Gliederung in 12 Altersklassen. Strenge Vorschriften über Arbeitsleistung, Freizeit, Kleidung, Schmuck, Heirat u. a. regelten das Leben des einzelnen. Ebenso wohlfunktionierend waren die Beamtenschaft, die Rechtsprechung u. das straff organisierte Heer des I.-Reichs. Das hervorragend ausgebaute Straßensystem (Hängebrücken) übertraf das der Römer an Ausdehnung. Schnellste Nachrichtenübermittlung erfolgte durch Stafettenläufer auf den „Königsstraßen". Militärkolonien wurden in den neu eroberten Gebieten angesiedelt u. ganze Bevölkerungsteile verpflanzt, wenn es die Sicherung des Reichs zu verlangen schien. Der intensive Feldbau (Terrassenfelder, Bewässerungsanlagen, Düngung) wurde im Rahmen des *Ayllu* (wirtschaftlich autarke Sippe mit gemeinsamem Landbesitz u. gemeinsamer Nutznießung des Lands, Viehbestands u. Ernteertrags) gemeinschaftlich betrieben. Jedem Ayllu stand ein gewählter Führer vor, den ein Beirat alter Männer beriet. Mehrere Ayllu leiteten ein Distriktoberhaupt, mehrere Distrikte bildeten ein Gebiet, von denen mehrere unter der Herrschaft eines Präfekten standen, der nur dem I. verantwortlich war. Um die Abgaben (etwa 66 % in Naturalien u. Dienstleistungen) zu gewährleisten, wurde das Land des Ayllu auf die Dorfbewohner, den I. (Verwaltung u. Truppen) u. den Kult aufgeteilt. Das dem I. u. dem Kult zugemessene Land wurde gemeinsam im Rahmen der Arbeitsfronsteuer, das der Dorfbewohner von jedem selbst bewirtschaftet. Außerdem war jeder jährlich dem Staat zu einer gewissen Arbeitsleistung als Bergarbeiter (Gewinnung von Gold, Kupfer u. Zinn), beim Straßen-, Brücken-, Tempel- oder Festungsbau verpflichtet. Das Vieh (vor allem Lama u. Alpaka als Schlacht- u. Wolltier) war persönl. Eigentum. Höhe der Ernte, Viehbestand, Abgaben u. Bevölkerungszahl wurden mit Hilfe verschiedenfarbiger Knotenschnüre *(Quipu)* statistisch erfaßt. Für den Verlust jeder persönl. Freiheit schützte der Staat seine Bürger vor Mangel, unterhielt Speicher zur Vermeidung von Hungersnot, pflegte Tierbestand u. Boden. Die Güter wurden gerecht verteilt, die Straßen in ausgezeichnetem Zustand gehalten, der innerstaatl. Frieden gesichert.

Die I. hatten eine hochentwickelte Goldschmiedekunst u. kannten den Bronzeguß, beides vor allem für die Bedürfnisse von Hof u. Heiligtümern. Die feinsten Gewebe (Vicuña-Wolle) wurden von den sog. Sonnenjungfrauen hergestellt, die in klösterl. Abgeschiedenheit lebten. Hauptwaffen waren Steinschleuder, Streitaxt u. Keule. Die Kunst der I. trägt einen ausgesprochen nüchternen, ernsten Charakter. Die Keramik bevorzugt einfache, wohlproportionierte Formen (vor allem amphorenartige Gefäße u. Schalen) mit weitgehend geometr. Dekor. Die Wohnhäuser waren größtenteils aus luftgetrockneten Lehmziegeln errichtet; die Monumentalbauten (Paläste, Tempel, Festungen) aus Stein, der hervorragend bearbeitet ist, unter Verzicht auf figürlichen Schmuck. Nebeneinander wurden rechteckige u. polygonal zugehauene Steine (z. T. Megalithen wie in Sacsayhuaman) verwendet u. ohne Bindemittel aufeinandergefügt. Ⓑ S. 364/365.

innere Emigration, das Verhalten von Gegnern eines diktator. Regimes, die im Land bleiben, aber polit. Zugeständnisse an die Machthaber zu vermeiden suchen. Der Begriff i. E. wurde 1945 von Frank *Thiess* zur Rechtfertigung des eigenen Verhaltens unter der nat.-soz. Herrschaft mit polemischer Wendung gegen die emigrierten Schriftsteller geprägt.

Innerösterreich, die ehem. österr. Herzogtümer Steiermark, Kärnten u. Krain u. die Grafschaft Görz.

Innitzer, Theodor, österr. kath. Theologe, *25. 12. 1875 Weipert, Böhmen, †9. 10. 1955 Wien; 1913–1932 Prof. für NT an der Universität Wien, seit 1932 Erzbischof von Wien, 1933 Kardinal. Nachdem er anfangs den Anschluß Österreichs an Dtschld. begrüßt hatte, verteidigte er später die Rechte der Kirche gegen den Nationalsozialismus.

Innozenz, Päpste: **1.** *Innozenz I.*, 402–417, Heiliger, †12. 3. 417 Rom; regierte in der Zeit des Niedergangs des weström. Reichs (Eroberung Roms durch die Westgoten 410) u. war zielbewußt um den Ausbau des röm. Primats bemüht. So forderte er im Bereich der Liturgie die Annahme des röm. Vorbilds u. auf dem Gebiet des Rechts, daß die wichtigsten Rechtsfälle vor dem röm. Stuhl entschieden werden sollten. In Auseinandersetzungen mit Häretikern (Donatisten) beanspruchte er die oberste Lehrentscheidung. Sein Eingreifen zugunsten des *Chrysostomos* war erfolglos u. führte zu einem zeitweiligen Bruch Konstantinopels u. Alexandrias mit Rom. Fest: 12. 3.

Papst Innozenz III.

2. *Innozenz II.*, 1130–1143, eigentl. *Gregor Papareschi*, Römer, †24. 9. 1143 Rom; 1122 einer der päpstl. Unterhändler beim Wormser Konkordat, unmittelbar nach dem Tod Honorius' II. formal unrechtmäßig gewählt. Während der gleichzeitig mit ihm von der Mehrzahl der Kardinäle erhobene *Anaklet II.* Rom besetzt hielt, konnte I. sich fast in der ganzen Kirche durchsetzen. *Bernhard von Clairvaux* u. Kaiser *Lothar III.* waren seine stärksten Stützen. Der als Nachfolger Anaklets II. 1138 erhobene Viktor IV. dankte auf dem 2. Laterankonzil 1139 ab; damit war das Schisma beendet. I. förderte den Ausbau der Kirche als vom Staat getrennte rein geistl. Institution. In seinen Auseinandersetzungen mit den unteritalien. Normannen, mit Frankreich u. der Stadt Rom war er wenig erfolgreich.

3. *Innozenz (III.)*, Gegenpapst 1179/80, eigentl. *Lando von Sezze*; nach der Unterwerfung *Kalixts III.* gegen *Alexander III.* erhoben; konnte sich nicht durchsetzen u. wurde von Alexander zu Klosterhaft in La Cava bei Salerno verurteilt.

4. *Innozenz III.*, 1198–1216, eigentl. *Lothar von Segni*, *1160/61 Anagni, †16. 7. 1216 Perùgia; nach Studien in Paris u. Bologna 1190 Kardinal. I., der auch pastorale u. exeget. Werke verfaßte, war vor allem ein genialer Herrscher. Die seit dem Reformpapsttum des 11. Jh. erstrebte geistl.-weltl. Führerstellung des Papsttums über die ganze Christen-

Das Ende des Inkareichs

Zwar hat das Inkareich von 1438 bis zu seiner Zerstörung durch Pizarro 1533 nur knapp ein Jahrhundert bestanden. Dennoch ist es vor allem durch die großartige, im Jahr 1911 entdeckte Bergfestung Machu Picchu, eine der bekanntesten vorkolumbianischen Kulturen Amerikas, die sich durch ein hochentwickeltes Verwaltungs- und Kommunikationssystem auszeichnete. Das Ende dieser Kultur wird wie folgt beschrieben:

1

Hatte die Eroberung des Aztekenreiches den Konquistadoren schon Reichtümer und Goldschätze erbracht, so sollten ihre Erwartungen bei der Eroberung des Inka-Reiches in Peru zwölf Jahre später noch übertroffen werden. Francisco Pizarro (Marqués de los Charcas y de los Atabillos, * 1478, † 1541), der uneheliche Sohn eines spanischen Hauptmanns, hatte schon mehrere Vorstöße entlang der südamerikanischen Westküste unternommen, bis er im Alter von schon 53 Jahren mit 183 Mann und 37 Pferden nach Peru aufbrach, um das Reich der Inka zu erobern, von dem die Spanier inzwischen Nachrichten erhalten hatten. (...) Pizarro erreichte im September 1532 Cajamarca (Caxamarca), Garnison und Quartier des dreizehnten und letzten Inka-Herrschers Atahualpa (1525–1533). Im Angesicht von dessen eigener riesiger Armee lockten sie den Inka in eine Falle und nahmen ihn nach einem kurzen Gefecht gefangen. Statt ihren Herrscher zu befreien, zog sich die kampferprobte Inka-Armee unverständlicherweise zurück. Atahualpa erbot sich, als Lösegeld für seine Freilassung einen großen Raum völlig mit goldenen Gefäßen und Geräten und zwei weitere mit Silber zu füllen. Die Konquistadoren nahmen das Angebot an, aber obgleich der Inka sein Versprechen erfüllte, ließ ihn Pizarro trotzdem nach einem Schauprozeß wegen angeblicher Verschwörung gegen die Spanier hinrichten. Ein von ihnen auf den Thron gehobener neuer Herrscher, Manco Cápac II., empörte sich 1535 ebenfalls gegen die fremde Oberhoheit. Die Niederwerfung dieses Aufstandes und damit die Vernichtung des Inka-Reiches mündete in einen Rivalitätskampf der Konquistadoren.

Heinrich Pleticha in
»Entdecker und Reformatoren«,
Bertelsmann Lexikon Verlag,
Gütersloh 1989

2

3

4

5

1 *Der »Sonnenstein«, auf dem Opfer dargebracht wurden. Er war wohl der zentrale »Altar«.*

2 *Götterfigur aus einem Federmantel, der im Nazca-Tal als Beispiel des Tiahuanaco-Stils gefunden wurde.*

3 *Ruinen der Bergfestung Machu Picchu in Peru.*

4 *Knotenschnüre (Quipu, »Inkaschrift«), Berlin. Museum für Völkerkunde.*

5 *Goldkrone der Inkazeit, gefunden in Tomebamba. München, Staatliches Museum für Völkerkunde.*

6

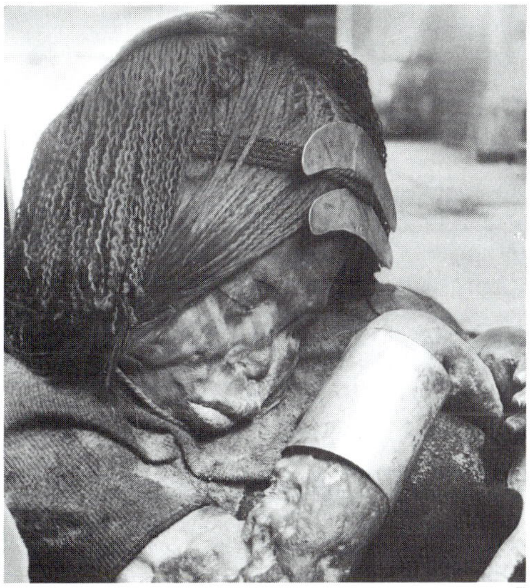
7

6 *Amphore, die zum Wassertragen und zur Bereitung des Maisbieres genutzt wurde. Stuttgart, Linden-Museum.*

7 *Diese im Eis auf einem Berg in Chile gefundene Prinzessin wurde vor etwa 500 Jahren mumifiziert.*

heit führte er auf ihren Höhepunkt. Er reformierte Kurie, Kirchenrecht u. Orden, förderte die Anfänge der Bettelorden u. stärkte die Stellung der Bischöfe. Gegen die Ketzer schritt er zuerst milde ein, doch veranlaßte er 1209 den Albigenserkreuzzug, dessen Ausschreitungen er allerdings nicht billigte. Die Kreuzzugsbewegung förderte er nachhaltig. Seine Macht im Kirchenstaat konnte er festigen u. die päpstl. Lehenshoheit auf Aragón u. England ausdehnen. In die dt. Politik griff er nach der zwiespältigen Königswahl von 1198 ein: Er entschied sich für *Otto IV.*, wandte sich aber gegen ihn, als Otto Sizilien angriff, u. unterstützte nun erfolgreich den jungen Staufer *Friedrich II.* Abschluß u. Höhepunkt seines Pontifikats war das 4. Laterankonzil (1215).

5. *Innozenz IV.*, 1243–1254, eigentl. *Sinibaldo Fieschi*, *um 1195 Genua, †7. 12. 1254 Neapel; hervorragender Kanonist, 1227 Kardinal. Ganz vom päpstl. Machtanspruch u. den Ideen *Gregors VII.* durchdrungen, führte er den Kampf gegen *Friedrich II.*, den er 1245 auf dem Konzil von Lyon absetzte. Als Friedrich II. dem Papst dazu das Recht absprach, antwortete I. mit der Zweischwerterlehre, in der die Überordnung der geistl. über die weltl. Gewalt gelehrt wird. Außerdem unterstützte er die gegen Friedrich erhobenen Gegenkönige, konnte aber die Macht des Kaisers weder in Dtschld. noch in Italien brechen. Auch nach Friedrichs Tod setzte er den Kampf gegen die Staufer fort. I. förderte die Mission der Ostseeländer.

6. *Innozenz V.*, 1276, eigentl. *Pierre de Tarantaise*, *um 1225 Champigny, †22. 6. 1276 Rom; gelehrter Dominikaner, 1272 Erzbischof von Lyon, 1273 Kardinal. Die wichtigsten Fakten seines kurzen Pontifikats waren Bemühungen um eine Kirchenunion mit Byzanz u. eine enge Bindung an Frankreich. Seliger; Fest: 22. 6.

7. *Innozenz VI.*, 1352–1362, eigentl. Étienne *Aubert*, †12. 9. 1362 Avignon; 1338 Bischof von Noyon, 1340 von Clermont, 1342 Kardinal, stand zu Kaiser *Karl IV.* in guten Beziehungen. Zwischen Frankreich u. England vermittelte er 1360 den Frieden von Brétigny. Den Plan der Rückkehr nach Rom konnte er nicht verwirklichen, doch unterwarf Kardinal *Albornoz* (*um 1300, †1367) ihm den Kirchenstaat. I. förderte Wissenschaft u. Kunst.

8. *Innozenz VII.*, 1404–1406, eigentl. Cosma de' *Migliorati*, *um 1336 Sulmona, †6. 11. 1406 Rom; 1389 Kardinal; regierte während des abendländ. Schismas, war um seine Beilegung aber weniger bemüht, als er vor seiner Wahl versprochen hatte. Er förderte die röm. Universität u. den Frühhumanismus.

9. *Innozenz VIII.*, 1484–1492, eigentl. Giovanni Battista *Cibo*, *1432 Genua, †25. 7. 1492 Rom; 1473 Kardinal; gehörte zu den vorwiegend weltl. eingestellten Päpsten der Renaissance, war aber politisch unerfahren u. unbeständig. Er verurteilte die spiritualist. Thesen des *Pico della Mirandola*, hatte gute Beziehungen zu den Medici u. den Humanisten u. förderte die Hexenprozesse.

10. *Innozenz IX.*, Okt.–Dez. 1591, eigentl. Giovanni Antonio *Facchinetti*, *20. 7. 1519 Bologna, †30. 12. 1591 Rom; lange im Dienst der Kurie, 1583 Kardinal. I. war alt u. krank, die meisten Kardinäle wählten ihn nur, weil sie den Druck *Philipps II.* auf die Kurie ausschalten u. dazu Zeit gewinnen wollten.

11. *Innozenz X.*, 1644–1655, eigentl. Giambattista *Pamfili*, *6. 5. 1574 Rom, †7. 1. 1655 Rom; seit 1601 an der Kurie, 1627 Kardinal; entmachtete die Familie seines Vorgängers, die *Barberini*. Im Streit zwischen Spanien u. Frankreich nahm er, obwohl mit Spanien sympathisierend, eine vermittelnde Stellung ein. Venedig u. Polen unterstützte er im Kampf gegen die Türken. Der Witwe seines Bruders, Olimpia *Maidalchini*, räumte er weitgehenden Einfluß ein. I. vollendete die Ausstattung der Peterskirche u. ließ mehrere Barockbauten errichten (Umbau des Laterans, S. Agnese). Berühmt ist sein von D. *Velázquez* gemaltes Porträt.

12. *Innozenz XI.*, 1676–1689, eigentl. Benedetto *Odescalchi*, *19. 5. 1611 Como, †12. 8. 1689 Rom; 1645 Kardinal; tief religiös, charakterstark u. klug, beseitigte den Nepotismus, nahm in der Verwaltung von Kirche u. Kirchenstaat wichtige Reformen vor u. verurteilte den Laxismus u. den *Quietismus*. Die Freiheit der Kirche u. die päpstl. Autorität verteidigte er bes. gegen die Machtansprüche *Ludwigs XIV.*; er wandte sich gegen den Gallikanismus u. mißbilligte die Verfolgung der Hugenotten. Gegen den Widerstand Ludwigs XIV. brachte I. das Bündnis Kaiser *Leopolds I.* mit Polen zustande u. trug dadurch zur Befreiung Wiens (1683) u. Ungarns von den Türken bei. I. war der bedeutendste Papst des 17. Jh.; seine Bemühungen um die friedl. Einigung der christl. Völker u. seine persönl. Lauterkeit trugen ihm auch die Hochachtung vieler Nichtkatholiken ein. Der Kanonisationsprozeß wurde auf Einspruch Frankreichs lange unterbrochen; Seligsprechung 1956; Fest: 12. 8.

13. *Innozenz XII.*, 1691–1700, eigentl. Antonio *Pignatelli*, *13. 3. 1615 bei Spinazzola, Basilicata, †27. 9. 1700 Rom; 1681 Kardinal, 1687 Erzbischof von Neapel; reformeifrig wie sein Vorbild u. Gönner Innozenz XI. Den Streit mit *Ludwig XIV.* konnte er beilegen, da der König nachgab, um die Unterstützung der Kurie bezüglich der span. Erbfolge zu gewinnen. I. schritt gegen *Quietismus* u. *Probabilismus* ein u. hielt an den Verfügungen seiner Vorgänger gegen den *Jansenismus* fest.

14. *Innozenz XIII.*, 1721–1724, eigentl. Michelangelo dei *Conti*, *13. 5. 1655 Poli bei Palestrina, †7. 3. 1724 Rom; 1706 Kardinal, 1712–1719 Bischof von Viterbo. Er war um den Ausgleich mit den Staaten bemüht u. gab nach, wo sich kirchl. Ansprüche nicht durchsetzen ließen. Gegen die *Jansenisten* hielt er an der Bulle „Unigenitus" fest, den *Jesuiten* war er nicht wohlgesinnt.

Innviertel, *Innkreis*, fruchtbare, dichtbesiedelte Hügellandschaft im österr. Alpenvorland zwischen Salzach, Inn, Donau u. Hausruck.
Das ursprünglich zu Bayern gehörende I. kam im *Teschener Frieden* 1779 an Österreich, wurde jedoch nach der Niederlage Österreichs gegen Napoleon im Frieden von Schönbrunn 1809 wieder Bayern zugesprochen. Die Wiener Kongreßakte, die die Rückgabe aller Gebietsverluste Österreichs aus den Friedensschlüssen mit Napoleon bestimmten, brachten das I. endgültig an Österreich.

Inönü, Ismet, bis 1934 *Ismet Pascha*, türk. General u. Politiker, *24. 9. 1884 Izmir, †25. 12. 1973 Ankara; beteiligt an der Revolution der *Jungtürken* 1908; 1920 Generalstabschef unter Kemal *Atatürk*, vertrieb die Griechen aus Kleinasien (Sieg bei Inönü); 1922 Außen-Min., 1923/24 u. 1925–1937 Min.-Präs., 1938 bis 1950 als Nachfolger Atatürks Staats-Präs., dann als Vors. der Republikan. Volkspartei Oppositionsführer; nach dem Staatsstreich 1960 wieder 1961–1965 Min.-Präs.; 1972 Rücktritt vom Parteivorsitz, da er den von B. *Ecevit* angestrebten Übergang zu einem sozialdemokrat. Kurs nicht billigte.

Ismet Inönü

Inquisition [lat., „Untersuchung"], ursprüngl. die Untersuchung rechtswidriger Tatsachen durch die Obrigkeit von Amts wegen, insbes. die offizielle oder offiziöse Verfolgung aus religiösen u. polit. Gründen; *i. e. S.* die institutionalisierte *Ketzerverfolgung* der kath. Kirche im MA bis weit in die Neuzeit hinein.
Bereits im christl. Altertum wurden gegen Häretiker geistl. Zuchtmittel angewandt; doch seitdem der christl. Glaube Staatsreligion geworden war, verfolgte der Staat die Ungläubigen als Staatsfeinde. Im MA wurden zuerst auf Befehl von Fürsten im 11. Jh. Ketzer verbrannt. Auch die Kirche forderte im Anschluß an *Augustinus*, der allerdings die Todesstrafe abgelehnt hatte, die Bestrafung der Ketzer durch die weltl. Gewalt. Gegen Ketzer, wie die *Katharer*, die die Grundlagen der mittelalterl. Gesellschaft in Frage stellten, wandte man die gleichen strengen Strafbestimmungen wie gegen Majestätsverbrecher u. Staatsfeinde an.
Anfang des 13. Jh. wurde durch das Zusammenwirken von weltl. u. kirchl. Obrigkeit, hier bes. Kaiser *Friedrich II.* u. die Päpste *Innozenz III.* u. *Gregor IX.*, die I. eingerichtet, die die Ketzer verfolgen u. Verdächtige aufspüren sollte. Päpstl. *Inquisitoren*, meist Dominikaner oder Franziskaner, sollten die Ketzer ausfindig machen. Hartnäckige Ketzer sollten der weltl. Gewalt zur Verurteilung übergeben werden. Seit Papst Innozenz IV. war auch die Anwendung der Folter erlaubt. Mit dem Tod des Inquisitors *Konrad von Marburg* (1233) erlosch in Dtschld. die I., doch lebte sie z. Z. des Hexenwahns wieder auf (→ Hexenprozesse).
In Frankreich war die I. oft ein willkommenes Mittel, polit. Ziele zu erreichen. In Spanien wurde im Kampf gegen die Mauren u. Judenchristen die I. durch Thomas de *Torquemada* neu organisiert u. später auch auf Protestanten angewandt; der Schuldfeststel-

Folterszene der Inquisition

lung folgte in feierl. Form die Urteilsvollstreckung (Autodafé). Die Zahl derer, die, oft auf sadistische Weise, durch die I. getötet wurden, belief sich z. B. allein in Sevilla im 15. Jh. in einem Zeitraum von 40 Jahren auf 4000. Erst im 19. Jh. wurde in Spanien u. Portugal die I. endgültig abgeschafft.
Die Reformatoren ließen die Ketzer lediglich des Landes verweisen, schonten aber ihr Leben; unrühmliche Ausnahme war der Feuertod des Arztes M. *Servet*, der auf Betreiben J. *Calvins*, allerdings keineswegs nur aus theolog. Gründen, 1553 hingerichtet wurde. – Auch die Wiedertäufer u. a. prot. Sekten mußten die Härte des I.s-Verfahrens erfahren. Papst *Paul III.* übertrug 1542 die I. einer Kardinalskommission, die nach mehrfacher Umorganisation (heute *Glaubenskongregation*) über die Glaubens- u. Sittenlehre zu wachen hat. – Die I. u. ihre grausamen Verfahrensmethoden können nur aus der mittelalterl. Einheit von Kirche u. Staat sowie aus der häufigen Verquickung von religiösen u. polit. Zielen verstanden werden. Sie widersprechen der zuletzt vom 2. Vatikan. Konzil bestätigten Gewissensfreiheit.

Inquisitori di Stato [ital., „Staatsinquisitoren"], die drei obersten Richter der Republik Venedig (seit dem 16. Jh.), jeweils für eine Amtsdauer von einem Jahr eingesetzt.

Inschriftenkunde, *Epigraphik*, eine histor. Hilfswissenschaft im Rahmen der *Quellenkunde*; sie untersucht die überlieferten Inschriften, bes. aus der Antike, aber auch aus dem MA, auf dauerhaftem Material (Ton, Stein, Metall, Holz u. a.) u. schriftl. Zeugnisse öffentl. oder privaten Charakters (z. B. Staatsverträge, Regierungserlasse u. Gesetze, Ehren- u. Stiftungsurkunden, Bau-, Weih- u. Grabinschriften); Hauptsammelwerke: *Corpus inscriptionum graecarum* (CIG) seit 1825, z. T. veraltet, ersetzt durch *Inscriptiones Graecae* (seit 1873); *Corpus inscriptionum latinarum* (CIL) seit 1863; begründet von T. *Mommsen*; *Deutsche Inschriften*, hrsg. von den vereinigten dt. Akademien seit 1942.

Insignien [in'zigniɛn; lat.], Herrschaftszeichen, Zeichen der Amtswürde, so z. B. die *Reichs-I.* der röm.-dt. Kaiser.

Insignienkunde, histor. Hilfswissenschaft; befaßt sich mit den *Insignien*, d. h. den materiellen Herrschaftszeichen wie Krone, Zepter, Reichsapfel u. ä., aber auch mit dem Ausdruck von Herrschaft in Devotionsformeln, Riten u. Zeremonien.

Institoris, Heinrich, Dominikaner, * 1430 Schlettstadt, † 1505 Mähren; seit 1474 als Inquisitor in Dtschld. tätig; verfaßte gemeinsam mit Jakob *Sprenger* das Inquisitionshandbuch Hexenhammer (1487).

Institut für Österreichische Geschichtsforschung, Abk. *IfÖG*, in Wien 1854 nach dem Vorbild der *École des Chartes* gegr., erlangte unter T. von *Sickel* internationale Bedeutung als Forschungsinstitut insbes. für histor. Hilfswissenschaften; zur Ausbildung von Archiv-, Bibliotheks- u. Museumsbeamten. Ihm wurde 1875 die Diplomata-Abteilung der *Monumenta Germaniae Historica* angeschlossen. Seit 1881 erscheinen die „Mitteilungen" (MIÖG, Bd. 39–55 MÖIG), das Zentralorgan des Instituts.

Institut für Zeitgeschichte, München, 1950 als *Dt. Institut zur Erforschung der nat.-soz. Zeit* von Bund u. einigen Ländern gegr., 1952 umbenannt. Im Mittelpunkt seiner Forschung steht die dt. Geschichte zwischen 1919 u. 1945. Das Institut gibt „Quellen u. Darstellungen zur Zeitgeschichte" sowie die „Vierteljahreshefte für Zeitgeschichte" (1952 ff.) mit der „Schriftenreihe der Vierteljahreshefte für Zeitgeschichte" heraus.

Insurrektion, in Ungarn bis 1848 das aus Mitgliedern des Adels zusammengesetzte Aufgebot zur Verteidigung der Grenzen u. zum Schutz des Königs.

Interfraktioneller Ausschuß, auf Initiative M. *Erzbergers* in der Julikrise 1917 gebildeter inoffizieller Ausschuß, dem in wechselnder Zusammensetzung Mitglieder der Reichstagsfraktionen der SPD, des Zentrums, der Fortschrittl. Volkspartei u. zeitweilig der Nationalliberalen Partei angehörten. Durch den Interfraktionellen Ausschuß wurde das Parteiengefüge des Kaiserreichs, in dem die SPD eine oppositionelle Außenseiterrolle gespielt hatte, revolutioniert u. die spätere Weimarer Koalition vorbereitet. Der Ausschuß bereitete die →Juliresolution 1917 u. die Parlamentarisierung des Kaiserreichs im Okt. 1918 vor.

Interim [das; lat. „einstweilen"], die Regelung politischer oder theolog. Fragen für eine Übergangsperiode.

Internationale [die; lat.], ursprüngl. Kurzwort für *Internationale Arbeiterassoziation (IAA)*. Die IAA wurde am 28. 9. 1864 in London nach der Parole des *Kommunist. Manifests*: „Proletarier aller Länder, vereinigt euch!" unter Mitwirkung von K. *Marx* gegründet. Diese *Erste I.* zerfiel seit 1869 infolge innerer Differenzen zwischen Marxisten u. Anarchisten (M. A. *Bakunin*); der letzte gemeinsame Kongreß fand 1872 statt. 1889 entstand in Paris mit der Errichtung des „Ständigen Internationalen Sozialist. Büros" die *Zweite I.*, die sich zur größten u. mächtigsten Arbeiterorganisation entwickelte. Sie zerbrach faktisch 1914 u. zerfiel vollends, als die in Rußland siegreichen Bolschewiki sich 1918 von ihr trennten u. 1919 in Moskau die „Kommunist. I." als *Dritte I.* ins Leben riefen (Komintern). Sie bestand bis 1943 in Moskau. Nachfolgerin wurde das Kommunistische Informationsbüro (Kominform), 1947–1956.
Der Versuch, die Zweite I. 1919/20 von der Schweiz aus zu reorganisieren, hatte nur teilweise Erfolg: Der linkssozialist. Teil der Arbeiterorganisationen schloß sich 1921 zur *Wiener Union* („Zweieinhalbte I.") zusammen; erst 1923 kam es in Hamburg zur Verschmelzung beider Organisationen in der *Sozialist. Arbeiter-I.* (Abk. *SAI*). Nach den Rückschlägen, die die internationalen Arbeiterorganisationen durch Faschismus, Nationalsozialismus u. Stalinismus erlitten hatten, wurde 1951 in Frankfurt a. M. die Zweite I. als *Sozialistische I.* (Sitz: London) neu gegründet. – *Vierte I.* heißt ein 1938 in Mexiko gegr. Zusammenschluß von Trotzkisten.

„Internationale", das Kampflied der internationalen Arbeiterbewegung. Der ursprüngl. französ. Text ist von Eugène *Pottier* (1871), die Melodie von Pierre *Degeyter* (1888), die dt. Übertragung („Wacht auf, Verdammte dieser Erde ...") von Emil *Luckhardt*. Die I. war bis in den 2. Weltkrieg die Hymne der Sowjetunion.

Internationale Arbeitsorganisation, Abk. *IAO*, engl. *International Labour Organization*, Abk. *ILO*, 1919 durch den Versailler Vertrag geschaffene Organisation. Ihre Verfassung war zunächst in Teil XIII dieses Vertrags niedergelegt u. wurde 1946 selbständig festgelegt. Die IAO hat das Ziel, durch Förderung sozialer Gerechtigkeit dem Frieden zu dienen, durch internationale Maßnahmen, bes. durch Abschluß entsprechender Verträge, die Arbeitsbedingungen u. den Lebensstandard in der Welt zu verbessern sowie die wirtschaftl. u. soziale Sicherheit zu fördern. 1997 umfaßte sie über 170 Mitgliedstaaten. Heute arbeitet die IAO als selbständige techn. Organisation mit dem Wirtschafts- u. Sozialrat der Vereinten Nationen zusammen. Zur Erreichung ihrer Ziele bedient sich die IAO dreier Organe: 1. der *Internationalen Arbeitskonferenz*, 2. des Verwaltungsrates (ein 56köpfiger Führungsausschuß) u. 3. des *Internationalen Arbeitsamtes* mit seinem ständigen Büro (Sitz: Genf). Seit 1951 ist auch die BR Dtschld. Mitgl. der IAO; 1977 Austritt der USA, 1980 wieder beigetreten.

Internationale Atomenergie-Organisation, Abk. *IAEO*, engl. *International Atomic Energy Agency*, Abk. *IAEA*, eine Unterorganisation der UN mit Sitz in Wien, gegr. 1956. Die IAEO ist damit beauftragt, alle Länder beim Aufbau einer eigenen Kerntechnik zu unterstützen; sie hat auch die Kontrollfunktion im Rahmen des Atomsperrvertrags. Die IAEO veranstaltet zahlreiche internationale Symposien, darunter auch die Genfer Konferenzen über die friedliche Nutzung der Kernenergie.

Internationaler Gerichtshof, Abk. *IGH*, das in Den Haag tagende Gericht für Staatenstreitigkeiten. Neben dem *Ständigen Schiedshof* in Den Haag wurde aufgrund der Völkerbundsatzung (aber nicht als Organ des Völkerbunds) der *Ständige Internationale Gerichtshof* (frz. *Cour Permanente de Justice Internationale*) gegründet. Er hat in der Zeit zwischen dem 1. u. 2. Weltkrieg rd. 30 Fälle im Wege des Urteils oder des Gutachtens entschieden (darunter auch dt.-poln. Fälle, Entscheidung über die Selbständigkeit Österreichs, Schober-Curtius-Plan). Nach 1945 wurde der IGH (frz. *Cour Internationale de Justice*, engl. *International Court of Justice*) als Organ der Vereinten Nationen in Den Haag errichtet (als Nachfolger des Ständigen Internationalen Gerichtshofs). Das Gericht läßt nur Klagen von Staaten, nicht von Einzelpersonen zu. Die 15 Richter werden vom Sicherheitsrat u. der Vollversammlung der UN auf 9 Jahre gewählt. Die Staaten haben sich nur teilweise u. mit Vorbehalten der Rechtsprechung unterworfen (*fakultatives Obligatorium*).
Die Rechtsgrundlagen für die Einrichtung u. Tätigkeit des IGH sind: Art. 92ff. der Satzung der Vereinten Nationen u. die Satzung des IGH.
Die Krise des universellen Völkerrechts, bedingt durch die Verschiedenheit des regionalen Rechtsdenkens u. den Mißbrauch des Völkerrechts zu politischen Zwecken, haben die Bedeutung des IGH's seit 1945 in steigendem Maße gemindert.

Interregnum [das; lat., „Zwischenregierung, Zwischenreich"], allg. die Zeit zwischen dem Tod eines Herrschers u. dem Amtsantritt des

„Internationale": Titelblatt einer deutschen Ausgabe

Nachfolgers; besonders im Heiligen Römischen Reich die Jahre 1256–1273 vom Tod *Wilhelms von Holland* bis zur Wahl *Rudolfs von Habsburg*, in denen sich weder *Richard von Cornwall* noch *Alfons X.* von Kastilien durchsetzen konnte u. die schon in der späten Stauferzeit gesunkene Königsmacht im Reich weiter verfiel.

Interventionismus [lat.], eine polit. Richtung in den USA, die in Anerkennung u. im Bewußtsein der führenden Rolle, die den USA in den letzten Jahrzehnten in der internationalen Politik zugefallen ist, deren aktive Beeinflussung durch die USA befürwortet. Der I. beherrschte seit G. *Cleveland* u. F. D. *Roosevelt* die US-amerikan. Außenpolitik u. steht im Gegensatz zum *Isolationismus*.

Intifada [arab., „Abschüttelung, Erhebung"], Bez. für die am 8. 12. 1987 einsetzende Aufstandsbewegung gegen die israel. Besetzung des Westjordanlandes u. des Gazastreifens.

Investitur, im MA die sinnbildl. Übergabe eines Lehens an den Vasallen (Belehnung) oder die Übertragung der weltl. Besitzrechte u. geistl. Befugnisse an einen Bischof oder Abt.

Investiturstreit, der im Hochmittelalter (11./12. Jh.) zwischen dem Papsttum u. dem europ. Königtum um die *Laieninvestitur* von Bischöfen u. Äbten sowie um das *Eigenkirchenrecht* entbrannte Streit, verursacht durch den Versuch der Päpste, das frühmittelalterl. europ. Kirchenrecht den Forderungen der Kirchenreform nach Freiheit der Kirche von jedem weltl. Einfluß (lat. *libertas ecclesiae*) u. den Normen alten Kirchenrechts zu unterwerfen. Das *Investiturrecht* gab praktisch dem König das ausschl. oder das ausschlaggebende Recht, die Bischöfe sowohl in die *Temporalien* wie in die *Spiritualien* einzusetzen, wodurch sie politisch von ihm abhängig waren, während der päpstl. Einfluß sich vorwiegend auf geistl. Fragen beschränkte. Auf diese Weise wurden geistl. u. weltl. Herrschaft unter der Führung des Königs eng miteinander verbunden (→ Reichskirche). Die Trennung dieser Verbindung, die Freiheit der Kirche u. später sogar die Beugung der weltl. Gewalt unter die päpstliche war das Ziel der Päpste.

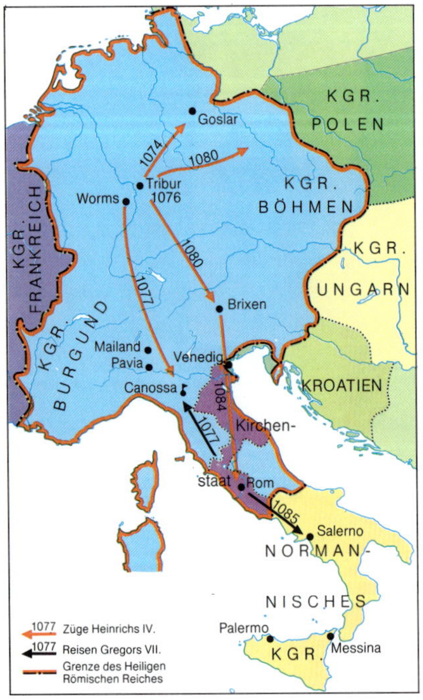

Investiturstreit: Züge Heinrichs IV. und Gregors VII.

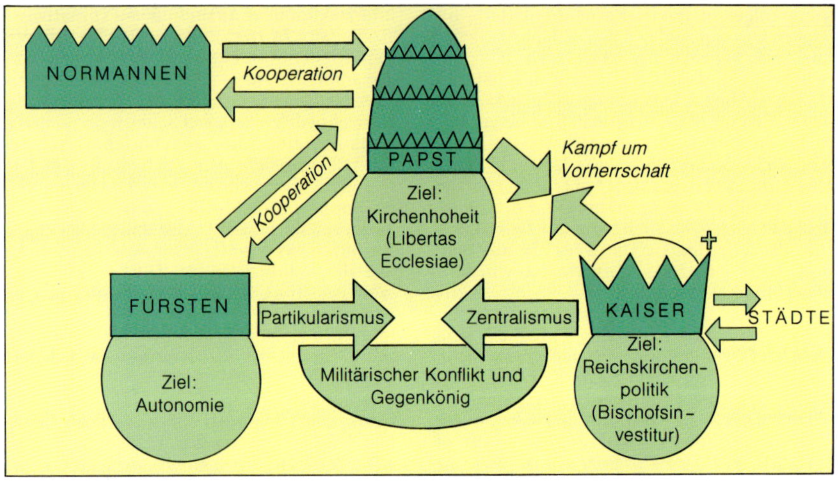

Machtkampf im Investiturstreit

Beginn u. zugleich Höhepunkt des I.s war der Kampf zwischen Papst *Gregor VII.* u. dem dt. König *Heinrich IV.*: Gregor, ein Vertreter der *Cluniazensischen Reform*, erklärte alle verheirateten u. durch *Simonie* in ihr Amt gekommenen Priester für abgesetzt u. verurteilte in diesem Zusammenhang auch die Investitur der Bischöfe durch den König (*Dictatus papae* 1075). Daraufhin ließ König Heinrich den Papst durch eine dt. Bischofssynode in Worms (1076) absetzen, wurde jedoch seinerseits von Gregor mit dem Kirchenbann belegt. Durch den Bußgang nach *Canossa* (1077) erzwang Heinrich die Auflösung des Banns u. rettete dadurch sein Königtum. Als Gregor den Gegenkönig *Rudolf von Rheinfelden* anerkannte (1080), brach der Kampf von neuem los. Die Heinrich ergebenen dt. u. italien. Bischöfe erhoben den Gegenpapst *Klemens III.*: auch manche Kardinäle fielen von Gregor ab. Heinrich eroberte 1083/84 Rom, wo Klemens ihn zum Kaiser krönte. Gregor mußte fliehen u. starb im Exil. – Äußerlich hatte Heinrich also gesiegt. Aber durch die Unterwerfung in Canossa hatte der dt. König u. Anwärter auf das Kaisertum die päpstl. Strafgewalt über sich u. sein Amt anerkannt u. damit den Anspruch auf die Gottunmittelbarkeit der höchsten weltl. Herrschaft aufgegeben.
Das → Wormser Konkordat (1122) beendete den Streit durch einen Kompromiß. Die späteren Kämpfe zwischen dem Papsttum u. dem Kaisertum hatten nichts mehr mit dem I. zu tun. – In England verzichtete *Heinrich I.* schon 1107 auf die Investitur unter der Voraussetzung, daß die Bischöfe vor der Weihe den Lehnseid auf den Herrscher geleistet hatten. In Frankreich wurde der Streit auf derselben Grundlage gelöst.

Ionier, *Ioner*, grch. u. lat. *Iones*, einer der griech. Hauptstämme. Die I. wanderten zu Beginn des 2. Jahrtausends v. Chr. zusammen mit den *Achäern* nach Griechenland ein, wo sie Attika, Euböa, Achaia u. Teile von Lakonien u. der Argolis bewohnten. Nach 1200 v. Chr. wurden sie im Zuge der Dorischen Wanderung von neu einwandernden Griechen verdrängt u. siedelten sich, mit anderen griech. u. mit nichtgriech. Volkssplittern vermischt, auf den Inseln der Ägäis u. in der Mitte der kleinasiat. Westküste an (Städte: u. a. Ephesos, Milet, Priene). *Athen* galt als Mutterstadt. In Kleinasien vereinigten sich 12 ionische Städte zum *Ionischen Bund* um das *Panionion* genannte Poseidonheiligtum am Mykalegebirge im Gebiet von Priene als religiösen Mittelpunkt; später trat auch das ursprüngl. äolische Smyrna bei. Seit der Mitte des 7. Jh. v. Chr. gerieten die I. unter die Gewalt der lydischen Könige u. nach deren Sturz um 546 v. Chr. unter pers. Herrschaft. Ihre letzte große polit. Rolle vor Abgabe auch der kulturellen Führung an das stammverwandte Athen spielten die I. im *Ionischen Aufstand* 500 v. Chr.; danach folgte im 5. Jh. v. Chr. auch wirtschaftlich der Niedergang bis zu einer neuen wirtschaftlichen u. kulturellen Blüte im *Hellenismus* u. unter der römischen Herrschaft.

Ionischer Aufstand, Erhebung der kleinasiat. Griechen gegen die Perser aufgrund einer allg. Mißstimmung gegen deren sich auf Stadttyrannen stützendes Herrschaftssystem u. deren Beeinträchtigung des ionischen Handels. Der Aufstand wurde angeblich auf Veranlassung des *Histiaios* 500 v. Chr. von *Aristagoras* in Milet entfacht. Mangels Unterstützung durch das griech. Mutterland – nur Eritrea u. Athen sandten vorübergehend geringe Hilfskräfte – brach der Aufstand nach der Niederlage der Ionier zur See bei Lade u. der Zerstörung Milets 494 v. Chr. zusammen. Seine Folgen waren der Zug des Persers *Mardonios* nach Thrakien u. Makedonien 492 v. Chr. u. 490 v. Chr. der erste *Perserkrieg*.

Ipiutak-Kultur, vorgeschichtl. Eskimokultur, zwischen 0 u. 500 n. Chr., benannt nach der gleichnamigen Fundstelle bei Point Hope, Alaska. Ipiutak war eine über 1 km ausgedehnte, langrechteckige Siedlung mit 600–700 halb unterirdisch angelegten Häusern. Die Gräber des über 4 km ausgedehnten Friedhofes weisen reiche Grabbeigaben auf, darunter vor allem Elfenbeinschnitzereien von höchster Qualität, kleine Skulpturen von naturalist. u. phantast. Tieren, dazu aus mehreren Teilen gefertigte u. mit Ritzdekor verzierte Masken; auch Handwerkszeug u. Jagdwaffen sind mit stark stilisierten Tiermustern verziert. Dieser Stil weist starken skythosibirischen Einfluß auf, was auf Kontakte mit Asien schließen läßt.
Lebensgrundlage der I. war die Jagd vor allem auf Meeressäuger (Robben, Walrosse), aber auch auf Karibu, so daß eine seminomad. Lebensweise angenommen werden muß. Religiöse Vorstellungen bestanden in einem Geisterglauben (Tiergeister) u. im Schamanismus sibirischer Prägung.

Iqbal, Sir Muhammad, indisch-islam. Dichter, Philosoph u. Politiker, *22. 2. 1873 Sialkot, Pandschab, †21. 4. 1938 Lahore; studierte in England, Heidelberg u. München (dort Promotion); strebte als Modernist die Verbindung islamischer Lehre mit westl. Wissenschaft an; gilt heute in Pakistan als geistiger Vater der Nation, da er 1930 als Präs. der indischen Moslem-Liga erstmals einen getrennten islam. Staat in Südasien, das spätere Pakistan, vorschlug.

IRA, Abk. für Irische Republikanische Armee.

Irak IRQ

Republik Irak

Fläche: 438 317 km². – *Einwohner:* 19,9 Mill. – *Hauptstadt:* Bagdad. – *Landessprachen:* Arabisch, Kurdisch (regional). – *Nationalfeiertag:* 14. 7. – *Währung:* 1 Irak-Dinar = 1 000 Fils. – *Lage:* zwischen 29° und 37° n. Br. sowie 39° und 48°30′ ö. L. – *Zeitzone:* Mitteleuropäische Zeit + 2 Std. – *Grenzen:* im N Türkei, im O Iran, im SO Persischer Golf und Kuwait, im S Saudi-Arabien, im W Jordanien und Syrien. – *Staatsform:* präsidiale Republik.

Im 4. Jahrtausend v. Chr. war I. von den *Sumerern* bewohnt. Die semitischen *Akkader* (seit dem 3. Jahrtausend) gründeten die Reiche Babylonien u. Assyrien. Nachdem Kyros II. 539 v. Chr. Babylonien erobert hatte, gehörte das Land zum *Perserreich.* Unter den *Sassaniden* (226–642) lag die Hptst. des Reichs, Ktesiphon, in I. Dann eroberten die islamischen *Araber* das Land; 750 machten es die *Abbasiden-Kalifen* zur Zentralprovinz des Islamischen Reichs u. erhoben 762 Bagdad zur Residenz. Nach der Eroberung durch die *Mongolen* (Ilchane) 1258 wurde das Bewässerungssystem vernachlässigt; es trat z. T. Versteppung auf. 1534 eroberten die *Türken* Bagdad, verloren es 1623 an die pers. *Safawiden,* konnten dann aber 1638 ganz I. dem Osmanischen Reich angliedern.

Im 1. Weltkrieg besetzten brit. Truppen gegen den Widerstand türk. u. dt. Truppen das Land; 1921 wurde es brit. Mandatsgebiet. Am 23. 8. 1921 wurde *Faisal I.*, ein Sohn König Hussains des Hedschas, zum König gekrönt. 1925 wurde das Gebiet um Mosul angegliedert. Durch den Vertrag vom 30. 6. 1930 wurde I. nominell selbständig, doch blieb die brit. Oberhoheit bestehen. Auf Faisal folgte 1933–1939 sein Sohn *Ghasi I.*, diesem der noch minderjährige *Faisal II.*, bis 1953 unter der Vormundschaft seines Onkels *Abd Al Ilah.* Ein während des 2. Weltkriegs 1941 aufflammender englandfeindl. Aufstand scheiterte. 1948/49 nahm I. am Israel-Krieg teil. Die englandfreundl. Regierung *Nuri As Saids* (seit 1930 mehrmals Min.) wurde 1952 gestürzt; 1954 kam Nuri As Said erneut zur Macht u. löste die Parteien auf. 1955 erhielt I. die volle Souveränität. Ein Beistandspakt (im Rahmen des *Bagdad-Pakts)* gab Großbritannien das Recht, Militärstützpunkte zu unterhalten. 1958 bildete I. mit Jordanien die *Arabische Föderation,* die jedoch nur wenige Monate bis zur Revolution am 14. 7. 1958 bestand.

In dieser Revolution kamen der König, der Kronprinz u. der Min.-Präs. Nuri As Said ums Leben. Die unter General Abd Al Karim *Kassem* gebildete Regierung schloß 1958 einen Beistandspakt mit der Vereinigten Arabischen Republik (VAR), trat 1959 aus dem Bagdad-Pakt aus u. bezog Militär- u. Wirtschaftshilfe aus der Sowjetunion. Die Beziehungen zur VAR verschlechterten sich wegen eines Putschversuchs Nasser-freundlicher Offiziere im März 1959 in Mosul. Der wachsende kommunist. Einfluß wurde 1959 blutig unterdrückt. 1960 wurde eine beschränkte Betätigung der polit. Parteien zugelassen. Seit 1961 forderte Kassem die Eingliederung des selbständig gewordenen Kuwait. Im Frühjahr 1961 versuchten die Kurden, ihre Forderung nach Autonomie mit einem Aufstand durchzusetzen, der sich zu einem für die irak. Armee wenig erfolgreichen Kleinkrieg auswuchs.

Ein Offiziersputsch, bei dem Kassem erschossen wurde, machte 1963 A. As Salam *Aref* zum Staats-Präs.; ihm folgte sein Bruder Abd Ar Rahman *Aref.* Die neue Regierung bemühte sich um engere Zusammenarbeit mit Syrien u. Ägypten. 1968 kam durch Staatsstreich der rechte Flügel der Baath-Partei an die Macht. Staats-Präs. wurde H. Al *Bakr,* der eine besonders israelfeindliche Politik einschlug (Ablehnung der Resolution des UN-Sicherheitsrats von 1967). Mit der UdSSR schloß I. 1972 einen „Freundschaftsvertrag". In den Kurdengebieten kam es immer wieder zu bewaffneten Erhebungen; die kurd. Aufständischen wurden von iran. Seite unterstützt. 1975 einigten sich I. u. Iran über eine Regelung des bisher strittigen Grenzverlaufs im Gebiet des Shatt Al Arab; daraufhin stellte Iran die Unterstützung der Kurden ein. 1979 wurde Saddam *Hussein,* der bisherige Stellvertreter Al Bakrs, Staatspräsident. Im gleichen Jahr verschlechterten sich die Beziehungen zum revolutionären Iran. 1980 erklärte I. das Grenzabkommen von 1975 für ungültig u. griff Iran militärisch an. In der Folge weiteten sich die Kämpfe zum Golfkrieg aus, der nach beiderseitigen vorübergehenden Erfolgen den Charakter eines Stellungskrieges annahm. Am 20. 8. 1988 wurde ein Waffenstillstand geschlossen.

1990 annektierte I. Kuwait. Daraufhin verhängte die UNO Wirtschaftssanktionen gegen I. Die USA u. andere Länder entsandten Truppen in das Krisengebiet. Am 17. 1. 1991 begann die militär. Auseinandersetzung (2. Golfkrieg), die am 28. 2. 1991 mit einer völligen irak. Niederlage endete. I. mußte sich verpflichten, alle von der UNO beschlossenen Resolutionen (u. a. Rückzug aus Kuwait, Reparationen, Verzicht auf ABC-Waffen) zu erfüllen. Aufstände schiit. u. kurd. Widerstandsgruppen konnte das regimetreue Militär niederschlagen. Es kam zu einer Flüchtlingskatastrophe. Um die Sicherheit der Kurden u. Schiiten zu gewährleisten, errichteten die Alliierten im Norden u. Süden des I.s Schutz- bzw. Flugverbotszonen. Die wirtschaftl. Probleme des Landes verstärkten sich durch die anhaltenden Sanktionen der UNO dramatisch. Trotzdem gelang es Saddam Hussein, jegliche Opposition zu unterdrükken u. seine Machtstellung zu behaupten. Zwischen der Bagdader Regierung u. den von der UNO entsandten Beobachtern, die die Einhaltung der Resolutionen überwachen sollten, kam es wiederholt zu Auseinandersetzungen. Die Allierten führten deshalb mehrmals begrenzte Militärschläge gegen irak. Ziele durch. Im Nov. 1994 erkannte I. die Souveränität Kuwaits in den von der UNO festgelegten Grenzen an.

Bombenschäden in Bagdad nach dem Golfkrieg 1991

Iṛala, Domingo Martinez de, span. Konquistador, *1487 Vergara, †1557 Asunción; errichtete die span. Herrschaft in den La-Plata-Gebieten u. gründete Asunción, die heutige Hauptstadt von Paraguay; unternahm mehrere Eroberungs- u. Entdeckungszüge.

Iran IR

Islamische Republik Iran

Fläche: 1 648 000 km². – *Einwohner:* 63,2 Mill. – *Hauptstadt:* Teheran. – *Landessprache:* Persisch. – *Nationalfeiertag:* 11. 2. – *Währung:* 1 Rial = 100 Dinars. – *Lage:* zwischen 25° und 39°45′ n. Br. sowie 44° und 63°30′ ö. L. – *Zeitzone:* Mitteleuropäische Zeit + 2½ Std. – *Grenzen:* im N Armenien, Aserbaidschan und Turkmenistan, im O Afghanistan und Pakistan, im S Persischer Golf, im W Irak und Türkei. – *Staatsform:* präsidiale Republik mit theokratischer Spitze.

Altertum: Der Name Iran (altpers. *Arynam,* mittelpers. *Eran,* „das Land der Arier") bezeichnet das iranische Hochland. Wann genau dieser Name zum ersten Mal verwendet wurde, ist nicht genau bekannt, vielleicht schon in achämenidischer Zeit, denn *Darius* selbst bezeichnet sich in der *Bisutun*-Inschrift als Arier.

Nach heutigen Kenntnissen sind die hier als Perser u. Meder bezeichneten Arier zwischen rd. 1500–1000 v. Chr. auf das iran. Hochland eingewandert. Einige der Plätze, die sie auf ihrer Einwanderung berührt haben, glaubt man anhand von Ausgrabungen rekonstruieren zu können. Danach scheinen sie entlang des Südufers des Kaspischen Meeres in I. eingewandert zu sein; ihre ursprüngl. Heimat

kann man nur vermuten: Zentralasien oder Südrußland. Aber längst vorher war I. besiedelt gewesen; wir kennen schon für das 8. u. 7. Jahrtausend v. Chr. Siedlungen.
Das erste, bis in das 3. Jahrtausend v. Chr. zurückreichende, histor. faßbare Staatsgebilde in I. war *Elam.* 843 erscheint der Name der Perser zum ersten Mal in assyr. Feldzugsberichten in der Gegend des Urmiasees in Nordwestiran; die Meder werden von den Assyrern anschließend 835 v. Chr. in der Gegend ihrer späteren Hptst. *Ekbatana,* dem heutigen Hamadan, erwähnt. Etwa Ende des 9. Jh. v. Chr. wurden die Perser, wahrscheinlich durch assyr. Druck, veranlaßt, ihr Siedlungsgebiet aufzugeben u. nach Süden auszuweichen. Die Route dieser Wanderung ist in der Forschung umstritten. Entgegen der älteren Ansicht einer Wanderung entlang der Sagrosberge südlich nach Elam u. weiter ostwärts in die Persis, wird heute, wenn überhaupt, eher eine Wanderung direkt über das Hochland etwa über Kermanshah–Khorramabad–Isfahan in die Persis angenommen. Dieses Gebiet hieß bis dahin *Anschan* (Anzan) u. gehörte zum elamischen Staatsgebiet. Die Landnahme der Perser dürfte etwa um 700 v. Chr. erfolgt sein; ob sie ganz friedlich geschah oder Kämpfe mit den Elamern vorausgingen, wissen wir nicht mit Sicherheit. Immerhin kennen wir Urkunden aus Susa aus dem 7. Jh. v. Chr., die von Tributleistungen der Perser an die Elamer berichten. Die eingewanderten Perser jedenfalls gaben der Landschaft ihren Namen Parsua (Parsumasch oder Parsuasch), griech. Persis, heute die Provinz Fars. Die erste von den Persern, den späteren →Achämeniden, gegründete Hptst. war Pasargadae. Die weitere historische Entwicklung I.s wurde von *Alexander d. Gr.,* den *Seleukiden* u. vor allem von den iranischen *Parthern* (rd. 250 v. Chr.–224 n. Chr.) u. den *Sassaniden* (rd. 224–650 n. Chr.) bestimmt, bis Mitte des 7. Jh. n. Chr. der Islam die Herrschaft in I. antrat u. damit die altoriental. Geschichte I.s beendete.
Mittelalter u. Neuzeit: Im 9. Jh. machten sich nur nominell vom Kalifen abhängige Statthalterdynastien selbständig; die *Tahiriden* u. *Saffariden* in Khorasan, Kerman, Fars u. Sistan (822–1163), die *Samaniden* in Buchara (874–999), unter denen die neupersische Literatur u. Sprache erblühte, die *Bujiden* in Südpersien (932–1055), die von den Kalifen fast unabhängig waren u. die *Karluken* u. *Ghasnawiden.* Der kulturelle Einfluß der Perser im Islam. Reich wurde in dieser Zeit immer bedeutender. Um 1040 unterwarfen die türk. Seldschuken das Land. Von ihnen stammen die meisten turksprachigen Nomaden I.s ab. Der Einfall der Mongolen unter *Hülägü* 1256–1258 vernichtete das mittelalterl. pers. Reich. Hülägüs Nachfolger, die Ilchane, herrschten bis 1335 (bzw. 1353). Ihre Herrschaft bedeutete eine Zeit wirtschaftl. u. kultureller Blüte. 1382–1393 eroberte *Timur* das Land u. machte es zu einem Teil seines großen, von Samarkand aus regierten Reichs. Seine Erben, die kulturfördernden Timuriden, herrschten bis 1506 noch in Nord-I.; im S kamen die turkmenischen *Schwarzen Hammel,* die bald von den *Weißen Hammeln* abgelöst wurden, zur Macht.
1502 schuf *Ismail I.,* ursprüngl. Meister eines religiösen Ordens, das Neupersische Reich; er begründete die Herrschaft der alidischen *Safawiden.* Unter ihm wurde die schiitische Form des Islams Staatsreligion. Sein Versuch, nach W vorzustoßen, wurde von dem Osmanen-Sultan Selim I. vereitelt. Schah *Abbas I.* (1587–1629) festigte das Reich im Innern u. bannte die dauernde Gefahr der Usbekeneinfälle. Er verlegte die Residenz von Täbris nach Isfahan. Der Habsburger Kaiser Rudolf II. verbündete sich mit ihm gegen die Osmanen. 1722 wurde Isfahan von afghan. Stämmen eingenommen. *Nadir Schah* (1736–1747), ursprüngl. ein Heerführer, vertrieb sie 1729, richtete das Neupers. Reich wieder auf u. zwang den letzten Safawiden Hussain zur Abdankung. Im S u. W herrschte 1750–1779 der Kurde *Karim Khan Zänd.* Aus den folgenden Wirren ging der Kadschare *Aga Mohammed* (1786–1797) als Sieger hervor. Die *Kadscharen-Dynastie* regierte bis 1925. In dieser Zeit wurde die Hauptstadt nach Teheran verlegt. Im O schuf *Ahmed Schah Durrani* (1747–1773) das selbständige Reich *Afghanistan.* Unter dem Kadscharen *Fath Ali* (1797–1834) mußte I. große Gebiete in Armenien, Georgien u. im Kaukasus an Rußland abtreten. Schah *Nassirod-Din* (1848–1896) versuchte I. zu modernisieren u. erstickte Bauernaufstände der *Babisten.* Unter *Mosaffar-od-Din* (1896 bis 1907) war das Land völlig verschuldet.
Im Sept. 1907 teilten Großbritannien u. Rußland es in eine russ. (nördl.) u. eine engl. (südl.) Interessensphäre, die im 1. Weltkrieg von russ. bzw. brit. Truppen besetzt wurden. Im Aug. 1919 sicherte sich Großbritannien vertraglich die Schutzherrschaft über I. 1921 unternahm der Befehlshaber der pers. Kosakenbrigade, *Riza Pahlewi,* einen Staatsstreich. Durch den im gleichen Jahr mit Sowjetrußland geschlossenen Vertrag wurde erreicht, daß die brit. Truppen das Land verließen. 1923 übernahm Riza Pahlewi das Amt des Min.-Präs., setzte 1925 den letzten Kadscharen Ahmed ab u. ließ sich zum Schah ausrufen. 1932 wurde ein neuer, günstiger Vertrag mit Großbritannien über die Ölgewinnung der Anglo-Iranian Oil Company abgeschlossen. Die Regierung Riza Schahs setzte eine Reihe von Modernisierungen auf Kosten der meist bäuerl. Bevölkerung durch. Im 2. Weltkrieg (1941) besetzten brit. u. sowjet. Truppen das Land, u. der mit Dtschld. sympathisierende Schah mußte zurücktreten. Ihm folgte sein Sohn *Mohammed Riza.* Nach dem 2. Weltkrieg zogen zunächst die brit. Truppen ab, die sowjet. Truppen folgten erst im Mai 1946. Das von der UdSSR unterstützte kommunist. Regime in Aserbaidschan wurde bald darauf entmachtet u. eine kurdische Unabhängigkeitsbewegung niedergeschlagen. 1951 verstaatlichte Min.-Präs. M. *Mossadegh* die Anglo-Iranian Oil Company. Der Ausfall der Öleinnahmen führte zu einer schweren Wirtschaftskrise. 1953 wurde Mossadegh gestürzt. Mit Großbritannien kam eine Einigung über die verstaatlichte Ölindustrie zustande, durch die I. die Hälfte der Einnahmen erhielt. 1955 schloß sich I. dem Bagdad-Pakt (CENTO) an. Der Schah regierte fortan als Alleinherrscher. 1963 leitete er die „Weiße Revolution“ zur Modernisierung des Landes ein (u. a. Bodenreform, Frauenstimmrecht). Eine polit. Demokratisierung unterblieb jedoch. Gegner u. Kritiker des Regimes wurden von einer gefürchteten Geheimpolizei verfolgt. Die seit 1973 sprunghaft steigenden Öleinnahmen nutzte der Schah zu Rüstungskäufen u. zu einer überstürzten Industrialisierung.
Seit 1978 kam es zu Unruhen, die den Schah am 15. 1. 1979 zum Verlassen des Landes zwangen. Oberste Autorität wurde der Schiitenführer R. *Chomeini.* Er proklamierte am 1. 4. 1979 die Islamische Republik I. Zu einem schweren Konflikt mit den USA kam es, als Ende 1979 das Personal der US-Botschaft mit Billigung Chomeinis in Geiselhaft genommen wurde; die Gefangenen wurden erst Jan. 1981 entlassen. Der 1980 gewählte, als gemäßigt geltende Staats-Präs. A. *Bani-Sadr* wurde 1981 mit Zustimmung Chomeinis gestürzt. Gegen die oppositionellen Kräfte u. auch gegen angebliche „Feinde des Glaubens“ ging das Regime mit zunehmender Härte vor; Zehntausende von Todesurteilen wurden gefällt u. vollstreckt. Das lange gespannte, 1975 durch ein Grenzabkommen bereinigte Verhältnis zwischen I. u. Irak verschlechterte sich wieder. 1980 brach durch einen irak. Angriff der Golfkrieg aus.
Am 20. 8. 1988 wurde ein Waffenstillstand geschlossen. Danach verhärtete sich der orthodox-islam. Kurs des Regimes weiter. Das von Chomeini 1989 gegen den Schriftsteller S. *Rushdie* ausgesprochene Todesurteil verstärkte die internationale Isolierung I.s. Nach dem Tod Chomeinis im Juni 1989 wurde zunächst H. A. *Chamenei* (1981–1989 Staats-Präs.) neuer religiöser u. polit. Führer. Die polit. Führungsrolle ging nach den Wahlen vom Juli 1989 bei einer gleichzeitigen Verfassungsänderung auf A. A. H. *Rafsandschani* über, der zum Staats-Präs. gewählt wurde. Begünstigt durch den Golfkonflikt 1990/91 konnte I. seine Stellung in der Region stärken. Die Präsidentschaftswahlen 1993 gewann erneut Rafsandschani. Notwendige ökonom. Liberalisierungsmaßnahmen stießen auf den Widerstand der orthodoxen Geistlichkeit. 1997 wurde M. *Chatami* zum Nachfolger Rafsandschanis gewählt.

Iran: Schapur I. nimmt die Unterwerfung der besiegten römischen Kaiser entgegen: Philippus Arabs (stehend), Valerian (knieend), Gordian III. (liegend). Relief in Bischapur

Irene, *Eirene,* byzantin. Kaiserin, Frau *Leons IV.* (775–780), * um 752 Athen, † 9. 8. 803 auf Lesbos; übernahm nach dem Tode ihres Gatten 780 die Regentschaft für ihren minderjährigen Sohn Konstantin (VI.). Als Verfechterin des Bilderkultes gelang es ihr, auf dem Konzil von Nicäa 787 den Bilderkult wiedereinzuführen. 790 wurde sie von ihrem inzwischen erwachsenen Sohn verdrängt, der sich allerdings bald die Geistlichkeit u. das Militär zum Feind machte. Daraufhin stürzte I. ihren Sohn, ließ ihn blenden u. erhob sich selbst zum „Kaiser“. Da ein weibl. Kaisertum in West- u. Mitteleuropa nicht anerkannt wurde, war die Voraussetzung für die Kaisererhebung Karls d. Gr. gegeben. I. wurde 802 durch eine Palastrevolte gestürzt u. starb wenig später in der Verbannung.

Ireton ['aiətən], Henry, engl. General u. Politiker, *1611 Attenborough, †28. 11. 1651 Limerick; diente sich nach dem Ausbruch des engl. Bürgerkriegs im Parlamentsheer hoch u. heiratete 1646 die älteste Tochter Cromwells, legte mit seinen „Heads of the proposals" 1648 einen Verfassungsentwurf vor, der zwischen den Interessen der Armee, des Parlaments u. des Königs vermitteln sollte, gab seine Haltung jedoch angesichts der Hartnäckigkeit Karls I. (1625–1649) bald auf; Mitunterzeichner des Todesurteils für Karl I.; seit 1650 Oberbefehlshaber u. Lord Deputy in Irland.

Irgun Zvai Leumi [-lɛu'mi; hebr., „Nationale Militärorganisation"], Abk. *IZL*, zionist.-bürgerliche, extrem nationalist. militär. Untergrundorganisation in Palästina, gegr. 1937 (Vorläufer 1931). Am 1. 9. 1948 ging der IZL nach harten Auseinandersetzungen mit der Regierung in der israel. Armee auf.

Irische Republikanische Armee, engl. *Irish Republican Army*, Abk. *IRA*, 1919 gegr. militär. Verband, der für die Unabhängigkeit Irlands kämpfte. Ein Teil der IRA ging 1921 in der Armee des neugegr. Freistaats Irland auf; der militante Flügel führte bis 1923 einen bewaffneten Kampf für die völlige Loslösung von Großbritannien u. den Anschluß Nordirlands. Nach 1927 war die IRA eine kleine, in Irland u. Großbritannien verbotene Gruppe, die gelegentlich Terroranschläge in Nordirland verübte. Größere Bedeutung erlangte sie wieder mit dem Beginn der bürgerkriegsähnl. Auseinandersetzungen in Nordirland (1969). In ihrem Verlauf spaltete sie sich in die marxist. „Officials", die eine polit. Lösung der nordirischen Frage erstrebte, u. die nationalist., mit Terror arbeitenden „Provisionals". 1994 erklärte sich die IRA bereit, auf die Anwendung von Waffengewalt zu verzichten. Bereits 1996 verübte sie jedoch neue Anschläge. 1997 erneuerte sie die Waffenruhe.

Irland IRL

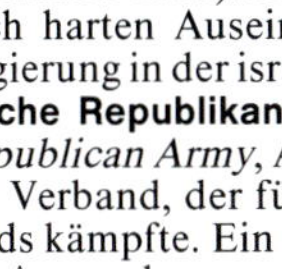

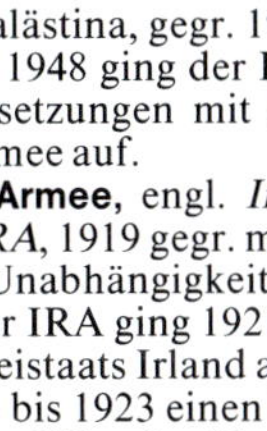

Fläche: 70284 km². – *Einwohner:* 3,5 Mill. – *Hauptstadt:* Dublin. – *Landessprachen:* Englisch, Irisch. – *Nationalfeiertag:* 17. 3. – *Währung:* 1 Irisches Pfund = 100 New Pence. – *Lage:* zwischen 51°05′ und 55°05′ n. Br. sowie 6° und 11° w. L. – *Zeitzone:* Mitteleuropäische Zeit – 1 Std. – *Grenzen:* im NO Großbritannien und Nordirland, im O Irische See, ansonsten Atlantischer Ozean. – *Staatsform:* parlamentarische Republik.

Trotz geograph. Nähe zu Großbritannien hat sich I. seit frühester Zeit politisch, religiös, sozial u. kulturell eigenständig entwickelt.

Kelten, Wikinger u. Briten: Seit dem 5. Jh. v. Chr. verdrängten u. unterwarfen einwandernde *Kelten* (Gälen) die Urbevölkerung. Sie teilten das Land in mehrere Gaue, an deren Spitze Stammesoberhäuptlinge standen, die ihrerseits einem Hochkönig lose untergeordnet waren. Einheitl. Recht u. gemeinsame Religion verbanden alle irischen Stämme. Sie verehrten personifizierte Naturkräfte, u. neben den Stammesfürsten übten die als zauberkundig geltenden Priester *(Druiden)* u. die Sänger *(Barden)* den größten Einfluß aus. Mit den Römern, die die Insel *Ierne* oder *Ivernia (Hibernia)* nannten, standen die Iren nur in lockerem wirtschaftl. u. kulturellem Austausch. Nie gehörte I., im Gegensatz zu England, dem Röm. Weltreich an.

Seit Mitte des 5. Jh. fand der Überlieferung nach durch den Heiligen *Patrick* das Christentum Eingang in I., u. irische Mönche gehörten später zu den ersten Missionaren in England, Frankreich u. Dtschld.

Um 795 versuchten die *Wikinger* sich auf der Insel festzusetzen, doch gelang es in langen, wechselvollen Kämpfen, sie auf den Raum um Dublin u. einige Städte zurückzudrängen u. in der Schlacht bei *Clontarf* 1014 vernichtend zu schlagen. Aber die Kämpfe gegen die Wikinger hatten I. nicht geeint. Selbst mächtige Hochkönige wie Malachias II. u. Brian Born (1002–1014) konnten die Rivalität der Provinzkönige nicht überwinden. Damit war die entscheidende Wendung in der irischen Geschichte vorbereitet. Innere Wirren veranlaßten irische Adlige, in England Schutz zu suchen, u. 1171 landete König *Heinrich II.* in I., nachdem er sich vom Papst mit der Insel hatte belehnen lassen. Im Windsor-Vertrag von 1175 erkannte der irische Hochkönig Rory O'Connor seine Oberherrschaft an. Die englische „Kolonisation" I.s begann.

Die engl. Herrschaft: Mit Aufhebung der irischen Stammesverfassung, Einführung des engl. Lehnswesens u. der Übertragung ausgedehnten irischen Grundbesitzes an engl. Adlige wurde die erste Grundlage zu dem unversöhnl. Haß der zu Leibeigenen herabgedrückten Iren gegen die Engländer gelegt. Ihre wiederholten Aufstände scheiterten jedoch nicht zuletzt an der eigenen inneren Uneinigkeit. Allerdings gelang es den anglo-normannischen Eroberern nicht, ihre Herrschaft über die ganze Insel auszudehnen. Sie blieben vielmehr auf einen von irischen Restkönigreichen umgebenen u. sich ausdehnenden Brückenkopf, den „Irish Pale", beschränkt. 1366 wurde – allerdings erfolglos – durch das *Statut von Kilkenny* der Gebrauch der irischen Sprache verboten u. die ethnische Schranke zwischen Engländern u. Iren gesetzlich zementiert, um Auflösungstendenzen der engl. Kolonialherrschaft vorzubeugen. Die *Poynings-Akte* von 1494 bestimmte, daß das irische Parlament nur mit Genehmigung des brit. Königs zusammentreten dürfe. Sein Höchstmaß erreichte der engl. Druck auf I. jedoch erst, als die engl. Könige aus ihrem Besitz auf dem französ. Festland verdrängt worden waren u. in I. Ersatz für ihre Machteinbuße suchten u. die Autorität der Krone auch gegen die allzu unabhängigen Erben der anglo-normannischen Eroberbarone durchsetzen wollten. 1541 ließ sich *Heinrich VIII.* zum König von I. proklamieren. Er versuchte, seine in England durchgeführte Kirchenreform auch auf I. auszudehnen. Hier aber stießen er u. seine Nachfolger auf unüberwindl. Widerstand; zur nationalen Feindschaft trat der konfessionelle Gegensatz. Gefördert vom Papst u. von Spanien, die in I. einen willkommenen Stützpunkt der Gegenreformation im Kampf gegen den engl. Protestantismus sahen, kam es zu Aufständen, die an Härte zunahmen, als I. 1560 der engl. Staatskirche unterstellt wurde. Als span. Truppen in I. landeten u. zu den Aufständischen stießen, entsandte die engl. Königin *Elisabeth I.* ein Heer, das in der Schlacht bei *Kinsale* 1601 die Iren unter dem Earl of *Tyrone* entscheidend besiegte. Nun erst kam I. vollständig unter engl. Herrschaft. Das Land (bes. Nord-I. mit Ulster) wurde an die einwandernden engl. Siedler verteilt, die Einwohner wurden mit größter Härte niedergehalten. In trag. Folge lösten seit dieser Zeit blutige Aufstände u. schonungslose Gegenmaßnahmen der Unterdrücker einander ab.

Irland: Eamon de Valera spricht 1917 vor dem Parlamentsgebäude in Dublin

Als 1640 in England Verfassungskämpfe ausbrachen, riefen die Iren zum *Großen Aufstand* (1641) auf, in dessen Verlauf Tausende engl. Siedler von den enteigneten Iren getötet wurden u. die engl. Herrschaft einen schweren Schlag erlitt. Wenige Jahre später aber kämpfte O. *Cromwell* im Blutbad von *Drogheda* (1649) jeden Widerstand nieder. Tausende wurden hingerichtet, das Hab u. Gut aller an der Erhebung Beteiligten beschlagnahmt. Von nun an zwang die wirtschaftl. Verelendung viele Iren zur Auswanderung.

Auch während der engl. „Glorreichen Revolution" von 1688 versuchte I. vergeblich, die Unsicherheit der polit. Lage auszunutzen. Die engl. Vergeltungsmaßnahmen richteten sich diesmal bes. gegen den Katholizismus, da der aus England vertriebene kath. König *Jakob II.* vorübergehend in I. Schutz gefunden hatte. Priester wurden verbannt, der öffentl. Gottesdienst, kath. Unterricht sowie Mischehen zwischen Angehörigen verschiedener Konfessionen verboten. Mit der Gründung von Geheimbünden, die als Untergrundbewegungen Rache übten u. das Land unsicher machten, suchten sich die Iren zu wehren.

Eine Milderung des Drucks u. eine gewisse Selbständigkeit brachten die Unabhängigkeitskriege der engl. Kolonien in Amerika. Von 1782 bis 1801 verfügte I. über ein zwar unter der engl. Krone stehendes, doch gesetzgeberisch eigenständiges Parlament (*Grattan's Parliament*). Der Ausbruch der Französ. Revolution 1789 u. die bald darauf beginnenden Kriege mit Frankreich ermutigten die Iren zu weiteren Forderungen. Doch erfolglose französ. Landungsversuche u. der Aufstand 1798 auf der irischen Insel veranlaßten England wieder zu einer Politik der Gewalt. Am 1. 1. 1801 wurde I. mit England zum *Vereinigten Königreich Großbritannien u. Irland* verbunden. Nun hatten die Iren zwar ihre Vertreter im brit. Parlament, doch durften bis zur Aufhebung der politischen Diskriminierung der Katholiken 1829 nur Protestanten entsandt werden. Als die seit dem 18. Jh. stetig zunehmende Bevölkerung die Versorgungslage I.s immer kritischer werden ließ u. durch hinzukommende Kartoffelfäule (1846–1849) eine schwere Hungersnot ausbrach, setzte eine Massenflucht in die USA ein. Endlich versuchte der liberale engl. Premier-Min. W. *Gladstone*, einen Ausgleich herbeizuführen u. I. wieder größere Rechte zuzubilligen. Die Jahre 1868–1874 brachten die Lösung von der engl. Staatskirche u. eine Landreform. Mit seinen wiederholten Vorlagen im brit. Unterhaus, I. eine „Heimatregierung" *(Home Rule)*, d. h.

ein irisches Parlament mit verantwortl. Ministerien u. Selbstregierung im Innern, zu geben, scheiterte Gladstone jedoch.
Dennoch gewannen die irischen Freiheitskämpfer allmählich an Boden u. verbesserten mit Organisationen wie zum Beispiel der *Home Rule League* u. der *Irish Land League* ihre politische Schlagkraft: Der von den Engländern eingezogene Großgrundbesitz gelangte wieder in die Hände der irischen Bauern (Irisches Landgesetz 1881), 1898 wurde nach engl. Vorbild eine örtl. Selbstverwaltung eingeführt, 1900 die Vereinigte Irische Liga *(United Irish League)* gegründet. Als aber endlich 1914 die Homerule in Kraft treten sollte, brach der 1. Weltkrieg aus.
Die Unabhängigkeit: Die abermals in ihren Hoffnungen betrogenen Iren riefen 1916 die unabhängige irische Republik aus. Nach erneuten jahrelangen Kämpfen gab England endlich nach: 1921 wurde I. nach Abtretung der Provinz Ulster (→ Nordirland) Freistaat, zunächst noch mit Dominionstatus. Bald aber fielen auch die letzten Bindungen; 1932 wurde der Nationalist Eamon de *Valera* Präsident des irischen Exekutivrates. Er schaffte den Treueeid gegenüber dem engl. König ab u. stellte die Jahreszahlungen an England ein. 1937 machte eine republikan. Verfassung I. zum souveränen, unabhängigen u. demokrat. Freistaat *Éire*, mit einem Präsidenten an der Spitze. Großbritannien gab seine letzten militär. Stützpunkte auf der Insel auf, erkannte aber erst 1945 die irische Verfassung an.
Im 2. Weltkrieg blieb I. neutral. Am 18. 4. 1949 schied es endgültig auch aus dem Commonwealth aus. Es gehört seit 1949 dem Europarat, seit 1955 den Vereinten Nationen u. seit 1973 der Europ. Gemeinschaft an. Das Hauptproblem im Verhältnis zu Großbritannien wurde die ungelöste Nordirland-Frage. Ein 1985 mit Großbritannien geschlossenes Abkommen sicherte I. eine begrenzte Mitsprache in nordirischen Angelegenheiten. 1992 entschied sich die Bevölkerung in einem Referendum für die Annahme des Maastrichter Vertrages über die Europ. Union. Gewaltverzichtserklärungen der IRA u. der protestant. Unionisten sowie Allparteiengespräche brachten neue Perspektiven für eine Lösung des Nordirlandkonflikts.
Regierungspartei war meist die *Fianna Fáil*, die seit 1932 ununterbrochen die stärkste Vertretung im Parlament hatte. Während einiger Wahlperioden hat jedoch auch die *Fine Gael* in Koalition mit kleineren Parteien regiert. Staats-Präsidentin ist seit 1997 M. *McAleese*.
Irminsul, *Irmensäule*, Heiligtum der Germanen (Sachsen, Thüringer, Westfalen, Nordgermanen), eine hölzerne Säule in Form eines hohen Baumstamms. Die I. sollte wohl die Weltsäule (Weltesche) darstellen, die den Himmel trug. Historisch nachgewiesene Beispiele: bei Eresburg (772 auf Befehl Karls d. Gr. zerstört) u. bei Burgscheidungen (531 errichtet). In der mittelalterlichen Rolandssäule wird eine Nachfolgeform der I. vermutet.
Ironsides ['aiənsaidz; engl., „Eisenseiten"], die Kavallerie in Oliver *Cromwells* Bürgerkriegsarmee.
Iroschottische Kirche, um 400 in Irland durch Mission von England her entstandene christl. Kirche. Infolge der Isolierung vom Festland machte sie eine Sonderentwicklung durch. Sie wurde eine von anderen Kirchenprovinzen unabhängige Mönchskirche. Die seit 631 beginnende Prägung durch Rom wurde 1172 abgeschlossen, als der englische König Heinrich II. Irland unterwarf.
Irredenta [ital. *Italia irredenta*, „unerlöstes Italien"], *Irredentismus*, eine nach der Einigung Italiens 1866 entstandene polit. Bewegung, die die Gebiete Österreichs mit italienisch sprechender Bevölkerung (Triest, Istrien, Dalmatien u. das südl. Tirol) einzugliedern suchte. In mehreren literarischen Gesellschaften wurde das Gedankengut verbreitet. Das hatte einen Aufschwung der italien. patriot. Dichtung zur Folge. Nach 1900 bemächtigte sich der aufkommende Nationalismus der I. u. gewann großen Einfluß auf die öffentliche Meinung Italiens. Dies führte zur Aushöhlung des Dreibundes u. 1915 zum Kriegseintritt Italiens auf der Seite der Alliierten. – Die Bez. I. wird allg. für Anschlußbestrebungen nationaler Minderheiten gebraucht.
Isaak, byzantin. Kaiser: **1.** *Isaak I. Komnenos*, Kaiser 1057–1059, † 1061; erster Kaiser der Komnenendynastie, sicherte die Reichsgrenzen, trat wegen Krankheit zurück. **2.** *Isaak II. Angelos*, Kaiser 1185–1195 u. 1203/1204, † 1204; vom Adel zum Kaiser erhoben, ließ widerstrebend das Kreuzheer Friedrich Barbarossas durch das Byzantin. Reich ziehen, von seinem Bruder Alexios III. abgesetzt u. geblendet, 1203/04 vorübergehend wieder eingesetzt.
Isabeau [-'bo:], *Isabel*, Königin von Frankreich, Frau *Karls VI.*, * 1371, † 29. 9. 1435 Paris; bayer. Herzogstochter; 1392 Mitregentin für den geisteskrank gewordenen König; im Gegensatz zu ihrem Sohn Karl (VII.) England wohlgesinnt; nach dem Tod ihres Gatten (1422) ohne Einfluß.
Isabella, Fürstinnen. Frankreich: **1.** → Isabeau.
Portugal: **2.** *I. (Elisabeth) von Aragón*, seit 1282 Frau des Königs Dinis († 1325), * 1271, † 1336 Estremoz; Heiligsprechung 1625, Patronin Portugals (Fest: 4. 7.).
Spanien: **3.** *Isabella I., I. die Katholische*, Königin von Kastilien u. León 1474–1504, von Spanien 1479–1504, * 22. 4. 1451 Madrigal de las Altas Torres, Avila, † 26. 11. 1504 Medina del Campo. Nach dem Tod ihres Bruders König *Heinrich IV.* von Kastilien, dessen Tochter Johanna „Beltraneja" als unehelich galt, trat sie die Nachfolge an. 1469 heiratete sie den Erben von Aragón, *Ferdinand II.*, so daß beim Tode von dessen Vater *Johann II.* 1479 die iberische Halbinsel bis auf Portugal, Granada u. Navarra geeint u. die Grundlage für einen span. Nationalstaat gebildet war. Den übermächtig gewordenen kastilischen Adel bändigte I. durch die Wiederherstellung der heiligen *Hermandad*. Sie veranlaßte die Eroberung des noch maurischen Granada (1481–1492) u. ließ alle Mauren, die sich nicht bekehren lassen wollten, vertreiben oder durch die von ihr 1478 erneuerte *Inquisition* hinrichten. Ähnlich erging es den Juden. – 1492 entdeckte C. *Kolumbus* in I.s Diensten Amerika.

Isabella I. (die Katholische) von Spanien (3); Gemälde von Bartolomé Bermejo

4. *Isabella II.*, Königin 1833–1868, * 10. 10. 1830 Madrid, † 9. 4. 1904 Paris; bis 1843 unter Regentschaft; heiratete gegen ihren Willen ihren Vetter Francisco de Asís. Ehezwist, innenpolit. Auseinandersetzungen, Intrigen u. Aufstände kennzeichneten ihre Regierungszeit. 1845 wurde eine neue Verfassung erlassen; 1857 schloß I. ein Konkordat mit dem Papst. Die populäre Königin floh 1868 nach einer Revolution des Heeres, der Flotte u. der Liberalen nach Frankreich. 1870 verzichtete I. auf den Thron.
Ungarn: **5.** Königin von 1540–1551 u. 1556 bis 1559, * 18. 1. 1519 Warschau, † 15. 9. 1559 Alba Iulia, Tochter des poln. Königs *Sigismund I.* Als junge Witwe des ungar. Königs Johann Szapolyai vereitelte sie nach 1540 die vertraglich vereinbarte Übergabe Ostungarns an den habsburg. Gegenkönig Ferdinand I. 1551 wurden sie u. ihr Sohn für den Verzicht auf den ungar. Königstitel mit den schles. Herzogtümern Oppeln u. Ratibor entschädigt. 1556 kehrte sie nach einem Beschluß der Stände nach Siebenbürgen zurück u. behauptete sich im Bündnis mit dem Osman. Reich u. Frankreich.
Isaios, lat. *Isaeus*, aus Chalkis (Euböa), einer der „Zehn attischen Redner"; lebte vom Ende des 5. bis in die erste Hälfte des 4. Jh. v. Chr.; Lehrer des *Demosthenes*, berühmt als Verfasser von Reden, die er nicht selbst hielt.
Isaurien, antike Landschaft im südl. Kleinasien, nördl. des Kilikischen Taurus, in der Konia-Ebene; bewohnt von räuberischen Wanderhirten, die bes. im 1. Jh. v. Chr. u. im 3.–5. Jh. n. Chr. kriegerische Unruhen verursachten. Sie wurden 466 in die kaiserliche Garde des Oströmischen Reichs aufgenommen.
Isenburg, *Ysenburg*, hess. Grafen- u. Fürstengeschlecht; im 11. Jh. erstmalig als Grafen erwähnt. 1684 Teilung in die Hauptlinien *I.-Büdingen* u. *I.-Birstein*, 1744 Reichsfürstenwürde. Durch Beitritt zum Rheinbund erhielt *Karl von I.-Birstein* (* 1766, † 1820) die volle Souveränität über sein Fürstentum, doch ging dieses 1815 an Österreich bzw. 1816 an Hessen-Kassel verloren.
Isidor Mercator, Pseudonym des Autors der im 9. Jh. entstandenen → pseudoisidorischen Dekretalen, einer Fälschung, die im MA oft Erzbischof *Isidor von Sevilla* zugeschrieben wurde.
Isin, heutiger Ruinenhügel *Ischan Al Bahrijat* in Mittelbabylonien, war vom 19. bis 17. Jh. v. Chr. Sitz einer westsemit. Dynastie, deren Begründer die sumer. Vorherrschaft beendete, u. im 12. Jh. v. Chr. noch einmal babylon. Metropole.
Iskenderun, früher *Alexandrette*, Stadt im SO der Türkei, 174 000 Ew.
333 v. Chr. als *Alexandreia* von Alexander d. Gr. zur Erinnerung an den Sieg bei Issos gegr., 1097 von Kreuzfahrern erobert; 1832 ägypt. Sieg über die Türkei; 1920–1939 dem französ. Mandat Syrien zugeschlagen, seit 1939 türkisch.
Islam [auch is'la:m; arab., „Ergebung"], die von Mohammed gestiftete Weltreligion. Der dogmatische Ausbau der Lehre Mohammeds erfolgte in Mekka, ihre rituelle Durchformung dagegen in Medina.
Der I. zeigt manche Entlehnung aus Judentum u. Christentum, ohne darum einer starken u. wirkungsvollen Originalität der religiösen Gesamtkonzeption u. des religiösen Lebens zu entbehren.
Die religiösen Glaubenssätze u. Pflichten sind genau festgelegt; zu ihnen gehören die „5 Pfeiler": 1. Glaubensbekenntnis: Es gibt

keinen Gott außer Allah, u. Mohammed ist sein Prophet; 2. Gebet: fünfmal am Tag, kniend auf öffentlichen Anruf hin, in ritueller Reinheit; 3. Almosengeben: ist fast zu einer geregelten Steuer ausgebildet; 4. Fasten: dreißigtägiges Fasten im Monat Ramadan von Sonnenaufgang bis Sonnenuntergang; 5. Wallfahrt nach Mekka (Haddsch): mindestens einmal im Leben.
Das hl. Buch des I.s ist der Koran; in ihm ist Mohammeds Lehre, die von den Anhängern des I.s als geoffenbarte Wahrheit betrachtet wird, in *Suren* niedergelegt. Neben dem Koran bildete sich aus mündl. Überlieferungen über Mohammeds Entscheidungen u. Verhaltensweisen in konkreten Fragen u. Situationen die *Sunna.* Die Einschätzung der Wichtigkeit der Sunna neben dem Koran ist das unterscheidende Kennzeichen für die *Sunniten* (ca. 90 % der Moslems) u. die *Schiiten* (ca. 10 % der Moslems).
Seinen Ausgang nahm der I. in Mekka, wo die Kaaba, das arab. Nationalheiligtum, unter dem Schutz der Koreischiten stand. Diesem Stamm gehörte Mohammed an; 622 mußte er sich dem Zugriff der Koreischiten durch die Auswanderung *(Hedschra)* nach Medina entziehen. Von hier aus verbreitete er seine Lehre, u. bald konnte er mit kriegerischen Mitteln Mekka zurückgewinnen u. die Kaaba zum äußeren Mittelpunkt des I.s machen. Nach dem Tod Mohammeds breiteten seine Nachfolger *(Kalifen)* in zahlreichen Kämpfen den I. aus. Zur Zeit der größten Ausdehnung reichte die Einflußsphäre des I.s von den Pyrenäen bis nach Indien u. China. Um die Mitte des 17. Jh. setzte eine rückläufige Bewegung ein.
Der I. ist heute die herrschende Religion im Vorderen Orient, in Nordafrika, Pakistan, Irak, Iran, Indonesien. Seine Bedeutung ist mit der Ablehnung westlicher Lebensart und der Betonung eigener Identität in diesen Ländern gewachsen. Die Rückbesinnung auf die alten islam. Traditionen (Re-Islamisierung) bestimmt Politik, gesellschaftliches u. kulturelles Leben.
Die *Re-Islamisierung* wird im wesentl. von zwei theolog. Strömungen getragen: von den Traditionalisten (bes. Saudi-Arabien) u. den Fundamentalisten (bes. Libyen). Einig sind sich beide darin, daß der I. nicht nur ein religiöses, sondern auch ein polit.-ökonomisches System ist. Während die Traditionalisten entschieden für die Aufrechterhaltung der bestehenden Ordnung eintreten unter Zurückdrängung westlicher Einflüsse, streben die Fundamentalisten die Zerstörung dieser Ordnung an u. die bedingungslose Rückkehr zum frühislam. Gesellschaftssystem.
Die islamischen Reiche: Nach der Hedschra (622) übernahm Mohammed die polit. Führung in Medina. Er einte die Stämme u. begann 624 mekkanische Karawanen anzugreifen (Schlacht bei Badr). 630 ergab sich Mekka kampflos. Bis zu seinem Tod 632 hatten sich fast alle Beduinenstämme Arabiens seiner Herrschaft unterworfen. Mohammeds Nachfolger *Abu Bakr* (632–634) mußte zunächst die abgefallenen Beduinen wieder unterwerfen. Er sowie *Omar I.* (634–644) u. *Othman* (644–656) dehnten das Reich aus, sie eroberten 633–637 den Irak, 635–637 Syrien, 640/41 Ägypten, 636–642 Persien u. 649 kurzfristig Zypern.
Mit der Ermordung Othmans, der der Familie der Omajjaden angehörte, brachen die ersten inneren Kämpfe aus. Der 4. Kalif *Ali* (656–661) mußte sich seiner Rivalen in Medina erwehren. Er verlegte die Residenz nach Kufa u. behauptete sich gegen *Aïscha*, die Witwe Mohammeds. Ein Schiedsgericht setzte sowohl Ali als auch seinen Rivalen, den omajjadischen Statthalter Syriens, *Moawija I.*, ab. Nachdem Ali kurz darauf ermordet worden war, ging die Macht an *Moawija* u. damit an die Omajjaden in Damaskus über. Unter ihnen breitete sich das Reich Ende des 7. Jh. nach Nordafrika, 706–715 nach Turkistan, 711/12 im Pandschab sowie 711–713 in Spanien aus. Die Vorstöße nach Südfrankreich schlug Karl Martell 732 zwischen Tours u. Poitiers zurück. Im 7. u. 8. Jh. belagerten die Araber Konstantinopel von der Seeseite. Im Innern wurde das Reich bald durch schwere Kämpfe zwischen nord- u. südarab. Stämmen erschüttert. In Mekka behauptete sich *Abdallah Ibn Az Zubair* bis 692 als Gegenkalif. Nach dem Tod *Hischams* (724–743) verfiel das Ansehen der Dynastie.

Zeittafel zur Ausbreitung des Islams

622	Hedschra. Flucht Mohammeds von Mekka nach Yathrib-Medina, Beginn der islamischen Zeitrechnung
632–661	Die vier ersten (»rechtgeleiteten«) Kalifen
661–750	Dynastie der Omajjaden 712–715 Eroberung Spaniens
750–1258	Kalifat der Abbasiden 755 Spanien wird weitgehend selbständig 786–809 Harun Ar-Raschid 827–875 Eroberung Siziliens 909 Die Fatimiden machen sich in Tunesien unabhängig und erobern 969 Ägypten. Der Kalif bleibt nominell Oberherr 1021 Sizilien geht an die Normannen verloren 1171–1193 Saladin herrscht in Ägypten 1193–1517 Mamlukenherrschaft in Ägypten
1258	Zerstörung Bagdads. Die Araber unter mongolischer Herrschaft
1517	Ende des Mongolenreichs. Beginn der osmanischen Herrschaft

Im Osten, in Khorasan, kamen die Abbasiden an die Macht (750–1258). 749 ließ sich *Abul-Abbas* in Kufa als Kalif huldigen. *Merwan II.* versuchte, die Herrschaft der Omajjaden zu retten, wurde aber 750 am oberen Zab (Irak) vernichtend geschlagen. Nur in Córdoba konnte der Omajjade *Abd Ar Rahman* 756 seine Dynastie erneuern. Unter den ersten Abbasidenkalifen, bes. *Harun Ar Raschid* (786–809), blühten Wissenschaft, Kunst, Handel u. Verwaltung (Post). Das Arabische wurde die das ganze Reich einigende Bildungssprache. *Al Mamun* (813 bis 833) begünstigte eine rationale theolog. Richtung (Mutazila), doch *Al Mutawakkil* (847–861) unterdrückte ihre Lehren mit Gewalt. *Mutasim* verlegte 836 die Residenz zeitweilig nach Samarra, wo er u. seine Nachfolger bis 883 prächtige Paläste bauen ließen. Die äußeren Reichsgrenzen wurden kaum erweitert. Der ununterbrochene Krieg gegen die Byzantiner blieb ohne Erfolg; 826 wurde Kreta erobert. In Indien dehnte sich das islam. Gebiet kaum noch aus. Bereits nach dem Tod Harun Ar Raschids begann der Niedergang der Abbasiden; die Provinzen wurden immer unabhängiger.
Die Generale der von Al Mamun gegründeten türk. Sklavenleibwache gewannen Einfluß; mächtige Statthalter erhielten ihre Provinz gegen Tributzahlung als Erblehen. So entstanden die Dynastien der Aghlabiden 800(–909) in Nordafrika, der Tuluniden 868(–905) in Ägypten u. Syrien. Das Reich zerfiel in zahlreiche Fürstentümer. Seit 821 herrschten die Tahiriden (bis 873) in Khorasan, 892–999 die Samaniden in Buchara u. Khorasan, 905–1008 die Hamdaniden in Nordsyrien u. Mesopotamien, 935–969 die Ichschididen in Ägypten u. Palästina. Sie wurden von den Fatimiden verdrängt, die 909 bereits die Aghlabiden gestürzt hatten. Im Jemen machte sich 859 die Dynastie der Zaiditen selbständig. Der schiitische Geheimbund der Karmaten gründete um 877 in Ostarabien einen Staat mit kommunist. Tendenzen, der sich etwa bis 1037 hielt. In Persien herrschten 932–1055 die schiitischen Bujiden; sie besetzten 945 Bagdad u. entmachteten die Kalifen vollends.
Mit den sunnitischen Seldschuken trat die erste Dynastie der Türken auf; 1040–1090 hatten sie Persien, Buchara, Irak u. Syrien unterworfen u. entrissen den Byzantinern große Teile Anatoliens. Auch die Kalifen unterstanden ihrer Oberhoheit. Im 12. Jh. zerfiel ihr Reich wieder. An ihre Stelle traten im W des Reichs die Ajjubiden 1171; sie drängten in Palästina die Kreuzfahrer zurück *(Saladin).* Seit der Mitte des 11. Jh. regierten in Nordafrika u. Spanien die Almoraviden, die 1147 von den Almohaden (bis 1212 in Spanien) gestürzt wurden. Diesen folgten 1269 in Marokko die Meriniden. Unter dem Ansturm der Mongolen 1218–1260 brach das Islamische Reich trotz der klugen, religiös ausgewogenen Politik *An Nasirs* (1180–1225) zusammen. Der letzte Abbasiden-Kalif in Bagdad, *Al Mustasim* (1242 bis 1258), wurde von dem Mongolenfürsten *Hülägü* hingerichtet. Allein die Mamluken, die 1252 in Ägypten u. damit auch in Nordafrika zur Macht kamen (bis 1517), widerstanden den Mongolen (Baibars). Um 1300 rief der Türke *Osman* zu neuem Glaubenskrieg gegen die Byzantiner auf. Seine Nachfolger errichteten in den folgenden Jahrhunderten das Osmanische Reich, das den größten Teil des Islam. Raumes, außer Persien, Indien u. Mittelasien, umfaßte; sie nahmen den Titel Kalif an. Auch → Indien, → Indonesien, → Türkei. D S. 374/375.

Island IS

Republik Island

Fläche: 103 000 km². – *Einwohner:* 263 000. – *Hauptstadt:* Reykjavík. – *Landessprache:* Isländisch. – *Nationalfeiertag:* 17. 6. – *Währung:* 1 Isländische Krone = 100 Aurar. – *Lage:* Inselstaat im Europäischen Nordmeer zwischen 63°17′ und 67°09′ n. Br. sowie 13°17′ und 24°32′ w. L. – *Zeitzone:* Mitteleuropäische Zeit – 1 Std. – *Staatsform:* parlamentarische Republik.

I. wurde 825 von einem irischen Mönch beschrieben, bald danach von Wikingern erneut entdeckt u. seit 874 von Norwegen her besiedelt. Außerdem wanderten Kelten von den schottischen Inseln ein. Es entstand ein Freistaat, der in 12 Thingkreise eingeteilt wurde; 930 wurde das erste Althing abgehalten; 1000 wurde die Insel christianisiert u. in zwei Bistümer – Skálholt u. Hólar – eingeteilt. Anfang des 12. Jh. wurde das geltende Recht aufgezeichnet. 1262 unterstellte sich I. dem norweg. König, wogegen dieser die bestehenden Landesgesetze u. regelmäßige Warenzufuhr garantierte. 1380 wurde I. – zusammen mit Norwegen – Dänemark angeschlossen. Um 1550 setzte sich die Reformation durch. 1662 erkannte I. den dän. Absolutismus an u. wurde von dän. Beamten verwaltet. Die ge-

Der politische Islam

1

Stand die historische Bedeutung des Islams auch für den unvoreingenommenen Beobachter nie in Frage, so haben verschiedene Entwicklungen der jüngsten Vergangenheit die islamische Religion stärker in das Zentrum gerade der westlichen Aufmerksamkeit gerückt. Zu nennen sind hier vor allem die Entstehung der Islamischen Republik im Iran, der Widerstand der Mudschaheddin in Afghanistan sowie der Streit um den Roman »Satanische Verse« von S. Rushdie.

Die Diskussion bedient sich dabei vornehmlich der Schlagworte »Re-Islamisierung«, »Repolitisierung des Islams« und »islamischer Fundamentalismus«. Schon im 18. Jahrhundert erfuhr der Islam aufgrund von Erneuerungsbewegungen sowie als Gegenbewegung zur europäischen Kolonialherrschaft und technologischen Überlegenheit Europas mit dem Panislamismus eine Neubewertung.

Ausgehend von dem kulturellen System des Islams, der begrifflich die »vollkommene Hingabe (an Gott)« beinhaltet, vollzieht sich auch in der Gegenwart eine »Politisierung des Sakralen«, d. h. die Funktion dieser Weltreligion wird durch die politische Ideologisierung entmythologisiert und revolutionär bestimmt.

Trotz ihrer Heterogenität knüpfen alle fundamentalistischen Strömungen seit den 1970er Jahren in ihren Forderungen nach der Wiedereinführung des »islamischen Systems« und der Scharia, des Sakralrechts, an den islamischen Universalismus an, der als Legitimierungsinstrument politischer Herrschaft (islamische Theokratie) spätestens mit der Auflösung des türkisch-osmanischen Reiches 1923 obsolet geworden schien.

Die Träger des Fundamentalismus sind vor allem diejenigen, die durch die Verschärfung der ökonomischen, sozialen und kulturellen Krise in vielen arabischen Ländern betroffen sind: bäuerliche Migranten, unteres Kleinbürgertum, die bedrohte Mittelklasse sowie arbeitslose Akademiker. Ihnen gemeinsam ist die Hoffnung auf den Islam als traditionelle Heilsideologie, die scheinbar den Ausweg aus der Krise weist, indem sie ein einfaches Freund-Feind-Schema bemüht.

Nicht zuletzt die Ereignisse um den 2. Golfkrieg zeigten die politische Tragweite dieser Entwicklungen. So konnte der irakische Diktator mit dem Aufruf zum Dschihad (»Heiligen Krieg«) die Massen für seine Zwecke mobilisieren. Damit wurde erneut deutlich, daß der islamische Fundamentalismus auch ins Kalkül westlicher Politik einbezogen werden muß. *A.F.*

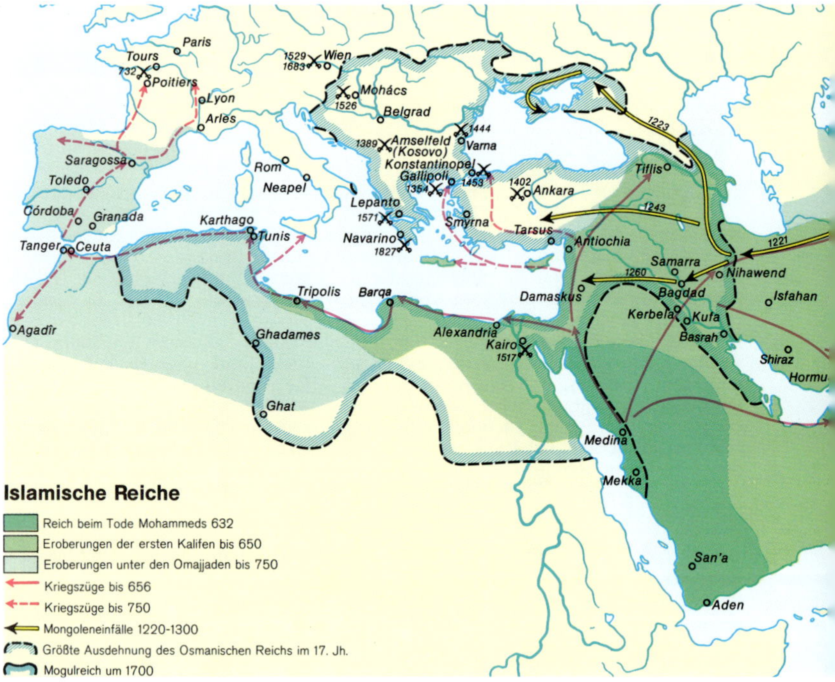

1 *Krieger des Ajjubiden-Sultans Saladin (*1138, †1193). Miniatur aus dem »Roman de Godefroy de Bouillon«; 1337. Paris, Bibliothèque Nationale.*

2 *Der Kalif Harun Ar Raschid. Detail aus einer arabischen Handschrift.*

3 *Himmelfahrt Mohammeds, wie sie in Ausdeutung einiger Koranstellen angenommen wird: Der Prophet, auf Burak, einem Maulesel mit Menschenantlitz, reitend, wird von dem Erzengel Gabriel in das Paradies geführt; türkische Miniatur, 1436. Paris, Bibliothèque Nationale.*

2

3

4

4 *Die Kaaba in Mekka, durch Mohammed Mittelpunkt des Islams, ist das Ziel der vorgeschriebenen Pilgerfahrt.*

5 *Betende Moslems in Niamey, Niger.*

5

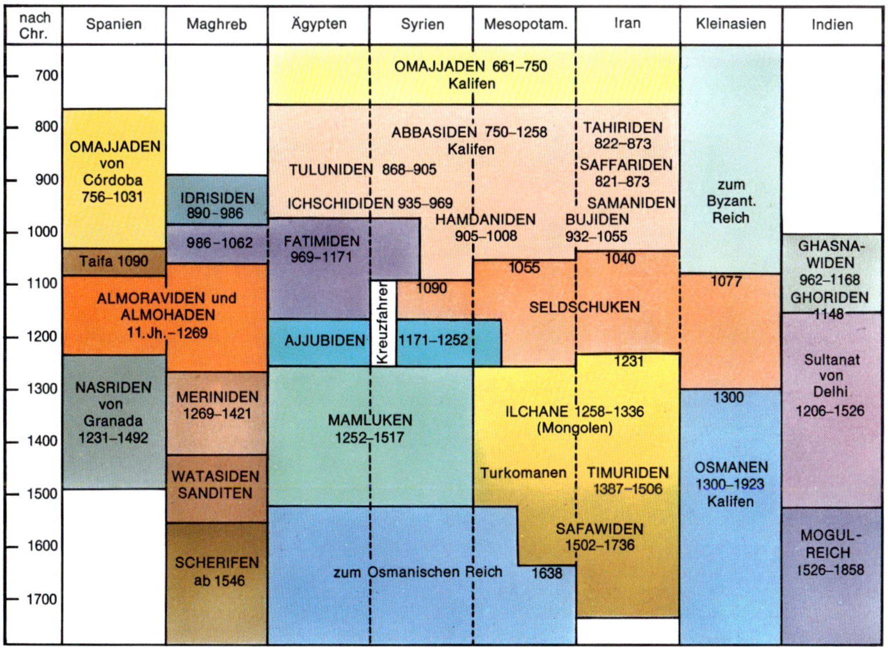

7

6

6 *Persischer Lüsterfayenceteller mit Lautenspieler; um 1200.*

7 *Die tabellarische Übersicht zeigt die Vielfältigkeit der islamischen Reiche und Dynastien in den verschiedenen Ländern.*

gen Dänemark gerichtete Selbständigkeitsbewegung erreichte 1843 die Wiedereinführung des 1800 abgeschafften Althings mit beratender Funktion. 1874 erhielt I. eine Verfassung, die dem Land die innere Autonomie gewährte u. das Althing zum gesetzgebenden Organ machte. 1918 wurde I. ein selbständiges Königreich, in Personalunion mit Dänemark verbunden. Nach der Besetzung Dänemarks durch dt. Truppen 1940 übertrug das Althing die Befugnisse des Königs auf die isländ. Regierung. 1940/41 war I. von brit. Truppen, bis 1946 von den Amerikanern besetzt, die auch danach ihren Stützpunkt Keflavík behielten. 1944 wurde durch Volksabstimmung die polit. Verbindung mit Dänemark gelöst u. I. zur unabhängigen Republik erklärt. 1949 trat I. der NATO bei. 1951 schloß es ein Abkommen mit den USA, das diesen die Verteidigung des Landes übertrug u. die Weiterführung des Stützpunktes Keflavík gestattete. Die Frage, ob dieses Abkommen gekündigt werden soll, wurde ein ständiges Thema der innenpolit. Auseinandersetzung. 1972 wurde mit der EG ein Freihandelsabkommen geschlossen. Im gleichen Jahr erweiterte I. seine Fischereigrenzen auf 200 Seemeilen.

I. ist bisher meist von Koalitionskabinetten regiert worden. Die Zusammensetzung der Koalitionen hat häufig gewechselt. Staatspräsidentin war 1980–1996 Vigdís *Finnbogadóttir.* Zu ihrem Nachfolger wurde Olaf Ragnar *Grimsson* gewählt.

Ismail, Fürsten: **1.** *Ismail I.*, Schah, pers. Herrscher 1502–1524, *17. 7. 1487 Ardäbil, †23. 5. 1524 Ardäbil; begründete die *Safawiden* -Dynastie (1502–1736) u. schuf nach der Mongolenzeit *(Ilchane,* dann *Timuriden)* das Neupersische Reich. Er war auch Dichter in türk. Sprache.

2. *Ismail Pascha,* Vizekönig von Ägypten 1863–1879, *31. 12. 1830 Kairo, †2. 3. 1895 Istanbul; bekam vom türk. Sultan 1867 den Titel *Khedive* verliehen; eröffnete 1869 den Suezkanal; mußte 1875 seine Kanalaktien an England verkaufen; wurde wegen Verschwendung abgesetzt.

Ismay ['izmɛi], Hastings Lionel, Baron I. (1947), brit. Offizier u. Politiker (konservativ), *21. 6. 1887 Naini Tal (Indien), †17. 12. 1965 Broadway, Worcestershire; seit 1905 Offizier, in verschiedenen hohen militär.-polit. Stellungen tätig, wiederholt in Indien, 1940–1946 militär. Berater u. Stabschef Churchills, 1951/52 Commonwealth-Min., 1952–1957 Generalsekretär der NATO.

Isolani, *Isolano,* Johann Ludwig Graf von, kaiserl. General, *1586 Görz, †1640 Wien; führte im Dreißigjährigen Krieg die wegen ihrer Grausamkeit gefürchtete Reiterei der Kroaten, verriet seinen Förderer *Wallenstein,* wofür er die Herrschaft Böhmisch-Aicha erhielt.

Isolationismus, engl. *isolationism,* eine Richtung der amerikan. Politik, die die Fernhaltung der USA von allen Streitigkeiten fremder Mächte, auch in Europa, verlangt; zuerst vertreten von T. *Jefferson* (1801) u. J. *Monroe;* von T. W. *Wilson* später aufgegeben, aber nach der Teilnahme am 1. Weltkrieg wieder lebhaft propagiert. Der I. erreichte damit die Distanzierung der USA vom Versailler Vertrag u. vom Völkerbund. Er wurde von F. D. *Roosevelt* in seiner Politik gegenüber dem nat.-soz. Deutschland erneut überwunden. Anstelle des I. ist während u. vor allem nach dem 2. Weltkrieg ein starkes Engagement der USA im weltpolit. Geschehen bemerkbar, das sich eher in einem mehr oder weniger offenen Interventionismus äußert.

Isonzo, slowen. *Soča,* im Altertum *Sontius,* Fluß im östl. Norditalien u. westl. Slowenien, 136 km lang. Am I. kam es im 1. Weltkrieg in den Jahren 1915–1917 zu elf Schlachten zwischen Italien u. Österreich. Ziel der Italiener war es, zunächst Triest u. später Kärnten u. Wien zu erobern; doch erzielten sie nur Geländegewinne. Als nach der 11. I.-Schlacht die österr. Front zusammenzubrechen drohte, folgte mit dt. Unterstützung seit dem 24. 10. 1917 eine Gegenoffensive, deren Erfolge für eine Kriegsentscheidung an der österr.-italien. Front gleichfalls nicht ausreichten.

Israel, religiös-sakraler Verband der 12 Stämme I., die zwischen 1400 u. 1200 v. Chr. in Palästina einwanderten u. sich als die 12 Söhne eines Ahnherrn I. (Jakob) verstanden; danach *Kinder I.s (Israeliten)* religiöse Selbstbez. des Judentums. Auch → Juden.

Israel, Name des Nordreichs, das sich nach dem Tod Salomos (926 v. Chr.) aus der Personalunion mit Juda u. von der davidischen Dynastie löste. Es ging 721 v. Chr. im assyr. Großreich auf. Die älteste zeitgenöss. Erwähnung des Staates I. findet sich auf der „Israelstele“ des ägypt. Pharao Merenptah um 1219 v. Chr., der sich der Vernichtung I.s rühmt. Auch → Juden.

Israel IL

Staat Israel

Fläche: 21 056 km². – *Einwohner:* 5,5 Mill. – *Hauptstadt:* Jerusalem. – *Landessprachen:* Neuhebräisch, Arabisch. – *Nationalfeiertag:* zwischen Mitte April und Mitte Mai. – *Währung:* 1 Neuer Schekel = 100 Agorot. – *Lage:* zwischen 29°30′ und 33°20′ n. Br. sowie 34°20′ und 35°40′ ö. L. – *Zeitzone:* Mitteleuropäische Zeit + 1 Std. – *Grenzen:* im N Libanon, im O Syrien und Jordanien, im äußersten S Rotes Meer, im SW Ägypten, im W Mittelmeer. – *Staatsform:* parlamentarische Republik.

Vorgeschichte: Nach der endgültigen Zerstörung des selbständigen jüd. Staates durch die Römer im Jahre 70 n. Chr. begann die Zerstreuung der Juden über Vorderasien, Nordafrika u. den Mittelmeerraum. Eine kleine jüd. Bevölkerung blieb jedoch stets im Lande I., das seit 135 n. Chr. Palästina hieß. Größere jüd. Gemeinden bestanden in Jerusalem, Hebron, Safed u. Tiberias. Die Politik der aufeinanderfolgenden Eroberer (Römer, Byzantiner, Araber, Seldschuken, Kreuzfahrer, Mamluken u. Türken) schwankte zwischen Unterdrückung u. Duldung. Die messianische Idee der Heimkehr u. der Wiedererrichtung eines jüd. Staates war wesentlich für den Zusammenhalt der Juden in der Diaspora. Immer wieder im Lauf der Geschichte zogen einzelne Juden aus religiösen Motiven nach Palästina, doch blieb diese Form der Einwanderung politisch bedeutungslos.

Im letzten Viertel des 19. Jh. entstand aus verschiedenen Quellen die moderne jüd. Nationalbewegung, der Zionismus. In Rußland bildete sich unter dem Einfluß von L. *Pinsker* u. a. eine Bewegung, die die Rückkehr nach I. u. die Rückwendung zur Landarbeit als Mittel zur Erneuerung des jüd. Volkes ansah. Aus ihr ging die erste Einwanderungswelle (hebr. *Aliya,* „Aufstieg“ [nach Zion]) hervor, die in den Jahren 1881–1903 rd. 25 000 Juden, meist aus Osteuropa, ins Land brachte.

Starke Impulse gab dann der von T. *Herzl* begründete polit. Zionismus, der die Errichtung eines Judenstaates anstrebte. In diesem Zeichen stand die 2. Aliya (1904–1914, 40 000 Einwanderer, meist wieder Osteuropäer), deren bestimmendes Motiv ein in sozialrevolutionärer Gesinnung wurzelnder Pioniergeist war.

Während des 1. Weltkriegs erlangte C. *Weizmann* 1917 von der brit. Regierung das Versprechen, bei der Schaffung einer jüd. „nationalen Heimstätte“ in Palästina Hilfe zu leisten (→ Balfour-Deklaration). Eine „Jüd. Legion“ beteiligte sich am Kampf gegen die Türken. Nach dem Krieg wurde Palästina brit. Völkerbundsmandat, doch wurde 1923 vom ursprüngl. Mandatsgebiet das Emirat Transjordanien abgetrennt. Mit der 3. Aliya (1919–1923) kamen 35 000 Einwanderer.

Während die 4. Aliya (1924–1931) rd. 80 000 Juden, meist von der antisemit. Wirtschaftspolitik vertriebene Angehörige des Mittelstands aus Polen, ins Land brachte, war die 5. Aliya (1932–1939, 250 000 Einwanderer) überwiegend ein Ergebnis der nat.-soz. Judenverfolgung in Dtschld. Sie gab der Wirtschaft bedeutende Impulse. Der relativ hohe Lebensstandard hatte gleichzeitig eine starke Einwanderung von Arabern aus den Nachbarländern zur Folge. Die arab.-jüd. Gegensätze verstärkten sich (1929 arab. Massaker an der jüd. Gemeinde von Hebron). Zugleich wuchs die Unzufriedenheit der arab. Mehrheit gegenüber der brit. Mandatsmacht, die keine Schritte in Richtung auf die Unabhängigkeit Palästinas unternahm. 1936 kam es zu einem allg. arab. Aufstand, der erst 1939 ein Ende fand. Nach dem brit. Weißbuch von 1939 sollte binnen 10 Jahren ein von Arabern u. Juden gemeinsam regierter Staat errichtet, bis dahin Einwanderung u. Landkauf rigoros beschränkt sein. Trotz ihrer Enttäuschung über die brit. Politik unterstützten die palästinens. Juden im 2. Weltkrieg die brit. Kriegsanstrengungen. Gleichzeitig organisierten die jüd. Selbstschutztruppe *Hagana* u. verschiedene Untergrundorganisationen die illegale Einwanderung (1940–Mai 1948, etwa 100 000 Einwanderer, manchmal als 6. u. 7. Aliya bezeichnet). Als auch nach Kriegsende die Einwanderung nicht freigegeben wurde, richtete sich der bewaffnete Kampf der jüd. Organisationen gegen die Mandatsmacht.

Die brit. Regierung, die des jüd. u. arab. Terrors u. Gegenterrors sowie der allg. Unsicherheit nicht mehr Herr wurde, übergab das Palästina-Problem 1947 den Vereinten Nationen. Eine UN-Sonderkommission empfahl die Beendigung des Mandats, den Abzug der brit. Truppen u. die Teilung Palästinas in einen jüd. u. einen arab. Staat. Eine entsprechende Resolution wurde von der UN-Vollversammlung am 29. 11. 1947 angenommen. Am 14. 5. 1948 endete das Mandat.

Der Staat Israel wurde am gleichen Tag proklamiert. Am 15. 5. fielen die Armeen Ägyptens, Transjordaniens, Syriens, Libanons u. Iraks in I. ein; damit begann der → Nahostkonflikt. Gegen den anfangs überlegenen Gegner behauptete die aus den Selbstschutzverbänden hervorgegangene israel. Armee in zehnmonatigen, von kurzen Waffenstillständen unterbrochenen Kämpfen alle wichtigen Positionen mit Ausnahme der Altstadt von Jerusalem. In der ersten Hälfte des Jahres 1949 kamen Waffenstillstandsverträge auf der Grundlage der von beiden Seiten besetzten Gebiete zustande. I. sah sich im Besitz eines Gebiets, das geringfügig größer war (vor allem in Galiläa) als das im UN-Teilungsplan vorgesehene.

Der größere Teil der in diesem Gebiet ansässigen Araber hatte es verlassen – teils freiwillig in Befolgung arab. Aufrufe, teils in Panik angesichts des Gegenterrors extremist. jüd. Kampfgruppen, teils unter direktem israel. Druck. Die Flüchtlinge (nach unterschiedl. Schätzungen 600 000–800 000) wurden von den arab. Aufnahmeländern nicht eingeglie-

Zeittafel zur Geschichte des Staates Israel

1948, 14. 5.	Proklamation des Staates Israel durch David Ben Gurion.
15. 5.	Einmarsch der Truppen Jordaniens, Ägyptens, Libanons, Syriens und Iraks nach Israel
1949, 11. 5.	Aufnahme Israels in die UN.
20. 7.	Waffenstillstandsabkommen mit Syrien, vorher bereits mit Ägypten (24. 2.) u. a. Staaten.
1955, 28. 2.	Israelische Truppen »säubern« Gazastreifen von Terroristen.
1956, 29. 10. bis 6. 11.	Israel besetzt im Zusammenhang mit englisch-französischer Intervention die Sinaihalbinsel und den Gazastreifen. Räumung der Gebiete bis 8. 3. 1957. UN-Friedenstruppe an der israelisch-ägyptischen Grenze.
1967 19. 5.	UN-Friedenstruppe räumt Sinai und Gazastreifen.
23. 5.	Ägyptens Präsident Nasser sperrt Tiran-Meerenge.
5.–10. 6.	Sechstagekrieg. Israel besetzt Sinai, Westjordanien und Golan.
28. 6.	Wiedervereinigung Jerusalems.
22. 11.	UN-Sicherheitsrat fordert Friedensregelung im Nahen Osten, Anerkennung aller Staaten in gesicherten Grenzen, Räumung »besetzter Gebiete«. Israel und Ägypten akzeptieren, Syrien lehnt ab.
1969 März–1970, Aug.	Stellungskrieg am Suezkanal; Waffenstillstand (USA-Vermittlung).
1973, 6.–25. 10.	Jom-Kippur-Krieg; ägyptisch-syrischer Überfall auf Israel mit Anfangserfolgen; israelische Truppen stoßen auf syrisches Gebiet und auf das Westufer des Suezkanals vor.
1974, 18. 1.	Truppenentflechtungsabkommen zwischen Israel und Ägypten; Israels Truppen ziehen sich auf 30 km vom Suezkanal zurück.
31. 5.	Truppenentflechtungsabkommen zwischen Israel und Syrien. Israel räumt Kuneitra und die Hermon-Gipfel. Beide Abkommen sehen die Stationierung von UN-Truppen im Grenzgebiet vor.
29. 10.	Arabische Gipfelkonferenz erkennt Jasir Arafat, den Führer der PLO (Palästina-Befreiungsorganisation), als legitimen Vertreter der »palästinensischen Rechte« an.
13. 11.	Jasir Arafat spricht vor der UN-Vollversammlung.
22. 11.	UN-Vollversammlung fordert Durchsetzung der palästinensischen Rechte, ohne Israels Existenzrecht zu erwähnen.
1975, 28. 4.	UdSSR erklärt sich zur Garantie der Existenz Israels bereit.
5. 6.	Wiedereröffnung des Suezkanals.
4. 9.	Abkommen von Genf: Rückzug der israel. Truppen aus Sinai.
1977, 19. 11.	Präsident Sadat besucht Jerusalem.
1978, 15. 3.	Israel besetzt Südlibanon.
17. 9.	Abkommen von Camp David.
1979, 26. 3.	Friedensvertrag zwischen Israel und Ägypten.
1982, 26. 4.	Israel räumt den Rest der Sinaihalbinsel.
6. 6.	Israelische Truppen rücken im Libanon ein.
1985, 10. 6.	Israel beendet Besetzung des Libanon.
1987, 8. 12.	Ausbruch eines Palästinenseraufstands in den besetzten Gebieten westlich des Jordan (»Intifada«).
1993, 13. 9.	Gaza-Jericho-Abkommen

dert, sondern in Lagern gehalten. Aus diesen rekrutierten später arab.-palästinens. Guerillaverbände mit der Dachorganisation PLO ihre Mitglieder.

Dem Waffenstillstand von 1949 folgte kein Frieden, obwohl I. einen Rückzug auf die Teilungsgrenzen von 1947 nicht ausschloß u. zur Aufnahme von arab. Flüchtlingen in gewissem Umfang bereit war. Die arab. Staaten verweigerten direkte Verhandlungen u. die Anerkennung I.s. Das Westjordanland wurde von Transjordanien annektiert, das sich nun Jordanien nannte; den Gaza-Streifen nahm Ägypten unter seine Verwaltung, ohne ihn zu annektieren.

Auf die sich ständig steigernden Terrorakte, die Sperrung des Suezkanals u. des Golfs von Aqaba sowie Angriffsvorbereitungen reagierte I. am 29. 10. 1956 im Einverständnis mit Großbritannien u. Frankreich mit dem Einmarsch nach Sinai u. Gaza. Unter dem Druck der USA u. der UdSSR u. nachdem es Garantien für die freie Zufahrt nach Elat erhalten hatte (deren Wertlosigkeit sich 1967 erwies), räumte I. diese Gebiete 1957 wieder. In Gaza, an der Sinaigrenze sowie am Ausgang des Golfs von Aqaba wurden UN-Truppen stationiert. Die UdSSR rüstete Ägypten u. Syrien auf. Bes. letzteres war immer wieder Ausgangspunkt von Übergriffen. 1967 bewog der ägypt. Präs. *Nasser* den UN-Generalsekretär *U Thant* zum Abzug der UN-Truppen, sperrte erneut die für I.s Wirtschaft lebenswichtige Zufahrt nach Elat u. zog, in einer mit Syrien u. Jordanien koordinierten Aktion, Truppen an I.s Grenzen zusammen. I. führte am 5. 6. 1967 einen Präventivschlag gegen die drei Nachbarländer u. besetzte in den folgenden sechs Tagen die ganze Sinaihalbinsel, den Gazastreifen, das Westjordanland einschl. Ostjerusalems u. die syr. Golanhöhen *(Sechstagekrieg)*. Nach dem von den UN vermittelten Waffenstillstand vereinigte I. die beiden Teile Jerusalems. Die übrigen Gebiete wurden unter Militärverwaltung gestellt, die sich weitgehend auf die örtl. arab. Behörden stützte. Am Suezkanal kam es 1969/70 zu neuen Kämpfen.

Am 6. 10. 1973 führte ein koordinierter ägypt.-syr. Angriff *(Jom-Kippur-Krieg)* zu arab. Anfangserfolgen, die I. rasch ausgleichen konnte. Durch Vermittlung des US-amerikan. Außenministers H. *Kissinger* schlossen I. u. Ägypten 1974 u. 1975 zwei Abkommen, die zu einem Teilrückzug I.s auf der Sinaihalbinsel führten. Kissinger vermittelte auch ein syr.-israel. Abkommen über eine Truppenentflechtung an der Golanfront.

Auf Initiative des ägypt. Präs. *Sadat* (Besuch in Jerusalem im Nov. 1977) kam es zu Friedensverhandlungen zwischen Ägypten u. I., die durch Vermittlung des US-amerikan. Präs. *Carter* zum *Camp-David-Abkommen* von 1978 führten u. mit der Unterzeichnung eines Friedensvertrags am 26. 3. 1979 in Washington abgeschlossen werden konnten. I. wurde damit erstmals von einem arab. Staat völkerrechtlich anerkannt. Es verpflichtete sich zur Rückgabe der Sinaihalbinsel an Ägypten bis April 1982 u. vollzog sie termingemäß. Der Vertrag sah ferner Verhandlungen über eine Autonomielösung für die Palästinenser im Westjordanland u. im Gazastreifen vor. Diese Verhandlungen wurden aufgenommen, führten jedoch vorerst zu keinem Ergebnis.

Seit Ende der 1970er Jahre war der Norden I.s zunehmenden Terrorakten der PLO ausgesetzt, die sich in Südlibanon eine Operationsbasis geschaffen hatte. Diese Angriffe nahm I. am 6. 6. 1982 zum Anlaß für einen großangelegten militär. Vorstoß nach Libanon, der bis Beirut vorgetragen wurde. Nach wochenlanger Belagerung u. Bombardierung des islam. Westteils von Beirut erreichte I. mit US-amerikan. Vermittlung den Abzug der PLO-Führung u. eines Großteils ihrer Kampfverbände (rd. 11 000 Mann) aus Libanon. Trotz dieses Erfolgs erwies sich die Militäraktion als außenpolitisch schädlich für I., da sie von der internationalen Öffentlichkeit fast einhellig verurteilt wurde. Die Kritik an I. verschärfte sich, als seine Truppen im Sept. 1982 nicht gegen christl. Milizen einschritten, die Massaker in Beiruter Palästinenserlagern begingen. Ein im Mai 1983 geschlossenes israel.-libanesisches Normalisierungsabkommen mußte Libanon im März 1984 unter syr. Druck annullieren. 1985 zog I. seine Truppen schrittweise aus Libanon ab.

Seit 1989 gestattete die UdSSR in Abkehr von ihrer bisherigen Politik die fast unbegrenzte Auswanderung von Juden nach I. In den folgenden Jahren kamen über 400 000 sowjet. Juden ins Land. Dieser von I. grundsätzlich begrüßte Zustrom warf schwierige Integrationsprobleme auf. Am 2. Golfkrieg 1991 war I. nur als Opfer beteiligt. Irak, das schon früher mit Vernichtungsschlägen gedroht hatte, beschoß israel. Ziele mit Raketen. Auf US-amerikan. Drängen verzichtete I. auf Gegenschläge, um den Zusammenhalt der anti-irak. Koalition, zu der einige arab. Staaten gehörten, nicht zu gefährden. Nach Kriegsende begannen auf Initiative der USA Verhandlungen zwischen I. u. seinen arab. Nachbarn, die vorerst ergebnislos blieben.

Das Problem der besetzten Gebiete u. der in ihnen lebenden 1,3 Mill. Palästinenser hatte I. in eine scharfe innenpolit. Polarisierung geführt. Die „Falken“ (Vertreter eines unnachgiebigen Kurses) wollten die Gebiete aus sicherheitspolit., aber auch aus ideolog. Gründen für immer unter israel. Oberhoheit behalten u. unterstrichen diese Absicht durch Anlegung jüd. Siedlungen; die „Tauben“ (Gemäßigten) traten in unterschiedl. Schattierungen für Räumung der Gebiete unter Wahrung der israel. Sicherheitsinteressen ein. Verhandlungen mit der PLO lehnten fast alle Parteien ab.

Mit dieser Haltung brach die 1992 ans Ruder gekommene Linksregierung unter I. *Rabin*. Sie nahm Geheimverhandlungen mit der

PLO auf, in deren führenden Kreisen sich seit längerem ein Abrücken von Maximalforderungen („Befreiung" ganz Palästinas, d. h. Vernichtung I.s) abzeichnete. 1993 schlossen I. u. die PLO ein Abkommen über den Abzug der israel. Truppen aus dem Gazastreifen u. Jericho, die Herstellung einer begrenzten palästinens. Selbstverwaltung in diesen Gebieten u. die Aufnahme von Verhandlungen mit dem Ziel einer „dauerhaften Regelung" des Verhältnisses zwischen I. u. den Palästinensern. Die Selbstverwaltung wurde 1994 eingerichtet. Im gleichen Jahr schlossen I. u. Jordanien Frieden. 1995 begann der Abzug der israel. Truppen aus weiteren Städten des Westjordanlandes. 1996 kam es zu militär. Auseinandersetzungen mit der von libanes. Gebiet aus operierenden Hizbollah.
In der Innenpolitik hatte bis 1977 die sozialdemokrat. *Mapai* bzw. *Arbeiterpartei* (IAP) bestimmenden Einfluß u. stellte alle Regierungschefs: 1949–1953 David *Ben-Gurion*, 1953–1955 Moshe *Scharett*, 1955–1963 David *Ben-Gurion*, 1963 bis 1969 Levi *Eschkol*, 1969–1974 Golda *Meir*, 1974 bis 1977 Izhak *Rabin*. Sie war aber stets auf die gemäßigten Parteien des „bürgerlichen" u. religiösen Lagers als Koalitionspartner angewiesen. 1967–1970 bestand eine Große Koalition, der erstmals die *Cherut* (im Rahmen des *Gachal*-Blocks) angehörte. Aus den Wahlen von 1977 ging der um die Cherut formierte *Likud*-Block als stärkste Gruppierung hervor u. stellte mit Menachem *Begin* den Ministerpräsidenten. Nach den Wahlen von 1981, die die Regierungsparteien schwächten, blieb Begin noch bis 1983 im Amt. Ihm folgte sein Parteifreund Izhak *Schamir*. Vorgezogene Neuwahlen brachten 1984 keine klaren Mehrheitsverhältnisse. Es wurde eine Regierung der Großen Koalition aus Arbeiterpartei, Likud u. mehreren kleinen Parteien gebildet. Ministerpräsident wurde Shimon *Peres* (Arbeiterpartei), sein Stellvertreter Schamir (Likud); 1986, nach Ablauf der halben Legislaturperiode, tauschten sie die Ämter. Nach den Wahlen von 1988 kam es zu einer Neuauflage der Großen Koalition unter Führung Schamirs, die nach einer Regierungskrise 1990 zerbrach. Schamir bildete daraufhin mit den religiösen Parteien eine rechtsnationale Koalition. Nach dem Wahlsieg der Arbeiterpartei 1992 wurde I. Rabin Min.-Präs. einer Linksregierung. Er fiel am 4. 11. 1995 einem Attentat zum Opfer; im Amt folgte ihm Peres. Erster direkt gewählter Min.-Präs. wurde 1996 Benjamin *Netanjahu* (Likud).
I.s erster Staatspräsident war Chaim *Weizmann* (1949–1952), der aus den Reihen der Allgemeinen Zionisten stammte. Die ihm folgenden Staatspräsidenten waren alle zuvor Mitglieder der Mapai/IAP: 1952–1963 Izhak *Ben-Zwi*, 1963–1973 Salman *Schasar*, 1973–1978 Ephraim *Katzir*, 1978 bis 1983 Izhak *Navon*, 1983–1993 Chaim *Herzog*, seit 1993 Ezer *Weizman*.

Israel: Ben-Gurion beim Verlesen der Unabhängigkeitsdeklaration im Mai 1948

Issos, *Issus*, türk. Stadt am Golf von Iskenderun, nordöstl. von Zypern; bekannt durch den Sieg *Alexanders des Großen* über die Perser am Fluß Pinaros in der Nähe von I. 333 v. Chr.

Istanbul, *Istambul*, früher *Konstantinopel*, das antike *Byzanz*, größte Stadt u. Haupthafen der Türkei, an der südl. Einmündung des Bosporus in das Marmarameer, 6,6 Mill. Ew. Bis 330 n. Chr. → Byzanz; danach unter dem Namen *Konstantinopel* Hptst. des Römischen, seit 395 des Oström. (Byzantinischen) Reiches.
Mit der Eroberung durch die Türken unter *Mehmed II.* (1453) wurde die Stadt in I. (neugrch. *is tim bolin* „in die Stadt") umbenannt u. war als Hptst. des Osman. Reiches (Türkei) Residenz der Sultane. 1923 mit der Abschaffung des Sultanats u. Gründung der türk. Republik durch *Atatürk* verlor I. den Status der Hptst. an Ankara.

Istrien, ital. *Istria*, Halbinsel in Kroatien in der nördl. Adria, 4955 km², rd. 350 000 Ew.
Im Altertum war I. von kelt. u. illyr. Stämmen bewohnt, die nach dem illyr. Krieg (228 v. Chr.) Bundesgenossen Roms wurden. Seit 177 v. Chr. war I. Bestandteil des Röm. Reichs. Nach dem Untergang des Weström. Reichs zunächst Teil des Ostgotenreichs, seit 538 des Byzantin., wurde I. 788 dem Frankenreich eingegliedert; 952 kam es zum Herzogtum Bayern, 976 zu Kärnten u. wechselte dann (seit ca. 1040 als Markgrafschaft) mehrfach die Herrschaft (gehörte u. a. zum Patriarchat von Aquileja, den Grafen von Andechs-Meran, Venedig). Im 13. Jh. großenteils venezian., in den Rest teilten sich die Grafen von Görz u. die Habsburger (inneristrische Gebiete), an die später die Grafschaften Mitterburg (Pisino), Triest (1382) u., nach dem Aussterben der Görzer (1500), auch die Grafschaft Görz kamen, dazu 1797 auch der venezian. Teil. 1805 an Napoleon verloren (*Illyr. Provinzen*, 1809), kehrte I., einschl. der bis 1797 venezian. Teile, 1815 zu Österreich zurück, bei dem es bis 1918 blieb. 1920 wurde I. italienisch, 1947 bis auf Triest jugoslawisch. Durch den italien.-jugoslaw. Vertrag von 1954 wurde Triest (Stadt u. Hafen) Italien, das Hinterland von Triest Jugoslawien zugesprochen. Heute gehört I. außer dem nördl. slowen. Teil zu Kroatien.

Istwäonen, *Istväonen, Istävonen, Istjaiwer*, ältester Kultverband der Westgermanen, nach *Tacitus* neben den Ingwäonen und den Herminonen einer der drei german. Stammesverbände.

Iswolskij, *Isvol'skij*, Alexander Petrowitsch, russ. Politiker, * 18. 3. 1856 Moskau, † 16. 8. 1919 Paris; 1906–1910 Außen-Min., erreichte 1907 einen Ausgleich mit England über Interessen in Persien, Afghanistan u. Tibet, scheiterte aber mit seiner Meerengenpolitik (Bosnische Krise); 1910–1917 Botschafter in Paris.

Italia [grch. *italos*; lat. *vitulus*, „junger Stier"], im 6. Jh. v. Chr. Name der kalabrischen Südwestspitze Italiens; von hier aus breitete sich der Name langsam über Unter- nach Süditalien aus u. bezeichnete seit dem 3. Jh. v. Chr. ganz Italien mit Ausnahme der Poebene; seit Cäsar gehörte auch dieses Gebiet dazu. I. erhielt damit etwa die Grenzen, die auch das heutige Italien hat.

Italien

Italienische Republik

Fläche: 301 268 km². – *Einwohner:* 57,8 Mill. – *Hauptstadt:* Rom. – *Landessprachen:* Italienisch, regional Deutsch und Französisch. – *Nationalfeiertag:* 1. Sonntag im Juni. – *Währung:* 1 Italienische Lira = 100 Centesimi. – *Lage:* zwischen 47°05′ und 35°47′ n. Br. sowie 6°33′ und 18°31′ ö. L. – *Zeitzone:* Mitteleuropäische Zeit. – *Grenzen:* im W Frankreich, im N Schweiz und Österreich, im NO Slowenien, im O Adriatisches Meer, im S und SW Mittelmeer, als Enklaven San Marino und Vatikanstadt. – *Staatsform:* parlamentarische Republik.

Germanenreiche, Kirchenstaat u. Byzanz: Nach dem Zusammenbruch des Weström. Reichs 476 (→ Römisches Reich) entstanden auf italien. Boden german. Nachfolgereiche. Zunächst übte der german. Söldnerführer *Odoaker* die Herrschaft aus, der aber bereits 493 vom Ostgotenkönig *Theoderich* im Auftrag Ostroms gestürzt wurde. 553 brach das ostgot. Reich nach schweren Kämpfen mit den Feldherren des oström. Kaisers Justinian, Belisar u. Narses, wieder zusammen. I. wurde oström. Provinz. Seit 568 fielen die Langobarden in Ober-I. ein u. gründeten in Nord- u. Mittel-I. ein Königreich, in Unter-I. die Herzogtümer Spoleto u. Benevent, so daß I. in einen langobard. u. einen byzantin. Teil getrennt wurde; Rom, Perùgia, Ravenna, Genua, Venedig, Neapel, das südlichste I. u. die Inseln blieben byzantinisch. Die Gesetzgebung König *Rotharis* († 652) legte für ganz I. ein einheitliches Recht (das langobard. Recht) fest. Da das Papsttum sich während des Bilderstreits aus seiner Abhängigkeit von Ostrom löste, mußte es gegen die langobard. Umklammerung die Franken zu Hilfe rufen; die *Pippinische Schenkung* (754) sicherte ihm den Besitz von Rom, Perùgia u. Ravenna, den Keim des späteren Kirchenstaats. Karl d. Gr. vernichtete 774 das langobard. Königreich, machte das Herzogtum Spoleto zur fränk. Mark u. brachte Benevent in Lehnsabhängigkeit. Der päpstliche Besitz stand unter seinem Schutz. 800 weitete der Papst diesen Schutz zum abendländ. Kaisertum aus. Nur Unter-I. blieb byzantin. Im 9. Jh. eroberten die Araber Sizilien. Durch die karoling. Reichsteilung von Verdun fiel I. an Lotharingien. Die Herrschaft der Karolinger in I. ging Ausgang des 9. Jh. zu Ende. In wechselvollen Kämpfen italien. u. burgund. Großer um die mit dem Besitz Roms verbundene Königs- u. Kaiserkrone verfiel das Land. Das Papsttum konnte sich nur mit Mühe als einzige überregionale Autorität behaupten.
Reichsitalien u. Normannenstaat: 962 unterlag *Berengar von Ivrea* Kaiser Otto I. Das *Regnum Italicum* blieb seit der Kaiserkrönung Ottos d. Gr. bis zum Tod Friedrichs II. (962–1250) Teil des röm.-dt. Kaiserreichs, u. die I.-Politik prägte seitdem die Geschichte des mittelalterl. Kaisertums. Der Versuch Ottos III., das *Sacrum Imperium* von Rom aus zu regieren, scheiterte. Wie in Dtschld., so bildete die Verleihung von Grafenrechten an die Bischöfe die Grundlage der kaiserl. Herrschaft auch in I. Im → Investiturstreit entbrannte zwischen dem erstarkten Papsttum u. den Kaisern (Heinrich IV., Heinrich V.) ein Kampf um die Vorherrschaft in I., der im Wormser Konkordat (1122) zugunsten

der Päpste entschieden wurde. In Oberitalien verschwand das Reichskirchensystem. Die Kaiser waren damit einer ihrer wichtigsten Stützen beraubt. Ein weiterer Erfolg der Päpste war die Schenkung der *Mathildischen Güter* an den Kirchenstaat 1079. Während dieser Wirren gewannen die Städte immer größere Bedeutung u. Unabhängigkeit von den noch von Konrad II. begünstigten Lehnsherren *(constitutio de feudis)*, u. zwar sowohl in der Lombardei wie in der Toskana, vor allem aber die Seestädte Genua, Pisa u. Venedig, die seit den Kreuzzügen das Mittelmeer beherrschten. Das feudale System erhielt sich nur in der Lunigiana, in Ligurien, Savoyen u. Friaul sowie im Kirchenstaat u. dem nicht zum Reich gehörenden Süd-I.
In den byzantin. Gebieten Siziliens u. Kalabriens hatten sich im 9. u. 10. Jh. z. T. Sarazenen festgesetzt; im Lauf des 11. Jh. wurden diese Gebiete von Normannen erobert, die das Land 1059 vom Papst zu Lehen nahmen u. zu dessen Parteigängern wurden. Die verschiedenen normann. Fürstentümer wurden 1130 von König *Roger II.* zu einem Staat „moderner" Prägung vereinigt. Im sog. Reichs-I. versuchte Friedrich I. auf dem Reichstag von *Roncaglia* (1158), die kaiserl. Herrschaft über die oberitalien. Städte aufgrund des röm. Rechts durchzusetzen. Obwohl ein Teil der Städte durchaus kaiserlich (ghibellinisch) gesinnt war, konnten diese Pläne gegen den Widerstand des *Lombardischen Städtebunds* (Guelfen) u. des Papstes nicht verwirklicht werden. Der *Friede von Venedig* mit *Alexander II.* 1177 u. der von *Konstanz* mit den Städten 1183 brachten nur einen Kompromiß: Die von den Städten gewählten Bürgermeister (Podestà) wurden vom Kaiser bestätigt u. die Reichsverwaltung durch die Einsetzung von Generalvikaren neu organisiert. Aus diesen Gewalten entwickelten sich später die *Signorien* in den Städten u. die *Prinzipate* (Fürstentümer) Mittelitaliens.
Die Heirat Kaiser Heinrichs VI. mit der Erbin des Normannenreiches, *Konstanze*, vereinigte zum erstenmal seit dem Untergang Westroms fast ganz Italien unter einer Herrschaft. Papst *Innozenz III.* versuchte vergeblich, durch Parteinahme für den Welfen Otto IV. die Einkreisung des Kirchenstaats zu durchbrechen, denn Otto IV. erhob ebenfalls Ansprüche auf Mittel- u. Unteritalien. Die Wendung des Papstes zu *Friedrich II.* brachte nicht die erhoffte Schwächung der Kaisermacht in Italien, denn dem Staufer gelang nicht nur in Süd-I. der Aufbau des ersten modernen Beamtenstaats im Abendland, sondern im Kampf mit Papst *Gregor IX.* u. den lombard. Städten auch die erneute Stabilisierung der kaiserl. Herrschaft in Nord- u. Mittel-I.
Nach Friedrichs II. Tod (1250) u. dem seines Sohns *Konrad IV.* (1254) konnte dessen Bruder *Manfred* sich noch bis 1266 *(Schlacht bei Benevent)* gegen den vom Papst zu Hilfe gerufenen *Karl von Anjou* behaupten. Mit der Hinrichtung des letzten Staufers *Konradin* in Neapel (1268) brach die stauf. Herrschaft zusammen. Karl von Anjou verlor zwar durch die *Sizilianische Vesper* (1282) Sizilien an *Peter von Aragón*, vermochte aber ebenso wie seine Nachfolger, vor allem *Robert von Neapel* (1309–1343), seinen Einfluß über ganz Italien als Signore zahlreicher Städte bzw. als päpstl. Vikar auszudehnen. Erleichtert wurde dieses durch die Niederlage des Papsttums im Kampf mit Frankreich (Papst *Bonifaz VIII.* gegen *Philipp den Schönen)*, die zur *Babylonischen Gefangenschaft* der Kirche in Avignon (1309–1376) führte.
R e n a i s s a n c e : Die Versuche dt. Kaiser, in Römerzügen (Heinrich VII. 1310–1313, Ludwig der Bayer 1328–1333) die kaiserl. Gewalt wiederherzustellen, scheiterten.
Der aus kleinen Verhältnissen stammende röm. Volkstribun Cola di *Rienzo* versuchte 1347 vergeblich, die Abwesenheit der Päpste zur Wiederherstellung der Geltung Roms zu benutzen. Der Gegensatz von Guelfen u. Ghibellinen verhinderte im 14. Jh. den Aufbau einer übergreifenden polit. Ordnung u. führte in den Städten zu heftigen Kämpfen. Das Amt des gewählten Podestà wich allmählich dem des Signore. Trotzdem blieb die Oberhoheit des Reiches über Nord- u. Mittel-I. erhalten. Das Stadtregiment wurde entweder durch Ausdehnung auf Lebenszeit allmählich erblich als Stadtherrschaft (Signorie) oder durch kaiserl. oder päpstl. Verleihung zum Prinzipat (Fürstentum) gewandelt oder aber durch militär. Macht usurpiert (Söldnerführer: Condottieri). So bildete sich nach u. nach das italien. Staatensystem des 14./15. Jh.: die Republiken Venedig, Genua, Florenz u. Siena. Ab etwa 1400 erfolgte meist unter kaiserlicher Belehnung der Aufstieg der *Visconti* u. *Sforza* zu Herzögen von Mailand, der *Este* zu Herzögen von Mòdena u. Ferrara u. der *Gonzaga* zu Herzögen von Mantua. Mit Beendigung des Schismas (1415) festigte sich auch der Kirchenstaat wieder.
1442 gewannen die sizilian. Aragonesen Neapel zurück; in Florenz setzten sich die *Medici* durch, u. nach dem *Frieden von Lodi* (1454) u. der Gründung der *Lega italica* (1455) herrschte ein Gleichgewicht von 5 Mittelstaaten (Neapel-Sizilien, Florenz, Kirchenstaat, Mailand, Venedig), unter dessen Schutz auch die kleineren Staaten existieren konnten. Im 13. u. 14. Jh. war I. das wirtschaftl. führende Land Europas mit Venedig u. Genua als bedeutendsten Hafen- u. Handelsstädten, Florenz u. Mailand als Bankplätzen im Verkehr vor allem mit Ober-Dtschld., Frankreich u. der Levante. Erst die Verlagerung des Welthandels an die Atlantikküsten (Antwerpen, Amsterdam, Lissabon) leitete hier einen Umschwung ein. Mit Humanismus u. Renaissance war I. im 15. Jh. führend in Kunst u. Wissenschaft in Europa.
H e r r s c h a f t d e r e u r o p ä i s c h e n G r o ß m ä c h t e : Als Mailand 1494 im Kampf gegen Neapel *Karl VIII.* von Frankreich zu Hilfe rief, wurde die Ära des Gleichgewichts von Lodi abgelöst durch den Machtkampf um I. zwischen Frankreich, Spanien u. dem Reich. Er erhielt durch die Vereinigung Spaniens mit dem Reich unter Karl V. eine neue Dimension. 1495 wurde Karl VIII. von Frankreich durch eine übermächtige Koalition zum Rückzug aus I. gezwungen. Unter seinem Nachfolger Ludwig XII., der 1499 Neapel eroberte, es aber 1503 wieder aufgeben mußte, setzten sich die Franzosen in Mailand fest. 1513 wurden sie von den Schweizern vertrieben, die das Regiment der Sforza wiedererrichteten.
1515 gelang es Franz I. von Frankreich, die Schweizer bei Marignano zu schlagen u. Mailand wiederzugewinnen. Die Wende zugunsten des Kaisers kam mit der Schlacht von Pavia 1525, in der Franz I. von den Kaiserlichen gefangengenommen wurde. Im *Damenfrieden* von Cambrai 1529 verzichtete Frankreich auf Neapel u. Mailand, das 1535 nach dem Tod des letzten Sforza an das Reich zurückfiel. 1545 kamen Parma u. Piacenza an die Farnese; 1555 endete der Versuch der Franzosen, sich in Siena festzusetzen, mit der Auslieferung der Republik an Florenz. Im Frieden von *Cateau-Cambrésis* 1559 verzichteten die Franzosen endgültig auf I. Er leitete das Zeitalter der spanischen Vorherrschaft in I. ein. Unerschüttert blieben nur Venedig u. Savoyen sowie schließl. trotz des *Sacco di Roma* von 1527 der Kirchenstaat, 1589 um Ferrara, 1623 um Urbino vergrößert. In Florenz wurde die Herrschaft der *Medici* durch die von *Savonarola* 1494 ausgerufene Republik vorübergehend abgelöst; die Medici kehrten 1512 zurück u. wurden 1532 Herzöge

Italien um 1500

u. 1569 Großherzöge von Toskana. Mailand wurde nach dem Aussterben der *Sforza* als erledigtes Reichslehen eingezogen u. kam bei der habsburg. Länderteilung mit Neapel-Sizilien u. Sardinien an Spanien.
Der neue Zustand der span. Vorherrschaft, verschärft durch den Machtrückgang Venedigs, das seine Außenbesitzungen an die Türken verlor, dauerte bis zum Spanischen Erbfolgekrieg. Zu dieser Zeit erlebte Genua als spanischer Nachschubhafen u. Finanzier der Spanier eine Blütezeit. Nur Savoyen-Piemont konnte sich zwischen Spanien u. Frankreich, das unter Richelieu, Mazarin u. Ludwig XIV. im wesentlichen ergebnislos versuchte, sich in I. wieder festzusetzen (Mantuanischer Erbfolgekrieg 1628/29), erfolgreich behaupten. Es verlor zwar Bresse u. Bugey an Frankreich (1601), konnte sich aber in Ober-I. abrunden u. gewann im *Utrechter Frieden* 1713 Montferrat, Sizilien u. die Königskrone; 1720 tauschte es Sizilien gegen Sardinien ein. Österreich gelangte im Utrechter Frieden in den Besitz der span. Positionen: Mailand, die Hafenstädte auf Elba u. in Toskana *(stato dei presidi)* u. Neapel. Durch ihr Bündnis mit Frankreich verloren unter Joseph I. verschiedene italien. Fürsten ihr Territorium, u. a. die Gonzaga in Mantua, deren Gebiet zu Mailand geschlagen wurde. 1734 mußte Österreich Neapel u. Sizilien an eine Nebenlinie der span. *Bourbonen* abtreten. Eine andere Nebenlinie des Hauses regierte seit 1731 in Parma u. Piacenza; nach dem Aussterben der Medici fiel Toskana 1737 an *Franz Stephan von Lothringen*, den Gemahl Maria Theresias, u. damit an die Habsburger.
Die im Frieden von Aachen 1748 geschaffene Ordnung, gestärkt durch das habsburg.-bourbon. Familienbündnis von 1756, leitete ein halbes Jahrhundert der Reformen ein, in dem sich der Aufgeklärte Absolutismus u. die Lehren der Physiokraten in den habsburg. (Toskana, Mailand) u. bourbon. Ländern verbreiteten.
Die Französische Revolution zerstörte diese Ordnung. Verschiedene Republiken, die sich bis zum *Frieden von Lunéville* 1801 gebildet hatten, wurden 1802 zur *Italien. Republik* umgebildet. Nach seiner Erhebung zum Kaiser ließ sich *Napoleon* 1805 zum König von I. krönen. Sein Stiefsohn *Eugène Beauharnais* war Vizekönig. 1805 kam Venetien an das Königreich I., Rom wurde zur reichsunmittelbaren Stadt erhoben. In den italien. Staaten wurde der *Code Napoléon* eingeführt. Piemont, das Königreich Etrurien (Toskana), die Ligurische Republik (Genua) u. Rom wurden mit Frankreich vereinigt, die Parthenopeische Republik (Neapel) kam 1806 an Napoleons Bruder *Joseph Bonaparte*, 1808 an seinen Schwager J. *Murat*, der sich hier bis 1815 halten konnte, während die französ. Ordnung im übrigen I. schon 1814 zusammenbrach. Nur in Sizilien u. Sardinien hatten sich die bisherigen Dynastien behaupten können. Der *Wiener Kongreß* stellte die alte Ordnung weitgehend wieder her: Venetien u. die Lombardei (Lombard.-Venezian. Königreich) fielen an Österreich; habsburg. Nebenlinien kamen in Toskana u. Mòdena auf den Thron. 1847 kam Parma-Piacenza an Marie-Louise, die Witwe Napoleons. Die Bourbonen kehrten nach Neapel u. Parma-Piacenza zurück, der Kirchenstaat wurde erneuert. Sardinien, um Genua vergrößert, blieb als einziger Staat unter einer nationalen Dynastie bestehen.
Risorgimento und Einigung: Die seit den Kongressen der *Heiligen Allianz* in Troppau, Laibach u. Verona 1820–1822 verstärkt einsetzende Reaktion gegen die nationalen u. liberalen Bestrebungen führte 1830 zur Revolution, die sich trotz anfängl. Erfolge angesichts der Indolenz der Masse nicht durchsetzen konnte u. in verschärfter Reaktion endete. Dieser Mißerfolg bewirkte in der Geschichte des → Risorgimento den Übergang von terrorist. Aktionen der Geheimgesellschaften (Carbonari) zur Gründung der Volksbewegung des *Giòvane Itàlia* durch G. *Mazzini* u. G. *Garibaldi*. Ihr Erhebungsversuch 1848/49 scheiterte infolge innerer Uneinigkeit, obwohl *Karl Albert von Sardinien* (*1798, †1849) mit einer liberalen Verfassung sich an die Spitze der Bewegung gestellt hatte. Karl Albert dankte zugunsten seines Sohnes *Viktor Emanuel II.* ab; die Leitung der Außenpolitik ging an C. *Cavour* über. Durch seine Teilnahme am Krimkrieg sicherte er sich das Wohlwollen Frankreichs u. Napoleons III., der nach dem *Vertrag von Plombières* (1858) Sardinien 1859 im Krieg gegen Österreich unterstützte. Das Ergebnis war die Abtretung der Lombardei im *Frieden von Zürich*. Entgegen Napoleons Plänen, ein föderatives System aufzurichten, gelang es Cavour mit Hilfe des 1857 gegr. Nationalvereins, die Staaten Mittel-I.s, die Romagna u. das Königreich beider Sizilien durch Volksabstimmungen zum Anschluß an Sardinien zu gewinnen. Es entstand das neue Königreich I. mit Turin, seit 1865 mit Florenz als Hauptstadt. Durch die Teilnahme am preuß.-österr. Krieg 1866 gewann I. Venetien, durch den Abzug der zum Schutz der weltl. Herrschaft des Papsttums fast ununterbrochen seit 1848 im Kirchenstaat stationierten französ. Truppen während des dt.-französ. Krieges 1870 Rom, das nunmehr Hauptstadt wurde.
Der Nationalstaat: Allerdings hatte man weder Trient noch Venèzia Giùlia gewinnen können, woraus gegenüber Österreich schwere Spannungen (→ Irredenta) entstanden, u. hatte außerdem für Frankreichs Hilfe mit der Abtretung von Savoyen u. Nizza bezahlen müssen. Die dadurch mit Frankreich entstandenen Zerwürfnisse wurden verstärkt durch die Neigung der Regierung MacMahon, Wünschen auf Restituierung des Kirchenstaats entgegenzukommen, u. durch die französ. Besetzung von Tunis, dessen europ. Minderheit mehrheitlich italienisch war. I. wurde dadurch zum Abschluß des *Dreibunds* mit Dtschld. u. Österreich-Ungarn animiert (1882), obwohl der Gegensatz zu letzterem bestehen blieb. Der Mittelmeerdreibund mit Österreich u. England (1887) gab mit der Heranziehung Englands den langgestreckten Küsten I.s den notwendigen Schutz. Als das dt.-engl. Verhältnis sich zu verschlechtern begann, suchte I. die Bindungen an den Dreibund zu lockern u. schloß geheime Neutralitätsverträge mit Frankreich (1902) u. Rußland (1909).
Wenig glücklich war die italien. Kolonialpolitik: 1881–1885 wurde am Roten Meer das Gebiet von Eritrea besetzt, 1889 die Somaliküste; der Versuch, Äthiopien zu unterwerfen (Protektoratsvertrag von 1889), scheiterte in der Schlacht von *Adoua* 1896. Erst 1911/12 gelang die Erwerbung von Tripolis u. der Cyrenaica (Tripolitanien) in einem Krieg mit der Türkei; dazu erwarb I. als Pfandbesitz Rhodos u. die Inseln des Dodekanes.
Innenpolitisch war I. belastet durch den sich im Zuge der Industrialisierung bes. der Poebene immer mehr verstärkenden Gegensatz zwischen dem agrar.-feudalen S mit breiten Schichten eines proletarisierten Kleinpächtertums u. dem industriell-bürgerl. N mit stark sozialist.-anarchist. Strömungen der Arbeiterschaft. Außerdem waren die inneren Verhältnisse belastet durch die Spannung mit der Kurie, die das Ende der weltl. Herrschaft des Papsttums nicht anerkannte; kirchl. Verbot für die Katholiken, sich aktiv am polit. Leben zu beteiligen, Säkularisation des Kirchenguts u. laizist. Schulgesetzgebung seitens des Staates waren die Folge. Das Verbot des Vatikans an die italien. Katholiken, sich an Wahlen zu beteiligen, u. die Bestimmung des italien. Wahlrechts, das Analphabeten von Wahlen ausschloß u. einen hohen Zensus besaß, führten zu einer extrem niedrigen Zahl von Wahlberechtigten u. einer geringen Wahlbeteiligung. Nur etwa 15–20% der männlichen Italiener nahmen an Wahlen teil. Eine soziale Entspannung setzte durch den Aufschwung der Wirtschaft seit Anfang des 20. Jh. ein, der auch die chron. Finanzkrise des Staats milderte, im Verhältnis Staat–Kirche durch die Lockerung der Haltung der Kurie unter Pius X. seit 1904. Die rasch wechselnden Regierungen der Liberalen u. der Linken seit 1876 unter Männern wie A. *Depretis* u. F. *Crispi* (System des Transformismo) förderten die Auflösung des italien. Parteiensystems. Nach der Ermordung König *Umbertos I.* (1900) u. der Militärdiktatur des Generals L. *Pelloux* wurde seit 1903 G. *Giolitti*, gestützt auf die Liberalen, der führende Politiker, bis die Einführung des allg. Wahlrechts eine Linksmehrheit unter A. *Salandra* an die Regierung brachte.
Trotz der Erneuerung des Dreibunds 1912 blieb I. bei Ausbruch des 1. Weltkriegs neutral, da England auf seiten der Gegner Deutschlands eingriff u. Österreich sich weder zu einem Entgegenkommen seinen italien. Untertanen gegenüber noch zu Gebietsabtretungen bereit erklärte (Mission Bülows in Rom), während die Ententemächte die Brennergrenze, Görz, Triest, Istrien u. Dalmatien im *Londoner Vertrag* vom 26. 4. 1915 anboten. Gegen die Kammermehrheit, aber unterstützt von Interventionisten unter Führung *Mussolinis* u. G. d'*Annunzios*, erklärte Salandra Österreich am 23. 5. 1915, Dtschld. am 28. 8. 1916 den Krieg. Trotz der ergebnislosen elf *Isonzoschlachten* u. der Niederlage im Oktober 1917 vermochte I. mit alliierter Unterstützung die Piavefront zu halten u. das zusammenbrechende Österreich in der Schlacht von *Vittòrio Vèneto* zum Waffenstillstand zu zwingen (24. 10.–4. 11. 1918). Der *Friede von Saint-Germain* brachte I. die Brennergrenze, Görz, Triest, Istrien, Teile des Küstenlandes u. Zara ein; auf Dalmatien u. Fiume mußte I. zugunsten Jugoslawiens, auf die kleinasiat. Mandatsgebiete (Antalya) zugunsten der Türkei verzichten. Bei der Verteilung der deutschen Kolonien ging I. leer aus.
Enttäuschung über den Friedensschluß u. wachsende wirtschaftl. Schwierigkeiten führten zu innenpolit. Radikalisierung, mit der die sozialist. Mehrheit ebensowenig wie die neu gegründete kath. Volkspartei L. *Sturzos* fertig werden konnte, die aber zum unaufhaltsamen Aufstieg der von Mussolini gegründeten faschist. Bewegung führte. Durch den „Marsch auf Rom" zwang Mussolini *Viktor Emanuel III.*, ihm die Regierung zu übertragen (31. 10. 1922).
Das faschistische Italien: Mussolini festigte seine Macht im Innern durch Errichtung eines autoritären Staats (Verbot der Parteien, ausgenommen die faschist., Organisierung der Jugend) u. durch die Bereinigung des Verhältnisses zur Kirche in den *Lateranverträgen* von 1929 (revidiert 1984). Dabei wurde der Diktator schließlich als Führer des Faschismus *(Duce del fascismo)* zum alleinigen Machtzentrum. Wirtschafts- u. Sozialwesen erfuhren eine korporativist. Ausrichtung (Ersetzung der Gewerkschaften durch Syndikate, Förderung von Industriekartellen). Außenpolit. Erfolge begleiteten diese Entwicklungen: Vertrag mit Jugoslawien 1924 über die Abtretung von Fiume, Beteiligung am *Locarno-* u. am *Kelloggpakt*, Zusammenarbeit mit England u. Frankreich auf der *Konferenz von Stresa* u. Abkommen mit Frankreich über Tunis 1935. Eine Wende in der Außenpolitik brachte der Überfall auf Äthiopien 1936, der mit der Eroberung des

Italien 1815

ostafrikan. Kaiserreichs u. der Annahme des Titels „Kaiser von Äthiopien" durch König Viktor Emanuel III. endete. Wegen der Sanktionen des Völkerbunds im Äthiopien-Krieg näherte sich Mussolini dem nat.-soz. Dtschld.: gemeinsame Teilnahme am Span. Bürgerkrieg 1936, Bildung der *Achse Rom–Berlin* (25. 10. 1936), Austritt aus dem Völkerbund u. Beitritt zum *Antikominternpakt* (1937), Eroberung Albaniens April 1939, *Stahlpakt* mit Dtschld. 22. 5. 1939. Vergeblich versuchte Mussolini nach dem Vorbild von München beim Kriegsausbruch 1939 zu vermitteln, blieb zuerst neutral u. erklärte Frankreich erst nach dessen Zusammenbruch am 10. 6. 1940 den Krieg. Sein Versuch, Korsika, Nizza, Savoyen, Tunis u. Djibouti für I. zu gewinnen, mißlang. Nach Abschluß des *Dreimächtepakts* mit Dtschld. u. Japan (1940) eröffnete I. erfolglos den Krieg gegen Griechenland u. in Nordafrika. Ostafrika ging 1942 verloren, in Nordafrika hielt man sich mit Hilfe dt. Truppen bis 1943. Nach der Landung der Alliierten in Sizilien wurde Mussolini am 25. 7. 1943 gestürzt u. verhaftet, die faschist. Partei von der Regierung P. *Badoglios* aufgelöst. Streiks in Ober-I., wachsende Opposition in monarchist. Kreisen u. in der Armee, aber auch in der Partei selbst hatten zu diesem Ende geführt. Am 3. 9. schloß Badoglio einen Waffenstillstand, dessen Verkündung zur dt. Besetzung I.s, zur Entwaffnung der italien. Streitkräfte u. zur Befreiung Mussolinis (12. 9.) führte. Im dt. besetzten Teil organisierte Mussolini die *Repùbblica Sociale Italiana*; aufgrund des Widerstands des *Comitato di Liberazione Nazionale* (Partisanengruppe) konnte er jedoch nicht mehr aktiv in den Kampf eingreifen. Nach der Befreiung Roms (4. 6. 1944) verzichtete *Viktor Emanuel III.* zugunsten seines Sohnes *Umberto II.* als Generalstatthalter auf die monarch. Gewalt. Am 28. 4. 1945 wurde Mussolini von Partisanen gefangengenommen u. erschossen, am 29. 4. die Repùbblica Sociale aufgelöst u. nach der dt. Kapitulation die erste neue gesamtitalien. Regierung des Partisanenführers F. *Parri* (* 1890, † 1981) gebildet.

Nach 1945: Durch den *Pariser Frieden* vom 10. 2. 1947 verlor Italien Rhodos u. den Dodekanes an Griechenland, Istrien, die Küstenlande u. Zara an Jugoslawien; es verzichtete auf alle Kolonien in Afrika (Tripolitanien, Somalia u. Eritrea). Eine Volksabstimmung am 12. 6. 1946 erbrachte die Entscheidung für die Republik, *Umberto II.* dankte ab. Seit den Wahlen von 1948, die der *Democrazia Cristiana (DC)* unter A. *De Gasperi* die absolute Mehrheit brachten, war I. bis 1953 politisch stabil. De Gasperi, einer der entschiedensten Vertreter eines vereinigten Europa, integrierte I. in die westeurop. Gemeinschaften. Mit Hilfe des Marshallplans erfolgte der Wiederaufbau der Wirtschaft. Eine Sozial- u. Bodenreform sollte die Probleme des Agrarsektors abmildern. 1954 wurde die Triest-Frage mit Jugoslawien gelöst (die Stadt Triest kam an I.). Die Südtirol-Frage fand trotz des *Gruber-De-Gasperi-Abkommens* 1946 (Autonomiebestrebungen Südtirols) lange keine befriedigende Lösung.

Nach dem Verlust der absoluten Mehrheit der DC 1953 kam es bis 1960 zu Koalitionen der rechten Mitte (Min.-Präs. G. *Pella*, M. *Scelba* u. A. *Segni*). Das NATO-Mitglied (seit 1949) I. wurde 1958 Gründungsmitglied der EWG. A. *Fanfani* leitete 1960 innenpolitisch eine Wende nach links ein. 1963 wurden erstmals die Sozialisten an der Regierung beteiligt; seither regierten häufig „Mitte-Links-Koalitionen" (DC, PSI u. mehrere kleine Parteien der Mitte).

In den 1960er Jahren (Regierungen von M. *Rumor* u. A. *Moro*) nahm I. einen großen wirtschaftl. Aufschwung, mit dem aber Bildungs-, Sozial- u. Justizwesen mangels Reformen nicht Schritt hielten. Zugleich verschärfte sich der Gegensatz zwischen dem industrialisierten Norden und dem zurückgebliebenen Süden, was zu einer anhaltenden Binnenwanderung führte. Seit 1970 erschütterten Arbeitslosigkeit, Währungsverfall u. Zerrüttung der öffentlichen Finanzen die wirtschaftliche Prosperität. Die sozialen Spannungen fanden Ausdruck in Streikwellen, die von Unruhen begleitet waren. Der Kommunist. Partei (PCI) verschafften 1976 große Stimmengewinne eine Schlüsselstellung. Das nach den Wahlen gebildete DC-Minderheitskabinett unter G. *Andreotti* war von ihrer Unterstützung abhängig, so daß sie praktisch Teilhaberin der Regierungsmacht wurde. Die Frage ihrer direkten Regierungsbeteiligung wurde ein Hauptthema der innenpolit. Auseinandersetzung. Der „histor. Kompromiß" *(Compromesso storico)*, eine Koalition zwischen DC u. PCI, kam jedoch nicht zustande. Ende der 1970er Jahre häuften sich Terrorakte links- u. rechtsradikaler Gruppen. Die Roten Brigaden ermordeten 1978 A. Moro.

Innenpolit. Affären beschädigten zunehmend das Ansehen der etablierten polit. Kräfte. Seit 1981 regierte eine Fünf-Parteien-Koalition aus Christdemokraten, Sozialisten, Sozialdemokraten, Liberalen u. Republikanern. Mit dem Republikaner G. *Spadolini* übernahm erstmals ein Politiker das Amt des Min.-Präs., der nicht der DC angehörte. Nach den Wahlen 1983 wurde PSI-Führer B. *Craxi* Regierungschef. Nach dessen Rücktritt kam es zu wechselnden Regierungen (Min.-Präs. 1989–1992 G. Andreotti) unter Beibehaltung der Fünfer-Koalition, aus der die Republikaner nach einer Regierungskrise 1991 ausschieden. Das innenpolit. Klima verschlechterte sich rapide. Die Wirtschaftsentwicklung wurde durch die hohe Staatsverschuldung blockiert. Mordanschläge der Mafia bewiesen Defizite im Bereich der inneren Sicherheit.

In der Außenpolitik engagierte sich I. für die Europ. Union. 1992 wurde der Südtirolkonflikt mit Österreich auch völkerrechtlich für beigelegt erklärt. Bei den Parlamentswahlen im gleichen Jahr erlitt die DC schwere Verluste, blieb aber erneut stärkste Partei. Staats-Präs. F. *Cossiga* erklärte kurz vor Ablauf der regulären Amtszeit seinen Rücktritt. Nachfolger wurde O. L. *Scalfaro*. Im Juni 1992 bildete der Sozialist G. *Amato* eine Koalitionsregierung aus Christdemokraten, Sozialisten, Sozialdemokraten u. Liberalen. Inzwischen führte die Aufdeckung zahlreicher Korruptionsskandale zu einer Staats- u. Parteienkrise. Im April 1993 sprach sich die Bevölkerung in einem Referendum für institutionelle Reformen aus. Im Anschluß an das Referendum trat die Regierung Amato zurück. Der parteilose Finanzfachmann C. A. *Ciampi* stellte aus Vertretern der Christdemokraten, Liberalen, Republikanern, Sozialisten sowie zahlreichen unabhängigen Experten ein neues Kabinett zusammen. In der Folgezeit veränderte sich die traditionelle Parteienlandschaft radikal. Die Christdemokraten verloren endgültig ihre Stellung als führende polit. Kraft. Bei vorgezogenen Neuwahlen im März 1994 gewann ein Rechtsbündnis unter Führung des Medienunternehmers S. *Berlusconi* die absolute Mehrheit. Berlusconi wurde neuer Min.-Präs. Differenzen zwischen ihm u. U. *Bossi*, dem Vorsitzenden der populist. Lega Nord, führten sehr schnell zum Bruch der Koalition u. zum Rücktritt der Regierung Berlusconi im Dez. 1994. Neuer Min.-Präs. wurde L. *Dini*, der frühere Generaldirektor der Bank von Italien. Sein Kabinett trat im Jan. 1996 zurück. Vorgezogenen Parlamentswahlen im April 1996 gewann das Mitte-Links-Bündnis „Ulivo" mit dem Spitzenkandidaten R. *Prodi*. Der Partito Democratico della Sinistra, Nachfolgeorganisation der Kommunist. Partei I.s, wurde zur stärksten polit. Kraft des Landes.

Italiker, Sammelname für Völkerschaften mit indoeurop. Sprachen, die am Ende des 2. Jahrtausends v. Chr. von N her über die Alpen in mehreren Wellen in Italien einwanderten. Die I. werden in zwei sprachl. Gruppen geschieden: *Latino-Falisker* u. *Osko-Umbrer.* Erstere siedelten im nördl. Latium mit Rom u. rechts des Tiber. Das Gebiet der später eingedrungenen zweiten Gruppe, zu denen u. a. die *Umbrer, Osker, Sabeller, Samniten, Lukaner, Bruttier* u. *Volsker* gehörten, erstreckte sich weit nach S: Die Umbrer saßen in Südetrurien u. im nördl. Apennin sowie in der Gegend von Perùgia, die Volsker bildeten den Übergang zu den sabellischen Stämmen im Apennin, u. die Samniten drangen an die Adria u. tief nach Süditalien vor. Die I. waren hauptsächlich Viehzüchter. Sie wurden von den *Römern* in langen u. schweren Kämpfen unterworfen.

Itinerar [das, Pl. *I.ien*; lat., „Reisebuch"], **1.** *Altertum:* von den Römern entwickelter Streckenplan mit Angaben über Landstraßen u. den daran liegenden Stationen, Entfernungen, Wegverhältnisse u. ä.; berühmt die sog. *Peutingersche Tafel* mit dem Straßennetz von Spanien bis Indien.
2. *Mittelalter:* 1. Reisebeschreibung für Pilgerfahrten; 2. von der Forschung aus Quellen zusammengestellte, zeitlich geordnete Liste der Reisewege u. Aufenthaltsorte der ohne feste Residenz umherziehenden mittelalterl. Herrscher.

Itio in partes [lat., „Auseinandergehen in Gruppen"], *Itionsrecht*, im dt. Reichstag eine von 1648 bis 1806 bestehende Bestimmung, wonach über Reichsvorlagen, die Religionssachen betrafen, nach Konfessionen getrennt abgestimmt werden mußte (*Corpus catholicorum* u. *Corpus evangelicorum*).

Ito, Hirobumi, Fürst (seit 1895), führender japan. Politiker u. Gründervater des modernen Japan in der *Meiji-Zeit*, * 2. 9. 1841 Hagi (Präfektur Yamaguchi), † 26. 10. 1909 Harbin (Korea; ermordet); stammte aus dem niederen *Samurai*-Stand des Daimyo von Choshu, eines der Hauptgegner des Shogunats Tokugawa; machte sich auf Studienreisen nach Europa u. Amerika mit dem westl. polit. Leben vertraut u. wurde nach dem polit. Wechsel der *Meiji-Restauration* zum Hauptbefürworter einer politisch-institutionellen Modernisierung Japans. Er entwarf nach preuß. Vorbild die japan. Verfassung von 1889. Seit 1885 war er mehrfach Min.-Präs., 1895 bevollmächtigter Unterhändler beim Friedensschluß von Shimonoseki, 1900 Gründer u. drei Jahre Vors. der als regierungstreu konzipierten Partei *Seiyukai*, 1906–1909 Generalgouverneur von Korea. Seine Ermordung kurz nach seinem Rücktritt durch einen korean. Nationalisten bildete den Vorwand zur japan. Annexion Koreas 1910. I. schrieb „Commentaries on the constitution of the empire of Japan" 1889.

Itúrbide [i'turbiðə], Agustín de, Kaiser von Mexiko 1822/23, * 27. 9. 1783 Valladolid (Michoacán; heute Morelia), † 19. 7. 1824 Padilla (erschossen); kämpfte 1810 noch als span. Offizier gegen die Mexikaner, auf deren Seite er sich 1821 stellte. Er bewog die Aufständischen, Mexiko zur unabhängigen Monarchie zu proklamieren („Plan von Iguala"). 1822 ließ er sich als *Agustín I.* zum Kaiser ausrufen, wurde 1823 durch einen Militäraufstand unter Antonio *López de Santa Ana* gestürzt, ins Ausland (Italien) verbannt u. 1824 bei seiner Rückkehr nach Mexiko hingerichtet.

Itzá, indian. Name für den seefahrenden Zweig der Putún-Maya, auch Chontal-Maya, von Tabasco Campeche (Mexiko). Die I. setzten sich zuerst auf der Insel Cozumel fest, von wo aus sie 918 n. Chr. in Yucatán einfie-

Iwan IV. (3)

len u. die Stadt Ucuilabnal eroberten u. in *Chichén Itzá* umbenannten. Die I. gründeten auch die Nachbarstadt *Mayapán*, von der sie jedoch um 1200 unterworfen wurden. Erst um 1450 erlosch das Reich von Mayapán, die I. verließen Yucatán u. zogen in das heutige Guatemala, wo sie auf einer Insel im Petén-See die befestigte Stadt *Tayasal* gründeten. Hier behaupteten sie sich gegenüber den span. Eroberern bis 1697.

Itzcoatl, *Obsidianschlange*, aztek. Herrscher 1427–1440, Schwager des Acolhua-Herrschers *Ixtlixochitl* von Tezcoco; mit den Acolhua verbündet, unterwarf er das Tepanekenreich von Azcapotzalco, das das Hochtal von Mexiko beherrschte, vereinigte die Reste der Tepaneken mit den Acolhua u. Azteken zu einem Dreibund u. begründete damit die aztek. Vormachtstellung in Zentralmexiko.

Itzstein, Johann Adam von, Politiker, * 29. 9. 1775 Mainz, † 14. 9. 1855 Hallgarten, Rheingau; im Vormärz als bad. Landtags-Abg. Vorkämpfer des Parlamentsgedankens u. der Pressefreiheit; organisierte auf seinem Gut Hallgarten die ersten geheimen überregionalen Treffen der Führer der dt. Nationalbewegung; 1848/49 demokrat. Abg. in der Frankfurter Nationalversammlung; als Patriarch verehrt u. wegen seiner Mitgliedschaft im Rumpfparlament erneut verfolgt.

Iugurtha → Jugurtha.

Iulius, *Julius*, Name eines altröm. Patriziergeschlechts, das sich auf *Iulus*, einen Sohn des Trojaners *Aeneas*, u. über diesen auf die Göttin Venus zurückführte; ihm entstammten u. a. *Cäsar* u. *Augustus*.

Ivrea, das röm. *Eporedia*, italien. Stadt in Piemont, an der Dora Bàltea, 28 000 Ew.
Wegen seiner Lage (Sperre des Alpenübergangs) im Altertum u. im MA militärisch wichtig; Sitz eines langobard. Herzogs, 774 fränkisch, seit Ende des 9. Jh. Sitz eines Markgrafen; die Markgrafen von I. waren im 10. u. 11. Jh. zeitweise italien. Könige. 1313 wurde I. savoyisch.

Iwan, russ. Fürsten: **1.** *Iwan I. Danilowitsch* [tatar. *Kalita*, „Geldsack"], Fürst von Moskau seit 1325, Großfürst von Wladimir u. Moskau seit 1328, † 31. 3. 1341; schuf die Grundlage für die Hegemonie Moskaus in Rußland; als Tributeinnehmer der Mongolen in Rußland u. durch seine umsichtige Sicherheits- u. Wirtschaftspolitik stärkte er seine Finanzkraft erheblich; er gliederte mehrere Teilfürstentümer, z. T. durch „Kauf", seinem Herrschaftsbereich ein.
2. *Iwan III. Wassiljewitsch, I. d. Gr.*, Großfürst von Moskau 1462–1505, * 22. 1. 1440 Moskau, † 27. 10. 1505 Moskau; vollendete fakt. die Einigung Rußlands, indem er 1478 Nowgorod, 1485 Twer, 1489 Wjatka, 1503 Rjasan unterwarf. 1497 erließ er ein Gerichtsbuch *(Sudebnik).* Der kampflose Abzug Mengli Girais von Moskau 1480 bedeutete das Ende der Mongolenherrschaft. I.s Versuch einer Eroberung Livlands scheiterte in der Niederlage gegen den Dt. Orden am Smolina-See (1502). Die Heirat mit *Zoë* (Sophie), der Nichte des letzten byzantin. Kaisers, u. die Übernahme des byzantinischen Hofzeremoniells waren Ausdruck des Anspruchs, Moskau sei als Nachfolgerin von Byzanz das „Dritte Rom". I. ließ den Moskauer Kreml von italien. Künstlern ausbauen.
3. *Iwan IV. Wassiljewitsch, I. der Schreckliche (Grosnyj)*, russ. Großfürst 1533–1584, seit 1547 mit dem Titel *Zar*, * 25. 8. 1530 Moskau, † 28. 3. 1584 Moskau; gebildeter, auch als Theologe u. Publizist wirkender Herrscher, führte zunächst innere Reformen durch: Erlaß eines Gesetzbuchs 1550, Reform der Lokalverwaltung u. der Kriminalgerichtsbarkeit sowie Ausrüstung des Heers mit Feuerwaffen. Er stützte sich dabei auf den in einem Dienstgütersystem *(Pomestje)* organisierten Dienstadel. Die orth. Kirche machte er endgültig zur russ. Nationalkirche. Sein Kampf gegen die Bojaren-Aristokratie (Briefwechsel mit A. *Kurbskij*) mündete seit 1565 in einen schrankenlosen Terror, der in I.s psychopath. Persönlichkeitsstruktur wurzelte u. Tausende von Opfern forderte. Die Eroberung der Khanate Kasan (1552) u. Astrachan (1558) u. des Zartums Sibir (1582 durch T. Jermak) leitete die russ. Ost-Expansion ein. Der Livländische Krieg (1558–1595) um einen Zugang zur Ostsee mündete in einen langjährigen erfolglosen Kampf gegen Polen (Stephan Báthory) u. Schweden (Karl IX.). – Neben der Vollendung der Autokratie als ausschließliche polit. Kraft brachte die Regierung I.s Rußland den wirtschaftl. Ruin u. eine soziale u. polit. Krise, die erst nach Jahrzehnten überwunden wurde.
4. *Iwan VI. Antonowitsch*, Zar 1740/41, * 24. 8. 1740 St. Petersburg, † 16. 7. 1764 Schlüsselburg; zunächst unter Vormundschaft des Herzogs von Kurland, Ernst J. von Birons, dann seiner Mutter Anna Leopoldowna; von Zarin Elisabeth 1741 gestürzt.

Iwan Asen, *I. A. II.*, bulgar. Zar 1218–1241, * um 1190, † 1241; Sohn des Mitbegründers des 2. bulgar. Reiches, Asens I., kehrte 1218 aus dem südwestruss. Exil zurück u. verdrängte den Usurpator *Boril* aus Tirnowo. 1230 wehrte er in der Schlacht bei Klokotnica den Angriff Theodors I. von Epirus ab u. gliederte das Territorium dieses byzantinischen Reststaates im Westteil der Balkanhalbinsel seinem Herrschaftsbereich ein. Er erreichte damit die größte territoriale Ausdehnung des 2. bulgar. Reiches.

Iximché, befestigte Hptst. der *Cakchiquel-Maya* im Hochland Guatemalas; wurde 1524 durch die Spanier unter Pedro de Alvarado erobert.

Ixtlixóchitl, Herrscher der *Acolhua* von *Texcoco* (Mexiko) 1409–1418, von dem Tepaneken-Herrscher Tezozómoc ermordet.

J

Jabłoński, Henryk, poln. Politiker, * 27. 12. 1909 Waliszewo; Historiker, 1965/66 Min. für Volksbildung, 1966–1972 für Volksbildung u. Hochschulwesen, 1971–1981 Mitgl. des Politbüros der Vereinigten Poln. Arbeiterpartei, 1972–1985 Vors. des Staatsrats.

Jackson ['dʒæksən], **1.** Andrew, US-amerikan. Politiker (Demokrat), * 15. 3. 1767 Waxhaw Settlement, S. C., † 8. 6. 1845 auf Hermitage bei Nashville, Tenn.; Jurist, Soldat, Mitgründer u. erster Kongreß-Abg. des Staates Tennessee, dann Senator. Im Krieg 1812 bis 1815 zuerst Milizgeneral im Kampf gegen die Creek-Indianer, besiegte J. später als US-General die Briten bei New Orleans am 8. 1. 1815 (nach Unterzeichnung des Friedensvertrags von Gent). J. drang zu Beginn des 1. Seminolenkriegs nach Spanisch-Florida ein (1817/18), war nach dem Ankauf dieses neuen Gebiets 1819 dort Militärgouverneur; 1823–1825 erneut Senator; 1824 erfolglos Präsidentschaftskandidat. 1829–1837 war J. der 7. Präsident der USA (1832 wiedergewählt). Die um ihn gescharten Reformer formierten sich zur Demokrat. Partei. J. hat sie jedoch weder inspiriert noch geführt; er selbst nannte sich stets „Republikaner". Wichtigste Ereignisse seiner Regierungszeit sind: das Aufkommen des „Beutesystems" *(Spoils System)* bei der Verteilung öffentl. Ämter, die Berufung nichtverantwortl. Berater („Küchenkabinett"), der Bruch mit J. C. Calhoun 1831, die militär. Intervention in South Carolina 1832, das Veto des Präs. gegen die Erneuerung der US-Bank 1832, die Zwangsumsiedlung fast aller östl. Indianerstämme nach dem Trans-Mississippi-Westen 1831–1835, der Beginn des 2. Seminolenkriegs von 1835 bis 1843 u. des Texanischen Kriegs 1836, in den J. aus innenpolit. Rücksichten nicht eingriff.

2. Robert H., US-amerikan. Jurist, *13. 2. 1892 Spring Creek, Pa., †9. 10. 1954 Washington; 1940/41 Justiz-Min. (Generalstaatsanwalt); seit 1941 Richter am Obersten Gerichtshof der USA; 1945/46 amerikan. Hauptankläger im Nürnberger Prozeß gegen die Hauptkriegsverbrecher.

Jacoby, Johann, Politiker, *1. 5. 1805 Königsberg, †6. 3. 1877 Königsberg; Arzt; im Vormärz Initiator der Verfassungsdebatte in Preußen; 1848 Abg. in der preuß. Nationalversammlung, 1862–1866 im preuß. Abgeordnetenhaus, 1867–1870 im Norddt. Reichstag, Vertreter der äußersten bürgerl. Linken. Als engagierter Verfechter der Volkssouveränität bekämpfte J. die preuß. Lösung der dt. Frage; er protestierte gegen die Annexion von Elsaß-Lothringen u. wurde wiederholt angeklagt u. verhaftet. 1872 trat er der sozialdemokrat. Partei bei.

Jacquerie [ʒakə'ri; frz., von *Jacques Bonhomme,* einem Spottnamen für „Bauer"], erfolgloser Bauernaufstand in Mittel- u. Nordfrankreich 1358.

Jadwiga, Königin von Polen, → Hedwig (1).

Jagiełło, lit. *Jagaila,* Großfürst von Litauen 1377–1401, als *Władysław II. J.* König von Polen 1386–1434, *1351, †31. 5. 1434 Gródek bei Lemberg; Enkel Gedymins; sein Übertritt zum Christentum ermöglichte ihm 1386 die Heirat mit der poln. Thronfolgerin Hedwig (Jadwiga); er vereinigte hierdurch Litauen in Personalunion mit Polen u. gründete die poln. Dynastie der Jagiellonen. 1387 christianisierte er Litauen. Der weiteren machtpolit. Ausdehnung des Dt. Ordens bereitete der Sieg der vereinigten poln. u. litauischen Heere 1410 bei Tannenberg (Grunwald) unter J. u. seinem Vetter Vytautas (Witold) ein Ende. Um seinem Sohn den Thron zu sichern, gewährte J. dem poln. Adel Privilegien, die die Umwandlung Polens in eine Adelsrepublik einleiteten.

Jagiellonen, *Jagellonen,* von *Jagiełło* abstammende poln. Dynastie (1386–1572 in Polen u. Litauen), 1572 im Mannesstamm ausgestorben. Auf Jagiełło folgte 1434 sein Sohn *Władysław III.* – als ungar. König Wladislaw V. – (gefallen 1444 bei Warna im Kampf gegen die Türken), diesem folgte 1447 sein Bruder *Kasimir IV.* (*1427, †1492), dann dessen Söhne: 1492 *Johann Albrecht* (Jan Olbracht, *1459, †1501), 1501 *Alexander* (*1461, †1506) u. 1506 *Sigismund I.* (*1467, †1548) u. als letzter Jagiellone 1548 dessen Sohn *Sigismund II. August* (*1520, †1572). Kasimirs IV. Enkel *Ludwig II.* von Böhmen u. Ungarn fiel 1526 bei Mohács im Kampf gegen die Türken; da er kinderlos war, kamen seine Länder gemäß Erbvertrag an die Habsburger. 1471–1526 waren die J. zugleich Könige in Böhmen u. 1490–1526 in Ungarn. Unter ihnen wurde Polen europ. Großmacht.

Jagow, [-go:], märk. Uradelsgeschlecht, seit dem 14. Jh. in der Altmark beheimatet. – **1.** Gottlieb von, Vetter von 2), Politiker u. Diplomat, *22. 6. 1863 Berlin, †11. 1. 1935 Potsdam; setzte sich 1909–1912 als Botschafter in Rom für die Erneuerung des Dreibundes ein; unterstützte als Staatssekretär des Auswärtigen Amtes (1913–1916) im 1. Weltkrieg die Politik Bethmann Hollwegs u. forderte die Bildung von Pufferstaaten zwischen Deutschland u. Rußland zu dessen Schwächung.

2. Traugott von, Vetter von 1), Staatsbeamter u. Politiker, *18. 5. 1865 Perleberg, †15. 6. 1941 Berlin; 1909–1916 Polizei-Präs. von Berlin, 1916–1919 Regierungs-Präs. in Breslau; 1920 einer der Initiatoren des Kapp-Putschs u. als Innen-Min. der Kapp-Regierung vorgesehen.

Jahangir, *Dschahangir* [pers., „Eroberer der Welt"], Mogulkaiser 1605–1627, *1569, †1627; ältester Sohn *Akbars,* unterschiedlich beurteilt, teils als zwiespältige u. genußsüchtige Persönlichkeit, teils als tatkräftiger Herrscher überliefert, der die Herrschaft der Moguln in Zentralindien beträchtlich erweiterte.

Jahja ['jaxja], *Jachja,* Mohammed, Imam u. König von Jemen 1904–1948, *1876, †16. 1. 1948 (ermordet); vertrieb 1904 die Türken aus San'a, 1911 von diesen als Herrscher anerkannt, machte sich 1918 unabhängig.

Jahr und Tag, Frist des german. u. alten dt. Rechts; ursprüngl. 1 Jahr u. 1 Tag, später (unter Hinzurechnung der Frist zwischen zwei echten Thingen) 1 Jahr u. 6 Wochen oder 1 Jahr, 6 Wochen u. 3 Tage (dann wurde auch die Dauer des Things mitgerechnet). Von Bedeutung im *Strafrecht* (stellt sich der Beklagte nicht innerhalb von J. u. T. dem Gericht, wird sein gesamter Besitz eingezogen), im *Lehnrecht* (Frist zur Lehnserneuerung), bes. aber im *Liegenschaftsverkehr* (Einspruchsfrist, danach erlangt der Käufer die *rechte Gewere*).

Jaime ['xaimə], Könige von Aragón, → Jakob (1) u. → Jakob (2).

Jaina ['xaina], Insel an der Westküste Yucatáns (Mexiko), in vorspan. Zeit wichtiger Zeremonial- u. Begräbnisort der *Maya* in spätklass. Zeit (800–1200).

Jakob, Fürsten. Aragón: **1.** *J. I., J. der Eroberer,* span. *Jaime el Conquistador,* König 1213–1276, *22. 2. 1208 Montpellier, †27. 7. 1276 Valencia; eroberte die Balearen u. 1238 das Königreich Valencia im Kampf gegen die Mauren u. leitete die aragones. Mittelmeerpolitik durch Verheiratung seines Sohnes Peter III. mit Konstanze, der Tochter Manfreds von Neapel-Sizilien, ein. Er veranlaßte ein großes Gesetzgebungswerk. Katalan. Nationalheld.

2. *J. II., J. der Gerechte,* König 1291–1327, *1264 Montpellier, †2. 11. 1327 Barcelona; mußte 1295 im Frieden von Anagni mit dem Papst auf Sizilien verzichten, erhielt dafür Sardinien u. Korsika. Verbündete sich mit Venedig gegen Genua.

Großbritannien: **3.** *J. I.,* (engl. *James*), König von England 1603–1625 u. als *J. VI.* König von Schottland seit 1567, *19. 6. 1566 Edinburgh, †27. 3. 1625 Theobalds Park, Hertfordshire; Sohn der Maria Stuart, wurde nach der Abdankung seiner Mutter König von Schottland. J. verband sich im Interesse seiner Anwartschaft auf den engl. Thron 1586 mit Königin Elisabeth I. gegen Spanien u. hielt auch nach der Hinrichtung seiner Mutter an diesem Bündnis fest. Nach dem Tod Elisabeths (1603) vereinigte er die Kronen von

Jakob I. von England

Schottland u. England in Personalunion. Er verfocht in seinen Schriften „The true lawe of free monarchies" (1598) u. „Basilikon Doron" (1599) die Theorie vom göttl. Herrscherrecht der Könige. In seiner Herrschaftspraxis konnte J. einen ernsthaften Konflikt vermeiden, obwohl es gelegentl. zu Spannungen mit dem Parlament kam. Die parlamentar. Opposition wurde noch verstärkt durch die nachgiebige Politik J.s gegenüber Spanien zu Beginn des Dreißigjährigen Krieges.

4. *J. II.,* Enkel von 3), König 1685–1688, *14. 10. 1633 London, †5. 9. 1701 St.-Germain-en-Laye; als Herzog von York trat er während der Regierungszeit seines Bruders Karl II. (1660–1685) als fähiger Organisator u. Oberbefehlshaber der engl. Kriegsflotte hervor; wurde 1672 kath. u. hielt sich deshalb auf Drängen der parlamentar. Opposition während der Exclusion-Krise (1679–1681) zeitweilig außer Landes auf. Nach seiner Thronbesteigung betrieb er eine absolutist. Politik, die die Forderung des Katholizismus u. a. durch die Berufung von Katholiken in hohe Staatsämter u. durch *Indulgenzerklärungen* für Katholiken einschloß. Zu seiner Absetzung durch die engl. Protestanten mit Hilfe seines prot. Schwiegersohns *Wilhelm von Oranien* in der „Glorreichen Revolution" 1688/89 kam es, als er durch Eingriffe in die Wahlkreisordnung u. Säuberungen der Regionalverwaltung den Machtanspruch der traditionellen anglikanischen Herrschaftselite in Frage stellte.

5. *J. III. Eduard Franz,* Sohn von 4), gen. *Chevalier de St. George* u. *Old Pretender* (Prätendent auf den englischen Thron), *10. 6. 1688 London, †1. 1. 1766 Rom; scheiterte mit seinen Versuchen (1708, 1715), den engl. Thron zu gewinnen.

Haiti: **6.** *J. I.,* eigentl. Jean Jacques *Dessalines,* Kaiser 1804–1806, *um 1760 Goldküste, Afrika, †17. 10. 1806 (ermordet); erklärte Haiti 1804 für unabhängig.

Kurland: **7.** *J. (von) Kettler,* Herzog 1639 bzw. 1642–1682, *7. 11. 1610 Goldingen, †1. 1. 1682 Mitau; übernahm nach Zugeständnissen an den poln. Lehnsherrn *Wladislaw IV.* zusammen mit seinem Onkel *Friedrich* (†1642) das Herzogtum, führte den Merkantilismus ein, gründete Industriebetriebe (vor allem Werften), eine große Handels- u. Kriegsflotte, 1651 eine Kolonie in *Gambia* und auf *Tobago* 1651–1681. Im Nord. Krieg verlor J., seit 1654 dt. Reichsfürst ohne Reichsstandschaft, obwohl er seine Neutralität erklärt hatte, sein Herzogtum an Karl X. Gustav von Schweden, erhielt es aber durch den Frieden von Oliva 1660 zurück. Sein eigentliches Ziel, sich der poln. Lehnsherrschaft zu entziehen, erreichte J. nicht.

Schottland: **8.** *J. I.,* König 1406–1437, *Juli 1394 Dunfermline, †20. 2. 1437 Perth; versuchte den Widerstand des Adels durch Stärkung der königl. Kompetenzen zu brechen, setzte einen obersten Gerichtshof ein u. schuf eine Repräsentationsversammlung; vom Adel ermordet.

9. *J. II.*, Sohn von 8), König 1437–1460, *16. 10. 1430 Holyrood, Edinburgh, †3. 8. 1460 Roxburgh Castle (gefallen); suchte das während seiner Minderjährigkeit wieder geschwächte Königtum gegen den Adel zu stärken u. betrieb im Bündnis mit Frankreich eine expansive Politik gegenüber England.

10. *J. IV.*, Enkel von 9), König 1488–1513, *17. 3. 1473, †9. 9. 1513 Flodden Field; Gatte der *Margarete Tudor* (*1489, †1541), Schwester Heinrichs VIII.; beendete die Bürgerkriege u. stärkte das schott. Königtum; schloß 1512 einen Pakt mit Frankreich gegen England; fiel in der Schlacht bei Flodden Field gegen Heinrich VIII.

11. *J. VI.*, = J. I. von England; → Jakob (3).

Jakobiner, die radikalen Republikaner der Französ. Revolution 1789 (benannt nach ihrem Versammlungsort, dem Dominikanerkloster St. Jakob in Paris), seit 1791 unter Leitung *Robespierres*, übten 1793/94 eine terrorist. Diktatur (die sog. Schreckensherrschaft) aus; nach Robespierres Hinrichtung (1794) zunehmend einflußlos. Auf ihren Ideen fußten die Radikalen während der 2. u. 3. Republik.

Jakobinermütze [frz. *Bonnet rouge*], *phrygische Mütze*, eine Wollmütze mit umgeknicktem Zipfel, die in der Französ. Revolution als Freiheitssymbol in Rot mit blau-weißer Kokarde getragen u. zeitweise auch auf Siegeln, Münzen u. ä. abgebildet wurde.

Jakobiten, engl. *Jacobites*, die Anhänger des durch die „Glorreiche Revolution" 1688 aus England vertriebenen Stuartkönigs Jakob II. u. seiner Nachkommen. Unterstützung fanden die J. vor allem in Schottland, wo in den Highlands der größte Teil des Adels ihnen anhing. Nach einer Reihe vergeblicher Versuche (1708, 1715) mißlang 1745/46 ihr letzter Aufstand (Schlacht von *Culloden*). – Ein sentimentaler *Jakobismus* lebte bis in den 1. Weltkrieg fort, in dem sich die J. für Prinz *Rupprecht von Bayern* als den legitimen schott. König einsetzten.

Jakubowskij, *Jakubovskij*, Iwan Ignatjewitsch, sowjet. Marschall, *1. 7. 1912 Saitsewo, Mogiljow, Weißrußland, †30. 11. 1976 Moskau; 1960/61 u. 1962–1965 Oberbefehlshaber der Sowjettruppen in der DDR; seit 1967 Oberbefehlshaber der Truppen des *Warschauer Pakts*; befehligte die Intervention in der Tschechoslowakei im August 1968.

Jalisco-Stil [xa-], vorspan. indian. Keramikstil, benannt nach dem heutigen gleichnamigen Bundesstaat in Westmexiko. Typisch sind große, hohle menschliche Tonfiguren, oft als Paar gearbeitet, mit stark verlängerten Hinterköpfen, scharfkantigen langen Nasen u. kräftigen, verkürzten Gliedmaßen; ihre Bemalung zeigt, daß Narbentatauierungen üblich waren. Die Figuren wurden vor allem in tiefen Schachtkammergräbern gefunden u. datieren zwischen 330 v. – 400 n. Chr.

Jalta, Hafenstadt in der Ukraine, an der Südküste der *Krim*, 89 000 Ew.
Tagungsort der *Jalta-Konferenz* (*Krimkonferenz*, 4.–11. 2. 1945) zwischen dem US-Präsidenten F. D. *Roosevelt*, dem brit. Premier-Min. W. *Churchill* u. dem sowjet. Regierungschef J. *Stalin*. Ziel der Konferenz war es, den Kriegseintritt der Sowjetunion gegen Japan sicherzustellen u. vorhandene Differenzen zwischen den Alliierten beizulegen. Das Abkommen sicherte der Sowjetunion die Erhaltung des Status quo in der Äußeren Mongolei (Mongolische Volksrepublik) u. die Wiederherstellung der russ. Rechte vor dem russ.-japan. Krieg 1904 (Rückgabe von Süd-Sachalin, Übergabe der chines. Ostbahn u. der Südmandschurischen Bahn an eine

Jakobiner: Revolutionstribunal während der Schreckensherrschaft; zeitgenössischer Kupferstich von P. G. Berthault. Wien, Österreichische Nationalbibliothek

sowjet.-chines. Gesellschaft, Begünstigung sowjet. Interessen an dem Flottenstützpunkt Port Arthur u. dem Handelshafen Dairen). In einer eigenen *Erklärung von J.* wurden die *Beschlüsse von Teheran* bestätigt u. ergänzt; sie forderte die bedingungslose Kapitulation Deutschlands, Gebietsabtretungen, Aufteilung in vier Besatzungszonen mit einer interalliierten Zentralkommission in Berlin, Zerschlagung des Nationalsozialismus u. des deutschen Militarismus, Aburteilung der Kriegsverbrecher u. Reparationen.

Jama-Coaque, vorspan. indian. Kultur in Nordwestecuador, 500 v. – 500 n. Chr. J. zeigt ein hochentwickeltes Kunsthandwerk, darunter vor allem Schmuck aus Metallen u. Weberei.

Jamagata, Aritomo → Yamagata, Aritomo.

Jamaika JA

Fläche: 10 990 km². – *Einwohner:* 2,5 Mill. – *Hauptstadt:* Kingston. – *Landessprache:* Englisch. – *Nationalfeiertag:* 1. Montag im August. *Währung:* 1 Jamaika-Dollar = 100 Cents. – *Lage:* Inselstaat im Karibischen Meer zwischen 17°45′ und 18°30′ n. Br. sowie 76°15′ und 78°15′ w. L. – *Zeitzone:* Mitteleuropäische Zeit – 6 Std. – *Staatsform:* parlamentarische Monarchie mit der britischen Königin als Staatsoberhaupt.

1494 von *Kolumbus* entdeckt, seit 1536 als Grundherrschaft unter span. Oberhoheit im Besitz der Nachkommen des Kolumbus, der Herzöge von Veragua, gelangte die Insel 1655 in brit. Besitz. Mit Sklaven aus Schwarzafrika betrieben engl. Kolonisten florierende Zuckerrohrplantagen. Das Sklavenhaltersystem bestand bis ins 19. Jh. hinein. 1866 wurde J. Kronkolonie u. erhielt 1944 eine Verfassung, die die innere Verwaltung einer aus freien, allgemeinen Wahlen hervorgehenden repräsentativen Körperschaft übertrug. Seit 1958 Mitgl. der Karibischen (Westindischen) Föderation, wurde J. nach deren Auseinanderbrechen unabhängig (6. 8. 1962), blieb aber Mitgl. des Commonwealth. Erster Premier-Min. wurde Sir Alexander *Bustamante*, Führer der 1943 von ihm gegr. „Jamaica Labour Party" (JLP). Er übergab das Amt 1965 aus Altersgründen an Donald *Sangster*, der bei den Wahlen 1967 die JLP gegen die 1938 gegr. „People's National Party" (PNP) zum Sieg führte, aber kurz danach starb.
Premierminister Hugh *Shearer* erreichte 1969 die Aufnahme J.s in die Organisation der Amerikanischen Staaten (OAS). 1972–1980 regierte Michael *Manley* (PNP), der der staatl. Wirtschaftsförderung gegenüber dem Privatsektor den Vorrang gab u. einen „demokratischen Sozialismus" verwirklichen wollte, an in- u. ausländischen Widerständen jedoch scheiterte. In den 1970er Jahren häuften sich gewaltsame Rassenunruhen u. soziale Konflikte. Außenpolitisch orientierte sich Manley an Kuba u. den blockfreien Staaten. Im Okt. 1980 vollzog sich mit dem überwältigenden Wahlsieg des konservativen, prowestlich orientierten Edward *Seaga* u. seiner „Jamaica Labour Party" eine Wende, die den USA neuen Einfluß verschaffte. Die Wahlen von 1989 gewann erneut Manley, der den prowestl. Kurs seines Vorgängers beibehielt. 1992 trat Manley aus gesundheitl. Gründen zurück. Neuer Premier-Min. wurde P. J. *Patterson*, der mit der PNP auch die Wahlen 1993 gewann.

Jameson ['dʒɛimsən], Sir Leander Starr, brit. Politiker, *9. 2. 1853 Edinburgh, †26. 11. 1917 London; Arzt, fiel 1895 im Einverständnis mit C. *Rhodes* im tiefsten Frieden in Transvaal ein *(Jameson Raid)*, wurde aber am 2. 1. 1896 von den Buren gefangen u. den Engländern übergeben (Anlaß zur *Krüger-Depesche* Wilhelms II.). 1904–1908 Premier-Min. der Kapkolonie, Gründer der südafrikan. Unionistenpartei u. bis 1912 ihr Führer.

Janitscharen [türk. *yeni çeri*, „neue Truppe"], wohl von Sultan *Orchan* 1329 aus jungen christl. Balkanslawen u. Albanern, die zum Islam übertreten mußten, geschaffene Armee, die nach dem Vorbild des *Bektaschi-Derwischordens* organisiert wurde. Ursprüngl. straff organisiert u. bis 1566 ehelos, entwickelten sie sich im 17. Jh. zur privilegierten Kriegerkaste. Die Mitgliedschaft wurde erblich. Die Anführer *(Dei)* der J. waren später meist die eigentl. Machthaber im Osman. Reich. Im Juni 1826 ließ Sultan *Mahmud II.* die Anführer töten u. verbannte die meisten J.

Jankuhn, Herbert, Prähistoriker, *8. 8. 1905 Angerburg, †30. 4. 1990; Prof. in Kiel (1940) u. Rostock (1942); 1956–1974 Leiter des Instituts für Ur- u. Frühgeschichte an der Universität Göttingen; Hptw.: „Wehranlagen der Wikingerzeit" 1937; „Geschichte der Landwirtschaft vom Neolithikum bis zur Völkerwanderungszeit" 1976; „Einführung in die Siedlungsarchäologie" 1978.

Jansenismus, eine von Cornelius *Jansen* *(Jansenius;* *1585 Akkoy, Niederlande, †1638 Ypern, 1636 Bischof von Ypern) in seinem posthumen Werk „Augustinus" im Anschluß an diesen Kirchenvater niedergelegte Gnaden- u. Prädestinationslehre. Jansen erstrebte in Gemeinschaft mit Jean *Duvergier de Hauranne* (* 1581, † 1643) eine Verinnerlichung der Frömmigkeit, eine strengere Moral in Abwehr der Kasuistik der Jesuiten u. eine Stärkung der bischöfl. gegenüber der päpstl. Gewalt. Der J. gewann größere Bedeutung in Frankreich, Belgien u. den Niederlanden. Er ist eine der Erneuerungsbewegungen des nachtridentinischen Katholizismus. Seine Hauptgegner waren die von ihm angegriffenen Jesuiten. Mehrfach wurde er von der röm. Kirche verurteilt (Bullen „Vineam Domini" 1705 u. „Unigenitus" 1713), doch lebte er fort in der Kirche von Utrecht u. in der altkath. Kirche. Seine Ideen befruchteten weiterhin B. *Pascal* sowie den Gallikanismus, den Febronianismus u. den Klerus von Port-Royal.

Januarstreik, polit. Streikbewegung in Dtschld., 28. 1.–4. 2. 1918. Der von den *Revolutionären Obleuten* unter Führung von R. *Müller* ausgerufene Streik von Berliner Munitionsarbeitern griff auf andere Großstädte über u. erfaßte insges. 1 Mill. Arbeiter. Hauptforderungen waren: Frieden ohne Annexionen u. Kriegsentschädigungen, Aufhebung des Belagerungszustandes, Demokratisierung des Staates. Der Streik wurde von der USPD u. dem Spartakusbund, nicht von den Gewerkschaften gestützt; die SPD beteiligte sich an der Leitung, um ihn schnell zu beenden. Durch das energ. Einschreiten der Regierung brach der J. zusammen. In ihm formierten sich die Kräfte, die in der Novemberrevolution 1918 die Rätebewegung trugen.

Jan Wellem, *Johann Wilhelm*, Kurfürst von der Pfalz, → Johann (27).

Japan J

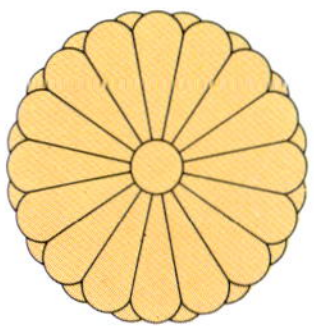

Fläche: 377 801 km². – *Einwohner:* 124,9 Mill. – *Hauptstadt:* Tokio. – *Landessprache:* Japanisch. – *Nationalfeiertag:* 29. 4. – *Währung:* 1 Yen = 100 Sen. – *Lage:* zwischen 24° und 46° n. Br. sowie 123° und 146° ö. L. – *Zeitzone:* Mitteleuropäische Zeit + 8 Std. – *Grenzen:* Inselkette zwischen Ochotskischem Meer im N, Pazifischem Ozean im O, Ostchinesischem Meer im SW und Japanischem Meer im W. – *Staatsform:* parlamentarische Monarchie.

Vorgeschichte: Die geographische u. ethnische Herkunft des japan. Volkes sind nicht voll geklärt. Die Einwanderung vermutlich mongol. u. malaiischer Stämme erfolgte entweder von Süden her oder in drei Strömen, zwei von Süden u. einer von Norden, in der mittleren Steinzeit. Neueste archäologische Funde weisen altsteinzeitliches (paläolithisches) Leben schon vor 20 000 Jahren nach. Die Träger der *Jomon* („Schnurmuster")-Kultur, die von etwa 7000 v. Chr. bis in das 3. vorchristl. Jh. datiert wird, gelten als die Urbewohner. Als Fischer, Jäger u. Sammler lebten sie unberührt von auswärtigen Einflüssen in dörfl. Kleingemeinschaften ein eigenständiges Leben, das vermutlich stark von Animismus bestimmt war. Etwa ab 250 v. Chr. begann die *Yayoi-Kultur*, die u. a. den Naßfeldreisanbau gleichzeitig aus Südchina u. Korea nach J. brachte, die Jomon-Kultur zu überlagern. Auf der Grundlage einer Verschmelzung kulturellhandwerklicher Einflüsse vom asiat. Festland mit bestehenden Praktiken der Ureinwohner bildeten sich die japanische Lebensform u. die Staatsordnung heraus.

Yamato-Zeit (350–645): Das Zentrum des neuen Staatswesens lag in der Yamato-Ebene, dem Gebiet um die spätere Hauptstadt Nara. Ein loser Adelsverband, die *Tenson* -Gruppe („Sonnenlinie"), unterwarf der Legende nach auf ihrem Zug von Nord-Kyushu nach Osten zahlreiche Stammesfürsten, von denen es laut einer chines. Quelle aus dem 3. Jh. etwa 100 gegeben haben soll, u. schuf schließlich von Yamato aus etwa um 400 n. Chr. ein polit. Gebilde. Vor der Zeit des starken chines. u. buddhistischen Einflusses bildete sich somit, wohl auch unter dem Eindruck der etwa gleichzeitig entstandenen koreanischen Königreiche, ein autochthones Gesellschafts- u. Regierungssystem heraus. Die Legitimation einer hierarchischen Oligarchie, in welcher der japan. Souverän nicht wie in China als allgewaltiger Herrscher, sondern als Symbol der Adelssolidarität, als Erster unter angeblich Gleichen, figurierte, war durch religiöse Vorstellungen, den späteren Schintoismus, vorgegeben. Die Verehrung lokaler oder familienbezogener Gottheiten, deren Schutzkräfte die Oberhäupter der großen Adelsgeschlechter teilhaftig werden konnten, verlieh der Führungsschicht u. vor allem dem sich seit etwa 600 China gegenüber als Monarch bezeichnenden Herrscher priesterliche Kräfte. Als Abkommen der göttl. Urahnen grenzte sich die adelige Führungsgruppe, der spätere Hofadel, um den Monarchen strikt von dem Ackerbau treibenden Volk ab. Erst nach der Herausbildung dieser religiös begründeten Herrschaftsstruktur gelangten chines. Vorstellungen eines straff organisierten Zentralstaates u. der Buddhismus über Korea nach J., wo sie dem bereits bestehenden polit. System übergestülpt bzw. von der Führungsspitze zur Festigung ihres Herrschaftsanspruchs übernommen wurden. Das chines. Vorbild beeinflußte den Kronprinzen *Shotoku*, der 594 den Buddhismus staatlich förderte u. durch administrative Neuerungen die Ära *Taika* („Große Reform") von 645 einleitete. Mit diesem erst 702 abgeschlossenen Reformwerk wurde J. zu einer absolutist. Monarchie nach chines. Muster umgestaltet.

Nara-Zeit (710–784): Mit der Vollendung der planmäßig angelegten Hptst., des heutigen Nara, erhielt das neue Staatswesen seinen ersten Regierungssitz. Der chines. Einfluß u. die Macht des Herrschers erreichten in jener Zeit ihren Höhepunkt. Das Oberhaupt der Tenson-Linie wurde sichtlich ein Kaiser nach dem Vorbild des chines. Himmelssohnes, behielt indes den im Schinto angelegten u. von Kaiser *Temmu* (672–686) erstmals formulierten Status einer lebenden Gottheit bei. Als Tenno („Erhabener des Himmels") übte er die Herrschaft uneingeschränkt mittels des Großkanzlers *(daijokan)* aus. In 66 Provinzen aufgeteilt, wurde das Land von adeligen Gouverneuren verwaltet. Die Ackerflächen für Reisanbau teilte der Staat nach einem Gittersystem in gleichmäßige Parzellen auf, die alle sechs Jahre neu zugeteilt wurden. Die Einkünfte aus diesem dem Staat gehörenden Land dienten der Finanzierung des Hofes u. der Verwaltung. Durch kaiserl. Unterstützung gelangte der Buddhismus zur religiösen u. kulturellen Vormachtstellung. Der Kaiser selbst stiftete den bis heute erhaltenen Todaiji-Tempel mit dem Großen Buddha, um seine Stellung als erhabene Gottheit u. Sklave Buddhas zu symbolisieren. Als die buddhist. Priesterschaft, durch den chines. Mönch *Ganjin* (668–763) als ordinierter Mönchsorden reorganisiert, Einfluß auf die Politik nahm, verlegte Kammu-Tenno den Hof nach Nagaoko u. 794 endgültig nach Heiankyo (japan. „Friedensresidenz"), dem heutigen Kyoto.

Heian-Zeit (794–1185): Die neue Hauptstadt erlebte die Blütezeit einer höfischen, vom Adel (Kuge) bestimmten Kultur. Der Hofadel löste sich von chines. Leitbildern, stellte den regelmäßigen Gesandtenaustausch mit China ein u. kultivierte einen eigenständigen, durch Erbbesitz von Ländereien u. Titel materiell abgesicherten Lebensstil. Das ursprünglich in der Hand des Staates befindliche Land konnte der Hofadel allmählich unter Ausnutzung seiner polit. Monopolstellung zu einem großen Teil als private Domänen *(shoen)* unter seine Kontrolle bringen. Häufig geschah dies in Form der Kommendation, einer Art von lehnsrechtlichem Vertrag, in dem lokale Landbesitzer ihr Gut unter den Schutz von Hoffamilien oder Tempeln stellten, um so Immunität, Freiheit von staatl. Kontrolle u. Steuerfreiheit zu erlangen. Dementsprechend gingen die öffentl. Einnahmen zurück, da die Abgaben nunmehr an den Hofadel flossen. Dem Tenno wurde die materielle Basis entzogen, so daß er in Abhängigkeit von den Hoffamilien geriet. Die Familie der *Fujiwara* übte ab 868 die eigentliche Oberherrschaft über die anderen Adelshäuser aus u. reduzierte den Kaiser zu einer Zeremonialfigur. Seitdem hat der Tenno seine Funktion als uneingeschränkter Herrscher verloren, auch wenn monarchische Vorrechte ihm in der *Meiji-Verfassung* von 1889 erneut eingeräumt wurden. Da dem Hofadel effektive Mittel zur Kontrolle seiner

Japan: Kampf zwischen Japanern und Mongolen (1281). Darstellung aus dem „Moko Shurai Ekotoba"; 1293

Besitzungen fehlten, bediente er sich der *bushi*, die im 12. Jh. als Kriegeradel die Provinzen beherrschten u. militär. Funktionen in der Hauptstadt übernahmen. Lokale Kriegersippen, die *Taira* u. *Minamoto*, rangen um die Vormachtstellung u. mobilisierten in andauernden Kriegen die bushi aller Provinzen. Aus den Kämpfen ging 1185 *Minamoto Yoritomo* siegreich hervor. Die staatl. Verwaltung wurde zu einer militär. Administration (Bakufu) gewandelt, vom Hof getrennt u. nach Kamakura verlegt.

Kamakura-Zeit (1192–1333): Mit der 1192 erfolgten Verleihung des Titels *Seii Taishogun* („militärischer Oberkommandierender", Shogun) an Minamoto Yoritomo erkannte der Kaiser die neue Militärregierung in Kamakura an. Damit begann das Zeitalter der Shogunherrschaft u. des Feudalismus, das 676 Jahre bis zur *Meiji Restauration* (1868) anhalten sollte. Fortan ernannte der machtlose Tenno in Kyoto nominell den Shogun, in Wirklichkeit bestätigte er jedoch nur die militär. stärkste u. einflußreichste Person in der Position des Oberbefehlshabers. Die höfischen Ämter bestanden zwar bis 1868/69, aber die Amtsinhaber trugen lediglich ehrenvolle Titel u. übten keine öffentl. Funktionen aus. Mit der allmähl. Herausbildung der Lehensterritorien verloren der Hofadel u. der Tenno überdies ihre letzten Ländereien u. verarmten. Die Vorherrschaft des Schwertadels (Buke), der in der Kamakura-Zeit noch über geringen Bodenbesitz verfügte, bildete sich über administrative Aufgaben langsam heraus. Da der Shogun das Recht erhielt, seine Gefolgsleute als Militärprotektoren *(shugo)* in einer jeden Provinz u. als militär. Landvorsteher *(jito)* in den privaten Domänen *(shoen)* des Hofadels einzusetzen, konnte der Schwertadel mit dieser militärisch abgesicherten polit. Kontrolle über das Land allmähl. einen Besitzwandel einleiten, der jedoch erst im 16 Jh. abgeschlossen war.

Nach dem Tode Minamoto Yoritomos 1199 übernahm das Geschlecht der *Hojo* die Regierungsgewalt als *Shikken* („Regierungsverweser") u. setzte sog. Schattenshogune ein. Als Usurpatoren übten die Hojo diese Machtfülle aufgrund der Kontrolle des wichtigsten, für die Verwaltung u. Finanzen zuständigen Amtes aus. Mit Hilfe des weitverzweigten Minamoto-Vasallenverbandes, dem sich die Hojo bei dessen Auseinandersetzung mit den Taira angeschlossen hatten, regierten die Shikken das Land zentralistisch. Aufstandsversuche des Hofes gegen das Kamakura-Shogunat (1221) u. mongolische Invasionsvorhaben (1274 u. 1281) vermochte der Militärstaat der Hojo erfolgreich abzuwehren. Der Hof in Kyoto blieb indes das Zentrum oppositioneller Kräfte gegen die Hojo, so daß es dem Godaigo-Tenno 1333 gelang, die Macht der Shikken zu brechen u. die Regierung selbst zu übernehmen.

Muromachi-Zeit (1338–1573): Der Versuch zur Wiederherstellung der kaiserlichen Herrschaft schlug fehl, da der Schwertadel mittlerweile militärisch so erstarkt war, daß er sich nicht mehr dem Hofe unterordnete. In bürgerkriegsähnlichen Wirren setzte sich schließlich 1338 *Ashikaga Takauji*, ehedem Feldherr des Tenno, durch u. begründete das erbliche Shogunat seiner Familie, das seinen Sitz in Muromachi, einem Viertel von Kyoto, nahm u. bis 1573 insges. 15 Militäroberbefehlshaber stellen sollte. Die Shogune der Ashikaga vermochten zwar Kyoto u. den Kaiser zu beherrschen, konnten aber gegen den Widerstand der machtvollen Schwertadelsgeschlechter u. einflußreichen buddhistischen Klöster keine wirksame Zentralregierung einsetzen. Andauernde Fehden der nunmehr zu lokalen Herrschern aufgerückten obersten Schicht des Kriegeradels u. schließlich die Bürgerkriege der Ara Onin (1467–1477) ließen Kaiser wie Shogun ein polit. Schattendasein in der Residenzstadt Kyoto führen, die – trotz Zerstörungen – ihre Blüte als kulturelles u. religiöses Zentrum des Landes erlebte. Das „Jahrhundert der kämpfenden Lande" *(sengoku jidai)* brachte J. das größte Ausmaß polit. Dezentralisation u. die Konsolidierung der unabhängigen Territorialherrschaften der Daimyos. Aus den ehem. Militärprotektoren *(shugo)* u. Landvorstehern *(jito)* der frühen Shogunatszeit waren bis etwa 1600 selbständige große Herren *(daimyo)* geworden, die sich in Burgen niederließen, um die sich in der Regel eine Handwerker-Stadt bildete. Alle Besitzrechte der territorialen Einheit um die Burg lagen beim Daimyo, der seinerseits seine Hausvasallen, Angehörige des Kriegeradels (Samurai) mit Ländereien aus seiner Domäne belehnte. Sowohl der Daimyo als auch die Vasallen bezogen direkte Abgaben u. Dienstleistungen von der Bauernschaft. Die Organisation der bäuerl. Gesellschaft in der Form von relativ freien Familieneinheiten, wie sie in der Heian- u. Kamakura-Zeit vorherrschten, wandelte sich nunmehr unter dem Druck des Kriegeradels zu Dorfgemeinschaften *(mura)*, die kollektiv Abgaben bis zu 60 % ihrer Erträge entrichten mußten. Dieser Wandel in der Agrarstruktur wurde von zahlreichen Bauernaufständen begleitet, deren Niederwerfung letztlich die Vorrangstellung der Samurai absicherte u. die Bauern in vollständige Abhängigkeit drückte.

Im 16. Jh. geriet das von Kriegen erschütterte Land erstmals in den Gesichtskreis der westl. Welt, nachdem Marco *Polo* erste Kunde von dem Inselreich *„Zipangu"* vermittelt hatte. Portugiesen erreichten 1542 von Macao aus J., brachten Feuerwaffen ins Land u. förderten, wie die ab 1549 folgenden kath. Missionare, die Fehden der Territorialherren. Einsetzende rege Handelsbeziehungen mit dem Westen wie Zusammenarbeit mit der kath. Kirche festigten die Machtstellung einzelner Daimyos.

Zeit Nobunagas u. Hideyoshis (1573–1598): Der Feldherr *Oda Nobunaga*, Daimyo aus der Gegend des heutigen Nagoya, setzte 1573 den letzten der Ashikaga-Shogune ab. Damit begann die shogunatslose Zeit der Reichseinigung, die nur durch gewaltsame Vereinigung der etwa 250 Daimiate erfolgen konnte. Nobunaga eröffnete einen militär. Einigungsfeldzug, setzte dabei als erster japan. Heerführer massiv Feuerwaffen ein u. protegierte vorübergehend das Christentum als Gegengewicht zur weltl. Macht der buddhistischen Klöster. Die militär. Voraussetzungen für eine neue Zentralregierung waren geschaffen, als Nobunaga 1582, von einem seiner Generäle verraten, zum Selbstmord gezwungen wurde. Das Einigungswerk wurde von *Toyotomi Hideyoshi*, einem ehemaligen Heerführer Nobunagas, nunmehr stärker mit Hilfe innenpolit. Reformen u. einer expansiven Außenpolitik vorangetrieben. Nachdem die Daimyos 1590 entweder vernichtet oder unterworfen waren, zwang er die Überlebenden in ein persönl. Vasallenverhältnis. Die Samurai wurden von ihrem Landbesitz getrennt u. in den Burgstädten der Daimyos zusammengezogen. Nach Entwaffnung der Bauern führte Hideyoshi ab 1585 eine nationale Katastererhebung durch, um die Abgabelasten der einzelnen Bauern im Rahmen der Dorforganisation *(mura)* festzulegen. Diese Befriedungsaktionen fanden 1590 ihren Abschluß in einer Klassengesetzgebung, mit der soziale Mobilität zwischen Samurai, Bauern u. Kaufleuten unterbunden wurde. Aus Furcht vor ausländ. Einflußnahme in das neu geschaffene Ordnungssystem wurde zudem 1587 das Christentum erstmals verboten. Mit Hilfe von zwei Expeditionsfeldzügen nach Korea 1592/93 u. 1597/98 vermochte Hideyoshi die Samurai in auswärtigen Kriegen zu beschäftigen u. seiner nationalen Einigungspolitik zu verpflichten. Die innergesellschaftl. Spannungen eines radikalen sozialen Strukturwandels entluden sich erstmals in imperialistischen Raubkriegen, eine Situation, die sich in den 1930er Jahren wiederholen sollte. Doch die Feldzüge zur Eroberung Koreas u. Chinas scheiterten, so daß beim Tode Hideyoshis 1598 dessen Einigungswerk erneut gefährdet schien.

Tokugawa (Edo)-Zeit (1603–1868): Einer der fähigsten Feldherren Hideyoshis, *Tokugawa Ieyasu* (1542–1616), übernahm gewaltsam die Macht, vollendete das begonnene Reformwerk u. ließ sich 1603 die erbliche Shogunatsstellung vom Kaiser bestätigen. Bis 1868 erhielten 15 Shogune aus der Tokugawa-Familie dem japan. Reich ein Zeitalter des inneren Friedens, gepaart mit einem großen wirtschaftl. Aufschwung u. einer städtisch geprägten kulturellen Blüte. In der Schlacht von Sekigahara (1600) u. endgültig mit der Eroberung Osakas (1615) schaltete Ieyasu seine um die Familie Toyotomi gescharten Rivalen aus, verlegte den Sitz seiner straffen Zentralregierung nach Edo, dem heutigen Tokio, u. beherrschte zusammen mit den in ein Lehnsverhältnis gezwungenen Daimyos das Land. Diese Regierungsform eines zentralistischen Feudalsystems gründete sich auf eine starre Sozialordnung, in der die Daimyos zur höchsten, direkt dem Shogun unterstellten Klasse erhoben wurden, gefolgt von den Samurai, den Bauern, den Handwerkern u. den als parasitär erachteten Kaufleuten auf der untersten Rangstufe. Dazu kamen die außerhalb der Gesellschaft stehenden Paria *(burakumin)*.

Zur besseren Kontrolle mußte jeder Daimyo ab 1635 wechselnd ein Jahr in der Hptst. Edo, das andere in seiner heimischen Residenz

Japan: Empfang des Commodore Perry in Yokohama. Zeitgenössische Farblithographie nach W. T. Peters

verbringen. Diese doppelte Residenzführung belastete die Territorialherren wirtschaftl. stark u. führte allmähl. zur finanziellen Abhängigkeit von den statusmäßig geächteten Kaufleuten. Die Samurai, nunmehr in den Burgstädten angesiedelt, verloren vollends ihre Funktion als Kriegerkaste u. bis Ende des 17. Jh. auch ihre Lehen. Die ursprünglich regelmäßigen Soldzahlungen in Form von Naturalien (Reis-Stipendien) aus den Lehen entfielen daher zugunsten eines im Belieben des Daimyo stehenden Reisstipendiums. Durch äußerl. Verhalten, wie Sprachgewohnheiten, Sitten u. das Privileg des Schwerttragens von der Masse des Volkes als Elite abgehoben, wandten sich die Samurai Verwaltungsaufgaben in den Daimiaten zu. Doch wie die Daimyos gerieten auch die Samurai als Konsumentenklasse allmähl. in wirtschaftl. Schwierigkeiten. Kürzungen der Stipendien durch den Territorialherrn trafen besonders die niederen u. unteren Ränge der Kriegerklasse, von denen schließl. auch der Sturz der Tokugawa-Regierung getragen werden sollte. Obwohl die Bauern an zweiter Stelle der Rangordnung plaziert waren, wurden sie durch die verschuldete Oberschicht immer stärker ausgebeutet u. in ihrem Sozialprestige herabgedrückt, während sich mit der Herausbildung der Warenwirtschaft die Stadtbewohner, Handwerker u. Kaufleute einen immer größeren Anteil am Sozialprodukt aneigneten. Diese neue Bürgerschicht *(chonin)*, ursprünglich zu Dienstleistungen für die Samurai in den Städten zusammengezogen, entwickelte eine eigene, urbane Kultur u. ließ die großen Städte, von denen Edo um 1800 bereits eine Mill. Einwohner zählte, zu den Zentren des Landes werden.
Zur nationalen Geschlossenheit trugen auch die seit 1614 einsetzenden Verfolgungen der auf eine halbe Mill. angewachsenen Christen u. die hermetische 1639 erfolgte Abschließung des Landes bei. Lediglich Holländern u. Chinesen wurde ein äußerst begrenzter u. von der Shogunatsregierung kontrollierter Handel über die Insel Deshima im Hafen von Nagasaki gestattet. Da auch den Japanern bei Todesstrafe das Verlassen ihrer Inseln untersagt war, ja nicht einmal hochseetüchtige Schiffe gebaut werden durften, gelangten bis 1854 so gut wie keine kulturellen oder wirtschaftl. Einflüsse des Westens oder Chinas nach J. Die in nationaler Tradition begründete Kultur sowie das angestammte Sozialverhalten verfestigten sich in dieser Zeit der Abschottung in einem solchen Maße, daß sie auch durch die spätere Berührung mit dem Westen nicht ausgemerzt, sondern lediglich überlagert werden konnten.
Wiederholte Versuche der westl. Mächte, J. dem Handel zu öffnen, hatte das Shogunat erfolgreich abwehren können. Erst einem amerikan. Geschwader unter Comodore Perry gelang es 1853, als die europ. Mächte in den Krimkrieg verwickelt waren, das Land gewaltsam zu öffnen. Nach dem Muster des amerikan.-japan. Handels- u. Freundschaftsvertrages (31. 3. 1858), der als ungleicher Vertrag die japan. Einfuhrzollsätze in niedriger Höhe u. Exterritorialität für die Amerikaner festlegte, schlossen die europ. Mächte, u.a. Preußen (1861), ähnl. Abkommen. Da der Kaiser die Verträge mit den Barbaren nicht sanktionierte, sammelte sich um den Hof eine fremdenfeindl. Opposition von Daimyos gegen das nunmehr auch noch durch äußeren Druck geschwächte Shogunat. Von den machtvollen Daimyos des Südwestens, Choshu u. Satsuma, angeführt, bemächtigten sich schließl. die oppositionellen Territorialherren der Person des 15jährigen Kaisers, zwangen den Shogun zum Rücktritt (9. 11. 1867) u. installierten den Tenno am 3. Januar als vermeintlich absoluten Herrscher.
Meiji-Zeit (1868–1912): Der durch weitere polit. u. soziale Reformen gestützte Wandel stellte keine Revolution dar, sondern einen internen Machtwechsel innerhalb der Samurai-Elite. Es erfolgte eine Restauration des traditionellen Sozialgefüges mit dem Ziel, J. vor westl. Überfremdung, wie es in China als warnendes Beispiel vor Augen stand, zu bewahren u. das Land mit Hilfe einer äußerl. Modernisierung als dem Westen ebenbürtig auszuweisen.
Die Abschaffung des Feudalsystems 1871 u. die damit verbundene Aufhebung der starren Klassenschranken stellte sich als folgenreichster Einschnitt heraus. Mit der Einführung eines allg. Bildungswesens (1872) u. der allg. Wehrpflicht (1873) wurden die Privilegien der Samurai auf das gesamte Volk ausgeweitet, um die Massen dem nationalen Aufbauwerk zu verpflichten. Mit der Niederschlagung der von unzufriedenen Samurai getragenen Satsuma-Rebellion 1877 bewiesen die moderne Staatsform u. das neu geschaffene Heer ihre Überlegenheit gegenüber den alten feudalen Gewalten. Die Reorganisation des Staates nach europ. Vorbildern mit Hilfe ins Land gerufener Fachleute, meist Deutscher, fand ihren Abschluß mit der 1882 erfolgten Entscheidung zugunsten einer weitgehenden Übernahme der preuß. Verfassung von 1850. In der innenpolit. Auseinandersetzung, ob das von *Okuma* befürwortete parlamentar. System engl. Prägung oder der von *Ito* geförderte autoritäre preuß. Verfassungstypus eingeführt werden sollte, konnte sich der Vertreter des machtvollen Choshu-Klans, Ito, durchzusetzen. Die 1889 vom Kaiser gewährte Verfassung vereinigte die Staatsgewalt in der Person des Monarchen, die dieser jedoch aufgrund seiner geheiligten Stellung nicht ausüben konnte, sondern an die regierende Oligarchie delegieren mußte. Damit sollte dem Kaiserlichen System im Gegensatz zum preuß. monarch. Prinzip die integrale Spitze fehlen. Da entsprechend der Verfassung Parlament u. Kabinett ledigl. beratende Funktionen innehatten u. auch die Streitkräfte, direkt dem Kaiser unterstellt, jeder polit. Kontrolle entzogen waren, bildeten sich in der Meiji-Zeit vier konkurrierende Herrschaftszentren heraus: Hofkreise, die Armee, die Marine u. die Zivilpolitiker, letztere in engem Bündnis mit den Wirtschaftskreisen, rangen bis 1945 miteinander um die Vormachtstellung. Bis etwa zum 1. Weltkrieg blieb der Vorrang der Meiji-Gründerväter, d. h. der Hofkreise, im wesentl. unangefochten. Aus dem Willen zur Bewahrung setzten die Oligarchen beim Wirtschaftsaufbau eindeutige Prioritäten in der Schwer- (= Rüstungs)Industrie, um moderne Streitkräfte binnen kürzester Zeit aufzubauen u. selbst zu versorgen. Die somit nur partiell vorgenommene Industrialisierung wurde auf Kosten der bäuerl. Volksmassen vollzogen, die durch eine hohe, in Geld zu entrichtende Landsteuer bald in neofeudale Abhängigkeiten gerieten. Durch Notverkäufe verarmter Bauern entstand eine neue Klasse vermögender Großgrundbesitzer, so daß etwa um 1900 die Hälfte des bebaubaren Landes von Pächtern bewirtschaftet wurde.
Die Außenpolitik zielte auf Gleichrangigkeit mit dem Westen, auf Abschaffung der ungleichen Verträge ab, was schließlich 1909 endgültig gelang. Mit engl. Rückendeckung versuchte J., sich am imperialist. Konkurrenzkampf zu beteiligen. Nach einer Strafexpedition gegen das chines. Formosa (1874) u. der Annexion der Ryu Kyu-Inseln (Okinawa) 1879 führten Auseinandersetzungen über Korea 1894/95 zum Krieg mit China (→japanisch-chinesischer Krieg 1894/95). Im Friedensschluß von Shimonoseki mußte China die Insel Taiwan an J. abtreten u. auf seine Rechte in Korea verzichten, das schließlich 1910 annektiert wurde. Gegen Rußlands Vordringen in der Mandschurei im Zusammenhang mit dem Bau der transsibirischen Eisenbahn schloß J. 1902 ein Defensivbündnis mit England. Als russ. Truppen die Mandschurei nicht vereinbarungsgemäß räumten, eröffnete J. mit einem Überraschungsangriff auf Port Arthur am 7./8. 12. 1904 den →japanisch-russischen Krieg. Nach japan. Siegen (Shenyang, Tsushima) trat Rußland im Frieden zu Portsmouth (USA) am 5. 9. 1905 seine Rechte an der südmandschurischen Eisenbahn u. das *Kwantung-Pachtgebiet* an J. ab. Beim Tode Kaiser Meijis übte J. als Großmacht die Vorherrschaft in Ostasien aus; die Modernisierung des Landes schien binnen zweier Generationen geglückt.
Taisho-Zeit (1912–1926): Am 1. Weltkrieg nahm J. auf seiten der Westmächte teil, beschränkte seine Militäraktionen jedoch auf die Eroberung des dt. Pachtgebietes *Kiautschou.* Auf Betreiben des Heeres u. an chines. Rohstoffen interessierter Wirtschaftskreise präsentierte J. am 18. 1. 1915 der schwachen chines. Zentralregierung „21 Forderungen", die seine wirtschaftl. Vorherrschaft in Nord-China absichern u. politisch das „Reich der Mitte" zu einem japan. Protektorat werden lassen sollten. China willigte notgedrungen in die ökonom. Forderungen ein, doch auf den Friedenskonferenzen in Versailles u. Washington 1922 mußte J. seine

Japan: Meiji-Tenno zieht 1868 in Edo (Tokio) ein. Zeitgenössische Lithographie

usurpierten Rechte, vor allem das von den Deutschen übernommene Shantung-Gebiet, an China zurückgeben. Es erhielt lediglich die ehem. dt. Südseeinseln (Palau, Marianen, Karolinen, Marschall-Inseln) als Völkerbundsmandat, die jedoch erst nach Aufkündigung der Flottenbegrenzungen 1934 durch J. strategischen Wert gewannen.
Als Kriegslieferant der Alliierten erlebte das Land einen großen industriellen Aufschwung. Durch überhöhte Preise erzielten Großfinanz u. Großgrundbesitzer hohe Gewinne, während die Kaufkraft der städtischen Massen sank. In den Reisunruhen vom Aug. 1918, die nur durch den Einsatz der Armee niedergerungen werden konnten, entluden sich erstmals soziale Spannungen. Das erste Parteienkabinett unter *Hara* im Okt. 1918 konnte die wirtschaftl. Stagnation, die nach dem Zusammenbruch der überhitzten Kriegskonjunktur einsetzte, nicht überwinden. Die beiden großen Parteien (*Seiyukai u. Minseito*) trugen zwar fortan die Regierung (bis 1932), zeigten sich aber allen sozialen Reformen abgeneigt. Der Fehlschlag der japan. Intervention in Sibirien (1917–1922), die für J. enttäuschenden Ergebnisse des Washingtoner Flottenabkommens 1922 (Flottenbegrenzung, Politik der „offenen Tür" in China) u. nicht zuletzt das Einwanderungsverbot für die „gelben" Japaner in den amerikan. Weststaaten 1924 förderten einen von der demobilisierten Armee gelenkten Protestnationalismus von unten, der durch das verheerende Erdbeben in Tokio (1923) u. wachsende wirtschaftl. Schwierigkeiten weiteren Auftrieb erhielt. Als Kronprinz *Hirohito*, seit dem 25. 11. 1921 Regent für seinen geistig erkrankten Vater, nach dem Tode des Taisho-Tenno am 25. 12. 1925 die Regierung antrat, war J. außenpolitisch als Großmacht isoliert u. von innen durch schwere Krisen erschüttert.
Showa-Zeit (1926–1989): Die bereits 1927 mit einem Bankenkrach einsetzende wirtschaftliche Rezession wurde durch die Auswirkungen der Weltwirtschaftskrise, die sogleich den japanischen Agrarexport (Seide) empfindlich traf, weiter verschärft u. führte zu einer beispiellosen Verelendung der Landbevölkerung. Auch die kleinindustriellen Zulieferer der Großfirmen litten unter der Krise, da die Zaibatsu alle Folgen, wie Preisstürze u. Produktionsrückgang, auf diese meist familiär geführten Kleinstbetriebe abwälzen konnten. Radikale junge Heeresoffiziere, die sich vorwiegend aus dem bäuerl. Milieu rekrutierten, u. vom Sozialismus beeinflußte revolutionäre Theoretiker fanden daher mit ihren Forderungen nach „direkten Aktionen" gegen das korrupte Bündnis von Großkapital u. Zivilkabinetten zunehmend Gehör. Ihre Forderungen nach einer „Showa-Restauration", d. h. der Vollendung der Meiji-Restauration in einer Art zweiten Revolution, zielten im Innern auf sozialist. Reformen u. eine Diktatur des Kaisers, in der Außenpolitik sollte J. auf dem asiat. Festland neuen Lebensraum u. die der heimischen Industrie fehlenden Rohstoffvorkommen erschließen. Als die Londoner Flottenkonferenz 1930 erneut J.s Gleichberechtigung zur See ablehnte, verschärfte sich die sozialrevolutionär-nationalistische Agitation. Entgegen dem Willen der Tokioter Regierung besetzten die an der südmandschurischen Bahnlinie stationierten Heereseinheiten der *Kwantung-Armee* nach dem von ihnen selbst inszenierten → Mukden-Zwischenfall (18. 9. 1931) die Mandschurei u. erklärten diesen Teil Chinas am 18. 2. 1932 zum „unabhängigen" Mandschukuo. Politische Morde, von radikalen Offizieren an den Repräsentanten des liberalkapitalist. Systems durchgeführt, beendeten schließlich am 17. 5. 1932 mit der Ermordung des Min.-Präs. Inukai u. weiterer Politiker die Phase der Vorherrschaft der Parteikabinette. Fortan verlagerte sich das Machtzentrum von den Zivilisten auf das Militär, das jedoch in zwei miteinander rivalisierende Gruppierungen, Heer u. Marine, zerfiel. Die neuen sog. Fachkabinette gaben zwar den nationalistischen außenpolit. Forderungen der Militärs nach (Austritt aus dem Völkerbund im März 1933, Aufkündigung der Washingtoner u. Londoner Flottenabkommen 1934), arbeiteten aber bei der bereits 1935 vollzogenen Überwindung der Weltwirtschaftskrise weiterhin eng mit der Großindustrie zusammen. Eine weitere Konzentration der Wirtschaft u. die strukturelle Umstellung von der Leicht(Textil)-Industrie zur Schwer(Rüstungs)-Industrie waren unmittelbare Folgen der mit Hilfe staatl. Kreditschöpfung überwundenen Krise, sollten jedoch, ähnlich wie im nat.-soz. Dtschld., die Wirtschaft einem expansiven Programm u. somit letztlich einem aggressiven Kriegskurs verpflichten. Doch Fragen über die Zielsetzung der Expansion sowie über den Grad der inneren Umgestaltung blieben strittig. Der Putsch der Tokioter Garnison im Feb. 1936 stellte den Versuch dar, eine Art „Armeefaschismus" von unten zu etablieren, scheiterte indes am geschlossenen Widerstand der übrigen Machtzentren von Hof, Marine u. Zivilpolitikern. Obwohl die Rädelsführer auf Befehl des Kaisers hingerichtet wurden, markierte der gescheiterte Putsch den endgültigen Übergang J.s zum autoritären Staatswesen u. bewirkte eine Machtaufwertung der Armee. Der mit dem Dt. Reich im November 1936 abgeschlossene → Antikominternpakt entsprach den Vorstellungen der Armee u. rückte das nat.-soz. Dtschld. als Modell des angestrebten gesellschaftspolit. Wandels in den Vordergrund. Der unter Min.-Präs. *Konoe* über den Zwischenfall an der *Marco-Polo-Brücke* im Juli 1937 ausgebrochene → japan.-chines. Krieg (1937–1945) führte innenpolitisch zur Mobilmachung der Nation um den systematisch als göttl. Wesen aufgebauten Tenno. Außenpolitisch wurde der Streit zwischen der Strategie eines vom antikommunist. eingestellten Heer protegierten Nordvorstoßes zugunsten eines von der Marine angestrebten, über China vorgetragenen Stoßes auf die südostasiat. Kolonialgebiete entschieden. Die Armee wurde durch den sich in China hinziehenden Krieg immer weiter nach Süden umgelenkt u. fungierte als Vollstrecker eines sozialimperialist. Konzepts. Staatl. Eingriffe in die Wirtschaft u. Kriegsmobilisierungsgesetze vom April 1938 festigten den autoritären Staat u. unterstrichen J.s Anspruch auf Hegemonie in Ostasien (→ Neue Ordnung Ostasiens). Über den Krieg gegen China wuchsen die Spannungen mit den Westmächten, die durch ein Militärbündnis mit Dtschld. aufgefangen werden sollten. Doch an der Frage der Allianz mit dem nat.-soz. Reich polarisierten sich die innenpolit. Lager der Traditionalisten (Nipponisten) u. der Reformisten (Profaschisten). Erst nach der Aufkündigung des amerikan.-japan. Handelsvertrages durch Washington im Juli 1939 u. dem Kriegsausbruch in Europa gelang es Konoe in einem zweiten Anlauf im Sommer 1940, sowohl die Verhandlungen mit Dtschld. u. Italien zum Abschluß zu führen (→ Dreimächtepakt 27. 9. 1940) als auch die bestehenden polit. Parteien in eine Einheitsbewegung („Gesellschaft zur Förderung der Kaiserl. Herrschaft") zu überführen. Auf J.s Anlehnung an die Achsen-Mächte reagierten die USA mit verschärftem wirtschaftl. Druck auf das von Rohstoffimporten, insbes. Öl u. Schrott, vollständig abhängige Kaiserreich u. materiellen Hilfeleistungen für China. Der im April 1941 von Außenminister *Matsuoka* in Moskau ausgehandelte Neutralitätspakt bereinigte das nach schweren Grenzzwischenfällen seit 1938 gespannte Verhältnis zur Sowjetunion u. sollte J. den Rücken für eine als unumgänglich angesehene Konfrontation mit den Westmächten stärken. Das japan. Vordringen nach Süd-Indochina im Juli 1941 löste schließlich das amerikan. Totalembargo aus. Vor die Alternative gestellt, politisch zu kapitulieren u. das Autarkieprogramm einer → Großostasiatischen Wohlstandssphäre aufzugeben oder militärisch offensiv vorzugehen, blieben der rückwärtsgewandten Führung u. dem sozialimperialistisch manipulierten Volk nur der Angriff. Mit dem Überfall auf → Pearl Harbor am 7./8. Dez. 1941 wuchs der Krieg in China mit dem in Europa zum 2. Weltkrieg zusammen.
Die dt. u. italien. Kriegserklärung an die USA (11. 12. 1941) vereinigte die Dreierpaktländer militärisch in ihrer Frontstellung gegen die angloamerikan. Mächte. Doch unterblieb aufgrund unvereinbarer strateg. Ziele, der dt. landwärts gerichteten Expansion in Rußland u. der japan. maritimen, nach Süden ausgerichteten Strategie, eine wirksame Koalitionskriegführung. Nach anfängl. japan. Siegeszug leiteten die Seeschlacht bei *Midway* u. das amerikan. Landungsunternehmen auf *Guadalcanar* bereits im Sommer 1942 die militär. Wende ein. Weder vermochten die in Fragen der Wirtschaft u. Verwaltung ignoranten japan. Militärs die Rohstoffe in den eroberten Gebieten planmäßig zu erfassen u. der heim. Rüstungsindustrie zuzuführen noch war die japan. Wirtschaft, deren Kapazität ledigl. 10 % der amerikan. betrug, zu einer bedarfsdeckenden Rüstungsproduktion fähig. Das traditionelle, starre Sozialgefüge mit dem göttl. Kaiser an der Spitze war in der Herausforderung durch den Krieg mit dem Westen längst zusammengebrochen, bevor die amerikan. Großoffensiven (→ Okinawa) einsetzten. Die sowjet. Kriegserklärung u. der Abwurf von zwei Atombomben durch die USA bewirkten am 14. 8. 1945 die persönl. Entscheidung des Kaisers zur Kapitulation, die am 2. 9. 1945 erfolgte.
Die Notwendigkeit von einschneidenden Reformen war durch den Kriegsverlauf u. das Versagen der traditionellen Führung vorgegeben. Von der amerikan. Besatzungsmacht eingeleitete demokrat. Reformen, wie die Reorganisation des Bildungswesens u. die Aufhebung des Großgrundbesitzes, wurden bereitwillig übernommen, die gleichfalls angestrebte Entflechtung der Großkonzerne wurde indes unterlaufen. Prozesse gegen Kriegsverbrecher u. die polit. Säuberungen erfaßten hauptsächlich Militärangehörige (insges. 920 vollstreckte Todesurteile), sparten jedoch die Bürokratie u. die Wirtschaft weitgehend aus. Zwar dankte die alte Führungsoligarchie ab, aber die Kontinuität einer bürokratisch-technokratischen Fachelite blieb bestehen. Liberal-konservative Politiker aus der Vorkriegszeit, wie der ehemalige Diplomat *Yoshida* als fünfmaliger Min.-Präs., bestimmten daher die unmittelbare Nachkriegspolitik unter amerikan. Vormundschaft. Das einzige sozialist. Koalitionskabinett unter *Katayama* (1947/48) blieb eine Ausnahme u. hatte keinerlei Folgen. Der Ausbruch des Korea-Krieges im Juni 1950 führte zu einer Revision der amerikan. Besatzungspolitik. Im Frieden zu San Francisco (8. 9. 1951) mußte J. auf seine territorialen Erwerbungen der vorausgegangenen 80 Jahre verzichten, auch auf Okinawa. In einem zur gleichen Zeit geschlossenen Sicherheitspakt bekamen die USA für zehn Jahre Marine- u. Luftbasen in J. zugewiesen. Der wirtschaftl. Wiederaufbau des Landes wurde unter Min.-Präs. Yoshida (bis 1954) etwa bereits 1953 abgeschlossen. Sein Nachfolger *Hatoyama* vereinigte 1955 die liberale u. konservative Partei zur *Liberaldemokratischen Partei (LDP)*, die als konservativer Samm-

Japan: Inthronisation des Kaisers Akihito im Kaiserpalast von Tokio am 12. November 1990

lungsverband mit enger Unterstützung der Großindustrie bis 1993 alleinige Regierungspartei blieb. Die Beziehungen zur Sowjetunion wurden ebenfalls unter Hatoyama 1956 normalisiert, ohne daß diese den Frieden von San Francisco anerkannte. Einem Friedensvertrag mit der Sowjetunion stand die ungelöste Frage der von sowjet. Seite 1945 besetzten südl. Kurilen, einer Inselgruppe nordöstl. von Hokkaido, entgegen. In die Amtszeit von Min.-Präs. *Kishi* (1957–1960), ehemals Rüstungsminister u. als Hauptkriegsverbrecher verurteilt, fiel der gewaltige Konjunkturaufschwung, der J. endgültig von einem traditionellen Agrarstaat zu einem modernen Industriestaat u. schließlich 1968 zur drittstärksten Industrienation der Welt werden ließ. In jener Zeit formierten sich die demokratisch sozialist. Kräfte geschlossen zum Angriff auf das wiederentstandene restaurative System. Die Verlängerung des Sicherheitspaktes mit den USA 1960 um weitere zehn Jahre war daher von schweren inneren Unruhen begleitet u. führte zum Rücktritt Kishis.

Die Normalisierung der Beziehungen zu den einst als Kolonien annektierten Gebieten Taiwan u. Korea sowie zu den während des Pazifischen Krieges besetzten, mittlerweile unabhängig gewordenen Staaten Südostasiens gestaltete sich schwierig. Da im Friedensvertrag von San Francisco Reparationen nicht festgelegt, sondern im Rahmen der wirtschaftl. Möglichkeiten J.s bei gegenseitigem Einvernehmen vage vorgesehen waren, konnte J.s „Wirtschaftsdiplomatie“ die Bedingungen zum Nutzen der eigenen Industrie diktieren. Nach einem Friedensvertrag mit Nationalchina (Taiwan) im April 1952, bei dem die Chinesen auf Reparationen verzichteten, folgten unter Kishi Abkommen mit den Staaten Südostasiens, in denen J. vornehmlich Dienstleistungen erbrachte u. Kredite gewährte, aber keine Zahlungen leistete oder längerfristige Entwicklungsprojekte aufbaute. Mit Hilfe dieser wirtschaftl. „Wiedergutmachung“ band J. die Märkte jener Länder an seine eigenen.

Unter den Min.-Präs. *Ikeda* (1960–1964) u. *Sato* (1964–1972), einem Bruder Kishis, vermochten die Liberaldemokraten ihre nationalistische, den eigenen Handelsinteressen förderliche Politik fortzusetzen.

1972 erhielt J. nach langwierigen Verhandlungen mit den Amerikanern die im Friedensvertrag abgetretenen Ryukyu-Inseln (Okinawa) zurück, übertrugen den USA jedoch im Rahmen des 1970 erneuerten Sicherheitsvertrages die Nutzung der dortigen Militärbasen. Im gleichen Jahr wurden diplomat. Beziehungen zur Volksrepublik China aufgenommen; 1978 wurde ein Friedensvertrag u. 1979 ein Wirtschaftsabkommen unterzeichnet, das japan. Finanzierungshilfen zur Industrialisierung Chinas vorsah. Auf dem Höhepunkt wirtschaftl. Entfaltung zu Beginn der 1970er Jahre erschütterten der Ölschock von 1973 sowie der Korruptionsskandal um Min.-Präs. *Tanaka* (1972–1974) das Land. Das korrupte Bündnis zwischen Großindustrie u. Politikern, das zu Beginn der Showa-Zeit die Politik des Landes bestimmt hatte, war in verstärkter Form neu entstanden. Bei den Wahlen von 1980 konnten die Liberaldemokraten dank großzügiger Wahlhilfe der Industrie u. mittels riesiger Bestechungssummen ihre Mehrheit weiter ausbauen. Zu Beginn der 1980er Jahre stand J., wie die übrigen Industrieländer, vor den Folgen einer wirtschaftl. Rezession. Die ökonom. Probleme konnten jedoch im Zuge eines weltweiten Wirtschaftsaufschwungs schnell überwunden werden. Während der Amtszeit von Min.-Präs. Y. *Nakasone* (1982–1987) baute das Land seine Rolle als Weltwirtschaftsmacht weiter aus. Bei den Parlamentswahlen 1986 errang die LDP einen überwältigenden Wahlsieg. 1987 wurde N. *Takeshita* neuer Min.-Präs. 1989 starb Kaiser Hirohito. Nachfolger wurde sein Sohn Akihito.

Heisei-Zeit (seit 1989): Die Aufdeckung einer Bestechungsaffäre, in die führende Mitglieder der LDP verwickelt waren, führte im April 1989 zum Rücktritt von Takeshita. Auch sein Nachfolger S. *Uno* konnte sich nur wenige Monate im Amt halten. Erst T. *Kaifu* gelang es, die angeschlagene Regierungspartei zu stabilisieren. Bei den Parlamentswahlen 1990 verteidigte sie die absolute Mehrheit der Stimmen. Im Nov. 1991 wurde K. *Miyazawa* neuer Min.-Präs. Außenpolitisch bemühte sich J. um eine weitere Verbesserung der Beziehungen zu den asiat. Nachbarländern. Eine engere Zusammenarbeit mit Rußland nach dem Ende der UdSSR scheiterte nach wie vor an der ungelösten Kurilen-Frage.

1993 sprach das Parlament aufgrund einer Kontroverse über eine Wahlrechtsreform der Regierung Miyazawa das Mißtrauen aus. Daraufhin fanden vorgezogene Neuwahlen statt, bei denen die durch Abspaltungen geschwächte LDP ihre absolute Mehrheit verlor. Damit mußte die seit ihrer Gründung 1955 allein regierende Partei erstmals in die Opposition. Morihiro *Hosokawa* bildete eine Mitte-Links-Koalition aus acht Parteien. Nachdem im Jan. 1994 eine Reform des Wahlrechts verabschiedet wurde, trat Hosokawa, dem die Medien finanzielle Unregelmäßigkeiten anlasteten, im April des gleichen Jahres überraschend zurück. Neuer Min.-Präs. wurde Tsutomu *Hata*. Seine Regierung verlor durch das Ausscheiden der Shakaito aus der Koalition ihre Mehrheit im Unterhaus. Tomiichi *Murayama* (Shakaito) wurde im Juni 1994 neuer Regierungschef an der Spitze einer Dreiparteienkoalition, in der die LDP wieder eine dominierende Rolle übernahm. Nach Murayamas Rücktritt im Jan. 1996 stellte die LDP mit *Ryutaro Hashimoto* auch wieder den Min.-Präs. Vorgezogene Parlamentswahlen im Okt. 1996 brachten der LDP erhebl. Mandatsgewinne. Hashimoto bildete ein ausschließlich aus LDP-Ministern bestehendes Minderheitskabinett, das sich mit einer schweren wirtschaftl. Rezession konfrontiert sah.

japanisch-chinesischer Krieg 1894/95, Auseinandersetzung über die Hegemonie in Korea zwischen dem japan. u. dem chines. Kaiserreich. Die Landbrücke zum asiatischen Festland stellte seit der *Meiji-Restauration*

japanisch-russischer Krieg: Die japanische Flotte überfällt am 9.2.1904 die russische Ostasienflotte in Port Arthur; zeitgenössischer Farbdruck

das erste Ziel japan. expansiver Politik dar, dessen Realisierung am traditionellen chines. Einfluß in Korea scheiterte. Erst das Vordringen des zarist. Rußland im Fernen Osten, Reformfeindlichkeit u. offensichtliche militärische Schwäche der Pekinger Regierung, die alle Modernisierungsbestrebungen in Korea abblockte, sowie die zunehmende politische Macht Japans führten zur japan. Kriegserklärung vom 1. 8. 1894. Die chines. Streitkräfte zeigten sich dem modernisierten japan. Wehrpflichtigenheer hoffnungslos unterlegen. Im Frieden zu Shimonoseki (17. 4. 1895) wurde China zur Anerkennung der Unabhängigkeit Koreas, zur Abtretung Taiwans, der Pescadores u. der Häfen Port Arthur u. Dairen (Dalian) auf der Halbinsel Liaodong (Kwantung) gezwungen; letztere wurde durch die Tripelintervention (Dt. Reich, Rußland, Frankreich) wieder rückgängig gemacht. Die hohen Kriegskontributionen von 230 Mill. Tael ruinierten China u. zwangen es in finanzielle Abhängigkeit von westl. Anleihen.

japanisch-chinesischer Krieg 1937–1945, japan. Aggressions- u. Vernichtungskrieg gegen die chines. Republik, der sich über den Zwischenfall an der Marco-Polo-Brücke am 7. 7. 1937 entwickelte. Nach spektakulären Anfangserfolgen, der Besetzung Nordchinas u. der Eroberung Schanghais erstrebte die japan. Armee einen Friedensschluß u. förderte dt. diplomatische Vermittlungsbemühungen. Die Regierung *Konoe* verzichtete im Bunde mit den traditionellen Kräften von Hof u. Industrie auf eine Beilegung des offiziell als „Konflikt" bezeichneten Krieges. Die japan. Armee vermochte weder den hinhaltenden Widerstand der nach Chongqing ausgewichenen Regierung *Chiang Kai-sheks* zu brechen noch die kommunistische Guerillatätigkeit zu unterbinden, geschweige denn, die besetzten Gebiete zu kontrollieren. Das brutale japan. Vorgehen gegen die Chinesen, das mit dem Massaker an 200 000 Zivilisten bei der Einnahme Nanjings im Dez. 1937 begann, führte zum Tod von rd. 3,2 Mill. chines. Soldaten u. rd. 5,8 Mill. Zivilisten. Angesichts dieses verlustreichen Krieges waren alle Bemühungen um eine politische Lösung, wie die Einbindung Chinas in die Neue Ordnung Ostasiens (1938) oder die Etablierung einer Gegenregierung unter *Wang Jingwei* (1940), zum Scheitern verurteilt. Japans sog. „Mission zur Befreiung Ostasiens" von der Bürde des „weißen" Mannes entpuppte sich in der Realität des Kriegsgeschehens als Propagandaphrase u. arbeitete letzten Endes der kommunistischen Bewegung in die Arme.

japanisch-russischer Krieg, 1904/05 nach dem Sieg im *japan.-chines. Krieg* von 1895 Kampf Japans mit Rußland um die Vormachtstellung in Ostasien. Die russ. Pacht des von Japan 1898 unter Druck geräumten Port Arthur, die russ. Besetzung der Mandschurei 1900 infolge des *Boxeraufstandes*, russ. Ansprüche auf das japan. Protektorat Korea u. die bevorstehende Fertigstellung der Transsibir. Eisenbahn verschärften den russ.-japan. Gegensatz.

Der japan.-engl. Bündnisvertrag vom 30. 1. 1902 isolierte Rußland u. bot Japan die notwendige Handlungsfreiheit, um nach nicht erfolgter russ. Räumung der Mandschurei dem Zarenreich durch einen Überraschungsangriff am 9. 2. 1904 auf die Flottenstation Port Arthur den Krieg zu erklären (japan. Kriegserklärung vom 10. 2. 1904). Die Belagerung Port Arthurs (Kapitulation am 15. 1. 1905), der japan. Landsieg bei *Mukden* im März 1905 u. die Niederlage der aus Europa nach Ostasien beorderten russ. Ostseeflotte in der Seeschlacht von *Tsushima* im Mai 1905 zwangen Rußland, die von japan. Seite erbetene amerikan. Friedensvermittlung anzunehmen. In den Verhandlungen zum Frieden von Portsmouth (New Hampshire) vom 5. 9. 1905 unter Vorsitz des amerikan. Präsidenten Roosevelt konzedierte die russ. Seite die Abtretung des Kwantung-Pachtgebietes (Port Arthur) u. Süd-Sachalins sowie aller russ. Rechte in der Süd-Mandschurei an Japan u. erkannte die japan. Herrschaft über Korea an. Da Rußland keine Kriegsentschädigungen zahlte, wurde der Friedensschluß in dem durch den Krieg hochverschuldeten Japan von weiten Bevölkerungsschichten als zu mild abgelehnt, und die Ressentiments gegen Rußland blieben wach. Ⓑ S. 389.

Japyger, im Altertum illyr. Bewohner von *Japygia*, dem südöstl. Unteritalien bis zum Kap *Japygium (Santa Maria di Leuca).*

Jarcke, Karl Ernst, Publizist, *10. 11. 1801 Danzig, †28. 12. 1852 Wien; seit 1823 Prof. für Strafrecht in Bonn u. Berlin; 1832–1848 Pressechef *Metternichs* als Nachfolger von F. *Gentz*; gründete 1838 mit J. *Görres* u. a. die „Histor.-polit. Blätter für das kath. Dtschld."; entschiedener Vertreter der Restauration im Sinne K. L. von *Hallers* u. Verfechter einer christl.-kath. Monarchie patriarchal.-ständischer Prägung.

Jarl [altnord., engl. *Earl*, „Graf"], in den nordgerman. Reichen Bezirksverwalter, Kleinkönig.

Jaroslaw I., *Jaroslaw Wladimirowitsch, Jaroslaw der Weise (Mudryj)*, Großfürst von Kiew 1019–1054, *978, †20. 2. 1054 Wyschgorod; führte das Kiewer Reich zu seiner Blüte. In seinem „Russischen Recht" *(Russkaja Prawda)* wurde die Blutrache durch Wergeld ersetzt. J. eroberte 1031 Galizien von Polen. Zu Westeuropa u. Skandinavien unterhielt er enge dynast. Beziehungen.

Jaroszewicz [jarɔ'ʃewitʃ], Piotr, poln. Politiker, *8. 10. 1909 Nieśwież, Weißrußland, †1. 9. 1992 Warschau (ermordet); Lehrer, seit 1943 in der poln. Armee in der Sowjetunion, 1945 General, bis 1950 Vize-Min. für Verteidigung, seit 1950 in der Wirtschaftsplanungskommission, seit 1957 ständiger Vertreter Polens im COMECON, 1952–1970 Stellvertr. Min.-Präs., 1970–1980 Mitgl. des Politbüros u. Min.-Präs. J. wurde im Februar 1980 im Zusammenhang mit den Unruhen wegen der wirtschaftl. Schwierigkeiten Polens abgelöst u. später zeitweise inhaftiert.

Jarres, Karl, Politiker (DVP), *21. 9. 1874 Remscheid, †20. 10. 1951 Düsseldorf; 1914–1923 u. 1925–1933 Oberbürgermeister von Duisburg, 1923–1925 Reichsinnenminister. 1925 kandidierte J. bei der Reichspräsidentenwahl für die Rechtsparteien; er erlangte im 1. Wahlgang nur die relative Mehrheit u. verzichtete im 2. Wahlgang zugunsten Hindenburgs.

Jaruzelski [-'zɛl-], Wojciech Witold, poln. Offizier (1973 Armeegeneral) u. Politiker, *6. 7. 1923 Kurów bei Lublin; im 2. Weltkrieg nach Schulung in der Sowjetunion Offizier; 1960 Chef der polit. Hauptverwaltung der Poln. Volksarmee, 1962 stellvertr. Verteidigungs-Min., 1965 Generalstabschef, seit 1968 Verteidigungs-Min.; 1970 Kandidat des Politbüros, 1971 Mitglied des Politbüros des ZK der Poln. Vereinigten Arbeiterpartei (PVAP). Während der Unruhen von 1981 wurde J. zunächst Min.-Präs., dann auch Erster Sekretär des ZK der PVAP. Am 13. 12. 1981 bildete er einen Militärrat, der die vollziehende Gewalt übernahm, u. verhängte das Kriegsrecht zur Unterdrückung der unabhängigen Gewerkschaft „Solidarność". 1983 trat er als Verteidigungs-Min., 1985 als Min.-Präs. zurück. 1985 wurde er Vors. des Staatsrates. 1989/90 war er Staats-Präs. Nach seiner Wahl zum Staats-Präs. stellte er sein Amt als Erster Sekretär zur Verfügung u. schied 1990 auch aus der Partei aus.

Jaspar [ʒas'paːr], Henri, belgischer Politiker (Katholische Partei), *28. 7. 1870 Schaarbeek bei Brüssel, †15. 2. 1939 Brüssel; Anwalt, 1919 Abg., seit 1918 mehrfach Min., u. a. 1920–1924 u. 1934 Außen-, 1932–1934 Finanz-Min.; 1926–1931 Min.-Präs.

Jastorf-Kultur [nach dem Fundort *Jastorf* südl. von Uelzen], eine Kultur der vorrömischen Eisenzeit (6.–1. Jh. v. Chr.) in Nord- u. Nordwest-Dtschld., mit lokalen Unterschieden; sie kann sehr wahrscheinl. als die älteste in diesem Raum archäolog. nachweisbare german. Kultur angesehen werden. Ihre Entwicklung verlief parallel zur latènezeitl. Kultur der Kelten in West- u. Mitteleuropa u. weist dementsprechend im Fundgut immer mehr latènezeitl. Züge auf (Importe u. heimische Nachahmungen), doch überwog, im Gegensatz zur kelt. Körper-, die Brandbestattung. Die J. wird in die Stufen *Jastorf, Ripdorf* u. *Seedorf* eingeteilt.

Jatvjagen, *Jadvjagen, Jadwinger*, im Memel-Weichsel-Gebiet siedelnder balt. Stamm, mit den *Pruzzen* (Preußen) verwandt, bis ins 14. Jh. nachweisbar.

Jaurès [ʒo'rɛːs], Jean, französ. Politiker, *3. 9. 1859 Castres, Tarn, †31. 7. 1914 Paris; Prof. der Philosophie in Toulouse; als Abgeordneter (zuerst 1885) Vertreter eines parlamentar. Reformsozialismus auf humanist.-pazifist. Grundlage; Gründer der Zeitung „L'Humanité" (1904) u. Präs. der vereinigten Sozialist. Partei (1905); auch als Historiker bedeutend („Histoire socialiste de la Révolution française" 12 Bde. 1901–1908); wegen seiner leidenschaftl. Friedensbemühungen 1914 von einem nationalist. Fanatiker ermordet.

Java, *Djawa, Dschawa*, kleinste, aber volkreichste u. wirtschaftl. wichtigste der Großen Sundainseln in Südostasien, das Kerngebiet der Rep. Indonesien; 126 650 km², mit *Madura* u. Nebeninseln 132 187 km², 96,4 Mill. Ew., Hptst. *Jakarta.*

Die durch Einflüsse aus Vorderindien entwickelte hohe javan. Kultur u. Religion (Brahmanismus, Buddhismus; buddhist. Tempelruine *Borobudur*) verfiel durch den seit 1400 vordringenden Islam. Um 1520 kamen Portugiesen von Malakka ins Land, die seit Beginn des 17. Jh. von Holländern vertrieben wurden. Diese (Niederländ. Ostind. Kompanie) unterwarfen die Eingeborenenstaaten u. teilten oder kontrollierten sie. Die Erhebung unter Dipa Negara 1825–1830 machte den Holländern sehr zu schaffen. Auch → Indonesien.

Jay [dʒɛi], John, US-amerikan. Politiker (konservativ), *12. 12. 1745 New York, †17. 5. 1829 Bedford; Führer im nordamerikan. Unabhängigkeitskampf; 1778 Präs. des Kontinentalkongresses, 1784–1789 Außen-Min., 1789–1795 Oberster Bundesrichter; schloß 1794 den *J.-Vertrag* mit Großbritannien.

Jayavarman, *Dschayavarman*, kambodschanische Könige. **1.** *J. II.*, (802–850), *um 770, †850; Gründer des Angkor-Reiches, befreite Kambodscha von zeitweiser javanischer Vorherrschaft.

2. *J. VII.*, (1181–1218), *um 1120, †1218; unter ihm erreichte Kambodscha den Höhepunkt seiner Machtentfaltung nach Annexion des *Champa* -Reiches von Zentralvietnam; Erbauer des berühmten Bayon-Tempels von *Angkor.*

Jazygen, *Jassen*, ehem. Nomaden in Südrußland; ein Teil im 13. Jh. in Ungarn ansässig, vermischten sich wahrscheinl. mit *Kumanen.*

Jean [ʒã], Großherzog von Luxemburg, *5. 1. 1921 Schloß Berg; Sohn der Großherzogin Charlotte, deren Nachfolger J. 1964 wurde; verheiratet mit Joséphine-Charlotte von Belgien (*1927).

Jeanne d'Arc [ʒan 'dark], *Jungfrau von Orléans, Heilige Johanna, La Pucelle*, *um 1411 Domrémy (-la-Pucelle, an der oberen Maas), †30. 5. 1431 Rouen; erwirkte, durch „göttl. Stimmen" veranlaßt, die Anerkennung König Karls VII. als rechtmäßigen Herrscher u. vermochte ihn aus seiner Le-

Thomas Jefferson

thargie zu reißen. Sie wurde als „Retterin Frankreichs" (1429 Entsatz von Orléans u. Krönung Karls VII. in Reims) am Ende des Hundertjährigen Krieges gegen die Engländer verehrt. 1430 wurde sie von Burgundern, den Verbündeten Englands, gefangengenommen u. für eine hohe Geldsumme an England ausgeliefert. Vom französ. Hof im Stich gelassen, wurde sie nach einem Prozeß in Rouen unter Leitung des Bischofs von Beauvais wegen Hexerei u. Ketzerei zum Tode verurteilt u. verbrannt. Ein Revisionsprozeß hob das Urteil auf (1456). 1909 Selig-, 1920 Heiligsprechung (Fest: 30. 5.).

Jefferson ['dʒɛfəsən], Thomas, US-amerikan. Politiker, *13. 4. 1743 Shadwell, Va., †4. 7. 1826 auf Monticello bei Charlottesville, Va.; zunächst Anwalt, Gutsbesitzer u. Abg. des House of Burgesses (Landtag von Virginia). 1775/76 Delegierter des revolutionären Kontinentalkongresses, für den er ohne entscheidende Hilfe der übrigen Mitglieder des Redaktionsausschusses die Unabhängigkeitserklärung der USA verfaßte. 1776–1779 wieder im House of Burgesses. Als Gouverneur von Virginia 1779–1781 sorgte J. für die Aufhebung der Adelsprivilegien, die Trennung von Kirche und Staat sowie die Errichtung öffentl. Schulen. 1783/84 Kongreß-Abg., Verfasser des Landgesetzes 1784, der Grundlage für die spätere Organisation der westl. Territorien. 1785–1789 Gesandter in Paris. 1789 bis 1793 Secretary of State (Außen-Min.) unter G. *Washington*, geriet in scharfen Gegensatz zu A. *Hamiltons* Finanzpolitik u. trat aus Protest zurück. Anschließend gründete er die Demokrat.-Republikan. Partei (eine Vorgängerin der heutigen Demokrat. Partei), unterlag jedoch als Präsidentschaftskandidat. Als Vize-Präs. unter J. *Adams* entwarf J. die „Virginia-and-Kentucky-Resolutions-Erklärungen", denen zufolge jeder Staat das Recht haben sollte, Gesetze des Bundes aufzuheben. 1800 wurde J. mit Unterstützung seines Gegners A. Hamilton vom Repräsentantenhaus zum Präsidenten gewählt (3. Präs. der USA 1801–1809). Die wichtigsten Ereignisse während seiner Präsidentschaft waren: der Krieg gegen die Barbaresken in Nordafrika 1801–1805, der Ankauf von Louisiana 1803, die Lewis-Clark-Expedition 1803, der Hochverratsprozeß gegen Aaron Burr 1807, das zur Wahrung amerikan. Neutralitätsrechte bestimmte Embargo-Gesetz 1807.

Jẹhu, nordisraelit. König, 845–818 v. Chr., kam durch eine blutige Revolution an die Macht, beseitigte den Baalsdienst seiner Vorgänger.

Jẹllačić von Bužim [-tʃitç - 'buʒim], Joseph Graf, österr. General, *16. 10. 1801 Peterwardein, †19. 5. 1859 Agram; 1848 Banus (kaiserl. Statthalter) von Kroatien-Slawonien; unternahm 1848/49 eigenmächtig einen Feldzug gegen die aufständ. Ungarn; Gouverneur von Fiume u. Dalmatien.

Jellicoe ['dʒɛlikɔu], John Rushworth, Viscount *J. of Scapa* (1918), brit. Admiral, *5. 12. 1859 Southampton, †20. 11. 1935 London; seit 1914 Oberbefehlshaber der Grand Fleet, 1916/17 Erster Seelord, 1920–1924 Generalgouverneur von Neuseeland.

Jellinge, *Jelling*, dän. Ort auf Jütland; in J. liegt eines der wichtigsten Wikingerdenkmäler Dänemarks (10. Jh.): Neben zwei Grabhügeln stehen zwei Runensteine; einer soll von *Gorm dem Alten* errichtet worden sein, der andere von Harald Gormsen.

Jẹlzin, *El'cin*, Boris Nikolajewitsch, russ. Politiker, *1. 2. 1931 Butka, Gebiet Swerdlowsk; Bauingenieur; seit 1981 Mitgl. des ZK der KPdSU; 1985–1987 1. Sekretär des Moskauer Stadtkomitees der KPdSU; 1986-1988 Kandidat des Politbüros; 1989 Abg. des Kongresses der Volksdeputierten u. Mitgl. des Obersten Sowjets; wurde 1990 Vors. des Obersten Sowjets der RSFSR; trat im gleichen Jahr aus der KPdSU aus; wurde 1991 der erste frei gewählte Präs. Rußlands; maßgeblich an der Vereitelung des Putsches in der UdSSR im Aug. 1991 sowie an der Gründung der GUS beteiligt. Seine Reformpolitik in Rußland nach dem Ende der UdSSR stieß zunehmend auf den Widerstand konservativer Politiker, die allerdings 1993 bei einem Putschversuch gegen J. scheiterten. Die neue Verfassung von 1993 räumte J. zwar große Befugnisse ein, trotzdem paßte er sich immer mehr den reformunwilligen Kräften in Staat u. Gesellschaft an. 1994 ließ J. die Armee in Tschetschenien einmarschieren. 1996 wurde er erneut zum russ. Präs. gewählt.

Jemen YE

Republik Jemen

Fläche: 527968 km². – *Einwohner:* 12,9 Mill. – *Hauptstadt:* San'a. – *Landessprache:* Arabisch. – *Nationalfeiertag:* 22. 5. – *Währung:* 1 Jemen-Rial = 100 Fils. – *Lage:* zwischen 12°30′ und 19° n. Br. sowie 43°25′ und 53° ö. L. – *Zeitzone:* Mitteleuropäische Zeit + 2 Std. – *Grenzen:* im N Saudi-Arabien, im S Arabisches Meer, im W Rotes Meer, im O Oman. – *Staatsform:* präsidiale Republik.

In vorchristl. Zeit gehörte J. zum Reich der *Sabäer* u. *Minäer*. In den ersten nachchristl. Jahrhunderten wurden die jemenitischen *Himjaren* das führende Volk Südarabiens. Im 4. Jh. beherrschten zeitweilig die *Äthiopier* das Land. Die Bevölkerung bekannte sich zum großen Teil zum Christentum u. zum Judentum. 631 unterwarfen die Moslems J. 859 begründete der Zaidite Jahja Ibn Al Hussain in Sa'ada eine Dynastie. Zeitweise konnten die *Zaiditen* ihre Macht über das ganze Land ausdehnen; bei stets wechselnden Machtverhältnissen behaupteten sie sich bis in das 20. Jh. 1871 besetzten die Türken San'a. Der Imam Jahja (1904–1948) rief 1904 zum Aufstand; 1905 kapitulierten die Türken in San'a, doch blieben einige Orte in türk. Besitz. 1911 schloß die Hohe Pforte mit Jahja einen Vertrag, der ihm eine gewisse Selbständigkeit unter türk. Oberhoheit sicherte.

1918 entstand in Nord-J. das unabhängige

Boris Jelzin

Königreich J. unter brit. Kontrolle. Der Imam von San'a war König u. zugleich Oberhaupt der schiitischen Konfession der Zaiditen. 1925 erkannte England den Imam an u. schloß 1934 einen Vertrag, der 1951 erneuert wurde. Nach jahrelangen Konflikten mit Saudi-Arabien erkannte dessen König 1934 das Königreich J. in dem *Vertrag von Ta'if* an. 1948 wurde Imam Jahja ermordet; ihm folgte sein Sohn Ahmed Saif Al Islam, der sich an die Sowjetunion anlehnte. Auch mit den Nachbarstaaten schloß J. Bündnisverträge. 1957 brach Ahmed mit England u. forderte die engl. Kolonie Aden. Der 1958 erfolgte lose Zusammenschluß mit der Vereinigten Arabischen Republik dauerte nur bis 1961.

1962 rief General A. As Sallal die Republik aus. Diese erstreckte sich aber nur auf einen Bereich J.s., vor allem auf Städte u. Häfen. Ein großer Teil der Bergstämme war weiterhin dem Imam ergeben. In dem sich entwickelnden Bürgerkrieg wurden die Republikaner von der VAR, die Royalisten von Saudi-Arabien unterstützt. Nach Verhandlungen zwischen diesen beiden Staaten zogen die ägypt. Truppen 1967 ab. 1968 erlosch der Bürgerkrieg. 1970 einigten sich Republikaner u. Royalisten auf eine gemeinsame Regierung. Das Verhältnis zu Saudi-Arabien besserte sich. 1974 ergriff das Militär die Macht. Mit der Demokrat. Volksrepublik J. kam es wiederholt zu Grenzkonflikten, aber auch zu Fusionsverhandlungen. Die innenpolit. Lage blieb labil; 1977 u. 1978 wurden zwei Staatschefs ermordet. Vors. des Präsidentschaftsrats war seit 1978 A. A. *Saleh*. – 1988 fanden erstmals Parlamentswahlen statt.

Ab 1959 bildete Großbritannien in Süd-J. aus seinen südarab. Protektoraten schrittweise eine *Südarab. Föderation*, der 1963 die Kronkolonie Aden angeschlossen wurde. Hiergegen wandte sich die Unabhängigkeitsbewegung, die in zwei Richtungen gespalten war: Die von Ägypten unterstützte FLOSY (Front für die Befreiung des besetzten Süd-J.) trat z. T. für den Anschluß an die Arab. Republik J. ein; sie stieß auf den Widerstand der NLF (Nationale Befreiungsfront). Nach dem Abzug der Briten erklärte die bisherige Südarab. Föderation am 30. 11. 1967 unter dem Namen *Südjemen* ihre Unabhängigkeit.

Aus dem Bürgerkrieg zwischen der FLOSY u. der NLF ging eine linkssozialist. Regierung hervor, die von der NLF bestimmt wurde. Die FLOSY wurde verboten. Im Dez. 1970 wurde Südjemen in Demokratische Volksrepublik Jemen umbenannt. Bei Machtkämpfen in der Führung setzte sich 1978 ein prosowjet. Flügel durch. 1986 kam es zu bürgerkriegsähnlichen Kämpfen zwischen rivalisierenden Führungsgruppen. Staatspartei war die Jemenit. Sozialist. Partei.

1990 vereinigten sich die Arabische Republik

Jemen: Feiernde am Tag der Wiedervereinigung von Nord- und Südjemen am 22.5.1990

J. u. die Demokrat. Volksrepublik J. zur R e p u b l i k J. Für eine Übergangszeit wurde ein Präsidialrat gebildet, der alle legislativen u. exekutiven Befugnisse übernahm. Staatsoberhaupt wurde A. A. *Saleh.* Die Mehrheit der Bevölkerung stimmte in einem Referendum 1991 für die Annahme eines Verfassungsentwurfs, auf dessen Grundlage 1993 freie Parlamentswahlen stattfanden. Im Mai 1994 führten Spannungen zwischen Nord- u. Südjemen zum Ausbruch schwerer Kämpfe u. zur Unabhängigkeitserklärung des Südens. Der Bürgerkrieg endete im Juli 1994 mit dem Einmarsch der nördlichen Truppen in Aden u. der Flucht der südjemenitischen Führung ins Ausland.

Jena, Kreisstadt in Thüringen, an der Saale, 100 000 Ew.

Erstmals erwähnt um 850, seit dem 13. Jh. Stadt, 1523 Einführung der Reformation. 1558 wurde das Akadem. Gymnasium als Universität anerkannt, die auch nach den ernestin. Teilungen (1572 u. 1640) von allen Linien unterhalten wurde. 1672–1690 Hptst. des Herzogtums *Sachsen-J.,* danach bei *Sachsen-Eisenach* (1691) u. *Sachsen-Weimar* (1741). Um die Wende vom 18. zum 19. Jh. war J. ein Zentrum der dt. idealist. Philosophie; an der Universität lehrten Fichte, Schelling u. Hegel. 1806 siegte Napoleon I. bei *J. u. Auerstedt* über die Preußen. J. gehörte seit 1918 zum Freistaat u. späteren Land Thüringen; 1952–1990 gehörte J. zum Bezirk Gera.

Jẹnatsch, Jürg (Georg), *1596 Samaden, †24. 1. 1639 Chur (ermordet); als ev. Geistlicher in die Wirren des Dreißigjährigen Kriegs hineingezogen, Gegner der kath.(-span.) Partei unter Pompejus *Planta* (den er erschlug); unterstützte zunächst die Franzosen, die 1635 die Spanier aus Graubünden vertrieben. Als Frankreich aber die Rückgabe des Veltlin verweigerte, trat J. auf die österr.-span. Seite, wurde Katholik u. zwang die Franzosen zum Abzug (1637). Durch seine Schaukelpolitik hatte es J. mit beiden Parteien verdorben. 1639 wurde er von seinen Gegnern ermordet.

Jẹricho, arab. *Eriha,* Stadt in Judäa, in einer Oase des unteren Jordantals, 12 000 Ew.

Ausgrabungen von 1907–1909, 1930–1936 u. 1952–1956 brachten auf dem *Tell As Sultan* eine der ältesten Stadtkulturen zutage. Die älteste Siedlung aus dem 7. Jahrtausend v. Chr. war von einer 6 m hohen Festungsmauer umgeben, an die ein Turm von 13,5 m Höhe u. 9 m Durchmesser angebaut war, u. hatte eine reiche städt. Zivilisation. Die Funde auf dem Stadthügel u. Grabfunde aus der Umgebung vermitteln einen Eindruck von der wechselvollen Siedlungsgeschichte während der frühen u. mittleren Bronzezeit.

Nach der Zerstörung um 1580 v. Chr. war J. nur noch schwach besiedelt, u. die im 13.–12. Jh. v. Chr. einwandernden *Israeliten* fanden es zerstört u. unbesiedelt vor, so daß der Bericht im AT (Jos. 2,6) über die Zerstörung J.s wahrscheinl. legendär ist. Eine neue Siedlung bestand erst wieder seit dem 10. Jh. v. Chr., mit stärkerer Bebauung in der Zeit *Ahabs* im 9. Jh. v. Chr.

Eine neue Blütezeit erlebte es in römischer Zeit; *Herodes d. Gr.* machte J. zur Winterresidenz u. errichtete prachtvolle Bauten auf *Tulul abu'l Alajik* am Wadi Al Kelt. Teile seines Palastes wurden 1950/51 ausgegraben. Im jüdischen Krieg wurde J. von *Titus* zerstört. In byzantin. Zeit war es Bischofssitz, verfiel nach der arab. Eroberung (ein vom Omajjadenkalifen Hisham errichteter weitläufiger Palast wurde schon nach kurzer Zeit durch ein Erdbeben zerstört) u. war (von einem Aufschwung in der Kreuzfahrerzeit abgesehen) bis ins 19. Jh. bedeutungslos.

Nach dem „Sechstagekrieg" 1967 kam J. unter israel. Verwaltung. Aufgrund eines Abkommens zwischen Israel und der PLO wurde 1994 eine begrenzte palästines. Selbstverwaltung im Gebiet von J. errichtet.

Jermạk, Timofejewitsch, russ. Kosakenführer, †15. 9. 1585 (im Irtysch ertrunken); überschritt 1579 im Dienst der Permer Kaufherrenfamilie *Stroganow* den Ural u. leitete damit die Eroberung Sibiriens ein; besiegte 1582 den Chan des Mogolenreichs Sibir u. unterstellte seine Eroberungen dem russ. Zaren.

Jérôme Bonaparte [ʒe'ro:m-] → Bonaparte (3).

Jerụsalem, hebr. *Yerushalayim,* Hptst. u. größte Stadt Israels, 544 000 Ew. J. ist das Zentrum jüd. Glaubens u. geistigen Lebens u. heilige Stadt auch für Christen u. Moslems.

Die Stelle des heutigen J. ist seit der frühen Bronzezeit (3. Jahrtausend v. Chr.) besiedelt. Die älteste schriftl. Erwähnung findet sich in den ägypt. Amarna-Texten (14. Jh. v. Chr.). Im 2. Jahrtausend v. Chr. bestand ein Stadtstaat der Jebusiter unter ägypt. Einfluß. Nach der Eroberung durch König *David* um 1000 v. Chr. wurde J. zum polit. u. kult. Mittelpunkt seines Reichs. König *Salomo* baute den Tempel, der bei der Niederschlagung eines jüd. Aufstands in der schon 597 v. Chr. durch Nebukadnezar eroberten Stadt 586 v. Chr. zerstört wurde. Nach der Rückkehr der Juden aus der Babylon. Gefangenschaft wurde der 2. Tempel (520–516 v. Chr.) gebaut; J. wurde der geistige Mittelpunkt der Judenschaft innerhalb u. außerhalb Palästinas. 63 v. Chr. wurde J. von *Pompeius* erobert. Danach erlebte es eine Glanzzeit als hellenist. Stadt unter *Herodes d. Gr.* Jüd. Aufstände führten 70 n. Chr. zur Zerstörung J.s durch *Titus.* Nach einem weiteren jüd. Aufstand (*Bar Kochba,* 132–135) beseitigten die Römer auch die hebräischen Ortsnamen; J. wurde in *Aelia Capitolina* umbenannt.

Unter Konstantin d. Gr. wurde J. für 300 Jahre eine christl. Stadt (Grabeskirche). 638 wurde es von den islam. Arabern erobert (um 700 Felsendom), denen es die Kreuzfahrer 1099 entrissen *(Königreich Jerusalem),* doch wurde es 1187 durch *Saladin* wieder islamisch (mit einer Unterbrechung 1229–1244 durch Kaiser *Friedrich II.*). 1517 wurde J. türkisch; Sultan *Suleiman der Prächtige* ließ die Stadtmauern (um 1540) errichten, die erhalten sind. Mitte des 19. Jh. hatte J. bereits eine jüd. Bevölkerungsmehrheit, die die ersten Wohnviertel außerhalb der Mauern anlegte. Das bekannteste ist Mea Shearim (1875), noch heute die Hochburg jüd. Orthodoxie. 1917 besetzten die Engländer J. Sie ernannten stets einen Bürgermeister aus der arab. Minderheit der Stadt. Versuche, eine arab.-jüd. Stadtverwaltung zu errichten, scheiterten immer wieder. 1920–1948 war J. Sitz der brit. Mandatsregierung.

Im israel. Unabhängigkeitskrieg 1948/49 war J. hart umkämpft. Die Altstadt wurde von der Arab. Legion erobert, ihre jüd. Einwohner vertrieben. 1950 annektierte Jordanien Ost-J. mit der Altstadt. Der westl. Teil blieb israelisch u. wurde 1950 zur Hptst. Israels erklärt. Im Sechstagekrieg 1967 besetzten die Israelis Ost-J., vereinigten es mit West-J. u. gliederten es ihrem Staat ein, was durch das Jerusalem-Gesetz 1980 zementiert wurde.

J. ist seit frühchristl. Zeit Sitz eines kath. Bischofs, seit dem 5. Jh. Patriarchat, seit dem 14. Jh. armen. u. seit dem 19. Jh. auch griech.-kath. Patriarchat.

Jesuiten, lat. *Societas Jesu,* Abk. *SJ, Gesellschaft Jesu,* kath. Orden, 1534 von Ignatius von Loyola gegr. u. von Papst Paul III. 1540

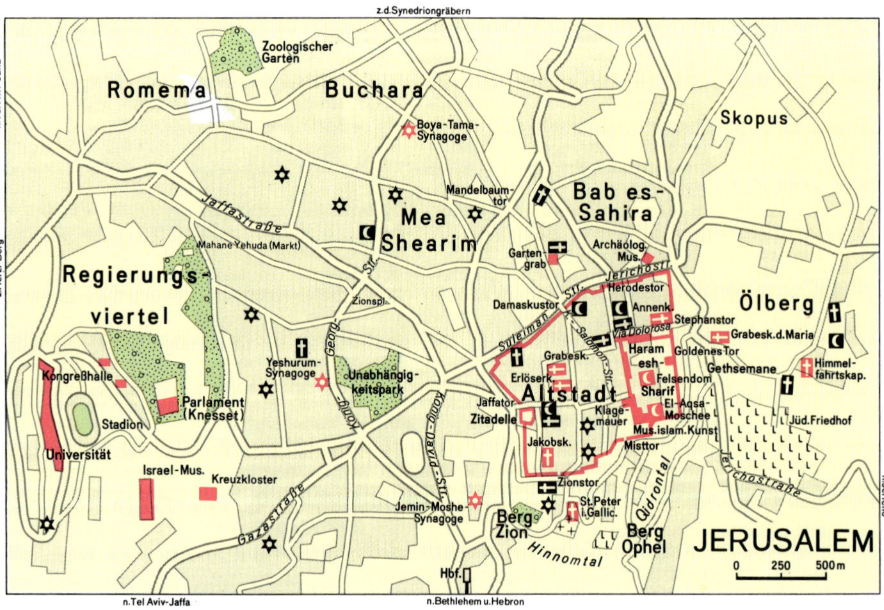

Stadtplan von Jerusalem

durch die Bulle „Regimini militantis ecclesiae“ bestätigt. Er breitete sich im 16. Jh. in Europa aus u. war vor allem das Instrument der Gegenreformation. Als Missionare waren u. sind die J. in Asien, Afrika u. Amerika tätig. Bekannt sind die sog. Reduktionen in Paraguay zum Schutz der Indianer.
Der große Einfluß der J. auf Kirche u. Staat im 17. u. 18. Jh. rief so starken Widerstand hervor, daß Klemens XIV. unter dem Druck der roman. Staaten den Orden 1773 durch das Breve „Dominus ac Redemptor“ auflöste. 1814 wurde der Orden durch Pius VII. wieder eingeführt. Auch im 19. u. 20. Jh. hatten die J. in vielen Staaten Schwierigkeiten (in Dtschld. 1872–1917 verboten).
Die J. werden von einem *J.general*, dem 4 Generalassistenten beratend zur Seite stehen, von Rom aus geführt. Er wird auf einer Generalkongregation für Lebenszeit von den *Provinzialen*, d.h. den Leitern der Ordensprovinzen, gewählt.

Jesuitenstaat, unrichtige Bez. für die im 17. Jh. in Paraguay, am Paraná u. in Uruguay von den Jesuiten gegründeten Missionsgemeinschaften; sie unterstanden unmittelbar dem span. König. Die Indianer wurden in *Reduktionen* zu einer geschlossenen Gemeinschaft zusammengefaßt.

Jesus, *J. von Nazareth*, * ca. 4 v. Chr., † ca. 30 n. Chr., die Gestalt, auf deren Erscheinen sich das Christentum gründet. An der Geschichtlichkeit Jesu zweifelt die wissenschaftl. Forschung nicht. Trotz aller geschichtl. (u. astronomischen) Berechnungen steht lediglich fest, daß Jesu Auftreten um 30 n. Chr. stattfand. Wie lange seine öffentl. Wirksamkeit dauerte, ist unbekannt. Seine Heimat war Galiläa, seine Vaterstadt Nazareth. Das Matthäus- u. Lukasevangelium lassen J. in Bethlehem geboren sein; ihre Stammbäume wollen seine Abstammung von König David verbürgen; sie führen auf Josef, der nach der ältesten Matthäus-Handschrift J. „zeugte“. Seine Lehre vernichtete die Existenzberechtigung der rabbin. Gelehrten wie des stolzen u. mächtigen Priesteradels.
Mit Hilfe der röm. Besatzungsmacht, an die J. denunziert wurde, beseitigte man ihn in Jerusalem durch die Kreuzigung, eine von den Persern erfundene, bes. qualvolle u. entehrende Hinrichtungsart. Die Berichte erlauben nicht eine genaue Feststellung, an welchem Datum oder welchem Tag der Pascha-Zeit J. starb. Der engste Jüngerkreis, der das Gläubigwerden der 12 Stämme Israels versinnbildlichte u. mit ihm ein Abschiedsmahl beging, floh nach Galiläa. Nach den vielfältigen Berichten des NT wurden Jesu Jünger Zeugen seiner Auferstehung u. Himmelfahrt u. empfingen von dem Auferstandenen den Befehl zum Zeugendienst.

Jeunesse dorée [ʒœ'nɛs dɔ're; frz., „goldene Jugend“], die polit. reaktionären jungen Männer des französ. Bürgertums, die nach dem Sturz der sog. Schreckensherrschaft der Französ. Revolution seit 1795 als Gegner der Jakobiner auftraten; allg.: reiche, genußsüchtige Großstadtjugend.

Jezdegerd, *Jesdegerd, Yazdegerd,* Name mehrerer sassanid. Herrscher: **1.** *J. I.*, 399 bis 421, seine Regierungszeit war eine Ära des Friedens, da das Röm. Reich in Ost- u. Westrom zerfallen war u. selbst genügend Schwierigkeiten hatte. J. I. führte freie Religionsausübung für die Christen ein.
2. *J. II.*, 439–457, Sohn *Bahrams V.*; fiel im Kampf gegen die Hephtaliten.
3. *J. III.*, letzter Sassanidenherrscher 622 bis 651, Enkel *Chosraus II.*; versuchte vergeblich, den Siegeszug der Araber aufzuhalten; nach mehreren verlorenen Schlachten wurde er von eigenen Leuten in Merw ermordet. Nach seinem Tod wurde Persien ein Teil des Islamischen Reichs.

Jiang Jieshi [djiaŋ djiɛʃi], chines. Politiker, → Chiang Kai-shek.

Jiang Jingguo [djiaŋ djiŋguo], chines. Politiker, → Chiang Ching-kuo.

Jiang Qing [djiaŋ tçiŋ], *Chiang Ch'ing, Tschiang Tsching*, chines. Politikerin, * März 1913 Jiucheng, Prov. Shandong, † 14. 5. 1991 Peking (Selbstmord); Schauspielerin (Künstlername *Lan Ping*); seit 1939 verheiratet mit *Mao Zedong*; erlangte seit den 1960er Jahren zunehmenden Einfluß auf das Kulturleben, dann auf die allg. Politik; 1969–1976 Mitgl. des Politbüros des ZK der KP, führend in der radikalen Fraktion („Viererbande“), nach Maos Tod 1976 mit dieser gestürzt u. verhaftet; 1981 wegen „konterrevolutionärer Verbrechen“ zum Tode verurteilt, 1983 zu lebenslanger Haft begnadigt.

Jiang Zemin [djiaŋ dsəmin], chines. Politiker (Kommunist), * 1927 Yangzhou, Prov. Jiangsu; Elektroingenieur, 1983–1985 Min. für Elektronikindustrie; 1985–1987 Bürgermeister, 1987–1989 Erster Parteisekretär von Schanghai; seit 1987 Mitgl. des Politbüros, seit 1989 seines Ständigen Ausschusses u. Generalsekretär des ZK der Kommunist. Partei sowie Vors. der Militärkommission des ZK u. Vors. der (staatl.) Zentralen Militärkommission; seit 1993 zugleich Staatspräsident.

Jimmu-Tenno, laut Nihongi (der amtl. Annalistik) als Enkel der Gottheit *Ninigi*, die wiederum eine Enkelin der Sonnengöttin *Amaterasu* war, geborener, legendärer Begründer des japan. Kaiserreichs 660 v. Chr. u. der bis heute regierenden Dynastie. Ausgangspunkt der orthodoxen japan. Zeitrechnung. 1940 wurde das 2600jährige Reichsjubiläum mit großem Aufwand, am sog. überlieferten Reichsgründungstag, dem 11. Februar, gefeiert. Die moderne Forschung verweist die Gründung des *Yamamoto-Reiches* gewöhnlich in die Mitte des 4. Jh. n. Chr.

Jinnah ['dʒi-], *Dschinnah*, Mohammed Ali, *Qaid-i-Azam*, „der große Führer“, pakistan. Politiker, * 25. 12. 1876 Karatschi, † 11. 9. 1948 Karatschi; Rechtsanwalt; 1920–1948 Präsident der Moslemliga; befürwortete seit 1940 die Teilung Indiens, um einen unabhängigen Moslemstaat *Pakistan* zu schaffen. 1947/48 erster Generalgouverneur von Pakistan nach der Unabhängigkeitserklärung.

Joachim, Fürsten. Brandenburg: **1.** *J. I. Nestor*, (wegen seiner gelehrten Bildung), Kurfürst 1499–1535, * 21. 2. 1484 Berlin, † 11. 7. 1535 Stendal; gründete 1506 die Universität Frankfurt (Oder); veranlaßte mit der *Constitutio Joachimica* (1527) die Regelung des Erbrechts auf der Grundlage des röm. Rechts; sicherte sich im *Grimnitzer Vertrag* die Erbanwartschaft auf Pommern. Trotz seiner humanist. Neigungen blieb J. Gegner der Reformation; dadurch kam es zum Konflikt mit seiner lutherisch gesinnten Gemahlin *Elisabeth*, Tochter König Johanns I. von Dänemark, die 1528 aus Berlin floh.
2. *J. II. Hektor*, Sohn von 1), Kurfürst 1535–1571, * 9. 1. 1505 Cölln an der Spree, † 3. 1. 1571 Köpenick; erstrebte eine allgemeine „Konkordie“ zwischen den Religionsparteien im Reich, nahm 1539 formal die ev. Lehre an u. führte 1540 eine neue Kirchenordnung ein. Im Schmalkaldischen Krieg trat J. auf die Seite Karls V. Erst 1550 kehrte er sich von den Habsburgern ab. 1555 setzte er sich, auch beeinflußt durch seinen Kanzler Lambert *Distelmeyer*, für den Augsburger Religionsfrieden ein. Verschwendung u. Geldnot zwangen ihn zu großen Zugeständnissen an die Landstände. Die Gesamtinteressen des Hauses Hohenzollern ließ er nicht außer acht (Erbverbrüderung 1537 mit den schles. Herzögen u. 1569 Mitbelehnung mit Preußen).
3. *J. Friedrich*, Enkel von 2), Kurfürst 1598–1608, * 27. 1. 1546, † 18. 7. 1608 im Reisewagen zwischen Köpenick u. Berlin; 1566 Administrator des Erzstifts Magdeburg; ordnete die Landesverwaltung u. sicherte 1599 durch den *Geraischen Hausvertrag* die Bindung der brandenburg. Annexe u. Anwartschaften (Preußen, Pommern, die schlesischen u. rheinischen Gebiete) an Kurbrandenburg. Außerdem wurden die fränkischen Länder der Hohenzollern zur Sekundogenitur bestimmt. 1604 errichtete J. den *Geheimen Rat* als oberstes beratendes Kollegium. Seine Ehe mit *Eleonore* (* 1583, † 1607), Tochter des Herzogs Albrecht Friedrich von Preußen, verstärkte die Anwartschaft auf dieses Gebiet.
Brandenburg-Ansbach: **4.** *J. Ernst*, Markgraf 1603–1625, * 22. 6. 1583 Cölln an der Spree, † 7. 3. 1625 Ansbach; nahm 1604 u. 1607 am Freiheitskampf der Niederlande gegen Spanien teil u. ließ sich 1608 zum General der von ihm mitbegründeten prot. Union wählen. Trotz seines Eintretens für Friedrich V. von der Pfalz als König von Böhmen vermied er zunehmend eine Beteiligung der Union am aktiven Kriegsgeschehen u. löste sie 1621 auf.

Joachimstaler, der seit 1520 von den Grafen *Schlick* in Sankt Joachimstal (Böhmen) aus Bergsilber geprägte Taler (27 g), der bald zum Vorbild für alle Talerprägungen wurde u. dem Taler den Namen gab.

João [ʒu'ãu], Könige von Portugal, → Johann(31,32,33).

Jobst, *(Jost, Jodocus) von Mähren*, Markgraf von Mähren (1375), 1410/11 dt. König, * 1354, † 18. 1. 1411 Brünn; Luxemburger, seit 1388 Pfandschaftsbesitzer des Herzogtums Luxemburg u. der Mark Brandenburg; 1410 von der Mehrheit der Kurfürsten gegen seinen Vetter *Sigismund* zum dt. König gewählt; vor Annahme der Wahl gestorben, möglicherweise durch Gift.

Jodl, Alfred, Offizier (1944 Generaloberst), * 10. 5. 1890 Würzburg, † 16. 10. 1946 Nürnberg (hingerichtet); 1939–1945 Chef des Wehrmachtsführungsstabes im OKW; unterzeichnete am 7. 5. 1945 die Gesamtkapitulation der Wehrmacht in Reims; im 1. Nürnberger Prozeß als Kriegsverbrecher zum Tod verurteilt.

Joffre [ʒɔfr], Joseph Jacques Césaire, Marschall von Frankreich (1916), * 12. 1. 1852 Rivesaltes, Pyrenäen, † 3. 1. 1931 Paris; 1911 Generalstabschef, im 1. Weltkrieg 1915/16 französ. Oberbefehlshaber. Es gelang J., den dt. Angriff in den Marneschlachten aufzuhalten; damit leitete er den Stellungskrieg ein. Wegen der gescheiterten Somme-Offensive wurde er 1916 durch Georges *Nivelle* ersetzt.

Jogasses [ʒo'gas], regional begrenzte Kultur der älteren Eisenzeit in der Champagne, benannt nach dem Gräberfeld in *Les Jogasses à Chouilly* bei Épernay, Dép. Marne.

Johann, Fürsten. Äthiopien: **1.** *Johannes IV.*, eigentl. Ras *Kasa* von Tigre, Negus (Kaiser) 1872–1889, * um 1832, † 10. (?) 3. 1889 bei Metemmeh; knüpfte Beziehungen zu England an, setzte den späteren Kaiser Menelik II. als Erben ein, fiel im Krieg gegen den Mahdi.
Böhmen: **2.** *J. von Luxemburg*, König von Böhmen 1310–1346, * 10. 8. 1296, † 26. 8. 1346 Crécy; Sohn Kaiser Heinrichs VII.; 1310 mit Böhmen belehnt, erhob als Schwiegersohn des Přemysliden Wenzel II. Anspruch auf die poln. Krone, erhielt 1335 das Herzogtum Breslau u. die Lehnshoheit über andere schles. Fürstentümer sowie Masowien. Im Kampf um Pommerellen unterstützte er den Dt. Orden gegen Polen. Tirol ging ihm bei der Vertreibung seines Sohnes, der mit der Erbin Tirols, *Margarete Maultasch*, verheiratet war, 1341 an die Wittelsbacher verloren; darauf überwarf er sich mit Kaiser Ludwig dem Bayern, stellte sich auf die Seite Frankreichs u. der Kurie u. hoffte dadurch die Königswahl seines Sohnes, Karls IV., durchzusetzen. Er fiel bei Crécy in der Schlacht gegen die Engländer auf seiten der Franzosen.
Brandenburg: **3.** *J. Cicero*, Kurfürst 1486

bis 1499, *2. 8. 1455 Ansbach, †9. 1. 1499 Arneburg; folgte seinem Vater Albrecht Achilles in der Regierung der Kurmark, wobei er sich auf ein friedliches Regiment im Innern mit Festigung des Landes u. Steigerung der Wohlfahrt beschränkte. Die Lösung der Lehnsabhängigkeit Pommerns von Brandenburg mußte er zugestehen. – Der Beiname „Cicero" ist spätere gelehrte Erfindung.

4. *Hans von Küstrin*, Markgraf, *3. 8. 1513 Tangermünde, †13. 1. 1571 Küstrin; regierte als Bruder Kurfürst Joachims II. selbständig in der Neumark, wo er die wirtschaftl. Verhältnisse ordnete u. die Reformation schon 1538 einführte. Als Mitglied des Schmalkaldischen Bundes u. der Opposition gegen Karl V. vertrat J. streng defensive Ziele u. beteiligte sich deshalb nicht an der *Fürstenverschwörung* gegen den Kaiser.

5. *J. Georg*, Kurfürst 1571–1598, *11. 9. 1525 Cölln an der Spree, †18. 1. 1598 Cölln; vereinigte nach dem Tode Joachims II. u. Johanns (von Küstrin) Kurbrandenburg u. die Neumark wieder in einer Hand, ordnete die finanziellen u. wirtschaftl. Verhältnisse u. festigte durch geschickte Heiratspolitik die Verbindungen zu Preußen u. Jülich-Kleve. In streng lutherischer Einstellung schloß er 1591 ein Bündnis mit Kursachsen, trat aber nie als Gegner des Kaisers auf. In seine Regierungszeit fällt 1574 die Gründung des „Grauen Klosters" als Landesschule in Berlin.

6. *J. Sigismund*, Kurfürst 1608–1619, *8. 11. 1572 Halle, †23. 12. 1619 (2. 1. 1620 n. St.) Berlin; Sohn des Kurfürsten *Joachim Friedrich*; studierte in Straßburg; heiratete *Anna* (*1576, †1625), die älteste Tochter des letzten Herzogs von Preußen, *Albrecht Friedrich*, u. erwarb durch diese Heirat Preußen. Erbansprüche auf Jülich, Kleve u. Berg wurden 1614 im Xantener Vertrag mit Pfalz-Neuburg geregelt, indem J. Kleve, Mark u. Ravensberg erhielt. J. trat 1613 zum reform. Glauben über u. wurde deshalb von der luth. Kirche, der Bevölkerung u. den Ständen hart angegriffen, obwohl er den luth. Bekenntnisstand – ein Novum in der Geschichte – in Geltung ließ.

Burgund: **7.** *J. ohne Furcht, Jean sans Peur*, Herzog 1404–1419, *28. 5. 1371 Dijon, †10. 9. 1419 Montereau (ermordet); Sohn Philipps des Kühnen; Teilnehmer des ungarischen Feldzugs gegen die Türken. In Frankreich Gegner Ludwigs von Orléans, den er 1407 ermorden ließ. Er u. seine Anhänger (Burgunder, Bourguignons) kämpften im Hundertjährigen Krieg gegen die Orléans-Parteigänger (Armagnacs) u. unterstützten die Engländer gegen die französische Krone. J. wurde bei einer zur Aussöhnung anberaumten Besprechung mit dem Dauphin Karl (VII.) von dessen Begleitern ermordet.

Byzanz: **8.** *Johannes I. Tzimiskes*, Kaiser 969–976, armen. Abstammung; ermordete seinen Vorgänger Nikephoros II. Phokas unter Beihilfe von dessen Gemahlin Theophano; genialer Feldherr, besiegte den russ. Großfürsten Swjatoslaw, eroberte Teile Bulgariens u. Syriens, verheiratete seine Nichte Theophano mit dem röm.-dt. Kaiser Otto II.

9. *Johannes II. Komnenos*, Kaiser 1118–1143, *1088, †8. 4. 1143 Tauros; setzte die von Alexios I. eingeleitete Erneuerung der byzantin. Macht mit großem Erfolg fort, kämpfte erfolgreich auf dem Balkan (gegen Petschenegen u. Ungarn) u. in Kleinasien (gegen Seldschuken).

10. *Johannes VI. Kantakuzenos*, Kaiser 1341–1354, *um 1293, †15. 6. 1383 Mistra; zunächst Feldherr u. Staatsmann im Dienst der byzantin. Kaiser, verdrängte den Thronfolger u. ließ sich selbst zum Kaiser proklamieren. Den darauf ausbrechenden Bürgerkrieg gewann J. mit türk. Unterstützung. Nach erzwungener Abdankung wurde er Mönch.

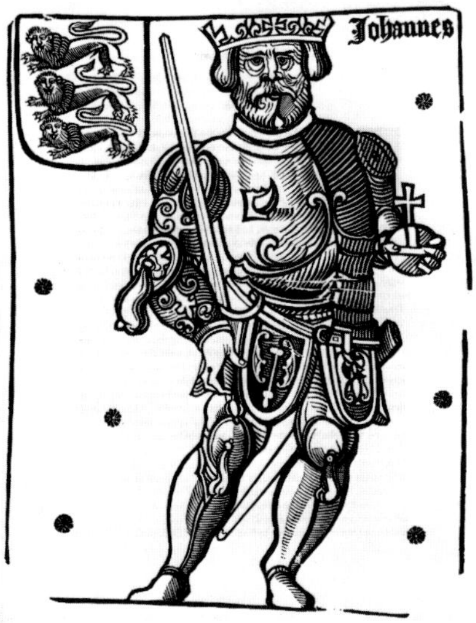

Johann ohne Land. Holzschnitt; 1529

11. *Johannes VIII. Palaiologos*, Kaiser 1425–1448, *um 1392, †31. 10. 1448; suchte vergebens den Untergang des Reichs durch die Kirchenunion mit Rom (Konzil von Ferrara/Florenz 1438/39) aufzuhalten.

Dänemark: **12.** *J. I., Hans*, König 1481 bis 1513, in Norwegen u. Schweden seit 1483, in Schweden als *J. II.* von 1497–1501, *5. 6. 1455 Ålborg, †20. 2. 1513 Ålborg; besiegte 1497 den schwedischen Reichsverweser Sten Sture, wurde 1500 bei Hemmingstedt von den Dithmarschern geschlagen u. verlor 1501 Schweden wieder.

England: **13.** *J. ohne Land, John Lackland, J. I.*, König 1199–1216, *24. 12. 1167 Oxford, †19. 10. 1216 Schloß Newark, Nottinghamshire; versuchte 1193 vergeblich im Bund mit Philipp II. August von Frankreich, seinem Bruder Richard Löwenherz während dessen Abwesenheit auf dem Kreuzzug den Thron zu rauben.

Als er nach dem Tod Richards die Königswürde erwarb, wurde er von seinem früheren französ. Verbündeten nicht anerkannt, der ihn aufgrund seines französ. Besitzes vor ein Lehnsgericht zog u. verurteilen ließ; der Papst exkommunizierte J. 1209 u. setzte ihn ab. Durch die Niederlage von *Bouvines* 1214 verlor J. den englischen Besitz in Frankreich nördl. der Loire endgültig. Er mußte 1215 den engl. Baronen die *Magna Charta* gewähren, ließ sie aber durch den Papst für nichtig erklären.

14. *J. von Gent, John of Gaunt*, Herzog von Lancaster 1362–1399, Graf von Richmond seit 1342, Sohn Edwards III., *März 1340 Gent, †3. 2. 1399 London; erbte 1362 über seine erste Frau das Herzogtum Lancaster u. kämpfte zusammen mit seinem Bruder *Eduard, dem Schwarzen Prinzen*, für Peter I. den Grausamen von Kastilien, dessen Tochter Konstanze er heiratete, wodurch J. einen Anspruch auf den kastil. Thron erhielt (erfolgloser Feldzug 1386–1388). 1371/72 führte J. als Statthalter von Aquitanien auf eigene Kosten Krieg gegen Frankreich. J.s Reichtum u. polit. Geschick sicherten ihm trotz militär. Niederlagen (Frankreichfeldzug 1373, Angriff auf St.-Malo 1378, Feldzug gegen die Schotten 1384) großen Einfluß auf die engl. Könige Eduard III. u. Richard II.

15. *John von Lancaster*, Herzog von Bedford 1414–1435, *20. 6. 1389, †11. 9. 1435 Rouen; Statthalter in England während des Frankreichfeldzugs seines Bruders Heinrich V., nach dessen Tod 1422 Regent von Frankreich u. der Normandie; verbündete sich mit Philipp dem Guten von Burgund u. siegte bei Verneuil 1424, doch machte das Auftreten der Jungfrau von Orléans seine Erfolge zunichte.

Frankreich: **16.** *J. II., J. der Gute, Jean le Bon*, König 1350–1364, *16. 4. 1319 Schloß Gué de Maului bei Le Mans, †8. 4. 1364 London; in hohem Maße schuldig an dem vor allem durch Kriege u. Verschwendung ausgelösten wirtschaftl. Verfall Frankreichs im 14. Jh. Vom Schwarzen Prinzen bei Maupertuis 1356 geschlagen u. gefangengenommen, durch den Frieden von Bretigny befreit, kehrte er freiwillig in die Gefangenschaft zurück, weil das Lösegeld nicht aufgebracht wurde, u. starb in der Haft. Er verlieh seinem Sohn Philipp (dem Kühnen) das Herzogtum Burgund u. begründete damit das neuburgund. Herzogshaus.

Jerusalem: **17.** *J. von Brienne*, *um 1148, †23. 3. 1237 Konstantinopel; seit 1192 Graf von Brienne; wurde 1210 durch seine Ehe mit *Maria von Montferrat* (†1212), der Erbin von Jerusalem-Akko, König des Kreuzfahrerstaates, den er vor allem im 5. Kreuzzug verteidigte. Seine Hilfsgesuche im Abendland führten zur Ehe seiner Tochter *Isabella-Jolanthe* (†1228) mit Kaiser Friedrich II., an den J. trotz gegenteiliger Verträge 1229 die Königswürde verlor. J. befehligte dann einen päpstl. Kriegszug gegen Friedrich in Süditalien, wurde aber schon 1229 nach Konstantinopel berufen, um für den minderjährigen Kaiser Balduin II., der ebenfalls sein Schwiegersohn wurde, als Mitkaiser die Regentschaft im latein. Kaisertum (1231–1237) zu führen.

Luxemburg: **18.** →Jean, Großherzog von Luxemburg.

Mainz: **19.** *J. II. von Nassau*, Erzbischof von Mainz 1397–1419, *um 1360, †23. 9. 1419 Aschaffenburg; betrieb mit den anderen rhein. Kurfürsten 1400 König Wenzels Absetzung u. die Wahl Ruprechts von der Pfalz; gründete den *Marbacher Bund* (1405) gegen Ruprecht, der nach anfängl. Ausgleich den von Frankreich unterstützten J. bekämpfen mußte. J. stimmte nach Ruprechts Tod zunächst für Jobst von Mähren, einigte sich aber 1411 mit Sigismund; auf dem Konstanzer Konzil verteidigte er erfolglos den Gegenpapst Johannes (XXIII.).

Mecklenburg: **20.** *J. Albrecht*, Herzog 1547–1576, *23. 12. 1525 Schwerin, †12. 2. 1576 Schwerin; nahm als Parteigänger Moritz' von Sachsen an der *Fürstenverschwörung* gegen Kaiser Karl V. teil u. stimmte als Gegenleistung für französ. Subsidien der Abtretung von Metz, Toul, Verdun u. Cambrai an Frankreich zu. Innenpolitisch durch Erbstreitigkeiten behindert, versuchte er über seinen jüngeren Bruder Christian Einfluß in Livland zu gewinnen.

Nassau-Siegen: **21.** *J. VII.*, Graf 1606–1623, *7. 6. 1561 Siegen, †7. 10. 1623 Siegen; Heeresreformer u. Wegbereiter einer neuen Kriegstaktik; wurde als oberster Feldherr durch den schwed. Reichsrat an den Hof Karls IX. von Schweden gerufen u. bildete das dortige Heer zum modernsten Europas aus (Erfolge im Nord. Krieg, Lehrer Gustavs II. Adolf).

22. *J. Moritz*, „der Brasilianer" oder „Amerikaner", Graf (Fürst 1664) von Nassau-Siegen, niederländ. Feldmarschall u. Politiker, *17. 6. 1604 Dillenburg, †20. 12. 1679 Bergendaal, Kleve; trat 1621 in die Dienste der Generalstaaten, 1636 Gouverneur der Westindischen Kompanie in den von Spanien eroberten ehem. portugies. Gebieten Südamerikas, die er durch kluge Verwaltung zu hoher Blüte führte. J. kehrte 1644 nach Holland zurück und wurde dann General der Reiterei, als Statthalter von Kleve, Mark u. Ravensberg Reichsfürst. J. wurde 1652 Meister des Johanniterordens, befehligte 1665 die niederländischen Truppen gegen Münster, wurde niederländischer Feldmarschall, führte 1672 u. 1674 die Holländer im Krieg gegen Ludwig

XIV.; 1674–1676 Gouverneur von Utrecht. Er ließ das „Mauritshuis" in Den Haag erbauen.
Norwegen: **23.** *J. I.*, = J. I. von Dänemark, → Johann (12).
Österreich: **24.** *Johannes Parricida* [lat., „Verwandtenmörder"], Herzog von Österreich, * 11. 5. 1290, † 13. 12. 1313 Pisa; ermordete am 1. 5. 1308 bei Windisch an der Reuß seinen Onkel u. Vormund, den dt. König *Albrecht I.*, weil dieser ihm das väterl. Erbe in der Schweiz u. das mütterl. in Böhmen-Mähren vorenthielt. J. wurde geächtet u. starb vermutlich in pisan. Haft. – *Schiller* läßt ihn in seinem Schauspiel „Wilhelm Tell" auftreten.
25. Erzherzog, Feldmarschall, dt. Reichsverweser 1848/49, * 20. 1. 1782 Florenz, † 10. 5. 1859 Graz; Sohn Kaiser Leopolds II.; war als Heerführer in den Napoleon. Kriegen wenig erfolgreich; bemühte sich um die Organisation des Heers u. die Aufstellung einer ersten Landwehr. Als Mitglied des Kreises um den Alpenbund (Wiedergewinnung Tirols) unterstützte er den Aufstand der Tiroler. 1848 wurde er von der Frankfurter Nationalversammlung zum Reichsverweser gewählt. Durch seine vermittelnde u. ausgleichende

Johann, Erzherzog von Österreich

Art rettete er den österr. Gesamtstaat über die krit. Phasen des Revolutionsjahres 1848 hinweg u. vertrat erfolgreich die Integration aller Volksteile. Er machte sich um die kulturelle u. wirtschaftl. Entwicklung bes. der Steiermark (Gründung des Landesmuseums Joanneum in Graz u. der Montanschule in Vordernberg bei Eisenerz) verdient. J. war seit 1829 verheiratet mit der Postmeisterstochter Anna *Plochl* (später zur Gräfin Meran erhoben).
Pfalz: **26.** *J. Casimir*, Pfalzgraf, 1583–1592 Regent der Kurpfalz, * 7. 3. 1543 Simmern, † 6. 1. 1592 Heidelberg; führte mit Nachdruck den Calvinismus in der Pfalz ein, zu dessen Zentrum Heidelberg wurde; unterstützte die Hugenotten in Frankreich u. förderte mit Christian von Sachsen eine Union aller prot. Reichsstände (Torgauer Konvent 1591). Das Volkslied machte J. als „Jäger von Kurpfalz" bekannt.
27. *J. Wilhelm*, von Pfalz-Neuburg, seit 1678 Herzog von Jülich-Berg, seit 1690 Kurfürst von der Pfalz, * 19. 4. 1658 Düsseldorf, † 18. 6. 1716 Düsseldorf; Parteigänger Österreichs, diskriminierte seine ev. Untertanen in der Kurpfalz, so daß ev. Reichsstände mit Brandenburg-Preußen an der Spitze zu deren Gunsten intervenieren mußten (Religionsdeklaration von 1705). Der kunstsinnige u. prunkliebende J. war in seinen kath. Landen ein sehr populärer Barockfürst („Jan Wellem"), der vor allem seine Residenz Düsseldorf verschönern ließ.
Polen: **28.** *J. I. Albrecht, Jan Olbracht*, König 1492–1501, * 27. 12. 1459 Krakau, † 17. 6. 1501 Thorn; bestätigte 1493 das poln. Zweikammerparlament *(Sejm)*.
29. *J. II. Kasimir, Jan Kazimierz*, König 1648–1668, * 22. 3. 1609 Krakau, † 16. 12. 1672 Nevers; aus der Dynastie Wasa, Sohn Sigismunds III., Bruder Władysławs IV.; führte mehrere Kriege gegen die Kosaken, gegen Rußland, Schweden u. Siebenbürgen, in denen Polen Livland (Friede von Oliva) u. die Ukraine abtreten mußte u. die Lehnsherrschaft über Preußen verlor.
30. *J. III. Sobieski, Jan Sobieski*, König 1674–1696, * 17. 8. 1629 Olesko, † 17. 6. 1696 Wilanów bei Warschau; mit französ. Unterstützung zum König gewählt u. seitdem französ. Parteigänger, siegte 1673 über die Türken bei Chocim, 1683 Oberbefehlshaber der Entsatztruppen vor Wien gegen die Türken. Der Plan, die Erbmonarchie in Polen einzuführen, gelang J. nicht.
Portugal: **31.** *J. I., João I.*, König 1385–1433, * 11. 4. 1357 Lissabon, † 14. 8. 1433 Lissabon; unehelicher Sohn Peters I., Großmeister des Aviz-Ordens, 1383 von den Cortes zum König proklamiert. J. war der erste Herrscher aus dem Haus Aviz. Er besiegte Kastilien bei Aljubarrota (1385) u. begann Portugals Expansion nach Afrika durch seinen Sohn Heinrich den Seefahrer (1415 Eroberung von Ceuta).
32. *J. II., João II.*, König 1481–1495, * 5. 5. 1455 Lissabon, † 25. 10. 1495 Alvor, Algarve; unterstützte das Bürgertum u. unterwarf den Adel, ließ Herzog Ferdinand von Bragança umbringen u. erdolchte Herzog D. Diego von Viseu, seinen Verwandten. J. förderte Expeditionen nach Afrika u. Indien u. die Machtausdehnung Portugals in den Überseegebieten; er schloß den Vertrag von Tordesillas 1494.
33. *J. VI., João VI.*, König 1816–1826, * 13. 5. 1769 Lissabon, † 10. 3. 1826 Lissabon; wurde 1792 Regent u. floh 1807 vor den französischen Invasionstruppen nach Brasilien, kehrte 1821 zurück u. stellte sich 1824 unter engl. Schutz, um sich gegen seine Frau u. seinen Sohn Dom Miguel zu behaupten; erkannte Brasiliens Unabhängigkeit 1825 an.
Sachsen: **34.** *J. der Beständige*, Kurfürst 1525–1532 (seit 1486 Mitregent seines Bruders, Friedrichs III., des Weisen), * 30. 6. 1468 Meißen, † 16. 8. 1532 Schweinitz; bekannte sich früh zur Reformation, traf mit Philipp dem Großmütigen von Hessen die Vereinbarungen von Gotha u. Torgau (1526), die ihm den Ausbau der ev. Landeskirche ermöglichten, u. trat auf dem Speyrer u. auf dem Augsburger Reichstag (1529 u.1530) für die ev. Konfession ein; Mitbegründer des *Schmalkald. Bundes*, willigte 1532 in den Nürnberger Religionsfrieden ein.
35. *J. Friedrich I., der Großmütige*, Sohn von 34), Kurfürst 1532–1547, * 30. 6. 1503 Torgau, † 3. 3. 1554 Weimar; nach dem Tod seines Vaters mit Philipp dem Großmütigen von Hessen Haupt des *Schmalkald. Bundes*, 1546 vom Kaiser geächtet u. 1547 bei Mühlberg besiegt u. gefangengenommen; mußte in der *Wittenberger Kapitulation* zugunsten Herzog Moritz' von Sachsen auf die sächs. Kurwürde, die Kurlande u. Ansprüche auf Magdeburg u. Halberstadt verzichten. Bei der Erhebung Moritz' gegen Karl V. 1552 befreit, residierte J. in Weimar. Während seiner Gefangenschaft wurde 1548 die „Hohe Schule" (später Universität) in Jena gegründet.
36. *J. Georg I.*, Kurfürst 1611–1656, * 15. 3. 1585 Dresden, † 18. 10. 1656 Dresden; Nachfolger seines Bruders Christian II.; stand, obwohl überzeugter Lutheraner, bei der Niederwerfung des böhm. Aufstandes 1619 auf kaiserl. Seite u. schloß sich nach Erlaß des Restitutionsedikts 1629 erst nach dem vergebl. Versuch, eine eigene Partei zwischen den Fronten zu bilden, Gustav Adolf von Schweden an. 1635 kam es im Prager Frieden zur Übereinkunft mit dem Kaiser. Seit 1653 war er der Führer des *Corpus Evangelicorum*. Durch Gründung der sächs. Nebenlinien Weißenfels, Merseburg u. Zeitz schwächte er die Kurlande u. verletzte den Grundsatz von deren Unteilbarkeit.
Schweden: **37.** *J. II.*, = J. I. von Dänemark, → Johann (12).
38. *J. III.*, König 1569–1592, * 21. 12. 1537 Schloß Stegeborg, † 27. 11. 1592 Stockholm; Sohn Gustav Wasas; wurde 1556 Herzog von Finnland u. heiratete eine poln. kath. Prinzessin, worüber er mit seinem Halbbruder, König Erich XIV., in Streit geriet; dieser setzte ihn vorübergehend gefangen. J. übernahm mit Hilfe seines jüngsten Bruders Karl (IX.) die Herrschaft u. beendete den Nord. Krieg (1570); er führte seit 1570 Krieg mit Rußland; sein Sohn Sigismund (III.) wurde 1587 König von Polen.
Ungarn: **39.** *J. II., J. Sigismund, János Zsigmond*, König von Ungarn 1540–1570 u. erster Fürst von Siebenbürgen 1542–1551 u. 1559–1571, * 7. 7. 1540 Ofen, † 14. 3. 1571 Alba Iulia; Sohn König Johanns I. Szapolyai u. der Isabella von Polen, die bis 1559 die Regentschaft für J. übernahm; 1540 gegen den Habsburger Ferdinand I. zum ungar. König gewählt, nach der Besetzung Ofens durch die Türken 1541 auf den Ostteil Ungarns beschränkt, 1542 von den siebenbürg. Ständen anerkannt, 1551 mit seiner Mutter durch die schles. Herzogtümer Oppeln u. Ratibor entschädigt, 1556 von den siebenbürg. Ständen zurückgerufen, übernahm 1559 selbst die Regierung, behauptete sich mit türk. Hilfe in Siebenbürgen u. verzichtete im Vertrag von Speyer (16. 8. 1570) gegenüber Maximilian auf den ungar. Königstitel.
Johanna, Heilige → Jeanne d'Arc.
Johanna, angebliche Päpstin. Die im 13. Jh. aufgekommene u. bis ins 16. Jh. fast allgemein geglaubte Fabel erzählt, ein Mädchen aus Mainz habe Theologie studiert, sein Geschlecht verheimlicht u. sei 855 wegen seiner Gelehrsamkeit nach dem Tod Papst Leos IV. zum Papst gewählt worden. Nach mehr als zweijähriger Regierung sei es bei einer Prozession an der Geburt eines Kindes gestorben.
Der erste, der die Fabel mit wissenschaftl. Gründen zurückwies, war der reform. Pfarrer D. Blondel (1647).
Johanna, Fürstinnen. Aragón u. Kastilien: **1.** *J. die Wahnsinnige*, Königin in Kastilien 1504, * 6. 11. 1479 Toledo, † 12. 4. 1555 Tordesillas; Tochter Ferdinands von Aragón u. Isabellas von Kastilien; 1496 mit dem Habsburger Philipp dem Schönen von Kastilien verheiratet; Mutter der dt. Kaiser Karl V. u. Ferdinand I. Die Regentschaft für J. führten ihr Gemahl († 1506), dann Erzbischof Ximénez de Cisneros (1506/07 u. nach 1516/17) u. Ferdinand der Katholische († 1516). J. wurde geisteskrank.
England: **2.** *J. (Jane) Seymour*, dritte Frau Heinrichs VIII. 1536/37, * um 1509, † 24. 10. 1537 Hampton Court; starb nach der Geburt des Thronfolgers Eduard VI.
Navarra: **3.** *Jeanne*, Königin, Erbtochter Heinrichs I. von Navarra, * 1273 Bar-sur-Seine, † 1305 Vincennes; heiratete 1284 Philipp IV. den Schönen von Frankreich, wodurch Navarra mit Frankreich vereinigt wurde. J.s Söhne Ludwig X., Philipp V. u. Karl IV. gelangten nacheinander auf den französ. Thron.
Neapel: **4.** Königin 1343–1382, * um 1326 Neapel, † 22. 5. 1382 Muro della Luciana; folgte ihrem Großvater Robert I. auf den Thron. 1345 ließ sie ihren ersten Mann, Andreas von Ungarn, ermorden u. floh in die Provence. In einem Scheinverfahren vor Kardinälen in Avignon gerechtfertigt, floh sie mit ihrem zweiten Mann, Ludwig von Anjou-Tarent (* 1320, † 1362), vor einem ungar. Rachefeldzug. Seit 1352 regierte sie unangefochten mit ihrem dritten Mann, Jakob von Aragón († 1375), geriet aber wegen ihrer vierten Ehe mit Herzog Otto von Braunschweig

in Konflikt mit Papst Urban VI. Karl von Durazzo ließ sie gefangennehmen u. im Kerker ermorden.

Johannes, Päpste: **1.** *J. I.*, 523–526, Heiliger, † 18. 5. 526 Ravenna; ging 525 im Auftrag Theoderichs d. Gr. nach Byzanz, um zugunsten der arian. Goten im oström. Reich zu vermitteln. Er war der erste Papst, der nach Byzanz reiste; da er nur einen Teilerfolg erreichte, hielt ihn Theoderich in Ravenna zurück, wo er starb. Die Legende stellte ihn als in Kerkerhaft gestorbenen Märtyrer dar. Fest: 18. 5.

2. *J. II.*, 533–535, eigentl. *Mercurius*, Römer, † 8. 5. 535 Rom; änderte als erster Papst seinen Namen, billigte nachträgl., genötigt durch Kaiser Justinian I., dessen Glaubensdekret im sog. Theopaschiten-Streit („Einer aus der Dreifaltigkeit hat gelitten").

3. *J. III.*, 561–574, Römer, † 13. 7. 574 Rom; aus seinem Pontifikat, unter dem die Langobarden in Italien eindrangen, sind kaum Nachrichten überliefert. Er erreichte die Wiederannäherung der seit dem Dreikapitelstreit getrennten Kirchen (so Mailand u. Ravenna) an Rom.

4. *J. IV.*, 640–642, Dalmatiner, † 12. 10. 642 Rom; verurteilte den Monotheletismus, verteidigte gegenüber Kaiser Konstantin II. die Rechtgläubigkeit von Papst Honorius I.

5. *J. V.*, 685/86, Syrer, † 2. 8. 686 Rom; erlangte mehrere Gunsterweise Kaiser Justinians II. für die röm. Kirche, erreichte die Eingliederung der Bischöfe Sardiniens in den Pontifikalverband der röm. Kirche.

6. *J. VI.*, 701–705, Grieche, † 11. 1. 705 Rom; konnte sich im byzantin. Thronstreit behaupten, bewog die in Kampanien plündernden Langobarden zur Rückkehr in ihr Herzogtum Benevent.

7. *J. VII.*, 705–707, Grieche, † 18. 10. 707 Rom; ließ in Rom mehrere Kirchen restaurieren u. stand zu den Langobarden in guten Beziehungen; anerkannte aus Furcht vor Kaiser Justinian II. mindestens indirekt die gegen Rom gerichteten Beschlüsse der Trullanischen Synode von 691.

8. Gegenpapst 844, wurde von einer Volksmenge erhoben; der wenig später rechtmäßig gewählte Sergius II. verurteilte ihn zu einer milden Klosterhaft.

9. *J. VIII.*, 872–882, Römer, † 16. 12. 882 Rom; seit 852 Archidiakon. J. bemühte sich, nach dem Zusammenbruch der karoling. Ordnung dem Papsttum die Führung im zerrissenen u. von den Arabern bedrohten Italien zu sichern. 875 krönte er den westfränk. König Karl den Kahlen zum Kaiser. Da ihm dieser u. seine Nachfolger nur geringe Hilfe gewährten, wandte er sich dem ostfränk. König Karl III. (dem Dicken) zu. 879 erkannte er ihn als König von Italien an, 881 krönte er ihn zum Kaiser. Im Streit mit dem Patriarchen Photios von Konstantinopel gab J. nach, was einen Prestigeverlust der päpstl. Autorität zur Folge hatte. Gegen die Interessen der bayerischen Kirche unterstützte er den Slawenmissionar Methodios u. ließ 880 die slawische Sprache in der Liturgie zu.

10. *J. IX.*, 898–900, Benediktiner, † 900 Rom; unter dem Einfluß Lamberts von Spoleto gewählt. J. erneuerte die Rehabilitierung des Papstes Formosus u. bemühte sich, die unter den vorangegangenen Pontifikaten eingerissenen Mißstände zu beseitigen. Sein früher Tod stürzte das Papsttum von neuem in die Streitigkeiten der röm. Parteien.

11. *J. X.*, 914–928, eigentl. *Johannes von Tossignano*, † 928 Rom; unter dem Einfluß der Herzöge von Spoleto u. Tuscien gewählt. J. einigte die italien. Staaten zum Kampf gegen die Sarazenen. Er krönte Berengar I. zum Kaiser u. war bemüht, in dem durch Machtkämpfe zersplitterten u. auch von den Ungarn bedrohten Italien die päpstl. Autorität aufrechtzuerhalten. Sein Streben nach polit. Selbständigkeit brachte ihn in Konflikt mit *Marozia*, die als Senatrix Rom beherrschte. Sie ließ ihn in der Engelsburg inhaftieren, wo er bald starb, wahrscheinl. durch Gewalt.

12. *J. XI.*, 931–935, Römer, † 935 Rom; Sohn der Marozia, die ihn zum Papst erheben ließ, die polit. Macht aber selbst ausübte. Sein Halbbruder Alberich II., der sich 932 Roms bemächtigte, setzte Marozia u. wahrscheinl. auch J. gefangen. Er starb im Kerker.

13. *J. XII.*, 955–964, eigentl. *Octavian*, † 14. 5. 964 Rom; Sohn Alberichs II. von Spoleto, auf dessen Druck er trotz seines skandalösen Lebenswandels zum Papst erhoben wurde. Gegen Berengar II. rief er den dt. König Otto I. zu Hilfe u. krönte ihn 962 zum Kaiser. J. billigte Ottos Kirchenpolitik, der Kaiser garantierte ihm dafür den Kirchenstaat *(Privilegium Ottonianum)*, sicherte sich aber zugleich sein auf ein Edikt Kaiser Lothars I. (824) zurückgehendes Mitspracherecht bei der Papstwahl. Wenig später führte J. wieder eine antikaiserl. Politik u. lehnte es ab, sich auf einer vom Kaiser einberufenen Synode zu verantworten. Die Synode setzte ihn darauf (Dez. 963) ab u. wählte Leo VIII., gegen den er sich aber bis zu seinem Tod halten konnte.

14. *J. XIII.*, 965–972, Römer, † 6. 9. 972 Rom; wahrscheinl. aus der Familie der Crescentier, mit Alberich II. verwandt; wurde nach dem Tod Leos VIII. auf Wunsch Ottos I. gewählt. J. regierte im Einvernehmen mit dem Kaiser, krönte dessen Sohn Otto II. u. erhob 968 Magdeburg zum Erzbistum. Unter J. konnten die Crescentier ihre Macht in Rom ausbauen.

15. *J. XIV.*, 983/84, eigentl. *Petrus Canepanova*, † 20. 8. 984 Rom; von Otto II. zum Papst designiert; nach dessen baldigem Tod konnte sich der aus Byzanz zurückkehrende Gegenpapst Bonifatius VII. mit Hilfe der Crescentier in Rom durchsetzen u. ließ J. in der Engelsburg gefangenhalten, wo er verhungerte oder vergiftet wurde.

16. *J. XV.*, 985–996, Römer, † 996 Rom; durch Johannes Nomentanus Crescentius erhoben. Obwohl das Ansehen des Papsttums durch die röm. Wirren sehr gesunken war, bemühte sich J., seine Autorität auch außerhalb Italiens durchzusetzen. Herzog Mieszko von Polen unterstellte sein Land dem Hl. Stuhl. J. war ein Freund der Cluniazensischen Reform, begünstigte jedoch in Rom seine Verwandten sehr. Um dem stärker werdenden Druck des Crescentius zu entgehen, verließ J. Rom u. rief Otto III. zu Hilfe, starb aber noch vor der Ankunft Ottos. Er nahm 993 die erste päpstl. Heiligsprechung (Ulrich von Augsburg) vor.

17. *J. (XVI.)*, Gegenpapst 997/98, eigentl. *Johannes Philagathos*, Grieche, † nach 1001; Erzbischof von Piacenza, Günstling der Kaiserin Theophano, hochgebildet, sehr ehrgeizig. Obwohl Berater der Ottonen u. von ihnen mit wichtigen diplomat. Missionen betraut, ließ er sich von Johannes Nomentanus Crescentius gegen Gregor V. als Papst aufstellen. Er konnte sich jedoch nicht durchsetzen, wurde nach seiner Flucht aus Rom gefangengenommen u. verstümmelt, dann dem inzwischen nach Rom gekommenen Otto III. übergeben u. zu Klosterhaft verurteilt.

18. *J. XVII.*, 1003, eigentl. *Sicco*, Römer; von Johannes Crescentius d. J. erhoben.

19. *J. XVIII.*, 1004–1009, eigentl. *Johannes Fasanus*, Römer, † 1009 Rom; wie J. XVII. von Johannes Crescentius d. J. erhoben u. von ihm abhängig. Er stellte das Bistum Merseburg wieder her u. bestätigte das von Kaiser Heinrich II. gegründete Bistum Bamberg.

20. *J. XIX.*, 1024–1032, eigentl. *Romanus*, Graf von Tusculum, † 1032 Rom; wurde nach dem Tod seines Bruders Benedikt VIII. simonistisch (durch Kauf) zum Papst erhoben u. hatte seitdem die weltl. u. die geistl. Gewalt inne. Gegenüber Konrad II., den er 1027 zum Kaiser krönte, mußte J. eine nachgiebige Haltung einnehmen. Auf Wunsch des Kaisers nahm er die Reformbewegung von Cluny in seinen Schutz. Unter J. scheint zwischen Rom u. Konstantinopel keine kirchl. Gemeinschaft bestanden zu haben.

Papst Johannes XXIII.

21. *J. XX.*, fehlt in der Reihe der Päpste. In der Zählung der Päpste mit dem Namen Johannes herrscht Verwirrung. Lange Zeit hatte man irrtümlicherweise vor J. XV. einen weiteren Papst dieses Namens eingeschoben. Nachdem man diesen Fehler erkannt hatte, wurde zwar bei den Päpsten, die im 10. u. 11. Jh. den Namen J. trugen, die Nummer um eins vermindert, den Gegenpapst J. XVI. rechnete man aber weiterhin mit. Außerdem hat man bei J. XXI. bis J. XXIII. die traditionelle Zählung beibehalten. Als sich 1958 A. G. Roncalli J. „XXIII." nannte, hat dies die Kirchenhistoriker in neue Schwierigkeiten gestürzt.

22. *J. XXI.*, 1276–1277, eigentl. *Petrus Juliani*, genannt *Petrus Hispanus*, * 1210/1220 Lissabon, † 20. 5. 1277 Viterbo; seit 1273 Erzbischof von Braga u. Kardinal. J. war um die Vertiefung der Union mit der Ostkirche von 1274 bemüht. Er schrieb philosoph. u. medizin. Werke.

23. *J. XXII.*, 1316–1334, eigentl. Jacques *Duèse*, * um 1245 Cahors, † 4. 12. 1334 Avignon; 1308 Kanzler der Anjoukönige Karl II. u. Robert, 1310 Bischof von Avignon, 1312 Kardinal, 1316 in Lyon als Kandidat der französ. Partei gewählt. J., der bedeutendste unter den Päpsten in Avignon, reformierte als Vorkämpfer des päpstl. Zentralismus Behördensystem u. Finanzwesen der Kurie u. trug dadurch viel zum Bild vom geldgierigen Papsttum bei. Seine Sympathien für Frankreich bewogen ihn zum Kampf gegen Ludwig den Bayern, wodurch allerdings das Ansehen des Papstes u. der Kirche im Reich stark beeinträchtigt wurde, weil J. sich kirchlicher Mittel zur Durchsetzung politischer Ziele bediente. Wichtigste innerkirchl. Entscheidungen von J. waren die Verurteilung verschiedener Schriften bzw. Lehrsätze des P. Olivi u. Meister Eckharts.

24. *J. (XXIII.)*, Gegenpapst 1410–1415, eigentl. Baldassarre *Cossa*, Neapolitaner, † 22. 12. 1419 Florenz; Offizier, dann Geistlicher mit großen administrativen Fähigkeiten, jedoch ehrgeizig u. skrupellos, 1402 Kardinal. Im abendländ. Schisma als Nachfolger Alexanders V. gegen Gregor XII. (Rom) u. Benedikt XIII. (Avignon) gewählt. Er mußte der vom dt. König Sigismund gewünschten Einberufung des Konzils von Konstanz zustimmen, das die kirchl. Einheit wiederherstellen sollte. Das Konzil setzte J. ab; Martin V., der vom Konzil erhobene neue Papst, begnadigte ihn 1419 u. ernannte ihn zum Kardinalbischof von Tusculum.

25. *J. XXIII.*, 1958–1963, eigentl. Angelo Giuseppe *Roncalli*, * 25. 11. 1881 Sotto il

Monte bei Bergamo, † 3. 6. 1963 Rom; 1904 Priester, 1925 Apostol. Visitator in Bulgarien, 1934 Apostol. Delegat in der Türkei u. Griechenland, unterhielt Beziehungen zur orthodoxen Kirche u. verhinderte Judendeportationen; 1944 Nuntius in Paris, wo er moderne Seelsorgemethoden unterstützte u. sich für die dt. Kriegsgefangenen einsetzte; 1953 Kardinal u. Patriarch von Venedig, am 28. 10. 1958 zum Nachfolger von Pius XII. gewählt. Vom ersten Tag seiner Regierung an bewies J. große Tatkraft u. Selbständigkeit u. rückte in vielem von der Regierungsweise seines Vorgängers ab. Er ernannte viele Kardinäle aus allen Nationen, räumte seinen Mitarbeitern größere Selbständigkeit ein, beteiligte sich persönl. an der Seelsorge seines Bistums Rom. Seine bedeutendste Leistung ist die Einberufung, Vorbereitung u. Eröffnung des *2. Vatikanischen Konzils* (eröffnet am 11. 10. 1962). Hauptanliegen des Konzils war eine den Notwendigkeiten der Zeit Rechnung tragende innere Reform der kath. Kirche. Auch die Beziehungen zu den anderen Konfessionen wurden verbessert (Schaffung eines Sekretariats für die Einheit der Christen unter dem dt. Kardinal Bea, Zulassung nichtkath. Beobachter beim Konzil); den Ostkirchen wandte J. bes. Aufmerksamkeit zu. 1965 Einleitung des Seligsprechungsprozesses. – „Geistliches Tagebuch" 1964.

Johannes, Fürsten, → Johann.

Johannes Paul, Päpste: **1.** *J. P. I.*, 1978, eigentl. Albino *Luciani*, * 17. 10. 1912 Forno di Canale, † 28. 9. 1978 Rom; 1969 Patriarch von Venedig, 1973 Kardinal. J. P. verstand sich als Seelsorger, der das Erbe seiner beiden Vorgänger u. des Konzils zu wahren entschlossen war.

2. *J. P. II.*, seit 1978, eigentl. Karol *Wojtyla*, * 18. 5. 1920 Wadowice bei Krakau; 1964 Erzbischof von Krakau, 1967 Kardinal. J. P. ist nach 455 Jahren der erste nichtitalien. Papst, aus einem osteurop. Land. Er tritt für die Verwirklichung der Konzilsbeschlüsse u. für die Wahrung der Menschenrechte ein. Noch stärker als Papst Paul VI. versucht J. P. II. durch zahlreiche Reisen, auch in nichtchristl. Länder (z. B. Türkei, Pakistan, Japan), die Lebendigkeit der kath. Kirche u. ihres Oberhaupts vor Augen zu führen.

Im Dez. 1980 erschien die Enzyklika „Dives in misericordia". Am 13. 5. 1981 wurde der Papst auf dem Petersplatz in Rom durch Schüsse des türk. Attentäters Mehmet Ali Agca, der zu lebensl. Haft verurteilt wurde, schwer verletzt. Wegen des Attentats wurde die Sozialenzyklika „Laborem exercens" erst im Sept. 1981 veröffentlicht. Anlaß für die Enzyklika „Slavorum apostoli" (1985) war das 1100. Todesjahr des hl. Methodius. Als erster Papst betrat J. P. 1986 ein jüd. Gotteshaus, die Synagoge von Rom. 1988 u. 1991 veröffentlichte er die Sozialenzykliken „Sollicitudo rei socialis" u. „Centesimus Annus", 1993 die Moralenzyklika „Veritas Splendor".

Johanniterorden, *Johanniter, Malteser-, Hospitaliter-, Rhodiser-Orden, Ordo militiae S. Joannis Baptistae hospitalis Hierosolymitani,* geistl. Ritterorden, entstanden aus einem um die Mitte des 11. Jh. von Kaufleuten aus Amalfi gestifteten Spital in Jerusalem zur Pilgerbetreuung u. Krankenpflege. *Gerard*, vermutl. ein Provençale, leitete zu Beginn des 12. Jh. das Spital u. rief einen 1113 von Papst Paschalis II. bestätigten Orden ins Leben, der aus den im Spital tätigen Helfern u. anderen Gleichgesinnten bestand.

Unter Gerards Nachfolger *Raimond de Puy* (1118–1160) wandelte sich die Gemeinschaft, die schon vor 1137 Waffendienste geleistet hatte, in einen Ritterorden um, der seit 1267 von einem Großmeister geleitet wurde.

Die Ritter trugen schwarze Mäntel mit weißem Kreuz. Ordenssitz war nach dem Fall Jerusalems (1187) die Festung Margat, danach Akko (1285–1291); nach dessen Eroberung durch die Moslems fand der J. zunächst auf Zypern Zuflucht u. war dann 1309–1522 Eigentümer von Rhodos; 1530–1798 lag der Hauptsitz auf Malta. Nach dem Verlust Maltas lebte der Orden, manchmal in geänderter Form, in einigen Ländern (Rußland, Deutschland, Österreich, England) weiter u. wurde im 19. Jh. reorganisiert (neuer Sitz des Großmeisters: Rom). In Dtschld. bestehen ein ev. Zweig des J.s u. ein kath., *Malteserorden* genannt. Beide widmen sich vornehmlich karitativen Zwecken (Kranken- u. Verwundetenbetreuung im Krieg sowie in dauernd tätigen Hospitälern u. Kinderheimen).

Johann von Leiden, eigentl. Jan *Bockelson*, Wiedertäufer, * 1509 bei Leiden, † 22. 1. 1536 Münster; 1534 als Wanderprediger der Wiedertäufer in Münster, errichtete hier ein „Königreich Zion"; nach Eroberung Münsters durch den Bischof hingerichtet.

Johnson [ˈdʒɔnsən], **1.** Andrew, US-amerikan. Politiker (Republikaner), * 29. 12. 1808 Raleigh, N. C., † 31. 7. 1875 Carter Station, Tenn.; 1853 Gouverneur von Tennessee, 1857 Senator, im Sezessionskrieg der einzige der Union anhängende Senator der Südstaaten. J. war seit 1864 Vizepräsident u. wurde nach der Ermordung A. *Lincolns* dessen Nachfolger (17. Präs. der USA 1865–1869); er suchte die *Reconstruction*, „Wiederherstellung der USA", durch Milde gegenüber den besiegten Südstaaten zu fördern u. geriet darüber in Konflikt mit unversöhnl. Kongreßpolitikern. Sie verklagten J. 1868 wegen schwerer Vergehen in elf Fällen beim Senat. In dem bis heute einmaligen Parlamentsprozeß stimmten 35 Senatoren für, 19 gegen die Anklage. Zur erforderl. Zweidrittelmehrheit fehlte eine Stimme. J. konnte daher bis ans Ende seiner Amtszeit regieren.

2. Lyndon Baines, US-amerikan. Politiker (Demokrat), * 27. 8. 1908 Stonewall bei Johnson City, Texas, † 23. 1. 1973 San Antonio, Texas; 1937–1949 Abg. im Repräsentantenhaus, wo er F. D. *Roosevelt* u. den New Deal unterstützte. Im 2. Weltkrieg diente J. bei der Marine; 1949–1961 war er Senator, seit 1953 auch Fraktionsführer. In der Rassenfrage wurde J. Mittler zwischen den Nord- u. Südstaaten. Seit 1961 Vizepräsident, übernahm er nach der Ermordung J. F. *Kennedys* 1963 als 36. Präs. die Regierung. Die Wahl von 1964 bestätigte ihn im Amt. Seiner Vorstellung einer *Great Society* (etwa „allumfassende Gesellschaft") suchte J. durch Reformen nahezukommen. Zwei neue Bürgerrechtsgesetze (1964 u. 1968) sollten den Farbigen die Chancengleichheit bringen. Überhöhte Erwartungen eines Teils der Farbigen führten jedoch zu Rassenunruhen. Seit 1964 führte J. mit wachsendem militär. Einsatz den Vietnamkrieg. Wegen der hohen Kriegskosten kam das Reformwerk zum Stillstand. An der Kriegspolitik entzündeten sich heftige Studentenunruhen („Campus-Revolte"). Angesichts des Scheiterns aller Versuche, den Krieg zu beenden, wuchs die Kritik an J.s Führungsfähigkeiten. Daraufhin stellte er sich 1968 nicht wieder zur Wahl. Memoiren: „Meine Jahre im Weißen Haus" 1971.

Johnston [ˈdʒɔnstən], Sir Harry Hamilton, engl. Afrikaforscher u. Kolonialpolitiker, * 12. 6. 1858 London, † 31. 7. 1927 Woodsetts House, Nottinghamshire; bereiste 1879/80 das südl. Tunesien, Angola, das Kongobekken u. die Kilimandscharo-Region in Ostafrika. 1885–1887 leistete er als Konsul für das Nigerdelta Vorarbeiten für die brit. Kolonisation Nigerias; 1889–1896 erwarb er Nyasaland u. Teile des späteren Nordrhodesien, 1899–1901 verwaltete er Uganda. J. prägte die Parole, Afrika solle „vom Kap bis Kairo" brit. werden.

Jom-Kippur-Krieg, *Yom-Kippur-Krieg*, der arabisch-israelische Krieg, der am jüd. Versöhnungstag *(Jom Kippur)* ausbrach u. vom 6. bis 26. 10. 1973 dauerte; → Nahostkonflikt.

Jomon-Kultur, prähistor. Kultur Japans, die etwa zwischen 8000–300 v. Chr. datiert wird. Die Menschen der J. waren vorwiegend Jäger u. Sammler, stellten aber auch Keramik mit Schnureindruckverzierungen her. Sie lebten in relativ lang besiedelten Dörfern mit jeweils drei bis zehn in den Boden eingetieften Hütten. Seit etwa 7000 v. Chr. hatten sie Haushunde, aber erst aus späten Siedlungen der J. sind Getreidereste bekannt (eigentl. Beginn der *Jungsteinzeit* in Japan). Um 300 v. Chr. wurde die J. von der *Yayoi-Kultur* abgelöst; ihre lange Tradition wird auf die vom Festland abgeschnittene Insellage Japans zurückgeführt.

Jomsburg, die in der altnord. *Jomsvikinga-Saga* geschilderte Wikingersiedlung *Jumne* an der Odermündung, 1098 von den Dänen zerstört; wahrscheinl. das sagenhafte *Vineta* auf Wollin.

Jonas, Franz, österr. Politiker (SPÖ), * 4. 10. 1899 Wien, † 24. 4. 1974 Wien; 1951–1965 Bürgermeister u. Landeshauptmann von Wien, seit 1950 stellvertr. Vors. der SPÖ, 1952/53 Mitgl. des Bundesrats, 1953–1965 Mitgl. des Nationalrats; 1965 bis zu seinem Tod Bundes-Präs.

Joppe, antike Hafenstadt in Palästina, von *Thutmosis III.* im 15. Jh. v. Chr. dem ägypt. Machtbereich eingegliedert. Nach den Amarnabriefen war J. eine Königsstadt ohne eigenen König, eine der Zentralen ägypt. Verwaltung in Palästina. Später, unter Salomo, wurde J. phönizisch.

Jordanes, *Jordanis*, got. *Jornandes*, Geschichtsschreiber Mitte des 6. Jh., stand in Diensten der Alanen, rechnete sich selbst zu den Goten; schrieb unter Benutzung des verlorenen Werks über die Goten von *Cassiodor* eine Geschichte der Goten bis 551: „De origine actibusque Getarum", die erheblichen Quellenwert hat, da sie die älteste Geschichte eines germanischen Stammes ist. Außerdem verfaßte er eine Weltchronik: „De summa temporum vel origine actibusque gentis Romanorum".

Jordanien JOR

Haschemitisches Königreich Jordanien

Fläche: 97 740 km². – *Einwohner:* 4,4 Mill. – *Hauptstadt:* Amman. – *Landessprache:* Arabisch. – *Nationalfeiertag:* 25. 5. – *Währung:* 1 Jordan-Dinar = 1000 Fils. – *Lage:* zwischen 29° 10′ und 33° 20′ n. Br. sowie 35° und 39° 18′ ö. L. – *Zeitzone:* Mitteleuropäische Zeit + 1 Std. – *Grenzen:* im N Syrien, im O Irak, im S Saudi-Arabien, im äußersten SW Rotes Meer, im W Israel. – *Staatsform:* Monarchie mit parlamentarischen Ansätzen.

Das *Ostjordanland*, bis 1918 Teil des Osmanischen Reichs, kam 1920 mit Palästina als Völkerbundsmandat unter brit. Verwaltung; als Emirat *Transjordanien* (seit 1921 unter Emir *Abdallah Ibn Hussain*, einem Sohn König Hussains des Hedjas) wurde es 1922 von Palästina abgetrennt. Der Staat sollte als Militärstützpunkt Großbritanniens u. Pufferstaat gegen Saudi-Arabien dienen. Die versprochene Unabhängigkeit wurde nicht gewährt. 1928 wurde der Emir fast aller wirklichen Macht entkleidet, wodurch es zu Unru-

Jordanien: König Abdallah 1949 bei einem Besuch in London. Links sein Großneffe, der irakische König Faisal

hen kam. Ein gegen die Zionisten gerichtetes Gesetz verbot 1933 jeden Verkauf oder jede Verpachtung von Land an Ausländer. 1925 erwarb Transjordanien den Hafen von Aqaba von Saudi-Arabien. 1945 wurde es Mitglied der Arab. Liga u. im Mai 1946 als *Haschemitisches Königreich Jordanien* formell unabhängig (der Name J. kam jedoch erst 1949 allg. in Gebrauch); zugleich nahm der Emir den Königstitel an.

Nach der Unabhängigkeitserklärung Israels 1948 nahm Transjordanien am Krieg der Arab. Liga gegen Israel teil, seine Truppen besetzten den östl. Teil Palästinas u. die Altstadt von Jerusalem. 1950 annektierte J. diese Gebiete, die nach dem Teilungsplan der UN von 1947 den Hauptteil des arab. Palästinenserstaates bilden sollten. Dem 1951 ermordeten Abdallah folgte sein Sohn *Talal* (*1909, †1972), der jedoch wegen Geisteskrankheit 1952 abgesetzt wurde. Ihm folgte sein noch unmündiger Sohn *Hussain II.*, der am 2. 5. 1953 offiziell eingesetzt wurde. Unter zunehmend national-arab. Druck mußte der engl. Oberbefehlshaber *Glubb Pascha* 1956 zurücktreten; der 1928 mit Großbritannien geschlossene Bündnisvertrag (1948 verlängert) wurde aufgehoben.

1957 stürzte der König mit Hilfe des Militärs die linksnationalist. Regierung u. regierte bis Dez. 1958 allein. 1958 schloß sich J. mit dem Irak zur *Arabischen Föderation* zusammen, die aber wenig später durch den Militärputsch in Irak wieder auseinanderbrach; gegen ein Übergreifen des Putsches auf J. rief der König brit. Fallschirmjäger ins Land. 1960 wurden die Beziehungen zu Irak wiederaufgenommen, 1962 Bündnisse mit Saudi-Arabien u. Marokko geschlossen. Im Sechstagekrieg gegen Israel wurde 1967 das Gebiet westl. des Jordan von Israel besetzt, u. zahlreiche Flüchtlinge strömten über den Jordan. Die Flüchtlingslager waren ein Reservoir der Guerillaorganisationen, die weiterhin gegen Israel operierten.

Der Gegensatz zwischen den königstreuen Beduinen u. den zunehmend sozialrevolutionären Palästinensern, die zum großen Teil seit Jahrzehnten in Lagern lebten, brach 1970/71 in einem Bürgerkrieg auf, in dem die Guerillaorganisationen der PLO fast völlig aufgerieben oder ins Ausland abgeschoben wurden. Am 4. arab.-israel. Krieg 1973 nahm J. nicht teil. Unter dem Druck einer arab. Gipfelkonferenz erklärte sich J. 1974 unzuständig für das Westjordanland u. anerkannte die PLO als alleinige Vertretung der Palästinenser. Später machte es allerdings wieder Ansprüche auf diese Gebiete geltend. 1988 verzichtete König Hussein formell auf alle rechtl. u. administrativen Bindungen zum Westjordanland, dessen Einwohner jedoch ihre jordan. Pässe behalten durften. Um das polit. System zu reformieren, wurde 1991 eine Nationalcharta verabschiedet. Im Golfkrieg 1991 nahm J. eine vorsichtige proirakische Haltung ein. 1993 fanden erstmals seit 37 Jahren Mehrparteienwahlen statt; die königstreuen konservativen Kräfte (Stammesführer u. Unabhängige) konnten sich gegen radikal-islamist. Gruppen durchsetzen. 1994 kam es zum Friedensschluß u. zur Aufnahme diplomat. Beziehungen zwischen J. u. Israel.

Jordansmühler Kultur, endneolith.-kupferzeitl. Kultur Schlesiens, Böhmens, Mährens u. Mitteldeutschlands, benannt nach dem Fundort *Jordansmühl* in Schlesien (heute Jordanów Śląski); charakteristisch sind: Körperbestattung in Hockerstellung, Steinwerkzeuge, Kupferschmuck.

Jørgensen ['jœrnsən], Anker, dän. Politiker (Sozialdemokrat), *13. 7. 1922 Kopenhagen; Gewerkschaftsfunktionär, 1968–1972 Vors. der Gewerkschaft für ungelernte Arbeiter; 1972/73 u. 1975–1982 Min.-Präs.

Joruba, altafrikan. Reich, Stamm u. afrikan. Landschaft.

Joseph, Fürsten. Kaiser: **1.** *J. I.*, röm.-dt. Kaiser 1705–1711, *26. 7. 1678 Wien, †17. 4. 1711 Wien; Sohn *Leopolds I.*; 1687 König von Ungarn, 1690 zum röm. König gewählt; seinem Vater an polit. Begabung überlegen. J. führte den Span. Erbfolgekrieg mit verstärkter Intensität; er verhinderte ein Bündnis Karls XII. von Schweden mit Frankreich (*Vertrag von Altranstädt* 1707, in dem er den Protestanten in Schlesien Zugeständnisse machte), warf in Ungarn den Aufstand Franz II. Rákoczis nieder u. suchte die reichsoberherrliche Stellung des Kaisers im Reich wiederherzustellen.

2. *J. II.*, röm.-dt. Kaiser 1765–1790, *13. 3. 1741 Wien, †20. 2. 1790 Wien; Sohn von *Franz I.* u. *Maria Theresia*, 1764 zum röm. König gewählt, 1765 nach dem Tod des Vaters zum Kaiser gekrönt u. Mitregent in den habsburg. Erblanden. J. stand in außenpolit. Fragen oft im Gegensatz zu seiner Mutter; er setzte gegen ihren Willen 1772 die Teilnahme Österreichs an der ersten *Polnischen Teilung* durch (Gewinn von Galizien) u. ließ sich 1775 von der Türkei die Bukowina abtreten. Mit Friedrich d. Gr. von Preußen suchte J. Verständigung, konnte aber den Erwerb Bayerns nicht erreichen (*Bayerischer Erbfolgekrieg* 1778/79). Er wandte sich daher nach dem Teschener Frieden 1779 von Preußen ab u. Katharina II. von Rußland zu, mit der er ein Verteidigungsbündnis schloß; wegen des Widerstandes des *Fürstenbunds* mußte er 1785 endgültig seine bayer. Pläne aufgeben.

Seit 1780 Alleinherrscher, suchte J., gestützt auf Heer u. Beamtentum, mit radikalen Reformen einen aufgeklärten Absolutismus zu praktizieren (*Josephinismus*). Das Reich sollte zentralistisch regiert werden. Die Staatssprache war Deutsch. J. gründete dt. Ansiedlungen in Galizien, in der Bukowina, in Ungarn u. Siebenbürgen. Er schaffte 1781 die Leibeigenschaft der Bauern ab u. betrieb eine merkantilist. Wirtschaftspolitik; er veranlaßte auch den Bau von Schulen u. Krankenhäusern, die Milderung der Zensur u. die Abschaffung der Folter. Durch die Einführung einer allg. Grundsteuer auch für den Adel u. seine bes. einschneidenden kirchenpolit. Reformen erregte er den Widerstand von Adel u. Klerus. Aufstände in Ungarn u. den österr. Niederlanden zwangen ihn am Ende seines Lebens, die meisten seiner Reformen zu widerrufen.

Joseph II.

Köln: **3.** *J. Klemens*, Kurfürst u. Erzbischof 1688–1706 u. 1714–1723, *5. 12. 1671 München, †12. 11. 1723 Bonn; Wittelsbacher; hatte schon die Bischofsstühle von Freising u. Regensburg inne u. erhielt entgegen den Regeln des kanonischen Rechts nach Köln 1694 auch noch das Bistum Lüttich. Er wurde während des Spanischen Erbfolgekriegs wegen seines Bündnisses mit dem französ. König Ludwig XIV. vom Kaiser geächtet u. mußte nach Frankreich fliehen. J. konnte aber nach dem Badener Frieden (1714) in seine Länder zurückkehren.

Portugal: **4.** *J. I.*, portugies. König 1750–1777, *1714 Lissabon, †24. 2. 1777 Lissabon; Sohn *Johanns V.* u. der *Marie von Österreich*, Tochter des Kaisers Leopold I. Repräsentant des aufgeklärten Despotismus. Übertrug dem Marquês de *Pombal* die Regierungsgeschäfte für dessen Reformwerk (Vertreibung der Jesuiten, Reorganisation von Verwaltung u. Kolonien, Indianerbefreiung u. a.). In seine Regierungszeit fiel das Erdbeben von Lissabon 1755.

Spanien: **5.** König 1808–1813; →Bonaparte.

Joseph [ʒɔ'zɛf], *Père J.*, *J. von Paris*, eigentl. *François Joseph Le Clerc du Tremblay de Maffliers*, französ. Kapuziner, *4. 11. 1577 Paris, †18. 12. 1638 Rueil bei Paris; Ratgeber A. J. *Richelieus*, 1630 zum Regensburger Reichstag entsandt; beeinflußte die französ. Haltung im Dreißigjährigen Krieg, Kaiserliche u. Schweden sich gegenseitig erschöpfen zu lassen, ehe Frankreich eingriff. J. wurde die „Graue Eminenz" genannt.

Josephine [ʒɔze'fin], Marie-Josèphe Rose, geb. Tascher de La Pagerie, Kaiserin der Franzosen 1804–1809, *23. 6. 1763 Trois-Ilets, Martinique, †29. 5. 1814 Malmaison; verheiratet mit dem Grafen Alexandre de *Beauharnais* (hingerichtet 1794), 1796 mit dem späteren Kaiser *Napoleon I.*, von diesem aus polit. Gründen (nichtfürstl. Abstammung, Kinderlosigkeit) 1809 geschieden. Aus der ersten Ehe stammten zwei Kinder: *Eugène*, späterer Herzog von Leuchtenberg, u. *Hortense*, spätere Königin von Holland u. Mutter Napoleons III.

Josephine Charlotte, Großherzogin von Luxemburg seit 1964, *11. 10. 1927 Brüssel; Tochter des damaligen belg. Kronprinzen Leopold, seit 1953 mit dem Großherzog Jean von Luxemburg verheiratet.

Josephinismus, *i. e. S.* die Kirchenpolitik Kaiser *Josephs II.*: verschärfte staatl. Aufsicht im österr. Kultur- u. Kirchenwesen, Aufhebung zahlreicher Klöster, deren Besitz für die Besoldung u. Ausbildung der Pfarrer verwendet wurde, Religionsfreiheit auch für Protestanten u. Griechisch-Orthodoxe (Toleranzpatent 1781); *i. w. S.* eine bestimmte geistige Haltung im österr. Beamtentum u. Schulwesen, die durch die Reformideen des aufgeklärten Absolutismus Josephs II. gekennzeichnet war u. bis ins 19. Jh. weiterwirkte (Liberalismus).

Josephus, Flavius, jüdischer Geschichtsschreiber, *um 37 Jerusalem, †nach 100 Rom; wandelte sich nach Teilnahme am Aufstand der Juden (Statthalter von Galiläa) zum hellenistischen Römer, der 70 bei der Eroberung Jerusalems durch Titus anwesend war u. von Vespasian, Titus u. Domitian gefördert wurde. Schrieb eine „Geschichte des Jüdischen Krieges“ 73 in aramäischer, 75–79 in griech. Sprache, die Interesse für die Schicksale des jüd. Volkes erwecken sollte. Weitere Werke: „Jüdische Altertümer“ 93/94 u. eine Schrift „Gegen Apion“, die judenfeindl. Äußerungen bekämpft u. daher die umfangreichste Sammlung zum Antisemitismus im Altertum darstellt.

Jourdan [ʒur'dã], Jean Baptiste, Graf (1804), französ. Marschall, *29. 4. 1762 Limoges, †23. 11. 1833 Paris; Soldat im nordamerikan. Unabhängigkeitskrieg, französ. Heerführer in den Koalitionskriegen 1794; Sieg über die Österreicher bei Fleurus, Eroberung Belgiens; 1800–1813 Generalstabschef König Joseph Bonapartes in Neapel, 1819 zum Pair von Frankreich ernannt, 1830 Gouverneur der Invaliden.

Jovian, Flavius *Iovianus,* röm. Kaiser 363–364, *331/32, †17. 2. 364 Dadaszana; wurde am 27. 6. 363 als Nachfolger *Julians* zum röm. Kaiser ausgerufen; beendete den Perserkrieg durch einen Frieden mit *Schapur II.* (Verzicht auf die Gebiete jenseits des Tigris); Restituierung der christl. Kirche.

Juan Carlos [xu'an-], *Don J. C.*, de Borbón y Borbón, Prinz von Asturien, *5. 1. 1938 Rom; Sohn des Prinzen *Don Juan*, Grafen von Barcelona, des 3. Sohns König Alfons' XIII. von Spanien u. eigentl. Thronfolgers (nach dem Tod des ältesten u. dem Thronverzicht des nächstfolgenden Bruders, Don Jaime). Aufgrund einer Übereinkunft zwischen Staatschef F. Franco u. dem Grafen von Barcelona (1948) wurde J. C. auf die Übernahme des Throns vorbereitet; er heiratete 1962 Prinzessin Sophia von Griechenland u. wurde 1975 nach dem Tod Francos König von Spanien. Nach seiner Thronbesteigung wurde in Spanien schrittweise die Demokratie wiederhergestellt, als deren Garant er gilt. J. C. erhielt 1982 den Karlspreis.

Juan d'Austria [xu'an-], Don, *Johann von Österreich*, spanischer Heerführer, *24. 2. 1547 Regensburg, †1. 10. 1578 Namur; unehelicher Sohn Kaiser *Karls V.* mit Barbara *Blomberg* (*1527, †1597), 1559 von Philipp II. als Halbbruder anerkannt; 1568 Befehlshaber der Mittelmeerflotte; 1571 Sieg über die Türken bei *Lepanto*; aus Rivalenfurcht von Philipp zum Statthalter der Niederlande gemacht; hier nach nur geringen Erfolgen wahrscheinl. an der Pest gestorben.

Juárez García [xu'ares gar'θia], Benito, mexikan. Politiker u. Nationalheld, *21. 3. 1806 San Pablo Guelatao (Oaxaca), †18. 7. 1872 Mexico; Indianer, Rechtsanwalt, lenkte seit 1858 als Vize-Präs. de facto, seit 1861 als Staats-Präs. die Politik; Mitschöpfer der liberalen Verfassung von 1857 u. der Reformgesetze von 1859 (Trennung von Staat u. Kirche, Zivilehe, Säkularisierung der Klöster, Religionsfreiheit). Nach dem Eingreifen der Franzosen, Engländer u. Spanier in Mexiko u. der Inthronisierung Kaiser Maximilians leitete J. G. den Untergrundkrieg gegen die französ. Besatzungsmacht. 1867 u. 1871 wurde er erneut zum Staats-Präs. gewählt. Er förderte die wirtschaftl. u. kulturelle Entwicklung des Landes. Auch → Mexiko.

Juba, 1. *J. I.*, vor 50 v. Chr. König von Numidien, Gegner Cäsars auf seiten der Pompeianer; vernichtete im Bürgerkrieg 46 v. Chr. zwei Legionen Cäsars; wurde 46 v. Chr. zusammen mit den Pompeianern bei Thapsus von Cäsar geschlagen, floh nach Zama u. nahm sich das Leben.
2. *J. II.*, Sohn von 1), †23 n. Chr.; in Rom erzogen, von *Augustus* 25 v. Chr. als König von Mauretanien eingesetzt; baute die Hptst. Caesarea zu einem Kulturzentrum aus; verfaßte völkerkundl. u. geograph. Werke, eine Geschichte Roms u. eine Theatergeschichte.

Judäa, hebr. *Yehuda*, der mittlere Teil des Berglands von Israel u. Westjordanien, zwischen Samaria im N u. dem Negev im S.
J. war ursprüngl. die Bez. für das jüd. Siedlungsgebiet um Jerusalem nach der Babylonischen Gefangenschaft, später für das Reich Herodes' d. Gr., das etwa Palästina umfaßte. Seit 67 n. Chr. war J. röm. Provinz. Der größte Teil J.s war 1948–1967 von Jordanien annektiert u. steht seitdem unter israel. Verwaltung.

Judas Makkabäus [aram., „der Hammerartige“], jüd. Heerführer, Sohn des Priesters *Mattathias* aus dem Geschlecht der *Hasmonäer*, setzte nach dem Tod des Vaters erfolgreich den Befreiungskampf gegen den Seleukidenherrscher *Antiochos IV. Epiphanes* u. dessen Nachfolger fort, eroberte Jerusalem u. verbündete sich mit den Römern; fiel 161 v. Chr. im Kampf.

Juden [hebr. *Jehudi*, „Bewohner Judas“, grch. *Judaios*, lat. *Judaeus*], ursprünglich das nach dem Stamm u. späteren Königreich *Juda* in *Palästina* benannte Volk, später nach der Zerstreuung ausgedehnt auf alle, die ihre Herkunft auf das Volk *Israel* zurückführten u. sich aufgrund der jüdischen Glaubensgemeinschaft ein gewisses Maß an gemeinsamem Brauchtum bewahrten. Nach jüd. Tradition gilt als Jude, wer von einer jüd. Mutter geboren wurde oder zum Judentum übergetreten ist. In Israel dient diese Definition zur Feststellung der jüd. Nationalität. Anthropolog. ursprüngl. zu den Orientaliden u. Armeniden gehörig, hat dieses Volkstum im Lauf der Jahrhunderte Beimischungen aller rass. Bestandteile der europ. Völker in sich aufgenommen, im nordafrikan.-südwestasiat. Raum auch negride. Unter den europ. J. unterscheidet man zwei Gruppen: die *Sephardim* oder spaniolischen J. *(Spaniolen)* u. die *Aschkenasim* oder mittel- bzw. osteurop. J. In Israel werden als Sephardim die J. orientalischer Herkunft bezeichnet.
Die Zahl der J. auf der Erde betrug 1933 rd. 16 Mill., ging durch die nat.-soz. Verfolgungen (rd. 6 Mill. Ermordete) bis 1947 auf 11,3 Mill. zurück u. stieg bis 1993 wieder auf 17,8 Mill. an. In Dtschld. lebten 1925 rd. 565 000 J. Nach 1933 verließen 295 000 J. Dtschld. wegen der nat.-soz. J.verfolgungen. 4,0 Mill. J. aus fast allen Teilen der Welt haben sich in *Israel* eine neue Heimat geschaffen (hier *Israeli* genannt).

Geschichte

Die Frühzeit: Wahrscheinlich faßten seit dem 17. Jh. v. Chr. einzelne Sippen u. Stämme aus den Wüstenrandgebieten im unbesiedelten Bergland des „Landes Kanaan“ Fuß, dessen städt. Bevölkerung, im Schnittpunkt der großen Mächte u. Kulturen am Nil u. im Zweistromland, bereits ein hohes kulturelles Niveau aufwies. In der Auseinandersetzung mit diesen „Kanaanäern“ schlossen sich die zugezogenen Sippen enger zusammen. In Südpalästina entstand ein Verband mit dem Stamm Juda als Kern, in Mittelpalästina bildete sich ein Kristallisationszentrum für die Nordstämme. Am Ende des 11. Jh. v. Chr. schloß sich der Großteil der Stämme unter *Saul* gegen den Angriff der Philister zusammen, unterlag aber schließlich, u. Saul fiel im Kampf.
Für die Religion des späteren Judentums waren Erfahrungen u. Traditionen aus dieser Frühzeit grundlegend, freilich in einer neu gedeuteten Form, als Geschichte eines Zwölfstämmebundes mit einheitl. Kult.
Die Zeit des geeinten Reiches. Die polit. Lage im Vorderen Orient erlaubte im 10. Jh. das Aufkommen regionaler Machtgebilde im syrisch-palästin. Raum. Während die Philister sich an der Südküste halten konnten u. die nördl. Küste von den phönizischen Stadtstaaten beherrscht wurde, wuchs im Nordwesten mit dem Zentrum Damaskus ein aramäischer Staat heran u. südlich davon

das Reich Israel. Dessen Aufstieg begann mit der Wahl *Davids* zum König von Juda mit der Hauptstadt Hebron. Im Norden herrschte ein Sohn Sauls, er wurde aber ermordet, worauf auch die Nordstämme David als König anerkannten. Residenz der geeinten Reiche wurde Jerusalem. Der neue polit. Machthorizont bestimmte auch den Anspruch des Nationalgottes Jahwe, der endgültig an die Stelle des kananäischen Göttervaters u. Weltschöpfers El trat.
Unter Davids Sohn *Salomo* (972–932 v. Chr.?) festigte eine kluge Diplomatie u. Heiratspolitik den außenpolit. Status. Intern wurde ein Verwaltungsnetz mit Provinzzentren u. befestigten Garnisonen aufgebaut. Salomo ließ am Zionsberg einen Palast u. einen Tempel nach syro phöniz. Vorbildern errichten.
Die Zeit der geteilten Reiche Israel und Juda. Die davidische Dynastiebildung stand im Widerspruch zur Tradition von den charismat. „Richtern“. Dies u. die wachsende Unzufriedenheit vor allem der Nordstämme über die aufgekommenen Steuer- u. Fronlasten führten ca. 932 v. Chr. unter Rehabeam zum Bruch. Die Nordstämme wählten *Jerobeam I.* (932/31–911/10 v. Chr.) zum König, der eigene staatl. Kultzentren in Bethel u. Dan einrichtete. Bis auf eine kurze Unterbrechung unter der Usurpatorin *Atalja* (842/41–837/36 v. Chr.) blieb Juda davidisch regiert, während es im Nordreich nur vorübergehend Ansätze zur Dynastiebildung gab.
722/21 v. Chr. wurde das Gebiet der Nord-

stämme assyrische Provinz, u. ein Teil der Oberschicht wurde deportiert. König Ahas von Juda unterwarf sich Assyrien u. entging so 722 v. Chr. dem Schicksal des Nordreichs. Der Untergang des Nordreichs stärkte die Position der david. Dynastie u. die Jerusalemer Tradition, alsbald wurde „Israel" auch in Juda als Selbstbezeichnung verwendet. Während des folgenden Jahrhunderts blieb Juda in unterschiedl. Grade von Assyrien abhängig. 597 v. Chr. eroberte der Babylonier Nebukadnezar Juda. 587/86 v. Chr. wurde Jerusalem samt dem Tempel von den Babyloniern zerstört, die Ober- u. Mittelschicht deportiert u. das Reich Juda aufgelöst.

Exil u. persische Periode. Die Deportierten wurden in Babylonien geschlossen angesiedelt. Der Perserkönig Kyros eroberte Babylonien, gestattete 538 v. Chr. den Deportierten die Heimkehr u. ordnete die Wiederherstellung des Jerusalemer Tempels u. Kults an. Der Hohepriester an der Spitze einer privilegierten Priesterschaft wurde die dominierende Instanz im kleinen Tempelstaat, der nur Jerusalem u. Umgebung umfaßte. Die Heimkehrer ließen die Altjudäer u. Altisraeliten zur Kultgemeinde nur zu, soweit sie sich ihren religiösen Ansichten u. Praktiken fügten. Gegen den Widerstand dieser Gruppen wurde die Neukonstituierung der Gemeinde von *Esra* u. *Nehemia* (um 445–430 v. Chr.) durchgesetzt. Sabbat-Heiligung, Beachtung ritueller Reinheitsregeln u. die strikte Ablieferung der kultischen Abgaben wurden streng überwacht.

Hellenistische Oberherrschaft. Alexander d. Gr. (332 v. Chr.) u. die Diadochen bestätigten den Status des Tempelstaates, der dann zwischen Ptolemäern (Ägypten) u. Seleukiden (Syrien) lange strittig blieb, bis 198 v. Chr. die Seleukiden das Gebiet übernahmen. Von einer hellenisierenden Richtung wurde ein synkretist. Kult eingeführt, der Tempel erschien den Traditionstreuen als entweiht, die Endzeit nahe, u. daher verschärfte sich auch der Widerstand in der Erwartung der kommenden Gottesherrschaft. Organisatoren des Widerstandes waren die Söhne des Hasmonäers Mattathias (die „*Makkabäer*"). Judas Makkabäus gelang 164 v. Chr. die Eroberung Jerusalems u. die Wiedereinweihung des Tempels. Er fiel 160 v. Chr. bei Elasa. Jonatan Makkabäus nützte die seleukidischen Thronfolgestreitigkeiten aus u. wurde 152/51 v. Chr. zum Hohepriester u. seleukid. Feldherrn ernannt, fiel aber 142 v. Chr. selber einem Thronprätendenten zum Opfer. Simon Makkabäus (12-137 v. Chr.) nahm die syrische Burg (Akra) von Jerusalem ein u. erreichte 141/40 v. chr. die volle Unabhängigkeit; eine Volksversammlung sprach ihm die erbl. Würde des Fürsten, Feldherrn u. Hohepriesters zu. Er u. *Johannes Hyrkan* (134–104 v. Chr.) betrieben zwar eine gezielte Expansions- u. Judaisierungspolitik, doch die Opposition wuchs. Eine priesterlich geführte Gruppe, die *Sadduzäer*, vertrat die Interessen der Oberschicht, mit ihnen kooperierten Johannes Hyrkan u. seine Nachfolger. Unterschiedlichste Gruppierungen erwarteten die nahe Gottesherrschaft. Eine vermittelnde Position nahmen die polit. aktiven *Pharisäer* ein. In der Harmonäerdynastie kam es zu Bruderkämpfen. Hohepriester *Hyrkan II.* focht mit den Pharisäern gegen *Aristobul II.*

Dies veranlaßte Pompeius 63 v. Chr. zum Einmarsch in Judäa u. zur Eroberung Jerusalems.

Hyrkan II. wurde als Hohepriester u. Ethnarch anerkannt, die tatsächl. Macht lag beim romergebenen idumäischen Heerführer *Antipas* u. dessen Söhnen. *Herodes d. Gr.* (37–4 v. Chr.) eroberte innerhalb dreier Jahre ein Reich von davidischen Ausmaßen.

Die griechisch-sprachige Diaspora. Seit frühhellenist. Zeit siedelten zahlreiche J. in Alexandria (⅔ der Bevölkerung), manche auch in den ägypt. Provinzen u. (später) in der Kyrenaika. Kleinere Niederlassungen entstanden im ganzen Mittelmeerraum. Diese westl. Diaspora sprach u. schrieb Griechisch. Auf der Rechtsbasis, die die Diadochen geschaffen hatten, bildeten die jüd. Niederlassungen autonome Verwaltungseinheiten. Bedeutsam war die im 3./2. Jh. v. Chr. in Alexandria entstandene griech. Bibelübersetzung („Septuaginta"), die bibl. Inhalte auch Nichtjuden bekannt machte. Gegen Ende der Antike kehrte das westl. Judentum zum Hebräischen zurück u. nahm die palästin.-babylon. Tradition der Rabbinen an.

Die römische Herrschaft. Nach dem Tod Herodes' d. Gr. (4 v. Chr.) wurde sein Reich auf drei Söhne aufgeteilt: *Archelaos* erhielt als Ethnarch Judäa, Samaria u. Idumäa, *Antipas* (bis 39 n. Chr.) als Tetrarch Galiläa u. Peräa, *Philippus* die Gebiete im Nordosten. Archelaos wurde 6 n. Chr. abgesetzt, sein Gebiet als Teil der Provinz Syria einem Prokurator mit Sitz in Caesarea unterstellt. Die innerjüd. Belange wurden durch das Synhedrion (hebr. Sanhedrin) unter Vorsitz des Hohenpriesters geregelt. Das Hauptproblem war die Unvereinbarkeit zwischen radikal-jüd. Anspruch auf Gottesherrschaft u. dem Anspruch des röm. Imperiums. Als 66 n. Chr. in Caesarea Kämpfe zwischen J. u. Nichtjuden ausbrachen, flackerten im ganzen Land Unruhen auf. Ein verfrühter Siegestaumel zog auch die Gemäßigten (Pharisäer u. Sadduzäer) in den Krieg gegen Rom hinein. *Vespasian* begann mit der Rückeroberung, u. sein Sohn *Titus* führte den Feldzug zu Ende, der 70 n. Chr. in der Zerstörung Jerusalems u. des 2. Tempels gipfelte.

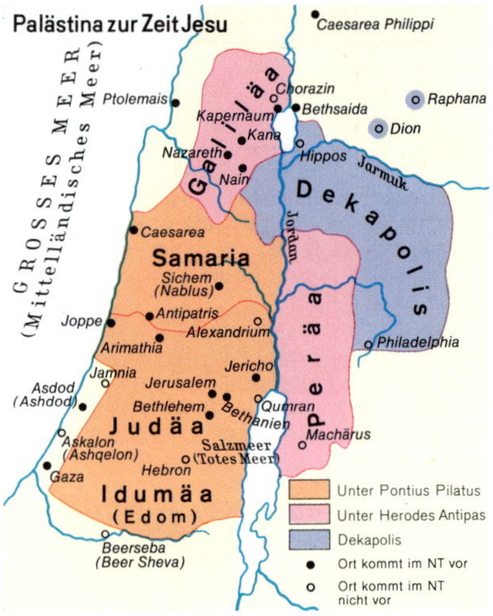

132 erhob sich in Judäa *Bar Kochba* mit erhebl. Anhang gegen Rom. 138 wurde der Aufstand niedergeschlagen. Die jüd. Bevölkerung Jerusalems wurde größtenteils vertrieben, für das Land die Bez. „Palästina" eingeführt.

Der Sieg des Christentums im 4. Jh. brachte für das Judentum eine zunehmende Einengung seiner bisherigen Rechte. Babylonien übernahm die Rolle des geistigen Zentrums der Judenheit; der babylon. Talmud erlangte überall autoritative Geltung.

Das Mittelalter. Die arab. Eroberungswelle seit 638 brachte den Orient, das südl. Mittelmeergebiet u. Spanien bis Südwestfrankreich in einen polit.-kulturellen Großraum mit einheitl. Sprache. Die Anhänger von „Buchreligionen" (Christen u. J.) wurden als Vertragsschützlinge der islam. Herrschaft unter bestimmten Auflagen geduldet. In Babylonien erkannten die Kalifen den Exilarchen als Oberhaupt der J. an. In Palästina durften J. wieder in Jerusalem siedeln, in Ägypten ließen sich palästin. wie babylon. J. nieder, manche erreichten über Nordafrika Spanien, wo zuvor unter westgotischer Herrschaft die J. schwer bedrängt worden waren. Es folgte das „goldene Zeitalter" des span. Judentums *(Sephardim)*, eine Periode reicher, weltoffener Kultur, die mit dem Eindringen der fanatischen Berber aus Nordafrika u. mit der christl. Reconquista von Norden her endete.

Im Byzantin. Reich u. z. T. in Italien blieb die spätantike, durch christl. Gesetze stark eingeschränkte Rechtsbasis bestehen. Einzelne Herrscher verliehen jüd. Personen oder Gemeinden urkundl. fixierte Privilegien. Im Lauf der Zeit kam das (unter Friedrich II. 1240 abschließend definierte) Konzept der „Kammerknechtschaft" auf, nach dem die J. als Knechte u. Eigentum des christl. Herrschers galten, wohinter sich in erster Linie fiskal. Interessen verbargen. Ungünstig wirkte sich auch die kirchl. geforderte soziale Isolierung aus. Die meisten Gewerbe wurden den J. verschlossen, u. somit trat der Geldhandel in den Vordergrund. In Spanien gewährten christl. Herrscher während der Reconquista den J. noch manche Vorteile, doch im 14. Jh. setzte eine judenfeindl. Tendenz ein, u. 1492, nach dem Fall Granadas, wurde die Vertreibung der nicht bekehrungswilligen J. angeordnet. Portugal folgte 1497, die Provence 1500. Bereits zuvor waren 1290 alle J. aus England u. 1394 aus den Ländern der französ. Krone vertrieben worden. Im Heiligen Römischen Reich wechselte die Situation mit dem Zustand der Zentralgewalt, die immer öfter das Judenregal an Fürsten u. Städte verpfändete oder übertrug, so daß lokale u. regional begrenzte Vertreibungen u. Verfolgungen die Regel waren. Katastrophale Folgen hatten die

Juden: Geschichtliche Daten

15.–13. Jh. v. Chr.	Einwanderung der israelitischen Stämme nach Palästina
um 1225 v. Chr.	Zug des Volkes Israel von Ägypten ins Ostjordanland (Mose)
um 1000 v. Chr.	König David/ Jerusalem Hauptstadt
925 v. Chr.	Reichsteilung in Juda und Israel
721 v. Chr.	Assyrisches Exil
587–538 v. Chr.	Babylonisches Exil
um 540 v. Chr.	Rückkehr nach Zion
515 v. Chr.	1. Tempel in Jerusalem
166 v. Chr.	Erhebung der Makkabäer
63 v. Chr.	Pompejus in Jerusalem
20 v. Chr.	Tempelneubau des Herodes
66 n. Chr.	Jüdisch-römischer Krieg
70	Zerstörung des 2. Tempels
132	Bar Kochba
321	Juden in Köln
ab 8. Jh.	Kulturelle Blütezeit unter der Araberherrschaft in Spanien
1096	Verfolgungen während der Kreuzzüge
1290	Vertreibung aus England
1348/49	Schwarzer Tod/Höhepunkt der Verfolgung in Deutschland
1394	Vertreibung aus Frankreich
1492	Vertreibung aus Spanien
18. Jh.	(Aufklärung) Emanzipationsbestrebungen
1881 und 1905	Pogrome in Rußland
1894	Dreyfusaffäre
1896	Herzl/Zionismus
1917	Balfour-Deklaration
1933	Aufruf zum Judenboykott
1938	Kristallnacht
1941–45	Vernichtungslager
1948	Gründung des Staates Israel

Kreuzzüge, u. nach 1348 setzten mit der großen Pestepidemie verbreitete Verfolgungswellen ein, da den J. die Ursache (Brunnenvergiftung) zugeschrieben wurde. Viele J. zogen in der Folgezeit ostwärts, nach Polen u. Litauen, wo städt. Kolonisatoren gefragt waren u. annehmbare rechtl. Verhältnisse bestanden. Später nannte man den ganzen mittel- u. osteurop. Zweig des Judentums *aschkenasisch.*

Die Neuzeit bis zur Aufklärung. Die aus Spanien Vertriebenen zogen größtenteils ins Osmanische Reich. Palästina wurde erneut zu einem geistigen Zentrum des Gesamtjudentums, vor allem die Gelehrten von Safed (Galiläa) genossen weltweites Ansehen. Josef *Karo* († 1575) verfaßte den „Schulchan Aruch", das maßgebl. Kompendium des jüd. Rechts u. Brauchtums, u. die großen Vertreter der späten *Kabbala* bestimmten von hier aus das religiöse Denken der ganzen Diaspora. Im 17./18. Jh. verlor das sephard. Judentum mit dem Niedergang des osman. Reiches rasch an Zahl u. Bedeutung.

Von den in Spanien u. Portugal Zwangsgetauften („Marranen") wanderten im 16.–18. Jh. manche aus. Die Reformation brachte in Mitteleuropa den J. keine Erleichterung. Vertreibungen u. Verfolgungen hielten an, dazu kam die teilweise Zwangs-Gettoisierung. Große Gemeinden gab es nur in Frankfurt a. M., Metz u. Prag. Das soziale u. kulturelle Niveau lag weit unter dem der Sephardim. Das zahlenmäßige u. gesetzesgelehrte Schwergewicht des Gesamtjudentums verlagerte sich schon im 16. Jh. nach Polen/Litauen, wo die städt. Kolonisten ihr mitteleurop. Judendeutsch beibehielten u. zum Jiddischen ausformten. Später spezialisierten sich diese auf die Vermittlung der landwirtschaftl. Produkte an die städt. Verbraucher, gründeten dörfl. Siedlungen („Schtetl") u. nahmen zahlenmäßig trotz sozialer Not rasch zu. Um die Mitte des 18. Jh. entstand hier die bald weitverzweigte Bewegung des osteuropäischen Chassidismus.

Aufklärung, Assimilation, Emanzipation. Nur wenige J. (Hoflieferanten, Großkaufleute, Ärzte) erreichten in jenen Jahrhunderten den Standard der gebildeten Umwelt, in der sich durch das neue Menschenbild der Aufklärung auch die Einstellung zu den J. (nicht unbedingt zum Judentum) wandelte. Joseph II. erließ ab 1781 für die Nichtkatholiken u. J. des Habsburgerreiches Toleranzedikte; dieses Modell fand rasch Nachahmer, wurde aber durch die Maßnahmen der Französ. Revolution radikal überholt. Die Gleichberechtigung verbreitete sich mit den napoleon. Eroberungen, doch um den Preis der nationalen Assimilation. Napoleon erreichte 1807 vom „Grand Sanhedrin" der J. Frankreichs das Bekenntnis zur französ. Nation. Danach lösten immer mehr J. die traditionelle Einheit von Volks- u. Religionszugehörigkeit auf u. verstanden sich als Angehörige ihrer bisherigen Gastnation, nur mit jüd. Konfession. Die meisten Staaten gewährten erst nach 1860 die volle Emanzipation, von liberalen, demokrat. Bewegungen getragen, durch konservative christliche u. nationalist. Kräfte bekämpft. Zu der Zeit war in Mittel- u. Westeuropa die kulturelle u. nationale Assimilation für die Mehrheit der J. bereits selbstverständlich.

In Dtschld., England u. in den USA kam es zur Gründung von Reformgemeinden neben der Orthodoxie. Im Gegenzug entstand eine „konservative" Richtung, die moderne Bildung u. Kultur mit einem möglichst hohen Maß von Tradition verbinden wollte. Kulturell dominierte bis in die 1920er Jahre das deutschsprachige Judentum mit seiner „Wissenschaft des Judentums", doch in Frankreich, in England u. in den USA folgte rasch eine nicht minder effektive Assimilation. Freie Berufe u. bürgerlich-liberale Orientierung kennzeichneten dieses „Westjudentum". Gerade in Dtschld. betonten manche J. in Abwehr antisemitischer Angriffe ihre nationale Assimilation, gegenüber dem aufkommenden Rassismus freilich vergeblich.

Im zarist. Rußland konnte die assimilationswillige jüd. Aufklärung, der starke othodoxe Kräfte gegenüberstanden, angesichts der antisemit. russisch-nationalist. Gegenkräfte ihre Zielsetzung, die Eingliederung der J. in eine moderne Gesellschaft, nicht mehr verständlich machen. Als 1880 lokale Ausschreitungen gegen J. von staatl. Instanzen geschürt u. gedeckt wurden, verzweifelten auch Aufklärer an einer Emanzipation der J. durch den nichtjüd. Staat. L. *Pinsker* forderte 1882 die nationale Selbstbefreiung („Autoemanzipation") auf eigenem Territorium, u. die ersten Siedler gingen nach Palästina.

Um die gleiche Zeit entstand in Osteuropa u. unter den immer zahlreicheren jüd. Auswanderern aus Osteuropa in England u. in den USA eine jüd. Arbeiterbewegung.

In den USA lebten um 1820 etwa 8000 J., um 1900 1 Mill., 1939 fast 5 Mill., hauptsächl. jiddischsprachige, aus Osteuropa zugewanderte J. meist in Großstädten u. sozial dem Proletariat zuzurechnen. Schon die zweite Generation rückte in die Mittelschicht auf, so daß im 20. Jh. das bürgerl. Lager bald überwog; zunächst kulturell mehr an den deutschsprachigen Einwanderern orientiert, mehr u. mehr mit diesen amerikanisiert. Binnen weniger Jahrzehnte entstand eine Anzahl wirksamer Organisationen, deren Gewicht im Weltjudentum mit ihrer Finanzkraft ständig wuchs.

Zionismus, Holocaust, Israel. Der Zionismus, die moderne Spielart eines territorial fixierten Nationalismus, wurde vom größten Teil der Orthodoxie, von allen bürgerl. „Konfessionsjuden" wie von jüd.-sozialist. Richtungen abgelehnt. Erst der anwachsende Nationalsozialismus u. die Gefährdung der J. Palästinas durch die arab. Gewaltausbrüche der 1930er Jahre führten über eine zunehmende praktisch-finanzielle schließlich zu einer auch ideolog. Unterstützung des Zionismus. Das Aufbauwerk in Palästina (→ Israel) wurde vom sozialist. Pionier-Zionismus getragen; der „revisionistische Zionismus", der die Religion im Sinne „völkischer" Ideologie als Lebensäußerung der Nation u. als polit. Instrument wertete, hatte lange keine Chance. Die religiöse Organisation des palästin. Judentums blieb aber trotz der ab 1920 unter dem brit. Völkerbundmandat erfolgreich ausgebauten jüd. Selbstverwaltung die nämliche orthodox beherrschte wie unter türkischer Herrschaft, u. so auch noch im Staat Israel.

Der rassist. Antisemitismus der dt. Nationalsozialisten verneinte die Möglichkeit einer Assimilation u. sah in den J. eine „minderwertige Rasse". Sofort bei seinem Machtantritt 1933 leitete das Regime die diskriminierende Ausschaltung der J. im Deutschen Reich ein. Boykottmaßnahmen u. offener Terror („Kristallnacht" 9. 11. 1938) folgten. 1941 wurde die „Endlösung", d. h. die Ermordung aller in dt. Machtbereich befindl. J., in Angriff genommen. Man schätzt, daß in den Lagern etwa 4 Mill., bei sog. Sondereinsätzen 1,5 Mill. J. umgebracht wurden.

1948 wurde der Staat → Israel gegründet. Die Namengebung knüpft sowohl an die bibl. Zeit wie an die traditionelle Selbstbezeichnung des Judentums an, um dieses insgesamt zu verpflichten.

Judenhut, im MA zur Kennzeichnung der Juden für diese vorgeschriebener spitzer Hut; wurde eingeführt, als es anläßlich der Kreuzzüge zu Judenverfolgungen kam: Die Juden wurden unter den bes. Schutz des Königs gestellt, was für sie aber u. a. den Zwang zum Tragen bes. Kleidung bedeutete.

Judenverfolgung, allg. die seit frühchristl. Zeit in vielen Ländern vorkommende Verfolgung von Juden aus religiösen, polit., sozialen oder wirtschaftl. Motiven. Die Formen sind nach Zeit u. Ort sehr unterschiedlich; sie reichen von gesetzl. Diskriminierung bis zum Massenmord durch aufgehetzte Mengen. Die bei weitem größte J. der Geschichte betrieb die nat.-soz. Führung des Dt. Reiches 1933 bis 1945 in Verwirklichung des antisemit. Programms der NSDAP. Diese J. richtete sich zunächst gegen das dt. Judentum (das 1933 über 500000 Personen, d. h. 0,8% der Reichsbevölkerung, umfaßte), später gegen alle Juden im dt. Machtbereich. Sie begann mit einem Boykott gegen alle jüd. Ärzte, Anwälte u. Geschäftsinhaber (1. 4. 1933) u. führte über die Ausschaltung der jüd. Beamten (7. 4. 1933), die Verfemung der jüd. Künstler, Publizisten u. Wissenschaftler, die → Nürnberger Gesetze (15. 9. 1935, dazu die Ausführungsverordnungen über Reichsbürgerschaft u. den „Schutz des dt. Blutes u. der dt. Ehre"), Beschränkungen u. Sondergesetze zum ersten Pogrom (9./10. 11. 1938, → Kristallnacht). In den folgenden Jahren entzog die nat.-soz. Regierung den Juden u. Halbjuden systematisch die Existenzgrundlage: Ausschließung aus den meisten Berufen, Verbot des Betretens von kulturellen Einrichtungen u. Erholungsstätten, Verpflichtung zur Annahme der Vornamen Sara u. Israel (ab 1. 1. 1939) u. zum Tragen des Judensterns (ab 19. 9. 1941). 1941 wurde die seit 1939 von A. *Eichmann* forcierte Auswanderung gestoppt, da die Nationalsozialisten nunmehr die „Endlösung" einleiteten. Im Herbst 1941 (20. 1. 1942 *Wannsee-Konferenz*) begann der Abtransport der im dt. Machtbereich in Europa lebenden Juden in die Vernichtungslager im Osten. Durch Massenerschießungen der Einsatzgruppen, Massenvergasungen u. Hungertod verloren zwischen 5 u. 6 Mill. europäische Juden ihr Leben.

Judith, Gemahlin Kaiser *Ludwigs des Frommen,* * um 800, † 19. 4. 843 Tours; Tochter des Grafen *Welf I.,* Mutter *Karls des Kahlen,* suchte für diesen einen möglichst großen Teil des Reiches zu sichern, erlangte gegen die Stiefsöhne schließlich 839 für ihn die Westhälfte des Reiches.

Jud Süß → Süß-Oppenheimer.

Jugoslawien — YU

Bundesrepublik Jugoslawien

Fläche: 102173 km². – *Einwohner:* 10,4 Mill. – *Hauptstadt:* Belgrad. – *Landessprachen:* Serbisch, Albanisch. – *Nationalfeiertag:* 29. 11. – *Währung:* 1 Neuer Jugoslawischer Dinar = 100 Para. – *Lage:* zwischen 41°50′ und 46°13′ n. Br. sowie 18°26′ und 23°02′ ö. L. – *Zeitzone:* Mitteleuropäische Zeit. – *Grenzen:* im W Adriatisches Meer, Bosnien-Herzegowina und Kroatien, im N Ungarn, im O Rumänien und Bulgarien, im S Makedonien und Albanien. – *Staatsform:* Republik.

Der Zerfall der österr.-ungar. Monarchie 1918 machte den Weg frei zur Vereinigung der *Kroaten, Slowenen* u. *Serben* (unter Einschluß Montenegros) in einem gemeinsamen Staat. In der *Deklaration von Korfu* vom 20. 7. 1917 hatten N. *Pašić* seitens der serb. Regierung u. der Vors. des Jugoslawischen Komitees in London, der Kroate A. *Trumbić*, sich auf die Grundzüge der künftigen polit. Neuorganisation der südslaw. Völker auf der Basis der Gleichberechtigung geeinigt. Bereits vorher hatten Vereinigungsbestrebungen in zwei Richtungen bestanden: einerseits Vereinigung der Südslawen unter kroat. Führung innerhalb Österreich-Ungarns nach staatl. Auflösung Serbiens, andererseits die großserb. Richtung, d. h. Einigung durch Anschluß an Serbien nach Ausscheiden aus der Doppelmonarchie oder nach deren Zerfall. Der neue Staat (1. 12. 1918 proklamiert als *Königreich der Serben, Kroaten u. Slowenen*) wurde durch den Gegensatz dieser beiden Bestrebungen belastet. Komplizierend wirkte die Zugehörigkeit der Südslawen zu verschiedenen Konfessionen. Erster König war *Peter I. Karadjordjević*. In den Pariser Vorortverträgen wurden dem neuen Staat die südl. Steiermark, die Vojvodina sowie westbulgar. u. makedon. Gebiete zugeschlagen. Istrien u. der Hafen von Fiume fielen allerdings an Italien.

Die großserb. Bewegung mit dem Min.-Präs. N. Pašić an der Spitze erstrebte den Einheitsstaat unter serb. Führung (Vidovdan-Verfassung 1921). Die Kroaten insbes. wollten aber einen dreigeteilten Bundesstaat. Die neue Verfassung teilte das Land in 33 Verwaltungsbezirke, in denen zumeist die serb. Bevölkerung in der Mehrheit war. Aus Protest gegen die polit. Dominanz der Serben boykottierte die kroat. Bauernpartei bis 1924 die Parlamentsarbeit. Um aus diesen anhaltenden Schwierigkeiten herauszukommen, die durch das Attentat auf den Kroatenführer S. *Radić* 1928 noch verschärft wurden, errichtete König *Alexander I.* (1921–1934), der Peter I. gefolgt war, 1929 eine Königsdiktatur mit der Aufgabe, die südslaw. Völker zu verschmelzen (Auflösung der alten Landesteile durch eine Verwaltungsreform, Umbenennung des Staats in *Jugoslawien*). Diese Vorgänge führten allerdings nicht zu einem Abbau der serb. Vorherrschaft. Die kroat. Untergrundorganisation *Ustascha* sowie ihr makedon. Pendant *IMRO* setzten sich mit gewalttätigen Mitteln gegen die Politik der Zentralregierung zur Wehr u. kämpften für die Unabhängigkeit Kroatiens u. Makedoniens. Auch im mehrheitlich von Albanern bewohnten Kosovo-Gebiet kam es zu Spannungen. Die autoritäre Verfassung von 1931 zementierte den serb. Militär- u. Polizeistaat.

Die inneren Wirren gewannen um so mehr Bedeutung, als J. mit fast allen Nachbarn Differenzen hatte: mit Italien wegen Fiume, Dalmatien u. Albanien, mit Ungarn wegen des Banats, mit Bulgarien u. Griechenland wegen Makedonien. Die Kleine Entente (mit Rumänien u. der Tschechoslowakei) gab nur geringen Halt, so daß sich J. eng an Frankreich anlehnte, das J. finanziell-wirtschaftl. unterstützte. Mit Italien, Albanien u. Griechenland kam es zu einer Verständigung, die Beziehungen zu Ungarn u. bes. Bulgarien blieben belastet. Die Versuche Alexanders, aus der außenpolit. Isolierung herauszukommen (*Balkanentente* von 1934), hatten keinen dauerhaften Erfolg. Bei einem Besuch in Frankreich 1934 wurde er in Marseille von kroat. u. makedon. Extremisten ermordet. Ihm folgte *Peter II.* unter der Vormundschaft (bis 1941) des Regenten *Paul Karadjordjević*. Die Regierung *Stojadinović* suchte durch Absprachen mit Bulgarien (Freundschaftsvertrag 1937) u. Italien (Nichtangriffspakt 1937) den neuen polit. Konstellationen in Europa (Aufstieg des nat.-soz. Dtschld.s) Rechnung zu tragen. Im Innern kam es 1939 zu einem Ausgleich zwischen Serben u. Kroaten. Den Kroaten wurde die Errichtung einer eigenen Provinz mit weitgehender Selbstverwaltung zugestanden. Der Beginn des 2. Weltkriegs verhinderte die Realisierung dieses Vorhabens.

Bei Kriegsbeginn blieb J. zunächst neutral. Die militär. Erfolge der Deutschen u. die „Neuordnung" in Südosteuropa veranlaßten die Regierung *Cvetković* 1941 auf Drängen Hitlers zum Beitritt zum Dreimächtepakt. Zwei Tage später stürzte ein Militärputsch des Fliegergenerals D. *Simović* die Regierung; Prinz Paul wurde zum Rücktritt gezwungen, u. Peter II. trat die Regierung an. Simović übernahm die oberste Gewalt u. den Oberbefehl über die Armee. Die Sowjetunion schloß mit ihm einen Freundschafts- u. Beistandspakt (1941).

Am 6. 4. 1941 marschierten dt. u. italien. Truppen in J. ein; J. kapitulierte am 17. 4. 1941. Randgebiete wurden von den Achsenmächten u. ihren Verbündeten annektiert, Kroatien für unabhängig erklärt, Montenegro italien. Protektorat, der Rest des Landes unter Militärverwaltung gestellt. König Peter bildete in London eine Exilregierung. Im Land formierte sich der Widerstand in monarchist. u. kommunist. Partisanenverbänden, die sich gleichzeitig gegenseitig bekämpften. Die von Briten u. Sowjets unterstützte kommunist. Partisanenarmee unter J. *Tito* hatte bereits 1944, vor dem Eintreffen der sowjet. Armee, große Teile J.s unter Kontrolle. Beherrschende Kraft der Nachkriegsentwicklung war von Anfang an die Kommunist. Partei im Rahmen des Antifaschist. Volksbefreiungsrats, dominierender Politiker war Tito (bis 1953 Min.-Präs., dann Staats-Präs., seit 1971 Präs. des Staatspräsidiums). Nach den Wahlen zur Konstituierenden Versammlung vom 11. 11. 1945, die eine überwältigende Mehrheit für die von den Kommunisten beherrschte Volksfront ergaben, wurde am 29. 11. 1945 die *Föderative Volksrepublik Jugoslawien* ausgerufen.

Schon 1945 wurde ein Freundschaftspakt mit Moskau geschlossen. Die Wirtschaft wurde nach sozialist. Grundsätzen umgestaltet. Die Verfassung vom 30. 1. 1946 gliederte J. in 6 Republiken: Serbien (mit den autonomen Provinzen Vojvodina u. Kosovo), Kroatien, Slowenien, Bosnien-Herzegowina, Makedonien u. Montenegro. Die Verfassung orientierte sich an der sowjet. Verfassung von 1936. Formell war die Regierung vom Vertrauen der beiden Kammern des Parlaments (Bundes- u. Länderkammer) abhängig. Eigentl. Machtzentrum war das Politbüro der *Kommunist. Partei J.s* mit Tito an der Spitze. Jeglicher Widerstand gegen das System wurde unterdrückt. 1948 kam es wegen des jugoslaw. Aufbegehrens gegen die sowjet. Bevormundung zum Bruch mit der UdSSR u. zum Ausschluß J.s aus dem Kominform. Gleichzeitig kündigte die UdSSR den Freundschaftsvertrag mit J. Das Land bemühte sich nun um einen eigenständigen Weg zum Sozialismus. Die Wirtschaft wurde dezentralisiert u. die Arbeiterselbstverwaltung eingeführt. Der VI. Parteitag 1952 wandelte die Kommunist. Partei in den *Bund der Kommunisten J.s (BdKJ)* um. Die neue Verfassung vom 13. 1. 1953 institutionalisierte mit der Schaffung eines Produzentenrats das Prinzip der Arbeiterselbstverwaltung. Ein Bundesvollzugsrat bildete die Regierung. Der Vors. des Rats (Tito) war gleichzeitig Staats-Präs. Als das Politbüro-Mitglied M. *Djilas* weitergehende demokrat. Reformen forderte, wurde es 1954 aller Parteiämter enthoben u. später auch inhaftiert. Außenpolitisch suchte J. nun einen unabhängigen Kurs zu steuern. Sowjet. Wirtschaftssanktionen u. militär. Druck wurden kompensiert durch wirtschaftliche u. militärische Hilfe seitens der Westmächte.

1954 wurde der 2. Balkanpakt (mit Griechenland u. der Türkei) geschlossen u. der Konflikt mit Italien um Triest beigelegt. 1955 erfolgte die Aussöhnung mit der UdSSR, die den jugoslaw. Anspruch auf Eigenständigkeit anerkannte; trotzdem kam es immer wieder zu Differenzen (so nach dem Ungarnaufstand 1956). Eine herausgehobene Stellung gewann J. innerhalb der Bewegung der blockfreien Staaten. Tito, der ägypt. Präs. Nasser u. der ind. Min.-Präs. Nehru hatten im Juli 1956 bei einem Treffen auf der jugoslaw. Insel Brioni die Grundlagen für die Entstehung dieser Bewegung gelegt. 1961 fand in Belgrad die erste Konferenz der Blockfreien statt.

Die neue Verfassung vom 7. 4. 1963 konstituierte die *Sozialistische Föderative Republik J.* Das Amt des Staats-Präs. wurde von dem des Min.-Präs. getrennt. Tito wurde im Juni 1963 auf Lebenszeit zum Staats-Präs. gewählt. Gleichzeitig sollte mit der neuen Verfassung die Selbstständigkeit der Einzelrepubliken gestärkt werden. 1966 enthob Tito den Vize-Präs. u. Geheimdienstchef A. *Ranković* wegen Machtmißbrauchs seiner Ämter. 1968 verurteilte J. die gewaltsame Niederschlagung des Prager Frühlings. Im Innern verfolgte das Regime allerdings weiter eine repressive Politik. Autonomiebestrebungen in Kroatien wurden 1971 gewaltsam unterdrückt. Um die nationalen Probleme zu lösen, ließ Tito 1974 eine neue Verfassung verabschieden, die den jugoslawischen Föderalismus beleben sollte. Bei der Besetzung von Staatsämtern wurde ein Rotationsprinzip eingeführt. Bis zum Tode Titos war das Amt des Staats-Präs. davon allerdings ausgenommen. Außerdem erhielten die einzelnen Republiken größere wirtschaftliche Kompetenzen.

Jugoslawien: Entwicklung bis 1945

Nach dem Tode Titos (4. 5. 1980) zeigten sich bald krisenhafte Erscheinungen in allen Gesellschaftsbereichen. Die Wirtschaftslage J.s verschlechterte sich zusehends. 1981 kam es zu Unruhen u. Demonstrationen der Albaner im Kosovo. Die alban. Bevölkerung forderte für das Gebiet Republikstatus. Die Proteste wurden mit Waffengewalt unterdrückt. Trotzdem blieb der Kosovo ein ständiger Konfliktherd. Die Vorgänge stärkten die nationalist. Kräfte in Serbien. Der seit 1986 amtierende Vors. des BdK Serbiens, S. *Milošević*, bekämpfte im Sinne einer großserb. Machtpolitik das föderale System J.s. Dagegen lehnten sich vor allem Kroaten u. Slowenen auf. Sie traten für eine Demokratisierung u. die Schaffung marktwirtschaftl. Strukturen ein. Nachdem die Staatspartei BdKJ auf dem nach dem Auszug der slowen. Delegation abgebrochenen Bundeskongreß im Jan. 1990 auf ihr Machtmonopol verzichtet hatte, beschleunigte sich der Zerfall des

polit. Systems. Bei den ersten freien u. demokrat. Parlamentswahlen in Kroatien u. Slowenien im selben Jahr erreichten jeweils die bürgerl. Oppositionsbewegungen die Mehrheit. Slowen. Präs. wurde der Reformkommunist M. *Kučan*. In Kroatien wurde F. *Tudjman* gewählt.
Auf Betreiben von Milošević hob das Bundesparlament im Sommer 1990 die Autonomierechte der Provinzen Kosovo u. Vojvodina auf u. stellte die Gebiete unter die vollständige Kontrolle Serbiens. Milošević wurde im Dez. 1990 zum serb. Präs. gewählt.
Im Verlauf des Jahres 1991 verstärkten Kroatien u. Slowenien ihre Bestrebungen, sich aus dem jugoslaw. Staatsverband zu lösen. Am 25. 6. 1991 erklärten die beiden Republiken einseitig ihre Unabhängigkeit. Daraufhin kam es zu bewaffneten Auseinandersetzungen zwischen dem – von Serbien dominierten – Bundesheer u. den jeweiligen Volksmilizen. Während die militär. Auseinandersetzungen in Slowenien schon nach kurzer Zeit durch den Rückzug der Bundesarmee beendet wurden, eskalierten in Kroatien die Gefechte zwischen kroat. Volksmilizen u. Kommandos der serb. Minderheit zu einem blutigen Bürgerkrieg. Dabei unterstützte die Bundesarmee offen die serb. Seite. Bemühungen der EG, den Konflikt zu beenden, blieben erfolglos. In Makedonien sprach sich die Bevölkerung in einem Referendum ebenfalls für die Unabhängigkeit aus. Auf der Basis dieses Referendums trat am 21. 11. 1991 eine neue makedon. Verfassung in Kraft. Inzwischen war es den Serben gelungen, mehr als ein Drittel des kroat. Territoriums zu besetzen. Nach langem Zögern erkannte die EG schließlich die Unabhängigkeit Kroatiens u. Sloweniens an. Eine Anerkennung Makedoniens wurde von Griechenland blockiert. Am 21. 2. 1992 beschloß der UNO-Sicherheitsrat die Entsendung einer Friedenstruppe nach J. In Bosnien-Herzegowina fand am 29. 2./1. 3. 1992 ein Referendum über die Unabhängigkeit statt. Eine Mehrheit der Bevölkerung sprach sich für die Souveränität aus. Bei einem Referendum in Montenegro votierte eine Mehrheit für den Verbleib in einem gemeinsamen jugoslaw. Staat. Obwohl die EG u. die USA die Unabhängigkeit von Bosnien-Herzegowina am 7. 4. 1992 anerkannten, entwickelte sich auch hier ein blutiger Bürgerkrieg. Am 27. 4. 1992 proklamierten Serbien u. Montenegro eine neue „Bundesrepublik J.". Diese unterstützte in den militär. Auseinandersetzungen in Kroatien u. Bosnien-Herzegowina weiterhin massiv die serb.

Jugoslawien: zwei gefangene slowenische Milizsoldaten vor Panzerfahrzeugen der Bundesarmee im Juli 1991

Seite, obwohl die UNO die Verhängung von Handelssanktionen beschloß. Zum ersten Staats-Präs. der „Bundesrepublik J." wurde der Schriftsteller D. *Ćosić* gewählt. Beherrschende polit. Figur blieb aber S. Milošević, der bei Wahlen im Dez. 1992 in seinem Amt als serb. Präs. bestätigt wurde. Durch den Krieg u. die UNO-Sanktionen beschleunigte sich der wirtschaftl. Verfall des Landes. 1993 setzte das Parlament Staats-Präs. Ćosić ab. Nachfolger wurde Z. *Lilic*. 1995 unterzeichnete Milošević zusammen mit den Präs. Bosnien-Herzegowinas u. Kroatiens das Friedensabkommen von Dayton. Aus der Annullierung der Ergebnisse der serb. Kommunalwahlen 1996 zu Lasten der Opposition entwickelte sich eine Protestbewegung, die das Milošević-Regime mit wochenlangen Massendemonstrationen in eine schwere Krise stürzte. Im Juli 1997 ließ sich Milošević zum jugoslaw. Präs. wählen. Die Lage in der Krisenregion Kosovo spitzte sich Anfang 1998 bedrohlich zu.

Jugurtha, König von Numidien, * nach 160 v. Chr., † 104 v. Chr.; kämpfte im sog. *Jugurthinischen Krieg* (111–105 v. Chr.) gegen die Römer; von *Marius* geschlagen, nach Rom gebracht, im Triumphzug mitgeführt u. danach erdrosselt.

Julia, 1. Tochter des röm. Kaisers *Augustus* u. der Scribonia, * 39 v. Chr., † 14. n. Chr. Rhegium; in 2. Ehe mit *Agrippa*, in 3. Ehe mit *Tiberius* verheiratet; 2 v. Chr. von Augustus verbannt.

2. *J. Domna*, Schwester von 3), Frau des röm. Kaisers *Septimus Severus*, † 217 n. Chr. Antiochia (Selbstmord); Mutter des *Caracalla*.

3. *J. Maesa*, Schwester von 2), röm. Herrscherin, † 226; verhalf 218 u. 222 ihren Enkeln *Elagabal* u. *Severus Alexander* zur Erhebung auf den röm. Kaiserthron.

4. *J. Mamaea*, Tochter von 3), † 235; hatte als Mutter des röm. Kaisers *Severus Alexander* zunächst gemeinsam mit J. *Maesa*, nach 226 allein die eigentl. Regierungsgewalt im Röm. Reich inne; 235 gemeinsam mit ihrem Sohn von meuternden Soldaten ermordet.

Julian, Flavius Claudius *Iulianus*, *J. Apostata*, röm. Kaiser 361–363, * 331, † 26. 6. 363; Neffe *Konstantins d. Gr.*, 355 von *Constantius II.* zum Caesar ernannt. In Gallien erhielt er ein Kommando, besiegte die Franken u. Alemannen 357 in der Schlacht bei Straßburg u. wurde 360 von seinen Soldaten zum Kaiser ausgerufen; nach dem Tod Constantius' II. (361) war er Alleinherrscher. Obgleich als Kind christl. erzogen, wandte J. sich dem Neuplatonismus u. dem Kult des Gottes *Mithras* zu; er ließ die Tempel der alten Götter wiederherstellen u. verkündete eine allg. Glaubensfreiheit, die die alten Kulte wiederaufleben ließ u. ihm von seinen christl. Gegner den Namen *Apostata* [„der Abtrünnige"] einbrachte.

Juliana, Louise Emma Marie Wilhelmina, Königin der Niederlande 1948–1980, * 30. 4. 1909 Den Haag; seit 1937 verheiratet mit Prinz *Bernhard zur Lippe-Biesterfeld* (* 1911); dankte 1980 ab u. überließ ihrer Tochter *Beatrix* den Thron.

Jülich, ehem. Herzogtum, begrenzt von den Territorien Köln, Geldern, Limburg u. Luxemburg; um 1100 Grafschaft, fiel 1207 an *Wilhelm III.* († 1219) aus dem freiherrl. Geschlecht der *Hengebacher*. 1336 erlangte *Wilhelm V.* (I.) († 1361) die Markgrafen- u. 1357 von Kaiser Karl IV. die Herzogswürde. Sein Sohn *Gerhard I.* († 1360) erwarb *Ravensberg* u. *Berg* hinzu; *Geldern* konnte nur vorübergehend bis 1437 gehalten werden. Nach Aussterben des Hauses J. im Mannesstamm (1511) kamen die Länder durch Heirat an Herzog *Johann III.* († 1539) von Kleve-Mark-Ravenstein, der die Reformation eindringen ließ. Der vorübergehende Wiedererwerb von Geldern (1538–1543) führte nach Einspruch Kaiser Karls V. zum Verzicht durch *Wilhelm den Reichen* (1539–1592). In der Folgezeit geriet das Herzogtum in Religionsstreitigkeiten u. in den Machtbereich der Span. Niederlande (Herzog *Alba* u. a.).
Im *Jülich-Kleveschen Erbfolgekrieg* (1609 bis 1614), der durch den Tod des kinderlosen *Johann Wilhelm* (1592–1609) ausgelöst wurde, machten Brandenburg, Pfalz-Neuburg u. Sachsen aus verwandtschaftlichen Gründen Ansprüche geltend. Im *Vertrag von Xanten* (1614) wurden unter Vorbehalten Pfalz-Neuburg *J.* u. *Berg*, Brandenburg *Kleve, Mark, Ravensberg* u. *Ravenstein* zugesprochen; endgültig bestätigt wurde dies durch den Teilungsvertrag von 1666 (zwischen Friedrich Wilhelm, dem Großen Kurfürsten, u. dem Pfalzgrafen Philipp Wilhelm) unter Einräumung der wechselseitigen Erbfolge beim Aussterben der Häuser im Mannesstamm. Kaiser Karl VI. sprach in einem Geheimvertrag 1733 die Lande J. u. Berg Pfalz-Sulzbach zu. Frankreich u. die Generalstaaten wehrten sich gegen eine brandenburg. Machterweiterung am Rhein. Friedrich d. Gr. versuchte 1740, Berg zu erwerben, verzichtete jedoch 1742 im Frieden zu Breslau zugunsten *Karl Theodors* von Pfalz-Sulzbach († 1799) endgültig auf seine Ansprüche. Diese Gebiete sanken zu Nebenlanden herab. J. wurde im 1. Koalitionskrieg 1794 durch Frankreich besetzt, im Frieden von Lunéville 1801 abgetreten, auf dem Wiener Kongreß 1815 aber (bis auf einige kleine Gebiete, die an die Niederlande fielen) Preußen zugesprochen u. der *Rheinprovinz* eingeordnet.

Julikönigtum, das Regime (1830–1848) des „Bürgerkönigs" *Louis-Philippe*, der durch die *Julirevolution* auf den französ. Thron kam.

Julikrise, 1. *J. 1914*, der auf die Ermordung des österr. Thronfolgers *Franz Ferdinand* am 28. 6. 1914 folgende internationale Konflikt, der zum 1. Weltkrieg führte.

2. *J. 1917*, die polit. Krise im Dt. Reich, die zum Sturz des Reichskanzlers T. von *Bethmann Hollweg* am 13. 7. 1917 führte. Die Unfähigkeit des Kanzlers, eine zukunftweisende Innenpolitik u. eine deutliche Friedenskonzeption zu entwickeln u. zu verfolgen, führte praktisch zum Ende der konstitutionellen Monarchie in Dtschld. Bis zur Parlamentarisierung des Reichs am 28. 10. 1918 rangen die Oberste Heeresleitung unter Hindenburg u. Ludendorff mit den Parteien des Reichstags um die polit. Führung.

Juliputsch 1934, erfolgloser nat.-soz. Putschversuch am 25. Juli 1934 in Österreich. Bei dem Überfall auf das Bundeskanzleramt wurde der österr. Bundeskanzler E. *Dollfuß* tödlich verwundet.

Juliresolution, die Friedensresolution des Dt. Reichstags vom 19. 7. 1917.
Ihr war ein Friedensangebot der vier Mittelmächte vom 12. 12. 1916 vorausgegangen, das in Verbindung mit dem zunehmenden Eindruck des Scheiterns des uneingeschränkten U-Bootkriegs stand. Die J. appellierte an die alliierten Mächte, einem *Verständigungsfrieden* (im Unterschied zum Siegfrieden) ohne Annexionen u. Kriegsentschädigungen *(status quo ante)* zuzustimmen. Ferner wurden Völkerversöhnung u. die Schaffung von internationalen Rechtsorganisationen vorgeschlagen. Polit., wirtschaftl. u. finanzielle Druckmittel sollten bei einem zukünftigen Friedensschluß nicht angewandt, die Freiheit der Meere garantiert u. eine zukünftige friedl. Zusammenarbeit der Völker durch einen Wirtschaftsfrieden erreicht werden.
Die Oberste Heeresleitung stand der J. ablehnend gegenüber, Reichskanzler Michaelis stimmte ihr nur mit einem Vorbehalt zu („wie ich sie auffasse"). Die Gegner der J. schlossen sich in der Deutschen Vaterlandspartei

Papst Julius II.

zusammen, die weiterhin annexionistische Kriegsziele vertrat. Hierdurch wurde die dt. Initiative, der auf alliierter Seite kein vergleichbarer Schritt gegenüberstand, entwertet.

Julirevolte 1927, spontane Demonstrationen sozialdemokratischer Arbeiter am 15. Juli 1927 in Wien, aus Unzufriedenheit über das Urteil in einem polit. Prozeß gegen Rechtsradikale. Der Justizpalast wurde in Brand gesteckt. Die Unruhen wurden gewaltsam unterdrückt. Es gab 86 Tote u. 772 Verletzte.

Julirevolution, Pariser Revolution vom 27. bis 29. Juli 1830, ausgelöst durch die Juliordonnanzen des Bourbonen *Karl X.*, der gestürzt wurde. Den Thron bestieg der „Bürgerkönig" *Louis-Philippe.*

Julisch-claudische Dynastie, Bez. für die röm. Kaiser von *Augustus* bis *Nero* (31 v. Chr.–68 n. Chr.), die aus den vornehmen Familien der *Julier* u. *Claudier* stammten u. untereinander vor allem durch Adoption u. Heirat enge Verwandtschaftsbeziehungen herstellten.

Julius, Päpste: **1.** *J. I.*, 337–352, Heiliger, Römer, †12. 4. 352 Rom; im arianischen Streit ließ er auf einer röm. Synode 340/41 *Athanasius* feierlich rehabilitieren. Die abendländ. Teilnehmer der von J. angeregten Synode von Serdika sprachen dem Papst das Recht der letztinstanzlichen Entscheidungen zu, stießen aber bei den oriental. Bischöfen auf heftigen Widerspruch. Fest: 12. 4.

2. *J. II.*, 1503–1513, eigentl. Giuliano della *Rovere*, *5. 12. 1443 Albissola bei Savona, †21. 2. 1513 Rom; von seinem Onkel *Sixtus IV.* früh in hohe Ämter berufen, 1471 Kardinal. Seine Wahl war nicht frei von Simonie. Seine wichtigsten Ziele als Papst waren die Wiederherstellung des in Auflösung begriffenen Kirchenstaats u. die Befreiung Italiens von der Fremdherrschaft. Er entmachtete Cesare Borgia u. gewann 1506 Perùgia u. Bologna, 1509 (mit Hilfe der Liga von Cambrai) die Städte der Romagna zurück. In der sog. Hl. Liga (mit Venedig u. Spanien) erwarb er Parma, Piacenza u. Règgio u. erreichte zugleich die Vertreibung der Franzosen aus Italien. – Die Festigung u. Vergrößerung des Kirchenstaats war sein größter Erfolg; damit schuf er die Voraussetzung für die Machtstellung des neuzeitl. Papsttums. Er berief das 5. Laterankonzil (1512), vor allem, um dem von Frankreich drohenden Schisma vorzubeugen. – Als großzügiger Mäzen führte J. die Renaissance zum Höhepunkt: *Michelangelo* (Sixtinische Decke, Juliusgrab), *Raffael* (Stanzen im Vatikan) u. *Bramante* (Neubau des Petersdoms) arbeiteten für ihn.

3. *J. III.*, 1550–1555, eigentl. Giovanni Maria del *Monte*, *10. 9. 1487 Rom, †23. 3. 1555 Rom; 1536 Kardinal, leitete die erste Tagungsperiode des Konzils von Trient. Als Papst war J. um die Wahrung seiner Autorität, die Wiederherstellung der Glaubenseinheit u. die Abwehr der Türken bemüht; seine Politik war nicht immer glücklich. Obwohl der Renaissance zugeneigt, förderte er die Kirchenreform. So bestätigte er den Jesuitenorden 1550 endgültig, förderte das Collegium Romanum u. das Collegium Germanicum u. berief 1551 erneut das Konzil. Er erreichte die vorübergehende Rückkehr Englands zur kath. Kirche.

Julius, Fürsten: *J. Echter von Mespelbrunn* → Echter von Mespelbrunn.

Julius, Herzog von Braunschweig-Wolfenbüttel 1568–1589, *29. 6. 1528 Wolfenbüttel, †3. 5. 1589 Wolfenbüttel; im Gegensatz zu seinem Vater Heinrich d. J. Anhänger der Reformation; verwirklichte in Verwaltung, wirtschaftl. u. kirchl. Organisation moderne territorialstaatl. Grundsätze; gründete 1576 die Universität Helmstedt. Als Freund Kaiser Maximilians II. schloß er sich keinem ev. Bündnis an u. blieb in der Außenpolitik zurückhaltend.

Julius Nepos, weström. Kaiser 474–480; ursprüngl. byzantin. Heermeister in Dalmatien; wurde von Kaiser Leo I. mit der Regierung im weström. Reich betraut, ohne sich hier durchsetzen zu können. Eigentlich endete erst mit seiner Ermordung 480 bei Salona in Dalmatien das weström. Reich, nicht schon 476 mit der Absetzung des gegen ihn zum Kaiser erhobenen *Romulus Augustulus.*

Juliusturm, der Turm der Spandauer Zitadelle, in dem seit Friedrich Wilhelm I. der preuß. Staatsschatz gemünzt aufbewahrt u. nach dem Dt.-Französ. Krieg 1870/71 ein Teil (120 Mill. Mark) der von Frankreich an das Dt. Reich gezahlten Kriegsentschädigung gelagert wurde. Übertragen bezeichnet man als J. gehortete Überschüsse öffentl. Kassen.

Jungdeutscher Orden, Abk. *Jungdo,* 1920 von Arthur *Mahraun* (*1890, †1950) gegr. Verband; erstrebte eine „Volksgemeinschaft" ohne Parlamentarismus u. Kapitalismus, wollte jedoch die Weimarer Republik nicht zerstören. 1930 verband er sich als „Volksnationale Reichsvereinigung" vorübergehend mit der Dt. Demokrat. Partei zur *Dt. Staatspartei,* ohne ernsthaften Widerhall zu finden; wegen seiner Gegnerschaft zum Nationalsozialismus wurde er 1933 aufgelöst.

Junges Deutschland, die dt. Gruppe der 1834 gegr. polit. Bewegung *Junges Europa.*

Junges Europa, eine geheime republikanische Befreiungsbewegung europäischer Nationen, gegr. von G. *Mazzini* 1834 in Bern (Schweiz). Ihr Hauptziel war die Überwindung des reaktionären Staatensystems dieser Zeit; außer dem schon 1832 gegr. *Jungen Italien (Giòvane Itàlia)* gehörten dazu das *Junge Polen,* das *Junge Deutschland* u. das *Junge Frankreich.*

Jungfrau von Orléans [-ɔrle'ã] → Jeanne d'Arc.

Jungpaläolithikum, die jüngste Stufe der → Altsteinzeit (Paläolithikum).

Jungsteinzeit, *Neolithikum,* ursprünglich in einem verfeinerten Dreiperiodensystem der letzte Abschnitt der Steinzeit, in dem geschliffenes Steingerät u. auch Keramik auftreten. Seit den Arbeiten des brit. Prähistorikers G. *Childe* wird als maßgebliches Kennzeichen dieser Epoche der Beginn von Ackerbau u. Tierhaltung angesehen, womit die J. durch den Übergang von der aneignenden *(Altsteinzeit)* zur produzierenden Wirtschaftsweise charakterisiert ist. Die jüngste Forschung geht sogar noch einen Schritt weiter, indem erst dann von einem Neolithikum gesprochen wird, wenn die Gesellschaftsform einer Menschengruppe von der produzierenden Wirtschaftsweise abhängt, wie es sich archäolog. z. B. in der dörfl. Siedlungsstruktur niederschlägt. Childe prägte für die Einführung der produzierenden Wirtschaftsform den Begriff „neolithic revolution" [engl., „neolithische Umwälzung"] in Anlehnung an die „industrielle Revolution".
Die J. nimmt sowohl in den einzelnen Erdteilen als auch innerhalb Europas sehr verschiedene Zeiträume ein. Daher ist der heute in den meisten Ländern übliche Begriff „Neolithikum" [grch. *neos,* „neu", u. *lithos,* „Stein"] vorzuziehen, da er keinen Zeitbegriff enthält; denn zur gleichen Zeit können Jäger-Sammler-Kulturen neben den bäuerlichen Kulturen der J. bestehen, wie z. B. noch heute die Kulturen der Eskimos oder der austral. Eingeborenen im Gegensatz zu unserer eigenen Kultur.
Das Neolithikum läßt sich in einzelne Entwicklungsstufen unterteilen, die jedoch nicht überall auf der Erde durchlaufen werden müssen. Man unterscheidet ein *Protoneolithikum,* das durch Ernte- u. Bodenbau-Kultur sowie durch den Nachweis von Vorratshaltung als Grundlage für die Seßhaftigkeit charakterisiert ist, ein *akeramisches Neolithikum,* das (i. e. S.) durch Ackerbau u. Tierhaltung, daneben durch komplexe, auf dörfliche Organisation hinweisende Architektur charakterisiert ist, ein *keramisches Neolithikum,* bei dem zum letztgenannten die Töpferei hinzukommt u. mit dem die J. in Mitteleuropa einsetzt, u. schließlich ein *Chalkolithikum.*
Im Vorderen Orient wird das akeramische Neolithikum in zwei Phasen unterteilt: *Pre Pottery Neolithic A* u. *Pre Pottery Neolithic B* [engl., „vorkeramisches Neolithikum", Abk. *P. P. N. A* u. *P. P. N. B*]. Das P. P. N. A zeichnet sich u. a. durch Rundhäuser, das P. P. N. B durch mehrräumige Viereckhäuser aus.
Bislang meinte man, daß der Übergang von der aneignenden zur produzierenden Wirtschaftsweise am Beginn des Holozäns stattfand, d. h. nach dem Ende der letzten Eiszeit (zwischen 10 000 u. 5 000 v. Chr.). An verschiedenen Stellen der Erde wurden in dieser Zeit unterschiedl. Pflanzen u. Tiere domestiziert, u. es bildeten sich sehr verschiedene kulturelle Entwicklungen heraus. Sensationell sind jedoch die jüngsten Funde von Getreideanbau im oberen Niltal, bes. in *Wadi Kubbaniya,* die durch Daten nach der C-14-Methode in eine Zeit zwischen etwa 16 000 u. 10 000 v. Chr. fallen. Es wäre damit der älteste nachgewiesene Ackerbau überhaupt, jedoch bleibt abzuwarten, ob sich mit moderneren Datierungsmethoden dieses ungewöhnl. hohe Alter der Funde bestätigen läßt. Die damalige Bevölkerung soll nicht seßhaft gewesen sein. In späterer Zeit wurde der Getreideanbau im Niltal wieder aufgegeben.
Vom Vorderen Orient sind Daten dieses Alters bisher nicht bekannt. Dort wurde jedoch am besten die Entstehung des eigentl. Neolithikums im Gebiet des sog. fruchtbaren Halbmonds zwischen Israel u. dem westl. Iran untersucht, wo auch die Wildformen von Gerste u. Weizen vorkommen. Es gibt zwei wilde Weizenarten, das Einkorn u. den ergiebigeren Emmer, dessen Hauptverbreitungsgebiet in der Levante, dem mittelmeernahen Gebiet des fruchtbaren Halbmonds, liegt. Dort lieferte eine Steinpickindustrie aus dem 11. Jahrtausend v. Chr., das *Kebarien,* einen deutlichen Hinweis auf Ernten dieser Wildgetreide, genauso im Zagrosgebirge das sog. *Zarzien.* Der Ertragreichtum dieser Ernten dürfte zur Herausbildung eines Protoneolithikums geführt haben, das im 10. Jahrtausend v. Chr. in der Levante in Form des *Natufien* auftritt. Den Übergang zum Neolithikum i. e. S. kann man sehr gut in *Jericho* verfolgen, wo eine Entwicklung vom Jäger- u. Sammler-Camp (sog. Camp-Phase) bis zu einem mit einer 3 m dicken Mauer umgebenen Dorf beobachtet werden kann, in dem um 8300 v. Chr. Getreidekultivierung belegt ist. Im Laufe der folgenden Jahrhunderte

wurden Häuser u. ganze Siedlungen zuweilen zerstört u. neu errichtet, möglicherweise auch von neuen Siedlern bevölkert, so daß sich schließlich ein Siedlungshügel herausbildete. Diese Siedlungshügel (im Vorderen Orient *Tell* oder *Tall*, in der Türkei *Hüyük* u. in Griechenland *Magula* genannt) bilden die typische Siedlungsplatzform von der J. bis in die Bronzezeit (teilweise auch länger) im Gebiet des Vorderen Orient bis auf den Balkan. Für das Zagrosgebirge konnte gezeigt werden, daß die Siedlungen des Proto- u. akeramischen Neolithikums in einem Gebiet liegen, in dem mit einer nur sehr geringfügig höheren Niederschlagserwartung als heute Regenfeldbau möglich war. Etwa um die Mitte des 8. Jahrtausends v. Chr. setzte dort fast schlagartig die dörfliche Besiedlung ein. Erst im 6. Jahrtausend v. Chr. wurde das südlichere Gebiet Mesopotamiens von Neolithikern besiedelt.

Mit dem akeramischen Neolithikum setzte auch im fruchtbaren Halbmond die Domestikation von Schaf u. Ziege ein. Die bäuerliche Lebensform verbreitete sich vom Vorderen Orient rasch in die verschiedenen Himmelsrichtungen aus. So scheinen das Indusgebiet u. auch Nordägypten davon beeinflußt worden zu sein, wo schon im 3. Jahrtausend v. Chr. gewaltige Hochkulturen bestanden. Vor allem aber wurde die neolith. Lebensform u. damit auch der Getreideanbau, die Domestikation von Schaf u. Ziege u. auch gewisse Kultformen, wie sog. Idolfigürchen (meist sitzende, sehr breitbeckige Frauen) andeuten, nach Europa übertragen. Das geschah auf zwei Wegen:

1. über die Türkei (z. B. *Çatal Hüyük, Hacilar)*, Griechenland (z. B. *Argissa Magula, Sesklo, Dimini*) u. den Balkan (z. B. *Karanowo* in Bulgarien), wo sich schließlich die *Starčevo-Körös-Kultur* ausbildete u. über das Donaugebiet, aus dem sich im 5. Jahrtausend v. Chr. die Bauern der Bandkeramik nach Mitteleuropa bis ins Pariser Becken u. Polen ausbreiteten. Dabei wird es zuweilen harte Auseinandersetzungen mit der einheimischen mesolithischen Bevölkerung gegeben haben, wie u. a. die Jungfernhöhle bei Tiefenellern andeutet. In den nördlicheren Küstenzonen übernahmen die Jäger, Fischer u. Sammler einzelne Anregungen des Neolithikums, wie z. B. die Keramikherstellung u. vereinzelt Ackerbau, woraus einerseits die Ertebölle-Ellerbeck-Kultur sowie andererseits in Finnland, im Baltikum u. in Nordwestrußland die Kamm- u. grübchenkeramischen Kulturen hervorgingen.

2. wahrscheinlich auf dem Seeweg erhielt Südwesteuropa die Kenntnis des Neolithikums. Schon im 6. Jahrtausend v. Chr. wurde Zypern durch ein akeramisches Neolithikum besiedelt *(Khirokitia)*. Der westliche Mittelmeerraum wurde aber wie Mitteleuropa erst durch ein keramisches Neolithikum erreicht, jedoch gibt es im SW (Italien, Südfrankreich, Spanien, Portugal, Nordafrika u. den Mittelmeerinseln) die neolith. Kulturen mit *Abdruckkeramik (Impressokeramik)*. Sie zeigen kein sehr einheitliches Bild, was einige Forscher neuerdings veranlaßte, eine bodenständige Entstehung des Neolithikums in den einzelnen Gebieten anzunehmen, doch müssen auch hier die Getreidearten u. auch Schaf u. Ziege eingeführt worden sein. Die Stationen der Abdruckkeramik findet man oft in Höhen u. bis auf Ausnahmen nicht sehr weit im Landesinnern.

In Nordafrika entstand das Neolithikum mit Capsientradition, das durch spitzbodige Keramikgefäße u. ritzverzierte Straußeneier, die vielleicht auch als Gefäße genutzt wurden, charakterisiert wird. Entgegen einer früher allgemein akzeptierten diffusionistischen Theorie, die den Ursprung des gesamten Neolithikums nur im fruchtbaren Halbmond sah, lassen die archäolog. Funde der letzten zehn Jahre für einzelne Gebiete der Erde eine eigenständige Entstehung der produzierenden Wirtschaftsweise annehmen, wobei die vielen, nach der C-14-Methode errechneten Daten seit den 1960er Jahren eine sehr wichtige Forschungsgrundlage liefern. So deuten die Funde der südl. Sahara *(Ahaggar, Amekni, Gabrong)* u. die vielen dort entdeckten Felsbilder u. Steinhaufen, die von alten Feuerstellen stammen, auf eine eigenständige Entstehung einer Rinderhirtenkultur hin, die auch schon sehr früh (um 6000 v. Chr.) Keramik kannte (*Wavy-line-Keramik*). Anthropolog. Untersuchungen der Skelette u. auch die Felsbilder lassen an eine schwarze Bevölkerung denken. In *Arlit* (Niger) finden seit 1965 Grabungen an der größten neolith. Fundstelle Westafrikas statt, ein Friedhof mit bisher um die 50 Skelette, deren tiefer gelegene Gräber auf rd. 3400 v. Chr. datiert werden. Der bedeutendste neuere Fundort ist *Nabta Playa* in Oberägypten, wo Tierknochen von domestizierten Rindern, Schafen u. Ziegen u. schon für rd. 6000 v. Chr. ein früher Ackerbau nachgewiesen werden konnten. Für dieselbe Zeit sind dagegen im Niltal u. Maghreb nur rein epipaläolith. Fundstellen bekannt.

Zwei weitere Entstehungszentren der produzierenden Wirtschaftsweise mögen in Ostasien gelegen haben. Eines lag im S, wo im Bereich der *Hoabinh-* u. der *Da-pen-keng-Kultur* ein frühes Pflanzertum, z. B. von

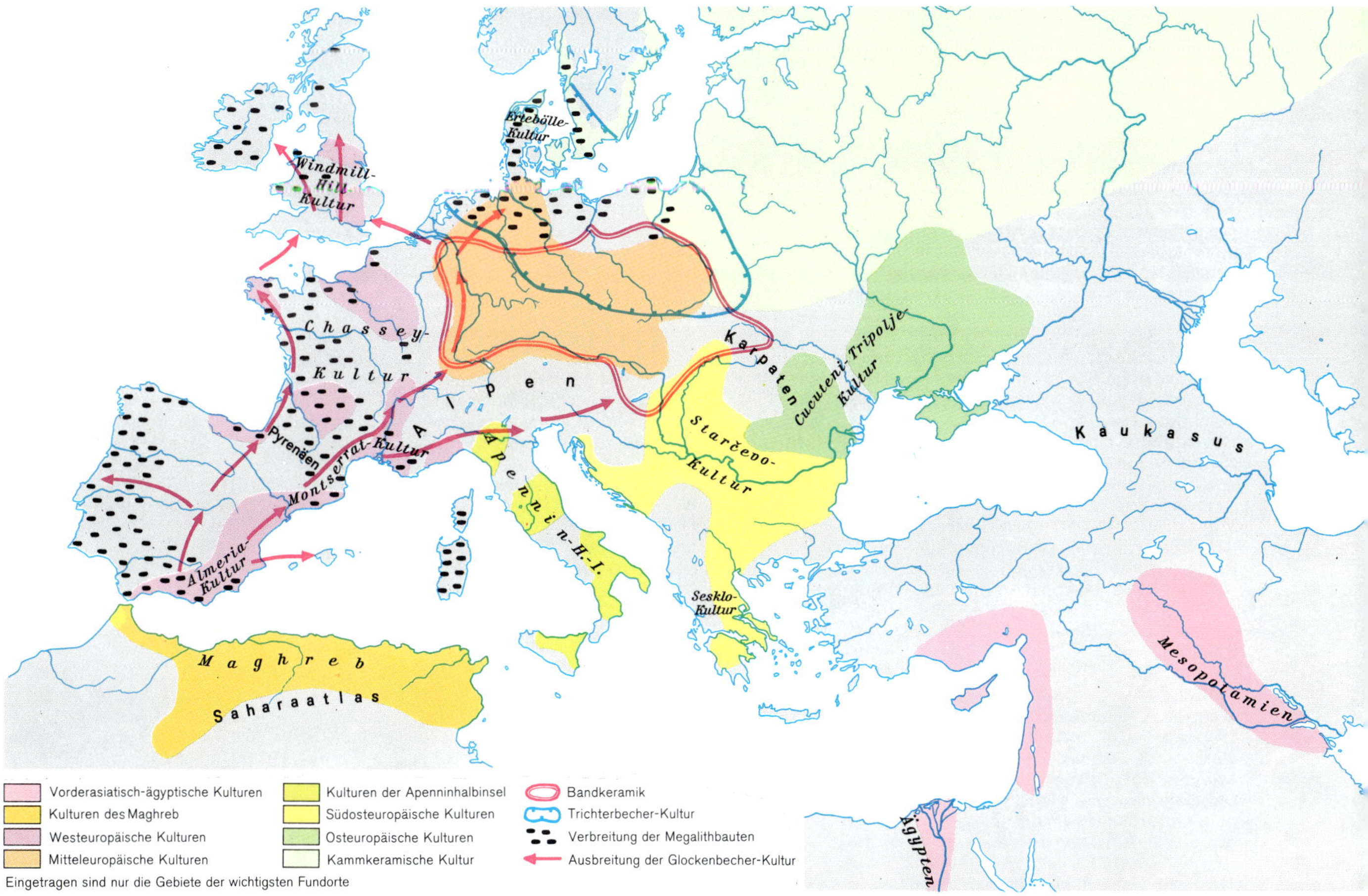

Jungsteinzeit: Seit etwa 2500 v. Chr. veränderten das Vordringen der Glockenbecher-Kultur und die sich ausbreitende Sitte der Errichtung von Megalithbauten in starkem Maße die Struktur der – meist Ackerbau und Viehzucht treibenden – jungsteinzeitlichen Kulturgruppen Europas

Yamswurzeln, angenommen wird. Jedoch gibt es dafür bisher nur indirekte Anzeichen wie z. B. Schnureindrücke auf der Keramik. Diese tritt in Ostasien erstaunlich früh auf. Die bisher älteste Keramik der Welt wird auf rd. 10000 v. Chr. datiert u. stammt aus der Fukui-Höhle in N-Kyuschu (Japan). Sie wurde mit Finger- u. -nagelabdrücken verziert. Allerdings finden sich noch keine Anzeichen für ein Neolithikum, was also auf ein keramikführendes *Mesolithikum* hindeutet. Im nördlicheren China wird das früheste Neolithikum durch die *Yangshao-Kultur* des 5. Jahrtausends v. Chr. verkörpert, die vor allem im Gebiet zwischen den u. einschließl. der heutigen Provinzen Gansu u. Henan verbreitet war. Sie scheint die Hinterlassenschaft eines Wanderbauerntums gewesen zu sein, das vor allem durch Brandrodung die Waldgebiete urbar machte u. bes. kultivierte Hirse anbaute. Daneben wurde Wildgetreide geerntet, auch gibt es Funde von Gemüseresten, Hanf u. Seidenraupen. Neben Jagd u. Fischfang überwiegen unter den domestizierten Tieren Hunde u. Schweine, daneben kommen auch Knochen von Rind, Schaf u. Ziege vor. Leider fehlen hier noch genauere Datierungen, um die Frage einer vom Vorderen Orient völlig unbeeinflußten Entwicklung zweifelsfrei bejahen zu können. Die sumpfigeren Küstenregionen im Bereich der Chang-Jiang-Mündung wurden auch schon im 5. Jahrtausend v. Chr. von der sog. *Qingliangang-Kultur* besiedelt. Sie scheint jedoch durch Einflüsse aus dem S (Da-pen-keng-Kultur) u. N (Yangshao-Kultur) entstanden zu sein, wie neben der Keramik u. a. der vorwiegende Hirseanbau im Nordteil u. der Reisanbau im Südteil andeuten. Bes. interessant sind in diesem Zusammenhang die Ergebnisse der Grabungen in *Ho-mu-tu.*

Über die Entwicklung der J. in Asien liegt allerdings noch vieles im dunkeln. So weiß man z. B. kaum etwas über die Vorläufer der Induskultur. Erst Grabungen der 1970er Jahre an dem Fundplatz *Mehrgarh* in Pakistan haben eine kontinuierliche Entwicklung vom etwa 6. Jahrtausend v. Chr. an mit frühem Ackerbau u. Tierhaltung (bes. Rind) ergeben. Am sichersten kann die vom Vorderen Orient unabhängige Entstehung eines Neolithikums in Mittelamerika nachgewiesen werden, wo ganz andere Pflanzen (vor allem Mais u. Bohne, dann Tomate, Avocado, Chili, Baumwolle u. a. mehr) kultiviert wurden. Unter den wenigen domestizierten Tierarten finden sich Ente, stachellose Biene u. Truthahn, in den Anden war das Lama das hauptsächl. Haustier.

Durch die neue Wirtschaftsform u. die Seßhaftigkeit konnten sich in der J. differenziertere Gesellschaftsordnungen u. durch Spezialisierung erste Berufe wie möglicherweise Töpfer, Schreiner, Steinbearbeiter u. Händler herausbilden. Im Zusammenhang mit Landausbau u. Bevölkerungszunahme machten sich im Mittel- u. Spätneolithikum zunehmend regionale Sonderentwicklungen geltend, die zur Ausbildung weiterer Kulturgruppen führten: in Frankreich die *Chassey-Kultur*, in Großbritannien die *Windmill-Hill-Kultur*, in Norddeutschland u. Dänemark die *Trichterbecher-Kultur*, in der Ukraine die eng mit der *Cucuteni-Kultur* Rumäniens verbundene *Tripolje-Kultur.* In Mitteleuropa folgten auf dem Boden der Bandkeramik eine Vielzahl von Kulturgruppen, vor allem im W die *Rössener* u. etwas später die *Michelsberger Kultur*, im O die *Lengyel-Kultur.*

Am Ende des 4. Jahrtausends v. Chr. kam in Westeuropa die Bestattungssitte im Megalithgrab (meist Kollektivbestattungen) auf, die sich wohl zunächst entlang der Küsten bis nach Südskandinavien u. auf die brit. Inseln ausbreitete, entlang des Rheins u. der Rhône auch bis in die Schweiz, während sie in den östl. Gebieten fehlt. Man sprach sogar von einer „megalith. Kolonisation". Da die Megalithbauten aber mit keiner einheitl. archäolog. Kultur verbunden sind, scheint es sich, wenn überhaupt, um eine religiöse Bewegung gehandelt zu haben.

Gegen Ende des 3. Jahrtausends wird in Europa in zunehmendem Maße mit Metallen wie Kupfer, Blei, Silber u. Gold (→ Kupferzeit) experimentiert; man spricht von einem Chalkolithikum. In Zusammenhang damit treten die Erscheinungen der *Glockenbecher-Kultur* u. *Schnurkeramik* auf, die von einigen Forschern mit großen Wanderbewegungen in Verbindung gebracht werden, möglicherweise aber auch mit sozialen Sonderstellungen zusammenhängen. Im N entstehen die mit der Schnurkeramik in Verbindung stehenden, Metall ablehnenden *Einzelgrab-Kulturen.*

Mit dem Chalkolithikum endet die J. in Europa u. geht im 2. Jahrtausend v. Chr. in die sog. → Bronzezeit über.

Jungtschechen, radikale nationaltschech. polit. Partei, in Böhmen als Abspaltung von den sog. Alttschechen, der von *Palacky* u. *Rieger* gegr. tschech. Nationalpartei, entstanden; trat Ende des 19. Jh. zunehmend hervor, erstrebte die Auflösung der Habsburger Monarchie.

Jungtürken, eine polit. Bewegung in der osman. Türkei, die seit 1876 illegal auf liberale Reformen u. eine konstitutionelle Staatsform hinarbeitete. 1907 traten die J. in Saloniki offen hervor u. gründeten das Komitee für „Einheit u. Fortschritt". Unter der Führung von *Enver Pascha* u. *Talaat Bey* führten sie im Juli 1908 eine Revolution herbei u. setzten 1909 Sultan *Abd ül Hamid II.* ab. Nach der Niederlage der Türkei 1918 emigrierten die führenden J. ins Ausland, der Rest ging fast völlig in Kemal *Atatürks* Volkspartei auf. – Im übertragenen Sinn bezeichnet man als J. jüngere Politiker mit radikalen Ideen, die sie im Rahmen ihrer polit. Gruppe durchzusetzen versuchen.

Juniaufstand, die Erhebung in der DDR am 16./17. 6. 1953. Den Hintergrund bildete eine spürbare Verschlechterung der wirtschaftl., sozialen u. polit. Lage, bewirkt durch den im Sommer 1952 von der SED-Führung beschlossenen „Aufbau des Sozialismus" (beschleunigte Entwicklung der Schwerindustrie auf Kosten der Konsumgüterproduktion, verschärfte Unterdrückung potentieller Regimegegner, vorbehaltlose Übernahme des sowjet. Modells). Nach Stalins Tod hatte die SED-Führung am 11. 6. 1953 „Fehler" zugegeben u. einige Maßnahmen der letzten Monate zurückgenommen, nicht jedoch eine im Mai verfügte Erhöhung der Arbeitsnormen um mindestens 10 %; sie wurde vielmehr ausdrücklich bestätigt. Dies war der unmittelbare Auslöser des Aufstands.

Am 16. 6. streikten Bauarbeiter der Stalinallee in Ostberlin, denen sich schnell Belegschaften weiterer Betriebe anschlossen. Es wurden die Herabsetzung der Normen, später der Rücktritt der Regierung u. freie Wahlen gefordert. Am 17. 6. weiteten sich Streik u. Demonstration über alle größeren Städte (bes. Magdeburg, Bitterfeld, Halle [Saale], Leipzig, Merseburg, Jena, Gera, Görlitz, insgesamt 270 Orte) aus zu einem Aufstand gegen das SED-Regime, obgleich die Aufhebung der neuen Normen u. erneut eine Verbesserung der Lebensbedingungen versprochen wurde. Bis zum Mittag bestanden die Demonstrationszüge im wesentlichen aus Betriebsbelegschaften, die recht diszipliniert vorgingen; verschiedentlich wurden Rathäuser u. SED-Gebäude besetzt u. polit. Häftlinge befreit. Danach weiteten sie sich zu unkontrollierten Massenaktionen u. -kundgebungen aus. Mittags wurde von der sowjet. Besatzungsmacht der Ausnahmezustand verhängt, sowjet. Panzereinheiten u. Kasernierte Volkspolizei wurden eingesetzt. Daraufhin brach der J., der ohne zentrale Führung war, schnell zusammen.

Über die Opfer liegen gesicherte Angaben nicht vor. Die DDR-Regierung nennt 21 Tote u. 187 Verletzte; daneben sind 18 standrechtl. Erschießungen u. 3 Hinrichtungen bekanntgeworden. In der Folgezeit verurteilten die Gerichte der DDR, nachdem Justiz-Min. M. *Fechner* durch H. *Benjamin* abgelöst worden war, mindestens 1400 Teilnehmer zu Freiheitsstrafen. Da sich innerhalb der SED u. der Volkspolizei Entschlußlosigkeit u. Unzuverlässigkeit gezeigt hatten, wurden sie einer „Säuberung" unterzogen.

Die von der zunächst ratlosen DDR-Führung bald aufgestellte Behauptung, der 17. Juni sei das Werk westlicher Provokateure, entbehrt jeder Grundlage; der Westen reagierte überrascht u. zurückhaltend. Eine Rolle spielte lediglich, daß – behutsam formulierte – westl. Rundfunkmeldungen die Berliner Ereignisse des 16. Juni in der DDR bekanntmachten. Die Tatsache, daß unbewaffnete Menschen gegen Panzer vorgingen, erregte in aller Welt Aufsehen u. Anteilnahme. Der 17. Juni war in der BR Dtschld. bis zur Wiedervereinigung 1990 gesetzl. Feiertag.

Junker [„Jungherr"], im MA zunächst Bez. für Söhne von Mitgliedern des Hochadels, dann auch für adlige Gutsbesitzer, später allg. für junge Edelleute. Seit dem preuß. Junkerparlament wurden die Adelspartei (Grundstock der *Konservativen*) u. vor allem der ostelb. Landadel von den Liberalen als J. bezeichnet.

Juniaufstand: Szene auf dem Potsdamer Platz in Berlin

Junkerparlament, Generalversammlung des „Vereins zur Wahrung der Interessen der Grundbesitzer u. zur Förderung des Wohlstands aller Klassen" in Berlin vom 18. bis 20. 8. 1848. Diese von *Bismarck* u. H. von *Kleist-Retzow* angeregte Versammlung, in der sich nach der Märzrevolution zur Wahrung feudaler Rechte erstmals die konservativen Kräfte wieder sammelten, wurde von liberaler Seite mit dem Spottnamen J. belegt.

Junta ['xunta; span., „Vereinigung"], ursprüngl. im MA ein Städtebund in Spanien, dann eine Verwaltungseinheit; heute in Spanien u. Lateinamerika ein Ausschuß aus Regierungsmitgliedern, auch vom Volk gewählt, für polit. Aufgaben; häufig eine durch Umsturz an die Macht gekommene Militärregierung *(Militär-J.).*

Jura, schweizer. Kanton an der französ. Grenze, gebildet aus den ehem. Amtsbezirken Delsberg, Pruntrut u. Freiberge des Kantons Bern, 837 km², 68 600 Ew.; Hptst. *Delémont* (dt. Delsberg). Das Gebiet des heutigen Kantons J. gehörte bis 1792 zum Fürstbistum Basel, danach bis 1814 zu Frankreich u. kam 1815 zum Kanton Bern. Die französisch sprechende kath. Bevölkerung entwickelte früh Autonomiebestrebungen. 1947 wurde das separatist. „Rassemblement Jurassien" gegr. 1978 erbrachte eine gesamtschweizer. Volksabstimmung eine große Mehrheit für die Schaffung des Kantons J., der am 1. 1. 1979 gegründet wurde.

Jurij Dolgorukij, russ. Fürst, *1090, †1157; Sohn *Wladimir Monomachs,* erbte das Fürstentum Rostow-Susdal, eroberte Kiew u. war seit 1155 Großfürst von Kiew; gründete 1147 Moskau u. ließ den ersten Kreml erbauen.

Jus reformandi [lat.], im *Augsburger Religionsfrieden* 1555 reichsrechtlich anerkanntes Recht der Landesherren, die Religion ihrer Untertanen zu bestimmen, d. h. sie mußten jedem Bekenntniswechsel des Landesherrn folgen; im *Westfälischen Frieden* 1648 weitgehend eingeschränkt.

Justin I., byzantin. Kaiser 518–527, *um 450 Bederiana, †1. 8. 527 Konstantinopel; Sohn eines freien Bauern, schlug 470 die Militärlaufbahn ein; setzte 518 seine Wahl zum Kaiser durch, bekämpfte die *Monophysiten,* was zu sozialen Unruhen führte. Sein einflußreichster Berater war sein Neffe u. Nachfolger *Justinian I.*

Justinian, byzantin. Kaiser: **1.** *J. I.,* Kaiser 527–565, *11. 5. 482 Tauresium bei Skopje, †11. 11. 565 Konstantinopel. Als Nachfolger seines Onkels *Justin I.* betrieb J. die Wiederherstellung des Röm. Weltreiches. Ohne selbst Konstantinopel zu verlassen, eroberte er durch seine Feldherrn (bes. *Belisar* u. *Narses*) das nordafrikan. Wandalenreich 533/34, das Ostgotenreich in Italien 535–540, wo sich der Widerstand gegen die Fremdherrschaft bis 553 hinzog, u. die Südostküste des westgotischen Spanien (553/54). Während so der röm. Westen zurückerobert wurde, gefährdete der Sassanidenkönig *Chosrau I.,* der Persien zu einem mächtigen Reich gemacht hatte, die östl. Reichsgrenze u. konnte nach schweren Kämpfen nur durch hohe Tributzahlungen zu einem Frieden von 50 Jahren bewegt werden (561).

Die erfolgreiche Expansionspolitik war nur möglich durch straffe Organisation im Innern. J. zentralisierte die Verwaltung unter Einbeziehung der Kirche. Der Einheit des Reiches diente J.s Gesetzessammlung „Codex Justinianus", die 529 erstmals u. 534 in erweiterter Fassung publiziert wurde. Sie regelte die Rechtsprechung u. Verwaltung im gesamten Reich u. beeinflußte seit dem 11. Jh. bis in die Gegenwart die abendländ. Rechtsentwicklung.

Röm. Reich, röm. Recht u. christl. Glaube bildeten für J. eine Einheit, die er als Diener Gottes zu wahren habe. So schloß er 529 im

Justinian I.: Goldmedaillon, um 535

Rahmen der Heidenverfolgung die *Akademie* in Athen. Die Herstellung der Glaubenseinheit mißlang jedoch trotz der sowohl gegen die *Monophysiten* als auch gegen Papst *Vigilius* angewandten Maßnahmen (5. Ökumen. Konzil; *Dreikapitelstreit*); seine eigenen theologischen Schriften blieben nicht unangefochten.

J.s Frau → Theodora stand ihm als Mitkaiserin gleichberechtigt zur Seite.

2. *J. II. Rhinotmetos* [„mit abgeschnittener Nase"], Kaiser 685–695 u. 705–711, *669, †711 Sinope; erfolgreich gegen Araber, Bulgaren u. Slawen; 695 gestürzt, 705 wiedereingesetzt; bei einem Aufstand getötet.

Jüten, *Euten,* german. Stamm in Jütland. Ein Teil unternahm mit *Angeln* u. *Sachsen* Wikingerfahrten, die u. a. zur Eroberung Englands führten; die anderen wurden später von den Dänen unterworfen u. vermischten sich mit ihnen.

Juthungen, germanischer Stamm, erstmals in den Kämpfen des röm. Kaisers *Aurelian* 270–272 n. Chr. erwähnt, zuletzt 430 n. Chr. im Kampf gegen *Aetius.*

K

Kaas, Ludwig, kath. Theologe u. Politiker, *23. 5. 1881 Trier, †15. 4. 1952 Rom; 1918 Prof. für Kirchenrecht am Priesterseminar in Trier; 1919–1933 Mitgl. des Reichstags, 1928–1933 Vors. der Zentrumspartei, Repräsentant ihres rechten Flügels; bewog 1933 die Partei, dem Ermächtigungsgesetz für Hitler zuzustimmen; ging dann nach Rom u. wirkte auf vatikanischer Seite beim Abschluß des Reichskonkordats mit; wurde später Apostolischer Protonotar u. leitete die archäolog. Ausgrabungen unter der Peterskirche.

Kabinett der Barone, kritische Kennzeichnung der Regierung des Reichskanzlers F. von *Papen* 1932, von deren 11 Mitgliedern 8 Adlige waren.

Kabinettspolitik, im Absolutismus die vom Herrscher „im Kabinett" unmittelbar, ohne Zuziehung der Stände u. ohne Rücksicht auf die öffentl. Meinung geführte Außenpolitik; sie wurde auch im 19. Jh. noch weitgehend als Politik der „Staatsraison" mit den Mitteln der „Geheimdiplomatie" fortgeführt.

Kádár ['ka:da:r], János, ungar. Politiker (Kommunist), *26. 5. 1912 Rijeka, †6. 7. 1989 Budapest; Mechaniker, seit 1932 in der (damals illegalen) KP, 1942–1989 Mitgl. des ZK, 1945–1988 Mitgl. des Politbüros, 1948 Innen-Min., 1951–1954 als angebl. Titoist in Haft; 1956 zunächst Parteigänger I. *Nagys,* dann maßgeblich an der Niederwerfung des Aufstands beteiligt, 1956–1958 u. 1961–1965 Min.-Präs., seit 1956 Parteichef (Erster Sekretär, ab 1985 Generalsekretär des ZK) der Ungar. Sozialist. Arbeiterpartei. K. verfolgte seit Mitte der 1960er Jahre einen Kurs der begrenzten Liberalisierung. Im Zuge weitergehender Reformen trat er 1988 zurück.

Kadaschman-Elil, *K. I.,* babylon. König rd. 1385–1370 v. Chr., bemühte sich um gute Kontakte zu Ägypten u. verheiratete eine Schwester mit Pharao *Amenophis III.*.

Kadesch [-'de:ʃ], bedeutendes Fürstentum im 1. u. 2. Jahrtausend v. Chr. am Orontes in Syrien, südwestl. des heutigen *Homs.* K. wurde von *Thutmosis III.* um 1450 v. Chr. dem ägypt. Machtbereich eingegliedert u. verblieb in relativer Selbständigkeit bis zur Eroberung durch den Hethiterkönig *Suppiluliuma I.* unter ägypt. Einfluß. König *Sutatarra* u. sein Sohn *Aitakama* als ägypt. Vasallen wurden nach Hattusa deportiert, Aitakama um 1340 v. Chr. aber wieder von den Hethitern als König von K. eingesetzt. 1285 v. Chr. fand bei K. eine bedeutende Schlacht zwischen dem hethit. König *Muwatallis* u. *Ramses II.* um den Besitz Nordsyriens statt, die aber keine Entscheidung brachte. K. blieb hethitisch; es ging im 11. Jh. v. Chr. im Seevölkersturm unter.

Kadetten [Kurzwort für *Konstitutionelle Demokraten* (K. D.)], russ. *Kadety,* in der russ. Revolution von 1905 unter Führung von P. N. *Miljukow* gegr. Partei. Die K. forderten eine konstitutionelle Monarchie, liberale Reformen u. soziale Teilreformen. Nach der Februarrevolution von 1917 führten sie bis April die Provisor. Regierung der Dumapolitiker mit Fürst *Lwow* als Min.-Präs. Von der bolschewist. Regierung zur „Partei der Feinde des Volkes" erklärt, wurden die K. während des Bürgerkriegs (1918–1920) liquidiert.

Kadscharen, pers. Dynastie (1794–1925), hervorgegangen aus dem turkmenischen Stamm der *Kadschar* („Eilende"); gegr. von dem Eunuchen *Agha Mohammed,* erreichte unter Fath Ali Chan (1797–1834) u. Nasir od-Din (1848–1896) eine bedeutende Macht, zerfiel dann in inneren u. äußeren Kämpfen, bis der letzte Schah Ahmed 1925 von *Riza Schah* abgesetzt wurde.

Kaegi, Werner, schweizer. Historiker, *26. 2. 1901 Oetwil, Kanton Zürich, †15. 6. 1979 Basel; 1935–1971 Prof. für mittelalterl. u. neuere Geschichte in Basel; Biograph u. Hrsg. der Werke Jacob Burckhardts u. Übersetzer der Werke J. Huizingas; schrieb „Michelet u. Dtschld." 1936; „Histor. Meditationen" 2 Bde. 1942 u. 1946; „J. Burckhardt" 7 Bde. 1947–1982.

Kaffernkriege → Südafrika.

Kaganowitsch, *Kaganovič,* Lasar Moissejewitsch, sowjet. Politiker, *22. 11. 1893 Kabany, Gouvernement Kiew, †25. 7. 1991 Moskau; seit 1911 Mitgl. der bolschewist. Partei, seit 1924 Mitgl. des ZK, seit 1930 des Politbüros bzw. Präsidiums der KPdSU, enger Mitarbeiter *Stalins,* aktiv an den „Säuberungen" beteiligt, bekleidete zahlreiche Partei- und Staatsämter (Hauptarbeitsgebiete Schwerindustrie u. Verkehr), 1957 zusammen mit W. M. *Molotow* u. G. M. *Malenkow* gestürzt; 1961 Parteiausschluß.

Kahlenberg, früher *Sauberg,* Aussichtsberg am nordöstl. Stadtrand von Wien, 484 m; wird gemeinsam mit dem benachbarten *Leopoldsberg* (früher *K.* genannt, 423 m) als *Kahlengebirge* bezeichnet.

Die *Schlacht am K.* (an den Abhängen des Kahlengebirges) befreite Wien von der Belagerung durch die Türken (12. 9. 1683).

Kahr, Gustav Ritter von (1911), Verwaltungsjurist u. Politiker, *29. 11. 1862 Weißenburg, Bayern, †30. 6. 1934 bei Dachau (ermordet); 1917–1924 Regierungs-Präs. von Oberbayern, Mitorganisator der bayer. Einwohnerwehren, 1920/21 bayer. Min.-Präs., 1923 von der bayer. Regierung als Generalstaatskommissar zur Sicherung von Ruhe u. Ordnung eingesetzt. Die von K. verfolgte partikularist. Politik wurde durch den *Hitler-Putsch* im Nov. 1923 gestört, weswegen er ihn – zunächst zur Teilnahme gezwungen – niederschlagen ließ. 1924–1930 war K. Präs. des bayer. Verwaltungsgerichtshofes. Seine Ermordung bei Gelegenheit des sog. *Röhm-Putsches* war ein Racheakt der Nationalsozialisten.

Kairo, *Cairo*, arab. *Al Qahirah*, Hptst. von Ägypten, am rechten Nilufer, größte afrikan. Stadt: 6,05 Mill. Ew.

Um 1200 v. Chr. Gründung eines kleinen Ortes durch semit. Gefangene; in der Römerzeit befestigtes Lager. Nördlich davon bauten die Araber nach der Eroberung Ägyptens 641 ein Heerlager, aus dem sich die Stadt *Fustat* entwickelte. Zum eigentl. Stadtkern wurde das 969 von den Fatimiden gegr. Militärlager *Misr Al Qahirah* („Stadt des siegreichen Mars"). Einer Blütezeit im 12.–15. Jh. folgte der Niedergang nach der osman. Eroberung 1517. Die moderne Stadtentwicklung begann im 19. Jh. Im 20. Jh. griff K. auf das linke Nilufer über u. wuchs mit den Vorstädten zusammen.

Kairo-Konferenz, 1. Zusammenkunft Roosevelts, Churchills u. Chiang Kai-sheks (22.–26. 11. 1943) u. 2. Zusammenkunft Roosevelts u. Churchills (2.–6. 12. 1943) in Kairo; beide Konferenzen dienten der Fixierung eines Kriegs- u. Nachkriegsprogramms in Fernost.

Kaisen, Wilhelm, Politiker (SPD), *22. 5. 1887 Hamburg, †19. 12. 1979 Bremen; Stukkateur, dann Redakteur; seit 1921 Mitgl. der Bremer Bürgerschaft, 1928–1933 u. 1945 Senator für Wohlfahrtswesen; 1933–1945 Landwirt; 1945–1965 Senats-Präs. u. Bürgermeister von Bremen.

Kaiser [von lat. *Caesar*], der über eine große Zahl von Völkern u. Königen Herrschende; oberste Stufe in der weltl. Hierarchie.

Augustus begründete das römische K.tum, aus dem das weström. u. das oström. K.tum (Byzantinisches Reich) hervorgingen, die 476 bzw. 1453 erloschen.

Am 25. 12. 800 wurde *Karl d. Gr.* von Papst Leo III. zum Kaiser gekrönt. Karl führte den Titel *„Serenissimus augustus imperator, Romanum gubernans imperium"*. Sein K.tum, das schon das 9. Jh. als Erneuerung des alten (west-)röm. K.tums empfand, wurde 812 von Byzanz anerkannt, verlor aber schon unter Ludwig dem Frommen die Suprematie über die Kirche; das päpstl. Krönungsrecht war seit 823 (K.krönung Lothars I. in Rom) unumstritten.

Otto d. Gr. erneuerte 962 das fränk.-röm. K.tum *(Renovatio imperii Romanorum)*. Seitdem besaß der *dt. König* die Anwartschaft auf das K.tum. Die K.würde erforderte *Salbung* u. *Krönung* durch den Papst. Der K. war damit der Schirmherr der Christenheit u. des kath. Glaubens u. hatte theoretisch die Oberhoheit über alle abendländ. Herrscher. Dem röm. Recht nach war der K. nicht Vogt, sondern Herr der Kirche. Je mehr die Idee des K.tums spiritualisiert wurde (11. Jh.), desto mehr verbanden sich in der K.würde geistl. u. weltl. Macht, was das Gleichgewichtsverhältnis zum Papsttum empfindlich störte. Im → Investiturstreit wurde die Frage nach dem Verhältnis beider Gewalten (*imperium* u. *sacerdotium*) zueinander ausgekämpft. Der Kampf endete mit der Gleichberechtigung beider Mächte, die Bonifatius VIII. (Bulle *„Unam sanctam"* von 1302) vergeblich in einen päpstl. Universalismus, in eine Herrschaft des Papstes auch über alle weltlichen Mächte, abzuändern suchte.

Kalchu: Elfenbeinplatte mit einer Löwin, die einen Negerjungen anfällt; wahrscheinlich 8. Jahrhundert v. Chr. London, Britisches Museum

Im späten MA verschwanden die Universalideen, u. es bildeten sich Anfänge einer staatsrechtl. Auffassung des K.tums heraus. Im Lauf der Entwicklung von Ständestaaten entwickelte sich sogar ein Gegeneinander von „K. u. Reich" (Reichsständen), so daß dem K. seit 1519, beschränkt durch die *Wahlkapitulationen*, nur bestimmte Rechte blieben *(iura reservata)* : Standeserhöhungen, Reichsacht, oberste Gerichtsbarkeit. Seit Mitte des 15. Jh. war die K.würde des Hl. Röm. Reichs fast ausschl. bei den Habsburgern. *Karl V.* wurde 1530 als letzter dt. König vom Papst zum K. gekrönt. Seitdem (vorher auch schon Maximilian I.) führten die dt. Könige den Titel „Erwählter Röm. K.".

Am 6. 8. 1806 legte *Franz II.*, der schon 1804 den Titel „K. von Österreich" angenommen hatte, nach Gründung des Rheinbunds die dt. K.krone nieder u. sprach sich auf dem Wiener Kongreß 1815 gegen die Erneuerung des dt. K.tums aus. Das Angebot einer dt. K.würde durch die *Frankfurter Nationalversammlung* lehnte der preuß. König Friedrich Wilhelm IV. 1849 ab. 1871, nach dem Dt.-Französ. Krieg, schuf Bismarck in der Reichsverfassung die Würde eines „Dt. K.s", die erblich mit der Krone Preußens verbunden war. Der Dt. K. war Träger des Bundespräsidiums u. militär. Oberbefehlshaber. Am Ende des 1. Weltkriegs, im November 1918, gingen das dt. u. das österr. K.tum unter.

In China bestand das K.tum seit dem 3. Jh. v. Chr. bis 1911; in Rußland von der Mitte des 16. Jh. bis 1917 (seit 1721 wurde der *Zar* amtlich als K. bezeichnet); in Frankreich 1804–1814/15 u. 1852–1870; in Korea 1392 bis 1910; in Annam 1428–1887; in Mexiko 1864–1867; in Brasilien 1822–1889; in Mandschukuo 1934–1945. Die brit. Könige führten 1877–1947 den Titel „K. von Indien". Das K.tum in Äthiopien (Titel: *Negus*) wurde 1975 beseitigt, in Iran *(Schah)* 1979. Den K.n gleichzustellen ist der *Tenno* von Japan. 1976–1979 war die Zentralafrikan. Republik in ein K.reich umgewandelt.

Kaiser, Jakob, Politiker, *8. 2. 1888 Hammelburg, Unterfranken, †7. 5. 1961 Berlin; Buchbinder; 1919–1924 Geschäftsführer des Gesamtverbands der Christl. Gewerkschaften, 1924–1933 deren Landesgeschäftsführer Rheinland-Westfalen; 1933 MdR (Zentrum). Nach 1933 arbeitete K. in der Widerstandsbewegung mit W. *Leuschner* u. a. zusammen; 1938 war er mehrere Monate in Haft, 1944/45 hielt er sich versteckt. Im Dez. 1945 wurde er Vors. der CDU in der sowjet. Besatzungszone. Wegen seiner Weigerung, am „Dt. Volkskongreß" teilzunehmen, wurde er im Dez. 1947 von der sowjet. Besatzungsmacht abgesetzt. 1949–1957 war er MdB (CDU) u. Bundesminister für gesamtdt. Fragen.

Kaiserchronik, die älteste gereimte dt. Weltchronik (um 1150); sie erzählt mehr sagenhaft als authentisch von den röm. u. dt. Kaisern bis Konrad III.; später bis 1276 ergänzt. Verfasser sind vermutlich mehrere Regensburger Geistliche.

Kaiserpfalz → Pfalz.

Kalawun, *Kila'un*, Herrscher von Ägypten (1279–1290), Begründer der Dynastie der bachritischen Mamluken im Kyptschak, †11. 11. 1290; durchlief als Kaufsklave die militärische Laufbahn. Er verteidigte die Selbständigkeit des Landes in Zusammenarbeit mit der *Goldenen Horde* gegen die *Ilchane* in Irak u. Iran.

Kalchu, im AT *Kalach*, heute der Ruinenhügel *Nimrud* am mittleren Tigris, im 13. Jh. v. Chr. gegr., im 9. Jh. v. Chr. Hptst. Assyriens, 612 v. Chr. von Medern u. Chaldäern zerstört. Erhalten blieben Reste großer Palast- u. Festungsbauten u. Tempel, zahlreiche Alabasterreliefs, monumentale Torhüterfiguren, Obelisk *Salmanassars III.*, phöniz. Elfenbeinschnitzereien, Waffen u. Möbelreste aus assyr., aramäischen u. phöniz. Werkstätten.

Kalckreuth, Friedrich Adolf Graf (1768) von, preuß. Offizier (1807 Feldmarschall), *22. 2. 1737 Sottershausen bei Sangerhausen, †10. 6. 1818 Berlin; erkämpfte kleinere Erfolge in den Koalitionskriegen gegen Frankreich; schloß nach der von ihm mitverschuldeten Niederlage bei Auerstedt am 25. 6. 1807 den Waffenstillstand zu Tilsit mit Napoleon I.; Hauptgegner der preuß. Reformen.

Kalif, *Khalif*, richtiger *Chalif* [xal-; arab. *chalifa*, „Nachfolger"], Titel der Nachfolger *Mohammeds* als religiöses u. weltl. Oberhaupt des Islam. Reichs. Sie werden nur von den *Sunniten* anerkannt. Die vier ersten K.en („rechtgeleitete" K.en) wurden in Medina von den führenden Anhängern des Propheten gewählt: *Abu Bakr, Omar I., Othman, Ali. Moawija I.* begründete die K.en-Dynastie der *Omajjaden* (661–750); ihnen folgte die der *Abbasiden* (750–1258 bzw. 1517). Seit etwa 945 bestand die Funktion der K.en nur noch darin, durch Einsetzungsurkunden die jeweiligen Lokalfürsten zu legitimieren. Eine Funktion als geistl. Oberhaupt des Islams hatten die K.en niemals. Auch die Omajjaden in Spanien führten 929–1031 den Titel; in Ägypten gab es 1261–1517 völlig machtlose abbasidische K.en. Nachdem 1258 der letzte Abbasiden-K. hingerichtet worden war, übernahm um 1460 das Osman. Reich das Kalifat; es wurde 1924 von der türk. Nationalversammlung abgeschafft.

Kalinin, Michail Iwanowitsch, sowjet. Politiker, *19. 11. 1875 Werchnjaja Troiza, Gouvernement Twer (heute Kalinin), †3. 6. 1946 Moskau; 1924 Kandidat, 1926 Mitgl. des Politbüros des ZK der KPdSU; 1919–1946 nominelles Staatsoberhaupt (bis 1938 Vors. des Zentralexekutivkomitees, dann Vors. des Präsidiums des Obersten Sowjets).

Kalixt, *Kallistos, Calixtus*, Päpste: **1.** *K. I.*, Papst 217 bis 222, Heiliger; ehem. Sklave, Diakon an den nach ihm benannten Katakomben; wurde vom Gegenpapst *Hippolytos* des Laxismus beschuldigt. Fest: 14. 10.

2. *K. II.*, 1119–1124, eigentl. *Guido*, aus burgund. Adel, †13. 12. 1124 Rom; 1088 Erzbischof von Vienne; bestätigte als Papst Urkunden, die er als Erzbischof von Vienne gefälscht hatte; beendete durch das Wormser Konkordat 1122 den *Investiturstreit* in Dtschld.

3. *K. (III.)*, Gegenpapst 1168–1178, vorher Abt *Johannes von Strumi*, als 3. Gegenpapst gegen *Alexander III.* gewählt, von Kaiser Friedrich I. Barbarossa unterstützt, jedoch im Frieden von Venedig (Versöhnung des Reichs mit der Kurie) fallengelassen.

4. *K. III.*, 1455–1458, eigentl. Alonso de *Borja*, *31. 12. 1378 Játiva bei Valencia, †6. 8. 1458 Rom; 1444 Kardinal, bedeutender Kanonist u. Diplomat; war um die Abwehr der

Türken bemüht, schadete aber der Kirche durch seinen Nepotismus. Die antipäpstl. Strömung in Dtschld. verschaffte sich unter seinem Pontifikat Ausdruck in den Gravamina der deutschen Nation von 1456.

Kallias-Friede, der Abschluß der *Perserkriege* 449 v. Chr., zustande gekommen durch Bemühen des nach Susa zu *Artaxerxes I.* entsandten Atheners *Kallias* zur Abgrenzung der Interessensphären: Kein pers. Schiff durfte in das Ägäische Meer einlaufen, u. eine einen Tagesritt bzw. drei Tagesmärsche breite Zone an der Westküste Kleinasiens durfte von pers. Truppen nicht betreten werden; doch hielt Artaxerxes I. seinen Anspruch grundsätzlich aufrecht, alle in Asien Lebenden als Untertanen anzusehen. Der K. wurde nach Artaxerxes' Tod im *Epilykosvertrag* 424 v. Chr. erneuert.

Kallisthenes, griech. Geschichtsschreiber u. Philosoph, *um 370 v. Chr., †327 v. Chr. (hingerichtet); Großneffe des *Aristoteles*, Hofhistoriograph des Alexanderzugs, zuerst Bewunderer *Alexanders d. Gr.*, dann Hauptbeteiligter einer Verschwörung gegen ihn; schrieb u. a. eine „Hellenische Geschichte" *(Hellenikà)*. Sein Werk über den *Alexanderzug* ist die erste selbständige Aufzeichnung dieses Stoffs u. übte großen Einfluß aus.

Kallistos, Päpste, → Kalixt.

Kallistratos, athen. Staatsmann, †355 v. Chr. Athen; hatte maßgebl. Anteil an der Schaffung des 2. Attischen Seebundes u. am Umschwenken Athens an die Seite des besiegten Sparta gegen die Hegemonieansprüche Thebens nach 371 v. Chr. Aus polit. Gründen wurde er 355 v. Chr. in Athen hingerichtet.

Kalmán ['ka:lma:n], König von Ungarn, → Koloman.

Kalmarer Union, 1397–1523 die Union der drei nord. Reiche Dänemark, Schweden u. Norwegen, in Kalmar begründet durch Königin *Margarete I.* Innerhalb der Union sollte der dän. König gemeinsamer Herrscher sein, darüber hinaus sollten die drei Staaten durch gemeinsame Außenpolitik, bes. durch gemeinsame Verteidigung, verbunden sein; doch sollte jedes Reich seine innere Selbständigkeit, seine eigene Verwaltung u. sein eigenes Recht behalten. Gefährdet wurde die Union bes. unter dem Nachfolger Margaretes, König *Erich VII.* von Pommern (seit 1412), der das Recht der Schweden, durch einheim. Beamte regiert zu werden, verletzte u. die auf Gleichberechtigung der drei Reiche beruhende Union in einen von Dänemark geführten Einheitsstaat umformen wollte. Er verlor die Kronen Schwedens u. Norwegens u. wurde aus Dänemark vertrieben. Wohl wurde in der Folgezeit die Union wiederhergestellt, doch kam es vor allem in der Zeit *Christians I.* u. *Christians II.* zu schweren Auseinandersetzungen mit Schweden. Dem Widerstand des schwed. Adels schlossen sich Bauern u. Bürger an; nach dem Stockholmer Blutbad von 1520 zerbrach die dän.-schwed. Union 1523 endgültig. Der Kampf der schwed. Freiheitspartei unter *Gustav Wasa* richtete sich dabei zugleich auf polit. u. kirchl. Unabhängigkeit.

Kaltenbrunner, Ernst, SS-Führer (1943 Obergruppenführer), *4. 10. 1903 Ried, Innkreis, †16. 10. 1946 Nürnberg (hingerichtet); Rechtsanwalt; seit 1933 SS-Führer in Österreich, nach dem „Anschluß" 1938–1941 Führer des SS-Oberabschnitts Donau u. Staatssekretär für das Sicherheitswesen im Land Österreich, 1941–1943 Höherer SS- u. Polizeiführer bei den Reichsstatthaltern von Wien, Ober- u. Niederdonau, 1943–1945 als Nachfolger R. *Heydrichs* Leiter des Reichssicherheitshauptamts (Chef der Sicherheitspolizei u. des SD); wegen seiner Verantwortlichkeit für die Massenmorde der Einsatzgruppen, für die „Endlösung" der Judenfrage, für die Ermordung von Kriegsgefangenen u. a. Verbrechen vom Internationalen Militärgerichtshof in Nürnberg zum Tode verurteilt.

Kamakura-Zeit, der Abschnitt der japan. Geschichte 1192–1333, in dem die *Shogune* der Familie *Minamoto* u. seit 1219 die *Shikken* („Schattenshogune") der Familie *Hojo* die tatsächliche Macht innehatten; benannt nach der Stadt Kamakura, dem damaligen Sitz des Shogunats; Ausbau der zentralistischen Verwaltung, kulturelle Blütezeit.

Kamarilla [-'rilja; die; span., „Kämmerchen"], in Monarchien oder autoritären Regimes eine Hofpartei ohne Regierungsverantwortung, die aber großen Einfluß auf den Herrscher hat u. eine Art „Nebenregierung" bildet. Berühmt wurde die K. unter *Friedrich Wilhelm IV.* von Preußen, die den König während der Revolution 1848/49 in streng konservativem Sinne beeinflußte. Ihr führender Kopf war Leopold von *Gerlach*.

Kambodscha K

Fläche: 181 035 km². – *Einwohner:* 10 Mill. – *Hauptstadt:* Phnom Penh. – *Landessprache:* Khmer. – *Nationalfeiertag:* 9. 1. – *Währung:* 1 Riel = 100 Sen. – *Lage:* zwischen 10° und 14°30′ n. Br. sowie 103° und 108° ö. L. – *Zeitzone:* Mitteleuropäische Zeit + 6 Std. – *Grenzen:* im NW Thailand, im N Laos, im O Vietnam, im S Golf von Thailand. – *Staatsform:* konstitutionelle Monarchie.

Auf dem Boden des heutigen K. entstand im 1. Jh. n. Chr. das früheste bekannte hinterind. Reich: *Funan*, das Handelsbeziehungen bis Rom unterhielt u. Anfang des 7. Jh. von den *Khmer* erobert wurde. Als Urvater der Khmer-Könige gilt *Kambu*. Die Khmer beherrschten den größten Teil des heutigen K. u. Südvietnams u. dehnten ihre Macht seit dem 11. Jh. auf weitere Teile Hinterindiens aus. Einen Aufschwung nahm das Reich seit Beginn des 9. Jh., bes. unter *Jayavarman II.* (802–850); in dieser Zeit erhielt es seinen Namen nach der Tempel- u. Residenzstadt *Angkor*. Nach vorübergehender Anarchie um 1000 nahm es erneut einen Aufschwung u. dehnte Macht u. kulturellen Einfluß weit über seine Grenzen aus (bes. in Thailand). Seit Ende des 11. Jh. häuften sich die Einfälle der benachbarten *Cham* aus Zentralvietnam. In *Suryavarman II.* (1113 bis etwa 1150) hatten die Khmer einen ihrer fähigsten Könige; er beherrschte ein großes Gebiet in Hinterindien u. zählt zu den bedeutenden Bauherren (Angkor Vat u. a.). Nach einer Zeit des Verfalls u. nach zahlreichen Angriffen der Cham setzte unter *Jayavarman VII.* (1181–1218) eine neue Blütezeit ein, in der viele berühmte Bauten ausgeführt wurden (der Bayon in Angkor Thom u. a.), Krankenhäuser u. ein ausgedehntes Straßennetz entstanden u. das Reich seine größte Machtentfaltung hatte. Bald nach dem Tod Jayavarmans setzte der Niedergang ein. Champa wurde wieder selbständig, u. K. wurde von den Thai, Schan u. Mongolen angegriffen. Seit 1353 verstärkten sich die Angriffe der Thais auf Angkor, das 1431 fiel, von den Thais geplündert wurde u. daher als Residenz aufgegeben wurde, die nach Phnom Penh verlegt wurde. Die Thai-Angriffe gegen K. setzten sich über die Jahrhunderte fort, bis um 1594 der letzte Khmer-König in siamesische Gefangenschaft geriet u. K. nach etwa 1000 Jahren glanzvoller Geschichte mit einer hohen Kultur u. hervorragender staatlicher Organisation unter Fremdherrschaft fiel.

Anfang des 19. Jh. geriet K. zeitweise unter doppelte Abhängigkeit von Thailand, das die Nordwestprovinzen besetzt hatte, u. von Vietnam, das seit dem 18. Jh. das Mekongdelta besiedelte u. annektierte. 1867 wurde K. von den Franzosen besetzt; als *Protektorat K.* gehörte es seit Ende des 19. Jh. zur *Union von Indochina*. 1945 verkündete König Norodom *Sihanouk* die Unabhängigkeit, aber Frankreich besetzte K. erneut; gegen die Besatzung erhob sich der Widerstand der *Freien Khmer*. 1949 erhielt K. formelle Unabhängigkeit im Rahmen der Französ. Union. Nach der Niederlage Frankreichs im 1. Indochinakrieg bestätigte die Genfer Indochina-Konferenz 1954 die volle Unabhängigkeit K.s. 1955 schied K. aus der Französ. Union aus.

Sihanouk gelang es, das Land neutral zu halten. 1955 dankte er als König ab, gründete die Volkssozialistische Partei *(Sangkum)*, erließ eine neue Verfassung u. übernahm das Amt des Ministerpräsidenten; seit 1960 war er auch formell Staatschef. 1970 wurde Sihanouk von einer Militärjunta unter *Lon Nol* gestürzt. K. wurde in den Vietnamkrieg hineingezogen. Gleichzeitig kam es zum Bürgerkrieg, in dem 1975 die kommunist. *Roten Khmer* siegten; sie proklamierten unter *Pol Pot* das *Demokrat. Kampuchea*. Die Bevölkerung wurde einer brutalen „Umerziehung" unterworfen, die Verbindung zur Außenwelt völlig abgeschnitten. Die Zahl der Todesopfer betrug wahrscheinlich mehrere Millionen. Seit 1977 kam es zu Grenzkämpfen mit dem kommunist. Vietnam. Anfang 1979 überrannten vietnamesische Truppen das Land; eine von Vietnam abhängige „Nationale Front zur Rettung K.s" übernahm unter *Heng Samrin* (Staatsoberhaupt bis 1991) die Macht u. rief die „Volksrepublik K." aus (11. 1. 1979). Gegen die vietnamesische Besatzung erhob sich Widerstand, der von den Roten Khmer u. zwei nichtkommunist. Gruppen ausging. Die drei Gruppen bildeten 1982 unter nomineller Leitung Sihanouks eine Exilregierung u. führten einen Guerillakrieg gegen die vietnames. Besatzer u. die von *Hun Sen* (Min.-Präs. seit 1985) geführte kambodschan. Regierung. Bis 1989 zog Vietnam seine Truppen ab. 1991 unterzeichneten die Bürgerkriegsparteien in Paris einen Friedensplan. Die UNO entsandte die Friedens-

Kambodscha: Ausschnitt aus dem 35 m langen und 3 m hohen Fries, der vermutlich den Sieg der Khmer über die Cham gegen Ende des 12. Jahrhunderts illustriert, aus dem Tempel Bayon in Angkor Thom

streitmacht UNTAC zur Demobilisierung der Bürgerkriegsstreitkräfte. Die Roten Khmer verweigerten eine Entwaffnung u. boykottierten im Mai 1993 Wahlen zu einer verfassunggebenden Versammlung, aus denen die Royalistenpartei Funcinpec als stärkste Kraft hervorging. Durch die im Sept. 1993 verabschiedete Verfassung erhielt K. den Status einer konstitutionellen Monarchie. Sihanouk wurde erneut König. Die Funcinpec u. die Kambodschan. Volkspartei (CCP) bildeten unter Führung von *Norodom Ranariddh* (ein Sohn Sihanouks) u. Hun Sen eine Regierung der nationalen Einheit. Die polit. Lage blieb jedoch instabil. Im Juli 1997 brachen Kämpfe zwischen militär. Einheiten der Funcinpec u. der CCP aus. Hun Sen gelang es, Norodom Ranariddh zu entmachten u. *Ung Huot* als neuen Ko-Ministerpräsidenten einzusetzen.

Kambyses, altpers. *Kambuziya,* altpers. Könige aus dem Geschlecht der *Achämeniden* :
1. *K. I.,* etwa 600–559 v. Chr.; Sohn Kyros' I., Vater Kyros' II.
2. *K. II.,* 530–522 v. Chr.; Sohn Kyros' II., eroberte Ägypten.

Kamenew ['kaminjɛf], *Kamenev,* eigentl. *Rosenfeld,* Lew Borissowitsch, sowjet. Politiker, *22. 7. 1883 Moskau, †25. 8. 1936 Moskau (hingerichtet); enger Mitarbeiter *Lenins.* Als Mitgl. des ZK stimmte er 1917 gegen den bewaffneten Aufstand, bekleidete aber nach der Oktoberrevolution höchste Partei- u. Staatsämter (1919–1926 Mitgl. des Politbüros). Er bildete nach Lenins Tod mit *Stalin* u. *Sinowjew* ein Triumvirat gegen *Trotzkij*; nach dessen Niederlage wurde er zusammen mit Sinowjew als „Linksoppositioneller" 1927 ausgeschaltet u. 1936 in einem Schauprozeß zum Tode verurteilt; 1988 rehabilitiert.

Kamerun — CAM

Republik Kamerun

Fläche: 475 442 km². – *Einwohner:* 13,3 Mill. – *Hauptstadt:* Yaoundé. – *Landessprachen:* Französisch, Englisch, Ful. – *Nationalfeiertag:* 20. 5. – *Währung:* 1 CFA-Franc = 100 Centimes. – *Lage:* zwischen 2° und 13° n. Br. sowie 8° und 16° ö. L. – *Zeitzone:* Mitteleuropäische Zeit. – *Grenzen:* im NW Nigeria, im NO Tschad, im O Zentralafrikanische Republik, im S Kongo, Gabun und Äquatorialguinea, im SW Atlantischer Ozean. – *Staatsform:* präsidiale Republik.

Als erster Europäer entdeckte 1472 der portugies. Seefahrer Fernando *Póo* auf einer Indienfahrt die nach ihm benannte Insel (heute Bioko) vor der Küste K.s. Die Kontakte der Portugiesen mit den Eingeborenen beschränkten sich jedoch auf den gelegentl. Austausch von Waren. Seit Ende des 16. Jh. erschlossen holländische Kaufleute die Seewege nach Afrika u. Indien. Aber auch sie schreckten vor dem feucht-heißen Küstenklima K.s zurück u. unterließen eine Kolonisation. Sie besuchten jedoch regelmäßig die Küste u. tauschten ihre Waren – Textilien, Schmuck, Metall – gegen Pfeffer, Elfenbein u. Sklaven. Die Küstenstämme, bes. die *Dualas,* wurden als Vermittler zwischen den europ. Händlern u. den Menschen im Hinterland wohlhabend. Infolge der Kämpfe mit England verloren die Niederländer im 18. Jh. ihre Monopolstellung in Westafrika. Die Küstenregion K.s kam schon Ende des 18. Jh. politisch unter brit. Einfluß. Von Bioko aus gründeten Baptistenmissionare die ersten Siedlungen auf dem Festland. Das Interesse der Briten galt bes. dem Handel. Als Verkehrssprache setzte sich das *Pidgin-Englisch* durch; die Briten führten ihr Handels- u. Zivilrecht ein, beseitigten den Sklavenhandel u. förderten die christl. Missionierung des Landes. Als der britische Konsul *Hewett* mit dem Auftrag, K. zum brit. Protektorat zu machen, am 19. 7. 1884 nach Douala kam, mußte er feststellen, daß die Dualahäuptlinge 5 Tage vorher mit dem Deutschen Gustav *Nachtigal* schon Verträge abgeschlossen hatten.
1911 erkannte Dtschld. die französische Schutzherrschaft über Marokko an u. konnte dafür K. auf Kosten Französisch-Äquatorial-Afrikas erweitern. Im 1. Weltkrieg wurde K. von den Alliierten erobert. Entsprechend dem britisch-französischen Teilungsvertrag von 1916 zogen sich die Briten in den westl. Teil zurück, während Frankreich die übrigen neun Zehntel des Landes besetzte. 1919 wurde West-K. Völkerbundmandat, u. im gleichen Jahr wurde es an die brit. Kolonie Nigeria angegliedert, das Mandat Französisch-Kamerun (Ost-Kamerun) jedoch eigenständig verwaltet.
Nachdem die UN nach dem 2. Weltkrieg K. als Treuhandgebiet an Großbritannien u. Frankreich vergeben hatten mit der Auflage, das Land auf seine volle Unabhängigkeit vorzubereiten, erhielten die Bewohner Französisch-K.s 1958 Autonomie. Die Außen- u. Verteidigungspolitik blieben bis zur Verleihung der vollen Unabhängigkeit am 1. 1. 1960 in französ. Händen. Durch ein Plebiszit in Britisch-K. wurde der Forderung nach Wiedervereinigung Rechnung getragen. Der Norden West-K.s entschied sich für den Verbleib bei Nigeria, der Süden für den Anschluß an die Rep. K. So wurde am 1. 10. 1961 die Bundesrepublik K. ausgerufen. Am 20. 5. 1972 wurde sie in die zentralist. „Vereinigte Rep. K." umgewandelt. Das Land erhielt eine neue Verfassung, die dem Präs. größere Rechte einräumte u. es ermöglichen soll, den Vielvölkerstaat zu einer Nation zu machen. 1972–1982 war A. *Ahidjo* Staats-Präs. Nach seinem Rücktritt übernahm verfassungsgemäß der bisherige Premier-Min. P. *Biya* die Präsidentschaft. Gegen das repressive Regime Biyas richteten sich 1990 blutige Demonstrationen. Im gleichen Jahr wurde ein Gesetz über die Einführung eines Mehrparteiensystems verabschiedet. 1992 fanden freie Parlaments- u. Präsidentschaftswahlen statt. Die Opposition bezichtigte den Wahlsieger Biya der Stimmenfälschung. Es kam erneut zu blutigen Protesten.

Kamikaze [jap., „göttl. Wind"], *K.-Flieger,* japan. Militärpiloten, die sich freiwillig mit bombenbestückten Flugzeugen oder Gleitbomben auf feindl. Schiffe stürzten u. dabei den Tod fanden; erstmals 1944 auf den Philippinen eingesetzt, um eine US-amerikan. Invasion zu verhindern (wie im MA ein sog. göttl. Wind, der eine mongol. Flotte vor Japan vernichtet hatte). Die Erfolge waren nicht bedeutend; der von der japan. Militärführung propagierte „K.-Geist" trug jedoch zu dem Entschluß der USA bei, die Atombombe gegen Japan einzusetzen.

Kaminaljuyú [-xuju], Ruinenstätte der *Maya* innerhalb der Grenzen von Guatemala-Stadt; während der präklass. (1200 v. Chr.–0) u. der klass. (0–900) Periode für die Maya-Kultur das wichtigste zivile, religiöse u. polit. Zentrum des guatemaltek. Hochlandes. Um 200 n. Chr. wurde K. durch die *Teotihuacán-Kultur* Zentralmexikos stark beeinflußt. K. wurde zur Satellitenstadt Teotihuacáns mit einer von dort kommenden herrschenden Oberschicht. Ab 800 wurde K. weitgehend verlassen zugunsten verteidigungsgünstiger, befestigter Anlagen im umliegenden Hochland.

Kamisarden [frz. *camisards,* „Blusenmänner"], die hugenott. Bauern in den Cevennen, die sich gegen die Zwangskatholisierung durch Ludwig XIV. in einem mehrjährigen Aufstand (1702–1705) zur Wehr setzten *(Cevennenkrieg).*

Kammkeramik, die Tonware nordeurasischer jungsteinzeitl. bis bronzezeitl. Kulturgruppen Nordosteuropas u. Sibiriens. Die rund- oder spitzbodigen, eiförmigen Gefäße haben eine Verzierung aus meist horizontalen Punktreihen, die mit einem kammförmigen gezähnten Knochenstempel eingedruckt wurden, oft mit Grübchenreihen abwechselnd. Die Träger der Kultur der K. waren Fischer, Jäger u. Sammler mit sehr spezialisierten Stein-, Knochen- u. Holzgeräten.

Kamose, altägypt. König der 17. Dynastie, um 1555 v. Chr., aus dem theban. Herrscherhaus, begann die Kriege gegen die *Hyksos* u. begründete den ägypt. Staat des *Neuen Reichs.*

Kampanien, ital. *Campania,* süditalien. Region, 13 595 km², 5,8 Mill. Ew.; Hptst. *Neapel.*
Seit dem 8. Jh. v. Chr. gründeten Griechen verschiedene Koloniestädte (z. B. Neapel im 5. Jh. v. Chr.) in K. Im 4. vorchristl. Jh. nahmen es die Römer ein. In der Kaiserzeit war bes. der Küstenstreifen bevorzugtes Wohngebiet vornehmer Römer. Nach dem Zusammenbruch des Röm. Reiches wurde K. erst von den Goten, dann von Byzanz u. im 6. Jh. von den Langobarden beherrscht. Der Name „K." geriet nun in Vergessenheit, u. erst im Zuge der Einigung Italiens zu einer Nation im 19. Jh. erhielt die Landschaft wieder ihren alten Namen.

Kampfbünde, nach militär. Vorbild organisierte polit. Gruppen zur Zeit der Weimarer Republik.

Kampuchea [-'tʃea], *Kamputschea,* moderne, auch außerhalb Kambodschas oft gebräuchl. moderne Bez. für →Kambodscha in der Khmer-Sprache; 1976 unter der Herrschaft der Roten Khmer erstmals offizieller Staatsname.

Kanaan, bibl. Name für *Palästina,* seit dem 15. Jh. v. Chr. bezeugt; bezeichnete ursprünglich nur den Küstenstreifen Palästinas u. Syriens, im 14. u. 13. Jh. v. Chr. den ägypt. Herrschaftsbereich in Palästina.

Kanada — CDN

Fläche: 9 976 139 km². – *Einwohner:* 27,8 Mill. – *Hauptstadt:* Ottawa. – *Landessprachen:* Englisch, Französisch. – *Nationalfeiertag:* 1. 7. – *Währung:* 1 Kanadischer Dollar = 100 Cents. – *Lage:* zwischen 41°41′ und 83°07′ n. Br. sowie 52°37′ und 141° w. L. – *Zeitzonen:* Mitteleuropäische Zeit – 4½ bis – 9 Std. – *Grenzen:* im N Nordpolarmeer, im O Atlantischer Ozean, im S und NW Vereinigte Staaten von Amerika, im W Pazifischer Ozean. – *Staatsform:* parlamentarische Monarchie mit der britischen Königin als Staatsoberhaupt.

1497 erreichte John *Cabot,* der den Seeweg nach Indien suchte, die kanad. Küste, vermutlich Labrador u. Kap Breton. 1534/35 erforschte Jacques *Cartier* den von ihm als Westpassage angesehenen St.-Lorenz-Strom (bis Hochelaga, heute Montreal) u. nahm das

Gebiet beiderseits des Flusses für Frankreich in Besitz. Der damit begründete Rechtstitel blieb erhalten, obwohl inzwischen Briten, Portugiesen u. Spanier mehrere Fischereiplätze auf Neufundland, Kap Breton u. auf der Prinz-Edward-Insel einrichteten. Ein Rechtsanspruch der indian. Ureinwohner wurde bestritten.

Im 16. Jh. war das südwestl. K. von Stämmen der Hoka- u. Penuti-Sprachfamilien, der mittlere S u. der O mehrheitlich von nomadischen Stämmen der Algonkin-Sprachfamilie u. der N mehrheitlich von nomadischen Stämmen der athapaskischen Sprachfamilie besiedelt. Entlang der gesamten nördl. Küste lebten in vollkommener Anpassung an das Klima Eskimos, die schon lange vor der Entdeckung Amerikas Tauschhandel mit den Wikingern Grönlands getrieben hatten.

Aus dem irokesischen Wort „Kanata" für Dorfgemeinschaft leitete sich der schon im 16. Jh. gebräuchliche Name „Kanada" für das Siedlungsgebiet der Weißen ab. Seit 1603 entwickelte Samuel de *Champlain* den Pelzhandel mit den Huron- u. Algonkin-Indianern in K. Er gründete Stützpunkte (Quebec, Sainte Croix u. Port Royal in Akadien, dem späteren Neuschottland). Port Royal wurde von den Briten angegriffen u. wechselte neunmal den Besitzer. Quebec mußte 1629 vor den Engländern kapitulieren, kehrte jedoch 1632 unter die Herrschaft der von Richelieu geleiteten *Compagnie de la France Nouvelle* zurück.

Gefährten u. Nachfolger von Champlain, die sog. *Voyageurs*, Pelzhändler wie Etienne *Brulé*, Jean *Nicolet* u. Pierre *Radisson*, Médard *Chouart*, François *Daumont* u. Louis *Joliet*, durchdrangen die Wälder bis zum Mississippi. Ein Krieg gegen die Irokesen brachte Rückschläge (1642–1653).

1663 annullierte Ludwig XIV. den Freibrief der Compagnie. Seitdem wurde K. als königl. Kolonie von Beamten des französ. Souveräns regiert. Der Intendant Jean Baptiste *Talon* (* 1625, † 1694) schuf eine verbesserte Wirtschaftsstruktur. Höhepunkt dieser Entwicklung war die Zeit des Gouverneurs Louis Buade de *Frontenac* (* 1622, † 1698). Er ließ an den Großen Seen zahlreiche Forts errichten, entsandte eine Streitmacht gegen die 1670 unter dem engl. Prinzen Rupert gegr. Hudsonbai-Kompanie u. förderte René Robert *Cavelier*, der den Mississippi bis zur Mündung hinabfuhr (1682).

Im Zweiten Irokesenkrieg 1684–1689 wurde das St.-Lorenz-Gebiet verheert, im Spanischen Erbfolgekrieg 1702–1713 Akadien. Im Frieden von Utrecht 1713 erhielt England das teilweise verlorene Hudsonbai-Territorium *(Rupert's Land)* zurück. Außerdem gewann Großbritannien die Gebiete an der St.-Lorenz-Bucht: Akadien, Neuschottland u. Neufundland, das „Tor zu Kanada". In Neuschottland gründeten engl. Kolonisten 1749 Halifax, das Flottenstützpunkt wurde.

Die französische Kolonie begann sich in das Mississippital („Louisiana") auszudehnen. Ihre Bevölkerung umfaßte außer den nichtständigen Beamten, Soldaten u. Klerikern vorwiegend *Seigneurs* (Landadlige) u. *Habitants* (Bauern), außerdem *Coureurs de bois* (Waldläufer) sowie deren Halbblut-Nachkommen.

Die kriegerischen Auseinandersetzungen wurden mit Hilfe der Indianer fortgesetzt (1740–1748, 1756–1763). Nach dem Sieg des engl. Generals James *Wolfe* (* 1727, † 1759) auf den Abrahamsfeldern kapitulierte Quebec, bald auch Montreal. Eine Erhebung des Ottawa-Häuptlings *Pontiac* u. der von ihm geschaffenen Konföderation indian. Stämme vermochte diese Entscheidung nicht rückgängig zu machen. Im Frieden von Paris 1763 trat Frankreich seine nordamerikan. Festlandsbesitzungen an Großbritannien ab.

Großbritannien garantierte den Franzosen in K. ihr Eigentum u. Religionsfreiheit. Wegen der drohenden amerikan. Revolution wurde dies vom Londoner Parlament noch einmal durch den *Quebec Act* 1774 bestätigt. Auch die Privilegien der kath. Kirche sowie die französ. Zivilrechtsordnung gewährleistete das Gesetz. Damit gewann Großbritannien die Frankokanadier für sich. Unter General Sir Guy *Carleton* schlugen sie einen Angriff US-amerikan. Revolutionäre auf Quebec 1775/76 zurück. Im Frieden von Versailles 1783 blieb die Kolonie als *British North America* beim Empire. Gleichzeitig wanderten 35 000 Royalisten aus den USA nach K. ein.

1791 gewährte das Londoner Parlament dem Land in der *Canada Bill* Steuerfreiheit u. eigene Verwaltungsorgane. Quebec wurde in Ober-K. (vorwiegend engl.) u. Unter-K. (französ.) geteilt. Die beiden nach Sprache, Religion u. polit. Anschauungen verschiedenen Bevölkerungselemente sollten getrennt nebeneinander leben.

Als der Gouverneur von K. den Shawnee-Häuptling *Tecumseh* u. seinen Stammesbund im Kampf gegen die USA unterstützte, kam es zum Konflikt. Im Krieg 1812–1814 erwehrte sich K. US-amerikan. Angriffe. Der Friede von Gent (1814) besiegelte den Vorkriegszustand. Die Grenzfragen blieben offen. Unter dem Druck Londoner Bankhäuser verzichteten die USA jedoch auf Fischereirechte in kanad. Gewässern.

Ein Streit zwischen der Hudsonbai-Kompanie u. einer Nordwest-Kompanie wurde 1821 durch engl. Vermittlung beigelegt. Beide Pelzhandelsgesellschaften vereinigten sich. Seit 1830 wanderten jährlich etwa 50 000 Engländer u. Iren nach K. ein, dessen Bevölkerung auf 1 Mill. Einwohner stieg. Die Frankokanadier gerieten dadurch in die Minderheit u. griffen aus Sorge vor Überfremdung stellenweise zu den Waffen.

1837/38 u. 1841 kam es (auch wegen neuer Streitigkeiten mit Großbritannien) unter William L. *Mackenzie* u. Louis *Papineau* zu Erhebungen. Der Gouverneur Lord *Durham* forderte für K. koloniale Selbstverwaltung. Das Londoner Parlament wies diesen Gedanken noch zurück, leistete aber 1840 mit einem *Canada Union Act*, der Wiedervereinigung von Ober-K. u. Unter-K., der Dominion-Konzeption Vorschub.

Besitzansprüche der USA u. K.s im Gebiet nördlich des Columbia River wurden 1846 durch Teilungsvertrag *(Oregon Settlement)* geregelt. Der vorausgegangene Streit hatte den kanad. Patriotismus geweckt. Eine „Unionsbewegung" vorwiegend angelsächs. Kräfte, als deren Führer John A. *Macdonald* hervortrat, verlangte Autonomie für K. Ein wirtschaftl. Aufschwung förderte diese Bestrebungen. Grenzübergriffe irischer Rebellen aus den USA beunruhigten das Mutterland, zumal solche Aktionen auch andere Kolonien bedrohten.

Die Entscheidung fiel im Zusammenhang mit dem US-amerikan. Sezessionskrieg. Versammlungen in Charlottesville u. Quebec 1864 bereiteten die Konföderation der brit. Kolonien („Von Meer zu Meer") vor. Aus Furcht vor neuen Angriffen der USA, die Vancouver beanspruchten und Alaska kauften, verabschiedete das Londoner Parlament 1867 den *British North America Act.* Er bildete die Grundlage für das *Dominion of Canada*, bestehend aus Quebec u. Ontario, Neuschottland u. Neubraunschweig. Als die Nachfolgerin der alten Pelzhandelsgesellschaften ihre Eigentumsrechte an das Dominion verkaufte (1869), wurde der Weg frei zur Bildung neuer Territorien u. Provinzen: Saskatchewan u. Alberta (1870), das mit Vancouver vereinigte Manitoba u. Britisch Columbia (1870/71). Auch die Prinz-Edward-Insel schloß sich K. an (1873).

Die Konservativen u. Liberalen hatten polit. Parteien gegründet. Sie bestimmten die weitere Entwicklung, wobei sich der liberale Premier-Min. Alexander *Mackenzie*, der konservative Premier-Min. Sir John *Macdonald* u. der liberale Premier-Min. Sir Wilfried *Laurier* ablösten. 1876 erhielt das Dominion einen Obersten Gerichtshof.

Eine unter Donald *Smith* 1880 gegründete Eisenbahngesellschaft *(Canadian Pacific Railway Company)* begann die Verkehrslücke zwischen den Großen Seen u. der Küste des Pazifik zu schließen. Die hier lebenden Métis u. Indianer widersetzten sich dem Eisenbahnbau, unterstützt von einer US-amerikan. Konkurrenzfirma. Der Aufstand des Louis *Riel* wurde blutig niedergeschlagen. 1885 war die transkontinentale Verbindung zwischen der Ost- u. Westküste hergestellt.

Mit dem Interesse am Überseehandel wuchsen die außenpolit. Probleme. Die Regierung entsandte Truppen zur Teilnahme am Burenkrieg (1899–1902) und am 1. Weltkrieg (1914–1918).

England konnte die zunehmende Bedeutung seiner ehem. Kolonie nicht übergehen. Auf der Empire-Konferenz von 1926 mußte es dem Dominion das Recht einräumen, Verträge mit anderen Mächten zu schließen. 1927 trat K. in den Völkerbund ein. Im Westminsterstatut von 1931 erhielt das Dominion weitgehende Autonomie u. das Mitspracherecht in Angelegenheiten des Commonwealth. Ein *Visiting Forces Act* regelte 1933 die militärischen Verpflichtungen.

In der Weltwirtschaftskrise waren K.s Exporte rückläufig. Die Regierung des Premier-Min. William Lyon Mackenzie *King* suchte daher vom *New Deal* der USA zu profitieren. Ebenso orientierte sich die in Quebec entstandene Bewegung des *non-engagement* an dem US-amerikanischen Isolationismus. Doch 1939 drangten besonders Frankokanadier, die ihrem französischen Mutterland helfen wollten, zur Kriegserklärung an das Deutsche Reich.

Im 2. Weltkrieg (1939–1945) hatte K. von allen Commonwealth-Staaten neben England das größte wirtschaftliche u. militärische Gewicht. Die Niederlage von Dünkirchen (1940) führte zur Vertrauenskrise zwischen Ottawa u. London, zumal K. auch nicht im Obersten Kriegsrat der Alliierten vertreten war. Mit dem Abkommen von Ogdensburg (1940) näherte sich Mackenzie King weiter den USA. Zwei der interalliierten Konferenzen wurden nach Quebec einberufen (1943, 1944).

Der US-amerikan. Einfluß u. das weltpolit. Engagement blieben nach dem Kriege bestehen. K. wurde Gründungsmitglied der UNO (1945) u. der NATO (1949). Neufundland, dessen Selbstverwaltung seit der Weltwirtschaftskrise geruht hatte, trat 1949 dem Dominion of Canada bei, ohne daß die USA dort ihre 1940 erworbenen Militärbasen aufgeben mußten. K. unterstützte den Nachbarstaat im Koreakrieg (1950–1953) u. stellte außerdem Stationierungsstreitkräfte für die BR Dtschld.

Als John *Diefenbaker* mit seiner Progressiv-Konservativen Partei 1957 eine unabhängige Außen- u. Wirtschaftspolitik forderte, errang er 1958 den bis dahin größten Wahlsieg der kanadischen Geschichte. Aber erst die Rückkehr der Liberalen zur Macht bewirkte Kursänderungen. Unter den Premierministern L. *Pearson* (1963–1968) u. P. E. *Trudeau* (1968 bis 1979 u. 1980–1984) vermied K. das weitere Engagement auf US-amerikanischer Seite in Ostasien.

Innenpolit. Probleme überwogen. Ebenso wie die progressiv-konservative Zwischenregierung von J. *Clark* 1979/80 bekam es Trudeau mit zentrifugalen polit. Kräften zu tun.

Kaiser Kangxi in Staatsrobe; zeitgenössisches Gemälde

Eine partikularistische Partei („Parti québecois") unter R. *Lévesque* hatte 1973 die Gleichberechtigung der französ. Sprache durchgesetzt u. 1976 Provinzwahlen in Quebec gewonnen. 1980 suchte sich Lévesque durch eine Volksabstimmung das Mandat für Verhandlungen über eine Loslösung Quebecs aus dem kanad. Staatsverband zu beschaffen; dies wurde von der Mehrheit abgelehnt.

Die jahrzehntelangen Bemühungen, den alten British North America Act von 1867 durch eine neue verfassungsmäßige Ordnung abzulösen, führten 1981 zum Erfolg. Die Bundesregierung einigte sich mit den 9 anglophonen Provinzen auf einen Verfassungsentwurf; nur Quebec lehnte ihn ab. Nachdem das kanad. Unterhaus den Entwurf angenommen u. das brit. Unterhaus ihm zugestimmt hatte, wurde die erste eigenständige Verfassung Kanadas 1982 mit der Unterzeichnung durch Königin *Elisabeth II.* in Kraft gesetzt.

Von 1984–1993 regieren die Progressiv-Konservativen unter B. *Mulroney.* 1990 kam es wegen eines angestrebten Sonderstatus für Quebec zu einer Verfassungskrise. Eine Verfassungsreform scheiterte 1992 in einem Referendum. Mulroney erklärte 1993 seinen Rücktritt als Parteiführer u. Premier-Min. Unter der Führung seiner Nachfolgerin K. *Campbell* mußten die Progressiv-Konservativen bei den Parlamentswahlen im Okt. 1993 eine vernichtende Niederlage hinnehmen. J. *Chrétien* von der siegreichen Liberalen Partei wurde neuer Premier-Min. Am 1. 1. 1994 trat das NAFTA-Abkommen in Kraft, mit dem K., Mexiko u. die USA eine nordamerikan. Freihandelszone errichteten. 1995 scheiterte erneut ein Referendum, das zur Unabhängigkeit Quebecs führen sollte. Bei vorgezogenen Parlamentswahlen 1997 gaben die Wähler der Regierung Chrétien ein Mandat für eine weitere Amtszeit.

Kanaris, Konstantin, griech. Freiheitskämpfer u. Politiker, *um 1790 auf Psara, † 14. 9. 1877 Athen; erfolgreich im Seekampf gegen die Türken; 1843/44 u. 1854 Marine-Min.; 1844, 1848/49, 1862, 1864/65 u. 1877 Min.-Präs.; Gegner der absoluten Monarchie, trat für eine Verfassung ein.

Kanem, Landschaft in der Rep. Tschad im zentralen Sudan; erstreckt sich nordöstl. des Tschadsees in der Zone der Dornsavanne, toniges Schwemmland mit bewachsenen Dünen, das u.a. von Kanembu bewohnt wird. Seit dem frühen MA bestand in K. ein bedeutender Staat, in dem um 1100 n. Chr. der Islam eingeführt wurde. Sein Einfluß reichte im 12. Jh. bis zum Niger u. nach Fessan, da K. wichtige Handelswege durch die Sahara zum Mittelmeer u. Niltal beherrschte. Nach inneren Kriegen um 1400 wurde das Reich Bornu-K. auf die Landschaft Bornu westl. des Tschadsees eingeengt.

Kangxi [-çi], *K'ang-hsi*, persönl. Name *Shengzu*, Kaiser von China 1662–1722, * 1654, † 1722; der 2. Kaiser der Qing-(Mandschu-)Dynastie; ein machtvoller, gebildeter Herrscher, unter dessen Regierung China nach der endgültigen Niederschlagung der Aufstände des *Wu Sangui* eine polit. u. kulturelle Blütezeit erlebte. K. förderte die Wissenschaft (1725 Große Enzyklopädie). Unter ihm wurde mit Rußland der Vertrag von Nertschinsk (1689) geschlossen, der erste Vertrag Chinas mit einem europ. Staat; Taiwan wurde erobert, u. gegen die Mongolen wurde ein erfolgreicher Feldzug geführt (1690–1696).

Kang Youwei, *K'ang Yu-wei*, chines. Gelehrter u. Politiker, * 1858 Qingdao, † 1927 Qingdao; Mitinitiator der Reformversuche von 1898, deren Scheitern ihn zwang, China zu verlassen.

Kanisch, der heutige Ruinenhügel *Kültepe*, 20 km nordöstl. von Kayseri; Ende des 3. u. Anfang des 2. Jahrtausends v. Chr. ein bedeutender Handelsplatz assyr. Kaufleute in Kleinasien; seit 1925 ausgegraben.

Kanischka, *Kaniśka*, Herrscher der zentralasiatisch-indischen Kushan-Dynastie im 1. oder 2. Jh. n. Chr. Sein Reich umfaßte Nordwestindien, Kaschmir, Kabul, Teile Ostindiens u. Zentralasiens.

Kanitz, Hans Wilhelm Alexander Graf von, Politiker, * 17. 4. 1841 Mednicken, Ostpreußen, † 30. 6. 1913 Berlin; 1869/70 u. 1889–1913 konservatives Mitglied des Reichstags, seit 1885 auch des preuß. Abgeordnetenhauses; Interessenvertreter der Großagrarier, bekannt durch den *Antrag K.* auf Verstaatlichung der Getreideeinfuhr u. Anlage von Reserven für den Kriegsfall, der im Reichstag 1894–1896 dreimal abgelehnt wurde.

Kankrin, Jegor Franzewitsch, eigentl. Georg von *Cancrin*, russ. Politiker dt. Herkunft, * 8. 12. 1774 Hanau, † 21. 9. 1845 Pawlowsk bei St. Petersburg; 1823–1844 Finanzminister, reformierte 1839–1843 die russ. Währung u. sanierte den Staatshaushalt *(Kankrinsche Reformen).*

Kanopos, lat. *Canopus*, ägypt. *Peguati*, griech. Name einer altägypt. Küstenstadt (nahe Abu Qir) mit berühmtem Serapistempel. Der Stadtgott *Kanopos* wurde in Gestalt eines Gefäßes verehrt, das die Form eines Menschen hatte. Daher leitet sich fälschl. die spätere Bez. *Kanopen* für die Eingeweidekrüge der Ägypter ab. – Das in hieratischer, demotischer u. griech. Schrift geschriebene *Dekret von K.* (238 v. Chr.) war für die Deutung der *Hieroglyphen* wichtig.

Kantakuzenos, griech. Fürstenfamilie, stellte u. a. mit *Johannes VI.* einen byzantin. Kaiser (1341–1354); unter den Türken eine hervorragende Fanarioten-Familie, die Nebenlinien auch in Rumänien u. Rußland hatte.

Kantorowicz, Ernst Hartwig, Historiker, * 3. 5. 1895 Posen, † 9. 9. 1963 Princeton, N.J.; 1930 Prof. für mittelalterl. Geschichte in Frankfurt a. M., emigrierte 1938 nach Oxford, 1945–1950 Prof. in Berkeley, 1951 in Princeton; schrieb im Geist des *George-Kreises* die Biographie „Kaiser Friedrich II." 2 Bde. 1927 bis 1931; ferner „Laudes regiae" 1946; „The king's two bodies" 1957.

Kanzleienstreit, eine publizist. Auseinandersetzung während des Dreißigjährigen Krieges. Die Kanzlei Kaiser *Ferdinands II.* veröffentlichte 1621 u. 1628 Papiere *Christians I.* von Anhalt u. des pfälzischen Rates L. von *Camerarius*, die bei der Schlacht am Weißen Berg erbeutet worden waren. Die Publikation sollte die Kriegsschuld *Friedrichs V.* von der Pfalz beweisen u. die gegen ihn verhängte Reichsacht rechtfertigen. Camerarius antwortete mit Gegenveröffentlichungen. Der K. war der erste Kriegsschuldstreit der Neuzeit.

Kanzler [lat. *cancellarius*], im MA einer der obersten Hofbeamten, der die königl. Urkunden auszufertigen hatte; seit karoling. Zeit ein Geistlicher. In der Hofkanzlei entwickelten sich erste Ansätze einer Zentralbehörde des Reiches. Im röm.-dt. Reich bekleidete seit den Ottonen der Erzbischof von Mainz das Amt des *Erz-K.s.* In der tägl. Verwaltungsarbeit wurde er vom *Hof- u. Reichs-K.* vertreten. Nach der Reichshofkanzleiordnung von 1559 lag die Leitung der Kanzleigeschäfte beim *Reichsvize-K.*, der vom Kaiser u. vom Mainzer Erz-K. gemeinsam ernannt wurde.

Es gab auch in den dt. Territorien seit Mitte des 15. Jh. K., die meist gleichzeitig Präsidenten der obersten Gerichtshöfe waren. In Preußen wurde durch K. A. von *Hardenberg*, in Österreich durch K. L. von *Metternich* u. F. zu *Schwarzenberg* der Titel *Staats-K.* eingeführt. – Der Norddt. Bund hatte ebenso wie heute die BR Dtschld. u. Österreich einen *Bundes-K.*, das Dt. Reich einen *Reichs-K.* – In der Schweiz ist der *Bundes-K.* Vorsteher der Bundeskanzlei, nicht Regierungschef. – In England ist der *Lord-K. (Lord Chancellor)* Justiz-Min., Vorsitzender des Obersten Gerichtshofs u. Sprecher des Oberhauses. – Der K. im alten Frankreich *(Chancelier de France)*, einer der mächtigsten Min., hatte auch kirchl. u. richterl. Aufgaben. – An einigen dt. Universitäten ist der K. der oberste Verwaltungsbeamte.

Kapetinger, das französ. Königsgeschlecht, das 987–1328, in Nebenlinien (mit Unterbrechung 1792–1814) bis 1848 herrschte (*Valois* 1328–1589; *Bourbon* 1589–1792 u. 1814 bis 1830; *Orléans* 1830–1848). Unter ihnen vollzog sich die frühe polit. Einigung Frankreichs. Die K. leiten ihren Namen von *Hugo Capet* ab, dem es erstmals gelang, die französ. Krone seinem Haus zu erhalten. Vor ihm hatten aus dem gleichen Hause schon *Odo* (888–898) u. *Robert I.* (922/23) die Krone getragen.

Kapitalismus [lat.], seit der Mitte des 19. Jh. schlagwortartige Bez. für eine bestimmte Wirtschafts- u. Sozialordnung. Kennzeichen des K. ist die Verwendung von Produktionsmitteln (Maschinen u. a.), die nicht dem Arbeitnehmer gehören (im Gegensatz zum Handwerk), wodurch sich eine Abhängigkeit der Besitzlosen, die entlohnt werden, von den *Kapitalisten*, denen die Produktionsmittel u. Fertigprodukte gehören, ergibt. Das treibende Motiv des Wirtschaftens im K. ist das Streben nach möglichst hohem Gewinn („Rentabilitätsdenken").

Die Voraussetzungen zur kapitalist. Sozialordnung schuf die Verdrängung des mittelalterl. *Feudalismus* durch den individualist. *Merkantilismus* zu Beginn des 18. Jh. *(Früh-K.).* Ermöglicht wurde der K. jedoch erst durch die rasch zunehmende Verwendung von *Maschinen* gegen Ende des 18. Jh. in Verbindung mit dem Einfluß des Liberalismus, der zur Befreiung der Wirtschaft von staatl. Bevormundung, insbes. zur Aufhebung des Zunftzwangs, zur Einführung der Gewerbefreiheit u. des freien Arbeitsvertrags, zum freien Wettbewerb u. später zur Erstarkung des Kreditwesens (*Hoch-K.*, 19. u. Anfang des 20. Jh.) führte. Seit dem 1. Weltkrieg greift der Staat in steigendem Maß

lenkend durch Gebote, Verbote oder durch seine Finanzwirtschaft in das freie Spiel der wirtschaftl. Kräfte ein *(Spät-K.)*.
Die kapitalist. Produktionsweise brachte zunächst bedenkliche soziale Auswüchse u. gesellschaftl. Erschütterungen, weil es wegen der noch unterentwickelten Industrie nicht gelang, die Lohnarbeiter in die neue liberale Gesellschaftsordnung organisch einzugliedern u. ihre wirtschaftl. Unsicherheit zu mildern. Da insbes. die *Bauernbefreiung* mit der anschließenden Landflucht die Zahl der Arbeiter in kurzer Zeit stark erhöht hatte, waren die Löhne zunächst extrem niedrig. Erst später setzte dann die große Steigerung der Gütererzeugung ein, die zu einer beträchtl. Wohlstandserhöhung auch bei den Arbeitern führte. Die sozialen Mißstände in den ersten Jahrzehnten des K. haben die Kritiker des K. veranlaßt, diese nur als Folge der neuen Wirtschaftsordnung u. nicht auch der polit. Umwälzungen (Bauernbefreiung, napoleon. Kriege) u. der starken Bevölkerungsvermehrung zu sehen. Aus der Kritik an den mißlichen sozialen Zuständen u. zu ihrer Überwindung entstanden der Sozialismus u. der Kommunismus.

Kapitol [das; lat. *Capitolium*], einer der sieben Hügel Roms.

Kapodistrias, *Capo d'Istria*, Ioannis Graf, griech. Politiker, *11. 2. 1776 Korfu, †9. 10. 1831 Navplion (ermordet); 1809–1822 im diplomat. Dienst Rußlands (u. a. Vertreter Rußlands auf dem Wiener Kongreß); unterstützte den Freiheitskampf der Griechen gegen die Türken; war 1827–1831 Präsident von Griechenland, konnte sich hier aber nur teilweise durchsetzen.

Kapp, Wolfgang, Verwaltungsjurist u. Politiker, *24. 7. 1858 New York, †12. 6. 1922 Leipzig; 1906–1916 u. 1917–1920 Generallandschaftsdirektor (d. h. Leiter eines Bodenkreditinstituts) in Ostpreußen. K. propagierte als Mitgründer der Dt. Vaterlandspartei (1917) einen „Siegfrieden" im 1. Weltkrieg. Zusammen mit General W. von *Lüttwitz* unternahm K. am 13. 3. 1920 in Berlin den Kapp-Lüttwitz-Putsch. Nach dem Scheitern des Putsches floh K. ins Ausland. Er stellte sich 1922 freiwillig u. starb in der Untersuchungshaft.

Kappadokien, *Kappadozien*, im Altertum das mittlere u. obere Halysland zwischen Taurus u. Schwarzem Meer, im östl. Kleinasien; persische Satrapie, in hellenist. Zeit zum Königreich Pontos gehörend, dann römisch.

Kappeler Kriege, die nach der Züricher Gemeinde *Kappel am Albis* genannten Schweizer Religionskriege 1529 u. 1531.

Kapp-Lüttwitz-Putsch, antirepublikanischer Umsturzversuch militanter rechtsradikaler Kräfte im März 1920, benannt nach seinen Anführern W. *Kapp* u. W. von *Lüttwitz*. Am 13. 3. beorderte Lüttwitz die *Brigade Ehrhardt* nach Berlin, die, ohne auf Widerstand der Reichswehr zu stoßen, das Regierungsviertel besetzte.
Die Reichsregierung floh nach Dresden, dann nach Stuttgart. Kapp ernannte sich selbst zum Kanzler einer provisorischen Reichsregierung. Nur wenige Führer des K.es wurden gerichtlich verfolgt; sie wurden spätestens 1925 amnestiert.

Kapuziner, lat. *Ordo Fratrum Minorum Capuccinorum*, Abk. *OFMCap*, kath. Bettelorden, von *Matthäus von Bascio* (*um 1492, †1552) 1525 angeregt u. 1528 von Klemens VII. bestätigt; strenger Zweig der *Franziskaner*.

Kapuzinergruft, auch *Kaisergruft*, unter der 1622–1632 zu Wien errichteten Kapuzinerkirche befindliche Grablege der Mitglieder des Hauses Habsburg-Lothringen sowie der zwischen 1633 u. 1736 verstorbenen österreichischen Habsburger. Die Anlage enthält insgesamt 138 Metallsärge.

Kap Verde CV

Republik Kap Verde

Fläche: 4033 km². – *Einwohner:* 395000. – *Hauptstadt:* Praia. – *Landessprachen:* Portugiesisch, Crioulo. – *Nationalfeiertag:* 5. 7. – *Währung:* 1 Kap-Verde-Escudo = 100 Centavos. – *Lage:* zwischen 14°48′ und 17°12′ n. Br. sowie 22°40′ und 25°22′ w. L. – *Zeitzone:* Mitteleuropäische Zeit – 2 Std. – *Grenzen:* Inselgruppe im Atlantischen Ozean vor den Küsten Senegals und Mauretaniens. – *Staatsform:* parlamentarische Republik.

Die Kapverdischen Inseln wurden um 1445 von dem Portugiesen Diego *Gomes* entdeckt u. erforscht. Bald danach begann die Besiedlung, vor allem durch Sklaven aus Guinea. Seit 1495 waren die Inseln portugies. Kolonie. Der Sklavenhandel, der erst 1876 endgültig verboten wurde, war auf den Kapverden neben dem Kaffee-Export die Haupteinnahmequelle. 1951 erhielten die Inseln den Status einer portugiesischen Überseeprovinz u. waren seitdem durch einen, seit 1973 durch zwei Abgeordnete in der Nationalversammlung in Lissabon vertreten. Nach dem Sturz des Caetano-Regimes 1974 sollten auch die Kapverden in die Unabhängigkeit entlassen werden. Für die Unabhängigkeit u. den Anschluß an *Guinea-Bissau* trat die PAIGC („Afrikanische Partei für die Unabhängigkeit von Guinea-Bissau u. der Kapverden") ein. Die Portugiesen forderten eine Volksabstimmung über die polit. Zukunft der Inseln. Man einigte sich darauf, daß die neu gebildete verfassunggebende Versammlung den staatsrechtl. Status der Inseln bestimmen sollte. Nach der Unabhängigkeitserklärung vom 5. 7. 1975 bestimmte die PAIGC als Einheitspartei die Linie der Politik. Sie nannte sich seit dem Staatsstreich in Guinea-Bissau 1980 PAICV („Afrikanische Partei der Unabhängigkeit der Kapverden"). Nach einer Verfassungsänderung 1990 wurde ein Mehrparteiensystem eingeführt. Die freien Parlamentswahlen 1991 gewann die *Bewegung für Demokratie (MPD)*. Zum Staats-Präs. wurde A. *Mascarenhas Monteiro* gewählt (1996 wiedergewählt). Eine Verfassungsänderung 1992 stärkte die Rechte des Parlaments. Die MPD gewann unter Führung von Min.-Präs. C. *Veiga* auch die Wahlen 1995.

Kapydschy, *Kapidschi, Kapudschi, Kapıcı*, [türk., „Türhüter"], die *Janitscharen* -Palastwache der osman.-türk. Sultane; heute allg. Hausmeister.

Karachaniden, auch *Ilig-Chane*, türk. Dynastie des Volkes der Karluken in Innerasien u. im Tarim-Becken (840–1141 bzw. 1212). Von ihnen nahm die Türkisierung u. Islamisierung des Raumes ihren Ausgang (deshalb seither „Turkestan"). Die K. beherrschten seit 999 auch den NO Irans *(Chorassan)* u. förderten den Durchgangshandel mit China (Seidenstraße). Seit 1041 zerfielen sie in zwei Linien mit den Mittelpunkten Samarkand u. Kaschgar. 1141 wurden sie von den *Kara Chitai* besiegt, denen sie einen Teil ihres Gebietes überlassen mußten; ihr Reststaat war deren Suzerän. Sie erlagen 1213, endgültig um 1260 den Mongolen.

Kara Chitai, *Qara Chitai*, buddhist. Dynastie in Innerasien (1141–1212), deren Herrscher den Titel *Gürchan* führte. Sie unterwarf die muslim. *Karachaniden (Ilig-Chane)*, die sich z. T. als ihre Suzeräne hielten. Sie gehörten zu den durch die *Dschurtschen* (Dynastie-Name *Jin*, „Gold", daher „China") vertriebenen Chitai (Dynastie-Name *Liao*). Ihr mächtiges Reich wurde zeitweilig den Muslimen in Iran gefährlich. Nach 1212 erlagen sie den Mongolen. – Ein muslimisch gewordener Zweig der Dynastie herrschte bis 1303 in *Kirman*.

Karadjordje [karad'sjɔːrdsjɛ], *Karageorg*, [türk., „Schwarzer Georg"], eigentlich Djordje *Petrović*, serb. Freiheitskämpfer, *um 1768 Viševac bei Kragujevac, †25. 7. 1817 Radovanje bei Smederevska Palanka (ermordet); Bauernsohn; schloß sich serb. Freischaren gegen die osman. Fremdherrschaft an, Führer des serb. Aufstandes seit 1804. Er lehnte die von Rußland im Frieden von Bukarest 1812 erreichte Anerkennung der inneren Selbständigkeit Serbiens als unzureichend ab u. setzte den Kampf fort, mußte sich aber 1813 auf habsburg. Territorium (Semlin) zurückziehen. Als er 1817 heimlich nach Serbien zurückkehrte, ließ ihn sein Rivale Miloš Obrenović ermorden. K. ist der Stammvater der serb. Herrscherdynastie *Karadjordjević*.

Karakorum, *Qara Qorum, Khara Khorum*, Ruinenstadt im Zentrum der Mongolei, nordöstl. des Khangai, im Quellgebiet des Orchon Gol; 1218–1259 Hptst. *Tschingis Chans* u. seiner Nachfolger.

Kara Koyunlu, *Kara Kojunlu* [türk., „schwarzer Hammel"], türk. schiitische Dynastie von Ostanatolien bis zum Zweistromland u. in weiten Teilen Irans (um 1375–1466).

Karamanii, Dynastie nominell vom Osman. Reich abhängiger Paschas in Tripolis 1711 bis 1835.

Karamanlis, Konstantin, griech. Politiker, *8. 3. 1907 Broti, Makedonien, †23. 4. 1998 Athen; Anwalt, seit 1935 in der Politik; seit 1946 mehrfach Min.; 1955–1963 Min.-Präs.; gründete 1956 die konservative Nationalradikale Union (ERE); 1963–1974 im Exil; nach dem Sturz der Militärjunta 1974–1980 Min.-Präs.; 1980–1985 u. 1990–1995 Staatspräsident; 1978 Karlspreis.

Karaman-Oghlu [-ɔxlu], *Karamaniden*, türk. Dynastie in Kleinasien im 14. u. 15. Jh.

Karami, *Kerame*, Raschid, libanes. Politiker, *Dez. 1921 Miryata bei Tripoli, †1. 6. 1987 Tripoli (ermordet); Führer einer gemäßigten islam. Gruppierung; zwischen 1955 u. 1987 mehrfach Min.-Präs.

Kara Mustafa, türk. Großwesir 1676–1683, *1634 (?), †25. 12. 1683 Belgrad (erdrosselt); führte Kriege gegen Rußland u. Österreich, belagerte 1683 erfolglos Wien.

Karadjordje. Zeitgenössische Lithographie

Kardorff, 1. Siegfried von, Sohn von 2), Politiker, * 4. 2. 1873 Berlin, † 12. 10. 1945 bei Berlin; 1908–1920 Landrat, 1909–1918 Mitgl. des preuß. Abgeordnetenhauses (freikonservativ), 1918 Mitbegründer der Deutschnationalen Volkspartei, trat 1920 zur Dt. Volkspartei über, 1924–1932 Mitgl., 1928–1932 Vize-Präs. des Reichstags; verfocht eine Politik der bürgerl. Sammlung u. Abgrenzung gegen den Nationalsozialismus. – Seine Frau (seit 1927) Katharina von *K.-Oheimb* (* 1879, † 1962) war 1920–1924 Mitgl. des Reichstags (DVP) u. unterhielt bis 1933 einen bekannten polit. Salon; sie war eine führende Vertreterin der bürgerl. Frauenbewegung.
2. Wilhelm von, Politiker, * 8. 1. 1828 Neustrelitz, † 21. 7. 1907 Wabnitz; Rittergutbesitzer im Kreis Oels, Schlesien, dort 1884–1895 Landrat; 1866–1876 u. 1888–1906 Mitgl. des preuß. Abgeordnetenhauses u. 1868–1907 des Reichstags. K. war Führer der Freikonservativen Partei, parlamentar. Vertrauensmann Bismarcks, Vorkämpfer der 1878 einsetzenden Schutzzollpolitik u. Gegner der Sozialdemokratie; als Unternehmer auch Mitgründer des Zentralverbands dt. Industrieller (1876).

Karer, Bewohner der Landschaft *Karien* in Südwestkleinasien, in der griech. Überlieferung mehrfach auch als ein vorgriech. Substrat in Griechenland erwähnt. Ihre sprachl. u. völkische Zuordnung zu den vorindoeurop. Völkern Kleinasiens ist unklar. Seit 545 v. Chr. unter persischer Herrschaft, machte sie unter deren Oberhoheit der 377–353 v. Chr. regierende, hellenisierte u. durch sein grandioses Grabmal (*Mausoleum*) in seiner Hauptstadt *Halikarnassos* bekannt gewordene Fürst *Mausolos* vorübergehend zu einem Faktor im polit. Kräftespiel der Griechen.

Karim Chan Zänd, *Karim Khan Zend,* Mohammed, kurdischer Fürst in Westiran 1750–1779; * 1705, † 13. 3. 1779 Shiraz; kam in den Wirren nach der Ermordung Nadir Schahs zur Macht.

Karkemisch, *Karchemisch, Gargamisch,* die heutige Ruinenstätte *Dscherablus* am oberen Euphrat (Syrien), bedeutendes Königreich am Flußübergang der Handelsstraße Zypern – Alalach – Aleppo – Harran. K. kam im 17. Jh. v. Chr. in hethitischen Besitz, gehörte dann zeitweilig zu Mitanni u. war im 14./13. Jh. v. Chr. das hethit. Machtzentrum in Nordsyrien. Um 1200 von den „Seevölkern" zerstört, erstand K. neu als späthethit. Kleinfürstentum, das den Assyrern bis ins 8. Jh. v. Chr. Widerstand leistete. 605 v. Chr. besiegte bei K. *Nebukadnezar II.* von Babylon den ägypt. König *Necho.*

Karl, F ü r s t e n. D e u t s c h e K ö n i g e u. K a i s e r (gleichnamige Kaiser des Frankenreiches: → Karl [12], → Karl [13], → Karl [14]):
1. *K. IV.,* König 1346–1378, Kaiser 1355–1378, * 14. 5. 1316 Prag, † 29. 11. 1378 Prag; Luxemburger, Sohn *Johanns* von Böhmen u. der Přemysliden-Fürstin *Elisabeth* (* 1292, † 1330), Tochter König Wenzels II. von Böhmen. Seit 1323 am Hof des französ. Königs Karl IV. u. mit dessen Nichte *Blanka von Valois* († 1348) vermählt, kam K. als Markgraf von Mähren, zum Statthalter seines Vaters bestellt, 1333 nach Böhmen. Nach seines Vaters Tod in der Schlacht von Crécy (1346) wurde K. dt. König unter Versprechungen an den Papst (keine Einmischung in Italien) u. die Kurfürsten. Den nach dem Tod Ludwigs des Bayern 1349 zum dt. Gegenkönig gewählten *Günther von Schwarzburg* besiegte er u. ließ ihn nach wenigen Monaten Regierung mit Geld abfinden. Im Jan. 1355 wurde K. König von Italien u. im April 1355 zum Kaiser gekrönt.
Er erwarb die einzelnen schles. Herzogtümer, die Niederlausitz, Brandenburg u. weitere Gebiete u. vermählte seine Söhne mit bayerischen u. ungarischen Prinzessinnen. K. stellte auch Verbindungen zu Pommern (4. Ehe mit *Elisabeth* von Pommern, * 1347, † 1393), der Hanse u. den Habsburgern her (durch den Erbvertrag 1364); dem Dt. Orden half er, Pommerellen zu behaupten, verband sich aber später (1348 u. 1356) gegen ihn mit Polen. Von weittragender Bedeutung war, daß K. das Schwergewicht des Reichs nach Osten verlagerte; Böhmen, das er politisch, wirtschaftlich u. kulturell förderte (Gründung der ersten dt. Universität in Prag 1348, Bau der Prager Neustadt, des Doms, der Karlsbrücke, der Burg Karlstein, Erneuerung des Hradschin), wurde Kernland des Reichs. K. förderte Reichsstädte, Patriziat u. Bürgertum u. erließ das erste Reichsgrundgesetz, die *Goldene Bulle* (1356).
K. gelang es, die Wahl seines Sohnes *Wenzel* zum dt. König (1376) durchzusetzen. Durch die Teilung von 1377 unter seine Söhne Wenzel, *Sigismund* u. *Johann* (auch seine zwei Neffen bedachte er noch) zerstörte er jedoch selbst wieder seine erworbene luxemburg. Hausmacht. Als erster dt. König schrieb K. eine Autobiographie („Vita Caroli Quarti", hrsg. von E. Hillenbrand 1979).

Karl V. (2), Gemälde von Tizian (Ausschnitt); 1548. München, Alte Pinakothek

2. *K. V.,* Kaiser 1519–1556, * 24. 2. 1500 Gent, † 21. 9. 1558 San Geronimo de Yuste; Habsburger, Sohn *Philipps des Schönen* von Kastilien u. *Johannas der Wahnsinnigen,* der Erbtochter Ferdinands von Aragonien. Bereits 1506 durch den frühen Tod des Vaters Herr der habsburg. Erblande u. 1516 (nach dem Tod Ferdinands) König von Spanien, wurde K. durch Investition von Wahlgeldern, die ihm das Haus *Fugger* vorstreckte, gegen Franz I. von Frankreich in Frankfurt (28. 5. 1519) zum Kaiser gewählt u. somit Herrscher eines Weltreichs u. Begründer des span. Imperiums.
K. vereinigte in seiner Hand das seit Karl d. Gr. an Bevölkerungszahl, Ausdehnung u. Reichtum größte Reich. Das 1519 in der Wahlkapitulation zugestandene *Reichsregiment* vertrat K. während seiner Abwesenheit in Dtschld. In seiner Politik wurde K. stark beeinflußt durch seine Ratgeber M. de *Gattinara* (Italiener) u. N. P. de *Granvelle* (Burgunder). Zunächst mußte er sich in Spanien gegen den Comuneros-Aufstand 1517–1522 durchsetzen. In vier siegreichen Kriegen gegen Franz I. von Frankreich, der sich mit dem Papst u. mit England verbündete, sicherte er sich die Herrschaft in Italien u. den Niederlanden.
Überzeugt von seiner kaiserl. Aufgabe u. unter Berufung auf die von Karl d. Gr. verkörperte mittelalterl. Kaiseridee, suchte K. die mittelalterl. Glaubenseinheit wiederherzustellen, die Ungläubigen zu bekämpfen u. den Glauben auszubreiten. Unter diesem Gesichtspunkt sind sowohl die Förderung der Konquistadoren (Eroberung Mexikos durch Cortés u. Perus durch Pizarro; erste Weltumseglung des Magalhães 1518) als auch sein Kampf gegen die Reformation zu sehen. 1547 besiegte K. den *Schmalkald. Bund* bei Mühlberg, mußte jedoch nach dem Frontwechsel Moritz' von Sachsen u. bei der Gegnerschaft der Päpste Paul III. u. Julius III., die ihm jegliches Eingreifen auf dem Trienter Konzil (1546–1563) versagten, auf das *Augsburger Interim* von 1548 im *Augsburger Religionsfrieden* von 1555 verzichten.
Weil es K. nicht gelang, die erstrebte religiöse Einheit gegen den Protestantismus u. die National- u. Territorialstaaten zu verwirklichen, legte er müde u. enttäuscht 1555/56 die Regierung in den Niederlanden, Spanien u. Neapel zugunsten seines Sohns *Philipp II.* nieder, übergab die Herrschaft im Reich seinem Bruder *Ferdinand I.* u. zog sich in eine Villa beim Kloster San Yuste zurück, wo er sich mit polit. Studien beschäftigte u. nach zwei Jahren starb.
3. *K. VI. (Joseph Franz),* Kaiser 1711–1740, * 1. 10. 1685 Wien, † 20. 10. 1740 Wien; zweiter Sohn *Leopolds I.* aus dessen 3. Ehe mit *Eleonore Magdalene* von Pfalz-Neuburg (* 1655, † 1720); als *K. III.* König von Ungarn u. von Spanien, Erbe des letzten span. Habsburgers Karl II. (1700), konnte sich im Span. Erbfolgekrieg seit 1703 trotz engl. u. niederländ. Hilfe gegen den französ. Bewerber Philipp V. nicht durchsetzen, obwohl er 1706 u. 1710 Madrid einnahm; gab die Herrschaft an seine Gemahlin ab u. nahm die einstimmige Wahl (12. 10. 1711) zum Kaiser u. Nachfolger seines Bruders Joseph I. an.
Eine Erneuerung der Weltmachtstellung Habsburgs aus der Zeit K.s V. befürchtend, schlossen England u. die Niederlande mit Frankreich den Utrechter Frieden (1713), der Spanien den Bourbonen zusprach; K. mußte 1714 im Frieden von Rastatt zustimmen. Mit seinen span. Höflingen u. Ratgebern fand er wenig Anklang im Reich. Da K. seit dem Tod seines einzigen Sohnes 1716 der letzte männl. Habsburger war, bestand sein Hauptanliegen in der Sicherung der weibl. Erbfolge (unter Ausschaltung der Ansprüche der Töchter Josephs I.) durch die *Pragmatische Sanktion* (1713). Für die Zustimmung der europ. Mächte mußte K. Preußen den Erwerb von Jülich u. Berg zusagen (1726/27) sowie Lothringen, Neapel u. Sizilien opfern (1735). In einem neuen Türkenkrieg verlor er durch den Frieden von Belgrad (1739) alle 1718 gewonnenen Gebiete.
4. *K. VII. (Albrecht),* Kaiser 1742–1745, * 6. 8. 1697 Brüssel, † 20. 1. 1745 München; Sohn Kurfürst *Maximilians II. Emanuel* von Bayern u. der *Therese Kunigunde* (* 1676, † 1730), Tochter Johanns III. Sobieski von Polen; 1706–1715 in österr. Gefangenschaft; wurde als Graf von Wittelsbach erzogen u. folgte seinem Vater 1726 als Kurfürst in Bayern. K. heiratete 1722 *Maria Amalie,* eine Tochter Kaiser *Josephs I.,* die bei der Vermählung auf ihre Erbansprüche verzichtete. Er erkannte jedoch nach dem Tod *Karls VI.* die Pragmatische Sanktion nicht an, sondern verbündete sich 1741 mit Frankreich, Spanien, Sachsen u. Preußen, fiel in Österreich ein *(Österreichischer Erbfolgekrieg)* u. ließ sich 1741 in Prag zum böhm. König krönen. Auf Veranlassung Frankreichs wurde K. in Frankfurt am 24. 1. 1742 zum Kaiser gewählt. Maria Theresias Gegenschlag (nach dem 1. Schles. Krieg) vertrieb K. aus Böhmen u. Mähren. – K. war der zweite u. letzte Wittelsbacher, der die Kaiserwürde innehatte.
B a d e n : **5.** *K. III. Wilhelm,* Markgraf von Baden-Durlach 1709–1738, * 28. 1. 1679 Durlach, † 12. 5. 1738 Karlsruhe; diente unter seinem Onkel, dem „Türkenlouis", in der Reichsarmee; führte 1706 den Oberbefehl am

Oberrhein im Span. Erbfolgekrieg. 1715 gründete er mit dem Bau eines Lustschlosses die Stadt *Karlsruhe*, die sich aufgrund großzügiger Ansiedlungsprivilegien schnell zu einer bedeutenden Residenzstadt entwickelte.

6. *K. Friedrich*, Markgraf von Baden-Durlach seit 1738, Kurfürst 1803, Großherzog 1806–1811, * 22. 11. 1728 Karlsruhe, † 10. 6. 1811 Karlsruhe; Sohn des frühverstorbenen Erbprinzen *Friedrich* (* 1703, † 1732), Nachfolger seines Großvaters *Karl III. Wilhelm*, bis 1746 unter Vormundschaft eines Onkels; herrschte im Sinne der Aufklärung, förderte Schulen u. Universitäten, Rechtsprechung (Aufhebung der Leibeigenschaft 1738) u. Verwaltungswesen (Pension für Beamte) u. zog viele Gelehrte an seinen Hof (F. C. *Schlosser*, *Voltaire*, J. K. *Lavater* u. J. H. *Jung-Stilling*); er erbte 1771 Baden-Baden u. erhielt durch den Reichsdeputationshauptschluß (1803) das Bistum Straßburg, die Kurpfalz u. die Kurfürstenwürde. 1806 trat er dem Rheinbund bei u. bekam dafür den Großherzogstitel u. beträchtl. Länderzuwachs (Fürstentum Leiningen, die Fürstenberg-Gebiete u. a.). Durch seine Heiratspolitik knüpfte K. Verbindungen zu Hessen-Darmstadt, Braunschweig-Oels, Schweden, Rußland u. Bayern.

Bayern: **7.** *K. Theodor*, Kurfürst von der Pfalz u. von Bayern, → Karl (36).

Braunschweig: **8.** *K. Wilhelm Ferdinand*, Herzog 1780–1806, * 9. 10. 1735 Braunschweig, † 10. 11. 1806 Ottensen bei Hamburg; herrschte im Sinne des aufgeklärten Absolutismus; 1773 preuß. General, später Feldmarschall. Als Oberbefehlshaber der Koalitionstruppen im Krieg gegen Frankreich ordnete K. 1792 nach der Kanonade von Valmy den Rückzug an. 1806 erneut preuß. Oberbefehlshaber, erlitt er zu Beginn der Schlacht bei Auerstedt eine Verwundung, an der er wenig später starb.

9. *K. II. Friedrich August Wilhelm*, Herzog 1815–1830, * 30. 10. 1804 Braunschweig, † 18. 8. 1873 Genf; wuchs unter der Vormundschaft des späteren engl. Königs Georg IV. auf; hob 1827 die liberale Verfassung von 1820 auf u. regierte sein Land despotisch; wurde 1830 nach einem Volksaufstand als einziger dt. Landesherr abgesetzt; lebte dann meist in Paris u. erwarb ein großes Vermögen („Diamantenherzog").

Burgund: **10.** *K. der Kühne*, Herzog 1467–1477, * 10. 11. 1433 Dijon, † 5. 1. 1477 Nancy (gefallen); Sohn Philipps des Guten; versuchte die zwischen seinen Besitzungen (Burgund, Niederlande) liegenden Gebiete Elsaß u. Lothringen zu erwerben. Sein Versuch, aus den burgund. Ländern einen einheitl. Gesamtstaat zu schaffen, scheiterte nach anfängl. Erfolgen am Widerstand seiner beiden Lehnsherren, Ludwig XI. von Frankreich u. Kaiser Friedrich III., u. der Schweizer Eidgenossenschaft; die Schweizer besiegten K. 1476 bei Grandson u. Murten. K. verlor 1477 vor Nancy gegen Schweizer u. Lothringer die Schlacht u. fiel.

Frankenreich: **11.** *K. Martell* [„Hammer"], Hausmeier 715–741, * um 688, † 15. 10. 741 Quierzy; Karolinger, Sohn des Hausmeiers *Pippin II.* (des Mittleren) u. der *Chalpaida*, besiegte die Neustrier 716, 717 u. 719 sowie die Araber 732 bei Tours u. 737 bei Narbonne. Nach Theuderichs IV. Tod 737 setzte K. keinen Merowingerkönig mehr ein u. regierte selbst, königlich geehrt. Er stellte in wiederholten Kämpfen mit Friesen, Sachsen, Alemannen, Bayern u. Aquitaniern die Autorität des Reichs wieder her u. erneuerte die Vorherrschaft der Franken, auch in Burgund u. in der Provence. Um sich eine stets schlagkräftige Gefolgschaft zu sichern, stattete er seine Anhänger mit Benefizien aus Kirchengut aus. Die Mission des *Bonifatius* im rechtsrhein. Gebiet schützte er, ohne ihm Einfluß auf die fränk. Kirche zu gewähren. Bei seinem Tod teilte K. die Herrschaft unter seine Söhne *Karlmann* u. *Pippin d. J.*

12. *K. d. Gr.*, König der Franken 768–814, Kaiser seit 800, * 2. 4. 747, † 28. 1. 814 Aachen; bedeutendster Karolinger, Sohn *Pippins d. J.*, seit dem Tod seines Bruders *Karlmann* (771), mit dem er die Herrschaft teilte, Alleinherrscher. K. setzte zunächst die Politik seines Vaters fort, beendete die Unterwerfung Aquitaniens (769) u. eroberte das Langobardenreich (773/74). Seit 774 König der Langobarden, erneuerte K. die Pippinische Schenkung u. übernahm die Schutzherrschaft über den Kirchenstaat. Die 778 begonnenen Kämpfe gegen die Omajjaden von Córdoba dienten der Sicherung Aquitaniens u. führten 795 zur Errichtung der *Spanischen Mark*. In zahlreichen blutigen Feldzügen (772–804) wurden die Sachsen unterworfen u. christianisiert. 782 befahl K. die Hinrichtung Hunderter (4500?) von Sachsen zu Verden an der Aller. 785 unterwarf sich ihr Führer *Widukind* u. dessen Schwiegersohn Abbio. Die slaw. Obodriten mußten sich mit K. verbünden u. die Dänen 811 die Eidergrenze anerkennen. Mit der Absetzung *Tassilos* von Bayern 788 wurde das letzte ältere Stammesherzogtum beseitigt u. auch Bayern dem fränk. Reich eingegliedert. 795/96 folgte die Unterwerfung des Awarenreichs. Zum Schutz des Herrschaftsbereichs wurden weitere Marken eingerichtet *(Awar., Breton., Dän. Mark, Mark Friaul, Karantan. Mark, Nordmark, Serb., Tolosan. Mark)*. Außerdem lag ein Kranz slawischer Tributsstaaten vor der Grenze des Reichsgebiets.

In Kämpfen über drei Jahrzehnte gelang es K., die Grenzen des Frankenreichs so zu erweitern, daß es zum bedeutendsten Großreich des abendländ. MA wurde, aus dem später Dtschld., Frankreich u. die italien. u. span. Teilreiche hervorgingen. Die europäische Machtstellung, die Herrschaft über Italien u. Rom u. die von Pippin d. J. begründete enge Verbindung von fränk. Königtum u. Papsttum waren die Voraussetzung für die Erhebung K.s zum Kaiser, die Weihnachten 800 von Papst *Leo III.* vollzogen wurde. Damit wurde die Tradition des *Röm. Reichs* wiederaufgenommen u. mit dem fränkisch-christl. Königtum verbunden.

K. förderte nicht nur nachdrücklich die christl. Mission in den eroberten Gebieten, sondern auch kirchl. Reformen. Der Hof K.s wurde durch die Anwesenheit angesehener Gelehrter (u. a. *Alkuin*, *Einhard*, *Paulus Diaconus*) auch zum geistigen Zentrum Europas. Als Idealfigur des christl. Herrschers verherrlicht u. später als Heiliger verehrt, wurde K. d. Gr. 1165 auf Wunsch Kaiser Friedrichs I. von dem (Gegen-)Papst Paschalis III. kanonisiert. Ⓑ S. 416/417.

13. *K. II., der Kahle*, König 843–877, Kaiser 875, * 13. 6. 823 Frankfurt a. M., † 6. 10. 877 Avrieux/Arc; Karolinger, Sohn *Ludwigs des Frommen*, aus dessen 2. Ehe (mit *Judith*, Tochter des bayer. Grafen *Welf I.*); erhielt 829 zunächst Schwaben, Elsaß, Rätien u. Teile Burgunds; 837 wurde ihm von seinem Vater das mittlere Frankenreich zugesprochen. Nach dessen Tod (840) brach ein Bruderkrieg aus (K. u. *Ludwig der Deutsche* gegen Kaiser *Lothar I.*). Lothar wurde 841 bei Fontenoy (nahe Auxerre) geschlagen u. mußte im *Vertrag von Verdun* 843 die Westhälfte des Reichs (Aquitanien, Septimanien, die Span. Mark, Burgund, Neustrien, die Bretagne u. Flandern) an K. abtreten. K. ist somit der erste König „Frankreichs"; er empfing vom Papst die von seinem älteren Bruder Ludwig dem Deutschen erhoffte Kaiserkrone 875. Der Versuch, nach Lothars II. Tod (869) auch das Zwischenreich Lotharingien für sich allein zu gewinnen, scheiterte; K. mußte es 870 mit Ludwig dem Deutschen teilen *(Vertrag von Meersen)*. Auf Erzbischof *Hinkmar von Reims* gestützt, gab er dem Königtum eine sakral überhöhte Stellung, wodurch er dessen polit. Schwäche überwand u. die eigenartige Tradition des französ. Königtums bis 1789 begründete. Unter K. erlebte die karoling. Kunst u. Literatur eine späte Blüte.

14. *K. III., der Dicke*, König 876–887, Kaiser 881, * 839, † 13. 1. 888 Neidingen an der Donau; Karolinger, Sohn *Ludwigs des Deutschen* u. der Welfin *Hemma* († 876), erhielt bei der Teilung des fränk. Ostreichs 876 Schwaben u. Rätien u. wurde Alleinherrscher nach dem Tod seiner Brüder *Karlmann* u. *Ludwig III.* (880 bzw. 882), auch über das von Ludwig gewonnene westl. Lotharingien. Seit 879 König von Italien, 881 Kaiser u. 885 von den Westfranken zum König gewählt, vereinigte K. somit fast das ganze Reich Karls d. Gr. unter seinem Zepter. Willensschwach gegen die plündernden Normannen u. die Großen im Reich, an Epilepsie leidend, wurde er im Nov. 887 von seinem Neffen *Arnulf von Kärnten* gestürzt.

Frankreich: **15.** *K. III., K. der Einfältige*, König 893–923, Karolinger, * 17. 9. 879, † 7. 10. 929 Péronne (im Kerker); Sohn Ludwigs II., des Stammlers († 879); nach dem Tod seiner Halbbrüder Ludwig III. (882) u. Karlmann (884) gelang ihm gegen Graf *Odo* von Paris nur der Erwerb des Landes zwischen Seine und Maas. Nach dem Tod Odos (898) wurde K. Herr über ganz Frankreich; er mußte aber den Normannen die Normandie als erbl. Herzogtum überlassen u. konnte sich nicht gegen die Großen durchsetzen. In der Schlacht von Soissons (923) wurde er von ihnen besiegt u. gefangengesetzt.

16. *K. IV., K. der Schöne, Charles le Bel*, König 1322–1328, * 1294, † 31. 1. 1328 Vincennes, jüngster Sohn Philipps IV., gelangte nach dem Tod seines Bruders Philipp V. auf den Thron. Er unterstützte seine Schwester Isabella gegen ihren Gemahl Eduard II. von England u. erwarb 1327 das Agénois. Mit ihm erlosch die ältere Linie der *Kapetinger*.

17. *K. V., K. der Weise*, König 1364–1380, * 21. 1. 1338 Vincennes, † 16. 9. 1380 Schloß Beauté-sur-Marne; verwaltete nach der Gefangensetzung seines Vaters Johann des Guten nach der Schlacht bei Maupertuis das Reich u. bestieg nach dessen Tod den Thron. Er gewann durch seinen Feldherrn *Bertrand du Guesclin* gegen die Engländer fast ganz Frankreich zurück; förderte Wirtschaft, Kunst u. Wissenschaft u. suchte die Schäden von Krieg u. Aufruhr zu heilen.

18. *K. VI., K. der Wahnsinnige, Charles le Fol*, König 1380–1422, * 3. 12. 1368 Paris, † 21. 10. 1422 Paris; anfangs unter der Vormundschaft der Brüder seines Vaters Karl V.; er übernahm 1388 die Regierung u. verfiel 1392 in Wahnsinn. Als daraufhin Auseinandersetzungen zwischen den Adelsparteien der *Armagnacs* u. *Bourgignons* unter Herzog Philipp dem Kühnen um die Macht begannen, nutzte Heinrich V. von England die Gelegenheit zu einem neuen Einfall nach Frankreich (→ Hundertjähriger Krieg).

19. *K. VII.*, König 1422–1461, * 22. 2. 1403 Paris, † 22. 7. 1461 Mehun-sur-Yèvre, Dép. Cher; von den Engländern seiner Thronrechte beraubt; seit dem Auftreten der *Jeanne d'Arc*, der er die Krönung in Reims verdankte (1429), siegreich, vertrieb er die Engländer 1453 endgültig (bis auf Calais) aus Frankreich. 1439 legte er mit der Aufstellung der sog. *Ordonnanzkompanien* den Grundstein für ein stehendes Heer. K.s Mätresse Agnès *Sorel* übte Einfluß auf ihn aus.

20. *K. VIII.*, König 1483–1498, * 30. 6. 1470 Amboise, Dép. Indre-et-Loire, † 7. 4. 1498 Amboise; Sohn Ludwigs XI., anfangs unter der Regentschaft *Annas von Beaujeu*; brachte durch Heirat mit *Anna von Bretagne*

Die Kaiserkrönung Karls des Großen

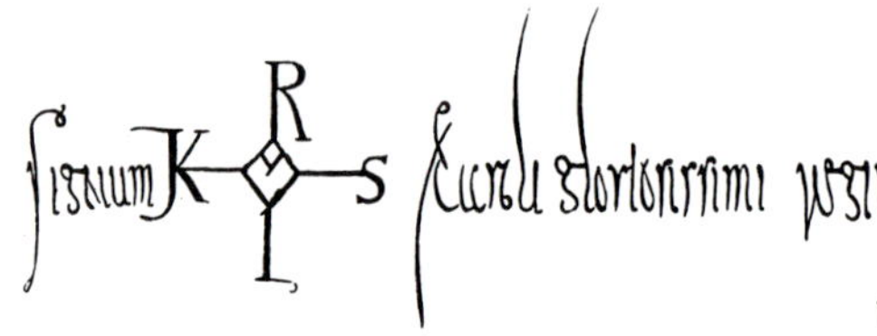

Das Kaisertum des bedeutendsten Herrschers des frühmittelalterlichen Europas entstand aus der Synthese verschiedener Elemente: der hegemonialen Königsherrschaft, der antiken Tradition, des christlich-theokratischen Weltreichs und der Verleihung sakraler Würde durch den Papst.

Während der in der Peterskirche in Rom zelebrierten Weihnachtsmesse im Jahr 800 setzte Papst Leo III. Karl dem Großen die Kaiserkrone eigenhändig auf. Durch die Akklamation des anwesenden römischen Volks und die Huldigung (»Proskynese«) Karls durch den Papst wurde der Konstitutivakt der Kaiserkrönung abgeschlossen. In der Geschichtsschreibung ist die Frage, inwieweit der Papst die Proklamation überraschend und eigenmächtig vollzogen hat – wie Karls Biograph Einhard in seiner »Vita Caroli Magni« überliefert – bis heute umstritten. Es scheint möglich, daß der von Leo vollzogene Krönungsakt Karls Unwillen erregte, wurde damit doch eine machtpolitische Überlegenheit des Papsttums demonstriert, die in dieser Form nicht gegeben war. Denn es war der Papst gewesen, der 799 Karl gegen seine Widersacher in der römischen Nobilität um Hilfe gebeten hatte. Ein weiterer Punkt war die Tatsache der Akklamation durch die Römer, die ebenfalls den realpolitischen Gegebenheiten nicht entsprach. Denn damit wurde man dem Faktum nicht gerecht, daß das fränkische Königtum die Grundlage für die Machtentfaltung Karls bildete, das eigentliche »Reichsvolk« also das fränkische Volk war. Trotzdem kann man von einer grundsätzlichen Bejahung der neuen Würde durch Karl ausgehen, obwohl damit die Frage des doppelten römischen Kaisertums (»Zweikaiserproblem«) virulent wurde, da seit dem Untergang des Weströmischen Reichs 476 die oströmischen Kaiser in Byzanz (Konstantinopel) die universale Anerkennung beanspruchten. Karl suchte einen Konflikt zu vermeiden, indem er seinen Anteil am politischen Erbe Roms in einem Urkundentitel (vom Mai 801) vorsichtig als »von Gott gekrönter, großer und friedbringender Kaiser, der das römische Reich regiert« interpretierte. Die offizielle Anerkennung durch Byzanz erfolgte dann 812. 813 erhob Karl zusätzlich in Aachen seinen 3. Sohn Ludwig zum Mitkaiser, wobei er den Papst umging. Doch sollte diese sogenannte Aachener (»romfreie«) Kaiseridee keinen Bestand haben, da das Papsttum sich machtpolitisch mit der Kaiserkrönung in Rom durchsetzen konnte. Noch 1452 wurde hier Friedrich III. zum Kaiser gekrönt. *A.F.*

1 *Monogramm Karls d. Gr. aus einer Urkunde von Kostheim/Mainz (31. 8. 790). Nur die Raute zwischen den Versalien stammt von der Hand des Kaisers.*

2 *Karl der Große. Reiterstatuette. Paris, Louvre.*

3 *Das Münster zu Aachen mit dem Thron Karls des Großen ist ein Höhepunkt karolingischer Baukunst.*

3

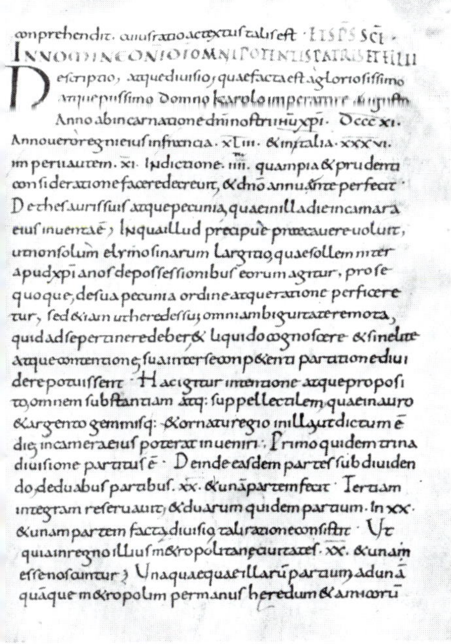

conprehendit. cuius ratio ac textus talis est · IN NOMINE DNI DI OMNIPOTENTIS PATRIS ET FILII ET SPS SCI ·
Descriptio, atque divisio, quae facta est a gloriosissimo atque piissimo domno karolo imperatore augusto
Anno ab incarnatione dni nostri ihu xpi · DCCCXI.
Anno vero regni eius in francia · XLIII · et in italia · XXXVI ·
imperii autem · XI · Indictione · IIII · quam pia et prudenti consideratione facere decrevit, et dno annuente perfecit ·
De thesauris suis atque pecunia, quae in illa die in camara eius inventa est, In qua illud praecipue praecavere voluit,
ut non solum elemosinarum largitio, quae sollemniter apud xpianos de possessionibus eorum agitur, pro se quoque, de sua pecunia ordinate atque ratione perficeretur, sed etiam ut heredes sui, omni ambiguitate remota,
quid ad se pertinere deberet, et liquido cognoscere et sine lite atque contentione, sua inter se conpetenti partitione dividere potuissent · Hac igitur intentione atque proposito, omnem substantiam atq: supellectilem, quae in auro
et argento gemmisq: et ornatu regio in illa ut dictum est die, in camera eius poterat inveniri : Primo quidem trina divisione partitus est · Deinde easdem partes subdividendo, de duabus partibus · XXI · et unam partem fecit · Tertiam integram reservavit, et duarum quidem partium · In XXI · et unam partem facta divisio tali ratione consistit · Ut quia in regno illius metropolitanae civitates · XXI · et una esse noscuntur ; Unaquaeque illarum partium ad unam quamque metropolim per manus heredum et amicorum

4

4 *»Vita Caroli Magni«, Karls Lebensbeschreibung, die Einhard in der sog. »Karolingischen Minuskel« schrieb. Wien, Österreichische Nationalbibliothek.*

Karl der Große 747–814

Am 2. April als ältester Sohn des fränkischen Hausmeiers Pippin III. (des Kleinen) und seiner Frau Bertrada geboren	747 ~	Wirkungszeit des Wanderbischofs Pirminius / Im Kalifenreich werden die Omajjaden von den Abbasiden gestürzt
Mit Zustimmung des Papstes vertreibt Pippin den letzten Merowingerkönig Childerich III. und wird König	751	In der Schlacht am Talas in Usbekistan verliert China die Vormachtstellung im westlichen Asien an die Araber
Papst Stephan II. zieht über die Alpen und sucht bei Pippin Schutz gegen die Langobarden. K. reist ihm bis nach Saint-Maurice (Wallis) entgegen / Pippin wird vom Papst in Saint-Denis zum König gekrönt und überläßt ihm den Kirchenstaat („Pippinische Schenkung")	754	Bonifatius wird in Friesland erschlagen / Al Mansur aus der persischen Abbasidendynastie wird Kalif von Bagdad
Tod Pippins / K. und sein Bruder Karlmann übernehmen die Herrschaft	768 ~	Einhard, Biograph K.s und Gelehrter am Königshof, geboren
Tod des Bruders / K. ist Alleinherrscher / Hochzeit mit der Alemannin Hildegard	771	
K. dringt in Sachsen ein, erobert Eresburg und zerstört die Irminsul	772	Hadrian I. wird Papst / Tassilo III. von Bayern siegt über die Alpenslawen
K. unterwirft auf Bitten des Papstes Hadrian I. das Langobardenreich in Italien	773	Geburt des chinesischen Dichters Liu Zongyuan
Gegenschlag der Sachsen gegen Fritzlar. K. antwortet mit zwei siegreichen Feldzügen in den folgenden beiden Jahren / Er läßt sich zum König der Langobarden krönen	774 ~	Kulturelle Blüte in Bagdad: Wissenschaftliche Werke der Griechen, u.a. die Geometrie des Euklid, werden ins Arabische übersetzt / Unter Konstantin V., oströmischer Kaiser seit 741, erreicht der Bildersturm seinen Höhepunkt
K.s Krieg gegen die Araber in Spanien ist zunächst erfolglos	778	
K. setzt seinen Sohn Pippin als König in Italien ein, seinen Sohn Ludwig den Frommen im Königreich Aquitanien	781	Durch eine Inschrift in Xi'an ist die missionarische Tätigkeit der syrischen Nestorianer-Christen (seit 645 in China) bezeugt
K. läßt nach nicht ganz gesichertem Bericht 4500 sächsische Geiseln bei Verden an der Aller hinrichten / Sachsenaufstand unter Widukind	782	Unter dem angelsächsisch-fränkischen Gelehrten Alkuin entsteht am fränkischen Königshof eine „Akademie"
Tod von K.s Frau Hildegard, die ihm fünf Töchter und vier Söhne geboren hat. K. heiratet die Fränkin Fastrada, die nach der Geburt von zwei Töchtern 794 stirbt	783	
K. setzt den Bayernherzog Tassilo ab und gliedert Bayern ins fränkische Reich ein.	788	Bremen wird Bischofssitz
Er erläßt genaue Anweisungen für die Bewirtschaftung der Königsgüter	~	
Erster Feldzug K.s gegen die Awaren zur Sicherung der Ostgrenze	791 ~	Errichtung der Kaiserpfalz in Ingelheim
Die Synode von Frankfurt unter Vorsitz K.s verurteilt die Beschlüsse des Konzils von Nicäa (787) / Aachen wird Residenzstadt K.s: Kulturelle Blüte unter Rückgriff auf die Antike („karolingische Renaissance")	794	Heian (heute Kyoto) wird Hauptstadt Japans: Blüte der schönen Künste, Verschmelzung von Buddhismus und Schintoismus
	~	Einfluß irischer Mönche auf das mitteleuropäische Geistesleben
Zur Sicherung Aquitaniens gegen die Omajjaden von Córdoba errichtet K. die Spanische Mark: Beginn der christlichen Rückeroberung Spaniens	795	Die Normannen dringen in Irland ein / Baubeginn der Moschee in Córdoba / Alkuin fördert die antike Wissenschaft in der Klosterschule zu Tours
K. heiratet die Alemannin Luitgard, die nach kinderloser Ehe 800 stirbt	796	
Papst Leo III. flieht vor den Römern und bittet K. in Paderborn um Hilfe	799 ~	Niedergang des tibetischen Großreichs
Kaiserkrönung am Weihnachtstag durch den Papst in Rom / K. gerät in Gegensatz zu Byzanz	800 ~	Im Reich entwickelt sich das Lehns- und Feudalwesen / In England entsteht das Beowulf-Epos
Nach mehreren vergeblichen Aufständen (782/83, 792, 804) unterwerfen sich die Sachsen und werden Christen	804	Fertigstellung der Pfalzkapelle K.s in Aachen, erbaut seit 798 von Odo von Metz
Böhmen wird K. tributpflichtig / K. befriedet die Sorben / Nach der Aufnahme diplomatischer Beziehungen mit Harun Ar Raschid durch eine Gesandtschaft (797) erhält K. aus Bagdad eine Wasseruhr	806 ~	Gründung des Bistums Paderborn / Höhepunkt der Kultur in Indonesien äußert sich besonders in großen Tempelbauten / Beginn des Khmer-Staates in Kambodscha mit der Hauptstadt Angkor
Tod des frankenfeindlichen Dänenkönigs Göttrik. Mit seinem Nachfolger Hemming schließt K. Frieden / Tod des Sohnes Pippin	810 ~	Der persisch-arabische Mathematiker Al Chwarismi veröffentlicht ein Werk über Gleichungen, aus dessen Titel „Al-Gabr" sich das Wort „Algebra" herleitet
Tod des Sohnes Karl	813	Sieg der Bulgaren über den byzantinischen Kaiser Nikephoros I.
Byzanz erkennt K. als Kaiser an	812	
K. erhebt seinen Sohn Ludwig den Frommen zum Mitkaiser	813	Die Mainzer Synode beschließt die Einführung allgemeiner öffentlicher Weihnachtsfeiertage
Am 28. Januar stirbt K. in Aachen und wird in der Pfalzkapelle beigesetzt	814 ~	Entstehung des Wessobrunner Gebets in althochdeutschen Stabreimen

dieses Herzogtum an die französ. Krone. 1494 erhob er Anspruch auf das Erbe der Anjou in Neapel u. fiel nach Italien ein. 1495 mußte er angesichts eines Bündnisses zwischen dt. Kaiser, Papst u. Ferdinand von Aragón abziehen. Mit ihm erlosch die ältere Linie des Hauses Valois.

21. *K. IX.*, König 1560–1574, *27. 6. 1550 Saint-Germain-en-Laye, †30. 5. 1574 Vincennes; Sohn Heinrichs II. u. *Katharinas von Medici*, die bis 1563 die Vormundschaft ausübte u. unter deren Leitung er auch später regierte. Obwohl er G. de *Coligny* zu seinem Ratgeber machte u. den Hugenotten nahestand, ließ er die durch seine Mutter veranlaßte → Bartholomäusnacht zu.

22. *K. X. Philipp*, König 1824–1830, *9. 10. 1757 Versailles, †6. 11. 1836 Görz; stand als *Graf von Artois* an der Spitze der Emigranten gegen die Französ. Revolution u. gegen Napoleon I., folgte seinem Bruder Ludwig XVIII.; er wurde infolge seiner klerikal-reaktionären Politik durch die Julirevolution 1830 gestürzt u. lebte danach im Ausland.

23. *K. von Bourbon*, Herzog von Bourbon, auch *Connétable de Bourbon*, französ. Feldherr, *17. 2. 1490, †6. 5. 1527 Rom, gehörte zur älteren Linie des mit der königl. Dynastie eng verwandten Hauses Bourbon, die mit ihm erlosch. Er zeichnete sich in der Schlacht von Marignano 1515 aus u. wurde von Franz I. zum Connétable erhoben, entzweite sich mit diesem jedoch wegen eines verlorenen Lehnsprozesses u. ging 1523 zu Kaiser Karl V. über. Er trug zu dessen Sieg über Franz I. bei Paris 1525 bei u. fiel beim Sturm auf Rom, der zum *Sacco di Roma* führte.

Großbritannien: **24.** *K. I.*, König 1625–1649, *19. 11. 1600 Dunfermline, Schottland, †30. 1. 1649 London (hingerichtet); versuchte in England mit Hilfe einer parlamentsunabhängigen Steuerpolitik u. einer zentralist. „anglo-katholischen" Kirchenpolitik den Absolutismus durchzusetzen. Nachdem seine ersten drei Parlamente (1625, 1626 u. 1629) die Politik der Krone u. K.s Günstling *Buckingham* heftig kritisiert hatten, regierte K. 1629–1640 ohne Parlament, doch scheiterte seine Politik am Widerstand der lokalen Kommunitäten in Grafschaften u. Boroughs (Gemeinden). K.s Versuch, auch im presbyterian. Schottland die anglikan. Bischofskirche einzuführen, löste dort einen Aufstand aus, der den König 1640 zwang, wieder ein Parlament einzuberufen, das sich indes als nicht weniger widerspenstig erwies u. ebenfalls aufgelöst wurde. Dabei ließen die Finanzlage der Krone u. der Krieg keine parlamentslose Regierung mehr zu. Das Bestreben des neuen, sog. „Langen Parlaments", seine Ansprüche gegen die Krone durchzusetzen, führte 1642 zum Bürgerkrieg, in dem die Truppen des Königs geschlagen wurden, aber schließlich die „New Model Army" Oliver *Cromwells* gegen die Parlamentsmehrheit triumphierte. Nach dem Ende des 2. Bürgerkriegs (1648) wurde K. auf Betreiben Cromwells im Januar 1649 von einem Sondergericht zum Tode verurteilt.

Karl I., König von England. Gemälde von A. van Dyck. Madrid, Prado (Ausschnitt)

25. *K. II.*, Sohn von 24), König (1649) 1660–1685, *29. 5. 1630 London, †6. 2. 1685 London; kämpfte 1645–1651 im engl. Bürgerkrieg u. verbrachte die Jahre 1651–1660 isoliert im Exil; kehrte 1660 nach England zurück u. beendete damit die Zeit des republikan. „Commonwealth" (1469–1659). K. betrieb zunächst eine vorsichtige Restaurationspolitik, die sich in den von der parlamentar. Oligarchie gesteckten Grenzen hielt. Ansätze zu einer Förderung der Katholiken durch eine Politik der religiösen Toleranz scheiterten am Widerstand des Parlaments, das von der katastrophalen Finanzlage der Krone profitierte. Seit 1668 versuchte K. durch ein Geheimbündnis mit Frankreich, das ihm beträchtl. Subsidienzahlungen sicherte, unabhängig von parlamentar. Geldbewilligungen zu regieren. Sein Streben nach Durchsetzung des Absolutismus mit Hilfe der „Tories" scheiterte ebenso wie der Versuch der parlamentarischen „Whigs", in der Exclusion-Krise (1679–1683) den kath. Herzog von York (späteren Jakob II.) von der Thronfolge auszuschließen. Sie erreichten jedoch in der *Habeas-Corpus-Akte* 1679 Schutz vor Rechtswillkür.

26. Prince of Wales, → Charles (2).

Hohenzollern-Sigmaringen: **27.** *K. Anton*, Fürst 1848/49, *7. 9. 1811 Krauchenwies, Hohenzollern, †2. 6. 1885 Sigmaringen; folgte seinem Vater *Karl* (*1785, †1853), trat jedoch sein Fürstentum 1849 an Preußen ab. 1858 wurde er Min.-Präs. eines konservativ-liberalen Kabinetts der „Neuen Ära"; da er die Heeresreform nicht durchsetzen konnte, trat er 1862 zurück u. empfahl *Bismarck* als Nachfolger. Sein zweiter Sohn *Karl* wurde als *Carol I.* König von Rumänien (→ Karl [37]). Seinem ältesten Sohn *Leopold* wurde 1870 die span. Krone angeboten, was zum Bruch mit Frankreich u. zum Dt.-Französ. Krieg führte.

Lothringen: **28.** *K. von Niederlothringen*, *953 Laon, †22. 6. 992 Orléans; verfeindet mit seinem älteren Bruder, dem westfränk. (französ.) König *Lothar* (954–986); wurde von Kaiser Otto II. 977 zur Abwehr französ. Aspirationen zum Herzog von Niederlothringen bestellt u. machte Brüssel zu seiner Residenz. Nach dem Aussterben der Karolinger in Frankreich erhob er seit 987 Ansprüche auf den französ. Thron, konnte sich aber gegen die Kapetinger nicht durchsetzen u. starb als deren Gefangener.

29. *K. V. Leopold*, Herzog u. kaiserl. Feldherr, *3. 4. 1643 Wien, †18. 4. 1690 Wels; wurde 1669 mit seinem regierenden Onkel *Karl IV.* von den Franzosen aus dem Land vertrieben u. trat – als er die Krone Polens 1669 u. 1673 nicht erlangen konnte – in kaiserl. Dienste als Statthalter von Ober- u. Vorderösterreich. Er zeichnete sich durch kluge u. abwartende Taktik aus, sowohl gegen Frankreich in den Reunionskriegen (Einnahme Philippsburgs 1676, Eroberung von Mainz u. Bonn 1689) als auch in den Türkenkriegen (1683 Entsetzung Wiens, Siege bei Gran 1685 u. bei Mohács 1687).

30. *K. Alexander*, Prinz u. kaiserl. Feldmarschall, *12. 12. 1712 Lunéville, †4. 7. 1780 Brüssel; Sohn Herzog *Leopolds* u. der *Elisabeth Charlotte* von Orléans; erhielt – als 1738 Lothringen an Stanislaus Leszczynski fiel – das Großpriorat von Pisa u. wurde später Großmeister des Dt. Ordens. Nach einer erfolgreichen Schlacht gegen die Türken (Krozka 1739) wurde K. Oberbefehlshaber der österr. Truppen gegen Friedrich d. Gr. (Niederlage von Chotusitz 1742), den er 1744 aus Böhmen vertrieb, bevor sich bei Hohenfriedberg (4. 6. 1745) u. Soor (30. 9. 1745) endgültig seine Unterlegenheit zeigte; trotzdem hielt ihn seine Schwägerin Maria Theresia, die ihm sogar den Oberbefehl über alle österr. Truppen übertragen hatte, bis 1757 (Niederlage bei Leuthen). Danach lebte K. zurückgezogen in den österr. Niederlanden, wo er seit 1748 Gouverneur war, u. förderte Wirtschaft u. Handel.

Neapel-Sizilien: **31.** *K. I. von Anjou*, König 1265–1285, *1226, †7. 1. 1285 Fòggia; Sohn König Ludwigs VIII. von Frankreich, vom Papst 1265 mit Neapel u. Sizilien belehnt, besiegte den erbberechtigten Staufer *Manfred* (Sohn Kaiser Friedrichs II.) u. räumte durch Scheingericht u. Enthauptung den letzten Staufer, *Konradin*, aus dem Weg. Weit ausgreifende Pläne zur Unterwerfung ganz Italiens u. auf dem Balkan scheiterten. 1272 nahm er den Titel „König von Albanien" u. 1277 den des Königs von Jerusalem an. Wegen seiner Härte kam es zur *Sizilianischen Vesper* (1282), durch die er aus Sizilien vertrieben wurde.

32. *K. II. von Anjou*, Sohn von 31), König 1285–1309, *1254, †5. 3. 1309 Neapel; geriet 1284 in die Gefangenschaft Peters III. von Aragón u. wurde erst 1288 von dessen Sohn freigelassen. Die gemachten Zusagen hielt er nicht ein. Von Papst Nikolaus IV. zum König gekrönt, konnte er Sizilien nicht zurückgewinnen. 1270 heiratete er Maria, die Erbtochter Ungarns, u. gründete die Linie der Anjou in Ungarn. Sein ältester Sohn Karl wurde König von Ungarn, der jüngere Robert König von Neapel.

Österreich: **33.** *K. Ludwig Johann*, Erzherzog, *5. 9. 1771 Florenz, †30. 4. 1847 Wien; Sohn Kaiser Leopolds II.; 1796 zum Reichsfeldmarschall ernannt, bewährte sich in Kämpfen gegen J. B. Jourdan, besiegte 1809 Napoleon I. bei Aspern, ohne den Sieg zu nutzen, u. verlor im gleichen Jahr den Oberbefehl, nachdem er vorzeitig Friedensverhandlungen nach der Schlacht bei Wagram eingeleitet hatte. Als Kriegs-Min. widmete er sich der Reform des österr. Heers. K. war auch Militärschriftsteller.

34. *K. Franz Joseph*, Kaiser von Österreich 1916–1918, König *(K. IV.)* von Ungarn, *17. 8. 1887 Persenbeug, Niederösterreich, †1. 4. 1922 Quinta do Monte, Funchal, Madeira. Nachdem sein Onkel Erzherzog Franz Ferdinand am 28. 6. 1914 in Sarajewo einem Attentat zum Opfer gefallen war, wurde K. Thronfolger. Er verhandelte unter dem Einfluß seiner Gemahlin *Zita* von Bourbon-Parma u. mit Vermittlung seiner Schwäger Sixtus u. Xavier ohne Wissen seines dt. Bundesgenossen mit der Entente über einen Sonderfrieden *(Sixtus-Affäre)*. K. legte am 11. 11. 1918 die Regierungsgeschäfte nieder, ohne formell abzudanken, u. ging Anfang 1919 mit seiner Familie in die Emigration in die Schweiz. Zwei Versuche, 1921 den Thron in Ungarn wiederzuerlangen, scheiterten. In seinen letzten Lebensmonaten war K. in Madeira interniert.

Pfalz: **35.** *K. Ludwig*, Kurfürst 1648–1680, *22. 12. 1617 Heidelberg, †28. 8. 1680 Heidelberg, Sohn des „Winterkönigs" *Friedrich V.* von der Pfalz u. der engl. Prinzessin *Elisabeth Stuart*; erhielt im Westfäl. Frieden den größten Teil des seinem Vater abgenommenen pfälz. Landes (Rheinpfalz) zurück mit einer 8. Kurwürde; widmete sich dem Wiederaufbau seines durch den Krieg zerrütteten Landes mit allen Mitteln des Kameralismus u. Merkantilismus u. begann den Bau des

Mannheimer Schlosses als seiner Residenz. K. war der Vater der „Liselotte von der Pfalz" (*Elisabeth Charlotte*, Herzogin von Orléans).
36. *K. Theodor*, Pfalzgraf in Sulzbach 1733, Kurfürst von der Pfalz 1743–1799, von Bayern 1777–1799, *11. 12. 1724 Sulzbach, †16. 2. 1799 München; folgte in der Pfalz u. in Jülich-Berg seinem Vetter *Karl Philipp* (*1661, †1742), erbte 1777 Bayern; pracht- u. kunstliebend, förderte er Theater, Musik *(Mannheimer Schule)* u. Baukunst *(Schwetzingen)*. Zur Erhebung seiner Kinder von verschiedenen Frauen in den Fürstenstand erwog er Gebietsabtretungen; der Plan eines Tauschs Belgien–Bayern führte 1778 zum *Bayer. Erbfolgekrieg*. 1796 floh K. vor den Franzosen nach Dresden. Nach seinem Tod folgte ihm Herzog *Maximilian IV. Joseph* von der Linie Pfalz-Zweibrücken (als *Maximilian I.* seit 1806 König von Bayern).
Rumänien: **37.** *K. I.*, *Carol I.*, Sohn von 27), Fürst 1866–1881, König 1881–1914, Prinz von Hohenzollern-Sigmaringen, *20. 4. 1839 Sigmaringen, †10. 10. 1914 Sinaia; zunächst im preuß. Militärdienst, 1866 auf Empfehlung von C. *Brătianus* zum Fürsten von Rumänien gewählt; unterstützte mit dem von ihm aufgebauten Heer die Russen vor Plewna 1877 gegen die Türken, erlangte aber erst nach Abtretung Südbessarabiens (d.i. Budschak) an Rußland seine Anerkennung als unabhängiger Herrscher (Berliner Kongreß 1878). Gegen den drohenden russ. Balkan-Imperialismus suchte er Anlehnung an Dtschld. u. Österreich (1883 Bündnis- u. Freundschaftsvertrag), zu denen er trotz einer starken Gegenströmung nach Ausbruch des 1. Weltkriegs hielt. Sein Wunsch, auf dt. Seite am Kampf teilzunehmen, war unausführbar. In der Innenpolitik leitete er wichtige Reformmaßnahmen ein. Er war mit Prinzessin Elisabeth von Wied (als Dichterin *Carmen Sylva*) verheiratet.
38. *K. II.*, *Carol II.*, König 1930–1940, *15. 10. 1893 Sinaia, †4. 4. 1953 Estoril (Portugal); Sohn des Kronprinzen u. späteren Königs Ferdinand I. von Hohenzollern-Sigmaringen; mußte 1925, vom Hof u. der starken liberalen Partei wegen seiner Verbindung mit Elena *Lupescu* gezwungen, auf die Thronrechte verzichten u. ins Ausland gehen, so daß er 1927 nicht die Nachfolge seines Vaters Ferdinand I. antreten konnte. Mit Billigung der Regierung I. *Maniu* kehrte K. 1930 nach Rumänien zurück, konnte aber mit seinem autoritären Regiment keine dauerhafte Ordnung herbeiführen. General I. *Antonescu* zwang K. 1940 zum Thronverzicht zugunsten seines Sohns *Michael* u. zum Exil, wo er in 2. Ehe mit Frau E. *Lupescu* lebte.
Sachsen-Weimar: **39.** *K. August*, Herzog seit 1758 (bis 1775 unter Vormundschaft seiner Mutter), Großherzog 1815–1828, *3. 9. 1757 Weimar, †14. 6. 1828 Graditz bei Torgau; Sohn von Herzog *Ernst August II. Konstantin* (*1737, †1758) u. *Anna Amalia* von Braunschweig; unterrichtet von *Wieland*, schloß 1774 mit *Goethe* Freundschaft u. zog ihn, *Herder* u. *Schiller* nach Weimar. K. war vermählt mit *Luise* von Hessen-Darmstadt (*1757, †1830). Als Mitbegründer des Fürstenbunds (1785) trat er 1791 in das preuß. Heer ein, beteiligte sich an den Koalitionskriegen gegen Frankreich (1792/93), wurde 1806 als General entlassen u. im selben Jahr noch Mitglied des Rheinbunds. Da sein Sohn *Karl Friedrich* (*1783, †1853) mit *Maria Pawlowna* (* 1786, †1859) von Rußland vermählt war, übertrug Zar Alexander I. 1813 K. den Oberbefehl über ein russ. Korps in den Befreiungskriegen. Auf dem Wiener Kongreß erhielt K. Gebietszuwachs u. den Titel Großherzog. 1816 gab er seinem Land eine Verfassung. K. schützte die Lehrfreiheit an der Universität Jena u. die Pressefreiheit; er förderte die Burschenschaften, denen er 1817 die Abhaltung des Wartburgfestes gestattete,

Karl August von Sachsen-Weimar (39)

trotz preuß.-österr. Proteste, mußte allerdings die Karlsbader Beschlüsse von 1819 ausführen.
Sardinien: **40.** *K. Emanuel I.*, König 1730–1773, als Herzog von Savoyen *K. Emanuel III.*, *27. 4. 1701 Turin, †20. 2. 1773 Turin; gewann im Poln. u. Österr. Erbfolgekrieg, erst auf französ., dann auf österr. Seite kämpfend, Teile der Lombardei mit Tortona u. Novara. Er war ein angesehener Staatsmann, der bes. auf wirtschaftl. Gebiet wichtige Reformen durchführte. Als Herausgeber des Gesetzeswerks *Corpus Carolinum* erwies er sich als aufgeklärter Fürst.
Savoyen: **41.** *K. Emanuel I.*, Herzog 1580–1630, *12. 1. 1562 Rivoli, †26. 7. 1630 Savillon; schuf die Grundlage für den Aufstieg Savoyens, obwohl angesichts seiner eingezwängten Lage zwischen Spanien, Frankreich u. dem Kaiser die meisten seiner Pläne scheiterten. Er konnte weder Genf noch Genua nehmen, noch auf die Dauer aus den innerfranzös. Wirren Gewinn ziehen. Auch sein Versuch, im Mantuanischen Erbfolgekrieg Montferrat an sich zu ziehen, mißlang. Nach dem Tod Kaiser Matthias' (1619) erstrebte er erfolglos die Kaiserkrone.
Schweden: **42.** *K. VII. Sverkersson*, König 1155 in Götaland, 1161 in Svealand; †1167 Visingsö, Småland (ermordet); richtete das Erzbistum Uppsala ein. (*K. I.–K. VI.* sind sagenhafte Könige, die im Werk des Chronisten J. *Magni* „Historia de omnibus Gothorum Svecorumque regibus" von 1554 genannt sind.)
43. *K. VIII. Knutson*, *1. 10. 1408, †15. 5. 1470 Stockholm; der erste nationale Schwedenkönig seit der Vereinigung Schwedens mit Dänemark u. Norwegen in der Kalmarer Union von 1397. Nachdem er den schwed. Widerstand gegen den Unionskönig *Erich von Pommern* geführt hatte, wurde er 1438 zum Reichsverweser gewählt, war 1448–1457 Gegenkönig gegen den Unionskönig *Christian von Oldenburg* u. regierte nach jahrelangem Exil wieder 1464–1465 u. 1467–1470.
44. *K. IX.*, König 1604–1611, *4. 10. 1550 Stockholm, †30. 10. 1611 Nyköping; jüngster Sohn von Gustav Wasa, verteidigte den Protestantismus gegen seinen Bruder Johann III. u. sicherte ihn mit den Beschlüssen von Uppsala, die Sigismund III. von Polen vor seiner Krönung in Schweden unterzeichnen mußte, aber nicht hielt. K. war seit 1592 Reichsregent; er besiegte Sigismund u. den kath. Adel 1598, nahm den Königstitel aber erst nach dem freiwilligen Verzicht des jüngsten Sohns von Johann III. an.
45. *K. X. Gustav*, König 1654–1660, *8. 11. 1622 Nyköping, †13. 2. 1660 Göteborg; aus dem Haus Pfalz-Zweibrücken, folgte 1654 Königin Christine auf den Thron; führte 1655 bis 1657 Krieg gegen Polen, um den Anspruch der poln. Wasas auf den schwed. Thron zu begegnen; zwang Dänemark in einem durch den Marsch des schwed. Heeres über die zugefrorenen Belte berühmt gewordenen Feldzug zum *Frieden von Roskilde* (1658), mit dem Dänemark seine Schonenschen Provinzen an Schweden verlor (größte Ausdehnung Schwedens). Nach dem 2. Krieg gegen Dänemark mußte Schweden im *Kopenhagener Frieden* (1660) Trondheim u. Bornholm zurückgeben; doch behielt es die Länder am Öresund, der damit zur Grenze zwischen Dänemark u. Schweden wurde.
46. *K. XI.*, Sohn von 45), König 1672–1697 (1660–1672 vormundschaftliche Regierung), *24. 11. 1655 Stockholm, †5. 4. 1697 Stockholm; wurde durch das Bündnis mit Frankreich in den Krieg gegen Dänemark u. Brandenburg (Fehrbellin 1675) hineingezogen, stellte in der Schlacht von Lund 1676 das Übergewicht über die Dänen wieder her; er widmete sich nach den Friedensschlüssen von 1679 im Sinn des Absolutismus der inneren Reform, der Reorganisation des Heers u. der Verwaltung, wobei er die Macht des Hochadels u. den Einfluß des Reichstags zurückdrängte.
47. *K. XII.*, Sohn von 46), König 1697–1718, *27. 6. 1682 Stockholm, †11. 12. 1718 bei der Belagerung von Frederikshald; besiegte im *Nordischen Krieg* Dänemark u. Polen, wurde aber 1709 von Zar Peter I. vernichtend geschlagen, entkam in die Türkei, versuchte 1714 nach seiner Rückkehr die schwed. Be-

Karl XII. (47)

sitzungen zu halten, verlor Stralsund u. fiel auf einem Kriegszug nach Norwegen.
48. *K. XIII.*, König 1809 (1814 von Norwegen) bis 1818, *7. 10. 1748 Stockholm, †5. 2. 1818 Stockholm; Bruder *Gustavs III.*, war 1792–1796 Regent für seinen unmündigen Neffen *Gustav IV. Adolf*; überließ die Regierungsverantwortung weitgehend dem von ihm adoptierten Jean-Baptiste Bernadotte, dem späteren *Karl XIV. Johann*.
49. *K. XIV. Johann*, eigentl. Jean Baptiste *Bernadotte*, König 1818–1844 (auch von Norwegen), *26. 1. 1763 Pau, Südfrankreich, †8. 3. 1844 Stockholm; heiratete 1798 Désirée *Clary*; wurde 1804 Marschall im Heer Napoleons I., 1806 für seine Verdienste in der Schlacht bei Austerlitz *Fürst von Pontecorvo*, schlug die Preußen bei Halle u. zwang Blücher zur Kapitulation bei Lübeck. K. wurde 1810 vom schwed. Reichstag, der sich die Wiedergewinnung Finnlands erhoffte, zum Thronfolger gewählt. In den Befreiungskriegen schonte er seine Nordarmee, mit der er 1814 die Abtretung Norwegens von Dänemark erzwang.
50. *Carl XVI. Gustav*, König von Schweden seit 1973, *30. 4. 1946 Schloß Haga bei Stockholm; seit 1976 mit der aus München stammenden Sylvia Sommerlath verheiratet.
Spanien: **51.** *K. I.* = Kaiser *K. V.* → Karl (2)
52. *K. II.*, König 1665–1700, *6. 11. 1661 Madrid, †1. 11. 1700 Madrid; letzter span.

Habsburger, kränklich; unter ihm erfolgten der Machtniedergang der span. Monarchie durch große Gebietsverluste an Ludwig XIV. (Teile der span. Niederlande, die Freigrafschaft Burgund u. Luxemburg) u. Unruhen im Innern. K. ließ sich überreden, statt des berechtigten dt. Habsburgers Kaiser Leopold I. den Franzosen Philipp (V.) von Bourbon zum Thronfolger zu bestimmen. Auch → Spanischer Erbfolgekrieg.

53. *K. III.*, König 1759–1788, aus dem Haus Bourbon, Herzog von Parma (als *K. I.* seit 1731) u. König beider Sizilien (als *K. VII.* seit 1734), *20. 1. 1716 Madrid, †14. 12. 1788 Madrid; reformfreudiger Monarch, Vertreter des aufgeklärten Absolutismus, schloß mit Frankreich den Familienpakt (1761), vertrieb die Jesuiten (1767); führte Kriege gegen England (1783: Menorca u. Florida wieder span.) u. leitete eine Wende in der span. Marokkopolitik ein (Friedensverträge).

54. Infanten → Carlos (2 u. 3).

Ungarn: **55.** *K. I. Robert*, König 1308–1342, aus dem Haus Anjou, *1288, †16. 7. 1342 Visegrád; mit Hilfe des Papstes Nachfolger des letzten Árpáden, schuf innenpolit. die Voraussetzungen für Ungarns Vormachtstellung auf dem Balkan. In langwierigen Auseinandersetzungen mit den mächtigen Magnaten baute er die Zentralmacht aus u. leitete wichtige wirtschaftl. Reformmaßnahmen (Münzreform, Förderung von Bergbau, Handel u. Städtewesen) ein.

56. *K. III.* = Kaiser *K. VI.*, → Karl (3).

57. *K. IV.* = *K. Franz Joseph* von Österreich, → Karl (34).

Württemberg: **58.** *K. Alexander*, Herzog 1733–1737, *24. 1. 1684 Stuttgart, †12. 3. 1737 Stuttgart; kämpfte in kaiserl. Diensten (zuletzt als Generalfeldmarschall) gegen Frankreich im Span. Erbfolgekrieg 1710–1713, am Rhein u. in Italien sowie erfolgreich in den Türkenkriegen; wurde 1719 Statthalter von Belgrad u. Serbien. Nach seinem Regierungsantritt in Württemberg (nach dem Aussterben der Stuttgarter Hauptlinie) kam K., seit 1712 kath., wegen seiner hohen Steuern u. Kriegsausgaben, vor allem wegen seines Finanzberaters J. *Süß-Oppenheimer*, in immer größer werdenden Gegensatz zu seinem überwiegend prot. Volk.

59. *K. Eugen*, Sohn von 58), Herzog 1737–1793, *11. 2. 1728 Brüssel, †24. 10. 1793 Hohenheim; folgte seinem Vater 1737 unter Vormundschaft u. wurde 1741–1744 am Hof Friedrichs d. Gr. von Preußen erzogen; übernahm 1744 selbst die Regierung seines Landes, das er im absolutist. Sinn führte (Verhaftung J. J. *Mosers* u. C. F. D. *Schubarts*) u. durch prachtliebende Hofhaltung u. große Rüstungsausgaben mit hohen Schulden belastete. Nachdem ihn die Landstände, unterstützt durch mehrfache Interventionen Kaiser Josephs II., 1770 durch einen Vergleich zur Abkehr vom Absolutismus gezwungen hatten, trat unter dem Einfluß seiner Berater u. seiner zweiten Frau, der Gräfin Franziska von *Hohenheim*, ein radikaler Umschwung in seiner Regierung ein. K. gründete 1770 die *Karlsschule* (die *Schiller* besuchen mußte), machte Tübingen zum Zentrum süddt. Geisteslebens, legte Straßen an u. förderte Wirtschaft, Handel u. die Geistlichkeit (deren Güter er z. T. früher eingezogen hatte).

Karl der Große → Karl (12).

Karlisten, die Anhänger des span. Thronbewerbers *Don Carlos* u. seiner Nachkommen; führten gegen die Anhänger Königin Isabellas II. die *Karlistenkriege* (1834–1839, 1847–1849 u. 1872–1876), die sie verloren. Seitdem sind sie als polit. Partei *(Traditionalisten)* wirksam. Im Span. Bürgerkrieg kämpften sie mit einem eigenen Wehrverband *(Requetés)* auf Francos Seite; 1937 wurden sie in die Falange eingegliedert. Sie verfechten den Thronanspruch des Prinzen Carlos Hugo von Bourbon-Parma.

Karlmann, 1. Hausmeier von Austrien, Alemannien u. Thüringen 741–747, *vor 714, †17. 8. 754 Kloster Vienne; Karolinger, Sohn *Karl Martells* u. der *Chrotrud* (†724); stark an religiösen Fragen interessiert, förderte u. a. *Bonifatius* u. Reformen in der Landeskirche, regierte in einem Teil des Reichs neben *Pippin d. J.*; verzichtete nach blutigem Niederwerfen der Alemannen bei Cannstatt 746 auf seine Herrschaft u. zog sich 747 in das Kloster auf dem Berg Soracte (später *Monte Cassino*) zurück. Als er 754 vermittelnd für die von Pippin bekriegten Langobarden eintreten wollte, sperrte ihn dieser im Kloster Vienne ein, wo K. bald starb; seine Söhne wurden von der Thronfolge ausgeschlossen u. ebenfalls ins Kloster geschickt.

2. König der Franken 768–771, *751, †4. 12. 771 Samoussy; Sohn *Pippins d. J.*, 754 von Papst Stephan II. zusammen mit seinem Vater u. seinem Bruder Karl (d. Gr.) zum König der Franken gesalbt; erhielt nach Pippins Tod 768 Burgund, die Provence, Septimanien, einen Teil Neustriens mit Soissons u. Paris, das Elsaß, Alemannien u. das östl. Aquitanien. Bevor es zum Krieg zwischen den Brüdern kam, die sich entfremdet hatten, starb K. Sein Reich erhielt mit Zustimmung des Adels Karl d. Gr., wobei seine Witwe *Gerberga* u. sein Sohn *Pippin* (*770) übergangen wurden.

3. Ostfrankenkönig 876–880, *um 830, †22. 3. 880 Ötting; Sohn *Ludwigs des Deutschen* u. der Welfin *Hemma* (†876), 856 Verwalter der bayer. Ostmark; 863–865 wegen eines Aufstands gegen seinen Vater ohne Land. 865 wieder in Bayern eingesetzt, führte K. einen Abwehrkampf gegen Herzog Rastislav von Mähren (846–870), dann gegen dessen Neffen Zwentibold, mit dem er 874 Frieden schloß. Nach dem Tod Ludwigs des Deutschen (876) trat dessen Teilung des Reichs von 865 in Kraft. K. erhielt Bayern mit seinen Marken u. der Hoheit über die Slawenstaaten des Südostens; die anderen Teile fielen an seine Brüder Karl III., den Dicken, u. Ludwig III., den Jüngeren. K. erwarb Italien 877 – von seinem Vetter Kaiser Ludwig II. bereits 872 dazu bestimmt – u. empfing dort die Huldigung der Großen. Seit 878 durch einen Schlaganfall gelähmt, trat er im Sommer 879 die Herrschaft in Italien an seinen Bruder Karl III., den Dicken, ab u. versprach im Herbst 879 Bayern Ludwig III., d. J.

Karl Martell → Karl (11).

Karl-Marx-Stadt, 1953–1990 Name von *Chemnitz*.

Karlowitz, Stadt in Serbien *(Sremski Karlovci)*. – Der *Friede von K.* (26. 1. 1699) beendete den seit 1683 geführten *Türkenkrieg* zwischen Österreich, Venedig, Polen einerseits u. dem Osmanischen Reich andererseits. Ein Großteil Ungarns mit Siebenbürgen fiel an Österreich, Podolien an Polen, Teile des Peloponnes an Venedig. Der Friede von K. leitete den Aufstieg Österreichs zur Großmacht ein.

Karlsbader Beschlüsse, die Beschlüsse, die 1819 als Reaktion auf die *Burschenschaftsbewegung* u. aus Anlaß der Ermordung A. von *Kotzebues* im Dt. Bund gefaßt wurden. *Metternich* bat Preußen u. einige „zuverlässige" Staaten nach Karlsbad zu einer Konferenz (6.–31. 8. 1819), die eine verschärfte Überwachung der Universitäten, Zensur von Büchern u. Zeitschriften u. die Einsetzung einer *Zentraluntersuchungskommission* zur Verfolgung „demagogischer Umtriebe" in Mainz beschloß sowie dem Artikel 13 der Bundesakte über Einführung landständ. Verfassungen eine Auslegung im Sinn des alten Ständestaats gab. Der Bundestag mußte am 20. 9. 1819 unter österr.-preuß. Druck die im Kampf gegen die liberale dt. Nationalbewegung grundlegenden Beschlüsse annehmen, die erst am 2. 4. 1848 nach der Märzrevolution wieder aufgehoben wurden.

Karlspreis, 1950 von der Stadt Aachen zur Erinnerung an das christlich-abendländ. Europa Karls d. Gr. gestifteter Preis, der für Verdienste um die europ. Bewegung u. Einigung verliehen wird.

Karlsruhe, Stadt in Baden-Württemberg, 278 000 Ew.; gegr. 1715 von Markgraf *Karl III. Wilhelm* von Baden-Durlach, Residenz bzw. Hauptstadt der Markgrafschaft *Baden-Durlach*, der vereinigten Markgrafschaft (1771), des Kurfürstentums (1803), Großherzogtums (1806), Freistaats (1918) u. Gaues (1933) *Baden*, seit 1953 Sitz der Landesbezirksverwaltung u. Hptst. des Reg.-Bez. *Nordbaden*.

Karlstadt, Andreas, eigentl. A. *Bodenstein*, Theologe der Reformationszeit, *um 1480 Karlstadt, Unterfranken, †24. 12. 1541 Basel; 1510 Archidiakon am Allerheiligenstift u. Prof. in Wittenberg, stand zunächst auf Luthers Seite, ging jedoch in seinen Reformen wesentlich über ihn hinaus u. verursachte während Luthers Wartburg-Aufenthalt in Wittenberg einen „Bildersturm", der Luthers Eingreifen erforderlich machte; darauf Pfarrer in Orlamünde, bald jedoch wegen des Drucks „mystischer" Schriften aus Sachsen vertrieben; fand nach vielen Zwischenstationen schließlich 1534 in Basel noch einmal eine Wirkungsstätte als Prediger u. Professor.

Karmanien, altiranische Landschaft, nach einem Volksstamm benannt, grenzte im Westen an die alte Persis.

Karmaten, *Qarmaten*, von *Hamdan Karmat* um 895 gegr. sozialrevolutionärer Geheimbund der ismailit. Schiiten. Die K. beherrschten u. terrorisierten bis etwa 1028 Mesopotamien, Syrien u. Ostarabien; unter Abu Tahir plünderten sie 937 Mekka. Sie gründeten Ende des 9. Jh. in Nordostarabien einen Staat, der bis ins 11. Jh. bestand.

Karmeliter, kath. Bettelorden, aus Eremitengemeinschaften vom Berg *Karmel* Mitte des 12. Jh. erwachsen, durch Theresia von Avila u. Johannes vom Kreuz reformiert.

Karnak, *Al-Karnak*, oberägypt. Ort bei Luxor am Nil; mit einer Gruppe von Tempeln, die zur altägypt. Hptst. *Theben* gehörte. Beherrschend ist der Komplex des Amun-Reichstempels, an dem von der 11. Dynastie bis in die röm. Kaiserzeit gebaut wurde. In der Hauptachse sind vom Nil her beginnend eine Widderallee u. 6 Pylonen vorgelagert. Dazwischen liegen mehrere Höfe u. Hallen, darunter der von Sethos I. u. Ramses II. erbaute dreischiffige Säulensaal (134 Papyrusbündelsäulen in 16 Reihen, Höhe der mittleren Säulen 21 m, Durchmesser 3,57 m, Umfang über 10 m).

Kärnten, Bundesland im S von Österreich, 9533 km², 558 000 Ew.; Hptst. *Klagenfurt*. K. leitet seinen Namen vermutlich vom kelt. Stamm der *Karner* her; um 400 v. Chr. Einwanderung von Kelten. K. wurde um 30 v. Chr. römisch u. gehörte später zur Prov. Noricum. Ende des 5. Jh. wanderten Slawen ein. 743 kam K. an Bayern; 960 wurde die Karantanische Mark errichtet. Seit 976 selbständiges Herzogtum, gehörten K. auch Gebiete der späteren Steiermark, Teile Oberösterreichs, Niederösterreichs u. die Mark Verona mit Friaul, Krain u. Istrien an. Im 11./12. Jh. befand sich K. unter der Herrschaft der Eppenheimer, dann der Spanheimer u. kurze Zeit auch Ottokars von Böhmen. Nach dessen Sturz gelangte K. 1286 als Lehen an die Grafen von Tirol, 1335 (mit Krain u. der Windischen Mark) in den Besitz der Habsburger. 1809–1813 im Zuge der Neuordnung Europas durch Napoleon wurde Oberkärnten an die Illyrischen Provinzen angegliedert. 1814 bis 1849 war K. dem Illyrischen Königreich unterstellt u. wurde 1849 selbständiges Kronland. Als Folge des verlorengegangenen

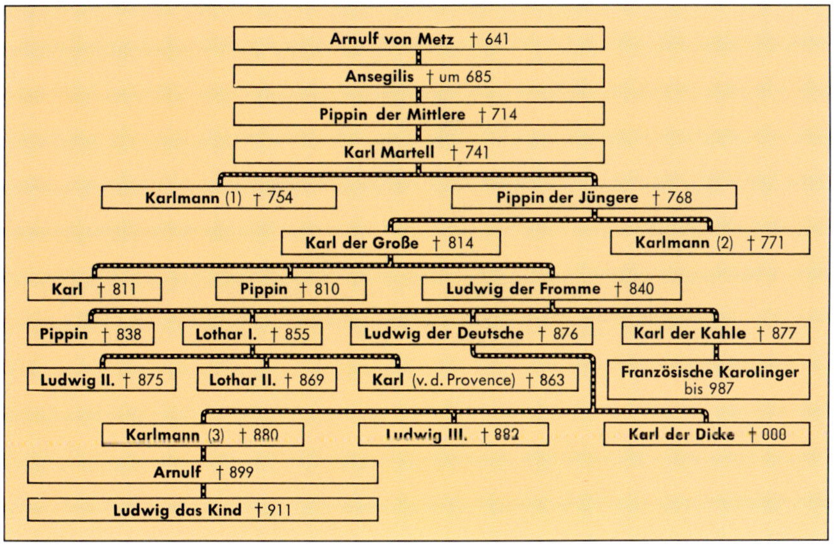

Karolinger: Stammtafel

1. Weltkrieges, entsprechend den Bestimmungen des Vertrages von Saint-Germain, mußten das Kanaltal an Italien u. das Miestal (mit Seeland) an Jugoslawien abgetreten werden. 1945 kam es kurzfristig zur Besetzung von Teilen Süd-K.s durch jugoslaw. Truppenverbände. Die in den Nachkriegsjahren mehrfach vorgebrachten Gebietsansprüche Jugoslawiens auf Slowenisch-K. u. die südl. Steiermark blieben ohne Erfolg. Artikel 7 des Österreichischen Staatsvertrages von 1955 enthält jedoch Schutzbestimmungen für Minderheiten, darunter auch für die Kärntner Slowenen. Trotzdem blieb die Minderheitenfrage in K. auch nach 1955 ein innenpolitisches Problem.

Karolino, Fürstinnen: **1.** *Caroline Wilhelmine,* Königin von England 1727–1737, * 1. 3. 1683 Ansbach, † 20. 11. 1737 London; Tochter Johann Friedrichs von Brandenburg-Ansbach, 1705 vermählt mit dem späteren König *Georg II.* von England. Durch klugen Einfluß auf ihren Gemahl (trotz seiner Matressenwirtschaft), auf die Whigs u. die anglikan. Kirche stärkte sie das Ansehen des hannoveran. Königshauses in England. Sie unterstützte den Premier-Min. R. *Walpole,* förderte Dichter (J. *Swift*), Denker (engl. Aufklärung: G. *Berkeley, Shaftesbury*) u. Musiker (G. F. *Händel*) u. war befreundet mit *Chesterfield* u. A. *Pope.*

2. *K. Henriette Christine Luise,* Landgräfin von Hessen-Darmstadt (die „Große Landgräfin"), * 9. 3. 1721 Bischweiler, † 30. 3. 1774 Darmstadt; aus dem Haus Zweibrücken-Birkenfeld stammend, seit 1741 mit dem Erbprinzen u. späteren Landgrafen *Ludwig IX.* von Hessen-Darmstadt (* 1719, † 1790) vermählt, der 1744 u. 1750–1757 in preuß. Kriegsdiensten stand. K. befreundete sich mit *Friedrich d. Gr.,* versammelte nach dem Regierungsantritt ihres Gemahls (1768) am Hof in Darmstadt berühmte Männer (*Herder, Wieland, Gleim* u. *Goethe*) u. ließ 1771 die ersten Werke *Klopstocks* drucken.

3. *K. Amalie,* Königin von England 1820–1821, * 17. 5. 1768 Braunschweig, † 7. 8. 1821 London; heiratete 1795 den Prinzen von Wales u. späteren König Georg IV. (1820 bis 1830), 1811–1820 wegen angebl. ehebrecherischer Beziehungen vom engl. Hof verbannt, weigerte sich 1820, auf ihren Titel „Königin" zu verzichten, worauf Georg IV. im Parlament ein Scheidungsgesetz einbringen ließ, das jedoch im Oberhaus scheiterte. K. wurde dennoch nicht zur Krönung Georgs IV. zugelassen.

Karolinger, *Arnulfinger, Pippiniden,* fränk. Hausmeier- u. Königsgeschlecht (seit 751); stammte von Bischof *Arnulf von Metz* († 641) ab, dessen Enkel *Pippin II.,* der Mittlere, 687 (Schlacht bei Tertry) die zentrale Gewalt als Hausmeier des gesamten Frankenreichs gewann. Ihm folgte sein unehel. Sohn *Karl Martell.* Dessen Söhne *Karlmann* u. *Pippin III.,* d. J., übten das Hausmeieramt bis 747 in verschiedenen Reichsteilen getrennt aus. Pippin setzte den Merowinger *Childerich III.* ab u. wurde 751 mit Zustimmung des Papstes König. Ihm folgten 768 seine beiden Söhne Karlmann u. *Karl (d. Gr.),* doch Karlmann starb bereits 771. Karl d. Gr., nun Alleinherrscher, wurde 800 vom Papst zum Kaiser gekrönt. Ihm folgte 814 sein Sohn *Ludwig der Fromme.* Ludwigs Söhne *Lothar I., Karl der Kahle* u. *Ludwig der Deutsche* teilten 843 das Reich (Vertrag von Verdun), u. es entstanden drei bald erlöschende Herrscherlinien, die mittlere (bis 875, *Ludwig II.*), die ostfränk. (bis 911, *Ludwig das Kind*) u. die westfränk. (bis 987, *Ludwig V.*).

Kartäuser, lat. *Ordo Cartusiensis,* Abk. *OCart,* kath. Einsiedlerorden, 1084 vom hl. *Bruno* im Tal *La Chartreuse* bei Grenoble gegr., päpstl. Approbation 1176.

Kartell, *Kartellparteien,* ein Bündnis regierungsfreundl. Parteien (Deutschkonservative, Reichspartei, Nationalliberale), das sich nach der Auflösung des Reichstags (14. 1. 1887) wegen der Heeresvorlage durch Bismarck bildete. Die Heeresvorlage wurde noch im selben Jahr mit Hilfe des K.s verabschiedet; das K. sicherte Bismarck bis zum Regierungsantritt Wilhelms II. wieder eine parlamentar. Mehrheit. Das K. erlitt 1890 eine schwere Wahlniederlage, u. die Parteien trennten sich wieder voneinander.

Karthago, lat. *Carthago,* grch. *Karchedon,* im Altertum bedeutende Stadt in Nordafrika, etwa 12 km nordöstl. vom heutigen Tunis, wurde 814 v. Chr. von Phöniziern aus Tyros als Kolonie zur Sicherung der Schiffahrt im westl. Mittelmeer gegründet. K. besaß gute, sichere Häfen u. später eine mächtige Burganlage. Als die Griechen die Seeherrschaft im östl. Mittelmeer gewannen, ging die Verbindung zur Mutterstadt verloren; K. wurde selbständig u. beherrschte den Handel im westl. Mittelmeer vollständig.

Als die Römer Süditalien eingenommen hatten, begann der Kampf mit Rom um die Vorherrschaft über das westl. Mittelmeer. Im 1. Punischen Krieg 264–241 v. Chr. (→ Punische Kriege) gingen die Inseln verloren, im 2. Pun. Krieg 218–201 v. Chr. verlor K. trotz der großen militär. Leistungen *Hannibals* seine Stellung als Weltmacht. Nach dem 3. Pun. Krieg 149–146 v. Chr. wurde K. völlig zerstört u. der Restbestand des Hinterlands zur röm. Provinz (Africa) gemacht.

126 v. Chr. legte C. *Gracchus* eine Kolonie auf dem alten Stadtgebiet an. In der Kaiserzeit war K. zu einer der bedeutendsten Städte des Röm. Reichs geworden. Nach der Eroberung durch die Wandalen 439 n. Chr. begannen Abstieg u. Verfall. 698 fiel K. in arab. Hände u. wurde systematisch geschleift. Die Entstehung der Nachfolgestadt *Tunis* fällt unmittelbar in die Jahre nach der arab. Eroberung.

An der Spitze des karthag. Staats standen zwei *Suffeten* („Richter"), von griech. u. latein. Schriftstellern häufig „Könige" genannt. Vom 5. Jh. v. Chr. an blieb diese Amtswürde ständig im Besitz vornehmer Familien. Die eigentl. Regierung lag in den Händen eines Rats, dessen Mitglieder ebenfalls die vornehmsten Familien stellten. Das Heer wurde fast ausschl. aus Söldnern rekrutiert, die von karthag. Offizieren befehligt wurden. In hoher Blüte stand der Schiffbau. K. unterhielt zeitweilig eine Flotte von 200 Schiffen. Das Gewerbe stellte neben wenigen hochwertigen Produkten hauptsächlich billige Massenartikel für primitivere Völker her. Bis zum 4. Jh. v. Chr. gab es eine Art Kreditgeld, das aus kleinen, mit einem Stempel der Regierung versehenen Lederbeuteln bestand. Münzprägung kam erst später auf. Hauptgott der Stadt war *Baal-Hammon,* neben den die Fruchtbarkeitsgöttin *Tanit* trat. Eine bes. Rolle spielte der Gott *Moloch,* dem Kinder der Adligen geopfert wurden.

Kartoffelkrieg → Bayerischer Erbfolgekrieg.

Kasachstan KZ

Republik Kasachstan

Fläche: 2 717 300 km². – *Einwohner:* 17,3 Mill. – *Hauptstadt:* Akmola. – *Landessprachen:* Kasachisch, Russisch. – *Nationalfeiertag:* 16.12.– *Währung:* 1 Tenge = 100 Tiyn. – *Lage:* zwischen 41°05′ und 55°20′ n. Br. sowie 46°31′ und 87°50′ ö. L. – *Zeitzone:* Mitteleuropäische Zeit + 3 bis + 4 Std. – *Grenzen:* im N, Nordwesten u. Nordosten Rußland, im O Mongolei u. China, im S Kirgisien, Usbekistan u. Turkmenistan, im Südwesten Kaspisches Meer. *Staatsform:* präsidiale Republik.

Das kasach. Volk entstand durch Vermischung türk. u. mongol. Stämme. Im 17. Jh. teilte sich das Volk in drei selbstständige Horden, die bis ins 19. Jh. überwiegend als Nomaden lebten. Seit 1822 wurde das Gebiet der Kasachen von Rußland erobert. 1873 war die Annexion abgeschlossen. Ein Aufstand gegen die zarist. Herrschaft wurde 1916 blutig niedergeschlagen. 1920 wurde die *Kirgis. Autonome Sozialist. Sowjetrepublik* im Rahmen der RSFSR gegr.; sie wurde 1925 in *Kasach. ASSR* umbenannt u. 1936 zur Unionsrepublik erhoben. 1941 siedelte man Hunderttausende von Rußlanddeutschen zwangsweise nach K. um. 1986 zeigten sich erste Ansätze einer antiruss. Protestbewegung. Am 16. 12. 1991 erklärte sich K. für unabhängig. Es wurde Mitgl. der *Gemeinschaft Unabhängiger Staaten (GUS).* Staatsoberhaupt ist N. A. *Nasarbajew.*

Kaschmir, Gebirgslandschaft u. ehem. Für-

stentum (1846–1947) im nordwestl. Himalaya u. Karakorum; nach der Unabhängigkeit Indiens 1947 zwischen Indien u. Pakistan umstritten u. nach krieger. Auseinandersetzungen auf beide aufgeteilt (trotz des Anspruchs beider Länder auf das gesamte K.). Zum ind. Teil (amtl. Jammu and Kashmir) gehören 138995 km^2, 6,0 Mill. Ew. Der pakistan. Teil, 83888 km^2, 1,3 Mill. Ew. (1980) mit dem Hauptort *Muzaffarabad* im N von K., wird als Azad Kashmir („Freies K.") bezeichnet. Als Hptst. für das gesamte K. gilt das auf ind. Gebiet liegende *Shrinagar*.
Als ursprünglich buddhist. Land wurde K. bis 1346 von Hindukönigen, dann von islam. Herrschern regiert u. 1586 dem Mogul-Reich eingegliedert. 1756 gehörte K. in den Bereich des afghan. Durrani-Herrschers Ahmed Schah, 1819 des Sikh-Herrschers des Pandschab, Ranjit Singh, bis es 1846 unter brit. Oberhoheit kam. Bei der Teilung Brit.-Indiens 1947, die nach Religionszugehörigkeit erfolgte, wurde K. zum Streitobjekt, weil der hinduist. Maharadscha *Hari Singh* den Anschluß des überwiegend islam. Landes an die Indische Union erklärte; im darauffolgenden *K.-Konflikt* besetzte Indien 60 %, Pakistan 40 % des Landes. 1949 wurde von den UN eine Demarkationslinie ausgehandelt. Trotzdem kam es immer wieder zu Zusammenstößen. Die vorgesehene Volksabstimmung fand nicht statt. Weder Verhandlungen noch militärische Auseinandersetzungen (indisch-pakistanischer Krieg 1965) haben bisher zu einer Lösung der Kaschmirfrage geführt.

Kạsimir, *Kazimierz,* poln. Fürsten: **1.** *K. I. Restaurator (Odnowiciel),* Herzog 1034 bis 1058, *25. 7. 1016, †24. 10. (oder 28. 11.) 1058; aus der Piastendynastie, zuerst unter Vormundschaft seiner Mutter Richeza (schwäb. Herzogstochter), 1037 vertrieben, kehrte mit dt. u. ungar. Hilfe als dt. Vasall 1039 zurück. K. unterwarf 1047 Masowien u. gewann 1054 Schlesien von Böhmen zurück. Er verlegte die Hauptstadt nach Krakau.
2. *K. II., K. der Gerechte (Sprawiedliwy),* 1166 Herzog von Wiślica, 1177 Herzog von Sandomir u. Krakau sowie Senior von Polen, 1186–1194 Herzog von Masowien, *1138, †5. 5. 1194; aus der Piastendynastie, stützte sich vor allem auf die Kirche, der er 1180 in Łęczyca die ersten Privilegien verlieh, u. erzielte die ersten Erfolge zur Überwindung der teilfürstl. Zersplitterung Polens.

Kassiten: Grenzstein des Marduknasir; um 1100 v. Chr. London, Britisches Museum

3. *K. III., K. d. Gr. (Wielki),* König 1333–1370, *30. 4. 1310 Kowal, Kujawien, †5. 11. 1370 Krakau; verzichtete 1335 auf dem Kongreß zu Visegrád (Ungarn) auf die Hoheit über Schlesien zugunsten Böhmens, überließ dem Deutschen Orden 1343 Pommerellen. Der Erwerb Galiziens u. eines Teils von Wolynien (1340–1349) leitete eine neue, nach Osten gerichtete Politik Polens ein. Im Innern förderte er das Städtewesen (u. a. auch durch Aufnahme von Deutschen u. Gewährung dt. Stadtrechts), schützte die Juden, gründete die Universität Krakau (1364) u. ließ erstmals poln. Recht kodifizieren. Mit ihm starben die poln. *Piasten* in der königl. Linie aus.
4. *K. IV., der Jagiellone (Jagillończyk),* König 1447–1492, *30. 11. 1427 Krakau, †7. 6. 1492 Grodno; Sohn Jagiłłos, seit 1440 Großfürst von Litauen, erlangte 1466 im Thorner Frieden vom Dt. Orden Westpreußen u. die Lehnshoheit über das Ordensland Preußen.

Kassạnder, *Kassandros,* *um 350 v. Chr., †297 v. Chr.; ältester Sohn des *Antipater,* nahm an den Kämpfen um die Nachfolge *Alexanders d. Gr.* teil; ab 317 v. Chr. Herrscher von Makedonien.

Kassel, kreisfreie Stadt in Hessen, an der Fulda, Hptst. des Reg.-Bez. K., 163 – 615 m ü. M., 202 000 Ew.
K., bereits im 10. Jh. erwähnt, wurde im 13. Jh. von den Landgrafen von Thüringen zur Stadt erklärt u. 1277 Residenzstadt der Landgrafen von Hessen (seit 1567 von Hessen-K.). Die Stadt wurde befestigt u. ständig vergrößert, 1615 durch Aufnahme von flüchtigen Niederländern, 1688 durch Ansiedlung von Hugenotten. 1807–1813 war K. Hptst. des napoleon. Königreichs Westfalen, 1813–1866 des Kurfürstentums Hessen. Wegen der Haltung der Fürsten u. der Finanzmisere im Land kam es in der Stadt 1830, 1831 u. 1848 zu Unruhen. Während des Dt. Kriegs 1866 wurde K. von Preußen besetzt u. zur Hauptstadt der neugebildeten preuß. Provinz Hessen-Nassau (bis 1945) gemacht. Im 2. Weltkrieg erlitt es schwere Zerstörungen. 1970 fand in K. ein Treffen zwischen Bundeskanzler W. Brandt u. DDR-Ministerrats-Vors. W. Stoph statt.

Kạssem, *Qasim, Kasim,* Abd Al Karim, irak. Politiker, *1914 Bagdad, †9. 2. 1963 Bagdad (erschossen); 1955 General; führte 1958 den Staatsstreich gegen König Faisal II. u. proklamierte die Republik, wurde Min.-Präs. u. Verteidigungs-Min.; entwickelte sich zu einem entschiedenen Gegner des ägypt. Präs. Nasser. K. fiel einem Staatsstreich zum Opfer.

Kassịten, *Kaschschu, Kossäer,* Grenzvolk des alten Babylonien in den Randgebieten Irans; unbekannter Herkunft, den Elamitern u. Guti verwandt. Einzelne Namen ihrer Götter deuten auf eine Berührung mit indoeuropäisch sprechenden Völkern. Vom 17. Jh. v. Chr. an drangen die K. teils in friedl. Unterwanderung, teils mit Waffengewalt in Babylonien ein u. setzten sich unter eigenen Königen im NO des Landes fest. Nach einem Raubzug der Hethiter (um 1531 v. Chr.) gewannen sie das zerstörte Babylon u. brachten bis 1480 v. Chr. ganz Babylonien unter ihre Herrschaft, wobei sie unter den Einfluß der babylon. Kultur gerieten. Im 12. Jh. v. Chr. wurden die letzten K.-Könige in Babylon von der einheim. 2. Dynastie von Isin verdrängt.

Kastẹll [lat. *castellum,* „kleines Lager"], befestigtes röm. Militärlager, diente in der Regel zur Aufnahme mittelgroßer Truppeneinheiten, insbes. von Hilfstruppen.

Kastịlien, span. *Castilla* [„Burgenland"], das zentrale Hochland u. die histor. Kernlandschaft Spaniens, durch das *Kastil. Scheidegebirge* (in der *Sierra de Gredos* 2592 m) in die beiden Hochflächenlandschaften Altkastilien u. Neukastilien getrennt.
Um 750 erwarb König *Alfons I.* von Asturien Alt-K. Im 10. Jh. wurde K. selbständige Grafschaft; im 11. Jh. fiel es an Navarra, da die männl. Linie ausgestorben war. 1037 erbte *Ferdinand I.* von K. León. Nach Erbteilungen vereinigte *Alfons VI.* von León wieder das Gesamtreich u. vergrößerte es um die Gebiete von Navarra u. Neu-K. mit Toledo (1085). Thronstreitigkeiten führten 1157 zur Trennung von K. u. León. *Ferdinand III.* vereinigte sie 1230 wieder, eroberte Córdoba, Murcia, Jaén u. Sevilla (1236–1248); Granada wurde Vasallenstaat. K. u. León blieben nun ungeteilt. *Alfons X.* (1257 zum dt. König gewählt) eroberte Cádiz u. Cartagena. Im 14. Jh. kam die Dynastie *Trastamara* auf den kastil. Thron. Die überseeische Expansion K.s begann unter *Heinrich III.* (1390–1406) mit dem Erwerb der Kanar. Inseln. 1469 heiratete die kastil. Thronerbin *Isabella I.* den aragones. Kronprinzen *Ferdinand den Katholischen*; nach der Thronbesteigung in ihren Reichen (1474 bzw. 1479) regierten sie K. gemeinsam. Die neue span. Monarchie vollendete die Einigung der Halbinsel (außer Portugal) durch die Eroberung Granadas (1492) u. Navarras (1512) u. dehnte ihren Besitz nach Afrika u. Übersee aus.

Katalạnische Kompanie, eine Truppe katalan. Söldner, die ursprünglich von König Friedrich III. von Sizilien aus dem Hause Aragón gegen angiovinische Rückeroberungsbestrebungen angeworben worden waren. 1303 trafen sie mit 6500 Mann unter ihrem Führer Roger de Flor als Helfer des byzantin. Kaisers gegen die Türken in Konstantinopel ein, wurden aber rasch zu einem lästigen Verbündeten. Nach der Ermordung Roger de Flors im Kaiserpalast 1305 verwüsteten sie in einem Rachezug Thrakien u. zogen über Thessalien nach Theben u. Athen, zerschlugen die Streitkräfte des fränk. Herzogtums u. errichteten ein katalan. Fürstentum in Athen (1311–1388).

Katalaunische Felder [nach *Catalaunum,* dem heutigen Châlons-sur-Marne], übliche Bez. für den Ort der Hunnenschlacht 451, in der die Römer unter *Aetius* mit Franken u. Westgoten (deren König *Theoderich I.* fiel) über die Hunnen unter *Attila* siegten. Richtiger ist wahrscheinlich die Bez. *Mauriazensische Felder* (nach dem heute nicht mehr bestehenden *Maurica,* südl. von Châlons, westl. von Troyes).

Katalọnien, span. *Cataluña,* katalan. *Catalunya,* histor. Landschaft Nordostspaniens, umfaßt die 4 Provinzen *Gerona, Barcelona, Tarragona* u. *Lérida,* zusammen 31 930 km^2, 6,08 Mill. Ew., die *Katalanen*; alte Hptst. *Barcelona.*
K. war seit 217 v. Chr. röm. Provinz *(Hispania Tarraconensis).* 415 drangen die Westgoten, 711 die Araber in das Gebiet ein. Unter Karl d. Gr. wurde K. als *Spanische Mark* in das Frankenreich eingegliedert (778). 1137 gelangte K., dessen Grafen inzwischen unabhängig geworden waren, durch Heirat an Aragón. Doch verteidigten die Katalanen ihre Sonderrechte in mehreren Aufständen (bedeutendste: 1472 u. 1640) sowohl gegen Aragón als auch nach dessen Vereinigung mit Kastilien gegen die Zentralregierung. Im Spanischen Erbfolgekrieg auf österr. Seite kämpfend, verlor K. nach dem Sieg Philipps V. seine alten Sonderrechte. Nach Abschaffung der Monarchie erhielt K. 1931–1936 weitgehende Autonomie, die unter Franco wieder verlorenging. Nach der Demokratisierung Spaniens erhielt K. 1977 ein neues Autonomiestatut.

Katar → S. 423.

Kạtharer [grch., „die Reinen"], Selbstbez. *Christiani* u. *Boni homines,* Sekte des MA, von den Bogomilen beeinflußt. Vom Balkan kommend, verbreitete sie sich seit dem 12. Jh.

schnell über Oberitalien u. Südfrankreich, faßte aber auch in Dtschld, Spanien u. Sizilien Fuß. Die ursprüngl. von den neutestamentl. Motiven der mittelalterl. Armutsbewegung ausgehende Sekte nahm bald dualist.-neumanichäische Gedankengänge auf. Die K. spalteten sich in mehrere Gruppen. Sie glaubten, durch völlige Weltenthaltung das Heil erlangen zu können, u. richteten eione eigene Hierarchie u. einen eigenen Kult ein. Trotz Verfolgung durch die Inquisition kam die Sekte erst nach der Entstehung der Bettelorden im 15. Jh. zum Erliegen.

Katharina, Fürstinnen. England: **1.** Königin, seit 1420 Frau Heinrichs V., *27. 10. 1401 Paris, †3. 1. 1437 Bermondsey Abbey, London; Tochter Karls VI. von Frankreich. Durch ihre zweite Ehe mit Owen Tudor (1422) Ahnherrin der Tudors; Großmutter Heinrichs VII. von England.

2. *K. von Aragón,* Königin, Frau des englischen Thronfolgers Arthur (†1502), dann seines Bruders Heinrich VIII. (1509), *16. 12. 1485 Alcalá de Henares (Spanien), †7. 1. 1536 Kimbolton Huntingdon; Mutter der späteren Königin Maria der Katholischen u. 1511 bis 1514 während der Abwesenheit Heinrichs VIII. im Krieg gegen Frankreich Regentin von England. Die von Heinrich seit 1526 erstrebte, vom Papst verweigerte Scheidung von K. war Ursache für den Abfall der englischen Kirche von Rom. 1533 ließ sich Heinrich ohne päpstliche Zustimmung scheiden.

3. *K. Howard,* Königin, 5. Frau Heinrichs VIII. (1540), *um 1520, †13. 2. 1542; von ihrem Mann des Ehebruchs bezichtigt; enthauptet.

4. *K. Parr,* Königin, 6. Frau Heinrichs VIII. (1543), *1512, †7. 9. 1548 Sudeley Castle, Gloucestershire; vor ihrer Ehe mit Heinrich schon zweimal verwitwet; beeinflußte diesen in protestant. Sinn u. heiratete nach seinem Tod den Admiral T. Seymour (*um 1508, †1549).

Frankreich: **5.** *K. von Medici,* Königin, Frau Heinrichs II. von Frankreich seit 1533, *13. 4. 1519 Florenz, †5. 1. 1589 Blois; stand

Katar Q

Staat Katar

Fläche: 11000 km². – *Einwohner:* 478000. – *Hauptstadt:* Doha. – *Landessprachen:* Arabisch, Persisch, Englisch. – *Nationalfeiertag:* 3. 9. – *Währung:* 1 Katar-Riyal = 100 Dirhams. – *Lage:* zwischen 24°30′ und 26°15′ n. Br. sowie 50°40′ und 52°30′ ö. L. – *Zeitzone:* Mitteleuropäische Zeit + 2 Std. – *Grenzen:* im S Saudi-Arabien, ansonsten Persischer Golf. – *Staatsform:* absolute Monarchie (Emirat) mit Machtteilhabe der Herrscherfamilie.

1868 wurde K. selbständiges Scheichtum. 1872 gliederten es die Türken dem Osman. Reich an. 1916 wurde K. brit. Protektorat. Nach dem Rückzug der Briten aus der Golf-Region machte sich K. am 1. 9. 1971 als Scheichtum unabhängig. – K. ist eine absolute Monarchie. Staatsoberhaupt u. Regierungschef ist der Scheich. Die Minister sind ihm verantwortlich. Die beratende Versammlung (Legislative) hat nur beschränkte Rechte. Parteien gibt es nicht. Es gilt islamisches Recht.

Katharina die Große. Gemälde von Vigilius Erichsen. Chartres, Musée des Beaux Arts (Ausschnitt)

zunächst im Schatten der Mätresse Heinrichs, Diane de Poitiers, erlangte aber unter ihren Söhnen Franz II. u. Karl IX. großen polit. Einfluß. Ihr Streben ging dahin, die Stellung der Krone über den Ständen u. Religionsparteien durch ein Gleichgewicht der Konfessionen u. durch Verständigung mit Spanien zu sichern. Als G. de Colignys antispan. Politik auf ihren Sohn Karl IX. zu großen Einfluß gewann, ließ sie die Hugenottenführer in der sogenannten *Bartholomäusnacht* umbringen.

Portugal: **6.** *K. von Bragança,* Königin, *25. 11. 1638 Vila Viçosa, †31. 12. 1705 Lissabon; Tochter Johanns IV. von Portugal (*1604, †1656), Frau Karls II. von England; war als Katholikin Angriffen u. Anschuldigungen durch das engl. Parlament ausgesetzt, das eine Scheidung anstrebte. Als Witwe Regentin von Portugal für ihren geisteskranken Bruder Peter (Pedro) II.

Rußland: **7.** *K. I.,* eigentl. Marta *Skawronskaja,* Kaiserin 1725–1727, *15. 4. 1684 Jakobstadt, Kurland, †17. 5. 1727 St. Petersburg; Bauerntochter, Frau eines schwed. Dragoners, dann Geliebte A. D. Menschikows, schließlich Peters des Großen, der sie 1712 heiratete, 1724 krönte; als Zarin nach Peters Tod (1725) überließ sie die Regierungsgeschäfte Menschikow. Aus ihrer Ehe mit Peter I. stammte die spätere Zarin (1741) Elisabeth.

8. *K. II., K. d. Gr.,* eigentl. *Sophie Friederike Auguste,* Kaiserin 1762–1796, *2. 5. 1729 Stettin, †17. 11. 1796 Zarskoje Selo; Tochter des Fürsten Christian August von Anhalt-Zerbst-Dornburg; stürzte ihren Gatten Peter III. u. ließ sich 1762 zur Kaiserin ausrufen. K. war eine sinnl. Frau, die zahlreiche Liebhaber hatte (G. Orlow, G. Potjomkin u. a.). Intelligent u. gebildet, stand sie mit führenden Geistern ihrer Zeit im Briefverkehr. K. stützte sich auf den Adel, dem sie durch einen „Gnadenbrief" (1785) die Dienstfreiheit sowie die volle Verfügungsgewalt über die Leibeigenen garantierte. Die so verschärften sozialen Spannungen entluden sich in zahlreichen Bauernrevolten, bes. in dem großen Bauern- und Kosakenaufstand F. Pugatschows (1773–1775). Ihrem vorgeblich aufgeklärten Absolutismus entsprangen die Reform des Senats (1763) u. der Gouvernementsverwaltung (1764), die Säkularisierung der Kirchengüter (1764) u. zahlreiche Schulgründungen. Durch zwei Kriege gegen die Türkei gewann Rußland unter K. in den Friedensschlüssen von Kütschük-Kainardschi (1774) u. Jassy (1792) sowie durch die Annexion der Krim (1783) die Küste des Schwarzen Meers bis zum Dnjestr. Durch die Teilungen Polens (1772, 1793 u. 1795) wurde es Nachbar Preußens u. Österreichs. K.s Regierung leitete eine neue Phase des Aufstiegs Rußlands zur europ. Großmacht ein.

Katholische Majestät, *Allerkatholischste Majestät,* Titel der Könige von Spanien aufgrund des 1496 von Papst Alexander VI. an Isabella I. von Kastilien u. Ferdinand den Katholischen von Aragón verliehenen Titels *Katholische Könige.*

Katholizismus [grch. + lat.], die Gesamtheit aller polit., staatl. u. sozialen Lebensäußerungen, die sich aus einer im kath. Glauben verwurzelten Grundhaltung ergeben. Während die kath. Kirche gemäß ihrer Selbstinterpretation ihrem Wesen nach unveränderlich ist, sind die Erscheinungsformen des K. zeitgeschichtlich bedingt. Der Begriff K. ist erst im 19. Jh. aufgekommen, vielleicht als Analogiebildung zu *Protestantismus.* Die Anfänge der geistigen Erneuerung des K. nach der Aufklärung liegen in der Erweckungsbewegung (J. M. *Sailer*) u. Romantik (J. A. *Möhler*). Im Kampf gegen den Liberalismus wurde die kath. Kirche Hort der stabilen Kräfte (J. M. de *Maistre,* „Du pape" 1819). Neben dem polit. K., der bes. im Kulturkampf seine Bewährungsprobe bestand u. die Grundlage der Zentrumspartei bildete, gewannen die sozialen Bestrebungen des K. eine immer größere Bedeutung. Hier gaben W. E. von *Ketteler* u. A. *Kolping* wegweisende Grundideen, die sich in den kath. Gesellenvereinen (Kolpingfamilie), den kath. Arbeitervereinen u. dem Volksverein für das kath. Dtschld. auswirkten. Görres- u. Leo-Gesellschaft versuchten, mit modernen Forschungsmethoden neue wissenschaftl. Erkenntnisse zu finden u. diese in überlieferte Systeme u. Gedankengänge einzuordnen. Seit 1848 sind in Dtschld. die Katholikentage sowie seit einigen Jahrzehnten in der ganzen Welt die Kath. Aktion form- u. richtunggebend für den K. Daneben traten Führer des K. etwa seit der Jahrhundertwende für ein Zusammengehen mit dem Protestantismus bes. in polit. u. sozialen Fragen ein (J. *Bachem;* Christl. Gewerkschaften). Anfänge einer gegenüber dem Protestantismus aufgeschlossenen Kontroverstheologie sind seit den 1930er Jahren zu beobachten (Robert *Grosche,* Arnold *Rademacher,* Una-Sancta-Bewegung).

Katte, Hans Hermann von, Jugendfreund *Friedrichs d. Gr.,* *28. 2. 1704 Berlin, †6. 11. 1730 Küstrin; als Mitwisser der Fluchtpläne u. als Fluchthelfer des Kronprinzen Friedrich von König Friedrich Wilhelm I. zum Tod verurteilt u. vor Friedrichs Augen hingerichtet. Friedrich erhob den Vater K.s, Feldmarschall Hans Heinrich von K. (*1681, †1741), 1740 in den Grafenstand.

Katyn [ka'tin], russ. Ort bei Smolensk, in dessen Nähe 1943 Massengräber mit den Leichen von über 4000 poln. Offizieren gefunden wurden. Die Offiziere befanden sich seit 1939 in sowjet. Gefangenschaft u. waren von der sowjet. Geheimpolizei im April 1940 auf Weisung der sowjet. Führung getötet worden. Die Entdeckung der Morde von K. belastete das Verhältnis der Alliierten untereinander u. führte zum Abbruch der diplomat. Beziehungen zwischen der poln. Exilregierung in London u. der Sowjetunion.

Katzbach [die], poln. *Kaczawa,* linker Nebenfluß der Oder in Niederschlesien.
An der K., in der Nähe des Dorfes Wahlstatt, siegte eine preuß.-russ. Armee unter G. L. von *Blücher* am 26. 8. 1813 über die Franzosen.

Katzenelnbogen, adliges Geschlecht mit Stammburg in K., das sich bis ins 11. Jh. zurückverfolgen läßt (*Heinrich I. von K.,* 1095–1102) u. von Kaiser Konrad III. in den Grafenstand erhoben wurde. Die Grafschaft zerfiel 1245 in die Linien *Alt-K.* u. *Neu-K.,* wurde nach dem Aussterben der letzteren (1403) wieder vereinigt u. hatte inzwischen ihren Besitz beträchtlich vermehrt (Gebiet im Süden zwischen Rhein u. Main mit Darmstadt; Gebiet im Norden zwischen Taunus, Rhein u. Lahn mit St. Goar; Streubesitz zwischen Oberrhein u. Holland). Der letzte Graf von K. starb 1479; die Grafschaft fiel an den Landgrafen *Heinrich III. von Hessen* (* 1440, † 1483), der mit der Erbtochter *Anna von K.* (* 1443, † 1494) vermählt war. 1567 verzweigten sich die Linien *Obergrafschaft K. (Hessen-Darmstadt)* u. *Niedergrafschaft K.* (1583 zu *Hessen-Kassel*; Nebenlinie *Hessen-Rotenburg-Rheinfels*). 1866 nach dem Dt. Krieg fiel der größte Teil der ehem. K.schen Gebiete an Preußen. Sie gehören heute teils zum Rheinland, teils zu Hessen.

Kaudinisches Joch, nach der Ortschaft *Caudium*, dem heutigen *Montesarchio* im Apennin (Italien), benannte Freilassungsbedingung, der sich 321 v. Chr. während des 2. Samnitenkriegs das gesamte röm. Heeraufgebot beugen mußte, das dort in einen Hinterhalt geraten war. Freier Abzug wurde nur gewährt gegen die Annahme eines günstigen Friedens, die Stellung von Geiseln u. den bes. demütigenden Durchzug unter einem Joch, was als Zeichen völliger Unterwerfung galt.

Kaunda ['kɔndə], Kenneth David, sambischer Politiker, *28. 4. 1924 auf einer prot. Missionsstation bei Chinsali, Nordrhodesien; 1964–1991 Staats-Präs. von Sambia.

Kaunitz, Wenzel Anton Fürst (seit 1764) von *K.-Rietberg*, österr. Politiker, *2. 2. 1711 Wien, † 27. 6. 1794 Wien; 1742–1744 Gesandter in Turin, dann beim österr. Generalgouvernement der Niederlande tätig; 1748 auf dem Friedenskongreß in Aachen, seit 1753 Staatskanzler Maria Theresias u. Josephs II.; strebte ein Bündnis mit Frankreich an, um Preußen, das er als Österreichs Hauptgegner ansah, niederzuwerfen u. Schlesien zurückzugewinnen. Er erreichte auch 1756 ein Defensivbündnis, das nach Ausbruch des Siebenjährigen Kriegs in ein Offensivbündnis umgewandelt wurde. Mit Joseph II., der 1765 Mitregent geworden war, setzte er gegen den Willen Maria Theresias den Erwerb Galiziens, der Bukowina u. des bayer. Innviertels durch; jedoch ging schon unter Joseph II., mehr noch unter Leopold II., sein Einfluß zurück. Innenpolitisch war K. ein Vertreter des *Josephinismus*.

Kautsky, 1. Benedikt, Sohn von 2), sozialist. Theoretiker u. Schriftsteller, *1. 11. 1894 Stuttgart, † 1. 4. 1960 Wien; 1921–1938 Sekretär der Wiener Arbeiterkammer, 1938–1945 im KZ; beeinflußte das Parteiprogramm der SPÖ von 1958 entscheidend.

2. Karl, marxist. Theoretiker u. Publizist, *16. 10. 1854 Prag, † 17. 10. 1938 Amsterdam; trat 1875 in Wien der Sozialdemokratie bei, lebte 1885–1890 in London (Zusammenarbeit mit F. *Engels*), dann in Stuttgart, seit 1897 in Berlin; 1883 Gründer u. bis 1917 Hrsg. der sozialdemokrat. Zeitschrift „Die Neue Zeit", Mitverfasser des *Erfurter Programms*. K. war der führende Theoretiker der SPD u. der Zweiten Internationale; er vertrat einen orthodoxen Marxismus u. bekämpfte sowohl den Revisionismus E. *Bernsteins* wie den Radikalismus Rosa *Luxemburgs*; den Bolschewismus lehnte er ab. Neben K. Marx, F. Engels u. Franz Mehring gehörte er zu den wenigen Vertretern einer marxist. Geschichtsschreibung vor dem 1. Weltkrieg. 1917 war er Mitgründer der USPD, 1922 kehrte er in die SPD zurück. 1918 war er kurze Zeit beigeordneter Staatssekretär im Auswärtigen Amt. Seit 1924 lebte K. in Wien; von dort emigrierte er 1938 in die Niederlande. – Hptw.: „Materialist. Geschichtsauffassung" 2 Bde. 1927.

Kavad, *Kobad*, Name zweier sassanidischer Könige: **1.** *K. I.*, Sohn des *Peroz*, Großkönig 488–531, in seine Zeit fällt das Auftreten der *Mazdakiten*, einer religiös-sozialen Bewegung.

2. *K. II. Scheroes*, Sohn des *Chosrau II.*, Großkönig 628 für sechs Monate, ließ seinen Vater u. alle Brüder töten, um an die Macht zu kommen.

Kavaliersparlament, das engl. Parlament von 1661–1679, so benannt wegen seiner königstreuen Mehrheit (nach der Bez. „Cavaliers" für die im Bürgerkrieg auf seiten des Königs kämpfenden Truppen). Das K. verabschiedete die wichtigsten Gesetze der Restauration, stellte sich jedoch gegen die Versuche Karls II., den Katholizismus unter dem Deckmantel der religiösen Toleranz durch Indulgenzerklärungen zu fördern u. ein stehendes Heer einzurichten. Mit der Appropriation seiner Geldbewilligungen machte das K. einen wesentl. Schritt in Richtung auf die parlamentar. Kontrolle von Budget u. Regierungstätigkeit.

Kehr, 1. Eckart, Historiker, *25. 6. 1902 Brandenburg, † 29. 5. 1933 Washington, D.C. (USA); versuchte die dt. Geschichte vom „Primat der Innenpolitik" her zu analysieren u. den Einfluß sozialer u. ökonomischer Interessen auf die Innen- u. Außenpolitik genauer zu bestimmen. Dieser Ansatz gewann seit etwa 1965 Einfluß auf die Geschichtswissenschaft in der BR Dtschld. Hptw.: „Schlachtflottenbau u. Parteipolitik 1894 bis 1901" 1930, Nachdruck 1965; „Der Primat der Innenpolitik. Gesammelte Aufsätze zur preuß.-dt. Sozialgeschichte im 19. u. 20. Jh." 1965 (hrsg. von H.-U. Wehler).

2. Paul Fridolin, Historiker, *28. 12. 1860 Waltershausen, Thüringen, † 10. 11. 1944 Wässerndorf, Unterfranken; 1895 Prof. in Göttingen, 1903 Direktor des Preuß. Histor. Instituts in Rom, 1915–1929 Generaldirektor der preuß. Staatsarchive; 1919–1934 Präsident der Zentraldirektion der „Monumenta Germaniae Historica", Hrsg. der „Regesta Pontificum Romanorum (Italia pontificia)" 1906–1935 u. der „Urkunden der dt. Könige aus karoling. Stamme" 1932–1940.

Keitel, Wilhelm, Offizier (1940 Generalfeldmarschall), *22. 9. 1882 Helmscherode, Harz, † 16. 10. 1946 Nürnberg (hingerichtet); 1935 Chef des Wehrmachtsamts im Reichskriegsministerium, 1938 Chef des Oberkommandos der Wehrmacht, engster militär. Mitarbeiter *Hitlers*; unterzeichnete 1945 in Berlin die Kapitulation der dt. Wehrmacht; vom Nürnberger Militärtribunal als Hauptkriegsverbrecher zum Tode verurteilt.

Keith, [ki:θ], alte schott. Adelsfamilie, benannt nach der Baronie K. in Ostlothian; von König *Malcolm II.* (*954, † 1034) angeblich einem Mitgl. der Familie für treue Dienste im Kampf gegen die Dänen verliehen, verknüpft mit dem Amt eines Großmarschalls von Schottland. Die Titel entfielen mit dem Aussterben der Familie 1867.

1. Georg, Earl-Marishal of Scotland, Bruder von 2), preuß. Diplomat, *2. 4. 1693 Schloß Inverugie bei Peterhead (Schottland), † 25. 5. 1778 Schloß Sanssouci bei Potsdam; diente unter *Marlborough* u. beteiligte sich 1715 u. 1719 an den Jakobitenaufständen, mußte aus England fliehen u. trat in span. Kriegsdienste; kam 1747 an den Hof *Friedrichs d. Gr.*, dessen literar. Interessen er teilte, u. wurde 1751 sein Gesandter in Paris u. 1754 sein Gouverneur in Neuenburg. 1759 kam K. als preuß. Gesandter nach Madrid u. erhielt im selben Jahr seine beschlagnahmten Güter durch Fürsprache Friedrichs d. Gr. von der engl. Regierung zurück. K. siedelte 1763 endgültig nach Sanssouci über.

2. [auch *kait*], Jakob (James), Bruder von 1), preuß. Offizier, *11. 6. 1696 Schloß Inverugie, † 14. 10. 1758 bei Hochkirch; floh nach der Niederschlagung des Jakobitenaufstands (1715), trat 1719 in span. u. 1728 in russ. Kriegsdienste, zeichnete sich in den Türkenkriegen Rußlands 1736–1739 u. im russ. Krieg gegen Schweden 1741 aus; ging 1747 nach Berlin u. wurde von Friedrich d. Gr. zum Feldmarschall u. 1749 zum Gouverneur von Berlin ernannt. 1758 leitete K. den preuß. Rückzug aus Olmütz u. wurde Oberbefehlshaber der preußischen Armee in Sachsen. In der Schlacht bei Hochkirch gegen die Österreicher wurde er tödlich getroffen.

Kejstut, *Keistut(is), Kynstud*, litauischer Großfürst, *um 1297, † 15. 8. 1382 Krewo (ermordet); trat nach dem Tod seines Vaters *Gedymin* 1341 die Herrschaft in Traken u. Samaiten (Schamaiten) an; Gegner des Dt. Ordens, geriet im Kampf gegen *Jagiełło* in Gefangenschaft u. wurde erwürgt.

Kekkonen, Urho Kaleva, finn. Politiker (Bauernpartei), *3. 9. 1900 Pielavesi, † 31. 8. 1986 Helsinki; Jurist, Vorsitzender der Bauernpartei, 1936 u. 1944–1946 Justiz-Min., 1937 Innen-Min., 1947–1950 mit Unterbrechung Reichstags-Präs., 1950–1953 Min.-Präs., zeitweise auch Außen-Min., 1956 bis 1981 Staats-Präs.

Kellermann [kɛlɛr'man], Franz Christoph, Herzog von *Valmy*, französ. Offizier, *28. 5. 1735 Straßburg, † 23. 9. 1820 Straßburg; Marschall von Frankreich, Sieger der Schlacht bei Valmy (20. 9. 1792); einer der fähigsten Militärs *Napoleons*; trat 1814 für die Restitution der Bourbonenmonarchie ein u. wurde von Ludwig XVIII. zum Pair von Frankreich ernannt.

Kellogg, Frank Billings, US-amerikan. Politiker (Republikaner), *22. 12. 1856 Potsdam, N.Y., † 21. 12. 1937 St. Paul, Minn.; Anwalt, 1917–1923 Senator, 1924/25 Botschafter in London. K. brachte als Außen-Min. (1925 bis 1929) 1928 zusammen mit A. *Briand* den *Briand-K.-Pakt* zustande u. erhielt dafür 1929 den Friedensnobelpreis; 1930–1935 Mitgl. des Haager Gerichtshofs.

Kellogg-Pakt → Briand-Kellogg-Pakt.

Kelten [„die Tapferen", „die Erhabenen" oder „die Hohen"], grch. *Keltoi*, lat. *Celtae*, auch *Galli, Galatae*, ein aus spärlichen antiken schriftl. Überlieferungen, aus archäologischen Befunden u. sprachwissenschaftl. Forschungsergebnissen erschlossenes, uneinheitliches Volk, das große Teile West-, Mittel-, Südosteuropas u. Kleinasiens bewohnte. Als früheste Erwähnung des Namens kann die (nur indirekt überlieferte) Aussage *Hekatäus'* von Milet (um 500 v. Chr.) gelten, die Stadt Massilia (heute Marseille) liege im Gebiet der Ligurer, unterhalb der *Keltiké*. Im 5. Jh. v. Chr. berichtete dann *Herodot* in den „Historien" zweimal von den K. Danach wohnten sie jenseits der Säulen des Herakles (heute die Straße von Gibraltar) den Kynesiern benachbart, also wohl im heutigen Portugal. Diese Aussage gibt Rätsel auf, da archäolog. Funde, die normalerweise mit den K. verbunden werden, in Portugal fast völlig fehlen. Ferner erwähnte Herodot, im Gebiet der K. entspringe der *Istros* (die heutige Donau). Da in Süddeutschland für diese Zeit archäologisch die späte *Hallstattkultur* u. die frühe *Latènekultur* nachgewiesen sind, werden die K. als Träger dieser, vor allem der letztgenannten, später in West- u. Mitteleuropa weitverbreiteten Kulturen angesehen. Ergebnisse kelt. Sprachforschungen legen durch Orts- u. Gewässernamen den Entstehungsraum einer keltischen Ursprache im Gebiet zwischen Ostfrankreich, West- u. Süddeutschland bis Böhmen nahe. Untersuchungen zum Keltiberischen, deren Ergebnisse jedoch mehrfach kritisiert wurden, geben den Zeitpunkt dieser Entstehung schon vor dem 5. Jh. v. Chr. an. Es erscheint kaum sinnvoll, nach K. in der Zeit vor dem 5. Jh. v. Chr. zu suchen. Archäologisch erstaunt der große Unterschied zwischen Hallstatt- u. Latènekultur, die meist beide als keltisch gedeutet werden. Doch geben die sog. *Fürstensitze* der späteren westl. Hallstattkultur *(Heuneburg, Hohenasperg, Mont Lassois* u. a.) mit ihren reich ausgestatteten Grabhügeln (z. B. *Magdalenenberg, Hochdorf, Vix)* u. mit ihren Beziehungen zu den südl. Hochkulturen Anzeichen für eine straffe Organisation, die die Kontrolle u. Verteilung von Gütern u. Arbeitskräften ermöglichte. Dieses ist für die damaligen Verhältnisse am ehesten aufgrund einer Stammesgemeinschaft denkbar. Die radikale Umwälzung in Form der Latènekultur wird vor allem als religiöse Neuerung gedeutet, die sich aufgrund innerer Spannungen sozialer u. kultureller Art in Verbindung mit vielen neuen Anregungen aus dem Bereich der antiken Hochkulturen durchsetzte. Neben dem Aufkommen neuer Fürstensitze in der *Hunsrück-Eifel-Kultur* mögen diese Auseinandersetzungen u. a. zur Zerstörung der Hallstatt-Fürstensitze u. auch zu den Wanderungen der später aus der Literatur als keltisch bekannten Stämme geführt haben. Die Wanderungen begannen bereits im 5. Jh. v. Chr. nach Italien u. dem Balkan.

In Italien siedelten sich in der Poebene *Insubrer, Boier, Cenomanen* u. *Senonen* an. Von dort aus besiegten sie mehrfach die Etrusker, 387 v. Chr. in der Schlacht an der Allia auch die Römer u. plünderten Rom. Seit dem Beginn des 3. Jh. v. Chr. jedoch dehnten die Römer ihren Machtbereich auch auf die keltisch besiedelten Gebiete Norditaliens aus u. gliederten sie als „Gallia cisalpina" Anfang des 1. Jh. v. Chr. ihrem Reich ein.

Vom 4. Jh. v. Chr. an wurde der Balkan besiedelt. 279 v. Chr. kam es dabei zum Angriff auf Delphi, das nur knapp der Plünderung entging. Ein Jahr später überquerten die *Tektosagen, Trokmer* u. *Tolistobogier* (bekannt als Galater) unter Führung von Leonnorios u. Lutarios den Hellespont u. siedelten sich in Anatolien an.

Mit dem Ausgang des 3. Jh. v. Chr. endete die kelt. Expansion. Der Kontakt mit den Kulturen des Mittelmeerraums führte im keltischen Kerngebiet zu vielen Neuerungen: Herausbildung einer neuen Adelsherrschaft, Anlage befestigter, stadtähnlicher Siedlungen (Oppidum) als Stammeszentren mit eigener Münzprägung u. spezialisierten Werkstätten.

Über die Kultur der Spätzeit auf linksrheinischem Gebiet ist man durch *Cäsars* „De bello gallico" relativ gut unterrichtet. Cäsar unterschied verschiedene Stämme der K.: *Helvetier, Sequaner, Häduer* mit dem Oppidum *Bibracte, Biturigen* mit dem Oppidum *Avaricum, Boier, Allobroger, Arverner* mit dem Oppidum *Gergovia, Senonen, Treverer* u. *Lingonen.* Seinem Bericht nach gab es eine dreischichtige Gesellschaftsstruktur: Alle Macht lag bei der Ritterschaft *(equites)* u. den *Druiden.* Letzteren oblagen alle Entscheidungen u. Rechtsstreitigkeiten. Ihr Wissen war geheim u. durfte nur mündlich überliefert werden. Die dritte Schicht, das Volk, konnte zwar zu Volksversammlungen zusammenkommen, war aber meist vom Adel abhängig u. ihm zum Gehorsam verpflichtet. Nach *Lucanus* im „Bellum civile" hießen die drei höchsten Götter der K. *Taranis, Teutates* u. *Esus.* Wie weit sich die geschilderten Verhältnisse auch auf die rechtsrheinischen K. übertragen lassen, ist unklar.

Cäsars Kämpfe in Gallien (58–51 v. Chr.) führten, durch die Uneinigkeit der K. untereinander begünstigt, zur völligen Unterwerfung der linksrheinischen K. u. zur Einverleibung ihres Gebietes in das Römische Reich als „Gallia transalpina". Gleichzeitig bedrängten die Germanen u. Daker die K. Seit 16 v. Chr. begannen die Römer mit der Eroberung der späteren Provinzen *Noricum* (etwa das heutige Österreich), *Pannonien* (ungar. Tiefebene) u. *Raetien* (Alpen u. Südwestdeutschland). Damit verloren die letzten keltischen Landstriche ihre Unabhängigkeit an die Römer. Keltische Tradition lebte nur in wenigen Rückzugsgebieten fort, z. B. in Schottland, Irland, Wales u. in der Bretagne. Die keltisch sprechenden Stämme Britanniens u. Irlands wurden im Altertum nie als Kelten bezeichnet, sondern erst seit den Sprachforschungen des 18. Jh.

Keltiberer, keltisch-iberische Stämme in Nordspanien, zwischen dem Oberlauf des Ebro u. dem Unterlauf des Turia; der stark befestigte Hauptort war *Numantia.* Sie zerfielen in die Stämme der *Arevaker, Beller, Lusoner, Pelendoner, Titter* u. *Vaceer*; verwandtschaftl. Beziehungen bestanden zu den *Lusitanern.* Die K. gewannen Gold aus Flüssen, Silber u. Eisen aus Bergwerken u. hatten eine vorzügl. Waffenfabrikation. Ihre Kriegstüchtigkeit war so hervorragend, daß sie von den Karthagern nur z. T. unterworfen wurden u. gegen Rom in drei längeren Kriegen andauernden Widerstand leisteten. *Cornelius Scipio* konnte 133 v. Chr. Numantias erobern, doch leisteten die K. den Römern noch bis 44 v. Chr. Widerstand.

Kemal Atatürk, *Mustafa Kemal Pascha,* → Atatürk.

Kenia EAK

Republik Kenia

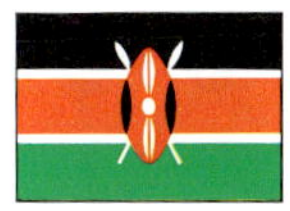

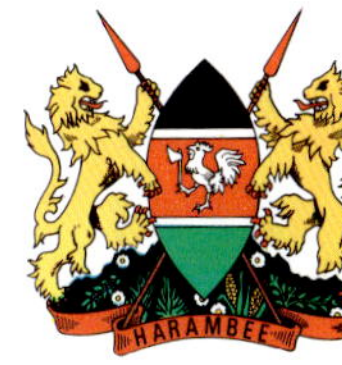

Fläche: 580 367 km². – *Einwohner:* 28,3 Mill. – *Hauptstadt:* Nairobi. – *Landessprache:* Suaheli, Englisch. – *Nationalfeiertage:* 1. 6., 20. 10., 12. 12. – *Währung:* 1 Kenia-Schilling = 100 Cents. – *Lage:* zwischen 4° 40′ n. Br. und 4° 40′ s. Br. sowie 34° und 42° ö. L. – *Zeitzone:* Mitteleuropäische Zeit + 2 Std. – *Grenzen:* im N Sudan und Äthiopien, im O Somalia und Indischer Ozean, im S Tansania, im W Uganda. – *Staatsform:* präsidiale Republik.

Vor der Kolonisation bildete K. keine polit. Einheit; im Inneren gab es keine größeren Staaten; die Küste gehörte zum arab. Sultanat Oman-Sansibar. 1887 besetzte die brit. Ostafrika-Kompanie die Küste, 1895 kam das ganze Land unter brit. Kolonialverwaltung. Seit 1902 wurde das fruchtbare Hochland ohne Rücksicht auf Eigentumsansprüche der Kikuyu an weiße Siedler verteilt. Diese europ. Minderheit förderte u. lenkte die wirtschaftl. Erschließung, bes. nach 1945; 1919 erreichte sie auch Mitsprache in der Verwaltung, aber keine Selbstregierung. – Die afrikan. Nationalbewegung entzündete sich, bes. unter den Kikuyu, an der Landnot. 1952 brach der *Mau-Mau-Aufstand* aus, den Großbritannien militärisch niederschlug; danach (1957) wurden polit. Reformen eingeleitet. Das Land erhielt stufenweise Selbstregierung u. im Dez. 1963 Unabhängigkeit. Als Regierungspartei setzte sich die *Kenya African National Union (KANU)* unter J. *Kenyatta* durch, die zunächst vorwiegend eine Partei der Kikuyu u. der Luo (am Ostufer des Victoriasees) war. 1966 spaltete sich die Linkspartei *Kenya People's Union (KPU)* ab; sie errang im Luo-Gebiet Wahlerfolge, wurde jedoch 1969 verboten. Kenyatta wurde 1963 Min.-Präs. u. regierte von 1964 bis zu seinem Tod 1978 autokratisch als Staats-Präs. Zu seinem Nachfolger wurde der bisherige Vize-Präs. D. A. *Moi* gewählt. Dieser versuchte die Vorherrschaft der Kikuyu u. des Kenyatta-Familienclans abzubauen; er setzte die Politik der Zusammenarbeit mit den Nachbarstaaten, vor allem Sudan u. Äthiopien, fort. Moi arbeitete in Gesprächen mit Tansanias Präs. *Nyerere* auch auf die Öffnung der gemeinsamen Grenze hin; er wurde 1983 u. 1988 in seinem Amt als Staats-Präs. bestätigt. Seit Ende der 1980er Jahre wuchs der Druck auf Arap Moi, K. zu demokratisieren. Gleichzeitig verschlechterte sich die Wirtschaftslage. Es kam zu blutigen Unruhen. Nach einer Verfassungsreform, die ein Mehrparteiensystem institutionalisierte, fanden 1992 erstmals nach 26 Jahren freie Parlaments- u. Präsidentschaftswahlenwahlen statt. Die frühere Einheitspartei KANU gewann die absolute Mehrheit. Bei den Präsidentschaftswahlen konnte sich Arap Moi gegen die Kandidaten der Opposition durchsetzen. Auch bei den Wahlen 1997 wurde Arap Moi in seinem Präsidentenamt bestätigt. Die Opposition erhob den Vorwurf der Wahlmanipulation.

Kennedy ['kɛnədi], **1.** Edward Moore, Bruder von 2) u. 3), US-amerikan. Politiker (Demokrat), *22. 2. 1932 Brookline bei Boston, Mass.; seit 1962 Senator für Massachusetts.

John Fitzgerald Kennedy

2. John Fitzgerald, Bruder von 1) u. 3), US-amerikan. Politiker (Demokrat), *29. 5. 1917 Brookline, Mass., †22. 11. 1963 Dallas, Texas (ermordet); verheiratet mit Jacqueline *(Lee-) Bouvier* (*1929, †1994); während des 2. Weltkriegs Seeoffizier im Pazifik, studierte Geschichte, Englisch, Französisch u. Volkswirtschaft; 1953–1961 Senator für Massachusetts, gewann die Präsidentschaftswahlen 1960 gegen den republikan. Kandidaten R. *Nixon* u. war 1961–1963 der 35. Präsident der USA. Ein wichtiges innenpolit. Ereignis während seiner Amtszeit war die Integrationsgesetzgebung für die Schwarzen; wichtige außenpolit. Ereignisse: die Berlin- (1961) u. die Kubakrise (1962); der Vertrag zwischen den USA, Großbritannien u. der UdSSR über die Einstellung der Atomtests (1963); das Außenhandelsgesetz (1961), um eine liberale Handelspolitik für die ganze Welt herbeizuführen. Die Entsendung von Spezialeinheiten nach Südostasien führte zum amerikan. Engagement im *Vietnam-Krieg.* K.s Politik war getragen von der Absicht, die Demokraten u. die demokrat. Idee in aller Welt durch großzügige Entwicklungshilfe zu unterstützen u. zugleich eine Entspannung zwischen den Machtblöcken herbeizuführen. Innenpolitisch leitete er ein umfangreiches Sozialreformwerk ein (Sozial- u. Krankenversicherung, Bürgerrechtsgesetze, Bildungswesen), ferner bemühte er sich um die Lösung von Umwelt-, Verkehrs- u. Wirtschaftsproblemen. K. fiel nach amtl. Ermittlungen dem Mordanschlag eines Einzelgängers zum Opfer; mehrfach wurden jedoch Vermutungen über eine Verschwörung geäußert.

3. Robert Francis, Bruder von 1) u. 2), US-amerikan. Politiker (Demokrat), *20. 11. 1925 Brookline, Mass., †6. 6. 1968 Los Angeles (ermordet); enger Mitarbeiter seines Bruders John F. K., 1961–1964 Justizminister; 1964 bis 1968 Senator für New York. Als er sich 1968 um die Präsidentschaftskandidatur der Demokraten bewarb, wurde er auf einer Wahlkampfreise erschossen.

Kenneth ['kɛnəθ], *K. I. Mac Alpin,* König der Schotten u. Pikten um 840–858; Sohn eines schott. Häuptlings, einigte die beiden Völker im Abwehrkampf gegen die Wikinger; gilt als Begründer des schott. Königreiches. Seine Dynastie herrschte bis 1286.

Kent, ursprünglich angelsächs. Teilkönigreich, dann engl. Earlstitel, gebunden an die Grafschaft K. Erster Träger des Titels war wahrscheinlich *Odo,* Bischof von Bayeux (1030–1097). Der Titel war seit 1352 im Besitz der Familie *Holland,* 1461–1463 im Besitz der Familie *Neville.* Die langdauernde Verknüpfung des Titels mit der Familie *Grey* begann 1465. 1710 wurde Henry Grey, 11. Earl of K., in den Herzogstand erhoben. 1799 wurde der Titel an Eduard, den 4. Sohn König Georgs III., übertragen; seither wird er von Mitgliedern der königl. Familie geführt.

Kenyatta, Jomo, afrikan. Politiker in Kenia, *20. 10. 1891 Ichaweri, †22. 8. 1978 Mombasa; lebte 1931–1946 in England; seit seiner Rückkehr 1947 polit. Führer der Kikuyu, 1953 wegen angebl. Leitung des Mau-Mau-Aufstands zu 7 Jahren Gefängnis verurteilt, 1959 entlassen, bis 1961 unter Hausarrest; einer der ältesten u. einflußreichsten Vorkämpfer des afrikan. Nationalismus, Führer der Einheitspartei Kenias, der *Kenya African National Union* (KANU). Im unabhängig gewordenen Kenia war K. 1963 Min.-Präs. u. seit 1964 Staats-Präs.

Keramikkriege, die Feldzüge Japans unter Toyotomi *Hideyoshi* zur Eroberung Koreas seit 1592, in deren Verlauf zahlreiche korean. Töpfer nach Japan verschleppt wurden.

Kérékou [kere'ku:], Mathieu, benin. Politiker u. Militär, *2. 9. 1933 Natitingou; nach militär. Karriere in der französ. Kolonialarmee Offizier in der Armee von Dahomey; seit 1972 Staatsoberhaupt. K. führte 1975 für sein Land den Namen *Benin* ein u. erklärte es zur Volksrepublik. 1990 leitete er eine Demokratisierung Benins ein. Er verlor die Präsidentschaftswahlen 1991, wurde aber 1996 erneut zum Staatschef gewählt.

Kerenskij ['kjɛrinskij], Alexander Fjodorowitsch, russ. Politiker, *4. 5. 1881 Simbirsk (heute Uljanowsk), †11. 6. 1970 New York; seit 1912 in der 4. Reichsduma als Abg. der *Trudowiki,* nach der Februarrevolution 1917 Vors. des Petrograder Sowjets u. Justiz-Min. in der Provisor. Regierung *Lwow,* seit Mai Kriegs-Min., seit Juli Min.-Präs.; betrieb die Fortsetzung des Krieges u. wurde im Nov. von den Bolschewiki gestürzt; emigrierte u. lebte seit 1940 in New York.

Kern, 1. Fritz, Historiker, *28. 9. 1884 Stuttgart, †21. 5. 1950 Mainz; Prof. in Kiel, Frankfurt a. M. u. Bonn (1914–1947); Hrsg. der „Historia Mundi" 1952 ff.; Hptw.: „Gottesgnadentum u. Widerstandsrecht im frühen MA" 1915; „Die Anfänge der französ. Ausdehnungspolitik bis 1308" 1910.

2. Johann Konrad, schweizer. Politiker (Freisinn), *11. 6. 1808 Berlingen, Thurgau, †14. 4. 1888 Zürich; Gesandter in Paris 1856–1883; Mitarbeiter an der Verfassung von 1848, Organisator des schweizer. Bundesgerichts u. des eidgenöss. Polytechnikums Zürich.

Kero, charakteristischer hoher Tonbecher mit geschwungener Wandung; typisches Gefäß der *Tiahuanaco-Kultur* Boliviens.

Kerrl, Hanns, Politiker (NSDAP), *11. 12. 1887 Fallersleben, †14. 12. 1941 Berlin; Justizbeamter; 1928–1933 Mitgl., 1932/33 Präs. des preuß. Landtags, 1933/34 preuß. Justiz-Min., 1934–1941 Reichs-Min. für kirchl. Angelegenheiten.

Jomo Kenyatta mit seiner Frau

Kesselring, Albert, Offizier (1940 Generalfeldmarschall), *30. 11. 1885 Marktsteft, Unterfranken, †15. 7. 1960 Bad Nauheim; 1936 Chef des Generalstabs der Luftwaffe, im 2. Weltkrieg bei den Feldzügen gegen Polen, Frankreich u. die Sowjetunion Luftflottenchef, 1942 in Italien, 1943–1945 Oberbefehlshaber Süd bzw. Südwest, März 1945 Oberbefehlshaber an der Westfront; 1947 von einem brit. Militärgericht in Venedig zum Tode verurteilt, zu lebenslängl. Zuchthaus begnadigt, Okt. 1952 entlassen. Erinnerungen: „Soldat bis zum letzten Tag" 1953.

Keßlerloch, eine 1873 entdeckte schweizer. Höhle, westl. von Thayngen, im Kanton Schaffhausen; Rastplatz des altsteinzeitl. Menschen; viele Funde aus Stein, Knochen u. Rengeweih, insbes. aus dem Magdalénien, u. a. Skulptur eines Moschusochsenkopfs u. eines Lochstabs mit der Gravierung eines weidenden Rens.

Alexander F. Kerenskij

Ketteler, 1. Klemens Freiherr von, Diplomat, *22. 11. 1853 Potsdam, †16. 6. 1900 Peking (ermordet); seit 1899 dt. Gesandter in Peking; seiner Ermordung beim *Boxeraufstand* folgte die bewaffnete Intervention der europ. Großmächte.

2. Wilhelm Emanuel Freiherr von, Bischof von Mainz (seit 1850), *25. 12. 1811 Münster/Westf., †13. 7. 1877 Burghausen, Oberbayern; 1844 Priester; 1848 als Abg. der Frankfurter Nationalversammlung Vorkämpfer für die Freiheit der Kirche u. der christl. Schule; vertrat als Reichstags-Abg. (Zentrum) 1871 im beginnenden Kulturkampf die Rechte der Kirche, legte 1872 das Mandat nieder; erstrebte eine Sozialreform, die er in Auseinandersetzung mit liberalen u. sozialist. Lehren aus dem christl. Glauben heraus forderte. K. beeinflußte durch seine Stellungnahme zu den sozialen Fragen, durch Organisation des kath. Vereinswesens u. Einwirkung auf Zentrumspartei, Arbeiterschaft u. Jugendbildung die Sozialpolitik des 19. Jh.

Kettler, Gotthard, Ordensmeister u. Landesfürst, *um 1517 Eggeringhausen bei Paderborn, †17. 5. 1587 Mitau, Kurland; aus westfäl. Adelsgeschlecht, seit 1537 im Dt. Orden, 1559 dessen letzter Landmeister in Livland; nahm nach dem Beispiel Preußens 1562 (endgültig 1579) Kurland als erbliches Herzogtum augsburgischer Konfession von Polen zu Lehen, während Livland zu Polen u. Estland zu Schweden kam.

Kett's Rebellion ['kets ri'beljən], Aufstand engl. Bauern unter der Führung des Gerbers u. kleinen Grundbesitzers Robert *Kett* vom 12. 7. bis zum 26. 8. 1549 in der Gegend von Norwich. Der Aufstand richtete sich gegen die Einhegung von Brach- u. Gemeindeland.

Keudell, Robert von, Diplomat u. Politiker (freikonservativ), *27. 2. 1824 Königsberg, Neumark, †26. 4. 1903 Gut Hohen-Lübbichow, Neumark; 1872 Gesandter in Konstantinopel (Istanbul), 1873 in Rom, 1876–1887 dort Botschafter; 1871/72 u. 1890–1893 MdR, 1888–1893 Abg. des preuß. Landtags; enger Vertrauter *Bismarcks.*

Keynes [kεinz], John Maynard, Baron K. of Tilton (1942), brit. Nationalökonom, *5. 6. 1883 Cambridge, †21. 4. 1946 London; Kritiker des Versailler Friedensvertrags, Direktor der Bank von England u. Mitschöpfer der internationalen Währungsordnung nach dem 2. Weltkrieg. Hptw.: „Die wirtschaftlichen Folgen des Friedensvertrages" 1919, dt. 1920; „A treatise on money" 2 Bde. 1930, dt. „Vom Gelde" 1932; „The general theory of employment, interest and money" 1936, dt. „Allgemeine Theorie der Beschäftigung, des Zinses u. des Geldes" 1936.

Khalif → Kalif.

Khalka, *Kalka, Khalkha,* heute *Kaltschik,* Nebenfluß des Kalmius in der Ukraine. – *Schlacht an der K.* 1223, militär. Auseinandersetzung zwischen russ. Heeren u. Mongolen, in der die mit den Russen verbündeten Kumanen geschlagen wurden.

Khama, Seretse, botswan. Politiker, *1. 7. 1921 Serowe, †13. 7. 1980 Gaborone; gründete die Demokrat. Partei, gewann 1965 die Wahlen, wurde erster Premier von Betschuanaland u. war von der Erlangung der Unabhängigkeit (1966) bis zu seinem Tod Präs. der Rep. Botswana.

Khanat [das; türk. + lat.] → Chanat.

Khedive [ke-; pers., „Herr"], *Chedive,* 1867–1914 Titel des ägypt. Vizekönigs.

Khevenhüller, altes österr. Adelsgeschlecht, seit dem 14. Jh. nachweisbar, teilte sich in mehrere Linien (*K.-Hochosterwitz, K.-Frankenburg* u. *K.-Metsch*), war vorwiegend in Kärnten ansässig: **1.** Franz Christoph Graf, österr. Diplomat, *21. 2. 1588 Klagenfurt, †13. 6. 1650 Baden bei Wien; Gesandter Kaiser Ferdinands II. am span. Hof 1617–1631; verfaßte die „Annales Ferdinandei".

2. Ludwig Andreas, Graf, österr. Feldmarschall, *30. 11. 1683 Linz, †26. 1. 1744 Wien; nahm 1716 als Generaladjutant des Prinzen Eugen; an der Einnahme von Peterwardein u. Belgrad teil; kämpfte im Polnischen Erbfolgekrieg in Italien; 1737–1739 Oberbefehlshaber im Türkenkrieg; sicherte im österr. Erbfolgekrieg das Erbe Maria Theresias durch die Wiedereroberung Oberösterreichs u. die Besetzung Bayerns.

Khirokithia, Siedlung der Jungsteinzeit mit Rundhäusern *(Tholoi)* im Bezirk Larnaca (Zypern).

Khlesl, *Klesl,* Melchior, Kardinal (seit 1616), österr. Politiker, *19. 2. 1553 Wien, †18. 9. 1630 Wien; als Administrator des Bistums Wiener Neustadt (1588) u. als Bischof von Wien (1598) einer der stärksten Förderer der Gegenreformation, 1599 Berater des Erzherzogs Matthias (Verständigung mit Ungarn u. der Türkei, Ausschaltung Kaiser Rudolfs II.), Direktor des Kaiserl. Geheimen Rats. Wegen seiner Verständigungspolitik mit prot. Fürsten im Reich während der Regierungszeit Kaiser Matthias' wurde er nach dem böhm. Aufstand 1618 verhaftet u. 1620 nach Rom zur Rechtfertigung berufen, dort rehabilitiert u. nach seiner Rückkehr wieder in sein Bischofsamt eingesetzt, ohne jedoch weiteren polit. Einfluß ausüben zu können.

Khomeini [xɔ'mεini], Ruhollah Mussawi, iran. Religionsführer, → Chomeini.

Khorsabad, *Chorsabad,* heutiger Name der im nördl. Mesopotamien 15 km nördl. von Mosul gelegenen Ruinen von Dur-Scharrukin.

Kiautschou [dt. kiau'tʃau], *Jiaozhou,* ehem. dt. Pachtgebiet mit Flottenstützpunkt an der Südwestküste der chines. Halbinsel Shandong; 515 km², 200 000 Ew. (1914), Hptst. *Tsingtau (Qingdao).* K. wurde 1897 von Dtschld. besetzt u. 1898 auf 99 Jahre gepachtet; 1914 wurde es von Japan erobert u. 1922 an China zurückgegeben.

Kibbuz [der, Pl. *Kibbuzim*; hebr., „Sammlung"], auch *Kwuza* (Pl. *Kwuzot*), Gemeinschaftssiedlung in Israel; Genossenschaft auf freiwilliger Basis mit gemeinsamem Eigentum, gemeinsamer Produktion u. Arbeit sowie gemeinsamen Einrichtungen des Konsums u. der Lebensführung; ohne Privatbesitz u. privatwirtschaftl. Tätigkeit. Ein Genossenschaftstyp von geringerem Kollektivitätsgrad ist der *Moschav.* Der erste K. war *Deganya,* gegr. 1909. Heute gibt es rd. 250 K.im mit über 110 000 Einwohnern, das sind reichlich 3 % der jüd. Bevölkerung Israels.

Kiel, Landeshauptstadt von Schleswig-Holstein, am Südende der *K.er Förde,* 249 000 Ew. – K. wurde an der Stelle einer älteren Siedlung von Graf *Adolf IV.* von Holstein angelegt u. erhielt 1242 lübisches Stadtrecht. Vom 13. Jh. bis 1518 war es Mitgl. der Hanse. 1721–1773 war K. Residenz der Herzöge von Holstein-Gottorf. Im *Frieden von K.* 1814 trat Dänemark Norwegen an Schweden sowie Helgoland an England ab. 1848 ging von K. der Anstoß zur Erhebung Schleswig-Holsteins gegen die dän. Herrschaft aus. 1866 wurde K. preußisch, 1917–1946 war es Hptst. der Prov. Schleswig-Holstein. Die Meuterei der K.er Matrosen war 1918 der Auftakt zur Novemberrevolution. Seit 1946 ist K. Landeshauptstadt.

Kielmansegg, Johann Adolf Graf von, Offizier (1963 General), *30. 12. 1906 Hofgeismar; im 2. Weltkrieg in Truppen- u. Generalstabsstellen, nach dem Attentat auf Hitler vom 20. Juli 1944 in Untersuchungshaft, später Regimentskommandeur; seit 1950 an den Vorbereitungen für die Aufstellung der Bundeswehr beteiligt; 1955–1958 dt. Vertreter im NATO-Hauptquartier; nach maßgebl. Mitarbeit an modernen Führungsvorschriften für die Bundeswehr *(Innere Führung)* 1963–1966 Oberbefehlshaber der NATO-Landstreitkräfte Europa-Mitte, 1966–1968 Oberbefehlshaber des NATO-Abschnitts Europa-Mitte.

Kiesinger, Kurt Georg, Politiker (CDU), *6. 4. 1904 Ebingen, Württemberg, †9. 3. 1988 Tübingen; Rechtsanwalt; 1940 bis 1945 wissenschaftl. Hilfsarbeiter im Auswärtigen Amt, 1943–1945 stellvertr. Leiter der rundfunkpolit. Abteilung; 1948–1950 Landesgeschäftsführer der CDU Württemberg-Hohenzollern; 1949–1958 u. 1969–1980 MdB, 1954–1958 Vorsitzender des Bundestags-Ausschusses für auswärtige Angelegenheiten; 1958–1966 Min.-Präs. von Baden-Württemberg; 1966–1969 Bundeskanzler der Großen Koalition aus CDU/CSU u. SPD (Vizekanzler u. Außen-Min. W. *Brandt*); 1967 bis 1971 Vors. der CDU. Die Bundesregierung betrat unter K. vorsichtig neue Wege in der Außen- u. Dtschld.-Politik (1967/68 Aufnahme bzw. Wiederaufnahme diplomat. Beziehungen zu Rumänien u. Jugoslawien, 1967 Briefwechsel K.s mit DDR-Ministerrats-Vors. W. *Stoph*); sie überwand die wirtschaftl. Rezession von 1965–1967 u. verabschiedete 1968 die Notstandsgesetze u. 1969 die Strafrechtsreform, sah sich aber einer heftigen außerparlamentar. Opposition mit Studentenunruhen gegenüber. Gegen K., der 1933 der NSDAP beigetreten war, wurden Vorwürfe wegen seiner Tätigkeit unter dem nat.-soz. Regime laut. Erinnerungen: „Dunkle u. helle Jahre" 1989.

Kiew, Hptst. der Ukraine u. Verw.-Sitz von K., am Dnjepr, 2,6 Mill. Ew.

K., eine der ältesten russ. Städte, war 882 bis 1169 Hptst. der *Kiewer Rus* (Kiewer Reich); 1240 mongol. (zerstört), 1322–1569 litauisch, dann poln., seit 1654 russ., 1917–1920 Hptst. der Rep. Ukraine; seit 1934 Hptst. der Ukrain. SSR, seit 1991 Hptst. der Ukraine. Das Kiewer Reich ist die früheste staatl. Bildung der Ostslawen. Nach einem Höhepunkt um 1054 zerfiel es in Teilfürstentümer.

Kilidsch-Arslan → Kylydsch-Arslan I.

Kurt Georg Kiesinger

Kim Il Sung

Kilikien, *Cilicien,* lat. *Cilicia;* heute türk. *Çukurova,* Landschaft im östl. Kleinasien um das heutige Adana.

Im Altertum als Zentrum der Seeräuber berüchtigt. Seit 84 v. Chr. röm. Provinz, von Prokonsuln verwaltet (u. a. *Cicero*). Die Kilik. Pforte war Einfallstor nach Syrien. Wichtige Städte: Tarsos (Heimatstadt des Apostels *Paulus*), Mallos, Soloi.

Kimbern, *Cimbern, Zimbern,* german. Volk im nördl. Jütland. Die K. wanderten gegen Ende des 2. Jh. v. Chr. vielleicht infolge einer Sturmflut aus, zogen zunächst nach Schlesien u. Böhmen, dann nach Noricum, wo sie 113 v. Chr. bei Noreia (Neumarkt) ein röm. Heer besiegten. Sie zogen dann westwärts über den Rhein nach Gallien u. vernichteten, nachdem ihnen Rom die Bitte um Zuweisung von Land abgeschlagen hatte, drei röm. Heere (109, 107 u. 105 v. Chr.) u. trafen erst bei den *Keltiberern* auf Widerstand. Im Gebiet der unteren Seine vereinigten sie sich mit den *Helvetiern* u. *Teutonen* u. drangen auf verschiedenen Wegen in Italien ein, wo Rom den K. das Gebiet nördl. des Po überlassen mußte. Erst 102 v. Chr. besiegte *Marius* bei *Aquae Sextiae* die Teutonen u. vernichtete anschließend 101 v. Chr. bei *Vercellae* die K.

Kim Il Sung, *Kim Ilsong, Kim Ir Sen,* korean. Politiker (Kommunist), *15. 4. 1912 Mangyongdae bei Phyongyang, †8. 7. 1994; nahm nach offiziellen Angaben seit den 1930er Jahren am Partisanenkampf gegen die japan. Besatzungsmacht teil; wurde nach dem Einmarsch der sowjet. Armee in Nordkorea (1945) dort der führende Politiker; seit 1946 Vors. (ab 1966 Generalsekretär) der (kommunist.) Partei der Arbeit, 1948–1992 Min.-Präs., seit 1972 Staats-Präs. von Nordkorea. K. I. S. nahm in der Auseinandersetzung zwischen den kommunist. Großmächten UdSSR u. China eine neutrale Stellung ein u. betonte die Eigenständigkeit Nordkoreas. Er machte sich u. seine Familie in Nordkorea zum Gegenstand kultischer Verehrung.

Kimmerier, 1. indoeurop. nomad. Reitervolk in Südrußland, nördl. des Schwarzen Meers, von noch nicht bestimmter Volkszugehörigkeit; ihre angebl. Verwandtschaft mit den Thrakern ist zweifelhaft. Unter dem Druck der Skythen drangen sie im 8. Jh. v. Chr. in Kleinasien u. in den Niederdonauraum ein, verheerten einen großen Teil des Reichs von Urartu u. bedrohten die assyr. Nordgrenze, bis sie der Assyrerkönig *Asarhaddon* um 680 v. Chr. besiegte. Beim Zurückfluten vernichteten sie das phryg. Reich u. verwüsteten Lydien u. viele griech. Städte Kleinasiens. Um 600 v. Chr. wurden sie nach langen wechselvollen Kämpfen von dem Lyderkönig *Alyattes* vertrieben.

2. bei *Homer* ein Volk am äußersten Rand der Welt, in der Nähe des Eingangs zum Hades, in ewiger (kimmerischer) Finsternis lebend.

Kimon, attischer Aristokrat, Politiker u. Heerführer, *etwa 510 v. Chr., †449 v. Chr.; Sohn des jüngeren *Miltiades*, überführte die Gebeine des *Theseus* vom unterworfenen Skyros nach Athen, erhob durch den Sieg über die Perser am Eurymedon zwischen 469 u. 466 v. Chr. Athen zur Großmacht u. festigte die Stellung der Stadt durch Niederwerfung des vom Seebund abgefallenen Thasos, zeigte sich jedoch spartafreundlich u. wurde 461 v. Chr. verbannt; zurückgekehrt, schloß er 451 v. Chr. einen 5jähr. Waffenstillstand mit Sparta; starb vor Kition auf einem 450 v. Chr. begonnenen Feldzug gegen Persien.

Kinda, unabhängiges arab. Königreich im Nadjd um 450–535.

Kinderkreuzzug, ein von französ. u. dt. Jugendlichen 1212 unternommener Kreuzzug, bei dem diese, von religiösem Eifer ergriffen, zu Tausenden nach Genua u. Marseille zogen. Die meisten kamen unterwegs elend um oder wurden als Sklaven verkauft.

King, 1. Martin Luther, Geistlicher u. Führer der Farbigen in den USA, *15. 1. 1929 Atlanta, Ga., †4. 4. 1968 Memphis, Tenn. (ermordet); seit 1954 Baptisten-Pfarrer in Montgomery, Ala.; Gründer der Bürgerrechtsorganisation *Southern Christian Leadership Conference* (*SCLC*, Christl. Führungskonferenz des Südens). Im Geist Jesu u. nach dem Vorbild Gandhis wollte K. ohne Gewalt u. durch passiven Widerstand die Rassenschranken zu Fall bringen. Sein erster großer Erfolg war die Aufhebung der Rassentrennung in den öffentl. Verkehrsmitteln von Montgomery nach einem von ihm geleiteten Boykott (1956). Danach organisierte er viele Demonstrationen, u. a. den Marsch auf Washington (1963). Friedensnobelpreis 1964.
2. William Lyon Mackenzie, kanad. Politiker (Liberaler), *17. 12. 1874 Berlin, Ontario, †22. 7. 1950 Ottawa; 1919 Parteiführer; 1919 bis 1926, 1927–1930, 1935–1948 Premier-Min.; 1928 u. 1938 Präs. der Völkerbundversammlung. K. leitete die enge Zusammenarbeit Kanadas mit den USA ein u. führte sein Land in die UNO (1945).

Kirchengeschichte, im Rahmen der wissenschaftl. Theologie die Darstellung u. theolog. Interpretation der Geschichte der Kirche. Dadurch, daß Jesus von Nazareth in die Geschichte eingegangen ist u. das Christentum als eine der Weltreligionen zu den Wirkkräften der Weltgeschichte gehört, hat die Kirche ein unmittelbares Verhältnis zur Geschichte. Das Problem der K. haftet an dem Begriff der Kirche, die sich dem Historiker einerseits als in verschiedenen Erscheinungsformen greifbare u. beschreibbare Wirklichkeit darstellt, die aber andererseits Glaubensgegenstand ist u. als solche in eine andere Dimension als die der historischen Interpretation hineingreift. Als wissenschaftl. Disziplin ist K. Teil der allg. Geschichte u. verfährt nach den Regeln u. Methoden histor. Forschung. Zur K. gehören ebenso die Darstellung der speziellen Geschicke der Kirchen u. ihrer Theologie wie die Auswirkungen der Verkündigung auf den sozialen u. politischen Bereich.

Kirchenkampf, die Auseinandersetzung zwischen dem nat.-soz. Regime u. den christlichen Kirchen in Deutschland 1933–1945. Die Führung der NSDAP suchte vor 1933 u. unmittelbar nach der Machtübernahme die christentumsfeindl. Tendenzen ihrer auf Volkstum u. Rasse ausgerichteten Weltanschauung zu verschleiern, um bei der Festigung ihrer politischen Macht störende Spannungen mit der großen kirchl. Anhänger-

Daten aus der Kirchengeschichte

um 30	Wirken Jesu
48	Apostelkonvent
64	Christenverfolgung unter Nero (*37, †68)
144	Gegenkirche des Marcion (*um 85, †160)
vor 200	Kanon des Neuen Testaments abgeschlossen
203	Origines (*um 185, †253/254) Leiter der alexandrinischen Katechetenschule
249	Christenverfolgung unter Decius (*190/200, †251)
um 280	Antonius d. Gr. (*251/52, †356), »Vater des Mönchtums«
303	Christenverfolgung unter Diocletian (*um 243, †316)
311–383	Wulfila
313	Mailänder Edikt durch Konstantin d. Gr. (*nach 280, †337); Religionsfreiheit
354–430	Augustinus
380	Christentum wird Staatsreligion
nach 382	Vulgata (nach Hieronymus)
um 400	Iroschottische Kirche
480–547	Benedikt von Nursia
540–604	Papst Gregor d. Gr.
675–754	Bonifatius
726–843	Bilderstreit in der byzantinischen Kirche
754	Pippinische Schenkung
um 850	Kyrillos und Methodios, die »Slawenlehrer«
910	Gründung des Klosters Cluny
988	griechisch geprägtes Christentum Staatsreligion in Rußland
1054	Trennung zwischen Ost- und Westkirche
11./12. Jh.	Investiturstreit
1096–1270	Kreuzzüge
1119	Gründung des Templerordens
1140	Corpus juris canonici, 1. Teil
1193–1280	Albertus Magnus
1198–1216	Innozenz III., Höhepunkt der politischen Macht des Papsttums
13. Jh.	Beginn der Inquisition
1209	Gründung des Franziskaner-Ordens
1216	Gründung des Dominikaner-Ordens
1309–1377	»Babylonische Gefangenschaft der Kirche«
1320–1377	John Wiclif
1378	Schisma zwischen den Päpsten von Rom und Avignon
1400–1700	Hexenverfolgungen
1415	Jan Hus in Konstanz verbrannt
1498	Savonarola verbrannt
1517	Thesenanschlag Luthers (*1483, †1546) / Beginn der Reformation
1521	Reichstag zu Worms/Ächtung Luthers
1522	Luther-Übersetzung des Neuen Testaments
1523	Reformation in Zürich durch Zwingli (*1484, †1531)
1525	Hinrichtung Thomas Müntzers (*1489, †1525)
1529	Marburger Religionsgespräch zwischen Luther und Zwingli
1530	Augsburgisches Bekenntnis
1534	Gründung des Jesuiten-Ordens
1535	Heinrich VIII. (*1491, †1547) Oberhaupt der Kirche von England
1536	Beginn der Reformation durch Calvin (*1509, †1564)
1545–1563	Trienter Konzil
1549	Common Prayer Book
1555	Augsburger Religionsfriede
1559	Index librorum prohibitorum
1562	Edikt von Nantes
1563	Heidelberger Katechismus
1620	Auswanderung der Pilgerväter nach Nordamerika
1675	Anfänge des Pietismus
1685	Aufhebung des Edikts von Nantes
1732	Ausweisung der Salzburger Lutheraner
um 1740	Beginn der Erweckungsbewegung der Methodisten in England
1773	Auflösung des Jesuiten-Ordens
1803	Säkularisierung der geistlichen Fürstentümer
1814	Wiedereinführung des Jesuiten-Ordens
nach 1800	Erweckungsbewegung in Deutschland
1828	Rheinische Missionsgesellschaft
1846	Evangelische Allianz
1848	Wittenberger Kirchentag
1848	1. Katholikentag in Mainz
1869/70	1. Vatikanisches Konzil
1871	Religionsgemeinschaft der Altkatholiken
1883	Gründung des CVJM (Christlicher Verein Junger Männer)
1910	Weltmissionskonferenz in Edinburgh
1917	Codex Iuris Canonici
um 1920	dialektische Theologie (Karl Barth)
1925	Weltkirchenkonferenz in Stockholm
1929	Lateranverträge
1933	Reichskonkordat
1934	Barmer Bekenntnis der ev. Kirche
1940	Communauté de Taizé
1948	1. Vollversammlung des Ökumenischen Rates der Kirchen in Amsterdam
1948	Gründung der Evangelischen Kirche in Deutschland (EKD)
1949	1. Deutscher Evangelischer Kirchentag in Hannover
1950	Dogma der leiblichen Himmelfahrt Mariens
1962–1965	2. Vatikanisches Konzil
seit ca. 1959	Theologie der Befreiung
1966	Holländischer Katechismus (kath.)
1969	Bund der Evangelischen Kirchen in der DDR
1974	Jugendreligionen (Prägung des Begriffs)
1979	Allgemeine Konferenz des Lateinamerikanischen Episkopats in Puebla
1983	Revision des Codex Iuris Canonici
1984	Revision der Lutherbibel im Auftrag der EKD
1985	Außerordentliche Bischofssynode in Rom, die Reformen des 2. Vatikanischen Konzils zu überprüfen und weiterzuentwickeln

schaft zu vermeiden. Hitlers vermeintl. entgegenkommendes Taktieren (Regierungserklärung vom 21. 3. 1933; Abschluß des Reichskonkordats mit dem Vatikan vom 28. 7. 1933) stieß 1933/34 bei Kirchenführungen u. Kirchenvolk auf beträchtliche Bereitschaft zur Kooperation. Der Wirkungsraum, den das Regime der kath. Kirche (die etwa ein Drittel der Bevölkerung umfaßte) im Konkordat zusicherte, wurde jedoch sehr bald durch gezielte antikirchl. Maßnahmen eingeengt, mit denen Partei u. Staat die Kirche aus dem öffentl. Leben (Presse, Verbände, Schulen) auf die bloße Seelsorge zurückdrängen wollten. Seit 1936 zielte das Regime dann darauf ab, Kirchenführung u. Kirchenvolk voneinander zu trennen (u. a. durch Devisen- u. Sittlichkeitsprozesse gegen Geistliche). Gegen die zunehmende Verfolgung konzentrierte die Kirche ihre Anstrengungen vor allem auf die Sicherung ihres institutionellen Bestands, um wenigstens den Kernbereich ihrer Tätigkeit vor der Vernichtung zu bewahren. – Die in Organisation u. Lehre weniger geschlossenen ev. Kirchen waren anfangs auch von sich aus an der Schaffung einer einheitl. Reichskirche (Dt. Ev. Kirche) interessiert. Widerstand erhob sich jedoch, als von staatl. Seite die nat.-soz. ausgerichteten „Deutschen Christen" massiv unterstützt wurden, die die „Entjudung" von Kirche u. Lehre betrieben. Wie innerhalb der kath. Kirche erwuchsen auch bei der Minderheit der Bekennenden Kirche seit 1934 die Bemühungen, sich gegen eine Gleichschaltung u. Einengung von Verkündigung u. Organisation zu behaupten, vor allem aus der Einsicht in die Unvereinbarkeit der religiösen Grundwahrheiten des Christentums mit der national-sozialistischen Weltanschauung. Proteste gegen die offenkundigen Verbrechen u. – später – gegen die Massenmorde des Regimes wurden nur in einzelnen Fällen erhoben. Von ihrem Totalitätsanspruch her verstanden die Nationalsozialisten die Resistenzbemühungen der Kirchen gleichwohl als politischen Widerstand. Nur Zweckmäßigkeitserwägungen für die Zeit des Krieges führten dazu, daß das Regime die „Abrechnung" mit ihnen auf die Zeit nach dem „Endsieg" vertagte.

Kirchenstaat, das Staatsgebiet des Papsttums. Seit dem 4. Jh. hatte die röm. Kirche durch zahlreiche Schenkungen Grundbesitz in Italien erhalten *(Patrimonium Petri)* u. begründete ihren Anspruch auf eine unabhängige Landesherrschaft durch die (gefälschte) Urkunde Konstantins *(Konstantinische Schenkung)*. Bis auf den Dukat Rom (als byzantin. Verwaltungsbezirk) hatte die Kirche im Kampf mit Byzanz u. den Langobarden ihre Gebiete wieder eingebüßt. Der Frankenkönig Pippin übernahm gegen die Langobarden die Schutzherrschaft über Papsttum u. Rom u. garantierte in einer Urkunde zu Quierzy 754 *(Pippinische Schenkung)* den Dukat Rom, das Exarchat Ravenna u. die Pentapolis (5 Städte an der Adria) als kirchl. Territorien. Pippin erhielt als Gegenleistung die päpstl. Anerkennung als legitimer Herrscher. Diese Verbindung von (christlich geprägtem) weltl. Herrschertum u. Papsttum bestimmte das MA. Im 8. Jh. erneuerte u. vergrößerte Karl d. Gr. die Pippinische Schenkung. Vor allem durch das Vermächtnis der kinderlosen Mathilde von Tuszien († 1115, *Mathildische Güter*) erhielt die Kirche beträchtl. Gebietszuwachs. Nach der Übersiedlung der Päpste nach Avignon (1309–1377) verfiel der K. u. konnte von den Päpsten Martin V. (1417–1431) u. Eugen IV. (1431–1437) nur unter Mühen zurückerobert werden. Unter den Renaissancepäpsten kam die Versorgung der eigenen Familie, der sog. Nepotismus, in Schwung, der dem K. im 15. u. 16. Jh. schwersten Schaden zufügte. Erst Alexander VI. Borgia (1492–1503) u. Julius II. Rovere (1503–1513) schufen einen wirklich geschlossenen Staat, der unter Julius II. seine größte Ausdehnung erreichte. Der Übertritt Klemens' VII. (1523–1534) auf die Seite Frankreichs führte zur Katastrophe des *Sacco di Roma* (1527) u. zu erhebl. Einbußen des K.es. Pius V. (1566–1572) verbot jede Weiterbelehnung eines heimgefallenen päpstl. Lehens u. schuf so die Voraussetzung für die Konsolidierung des K.es. Klemens VIII. (1592–1605) schuf mit Unterstützung Heinrichs IV. von Frankreich ein Gegengewicht gegen Spanien u. vergrößerte den K. 1597 durch Einzug des päpstl. Lehens Ferrara beträchtlich. Urban VIII. (1623–1644) erweiterte den K. mit Urbino, Sinigallia u. Montefeltre. Sein Versuch, Castro dem K. einzugliedern, führte 1641 zum Castrokrieg u. zu einer schweren Ansehenseinbuße. Versuche Kaiser Josephs I., von den Päpsten eingezogene Reichslehen wiederzugewinnen, führten zu erheblichen Spannungen mit Klemens XI. (1700–1721) u. 1708 zum letzten Krieg zwischen Papst u. Kaiser. Joseph I. konnte sein Ziel nicht erreichen. Im Frieden von Utrecht 1713 setzten sich die Mächte über die päpstl. Lehensrechte auf Neapel u. Sizilien hinweg. Die Aufklärung schuf eine Stimmung gegen den K., der im Konflikt mit den Bourbonen zeitweise Avignon, Venaissin, Benevent u. Pontecorvo verlor. In der Französ. Revolution verlor der K. 1791 endgültig Avignon. 1796 ging der größte Teil des K.es an Frankreich verloren. 1798 mußte Pius VI. (1775–1798) fliehen. Der K. erlebte unter Pius VII. ein wechselvolles Schicksal, bis er 1809 von Napoleon I. säkularisiert wurde. 1815 wurde er restituiert, ging aber in den nationalen Einigungsbestrebungen im Königreich Italien auf (1860 u. 1870). 1929 wurde ein souveränes Territorium um Peterskirche u. Vatikan als Symbol päpstl. Unabhängigkeit geschaffen *(Lateranverträge)*.

Kirchschläger, Rudolf, österr. Diplomat u. Politiker, *20. 3. 1915 Obermühl (Oberösterreich); 1947–1954 im richterl. Dienst; 1956–1962 Leiter der Völkerrechtsabteilung des Bundesministeriums für Auswärtige Angelegenheiten; 1963–1966 Kabinettschef des damaligen Außenministers B. *Kreisky*; 1970 bis 1974 Außen-Minister; 1974–1986 Bundespräsident (als Kandidat der SPÖ gewählt, 1980 wiedergewählt).

Kirgisien KS

Republik Kyrgyzstan

Fläche: 198 500 km². – *Einwohner:* 4,6 Mill. – *Hauptstadt:* Bischkek. – *Landessprache:* Kirgisisch. – *Nationalfeiertag:* 31. 8. – *Währung:* 1 Kirgisien-Som = 100 Tyin. – *Lage:* zwischen 43° n. Br. und 39° s. Br. sowie zwischen 39° und 80° ö. L. – *Zeitzone:* Mitteleuropäische Zeit + 5 Std. – *Grenzen:* im N Kasachstan, im O China, im S Tadschikistan, im W Usbekistan. – *Staatsform:* präsidiale Republik.

Die Vorfahren der heutigen Kirgisen waren türkische u. mongol. Stämme. Seit dem 19. Jh. gehörte das kirgis. Gebiet zum Herrschaftsbereich des Chanats von Kokand. Mit der Annexion Kokands 1876 kamen die Kirgisen endgültig unter die Herrschaft des Zarenreichs. An dem großen antiruss. Aufstand von 1916 nahmen auch die Kirgisen teil. 1918 wurde K. Teil der *Turkestan. Autonomen Sozialist. Sowjetrepublik*. 1926 wurde die *Kirgis. ASSR* im Rahmen der RSFSR gebildet; sie erhielt 1935 den Status einer Unionsrepublik. Nationale Bestrebungen konnten sich erst in den späten 1980er Jahren regen. Am 31. 8. 1991 erklärte sich K. für unabhängig. K. wurde Mitgl. der *Gemeinschaft Unabhängiger Staaten (GUS)*.

Kiribati KIR

Republic of Kiribati

Fläche: 810 km². – *Einwohner:* 76 000. – *Hauptstadt:* Bairiki. – *Landessprachen:* Kiribati, Englisch. – *Nationalfeiertag:* 12. 7. – *Währung:* 1 Australischer Dollar = 100 Cents. – *Lage:* zwischen 4° 43′ n. Br. und 10° 30′ s. Br. sowie 150° und 169° 32′ ö. L. – *Zeitzone:* Mitteleuropäische Zeit + 11 Std. – *Grenzen:* Inselgruppe im Pazifischen Ozean zwischen Marshallinseln im N und Tuvalu im S. – *Staatsform:* präsidiale Republik mit parlamentarischen Ansätzen.

Die Entdeckung der Inseln begann im 16. Jh. Im 19. Jh. setzte die Missionierung ein, die Besiedlung durch Europäer u. die Versklavung vieler Insulaner; 1892 kamen die Inseln unter brit. Protektorat. 1916 faßte Großbritannien die *Gilbert-Inseln* u. die *Ellice-Inseln* (heute *Tuvalu*) zu einer Kolonie zusammen. Nach der Abtrennung der Ellice-Inseln 1976 erhielten die Gilbert-Inseln 1977 die innere Autonomie, unter dem Namen K. 1979 die Unabhängigkeit.
K. ist eine Präsidialrepublik. Der Präs. wird als Staatsoberhaupt u. Chef der Exekutive direkt vom Volk gewählt.

Kirow [-rɔf], *Kirov*, Sergej Mironowitsch, eigentlich S. M. *Kostrikow*, sowjet. Politiker, *15. 3. 1886 Urschum, Gouvernement Wjatka, † 1. 12. 1934 Leningrad (ermordet); während des Bürgerkriegs polit. Kommissar, 1926 Kandidat u. 1930 Mitgl. des Politbüros des ZK der KPdSU, seit 1926 Parteisekretär in Leningrad. Er gehörte zu den engsten Mitarbeitern *Stalins*; seine (nicht völlig aufgeklärte, vielleicht von Stalin selbst veranlaßte) Ermordung war der Auftakt der großen „Säuberung" der Jahre 1934–1938.

Kirschbaum, Engelbert, Archäologe, *6. 1. 1902 Köln, † 28. 3. 1970 Rom; Jesuit, seit 1939 Prof. für christl. Archäologie u. Kunstgeschichte an der Gregoriana in Rom, Leiter der Ausgrabungen unter St. Peter; Hptw.: „Dt. Nachgotik" 1930; „Die Gräber der Apostelfürsten" 1957.

Kisch, Stadt südöstl. von Babylon, im 3. Jahrtausend v. Chr. zeitweise Hptst. Babyloniens; heute die Ruinenstätte *Al Oheimir*. Ausgrabungen legten 1912 Palast u. Friedhof frei, altsumerische, alt- u. neubabylon. u. parthische Funde.

Kishi, Nobusuke, japan. Politiker, *13. 11. 1896 Präfektur Yamaguchi, † 7. 8. 1987 Tokio; 1939–1941 Vizeminister für Handel u. Industrie, Verfechter einer staatlich geplanten, Kriegswirtschaft; während des 2. Weltkrieges als Min. für Handel u. Industrie (1941/42) u. als Vizeminister des neu geschaffenen Munitionsministeriums (1943/44) für die japan. Rüstungsproduktion hauptverantwortlich. Als Hauptkriegsverbrecher zu lebenslängl. Haft verurteilt, wurde er bereits im Dez. 1948 entlassen u. gewann entscheidenden Einfluß auf den wirtschaftl. Wiederaufbau Japans. 1954/55 war K. Generalsekretär der Demokrat. Partei u. nach deren Zusammenschluß mit den Liberalen 1955/56 Vors. der neuen Liberaldemokrat. Partei, 1956/57 Außenminister, 1957–1960 Min.-Präs. u. Vors. der Liberaldemokrat. Partei. Schwere Unruhen im Zusammenhang mit der Verlängerung des japan.-amerikan. Sicherheitsvertrages führten zu seinem Rücktritt. Zusammen mit *Yoshida* gilt K. als Vater des japan. „Wirtschaftswunders".

Kissinger [-dʒər], Henry Alfred, US-amerikan. Politiker dt. Herkunft, *27. 5. 1923 Fürth; seit 1938 in den USA; Prof. der Politikwissenschaft in Harvard, beriet mehrere US-Regierungen in Fragen der Strategie u. Abrüstung. 1969–1975 war K. Sicherheitsberater des Präs. R. *Nixon* u. 1973–1977 Außenminister unter den Präs. *Nixon* u. G. *Ford.* Er bahnte 1971 die Aufnahme diplomat. Beziehungen mit der Volksrepublik China an, handelte 1973 einen Waffenstillstand mit Nordvietnam aus, der die US-amerikan. Teilnahme am Vietnamkrieg beendete (Friedensnobelpreis 1973 zusammen mit *Le Duc Tho*), u. vermittelte nach dem Oktoberkrieg 1973 Truppenentflechtungsabkommen zwischen Israel u. seinen Gegnern Ägypten u. Syrien. K. schrieb u. a.: „Großmacht Diplomatie" 1957; „Kernwaffen u. Auswärtige Politik" 1957, dt. [2]1974; „Was wird aus der westl. Allianz?" 1965, dt. 1965; „Amerikan. Außenpolitik" 1969, dt. 1969; „Die weltpolit. Lage" 1983, dt. 1983; „Memoiren" Bd. 1 (1968–1973) 1979, dt. 1979, Bd. 2 (1973/74) 1982, dt. 1982; „Die Vernunft der Nationen" dt. 1994.

Kitchener ['kitʃinə], Horatio Herbert, Earl (1914) K. *of Khartoum,* brit. Offizier u. Politiker, *24. 6. 1850 bei Listowel, County Kerry (Irland), †5. 6. 1916 bei den Orkney-Inseln; 1892 Oberbefehlshaber der Ägypten-Armee, eroberte 1896–1898 den anglo-ägypt. Sudan, indem er das Heer der Mahdisten bei Omdurman 1898 schlug u. Khartum besetzte; zwang ein französ. Expeditionskorps bei Faschoda (1898) zum Rückzug, beendete als Generalstabschef der brit. Armee den Burenkrieg zugunsten Englands, reorganisierte 1902–1909 als Oberbefehlshaber die brit. Truppen in Indien; 1911–1914 Oberkommissar in Ägypten; 1914 Kriegs-Min. u. Feldmarschall, rationalisierte die Ausbildung der Freiwilligen *(Kitchener armies)* u. setzte im Frühjahr 1916 die Wehrpflicht in Großbritannien durch; mit dem von einem dt. U-Boot torpedierten Kreuzer „Hampshire" untergegangen.

Klagenfurt, Hptst. des österr. Bundeslandes Kärnten, an der Glan, östl. vom Wörther See, 446 m ü. M., 89 500 Ew.

Kelt. u. röm. Funde bezeugen eine frühgeschichtl. Besiedelung. Die ursprünglich von Herzog Hermann I. von Kärnten angelegte Siedlung lag unmittelbar an der Glan; sie wird als Markt um 1190 erwähnt. 1246–1252 entstand durch den Sponheimer Herzog Bernhard die südlich der ersten Siedlung gelegene heutige Stadt (erstmalig 1279 erwähnt). 1518 schenkte Maximilian I. die 1514 durch Brand stark beschädigte Stadt den Landständen, in deren Besitz sie bis 1849 blieb. 1534–1591 wurde K. zu einer Festung gegen die Türken ausgebaut; die Anlagen wurden 1809 geschleift.

Klagspiegel, *Richterlich K.,* deutschsprachige Sammlung röm. Rechts, 1425 im Zuge der Rezeption von einem Stadtschreiber von Schwäbisch Hall verfaßt.

Klapka ['klɔpkɔ], György, ungar. Offizier, *7. 4. 1820 Timişoara, †17. 5. 1892 Budapest; 1849 Armeebefehlshaber; kämpfte auch nach der Kapitulation von Világos weiter gegen die Österreicher, ehe er im Sept. 1849 unter der Bedingung eines freien Abzugs u. der Straffreiheit Ungarn verließ. Er sammelte 1859 mit L. *Kossuth* in Italien u. 1866 in Oberschlesien eine ungar. Legion gegen Österreich; nach Amnestie wurde er 1867 in den ungar. Reichstag gewählt. Nach ihm wurde der „Klapka-Marsch" benannt, den Béni *Egressy* um 1850 komponierte.

Klarissenorden, *Klarissinnen,* weibl. Bettelorden nach der Franziskaner-Regel, gegr. 1212 von *Franz von Assisi* u. *Klara von Assisi.*

Klassenkampf, grundlegender Begriff der marxist. Staats- u. Geschichtstheorie. Die Geschichte erscheint dem Marxismus als eine Folge von Klassenkämpfen, hervorgerufen durch die Unterdrückung einer arbeitenden Klasse (die nicht über Produktionsmittel wie Grund u. Boden oder Maschinen u. Fabrikgebäude verfügt) durch die andere herrschende Klasse (Großgrundbesitz, Kapital). Ursache aller Klassenkämpfe ist nach Marx der friedlich nicht aufhebbare (antagonistische) Interessengegensatz zweier Klassen. Er prägt jede geschichtl. Gesellschaft *(Klassengesellschaft)* u. treibt im u. durch den K. die geschichtl. Entwicklung voran: Aufstände der Sklaven in der Antike; Kämpfe der Bauern u. verarmten Ritter gegen Hochadel u. Geistlichkeit (z. B. 1525); Kämpfe der Bürger gegen Adel u. Klerus (z. B. Französ. Revolution 1789); der historisch letzte K. sei der Kampf des revolutionären Proletariats gegen das Bürgertum. Nach Marx wird das Ende des K.s durch die Errichtung der *klassenlosen Gesellschaft* nach dem Sieg der proletar. Klasse herbeigeführt.

Seit Ende des 19. Jh. differenzierte sich die marxist. K.-Theorie: die Orthodoxen (z. B. K. *Kautsky*) hielten an der historischen u. polit. Notwendigkeit von Klassenkämpfen fest; Vertreter des Revisionismus (z. B. E. *Bernstein*) hielten den Klassengegensatz durch Reformen für überwindbar. Die Neomarxisten (Neomarxismus) bestritten jedoch, daß polit., wirtschaftl. u. gesellschaftl. Reformen der letzten Jahrzehnte den grundlegenden Antagonismus zwischen den Klassen aufgehoben hätten. Sie rechneten zum K. nicht nur Arbeits- u. Lohnkämpfe zwischen Arbeitern, deren Organisationen u. Unternehmern, sondern auch Konflikte zwischen den als „imperialistisch" bezeichneten Industriestaaten u. den Entwicklungsländern. – Durch den Zusammenbruch der sozialist. Regime in Osteuropa seit 1989 verlor auch der K. als geschichtl. Begriff weiter an Relevanz.

Klaus, Josef, österr. Politiker (ÖVP), *15. 8. 1910 Mauthen, Kärnten; Rechtsanwalt in Hallein; 1949–1961 Landeshauptmann von Salzburg; 1961–1963 Bundesminister für Finanzen; 1963–1970 Bundesparteiobmann der ÖVP; 1964–1966 Bundeskanzler eines Koalitionskabinetts (ÖVP–SPÖ); 1966–1970 einer ÖVP-Alleinregierung. 1962/63 u. 1966 bis 1970 Abg. zum Nationalrat.

Klausener, Erich, Verwaltungsbeamter u. Politiker (Zentrum), *25. 1. 1885 Düsseldorf, †30. 6. 1934 Berlin; seit 1924 Ministerialdirektor, Vorsitzender der Kath. Aktion Berlin; als Gegner der nat.-soz. Politik beim sog. *Röhm-Putsch* ermordet.

Klearchos, 1. Spartiat, spartan. Flottenführer im Peloponnes. Krieg,* um 450 v. Chr., †401 v. Chr.; ab 403 v. Chr. Statthalter von Byzanz, wegen seiner dortigen Schreckensherrschaft in Sparta zum Tode verurteilt; floh zu *Kyros* nach Kleinasien, den er bei dem Feldzug gegen dessen Bruder *Artaxerxes II.* unterstützte. In der Schlacht bei Kunaxa 401 v. Chr. siegte er zwar mit den von ihm geführten griech. Söldnern, doch verschuldete sein eigenmächtiges Verhalten den Tod des Kyros. Noch im gleichen Jahr wurde er von den Persern, bei Verhandlungen über den Abzug der griech. Söldner aus Mesopotamien wortbrüchig, umgebracht.

2. Tyrann von Herakleia Pontike, *um 390 v. Chr., †352 v. Chr. (ermordet); ergriff 364 v. Chr. die Macht gegen die Oligarchen u. führte sozialrevolutionäre Maßnahmen durch; schuf die erste öffentl. Bibliothek; zeigte in seinem Anspruch auf göttl. Ehren bereits Züge hellenist. Herrscher.

Kléber [kle'bɛːr], Jean-Baptiste, französ. General, *9. 3. 1753 Straßburg, †14. 6. 1800 Kairo; war seit 1775 in bayer. u. österr. Kriegsdienst, seit 1792 im französ. Revolutionsheer, 1793 Brigadegeneral, Teilnehmer am Ägyptenfeldzug Napoleons, 1799 Oberbefehlshaber des Expeditionskorps; er wurde nach erneuter Eroberung Ägyptens von einem Türken ermordet.

Kleindeutsche → Großdeutsche.

Kleine Entente [-ã'tãt; frz.], 1920–1939 das Bündnissystem zwischen der Tschechoslowakei, Jugoslawien u. Rumänien (Verträge von 1920 u. 1921), von Frankreich u. Polen gefördert, mit dem Ziel, den Status quo nach dem 1. Weltkrieg im Donauraum zu erhalten, ungar. Gebietsforderungen abzuwehren u. eine habsburg. Restauration zu verhindern. Am Zustandekommen der K.n E. war E. *Beneš* maßgebend beteiligt. Nach 1933 eine wesentliche Stütze der französ. Außenpolitik, scheiterte sie an den Nationalitätenproblemen der Mitgliedstaaten. Das Münchner Abkommen 1938 beendete die K. E.

Kleiner, Gerhard, Archäologe, *7. 2. 1908 Seelow, †26. 4. 1978 Oberursel; seit 1954 2. Direktor des Dt. Archäolog. Instituts in Istanbul, 1956–1973 Prof. in Frankfurt a. M., seit 1958 Leiter der Ausgrabungen in Milet. Werke: „Tanagrafiguren" 1942; „Das Nachleben des pergamon. Gigantenkampfes" 1949; „Die Begegnungen Michelangelos mit der Antike" 1950; „Diadochengräber" 1963; „Die Ruinen von Milet" 1968.

Kleines Kaiserrecht, um 1344–1350 vermutlich im Frankfurter Raum entstandenes Rechtsbuch, das dem Schwabenspiegel nahesteht. Es enthält vor allem das Recht der Reichsministerialität unter Betonung des kaiserlichen Standpunktes; deshalb prägte die Forschung den Namen K. K. im Gegensatz zum großen Kaiserrecht des Schwabenspiegels; früher hieß die Schrift auch *Frankenspiegel,* da man glaubte, hier sei fränkisches Stammesrecht aufgezeichnet.

Kleinpolen, seit dem 13. Jh. nachweisbare, seit dem 15. Jh. offizielle Bez. für die südlicheren, „jüngeren" Teile Polens mit dem Hauptort Krakau, im Unterschied zum „älteren" *Großpolen* mit dem Zentrum Posen; zwischen beiden Teilen gab es bis ins 16. Jh. deutliche rechtl. u. polit. Differenzen.

Kleinrußland, Bez. für die → Ukraine von der russ. Rückeroberung Mitte des 17. Jh. bis Anfang des 20. Jh.

Kleist, 1. Ewald von, Offizier (1943 Generalfeldmarschall), *8. 8. 1881 Braunfels, †16. 10. 1954 Lager Wladimirowka (Sowjetunion); Heerführer im 2. Weltkrieg (Frankreich, Balkan, Rußland); 1948 in Jugoslawien wegen Kriegsverbrechen zu 15 Jahren Zwangsarbeit verurteilt, dann an die Sowjetunion ausgeliefert.

2. Friedrich, Graf von *Nollendorf* (1814), preuß. Offizier (1821 Generalfeldmarschall), *9. 4. 1762 Berlin, †17. 2. 1823 Berlin; entschied in den Befreiungskriegen, von Nollendorf herkommend, die Schlacht bei Kulm am 29./30. 8. 1813.

3. *K.-Retzow,* Hans Hugo von, preuß. Politiker, *25. 11. 1814 Kieckow bei Belgard, †20. 5. 1892 Kieckow; 1848 Mitbegründer der „Kreuzzeitung", 1849–1852 Mitgl. des preuß. Abgeordnetenhauses, 1851–1858 Oberpräsident der Rheinprovinz; seit 1858 im Herrenhaus, seit 1877 im Reichstag. Als bekanntester Vertreter des altpreuß. Junkertums unterstützte K. *Bismarcks* Politik im Heeres- u.

Verfassungskonflikt 1862–1866. Nach 1866 beharrte er auf seinen partikularstaatl. Grundüberzeugungen u. bestimmte den oppositionellen Kurs der Deutschkonservativen, mit denen er sich in der Zeit des Sozialistengesetzes 1878–1890 Bismarck wieder annäherte.

Kleisthenes, 1. Tyrann von Sikyon um 600 bis 570 v. Chr.; seine antidorische Herrschaft war für Sikyon eine Zeit der Blüte. Seine Tochter *Agariste* war als Frau des Alkmäoniden *Megakles* Mutter von K. (2).

2. athen. Staatsmann; kehrte nach dem Sturz des Tyrannen *Hippias* 510 v. Chr. nach Athen zurück, stellte sich im Kampf um die Macht an die Spitze des Demos u. führte 508/07 v. Chr. eine Phylenreform durch, die aus einer territorialen Neugliederung Attikas in 10 Phylen bestand u. die Macht der adeligen Sippenverbände brach. Auch die Einrichtung des *Ostrakismos* soll nach einem Teil der Überlieferung auf ihn zurückgehen. K. wurde später als Begründer der athen. Demokratie betrachtet.

Kleitarchos, *Klitarch,* griech. Geschichtsschreiber aus Kolophon; schrieb um 300 v. Chr. eine romanhafte Geschichte Alexanders d. Gr., die in Bruchstücken erhalten ist.

Kleitos, 1. *K. der Schwarze,* makedon. Feldherr, †328/27 v. Chr.; Satrap von Baktrien, Freund *Alexanders d. Gr.,* dem er am Granikos das Leben rettete. Er wurde von Alexander jedoch, als er diesem Bevorzugung der Perser vorwarf, bei einem Gelage im Rausch ermordet, worüber der König, ernüchtert, tiefe Reue empfand u. sich selbst das Leben nehmen wollte, bis das Heer K. nachträglich wegen angebl. Hochverrats verurteilte.

2. *K. der Weiße,* makedon. Admiral, †318 v. Chr.; nahm 322 v. Chr. durch seinen Seesieg über die athen. Flotte bei Amorgos im *Lamischen Krieg* den Athenern die Hoffnung, nach dem Tod Alexanders d. Gr. ihre alte Vormachtstellung zurückgewinnen zu können; auf der Flucht nach der verlorenen Schlacht bei Byzanz gegen *Antigonos Monophthalmos* in Thrakien durch *Lysimachos* getötet.

Klemens, Päpste: **1.** *K. I., Clemens Romanus,* Heiliger, 88–97 oder 92–101; gilt als 3. Nachfolger Petri (nach Linus u. Anaklet I.). Obwohl er in der frühen Kirche hohes Ansehen genoß, ist von seinem Leben nichts bekannt. Berühmt ist sein Brief an die Gemeinde von Korinth *(1. K.-Brief),* eines der ältesten Zeugnisse für das bischöfl. Amt. Andere Schriften wurden ihm zu Unrecht zugeschrieben *(2. K.-Brief, Pseudoklementinen).* Heiligenfest: 23. 11.

2. *K. II.,* Dez. 1046–Okt. 1047, eigentl. *Suidger,* aus sächs. Adel, †9. 10. 1047 bei Pesaro (im Bamberger Dom beigesetzt); 1040 Bischof von Bamberg, auf Wunsch König *Heinrichs III.* zum Papst gewählt. Er krönte Heinrich zum Kaiser u. nahm im Einverständnis mit ihm die Kirchenreform in Angriff (Kampf gegen Simonie u. Priesterehe).

3. *K. (III.),* Gegenpapst 1084–1098, eigentl. *Wibert von Ravenna,* *um 1025 Parma, †8. 9. 1100 Civita Castellana; seit 1058 als Kanzler für Italien im Dienst des dt. Hofs, 1072 Erzbischof von Ravenna; Gegner Papst *Gregors VII.,* mit Unterstützung König *Heinrichs IV.* von den oppositionellen Bischöfen 1080 zum Gegenpapst gewählt u. 1084 in Rom inthronisiert. Als Anhänger einer Reform der Kirche erließ er Bestimmungen gegen Simonie u. Priesterehe. Er hatte großen Anhang in Dtschld., England u. Ungarn u. konnte sich bis kurz vor seinem Tod in Rom behaupten.

4. *K. III.,* 1187–1191, eigentl. Paolo *Scolari,* Römer, †1191 Rom; festigte durch seine Friedenspolitik gegenüber dem dt. Reich u. durch die Versöhnung mit der Stadt Rom die Stellung des Papsttums.

5. *K. IV.,* 1265–1268, eigentl. Guido *Fulcodi,* aus Saint-Gilles, Rhône, †29. 11. 1268 Rom; zuerst Kanzler *Ludwigs IX.* von Frankreich, 1259 Erzbischof von Narbonne, 1261 Kardinal; führte als Papst eine frankreichfreundl. Politik, belehnte *Karl von Anjou* mit Sizilien u. war mitverantwortl. für das Todesurteil gegen den von ihm exkommunizierten Staufer *Konradin.*

6. *K. V.,* 1305–1314, eigentl. *Bertrand de Got,* †20. 4. 1314 Avignon; 1299 Erzbischof von Bordeaux, zum Papst gewählt im Einvernehmen mit *Philipp IV.* von Frankreich, von dem er stets abhängig blieb; schuf eine französ. Mehrheit im Kardinalskolleg u. residierte seit 1309 in Avignon („Babylonische Gefangenschaft der Kirche" bis 1376). Auf Wunsch des Königs widerrief er manche Maßnahmen von Papst *Bonifatius VIII.* u. stimmte der Aufhebung des Templerordens auf dem Konzil von Vienne 1311/12 zu. Er förderte die Universitäten.

7. *K. VI.,* 1342–1352, eigentl. Pierre *Roger,* *um 1291, †6. 12. 1352 Avignon; 1330 Erzbischof von Rouen u. Kanzler *Philipps VI.* von Frankreich; 1338 Kardinal; widmete sich vorwiegend der Politik, die er im Sinne Frankreichs führte. Er ernannte fast nur Franzosen zu Kardinälen u. festigte durch den Kauf Avignons das päpstl. Exil.

8. *K. (VII.),* Gegenpapst 1378–1394, eigentl. *Robert von Genf,* *1342 Genf, †16. 9. 1394 Avignon; 1371 Kardinal. Seine Wahl gegen *Urban VI.* durch französ. Kardinäle, die der französ. König unterstützte, begründete das große abendländ. Schisma. Er residierte in Avignon, wo er eine aufwendige Hofhaltung führte, u. geriet in völlige Abhängigkeit von Frankreich. Außer in Frankreich wurde er in Spanien, Schottland, Irland u. teilweise in Dtschld. anerkannt.

9. *K. (VIII.),* Gegenpapst 1423–1429.

10. *K. VII.,* 1523–1534, eigentl. Giulio de *Medici,* *26. 5. 1478 Florenz, †25. 9. 1534 Rom; Vetter von Papst *Leo X.,* 1513 Erzbischof von Florenz u. Kardinal. Von der kaiserl. Partei gewählt, wandte er sich als Papst Frankreich zu u. geriet dadurch in schärfsten Gegensatz zu *Karl V.,* dem er sich nach dem Scheitern dieser Politik (1527 Eroberung u. Plünderung Roms durch kaiserl. Truppen) wieder anschließen mußte. 1530 krönte er Karl in Bologna zum Kaiser. Er war der durch die Reformation hervorgerufenen schwierigen Situation nicht gewachsen; sein Zögern schadete der Kirche sehr, erst sein Tod ermöglichte das vom Kaiser gewünschte Konzil u. die innerkirchl. Reform.

11. *K. VIII.,* 1592–1605, eigentl. Ippolito *Aldobrandini,* *24. 2. 1536 Fano, †3. 3. 1605 Rom; 1585 Kardinal; stärkte durch seine Politik. Erfolge (Aussöhnung mit Frankreich, Vermittlung zwischen Spanien u. Frankreich, Vergrößerung des Kirchenstaats) die Stellung des Papsttums, doch leistete er für die innerkirchl. Erneuerung weniger als die Päpste der vorausgehenden Jahrzehnte; dagegen erreichten äußere Prachtentfaltung u. Nepotismus einen neuen Höhepunkt. In seinem Pontifikat wurden Beatrice *Cenci* u. Giordano *Bruno* zum Tod verurteilt u. hingerichtet.

Papst Klemens XIV.

12. *K. IX.,* 1667–1669, eigentl. Giulio *Rospigliosi,* *28. 1. 1600 Pistòia, †9. 12. 1669 Rom; Staatssekretär Papst *Alexanders VII.,* 1657 Kardinal; brach mit dem Nepotismus. Die jansenist. Streitigkeiten konnte er nur vorübergehend schlichten. Eine französ.-päpstl. Expedition nach Kreta konnte den Verlust der Insel an die Türken nicht verhindern.

13. *K. X.,* 1670–1676, eigentl. Emilio *Altieri,* *13. 7. 1590 Rom, †22. 7. 1676 Rom; 1669 Kardinal, nach schwierigem Konklave in hohem Alter gewählt, überließ die Führung der Geschäfte weitgehend dem Kardinal Paluzzi degli *Albertoni.* Er unterstützte Polen im Krieg gegen die Türken.

14. *K. XI.,* 1700–1721, eigentl. Giovanni Francesco *Albani,* *22. 7. 1649 Urbino, † 19. 3. 1721 Rom; 1690 Kardinal, den polit. Schwierigkeiten der Zeit nicht gewachsen. Im span. Erbfolgekrieg, den er vergeblich zu verhindern gesucht hatte, trat er an Frankreichs Seite, mußte aber 1709 den Habsburger *Karl III.* als span. König anerkennen. Er unterstützte den Kaiser u. Venedig gegen die Türken u. verurteilte 1713 in der Bulle „Unigenitus" den Jansenismus.

15. *K. XII.,* 1730–1740, eigentl. Lorenzo *Corsini,* *16. 4. 1652 Florenz, †8. 2. 1740 Rom; 1706 Kardinal; den Niedergang der polit. Macht des Papsttums im Poln. Erbfolgekrieg konnte er nicht aufhalten. Er förderte Mission, Wissenschaft u. Kunst u. verbot 1738 den Katholiken die Mitgliedschaft bei den Freimaurern.

16. *K. XIII.,* 1758–1769, eigentl. Carlo della *Torre Rezzonico,* *7. 3. 1693 Venedig, † 2. 2. 1769 Rom; 1737 Kardinal; verurteilte das Werk „De statu ecclesiae" des Trierer Weihbischofs J. N. von *Hontheim,* konnte aber die Ausbreitung des *Febronianismus* ebensowenig verhindern wie die Bewegungen der kirchl. Aufklärung u. des Staatskirchentums (bes. in den bourbon. Staaten). Auch gegen die Unterdrückung der Jesuiten in den Staaten der Bourbonen protestierte er vergeblich. Frankreich u. Neapel besetzten Teile des Kirchenstaats (Avignon bzw. Benevent). K. förderte Wissenschaft u. Kunst.

17. *K. XIV.,* 1769–1774, eigentl. Giovanni Vincenzo Antonio *Ganganelli,* *31. 10. 1705 Sant'Arcàngelo bei Rimini, †22. 9. 1774 Rom; 1723 Minorit, 1759 Kardinal; wollte den Ansprüchen des Staatskirchentums im Interesse der Kirche durch Konzessionen entgegenkommen. Aus Furcht vor einem Schisma ordnete er 1773 durch die Bulle „Dominus ac redemptor noster" die von den bourbon. Staaten geforderte Aufhebung des Jesuitenordens an. Er bemühte sich um Finanz- u. Wirtschaftsreformen im Kirchenstaat u. machte sich um Wissenschaft u. Kunst (Museo Pio-Clementino im Vatikan) verdient.

Klemens, Fürsten: **1.** *K. August,* Kurfürst u. Erzbischof von Köln 1723–1761, *17. 8. 1700, †6. 2. 1761 Ehrenbreitstein; Sohn des Kurfürsten *Maximilian II. Emanuel* von Bayern, 1716 Fürstbischof von Regensburg, 1719 von Münster u. Paderborn, 1724 von Hildesheim, 1728 von Osnabrück; folgte in Köln seinem Onkel *Joseph Klemens*; stand politisch aufgrund von Subsidienverträgen meist auf der Seite Frankreichs; verschwenderisch u. baulustig, vollendete die Schlösser in Bonn u. Poppelsdorf u. ließ Schloß *Augustusburg* bei Brühl bauen, eines der schönsten dt. Rokokoschlösser.

2. *K. Wenzeslaus,* Kurfürst u. Erzbischof von Trier seit 1768, *28. 9. 1739 Schloß Hubertusburg, † 27. 7. 1812 Marktoberdorf, Allgäu; Sohn des Kurfürsten *Friedrich August II.* von Sachsen; 1763 Bischof von Freising u. Regensburg, gab 1768 diese beiden Bistümer auf u. wurde Erzbischof von Trier u. zugleich Bischof von Augsburg. K. zwang seinen Weihbischof J. N. von *Hontheim* zur Widerrufung seiner episkopalist. Ansichten *(Febronianismus).* Er wurde 1794 durch die französ. Revolutionsheere aus seinem Erzbistum vertrieben u. verlor durch den Reichsdeputationshauptschluß seine Landesherrschaft, blieb aber Bischof von Augsburg.

Kleobulos, *K. von Lindos,* einer der Sieben Weisen Griechenlands, lebte um 600 v. Chr.

Kleomenes, mehrere Könige von Sparta aus dem Hause der *Agiaden* : **1.** *K. I.,* König 525–488 v. Chr.; entscheidend an der Vertreibung des athen. Tyrannen *Hippias* beteiligt, Gegner des *Kleisthenes*; festigte Spartas Stellung auf dem Peloponnes durch seinen Sieg über Argos bei Sepeia um 494 v. Chr.; nach Konspirationen mit den Arkadern starb er in Sparta unter ungeklärten Umständen.
2. *K. III.,* König 235–221 v. Chr., † 219 v. Chr.; setzte die von *Agis IV.* begonnenen Reformen fort (Aufteilung des sich in Händen von nur rd. 100 Grundbesitzern befindenden Landes, Ergänzung der Bürgerschaft aus Periöken, Einführung makedon. Bewaffnung im Heer). Nach anfängl. Erfolgen über den Feldherrn des Achäischen Bundes, *Aratos,* unterlag er 222 v. Chr. dem *Antigonos Doson* von Makedonien, mit dem erstmalig ein siegreicher Feind Sparta besetzte. K. fand bei dem Versuch, sich aus der Gefangenschaft Ptolemaios IV. zu befreien, in Ägypten den Tod; seine Reformen wurden aufgehoben, mit ihm endete das Königtum in Sparta.

Kleon, athen. Politiker, † 422 v. Chr.; als Besitzer einer Ledermanufaktur der erste aus der Schicht der Gewerbetreibenden in führende Positionen aufgestiegene Politiker Athens. Zunächst zur Opposition gegen *Perikles* gehörend u. nach dessen Tod 429 v. Chr. sein Nachfolger als „Führer des Demos“, führte er dessen Kriegspolitik gegen Sparta entschlossen weiter. Auf dem Höhepunkt seines Einflusses verdreifachte er 425/24 v. Chr. die Zahlungen der Seebundsmitglieder an Athen. 422 v. Chr. fiel er nach anfänglichen Erfolgen gegen *Brasidas* bei Amphipolis, was den Frieden des *Nikias* ermöglichte.

Kleonymos, spartan. Prinz, Agiade, bei der Thronfolge übergangen; zwang 303/02 v. Chr. als Führer eines Söldnerheeres im Dienst Tarents die Lukaner zum Frieden u. setzte auch bei den Römern vertraglich maritime Forderungen Tarents durch.

Kleopatra [grch., „die vom Vater Berühmte“], häufiger Frauenname im makedon., seleukid. u. vor allem im ptolemäischen Königshaus; am bekanntesten: *K. VII.,* * 69 v. Chr., † 30 v. Chr. Alexandria; Tochter *Ptolemaios' XII. Auletes,* seit 51 v. Chr. als Frau ihres Bruders *Ptolemaios XIII.* († 47 v. Chr.), später ihres Bruders *Ptolemaios XIV.* Königin, letzte Vertreterin der Ptolemäer-Dynastie in Ägypten. Als die Römer Ägypten eroberten, wurde sie die Geliebte *Cäsars* (gemeinsamer Sohn *Kaisarion*) u. später des *Antonius,* mit dem sie drei Kinder hatte. Der Entscheidungskampf zwischen Antonius u. *Octavian* (Augustus), der mit der Niederlage der ägypt. Flotte bei Aktium 31 v. Chr. zuungunsten des Antonius endete, besiegelte K.s Schicksal. Als Octavian ihre Hoffnung, Ägypten für einen ihrer Söhne retten zu können, enttäuschte, beging sie Selbstmord durch Schlangenbiß, um nicht im Triumphzug mitgeführt zu werden.

Kleophon, athen. Staatsmann, † 404 v. Chr.; während des letzten Abschnitts des Peloponnesischen Krieges Gegner des Alkibiades u. gegen ein Nachgeben gegenüber Sparta.

Kleopatra

Während der Blockade Athens 405/04 v. Chr. steigerte er sich zum fanatischen, terroristischen Durchhaltepolitiker, dessen Hinrichtung Kapitulationsverhandlungen erst möglich machte.

Klephten [grch., „Räuber“], Freischaren bes. der nordgriech. Gebirgsgegenden, die in ständigem Kleinkrieg den Widerstand gegen die Türkenherrschaft fortsetzten. 1821 bildeten sie die Kerntruppen des griech. Freiheitskampfs.

Klerikalismus [grch., lat.], starke Einflußnahme des Klerus u. der kath. Kirche überhaupt auf kulturelle oder polit. Entwicklungen, auch die Bevormundung der Laien durch den Klerus.

Klerk, Frederik Willem de, südafrikan. Politiker (National Party), * 18. 3. 1936 Johannesburg; Jurist; seit 1978 in verschiedenen Ministerämtern tätig; seit 1989 Vors. der National Party u. 1989 bis 1994 Staats-Präs., 1994–1996 Vize-Präs.; vollzog die Abkehr von der Apartheidpolitik; erhielt 1993 den Friedensnobelpreis zusammen mit N. *Mandela.*

Kleruchie [grch.], in der Antike eine hauptsächlich von Athen gebrauchte Form der Militärkolonie, wobei in ein besiegtes Gebiet athen. Bürger (meist Besitzlose, die dadurch sozial aufsteigen konnten) zu dessen Kontrolle u. Sicherung geschickt wurden, dort Grundbesitz zu erblicher Nutzung erhielten u. im Gegensatz zu den normalen Kolonisten athen. Bürger blieben.

Klestil, Thomas, österr. Politiker (ÖVP), * 4. 11. 1932 Wien; Diplomat; 1969–1974 Generalkonsul in Los Angeles, 1978–1982 UNO-Botschafter, 1982–1987 Botschafter in den USA, 1987–1992 Generalsekretär für auswärtige Angelegenheiten, seit 1992 Bundes-Präs.

Kleve, *Cleve,* ehem. Herzogtum in Westfalen, ungefähr zu gleichen Teilen rechts u. links des Rheins, mit gleichnamiger Hauptstadt. Die im 11. Jh. gegr. Grafschaft K. war seit dem 13. Jh. ein Machtfaktor am Niederrhein. 1368 kam sie durch Erbfolge an die Grafen von der *Mark.* 1417 wurde die Grafschaft K. von Kaiser Sigismund zum Herzogtum erhoben. Herzog *Johann III. von Jülich u. Berg* (* 1490, † 1539) vereinigte 1521 diese Herzogtümer mit K. u. führte 1533 die Reformation ein. Nach dem Aussterben der Linie (1609) wurde das Territorium nach Beilegung des *Jülich-Kleveschen Erbfolgestreits* 1614 geteilt. K., Mark u. Ravensberg wurden 1666 endgültig brandenburgisch, später preußisch. 1795 fiel der links-, 1805 auch der rechtsrheinische Teil (Großherzogtum *Berg*) an Frankreich; 1815 wurden beide wieder preußisch.

Klientel [die; lat.], zentraler Begriff der röm. Sozialgeschichte, der eine Sozialbeziehung zwischen Höhergestellten *(Patrone, patroni)* u. Personen geringeren Standes *(Klienten, clientes)* bezeichnet; die Beziehung war erblich, u. ein Verstoß gegen dieses Verhältnis galt als bes. schändlich.

Klima, Viktor, österr. Politiker (SPÖ), * 4. 6. 1947 Wien; Wirtschaftswissenschaftler; 1969–1992 in verschiedenen Management-positionen bei der Österr. Mineralölverwaltung tätig (seit 1990 als Vorstandsmitglied); 1992–1996 Min. für öffentl. Wirtschaft u. Verkehr, 1996/97 Finanz-Min.; seit 1997 Bundeskanzler u. Vors. der SPÖ.

Klinge, ein verhältnismäßig schmales u. parallelseitiges, durch Absprengen von einem Kernstein entstandenes Steingerät, das wegen seiner scharfen Seitenkanten überwiegend als Schneidewerkzeug gebraucht wurde.

Kloster [das; lat. *claustrum,* „Verschluß, Umfriedung“], die zu einer Einheit zusammengefaßten Gebäude gemeinsam lebender Ordensangehöriger. Das K. entwickelte sich aus der *Einsiedelei.* Die einzelnen Klöster sind den verschiedenen Orden u. ihren Aufgaben angepaßt. Die ältesten Formen, hauptsächl. von den Benediktinern ausgebildet, haben als Mittelpunkt ihrer Anlage die Kirche, an die sich ein Kreuzgang anschließt. Um dieses Zentrum gruppieren sich die Mönchswohnungen, die eigentl. *Klausur* : Speisesaal *(Refektorium),* Schlafsaal *(Dormitorium)* u. Kapitelsaal. Zu diesen Klöstern gehören meistens noch Gästehaus, Krankenhaus, Novizenhaus u. landwirtschaftl. Gebäude. – Bei den Zisterziensern ist kaum eine Umwandlung der K.anlage zu bemerken. Erst der völlig andere Geist der Kartäuser brachte eine neue K.form: An die Kirche schließt sich ein Hof mit Kreuzgang an, der von Zellen umgeben ist, in denen die Mönche einzeln u. nicht, wie bei den benediktin. Ordensgemeinschaften, gemeinsam leben. Mit dem Aufkommen der Bettelorden im 12. u. 13. Jh. kam man auch zu neuen Formen des K.lebens. Diese Orden siedelten sich vornehml. in Städten an, so daß sie ihre Gebäude auf verhältnismäßig engem Raum zusammendrängen mußten. Die Jesuiten, die keine Klöster, sondern „Niederlassungen“ haben, u. viele Orden der neueren Zeit gingen dazu über, ihre Häuser mitten in der Stadt zu bauen.
Die Klöster waren bes. im frühen MA Träger der abendländ. Kultur. Da sie oft die einzigen Stätten waren, in denen das Kulturgut gepflegt u. erhalten wurde (Abschreiben literar. u. wissenschaftl. Werke, Aufbau u. Erhaltung von Bibliotheken u. a.), hatten die Mönche einen großen Einfluß in geistiger u. religiöser Hinsicht auf die Bevölkerung. Die Klöster waren oft auch wirtschaftl. Mittelpunkte.
Die Klöster im Hinduismus, Buddhismus, Lamaismus u. Daoismus unterscheiden sich in Anlage u. Idee von den christlichen Klöstern. Man findet alle Übergänge zwischen festem K.bau u. nur noch klosterähnlichen regellosen Häufungen von Zelten um ein Heiligtum. Die ursprüngl. mönchsfeindliche Haltung des Islam wurde seit der Gründung der Derwischorden im 12. Jh. aufgegeben.

Klotz, Christian Adolph, Altertumsforscher u. Philosoph, * 13. 11. 1738 Bischofswerda, † 31. 12. 1771 Halle (Saale); Prof. in Halle, einflußreicher Gelehrter der Aufklärungszeit, von G. E. *Lessing* u. J. G. *Herder* bekämpft; Gedichte, satir. Schriften u. archäolog. Abhandlungen.

Kluck, Alexander von (1909), Offizier (1913 Generaloberst), * 20. 5. 1846 Münster, † 19.

10. 1934 Berlin; führte 1914 in der Marneschlacht im Rahmen des Schlieffenplans die 1. Armee. Durch das Eingreifen der Obersten Heeresleitung (Oberstleutnant R. *Hentsch*) wurde er am Vormarsch gehindert, wodurch die Umfassung des Gegners mißlang. 1915 schwer verwundet, nahm K. 1916 den Abschied. Er schrieb „Der Marsch auf Paris u. die Marne-Schlacht“ 1920.

Kluge, Günther von, Offizier (1940 Generalfeldmarschall), *30. 10. 1882 Posen, †19. 8. 1944 bei Metz (Selbstmord); dt. Heerführer im 2. Weltkrieg, 1944 Oberbefehlshaber West; stand in Fühlung mit der Widerstandsbewegung gegen Hitler, ohne sich ihr anzuschließen; wurde am 17. 8. 1944 abgesetzt.

Knabenlese, türk. *devşirme*, Zwangsrekrutierungen der türk. Sultane unter den christl. Balkanvölkern. Die betroffenen Jugendlichen wurden zum Übertritt zum Islam gezwungen u. für militärische (Janitscharen) u. administrative Aufgaben im Osman. Reich ausgebildet.

Knesebeck, Karl Friedrich Frhr. von dem, preuß. Offizier (1831 Generalfeldmarschall), * 5. 5. 1768 Karwe bei Neuruppin, †12. 1. 1848 Karwe; bewahrte 1806 bei Auerstedt *Friedrich Wilhelm III.* vor der Gefangenschaft, wurde 1813 Generaladjutant des Königs. K. bestimmte seit den Bündnisverhandlungen mit Rußland weitgehend die vorsichtige Politik u. Kriegführung des Königs u. war der konservative Hauptgegenspieler der Heeresreformer u. Truppenführer um Scharnhorst u. Blücher.

Knidos, lat. *Cnidus*, dorische Kolonie auf einer Halbinsel an der weit vorspringenden südwestl. Spitze der Küste Kleinasiens, gegenüber der Insel Kos; berühmte Ärzteschule, Heimat des *Ktesias* u. des Astronomen u. Mathematikers *Eudoxos* von K. Bekannt durch die Statue der Aphrodite Euploia („Aphrodite von K.“) des *Praxiteles*. 394 v. Chr. gelang dort der pers. Flotte unter *Konon* u. *Pharnabazos* ein wichtiger Seesieg über die Spartaner unter *Peisandros*.

Knight [nait; engl.], die niederste, nicht erbl. Stufe des engl. Adels. Der K. führt den Titel *Sir* (Frauen: *Dame*) vor dem Vornamen.

Knipperdolling, Bernhard, Tuchhändler, †22. 1. 1536 Münster; einer der Führer der Wiedertäufer in Münster, 1534 Bürgermeister der Stadt; wurde nach der Niederschlagung des Aufstands gemeinsam mit seinem Schwiegersohn *Johann von Leiden* hingerichtet; seine Leiche wurde in einem eisernen Käfig ausgestellt.

Kniprode, Winrich von → Winrich von Kniprode.

Knjas [russ., „Fürst“], in Altrußland zunächst Titel der Mitglieder der Herrscherdynastie, später Titel der Angehörigen aller sich von *Rjurik* u. *Gedymin* herleitenden hohen Erbadelsfamilien; seit *Peter d. Gr.* auch von den Zaren verliehen. Auch in Polen *(Książę*)u. Böhmen (tschech. *Kníže*) gebraucht.

Knochengeräte, aus Knochen u. Horn gefertigte Gebrauchsgeräte wie Messer, Meißel, Harpunen, Pfeil- u. Speerspitzen, Nadeln, Pfriemen u. a. Zu den K.n gehören auch die *Schlittknochen*, Beinknochen oder Rippen von Pferd u. Rind, die als Schneeschuhe unter die Füße geschnallt wurden. K. kommen vereinzelt schon im Altpaläolithikum vor, sicher sind sie seit dem Moustérien bezeugt. Im Jungpaläolithikum bilden sie, oft reich mit figürl. oder geometr. Ornamenten verziert, wichtige Leitformen der einzelnen Zeitstufen. K. spielten noch im Mesolithikum u. in der Jungsteinzeit eine wichtige Rolle, wurden auch in späteren vorgeschichtl. Epochen benutzt u. sind heute noch bei Naturvölkern in Gebrauch.

Knossos, bedeutendste u. größte minoische Anlage auf der Insel Kreta, 5 km südöstl. von Iraklion; Ausgrabungen seit 1900 durch A. *Evans*, der den von ihm angenommenen Palast des Königs *Minos* teilweise rekonstruieren ließ. Eine ältere Palastanlage entstand um 2000 v. Chr., eine jüngere im 16. Jh. v. Chr. auf dem Wohnschutt neolith. Siedlungen (besiedelt seit mindestens 4000 v. Chr.); die jüngere Anlage umfaßte eine Fläche von nahezu 10 000 m²: ein mehrstöckiger Bau mit zahlreichen, unübersichtlich angeordneten Zimmern (Labyrinth), Vorratsräumen, Ölpresse, Kapelle, Tresoren, Aborten mit Wasserspülung, Lichtschächten, Höfen, Treppen; nach dem repräsentativen Eingang führt ein langer gewinkelter Korridor mit Fresken zum großen Vestibül u. von dort eine breite Treppe zu den Repräsentationsräumen im ersten Stock; neben der Treppe liegt der Thronsaal. Umgeben war der Herrschersitz von palastartigen Villen mit Fresken u. Stuckreliefs. In der von Evans vermuteten zugehörigen Stadt lebten wohl mindestens 50 000 Einwohner; um 1400 v. Chr. soll sie zerstört worden sein. Bedeutende Funde an Keramik u. Tontafeln mit der Linearschrift A u. B wurden ausgegraben.

Über den Ruinen der Palastanlage siedelten in griech. Zeit Dorier um 1000 v. Chr.; neben *Gortyn* u. *Kidonia* war K. die mächtigste Stadt Kretas in hellenist. Zeit. 71 v. Chr. wurde K. von den Römern erobert, im 9. Jh. wurde es von den Arabern zerstört. Umstritten ist eine neue Theorie, die den Palast von K. für einen Totenpalast hält.

Bernhard Knipperdolling

Knovizer Kultur, *Knoviser Kultur*, jungbronzezeitl. Kultur in Mittel- u. Westböhmen, nach dem Fundort *Knoviz* in der Nähe von Slany in Mittelböhmen benannt. Uneinheitliche Bestattungssitten: Urnenflachgräber in kleinen Gruppen u. Körpergräber in Gruben. Innerhalb der Siedlungen hingeworfene Körper, Körperteile u. gespaltene Menschenknochen werden u. a. als rituelle Anthropophagie (Kannibalismus) gedeutet. Charakterist. sind Etagengefäße, Amphoren u. schüsselartige Formen mit senkrechter Rillung u. Kammstrichverzierung.

Knox [nɔks], John, Reformator Schottlands, *um 1514 (oder 1505) Giffordgate bei Haddington, †24. 11. 1572 Edinburgh; zunächst kath. Priester, seit 1546 calvinistischer Prediger, wurde nach dem Regierungsantritt Marias der Katholischen 1554 aus England vertrieben, wirkte in Genf u. Frankfurt a. M., seit 1559 wieder in Schottland, prägte der schott. Kirche ihren puritan. Charakter auf u. setzte den Calvinismus als Staatsreligion durch. Sein Verdienst liegt auf praktisch-organisatorischem Gebiet. Hauptverfasser der „Confessio Scotica“ 1560; bemüht um die Übersetzung der Bibel ins Englische.

Knut, *Knud, Kanud*, Fürsten. Dänemark: **1.** *K. d. Gr.*, König 1018–1035, in England seit 1016, in Norwegen seit 1028, *um 1000, †12. 11. 1035 Shaftesbury; Sohn Sven Gabelbarts (Tveskegs); errichtete ein großes Nordseereich, das bald nach seinem Tod zerfiel; pflegte freundschaftl. Beziehungen zu Kaiser Konrad II., dessen Sohn Heinrich (III.) K.s Tochter Gunhild heiratete. Konrad verzichtete auf seine Hoheitsrechte im Bereich zwischen Eider u. Schlei; die Eider wurde damit endgültig zur Südgrenze des dän. Reichs.

2. *K. der Heilige*, König 1080–1086, *um 1040, †10. 7. 1086 Odense (ermordet); versuchte die Königsmacht zu erhöhen u. sein Land straff zu ordnen. Seine harten Maßnahmen u. die einseitige Begünstigung der Geistlichen u. der Kirche stießen auf den Widerstand des Volks. K. wurde von einer aufständ. Volksmenge gesteinigt. Heiligsprechung 1101; Schutzheiliger Dänemarks.

3. *K. VI.*, König 1182–1202, *1163, †12. 11. 1202; Sohn Waldemars d. Gr.; setzte die dän. Großmachtpolitik seines Vaters fort, unterstützte seinen Schwiegervater Heinrich den Löwen gegen Friedrich Barbarossa, nannte sich nach der Eroberung von Rügen, Pommern u. Mecklenburg „König der Slawen“ (1185). Zusammen mit seinem Bruder Waldemar (II.) nahm er Holstein, Stormarn, Hamburg, Lübeck u. Ratzeburg ein.

E n g l a n d : **4.** *Knut d. Gr.* von Dänemark; → Knut (1).

Knut Lavard, dän. Statthalter (Jarl) in Schleswig 1115–1131, König der Obodriten

Knossos: Thronsaal des Palastes

1128 bis 1131, *1096, †1131; Sohn Erichs I. Ejegod; war vom dän. König eingesetzt zur Abwehr der Slawengefahr, trieb eine weitgehend selbständige Politik, die erste Ansätze zur Verselbständigung Schleswigs zeigte.

Koalitionskriege, die nur durch kurze Friedenszeiten unterbrochene krieger. Auseinandersetzung von 1792–1815 zwischen Frankreich u. den Monarchien Europas (bis 1802 auch *Französische Revolutionskriege* genannt).

Der 1. Koalitionskrieg 1792–1797 begann am 20. 4. 1792 mit der Kriegserklärung der französ. Revolutionäre an Österreich, dem Preußen, Sardinien, Neapel, die Niederlande, Spanien, Portugal u. England beisprangen. Nach dem Einmarsch der Verbündeten in Frankreich wendete sich nach der *Schlacht bei Valmy* (20. 9. 1792) das Blatt. Die Franzosen drangen über den Rhein vor u. eroberten Mainz u. die Niederlande. 1793 ging beides wieder verloren, doch gelang es den Verbündeten nicht, einen entscheidenden Sieg zu erringen. 1795 schloß Preußen den *Baseler Frieden*, dem sich Spanien anschloß. 1797 mußten Österreich u. Sardinien den *Frieden von Campo Formio* schließen, nachdem Napoleon sie militärisch bezwungen hatte. Die Gebiete links des Rheins sowie die Lombardei kamen an Frankreich. England setzte den Kampf fort. Die Franzosen unternahmen unter Napoleon den Zug nach Ägypten u. Syrien (bis 1801).

Dagegen bildete sich eine neue Koalition aus England, Rußland, Österreich, Portugal, Neapel u. der Türkei. Auch der 2. Koalitionskrieg 1799–1802 endete mit einem französ. Sieg. Nach anfängl. Erfolgen u. nachdem Rußland die Koalition verlassen hatte, siegte Napoleon entscheidend bei *Marengo* 1800 über die Österreicher, die den *Frieden von Lunéville* 1801 annehmen mußten. Auch England schloß jetzt Frieden (von *Amiens* 1802). Provokationen Napoleons u. die Verzögerung der Räumung Maltas durch England beschworen bereits 1803 wieder eine Krise zwischen Frankreich u. England herauf u. führten am 18. 5. 1803 durch engl. Ultimatum zum Kriegsausbruch (Beginn der *Napoleonischen Kriege*). Nach Besetzung des mit England in Personalunion verbundenen Kurfürstentums Hannover traf Napoleon in Boulogne Vorbereitungen für ein Landungsunternehmen in England. Die brit. Seehegemonie, die der Sieg H. Nelsons bei *Trafalgar* (21. 10. 1805) erneut (für ein Jahrhundert) sicherte, machte jedoch alle Landungspläne illusorisch. Als Kampfmittel gegen England blieb Napoleon allein der Wirtschaftskrieg, der mit der Dekretierung der *Kontinentalsperre* (1806) zum Offensivmittel ausgebaut wurde.

Der 3. Koalitionskrieg 1805/06: Auf Betreiben Englands bildete sich 1805 erneut eine Koalition zwischen England, Rußland, Österreich u. Schweden (vergebl. Werben um Preußen) gegen Napoleon. Dieser zwang in einem raschen Umgehungsfeldzug die österr. Armee *Mack* in Ulm zur Kapitulation, nahm Wien ein u. siegte entscheidend in der *Dreikaiserschlacht von Austerlitz* (2. 12.) über die Russen u. Österreicher. Der *Friede von Preßburg* (26. 12. 1805) zwang Österreich, das aus dem Kampf ausschied, zur Abtretung von Tirol, Vorarlberg, Trentino, Istrien u. Dalmatien. Franz I. legte die röm.-dt. Kaiserwürde nieder.

Der 4. Koalitionskrieg 1806/07: Seine entscheidungsscheue Neutralitätspolitik hatte Preußen in eine hoffnungslose Isolierung gedrängt. Durch die im Pariser Traktat (1806) mit Napoleon vereinbarte Besetzung Hannovers befand sich Preußen sogar mit England im Kriegszustand. Napoleons Angebot der Rückgabe Hannovers an England führte schließlich zum Bruch mit Preußen, auf dessen Seite Kursachsen in den Krieg eintrat. Der Sieg Napoleons in der Doppelschlacht von *Jena u. Auerstedt* (14. 10.) enthüllte die Schwäche des preuß. Heeres. Die wichtigsten preuß. Festungen – Erfurt, Magdeburg, Spandau, Stettin u. Küstrin – kapitulierten. Napoleon konnte in Berlin einmarschieren. Friedrich Wilhelm III. von Preußen, der nach Ostpreußen geflohen war, kämpfte mit Unterstützung Rußlands weiter. Der unentschiedenen Schlacht bei *Preußisch-Eylau* (7. 2. 1807) folgte nach der Eroberung Danzigs durch die Franzosen der Sieg Napoleons bei *Friedland* über die Russen. Er zwang Alexander I. von Rußland zum *Frieden von Tilsit* (7. 7.), dem sich Preußen anschloß (9. 7.). Preußen mußte sich auf die Gebiete östlich der Elbe beschränken. Nachdem Rußland mit Napoleon ein Bündnis geschlossen hatte, standen diesem nur noch England u. Schweden gegenüber. Nach der Beschießung Kopenhagens bemächtigte sich England der dän. Flotte u. erzwang sich damit den Zugang zur Ostsee; darauf verbündete sich Dänemark mit Napoleon, u. Rußland wandte sich von England ab.

Der Krieg in Spanien 1808–1814: Der Thronstreit zwischen Karl IV. (*1748, †1819) u. dem Kronprinzen Ferdinand VII. (*1784, †1833) gab Napoleon Gelegenheit, die span. Dynastie zu entthronen u. seinen Bruder Joseph Bonaparte zum König von

Koalitionskriege: Österreichs Erhebung und die Folgen

Spanien zu proklamieren. Mit der Erhebung des Landes unter der Leitung des Adels u. des Klerus begann ein jahrelanger erbitterter Kleinkrieg gegen die französ. Fremdherrschaft. Nach dem entscheidungslosen Feldzug Napoleons in Spanien (Nov. 1808–Juni 1809) brachten der Krieg mit Österreich u. die Entsendung einer starken engl. Armee unter A. Wellington nach Spanien dem Land rechtzeitige Entlastung. Wellington behauptete sich mit wechselndem Kriegsglück u. erzwang schließl. bei *Vitoria* (21. 6. 1813) die Entscheidung über das Gros des französ. Heeres unter Joseph Bonaparte, der Spanien wieder räumen mußte.

Der Krieg Österreichs gegen Frankreich 1809: Österreich, das 1809 im Hinblick auf die Bindung Napoleons in Spanien isoliert den Kampf gegen Frankreich aufnahm, sah nach ersten Niederlagen u. dem Einzug Napoleons in Wien (13. 5.) in dem Sieg Erzherzog Karls bei *Aspern* (22. 5.) den ersten Schlachtenerfolg über Napoleon, unterlag aber in der Schlacht von *Wagram* (5./6. 7.). Es hatte vergeblich auf Bundesgenossen in Dtschld. gewartet. Gegen die Rheinbundtruppen kämpfte nur das Freikorps Friedrichs von Braunschweig („schwarzer Herzog"), in Nord-Dtschld. erhoben sich die Schillschen Jäger. Der Aufstand in Tirol unter Andreas *Hofer* schlug fehl. Der *Schönbrunner Friede* (14. 10.) sicherte Frankreich die adriat. Küstenländer u. gab Galizien an das Großherzogtum Warschau, Salzburg u. das Innviertel an Bayern.

Der Russische Feldzug Napoleons 1812: Nach der Absage Alexanders I. an die Kontinentalsperre 1810 u. einer Periode der fortgesetzten Spannungen zwischen Frankreich u. Rußland eröffnete Napoleon 1812 (ohne Kriegserklärung) mit einem Aufgebot von 700 000 Mann den Kampf gegen Rußland. Den linken Flügel, zu dem auch das preuß. Korps unter Yorck von Wartenburg gehörte, führte Marschall A. Macdonald, den rechten der Österreicher Karl Fürst zu Schwarzenberg. Die Russen zogen sich ins Innere des Landes zurück, räumten *Smolensk* (16./17. 8.) u. erlitten eine schwere Niederlage bei *Borodino* (Oberbefehlshaber M. J. Kutusow) am 7. 9. Am 14. 9. zog Napoleon in Moskau ein. Die Weigerung des Zaren, Frieden zu schließen, der Brand von Moskau u. der früh einsetzende russ. Winter zwangen N. zum Rückzug, der nach dem *Übergang über die Beresina* (26.–28. 11.) zur völligen Auflösung der „Großen Armee" führte.

Erst der 5. Koalitionskrieg 1813 bis 1815 (→ Befreiungskriege) brachte mit dem völligen Sieg der Koalitionsmächte England, Rußland, Österreich, Preußen u. Schweden über Napoleon, dem Fall von Paris 1814 u. der Verbannung Napoleons die Expansion Frankreichs zum Stillstand.

Koban-Kultur, spätbronze- u. früheisenzeitl. Kultur im Kaukasus (11.–4. Jh. v. Chr.), benannt nach dem Gräberfeld *Koban* bei Ordschonikidse. Sie ist gekennzeichnet durch eine seßhafte Bevölkerung, die Ackerbau u. Schafzucht betrieb, daneben Rinder u. Pferde hielt u. letztere seit dem 9./8. Jh. v. Chr. auch als Transportmittel benutzte. Die reichen Funde in den Gräbern (Männern gab man Bronzebeile u. -dolche, Pferdezaumzeug, Bronzegefäße u. Trachtzubehör mit; bei Frauen fand man Anhänger, Nadeln, Ringe, Halsschmuck) zeigen eine starke Besitzdifferenzierung.

Kobelt, Karl, schweizer. Politiker (Freisinn), * 1. 8. 1891 St. Gallen, † 5. 1. 1968 Bern; 1941 bis 1954 im Bundesrat (Militärdepartement), 1946 u. 1952 Bundes-Präs.

Koblenz, kreisfreie Stadt in Rheinland-Pfalz, Hptst. des Reg.-Bez. K., an der Moselmündung in den Rhein *(Deutsches Eck)*, 110 000 Ew.

Ein röm. Kastell *apud confluentes* („bei den

Helmut Kohl

Zusammenfließenden") wurde wahrscheinlich unter Kaiser Tiberius (14–37) errichtet. Innerhalb der röm. Mauer entstand in merowing. Zeit ein Königshof. Er wurde 1018 dem Erzbischof von Trier geschenkt; aus ihm entwickelte sich die Stadt K., die zeitweise erzbischöfl. Residenz war. Nach 1789 war K. Sammelpunkt der französ. Emigranten. 1798 wurde es Hptst. des französ. Dép. Rhein-Mosel. 1815 kam K. zu Preußen u. war 1822–1945 Hptst. der preuß. Rheinprovinz. 1946–1950 war es Hptst. des Landes Rheinland-Pfalz.

Koch, Erich, Politiker (NSDAP), * 19. 6. 1896 Elberfeld, † 12. 11. 1986 Barczewo (Polen); bis 1926 Eisenbahnangestellter; 1928–1945 NSDAP-Gauleiter u. 1933–1945 zugleich Oberpräsident von Ostpreußen, 1930–1945 MdR, 1941–1944 Reichskommissar für die Ukraine; 1949 in Hamburg verhaftet, an Polen ausgeliefert u. dort 1959 wegen seiner Verantwortlichkeit für die Ermordung polnischer u. sowjetischer Bürger zum Tode verurteilt, jedoch nicht hingerichtet.

Koch-Weser, Erich, Politiker, * 26. 2. 1875 Bremerhaven, † 19. 10. 1944 Rolândia (Brasilien); 1913–1919 Oberbürgermeister von Kassel; 1919 Mitbegründer der *Deutschen* Demokrat. Partei, 1924–1930 ihr Vorsitzender; 1920–1930 Mitglied des Reichstags, 1919–1921 Reichsinnenminister, 1928–1930 Reichsjustizminister; bemühte sich um eine Reichsreform („dezentralisierter Einheitsstaat"); emigrierte 1933.

Koenig [kø'nig], Pierre, französ. General, * 10. 10. 1898 Caen, Normandie, † 2. 9. 1970 Paris; im 2. Weltkrieg als Anhänger de Gaulles 1941–1944 in Nordafrika, befehligte 1944/45 die gaullist. Verbände in Frankreich; 1945–1949 Militärgouverneur der französ. Zone Deutschlands u. Vertreter Frankreichs im Kontrollrat, 1949–1951 Generalinspekteur der französ. Truppen in Nordafrika, schied 1951 aus der Armee aus u. schloß sich der „Sammlungsbewegung" de Gaulles an, 1954/55 Verteidigungs-Min.

Koerber, Ernest von, österr. Politiker, * 6. 11. 1850 Triest, † 5. 3. 1919 Baden (bei Wien); 1895 Generaldirektor der österr. Staatsbahnen; 1897 Handelsminister; 1898 Innenminister; 1900–1904 Min.Präs.; 1915 österr.-ungar. Finanzminister. Nach der Ermordung von Min.-Präs. Karl *Stürgkh* von Okt. bis Dez. 1916 dessen Nachfolger.

Kohl, Helmut, Politiker (CDU), * 3. 4. 1930 Ludwigshafen; Studium der Geschichte u. der Rechts- u. Staatswissenschaften; 1958–1969 Referent beim Verband der Chemischen Industrie; seit 1948 Mitglied der CDU; 1959–1976 Mitglied des Landtages von Rheinland-Pfalz, 1966–1973 Landesvorsitzender der CDU, 1969–1976 Ministerpräsident von Rheinland-Pfalz; seit 1973 Parteivorsitzender der CDU, seit 1976 Mitglied des Bundestages, 1976–1982 Vorsitzender der Bundestagsfraktion der CDU/CSU. Nachdem es in der seit 1969 regierenden SPD-FDP-Koalition zu Meinungsverschiedenheiten über die Wirtschafts- u. Finanzpolitik gekommen war, wurde K. am 1. 10. 1982 vom Bundestag durch ein konstruktives Mißtrauensvotum nach Art. 67 des Grundgesetzes gegen Bundeskanzler H. Schmidt (SPD) zum Bundeskanzler einer Koalition aus CDU/CSU und FDP gewählt. Nach den für die Koalition erfolgreichen Bundestagswahlen vom 6. 3. 1983 u. 25. 1. 1987 wurde er jeweils wiedergewählt.

Die von K. geführte Regierung legte die Schwerpunkte ihrer Politik auf die Sanierung des Staatshaushalts, die Anregung der privaten Investitionstätigkeit, die Schaffung von Arbeitsplätzen u. die Anpassung der sozialen Leistungen an die wirtschaftl. Möglichkeiten. Die im NATO-Doppelbeschluß von 1979 vorgesehene Nachrüstung setzte sie gegen große innenpolit. Widerstände durch. 1986 nahm sie eine umfassende Steuerreform in Angriff. Sie schuf nach dem polit. Umsturz in der DDR 1989 zum 1. 7. 1990 die Währungs-, Wirtschafts- u. Sozialunion zwischen der BR Dtschld. u. der DDR u. ermöglichte damit die dt. Wiedervereinigung am 3. 10. 1990. Die Regierungskoalition gewann die Bundestagswahlen am 2. 12. 1990 u. 16. 10. 1994. K. wurde nach beiden Wahlen im Amt bestätigt. – 1988 erhielt K. zusammen mit F. *Mitterrand* den Karlspreis.

Kohorte [die; lat. *cohors*, „Haufe"], Truppeneinheit des röm. Heers in Stärke von 600 Mann, Abteilung der röm. Legion (= 10 K.n). Daneben gab es die *cohortes urbanae* (Stadtsoldaten), die *cohortes vigilum* (Feuerwehr u. Nachtwächter) u. die *cohortes praetoriae*, seit Augustus die Eingreiftruppe der röm. Kaiser. Bei den Hilfstruppen des röm. Heeres *(Auxilien)* war die K. eine geschlossene Einheit zu 500 oder 1000 Mann, in der Regel Infanterie, gelegentlich aber auch mit Kavallerie kombiniert.

Koht [ku:t], Halvdan, norwegischer Politiker, * 7. 7. 1873 Tromsö, † 12. 12. 1965 Oslo; 1910–1935 Professor für Geschichte in Oslo; führende Persönlichkeit der norwegischen Sozialdemokratie, 1935–1941 Außen-Minister.

Koinon [-'nɔn; das, Pl. *Koina*; grch.], in der Antike die polit. Gemeinschaft, bes. die der hellenist. Zeit.

Koiso, Kuniaki, japan. General u. Politiker, * März 1880 Präfektur Yamagata, † 3. 11. 1950; als Kompromißkandidat einzelner Armeefraktionen 1944/45 Nachfolger *Tojos* als Min.-Präs. K. setzte den Krieg fort, ohne Friedenskontakte aufzunehmen. Die amerikan. Invasion auf Okinawa u. die sowjetische Aufkündigung des mit Japan geschlossenen Neutralitätsvertrages am 5. 4. 1945 führten zu seinem Rücktritt. K. wurde als Hauptkriegsverbrecher zu lebenslänglicher Haft verurteilt.

Koivisto ['kɔivistɔ], Mauno, finnischer Politiker (Sozialdemokrat), * 25. 11. 1923 Turku; seit 1947 Parteimitglied; 1966/67 u. 1972 Finanz-Min., 1968–1970 u. 1979–1982 Min.-Präs.; 1982–1994 als Nachfolger U. *Kekkonens* Staats-Präs.

Kojiki [-dʒi-; jap., „Aufzeichnung alter Begebenheiten"], *Kodschiki*, das älteste erhaltene japan. Geschichtswerk, 712 n. Chr. von *O-no-Yasumaro* auf kaiserl. Befehl zusammengestellt. Das K. umfaßte die alte Mythologie u. die Genealogie der Kaiserfamilie bis zum Jahr 628.

Kökkenmöddinger [dän., „Küchenabfallhaufen"], engl. *Shell mounds*, wallartige, bis 200 m lange, 40 m breite u. mehrere Meter hohe Muschelhaufen der mittel- u. jungsteinzeitl. *Erteböllе-Kultur*, die aus eßbaren Muscheln, Austern u. Überresten von Fischen, Wasservögeln u. Jagdtieren bestehen u. gelegentlich Herdstellen u. menschl. Bestattungen enthalten; ähnl. Erscheinungen sind heute aus verschiedensten Gegenden der Erde bekannt.

Kokuryo, *Koguryo*, korean. Teilstaat, 37 v. Chr. bis 668 n. Chr. Königreich; entwickelte sich aus einem Stammesfürstentum am oberen Yalu u. umfaßte nach Auflösung der chines. Kolonie von Luolang ganz Nordkorea u. die halbe Mandschurei; 668 von Silla u. vom chines. Tang-Staat zerstört. Als Kulturreste blieben Festungsbauten u. ein gewaltiges Gräberfeld erhalten. Die ältesten Gräber werden von Stufenpyramiden gekrönt, die jüngeren von Hügeln. In den Kammern der Yalu-Gräber befinden sich berühmte Fresken (Grab der Tänzer, Dreikammergrab, Grab der vier Geister). – Schon in den ersten nachchristl. Jahrhunderten fanden Konfuzianismus u. Buddhismus in K. Eingang. K. hatte bereits früh eine hochentwickelte Kunst u. Wissenschaft: 371 wurde die erste Universität gegründet; Gelehrte u. Künstler aus K. waren in Japan tätig.

Kolaios, griech. Seefahrer aus Samos, der um 660 v. Chr. als erster Grieche durch die Straße von Gibraltar in den Atlantik fuhr.

Kolarow, Wasil Petrow, bulgar. Politiker (Kommunist), *16. 7. 1877 Schumen, †23. 1. 1950 Sofia; 1919 Mitgründer der Kommunist. Partei Bulgariens; 1921–1943 Mitgl. des Exekutivkomitees u. 1922–1924 Generalsekretär der Komintern; lebte 1923–1945 im Moskauer Exil; 1945–1947 Parlaments-Präs., 1947–1949 stellvertr. Min.-Präs. u. Außen-Min., 1949–1950 Min.-Präs.

Kolchis, antike Landschaft östl. des Schwarzen Meeres (heute Teil Georgiens), mit griech. Kolonien; Heimat der *Medea*, Ziel des *Argonautenzugs*; später von *Mithridates VI.* von Pontos erobert u. seit 65 v. Chr. von Rom abhängig; im frühen MA *Lazika* genannt u. von den Byzantinern gegen das Neupersische Reich behauptet.

Kolin ['kɔliːn], Industriestadt in Mittelböhmen (Tschech. Republik), an der Elbe, 30 900 Ew.

In der *Schlacht bei K.* am 18. 6. 1757 im Siebenjährigen Krieg besiegte der österr. Feldherr L. J. *Daun* das Heer *Friedrichs II.* von Preußen, Friedrich mußte Böhmen aufgeben.

Kollaboration [frz., „Zusammenarbeit"], im 2. Weltkrieg entstandener Begriff für die freiwillige, von den Mitbürgern als ehrenrührig u. verbrecherisch empfundene Zusammenarbeit mit dem im Land befindl. Feind. In den von Dtschld. eroberten Ländern wurden nach ihrer Befreiung Zehntausende von Kollaborateuren angeklagt u. verurteilt. – Der Gegenbegriff zu K. ist *Résistance* („Widerstand"). Die heutige Forschung arbeitet deutlicher als die anklagenden Zeitgenossen die vielfältigen Abstufungen zwischen totaler Gegnerschaft u. völliger Anpassung heraus.

Kołłątaj ['kɔuɔ̃taj], Hugo, poln. Politiker u. Publizist, * 1. 4. 1750 Derkały, Wolynien, † 28. 2. 1812 Warschau; maßgeblich in der aufklärer. Bewegung zur Erneuerung Polens vor u. in der Zeit der Teilungen; Mitgl. der Volkserziehungskommission *(Komisja Edukacji Narodowej)*, Erneuerer der Krakauer Akademie (1777–1786), Mitschöpfer der Verfassung von 1791 u. einer der geistigen Führer des Aufstands unter Tadeusz *Kościuszko* (1794).

Kollektivbestattung, *Kollektivgrab, Sammelgrab*, Bestattungssitte im Megalithgrab (Megalithbauten) bzw. Kuppelgrab, in dem nach u. nach bis zu mehrere hundert Menschen beigesetzt wurden, im Gegensatz zum Massengrab, in dem viele Tote gleichzeitig begraben werden.

Kollektivierung [lat.], Überführung ehemals im Privateigentum befindlicher Produktionsmittel in Gemeineigentum. Das Kollektiveigentum kann entweder in den Besitz der Gesamtgesellschaft (Sozialisierung, Vergesellschaftung) übergehen oder einzelnen Gruppen (Kollektiven, Genossenschaften) übertragen werden. Dies geschah nach 1928 in der UdSSR, nach 1949 in den Volksdemokratien Osteuropas, wo unter Druck *Produktionsgenossenschaften* in der Landwirtschaft gebildet wurden.

Kollektivschuld, die gemeinsame Verantwortung aller Angehörigen eines Volkes oder einer Organisation für die von ihrer Führung oder von einzelnen ihrer Glieder begangenen Handlungen. Die Frage, ob das dt. Volk eine K. für die nat.-soz. Verbrechen trage, war nach 1945 ein wichtiges Thema der polit. Diskussion. Ob es eine K. geben kann, ist umstritten.

Kollontaj, Alexandra Michaijlowna, geb. *Domontowitsch*, sowjetische Politikerin u. Schriftstellerin, *31. 3. 1872 St. Petersburg, †9. 3. 1952 Moskau; zunächst Menschewikin, seit 1915 Bolschewikin; bekleidete nach 1917 hohe Partei- u. Staatsämter; 1920–1922 führend in der „Arbeiteropposition" gegen den Parteizentralismus; 1923–1945 im diplomat. Dienst (mehrere Botschafterposten); bekannt als Verfechterin der Frauenemanzipation.

Köln, 1. kreisfreie Stadt in Nordrhein-Westfalen, am Rhein, inmitten der *K.er Bucht*, 963 000 Ew.

K. war ursprüngl. ein röm. Lager, aus dem 50 n. Chr. eine befestigte Stadt wurde, die von der in dem Lager geborenen Kaiserin *Agrippina d. J.* den Namen *Colonia Claudia Ara Agrippinensis* erhielt. Im 5. Jh. kam die Stadt unter fränk. Herrschaft, wahrscheinlich war sie schon in röm. Zeit Sitz eines Bischofs; unter Karl d. Gr. ist *Hildebold* als der erste Erzbischof erwähnt. 881 wurde K. von den Normannen zerstört. In der Zeit der Ottonen u. später profitierte K. von dem zunehmenden Handelsverkehr so sehr, daß es zur größten dt. Stadt des Mittelalters heranwuchs. Seit *Bruno von K.* (†965), dem Bruder Ottos d. Gr., war der Erzbischof zugleich der polit. Beherrscher des Gemeinwesens. Die reich werdende Bürgerschaft kämpfte rund 200 Jahre um ihre Selbständigkeit u. errang sie 1288 in der Schlacht bei Worringen. Seitdem residierten die Erzbischöfe auf den benachbarten Schlössern außerhalb der Stadt, sie behielten aber die hohe Gerichtsbarkeit. 1388 wurde in K. eine Universität gegründet, die 1798 wieder aufgehoben wurde.

Die Stadt regierte sich durch den patrizischen Rat, an dessen Spitze 2 Bürgermeister standen. Neue Kräfte, u. a. in den Zünften, begründeten 1396 eine neue Verfassung, die mit kleinen Änderungen bis zur französischen Besetzung (1794) galt. 1815, nach dem Wiener Kongreß, fiel Köln an Preußen. Köln erhielt eine Reihe von Behörden (Regierungsbezirk), wurde wichtiger Eisenbahnknotenpunkt u. Mittelpunkt des rheinischen Großhandels.

1917 bis 1933 (u. kurz 1945) war K. *Adenauer* Oberbürgermeister von K. In seiner Amtszeit wurde die Universität neu gegründet (1919).

2. ehem. dt. Erzstift u. Kurfürstentum. Es bestand aus mehreren gesonderten Teilen: Der Hauptteil lag auf dem linken Rheinufer zwischen den Herzogtümern Jülich u. Berg, ein anderer Teil zwischen Jülich u. Trier, auf dem rechten Rheinufer die Grafschaft Recklinghausen u. das Herzogtum Westfalen. Der Erzbischof von K. war einer der drei geistl. *Kurfürsten* des Hl. Röm. Reichs, Erzkanzler für Italien wie auch des Papstes u. päpstl. Legat. Seit dem 13. Jh. residierten die Erzbischöfe in *Brühl, Godesberg* oder *Bonn*, während das Domkapitel seinen Sitz in K. behielt. – Als Stifter des Bistums K. wird *Maternus* genannt. *Hildebold*, Erzkaplan u. Freund Karls d. Gr., war der erste Erzbischof (785); *Bruno* (953–965), Bruder Ottos I., war zugleich Herzog von Lothringen. Erzbischof *Anno von Köln* (1056–1075), der Held des „Annolieds", war Kanzler Heinrichs III., Vormund Heinrichs IV. u. Reichsverweser. Erzbischof *Rainald von Dassel* (1159–1167), Kanzler Friedrichs I. Barbarossa, begleitete den Kaiser nach Italien u. verhalf ihm bei Tusculum zum Sieg. Nach der Ächtung *Heinrichs des Löwen* erwarben die Erzbischöfe von K. den westl. Teil von Engern u. Westfalen u. nannten sich nun auch *Herzöge von Westfalen u. Engern*. Ihr Bestreben, die verstreut liegenden Teile zu einem Territorium zusammenzufassen, führte zu ständigen Feindseligkeiten bes. mit Soest u. der Stadt K. Sie fanden ihr Ende, als bei der französ. Invasion die Selbständigkeit des Erzstifts u. der Stadt aufhörte. Im Frieden von Lunéville 1801 wurden das Erzstift säkularisiert u. seine Länder an Frankreich, Nassau-Usingen, den Fürsten von Wied-Runkel, Hessen-Darmstadt u. den Herzog von Arenberg verteilt. 1821 erfolgte die Wiederherstellung des Erzbistums, jedoch nicht in den alten Grenzen; Suffraganbistümer: Münster, Paderborn (1929 abgetrennt), Trier. Seit 1929 ist K. Metropole für Aachen, Limburg, Münster, Osnabrück, Trier u. seit 1957 auch Essen.

Kölner Kirchenstreit, *Kölner Wirren*, die Streitigkeiten 1836–1841 zwischen dem Kölner Erzbistum u. der preuß. Regierung über die Kindererziehung bei konfessionell gemischten Ehen. Die preuß. Praxis, wonach bei Mischehen Kinder dem Bekenntnis des Vaters folgten, war seit dem pästl. Breve von 1830 in Frage gestellt. Im Sept. 1836 beendete der neue Erzbischof K. A. von *Droste zu Vischering* den kompromißbereiten Kurs seines Vorgängers F. A. Graf *Spiegel* (* 1764, † 1835) u. verbot die Einsegnung von Mischehen, wenn das Paar nicht eine kath. Kindererziehung zusicherte. Als er daraufhin verhaftet wurde, weitete sich der Konflikt auf andere Provinzen aus. Der Erzbischof von Breslau, L. Graf *Sedlnitzky von Choltitz* (* 1787, † 1871), der als einziger die alte Ordnung beibehielt, wurde vom Papst zum Rücktritt bewogen. Nach einem heftigen Flugschriftenstreit, in den J. von *Görres* mit seiner Schrift „Athanasius" eingriff, gab der neue König *Friedrich Wilhelm IV.* nach. Der K. K. war der erste große Konflikt zwischen einem neuzeitl. Staat u. der kath. Kirche. Er führte zur Belebung des polit. Katholizismus in Dtschld., zur Entfremdung des Rheinlandes von Preußen u. zur Umorientierung des vormals liberalen süddt. Partikularismus.

Kölner Krieg, *Kölnischer Krieg*, 1583–1585, entstanden durch den Übertritt des Kölner Erzbischofs u. Kurfürsten *Gebhard Truchseß von Waldburg* zum reformierten Glauben u. durch seinen Versuch, das Erzbistum als weltl. Fürstentum zu behalten. Er wurde vom Papst abgesetzt u. unterlag dem verstärkten Heer des vom Kapitel zum Nachfolger gewählten *Ernst von Bayern*.

Kolokotronis, Theodoros, griech. Freiheitskämpfer u. Heerführer, * 14. 4. 1770 Ramavuni (Messenien), † 15. 2. 1843 Athen; Sohn einer Klephtenfamilie, im griech. Freiheitskampf seit 1821 bedeutender Führer der peloponnes. Freischaren, Gegner des westl. Konstitutionalismus u. der bayer. Regentschaft; 1833 in einem Hochverratsprozeß zum Tode verurteilt, 1835 vom König begnadigt, danach formell Mitgl. des Staatsrats.

Koloman, ung. *Kálmán*, König von Ungarn 1095–1116, *um 1074, † 3. 2. 1116; wegen seiner Gelehrsamkeit als Bücherfreund *(könyves)* bezeichnet; gewann der ungar. Krone Kroatien (1102 Vertrag mit dem kroat. Adel, die sog. „pacta conventa") u. Dalmatien u. setzte sich im Bürgerkrieg gegen seinen jüngeren Bruder Álmos durch, der u. a. von Kaiser Heinrich V. unterstützt wurde; ordnete Rechtspflege u. Finanzen u. förderte die Kirche.

Kolonat [das; lat.], im spätröm. Reich die von einem Großgrundbesitzer vergebene, zeitlich unbeschränkte, vererbliche Bodenpacht, die durch die Stellung des Pächters *(colonus)* zwischen Sklaverei u. Freiheit gekennzeichnet ist. Der Colonus war persönlich frei, durfte aber das Pachtland nicht verlassen u. war zu Abgaben, Dienstleistungen u. Kriegsdienst verpflichtet; andererseits konnte er aber auch von seinem Pachtland nicht entfernt werden. Die röm. Kaiser förderten das K. zur Abwendung der Landflucht u. zur besseren Steuererhebung, aber auch zur Versorgung der kleinen Landpächter. Damit bildeten sich allmähl. die Grundherrschaften zu beachtl. Machtfaktoren *(Latifundien)* aus u. gingen kontinuierlich in die mittelalterl. Agrar- u. Gesellschaftsstrukturen über.

Kolonialismus [lat.], von Kolonie abgeleiteter schlagwortartiger Begriff für die Politik der Besiedelung u. Aneignung von Gebieten durch militärisch überlegene Mächte seit dem 16. Jh. aus wirtschafts- u. handelspolitischem Interesse, oft begleitet von religiösem u. kulturellem Sendungsbewußtsein. In der Epoche von der Mitte des 19. bis zur Mitte des 20. Jh. ist K. fast gleichbedeutend mit Imperialismus.
Die 1. Phase setzte seit Beginn des 16. Jh. mit den span. u. portugies. Eroberungen in Süd- u. Mittelamerika ein; sie war gekennzeichnet durch Gründung von Handelsniederlassungen an den Küsten, allmähl. Vordringen in das Landesinnere, Arrondierung von territorialem Besitz u. Ausbeutung von Rohstoffen in den Kolonialräumen. In der Frühzeit des K. übten Eroberer im Auftrag ihrer heimischen Fürsten die Herrschaft aus; später handelten Kaufleute, Militärs bzw. Handelskompanien, mit Vollmachten u. Privilegien ausgestattet, im Auftrag der Regierungen ihrer Mutterländer. Es blieb nicht bei der Gewinnung von Rohstoffen für die heim. Wirtschaft, sondern Millionen von Menschen wurden zur Sklavenarbeit in fremde Kontinente verschleppt (bes. afrikan. Sklaven nach Amerika). Die Kolonisatoren wurden von Priestern begleitet, die die Ausbreitung der christl. Lehre betrieben. Häufig bewirkte der K., daß die Kolonialvölker – sofern sie nicht gänzlich ausgerottet worden waren – von ihren eigenständigen Kulturen losgelöst u. an einer kontinuierlichen Entwicklung gehindert wurden. Diese Erscheinungen riefen schon unter Zeitgenossen Kritik am K. hervor, die moralisch u. naturrechtlich begründet war (B. de *Las Casas*, F. de *Vitoria*). Gerechtfertigt wurde der K. mit der kulturellen Überlegenheit der Spanier über die „barbarischen" Ureinwohner u. der Pflicht des Christen, die Ungläubigen zu bekehren. Den Spaniern u. Portugiesen folgten bald Engländer, Franzosen u. Niederländer, die Kolonialgebiete wurden auf Asien, Afrika u. den pazif. Raum ausgedehnt.
Zwischen den rivalisierenden Mächten kam es zu kriegerischen Auseinandersetzungen sowohl in den Kolonialräumen als auch in Europa *(Siebenjähriger Krieg)*. Die alten Kolonialmächte Spanien u. Portugal traten in ihrer Bedeutung hinter England, Frankreich u. den Niederlanden zurück. In Frankreich war die aus wirtschaftl. u. staatl. Interessen betriebene Kolonialpolitik im 18. Jh. begleitet von einer Kritik am K., insbes. an der Institution der Sklaverei *(Montaigne, Montesquieu, Raynal, Rousseau)*. In England wurde der frühe K. mit strategischen, wirtschaftl. u. bevölkerungspolit. Argumenten gerechtfertigt: Errichtung von Stützpunkten gegen andere Kolonialmächte, Gewinnung von Rohstoffquellen u. Absatzmärkten, Auffangbekken für den Bevölkerungsüberschuß u. deportierte Verbrecher. Dagegen wies z. B. A. *Smith* auf die wirtschaftl. Nutzlosigkeit der Kolonien hin. Der Verlust der nordamerikan. Kolonien u. die Gründung der USA hatte Folgen für die engl. Kolonialpolitik zumindest in den Kolonien, in denen engl. bzw. europ. Siedler die Mehrheit der Bevölkerung bildeten (Kanada, Australien, Neuseeland): Den Siedlern wurden größere Rechte bei der Regierung u. Verwaltung der Kolonien eingeräumt. Anfang des 19. Jh. folgten Mittel- u. Südamerika dem Beispiel der Vereinigten Staaten u. erkämpften ihre Unabhängigkeit von Spanien u. Portugal. Vergleichbar mit dem K. der westeurop. Staaten war die Politik der russischen Zaren im 18. u. 19. Jh., die Völker Zentralasiens unter ihre Herrschaft zu bringen.
In der 2. Phase des K. (etwa seit der 2. Hälfte des 19. Jh.) wurde die Herrschaft in den Kolonien von den Kolonialmächten direkt übernommen. Sie nahmen z. T. in die Kolonialverwaltung einheimische Kräfte auf. Die Zeit zwischen 1880 u. 1914 ist als Höhepunkt des K. zu bezeichnen; in dieser Zeit erreichte der Kolonialbesitz seine größte Ausdehnung (mehr als die Hälfte der Erdoberfläche u. mehr als ein Drittel der Erdbevölkerung).
Zu den alten Kolonialmächten gesellten sich Dtschld., Belgien u. die USA. Der K. u. seine wirtschaftl. u. machtpolit. Ziele wurden von allen Kolonialmächten ideologisch überhöht u. gerechtfertigt durch die sozialdarwinistische Lehre von der Überlegenheit der europ. Völker u. der Mission der weißen Rasse, Zivilisation, Gerechtigkeit, Ordnung u. Wohlstand über die ganze Welt zu verbreiten.
Aufgrund der veränderten weltpolit. Lage setzte nach dem 2. Weltkrieg (Vorstufen schon nach dem 1. Weltkrieg) ein Prozeß der Entkolonialisierung auch in Afrika u. Asien ein. In den 1950er u. 1960er Jahren erreichten die meisten Kolonien volle Unabhängigkeit. In Asien, Afrika u. Südamerika ist an die Stelle der alten, direkten eine neue, indirekte, ökonomische Abhängigkeit von den Industriestaaten getreten (Neokolonialismus). Ⓑ S. 438/439.

Kolonialmünzen, 1. die in der röm. Kaiserzeit außerhalb von Italien, bes. in Kleinasien, entstandenen Sonderprägungen.
2. die im 19./20. Jh. für die Kolonien geprägten Münzen.

Kolonie [lat. *colonus*, „bäuerl. Siedler"], unselbständiges, oft überseeisches Gebiet, in dem eine fremde *Kolonialmacht* die direkte Herrschaft über die einheim. Bevölkerung ausübt. Staatsrechtl. Voraussetzung ist der Verbleib der Kolonisten im Heimatbürgerverband. Die Handelsniederlassungen der *Phönizier* u. die Tochterstädte der *Griechen* an den Küsten des Mittelmeeres u. des Schwarzen Meeres waren in diesem Sinne keine K.n. Ausnahme war die athenische Kleruchie. Im *Röm. Reich* waren neu eroberte Gebiete zunächst immer K.n. Sie wurden mit röm. Bürgern besiedelt, die die militär. Sicherung der K.n übernahmen. In der Kaiserzeit waren die Kolonisten meist Veteranen.
Seit Beginn der 16. Jh. waren die K.n eine vielfältige Erscheinungsform der wirtschaftl., polit. u. ideolog. Expansion der ökonomisch entwickelten Staaten (vor allem Europas). Infolge der *Entkolonialisierung* gibt es heute nur noch wenige K.n.

Kolonos, Hügel an der Westseite der athen. Agora, auf dem der Hephaistostempel (sog. *Teseion*) steht; auch Name eines attischen Demos, dem der Dichter *Sophokles* angehörte.

Kolophon, antike Stadt in Ionien, an der Westküste Kleinasiens, nordwestl. von Ephesos, nach alter Tradition von Achäern aus Pylos gegr.; Blütezeit im 7. Jh. v. Chr., wegen seiner Harzgewinnung *(Kolophonium)* berühmt; heute ein ausgedehntes Ruinenfeld mit Akropolis, Theater u. Thermen; 13 km südl. von K. lag das berühmte Orakelheiligtum des Apollon von *Klaros*.

Kolowrat, Adelsgeschlecht slaw. Ursprungs in Böhmen u. Österreich. – Franz Anton Graf von *K.-Liebsteinsky* (* 31. 1. 1778 Prag, † 4. 4. 1861 Wien), Präs. der böhm. Stände (1810), 1826 Staats-Min. u. 1836–1848 für Verwaltung u. Finanzen zuständig, war ein Gegner *Metternichs*. Nach dessen Sturz 1848 wurde er Min.-Präs. u. förderte die nationalen tschech. Bestrebungen. K. war Mitbegründer des böhm. Nationalmuseums.

Koltschak, *Kolčak*, Alexander Wassiljewitsch, russ. Admiral u. Politiker, * 16. 11. 1873 St. Petersburg, † 7. 2. 1920 Irkutsk (erschossen); 1916 Chef der Schwarzmeerflotte. Im Nov. 1918 machte er sich in Omsk zum Reichsverweser u. Höchstkommandierenden der antibolschewistischen Truppen. Er wurde von M. W. *Frunse* geschlagen u. floh dann nach Irkutsk, wo er gefangengenommen wurde.

Kolumbien CO

Republik Kolumbien

Fläche: 1 141 748 km². – *Einwohner:* 35,7 Mill. – *Hauptstadt:* Bogotá (Santa Fé de Bogotá). – *Landessprache:* Spanisch. – *Nationalfeiertag:* 20. 7. – *Währung:* 1 Kolumbianischer Peso = 100 Centavos. – *Lage:* zwischen 12°31′ n. Br. und 4°13′ s. Br. sowie 66°51′ und 79°21′ w. L. – *Zeitzone:* Mitteleuropäische Zeit – 6 Std. – *Grenzen:* im N Karibisches Meer, im O Venezuela und Brasilien, im S Peru und Ecuador, im W Pazifischer Ozean und Panama. – *Staatsform:* präsidiale Republik.

Das Gebiet des heutigen K. wurde 1536–1539 von Spanien erobert u. 1739 *Vizekönigreich Neugranada* genannt. 1810 erklärte es seine Unabhängigkeit; die span. Kolonialherren wurden von S. *Bolívar* in jahrelangen Kämpfen aus dem Land vertrieben. 1819 wurde (nach C. *Kolumbus* benannt) die Republik *Groß-K.* (K. u. Venezuela) proklamiert, der sich 1821 Panama u. 1822 auch Ecuador anschlossen. 1830 fielen Venezuela u. Ecuador ab u. wurden selbständig; der Rest nannte sich *Republik Neugranada*, seit 1858 *Granadische Konföderation*, seit 1861 *Vereinigte Staaten von K.* u. seit 1886, als das föderative System zugunsten des Einheitsstaats aufgegeben wurde, *Republik K.* – Während bis zu dieser Zeit die häufigen inneren Unruhen vor allem auf die Streitigkeiten zwischen Unitariern u. Föderalisten zurückgingen, begannen nun die Auseinandersetzungen zwischen Konservativen u. Liberalen, wodurch K. weiter geschwächt wurde. Unter dem Druck der USA trennte sich Panama 1903 von K. u. wurde selbständige Republik. Grenzstreitigkeiten mit Venezuela (1891–1896) u. Peru (1931–1942) wurden schließlich friedlich beigelegt. – Nach vorübergehender innerer Stabilisierung brach 1948 der Bürgerkrieg („violencia") zwischen „Liberalen" u. „Konservativen" aus (200 000 Tote). Eine gewaltsame Befriedung erzielte der Militärdiktator G. *Rojas Pinilla* (1953–1957).
Seit 1958 wurde das polit. Leben K.s von 2 Parteien, der Liberalen Partei u. der Konservativen Partei, geprägt, die sich zu einer „Nationalen Front" zusammenschlossen. Man einigte sich darauf, daß alle 4 Jahre jeweils eine der beiden Parteien abwechselnd den gemeinsamen Kandidaten für das Präs.-Amt stellte.

Kampf gegen den Kolonialismus

Das wirtschaftliche und soziale Spannungsverhältnis zwischen den Industrieländern der nördlichen Halbkugel und den Entwicklungsländern nährt sich aus der Tradition des Widerstandes gegen die koloniale Herrschaft.

Die amerikanische Unabhängigkeitserklärung vom 4. 7. 1776 kann als beispielhafter Erfolgsausweis für die Befreiung von kolonialer Herrschaft gelten. In Afrika, Asien und Lateinamerika gestaltete sich die Emanzipation von der direkten kolonialen Abhängigkeit wesentlich schwieriger. Der Unabhängigkeitskampf Lateinamerikas wurde dabei unterstützt von der am 2. 12. 1823 vom US-amerikanischen Präsidenten J. Monroe verkündeten Doktrin, daß keinem europäischen Staat die Einmischung in amerikanische Verhältnisse oder die Schaffung von Kolonien in Amerika gestattet sein solle. 1824 war mit den Siegen Simón Bolívars und seines Stellvertreters Sucre in den Schlachten von Junín und Ayacucho die Unabhängigkeit Hispanoamerikas erreicht.

Die Entwicklungen in Indien und Vietnam illustrieren in ihrer Gegensätzlichkeit die Komplexität des Unabhängigkeitskampfes in Asien. Dabei gelang es M. Gandhi und J. Nehru, das Joch der englischen Kolonialherrschaft mit der Waffe des passiven Widerstandes abzuschütteln. Allerdings führten die religiösen Gegensätze zur Teilung des Landes in einen islamischen und einen hinduistischen Teil. Blutig verlief dagegen der Freiheitskampf Vietnams, der mit der gewonnenen Schlacht bei Diên Biên Phu einen ersten Erfolg brachte, der aber zunächst ebenfalls zur Teilung des Landes führte, die erst 1976 nach Abschluß des Vietnamkrieges beendet wurde. Der Kampf um die Dekolonialisierung Afrikas begann bereits in der 2. Hälfte des 19. Jahrhunderts in regionalen Kolonialkriegen, deren Elend die ganze Fragwürdigkeit der europäischen Expansionspolitik deutlich machte. So kam es z. B. bereits 1896 zu einem Aufstand der Hereros gegen die deutschen Kolonialherren in »Deutsch-Südwest« (dem späteren Namibia). Nach dem zweiten großen Aufstand 1904 wurden 80 % des Stammes ausgerottet. Es gab über 80 000 Tote. Diese Erfahrungen prägten das Bewußtsein jener gut ausgebildeten Eliten der afrikanischen Völker, die nach dem 2. Weltkrieg die endgültige Ablösung von den bisherigen Kolonialherren betrieben. Einen Höhepunkt bildete dabei das Jahr 1960, als nicht weniger als 17 ehemalige Kolonien den Weg in die Selbstbestimmung fanden.

Zwar scheint äußerlich der Kolonialismus als Mittel der Politik beseitigt. Daß die Brisanz kolonialer Herrschaft aber auch in jüngster Zeit unverändert ist, zeigte sich im Konflikt zwischen Argentinien und Großbritannien um die Falklandinseln wie auch in den Unabhängigkeitserklärungen der ehemaligen Sowjetrepubliken. Weltweit ist der Kampf um die nationale Unabhängigkeit der früheren Kolonien inzwischen abgelöst worden durch den Kampf um die gerechte Verteilung der globalen Ressourcen. *G. M.*

1

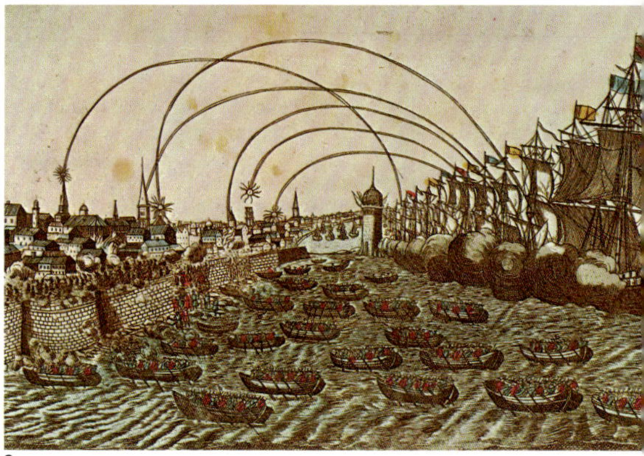

2

3

4

1 *Kolonialherr, gesehen mit den Augen eines Afrikaners; Holzplastik Kaiser Wilhelms II.; um 1900. London, Horniman Museum.*

2 *Englische Schiffe griffen 1762 das von der konkurrierenden Kolonialmacht Spanien besetzte Havanna an. Aus: »Histoire de l'Angleterre«. Paris, Bibliothèque Nationale.*

3 *Abschaffung der Sklaverei in den französischen Kolonien 1848. Gemälde von François Biard, Versailles, Museum.*

4 *Indianer im Kampf gegen Europäer. Zeitgenössischer Stich; Paris.*

5 *Die koloniale Aufteilung der Erde 1914.*

5

6 *Stolze Ladenbesitzer unter kolonialem Firmenschild.*

7 *Ende der französischen Kolonialherrschaft nach der Schlacht um Diên Biên Phu (1954), die die französische Armee verlor.*

8 *Die im Kampf um die britische Kronkolonie Falklandinseln 1982 eingesetzte britische Fregatte »Antelope« wird von argentinischen Flugzeugen angegriffen und schwer beschädigt.*

6

7

8

An den Wahlen zum Kongreß durften sich seit 1972 auch andere Parteien beteiligen. Seit 1974 stellten Liberale u. Konservative wieder eigene Kandidaten für die Präsidentschaftswahlen auf. Die Liberalen gewannen mit A. *Lopez Michelsen* u. J. C. *Turbay Ayala* die Präsidentschaftswahlen 1974 u. 1978. Der unter dem Konservativen Präs. B. *Betancur Cuartas* (1982–1986) eingeleitete Versuch, einen Dialog mit der Stadtguerilla *Movimiento 19 de Abril (M-19)* aufzunehmen, scheiterte. Nach der gewaltsamen Besetzung des Obersten Gerichtshofs durch die linksradikale M-19 1985 verschärften sich die Auseinandersetzungen zwischen der Guerilla u. rechtsextremen Todesschwadronen, wobei sich die Aktionen der Rechten auch gegen Kleinbauern u. Indios richteten. Unter der Präsidentschaft des Liberalen V. *Barco Vargas* (seit 1986) verstärkte sich der Einfluß der weltweit operierenden kolumbian. Drogenmafia. Nachdem Barco 1989 die Möglichkeiten ausweitete, Mitglieder der Drogenkartelle an die USA auszuliefern, eskalierten die Auseinandersetzungen (Drogenkrieg). 1990 wurde der Liberale C. *Gavíria Trujillo* Staats-Präs. Er versuchte, durch polit. Reformen der Gewalt im Lande Herr zu werden. Die ehem. Guerillaorganisation M-19 beteiligte sich an den Wahlen zur verfassungsgebenden Versammlung 1990, in der die Liberale Partei stärkste Fraktion wurde. Am 5. 7. 1991 trat die neue Verfassung K.s in Kraft. Sie enthielt u. a. als wichtige Bestimmung ein Auslieferungsverbot für kolumbian. Staatsangehörige an eine ausländ. Gerichtsbarkeit. Auf der Grundlage dieser Bestimmung hatten führende Angehörige der Drogenmafia bereits vorher ihre Bereitschaft erklärt, sich der Justiz zu stellen. Die Parlamentswahlen im Okt. 1991 gewann die Liberale Partei. Danach eskalierten polit. Gewalt u. Terror in K. erneut, so daß zeitweise der Ausnahmezustand verhängt wurde. Im Juni 1994 wurde E. *Samper*, der Kandidat der Liberalen Partei, zum Staats-Präs. gewählt.

Kolumbus, *Columbus*, Christoph(er), ital. *Cristoforo Colombo*, span. *Cristóbal Colón*, italien. Seefahrer in span. Diensten, gilt als Entdecker Amerikas (nach den Wikingern um 1000 n. Chr.), *1451 Genua, †21. 5. 1506 Valladolid; angeregt durch den italien. Kosmographen *Toscanelli* u. durch antike Karten *(Ptolemäus)*, glaubte er, über den Atlantik den westl. Seeweg nach Indien finden zu können. 1484 gewann er die Unterstützung *Isabellas* von Kastilien für diesen Plan. Auf seiner 1. Reise (1492/93) entdeckte er (mit den 3 Schiffen *Niña, Pinta, Santa Maria*) am 12. 10. 1492 die Bahama-Insel *Guanahani* sowie Kuba u. Haiti; auf der 2. Reise (1493–1496) erreichte er mit 17 Schiffen die Kleinen Antillen (Dominica u. Guadeloupe), Puerto Rico u. Jamaika; auf der 3. Reise (1498–1500) entdeckte er mit 6 Schiffen die Orinocomündung (damit Südamerika) u. Trinidad. Beim span. Hof in Ungnade gefallen, wurde er in Ketten zurückgebracht, konnte sich aber rechtfertigen u. ging auf die 4. Reise (1502–1504), die ihn mit 4 Schiffen bei Puerto Linón an die mittelamerikan. Küste brachte. Das nordamerikan. Festland hat K. nie betreten. Bis zu seinem Tode war er fest überzeugt, den westl. Seeweg nach Indien gefunden zu haben (daher die Namen „Westindien" für das entdeckte Gebiet u. „Indianer" für die Ureinwohner).

Kominform [das; Kurzwort für *Informationsbüro der kommunistischen u. Arbeiterparteien*], 1947 gegr. Nachfolgeorganisation der *Komintern*; Sitz: bis 1948 Belgrad, dann Bukarest. Im Zuge der Entstalinisierung wurde das K. 1956 aufgelöst.

Komintern [die; Kurzwort für *Kommunistische Internationale*], die *3. Internationale*, 1919 in Moskau gegr. Vereinigung der kommunist. Parteien aller Länder unter sowjetruss. Führung, in bewußtem Gegensatz zur sozialist. *2. Internationale*. Das Ziel der K. war es, „mit allen Mitteln, auch mit den Waffen in der Hand, für den Sturz der internationalen Bourgeoisie u. für die Schaffung einer Internationalen Sowjetrepublik", also für die kommunist. Weltrevolution u. für die Diktatur des Proletariats, zu kämpfen. Die K. legte auf ihren insgesamt 7 Kongressen (zuletzt 1935) die Generallinie der kommunist. Politik fest. 1943 wurde sie aufgelöst, weil sie für das Kriegsbündnis der UdSSR mit den Westmächten hinderlich erschien. Ihre Nachfolge trat in begrenztem Umfang 1947 das *Kominform* an.

Komitadschi [türk.], auf dem Balkan gegen die Türken kämpfende Banden; später (1860er Jahre) bulgar. Aufständische, die die Angliederung Makedoniens an Serbien bekämpften.

Komitien [lat. *comitia*], Versammlungen des gesamten, in Kurien *(Kuriat-K.)*, Zenturien *(Centuriat-K.)* oder Tribus *(Tribut-K.)* gegliederten röm. Volks, an festgesetztem Ort u. in feierl. Form; K. dienten zur Rechtsprechung, Wahl der Beamten, Entscheidung über Krieg u. Frieden u. Abstimmung über Anträge u. Gesetze.

Kommagene, antike Landschaft im SO Kleinasiens, am Euphrat, Hptst. *Samosata* (heute *Samsat*); im 9. u. 8. Jh. v. Chr. unter dem Namen *Kummuch* selbständiges Fürstentum, nach 708 v. Chr. assyrische Provinz; unter den Achämeniden Teil von Ostarmenien, von dessen Satrapen, den *Orontiden*, die späteren Könige von K. ihr Geschlecht herleiteten. Unter *Ptolemaios VI.* wurde K. 162 v. Chr. von den Seleukiden unabhängig; der bedeutendste König war *Antiochos I.* (um 69–38 v. Chr.). Nach dem Tod *Antiochos' III.* (18 n. Chr.) wurde K. in das Röm. Reich eingegliedert. – In Religion u. Kultur von K. mischen sich hellenist., anatol. u. pers. Elemente.

Kommandostab, *Lochstab*, ein an der stärksten Stelle durchbohrtes u. oftmals mit Gravuren verziertes Geweihstück des Jungpaläolithikums, bes. des Magdalénien, dessen ursprüngl. Verwendungszweck bisher unbekannt ist.

Kommendation [lat.], im mittelalterl. Lehnswesen der symbol. Akt beim Eingehen eines Lehnsverhältnisses, wobei der Vasall seine gefalteten Hände kniend in die des sitzenden Lehnsherrn legte, zum Zeichen der Ergebung in den Schutz u. die Gewalt des Herrn auf Lebenszeit gegen Versorgung. Die K. ist gallo-röm. Ursprungs.

Kommende, Verwaltungseinheit beim Johanniterorden u. beim Dt. Orden.

Kommissarbefehl, vom Oberkommando der Wehrmacht am 6. 6. 1941 erlassene „Richtlinien für die Behandlung politischer Kommissare" während der unmittelbar bevorstehenden Kämpfe in der Sowjetunion. Im Widerspruch zu den Grundsätzen des Völkerrechts ordnete der K. an, polit. Kommissare der Roten Armee, die als „Urheber barbarischer asiatischer Kampfmethoden" bezeichnet wurden, „grundsätzlich mit der Waffe zu erledigen". Er wurde zwar nicht in allen Fällen von der Truppe befolgt, bildete aber dennoch eine der Grundlagen für den rassenideolog. Vernichtungskrieg, der von dt. Seite gegen die Sowjetunion geführt wurde.

Kommune [lat. *communis*, „gemeinschaftlich, allgemein"], frz. u. ital. *commune*, das städt. Gemeinwesen, dann auch der republikan. Stadtstaat im MA u. zu Beginn der Neuzeit, vor allem in Frankreich, Italien, den Niederlanden u. Westdeutschland.

Kommune von Paris, frz. *Commune (de Paris), Pariser Kommune*, Aufstand der Pariser Arbeiterschaft u. Nationalgarde am 18. 3. 1871 gegen die Nationalversammlung. Der gewählte revolutionäre Gemeinderat *(Commune)* strebte eine Umwandlung Frankreichs in einen Bund souveräner Gemeinden an. Die K.v.P. wurde im Mai 1871 von den Regierungstruppen unter M. de *Mac-Mahon* in blutigen Straßenkämpfen niedergeworfen. Nach dem Ende der Kämpfe wurden rund 20 000 Teilnehmer der K. *(Kommunarden)* standrechtlich erschossen. – Die Commune (als Pariser Gemeinderat) hatte bereits in der Französischen Revolution 1789–1794 als polit. Organisation der Volksbewegung den Sturz der Monarchie u. der Gironde herbeigeführt.

Kommunismus [lat. *communis*, „gemeinschaftlich"], die Gesellschaftslehre, nach der durch Beseitigung des Privateigentums (u. der dadurch verursachten Ungerechtigkeiten) der Naturzustand, in dem alle das gleiche Recht auf alles gehabt hätten, wiederhergestellt werden kann u. muß; auch dieser ursprüngl. u. wieder anzustrebende Zustand selbst; schließlich die im 19. Jh. entstandene polit. Bewegung, die dieses Ziel zu verwirklichen sucht. Eine erste theoret. Begründung erhielt der K. in der Staatslehre der griech. Sophisten u. in *Platons* „Staat" (allerdings nur für die höchste Stufe der Staatsbürger); er fand aber bereits in *Aristoteles* einen scharfen Kritiker. Eine andere Vorform des K. war der christl., aus der allg. Nächstenliebe geborene K. der Urgemeinde, der in vielen abweichenden Bewegungen nachwirkte, so z. B. bei T. *Müntzer*, den Wiedertäufern u. puritan. Sekten in Nordamerika im 17. u. 18. Jh.

Die aus der antiken Staatsphilosophie hervorgehende kommunist. Theorie lebte in den polit. Utopien des 16.–18. Jh. (z. B. T. *Morus*, T. *Campanella*) wieder auf u. fand ihre Neubegründung bes. durch J.-J. *Rousseau* („Über die Ungleichheit der Menschen" 1755). Kurzlebige kommunist. Bestrebungen (F. N. *Babeuf*) während u. nach der Französischen Revolution von 1789 wurden von C. *Fourier*, P. J. *Proudhon* („Eigentum ist Diebstahl" 1840), in Dtschld. von W. *Weitling* wiederaufgenommen. Die starke Neubelebung des K. bzw. des →Sozialismus (diese Begriffe wurden zunächst gleichbedeutend nebeneinander gebraucht) zu Beginn des 19. Jh. stand im Zusammenhang mit der Industrialisierung. Die Auswüchse des Kapitalismus u. des liberalist. Wirtschafts- u. Sozialdenkens, die durch die gewaltige Umschichtung in Wirtschaft u. Industrie heraufbeschworen wurden, forderten zur Kritik heraus.

Der moderne K. stützt sich theoretisch auf den →Marxismus, den →Marxismus-Leninismus, z. T. auch auf den marxist. →Maoismus. Nach der marxist. Lehre ist die Geschichte seit dem Altertum eine Abfolge von Klassenkämpfen zwischen den arbeitenden u. besitzlosen Klassen einerseits u. den nicht oder wenig arbeitenden, jedoch über die materiellen Produktionsmittel (Grund u. Boden, Maschinen u. Industrieanlagen) verfügenden Ausbeuterklassen andererseits. Die realen – insbes. die wirtschaftl. – Lebensbedingungen der Menschen prägen nach Ansicht des marxist. K. ihr Bewußtsein; die Entwicklung der Produktivkräfte durch Technik u. Wissenschaft bringt einen dialekt. Geschichtsablauf mit sich, in dem Sklavenhaltergesellschaft, Feudalgesellschaft u. bürgerl. Gesellschaft aufeinandergefolgt sind. Die letzte große Zuspitzung der Klassenkämpfe ist nach dieser Auffassung der Kampf der besitzlosen Arbeiterklasse gegen das besitzende Bürgertum, der zur Vernichtung der bürgerl. Klassengesellschaft u. zu ihrer Ablösung durch die klassenlose Gesellschaft führt. In dieser wird es anfangs (in der „sozialist." Phase) noch eine Entlohnung nach Arbeitsleistung geben; erst in der endgültigen „kommunist." Gesellschaft wird das Prinzip „Jeder nach seinen

Fähigkeiten, jedem nach seinen Bedürfnissen" gelten. Der Kampf der kommunist. Bewegung muß nach marxist. Auffassung international sein, da sich auch der Kapitalismus in Konzernen u. Kartellen international organisiert hat.
Die in der Zweiten Internationale zusammengeschlossenen sozialist. Parteien bekannten sich theoretisch großenteils zu den kommunist. Auffassungen, betrieben jedoch in zunehmendem Maße eine sozialreformerische Politik. Schon vor dem 1. Weltkrieg zeichnete sich eine Spaltung in einen radikalen u. einen reformist. Flügel ab. So spalteten sich 1903 die russ. u. die bulgar. Sozialdemokratie, 1909 die niederländ. Sozialisten, 1912 die italien. Sozialisten, im selben Jahr wurde die Spaltung der russ. Partei endgültig (→ Bolschewismus), so daß es vor Ausbruch des 1. Weltkriegs bereits in vier Ländern jeweils 2 sozialist. Parteien gab. Die Parteiflügel innerhalb der SPD lebten sich zwischen 1899 u. 1914 immer stärker auseinander. Durch die Politik aller großen sozialist. bzw. sozialdemokrat. Parteien der 1914 in den Krieg eintretenden Länder (Zustimmung zu Kriegskrediten; innenpolit. Burgfriede), der sich nur die russ. Bolschewiki u. ein Teil der übrigen russ. Sozialisten, die serbischen Sozialdemokraten u. die kleine brit. „Independent Labour Party" nicht anschlossen, brach dann auch die Sozialist. Internationale auseinander, u. auch die übrigen sozialist. Parteien begannen sich zu spalten (Gründung der USPD in Dtschld. 1917).
Das Massenelend am Ende des 1. Weltkriegs erzeugte die sozialen Bedingungen, der Sieg der bolschewist. Oktoberrevolution in Rußland 1917 u. ihre erfolgreiche Verteidigung

Wichtige Daten aus der Geschichte des Kommunismus

1848	K. Marx und F. Engels verfassen für den „Bund der Kommunisten" das „Manifest der Kommunistischen Partei". Das Wort „Kommunismus" ist seit etwa 1840 in Gebrauch
1864	Gründung der Ersten Internationale
1903	Die 1898 gegründete Sozialdemokatische Arbeiterpartei Rußlands spaltet sich in die Fraktionen der gemäßigten Menschewiki und der radikalen Bolschewiki unter Lenin
1912	Die Bolschewiki konstituieren sich als selbständige Partei
1917	Machtergreifung der Bolschewiki in Rußland (Oktoberrevolution)
1918	Die Bolschewiki nennen sich „Russische Kommunistische Partei" (später KPdSU). – Gründung der Kommunistischen Partei Deutschlands. In den folgenden Jahren Gründung zahlreicher weiterer kommunistischer Parteien, z. B. 1920 in Frankreich, 1921 in Italien und China
1919	Gründung der Kommunistischen Internationale (Komintern). – Kurzlebige kommunistische Räterepubliken in Bayern und Ungarn
1921	„Neue Ökonomische Politik" in Sowjetrußland: begrenzte Zulassung der Privatwirtschaft
1924	Tod Lenins; danach Machtkämpfe in der Parteiführung
1928	J. W. Stalin schaltet die letzten Rivalen aus und wird Diktator der Sowjetunion. Forcierte Industrialisierung und Kollektivierung der Landwirtschaft. Linksschwenkung der Komintern: Als Hauptgegner gilt die Sozialdemokratie
1931	Die chinesischen Kommunisten errichten einen „Sowjetstaat" in der Provinz Jiangxi
1933	Verbot der KPD und Verfolgung ihrer Mitglieder durch das NS-Regime
1934–1935	„Langer Marsch" der chines. Kommunisten aus Jiangxi nach der nördlichen Provinz Shaanxi. Mao Zedong setzt sich als Parteiführer durch
1935	Übergang der Komintern zur Volksfrontpolitik: Bündnisse mit sozialdemokratischen und linksbürgerlichen Parteien
1936–1938	„Große Säuberung" in der Sowjetunion: Stalin läßt Hunderttausende von Partei- und Staatsfunktionären umbringen
1943	Auflösung der Komintern
1945–1948	Nach dem 2. Weltkrieg kommen in mehreren Ländern Ost- und Mitteleuropas kommunistische Regimes an die Macht, meist im Gefolge der siegreichen Sowjetunion, in Jugoslawien und Albanien aus eigener Kraft
1946	In der Sowjetischen Besatzungszone muß sich die SPD mit der KPD vereinigen
1948	Bruch zwischen der Sowjetunion und den jugoslawischen Kommunisten unter J. Tito
1949	Sieg der chinesischen Kommunisten im Bürgerkrieg; Gründung der Volksrepublik China
1949–1952	Schauprozesse gegen führende Parteifunktionäre in mehreren Satellitenstaaten, die als „titoistische und imperialistische Agenten" bezeichnet werden
1953	Tod Stalins. Die Gruppe der Nachfolger rückt von seinen Herrschaftsmethoden ab
1953	Ein Volksaufstand in der DDR wird von sowjetischen Truppen niedergeschlagen
1955	Aussöhnung zwischen der Sowjetunion und Jugoslawien, dem ein „eigener Weg zum Sozialismus" zugestanden wird
1956	XX. Parteitag der KPdSU. In einer geschlossenen Sitzung übt N. S. Chruschtschow heftige Kritik an Stalin. – In Polen kommt es zum Sturz der stalinistischen Parteiführung, in Ungarn zu einem Volksaufstand, der von sowjetischen Truppen niedergeschlagen wird
1957	Chruschtschow setzt sich als Parteichef durch und läßt seine Rivalen aus der Führung ausschließen. – In China eröffnet Mao die „Hundert-Blumen-Kampagne" für mehr Geistesfreiheit, bricht sie aber ab, als sie das Machtmonopol der Partei bedroht
1958	„Großer Sprung nach vorn" in China: Der Versuch, den sofortigen Übergang zum Kommunismus zu vollziehen, scheitert
1960	Weltkonferenz der kommunistischen Parteien in Moskau; offener Konflikt zwischen der sowjetischen und der chinesischen Partei
1961	Der XXII. Parteitag der KPdSU nimmt ein neues Parteiprogramm an, dem zufolge die UdSSR binnen 10 Jahren die USA in der Industrieproduktion überholen soll. – F. Castro bekennt sich zum Kommunismus
1964	Chruschtschow wird abgesetzt; neuer Parteichef wird L. I. Breschnew
1966–1969	„Kulturrevolution" in China: Auf Weisung Maos werden Intellektuelle und Funktionäre mißhandelt, viele von ihnen getötet; wertvolle Kulturgüter werden vernichtet
1968	„Prager Frühling": Die neue Parteiführung der ČSSR leitet eine Demokratisierung ein, die durch den Einmarsch von Warschauer-Pakt-Truppen unterbunden wird
1971	W. Ulbricht, langjähriger Parteichef der SED, wird gestürzt; Nachfolger wird E. Honecker
1975	Sieg der Kommunisten im Vietnamkrieg; ganz Vietnam wird kommunistisch, ebenso Laos und Kambodscha. – Mehrere Regimes von Staaten der Dritten Welt bekennen sich zum Kommunismus (z. B. Angola, Moçambique, Äthiopien). – In westlichen Ländern, besonders in Italien, entwickelt sich der „Eurokommunismus", der den sowjetischen Führungsanspruch ablehnt und einen demokratischen Weg zum Sozialismus proklamiert
1976	Tod Mao Zedongs. Aus den anschließenden Machtkämpfen geht Deng Xiaoping als maßgebender Politiker hervor
1980	In Polen entsteht die unabhängige Gewerkschaftsbewegung „Solidarność"
1982	Tod Breschnews; ihm folgen J. W. Andropow († 1984) und K. U. Tschernenko († 1985)
1985	M. S. Gorbatschow wird Parteichef der KPdSU
1987	Unter den Schlagworten „Offenheit, Umgestaltung, Demokratisierung" kündigt Gorbatschow Reformen an.
1989	In Polen, Ungarn, der DDR, der Tschechoslowakei, Bulgarien und Rumänien bricht das kommunistische System zusammen
1990	Die KPdSU verzichtet auf ihren Führungsanspruch. Gorbatschow kündigt den Übergang zur Marktwirtschaft an. Versorgungskrisen und nationale Konflikte erschüttern die UdSSR. In der DDR benennt sich die SED in PDS um
1991	Nach dem gescheiterten Putsch gegen Gorbatschow, bei dem sich die Führungsgremien der KPdSU wohlwollend verhalten, wird die Partei verboten. Die Sowjetunion löst sich auf, an ihre Stelle tritt eine „Gemeinschaft unabhängiger Staaten" (GUS). Die Volksrepublik Albanien wird zur Republik Albanien
1993	In Rußland kommt es zur Neugründung einer kommunist. Partei. In den ehem. Unionsrepubliken bestehen meist die kommunist. Parteiorganisationen unter neuen Namen u. mit veränderten Programmen fort

Der Zerfall des Kommunismus

1

1989 brach in Mittel- und Osteuropa der Kommunismus zusammen. Dieses Jahr wird in der europäischen Geschichte gleichrangig neben den Revolutionsjahren 1789, 1848 und 1918 stehen. Der Einsturz des Systems kam plötzlich und überraschend, aber ein langer Zerfallsprozeß war ihm vorangegangen.

Das kommunistische Herrschaftssystem in den Ländern, die bis 1989/90 den »Ostblock« bildeten, war aus drei Gründen zum Untergang verurteilt: Es war von außen aufgezwungen, es war totalitär, und es war wirtschaftlich unfähig. Von der Mehrheit der Bevölkerung wurde es als Fremdherrschaft empfunden; die Verlautbarungen der einheimischen Parteiführer klangen wie aus dem Russischen übersetzt. Die Parteidiktatur verbreitete lähmende Furcht und ließ das geistige Leben erstarren. Paradox war, daß ein System, das theoretisch die Wirtschaft in den Mittelpunkt stellte, gerade auf diesem Gebiet völlig versagte. Freilich war die marxistische Theorie, schon von Lenin dogmatisch eingeengt, unter Stalin zur beliebig manipulierbaren Rechtfertigungsideologie seines Gewaltregimes verkommen. Während Marx in der spontanen Entwicklung der Produktivkräfte den Motor aller gesellschaftlichen Prozesse gesehen hatte, entschied nun ein Diktator oder ein Politbüro willkürlich, welche Produktivkräfte sich entwickeln durften und welche nicht. Chaos, Mangel, Rückständigkeit waren die Folgen. Den Regimes blieb das nicht verborgen, aber jeder zaghafte Reformversuch wurde alsbald zurückgenommen, weil er die Parteimacht gefährdete; jedes Aufbegehren in den Satellitenstaaten wurde von Moskau brutal unterdrückt. Das erste Anzeichen eines Wandels war die Entstehung einer unabhängigen Gewerkschaftsbewegung 1980 in Polen. Sie wurde zwar verboten, konnte aber nicht endgültig vernichtet werden, wie das noch 1968 bei den Reformkräften des »Prager Frühlings« der Fall gewesen war. Auch in Ungarn lockerten sich die Machtstrukturen. 1985, mit Gorbatschows Machtantritt in Moskau, gewann der Zerfallsprozeß an Tempo. Immer offener wurde Kritik am System geäußert; schließlich gingen Massen auf die Straße. Entscheidend war, daß sich die Politbüros jetzt nicht mehr auf sowjetische Rükkendeckung verlassen konnten. In einer Art Kettenreaktion gab ein kommunistisches Regime nach dem anderen erst den Führungsanspruch und dann die Macht selbst auf. Es war eine Umwälzung von einzigartiger Gewaltlosigkeit; nur in Rumänien wurde Blut vergossen.

K.R.

1 *Lenin, der erste Regierungschef eines kommunistischen Staates, auf dem III. Komintern-Kongreß 1921.*

2 *Das Kommunistische Manifest von Marx und Engels, die »Gründungsurkunde« der kommunistischen Bewegung.*

3 *Stalin, der das kommunistische Herrschaftssystem seit den späten 20er Jahren prägte, ließ sich gern in der Pose des großen Lehrers darstellen.*

4 *Imre Nagy, Führer des ungarischen Volksaufstandes von 1956, wird am 16. 6. 1989, 31 Jahre nach seiner Hinrichtung, feierlich beigesetzt.*

Manifest

der

Kommunistischen Partei.

Veröffentlicht im Februar 1848.

Proletarier aller Länder vereinigt Euch!

London.

Gedruckt in der Office der „Bildungs-Gesellschaft für Arbeiter" von J. E. Burghard.

46, Liverpool Street, Bishopsgate.

2

3

4

5

Erste legale Kundgebung der wieder zugelassenen Gewerkschaft Solidarność im Juni 1989.

6

6 *Als Demonstration für nationale Unabhängigkeit bilden mehr als eine Million Bürger der drei baltischen Republiken am 23. 8. 1989, dem 50. Jahrestag des Hitler-Stalin-Paktes, eine 560 km lange Menschenkette von Wilna über Riga bis Tallinn.*

7 *In Prag demonstrieren am 23. 11. 1989 300 000 Menschen.*

8 *Václav Havel, führender Kopf der Bürgerrechtsbewegung, und Alexander Dubček, Repräsentant des »Prager Frühlings« von 1968, sprechen zu den Massen.*

8

7

im Bürgerkrieg gegen die „Weißen" u. gegenüber den ausländ. Interventionstruppen 1918–1920 schufen die psycholog. Voraussetzungen für das Erstarken der revolutionären Richtung im internationalen Sozialismus in der Zeit von 1917 bis 1921. In Dtschld., Österreich, Ungarn, Frankreich u. Italien kam es zu Massenstreiks u. teilweise zu revolutionären Erhebungen, die aber sämtlich niedergeschlagen wurden. Organisatorisch brachte diese revolutionäre Nachkriegszeit die endgültige Spaltung des internationalen Sozialismus: 1918 wurde die bolschewist. Partei in „Russische Kommunistische Partei (Bolschewiki)", Abk. RKP(B), umbenannt, u. zwischen 1917 u. 1921 wurden fast alle kommunist. Parteien gegr., die später einmal bes. Bedeutung erlangten, so die KPD, 1920 die kommunist. Parteien Frankreichs, Italiens, Indonesiens u. Chinas. Schon im März 1919 wurde die Dritte oder Kommunist. Internationale (→ Komintern) mit Sitz in Moskau gegr. Sie wollte im Gegensatz zur Zweiten Internationale kein Zusammenschluß autonomer Parteien sein, sondern eine einheitl. kommunist. Weltpartei mit nationalen Sektionen. Anfangs gab es in der Komintern noch offene Debatten u. Richtungskämpfe. Da aber die erwarteten kommunist. Revolutionen in West- u. Mitteleuropa ausblieben u. Rußland das einzige von einer kommunist. Partei beherrschte Land blieb, geriet die Komintern mehr u. mehr unter russ. Vorherrschaft. Sie wurde allmählich zu einem Instrument der Außenpolitik der UdSSR. Der ab Mitte der 1920er Jahre mit großer Härte vorangetriebene „Aufbau des Sozialismus in einem Lande" u. die von Stalin errichtete totalitäre Diktatur prägten das Gesicht des Welt-K. für ein Vierteljahrhundert. Bedingungslose Unterstützung der sowjet. Politik wurde zum obersten Gebot für alle kommunist. Parteien. Dies galt auch weiter, nachdem die Komintern 1943 aus taktischen Gründen aufgelöst worden war.

Im Gefolge des 2. Weltkriegs kamen mehrere Länder Ost- u. Mitteleuropas unter kommunist. Herrschaft. Die Parteidiktatur wurde von der einrückenden sowjet. Armee etabliert, außer in Jugoslawien u. Albanien, wo es starke kommunist. Partisanenbewegungen gab. In der „volksdemokrat." Anfangsphase waren gewisse nationale Besonderheiten zugelassen. Jugoslaw. Selbständigkeitsbestrebungen führten 1948 zum Bruch zwischen Moskau u. Belgrad. Daraufhin erfolgte in den übrigen Staaten eine strikte Angleichung an das sowjet. System. Der „Ostblock" erhielt 1949 eine wirtschaftl. (COMECON) u. 1955 eine militär. Bündnisstruktur (Warschauer Pakt). Nach dem Tod Stalins (1953) kam es in der UdSSR zu einer Lockerung der Diktatur u. des ideolog. Dogmatismus („Entstalinisierung"). Dies löste in mehreren Ländern Bewegungen gegen die sowjet. Vorherrschaft aus (1953 DDR, 1956 Polen u. Ungarn), die niedergeschlagen oder eingedämmt wurden. Auch der Demokratisierungsprozeß in der Tschechoslowakei 1968 wurde mit sowjet. Waffengewalt rückgängig gemacht. In Polen wurde 1981 auf sowjet. Druck der Aufbau freier Gewerkschaften unterbunden. Hingegen tolerierte die UdSSR gewisse außenpolit. Eigenmächtigkeiten Rumäniens. Albanien hatte sich schon in den 1960er Jahren vom Ostblock getrennt.

In Westeuropa lösten sich seit den 1960er Jahren mehrere kommunist. Parteien von der engen Bindung an die KPdSU u. entwickelten eigene Ansätze (→ Eurokommunismus).

In China kam die Kommunist. Partei 1949 durch einen Sieg im Bürgerkrieg an die Macht. Sie entwickelte von Anfang an eigene nationale Formen u. war nicht bereit, sich der sowjet. Führung unterzuordnen. Dies führte Anfang der 1960er Jahre zum offenen Bruch zwischen Peking u. Moskau. Damit wurde der Zerfall der einheitl. kommunist. Weltbewegung offenkundig. Weitere kommunist. Regimes entstanden in Nordkorea (mit Hilfe der sowjet. Besatzungsmacht) u. in Vietnam, Laos u. Kambodscha (als Ergebnis antikolonialer Unabhängigkeitskriege). Sie bezogen unterschiedl. Positionen im sowjet.-chines. Konflikt, der 1989 formell beigelegt wurde.

Seit 1985 betrieb der sowjet. Parteichef M. Gorbatschow eine Reformpolitik, die eine begrenzte Demokratisierung u. Liberalisierung des polit. u. ökonom. Systems bezweckte, in ungeplanter Konsequenz aber zum Zusammenbruch des K. im Ostblock führte. 1989/90 wurden in Polen, Ungarn, der DDR, der Tschechoslowakei, Bulgarien u. Rumänien die kommunist. Regimes gestürzt u. der Übergang zu Demokratie u. Marktwirtschaft proklamiert. Die Umwälzungen verliefen friedlich, außer in Rumänien. Auf parlamentar. Wege wurden nichtkommunist. Regierungen gebildet. In Rumänien u. Bulgarien behielten jedoch die kommunist. Parteien unter neuen Namen eine starke Stellung. Der Sturz des kommunist. Regimes in der DDR führte rasch zur Wiedervereinigung Deutschlands. In Albanien u. Jugoslawien, die dem Ostblock nicht angehörten, kam es 1990/91 zu ähnl. Entwicklungen; der jugoslaw. Staatsverband zerfiel. Die KPdSU mußte 1990 auf ihr Machtmonopol verzichten u. wurde 1991 verboten; Ende 1991 wurde die UdSSR aufgelöst.

Der Einfluß dieser Entwicklungen auf regierende u. nichtregierende kommunist. Parteien in aller Welt war unterschiedlich. In Asien folgten die Mongolei u. Kambodscha dem osteurop. Beispiel. China, Laos u. Vietnam hielten am Machtmonopol der kommunist. Partei fest, leiteten aber eine Liberalisierung der Wirtschaft ein. Nordkorea blieb auf einem orthodox leninist. Kurs, ebenso das kommunist. Regime in Kuba, das einzige Lateinamerikas. In den kommunist. Parteien Westeuropas verstärkte sich die eurokommunist. Tendenz; einige näherten sich programmatisch der Sozialdemokratie, bes. die KP Italiens, die 1991 ihren Namen in *Demokrat. Partei der Linken* änderte. In Afrika lösten sich die Regimes in Angola, Moçambique u. Kongo vom Marxismus-Leninismus. Das kommunist. Regime in Äthiopien wurde 1991 im Bürgerkrieg gestürzt.

Die vielfältigen Übergangsprobleme der neuen postkommunist. Gesellschaften erzeugten soziale Spannungen, die in einigen Ländern des ehem. Ostblocks seit 1992 zu einer Renaissance der linken polit. Kräfte führten. So gewann in Rußland 1995 die Nachfolgeorganisation der KPdSU die Dumawahlen.

Kommunistische Partei der Sowjetunion, Abk. *KPdSU*, russ. *Kommunistitscheskaja Partija Sowjetskogo Sojusa*, Abk. *KPSS*, die Regierungs- u. Staatspartei Rußlands bzw. der Sowjetunion von 1917/18–1991. Diesen Namen führte sie seit 1952; ursprüngl. hieß sie *Allruss. Sozialdemokrat. Arbeiterpartei (Bolschewiki)*, 1918–1925 *Allruss. Kommunist. Partei (Bolschewiki)*, 1925–1952 *Allunionistische Kommunist. Partei (Bolschewiki)*. Sie wurde formell (wie fast alle kommunist. Parteien) zwischen den Parteitagen vom Zentralkomitee (ZK) geleitet; die tatsächl. Führung lag beim Politbüro des ZK, in dem u. U. Kampfabstimmungen stattfanden.

Die Partei entstand 1903–1912 durch Spaltung der Sozialdemokratischen Arbeiterpartei Rußlands (SDAPR). 1903 spaltete sich der 2. Parteitag der SDAPR in *Bolschewiki* („Mehrheitler") u. *Menschewiki* („Minderheitler"). 1906–1911 war formal die Parteieinheit wiederhergestellt; 1912 brach jedoch die SDAPR endgültig auseinander, u. beide Richtungen bildeten von nun an eigene Parteien. 1913 spaltete sich auch die sozialdemokrat. Fraktion in der russ. Duma (Parlament). Die bolschewist. Partei u. ihre Duma-Fraktion stellten sich 1914 vorbehaltlos gegen den Krieg. Daraufhin wurde die bis dahin halblegale Partei verboten. Erst durch die Februarrevolution 1917 wurde ein Wiederaufbau der Partei möglich; im April 1917 kehrte der Parteiführer W. I. *Lenin* aus dem Exil nach Rußland zurück. Die Partei gewann zunehmend Einfluß auf die revolutionäre Entwicklung in Rußland u. konnte im Nov. 1917 in einem Staatsstreich („Oktoberrevolution") die Macht an sich reißen. Ihre populäre Politik (Friede um jeden Preis, Aufteilung des Landes der Großgrundbesitzer) brachte ihr ein gewisses Maß an Massenunterstützung. Seit 1918 übte sie die Alleinherrschaft in Rußland bzw. in der 1922 gebildeten Sowjetunion aus.

Führender Mann der Partei war von 1903 bis zu seinem Tod 1924 Lenin; seit seiner schweren Erkrankung 1922 wurde jedoch die Partei faktisch von G. J. *Sinowjew*, L. B. *Kamenew* u. J. W. *Stalin* geführt. Dem Generalsekretär der Partei, Stalin, gelang es 1924–1928, alle anderen Parteiführer zu entmachten u. die Führung der Partei, der Kommunist. Internationale u. des Sowjetstaats praktisch in seiner Hand zu vereinigen. Gleichzeitig wurde die innerparteiliche Demokratie beseitigt, die Diskussionsfreiheit unterdrückt u. in der Partei eine bürokrat. Herrschaftsstruktur errichtet. In der „Großen Säuberung" 1936–1938 wurden Hunderttausende von Parteifunktionären u. -mitgliedern verurteilt u. hingerichtet, darunter Bucharin, Kamenew, Sinowjew, Rykow u. zahlreiche Generale der Roten Armee.

Nach Stalins Tod 1953 wurden, vor allem auf Initiative N. S. *Chruschtschows* (Erster Sekretär des ZK 1953–1964), Reformen eingeleitet. Der 20. Parteitag 1956 verurteilte den „Personenkult" um Stalin u. seine Terrormaßnahmen u. verkündete eine Rückkehr zu den „Leninschen Normen" des Parteilebens. Chruschtschow erregte durch unstetes u. überhastetes Vorgehen bei seinen Neuerungen das Mißfallen des Parteiapparats u. wurde 1964 gestürzt. Zunächst bestand im Politbüro eine kollektive Führung, innerhalb deren der Erste Sekretär (seit 1966 Generalsekretär) des ZK, L. I. *Breschnew*, immer stärker als dominierende Persönlichkeit hervortrat. Chruschtschows Nachfolger machten viele seiner Reformen rückgängig; ihre Politik war vorrangig auf Stabilisierung des Regimes gerichtet.

Seit Anfang der 1960er Jahre verlor die KPdSU ihre bis dahin fast unbestrittene Führungsstellung im Weltkommunismus. Ihr Streit mit der Kommunist. Partei Chinas, die Zerschlagung des „Prager Frühlings" 1968, die Haltung der UdSSR in der Polenkrise seit 1980 u. die Mißachtung der Menschenrechte im eigenen Land waren Ursache ideolog. Auseinandersetzungen mit ausländ. kommunist. Parteien.

Auf Breschnew, der 1982 starb, folgten als Parteichefs J. W. *Andropow* (1982–1984) u. K. U. *Tschernenko* (1984/85), die beide nach kurzer Amtszeit starben. 1985 wurde M. S. *Gorbatschow* Generalsekretär des ZK. Er proklamierte eine Reformpolitik („Perestrojka", d. h. Umgestaltung) mit dem Ziel, die „Stagnation" der Breschnew-Ära zu überwinden u. das polit. u. ökonom. System effizienter zu machen. Unter dem Schlagwort „Glasnost" (Offenheit) ließ er eine relativ freie Diskussion zu. Dies führte zu krisenhaften Zuständen im gesamten sowjet. Machtbereich. Die kommunist. Regimes in Mittel- u. Osteuropa wurden durch Volksbewegungen gestürzt. In der UdSSR kam es zu nationalen Unabhängigkeitsbestrebungen in den einzelnen Unionsrepubliken, die großenteils von

den kommunist. Parteiorganisationen unterstützt wurden. 1990 verzichtete die KPdSU auf ihren in der Verfassung verankerten Führungsanspruch in Staat u. Gesellschaft. Auf dem 28. Parteitag im gleichen Jahr trat B. *Jelzin*, einer der entschiedensten Reformer, aus der Partei aus; ihm folgten weitere Vertreter des Reformflügels. Auf diese Entwicklungen reagierte M. Gorbatschow 1991 mit dem Entwurf eines neuen vom Kommunismus abrückenden Parteiprogramms. Nach dem gescheiterten Putsch gegen Gorbatschow im Aug. 1991, bei dem sich die Führungsgremien der Partei wohlwollend oder zumindest abwartend verhielten, wurde die KPdSU verboten. Gorbatschow trat als Generalsekretär zurück.
In Rußland kam es 1993 zur Neugründung einer kommunist. Partei. In den ehem. Unionsrepubliken bestehen meist die kommunist. Parteiorganisationen unter neuen Namen u. mit veränderten Programmen fort.

Kommunistische Partei Deutschlands, Abk. *KPD*, entstand am Jahresende 1918 aus dem Spartakusbund u. kleineren linksradikalen Gruppen, die bes. in Hamburg u. Bremen Stützpunkte hatten. Der Gründungsparteitag (30. 12. 1918–1. 1. 1919), der u.a. R. *Luxemburg*, K. *Liebknecht*, L. *Jogiches* u. P. *Levi* in die Parteiführung wählte, stand im Zeichen linksradikaler Strömungen u. lehnte die Beteiligung der KPD an den Wahlen zur dt. Nationalversammlung ab. Nach dem Januaraufstand 1919 in Berlin wurden Luxemburg u. Liebknecht, bald darauf Jogiches ermordet. Im Dez. 1920 schloß sich die KPD mit der linken Mehrheit der USPD zusammen (Name vorübergehend *Vereinigte KPD*).
Richtungskämpfe in der Partei, die teils mit den bewegten polit. Verhältnissen der Weimarer Republik, teils auch (ab etwa 1925) mit den Machtkämpfen in der sowjet. KP zusammenhingen, führten in den 1920er Jahren zu häufigem Führungs- u. Richtungswechsel. Ende der 1920er Jahre war eine ganze Führergeneration aus der KPD ausgeschlossen (Levi 1921; Fischer u. Maslow 1926; Brandler, Thalheimer, P. Fröhlich u. J. Walcher 1928/29); die „Versöhnler" unter Meyer u. A. Ewert verloren 1929 ihre leitenden Funktionen. Die KPD war nun eine stalinist. Partei, der Personenkult um Stalin u. Thälmann nahm immer mehr zu. 1929–1932 vertrat die KPD unter dem Einfluß einer Linksschwenkung der Komintern meistens die These, die SPD sei „sozialfaschistisch" u. der „Hauptfeind". In der großen Weltwirtschaftskrise 1929–1933 war die KPD aus einer Arbeiterpartei mehr u. mehr zu einer Erwerbslosenpartei geworden, so daß ihre mehrmaligen Aufrufe zum Generalstreik fast wirkungslos blieben. Dennoch war die KPD 1920–1933 stets viel stärker als später in der BR Dtschld.
Am 28. 2. 1933 wurde die KPD verboten; sie brachte die größten Opfer im aktiven Widerstand gegen das nat.-soz. Regime. Nach dem Ende des 2. Weltkriegs wurde die KPD in allen 4 Besatzungszonen u. in Berlin wiedergegründet. In der SBZ wurde sie 1946 mit der SPD zur Sozialistischen Einheitspartei Deutschlands (SED) zusammengeschlossen.
Ab 1949 trat die KPD als einheitl. Partei in allen westdt. Bundesländern auf. Bei der 1. Bundestagswahl 1949 erhielt sie 5,7% der Stimmen u. 15 Sitze; bei der 2. Bundestagswahl 1953 scheiterte sie an der Fünfprozentklausel. Am 17. 8. 1956 wurde sie auf Antrag der Bundesregierung vom Bundesverfassungsgericht verboten. 1968 wurde eine neue kommunist. Partei in der BR Dtschld. gegr., die Deutsche Kommunistische Partei (DKP).

Kommunistisches Manifest, „Manifest der Kommunistischen Partei", 1848 von K. *Marx* u. F. *Engels* für den „Bund der Kommunisten" verfaßte Programmschrift der marxist.-kommunist. Bewegung; die bedeutendste u. populärste Manifestation dieser Richtung, in der die Lehre vom Klassenkampf bis zur endgültigen Überwindung der herrschenden Klassen u. zur Herstellung der klassenlosen Gesellschaft zugleich als Geschichtslehre wie als polit. Forderung verkündet wird. Der bürgerl.-nationalen Staatsordnung, in der die Arbeiter „nichts zu verlieren haben als ihre Ketten", wird die Internationale der Arbeiterklasse als die Ordnung der Zukunft entgegengestellt. Das Manifest schließt mit dem Aufruf: „Proletarier aller Länder, vereinigt euch!"

Komnenen, Kaisergeschlecht in Byzanz 1057 bis 1059 u. 1081–1185. Eine Nebenlinie des in Byzanz entthronten Geschlechts begründete 1204 das Kaiserreich Trapezunt, das 1461 von den Osmanen erobert wurde.

Komoren

Islamische Bundesrepublik Komoren

Fläche: 1862 km². – *Einwohner:* 653000. – *Hauptstadt:* Moroni. – *Landessprachen:* Französisch, Arabisch. – *Nationalfeiertag:* 6. 7. – *Währung:* 1 Komoren-Franc = 100 Centimes. – *Lage:* zwischen 11° und 12°30′ s. Br. sowie 43° und 45° ö. L. – *Zeitzone:* Mitteleuropäische Zeit + 2 Std. – *Grenzen:* Inselgruppe im Indischen Ozean zwischen Moçambique im W und Madagaskar im O. – *Staatsform:* präsidiale Republik.

Vor der Besetzung durch Frankreich waren die K. ein Schlupfwinkel für Seeräuber. Immer wieder hatte sich die Bevölkerung auch gegen Überfälle von Madagaskar zu wehren. Als erste Insel wurde die südlichste, *Mayotte*, französisch, bis 1909 folgten die drei andern. 1886 wurden die K. Protektorat, 1909 Kolonie. 1946 erhielt die Kolonie den Status eines Überseeterritoriums. Ende der 1960er Jahre entstand im Exil die komor. Unabhängigkeitsbewegung *Molinaco*, u. seit 1973 wurde die Unabhängigkeit mit Unterstützung der *OAU* vorbereitet. 1974 stimmte die Bevölkerung für die Selbständigkeit; nur Mayotte votierte für den Anschluß an Frankreich. Am 6. 7. 1975 erklärten die K. einseitig die Unabhängigkeit (ohne Mayotte). *Ahmed Abdallah Abderemane*, der erste Präs., wurde im selben Jahr gestürzt. Der maoist. orientierte *Ali Soilih* übernahm das Präsidentenamt. 1978 wurde er gestürzt u. ermordet. Eine neue Verfassung konstituierte die „Islamische Bundesrepublik der Komoren". Das Amt des Präs. übernahm erneut Ahmed Abdallah Abderemane, der diktatorisch regierte u. 1989 bei einem Putschversuch ermordet wurde. Unter seinem Nachfolger *Said Mohammed Djohar* trat 1992 eine neue Verfassung in Kraft. Ein Söldnerputsch scheiterte 1995 an einer Militärintervention Frankreichs. 1996 wurde *Mohamed Taki Abdoulkarim* zum Präs. gewählt. Im selben Jahr stimmte die Bevölkerung in einem Referendum für eine neue Verfassung. Separatist. Bestrebungen auf der Insel Nzwani belasteten das innenpolit. Klima.

Komtur [lat.], in den geistl. Ritterorden der Inhaber eines Ordensamtes; meist der Vorsteher eines Hauses *(K.ei, Kommende)* mit der Aufgabe, den Konvent zu leiten, den Besitz u. die Einkünfte des Hauses zu verwalten u. a. – *Groß-K.*, im Dt. Orden einer der fünf *Großgebietiger*, der nächste Berater des Hochmeisters; ursprüngl. der K. des Haupthauses in Akko, dann der Marienburg.

Kondottiere [Pl. *Kondottieri*; ital.], italien. Söldnerführer im 14. u. 15. Jh. Das Kondottierentum entstand während der Kämpfe der oberitalien. Städte untereinander nach dem Untergang der Staufer; es wurde im 14. u. Anfang des 15. Jh. zur Plage für ganz Italien. Die Sforza, Malatesta u. Montefeltre stiegen in herzoglichen Rang auf. Besonders bekannt sind die venezian. Kondottieri B. *Colleoni* u. E. de *Gattamelata*.

Konferenz für Sicherheit und Zusammenarbeit in Europa → OSZE.

Konföderation, Name mehrerer Adelszusammenschlüsse im alten Polen. Die wichtigsten waren: *K. von Maciej (Mathias) Borkowic*, des Wojewoden von Posen, gegen den König (1352); *Warschauer K.* für die Bekenntnisfreiheit (1573); *K. von Gołąb*, prohabsburg, u. *K. von Szczebrzeszyn*, pro-französ. (1672); *K. von Bar*, anti-russ. u. konservativ (1768); *K. von Targowica* gegen die Konstitution des 3. Mai (1792).

Konföderierte Staaten von Amerika, die 11 *Südstaaten* der USA, die 1861 in Montgomery, Ala., u. Richmond, Va., einen Sonderbund gründeten, im *Sezessionskrieg* aber den Nordstaaten unterlagen.

Kongo, altes afrikanisches Reich, das sich in voreuropäischer Zeit an der K.mündung bildete; seit 1482 (Diego *Cão*) von Portugal politisch u. kulturell stark beeinflußt u. christianisiert. Das Reich betrieb Sklaven- u. Elfenbeinhandel mit Europa; es zerfiel seit dem 17. Jh. Heute gehört das ehemalige K.reich z.T. zur Republik *Angola*, z.T. zur Demokrat. Republik *Kongo*.

Kongo RCB

Republik Kongo

Fläche: 342000 km². – *Einwohner:* 2,6 Mill. – *Hauptstadt:* Brazzaville. – *Landessprachen:* Französisch, Lingala u. a. – *Nationalfeiertag:* 15. 8. – *Währung:* 1 CFA-Franc = 100 Centimes. – *Lage:* zwischen 3°50′ n. Br. und 5° s. Br. sowie 11° und 18°40′ ö. L. – *Zeitzone:* Mitteleuropäische Zeit. – *Grenzen:* im N Kamerun und Zentralafrikan. Republik, im O Kongo (Zaire), im äußersten S Angola, im W Atlant. Ozean und Gabun. – *Staatsform:* präsidiale Republik.

Vor der Entdeckung durch Europäer gab es eine Reihe kleiner Königreiche nördlich des Kongoflusses, u.a. das *Loangareich*, dessen Hauptstadt bei Pointe-Noire lag, u. das Königreich *Bateke*. 1880 schloß der französ. Forschungsreisende S. de *Brazza* mit dem König der Bateke im Namen Frankreichs einen Vertrag, der ihm erlaubte, wenige Jahre später das Land nördlich des K. zu besetzen. 1888 wurde das Gebiet mit Gabun vereinigt u. 1891 zur Kolonie Französisch-Kongo *(Mittelkongo)* erklärt. 1910 wurde das Land Teil der französ. Kolonie Französisch-Äquatorialafrika. Hptst. war *Brazzaville*. Nach dem 2. Weltkrieg wurde die Kolonie Überseeterritorium innerhalb der Französischen Gemeinschaft, 1957 erhielt das Gebiet Autonomie. Nachdem der Zusammenschluß der verschiedenen Territorien von 1910 aufgelöst worden war, wurde K. als *Kongo-Brazzaville* am 15. 8. 1960 unabhängige Rep. in der Französischen Gemeinschaft. 1963 wurde der er-

ste Staatspräsident F. *Youlou* gestürzt; es folgten verschiedene Umsturzversuche. 1969 wurde Staatspräsident A. *Massemba-Débat* abgesetzt, die Staatsführung übernahm ein Nationaler Revolutionsrat mit M. *Ngouabi* an der Spitze. Unter Ngouabi wurde K. 1969 zur Volksrepublik erklärt. Das Regime knüpfte enge Verbindungen mit den kommunist. Staaten – so holte es kuban. Militär- u. Zivilberater ins Land –, blieb aber assoziiertes Mitglied der EG. Im angolan. Bürgerkrieg diente Brazzaville der Sowjetunion als Nachschubbasis für die *MPLA*.
Die innenpolitischen Verhältnisse blieben labil, wozu in besonderem Maße die katastrophale Wirtschaftslage des Landes beitrug. Ngouabi wurde 1977 ermordet, sein Nachfolger J. *Yhombi-Opango* 1979 gestürzt. Seitdem war Oberst D. *Sassou-Nguesso* Staats- u. Parteichef, der, ungeachtet eines 1981 mit der Sowjetunion geschlossenen Freundschaftspaktes, eine verstärkte Zusammenarbeit mit dem Westen verfolgte.
Die von Sassou-Nguesso 1990 eingeleitete Demokratisierung gewann rasch an Eigendynamik. Die bisherige Einheitspartei *PCT (Kongoles. Arbeiterpartei)* verzichtete auf ihr Machtmonopol u. sagte sich vom Marxismus los. 1991 tagte eine Nationalkonferenz, die die Umbenennung des Landes in *Republik K.* beschloß. 1992 trat eine neue präsidialdemokrat. Verfassung in Kraft. Es fanden freie Parlaments- u. Präsidentschaftswahlen statt. P. *Lissouba* von der *L'union panafricaine pour la démocratie sociale* wurde zum Staats-Präs. gewählt. Spannungen zwischen Anhängern Sassou-Nguessos u. regierungsnahen Kräften entluden sich 1997 in blutigen Auseinandersetzungen, die zum Sturz Lissoubas u. zur erneuten Machtübernahme Sassou-Nguessos führten.

Kongo

Demokratische Republik Kongo

Fläche: 2 344 858 km². – *Einwohner:* 45,3 Mill. – *Hauptstadt:* Kinshasa. – *Landessprachen:* Französisch, Tshiluba, Kikongo, Lingala, Suaheli. – *Nationalfeiertag:* 30. 6. – *Währung:* 1 Neuer Zaire = 100 Makuta. – *Lage:* zwischen 5°30′ n. Br. und 14° s. Br. sowie 12° und 31°20′ ö. L. – *Zeitzone:* im W Mitteleuropäische Zeit, im O Mitteleuropäische Zeit + 1 Std. – *Grenzen:* im N Zentralafrikanische Republik und Sudan, im O Uganda, Rwanda, Burundi und Tansania, im S Sambia und Angola, im W Atlantischer Ozean und Kongo. – *Staatsform:* präsidiale Republik.

Außer dem Reich K. gab es in dem Gebiet vor der europ. Kolonisation noch andere bedeutende afrikan. Staaten, u. a. der *Luba, Lunda* u. *Kuba*. Im 19. Jh. dehnte sich arab. Einfluß von Sansibar bis etwa nach Kisangani aus. Seit 1876 erwarb H. M. Stanley weite Teile des Kongo für König Leopold II. von Belgien. Die Großmächte erkannten 1884/85 diese Erwerbungen auf der Berliner Kongokonferenz als unabhängigen Staat an u. beschlossen Handelsfreiheit für das Kongobecken. Grausame Ausbeutung der Einwohner führte zu einem internationalen Skandal, worauf Belgien 1908 das Gebiet in direkte Kolonialverwaltung nahm *(Belgisch-Kongo)*. Erst nach dem 2. Weltkrieg erwachte unter den Afrikanern modernes polit. Leben. Unruhen in Léopoldville (Kinshasa) 1959 veranlaßten Belgien zu überstürzten Reformen. Auf einer Konferenz in Brüssel (Jan. 1960) versprach es die Unabhängigkeit zum 30. 6. 1960.
Wahlen im Mai 1960 u. die Regierungsbildung unter J. *Kasavubu* (Präs.) u. P. *Lumumba* (Min.-Präs.) verschleierten die Schwäche des neuen Staates (*Republik Kongo*, meist *Kongo-Kinshasa* genannt), die im Juli 1960 durch Meuterei der Truppen (Force Publique) offenbar wurde. Im gleichen Monat erklärte M. *Tschombé*, von belg. Finanz- u. Wirtschaftskreisen ermutigt u. materiell unterstützt, die reiche Erzprovinz Katanga (heute Shaba) für unabhängig. Lumumba rief die Vereinten Nationen zu Hilfe, die Militär entsandten. Im Sept. wurde Lumumba gestürzt, im Jan. 1961 ermordet. In der Ostprovinz bildete A. *Gizenga* eine separate Regierung, löste sie aber 1962 bei Bildung des Kabinetts C. *Adoula* auf. 1963 beendeten UN-Truppen gewaltsam die Sezession Katangas. Die wirtschaftl. u. polit. Zerrüttung konnte aber nicht beseitigt werden. Nach dem Abzug der UN-Truppen 1964 brachen in mehreren Provinzen blutige Unruhen aus. Mit US-amerikan. Rückhalt wurde Tschombé 1964 Min.-Präs.; er warb weiße Söldner an u. schlug die Rebellen, deren Gegenregierung in Stanleyville (Kisangani) von den anderen afrikan. Staaten nicht anerkannt wurde, so umstritten auch Tschombé unter den afrikanischen Politikern blieb. Insges. hatte der Bürgerkrieg seit 1960 etwa 1 Mill. Todesopfer gefordert. Am 13. 10. 1965 zwang Präsident Kasavubu Tschombé zum Rücktritt.
Am 25. 11. 1965 ergriff General J.-D. *Mobutu* (seit 1972 *Mobutu Sese Seko*) die Macht u. übernahm das Präsidentenamt. Unter seiner Führung trat eine gewisse Konsolidierung ein. Mehrere Oppositionspolitiker wurden verurteilt u. hingerichtet. Ende 1966 verstaatlichte Mobutu die Kupferbergwerke von Katanga. Er gründete 1967 die Revolutionäre Volksbewegung *(Mouvement Populaire de la Révolution, MPR)* als Einheitspartei, verkündete eine neue Verfassung mit stark zentralist. Zügen u. ließ sein Regime 1970 durch Wahlen bestätigen.
Mobutu wurde mit der Machtfülle eines Diktators ausgestattet, er übernahm neben dem Amt des Staats- u. Regierungschefs das Oberkommando u. das Verteidigungsministerium sowie die Führung der Staatspartei. 1971 wurde Kongo-Kinshasa in *Republik Zaire* (Bantu, „Großes Wasser", nach einem alten Namen des Flusses Kongo) umbenannt. Das diktator. u. korrupte Regime Mobutus geriet seit Ende der 1980er Jahre zunehmend unter außen- u. innenpolit. Druck. Um diesem Druck auszuweichen, ließ Mobutu 1991 ein Mehrparteiensystem zu. Im selben Jahr mußte der Diktator auf Drängen der Opposition die Einberufung einer Nationalkonferenz akzeptieren. In der Folgezeit versuchte Mobutu, die Demokratisierungsbemühungen der Konferenz zu blockieren. Im Dez. 1992 wählte die Konferenz einen *Hohen Rat der Republik* als interimist. Legislative u. löste sich auf. Die Wirtschaftslage des Landes verschlechterte sich rapide. Unruhen marodierender Soldaten verschärften die innenpolit. Situation. Auch die Verabschiedung einer Übergangsverfassung im März 1994 konnte den grundlegenden Konflikt zwischen Mobutu u. der demokrat. Opposition nicht beilegen. 1996 entwickelte sich aus den Spannungen zwischen dem einheim. Tutsivolk der Banyamulenge u. den rd. 1,2 Mill. Hutu-Flüchtlingen aus Burundi u. Rwanda eine von L. *Kabila* geführte Rebellion gegen das Mobutu-Regime, die 1997 zum Sturz des Diktators führte. Der neue Machthaber Kabila verfügte die Umbenennung des Landes in *Demokrat. Republik Kongo*.

Kongokonferenz, Zusammenkunft internationaler Politiker vom 15. 11. 1884 bis 26. 2. 1885 in Berlin unter Bismarcks Leitung zur Regelung der Kongo-Frage. In der *Kongoakte* wurde die Gründung eines neutralen Kongostaats unter dem belg. König Leopold II. als Souverän, Freiheit des Handels u. der Schiffahrt im Kongo u. Verbot des Sklavenhandels erklärt. Die K. führte zur Aufteilung Afrikas durch die europ. Kolonialmächte. Ziel panafrikan. Politik ist es, diese Folgen der K. durch verstärkte wirtschaftl. u. polit. Zusammenarbeit zu überwinden.

Kongreßpolen, der Teil Polens, der durch Beschluß des *Wiener Kongresses* 1815 als *Königreich Polen* bis 1918 ein Teil Rußlands war (bis 1831 mit autonomer Verfassung).

König [ahd. *kuning,* von *kunni,* „Geschlecht"], der Träger der höchsten monarch. Würde nächst dem *Kaiser*.
Wie bei den altgriechischen Stadtstaaten u. im röm. Staat der Frühzeit gab es auch bei den germanischen Völkern K.e. Sie wurden nach *Geblütsrecht* aus angestammtem K.sgeschlecht (lateinisch *stirps regia*) durch *Akklamation* auf Lebenszeit von der Völkerschaftsversammlung gewählt. Während der Völkerwanderung entstand aus diesem *Klein-K.tum* durch Zusammenschluß zu Stammesgemeinschaften allmählich das *Stammes-K.-tum*.
Der fränk. K. (rex Francorum) der merowing. u. karoling. Zeit war erbl. Herrscher nach salischem Recht (der Wahlgedanke starb allerdings nicht aus; vgl. die Wahl Pippins 751) mit z. T. stark entwickelter, aber nicht unumschränkter, da weitgehend an das überlieferte Volksrecht gebundener Gewalt in einem Personenverbandsstaat. Das *Widerstandsrecht* des Volks blieb erhalten. Der fränk. K. hatte eigene Hoheitsrechte (Regalien), z. B. Gesetzgebungs- u. Gerichtsgewalt, Finanzhoheit u. Heeresgewalt, aber vor allem das Bannrecht u. die Hoheitsgewalt gegenüber der fränk. Reichskirche (Eigenkirche).
Aus dem fränk. gingen das dt. u. das französ. K.tum hervor. Das dt. K.tum war in MA u. Neuzeit zumindest rechtlich *Wahlmonarchie*. Machtbasis des dt. K.s war der eigene Landbesitz. Der K. war oberster Heerführer, übte den Friedensbann aus u. versuchte, die Reichskirche zu kontrollieren. Der gewählte *deutsche König* hatte Anspruch auf das Kaisertum, aber nicht alle dt. K.e wurden Kaiser. Aus dem Anspruch entstand seit Heinrich III. der Titel *Römischer Kaiser*. Das dt. K.tum ging durch die wachsende Macht der Territorialstaaten in seinem Einfluß bes. seit 1648 ständig zurück, während diese z. T. selbst zu K.reichen wurden.
Wie das dt. Königtum ging das französ. aus dem fränk. hervor, in Frankreich wie in England herrschte das Erbrecht (statt des Wahlrechts). Königstitel führten seit dem frühen MA auch die Herrscher von Schottland, Kastilien u. Aragón (Spanien), Portugal, Dänemark, Norwegen u. Schweden. 1198 wurden der Herzog von Böhmen vom Kaiser, 1030 der sizilian., 1101 der ungar. Herrscher vom Papst zum K. erhoben; 1319 wurden Polen, 1718 Sardinien, 1815 die Niederlande, 1830 Belgien K.reiche.
Heute bestehen noch als K.reich: Belgien, Bhutan, Dänemark, Großbritannien u. Nordirland (sowie einige Commonwealth-Staaten), Jordanien, Kambodscha, Lesotho, Malaysia, Marokko, Nepal, Niederlande, Norwegen, Saudi-Arabien, Schweden, Spanien, Swasiland, Thailand, Tonga.

Königgrätz, tschech. *Hradec Králové,* Stadt in Ostböhmen, Hptst. des Kraj Východočeský, 101 000 Ew.
Im Deutschen Krieg 1866 entscheidender

preuß. Sieg *(Moltke)* über die Österreicher *(Benedek)* u. Sachsen.

Königreich beider Sizilien → Neapel, → Sizilien.

Königsberg (Pr) [d. h. Preußen], seit 1946 russ. *Kaliningrad*, Hptst. der 1946 errichteten Oblast Kaliningrad (Rußland), am Pregel, nahe seiner Mündung ins Frische Haff, 409000 Ew. – K. wurde 1255 als Burg des Dt. Ordens gegründet. Im Schutz der Burg entstanden die drei Städte *K. (Altstadt), Löbenicht* u. *Kneiphof.* 1457–1525 war K. Sitz des Hochmeisters des Dt. Ordens, 1525–1618 Residenz der preuß. Herzöge. Seit 1701 war K. Krönungsstadt der preuß. Könige. 1724 wurden die drei Städte vereinigt. 1808–1945 war K. Hptst. der preuß. Provinz Ostpreußen (1824–1877 mit Westpreußen vereint). Am Ende des 2. Weltkrieges, nach starken Zerstörungen, wurde K. von sowjet. Truppen besetzt. 1946 in *Kaliningrad* umbenannt, wurde es mit dem nördl. Ostpreußen der RSFSR eingegliedert.

Königsboten, lat. *missi regis* oder *dominici, Sendgrafen*, bis ins 12. Jh. Beauftragte eines Königs, bes. der fränk. Könige oder Hausmeier. Die K. kontrollierten als Vertrauensleute des Königs die gesamte Verwaltung, Rechtspflege u. das Heerwesen, waren aber in erster Linie Richter. Von *Karl d. Gr.* wurden sie zur ständigen Einrichtung erhoben. Die K. erhielten schriftl. Weisungen *(Kapitularien)* direkt vom Königshof u. hatten dem Herrscher über die Ereignisse ihrer Tätigkeit Bericht zu erstatten. Die Kontrollinstanz der K. verfiel schon unter Ludwig dem Frommen.

Königsfriede, *Friede des Antalkidas*, ein von dem spartan. Gesandten Antalkidas mit dem Perserkönig *Artaxerxes II.* 387 v.Chr. vereinbarter u. auf einem Friedenskongreß zu Sparta 386 v. Chr. durchgesetzter allgemeiner Friede, durch den die Griechen Kleinasiens u. Zyperns unter pers. Herrschaft zurückkehrten.
Im Mutterland mußten zur Wahrung der Autonomie der einzelnen Städte alle übergreifenden Vereinigungen (z.B. der Böotische Bund u. der Zusammenschluß von Korinth u. Argos) aufgelöst werden, nur nicht der mit dem Autonomieprinzip vereinbar erklärte Peloponnesische Bund. Über das hierdurch zersplitterte Griechenland konnte Sparta mit pers. Einverständnis seine Hegemonie wiederherstellen.

Königsgesetz, dän. *Kongelov*, ein Gesetz, das 1665 die absolute Herrschaft des dän. Königtums sanktionierte; die Stände wurden ausgeschaltet, die Wahlmonarchie in eine Erbmonarchie umgewandelt u. die weibl. Erbfolge eingeführt. Dänemark war damit das einzige Land Europas, in dem der *Absolutismus* verfassungsmäßig verankert war.

Königsmarck, 1. Aurora, Gräfin von, Enkelin von 2), *8. 5. 1662 Stade, †16. 2. 1728 Quedlinburg; berühmt wegen ihrer Schönheit u. Bildung; Geliebte *Georgs I.* von Hannover, dann *Augusts des Starken*; aus letzterer Verbindung stammte der Graf *Moritz von Sachsen.* Seit 1698 war sie Koadjutorin, seit 1700 Pröpstin des Reichsstiftes Quedlinburg.
2. Hans Christoffer, Graf von, schwed. Feldmarschall (seit 1655), *4. 3. 1600 Kötzlin, Altmark, †8. 3. 1663 Stockholm; seit 1630 im schwed. Heer, kämpfte erfolgreich im 30jährigen Krieg, eroberte 1645 Bremen u. Verden; 1648–1663 Generalgouverneur von Bremen-Verden.

Konjew, *Konev*, Iwan Stepanowitsch, sowjet. Offizier (1944 Marschall), *28. 12. 1897 Lodejno, Nikolsk, †21. 5. 1973 Moskau; Heerführer im 2. Weltkrieg im Mittel- u. Südabschnitt, eroberte die ČSR, Schlesien u. Sachsen; 1946–1950 Oberbefehlshaber des sowjet. Heeres, 1955–1960 Oberbefehlshaber der Streitkräfte des Warschauer Pakts u. stellvertr. Verteidigungs-Min., 1961/62 Oberbefehlshaber der sowjet. Streitkräfte in der DDR.

Konklave [das; lat., „abgeschlossener Raum"], der Raum, in dem der Papst gewählt wird; auch die Versammlung der Kardinäle zur Papstwahl.

Konkordat [das; lat.], Vertrag zwischen einem Staat u. dem Papst als Oberhaupt der kath. Kirche über das Verhältnis von Staat u. Kirche. In der BR Dtschld. gelten das badische (1932), das bayerische (1924/1978), das preußische (1929), das niedersächsische K. (1965/1973), der hessische Vertrag mit den kath. Bistümern (1963), der nordrhein-westfälische Vertrag mit dem Hl. Stuhl (1984) u. das Reichskonkordat (1933).

Konoe, Fumimaro, Fürst, japan. Politiker, *12. 10. 1891 Kyoto, †16. 12. 1945 Tokyo (Selbstmord); 1933–1937 Präs. des Oberhauses, 1939/40 Präs. des Geheimen Staatsrates; 1937–1939, 1940/41 u. 1941 Premierminister. In seiner Amtszeit wandelte sich Japan innenpolitisch zu einem autoritären Staatswesen (1940 Einheitspartei: „Vereinigung zur Unterstützung der Kaiserl. Herrschaft") u. strebte außenpolitisch in Anlehnung an das Dt. Reich (Dreimächtepakt 1940) einen japanisch beherrschten Großraum in Ostasien an. Der von ihm eskalierte *japanisch-chinesische Krieg* brachte Japan in einen unüberwindbaren Gegensatz zu den Westmächten. Noch in seiner Regierungszeit wurde am 6. 9. 1941 ein bedingter Kriegsbeschluß zum Kampf gegen die USA, Großbritannien u. die Niederlande gefaßt; die Verantwortung für die Kriegseröffnung trug nach K.s Rücktritt die Nachfolgeregierung des Generals *Tojo.* Als K. nicht, wie von ihm erhofft, zum Nachkriegspremier bestellt, sondern von den Amerikanern als potentieller Kriegsverbrecher eingestuft wurde, beging er Selbstmord.

Konon, Papst 686/687, †21. 9. 687 Rom; in hohem Alter als Kompromißkandidat gewählt.

Konon, athen. Feldherr, *vor 444 v.Chr., †392 v.Chr. auf Zypern; 406/05 v.Chr. einer der Flottenstrategen Athens, entkam er nach der Niederlage bei *Aigospotamoi* nach Zypern; als Admiral einer pers. Flotte siegte er zusammen mit *Pharnabazos* 394 v.Chr. bei Knidos über die Spartaner u. zerbrach ihre Seemacht; stellte mit pers. Geld 393 v.Chr. die *Langen Mauern* wieder her u. begann mit der Erneuerung der Seegeltung Athens. Von den Persern des Verrats beschuldigt, floh er 392 v.Chr. zu *Euagoras* nach Zypern.

Konquistadoren [-ki-; span.], die span. u. portugies. Eroberer Süd-, Mittel- u. z.T. auch Nordamerikas, die nach der Entdeckung Amerikas in abenteuerl. Zügen, oft nur mit wenigen Soldaten, den Kontinent durchzogen, die Eingeborenen unterwarfen u. die span. bzw. portugies. Herrschaft errichteten. Die Nachfahren der K. bildeten eine Kreolen-Aristokratie, die bes. öffentliche Ämter verwaltete. Hervorzuheben sind: H. *Cortés* in Mexiko, F. *Pizarro* in Peru, D. de *Almagro* u. P. de *Valdivia* in Chile, P. de *Alvarado* in Guatemala, N. de *Balboa* in Panama, P. de *Mendoza* u. M. de *Irala* im La-Plata-Gebiet, J. de *Quesada* in Kolumbien u. S. de *Belalcázar* in Ecuador.

Konrad, Fürsten. Deutsche Könige u. Kaiser: **1.** *K. I.*, erster dt. König 911–918, †23. 12. 918; Herzog von Franken (906) aus dem Geschlecht der Konradiner, nach dem Aussterben der Karolinger in Ostfranken zum König gewählt, von Lothringen aber nicht anerkannt. K. versuchte vergebens, auf die Kirche gestützt, eine zentrale Gewalt des Königtums gegen die starken Stammesherzogtümer durchzusetzen, u. versagte gegen die einfallenden Ungarn. Vor seinem Tod designierte er Herzog Heinrich von Sachsen (König *Heinrich I.*) zu seinem Nachfolger.
2. *K. II.*, König seit 1024, Kaiser 1027–1039, *um 990, †4. 6. 1039 Utrecht; Urenkel *Konrads des Roten* von Lothringen u. der Tochter *Liudgard* (†953) Ottos d. Gr.; erster König aus dem Geschlecht der Salier; drängte im Innern die Sondergewalten (Herzöge u. Kirche) zurück, sicherte die Grenzen (1025 Verständigung mit Knut d. Gr. von Dänemark; Kampf gegen Polen) u. festigte die kaiserl. Macht in Italien u. den Zugang dorthin durch den Erwerb Burgunds mit den Alpenpässen (seit 1033 König von Burgund). Die Aufstände seines Stiefsohns Herzog Ernst II. von Schwaben schlug er nieder. K. förderte die Klosterreform.
3. *K. III.*, König 1138–1152, *1093 oder 1094, †15. 2. 1152 Bamberg; Staufer, Sohn Herzog *Friedrichs I.* von Schwaben (*1050, †1105); 1127–1135 Gegenkönig, 1138 (durch Wahl) Nachfolger Lothars III. Da *Heinrich der Stolze* sich weigerte, ihm zu huldigen, nahm K. dem Welfen die Herzogtümer Sachsen u. Bayern, worauf er die nächsten Jahre in Kämpfe mit diesem Geschlecht verwickelt wurde, bis er Heinrichs Sohn, *Heinrich den Löwen*, 1142 als Herzog von Sachsen anerkannte. 1146 ließ sich K. von *Bernhard von Clairvaux* für den 2. Kreuzzug gewinnen, der für das dt. u. das verbündete französ. Heer 1147 in Kleinasien schwere Verluste brachte. Nach Dtschld. zurückgekehrt, starb K. über den Vorbereitungen zu einem Romzug u. zum Kampf gegen die Welfen, die sich erneut erhoben hatten. Als seinen Nachfolger designierte er seinen Neffen Herzog Friedrich von Schwaben *(Friedrich I. Barbarossa).*
4. *K. IV.*, König 1237/1250–1254, *25. 4. 1228 Andria, Apulien, †21. 5. 1254 Lavello; Sohn Kaiser *Friedrichs II.*, von seinem Vater als Regent in Dtschld. eingesetzt (1237 zum dt. König gewählt), mußte seine Herrschaft mit Hilfe der Städte u. Bayerns gegen die Gegenkönige *Heinrich Raspe* u. *Wilhelm von Holland* verteidigen. Um sein Erbe in Italien zu verteidigen, eroberte er Apulien u. Neapel. Im Begriff, auch seine Herrschaft in Dtschld. zu festigen, erlag K. einer Krankheit. Er hinterließ seinen zweijährigen Sohn *Konradin.*
Lothringen: **5.** *K. der Rote*, Herzog, †10. 8. 955; Graf von Wormsfeld, 944 von *Otto d. Gr.* zum Herzog von Lothringen eingesetzt u. mit seiner Tochter Liudgard (†953) verheiratet; erhob sich 952–954 mit seinem Schwager *Liudolf* gegen Otto, verlor sein Herzogtum u. wurde 954 unterworfen. Er fiel gegen die Ungarn in der Schlacht auf dem Lechfeld.
Meißen: **6.** *K. I.*, (später) *K. d. Gr.*, Markgraf 1123, *um 1098, †5. 2. 1157 Peterskloster bei Halle; Graf von Wettin, Sohn *Thimos* (†um 1091) u. *Idas*, der Tochter Ottos II. von Northeim, Herzogs von Bayern; gegen Kaiser Heinrich V. Parteigänger Lothars (III.) von Supplinburg. K. erlangte mit der Unterstützung Lothars von Supplinburg nach dem Tod seines Vetters Heinrich II. (†1123) die Markgrafschaft Meißen u. 1136 die Lausitz. Er nahm in seiner vornehmlich nach Osten gerichteten Politik 1147 am Wendenkreuzzug teil, förderte die Ostsiedlung u. schuf die Grundlagen des Territorialstaats der Wettiner. 1156 zog K. sich ins Kloster zurück.
Polen: **7.** *K. von Masowien*, *1187 oder 1188, †31. 8. 1247; Herzog von Masowien, Kujawien, Sieradz u. Łęczyca seit 1202, von Krakau 1229 u. 1241–1243; rief 1226 den Dt. Orden ins Kulmer Land.
Schwaben: **8.** → Konradin.
Zähringen: **9.** Herzog 1122–1152, *um 1090, †8. 1. 1152; wurde 1127 mit dem Rektorat (d. h. der Wahrnehmung der königl. Rechte) in Burgund betraut; gründete Freiburg im Breisgau.

Konradin, *Konrad der Junge*, der letzte legitime Staufer, Herzog von Schwaben, *25. 3. 1252 Wolfstein bei Landshut, †29. 10. 1268

Neapel (hingerichtet); Sohn *Konrads IV.*, zog nach König *Manfreds* Tod 1267 mit seinem Freund Markgraf *Friedrich I.* von Baden nach Italien, um seinen Anspruch auf das Königreich Sizilien durchzusetzen. Erfolgreich in Norditalien u. Rom, wurde K. 1268 bei Tagliacozzo von *Karl von Anjou* geschlagen, auf der Flucht gefangen u., als Landfriedensstörer verurteilt, mit zwölf Gefährten in Neapel enthauptet. – In der Manessischen Handschrift sind zwei Minnelieder überliefert, die K. zugeschrieben werden, vielleicht aber von seinem Vater stammen.

Konradiner [auch 'kɔn-], fränk. Adelsgeschlecht, in Hessen, Mainfranken u. am Mittelrhein begütert. Zurückgehend auf *Gebhard*, Graf im Lahngau 832–879, errangen die K. 906 unter dessen Sohn *Gebhard*, Graf in der Wetterau u. seit 904 Herzog von Lothringen, mit Hilfe der Reichsgewalt gegen die Babenberger die Vormacht in Rhein- u. Mainfranken u. stellten in *Konrad I.* (911–918) den ersten dt. König. Danach hatten die K. für die Reichsgeschichte keine Bedeutung mehr.

Konrad von Marburg, Inquisitor, wahrscheinl. Prämonstratenser, †30. 7. 1233 bei Marburg; der Beichtvater *Elisabeths von Thüringen*; nach 1227 der erste päpstl. Inquisitor für Dtschld; brachte zahlreiche Opfer auf den Scheiterhaufen. Adlige, denen er Ketzerei vorwarf, erschlugen ihn.

Konservativismus [lat.], *Konservatismus*, eine sich am geschichtlich Gewordenen orientierende Einstellung. Die konservative Haltung darf nicht mit der *reaktionären* verwechselt werden, wenn beide auch häufig ineinander übergehen. Der K. begreift Geschichte als fortwirkende Vergangenheit u. ist bemüht, ihren Kräften auch in moderner Form zur Wirksamkeit zu verhelfen, wobei sehr häufig ältere überständige Einrichtungen radikal beseitigt werden können, während das reaktionäre Denken an diesen erstarrten Formen hängt. – Die konservative, historisch-organ. Staatsauffassung entwikkelte sich zu Beginn des 19. Jh. durch Edmund *Burke*, der im Staat eine Institution sah, die auf der Verbindung von Tradition u. der Wirksamkeit der gegenwärtig Lebenden in Verantwortung gegenüber den zukünftigen Generationen beruhe; er stellte die zeitgemäße, reformer. Weiterentwicklung überkommener Einrichtungen der (Französ.) *Revolution* entgegen („Reflections on the Revolution in France" 1793). Als Vertreter dt. konservativer Gedankengänge im 19. Jh. bemühte sich F. J. *Stahl* um die Kontinuität sittl. Werte auf der Grundlage von Gewaltenteilung u. Verfassung gegen die Willkür von seiten der Fürsten wie auch seitens des souveränen Volks. Diese gegen überspitzten Nationalismus u. revolutionären Umsturz gerichtete Haltung bestimmt auch die Politik der modernen *konservativen Parteien.*

Konstans, röm.-byzantin. Kaiser, → Constans.

Konstantin, Päpste: **1.** *K. I.*, 708–715, Syrer, †9. 4. 715 Rom; besuchte als letzter Papst Konstantinopel, um dort über die Beilegung kirchenrechtl. Streitigkeiten zu verhandeln. Den vom Usurpator *Philippikos* geförderten *Monotheletismus* lehnte er ab, zu Kaiser *Anastasios II.* unterhielt er wieder gute Beziehungen.

2. *K. (II.)*, Gegenpapst 767/68; als Laie durch seinen Bruder, den Herzog *Toto von Nepi*, sofort nach dem Tod Papst Pauls I. gewaltsam eingesetzt. Mit langobardischer Hilfe wurde er 768 abgesetzt, nach der Wahl Papst *Stephans III.* geblendet u. zu Klosterhaft verurteilt. Die vorwiegend von fränk. Bischöfen besuchte Lateransynode (769) bestätigte seine Absetzung.

Konstantin, Fürsten. Röm. u. byzantin. Kaiser, grch. *Konstantinos*, lat. *Constantinus:* **1.** *K. I., K. d. Gr.*, Flavius Valerius *Constantinus*, röm. Kaiser 306–337, *bald nach 280 Naissus, †22. 5. 337 Nikomedia; Sohn des *Constantius Chlorus* u. der Christin *Flavia Helena*, 306 vom Heer zum Kaiser ausgerufen u. von *Galerius*, dem Augustus des Ostens, als Caesar des Westens anerkannt (Tetrarchie); 307 von *Maximian*, dem ehem. Mitkaiser des *Diocletian*, als Augustus anerkannt. Der Sieg über *Maxentius*, dem Augustus von Italien, an der Milvischen Brücke bei Rom 312 machte K. zum Herrscher über den Westteil des Reichs; seine Kreuzesvision vor der Schlacht („Unter diesem Zeichen wirst du siegen") veranlaßte ihn zur Einführung der Kreuzesfahne mit dem Monogramm Christi. Mit *Licinius*, dem Herrscher des Ostens, einigte sich K. 313 in Mailand *(Mailänder Edikt)* auf ein religionspolit. Programm, das dem Christentum wie den heidn. Kulten Religionsfreiheit zusicherte. K. stattete die Kirche mit staatl. Aufgaben u. Rechten aus, erklärte den Sonntag zum staatl. Feiertag u. begann mit dem Bau der Lateralkirche in Rom. Zwischen K. u. Licinius kam es zu wiederholten Konflikten. Nach den Siegen bei Adrianopel in Thrakien u. Chrysopolis in Bithynien 324 über Licinius war K. Alleinherrscher u. kehrte durch Ernennung seiner Söhne zu Caesaren zur Erbmonarchie zurück. Das Reich wurde gegen die die Grenzen bedrohenden german. Franken (328) u. Goten (332) gesichert, indem man diese als Verbündete ins Heer eintreten u. den Grenzschutz übernehmen ließ. Trotzdem konnte K. die ständige Bedrohung der Grenzen nicht beseitigen (335 Aufgabe des obergerman.-rätischen Limes, Rückzug der Grenztruppen hinter Rhein u. Donau). Innenpolit. führte er die Verfassung, Verwaltung u. Verteidigung nach den Richtlinien Diocletians weiter, verstärkte den Zwangsstaat mit strengem Hofzeremoniell u. Betonung der Heiligkeit des Kaisers, untersagte aber die Darbringung von Opfern. Er errichtete einen betont militär. organisierten Beamtenstaat unter weitgehender Eingliederung der Kirche, vollendete die Trennung der militär. von der zivilen Gewalt u. gliederte das Reich neu (4 Präfekturen, unterteilt in 14 Diözesen u. 117 Provinzen). Zur Beilegung innerkirchl. Streitigkeiten über die Natur Christi berief K. 325 das *Konzil von Nicäa*, auf dem die Lehre des *Arius* als Häresie verdammt u. die des *Athanasios* zur rechtgläubigen erhoben wurde. K. förderte die Bautätigkeit u. a. in Rom (Peterskirche), Palästina (Grabeskirche in Jerusalem), Trier u. Byzanz. Rom verlor als Hptst. an Bedeutung, u. 330 wurde Byzanz unter dem Namen *Konstantinopel* zur neuen Hptst. des Reiches erhoben. Trotz seiner Bemühungen um die Kirche ließ sich K. erst kurz vor seinem Tode taufen.

2. *K. II.*, Flavius, Claudius *Constantinus*, Sohn von 1), röm. Kaiser 337–340, *316, †340; ließ beim Tod des Vaters im Einverständnis mit seinen Brüdern *Constantius II.* u. *Constans* alle übrigen Angehörigen der Familie ermorden, ledigl. drei Neffen Konstantins d. Gr. entkamen, darunter der spätere Kaiser *Julian Apostata*. K. fiel im Kampf gegen seinen Bruder Constans bei Aquileia.

3. *K. IV. Pogonatos* [„der Bärtige"], oström. Kaiser 668–685, *um 654, †685; verteidigte 674–678 Konstantinopel gegen den Großangriff der Araber (Kalif *Moawija*) u. sicherte den Bestand des Reiches; stellte auf dem 6. Ökumen. Konzil 680/681 den Kirchenfrieden mit Rom wieder her; mußte das erste Bulgarenreich anerkennen.

4. *K. V. Kopronymos* [„mit besudeltem Namen"], oström. Kaiser 741–775, *719, †14. 9. 775; kämpfte erfolgreich gegen Araber u. Bulgaren, während die byzantin. Herrschaft in Italien mit dem Verlust des Exarchats Ravenna an die Langobarden vollständig zusammenbrach. Im Bilderstreit führte er den Kampf der *Ikonoklasten* gegen die Verehrung von christl. Bildern auf den Höhepunkt. Die Grausamkeit, mit der er die Bilderfreunde verfolgte, trug ihm seinen Beinamen ein.

5. *K. VII. Porphyrogennetos* [„der Purpurgeborene"], oström. Kaiser 913–959, *905, †9. 11. 959; unter der Vormundschaft zunächst seiner Mutter *Zoë*, dann seines Schwiegervaters *Romanos I.*, seit 945 selbständig; verfaßte gelehrte Werke über Verwaltung, Zeremoniell u. Geschichte des byzantin. Staats, die noch heute grundlegende Quellen sind; Literaturkenner und außerdem großer Literatursammler.

6. *K. XI.*, (richtiger *K. XII.*) *Dragases*, oström. Kaiser 1449–1453, *1403 (?), †29. 5. 1453; konnte auch durch die Kirchenunion mit Rom nicht die Hilfe des Westens für den Kampf gegen die Türken gewinnen; fiel als letzter byzantin. Kaiser im Kampf bei der Erstürmung Konstantinopels durch die Osmanen.

Griechenland: **7.** *K. I.*, König der Hellenen 1913–1917 u. 1920–1922, *2. 8. 1868 Athen, †11. 1. 1923 Palermo; Sohn König *Georgs I.*, seit 1900 Oberbefehlshaber des Heeres; wahrte im 1. Weltkrieg die griech. Neutralität, bis ihn die Franzosen u. Engländer zur Abdankung zwangen. Durch Volksabstimmung zurückgerufen, mußte er infolge der Niederlagen gegen die Türken in Kleinasien nach einem Militärputsch zugunsten seines Sohns *Georg II.* zurücktreten.

8. *K. II.*, König der Hellenen 1964–1974, *2. 6. 1940 Psychiko bei Athen; Sohn König *Pauls I.* u. der Königin *Friederike*, heiratete 1964 Prinzessin *Anne Marie* von Dänemark (*1946), ging im Dez. 1967 nach einem erfolglosen Versuch, die im April zur Macht gekommene Militärregierung zu stürzen, ins Exil. 1974 wurde er durch Volksabstimmung abgesetzt.

Konstantinische Schenkung, lat. *Constitutum Constantini*, eine wohl zwischen 752 u. 806 in Rom gefälschte Urkunde, durch die *Konstantin d. Gr.*, dem Papst *Silvester I.* neben anderen Rechten den Vorrang Roms über alle Kirchen zuerkannt u. die Herrschaft über die Stadt Rom, ganz Italien u. die Westhälfte des Röm. Reichs übertragen haben sollte. Sie diente im MA zur Begründung eines von kaiserlichen Bevormundung freien Papsttums, das Herrschaftsansprüche in Italien besaß (→ Kirchenstaat). Schon in der Kanzlei Ottos III. als unecht bezeichnet, wurde die K. S. 1440 durch den italien. Humanisten L. *Valla* als Fälschung erkannt.

Konstantinopel, das 330 n. Chr. von Konstantin d. Gr. umbenannte Byzanz, Hptst. des Byzantin. Reichs bis 1453; seither türkisch Istanbul. Der Name K. war in Europa noch bis ins 20. Jh. in Gebrauch.

Konstanz, Kreisstadt in Baden-Württemberg, am Südufer des Bodensees, zwischen Ober- u. Untersee, 75 900 Ew.

Um 260 befand sich an der Stelle des heutigen K. ein röm. Kastell *(Constantia)*. Seit dem 6. Jh. war K. Bischofssitz; das Bistum war im MA das größte Deutschlands. 1192 wurde K. Reichsstadt. 1803 fiel es an Baden. Das Bistum wurde 1821 aufgehoben. – 1153 schloß Friedrich I. mit Papst Eugen III. den *Vertrag von K.* über gegenseitige Unterstützung. 1183 schloß er den *Frieden von K.* mit den lombard. Städten. 1414–1418 tagte das → Konstanzer Konzil.

Konstanze, deutsche Königin u. Kaiserin, *1154, †28. 11. 1198; Tochter *Rogers II.* von Sizilien u. Erbin des sizilianischen Normannenreichs, Gemahlin Kaiser *Heinrichs VI.* (seit 1186). Ihr Erbe steigerte die Macht des Kaisers u. verschärfte den Gegensatz zwischen Heinrich u. Papst *Cölestin III.* Nach dem Tod des Kaisers verzichtete K. für ihren Sohn Friedrich (den späteren Kaiser *Friedrich II.*) zunächst auf den deutschen Königstitel u. sicherte ihm die Herrschaft in Sizilien.

Konstanzer Konzil, das 16. allgemeine Konzil (1414–1418). Es brachte nach dem Papstschisma zwischen *Gregor XII., Benedikt XIII.* u. *Johannes XXIII.* der Kirche die Einheit wieder durch die Verzichtleistung bzw. Absetzung der genannten Päpste u. die Wahl *Martins V.* (1417–1431). Die Beseitigung des Schismas geschah unter Voraussetzung des Konziliarismus. Das Dekret „Frequens" (regelmäßige Einberufung von ökumen. Konzilien) eröffnete die 5 Reformbestimmungen der 39. Sitzung (9. 10. 1417). Der päpstlichen Kurie sollte die Einrichtung eines Generalkonzils zur Seite treten. Der Konziliarismus setzte eine Gewaltenteilung durch. Bei der Bestätigung der Konzilsbeschlüsse suchte Papst Martin V. die den Konziliarismus lehrenden *Konstanzer Dekrete* (i. e. S.) möglichst der papalen Konzeption anzugleichen. Die Konziliaristen waren sich dennoch einig in der „causa fidei", d. h. in der Verdammung von J. *Hus*, der zum Feuertod verurteilt wurde (1415).

Konstituierende Nationalversammlung, die erste, am 16. 2. 1919 gewählte Volksvertretung in der Ersten Republik Österreichs mit dem Auftrag, eine republikan. Verfassung auszuarbeiten.

Konstitutionalismus [lat.], eine polit. Idee, die im Gegensatz zum Absolutismus die Staatsorgane, auch das Staatsoberhaupt als oberstes Staatsorgan, an bestimmte, in der Regel geschriebene, jedenfalls öffentlich bekanntgegebene u. zumeist mit erhöhter Geltungskraft ausgestattete Rechtsvorschriften *(Verfassungsurkunde, Konstitution)* bindet. Theoretisch entwickelt wurde der K. von J. *Locke* u. *Montesquieu.* Er wurde zunächst in Großbritannien (1649) u. in den USA (1776) verwirklicht. In Europa erlangte er nach der Französ. Revolution (Verfassungen von 1791, 1793, 1795) große Bedeutung. In die Verfassungen sind Prinzipien der *Gewaltenteilung* u. die *Menschen- u. Grundrechte* aufgenommen worden. In den ersten Jahrzehnten des 19. Jh. gingen die europ. Staaten mit Ausnahme von England zu Verfassungsurkunden über. Die *Dt. Bundesakte* von 1815 machte die Einführung *landständischer Verfassungen* sogar zur Pflicht. Teilweise wurden diese Verfassungen einseitig vom Landesherrn erlassen („oktroyierte" Verfassungen), teilweise mit den anfangs noch ständischen Parlamenten ausgearbeitet („paktierte" Verfassungen). So erhielten Sachsen-Weimar 1816, Bayern u. Baden 1818, Württemberg 1819, das Königreich Sachsen u. Belgien 1831, Spanien 1837, Preußen 1850, Österreich 1867 u. das Deutsche Reich 1871 Verfassungen im beschriebenen Sinne. Der Monarch wurde in seinen Rechten durch die zunehmenden Kompetenzen der Parlamente beschränkt. Dies geschah nicht nur durch Übertragung von Gesetzgebungskompetenzen auf das Parlament. Wichtige Entscheidungen wurden dem Monarchen auch dadurch entzogen, daß für sie Gesetzesform vorgeschrieben wurde, z. B. die Festsetzung des Etats (Haushaltsplan), später die Entscheidung über Krieg u. Frieden. Dem Monarchen verblieben neben der allg. Staatsrepräsentation zuletzt nur noch Rechte auf den Gebieten des Auswärtigen u. der Militärgewalt.

In der zweiten Epoche des K. ging es vor allem um die Durchsetzung des Grundsatzes der *Rechtsstaatlichkeit.* Aus der zunächst nur gelegentl. Erwähnung der Grundrechte wurde mitunter in den Gliedstaaten schon damals, im Deutschen Reich erst mit dem Erlaß der Weimarer Reichsverfassung ein systemat. *Grundrechtskatalog.* Die Rechtsstaatlichkeit gewann ferner an Boden durch den Grundsatz der *Gesetzmäßigkeit der Verwaltung* (kein Eingriff in Freiheit oder Eigentum, auch keine Rechtsverordnung einer Behörde [z. B. Polizeiverordnung] ohne gesetzl. Grundlage), durch die *Beschränkung der Polizeigewalt* (Abtrennung der „Wohlfahrtspflege") sowie durch die allmähl. Ausgestaltung der *Verwaltungsgerichtsbarkeit* (zuerst in Baden). Die vom K. vertretenen Ziele sind heute erfüllt. Die Bewegung des 19. Jh. erweist sich damit als Übergang zur modernen Demokratie.

konstitutionelle Monarchie, eine monarchische Herrschaftsform, bei der eine *Verfassung* für die Ausübung der Staatsgewalt durch den Monarchen bestimmend ist (Gegensatz: *absolute Monarchie).* Der Monarch (König, Fürst) bleibt zwar Staatsoberhaupt, seine Nachfolge regelt sich nach den entwe der durch staatl. Gesetzgebung (so England) oder durch Hausrecht (so Dt. Reich bis 1918) festgelegten Grundsätzen der *Erbmonarchie*, ihm stehen auch die übl. Ehrenrechte zu, jedoch hat er u. U. kaum mehr Rechte als ein republikan. Präsident. Seit dem Ausgang des 19. Jh. ist die k. M. durchaus vereinbar mit der demokrat. Staatsform u. den Grundsätzen des Verfassungsstaats. Heute sind alle europ. Monarchien k. M.n, während absolutist. Formen allenfalls in manchen Staaten Vorderasiens anzutreffen sind. Aber auch hier macht sich ein Wandel zugunsten konstitutioneller Formen bemerkbar.

Konsul [Pl. *K.n*; lat. *consul*], **1.** das höchste Amt der altröm. Republik. An die Stelle des letzten zu Beginn des 5. Jh. v. Chr. vertriebenen röm. Königs traten 2 K.n, die vom Volk in den *Centuriatkomitien* gewählt wurden; zunächst aus den Reihen der Patrizier, seit 367 v. Chr. auch aus denen der Plebejer. Das Amtsjahr erhielt jeweils nach den beiden K.n, die ihr einjähriges Amt am 1. Januar antraten, seinen Namen. Aufgaben: Aufsicht über die nachgeordneten Beamten, militär. Oberbefehl, Rechtsprechung, Leitung der Wahlen u. der Senatssitzungen; Zeichen ihrer Würde: die *sella curulis*, der Purpurstreifen an der Toga u. 12 Beamte *(Liktoren)*, die den K.n mit geschulterten *Fasces* vorausschritten. In der röm. Kaiserzeit schwand die Bedeutung der K.n; seit Diocletian war *K.* ein leerer Titel, der aber mit einem sehr großen Ansehen verbunden war.

2. im 11.–13. Jh. Titel der regierenden Beamten der italien. autonomen Kommunen.

3. Titel der höchsten politischen Amtsträger in Frankreich 1799–1804. Der eigentliche Machthaber war Napoleon Bonaparte als Erster K.; 1802 wurde er K. auf Lebenszeit.

Konsulat [das; lat.], das Amt u. die Amtsdauer eines *Konsuls* (z. B. in Rom).

Kontinentalsperre, *Kontinentalsystem*, der durch das Dekret von Berlin 1806 unternommene Versuch *Napoleons I.*, nach Verlust der französ. Flotte (wodurch eine Seeblockade unmöglich wurde) mit einer gigant. Landblockade (Absperrung Festlandeuropas) England wirtschaftlich entscheidend zu treffen. Die K. scheiterte an der Unmöglichkeit, sie lückenlos durchzuführen (Schweden entzog sich der Teilnahme; Rußland trat aus, weil es durch Englands Gegenmaßnahmen vom Seehandel abgeschnitten wurde). Die K. schädigte zwar die engl. Wirtschaft zeitweilig, noch mehr aber die der europ. Staaten. Die Entwicklung einiger Industrien des Kontinents, bes. Deutschlands (Textil- u. Zuckerrübenindustrie), erfuhr zwar zunächst einen Aufschwung, die negativen Folgen der Blokkade (z. B. Ausfall des Getreideexports) aber wogen auf die Dauer schwerer, während der englische Handel sich auf überseeische Gebiete konzentrierte u. dort neue Märkte eroberte.

Kontributionsmünzen, im 18. Jh., bes. 1794–1796, aus Kirchengefäßen u. privatem Silber geprägte Taler, für die Landesverteidigung im Krieg gegen Frankreich.

Kontrollrat, *Alliierter K.*, engl. *Control Council*, das 1945 gebildete Organ mit Sitz in Berlin, durch das die Besatzungsmächte (USA, UdSSR, Großbritannien, Frankreich) die oberste Regierungsgewalt in allen Dtschld. als Ganzes betreffenden Fragen ausüben u. eine gewisse Einheitlichkeit der Verwaltung Deutschlands sicherstellen wollten. Der K., der aus den (in ihrer jeweiligen Zone souveränen) militär. Oberbefehlshabern der vier Besatzungszonen bestand u. einstimmig entscheiden mußte, vermochte die wirtschaftl. u. polit. Auseinanderentwicklung der Ostzone u. der Westzonen nicht zu verhindern. Seine Tätigkeit endete praktisch am 20. 3. 1948 mit dem Auszug des sowjet. Vertreters aus Protest gegen die von den Westmächten geplante Gründung eines westdeutschen Staates.

Konvent, frz. *Convention nationale, Nationalkonvent*, in der Französ. Revolution die nach dem Sturz des Königtums (1792) gewählte verfassunggebende Versammlung (bis 1795).

Konzentrationslager, Abk. *KZ* (nat.-soz. amtl. Abk. *KL*), nichtmilitär. Internierungslager, in denen ohne rechtl. Grundlage u. ohne Appellationsmöglichkeit tatsächliche oder potentielle politische Gegner eines Re-

Konzentrationslager: Kinder zwischen Stacheldrahtzäunen in Auschwitz

gimes u. andere diesem mißliebige Personen oder Bevölkerungsgruppen (z. B. aus „rassischen" oder religiösen Gründen) gefangengehalten werden. Historische Beispiele finden sich im amerikanischen Sezessionskrieg (1861–1865), auf span. Seite im kuban. Unabhängigkeitskrieg (1895–1898) u. auf brit. Seite im Burenkrieg (1901). In der Sowjetunion bestehen „Arbeitserziehungslager", meist in entlegenen Gebieten; unter der Herrschaft Stalins betrug die Zahl der Häftlinge mehrere Millionen. K. richteten u.a. auch die Militärdiktaturen in Griechenland (1967–1974) u. Chile (seit 1973) ein.

Unter dem nat.-soz. Regime entstanden in Dtschld. K., nachdem durch die Notverordnung des Reichs-Präs. vom 28. 2. 1933 (Reichstagsbrand) u. a. die Unverletzlichkeit der persönl. Freiheit (Art. 114 der Weimarer Verfassung) aufgehoben u. die Grundlage zur „vorbeugenden" Inhaftierung polit. Gegner ohne Gerichtsverfahren geschaffen worden war. Neben polizeil. „Schutzhaftlagern" entstanden zahlreiche K. der SA u. SS, in denen insbes. Kommunisten u. Sozialdemokraten festgehalten, gequält u. verschiedentlich auch ermordet wurden. In Preußen wurden im März u. April 1933 allein von der Polizei mindestens 25000 Schutzhaftfälle verzeichnet. Die „wilden" Lager von SA u. SS wurden bis 1934 aufgelöst; dem Reichsinnenministerium u. den Justizbehörden gelang es jedoch nicht, den entstandenen rechtsfreien Raum unter ihre Kontrolle zu bringen. Vielmehr blieben die K. Domäne der SS, deren Reichsführer H. *Himmler* bis April 1934 die Kommandogewalt über die polit. Polizei aller Länder in seiner Hand vereinigte.

Himmler beauftragte mit der Neuordnung u. Vereinheitlichung der K. den Kommandanten (1933–1935) des K.s Dachau, T. *Eicke* (* 1892, † 1943), der 1934–1939 Inspekteur der K. u. der kasernierten SS-Wachverbände (SS-Totenkopfverbände) war u. formell dem SS-Hauptamt, faktisch aber Himmler unmittelbar unterstand. Für Versorgung u. Verwaltung der Totenkopfverbände u. der K., die seit 1935 aus Mitteln des Reichsinnenministeriums unterhalten wurden, war das SS-Verwaltungsamt zuständig. 1935 bestanden 7 K., darunter Dachau, Esterwegen u. Oranienburg; 1938 gab es 4: Dachau, die neuerrichteten K. Sachsenhausen (1936–1945 über 90000 Tote) u. Buchenwald (1937–1945: 56000 Tote) sowie das Frauen-K. Lichtenburg, Reg.-Bez. Merseburg (bis 1939, dann Ravensbrück, Mecklenburg). Die Schutzhaft, die 1934–1938 von Landesregierungen, Regierungspräsidenten u. Staatspolizeistellen, seit 1938 nur noch von der Gestapo-Zentrale in Berlin, nach Kriegsbeginn für die besetzten Gebiete wieder dezentralisiert angeordnet werden konnte, wurde seit 1937 außer gegen polit. u. weltanschaul. Gegner gezielt u. verstärkt gegen „Volksschädlinge" („Asoziale": Berufsverbrecher, Arbeitsscheue; ferner Zigeuner u. a.) verhängt, wobei die eigentlich nur gegen Kommunisten gerichtete Reichstagsbrand-Verordnung als formale Rechtsgrundlage diente. Mit der Erhöhung der Häftlingszahl (1937: 7500, 1939: 25000) verschaffte sich die SS Arbeitskräfte für ihre neuen Wirtschaftsbetriebe, wie z. B. die Granitsteinbrüche bei den neuen K.n Flossenbürg bei Weiden (Oberpfalz) u. Mauthausen bei Linz. Seit 1940 wurden weitere K. errichtet, darunter → Auschwitz, Bergen-Belsen (Niedersachsen), Groß-Rosen (Niederschlesien), Natzweiler (Elsaß), Neuengamme bei Hamburg, Stutthof bei Danzig. Die Zahl der Häftlinge stieg bes. seit 1943 durch die Einweisung von Juden, Polen u. sowjet. Zivilarbeitern trotz sehr hoher Sterblichkeitsraten stark an (Dez. 1942: 88000; Jan. 1945: 510000 Männer, 200000 Frauen, insgesamt nur noch 10% Deutsche). Die Stärke der Wachmannschaften betrug im Jan. 1945 rd. 40000 Mann.

Die Hauptfunktion der K., in die während des Krieges überwiegend Personen aus den besetzten Gebieten gebracht wurden, bestand nunmehr in der Rekrutierung von Arbeitskräften (u. in deren „Vernichtung durch Arbeit"). Dies führte 1942 zur Unterstellung der Inspektion der K. unter das SS-Wirtschafts- u. Verwaltungs-Hauptamt. Außer in SS-eigenen Betrieben wurden die Häftlinge zunehmend von Firmen der Rüstungsindustrie beschäftigt, denen sie gegen Bezahlung zur Verfügung gestellt wurden. Zu diesem Zweck wurden zahlreiche Nebenlager u. Außenkommandos der Stammlager gebildet oder, wie in Auschwitz, Rüstungsbetriebe unmittelbar beim Stammlager errichtet. Die Lebensdauer eines Häftlings wurde in der „Rentabilitätsberechnung" der SS mit 9 Monaten veranschlagt. Nicht mehr arbeitsfähige Häftlinge wurden zunehmend häufiger getötet; in einigen K.n, z. B. in Mauthausen u. Ravensbrück, gab es kleinere Gaskammeranlagen. Häftlinge wurden auch zu häufig tödlich verlaufenden, z.T. sinnlosen medizinischen Experimenten eingesetzt (Unterkühl- u. Höhenversuche, Knochentransplantation, Massensterilisation u. a.). In der letzten Kriegsphase wurden frontnahe K. evakuiert; Fußmärsche u. Überfüllung der restlichen K. forderten hohe Opfer. Die Gesamtzahl der Menschen, die in den K.n der SS umkamen, betrug wenigstens 500000. Von diesen K.n sind grundsätzlich zu unterscheiden die zur „Endlösung der Judenfrage" (→ Judenverfolgung) errichteten → Vernichtungslager.

Von 1945 bis 1950 bestanden auf dem Gebiet der SBZ bzw. DDR amtlich „Internierungslager" genannte K. der Sowjetischen Militäradministration in Dtschld., die z. T. in ehemaligen K.n der SS eingerichtet wurden. Verhaftungen erfolgten zunächst vor allem im Zusammenhang mit Entnazifizierung u. Entmilitarisierung; sehr bald wurden aber überwiegend polit. Gegner u. „Klassenfeinde" meist ohne Gerichtsverfahren inhaftiert u. festgehalten. Die Zahl der Lager wurde 1948 auf drei reduziert: Bautzen (Durchschnittsbelegung 1945–1950: 7000, insgesamt etwa 12000 Tote), Buchenwald (10000–12000; 13000) u. Sachsenhausen (12000–15000; 20000). Die Räumlichkeiten wurden später in einigen Fällen als Strafanstalten der DDR weiterbenutzt.

Konzil [das, Pl. *K.e* oder *K.ien*; lat.], eine kirchl. Versammlung (im allg. Bischofsversammlung), die über Fragen der Lehre u. des Lebens berät. – Das „Apostel-K." (Apg. 15) ist besser nur als „Apostelkonvent" zu bezeichnen. Mit der Erhebung des Christentums zur gleichberechtigten u. dann vor anderen begünstigten Religion fanden vom Kaiser einberufene K.e statt (K. zu Nicäa 325, Konstantinopel 381, Ephesos 431, Chalcedon 451); an ihnen waren nicht nur Bischöfe, sondern auch einzelne bedeutende Laien beteiligt. Mit der Ausbildung des Papsttums gewann dieses seit *Leo I.* Einfluß auf die K.e; doch widerspricht die mittelalterl. Kirchengeschichte der These, daß nur die vom Papst berufenen K.e *ökumenische K.e* seien. Das Problem der Ökumenizität der K.e hängt unauflöslich mit der Frage der Rezeption der K.e zusammen. Zählt der röm. Katholizismus auch das K. von Trient (1545–1563) u. das I. u. II. Vatikanische K. (1869/70 u. 1962–1965) unter die ökumenischen K.e, so stützt sich die Orthodoxie nur auf die K.e der noch ungetrennten Christenheit (bis 1054). Der Protestantismus legt den bibl. Maßstab an alle K.sentscheidungen u. bejaht grundsätzlich nur die Hauptentscheidungen trinitarischer u. christologischer Art (so M. Luther: „Von den Conciliis u. Kirchen" 1539). – Partikular-K.e u. Provinzial-K.e gibt es in allen Kirchen bis zur Gegenwart.

Kopeke [die; russ.], 1534 eingeführte russische Silbermünze (Rubel, 2 Denga) in ovaler Form (Tropf-K.); seit 1701 als runde Münze in Kupfer, seit 1926 in Messing geprägt. Die K. war bis zu den Münzreformen Peters des Großen wichtigstes russische Zahlungsmittel.

Kopenhagen, dän. *København*, Hptst. von Dänemark u. der Amtskommune K. am Öresund, auf den Inseln Seeland u. Amager, 605000 Ew., als Agglomeration 1,34 Mill. Ew.

Seit 1167 im Besitz des Bischofs *Absalon von Seeland.* 1254 mit Stadtrechten versehen, entwickelte sich K. zu einer bedeutenden Handelsstadt. 1416 kam es an König *Erich VII. den Pommer*, der es zur dän. Hptst. machte. Im *Frieden von K.* 1660 erhielt Dänemark die Landschaft Trondheim u. die Insel Bornholm zurück, die es kurz zuvor an Schweden verloren hatte, mußte aber Schonen, Blekinge u. Halland den Schweden lassen. Als die Briten die von Napoleon I. verhängte *Kontinentalsperre* durchbrechen u. den Seeweg zur Ostsee gewinnen wollten, wobei sie auf den Widerstand Dänemarks stießen, beschossen u. zerstörten sie K. (1807). Während der dt. Besetzung (1940–1945) konzentrierte sich der dän. Widerstand in K.

Kopf, Hinrich Wilhelm, Politiker (SPD), * 6. 5. 1893 Neuenkirchen, Land Hadeln, † 21. 12. 1961 Göttingen; Jurist; 1924–1928 u. 1933–1943 Immobilienmakler; 1928–1932 Landrat in Otterndorf, Elbe; 1945/46 Ober-Präs. der Provinz Hannover; 1946–1955 Min.-Präs., 1957–1959 stellvertr. Min.-Präs. u. Innen-Min., 1959–1961 erneut Min.-Präs. von Niedersachsen.

Koplenig, Johann, österrischer Politiker (KPÖ), * 15. 5. 1891 Jadersdorf (Kärnten), † 13. 12. 1968 Wien; Schuhmacher; 1924–1945 Generalsekretär, 1945–1965 Vorsitzender der KPÖ; 1928–1943 Mitgl. des Exekutivkomitees der Komintern; 1934–1945 in der Emigration; April–Nov. 1945 Vizekanzler.

Köprülü, Familie mehrerer Großwesire im Osman. Reich: 1. *Mehmed K.*, * 1583 (?) Rudnik (Albanien), † 31. 10. 1661 Adrianopel; seit 1656 Großwesir. – 2. *Ahmed K.*, Sohn von 1), * 1635 Anatolien, † 30. 11. 1676 bei Adrianopel; seit 1661 Großwesir. – 3. *Mustafa K.*, Sohn von 1), * 1637 Vezirköprü (Anatolien), † 19. 7. 1691 bei Slankamen (gefallen); seit 1689 Großwesir. – 4. *Hussain K.*, Vetter von 2) u.3), * 1644, † 1702; seit 1697 Großwesir.

Korea: japanische Soldaten am Stadttor von Soul; 1904

Korea, korean. *Choson* [„Land der Morgenfrische"], Land in Ostasien, auf einer Halbinsel zwischen dem Japanischen u. dem Ostchinesischen Meer, von Japan durch die Koreastraße getrennt. K. ist seit dem Ende des 2. Weltkrieges in die beiden Staaten *Nordkorea* u. *Südkorea* geteilt.

Die legendäre Gründung des korean. Staats *Choson* geht zurück auf *Tangun*, um 2300 v. Chr. Der erste historisch faßbare Herrscher ist König *Kija*, der um 1100 v. Chr. die *Kija-Dynastie* begründete. Sie wurde 194 v. Chr. im Süden abgelöst von den Drei Han-Reichen *(Sam-Han)*, während der Norden als Vasallenstaat in chines. Abhängigkeit geriet. Im 1. Jh. v. Chr. setzte mit der Gründung der drei Königreiche *Silla*, *Paekche* u. *Kokuryo* die korean. schriftl. Überlieferung ein; die Koreaner übernahmen mit konfuzian. u. buddhist. Einflüssen die chines. Zeichenschrift. Ein korean. Einheitsstaat kam 668 n. Chr. zustande durch Vereinigung der Königreiche unter Silla u. erreichte im 8. u. 9. Jh. eine kulturelle Blüte mit starkem buddhist. Einfluß aus China. 935 begann mit General *Wang Gon (Wang Kon)* die Wang-Dynastie, in deren Regierungszeit bedeutende kulturelle Leistungen entstanden sind (Buchdruck). Sie gab dem Staat den Namen *Koryo*, der später in Europa zu *Korea* umgebildet wurde. Es folgte die von General *Yi Sungye* (Herrschername *T'aejo*) begr. Dynastie Yi (I, Li, Ri, Rhee) 1392–1910. K. erlebte eine zweite kulturelle Hochblüte im 15. Jh., bes. unter König *Sejong*: Einführung der korean. Buchstabenschrift *Hangul*, Entwicklung meteorolog. Meßgeräte u. a. In den folgenden Jahrhunderten war die innere Lage K.s gekennzeichnet durch polit. Kämpfe zwischen verschiedenen konfuzian. Schulen.

Die außenpolit. Schwäche K.s war zu allen Zeiten bestimmt durch die geograph. Lage zwischen China u. Japan. Im 13. Jh. kam es zu einer mongolischen Invasion; 1592–1598 unternahmen die Japaner Eroberungsversuche; 1637 mußte der korean. König die Oberhoheit der chines. Mandschu-Kaiser anerkennen. – Die über 200 Jahre währende Abschließung des Landes gegen Fremde wurde 1876 aufgegeben, u. am Hof begann der Kampf zwischen den Anhängern der Königin *Min* u. den japanfreundl. Reformern. Nach dem chines.-japan. Krieg 1894/95 kämpften Rußland u. Japan um die Vorherrschaft in K. Im russ.-japan. Krieg 1904/05 siegte Japan, annektierte 1910 K. als Generalgouvernement *Chôsen* u. unterdrückte die nationale Entfaltung. Der Versuch der Koreaner, ihre Unabhängigkeit wiederzugewinnen, wurde 1919 gewaltsam unterdrückt (Exilregierung in Schanghai). 1945 besetzten die UdSSR u. die USA das Land, lösten es von Japan u. teilten es längs des 38. Breitengrads in eine nördl. sowjet. u. eine südl. US-amerikan. Interessensphäre auf.

Alliierte Vereinbarungen über die Bildung einer provisor. Regierung u. die Abhaltung freier Wahlen in ganz K. wurden nicht verwirklicht, da sich die UdSSR widersetzte. Im Sept. 1948 wurde in Nord-K. die *Volksdemokratische Republik K.* ausgerufen; Süd-K. *(Republik K.)* gab sich im Juli 1948 eine Verfassung. Am 25. 6. 1950 begann mit dem Einmarsch nordkorean. Truppen in Süd-K. der → Koreakrieg. Der im Waffenstillstand von Panmunjon 1953 vorgesehene Gefangenenaustausch wurde durchgeführt. Eine polit. Lösung des K.-Problems kam nicht zustande. Seither waren Nord- u. Süd.-K. hermetisch voneinander getrennt.

Zwischen den beiden Staaten kam es 1985 erstmals zu begrenzten Vereinbarungen über humanitäre Fragen u. 1990 zu ersten Kontakten auf Regierungsebene. Im Dezember 1991 unterzeichneten die beiden Regierungschefs einen „Vertrag über Versöhnung, Nichtangriff, Austausch u. Zusammenarbeit", der u. a. Abrüstung u. vertrauensbildende Maßnahmen vorsieht. Seit 1995 verstärkten sich wieder die Spannungen zwischen den beiden Ländern.

Korea DVRK

Demokratische Volksrepublik Korea

Fläche: 120 538 km². – *Einwohner:* 23,9 Mill. – *Hauptstadt:* Phyongyang. – *Landessprache:* Koreanisch. – *Nationalfeiertag:* 9. 9. – *Währung:* 1 Won = 100 Chon. – *Lage:* zwischen 38° und 43° n. Br. sowie 124° und 131° ö. L. – *Zeitzone:* Mitteleuropäische Zeit + 8 Std. – *Grenzen:* im NW China, im äußersten N Rußland, im O Japanisches Meer, im S Republik Korea, im W Gelbes Meer. – *Staatsform:* kommunistische Republik mit Einparteiensystem.

Nordkorea entwickelte sich, zunächst in enger Anlehnung an die Sowjetunion, zu einer kommunist. Volksrepublik. Im sowjet.-chines. Konflikt wechselte es mehrmals die Seiten, bis es schließlich seit Mitte der 1960er Jahre eine neutrale Position einnahm. Seither wird als oberstes polit. Prinzip *Juche* (*Dschutsche*, etwa „Eigenständigkeit") propagiert, d. h. Unabhängigkeit in polit., militär., wirtschaftl. u. ideolog. Hinsicht.

Die polit. Macht liegt in den Händen der kommunist. Partei der Arbeit. Unumschränkter Herrscher war seit 1945 der Parteiführer u. Staatspräsident *Kim Il Sung*. Er führte einen nahezu religiösen Kult um seine Person ein, der auch auf seine Familie (bes. auf seinen Sohn *Kim Jong Il*) u. seine Vorfahren ausgedehnt wurde. 1993 kam es zu außenpolit. Spannungen aufgrund der nordkorean. Atompolitik. 1994 starb Kim Il Sung. Im gleichen Jahr sicherte Nord-K. in einem Abkommen mit den USA eine Revision seines Atomenergieprogramms zu. Die allgemein erwartete Machtübernahme (Ernennung zum Generalsekretär) durch Kim Jong Il wurde erst 1997 offiziell vollzogen.

Korea ROK

Republik Korea

Fläche: 99 016 km². – *Einwohner:* 45,0 Mill. – *Hauptstadt:* Soul. – *Landessprache:* Koreanisch. – *Nationalfeiertag:* 15. 8. – *Währung:* 1 Won = 100 Chon. – *Lage:* zwischen 33° und 38° 30' n. Br. sowie 125° und 130° ö. L. – *Zeitzone:* Mitteleuropäische Zeit + 8 Std. – *Grenzen:* im N Demokratische Volksrepublik Korea, im O Japanisches Meer, im W Gelbes Meer. – *Staatsform:* präsidiale Republik mit Mehrparteiensystem.

In Südkorea bestand seit 1945 ein autoritäres Präsidialregime unter *Syngman Rhee*. Es wurde 1960 durch Studentenunruhen gestürzt. Eine nur zehn Monate währende Periode eines parlamentarischen Regierungssystems wurde 1961 durch einen Militärputsch beendet, der General *Park Chung Hee* an die Macht brachte. Park wurde 1963 bei starker Behinderung der Opposition zum Präsidenten gewählt u. erhielt 1972 diktatorische Vollmachten. 1979 wurde er von seinem Geheimdienstchef ermordet. Einen sich anbahnenden Demokratisierungsprozeß brachte das Militär zum Stillstand. 1980 wurde General *Chun Doo Hwan* Präsident. Nach zunehmenden Unruhen ließ das Regime 1987 reguläre Präsidentschaftswahlen zu. Gewählt wurde der Kandidat der Regierungspartei, *Roh Tae Woo*. Er trat sein Amt 1988 u. leitete eine Liberalisierung ein. Die Präsidentschaftswahlen 1992 gewann *Kim Young Sam* der Kandidat der Demokrat.-Liberalen Partei. 1997 geriet das Land wie andere Staaten in Südostasien auch in eine schwere Wirtschaftskrise. Die Präsidentschaftswahlen im gleichen Jahr führten zum Sieg des Oppositionellen *Kim Dae Jung*.

Koreakrieg, die militärische Auseinandersetzung zwischen Nord- u. Südkorea 1950–1953. Nach dem Abzug der sowjet. u. der US-amerikanischen Besatzungstruppen war es zwischen den beiden Teilen Koreas mehrfach zu Zwischenfällen gekommen. Im Jan. 1950 erklärten die USA, daß sie Südkorea nicht zu ihrem Verteidigungsbereich rechneten. Am 25. 6. 1950 griffen nordkorean. Streitkräfte Südkorea an. In Abwesenheit des sowjet. Vertreters beschloß der UN-Sicherheitsrat auf US-amerikan. Drängen die Unterstützung Südkoreas durch UN-Streitkräfte. Diese wurden zunächst auf einen Brückenkopf im Süden zusammengedrängt; Mitte September begannen sie mit Landungen im Rücken der nordkorean. Streitkräfte eine erfolgreiche Gegenoffensive, überschritten den 38. Breitengrad (Grenze zwischen Nord- u. Südkorea) u. näherten sich Ende Okt. unter dem US-amerikan. UN-Oberbefehlshaber D. *MacArthur* der korean.-chines. Grenze. Um der Bedrohung durch ein antikommunist. proamerikan. Korea zu begegnen, entsandte die Volksrepublik China mehr als 200 000 „Freiwillige", was zu ihrer Verurteilung durch die UN als „Aggressor", zur Verhärtung des amerikan.-chines. Gegensatzes u. zum Zusammenbruch der alliierten Front führte. Nach einem Stellungskrieg am 38. Breitengrad u. nach zweijährigen Verhandlungen vor allem über die Gefangenenrückführung wurde der *Waffenstillstand von Panmunjon* am 27. 7. 1953 geschlossen. Spätere Verhandlungen über die Lösung der Koreafrage blieben erfolglos. Der K. führte zum Aufbau eines US-amerikanischen Bündnissystems in Asien.

Korfu, grch. *Kerkyra*, die nördlichste der griech. Ionischen Inseln, 592 km², 105 000 Ew.; Hauptort u. Hafen *Kerkyra*.
K. ist seit dem späten Neolithikum besiedelt u. wurde im Altertum für das Land *Scheria* der *Phäaken* gehalten. Die Stadt Kerkyra (734 v. Chr. gegr.) war eine der bedeutendsten Kolonien von *Korinth*, gründete teils allein, teils mit Korinth zusammen weitere Kolonien an der gegenüberliegenden Küste. Im 5. Jh. v. Chr. war K. nach Athen die stärkste Seemacht Griechenlands u. ermöglichte durch Sicherung der Adria den intensiven Handel der Griechen mit *Spina* u. den Etruskern der Poebene. Der Streit mit Korinth um die gemeinsame Kolonie *Epidamnos* war einer der Anlässe zum *Peloponnesischen Krieg*. K. wechselte in hellenist. Zeit mehrmals den Herrscher, wurde 228 v. Chr. von illyr. Seeräubern erobert u. fand danach als autonome Stadt Anschluß an Rom. 1387 wurde die Insel venezianisch, 1864 griech. Sie war der einzige Teil Griechenlands, der nie von den Türken beherrscht wurde.

Kampfverlauf im Koreakrieg

Korinth, grch. *Korinthos*, griech. Hafenstadt u. Verw.-Sitz des Bez. K., am *Golf von K.*, nahe dem Isthmus von K., 22 500 Ew. Das antike *K.* lag weiter südwestl. am Fuße des 575 m hohen, von einer Festung gekrönten Burgberges von Akro-K.; es ist eine der bedeutendsten Ausgrabungsstätten Griechenlands (Apollontempel, Agora), Museum.
An einem seit der jüngeren Steinzeit besiedelten Platz gründeten im 10. Jh. v. Chr. Dorier von Argos aus die Stadt am Fuße des den Isthmus von K. beherrschenden Festungsberges *Akrokorinth*, mit zwei Häfen, *Lechaion* am Golf von K. u. *Kenchreai* am Saronischen Golf. Die günstige Lage, noch gesteigert durch die Schleifstraße *(Diolkos)*, die K. über den Isthmus anlegte, um Handelsschiffe darüber ziehen zu können, machten es bald zu einem Mittelpunkt von Handel u. Gewerbe, führend in Schiffbau, Erzguß u. Keramikerzeugung *(Korinthischer Stil)*. Frühe Kolonisationstätigkeit wurde intensiviert durch die *Kypseliden*, die nach dem Sturz der Oligarchie der *Bakchiaden* von der Mitte des 7. Jh. v. Chr. bis 583 v. Chr. die Tyrannis innehatten u. durch polit. Bindungen der Kolonien an K. eine Art Kolonialreich schufen. Nach ihrem Sturz war K. eine gemäßigte Oligarchie u. seit dem späten 6. Jh. v. Chr. als Mitgl. des *Peloponnesischen Bundes* dessen wichtigste Stadt nach Sparta. Im 5. Jh. v. Chr. entstand ein vor allem kommerziell bedingter Gegensatz zu Athen. In den Verwicklungen, die zum Ausbruch des Peloponnesischen Krieges führten, spielte K. eine wichtige Rolle u. übte auf Sparta Druck aus. Aus Enttäuschung über Spartas Politik nach dem Sieg über Athen schloß es sich im *Korinthischen Krieg* (395–386 v. Chr.) Spartas Gegnern an u. nach einer demokrat. Revolution 392 v. Chr. mit Argos zu einem Staat zusammen, was gemäß dem *Königsfrieden* 386 v. Chr. rückgängig gemacht werden mußte. 338 v. Chr. machte Philipp II. von Makedonien K. zum Sitz der Institutionen des von ihm geschaffenen panhellen. Bundes (→ Korinthischer Bund). Dann wurde es ein wichtiger militär. Stützpunkt der Makedonen, bis es *Aratos* 243 v. Chr. durch Überfall befreite. Hierdurch zur wichtigsten Stadt des *Achäischen Bundes* geworden, wurden auf dem Höhepunkt von dessen Spannungen mit Rom dort röm. Gesandte beleidigt, was das siegreiche Rom veranlaßte, K. trotz kampfloser Kapitulation zu zerstören u. seine Bevölkerung zu töten oder zu versklaven (146 v. Chr.). Von *Cäsar* 44 v. Chr. als röm. Kolonie neu gegr. u. seit 27 v. Chr. Sitz des Statthalters der Provinz Achäa, war K. in der Kaiserzeit wieder eine der reichsten u. blühendsten Städte Griechenlands. 50/51 n. Chr. hielt sich dort der Apostel *Paulus* auf. In der Völkerwanderung u. später durch das Eindringen der Slawen hart getroffen, teilte es die Schicksale des Byzantin. Reichs u. dann des Peloponnes in Spät-MA u. Neuzeit (Herrschaft fränkischer Fürsten, venezian. Statthalter u. der Türken) bis zur Unabhängigkeit Griechenlands 1830. Ruinen der Stadt u. des Hafens bezeugen noch heute die Bedeutung des antiken K.

Korinthischer Bund, nach der Schlacht von *Chaironeia* 338 v. Chr. von *Philipp II.* von Makedonien in Korinth gegründetes Bündnis der griech. Staaten des Mutterlandes (außer Sparta) unter makedon. Hegemonie, mit dem – später von *Alexander d. Gr.* verwirklichten – Ziel eines Rachekriegs gegen Persien. Der Bund verfiel nach Alexanders Tod 323 v. Chr. infolge einer von Athen geführten, aber bald gescheiterten Erhebung großer Teile Griechenlands zugunsten reiner makedon. Herrschaft. 319 v. Chr. versuchte *Polyperchon*, den alten Bund wiederzubeleben; 302 v. Chr. von *Demetrios Poliorketes* erneuert, blieb er jedoch ohne Bestand.

Korinthischer Krieg, Zusammenschluß der Städte Theben (mit Böotien), Athen, Argos, Korinth u. a. gegen Sparta 395–386 v. Chr., um das spartan. Heer unter *Agesilaos II.* zum Rückzug aus Kleinasien zu nötigen; von den Persern mittels massiver Bestechung erreicht. Zuerst war der Hauptkriegsschauplatz Böotien (auch → Koroneia), dann seit 392 v. Chr. der Raum um Korinth, woher der Krieg seinen Namen erhielt. Wichtig war der Sieg der von dem Athener *Konon* geführten pers. Flotte über die Spartaner bei *Knidos* 394 v. Chr., der Spartas seit 404 v. Chr. bestehende Seeherrschaft brach u. den Wiederaufstieg Athens einleitete. Beendet wurde der Krieg 386 v. Chr. durch den Königsfrieden.

Körner, Theodor, mit der Erhebung seines Vaters in den Adelsstand 1900 Edler von *Siegringen*, österr. Offizier u. Politiker (SPÖ), * 24. 4. 1873 Komorn (Ungarn), † 4. 1. 1957 Wien; im 1. Weltkrieg Generalstabschef der Isonzo-Armee, 1924 mit der Ernennung zum General in den Ruhestand versetzt; 1924 bis 1933 Mitglieder des Bundesrates (als Vertreter der Stadt Wien) 1934 u. 1944 politischer Häftling; von 1945–1951 Bürgermeister der Stadt Wien, von 1951 bis zu seinem Tode Bundespräsident.

Kornilow [-lɔf], *Kornilov*, Lawr Georgijewitsch, russ. Offizier, * 30. 8. 1870 Ust-Kamenogorsk, Sibirien, † 31. 3. 1918 bei Jekaterinodar; nach der Februarrevolution 1917 Oberbefehlshaber der russ. Streitkräfte; scheiterte im Sept. mit seinem von Rechtskreisen unterstützten Putsch gegen A. F. *Kerenskij*; fiel als Kommandierender der weißgardist. Truppen in Südrußland.

Koroneia, antike Stadt in Böotien, Mitgl. des *Böotischen Bundes*, der dort 447 v. Chr. von den Spartanern unter Agesilaos II. geschlagen wurde.

Korošec [-ʃɛts], *Koroschez*, Anton, slowen. Politiker, * 12. 5. 1872 Videm ob Ščavnici (St. Georgen a.d. Stainz), † 14. 12. 1940 Belgrad; kath. Priester, Führer der kath. slowen. Volkspartei, 1906–1918 Abg. im österr. Reichsrat; 1918 als Präs. des Nationalrates der Slowenen, Kroaten u. Serben maßgeblich an der Schaffung des jugoslawischen Staates beteiligt; nach 1919 Vertreter eines slowenischen Föderalismus im jugoslawischen Parlament; u. a. Verkehrs- u. Innen-Min., 1928/29 Ministerpräsident, 1939 Senatspräsident.

Körös-Kultur ['kørøʃ-], eine neolith. Kultur Ungarns; ausgedehnte Siedlungen mit vielen tiefen Gruben u. viereckigen, hüttenförmigen Wohnhäusern; Bestattung der Toten in Hokkerstellung ohne Beigaben, meist in Abfallgruben; dickwandige kugelförmige Tongefäße, Feinkeramik mit glänzendrotem Überzug u. Reliefs mit Menschen- oder Tierdarstellungen; Frauenstatuetten.

Korsika, frz. *La Corse*, ital. *Corsica*, französ. Mittelmeerinsel nördl. von Sardinien, als Dép. mit einigen kleinen Nachbarinseln 8680 km², 246 000 Ew.; Hptst. *Ajaccio*. Ajaccio, der Geburtsort *Napoleons I.*, u. Bastia sind die größten Städte.
Die Urbewohner sind Iberer; später wurde die Insel von den Phöniziern, dann von den Phokäern kolonisiert. Im 5. Jh. v. Chr. kamen die Karthager in den Besitz der Insel, mußten sie aber nach dem 1. Punischen Krieg 238 v. Chr. an die Römer abtreten. Der Aufstand der Korsen gegen die röm. Statthalter wurde niedergeschlagen. Hierauf gründete *Marius*, dann *Sulla* an der Ostküste röm. Kolonien. Unter der Regierung der röm. Kaiser blühte K. auf. 456 folgten Einfälle der Wandalen, unter deren Herrschaft (seit 470) die Insel gänzlich verarmte. 533 mußten die Wandalen den Byzantinern weichen, die sich gegen die Ostgoten zu behaupten wußten. 774 erober-

ten die Franken, 850 die Sarazenen die Insel. Anfang des 11. Jh. wurde K. von den Pisanern eingenommen. 1002 erhielt die Insel eine Art Repräsentativverfassung. 1077 erkannte sie Papst *Gregor VII.* als ihren Oberherrn an. *Urban II.* übertrug die Verwaltung der Insel an die Pisaner, die sie 1300 an Genua abtraten, deren Herrschaft jedoch erst 1387 von den Korsen anerkannt wurde.
Im 16. Jh. bekämpften sich die genuesische, die aragon. u. die Nationalpartei mit wechselndem Glück. 1729 erhoben sich die Korsen gegen Genua, der Aufstand wurde jedoch 1730 mit Hilfe kaiserl. Truppen unterdrückt. 1736 wählten die Korsen den westfäl. Abenteurer Baron *Neuhof* zum König, dessen Herrschaft indes nur 8 Monate währte. Ein erneuter Aufstand unter P. *Paoli* (1755) führte zum Verkauf der Insel an Frankreich (1768). Während der Französ. Revolution bereits als Dép. eingegliedert, kam K. infolge einer von den Engländern unterstützten Rebellion Paolis 1794–1796 zwar vorübergehend an England (u. erhielt eine Verfassung brit. Musters), wurde aber nach der Wiedereroberung 1796 endgültig französisch.
In der Folge waren die Korsen trotz formaler Gleichheit wirtschaftlich stets benachteiligt. Der Grund dafür lag einerseits in der traditionellen Politik der wenigen mächtigen Familienclans, die auf Machterhalt ausgerichtet war, andererseits in der zentralistischen Verwaltung in Paris, die nur mit Hilfe der Clans K. beherrschen zu können glaubte. Vor allem in der Landwirtschaft führte die Benachteiligung der Korsen zu Verbitterung u. Gewalt. Seit Ende der 1960er Jahre organisierten sich in zunehmendem Maße Autonomiebewegungen, die z. T. auch terroristische Aktivitäten entwickelten. Obwohl die Insel 1982 Autonomierechte sowie ein direkt gewähltes Regionalparlament erhielt u. die Separatistenorganisation *Front National de Libération de la Corse (FLNC)* verboten wurde, stieg die Zahl der Gewalttaten militanter Kräfte in den 1980er u. 1990er Jahren weiter an.

Koryo, der Name des korean. Staates unter der Wang-Dynastie (935–1392); kam im 13. Jh. nach Europa u. wurde in der latinisierten Form *Korea* gebräuchlich.

Kos, *Koos*, türk. *Istankö*, ital. *Coo*, zum Dodekanes gehörende griech. Insel vor der Küste Kleinasiens, 290 km², 17 000 Ew. Im Altertum ein bekannter Kurort Griechenlands (schwefel- u. eisenhaltige Quellen) mit berühmtem Asklepieion (im 4.–2. Jh. v. Chr. entstandene Terrassenanlage mit dor., korinth. u. ion. Tempel, Altären u. a.; 1902 bis 1904 von dt. Archäologen freigelegt); Wirkungsstätte einer griech. Ärzteschule *(Hippokrates)* u. Fertigungsort der feinen u. a. von Hetären getragenen „koischen Gewänder"; im MA im Besitz der Johanniter (Befestigungsanlagen), seit 1523 türkisch, 1912–1947 italienisch.

Kosaken [türk., russ.], *Kasaken*, seit dem 15. Jh. militärisch organisierte Bewohner der südl. u. südöstl. Grenzgebiete Rußlands u. Polens gegenüber Tataren u. Türken, meist Unzufriedene verschiedener Völkerschaften, oft flüchtige Leibeigene. Die K. bildeten im 16. Jh. an Don u. Dnjepr weitgehend unabhängige *K.reiche* mit einem gewählten *Hetman.* Mit fortschreitender Kolonisation kamen weitere Gruppen hinzu: *Saporoscher, Kuban-, Terek-, Ural-, Orenburger* u. *Transbaikal-K.* 1654 lösten sich die K. der Ukraine mit ihrem Hetman B. M. *Chmielnicki* aus der poln. Oberhoheit u. unterstellten sich dem Moskauer Zaren. Nach u. nach wurden auch die übrigen K. von den Zaren unterworfen. Sie bildeten später die gefürchtete leichte Reiterei des Zarenheers. Im russ. Bürgerkrieg widersetzten sie sich am heftigsten dem bolschewist. Regime. Freiwillige K.verbände nahmen im 2. Weltkrieg auf dt. Seite teil. Nach dem Ende der UdSSR kam es zu einer Neubelebung des Kosakentums.

Kosala, nordind. Königreich im 6. Jh. v. Chr. mit der Hptst. *Schravasti*, eines der Zentren des frühen Buddhismus.

Koschnick, Hans, Politiker (SPD), *2. 4. 1929 Bremen; Gewerkschaftssekretär, Verwaltungsbeamter; 1955–1963 Mitgl. der Bremer Bürgerschaft, 1963–1967 Innensenator, von 1965–1967 Zweiter Bürgermeister, 1967–1985 Senatspräsident u. Bürgermeister von Bremen; 1975–1979 stellvertr. Parteivorsitzender der SPD, 1994–1996 EU-Administrator in Mostar.

Kościuszko [kɔsj'tsjuʃko], Tadeusz, poln. Armeeführer u. Nationalheld, *4. 2. 1746 Mereczowszczyzna bei Nowogródek, †15. 10. 1817 Solothurn; kämpfte im nordamerikan. Unabhängigkeitskrieg (Adjutant G. *Washingtons*); 1794 Oberbefehlshaber der poln. Aufständischen gegen die Poln. Teilungen, am 10. 10. bei Maciejowice geschlagen u. von den Russen gefangengenommen, 1796 freigelassen.

Koser, Reinhold, Historiker u. Archivar, *7. 2. 1852 Schmarsow bei Prenzlau, †25. 8. 1914 Berlin; 1884 Prof. in Berlin, 1891 in Bonn, seit 1896 Direktor der preuß. Staatsarchive, die er gründlich reorganisierte, u. seit 1905 Vors. der Zentraldirektion der *Monumenta Germaniae Historica*; Hrsg. der Zeitschrift „Forschungen zur brandenburg. u. preuß. Geschichte" 1888 ff. u. der „Polit. Korrespondenz Friedrichs d. Gr." 1879–1939; Werke: „Geschichte Friedrichs d. Gr." 2 Bde. 1893–1905; „Geschichte der brandenburg.-preuß. Politik" 1913.

Kosmas Indikopleustes [„Indienfahrer"], griech. Kaufmann, Reisender u. Geograph aus Alexandria; unternahm um 525 eine Reise von Ägypten nach der äthiop., ostafrikan., pers. u. ind. Küste sowie nach Sri Lanka (Ceylon). In seiner „Topographia christiana", die er später als Mönch schrieb, versuchte er zu beweisen, daß die Erde eine viereckige Scheibe sei, während *Ptolemäus* bereits 400 Jahre vorher von der Kugelgestalt der Erde ausgegangen war.

Kosovo → Jugoslawien.

Kossinna, Gustaf, Vorgeschichtsforscher, *28. 9. 1858 Tilsit, †20. 12. 1931 Berlin, Prof. in Berlin; entwickelte die in der Forschung umstrittene, aber einflußreiche *siedlungsarchäologische Methode* (geschlossene Kulturkreise in der Vorgeschichte seien stets bestimmten Stämmen oder Völkern gleichzusetzen) u. verknüpfte sie mit einer nationalistischen Geschichtsauffassung; gründete 1909 die „Dt. Gesellschaft für Vorgeschichte"; Gründer u. Hrsg. der Zeitschrift „Mannus" (1909–1942) u. der Schriftenreihe „Mannusbibliothek". – Werke: „Die vorgeschichtl. Ausbreitung der Germanen in Dtschld." 1896; „Die indogerman. Frage archäologisch beantwortet" 1902; „Die Indogermanen" 1921; „Ursprung u. Verbreitung der Germanen in vor- u. frühgeschichtlicher Zeit" 1928.

Kossuth ['kɔʃut], Lajos (Ludwig), ungar. Politiker u. Nationalheld, *19. 9. 1802 Monok, Komitat Zemplin, †20. 3. 1894 Turin; Rechtsanwalt, Vorkämpfer für die ungar. Unabhängigkeit, 1837–1840 inhaftiert; 1841–1844 Chefredakteur der einflußreichen liberalen Zeitung „Pesti Hírlap" („Pester Zeitung"); 1848 als Finanz-Min. im ersten selbständigen ungar. Ministerium der eigentl. Leiter der ungar. Politik (Bauernbefreiung, Reformen); erklärte im April 1849 Ungarns Unabhängigkeit von den Habsburgern u. wurde zum Reichsverweser (Staats-Präs.) gewählt, floh aber im Aug. 1849 vor den Russen in die Türkei (Internierung bis 1851); kämpfte in der Emigration weiter für die ungar. Unabhängigkeit (u. a. in Italien unter G. *Garibaldi*); 1867 amnestiert, blieb als Gegner des österr.-ungar. Ausgleichs jedoch weiterhin im Exil. Memoiren: „Meine Schriften aus der Emigration" 3 Bde. 1881/82.

Lajos Kossuth

Alexej Kossygin

Kossygin [ka'sigin], *Kosygin*, Alexej Nikolajewitsch, sowjet. Politiker, *21. 2. 1904 St. Petersburg, †18. 12. 1980 Moskau; Textilingenieur; seit 1927 Mitgl. der KPdSU; 1938/39 Vors. des Stadtsowjets von Leningrad; bekleidete seit 1939 Ministerämter (u. a. für Textilindustrie, Finanzen, Leichtindustrie); 1946–1948 Kandidat, 1948–1952 Mitgl. des Politbüros, 1952/53 u. 1957–1960 Kandidat, 1960–1980 Mitgl. des Präsidiums bzw. Politbüros des ZK der KPdSU; 1960–1964 Erster Stellvertr. Vors. des Ministerrats. Nach dem Sturz N. *Chruschtschows* 1964 wurde K. dessen Nachfolger als Vors. des Ministerrats (Regierungschef) u. bildete zusammen mit L. *Breschnew*, N. *Podgornyj* u. M. *Suslow* die kollektive Führung der UdSSR. Er hatte anfangs beträchtl. Einfluß auf die Außenpolitik, wurde aber zunehmend von Breschnew verdrängt, der auch die von K. angestrebte Wirtschaftsreform verhinderte. K. trat 1980 wenige Monate vor seinem Tod aus Gesundheitsgründen von seinem Amt als Regierungschef zurück.

Köster, 1. Adolf, Politiker (SPD) u. Schriftsteller, *8. 3. 1883 Verden, †18. 2. 1930 Belgrad; 1912 Privatdozent der Philosophie in München, 1920 Reichsaußen-, 1921/22 Reichsinnenminister; 1923–1928 Gesandter in Riga, 1928–1930 in Belgrad; verfaßte Novellen u. Romane sowie polit. Schriften.
2. Hans von, Seeoffizier (1905 Großadmiral), *29. 4. 1844 Schwerin, Mecklenburg, †21. 2. 1928 Kiel; 1889–1892 Chef des Admiralstabs, 1899 Generalinspekteur der Marine. Als Chef der aktiven Schlachtflotte 1903–1906 legte K. den Grundstein zur takt. Leistungsfähigkeit der Hochseeflotte.

Kotosh, altindian. Kultstätte nahe der heutigen Stadt Huánuco (Peru) mit rd. zehn Bauphasen, in der frühesten (um 2000 v. Chr.) der berühmte „Tempel der gekreuzten Hände"; Keramik findet sich erst ab 1800 v. Chr., die im Dekor Stilelemente der *Chavin-Kultur* zeigt.

Kotromanići [-tsji], bosn. Herrschergeschlecht um 1250–1463, seit 1377 Könige von Bosnien u. Serbien, seit 1390 auch Könige von Kroatien. Unter den K. war Bosnien bis zur türk. Eroberung (Mitte des 15. Jh.) die führende südslaw. Macht auf dem Balkan.

Kotzebue [-bu:], **1.** August von, Theaterdichter u. Publizist, *3. 5. 1761 Weimar, †23. 3. 1819 Mannheim (ermordet); Jurist, seit 1783 zeitweilig in russ. Diensten, 1785 Präs. des Gouvernementmagistrats von Estland, 1800 nach Sibirien verbannt (Autobiographie: „Das merkwürdigste Jahr meines Lebens" 1801); 1801 Theaterdirektor in St. Petersburg, seit 1808 Hrsg. russ. Zeitschriften gegen Napoleon I., 1816 russ. Staatsrat; 1819 von dem Burschenschafter K. L. *Sand* als angebl. Spion erdolcht. Seine Ermordung gab den Anstoß zu den *Karlsbader Beschlüssen.*

2. Otto von, Sohn von 1), Seefahrer in russ. Diensten, *30. 12. 1787 Reval, †15. 2. 1846 Reval; unternahm drei Weltreisen (1803 bis 1806, 1815–1818, 1823–1826).

KP, Abk. für *Kommunistische Partei,* mit Zusatz des betr. Landes; z. B. *KPD* → Kommunistische Partei Deutschlands, *KPdSU* → Kommunistische Partei der Sowjetunion.

„Kraft durch Freude“, Abk. *KdF,* nat.-soz. Freizeitorganisation.

Krag, Jens Otto, dän. Politiker (Sozialdemokrat), *15. 9. 1914 Randers, †22. 6. 1978 Kopenhagen; seit 1947 verschiedene Regierungsämter, 1958 bis 1962 u. 1966/67 Außen-Min., 1962–1968 u. 1971/72 Min.-Präs.; führte Dänemark in die EG; 1966 Aachener Karlspreis.

Kragenflasche, Gefäßform mit bauchigem Gefäßkörper u. langem, engem Hals, um dessen oberer Hälfte ein mehr oder weniger scharfkantiger Wulst wie ein „Kragen“ liegt. Leitform der Trichterbecher-Kultur, tritt öfter in Megalithgräbern auf.

Krain, slow. *Kranjska* [„Grenzland“], der Westteil der Republik Slowenien.
Im 6. Jh. von Slawen besiedelt, vorübergehend Teil des slaw. Karantenreiches, kam es zunächst unter Awarenherrschaft, um 750 in bayer., dann in fränk. Abhängigkeit u. wurde von Freising u. Brixen aus christianisiert u. dt. Kultureinfluß unterworfen. 1077 verlieh Kaiser Heinrich IV. die Markgrafschaft K. – zusammen mit der Markgrafschaft Istrien u. der Grafschaft Friaul – an den Patriarchen von Aquileja, der sich aber gegen die mächtigen Adelsherren nicht durchzusetzen vermochte. In der Folgezeit kam es unter wechselnde Herrschaften; nach dem 1. Weltkrieg zwischen Italien u. Jugoslawien geteilt. Seit 1947 (Pariser Friedensvertrag) gehörte ganz K. zu Jugoslawien.

Krajina, Grenzgebiet in Kroatien, an der Grenze zu Bosnien-Herzegowina; 1991 als „Republik Serb. Krajina“ proklamiert; im Aug. 1995 von kroat. Truppen erobert.

Krakau, poln. *Kraków,* Stadt u. Stadtwojewodschaft in Polen, an der oberen Weichsel, 745 000 Ew.
K. war Bistum seit 1000, erhielt 1257 Magdeburger Stadtrecht; vom 11. Jh. bis 1596 poln. Hptst. u. Kulturzentrum, Krönungsstadt bis 1764; durch die Poln. Teilungen zu Österreich, 1809–1814 zum napoleon. Herzogtum Warschau. Der 1815 geschaffene Freistaat K. kam 1846 zu Österreich, 1918 wieder zu Polen. 1939–1945 war K. die Hptst. des „Generalgouvernements“.

Krake → Rolf Krake.

Kramář ['kramaːrʒ], Karel, tschech. Politiker, *27. 12. 1860 Hochstadt, Böhmen, †26. 5. 1937 Prag; 1891–1914 als Vertreter der Jungtschechen im österr. Reichsrat; Panslawist, für die Zusammenarbeit zwischen Österreich-Ungarn u. Rußland; im 1. Weltkrieg Vors. des tschech. Nationalausschusses, 1916 wegen Hochverrats zum Tode verurteilt, 1917 begnadigt; 1918/19 erster Min.-Präs. der neugegründeten Tschechoslowakei, danach Führer der konservativen Nationaldemokrat. Partei.

Krapf, Johann Ludwig, Missionar u. Afrikaforscher, *11. 1. 1810 Derendingen, Tübingen, †27. 11. 1881 Korntal, Stuttgart; ging 1837 als Missionar nach Äthiopien u. unternahm bis 1855 zahlreiche Reisen in Ostafrika; entdeckte 1848 mit J. *Rebmann* den Kilimandscharo u. 1850 den Mt. Kenya.

Krapotkin, Peter → Kropotkin.

Krateros, Feldherr *Alexanders d. Gr.,* †321 v. Chr.; Statthalter von Makedonien nach *Antipater,* leistete diesem Hilfe im Lamischen Krieg gegen die Griechen; fiel im Kampf gegen *Eumenes* in Kleinasien.

Kreisauer Kreis, eine Gruppe der Widerstandsbewegung gegen das nat.-soz. Regime, benannt nach dem Rittergut Kreisau (Schlesien) des Grafen H. J. von *Moltke.* Der K. K. bildete sich 1940 aus Personen um Moltke u. P. Graf *Yorck von Wartenburg* u. wurde 1942 um Vertreter sozialistischer Gruppen u. der Kirchen erweitert. Mitglieder waren u. a. A. von *Trott zu Solz,* A. *Reichwein,* J. *Leber,* H. B. u. W. K. von *Haeften* u. Pater A. *Delp.* Der Kreis diskutierte Pläne für die Neuordnung Deutschlands nach dem Zusammenbruch des Regimes; ein Attentat auf Hitler lehnten viele Mitglieder ab. Hauptziele waren: Wiederaufbau im Geiste der Rechtsstaatlichkeit, des Christentums u. größerer sozialer Gerechtigkeit; Entwicklung einer föderativen, auf Selbstverwaltung u. indirekte Wahl gegründeten konservativen Demokratie; internationale Zusammenarbeit in einem europ. Bundesstaat. Moltke wurde im Jan. 1944, zahlreiche Mitglieder nach dem 20. Juli 1944 verhaftet. Viele von ihnen wurden später hingerichtet.

Bruno Kreisky

Kreisky, Bruno, österr. Politiker (SPÖ), *22. 1. 1911 Wien, †29. 7. 1990 Wien; Jurist; 1935 wegen seiner Tätigkeit für die illegale Sozialdemokrat. Partei verhaftet u. nach einem Hochverratsprozeß bis 1937 in Haft. Nach dem Einmarsch dt. Truppen in Österreich 1938 wurde K. kurze Zeit in „Schutzhaft“ genommen. 1938 emigrierte er nach Schweden. Seit 1946 stand er im diplomat. Dienst; von 1953 bis 1959 war er Staatssekretär im Bundeskanzleramt, 1959–1966 Außen-Min. 1967–1983 war K. Vors. der SPÖ u. 1970–1983 Bundeskanzler. Unter seiner Führung errang die SPÖ dreimal (1971, 1975, 1979) die absolute Mehrheit; nach deren Verlust in der Wahl 1983 trat er zurück. K. trat häufig auch auf internationaler Ebene hervor; insbes. suchte er im Nahostkonflikt zu vermitteln. Veröffentlichungen: „Die Herausforderung. Politik an der Schwelle des Atomzeitalters“ 1963; „Aspekte des demokrat. Sozialismus“ 1974; „Neutralität u. Koexistenz“ 1975; „Die Zeit, in der wir leben“ 1978; „Politik braucht Visionen“ 1982; „Zwischen den Zeiten. Erinnerungen aus fünf Jahrzehnten“ 1986; „Im Strom der Politik“ 1988.

Krenz, Egon, Politiker (SED), *19. 3. 1937 Kolberg; Lehrer; seit 1959 FDJ-Funktionär, 1974–1983 Erster Sekretär des Zentralrates der FDJ; seit 1973 Mitgl. des ZK der SED; 1976–1983 Kandidat, seit 1983 Mitgl. des Politbüros des ZK, zugleich seit 1983 Sekretär des ZK; nach dem polit. Umsturz im Nov. 1989 zunächst Generalsekretär des ZK, Vors. des Nationalen Verteidigungsrates u. Vors. des Staatsrats der DDR; versuchte vergeblich eine Reform des alten polit. Systems einzuleiten; trat im Dez. 1989 von allen Staats- u. Parteiämtern zurück u. wurde 1990 aus der Partei ausgeschlossen. 1997 wurde K. im Zusammenhang mit den Todesschüssen an der innerdt. Grenze wegen Totschlags erstinstanzlich zu sechseinhalb Jahren Haft verurteilt.

Krestinskij, Nikolaj Nikolajewitsch, sowjet. Politiker, *26. 10. 1883 Mogiljow, †15. 3. 1938 Moskau (hingerichtet); seit 1907 Bolschewik; 1919–1921 Mitgl. des Politbüros u. Sekretär des ZK der KPdSU, 1921–1928 Botschafter in Berlin; 1938 als einer der Angeklagten im 3. Moskauer Schauprozeß zum Tod verurteilt. Das Urteil wurde 1988 annulliert.

Kreta, grch. *Krete,* ital. *Candia,* türk. *Kirid,* griech. Insel im östl. Mittelmeer, 260 km lang, 8259 km², 537 000 Ew.; Hauptort *Herakleion.* Bedeutende Ausgrabungsstätten u. a. der *minoischen Kultur* (Knossos).
K. ist nachweisbar seit dem Neolithikum besiedelt. Mit Beginn der Bronzezeit im 3. Jahrtausend v. Chr. schufen die Menschen auf dieser Insel eine in ihren geschichtl. Voraussetzungen noch nicht geklärte Kultur mit Palästen in Knossos, Phaistos, Mallia u. Hagia Triada. Eine Oberherrschaft scheint zumindest zeitweise Knossos ausgeübt zu haben (Sage von König *Minos*). Seit der 1. Hälfte des 2. Jahrtausends v. Chr. war K. der kulturelle Mittelpunkt (beherrschend durch seine Flotte u. die durch den Handel erzielten Reichtümer) der bronzezeitl. Kulturen des östl. Mittelmeerraums *(ägäische Kultur).* Seine Vorherrschaft ging um 1400 v. Chr. nach kriegerischer Inbesitznahme der Insel durch die myken. Heerfürsten verloren. Seit 1200 v. Chr. besetzten die Dorier von Griechenland her die Insel u. entwickelten Gesellschaftsformen, die den spartanischen nahestanden. In klassisch griech. Zeit bildeten sich selbständige Stadtstaaten, die anscheinend durch eine gemeinsame Versammlung z. T. verbunden waren. Sie befehdeten sich häufig u. schlossen sich erst im Hellenismus zu Städtebünden zusammen. 220 v. Chr. versuchten Knossos u. Gortyn durch Anschluß an den *Aitolischen Bund* ganz K. unter ihre Herrschaft zu bringen. Doch die übrigen Städte schlossen sich dem *Achäischen Bund* u. *Philipp V.* von Makedonien an. 69/67 wurde K. von den Römern wegen Beteiligung an der Seeräuberei unterworfen; 64 v. Chr. als röm. Provinz eingerichtet. 395 n. Chr. kam die Insel zum Oström. Reich.
Um 823 wurde die Insel von Arabern besetzt, 961 von den Byzantinern zurückgewonnen, während des 4. Kreuzzugs 1204 von Venedig erobert. Seit dem 25jährigen Krieg 1645 bis 1669 (Kapitulation der Hauptstadt Kandia, heute Iraklion, am 6. 9. 1669) war K. türkisch. Im 19. Jh. nach Aufständen gegen die Türken erhielt K. 1898 auf Verlangen der europ. Großmächte eine Selbstverwaltung unter türk. Oberhoheit, die 1908 an Griechenland überging. Am 30. 5. 1913 kam K. endgültig zu Griechenland. Im 2. Weltkrieg eroberten dt. Luftlandekräfte im Mai 1941 die bislang von Großbritannien gehaltene Insel u. bedrohten fortan die wichtigsten alliierten Seeverbindungen im östl. Mittelmeer. Die Räumung begann im Sept. 1944, Restverbände hielten sich bis März 1945.

kretisch-mykenische Kultur, bronzezeitl. Kultur im östl. Mittelmeerraum, bes. der Ägäis, von etwa 2800 bis 1200 v. Chr.; die späteren Griechen haben die Erinnerung daran in ihrer Heldensage bewahrt. Die Archäologie unterscheidet einen *kretischen* (auch *minoischen,* nach dem sagenhaften König *Minos* von Kreta) Kulturkreis u. einen festländ. *helladischen,* in seiner späteren Entwicklung durch einwandernde Frühgriechen (Achäer) beeinflußten, *mykenisch* genannten Kulturkreis. Sie bilden zusammen mit der *Kykladenkultur* auf den griech. Inseln u. der *westkleinasiat. Kultur* die *ägäische Kultur.* Träger war eine einheitl. ägäische (altmediterrane) Urbevölkerung. Die bei stratigraph. Grabungen gewonnene Chronologie ermöglicht eine Scheidung in die Perioden: Früh-, Mittel- u. Spätminoisch (bzw. -helladisch). Die k. K. wurde entdeckt durch die Ausgrabungen von H. *Schliemann* in *Troja* u. *Mykene* (seit 1870) u. von A. *Evans* in *Knossos* (seit 1900). Zahlreiche weitere Grabungen, u. a. in Tiryns, Pylos u. Phaistos, schlossen sich an, die vor allem die Insel Kreta als den Mittelpunkt der ägäischen Welt des 3. u. 2. Jahrtausends v. Chr. erkennen ließen.

Kreuzer, 1271 erstmals in Tirol (Meran) als Groschenmünze geprägte Silbermünze (1,6 g), so genannt nach dem Doppelkreuz auf der Rückseite; vielfach nachgeahmt, im 16. Jh. auch in Dtschld.; seit dem 16. Jh. in Österreich u. Süddeutschland Währungsmünze (Gulden) zu 4 Pfennig Batzen; im 18. u. 19 Jh. in Kupfer geprägt. 1871 wurde die K.prägung in den süddeutschen Staaten von der Mark als neuer Währung abgelöst; in Österreich wurde der K. bis zur Einführung der Kronenwährung 1892 geprägt.

Kreuzfahrerstaaten, die als Ergebnis des 1. *Kreuzzugs* in Palästina u. Syrien errichteten Staaten. Von ihnen behauptete das Königreich *Jerusalem* zunächst einen gewissen Primat über die anderen größeren Staaten, das Fürstentum *Antiochia* u. die Grafschaften *Edessa* u. *Tripolis.* Sie waren militärisch den Moslems unterlegen (Edessa wie Jerusalem zählten je etwa 700 Ritter), konnten sich aber halten, weil die ständigen Kriege zwischen den islam. Mächten es ihnen ermöglichten, das Küstenland zu besetzen u. für den Nachschub von Menschen, Waffen u. Güter auf italien. Schiffen offenzuhalten.
Die Grafschaft Edessa wurde 1098 als erster Kreuzfahrerstaat gegründet. Sie war in vorgeschobener Position ein Bollwerk gegen die Seldschuken, mit denen man stets zu kämpfen hatte. Unter *Joscelin II. von Courtenay* († 1159) fiel sie schon 1144 gegen den islamischen Herrn von Mosul u. Aleppo.
Das 1098 errichtete Fürstentum Antiochia wurde unter seinen ersten normann. Herrschern *Bohemund von Tarent* († 1111) u. dessen Neffen *Tankred* († 1112) durch Eroberungen gegen die Moslems u. Byzanz erweitert. Sie hinterließen einen gefestigten Staat, für den aber *Raimund von Poitiers* 1137 dem byzantin. Kaiser huldigen mußte, obwohl Antiochia wie Jerusalem einst als päpstl. Lehen vergeben worden war. 1268 erlag Antiochia, seit dem Tod *Bohemunds IV.* (1233) in ständigem Niedergang u. wirtschaftlich verarmt, einem Mamlukenheer des Sultans *Baibars* von Ägypten.
Nicht viel später (1289) fiel Tripolis, seit Bohemund IV. von den Fürsten Antiochias mitregiert; es war 1109 als letzter der K. errichtet u. *Bertrand von St. Gilles* als vasallit. Grafschaft des Königreichs Jerusalem verliehen worden.
Unter *Balduin I.*, dem ersten König von Jerusalem (1100), u. seinen nächsten Nachfolgern *Balduin II.* (1118–1131), *Fulko von Anjou* (1131 bis 1143) u. *Balduin III.* (1143–1162) konnte das Gebiet des Erbreichs erweitert u. gegen die Sarazenen behauptet werden. Gegenüber den nördl. Fürstentümern verhielt man sich damals schon zurückhaltend. Für *Amalrich I.* (1163–1174) erwies sich der Besitz Ägyptens als notwendig, aber nicht erreichbar, da es in die Hände des Ajjubiden *Saladin* fiel. Dieser besiegte die Kreuzfahrer vernichtend bei Hattin (1187) u. eroberte anschließend Jerusalem. Die Christen gewannen 1191 *Akko* unter Führung von *Richard Löwenherz* zurück, der 1192 mit Saladin vertraglich die christl. Herrschaft im Küstenstrich von Tyrus bis Jaffa vereinbarte. Der (5.) Kreuzzug *Friedrichs II.*, der sich 1229 zum König von Jerusalem krönte, brachte durch ein Übereinkommen mit Sultan *Al Kamil* Jerusalem u. weitere Gebiete wieder an die Kreuzfahrer. Die Hptst. ging 1244 endgültig verloren; *Akko*, Mittelpunkt des restl. Königreichs, war durch innere Kämpfe geschwächt u. fiel 1291. Der Rest Palästinas wurde geräumt; den Kreuzfahrern blieb nur noch *Zypern*, das Richard Löwenherz 1191 den Byzantinern entrissen hatte.

Kreuzigung, im Altertum schimpfl. Todesstrafe für Sklaven u. Schwerverbrecher: Die Hände u. Füße des Verurteilten wurden am Querholz u. am Stamm eines Holzkreuzes angenagelt, seltener festgebunden.

Kreuznacher Programm, ein am 23. 4. 1917 auf einer Konferenz in Bad Kreuznach unter Leitung Kaiser *Wilhelms II.* beschlossenenes Programm der dt. Regierung, das zur langfristigen Sicherung Deutschlands gewaltige Annexionen im Osten u. Westen vorsah. Die Heeresleitung *Hindenburg-Ludendorff* setzte hiermit ihre Vorstellungen durch, Reichskanzler *Bethmann Hollweg* stimmte den „Phantastereien" in der Erwartung zu, daß sie ohnehin nicht realisierbar seien. Er verlor dadurch das Vertrauen der ihm nahestehenden polit. Kräfte im Reichstag, die einen Frieden ohne Annexionen u. Kriegsentschädigungen anstrebten.

Kreuzritter, 1. adliger Teilnehmer an *Kreuzzügen.*
2. Angehöriger des *Dt. Ordens.*

Kreuzzüge, die zwischen dem 11. u. dem 13. Jh. vom christl. Westeuropa aus unternommenen Kriegszüge zur Eroberung Palästinas, des *Heiligen Landes.*
Anlaß für die Kreuzzugsbewegung war die Eroberung Jerusalems u. damit des Grabes Christi durch die türk. Seldschuken (1077). Papst *Urban II.* rief daraufhin auf der Synode zu Clermont-Ferrand 1095 zum Krieg gegen die „Ungläubigen" auf. Ungeordnete u. begeisterte Massen unter *Peter von Amiens* († 1115) zogen ins Hl. Land u. wurden vernichtet. Daneben formierten sich nord- u. südfranzös., lothring., fläm. u. normann. Ritter unter Führung *Gottfrieds von Bouillon* zum 1. Kreuzzug (1096–1099), der zur Eroberung Jerusalems führte. Ein christl. Königreich mit kleineren Kreuzfahrerstaaten wurde errichtet. In Dtschld. hatte der Kreuzzugsgedanke noch keinen größeren Anklang gefunden. Erst 1146, nachdem Edessa von den Seldschuken zurückerobert worden war, gelang es *Bernhard von Clairvaux*, König *Konrad III.* zu einem 2. Kreuzzug (1147 bis 1149) zu bewegen, dem sich auch der französ. König *Ludwig VII.* anschloß. Das Unternehmen endete mit einer militär. Katastrophe, u. Edessa blieb in türk. Hand. Gleichzeitig fand 1147 ein sog. Wendenkreuzzug gegen die Slawen Mecklenburgs u. Pommerns statt. Die Eroberung Jerusalems durch Sultan *Saladin* (1187) gab Anlaß zum 3. Kreuzzug (1189–1192), zu dem Kaiser *Friedrich I.* aufbrach u. an dem sich auch der engl. König *Richard Löwenherz* u. König *Philipp II.* August von Frankreich beteiligten. Der Kaiser ertrank 1190; sein Sohn, Herzog *Friedrich von Schwaben*, starb im folgenden Jahr. Jedoch wurde 1191 Akko erobert, u. der Küstenstreifen von Tyros bis Jaffa konnte gesichert werden. Der 4. Kreuzzug (1202–1204) blieb ohne dt. Beteiligung u. führte zur Eroberung Zaras (für Venedig) u. Konstantinopels, wo das *Latein. Kaiserreich* errichtet wurde. 1212 kam es zu einem verlustreichen Kinderkreuzzug. Der 5. Kreuzzug (1228/29) brachte durch Vertrag Kaiser *Friedrichs II.* mit dem Sultan *Al Kamil* auf kurze Zeit Jerusalem wieder in christl. Besitz, das aber bereits 1244 wieder verlorenging. Der 6. u. 7. Kreuzzug (1248 bis 1254 bzw. 1270), die der französ. König *Ludwig IX.* nach Ägypten u. Tunis unternahm, blieben ohne Erfolg.
Dem Kreuzzugsgedanken waren inzwischen vom Papsttum neue Stoßrichtungen gegeben worden: 1209 wurde gegen die *Albigenser*, 1232 gegen die *Stedinger Bauern* zum Kreuzzug aufgerufen, u. Innozenz IV. ließ nach dem Konzil von Lyon gegen *Friedrich II.* das Kreuz predigen. Von dem 1198 im Heiligen Land gegr. *Dt. Orden* wurde der Kampf gegen die noch nicht christianisierten *Pruzzen* u. Litauer an der Ostgrenze des Reiches gleichfalls im Zeichen des Kreuzes geführt. Ⓑ S. 456/457.

Krieg-in-Sicht-Krise, eine 1875 durch Truppenerhöhungen Frankreichs ausgelöste Krise, die ihren Namen von einem durch *Bismarck* angeregten, international stark beachteten Zeitungsartikel der „Post" am 8. 4. 1875 („Ist der Krieg in Sicht?") erhielt. Die russ. Vermittlungspolitik Zar *Alexanders II.* u. A. M. *Gortschakows* war in Paris so erfolgreich, daß Bismarck ein russ.-französ. Bündnis befürchtete.

Kriegskommunismus, die Periode der Wirtschaftspolitik in Sowjetrußland 1918–1921. Die Merkmale des K. waren: Verstaatlichung der Produktion u. Güterverteilung unter schärfster Kontrolle der Kommunist. Partei; allg. Arbeitspflicht u. Pflichtablieferung der landwirtschaftl. Erzeugnisse bei rücksichtsloser Konfiszierung durch bewaffnete Kommandos. Der K. führte zur Zerrüttung der Wirtschaft u. wurde durch die *NEP (Neue Ökonomische Politik)* abgelöst.

Kriegsschuldfrage, allg. die Frage nach der Verantwortung für die Entstehung eines Krieges, speziell des 1. Weltkrieges. In der dt. öffentl. Meinung war während des 1. Weltkrieges die Vorstellung vorherrschend, das Dt. Reich führe einen Defensivkrieg. 1919 zwangen die Siegermächte im Versailler Vertrag (Artikel 231) Dtschld. zur Anerkennung einer dt. Alleinschuld am 1. Weltkrieg. Die dt. Regierungen bekämpften den „Kriegsschuldartikel" beharrlich, zumal dieser die Basis der Reparationsforderungen darstellte. Dennoch wurde der Kampf gegen die „Kriegsschuldlüge" zugleich zu einem wirksamen Propagandamittel der polit. Rechten gegen die Führung der Weimarer Republik. Für die dt. Historiker stand die K. im Mittelpunkt des Interesses. Die Akteneditionen „Die große Politik der europ. Kabinette" (40 Bde., 1922–1927) suchte den Art. 231 zu widerlegen u. forderte entspr. Veröffentlichungen der anderen Staaten heraus. Bes. unter dem Eindruck von Arbeiten US-amerikan. Forscher (S. F. *Fay*, G. E. *Barnes* u. W. E. *Langer*) ergab sich ein scheinbar abschließend formulierter Konsens, wonach, in den Worten des brit. Kriegspremiers Lloyd George, alle Mächte in den Krieg „hineingeschlittert" waren. Diese Auffassung wurde seit 1959 durch den dt. Historiker Fritz *Fischer* in Frage gestellt. In seinem Buch „Griff nach der Weltmacht" (1961) vertrat er die These, Dtschld. trage den „entscheidenden Teil der Verantwortung" für den 1. Weltkrieg; diesem habe ein gewaltiges Annexionsprogramm zugrunde gelegen. Später ergänzte Fischer, das Dt. Reich habe spätestens ab 1911 eine konsequente Kriegspolitik betrieben; verantwortlich hierfür seien die „traditionellen agrar. u. industriellen Eliten" gewesen. Mit seinen Thesen löste Fischer eine große Kontroverse, eine abermalige Sichtung der Akten u. neue Akteneditionen aus. Als deren Ergebnis zeichnet sich folgendes Bild ab:
Die dt. Seite ging von einem fragwürdigen Defensivverständnis aus, wonach die Mittelmächte ihre Position nur durch „Kraftäußerungen" (K. *Riezler*) gegen die übrigen zu Weltmächten aufsteigenden Großmächte wahren könnten. In einer verfehlten Politik des „kalkulierten Risikos" sollte Rußland in der Julikrise 1914 in einer Prestigefrage zurückgedrängt werden. Die Hauptfehler der politischen Führung u. insbes. des Reichskanzlers Bethmann Hollweg lagen in dem „Blankoscheck" vom 5./6. 7. 1914, mit dem Österreich die bedingungslose Unterstützung Deutschlands zugesichert wurde; in der Hinnahme einer Situation, aus der sich ein Weltkrieg entwickeln konnte; u. in dem Verzicht auf Handlungsfreiheit, als nach der russ.

Kreuzzüge

Erst der vom Westen ausgehende Säkularisierungsprozeß der modernen Welt begründete die Toleranz. Zur Zeit der Kreuzzüge war die Gleichrangigkeit der Glaubensgemeinschaften noch nicht denkbar.

»Islam wie Christentum betonten ihren Ausschließlichkeitscharakter, ihr Kampf gegeneinander trug daher fanatische Züge, mit allen grausamen Konsequenzen.

Die Machtverhältnisse im Vorderen Orient hatten sich mehr und mehr zuungunsten des Oströmischen Reiches verschoben. Nach anfänglich großen Erfolgen über die Mohammedaner (678, 708, 718) trat Byzanz den Rückzug an; sein Restbesitz bestand schließlich aus einem schmalen Streifen im Nordwesten Kleinasiens. Seit 955 schob sich das türkische Reich der Seldschuken-Dynastie von Persien aus keilförmig nach Vorderasien vor. Die europäischen Kreuzfahrer stießen bei den wechselnden Machtkonstellationen also bald auf türkische, bald auf arabische Gegner. Der Siegeszug der Türken wurde zweimal kurzfristig durch die Mongolen gestoppt: 1258 durch die Eroberung der türkischen Hauptstadt Bagdad, um 1400 durch die Herrschaft Timur-Lenks. Die Erstürmung Jerusalems durch die Türken (1070) löste die Kreuzzüge aus. 1074 plante Papst Gregor VII. bereits einen Kreuzzug. Als dann selbst der byzantinische Kaiser um militärische Hilfe bat, rief Papst UrbanII. 1095 auf der Synode von Clermont das Abendland zum Kampf auf. Die Devise hieß: ›Gott will es! Schlaget ein den Weg zum Heiligen Grabe und entreißt jenes Land einem abscheulichen Volk!... Jerusalem ruft und schreit um Befreiung...‹ Ein aufgenähtes Kreuz wurde das Zeichen derer, die zum Kriegsdienst für Christus bereit waren. Der eben noch geforderte ›Gottesfrieden‹ (...) trat zurück; der Kampf gegen die Ungläubigen wurde geheiligt.

Die leidenschaftlich werbenden Predigten die Bernhard von Clairvaux vor Beginn des 2. Kreuzzuges hielt, lassen erkennen, daß ihm die unterschiedlichen Motive der Wallfahrer vertraut waren. Neben dem religiösen Idealismus machten sich Abenteuerlust, kaufmännische Berechnung und egoistische Habgier breit. Auch die vom Papst erteilten Privilegien und Ablässe werden ihre Wirkung nicht verfehlt haben. (...)

Die Glaubenskriege forderten unendlich viele Menschenleben, ganz zu schweigen von den sinnlosen Opfern des sogenannten Kinderkreuzzuges (1213). Die Selbstsicherheit des christlichen Glaubens geriet durch die Mißerfolge ins Wanken.«

Gerhard Linne in
»Panorama der Weltgeschichte«, Bd. 2,
Bertelsmann Lexikon Verlag, Gütersloh 1990

1

2

1 *Einschiffung zum 3. Kreuzzug unter König Philipp II. August von Frankreich. Miniatur von 1490. Paris, Bibliothèque Nationale.*

2 *»Christus gefolgt von seinen Rittern« auf dem Weg nach Jerusalem. Kreuzzugsdarstellung des 14. Jahrhunderts. London, British Museum.*

3

3 *Beladen eines Kreuzfahrerschiffes. Französische Miniatur, 14. Jahrhundert. Berlin, Staatsbibliothek Preußischer Kulturbesitz.*

4

5

4 *Einschiffung berittener französischer Kreuzfahrer zu einem Kreuzzug. Ihre Fahne ist das Lilienbanner. Miniatur. Paris, Bibliothèque Nationale.*

5 *Ludwig IX. wird auf seinem zweiten und letzten Kreuzzug (beide erfolglos) von der königlichen Familie auf seinem Flaggschiff begleitet. Miniatur. Paris, Bibliothèque Nationale.*

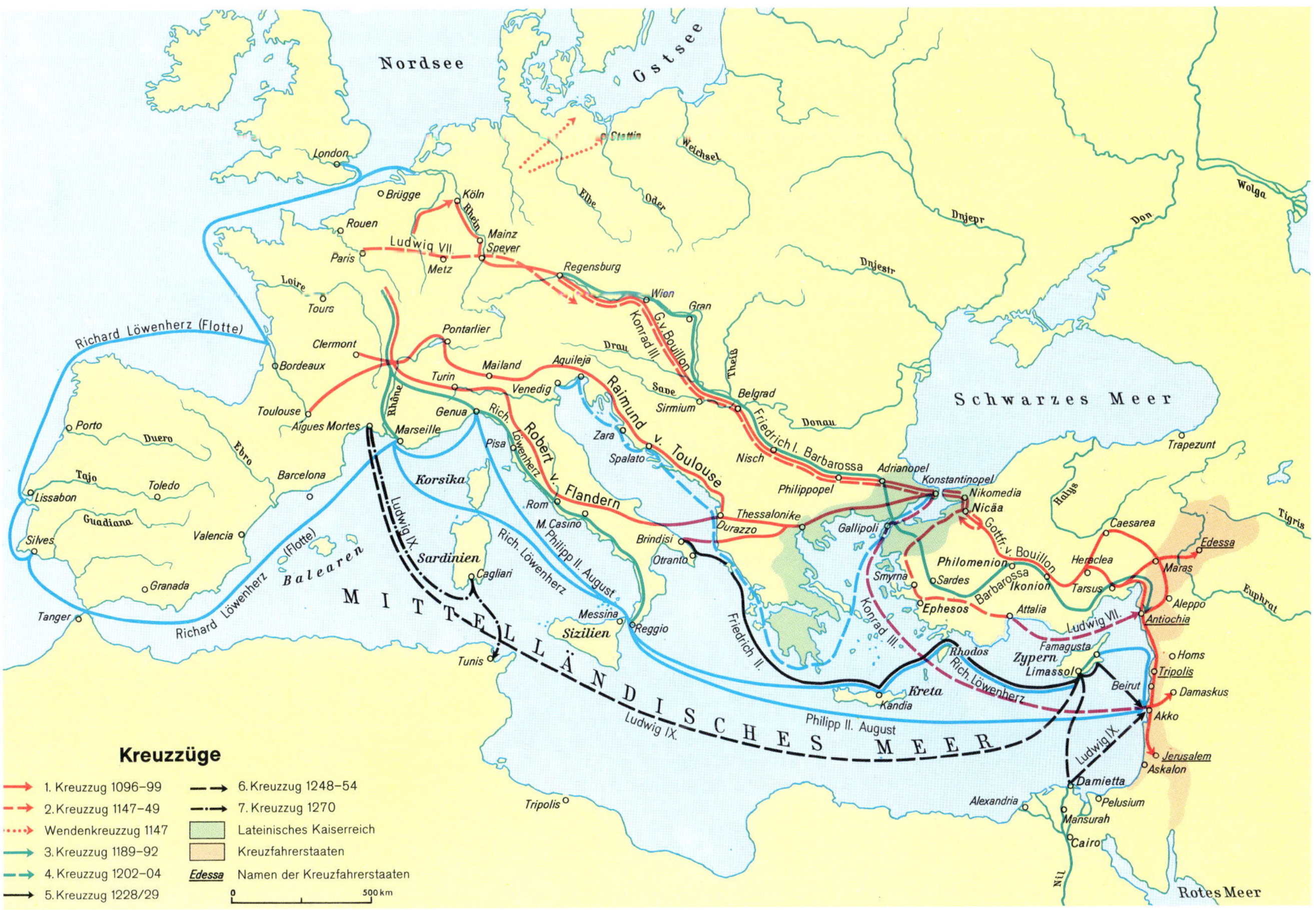

Mobilmachung die Militärs die polit. Kontrolle abschüttelten. Vor allem nach E. *Zechlin* u. A. *Hillgruber* ist somit nicht von einer bewußten dt. Kriegspolitik oder von einer dt. Alleinverantwortlichkeit, wohl aber von einer besonderen Verantwortung des Dt. Reichs auszugehen. Zugleich ist festzuhalten, daß alle Hauptgegner der Mittelmächte bei einer überlegten u. bewußt auf Friedensbewahrung ausgerichteten Politik den Ausbruch des 1. Weltkriegs hätten vermeiden können.

Kriegs- und Domänenkammern, Verwaltungsbehörden zur Wahrnehmung der inneren Angelegenheiten der preuß. Provinzen, 1723 von *Friedrich Wilhelm I.* durch Vereinigung der *Amtskammern* (Verwaltung der Domänen) u. der *Kriegskommissariate* (Verwaltung der Heeressteuern) gebildet; durch die *Steinschen Reformen* umgebildet.

Krim [die; russ.], *Krym*, Halbinsel in der südl. Ukraine, am Schwarzen Meer, durch die 8 km breite Landenge von *Perekop* mit dem Festland verbunden, 25600 km²; im N flaches, trockenes Steppenland mit einzelnen Salzseen, im S das im *Roman-Kosch* bis 1545 m ansteigende *K.gebirge*, dessen Nordhänge teilweise bewaldet sind, während der Südabfall zum Schwarzen Meer u. der schmale Küstenstreifen üppige mediterrane Vegetation tragen; als Republik innerhalb der Ukraine 27000 km², 2,55 Mill. Ew., davon rd. 68 % in Städten, Hptst. *Simferopol*; weitere größere Städte: *Sewastopol* u. *Kertsch*.

Die Halbinsel K. gehörte im Altertum zum Machtbereich des Nomadenvolks der *Skythen.* Seit dem 6. Jh. v. Chr. entstanden auf der K. griech. Kolonien. Zwischen dem 5. u. 2. Jh. v. Chr. gelangte die K. unter Einfluß des *Bosporanischen Reiches*, das ab 110 v. Chr. unter *Mithradates VI.* mit dem Königreich *Pontos* zusammengelegt wurde. Pontos war ab 63 v. Chr. röm. Provinz, so daß auch die K. unter Einfluß Roms geriet. Im Zuge der Völkerwanderung setzten sich in den Steppengebieten der K. zunächst die Goten (um 200 n. Chr.), dann die Hunnen (um 375) u. zwischen dem 7. u. 11. Jh. die *Chasaren* fest. Wegen ihrer engen Bindung an das byzantin. Imperium hielten jedoch die Handelskolonien an der Südküste dem Ansturm der Besetzer stand. Als Fürstentum *Tmutorokan* geriet die K. nach 1016 in den Machtbereich des *Kiewer Reichs.* Im 12. Jh. eroberten die *Kumanen* das Landesinnere, während die Küstenkolonien genuesische Handelsplätze wurden. Nach dem Angriff der *Goldenen Horde* im 13. Jh. bildete die K. ein Zentrum des mongol. Herrschaftsgebietes. Um 1430 entstand hieraus das selbständige *K.-Chanat*, das ab 1475 als Vasall dem Osman. Reich unterstand. In der Folgezeit entstand auf der K. durch eine Vermischung der Mongolen mit den Turkvölkern das Neuvolk der Krimtataren (islam. Glaube, Turksprache). Die K.-Tataren hielten als Reitervolk lange an nomad. Traditionen fest. 1571 überfiel der K.-Chan Devlet aus der Dynastie der *Girai* Moskau. 1687 u. 1689 setzte jedoch der erstarkte Moskauer Staat der K. in Feldzügen massiv zu, bis 1774 das Osman. Reich die Oberhoheit über die K. verlor. 1783 wurde die K. unter Katharina II. in das Russische Reich einbezogen. 1853–1856 war die K. Schauplatz des →Krimkrieges. Im 1. Weltkrieg (April–Nov. 1918) von dt. Truppen besetzt, war sie im russ. Bürgerkrieg (1918–1921) Operationsbasis der „weißen Truppen" unter General P. *Wrangel.* 1921 wurde die K. als ASSR in die RSFSR (ab 1922 UdSSR) eingegliedert. 1941–1944 hielt die dt. Wehrmacht die Halbinsel besetzt. Nach Kriegsende waren die K.-Tataren wegen angebl. Kollaboration mit dem Feind einer kollektiven Verfolgung u. Deportation ausgesetzt. Im Febr. 1945 war die K. Schauplatz der Siegermächte-Konferenz von *Jalta.* 1954 verlor die K. den Status einer autonomen Sowjetrepublik u. wurde in die Ukrainische SSR einbezogen. Innerhalb der seit 1991 unabhängigen Ukraine erhielt die K. den Status einer autonomen Republik. Das Parlament der K. führte 1993 im Widerspruch zur ukrain. Verfassung ein Präsidialregime ein. Der für einen Anschluß der K. an Rußland eintretende J. *Meschkow* wurde 1994 zum Präs. gewählt. Im März 1995 hob das ukrain. Parlament das Präsidialregime der K. auf.

Krimkrieg: Abzug der Russen aus Sewastopol (8.9.1855)

Krim, Belkassem, alger. Politiker, *1922 bei Dra Al Mizan, Kabylien, †18. 10. 1970 Frankfurt a.M. (ermordet); baute 1954–1956 die Organisation der Nationalen Befreiungsfront (FLN) auf. 1958 wurde er Verteidigungs-Min. der alger. Exilregierung, 1962 unterzeichnete er den Waffenstillstand von Évian, 1963 überwarf er sich mit der Regierung Algeriens u. gründete 1967 im Pariser Exil eine Oppositions-Bewegung.

Krim-Chane, die Herrscher der Krim aus dem Hause Girai, 1466–1783.

Krimkrieg, der Krieg zwischen Rußland u. der Türkei 1853–1856, in den auf türk. Seite 1854 England u. Frankreich, später (1855) auch Sardinien eingriffen. Ursache war das mit der Schutzherrschaft über die orth. Christen des Osman. Reichs bemäntelte Expansionsstreben Rußlands auf dem Balkan, das weder England noch Frankreich zulassen wollten. Die Entscheidung im K. fiel mit der Belagerung u. Besetzung der Krimfestung *Sewastopol* (erster Stellungskrieg der modernen Geschichte). Durch Truppenkonzentrationen an der russ. Grenze band Österreich starke russ. Truppen, ohne einzugreifen. Finanznot zwang Rußland, im *Frieden von Paris* (1856) u. a. folgende Bedingungen zu akzeptieren: Aufgabe des Protektorats über die Donaufürstentümer u. die orth. Christen im Osman. Reich, Freiheit der Donauschiffahrt, Neutralisierung des Schwarzen Meers, Verzicht auf eine eigene Schwarzmeerflotte. Der K. verschob die Machtverhältnisse in Europa zugunsten Frankreichs u. auf Kosten Rußlands.

Kristallnacht, *Reichskristallnacht*, verharmlosende Bez. für die Nacht vom 9. auf den 10. 11. 1938, in der in Dtschld. über 250 Synagogen, über 8000 Geschäfte u. zahlreiche Wohnungen jüd. Bürger zerstört u. geplündert wurden. Als Anlaß diente der Tod des dt. Botschaftssekretärs E. vom *Rath* am 9. 11. in Paris nach einem Attentat des poln. Juden Herschel *Grynszpan*, dessen Eltern im Okt. aus Dtschld. vertrieben worden waren. Bei der Gedenkfeier zum Hitlerputsch von 1923 hetzte J. *Goebbels* mit Billigung Hitlers die versammelten Parteiführer so auf, daß diese ihren Dienststellen im ganzen Reichsgebiet Ausschreitungen gegen die Juden befahlen. 91 jüd. Bürger wurden ermordet, mehr als 25000 in Konzentrationslager verschleppt. Am 12. 11. verpflichtete die Reichsregierung die dt. Juden zu einer „Sühneleistung" von 1 Milliarde RM u. zur Beseitigung der Schäden auf eigene Kosten. Außerdem wurde Juden der Betrieb von Geschäften u. Handwerk verboten u. die Enteignung ihres Vermögens eingeleitet. Mit der Kristallnacht begann die radikale Phase der nat.-soz. →Judenverfolgung.

Kritias, athen. Politiker u. Schriftsteller, *um 460 v. Chr., †403 v. Chr.; Onkel *Platons* (in dessen Dialogen „Protagoras", „Timaios" u. „K." er erscheint), Verfasser polit. Schriften, in denen er extreme sophist. Lehren vertritt: Gegner der Demokratie, verteidigte *Alkibiades*; 411 v. Chr. Mitglied des oligarch. Rates der Vierhundert u. nach Athens Zusammenbruch 404 v. Chr. im Peloponnes. Krieg zunächst zusammen mit dem gemäßigteren *Theramenes*, den er jedoch später hinrichten ließ, Wortführer der *Dreißig Tyrannen.* Von *Thrasybulos* vertrieben, fiel er im Kampf gegen die Demokraten.

Kritolaos, Feldherr des *Achäischen Bundes*, †146 v. Chr.; Vertreter einer romfeindl. Politik, führte mit seinen Freunden den Untergang der Stadt Korinth herbei.

Kroatien HR

Republik Kroatien

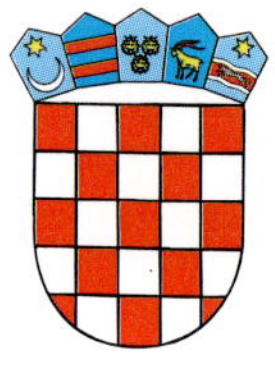

Fläche: 56538 km². – *Einwohner:* 4,8 Mill. – *Hauptstadt:* Zagreb. – *Landessprache:* Kroatisch. – *Nationalfeiertag:* 30. 5. – *Währung:* 1 Kuna = 100 Lipa. – *Lage:* zwischen 42°24′ und 46°32′ n. Br. sowie 13°29′ und 19°25′ ö. L. – *Zeitzone:* Mitteleuropäische Zeit. – *Grenzen:* im NW Slowenien, im NO Ungarn, im O Jugoslawien, im SO und S Bosnien und Herzegowina, im W und SW Adriatisches Meer. – *Staatsform:* präsidiale Republik.

Im Altertum war K. von Illyrern u. Kelten besiedelt. Im 1. Jh. v. Chr. röm., während der Völkerwanderungszeit vorübergehend unter ostgot., langobard. u. awar. Herrschaft (seit der 2. Hälfte des 6. Jh.). Die im 7. Jh. einwandernden slaw. Kroaten wurden vom Frankenreich bzw. Byzanz abhängig. Die seit Mitte des 9. Jh. einsetzenden Selbständigkeitsbestrebungen führten zum Erfolg: 924 machte sich *Tomislaw* zum König. Als *Swonimir* kinderlos starb, kam K. 1091 mit innerer Selbstverwaltung an Ungarn (Personalunion, Verwaltung unter einem Ban, garantiert in den *Pacta conventa* von 1102). 1527 wurden die Habsburger als Herrscher anerkannt. K. ging aber fast ganz an die Türken verloren („türk. Kroatien" bis 1878). Erst 1699 konnte die Grenze bis an die Save-Una-Linie vorgeschoben werden. Der Ausbau einer *Militärgrenze* sicherte den habsburg. Besitz.

Im 19. Jh. stieß die Zwangsmagyarisierung auf den Widerstand der zum Nationalbewußtsein erwachenden Kroaten. Nach der Niederwerfung der ungarischen Revolution 1849 unter Beteiligung kroatischer Truppen (Ban Jellačić) wurde durch die Schaffung eines eigenen Kronlandes aus den beiden Königreichen K. u. Slowenien (unter Einschluß des Küstenlandes u. Fiumes) 1849 die Trennung von Ungarn vollzogen. Durch den ungar.-kroat. Ausgleich kehrte K. 1868 zur Stephanskrone zurück unter Wahrung gewisser Eigenrechte; die Regierung mit dem Ban an der Spitze war dem Landtag in Agram (Zagreb) verantwortlich. 1881 wurde die Militärgrenze eingegliedert. Vor dem 1. Weltkrieg forderte die von S. *Radić* geführte Bauernpartei die Selbständigkeit innerhalb Österreich-Ungarns. Nach Kaiser Karls Oktobermanifest 1918 erklärten die Kroaten ihre Vereinigung mit Slowenen u. Serben in einem eigenen Staat →Jugoslawien. 1941–1945 bestand als Satellit der Achsenmächte ein formal selbständiges K. unter A. *Pavelić*. Seither war K. eine der sechs Teilrepubliken im föderativen Staat Jugoslawien.

Seit Ende der 1980er Jahre lehnte sich K. zusammen mit Slowenien gegen das vor allem von Serbien gestützte undemokrat. polit. System in Jugoslawien auf. Bei den ersten freien Wahlen in K. 1990 erreichte die bürgerl. Opposition die Mehrheit. F. *Tudjman* von der *Kroat. Demokrat. Union* wurde Staats-Präs. Am 25. 6. 1991 erklärte das kroat. Parlament die Unabhängigkeit des Landes. Die daraus resultierenden Auseinandersetzungen mit der von Serbien dominierten jugoslaw. Bundesregierung entwickelten sich zu einem blutigen Bürgerkrieg. Serb. Truppen besetzten bis Ende 1991 rd. ein Drittel des kroat. Gebiets, bevor die Unabhängigkeit international anerkannt wurde. 1992 stationierte die UNO Friedenstruppen. Bei Wahlen im gleichen Jahr wurde Tudjman im Amt bestätigt. 1995 gelang die Rückeroberung des serbisch besetzten Westslawoniens u. der Krajina. Bei anschließenden Parlamentswahlen gewann die Partei Tudjmans die absolute Mehrheit der Stimmen. Tudjman paraphierte am 21. 11. 1995 zusammen mit den Präsidenten Bosnien-Herzegowinas u. Serbiens ein Friedensabkommen. 1997 wurde er erneut zum kroat. Präs. gewählt.

Krolikọwski, Werner, Politiker (SED), *12. 3. 1928 Oels, Schlesien; Verwaltungsangestellter; seit 1950 SED-Funktionär, 1960–1973 Erster Sekretär der SED-Bezirksleitung Dresden, seit 1963 Mitgl. des ZK, seit 1971 des Politbüros des ZK der SED, 1973–1976 Sekretär des ZK der SED (Wirtschaft), 1976–1988 Erster Stellvertreter des Vors. des Ministerrats der DDR; seit 1988 Sekretär des ZK der SED u. Mitgl. des Staatsrates; verlor nach dem polit. Umsturz 1989 alle Ämter u. wurde aus der Partei ausgeschlossen.

Kromayer, Johannes, Historiker, *31. 7. 1859 Stralsund, †22. 9. 1934 Berlin; Prof. in Tschernowitz u. Leipzig; Standardwerke zur Kriegsgeschichte der Antike: „Antike Schlachtfelder" 4 Bde. 1903–1931 (zusammen mit G. Veith); „Heerwesen u. Kriegsführung der Griechen u. Römer" 1928 (zusammen mit G. Veith); Hrsg.: „Schlachtenatlas zur antiken Kriegsgeschichte" 1922–1929 (zusammen mit G. Veith).

Krone, Kopfzierde als Zeichen der Herrscherwürde, Teil der Krönungsinsignien; nach oriental. Vorbild (Stirnreif u. -binde) u. aus der Helmform entwickelt *(Stephans-K.)*. Heute noch gültige Formen sind die Platten-K. (z. B. *Eiserne K.*) u. Bügel-K.

In der Heraldik wird seit dem 15. Jh. vielfach statt des Helms mit der Helmzier eine K. auf den Wappenschild gesetzt, um den Rang des Wappenträgers anzuzeigen. Neben Kaiser- u. Königs-K.n finden sich seit dem 17. Jh. Adels-K.n für Grafen, Freiherren u. Edelleute, die sich durch die Zahl ihrer Perlen unterscheiden. In den Städtewappen wurden seit dem 18. Jh. *Mauer-K.n* verwendet.

Krongut, *Krondomäne,* die der Krone (dem Monarchen) gehörenden oder ihr überlassenen Staatsgüter.

Kronkolonie, engl. *crown colony,* eine Kolonie der brit. Krone (im Unterschied zur früheren Eigentümerkolonie „unter privater Herrschaft", z. B. befand sich Pennsylvania ursprünglich im „Eigentum" William Penns); neben *Mandaten, Protektoraten* u. sonstigen Einflußgebieten Bestandteil des Brit. Reichs. Im Zug der Entkolonialisierung hat sich die Zahl der K.n stark vermindert. Ursprünglich ohne jede Selbstverwaltung, haben die meisten K.n heute neben dem brit. Gouverneur einen Verwaltungsrat sowie einen Gesetzgebungsrat oder ein Parlament mit einheim. Mitgliedern. Z. T. sind sie, mit Selbstregierung ausgestattet, auf dem Wege zur Unabhängigkeit.

Kronländer, Erbländer des Hauses Habsburg, bzw. 1867–1918 der im Reichsrat vertretenen Königreiche u. Länder: Niederösterreich, Oberösterreich, Steiermark, Kärnten, Siebenbürgen, Tirol, Vorarlberg, Küstenland (Görz, Gradisca, Istrien, Triest), Böhmen, Mähren, Österr. Schlesien, Galizien, Bukowina u. Dalmatien. Die deutschsprachigen Kronländer schlossen sich nach dem Zusammenbruch der Donaumonarchie 1918 als Bundesländer zur Republik Österreich zusammen.

Kronprinz, der Thronerbe direkter Abstammung in Kaiser- oder Königreichen, oft Träger eines bes. Titels. Ein weibl. Thronerbe u. die Frau eines K.en heißen *K.essin.*

Kronprinzenprozeß, der 1730 geführte Prozeß gegen den preuß. Kronprinzen Friedrich (den späteren König *Friedrich II.*) nach dessen Fluchtversuch, mit dem der Konflikt zwischen König *Friedrich Wilhelm I.* und dem Thronfolger seinen Höhepunkt erreichte. Gegen den Willen der Richter fällte der König persönlich das Todesurteil über Friedrichs Helfer H. H. von *Katte* u. zwang den Prinzen, der Urteilsvollstreckung beizuwohnen.

Kronstädter Aufstand, 2.–18. 3. 1921, Auflehnung der russ. Matrosen in Kronstadt gegen das bolschewist. Regime. Im Zusammenhang mit Streiks u. Demonstrationen der Petrograder Arbeiter forderten sie unter der Losung „Sowjets ohne Bolschewiki" größere Freiheit u. bessere Lebensverhältnisse. Unter Führung L. *Trotzkijs* u. M. *Tuchatschewskijs* wurde die Festung gestürmt u. die Mehrzahl der Matrosen erschossen.

Krönung, feierl. Einsetzung eines Monarchen durch Aufsetzen einer Krone, meist verbunden mit religiöser Weihe (Salbung), Schwur u. Huldigung. Die K. der dt. Könige erfolgte in Aachen, seit 1562 in Frankfurt a.M. durch den Erzbischof von Mainz (1024–1562 durch den Erzbischof von Köln), die Kaiser-K. durch den Papst, in der Regel in Rom, seit 1562 ebenfalls in Frankfurt a. M.

Kropotkin, *Krapotkin,* Peter Fürst, Vertreter des kommunist. Anarchismus, *9. 12. 1842 Moskau, †8. 2. 1921 Dmitrow; Offizier, 1874 verhaftet, lebte seit 1876 in der Schweiz, in Frankreich u. England, kehrte 1917 nach Rußland zurück. Er erstrebte die Abschaffung des Privateigentums u. des Staates u. wollte die Gesellschaft auf „gegenseitiger Hilfe" in freiwilligen Assoziationen aufbauen. Hptw.: „Worte eines Rebellen" 1885, dt. 1922; „Gegenseitige Hilfe in der Tier- u. Menschenwelt" 1902, dt. 1904; „Ethik" 1922, dt. 1923.

Krösus, *Kroisos,* König der Lyder um 560–547 v. Chr.; sagenhaft reich; eroberte Kleinasien bis zum Halys. Der delphische Orakelspruch, er werde, wenn er den Halys überschreite, ein großes Reich zerstören, erfüllte sich zugunsten seines Gegners *Kyros II.* von Persien, der K. besiegte.

Krückenkreuz, österr. auch *Kruckenkreuz,* ein Kreuz, dessen vier Arme je eine Krücke bilden; 1933–1938 Symbol der *Väterländischen Front.*

Kruger ['kryçər], Paulus, gen. *Oom Paul, Ohm Krüger,* burischer Politiker, *10. 10. 1825 Vaalbank bei Colesberg, Kapkolonie, †14. 7. 1904 Clarens (Schweiz); 1883–1900 Präs. von Transvaal; ging 1900 nach Europa, um (erfolglos) Hilfe für die gegen England kämpfenden Buren *(Burenkrieg)* zu gewinnen.

Krüger-Depesche, ein Glückwunschtelegramm Kaiser *Wilhelms II.* vom 3. 1. 1896 an den Präs. von Transvaal, P. *Kruger* (Krüger), zur erfolgreichen Abwehr eines Überfalls brit. Freischärler unter L. *Jameson (Jameson Raid).* Die K. wurde in Großbritannien als Einmischung in brit. Angelegenheiten aufgefaßt u. rief eine heftige Verstimmung gegen Dtschld. hervor.

Krum, Chan der Bulgaren 802–814, †13. 4. 814; unter seiner Herrschaft festigte u. dehnte sich das Bulgar. Reich im Nordwesten (nach der Niederwerfung der Awaren durch Karl d. Gr.) bis an die Grenzen des Frankenreiches aus. In der Auseinandersetzung mit Byzanz vernichtete er mehrere kaiserl. Heere *(Nikephoros I.* fiel 811 in der Schlacht am Vürbica-Paß) u. drang bis vor die Mauern Konstantinopels vor.

Krupskaja, Nadeschda Konstantinowna, sowjet. Politikerin, Frau Lenins, *26. 2. 1869 St. Petersburg, †27. 2. 1939 Moskau; mit Lenin in Verbannung u. Exil; seit 1927 Mitgl. des ZK der KPdSU; verfaßte Memoiren über Lenin.

KSZE, Abk. für *Konferenz für Sicherheit u. Zusammenarbeit in Europa,* seit 1. 1. 1995 in Organisation für Sicherheit u. Zusammenarbeit in Europa umbenannt →OSZE.

Ktẹsiphon, antike Stadt in Mesopotamien am linken Ufer des Tigris, der Stadt *Seleukia* gegenüber, Residenz der *Parther* im 2. Jh. v. Chr., ab etwa 230 n. Chr. der *Sassaniden,* die die Stadt um mehrere Paläste bereicherten. Erhalten ist die Ruine einer fast 30 m hohen Thronhalle des Palastes *Taq i Kisra.* K. wurde 637 von den Arabern durch Kalif *Omar* eingenommen u. verfiel nach der Gründung Bagdads.

Kuang-hsü, chines. Kaiser, →Guangxu.

Kuba C

Republik Kuba

Fläche: 110 861 km². – *Einwohner:* 10,9 Mill. – *Hauptstadt:* Havanna. – *Landessprache:* Spanisch. – *Nationalfeiertage:* 1. 1., 25. 7.–27. 7., 10. 10. – *Währung:* 1 Kubanischer Peso = 100 Centavos. – *Lage:* zwischen 19°49′ und 23°17′ n. Br. sowie 74°08′ und 84°58′ w. L. – *Zeitzone:* Mitteleuropäische Zeit – 6 Std. – *Grenzen:* Inselstaat zwischen Atlantischem Ozean im N, Karibischem Meer im S und Golf von Mexiko im W. – *Staatsform:* kommunistische Republik mit Einparteiensystem.

Die Insel wurde 1492 von Kolumbus entdeckt u. *Fernandina* genannt; Anfang des 16. Jh. wurde sie von D. de *Velázquez* für Spanien erobert. Im 18. Jh. nahm die Wirtschaft einen starken Aufschwung durch intensiven Zuckerrohranbau u. durch Sklavenhandel. 1762 eroberten brit. Truppen Havanna. Im Pariser Frieden von 1763 wurde K. im Tausch gegen Florida wieder Spanien zugeschlagen. Nordamerikan. Wirtschaftsinteressen erstrebten im 19. Jh. den Anschluß K.s an die USA. Ein zehnjähriger Bürgerkrieg der Kreolen unter der Führung von C. M. de *Céspedes* gegen die span. Kolonial-

Kuba: Einzug Fidel Castros in Havanna am 8.1.1959

herrschaft endete 1878 mit dem militär. Sieg der Spanier, brachte der Kolonie aber eine weitgehende jurist. Gleichstellung mit den Provinzen des Mutterlands.
Die ungeklärte Explosion des US-amerikan. Kriegsschiffs „Maine" vor Havanna (1898) führte zum span.-amerikan. Krieg. Spanien wurde besiegt u. im Pariser Frieden (1898) gezwungen, u. a. auch K. an die USA abzutreten. 1902 wurde K. formell selbständig, doch behielten sich die USA bis 1934 das Interventionsrecht in die inneren Angelegenheiten K.s vor *(Platt Amendment)*. Außerdem ließen sie sich das Territorium von Guantánamo als Flottenbasis abtreten. 1933–1959 war General F. *Batista* der maßgebende Mann in K. Er regierte seit 1952 diktatorisch u. wurde nach einem mehrjährigen Guerillakrieg am 1. 1. 1959 durch Fidel *Castro* gestürzt, der das Amt des Min.-Präs. übernahm.
Das Verhältnis zu den USA, die die Revolutionsbewegung Castros unterstützt hatten, änderte sich mit der Enteignung US-amerikan. Eigentums in K. Präs. Eisenhower verhängte 1960 ein Wirtschaftsembargo. Im April 1961 scheiterte eine mit Zustimmung der USA von Exilkubanern durchgeführte Invasion in der Schweinebucht; Castro bekannte sich öffentlich zum Kommunismus u. zog zahlreiche techn. u. militär. Berater aus osteurop. Staaten, vornehmlich aus der Sowjetunion, heran. Durch die Stationierung sowjet. Raketen auf K. fühlten sich die USA unmittelbar bedroht, u. es kam im Oktober 1962 zur → Kuba-Krise.
1962 beschloß die OAS auf Betreiben der USA, K. auszuschließen, u. empfahl ihren Mitgliedstaaten, die diplomat. Beziehungen zu K. abzubrechen. Nach dem Tod seines Mitstreiters E. *Guevara* (1967) reduzierte Castro die Unterstützung kubafreundlicher Guerillaverbände in Lateinamerika u. distanzierte sich ideologisch zeitweise von der UdSSR, mit der er jedoch auf militär. u. wirtschaftl. Gebiet seit 1970 wieder verstärkt zusammenarbeitete. Die wirtschaftl. Entwicklung K.s litt unter der diplomat. Isolierung, dem Handelsboykott durch die westl. Welt u. der dirigist. Ordnungspolitik. 1972 trat K. dem COMECON bei. 1975 hob die OAS ihre Sanktionen gegenüber K. auf. Nach einer kurzen Phase der Entspannung verschlechterte sich das kuban. Verhältnis zu den USA wieder, als K. mit Truppen in militär. Auseinandersetzungen in Afrika eingriff (Angola u. Äthiopien). Seit 1976 vereinigte Castro in seiner Person die Ämter des Staats- u. des Regierungschefs.
Um ein Ventil für die zunehmende Unzufriedenheit der Bevölkerung zu öffnen, lockerte die Regierung 1980 vorübergehend die Ausreisesperren. In kurzer Zeit verließen über 100 000 Kubaner das Land. 1988 unterzeichneten K., Angola u. Südafrika in New York ein Friedensabkommen. Bis 1991 wurden alle kuban. Truppen aus Angola abgezogen.
Auch nach dem Zusammenbruch des Kommunismus in Osteuropa u. dem Ende der UdSSR hielt Castro an seinem orthodoxmarxist. Kurs fest, obwohl sich die kuban. Wirtschaftsprobleme nach der Auflösung des COMECON dramatisch verschärften. 1992 wurde eine umfangreiche Verfassungsrevision durchgeführt. Neue wichtige Bestimmungen waren u. a. die Garantie der Religionsfreiheit sowie die direkte u. geheime Wahl der Parlamentsabgeordneten. Das Machtmonopol der KP blieb allerdings unangetastet. Die Befugnisse Castros wurden sogar noch erweitert. 1993 fanden erstmals Parlamentswahlen auf Grundlage der neuen Verfassungsgesetze statt.

Kuba-Krise, 22.–27. 10. 1962, Konflikt zwischen den USA u. der UdSSR wegen der Stationierung sowjet. Mittelstreckenraketen auf Kuba, die die strateg. Weltlage zugunsten der UdSSR verbessern sollte. Der K. gingen seit 1960 zunehmende Spannungen zwischen den USA u. Kuba voraus, die im Januar 1961 zum Abbruch der diplomat. Beziehungen, im April zur Unterstützung der (gescheiterten) Invasion von Exilkubanern in der Schweinebucht u. im Januar 1962 auf US-amerikan. Betreiben zum Ausschluß Kubas aus der Organisation der Amerikan. Staaten (OAS) führten. Kuba erhielt finanzielle, wirtschaftl., militär. u. diplomat. Unterstützung von der UdSSR.
Im Sept. 1962 warnte der US-amerikan. Präsident J. F. *Kennedy* die UdSSR vor einem Ausbau Kubas zum Stützpunkt. Am 22. 10. gab er die Stationierung sowjet. Raketen auf Kuba bekannt, erklärte dies für ungerechtfertigt u. friedensbedrohend, forderte den Abzug der Raketen unter internationaler Kontrolle u. verhängte eine partielle Seeblockade gegen weitere sowjet. Lieferungen, wobei er durch geschicktes Krisenmanagement Verständigungsmöglichkeiten offenhielt. Nach Tagen dramat. Spannung gab der sowjet. Min.-Präs. N. S. *Chruschtschow* Ende Okt. unter dem Eindruck der US-amerikan. Entschlossenheit u. nach Gegenleistungen (Verzicht auf eine Invasion in Kuba, Abzug US-amerikan. Mittelstreckenraketen aus der Türkei) nach u. zog die Raketen ab, während Kuba die internationale Kontrolle verweigerte. Mit der Zurückweisung des sowjet. Versuchs wurde die K. zum Ausgangspunkt der partiellen globalen Zusammenarbeit u. Annäherung zwischen den USA u. der UdSSR.

Kübeck, Karl Friedrich, Frhr. von *Kübau*, österr. Politiker, *28. 10. 1780 Iglau, Mähren, †11. 9. 1855 Hadersdorf bei Wien; 1840–1848 als Präs. der Hofkammer Leiter der österr. Finanz- u. Wirtschaftspolitik; förderte den Bau von Staatsbahnen u. die Einrichtung des Telegraphennetzes. Als Präs. des Reichsrats (seit 1850) erwirkte er die Aufhebung der Verfassung von 1849 (Vertreter des Neoabsolutismus).

Kubel, Alfred, Politiker (SPD), *25. 5. 1909 Braunschweig; Industriekaufmann; 1937 wegen Vorbereitung zum Hochverrat zu einem Jahr Haft verurteilt; 1946 Min.-Präs. des Landes Braunschweig; 1946–1955 Min. für Wirtschaft u. Verkehr, Finanzen u. in anderen Ressorts, 1957–1959 für Wirtschaft u. Verkehr, 1959–1965 für Ernährung, Landwirtschaft u. Forsten, 1965–1970 für Finanzen in Niedersachsen, 1970–1976 dort Min.-Präs.

Kublai, *Chubilai, Kubilai Chan*, mongol. Herrscher, Enkel *Tschingis Chans*, *23. 9. 1215, †18. 2. 1294 Peking; setzte sich gegen seinen Bruder *Arik Bögä* 1260 als Groß-Chan der Mongolen durch, eroberte das südl. Songreich, einigte China u. verlegte 1264 seine Residenz nach *Chan-balig*, wo seine Nachkommen als Kaiser der Yuan-Dynastie bis 1368 herrschten. Er unternahm Heerzüge nach Indochina; an seinem Hofe weilte *Marco Polo*.

Küchmeister, Michael, 1414–1422 Hochmeister des *Dt. Ordens*, †15. 12. 1423; führte die Revolte gegen *Heinrich von Plauen*, kämpfte erfolglos gegen Polen u. Litauen; scheiterte bei dem Versuch, den Konflikt mit diesen Staaten auf dem Konstanzer Konzil beilegen zu lassen.

Kuenringer ['ku:ən-], österr. Adelsgeschlecht, 1132 erstmals genannt. Die im Gefolge eines Sohnes des Markgrafen Leopold I. in das heutige Niederösterreich gekommenen, vermutlich sächsischen K. erwarben als Ministerialen der Babenberger im 12. u. 13. Jh. im Waldviertel u. der Wachau umfangreiche Besitzungen u. waren wesentlich an der wirtschaftl. u. kulturellen (Gründung von Stift Zwettl 1137) Entwicklung des Landes beteiligt. K. waren Initiatoren der Aufstandsbewegungen im 13. Jh. gegen die Herzöge Friedrich II. u. Albrecht I. Dieser innenpolit. Konflikt zwischen Landesherren u. Adel wurde später umgedeutet; die K. wurden als „Raubritter" denunziert.

Kufa, Stadt in Irak; gegr. 638 als Militärlager der Araber, 656–661 Residenz des Kalifen *Ali*; bekannt als Sitz islam. Gelehrsamkeit (bis etwa 800); um 1000 verfallen. Nach K. ist die kufische Schrift benannt.

Kuge, die japan. Hofadelsfamilien, die sich im 6. Jh. herausbildeten. Zu ihnen gehörten die Fujiwara, Minamoto u. Taira. Der landbesitzende Hofadel stand ursprünglich über dem Kriegeradel (Daimyo, Samurai), dem gegenüber er jedoch seit dem 12. Jh. an Macht verlor. Um 1800 lebten in Kyoto 137 K.(Familien), meist in ärml. Verhältnissen. 1876 gingen Hof- u. Kriegeradel in dem neuen Adel (Kazoku) auf. In der Nachkriegsverfassung von 1947 wurden alle Adelsprivilegien abgeschafft.

Kugelamphoren-Kultur, endneolithische Kultur, verbreitet vom östl. Mittel-Deutschland bis nach Westrußland; benannt nach ihren typischen kugelförmigen Tongefäßen mit kurzem Hals u. Stich-, Strich- u. Schnurverzierung; Steinkistengräber mit mehr als einer Bestattung (vermutlich wurden Frauen u. Diener des Toten getötet u. mit ihm zusammen bestattet) u. reicher Ausstattung; Fleischbeigaben (Schwein), Rinderzuggespanne, Keramik, Knochen- u. Feuerstein-Waffen u. Geräte, Bernsteinschmuck u. Bernsteinscheiben, die auf einen Sonnenkult deuten; rechteckige Wohnhäuser auf Pfahlkonstruktionen mit Feuerstellen im Innern.

Kühlmann, Richard von, Diplomat, *3. 5.

Kublai Chan; chinesischer Holzschnitt

1873 Istanbul, † 16. 2. 1948 Ohlstadt bei Murnau; 1917/18 Staatssekretär des Auswärtigen Amts; schloß – obwohl Anhänger eines Verständigungsfriedens – die Friedensverträge von Brest-Litowsk u. Bukarest. Nach einer Reichstagsrede am 24. 6. 1918, in der er einen militär. Sieg als nicht erreichbar erklärte, wurde er auf Betreiben der Obersten Heeresleitung entlassen. K. war später leitend im Unternehmen der Familie *Stumm* tätig, der seine erste Frau entstammte. „Erinnerungen" 1948.

Kühn, Heinz, Politiker (SPD), * 18. 2. 1912 Köln, † 12. 3. 1992 Köln; seit 1930 Mitgl. der SPD; 1931–1933 Studium der Volkswirtschaft; 1933–1945 in der Emigration (Tschechoslowakei, Belgien); 1949/50 Chefredakteur der „Rheinischen Zeitung"; 1948–1954 u. 1962–1978 Mitglied des Landtags von Nordrhein-Westfalen, 1953–1963 MdB, 1966–1978 Min.-Präs. von Nordrhein-Westfalen; 1973–1975 stellvertr. Partei-Vors. der SPD. Erinnerungen: „Widerstand u. Emigration. Die Jahre 1928 bis 1945" 1980; „Aufbau u. Bewährung. Die Jahre 1945–1978" 1981.

Kujawien, poln. *Kujawy*, Landschaft zwischen der oberen Netze u. der unteren Weichsel in Polen, rd. 2500 km².
K. gehörte zum Kerngebiet der mittelalterl. poln. Staatsbildung, 1194–1332 Fürstentum, danach mehrfach aufgeteilt, vom Wiener Kongreß 1815–1920 preußisch.

Kujbyschew, *Kujbyšev*, Walerian Wladimirowitsch, sowjet. Politiker, * 6. 6. 1888 Omsk, † 25. 1. 1935 Moskau; seit 1904 Bolschewik, 1922 Mitgl. des ZK, seit 1927 als Anhänger *Stalins* Mitgl. des Politbüros, 1926–1930 Vors. des Obersten Volkswirtschaftsrats, 1930 bis 1935 der Staatl. Plankommission; in diesen Funktionen maßgebend am Ausbau der Planwirtschaft beteiligt.

Kukiel [-i:ɛl], Marian, poln. Historiker u. Offizier, * 15. 5. 1885 Dabrowa bei Tarnów, † 15. 8. 1973 London; 1924 General, 1942–1944 Kriegsminister in der Exilregierung, dann Leiter des Historischen Sikorski-Instituts in London.

Ku Klux Klan, [engl. 'kju:klʌks'klæn], terrorist. US-amerikan. Geheimbünde: **1.** 1867 nach dem Bürgerkrieg in Pulaski, Tenn., gegr. Gesellschaft, die alle Südstaaten der USA durchdrang u. die frei gewordenen Schwarzen durch Schrecken (Lynchjustiz) den Weißen gefügig halten wollte; 1871 verboten. Ihr erstes Oberhaupt (*Grand Wizard*, „Großer Hexenmeister") war General N. B. *Forrest* (* 1821, † 1877).
2. 1915 von W. J. *Simmons* neu gegr., auch in den Nordstaaten der USA verbreitete Gesellschaft, die im Sinne eines kleinbürgerl., prot., weißen Amerikanertums gegen andere soziale Gruppen kämpfte (u. a. Schwarze, Juden, Katholiken, Gewerkschaften). Sie gelangte 1916–1926 zu großer Macht, verfügte über bedeutende Geldmittel u. hatte wahrscheinlich mehrere Millionen Mitglieder. Überfälle, Mißhandlungen, Verstümmelungen u. Lynchmorde setzten die Bevölkerung derart in Schrecken, daß die Überlebenden aus Furcht vor Rache jegliche Auskunft verweigerten. Nach 1926 ging die Macht des K. K. K. langsam zurück. Er trat nach dem 2. Weltkrieg jedoch vor allem in den Auseinandersetzungen um die Rassenfrage zeitweise wieder in Erscheinung.

Kulikow [-'kɔf], Wiktor Georgijewitsch, sowjet. Offizier (1977 Marschall), * 5. 7. 1921 im Gebiet Orel; 1969–1971 Oberkommandierender der sowjet. Truppen in Dtschld., seit 1971 Generalstabschef, Erster Stellvertreter des Verteidigungs-Min. u. Mitgl. des ZK der KPdSU; 1977–1989 Oberbefehlshaber der Streitkräfte des Warschauer Paktes.

Kulikowo Polje, *Kulikovo Pole*, [russ., „Schnepfenfeld"], Ebene südöstl. von Tula, am oberen Don. 1380 erkämpften hier russ. Truppen unter dem Großfürsten von Moskau den ersten bedeutenden Sieg über das Heer der Goldenen Horde.

Kulmerland, *Culmer Land*, poln. *Ziemia Chełmińska*, fruchtbare Landschaft zwischen Drewenz u. unterer Weichsel; Weizen- u. Zuckerrübenanbau. – Das K. wurde 1225 vom Piastenherzog Konrad I. von Masowien dem *Dt. Orden* angeboten; die Abtretung wurde 1226 durch Kaiser Friedrich II. (Goldbulle von Rimini) bestätigt u. 1230 endgültig vollzogen. Dadurch wurde das K. zur Keimzelle des Deutschordenstaates *Preußen*. Im 2. Thorner Frieden 1466 mußte es an Polen abgetreten werden, kam durch die 1. Poln. Teilung 1772 (ohne Thorn) wieder an Preußen, durch den Frieden von Tilsit 1807 an das Herzogtum Warschau, nach dem Wiener Kongreß 1815 erneut (mit Thorn) an Preußen, nach dem 1. Weltkrieg 1920 wieder an Polen.

Kul-Oba, ein skyth. *Kurgan* des 4. Jh. v. Chr., westl. von Kertsch, auf der Krim; eines der bestausgestatteten skyth. Fürstengräber, inmitten eines Bereichs ähnl. reicher Grabhügel. Gefunden wurden u. a. ein goldener geflochtener Halsreif mit auf galoppierenden Pferden sitzenden Reitern an beiden Enden, plast. Goldfiguren u. eine Elektronvase mit Skythendarstellungen.

Kültepe, das alte Kanisch, heute ein Ruinenhügel 20 km nordöstl. von Kayseri in der Türkei.

Kultpfähle, in vorgeschichtl. Zeit an Kultplätzen u. auf Hügelgräbern errichtete hölzerne Pfähle für den Götter-, Toten- u. Ahnenkult. Im german. Bereich fand man in Mooren auch menschengestaltige K.; sie standen vielfach auf Steinhaufen, von Opfergaben des tägl. Lebens umgeben.

Kulturgeschichte, die Erforschung der Wandlungen in der geistigen, kulturellen u. sozialen Entwicklung eines Volks oder der gesamten Menschheit, auch diese Wandlungen selbst; im Unterschied zur (rein) *polit. Geschichte*. – Die Anfänge der K. gehen ins 18. Jh. zurück auf *Montesquieu* u. auf *Voltaire*, der sie als Forderung aufstellte in seinem „Essai sur les mœurs et l'esprit des nations" (1754). Die Aufklärung verstand K. als die Geschichte der fortschreitenden Entwicklung der Menschheit. In Dtschld. erhielt die K. neue Impulse durch J. *Möser* u. durch J. G. *Herders* „Ideen zur Philosophie der Geschichte der Menschheit" (1748–1791), die die Kultur als Ergebnis des unbewußten Schaffens des Volksgeistes sahen. Im 19. Jh. entzündete sich am Gegensatz von polit. Geschichte u. K. ein Methodenstreit: K. *Lamprecht* forderte den Primat der K. u. verstand sie als gesetzmäßige Entwicklung einer „Kollektivseele". Eine bes. Ausprägung u. zugleich einen Höhepunkt erreichte die K. durch J. *Burckhardt* („Kultur der Renaissance in Italien" 1860; „Weltgeschichtl. Betrachtungen" 1905); Burckhardt sah die drei „Potenzen" Staat, Religion u. Kultur als Hauptstrukturen des geschichtl. Lebens an. Eine Neuorientierung fand im 20. Jh. statt durch die Hinwendung zur *Kulturmorphologie* (A. J. *Toynbee*) u. *Kultursoziologie* (A. *Weber*: „K. als Kultursoziologie" 1935) sowie durch die sozialwissenschaftl. Anregungen der französ. Historikergruppe der „Annales". Diese Versuche bewirkten, daß heute K. einerseits als Geschichte der Hochkulturen, andererseits als histor. Kulturanthropologie aufgefaßt wird.

Kulturkampf, die Auseinandersetzung zwischen dem Staat u. der kath. Kirche, die in Preußen u. im Dt. Reich seit 1871 geführt wurde. Der Ausdruck K. stammt aus einem Wahlaufruf R. *Virchows* für die Fortschrittspartei („Kampf für die Kultur").
Der K. wurde ausgelöst durch die Frontstellung der kath. Kirche gegen die liberale Staatslehre (*Syllabus errorum* 1864, Unfehlbarkeitsdogma 1870) u. die oppositionelle

Kulturkampf: Bismarck und Papst Pius IX.; Karikatur aus dem „Kladderadatsch", 1875

Haltung der Zentrumspartei im neugegründeten Dt. Reich. *Bismarck* sah innenpolit. Gefahren durch eine Koalition von „Reichsfeinden" u. äußere Bedrohungen durch kath. Mächte. Seine nicht planmäßig eingeleiteten Maßnahmen fanden Unterstützung bei den Liberalen, während Vertreter des traditionellen Preußen den K. ablehnten. Die wichtigsten Schritte waren: im Reichstag Annahme des *Kanzelparagraphen* 1871 u. des *Jesuitengesetzes* 1872; in Preußen 1871 Auflösung der kath. Abt. des Kultusministeriums, 1872 Annahme des Schulaufsichtsgesetzes (staatl. Aufsicht über alle Schulen), 1873 Verabschiedung der *Maigesetze*, die eine wissenschaftl. Vorbildung der Geistlichen mit staatl. „Kulturexamen" sowie eine Verstärkung der staatl. Aufsicht über die Kirche vorschrieben. Wegen der von Papst *Pius IX.* unterstützten Weigerung der Katholiken, diese Gesetze anzuerkennen, wurden zahlreiche Bischöfe u. Geistliche abgesetzt oder verurteilt. Im Mai 1875 folgte das *Klostergesetz* (Auflösung aller Klostergenossenschaften außer den krankenpflegerischen in Preußen); 1874 das *Expatriierungsgesetz* u. die Einführung der *Zivilehe* in Preußen, 1875 im Reich; ferner die Sperrung der staatl. Zuschüsse („Sperr- oder Brotkorbgesetz").
Da die kath. Kirche ihren Widerstand behauptete u. die Erbitterung der kath. Bevölkerung sich in einer Verdoppelung der Stimmenzahl der Zentrumspartei ausdrückte, begann Bismarck nach dem Tod Papst Pius' IX. mit Papst *Leo XIII.* Ausgleichsverhandlungen, so daß durch Milderungs- u. Friedensgesetze von 1880–1887 der K. mit einem Kompromiß beendet wurde. Von den K.gesetzen blieben in Kraft: Aufhebung der kath. Abt. im preuß. Kultusministerium, Gesetze gegen Kanzelmißbrauch, über Schulaufsicht des Staates, Kirchenaustritt, Zivilehe u. Staatsaufsicht über die Vermögensverwaltung der kirchl. Gemeinden. Die ausgesprochenen Kampfmaßnahmen gegen die Kirche wurden aufgehoben.

Kulturrevolution, *Große Proletarische K.*, chin. *wuchanjieji wenhua dageming*, eine sich seit 1965 anbahnende, 1966 offiziell von einer Gruppe in der Führung der Kommunist. Partei Chinas eingeleitete Bewegung mit dem Ziel, überlieferte Denk- u. Verhaltensweisen abzubauen u. „das geistige Antlitz der gesamten Gesellschaft zu ändern". Die nach Meinung des Partei-Vors. *Mao Zedong* drohende bürokrat. Erstarrung des Partei- u. Staatsapparates sollte abgewendet werden; zugleich diente das Unternehmen dazu, die Macht Maos zu festigen, die nach dem Fehlschlag seiner radikalen Politik von 1958/59 („Großer Sprung nach vorn") nicht mehr unbestritten war. Die K., zu deren Durchführung aus Jugendlichen bestehende *Rote Gar-*

den gebildet wurden, griff rasch auf alle Gebiete des öffentl. Lebens über. Angriffsziele waren neben Maos Hauptrivalen *Liu Shaoqi* u. dessen Anhängern die Partei- u. Staatsbürokratie sowie die Intellektuellen. Millionen von Funktionären, Wissenschaftlern, Künstlern u. Lehrern wurden amtsenthoben, gedemütigt, mißhandelt u. zu körperl. Arbeit aufs Land geschickt. Die Zahl der Todesopfer ist unbekannt, geht aber sicher in die Hunderttausende. Zahlreiche Kulturdenkmäler wurden zerstört. Der Lehrbetrieb an Schulen u. Hochschulen wurde zeitweise völlig eingestellt. Die Person Maos wurde zum Gegenstand kultischer Verehrung gemacht. Als die Bewegung außer Kontrolle zu geraten drohte, wurde zur Wiederherstellung der Ordnung die Armee eingesetzt, deren Chef *Lin Biao* zeitweise großen Einfluß erlangte. Einen vorläufigen Abschluß fand die K. mit dem 9. Parteitag 1969, auf dem Lin offiziell zum Nachfolger Maos designiert wurde. In den Jahren 1969–1976 blieben viele Wesenszüge der K. erhalten, bes. die totale Ausrichtung des Kulturlebens nach der maoist. Ideologie u. die Geringschätzung traditioneller Kunst u. Wissenschaft. Nach Maos Tod (1976) rückte die Parteiführung zunächst vorsichtig, dann entschieden von der K. ab. Nach der seit 1981 geltenden parteiamtl. Interpretation war die K. – deren Dauer jetzt von 1966 bis 1976 gerechnet wird – eine Katastrophe. Nahezu alle prominenten Opfer wurden rehabilitiert u., soweit sie noch am Leben waren, in ihre alten Ämter eingesetzt.

Kulturschicht, Ablagerungen in Erdschichten mit Spuren menschl. Aktivität (Bauschutt, Herdstellen mit Asche u. Holzkohle, von Menschen bearbeitete u. gebrauchte Gegenstände u. ä.), die Auskunft über die Anwesenheit des Menschen u. den Kulturzustand einer bestimmten Epoche geben. Die vertikale Aufeinanderfolge von K.en zeigt die zeitl. Abfolge der hier gewesenen Kulturen u. ist Grundlage der *relativen Chronologie.*

Kultwagen, Fahrzeuge unterschiedl. Größe u. Bauart, die bei religiösen Zeremonien verwendet wurden u. ursprüngl. vermutlich den Lauf der Gestirne versinnbildlichen sollten. Die ältesten K.darstellungen u. K.nachbildungen stammen aus dem 4. u. 3. Jahrtausend v. Chr. aus Mesopotamien; vierrädrige K. sind auch auf den bronzezeitl. Felsbildern Südschwedens dargestellt. In Griechenland galten sie vielfach als Götterwagen (K. der Nerthus) oder fanden bei Regenprozessionen Verwendung. In verkleinerter Form sind K. als Grabbeigaben aus der Bronze-, Urnenfelder- u. Hallstattzeit erhalten (Sonnenwagen von Trundholm). Eine Sonderform ist der *Kesselwagen,* dessen Fahrgestell ein schüsselähnl. Gefäß trägt (K. von Skallerup, Seeland; Peckatel, Mecklenburg; Milaveč, Böhmen), bes. kunstvoll ausgebildet beim K. von Strettweg, Steiermark, bei dem das Gefäß von einer nackten weibl. Figur getragen wird. Aus der Odergegend stammten der *Vogelwagen* mit zwei u. drei Rädern an einer Achse mit aufgesetztem Vogelfigürchen.

Kumanen, *Komanen, Kun, Kiptschak,* slaw. *Polowzer,* turksprachiges Steppenvolk (vom Kuma-Fluß). Die K. drangen seit 1050 von ihrem Zentrum im Dnjeprraum bis zur Moldau u. Walachei vor, fielen wiederholt in das Kiewer Reich, in Byzanz u. Ungarn ein u. vernichteten 1091 als Verbündete des Kaisers *Alexios I.* die Petschenegen. Nach der endgültigen Niederlage 1239 wurden sie z.T. von den Mongolen unterworfen u. assimiliert, z.T. wanderten sie nach Ungarn ab u. wurden von *Béla IV.* in *Kumanien* angesiedelt (Groß-Kumanien östl. der Theiß, Klein-Kumanien zwischen Theiß u. Donau). Seit der Mitte des 14. Jh. wurden sie christianisiert, nach dem Abbau ihrer bis zum 17. Jh. geltenden Vorrechte magyarisiert.

Kumaragupta I., 415–455 Herrscher der ind. Gupta-Dynastie.

Kumaun, *Kumaon,* ehem. Himalayafürstentum; 1815 von Großbritannien annektiert, seit 1947 Teil des ind. Bundesstaats Uttar Pradesh; Mittelpunkt *Dekra Dun.*

Kun, Béla, ungar. Politiker (KP), *20. 2. 1886 Szilágycseh (heute Cehul Silvaniei, Rumänien), †30. 11. 1939 UdSSR (hingerichtet); seit 1902 in der sozialdemokrat. Arbeiterbewegung, 1916 in russ. Kriegsgefangenschaft, seit März 1918 Leiter der ungar. Gruppe der Kommunist. Partei Rußlands, kehrte im Nov. 1918 nach Ungarn zurück u. gründete dort die Kommunist. Partei; stand vom 21. 3. bis zum 1. 8. 1919 an der Spitze der ungar. Räterepublik, die er durch Terror zu halten suchte; floh nach deren Zusammenbruch ins Ausland; seit 1920 in der Sowjetunion führend für die Komintern tätig; in der Stalinschen „Säuberung" zum Tode verurteilt, 1956 posthum rehabilitiert.

Kunaxa, Dorf am Euphrat, westl. von Bagdad; Ort der Entscheidungsschlacht zwischen König *Artaxerxes II.* von Persien u. seinem Bruder *Kyros d. J.,* Satrap von Lydien (401 v. Chr.). Auf der Seite des Kyros, der im Zweikampf gegen seinen Bruder fiel, kämpften 10000 Griechen, deren Rückzug durch Armenien zum Schwarzen Meer von *Xenophon* („Anabasis") beschrieben wurde.

Kunda-Kultur, nordosteurop. Kultur der Mittelsteinzeit, benannt nach dem Hauptfundort *Kunda* in Estland; Jäger- u. Fischervölker; zahlreiche Geräte aus Knochen.

Kunersdorf, poln. *Kunowice,* Ort östl. von Frankfurt (Oder), 1000 Ew.; poln. Eisenbahngrenzstation. – Bei K. erlitten die Preußen unter *Friedrich d. Gr.* am 12. 8. 1759 nach einem mißglückten Angriff auf die Stellungen der vereinigten Russen u. Österreicher rechts der Oder ihre schwerste Niederlage im Siebenjährigen Krieg. Die Schwäche Preußens wurde von den Gegnern allerdings nicht ausgenutzt.

Kunigunde, von Luxemburg, Heilige, dt. Königin u. Kaiserin, Frau Kaiser *Heinrichs II.,* †3. 3. 1033 Kloster Kaufungen bei Kassel; vertrat Heinrich 1012 u. 1016 als Statthalterin von Sachsen u. auch sonst in seiner Abwesenheit. Die Legende von ihrer jungfräul. Ehe ist nicht haltbar. K. lebte nach dem Tod Heinrichs zurückgezogen im Kloster Kaufungen. – Grabmal (1513 von T. *Riemenschneider*) im Bamberger Dom.

Kunkellehen, ein Lehen, das bei Aussterben der Männer an die weibl. Verwandtschaft fällt.

Kunkelmagen [Pl.], *Spindelmagen, Kognaten,* im german. u. alten dt. Recht die weibl. Verwandten u. die durch Frauen (insbes. durch die Mutter) verwandten Männer.

Kunschak, Leopold, österr. Politiker (christl.-sozial), *11. 11. 1871 Wien, †13. 3. 1953 Wien; Gründer des Christlichsozialen Arbeitervereins; seit 1907 im Reichsrat, 1919–1934 im Nationalrat, 1920–1933 Obmann der Christlichsozialen Partei, 1945–1953 Präs. des Nationalrats; Gegner der Heimwehrbewegung u. der Dollfuß-Politik; schrieb u. a. „Österreich 1918–1934" 1934.

Kunze, Emil, Archäologe, *18. 12. 1901 Dresden, †13. 1. 1994 München; Prof. in Straßburg (1942) u. München (1946), Direktor des Dt. Archäolog. Instituts in Athen (1951–1966), Leiter der Ausgrabungen in Olympia; Hptw.: „Kret. Bronzereliefs" 1931; „Zeus u. Ganymed" 1940; „Archaische Schildbänder" 1951; „Ausgrabungen in Olympia" 2.–8. Bd. 1939–1967.

Kuomintang, chines. Partei, → Guomindang.

Kupferzeit, *Steinkupferzeit, Äneolithikum, Aeneolithikum,* in der Ur- u. Frühgeschichte die Bez. für eine oft als Ergänzung des *Dreiperiodensystems* verstandene Zeitstufe zwischen dem *Neolithikum* u. der *Bronzezeit,* in der neben Steingeräten auch Waffen, Geräte u. Schmuck aus Kupfer verwendet wurden. Nach dieser in eine chronolog. Ordnung eingefügten Definition kann es Kulturen geben, die zeitlich zur K. gehören, denen Gebrauch u. Verarbeitung von Kupfer jedoch unbekannt sind (sog. *nichtkupferführende Kulturen,* wie z. B. die Michelsberger Kultur). Nach einer anderen Definition hat der Begriff K. zunächst keine Konsequenz für die Zeitstellung der betreffenden Kulturen, sondern er richtet sich nach einer Einteilung in Entwicklungsstufen sozio-ökonom. Art, die zeitlich parallel liegen können. Danach wird die K. als sog. Entwicklungsstufe 2. Ordnung entweder dem Neolithikum oder dem *Metallikum* – beides Entwicklungsstufen 1. Ordnung – zugewiesen. Die meisten Kulturen, auf die der ungenaue Begriff K. angewandt wird, sind, exakter bezeichnet, Kulturen des *Chalkolithikums* das als Entwicklungsstufe 2. Ordnung dem Neolithikum angehört. Darunter werden Kulturen gruppiert, die gediegenes Kupfer oder aus einfachen Kupfererzen erschmolzene Reduktionsprodukte verarbeiteten oder aber so viele Kupferobjekte verwendeten, daß eine eigene Produktion angenommen werden muß. Mitteleurop. Kulturen des Chalkolithikums sind z. B. die *Altheimer Gruppe,* die *Mondsee-* u. die *Pfyner Kultur,* die Erscheinungen der *Glockenbecher-Kultur* u. der *Schnurkeramik,* aber auch die frühe *Aunjetitzer Kultur.* Kulturen, die nur vereinzelte Kupferfunde aufweisen, können also nicht zum Chalkolithikum gerechnet werden.

In Südosteuropa u. dem Vorderen Orient spricht man meist von Äneolithikum, jedoch können, vor allem auf dem Balkan, Kulturen wie *Gumelnita-, Bodrogkeresztúr-Kultur* wegen der reichhaltigen Metallfunde als *Kupfer-Metallikum* bezeichnet werden (d. h. eine Entwicklungsstufe 2. Ordnung, die dem Metallikum angehört), das sich durch das Schmelzen metall. Kupfers u. die Verwertung komplexer Erze auszeichnet. Auch wurde hier schon, aufgrund reicher Gräberfelder wie z. B. Warna oder auch durch die Siedlungsstruktur, eine stärker zentrierte soziale Organisation herausgearbeitet. Auf dem Balkan u. bes. im Vorderen Orient sind wahrscheinlich die Entstehungszentren der Kenntnis des Kupferschmelzens zu suchen. Von dort scheint diese Kenntnis nach Westeuropa vorgedrungen zu sein, denn hier findet sich im Gegensatz zu den östl. Gebieten keine einfache Vorstufe der Metallverarbeitung, wie z. B. Schmuckstücke, die aus gediegenem Kupfer gehämmert wurden. Man verwendet hier meist den Begriff Chalkolithikum. Befestigte Siedlungen auf der Iberischen Halbinsel (z. B. *Los Millares, Orce, Vila Nova de São Pedro* u. *Zambujal*) werden auch als Kolonien der K. bezeichnet, wobei durch Analogien zu Befestigungen auf den Kykladen auf Siedler aus diesem Bereich geschlossen wurde, die auf der Suche nach neuen Kupfervorkommen waren. Ihre Keramik ist im Vergleich zur neolith. Keramik der Iberischen Halbinsel viel besser verarbeitet. Diese Kolonien, die ihrer Grabsitte wegen auch unter dem Begriff *Kuppelgrab-Kulturen* zusammengefaßt werden, ließen sich möglicherweise auch als Kupfer-Metallikum bezeichnen, da die Kupferverarbeitung wohl der Anlaß zum Bau der Befestigungsanlagen war u. diese wiederum eine stärkere soziale Organisation anzeigen; ebenso enthält die etwas jüngere span. *Argar-Kultur,* die als bronzezeitl. gilt, zumindest in ihren frühen Stadien keine echte Zinn-Bronze u. stellt damit ein typisches Kupfer-Metallikum dar. Die meisten der genannten Kulturen gehören in die Jahrhunderte um 2000 v. Chr.

Kuppelgrab, eine bes. in der späteren myken. Kultur vorkommende Form des Fürstengrabs, wobei eine hohe Grabkammer in Form eines „falschen Gewölbes“ (allmähl. Überkragen der Steine nach innen, so daß der Raum nach oben immer enger wird) ausgebildet ist; zugängl. durch einen Gang.

Kuppelgrabkulturen, prähistor. Kulturgruppen des 3. Jahrtausends v. Chr., die die Kupferzeit der Iberischen Halbinsel charakterisieren. Typisch sind Befestigungen mit mehreren Mauerzügen, teils ringförmig, teils als Abschnittsmauern. Neuerdings fanden sich im S Portugals auch Freilandsiedlungen mit ähnlicher Keramik. Benannt werden die Gruppen nach der Bestattungssitte im → Kuppelgrab *(Tholos)* oder Felskuppelgrab als Kollektivbestattung. Kuppeln mit falschem Gewölbe wurden auch in den Siedlungen festgestellt. Diese Architektur, eine entwickelte Kupferverarbeitung, Keramik von technisch hoher Qualität u. küstennahe Verbreitung scheinen durch Kulturvergleich auf eine Einwanderung aus dem Ostmittelmeerraum zu deuten, weshalb sie oft in der Literatur einfach als „Kolonien“ bezeichnet werden. Innerhalb ihrer Kulturentwicklung treten sog. Glockenbecher auf, die einen jüngeren Horizont der K. charakterisieren. Wichtige Fundplätze sind die Siedlungen von *Los Millares, Vila Nova de São Pedro* u. *Zambujal.*

Kuppelmausoleum, für die pers. Baukunst des 13./14. Jh. charakterist. Form der *Türbe*; ursprüngl. im 10. Jh. in Turkistan, unter den Mamluken in die islam. Baukunst Ägyptens eingeführt, unter den Moguln in Indien *(Taj Mahal).*

Kur [ahd. *churi*, „Wahl“], die Wahl des dt. Königs durch die Kurfürsten. Abkürzend bezeichnet K. auch das Kurfürstentum oder die Kurwürde.

Kuranda, Ignaz, österr. Publizist u. Politiker, * 1. 5. 1812 Prag, † 3. 4. 1884 Wien; war Korrespondent der Augsburger „Allgemeinen Zeitung“ in Paris u. in Brüssel, gründete 1841 die liberale Wochenzeitschrift „Die Grenzboten“, die seit 1842 in Leipzig erschien. Als Mitgl. der Frankfurter Nationalversammlung gründete er 1848 in Wien die Tageszeitung „Ostdeutsche Post“. 1861 wurde er Mitgl. des österr. Reichsrates.

Kurantgeld [frz.], *Kurant*, voll ausgeprägtes Geld (Gold- u. Silbermünzen), bei dem der Metallwert dem aufgeprägten Geldwert entspricht.

Küraß [der; frz.], ein ursprünglich aus Leder (frz. *cuir*) mit eiserner Überlage gefertigter *Harnisch*, der von den *Kürassieren* u. ähnl. Reitertruppen im Krieg als Schutz von Brust u. Rücken angelegt wurde; in Preußen seit Ende des 18. Jh. nur noch zu Paraden u. ä., in Frankreich noch im Krieg 1870/71.

Kürassiere [frz.], geharnischte Reitertruppe seit dem 16. Jh. Sie trugen bis ins 18. Jh. noch den *Küraß* u. bildeten einen Teil der *schweren Kavallerie.* Ihnen ähnlich waren die *Schweren Reiter* (in Bayern u. Sachsen), ebenso die seit etwa 1900 gebildeten Regimenter *Jäger zu Pferd.*

Kurator, Bez. für die Träger außerordentlicher Ämter in verschiedensten Verwaltungsbereichen des Röm. Reiches. Zur Zeit der Republik waren die K.en zunächst durch Gesetz bestellte Hilfsbeamte; zur Kaiserzeit mit größerer Machtfülle ausgestattete Aufsichtsbeamte über öffentl. Einrichtungen, die in der Republik dem Amtsbereich des *Zensors, Aedilen* oder *Quästors* zugehörten, z. B. die Lebensmittelversorgung der Hauptstadt *(cura annonae)*, die Beaufsichtigung u. Instandhaltung öffentlicher Straßen *(cura viarum)* u. die Wasserversorgung *(cura aquarum).*

Kuratorium Unteilbares Deutschland, überparteiliche Organisation, gegr. 1954 mit dem Ziel, in der Bevölkerung der BR Dtschld. den Gedanken an die Wiedervereinigung Deutschlands lebendig zu erhalten.

Kurbrandenburg, abkürzende Bez. für das Kurfürstentum → Brandenburg.

Kurden, Volk mit indoeurop. Sprache in entlegenen gebirgigen Teilen Vorderasiens, meist Moslems. Nach Schätzungen leben im W Irans rd. 2,5 Mill., in der östl. Türkei rd. 3 Mill., im nördl. Irak rd. 2,5 Mill., im nordöstl. Syrien rd. 300 000 u. in Armenien u. Georgien rd. 100 000 K. Das größte geschlossene Verbreitungsgebiet liegt im Grenzgebiet von Türkei, Iran u. Irak. In den jeweiligen Staaten sind die K. eine Minderheit. Sie zerfallen in zahlreiche Stämme, die sich früher heftig bekämpften; die Sitte der Blutrache ist noch heute Tradition. Die K. leben in festen Gehöften; ihre Haupterwerbszweige sind Akkerbau u. Viehzucht; berühmt sind die Knüpfteppiche. Den K. verwandt sind die *Luren.*

Die Herkunft des kurd. Volkes ist umstritten. Erste Hinweise finden sich jedoch bereits in Keilschriften aus assyr. Zeit. Ethn. Verbindungen bestehen zu den Medern. Im 7. Jh. gerieten die K. unter den Einfluß des Islams. Innerhalb der islam. Vielvölkerstaaten lebten die K. in kleineren lokalen Fürstentümern. 1639 gelangte der größte Teil des kurd. Gebiets an das Osman. Reich. Bei dessen Auflösung wurde den K. im Friedensvertrag von Sèvres 1920 ein eigener Staat zugesagt. Spätere Regelungen teilten das Gebiet jedoch zwischen Iran, Irak, der Türkei u. der Sowjetunion.

Die Politik der Türkei zielte darauf ab, die Kurden in den türkischen Staat zu integrieren. Kurdische Autonomiebestrebungen führten 1925 und 1937 zu bewaffneten Auseinandersetzungen. Seit den 1980er Jahren radikalisierte sich der kurdische Kampf um Autonomie. Die 1978 gegr. PKK (Arbeiterpartei Kurdistans) begann einen Guerillakrieg gegen die türk. Armee, der sich seit 1991 verschärfte.

Das Militär im Iran ging 1946 gegen die kurd. Republik Mahabad vor. Nach dem Sturz des Schah-Regimes kämpften die K. erfolglos gegen die neuen Machthaber.

1958 kam es im Irak zu bewaffneten Auseinandersetzungen. 1966 u. 1970 wurden Versuche unternommen, den Konflikt beizulegen (Zusage der Autonomie für kurd. Gebiete, Aufnahme kurd. Minister in die Regierung); doch flackerten die Unruhen immer wieder auf. Eine umfassende Erhebung der K. wurde 1975 niedergeschlagen, nachdem der Iran den Aufständischen die bisherige Unterstützung entzogen hatte. Nach dem Waffenstillstand im irak.-iran. Krieg 1988 gingen irak. Truppen mit großer Härte gegen die kurd. Siedlungsgebiete vor, über 100 000 K. flüchteten in die Türkei. Nach dem 2. Golfkrieg 1991 kam es erneut zu einem bewaffneten Aufstand der K. im Irak, der vom Militär niedergeschlagen wurde. Etwa 2 Mill. K. flüchteten in die Türkei u. den Iran. Um die Flüchtlinge zur Rückkehr zu bewegen, wurde im Nordirak von der UNO eine Schutzzone eingerichtet, in der sich eine autonome kurd. Verwaltung etablierte. Hier kam es seit 1993 zu Auseinandersetzungen zwischen rivalisierenden K.organisationen. 1995 führte die Türkei eine umfangreiche Militäraktion gegen kurd. Stellungen innerhalb der Schutzzone durch.

Kurella, Alfred, Politiker u. Schriftsteller, * 2. 5. 1895 Brieg, † 12. 6. 1975 Berlin (Ost); seit 1919 Mitgl. der KPD u. Funktionär in internationalen kommunist. Organisationen in Dtschld., Frankreich u. der Sowjetunion (1934–1954 dort ansässig); 1954–1957 Direktor des Instituts für Literatur, Leipzig; 1957–1963 Leiter der Kommission für kulturelle Fragen beim Politbüro des ZK der SED; 1965–1974 Vize-Präs. der Dt. Akademie der Künste.

Kurfürsten, *Elektoren*, im Hl. Röm. Reich seit dem 13. Jh. die zur Königswahl berechtigten Fürsten; nach dem *Sachsenspiegel* um 1250 die *Erzbischöfe von Trier, Mainz* u. *Köln*, der *Pfalzgraf bei Rhein*, der *Herzog von Sachsen*, der *Markgraf von Brandenburg*, später auch der *König von Böhmen.* Rudolf von Habsburg erstrebte die Mitverantwortung der K. bei Verfügung über Reichsgüter u. -rechte. Sie wurden im Lauf der Zeit zu Gegenspielern des Königtums, indem sie die Wahl zu eigenem Vorteil ausnutzten u. ihnen genehme Könige wählten. Nach der Doppelwahl von 1314 erkannte der *Kurverein von Rhens* den Grundsatz der Mehrheitswahl an, der 1356 in die Goldene Bulle überging. Abgestimmt wurde in der Reihenfolge: Trier, Köln, Böhmen, Pfalz, Sachsen, Brandenburg, Mainz. Aus bes. Anlässen schlossen sich die K. zu einem *Kurverein* zusammen, u. auf Reichstagen bildeten sie die *erste Kurie.* – Böhmen schied seit den Hussitenkriegen bis 1708 aus, die Rheinpfalz verlor 1623 das Kurrecht an Bayern, bekam aber 1654 eine 8. Kurstimme, die durch Erbgang 1777 wieder mit der bayer. vereinigt wurde. 1692 wurde der Herzog von Braunschweig-Lüneburg Kurfürst von Hannover.

Durch den *Reichsdeputationshauptschluß* wurde die Kur von Mainz auf Regensburg übertragen. Für die an Frankreich abgetretenen K.tümer Köln u. Trier wurden 4 neue geschaffen: Württemberg, Baden, Hessen-Kassel u. Salzburg (statt dessen seit 1805 Würzburg). Durch den *Rheinbund* wurde das Kurkolleg aufgelöst, nur Hessen-Kassel behielt den Titel (Kurhessen) bis 1866.

Kurgan [der; türk., slaw.], Bez. für die Hügelgräber in Ost- u. Südosteuropa u. in West- u. Südsibirien. Bes. bekannt sind die reich ausgestatteten K.e aus der 2. Hälfte des 1. Jahrtausends v. Chr. bis in die ersten nachchristl. Jahrhunderte aus den Steppengebieten der Ukraine u. Südsibiriens, vor allem die der *Skythen*, meist mit holzgezimmerter Grabkammer.

Kurhessen, 1803–1866 Bez. für Hessen-Kassel; → Hessen.

Kuriatstimme [lat.], eine gemeinsame Stimme (Stimmabgabe) für die in einer *Kurie* zusammengefaßten Stimmberechtigten; z. B. im Reichstag des Hl. Röm. Reichs u. im engeren Rat des Dt. Bunds; Gegensatz: die von einer Einzelperson abgegebene Stimme *(Virilstimme).*

Kurie, im MA eine lehnsrechtl. Institution zur Wahrnehmung der Rechtsprechungs- u. Verwaltungsaufgaben „aller Herren, die öffentl. Gewalt auszuüben hatten“. Seit dem späten MA setzten sich die Reichs- u. Landtage aus Kurien (korporative Standeseinheiten) zusammen.

K. hieß auch das Versammlungsgebäude des röm. Senats auf dem Forum Romanum. Nach der Überlieferung schon in der etrusk. Königszeit gegründet, wurde es mehrfach erneuert, zuletzt von *Diocletian* 303 n. Chr. (schlichter rechteckiger Saal, heute wiederhergestellt). Auch Provinzstädte hatten eine K.

Kurienwahlrecht, in der österr.-ungar. Monarchie 1861–1907 die gesetzl. Grundlage für die Wahlmänner, die die Landtagsmitglieder wählten, die ihrerseits (bis 1873) die Reichsratsmitglieder wählten. Die Wahlen wurden nach Wählerklassen, *Kurien* genannt, durchgeführt. Die Kurien selbst wurden nach Mindest-Steuerleistungen festgesetzt *(Klassenwahlrecht).*

Kurier [frz.], Eilbote; bes. im diplomat. Dienst der mit der Beförderung von Mitteilungen beauftragte Angestellte oder Beamte. Das *K.gepäck* unterliegt in der Regel nicht der Durchsicht (Stichproben sind gestattet), niemals aber der Beschlagnahme.

Kurigalzu, Name mehrerer babylon. Könige:

1. *K. I.*, König im 15./14. Jh. v. Chr., führte Babylonien zur Weltmachtstellung u. erbaute die Stadt *Dur-K.* nordwestl. von Bagdad mit Tempeln u. Palästen. Eine seiner Töchter wurde mit dem Pharao *Amenophis II.* verheiratet.

2. *K. II.*, regierte um 1339–1317 v. Chr., Sohn des *Burnabarias.* Er erhob sich gegen die assyr. Herrschaft, verlor jedoch eine bedeutende Schlacht gegen Enlil-Narari u. mußte Gebiete an Assyrien abtreten. Als *Elam* ihn zum Krieg provozierte, konnte er zunächst siegen, Elam verwüsten u. Susa erobern; es gelang ihm aber nicht, eine dauerhafte Herrschaft über Elam zu errichten.

Kurland, lett. *Kurzeme*, histor. Landschaft in Lettland; benannt nach dem lett. Stamm der *Kuren (Curones)*, die K. spätestens seit dem 10. Jh. bewohnten. Die Kuren wurden im 13. Jh. vom *Dt. Orden* unterworfen u. christianisiert; K. kam zu einem Drittel unter die Landesherrschaft des vom Dt. Orden abhängigen Bischofs von K., zu zwei Dritteln wurde es Ordensland u. gehörte damit als Teil des *Livländ. Bunds* zum Dt. Reich. Beim Zerfall Livlands wurde K. einschl. Semgallen 1561 unter dem letzten livländischen Ordensmeister Gotthard *Kettler* weltl. Herzogtum unter poln. Lehenshoheit. Seit dem Nord. Krieg (1700–1721) stand K. unter überwiegend russ. Einfluß; Zarin *Anna* setzte 1737 die Wahl ihres Günstlings E. J. *Biron* zum Herzog von K. durch. 1795 wurde K. auf Antrag des kurländ. Landtags Rußland einverleibt u. war fortan eine der russ. Ostseeprovinzen. Es behielt weitgehend seine eigenständige Verfassung u. der dt.-balt. Adel seine wirtschaftl., polit. u. kulturell beherrschende Stellung. Nach der Proklamierung der Republik Lettland 1918 wurde K. lett. Provinz. In den beiden Weltkriegen Kriegsschauplatz, wurde es 1940 Teil der UdSSR *(Lett. SSR)*, seit 1991 Teil der Republik Lettland.

Kurlande [Pl.], der Teil der kurfürstl. Territorien, mit dem die Kurwürde verbunden war. In der *Goldenen Bulle* (1356) wurden für die K. Unteilbarkeit u. die Erbfolge nach der Primogenitur (Vorrecht des Erstgeborenen u. seiner Linie) festgelegt.

Kurmark, Bez. für die Kurlande (13. Jh.–1806) der Mark *Brandenburg*; bestehend aus der *Alt-, der Mittel-* u. der *Uckermark*, der *Prignitz* u. aus *Beeskow-Storkow*.

Kurpfalz, Bez. für die ehem. Kurlande der → Pfalz.

Kursachsen, Bez. für das ehem. Kurfürstentum → Sachsen.

Kuruzen, die 1514 unter G. *Dózsa* zuerst als Kreuzfahrer (lat. *cruciati*), dann zum Aufstand gegen die Habsburger vereinigten ungar. Bauern; im 17. u. zu Anfang des 18. Jh. die Anhänger des Grafen Imre *Thököly* u. Franz *Rákóczis II.* Ihre Kämpfe werden in der ungar. Geschichte *K.kriege* u. ihre Zeit *K.zeit* genannt. Die Lieder u. Gesänge der K. sind gesammelt u. veröffentlicht.

Kurverein von Rhens, die Vereinigung der dt. *Kurfürsten* mit Ausnahme Böhmens in Rhens am Rhein am 15./16. 7. 1338 unter der Führung *Balduins von Luxemburg*, Erzbischofs von Trier, die in einem Weistum den päpstl. Anspruch auf Approbation eines von ihnen mit Mehrheit gewählten dt. Königs zurückwies u. diesem im dt. u. außerdt. Reichsgebiet die Herrschaft zuerkannte.

Kurzes Parlament, das von *Karl I.* von England nach elf Jahren parlamentsloser Regierung einberufene erste Parlament des Jahres 1640, das sich jedoch erst nach Erfüllung seiner Reformforderungen den Wünschen des Königs fügen wollte u. deshalb von Karl I. aufgelöst wurde, bevor es eine Petition gegen den Krieg mit Schottland, zu dessen Finanzierung es berufen worden war, verabschieden konnte. Noch im gleichen Jahr mußte Karl I. das Lange Parlament berufen.

Kusch, das altägypt. *Nubien*, ein Land am mittleren Nil, südl. von Ägypten, nördl. des heutigen Äthiopien; seine hamit. Bewohner waren den Ägyptern u. Libyern verwandt. Ägypten trieb schon früh mit Nubien Handel; es bezog von dort vor allem Gold, Ebenholz u. Elfenbein u. herrschte zeitweilig über das Land; seit *Tuthmosis III.* (etwa 1490 bis 1436 v. Chr.) lag die südl. Grenze des ägypt. Kolonialgebiets am 4. Nilkatarakt bei Napata. Um 850 v. Chr. gründete ein einheim. Fürstengeschlecht das Reich K. mit der Hptst. Napata. Es wurde so mächtig, daß es als 25. Dynastie (um 745–653 v. Chr.) über Ägypten herrschte; seine Kultur u. Religion waren rein ägyptisch. Nachdem die Herrschaft über Ägypten zu Ende gegangen war, dehnte das Reich K. seine Macht nach S über den Sudan aus, was für die afrikan. Kulturgeschichte von großer Bedeutung war. Um 300 v. Chr. wurde die Hptst. nach Meroë verlegt; seit 200 v. Chr. nahm der ägypt. Einfluß ab. Ältere Inschriften sind ägyptisch, seit etwa 200 v. Chr. wurden sie in einer aus den ägypt. Hieroglyphen entwickelten Buchstabenschrift *(meroitische Schrift)* abgefaßt.

Kushan ['kuʃan], *Kuschana*, zentralasiatisch-indisches Reich u. Königsdynastie etwa 40–320 n. Chr. (oder seit dem 1. Jh. v. Chr.?); begründet von dem Häuptling des K.-Stammes der zentralasiatischen Yüechi Kudschule (Kujula), *Kadphises I.*, der sich zum König des Reichs in Hindukusch machte u. ins Kabultal vordrang. Sein Sohn *Wima (Vima) Kadphises II.* eroberte Nordwestindien u. setzte einen Vizekönig in Nordindien ein, mußte aber noch Tribute an China zahlen, die erst *Kanischka* (Kaniška), der bedeutendste K.-Herrscher, einstellen konnte. Unter dessen Herrschaft gelangte das K.reich zur größten Ausdehnung u. höchsten kulturellen Blüte (Vermischung von Buddhismus u. Zarathustrismus). Wohl im 3. Jh. brach das Reich in kleinere, von den Sassaniden abhängige Staaten auseinander. Das letzte von den K. beherrschte Gebiet um Kabul wurde im 5. Jh. von den Weißen Hunnen *(Hephthaliten)* erobert.

Kutha, die heutige Ruinenstätte *Tell Ibrahim*, Stadt im alten Mittelbabylonien. Einwohner von K. wurden von *Sargon II.* nach Nordisrael umgesiedelt *(Kuthäer).*

Kütschük Kainardschi, *Küçük-Kainardci*, Ort in der Dobrudscha. Der *Friede von K.K.* 1774 beendete den russ.-türk. Krieg (1768 bis 1774). Rußland erwarb das Gebiet zwischen Bug u. Dnjepr, Asow sowie die Meerengen von Kertsch u. wurde zur „Schutzmacht" der orthodoxen Balkanvölker.

Kuwait KWT

Staat Kuwait

Fläche: 17818 km². – *Einwohner:* 1,8 Mill. – *Hauptstadt:* Kuwait. – *Landessprache:* Arabisch. – *Nationalfeiertag:* 25. 2. – *Währung:* 1 Kuwait-Dinar = 1000 Fils. – *Lage:* zwischen 28°30′ und 30°10′ n. Br. sowie 46°30′ und 48°30′ ö. L. – *Zeitzone:* Mitteleuropäische Zeit + 2 Std. – *Grenzen:* im N Irak, im O Persischer Golf, im S Saudi-Arabien. – *Staatsform:* absolute Monarchie (Emirat) mit Machtteilhabe der Herrscherfamilie und parlamentarischen Ansätzen.

Kuwaitische Frauen feiern das Ende des Golfkriegs 1991

Der Staat entstand 1756, als ein Scheich aus der heute noch regierenden Dynastie *As Sabah* die Macht übernahm. Die Familie Sabah hatte sich nach dem Niedergang der portugies. Herrschaft an den Küstenplätzen des Persischen Golfs, wo u. a. der Ort K. von portugies. Seefahrern zu einem Handelsstützpunkt ausgebaut worden war, angesiedelt. Die Sabah gehörten einem Teilstamm der in Hedjas ansässigen *Anaza* an, der um 1710 in das Staatsgebiet des heutigen K. eingewandert war. Unter dem Druck der aus Zentralarabien vordringenden *Wahhabiten* suchte K. stärkeren Rückhalt zunächst bei der Türkei u. erkannte 1829 vertraglich die osmanische Oberhoheit an. 1871 wurde es dem türkischen Wilajet (Amtsbezirk) Basra angeschlossen; Statthalter des Distrikts war der Emir von K. Dem zielstrebigen Ausbau der brit. Kolonialherrschaft am Persischen Golf war die Eroberungspolitik der Wahhabiten im Wege. 1791 unterstützte deshalb die engl. Ostindien-Kompanie K. im Kampf gegen die Wahhabiten, u. 1792 errichtete die Kompanie eine Faktorei auf kuwaitischem Gebiet. 1899 schloß die brit. Regierung einen Vertrag mit dem Emir, der das Land brit. Schutz unterstellte.

K. blieb bis 1961 brit. Protektorat. Großbritannien verteidigte das Emirat gegen den Angriff der *Schammar* u. gegen türk. Versuche, die Oberhoheit durchzusetzen. Die Briten sicherten sich das Recht zur Kontrolle der Küstengewässer u. zur Nutzung der Perlen- u. Schwammfischerei sowie der Erdölfelder. 1934 wurde die erste Erdölkonzession an ein brit.-amerikan. Konsortium erteilt. In den *Pariser Vorortverträgen* verzichtete die im 1. Weltkrieg unterlegene Türkei auf Ansprüche in K. Die heutigen Grenzen wurden 1922 fixiert. K. nutzte seine hohen Erdöleinkünfte, um soziale Einrichtungen auszubauen (Schul- u. Gesundheitswesen, Alters- u. Arbeitslosenversicherung, Arbeitsschutz, Wohnungsbau, Trinkwasserversorgung), aber auch um die palästinensischen Organisationen u. die am Nahostkonflikt beteiligten arab. Staaten zu unterstützen.

Gute außenpolit. Beziehungen entwickelte K. zu Saudi-Arabien, während das Verhältnis zu Irak, der die Selbständigkeit K.s erst 1963 anerkannte, gespannt blieb. Im August 1990 annektierte Irak K., das 1991 durch alliierte Truppen im → Golfkrieg (2) befreit wurde. 1992 u. 1996 fanden Wahlen zur Nationalversammlung statt.

Kwantung-Armee, eine ca. 5000 Mann starke japan. Truppe zum Schutz der Südmandschurischen Eisenbahnlinie von Port Arthur nach Harbin; seit dem *japan.-russ. Krieg* 1905 größtenteils in dem japan. Pachtgebiet Kwantung (Guandong) stationiert. Die eigene Befehlsgewalt ab 1919 gab der K. eine große Unabhängigkeit von der zivilen wie militärischen Führung in Tokio. Nach dem von ihr inszenierten Mukden-Zwischenfall 1931 besetzte die K. die geo- u. wirtschaftsstrategisch wichtige Mandschurei; sie errichtete dort den von ihr kontrollierten Marionettenstaat *Mandschukuo*, in dem sie ihre Vorstellungen einer staatlich gelenkten industriellen wie agrarischen Kriegswirtschaft als Grundlage für die japan. Hegemonie in Asien zu verwirklichen suchte.

Kyaxares, Name zweier medischer Könige: **1.** *K. I.*, König um 714–685 v. Chr. **2.** *K. II.*, König um 623–584 v. Chr.; eroberte zusammen mit König *Nabopolassar* von Babylon zwischen 614 u. 612 v. Chr. das Assyrerreich u. erhielt alle Länder östl. des Tigris; außerdem brachte er die Achämenidenkönige *Kyros I.* u. *Ariaramnes* unter seine Oberhoheit.

Kyffhäuser, nordthüring. Bergrücken in der südl. *Goldenen Aue*, paläozoisches Pultschollengebirge, im *Kulpenberg* 477 m, im *K.* 457 m. Das kalkige Gestein am Südrand ist reich an Höhlen *(Barbarossahöhle)*. 1896 wurde das *K.denkmal* eingeweiht (mit den Figuren Barbarossas u. Wilhelms I.). Die Kaisersage knüpft an die im 11. Jh. gegr., 1118 zerstörte, danach wieder errichtete u. vor allem durch Barbarossa ausgebaute sächs. Kaiserburg *Kyffhausen* an, die im 16. Jh. verfiel.

Kyffhäuserbund *der Deutschen Landeskriegerverbände*, 1900 gegründeter Dachverband, in dem die meisten dt. Kriegervereine (Organisationen ehem. Soldaten) zusammengeschlossen waren. Er pflegte militär. u. monarchist. Traditionen u. vertrat eine nationalist. Politik. 1914 hatte der K. fast 2 Mill. Mitglieder. 1922 schloß er sich mit dem *Dt. Kriegerbund* zum *Dt. Reichskriegerbund Kyffhäuser* zusammen; dieser wurde 1938 in den *Nationalsozialistischen Reichskriegerbund* umgebildet. 1943 wurden die Leitungsorgane aufgelöst, die örtl. Kriegervereine der NSDAP unterstellt. In der BR Dtschld. wurde der K. 1951 wiedergegründet.

Kykladen-Kultur, bronzezeitl. Kultur auf den Kykladen u. den anderen griech. Inseln von der Mitte des 3. bis zur 1. Hälfte des 2. Jahrtausends v. Chr.; gehörte mit der *hellad. Kultur* des festländ. Griechenland u. der *minoischen Kultur* zum ägäischen Kulturkreis. Typisch sind die liegenden, stehenden oder sitzenden, stilisierten, flachen oder violinförmigen, selten auch naturalist. Idole (meist Frauengestalten) aus Marmor. Im 2. Jahrtausend v. Chr. geriet die K. unter minoischen, nach 1400 v. Chr. unter myken. Einfluß, womit sie ihre Selbständigkeit verlor.

Kylon, athen. Aristokrat u. Olympiasieger, Schwiegersohn des Tyrannen *Theagenes* von Megara. K.s Versuch, in Athen eine Tyrannis zu errichten (636 oder 632 v. Chr.), wurde von dem Archon *Megakles*, einem Alkmäoniden, unterdrückt. K. konnte fliehen, seine Anhänger wurden von den Altären, zu denen sie sich geflüchtet hatten, fortgerissen u. niedergemetzelt; das hierdurch *(Kylonischer Frevel)* befleckte Geschlecht der Alkmäoniden wurde daraufhin vorübergehend aus Athen verbannt.

Kylydsch-Arslan I., *Kilidsch Arslan, Kılıc Arslan*, Seldschukenfürst 1092–1108, † 1108; schuf im östl. Kleinasien um 1092 das Fürstentum *Rum*. Seine Nachfolger herrschten in Konya bis 1307.

Kymren, *Cymri, Cymry*, die *Kelten* in Wales, mit eigener Sprache, Literatur u. bis heute bewahrtem Volkstum.

Kyoto, *Kioto*, früher *Mijako, Miyako*, japan. Präfektur-Hptst. im südl. Honschu, nordöstl. von Osaka, am Kamofluß, 1,48 Mill. Ew.

K. wurde 794 unter dem Namen *Heiankyo* („Friedensresidenz") zur Hptst. des japan. Reiches erhoben. Bis 1869 blieb es Sitz des Kaisers u. des Hofadels *(Kuge)*. Die symmetrische Anlage der Stadt um eine Nord-Süd-Achse folgte dem Vorbild von *Nara*: 33 parallele, schnurgerade Straßen werden von 39 Straßen rechtwinklig geschnitten, so daß gleich große Wohnviertel für jeweils 32 Familien als kleinste, bis heute erhaltene Verwaltungseinheit („cho") entstanden. K. blieb immer Mittelpunkt des kulturellen u. religiösen Lebens in Japan. Alle Epochen der japan. Kultur u. Geschichte haben in der Stadt ihre Spuren hinterlassen. Sie beherbergt im harmonischen Nebeneinander fast 1000 buddhist. Klöster, Schinto-Schreine, Tempelanlagen u. Paläste mit berühmten Landschaftsgärten. Zu den kostbaren Sehenswürdigkeiten K.s gehören der „Goldene Pavillon" (*Kinkakuji-Tempel*, 14. Jh., 1950 abgebrannt, stilgetreu wiederaufgebaut), der *Daitokuji-Tempel* (17. Jh.) sowie der *Schimogamo-Schrein*, der *Koryuji-Tempel*, das Schintoheiligtum *Heian*, der *Nijo-Palast*, der *Honkokuji-* u. der *Nishi-Honganji-Tempel*, der *Yasaka-Schrein* u. a. Die kaiserl. Villa *Katsura*, eine Palastanlage aus dem 17. Jh. mit Parks, Teichen u. Wäldern, gilt als typisches Beispiel japan. Architektur. – K. wurde im 2. Weltkrieg auf Intervention US-amerikan. Japankenner hin nicht bombardiert.

Kypselos, Tyrann von Korinth in der 2. Hälfte des 7. Jh. v. Chr., Vater des *Periander*; beseitigte als Bauernführer die Adelsherrschaft der *Bakchiaden*, zog ihren Besitz ein u. verteilte ihn an seine bäuerlichen Anhänger. K. gilt als maßvoller u. friedliebender Herrscher. Er soll eine mit Gold u. Elfenbein verzierte Truhe aus Zedernholz (sog. *Kypseloslade*) nach Olympia gestiftet haben, die noch im 2. Jh. n. Chr. gezeigt wurde.

Kyrene, *Cyrene*, altgriech. Stadt, im 7. Jh. v. Chr. durch Einwanderer von der Insel Thera gegr., Hptst. der *Cyrenaica*, 15 km von der heutigen libyschen Küste entfernt; unter dem Königsgeschlecht der *Battiaden* (7.–5. Jh. v. Chr.) bedeutende Handelsstadt, Heimat des Dichtergelehrten *Kallimachos*, des Geographen *Eratosthenes* u. des Philosophen *Aristippos*; in hellenist. Zeit unter der Herrschaft der *Ptolemäer*, seit dem 1. Jh. v. Chr. römisch u. mit *Kreta* zu einer Provinz zusammengeschlossen; während des Judenaufstands 114 n. Chr. verwüstet, unter *Trajan* u. *Hadrian* wiederhergestellt.

Kyros, [grch.], lat. *Cyrus*, altpers. *Kurusch*, altpers. Könige aus dem Geschlecht der Achämeniden: **1.** *K. I.*, etwa 640–600 v. Chr.; Sohn des *Teispes*, Vater des *Kambyses I.*; seit etwa 645 v. Chr. Vasall der Assyrer, dann, nach Untergang dieses Reiches im Jahre 612 v. Chr., unter medischer Oberhoheit.

2. *K. II., K. d. Gr.*, regierte 559–530 v. Chr.; Sohn des *Kambyses I.*, Vater *Kambyses II.*; Begründer der Vormachtstellung der Perser im Vorderen Orient; erhob sich 550 v. Chr. gegen die medische Vorherrschaft u. unterwarf Medien; eroberte 545 v. Chr. Lydien u. kurz darauf das übrige Kleinasien. 539 v. Chr. wurde Babylonien erobert u. Persien eingegliedert. K. fiel im Kampf gegen die Massageten, einen Volksstamm, der zwischen dem Kasp. Meer u. dem Aralsee ansässig war; sein Grabmal in *Pasargadä* wird noch heute gezeigt. Seine Politik gegenüber den unterworfenen Völkern war von religiöser Toleranz u. kluger Milde gekennzeichnet; er gestattete den Juden, aus der babylon. Gefangenschaft heimzukehren.

3. *K. der Jüngere*, jüngerer Sohn des *Dareios II.*, Bruder des *Artaxerxes II.*, * 423 v. Chr., † 401 v. Chr.; als Satrap im unterworfenen Lydien u. als Oberbefehlshaber der pers. Truppen in Kleinasien eingesetzt, strebte nach der Königswürde. Mit griechischer Unterstützung unternahm er einen Feldzug gegen seinen Bruder, fiel aber in der Schlacht bei *Kunaxa*, während sein Heer den Sieg erfocht. – Der griechische Geschichtsschreiber *Xenophon* beschrieb den Feldzug, an dem er selbst teilnahm, u. den anschließenden Rückzug der 10000 griech. Söldner in der „Anabasis".

Kyzikos, von *Milet* im frühen 7. Jh. v. Chr. gegr. griech. Kolonie am Südufer des Marmarameers, seit dem 6. Jh. v. Chr. unter lydischer u. dann pers. Herrschaft; Mitglied des 1. u. 2. Attischen Seebundes, wichtig als Prägeort von *Stateren* aus *Elektron (Kyzikenoi)*. 410 v. Chr. schlug dort *Alkibiades* die Flotte Spartas. Seit dem 3. Jh. v. Chr. autonom, verteidigte es sich 74/73 v. Chr. tapfer u. erfolgreich gegen *Mithridates VI.* von Pontos; dafür beließen es die Römer frei bis zur Mediatisierung durch *Tiberius* 25 n. Chr.; auch danach eine bedeutende, reiche Stadt; 543 durch ein Erdbeben zerstört.

KZ, Abk. für → Konzentrationslager.

L

Labná, Ruinenstätte der *Maya-Kultur* im südl. Yucatán (Mexiko); wichtiges Zeremonialzentrum während der klass. Zeit 200–900 n. Chr.; ein bedeutendes Architekturdetail in L. ist der große Torbogen, der zum Innenhof der Palastgruppe führt.

Labour Party ['lɛibə 'pa:ti; engl., „Arbeitspartei"], Abk. *LP*, brit. polit. Partei, hervorgegangen aus dem *Labour Representation Committee*, das 1900 von den Gewerkschaften sowie von sozialistischen u. sozialreformerischen Organisationen wie der *Independent L. P.* (gegr. 1893) zur Vertretung wirtschaftlich-sozialer Interessen der Arbeiter im Parlament geschaffen wurde. Die LP, die ihren Namen seit 1906 führt, verdrängte nach dem 1. Weltkrieg allmählich die Liberale Partei, mit der sie bis dahin durch Wahlabkommen verbunden war, aus ihrer Rolle im Zweiparteiensystem.

In beiden Weltkriegen beteiligte sich die LP an den Koalitionsregierungen. Nach den Wahlerfolgen von 1923 u. 1929 stellte sie jeweils für kurze Zeit mit Duldung der Liberalen Minderheitsregierungen, aber erst nach dem überwältigenden Wahlsieg von 1945 konnte sie die Verwirklichung ihrer programmatischen Forderungen beginnen. Nach der Wahlniederlage von 1951 geriet die Partei in eine Flaute u. blieb bis 1964 in der Opposition. Danach trug sie bis 1970 u. von 1974–1979 Regierungsverantwortung.

Nach der klaren Wahlniederlage von 1979 setzte sich der linke Flügel um A. W. *Benn* mit einer Statutenänderung durch. Wichtigste Neuerung war, daß der Parteiführer nicht mehr allein von der Unterhausfraktion gewählt wurde. Letztere hatte bei der Wahl nur noch 30 % Stimmenanteil. 30 % entfielen auf die Wahlkreisorganisationen, 40 % auf die Gewerkschaften. Aufgrund dieser Stärkung des linken Flügels trat J. *Callaghan* als Parteiführer zurück. Nachfolger wurde der Linke M. *Foot*. Infolge dieser Entwicklungen verließ der gemäßigte Flügel die LP u. gründete die *Social Democratic Party (SDP)*. Die Mehrheit der SDP fusionierte 1988 mit den Liberalen. Bei der Wahl 1983 erlitt die LP noch stärkere Verluste als 1979. Neuer Parteiführer wurde N. *Kinnock*. Nach einer weiteren Wahlniederlage 1987 wurde die Stellung

Marie Joseph de La Fayette. Gemälde von J. B. Court. Versailles, Museum

des linken Flügels schwächer; die LP wandte sich mit einem neuen Programm 1989 mehr den Mittelschichten zu. Trotzdem konnten auch die Wahlen 1992 nicht gewonnen werden. Daraufhin legte Kinnock sein Amt nieder. Nachfolger wurde J. *Smith.* Er setzte 1993 eine Statutenänderung durch, die den Einfluß der Gewerkschaften auf die Wahl der Parteispitze begrenzte. Nach seinem Tod 1994 übernahm A. *Blair* die Führung der LP u. gab ihr ein modernes Profil. Damit legte er den Grundstein für den Wahlsieg 1997. Bisher stellte die LP fünf Regierungschef: James R. *Macdonald* (Premierminister 1924 u. 1929–1935), Clement R. *Attlee* (Premierminister 1945–1951), Harold *Wilson* (Premierminister 1964–1970 u. 1974–1976), James *Callaghan* (Premierminister 1976–1979) u. Anthony *Blair* (Premierminister seit 1997).

Laches, Feldherr Athens im Peloponnesischen Krieg, Anhänger des *Nikias*; leitete 427 v. Chr. ein athen. Flottengeschwader, das die ionischen Städte an der Ostküste Siziliens gegen Syrakus unterstützte; fiel 418 v. Chr. als Stratege des athen. Korps in der Schlacht bei *Mantineia.* Nach ihm benannte *Platon* seinen Dialog über die Tapferkeit.

Lachis, *Lakisch, Lakhish, Lachish*, Siedlung im Westjordanland nordwestlich von Hebron; seit etwa 2800 v. Chr. nachweisbar; um 1580 v. Chr. von Ägypten zerstört; aus dem 15.–13. Jh. v. Chr. sind mehrere Tempel- u. Festungsbauten faßbar; ab etwa 1000 v. Chr. von Judäern besiedelt, mehrmals zerstört, aber bis in hellenistische Zeit nachweisbar.

Lachmiden, arab. Fürstengeschlecht, das vom Ende des 3. Jh. unter der Oberhoheit der Perser in *Hira* am Euphrat herrschte. 602 setzte der Perserkönig *Chosrau II.* ihrer Herrschaft ein Ende.

Lacy ['lasi], Franz Moritz Reichsgraf von, österr. Feldmarschall, *21. 10. 1725 St. Petersburg, †24. 11. 1801 Wien; kämpfte im Siebenjährigen Krieg; reformierte als Präsident des Hofkriegsrats (1766–1773) Heer u. Heeresverwaltung.

Ladislaus, Fürsten: → Wladislaw.

Lafargue [la'farg], Paul, französ. Sozialist, *15. 1. 1842 Santiago de Cuba, †25. 11. 1911 Draveil, Dép. Essonne (Selbstmord); Arzt; Schüler u. Schwiegersohn von K. *Marx*; 1880 Mitbegründer der französischen Sozialist. Arbeiterpartei u. führender Vertreter ihres linken Flügels; 1885–1893 Abg.; schrieb u. a. „Das Recht auf Faulheit".

La Fayette [lafa'jɛt], *Lafayette*, Marie Joseph *Motier*, Marquis de, französ. Offizier u. Politiker, *6. 9. 1757 Chavaniac, Auvergne, †20. 5. 1834 Paris; kämpfte als General seit 1777 im nordamerikan. Unabhängigkeitskrieg gegen die Engländer; 1789 in Frankreich als Vertreter des Adels Mitgl. der Generalstände, unterbreitete 1789 der Nationalversammlung einen Entwurf zur Erklärung der Menschenrechte; seit dem Bastillesturm Befehlshaber der Pariser Nationalgarde; Anhänger des konstitutionellen Königtums, floh nach dem Sturz der Monarchie 1792 ins Ausland u. wurde erst in der Restaurationszeit als Führer der Liberalen wieder politisch aktiv; seit 1818 liberaler Kammerdeputierter; 1830 erneut Befehlshaber der Nationalgarde, unterstützte die Thronbesteigung *Louis-Philippes.*

Laffitte [la'fit], Jacques, französ. Bankier u. Politiker, *24. 10. 1767 Bayonne, †26. 5. 1844 Paris; 1809–1813 u. 1814–1819 Gouverneur der Bank von Frankreich, gehörte seit 1816 zu den führenden Köpfen der liberalen Kammeropposition u. entschied 1830 mit seinem polit. Einfluß u. seinen finanziellen Mitteln die Thronbesteigung *Louis-Philippes*, dessen Min.-Präs. u. Finanz-Min. er 1830 wurde. Bereits 1831 mußte er jedoch wegen Differenzen mit dem Monarchen zurücktreten.

Lafontaine, Oskar, Politiker (SPD), *16. 9. 1943 Saarlouis; Physiker; 1976–1985 Oberbürgermeister von Saarbrücken; seit 1985 Min.-Präs. des Saarlandes; 1987–1995 stellvertr. Vors. der SPD, seit 1995 Vors. L. gilt als führender Vertreter des linken Flügels seiner Partei; 1990 Kanzlerkandidat.

Lagasch, sumerische Stadt, das heutige *Tello*, 100 km südöstl. von Kut Al Amara (Irak); bedeutend durch die altsumer. Dynastie von L., begründet von *Urnanse* (um 2500 v. Chr.). Der bekannteste Vertreter der neusumer. Dynastie von L. war *Gudea.* Die archäolog. Funde stammen vornehmlich aus der frühdynast. Epoche (z. B. Geierstele des Eannatum, Reliefplatte des Urnanse) u. aus neusumer. Zeit (sog. *Palast des Gudea*).

Lagiden, Beiname der → Ptolemäer, nach *Lagos*, dem Vater von *Ptolemaios I.*

Lagozza-Gruppe, Kulturgruppe der Jungsteinzeit in Oberitalien, benannt nach der Pfahlbaustation *Lagozza* in der Nähe von Mailand; einfarbige Keramik mit flötenartigen Warzen.

La Harpe [la 'arp], Frédéric César de, schweizer. Politiker, *6. 4. 1754 Rolle, Kanton Waadt, † 30. 3. 1838 Lausanne; 1784–1795 Erzieher des späteren Zaren *Alexander I.*, 1795–1798 im polit. Exil in Paris, betrieb als Anhänger der Französ. Revolution das Eingreifen Frankreichs in der Schweiz (1798), das der Waadt zur Selbständigkeit verhalf. 1798–1800 war er Mitgl. des Helvet. Direktoriums, nach dessen Auflösung floh er nach Paris. Auf dem Wiener Kongreß trat er für die Unabhängigkeit der Kantone Waadt u. Aargau ein.

Laing [læŋ], Alexander Gordon, brit. Afrikaforscher, *27. 12. 1793 Edinburgh, †26. 9. 1826 Arauan; erforschte 1822/23 Sierra Leone u. erreichte 1826 von Tripolis aus als erster europ. Forscher *Timbuktu*; auf dem Rückweg erschlagen.

Laizismus [la:i-; grch., zu *Laie*], seit der Französ. Revolution gebrauchter Begriff für eine Bewegung, die sich gegen jeden Einfluß des Klerus auf Staat, Kultur u. Erziehung ausspricht u. die Kirche in den rein sakralen Bereich zurückdrängen will. – Geschichtlich war der L. eine Reaktion auf Staatskirchentum u. kirchl. Privilegien, die in den *Laiengesetzen* ihren Höhepunkt fand.

Lakedämon [grch.], *Lakedaimon*, wohl auf die vordorischen Achaier in Lakonien zurückgehende offizielle Bezeichnung des spartan. Staates; sowohl Sparta, die Stadt der Spartiaten, wie auch die Periökenstädte umfassend; im modernen Sprachgebrauch häufig ungenau mit *Sparta* wiedergegeben.

Lakedämonier [grch.], *Lakedaimonier*, offizieller Name der freien Bürger des Staates Lakedaimon, gemeinsame Bezeichnung für *Spartiaten* u. *Periöken.*

Lamaismus, die tibet. Form des Buddhismus; von dem tibet. Wort *Lama* (Geistlicher) abgeleitet. Der Buddhismus wurde in Tibet von König Srongtsangampo (620–649) eingeführt; nach Konflikten mit der Bon-Religion setzte er sich um 1000 durch. Tibet wurde Kirchenstaat, regiert zunächst vom Sakyapa-Hierarchen, später vom Dalai-Lama u. dem Pantschen-Lama, den Oberhäuptern der Gelugpa. Der Lamaismus wurde auch Religion der Mongolen (1575) u. Mandschu (1600). Als die Mandschu 1644 den chines. Kaiserthron übernahmen, wurde er kaiserl. Familienreligion, während der Konfuzianismus Staatsreligion Chinas blieb. In Bhutan ist der Lamaismus noch Staatsreligion; in Indien ist er in Ladakh, Sikkim u. Arunachal Pradesh verbreitet.

La Marmora, Alfonso Ferrero Marchese, italien. Offizier u. Politiker, *18. 11. 1804 Turin, †5. 1. 1878 Florenz; Kriegs-Min. unter Graf *Cavour*, führte die Reorganisation des piemontes. Heeres nach preuß. Muster durch, befehligte 1859 das piemontes. Hilfskorps auf der Krim u. war 1866 Generalstabschef; 1859/60 u. 1864–1866 Min.-Präs.; schloß 1866 das Bündnis mit Preußen gegen Österreich.

Lambert *von Spoleto*, Kaiser, *um 876, †15. 10. 898 Marengo; Herzog von Spoleto; wurde von seinem Vater *Wido (Guido) II.*, dem ersten nichtkaroling. Kaiser, 892 zum Mitkaiser erhoben u. folgte ihm 894 auf den Thron. Gegen ihn berief u. krönte Papst *Formosus* 896 den Karolinger *Arnulf von Kärnten*, der jedoch L. nicht überwinden konnte.

Lambrequin [lãbrə'kɛ̃; der; ndrl., frz.], *Heraldik:* die Helmdecke.

Lambsdorff, Otto Graf, Politiker (FDP), *20. 12. 1926 Aachen; Rechtsanwalt, Bankkaufmann; seit 1972 Mitgl. des Bundestages, 1977–1984 Bundesminister für Wirtschaft, 1988–1993 Vors. der FDP.

Lamischer Krieg, 323/22 v. Chr., Kampf der Hellenen unter Führung Athens gegen die Makedonen, die von *Antipater* befehligt wurden; benannt nach der belagerten Stadt *Lamia*, in der Antipater (Antipatros) durch Leosthenes eingeschlossen wurde. Der Lam. Krieg endete mit der Unterwerfung Athens. Makedoniens Hauptgegner *Demosthenes* u. *Hypereides* fanden den Tod.

Lammasch, Heinrich, österr. Völker- u. Strafrechtslehrer, *21. 5. 1853 Seitenstetten, Niederösterreich, †6. 1. 1920 Salzburg; Prof. in Innsbruck u. Wien; 27. 10. –11. 11. 1918 letzter Min.-Präs. des kaiserl. Österreich; Teilnehmer an den Haager Friedenskonferenzen u. Vorkämpfer des Völkerbund-Gedankens, Delegierter bei den Friedensverhandlungen in St.-Germain; Hptw.: „Die Fortbildung des Völkerrechts durch die Haager Konferenz" 1900; „Der Völkerbund" 1919.

Lammers, Hans Heinrich, Verwaltungsjurist u. Politiker (NSDAP), *27. 5. 1879 Lublinitz, Oberschlesien, †4. 1. 1962 Düsseldorf; seit 1922 Ministerialrat im Reichsministerium des Innern; 1932 Mitgl. der NSDAP; 1933 bis 1945 Chef der Reichskanzlei (bis 1937 als Staatssekretär, dann als Reichsminister); 1949 vom Nürnberger Militärgerichtshof wegen Kriegsverbrechen u. Verbrechen gegen die Menschlichkeit zu 20 Jahren Haft verurteilt, 1952 entlassen.

Lampert von Hersfeld, Chronist, seit 1058 Mönch, später Abt im Kloster Hersfeld, *um

1028, † nach 1080; schrieb die stilistisch glänzenden „Annales“ (1078/79), die eine reichhaltige Quelle für die Anfänge des Investiturstreits bis 1077 bilden, aber wegen der Feindschaft gegen Heinrich IV. in ihrer Glaubwürdigkeit umstritten sind.

Lamprecht, Karl, Historiker, * 25. 2. 1856 Jessen, † 10. 5. 1915 Leipzig; Prof. in Bonn, Marburg u. Leipzig, wo er 1909 ein Institut für Kultur- u. Universalgeschichte gründete. Sein Hptw. ist die „Dt. Geschichte“ (19 Bde. 1891–1909), in der er versuchte, die Geschichte zu einem über die polit. Staatengeschichte hinausgehenden, die geistige, wirtschaftl., gesellschaftl. u. künstler. Kultur umfassenden Fach zu erheben.

Lampsakos, heute *Lapseki* (Türkei), antike Stadt in der Troas, am nordöstl. Ende des Hellesponts, Hauptsitz des Priapos-Kults; vom 6.–4. Jh. v. Chr. wechselnd dem Perserreich, den beiden Attischen Seebünden u. dem hegemonialen System der Spartaner angehörend, später unter der Herrschaft hellenist. Könige; im MA wichtiger Hafen des Byzantin. Reiches; seit dem 6. Jh. v. Chr. bedeutende Prägung von *Stateren* aus Elektron u. Gold.

Lancaster ['læŋkəstə], engl. Königshaus, Nebenlinie der *Plantagenets*; Kennzeichen: rote Rose (→ Rosenkriege). Erster Earl of L. war *Edmund*, dem sein Vater *Heinrich III.* 1267 diesen Titel verlieh; erster Herzog von L. war *Henry of Grosmont* (1351). Mit *Heinrich IV.* gelangte ein L. erstmals auf den engl. Thron (1399). 1471 erlosch das Haus L. mit dem Tod *Eduards*, Sohn *Heinrichs VI.* Das Herzogtum L. entstand 1398 durch Vereinigung der Grafschaften *Leicester*, *Lincoln* u. *Derby*. – *Kanzler von L.* ist heute der Titel eines Kabinettsmitglieds ohne Portefeuille.

Landa, Diego de, dritter Bischof von Mérida (ab 1572), * 1524 Toledo (Spanien), † 1579; kam 1549 als Franziskanermönch nach Yucatán (Mexiko). Sein erst im 19. Jh. wiederaufgefundenes Werk „Relación de las cosas de Yucatán“ ist eine der wichtigsten Quellen über die späte *Maya-Kultur*; das nach ihm benannte „Alphabet“ der yucatekischen Mayasprache trägt dagegen kaum zur Entzifferung der vorspanischen Hieroglyphenschrift bei. Auf L.s Anordnung wurden fast alle Maya-Bilderhandschriften verbrannt, so daß heute nur noch drei existieren.

Landbund, 1919 in Österreich als „Dt. Bauernpartei“ gegründete polit. Partei, vereinigte sich 1930 mit den Großdeutschen zum „Nationalen Wirtschaftsblock“; 1927–1933 Regierungspartei, 1934 aufgelöst. Viele seiner Anhänger wurden Nationalsozialisten.

Landesgeschichte, die histor. Erforschung regional begrenzter Gebiete (Territorien, Landschaften); in Dtschld. als bes. histor. Fach mit Lehrstühlen u. Instituten.

Landeshoheit, im Hl. Röm. Reich die Regierungsgewalt der Landesherren in ihren Territorien, die mit Hilfe des röm. Rechts alle einzelnen erworbenen Herrschaftsrechte zu einem einheitl. Staatshoheitsrecht verschmolzen. Solche staatsbildenden Rechte waren Gerichtsbarkeit, vor allem Hoch- u. Blutgerichtsbarkeit, Lehnrechte, Vogtei, grundherrl. Rechte u. vom König erworbene Regalien auf der Grundlage eines Landbesitzes, der durch Tausch, Kauf, Heirat, Erbschaft oder auch mit Gewalt zu einem möglichst großen Gebiets- u. Flächenstaat erweitert wurde. Die Landesherren bauten durch eigene Gerichts- u. Verwaltungsorganisation, eigenes Steuerwesen u. Beamtentum ihre L. nach Kräften aus. Kaiser *Friedrich II.* erkannte in den Reichsgesetzen von 1220 u. 1231/32 die L. der geistl. u. weltl. Fürsten an (Fürstentümer). In der Folgezeit bildete sich die L. mehr u. mehr heraus, bis im Westfälischen Frieden (1648) die Landesherren fast völlig unabhängig von der kaiserl. Gewalt wurden.

Landesring der Unabhängigen, Abk. *LdU*, schweizer. polit. Partei, gegr. 1935 von Gottlieb *Duttweiler*, eine linksliberale Gruppierung des fortschrittl. Unternehmertums.

Landfolge, *Landesaufgebot*, die seit fränkischer Zeit u. im Hl. Römischen Reich bestehende Verpflichtung der Untertanen zum Kriegsdienst, zur Hilfeleistung bei Naturkatastrophen oder bei der Verfolgung von Verbrechern.

Landfriede, ein Gesetz oder Vertrag zur Friedenswahrung innerhalb einer Rechtsgemeinschaft. Der L. geht zurück auf die *Gottesfriedensbewegung*, die Ende des 10. Jh. in Südfrankreich entstand. Die Kirche suchte der Rechtsunsicherheit u. den Gewalttaten, bes. der *Fehde*, zu steuern, stellte gewisse Personen (z. B. Frauen, Geistliche, Kaufleute) u. Sachen (z. B. Kirchen, Häuser, Ackergeräte) unter den Schutz Gottes (lat. *pax Dei*) u. beschränkte Fehde wie Waffengebrauch auf bestimmte Tage *(treuga Dei)*. Dagegen ging der L. im Hl. Röm. Reich, wo seit dem 11. Jh. Friedensbestrebungen auftraten, vom Staat aus. Er zielte auf Bekämpfung von Gewaltverbrechen u. Herstellung eines allg. Friedenszustands für das ganze Reich *(Reichs-L.)* oder nur für einzelne Gebiete *(Provinzial-L.)*. Neben der Beschränkung der Fehde sind seit Friedrich I. Barbarossa viele öffentl.-rechtl., bes. strafrechtl. Vorschriften (1186 z. B. gegen Brandstiftung) in die L.n aufgenommen worden. Seit dem 13. Jh. erließen Landesherren *Territorial-L.n*, später kam es zu *L.nsbünden* u. *-einungen* der Städte, Herren u. Fürsten. Diese L.n bestanden ebenfalls aus pax u. treuga Dei, wurden bis ins 14. Jh. beschworen u. waren meist zeitlich begrenzt, bis der *Ewige L.* des Wormser Reichstags von 1495, der endgültig die Fehde abschaffte, Geltung auf immer beanspruchte.

Landgericht, im MA ein ordentliches staatl. Gericht *(Grafengericht, Zentgrafengericht)*.

Landgraf, seit dem 12. Jh. in Thüringen, im Elsaß u. in einigen schwäb. Landschaften Titel eines vom König belehnten, vom Herzog unabhängigen Amtsträgers. Der L. stand an der Spitze einer *L.schaft*, eines unmittelbar dem König unterstellten Verwaltungsgebiets. Nur in Thüringen stand der L. als Vorsitzender im Landfriedensgericht über den Grafen u. stieg in den Reichsfürstenstand auf. Der Titel des thüring. L.en wurde im 13. Jh. an Hessen vererbt u. bestand in der Linie Hessen-Homburg bis 1866.

Landmeister, der Vertreter des Hochmeisters des *Dt. Ordens* in einem von dessen Residenz getrennten Ordensgebiet, bis 1309 in *Preußen*, bis 1561 in *Livland*. Der L. für Binnen-Dtschld. war der *Deutschmeister*.

Lando, Papst 913–914, † 914 Rom; langobardischer Grafensohn, abhängig von der die Stadt Rom beherrschenden Familie des *Theophylakt*.

Landrecht, 1. im MA das *allg. Recht*, im Gegensatz zu den verschiedenen Sonderrechten (Lehn-, Stadt-, Hof- u. Dienstrecht).
2. im Gegensatz zum *Landesrecht* das ältere in den dt. Ländern geltende, auf Kodifikationen zurückgehende Recht; Bayern: *Codex Maximilianeus* von 1756; Baden: *Badisches L.* von 1809 (abgewandelte Fassung des „Code civil“); Preußen: *Allg. L. für die Preuß. Staaten*, dessen Polizeirechts-Generalklausel bis zum Erlaß des Preuß. Polizeiverwaltungsgesetzes von 1931 galt u. heute noch, nahezu unverändert in die Länderpolizeigesetze übernommen, als Grundlage für das polizeil. Eingreifen dient.

Landsassen, 1. im Hl. Röm. Reich die Untertanen eines Territorialfürsten.
2. freie Landbebauer, die gegen Zins fremden Boden bestellten.

Landsknecht, Angehöriger der seit Ausgang des 15. Jh., bes. unter Maximilian I., aufkommenden *Söldnertruppen*, bestehend aus lanzentragendem Fußvolk *(Lanzknechte)*, regimentsweise (10–16 *Fähnlein*) unter einem obersten *Feldhauptmann (Feldobrist)* organisiert; im Verlauf des 17. Jh. durch die stehenden Heere abgelöst.

Landstände, im Hl. Röm. Reich die ständisch gegliederte Vertretung der Territorien, meist *Ritter* (die adligen Grundherren), *Prälaten* (die Inhaber geistl. Herrschaften) u. *Städte*. Die L. entwickelten sich im späten MA u. standen dem Landesfürsten gegenüber. Grundlage ihrer Machtstellung war das Steuererhebungs- oder Steuerbewilligungsrecht. Sie regierten zusammen mit dem Landesherrn das Land *(dualist. Ständestaat)*. Mit dem Ausbau der landesherrl. Machtstellung, bes. im Absolutismus, wurden die L. geschwächt u. politisch bedeutungslos. In einzelnen Territorien (Württemberg, Hannover) blieb die landständische Verfassung bis zum Beginn des 19. Jh. erhalten, in Mecklenburg bis 1918. – Als L. wurden auch die Volksvertretungen bezeichnet, die die Fürsten fast aller Einzelstaaten des *Dt. Bundes* aufgrund des Art. 13 der *Bundesakte* nach 1815 konzedierten. Ihrer verfassungsrechtl. Struktur nach reichten sie vom altständischen über den neuständischen bis zum repräsentativstaatlichen Typ.

Landvogtei, im Hl. Römischen Reich vom Ende des 13. Jh. bis 1806 ein unter unmittelbarer königlicher Herrschaft verbliebenes Reichsgebiet; seit dem 15. Jh. auch ein Territorialgebiet, an dessen Spitze ein vom König oder Territorialherrn eingesetzter *Landvogt* stand.

Landvolkbewegung, eine bäuerl. Widerstandsbewegung in Schleswig-Holstein während der Agrarkrise 1928–1932. Die Bauern

Hellebarden tragende Landsknechte

Langer Marsch

hatten sich für Neuanschaffungen stark verschuldet u. wurden außerdem durch hohe steuerl. Belastungen in ihrem materiellen Besitzstand gefährdet. Im Verlauf der Krise kam es zu Steuerverweigerungen, Widerstand gegen Pfändungen bäuerl. Eigentums u. zu Bombenanschlägen, die zum großen Teil auf eine Gruppe unter Führung von C. *Heim* zurückgingen. Die L. war stark von der national-sozialistischen Ideologie geprägt. Die Anführer der L. wurden 1930 mit Zuchthaus bestraft, bald darauf jedoch amnestiert.

Lange, 1. Christian Louis, norweg. Politiker, *17. 9. 1869 Stavanger, †14. 2. 1938 Oslo; 1909–1933 Generalsekretär der Interparlamentar. Union, 1920–1937 norweg. Völkerbunddeputierter; 1921 Friedens-Nobelpreis.

2. Halvard, Sohn von 1), norweg. Politiker (Sozialdemokrat), *16. 9. 1902 Oslo, †19. 5. 1970 Oslo; Mitarbeiter im Arbeiterbildungswerk; Dozent für Geschichte in Oslo; während der dt. Besatzungszeit in Haft. Als Außen-Min. 1946–1965 führte er Norwegen in den Atlantikpakt.

3. Helene, Lehrerin u. Förderin der deutschen Frauenbewegung, *9. 4. 1848 Oldenburg, † 13. 5. 1930 Berlin; Mitbegründerin u. 1890–1921 erste Vors. des Allg. Dt. Lehrerinnenvereins; ihr Streben galt der Neugestaltung der höheren Mädchenschule („Die höhere Mädchenschule u. ihre Bestimmung" 1878) u. der Erweiterung der Lehrerinnenausbildung in akadem. Richtung. Weitere Werke: „Hdb. der Frauenbewegung" (mit G. *Bäumer*) 5 Bde. 1901–1906; „Wissen u. sittliche Kultur" 1903; „Die Frauenbewegung in ihren gegenwärtigen Problemen" 1908; „Lebenserinnerungen" 1921; „Kampfzeiten" 2 Bde. 1928.

Lange Kerls, von König Friedrich Wilhelm I. von Preußen aufgestellte Leibgarde aus Soldaten von überdurchschnittl. Körpergröße. Die Männer wurden z. T. gewaltsam rekrutiert. Da die Truppe konfessionell sehr gemischt war, spielte sie bei der Ausprägung der religiösen Toleranz in Preußen eine polit. Rolle. Von Friedrich dem Großen wurde sie nach 1740 aufgelöst.

Langemark, *Langemarck*, Gemeinde in Westflandern (Belgien), nördl. von Ypern, 7000 Ew. – Der verlustreiche Sturmangriff dt. Kriegsfreiwilliger bei L. am 22./23. 10. 1914 wurde später, bes. unter dem nat.-soz. Regime, zum Gegenstand eines nationalist. Propaganda-Mythos.

Lange Mauern, auch „Schenkel" genannt, die 461–456 v. Chr. erbauten u. um 445 v. Chr. vervollständigten Mauern von Athen nach *Piräus* u. *Phaleron*, durch welche Athen–Piräus zu einer für die damalige Kriegskunst uneinnehmbaren Doppelfestung mit sicherer Verbindung zum Meer wurde; von den Spartanern 404 v. Chr. teilweise niedergerissen, von Konon 393 v. Chr. mit persischem Geld wiederhergestellt, bestanden sie bis in die 1. Hälfte des 3. Jh. v. Chr.

Langer Marsch, chin. *changzheng*, der Marsch, den die Rote Armee der chines. Kommunisten im Okt. 1934 von ihrem Hauptstützpunkt in der Provinz Jiangxi antrat, um der Vernichtung durch die sie umklammernden Truppen Chiang Kai-sheks zu entgehen. Der Marsch führte über rd. 10000 km durch 11 Provinzen u. endete nach schweren Kämpfen u. Verlusten 1935 in dem neuen Stützpunkt Yan'an in der Provinz Shaanxi. Während des Marsches konnte *Mao Zedong* seine Stellung als Parteiführer festigen. In der Geschichte der Kommunistischen Partei Chinas hat der Lange Marsch legendäre Bedeutung gewonnen. Zahlreiche Spitzenpositionen in der Parteiführung wurden noch in den 1980er Jahren von Teilnehmern des Marsches bekleidet.

Langes Parlament, das nach der Auflösung des *Kurzen Parlaments* von Karl I. 1640 einberufene engl. Parlament, das durch die gewaltsame Vertreibung der Presbyterianer 1648 zum Rumpfparlament wurde, dann 1653 von *Cromwell* persönlich auseinandergetrieben, 1659 wieder eingesetzt wurde. General *Monk* (*1608, †1670) erzwang die Wiederzulassung der presbyterian. Mitglieder u. stellte damit das Lange Parlament wieder her. Nach Ausschreibung neuer Wahlen löste es sich selbständig entspr. den von Karl I. 1641/42 bestätigten Beschlüssen auf. Damit war die Kontinuität wiederhergestellt u. die Restauration über freie Wahlen eingeleitet. Zwischen 1640 u. 1642 verabschiedete das Lange Parlament eine Reihe von Gesetzen, die Karls I. Ansätze einer absolutist. Herrschaftspraxis zunichte machten u. das Parlament als vom König unabhängigen, permanenten Bestandteil des engl. politischen Systems etablierte.

Langobarden, elbgerman. Stamm, eigener Überlieferung zufolge skandinav. Herkunft. Nach Wanderungen durch das heutige Nord- u. Ost-Dtschld. besetzten die L. um 490 Gebiete nördl. von Noricum, siedelten dann, um 500 christianisiert (Arianismus), in Pannonien u. waren für kurze Zeit unter der Herrschaft der Heruler, die sie aber unter Führung ihres Königs *Tato* noch vor 512 besiegten. Unter *Alboin* vernichteten sie gemeinsam mit den Awaren 567 das Gepidenreich. Da aber die Macht der Awaren zu stark war, wanderten die L. aus u. eroberten mit Gruppen fremder Stämme seit 568 Norditalien *(Lombardei)*, Tuszien, Spoleto u. Benevent u. gründeten ein Reich mit der Hauptstadt Pavia; in der Folge konnten sie ihre Eroberungen gegen Byzanz u. die Franken behaupten. Zu den Römern standen sie als arian. Christen lange auch in religiösem Gegensatz; erst um 680 war ihre Katholisierung abgeschlossen. Seitdem schritt die Romanisierung der L. rasch fort.

Im 8. Jh. führte die Eroberungspolitik König *Liutprands* u. seiner Nachfolger zum päpstl.-fränk. Bündnis gegen sie. *Karl d. Gr.* nahm König *Desiderius* gefangen u. ließ sich selbst zum König der L. krönen (774). Die langobard. Fürstentümer von Benevent, Capua u. Salerno blieben bis zur Eroberung durch die Normannen im 11. Jh. selbständig. Im MA hat die L.herrschaft in Italien noch lange nachgewirkt; hervorzuheben ist die Rechtskultur der L., auch die christl.-langobard. Kunst.

Reich der Langobarden in Italien

Könige	
Alboin	568–572
Cleph	572–574
(Interregnum	574–584)
Authari	584–590
Agilulf	591–615 od. 616
Adaloald (Adelwald)	616–625 od. 626
Arioald (Ariwald)	625 od. 626–636
Rothari	636–652
Rodoald (Rodwald)	652–653
Aripert I.	653–661
Grimoald (Grimwald)	662–671
Garibald	671
Pectarit	671–688
Cunipert	688–700
Liutpert	700
Raginpert	701
Aripert II.	701–712
Ansprand	712
Liutprand	712–744
Hildeprand (seit 736 Mitregent)	744
Ratchis	744–749
Aistulf	749–756
Ratchis (erneut)	756–757
Desiderius	757–774

Langton ['læŋtən], Stephen, engl. Theologe, *um 1150, †9. 7. 1228 Slindon; Lehrer an der Pariser Universität, 1206 Kardinal u. 1207 Erzbischof von Canterbury.

Er zwang gemeinsam mit den engl. Baronen den König *Johann ohne Land*, die von L. maßgeblich beeinflußte „Magna Charta libertatum", die älteste englische Verfassungsurkunde, anzuerkennen; teilte die Vulgata in Kapitel ein.

Lansdowne ['lænzdaun], Henry Charles *Petty-Fitzmaurice*, Marquess of, brit. Politiker, *14. 1. 1845 London, †3. 6. 1927 Newtown Anmer; Führer der Liberal Unionist Party, trat wegen der irischen Frage 1886 von den Liberalen zu den Konservativen über; war 1883–1888 General-Gouv. von Kanada; 1888 bis 1893 Vizekönig von Indien, dann 1895 bis 1900 Kriegs-, 1900–1905 Außen-Min., brachte 1904 die *Entente cordiale* mit Frankreich zustande; trat im 1. Weltkrieg für einen Verständigungsfrieden mit Dtschld. ein.

Laodike, Name von hellenist. Herrscherinnen, bes. aus dem Hause der *Seleukiden*.

Laos — LAO

Laotische Demokratische Volksrepublik

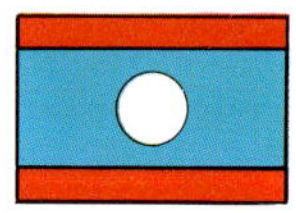

Fläche: 236800 km². – *Einwohner:* 4,6 Mill. – *Hauptstadt:* Vientiane. – *Landessprachen:* Lao, Französisch. – *Nationalfeiertag:* 2. 12. – *Währung:* 1 Kip = 100 At. – *Lage:* zwischen 14° und 23° n. Br. sowie 100° und 107°30′ ö. L. – *Zeitzone:* Mitteleuropäische Zeit + 6 Std. – *Grenzen:* im N China, im O Vietnam, im S Kambodscha, im W Thailand und Birma. – *Staatsform:* kommunistische Republik mit Einparteiensystem.

L. ist benannt nach dem im 13. Jh. aus Südchina eingewanderten Thai-Volk der *Lao*. Dieses bildet jedoch nur die Hälfte der Bevölkerung L.', die andere besteht aus Bergstämmen. 1353 begründete der Thai-Prinz *Fa Ngum* (1353-1373) auf dem Gebiet des heutigen L. unter starkem kulturellen Einfluß von *Angkor* das Königreich *Lan Chang* [„Land der Millionen Elefanten"], das 1707 in die rivalisierenden Reiche *Luang Prabang, Vieng Chang* (Vientiane) u. *Champassak* zerfiel. 1827 wurden Vieng Chang, 1885 auch Luang Prabang u. Champassak von Siam u. im Osten *Tran-ninh* 1831 von Vietnam erobert. 1893 erzwang Frankreich von Siam die Abtretung des Gebiets östlich des Mekong u. unterstellte es dem 1887 errichteten Generalgouvernement Indochina. Seit 1941 unter japan. Besatzung, erklärte sich L. 1945 für unabhängig, wurde jedoch von französ. Truppen besetzt u. in die Französ. Union eingegliedert. 1949 erhielt es die Autonomie, 1953 die Unabhängigkeit in der Union, 1954 die völlige Unabhängigkeit.

Im *Indochinakrieg* wurde der nördl. Teil des Landes von *Vieth-Minh* besetzt, die die kommunist. *Pathet-Lao-Regierung* errichteten. Die Genfer Indochinakonferenz 1954 sah die Räumung des Landes von französ. u. kommunist. Truppen vor, doch blieb eine wirksame kommunist. Partisanenbewegung unter Führung des Prinzen *Souphanouvong* im N des Landes bestehen. 1957 kam es zu einer vorübergehenden Einigung unter dem neutralist. Min.-Präs. Prinz *Souvanna Phouma*, die Nordprovinzen wurden wieder in das Land eingegliedert u. kommunist. Vertreter in die Regierung aufgenommen. Doch brachen die Kämpfe erneut aus, als nach dem Sturz Souvanna Phoumas (August 1958) die folgenden Regierungen gegen die Pathet-Lao-Bewegung vorgingen, die von Nordvietnam unterstützt wurde. Im nun folgenden Bürgerkrieg versuchten sowohl die USA als auch die Sowjetunion, durch Waffenlieferungen die Entwicklung zu ihren Gunsten zu beeinflussen. Als der Konflikt eine internationale Krise auszulösen drohte, wurde im Mai 1961 die *Genfer Laos-Konferenz* einberufen. Die drei laot. Prinzen (neben den zwei genannten der prowestl. *Boun Oum*) einigten sich auf ein Koalitionskabinett unter Souvanna Phouma. Doch 1962/63 brachen erneut Kämpfe aus, die Kommunisten eroberten vorübergehend die strategisch wichtige Hochebene der Tonkrüge (1965). Eine Einigung kam wegen steter Einmischung der Großmächte nicht zustande. 1971 wurde L. in den *2. Vietnamkrieg* hineingezogen. Da der Pathet Lao ein großes Gebiet von L. besetzt hatte u. der Ho-Chi-Minh-Pfad durch L. lief, marschierten südvietnames. Truppen mit US-Luftunterstützung in L. ein. 1973 kam es zum Waffenstillstand. 1974 bildeten Neutralisten u. Pathet Lao erneut eine Regierung.

Nach dem Sieg des Pathet Lao 1975 wurde die formell noch bestehende Monarchie abgeschafft u. die Demokrat. Volksrepublik ausgerufen. *Kaysone Phomvihane* bestimmte als Führer der Laot. Revolutionären Volkspartei (LRVP) u. Min.-Präs. in der Folgezeit den polit. Kurs des Landes, das sich eng an Vietnam anlehnte. Mitte der 1980er Jahre begann eine vorsichtige wirtschaftl. Liberalisierung. Auf ihrem Parteitag im März 1991 beschloß die LRVP eine Beschleunigung dieses Prozesses. Am 14. 8. 1991 erhielt L. die erste Verfassung seit der kommunist. Machtübernahme 1975. Nach dieser Verfassung ist das Land eine Volksdemokratie, in der die LRVP die alleinige polit. Führungsrolle besitzt.

Lascaux: Ein Mann mit einer Vogelkopfmaske (?) wird von einem Bison angegriffen

Kaysone Phomviane wurde zum Staats-Präs. mit umfassenden exekutiven Befugnissen gewählt. Nach seinem Tod im Nov. 1992 übernahm *Khamtay Siphandone* die Parteiführung. *Nouhak Phoumsavanh* wurde neuer Staats-Präs. Dieses Amt übernahm 1998 auch Khamtay Siphandone.

La Pasionaria, Beiname der span. Politikerin Dolores Ibárruri.

Lappobewegung, *Lapua-Bewegung*, rechtsradikale antikommunist. bäuerl. Bewegung in Finnland; entstand 1929 in der Stadt *Lapua* (schwed. *Lappo*) u. breitete sich schnell über ganz Finnland aus. Ein Protestmarsch der L. führte zum Rücktritt der Regierung u. zur Auflösung des Parlaments. Auch nach dem Verbot der KP (1930) setzte die L. ihre Gewaltaktionen fort, bis sie 1934 aufgelöst wurde.

La Quemada [-ke-], altindian. Festung in Zacatecas, Mexiko; Zentrum der vorspan. *Chalchihuites-Kultur*; vermutlich bereits um 200 n. Chr. gegründet, erlangte L. seine größte Bedeutung als Grenzfestung gegen die aus Nordmexiko eindringenden *Chichimeken* zwischen 800 u. 1000 n. Chr.

La Rochefoucauld [la rɔʃfu'ko:], **1.** François Herzog von, Prinz von *Marcillac*, französ. Schriftsteller, * 15. 12. 1613 Paris, † 17. 3. 1680 Paris; Offizier u. Diplomat am Hofe Ludwigs XIV.; Gegner *Richelieus* u. Anhänger der *Fronde*. Sein Werk „Réflexions ou sentences et maximes morales“ 1665 ist eine aphoristisch zugespitzte, psychologisch scharfsichtige und illusionslose Betrachtung über menschl. Verhalten. L. R. schrieb auch bedeutende „Mémoires“ 1662.

2. François Alexandre Frédéric, Herzog von *L. R.-Liancourt*, * 11. 1. 1747 La Roche-Guyon, † 27. 3. 1827 Paris; gründete 1788 eine Musterschule für arme Soldatenkinder, setzte sich für soziale u. strafrechtl. Reformen ein (Abschaffung der Todesstrafe).

La Rochelle [la rɔ'ʃɛl], westfranzös. Hafenstadt am Atlantischen Ozean, alte Hptst. der Landschaft Aunis, jetzt Sitz des Dép. Charente-Maritime, 73 700 Ew.

Ersterwähnung 10. Jh.; im 16. Jh. wurde L. R. stark befestigt u. einer der Hauptstützpunkte der *Hugenotten*, dessen Eroberung 1628 erst nach fast 13monatiger Belagerung unter *Richelieu* gelang.

Larsa, heutiger Ruinenhügel *Senkere*, antike Stadt in Südbabylonien, Kultplatz des Sonnengottes *Schamasch*, bedeutsam nur in altbabylon. Zeit als Sitz der Dynastie von L. (etwa 1862–1848 v. Chr.).

La Salle [la'sal], Robert Chevalier de, französ. Nordamerikaforscher, * 21. 11. 1643 Rouen, † 20. 3. 1687 Louisiana (ermordet); unternahm von 1670 an mehrere Reisen in Neufrankreich (Kanada), befuhr 1682 den Mississippi bis zur Mündung, nannte das Land zu beiden Seiten des Stromes *Louisiana* u. nahm es unter diesem Namen für Frankreich in Besitz.

Las Casas, Bartolomé de, span. Geistlicher u. Chronist, * August 1474 Sevilla, † 31. 7. 1566 Madrid; kam 1502 nach Hispaniola, wurde 1510 Geistlicher, 1522 Dominikaner; kämpfte für die Verbesserung der Lebensbedingungen der Indianer. Auf seine Aktivität gehen die „Neuen Gesetze“ *(Leyes Nuevas)* von 1542 zurück, die die Indianersklaverei verboten. Die Folge war allerdings die Einführung von schwarzafrikan. Sklaven. 1544–1547 war er Bischof von Chiapas (Mexiko). Bekannt wurde seine Disputation mit dem Hofjuristen *Sepúlveda* vor Karl V. über die Rechte der span. Eroberer gegenüber den Indianern. L. C. schrieb „Brevísima relación de la destrucción de las Indias“ 1552, dt. „Kurzgefaßter Bericht von der Verwüstung der westindischen Länder“ 1966, u. „Historia general de las Indias“ 1875/76.

Las Cases [las 'ka:z], Emmanuel Graf, französ. Offizier, * 1766 Schloß Las Cases bei Revel, Languedoc, † 15. 5. 1842 Passy-sur-Seine; 1792–1802 in der Emigration in London; 1809 Kammerherr Napoleons I., dem er als Sekretär nach St. Helena folgte (bis 1816), wo er Napoleons Memoiren aufzeichnete („Mémorial de Sainte-Hélène“ 1823).

Lascaux [las'ko], 1940 bei Montignac, Dép. Dordogne (Frankreich), entdeckte Höhle mit etwa 1000 jungpaläolith. Felsmalereien und Felsgravierungen, die Hunderte Quadratmeter der Wände bedecken; es sind hauptsächl. monumentale Tierdarstellungen (Urrinder, Bisons, Wildpferde, Hirsche, Steinböcke) in Schwarz, Braun u. Rot (Malfarben: Ocker, Eisenoxide u. Manganerde). Die Farben sind teils aufgestrichen u. oft nach dem Malen noch zusätzl. graviert worden.

Laskariden, byzantin. Gelehrten- u. Fürstenfamilie, die 1205–1258 in Nicäa regierte.

Lasker, Eduard, Politiker (Liberaler), * 14. 10. 1829 Jarotschin, Posen, † 5. 1. 1884 New York; Jurist; 1865–1879 Mitgl. des preuß. Abgeordnetenhauses, 1867–1884 des Reichstages. L. gehörte zunächst der Fortschrittspartei an; 1866 war er Mitgründer u. einer der Führer der Nationalliberalen Partei, von der er sich als Gegner des Sozialistengesetzes u. der Schutzzollpolitik 1880 wieder trennte. L. hatte großen Anteil am Zustandekommen der liberalen Wirtschaftsgesetzgebung, der preuß. Kreisordnung von 1872 u. der Reichsjustizgesetze von 1876. Seine Aufdeckung von Gründungsspekulationen 1873 trug zum Ende der Gründerjahre bei. Erinnerungen: „15 Jahre parlamentar. Geschichte 1866 bis 1880“, hrsg. von W. Cahn, 1902.

Łaski ['uaski], Jan, poln. Geistlicher u. Politiker, * März 1455 oder 1456 Łask, † 19. 5. 1531 Kalisch; Krongroßkanzler 1503–1510, Erzbischof von Gnesen u. Primas von Polen seit 1510. Als Politiker kämpfte er gegen die Magnaten für die Adelsmonarchie. 1505 gab er die Rechtssammlung „Commune incliti Regni Poloniae privilegium“, das sog. „Ł.-Statut“, heraus.

Lassalle [la'sal], Ferdinand, Politiker u. polit. Theoretiker, * 11. 4. 1825 Breslau, † 31. 8. 1864 Genf, studierte in Breslau u. Berlin, wurde von der Hegelschen Philosophie geprägt u. 1845 in Paris für sozialist. Ideen gewonnen. 1848 war L. Mitarbeiter der von K. *Marx* geleiteten „Neuen Rheinischen Zeitung“, 1849 erhielt er eine Gefängnisstrafe. Er gründete 1863 den *Allgemeinen Deutschen Arbeiterverein* (ADAV). L. verfocht das „eherne Lohngesetz“, wonach sich die Arbeiter aus eigener Kraft nicht mehr als das Existenzminimum erkämpfen könnten. Einen Ausweg sollten „Produktivassoziationen“ mit Unterstützung des Staates bieten, den sich L. als soziale Monarchie vorstellte u. für den er das allg. u. gleiche Wahlrecht forderte. L. stand nur ein Jahr lang an der Spitze des ADAV; er fiel in einem Duell wegen einer Frauenaffäre. Der ADAV ging 1875 in der Sozialdemokratie auf.

Lateinamerika, *Iberoamerika*, die von Spanien u. Portugal (iberische Länder) kolonisierten Teile Mittelamerikas (einschl. Mexiko) u. Südamerikas. Zur vorkolumbian. Zeit → altamerikanische Kulturen, → Azteken, → Inka, → Maya.

Die Konquistadoren: Auf der Suche nach dem westl. Seeweg nach Asien entdeckte der Genuese *Kolumbus* in span. Diensten 1492 die Westindischen Inseln, die die Spanier rasch besetzten u. zum Ausgangspunkt neuer Entdeckungs- u. Eroberungsunternehmen machten. Der Besitznahme der Landenge von Panama (1510) folgte 1513 die Entdeckung des Pazifiks (V. N. de *Balboa*) u. 1519–1521 die Unterwerfung des Aztekenreichs in Mexiko durch H. *Cortés*, dessen Unterführer P. de *Alvarado*

Guatemala u. El Salvador eroberte. Ausgehend von Panama, bezwang F. *Pizarro* 1531 bis 1533 das Inkareich in Peru, von wo aus P. de *Valdivia* seit 1540 Chile eroberte. G. *Jiménez de Quesada* (Unterwerfung der Chibcha-Reiche im späteren Kolumbien, 1536–1539) u. P. de *Mendoza*, später D. de *Martínez de Irala* (Inbesitznahme des La-Plata-Gebiets), vollendeten die Eroberung der wichtigen Teile des span. Kolonialreichs in Amerika. 1500 ergriff Portugal (P. *Cabral*) von Brasilien u. damit von dem Gebiet Besitz, das nach der mit Kastilien im Vertrag von Tordesillas (1494) vereinbarten Demarkationslinie im Bereich seiner kolonialen Interessensphäre lag. Die übrigen europ. Seemächte gründeten erst im 17. Jh. Niederlassungen, bes. im karib. Raum, so England (Jamaika, Honduras, Barbados, Trinidad, Guyana), Frankreich (Haiti, Martinique, Guadeloupe, Guyana) u. Holland (Surinam u. zeitweise Pernambuco in Brasilien).

Kolonisation: Der raschen Eroberung Mittel- u. Südamerikas durch kleine Gruppen kühner, von ihrem Sendungsbewußtsein u. der Hoffnung auf Reichtum angespornter Konquistadoren folgte die Epoche der Kolonisation. Sie stand im portugies. Bereich weitgehend im Zeichen freier Entfaltung privater Initiativen, während sie in den span. Besitzungen durch staatl. Gesetzgebung geprägt wurde. Durch den Aufbau eines weitverzweigten Behördenwesens (u. a. Gründung der Vizekönigreiche Mexiko u. Peru, später Neu-Granada u. Río de la Plata), gesetzl. Regelung des wirtschaftl. Aufbaus u. des Zusammenlebens von Eroberern u. Eroberten, durch enge Zusammenarbeit mit der um Bekehrung u. Schutz der Indianer bemühten Kirche u. durch Einfuhr von afrikan. Sklaven suchte die Krone das private rücksichtslose Gewinnstreben, das auf Kosten der Eingeborenen ging, zu beschränken.

Unabhängigkeitskämpfe 1809–1824: Diese Politik, zusammen mit dem merkantilistischen Handelssystem, das die koloniale Wirtschaft nach den Bedürfnissen des Mutterlands auszurichten suchte, schuf einen latenten Gegensatz zwischen kreolischer Oberschicht u. Mutterland, der einer der Gründe für die 1809/10 ausbrechenden Unabhängigkeitskämpfe war. In wechselvollen, bürgerkriegsähnl. Kämpfen (S. *Bolívar*, J. de *San Martin*) erlangte Hispanoamerika bis 1824 seine Unabhängigkeit, die es im Schutz der →Monroe-Doktrin (1823) behauptete. Nur Kuba u. Puerto Rico blieben bei Spanien, dessen Kolonialreich nun in viele eigenständige Republiken zerfiel. In Brasilien gelang die Errichtung einer unabhängigen Monarchie durch den vor Napoleon I. geflüchteten portugies. Kronprinzen Pedro (Peter).

Eigenständigkeit: Mangelnde innere Stabilität, die sich in unzähligen Staatsstreichen u. Revolutionen, in der Auseinandersetzung zwischen Föderalisten u. Zentralisten u. ständigen Verfassungsänderungen äußerte, kennzeichnete die Geschichte der neuen Staaten im 19. Jh. u. behinderte ihre Entwicklung. Ausländ. Kredite u. Investitionen (England, USA, Frankreich) führten zwar in der 2. Hälfte des 19. Jh. zu einer einseitig auf Rohstoffproduktion u. -export basierenden wirtschaftl. Blüte, doch gleichzeitig zu hoher Verschuldung, Überfremdung der Wirtschaft, wirtschaftl. Fehlentwicklungen (Monokulturen), zur Verschärfung sozialer Probleme u. zu polit. Abhängigkeit. Die Politik des „Dollarimperialismus" verschaffte den USA um die Jahrhundertwende die polit. u. wirtschaftl. Kontrolle über L., die mit dem von F. D. *Roosevelt* eingeleiteten Versuch einer Politik der „guten Nachbarschaft" teilweise eingeschränkt wurde. Die seit der kuban. Revolution F. *Castros* (1959) bestehende Möglichkeit kommunist. Vordringens in L. führte in den 1960er Jahren zu verstärkter polit. u. wirtschaftl. Zusammenarbeit der amerikan. Staaten in überstaatl. Organisationen (OAS) u. zur Intervention der USA, um der Revolutionierung u. Sozialisierung entgegenzuwirken. Neben der OAS entstanden Organisa-

Lateinamerika Anfang des 19. Jh.

- Republik von Großkolumbien
- Vereinigte Provinzen von Zentralamerika 1823-38
- 1821 Jahr der Unabhängigkeit
- ⟵ Feldzüge Simon Bolivars

Zeittafel zur lateinamerikanischen Geschichte

Versuch regionaler Zusammenschlüsse im 19. Jahrhundert

1819	Bolívar Präsident Großkolumbiens (Neu-Granada und Venezuela, seit 1821 auch Panama sowie ab 1822 Ecuador).
1822	Bolívar und San Martin erörterten in Guayaquil die Zukunft der Nachfolgestaaten der spanischen Kolonien. Eine Einigung in Organisations- und Verfassungsfragen kommt jedoch nicht zustande.
1823	Zentralamerikanische Föderation.
1826	Bolívar kann auf dem Kongreß in Lima Einigkeit der neuen Staaten nicht durchsetzen. Auch Panamerikanischer Kongreß erfolglos.
1830	Großkolumbien zerfällt in Neu-Granada (Kolumbien), Ecuador und Venezuela.
1839	Zentralamerikanische Föderation zerfällt in Costa Rica, El Salvador, Guatemala, Honduras und Nicaragua.

Internationale Kriege und Konflikte

1846–1848	Krieg zwischen den USA und Mexiko; Mexiko verliert alle Gebiete nördlich des Río Grande.
1861–1866	Französische Intervention in Mexiko.
1865–1866	Konflikte Spanien–Peru. Chile und Ecuador als Verbündete Perus beteiligt. Spanien zieht Flotte ab.
1865–1870	Argentinisch-Brasilianisch-Uruguayanischer Krieg (»Dreierallianz«) gegen Paraguay, das vernichtend geschlagen wird.
1879–1883	»Salpeterkrieg« zwischen Chile u. Bolivien/Peru, die gr. Gebietsverluste erleiden.
1898	Krieg USA gegen Spanien, das Kuba und Puerto Rico (in Ostasien die Philippinen verliert); US-Besatzung auf Kuba bis 1902.
1903	Trennung Panamas von Kolumbien; souveränitätsähnliche Rechte der USA in der »Kanalzone«.
1932–1935	»Chaco-Krieg«; Bolivien verliert größten Teil des Chaco an Paraguay.

Größere Interventionen bis 1925

1898–1902 1906–1909 1912–1913 1917–1918	Bewaffnete US-Interventionen in Kuba. (1961 Fehlschlag einer Landung von Exilkubanern aus den USA.)
1916–1924	Bewaffnete Intervention in der Dominikanischen Republik. Protektoratseinfluß bis 1929. Erneute militärische Intervention 1965.
1915–1934	Bewaffnete US-Intervention in Haiti.
1911, 1913 1924–1925	Bewaffnete US-Intervention in Honduras.
1914, 1916–1917	Bewaffnete US-Intervention in Mexiko (»Strafexpedition«).
1909/1910 1912–1925	Bewaffnete US-Interventionen in Nicaragua.

tionen, die z. T. eine größere Unabhängigkeit vom US-amerikan. Einfluß erstreben (Andenpakt, Zentralamerikan. Gemeinsamer Markt [CACM], Karibische Freihandelszone [CARIFTA]). Im Kampf gegen das durch die Bevölkerungsexplosion verschärfte soziale Elend u. gegen die die Entwicklung hemmenden überalterten Wirtschafts- u. Sozialstrukturen versuchten in den 1960er Jahren nationalist. Militärregime mit sozialist. Mitteln einen dritten Weg zwischen den Staaten des kapitalist. Systems u. der kommunist. Revolution zu gehen (Peru, Bolivien). Nur Chile hatte 1970–1973 eine frei gewählte sozialist. Regierung (S. *Allende*).
In den 1980er Jahren setzte eine Redemokratisierung des Kontinents ein. Selbst die Militärregime Stroessners in Paraguay u. Pinochets in Chile konnten sich nicht halten. Gleichwohl blieb die Demokratie in L. gefährdet. Dies zeigten in den 1990er Jahren die Entwicklungen in Haiti u. Peru. Die kommunist. Diktatur auf Kuba konnte die Auflösung des Ostblocks zunächst überdauern. Aber die Unzufriedenheit der kuban. Bevölkerung wuchs.
Obwohl US-Präs. R. M. *Nixon* 1969 eine partnerschaftl. L.politik verkündete, blieben die Beziehungen zwischen den USA u. dem Subkontinent nicht frei von Friktionen. Ab 1977 traten wegen der Menschenrechtspolitik des Präs. J. *Carter* Spannungen (vor allem mit konservativen Militärdiktaturen) auf. Präs. R. *Reagan* unterstützte demgegenüber offen die diktatorischen Regime L.s u. die Gegner der sandinist. Regierung in Nicaragua. Reagans Nachfolger G. *Bush* ließ 1989 US-amerikan. Truppen in Panama intervenieren. Präs. B. *Clinton* erzwang 1994 die Wiedereinsetzung des demokrat. gewählten haitian. Präs. Aristide. Die gespannten Beziehungen zwischen den USA u. Kuba hatten sich bis 1998 nicht verbessert.
Neue wirtschaftspolit. Akzente setzten das am 1. 1. 1994 in Kraft getretene NAFTA-Abkommen u. die im Dez. 1994 abgehaltene Gipfelkonferenz von Staats- u. Regierungschefs aus 34 amerikan. Staaten *(Summit of the Americas)*, auf der die Errichtung einer Freihandelszone beschlossen wurde.

Lateinisches Kaiserreich, das 1204 nach der Eroberung Konstantinopels (auf dem 4. Kreuzzug) durch die Kreuzfahrer („Lateiner") auf dem Boden des Byzantinischen Reichs gegründete Kaiserreich, bestand bis 1261; konnte sich gegen den Widerstand der Bevölkerung gegen die byzantinische Restauration (Johannes III., Michael VIII.) nicht halten.

Latènekultur [la'tɛːn-], *Latènezeit*, eine prähistorische Kultur, die die kulturelle Landschaft Mitteleuropas während der letzten vier vorchristlichen Jahrhunderte prägte. Sie gilt als die Kultur der *Kelten*; benannt nach der schweizerischen Pfahlbaustation *La Tène* am Nordufer des Neuenburger Sees.
1872 wurde der Begriff *Latènezeit* aufgrund des reichen Fundmaterials dieser eisenzeitl. Seeufersiedlung von dem schwed. Reichsantiquar H. *Hildebrand* zur Bezeichnung des jüngeren Abschnittes der Eisenzeit als Abgrenzung zur *Hallstattzeit* eingeführt. Es zeigten sich jedoch später neben weiträumigen Gemeinsamkeiten auch größere Unterschiede im Fundmaterial. So verwendet man heute z. B. für das nördlich an die L. grenzende, später german. Gebiet den Begriff „vorrömische Eisenzeit".
Die Latènezeit wurde 1885 von O. *Tischler* anhand von typologischen Reihen der Fibeln u. Schwerter in drei Phasen eingeteilt: Bei Fibeln vom Frühlatèneschema ist der Nadelhalter nach oben gebogen, berührt jedoch nicht den Bügel, während bei Fibeln von Mittellatèneschema das Ende des Nadelhalters um den Bügel gewunden wurde u. bei Spätlatènefibeln Bügel u. Nadelhalter in einem Stück, fest verbunden, gegossen wurde. Eine weitere bis heute gültige Einteilung der L. in vier Stufen (*Lt A* : 5./4. Jh. v. Chr., *Lt B* : 4./3. Jh. v. Chr., *Lt C* : 3./2. Jh. v. Chr., *Lt D* : 1. Jh. v. Chr.) wurde von P. *Reinecke* im Jahre 1902 eingeführt.
Während der späten Hallstattkultur, im 5. Jh. v. Chr., bildeten sich in den bis dahin unbedeutenden Gegenden (Champagne, Oberpfalz, Mittelrheingebiet u. Böhmen) neue Machtzentren heraus, archäologisch gekennzeichnet durch den Gegensatz zwischen einfachen Gräbern mit bescheidener Ausstattung u. sog. „Fürstengräbern". Auffallend ist der Bruch mit nahezu jeglicher Tradition: ein völlig neuer Kunststil *(Latènestil)* setzte ein, verbunden mit einer neuen Religion u. neuen Kulten.
Die „Fürstengräber" dieser *Früh-L. (Lt A)* enthalten neben den üblichen Beigaben (Waffen, Trachtbestandteile, Schmuck, Keramik) zusätzlich Goldschmuck, etruskische u. einheimische Schnabelkannen sowie sonstiges Bronzegeschirr; im Gegensatz zu den vierrädrigen Wagen der Hallstattkultur treten zweirädrige Streitwagen auf, jedoch wurden die Gräber weiterhin unter mächtigen Grabhügeln mit Holzkammer (z. B. Reinheim, Schwarzenbach, Somme-Bionne, Kleinaspergle) angelegt.
Das Kunsthandwerk zeigt Einflüsse aus dem griech. u. etrusk. Bereich, die aber in einem völlig eigenen Stil umgearbeitet sind. Die ornamentale Verzierung auf Beschlägen u. Metallgefäßen beruht auf exakten Zirkelornamenten. Plastische Verzierungen (Menschenmasken, Tierfratzen, S-Spiralen, Fischblasen) finden sich vorzugsweise auf Fibeln u. Ringschmuck. Bekannte plastische Werke dieser Zeit sind z. B. der doppelgesichtige Götterkopf von Roquepertuse u. die Stele von Pfalzfeld. Die Keramik wurde zum ersten Mal in Mitteleuropa auf der Töpferscheibe gedreht. Siedlungen dieser Zeit sind kaum bekannt, mit Ausnahme der Ringwälle, Befestigungsanlagen an von der Natur gut geschützten Stellen, wie z. B. Bergkuppen u. Spornen.
Seit dem 4. Jh. v. Chr. sind größere keltische Wanderbewegungen bekannt, die vor allem mit einer innenpolit. u. wirtschaftl. Krise, besonders in den Spät-Hallstatt-Zentren, in Zusammenhang gebracht werden. Aus dem „fortschrittlichen" Rhein-Main-Mosel-Gebiet, einem Kerngebiet der Früh-L., sind solche Abwanderungen erst ab Anfang des 3. Jh. v. Chr. zu erkennen. Ziel der Wanderungen war neben dem Balkan u. anderen Gebieten vor allem Norditalien, wo eine keltisch-etruskisch-hellenistische Mischkultur entstand, deren starker Einfluß auf den Norden besonders in der Kunst sichtbar wird.
Mit der *Mittel-L. (Lt B u. C)* setzen auch die Fürstengräber aus, statt dessen werden alle Toten in großen Flachgräberfeldern beigesetzt. Der Schluß auf einen Wandel in der Sozialstruktur liegt nahe. Der neue Kunststil wird nach einem der letzten reichen Gräber, das in dieser Zeit angelegt wurde, *Waldalgesheim-Stil* genannt. Er ist durch eine rein ornamentale Rankenverzierung gekennzeichnet, die auf griechisch-unteritalienische Vorbilder zurückgeht. In der Schweiz kommt dieser Stil vorzugsweise auf Fibeln, in Italien auf Schwertscheiden u. in Frankreich auf Halsringen vor. Während der Mittel-L. (Lt C) ändert sich der Bestattungsbrauch: die Toten werden jetzt verbrannt, ihre Asche mit den Beigaben in Grabgruben bestattet. Die Waffen der Männer werden häufig verbogen, bevor man sie ins Grab legt, also unbrauchbar gemacht.
In der *Spät-L. (Lt D)* werden dann Grabbeigaben immer seltener. Es scheint weiterhin die Brandbestattung geherrscht zu haben. Über das Siedlungswesen sind wir in dieser Zeit erstmals besser unterrichtet: es gab ummauerte Ansiedlungen, z. T. riesigen Ausmaßes (bis zu mehreren hundert Hektar), die wir mit ihrem latein. Namen als *oppidum* [Pl. *oppida*] bezeichnen. Zu dem Fundgut aus diesen oppida gehören Münzen, Glasschmuck, Eisenwerkzeug, das sich kaum von römischem oder modernem unterscheidet, einheimische sowie aus Italien importierte Keramik: Feines Tafelgeschirr (Campana) u. Weinamphoren, die eine große Rolle bei der Datierung spielen. – Der Kult fand unter freiem Himmel statt; Zeugen davon sind die sog. Viereckschanzen.
Ihr Ende fand diese „Oppidazivilisation" mit der Eroberung durch die Römer seit der zweiten Hälfte des 1. Jh. v. Chr.

Lateranḳonzilien, *Lateransynoden*, 5 allg. Konzilien, die im röm. Bischofspalast des Papstes *(Lateran)* stattfanden. – Das 1. Laterankonzil bestätigte 1123 den zur Beendigung des Investiturstreits von Papst Kalixt II. mit dem dt. König abgeschlossenen Vertrag *(Wormser Konkordat)*. – Das 2. Laterankonzil 1139 beendete das Schisma zwischen Papst Honorius II. u. den Anhängern des im Vorjahr verstorbenen Gegenpapstes Anaklet II. – Auf dem 3. Laterankonzil 1179 wurden der Abschluß des Friedens von Venedig (1177) zwischen Papst Alexander III. u. Kaiser Friedrich Barbarossa bekräftigt u. die Folgen des während des Streits entstandenen Papstschismas beseitigt. – Das 4. Laterankonzil 1215 (mit über 1200 Teilnehmern) wurde von Papst Innozenz III. geleitet, unter dem das mittelalterl. Papsttum auf der Höhe seiner weltl.-geistl. Macht stand. Seine Ergebnisse waren: Reformen der seelsorgl. Praxis, Verurteilung der Katharer u. Waldenser, Vorbereitung eines Kreuzzugs, Ablehnung der engl. *Magna Charta*. – Das 5. Laterankonzil 1512–1517 beriet über die Reform der Kirche.

Lateranverträge, drei 1929 im *Lateran* zwischen Italien u. dem Hl. Stuhl zugleich mit einem Konkordat abgeschlossene Verträge zur Lösung der Römischen Frage. Die Souveränität des Hl. Stuhls über die Vatikanstadt *(Kirchenstaat)* wurde staatsrechtlich anerkannt, dagegen gewährte der Papst dem Königreich Italien die seit 1870 verweigerte Anerkennung. Die kath. Religion wurde als Staatsreligion Italiens bestätigt. Die Verpflichtungen der L. wurden nach dem Sturz Mussolinis von der neuen Regierung übernommen u. bildeten einen Teil der italien. Verfassung von 1947. 1984 erfolgte eine Revision der L. Danach ist der röm. Katholizismus nicht mehr Staatsreligion in Italien.

Latifụndien [Sg. das *Latifundium*; lat.], sehr ausgedehnter, im Eigentum einer Privatperson befindl. Großgrundbesitz; kann unter Leitung des Eigentümers oder eines Verwalters bewirtschaftet werden *(L.wirtschaft)* oder in mehreren Landstücken verpachtet sein *(L.besitz)*. Die Anhäufung von Landbesitz begann im Röm. Reich bereits in der 1. Hälfte des 2. Jh. v. Chr. Begünstigt durch die Verteilung des Gemeindelands *(ager publicus)*, das gepachtet oder besetzt werden konnte, u. die Bewirtschaftung mit ungeheuren Sklavenmassen dehnten sich die L. zuungunsten der weniger rentabel arbeitenden bäuerl. Klein- u. Mittelbetriebe allmähl. so aus, daß z. T. ganze Länder in den Händen weniger Großgrundbesitzer waren. Bei allmähl. Mangel an Arbeitskräften verpachtete man Land an kleine Bauern *(coloni)*, die in der weiteren Entwicklung in völlige Abhängigkeit vom Grundherrn gerieten (Kolonat). Im MA verbreitete sich die L.wirtschaft in ganz Europa; sie ist heute noch in England u. Italien verbreitet. Sonst ist sie infolge von Bodenreformen nur noch in dünnbesiedelten überseeischen Gebieten (Australien, Südamerika, Südafrika) zu finden.

Latiner, an der Wende vom 2. zum 1. Jahrtausend v. Chr. in Mittelitalien *(Latium)* eingewanderter Stamm der *Italiker*, der sich seit dem 6. Jh. v. Chr. zu einem Bund *(L.-Bund)* mit gemeinsamem Heiligtum auf dem Albaner Berg unter Führung von *Alba Longa* zusammenschloß. Die L. unterschieden sich durch die Sprache von den übrigen italischen Stämmen. Zahlreiche Reste der eisenzeitl. Kultur der L. zeigen seit dem 10. Jh. v. Chr. einige Beziehungen zu Rom, das, nach zeitweiliger Vorherrschaft der Etrusker im 6. Jh. v. Chr., nach der Vertreibung der Könige selbst die Führung übernahm u. seit 493 v. Chr. *(1. L.-Vertrag)* an der Spitze des L.-Bundes stand. 340–338 v. Chr. kam es aufgrund der Sorge der L. vor dem wachsenden Übergewicht Roms zum *L.-Krieg*, der mit der Auflösung der latin. Stammeseinheit u. der Vernichtung der meisten latin. Städte durch ihre Einverleibung in Rom endete. Die wenigen noch verbleibenden Städte hatten jedoch mit den bereits bestehenden, vom Latin. Bund gegründeten wie auch den später allein von Rom aus besiedelten latin. Kolonien einen dem röm. angenäherten Rechtsstatus, das latin. Recht (weitgehende privatrechtl. Gleichstellung; Möglichkeiten zum Erwerb des Bürgerrechts in Rom). Während des Bundesgenossenkrieges erhielten die L. kraft Gesetz das röm. Bürgerrecht (90 v. Chr.). Noch in der Kaiserzeit galt das latin. Recht als eine Vorstufe zu dem vollen röm. Recht u. wurde in diesem Sinne an Städte außerhalb Italiens verliehen.

La Tolita, altindian. Kultur im Nordwesten von Ecuador zwischen 500 v. u. 500 n. Chr.; basierte auf intensiver Landwirtschaft, Jagd u. Fischfang; stadtähnl. Siedlungen mit ständisch gegliederter Bevölkerung, Händler, Handwerker, Bauern, unter theokrat. Herrschaft.

Laudon, *Loudon*, Gideon Ernst Freiherr von, österr. Feldherr, *2. 2. 1717 Tootzen, Livland, † 14. 7. 1790 Neutitschein, Mähren; trat 1732 in russ., 1743 in österr. Dienste; erfolgreicher Truppenführer im *Siebenjährigen Krieg*; 1778 Feldmarschall; in den *Türkenkriegen* Oberbefehlshaber der österr. Armeen.

Lauenburg, ehem. Herzogtum an der Niederelbe um Ratzeburg. Das von slaw. *Polaben* bewohnte Gebiet wurde 1142 größtenteils als *Grafschaft Ratzeburg* von Heinrich dem Löwen *Heinrich Badwide* verliehen. Nach dem Sturz des Welfen (1180) an die Askanier gefallen, wurde die Grafschaft 1203 aufgeteilt, u. das Gebiet geriet bis 1227 (Schlacht bei Bornhöved) in den dän. Machtbereich. 1260 entstand durch Teilung des askan. Hauses das Herzogtum *Sachsen-L.*, das 1689 an Herzog Georg Wilhelm von Braunschweig-Lüneburg-Celle kam, seit 1705 zum Kurfürstentum Hannover gehörte (1803 bis 1813 unter französ. Herrschaft) u. 1815 auf dem Wiener Kongreß (im Austausch gegen Vorpommern zugunsten Preußens) an Dänemark abgegeben wurde. Nach dem dt.-dän. Krieg 1864 an Österreich u. Preußen abgetreten, wurde L. durch die Gasteiner Konvention 1865 gegen eine Geldentschädigung alleiniger Besitz Preußens, 1876 ein Kreis *(Herzogtum L.)* der Prov. Schleswig-Holstein. *Bismarck* erhielt 1871 die L.er Domänen als Dotation. Bei der Entlassung 1890 wurde ihm der Titel eines *Herzogs von L.* verliehen, den er jedoch nicht geführt hat.

Laugerie-Haute [loʒ'ri o:t], unter einem Felsüberhang gelegene altsteinzeitl. Fundstelle bei Les Eyzies-de-Tayac, Dép. Dordogne (Frankreich), in der in Schichten des Jungpaläolithikums Stein- u. Knochengeräte u. einige Kleinkunstwerke gefunden wurden; abgebrochene Brocken der Abridecke zeigen Bemalungsspuren. – In dem einige hundert

Wilfried Laurier

Meter talabwärts gelegenen Abri *Laugerie-Basse* sind vor allem die zahlreichen Kleinkunstwerke u. vier menschl. Skelette bemerkenswert. Hier befindet sich ein kleines Museum.

Laurentius, Gegenpapst 498, 501–506; röm. Priester, der von der byzantin. Partei erhoben u. kurze Zeit auch von *Theoderich d. Gr.* unterstützt wurde. 506 zog sich L. auf Befehl Theoderichs auf ein Landgut zurück.

Lauriacum, Ort in Noricum an der Mündung der Enns in die Donau, heute *Lorch* bei Enns, Oberösterreich; röm. Militärstation, erhielt unter Kaiser Caracalla Stadtrecht, wurde im 5. Jh. Bischofssitz, der im 8. Jh. nach Passau verlegt wurde. Der Ort blieb z. T. bis in die Neuzeit besiedelt.

Laurier [frz. lɔr'je, engl. 'lɔriə], Sir Wilfried, kanad. Politiker französ. Abstammung, *20. 11. 1841 St. Lin bei Montreal, †17. 2. 1919 Ottawa; 1887 Führer der Liberalen Partei. L. trug als Premier-Min. 1896–1911 entscheidend zur polit. Organisation der westl. Territorien bei. L. vertrat eine Politik des Ausgleichs zwischen Franko- u. Anglokanadiern.

Laurion, *Laureion*, Ort u. Gebiet im SO von Attika mit reichen Silbervorkommen, die vom 6.–1. Jh. v. Chr., als Staatsbesitz verpachtet, mittels Sklaven ausgebeutet wurden u. Athen seine umfangreiche Silberprägung sowie die Finanzierung großer Vorhaben (z. B. von *Themistokles'* Flottenbau 482–480 v. Chr.) ermöglichten.

Lausitz, histor. Landschaft zwischen Elbe u. Bober; bestand aus zwei Markgrafschaften: der größtenteils bergigen *Ober-L.* u. der flachen *Nieder-L.*

Die L. erhielt ihren Namen von den *Lusizern*, einem Stamm der slaw. Sorben. König Heinrich I. eroberte 932 *Linbusua*, die Hauptfeste der Lusizer. Unter Konrad II. kam die N i e d e r l a u s i t z 1136 an die *Wettiner*, die sie 1303 an die askanischen Markgrafen von Brandenburg verkauften. 1368 kaufte Karl IV. das Gebiet u. schlug es als unveräußerl. Kronland zu Böhmen. Von 1620 bis 1815 herrschten die Kurfürsten von Sachsen in der Niederlausitz; auf dem Wiener Kongreß (1815) fiel sie an Preußen. 1952–1990 war sie Teil des Bez. Cottbus u. gehört heute zum Land Brandenburg.

Die O b e r l a u s i t z stand seit dem 11. Jh. unter der Herrschaft der Markgrafen von Meißen. Vorübergehend in poln. u. böhm. Besitz, wurde das Land von Kaiser Friedrich I. 1158 dem Böhmenherzog Wratislaw verliehen. Ottokar II. überließ es 1253 dem Markgrafen Otto III. von Brandenburg. 1319 kam das Gebiet Bautzen, 10 Jahre später auch Görlitz an König Johann von Böhmen u. blieb bis zum Dreißigjährigen Krieg unter böhm. Herrschaft. 1620 unterwarf Kurfürst Johann Georg I. von Sachsen im Auftrag Ferdinands II. das aufständische Land u. erhielt es im Prager Frieden 1635 als erbl. Besitz. Auf dem Wiener Kongreß (1815) behielt Sachsen nur den kleineren westl. Teil mit Bautzen, während den nördl. u. östl. Teil mit Görlitz Preußen erhielt. 1952–1990 war die Oberlausitz Teil des Bez. Dresden u. gehört heute zum Land Sachsen.

Die östlich der L.er Neiße gelegenen Teile sind seit 1945 polnisch.

Lausitzer Kultur, bronzezeitl. Kulturgruppe im östl. Mitteleuropa, nach den frühesten Funden in der *Niederlausitz* benannt; sie bildete sich in der mittleren Bronzezeit u. bestand bis in die ältere Eisenzeit; Untergruppe der *Urnenfelder-Kultur* (→ Urnenfelderzeit). Die Funde stammen vor allem aus Urnengräbern, oft mit vielen Beigefäßen als Grabbeigaben (in der Spätzeit bis zu 60). Charakteristisch ist die Keramik: älteste Stufe mit Bukkelurnen, später Gefäße mit Riefenverzierung, Graphitierung u. Bemalung. Die Bronzen entsprechen weitgehend den Typen der Urnenfelder-Kultur. Versuche, die L. K. mit einem bestimmten Volk (*Illyrier*, Ahnherren der Slawen) in Verbindung zu bringen, sind nicht überzeugend. Auf Kämpfe weisen zahlreiche Wallburgen hin.

Laval, Pierre Étienne, französ. Politiker (bis 1919 Sozialist, anschließend Unabhängiger), *28. 6. 1883 Châteldon, Dép. Puy-de-Dôme, †15. 10. 1945 Fresnes, Seine (hingerichtet); Anwalt, Parlamentarier seit 1914, seit 1925 mehrmals Min., 1931/32 u. 1935/36 Min.-Präs. mehrerer Mitte-Rechts-Kabinette; Juli 1940 Vize-Präs. u. Außen-Min. in der Regierung Pétain, von diesem Dez. 1940 verhaftet, 1942 unter dt. Druck zurückgerufen u. bis 1944 erneut Min.-Präs.; 1944 gewaltsam nach Dtschld. gebracht; 1945 in Frankreich als Kollaborateur zum Tode verurteilt.

La Vallière [lava'ljɛ:r], *Lavallière*, Louise Françoise de *La Baume Le Blanc*, Herzogin von (seit 1667), *6. 8. 1644 Tours, †6. 6. 1710 Paris; seit 1661 Mätresse Ludwigs XIV., ging 1674 ins Kloster.

La-Venta-Kultur, die früheste (800–400 v. Chr.) bekanntgewordene Hochkultur Mittelamerikas, an der mexikan. Golfküste, benannt nach der Fundstätte *La Venta* im Staat Tabasco (Mexiko). Teils durch Eroberungszüge, teils durch Handel sandte sie Ausläufer bis nach Costa Rica, an die pazif. Küste Guatemalas, in das Hochtal von Mexiko u. nach Guerrero; sie war grundlegend für die nachfolgenden mittelamerikan. Kulturen. Kennzeichnend sind Tempelzentren *(La Venta, Cerro de las Mesas, Tres Zapotes)* mit Pyramiden u. Plattformhügeln mit steinernen Grabkammern u. Steinplastiken, darunter reliefverzierte Stelen u. Altäre. Menschl. Figuren sitzen in höhlenartigen Vertiefungen in Form eines Jaguarrachens. Bei den Statuen sind typisch Mischwesen aus Mensch u. Jaguar, meist als fette Kinder mit einem nach unten gezogenen, an ein Jaguarmaul erinnernden Mund mit Fangzähnen *(Wer-Jaguare)*. Bemerkenswert sind die bis 4 m hohen u. bis über 30 Tonnen schweren Kolossalköpfe mit negroiden Gesichtszügen u. oft babyhaften Gesichtern.

Erstmals auf amerikan. Boden wurde hier eine polit. Einheit unter der Herrschaft einer Priestergruppe geschaffen, die ihren Unterhalt u. ihre Arbeitskräfte aus einer ländl. Umgebung bezog. Man benutzte glyph. Elemente, die die ältesten Schriftzeugnisse Amerikas sind. Wahrscheinlich wurde hier auch der 260tägige, später über ganz Mittelamerika verbreitete Ritualkalender erfunden. Die L. wird, von der Kunst her gesehen, oft als *olmekisch* bezeichnet, obwohl diese Zuschreibung ethnisch nicht zu rechtfertigen ist.

Law [lɔ:], Andrew Bonar, brit. Politiker (konservativ), *16. 9. 1858 Kingston, New Brunswick, Kanada, †30. 10. 1923 London; seit 1911 Führer der Konservativen im Unterhaus, im 1. Weltkrieg Kolonial-Min., später Schatzkanzler, 1919–1921 Lordsiegelbewahrer, 1922/23 Premier-Min.

Lawrence ['lɔ:rəns], Thomas Edward, gen. *L. of Arabia, L. von Arabien*, engl. Schriftsteller,

Archäologe, Abenteurer u. polit. Agent, *15. 8. 1888 Tremadoc, Wales, †19. 5. 1935 Clouds Hill, Dorsetshire (Motorradunfall); organisierte im 1. Weltkrieg als Agent des brit. Geheimdienstes u. als Vertrauter *Faisals I.* die arab. Erhebung im Hedjas gegen die Türkei. Als Gegner der brit. Nahostpolitik quittierte er dann seinen Dienst u. diente als Soldat der brit. Luftwaffe in Indien. Eine subjektive, von ihm selbst als Kunstwerk verstandene Darstellung seiner arab. Abenteuer ist das Buch „Die sieben Säulen der Weisheit“ 1926, dt. 1936, Kurzfassung „Aufstand in der Wüste“ 1927, dt. 1927–1930; ferner gab er eine unverhüllte Selbstdarstellung in „The Mint“ 1955, dt. „Unter dem Prägestock“ 1955.

Lazar, *Lasar,* serb. Fürst ca. 1371–1389, *um 1329 Priljepac, †15. 6. 1389 (auf dem *Amselfeld* hingerichtet); serb. Heiliger; sicherte sich nach dem Tode Stephan *Dušans* durch geschickte Bündnis- u. Heiratspolitik einen beachtl. Herrschaftsbereich (Hauptstadt *Kruševac*) u. trat die faktische Nachfolge der serb. Könige an; behauptete sich zwischen den Fronten der Großmächte, erkannte 1389 die ungar. Oberherrschaft an u. unterlag in der Schlacht auf dem Amselfeld *(Kosovo polje)* am 15. 6. 1389 den Türken.

Lebeau [lə'bo:], Jean Louis Joseph, belg. Politiker (Liberaler), *3. 1. 1794 Hoei, †19. 3. 1865 Hoei; führend im Kampf um die belg. Unabhängigkeit; beteiligte sich nach Erreichen der Unabhängigkeit Belgiens an der Ausarbeitung der neuen Verfassung u. bekleidete dann mehrere Regierungsämter (1840 Min.-Präs. u. 1841 zugleich Außen-Min.).

Lebensborn, 1935 vom Reichsführer SS H. *Himmler* gegr. Einrichtung (e. V.) mit der Aufgabe, entspr. der nat.-soz. Rassenideologie „den Kinderreichtum in der SS zu unterstützen, jede Mutter guten Blutes zu schützen u. zu betreuen u. für hilfsbedürftige Mütter u. Kinder guten Blutes zu sorgen“. In den L.-Heimen wurden bis 1945 rd. 8000 überwiegend nichteheliche Kinder geboren. Seit 1941 wurden auch verschleppte Kinder aus den besetzten Gebieten zwangsweise „eingedeutscht“.

Leber, 1. Georg, Politiker (SPD), *7. 10. 1920 Obertiefenbach, Oberlahnkreis; kaufmänn. Angestellter, dann Maurer; seit 1947 Mitgl. der SPD u. der Baugewerkschaft; 1957–1966 Vorsitzender der IG Bau-Steine-Erden; 1957–1983 MdB; 1966–1972 Bundes-Min. für Verkehr, 1969–1972 auch für Post- u. Fernmeldewesen, 1972–1978 Bundes-Min. der Verteidigung; 1979–1983 Vizepräsident des Bundestages.

Thomas Edward Lawrence in Akaba, 1917

2. Julius, Politiker (SPD) u. Widerstandskämpfer, *16. 11. 1891 Biesheim, Elsaß, †5. 1. 1945 Berlin-Plötzensee (hingerichtet); nach dem Studium der Volkswirtschaftslehre seit 1921 Journalist in Lübeck; 1924–1933 MdR, 1933–1937 polit. Häftling, anschließend führend in der Widerstandsbewegung gegen das nat.-soz. Regime tätig (Kreisauer Kreis; als Innenminister in einem Kabinett Goerdeler vorgesehen); am 5. 7. 1944 verhaftet, am 20. 10. vom Volksgerichtshof zum Tode verurteilt.

Lebrun [lə'brœ], **1.** Albert, französ. Politiker, *29. 8. 1871 Mercy-le-Haut, Dép. Meurthe-et-Moselle, †6. 3. 1950 Paris; 1911–1919 mehrfach Min., 1932–1940 letzter Präs. der 3. Republik.

2. Charles François, Herzog von Piacenza (1808), französ. Politiker, *19. 3. 1739 Saint-Sauveur-Lendelin, Manche, †16. 6. 1824 Saint-Mesmes, Seine-et-Marne; 1789 Mitgl. der Nationalversammlung; 1796 Präs. des Rates der Fünfhundert, unterstützte Napoleon I. am 18. Brumaire u. wurde 1799 3. Konsul; 1804 Erzschatzmeister, Statthalter von Ligurien (1805/06) u. Holland (1810 bis 1813).

Lechfeld, die bayer. Landschaft zwischen Wertach u. Lech, südl. von Augsburg. – In der sog. *Schlacht auf dem L.* (10.–12. 8. 955) wehrte ein aus mehreren dt. Stammesgebieten aufgebotenes Heer unter *Otto I.* einen Ungarneinfall nach Süddeutschland ab. Zuvor hatten die Ungarn vergeblich versucht, das von Bischof *Ulrich* verteidigte Augsburg einzunehmen. Wahrscheinlich besiegte Otto die Ungarn nicht auf dem L., sondern in einem 1. Treffen westlich u. in einem 2. Treffen südöstlich von Augsburg.

Ledebour [-bu:r], Georg, Politiker, *7. 3. 1850 Hannover, †31. 3. 1947 Bern; Journalist; trat 1890 der SPD bei; 1900–1918 u. 1920–1924 MdR; 1917 Mitgründer u. einer der Führer der USPD. L. nahm 1919 am Spartakus-Aufstand teil u. wurde in einem anschließenden Prozeß freigesprochen. 1920 wandte er sich gegen die Vereinigung der Mehrheit der USPD mit der KPD, 1922 gegen die Vereinigung der Rest-USPD mit der SPD. Er gehörte kleinen linkssozialist. Gruppierungen an u. trat 1931 der Sozialist. Arbeiterpartei (SAP) bei. 1933 emigrierte er in die Schweiz.

Ledru-Rollin [lə'dry rɔ'lɛ̃], Alexandre Auguste, gen. *Ledru,* französ. Politiker (Republikaner), *2. 2. 1807 Paris, †31. 12. 1874 Fontenay-aux-Roses, Dép. Hauts-de-Seine; 1848 Innen-Min. der provisor. Regierung, kandidierte für das Präsidentenamt, unterlag Prinz Louis Napoleon; floh nach einem gescheiterten Aufstandsversuch 1849 nach London u. kehrte erst 1870 nach Frankreich zurück; 1871 wurde er Mitgl. der Nationalversammlung.

Le Duan [le: 'zwan], vietnames. Politiker (Kommunist), *7. 4. 1907 Bien-la, Prov. Quang Tri, †10. 7. 1986; seit 1930 Mitgl. der KP Indochinas; 1960–1976 Erster Sekretär des ZK der Lao-Dong-Partei, seit 1976 Generalsekretär des ZK (Parteiführer) der KP Vietnams.

Le Duc Tho, vietnames. Politiker (Kommunist), *14. 10. 1911 Dich Le, Provinz Nam Ha, †13.10.1990 Hanoi; 1930 Mitgründer der KP Indochinas; 1955–1986 Mitgl. des Politbüros u. 1960–1986 ZK-Sekretär der LaoDong-Partei bzw. KP Vietnams. L. D. T. führte 1968 bis 1973 am Rande der Pariser Vietnam-Konferenz die entscheidenden Verhandlungen mit H. *Kissinger,* die zum Waffenstillstandsabkommen führten. Den Friedensnobelpreis 1973, der ihm u. Kissinger zugesprochen wurde, lehnte er ab.

Lee [engl. li:], die in Vietnam 980–1009 u. 1418–1804 herrschende Dynastie. Unter den L. wurde zunächst die Reichseinheit hergestellt; ab 1602 kam es aber zum Zerfall in den von den *Trinh-Fürsten* beherrschten Norden u. den von den *Nguyen-Fürsten* beherrschten Süden.

Robert E. Lee

Lee [li:], Robert Edward, US-amerikan. General, *19. 1. 1807 Stratford, Va., †12. 10. 1870 Lexington, Va.; im Sezessionskrieg Armeeführer auf seiten der Südstaaten, 1865 Oberbefehlshaber ihrer Streitkräfte. L. siegte bei Bull Run (1862), Fredericksburg (1862) u. Chancellorsville (1863), mußte sich aber nach der Niederlage von Gettysburg (1863) zurückziehen. Er wurde mit den Resten des Südstaatenheeres von U. S. *Grant* bei *Appomattox Court House* eingeschlossen u. am 9. 4. 1865 zur Kapitulation gezwungen. Nach dem Kriege war L. Präs. des Washington College (heute: Washington and Lee University).

Lefebvre [lə'fɛ:vr], **1.** François Joseph Pierre, Herzog von Danzig, Marschall von Frankreich (seit 1804), *20. 10. 1755 Rufach, Elsaß, †14. 9. 1820 Paris; unterstützte 1799 Napoleons Staatsstreich; eroberte 1807 Danzig, kämpfte 1808 in Spanien u. 1809 in Tirol. 1812/13 befehligte er die Garde. Er wurde 1814 Pair von Frankreich u. ging während der *Hundert Tage* wieder zu Napoleon über.

2. Georges, französ. Historiker, *6. 8. 1874 Lille, †28. 8. 1959 Boulogne-Billancourt; Prof. in Clermont, Straßburg u. Paris, Direktor der „Annales historiques de la Révolution“ u. Präs. der „Société des études robespierristes“. Hptw.: „La vente des biens nationaux“ 1928; „La grande peur“ 1932; „La Révolution française“ 1930; „Napoléon“ 1937; „Les Thermidoriens“ 1937; „Le Directoire“ 1946.

Legat, im alten Rom ein Beauftragter mit lediglich übertragener Kompetenz in verschiedenen Funktionen. In der Republik wurden L.en in der Regel vom Senat benannt, als Gesandte u. Verhandlungsdelegierte in völkerrechtl. Sinne; als Vertreter der Oberbeamten im Rahmen der Provinzialangelegenheiten; als hohe Offiziere (bes. in der ausgehenden Republik). In der Kaiserzeit wurden sie vom Kaiser eingesetzt u. handelten in dessen Namen als Statthalter der kaiserl. Provinzen u. als Befehlshaber der Legionen.

Legazpi [le'gaθpi], Miguel López de, span. Konquistador, *um 1510 Zumárraga, †20. 8. 1572 Manila; während der von L. geleiteten Eroberung der Philippinen wurde er dort 1569 Gouverneur; gründete Manila.

Legien, Karl, Gewerkschaftsführer, *1. 12. 1861 Marienburg, Westpreußen, †26. 12. 1920 Berlin; Drechsler, seit 1886 in der Arbeiterbewegung tätig, 1890–1919 Vors. der Generalkommission der Gewerkschaften Deutschlands, 1919/20 Vors. des Allgemeinen Dt. Gewerkschaftsbunds, 1893–1898 u. 1903–1918 Mitgl. des Reichstags (SPD), 1903–1919 Vors. der Internationalen Vereinigung der Gewerkschaften. L. war 1918 Mitbegründer der „Zentralarbeitsgemeinschaft“, durch die die Gewerkschaften als gleichberechtigte Partner der Arbeitgeberverbände anerkannt wurden. 1920 leitete er den Generalstreik gegen den Kapp-Lüttwitz-Putsch.

Legion: römische Legionäre beim Überschreiten eines Flusses; Relief an der Säule des Marc Aurel. Rom, Piazza Colonna

Legion, im Röm. Reich eine Truppeneinheit, in der nur röm. Bürger dienten. Sie gliederte sich in 10 *Kohorten* zu 600 Mann, die Kohorte in 3 *Manipel* zu 200 Mann, der Manipel in 2 *Zenturien* zu 100 Mann. Zu jeder L. gehörten 300 Reiter. Mit der Heeresreform des *Marius* (107 v. Chr.) begann die Entwicklung zum Berufsheer, die in der Kaiserzeit abgeschlossen war: seit *Augustus* waren die L.en an bestimmte Provinzen gebundene stehende Heere. Die Heeresstärke schwankte in der röm. Kaiserzeit zwischen 25 u. 30 L.en; daneben gab es das Heer der Bundesgenossen. Seit dem 4. Jh. verloren die L.en des röm. Heers ihre Bedeutung. – Sonderformationen von Freiwilligen (so u. a. in den Befreiungskriegen gegen Napoleon I. die *Freikorps*) nannten sich auch L., z. B. die *Dt. L.* : hannoverische Truppen, die nach ihrer Auflösung 1803 von England angeworben wurden, oder die *Russ.-dt. L.* (1811 in Rußland aufgestellte dt. Truppen).

Legion Condor, ein dt. Truppenverband, der im Span. Bürgerkrieg (1936–1939) auf seiten F. Francos gegen die Regierungstruppen kämpfte. Zur L. C. gehörten vor allem Luftwaffen-, daneben auch Panzer- u. Nachrichteneinheiten sowie Instrukteure. Ihre Stärke betrug rd. 5500 Mann. Für die Entsendung der L. C. waren neben polit. u. wirtschaftl. Gründen (Unterstützung einer ideologisch verwandten Bewegung, Annäherung an Italien, Lieferung span. Erze nach Dtschld.) vor allem militär. Motive bestimmend (Erprobung neuer Waffen). Der Einsatz löste Proteste der Westmächte aus; Hitler unterstützte zum Schein die Verhandlungen über eine allg. Nichteinmischung, ließ die L. C. aber bis zum Sieg Francos (Frühjahr 1939) in Spanien.

Legisten [lat.], im MA vor allem in Frankreich übliche Bez. der auf den Universitäten in röm. Recht *(leges)* geschulten Juristen; im Gegensatz zu den *Kanonisten*, die sich mit dem Kirchenrecht *(canones)* befassen.

Legnano [le'nja:no], italien. Stadt in der Lombardei, an der Olona, 49 000 Ew.
Am 29. 5. 1176 Sieg des Lombard. Städtebunds über Kaiser Friedrich I. Barbarossa, dem Heinrich der Löwe militär. Hilfe versagt hatte.

Leguía [le'gia], Augusto Bernardino, peruan. Politiker, *19. 2. 1863 Lambayeque, †6. 2. 1932 Lima (Gefängnis); 1904 Min.-Präs., 1908–1912 u. 1919–1930 (als Diktator) mit Hilfe des „Partido Civilista" Staats-Präs. In Zusammenhang mit der durch die Weltwirtschaftskrise ausgelösten Depression wurde L. gestürzt, des Hochverrats angeklagt, verurteilt u. inhaftiert.

Lehen, lat. *feudum, beneficium*; ein vom Lehnsherrn *(Senior)* an einen Lehnsmann *(Vasallen)* gegen Dienst u. Treue verliehenes Gut, u. zwar mit Nutzungs-, nicht mit Eigentumsrecht. Auch → Lehnswesen.

Lehnswesen [frz. *féodalité*, „Feudalismus"], eine histor. Staats- u. Gesellschaftsordnung. Das L. prägte die polit.-gesellschaftl. Ordnungen des europ. Mittelalters mit Nachwirkungen bis in die Neuzeit. Vergleichbare soziale u. Rechtsverhältnisse finden sich in anderen histor. Kulturkreisen, so im alten Ägypten, der arab.-türk. Welt, Indien u. bes. Japan.
Das L. entstand in fränk.-karoling. Zeit (Mitte des 8. Jh.) aus der Verbindung von persönl. *Vasallität* u. dingl. *Benefizium*, d. h. der Ausstattung eines freien Mannes meist mit Land *(Lehen)*. Die Vasallität hat ihre Wurzeln im german. Gefolgschaftswesen (gegenseitiges Treueverhältnis von Herr u. Gefolgsmann) u. der gallöröm. *Kommendation*, d. h. der Ergebung eines Vasallen in die Gewalt eines Herrn, dem er gegen Unterhalt u. Schutz Gehorsam u. beliebigen Dienst schuldete (später meist nur militär. Dienst). Die Lehnspflichten wurden durch die *Belehnung* begründet: Der Lehnsmann gelobte im Handgang Treue u. „Mannschaft" (wichtigste Dienste: Rat u. Tat durch Heer- u. Hoffahrt) u. wurde vom Lehnsherrn in sein Lehen (meist Ämter oder Grundbesitz) eingesetzt. Weiterverleihung an Untervasallen *(Aftervasallen*, in Italien *Valvassoren)* war möglich, mit der Folge abgestufter u. sich zersplitternder Eigentumsrechte. In den feudalen Gesellschaften stand an der Spitze der *herrschaftsständ. Pyramide (Heerschildordnung)* als oberster Lehnsherr der König. Das Lehnsgericht am Hof des Herrn wurde jedoch von den Standesgenossen (lat. *pares*, Pairsgericht) gebildet. Das Lehnsverhältnis *(Lehnsnexus)* galt auf Lebenszeit, wenn es nicht durch Treubruch *(Felonie)* aufgelöst wurde. Bei Pflichtverletzung des Herrn blieb dem Lehnsmann das Widerstandsrecht gewahrt. Durch Tod des Herrn oder Mannes *(Herrenfall bzw. Mannfall)* trat der *Heimfall* ein, u. es mußte um die Erneuerung des Lehnsverhältnisses nachgesucht werden *(Mutung)*. Sobald sie grundlos nicht mehr verweigert werden konnte, steigerte sich der Anspruch des Privaterben auf erneute Belehnung zur Erblichkeit der Lehen, in Frankreich gewohnheitsrechtl. schon Ende des 9. Jh., sonst seit dem 10. Jh. Durch Privilegien erhielten auch weibl. Nachkommen beim Fehlen männl. Erben ein subsidiäres Erbrecht. Seit dem 12. Jh. galt für die dt. Fürstentümer *(Fahnlehen)* zwar nicht rechtl., doch tatsächl. der sog. *Leihezwang*: Der König konnte die Lehen nicht einziehen u. in Krongut (Reichsgut) umwandeln, sondern mußte sie binnen Jahr u. Tag wieder ausgeben. Die Reichsfürsten setzten die Einziehung der von ihnen verliehenen Lehen jedoch durch u. schlossen beim militär. Lehnsaufgebot ein Durchgriffsrecht des Königs auf die Untervasallen aus. Damit verlor das L. in Dtschld. seine integrierende Funktion, führte vielmehr zur Schwächung des Königtums u. förderte den landesfürstl. Partikularismus mit der Ausbildung lokaler Lehnsrechtsgewohnheiten. Das L. wurde dem Ausbau der Landeshoheit nutzbar gemacht u. die Lehnspflichten zudem dingl. beschränkt, der dt. Vasall diente nur noch für das Lehen, soweit dessen Erträge reichten. Versuche frühneuzeitl. Habsburger Könige, die Lehnsabhän-

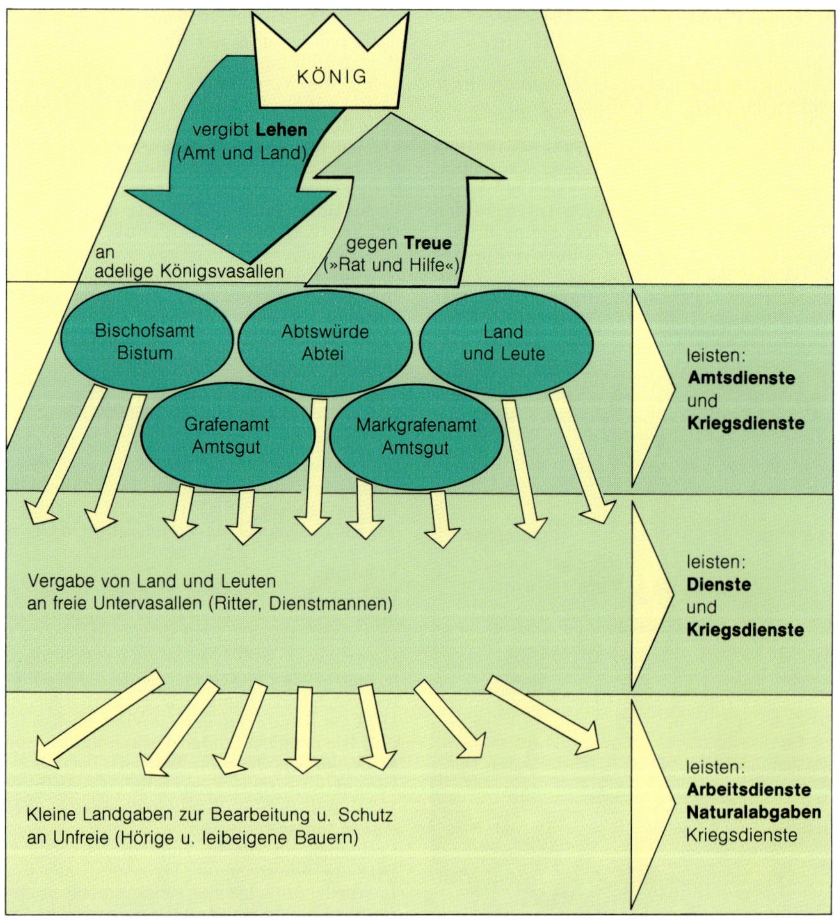

Das Lehnswesen in Deutschland

Lehnswesen: Lehnseid; Darstellung auf einem mittelalterlichen Siegel

gigkeit der italien. Reichsvasallen neu zu beleben, belegen die Verwendung des Lehnsrechts zu polit. Zwecken, jedoch mit begrenztem Erfolg, da dem Wiener Hof die Existenz vieler Reichslehen in Italien nicht bekannt war. In Frankreich dagegen, das im 10. u. 11. Jh. voll „durchfeudalisiert" war, wo allodiale Rechte verschwanden u. kein Land ohne Lehnsbindung blieb, gelang mit Hilfe des L.s seit dem 12. Jh. die Vergrößerung der kapeting. Domäne u. der Ausbau der königl. Macht. Ein Treuevorbehalt in französ. Lehnsverträgen begünstigte den Oberlehnsherrn. Die *ligische Treue* (frz. *ligesse*) verpflichtete die Untervasallen im Konfliktfall zuerst dem König, wodurch Aktionen der Fürsten gegen den Herrscher erschwert waren. Städtisch-bürgerl. u. bäuerl. Schichten wurden vom L. nicht erfaßt; sie waren weder aktiv noch passiv lehnsfähig. Die Kirche dagegen, bes. die oberen Ränge der Hierarchie, war von der lehnrechtl. strukturierten Adelsgesellschaft geprägt. Selbst das mittelalterl. Papsttum band mittels des L. verschiedene Staaten (England, Sizilien, Aragón) an sich u. bezog aus ihnen Lehnszins. Mit der Änderung der Wehrverfassung u. Kriegstechnik sowie der Fiskalisierung der Lehnsdienste verlor das L. schließlich seine militär. u. mit dem Aufbau des modernen Beamtenstaates im Absolutismus auch seine polit. Bedeutung. Die ursprüngl. steuerfreien adligen Lehnsgüter wurden in den dt. Territorien im 18. u. 19. Jh. gegen jährl. Abgaben in Privateigentum umgewandelt *(allodifiziert)*. Formell blieb das Lehnsrecht im Hl. Röm. Reich bis 1806 in Geltung.

Leibeigenschaft, die persönl. Abhängigkeit eines Menschen von einem Herrn, ohne Freizügigkeit u. mit vielfältigen Geld-, Sach- u. Dienstpflichten des *Leibeigenen*, der auch der Erlaubnis seines Herrn bedarf, wenn er heiraten will. Die L. war bes. ausgeprägt 1. im MA im westl. Dtschld. als (allmählich sehr gemilderte) Abhängigkeit mit meist nur in geringer Höhe zur Anerkennung der L. erhobenen Abgaben *(Leib-* u. *Heiratszins*; im Todesfall *Besthaupt, Bestkleid)*; z. T. erhalten bis ins 18. Jh.; 2. im östl. Dtschld. im Gebiet der Gutsherrschaft als Erbuntertänigkeit ein in vielem der antiken Sklaverei ähnl. Rechtsverhältnis, das auch die gesamte Familie des Leibeigenen *(Erbuntertänigen)* zu Zwangsdiensten, aber auch den Gutsherrn (zumindest rechtlich) zur Fürsorge verpflichtete; erst mit der Bauernbefreiung aufgehoben; 3. im zarist. Rußland als stärkste persönl. Abhängigkeit der Bauern von ihren Herren mit Eigentumscharakter: Die Leibeigenen waren jederzeit frei veräußerlich. Die Aufhebung der L. in Rußland erfolgte in 2 Abschnitten: 1858–1866 durch den „Zar Befreier" Alexander II. u. 1906–1911 durch die Regierung P. A. Stolypins (z. Z. Nikolaus' II.); sie blieb aber nach der Ermordung Stolypins (1910) unvollendet, was den Sieg der Oktoberrevolution 1917 erleichtert hat.

Leicester ['lɛstə], **1.** Robert Dudley, Earl of, Günstling der engl. Königin Elisabeth I., *24. 6. 1532 (1533?), †4. 9. 1588 Cornbury, Oxfordshire; 1553/54 im Tower gefangen, da er nach Eduards VI. Tod seinen Vater, den Herzog von Northumberland, bei dem Versuch unterstützt hatte, seine Schwägerin Jane *Grey* auf den Thron zu bringen. L. stand bei Elisabeth in hohem Ansehen; die erwartete Heirat erfolgte aber nicht. Er war 1585–1587 glückloser Leiter der engl. Hilfsexpedition für die Niederländer u. 1588 Oberbefehlshaber gegen die Spanier.

2. Simon → Montfort, Simon de.

Leif Eriksson, normann. Seefahrer, Sohn *Erichs des Roten*, fuhr um 1000 n. Chr. von Grönland aus südwärts, um die von *Bjarni Herjulfson* gesichteten fremden Küsten zu suchen, fand *Vinland* (wahrscheinlich die amerikanische Küste im heutigen Massachusetts), gilt daher als erster Entdecker Amerikas.

Leih- und Pachtgesetz → Lend-Lease.

Leihezwang → Lehnswesen.

Leiningen, gräfl. Geschlecht der Rheinpfalz. Die mit den 1220 ausgestorbenen Grafen von L. verschwägerten Grafen von Saarbrücken übernahmen Wappen u. Namen der Leininger. Es folgten mehrere Teilungen. Die Linie *L.-Dagsburg-Hardenburg* wurde 1779 in den Reichsfürstenstand erhoben. Für ihre verlorenen linksrhein. Besitzungen erhielt sie 1803 das neugeschaffene *Fürstentum L.* mit der Residenz Amorbach. Es wurde schon 1806 von Baden mediatisiert u. fiel später größtenteils an Bayern.

Leiningen, Karl Fürst zu, Politiker (konservativer Liberaler), *12. 9. 1804 Amorbach, † 13. 11. 1856 Amorbach; Halbbruder der engl. Königin *Victoria*; trat schon 1847 für ein konstitutionelles geeintes Dtschld. unter preuß. Führung ein, verzichtete nach dem Ausbruch der Revolution 1848 auf seine standesherrl. Vorrechte u. war vom 5. 8. bis 5. 9. 1848 der erste Präs. des Reichsministeriums in Frankfurt.

Leipzig, Stadt in Sachsen, in der *Leipziger Tieflandsbucht*, 462 000 Ew. L. wurde während des 2. Weltkriegs stark zerstört, viele historische Bauwerke mußten restauriert werden.

An der Stelle einer seit dem 9. Jh. bestehenden slaw. Siedlung wurde um 1000 eine dt. Burg errichtet, die 1015 erstmals erwähnt wird *(urbs Libzi)*. Daneben entstand eine Marktsiedlung, die um 1165 vom meißn. Markgrafen das Stadtrecht erhielt. L. entwickelte sich zu einem bedeutenden Handelszentrum u. erhielt für seine Messen (seit dem 13. Jh.) mehrfach kaiserl. Privilegien. 1409 wurde die Universität gegründet. 1519 fand die *L.er Disputation* zwischen Luther, A. Karlstadt u. J. Eck statt.

Im 18. Jh. war L. führend im kulturellen Leben Deutschlands u. Mittelpunkt des dt. Buchhandels. Die *Völkerschlacht bei L.* (16.–19. 10. 1813) entschied die Befreiungskriege zugunsten der Verbündeten u. beendete die napoleon. Herrschaft über Dtschld. 1835 wurde L. Sitz einer sächs. Kreishauptmannschaft, 1879 dann Sitz des Reichsgerichts. Der industrielle Aufschwung des 19. Jh. machte es zum Zentrum der frühen dt. Arbeiterbewegung. 1952–1990 war L. Hauptstadt des gleichn. Bez. der DDR. Massendemonstrationen in L. trugen 1989 zum Sturz des SED-Regimes bei.

Leipziger Disputation, theolog. Streitgespräch zwischen A. Karlstadt, J. Eck u. Luther vom 27. 6. bis 16. 7. 1519 auf der Pleißenburg. Themen waren: die Prädestination, das göttl. Recht des Staatstums, die Autorität der Konzilien u. a. Hier hat Luther erstmals die Irrtumsfähigkeit von Papst u. Konzilien öffentlich vertreten.

Leipziger Interim, Vereinbarung zwischen altgläubigen u. prot. Fürsten 1548, im Lehrgehalt altgläubig, aber anders als das Augsburger Interim in den sog. Adiaphora offener; von Melanchthon zwar akzeptiert, löste es trotzdem den adiaphorist. Streit aus. Der Fürstenbund gegen Karl V. u. der Augsburger Religionsfriede 1555 setzten es außer Kraft.

Leiturgie [grch.], *Liturgie*, in der Antike die Dienstleistung des Bürgers für die Gemeinschaft, auch von islam. Herrschern bei großen Bauvorhaben angewendete Maßnahmen der Arbeitsverpflichtung. Im ptolemäischen u. römischen Ägypten bedeutete die L. zwangsweise Dienstleistungen verschiedenster Art für Staat u. Verwaltung.

Lelewel [lɛ'lɛvɛl], Joachim, poln. Historiker u. Politiker, *22. 3. 1786 Warschau, †29. 5. 1861 Paris; Prof. in Warschau (1815–1821) u. Wilna (1821–1824); während des November-Aufstands 1830/31 Mitgl. der Regierung, lebte seit 1831 in Paris u. Brüssel; 1847 mit Marx u. Engels Vizepräsident der Internationalen Demokratischen Gesellschaft. L. begründete die krit. poln. Historiographie. Hptw.: „Geschichte Polens unter Stanislaus August" dt. 1831.

Lemass [lə'maːs], Seán, irischer Politiker (Fianna Fail), *15. 7. 1899 Ballybrack bei Dublin, † 11. 5. 1971 Dublin; Mitgl. der irischen Untergrundbewegung u. Gründungsmitglied der *Fianna Fail*; widersetzte sich der brit.-irischen Verständigung u. der Abtrennung Nordirlands von Irland; wiederholt in engl. Gefangenschaft; seit 1924 im irischen Parlament; mehrfach Industrie- u. Handels-Min., 1959–1966 Premier-Min.

Lemke, Helmut, genannt *von Soltenitz*, Politiker (CDU), *29. 9. 1907 Kiel, † 15. 4. 1990 Lübeck; Jurist; 1933–1937 Bürgermeister von Eckernförde, seit 1937 von Schleswig; im 2. Weltkrieg Marineoffizier; seit 1948 Rechtsanwalt; 1951–1954 Schulsenator in Lübeck; 1954/55 Kultus-Min., 1955 bis 1963 Innen-Min., 1963–1971 Min.-Präs. von Schleswig-Holstein; 1971–1983 Landtags-Präs. von Schleswig-Holstein.

Lemmer, Ernst, Politiker, *28. 4. 1898 Remscheid, †18. 8. 1970 Berlin; 1919–1922 Studium der Volkswirtschaft; 1922–1933 Generalsekretär des Gewerkschaftsrings dt. Arbeiter-, Angestellten- u. Beamtenverbände; 1924–1932 u. 1933 MdR (DDP bzw. Dt. Staatspartei); 1933–1945 Berliner Korrespondent ausländ. Zeitungen; 1945–1947 Mitbegründer u. 2. Vors. der CDU in Berlin u. der SBZ; 1949–1956 Chefredakteur des „Kurier"; 1950–1970 Mitgl. des Westberliner Abgeordnetenhauses; 1952–1970 MdB; 1956/57 Bundes-Min. für Post u. Fernmeldewesen, 1957–1962 für gesamtdeutsche Fragen, 1964/65 für Vertriebene, Kriegsgeschädigte u. Flüchtlinge; 1965–1969 Sonderbeauftragter des Bundeskanzlers für Berlin. Erinnerungen: „Manches war doch anders" 1968.

Lenclos [lã'klo], *Lanclos*, Anne, genannt *Ninon de L.*, französ. Kurtisane, *10. 11. 1620 Paris, † 17. 10. 1705 Paris; durch ihre Schönheit u. Bildung berühmt; ihr Haus war eines der literarisch-polit. Zentren des damaligen Paris. L. stand mit dem Marquis de *Sévigné, Molière, La Rochefoucauld* u. *Voltaire* in Verbindung u. gilt als Autorin einer berühmten Brief- u. Memoirensammlung.

Lend-Lease [-liːz; engl.], *Leih-Pacht*, das Verfahren der USA zur Lieferung von Versorgungsgütern an kriegführende Staaten (1941–1946). Seine Grundlage wurde das am 11. 3. 1941 vom Kongreß verabschiedete L.-Gesetz *(Lend-Lease Act)*. Der Präs. erhielt außerordentl. Vollmachten. Er durfte jedem Land, dessen Verteidigung ihm wichtig erschien, Güter u. Leistungen aller Art (auch

Grundstücke, Produktionsmittel, Fahrzeuge, Pläne, Lizenzen) zukommen lassen u. dafür Zahlungen oder Vergütungen entgegennehmen. Das Gesetz wurde am Tage des Inkrafttretens auf Großbritannien angewendet. Als nächste Staaten wurden Griechenland u. die UdSSR einbezogen, mit der Zeit 28 Länder, darunter 19 lateinamerikan. Republiken. Von 50 Mrd. Dollar Leih-Pacht-Mitteln erhielten Großbritannien, die UdSSR, China u. Frankreich 47 Mrd. Dollar. Zurückgezahlt wurden 8 Mrd. Dollar, auf andere Weise erstattet weitere 2 Mrd. Dollar.

Lengyeler-Kultur ['lɛndjɛlər-], jungneolith. Ackerbau u. Viehzucht treibende Kulturgruppe mit beginnender Kupferverarbeitung in Westungarn, benannt nach den Funden aus der Wallanlage von *Lengyel*, Provinz Tolna. Charakteristisch sind flache Schalen mit hohem, knubbenbesetztem Fuß, runde Schalen, knubbenbesetzte doppelkon. Becher, flaschenartige, anthropomorphe u. zoomorphe Gefäße, Frauenstatuetten u. Tierfiguren, mit Spiralen verziert u. rot bemalt. Die Siedlungen bestanden aus in die Erde eingetieften Hütten.

Lẹnin, eigentl. *Uljanow*, Wladimir Iljitsch, russ. Politiker u. Theoretiker des Sozialismus, *22. 4. 1870 Simbirsk (heute Uljanowsk), †21. 1. 1924 Gorki bei Moskau; entstammte kleinadlig-bürgerlichen Verhältnissen, studierte Rechtswissenschaft u. stieß früh zur revolutionären Bewegung. 1895 gründete er in St. Petersburg den „Kampfbund zur Befreiung der Arbeiterklasse". 1897–1900 war er nach Sibirien verbannt. Anschließend emigrierte er u. arbeitete von London, München u. Genf aus an der Schaffung einer straff organisierten u. zentralisierten Partei von geschulten Berufsrevolutionären („Was tun?" 1902). Auf dem 2. Kongreß der Russ. Sozialdemokrat. Arbeiterpartei in Brüssel u. London 1903 kam es wegen des von L. in diesem Sinne vorbereiteten Parteistatuts zur Spaltung der Partei in die Gruppe der *Bolschewiki* („Mehrheitler") unter der Führung L.s u. der *Menschewiki* („Minderheitler") unter L. *Martow*. Während der Revolution 1905 bekämpfte L. die Menschewiki u. anfangs auch die Arbeiterräte *(Sowjets)*. 1908–1912 u. während des 1. Weltkriegs lebte L. in der Schweiz. 1912 spaltete er in Prag endgültig die Russ. Sozialdemokrat. Arbeiterpartei, gründete ein rein bolschewist. Zentralkomitee u. gab das Zentralorgan „Prawda" heraus. In der Schweiz entstand seine wichtige ökonom. Schrift: „Der Imperialismus als höchstes Stadium des Kapitalismus" 1916. Nach der russ. Februarrevolution 1917 gelangte L. mit Hilfe der dt. Heeresleitung nach Rußland, wo er in seinen berühmten Aprilthesen „Frieden, Land u. Brot" u. „alle Macht den Sowjets" forderte. Nach den Juliunruhen floh L. nach Finnland. Er verfaßte dort die programmat. Schrift „Staat u. Revolution" u. nahm Einfluß auf den Aufstand, in dem die Bolschewiki am 25. u. 26. Okt. a. St. (7. u. 8. Nov. n. St.) unter L. *Trotzkijs* Leitung in Petrograd die Macht errangen. In der neu gebildeten Regierung war er Vors. des Rates der Volkskommissare (Min.-Präs.). Die nun folgenden Lebensjahre waren ausgefüllt mit dem Friedensschluß mit Dtschld., der rücksichtslosen Durchsetzung der bolschewist. Macht im Bürgerkrieg in Rußland u. seit 1921 den Bemühungen um eine Stabilisierung der Wirtschaft durch die „Neue ökonom. Politik" (NEP). Mit dem Verbot der „Fraktionsbildung" 1921 leitete er die Unterbindung jeder offenen Diskussion in der Partei ein. In seinem polit. Testament warnte er die Partei davor, J. *Stalin* in seiner Stellung als Generalsekretär der Partei zu belassen. Er starb nach mehreren Schlaganfällen, die seit 1922 seine

Wladimir Iljitsch Lenin

Handlungsfähigkeit herabsetzten, u. wurde in einem eigenen Mausoleum auf dem Roten Platz in Moskau beigesetzt.

Mit großer Willenskraft begabt, war L. gleichzeitig polit. Visionär, weitblickender Stratege u. genialer Taktiker. Den klass. Marxismus entwickelte er auf mehreren Gebieten weiter; insbes. entwarf er eine eigene Theorie des Imperialismus. Die Systematisierung u. Dogmatisierung seines Denkens (Leninismus) zum *Marxismus-Leninismus* war jedoch das Werk seiner Nachfolger. – Dt. Werkausgabe: Werke, 40 Bde. 1955–1964.

Leningrạd, 1924–1991 Name der russischen Stadt → Sankt Petersburg (1914–1924 *Petrograd*).

Leninịsmus, die von W. I. *Lenin* vorgenommene Anpassung der marxist. Lehre an die Bedingungen im Rußland des 20. Jh. (agrarische Gesellschaftsstruktur, unterentwickelte Industrie). Danach sollte das Proletariat im Bündnis mit der Bauernschaft die Führungsrolle in der kommenden bürgerl. Revolution übernehmen u. sie möglichst schnell in die proletar. Revolution überleiten. In Rußland brauche nicht das Ausreifen der kapitalist. Produktionsverhältnisse abgewartet zu werden, vielmehr könne dort als in dem „schwächsten Kettenglied" des kapitalist. Systems das Proletariat sogleich die Macht erringen, sie allerdings auf Dauer nur behaupten, wenn bald darauf in den entwickelten Industrieländern die proletar. Revolution ausbräche. Die These, daß der „Aufbau des Sozialismus in einem Lande" möglich sei, stellte erst J. *Stalin* auf.

Lenz, 1. Max, Historiker, *13. 6. 1850 Greifswald, †6. 4. 1932 Berlin; seit 1881 Prof. in Marburg, Breslau, Berlin u. Hamburg; begründete die jungrankeanische Schule (L. von *Ranke*) u. vertrat eine vorwiegend geistes- u. ideengeschichtl. Geschichtsdarstellung mit starker Betonung der Außenpolitik. Hptw.: „Luther" 1883; „Geschichte Bismarcks" 1902; „Napoleon" 1905.

2. Oskar, Geologe u. Afrikaforscher, *13. 4. 1848 Leipzig, †1. 3. 1925 Sooß bei Baden (Österreich); stieß als erster Europäer durch den westl. Sudan zum Senegal vor; 1885–1887 gelang ihm eine Durchquerung Afrikas vom Kongo bis zur Ostküste bei Quelimare; schrieb u. a. „Wanderungen in Afrika" 1895.

Leo, Päpste: **1.** *L. I., L. der Große*, 440–461, Heiliger, †10. 11. 461 Rom; konnte, von den Zeitumständen begünstigt u. von Kaiser Valentinian III. unterstützt, seinen Jurisdiktionsprimat auf das ganze Abendland ausdehnen. Unter ihm, dem bedeutendsten Papst des 5. Jh., erreichte die theoret. Durchdenkung u. die tatsächl. Verwirklichung des röm. Primats ihren ersten Höhepunkt. L. bekämpfte Pelagianer u. Manichäer u. verwarf den Monophysitismus. In zahlreichen kleineren Schriften (am bekanntesten das dogmat. Schreiben über die zwei Naturen in Christus) legte er seine theolog. Anschauungen nieder. Dieses Schreiben („Tomus Leonis") diente auf dem Konzil von Chalcedon 451 als Grundlage der dogmat. Aussagen über das Wesen Christi. Doch die Primatsvorstellung Leos wurde auf diesem Konzil nicht anerkannt; vielmehr legte es fest, daß der Unterschied zwischen Rom u. Konstantinopel nur in einem Ehrenvorrang Roms bestand. L. trat für die Rettung der abendländ. Kultur ein; den Hunnenkönig Attila bewog er zur Umkehr (452), beim Wandalenherrscher Geiserich erreichte er die Schonung Roms (455). Kirchenpolit. war die Errichtung einer ständigen päpstl. Gesandtschaft am Kaiserhof in Konstantinopel von großer Bedeutung. Fest: 10. 11.; Erhebung zum Kirchenlehrer 1754.

2. *L. II.*, 682–683, Heiliger, Sizilianer, †3. 7. 683 Rom; fügte sich dem Machtanspruch des oström. Kaisers, bestätigte die Beschlüsse des Konzils von Konstantinopel 680/81. Fest: 3. 7.

3. *L. III.*, 795–816, Heiliger, Römer, †12. 6. 816 Rom. Von Gegnern aus Rom vertrieben, floh L. 799 zu Karl d. Gr. nach Paderborn. Der König ließ ihn durch fränk. Adlige zurückbegleiten u. kam im folgenden Jahr selbst nach Rom, wo L. sich durch einen Eid von den Vorwürfen seiner Feinde (die uns unbekannt sind) reinigte. Die Krönung Karls zum röm. Kaiser, die L. Weihnachten 800 vornahm, geschah kaum mit dem Einverständnis Karls des Großen. Das röm. Kaisertum des Westens lebte wieder auf u. wurde den Franken übertragen; die Zeitgenossen erblickten in diesem neuen, dem Papsttum eng verbundenen Kaisertum die Verkörperung des irdischen Gottesstaates. L. blieb weitgehend von Karl d. Gr. abhängig. Fest: 12. 6.

4. *L. IV.*, 847–855, Benediktiner, Heiliger, Römer, †17. 7. 855 Rom; bemühte sich um den militär. Schutz der 846 von den Sarazenen heimgesuchten Stadt Rom; das rechtstiberinische Viertel mit St. Peter erhielt eine starke Befestigung *(Leostadt)*. Am Sieg über die Sarazenen bei Ostia (849) hatte er gewichtigen Anteil. 850 krönte er *Ludwig II.*, den Sohn *Lothars I.*, zum Kaiser. Gegenüber den kirchenpolit. Machtansprüchen beider Kaiser wußte L. seine eigenen Rechte zu wahren. Fest: 17. 7.

5. *L. V.*, 903, *Ardea, †Sept. 903 Rom; von seinem Nachfolger Christophorus (Gegenpapst) bald gefangengenommen u. ermordet.

6. *L. VI.*, 928, Römer, †Dez. 928 Rom; als Nachfolger des abgesetzten Johannes X. durch die *Marozia* u. ihre Anhänger erhoben.

7. *L. VII.*, 936–939, Römer, †13. 7. 939 Rom; von Alberich II. erhoben u. von ihm abhängig; förderte die Cluniazensische Reform.

8. *L. VIII.*, 963–965, Römer, †1. 3. 965 Rom; wurde von der unter dem Einfluß Kaiser *Ottos d. Gr.* stehenden Synode, die *Johannes XII.* abgesetzt hatte, gewählt. Nach dem Abzug des Kaisers konnte L. sich nicht in Rom halten, weil die Mehrheit der Römer zu Johannes stand u. nach dessen Tod den Gegenpapst *Benedikt V.* wählte. Otto führte jedoch L. nach Rom zurück, Benedikt wurde abgesetzt u. verbannt. Im 11. Jh. wurden unter dem Namen L. drei Privilegien gefälscht, in denen der Papst dem Kaiser das Recht zugesteht, Päpste u. Bischöfe einzusetzen.

9. *L. IX.*, 1049–1054, eigentl. Bruno Graf von *Egisheim u. Dagsburg*, Heiliger, *21. 6. 1002 Egisheim, Elsaß, †19. 4. 1054 Rom; 1026 Bischof von Toul, wurde von Kaiser Heinrich III. im Dez. 1048 zum Papst designiert. L. leitete die Reformen der Kirche ein. Er bekämpfte Simonie u. Priesterehe, berief hervorragende Männer der kirchl. Reform nach Rom, u. a. Hildebrand *(Gregor VII.)*, Humbert von Silva Candida (†1061), Friedrich von Lothringen *(Stephan IX.)*. L. hielt sich nur wenig in Rom auf, sondern betrieb die Kirchenreform auf Synoden in Reims, Mainz, Ober- u. Unteritalien. Außerdem ver-

urteilte er die Abendmahlslehre des Berengar von Tours. Obwohl er seine Unabhängigkeit zu wahren wußte, stand er mit Heinrich III., der die Kirchenreform unterstützte, meist in gutem Einvernehmen. Den endgültigen Ausbruch des Schismas mit Konstantinopel (1054) hat er nicht mehr erfahren. Sein Kampf gegen die unteritalien. Normannen endete mit seiner Gefangennahme. Kurz nach seiner Freilassung ist er in Rom gestorben. Fest: 19. 4.
10. *L. X.*, 1513–1521, eigentl. Giovanni *de'Medici*, * 11. 12. 1475 Florenz, † 1. 12. 1521 Rom; wurde durch den Einfluß seines Vaters (Lorenzo il Magnifico) bereits mit 14 Jahren Kardinal. In den Auseinandersetzungen zwischen dem dt. Reich u. Frankreich in Italien trat er an die Seite Frankreichs. Bei der Kaiserwahl 1519 unterstützte er zuerst den französ. König Franz I., zeitweise auch den Kurfürsten Friedrich den Weisen von Sachsen, schloß sich aber nach dem Sieg *Karls V.* dessen Partei an (1521 Bündnis gegen Frankreich). Für die Kirche war die Regierung L.s verhängnisvoll, da er sich vornehml. der italien. u. europ. Politik widmete u. darüber seine geistl. Aufgaben vernachlässigte; seine Ablaßgeschäfte zur Finanzierung des Baues der Peterskirche veranlaßten Luthers Thesen von 1517; Bedeutung u. Problematik der Reformation verkannte er vollständig. Für Kunst u. Literatur war das Pontifikat L.s eine Zeit höchsten Glanzes.
11. *L. XI.*, 1.–27. 4. 1605, eigentl. Alessandro Ottaviano *de'Medici*, * 2. 6. 1535 Florenz, † 27. 4. 1605 Rom; 1583 Kardinal; unterstützte Kaiser Rudolf II. gegen die Türken.
12. *L. XII.*, 1823–1829, eigentl. Annibale *della Genga*, * 22. 8. 1760 Schloß La Genga bei Spoleto, † 10. 2. 1829 Rom; seit 1794 auf verschiedenen diplomat. Missionen in Dtschld., 1814 Nuntius in Paris, 1816 Kardinal. An die Stelle des weitsichtigen Reformprogramms des Staatssekretärs E. *Consalvi* trat eine reaktionäre Politik, die für den Kirchenstaat verhängnisvoll wurde. L. förderte Wissenschaft u. Missionen.
13. *L. XIII.*, 1878–1903, eigentl. Vincenzo Gioacchino *Pecci*, * 2. 3. 1810 Carpineto, † 20. 7. 1903 Rom; 1843 Nuntius in Brüssel, 1846 Bischof von Perùgia, 1853 Kardinal. Durch den ihm mißgünstigen Kardinalstaatssekretär Giacomo *Antonelli* (* 1806, † 1876) wurde er bis 1877 von der Kurie ferngehalten. Sein Pontifikat war erfüllt von dem großenteils erfolgreichen Bemühen, den Gegensatz zwischen Kirche u. polit., kulturellen u. sozialen Bestrebungen der modernen Welt zu beseitigen.
Zwar bekämpfte auch L. Rationalismus, Liberalismus u. Freimaurer, doch rückte er von der nutzlosen Selbstabschließung ab, in die

Papst Leo X.

Gregor XVI. u. Pius IX. die Kirche geführt hatten. L. erkannte die Eigenständigkeit des Staats an; trotz seiner Sympathien für das konservative Regierungssystem respektierte er auch die Demokratie.
Mit der Enzyklika „Rerum novarum" (1891), die die Grundlagen der kath. Soziallehre schuf, sowie durch die Förderung der christl.-sozialen Bewegung bemühte sich L. als erster Papst um die Lösung der Arbeiterfrage; zugleich suchte er durch diese sozialen Maßnahmen dem Vordringen des Sozialismus entgegenzuwirken.
Leo, Fürsten: → Leon.
Leo der Große, 1. Papst Leo I., → Leo (1).
2. der byzantin. Kaiser Leon I., → Leon (1).
Leon, *Leo*, byzantin. Fürsten: **1.** *L. I.*, *L. d. Gr.*, Kaiser 457–474, * um 400, † 3. 2. 474; verdrängte die german. Offiziere aus den staatsbeherrschenden Stellen, kämpfte erfolglos gegen die Wandalen in Afrika, griff mehrfach in die Thronfolge Westroms ein.
2. *L. III.*, *L. der Syrier*, Kaiser 717–741, * um 675, † 18. 6. 741 Konstantinopel; syr. Offizier (zu Unrecht „der Isaurier" genannt), durch Militärrevolte erhoben; verteidigte 717/18 Konstantinopel gegen die Araber u. vertrieb diese nach langen Kämpfen aus Kleinasien; durch das Verbot der christl. Bilderverehrung 730 stürzte er das nach außen erstarkte Reich in eine mehr als 100jährige innere Krise *(Bilderstreit)*. L. reformierte Heerwesen, Rechtsprechung u. Verwaltung.
3. *L. VI.*, *der Weise*, Kaiser 886–912, aus der Makedonier-Dynastie, * 1. 9. 866 Konstantinopel (?), † 11. 5. 912; Schüler des *Photios*; bedeutend als Gesetzgeber u. gelehrter Schriftsteller; konnte das Reich vor den Angriffen der Araber zur See u. der Bulgaren zu Lande nur mühsam verteidigen. 911 mußte er mit den Warägern in Rußland einen Handelsvertrag abschließen.
León, histor. Landschaft im nordwestl. Spanien, umfaßt 3 Provinzen: L., Zamora u. Salamanca, zusammen 38 363 km², 1,12 Mill. Ew.
L. kam im 8. Jh. zum Königreich Asturien, wurde 910 selbständiges Königreich u. 1037 mit Kastilien vereinigt. Trennung von L. u. Kastilien unter den Söhnen Alfons' VII. (1157) u. endgültige Wiedervereinigung unter König Ferdinand III. (1230).
León, Juan Ponce de, span. Konquistador, * um 1460, † 1521 Kuba; Teilnehmer der zweiten Reise Kolumbus', 1509 Statthalter der Insel Puerto Rico; entdeckte 1513 Florida u. wurde dessen Gouverneur.
Leone, Giovanni, italien. Politiker (DC), * 3. 11. 1908 Neapel; Jurist, seit 1936 Prof., seit 1946 Abgeordneter, 1955–1963 Präs. der Abgeordnetenkammer, 1963 u. 1968 Min.-Präs., 1971–1978 Staats-Präs.
Leonidas, *L. I.*, spartan. König aus dem Geschlecht der *Agiaden*, Stiefbruder u. 488 v. Chr. Nachfolger *Kleomenes' I.* Er verteidigte 480 v. Chr. mit 7000 Mann den Küstenpaß der Thermopylen gegen das pers. Heer, um der beim Artemision kämpfenden griech. Flotte die vom Land aus leicht zu sperrende Passage um die Westspitze Euböas offenzuhalten u. vielleicht auch, um Zeit für die Evakuierung der Bevölkerung Athens zu gewinnen.
Durch den Verrat des Griechen *Ephialtes* gelang es den Persern, L.' Streitmacht zu umzingeln. Die meisten Griechen ließ L. rechtzeitig abziehen; er selbst, 300 Spartiaten u. 700 freiwillig gebliebene Thespier fanden in erbittertem Kampf den Tod. Die dem *Simonides* zugeschriebene Inschrift des Grabmals der Gefallenen erinnerte an den Opfertod: „Wanderer, kommst du nach Sparta, verkündige dorten, du habest uns hier liegen gesehn, wie das Gesetz es befahl" (Übersetzung von *Schiller*).
Leopold, Fürsten. Dt. Kaiser: **1.** *L. I.*, 1658 bis 1705, * 9. 6. 1640 Wien, † 5. 5. 1705

Kaiser Leopold I.

Wien; Habsburger, folgte seinem Vater Ferdinand III. 1654 in den österr. Erblanden; pflegte Theater, Musik u. Architektur; strebte nach merkantilist. Wirtschaftsförderung. Obwohl friedliebend u. wenig energisch, wurde L. in die Kriege der Zeit verwickelt. Am 2. Nord. (schwed.-poln.) Krieg nahm er seit 1657 auf poln. Seite teil. Der Gegensatz zu Frankreich, das schon seine Wahl zu hintertreiben gesucht hatte, zog ihn 1674 in die Reunionskriege (Holländ. Krieg; Pfälz. Erbfolgekrieg). Die Verluste seiner span. Verwandten konnte er nicht verhindern. In den Türkenkriegen kämpfte L. 1662–1664 unglücklich. Der österr. Gegenstoß nach der Belagerung Wiens (1683) erzwang 1699 den Frieden von Karlowitz, in dem durch Gewinn von Ungarn, Siebenbürgen u. Slawonien die österr. Großmachtstellung begründet wurde.
2. *L. II.*, 1790–1792, * 5. 5. 1747 Wien, † 1. 3. 1792 Wien; 3. Sohn der Kaiserin *Maria Theresia*, seit 1766 Großherzog von Toskana; regierte dort im Geist der Aufklärung, förderte durch seine Bildungspolitik das Heranwachsen eines Bildungsbürgertums, das später das Risorgimento leitete. Als Kaiser setzte er den Abbau der national- u. kirchenpolitischen Härten des Reformkurses seines Vorgängers *Joseph II.* fort u. konnte so Aufstände in den österr. Niederlanden u. Ungarn beenden. Der Versöhnung mit Preußen 1790 in der Konvention von Reichenbach folgte 1791 der Frieden von Sistowa mit der Türkei. L.s Bemühungen um eine Stärkung Polens brachten ihn in Gegensatz zu Rußland. Er vereinbarte 1791 mit Preußen die gegen das revolutionäre Frankreich gerichtete *Pillnitzer Punktation*, blieb aber bis zu seinem Tode um einen Ausgleich bemüht.
Anhalt-Dessau: **3.** *L. I.*, der „(Alte) Dessauer", Fürst seit 1693, * 3. 7. 1676 Dessau, † 9. 4. 1747 Dessau; trat 1693 in brandenburg. Kriegsdienste, wurde 1712 preuß. Feldmarschall u. erlangte Bedeutung als Reformer des brandenburg-preuß. Heeres (Einführung des Gleichschritts sowie des eisernen Ladestocks), der in enger Verbindung mit König Friedrich Wilhelm I. die Voraussetzungen für die Siege Friedrichs d. Gr. schuf. L. führte die preuß. Truppe im Span. Erbfolgekrieg (1701 bis 1717), eroberte im Nordischen Krieg (1700–1721) Stralsund u. Rügen u. gewann im 2. Schles. Krieg 1745 die Schlacht bei *Kesselsdorf*.
Belgien: **4.** *L. I.*, König der Belgier 1831–1865, * 16. 12. 1790 Coburg, † 10. 12. 1865 Schloß Laeken bei Brüssel; Sohn des Herzogs Franz von Sachsen-Coburg, heiratete 1816 die engl. Thronerbin Charlotte Auguste, die aber bereits ein Jahr später starb. 1831 nahm er die fast einstimmige Wahl zum König durch den belg. Nationalkongreß an, nachdem er im Jahr zuvor die ihm angetragene griech. Krone abgelehnt hatte. L. regierte als streng konstitutioneller Herrscher,

er galt als einer der diplomatisch geschicktesten Fürsten des 19. Jh.

5. *L. II.*, Sohn von 4), König der Belgier 1865–1909, *9. 4. 1835 Brüssel, †17. 12. 1909 Schloß Laeken; gewandter Diplomat u. Geschäftsmann, erwarb 1876 riesige Gebiete im Bereich des Kongostroms, den H. M. *Stanley* erforscht hatte. L. sicherte seine Privatkolonie durch die Berliner Kongokonferenz (1885) u. wußte sie gegen alle Einmischungsversuche, namentlich von engl. u. portugies. Seite, zu verteidigen. Durch Verträge von 1907/08 vermachte er die Kolonie dem belg. Staat (Kongo). L. setzte sich für die Belebung des belg. Außenhandels ein u. stimmte der Verfassungsreform von 1893 zu, die das Wahlrecht liberalisierte.

6. *L. III.*, König der Belgier 1934–1951, *3. 11. 1901 Brüssel, †25. 9. 1983 Brüssel; heiratete 1926 die schwed. Prinzessin *Astrid* (†1935), 1941 Prinzessin de *Réthy* (geb. Lilian *Baels*); entschloß sich 1940, mit der Armee zu kapitulieren u. in dt. Kriegsgefangenschaft zu gehen (bis 1945). Sein Versuch, nach dem Krieg wieder den Thron zu übernehmen, scheiterte am Widerstand der Liberalen u. Sozialisten, obwohl eine Volksabstimmung im März 1950 ihm die Mehrheit brachte u. die größte Partei, die Christdemokraten, ihn unterstützte. Am 1. 8. 1950 übertrug er alle Rechte auf seinen Sohn *Baudouin.*

Hohenzollern-Sigmaringen: **7.** Fürst, *22. 9. 1835 Krauchenwies bei Sigmaringen, †8. 6. 1905 Berlin; Bruder König Karls I. von Rumänien, Schwiegersohn König Ludwigs von Portugal. Nach der Revolution von 1868 wählten ihn die span. Regenten zum Thronfolger in Spanien, was von Bismarck unterstützt, von Napoleon III. jedoch scharf abgelehnt wurde. Nach Annahme der Kandidatur L.s am 2. 7. 1870 verzichtete L.s Vater Fürst *Karl Anton* für L. auf den span. Thron; trotzdem kam es zum *Deutsch-Französischen Krieg* (→ Emser Depesche).

Österreich: **8.** *L. I., Luitpold, L. der Erlauchte*, 962 erstmals urkundlich genannter Markgraf der Bayrischen Ostmark, †10. 7. 994; erhielt 976 von Kaiser Otto II. als erster *Babenberger* die (Bayer.) Ostmark; dehnte sein Gebiet bis zum Wienerwald aus.

Leopold VI. (der Glorreiche): Der Babenberger versöhnt Papst Gregor IX. mit Kaiser Friedrich II. Aus dem Stammbaum der Babenberger, um 1490. Klosterneuburg, Stiftsmuseum

9. *Leopold III., L. der Heilige*, Markgraf 1095–1136, *1073 Melk, †15. 11. 1136; Landespatron von Österreich (bes. von Wien u. Niederösterreich); Babenberger, aus seiner Ehe mit der Schwester Heinrichs V., Agnes, stammt *Otto von Freising.* Gründete das österr. Landesfürstentum; Gründer der Stifte Klosterneuburg, Heiligenkreuz u. Klein-Mariazell. 1485 heiliggesprochen; Fest: 15. 11.

10. *L. V.*, Herzog 1177–1194, *1157, †31. 12. 1194 Graz; beteiligt am 3. Kreuzzug (1189 bis 1192), nahm im Dezember 1192 bei Wien *Richard Löwenherz* von England gefangen u. lieferte ihn an Kaiser Heinrich VI. aus; 1192 mit der Steiermark belehnt.

11. *L. VI., L. der Glorreiche*, Herzog 1198–1230, *11. 10. 1176, †28. 7. 1230 San Germano; Babenberger, seit 1194 Herzog von Steiermark, hielt zu den Staufern Philipp von Schwaben u. Kaiser Friedrich II., vermittelte mit anderen Fürsten zwischen diesem u. Papst Gregor IX. im Frieden von San Germano, führte Kreuzzüge in Spanien (gegen die Mauren) u. in Kleinasien. Er ließ Gesetze sammeln u. unterstützte die Dichter Walther von der Vogelweide, Ulrich von Liechtenstein u. Neidhardt von Reuenthal.

12. *L. Wilhelm*, Erzherzog, *6. 1. 1614 Graz, †20. 11. 1662 Wien; Sohn Kaiser Ferdinands II., Bischof von Passau u. Straßburg (1625), Halberstadt (1628), Olmütz (1637) u. Breslau (1655), 1642 Hoch- u. Deutschmeister; kämpfte im 30jährigen Krieg als kaiserlicher General gegen die Schweden; als spanischer Generalgouverneur (1645–1655) in den spanischen Niederlanden von den Franzosen geschlagen.

Leotychidas, König von Sparta seit der Absetzung des *Demaratos* 491 v. Chr.; kommandierte 479 v. Chr. die griech. Flotte, die die Perser bei *Mykale* besiegte; ließ sich angeblich während einer 477 v. Chr. gegen Thessalien wegen dessen Perserfreundlichkeit unternommenen Strafexpedition vom Gegner bestechen, wurde deshalb verurteilt, ging 476/75 v. Chr. nach Arkadien ins Exil u. starb dort 469 v. Chr.

Leovigild, *Leuwigild*, König der Westgoten 568–586; machte 580 Toledo zur Hauptstadt („Toledanisches Reich") u. unternahm letztmals den Versuch, den arian. Glauben der Goten auch bei der unterworfenen kath. Bevölkerung Spaniens durchzusetzen. Eine Revision der *Lex Visigothorum* tendierte auf Vereinheitlichung des Rechts. 585 gliederte L. das Suebenreich in Nordwestspanien ein u. einte dadurch die Iberische Halbinsel politisch bis auf Reste byzantinisch besetzter Gebiete im Süden.

Lepanto, italien. Name für *Naupaktos*, Ort am Golf von Korinth; am 7. 10. 1571 hier Seesieg der vom Papst unterstützten Spanier u. Venetianer unter Don Juan d'Austria über die Türken.

Lepidus, Marcus *Aemilius L.*, röm. Politiker, *90 v. Chr., †13 v. Chr.; Anhänger *Cäsars*, von diesem 46 v. Chr. zum Mitkonsul ernannt; nach Cäsars Ermordung (44 v. Chr.) zum Pontifex maximus gewählt; bildete 43 v. Chr. mit *Octavian* u. *Antonius* das *2. Triumvirat*, doch blieb sein Einfluß gering; er verlor zeitweise seine Provinzen; versuchte 36 v. Chr. nach Teilnahme am Krieg gegen *Pompeius* seine alten Rechte wiederzubekommen, wurde jedoch von Octavian in Sizilien besiegt, als Triumvir abgesetzt u. erneut mit dem politisch nahezu einflußlosen Priesteramt des Pontifex maximus betraut.

Lepsius, Carl Richard, Ägyptologe, *23. 12. 1810 Naumburg, †10. 7. 1884 Berlin; seit 1842 Prof. in Berlin, 1842–1845 Leiter der preuß. Expedition nach Ägypten; Begründer der dt. Ägyptologie; Hptw.: „Denkmäler aus Ägypten u. Aethiopien" 12 Bde. 1849–1859.

Leptis Magna, *Lepcis Magna*, antike Stadt im nördl. Tripolitanien, gegr. um 700 v. Chr. von Phöniziern; hatte große Bedeutung in der röm. Kaiserzeit; Heimatstadt des Kaisers *Septimius Severus.*

Lerma, Francisco Gómez de Sandóval y Rojas, Herzog von, span. Politiker u. Kardinal, *1553 Tordesillas, †1625 Valladolid; Günstling König Philipps III. von Spanien, den er als leitender Min. (1598–1618) völlig beherrschte. L. beendete die Kriege mit England u. Holland; er nutzte seine Macht zur eigenen Bereicherung u. wurde deshalb 1618 gestürzt.

Lerna, vorgeschichtl. Siedlung auf einer flachen Anhöhe am Golf von Navplion in der Argolis, seit neolith. Zeit besiedelt, von Bedeutung im 3. u. 2. Jahrtausend v. Chr.; war von einer Wehrmauer mit Rundtürmen umgeben; apsidenförmige, aus Lehmziegeln errichtete Häuser u. ein palastartiges Herrenhaus. In der Nähe gibt es Quellen, die in der Sage von der lernäischen Hydra personifiziert sind, u. der halykonische Teich, der als unergründlich u. als Eingang zur Unterwelt galt.

Le roi est mort, vive le roi [lərwaɛ 'mɔːr – 'viːv lə'rwa; frz., „der König ist tot, es lebe der König"], die Heroldsformel, mit der der Tod der französ. Könige bekanntgegeben wurde; sollte die ununterbrochene Herrschaft in der Erbmonarchie betonen.

Lesotho LS

Königreich Lesotho

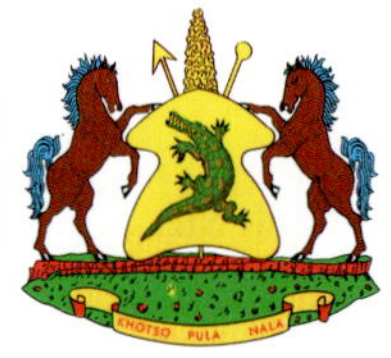

Fläche: 30355 km². – *Einwohner:* 1,9 Mill. – *Hauptstadt:* Maseru. – *Landessprachen:* Sesotho, Englisch. – *Nationalfeiertag:* 4. 10. – *Währung:* 1 Loti = 100 Lisente. – *Lage:* zwischen 28°35′ und 30°40′ s. Br. sowie 27° und 29°30′ ö. L. – *Zeitzone:* Mitteleuropäische Zeit + 1 Std. – *Grenzen:* allseitig Südafrika. – *Staatsform:* konstitutionelle Monarchie.

Um 1820 entstand aus Flüchtlingen, die vor der Verfolgung durch den Zulu-König Tschaka im südafrikan. Bergland eine Zuflucht suchten, das neue Volk der Basuto. Bis 1870 wurde das Land von seinem ersten König (einheim. Titel: Motlotlehi) *Moshoeshoe I.* regiert, der 1868 um brit. Schutz vor den Buren-Republiken bat (brit. Protektorat *Basutoland*). Um der Sonderstellung L.s gerecht zu werden, wurde das Land 1910 nicht in die Südafrikan. Union eingegliedert. 1965 begann Großbritannien, L. auf die Unabhängigkeit vorzubereiten. Bei den ersten Parlamentswahlen 1965 siegte die konservative Nationalpartei (BNP) unter Häuptling Leabua *Jonathan* über die linksorientierte Kongreßpartei (BCP). Am 4. 10. 1966 wurde L. unabhängig. Staatsoberhaupt wurde König *Moshoeshoe II.* Als sich bei Neuwahlen 1970 ein Sieg der BCP abzeichnete, hielt sich Premier-Min. Jonathan durch Staatsstreich an der Macht. 1986 wurde Jonathan, der den südafrikan. ANC unterstützt hatte, gestürzt. Die Macht übernahm ein Militärrat unter General Justin *Lekhanya*, der 1990 König Moshoeshoe absetzte. Neuer König wurde *Letsi III.*, ein Sohn des alten Monarchen. Wachsende Unzufriedenheit innerhalb des Militärs führte 1991 zur Ablösung Lekhanyas. Neuer Machthaber wurde E. P. *Ramaema.* 1993 endete die siebenjährige Militärherrschaft in L. Die BCP gewann bei freien Wahlen alle 65 Sitze des Parlaments u. stellte mit N. *Mokhehle* auch den Premier-Min. Auf äußeren Druck hin mußte der König die von ihm im Aug. 1994 vorgenommene Entlassung der Regierung u. die Auflösung des Parlaments rückgängig machen. Im Jan. 1995 kehrte Moshoeshoe ins Amt des Monarchen zurück. Nach seinem Unfalltod 1996 wurde erneut Letsi König.

Lessing, Theodor, Schriftsteller u. Philosoph, *8. 2. 1872 Hannover, †30. 8. 1933 Marienbad (von Nationalsozialisten ermordet); bis 1926 Prof. an der Techn. Hochschule Hannover; wegen kritischer Äußerungen über Hindenburg von nationalist. Studenten zum Verzicht auf seine Lehrtätigkeit gezwungen. L. vertrat eine irrationalist., kulturpessimist. Geschichtsdeutung.

Leszczyński [lɛʃ'tʃinjski], aus Großpolen (Lissa, poln. Leszno) stammende poln. Adelsfamilie, die mit *Stanislaus I.* (1704 bis 1709 u. 1733–1736 poln. König, von 1736 bis 1766 dann Herzog von Lothringen u. Bar) ausstarb.

L'État c'est moi [le'ta sɛː'mwa; frz., „der Staat bin ich"], den Absolutismus kennzeichnender Ausspruch, den eine unverbürgte Überlieferung *Ludwig XIV.* zuschreibt.

Le Tellier [ləte'lje], Michel Seigneur de Chaville, französ. Politiker, *19. 4. 1603 Paris, †30. 10. 1685 Paris; Jurist, 1624 Mitgl. des königl. Rats; von *Mazarin* zum Kriegs-Min. ernannt; bekämpfte die *Fronde.* Er modernisierte das Heer u. trat sein Amt 1666 an seinen Sohn Louvois ab.

Lettland LV

Republik Lettland

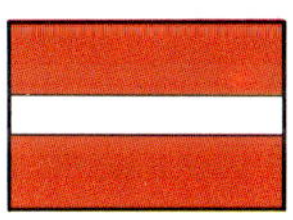

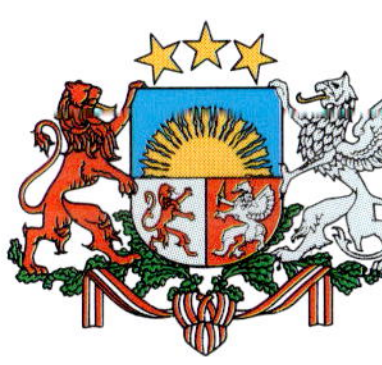

Fläche: 64 500 km². – *Einwohner:* 2,67 Mill. – *Hauptstadt:* Riga. – *Landessprache:* Lettisch. – *Nationalfeiertag:* 18. 11. – *Währung:* 1 Lats = 100 Santims. – *Lage:* zwischen 55°30′ und 58°04′ n. Br. sowie 21° und 28°12′ ö. L. – *Zeitzone:* Mitteleuropäische Zeit + 1 Std. – *Grenzen:* im N Estland, im O Rußland, im S Weißrußland und Litauen, im W Ostsee. – *Staatsform:* parlamentarische Republik.

Im Gebiet des heutigen L. siedelten seit dem 9. Jh. ostbalt. Stämme (Lettgallen, Selonen, Semgallen, Kuren u. Liven). Im 13. u. 14. Jh. wurde das Land dem Staat des Dt. Ordens eingegliedert u. christianisiert. Nach dem Untergang des Ordens im 16. Jh. kam es teils unter poln., teils unter schwed. Herrschaft. 1721 fiel der nördl., 1795 der südl. Teil an Rußland. Im 19. Jh. entwickelte sich eine lett. Nationalbewegung. Die dt. Oberschicht behielt bis ins 20. Jh. vor allem wirtschaftlich eine starke Stellung. Am 10. 11. 1918 wurde die unabhängige *Republik L.* ausgerufen. Sie wurde 1920 im Frieden von Riga von Sowjetrußland anerkannt. 1934 bildete L. mit Estland u. Litauen die *Baltische Entente.* Im gleichen Jahr errichtete Präs. K. *Ulmanis* ein autoritäres Regime. Aufgrund des Hitler-Stalin-Pakts, der das Baltikum der sowjet. Interessensphäre zuordnete, wurde L. am 5. 8. 1940 als *Lettische SSR* in die UdSSR eingegliedert. 1941–1944 war L. von dt. Truppen besetzt. Nach der Rückeroberung durch die Sowjetarmee erfolgte eine gewaltsame Russifizierung. Zehntausende von Letten wurden deportiert. Nationale Bestrebungen konnten sich erst wieder im Zuge der von M. *Gorbatschow* eingeleiteten sowjet. Reformpolitik äußern. 1988 bildete sich eine *Lettische Volksfront,* die für demokrat. Reformen u. nationale Autonomie eintrat. Am 29. 7. 1989 erklärte das lett. Parlament das Land für souverän, am 16. 2. 1990 den 1940 erfolgten Anschluß an die UdSSR für ungültig. Die sowjet. Staatsführung setzte diesen Bestrebungen starken Widerstand entgegen. Am 4. 5. 1990 erklärte das Parlament L. zur unabhängigen demokrat. Republik. Im Jan. 1991 kam es zu einem sowjet. Militäreinsatz in Riga. Nach dem Scheitern des konservativen Putsches in Moskau am 21. 8. 1991 wurde die Unabhängigkeitserklärung endgültig in Kraft gesetzt; sie wurde am 6. 9. 1991 von der UdSSR anerkannt. Wenig später wurde L. in die UNO aufgenommen. Im Juni 1993 fanden Parlamentswahlen statt, aus denen das nationalkonservative Bündnis *Lettischer Weg (LC)* als stärkste Partei hervorging. Das Parlament wählte im Juli 1993 G. *Ulmanis* von der *Bauernunion (LZS)* zum Staats-Präs. Min.-Präs. wurde V. *Birkavs* (LC) an der Spitze einer Minderheitsregierung aus LC u. LZS. Im Juli 1994 erklärte die Regierung Birkavs ihren Rücktritt. Neuer Regierungschef wurde M. *Gailis* (LC). Bei den Parlamentswahlen 1995 gewannen die linksextreme *Demokrat. Partei Saimnieks* u. die rechtsextreme *Volksbewegung für L.* die meisten Stimmen. Der parteilose Unternehmer A. *Skele* bildete eine Mitte-rechts-Koalition. 1996 wurde Ulmanis erneut zum Staats-Präs. gewählt. Nach Skeles Rücktritt 1997 übernahm G. *Krasts* von der Partei *Vaterland u. Freiheit* das Amt des Regierungschefs.

Lettow-Vorbeck [-to-], Paul von, Offizier (1917 Generalmajor), *20. 3. 1870 Saarlouis, †9. 3. 1964 Hamburg; 1913–1918 Kommandeur der Schutztruppe in Dt.-Ostafrika, das er bis Kriegsende verteidigte; 1919 Befehlshaber einer Reichswehrbrigade, 1920 wegen Teilnahme am Kapp-Lüttwitz-Putsch verabschiedet; 1928–1930 Mitgl. des Reichstags (DNVP).

Leubingen, namengebender Fundort einer Gruppe der entwickelten *Aunjetitzer Kultur* (Leubinger Gruppe) bei Sömmerda; in L. wurde 1877 von F. Klopfleisch ein großer Grabhügel ausgegraben, der unter einer Steinpackung eine zeltartige Grabkammer aus Eichenbohlen enthielt. Darin fand sich das Skelett eines alten Mannes u. angeblich quer darüber die Knochen eines zehnjährigen Kindes. An Grabbeigaben fand man außer einem Keramikgefäß u. einem Steinbeil mehrere Stücke aus Gold u. Bronze.

Leuchtenberg, Eugène de *Beauharnais,* Herzog von, Vizekönig von Italien seit 1805, *3. 9. 1781 Paris, †21. 2. 1824 München; Sohn von Alexandre de *Beauharnais* u. der späteren Kaiserin *Joséphine.* Er wurde 1807 von Napoleon I. als Sohn u. Erbe des Königreiches Italien adoptiert. 1812 befehligte er zusammen mit M. *Ney* den Rückzug der Großen Armee. Bis zur Abdankung Napoleons verteidigte er Italien gegen die Österreicher. 1817 erhielt er von seinem Schwiegervater König Maximilian I. von Bayern Leuchtenberg u. Eichstätt als Standesherrschaft.

Leuktra, Ort in Böotien, im Gebiet von *Thespiai* südwestl. von Theben; berühmt durch den 371 v. Chr. aufgrund seiner neuartigen „schiefen Schlachtordnung" errungenen Sieg des *Epaminondas* über die Spartaner. Ein mit Friesen geschmückter Rundbau, Rest eines Siegesdenkmals, ist heute dort rekonstruiert.

Leuschner, 1. Bruno, Politiker, *12. 8. 1912 Berlin, †10. 2. 1965 Ostberlin; kaufmänn. Angestellter; seit 1931 Mitgl. der KPD, 1936–1945 polit. Häftling; 1945–1949 in leitenden Funktionen in der KPD bzw. SED u. in der Wirtschaftsverwaltung der SBZ; 1949/50 Staatssekretär im Ministerium für Planung der DDR, 1950–1952 stellvertr. Vors., 1952–1961 Vors. der Staatl. Plankommission; 1955–1965 stellvertr. Vors. des Ministerrats, seit 1961 dort verantwortlich für die Koordination der Wirtschaft; 1950–1965 Mitgl. des ZK der SED, 1953–1958 Kandidat, 1958–1965 Mitgl. des Politbüros des ZK.

2. Wilhelm, Politiker (SPD) u. Gewerkschaftsführer, *15. 6. 1890 Bayreuth, †29. 9. 1944 Berlin-Plötzensee; Holzbildhauer, Gewerkschaftssekretär; 1924–1933 MdL, 1928–1933 Innen-Min. in Hessen; 1932/33 Vorstands-Mitgl. des Allg. Dt. Gewerkschaftsbundes; 1933/34 polit. Häftling, anschließend führend in der Widerstandsbewegung gegen das nat.-soz. Regime tätig, nach dem Attentat auf Hitler vom 20. 7. 1944 verhaftet, vom Volksgerichtshof zum Tode verurteilt u. hingerichtet.

Leuthen, poln. *Lutynia,* schles. Ort westl. von Breslau. – In der *Schlacht bei L.* errang *Friedrich d. Gr.* im Siebenjährigen Krieg am 5. 12. 1757 einen entscheidenden Sieg über die dreifache Übermacht der Österreicher unter *Karl Alexander von* Lothringen u. L. J. Graf *Daun.* Durch den Sieg fiel Preußen ganz Schlesien (ohne Schweidnitz) zu.

Levalloisabschläge [ləval'wa-], in einer entwickelten Abschlagtechnik *(Levalloisien)* hergestellte Steingeräte des jüngeren Altpaläolithikums, nach der französ. Fundstelle *Levallois-Perret* bei Paris benannt.

Levellers ['lɛvələz; engl., „Gleichmacher"], republikan. u. radikaldemokrat. Gruppe in England während des Interregnums 1649–1660. Entstanden 1645/46 in London, forderten die L. als radikale Verfechter der Parlamentsrechte die Souveränität des Parlaments, allgemeines u. gleiches Wahlrecht für Männer, Neuverteilung der Abgeordnetensitze u. regelmäßige Parlamentstagungen, Dezentralisierung der Verwaltung u. Ausbau der lokalen Selbstverwaltung. Sie erzwangen 1647 einen mit Soldaten u. Offizieren besetzten Soldatenrat, in dem im Oktober 1647 das Agreement of the People, ein Verfassungsentwurf der L., diskutiert u. verworfen wurde.

Levi, Paul, Politiker, *11. 3. 1883 Hechingen, †9. 2. 1930 Berlin (Selbstmord?); Rechtsanwalt; seit 1909 Mitgl. der SPD, eng befreundet mit Rosa *Luxemburg;* 1919 Mitbegründer u. bis 1921 Vors. der KPD. L. wurde wegen Kritik an der Komintern-Führung aus der KPD ausgeschlossen u. kehrte 1922 in die SPD zurück, in der er den linken Flügel vertrat. 1920–1930 war er MdR.

Leviné, Eugen, Politiker, *9. 5. 1883 St. Petersburg, †5. 6. 1919 München (hingerichtet); Nationalökonom; seit 1897 in Dtschld., seit 1913 dt. Staatsbürger; schloß sich der SPD, 1917 der USPD u. 1918 der KPD an; führender Kopf der 2. (kommunist.) *Münchner Räterepublik* im April 1919; am 3. 6. 1919 von einem Sondergericht zum Tode verurteilt.

Lewski, Wassil, eigentl. W. *Iwanow Kuntschew,* bulgar. Revolutionär, *18. 7. 1837 Karlowo, †18. 2. 1873 bei Sofia (hingerichtet); Anführer des bulgar. Unabhängigkeitskampfes gegen die Türkei. Als „Apostel der Freiheit" mobilisierte er insbes. die unteren Volksschichten für die nationale Aufgabe u. schuf die organisatorischen Voraussetzungen für einen erfolgreichen Untergrundkampf (Gründung revolutionärer Komitees).

Lex Ribuaria [lat.], auch *Pactus legis Ribuariae, ein Gesetzbuch für die ribuarischen Franken* (Schwerpunkt im Kölner Raum), das jüngeres fränkisches Recht als die Lex Salica enthält. Wie alle *Volksrechte* in lat. Sprache abgefaßt, entstand sie unter *Dagobert I.* um 630 oder nach anderer Auffassung erst nach 750.

Lex Salica [lat.], das Stammesrecht der *salischen Franken,* wohl 508/11 unter *Chlodwig* in lat. Sprache aufgezeichnet; es erfährt bis zum 10. Jh. zahlreiche Bearbeitungen u. ist breiter überliefert als die übrigen *Volksrechte.*

Lex Saxonum [lat.], das Stammesrecht der Sachsen, in lateinischer Sprache auf Veranlassung Kaiser *Karls des Großen* wohl auf dem Reichstag von Aachen 802 aufgezeichnet; es enthält auch Bestimmungen der älteren *Capitulatio de partibus Saxoniae* (782–785) sowie des *Capitulare Saxonicum* (797).

Ley, Robert, Politiker (NSDAP), *15. 2. 1890 Niederbreidenbach, Krs. Gummersbach, †25. 10. 1945 Nürnberg; Chemiker; 1925 bis 1931 NSDAP-Gauleiter Rheinland; 1931/32 Reichsorganisationsinspekteur, 1932–1934 Stabsleiter der Politischen Organisation, 1934–1945 Reichsorganisationsleiter der NSDAP; 1933–1945 zugleich Führer der *Deutschen Arbeitsfront.* Als Angeklagter im Nürnberger Prozeß gegen die Hauptkriegsverbrecher beging L. in der Untersuchungshaft Selbstmord.

L'Hôpital [lopi'tal], Michel de, französ. Politiker, *1505 oder 1506 Aigueperse, Puy de Dôme, †13. 3. 1573 Belesbat bei Paris; 1554 Oberintendant der Finanzen, 1560 auf Betreiben Katharinas von Medici Kanzler von Frankreich. Um einen Ausgleich zwischen den Konfessionen bemüht, verfaßte L. 1562 das *Toleranzedikt* zugunsten der Hugenotten; enttäuscht über seine Erfolglosigkeit, zog er sich 1568 von den Staatsgeschäften zurück.

Liakat, *Ali Chan, Liaquat Ali Chan,* pakistan. Politiker (Moslemliga), *1. 10. 1895 Karnal, Punjab, †16. 10. 1951 Rawalpindi (ermordet); 1926–1930 Abg. im Parlament der Vereinigten Provinzen, 1936 Generalsekretär der Moslemliga; mit Mohammed Ali *Jinnah* bedeutendster Vorkämpfer der pakistanischen Unabhängigkeit, 1947–1951 Premier-Min.

Libanon RL

Libanesische Republik

Fläche: 10452 km². – *Einwohner:* 3,0 Mill. – *Hauptstadt:* Beirut. – *Landessprache:* Arabisch. – *Nationalfeiertag:* 22. 11. – *Währung:* 1 Libanesisches Pfund = 100 Piastres. – *Lage:* zwischen 33° und 35° n. Br. sowie 35° und 36°40′ ö. L. – *Zeitzone:* Mitteleuropäische Zeit + 1 Std. – *Grenzen:* im N und O Syrien, im S Israel, im W Mittelmeer. – *Staatsform:* parlamentarische Republik.

1516–1920 waren L. u. Syrien eine Provinz des Türkenreichs. Vom Sultan schon 1525 als Schutzmacht der Katholiken anerkannt, übernahm Frankreich 1840 die Schutzherrschaft über die unierten Christen u. setzte durch, daß der türk. Gouverneur stets Christ sein mußte. Die in der Folge ausbrechenden bürgerkriegsähnlichen Auseinandersetzungen zwischen den islam. *Drusen* u. den unierten Christen *(Maroniten)* erreichten 1860 ihren Höhepunkt u. forderten Tausende von Menschenleben. Nach dem Eingreifen Napoleons III. mußte die Türkei eine autonome Verwaltung *(Sandschak)* einrichten, in der alle Konfessionen angemessen vertreten waren. Nachdem das Land 1920 von Frankreich besetzt u. 1923 französ. Mandatsgebiet geworden war, lösten es die Franzosen von Syrien u. gaben ihm 1926 eine eigene Verwaltung.

Nach dem Einmarsch brit. u. französ. Truppen wurde L. 1941 nominell unabhängig. 1944 wurde das Mandat aufgehoben, 1946 zogen die fremden Truppen ab. Der „Nationalpakt" von 1943 legte einen Ämter- u. Abgeordnetenproporz zwischen den Religionsgruppen fest. 1948/49 beteiligte sich L. formal am Krieg gegen Israel u. nahm viele palästinens. Flüchtlinge auf. Seit 1967 gewannen die in der PLO zusammengefaßten palästinens. Organisationen an Einfluß. Polit. u. soziale Gegensätze überlagerten die konfessionellen u. stellten den Nationalpakt in Frage. 1975/76 kam es zum Bürgerkrieg mit oft unklaren Fronten; Hauptgegner waren christl. Milizen einerseits, linke Moslems u. Palästinenser andererseits. Als „Friedenstruppe" der Arab. Liga besetzte syr. Militär 1976 große Teile des Landes, doch kam es immer wieder zu Kämpfen. Die PLO benutzte L. zunehmend als Operationsbasis für militär. u. terroristische Aktionen gegen Israel, das mit Vergeltungsmaßnahmen reagierte. 1978 wurden UN-Truppen in Süd-L. stationiert.

Im Juli 1982 marschierten die Israelis in L. ein u. zwangen die in Beirut eingeschlossenen Kampfverbände der PLO zum Abzug in andere arab. Staaten. Im September 1982 verübten christl. Milizen unter den Augen der israel. Truppen ein Massaker unter den Insassen von zwei Beiruter Palästinenserlagern. Eine multinationale Friedenstruppe vermochte keine stabilen Verhältnisse herzustellen.

Zum Staatspräsidenten wurde 1982 Amin *Gemayel* als Kandidat der maronit. Phalange-Partei gewählt, nachdem sein ursprünglich gewählter Bruder Beschir einem Attentat zum Opfer gefallen war. Gemayel schloß 1982 ein „Normalisierungsabkommen" mit Israel, das den Abzug der israel. Truppen unter der Voraussetzung vorsah, daß auch Syrien das Land räumte. 1984 mußte Gemayel unter syr. Druck das Abkommen annullieren. Trotzdem zog Israel 1985 seine Truppen aus L. zurück. Der Süden des Landes verblieb unter der Kontrolle der mit Israel zusammenarbeitenden „Südlibanes. Armee". Nach dem Abzug Israels kehrten PLO-Verbände nach L. zurück. In die immer wieder aufflammenden Bürgerkriegskämpfe griffen zunehmend Milizen der Schiiten-Organisation „Amal" („Hoffnung") ein. 1987 besetzten syrische Truppen West-Beirut, um die Straßenkämpfe zu beenden. 1988 kam es zu Konflikten zwischen der Amal u. dem proiran. „Hizbollah" („Partei Gottes"). Im gleichen Jahr ernannte Präs. Gemayel unmittelbar vor dem Ende seiner Amtszeit den christl. General M. *Aoun* zum Chef einer Militärregierung. Die bisherige Regierung unter dem sunnit. Moslem S. *Hoss* weigerte sich jedoch zurückzutreten. Die Wahl eines neuen Präs. kam nicht zustande. Aoun versuchte vergeblich, seine Macht zu etablieren. Nach verlustreichen Kämpfen kam es im Sept. 1989 zu einem von der Arab. Liga vermittelten Waffenstillstand. Das 1972 gewählte Parlament tagte im gleichen Monat im saudi-arab. Tai'f. Es beschloß ein *Dokument für nationale Eintracht* als Grundlage für eine Reform des polit. Systems. Der im Nov. 1989 zum Präs. gewählte R. *Muawad* wurde kurz nach der Wahl ermordet. Zum Nachfolger wurde E. *Hraoui* gewählt, der zu weitergehender Zusammenarbeit mit Syrien bereit war. Im Aug. 1990 beschloß das Parlament die in Tai'f vereinbarte Verfassungsreform. Im Okt. 1990 wurden die Truppen Aouns endgültig geschlagen. L. stand nun (mit Ausnahme der israel. Sicherheitszone) völlig unter syr. Kontrolle. 1991 wurden die Milizen der verschiedenen Gruppen größtenteils entwaffnet. Am 22. 5. 1991 schloß L. mit Syrien einen Vertrag „der Bruderschaft, der Kooperation u. der Koordination".

Nach den von den Christen boykottierten Parlamentswahlen 1992 wurde der Unternehmer *Rafik Al Hariri* neuer Min.-Präs. Er konzentrierte die Regierungspolitik auf den wirtschaftl. Wiederaufbau des durch den Bürgerkrieg schwer geschädigten L. 1993 u. 1996 führte Israel militär. Vergeltungsschläge gegen Stellungen der Hizbollah-Miliz durch. Bei den Parlamentswahlen 1996 wurde die Regierung von *Rafik Al Hariri* im Amt bestätigt.

Liberaldemokratische Partei Deutschlands, Abk. *LDPD,* 1945 in der SBZ u. Berlin gegr., ursprüngl. nichtsozialistische, liberale Partei. Nach dem Tod des 1. Vorsitzenden, des ehemaligen Reichsministers Wilhelm *Külz* am 10. 4. 1948, wurde sie allmählich der polit. Selbständigkeit beraubt; sie ordnete sich fast ganz der SED unter. Sie ging nach mehreren Namenswechseln in der gesamtdeutschen FDP auf.

Liberale Partei der Schweiz, Abk. *LPS,* seit 1977 Name der Liberaldemokratischen Union der Schweiz. Die Partei hat ihren Rückhalt vor allem in Basel-Stadt u. den französischsprachigen protestan. Kantonen.

Liberale Vereinigung, Abk. *LV,* meist *Sezession* genannt, 1880 durch Abspaltung des linken, freihändlerisch orientierten Flügels der *Nationalliberalen Partei* entstandene bürgerl. Partei; vereinigte sich 1884 mit der *Dt. Fortschrittspartei* zur *Dt. Freisinnigen Partei.* Führende Mitglieder waren L. *Bamberger,* E. *Lasker,* H. *Rickert.*

Liberalismus [lat.], eine freiheitliche u. freisinnige Welt-, Staats- u. Wirtschaftsanschauung. Der L. entstand gegen den Zwang des *Absolutismus* im Zeitalter der *Aufklärung* aus dem Glauben an die Allgemeingültigkeit menschl. Vernunfterkenntnis u. an die unabdingbare Berechtigung ihrer freien u. uneingeschränkten Betätigung u. Verwirklichung. Dieser Vernunftoptimismus forderte nicht nur Gedankenfreiheit, sondern auch polit. u. wirtschaftl. *Freiheit*; er glaubte an den Fortschritt der Menschheit aus dem freien Spiel der Kräfte *(Konkurrenz)* u. lehnte obrigkeitliche (kirchliche oder staatliche) Eingriffe in die freie geistige oder materielle Betätigung des Individuums ab aus grundsätzl. Mißtrauen gegen jeden (individuellen oder kollektiven) Zwang. Soweit der polit. L. auf die allgemeine gleiche Menschenvernunft u. die Freiheit zurückgeht, ist er demokratisch. Da der L. ursprüngl. nicht nur für die Freiheit des einzelnen, sondern auch der Völker eintrat, stand er in enger Verbindung mit den jungen nationalen Freiheitsbewegungen in Europa u. Übersee. Der L. mußte sich aber gegen die nationalen Bewegungen richten, sobald sie in einen freiheitsfeindlichen Nationalismus ausarteten.

Politisch brach sich der L. Bahn in der amerikan. u. französ. Revolution; die *Menschenrechte* waren sein erstes polit. Glaubensbekenntnis. L. war die polit. Ideologie des (liberalen) Bürgertums (Bourgeoisie), das sich unter seinen Parolen die polit. Vormachtstellung im 19. Jh. erkämpfte; bis zum 1. Weltkrieg war der L. die vorherrschende polit. Richtung in der westl. Welt.

Wirtschaftlich geht der L. auf die *Physiokraten* u. A. *Smith* u. die von ihnen entwickelte *Freihandelslehre* zurück, die in enger Verflechtung mit dem Kapitalismus den industriellen Wirtschaftsaufschwung des 19. Jh. begründete, bes. die Wirtschaftsexpansion Englands über die ganze Welt.

Seine geschichtl. Wirkung in Dtschld. verdankt der L. dem Beamten-L. der preuß. Reformzeit (K. Frhr. vom u. zum *Stein,* K. A. von *Hardenberg,* W. von *Humboldt*), der Staats- u. Geschichtstheorie K. von *Rottecks,* den Führern der Bewegung von 1830 u. 1848,

der preuß. Opposition gegen *Bismarck*. Das Versagen des L. vor den großen polit. u. sozialen Problemen nach dem 1. Weltkrieg führte in Dtschld., Italien u. anderwärts zu seiner Krise u. trug zum Heraufkommen der ihm entgegengesetzten totalitären Systeme (Faschismus, Nationalsozialismus, Falangismus u.a.) bei, während der L. in Rußland ideologisch u. faktisch schon in den Ansätzen durch den Bolschewismus unterdrückt wurde. Eine Rückwendung nach dem 2. Weltkrieg bes. auch in Dtschld. zu einem erneuerten L., der bes. auf sozialem Gebiet vieles von seinem Gegner gelernt hat, knüpfte an die nationalsoziale Bewegung Friedrich *Naumanns* an.
Insgesamt ist der Einfluß des L. im 20 Jh. zurückgegangen, weil sowohl konservative als auch sozialist. Parteien Elemente der traditionell liberalen Programmatik übernommen haben. In vielen demokrat. Staaten spielen die liberalen Parteien nur noch eine nebengeordnete Rolle.

Liberal Party ['libərəl'pa:ti], in den 1850er Jahren aus den Whigs, Teilen der Konservativen u. a. Gruppierungen entstandene engl. Parlamentspartei mit uneinheitl. Grundstruktur u. unprogrammatischem Charakter. Die L. P. war in ihren Anschauungen stets der Idee von der freiheitl. Entfaltung des Individuums verpflichtet, die im Lauf der Parteigeschichte in unterschiedl. Weise verwirklicht wurde.
Prägende Figur der Anfangsjahre war der zweimalige Premierminister Lord *Palmerston*. Mit dem 1. Weltkrieg kam es zu einer deutl. Schwächung der Partei, die dazu führte, daß sich 1918 eine große Gruppe der Partei (die sich später *Nationalliberale* nannten) unter Lloyd George stärker den Konservativen zuwandte. Diese Spaltung u. der gleichzeitige Aufstieg der Labour Party führten in Verbindung mit dem brit. Mehrheitswahlsystem dazu, daß die L. P. zu einer Splitterpartei verfiel. 1988 schloß sich die L. P. mit Teilen der *Social Democratic Party*, die 1981 aus dem abgespaltenen gemäßigten Flügel der Labour Party hervorgegangen war, zur *Social and Liberal Democratic Party* zusammen.

Liberia LB

Republik Liberia

Fläche: 111 369 km². – *Einwohner:* 2,8 Mill. – *Hauptstadt:* Monrovia. – *Landessprachen:* Englisch, Mande, Kru. – *Nationalfeiertag:* 26. 7. – *Währung:* 1 Liberianischer Dollar = 100 Cents. – *Lage:* zwischen 4°20′ und 8°30′ n. Br. sowie 7°30′ und 11°30′ w. L. – *Zeitzone:* Mitteleuropäische Zeit – 1 Std. – *Grenzen:* in N Sierra Leone und Guinea, im O Elfenbeinküste, im SW Atlantischer Ozean. – *Staatsform:* präsidiale Republik.

L. wurde 1822 gegr. als Siedlung von freigelassenen amerikan. schwarzen Sklaven auf einem von der American Colonization Society angekauften u. verwalteten Gelände, dem Gebiet der späteren Hauptstadt Monrovia. Am 26. 7. 1847 wurde es unabhängige Republik mit einer Verfassung nach amerikan. Vorbild.
Die *True Whig Party* (gegr. 1869) war von 1878 bis 1980 ununterbrochen an der Regierung. Sie vertrat die Interessen der „Amerikoliberianer", d. h. der aus den USA eingewanderten ehem. Sklaven u. ihrer Nachkommen. Bis 1973 war sie die einzige polit. Partei des Landes. 1943–1971 war William V. S. *Tubman* Präsident. Ihm folgte W. R. *Tolbert*, der am 12. 4. 1980 durch Militärputsch, angeführt von S. K. *Doe*, gestürzt wurde. Tolberts Sturz bedeutete das Ende der Vorherrschaft der Amerikoliberianer. Doe bildete einen Militärrat, der durch Dekret regierte. Nach anfängl. sozialist. Erklärungen stellte sich Doe 1981 auf eine Zusammenarbeit mit den USA um. 1984 wurde eine neue Verfassung durch eine Volksabstimmung angenommen. Aus allg. Wahlen gingen Doe u. die von ihm gegr. *National Democratic Party* 1985 als Sieger hervor. Seit 1989 kämpfte eine Rebellenbewegung (National Patriotic Front,NPF) unter C. *Taylor* gegen die Regierung Doe. Von der NPF spaltete sich im Verlauf der Auseinandersetzungen eine rivalisierende Gruppe unter Führung von R. *Johnson* ab. Trotz der Intervention einer westafrikan. Friedenstruppe (ECOMOG) entwickelte sich ein blutiger Bürgerkrieg. Doe wurde im Sept. 1990 von Soldaten Johnsons ermordet. Eine von der ECOMOG gestützte Interims-Regierung erlangte keine Durchsetzungskraft. Immer wieder brachen schwere Kämpfe zwischen der ECOMOG, der NPF, den Anhängern Does u. anderen Gruppierungen aus. Verschiedene Waffenstillstandsbemühungen scheiterten.
Die Zivilbevölkerung litt unter der Zerstörung der Infrastruktur u. der unzureichenden Nahrungsmittelversorgung. Am 20. 8. 1995 unterzeichneten die Bürgerkriegsparteien ein neues Friedensabkommen. Auf Grundlage dieses Abkommens wurde ein Staatsrat unter Führung von W. *Sankawulo* als Exekutivorgan eingesetzt. Trotzdem kam es immer wieder zu militär. Auseinandersetzungen. 1997 durchgeführte Präsidentschaftswahlen gewann C. Taylor.

Liberius, Papst 352–366, Römer, † 24. 9. 366 Rom; trat in den arian. Streitigkeiten für das *Nicaenum* u. für *Athanasius* ein. Der afrikafreundl. Kaiser *Constantius II.* verbannte ihn deshalb 355 u. ließ in Rom den Gegenpapst *Felix (II.)* aufstellen. L. gab schließlich den kaiserl. Wünschen nach u. durfte daraufhin 358 nach Rom zurückkehren. Dort setzte er sich gegen Felix durch u. kompromittierte die röm. Kirche schwer.

Liber Pontificalis [der; lat.], eine Papstchronik in Form aneinandergereihter, nach gleichem Schema angelegter Biographien, die von *Petrus* bis *Stephan V.* († 891) reicht u. später bis zum Tod *Martins V.* (1431) fortgesetzt wurde. Der erste, um die Mitte des 6. Jh. entstandene Teil ist als Quelle meist unzuverlässig; dagegen enthalten viele der späteren Biographien, die großenteils von Zeitgenossen verfaßt wurden, wichtiges Material.

Liberté, Égalité, Fraternité ['libɛrte: 'e:galite: 'fratɛrnite:; frz., „Freiheit, Gleichheit, Brüderlichkeit"], Wahlspruch der Französischen Revolution seit 1792, später Devise der französ. Republik.

Liberum veto [lat.], das 1652 eingeführte Recht jedes Abg. im poln. *Sejm* (Adelsparlament), gegen einen Beschluß Einspruch zu erheben, wodurch dieser unwirksam wurde. Das L. v. erschwerte die Gesetzgebung u. erleichterte die Einflußnahme von außen. Es wurde 1764 praktisch u. durch die Verfassung von 1791 rechtlich abgeschafft.

Libri Carolini [lat.], eine auf Veranlassung *Karls d. Gr.* von *Theodulf von Orléans* oder *Alkuin* um 790 verfaßte Denkschrift, die sich gegen die auf dem Konzil von Nicäa (787) gefaßten Beschlüsse über die Bilderverehrung richtete.

Libri Feudorum [lat.], lombard. Lehnsrechtsammlung mit vasallenfreundl. Tendenz, in ihren ältesten Teilen um die Wende vom 11. zum 12. Jh. entstanden; wichtige Quelle für das hochmittelalterl. *Lehnswesen*.

Libyen LAR

Sozialistische Libysche-Arabische Volks-Dschamahirija

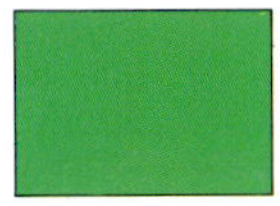

Fläche: 1 759 540 km². – *Einwohner:* 5,0 Mill. – *Hauptstadt:* Tripolis. – *Landessprache:* Arabisch. – *Nationalfeiertag:* 1. 9. – *Währung:* 1 Libyscher Dinar = 1000 Dirhams. – *Lage:* zwischen 20° und 33° n. Br. sowie 9° und 25° ö. L. – *Zeitzone:* Mitteleuropäische Zeit + 1 Std. – *Grenzen:* im N Mittelmeer, im O Ägypten, im S Tschad und Niger, im W Algerien und Tunesien. – *Staatsform:* autoritäre Republik mit „Revolutionsführer" an der Spitze.

Im Altertum war *Libya* Bez. für ganz Nordafrika westl. von Ägypten. Die Ägypter hatten immer wieder die Einfälle der Libyer abzuwehren. Der östl. Teil des heutigen L., die *Cyrenaica*, wurde in der 1. Hälfte des 1. vorchristl. Jahrtausends von Griechen kolonisiert (Hauptstadt *Kyrene*, gegr. um 630 v. Chr.); der westl. Teil, *Tripolitanien*, war bis 200 v. Chr. karthagische Provinz, kam dann zum Königreich Numidien u. wurde 46 v. Chr. röm. Provinz. Die Cyrenaica gehörte 331–96 v. Chr. zum Reich der Ptolemäer in Ägypten u. wurde dann römisch, später oströmisch. 644–647 besetzten die Araber das Land; der Widerstand der Berber wurde aber erst 670 endgültig gebrochen. Das Land wurde innerhalb der folgenden Jahre vollständig islamisiert u. weitgehend arabisiert. Nachdem mehrere arabische Dynastien (Aghlabiden, Fatimiden, Almoraviden, Almohaden u. a.) einander in der Herrschaft abgelöst hatten, wurde L. 1517 türkisch. Tripolis wurde 1509 von den Spaniern erobert u. wurde 1530 den Maltesern zum Lehen gegeben; 1551 eroberten die Türken auch diese Stadt zurück.
Im Tripolis-Feldzug (italien.-türk. Krieg) 1911/12 besetzten die Italiener Tripolitanien u. die Cyrenaica. Während des 1. Weltkriegs schüttelten die *Senussi* die italien. Herrschaft fast ganz ab. 1921 hatten die Italiener Tripolitanien u. die Cyrenaica wieder in ihrer Hand, eroberten bis 1925 den südl. Fessan u. erwarben 1926 den Sitz der Senussi, die Oase *Djaghabub*. Alle diese Gebiete wurden 1934 zur italien. Kolonie L. vereinigt. Im 2. Weltkrieg eroberte die 8. brit. Armee nach schweren u. wechselvollen Kämpfen gegen italien. u. dt. Truppen (Afrikakorps) das Land. Italien verzichtete 1947 auf L., u. am 24. 12. 1951 wurde es auf Beschluß der UN selbständiges Königreich. König *Idris I.* überließ Großbritannien u. den USA Militärstützpunkte u. zentralisierte 1963 die Verwaltung. Polit. Parteien entstanden nicht. Nach 1961 brachte die rasch wachsende Erdölförderung Reichtum für den Staat u. die Oberschicht; L. finanzierte die Rüstung Ägyptens u. anderer arab. Staaten gegen Israel. 1969 stürzten Offiziere unter Führung von Oberst Muammer *Al Ghadafi* die Monarchie. Seitdem steuert L. einen nationalist. Kurs. Die italien. Siedler mußten das Land verlassen, die Westmächte ihre Stützpunkte räumen. 1977 wurde formal eine auf den Koran gestützte „direkte Demokratie" eingeführt, die Bez. „Republik" durch „Volks-Dschamahiria" (etwa: „Volksöffentlichkeit") ersetzt. Die Machtstellung Ghadafis wurde dadurch nicht berührt.

Unter Ghadafi kam es seither zu mehreren Zusammenschlüssen mit arab. Staaten in Nordafrika u. im Nahen Osten sowie mit dem zentralafrikan. Tschad, die jedoch sämtlich nach kurzer Zeit wieder auseinanderbrachen. L. unterstützte, z. T. militärisch, eine Reihe von Untergrundbewegungen in afrikan. u. außerafrikan. Ländern. Es war auch in Aktionen des internationalen Terrorismus verwickelt. Dies führte zu Konfrontationen mit den USA, die 1986 alle Wirtschaftsbeziehungen abbrachen. In der Folgezeit kam es auch zu militärischen Aktionen gegen L. Aufgrund der libyschen Weigerung, Terroristen an Großbritannien u. die USA auszuliefern, verhängte die UNO 1992 u. 1993 Sanktionen. L. gehört zu den entschiedensten Gegnern einer Verständigung der arabischen Länder mit Israel.

Lichnowsky, schles. Fürstengeschlecht: **1.** Felix Fürst, Politiker, *5. 4. 1814 Grätz bei Troppau, †18. 9. 1848 Frankfurt a. M.; 1834–1838 in der preuß. Armee, dann Generaladjutant des span. Thronprätendenten *Don Carlos*; gehörte 1847 dem preuß. Vereinigten Landtag an u. war in der Frankfurter Nationalversammlung ein führender Vertreter der Rechten; wurde zusammen mit General H. von *Auerswald* bei den Frankfurter Septemberunruhen ermordet.

2. Karl Max Fürst, Neffe von 1), Diplomat, *8. 3. 1860 Kreuzenort, Krs. Ratibor, †27. 2. 1928 Berlin; 1912–1914 dt. Botschafter in London. L. war um eine Verständigung mit England bemüht u. warnte in der Julikrise 1914 die dt. Regierung vor dem bedingungslosen Zusammengehen mit Österreich. Wegen seiner 1918 veröffentlichten Denkschrift „Meine Londoner Mission 1912–1914", die die dt. Politik kritisierte, wurde er aus dem preuß. Herrenhaus ausgeschlossen. Erinnerungen: „Auf dem Wege zum Abgrund" 2 Bde. 1927.

Lichtenau, Wilhelmine Gräfin von, → Enke, Wilhelmine.

Lichtenberg, ehem. Fürstentum 1819–1834, benannt nach der kurpfälz. Burg L. bei Baumholder, seit 1816 in sächs.-coburg. Besitz, 1834 an Preußen verkauft.

Licinius, 1. *Flavius Valerius Licinianus L.*, röm. Kaiser 308–324; 308 in Carnuntum als Nachfolger des *Severus* zum Augustus erhoben; erließ 311 mit *Galerius* ein Toleranzedikt u. 313 mit *Konstantin d. Gr.* das *Edikt von Mailand*, das die Christen als gleichberechtigt anerkannte u. die völlige Glaubensfreiheit verkündete. Nach 313 war L. Alleinherrscher des Ostens; er versuchte, das ganze Reich an sich zu bringen, wurde aber 324 von Konstantin bei Adrianopel u. Chrysopolis vernichtend geschlagen u. später hingerichtet.

2. *Gaius Lucius L. Stolo*, im alten Rom Vorkämpfer des Volks *(plebs)* gegen die Herrschaft der Patrizier; soll in den Jahren 367/66 v. Chr. gemeinsam mit seinem Kollegen L. Sextius Sextinus Lateranus die sog. *Licinisch-Sextinischen Gesetze* durchgesetzt haben: ein Ackergesetz, nach dem niemand mehr als 500 Joch Land besitzen durfte, ein Beamtengesetz, nach dem einer der beiden röm. Konsuln Plebejer sein mußte, u. ein Gesetz, das die starke Verschuldung der Plebejer beseitigen sollte.

Lictoren [lat.], *Liktoren*, im alten Rom Amtsgehilfen, meist Freie oder Freigelassene, die den hohen Magistraten (Konsuln, Prätoren, Diktatoren), dem Flamen Dialis (Priester des Jupiter) u. den Vestalinnen in der Öffentlichkeit als Repräsentanten voranschritten. Sie trugen als Zeichen ihrer Würde auf der linken Schulter das L.-Bündel *(Fasces)*. Sie erledigten auch Amtspflichten wie Ladung, Verhaftung, Geißelung, Hinrichtung.

Libyen: Aufgrund der libyschen Ansprüche auf internationale Gewässer kam es zu einer Reihe von Luft- und Seezwischenfällen mit den USA

Lidice ['liditsɛ], dt. *Liditz*, mittelböhmischer Ort bei Kladno. Als Vergeltung für das Attentat tschechischer Widerstandskämpfer auf den stellvertr. Reichsprotektor R. *Heydrich* wurden am 10. 6. 1942 199 Einwohner des Dorfes (darunter 7 Frauen) von SS u. Polizei erschossen, 195 Frauen in das Konzentrationslager Ravensbrück gebracht, 98 Kinder verschleppt. Der Ort wurde vollständig zerstört. Nach dem Krieg wurde er wiederaufgebaut.

Lie, Trygve, norweg. Politiker (Sozialdemokrat), *16. 7. 1896 Grogud bei Oslo, † 30. 12. 1968 Geilo; Rechtsanwalt; 1922–1935 Rechtsberater des norweg. Gewerkschaftsverbandsvorstands; 1935–1939 Justiz-Min., 1939/40 Min. für Handel, Industrie, Schifffahrt u. Fischerei; ging mit König *Haakon VII.* nach London ins Exil, wurde 1941 Außen-Min. in der Exilregierung u. behielt dieses Amt nach der Rückkehr bis 1946. Er wurde 1946 einstimmig zum 1. Generalsekretär der UN gewählt; 1950 wiedergewählt, von den Sowjets jedoch stark angegriffen; er trat deshalb 1952 zurück. 1963/64 war er Industrie-Min., 1964/65 Handels-Min.

Lieber, Ernst, Politiker (Zentrum), *16. 11. 1838 Camberg, Taunus, †31. 3. 1902 Camberg; Jurist; seit 1870 Abg. im preuß. Abgeordnetenhaus, seit 1871 im Reichstag; seit 1891 Parteiführer (als Nachfolger von L. *Windthorst*). L. stärkte den sozialen u. demokrat. Flügel seiner Partei. Er unterstützte den Kurs von Reichskanzler *Caprivi*, weswegen er von konservativer Seite verächtlich als „Reichsregent" bezeichnet wurde.

Liebknecht, 1. Karl, Sohn von 2), Politiker, *13. 8. 1871 Leipzig, †15. 1. 1919 Berlin (ermordet); Rechtsanwalt; für die SPD seit 1908 Mitgl. des preuß. Abgeordnetenhauses, seit 1912 des Reichstages. L. stand auf dem linken Flügel der SPD u. vertrat die These von einem unmittelbaren Zusammenhang von Kapitalismus u. Militarismus. Zu Beginn des 1. Weltkrieges fügte er sich bei der Bewilligung der Kriegskredite am 4. 8. 1914 der Fraktionsdisziplin; am 2. 12. 1914 stimmte er als erster u. zunächst einziger Abg. gegen die Kredite. 1915 gehörte L. zu den Gründern der *Gruppe Internationale*, aus der später der *Spartakusbund* hervorging. Im Febr. 1915 wurde er als Armierungssoldat eingezogen, im Jan. 1916 aus der SPD-Fraktion ausgeschlossen. Am 1. 5. 1916 veranstaltete er eine öffentl. Antikriegskundgebung u. wurde zu 4 Jahren 1 Monat Zuchthaus verurteilt, im Okt. 1918 begnadigt. Am 9. 11. 1918 proklamierte L. erfolglos die „freie sozialist. Republik" in Anlehnung an das sowjet. Rätemodell. Den ihm angetragenen Eintritt in den Rat der Volksbeauftragten lehnte er ab. Ende 1918 war er an der Gründung der Kommunistischen Partei Deutschlands beteiligt u. wurde in ihre Zentrale gewählt. Nach dem Berliner Spartakusaufstand, an dem er führend teilnahm, wurde L. zusammen mit R. *Luxemburg* verhaftet u. von Freikorpsoffizieren ermordet. – Gesammelte Reden u. Schriften, 9 Bde. 1958–1968.

2. Wilhelm, Politiker, *29. 3. 1826 Gießen, †7. 8. 1900 Berlin; studierte Philologie, Philosophie u. Theologie; beteiligte sich als Republikaner 1848/49 an den bad. Aufständen; emigrierte 1849 in die Schweiz u., dort ausgewiesen, 1850 nach London; schloß Freundschaft mit *Marx* u. wurde dessen Anhänger. 1862 amnestiert, kehrte er nach Dtschld. zurück. 1863–1865 gehörte er F. *Lassalles* Allg. Dt. Arbeiterverein an. Er gewann A. *Bebel* für die Ideen von Marx, gründete mit ihm 1869 in Eisenach die *Sozialdemokrat. Arbeiterpartei* u. war 1875 maßgeblich am Zusammenschluß von „Eisenachern" u. „Lassalleanern" zur *Sozialist. Arbeiterpartei* beteiligt, aus der die SPD hervorging. 1867–1870 u. 1874–1900 war L. Reichstagsabgeordneter. Wegen seiner Kritik an der Fortführung des Dt.-Französ. Krieges als Eroberungskrieg wurde er unter der Anklage des Hochverrats 1872 zu 2 Jahren Festungshaft verurteilt. L. wirkte in der SPD vor allem als Volkstribun, Redner u. Journalist; seit 1891 war er Chefredakteur der Parteizeitung „Vorwärts". Er war Vertreter der Ersten Internationale in Dtschld. u. hatte wesentl. Anteil an der Gründung u. Tätigkeit der Zweiten Internationale. L. schrieb u. a. „Volksfremd-

Karl Liebknecht

Wilhelm Liebknecht

wörterbuch" 1874; „Robert Blum u. seine Zeit" 1888; „Die Emser Depesche" 1891; „Karl Marx zum Gedächtnis" 1896.

Liechtenstein FL

Fürstentum Liechtenstein

Fläche: 160 km². – *Einwohner:* 30 000. – *Hauptstadt:* Vaduz. – *Landessprache:* Deutsch. – *Nationalfeiertag:* 15. 8. – *Währung:* 1 Schweizer Franken = 100 Rappen. – *Lage:* zwischen 47°03′ und 47°14′ n. Br. sowie 9°29′ und 9°38′ ö. L. – *Zeitzone:* Mitteleuropäische Zeit. – *Grenzen:* im W Schweiz, im O Österreich. – *Staatsform:* parlamentarische Monarchie.

Ein österr. Fürstengeschlecht L. (nach der Burg L. bei Mödling) wird 1140 erstmals genannt. Seit dem 13. Jh. gab es zwei Linien: die steir. *L.-Murau* (1619 ausgestorben) u. die mähr. *L.-Nikolsburg*, der die im heutigen Fürstentum L. herrschende Linie entstammt. Das Fürstentum L. entstand aus den Herrschaften *Vaduz* u. *Schellenberg*, wurde 1719 reichsunmittelbar, erlangte seine Souveränität 1806, gehörte 1806–1814 zum Rheinbund, 1815–1866 zum Dt. Bund u. war danach ein selbständiger Staat, der sich politisch eng an Österreich anlehnte (Zollunion 1852–1919); seit Ende des 1. Weltkriegs bildet L. eine Post-, Wirtschafts- u. Zolleinheit mit der Schweiz (jedoch mit eigenen Briefmarken). 1921 erhielt das Fürstentum L. eine Verfassung auf demokrat. u. parlamentar. Grundlage. Der *Landtag* (Einkammerparlament) setzt sich aus 25 Mitgliedern zusammen, die für 4 Jahre gewählt werden. Staatsoberhaupt war 1938–1989 Fürst *Franz Joseph II.*; nach seinem Tod folgte ihm sein Sohn 1989 als *Hans-Adam II.* im Amt. Das polit. Leben bestimmen die *Vaterländ. Union* (VU) u. die *Fortschrittl. Bürgerpartei* (FBP). Die VU gewann die Wahlen im Jan. 1997. Die Interessen L.s im Ausland werden von der Schweiz vertreten.

Liegnitz, poln. *Legnica*, Stadt in Schlesien. Am 9. 4. 1241 Schlacht zwischen Mongolen u. Herzog *Heinrich II.* von Schlesien (gefallen).

Liga, [die; ital., span.], frz. *Ligue*, **1.** Name für Bündnisse mehrerer Mächte zu einem gemeinsamen Zweck, bes. im 16./17. Jh.:

1. *Heilige L.* 1511–1513 zwischen Papst Julius II., Massimiliano Sforza, Spanien, Venedig, den Eidgenossen u. England gegen die Franzosen in Italien. Trotz seines Sieges mußte Ludwig XII. Italien räumen.

2. *L. von Cognac* 1526–1529 zwischen König Franz I. von Frankreich, Papst Klemens VII., England u. italien. Fürsten u. Städten (Venedig, Florenz, Siena, Francesco II., Sforza von Mailand u. a.) gegen Kaiser Karl V.

3. *Heilige L.* von 1576, Zusammenschluß der Katholiken in Frankreich gegen die Hugenotten, Heinrich III. u. Heinrich von Navarra.

4. *Katholische L.* 1609, Zusammenschluß kath. Reichsstände Oberdeutschlands u. der Rheinlande unter Führung Maximilians I. von Bayern gegen die 1608 gegr. prot. *Union*. Nach Auflösung der L. durch Kaiser Matthias wurde sie 1617 neugegründet. Unter *Tilly* als Feldherr errang sie militär. Erfolge im Dreißigjährigen Krieg. 1630 erzwang sie die Absetzung *Wallensteins*; 1632 wurde sie endgültig aufgelöst.

5. *Heilige L.* von 1684 zwischen Kaiser Leopold I., Polen, dem Papst, Venedig u. Rußland, die sich nach der Abwehr der Türken vor Wien 1683 zu einer Offensivallianz verbanden. Der erfolgreiche Kriegsverlauf leitete die Rückeroberung Ungarns u. die Verdrängung der Türken aus Südosteuropa ein (1699 Friede von Karlowitz).

2. *L. der Nationen* → Völkerbund.

3. Name für internationale Zusammenschlüsse, z. B. Arabische Liga.

Liga für Menschenrechte, *frz. Ligue pour la Défense des Droits de l'Homme et du Citoyen*, gegr. 1898 in Paris, polit. Zusammenschluß zur Revision des Dreyfusprozesses, allg. zur Förderung der persönl. Freiheit gegenüber dem Staat u. zur friedl. Regelung internationaler Konflikte. Die L. betrieb im 1. Weltkrieg pazifist. Propaganda. – 1919 wurde die *Deutsche L. für Menschenrechte* gebildet (1933 verboten, nach dem 2. Weltkrieg Neugründung). 1922 schlossen sich die nationalen Gruppen zu einer internationalen Föderation zusammen (Sitz: Paris).

Ligne [linjə], Charles Joseph Fürst von, österr. Offizier, *23. 5. 1735 Brüssel, †13. 12. 1814 Wien; nahm auf österr. Seite am Siebenjährigen Krieg teil, danach wiederholt als Diplomat in St. Petersburg, wo ihn Katharina II. zum russ. Feldmarschall ernannte. Er stand mit vielen hervorragenden Zeitgenossen (Voltaire, J.-J. Rousseau, Friedrich d. Gr., Goethe, C. M. Wieland) in Briefwechsel.

Ligny [li'nji], belg. Dorf nordwestl. von Namur. Bei L. verloren am 16. 6. 1815 die Preußen unter Blücher eine Schlacht gegen Napoleon I., konnten aber durch den von Gneisenau angeordneten Rückzug Wellington zu Hilfe eilen, um Napoleon bei Waterloo zu schlagen.

Ligurer, aus antiken Schriftquellen bekanntes Volk in Südfrankreich, Norditalien u. den Westalpen; verloren seit dem 6. Jh. v. Chr. durch die Kelten weite Gebiete, wurden seit 328 v. Chr. von den Römern allmählich unterworfen.

Ligurien, ital. *Ligùria*, norditalien. Region an der Küste des Golfs von Genua, 5416 km², 1,67 Mill. Ew., Hptst. *Genua*.

Das in der Antike von den *Ligurern* besiedelte L. wurde im 2. Jh. v. Chr. von den Römern unterworfen. Seit 13 v. Chr. führte eine Küstenstraße von Italien nach Gallien *(via Iulia Augusta)* durch L. Von 1797 bis 1805 bestand die *Ligur. Republik*, ein französ. Vasallenstaat, auf dem Gebiet der Republik Genua.

Li Hongzhang [-xuŋdʒaŋ], *Li Hung-chang, Li Hung-tschang*, chines. General u. Politiker, *15. 2. 1823 Hefei, Prov. Anhui, †7. 11. 1901 Peking; an der Niederwerfung des Taiping-Aufstandes beteiligt; 1862 Gouverneur von Jiangsu, 1864 Generalgouverneur der beiden Jiang-Provinzen, 1870 Vizekönig von Zhili. L. H. hatte während des letzten Viertels des 19. Jh. bedeutenden Einfluß auf die chines. Politik. 1895 vertrat er China bei den chines.-japan. Friedensverhandlungen von Schimonoseki; 1901 unterzeichnete er den Pekinger Vertrag mit den europ. Mächten, der den Boxeraufstand abschloß.

Li Hsien-nien, chines. Politiker, → Li Xiannian.

Li Hung-tschang, chinesischer Politiker, → Li Hongzhang.

Likendeeler, *Likedeeler*, andere Bez. für die Vitalienbrüder, die ihre Beute angeblich zu gleichen Teilen (niederdt. *to liken deelen*) unter sich aufteilten.

Liktoren [lat.] → Lictoren.

Liliane, Prinzessin de *Réthy*, → Leopold (6).

Lilienbanner, das im 12. Jh. entstandene Banner Frankreichs; auf blauem Grund waren goldene (gelbe) Lilien gestreut, die später heraldisch stilisiert u. auf die Zahl drei festgelegt wurden. – L. ist auch der Name der histor. Flagge (weißer Grund besät mit goldenen [gelben] Lilien) der französ. Könige (sog.

Bourbonenflagge), die mit Unterbrechungen seit Mitte des 17. Jh. gültig war.

Li Lisan, eigentl. *Li Longji*, chines. Politiker (Kommunist), *1899(?) Kreis Liling, Prov. Hunan, †22. 6. 1967 (Selbstmord?); seit 1922 Parteifunktionär; 1927 Mitgl. des Politbüros, 1928–1930 der maßgebende Parteiführer, befürwortete (im Gegensatz zu *Mao Zedongs* agrarrevolutionärer Linie) die Machtergreifung in den Städten; nach dem Scheitern dieser Politik als „Putschist" kritisiert; von 1931–1945 in Moskau, zeitweise in Haft; nach 1945 in Partei- u. Staatsämtern ohne größeren polit. Einfluß; während der „Kulturrevolution" verfolgt; 1980 posthum rehabilitiert.

Lilybäum, das Westkap Siziliens (heute *Capo Boeo*) mit der Stadt L. (heute *Marsala*); 397 v. Chr. gegr. als karthag. Stützpunkt, 279 v. Chr. durch *Pyrrhos* u. seit 250 v. Chr. zunächst von den Römern vergeblich belagert, fiel nach dem Seesieg des Gaius Lutatius *Catulus* bei den Ägadischen Inseln 241 v. Chr. an Rom; blühende Stadt bis ins 16. Jh. – Der heutige Name geht auf arab. *Marsa Ali* („Hafen Alis") zurück. – 1860 Landung G. *Garibaldis*.

Lima-Kultur, altindian. Kultur in den zentralperuan. Küstentälern von Chancay, Ancón, Rimac u. Lurin zwischen 0 u. 700 n. Chr. Sie war wahrscheinlich eine straff organisierte polit. Einheit, ähnlich u. an Bedeutung gleich dem zeitgleichen Reich von *Moche*. Die Ruinenstätte Maranga, im Gebiet der heutigen Hptst. Lima, war mit mehreren Pyramidenbauten das kultische Zentrum, die Orte Cerro Culebra u. Cerro de Trinidad eher Wohnstätten, wenn auch mit Kultkomplexen. Die typische Lima-Keramik ist schwarz-weiß auf rotem Grund bemalt, meist mit stilisierten, ineinanderverzahnten Fisch- oder Schlangenmotiven *(Interlocking-Stil)*.

Liman von Sanders, Otto, Offizier (1911 Generalleutnant), *17. 2. 1855 Schwessin bei Stolp, † 22. 8. 1929 München; seit 1913 Chef der dt. Militärmission in der Türkei, reorganisierte das türk. Heer; 1914 türk. Marschall u. Armeeführer, verteidigte 1915/16 die Dardanellen gegen die Alliierten, unterlag den Engländern 1918 in Palästina. Erinnerungen: „Fünf Jahre Türkei" 1919.

Limburg, ehem. Grafschaft, im 12. Jh. Herzogtum östl. der Maas; 1288 mit Brabant vereinigt, 1648 zwischen Spanien u. den nieder-

Liegnitz: Die Schlacht gegen die Mongolen am 9.4.1241; Altarbild in der Breslauer Bernardinkirche (15. Jh.)

Die Errichtung des Limes

Erst in der Kaiserzeit setzte die Sicherung des Römischen Reiches durch künstliche Grenzanlagen ein. Es entstanden aufgrund geographischer und historischer Vorgaben unterschiedliche Limestypen. Die bekannteste Befestigungslinie war der obergermanisch-rätische Limes.

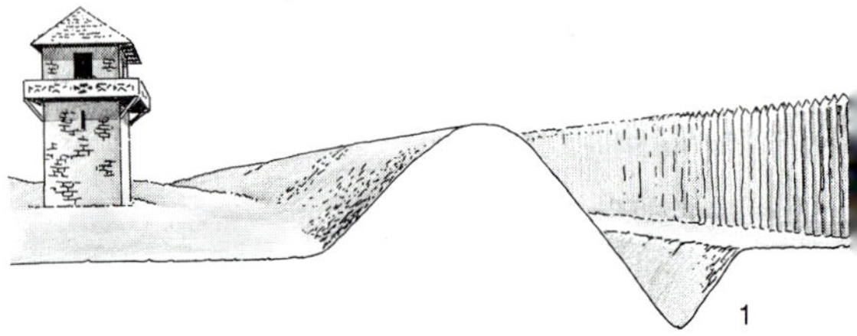

1

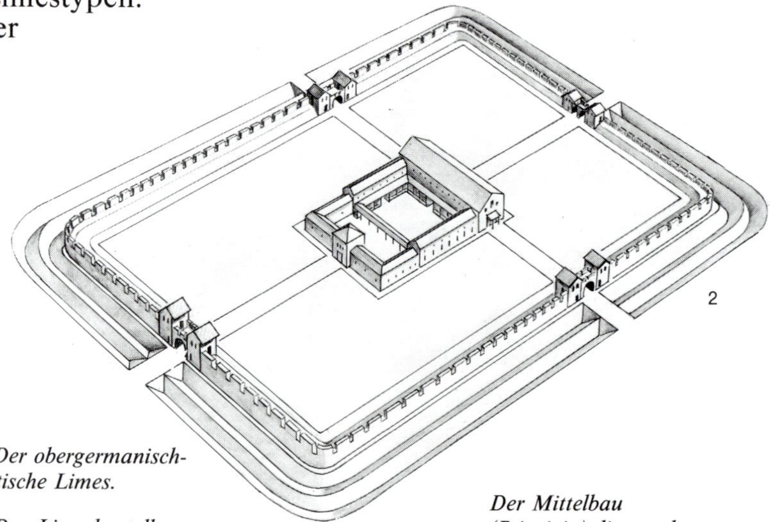

2

1 *Der obergermanisch-rätische Limes.*

2 *Das Limeskastell Saalburg bei Bad Homburg v. d. Höhe im Taunus war von Wällen und Gräben umgeben und mit massiven Mörtelmauern und festen Innenbauten aus Stein versehen. Der Mittelbau (Principia) diente als Kommandantur, die Querhalle offiziellen Kulthandlungen der Truppe.*

Nach Einstellung des von Augustus projektierten Plans, ganz Germanien bis zur Elbe zu erobern, leiteten die Niederlage in der Varusschlacht (9 n. Chr.) und die Grenzkämpfe im Jahr 83 gegen die Chatten eine Umstrukturierung der römischen Politik von der Expansion zur Überwachung der Germanen ein. Bis zum Krieg der Markomannen gegen Marc Aurel und den einsetzenden Alemannenstürmen wurde zur Sicherung des Dekumatenlands das System von Vormarschwegen, Dämmen und Schneisen durch Wälle, Mauern und Kastellketten des obergermanisch-rätischen Limes gesichert, den von Seligenstadt bis Miltenberg der Main (»nasser Limes«) ergänzte. Das vornehmliche strategische Moment des Limes war nicht nur der Bollwerkcharakter, sondern lag in seiner Kommunikationsfunktion. Denn der Limes war als Beobachtungslinie mit Wachtürmen eingerichtet, die in Sichtweite (200–1000 Meter) standen und über die durch Signal-, Rauch- und Lichtzeichen Informationen ausgetauscht und zu den Kastellen weitergegeben wurden.

Das Beispiel der Saalburg verdeutlicht die Gründung von Zivilsiedlungen (Vicus) im Schutz der sogenannten Auxiliartruppenlager. Tacitus, der als Zeitgenosse Domitians 98 zuerst den Begriff »Limes« in der Bedeutung von »Reichsgrenze« gebrauchte, kommentiert diesen Prozeß in seiner »Germania«: »Allerlei Gesindel aus Gallien und Leute, die die Not kühn gemacht hatte, eigneten sich in diesem gefährdeten Gebiet (= Agri Decumates) Grund und Boden an.« Auch die Soldatenfamilien wurden seßhaft und hatten zusätzlich zu ihren sonstigen militärischen Pflichten strategisch funktionalisiert ihr eigenes bäuerliches Land zu verteidigen. Die in der Folge des Wirtschaftswachstums sich hieraus entwickelnde provinzialrömische Kultur bildete nicht nur den Markstein zwischen den romanisierten Galliern und den Germanen, sondern bestimmte auch nachhaltig die weiteren Differenzen in der Kulturgeschichte dieser Völker. Bis heute sind noch deutliche Geländespuren der Wallanlagen zu erkennen. Im Volksmund ist die Bezeichnung »Teufelsmauer« bzw. »Heidenwall« für diese Überreste lebendig geblieben. *A.F.*

3

4

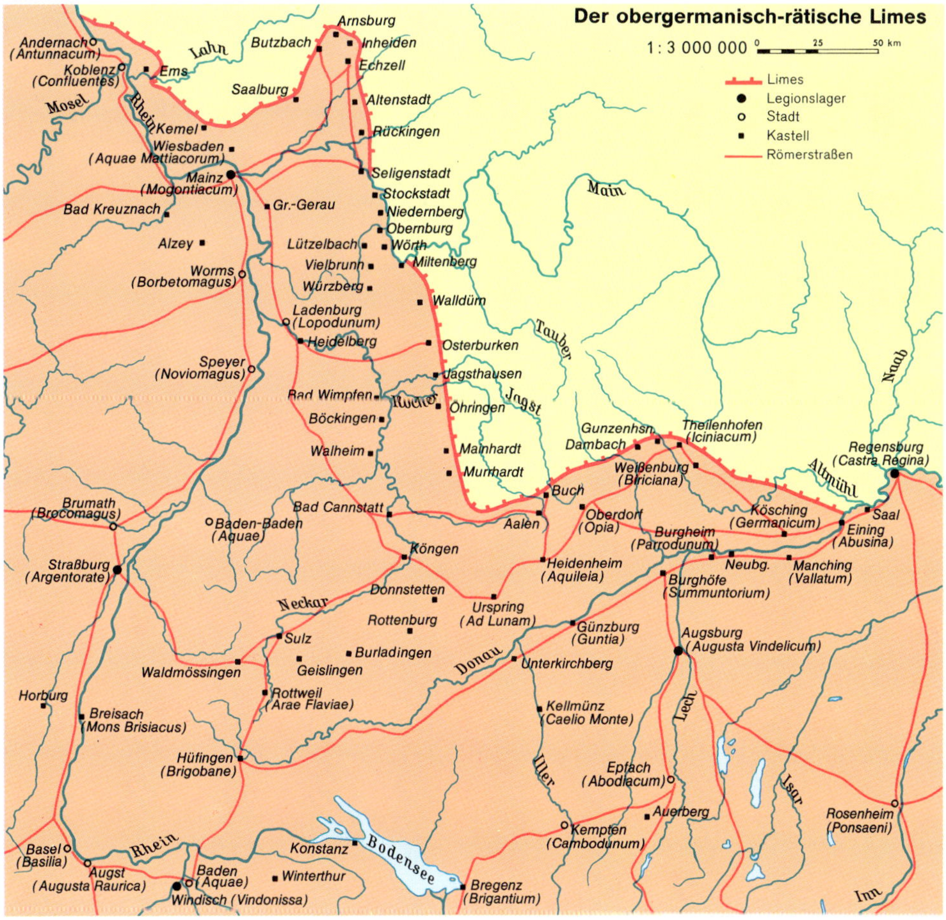

5

3 *Nachbildung eines Feldzeichens. Saalburgmuseum.*

4 *Kaiser Marc Aurel hält während der Markomannenkriege eine Ansprache an seine Soldaten. Relief, Konstantinsbogen, Rom.*

5 *Wurflanzen mit Zungen- und Tüllenbefestigung am Schaft, Reiterschwert (und)*

6

7

8

6 *Dolch, Faschinenmesser und Pferdepflock. Die bei Ausgrabungen gefundenen Waffen und Geräte (hier aus zwei Legionslagern um Numantia) geben einen Einblick in das tägliche Leben römischer Soldaten; alle Gegenstände: Mainz, Römisch-Germanisches Zentralmuseum.*

7 *Nachbildung eines Steinkugelgeschützes. Saalburgmuseum.*

8 *Kastell Saalburg. Porta sinistra (»Westtor«), im Kastell läuft hinter der Wehrmauer die Wallstraße.*

Lin Biao *Abraham Lincoln*

länd. Generalstaaten geteilt; 1814 Provinz der Niederlande, 1839 geteilt in je eine niederländ. u. belg. Provinz. Die niederländ. Provinz L. gehörte 1839–1866 zum Dt. Bund als Ersatz für den an Belgien gelangten Teil Luxemburgs.

Limburger Chronik [-'kroː], vom Stadtschreiber Tileman *Elhen von Wolfhagen* (* 1347, † 1402) verfaßte, kulturgeschichtl. bedeutende Stadtchronik für die Jahre 1336–1398, die u. a. über Mode, Volkslieder u. Anekdoten der Zeit berichtet; nur in Handschriften des 17. Jh. überliefert.

Limes [der; lat.], bei den alten Römern ursprüngl. der Grenzweg zwischen zwei Grundstücken; in der Kaiserzeit die durch Wehranlagen gesicherten Reichsgrenzen. Noch *Augustus* u. *Tiberius* legten die Grenze so fest, daß sie durch Flüsse u. Meere geschützt war. Erst *Domitian* begann 84 n. Chr. mit dem Bau künstl. Grenzen in verschiedenen Teilen des Röm. Reichs. Am bekanntesten ist der 382 km lange *obergerman. L.*, der als Grenze gegen die Germanen angelegt wurde. Er begann unterhalb von Rheinbrohl am Rhein gegenüber der Mündung des Vinxtbachs, führte über Westerwald u. Taunus an der Wetterau entlang zum Main u. von dort über den Odenwald zum Neckar u. südwärts bis Lorch. An ihn schloß sich der 166 km lange *rätische L.* an, der über die fränk. Alb zur Donau führte u. westl. von Kelheim endete.

Anfangs bestand der L. nur aus in Sichtweite voneinander stehenden Beobachtungsstationen (Holztürmen); unter *Hadrian* wurde er zusätzlich durch einen durchgehenden Palisadenzaun, der in einem kleinen Graben stand, gesichert; an ihm entlang führte ein Fahrweg. Nach den ersten Alemanneneinfällen zu Beginn des 3. Jh. wurde die Palisade im Bereich des rät. L. durch eine etwa 1 m starke u. 3 m hohe Steinmauer ersetzt. In Obergermanien wurde im 3. Jh. hinter der Palisade ein Graben mit V-förmigem Querschnitt angelegt u. das ausgehobene Erdreich zu einem Wall aufgeschüttet. Dieser Wall ist noch heute größtenteils im Gelände sichtbar. Nur wenige Kilometer hinter dieser Linie waren Soldaten zum Schutz der Grenze vor Überfällen in Erdkastellen stationiert, die später in Stein ausgebaut wurden. Eines der bekanntesten, teilweise wieder aufgebauten Kastelle ist die *Saalburg* bei Bad Homburg vor der Höhe.

Die Römer behaupteten den L. in Obergermanien bis gegen 260, in Rätien bis gegen 400 u. wahrten damit Ruhe u. Sicherheit des Hinterlands. Die Grenze der Donauprovinzen bildete lange Zeit die Donau. Diese Linie war ähnlich gesichert wie der obergerman./rät. L. Weitere L.anlagen gab es an verschiedenen Stellen links der Donau, zwischen Drau u. Theiß u. in der Dobrudscha. In Britannien waren der *Antoninus-* u. der *Hadrianswall* L.anlagen. Letzterer überquerte England von der Nordsee bis zur Irischen See an seiner engsten Stelle. Er bestand aus einer 3,5 m hohen Mauer mit dahinterliegendem Graben, an dessen Rändern zusätzlich Wälle aufgeworfen waren. Im Orient gab es keine L.anlagen, jedoch hatten die Römer an den verschiedenen Grenzlinien Kastelle u. Legionslager angelegt. Der L. in den afrikan. Provinzen war keine einheitl. Linie, sondern ein System von Gräben mit Wall u. Türmen, einzelnen Forts u. einem nach strateg. Gesichtspunkten angelegten Straßennetz. B S. 484/485.

Limes Saxoniae [lat.], in den *Annales regni Francorum* 819 erstmals erwähnte Grenze bisher nicht eindeutig geklärten Charakters des nördl. Sachsen gegenüber dem slaw. Bereich; wahrscheinlich von *Karl d. Gr.* festgelegt; Verlauf etwa vom Ostufer der Elbe an einem Flußknick in Richtung NNW bis zur Kieler Förde.

Lin Biao [-biau], *Lin Piao*, chinesischer Offizier u. Politiker (Kommunist). * 1907 Huihongshan, † angeblich 12./13. 9. 1971 Mongolei (Flugzeugabsturz); Berufsoffizier; seit 1925 Mitgl. der KP, nahm 1934/35 am „Langen Marsch" teil u. wurde einer der maßgebenden kommunist. Heerführer; befehligte 1945–1949 die kommunist. Truppen in der Mandschurei u. 1950 die chines. „Freiwilligen" im Koreakrieg; 1949 Mitgl. des Politbüros, 1955 Marschall, 1959 Verteidigungs-Min. In der „Kulturrevolution" seit 1966 trat L. B. als führender Ideologe hervor; auf dem 9. Parteitag 1969 wurde er zum Nachfolger *Mao Zedongs* designiert. Seit Ende 1971 trat er nicht mehr in Erscheinung; 1974 wurde eine „Kritik-Kampagne" gegen ihn eingeleitet. 1980/81 wurde in einem Prozeß gegen ehem. Mitarbeiter L. B.s behauptet, er habe einen Staatsstreich u. die Ermordung Maos geplant; nach der Aufdeckung des Komplotts sei er beim Fluchtversuch abgestürzt. Es wird jedoch vermutet, daß er auf Weisung Maos getötet wurde.

Lincoln ['liŋkən], Abraham, US-amerikan. Politiker (Republikaner), * 12. 2. 1809 bei Hodgenville, Ky., † 15. 4. 1865 Washington (ermordet); Autodidakt, 1837 Anwalt, 1834 bis 1842 Abg. der Volksvertretung von Illinois. 1847–1849 war L. Kongreß-Abg. der Whigpartei in Washington. 1856 schloß er sich der neugegründeten, in der Sklavenfrage gemäßigt auftretenden Republikan. Partei an, als ihr Kandidat wurde er 1860 zum (16.) Präs. der USA gewählt. Die Südstaaten nahmen seine Wahl zum Anlaß, aus der Union auszutreten. Die Folge war der Ausbruch des Sezessionskrieges, in dem sich L. als weitsichtiger u. energischer Politiker erwies. Anfängliche Zurückhaltung in der Sklavenfrage verhinderte den Abfall weiterer Staaten. Als sich die militär. Situation der Nordstaaten gebessert hatte, proklamierte er 1862 die Sklavenbefreiung, zeigte sich aber auch hier noch kompromißbereit (bestehende Sklaverei in den Einzelstaaten sollte nicht rückgängig gemacht werden) u. gab der Wiederherstellung des gespaltenen Bundesstaates unter allen Umständen den Vorzug. Nach seiner Wiederwahl 1864 u. der Kapitulation der Südstaaten am 9. April 1865 legte L. sein Wiederaufbauprogramm für den Süden vor. Er starb an den Folgen eines Attentats, das ein fanatischer Südstaatler verübte.

Lindos, *Lindhos*, Ort auf Rhodos, 700 Ew. L. gehörte zu den drei alten Städten der Insel, an der Ostküste; seit neolith. Zeit besiedelt, Mitgl. des 1. Attischen Seebunds, blieb nach der Schaffung des Einheitsstaates Rhodos 408 v. Chr. als Stadt bestehen. Es bestand eine Akropolis mit Tempel der *Athene Lindia* u. Nebenbauten aus dem 4. Jh. v. Chr. Eine wichtige histor. Inschrift ist die „Lindische Tempelchronik", die aufgrund eines Volksbeschlusses aus dem Jahr 99 v. Chr. aufgezeichnet wurde.

Linearschrift, stark vereinfachte Form einer Bilderschrift, bei der die ursprüngl. Bildzeichen zu einfachen Strichzeichen geworden sind. Am bekanntesten sind die L. A u. die L. B aus Kreta. L.en waren auch in anderen Teilen Griechenlands verbreitet, z. B. auf dem Peloponnes u. in Mittelgriechenland.

Linea vieja [-biɛ'xa], bedeutende archäolog. Zone auf der atlantischen Seite von Costa Rica; die wichtigsten Fundorte sind Guápiles u. Las Mercedes.

Lingen, Grafschaft des ehem. westfäl. Kreises, anfangs mit *Tecklenburg* verbunden, 1548 aber getrennt u. in eine *obere* (vier tecklenburg. Kirchspiele) u. eine *niedere Grafschaft* (Amt Lingen) geteilt. Kaiser Karl V. kaufte sie u. überließ sie 1555 seinem Sohn Philipp II. von Spanien. In den folgenden Jahrzehnten besaßen die span. Habsburger u. Nassau-Oranien abwechselnd das Gebiet. 1702 erbte der König von Preußen L. u. vereinigte es wieder mit Tecklenburg. 1815 trat Preußen die niedere Grafschaft an Hannover ab. Mit dem Anschluß Hannovers an Preußen 1866 wurde auch L. wieder preuß. Gebiet.

Lin Piao, chines. Politiker, → Lin Biao.

Linus, Papst 67–76 (?) oder 56–67, Heiliger; nach allen alten Papstkatalogen der erste Nachfolger Petri in der Leitung der röm. Gemeinde. Einige Quellen identifizieren ihn mit dem bei Paulus (2. Timotheus 4,21) genannten L. Fest: 23. 9.

Lionne [li'ɔn], Hugues de, Marquis de Berny, französ. Diplomat, * 11. 10. 1611 Grenoble, † 1. 9. 1671 Paris; enger Mitarbeiter *Mazarins*; nach dessen Tod (1661) Staatssekretär des Äußeren; wirkte bei den Friedensschlüssen von Münster (Westfäl. Friede) u. beim Pyrenäenfrieden (1659) mit.

Lippe, ehem. Land des Dt. Reiches zwischen der Weser u. dem südöstl. Teutoburger Wald, Hptst. *Detmold.* Das Gebiet unterstand zunächst der Herrschaft der 1123 erstmals urkundlich erwähnten *Edlen Herren zur L.* Es wurde 1529 Reichsgrafschaft, obwohl Hessen immer wieder Anspruch auf Oberhoheit erhob. 1621 entstanden durch Teilung die Linien *L.-Brake* (1709 erloschen), *L.-Alverdissen* (seit 1643 → Schaumburg-Lippe) u. *L.-Detmold*, von der sich 1627 u. 1762 die Linien *L.-Biesterfeld* u. *L.-Weißenfeld* abzweigten. L.-Detmold wurde 1720 zum Reichsfürstentum erhoben, 1807 trat es dem Rheinbund bei, 1815 dem Dt. Bund, 1842 dem Dt. Zollverein, 1871 dem Dt. Reich. 1918 wurde L.-Detmold Freistaat, 1947 wurde es dem Land Nordrhein-Westfalen eingegliedert.

Liselotte von der Pfalz → Elisabeth (5).

Li Shimin [-ʃi-], ursprüngl. Name des chines. Kaisers → Taizong.

Lissabon, portug. *Lisboa*, Hptst. von Portugal u. des Distrikts *Lisboa*, Hauptort der früheren Prov. *Estremadura*, 678 000 Ew.

Der karthagische Handelsplatz *Alis Ubbo* hieß in röm. Zeit (rd. 200 v. Chr. bis 400 n. Chr.) zuerst *Olisippo*, dann *Felicitas Julia* u. war seit ungefähr 200 n. Chr. Hptst. der Prov. Lusitania. Unter westgotischer Herrschaft (seit dem 5. Jh.) wurde der Ort als Festung ausgebaut. Seit 716 in maurischer Hand, wurde er 1147 von dem portugies. König Alfons I. erobert; seitdem hieß die Stadt *Lixboa (Lisboa)*, wurde Hauptstadt von Portugal u. 1260 Residenz. Im 15. Jh. entwickelte sich L. durch seine Überseeverbindungen zu einem der bedeutendsten Handelsplätze Europas. Nachdem die Stadt im 17. Jh. einen wirtschaftl. Niedergang erlebt hatte, wurde sie 1755 zu mehr als 50 % von einem Erdbeben zerstört. Von 110 000 Ew. kamen 30 000 ums Leben. Aufgrund der französ. Besetzung von 1807/08 wurde die Residenz bis 1821 nach Rio de Janeiro verlegt.

List, Friedrich, Nationalökonom u. Wirtschaftspolitiker, *6. 8. 1789 Reutlingen, †30. 11. 1846 Kufstein (Selbstmord); gründete 1819 den *Deutschen Handels- u. Gewerbeverein* zur Vorbereitung der dt. Zolleinigung. Als Abgeordneter forderte er demokrat. Verwaltungsreformen, wurde deshalb 1822 zu Festungshaft verurteilt, konnte aber nach den USA auswandern, wo er als Publizist für die amerikan. Schutzzollbewegung eintrat. Seit 1830 war er amerikan. Konsul in Dtschld., setzte sich für den Bau eines dt. Eisenbahnnetzes ein; seit 1843 Hrsg. des Zollvereinsblattes, in dem er für die dt. Zolleinheit u. zum Schutz der sich entwickelnden dt. Industrie für vorübergehende Erziehungszölle eintrat. Als Wirtschaftstheoretiker wandte sich L. gegen die klass. Nationalökonomie, betonte die produktive Kraft der Arbeit u. der Arbeitsinvestitionen u. stellte eine Stufentheorie auf. Hptw.: „Das nationale System der polit. Ökonomie" 1841. – Schriften, Reden, Briefe, hrsg. von E. von Beckerath u.a., 10 Bde. 1927–1936.

Litauen LT

Republik Litauen

Fläche: 65 200 km². – *Einwohner:* 3,7 Mill. – *Hauptstadt:* Vilnius (Wilna). – *Landessprache:* Litauisch. – *Nationalfeiertag:* 16. 2. – *Währung:* 1 Litas = 100 Centas. – *Lage:* zwischen 54° und 57° n. Br. sowie 21° und 27° ö. L. – *Zeitzone:* Mitteleuropäische Zeit + 1 Std. – *Grenzen:* im N Lettland, im O Weißrußland, im S Weißrußland und Polen, im W Ostsee u. die russ. Exklave Königsberg. – *Staatsform:* parlamentarisch-präsidiale Republik.

Seit dem 11. Jh. siedelten litauische Stämme an der oberen u. mittleren Memel u. an der Neris; sie breiteten sich bis Ende des 12. Jh. bis zur mittleren Düna aus. Bereits der erste bekannte Großfürst, *Mindaugas* (*Mindowe*, 1263 ermordet), setzte seine Herrschaft in ständigem Kampf gegen die *Schwertbrüder* durch. Nach einer Zeit der inneren Wirren gelang es *Witens* (1293–1316), die Gewalt im Inneren u. den Besitzstand Mindaugas' wiederherzustellen. Sein Bruder *Gedymin* (1316–1341) u. dessen Söhne *Olgerd* als Großfürst (1345–1377) u. *Kejstut* als Fürst der westl. Reichshälfte wurden die eigentl. Begründer des litauischen Großreichs, indem sie die gesamten einst zum Kiewer Reich gehörenden Gebiete Weißrußlands u. der Ukraine unter sich vereinigten (lediglich Galizien war 1349 polnisch geworden). 1362 gelang es Olgerd, die Mongolen am Blauen Fluß zu schlagen; die Eroberung Podoliens ließ ein Reich entstehen, das von der Ostsee bis zum Schwarzen Meer reichte.

Polen-Litauen (1386–1795): Olgerds Sohn *Jagiełło* (1377 Großfürst von L.) vereinigte durch seine Heirat mit der poln. Königin Hedwig *(Jadwiga)* u. durch seine Krönung zum poln. König (als *Władysław II.*, 1386) L. mit Polen in Personalunion; L. wurde gleichzeitig christianisiert. In L. setzte sich nach längeren Kämpfen Kejstuts Sohn *Vytautas (Witold)* als Großfürst (1401–1430) durch, nominell als Statthalter Jagiełłos. Gemeinsam schlugen sie den *Dt. Orden* 1410 bei *Tannenberg*; im *1. Thorner Frieden* von 1411 verzichtete der Orden endgültig auf das 1384 erworbene Samogitien. Die Errichtung einer litauischen Hegemonie über ganz Rußland scheiterte mit der Niederlage Vytautas' gegen die Mongolen an der Worskla 1399. In der Folgezeit riefen gewöhnlich nach dem Tode des Königs zuerst die Litauer ihren Großfürsten – stets aus der Jagiellonen-Dynastie – aus, der dann von den Polen zum König gewählt wurde. L. war einerseits darauf bedacht, seine Eigenständigkeit zu wahren, andererseits wurde der litauische Adel zunehmend polonisiert u. gewann Schritt um Schritt die Privilegien des poln. Adels. Die *Lubliner Union* 1569 brachte schließlich die rechtl. Gleichstellung mit gemeinsamer Königswahl u. gemeinsamem Reichstag, jedoch mit innerer Autonomie. Die ukrain. Landesteile L.s kamen 1569 unmittelbar an die Krone Polens. – Seit 1492 stand die litauische Ostgrenze unter zunehmendem Druck Moskaus; Smolensk wechselte den Besitzer, bis es 1667 an Moskau fiel.

Litauen als Bestandteil des Russischen Reichs (1795–1918): In den Poln. Teilungen 1772, 1793 u. 1795 kam L. einschl. seiner weißruss. Gebiete an Rußland u. wurde zu russ. Gouvernements umgewandelt. Ein eigentl. litauisches Nationalbewußtsein entfaltete sich erst allmählich seit dem poln. Aufstand von 1863. 1905 ließ die russ. Regierung einen Landtag u. die Entsendung litauischer Vertreter in die Duma zu.

Die Litauische Republik (1918–1940): 1918 rief der Litauische Landesrat die unabhängige Republik aus, die 1920 von der UdSSR anerkannt wurde. Den Verlust des Wilna-Gebiets an Polen (1918–1922) suchte L. durch die Annexion des Memellands (1923) zu kompensieren. – Trotz der Aufteilung des Großgrundbesitzes in der Agrarreform von 1922 erschütterten soziale u. parteipolit. Spannungen das Land. Gestützt auf die Nationalpartei, beseitigten Augustin *Voldemaras* u. A. *Smetona* 1926 die Opposition; die Christl.-Demokrat. Partei u. die Volkssozialisten wurden verboten. 1938 wurde das autoritäre politische System durch eine neue Verfassung sanktioniert.

Litauen als Bestandteil der Sowjetunion (1940–1991): Bei der Aufteilung der Interessensphären zwischen Hitler u. Stalin im August 1939 fiel L. an den sowjet. Bereich. Unter massivem sowjet. Druck wurde eine kommunist. orientierte Regierung gebildet, die unter Präsenz sowjet. Truppen Scheinwahlen durchführte. Das so entstandene Parlament „beantragte" die Aufnahme L.s als Sowjetrepublik in die UdSSR (1940). – Nach der dt. Besetzung 1941–1945 kam es zu Deportationen u. Durchsetzung L.s mit Russen. In den späten 1980er Jahren konnten sich in L. dank der von M. *Gorbatschow* in der UdSSR betriebenen Reformpolitik nach jahrzehntelanger Unterdrückung erstmals wieder nationale Bestrebungen artikulieren. Im Okt. 1988 wurde die „Bewegung für die Perestrojka" *(Sajudis)* gegründet, die für nationale Autonomie u. demokrat. Reformen eintrat. Bei den Wahlen zum Kongreß der Volksdeputierten der UdSSR im März 1989 erhielt die Sajudis die meisten Stimmen. Dem Beispiel Estlands folgend, erklärte der Oberste Rat (Sowjet) L.s am 18. 5. 1989 das Land für souverän. Im folgenden Jahr beschloß der Oberste Rat, das Dekret von 1940 über den Anschluß L.s an die UdSSR für ungültig zu erklären. Bei den ersten freien Wahlen zum Obersten Rat am 24. 2. 1990 siegte die Sajudis. Das neugewählte Parlament setzte am 11. 3. 1990 die Verfassung der UdSSR für L. außer Kraft u. erklärte die „Republik L." für unabhängig. Zum Parlamentspräsidenten (Staatsoberhaupt) wurde V. *Landsbergis* (Sajudis) gewählt. Am 16. 4. 1990 verhängte Präs. Gorbatschow eine Wirtschaftsblockade über L. Am 29. 6. 1990 setzte L. die Unabhängigkeitserklärung für die Dauer von Verhandlungen mit Moskau aus; die Blockade wurde beendet. Im Jan. 1991 kam es in L. zu neuen Militäraktionen, die mehrere Todesopfer forderten. Am 9. 2. 1991 fand ein Referendum statt, bei dem sich über 90 % der Abstimmenden für die Unabhängigkeit aussprachen.

Das unabhängige Litauen: Am 6. 9. 1991 erkannte die UdSSR schließlich die Unabhängigkeit L.s an. Bei den Parlamentswahlen 1992 gewann die aus der ehemaligen KP hervorgegangene Demokrat. Arbeiterpartei *(LDAP)* überraschend die absolute Mehrheit. Am 6. 11. 1992 trat eine neue präsidialdemokratische Verfassung in Kraft. Die Präsidentschaftswahlen 1993 gewann A. *Brazauskas*, der Kandidat der LDAP. Die schlechte Wirtschaftslage sowie das Überhandnehmen der organisierten Kriminalität belasteten die Innenpolitik. Unter Führung von Landsbergis gewann die Sajudis die Parlamentswahlen 1996. G. *Vagnorius* (Sajudis) bildete eine Regierungskoalition mit den Christdemokraten. Bei den Präsidentschaftswahlen 1998 siegte der parteilose Umweltexperte V. *Adamkus*.

Liten, *Lidi, Liti, Leten, Laten, Lassen, Lassiten, Lassi*, rechts- u. vermögensfähige Halbfreie der fränk. Zeit.

Litwinow [-nɔf], *Litvinov*, Maxim Maximowitsch, eigentl. M. M. *Wallach*, sowjet. Politiker, *17. 7. 1876 Białystok, †31. 12. 1951 Moskau; seit 1903 Bolschewik, seit 1921 stellvertr. Volkskommissar, 1930–1939 Volkskommissar des Äußeren. Ihm gelang es, die UdSSR durch zahlreiche Verträge, darunter das *L.-Protokoll* im Rahmen des Kellogg-Pakts, diplomatisch in den Kreis der Großmächte einzugliedern. Als Verfechter eines Paktsystems gegen Dtschld. mußte er 1939 zurücktreten. 1941–1943 war er Botschafter in den USA.

Liudolf, *Ludolf*, Herzog von Schwaben, *930, †6. 9. 957 Pombia; Sohn Kaiser Ottos d. Gr., Nachfolger seines Schwiegervaters *Hermann* (†949) im Herzogtum Schwaben. Gegnerschaft gegen seinen Onkel, den Bayernherzog Heinrich I., veranlaßte ihn 953 zusammen mit Konrad dem Roten zum sog. *Liudolfingischen Aufstand;* L. unterwarf sich aber schließlich 954, verlor das Herzogtum, durfte jedoch seine Eigengüter behalten.

Liudolfinger, sächs. Adelsgeschlecht, zurückgehend auf Graf bzw. Herzog *Liudolf* (*um 806, †866), Großvater König Heinrichs I., des ersten →Ottonen. Mit Heinrich II. erlosch das Geschlecht 1024 im Mannesstamm.

Liudprand von Cremona, *Liutprand von Cremona*, Geschichtsschreiber, *um 920, †wohl 972; langobard. Adliger, 961 Bischof von Cremona, im Auftrag Ottos d. Gr. Gesandter in Byzanz; vertrat die kaiserl. Politik gegen *Berengar II.* von Ivrea in dem Werk „Antapodosis" („Vergeltung" 949), gegen den Papst in „Historia Ottonis" (964), gegen Byzanz in „Relatio de legatione Constantinopolitana" (968).

Liu Shaoqi [-ʃautçi], *Liu Shao-ch'i, Liu Schao-tschi*, chines. Politiker (Kommunist), *1898 Ningxiang, Prov. Hunan, †12. 11. 1969 Kaifeng, Prov. Henan; nach Studien an einem Lehrerseminar u. in Moskau Gewerkschaftsorganisator; seit 1927 Mitgl. des ZK, seit 1931 des Politbüros der Kommunist. Partei; nach Gründung der Volksrepublik in höchsten Partei- u. Staatsämtern, u.a. 1956 stellvertr. Vors. des ZK, 1959 Vors. der Volksrepublik (Staatsoberhaupt). L. S. galt als designierter Nachfolger *Mao Zedongs;* er befürwortete im Gegensatz zu diesem eine gemäßigte Wirtschafts- u. Gesellschaftspolitik. Während der „Kulturrevolution" seit 1966 wurde er als „Renegat u. Konterrevolutionär" angegriffen, 1968 aller Ämter enthoben u. verhaftet; er starb im Gefängnis. 1980

wurde er von der neuen Parteiführung vollständig rehabilitiert.
Liutizen → Lutizen.
Liutprand, 1. *Luitprand*, König der Langobarden 712–744; eroberte weite Gebiete in Italien, die er aber größtenteils auf Bitten des Papstes Zacharias wieder herausgab.
2. → Liudprand von Cremona.
Liverpool ['livəpu:l], Robert Banks Jenkinson, Baron Hawkesbury, Earl of L., engl. Politiker, *7. 6. 1770 London, †4. 12. 1828 London; 1812–1827 Premier-Min., spielte bei der Umformung der Tory-Partei zur Konservativen Partei eine maßgebl. Rolle, trat für die internationale Abschaffung des Sklavenhandels ein u. versuchte, dem Leistungskriterium im Staatsdienst größere Geltung zu verschaffen.
Livia Drusilla, später *Julia Augusta*, *58 v. Chr., †29 n. Chr.; dritte Frau des Kaisers *Augustus*, auf den sie bedeutenden polit. Einfluß ausübte, Mutter des *Tiberius*.
Livingstone [-stən], David, brit. Missionar u. Afrikaforscher, *19. 3. 1813 Blantyre bei Glasgow, †1. 5. 1873 Chitambo am Bangweulusee; bereiste mehrfach Süd- u. bes. Innerafrika, erforschte dabei den Lauf des Sambesi, entdeckte 1855 die Victoriafälle, 1859 den Nyasa-, 1868 den Bangweulusee u.a. zentralafrikan. Seen. 1871 galt er als verschollen, wurde aber von M. H. *Stanley* gefunden. Das Problem der Wasserscheide zwischen Kongo u. Nil konnte er nicht lösen.
Livius, Titus, röm. Geschichtsschreiber, *59 v. Chr. Padua, †17 n. Chr. Padua; schrieb um 28 v. Chr. eine Geschichte Roms in 142 Büchern (35 erhalten) zur Belehrung seiner Zeitgenossen: „Ab urbe condita libri". Darin behandelte er die Zeit von der Gründung Roms 753 bis zum Jahre 9 v. Chr. Er benutzte hauptsächlich die jüngeren Annalisten u. die Schriften des *Polybios*. Das Werk zählt zur klass. Literatur der Römerzeit.
Livius Drusus, Angehörige eines alten röm. Adelsgeschlechts: **1.** *Marcus L. D.*, röm. Politiker, †109 v. Chr.; 122 v. Chr. Volkstribun u. gefährlichster Gegner des *Gaius Gracchus*, den er durch populäre Gesetze zu suchte, war als Konsul 115 v. Chr. in Makedonien, zuletzt bekleidete er das Amt eines Zensors.
2. *Marcus L. D.*, Sohn von 1), röm. Politiker, *um 124 v. Chr., †91 v. Chr. (ermordet); machte wie sein Vater optimatische Politik mit Methoden der *Popularen*; als Volkstribun des Jahres 91 v. Chr. bemühte er sich vor allem um die Aufnahme der italischen Bundesgenossen in die röm. Bürgerschaft. Seine Ermordung gab das Signal zum Bundesgenossenkrieg.
Livland, lett. *Vidzeme*, histor. Landschaft zwischen dem Rigaer Meerbusen u. dem Peipussee. – Der Name ist abgeleitet vom Stammesnamen der *Liven*, die vor 1200 an der Westküste des Rigaer Meerbusens u. im Mündungsgebiet der Düna siedelten. L. umfaßte im 13.–16. Jh. die Gesamtheit der zunächst vom *Schwertbrüderorden*, später vom *Dt. Orden* beherrschten, im *Livländ. Bund* zusammengeschlossenen balt. Gebiete, die von Esten (Estland), Liven u. lett. Stämmen (Lettgaller, Selonen, Semgaller u. Kuren) bewohnt waren. Bischof *Albert* war der Begründer der geistlich-weltl. Herrschaft. Der livländ. Ordensmeister war seit 1526 Reichsfürst. Im Livländ. Krieg (1558–1595) wurden Kurland u. Semgallen unter dem letzten Ordensmeister Gotthard *Kettler* weltliches Herzogtum unter poln. Lehnshoheit; Estland wurde schwedisch. Das Gebiet nördl. der Düna, seither *L.* genannt, wurde poln. Provinz. Im Waffenstillstand von Altmark 1629 u. im Frieden von Oliva 1660 fiel es an Schweden, nachdem Gustav Adolf es 1621 erobert hatte. Im Nord. Krieg wurde L. 1710 von Rußland erobert u. im Frieden von Nystad 1721 zusammen mit Estland vertraglich erworben. 1918 fiel L. teils an Lettland, teils an Estland; nach der 1940 erfolgten Eingliederung Lettlands u. Estlands in die UdSSR war es Teil der Sowjetunion.
Livländische Reimchronik [-kro:-], die älteste überlieferte Chronik des Dt. Ordens, verfaßt von einem Deutschordensritter nach 1290. Die L. R. ist wertvoll als Geschichtsquelle über den Kampf des Dt. Ordens u. des Schwertbrüderordens um die balt. Länder.
Livländischer Krieg, 1558–1595, Krieg um baltisches Gebiet zwischen Rußland u. Polen-Litauen, Schweden u. Dänemark; im Verlauf mußte Zar *Iwan IV.* auf seine Ansprüche auf Livland (1582) u. Estland (1595) verzichten.
Livre [livr; die; frz., „Pfund"], seit Karl dem Großen französ. Rechnungsmünze (1 L. = 20 Sous oder 240 Deniers) bis zum 18. Jh., abgelöst vom *Franc*.
Li Xiannian [li çiɛnniɛn], *Li Hsien-nien*, chines. Politiker (Kommunist), *23. 6. 1909 Kreis Hongan, Provinz Hubei, †21. 6. 1992 Peking; 1927 Mitgl. der Kommunistischen Partei; Teilnehmer am „Langen Marsch" 1934/35; 1945–1987 Mitgl. des ZK, 1956–1987 des Politbüros, 1977–1987 des Ständigen Ausschusses des Politbüros der Partei; nach 1949 in hohen Staatsämtern, u.a. Oberbürgermeister von Wuhan u. Finanzminister; 1983–1988 Präsident der Volksrepublik.
Lloyd George [lɔid 'dʒɔ:dʒ], David, Earl *L. G. of Dwyfor* (1945), brit. Politiker (Liberaler), *17. 1. 1863 Manchester, †26. 3. 1945 Llanystumdwy, Carnarvonshire, Wales; Anwalt, 1890–1945 Mitgl. des Unterhauses, zunächst radikaler walis. Nationalist, Gegner des Burenkriegs; war 1905–1908 Handels-Min., 1908–1915 Schatzkanzler. L. G. setzte eine Sozialgesetzgebung nach dt. Muster gegen die konservative Mehrheit im Oberhaus durch u. führte dessen polit. Entmachtung in der Parlaments-Akte von 1911 herbei. 1915/16 war er Munitions-, dann Kriegs-Min.; er setzte zusammen mit Lord *Kitchener* die allg. Wehrpflicht durch. L. G. bildete nach dem Sturz des Kabinetts Asquith das 2. KriegsKoalitionskabinett zwischen Liberalen u. Konservativen u. führte es als Premier-Min. 1916–1922. Er erreichte eine schlagkräftige Vereinigung der alliierten Kräfte u. trat für die völlige militär. Niederwerfung Deutschlands ein. Auf der Versailler Friedenskonferenz verfolgte er gegenüber G. *Clemenceau* eine mäßigende Politik. L. G. gewährte Irland 1921 Selbständigkeit. Dies führte zusammen mit der Kritik an der Außenpolitik L. G.s zum Auseinanderbrechen der Koalition mit den Konservativen u. zum Ende der polit. Laufbahn L. G.s, der allerdings bis 1931 Parteiführer blieb. – Werke: „War memoirs" 6 Bde. 1933–1936.
Loango, ehem. afrikan. Reich nördl. der Kongomündung, im 16. Jh. noch Teilstaat des Reiches Kongo; mit starkem Sklavenhandel; Bewohner: *Bafiote (Bavili)*.
Löbe, Paul, Politiker (SPD), *14. 12. 1875 Liegnitz, †3. 8. 1967 Bonn; Schriftsetzer, Redakteur; 1919/20 Vize-Präs. der Weimarer Nationalversammlung, 1920–1933 Mitgl. u. (mit Ausnahme der kurzen 2. Wahlperiode 1924) Präs. des Reichstages; zwischen 1933 u. 1945 zeitweilig in Haft; 1948/49 Mitgl. des Parlamentarischen Rates, 1949–1953 Mitgl. des Bundestages; 1954–1961 Präs. des Kuratoriums Unteilbares Dtschld.
Lobengula, *Lo-Benguella*, zweiter u. letzter Herrscher der *Ndebele* im heutigen Simbabwe (früher Rhodesien), †1894; übernahm die Herrschaft 1870, protestierte 1891 vergeblich bei der brit. Königin Viktoria gegen die Annexion seines Landes durch die von Cecil *Rhodes* geführte British South Africa Company.
Lobkowitz, *Lobkowicz*, böhm. Fürstengeschlecht, nach einer Burg bei Prag benannt, 1459 Reichsfreiherren, 1624 Reichsfürsten. – Wenzel Eusebius Fürst von L., *20. 1. 1609, †22. 4. 1677 Raudnitz, Böhmen; leitender Min. (1668–1674) Kaiser Leopolds I., wegen seiner franzosenfreundl. Politik gestürzt.
Locarno-Verträge, *Locarno-Pakt*, die Gesamtheit der Verträge u. Abkommen, die in Locarno am 16. 10. 1925 paraphiert u. am 1. 12. 1925 in London unterzeichnet wurden: 1. ein Garantievertrag zwischen Dtschld., Belgien, Frankreich, Großbritannien u. Italien, in dem die drei erstgenannten Staaten sich unter Garantie der beiden letztgenannten verpflichteten, den territorialen Status quo an der dt.-französ. u. dt.-belg. Grenze zu halten, die Entmilitarisierung des Rheinlandes anerkannten u. die Bildung von Schiedsgerichten vereinbarten; 2. bilaterale Schiedsabkommen zwischen Dtschld. u. Belgien sowie zwischen Dtschld. u. Frankreich; 3. im wesentlichen gleichlautende Schiedsverträge zwischen Dtschld. u. Polen bzw. Dtschld. u. der Tschechoslowakei; 4. eine Erklärung der sechs anderen Staaten gegenüber Dtschld., eine für Dtschld. ungünstige Auslegung der Völkerbundsatzung nicht zu vertreten; 5. ein französ.-poln. Garantievertrag. – Die L., für

Locarno-Verträge: Blick in den Konferenzsaal während der Schlußsitzung am 16.10.1925

deren Abschluß sich der dt. Außen-Min. G. *Stresemann* nachdrücklich einsetzte, gingen aus den Verhandlungen über das Genfer Protokoll von 1924 zur Ergänzung der Völkerbundsatzung hervor. Dtschld. verzichtete damit nur auf eine gewaltsame Revision der dt. Westgrenze, während die Ostgrenze gegenüber Polen u. der Tschechoslowakei nicht ausdrücklich bestätigt wurde. Die L. banden Großbritannien (u. Italien) enger an die europ. Ordnung u. verschafften so der französ. Politik ein größeres Maß an Sicherheit. Trotz ihrer revisionist. Zielsetzung bildeten die L. die Grundlage für eine dt.-französ. Annäherung und die Aufnahme Deutschlands in den Völkerbund 1926. Die L. wurden mit dem dt. Einmarsch in die entmilitarisierte Rheinlandzone am 7. 3. 1936 von Hitler einseitig gekündigt.

Locke [lɔk], John, engl. Philosoph, *29. 8. 1632 Wrington bei Bristol, †28. 10. 1704 Oates, Essex; wichtigster u. einflußreichster Vertreter der Aufklärung im Sinne des *Empirismus.* Nach Ausbildung in der Westminster-Schule (London) u. Studium der Medizin u. Naturwissenschaften in Oxford war L. Sekretär, Arzt u. Erzieher im Haus des Grafen A. A. C. *Shaftesbury* (d. Ä.); er hielt sich zeitweise in Frankreich u. Holland auf, kehrte mit *Wilhelm (III.) von Oranien*, dessen „Glorious Revolution" von 1688 seinen polit. Vorstellungen entsprach, nach England zurück u. war bis 1700 im Kolonialministerium tätig.
Sein Hauptwerk „An essay concerning human understanding" (Entwurf 1671, erstmalig veröffentlicht 1689/90) war die Begründung des engl. Empirismus.
L.s Staatsphilosophie („Two treatises on government" 1690) lehrt, im Gegensatz zu der T. *Hobbes'*, daß der Staat von den Menschen errichtet wurde, um Freiheit, Gleichheit u. Eigentum zu garantieren durch gegenseitige Beschränkungen. Damit ist der Charakter des Staates im Sinn der *Volkssouveränität* bestimmt, u. weder patriarchal. noch absolutist. Regierungsformen können anerkannt werden. Das Volk hat das Recht des Widerstands gegen jede Form verfassungswidriger Herrschaft. L.s polit. Lehre wirkte auf die Theoretiker der amerikan. Unabhängigkeitskampfes. Er hat das Recht auf Eigentum u. den Wohlstand eines Staates auf den Faktor Arbeit gegründet u. griff so der späteren polit. Ökonomie vor (A. *Smith*, D. *Ricardo*). Aus der Beschränkung der Aufgaben des Staates auf Sicherheit u. Wohlfahrt der Bürger ergab sich für L. die Forderung der Toleranz („Letters concerning toleration" 1690–1692). – Works, 9 Bde. 1853

Lodge [lɔdʒ], **1.** Henry Cabot, US-amerikan. Politiker (Republikaner) u. Historiker, *12. 5. 1850 Boston, Mass., †9. 11. 1924 Cambridge, Mass.; 1893–1924 Senator; verhinderte den Beitritt der USA zum Völkerbund; war beteiligt am Friedensvertrag mit Dtschld. 1921 u. an der Washingtoner Abrüstungskonferenz 1921/22. Als Historiker arbeitete er über die amerikan. Kolonialzeit u. Unabhängigkeitsbewegung.
2. Henry Cabot, Enkel von 1), US amerikan. Diplomat (Republikaner), *5. 7. 1902 Nahant, Mass., †27. 2. 1985 Beverly, Mass.; Jurist, Journalist, 1952–1960 US-Chefdelegierter bei den UN; 1963/64 u. 1965–1967 Botschafter in Südvietnam, 1967–1969 Botschafter in der BR Dtschld., 1969 Leiter der amerikan. Delegation bei den Pariser Vietnam-Friedensgesprächen, 1970–1977 Vertreter des Präs. beim Vatikan.

Lodi, nordindische islamische Dynastie (1450 bis 1526). Unter den L. wurde die islamische Herrschaft nach der Vernichtung des Sultanats von Delhi durch *Timur* (1398) wiederhergestellt. Sie gründeten Agra; bekannt sind sie heute insbesondere durch ihre Mausoleen in den L.-Gärten in Neu-Delhi. Der letzte L.-Sultan wurde von *Babur*, dem Begründer der Mogul-Dynastie, besiegt.

Lodi, italien. Stadt in der Lombardei, an der Adda, 42 500 Ew.
Der *Friede von L.* am 9. 4. 1454 zwischen Mailand u. Venedig, dem Florenz, Neapel-Sizilien u. der Papst beitraten, garantierte eine Ära des Gleichgewichts zwischen den 5 italien. Mittelstaaten bis zum Marsch Karls VIII. nach Neapel 1494. – Am 10. 5. 1796 besiegte Napoleon I. die Österreicher bei L.

Lodomerien → Galizien.

Logograph [grch.], **1.** nach F. Creuzer Bez. für die ältesten, meist ion. Geschichtsschreiber vor Herodot, die Prosadichter der frühen griech. Kultur.
2. Rechnungsbeamter der spätröm. Zeit; im byzantin. Reich Titel hoher Staatsbeamter.

Lokator [lat.], in der mittelalterl. *Ostsiedlung* ein vom Grundherrn oder Fürsten beauftragter kapitalkräftiger Unternehmer bürgerl. oder ritterl. Herkunft für die Anwerbung u. Ansiedlung von Kolonisten, das Anlegen neuer Dörfer oder Städte u. das Verteilen des Landes. Der L. erhielt dafür Freihufen in seinen Gründungen, wurde meist Erbschulze (→ Schultheiß) in Dörfern oder Vogt in Städten u. bekam weitere Sonderrechte.

Lokrer, grch. *Lokroi*, lat. *Locri*, altgriech. Stamm in Mittelgriechenland, Bewohner von *Lokris* u. seiner Kolonie *Lokroi Epizephyrioi.*

Lokris, zwei getrennte antike mittelgriech. Landschaften: Das westl. oder „ozolische" L. lag an der nordwestl. Küste des Golfs von Korinth u. hatte geringe polit. Bedeutung; das östl. L. war die westlichste Landschaft an der Südküste der Meerenge von Euböa, östl. der *Thermopylen* gelegen, u. war Schauplatz vieler Geschehnisse der griech. Geschichte.

Lokroi, Beiname *Epizephyrioi* [grch., „westl."], Stadt an der Ostküste des antiken Bruttium (des heutigen Kalabrien), heute *Locri*; um 700 v. Chr. von *Lokrern* gegr.; Blütezeit im 6. u. 5. Jh. v. Chr.; ausgedehnte Ruinen.

Lollarden, die Anhänger J. Wiclifs, die als Wanderprediger das Evangelium verkündigten.

Lollius, röm. Politiker, *um 64 v. Chr., †um 2 n. Chr., erlitt als Statthalter von Gallien 16 v. Chr. eine schwere Niederlage gegen german. Stämme, die über den Rhein eindrangen. Dieses Ereignis gab wahrscheinlich den Anstoß zur Eroberung der rechtsrheinischen Gebiete durch Kaiser Augustus.

Lombardei [nach den *Langobarden*], ital. *Lombàrdia*, norditalien. Region, 23 856 km², 8,89 Mill. Ew., Hptst. *Mailand.*
In der L. siedelten bis zum 5. Jh. v. Chr. Völker verschiedener Abstammung: Räter, den Latinern verwandte Umbrer, ferner Etrusker u. Kelten. Sie wurde bis zum 1. Jh. v. Chr. von Rom unterworfen u. durch Militärkolonien u. Heerstraßen (Via Aemilia) mit Rom verbunden; die Bevölkerung wurde latinisiert. Seit der Verleihung des röm. Bürgerrechts an die 89 v. Chr. errichtete Provinz *Gallia cisalpina* wurde sie zu Italien gezählt. – Im 6. Jh. wurde Mailand als Residenz vor Rom bevorzugt; ebenso verschafften das Eingreifen des hl. *Ambrosios* als Bischof von Mailand in den Kirchenstreit um die athanasianisch-arian. Lehre u. seine überragende polit. Persönlichkeit der Stadt eine jahrhundertelang von Rom fast unabhängige Stellung. Nach den ersten Germaneneinfällen der Völkerwanderungszeit eroberten 452 Attilas Hunnen Pavia u. Mailand. Nachdem der letzte weström. Kaiser bei Pavia von Ostrom geschlagen worden war, regierte *Theoderich d. Gr.* unter byzantin. Oberhoheit in Pavia. 569 eroberten die german. *Langobarden* Mailand, errichteten 572 ihren Königssitz in Pavia u. teilten ihr Reich in Herzogtümer auf. 774 eroberte *Karl d. Gr.* das oberitalien. Langobardenreich u. fügte es als *Königtum L.* 781 dem karoling. Weltreich ein. Nach Thronwirren bis etwa 1000 schloß sich Mailand den Städten des *Lombard. Bundes* gegen Heinrich IV. an u. stellte sich mit ihnen im Investiturstreit auf die Seite des Papstes. Die langobard. Städte schlossen sich 1167 im Lombardenbund zusammen u. erkämpften 1183 ihre Freiheit von Barbarossa. Von 1215 bis zur Mitte des 14. Jh. tobten Parteikämpfe zwischen Ghibellinen u. Guelfen; in dieser Zeit stiegen die kleineren Landesherren auf, die Visconti in Mailand, Gonzaga in Mantua u. a. Die Vormacht in der L. erkämpfte sich Mailand (seit 1395 Herzogtum). Der Friede von *Lodi* 1454 beendete den langen Kampf mit Venedig, das sich erhebl. Teile der Ost-L. aneignete. – Durch das Einrücken Karls VIII. von Frankreich wurde Oberitalien für Jahrzehnte Kriegsschauplatz im Kampf der europ. Mächte, bis 1525 durch Kaiser Karls V. Sieg bei Pavia Frankreich ausgeschaltet wurde. 1535 wurde die L. einem span. Statthalter unterstellt, 1714 fiel sie an Österreich. Unter Napoleon I. vorübergehend französ. Vasallenstaat (Zisalpinische Republik, später Italienische Republik), kam sie 1815, mit Venetien zum *Lombardisch-Venezianischen Königreich* vereint, wieder an Österreich, 1859 an das neu gegr. Königreich Italien.

London [engl. 'lʌndən], Hptst. des Vereinigten Königreichs von Großbritannien u. Nordirland, an der Themse, 6,38 Mill. Ew.
L. ist eine kelt. oder röm. Gründung *(Londinium)*, 604 n. Chr. erstmals urkundlich erwähnt *(Lundenevic).* Schon im 11. Jh. war es eine bedeutende Handelsstadt, der Wilhelm der Eroberer ihre „alten Freiheiten" bestätigte, allerdings auch mit der Errichtung des Towers (1078) am Rand der City seine Macht zeigte. Die Einrichtung von Selbstverwaltungskörperschaften (Bürgermeister [Lord Mayor] u. Stadtrat) geht auf das 12. Jh. zurück. 1215 bestätigte die *Magna Charta* die städt. Privilegien. Sitz des engl. Herrschers wurde nicht L., sondern das benachbarte Westminster, mit dem L. erst später zusammenwuchs. L. selbst geriet häufig in Opposition zur Krone, widersetzte sich den absolutist. Bestrebungen der Könige u. bildete die Hauptstütze des Parlaments während der Bürgerkriege (1642–1646; 1648). Der Blüte der Stadt im 16. Jh. setzten 1665 die Pest u. 1666 ein Großbrand ein vorübergehendes Ende, doch entwickelte sich L. im Laufe des 18. u. 19. Jh. schnell wieder zum Handels-, Finanz- u. Verkehrszentrum des Landes.
Die einheitl. Verwaltung von Groß-L. *(Greater L.)* wurde 1888/89 erreicht, wobei die Selbständigkeit der City u. der Vorrang des Bürgermeisters *(Lord Mayor)* gewahrt blieben. B S. 490.

Londonderry, ['lʌndəndɛri], engl. Adelstitel: **1.** Charles *Vane-Tempest-Stewart*, Marquess of L., brit. Politiker, *13. 5. 1878 London, †11. 2. 1949 Mount Stewart (Nordirland); 1931–1935 Luftfahrt-Min., 1935 Lordsiegelbewahrer; unterstützte A. N. *Chamberlain* in dem Bestreben nach einer Verständigung mit dem nat.-soz. Dt. Reich, verstärkte aber gleichzeitig systematisch die engl. Luftwaffe für den Kriegsfall.
2. Robert *Stewart*, Marquess of L., → Castlereagh, Robert Stewart.

Londoner Akte, die Beschlüsse der vom 28. 9.–3. 10. 1954 tagenden Neunmächtekonferenz (Belgien, BR Dtschld., Frankreich, Großbritannien, Italien, Kanada, Luxemburg, Niederlande, USA). Die L. A. sah anstelle des gescheiterten EVG-Vertrags den Beitritt der BR Dtschld. u. Italiens zum Brüsseler Pakt (WEU) vor, wonach eine Rüstungskontrolle erfolgen sollte. Die BR Dtschld. verzichtete auf ABC-Waffen, Raketen u. strateg. Bombenflugzeuge sowie

Kriegsschiffe über 3000 t, während die USA, Großbritannien u. Kanada sich verpflichteten, Streitkräfte für die Vertragsdauer (50 Jahre) auf europ. Boden zu stationieren. Die Beschlüsse wurden fortgeführt in der Pariser Konferenz vom Oktober 1954.

Londoner Empfehlungen, von den Vertretern der USA, Großbritanniens, Frankreichs u. den Benelux-Staaten auf der Sechsmächtekonferenz in London (23. 2.–6. 3. u. 20. 4.–2. 6. 1948) erarbeitete Arbeitsgrundlage für eine gemeinsame Deutschlandpolitik. Nach dem Scheitern der Bemühungen um eine gemeinsame Deutschlandpolitik aller vier Besatzungsmächte auf den beiden Außenministerkonferenzen des Jahres 1947 leiteten die L. E., deren Grundzüge im Sechsmächtekommuniqué vom 7. 6. 1948 bekanntgemacht wurden, die Entwicklung zu einem provisor. Staatswesen aus den drei westl. Besatzungszonen ein. Die Konferenz empfahl den Regierungen die enge Verbindung der westdt. mit der westeurop. Wirtschaft, eine internationale Kontrollbehörde für das Ruhrgebiet (Ruhrstatut), die Einberufung einer verfassunggebenden Versammlung für West-Dtschld., die eine freiheitl., föderalist. Regierungsform schaffen sollte, eine Neugliederung der westdt. Länder sowie Grundzüge eines Besatzungsstatuts zur Regelung der Beziehungen zwischen den neuen westdt. Organen u. den drei Besatzungsmächten. Die drei letztgenannten Empfehlungen bildeten den Gegenstand der *Frankfurter Dokumente*, die die drei Militärgouverneure am 1. 7. 1948 in Frankfurt den Ministerprädidenten der elf westdt. Länder überreichten. Sie führten schließlich im August zum Verfassungskonvent von Herrenchiemsee u. zum Parlamentarischen Rat, der am 1. 9. 1948 seine Beratungen über das Grundgesetz aufnahm.

Londoner Konferenzen, zahlreiche Konferenzen, die in London stattfanden u. z. T. zu Protokollen, Verträgen u. Abkommen führten.

1. Die L. K. von 1827, 1829, 1830 u. 1832 beschäftigten sich mit der griech. Frage; am 3. 2. 1830 wurde von Großbritannien, Frankreich u. Rußland die Unabhängigkeit Griechenlands (als Monarchie) garantiert.

2. Am 4. 10. 1830 wurde die Unabhängigkeitserklärung Belgiens, am 26. 6. 1831 die belg. Neutralitätserklärung unterzeichnet u. am 19. 4. 1839 durch die Großmächte im *Londoner Protokoll* garantiert.

3. *2. Londoner Konvention, Meerengenvertrag*, vom 13. 7. 1841, → Dardanellen.

4. Der am 8. 5. 1852 von den Großmächten geschlossene *Londoner Vertrag (2. Londoner Protokoll)* regelte die dän. Thronfolge u. die schleswig-holstein. Frage.

5. Im *Londoner Vertrag* vom 11. 5. 1867 wurde die luxemburg. Neutralität garantiert.

6. Der *Londoner Friede* am 30. 5. 1913 beendete den 1. Balkankrieg; die Türkei mußte fast ihr gesamtes europ. Gebiet abtreten.

7. Der am 26. 4. 1915 geschlossene *Londoner Geheimvertrag* verpflichtete Italien zum Kriegseintritt auf seiten der Entente.

8. Die *Reparationskonferenzen* vom 21. 2.–14. 3. 1921, 7.–14. 8. 1922 u. 9.–11. 12. 1922 dienten zur Regelung der dt. Reparationen *(Londoner Ultimatum)* nach dem 1. Weltkrieg. Da Dtschld. die Nichterfüllung seiner Reparationsverpflichtungen zugeschrieben wurde, besetzte Frankreich als Pfand 1923 das Ruhrgebiet. Großbritannien widersetzte sich der Ruhrgebietsbesetzung.

9. Die Reparationskonferenz vom 16. 7.–16. 8. 1924 führte zum *Londoner Abkommen* vom 16. 8. über den → Dawes-Plan.

10. An der *Londoner Flottenkonferenz* vom 21. 1.–22. 4. 1930 nahmen die USA, Großbritannien, Japan, Frankreich u. Italien teil. Im *Fünfmächtevertrag* verzichteten die teilnehmenden Staaten für 6 Jahre auf den Bau neuer Panzerschiffe, u. im *Dreimächtevertrag* einigten sich Großbritannien, Japan u. die USA über die Gesamttonnage in den einzelnen Kriegsschiffsklassen.

11. deutsch-englisches Flottenabkommen (vom 18. 6. 1935).

12. Die Konferenz der vier Siegermächte vom 26. 6.–8. 8. 1945 endete mit dem *Londoner Abkommen* vom 8. 8. 1945 über die Verurteilung von Kriegsverbrechern (Grundsätze für Nürnberger Kriegsverbrecherprozesse).

13. Die Sechsmächtekonferenz (23. 2.–6. 3. u. 20. 4.–2. 6. 1948) führte zu den → Londoner Empfehlungen.

14. → Zehnmächtepakt von 1949.

15. → Londoner Schuldenabkommen.

London: Stapelhof (Stahlhof) der Hanse. Stich; 17. Jahrhundert

16. → Londoner Akte.

17. Die *Suezkanalkonferenz* vom 16.–25. 8. 1956, 18.–21. 9. 1956 u. 1. 10.– 4. 10. 1956 sollte zur Klärung des Suezproblems nach der Verstaatlichung des Suezkanals dienen.

Londoner Schuldenabkommen, am 27. 2. 1953 zwischen der BR Dtschld. u. dem Dreimächteausschuß (USA, Großbritannien u. Frankreich) für 22 von 60 Gläubigerländern geschlossenes Abkommen zur Regelung der dt. Auslandsschulden, die nach dem 2. Weltkrieg entstanden waren, sowie zur Regelung der von Dtschld. vor dem 2. Weltkrieg im Ausland aufgenommenen öffentl. u. privaten Verbindlichkeiten u. der Wiederaufnahme des während des Krieges eingestellten *Schuldendienstes* (Tilgung u. Zinszahlungen). Im L. S. wurden behandelt: öffentl. Anleihen, private Anleihen, Stillhalteschulden, Forderungen aus dem Waren- u. Dienstleistungs- sowie aus dem privaten Kapitalverkehr. Die Schuldbeträge wurden grundsätzlich in voller Höhe gefordert, auch die Anleihen des früheren Dt. Reichs. (Die Bundesregierung als Rechtsnachfolgerin hatte wegen der Abtrennung der DDR um eine 40%ige Herabsetzung gebeten, jedoch wurden lediglich Zinsrückstände z. T. bis zur Wiedervereinigung gestundet). Die Zinssätze wurden ermäßigt, Zinszahlungen am 1. 4. 1953 wiederaufgenommen, Tilgung erst ab 1. 4. 1958 festgesetzt. Ein Teil der Zinsrückstände wurde gestrichen, der Rest kapitalisiert u. ab 1. 4. 1958 amortisiert. Für die Schuldenregelung galt als Voraussetzung, daß der Schuldner seinen Wohnsitz in der BR Dtschld. (einschl. Westberlin) hat u. daß der Gläubiger einem Land angehört, das zu den Unterzeichnern des L. S.s gehört. Mit anderen Ländern wurde der BR Dtschld. eine Schuldenabmachung nicht gestattet.

Longo, Luigi, italienischer Politiker (Kommunist), *15. 3. 1900 Fubine Montferrato, Prov. Alessandria, †16. 10. 1980 Rom; Mitgründer der italien. KP, Teilnehmer am Spanischen Bürgerkrieg, einer der Organisatoren der kommunist. Widerstandsbewegung in der Zeit des Faschismus; 1964–1972 als Nachfolger P. *Togliattis* Generalsekretär, 1972–1980 Präsident (Ehrenvorsitzender) der Partei.

Longshan-Kulturen [luŋʃan-], *Lung-Shan-Kulturen*, spätneolithische Kulturen Chinas, benannt nach der Landschaft *Longshan* in der Prov. Shandong.

Lon Nol, kambodschan. Politiker u. Offizier, *13. 11. 1913, †17. 11. 1985 Saint-Jude de Dullerton, Calif.; 1966/67 u. 1969 Min.-Präs., 1972–1975 Staats-Präs.; stürzte 1970 Prinz *Sihanouk* u. bewirkte damit die Einbeziehung Kambodschas in den Vietnam-Krieg; ging 1975 ins Exil.

Lopez ['lopɛs], **1.** Carlos Antonio, paraguayischer Politiker, *4. 11. 1790 Asunción, †10. 9. 1862 Asunción; seit 1841 Konsul, 1844–1862 autokratisch regierender Staats-Präs.; formte Paraguay nach europ. Vorbild zu einem modernen Staat um (u. a. erste Eisenbahn Südamerikas).

2. Francisco Solano, Sohn von 1), paraguayischer Politiker, *24. 7. 1827 Asunción, †1. 3. 1870 am Río Aquidabán (gefallen); mit 18 Jahren General, nahm erfolgreich am Krieg gegen den argentin. Diktator J. M. *Rosas* teil, 1862–1870 Staats-Präs. mit diktatorischen Vollmachten; baute Paraguay zur stärksten Militärmacht Südamerikas aus, wurde aber in dem Krieg der sog. Tripelallianz (Argentinien, Brasilien, Uruguay) gegen Paraguay (1864–1870) vollständig besiegt.

López de Gómara ['lopɛθ ðe-], Francisco, spanischer Geistlicher u. Chronist, *2. 2. 1511 Gómara, †um 1566 Gómara; schrieb eine Chronik der Eroberung Mexikos, die vor allem auf den persönlichen Berichten des H. *Cortés* beruht, dessen Hauskaplan er seit 1540 war.

Lorcha-Krieg [-tʃa-], der Krieg Großbritanniens u. Frankreichs gegen China 1856–1860, der zweite → Opiumkrieg. Zum Anlaß für ihren Angriff nahmen die Engländer das Vorgehen der chines. Behörden gegen eine unter engl. Flagge segelnde, des Schmuggels verdächtige *Lorcha* (ein leichtes Küstenschiff).

Lord [lɔːd; engl., „Herr"], Titel der Mitglieder des engl. Oberhauses *(Peers)*, erbl. Titel vom Baron aufwärts für die ältesten Söhne des Adels, nicht erbl. Titel für die geistl. u. die persönl. Lords; Anrede für die Oberrichter im Amt; in Verbindung mit Titeln: *Erster L. der Admiralität* (MarineMin.), *L.kanzler* (Justiz-Min.), *Erster L. des Schatzes* (zusätzl. Titel des Premier-Min.), *L.präsident des Rates* u. *L.siegelbewahrer* (Titel von Kabinettsministern), *L. Mayor* (Titel der Oberbürgermeister von London, York, Liverpool, Manchester, Dublin u. Belfast); *House of Lords*, das Oberhaus. Als *Landlords* wurden die Großgrundbesitzer (Grundherren) bezeichnet.

Lord High Chancellor ['lɔːd 'hai 'tʃansələ], *Lordkanzler*, ursprünglich der geistl. u. weltl. Berater („Kanzler") des engl. Königs u. Bewahrer des königl. Siegels, heute Justizminister, Sprecher (Präs.) des Oberhauses u. Präs. des *Court of Appeal.*

Lord Protector ['lɔːd prə'tektər], in England der Titel eines Inhabers der vollen königl. Amtsgewalt, der den Titel König nicht führt oder nicht führen kann. Den Titel L. P. führten die Herzöge von Somerset u. Northumberland als Regenten während der Minderjährigkeit Eduards VI. (1547–1553), dann 1653–1659 O. *Cromwell* u. sein Sohn Richard im Rahmen der Protektoratsverfassung, die dem L. P. eine monarchenartige Stellung einräumte.

Lorenz, 1. Ottokar, Historiker, * 17. 9. 1832 Iglau, † 13. 5. 1904 Jena; 1862 Prof. in Wien, 1885 in Jena, Begründer der wissenschaftl. Genealogie; ursprünglich Gegner, dann Anhänger des kleindeutschen Programms; schrieb Werke zur mittelalterl. u. neueren Geschichte, u. a. „Deutschlands Geschichtsquellen im MA seit der Mitte des 13. Jh." 2 Bde. 1870, Nachdruck 1965; „Deutsche Geschichte im 13. u. 14. Jh." 2 Bde. 1863–1867; „Lehrbuch der gesamten wissenschaftl. Genealogie" 1898.

2. Peter, Politiker (CDU), * 22. 12. 1922 Berlin, † 6. 12. 1987 Berlin; Rechtsanwalt; 1954–1980 Mitgl., 1975–1980 Präs. des Westberliner Abgeordnetenhauses; 1969–1981 Vors. des CDU-Landesverbandes Berlin; 1976/77 u. seit 1980 MdB, 1982–1987 parlamentar. Staatssekretär beim Bundeskanzler. L. wurde 1975 von Angehörigen der anarchist. Terroristengruppe „Bewegung 2. Juni" entführt u. gegen 5 inhaftierte Gesinnungsgenossen ausgetauscht.

Lorscher Annalen, lat. *Annales Laurissenses maiores* oder *Annales regni Francorum* („Fränkische Reichsannalen"), Aufzeichnungen über die fränk. Reichsgeschichte (von 741 bis 829), von Mitgliedern der Hofkapelle seit rd. 780 verfaßt u. aufgrund der ältesten Handschrift nach der Benediktinerabtei Lorsch benannt; fortgesetzt durch die *Annales Bertiniani* u. die *Annales Fuldenses.*

Los-von-Rom-Bewegung, eine 1897 in Österreich entstandene Bewegung, die wegen der oft deutschfeindl. Haltung des kath. Klerus den Übertritt zur ev. Kirche propagierte u. für einen späteren Anschluß an Dtschld. warb. Die Bewegung, deren Hauptträger die von G. von *Schönerer* angeführten *Alldeutschen* wurden, fand starke Unterstützung von seiten des *Ev. Bunds* u. des *Gustav-Adolf-Vereins.* Es kam zu Massenaustritten aus der kath. Kirche (bis 1913 rd. 100 000, nach dem 1. Weltkrieg rd. 55 000 Austritte).

Lothar, Fürsten: **1.** *L. I.*, fränk. König u. Kaiser 840–855, * 795, † 29. 9. 855 Kloster Prüm; als ältester Sohn *Ludwigs des Frommen* 817 Mitregent, seit 822 König des italien.

Kaiser Lothar I.

Reichsteils, 823 zum Kaiser gekrönt; zwang mit seinen Brüdern *Ludwig dem Deutschen* u. *Pippin* († 838) den Vater vorübergehend zum Rücktritt. L.s Versuch, nach dessen Tod (840) die Oberhoheit im Gesamtreich zu behaupten, scheiterte im Krieg gegen seine Brüder Ludwig u. *Karl den Kahlen* : Im *Vertrag von Verdun* 843 blieb L. zwar Kaiser, bekam aber nur das Zwischenreich Italien, Burgund u. das Gebiet zwischen Rhein, Maas u. Schelde.

2. *L. II.*, Sohn von 1), fränk. König 855–869, * um 835, † 8. 8. 869 Piacenza; seit 855 Herrscher in einem durch Alpen, Rhein, Nordsee, Schelde, Maas u. Saône umgrenzten Reich *(Lothari regnum, Lotharingien)*, das 863 (Tod seines Bruders Karl) um das Rhônegebiet erweitert wurde. In einem Ehestreit gegen den Papst unterlag L. Da er ohne Kinder starb, wurde sein Reich zum Streitobjekt zwischen dem West- u. dem Ostfrankenreich.

3. westfränk. König 954–986, Karolinger, * 941 Laon, † 2. 3. 986 Compiègne; Sohn Ludwigs IV., versuchte 978 vergeblich, Lothringen zu erobern.

4. *L. III.*, *L. von Supplinburg (Süpplingenburg)*, dt. König 1125–1137, seit 1133 Kaiser, * 1075(?), † 3./4. 12. 1137 Breitenwang bei Reutte (Tirol); Graf von Süpplingenburg, seit 1106 Herzog von Sachsen, 1115 Führer der aufständischen Sachsen gegen Kaiser *Heinrich V.*; 1125 gegen den Staufer Herzog *Friedrich II. von Schwaben* zum dt. König gewählt, konnte sich aber gegen die staufische Opposition (Gegenkönigtum *Konrads [III.]* von Staufen seit 1127) endgültig erst 1135 durchsetzen. L. führte Papst Innozenz II. (Gegenpapst Anaklet II.) 1133 nach Rom zurück u. wurde von ihm zum Kaiser gekrönt. Er belehnte seinen Schwiegersohn, den Welfen *Heinrich den Stolzen* (seit 1127 verheiratet mit seiner einzigen Tochter *Gertrud*, * 1115, † 1143), mit den *Mathildischen Gütern*, wobei das Eigentumsrecht der Kirche an diesen Gütern anerkannt wurde. In Wiederaufnahme der Ostpolitik Ottos d. Gr. sicherte L. die Oberhoheit des Reichs über Polen, Böhmen u. Dänemark u. leitete die *Ostsiedlung* ein. Er hatte schon 1123 die Mark *Meißen* an den Grafen *Konrad I. von Wettin* verliehen, dem er, nach der Verleihung der *Nordmark* an den Askanier *Albrecht den Bären* (1134), 1136 auch noch die Mark *Lausitz* übertrug. L. starb auf der Rückkehr von seinem 2. Italienzug (1136/37).

Lotharingien, das dem fränk. König *Lothar II.* 855 zugesprochene Herrschaftsgebiet; → Lothringen.

Lothringen, frz. *Lorraine*, histor. Landschaft im nordöstl. Frankreich, 23 547 km², 2,3 Mill. Ew., Hptst. *Nancy.*

Beim Tod Kaiser *Lothars I.* 855 wurde sein Reich unter seine Söhne aufgeteilt. Das Gebiet von Friesland bis Hochburgund wurde dem fränk. König *Lothar II.* zugesprochen, mit dem die Geschichte des eigentl. L. *(Lotharingien)* beginnt. Durch den *Vertrag von Meersen* 870 kam der östl., größere Teil mit Friesland, im *Vertrag von Ribemont* 880 auch der westl. Teil L.s an das Ostfränk. u. spätere dt. Reich. Nach kurzer Zugehörigkeit zum Westfränk. Reich (911–925) erhielt *Bruno von Köln* 953 das Herzogtum L.; unter ihm wurde L. in *Ober-L.*, das Land um Metz u. Nancy, u. *Nieder-L.*, das Gebiet der heutigen Niederlande, Belgiens u. der späteren Rheinprovinz, geteilt.

Nieder-L. kam nach dem Tod Brunos an den Bruder des französ. Königs Ludwig IV., *Karl* (977), u. an dessen Sohn *Otto* (991), den letzten Karolinger, u. wurde in der Folgezeit von den dt. Kaisern als Lehen an die Grafen von Limburg u. die von Brabant gegeben. Nach dem Tod *Gottfrieds von Bouillon* (1100) zerfiel Nieder-L. in die Herzogtümer *Limburg* u. *Löwen* (Brabant); seitdem führten nur noch die Herzöge von Ober-L. den Titel „Herzog von L."

Der 1048 mit *Ober-L.* belehnte *Gerhard* († 1070), Graf im Elsaß, wurde der Stammvater aller folgenden Herzöge von L. Der letzte Herzog (seit 1729), der spätere Kaiser *Franz I. (Stephan)*, mußte 1738 L. im Tausch mit der Toskana an den Schwiegervater Ludwigs XV., *Stanislaus Leszczynski* von Polen, abtreten. Nach Stanislaus' Tod 1766 fiel ganz L. an Frankreich, behielt aber bis zum *Frieden von Lunéville* 1801 Sitz u. Stimme auf dt. Reichs- u. Kreistagen. 1871 nach dem *Dt.-Französ. Krieg* mußte Frankreich Teile L.s an Dtschld. abtreten (Elsaß-Lothringen), die es 1918 im 1. Weltkrieg wiedergewann.

Lothringer Kreuz, frz. *Croix de Lorraine*, ein Kreuz mit zwei Querbalken, Symbol des *Freien Frankreich*, später der Gaullisten.

Lotzer, Sebastian, Bauernführer, * 1490 Horb, † ?; Kürschnergeselle in Memmingen; verfaßte neben mehreren Flugschriften, die große Bibelkenntnis verraten, 1525 die „Zwölf Artikel" für den Baltringer Bauernhaufen; diese wurden zu einer der bekanntesten Programmschriften des Bauernkrieges. L.s Ende ist ungeklärt.

Loubet [lu'bɛ], Émile, französ. Politiker (Republikaner), * 31. 12. 1838 Marsanne, Dép. Drôme, † 20. 12. 1929 Montélimar, Dep.

Kaiser Lothar III. und seine Gemahlin Richenza; Miniatur aus dem Evangeliar Heinrichs des Löwen. Wolfenbüttel, Herzog-August-Bibliothek

Drôme; 1876–1885 republikan. Abg., 1885 Senator u. 1892 Min.-Präs.; mußte wegen des Panamaskandals zurücktreten; anschließend mehrfach Minister, 1896 Senatspräsident u. 1899–1906 Präsident der Republik.

Louisd'or [lui'do:r; der; frz., „goldener Ludwig"], die 1640 in Frankreich von Ludwig XIII. nach dem Vorbild der span. *Pistole* eingeführte Hauptgoldmünze, bis 1793 geprägt.

Louis Ferdinand ['lui-], **1.** eigentl. *Friedrich Ludwig Christian,* Prinz von Preußen, Heerführer (1799 Generalleutnant), *18. 11. 1772 Friedrichsfelde, †10. 10. 1806 bei Saalfeld; Neffe Friedrichs d. Gr., zeichnete sich in den Koalitionskriegen gegen Frankreich durch persönl. Tapferkeit aus; fiel 1806 als Kommandant der preuß. Vorhut, die bei Saalfeld vernichtet wurde.

2. Prinz von Preußen, *9. 11. 1907 Potsdam, †25. 9. 1994 Bremen; Sohn des Kronprinzen *Wilhelm,* wurde nach dessen Tod 1951 Chef des Hauses Hohenzollern; Nationalökonom, zeitweise in der Autoindustrie tätig; unterhielt während des 2. Weltkrieges Kontakte zur Widerstandsbewegung; trat auch als Komponist hervor. Erinnerungen: „Die Geschichte meines Lebens" 1968; „Im Strom der Geschichte" 1983.

Louis Napoléon [lwinapɔle'ɔ̃] → Napoleon (3).

Louis-Philippe [lwi fi'lip], der „Bürgerkönig", französ. König 1830–1848, *6. 10. 1773 Paris, †26. 8. 1850 Claremont (England); Herzog von Chartres u. Orléans, 1789 Anhänger der Französ. Revolution, lebte 1793–1817 im Ausland, kam durch die Julirevolution 1830 zur Regierung (wegen seiner oppositionellen Haltung gegen die Restauration), wurde aber durch die reaktionäre Politik des Kabinetts F. P. G. *Guizot* unpopulär. Durch die *Februarrevolution* 1848 vertrieben, ging er nach England, wo er als *Graf von Neuilly* lebte.

Louvois [lu'vwa], François Michel *Le Tellier,* Marquis de L., französ. Politiker, *18. 1. 1641 Paris, †16. 7. 1691 Versailles; seit 1668 Kriegs-Min., schuf durch Reorganisation u. weiteren Ausbau des Heeres auf 300000 Mann die Voraussetzungen für die Kriegs- u. Eroberungspolitik *Ludwigs XIV.,* mitverantwortlich für die Réunionen u. die Verwüstung der Pfalz (1689).

Löwenstein-Wertheim-Rosenberg, Karl Fürst zu, Politiker, *21. 5. 1834 Haid, Böhmen, †8. 11. 1921 Köln; aus der jüngeren (kath.), 1711 fürstlich gewordenen Linie des süddt. Geschlechts *Löwenstein-Wertheim* (Stammvater: *Friedrich I.* von der Pfalz); Führer des ultramontanen kath. Adels, Mitbegründer des *Zentrums* u. langjähriges Mitglied des Reichstages, Generalkommissar des Zentralkomitees der dt. Katholikentage; seit 1907 Dominikaner.

Loyalịsten [lwaja-], eine Partei *(Tories)* im nordamerikan. Freiheitskrieg 1775–1783, die zum engl. Mutterland hielt. Etwa 35000 L., größtenteils Angehörige der Oberschicht, wanderten 1783 nach Kanada aus.

Lụba, *Baluba,* Bantuvolk mit vielen Stämmen im S von Zaire u. in Teilen von Sambia (Zentralafrika), deren Zusammengehörigkeit sich auf sprachl. Verwandtschaft (Bantusprache) u. auf die gemeinsame Geschichte des ehem. *L.-Lunda-Reiches* gründet. – Vom 16. bis ins 19. Jh. bestand ein Großreich *L.-Lunda,* ein feudalist. Lehnstaat mit sakralem Königtum. Als Reichsgründer gilt *Kongolo* (um 1500 n. Chr.). Das Reich bestand trotz regelmäßiger innerer Kämpfe um die Nachfolge des Herrscher fast 400 Jahre lang. Erst Ende des 19. Jh. brach es unter Angriffen der *Tschokwe* zusammen. – In der Kongokrise nach 1960 kämpften die L. der Provinz Katanga gegen die Sezessionsregierung M. *Tschombés.*

Lubaantụn, Ruinenstadt der Maya am Oberlauf des Columbia-Flusses im südl. Belize, religiöses Zentrum dieses Gebietes während der spätklass. Zeit (600–900 n. Chr.). L. ist bekannt durch reiche Produktion von figürl., in Modeln gearbeiteten, realist. Pfeiffiguren, die Aufschlüsse über Kleidung, Kult u. Brauchtum der vorspan. Maya liefern.

Lubbe, Marinus van der, niederländ. Maurer, *13. 1. 1909 Leiden, †10. 1. 1934 Berlin (hingerichtet); zeitweilig Mitgl. der Kommunist. Partei Hollands; am 27. 2. 1933 im brennenden Berliner Reichstag verhaftet, in dem er nach eigener Aussage aus Protest gegen den Nationalsozialismus Feuer gelegt hatte; im Prozeß um den → Reichstagsbrand wegen Hochverrats u. Brandstiftung zum Tode verurteilt. Das Todesurteil wurde 1967 in eine achtjährige Zuchthausstrafe umgewandelt, weil die Tat zur Zeit ihrer Begehung nicht mit der Todesstrafe bedroht war. Einen Antrag auf nachträgl. Freispruch wies der Bundesgerichtshof 1983 zurück, da das Urteil des Reichsgerichts, soweit es die Brandstiftung betraf, von Rechtsfehlern frei gewesen sei.

Lubbers ['lybəs], Ruud, niederländ. Politiker (Kath. Volkspartei), *7. 5. 1939 Rotterdam; Wirtschaftswissenschaftler, 1973–1977 Wirtschafts-Min., 1979–1982 Fraktionsführer des Christl. Demokrat. Appells (CDA), 1982–1994 Min.-Präs.

Lübeck, *Hansestadt L.,* kreisfreie Stadt in Schleswig-Holstein, 218000 Ew.

Im Gebiet des heutigen L. befand sich eine um 1070 angelegte slaw. Burg *Buku.* Um 1100 entstand ein slaw. Burgwall mit Siedlung *Liubice,* später *Alt-L. (Oldenlubecke)* genannt, an der Einmündung der Schwartau in die Trave. Alt-L. war slaw. Fürstensitz *(Gottschalk* 1043 –1066, *Heinrich* 1093–1127) u. Ausgangspunkt der Slawenmission in Wagrien, kam dann an *Vizelin* (†1154), den Bischof von Oldenburg, u. 1226 an die neue Stadt L. Diese war 1143 von dem Schauenburger Grafen *Adolf II.* von Holstein gegründet worden. *Heinrich der Löwe* gab L. eine städt. Verfassung u. eigenes Recht, das vorbildlich für viele Städte wurde, vor allem im Osten; er machte es auch zum Bischofssitz u. ließ den Dom erbauen. 1201–1225 war L. unter dän. Herrschaft; 1226 wurde es von Kaiser Friedrich II. zur Reichsstadt erhoben. 1234 erfocht L. seinen ersten Seesieg über Dänemark, gelangte zu großer Blüte, wurde Vorort der *Hanse* u. behielt rund 200 Jahre wirtschaftl. u. kulturellen Einfluß im Ostseeraum. 1530 führte J. *Bugenhagen* die Reformation in L. ein. Mit dem Frieden von Stettin 1570 nach einem erfolglosen Krieg der Hanse zusammen mit Dänemark gegen Schweden endete die polit. Bedeutung L.s. 1866 trat L. dem Norddt. Bund bei, 1868 dem Dt. Zollverein u. 1871 als Bundesstaat dem Dt. Reich. Die Verfassung L.s war bis 1848 patrizisch, erhielt dann parlamentar. Elemente u. wurde 1920 demokratisiert. 1937 verlor L. seine Eigenstaatlichkeit u. wurde der preuß. Provinz Schleswig-Holstein eingegliedert.

Lübecker Friede, geschlossen am 22. Mai 1629 zwischen Kaiser *Ferdinand II.* u. König *Christian IV.* von Dänemark, beendete die erste Phase des Dreißigjährigen Krieges. Für die Wiedererlangung seiner Besitzungen verzichtete Christian auf weitere Einmischung im Reich u. auf Ansprüche auf die Stifter Bremen, Verden u. Schwerin.

Lübisches Recht, *jus Lubicense,* das von der Stadt Lübeck bzw. ihrem Rat gesetzte Stadtrecht, das in Lübeck u. in fast 100 weiteren Städten des Ostseeraumes, vor allem in Hafenstädten (u. a. Rostock 1218, Kiel 1232, Stralsund 1234, Reval 1248) galt. Der Lübekker Rat war oberstes Gericht für Lübeck u. *Oberhof* für die Tochterstädte.

Lübke, 1. Friedrich Wilhelm, Bruder von 2), Politiker (CDU), *25. 8. 1887 Enkhausen, Sauerland; †16. 10. 1954 Augaard, Krs.

Louis-Philippe

Heinrich Lübke

Flensburg; Kapitän, seit 1922 Landwirt; 1945 Mitbegründer der CDU in Schleswig-Holstein; 1946–1951 Landrat in Flensburg, 1951–1954 Min.-Präs. von Schleswig-Holstein.

2. Heinrich, Bruder von 1), Politiker, *4. 10. 1894 Enkhausen, Sauerland, †6. 4. 1972 Bonn; Vermessungs- u. Kulturingenieur; 1926–1933 Mitbegründer u. geschäftsführendes Vorstands-Mitgl. der „Deutschen Bauernschaft"; 1931–1933 Mitgl. des preuß. Landtags (Zentrum); 1934/35 wegen seiner früheren Tätigkeit für eine Siedlungsgesellschaft in Untersuchungshaft, ohne Verfahren amnestiert; 1937–1939 im Bau- u. Siedlungswesen tätig, 1939–1945 Mitarbeiter, später stellvertr. Leiter eines Architektenbüros, das für die Planung u. Leitung rüstungswichtiger Bauten dienstverpflichtet wurde. 1945 Mitgl. der CDU; 1946–1956 Mitgl. des Landtags, 1947–1952 Min. für Ernährung u. Landwirtschaft in Nordrhein-Westfalen; 1949/50 u. 1953–1959 MdB. 1953–1959 war L. Bundes-Min. für Ernährung, Landwirtschaft u. Forsten; er führte mit dem Landwirtschaftsgesetz von 1955 den jährl. „Grünen Bericht" (Agrarbericht) der Bundesregierung über die Lage der Landwirtschaft ein. Nachdem K. *Adenauer* 1959 seine Kandidatur für das Amt des Bundespräsidenten zurückgezogen hatte, wurde L. zum Bundespräsidenten gewählt. 1964 mit Unterstützung der SPD wiedergewählt, bekleidete er das Amt bis 1969. Er betonte die polit. Kompetenzen seines Amtes u. suchte sie auszuweiten. Sein bes. Interesse galt der „Dritten Welt" u. der Entwicklungshilfe. Seit 1961 befürwortete er eine Große Koalition aus CDU/CSU u. SPD.

Lublịner Union, 1569, bundesstaatl. Verbindung (Realunion) zwischen Polen u. Litauen – anstelle der bis dahin bestehenden Personalunion – mit gemeinsamem Herrscher u. Reichstag, gemeinsamer Außenpolitik u. einheitl. Münze, jedoch mit getrennter Verwaltung, getrenntem Heer u. getrennten Finanzen. Die Sonderstellung Litauens wurde mit der Verfassung von 1791 aufgehoben, die formelle Vereinigung beider Reichsteile im Oktober 1791 vollzogen.

Lucca, italien. Prov.-Hptst. in der Toskana, 86400 Ew.

Ursprünglich ligur. Siedlung auf einer Insel im Sèrchio, ab 177 v. Chr. latin. Kolonie. 86 v. Chr. Municipium, 56 v. Chr. wurde in L. das 1. Triumvirat zwischen Cäsar, Pompeius u. Crassus erneuert. In der fränk. Periode war L. Hptst. von Tuscien. Im Investiturstreit auf der Seite Heinrichs IV., erhielt es 1181 Privilegien, die zur Grundlage seiner freien Entwicklung wurden. 1197 trat es zur guelf. Partei über u. erreichte trotz des Kampfes mit Pisa eine Zeit wirtschaftl. Hochblüte (Seidenindustrie, Bankwesen). 1311 wurde es beim Romzug Heinrichs VII. Hauptstützpunkt des Kaisers u. der Ghibellinen. Karl IV. machte L. 1370 wieder zur freien Stadt. Mit kurzer Unterbrechung (1392–1432 Herrschaft der *Guinigi*) bewahrte L. seine republikan. Verfassung u. blieb bis 1805 reichsunmittelbar. 1805 von Napoleon als Fürstentum seiner Schwester Elisa Bacciocchi übergeben, kam L. 1815 als Herzogtum an die Gemahlin Napoleons, Marie Louise, deren Sohn Karl II. die Stadt 1847 an Toskana abtrat. – Im 2. Weltkrieg erlitt L. schwere Schäden.

Luceres [lat., aus dem Etruskischen], Angehörige einer der drei alten röm. *Tribus* auf der Basis der Abstammung (gentilizisch).

Lucius, Päpste: **1.** *L. I.*, 253/54, Heiliger, † 5. 3. 254 Rom; wurde von Kaiser *Gallus* sofort nach seiner Wahl verbannt, trat nach seiner Rückkehr nach Rom für eine milde Bußpraxis ein. Fest: 4. 3.

2. *L. II.*, 1144/45, eigentl. Gherardo *Caccianemici*, † 15. 2. 1145 Rom; seine kurze Regierung war ausgefüllt vom Streit mit König *Roger II.* von Sizilien u. mit röm. Revolten. Bei Straßenkämpfen wurde L. durch einen Steinwurf tödlich verletzt.

3. *L. III.*, 1181–1185, eigentl. Ubaldo *Allucingoli* aus Lucca, † 25. 11. 1185 Verona; Zisterzienser, als Kardinal an der Versöhnung der Kurie mit *Wilhelm I.* von Sizilien (Friede von Benevent 1156) u. mit Kaiser *Friedrich I. Barbarossa* (Friede von Venedig 1177) beteiligt. Bemühte sich um gutes Einvernehmen mit dem Kaiser. 1184 beschlossen beide einen Kreuzzug sowie gemeinsames Vorgehen gegen Katharer u. Waldenser (Inquisition).

Lucretia, nach der röm. Sage die Frau des *Tarquinius Collatinus*; von *Sextus*, dem Sohn des letzten röm. Königs *(Tarquinius Superbus)*, geschändet. Sie enthüllte ihren Angehörigen den Vorfall, gab sich selbst den Tod u. soll dadurch die Vertreibung der altröm. Könige (510 v. Chr.) veranlaßt haben.

Lucrezia Borgia [-'bɔrdʒa] → Borgia (3).

Lucullus, *Lucius Licinius L.*, röm. Politiker, * 117 v. Chr., † 56 v. Chr.; nach Bewährung in verschiedenen Ämtern 74 v. Chr. als Konsul mit dem Kommando im 3. Krieg gegen *Mithradates VI.* von Pontos betraut; trotz überwiegend erfolgreicher Kämpfe 66 v. Chr. aus innenpolit. Gründen von *Pompeius* abgelöst. L. war einer der reichsten Römer seiner Zeit. Seine Vorliebe für exotische u. üppige Gerichte (er soll aus Kleinasien die Kirsche nach Europa eingeführt haben) machte seinen Namen sprichwörtlich *(lukullisches Mahl)*.

Ludendorff, Erich, Offizier (1916 General), * 9. 4. 1865 Kruszewnia bei Posen, † 20. 12. 1937 Tutzing; 1908–1912 Chef der Aufmarsch-Abteilung des Großen Generalstabs; bei Ausbruch des 1. Weltkriegs Oberquartiermeister der 2. Armee (Eroberung von Lüttich). Im Aug. 1914 wurde L. Generalstabschef der 8. Armee unter *Hindenburg*. Er hatte entscheidenden Anteil an den Siegen bei *Tannenberg* u. in Masuren u. trug zur Schaffung des „Hindenburg-Mythos“ bei. Als Hindenburg im Aug. 1916 zum Chef des Generalstabs des Feldheeres ernannt wurde, wurde ihm L. als Erster Generalquartiermeister mit voller Mitverantwortung an die Seite gestellt; sie bildeten zusammen die sog. 3. Oberste Heeresleitung (OHL). L. wurde faktisch zum Leiter der dt. Kriegführung. In seinen Forderungen nach Mobilisierung aller Kräfte *(Hilfsdienstgesetz)* griff er weit über das militär. Gebiet hinaus u. machte die Reichsregierung von der OHL abhängig. Er setzte 1917 den uneingeschränkten U-Boot-Krieg durch, erzwang in Verbindung mit dem Reichstag die Entlassung des Reichskanzlers T. von *Bethmann Hollweg* u. setzte sein annexionist. Programm 1918 im Friedensvertrag von Brest-Litowsk z.T. in die Tat um. Nach dem Scheitern der Westoffensive 1918 verlangte er überstürzt ein sofortiges Waffenstillstandsersuchen u. die Parlamentarisierung des Reiches, plädierte aber wenig später für die Fortsetzung des Krieges. Am 26. 10. 1918 wurde er auf Drängen der Reichsregierung entlassen. L.s Eingreifen in die polit. Führung bedeutete wegen seiner Fixierung auf einen „Siegfrieden“ mit gewaltigen Eroberungen eine Katastrophe für das Dt. Reich. Er gehörte zu den Urhebern der Dolchstoßlegende.

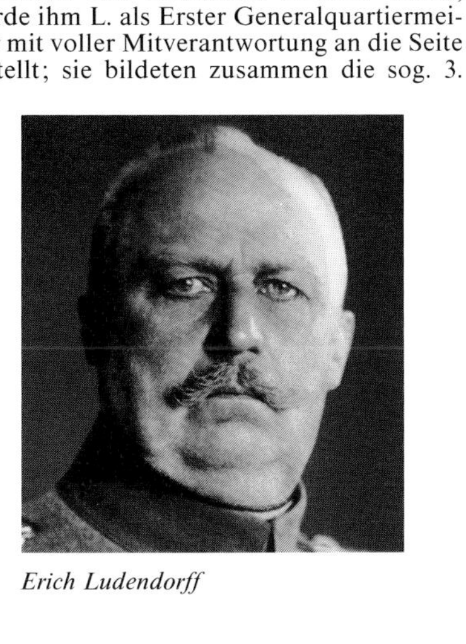

Erich Ludendorff

Nach dem Krieg begann L. eine umfangreiche schriftstellerische Tätigkeit. Er schloß sich vorübergehend *Hitler* an (Teilnahme am Hitlerputsch 9. 11. 1923), war kurze Zeit Führer der *Deutschvölkischen Freiheitspartei* u. gründete 1926 zum Kampf gegen „überstaatl. Mächte“ (Juden, Jesuiten, Freimaurer, Marxisten) den *Tannenbergbund*, in dem seine zweite Frau Mathilde (* 1877, † 1966) mit ihren rassist. u. antichristl. Ideen („Deutsche Gotterkenntnis“) Einfluß gewann. L.s Verhältnis zum nat.-soz. Regime war gespannt. Er schrieb u. a. „Meine Kriegserinnerungen“ 1919; „Kriegführung u. Politik“ 1922; „Der totale Krieg“ 1935.

Lüderitz, Adolf, Großkaufmann, * 16. 7. 1834 Bremen, † 24. 10. 1886; übernahm 1878 die Leitung des väterl. Tabakhandels, gründete 1881 eine Niederlassung in Lagos (Nigeria) u. erwarb 1883 Angra Pequêna (portugies.) u. das Hinterland dieser Bucht *(L.-Bucht)*, die Ausgangsbasis des dt. Schutzgebiets *Dt.-Südwestafrika* (heute: *Namibia*). L. ertrank bei einer Forschungsfahrt in der Oranje-Mündung.

Ludi [Pl., Sg. der *Ludus*; lat.], Festspiele im röm. Reich, Theateraufführungen, Wagenrennen, Tierkämpfe u. Gladiatorenspiele. Die L. waren überall außerordentlich beliebt u. bildeten nicht nur eine wichtige Freizeitbeschäftigung, sondern gaben auch die Möglichkeit, eine Massenbevölkerung relativ ruhig zu halten.

Ludowinger, thüring. Adelsgeschlecht; benannt nach dem Ahnherrn *Ludwig dem Bärtigen* († 1055/80?) u. einigen weiteren Vertretern namens Ludwig; seit 1130 *(Ludwig I.*, *1090, † 1140) Landgrafen von Thüringen; 1247 mit *Heinrich Raspe* ausgestorben.

Ludwig, Fürsten. Dt. König u. Kaiser (gleichnamige Kaiser des Frankenreiches: → Ludwig [6], → Ludwig[8], → Ludwig [10]): **1.** *L. IV., L. der Bayer*, König 1314–1347, * 1. 4. 1282, † 11. 10. 1347; Wittelsbacher, Sohn Herzog *Ludwigs II.* von Bayern (* 1229, † 1294); 1314 von der luxemburg. Partei zum König gewählt, während die österr. Partei den Habsburger *Friedrich den Schönen* zum Gegenkönig erhob. Den folgenden Thronstreit konnte L. erst 1322 durch den Sieg in der *Schlacht bei Mühldorf* für sich entscheiden. Doch erkannte der in Avignon residierende Papst *Johannes XXII.* L.s Wahl nicht an u. verhängte den Bann über ihn.

Nach Versöhnung mit den Habsburgern zog L. nach Italien u. ließ sich 1328 in Rom von einem Laien – als Vertreter des römischen Volks – die Kaiserkrone aufsetzen. Als der Papst nicht nachgab, wiesen die Kurfürsten 1338 dessen Einmischung zurück; der Frankfurter Reichstag erklärte Bann u. Interdikt als rechtswidrig. L. erstrebte vor allem eine Ver-

Ludwig I. von Bayern

mehrung seiner Hausmacht. 1323 belehnte er seinen Sohn *Ludwig V.* (* 1316, † 1361) mit Brandenburg u. vermählte ihn 1342 mit *Margarete Maultasch* von Tirol u. Kärnten. 1340 erbte er Niederbayern u. 1345 durch seine Gemahlin *Margarete* († 1356), Tochter des Grafen Wilhelm III. von Holland, Holland, Friesland, Seeland u. Hennegau. Daraufhin wählten 5 Kurfürsten unter päpstl. Einfluß den Luxemburger *Karl IV.* im Juli 1346 zum Gegenkönig. Bevor es zur Auseinandersetzung kam, starb L.

Baden: **2.** *L. Wilhelm I.*, Markgraf 1677–1707, genannt *Türkenlouis*, * 8. 4. 1655 Paris, † 4. 1. 1707 Rastatt; erhielt 1689 das Kommando der ganzen kaiserl. Armee in Ungarn u. siegte in den Türkenkriegen mehrere Male. 1693–1697 im Pfälz. Erbfolgekrieg kommandierte er die Reichsarmee u. eroberte Heidelberg zurück. Im Span. Erbfolgekrieg wurde er wegen seiner Erfolge bei Landau u. am Schellenberg zum Reichsfeldmarschall ernannt.

Bayern: **3.** *L. I.*, König 1825–1848, * 25. 8. 1786 Straßburg, † 29. 2. 1868 Nizza; regierte zuerst mit einem liberalen Ministerium, nach 1830 mit einem ultramontanen. Seine reaktionäre Politik erregte öffentliche Kritik, die sich noch steigerte, als seine Beziehungen zu der Tänzerin L. *Montez* bekannt wurden. Nach der erzwungenen Bestätigung der liberalen Forderungen während der Märzrevolution 1848 dankte L. zugunsten seines Sohnes *Maximilian II.* ab. – L. unterstützte den Unabhängigkeitskampf der Griechen u. betrieb die Einsetzung seines zweiten Sohnes *Otto* (I.) als König von Griechenland (1832). Er war künstlerisch interessiert u. ließ zahlreiche Bauten errichten (u. a. Glyptothek, Pinakotheken, Propyläen in München, Walhalla in Regensburg, Befreiungshalle in Kelheim). L. verlegte die Universität von Landshut nach München u. berief zahlreiche Künstler u. Gelehrte dorthin.

4. *L. II.*, Enkel von 3), König 1864–1886, * 25. 8. 1845 Nymphenburg, † 13. 6. 1886 Berg am Starnberger See; folgte seinem Vater *Maximilian II.* auf den Thron.

Die Politik des wirklichkeitsfremden u. zunehmend menschenscheuen L. wurde von seinen Ministern bestimmt. Im Namen der deutschen Fürsten u. freien Städte bot er im Dez. 1870 in einem von *Bismarck* entworfenen Schreiben dem preuß. König *Wilhelm I.* die Kaiserwürde an („Kaiserbrief“). L. förderte R. *Wagner*, den er schwärmerisch verehrte, u. verbrauchte große Geldmittel für Schloßbauten (Herrenchiemsee, Neuschwanstein, Linderhof). 1886 erklärten ihn Ärzte für geisteskrank; Prinz *Luitpold* übernahm die Regentschaft. Wenige Tage darauf ertrank L. zusammen mit dem Arzt A. von

Ludwig II. von Bayern

Gudden unter ungeklärten Umständen im Starnberger See.
5. *L. III.,* Regent (seit 1912) u. letzter bayer. König 1913–1918, *7. 1. 1845 München, † 18. 10. 1921 Sárvár (Ungarn); als Nachfolger seines Vaters, des Prinzregenten *Luitpold,* seit 1912 Regent für den geisteskranken *Otto I.*; nahm 1913 selbst den Königstitel an. 1918 bei der Novemberrevolution durch K. *Eisner* für abgesetzt erklärt, ging L. außer Landes, ohne formell abzudanken.
Frankenreich: **6.** *L. I., L. der Fromme,* Kaiser 814–840, *778 Chasseneuil, Vienne, †20. 6. 840 bei Ingelheim; 3. Sohn *Karls d. Gr.,* 781 König von Aquitanien, 813 Mitkaiser, 814 Alleinherrscher; bemühte sich um eine Reform von Reich u. Kirche u. versuchte vor allem, die Reichseinheit zu sichern (*ordinatio imperii* 817); seiner unsicheren u. schwankenden Politik blieb jedoch ein nachhaltiger Erfolg versagt. 830 erhoben sich seine drei älteren Söhne, *Lothar* (I.), *Ludwig der Deutsche* u. *Pippin,* gegen ihn, als er 829 seinem Sohn aus 2. Ehe, *Karl dem Kahlen,* Reichsteile (Schwaben, Elsaß, Rätien, Teile Burgunds) übertragen hatte. In den anhaltenden Kämpfen, die zur vorübergehenden Absetzung L.s (833) führten, zerbrach die Einheit des karoling. Reichs.
7. *L. der Deutsche,* Sohn von 6), König 843–876, *um 806, †28. 8. 876 Frankfurt a. M.; seit 825 regierender König in Bayern, seit 833 in den Reichsteilen östl. des Rheins; kämpfte gegen Vater u. Brüder um das Erbe, erhielt im *Vertrag von Verdun* 843 die Gebiete östl. des Rheins einschl. der Diözesen Mainz, Worms u. Speyer u. versuchte mehrmals, auch den Westen zu gewinnen; teilte 870 im *Vertrag von Meersen* mit *Karl dem Kahlen* das Reich Lothars II. L.s ostfränk. Reichsbildung (→ Ostfranken) war die unmittelbare Vorstufe des dt. Reichs *(Hl. Röm. Reich).*
Der Beiname „der Deutsche" entstammt der ersten Hälfte des 18. Jh.; zeitgenössisch ist der Titel „rex Germanorum" (844) oder „Germaniae" (853).
8. *L. II.,* König 855–875, *um 822, †12. 8. 875 Brescia; ältester Sohn *Lothars I.,* seit 844 Unterkönig von Italien u. König der Langobarden, 850 zum Kaiser erhoben; bekämpfte die Sarazenen erfolgreich, brachte die langobardischen Fürsten Süditaliens in Abhängigkeit u. behauptete während seiner Regierung die Autorität in Italien, fand aber in Papst *Nikolaus I.* einen tatkräftigen Konkurrenten um den universellen Führungsanspruch im Imperium.
9. *L. III., L. der Jüngere,* Sohn von 7), 876–882 König in Sachsen, Thüringen u. Ostfranken (i. e. S.), * um 830, †20. 1. 882 Frankfurt a. M.; erfolgreich gegen den westfränk. König *Karl den Kahlen* 876 bei Andernach, verteidigte den ostfränk. Teil Lotharingiens, der ihm 878 zufiel, u. errang 880 einen Erfolg gegen die Wikinger, die aber in der Folge Lothringen u. Aachen verheerten. Im *Vertrag von Ribemont* (880) erhielt L. auch den W von Lotharingien; er regierte nach dem Tod seines Bruders *Karlmann* (†880) auch in Bayern.
10. *L. III., L. der Blinde,* König 890–928, *882, †928; folgte 890 seinem Vater *Bosco von Vienne* († 887) im Königreich Provence (Niederburgund). Von den Großen des langobard. Königreichs gegen *Berengar I.* von Friaul zu Hilfe gerufen, empfing er 900 die langobard. Königskrone u. im nächsten Jahr von Papst *Benedikt IV.* auch die röm. Kaiserkrone. 905 wurde L. von Berengar in Verona überfallen, geblendet u. in die Provence zurückgebracht, wo er bis zu seinem Tod regierte.
11. *L. IV., L. das Kind,* König 900–911, *893 Ötting, †24. 11. 911; Sohn *Arnulfs von Kärnten.* Erzbischof *Hatto von Mainz* regierte für den unmündigen L., den letzten Karolinger in Dtschld.
Frankreich: **12.** *L. I., L. der Fromme* → Ludwig (6).
13. *L. II., L. der Stammler,* frz. *le Bègue,* König 877–879, *846, †10. 4. 879; Sohn Karls II., von diesem 867 zum König von Aquitanien erhoben. Seine am 8. 12. 877 durch den Erzbischof von Reims vorgenommene Krönung hatte entscheidenden Einfluß auf das spätere Krönungszeremoniell u. damit das Selbstbewußtsein der französ. Könige.
14. *L. III.,* Sohn von 13), König 879–882, *um 863, †5. 8. 882 St. Denis; teilte sich das Reich mit seinem Bruder Karlmann, wobei er selbst Neustrien erhielt. Von ihm handelt das *Ludwigslied.* Er starb kinderlos.
15. *L. IV., L. der Überseeische,* lat. *Transmarinus,* frz. *d'Outremer* (wegen seiner in England verbrachten Jugend), König 936–954, *921, †10. 9. 954 Reims; Karolinger, Sohn Karls III., erlangte die Herrschaft mit Hilfe Hugos d. Großen, der sich von ihm eine Stärkung seiner Macht erhoffte, bekämpfte ihn dann aber, wurde 945 von ihm gefangen u. 950 durch seinen Schwager, den dt. König Otto I., wiedereingesetzt. Seine Versuche, Lothringen wiederzugewinnen, sind 939/40 gescheitert.
16. *L. V., L. der Nichtstuer,* frz. *le Fainéant,* König 986–987, *966, †22. 5. 987 Compiègne; Sohn Lothars; mit ihm starb die königl. Linie der westfränk. Karolinger aus.
17. *L. VI., L. der Dicke,* frz. *le Gros,* König 1108–1137, *1081 Paris, †1. 8. 1137 Paris; ein Kapetinger, begründete gegen die großen Vasallen eine feste Königsmacht.
18. *L. VII., L. der Junge,* frz. *le Jeune,* Sohn von 17), König 1137–1180, *1120, †18. 9. 1180 Paris; gab durch die Scheidung von *Eleonore von Aquitanien,* die wenig später den engl. König *Heinrich II. Plantagenet* heiratete, den Anlaß zu langwierigen Kriegen um die Vorherrschaft im Land (1159 bis 1174). Er verlor durch die Scheidung das aquitanische Erbe, das in Verbindung mit der Normandie, Anjou, Maine u. der Touraine unter dem Zepter des engl. Königs einen größeren Machtbereich als den des französ. Königs ausmachte.
19. *L. VIII.,* der Löwe, frz. *le Lion,* König 1223–1226, *5. 9. 1187 Paris, †8. 11. 1226 Montpensier; verdrängte die Engländer aus dem Poitou, führte 1226 den Feldzug gegen die *Albigenser* u. legte damit das Fundament für die Herrschaft des französ. Königtums im S Frankreichs.
20. *L. IX., L. der Heilige,* frz. *Saint-Louis,* Sohn von 19), König 1226–1270, *25. 4. 1215 Poissy, †25. 8. 1270 vor Tunis; unternahm 1248–1254 einen Kreuzzug gegen Ägypten, 1270 einen gegen Tunesien, wo er starb. Er verstärkte die Königsmacht durch Ausbau des königl. Beamtentums u. Zurückdrängung der Kirche, bekämpfte erfolgreich das Fehdewesen u. erließ die „Établissements de S. Louis", die ältesten Verfassungsverordnungen Frankreichs. Er wurde 1297 heiliggesprochen.
21. *L. X., L. der Zänker,* frz. *le Hutin,* König 1314–1316, *1289, †4. 6. 1316 Vincennes; ältester Sohn Philipps IV.; vom Adel beeinflußt, ließ er die Räte seines Vaters hinrichten u. unternahm einen vergebl. Feldzug gegen die flandrischen Städte.
22. *L. XI.,* König 1461–1483, *3. 7. 1423 Bourges, †30. 7. 1483 Plessis-les-Tours; aus dem Haus *Valois,* Sohn Karls VII.; siegte über den Bund der großen Vasallen *(Ligue du bien public)* u. stellte nach dem Tod Karls des Kühnen von Burgund in der Schlacht bei Nancy die französ. Einheit durch Einziehung der Kronlehen Artois, Anjou, Burgund, Maine, Picardie u. Provence her. Er erhielt den Titel „Rex christianissimus", den alle französ. Könige seitdem führten.
23. *L. XII.,* König 1498–1515, *27. 6. 1462 Orléans, †1. 1. 1515 Blois; aus der Seitenlinie Valois-Orléans, Nachfolger des kinderlosen Karl VIII., heiratete dessen Witwe Anna von Bretagne, um ihr Land der Krone zu sichern. Gemeinsam mit Ferdinand von Aragón eroberte er das Königreich Neapel, wurde von diesem aber 1503 vertrieben. 1503 von den Schweizern bei Novara geschlagen, mußte er auch Norditalien aufgeben.
24. *L. XIII.,* König 1610–1643, *27. 9. 1601 Fontainebleau, †14. 5. 1643 Saint-Germain-en-Laye; Sohn Heinrichs IV., bis 1614 unter mütterl. Vormundschaft (Maria von Medici), übertrug 1617 die Staatsleitung seinem Günstling, dem Herzog von *Luynes,* dann 1624 *Richelieu* u. 1642 *Mazarin.*
25. *L. XIV.,* Sohn von 24), König 1643–1715, *5. 9. 1638 Saint-Germain-en-Laye, †1. 9. 1715 Versailles; zunächst unter Vormundschaft seiner Mutter *Anna von Österreich* u. *Mazarins,* der die Politik bis 1661 leitete; seitdem regierte L. allein. Er führte das fran-

Ludwig XIV. empfängt den päpstlichen Gesandten Sigismondo Chigi in Schloß Fontainebleau 1664. Gobelin

Ludwig XVI. von Frankreich

zös. Königtum auf den Gipfel seiner Macht u. seines weltweiten Einflusses; zugleich verkörperte er den Höhepunkt des französ. Absolutismus („Sonnenkönig", frz. *Roi Soleil*). Durch Überspannung der finanziellen u. militär. Macht Frankreichs leitete er aber auch bereits den Niedergang ein. Er fand zunächst fähige Mitarbeiter: J.-B. *Colbert*, H. de *Lionne*, *Le Tellier*, M. de *Louvois*, H. de *Turenne*. Ziel seiner Politik war die Schwächung der Habsburger (im Dt. Reich u. in Spanien). Obwohl er über die stärkste Militarmacht verfügte, endeten die Kriege 1667/68, 1672–1678 u. 1688–1697 gegen Spanien, Dtschld. u. die Niederlande sowie der Pfälzische Erbfolgekrieg 1688–1697 infolge des Widerstands des gesamten übrigen Europas unter der Führung *Wilhelms III.* von Oranien ohne große Erfolge. Er erhob als Ehemann der span. Prinzessin *Maria Theresia* Ansprüche auf Spanien, doch auch der Spanische Erbfolgekrieg ging nur infolge der Uneinigkeit u. Kriegsmüdigkeit seiner Gegner glimpflich für Frankreich aus.

26. *L. XV.*, Urenkel von 25), König 1715–1774, *15. 2. 1710 Versailles, †10. 5. 1774 Versailles; bis 1723 unter der Vormundschaft *Philipps II. von Orléans*, überließ bis 1743 die Leitung der Staatsgeschäfte dem Kardinal A. H. de *Fleury*. Seine Mätressenwirtschaft (Mme. de *Pompadour*, Mme. de *Dubarry*) u. seine Prachtentfaltung trugen zur Finanzschwäche des Staates u. der Vermehrung der Steuerlasten bei. Die Teilnahme am Siebenjährigen Krieg gegen Preußen u. England kosteten den französ. Besitz in Nordamerika u. Indien. L. leitete 1770 eine konsequente Reformpolitik ein, die von seinem Nachfolger abgebrochen wurde.

27. *L. XVI.*, Enkel von 26), König 1774–1792, *23. 8. 1754 Versailles, †21. 1. 1793 Paris (hingerichtet); gab die von seinem Vorgänger eingeleiteten Reformen 1774 auf u. scheiterte später mit durchgreifenden Maßnahmen am Widerstand von Adel u. Geistlichkeit. Die erstrebte Gesundung der Finanzen wurde durch Teilnahme am nordamerikan. Freiheitskrieg gegen England verhindert. Die Finanznot veranlaßte ihn schließlich zur Einberufung der Generalstände, deren 3. Stand die *Französ. Revolution* 1789 auslöste. Seine Flucht ins Ausland 1791 wurde verhindert. Er beschwor nach zu langem Zögern am 14. 9. 1791 die neue konstitutionelle Verfassung, geriet aber in Konflikt mit der Nationalversammlung; 1792 wurde er abgesetzt, am 17. 1. 1793 mit einer Stimme Mehrheit im Konvent zum Tod verurteilt u. am 21. 1. guillotiniert. Er war verheiratet mit *Marie-Antoinette*.

28. *L. XVII.*, eigentlich *Karl L.*, Dauphin, Sohn von 27), *27. 3. 1785 Versailles, †8. 6. 1795 Paris; nach Hinrichtung seines Vaters 1793 vom Adel im Exil zum König ausgerufen, in Paris zu einem Schuhmacher in die Lehre gegeben u. durch rohe Behandlung umgekommen. Da sein Leichnam nie gefunden wurde, gaben sich später verschiedene Schwindler für ihn aus.

29. *L. XVIII.*, eigentl. *Louis Stanislas Xavier*, Bruder von 27), König 1814–1824, *17. 11. 1755 Versailles, †16. 9. 1824 Paris; Graf von Provence; rief nach der Hinrichtung seines Bruders dessen Sohn als *L. XVII.* (→ Ludwig [28]) zum König aus u. nahm 1795 unter dem Namen *L. XVIII.* selbst den Königstitel an. Mit seinem Bruder Karl von Artois (König *Karl X.*) war er die treibende Kraft der Emigration, zunächst in Koblenz, seit 1809 in England. Nach der Abdankung Napoleons I. bestieg er 1814 den Thron, erließ eine liberale Verfassung *(Charte Constitutionnelle)* u. kehrte nach den „100 Tagen" Napoleons zurück. Eine liberaler ausgerichtete Politik mit Hilfe von *Decazes* brach er nach der Ermordung des Herzogs von *Berry* (1829) ab u. führte wieder eine reaktionäre Regierung.

30. *Ludwig Philipp* → Louis-Philippe.

Holland: **31.** *Louis Napoléon* → Bonaparte (9).

Polen: **32.** *L. Węgierski (der Ungar)*, = L. I. von Ungarn, → Ludwig (36).

Thüringen: **33.** *L. der Springer*, Graf in Thüringen, *um 1042, †6./8. 5. 1123 Kloster Reinhardsbrunn; aus dem Haus der Ludowinger; Gegner einer starken Reichsgewalt; als Feind Heinrichs IV. u. Heinrichs V. in kaiserl. Haft auf Giebichenstein, der er der Sage nach durch einen Sprung in die Saale entkam. Unter L. wurde wahrscheinlich mit dem Bau der Wartburg begonnen.

34. *L. II.*, *L. der Eiserne*, Enkel von 33), Landgraf 1140–1172, *um 1129, †14. 10. 1172 Schloß Neuenburg bei Freyburg an der Unstrut; verheiratet mit *Jutta* (*1135, †1191), einer Stiefschwester Kaiser Friedrichs I. Barbarossa, den er treu unterstützte. Der Sage nach wurde L. von dem Schmied von Ruhla durch die Worte „Landgraf, werde hart!" zum Einschreiten gegen Übermut, Räuberei u. Willkür im Land veranlaßt.

35. *L. IV.*, *L. der Heilige*, Landgraf 1217–1227, *28. 10. 1200, †11. 9. 1227 Otranto; verheiratet (seit 1221) mit der hl. *Elisabeth*; starb auf dem 5. Kreuzzug, wurde als Heiliger verehrt, aber nicht kanonisiert.

Ungarn: **36.** *L. (Lajos) I.*, *L. der Große*, König von Ungarn 1342–1382, König von Polen 1370–1382, *5. 3. 1326 Visegrád (?), †10. 9. 1382 Tyrnau; aus dem Haus *Anjou*; erkämpfte gegen Venedig den Besitz Dalmatiens u. ließ eine ungar. Kriegsflotte bauen; erstrebte die byzantin. Kaiserwürde, gründete 1367 die Universität Fünfkirchen (Pécs), entmachtete die Magnaten u. förderte das städt. Bürgertum. In Polen regierte seine Mutter *Elisabeth*, eine Tochter *Władysławs Jokietek*. L. erließ 1374 das Großprivileg von Košice (Kaschau) für den poln. Adel.

37. *L. II.*, König von Ungarn u. Böhmen 1516–1526, *1. 7. 1506 Ofen, †29. 8. 1526 Mohács; einziger Sohn von Władisław II. Jagiełło, durch Doppelhochzeit mit den Habsburgern verbunden, ertrank auf der Flucht nach der Niederlage der Ungarn gegen die Türken bei Mohács. Sein Tod löste Erbansprüche der Habsburger in Böhmen (Wahl des Schwagers Ferdinand noch 1526) u. Ungarn (Streit mit Zapolya) aus.

Lueger [auch 'luːɛgər], Karl, österr. Politiker, *24. 10. 1844 Wien, †10. 3. 1910 Wien; Rechtsanwalt; zunächst Liberaler, nahm Anfang der 1880er Jahre Kontakt mit der antiliberalen Protestbewegung christlich-sozialreformerischer Gruppen auf, die er in den folgenden Jahren zu einer christlichsozialen, vornehmlich kleinbürgerl., antisemitischen Massenbewegung integrierte. 1885 wurde L. in den Reichstag, 1890 in den niederösterr. Landtag gewählt. 1887 gründete er den Christlichsozialen Verein, der sich 1893 nach der Vereinigung mit anderen Gruppen ähnlicher Programmatik in *Christlichsoziale Partei* umbenannte. 1883–1895 war L. Wiener Stadtrat u. ab 1897 Bürgermeister von Wien. In seiner Amtszeit kam es zur Verwirklichung großer kommunaler Vorhaben (Errichtung der Gas- u. Elektrizitätswerke, Ausbau der städt. Verkehrsmittel, Schaffung einer modernen Verwaltung), die Struktur u. Aufbau der Stadt entscheidend geprägt haben.

Luftbrücke, eine Verkehrsverbindung auf dem Luftweg, die bei Sperrung oder Unbenutzbarkeit des Land- oder Seewegs in der Regel kurzfristig u. insbes. zu Versorgungszwecken errichtet wird. Während der → Berliner Blockade durch die Sowjetunion u. in der Übergangszeit danach, vom 26. 6. 1948 bis zum 30. 9. 1949, wurden die drei westl. Sektoren Berlins durch eine L. mit Nahrung, Brennstoff u. Industriegütern versorgt. In 462 Tagen wurden von den drei westl. Besatzungsmächten, vor allem von den Amerikanern, hauptsächlich auf ihre Kosten mit 277 264 Flügen 1,8 Mill. t Versorgungsgüter eingeflogen, davon 1,7 Mill. t während der eigentlichen Blockade bis Mai 1949.

Lugalzaggesi, sumer. Fürst aus *Umma*, um 2365–2340 v. Chr.; eroberte ganz Sumer u. drang vom Persischen Golf bis zum Mittelmeer vor.

Lugard ['lugəd], Frederick John *Dealtry*, Baron L., brit. Kolonialbeamter, *22. 1. 1858 Fort St. George, Madras, †11. 4. 1945 Abinger, Surrey; schuf durch administrativen Zusammenschluß von Nord- u. Süd-Nigeria das heutige Nigeria u. war 1912–1919 Gouverneur dieses Gebiets; gehörte 1923–1936 dem Mandatsausschuß des Völkerbunds an; entwickelte die These von der indirekten Herrschaft über die Kolonien, die bis 1945 für Großbritannien maßgeblich blieb.

Lügenfeld, zeitgenössische Bez. für einen Platz in der Nähe von Colmar, auf dem sich 833 die Heere *Ludwigs des Frommen* u. seiner aufständischen Söhne gegenüberlagen, bis das Heer des Kaisers zu den Söhnen überging u. Ludwig sich ergeben mußte.

Lugier, *Lygier*, eine ostgerman. Kultgemein-

Ludwig I. von Ungarn. Holzschnitt aus der Chronik des János Thúróczy

schaft, der nach *Tacitus* u. a. die Stämme Helvecones, Helesii u. kleinere Völker angehörten, welche zwischen Sudeten u. Weichsel siedelten. Ab dem 2. Jh. n. Chr. zerfiel der Kultverband durch Aufsplitterung u. Abwanderung. Die einzelnen Völkerschaften, vor allem die Vandilier, erscheinen unter ihrem eigenen Namen in den Geschichtsquellen.

Luise, Fürstinnen: **1.** Königin von Preußen, * 10. 3. 1776 Hannover, † 19. 7. 1810 Hohenzieritz bei Neustrelitz; war Tochter des Herzogs *Karl II.* von Mecklenburg-Strelitz (* 1741, † 1816), seit 1793 mit dem späteren König *Friedrich Wilhelm III.* von Preußen verheiratet; Mutter *Friedrich Wilhelms IV.* u. *Wilhelms I.* Nach der preuß. Niederlage von Jena u. Auerstedt mußte L. mit ihren Kindern nach Memel fliehen. Vergeblich versuchte sie, in einer Unterredung mit *Napoleon* 1807 in Tilsit bessere Friedensbedingungen zu erreichen. Obwohl politisch zurückhaltend, stand sie gefühlsmäßig mehr auf der Seite der preuß. Reformer. Wegen ihrer menschl. Schlichtheit wurde sie sehr volkstümlich; nach ihrem frühen Tod wurde ihr Bild stark idealisiert.

2. *L. Ulrike*, Königin von Schweden 1744–1782, * 24. 7. 1720 Berlin, † 16. 7. 1782 Svartsjö; Schwester Friedrichs d. Gr., verheiratet mit König *Adolf Friedrich* (→ Adolf [4]), hatte polit. Einfluß auf ihren Mann, konnte aber Schwedens Kriegsbeteiligung gegen Preußen im Siebenjährigen Krieg nicht verhindern. Sie stiftete 1753 die schwed. Akademie für Schöne Literatur, Geschichte u. Altertum.

Luitpold, Prinzregent von Bayern, * 12. 3. 1821 Würzburg, † 12. 12. 1912 München; Sohn König *Ludwigs I.*, seit 1886 Regent für seine geisteskranken Neffen *Ludwig II.* u. *Otto I.*; trug im Dt. Reich zur Überwindung des bayer. Partikularismus bei u. führte München zur kulturellen Blüte.

Luitpold I., Markgraf der Ostmark, → Leopold (8).

Luitprand, König der Langobarden, → Liutprand.

Lukaner, von den *Samniten* abstammendes italisches Volk, seit dem 5. Jh. v. Chr. zwischen den Flüssen Sele, Bradano u. Lao bezeugt, seit dem Beginn des 4. Jh. v. Chr. auch am Golf von Tarent; in Kriegszeiten unter Königen, sonst demokratisch regiert. In der 2. Hälfte des 4. Jh. v. Chr. gab es Kämpfe mit den Söldnerführern der großgriech. Städte, vor allem Tarents; seit 326 v. Chr. bestand ein Bündnis mit den Römern; die L. wurden 298 v. Chr. von ihnen unterworfen.

Lukanien, ital. *Lucània*, Landschaft im südl. Italien, vom Lukan. Apennin u. dessen östl. Vorland durchzogen, 1932–1945 Bez. für die heutige Region Basilicata.

Seit 700 v. Chr. von Griechen besiedelt, mit den Städten Paestum, Elea, Heraclea, Metapontum u. a.; Anfang des 4. Jh. v. Chr. von den *Lukanern* erobert.

Lukull → Lucullus.

Lumphanan [lʌm'fænən], Ort in Mar (Schottland). Bei L. fand 1057 die Schlacht zwischen den Heeren des Macbeth u. des rechtmäßigen schott. Thronanwärters Malcolm III. statt. Durch die Niederlage Macbeths gelangte Malcolm auf den Thron.

Lumumba, Patrice, kongoles. Politiker, * 2. 7. 1925 Katako-Kombé, Kasai (Belg.-Kongo, heute Zaire), † 17. 1. 1961 in der Provinz Katanga (ermordet); kath., 1954–1957 Postangestellter, dann Brauerei-Direktor; setzte sich seit Mitte der 1950er Jahre für die Unabhängigkeit der belg. Kolonie Kongo ein, war Mitgründer des *Mouvement National Congolais* (MNC) u. wurde im Juni 1960 erster Min.-Präs. des unabhängigen Kongo. L.

Luise von Preußen

wollte die Einheit des Landes bewahren u. seine Partei, die als einzige Anhang in verschiedenen Landesteilen besaß, zur einheitl. Nationalbewegung nach dem Vorbild Ghanas ausbauen. Gegen die Meuterei der Armee u. den Abfall Katangas unter M. *Tschombé* rief L. die Vereinten Nationen zur Hilfe u. suchte auch beim Ostblock Unterstützung. Im Sept. 1960 überwarf L. sich mit Präs. J. *Kasavubu*; er wurde abgesetzt, später verhaftet u. nach Katanga ausgeliefert u. dort bei seiner Ankunft unter ungeklärten Umständen ermordet. L. schrieb „Congo my country" (posthum) 1962.

Lunatscharskij, *Lunačarskij*, Anatolij Wassiljewitsch, russ. Literaturwissenschaftler u. Politiker, * 6. 12. 1875 Poltawa, † 26. 12. 1933 Menton (Frankreich); seit 1897 Mitgl. der Sozialdemokrat. Arbeiterpartei Rußlands; 1906–1917 in der Emigration, wo er während des 1. Weltkriegs zum engeren Kreis Lenins gehörte; 1917–1929 Volkskommissar für das Bildungswesen. Ab 1929 wurde seine Zuständigkeit auf die wissenschaftl. Institute beschränkt. 1933 sollte er Botschafter der Sowjetunion in Spanien werden, starb aber auf dem Weg dorthin. L. war einer der wichtigsten marxist. Kunstkritiker u. Kulturpolitiker. – Gesammelte Werke, 8. Bde. 1963 ff.

Lüneburg, 1. ehem. Fürstentum, entstanden 1267 durch Teilung des welf. Herzogtums *Braunschweig u. Lüneburg*; kam nach Aussterben des älteren Hauses L. (*Wilhelm*, † 1369) u. dem *L.er Erbfolgekrieg* (1371–1388) an eine Linie des Hauses Braunschweig-Wolfenbüttel (*Bernhard I.*, † 1434); Residenz wurde *Celle*. Hinzu kam 1689 (Sachsen-) Lauenburg. Aufgrund der Heirat mit der Tochter des letzten L.er Herzogs *Georg Wilhelm* vereinigte nach dessen Tod der Hannoveraner Kurfürst *Georg Ludwig* (als engl. König Georg I.) L. 1705 mit dem Kurfürstentum *Hannover*.

2. Kreisstadt in Niedersachsen, Hptst. des Reg.-Bez. L., 63 600 Ew.

L. entstand im 12. Jh. durch Verschmelzung mehrerer Ortschaften, darunter der Salinensiedlung. Nach der Zerstörung von *Bardowick* 1189 begann ein rascher Aufschwung. L. erhielt Stadtrecht (1247 bestätigt); Stapelrecht u. Salzmonopol machten es zu einem der wichtigsten Mitglieder der *Hanse*. Mit der Zerstörung der Burg auf dem Kalkberg im *L.er Erbfolgekrieg* (1371) entzogen sich die Lüneburger der Herrschaft der Herzöge von Braunschweig-L., deren Residenz L. bislang gewesen war, u. blieben bis ins späte 16. Jh. praktisch selbständig; dann verlor L. durch die Freigabe der Elbschiffahrt rasch an Bedeutung u. wurde im Dreißigjährigen Krieg Landstadt. Den 2. Weltkrieg überstand L. unversehrt.

Lunéville [lyne'vi:l], lothring. Kreisstadt im französ. Dép. Meurthe-et-Moselle, 22 400 Ew.

Der *Friede von L.* (9. 2. 1801) zwischen Frankreich u. Österreich (u. Dtschld.) beendete den 2. Koalitionskrieg. Das linke Rheinufer kam an Frankreich; die dadurch geschädigten dt. Reichsfürsten sollten durch geistl. Territorien entschädigt werden (im Reichsdeputationshauptschluß 1803 vollzogen).

Luns [lyns], Joseph Marie Antoine, niederländischer Politiker (Kath. Volkspartei, bis 1972), * 28. 8. 1911 Rotterdam; Jurist, seit 1940 im diplomat. Dienst in Bern, Lissabon, London u. bei den Vereinten Nationen; 1952–1956 Min. ohne Geschäftsbereich, 1956–1971 Außen-Min., 1971–1984 Generalsekretär der NATO. 1967 erhielt L. den Karlspreis.

Lusignan [lyzi'njã], französ. Adelsgeschlecht aus dem Poitou, stellte Könige von Jerusalem (1179–1291), von Zypern (1192–1489) u. von Kleinarmenien (1342–1375). *Jakob II.*, letzter Sproß des Hauses, heiratete die Venezianerin Carina *Cornaro*, die 1489 die Herrschaftsrechte, namentl. Zypern, an Venedig abtrat.

Lusitaner, mit *Kelten* vermischtes u. den *Keltiberern* ähnl. Volk im Gebiet des heutigen Portugal; bekannt durch ihre langen Kämpfe mit den Römern, die 194 v. Chr. begannen u. erst unter Cäsar endeten. Ihren Höhepunkt erreichten sie unter *Viriatus*, dem es gelang, das sonst keinen polit. Zusammenhalt kennende Volk der L. 8 Jahre lang zum Freiheitskampf gegen Rom zu einigen. Erst 27 v. Chr. wurde das Gebiet der L. zur römischen Provinz *Lusitania*. Sie spielte in der röm. Kaiserzeit durch ihren Reichtum an Metallen eine gewisse handelspolit. Rolle, geriet nach dem Zusammenbruchs Westroms nach einer vorübergehenden Herrschaft der *Alanen* unter die der *Westgoten* u. bildete bis 712 einen Teil ihres Reichs.

Lusitania, ein engl. Passagierdampfer (rd. 30 000 BRT), der neben Zivilpersonen eine kleine Munitionsladung beförderte. Die L. wurde am 7. 5. 1915 von einem dt. U-Boot ohne Vorwarnung südl. von Irland torpediert u. versenkt, wobei 1198 Menschen ertranken, darunter 128 Amerikaner. Die Folge waren mehrere scharfe Proteste der USA, die dazu führten, daß der dt. U-Boot-Krieg in den zum Kriegsgebiet erklärten Gewässern um Großbritannien im Sept. 1915 eingeschränkt wurde.

Luther, 1. Hans, Politiker, * 10. 3. 1879 Berlin, † 11. 5. 1962 Düsseldorf; Jurist; stand der Dt. Volkspartei nahe, trat ihr aber erst 1927 bei; 1918–1922 Oberbürgermeister von Essen, 1922/23 Reichs-Min. für Ernährung u. Landwirtschaft, 1923–1925 Reichsfinanz-Min., 1925/26 Reichskanzler. Die erste seiner zwei Mitte-Rechts-Koalitionen schloß erstmals die Deutschnationalen ein. In seine Amtszeit fällt u. a. der Abschluß der Locarno-Verträge. 1930–1933 war L. Reichsbankpräsident, von 1933–1937 Botschafter in Washington. Erinnerungen: „Politiker ohne Partei" 1960.

2. Martin, Reformator, * 10. 11. 1483 Eisleben, † 18. 2. 1546 Eisleben; Sohn des Bergmanns Hans L., besuchte die Schule in Mansfeld, Magdeburg u. Eisenach, studierte seit

Martin Luther

1501 in Erfurt, erwarb dort 1505 den Magistergrad, trat infolge eines bei einem heftigen Gewitter abgelegten Gelübdes am 17. 7. 1505 in den Orden der Augustiner-Eremiten zu Erfurt ein, wo er 1507 zum Priester geweiht wurde. 1508 las L. an der Universität Wittenberg über die Ethik des *Aristoteles*, anschließend über die Sentenzen. 1510/11 reiste er in Angelegenheiten des Ordens nach Rom, 1512 wurde er in Wittenberg zum Doktor der Theologie promoviert. Seine erste Vorlesung über die Psalmen hielt L. 1513–1515, 1515/16 folgten Vorlesungen über den Römerbrief u. 1516–1518 über Galater- u. Hebräerbrief.
Die Verkündigung des Ablasses zugunsten des Neubaus der Peterskirche in Rom durch den Dominikaner J. *Tetzel*, der nach einer ihm vom Erzbischof Albrecht von Mainz gegebenen Anweisung zur Gewinnung des Ablasses für Verstorbene die Notwendigkeit des Gnadenstandes verneinte u. in marktschreierischer Weise für den Ablaß warb, rief bei L. Widerspruch hervor. L. formulierte seine Bedenken schon in Predigten, sodann in 95 Thesen, die er am 31. 10. 1517 zum Zweck einer Disputation mit Gelehrten in Wittenberg anschlagen ließ u. dem Mainzer Erzbischof u. dem Bischof von Brandenburg zusandte mit der Aufforderung zu einer schriftl. Gegenäußerung (der genaue Zeitpunkt ist umstritten). L.s Thesen, die mehrfach abgedruckt wurden, fanden, für ihn selbst unerwartet, eine weite Verbreitung. Schon 1518 erhoben der Erzbischof von Mainz u. die Dominikaner Klage in Rom, wo ein Verfahren gegen L. von der Finanzbehörde eingeleitet wurde. Im Verhör durch den Kardinallegaten T. *Cajetan de Vio* im Oktober 1518 zu Augsburg lehnte L. einen Widerruf ab, wenn ihm nicht aus der Bibel oder der Vernunft ein Irrtum nachgewiesen werden könne. Der Appellation an den Papst folgte die Appellation an ein allg. Konzil. Auf der Leipziger Disputation im Juli 1519 zwischen J. *Eck* u. A. *Karlstadt*, in die L. eingriff, lehnte L. die Irrtumslosigkeit der allg. Konzilien ab. Aus seiner Rechtfertigungsverkündigung ergab sich notwendig die Kritik am Papsttum, das sich nach L.s Auffassung über den klaren Wortlaut der Schrift hinwegsetzte. Die Bulle „Exsurge Domine" vom 15. 6. 1520 verurteilte 41 Sätze aus L.s Schriften u. forderte seine Unterwerfung. L. antwortete mit der Veröffentlichung seiner 3 großen Programmschriften „An den christl. Adel deutscher Nation von des christl. Standes Besserung" (August 1520), „Von der babylonischen Gefangenschaft der Kirche" (Oktober 1520, ursprüngl. latein.) u. „Von der Freiheit eines Christenmenschen" (November 1520), durch die er den größten Teil des dt. Volkes für sich gewann. Die päpstl. Bulle seiner Verurteilung übergab er mitsamt dem kirchl. Rechtsbuch am 10. 12. 1520 feierlich der Verbrennung.
Am 3. 1. 1521 wurde L. von Papst Leo X. exkommuniziert. Auf dem Reichstag zu Worms im April 1521 lehnte L. den Widerruf u. die stumme Unterwerfung unter ein vom Papst einberufenes allg. Konzil ab; Kaiser *Karl V.* verhängte darauf über L. die Reichsacht. Kurfürst *Friedrich der Weise* von Sachsen ließ L. nach einem Scheinüberfall auf die Wartburg bringen. L. übersetzte dort das NT ins Deutsche. Die Übersetzung erschien 1522 im Druck; 1534 folgte die des AT. Während des Wartburgaufenthalts hatten sich vielerorts luth. Gemeinden gebildet; als schwärmerische Elemente Unruhe stifteten, konnte L. 1522 durch 8 Predigten in Wittenberg die Lage beruhigen u. so ein Eingreifen der weltl. Obrigkeit vermeiden. Für seine Gemeinden stellte er liturg. u. vermögensrechtl. Vorschriften zusammen; die nach Abschaffung der Privatmesse nicht mehr benötigten Stiftungskapitalien überließ er den weltl. Behörden für Schul- u. Wohltätigkeitszwecke. Seine Schrift gegen die Mönchsgelübde bewog zahlreiche Mönche u. Nonnen, die Klöster zu verlassen. Die 1524/25 allenthalben im Reich ausbrechenden Bauernaufstände beriefen sich vielfach auf L.s Lehren, doch rief dieser nach anfänglichem Verständnis für die Anliegen der unter Rechtsunsicherheit leidenden Bauern die Fürsten zum Kampf „wider die räuberischen u. mörderischen Rotten der Bauern" auf. Am 13. 6. 1525 heiratete L. die ehem. Zisterziensernonne Katharina von *Bora*.
Seine Schrift „De servo arbitrio" („Vom unfreien Willen") vollendete den Bruch mit *Erasmus von Rotterdam*. Auch der Gegensatz zu H. *Zwingli* u. den *Wiedertäufern* trat nun schärfer hervor. Das Marburger Religionsgespräch (1529) mit Zwingli führte nur zu teilweiser Übereinstimmung, weil L. an der wirklichen Gegenwart Christi im Abendmahl festhielt. Zur Belehrung für das Volk verfaßte L. 1529 den „Kleinen Katechismus", für die Pfarrer den „Großen Katechismus". Auf dem Augsburger Reichstag 1530 legten mehrere ev. Reichsstände ihre hauptsächl. von *Melanchthon* verfaßte Bekenntnisschrift („Confessio Augustana", „Augsburgisches Bekenntnis") vor; L. weilte während dieser Zeit auf der Coburg. Als die ev. Reichsstände sich wegen ihrer gefährdeten Lage Ende 1530 zum Schmalkaldischen Bund zusammenschlossen, gab L. hierzu nur zögernd seine Zustimmung. 1539 legte er in der Schrift „Von den Conciliis u. Kirchen" eindrucksvoll seinen Kirchenbegriff dar. Er leugnete nicht die Heilsmöglichkeit für den röm.-kath. Christen innerhalb einer vom Papst geleiteten Kirche, zeigte aber den Ursprung der Kirche in Wort u. Sakrament, ohne menschl. Zusätze, auf. In der Kampfschrift „Wider das Papsttum zu Rom, vom Teufel gestiftet" rechnete L. scharf mit dem Papsttum ab.
In seinen letzten Lebensjahren widmete sich L. dem Ausbau seiner Gemeinden. Durch Krankheiten geplagt u. mitunter von seelischen Anfechtungen bedrückt, starb er 1546 zu Eisleben. Spätere Behauptungen über einen angebl. Selbstmord sind ohne Grundlage.

Luthuli, Albert John, südafrikan. Politiker aus dem Volk der Zulu, *1898 Groutville, Prov. Natal, †21. 7. 1967 Stanger (Südafrikan. Republik); überzeugter Christ; war Lehrer u. amtierte als Häuptling, seit 1952 Präsident des 1960 in der Südafrikan. Republik verbotenen *African National Congress* (ANC), der sich für die Gleichberechtigung der Rassen einsetzt. L. wurde mehrere Male inhaftiert, lebte seit März 1960 in seinem Zwangsaufenthaltsort Stanger in Zululand u. stand unter Rede-, Versammlungs- u. Publikationsverbot. Er erhielt 1961 den Friedensnobelpreis für 1960. L. schrieb „Mein Land, mein Leben" 1963.

Lutizen, *Liutizen*, westslawischer, den *Elb- u. Ostseeslawen* zugehöriger Stammesverband, der seit dem 6./7. Jh. ins westl. Vorpommern u. östl. Mecklenburg einrückte. Die Bez. L. kam erst im 10. Jh. auf; vorher war der Name *Wilzen* in Gebrauch. Der Verband gliederte sich in 4 Kernstämme: *Kessiner* (Gebiet der unteren Warnow), *Circipaner* (zwischen Recknitz, Trebel u. Ostpeene), *Tollenser* (Ostpeene bis Tollense-Gebiet) u. *Redarier* (wohl im S u. O des Tollense-Sees u. im oberen Havelgebiet). Erstmalig wurden die Wilzen 789 erwähnt als Ziel eines Feldzugs Karls d. Gr. Seit 983 trat ein *L.bund* mit der redar. Tempelburg Rethra als polit.-religiösem Zentrum hervor. Er führte einen immer wieder aufflammenden Widerstandskampf gegen fremde (fränk., dt., poln.) Oberhoheit u. gegen das Christentum. 983 wurde der L.bund zur Seele des großen allg. Slawenaufstands, der alle dt. Erfolge für anderthalb Jahrhunderte zunichte machte. Anläßlich der Ende des 10. Jh. einsetzenden poln. Westexpansion wurden ein dt.-lutiz. Bündnis geschlossen u. gemeinsame Feldzüge gegen die Polen unternommen. Niedergang u. Ende des L.bundes begann 1056/57 mit inneren Auseinandersetzungen, die es dem christl. Obodritenfürsten *Gottschalk* ermöglichten, seine Herrschaft auf Teile der L. auszudehnen. Um 1067 wurde Rethra zerstört. Im weiteren Verlauf wurden die L. durch die Ostsiedlung eingedeutscht, ohne daß sich, wie bei den Obodriten, auch nur eine Fürstenfamilie erhalten hätte. Archäolog. Grabungen, bei Teterow u. Behren-Lübchin, haben imposante Befestigungsanlagen u. hochentwickelte handwerkl. Erzeugnisse zutage gefördert.

Lutter am Barenberge, Gemeinde (Flecken) in Niedersachsen, Ldkrs. Goslar, 2600 Ew. In der Schlacht vom 27. 8. 1626 erlitt hier *Christian IV.* von Dänemark gegen *Tilly* u. *Wallenstein* eine entscheidende Niederlage im Dreißigjährigen Krieg.

Lüttich, frz. *Liège*, fläm. *Luik*, Hptst. der ostbelg. Prov. L., 197 000 Ew.
Nachdem 717/18 der Sitz des Bistums Maastricht-Tongeren nach L. verlegt worden war, entwickelte sich der Ort zu einem kirchl. Zentrum. Gleichzeitig entstand eine Siedlung von Kaufleuten. Bereits im MA erreichte L. wirtschaftliche, kulturelle u. polit. Bedeutung, die weit über die Grenzen des Bistums hinausreichte. Zwischen Kaufmannschaft u. Bischof kam es wiederholt zu Auseinandersetzungen, die erst mit der Sicherung der bischöfl. Stadtherrschaft durch Fürstbischof Maximilian Heinrich († 1688) beigelegt wurden. Im 17. u. 18. Jh. wurde L. mehrmals von Frankreich erobert. 1801 fiel das Bistum an Frankreich, 1814 an die Niederlande, 1830 an Belgien. Waffenfabrikation u. Kohleabbau wurden zu den wirtschaftl. Grundlagen L.s im 19. Jh. 1888–1892 wurde L. zur Festung ausgebaut, die in beiden Weltkriegen eine Rolle spielte.

Lüttwitz, Walther Frhr. von, General, *2. 2. 1859 Bodland, Oberschlesien, †20. 9. 1942 Breslau; Ende 1918 Oberbefehlshaber in den Marken, dann Chef des Reichswehr-Gruppenkommandos I; wurde zum Haupt der gegenrevolutionären Bestrebungen in der Reichswehr, unternahm am 13. 3. 1920 mit W. *Kapp* den →Kapp-Lüttwitz-Putsch, floh nach dessen Scheitern ins Ausland u. kehrte nach der Amnestie von 1925 nach Dtschld. zurück.

Lützen, Stadt in Sachsen-Anhalt, rd. 3800 Ew. – Während des Dreißigjährigen Krieges trafen bei L. am 16. 11. 1632 die Heere Gustavs II. Adolf u. Wallensteins aufeinander. Der schwed. König wurde tödlich verwundet, doch konnten seine Truppen unter Führung

Ludwig Adolf Wilhelm Freiherr von Lützow

Bernhards von Sachsen-Weimar das Schlachtfeld behaupten.

Lützow [-tso], Ludwig Adolf Wilhelm Frhr. von, preuß. Offizier (1822 Generalmajor), * 18. 5. 1782 Berlin, † 6. 12. 1834 Berlin; bildete als Major im Febr. 1813 das *L.sche Freikorps* („L.er Jäger" oder „Schwarze Schar"), das, aus nichtpreuß. Freiwilligen rekrutiert, als Avantgarde eines national inspirierten Volksheers wirken sollte u. dem u. a. F. L. *Jahn*, T. *Körner* u. K. F. *Friesen* beitraten. Militärische Erfolge wurden nicht erzielt. Körner feierte das Korps in dem Gedicht „L.s wilde, verwegene Jagd" (vertont von C. M. von *Weber*). Ⓑ S. 497.

Luxemburg L

Großherzogtum Luxemburg

Fläche: 2586 km². – *Einwohner:* 395 000. – *Hauptstadt:* Luxemburg. – *Landessprachen:* Französisch, Deutsch, Luxemburgisch. – *Nationalfeiertag:* 23. 6. – *Währung:* 1 Luxemburgischer Franc = 100 Centimes. – *Lage:* zwischen 49°27′ und 50°11′ n. Br. sowie 5°44′ und 6°32′ ö. L. – *Zeitzone:* Mitteleuropäische Zeit. – *Grenzen:* im W Belgien, im O Bundesrepublik Deutschland, im S Frankreich. – *Staatsform:* parlamentarische Monarchie.

Das Gebiet des heutigen L.s war in der Frühzeit kelt., dann röm. u. danach fränk. besiedelt. 963 erwarb Graf Sigfrid aus dem Hause Lothringen die Burg *Lucilinburhuc (Lützelburg)*, nach der sich seine Nachfolger als Grafen von Lützelburg (später L.) bezeichneten. Die ursprünglich dt. Grafschaft wurde im 12. u. 13. Jh. durch umfangreiche wallon. Gebiete erweitert, durch die französ. Kultur in L. Eingang fand. Im 14. Jh. stellte das Haus L. mehrmals den dt. König; durch Heirat kam Böhmen an die Luxemburger. Kaiser Karl IV. (aus dem Haus L.) erhob die Grafschaft L. 1354 zum Herzogtum. Nachdem Wenzel L. 1386 zunächst an Burgund verpfändet hatte, kaufte Philipp von Burgund 1443 das Land. Durch die Heirat Marias von Burgund mit Kaiser Maximilian I. kam L. 1477 an die Habsburger, bei der Teilung 1555 an deren span. Linie, blieb aber Teil des Heiligen Röm. Reichs. Im Pyrenäenfrieden fiel das südl. L. von Diedenhofen bis Montmédy an Frankreich. 1684–1697 stand ganz L. unter französ. Herrschaft, wurde dann wieder habsburgisch, u. kam 1795–1814 erneut an Frankreich. Durch den Wiener Kongreß wurde L. 1815 zum Großherzogtum erhoben u. Mitgl. des Dt. Bundes. Es blieb aber in Personalunion mit den Niederlanden verbunden. Gleichzeitig mußte L. seine östl. von Mosel, Sauer u. Our gelegenen Gebiete an Preußen abtreten. Die Stadt L. wurde Bundesfestung mit preuß. Besatzungsrecht. 1839 wurde der wallon. Teil an Belgien abgetreten; 1842–1918 schloß L. sich dem dt. Zollverein an. 1866 wurde es durch die Auflösung des Dt. Bundes völlig selbständig u. nach dem Scheitern der Annexionsversuche Napoleons III. 1867 neutralisiert. Die Personalunion mit den Niederlanden wurde nach dem Tod Wilhelms III. aus der otton. Linie des Hauses Nassau-Oranien gelöst; in L. folgte 1890 Adolf von Nassau u. Oranien (aus der walram. Linie) als Großherzog von L. Nachdem die Linie im Mannesstamm erloschen war, übernahm 1912 Marie Adelheid die Regentschaft. Im 1. Weltkrieg besetzten dt. Truppen unter Bruch der Neutralität L. Marie Adelheid, der prodt. Neigungen vorgeworfen wurden, dankte 1919 zugunsten ihrer Schwester Charlotte ab. Die Eigenstaatlichkeit konnte gegen belg. Ansprüche behauptet werden. Allerdings mußte sich L. mit einer Zoll- u. Währungsunion mit Belgien abfinden. 1940 besetzten dt. Truppen das Land. Großherzogin Charlotte u. die Landesregierung gingen nach London ins Exil. L. wurde dem Gau Moselland angegliedert. Die Bevölkerung litt schwer unter der nat.-soz. Unterdrückungspolitik.

Nach dem Ende des 2. Weltkriegs wurde L. Mitglied der UNO. 1948 gab das Land seine Neutralitätsverpflichtung auf u. wurde 1949 NATO-Mitglied. 1957 trat L. der Europäischen Gemeinschaft bei. Mit Belgien u. den Niederlanden besteht die Benelux-Union. 1964 folgte Großherzog Jean seiner Mutter Charlotte auf dem luxemburgischen Thron. Min.-Präs. ist seit 1995 J. C. *Juncker* (Christl.-Soziale Volkspartei).

Luxemburg, Rosa, sozialist. Politikerin, * 5. 3. 1871 Zamość (Polen), † 15. 1. 1919 Berlin (ermordet); Nationalökonomin; 1894 Mitgründerin der „Sozialdemokratie des Königreichs Polen u. Litauens"; seit 1898 in Dtschld.; arbeitete publizistisch für die SPD, behielt eine führende Stellung in der poln. Partei u. trat auch in der Zweiten Internationale hervor (1904–1914 Mitgl. des Internationalen Sozialist. Büros). L. stand auf dem linken Flügel der SPD, bekämpfte den Revisionismus u. Reformismus („Sozialreform oder Revolution?" 1899) u. trat für den polit. Massenstreik ein („Massenstreik, Partei u. Gewerkschaften" 1906). Zugleich lehnte sie die Kaderpolitik u. den Zentralismus der russ. Bolschewiki ab („Organisationsprobleme der russ. Sozialdemokratie" 1904). 1906 nahm sie in Warschau an der russ. Revolution teil; seit 1907 lehrte sie an der Berliner Parteischule der SPD. 1913 erschien ihr ökonom. Hptw. „Die Akkumulation des Kapitals". Als Kriegsgegnerin war sie 1914/15 im Gefängnis, 1916–1918 in „Schutzhaft". Sie bekämpfte die „Burgfriedenspolitik" der SPD („Die Krise der Sozialdemokratie" 1916) u. arbeitete an den illegalen „Spartakus-Briefen" mit. Die Herrschaftspraxis der Bolschewiki kritisierte sie 1918 in der 1922 posthum erschienenen Schrift „Die russ. Revolution". Ende 1918 gründete sie mit K. *Liebknecht* u. a. Linken die KPD. Nach dem von ihr mißbilligten Spartakusaufstand wurde sie zusammen mit Liebknecht von Freikorpsoffizieren ermordet. – Gesammelte Werke, 5 Bde. 1970–1975; Gesammelte Briefe, 5 Bde. 1982–1984.

Luxemburger, *Lützelburger*, dt. Königsgeschlecht aus dem Haus der Grafen von Luxemburg, das mit Kaiser *Heinrich VII.* (1308–1313) u. dessen Bruder Erzbischof *Balduin von Trier* europ. Bedeutung erlangte, unter Heinrichs Sohn *Johann* 1310 Böhmen erwarb u. mit *Karl IV.* (1346–1378), *Wenzel* (1378–1400), *Jobst von Mähren* (1410/11) u. *Sigismund* (1410–1437) nächst den Habsburgern die meisten dt. Könige im späten MA stellte.

Luynes [ly'i:n], Charles *d'Albert*, Herzog von, * 5. 3. 1578 Pont-St.-Esprit, Dép. Gard, † 15. 12. 1621 Longueville; Günstling Ludwigs XIII. von Frankreich; nach der Beseitigung seines Rivalen, des Marquis d'Ancre, bemächtigte er sich der Staatsführung u. wurde 1621 Connétable.

Luzern, Hptst. des gleichnamigen schweizer. Kantons, 60 600 Ew.

Das im 8. Jh. entstandene Kloster kam um 840 in den Besitz der Benediktinerabtei Murbach (nahe Colmar). Das um das Kloster entstandene Dorf entwickelte sich um 1180 zur Stadt. L. wurde in die Auseinandersetzungen zwischen Welfen u. Staufen mit einbezogen (bis 1252). 1291 wurde die Stadt an die Habsburger verkauft, für die es wegen der nahe gelegenen Pässe von großer strategischer Bedeutung war. 1332 schloß sich L. dem Bund der drei Urkantone an; 1415 löste es sich vom habsburgischen Einflußgebiet. L. beteiligte sich am eidgenössischen Krieg gegen die Habsburger u. hatte 1425 den größten Teil seines jetzigen Kantonsgebietes unterworfen. In den Reformationskriegen (1529 –1531) u. im Sonderbundskrieg (1847) war L. Vorort der kath. Kantone. 1798 wurde es Hptst. der Helvet. Republik.

Lwow [ljvɔf], *Lvov*, Georgij Jewgenjewitsch Fürst, russ. Politiker, * 22. 10. 1861 Alexin, Gouvernement Tula, † 6. 3. 1925 Paris; seit 1905 führend in der Reichsduma als Abg. der „Kadetten"; Min.-Präs. der Provisor. Regierung von März bis Juli 1917.

Lyautey [lio'tɛ:], Louis Hubert Gonzalve, französ. Offizier (1921 Marschall), * 17. 11. 1854 Nancy, † 21. 7. 1934 Thorey, Meurthe-et-Moselle; 1894 bis 1902 Kolonialoffizier in Indochina u. Madagaskar; 1912–1925 Generalresident von Marokko, 1916/17 auch Kriegs-Min.

Lydien, im Altertum Landschaft u. Königreich im westl. Kleinasien. Nach dem Niedergang Phrygiens gewann L. im 7. Jh. v. Chr. unter der Dynastie der *Mermnaden*, die die ältere Heraklidendynastie ablöste, an Bedeutung. König *Gyges* kämpfte mit den griech. Kolonien an der Westküste Kleinasiens; einem Angriff der Kimmerier vermochte er jedoch nicht standzuhalten u. fiel 652 v. Chr. im Kampf. Sein Sohn *Ardys* (652–610 v. Chr.) stellte das Reich wieder her, das nach der kurzen Regierungszeit *Sadyattes'* unter *Alyattes* seine größte Ausdehnung erreichte (um 600 v. Chr. wurde Smyrna erobert). Alyattes führte lange Kämpfe gegen *Kyaxares*, König von Medien (591–585 v. Chr.). Im Friedensschluß wurde der Halys (heute: Kizilirmak) zur Grenze zwischen L. u. dem medischen Reich bestimmt.

Krösus, der letzte König L.s, brachte die Griechenstädte bis auf Milet unter seinen Einfluß. Mit Sparta u. a. griech. Staaten schloß er Verträge. 547 v. Chr. unterlag er den Persern unter *Kyros II.*, der im folgenden Jahr das lyd. Reich völlig zerstörte u. es dem altpers. Reich der Achämeniden eingliederte. Hptst. L.s war *Sardeis* (heute: *Sart*), in achämenid. Zeit Sitz eines Satrapen. Nach der Eroberung durch Alexander d. Gr. (334 v. Chr.) gehörte L. zum Seleukidenreich, nach 190 v. Chr. zum Königreich Pergamon. 133 v. Chr. wurde es röm. Provinz. L. nahm eine Zwischenstellung zwischen Ost u. West ein u. vermittelte den Handel zwischen Griechenland u. dem Orient. Im Land selbst blühte ein reiches Kunsthandwerk. Unter den Mermnaden gewann die griech. Kultur großen Einfluß; Krösus wurde als Hellene angesehen.

Lykaonien, antike Landschaft im mittleren u. südl. kleinasiat. Hochland; das steppenhafte Land gehörte unter den Persern zur Satrapie Phrygien, in hellenist. Zeit zum Seleukidenreich, unter den Römern war es zeitweise der Prov. Kilikien, zeitweise der Prov. Galatien angeschlossen.

Lykien, in der Antike gebirgige Landschaft im südwestl. Kleinasien, zu beiden Seiten des Flusses Xanthos, mit steiler Küste zum Meer abfallend, bewohnt von den *Lykiern (Tramilen)*, die aus Kreta einwanderten. Sie waren ein Volk mit Mutterrecht. Um 540 v. Chr. eroberten die Perser L., im 5. Jh. v. Chr. schlossen sich die lykischen Städte dem *Attischen Seebund* an; nach der Eroberung durch *Alexander d. Gr.* u. der Diadochenzeit standen die lykischen Städte mit dem Hauptort *Xanthos* erst unter seleukidischer, dann unter rhodischer Oberhoheit, bis sie 168 v. Chr.

von Rom für frei erklärt wurden u. sich zum *Lykischen Bund* zusammenschlossen. 43 n. Chr. wurde L. röm. Provinz.

Lykurgos, 1. sagenhafter König der Thraker, Feind des Dionysoskults, mit Blindheit (nach späterer Version mit Wahnsinn) bestraft, von *Aischylos* in einer Dramentrilogie dargestellt.

2. sagenhafter Gesetzgeber in der Frühzeit des dorischen Sparta zwischen 11. u. 8. Jh. v. Chr. L. galt als Mitgl. eines der beiden Königshäuser u. später als Begründer der militär. Erziehung u. Lebensweise sowie der angebl. ursprüngl. Besitzgleichheit der Spartiaten. Dies ermöglichte es den spartan. Sozialreformern des 3. Jh. v. Chr., ihre Programme als Wiederherstellung der Ordnung des L. zu legitimieren.

3. athen. Redner u. Politiker, *390 v. Chr., †wohl 324 v. Chr.; Freund u. polit. Gesinnungsgenosse des *Demosthenes*, gleich diesem einer der „zehn attischen Redner". Sein Ziel als Leiter der Finanzen Athens 338/37 v. Chr. war die militär. Stärkung wie die Verschönerung der Stadt; der Sternbau des Dionysostheaters (am Südhang der Akropolis) geht auf ihn zurück.

Lyndsay ['lindzi], *Lindsay*, Sir David, schott. Staatsmann u. Dichter, *um 1490, †um 1555 Edinburgh; schuf mit dem allegor.-satir. Drama „Ane pleasant satyre of the thrie estaitis" 1540 („Eine vergnügl. Satire der drei Stände"), in dem er die Gegner der Reformation angriff, eine der bedeutendsten Moralitäten seiner Zeit.

Lyngby-Kultur ['løŋby:-], nach der Fundstätte *Nörre Lyngby* (Jütland) benannte nordeurop. Kulturgruppe der Mittelsteinzeit, charakterisiert durch grobe Stielspitzen; ein beiderseits retuschiertes blattartiges Steingerät, das wahrscheinl. als Pfeil benutzt wurde.

Lyon [li'ɔ̃], südfranzös. Industrie- u. Handelsstadt, 422 000 Ew.

Als *Lugdunum* (43 v. Chr. gegr.) war L. röm. Kolonie, Hptst. u. wirtschaftl. Mittelpunkt der Prov. Gallien, Geburtsstadt des Kaisers Claudius. Das antike Zentrum lag im heutigen Stadtteil Fourvière (Forum vetus) u. ist z. T. ausgegraben (Theater, Odeum, Aquädukt). 843 kam L. zu Lothringen, 918 an Hochburgund; 1032–1307 gehörte es zum Röm.-Dt. Reich, seit 1307 zu Frankreich. L. war ein bedeutendes Zentrum des Buchdrucks u. der Seidenherstellung. 1793 empörte es sich gegen die Konventsherrschaft u. wurde daraufhin belagert; 6000 Menschen wurden hingerichtet. 1831 u. 1834 war L. Ausgangspunkt von Aufständen der Seidenarbeiter gegen die Julimonarchie.

Lyoner Konzile, zwei ökumenische Konzile, die 1245 unter Papst *Innozenz IV.* u. 1274 unter Papst *Gregor X.* in Lyon zusammentraten. Das erste wurde berühmt durch die hier proklamierte Absetzung Kaiser Friedrichs II., das zweite durch die Einführung des Konklave bei Papstwahlen u. durch die Union der griech.-orthodoxen mit der römisch-kath. Kirche, die 1283 wieder gekündigt wurde.

Lysander, grch. *Lysandros*, spartan. Feldherr, †395 v. Chr.; seine Kontakte mit dem pers. Prinzen *Kyros* u. seine Seesiege entschieden den Peloponnesischen Krieg; 404 v. Chr. zwang er Athen zur Kapitulation. Er brachte in Athen die Dreißig Tyrannen an die Macht. Nach Ausbruch des Korinthischen Krieges fiel er 395 v. Chr. bei *Haliartos*. Als erstem Griechen wurden L. 404 v. Chr. von den Oligarchen auf *Samos* aus Dankbarkeit zu Lebzeiten übermenschliche kultische Ehren zuerkannt; eine Vorstufe des hellenistischen Herrscherkults.

Lysimachos, General *Alexanders d. Gr.*, *um 361 v. Chr., †281 v. Chr.; seit 306 v. Chr. König über Thrakien u. Teile von Kleinasien; fiel in der Schlacht bei Kurupedion gegen Seleukos I.; mit seinem Tod war ein gewisser Abschluß der *Diadochenkämpfe* erreicht.

M

Mabillon [mabi'jɔ̃], Jean, französ. Historiker, *23. 11. 1632 St.-Pierremont, Champagne, †27. 12. 1707 Paris; seit 1654 Benediktiner im Kloster des Hl. Maurus in St.-Germain-des-Prés. Er gilt als der bedeutendste Vertreter der Schule der Mauriner, die die histor. Grundwissenschaften u. systemat. Quellenkritik pflegten. M. begründete die Paläographie, Diplomatik u. Chronologie. Sein Hptw. ist die auf Urkunden gegründete Geschichte des Benediktinerordens: „Annales Ordinis Sancti Benedicti 408–1157" 6 Bde. 1703 bis 1739.

MacArthur [mək'a:θə], Douglas, US-amerikan. General, *26. 1. 1880 Little Rock, †5. 4. 1964 Washington; 1930–1935 Chef des Generalstabs der Armee, 1935–1941 Militärberater der Philippinen-Regierung. Zu Beginn des 2. Weltkrieges ernannte ihn Präs. Roosevelt zum Befehlshaber der US-Streitkräfte im Fernen Osten. Am 2. 9. 1945 nahm er die japan. Kapitulation entgegen. Als Oberbefehlshaber der Besatzungstruppen in Japan leitete M. die Kriegsverbrecherprozesse ein. Im Koreakrieg 1950 wurde M. Oberbefehlshaber der UN-Streitkräfte; er befreite Soul u. drang bis zur chines. Grenze vor, erlitt jedoch im Winter einen Rückschlag u. führte 1951 eine 2. Offensive. Seine Vorschläge zur weiteren Kriegführung (Bombardierung chines. Stützpunkte in der Mandschurei, u. U. mit Atomwaffen; Seeblockade; Rückführung des Marschalls Chiang Kai-shek) kollidierten mit Absichten des Präs. Truman, der M. am 10. 4. 1951 entließ.

Macau, *Macao*, chin. *Aomen*, portugiesisch verwaltetes Territorium an der Küste der südchines. Prov. Guangdong, 16 km², 374 000 Ew., Hptst. M.

Seit 1553 siedelten sich Portugiesen in M. an (erste Niederlassung von Europäern im Fernen Osten). 1557 wurde M. portugies. Kolonie. Von bes. Bedeutung war es für den portugies. Handel mit Japan. M. verlor seine wirtschaftl. Stellung, als Hongkong brit. Kolonie wurde (1842). In einem chines.-portugies. Vertrag wurde 1887 die Abtretung M.s nochmals bestätigt. 1951 erhielt M. den Status eines portugies. Überseeterritoriums. 1974 erkannte Portugal die Souveränität Chinas über M. an. Nach einem 1987 geschlossenen chines.-portugies. Vertrag soll M. 1999 unter chines. Oberhoheit zurückkehren, jedoch sein jetziges Wirtschafts-, Gesellschafts- u. Rechtssystem dann noch 50 Jahre lang beibehalten.

Macaulay [mə'kɔ:li], Thomas Babington, Baron *M. of Rothley* (1857), brit. Historiker, Essayist, Dichter u. Politiker (Liberaler), *25. 10. 1800 Rothley Temple, Leicestershire, †28. 12. 1859 London; 1830–1856 mit Unterbrechung Unterhaus-Abg., 1834–1838 Mitgl. des obersten Rats von Indien in Calcutta, 1839–1841 Kriegs-Min. Als Verfasser der unvollendeten „History of England from the accession of James II." 1849–1861 wurde er zum populärsten liberalen Schriftsteller seiner Zeit.

Macbeth [mək'bɛθ], König von Schottland 1040–1057, †1057; als Heerführer König Duncans I. tötete er diesen 1040; fiel gegen Duncans Sohn Malcolm III. bei Lumphanan.

Macchiavelli [makja-], Niccolò → Machiavelli.

Macdonald [mək'dɔnəld], **1.** Alexandre, Herzog von Tarent (seit 1809), französ. Marschall, *17. 11. 1765 Sedan, †25. 9. 1840 Schloß Courcelles, Seine-et-Oise; 1796 General, entschied den französ. Sieg bei Wagram 1809, unterlag 1813 an der Katzbach; 1814 zum Pair erhoben.

2. James Ramsay, brit. Politiker (Labour Party), *12. 10. 1866 Lossiemouth, Schottland, †9. 11. 1937 auf der Fahrt nach Südamerika; Mitgründer u. 1911–1914 sowie 1922–1931 Führer der Labour Party. Als erster Labour-Politiker war M. Jan.–Nov. 1924 Premier-Min. (mit parlamentar. Unterstützung der Liberalen). 1929–1935 war er erneut Premier-Min., bis 1931 an der Spitze eines reinen Labour-Kabinetts, dann (gegen die Mehrheit seiner Partei) einer „nationalen Koalitionsregierung" mit Konservativen u. Liberalen. 1935–1937 war er Lordpräsident des Rates (Koordinations-Min.) im Kabinett Baldwin.

3. Sir John Alexander, kanad. Politiker, *11. 1. 1815 Glasgow, †6. 6. 1891 Ottawa; Mitgründer der Konservativen Partei; gewann als führende Persönlichkeit des Union Movement 1860–1867 maßgebenden Einfluß auf die Formulierung der British North America Act des Londoner Parlaments 1867, die der entscheidende Schritt zur Gründung des Dominion of Canada war. Premier-Min. von Kanada 1867–1873 u. 1878–1891.

4. Malcolm, Sohn von 2), brit. Politiker (Labour Party, seit 1931 National Labour Party), *17. 8. 1901 Lossiemouth, †11. 1. 1981 Sevenoaks; seit 1935 Kolonial- bzw. Dominion-, 1940/41 Gesundheits-Min., 1941–1946 Hochkommissar in Kanada, 1946–1955 Generalgouverneur bzw. Generalkommissar für Südostasien, 1955–1960 Hochkommissar für Indien, 1963–1967 als Hochkommissar u. Sonderbotschafter in Ost- u. Mittelafrika.

Machdi → Mahdi.

Machel [ma'ʃɛl], Samora, moçambikan. Politiker, *Okt. 1933 Belém, Prov. Gaza, †20. 10. 1986 zwischen Lusaka u. Maputo (Flugzeugabsturz); Krankenpfleger; gründete in Tansania das erste Ausbildungslager der Befreiungsbewegung FRELIMO, 1964 einer der Anführer des bewaffneten Kampfes gegen die portugies. Kolonialherrschaft; 1970–1986 Präs. der FRELIMO; 1975–1986 Präs. des unabhängigen Moçambique.

Machiavelli [makia'vɛlli], Niccolò, italien. Politiker, Geschichtsschreiber u. Dichter,

Niccolò Machiavelli

*3. 5. 1469 Florenz, †22. 6. 1527 Florenz; 1498–1512 Kanzler des „Rates der Zehn" der Republik Florenz. In diplomat. Aufträgen kam er zu Cesare Borgia nach Urbino, nach Rom zu Papst Julius II., 1504 nach Frankreich zu Ludwig XII., 1508 zu Kaiser Maximilian I. Nach der Rückkehr der Medici verlor er 1512 seine Ämter. 1513 mit einer Verschwörung in Verbindung gebracht, wurde M. gefangengesetzt u. gefoltert. Er zog sich auf sein kleines Landgut bei San Casciano (Toskana) zurück u. bemühte sich um Rehabilitierung. Nach 1519 wurde er von den Medici zu kleineren Aufträgen herangezogen; 1525 übertrug man ihm die Erneuerung der Stadtmauer. Kurz nach Ausrufung der Republik starb M., erneut seiner Ämter beraubt, verbittert.

M.s Gesamtwerk wurde jahrhundertelang von seinem bekanntesten Werk, „Il Principe" („Der Fürst", mit dem ursprüngl. Titel „De principatibus", 1513 geschrieben, gedruckt erst 1532), verdeckt, das als Ironisierung der mittelalterl. Fürstenspiegel aufgefaßt werden kann. Erst seit dem 19. Jh. kam man allmählich dazu, seine übrigen Werke, vor allem die „Discorsi sopra la prima decca di Tito Livio" (1513 ff.), „Istorie Fiorentine" (1521 ff.), „Dell'arte della guerra" (1521) mit heranzuziehen.

M.s Werk erfuhr eine Reihe von Deutungen, die von der reinen Lehre der Technik der Macht bis zum Aufruf zur Befreiung Italiens reichten. Die histor. Bedingungen, unter denen er seine Gedanken entwickelte, waren die Erfahrung der ständig sich wandelnden Ordnung im Renaissance-Italien, das Aufkommen des modernen Staates u. das Auseinanderbrechen der mittelalterl.-theolog. Einheit des Weltbilds. Aus dieser gefährdeten Existenz des Menschen u. der Staaten heraus wurde M. zum Begründer einer Wissenschaft über Politik. Er entdeckte im Prinzip der Staatsräson das Grundgesetz der modernen europ. Staatenwelt. Ausgehend von einem pessimist. Menschenbild, ordnete er die menschl. Bosheit der Ratio der Macht unter u. konstruierte seine Ethik der notwendigen Unterscheidung zwischen der Forderung der polit. Verantwortung u. der persönl. Gesinnung. Den Weltprozeß deutete er aus dem Zusammenwirken der drei Geschichtsmächte: *virtù, necessità u. fortuna* (die Summe der polit. Energien u. natürl. Tüchtigkeit; die Vielfalt wechselnder Lebensumstände, über die der Mensch keine Macht hat; die Grenzen, die der menschl. Wahlfreiheit durch die sozialen Gegebenheiten gesetzt sind). M.s Wirkungsgeschichte, die vor allem von den zentralen Kapiteln des „Principe" ausging, lag in seiner Lehre von der Fürstenmacht als einem konstitutiven Element der Politik. Im 18. Jh. war „Il Principe" ein grundlegendes Werk der Fürstenerziehung. Die Auseinandersetzungen um M. begleiten die ganze moderne Geschichte bis zum Faschismus u. Marxismus. Gegen den *Machiavellismus* formierte sich als Gegenströmung der *Antimachiavellismus* („Antimachiavell" Friedrichs d. Gr. 1740).

Machu Picchu [span. 'matʃu 'piktʃu], Ruinenstadt der *Inka* in Peru, über dem Urubamba-Tal auf zwei Bergkuppen gelegen, 100 km nordwestl. von der Inka-Hpst. *Cuzco*; wurde erst 1911 von Hiram *Bingham* entdeckt. M. P. war Grenzfestung u. Garnisonstadt gegen die Tieflandstämme des Amazonasgebietes. Sie bestand aus dem eigentl. Festungs- u. Palastbereich mit dem *torreón*, einem Halbrundbau, u. dem „Haus mit den drei Fenstern" sowie dem Wohnbereich für etwa 10000 Menschen. Die Stadt war umgeben mit einem umfangreichen System bewässerbarer Feldbauterrassen. Sonnensteine sowie Felsenhöhlen dienten dem Kult. Es war zur Zeit der spanischen Eroberung 1532 noch nicht vollendet.

Mackensen, August von (1899), Offizier (1915 Generalfeldmarschall), *6. 12. 1849 Haus Leipnitz, Krs. Wittenberg, †8. 11. 1945 Burghorn bei Celle; im 1. Weltkrieg Armee-Oberbefehlshaber in Polen (1915 Durchbruch bei Gorlice-Tarnow), dann Heeresgruppen-Oberbefehlshaber in Serbien u. Rumänien; 1917/18 Militärgouverneur in Rumänien. „Briefe u. Aufzeichnungen aus Krieg und Frieden" 1938.

Mac-Mahon [makma'ɔ̃], Patrice Maurice Comte de, Herzog von *Magenta* (1859), Marschall von Frankreich, *13. 6. 1808 Sully bei Autun, †17. 10. 1893 La Forêt, Loiret; nach glänzenden Erfolgen im Krimkrieg (1853–1856) u. Italien (1859) im Dt.-Französ. Krieg wenig erfolgreich; schlug 1871 den Aufstand der Pariser Kommune nieder; 1873 von der monarchistisch-konservativen Mehrheit der Nationalversammlung zum Staats-Präs. gewählt. Nach Scheitern seiner Bestrebungen, die Monarchie wiederherzustellen, trat M. 1879 zurück.

Macmillan [mək'milən], Harold, Earl of *Stockton* (1984), brit. Politiker (Konservativer), *10. 2. 1894 London, †29. 12. 1986 Hayward's Heath, Sussex; seit 1924 Mitgl. des Unterhauses, in Opposition zur Appeasement-Politik N. Chamberlains; unorthodoxer Verfechter einer stärkeren Wirtschaftskontrolle; seit 1942 mehrfach Minister, 1955 Außenminister, 1955–1957 Schatzkanzler, 1957–1963 Premier-Min.; bemühte sich um den Beitritt Großbritanniens zur EG, erreichte ihn jedoch nicht wegen des französ. Vetos.

Macrinus, *Marcus Opellius Severus M. Augustus*, röm. Kaiser 217/18, *164 Caesarea (Mauretanien), †218 Antiocheia; Angehöriger des Ritterstandes, als Beamter u. Offizier im kaiserl. Dienst tätig, 212 Prätorianerpräfekt; nach der von ihm selbst angestifteten Ermordung des *Caracalla* wurde er von den Soldaten des Partherfeldzuges zum Kaiser ausgerufen; am 8. 6. 218 von den Truppen des von seiner Großmutter *Julia Maesa* inthronisierten *Elagabal* besiegt u. kurz darauf ermordet.

Macro, *Quintus Naevius Cordus Sutorius*, röm. Offizier, †37 n. Chr.; 31 n. Chr. von Kaiser *Tiberius* zum Prätorianerpräfekten ernannt u. mit der Beseitigung *Seians* beauftragt. Beim Tode des Tiberius 37 n. Chr. hatte er an dem Übergang der Regierung an *Caligula* großen Anteil, wurde jedoch von diesem indirekt zum Selbstmord genötigt.

Madagaskar RM

Republik Madagaskar

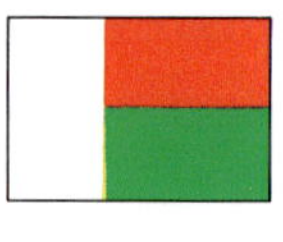

Fläche: 587041 km². – *Einwohner:* 14,8 Mill. – *Hauptstadt:* Antananarivo. – *Landessprachen:* Französisch, Madagassisch, Howa. – *Nationalfeiertag:* 26. 6. – *Währung:* 1 Madagaskar-Franc = 100 Centimes. – *Lage:* Inselstaat im Indischen Ozean vor der ostafrikanischen Küste zwischen 11°40' und 25°35' s. Br. sowie 43° und 50°30' ö. L. – *Zeitzone:* Mitteleuropäische Zeit + 2 Std. – *Staatsform:* präsidiale Republik.

Die Insel wurde in früher Zeit von Südasien aus besiedelt. Zeugnis dafür ist die madagass. Sprache, die mit den Sprachen der Sundainseln verwandt ist. Im 16. Jh. setzten sich Portugiesen u. Franzosen an der Küste fest. Nach 1787 dehnte sich das Reich der einheim. Merina vom zentralen Hochland durch Eroberungen über ganz M. aus. 1810–1828 regierte König *Radama I.*, nach ihm bis 1861 seine Frau, Königin *Ranavalona I.* Der 1864–1895 amtierende Premier-Min. *Rainilaiarivony* versuchte vergeblich, den Merina-Staat nach japan. Vorbild selbständig zu modernisieren. 1885 setzte Frankreich sein Protektorat über M. durch. Nach Einigung mit England über die beiderseitigen kolonialen Einflußgebiete (1890) wurde M. 1896 französ. Kolonie. Eine moderne Nationalbewegung entstand bereits während des 1. Weltkriegs; sie forderte jedoch bis 1939 überwiegend gleichberechtigte Integration in die französ. Republik. Im 2. Weltkrieg besetzten brit. Truppen M. 1946 sprach sich die nationalist. *Demokrat. Bewegung für die Erneuerung M.s* (französ. Abk. *MDRM*) für Autonomie aus, 1947 schlug Frankreich einen Aufstand nieder. Zusammen mit den anderen französ. Kolonien in Afrika erhielt M. 1956 begrenzte Autonomie, am 26. 6. 1960 Unabhängigkeit.

Regierungschef, seit 1960 Staats-Präs., war der Führer der Mehrheitspartei *(PSD)*, P. *Tsiranana*; er wurde 1965, 1970 u. 1972 wiedergewählt. Aufgrund der schlechten Wirtschaftslage entmachtete das Militär jedoch im Okt. 1972 Tsiranana. 1975 trat eine neue Verfassung in Kraft. Der neue Staats-Präs. D. *Ratsiraka* schlug einen sozialist. Kurs ein u. knüpfte enge Beziehungen zur kommunist. Staatenwelt. Er wurde bei den Präsidentschaftswahlen 1982 im Amt bestätigt. Die von ihm geführte Partei AREMA erhielt bei Parlamentswahlen 1977, 1983 u. 1989 die große Mehrheit der Stimmen. Nach der Wiederwahl Ratsirakas 1989 nahm die innenpolit. Kritik zu. 1991 rief die Opposition zum Generalstreik auf. Trotz der Verhängung des Ausnahmezustandes kam es zu Massendemonstrationen, die blutig eskalierten. Schließlich mußte Ratsiraka demokrat. Reformen zustimmen. 1992 nahm die Bevölkerung per Referendum eine neue Verfassung an. Bei den Präsidentschaftswahlen 1993 unterlag Ratsiraka dem Oppositionsführer A. *Zafy*. Die innenpolit. Lage blieb jedoch labil. Nach der Amtsenthebung Zafys, dem man Verfassungsverletzungen vorwarf, wählte die Bevölkerung 1996 erneut Ratsiraka zum Präsidenten.

Harold Macmillan; 1959

James Madison

Madison ['mædisən], James, US-amerikan. Politiker, *16. 3. 1751 Port Conway, Va., †28. 6. 1836 Montpelier, Va.; Mitglied im Kontinentalkongreß; maßgebend beteiligt an der Ausarbeitung der Verfassung der USA (1787); 1801–1809 Außen-Min.; 1809–1817 (4.) Präs. der USA; suchte Großbritannien im Krieg 1812–1814 Kanada zu entreißen; 1826 Rektor der Universität von Virginia.

Madrid [span. ma'ðrið], Hptst. Spaniens u. der gleichnamigen Prov., 3,01 Mill. Ew.

Als *Majerita* wird M. im 9./10. Jh. in arab.

Quellen zuerst erwähnt. Nach über hundertjährigen Kämpfen eroberte Alfons VI. von Kastilien u. León 1083 die maurische Stadt endgültig. Im 13. Jh. erlebte M. einen wirtschaftl. Aufschwung, u. mit Philipp II. von Spanien wurde es 1561 Hptst. der span. Könige. Im Span. Bürgerkrieg hielt sich M. auf republikan. Seite bis zur Kapitulation 1939 gegen die Falangisten u. erlitt dabei schwere Zerstörungen.

Maecenas, Gaius, röm. Ritter aus altetruskischem Geschlecht, *um 69 v. Chr., †8. v. Chr.; Vertrauter u. Berater des Kaisers *Augustus*; führte ein luxuriöses Leben, war aufgeschlossen für Kunst u. Literatur, förderte bes. *Horaz, Vergil* u. *Properz*; daher wird ein freigebiger Kunstfreund noch heute als *Mäzen* bezeichnet.

Magadha, nordind. Königreich vom 6. Jh. v. Chr. bis 1. Jh. v. Chr.; war geistiges Zentrum der nachvedischen Zeit, von dem aus sich die Religionen Buddhas u. Mahaviras verbreiteten; Keimzelle der Großreiche der Gupta u. Maurya.

Magalhães [maga'ljäis], *Magellan*, span. *Magallanes*, Fernão de, portugies. Seefahrer, *um 1480 Sabrosa, †27. 4. 1521 Mataan, Philippinen; suchte in span. Diensten (seit 1517) den westl. Seeweg zu den Gewürzinseln (Molukken) des Malaiischen Archipels; dabei entdeckte er 1519/20 die *Magalhäesstraße* zwischen Südamerika u. Feuerland, durchkreuzte als erster den Pazifik u. erreichte 1521 die Philippinen, wo er von Eingeborenen erschlagen wurde. Seine Reise vollendete J. S. *Elcano*.

Magas, König von Kyrene nach 283 v. Chr., verbündete sich mit kret. Städten u. Antiochos I., dessen Tochter *Apama* er heiratete; seine Tochter *Berenike* wurde mit Ptolemaios III. verheiratet.

Magdalénien [-le'njɛ̃; das], eine nach der Höhle von *La Madeleine* bei Tursac im französ. Dép. Dordogne benannte Kultur der jüngeren Altsteinzeit in Mittel- u. Westeuropa. Sie entstand nach dem Kältemaximum der letzten Eiszeit u. endete am Ende der letzten Eiszeit (17000–10000 v. Chr.). Die Hauptjagdbeute war das Rentier, weshalb auch von der *Rentierjägerkultur* gesprochen wurde. Vereinzelt wurde auch noch das Mammut gejagt (durch wenige Knochen, öfter jedoch durch Kunstdarstellungen belegt). Die Geräte, z. B. Harpunen u. Speerspitzen, bestehen aus Knochen, Rentiergeweih u. Elfenbein, sie sind teilweise mit Ornamenten oder Figuren reich verziert. Unter den Steingeräten sind Bohrer, Stichel u. Rückenmesser charakteristisch. Neben der recht realistisch anmutenden Felsmalerei entwickelte sich eine Kleinkunst. Auf Schieferplatten, Gagat, Knochen oder Elfenbein finden sich figürliche Tierdarstellungen u. stilisierte Venusdarstellungen.

Magdeburg, 1. Hauptstadt von Sachsen-Anhalt, 270000 Ew.

Das 805 erstmals als Handelsplatz erwähnte M. erlangte unter *Otto I.*, der 968 das Erzbistum gründete, polit. u. wirtschaftl. Bedeutung; es war Sitz einer wichtigen otton. Pfalz. Seit dem 13. Jh. unterhielt M. Handelsbeziehungen bis Flandern u. Rußland. Die Stadt gewann zunehmende Selbständigkeit gegenüber dem Erzbischof; das Magdeburger Recht wurde vorbildlich für zahlreiche andere Städte. 1524 wurde die Reformation eingeführt. Im Dreißigjährigen Krieg wurde M. 1631 fast völlig zerstört, unter Bürgermeister O. von *Guericke* wiederaufgebaut. 1666 kam M. zu Brandenburg. 1807–1813 gehörte es zum Königreich Westfalen. 1815–1944 war es Hptst. der preuß. Provinz Sachsen, 1944/45 Hptst. der preuß. Provinz M., 1952–1990 Hptst. des gleichnamigen Bezirks der DDR. 1990 wurde M. Landeshauptstadt von Sachsen-Anhalt.

2. ehem. Erzbistum, gegr. 968 von *Otto I.* als Zentrum der Slawenmission mit den Suffraganen Brandenburg, Havelberg, Meißen, Merseburg u. Zeitz-Naumburg; seit 1550 unter prot. Administratoren, 1680 erloschen; das Territorium (M.er Börde, Länder Jerichow, Jüterbog u. Gebiet um Halle) fiel an Brandenburg-Preußen.

Magellan → Magalhães.

Maginot [maʒi'no:], André, französ. Politiker (Demokrat. Linke), *17. 2. 1877 Paris, †7. 1. 1932 Paris; anfangs Kolonialbeamter, 1910 Kammerabgeordneter, seit 1917 mehrmals Kolonial-Minister, 1922–1924 u. 1929–1932 Kriegs-Min. In seiner Amtszeit wurde der Bau der *Maginotlinie* (Befestigungsanlagen entlang der französ.-dt. Grenze) eingeleitet.

Magister Equitum [lat., „Reiteroberst"], im alten Rom ursprüngl. Befehlshaber der Reiterei, später der Stellvertreter des *Dictators*.

Magister Militum [lat., „Heermeister"], im röm. Reich seit *Konstantin d. Gr.* Bez. für die höchsten Offiziere des Heeres. Zu jedem Kaiser gehörten zwei Heermeister als Oberkommandierende der Kavallerie u. der Infanterie. Im Westreich wurde der Infanterie-Heermeister der wichtigste Offizier, trug seit 416 regelmäßig den Titel *Patricius* u. bestimmte oft maßgeblich die Reichspolitik. Die Zahl der Germanen unter den Heermeistern war beachtlich.

Maglemose-Kultur, mittelsteinzeitl. Kultur in Nordosteuropa, benannt nach einem Moor bei Mullerup an der Westküste von Seeland (Dänemark).

Magna Charta [-'karta; die; lat.], *Magna Charta libertatum*, engl. *The Great Charter*, die „Große Freiheits-Urkunde", die dem engl. König *Johann ohne Land* 1215 als zweiseitiger Herrschaftsvertrag von Adel u. Klerus abgenötigt wurde. Sie schränkte die königl. Allmacht vor allem zugunsten des Adels ein u. beurkundete im wesentlichen feudale Vorrechte: Festigung der baronialen Gerichtsbarkeit gegenüber den zentralen königl. Gerichten, Mitsprache bei Abgaben, Sicherung gegen willkürl. Einziehung von Lehen, persönl. Unversehrtheit u. ein ordentl. Verfahren nach den Gesetzen des Landes bei Verhaftungen. In den späteren revolutionären Auseinandersetzungen zwischen Krone u. Parlament im England des 17. Jh. wurde die M. C. in ein Dokument engl. Freiheitsrechte umgedeutet.

Magnago [man'jago], Silvius, deutschsprachiger Politiker in Südtirol, *5. 2. 1914 Meran; 1957–1991 Obmann (1. Vors.) der *Südtiroler Volkspartei*, 1961–1989 Landeshauptmann (Chef der Landesregierung) der Prov. Bozen.

Magnaten [lat.], in Polen (Adelsrepublik) u. Ungarn der Hochadel. In Polen hatten die M. keine bes. rechtl. Stellung gegenüber dem anderen Adel. In Ungarn bildeten sie gemeinsam mit bestimmten kirchl. u. weltl. Würdenträgern bis 1918 die *M.tafel*, das Oberhaus des Landtags.

Magnentius, Flavius Magnus, röm. Kaiser 350–353, Usurpator german. Herkunft; erhob sich 350 in Gallien gegen Kaiser *Constans* u. ließ ihn ermorden; beging nach anfangs erfolgreichen Kämpfen gegen *Constantius II.* 353 Selbstmord.

Magnesia, 1. *M. am Mäander*, antike Stadt im kleinasiat. Karien; Residenz u. Sterbeort des aus Athen verbannten *Themistokles*, in hellenist. Zeit seleukidisch u. danach pergamenisch; regelmäßige, nach den Himmelsrichtungen orientierte Stadtanlage, berühmter ionischer Artemistempel aus dem 3. Jh. v. Chr. (Relieffries mit Darstellung von Amazonenkämpfen in Berlin, Paris u. Istanbul).

2. *M. am Sipylos*, Stadt in Lydien, Kleinasien; 190 v. Chr. Sieg der beiden Scipionen über Antiochos III.

Magnus, Fürsten. Norwegen: **1.** *M. VI. Lagaboetir* [„Gesetzesverbesserer"], König 1263 bis 1280, *1238, †9. 5. 1280 Bergen; sicherte seinem Geschlecht die Erbfolge; richtete eine ständige Volksversammlung ein, die Anteil an der Steuerbewilligung u. Gesetzgebung hatte.

Fernão de Magalhães

Mahdi M. Ahmed

Schweden: **2.** *M. VII., M. Eriksson Smek* [„Verminderer"], König 1319–1363, 1319–1355 auch in Norwegen, *1316, †1375; letzter des Geschlechts der Folkunger in Schweden; übernahm 1337 selbständig die Regierung u. führte erfolglos Krieg gegen Rußland u. Dänemark; in Norwegen übernahm sein Sohn Haakon VI. Magnusson die Herrschaft.

Mago, 1. Stammvater der *Magoniden*, einer mächtigen Adelsfamilie in Karthago; begründete in der 2. Hälfte des 6. Jh. v. Chr. die karthag. Macht.

2. Bruder *Hannibals*; brachte die Nachricht vom Sieg bei *Cannae* nach Karthago; kämpfte später in Spanien; wurde 203 v. Chr. bei einem erfolglosen Landungsunternehmen in Italien verwundet u. starb auf der Rückfahrt.

Maharadscha [sanskr., der „Großkönig"], *Maharaja*, indischer Königstitel, → Radscha.

Mahatma [sanskr., „große, erhabene Seele"], ind. Ehrentitel, z. B. für M. *Gandhi*.

Mahdi, *Machdi* ['maxdi; arab., „der von Gott Geleitete"], der im Islam erwartete letzte Erneuerer des Glaubens u. Wiederhersteller der göttl. Ordnung. Der Glaube an den M. ist im sunnitischen Islam nur volkstümlich, im schiitischen Islam verbindlich. Als M. wird ein Nachkomme des Propheten bzw. Alis erwartet, für den sich u. a. Ibn Tumart (Almohaden), Sajjid Mohammed M. (1443–1505) aus Dschaunpur bei Benares u. der M. des Sudan (M. 2.) ausgaben.

Mahdi, ['maxdi], *Machdi*, **1.** dritter Abbasidenkalif 775–785; verfolgte die Manichäer.

2. eigentl. *Mohammed Ahmed*, der „M. des Sudan", *12. 8. 1844 Darar Dongola, †22. 6. 1885 Omdurman; nubischer Herkunft, leitete jedoch seinen Stammbaum auf Hassan, den Sohn Alis, zurück. M. trat 1861 in einen Derwischorden ein, wurde 1868 Ordensscheich u. bezeichnete sich 1881 öffentlich als der verheißene M. Er führte seine Anhänger zum Aufstand *(Mahdistenaufstand)* gegen die ägypt. Regierung, nahm 1885 das von G. C. Gordon verteidigte Khartum. Sein Nachfolger *Abdullah* regierte in Omdurman, bis Lord Kitchener der Herrschaft der Mahdisten 1898 ein Ende bereitete.

Mahlstatt, Gerichtsort der Germanen.

Mahmud, [max-], *Machmud*, osman. Fürsten: **1.** *M. I.*, Sultan 1730–1754, *2. 8. 1696 Adrianopel, †13. 12. 1754 Istanbul; gewann im Krieg gegen Österreich u. Rußland 1736 bis 1739 die Kleine Walachei u. Nordserbien mit Belgrad zurück; verlor Asow endgültig an Rußland.

2. *M. II.*, Sultan 1808–1839, *20. 7. 1785 Istanbul, †1. 7. 1839 Istanbul; folgte seinem ermordeten Bruder Mustafa IV.; vernichtete im Juni 1826 die aufständischen Janitscharen u. reorganisierte die Armee; konnte unter dem Druck der europ. Mächte die Unabhängigkeit Griechenlands 1829 (Friede von Adrianopel), Serbiens u. Ägyptens nicht verhindern. Syrien ging 1833 vorübergehend an Ägypten verloren (bis 1839).

Mahmud von Ghasni [max-], *Mahmud von Ghazna*, Herrscher des Ghasnawiden-Reichs 998–1030, *um 970, †30. 4. 1030 Ghasni; eroberte u. islamisierte das heutige Pakistan. Der Hof von Ghasni war Mittelpunkt für Kunst u. Wissenschaft, hier schrieb *Firdausi* das Königsepos „Schahname".

Mahomed → Mohammed.

Mähren, tschech. *Morava,* der östliche Teil der Tschech. Rep. um die obere u. mittlere March, im O von den Westbeskiden u. Weißen Karpaten, im W von der Böhmisch-Mährischen Höhe u. im N von den östl. Sudeten umgeben, verwaltungsmäßig in die Kraj Severomoravský (Nord-M.) u. Jihomoravský (Süd-M.) gegliedert, zusammen 26095 km², 4,0 Mill. Ew. (1991); Zentrum ist *Brünn*; bildet zusammen mit Böhmen die Tschechische Republik.

Von Illyrern, Kelten, dann von Germanen besiedelt, im 6. Jh. von slaw. Morawern; im 7. Jh. Teil des von Samo gegründeten Reiches, im 9. Jh. Gründung des Großmährischen Reichs (*Mojmiriden-Dynastie*, größte Ausdehnung unter *Swatopluk*, †894), seit 863 christianisiert, im Zuge der magyar. Landnahme 905/06 untergegangen; 1003–1029 bei Polen, 1029 an die böhm. Přemysliden; 1182 Markgrafschaft des Reichs, seit 1197 wieder unter böhm. Lehenspflicht; im 12./13. Jh. bes. stark von Deutschen besiedelt; 1526 an Habsburg; 1849 österr. Kronland, in wirtschaftl. Hinsicht eines der am besten entwickelten Gebiete der österr.-ungar. Monarchie; 1918–1992 Teil der Tschechoslowakei.

Maiden Castle ['mɛidən 'ka:sl], sehr gut erforschter, rd. 18 ha umfassender Ringwall 3 km südwestl. von Dorchester, Dorset (Großbritannien); erste Siedlungsreste aus der Jungsteinzeit, Errichtung des *Hillforts* in der Eisenzeit. In einer zweiten Besiedlungsphase wurden vier konzentrische Schutzwälle angelegt; Funde von etwa 22000 Schleudersteinen an strategisch wichtigen Stellen geben Aufschluß über die Art der Verteidigung. Während der ersten Hälfte des 1. Jh. v. Chr. wurde M. C. von Belgen besiedelt; unter Vespasian wurde die Festung erobert u. die Bewohner nach Drunovaria (heute Dorchester) umsiedelt.

Maier, Reinhold, Politiker, *16. 10. 1889 Schorndorf, Württemberg, †19. 8. 1971 Stuttgart; Rechtsanwalt; 1930–1933 Wirtschaftsminister, 1932/33 Mitgl. des Landtags (Dt. Staatspartei) in Württemberg, 1932/33 auch MdR; 1945 Mitbegründer der Demokrat. Volkspartei (seit 1952 FDP/DVP) in Württemberg; 1946–1964 Mitgl. des Landtags, 1945–1952 Min.-Präs. von Württemberg-Baden, 1952/53 von Baden-Württemberg, 1951/52 auch Justiz-Min.; 1953–1956 u. 1957–1959 MdB; 1957–1960 Bundes-Vors. der FDP. Erinnerungen: „Ein Grundstein wird gelegt" 2 Bde. 1964–1966.

Maigesetze, vier preuß. Gesetze, die während des → Kulturkampfes im Mai 1873 erlassen wurden. Sie schrieben für kath. Geistliche die Ablegung eines „Kulturexamens" an dt. Universitäten vor, unterstellten die kirchl. Priesterseminare der staatl. Aufsicht u. machten die Anstellung von Geistlichen anzeige- u. genehmigungspflichtig. Diese Maßnahmen wurden in den Jahren 1880–1887 wieder aufgehoben.

Mailand, *Milano*, das antike *Mediolanum*, norditalien. Stadt, Hptst. der Region Lombardei u. der Prov. M., 1,4 Mill. Ew.

Im 4. Jh. v. Chr. anstelle einer Etruskersiedlung von Kelten neu gegr., 222 v. Chr. von Rom erobert *(Mediolanum)*; erhielt 49 v. Chr. röm. Bürgerrecht. 293 n. Chr. setzte Diocletian seinen Mitkaiser Maximian zum Regenten der westl. Reichshälfte mit Residenz in M. ein; außerdem war die Stadt Sitz der Zivilverwaltung für Italien u. Illyrien u. des Vicarius Italiae (Regierungschef für Norditalien u. Afrika). 313 erließ Konstantin ein den Christen entgegenkommendes Religionsprogramm, das Toleranzedikt von M. Unter Erzbischof Ambrosius (374–397) wurde M. bedeutendstes Bistum im Röm. Reich. (355 Mailänder Konzil), im 4. Jh. Erzbistum u. bald größte Stadt Italiens. In der Völkerwanderungszeit eroberten Hunnen, Ostgoten u. Langobarden M.; 774 wurde es fränkisch. Im 12. Jh. führend im antistaufischen lombard. Städtebund, wurde M. 1162 unter Kaiser Friedrich I. zerstört, 1167 neu erbaut.

Der Übergang von der Kommune zur Signorie erfolgte nach harten Kämpfen zwischen den *Ghibellinen* u. *Guelfen* u. endete nach heftiger Rivalität der Della Torre u. Visconti mit den Sieg der Visconti. Gian Galeazzo, 1395 von König Wenzel zum Herzog erhoben, versuchte durch eine breit angelegte Expansion sich zum König von Italien zu machen. Heftige Kämpfe mit Venedig beherrschten die erste Hälfte des 15. Jh. 1447, nach dem Aussterben der Visconti, wurden unter der Ambrosianischen Republik die alten Freiheiten neu belebt. 1450 kam M. an Francesco Sforza. Unter Ludovico il Moro wurde M. zu einem Zentrum der Renaissance. Ludwig XII. von Frankreich erhob 1499 Erbansprüche auf M., das von 1499–1512, 1515–1521 u. 1524/25 französisch war. Mit der Schlacht von Pavia 1525 kam M. wieder in die Hand der Sforza. Nach dem Tod des letzten Sforza ging es 1535 als Reichslehen an die span. Habsburger, im Frieden von Utrecht 1714 an die österr. Habsburger. Unter Maria Theresia u. Carl Graf Firmian wurde M. zu einer Musterprovinz des aufgeklärten Absolutismus. 1797 war es Hauptstadt der cisalpin. Republik, ab 1805 des napoleon. Königreichs Italien. Napoleon I. setzte dann seinen Stiefsohn Eugen Beauharnais als Vizekönig in M. ein; nach dessen Sturz wurde M. durch den Wiener Kongreß Österreich zugesprochen. Im Verlauf des italien. Freiheitskampfs (Risorgimento) nach dem Zürcher Frieden (1859) kam es an Italien.

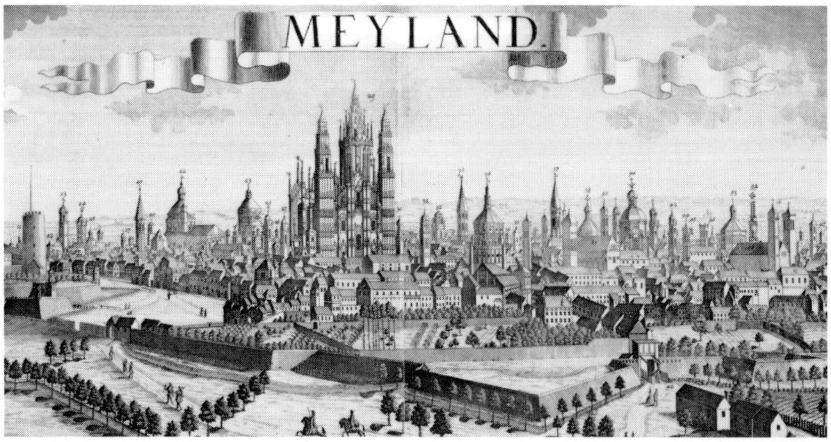

Mailand. Stich; um 1730

Mailänder Edikt, fälschlich „Edikt" genannte, 313 in Mailand erfolgte Einigung zwischen *Konstantin d. Gr.* u. *Licinius* in religionspolit. Hinsicht; diese Einigung fußte auf dem 311 zu Sardika von *Galerius* erlassenen Toleranzedikt. Hierdurch war das Christentum im röm. Reich zugelassen u. waren seine Anhänger zum Gebet für Kaiser u. Reich statt zum Kaiseropfer aufgefordert worden. In Mailand wurden darüber hinaus dem christl. Klerus Vorrechte zuerkannt, wie sie die nichtchristl. Priester besaßen.

Maintenon [mɛ̃t'nɔ̃], Françoise d'*Aubigné*, Marquise de, Mätresse u. spätere Gemahlin Ludwigs XIV. von Frankreich, *27. 11. 1635 Niort, †15. 4. 1719 St.-Cyr; heiratete 1652 den Dichter P. *Scarron*, verdrängte am Hof (seit 1669) die Marquise de Montespan, erhielt 1674 die Markgrafschaft M., erreichte von Ludwig XIV. 1684 die morganat. Ehe; war zeitweilig nicht ohne Einfluß auf die Religionspolitik, gründete Schulen u. die Mädchenbildungsanstalt St.-Cyr.

Mainz, Hptst. des Bundeslandes Rheinland-Pfalz, gegenüber der Mainmündung in den Rhein, 82 m ü. M., 185000 Ew.

M. ging aus dem seit Ende des 1. Jh. v. Chr. bestehenden röm. Kastell *Mogontiacum* (*Maguntiacum*, frühester Beleg 44 n. Chr.) hervor; es wurde um 300 erstmals als „Stadt" bezeichnet u. war Hptst. der röm. Provinz Germania prima. Ende des 5. Jh. kam M. zum fränk. Machtbereich. Die M.er Bischöfe waren seit Mitte des 6. Jh. führend am Wiederaufstieg der Stadt beteiligt *(Sidonius)*. Das Bistum M. wurde 746/47 von *Bonifatius* übernommen u. um 780 zum Erzbistum erhoben. Der Erzbischof von M. wurde zum ranghöchsten Fürsten im Reich: Er war Herr der Stadt, einer Diözese vom Hunsrück bis zur thüring. Saale u. der größten Kirchenprovinz der Christenheit, zudem seit 965 Reichserzkanzler mit dem Recht der Berufung zur Königswahl u. seit dem 13. Jh. der erste der Kurfürsten, seit dem 16. Jh. auch Inhaber des Direktoriums im Reichstag. – Seit Ende des 11. Jh. bildete sich eine nach Unabhängigkeit strebende Stadtgemeinde heraus, die im 13. u. 14. Jh. faktisch, wenn auch nie im vollen verfassungsrechtl. Sinne, den Status einer „Freien Stadt" errang (Hauptort des 1254 gegr. Rheinischen Städtebunds). In der *Mainzer Stiftsfehde* (1459–1463) wurde M. jedoch durch den neuen Erzbischof Adolf II. von Nassau erobert u. wieder zu einer landesherrl. Stadt herabgedrückt. Das Erzbistum wurde 1803 aufgehoben. 1798–1814 französisch, kam M. 1816 als Hptst. der neuen Provinz Rheinhessen an das Großherzogtum (den späteren Volksstaat) Hessen (-Darmstadt). – Die auf römische u. mittelalterl., bes. aber auf Fortifikation im 17. Jh. zurückgehende Festung M. unterstand 1815–1866 dem Dt. Bund, 1866–1873 Preußen u. 1873–1918 dem Dt. Reich; sie wurde nach dem 1. Weltkrieg während der Zeit der französ. Besatzung (bis 1930) bis auf wenige Reste geschleift. – Nach dem 2. Weltkrieg wurde M., das bei der Zoneneinteilung seine rechtsrhein. Vororte verlor, 1950 Hptst. des neuen Bundeslandes Rheinland-Pfalz.

Maiorianus, Marcus *Iulius M.*, röm. Kaiser 457–461, † 7. 8. 461 Dertona; als hoher Offizier tätig, unter dem Einfluß des mächtigen Heermeisters *Ricimer* zum Kaiser ausgerufen; nach einem mißglückten Unternehmen gegen die Wandalen in Afrika von Ricimer gestürzt u. hingerichtet.

Maiuri, Amadeo, italien. Archäologe, * 7. 1. 1886 Veroli, † 7. 4. 1963 bei Neapel; 1924 bis 1961 Direktor des Nationalmuseums Neapel.

Maiverfassung, die 1934 erlassene Verfassung des österr. Ständestaats (1934–1938) auf berufsständ. Grundlage. Die ernannten Vertretungskörperschaften (Staatsrat, Bundeskulturrat, Bundeswirtschaftsrat, Länderrat) hatten nur eine beratende Funktion; praktisch übte der Bundeskanzler (E. *Dollfuß*, ab Juli 1934 K. *Schuschnigg*) mit der Regierung die Staatsgewalt aus.

Maizière [mɛ'zjɛ:r], **1.** Lothar de, Neffe von 2), Politiker (CDU), * 2. 3. 1940 Nordhausen; Musiker u. Jurist; 1989/90 Vors. der CDU der DDR; 1990 Min.-Präs. der DDR; wurde 1990 stellvertr. Vors. der gesamtdt. CDU; Vors. des CDU-Landesverbands in Brandenburg, MdB sowie Bundes-Min. für besondere Aufgaben. Wegen des Vorwurfs, inoffizieller Mitarbeiter der DDR-Staatssicherheit gewesen zu sein, trat er 1990 als Minister zurück u. ließ die Parteiämter ruhen. Nach weitgehender Aufklärung nahm er sie 1991 wieder auf u. wurde zugleich Vors. der Grundsatzkommission der CDU. Nach innerparteil. Auseinandersetzungen über den Zustand der CDU in den ostdt. Ländern trat de M. im Sept. 1991 von allen Parteiämtern zurück. Zugleich legte er sein Bundestagmandat nieder.

2. Ulrich de, Offizier (1966 General), * 24. 2. 1912 Stade; seit 1930 Berufssoldat, 1951 bis 1955 militärischer Berater in der Dienststelle Blank (Vorbereitung eines Wehrbeitrags der BR Deutschland), seit 1955 im Bundesministerium der Verteidigung, 1960–1962 Kommandeur der Schule für Innere Führung, 1962–1964 der Führungsakademie der Bundeswehr, 1964–1966 Inspekteur des Heeres, 1966–1972 Generalinspekteur der Bundeswehr.

Majdanek, Ort bei Lublin (Polen). In M. wurde 1941 von der SS ein Kriegsgefangenen- u. Konzentrationslager errichtet, das seit 1942 auch als Vernichtungslager diente. Wie die Ermittlungen im M.-Prozeß gegen ehemalige Aufseherinnen vor dem Landgericht Düsseldorf (1975–1982) ergaben, wurden dort bis Juli 1944 mindestens 250 000 Menschen getötet.

Majestät [lat. *maiestas*, „Erhabenheit, Hoheit"], im alten Rom Attribut des Staatsvolks, seit Tiberius den röm. Kaisern vorbehalten. Im MA Titel des röm.-dt. Kaisers, seit dem 16. Jh. von einigen Königen (England, Frankreich) geführt, seit dem Westfäl. Frieden Titel für Kaiser u. Könige (einschl. ihrer ebenbürtigen Frauen).

Majestätsbrief, kaiserl. oder königl. Urkunde, in der Rechte oder Freiheiten für die Untertanen festgelegt waren; bekannt bes. der M. Kaiser Rudolfs II. 1609, der in Böhmen Protestanten u. Katholiken gleiche Rechte gab.

Majkop, Hptst. der Adygeischen SSR in Rußland im nordwestl. Kaukasusvorland, 142 000 Ew.
Bei M. liegen zahlreiche vorgeschichtl. Hügelgräber. Berühmt ist der „Kurgan von M.", ein bes. reich ausgestattetes Fürstengrab der Kupferzeit.

Major ['mɛɪʒə], John, brit. Politiker (Konservativer), * 29. 3. 1943 Merton; 1965–1979 im Bankgeschäft tätig; seit 1979 Mitgl. des Unterhauses; Juli–Oktober 1989 Außen-Min.; 1989/90 Schatzkanzler; 1990–1997 Parteiführer der Konservativen u. Premierminister.

Majordomus [lat.], *Maiordomus*, bei Romanen u. Germanen im MA der Vorsteher der Hofverwaltung *(Seneschall)*, bes. der fränk. Hausmeier. Erhalten blieb der M. in Spanien, Portugal u. an der Kurie in der Stellung eines *Haushofmeisters*.

Makarios III., *Myriarthes*, eigentl. Michail Christodoulos *Mouskos*, Erzbischof (1950) u. zypriot. Politiker, * 13. 8. 1913 Anō Panagia bei Páfos, Zypern, † 3. 8. 1977 Nicosia; Haupt der griech.-orthodoxen Kirche auf Zypern, ehem. Führer der Bewegung für die Vereinigung Zyperns mit Griechenland (Enosis); 1956/57 deportiert, 1957–1959 in Athen, seit der Unabhängigkeit Zyperns (1959) Präs. der Republik; nach der Zypernkrise (1974) vorübergehend im Exil.

Makedonen, byzantin. Herrscherdynastie, regierte 867–1056.

Makedonien, *Mazedonien*, Kernlandschaft der Balkanhalbinsel.
Aus der mittleren u. späten Bronzezeit stammen abgeplattete Wohnhügel *(Tumbas)* als Zeichen früher Besiedelung. Später kamen aus dem N Träger der Lausitzer u. aus dem S der myken. Kultur. Ansässig waren wohl auch schon Illyrer, Thraker u. Phryger. Nach der Ägäischen Wanderung um 1200 v. Chr. drangen griech. *Makedonen* aus westl. Richtung nach M. ein. Mindestens seit Anfang des 7. Jh. v. Chr. stand M. unter dem Königtum der *Argeaden*. Autonome Städte gab es außer den griech. Kolonien an der Küste nicht. Im 5. u. 4. Jh. v. Chr. wurde M. in die Kämpfe der griech. Stadtstaaten hineingezogen. Seit Beginn des 5. Jh. v. Chr. (vor allem durch König *Archelaos*, 413–399 v. Chr.) suchte das Herrscherhaus kulturellen Anschluß an Griechenland. Angesichts ernster äußerer Gefahren übernahm *Philipp II.* (359–336 v. Chr.) zunächst nur als Vormund seines unmündigen Neffen die Herrschaft. Seit 355 v. Chr. selbst König, schuf er als Grundlage seiner Macht das neue makedon. Heer u. erhob mittels des von ihm gegr. allgriech. *Korinth. Bunds* M. zur führenden Macht der griech. Welt. Sein Sohn *Alexander d. Gr.* (336–323 v. Chr.) begründete ein kurzlebiges Weltreich von der unteren Donau bis über den Indus hinaus. In die Wirren der *Diadochenkämpfe* hineingerissen, in denen Alexanders Reich zerbrach (279–276 v. Chr. durch Keltenzüge verwüstet), festigte sich M. unter der Dynastie der *Antigoniden* (276–168 v. Chr.) wieder als hellenist. Großmacht u. Führungsmacht über Griechenland. Diese Stellung verlor man in den Kriegen mit Rom (→ Makedonische Kriege), die zum Ende des makedon. Staates u. seines Königtums führten. Von den Römern zunächst in 4 Republiken geteilt, wurde es nach einem gescheiterten Aufstand 148 v. Chr. röm. Provinz. Bei der Reichsteilung 395 n. Chr. kam M. zum Oström. (Byzantin.) Reich.
Seit dem 6. Jh. war M. vorwiegend slawisch besiedelt, wechselnd unter byzantin., bulgar. u. serb. Herrschaft; seit 1371 bzw. 1389 türkisch; Erhebungen im 18. u. 19. Jh. gegen die türk. Herrschaft blieben ohne Erfolg, aber die *Makedonische Frage* wurde seit Ende des 19. Jh. ein ständiges Thema der internationalen Politik; Bulgaren, Griechen u. Serben (neben der Türkei) stritten sich um den Besitz. Nach dem russ.-türk. Krieg von 1877/78 sollte M. zunächst an Bulgarien fallen. Auf dem *Berliner Kongreß* entschied man sich jedoch dafür, das Gebiet unter der Herrschaft des Osman. Reiches zu belassen. Gegen diese Herrschaft richtete sich der Kampf der 1893 entstandenen *IMRO* (Innere Makedon. Revolutionäre Organisation). Im 1. Balkankrieg wurde M. den Türken entrissen. Nach dem 2. Balkankrieg (1913) fiel Nord-M. an Serbien, während der Südteil von Griechenland vereinnahmt wurde. Bulgarien mußte sich mit einem kleinen Gebiet im Osten begnügen. Auch nach dieser Aufteilung blieb die Makedon. Frage ein stetiger Krisenfaktor des polit. Geschehens auf dem Balkan.

Makedonien MK

Ehemalige Jugoslawische Republik Makedonien

Fläche: 25 713 km². – *Einwohner:* 2,1 Mill. – *Hauptstadt:* Skopje. – *Landessprachen:* Makedonisch; Albanisch. – *Nationalfeiertag:* 8. 9. – *Währung:* 1 Denar = 100 Deni. – *Lage:* zwischen 40°50′ und 42°22′ n. Br. sowie 20°27′ u. 23°02′ ö. L. – *Zeitzone:* Mitteleuropäische Zeit. – *Grenzen:* im N Jugoslawien, im NO u. O Bulgarien, im S Griechenland, im W Albanien. – *Staatsform:* Republik.

Das Gebiet des heutigen M. kam nach dem 2. Balkankrieg (1913) an Serbien u. ging 1918 im jugoslaw. Königreich auf. Das serb. Hegemoniestreben rief bald die Opposition der makedon. Bevölkerung hervor. Von bulgar. Gebiet aus versuchte die seit 1893 bestehende *IMRO* (Innere Makedon. Revolutionäre Organisation) mit terrorist. Mitteln, ein selbständiges oder autonomes Gesamt-M. zu konstituieren. Erst 1934 gelang dem bulgar. Militär, begleitet von einer außenpolit. Annäherung an Jugoslawien, die Zerschlagung der IMRO. Im 2. Weltkrieg wurde M. von Bulgarien besetzt. Nach Gründung der Volksrepublik Jugoslawien 1945 erhielt M. den Status einer Teilrepublik der Föderation. Das Makedonische wurde als eigenständige Sprache anerkannt. Im Gefolge des slowen. u. kroat. Aufbegehrens gegen die serb. Vorherrschaft in Jugoslawien Ende der 1980er Jahre erwachten auch in M. wieder die nationalen Bestrebungen. Im Juli 1990 wurde die IMRO als polit. Partei neu gegr. Sie gewann bei den ersten freien Parlamentswahlen im Nov. 1990 die meisten Sitze. Zum Präs. M.s wählte das Parlament im Jan. 1991 K. *Gligorov*, einen Reformkommunisten. Im gleichen Jahr brach der jugoslaw. Bürgerkrieg aus. Am 9. 9. 1991 stimmte die makedon. Bevölkerung in einem Referendum für die Souveränität. Auf Basis dieser Abstimmung wurde die Unabhängigkeit proklamiert sowie im Nov. 1991 eine neue Verfassung verabschiedet. In der Folgezeit versuchte Griechenland, die internationale Anerkennung des Landes unter dem Namen M. zu blockieren. 1993 wurde M. unter der Staatsbezeichnung *Ehemalige Jugoslaw. Republik M.* in die UNO aufgenommen. Bei Parlamentswahlen 1994 siegte eine Linksallianz. Gligorov wurde durch Volkswahl im Amt bestätigt. 1995 schlossen M. u. Griechenland ein Abkommen zur Normalisierung ihrer Beziehungen.

Makedonische Kriege, Sammelbez. für 3 Kriege zwischen Rom u. der makedon. Monarchie.
1. Makedon. Krieg 215–205 v. Chr., hervorgerufen durch ein Bündnis des makedon. Königs *Philipp V.* mit dem mit Rom im Krieg befindlichen *Hannibal*; keine bedeutenderen Kampfhandlungen, insbes. kein für Rom gefährl. Eingreifen der Makedonen in Italien.
2. Makedon. Krieg 200–197 v. Chr., röm. Kriegserklärung an Philipp V. aufgrund von Hilfegesuchen verschiedener kleinerer griech. Staaten aus Sorge vor einer zu großen makedon. Machtentfaltung; röm. Sieg bei Kynoskephalai 197 v. Chr.; Ergebnis des Krieges war die Beseitigung der makedon. Vormachtstellung in Griechenland.

3. Makedon. Krieg 171–168 v. Chr., Präventivkrieg gegen den makedon. König *Perseus*, den Sohn Philipps V.; mit der Entscheidungsschlacht bei Pydna in Makedonien 168 v. Chr. endete die makedon. Monarchie u. damit die Selbständigkeit Makedoniens; Perseus wurde im Triumphzug durch Rom geführt.

Makkabäer, Beiname des jüd. Herrschergeschlechts der *Hasmonäer.* Die M. befreiten im M.aufstand (167–142 v. Chr.) das jüd. Volk von der Herrschaft des Seleukiden *Antiochos IV. Epiphanes* u. seiner Nachfolger, stellten den jüd. Staat wieder her (begonnen durch den Priester *Mattathias*, vollendet durch seine Söhne *Judas Makkabäus, Jonatan* u. *Simon*) u. lenkten bis zum Eingreifen der Römer (63 v. Chr.) das polit. Geschick des palästinens. Judentums. Die letzten Nachkommen ließ *Herodes d. Gr.* ermorden.

Malan, Daniel François, südafrikan. Politiker, *22. 5. 1874 Hjebeeck, Kapprovinz, † 7. 2. 1959 Stellenbosch; Prediger der reformierten Kirche; als Führer des rechten Flügels der burischen Nationalbewegung 1924–1933 Innen-Min. im Kabinett Hertzog. M. gründete die oppositionelle Nationalpartei gegen J. B. M. Hertzog u. J. Smuts. 1948–1954 war er Premier-Min. der Südafrikan. Union u. Führer der 1951 wiedervereinigten Nationalen Partei. Er begründete die Politik der *Apartheid.*

Malawi MW

Republik Malawi

Fläche: 118484 km^2. – *Einwohner:* 10,7 Mill. – *Hauptstadt:* Lilongwe. – *Landessprachen:* Englisch, Chichewa u. a. – *Nationalfeiertag:* 6. 7. – *Währung:* 1 Malawi-Kwacha = 100 Tambala. – *Lage:* zwischen 9° und 17°10′ s. Br. sowie 32°40′ und 36° ö. L. – *Zeitzone:* Mitteleuropäische Zeit + 1 Std. – *Grenzen:* im N Tansania, im O und S Moçambique, im NW Sambia. – *Staatsform:* präsidiale Republik.

Der Name M. geht auf ein vorkoloniales Reich zurück. 1891 wurde M. (seit 1907 als *Nyasaland*) brit. Protektorat, 1953 der Zentralafrikan. Föderation, der auch die Gebiete der späteren Staaten Sambia u. Simbabwe angehörten, eingegliedert. Als H. K. *Banda* 1958 die Führung der afrikan. Nationalbewegung übernahm, brachen Unruhen aus, die 1960 durch Gewährung einer afrikan. Mehrheit im Parlament beigelegt wurden. Nach seinem Wahlsieg 1961 wurde Banda Premier-Min. u. führte das ehem. Nyasaland unter dem Namen M. am 6. 7. 1964 zur Unabhängigkeit, nachdem die Föderation 1963 aufgehoben worden war.

1966 wurde M. Republik u. Banda Staats-Präs. Unter seiner Führung nahm M. diplomat. Beziehungen zur Rep. Südafrika auf u. arbeitete eng mit der ehem. Kolonialmacht Portugal in Moçambique zusammen. Seit Beginn der 1990er Jahre formierte sich zunehmender Widerstand gegen das diktator. Regime Bandas, der 1994 freie Wahlen auf Basis einer pluralist. Übergangsverfassung zulassen mußte. Der Oppositionspolitiker B. *Muluzi* wurde zum neuen Staats-Präs. gewählt.

Malaysia MAL

Fläche: 329749 km^2. – *Einwohner:* 19,2 Mill. – *Hauptstadt:* Kuala Lumpur. – *Landessprachen:* Malaiisch, Chinesisch, Tamil, Englisch. – *Nationalfeiertag:* 31. 8. – *Währung:* 1 Malaysischer Ringgit = 100 Sen. – *Lage:* zwischen 0°51′ und 7°51′ n. Br. sowie 99°38′ und 119°15′ ö. L. – *Zeitzone:* Mitteleuropäische Zeit + 6 Std. 30 Min. bis 7 Std. – *Grenzen:* im N Thailand, Südchinesisches Meer und Brunei, im O Celebessee, im S Indonesien, Singapur und Straße von Malakka. – *Staatsform:* bundesstaatliche parlamentarische Wahlmonarchie.

Wie andere Gebiete Südostasiens stand auch die Malaiische Halbinsel seit den frühen Jahrhunderten n. Chr. unter ind. Einfluß (Buddhismus, Hinduismus). Seit dem 8. Jh. gehörten Teile Malayas zu dem Seestaatenbund *Shrivijaya*, im frühen 14. Jh. war es vorübergehend abhängig von dem mächtigen javanischen Reich von *Majapahit.* Im frühen 15. Jh. stieg die Hafenstadt Malakka zum Sultanat u. wichtigsten Hafen Südostasiens auf. 1511 wurde die südl. Halbinsel von den Portugiesen u. 1641 von den Holländern erobert, die sie 1824 an England abtraten. Seither dehnte sich das besetzte Gebiet in das zinn- u. kautschukreiche Hinterland aus, bis es 1906 zu der brit. Föderation von Malaya zusammengeschlossen wurde.

1951 übernahm Tunku („Prinz") *Abdul Rahman* die polit. Führung des Landes. Er konnte die antikommunistische *Malaysian Chinese Association* (MCA) u. den *Malaysian Indian Congress* (MIC) mit der bürgerl. *United Malay's National Organization* (UMNO) zu einer Parteienallianz verbinden u. den Ausgleich zwischen den drei großen ethnischen Gruppen in die Wege leiten. Am 31. 8. 1957 wurde Malaya unabhängig. Nach einem überzeugenden Wahlsieg seiner Partei wurde Abdul Rahman 1957 Premierminister. Die *Föderation von M.* entstand am 16. 9. 1963 durch Zusammenschluß von *Malaya, Singapur, Sarawak* u. *Sabah.* Der Zusammenschluß kam zustande durch gemeinsame Beschlüsse der Regierungen Großbritanniens, das bis dahin Singapur, Sarawak u. Sabah verwaltete, u. Malayas. Sein Ziel war es, die in einer seit längerem geplanten Föderation Malaya-Singapur zu erwartende chines. Bevölkerungsmehrheit durch die Aufnahme der Gebiete auf Borneo zu kompensieren.

Erster Premierminister wurde Abdul Rahman. Indonesien u. die Philippinen, die Ansprüche auf das ehem. Brit.-Borneo erhoben, setzten der Staatenbildung Widerstand entgegen. Ihre Einwände u. der Einfall indones. Freiwilligenverbände führten zu Kämpfen u. zu langwierigen Verhandlungen um das als neokolonialistisch bezeichnete Föderationsprojekt, in denen bes. Thailand, Japan u. die USA vermittelnd wirkten. 1965 trat Singapur aus dem Bund aus. 1966 konnte der Konflikt mit Indonesien endgültig beigelegt werden. Im Jahr darauf beteiligte sich M. an der Gründung der ASEAN. 1969 brachen heftige Rassenunruhen aus; 1970 trat Abdul Rahman zurück.

Die Nachfolger *Abdul Razak* u. D. H. *Ibn Onn* setzten die Malaiisierungs- u. Islamisierungspolitik fort. Sie stützten sich dabei auf die von Abdul Rahman gebildete u. seitdem erheblich erweiterte Parteienallianz (seit 1973 *Barisan Nasional*, „Nationale Front") unter Führung der UMNO. 1981 gab Ibn Onn das Amt des Premier-Min. aus Gesundheitsgründen an D. H. *Mahathir Mohamad* ab. 1987/88 kam es zu einer polit. Krise, als die UMNO wegen Manipulationen bei Parteiwahlen vom Obersten Gericht für illegal erklärt wurde. Daraufhin gründete Mahathir Mohamad die neue UMNO u. erklärte sie zur Nachfolgepartei der bisherigen Organisation. Seit Ende der 1980er Jahre erlebte M. ein überdurchschnittl. Wirtschaftswachstum. 1993 hob das Parlament viele der bis dahin bestehenden Gesetzesprivilegien für die neun erbl. Herrscher der malays. Fürstentümer auf. – Innenpolit. Probleme bilden der Rassenkonflikt zwischen den malai. u. chines. Bevölkerungsgruppen sowie Guerillaaktionen kommunist. Untergrundkämpfer. Staatsoberhaupt (Wahlkönig) ist seit 1994 *Tuanku Ja'afar Abdul Rahman.*

Malcolm, ['mælkəm], Fürsten von Schottland: **1.** *M. III. Canmore (Dickkopf)*, König 1058–1093, *um 1031, † 13. 11. 1093 Alnwick; Sohn des von *Macbeth* ermordeten Duncan I.; errang in der Schlacht von Lumphanan gegen Macbeth die Herrschaft über Schottland. Während seiner Regierungszeit wuchs der engl. Einfluß; 1072 erkannte er die engl. Lehenshoheit an. M. fiel im Kampf gegen die Engländer.

2. *M. IV., M. The Maiden*, König 1153–1165, *1141, † 1165; im Frieden mit Heinrich II. von England (1157) wurde die Grenze zwischen England u. Schottland festgelegt.

Malediven MV

Republik Malediven

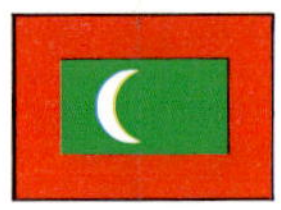

Fläche: 298 km^2. – *Einwohner:* 234000. – *Hauptstadt:* Male. – *Landessprachen:* Maldivisch, Englisch. – *Nationalfeiertag:* 26. 7. – *Währung:* 1 Rufiyaa = 100 Laari. – *Lage:* Inselgruppe im Indischen Ozean südwestlich von Indien zwischen 7°06′ n. Br. und 0°42′ s. Br. sowie 72°33′ und 73°44′ ö. L. – *Zeitzone:* Mitteleuropäische Zeit + 4 Std. – *Staatsform:* präsidiale Republik mit parlamentarischen Ansätzen.

Wahrscheinlich im 1. nachchristl. Jh. wanderten auf den M. Singhalesen aus Indien ein. Sie brachten vermutlich den Buddhismus mit. Die Inseln waren damals eine Station auf den Seewegen des röm. Handels mit Indien u. China. Im 12. Jh. ließen sich arab. u. pers. Seefahrer nieder, u. nun setzte sich der Islam durch; um 1150 entstand ein Sultanat, dessen Herrscher seit dem 14. Jh. bis 1968 von einer Familie gestellt wurden. Im zweiten Jahrzehnt des 16. Jh. entdeckten die Portugiesen die Inseln. Im 17. Jh. übernahmen die auf Sri Lanka (Ceylon) residierenden Holländer das Protektorat. Zusammen mit Sri Lanka standen die M. dann seit 1796 unter brit. Oberhoheit. 1887 schloß Großbritannien einen Protektoratsvertrag mit dem Sultan der M., der die innere Autonomie der Inseln u. den von Sri Lanka her ausgeübten brit. Schutz bestätigte. Als Sri Lanka 1948 unabhängig wurde, blieben die M. brit. Protektorat. Sie erhielten 1952 Autonomie. 1953 entstand erstmals eine Republik, doch wurde der Sultan bereits im gleichen Jahr zurückgerufen. Am 26. 7. 1965 erfolgte die Unabhängigkeitserklärung, am 11. 11. 1968 entschied sich die Bevölkerung

für die republikan. Staatsform; das Sultanat wurde abgeschafft. Mit ind. Hilfe konnte 1988 ein Putschversuch tamilischer Söldner niedergeschlagen werden.
Staatsoberhaupt u. Regierungschef ist seit November 1978 Maumoon Abdul *Gayoom.* Das Parlament besteht aus 48 Abg., von denen 8 vom Präs. ernannt, die übrigen 40 vom Volk auf 5 Jahre gewählt werden. Polit. Parteien sind nicht zugelassen.

Malenkow, *Malenkov,* Georgij Maximilianowitsch, sowjet. Politiker, *8. 1. 1902 Orenburg, †ca. 20. 1. 1988; seit Ende der 1920er Jahre Sekretär Stalins, seit 1939 Sekretär des Zentralkomitees, seit 1946 Mitgl. des Politbüros der KPdSU u. stellvertr. Min.-Präs. Nach Stalins Tod galt M. kurze Zeit als dessen Nachfolger, wurde aber schrittweise von N. S. *Chruschtschow* verdrängt. Er war von März 1953 bis Febr. 1955 Min.-Präs., dann Min. für Energiewirtschaft; 1957 wurde er aller Ämter enthoben, 1961 aus der Partei ausgeschlossen.

Malesherbes [mal'zɛrb], Chrétien Guillaume de Lamoignon de, französ. Politiker, *6. 12. 1721 Paris, † 22. 4. 1794 Paris (guillotiniert); maßgebl. Minister der vorrevolutionären Zeit (1774–1776 u. 1787), trat mit *Turgot* für Reformen ein u. forderte bereits 1771 die Einberufung der Generalstände; erließ im Nov. 1787 ein Toleranzedikt. 1793 stellte er sich Ludwig XVI. im Prozeß vor dem Konvent als Verteidiger zur Verfügung.

Mali RMM

Republik Mali

Fläche: 1 240 192 km². – *Einwohner:* 10,8 Mill. – *Hauptstadt:* Bamako. – *Landessprachen:* Französisch, Bambara, Songhai-Dscherma, Arabisch, Ful. – *Nationalfeiertag:* 22. 9. – *Währung:* 1 CFA-Franc = 100 Centimes. – *Lage:* zwischen 10° und 25° n. Br. sowie 12°10′ w. L. und 4°15′ ö. L. – *Zeitzone:* Mitteleuropäische Zeit – 1 Std. – *Grenzen:* im NW Mauretanien, im N Algerien, im O Niger, im S Burkina Faso, Elfenbeinküste und Guinea, im W Senegal. – *Staatsform:* präsidiale Republik.

Um 1100 entstand am oberen Niger ein Großreich M., das sich bis ins 14. Jh. weit nach N u. O ausdehnte u. durch Salz- u. Goldhandel sehr reich wurde. Als das Reich im 15. Jh. zerfiel, ging die Macht in diesem Gebiet zunächst an das *Songhai-Reich* über, das im 17. Jh. Beute der Marokkaner u. von Nomadenstämmen wurde. Die Franzosen errichteten 1883 in der heutigen Hptst. Bamako ein Fort u. unterwarfen 1900 das ganze Gebiet am Senegal u. Niger. Als *Französisch-Sudan* wurde es 1904 ein Glied *Französisch-Westafrikas.* 1958 erhielt die französ. Kolonie innere Autonomie innerhalb der Französ. Gemeinschaft u. schloß sich im April 1959 mit der Republik Senegal zur *M.-Föderation* zusammen; als die Föderation 1960 zerfiel, nahm die *Republik Sudan* den Namen *M.* an. Unter Präs. Modibo *Keita* bemühte sich M. um eine sozialist. Politik u. um Wirtschaftshilfe kommunist. Staaten. Es bildete 1961 zusammen mit Ghana u. Guinea die *Union Afrikan. Staaten,* die sich jedoch 1963 wieder auflöste. Auch in dieser Zeit ging die Zusammenarbeit mit Frankreich u. der EWG, an die M. assoziiert blieb, weiter. Als wirtschaftl. Schwierigkeiten überhand nahmen, rissen junge Offiziere 1968 durch Staatsstreich die Regierung an sich. Seither regierte Präs. General M. *Traoré.*
Traoré führte das Land, das zu den ärmsten Afrikas zählt, mit diktatorischen Vollmachten u. unter Mißachtung der Menschenrechte. Seit Ende der 1980er Jahre geriet das Regime innenpolitisch zunehmend unter Druck. Die Opposition forderte die Demokratisierung des Landes. Im Jan. u. März 1991 kam es zu schweren Unruhen. Am 26. 3. 1991 wurde Traoré vom Militär gestürzt. Am 12. 1. 1992 wurde per Referendum eine neue Verfassung angenommen. Erstmals fanden Wahlen im Rahmen eines Mehrparteiensystems statt. Erster demokrat. gewählter Staats-Präs. M.s wurde im April 1992 A. O. *Konare* (Wiederwahl 1997).

Malik An Nasir I., der bedeutendste Herrscher aus der Dynastie der bachritischen *Mamluken* in Ägypten 1293–1341 (mit kurzen Unterbrechungen), * März 1285, † Juni 1341; anfangs unter der Vormundschaft der Emire. Er arbeitete mit den Chanen der *Goldenen Horde* gegen die *Ilchane* zusammen, mit denen er erst 1323 Frieden schloß. Nach außen hin ließ er eine kluge Diplomatie walten; im Innern regierte er sparsam. – Sein Sohn *M. A. N. II.* regierte 1347–1350 u. 1354 –1361.

Malinche [span. ma'lintʃe], aztekische Dolmetscherin u. Geliebte des H. *Cortés,* * 1505 (?) Painalla, † 1528 oder 1529 Mexico; leistete Cortés durch ihre Kenntnis der aztek. Sprache Nahuatl u. der in Tabasco gesprochenen Maya-Sprache wertvolle Dienste; verriet Cortés einen angeblich gegen ihn geplanten Aufstand der Indios von Cholula. Ihr Eingeborenenname lautete *Malintzin;* sie trat später zum Christentum über u. erhielt den Taufnamen *Marina.* Im heutigen Mexiko bezeichnet „malinchista“ jemanden, der sich von der nationalen Tradition ab- u. Fremdem zuwendet.

Mallia, Kleinstadt an der Nordküste der Insel Kreta, 22 km östl. von Knossos; in der Nähe gleichnamige minoische Palast- u. Stadtruinen.

Malplaquet [-'kɛ], Flecken im Dép. Nord; am 11. 9. 1709 sehr verlustreiche Schlacht im Span. Erbfolgekrieg, in der die französ. Truppen von den vereinten Österreichern, Preußen u. Briten unter Prinz Eugen u. Marlborough geschlagen wurden.

Malta M

Republik Malta

Fläche: 316 km². – *Einwohner:* 361 000. – *Hauptstadt:* Valletta. – *Landessprachen:* Maltesisch, Englisch, Italienisch. – *Nationalfeiertag:* 21. 9. – *Währung:* 1 Maltesische Lira = 100 Cents = 1000 Mils. – *Lage:* Inselgruppe im Mittelmeer südlich von Italien zwischen 35°48′ und 36° n. Br. sowie 14°10′ und 14°35′ ö. L. – *Zeitzone:* Mitteleuropäische Zeit. – *Staatsform:* parlamentarische Republik.

In der Jungsteinzeit war M. ein Zentrum der Megalithkultur. Mehrere große Tempelbauten sind erhalten. Im 6. Jh. v. Chr. wurde M. von den Karthagern erobert. Die punische Herrschaft empfanden die Inselbewohner als drückend, so daß sie sich 218 dem röm. Feldherrn T. *Sempronius* bereitwillig unterstellten. Von Rom erhielt M. in der Folge (nicht vor 30 v. Chr.) Bürgerrecht. Nach Eroberung durch die Wandalen u. Goten wurde M. wieder dem oström. Reich eingegliedert (durch Belisar 533), zu dem es seit 395 gehörte. 870 besetzten Araber die Insel. 1091 gliederte der Normanne Roger I. M. dem Sizilian. Königreich ein. 1283 wurde M. von den Aragonesen eingenommen, unter deren Herrschaft es bis zur Zeit Karls V. blieb, der die Insel 1530 den *Johannitern* (Ritter des Ordens von Johannes von Jerusalem) zum Lehen gab, der sich seither *Malteserorden* nannte.
1565 widerstand der Orden unter seinem Großmeister Jean *de la Valette* der Belagerung durch das türk. Heer Süleimans des Prächtigen. Danach wurde die heutige Hptst. Valletta gegründet. Nach Teilnahme an der Schlacht von *Lepanto* (1571) erlebte der Ordensstaat eine polit. u. kulturelle Blütezeit. 1798 übergab Großmeister Ferdinand von *Hompesch* ohne den Versuch einer Gegenwehr M. den napoleon. Truppen. Im *Pariser Frieden* wurde M. 1814 Großbritannien als Kolonie zugesprochen u. spielte während verschiedener militär. Unternehmungen Englands im 19. Jh. eine bedeutende Rolle. Im 1. Weltkrieg diente die Insel den Alliierten als Stützpunkt; im 2. Weltkrieg war die von den Briten stark befestigte Insel Ziel zahlreicher Bombenangriffe. 1947 erhielt M. erweiterte Autonomie, 1964 wurde es unabhängig, seit 1974 ist es Republik. M. gehört dem Commonwealth an. 1971–1984 übte Premier-Min. D. *Mintoff* (Arbeiterpartei) ein eher autokrat. Regime aus. Er verfolgte bis 1980 eine Schaukelpolitik, die Annäherung an die arab. Länder suchte u. sich zeitweise vom Westen distanzierte. Nach einem Zerwürfnis mit Libyens Staatschef *Ghadafi* schloß Mintoff einen Vertrag mit Italien, das M.s Neutralität garantiert. Nach der Wahl von 1981, die der regierenden Arbeiterpartei aufgrund einer für sie günstigen Wahlkreiseinteilung trotz geringerer Stimmenzahl die Mehrheit der Mandate brachte, boykottierte die oppositionelle Nationale Partei über ein Jahr die parlamentar. Arbeit. 1984 trat Mintoff zurück; ihm folgte K. M. *Bonnici.* Die nach der Verfassungsänderung von 1987 im gleichen Jahr abgehaltenen Wahlen gewann die Nationale Partei. Ihr Führer E. *Fenech-Adami* wurde Premier-Min. 1990 beantragte M. die EG-Mitgliedschaft. Die Wahlen 1992 gewann erneut die Nationale Partei unter Fenech-Adami, dessen Regierung sich um eine Annäherung an die NATO bemühte. Nach vorgezogenen Wahlen 1996 wurde A. *Sant* (Arbeiterpartei) neuer Premier-Min. Unter seiner Führung ging M. wieder auf Distanz zur EU u. zur NATO.

Malteserorden → Johanniterorden.

Malthus ['mælθəs], Thomas Robert, brit. Nationalökonom, * 17. 2. 1766 Rookery, † 23. 12. 1834 Bath; Geistlicher; vertrat in kritischer Gegnerschaft zur merkantilistischen Bevölkerungspolitik u. zur klassischen Lehre von der allgemeinen Interessenharmonie eine pessimist. Bevölkerungstheorie: Die Bevölkerung vermehre sich in geometrischer Progression (1, 2, 4, 8 . . .), die Nahrungsmittelproduktion dagegen nur in arithmetischer Progression (1, 2, 3, 4 . . .; *M.'sches Gesetz);* das Elend der Arbeiter sei auf die Übervölkerung zurückzuführen. Zum Schutz vor weiterer Übervölkerung wandten sich M. u. seine Anhänger *(M.ianer, M.ianismus)* gegen die engl. Sozialpolitik u. forderten spätes Heiraten u. Geburteneinschränkung durch Enthaltsamkeit. Spätere Anhänger *(Neomalthusianismus)* traten für Schwangerschaftsverhütung u. Abtreibung ein. Hptw.: „An essay on the principle of population“ anonym 1798.

Mamertiner [lat.], ehem. kampan. Söldner des *Agathokles* von Syrakus; sie bemächtigten sich nach dessen Tod der Stadt Messina u. suchten das östl. Sizilien mit ihren Raubzügen heim; von *Hieron II.* von Syrakus 269 v. Chr. besiegt, wandten sie sich erst an Karthago, dann an Rom um Unterstützung; das Eingreifen beider Mächte sowie die Besetzung Messinas durch Rom lösten den *1. Punischen Krieg* aus.

Mamertinischer Kerker [lat.], Staatsgefängnis im alten Rom am *Forum Romanum*, unter dem Südosthang des *Capitol* gelegen; in seinem unterird. Verlies, dem *Tullianum*, fanden die Hinrichtungen statt.

Mamluken [arab., „Leibeigene, Sklaven"], *Mameluken, Mamelucken*, Leibwache islam. Herrscher seit dem 9. Jh., meist türk. oder tscherkess. Sklaven. In Ägypten schwangen sich die M. 1250–1517 selbst zu Herrschern des Landes auf: 1250–1390 *bachritische M.*, dann *burdschitische M.* Eine Empörung gegen den letzten Ajjubiden Turan Schah brachte *Aibek* (1250–1257) zur Regierung, die er mit der Sultanin *Schadscharat Ad Durr* teilte. *Baibars* (1260–1277) schlug die Mongolen 1260 u. 1277 u. brachte ihren Angriff zum Stehen. *Kalawun* (1279 –1290) verdrängte die Kreuzritter fast gänzlich aus Palästina. Mit *Barkuk* (1382–1399) wurde der erste Tscherkesse Sultan.
Berühmt als Baudenkmäler sind die Gräber der M.-Sultane sowie die Sultan-Hassan-Moschee (*Nassir Hassan*, 1347–1361) in Kairo. Der M.-Staat, d. h. Ägypten mit Syrien u. Palästina, wurde 1516/17 von den osman. Türken unterworfen; unter türk. Oberhoheit verwalteten die M. Ägypten, bis 1811 Mohammed Ali die Macht an sich riß.

Mamun, *Al Ma'mun*, Abd Allah, Abbasidenkalif 813–833, * Sept. 786 Bagdad, † um 833 bei Tarsos; Sohn Harun Ar Raschids, erbte die Osthälfte des Reichs nach dem Tod seines Vaters, besiegte seinen älteren Bruder Al Amun u. tötete ihn. Er war der geistig bedeutendste der frühen Abbasiden u. förderte die Übernahme antiker Geistesgutes (Gründung des „Hauses der Weisheit").

Mancini [man'tʃi:ni], Pasquale Stanislav, italien. Politiker, * 17. 3. 1817 Castel Baronio, † 26. 12. 1888 Rom; Verfechter der italien. Einigung; Justiz- u. 1881–1885 Außen-Min.

Manco Cápac, 1. Begründer der Inka-Dynastie um 1200 n. Chr.; erster, noch sagenumwobener Inka, besiedelte der Überlieferung nach das Tal von *Cuzco* mit seinem Quetschua sprechenden Clan nach langer Wanderung „über das Meer"; gilt als Kulturbringer. M. C. macht *Cuzco* zur Hptst. des späteren Inkareiches.
2. letzter Inka-Herrscher, 1533 von F. Pizarro nach Eroberung des Inkareiches als Schattenkönig eingesetzt. Unter ihm gab es 1535 einen großangelegten Indianeraufstand, bei dem 200 Spanier ein Jahr lang in der Inka-Hptst. belagert wurden; nach Anfangserfolgen mußte sich M. C. in die Festung *Ollantaytambo* bei Cuzco zurückziehen u. floh 1537 ins Bergland von Vilcabamba, südl. des Apurimaí. Hier hielt sich die Inka-Dynastie bis 1572.

Mandarin [sanskr., port.], in Europa gebräuchl. Bez. für die hohen chines. Beamten der Kaiserzeit (der M.) u. für die moderne chines. Hochsprache (das M., chin. *putonghua*).

Mandela, Nelson Rolihlahla, südafrikan. Politiker aus dem Volk der Xosa, * 18. 7. 1918 Umtata, Transkei; trat 1944 dem Afrikan. Nationalkongreß (ANC) bei u. war seit Ende der 1940er Jahre aktiv im Kampf gegen die Apartheid. 1956 klagte man ihn des Hochverrats an, sprach ihn jedoch 1961 frei. M. arbeitete am Aufbau einer Militärorganisation des ANC, bevor er 1964 zu lebenslängl. Zuchthaus verurteilt wurde. Seine Haftentlassung 1990 markierte die polit. Wende in Südafrika. Als Präs. des ANC beteiligte sich M. an der demokrat. Umgestaltung des Landes, die zur Beendigung der Herrschaft der weißen Minderheit führte. 1993 erhielt er zusammen mit F. W. de *Klerk* den Friedensnobelpreis. 1994 wurde M. südafrikan. Staatspräsident.

Mandschu, *Mandschuren*, tungus. Stämme, Nachkommen der Dschurdschen-Stämme (*Jin*), die in der Mandschurei beheimatet waren. Bis auf Reste (2,4 Mill.) in der Mandschurei u. in Peking gingen die M. weitgehend im chines. Volk auf. Unter *Nurhaci* (* 1559, † 1626) geeint, beherrschten sie Anfang des 17. Jh. das Gebiet im Nordosten von China, eroberten 1644 Peking, stürzten die chinesische Ming-Dynastie u. begründeten die *Qing-(Mandschu-)Dynastie* (1644–1912). Die M. waren militär. in 8 „Bannern" organisiert; sie bildeten in China eine bevorrechtigte Kriegerkaste u. zwangen den chines. Untertanen ihre Haartracht, den Zopf, auf.

Mandschukuo, *Mandschuguo*, [chinesisch, „Mandschu-Reich"], der 1932–1945 bestehende Satellitenstaat Japans in der Mandschurei.

Mandschurei [nach den tungus. Volksstämmen der *Mandschu*], chin. *Dongbei*, Großregion im NO der Volksrep. China, 1,23 Mill. km², 93 Mill. Ew.
Die M. war von tungus. u. mongol. Stämmen bevölkert, die mehrmals im Laufe der Jahrhunderte große, von der chines. Kultur stark beeinflußte u. zeitweise abhängige Reiche bildeten: *Bohai* (696–926); *Liao*, das Reich der *Qidan* (907–1124); *Jin*, das Reich der *Dschurdschen* (1115–1234), das von den Mongolen zerstört wurde. Während der Ming-Dynastie stand der größte Teil der M. unter chines. Herrschaft. Am Ende des 16. Jh. wurde die M. von dem tungus. Volk der *Mandschu* unter Nurhaci (* 1559, † 1626) geeint, das im 17. Jh. China eroberte u. dort 1644–1912 herrschte (Qing- oder Mandschu-Dynastie). Um 1900 begann die bis dahin verbotene Einwanderung von Chinesen ins Stammland der Mandschu.
In der 2. Hälfte des 19. Jh. verstärkte sich der Einfluß Rußlands von N her (*ungleiche Verträge* von 1858, 1860, 1864 u. 1881 mit China) u. stieß auf den Widerstand Japans, das von Korea aus sein Interessengebiet in die M. vorschieben wollte. 1894/95 war die Südmandschurei Schauplatz des *japan.-chines. Krieges*. 1904/05 kam es zum *japan.-russ. Krieg*, in dem Japan siegte. Japan erhielt den umstrittenen Hafen Port Arthur, während Chinas Hoheitsrechte in der M. anerkannt wurden. Seit 1918 wurde der chines. Marschall *Zhang Zuolin* zum eigentl. Beherrscher der M.; er behauptete sich mit Unterstützung Japans, das sich immer mehr Vorrechte in der M. verschaffte. Nach dem → Mukden-Zwischenfall 1931 griff Japan militärisch ein u. errichtete in der M. 1932 den Satellitenstaat *Mandschukuo* („Mandschu-Reich").
Mandschukuo war zunächst Republik, seit 1934 Kaiserreich. Als Präs. u. dann als Kaiser wurde der letzte chines. Kaiser *Pu Yi* eingesetzt. Tatsächlich regierte die japan. Armee. Sie betrachtete das Land als Experimentierfeld für soziale u. wirtschaftl. Umgestaltungen, die sich in Japan selbst nicht durchführen ließen. Infolge ihrer Rohstoffvorkommen u. Agrarüberschüsse wurde die M. zu einem der wichtigsten Lieferanten Japans. Der forcierte Aufbau einer Schwerindustrie machte die M. zur japan. Waffenschmiede während des 2. Weltkrieges.
1945 marschierten sowjet. Truppen in die M. ein u. vertrieben die Japaner. Die M. wurde an China zurückgegeben, doch mußte China sowjet. Sonderrechte anerkennen. Nach dem Abzug der Sowjetarmee (1946) kam es in der M. zu Kämpfen zwischen kommunist. u. Guomindang-Truppen, die 1948 mit dem Sieg der Kommunisten endeten. Bemühungen der UdSSR, der M. einen halbautonomen Status u. sich selbst Einfluß auf sie zu sichern, schlugen fehl. In der Volksrepublik China bildete die M. bis 1954 das Verwaltungsgebiet Nordosten. Später wurde die heutige Provinzeinteilung vorgenommen.

Mandschurei-Krise, eine Phase der mit dem → Mukden-Zwischenfall (18. 9. 1931) beginnenden militärischen chines.-japan. Auseinandersetzung um die Mandschurei u. ihrer erfolglosen Behandlung durch den Völkerbund. Für Japan bedeutete die M. den Beginn einer Expansionspolitik, deren Träger, die Militärs, gleichzeitig bestimmenden Einfluß auf die japan. Innenpolitik gewannen. Der von China angerufene Völkerbund entsandte die *Lytton-Kommission*, die die weitgehende Wiederherstellung der chines. Souveränität über die Mandschurei forderte. Dies bewirkte den Austritt Japans aus dem Völkerbund (27. 3. 1933) u. änderte nichts an den völkerrechtswidrigen Zuständen in der Mandschurei.

Manetho, *Manethon*, ägypt. Priestergelehrter, schrieb in der Regierungszeit *Ptolemaios' II.* (285–240 v. Chr.) in griech. Sprache eine Geschichte Ägyptens (*Aigyptiaka*, in Teilen erhalten). Die in der Wissenschaft übl. Einteilung der alten Geschichte Ägyptens in 30 Dynastien geht auf M. zurück.

Manfred, König von Sizilien 1258–1266, * 1232, † 26. 2. 1266; natürl. Sohn Kaiser Friedrichs II., erbte von seinem Vater das Fürstentum Tarent, unterwarf 1255–1257 ganz Sizilien u. Neapel u. ließ sich nach dem Tod seines Halbbruders Konrad IV. zum König von Sizilien wählen. 1260 dehnte er seine Macht auch auf die Toskana u. auf Oberitalien aus (Sieg bei Montaperto). 1266 fiel M. in der Schlacht bei Benevent gegen Karl von Anjou, den Papst Urban IV. gegen ihn zu Hilfe gerufen hatte.

Mangu, Mongolenherrscher, → Möngke.

Manin, Daniele, italien. Patriot, * 13. 5. 1804 Venedig, † 22. 9. 1857 Paris; gründete nach dem Aufstand im März 1848 in Venedig eine Republik. Er machte sich zum Diktator u. verteidigte 1849 die Stadt gegen starke österr. Kräfte. Nach der Kapitulation mußte er Venedig verlassen.

Manipel [der; lat.], Unterabteilung der röm. Legion, bestand aus 2 Zenturien zu je 100 Mann.

Manlius, 1. *Marcus M. Capitolinus*, röm. Konsul 392 v. Chr., † 384 v. Chr.; nach der Sage Verteidiger des Capitols gegen die Kelten, aufmerksam gemacht durch das Geschrei der heiligen Gänse der Göttin Juno, die die bei Nacht heraufkletternden Feinde bemerkten. Er soll sich als Vorkämpfer der Plebejer gegen die Patrizier des Strebens nach der Alleinherrschaft verdächtig gemacht haben u. hingerichtet worden sein.
2. *Titus M. Imperiosus Torquatus*, röm. Konsul 347, 344 u. 340 v. Chr.; erhielt seinen Beinamen von einem Halsring (*torques*), den er einem im Zweikampf besiegten Keltenführer abnahm; siegte im Latinerkrieg 340 v. Chr. bei Trifanum; verbot in diesem Krieg jeden Kampf außerhalb der Schlachtreihe u. ließ seinen Sohn, der sich dennoch in einen solchen eingelassen hatte, wegen Ungehorsams hinrichten.

Mann, Golo, Historiker, * 27. 3. 1909 München, † 7. 4. 1994 Leverkusen; emigrierte 1933, lehrte 1942–1957 an US-amerikan. Hochschulen; 1960–1964 Prof. für Politologie an der TH Stuttgart. Herausgeber der „Propyläen-Weltgeschichte" (1960 bis 1964); Hptw.: „Friedrich von Gentz" 1947; „Vom Geist Amerikas" 1954; „Dt. Geschichte im 19. u. 20. Jh." 1958; „Wallenstein" 1971; „Erinnerungen u. Gedanken" 1986.

Mannerheim, Carl Gustaf Frhr. von, finn. Offizier (1933 Marschall) u. Politiker, * 4. 6. 1867 Gut Louhisaari, † 27. 1. 1951 Lausanne;

im 1. Weltkrieg russ. Kavalleriegeneral, 1917/18 Führer des finnischen Unabhängigkeitskampfes, erlangte als Reichsverweser (1918/19) die Anerkennung der finn. Unabhängigkeit durch die Entente. Seit 1933 war er Vors. des nationalen Verteidigungsrats; 1939/40 u. 1941–1944 Oberbefehlshaber in den Kriegen gegen die Sowjetunion; 1944 bis 1946 Staats-Präs. Nach seinem Rücktritt lebte er in der Schweiz.

Mannfall, im Lehnrecht des MA Heimfall des Lehens an den Lehnsherren beim Tode des Vasallen (im Gegensatz zum Herrenfall). Mit dem Eindringen der Erblichkeit in das Lehnswesen mußte der Erbe innerhalb von Jahr und Tag den Lehnsherren um Belehnung bitten u. ihm den Lehnseid leisten.

Mansfeld, mitteldt. Grafschaft u. gleichnamiges Grafengeschlecht. *Hoyer III.* von M., ein Anhänger Kaiser *Heinrichs V.*, fiel 1115 in der Schlacht am Welfesholze; seitdem traten die M.er in ihrer Machtstellung an der Ostgrenze des Reichs zurück. Im 13. Jh. kam die Grafschaft an die Herren von *Querfurt.* Von 1199 bis ins 16. Jh. wurde im M.ischen Kupferbergbau betrieben. Im 15. Jh. ging die Reichsunmittelbarkeit verloren; die Grafschaft wurde Lehen, teils von Kursachsen, teils von Magdeburg u. Halberstadt. Nach vielfachen Aufteilungen erlosch die prot. Linie der *Eislebener* 1710, die kath. der *Bornstädter* 1780. Die Grafschaft wurde zwischen Kursachsen u. Preußen geteilt; die Allodialgüter, Name u. Wappen kamen an das Haus Colloredo, das nun den Namen *Colloredo-M.* führt.

Mansfeld, Ernst II. Graf zu, Heerführer, *1580 Luxemburg, †29. 11. 1626 Rakowitza bei Sarajewo; außerehelicher Sohn von *Peter Ernst I.* (*1517, †1604), kämpfte im Dreißigjährigen Krieg mit Söldnertruppen ohne religiöse oder polit. Überzeugung um Kriegsgewinn u. Beute; siegte 1622 über Tilly bei Mingolsheim/Wiesloch; 1626 bei der Dessauer Brücke von Wallenstein entscheidend geschlagen.

Mansholt, Sicco, niederländ. Politiker (Sozialist), *13. 9. 1908 Ulrum, Prov. Groningen, † 29. 6. 1995 Wapserveen; 1945–1958 Landwirtschafts-Min., 1958–1967 Vize-Präsident der EWG-Kommission, 1967 bis 1972 Vize-Präs. u. 1972 Präsident der Gemeinsamen Kommission der Europ. Gemeinschaften; arbeitete den Mansholt-Plan (landwirtschaftl. Integration in der EWG) aus.

Manstein, Erich von *Lewinski*, genannt von M., Offizier (1942 Generalfeldmarschall), *24. 11. 1887 Berlin, †10. 6. 1973 Irschenhausen, Oberbayern; entwarf als Stabschef der Heeresgruppe Rundstedt 1940 den Operationsplan gegen Frankreich („Sichelschnitt"); 1941–1944 Armee- u. Heeresgruppen-Oberbefehlshaber an der Ostfront, 1944 wegen Kritik an Hitlers Strategie seines Kommandos enthoben; 1949 von einem brit. Militärgericht zu 18 Jahren Haft verurteilt, 1953 entlassen. M. wirkte als Gutachter beim Aufbau der Bundeswehr mit. Er schrieb „Verlorene Siege" 1955; „Aus einem Soldatenleben" 1958.

Mansur, *Almansor, Al Mansur*, Name mehrerer Kalifen, *Abu Dschafar Al M.*, zweiter Abbasidenkalif 754–775, *712, †Okt. 775; erhob 762 das Dorf Bagdad zur neuen Residenz des Islam. Reichs u. etablierte endgültig die Macht seines Hauses.

Manta-Kultur, altindian. Kultur in der heutigen Provinz Manabi (Ecuador), um 500–1500 n. Chr.; es gab Stadtanlagen mit großer Ausdehnung, intensiven Feldbau auf künstlichen, bewässerten Anbauterrassen u. ausgedehnten Fernhandel zur See mittels Balsaflößen.

Manteuffel, altes Adelsgeschlecht, das sich im 14. Jh. von Hinterpommern aus nach Mecklenburg, Preußen, Sachsen, Polen, Schweden u. dem Baltikum verzweigte.

1. Edwin Freiherr von, Vetter von 2), preuß. Offizier (1873 Generalfeldmarschall) u. Politiker, *24. 2. 1809 Dresden, †17. 6. 1885 Karlsbad; 1848 Flügeladjutant Friedrich Wilhelms IV. u. Mitglied der „Kamarilla"; seit 1857 als Chef des Militärkabinetts mit A. von *Roon* maßgeblich an der preuß. Heeresreform beteiligt; im Dt. (1866) u. im Dt.-Französ. Krieg (1870/71) Armeeführer. M. trat für eine rußlandfreundl. Politik ein, worüber es zu Spannungen mit Bismarck kam. 1879–1885 war er Statthalter von Elsaß-Lothringen; trotz Bevorzugung kath., französisch gesinnter Notabeln ohne bleibenden Erfolg.

2. Otto Theodor Freiherr von, Vetter von 1), preuß. Politiker, *3. 2. 1805 Lübben, †26. 11. 1882 Crossen; Verwaltungsbeamter; 1848 Innenminister, 1850–1858 zugleich Min.-Präs. u. Außenminister. Die *Ära M.* war durch einen bürokrat. Absolutismus gekennzeichnet. M. hatte entscheidenden Anteil an der oktroyierten Verfassung von 1848 u. an der Durchsetzung des Dreiklassenwahlrechts. 1850 schloß er die *Olmützer Punktation* ab, mit der Preußen seine kleindt. Unionsziele vorerst aufgab.

Mantinea, antike Stadt im östl. Arkadien. im Peloponnesischen Krieg 418 v. Chr. bei M. Sieg des spartan. Königs *Agis II.* über Argiver, Athener u. Eleer; 385 v. Chr. von den Spartanern in 5 Dörfer aufgelöst, 370 v. Chr. neugegründet; 362 v. Chr. dort Sieg u. Tod des *Epaminondas* in einer Schlacht. 223 v. Chr. von *Antigonos Doson* erobert, in einem Vergeltungsakt zerstört u. danach unter dem Namen *Antigoneia* neugegründet.

Mantua, italien. Prov.-Hptst. in der Lombardei, 56 200 Ew.

Wahrscheinlich etrusk. Gründung, später keltisch, dann römisch, seit dem 10. Jh. im Besitz von Tuscien; 1272–1328 von den Bonacolsi, 1328–1627 von den Gonzaga beherrscht; 1433 durch Kaiser Sigismund zur Markgrafschaft erhoben, wurde M. 1530 Herzogtum. Unter den Gonzaga entwickelte sich M. im 15. u. 16. Jh. zum Mittelpunkt einer glänzenden Renaissancehofhaltung. Nach dem Aussterben der Gonzaga kam das Herzogtum nach dem *Mantuanischen Erbfolgekrieg* (1628–1631) an die französ. Linie Gonzaga–Nevers. Im Verlauf dieses Krieges wurde M. 1630 von den Österreichern erobert u. durch Plünderung verwüstet. Nach dem Tode des letzten Gonzaga wurde M. 1708 österreichisch u. 1785 in das Herzogtum Mailand eingegliedert. 1797 von Napoleon erobert, kam es zur Zisalpin. Republik. In M. wurde Andreas *Hofer* 1810 erschossen; von 1805 bis 1814 gehörte M. zum Königreich Italien, wurde 1814–1866 österreichisch u. 1866 mit dem Königreich Italien vereinigt.

Mantzikert, heute *Malazgirt*, türk. Ort in Armenien, an dem am 19. (?) 8. 1071 die Entscheidungsschlacht zwischen den Heeren des Byzantin. Reichs (unter Romanos IV.) u. den Seldschuken (unter Alp Arslan) stattfand. Die geschlagenen Byzantiner mußten sich auf den europ. Reststaat beschränken; Kleinasien ging an die Seldschuken. Von diesem Tage an datiert die Geschichte der heutigen Türkei.

Manuel, Fürsten. Byzanz: **1.** *M. I. Komnenos*, Kaiser 1143–1180, *1120, †24. 9. 1180 Konstantinopel; verteidigte das Byzantin. Reich erfolgreich gegen die Normannen (1147) u. Kreuzfahrerstaaten; gewann die Lehnshoheit über Serbien u. das Magyarenreich. Sein Versuch, *Friedrich Barbarossa* mit Hilfe des Papstes aus Italien zu verdrängen, um das Oström. u. Weström. Reich wieder zu einen, scheiterte. 1176 wurde M. von den Seldschuken bei Myriokephalon entscheidend geschlagen.

2. *M. II. Palaiologos*, Kaiser 1391–1425, *1350, †21. 7. 1425 Konstantinopel; gebildet u. ritterlich; warb um Hilfe bei europ. Fürsten gegen Sultan *Bajezid I.*, doch wurde Byzanz vorübergehend durch den Sieg der Mongolen unter Timur über Bajezid bei Angora 1402 entlastet. Abermals bedroht, überließ M. seinem Sohn *Johannes VIII. Palaiologos* die Staatsgeschäfte.

3. Portugal: → Emanuel (1).

Maoismus, außerhalb Chinas gebräuchl. Bez. für die Gesamtheit der Lehren *Mao Zedongs* sowie für die von ihm maßgeblich bestimmte Theorie u. Praxis des chines. Kommunismus. Der M. ist kein geschlossenes Gedankensystem, sondern die Summe von Grundsätzen u. Auffassungen, die sich im Laufe von Jahrzehnten im Zusammenhang mit konkreten polit. Situationen herausbildeten u. wandelten. Er verbindet Gedanken des Marxismus-Leninismus mit traditionell chines. Elementen. Das im Westen verbreitete Bild des M. wurde bes. durch die Art u. Weise geprägt, wie er in den Jahren der „Kulturrevolution" (1966–1969) in Erscheinung trat. Danach ließen sich folgende Grundzüge des M. bestimmen: die betont nationale Ausrichtung; die Ablehnung einer zentralen Führung der kommunist. Weltbewegung; die Verbundenheit mit der Dritten Welt im Kampf gegen die Supermächte; die Auffassung, daß die armen Bauern (u. nicht das Proletariat) die Hauptkraft der Revolution bilden; die Konzeption der Machteroberung durch Guerillakrieg von ländl. Stützpunkten aus; die Auffassung, daß Klassenkampf u. Revolution auch unter sozialist. Verhältnissen fortdauern; die Vorstellung vom raschen Übergang zur kommunist. Gesellschaftsordnung unter Überspringung von Zwischenstadien; die Betonung der Rolle des revolutionären Willens u. Bewußtseins, verbunden mit der Ablehnung materieller Leistungsanreize u. der Geringschätzung fachl. Kompetenz.

In China selbst spricht man nicht von M., sondern von *Mao-Zedong-Ideen* (chin. *Mao Zedong sixiang*). Diese werden nach Abschluß der Entmaoisierung nicht mehr als alleinige Schöpfung Maos, sondern als „die Kristallisation der kollektiven Weisheit der Kommunist. Partei Chinas" bezeichnet. Das gibt der Parteiführung die Möglichkeit, ihren Inhalt je nach den aktuellen polit. Erfordernissen neu zu definieren. So werden jetzt mehrere Grundzüge des M., die während der „Kulturrevolution" im Vordergrund standen – vor allem Egalitarismus u. Antiintellektualismus –, nicht mehr zu den Mao-Zedong-Ideen gerechnet.

Mao Zedong [mau dsədʊŋ], *Mao Tsetung*, chines. Politiker (Kommunist), *26. 12. 1893 Shaoshan, Prov. Hunan, †9. 9. 1976 Peking

Mao Zedong empfängt Helmut Schmidt; 1975

(MEZ: 8. 9.); bäuerl. Herkunft, besuchte ein Lehrerseminar, kam 1918 als Hilfsbibliothekar in Peking mit den Gründern des chines. Kommunismus, *Li Dazhao* u. *Chen Duxiu*, in Verbindung, wurde 1920 Marxist u. nahm 1921 an der Gründung der chines. KP teil. Gleichzeitig bekleidete er Funktionen in der mit der KP verbündeten Guomindang (Nationalpartei). Nachdem diese 1927 unter Führung *Chiang Kai-sheks* mit der KP gebrochen hatte, organisierte M. Z. im Bergland zwischen Hunan u. Jiangxi eine revolutionäre Bauernbewegung; 1931 errichtete er in Jiangxi einen „Sowjetstaat". 1934 durchbrach er die Umzingelung durch Guomindang-Truppen u. führte Zehntausende seiner Anhänger auf dem „Langen Marsch" (1934/35) in die nördl. Prov. Shaanxi, wo in Yan'an ein neues kommunist. Zentrum entstand. M. Z., der im Gegensatz zur offiziellen Parteilinie in den armen Bauern die revolutionäre Hauptkraft sah u. eine von ländl. Stützpunkten ausgehende Guerillataktik befürwortete, hatte deswegen jahrelange innerparteiliche Kämpfe zu bestehen u. wurde mehrmals aus der Führung ausgeschlossen. Er setzte sich durch u. behauptete auch seine Selbständigkeit gegenüber der Komintern. Seit 1935 war er die dominierende Persönlichkeit der Partei; 1945 wurde er mit der Wahl zum Vors. des Zentralkomitees offiziell als Parteiführer bestätigt.

Nach dem japan. Überfall auf China (1937) verbündete sich M. Z. auf Kriegsdauer mit Chiang Kai-shek. 1946 brachen erneut Kämpfe aus, in deren Verlauf die kommunist. Armeen das ganze Festland eroberten. Im Okt. 1949 rief M. Z. die Volksrepublik China aus; er wurde Vors. der Zentralen Volksregierung, 1954 nach Annahme der neuen Verfassung Vors. der Volksrepublik (Staatsoberhaupt). Unter M. Z.s Leitung begann die sozialist. Umgestaltung Chinas. 1957 leitete er die Hundert-Blumen-Kampagne für größere Meinungsfreiheit ein, die bald wieder abgebrochen wurde. 1958 proklamierte er den Großen Sprung nach vorn, die sofortige Errichtung der kommunist. Gesellschaftsordnung unter Überspringung bis dahin für notwendig gehaltener Etappen. Diese von der sowjet. Führung mißbilligte Politik sowie außenpolit. Differenzen führten zu einem sich ständig verschärfenden Konflikt mit Moskau u. letztlich zur Spaltung der kommunist. Weltbewegung. M. Z. erhob seither Anspruch auf die Führungsposition im Weltkommunismus. In China entwickelte sich, zweifellos von ihm selbst gefördert, ein zunehmender Kult um seine Person.

Nach wirtschaftl. Rückschlägen, die Machtkämpfe im Gefolge hatten, trat M. Z. 1959 als Staatsoberhaupt zurück, behielt aber seine Parteiämter. In der → Kulturrevolution (1966 bis 1969) gelang es ihm, seine auf eine gemäßigte Politik dringenden innerparteil. Gegner (vor allem *Liu Shaoqi*) auszuschalten u. seine radikale Linie durchzusetzen. Anschließend (1971) entmachtete er seinen designierten Nachfolger *Lin Biao*. In der Folge unterstützte er mit seiner Autorität die von Min.-Präs. *Zhou Enlai* repräsentierte Politik, die innenpolitisch auf Konsolidierung u. wirtschaftl. Wachstum, außenpolitisch auf Durchbrechung der Isolierung Chinas abzielte. Im Febr. 1972 empfing er in Peking den US-amerikan. Präs. R. *Nixon*. In seinen letzten Lebensjahren stand er, bei krankheitshalber eingeschränkter Handlungsfähigkeit, anscheinend wieder stärker unter dem Einfluß der radikalen Fraktion in der Parteiführung („Viererbande"), der auch seine Ehefrau *Jiang Qing* angehörte.

M. Z.s polit. u. philosoph. Schriften waren für den chines. Kommunismus grundlegend; nach seinem Tod betrieb die neue Parteiführung jedoch eine begrenzte Entmaoisierung. Eine Auswahl von Zitaten, „Worte des Vors. M. Z." („kleines rotes Buch"), war Ende der 1960er Jahre weltweit verbreitet. In der Dritten Welt fand M. Z. bes. Beachtung als Theoretiker des „revolutionären Volkskrieges". Er schrieb auch Gedichte in klass. Stil. – Ausgewählte Werke, 5 Bde. 1968–1978; Mao Zedong Texte (Schriften 1949–1976, chines. u. dt.), hrsg. von H. Martin, 7 Bde. 1978–1982.

Jean-Paul Marat, Schabblatt von Charles Levachez

Marat [-'ra], Jean-Paul, französ. Revolutionär, *24. 5. 1744 Boudry bei Neuenburg (Schweiz), †13. 7. 1793 Paris (ermordet); Arzt u. Publizist, einer der radikalsten Führer der *Französischen Revolution*, Hrsg. der Zeitung „Ami du peuple"; schloß sich nach dem Sturz des Königtums G. J. *Danton* an; war Mitgl. des Konvents u. betrieb als Präs. des Jakobinerklubs den Vernichtungskampf gegen die Girondisten. Er wurde von Charlotte *Corday* erdolcht.

Marathen, *Mahratta*, ein Marathi sprechendes Bauernvolk (40 Mill.) im Staat Maharashtra (Indien), seit 640 v. Chr. nachweisbar. Die M. wurden von dem Maurja-König *Aschoka* zum Buddhismus bekehrt; sie gerieten in Abhängigkeit zum Mogulreich, die von *Schivaji* beseitigt wurde. Dieser bildete aus einer Föderation der Stammesverbände ein Reich, das die Vorherrschaft in Indien gewann, die in 3 Kriegen 1779–1818 von den Briten gebrochen wurde. Die M. wurden von den *Peschwas*, ab 1714 erbl. Premierminister, geführt.

Marathon [lat., grch. -'to:n], griech. Ort an der Ostküste von Attika. 490 v. Chr. erlitten dort die Perser gegen die Athener unter *Miltiades* eine Niederlage; der Grabhügel der dabei gefallenen 192 Athener ist erhalten. Mit der Siegesnachricht soll ein Soldat *(Diomedon)* nach Athen gelaufen u. hier nach Verkündigung des Sieges tot zusammengebrochen sein; darauf beruht der *M.lauf.* 1925 fand man im Meer bei M. die Bronzestatue eines Jünglings („Knabe von M.") aus dem 4. Jh. v. Chr., die dem Bildhauer *Praxiteles* zugeschrieben wird.

Marbacher Annalen, kurzgefaßte Darstellung der Reichsgeschichte 631–1238, Quelle für die Reichspolitik in den Jahren 1184–1200; benannt nach dem früheren Kloster Marbach bei Colmar.

Marbod, König der Markomannen, †37 n. Chr.; in seiner Jugend in Rom am Hof des *Augustus* erzogen, kehrte später zu den Markomannen zurück, riß die Königswürde an sich u. führte sein Volk zusammen mit einem Teil der *Quaden* aus dem Maingebiet kurz nach 9 v. Chr. nach Böhmen, wo er die Nachbarstämme unterwarf u. das erste german. Reich schuf, das etwa Böhmen, Mähren u. Schlesien umfaßte. M. richtete nach röm. Muster einen glanzvollen Hof *(Marobudum)* ein. 19 n. Chr. zerbrach M.s Herrschaft, u. er wurde zur Flucht auf röm. Gebiet gezwungen. *Tiberius* wies ihm Ravenna als Aufenthaltsort zu, wo er 18 Jahre später starb.

Marc Aurel, *Marcus Aurelius Antoninus, Mark Aurel*, röm. Kaiser 161–180, *26. 4. 121 Rom, †17. 3. 180 Vindobona (Wien); von seinem Vorgänger *Antoninus Pius* auf Wunsch *Hadrians* zusammen mit *Lucius Verus* adoptiert, 145 mit *Faustina*, der Tochter des Antoninus Pius verheiratet u. in beschränktem Maß an der Regierung beteiligt; ließ seinerseits nach seinem Regierungsantritt Lucius Verus zum Mitkaiser ernennen; verteidigte das Reich trotz Pest u. Hungersnot im O erfolgreich gegen die Parther, im Donauraum gegen die Markomannen, Quaden u. Jazygen u. drang weit nach Böhmen vor; im Innern verstärkte kaiserl. Initiative in Verwaltung u. Rechtsprechung, Ausbau der Beamtenschaft, Anlage von Registern aller röm. Bürger; 177 Christenverfolgung in Lyon; durchbrach das System der Adoptivkaiser, indem er seinen leiblichen Sohn *Commodus* zum Nachfolger bestimmte; starb während des 2. Markomannenkriegs an der Pest. M. A. war ein ernster Anhänger der stoischen Philosophie u. verfaßte in griech. Sprache eine Schrift „An sich selbst", die Zeugnis seiner Vorstellungen von der Vergänglichkeit alles Irdischen u. der Gleichheit aller Freien gibt.

Marcel [mar'sɛl], Étienne, französ. Revolutionär, *um 1316 Paris, †31. 7. 1358 Paris; Vorsteher der Kaufmannschaft *(prévôt des marchands)* in Paris; versuchte, die Monarchie auf ständische Grundlage zu stellen u. demokratisch zu reformieren. Um Paris gegen die Angriffe des Dauphins u. späteren Königs Karl V. verteidigen zu können, trat er mit der *Jacquerie* in Verbindung u. wurde bei einem Volksauflauf in Paris von Vertretern der gemäßigten Richtung erschlagen.

Marcellinus, Papst 296–304, Heiliger, †16. 1. 304 Rom; starb (nicht als Märtyrer) zur Zeit der diokletian. Verfolgung. Manchen Berichten zufolge war er beim Ausbruch der Verfolgung zuerst vom Christentum abgefallen, hatte die hl. Bücher ausgeliefert u. dem Kaiser Weihrauch geopfert. In romfreundl. Quellen wurde dieser Vorwurf dadurch abge-

Marc Aurel: Reiterstandbild auf dem Platz des Capitols in Rom

Margarete I.; Sarkophag in der Domkirche zu Roskilde

wehrt, daß sein anschließendes Martyrium behauptet wurde.

Marcellus, Päpste: **1.** *M. I.*, 307/08 oder 308/09, Heiliger, † 16. 1. 308 oder 309; Römer, wurde nach langer, durch die diokletian. Verfolgung verursachter Sedisvakanz gewählt u. machte sich um die Neuordnung der kirchl. Verwaltung verdient. Von Kaiser Maxentius wurde er verbannt, wahrscheinl. wegen seiner strengen Haltung bezügl. der Wiederaufnahme Abgefallener.

2. *M. II.*, 9. 4.–1. 5. 1555, eigentl. Marcello *Cervini*, * 6. 5. 1501 Montepulciano, † 1. 5. 1555 Rom; 1539 Kardinal, päpstl. Legat auf dem Konzil von Trient; hervorragender Vertreter der humanist. Reformbewegung Italiens.

Marcellus, 1. *Marcus Claudius M.*, röm. Konsul in den Jahren 222, 214, 210 u. 208 v. Chr., † 208 v. Chr.; brachte im 2. Punischen Krieg dem nach Italien eingefallenen *Hannibal* bei *Nola* eine Niederlage bei; eroberte 212 v. Chr. Syrakus u. ließ die Stadt plündern; ihre reichen Kunstschätze brachte M. nach Rom; in der Schlacht gegen Hannibal bei Venusia gefallen.

2. *Marcus Claudius M.*, röm. Prinz, * 42 v. Chr., † Sept. 23 v. Chr. Baiae; Sohn des *Gaius Claudius M.* (Konsul 50 v. Chr.) u. der *Octavia*, der Schwester des Kaisers *Augustus*; von diesem als Nachfolger ausersehen u. mit dessen Tochter *Julia* vermählt; nach seinem frühen Tod Beisetzung im Mausoleum des Augustus. Nach ihm ist das Marcellus-Theater in Rom benannt, das Augustus seinem Andenken gewidmet hat.

Marchais [mar'ʃɛ], Georges, französ. Politiker (Kommunist), * 7. 6. 1920 La Hoguette, † 16. 11. 1997 Paris; Flugzeugmechaniker; seit 1947 Mitgl. der KPF, ab 1951 hauptamtl. Funktionär in der kommunistisch geführten Gewerkschaft CGT; 1961 Mitgl. des Politbüros u. Sekretär des ZK, 1969–1972 stellvertretender Generalsekretär, 1972–1994 Generalsekretär der KPF.

Marchfeld, niederösterr. Ebene östl. von Wien, Teil des Wiener Beckens, im S von der Donau, im O von der March begrenzt.

Das M. war mehrmals in der Geschichte Schlachtfeld: 1260 Sieg Ottokars II. gegen Béla IV. von Ungarn bei *Kroissenbrunn;* 1278 Niederlage Ottokars II. gegen Rudolf von Habsburg bei *Dürnkrut;* schließlich 1809 Schlachten von *Aspern* u. *Wagram* gegen Napoleon I.

Marcks, Erich, Historiker, * 17. 11. 1861 Magdeburg, † 22. 11. 1938 Berlin; seit 1893 Prof. in Freiburg, Leipzig, Heidelberg, Hamburg, München u. 1922–1928 in Berlin; Präs. der Münchner Histor. Kommission, Historiograph Preußens. Großer Essayist, schrieb Biographien mit psycholog. Einfühlungskraft, die in der nationalen Tradition der dt. Historiographie stehen. Werke: „Gaspard von Coligny" 1892; „Kaiser Wilhelm I." 1897; „Bismarck 1815–1851" 1909; „Männer u. Zeiten" 1911; „Der Aufstieg des Reiches 1806–1871" 2 Bde. 1936.

Marcos, Ferdinand, philippin. Offizier u. Politiker (Partido Nacionalista), * 11. 9. 1917 Sarrat, † 28. 9. 1989 Honolulu, Hawaii; 1959–1965 im Senat; gewann die Präsidentenwahlen von 1965, wurde 1969 wiedergewählt, verhängte 1972 nach bürgerkriegsähnl. Unruhen das Kriegsrecht u. proklamierte 1973 eine neue Verfassung, nach der ihm diktator. Vollmachten auf unbeschränkte Zeit zugebilligt wurden. Danach wurden in mehreren Plebisziten Diktatur u. Kriegsrecht bestätigt. 1980 hob M. das Kriegsrecht auf. In der Folge war er einer wachsenden Opposition ausgesetzt. Nach der Aufdeckung massiven Wahlbetrugs bei der Präs.-Wahl 1986 wurde er durch eine Volksbewegung, der sich das Militär anschloß, gestürzt u. ging ins Exil.

Marcus Aurelius Antoninus → Marc Aurel.

Mardonios, pers. *Mardunija*, Neffe u. Schwiegersohn des Perserkönigs *Dareios I.*, ordnete Ionien nach dem Ion. Aufstand neu u. leitete 492 v. Chr. einen Feldzug nach Thrakien zur Wiederherstellung der pers. Herrschaft; beim Feldzug des *Xerxes* 480 v. Chr. Befehlshaber des Heeres, übernahm er nach dessen Rückkehr nach Asien den Oberbefehl in Griechenland; unterlag 479 v. Chr. bei *Platää* trotz taktischen Geschicks der griech. Phalanx u. fiel.

Marengo, Vorort der oberitalien. Stadt Alessandria. Am 14. 6. 1800 (2. Koalitionskrieg) siegten hier die Truppen Napoleons I. über die Österreicher.

Maret [ma'rɛ], Hugo Bernard, Herzog von *Bassano* (seit 1809), französ. Politiker, * 1. 5. 1763 Dijon, † 13. 5. 1839 Paris; gab nach Ausbruch der Revolution 1789 das „Bulletin de l'Assemblée" heraus, aus dem später der „Moniteur universel" hervorging. M. wurde 1796 in den Rat der Fünfhundert gewählt, schloß sich dann Napoleon I. an, wurde dessen Staatssekretär u. 1811 Außen-Min. (bis 1813); 1834 war M. kurze Zeit Min.-Präs.

Margarete, Fürstinnen. Dänemark: **1.** M. I., Königin von Dänemark u. Norwegen 1387–1412 sowie von Schweden 1389–1412, Tochter *Waldemars IV. Atterdag* von Dänemark, * März 1353 Søborg, Seeland, † 28. 10. 1412 Flensburg; seit 1363 mit dem norweg. König *Haakon VI.* verheiratet, dessen Vater *Magnus Eriksson* König von Schweden war. Nach dem Tod ihres Vaters 1375 setzte sie die Wahl ihres 1370 geborenen Sohnes Olaf zum dän. König, nach dem Tod ihres Mannes 1380 auch zum norweg. König durch. In beiden Fällen übernahm sie die Regentschaft. Als Olaf 1387 starb, wählten sie die Großen in Dänemark u. Norwegen zur „Frau, Herrscherin u. zum mächtigen Vormund der Reiche", was der Stellung einer Königin gleichkam. Ein Jahr später wurde sie auch zur Herrscherin von Schweden gewählt u. trat das Amt 1389 an, nachdem sie ihren Konkurrenten *Albrecht von Mecklenburg* besiegt hatte. Um die Thronfolge zu sichern, adoptierte M. 1387 ihren Großneffen Erik von Pommern. 1397 berief sie die Versammlung der Großen der drei Reiche nach Kalmar, wo sie die Kalmarer Union, die mit Unterbrechungen bis 1523 dauerte, begründete u. Erik zum König des Nordens krönen ließ. De facto regierte sie bis zu ihrem Tode.

2. *M. II.*, Königin seit 1972, * 16. 4. 1940 Kopenhagen; 1953 zur Thronfolgerin designiert; seit 1967 verheiratet mit Graf Henri de *Laborde de Monpezat.*

Frankreich: **3.** *M. von Angoulême, M. von Navarra, Marguerite d'Angoulême*, aus dem Haus Orléans, Königin, * 11. 4. 1492 Angoulême, † 21. 12. 1549 Odos bei Tarbes, Bigorre; Schwester Franz I., in zweiter Ehe verheiratet (1527) mit Heinrich d'Albret, König von Navarra; duldete den Protestantismus, förderte Künste u. Wissenschaft, schrieb in Anlehnung an die Bibel geistl. Gedichte; von Boccaccio beeinflußt ist die Novellensammlung „Heptaméron" (1558 gedruckt, dt. 1960): 72 lyrische u. schwankhaft derbe Novellen, durch Rahmenhandlung verbunden.

4. *M. von Valois*, Tochter Katharinas von Medici, Königin 1589–1599, * 14. 5. 1553 St.-Germain-en-Laye, † 27. 3. 1615 Paris; heiratete am 18. 8. 1572 Heinrich (IV.) von Navarra (Bartholomäusnacht); 1599 geschieden, unterhielt einen literar. Salon in Paris, hinterließ kulturgeschichtlich wertvolle Memoiren.

Niederlande: **5.** *M. von Österreich*, Generalstatthalterin der Niederlande 1507–1530, * 10. 1. 1480 Brüssel, † 1. 12. 1530 Mecheln; Tochter Kaiser Maximilians I. u. der Maria von Burgund, heiratete 1497 den Infanten Juan von Spanien († 1497) u. 1501 Herzog Philibert von Savoyen († 1504). Von ihrem Vater 1507 zur Generalstatthalterin der Niederlande ernannt, regierte sie von Mecheln aus im habsburg. Hausinteresse u. versuchte, das Eindringen der Reformation zu verhindern. Sie schloß den Vertrag von Cambrai (1508) sowie den Damenfrieden von 1529. An ihrem Hof in Gent wurde der spätere Kaiser Karl V. erzogen.

6. *M. von Parma*, Generalstatthalterin der Niederlande 1559–1567 u. 1580–1583, * 28. 12. 1522 Oudenaarde, † 18. 1. 1586 Ortona; Tochter Kaiser Karls V. u. der Flämin Johanna van der Gheinst. M. wurde am Hof der Königin Maria von Ungarn in Brüssel erzogen u. war in erster Ehe 1536 mit Herzog Alessandro de Medici, in zweiter Ehe 1538 mit Ottavio Farnese, Herzog von Parma u. Piacenza, vermählt. 1559 ernannte Philipp II. von Spanien sie zur Statthalterin der Niederlande. Vertreterin einer milden u. auf Versöhnung gerichteten Politik, verzichtete sie auf ihr Amt, als der Aufstand offen ausbrach u. 1567 Alba mit einschneidenden Vollmachten erschien. Ihre zweite Generalstatthalterschaft war wenig wirkungsvoll; ihr Amt übernahm ihr Sohn Alessandro Farnese.

Norwegen: **7.** Königin → Margarete (1).

Schweden: **8.** Königin → Margarete (1).

Tirol: **9.** *M. Maultasch*, Gräfin 1335–1363, * 1318, † 3. 10. 1369 Wien; Tochter Herzog Heinrichs von Kärnten, erbte nach dem Tod ihres Vaters die Grafschaft Tirol; wurde 1330 mit dem damals neunjährigen Luxemburger Johann Heinrich, Sohn König Johanns von Böhmen, vermählt, den sie 1341 mit Hilfe der Tiroler vertrieb. 1342 heiratete sie Markgraf Ludwig von Brandenburg, den Sohn Kaiser Ludwigs des Bayern; als beider Sohn Meinhard 1363 starb, trat M. Tirol an Herzog Rudolf IV. von Österreich ab.

Mari, heutiger Ruinenhügel *Tell Hariri*, am mittleren Euphrat in Syrien; als Zwischenstation des Karawanenhandels vom Mittelmeer zum Persischen Golf im Altertum (seit dem 3. Jahrtausend v. Chr.) eine bedeutende Handelsstadt. Bei Ausgrabungen seit 1933 wurde eine Palastanlage aus altbabylon. Zeit (20.–18. Jh. v. Chr.) entdeckt. Etwa 300 Höfe u. Räume auf einer Fläche von 2,5 ha wurden bisher freigelegt. In M. wurde ein Archiv von rd. 20 000 Tontafeln gefunden; die darin aufbewahrten diplomat. Korrespondenzen geben wichtige Aufschlüsse über die altoriental. Geschichte. M. wurde 1695 v. Chr. von *Hammurapi* zerstört.

Maria, Fürstinnen. Röm.-deutsche Kaiserin: **1.** *M. Theresia*, Kaiserin, Königin von Ungarn u. Böhmen sowie Erzherzogin von Österreich 1740–1780, * 13. 5. 1717 Wien, † 29. 11. 1780 Wien; älteste Tochter Kaiser *Karls VI.*, erhielt eine vorzügl. Erziehung, heiratete 1736 Franz Stephan von Lothringen, der nach der Abtretung Lothringens an Frankreich 1737 Großherzog von Toskana wurde. M. übernahm aufgrund der Pragmatischen Sanktion 1740 die Regierung der habsburg. Erblande.

Nach dem Tod Karls VI. machten Bayern, Spanien u. Sachsen, unterstützt von Frankreich, Erbansprüche geltend. Im Dezember 1740 nutzte Friedrich II. von Preußen die Situation aus, fiel in Schlesien ein u. begann den 1. Schles. Krieg; 1741 rückten ein sächs. u. ein französisch-bayer. Heer in Böhmen-Österreich sowie span. Truppen in Italien ein u. eröffneten den *Österr. Erbfolgekrieg* (1740–1748). Zwar mußte M. im *Breslauer Frieden* 1742 u. im *Frieden zu Dresden* 1745 auf Schlesien, im *Frieden von Aachen*, der den Erbfolgekrieg beendete, 1748 auf Parma u. Piacenza verzichten; aber sie hatte sich als Erbin der Monarchie durchgesetzt.
Am 4. 10. 1745 war *Franz I.* zum Kaiser gekrönt worden. In den nun folgenden Friedensjahren verwandte M. ihre ganze Tatkraft auf die Verbesserung der Verwaltung, Hebung der Finanzen u. Schaffung eines tüchtigen Heers. F. von *Haugwitz* stand ihr für das Heereswesen zur Seite. Der Ratgeber für die äußeren Angelegenheiten (Staatskanzler), Fürst *Kaunitz*, bewog M., 1756 ein Bündnis mit Frankreich, ebenso mit Sachsen, Schweden u. Rußland zu schließen, um Schlesien wiederzugewinnen. Der nun anbrechende *Siebenjährige Krieg* endete 1763 mit dem *Hubertusburger Frieden*, in dem Österreich Schlesien an Preußen abtreten mußte. Nach dem Tod Franz' I. (1765) wurde ihr Sohn *Joseph II.* Mitregent u. Kaiser.
M. nahm sich der inneren Verwaltung, der Belebung von Handel u. Gewerbe, Gründung von Volksschulen u. Förderung der Landwirtschaft an. Sie hob die Tortur u. die grausamen Todesstrafen auf, milderte die Leibeigenschaft u. ließ 1768 ein neues Strafgesetzbuch herausgeben. Nur widerstrebend beteiligte sie sich 1772 an der 1. Teilung Polens, durch die Galizien an Österreich fiel; 1775 gewann sie die Bukowina von der Türkei. Im *Bayer. Erbfolgekrieg* 1778/79 kam das Innviertel an Österreich. Trotz ihrer Frömmigkeit wahrte M. ihre Selbständigkeit gegenüber der kath. Kirche u. verfügte die Aufhebung des Jesuiten-Ordens. Neben ihrer Fähigkeit, polit. Tatsachen nüchtern zu betrachten, bewahrte sie sich Liebenswürdigkeit u. mütterliches Wesen. Ihrer Ehe mit Franz I. entstammten 16 Kinder, von denen 6 zu M.s Lebzeiten starben.
Burgund: **2.** *M. von Burgund*, Herzogin

Maria Theresia mit ihrem Gemahl Franz I. und dem Kronprinzen Joseph. Anonymes Gemälde. Wien, Heeresgeschichtliches Museum

Marie-Antoinette

1477–1482, * 13. 12. 1457 Brüssel, † 27. 3. 1482 Brügge; Erbtochter Karls des Kühnen, heiratete 1477 den späteren Kaiser *Maximilian I.*, wodurch der größte Teil der burgund. Länder an die Habsburger fiel.
England: **3.** *M. I., M. die Blutige, M. die Katholische*, Königin 1553–1558, * 18. 2. 1516 Greenwich, † 17. 11. 1558 London; Tochter Heinrichs VIII. u. Katharinas von Aragón, setzte sich mit Hilfe des Bischofs S. Gardiner für Katholizismus u. Papsttum ein, ging mit schärfsten Mitteln gegen ihre religiösen Gegner vor, etwa 300 Protestanten starben auf dem Scheiterhaufen. Ihre Ehe mit *Philipp II.* von Spanien blieb kinderlos.
4. *M. II.*, Königin 1689–1694, * 30. 4. 1662 London, † 28. 12. 1694 London; Tochter Jakobs II. (1685–1688), heiratete 1677 ihren Vetter Wilhelm von Oranien u. bekam mit diesem zusammen 1688 die engl. Krone angeboten, als ihr Vater während der *Glorreichen Revolution* vertrieben wurde. M. war gleichberechtigte Mitregentin ihres Mannes, überließ ihm jedoch die wichtigsten Geschäfte u. handelte nach seinem Rat.
Frankreich: **5.** *M. von Medici*, Königin 1600–1631, * 26. 4. 1573 Florenz, † 3. 7. 1642 Köln; heiratete 1600 *Heinrich IV.*, nach Ermordung ihres Mannes 1610–1614 Regentin für ihren Sohn *Ludwig XIII.*, der sie später nach Blois verbannte. M. stand nach ihrer Rückkehr in Opposition zu Richelieu, unterlag jedoch u. floh aus der Haft ins Ausland. Sie ließ das Palais de Luxembourg in Paris erbauen.
6. *Maria Theresia*, gen. *M. von Österreich*, Königin 1660–1683, * 10. 9. 1638 Madrid, † 30. 7. 1683 Versailles; Tochter Philipps IV. von Spanien u. Elisabeths von Frankreich; verzichtete wegen ihrer Heirat 1660 mit *Ludwig XIV.* auf Erbansprüche, die dieser aber für die span. Niederlande aufrechterhielt.
7. *M. Leszczyńska*, Königin 1725–1768, * 23. 6. 1703 Breslau, † 24. 6. 1768 Versailles; Tochter des poln. Königs Stanislaus Leszczyński, heiratete 1725 *Ludwig XV.*
8. *Marie-Antoinette*, Königin 1770–1793, * 2. 11. 1755 Wien, † 16. 10. 1793 Paris; Tochter Kaiser Franz' I., 1770 Gemahlin Ludwigs XVI., als Habsburgerin bei den Franzosen wenig beliebt; durch die *Halsbandaffäre* u. ihre konservative polit. Einstellung noch verhaßter, wurde sie (unfreiwillig) zum Werkzeug eigensüchtiger Hofcliquen; nach Ausbruch der Französ. Revolution starre Gegnerin der Nationalversammlung u. der von dieser geschaffenen Verfassung; wegen ihrer Verbindungen zum Ausland verhaftet u. nach einem Schauprozeß hingerichtet.
9. *Marie-Louise*, Kaiserin 1810–1814, * 12. 12. 1791 Wien, † 17. 12. 1847 Parma; Frau *Napoleons I.*, Tochter Kaiser Franz' II.; aus polit. Gründen verheiratet, Mutter Napoleons (II.), des Herzogs von Reichstadt; trennte sich 1814 von Napoleon, wurde Herzogin von Parma, Piacenza u. Guastalla; seit 1821 morganatisch verheiratet mit ihrem Oberhofmeister Graf Neipperg, nach dessen Tod 1834 mit dem Grafen Bombelles.
Portugal: **10.** *M. I., Maria die Fromme*, Königin 1777–1816, * 17. 12. 1734 Lissabon, † 20. 3. 1816 Rio de Janeiro; folgte ihrem Vater Joseph I. auf den Thron; entließ den aufgeklärten Politiker *Pombal* u. machte dessen Reformwerk rückgängig; 1792 übernahm ihr Sohn die Regierung. 1807 floh M. mit dem Hof vor den französ. Truppen nach Brasilien, wo sie starb.
11. *M. II., M. da Glória*, Königin 1834–1853, * 4. 4. 1819 Rio de Janeiro, † 15. 11. 1853 Lissabon; Tochter Kaiser *Pedros I.* von Brasilien (Pedro IV. von Portugal, aus dem Hause Bragança), der zugunsten M.s auf die portugies. Krone verzichtet hatte. Sie trat nach einem für sie günstig verlaufenen Bürgerkrieg gegen Dom Miguel 1834 die Regierung an,

Maria Stuart

war aber nicht imstande, der Kämpfe zwischen Liberalen u. Reaktionären Herr zu werden u. den inneren Frieden wiederherzustellen. Sie heiratete 1836 Herzog *Ferdinand von Sachsen-Coburg-Gotha* (* 1816, † 1885), der nach M.s Tod die Regierung für seinen Sohn *Pedro V.* übernahm.
Schottland: **12.** *M. Stuart*, Königin 1542–1567, * 8. 12. 1542 Linlithgow, † 8. 2. 1587 Fotheringhay (hingerichtet); Tochter des Schottenkönigs *Jakob V.* (* 1512, † 1542) u. der Maria von Lothringen (13), als Frau von *Franz II.* kurze Zeit französ. Königin; kehrte 1561 nach Schottland zurück u. versuchte hier erfolglos eine Rekatholisierung; trat für eine schottisch-französ. Verbindung ein. Den engl. Katholiken galt sie als rechtmäßige Erbin des engl. Throns, was sie in Gegensatz zur engl. Königin *Elisabeth I.* brachte. 1565 heiratete sie ihren Vetter Lord Henry Stuart *Darnley*, der 1566 ihren Vertrauten *Riccio* ermorden ließ. Darnley wurde (angeblich im Einverständnis mit M.) 1567 von Lord James Hepburn *Bothwell* ermordet. 3 Monate später heiratete M. Bothwell. Diese Heirat gab den Anlaß zu dem Aufstand des calvinist. Adels; M. wurde abgesetzt u. floh 1568 nach England. Hier wurde sie 19 Jahre in Haft gehalten u. wegen einer (angebl.) Verschwörung gegen Elisabeth I. enthauptet. Ihr Sohn aus der Ehe mit Darnley, *Jakob I.*, trat die Thronfolge in England u. Schottland nach dem Tod Elisabeths I. an (Haus Stuart). – „M. Stuart", Trauerspiel von *Schiller*, ent-

standen 1799–1800, uraufgeführt 14. 6. 1800 in Weimar, gedruckt 1801.
13. *M. von Lothringen*, Königin 1554–1560, *22. 11. 1515 Bar-le-Duc, Lothringen, † 11. 6. 1560 Edinburgh; heiratete 1538 Jakob V. von Schottland, Mutter Maria Stuarts, führte 1554–1560 für ihre Tochter in Schottland die Regierungsgeschäfte; steuerte zunächst einen Kurs der religiösen Toleranz, begann aber dann auf Betreiben ihrer gegenreformatorisch gesinnten Brüder in Frankreich, des Herzogs von Guise u. des Kardinals von Lothringen, mit der Verfolgung von Protestanten; starb im Verlauf des sich hieraus entwickelnden Aufstandes.
Spanien: **14.** *M. Christina*, Königin 1829–1854, *27. 4. 1806 Neapel, † 23. 8. 1878 Ste.-Adresse, Dép. Seine-Maritime; Frau *Ferdinands VII.* (*1784, † 1833), veranlaßte die Wiedereinführung der weibl. Erbfolge zugunsten ihrer Töchter u. führte 1833–1840 nach Ferdinands Tod für ihre minderjährige Tochter *Isabella II.* die Regentschaft.
Ungarn: **15.** Königin 1522–1526, *17. 9. 1505 Brüssel, † 18. 10. 1558 Cigales bei Valladolid; Tochter Philipps des Schönen von Burgund u. Johannas der Wahnsinnigen; wurde 1522 mit *Ludwig II.* von Ungarn vermählt. M. versammelte zwischen 1522 u. 1526 am Hof zu Ofen einen bedeutenden Humanistenkreis. Nach Ludwigs Tod wurde sie von ihrem Bruder *Karl V.* zur Regentin der Niederlande ernannt; sie verwaltete dieses Amt von 1531 bis zum Rücktritt Karls V. 1556.
Marianen, nördlichste Inselgruppe Mikronesiens im Pazif. Ozean, 473 km², 43 300 Ew. 1521 wurden die M. von Magalhães entdeckt, 1565–1899 waren sie in span. Besitz, 1898 wurde Guam an die USA, der übrige Teil an Dtschld. verkauft, 1920 gerieten sie als Völkerbundmandat unter japan. Verwaltung, 1944 wurden sie nach einer erbitterten See- u. Luftschlacht von amerikan. Truppen erobert, waren 1947–1990 als UN-Treuhandgebiet unter US-Verwaltung, seit 1978 sind sie ein mit den USA assoziierter Staat.
Marianische Heeresreform, die 107 v. Chr. von dem röm. Konsul Gaius *Marius* durchgeführten Maßnahmen, wodurch erstmals auch besitzlose röm. Bürger, sog. *Proletarier*, als Legionäre für die röm. Armee rekrutiert wurden. Die M. H. schuf die Voraussetzungen für die Entwicklung zum Berufsheer.
Marianne [frz. mari'an], ursprünglich eine linksextreme Geheimgesellschaft im Frankreich der Restauration u. des Bürgerkönigtums, später Symbolfigur der französ. Revolutionsfreiheit; heute Symbol für Frankreich.
Maria-Theresien-Taler, seit 1753 geprägter österr. Taler mit dem Bildnis der Kaiserin *Maria Theresia* auf der Vorderseite u. dem Bundesadler auf der Rückseite. Die Münzstätten befanden sich in Günzburg u. Wien, zeitweise auch in Rom, Brüssel, London, Paris u. Bombay. Im 19. u. 20. Jh. war der M. beliebtes Zahlungsmittel im Orient u. in Äthiopien. Auch als Schmuckmünze ist er weit verbreitet. In Österreich wurde er 1854 demonetisiert.
Marie-Antoinette [-ätwa'nɛt], französ. Königin, → Maria, Fürstinnen (8).
Marignano [mariŋ'a:no], heute *Melegnano*, Ort südöstl. von Mailand; am 13./14. 9. 1515 besiegten hier die Franzosen unter *Franz I.* ein schweizer. Heer im Dienst des Herzogs von Mailand. Die Schlacht bei M. bedeutete das Ende des kurzen Versuchs einer schweizer. Großmachtpolitik.
Marinus, Päpste: **1.** *M. I.*, 882–884 (lange irrtüml. als *Martin II.* bezeichnet), † 15. 5. 884 Rom; war 869/70 Legat Hadrians II. auf dem Konzil in Konstantinopel; unterhielt gute Beziehungen zu König Alfred von England.
2. *M. II.*, 942–946 (lange irrtüml. als *Martin III.* bezeichnet), † Mai 946 Rom; war abhängig von Herzog Alberich II. von Spoleto, dem er seine Erhebung verdankte.
Marius, *Gaius M.*, röm. Feldherr, *158 oder 157 v. Chr. Cereatae bei Arpinum, † 13. 1. 86 v. Chr. Rom; siebenmal Konsul; siegte 107 v. Chr. über den Numiderkönig *Jugurtha*. M. hatte für diesen Krieg zum ersten Mal auch Angehörige der besitzlosen Klassen *(Proletarii)* in die Legionen aufgenommen; aus dieser sog. Marianischen Heeresreform entwickelte sich allmählich ein Berufsheer; die Reform gab zudem Möglichkeiten zur Lösung der sozialen Krisen, indem man die Soldaten nach Ablauf ihrer Dienstzeit mit Land versorgte. 102 u. 101 v. Chr. besiegte M. die in Italien eingefallenen *Kimbern* u. *Teutonen*. Wegen polit. Fehler hatte er gegen Ende seines 6. Konsulats Senat u. Volk gegen sich u. scheiterte mit dem Programm zur Versorgung seiner Veteranen. Nach Jahren relativer polit. Bedeutungslosigkeit wurde er 88 v. Chr. gegen den Konsul *Sulla* mit dem Kommando im *1. Mithradatischen Krieg* betraut u. daraufhin von diesem nach dessen 1. Marsch auf Rom vertrieben. Als Sulla gegen Mithradates VI. kämpfte, kehrte M. nach Rom zurück u. richtete unter seinen Gegnern ein Blutbad an.
Mark [die], seit der Zeit Karls d. Gr. Gebiet an der Grenze oder außerhalb des eigentl. Reichs auf erobertem Land; zum Grenzschutz u. als militär. Aufmarschraum. In den M.en wurde christianisiert, eine wehrhafte Bauernbevölkerung angesiedelt u. zum Burgenbau verpflichtet. Die Organisation der M.en war nicht einheitlich. Eine M. unterstand der Leitung eines *Markgrafen*.
Markgraf, lat. *Marchio, Marchisus*, seit Karl d. Gr. im Frankenreich Stellvertreter des Königs in den *Marken* mit Sondervollmachten (Heerbann, hohe Gerichtsbarkeit, Befestigungsrecht), vor allem für militärische Aufgaben, die über die Vollmachten eines Grafen hinausgingen u. den M.en-Status dem eines Herzogs ähnlich machten. Der englische u. französische Titel *Marquis* u. der italienische *Marchese* gehen nur selten auf ein Markgrafenamt zurück.
Marklo, *Marklohe*, Ort bei Nienburg (Weser), bei dem bis zum 8. Jh. unter freiem Himmel die wichtigste Volksversammlung (Thing) der Sachsen stattfand, auf der vor allem Recht gesprochen wurde, aber auch Entscheidungen über Krieg u. Frieden fielen.
Markomannen [„Bewohner einer Mark"], german. Volk, dem Swebenstamm zugehörig, erstmals von Cäsar in der Mitte des 1. Jh. v. Chr. als Hilfstruppe des german. Heerführsten *Ariovist* erwähnt. Nach einer Niederlage 9 v. Chr. durch den röm. Feldherrn *Drusus* zogen sie zusammen mit den Quaden unter *Marbod* nach Böhmen, der im Bund mit anderen Stämmen ein erstes german. Reich errichtete. Infolge der romfreundlichen Politik Marbods brach ein Krieg zwischen diesem u. german. Stämmen unter dem Cheruskerfürsten *Armin* aus, der zwar keine Entscheidung brachte, aber das M.reich schwächte u. unter röm. Einfluß brachte. Nach der Vertreibung Marbods durch *Katwalda* 19 n. Chr. u. dessen Sturz durch den Hermunduren *Vibilius* setzte Drusus den Quaden *Vannius* als König ein; 30 Jahre lang war das M.reich ein röm. Klientelstaat. Auch nach seiner Absetzung blieben die M. romfreundlich. Zu schweren Zusammenstößen zwischen M. u. Römern kam es am Ende des 1. Jh. u. dann erst wieder in den *Markomannenkriegen* 166–180. Die M. zogen über die Alpen bis nach Oberitalien u. zwangen *Marc Aurel* zu ständigen Kämpfen. Nach Marc Aurels Tod schloß *Commodus* Frieden mit den M. u. zwang sie zur Stellung von Hilfstruppen. 253 verwüsteten sie zusammen mit den Skythen Noricum u. Pannonien; noch 374/75 bekriegte sie *Valentinian* an der Donau. 433 kamen die in Pannonien ansässigen M. unter die Herrschaft der Hunnen. Anfang des 6. Jh. wanderten sie nach Bayern aus.
Markuslöwe, Wahrzeichen Venedigs.
Markward von Annweiler, pfälz. Reichsministeriale, *um 1140, † 1202; Reichstruchseß u. Ratgeber Kaiser *Heinrichs VI.*, der ihn zum Markgrafen von Ancona u. Herzog der Romagna u. von Ravenna ernannte; übte nach Heinrichs Tod als Vertreter der staufischen Reichspolitik die Regentschaft im Königreich Sizilien aus, wobei er auf den erbitterten Widerstand Papst Innozenz' III. traf.
Marlborough ['mɔ:lbərə], John Churchill, Herzog von (1702), engl. Heerführer u. Politiker, *26. 5. 1650 Musbury, Devonshire, † 16. 6. 1722 Cranbourne Lodge, Windsor; seit 1667 im Militärdienst, unter Jakob II. (1685–1688) Generalleutnant u. Oberbefehlshaber, schwenkte schnell zu Wilhelm von Oranien über u. wurde im Gegenzug in seinem Amt bestätigt u. zum Earl erhoben, 1691 seiner Ämter enthoben. M. kam seit der Thronbesteigung Anna Stuarts 1702, mit der seine Frau Sarah *Jennings* (*1660, † 1744) befreundet war, rasch empor. Er war die treibende Kraft u. mit Prinz Eugen der Führer der Koalition im Span. Erbfolgekrieg. Als Oberbefehlshaber des engl. Heers siegte M. bei Höchstädt (Blenheim) 1704, Ramillies (1706), Oudenaarde 1708 u. Malplaquet 1709 über die Franzosen; er trat nach dem Bruch zwischen seiner Frau u. Königin Anna sowie aus innenpolit. Gründen 1711 zurück.
Marne-Kultur, regionale Kulturgruppe der Latènezeit in der Champagne, bekannt besonders aus Gräberfeldern; charakteristisch ist die scharf profilierte u. mit Ritzmustern oder Bemalung verzierte Keramik.
Marneschlacht, im 1. Weltkrieg die Angriffsschlacht der dt. Westfront (5 Armeen) gegen 5 französ. Armeen u. die Engländer, vom 5. bis 12. 9. 1914. Unter dem Eindruck örtlicher Mißerfolge bei der 2. Armee (K. von *Bülow*) erließ der Chef des Generalstabs H. von *Moltke d. J.* am 9. 9. den Rückzugsbefehl für die gesamte Front („Wunder an der Marne"). Mit der M. scheiterte der Schlieffenplan, der auf eine rasche Kriegsentscheidung im Westen abzielte. Moltke wurde wenig später durch E. von *Falkenhayn* abgelöst. – Als M. bezeichnet man auch den Übergang der dt. 7. Armee über die Marne 15.–17. 7. 1918.

Marokko MA

Königreich Marokko

Fläche: 446 550 km². – *Einwohner:* 26,9 Mill. – *Hauptstadt:* Rabat. – *Landessprachen:* Arabisch, Berberdialekte, Französisch, Spanisch. – *Nationalfeiertage:* 3. 3. und 18. 11. – *Währung:* 1 Dirham = 100 Centimes. – *Lage:* zwischen 27°40′ und 35°56′ n. Br. sowie 1° und 13°12′ w. L. – *Zeitzone:* Mitteleuropäische Zeit – 1 Std. – *Grenzen:* im N Mittelmeer und Spanien, im O Algerien, im S Sahara, im W Atlantischer Ozean. – *Staatsform:* konstitutionelle Monarchie mit starker Stellung des Königs.

Das im Altertum *Mauretania* genannte Land (Königreich) wurde 42 n. Chr. röm. Provinz. Nach der Herrschaft der Wandalen (429–534) kam es im 6. Jh. an das Byzantin. Reich. 680–700 unterwarfen die islam. Araber das Land. Seit 890 herrschten selbständige Dynastien: *Idrisiden, Fatimiden* (986–1062); ihnen folgten die *Almoraviden* u.

Almohaden, die in Marrakesch ihre Residenz hatten u. auch über das arab. Spanien herrschten. 1269 folgten die *Meriniden*, dann die *Watasiden* u. *Sanditen*, 1546 die *Scherifen* von Tafilâlt (alidischer Abstammung), unter denen das Reich seine größte Ausdehnung erreichte. Sie vertrieben die Portugiesen u. Spanier, die sich 1415 u. 1497 in M. festgesetzt hatten.
Mit Mulai Ar Raschid (1667–1672) kam eine Seitenlinie der Scherifen, die *Alawiten* oder *Aliden*, auch *Hassaniden*, die noch heute herrschende Dynastie, zur Macht. Sein Nachfolger Mulai Ismail (1672–1727) vertrieb 1684 die Engländer aus Tanger, 1720 die letzten Portugiesen aus Ceuta. Durch die Flucht des Algeriers Abd Al Kader nach M. kam es 1844/45 zu Auseinandersetzungen mit Frankreich. Im Krieg 1859/60 mit Spanien besetzten die Spanier Tetouan. Unter Abd Al Aziz (1894–1908), dessen Europafreundlichkeit Aufstände zur Folge hatte, begann 1904 Frankreich mit der „friedlichen Durchdringung" M.s. Zur Wahrung dt. Interessen landete Kaiser Wilhelm II. am 31. 3. 1905 in Tanger u. löste damit die 1. *M.-Krise* aus, die durch die *Konferenz von Algeciras* (1906) beigelegt wurde. Frankreich besetzte 1907 Casablanca. Als Sultan Mulai Hafiz (1908–1912) von Aufständischen 1911 in Fès eingeschlossen wurde, rief er die Franzosen zu Hilfe. Das Dt. Reich schickte das Kanonenboot „Panther" nach Agadir (2. M.-Krise), mußte aber das französ. Protektorat (4. 11. 1912) anerkennen. Der französ. Generalresident L. H. Lyautey (1912–1925) setzte die französ. Herrschaft in M. mit viel Geschick durch. Spanien erweiterte im gleichen Jahr sein Schutzgebiet in Nord-M. Dort brach 1921 der Aufstand der Rifkabylen unter Abd Al Krim aus, den Spanien u. Frankreich gemeinsam erst 1926 unterdrücken konnten.
Nach der Landung der Alliierten 1942 versprach der amerikan. Präsident F. D. Roosevelt Sultan Mohammed V. Ben Jussuf (1927–1961) Unabhängigkeit; 1944 entstand die Unabhängigkeitspartei *(Istiklal)* unter Allal Al Fassi. Frankreich versuchte der Unruhe Herr zu werden, indem es 1953 den Sultan verbannte. Er mußte jedoch 1955 wieder eingesetzt werden. Am 2. 3. 1956 erhielt M. die Unabhängigkeit, die span. Protektorats-Zonen im N u. S sowie Tanger wurden mit M. vereinigt.
Am 16. 8. 1957 wurde M. zum Königreich proklamiert; der Sultan nahm als *Mohammed V.* den Königstitel an. In den ersten Jahren der Unabhängigkeit bildeten sich mehrere polit. Parteien. Auf Mohammed folgte 1961 sein Sohn *Hassan II.* 1962 wurde eine Verfassung verkündet, u. 1963 fand die erste Parlamentswahl statt, die jedoch keine arbeitsfähige Regierungsmehrheit erbrachte. 1965 löste Hassan das Parlament auf, suspendierte die Verfassung u. übernahm die gesamte exekutive u. legislative Gewalt. Eine neue Verfassung räumte 1970 dem König auch rechtlich eine stärkere Stellung ein. 1971 u. 1972 scheiterten Putschversuche gegen den König. 1972 erhielt M. die dritte Verfassung. Sie stärkte die Stellung des Parlaments gegenüber dem König. Bei den Parlamentswahlen von 1977 u. 1984 erhielten jeweils die königstreuen Parteien die Mehrheit. In einem Referendum stimmte die Bevölkerung 1992 einer umfangreichen Verfassungsrevision zu, die die Befugnisse von Parlament u. Regierung geringfügig erweiterte, ohne jedoch die Macht des Königs einzuschränken. Die linke Opposition erzielte bei den Wahlen 1993 erhebl. Stimmengewinne. In einem neuerl. Verfassungsreferendum 1996 stimmte die Bevölkerung u. a. der Einführung eines Zweikammersystems zu. Die Wahlen 1997 gewannen die Oppositionsparteien.
Nach Erlangung seiner Unabhängigkeit beanspruchte M. weite Wüstengebiete Nordwestafrikas, u. a. die gesamte Islam. Rep. Mauretanien u. große Teile Algeriens. Im Oktober 1963 kam es darüber zu einem Grenzkrieg mit Algerien; er wurde durch Vermittlung anderer afrikan. Staaten beendet, ohne daß die Grenze seitdem festgelegt wäre. M. stellte jedoch 1970 gute Beziehungen zu Mauretanien her u. begann gemeinsam mit Algerien u. Mauretanien Druck auf Spanien auszuüben, um es zur Aufgabe seiner Kolonie Spanisch-Sahara (West-Sahara) zu veranlassen. 1975 kam eine Einigung zustande: Spanien überließ das Gebiet M. u. Mauretanien, die es unter sich aufteilten. Hiergegen erhob sich mit Unterstützung Algeriens die Unabhängigkeitsbewegung *Polisario*. Sie proklamierte 1976 in West-Sahara eine unabhängige Republik, die inzwischen von mehreren Staaten anerkannt wurde. 1979 einigte sich Mauretanien mit der Polisario u. verzichtete auf seinen Anteil an West-Sahara. Daraufhin annektierte M. auch dieses Gebiet. Die Teilnahme der Polisario an der OAU-Gipfelkonferenz 1984 veranlaßte M., die Organisation zu verlassen. 1988 kam es zu einer ersten Annäherung zwischen den Positionen M.s u. der Polisario. 1991 wurden eine Waffenruhe u. die Abhaltung eines Referendums über die Unabhängigkeit West-Saharas vereinbart.

Marọzia, *Mariuccia*, toskan. Prinzessin, *um 892, †um 937; Frau von Alberich I., die dann Guido von Tuszien (*917, †929) u. schließlich 932 König Hugo von Italien (†948) heiratete u. die Geliebte Papst Sergius' III. war; beherrschte Papsttum, Rom u. Kirchenstaat, brachte ihren Sohn (Johannes XI.) u. ihren Enkel (Johannes XII.) auf den päpstl. Stuhl. Ihr Sohn Alberich II. war in Rom „princeps et senator".

Mạrschall [der; ahd. *marahscalc*, „Pferdeknecht"], ursprüngl. Aufseher über Pferde u. Stall; bei den Merowingern Hofbeamter u. seit der Zeit Kaiser Ottos I. Inhaber eines der Erzämter; der Herzog von Sachsen war *Reichserz-M.* Im späten MA wurden die ursprüngl. von einer Person ausgeübten Funktionen auf mehrere Beamte verteilt: Der *Hof-M.* übte die Aufsicht über die Haushaltung des Hofs u. das Personal aus. *Feld-M.* hieß seit dem Dreißigjährigen Krieg der Befehlshaber einer selbständigen Heeresabteilung, als *Reichsfeld-M.* oder *Reichs-M.* wurde der Befehlshaber der Reichsarmee bezeichnet. Über diesem stand zunächst der (kaiserl.) *Generalleutnant*, der als Stellvertreter des Kriegsherrn den Oberbefehl führte. Erst seit Beginn des 18. Jh. wird der *Generalfeld-M.* in den dt. Ländern zum höchsten Dienstgrad.

Mạrschall Vorwärts, volkstüml. Name für Feldmarschall G. L. von *Blücher*.

Marsch auf Rom → Faschismus, → Italien

Marseillaise [marsɛ'jɛːz; die; frz.], französ. Freiheits- u. Revolutionsgesang, als „Kriegslied der Rheinarmee" in Straßburg gedichtet u. komponiert von Claude Joseph *Rouget de Lisle* (*1760, †1836) im April 1792 nach der Kriegserklärung an Preußen u. Österreich. Durch den Vortrag am 25. 6. 1792 in Marseille erhielt das Lied die Bez. M., zumal ein gerade aus Marseille nach Paris aufbrechendes Bataillon es als revolutionäres Kampflied aufgriff, beim Sturm auf die Tuilerien sang u. dadurch populär machte. Seit 1795 ist sie Nationalhymne Frankreichs.

Marseille [-'sɛːj], südfranzös. Großstadt u. Mittelmeerhafen. Verw.-Sitz des Dép. Bouches-du-Rhône, 808 000 Ew.
Die im 6. Jh. v. Chr. gegründete griech. Kolonie *Massalia* wurde durch Handel mit wertvollen Metallen frühzeitig zu einem der bedeutendsten Häfen des Mittelmeerraumes. M. gründete seinerseits Kolonien: Monoikos (Monaco), Emporion (Ampurias), Antipolis (Antibes), Nikaia (Nizza). Durch ein Bündnis mit Rom wurde M. (lat. *Massilia*) Bestandteil der Provinz Narbonensis. Reste der röm. Hafenanlage sowie eines Theaters aus dem 1. Jh. n. Chr. sind erhalten. Im 4. Jh. wurde M. Bischofssitz; 481 geriet es unter Herrschaft der Westgoten, 510 unter die der Ostgoten. Ab 536 war M. fränkisch, 879 zählte es zu Niederburgund, 1216 wurde es autonome Republik u. 1481 kam es an die französ. Krone. Im 11. Jh. war M. Ausgangspunkt der kirchl. Reformbewegung, deren Zentrum später *Cluny* wurde.

Marsfeld, lat. *Campus Martius*, Ebene am linken Ufer des Tiber, in republikan. Zeit außerhalb des Stadtgebiets gelegen, Ort der röm. Heeresversammlung; seit Ausgang der Republik allmählich überbaut; heute als *Campo Marzio* ein Stadtteil von Rom.

Marshall ['maːʃəl], George Catlett, US-amerikan. General u. Politiker, *31. 12. 1880 Uniontown, Pa., †16. 10. 1959 Washington; 1939–1945 Chef des Generalstabs, stand als Stratege des 2. Weltkrieges mit seiner Grundsatzentscheidung, zuerst Dtschld. niederzuwerfen, im Gegensatz zu *MacArthur*, der Priorität für den pazif. Kriegsschauplatz forderte. Unter Präs. H. S. Truman war M. 1946 Sonderbotschafter in China, 1947–1949 Außenminister u. 1951/52 Verteidigungsminister. Für die Politik des nach ihm benannten → Marshallplans (1947) erhielt M. den Friedensnobelpreis 1953.

Marshallinseln MH

Republik Marshallinseln

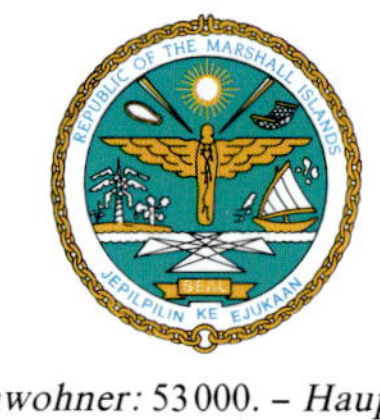

Fläche: 181 km^2. – *Einwohner:* 53 000. – *Hauptstadt:* Dalap-Uliga-Darrit. – *Landessprache:* Englisch. – *Nationalfeiertag:* 1.5.– *Währung:* 1 US-Dollar = 100 Cents. – *Lage:* zwischen 4° und 14°13′ n. Br. sowie 160°51′ und 172°18′ ö. L. – *Zeitzone:* Mitteleuropäische Zeit + 11 Std. – *Grenzen:* Inselgruppe im Pazifischen Ozean zwischen den Marianen u. Mikronesien im W u. Kiribati im S. *Staatsform:* Republik.

Die erste Besiedelung der M. erfolgte bereits im 2. Jahrtausend vor Chr. Im 16. Jh. entdeckten die Spanier die Inselgruppe, ohne jedoch in der Folgezeit ernsthafte Kolonisierungsversuche zu unternehmen. 1884 wurden die M. Schutzgebiet des Dt. Reiches, 1920 japan. Mandatsgebiet. 1947 übernahmen die USA die M. als Treuhandgebiet von der UNO.
Die US-amerikan. Atombombenversuche auf den Atollen Bikini u. Eniwetok führten zu gravierenden Umweltschäden mit unkalkulierbaren Langzeitfolgen. Am 1. 5. 1979 trat eine eigene Verfassung der M. in Kraft. 1986 erhielt die Inselgruppe Selbstverwaltung im Rahmen einer freien Assoziierung mit den USA, die für die Außen- u. Sicherheitspolitik verantwortlich blieben. 1990 endete die Treuhandverwaltung für die M., die 1991 UNO-Mitglied wurden. Staats- u. Regierungschef ist seit 1997 I. *Kabua*.

Marshallplan ['maːʃəl-], Bez. für die am 5. 6. 1947 an der Harvard University vom damaligen US-Außenminister George C. *Marshall* unterbreiteten, auf der *Truman-Doktrin* fußenden Vorschläge, die für die europ. Länder, die sich damit einverstanden erklärten, Warenlieferungen, Aufträge u. (z. T. nicht zurückzuzahlende) Kredite zum Wiederaufbau

u. zur wirtschaftl. Entwicklung vorsahen. Der M. wurde seit 1948 verwirklicht. Er brachte einen engeren wirtschaftl. Zusammenschluß der beteiligten europ. Länder, der sich auf die polit. Befriedung u. die Verwirklichung der Idee eines europ. Wirtschaftsraums günstig auswirkte.

Marsilius von Padua, Staatstheoretiker, *um 1280 Padua, †um 1343 München; 1312/13 Rektor der Universität Paris; beendete 1324 die *Ludwig dem Bayern* gewidmete Streitschrift „Defensor pacis" (Verteidiger des Friedens), in der er eine auf der Volkssouveränität aufgebaute Staatslehre vertrat (Unabhängigkeit des vom Volk gewählten Königs von der kirchl. Gewalt, Unabhängigkeit der Bischöfe vom Papst, der Gemeinde vom Pfarrer). Wegen dieser Schrift u. a. philosoph.-theolog. Thesen von Papst *Johannes XXII.* exkommuniziert u. als Ketzer verurteilt, flüchtete er 1326 an den Hof Ludwigs des Bayern u. wurde dessen Leibarzt u. Ratgeber.

Martell [lat. *martellus*, „Hammer"], Karl Martell, → Karl (11).

Martens, Wilfried, belg. Politiker (Christl. Volkspartei), *14. 4. 1936 Sleidinge; Anwalt, 1972 Vors. der Christlichen Volkspartei, 1974 Abg., 1979–1992 Min.-Präs.; betrieb eine Politik der Neugliederung (Föderalisierung) Belgiens u. bemühte sich um die Rekonsolidierung von Wirtschaft u. Staatsfinanzen.

Martin, Päpste: **1.** *M. I.*, 649–653, Heiliger, †16. 9. 655 Cherson, Krim; verurteilte 649 auf einer großen Synode in Rom den Monotheletismus u. sollte deshalb auf Befehl Kaiser Constans' II. nach Konstantinopel gebracht werden. Da der Exarch von Ravenna, der diesen Befehl ausführen sollte, sich zum Gegenkaiser ausrufen ließ, konnte M. erst 653 vor den Kaiser gebracht werden. Dort wurde ihm wegen Hochverrats, d. h. wegen Unterstützung eines Usurpators, der Prozeß gemacht. Das Urteil lautete auf Verbannung. Noch zu seinen Lebzeiten wurde Eugen I. als sein Nachfolger erhoben. Fest: 13. 4.

2. *M. II.* → Marinus I.

3. *M. III.* → Marinus II.

4. *M. IV.*, 1281–1285, eigentl. *Simon de Brion*, †28. 3. 1285 Perùgia; Kanzler Ludwigs IX. von Frankreich, 1261 Kardinal; abhängig von Karl von Anjou, versuchte mit allen Mitteln, jedoch vergeblich, dessen Herrschaft im aufständ. Sizilien zu erhalten. Auf Drängen Karls bannte er nicht nur Peter III. von Aragón, sondern auch den griech. Kaiser Michael Palaiologos, wodurch die 1274 auf dem Konzil von Lyon erreichte Union mit der griech. Kirche zunichte wurde.

5. *M. V.*, 1417–1431, eigentl. *Odo Colonna*, *20. 2. 1368 Genazzano, †20. 2. 1431 Rom; 1405 Kardinal, seine Wahl auf dem Konstanzer Konzil beendete das große abendländ. Schisma. M. hat Macht u. Ansehen des Papsttums in Rom u. im Kirchenstaat weitgehend wiederhergestellt, sich dabei aber sehr auf seine mächtigen Verwandten gestützt, die er in hohe Ämter berief. Die in Konstanz geschlossenen Konkordate konnte M. unter günstigen Bedingungen für das Papsttum erneuern. Er berief die in Konstanz vorgesehene Synode nach Pavia bzw. Siena (1423), löste sie aber aus Furcht vor dem Konziliarismus bald wieder auf. Auch die Vorbereitung des Baseler Konzils betrieb er zögernd.

Marwitz, Friedrich August Ludwig von der, preuß. Offizier (1817 Generalleutnant) u. Politiker, *29. 5. 1777 Berlin, †6. 12. 1837 Friedersdorf bei Küstrin; Führer der adligen Opposition gegen den Reformkurs Hardenbergs; bekämpfte nach 1815 neben dem bürgerl. Liberalismus auch die bürokrat. Restauration. M. prägte den altständischen preuß. Konservativismus, dem später König Friedrich Wilhelm IV. u. die Brüder Gerlach anhingen.

Marx, 1. Karl Heinrich, Philosoph u. Revolutionär, Begründer des Marxismus, *5. 5. 1818 Trier, †14. 3. 1883 London; studierte in Bonn u. Berlin Rechtswissenschaften u. Philosophie (Promotion 1841 in Jena) u. schloß sich in Berlin dem Kreis der radikalen Junghegelianer an. 1842/43 war er Mitarbeiter, dann Chefredakteur der liberal-oppositionellen „Rheinischen Zeitung" in Köln; nach ihrem Verbot ging er nach Paris. Unter dem Einfluß L. *Feuerbachs* kam er zum philosoph. Materialismus, unter dem der französ. utop. Sozialisten zum revolutionären Sozialismus. In den gemeinsam mit F. *Engels* geschriebenen Werken „Die heilige Familie" 1845 u. „Die dt. Ideologie" (posthum 1932) formulierte er Grundzüge seiner materialist. Geschichtsauffassung. Aus Paris ausgewiesen, lebte M. 1845–1848 in Brüssel. 1847 traten er u. Engels dem *Bund der Kommunisten* bei u. verfaßten als Programmschrift für ihn das „Manifest der Kommunist. Partei" 1848, in dem die proletar. Revolution als Ergebnis eines gesetzmäßig verlaufenden Geschichtsprozesses vorausgesagt wurde. Die Revolution von 1848 erlaubte M. die Rückkehr nach Dtschld. 1848/49 war er Chefredakteur der radikaldemokrat. „Neuen Rheinischen Zeitung" in Köln u. leitete zeitweise den dortigen Arbeiterverein. 1849 mußte M. wieder emigrieren; er lebte bis zu seinem Tode in London. Anfangs in sehr bedrängten Umständen lebend u. stets materiell von Engels unterstützt, arbeitete er journalistisch für mehrere Blätter, widmete sich aber vor allem histor. u. ökonom. Studien. Seine ökonom. Hauptwerke „Zur Kritik der polit. Ökonomie" (1. Heft 1859) u. „Das Kapital" (1. Bd. 1867) blieben unvollendet; wesentl. Teile wurden erst aus dem Nachlaß veröffentlicht (von Engels, K. *Kautsky* u. a.) Der praktischen Politik wandte sich M. nach der Auflösung des Bundes der Kommunisten (1852) erst wieder 1864 zu: Er war maßgebend an der Gründung der *Internationalen Arbeiterassoziation* (Internationale) beteiligt, entwarf ihr Programm, bestimmte weitgehend ihre Politik u. veranlaßte ihre faktische Auflösung (1872), nachdem es zu unüberbrückbaren Gegensätzen zwischen seinen Anhängern u. den Anarchisten unter M. *Bakunin* gekommen war. Auf die dt. Sozialdemokratie nahm M. mit seiner „Kritik des Gothaer Programms" 1875 u. durch Beratung ihrer Führer, von denen er als Autorität anerkannt wurde, starken Einfluß.

Ihre größte Wirksamkeit entfalteten M.' Ideen erst nach seinem Tod. Sie prägten in unterschiedl. Grad die Programme vieler sozialist. u. aller kommunist. Parteien u. beeinflußten weite Bereiche des sozialwissenschaftl. Denkens im 20. Jh. Weltbedeutung haben sie dadurch gewonnen, daß sich die herrschenden Parteien der kommunistisch regierten Länder in ihrer polit. Praxis u. auch in der Auseinandersetzung untereinander auf die Lehren von M. stützten.

Werkausgaben: Karl M., Friedrich Engels, Werke (MEW), 44 Bde. 1956–1983; Karl M., Friedrich Engels, Gesamtausgabe (MEGA), über 100 Bde. geplant, 1975 ff.

2. Wilhelm, Politiker (Zentrum), *15. 1. 1863 Köln, †5. 8. 1946 Bonn; Jurist (Richter); 1910–1918 u. 1920–1932 Mitgl. des Reichstages, 1921–1928 Vors. der Zentrumsfraktion, 1922–1928 Partei-Vors. Von Nov. 1923 bis Jan. 1925 war M. Reichskanzler mit zwei Kabinetten der bürgerl. Mitte, anschließend wenige Monate preuß. Min.-Präs. Bei der Reichspräsidentenwahl 1925 kandidierte er für die Parteien der Weimarer Koalition u. unterlag Hindenburg. Von Mai 1926 bis Juni 1928 war er erneut Reichskanzler, diesmal mit zwei Kabinetten der bürgerl. Rechten. M. machte sich verdient um die Überwindung der Inflation, die erste Reparationsregelung (Dawes-Plan) u. die Räumung der besetzten Westgebiete.

Marxismus, die von K. *Marx* entwickelten Lehren sowie die daraus von seinen Anhängern u. Schülern abgeleiteten Interpretationen u. Maximen.

Der begriffsgeschichtl. Ursprung des M. ist in den theoret. Abgrenzungsversuchen zu sehen, die von den Anhängern M. *Bakunins*, den Anarchisten, zur Zeit der Ersten Internationale durchgeführt wurden. Sie bezeichneten dort ihre Gegner als Marxisten, woraus sich im Laufe der Zeit die Bez. M. für das von Marx entwickelte Lehrgebäude durchsetzte. Systematisch gebraucht wurde der Terminus allerdings erst seit Beginn des 20. Jh.

Marx entwickelte seit etwa 1840, seit 1844 dann gemeinsam mit F. *Engels* eine gesellschaftstheoretische Lehre, die nach der Absicht ihrer Begründer mit der Kritik der bestehenden sozialen Ordnung das Bewußtsein für die Notwendigkeit der gesellschaftl. Veränderung schaffen sollte. Der M. ist also nicht als bloßes Gedankengebilde angelegt, sondern zielt auf gesellschaftspolit. Handeln ab (Einheit von Theorie u. Praxis). Insbes. in den theoretischen Auseinandersetzungen mit der dialektischen Philosophie Hegels, der Religionskritik Feuerbachs sowie dem Gedankengut der Junghegelianer schufen Marx u. Engels auf der Basis einer materialist. Geschichtsauffassung eine erste Grundlage des M. In Überwindung der *Ideologie* einer idealist. Sichtweise des Menschen werden die Individuen in ihrer Wechselbeziehung zur Natur, d. h. zu den materiellen Rahmenbedingungen ihres Lebens gesehen. Die Arbeit ist derjenige Faktor, durch den diese Wechselbeziehung aufrechterhalten wird. Die Menschen müssen sich am Leben erhalten, sich Nahrung, Kleidung u. Wohnung schaffen. Die prägenden Kräfte liegen also nicht im Bewußtsein, sondern im Sein, das damit zur Voraussetzung für die menschl. Bewußtseinsformen u. die daraus erwachsenden komplexen geistigen Strukturen wie Philosophie, Recht, Religion, Kunst u. a. wird, denn „das Bewußtsein kann nie etwas anderes sein als das bewußte Sein, und das Sein der Menschen ist ihr wirklicher Lebensprozeß" (Marx). Daß das Bewußtsein sich überhaupt losgelöst von der materiellen Praxis des Menschen betrachten läßt, ist Resultat der Trennung von geistiger u. körperl. Arbeit als Folge des im Laufe der geschichtl. Entwicklung immer komplexer werdenden Gesellschaftsaufbaus. Aus der Distanzierung von der konkreten gesellschaftl. Tätigkeit erwuchs bei den Denkern des dt. Idealismus die Vorstellung, daß Bewußtseinsformen unabhängig von den alltägl. Handlungen der Menschen existieren. Laut Marx ist diese Lehre Schein, der seine Grundlage in den ökonomischen Strukturen der bürgerl. Gesellschaft hat. Diese ist Resultat einer histor. Entwicklung, die ihren Grund in dem aus der Arbeitsteilung hervorgegangenen Klassengegensatz hat. Dabei eignen sich die Klassen, die im Besitz der Produktionsmittel sind, den größten Teil des entstehenden gesellschaftl. Reichtums an. Den besitzlosen Klassen bleibt nur die Befriedigung ihrer grundlegenden Existenzbedürfnisse. Durch *Klassenkampf u. Revolution* kommt es zur Ablösung einer existierenden Gesellschaftsformation. Voraussetzung ist, daß die Produktionsverhältnisse in Widerspruch zur Produktivkraftentwicklung geraten. Dieser Grundwiderspruch ist eine der Haupttriebkräfte der gesellschaftl. Entwicklung. Der M. sieht in der kapitalist. Gesellschaft jenes geschichtl. Stadium erreicht, wo die technischen u. wissenschaftl. Möglichkeiten es erlauben, daß in einer neuen *klassenlosen Gesellschaft* die materiellen u. kulturellen Bedürfnisse jedes einzelnen voll befriedigt werden können u. ihm

eine Entwicklung all seiner Fähigkeiten gewährleistet wird. In dieser Gesellschaft, zu deren Struktur es von Marx selbst kaum Äußerungen gibt, ist die Entfremdung des Menschen von seiner Arbeit u. seinen Arbeitsprodukten aufgehoben.
Polit. Strategie des M. ist es, durch Aufklärung über die Strukturen der kapitalist. Gesellschaft bei den Arbeitern ein revolutionäres Bewußtsein zu erzeugen, aus dem heraus die Arbeiterklasse den Kampf gegen die Bourgeoisie aufnimmt u. so den Weg frei macht für die Installierung der klassenlosen Gesellschaft. Diese Aufklärung erfolgt über die Darstellung der ökonomischen Bewegungsgesetze der kapitalist. Gesellschaft. Diese Darstellung ist das Zentrum der marxist. Theorie. Mit der Kritik der politischen Ökonomie (d. h. der klass. Wirtschaftslehre von Ricardo, Smith u. a.) in seinem Hptw. „Das Kapital" versucht Marx die begriffl. Analyse der materiellen Grundlage der bürgerl. Gesellschaft. Dabei beginnt Marx seine Analyse der ökonom. Bewegungsgesetze bei der Warenform mit dem Zusammenhang von Tausch- u. Gebrauchswert. Die Entfaltung der allgemeinen Wertform u. deren Übergang in die Geldform führt schließlich zur Darstellung der Verwandlung von Geld in Kapital u. zur Entstehung des Mehrwerts in der Produktionssphäre. Dabei zeigt sich nach Marx ein tiefgehender Widerspruch in der kaptitalist. Produktionsweise. Einerseits wird durch diese die Entfaltung der gesellschaftl. Produktivkräfte gegen eine absolute Grenze getrieben, andererseits wird die Erwirtschaftung eines möglichst hohen *Profits* angestrebt. Um Profit zu erzielen, sucht das Kapital seine Mehrwertproduktion zu steigern, dazu ist aber eine immer größere Anzahl von Arbeitskräften nötig. Die gleichzeitige Produktivkraftentwicklung (neue Technologien, Steigerung der Arbeitsproduktivität) macht aber wiederum eine Vielzahl von Arbeitsplätzen überflüssig. Diesen Widerspruch faßt Marx in das *Gesetz vom tendenziellen Fall der Profitrate.* Weil immer weniger Arbeitskräfte benötigt werden, sinkt der erzielte Mehrwert im Verhältnis zum angewandten Gesamtkapital. Gleichzeitig sinkt bzw. stagniert die Konsumfähigkeit, da die Arbeiter in ihrer Funktion als Käufer eingeschränkt sind. Die Folge ist Überproduktion. Die Kette von Kauf u. Verkauf reißt. In den zyklisch auftretenden *Krisen* treten die sonst latenten Widersprüche der kapitalist. Produktionsweise zutage. Begleitet wird diese Entwicklung von einer zunehmenden *Konzentration des Kapitals* bei gleichzeitiger *Verelendung* der Arbeiterklasse.
An die Strukturbeschreibung der Funktionsweise des Kapitals im allgemeinen wollte Marx noch eine Untersuchung des Grundeigentums, der Lohnarbeit, des Staates sowie des Weltmarktes anschließen. Die Ausführung des Gesamtplans gelang Marx jedoch nicht mehr. Durch seinen Tod blieb die Kritik der polit. Ökonomie Fragment. Trotzdem wurde der M. zu einer wichtigen theoret. Waffe der Arbeiterbewegung im 19. u. 20 Jh. Nach dem Tode von Marx (1883) spaltete sich der M. in verschiedene Schulen u. Richtungen, wodurch insbes. die ökonomische Theorie stark verflachte. Engels übertrug die dialekt. Methode auf Naturwissenschaft u. Geschichte. Damit schuf er die Grundlage für den *dialekt.* u. *histor. Materialismus.*
In der dt. Sozialdemokratie standen sich vor dem 1. Weltkrieg der den M. teilweise in Frage stellende Revisionismus E. *Bernsteins* u. G. von *Vollmars,* der orthodoxe M. K. *Kautskys* (u. der damaligen SPD-Führung) u. der revolutionäre M. R. *Luxemburgs* gegenüber. In Österreich gab es bis 1934 die Sonderform der Austromarxismus, der zwar radikaler als der M. der dt. SPD-Führung war, vom kommunist. M. jedoch Abstand wahrte. Während der Zeit des Nationalsozialismus beschränkte sich die wissenschaftl. Auseinandersetzung mit dem M. im wesentl. auf die emigrierten Mitarbeiter des Frankfurter Instituts für Sozialforschung. Für M. *Horkheimer* u. T. W. *Adorno* standen allerdings nicht mehr die ökonomischen Kategorien des M. im Vordergrund; ihnen ging es primär um die Stellung des Menschen in einer entfremdeten Umwelt, während E. *Fromm* eine Synthese von M. u. Psychoanalyse versuchte. Anschließend an die Kritische Theorie Adornos u. Horkheimers versuchte J. *Habermas* den zentralen Stellenwert, den die Kategorie Arbeit im M. hat, zugunsten des Interaktionsbegriffs aufzuheben. Die M.-Rezeption der Kritischen Theorie war ideologische Grundlage der Studentenbewegung der 1960er Jahre.
In der Sowjetunion entwickelte sich nach dem Tode W. I. *Lenins* 1924 in der KPdSU der Marxismus-Leninismus zu einem verbindl. Dogma, das als Grundlage u. Rechtfertigung der Politik der KPdSU u. der Sowjetunion diente. Der M.-Leninismus wurde auch von einem großen Teil der europ. u. außereurop. Verbündeten der Sowjetunion als verbindl. betrachtet.
Die Volksrepublik China, Albanien u. Jugoslawien sowie einige kommunist. Parteien (z. B. die italien., Eurokommunismus) gingen jedoch praktisch u. theoretisch z. T. eigene Wege, die Ausstrahlung des chines. → Maoismus wirkte zugleich ins übrige (kommunist. wie nichtkommunist.) Asien, aber auch nach Afrika, Lateinamerika u. ins westl. Europa hinein.
Sehr gering war u. ist bis heute der Einfluß des M. in den USA; immerhin nahm die student. Protestbewegung 1965–1969 auch dort gewisse marxist. Elemente in sich auf.
Im Verlaufe der 1980er Jahre verlor der M. insbesondere auch durch die Entstehung der Ökologiebewegung unter westl. Linksintellektuellen zunehmend seine Anziehungskraft als kritische Gesellschaftstheorie. Durch die Umwälzungen in Osteuropa seit 1989 u. durch das Ende der Sowjetunion 1991 verstärkte sich dieser Prozeß noch, offenbarte sich doch durch diese Ereignisse das Scheitern der Umsetzung marxistischer Theorie in die Praxis.

Marxịsmus-Leninịsmus, insbes. von J. W. *Stalin* in den späten 1920er u. 1930er Jahren vorgenommene Ausformung des Leninismus zu einem dogmatischen weltanschaul. System auf Basis des dialektischen u. historischen Materialismus. Der M. diente zunächst vor allem zur Rechtfertigung der Politik der KPdSU sowie der Bekämpfung polit. Gegner. Er war auch für die nichtrussischen kommunist. Parteien theoret. Leitkonzept. Nach dem 2. Weltkrieg wurde M. allgemein die Bez. für die weltanschaul. Ausrichtung der sozialist. Staaten. Im Gegensatz zum Marxismus fehlte dem M. jegliche kritische Komponente, er wurde lediglich zur Legitimation bestehender Herrschaftsverhältnisse in den totalitären kommunistischen Staaten benutzt.

Märzfeld, *Campus Martis, Campus Martius*, allg. die Heeresversammlung im *Frankenreich*, die in der Regel im März abgehalten wurde; auch zur Entscheidung polit. Fragen u. zur Beschließung von Gesetzen. Als die Zahl der Reiter zunahm, verlegte Pippin d. J. 755 wegen Futtermangels die Heeresversammlung vom März in den Mai, weshalb sie nunmehr *Maifeld* hieß; dieser Name blieb auch, als Karl d. Gr. die Heeresversammlung, die unter Ludwig dem Frommen verfiel, im Sommer abhielt.

Märzgefallene, die etwa 200 Aufständischen, die bei den Barrikadenkämpfen während der Märzrevolution 1848 in Berlin gefallen waren u. am 22. 3. feierlich im Friedrichshain bestattet wurden. – In verächtl. Sinne wurde die Bez. M. für Personen gebraucht, die im März 1933 der NSDAP beitraten, nachdem die Nationalsozialisten ihre Herrschaft konsolidiert hatten.

Märzrevolution, die Anfangsphase der Deutschen Revolution 1848, ausgelöst durch die erfolgreiche französ. Februarrevolution. Die wichtigsten Etappen der M. waren: 13. 3. Wiener Aufstand (Sturz Metternichs), 16. 3. Ministerwechsel in Sachsen, 18. 3. Barrikadenkämpfe in Berlin, 20. 3. Abdankung Ludwigs I. von Bayern. Fast ohne Widerstand der alten Gewalten wurden in den dt. Einzelstaaten liberale Reformministerien gebildet. Zu den „Märzerrungenschaften" gehörten neben dem Sieg des konstitutionellen Regierungssystems die Gewährung der Pressefreiheit, die Einführung von Schwurgerichten u. Volksbewaffnung sowie die Anbahnung von Wahlen zu einem dt. Nationalparlament.

Masạda, *Mezada*, antike Bergfestung auf einem Felsplateau über dem Südwestufer des Toten Meers, 49 m ü. M., mit 300 m hohen Steilwänden; von *Herodes d. Gr.* um 25 v. Chr. ausgebaut, mit Palast, Thermen, Vorratsgebäuden. M. wurde 71–73 n. Chr. im jüd. Freiheitskrieg von den Römern zwei Jahre lang belagert u. erst nach Anlage einer künstl. Rampe u. Selbstmord der Verteidiger eingenommen. In byzantin. Zeit lebten Mönche auf dem Felsen. Die Bauten wurden 1963–1965 ausgegraben u. teilweise restauriert. M. gilt als israel. Nationalheiligtum.

Masaryk ['masarik], **1.** Jan, Sohn von 2), tschechoslowak. Diplomat, * 14. 9. 1886 Prag, † 10. 3. 1948 Prag (Selbstmord?); 1925–1939 Gesandter in London, während des 2. Weltkriegs Außen-Min. der Londoner Exilregierung unter E. *Beneš*, 1945 bis 1948 Außenminister der ČSR.
2. Tomáš Garrigue, tschechoslowak. Politiker, * 7. 3. 1850 Göding, Mähren, † 14. 9. 1937 Schloß Lana bei Prag; 1882–1914 Prof. für Philosophie u. Soziologie an der neuen tschech. Universität in Prag; Vertreter eines maßvollen tschech. Nationalgedankens, den er zunächst im Rahmen der k. u. k. Monarchie zusammen mit den Deutschen, später durch Bildung eines eigenen Staates verwirklichen wollte; 1891 von den Jungtschechen, 1907 als Führer der liberalen tschech. Volkspartei (Realistenpartei) in den Wiener Reichsrat gewählt. M. emigrierte 1914 u. betrieb zusammen mit E. *Beneš* die Errichtung des tschechoslowak. Nationalstaats; 1918 bis 1935 war er dessen erster Präsident.

Maschịnenstürmer, aufständ. Arbeitergruppen zu Beginn des 19. Jh., die aus Protest gegen die Mechanisierung der Textilindustrie (mit der Massenentlassungen verbunden waren) die Maschinen zerstören wollten. In England hatte die *Ludditenbewegung* 1811 bis 1817 die Einführung der Todesstrafe 1812 für Maschinenzerstörung zur Folge. In Dtschld. kam es 1844 (Schlesien) u. 1848 zu Ausschreitungen. Auch in Frankreich (Lyon, Paris) u. der Schweiz traten M. in Erscheinung.

Masdeu [maz'ðεu], Juan Francisco, span. Historiker, * 4. 10. 1744 Palermo, † 11. 4. 1817 Valencia; Jesuit, schrieb ein 20bändiges Werk der span. Geschichte, beginnend mit dem 11. Jh.: „Historia crítica de España y de la cultura española" 1783–1805.

Mạskat, *Masqat*, engl. *Muscat*, Hptst. u. Hafen von Oman, in Ostarabien am Golf von Oman, zwischen steilen Felsen gelegen, 30 000 Ew., bildet mit *Matrah* einen Siedlungskomplex mit 100 000 Ew.; gut erhaltene Stadtmauer; Wärmekraftwerk; Straßenknotenpunkt, Flugplatz. – Im 16. Jh. von Portugiesen besetzt u. zu einem wichtigen Stützpunkt ausgebaut; im 17. u. 18. Jh. bedeutender Handelsplatz; seit 1741 Hptst. von Oman.

Mason and Dixon Line ['mɛisn ənd 'diksən 'lain], eine von den Landmessern Charles *Mason* u. Jeremiah *Dixon* 1763–1767 gezogene, 526 km lange Grenze (auf 39°43'17,6" nördl. Breite verlaufend, später leicht korrigiert) zwischen den Besitzungen der Familien Baltimore u. Penn in Nordamerika, d. h. den Kolonien u. späteren Unionsstaaten Maryland u. Pennsylvanien. Die M. war bis zum Sezessionskrieg (1861–1865) die Nordgrenze der Sklavenhalterstaaten u. gilt auch heute noch als Grenze zwischen den Nord- u. Südstaaten der USA.

Massageten, nordostiran. Stamm, der in den Gebieten zwischen Oxos u. Yaxartes lebte, schon von Herodot erwähnt. Kyros II. fiel im Kampf gegen sie.

Massinissa, König von Numidien, *um 238 v. Chr., †148 v. Chr.; kämpfte im *2. Punischen Krieg* auf seiten Karthagos, trat aber 206 v. Chr. zu den Römern über. Seine numid. Reiter griffen entscheidend in die Schlacht bei *Zama* (202 v. Chr.) ein, indem sie den Karthagern in den Rücken fielen. 203 v. Chr. schlug M. den König von Westnumidien, *Syphax* (†201[?] v. Chr.) u. vereinigte seit 201 v. Chr. das östl. u. westl. Numidien unter seiner Herrschaft; in den folgenden Jahrzehnten eroberte er große Teile des karthag. Territoriums. Karthagos Erhebung gegen M. löste 149 v. Chr. den *3. Punischen Krieg* aus.

Mastaba [arab.], in Ägypten eine Sitzbank aus getrocknetem Lehm. Wegen der Ähnlichkeit wurde die Bez. auf eine ägypt. Grabform aus dem Alten Reich (3. Jahrtausend v. Chr.) übertragen: Die M. ist ein rechteckiger Bau mit geböschten Seitenwänden, oben flach, aus Ziegeln oder Kalksteinblöcken; an der Ostseite Kultstelle, dahinter (unzugänglich) eine Kammer mit der Statue des Toten u. die unterird. Sargkammer.

Masuren, Landschaft im S der ostpreuß. Seenplatte (Ostpreußen), rd. 12000 km². 1277–1283 unterwarf der *Dt. Orden* die in M. ansässigen prußisch-baltischen *Sudauer*. Ende des 14. Jh. begann der Orden mit der Ansiedlung von Kolonisten aus dem poln. Fürstentum *Masowien*. 1525 wurde M. mit dem säkularisierten Ordensland *Preußen* evangelisch. Die Bez. *M.* für Landschaft u. Bewohner dieser südöstl. Kreise der ehem. Prov. Ostpreußen wurde erst im 19. Jh. gebräuchlich. 1920 erklärte sich die Bevölkerung von M. in einer Volksabstimmung (Abstimmungsgebiete) zu 98 % für weiteren Verbleib beim Dt. Reich. Nach dem 2. Weltkrieg kam das Gebiet zu Polen.

Mata Hari, Künstlername von M. G. *Zelle*, niederländ. Tänzerin, *7. 8. 1876 Leeuwarden, †15. 10. 1917 Paris; wurde der Spionage für Dtschld. beschuldigt, zum Tode verurteilt u. erschossen.

Mata Hari in einer Tanzpose

Matern, Hermann, Politiker, *17. 6. 1893 Burg bei Magdeburg, †24. 1. 1971 Ostberlin; Gerber; 1911–1914 Mitgl. der SPD, seit 1919 der KPD, 1928–1933 Parteisekretär, 1933/34 polit. Häftling, Flucht ins Ausland, 1941 bis 1945 in der Sowjetunion, 1946–1971 Mitgl. des Zentralsekretariats bzw. des Politbüros des ZK der SED, 1949–1971 Vors. der Zentralen Parteikontrollkommission.

Mathilde, Fürstinnen: **1.** *M. die Heilige*, dt. Königin, *um 895, †14. 3. 968 Quedlinburg; Tochter eines sächs. Grafen *Dietrich* in Westfalen aus dem Geschlecht Widukinds, seit 909 die 2. Frau des späteren Königs *Heinrich I.*; in die Aufstände ihrer Familie gegen ihren Sohn Otto d. Gr. verwickelt.

2. dt. Königin 1114–1125, engl. Königin 1135 bis 1148, *1102 London, †10. 9. 1167 Rouen; Tochter *Heinrichs I.* von England, seit 1114 mit Kaiser *Heinrich V.* verheiratet, kehrte nach dessen Tod 1125 nach England zurück u. wurde von ihrem Vater zur Thronerbin erklärt. 1128 heiratete sie Gottfried von *Anjou-Plantagenet*. Nach dem Tod ihres Vaters wurde ihr der Thron von Stephan von Blois erfolgreich streitig gemacht, so daß sie 1148 der Krone entsagte u. nach Frankreich ging. Ihr u. Gottfrieds Sohn bestieg 1154 als *Heinrich II. Plantagenet* den engl. Thron.

3. Markgräfin von Tuszien (Toskana) seit 1052, *1046, †24. 7. 1115 Bondeno bei Ferrara; verheiratet mit Herzog *Gottfried III. dem Buckligen* (†1076) von Niederlothringen, trennte sich nach kurzer Ehe von ihm u. lebte in Italien. Sie förderte die Reformpläne Papst Gregors VII. u. nahm ihn im *Investiturstreit* 1077 auf ihrem Schloß *Canossa* auf, wo dessen Begegnung mit König Heinrich IV. stattfand. Da sie weiterhin die päpstl. Politik, auch mit Truppen, unterstützte, wurde M. 1082 von Heinrich geächtet. Ihren Besitz hatte sie vermutl. 1079 unter Wahrung des freien Verfügungsrechts der Kurie geschenkt, eine Schenkung, die sie 1102 erneuerte. 1111 setzte sie Heinrich V. zum Erben ihres Hausguts ein. Nach ihrem Tod entbrannte ein jahrhundertelanger Streit zwischen Kaiser u. Papst um die *Mathildischen Güter*, bis Friedrich II. 1213 in der *Egerer Goldbulle* das Recht der Kirche darauf anerkannte.

Mathildische Güter → Mathilde (3).

Mathy, Karl, bad. Politiker, *17. 3. 1807 Mannheim, †3. 2. 1868 Karlsruhe; Jurist; 1835–1840 Emigrant in der Schweiz; seit 1842 Abg. der bad. Kammer, 1848 Mitgl. der Frankfurter Nationalversammlung u. Unterstaatssekretär im Reichsfinanzministerium. M. vertrat einen gemäßigten Liberalismus u. unterstützte die kleindt. Unionspläne Preußens. 1864–1866 war er bad. Handelsminister, 1866–1868 Min.-Präs.

Matsuoka, Yosuke, japan. Diplomat u. Politiker, *4. 3. 1880 Yamaguchi-Präfektur, †27. 6. 1946 Tokio; 1904–1921 im diplomat. Dienst, führte 1933 als Delegierter beim Völkerbund die Auseinandersetzungen um die Mandschurei-Krise; schloß als Außenminister im 2. Kabinett des *Konoe* (1940/41) den Dreimächtepakt u. den japan.-sowjet. Neutralitätsvertrag ab; nach dem 2. Weltkrieg als Kriegsverbrecher angeklagt u. in Untersuchungshaft gestorben.

Mattatias, jüd. Priester aus Modin (etwa 30 km nordwestl. von Jerusalem), †166 v. Chr.; Stammvater des jüd. Herrschergeschlechts der *Makkabäer*; widersetzte sich 167 v. Chr. als erster den religionspolit. Maßnahmen des Seleukidenherrschers *Antiochos IV. Epiphanes*.

Matteotti, Giacomo, italien. Politiker (Sozialist), *22. 5. 1885 Fratta Polesine, †10. 6. 1924 Rom (ermordet); Generalsekretär der Sozialist. Partei (1924); forderte im Parlament die

Mathilde, Markgräfin von Tuszien. Mathilde nimmt ihre Biographie aus den Händen des Verfassers Donizo entgegen. Miniatur aus der „Vita Mathildis"; um 1114. Città del Vaticano, Biblioteca Apostolica Vaticana

Annullierung der Wahlen von 1924 wegen terrorist. Beeinflussung u. wurde deswegen von Parteigängern Mussolinis ermordet. Die Tat führte zu einer schweren Krise *(M.-Krise)* des faschist. Systems. Liberalkonservative Bündnispartner der Faschisten u. die Opposition verließen das Parlament. Unter dem Einfluß R. *Farinaccis* errichtete Mussolini daraufhin die Einparteiendiktatur.

Matthias, Kaiser 1612–1619, *24. 2. 1557 Wien, †20. 3. 1619 Wien; Habsburger, Sohn Kaiser *Maximilians II.* u. *Marias* von Spanien, 1578–1581 Statthalter in den Niederlanden u. 1593 Statthalter in Ober- u. Niederösterreich; zwang mit Hilfe des Kanzlers M. *Khlesl* seinen Bruder *Rudolf II.*, wegen Regierungsunfähigkeit ihm nach u. nach in allen Erbländern die Regierung zu übergeben u. 1611 abzudanken, u. wurde 1612 selbst zum Kaiser gewählt. Im Bestreben, die Gegensätze zwischen den Konfessionen zu mildern, löste er 1617 die beiden konfessionellen Zusammenschlüsse *Union* u. *Liga* auf. Selbst kinderlos, stimmte M. der Wahl des streng kath. Erzherzogs u. nachmaligen Kaisers *Ferdinand II.* zum König von Böhmen (1617) u. Ungarn (1618) zu u. löste damit Widerspruch bei den Unierten u. Unruhen in Böhmen aus, deren er nicht mehr Herr wurde u. die zum *Dreißigjährigen Krieg* führten.

Matthias Corvinus, *Matthias I.*, König von Ungarn 1458–1490, König von Böhmen 1469–1490, *23. 2. 1443 Cluj-Napoca, †6. 4. 1490 Wien; Sohn des János (Johann) *Hunyadi*, 1458 von den Ungarn zum König gewählt. Es gelang ihm, die Hussiten u. den unruhigen Adel zu bezwingen, sich ein stehendes Heer zu schaffen u. den Türken erfolgreich zu begegnen. Er erhielt durch Vertrag mit *Wladislaw II. von Polen* 1478 Mähren, Schlesien u. die Lausitz. 1485 eroberte er Wien u. gewann Niederösterreich, die Steiermark u. Kärnten. Kulturell aufgeschlossen, ließ er die Schriften der Klassiker kopieren, gründete die *Bibliotheca Corviniana* in Ofen u. die Universität Preßburg u. trat als Gesetzgeber für Heerwesen, Steuer- u. Justizreform hervor. Seine Residenzen in Buda u. Visegrád baute er im Stile der italien. Renaissance aus.

Maulid [arab.], türk. *Mewlud*, der Geburtstag Mohammeds.

Mau-Mau, Bez. der brit. Kolonialbehörden für eine Aufstandsbewegung der *Kikuyu* in Kenia, die 1952 ausbrach. Ziel der Bewegung war die Rückgewinnung des an weiße Siedler verteilten Landes u. polit. Unabhängigkeit. Terror gegen Afrikaner, die mit den Kolonialbehörden zusammenarbeiteten, u. gegen einzelne weiße Farmer führte zur Verhängung des Ausnahmezustands. Durch harte Polizeimaßnahmen u. militär. Aktionen gegen Guerilla-Gruppen wurde der Aufstand bis 1954 unterdrückt; der Ausnahmezustand wurde erst 1960 aufgehoben.

Maupertuis [mopɛr'tyi], eine Ebene bei Poitiers (Frankreich), auf der im Hundertjährigen Krieg (19. 9. 1356) die Engländer unter dem „Schwarzen Prinzen" über die französ. Truppen unter Johann dem Guten siegten.

Mauren, 1. lat. *Mauri*, im Altertum die Berber-Bevölkerung Nordafrikas.
2. span. *Moros*, die aus Berbern u. Arabern gemischten Eroberer Spaniens, die hier seit 711 n. Chr. eine Herrschaft mit hoher Kultur errichteten; in einem 800 Jahre währenden Kampf wurden die M. durch die christl. *Reconquista* zurückgedrängt u. 1492 mit der Eroberung des Königreichs Granada durch die Kath. Könige (Ferdinand u. Isabella) endgültig aus Spanien vertrieben.

Mauretanien [nach den *Mauren*], **1.** allg. Bez. (bes. in der Antike) für Nordwestafrika (Algerien u. Marokko).
2. lat. *Mauretania*, unter *Juba II.* (25 v.Chr.–23 n.Chr.) als Königreich Klientelstaat Roms, seit 42 n.Chr. röm. Provinzen: *M. Caesariensis* mit der Hauptstadt *Caesarea* (Cherchel, westl. Algerien) u. *M. Tingitana*, mit der Hptst. *Tingis* (Tanger, Marokko). 429 von den Wandalen unter *Geiserich* erobert, 541 wieder röm. (zum oström.-byzantin. Reich), Anfang des 8. Jh.s von den Arabern erobert.

Mauretanien RIM

Islamische Republik Mauretanien

Fläche: 1025520 km². – *Einwohner:* 2,3 Mill. – *Hauptstadt:* Nouakchott. – *Landessprachen:* Arabisch, Französisch. – *Nationalfeiertag:* 28. 11. – *Währung:* 1 Ouguiya = 5 Khoums. – *Lage:* zwischen 14°30′ und 27°30′ n.Br. sowie 4°40′ und 17°30′ w.L. – *Zeitzone:* Mitteleuropäische Zeit – 1 Std. – *Grenzen:* im N Sahara und Algerien, im O Mali, im S Senegal, im W Atlantischer Ozean. – *Staatsform:* präsidiale Republik.

Französische Truppen besetzten 1902–1910 das Wüstengebiet des heutigen M.; es wurde als Teil *Französisch-Westafrikas* verwaltet, erhielt 1958 Autonomie u. am 28. 11. 1960 die Unabhängigkeit. Präsident der Republik wurde der Jurist Moktar Ould *Daddah*. Er setzte den Anspruch seines Landes auf Selbständigkeit gegen die territorialen Forderungen Marokkos durch, das erst 1970 mit M. freundschaftl. Beziehungen anknüpfte. Daddah war zugleich Min.-Präs. u. Generalsekretär der Einheitspartei „Parti du peuple mauritanien" (PPM). Andere Parteien verbot das Regime. Der Islam wurde Staatsreligion. Rivalitäten zwischen der maur. Bevölkerungsgruppe u. schwarzafrikan. Stämmen des Südens entluden sich 1966 in blutigen Zusammenstößen. Obwohl M. formell unabhängig war, wußte Frankreich seinen Einfluß vor allem in der Industrie u. im Militärwesen zu wahren; es beutete in erster Linie die Eisenerz- u. Kupferminen aus. Zu Beginn der 1970er Jahre distanzierte sich Präs. Daddah von Frankreich. 1973/74 ließ er die Minenindustrie verstaatlichen. Auch das französ.-mauretan. Verteidigungsabkommen wurde aufgelöst. 1976 teilte sich M. mit Marokko die ehemalige span. Kolonie *Westsahara*. Der dortigen Unabhängigkeitsbewegung *Polisario*, die von Algerien Unterstützung erhielt, wurde es militärisch jedoch nicht Herr. Daddah wurde 1978 durch einen Putsch der Armee gestürzt.

Die neue Führung verbot die PPM u. setzte die Verfassung außer Kraft. Im Jahr darauf schlossen M. u. die Polisario einen Friedensvertrag. M. verzichtete damit auf seinen Anteil an Westsahara, der sofort von Marokko annektiert wurde. An der Spitze der Militärregierung lösten in rascher folge mehrere Offiziere einander ab. Die 1980 durch Gesetz verordnete Befreiung der (schwarzen) Sklaven von den weißen (berberischen) Herren schaffte große wirtschaftliche u. soziale Probleme.

Nach einem unblutigen Putsch wurde 1984 *Ahmed Taya* Staats-Präs. 1989 kam es zu einem ethnisch begründeten Konflikt mit Senegal, bei dem Schwarzafrikaner aus M. u. Mauren aus Senegal vertrieben wurden. 1991 leitete Taya demokrat. Reformen ein. Am 12. 7. 1991 stimmte die Bevölkerung für die Annahme einer neuen Verfassung auf der Basis eines Präsidialsystems. 1992 fanden Parlaments- u. Präsidentschaftswahlen statt. Taya wurde als Staats-Präs. bestätigt. Bei den Parlamentswahlen gewann die „Parti républicain démocrate et social" (PRDS), die Partei Tayas, die absolute Mehrheit. Die Opposition erhob den Vorwurf der Wahlmanipulation. Die PRDS gewann auch die Wahlen 1996 (71 von 79 Mandaten).

Mauriazensische Felder → Katalaunische Felder.

Mauritius MS

Republik Mauritius

Fläche: 2040 km². – *Einwohner:* 1,1 Mill. – *Hauptstadt:* Port Louis. – *Landessprachen:* Englisch, kreolisches Französisch, indische Sprachen. – *Nationalfeiertag:* 12. 3. – *Währung:* 1 Mauritius-Rupie = 100 Cents. – *Lage:* Inselgruppe im Indischen Ozean östlich von Madagaskar zwischen 10° und 20°30′ s.Br. sowie 56°40′ und 63°30′ ö.L. – *Zeitzone:* Mitteleuropäische Zeit + 3 Std. – *Staatsform:* parlamentarische Republik.

Die vorher unbewohnte Insel wurde 1510 von Portugiesen entdeckt; sie war 1598–1710 niederländisch, seit 1715 als *Île de France* französisch u. seit 1810 britisch (1814 Kronkolonie). Im 19. Jh. setzte eine Masseneinwanderung aus Indien ein. 1958 begann England, M. auf die Unabhängigkeit vorzubereiten.
Am 12. 3. 1968 wurde M. unabhängig. Laut Verfassung vom 12. 8. 1967 war M. eine parlamentar. Monarchie, deren Oberhaupt, die engl. Königin, durch einen Generalgouverneur vertreten wurde. Nach einer Verfassungsänderung löste sich M. 1992 von der brit. Krone. Das Land wurde zur Republik mit einem Präs. als Staatsoberhaupt, blieb aber trotzdem Mitglied des Commonwealth. Premier-Min. ist seit 1995 N. *Ramgoolam*.

Maurja, ind. Dynastie, → Maurya.

Maurras [mɔ'ras], Charles Marie, französ. polit. Schriftsteller, *20. 4. 1868 Martigues, Dép. Bouches-du-Rhône, †16. 11. 1952 Saint-Symphorien bei Tours; Mitbegründer der antidemokrat. u. antisemit. *Action française*; wegen Kollaboration mit der dt. Besatzungsmacht zu lebenslängl. Haft verurteilt, 1948 begnadigt.

Maurya, *Maurja*, nordind. Dynastie um 320–185 v. Chr., begründet von *Chandragupta M.*; löste die Nanda-Dynastie ab; eroberte ganz Nordindien u. das Dekan-Hochland u. besetzte nach einem Vertrag mit *Seleukos Nikator* 305 v. Chr. die griech.-makedon. Eroberungen bis nach Afghanistan; bekannte M.-Könige: *Bindusara* (297–274 v. Chr.), Aschoka (etwa 270–236 v. Chr., unter ihm Höhepunkt des M.-Reiches), *Brhadratha* (um 180 v. Chr. von dem Begründer der Shunga-Dynastie, *Pusyamitra*, ermordet).

Mausolos, *Maussollos*, Herrscher u. zugleich pers. Satrap von Karien 377–353 v. Chr., Hegemon von Rhodos u. Kos, †353 v. Chr.; förderte die Literatur u. schuf in *Halikarnassos* eine systematisch u. großzügig angelegte Großstadt; seine Schwester u. Gattin (Geschwisterehe) ließ nach seinem Tod für ihn das Mausoleum errichten.

Max, Prinz von Baden, eigentl. *Maximilian Alexander Friedrich Wilhelm*, Politiker, *10. 7. 1867 Karlsruhe, †6. 11. 1929 Salem bei Konstanz; seit 1907 bad. Thronfolger; im 1. Weltkrieg in der Kriegsgefangenenfürsorge tätig; wurde am 3. 10. 1918 Reichskanzler, nachdem die Oberste Heeresleitung einen sofortigen Waffenstillstand u. die Einführung der parlamentar. Regierungsform verlangt hatte. M. bildete ein Kabinett, dem Vertreter der Mehrheitsparteien (SPD, Zentrum u. Fortschrittl. Volkspartei) angehörten. Unter seiner Kanzlerschaft wurden die Reichsverfassung im Sinne der Parlamentarisierung geändert u. dem US-amerikan. Präsidenten W. *Wilson* ein Friedensangebot unterbreitet. Am 9. 11. 1918 gab M. auf eigene Verantwortung die Abdankung Kaiser *Wilhelms II.* bekannt u. übergab dann die Regierungsgeschäfte dem SPD-Vors. F. *Ebert*. Die von diesem ihm angebotene Reichsverweserschaft lehnte er ab.

Maxentius, *Marcus Aurelius Valerius M.*, röm. Kaiser 306–312, *um 280, †28. 10. 312; Sohn *Maximians*, Schwiegersohn des *Galerius*; wurde in Rom gegen die übrigen 4 Augusti des Reiches (*Galerius, Severus, Maximinus Daia* u. *Konstantin d. Gr.*) von den Prätorianern zum Augustus von Italien erhoben; tötete *Severus*, als dieser Rom belagerte (307); von Konstantin d. Gr. 312 in der Schlacht an der *Milvischen Brücke* vernichtend geschlagen u. im Tiber ertrunken. – Erbauer der *M.-Basilika* in Rom.

Maximianus, *Marcus Aurelius Valerius M. Herculius*, röm. Kaiser 285–305, *um 240 in Pannonien, †310 Massilia (heute Marseille); 285 von *Diocletian* zum Mitkaiser erhoben, dankte mit ihm ab, griff jedoch 306 noch einmal zugunsten seines Sohnes *Maxentius* in Italien ein; erhob 307, nach einem Zerwürfnis mit Maxentius, *Konstantin d. Gr.* zum Augustus. Er wurde bei einem Versuch, Südgallien für sich zu gewinnen, von Konstantin 310 besiegt.

Maximilian, Fürsten. Römisch-deutsche Kaiser: **1.** *M. I.*, Kaiser 1493–1519, *22. 3. 1459 Wiener Neustadt, †12. 1. 1519 Wels; Habsburger, Sohn u. Nachfolger Kaiser *Friedrichs III.*, schon zu dessen Lebzeiten

(1486) zum Röm. König gewählt; verheiratet mit *Maria*, Tochter Karls des Kühnen von Burgund, deren Erbe er bis auf das Herzogtum Burgund nach ihrem Tod (1482) gegen *Ludwig XI.* von Frankreich behauptete. M. vertrieb 1490 die Ungarn aus Österreich, nachdem deren König *Matthias Corvinus* gestorben war, u. schlug 1492 die Türken bei Villach. Er vermählte sich in 2. Ehe mit *Bianca Sforza* (*1477, †1510) von Mailand. Durch geschickte Heiratspolitik (Ehen zwischen seinem Sohn *Philipp dem Schönen* u. *Johanna der Wahnsinnigen* von Kastilien sowie zwischen seinem Enkel *Ferdinand I.* u. *Anna*, Tochter Wladislaws V. von Böhmen) sicherte M. die span. Erbschaft sowie die böhm. u. die ungar. Krone für sein Haus, mußte jedoch im Frieden von Basel (22. 9. 1499) den Hoheitsanspruch auf die Schweiz aufgeben. 1508 nahm M. ohne päpstl. Kaiserkrönung als erster dt. König den Titel

Kaiser Maximilian I.; Gemälde von A. Dürer; 1519. Wien, Kunsthistorisches Museum

„Erwählter Röm. Kaiser" an u. beendete damit die jahrhundertealte Abhängigkeit der Kaiserwürde vom Papsttum. Auf die Unterstützung der Reichsstände angewiesen, mußte M. der vom Mainzer Kurfürsten *Berthold von Henneberg* betriebenen Reichsreform teilweise zustimmen (Reichskammergericht, Landfriedensordnung), konnte jedoch eine Entmachtung des Königtums verhindern. M., ein Förderer der Künste u. Wissenschaften und selbst literarisch tätig („Theuerdank", „Weißkunig"), blieb dem Ritterideal verbunden u. wurde „der letzte Ritter" genannt.

2. *M. II.*, Kaiser 1564–1576, *31. 7. 1527 Wien, †12. 10. 1576 Regensburg; Habsburger, Sohn Kaiser *Ferdinands I.* u. der *Anna von Ungarn*, verheiratet mit *Maria* (*1528, †1603), Tochter *Karls V.* M. war dem Luthertum nicht abgeneigt, doch hielten ihn polit. Rücksichten vom Übertritt zurück. 1562 wurde er zum Röm. König u. zum König von Böhmen gewählt. 1563 zum König von Ungarn u. 1564 zum Kaiser. Den *Türkenkrieg* führte er ohne Ergebnis. Obwohl 1573 zum König von Polen gewählt, konnte M. mangels dt. Hilfe die Herrschaft in Polen nicht antreten. Seine Bemühungen, im Reich einen Ausgleich zwischen den Konfessionen zu erzielen, blieben ohne Erfolg, doch konnte er die Nachfolge seines Sohnes Rudolf (II.) durchsetzen.

Bayern: **3.** *M. I.*, Herzog 1597, Kurfürst 1623–1651, *17. 4. 1573 München, †27. 9. 1651 Ingolstadt; Sohn u. Nachfolger des ab-

Maximilian I. von Bayern

gedankten Herzogs *Wilhelm V.* (* 1548, †1626); führte mehrere Reformen in der Verwaltung, im Gerichts- *(Codex Maximilianeus)* u. Heerwesen durch; förderte die Gegenreformation. Als M. 1607 im Auftrag des Kaisers die Reichsacht über Donauwörth vollstreckt hatte, behielt er die Stadt u. rief dadurch den Zusammenschluß der ev. Stände zur *Union* hervor. Er selbst gründete daraufhin die kath. *Liga*, deren Truppen er beim Ausbruch des Dreißigjährigen Kriegs Ferdinand II. zu Hilfe sandte. M. siegte am 8. 11. 1620 in der Schlacht am Weißen Berg bei Prag. Er war beteiligt 1629 am Restitutionsedikt u. 1630 an der Absetzung Wallensteins. Im Westfäl. Frieden erhielt er die Oberpfalz u. die Kurwürde bestätigt.

4. *M. II. Emanuel*, Enkel von 3), Kurfürst 1679–1726, *11. 7. 1662 München, †26. 2. 1726 München; Sohn *Ferdinand Marias* (*1636, †1679) u. der *Adelheid Henriette* von Savoyen (*1636, †1676); Anhänger Kaiser Leopolds I., beteiligte sich an der Befreiung Wiens 1683 u. an den Türkenkriegen, wofür er vom Kaiser zum Generalissimus ernannt wurde, sowie am Pfälz. Erbfolgekrieg, wofür er Statthalter der Niederlande wurde. Beim Ausbruch des Span. Erbfolgekriegs trat M. auf Frankreichs Seite, um die Niederlande als Königtum zu gewinnen. Nach Anfangserfolgen verlor er die Schlachten bei Höchstädt (1704) u. Ramillies (1706), mußte sein Land verlassen u. wurde geächtet. Durch den Frieden von Rastatt (1714) wurde er wieder in seine alten Rechte eingesetzt. 1724 schloß M. einen Erbvertrag mit Kurpfalz.

5. *M. III. Joseph*, Kurfürst 1745–1777, *28. 3. 1727 München, †30. 12. 1777 München; Sohn Kaiser *Karls VII.*, verzichtete im Frieden zu Füssen 1745 auf österr. Gebiet u. erhielt die bayer. Erblande zurück; stiftete 1759 die Akademie der Wissenschaften in München, hob viele Klöster auf, verbot den Jesuitenorden u. erlaubte den ev. Gottesdienst in München. Im Siebenjährigen Krieg kämpfte er auf österr. Seite. – Mit M. starb die Hauptlinie der Wittelsbacher aus; es folgte in Bayern Kurfürst *Karl Theodor* von der Pfalz.

6. *M. IV. Joseph*, seit 1799 Kurfürst, als *M. I. Joseph* König von Bayern 1806–1825, *27. 5. 1756 Mannheim, †13. 10. 1825 Nymphenburg; Sohn des Pfalzgrafen *Friedrich* von Zweibrücken-Birkenfeld (*1724, †1767); schloß sich dem Rheinbund an u. erhielt die Königswürde u. umfangreiche Ländereien. In den Befreiungskriegen wechselte M. auf die Seite der Alliierten über u. behauptete dadurch Souveränität u. Gebietszuwachs in Schwaben u. Franken. 1818 gab er Bayern eine Verfassung. Bis 1817 wurde seine Politik weitgehend von seinem Vertrauten M. J. von *Montgelas* bestimmt.

7. *M. II. Joseph*, König 1848–1864, *28. 11. 1811 München, †10. 3. 1864 München; Sohn König *Ludwigs I.*; trat unter dem Einfluß seines Min.-Präs. L. von der *Pfordten* für einen Bund der dt. Mittel- u. Kleinstaaten als dritte Kraft *(Trias)* neben Österreich u. Preußen im Dt. Bund ein; zog nichtbayerische Wissenschaftler u. Künstler (sog. „Nordlichter") nach München; gründete das Maximilianeum u. die Histor. Kommission bei der Bayerischen Akademie der Wissenschaften.

Köln: **8.** *M. Franz*, Erzherzog, Hoch- u. Deutschmeister 1780, Kurfürst u. Erzbischof von Köln sowie Bischof von Münster 1784–1797, *8. 12. 1756 Wien, †27. 7. 1801 Hetzendorf bei Wien; 16. u. jüngstes Kind Kaiser *Franz' I.* u. *Maria Theresias*; betrieb als einer der Hauptvertreter der kath. Aufklärung eine mutige Reformpolitik, förderte das Schulwesen u. erhob 1786 die Bonner Akademie zur Universität, mußte 1794 vor den französ. Revolutionstruppen fliehen.

Mexiko: **9.** *M. Ferdinand Joseph*, Kaiser von Mexiko 1864–1867, *6. 7. 1832 Wien, †19. 6. 1867 Querétaro; Erzherzog von Öster-

Erschießung des Kaisers Maximilian von Mexiko. Gemälde von E. Manet

reich, Bruder Kaiser *Franz Josephs I.*, 1857 mit der belg. Prinzessin *Charlotte* (*1840, †1927) verheiratet; auf Veranlassung *Napoleons III.* Kaiser, konnte sich aber nach Abzug der französ. Truppen gegen Präs. B. *Juárez* nicht halten. Er wurde von einem Kriegsgericht verurteilt u. standrechtlich erschossen.

Maximinus, röm. Kaiser: **1.** *Gaius Iulius Verus M. Thrax*, („der Thraker"), Kaiser 235–238, *um 173 Thrakien, †238; erster „Soldatenkaiser", vom Heer ausgerufen; siegte über Germanen (Wiederherstellung des Limes), Daker u. Sarmaten; während einer Revolte in Afrika, die vom Senat unterstützt wurde, bei der erfolglosen Belagerung von *Aquileia* von den Soldaten ermordet.
2. *Gaius Galerius Valerius M. Daia*, Kaiser 309–313, †313; Neffe u. Adoptivsohn des Kaisers *Galerius*; erneuerte 311 im Osten des Reichs die Christenverfolgungen; 313 von *Licinius* bei Tzirallum in Thrakien besiegt u. auf der Flucht erschlagen.

Maximus, *M. Magnus*, röm. Kaiser 383–388, †28. 8. 388; als Offizier im röm. Heer aufgestiegen bis zum Kommandeur in Britannien; er wurde dort 383 von seinen Soldaten zum Kaiser ausgerufen u. herrschte nach dem Ende *Gratians* auch über Gallien u. Spanien mit Residenz in Trier. M. wurde von den beiden anderen Kaisern, *Valentinian II.* u. *Theodosius I.*, notgedrungen anerkannt; als er auf Italien übergriff, besiegte ihn Theodosius 388.

Max von Baden, Politiker, → Max.

Maya, indian. Stammes- u. Sprachgruppe, 20 Indianervölker u. -stämme mit heute etwa 2 Mill. Menschen in Mexiko (Chiapas, Campeche, Tabasco, Halbinsel Yucatán), Guatemala, Belize u. Honduras, die keine kulturelle oder polit. Einheit bilden. Sie bestehen aus den *Maya i. e. S. (Yukatekische M., Lacandones)*, den *Kekchi, Pokomam* u. *Pokonchi*, den *Quiché* u. *Kakchiquel*, den *Mam*, den *Tzeltal (Tzotzil)*, den *Chol* u. *Chorti* sowie den bereits in vorgeschichtl. Zeit von der geschlossen siedelnden Hauptgruppe abgespaltenen *Huaxteken*; unterschieden in *Tiefland-* und *Hochland-M.*; heute Maisbauern, ohne Kenntnis ihrer einstigen hohen Kultur.
Die weitgehend nur archäologisch faßbare vorkolumb. Geschichte der M. gliedert sich in drei große Perioden; die unzutreffende Einteilung in ein „Altes Reich" (im S gelegen) u. ein „Neues Reich" (in Yucatán) ist inzwischen aufgegeben worden.
In der vorklass. oder formativen Periode (etwa 1000 v. Chr.–0) bildete sich auf der Grundlage einfacher Feldbaukulturen die Frühform der M.-Kultur, charakterisiert durch einen eigenen Keramik-Stil („Chicanel"); Bodenbau ohne Pflug blieb auch weiterhin die wirtschaftl. Grundlage der M.-Kultur. Wichtigste Anbaupflanze war der Mais. Bedeutsam wurde auch der Handel (nachgewiesene Handelsstrecken über 1000 km Luftlinie). Baukunst (Stufenpyramide von Uaxactún) u. Hieroglyphenschrift (Zahlenzeichen) entstanden unter dem Einfluß der *La-Venta-Kultur*.
In der klass. Periode (etwa 0–850) wurden die übernommenen Elemente von den M. weiterentwickelt. Die frühklass. Zeit (0–300) ist gekennzeichnet durch das Erscheinen des für die M.-Architektur charakterist. Scheingewölbes aus überkragenden Steinplatten. Im Petén-Gebiet (Ruinenstätten von Uaxactún u. Tikal), in Copán u. zahlreichen anderen Orten entstanden Zeremonialzentren mit großen, durch Hieroglypheninschriften genau datierten Steinmonumenten (Stelen), die mit Reliefs oder Enface-Figuren geschmückt sind (älteste Zeitangabe auf einer Stele aus Tikal ist das Jahr 292 n. Chr.). Die größte unter ihnen war mehr als 10 m hoch. Die Keramik des *Tzakol-Stils* (dreifüßige Deckelgefäße) zeigt deutliche Verbindungen zur gleichzeitig im Hochtal von Mexiko blühenden Kultur von *Teotihuacán*. Reste von Wandmalereien finden sich auf den Innenwänden von Heiligtümern u. Grabkammern (u. a. in Bonampak). Mit ähnl. Malereien, die religiöse oder kriegerische Szenen darstellen, sind Schalen u. becherförmige Tongefäße verziert. Die Städte wurden nach astronom. Gesichtspunkten u. religiösen Zwecken um einen Mittelpunkt gebaut u. wiesen zahlreiche Tempel, Kultbauten, Priesterpaläste u. Ballspielplätze auf. Für alle Bauten charakteristisch ist der rechteckige Raum. Die Tempel standen auf Stufenpyramiden, u. die aus einer Reihe schmaler Kammern bestehenden Paläste hatten oft Scheinfassaden. Lokale Besonderheiten verleihen der Kunst der M. große Vielfalt; so hat Tikal die steilsten Stufenpyramiden, Palenque ist bekannt durch reiche Stuckreliefverzierungen, während sich die schönsten Stelen u. Altäre in Copán u. Quiriguá befinden. – In Astronomie u. Mathematik überragten die M. die übrigen indian. Kulturen; die auf Steinmonumenten u. in Bilderhandschriften überlieferten astronom. Berechnungen sind von höchster Genauigkeit. Die komplizierte Hieroglyphenschrift der M. ist erst zu einem Teil entziffert (Namen der Kalendertage, Monate, Periodenzeichen, Namen von Gottheiten). Erhalten sind auch vier nachklass. Handschriften (Dresdner Handschrift, *Codex Peresianus, Codex Tro-Cortesianus, Codex Grolier*). Für fast alle Unternehmungen, Handwerke u. Berufe, für Liebende u. Trunkene gab es eigene Schutzgottheiten. Die oberste Gottheit war der Himmels- oder Sonnengott *Itzamna*, seine Gattin die Mondgöttin *Ix Chel.* Ferner gab es den Gott des Regens, des Windes, des Bodenbaus, der Fruchtbarkeit. Den Kult dieser Götter vollzog eine zahlreiche Priesterschaft, die auch die Gestirne beobachtete u. nach ihnen den Einklang mit dem Kalender herstellte.
In der Blütezeit der klass. Periode (300–850) hatte die M.-Kultur ihre größte Ausdehnung: von Nordyucatán bis an die pazif. Abdachung, von Copán u. Quiriguá im O bis nach Palenque im W. Um 790 wurden in 19 Zeremonialzentren datierte Monumente des Stelenkults errichtet, zugleich jedoch machten sich, bes. im Hochland von Guatemala, die ersten Zeichen des Niedergangs bemerkbar; die letzte datierte Stele trägt die Jahreszahl 909.
Während der Verfallsperiode (850–900) wurde in schneller Folge ein Zeremonialzentrum nach dem anderen preisgegeben, ohne daß Beweggründe für das Erlöschen des Stelenkults u. das Nachlassen der baukünstler. Aktivität deutlich zu erkennen wären. Viele der Stelen, die zuvor errichtet waren, zeigen Spuren absichtl. Zerstörung im Gesicht der Hauptgestalt; auch befinden sich an späteren M.-Monumenten keine Spuren des hochentwickelten Kalendersystems mehr. Vielleicht deutet dies auf eine Auflehnung gegen die herrschende Priesterschaft, u. diese war nach dem Verlassen der klass. Tempelstädte untergegangen. Sonst lebte die M.-Kultur jedoch weiter, vor allem in Yucatán, wo die M. unter verstärktem mexikan. Einfluß im *Puuc-Stil* mit großen Rüsselmasken geschmückte Bauten errichtet hatten.
Die Spätzeit (900–1541) wurde von den um das Jahr 1000 aus dem Hochtal von Mexiko eindringenden *Tolteken* bestimmt. Sie brachten nicht nur neue religiöse Vorstellungen mit (Kult der Federschlangen-Gottheit *Quetzalcoatl*; Menschenopfer), sondern bereicherten auch die Kunst Nordyucatáns durch neue Elemente, vor allem in *Chichén Itzá*. Glasurähnl. schimmernde Gefäße *(Plumbate)* bezeichnen die Keramik dieser Zeit, in der auch die Metallbearbeitung begann. Es bildeten sich Stadtstaaten, an deren Spitze sowohl geistl. als auch weltl. Führer standen. Zu den obersten Klassen gehörten die Priester u. Beamten. Die Vorherrschaft der Tolteken en-

Kultzentren der Maya (Auswahl)

Name	Zeit der Bautätigkeit	bekannte Bauten
Chichén Itzá	7.–13. Jh.	„Nonnenkloster", in der Nordstadt „Castillo" (eine der größten Pyramiden), „Kriegertempel" und „Tempel der Jaguare" um einen Ballspielplatz, „Observatorium"
Cobá	7.–15. Jh.	spätklassische Tempelpyramiden, umfangreiches Straßennetz
Copán	8.–11. Jh.	„Akropolis" auf künstlicher Plattform mit zahlreichen Stelen und Tempeln, Hieroglyphentreppe
Kabah	7.–10. Jh.	„Palast der Masken"
Palenque	7.–10. Jh.	„Tempel der Inschriften" mit Pyramide und Grab eines unbekannten Herrschers, „Palast" mit Turm
Piedras-Negras	3.–9. Jh.	Stelen
Quiriguá	8. Jh.	Altäre, größte Skulpturen der Maya
Sayil	7.–8. Jh.	spätklassischer dreistöckiger „Palast"
Tikal	1.–10. Jh.	5 Tempelpyramiden, „Akropolis", 9 Zwillingspyramiden, zahlreiche Tempel, Ballspielplätze, Stelen
Uaxactún	3. Jh. v. Chr. –10. Jh. n. Chr.	sehr frühe Pyramide VII (3. Jh. v. Chr.)
Uxmal	8.–10. Jh.	„Nonnenkloster" um die „Pyramide des Zauberers", „Gouverneurspalast" auf einer Plattform
Yaxchilán	3.–9. Jh.	„Königspalast", „Labyrinth"

Maya: Detail der Reliefplatte eines Sarkophags in Palenque, Mexiko

Die Mayakultur

dete mit der Zerstörung von Chichén Itzá. Um 1200 gelang es der Stadt *Mayapán*, die M. Yucatáns unter ihrer Führung zu einigen (Liga von Mayapán); doch schritt der Säkularisationsprozeß weiter fort. Der Fall von Mayapán (1441) führte zur Zersplitterung in eine Reihe kleiner, einander befehdender Stadtstaaten u. zur Vernichtung der M.-Kultur, wodurch den Spaniern die Eroberung der Halbinsel Yucatán (1527–1546) erleichtert wurde. Die Unterwerfung der Hochland-M. *(Quiché, Kakchiquel)*, des dritten Gebiets der M.-Kultur, das aber archäolog. noch wenig erforscht ist, folgte 1525. Vor allem in Guatemala führen die heutigen M. das bäuerl. Leben ihrer Vorfahren fort.

Mayapán, Stadt u. Stadtstaat der *Maya* der nachklassischen Periode, im Nordwesten von Yucatán (Mexiko) gelegen, um 900 n. Chr. von dem Fürstengeschlecht der Cocom, aus der Familie der Itzá, gegr. M. bildete um 1000 mit den Städten *Chichén Itzá* u. *Izamal* einen Dreibund *(Liga von M.)*; unterwarf nach 1200 Chichén Itzá u. errichtete in Yucatán das einzige größere Staatsgebilde der Maya. Ein Aufstand gegen die Cocom-Dynastie durch das Geschlecht der Xiu um 1450 bewirkten den Untergang M.s u. den Zerfall des Reiches.

Mayflower [mɛiflauə; engl.], Name des Schiffs, das 102 puritan. Pilgerväter, die ersten Siedler, nach Neuengland brachte. Es wog rd. 180 t, war 27 m lang u. benötigte für die Reise 66 Tage. Die Auswanderer schlossen am 27. 11. 1620 an Bord der M. vor der Küste Neuenglands bei Cap Cod den *M.-Vertrag*, ein Abkommen zur Schaffung einer „polit. Körperschaft" *(Civil Body Politic)* in Nordamerika, entsprechend dem Geist unabhängiger Kirchenversammlungen *(Covenants)*. Dieser Vertrag führte zur Gründung der Kolonie New Plymouth (heute Massachusetts).

Mayr, Peter, Tiroler Freiheitskämpfer, *15. 8. 1767 Riffian bei Bozen, †20. 2. 1810 Bozen; gehörte mit Andreas *Hofer* zu den Führern des Tiroler Aufstands 1809; nach dessen Scheitern von den Franzosen gefangengenommen u. erschossen.

Mazarin [maza'rɛ̃], Jules, eigentl. Giulio *Mazarini*, Herzog von *Nevers* (1659), französ. Minister u. Kirchenfürst, *14. 7. 1602 Pescina, Abruzzen, †9. 3. 1661 Vincennes; gebürtiger Italiener; Offizier u. Diplomat, seit 1622 im päpstl. Dienst, 1635/36 Nuntius in Paris, 1641 Kardinal; trat 1640 unter *Richelieu* in französ. Dienste, wurde 1642 auf dessen Empfehlung sein Nachfolger als leitender Minister, veranlaßte durch seine absolutist. Innenpolitik den Adelsaufstand der *Fronde*, mußte zeitweilig ins Exil, konnte sich 1653 durchsetzen u. führte Frankreich weiter zur europ. Vormachtstellung (Westfäl. Friede 1648, Pyrenäenfriede mit Spanien 1659).

Mazedonien → Makedonien.

Mazzini, Giuseppe, italien. Politiker, *22. 6. 1805 Genua, †10. 3. 1872 Pisa; Anwalt, mußte als Mitgl. der *Carbonari* 1830 emigrieren u. gründete in Frankreich den Geheimbund „Junges Italien" *(Giovine Italia)*, den er 1834 mit gleichgerichteten Zirkeln anderer Nationen, insbes. der Polen, zum „Jungen Europa" vereinte. Er erstrebte die nationale Einheit Italiens, die mit einer Umwälzung der sozialen Verhältnisse verbunden sein sollte. Nach einem mißglückten Aufstandsversuch in Piemont 1834 lebte er seit 1837 in London, wo er eine heftige Agitation gegen die Fremdherrschaft in Italien entfaltete. 1848 ging er nach Mailand u. 1849 nach Rom, wo er mit *Garibaldi* die Verteidigung der Stadt gegen ein französ. Heer leitete. Nach der Kapitulation am 4. 7. 1849 ging er erneut nach London. Die Einigung Italiens unter *Cavour* verwarf er. Eine Erhebung gegen das Königreich Italien scheiterte, u. M. wurde ausgewiesen. Kurz vor seinem Tod kehrte er heimlich nach Italien zurück.

MBFR [Abk. für engl. *Mutual Balanced Forces Reduction*, „beiderseitig ausgewogene Truppenreduzierung"], dem Warschauer Pakt 1968 von den NATO-Staaten vorgeschlagene Verhandlungen über Truppenverminderungen in Europa. Die Verhandlungen begannen 1973 in Wien unter der offiziellen Bez. „Verhandlungen über beiderseitige Reduzierung von Streitkräften und Rüstungen u. damit zusammenhängende Maßnahmen in Mitteleuropa". Verhandlungspartner (mit unterschiedl. Status) waren Belgien, die BR Dtschld., Bulgarien, Dänemark, die DDR, Griechenland, Großbritannien, Italien, Kanada, Luxemburg, die Niederlande, Norwegen, Polen, Rumänien, die Tschechoslowakei, die Türkei, die UdSSR, Ungarn u. die USA. Ziel der Verhandlungen war die Herbeiführung einer Parität der konventionellen Militärpotentiale der beiden Blöcke in Mitteleuropa. Die Verhandlungen wurden 1989 ohne Lösungsergebnis beendet. Weitere Gespräche über die konventionelle Rüstung in Europa wurden in den Rahmen einer KSZE-Folgekonferenz gelegt.

McCarthy [mə'ka:θi], Joseph Raymond, US-amerikan. Politiker (Republikaner), *14. 11. 1909 Grand Chute, Wisc., †2. 5. 1957 Washington; seit 1947 Senator; führte seit 1950 einen Feldzug gegen eine angebl. Unterwanderung hoher u. höchster US-amerikan. Staatsämter durch Kommunisten u. deren Agenten *(McCarthyismus)*; 1953–1955 Vors. des ständigen Untersuchungsausschusses

Jules Mazarin

Joseph R. McCarthy (rechts) in einer Sitzung eines Untersuchungsausschusses

des Senats für Fragen der inneren Sicherheit. M. verdächtigte zunächst vor allem den Physiker R. *Oppenheimer*, dann auch andere Intellektuelle, bes. Hochschullehrer, Schriftsteller u. Angehörige des Außenministeriums, „rosarot" oder „links" zu sein. M.s Laufbahn endete, als er auch die Armee in seine Untersuchungen einbeziehen wollte.

McCloy [mə'klɔi], John Jay, US-amerikan. Politiker, *31. 3. 1895 Philadelphia, †11. 3. 1989 Stamford, Conn.; Anwalt; von 1941 bis 1945 Unterstaatssekretär im Kriegsministerium; 1947–1949 Präs. der Weltbank; 1949–1952 Hoher Kommissar für Deutschland. M. war danach im Bankwesen tätig.

McKinley [mə'kinli], William, US-amerikan. Politiker (Republikaner), *29. 1. 1843 Niles, Ohio, † 14. 9. 1901 Buffalo (ermordet); 25. Präs. der USA 1897–1901, erreichte 1890 die Annahme der Hochschutzzölle *(M.-Bill)*; wichtige Ereignisse seiner Amtszeit im Weißen Haus: die Annexion von Hawaii 1898, der spanisch-amerikan. Krieg 1898, die Erwerbung von Puerto Rico u. Guam sowie der Philippinen 1898/99.

McNamara [məknə'ma:rə], Robert Strange, US-amerikan. Politiker (Demokrat), *9. 6. 1916 San Francisco; 1960/61 Präs. der Ford-Werke; 1961–1968 Verteidigungsminister, trug unter Präs. L. B. Johnson zur Eskalation des Vietnamkrieges bei; 1968–1981 Präs. der Weltbank.

Mebaragesi, sumer. König der 1. Dynastie von Kisch, um 2700 v. Chr.; gilt in der Überlieferung als der Gegenspieler des *Gilgamesch*.

Mecklenburg, ehem. Land in Norddeutschland, 16056 km², 876400 Ew. (1939), Hptst. *Schwerin*.

Das ursprüngl. von Germanen (*Langobarden, Semnonen* u. a.), die während der Völkerwanderung abzogen, besiedelte Gebiet wurde seit etwa 600 n. Chr. aus östl. Richtung von den westslaw. *Wenden* (Lutizen, Obodriten) in Besitz genommen, nach deren „großer Burg" (*Michelenburg*, zuerst 995 bezeugt) südl. von Wismar (neben dem heutigen Dorf *M.*) es seinen Namen erhielt. Eingedeutscht u. christianisiert wurde M. durch die Ostsiedlung. Nach dem erfolglosen *Wendenkreuzzug* (1147) fiel 1160 *Niklot*, der letzte freie Obodritenfürst, im Kampf gegen Herzog *Heinrich den Löwen* von Sachsen, der bis 1164 das gesamte Gebiet bis zur Peene unterwarf u. den Grund für dessen zukünftige territoriale u. dynast. Entwicklung legte: Gründung der Grafschaften *Ratzeburg* (1142), *Dannenberg* (1147/53) u. *Schwerin* (1167); Erneuerung der Bistümer *Ratzeburg* (1154) u. *M.*, wobei letzteres nach Schwerin verlegt wurde. Das übrige Obodritenland gab Heinrich 1167 einem Sohn Niklots, *Pribislaw* (†1178), als Lehen zurück, der, seit 1160 auch Herr des westl. Lutizenlands, Stammvater des mecklenburg. Herrscherhauses wurde, in das durch die Vermählung seines Sohns

Heinrich Borwin I. († 1227) mit Heinrichs des Löwen Tochter *Mathilde* († 1219) auch das Welfengeschlecht einging.
Nach dem Sturz Heinrichs des Löwen geriet M. unter dän. Oberherrschaft, bis König *Waldemar II.* 1227 bei *Bornhöved* geschlagen wurde. Von dem wend. Fürstenhaus blieb nach mehreren Teilungen allein die M.er Linie (Residenz Schwerin) übrig, die zur einzigen weltl. Herrschaft im Land wurde. *Albrecht II.* (* 1318, † 1379) u. sein Bruder erlangten 1348 von Kaiser Karl IV. die Erhebung zu reichsunmittelbaren Herzögen. Pläne Albrechts, durch Wahrnehmung von Erbschaftsansprüchen seines Sohns *Albrecht III.* (1364–1389 König von Schweden) u. seines Enkels Albrecht IV. (erfolgloser dän. Thronerbe) ein mecklenburg.-schwed.-dän. Ostseereich zu errichten, scheiterten. Demgegenüber errangen die „wend. Städte" mit Wismar u. Rostock im 14. Jh. durch die Hanse im nordeurop. Raum eine maßgebl. Macht, u. die 1419 gegr. Universität Rostock wurde zu einem geistigen Zentrum.
1523 schlossen die mecklenburg. Landstände zur Wahrung ihrer Privilegien sowie der Einheit des Landes die *Landständ. Union*, die ihnen entscheidenden Einfluß auf das Landesregiment verschaffte u., zusammen mit dem *Landesgrundgesetzlichen Erbvergleich* (1755), der landständ. Verfassung das längste Bestehen in Dtschld. (bis 1918) sicherte.
1621 erfolgte unter Zustimmung der Stände dennoch wieder eine Teilung des seit 1549 luth. Landes in die Herzogtümer *M.-Schwerin* u. *M.-Güstrow*. Im Dreißigjährigen Krieg wurden beide Herzöge wegen ihres Bündnisses mit Christian IV. von Dänemark 1627 von Kaiser Ferdinand II. geächtet u. vertrieben. 1628 erhielt *Wallenstein* beide Herzogtümer u. das Bistum Schwerin zu Lehen (Residenz Güstrow). 1631 kehrten jedoch die vertriebenen Herzöge mit Hilfe Gustavs II. Adolf in ihre Herrschaften zurück u. wurden durch den Prager Frieden (1635) vom Kaiser darin bestätigt. Im Westfäl. Frieden (1648) mußte der Schweriner Herzog Stadt u. Hafen Wismar nebst den Ämtern Poel u. Neukloster an Schweden abtreten, erhielt aber dafür die Gebiete der beiden mecklenburg. Bistümer, die zu den Fürstentümern *Schwerin* u. *Ratzeburg* säkularisiert wurden.
Nach dem Erlöschen der Güstrower Linie (1695) kam es 1701 *(Hamburger Vergleich)* zur letzten dynast. Teilung des Landes in die Herzogtümer *M.-Schwerin* u. *M.-Strelitz* (Strelitz). Beiden Herzogtümern blieben Landtag (Landständ. Union), Hof- u. Landgericht, Landeskirche u. -klöster sowie die Rostocker Universität gemeinsam.
Nach dem Reichsdeputationshauptschluß kehrten Wismar u. die beiden Ämter 1803 (pfandweise; endgültig 1903) an M.(-Schwerin) zurück. Auf dem Wiener Kongreß (1814/15) wurden die beiden Herzöge zu Großherzögen erhoben. Nach dem Ende des Dt. Bundes traten beide 1866/67 dem Norddt. Bund, 1868 dem Dt. Zollverein u. 1871 dem Dt. Reich bei.
Nach dem Tod *Adolf Friedrichs VI.* von M.-Strelitz im Febr. 1918 hatte zunächst *Friedrich Franz IV.* von M.-Schwerin (* 1882, † 1945) die Verweserschaft mit übernommen, da die Erbfogeregelung für die Strelitzer Linie noch nicht abgeschlossen war. Er mußte jedoch im gleichen Jahr infolge der Novemberrevolution für beide M. abdanken. Die alte Ständeversammlung wurde aufgehoben; aus den Großherzogtümern entstanden (1919 bzw. 1920) die Freistaaten M.-Strelitz u. M.-Schwerin. 1934 wurden beide Teilstaaten zum *Land M.* vereinigt. 1945 besetzten US-amerikan., engl. u. sowjet. Truppen M., das dann jedoch ganz in den Bereich der sowjet. Zone fiel u. Hauptbestandteil des neuen Landes Mecklenburg-Vorpommern wurde.

Mecklenburg-Vorpommern ['me:k-; auch 'mɛk-], Land der BR Dtschld., 23 169 km², 1,84 Mill. Ew., Hptst. ist *Schwerin.*
Das Land M. wurde 1945 von der sowjet. Besatzungsmacht aus dem Land → Mecklenburg, dem westlich der Oder gelegenen Teil der preuß. Provinz → Pommern (ohne Stettin) sowie kleineren brandenburg. u. rechtselbischen hannoverschen Gebieten gebildet. Der Namensbestandteil „Vorpommern" wurde 1947 entfernt; das Land hieß nur noch *Mecklenburg.* Ministerpräsidenten waren 1945 bis 1951 W. *Höcker* (SPD/SED), 1951 K. *Bürger* (SED), 1951/52 B. *Quandt* (SED). Im Zuge der Neugliederung der DDR wurde 1952 das Land aufgelöst u. im wesentl. auf die Bezirke Neubrandenburg, Rostock u. Schwerin aufgeteilt.
Bei der Wiedervereinigung Deutschlands nach dem Sturz des SED-Regimes wurde 1990 das Land unter dem Namen M. wiederhergestellt. Ministerpräsidenten: 1990–1992 Alfred *Gomolka* (CDU), seit 1992 Berndt *Seite* (CDU).

Meder, indoiran. Volk, das etwa zwischen 1500–1000 v. Chr. in das iran. Hochland einwanderte u. sich in *Medien* bis in die Gegend des heutigen Teheran niederließ. 835 v. Chr. erschienen die M. erstmals in assyr. Feldzugsberichten. Unter ihrem ersten bekannten Anführer *Dahyauka*, griech. *Deiokes*, der bis rd. 715 v. Chr. herrschte, waren sie anfangs nur eine lose Stammeskonföderation; auch der nächste med. Herrscher *Chvachstra*, griech. *Kyaxares I.* (etwa 714–685 v. Chr.) war noch assyr. Vasall, ebenso sein Nachfolger *Chshathrita* (rd. 684–645 v. Chr.). Erst unter *Phraortes*, med. *Fravartish* (rd. 645–623 v. Chr.) begann der Aufstieg zur Großmacht. Sein Sohn *Kyaxares* (623–584 v. Chr.) eroberte 614 v. Chr. Assur, zusammen mit den Babyloniern wurde 612 v. Chr. Ninive erobert u. das assyr. Reich zerschlagen u. danach zwischen Medern u. Babyloniern aufgeteilt; auch die Perser kamen unter medische Oberhoheit. Hptst. des Reiches war Ekbatana, das heutige Hamadan. In die Zeit Kyaxares' II. fallen die von Herodot überlieferten 28 Jahre der Skythenherrschaft über die M. Der Nachfolger Kyaxares', sein Sohn *Astyages*, med. *Rshtivaiga* („Lanzenschwinger"), konnte noch etwa 35 Jahre herrschen, unterlag dann aber dem Perserkönig Kyros II.

mediat [lat., „mittelbar"], im Dt. Reich bis 1806 Bez. für Besitzungen u. Herrschaften, die nicht reichsunmittelbar *(immediat)* waren, sondern nur indirekt, d. h. durch den ihnen übergeordneten Reichsstand, zum König in Beziehung standen. Durch den *Reichsdeputationshauptschluß* (1803) u. mit Gründung des Rheinbunds (1806) verloren viele weltl. u. alle geistl. Territorien durch *Mediatisierung* ihre Landeshoheit; die Zahl der *immediaten Herrschaften* schrumpfte von 296 auf 38. Die Bundesakte von 1815 entschädigte die Mediatisierten mit polit. Vorrechten, die 1918 aufgehoben wurden.

Mediationsakte, die 1803 von Napoleon I. erlassene föderalist. Verfassung der Schweiz.

Mediävistik [lat.], die mit allen Erscheinungen des MA, bes. der Geschichte, Literatur u. Sprache, sich beschäftigende Forschung.

Medici ['meditʃi], *Mediceer, Medizeer*, ein florentin. Patriziergeschlecht, ursprünglich Kaufleute u. Bankiers, das nach kurzer Verbannung 1434 entscheidenden Einfluß auf die Regierung der Stadtrepublik erhielt; 1494–1512 u. 1527–1531 aus Florenz vertrieben. Die ältere Linie, auf der der Ruhm der M. beruht, starb 1537 mit *Alessandro* aus, der 1532 von Kaiser Karl V. zum Herzog der Republik Florenz erhoben worden war. Aus dieser Linie stammen: 1. *Cosimo der Alte*, * 27. 9. 1389 Florenz, † 1. 8. 1464 Florenz; der „Vater des Vaterlands", der den *Palazzo M.* bauen ließ u. Kunst u. Wissenschaft förderte. In überlegener Weise wußte er sein Mäzenatentum mit seiner Politik u. dem Bankgeschäft zu verbinden. Politisch suchte er die Verbindung mit Mailand u. forderte 1450 die Erhebung Francesco *Sforzas* zum Herzog. Die *Lega italica* ist seine Schöpfung. – 2. *Lorenzo I. (der Prächtige, il Magnifico)*, * 1. 1. 1449 Florenz, † 8. 4. 1492 Florenz; er führte Florenz zu höchster wirtschaftl. u. kultureller Blüte. 1478 entkam er der Pazziverschwörung, der sein Bruder Giuliano zum Opfer fiel. Er verfeindete sich daraufhin mit Papst Sixtus IV., der die Verschwörer ermuntert hatte. Auch Neapel trat in den Kreis der Feinde. Doch konnte Lorenzo durch seinen Mut die Situation für sich entscheiden. Von da an regierte er unangefochten. Selbst Dichter, förderte er Gelehrte u. Künstler, gründete die *Bibliotheca Laurenziana* u. die platon. Akademie u. war ein großzügiger Mäzen der Maler u. Bildhauer. Politisch baute er die Verbindung mit Mailand aus, suchte aber auch den Ausgleich mit dem Königreich Neapel. Da an den Bankgeschäften kaum interessiert, verfiel unter ihm diese Basis der M. Sein Sohn Piero der Unglückliche (Sfortunato) stellte sich 1494 gegen Karl VIII. von Frankreich, was zur Vertreibung der M. führte. – Ferner gehörten die Renaissancepäpste *Leo X.* (1513–1521) u. *Klemens VII.* (1523–1534) u. *Katharina von Medici*, die Frau des französ. Königs Heinrich II., zur älteren Linie.
Der Begründer der jüngeren Linie, Cosimo I. Medici, entstammte einer Seitenlinie; er trat die Nachfolge Alessandros in Florenz an. 1569 wurde er von Papst Pius V. zum Großherzog (von Toskana) erhoben. Der jüngeren Linie entstammten *Leo XI.* (1605), der nur drei Wochen Papst war, u. Maria M., die Frau Heinrichs IV. von Frankreich. Diese Linie starb 1737 mit *Gian Gastone* aus.

Meerengenvertrag, *Londoner Konventionen* von 1840 u. 1841, → Dardanellen.

Meersen [ndrl. 'me:rsə], *Mersen*, karoling. Königspfalz in der Nähe von Maastricht. Im *Vertrag von M.* 870 teilten *Ludwig der Deutsche* u. *Karl der Kahle* das Reich *Lothars II.*, doch kam schon 879/80 *(Vertrag von Ribémont)* ganz Lotharingien an das ostfränk. Reich.

Megalithbauten [grch.], vorgeschichtl. Anlagen aus großen Steinen, in der jüngeren Phase der Jungsteinzeit über West-, Nord-

Megalithbauten: Der „Gollenstein" bei Blieskastel ist mit einer Höhe von 7 m der größte Menhir Mitteleuropas

west- u. Nordeuropa verbreitet, mit Ursprung im Mittelmeerraum. Am bekanntesten sind die Megalithgräber (*Großsteingräber, Riesensteingräber*, volkstüml. *Hünengräber, Hünenbetten*), aus errat. Blöcken oder Platten errichtete Grabkammern, meist für viele Bestattungen, daneben auch als Einzelgräber. Sie bestanden aus mehreren Tragsteinen u. einem oder mehreren Decksteinen; die ganze Anlage wurde meistens mit einem Erdhügel überwölbt, der oft noch mit Steinen umgeben wurde. Haupttypen sind die *Dolmen* (Kammern, die aus einigen Großsteinen bestanden u. mit einem oder mehreren Tragsteinen bedeckt waren) u. die *Ganggräber* (zu der Grabkammer führte ein Gang aus Steinblöcken). Während diese auf der alten Erdoberfläche errichtet wurden, waren die *Galeriegräber* (aus einem gedeckten langen Gang mit u. ohne Seiten- u. Querkammern) u. die *Steinkisten* (kistenförmige, aus Platten errichtete Grabkammern) in den Boden eingetieft.
M. kommen auch in außereurop. Gebieten, so in Afrika, Vorder- u. Ostasien, Indien u. Ozeanien in Verbindung mit hierarch. Gesellschaftsformen vor, wo sie meist im Mittelpunkt der Ahnenverehrung standen.

Megalith-Kultur, Bez. für verschiedenartige Kulturgruppen, die im Zusammenhang mit bestimmten gemeinsamen Glaubensvorstellungen u. Gesellschaftsstrukturen *Megalithbauten* errichteten (z. B. in Hinterindien, Indonesien, Melanesien u. Nordostafrika). Insbes. werden Kulturgruppen der späten Jungsteinzeit in West-, Nordwest- u. Nordeuropa so bezeichnet, für die *Megalithgräber* u. *Menhire* typisch sind. Die Megalithbauweise kam in der Jungsteinzeit vom östl. Mittelmeerraum über Nordafrika u. die Mittelmeerinseln auf die Pyrenäenhalbinsel, wo sich ein neues Zentrum mit der Entstehung verschiedener Formen von Megalithgräbern bildete. Von dort breitete sich die Sitte entlang der französ. Atlantikküste über Irland u. England nach Südskandinavien u. Nord-Dtschld. aus u. blieb in den westeurop. küstennahen Gebieten bis in die frühe Bronzezeit erhalten. Sie war bes. typisch für die *Trichterbecher-Kultur* in Nord-Dtschld., Dänemark u. Südschweden (daher die alte Bez. „nord. Megalith-Kultur“).

Megara, 1. dorische Stadt auf der Landbrücke zwischen Mittelgriechenland u. dem Peloponnes; hatte im Altertum 2 Akropolen; seine Häfen waren *Nisaia* am Saronischen u. *Pagai* am Korinth. Golf. Früh eine bedeutende Seemacht, gründete es zahlreiche Kolonien (die wichtigsten waren *Byzantion* u. *Herakleia* am Pontos). Im 6. Jh. v. Chr. durch innere Kämpfe zwischen Aristokraten u. Demokraten geschwächt, verlor es Grenzgebiete an Korinth u. die Insel *Salamis* an Athen. Zur Seeschlacht bei Salamis 480 v. Chr. stellte M. das drittstärkste Kontingent der griech. Flotte. Im 5. Jh. v. Chr. war M. vorübergehend mit Athen u. dann mit Sparta verbündet. Ein 432 v. Chr. von Athen beschlossener Handelsboykott des gesamten Seebundes gegen M. *(Megarisches Psephisma)* war einer der Anlässe zum Peloponnesischen Krieg. Nach erneutem wirtschaftl. Aufschwung im 4. Jh. v. Chr. verlor die Stadt allmählich an Bedeutung, bestand jedoch bis ins MA.
2. *M. Hyblaia*, um 728 v. Chr. von Dorern aus M. an der Ostküste Siziliens gegr. Stadt, um 482 v. Chr. von *Gelon* von Syrakus zerstört u. seine Einwohner teils versklavt, teils nach Syrakus verpflanzt.

Megasthenes, griech. Ethnograph; seit etwa 303 v. Chr. griech. Botschafter von Seleukos Nikator am Hofe des ind. Königs *Chandragupta Maurya*. M. verfaßte eine heute nur noch teilweise bekannte ausführl. Beschreibung Indiens, die neben den Berichten über Alexanders Indienzug in den Jahren 327–325

Mehmed II.

v. Chr. die wichtigste Quelle für das Wissen des frühen Abendlandes über Indien darstellte.

Megiddo, das bibl. *Armageddon*, antike Hügelfestung am Südwestrand der Jesreel-Ebene, am Schnittpunkt damals wie heute wichtiger Verkehrsverbindungen (Akko/Haifa–Nablus–Jerusalem; nördl. Sharon-Ebene–Nazareth–Tiberias); seit dem 16. Jh. v. Chr. erwähnt, mehrfach befestigt (u. a. von *Salomo*), belagert u. umkämpft (Pharao *Thutmosis III.* 1468 v. Chr.; *Deborahs* Sieg über *Sisera*; Pharao *Necho* über *Josia* 609 v. Chr.). – 1924–1939 Ausgrabungen; die Funde reichen bis ins 4. Jahrtausend v. Chr. zurück: Rundaltar aus dem 3. Jahrtausend v. Chr.; Tempel aus dem 2. Jahrtausend v. Chr.; „Pferdeställe Salomos“, die aber nach neuesten Grabungsergebnissen von *Ahab* (871–852 v. Chr.) erbaut worden sein sollen.

Mehmed, [mɛç'mɛt], *Mehemmed*, arab. *Mohammed*, Fürsten. Ägypten. **1.** *M. Ali* → Mohammed (2).
Osmanisches Reich: **2.** *M. II. Fatih* [türkisch, „der Eroberer“], türkischer Sultan 1451–1481, *30. 3. 1432 Adrianopel, †3. 5. 1481 Tekfur Cayiri bei Gebze; eroberte 1453 Konstantinopel u. das Byzantin. Reich u. erweiterte das türk. Gebiet auf dem Balkan u. auf der Krim sowie in Kleinasien; mit den italien. Handelsrepubliken unterhielt er gute Beziehungen u. förderte die Übernahme europ. Technik.
3. *M. IV.*, türk. Sultan 1648–1687, *2. 1. 1642 Istanbul, †17. 12. 1692 Adrianopel; bestieg unmündig den Thron, berief 1656 M. *Köprülü* zum Großwesir; nach den Mißerfolgen gegen Österreich (vergebl. Belagerung Wiens 1683) u. dem Fall Budapests am 8. 11. 1687 von Janitscharen abgesetzt.
4. *M. V. Reschad*, türk. Sultan 1909–1918, *3. 11. 1844 Istanbul, †2. 7. 1918 Yildiz; von den Jungtürken auf den Thron erhoben, blieb auch im 1. Weltkrieg ohne großen Einfluß.
5. *M. VI. Wahideddin*, türk. Sultan 1918–1922, *14. 1. 1861 Istanbul, †16. 5. 1926 San Remo; letzter türk. Sultan; ging im November 1922 ins Exil; 1922 von der Nationalversammlung als Sultan u. als Kalif abgesetzt.

Mehrheitssozialisten, *Mehrheits-SPD*, Abk. *MSPD*, inoffizielle Bez. für die SPD nach der Abspaltung der USPD (1917).

Mehring, Franz, Politiker, Historiker u. Publizist, *28. 2. 1846 Schlawe, Pommern, † 28. 1. 1919 Berlin; zunächst bürgerl. Demokrat, seit 1891 Sozialdemokrat; langjähriger Leitartikler der „Neuen Zeit“, 1902–1907 Chefredakteur der „Leipziger Volkszeitung“, 1906–1911 Lehrer an der Parteischule der SPD, 1917/18 Mitgl. des preuß. Abgeordnetenhauses. K. war der führende marxist. Historiker in Dtschld. vor dem 1. Weltkrieg. Während des Krieges gehörte er zu dem Kreis um R. *Luxemburg* u. K. *Liebknecht*, aus dem die Spartakusgruppe hervorging. Hptw.: „Die Lessing-Legende“ 1892; „Geschichte der deutschen Sozialdemokratie“ 4 Bde. 1897/98; „Deutsche Geschichte vom Ausgange des MA“ 2 Bde. 1910/11; „Karl Marx“ 1918. – Gesammelte Schriften, 15 Bde. 1960–1967.

Meiji-Restauration [me:dʒi-], *Meidschi-Restauration*, ein Reform- u. Modernisierungsprozeß in Japan im ausgehenden 19. Jh. Mit dem Regierungsantritt (am 3. 1. 1868) des fünfzehnjährigen Kaisers *Mutsuhito* wurde in Japan das Shogunat abgeschafft u. eine moderne Regierungsform mit dem Monarchen an der Spitze etabliert. Die eingeleiteten sozialen u. politischen Reformen, die das feudale System aufhoben u. das Land äußerlich westlichen Vorbildern anglichen, zogen sich bis zur Proklamation der Verfassung 1889 hin. Da der Regierungswechsel u. die ihm folgende Modernisierung von der traditionellen Samurai-Elite getragen wurden, dienten diese Wandlungen einer Restauration des alten Sozialgefüges u. des Führungsanspruches der Samurai mit dem Ziel, Japan vor westlicher Überfremdung zu schützen. Auch → Japan.

Meiji-Tenno [me:dʒi-], posthume Bez. für den japan. Kaiser → Mutsuhito.

Meiji-Zeit [me:dʒi-; jap., „erleuchtete Regierung“], von dem japan. Kaiser *Mutsuhito* bei seinem Regierungsantritt 1868 gewählte Bez. seiner Herrschaftszeit, die bis 1912 andauerte.

Meinecke, Friedrich, Historiker, *30. 10. 1862 Salzwedel, †6. 2. 1954 Berlin; 1901 Prof. in Straßburg, 1906 in Freiburg i. Br., 1914 bis 1928 in Berlin; 1930–1935 Vors. der Histor. Kommission beim Reichsarchiv, 1949 erster Rektor der Freien Universität Berlin, 1896–1934 Hrsg. der „Histor. Zeitschrift“; Schüler W. *Diltheys*. In konservativ-preuß. Anschauungen wurzelnd, wurde er nach 1918 zum „Vernunftrepublikaner“. Er wurde neben W. *Dilthey* u. E. *Troeltsch* der Begründer der Geistes- u. Ideengeschichte. M. versuchte, polit. Entscheidungen u. Entwicklungen aus dem Geiste der handelnden Personen zu verstehen. Der Historismus, der das genet. Denken durchsetzte u. das Individualitätsprinzip in der Geschichte erkannte, war nach seiner Überzeugung die bedeutendste geistige Leistung der Deutschen seit der Reformation. – Das Histor. Seminar der Freien Universität Berlin wurde nach ihm *Friedrich-Meinecke-Institut* benannt. – Hptw.: „Das Zeitalter der dt. Erhebung“ 1906; „Die Idee der Staatsräson in der neueren Geschichte“ 1924; „Die Entstehung des Historismus“ 1936; „Die deutsche Katastrophe“ 1948.

Meinhard, *M. VI.*, Graf von Tirol-Görz, Herzog von Kärnten, *1237, †30. 10. 1295 Grei-

Meiji-Restauration: Der Meiji-Tenno im Kreise seiner Familie

Pierre Mendès-France

fenburg; folgte seinem Vater in der Herrschaft in Görz u. Tirol (1259); erhielt 1271 bei der Teilung des Erbes mit seinem Bruder Albert Tirol. In den folgenden Jahren erweiterte er seinen Besitz durch den Erwerb von Krain u. der Windischen Mark. 1286 erhielt er das Herzogtum Kärnten zum Lehen.

Meinhof, Ulrike, Journalistin, *17. 10. 1934 Oldenburg i.O., †9. 5. 1976 Stuttgart; 1960–1964 Chefredakteurin, 1965–1969 Kolumnistin der linksgerichteten Zeitschrift „konkret“. Am 14. 5. 1970 nahm sie an der gewaltsamen Befreiung des wegen Kaufhausbrandstiftung zu drei Jahren Gefängnis verurteilten Anarchisten Andreas *Baader* teil. Anschließend ging sie in den Untergrund u. beteiligte sich an Aktionen der terrorist. Baader-Meinhof-Gruppe. Im Juni 1972 wurden M. u. die meisten anderen Mitglieder der Gruppe verhaftet. Vor Abschluß des Prozesses beging M. in der Haft Selbstmord.

Meir, Golda, ursprüngl. G. *Meyerson,* israel. Politikerin (Mapai, Arbeiterpartei), *3. 5. 1898 Kiew, †8. 12. 1978 Jerusalem; Lehrerin; seit 1906 in den USA, seit 1921 in Palästina. 1948/49 war sie Botschafterin in der UdSSR, 1949–1956 Arbeits-Min., 1956–1966 Außen-Min., 1966–1968 Generalsekretärin der Mapai, 1969–1974 Ministerpräsidentin. Innenpolit. Auseinandersetzungen über ihre Amtsführung während des Jom-Kippur-Krieges 1973 veranlaßten sie zum Rücktritt.

Meißen, Kreisstadt in Sachsen, an der Elbe, 33 100 Ew.
M. wurde 928 von König *Heinrich I.* als Zwingburg gegen die sorb. Daleminzier u. als Schutz des Elbübergangs erbaut; es war Sitz der Burggrafen. – Aus einem Teil der großen *Sorbenmark* wurde 965 nach dem Tod Markgraf *Geros* die Mark(grafschaft) M. gebildet, die sich unter Graf *Konrad I.* von Wettin (†1157) u. seinen Nachfolgern bis zur Oder, Werra u. bis zum Harz ausdehnte. 1423 wurde Markgraf *Friedrich I. (der Streitbare)* mit dem Herzogtum *Sachsen(-Wittenberg)* u. der Kurwürde belehnt. Seitdem bildete M. das Kernland des Kurfürstentums u. späteren Königreichs Sachsen. – Das Bistum M. wurde 967 von Otto I. gegr.; der Bischof war Reichsfürst. Als die Reformation sich im Bistum ausbreitete, verzichtete 1581 der letzte Bischof, *Johann IX. von Haugwitz* (seit 1555), auf sein Amt. Die Verwaltung übernahm Kursachsen.

Meissner, Otto, Verwaltungsjurist, *13. 3. 1880 Bischweiler, Elsaß, †27. 5. 1953 München; 1920–1934 Chef des Büros des Reichspräsidenten unter Ebert u. Hindenburg (seit 1923 als Staatssekretär), 1934–1945 Chef der Präsidialkanzlei unter Hitler (seit 1937 als Staats-Min.); 1945–1949 interniert, 1949 vom Nürnberger Militärgerichtshof von der Anklage wegen Kriegsverbrechen u. Verbrechen gegen den Frieden u. die Menschlichkeit freigesprochen. Erinnerungen: „Staatssekretär unter Ebert, Hindenburg, Hitler“ 1950.

Meisterlin, Sigismund, Geschichtsschreiber, *um 1434 Augsburg, †nach 1488; Mönch in St. Afra in Augsburg, dann in verschiedenen Diensten in Süd-Dtschld.; verfaßte frühhumanist. Geschichtswerke: eine Augsburger Chronik (1456) u. eine Nürnberger Chronik (1485).

Mekka, *Makkah, Mecca,* westarab. Stadt im Hedjas (Saudi-Arabien), östl. des Hafens *Djidda,* 550 000 Ew. – Das alte *Makoraba* war schon vor Mohammed als Kreuzungspunkt alter Karawanenrouten Handels- u. religiöser Mittelpunkt. Als Geburtsort Mohammeds ist es die heiligste Stadt u. der wichtigste Wallfahrtsort der Moslems sowie Keimzelle der islam. Religion. M. besitzt keinerlei Industrie u. ist reines Religions- u. Kulturzentrum mit Universität (gegr. 1949), Rechtsschule u. Bibliotheken. Mittelpunkt der Stadt u. wichtigstes Wallfahrtsziel ist die von Bazaren umgebene Große Moschee mit dem Zentralheiligtum des Islam, der Kaaba. Jährlich besuchen etwa 2 Mill. Pilger die Stadt. 1517–1916 türkisch (1813–1840 ägyptisch), seit 1924 zu Saudi-Arabien.

Melanchthon, Philipp, eigentl. P. *Schwarzerd,* Reformator, *16. 2. 1497 Bretten, Baden, †19. 4. 1560 Wittenberg; Humanist („Praeceptor Germaniae“), bedeutendster Mitarbeiter M. *Luthers*; nach Studium in Heidelberg u. Tübingen (dort 1514 Magister) 1518 Prof. für griech. Sprache in Wittenberg; schloß sich hier bald Luther an u. verfaßte 1520/21 die „Loci communes“, eine erste Zusammenfassung von Luthers Rechtfertigungslehre. M. war an mehreren Religionsgesprächen beteiligt (1519 Leipzig, 1529 Marburg, 1540 Worms, 1541 Regensburg, 1557 Worms). 1530 verfaßte vor allem er für den Reichstag zu Augsburg die „Confessio Augustana“ („Augsburger Bekenntnis“) u. deren Verteidigung, die Apologie. Seine Bereitschaft zu vermittelnden Formulierungen hat der Reformation manche Wege geebnet, doch ihm auch in Verbindung mit von Luther abweichenden Lehrmeinungen, bes. in der Abendmahlslehre, die Gegnerschaft strenger Lutheraner eingetragen.

Melikschah, *Malikschah,* seldschukischer Sultan in Iran 1072–1092, *Aug. 1055, †Nov. 1092; verteidigte den Besitzstand des Landes nach außen hin u. verschaffte der Bevölkerung in Zusammenarbeit mit seinem Min. *Nisam Al Mulk* eine von sunnitischer Orthodoxie diktierte Ruhepause.

Memelland, *Memelgebiet,* der nördl. der *Memel* liegende Teil der ehem. Provinz Ostpreußen, 2848 km².
Die Burg *Memel* wurde 1252 von Livland her durch den *Dt. Orden* angelegt; die daneben entstehende Stadt, mit niederdeutschen Kolonisten besiedelt, erhielt lübisches Recht u. wurde 1312 befestigt. Seit 1328 hatte sie eine Komturei des Dt. Ordens u. war im 16. Jh. wichtiger Handelsplatz (u. a. für Edelhölzer). Auf dem Land lebten seit dem 15. Jh. litauische, seit dem 18. Jh. dt. Siedler. Seit 1525 Teil *Preußens,* diente das M. König Friedrich Wilhelm III. u. Königin Luise 1807/08 als Zuflucht. Durch den Versailler Vertrag (1919) wurde es von Dtschld. abgetrennt u. dem Völkerbund unterstellt. 1923 von Litauen annektiert, erhielt das M. Autonomie, jedoch hatten die Litauer stets gegen den Widerstand der dt. Bevölkerung zu kämpfen. Unter dt. Druck wurde das M. (155 000 Ew.) an Dtschld. zurückgegeben. Nach dem 2. Weltkrieg kam es an die *Litauische Sowjetrepublik* (seit 1991 Litauen).

Memorial Day [mi'mɔːriəl'dɛi], *Decoration Day,* US-amerikan. Gedenktag, ursprüngl. für die im Sezessionskrieg Gefallenen, später für alle in Kriegen gefallenen Amerikaner. In der 2. Hälfte des 19. Jh. bildete sich in den meisten Unionsstaaten der 30. Mai als M. D. heraus. Seit 1968 gingen die meisten Bundesstaaten dazu über, den letzten Montag im Mai als M. D. zu feiern.

Memphis, *Menfi,* zeitweilige Hptst. des alten Ägypten, 30 km südl. von Kairo, auf dem linken Nilufer; nur noch geringe Baureste aus der Ramessidenzeit (13.–12. Jh. v. Chr.) beim Dorf *Mit-Rahine*; nahebei die Pyramidenfriedhöfe von Saqqara, Abusir u. Dahschur.

Mencken, Anastasius Ludwig, preuß. Staatsbeamter, *2. 8. 1752 Helmstedt, †5. 8. 1801 Potsdam; gelangte unter Friedrich d. Gr. u. dessen Minister Hertzberg in den diplomat. Dienst, wurde 1782 Geheimer Kabinettssekretär, 1786 Geheimer Kabinettsrat, blieb auch unter den beiden Nachfolgern Friedrichs einflußreich. M. war *Bismarcks* Großvater mütterlicherseits.

Mende, Erich, Politiker, *28. 10. 1916 Groß-Strehlitz, Oberschlesien; 1936–1945 Berufssoldat (zuletzt Major); Jurist; 1945 Mitbegründer der FDP, von 1949 bis 1980 MdB, 1957–1963 Vors. der Bundestagsfraktion, 1960–1968 Bundes-Vors. der FDP; 1963 bis 1966 Stellvertreter des Bundeskanzlers u. Bundes-Min. für gesamtdt. Fragen; 1967 bis 1972 leitend tätig in dem US-amerikan. Investmentkonzern IOS. 1970 trat M., der die Bildung der sozialliberalen Koalition ablehnte, zur CDU über.

Menderes, Adnan, türk. Politiker, *1899 Aydın, †17. 9. 1961 Yassı-Ada (hingerichtet); 1936 Abg., gründete 1945 die Demokrat. Partei, nach deren Wahlsieg 1950 Min.-Präs.; liberaler Wirtschaftspolitiker. Wegen seiner diktator. Unterdrückung der Opposition wurde er am 27. 5. 1960 durch den Staatsstreich General C. *Gürsels* gestürzt u. zum Tod durch den Strang verurteilt.

Mendès-France [mɛ̃dɛs'frãs], Pierre, französ. Politiker (Radikalsozialist, seit 1959 PSU), *11. 1. 1907 Paris, †18. 10. 1982 Paris; Anwalt, seit 1932 Abg., 1938 Unterstaatssekretär im Schatzamt; floh 1940 nach Marokko, 1942 zu de *Gaulle* in London; 1944/45 Wirtschafts-Min., 1947 ständiger Vertreter Frankreichs im Wirtschafts- u. Sozialrat der UN, 1954/55 Min.-Präs. u. Außen-Min., bis Mai 1956 Min. ohne Geschäftsbereich; vertrat Frankreich auf der Genfer Indochina-Konferenz; stimmte als Gegner de Gaulles gegen die Verfassung der V. Republik.

Mendoza [-'doθa], Antonio de, Graf von *Tendilla,* span. Kolonialpolitiker, *um 1490 Alcalá la Real, Granada, †21. 7. 1552 Lima (Peru); 1535 Vizekönig von Neuspanien (Mexiko), 1551 von Peru. Als erster Vizekönig von Neuspanien u. hervorragender Administrator setzte er dauerhafte Grundlagen für die spätere Kolonialverwaltung.

Menelik, *Menilek,* äthiop. Fürsten: **1.** *M. I.,* sagenhafter Begründer der sog. salomon. Dynastie Äthiopiens. M. gilt als Sohn König Salomos u. der Königin von Saba.
2. *M. II.,* Kaiser von Äthiopien 1889–1913, *17. 8. 1844 Ankobar, †22. 12. 1913 Addis Abeba; 1865 Ras (Herzog) von Schoa, 1889 mit italien. Hilfe Kaiser von Äthiopien; besiegte am 1. 3. 1896 die Italiener bei Adua u. erreichte die Anerkennung der Selbständigkeit Äthiopiens.

Menem, Carlos Saul, argentin. Politiker (Peronist), *2. 7. 1935 Anillaco, Prov. La Rioja; Jurist; 1973–1976 u. 1983–1989 Gouverneur der Prov. La Rioja; nach dem Militärputsch von 1976 mehrjährige Gefängnishaft; seit 1989 Staats-Präs.

Menes, *Meni,* ägypt. König um 3000 v. Chr., nach der Tradition erster Herrscher der 1. Dynastie.

Mengele, Josef, SS-Arzt, *16. 3. 1911 Günzburg, †7. 2. 1979 Bertioga, Brasilien; war als Lagerarzt im Vernichtungslager Auschwitz mitverantwortlich für den Massenmord an Juden; lebte nach 1945 in Argentinien, Paraguay u. Brasilien. Sein Tod wurde erst 1985 anhand von Indizien festgestellt.

Mengistu, Haile Mariam, äthiop. Militär, *um 1939 Soddo; Berufsoffizier (Oberstleutnant); gehörte seit 1974 der Gruppe an, die schrittweise Kaiser *Haile Selassie* entmachtete; wurde 1977 Vors. des „Provisor. Militärverwaltungsrates" (DERG), damit Staatschef u. Oberbefehlshaber. Seit 1984 war er er Generalsekretär der neugegründeten Äthiop. Arbeiterpartei, seit 1987 zugleich Staats-Präs. Nachdem 1991 der Bürgerkrieg in Äthiopien eskalierte, mußte M. seine Ämter aufgeben u. ins Ausland fliehen.

Menhir [der; kelt., „langer Stein"], aufrecht stehender einzelner Stein aus vorgeschichtl. Zeit, oft höher als 5 m; von kult. Bedeutung, selten auf oder in der Nähe von Grabstätten; hauptsächlich in Westeuropa, bes. in der Bretagne, verbreitet; vereinzelt am Oberrhein, im Elsaß, Saarland, am Mittelrhein u. in Mittel-Dtschld. Die meisten M.e stammen wahrscheinlich aus der Jungsteinzeit.

Menschenrechte, die dem Individuum zustehenden Rechte auf Schutz vor Eingriffen des Staates.

Zu den *M.n u. Grundrechten des GG* zählen: die Menschenwürde, das Recht auf Entfaltung der Persönlichkeit, Gleichheit vor dem Gesetz u. Gleichberechtigung, Religions- u. Gewissensfreiheit (mit der Folgerung des Rechts auf Kriegsdienstverweigerung in gewissensbestimmten Fällen), Meinungs-, Presse-, Informations- u. Lehrfreiheit, Versammlungs- u. Vereinigungsfreiheit, Freizügigkeit, Berufs- u. Arbeitsfreiheit, Unverletzlichkeit der Wohnung, Garantie des Eigentums u. des Erbrechts (mit Entschädigungspflicht bei Enteignungen u. bei Überführung in Gemeineigentum), Asyl- u. Petitionsrecht. Fast alle modernen Verfassungen enthalten ähnl. Gewährleistungen der M.

Die M. sind ein Ergebnis des Humanismus u. der Naturrechtslehre, ferner der Freiheitsgarantien des frühen engl. Rechts *(Magna Charta Libertatum* 1215; *Habeas-Corpus-Act* 1679; *Bill of Rights* 1689). Ihre erste verfassungsrechtl. Formulierung fanden sie in der *Virginia Bill of Rights* von 1776 sowie im *Bill of Rights-Amendment* zur US-amerikan. Verfassung von 1776. Entscheidende Bedeutung gewann die *Déclaration des droits de l'homme et du citoyen* von 1789, deren Weitergeltung in den Präambeln späterer französ. Verfassungen (z. B. 1946, 1958) bestätigt wurde. Nach diesem Modell wurden Grundrechte in die Verfassungen der dt. Staaten aufgenommen (Nassau, Bayern u. Baden 1814, Kurhessen u. Kursachsen 1831, Preußen 1850). Während die Verfassungen des Norddt. Bundes (1866) u. des Dt. Reichs (1871) kaum Grundrechtsgewährungen enthielten, wurde in der Weimarer Reichsverfassung von 1919 ein eigener Grundrechtsteil geschaffen (II. Teil der Verfassung: Grundrechte u. Grundpflichten der Deutschen). Das Grundgesetz der BR Dtschld. beginnt mit dem Abschnitt „Die Grundrechte" (Art. 1–19).

Menelik II. von Äthiopien. Letzte Aufnahme vor seinem Tod, 1913

Mentu-hotep II.: Sitzbild Kairo, Ägyptisches Museum

Menschewiki [russ., „Minderheitler"], *Men'ševiki*, die gemäßigte Richtung der russ. Sozialdemokratie, die auf dem 2. Parteitag 1903 gegenüber den radikalen Bolschewiki in der Minderheit blieb u. sich später zu einer selbständigen Partei entwickelte. Die M. spielten in den Arbeiterräten *(Sowjets)* von 1905 u. 1917 eine wichtige Rolle. Nach der Oktoberrevolution wurden sie von den Bolschewiki verfolgt.

Menschikow, [-kɔf], *Menšikov*, **1.** Alexander Danilowitsch Fürst (seit 1707), russ. Politiker u. Heerführer, *16. 11. 1672 Wladimir, †2. 11. 1729 Berjosow, Sibirien; Jugendgefährte u. engster Mitarbeiter *Peters d. Gr.* Er zeichnete sich im Nord. Krieg aus, wurde 1703 Gouverneur von Ingermanland u. 1718 Präs. des Kriegskollegiums. Nach Peters d. Gr. Tod führte er als Vormund Zar *Peters II.*, mit dem er seine Tochter verlobte, die Regierungsgeschäfte. 1727 wurde er gestürzt u. nach Sibirien verbannt.

2. Alexander Sergejewitsch Fürst, Enkel von 1), russ. Politiker u. militär. Führer, *26. 8. 1787 St. Petersburg, †30. 4. 1869 St. Petersburg; nach großen diplomat. Missionen 1827 Marineminister. Im Krimkrieg spielte M. als Sonderbotschafter des Zaren in Istanbul (1853) u. als russ. Oberbefehlshaber auf der Krim eine wichtige Rolle.

Mentu-hotep, *Mente-hotep*, mehrere ägypt. Könige der 11. (theban.) Dynastie. Der bekannteste war *M. II.*, der Gründer des Mittleren Reichs, etwa 2060–2010 v. Chr.; König von Oberägypten mit der Hptst. Theben, nach dem Sieg über die Dynastie von Herakleopolis (9./10. Dynastie) König von ganz Ägypten.

Menzies ['mɛnziz], Sir Robert Gordon, austral. Politiker, *20. 12. 1894 Jeparit, Victoria, †15. 5. 1978 Sydney; Anwalt, Mitgl. u. seit 1939 Führer der 1932 gegr. Vereinigten Australien-Partei (seit 1949 Liberale Partei), seit 1934 Minister, 1939–1941 u. 1949–1966 Premier-Min.; förderte die engl. Bindung Australiens an die USA (ANZUS-Pakt).

Merchant Adventurers ['məːtʃənt əd'vɛntʃərəz; engl., „risikobereite Kaufleute"], 1407 mit einem Freibrief versehene engl. Kaufmannsgilde, die vornehmlich mit Norddeutschland u. den Niederlanden Handel mit Wolltuchen trieb, verlor nach 1564 gegenüber den neuen „Chartered Companies" an Bedeutung; ihr Freibrief wurde 1689 annulliert.

Mercia, angelsächs. Königreich zwischen Trent u. Themse, um 500 entstanden; hatte von der Mitte des 7. Jh. bis zum Anfang des 9. Jh. im S Englands eine hegemoniale Stellung inne; 918 von Wessex erobert.

Merenptah, *Merneptah, Meneftah*, ägypt. König etwa 1234–um 1220 v. Chr.; Sohn *Ramses' II.*, unterstützte mit umfangreichen Getreidelieferungen das Hethiterreich während einer Hungersnot, unternahm Feldzüge gegen syrische Städte. Im Siegesbericht darüber wird erstmals der Name Israel erwähnt.

Meresanch, Name dreier altägypt. Königinnen der 4. Dynastie (etwa 2600–2450 v. Chr.).

Meriniden, *Banu Marin*, Herrscherdynastie Marokkos, 1269–1420; verdrängte die *Almohaden* aus Marokko.

Merkantilismus [lat.], *Merkantilsystem*, die Wirtschaftspolitik des Staates im *Absolutismus* vom 16. bis 18. Jh.; in Dtschld. verknüpft mit dem Kameralismus. Der M. löste die Zunft- u. Stadtwirtschaft ab u. schuf die Volkswirtschaft des Territorialstaats. Die Ausweitung der Geldwirtschaft, die Überwindung des Feudalismus u. die Einrichtung von Söldnerheeren u. Berufsbeamtentum gaben der geldwirtschaftl. Kraft eines Landes größte polit. Bedeutung; die Beschaffung des Geldes für die Staatskasse zur Stärkung der Staatsmacht war oberstes Ziel der Wirtschaftspolitik. Die *aktive Handelsbilanz* (größere Ausfuhr als Einfuhr) wurde gefördert, um die Geldmenge im Inland zu vergrößern; das Ausfuhrgewerbe (Manufakturen) wurde begünstigt (Privilegien, Monopole), während die Einfuhr von Fertigwaren u. die Ausfuhr von Rohstoffen möglichst gehemmt wurden; Kolonien u. Handelskompanien wurden gegründet. In der *Bevölkerungspolitik* wurde eine Erhöhung der Bevölkerungszahl angestrebt (großzügige Einwanderungspolitik). Vertreter des M. *(Merkantilisten)* waren die meisten Herrscher u. Staatsmänner dieser Zeit, z. B. *Karl V.*, *Elisabeth I.* von England, O. *Cromwell*, J. B. *Colbert*, *Friedrich II.*, *Joseph II.*

Meroë, Ruinenstätte im nördl. Sudan, zwischen dem 5. u. 6. Nilkatarakt; um 300 v. Chr. bis 300 n. Chr. Hptst. des Reichs *Kusch*; im Altertum Eisengewinnung. – Ausgrabungen 1900–1913 erbrachten Reste von Königspalästen, einen Tempel des Amun, röm. Bäder u. Gräberfelder. Weiter östl. liegen die Pyramiden von M., in denen die kuschit. (äthiop.) Könige bestattet wurden.

Merowinger, fränk. Königsgeschlecht, vermutlich nach einem *Mero* (zeitlich noch vor *Merowech*) benannt. Die M. gründeten im 5. Jh. das → Frankenreich. Der bedeutendste M.herrscher war der Reichsgründer *Chlodwig I.* Nach seinem Tod (511) kam es zu einer ersten Reichsteilung. Chlodwigs Sohn *Chlothar I.* konnte das Reich noch einmal in seinen Händen vereinigen; dann folgten ständig weitere Teilungen u. Bruderkämpfe, die zum Niedergang der Dynastie führten. Der letzte selbständige M.könig war *Dagobert I.* († 639). Seine Nachfolger waren völlig von den Hausmeiern aus dem Geschlecht der *Karolinger* abhängig, die schließlich 751 die M. entthronten. B S. 524.

Merseburg/Saale, Kreisstadt in Sachsen-Anhalt, 41 500 Ew.

Die seit dem 9. Jh. bezeugte Burg wurde unter Heinrich I. u. Otto I. zur Pfalz ausgebaut; sie war bis zum 13. Jh. Ort zahlreicher Reichstage. Aus der dazugehörigen Marktsiedlung (seit dem 10. Jh.) entwickelte sich die Stadt M. Das Bistum M. wurde 968 gegründet. 1561 fiel M. an Kursachsen; 1656–1738 war es Residenz des Herzogtums Sachsen-M.; 1815 kam es zu Preußen (Hptst. des Reg.-Bez. M.).

Merw, Ruinenstadt nordöstl. der turkmen. Stadt Mary, Ruinen (seit dem 5. Jh. v. Chr.) der im frühen MA blühenden Handelsstadt *Merw-i Schahidschan*; im 3. Jh. zum Reich der Sassaniden gehörig, seit dem 7. Jh. islamisch, im 11. Jh. von den Seldschuken erobert, 1221 von den Mongolen zerstört, im 16.–18. Jh. persisch, seit 1884 russisch.

Mesoamerika, von dem dt. Archäologen Paul *Kirchhoff* entwickelter kulturgeograph. Begriff. M. umfaßt im Gegensatz zum geographischen Begriff Mittelamerika die heutigen Länder Mexiko (ohne die nördlichen, an die USA grenzenden Bundesstaaten), Guatemala, Belize, El Salvador u. Westhonduras, das ist in vorspan. Zeit das Gebiet der mexikan. Hochkulturen u. der Maya-Kultur; diese weisen trotz individueller Ausprägung eine einheitliche kulturelle Basis auf u. haben sich im Laufe ihrer Geschichte zwischen 1500 v. Chr.–1521 n. Chr. nachhaltig gegenseitig beeinflußt.

Mesolithikum [das; grch.] → Mittelsteinzeit.

Mesopotamien [grch., „Zwischenstromland"], die vom Armen. Hochland bis zum Pers. Golf sich erstreckende Landschaft zwischen Euphrat u. Tigris, rd. 350 000 km². Der Hauptteil gehört heute zum Irak, der N u. NW zur Türkei u. zu Syrien.

M. war kulturell nie eine Einheit, sondern stets bevorzugtes Siedlungsgebiet neu zuströmender Bevölkerungsgruppen. In der Jungsteinzeit wurde M. von einer Ackerbau treibenden Bevölkerung besiedelt (5700 bis 5050 v. Chr.). Um 4500 v. Chr. befand sich um *Tell Halaf* ein Zentrum der neolith. Bauernkultur mit Buntkeramik. Die frühe Hochkultur im 4. Jahrtausend v. Chr. wird mit der Einwanderung der Sumerer in Verbindung gebracht *(Ur, Uruk)*. Im 3. u. 2. Jahrtausend v. Chr. deckte sich die Geschichte des südl. u. nordöstl. Teils von M. weitgehend mit der von Babylonien u. Assyrien. Den nordwestl. Teil von M. besetzten um 2000 v. Chr. die aus Armenien eingewanderten *Hurriter*; 1450–1350 v. Chr. war es der Mittelpunkt des Reichs der *Mitanni*. Nach dem Untergang des Assyrerreichs fiel es 539 v. Chr. an die Perser, darauf an die Griechen, schließlich an die Parther. In den ersten Jahrhunderten n. Chr. stand es zeitweise unter röm. Herrschaft; im 7. Jh. wurde es endgültig von den Arabern erobert.

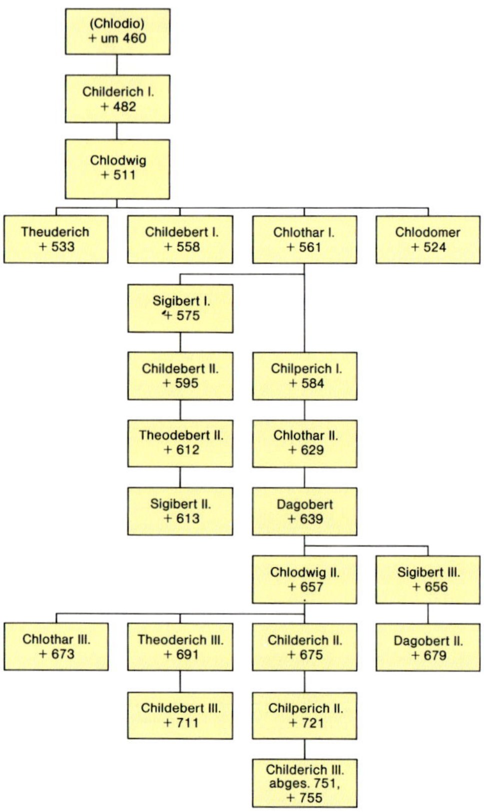

Stammbaum der Merowinger

Messalina, Valeria, *25 n. Chr., †48 n. Chr.; 3. Frau des röm. Kaisers *Claudius* (41–54), Mutter des *Britannicus* u. der *Octavia*; wegen ihrer Sittenlosigkeit berüchtigt; auf Befehl des Claudius wegen Beteiligung an einer Verschwörung getötet.

Messalla, *Marcus Valerius M. Corvinus*, röm. Politiker, *64 v. Chr., †um 12 n. Chr.; nach Cäsars Ermordung zunächst auf seiten der Republikaner, nach der Schlacht von Philippi 42 v. Chr. bei *Marcus Antonius*; seit 40 v. Chr. Gefolgsmann *Octavians* u. von diesem zeit seines Lebens bes. geehrt. Wie *Maecenas* förderte er Dichter u. Dichterinnen, die er in einem Kreis um sich sammelte *(Tibull, Sulpicia, Ovid)*.

Messenien, grch. *Messenia*, griech. Landschaft u. Verw.-Bez. im südwestl. Peloponnes.

In mykenischer Zeit dicht besiedelt (Palast zu Ano Englianos nördl. von *Pylos*); nach der Ägäischen Wanderung von einem in histor. Zeit dorisch sprechenden Stamm bevölkert, der im zwanzigjährigen *1. Messenischen Krieg* Ende des 8. Jh. v. Chr. von den Spartanern unterworfen u. nach dem *2. Messenischen Krieg* in der 2. Hälfte des 7. Jh. v. Chr. zu *Heloten* geknechtet wurde. Die Bewohner der Westküste wanderten nach Süditalien aus. Aufstände um 500 u. 464 v. Chr. wurden von Sparta nach langen Kämpfen unterdrückt. 369 v. Chr. gab *Epaminondas* den Messeniern die Selbständigkeit zurück u. gründete die stark befestigte Hauptstadt *Messene* unterhalb des Berges *Ithome*. Die Feindschaft zu Sparta, das den neuen Staat nicht anerkannte, dauerte das 4. Jh. v. Chr. an. Im 3. Jh. v. Chr. gehörte M. zuerst zum Aitolischen u. dann zum Achäischen Bund. Reste von Messene sind erhalten.

Messidor [mɛsi'dɔr; der; frz.], ein Monat im französ. Revolutionskalender.

Metaxas, Ioannis, griech. Offizier u. Politiker, *24. 4. 1871 Ithaka, †29. 1. 1941 Athen; 1915 Generalstabschef, als Gegner von E. *Venizelos* 1917–1920 im Exil, leitete 1923 eine erfolglose royalist. Gegenrevolution; 1926 Verkehrs-Min., 1932 Innen-Min., 1936 Kriegs-Min., 1936–1941 Min.-Präs. einer autoritären Regierung, baute das Heer neu auf u. errichtete Verteidigungsanlagen *(M.linie)*; leitete erfolgreich Widerstand gegen den italien. Angriff im Okt. 1940.

Metellus, Name von Angehörigen des röm. plebejischen Geschlechts *Caecilius*, das im 2. u. 1. Jh. v. Chr. zu den bedeutendsten Familien der röm. Republik gehörte. Bekannt wurden *Caecilia Metella* durch ihr Grabmal, Quintus *Caecilius M. Macedonicus*, der 148–146 v. Chr. Makedonien endgültig unterwarf, um 143 v. Chr. Konsul, 131 v. Chr. Zensor war, Quintus *Caecilius M. Numidicus*, Konsul 109 u. bis 107 v. Chr. röm. Befehlshaber gegen Jugurtha, u. Quintus *Caecilius M. Pius Scipio*, Gegner *Cäsars*; er floh nach der Niederlage von Pharsalos 48 v. Chr. nach Afrika, wo ihn Cäsar bei Thapsus vernichtend schlug (46 v. Chr.), u. beging auf der Flucht Selbstmord.

Klemens Wenzel Lothar Fürst von Metternich. Miniatur nach J. B. Isabey; 1812

Methuen-Vertrag ['mɛθjuin-], am 27. 12. 1703 abgeschlossener Vertrag zwischen England u. Portugal, in dem sich Portugal verpflichtete, seinen Markt dem Import engl. Wolle zu öffnen, u. England zusagte, den Import portugies. Weins zuungunsten der französ. Weine zu fördern. Der Vertrag war gegen die französ. Wirtschaft gerichtet, hatte aber andererseits die Zerstörung der portugies. Wollindustrie zur Folge. Der Vertrag ist nach dem diplomat. Vertreter Englands in Portugal, John *Methuen*, benannt; er galt bis 1836.

Metöken [grch.], im alten Athen ständig wohnende Fremde unter Staatsschutz u. mit gewissen Vorrechten, ohne Bürgerrecht, aber steuer- u. wehrpflichtig. Sie bildeten etwa ein Drittel der Bürgerschaft. In ihren Händen lag ein großer Teil des Handels, Gewerbes u. der freien Berufe, u. viele brachten es zu Wohlstand u. Ansehen (z. B. *Isaios, Lysias*).

Metropolis [die; grch., „Mutterstadt"], eine Stadt im antiken Griechenland, die Kolonisten in einem anderen Land ansiedelte, wo diese neue u. von der M. unabhängige polit. Einheiten bildeten.

Metternich, Klemens Wenzel Lothar Fürst von, österr. Staatskanzler, *15. 5. 1773 Koblenz, †11. 6. 1859 Wien; 1795 in 1. Ehe mit einer Enkelin des Staatskanzlers W. A. von Kaunitz verheiratet; 1801–1806 Gesandter in Dresden u. Berlin, 1806 Botschafter in Paris; 1809 Außen-Min., 1810–1848 Staatskanzler. Gegenüber Napoleon I. verhielt sich M. taktisch vorsichtig; er schloß sich erst nach Ablehnung seiner Vermittlung der Allianz von Preußen, Rußland u. England an. Er eröffnete u. leitete den *Wiener Kongreß* 1814/15, löste die poln. u. sächs. Frage, war bestrebt, Frankreich in seinen alten Grenzen zu erhalten, u. regelte die dt. Verhältnisse durch Schaffung des *Dt. Bunds* mit Österreich als Vormacht. In der Folgezeit wurde er der Hauptträger der *Restauration* : Auf den Kongressen zu Aachen (1818), Troppau (1820), Laibach (1821) u. Verona (1822) trat er für die Erhaltung des Legitimitätsprinzips u. den Kampf gegen liberale u. national-revolutionäre Bestrebungen ein. Außenpolitisch erstrebte er das Gleichgewicht zwischen den europ. Mächten, um die Vormachtstellung eines einzelnen Landes zu unterbinden. Doch konnte dieses *Metternichsche System*, innenpolitisch hauptsächlich auf Polizeigewalt gestützt, dem Drängen der liberalen Kräfte auf die Dauer nicht widerstehen. 1830 erlitt es seine erste schwere Erschütterung, der Revolution von 1848 konnte es nicht mehr standhalten; M. mußte seine Entlassung nehmen (13. 3.). Nach einem Aufenthalt in England u. Belgien kehrte er 1851 nach Wien zurück, ohne nochmals nachhaltigen polit. Einfluß zu erlangen.

Metz, alte Stadt u. Festung in Lothringen, Verw.-Sitz des französ. Dép. Moselle, 124000 Ew. – Kelt. Gründung, dann röm. Militärstation *(Divodurum)*, seit dem 6. Jh. Bistum, 511 Hptst. des fränk. *Austrien*, 870 zum Ostfränk. Reich; zu Anfang des 13. Jh. freie Reichsstadt, 1552 im Einvernehmen mit den prot. Reichsfürsten gemeinsam mit Toul u. Verdun von Frankreich besetzt, im Dt.-Französ. Krieg 1870 sehr umkämpft, 1871 zum Dt. Reich u. Hptst. des Bez. Lothringen; seit 1919 wieder französisch.

Mexica, eine der sieben aztek. Stammesgruppen, die der Überlieferung nach aus ihrer Urheimat *Chicomoztoc* im Nordwesten Mexikos auswanderten, um 1200 n. Chr. das zentrale Hochland von Mexiko zu besiedeln; der Stadtname Mexico bedeutet im Aztekischen „Ort der M."

Mexico ['mɛxiko], *Ciudad de México*, Hptst. der Rep. Mexiko, im südl. Hochland von Mexiko, 2277 m ü. M., 9,4 Mill. Ew.

Die Azteken prägten in präkolumbischer Zeit die Geschichte der Region um M. 1325 legten sie auf einer Insel im Texoco-See ihre Hauptstadt *Tenochtitlán* an, die ein dichtes Kanalnetz durchzog u. durch 3 Dämme mit dem Festland verbunden war. Im Stadtzentrum erhob sich die mächtige Hauptpyramide. 1521 eroberten u. zerstörten die Spanier unter H. *Cortés* die Stadt. Bereits 1522 begannen die Spanier auf den Trümmern mit dem Bau einer neuen Stadt, die sie *Mejico* nannten. Sie wuchs rasch; bereits 1537 lebten dort wieder 100000 Indianer u. 2000 Spanier. M. war Sitz des Vizekönigs von Neuspanien u. Mittelpunkt des span. Kolonialreichs in Nord- u. Mittelamerika. Erst 1821 gelang es mexikan. Freiheitskämpfern im Unabhängigkeitskrieg (1810–1821), den Spaniern M. zu entreißen. Während der Diktatur von Porfirio *Díaz* (1876–1911) u. der anschließenden Revolutionsära erfolgte eine umfassende Modernisierung des Stadtbilds von M., insbes. unter französ. Stileinfluß. Die Industrialisierung M.s nach dem 2. Weltkrieg führte zu massivem Bevölkerungswachstum. 1968 war M. Schauplatz der Olymp. Sommerspiele. 1985 wurde es von einem schweren Erdbeben heimgesucht.

Mexiko MEX

Vereinigte Mexikanische Staaten

Fläche: 1958201 km². – *Einwohner:* 91,8 Mill. – *Hauptstadt:* Mexico. – *Landessprache:* Spanisch. – *Nationalfeiertag:* 16. 9. – *Währung:* 1 Mexikanischer Peso = 100 Centavos. – *Lage:* zwischen 14°33′ und 32°43′ n. Br. sowie 86°46′ und 117°08′ w. L. – *Zeitzone:* Mitteleuropäische Zeit – 7 Std. – *Grenzen:* im N Vereinigte Staaten von Amerika, im O Golf von Mexiko und Karibisches Meer, im S Belize und Guatemala, im W Pazifischer Ozean. – *Staatsform:* bundesstaatliche präsidiale Republik.

1519–1521 eroberte H. *Cortés* das Land, in dem die *Azteken* seit dem 14. Jh. auf der Grundlage reicher älterer Kulturen (→ mittelamerikanische Kulturen) einen mächtigen u. blühenden Staatenbund geschaffen hatten, für Spanien. 1535 wurde M. das span. Vizekönigreich *Neuspanien* u. erlangte durch seinen Silberreichtum große Bedeutung für das Mutterland. Die ersten Freiheitskämpfe unter den Priestern M. *Hidalgo* (1810/11) u. J. M. *Morelos y Pavón* (1815) blieben erfolglos; erst 1821 gelang es, die Spanier zu besiegen, u. M. wurde unter A. de *Iturbide* (als Kaiser *Augustin I.*) unabhängiges Kaiserreich. Innere Zwistigkeiten führten zum Rücktritt des Kaisers (1823) u. zur Proklamation der Republik (1824). Aber die Rivalitätskämpfe der mexikan. Generäle führten zu dauernden Unruhen u. schwächten das Land erheblich. Mit US-amerikan. Hilfe löste sich 1836 Texas von M., u. im Krieg gegen die USA (1846–1848) verlor M. seine gesamten Nordprovinzen, d. h. ca. ⅖ seines Staatsgebiets, an die USA.

Die Reformen des Präsidenten B. *Juárez García* (liberale Verfassung von 1857) riefen den Widerstand der Kirche hervor u. führten zu einem schweren Bürgerkrieg (1858–1861), der das Land wirtschaftlich ruinierte. M. stellte die Bezahlung der Auslandsschulden ein, was Frankreich zur Intervention veranlaßte. Auf Betreiben Napoleons III. wurde 1864 der österr. Erzherzog *Maximilian* Kaiser von M.; er unterlag aber nach Abzug der französ. Truppen gegen den früheren Präsidenten Juárez u. wurde 1867 erschossen. 1877–1911 (mit Unterbrechung) war Porfirio *Díaz* Präs. M.s; er baute ein stehendes Heer auf, stellte die Ordnung her u. erreichte einen beträchtlichen Wirtschaftsaufschwung. Sein Sturz (1911) leitete die Epoche der mexikanischen Revolution (1911–1920) ein, in deren Verlauf mehrere politische Gruppierungen, u. a. auch solche mit sozialreformerischer Zielsetzung (E. *Zapata*, V. *Carranza*), um die Macht kämpften.

Die sozialist. Richtung setzte sich durch (Industrieverstaatlichung, Bodenreform, Bekämpfung der Kirche; Verfassung von 1917) u. organisierte sich schließlich in der „Nationalen Revolutionären Partei" (*Partido Nacional Revolucionario*, PNR). Dieser Prozeß führte zur Stärkung der Zentralmacht gegenüber den verschiedenen lokalen Revolutionsgruppen sowie zur Etablierung einer konservativen Elite aus Beamten, Militärs u. Großgrundbesitzern. Der PNR entwickelte sich in der Folgezeit zur alles beherrschenden Massenpartei. Unter der Präsidentschaft L. *Cárdenas* erfolgte 1938 die Nationalisierung der US-amerikan., brit. u. niederländ. Erdölgesellschaften. 1942 trat M. auf seiten der Alliierten in den 2. Weltkrieg ein. 1946 wurde der PNR in „Institutionelle Revolutionspartei" (*Partido Revolucionario Institucional*, PRI) umbenannt. Unter den Präsidenten A. *López Mateos* (1958–1964) u. G. *Diaz Ordaz* (1964–1970) wurden die Landreform erfolgreich weitergeführt, die Industrialisierung beschleunigt, das Straßennetz ausgebaut u. die sozialen Einrichtungen verbessert.

1968 kam es zu schweren, gegen das Regime gerichteten (Studenten-)Unruhen, die mit Waffengewalt unterdrückt wurden, um die Durchführung der Olympischen Sommerspiele 1968 in der Hauptstadt Mexico nicht zu gefährden. Der 1969 gewählte Präs. L. *Echeverría Alvarez* (bis 1976) stand einer liberalen Regierung vor; es gelang ihm, der Jugendrevolte Herr zu werden. Dabei blieben, wie auch bei seinem Nachfolger, dem konservativen J. *López Portillo y Pacheco*, die Probleme des Bevölkerungszuwachses, der Arbeitslosigkeit, des Währungsverfalls sowie der enormen Auslandsverschuldung ungelöst. Zur Parlamentswahl 1979 wurden erstmals oppositionelle Linksparteien zugelassen.

1982–1988 war der Wirtschaftsfachmann M. de la *Madrid Hurtado* Staats-Präs. Er versuchte, durch eine dezidierte Sparpolitik eine ökonom. Stabilisierung zu erreichen. Sein Nachfolger C. *Salinas de Gortari* setzte diesen Kurs fort. Unter seiner Führung wurde das Nordamerikan. Freihandelsabkommen (*NAFTA*) mit Kanada u. den USA geschlossen. Trotz dieser wirtschaftl. Erfolge blieben die großen sozialen Gegensätze im Lande bestehen. 1994 schlug das Militär im Bundesstaat Chiapas einen Indioaufstand nieder. Im gleichen Jahr fiel L. D. *Colosio*, der Präsidentschaftskandidat des PRI, einem Attentat zum Opfer. E. *Zedillo*, der neue Kandidat des PRI, wurde im Aug. 1994 ins Präsidentenamt gewählt.

Meyer, Eduard, Althistoriker, *25. 1. 1855 Hamburg, †31. 8. 1930 Berlin; Prof. in Leipzig, Breslau, Halle u. Berlin (1902–1923); stellte die grundlegende Chronologie der ägypt. Geschichte auf u. gilt als Meister der Quellenforschung; schrieb im universalhistor. Geist eine umfassende, bis 350 v. Chr. reichende „Geschichte des Altertums" 5 Bde. 1884 bis 1902; „Ägypt. Chronologie" 1904; „Ursprung u. Anfänge des Christentums" 1921–1923, Nachdr. 1962; „Caesars Monarchie u. das Prinzipat des Pompejus" 1918, Nachdr. 1962.

Meyers, Franz, Politiker (CDU), *31. 7. 1908 Mönchengladbach; Rechtsanwalt; 1950 bis 1970 Mitglied des Landtags, 1952–1956 Innen-Min., 1958–1966 Min.-Präs. von Nordrhein-Westfalen; 1957/58 MdB. Erinnerungen: „gez. Dr. Meyers" 1982.

Miaja Menant [mi'axa-], José, span. General, *20. 4. 1878 Oviedo, †13. 1. 1958 Mexico; seit 1937 Oberbefehlshaber der republikan. Armee im Span. Bürgerkrieg, organisierte die Verteidigung Madrids gegen Franco; war seit 1939 im Exil in Mexiko.

Michael, Fürsten. Byzanz: **1.** *M. VIII. Palaiologos*, Kaiser 1258–1282, *1224, †11. 12. 1282 Pacormio bei Selymbria, Thrakien; Heerführer der Laskariden-Dynastie, riß nach dem Tod Kaiser Theodoros' II. die Regentschaft an sich u. verdrängte, in Nikaia zum Mitkaiser erhoben, den jungen Kaiser Johannes IV. Laskaris. Mit Hilfe der Genuesen eroberte M. 1261 Konstantinopel zurück, womit das Lateinische Kaiserreich sein Ende fand. Auf dem Konzil zu Lyon (1274) versuchte er eine Union mit der röm. Kirche herzustellen.

Polen: **2.** *M. Korybut Wiśniowiecki*, König 1669–1673, *31. 7. 1640, †10. 11. 1673 Lemberg; als Kandidat der pro-habsburg. Adelspartei gewählt, außen- u. innenpolit. ohnmächtig.

Rumänien: **3.** *Mihai Viteazul*, „der Tapfere", 1593–1601 Fürst der Walachei, Siebenbürgens (1599–1600) u. der Moldau (1600), *1558, †19. 8. 1601 Thorenburg, Torda (ermordet); schlug die Türken 1595, vereinigte vorübergehend alle von Rumänen bewohnten Gebiete; von der rumän. Geschichtslegende als Vorkämpfer des modernen „Großrumänien" bezeichnet.

4. *M. I.*, König 1927–1930 u. 1940–1947, *25. 10. 1921 Sinaia; regierte das erste Mal unter Vormundschaft, kam nach der Abdankung seines Vaters Carol II. erneut auf den Thron; stürzte am 23. 8. 1944 den „Staatsführer" I. Antonescu u. schloß sich den Alliierten an; wurde 1947 von den Kommunisten zur Abdankung gezwungen u. ging ins Exil.

Rußland: **5.** *Michail Fjodorowitsch*, Zar 1613–1645, Gründer der Dynastie *Romanow*, *22. 7. 1596, †23. 7. 1645 Moskau; nach Vertreibung der Polen gewählt, beendete die Anarchie im Innern. Die ersten Jahre der Regierung bestimmte stark sein Vater, der Patriarch *Filaret* (†1633). M. schloß 1617 mit Schweden u. 1634 mit Polen Frieden.

Serbien: **6.** *M. (Mihailo) Obrenović*, Fürst 1839–1842 u. 1860–1868, *16. 9. 1823 Kragujevac, † 10. 6. 1868 Topčider bei Belgrad (ermordet); 1842 vertrieben; einer der fähigsten serb. Herrscher, führte seit 1860 zahlreiche Reformen durch, erreichte bis 1867 den Abzug der türk. Besatzungen; strebte eine Offensivallianz aller Balkanvölker zur Befreiung von der Türkenherrschaft an.

Michaelis, Georg, Politiker, * 8. 9. 1857 Haynau, † 24. 7. 1936 Bad Saarow; Jurist; 1909 bis 1915 Unterstaatssekretär im preuß. Finanzministerium, 1915–1917 Leiter der Reichsgetreidestelle, dann Staatskommissar für Volksernährung, Juli–Okt. 1917 Reichskanzler u. preuß. Min.-Präs. Der als Politiker unerfahrene Beamte unterlief die Juliresolution des Reichstages durch eine einschränkende Interpretation („wie ich sie auffasse") u. gewann gegenüber der Obersten Heeresleitung keine selbständige Stellung, so daß eine Formulierung konkreter dt. Friedensziele nicht zustande kam. 1918/19 war M. Oberpräsident von Pommern. Erinnerungen: „Für Staat u. Volk" 1922.

Michelet [mi'ʃlɛ], Jules, französ. Historiker, * 21. 8. 1798 Paris, † 9. 2. 1874 Hyères; Prof. am Collège de France, wegen seiner Angriffe gegen die Jesuiten entlassen, lebte als Privatgelehrter. M. war in seiner Geschichtsschreibung stark von der Romantik beeinflußt, in seinen Urteilen oft subjektiv, dabei sehr patriotisch u. demokratisch, antiklerikal engagiert. Hptw.: „Histoire de France" 17 Bde. 1833–1867 u. „Histoire de la Révolution française" 7 Bde. 1847–1853. Die Revolutionsgeschichte, die er mit poetisierender Gestaltungskraft als nationales Epos schilderte, war von großer Wirkung. „Histoire du XIXe siècle" 3 Bde. 1872–1875 (unvollendet). – Œuvres complètes, 47 Bde. [2]1897–1903.

Michelsberger Kultur [nach dem Fundort Michelsberg bei Bruchsal, Baden], jungsteinzeitl. Kultur, bes. im Rheintal u. in Süd-Dtschld., aber auch in West- u. Südwest-Dtschld., der Schweiz, Ostfrankreich, Ostthüringen, im mittleren Saalegebiet, in Böhmen u. Österreich verbreitet. Charakteristisch sind der sog. Tulpenbecher, runde Tonscheiben (u. a. als Gefäßdeckel oder Backteller gedeutet) u. amphorenartige Gefäße, oft mit Ösenkranz zum Aufhängen u. Tragen.

Micoquien [mikɔki'ɛ̃; das], altsteinzeitl. Formengruppe in West- u. Mitteleuropa, benannt nach der Fundstelle La Micoque im französ. Dép. Dordogne; typisch sind kleine, lanzenspitzenförmige Faustkeile; ähnl. Funde im Vorderen Orient u. im nördl. Afrika.

Midas, phrygischer König, um 710 v. Chr.; genoß wegen seiner Macht u. seines Reichtums bei den Griechen hohes Ansehen; er soll seinen Königsthron im Heiligtum des Apollon von Delphi geweiht haben. Nach der Sage erbat er von Dionysos, daß sich alles, was er berührte, in Gold verwandelte, so daß er hätte Hungers sterben müssen, wenn er nicht durch ein Bad in dem (seither goldhaltigen) Fluß Paktolos gerettet worden wäre.

Mielke, Erich, Politiker (SED), * 28. 12. 1907 Berlin; Expedient; seit 1925 Mitgl. der KPD, 1931 des Mordes an zwei Polizeioffizieren in Berlin beschuldigt, Flucht ins Ausland; seit 1945 führend am Aufbau der polit. Polizei in der SBZ bzw. DDR beteiligt, 1946 Vizepräsident der Zentralverwaltung für Inneres; 1950–1957 Staatssekretär bzw. stellvertr. Staatssekretär, seit 1957 Minister für Staatssicherheit der DDR; seit 1950 Mitgl. des ZK, 1971–1976 Kandidat, seit 1976 Mitgl. des Politbüros der SED; 1980 Armeegeneral; verlor nach dem Umsturz 1989 alle Ämter u. wurde aus der Partei ausgeschlossen. Gegen M. wurde ein Ermittlungsverfahren eingeleitet u. 1991 wegen verschiedener Delikte (u. a. Morde von 1931, Untreue) Anklage erhoben. Wegen der Polizistenmorde wurde er 1993 zu einer sechsjährigen Freiheitsstrafe verurteilt. 1995 wurde M. vorzeitig aus der Haft entlassen.

Mierendorff, Carlo, Politiker (SPD) u. Widerstandskämpfer, * 24. 3. 1897 Großenhain, Sachsen, † 4. 12. 1943 Leipzig (Bombenangriff); Journalist; 1926–1928 im Sekretariat der Reichstagsfraktion der SPD, 1929/30 Pressereferent im hessischen Ministerium des Innern, 1930–1933 Mitglied des Reichstags; 1933–1938 in verschiedenen Konzentrationslagern; arbeitete nach seiner Entlassung führend in der Widerstandsbewegung *(Kreisauer Kreis)* mit.

Mierosławski [mjɛrɔ'suafski], Ludwik, poln. Revolutionär, * 17. 1. 1814 Nemours, † 22. 11. 1878 Paris; militär. Führer der Aufstände 1848 in Posen, 1849 in Baden, 1863 in Polen (Januaraufstand).

Mieszko, ['mjɛʃkɔ], *Miseko,* später fälschlich *Mieczysław,* poln. Fürsten: **1.** *M. I.,* Herzog etwa seit 960 (erstmals erwähnt 963), † 992; aus dem Piasten-Geschlecht, ließ sich im Zusammenhang mit seiner Heirat der böhm. Prinzessin Dubravka (965) 966 taufen (röm.-kath., vermutlich in Regensburg), lehnte sich an Dtschld. an (Vasall Kaiser Ottos III.), gewann 990 im Kampf gegen Böhmen Kleinpolen u. Schlesien; gilt als Begründer Polens, erster bekannter Herzog Polens.

2. *M. II. Lambert,* Enkel von 1), König 1025–1034, * 990, † 10. 5. 1034; konnte die von seinem Vater *Bolesław I.* eroberten Gebiete nicht behaupten; nach Emanzipationsbestrebungen mußte er auf dem Hoftag zu Merseburg 1033 auch die Oberhoheit des Kaisers anerkennen.

3. *M. III. Stary* [„der Alte"], 1138 Herzog von Großpolen, * um 1126, † 13. 3. 1202; gewann 1173 die Herrschaft über Krakau u. damit das Seniorat über ganz Polen; wurde 1177 aus Krakau vertrieben, von seinem Bruder Kasimir II. gefolgt; beherrschte Krakau noch dreimal.

Miguel [mi'gɛl], Dom, Regent von Portugal 1826–1834, * 26. 10. 1802 Lissabon, † 14. 11. 1866 Bronnbach bei Wertheim; regierte für *Maria da Glória;* suchte sich als usurpierter König (1828) mit Gewalt zu halten, wurde von seinem Bruder, *Pedro I.* von Brasilien, u. den Liberalen besiegt, mußte abdanken u. das Land verlassen.

Mihailović [-vitç], Draža (Dragoljúb), jugoslaw. Offizier, * 27. 4. 1893 Ivanjica, † 17. 7. 1946 Belgrad (hingerichtet); seit 1941 Führer der Tschetniks gegen die dt. Truppen, 1942 Kriegs-Min. in der jugoslaw. Exilregierung des 2. Weltkriegs, blieb aber im Land u. bekämpfte sowohl die dt. Truppen wie die kommunist. Partisanen Titos. Er wurde nach Kriegsende als Verräter zum Tode verurteilt.

Mikado [japan., „erlauchtes Tor"], in der älteren japan. Literatur selten gebrauchte Bezeichnung für den japan. Kaiser (→ Tenno).

Miklas, Wilhelm, österr. Politiker (christlichsozial), * 15. 10. 1872 Krems, † 20. 3. 1956 Wien; 1919/20 Unterstaatssekretär für Kultus; 1923 bis 1928 Erster Präs. des Nationalrates, 1928–1938 Bundes-Präs. 1938 ernannte M. unter deutschem Druck A. *Seyß-Inquart* zum Bundeskanzler, weigerte sich aber, das „Anschlußgesetz" zu unterzeichnen, u. trat am 13. 3. 1938 zurück.

Mikojan, Anastas Iwanowitsch, sowjet. Politiker, * 25. 11. 1895 Sanain, Gouvernement Tiflis, † 21. 10. 1978 Moskau; seit 1917 Parteifunktionär, 1926–1935 Kandidat, 1935–1966 Mitgl. des Politbüros (bzw. des Präsidiums) des ZK der KPdSU; seit 1926 wechselnd Handels- u. Ernährungskommissar; 1955 bis 1964 Erster Stellvertr. Min.-Präs.; 1964/65 Staatsoberhaupt der UdSSR (Vors. des Präsidiums des Obersten Sowjets). M. unterstützte N. S. *Chruschtschow* bei den Machtkämpfen nach Stalins Tod u. bei den Bemühungen um eine „Entstalinisierung".

Mikrolith, kleines Feuersteingerät des Jungpaläolithikums u. Mesolithikums, oft von geometr. Form (Dreiecke, Trapeze). M.e wurden oft reihenweise in Schäfte aus Knochen, Geweih oder Holz eingesetzt.

Mikronesien FSM

Föderierte Staaten von Mikronesien

Fläche: 721 km². – *Einwohner:* 118 000. – *Hauptstadt:* Kolonia. – *Landessprache:* Englisch. – *Nationalfeiertag:* 3. 11. – *Währung:* 1 US-Dollar = 100 Cents. – *Lage:* Inselgruppe im Pazifischen Ozean nördlich von Papua-Neuguinea, zwischen 0° und 10° n. Br. sowie 140°39′ und 160°55′ ö. L. – *Zeitzone:* Mitteleuropäische Zeit + 9 Std. – *Staatsform:* Republik.

M. gehörte seit 1947 zum von den USA verwalteten UNO-Treuhandgebiet der pazif. Inseln. Die Bevölkerung der 4 Inselgruppen sprach sich 1978 in einem Referendum für die Bildung der *Vereinigten Staaten von M.* aus. 1979 wurde eine Verfassung verabschiedet. Ein weiteres Referendum 1983 ergab eine Mehrheit für die Vereinbarung einer freien Assoziierung der Inseln mit den USA nach Beendigung der Treuhandschaft. Dabei behalten die USA die Zuständigkeit für die Verteidigung. 1990 endete die Treuhandverwaltung offiziell. 1991 wurde M. UNO-Mitglied.

Milan, *M. I.,* König von Serbien 1882–1889, * 22. 8. 1854 Iaşi, † 11. 2. 1901 Wien; aus dem Hause Obrenović, 1868 als *M. IV.* Fürst. Als Serbien von der Türkei unabhängig wurde, lehnte sich M. 1878 an Österreich-Ungarn an, dessen Intervention ihm nach der vernichtenden Niederlage gegen Bulgarien (1885) den Thron rettete. M. verzichtete zugunsten seines Sohns Alexander I. Obrenović auf den Thron.

Milch, Erhard, Fliegeroffizier (1940 Generalfeldmarschall), * 30. 3. 1892 Wilhelmshaven, † 25. 1. 1972 Wuppertal; 1926–1933 im Vorstand der Dt. Lufthansa; 1933–1944 Staatssekretär im Reichsluftfahrtministerium, 1938 bis 1945 Generalinspekteur der Luftwaffe, 1941–1944 Generalluftzeugmeister; 1947 vom Nürnberger Militärgerichtshof wegen Verantwortlichkeit für den Einsatz von Zwangsarbeitern zu lebenslängl. Haft verurteilt, 1951 zu 15 Jahren begnadigt, 1954 freigelassen.

Milet, *Miletos,* antike Stadt an der Westküste Kleinasiens, im 11. Jh. v. Chr. von ionischen Griechen an der Stelle einer myken. Niederlassung gegr.; Heimat von Naturphilosophen *(Thales, Anaximander, Anaximenes)* u. Geographen *(Hekataios),* Ausgangspunkt einer bedeutenden Kolonisationsbewegung vor allem in den Raum des Schwarzen Meeres, blühende Handels- u. Hafenstadt. 494 v. Chr., nach dem Ionischen Aufstand, von den Persern zerstört, jedoch nach dem Sieg der Griechen bei *Mykale* 479 v. Chr. in großzügiger Stadtplanung (rechtwinklige Straßenzüge) neu errichtet u. in hellenist. u. röm. Zeit mit Prachtbauten versehen (Markttor im Ostberliner Pergamonmuseum). Die Bedeutung M.s ging im MA stark zurück wegen Verlandung des der Mäandermündung gegenüberliegenden Hafens; heute ist es ein Dorf; seit 1899 dt. Ausgrabungen (T. *Wiegand*).

Militärgeschichte, ein Teilgebiet der Militärwissenschaft u. der Geschichtswissenschaft, das sich mit der Geschichte der Streitkräfte u. des Krieges befaßt. – Amtliche Forschungsstelle der Bundeswehr ist das *Militärgeschichtliche Forschungsamt* in Potsdam, das dem Bundes-Min. der Verteidigung untersteht.

Militärgrenze, die vom Adriat. Meer bis Siebenbürgen sich erstreckende, schmale Grenzsicherungszone im S Ungarns gegen die Türken; seit dem 16. Jh. von den Habsburgern militärisch ausgebaut u. mit Grenzbauern besiedelt, die zum Kriegsdienst gegen die Türken verpflichtet waren. Die M. war nach Verfassung u. Verwaltung von den anderen Ländern Österreich-Ungarns getrennt, 1849–1866 war sie ein eigenes Kronland. Ein Teil wurde 1872 mit Ungarn, der andere Teil 1881 mit Kroatien vereinigt.

Militärkabinett, eine 1787–1918 in Preußen bestehende, dem König direkt unterstellte Behörde für die mit seiner Kommandogewalt zusammenhängenden Militärangelegenheiten. Nach häufigen Konflikten mit der Regierung u. insbes. dem Kriegsministerium war das M. von diesem seit 1883 völlig getrennt. Die Chefs des M.s spielten vor allem unter Kaiser Wilhelm II. zusammen mit den Chefs des *Zivilkabinetts* u. des *Marinekabinetts* eine erhebl. polit. Rolle. Sie basierte auf dem Recht zum unmittelbaren Vortrag beim Monarchen u. war unvereinbar mit dem konstitutionellen System.

Miljukow [-'kɔf], *Miljukov*, Pawel Nikolajewitsch, russ. Politiker u. Historiker, *27. 1. 1859 St. Petersburg, †31. 3. 1943 Aix-les-Bains; 1905 Mitgründer der Kadetten-Partei, 1907 ihr Sprecher in der Duma. 1917 setzte er sich als Außen-Min. in der Provisor. Regierung G. J. Lwow für die Fortsetzung des Krieges ein, trat im Mai 1917 auf Druck der Linksparteien zurück; emigrierte 1920; war in Frankreich als Historiker tätig.

Millerand [mil'rã], Alexandre, französ. Politiker (Sozialist, später Konservativer), *10. 2. 1859 Paris, †6. 4. 1943 Versailles; Rechtsanwalt, seit 1885 Abg., 1899–1904 erster sozialist. Min. überhaupt (wonach die Regierungsteilnahme von Sozialisten als *Millerandismus* bezeichnet wurde), später in mehreren Kabinetten, 1912–1915 Kriegs-Min., 1920 Min.-Präs., 1920–1924 Präs. der Republik, mußte nach dem Wahlsieg der Linksparteien zurücktreten, gründete eine konservative republikanische Sammlungsbewegung, deren Führer er 1925/26 im Senat war.

Milner, Alfred, Viscount (1902), brit. Politiker, *23. 3. 1854 Gießen, †13. 5. 1925 Sturry Court, Kent; 1897–1905 Gouverneur der Kapkolonie u. Hochkommissar von Südafrika, 1916–1919 Kriegs-Min., 1919–1921 Kolonial-Min., schlug vor, das Protektoratsverhältnis zu Ägypten durch ein Bundesverhältnis abzulösen, u. trat zurück, als die Regierung ihm nicht folgte.

Milo, Titus Annius, röm. Politiker, *95 v. Chr. Lanuvium, †48 v. Chr. Compsa oder Cosa; Volkstribun 57 v. Chr., Praetor 55 v. Chr., verhalf *Cicero* zur Rückkehr nach Rom, wodurch er sich mit *Clodius* verfeindete, u. stellte wie dieser während der Kämpfe zwischen Popularen u. Optimaten bewaffnete Banden auf. In einer der Schlägereien wurde Clodius 53 v. Chr. von M.s Leuten erschlagen, woraufhin dieser trotz Ciceros Verteidigung verbannt wurde; er kehrte jedoch 48 v. Chr. heimlich zurück, zettelte in Unteritalien Unruhen an, wurde gefangengenommen u. hingerichtet.

Milošević [mi'lɔʃevitç], Slobodan, jugoslaw. Politiker (Kommunist), *29. 8. 1941 Požarevac; Jurist; seit 1959 Mitgl. des Bundes der Kommunisten Jugoslawiens (BdKJ), betätigte sich zunächst in der Wirtschaft; 1984 wurde er Parteisekretär von Belgrad, dann Erster Parteisekretär in Serbien, 1989 dort auch zum Präs. gewählt, seit 1990 Vors. der Sozialist. Partei Serbiens; seine großserb. Machtpolitik trug entscheidend zum Zerfall des kommunist. Jugoslawiens bei. Seit 1997 ist M. jugoslaw. Staats-Präs.

Miloš Obrenović ['milɔʃ ɔ'brɛːnɔvitç], Fürst von Serbien 1817–1839 u. 1858–1860, *19. 3. 1780 Srednja Dobrinja, † 26. 9. 1860 Topčider bei Belgrad; bäuerl. Herkunft, stellte sich 1815 an die Spitze des 2. serb. Aufstands gegen die Türken, schuf das autonome Fürstentum Serbien u. gründete die Dynastie Obrenović; dankte 1839 zugunsten seines Sohns *Michael III.* (Milan) ab, wurde später zurückgerufen.

Miltiades, *Melchiades*, Papst 311–314, Heiliger, †314 Rom; vermutl. Römer; verurteilte auf einer Synode im Lateran 313 den Donatus *(Donatistenstreit)*.

Miltiades, athen. Adliger (Philaïde), *um 550 v. Chr., †489 v. Chr.; Erbe der thrakischen Besitzungen seines gleichnamigen Onkels; nahm 513/12 v. Chr. am Feldzug *Dareios' I.* gegen die Skythen teil; beteiligte sich am Ionischen Aufstand u. floh deshalb 494/93 v. Chr. nach Athen. Dort wurde M. Führer des Widerstands gegen die Perser u. hatte als einer der Strategen 490 v. Chr. das Hauptverdienst am Sieg der Athener bei *Marathon.* 489 v. Chr. griff er Paros an, mußte aber schwer verletzt u. erfolglos zurückkehren; wurde in Athen deshalb zu einer hohen Geldbuße verurteilt, die sein Sohn *Kimon* beibringen konnte, nachdem M. am Wundbrand gestorben war.

Milutin, Stefan Urosch II., König von Serbien 1282–1321, †29. 10. 1321 Nerodimlja (Amselfeld); gewann in Auseinandersetzung mit Byzanz Teile Makedoniens mit Skopje, förderte durch zahlreiche Kirchenbauten (mit Freskenschmuck) die Entwicklung einer byzantinoslawischen Kunst u. erreichte durch den Export von Bodenschätzen (Silber, Blei) den Anschluß an den adriatischen Wirtschaftsraum; von der serb.-orthodoxen Kirche als Heiliger verehrt.

Milvische Brücke, lat. *Pons Milvius*, ital. *Ponte Molle*, Tiberbrücke der Flaminischen Straße, an der 312 n. Chr. Konstantin d. Gr. über Maxentius siegte. Die Schlacht ist auf einem Relief des Konstantinbogens dargestellt.

Mimbres, auf Feldbau mit Bewässerung basierende Kultur im südl. New Mexico, benannt nach ihrem Vorkommen im M.-Tal, zeigt starke kulturelle Einflüsse aus Mittelamerika, vermittelt durch *Anasazi-Mogollon* -Stämme; bekannteste Ruinenstätte ist *Casas Grandes* im nördl. Chihuahua (Mexiko) mit vielräumigen u. aus mehreren Stockwerken bestehenden Pueblo-Bauten, ab 1300 n. Chr. M. erlosch noch vor Ankunft der Europäer.

Minäer, südarab. Volk des Altertums. Die M. schufen im 1. Jahrtausend v. Chr. den Staat *Ma'in*; sie führten ständige Kriege mit dem Königreich *Saba*, unter dessen Oberhoheit sie später gerieten.

Minamoto, Yoritomo, japan. Heerführer u. Politiker, *1147, †9. 2. 1199 Kamakura; M. errichtete 1192 eine Militärherrschaft (Bakufu) mit Sitz in Kamakura (Kamakura-Zeit), nachdem die Familie der M. (Kuge) 1185 in der Schlacht von Dan-no-ura nach jahrzehntelangen Feldzügen den entscheidenden Sieg über die *Taira* um die Vorherrschaft im Lande errungen hatte. Damit begann die Zeit des japan. Feudalismus.

Minden, Kreisstadt in Nordrhein-Westfalen, Binnenhafen an der Weser u. dem Mittellandkanal, nördl. der Porta Westfalica, 80 400 Ew.

Die Fischer- u. Schiffersiedlung *Minda*, 798 als Ort einer fränk. Heeresversammlung genannt, wurde um 800 Bischofssitz (erster Bischof *Erkanbert*) u. entwickelte sich zur Stadt (älteste städt. Urkunden von 1232). Im 13. Jh. erlangte die Stadt weitgehende Selbständigkeit gegenüber dem Bischof; sie gehörte dem Rheinischen Städtebund, später der Hanse an. 1648 fiel sie mit dem säkularisierten Bistum an Brandenburg. 1806–1810 gehörte M. zum Königreich Westfalen, 1810–1813 zu Frankreich. 1815–1947 war es Sitz einer preuß. Bezirksregierung.

Ming, die 1368–1644 in China herrschende Dynastie.

Ministerialen [lat.], in fränk. Zeit vom König sowie von weltl. u. geistl. Großen zu Hof-, Verwaltungs- u. Kriegsdienst herangezogene *Unfreie in gehobener Stellung*, die meist mit Dienstgütern entlohnt wurden. Mit dem 11. Jh. begann der Aufstieg der M.; sie wurden von der übrigen Familie des Grundherrn abgesondert u. schlossen sich genossenschaftlich zusammen; ihre Rechte u. Pflichten wurden in Dienstrechten aufgezeichnet, ihre Rechtsstellung wurde erblich; sie durften nur noch zu höheren Ämtern (bes. Reiterdienst) herangezogen werden; ihre Dienstgüter nahmen allmählich die Form von Lehen an. Die M. erlangten schließlich die aktive u. passive Lehnsfähigkeit, so daß die Grenze zum freien Ritterstand mehr u. mehr schwand, bis im 13./14. Jh. auch die Reste ehem. Unfreiheit beseitigt wurden; die M. bildeten fortan den *niederen Adel.* Während der Salier- u. bes. während der Stauferzeit erlangten die *Reichs-M.*, die M. des dt. Königs, als Träger der Reichspolitik, insbes. in Italien, große Bedeutung. Im Dienst der Landesherren hielten sich M. bis ins 19. Jh.

minoische Kultur, die bronzezeitl. Kultur Kretas, benannt nach dem sagenhaften König *Minos* von Kreta, Teil der kretisch-mykenischen Kultur.

Kreta ist seit der Jungsteinzeit besiedelt. Die eigentl. m. K. entwickelte sich jedoch erst gegen Mitte des 3. vorchristl. Jahrtausends. Träger der m.n. K. war ein altmediterranes Volk, das von Landarbeit, Handwerk, Fischerei u. Seefahrt lebte Die Besiedlung war bereits in der frühminoischen Periode (2600–2000 v. Chr.) dicht (kleinere Städte bes. im O, Rundgräber bes. im S der Insel).

In der mittelminoischen Periode (2000–1600 v. Chr.) entstanden die ältesten Palastbauten von *Knossos, Phaistos* u. *Mallia*, die aus einem Komplex von Stockwerkanlagen um einen großen Mittelhof bestan-

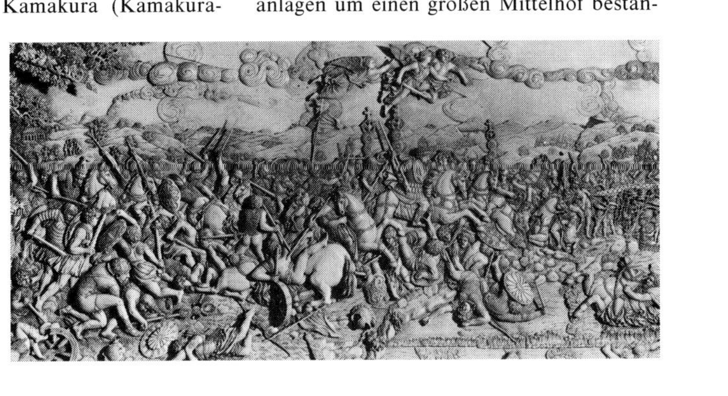

Schlacht an der Milvischen Brücke, Elfenbeinrelief

den. Sie dienten nicht nur der Residenz von Herrschern (mit priesterl. Funktionen), sondern auch der Verwaltung, dem Warenaustausch, dem Gewerbe u. als Magazine (vor allem für Öl u. Wein). Eine Oberherrschaft scheint zumindest zeitweise Knossos (Sitz des sagenhaften Königs Minos) ausgeübt zu haben.
Seit der 1. Hälfte des 2. Jahrtausends v. Chr. war Kreta der kulturelle Mittelpunkt der bronzezeitl. Kultur des östl. Mittelmeerraums (beherrschend durch seine Flotte u. die durch den Handel mit der Ägäis, Ägypten u. dem Vorderen Orient erzielten Reichtümer). Die hohe soziale Stellung der Frau im höf. Leben u. als Priesterin stand in engem Zusammenhang mit der überragenden Stellung der Mutter- u. Fruchtbarkeitsgöttin in der Naturreligion der Kreter, in der Stier- u. Baumkulte eine große Rolle spielten. Die Toten bestattete man in den Nekropolen in einfachen Pithoi (große Vorratsgefäße aus Ton) oder kleinen Sarkophagen. Unter den Kunstgewerben war das Metallhandwerk führend. Der Hauptstil der Keramik war die sog. *Kamaresware* (nach dem Fund in einer Höhle am Idagebirge), mit oft eierschalendünner Gefäßwand, bemalt mit Spiralmustern, Kreisen, Wirbeln u. ä., weiß u. rot auf dunklem Grund. Für die Siegel mit geometr. u. naturalist. Ornamenten verwandte man Elfenbein, weiche Steinsorten (Steatit) u. Halbedelstein. Die Entwicklung der Schrift ermöglichte die ersten Einrichtungen einer Bürokratie, man verwandte Bilder- u. Linearschriften (minoische Schriften).
Um 1700 v. Chr. wurden die ersten Paläste (Großanlagen) vermutlich durch ein Erdbeben vollständig zerstört. Mit ihrem Wiederaufbau entstand eine neue Blütezeit, die bis in die spätminoische Periode (1600–1150 v. Chr.) reichte. Die Architektur der neuen Paläste in Knossos, Phaistos, Mallia, Hagia Triada u. Zakros erhielt einen monumentaleren Charakter. Zahlreiche Räume (für die königl. Familie, Fest- u. Empfangsräume, Kulträume, Künstlerwerkstätten, Magazine u. a.) lagen in z. T. mehr als drei Stockwerken um einen Mittelhof, unsymmetrisch u. in verschiedener Höhe angeordnet, untereinander durch Treppen u. Korridore verbunden.
In den zahlreich erhaltenen Fresken mit Szenen des tägl. Lebens, höfischen u. kultischen Darstellungen (Festversammlungen, Tanzszenen, Stierspringen, Prozessionen) u. genreartigen Szenen (blaugemalter Affe auf rotem Grund, Krokuspflücker) offenbart sich die Pracht der Blütezeit. Typisch für diese Malereien sind die vogelschauähnl. Perspektive u. ein sinnenfreudiger Naturalismus. Im Kunsthandwerk verwandte man vorwiegend untektonisch-vegetabile Gefäßverzierungen (Meeresfauna u. -flora, Blütenornamente). Die Kleinkunst (Gemmen, Siegel, Goldschmuck) war von den gleichen Gestaltungsprinzipien bestimmt. In der Schrift trat der Lineartypus in den Vordergrund. Der Kult um den Verstorbenen unterschied sich kaum vom Götterkult.
Der Untergang der m. n. K. wurde durch Flut- u. Erdbebenkatastrophen (Vulkanausbruch des Santorin) um 1500 oder 1470 v. Chr. mit der Zerstörung der Paläste vorbereitet u. durch die krieger. Inbesitznahme der Insel durch die myken. Heerfürsten um 1400 v. Chr. besiegelt. Nach der Katastrophe existierte anscheinend nur Knossos unter einer achäischen Herrschaft weiter. Formen u. Elemente der m. n K. erstarrten u. nahmen immer mehr die Wesenszüge der *mykenischen Kultur* an. In dieser Form lebte die m. K. bis zur Invasion der Dorier seit 1200 v. Chr. weiter.

Miquel ['mi:kəl], Johannes von, Politiker, * 19. 2. 1828 Neuenhaus, Hannover, † 8. 9. 1901 Frankfurt a. M.; Jurist; anfangs radikaler Demokrat, 1850–1852 Mitgl. des Bundes der Kommunisten; 1859 Mitgründer des Nationalvereins, 1866 der Nationalliberalen Partei; 1867–1876 u. 1887–1890 Abg. des Reichstags; 1876–1880 Oberbürgermeister von Osnabrück und 1880–1890 von Frankfurt; 1890–1897 preuß. Finanzminster, 1897–1901 Vize-Präs. des preuß. Staatsministeriums. M.s politische Laufbahn kennzeichnet die Rechtsschwenkung des dt. Bürgertums im 19. Jh. Nachdem er die Hoffnung auf eine Parlamentarisierung des Dt. Reiches aufgegeben hatte, formte er in den 1880er Jahren mit R. von *Bennigsen* die Nationalliberale Partei zu einer bürgerl.-konservativen Interessenvertretung. Er befürwortete eine bürgerl. Sammlungspolitik gegen die Sozialdemokratie u. förderte die dt. Kolonialpolitik sowie die Germanisierung in den Ostprovinzen. Seine Leistungen liegen auf den Gebieten der Kommunalpolitik u. der preuß. Finanzreform (Miquelsche Steuerreform).

Mirabeau [-'bo], Honoré Gabriel de *Riqueti*, Graf von M., französ. Politiker, * 9. 3. 1749 Le Bignon, Gâtinais, † 2. 4. 1791 Paris; kam 1789 als Abg. des 3. Standes in die Generalstände, tat sich als Redner hervor u. trat für eine konstitutionelle Monarchie nach engl. Vorbild ein; bemühte sich um eine Versöhnung zwischen König u. Volksvertretung, scheiterte aber, weil ihm beide mißtrauten. M. wurde 1790 Präs. des Jakobinerklubs; er starb kurz nach der Ernennung zum Präsidenten der Nationalversammlung. Hptw.: „Essai sur le despotisme“ 1776; „De la monarchie prussienne sous Frédéric le Grand“ 4 Bde. 1788.

Miranda, Francisco de, venezolan. Unabhängigkeitskämpfer, * 28. 3. 1750 Caracas, † 14. 7. 1816 Cádiz; warb in Europa für die Unabhängigkeit Venezuelas u. proklamierte die

minoische Kultur: Palast von Hagia

Mirabeau

Unabhängigkeit 1811; kämpfte 1811/12 erfolglos gegen die span. Truppen in Venezuela; 1812 gefangengenommen u. nach Spanien gebracht, wo er im Gefängnis starb.

Mischnick, Wolfgang, Politiker (FDP), * 29. 9. 1921 Dresden; 1945 Mitbegründer der LDPD in Dresden, 1947/48 Mitgl. des geschäftsführenden Zentralvorstands der LDPD für die SBZ u. stellvertr. Landes-Vors. in Sachsen; 1948 Flucht nach Frankfurt a. M., dort in der FDP tätig, 1954–1957 Mitgl. des Landtages in Hessen, 1957–1994 Mitgl. des Bundestages, 1961–1963 Bundes-Min. für Vertriebene, Flüchtlinge u. Kriegsgeschädigte; 1963–1968 stellvertr. Vors., 1968–1991 Vors. der Bundestagsfraktion, 1964–1988 auch stellvertr. Bundesvorsitzender der FDP.

Mississippi-Kultur, engl. *Mound-Builders, Temple Mound Periods*, vorgeschichtl. Kultur im Gebiet von Alabama, Mississippi u. Louisiana, von 200 v. Chr. bis nach der Eroberung durch die Europäer; entstanden unter dem Einfluß der *Hopewell-* u. *Marksville-Kultur* u. unter Aufnahme mittelamerikan. Elemente, in der Spätphase mit Häuptlingen u. einer Priesterkaste; Siedlungen mit rechteckigem, zentral gelegenem Platz, in ihnen schichtweise aufgeschüttete Hügel, kegel- oder pyramidenförmig, bisweilen auch Tiere darstellend (als Plattform für Tempel, als Befestigungen u. für Versammlungen); Plätze für kult. Ballspiel; Bestattung der Toten in Grabhügeln mit zahlreichen Beigaben (geschnitzte Kleinplastik, figural verzierte oder bemalte Keramik); Ackerbauern mit Anbau von Bohnen, Kürbis, Mais.

Missouri-Kompromiß [-'suri- oder -'zuəri-], der 1820 vereinbarte Ausgleich zur Wahrung des Gleichgewichts zwischen den sklavenhaltenden u. den sklavenfreien Staaten der USA. Die Union hatte seit 1801 abwechselnd sklavenhaltende u. sklavenfreie Staaten aufgenommen.
Als 1819 Alabama dem Bund beitrat, wiederholte Missouri, dessen Siedler etwa 3000 Sklaven besaßen, einen schon früher gestellten Aufnahmeantrag. Damit drohte ein Übergewicht des Südens im Senat, in den jeder Staat 2 Vertreter entsandte. Der Ausgleich wurde dadurch möglich, daß sich Maine von Massachusetts trennte. Der Kongreß nahm nunmehr Missouri u. Maine in den Bund auf, der jetzt 12 sklavenfreie u. 12 sklavenhaltende Staaten umfaßte. Missouri erhielt allerdings eine Ausnahmestellung: Von seinem Gebiet abgesehen, sollte die Sklaverei nördlich von 36°30′ hinfort ausgeschlossen sein. Durch die *Kansas-Nebraska-Akte* (1854) wurde der M. aufgehoben.

Mistras, *Mistra, Mystrás*, byzantin. Ruinenstadt in Griechenland; anstelle des antiken, 4,5 km westl. gelegenen Sparta am Abhang des Taygetos 1249 von fränk. Kreuzfahrern gegr., 1261 vom byzantin. Kaiser mit Palast, Kirchen u. Klöstern ausgebaut, seit 1349 Sitz des byzantin. Statthalters u. Mittelpunkt des byzantin. Geisteslebens auf der Peloponnes; seit 1460 türkisch, 1687–1717 venezianisch, verfiel seit der Neugründung Spartas 1834 u. ist heute bis auf einige Klöster verlassen.

Mitanni, *Mittani*, hurritischer Staat in Mesopotamien zwischen oberem Euphrat u. Tigris, mit der Hptst. *Wassukanni*, um 1600–1250 v. Chr.; mit Fürsten vorwiegend arischen Namens (z. B. *Tuschratta*); ging durch den Angriff Assyriens unter *Assuruballit* zugrunde.

Mithradates [pers., „Geschenk des *Mithras*"], *Mithridates*, mehrere Könige von Pontos. – *M. VI. Eupator*, König 120–63 v. Chr., *132 v. Chr., †63 v. Chr.; eroberte Gebiete am Schwarzen Meer u. Teile Kleinasiens; gefürchteter Feind der Römer, von *Lucullus* u. *Pompeius* verjagt. Als sich sein Sohn, der spätere König *Pharnakes*, gegen ihn erhob, gab M. sich selbst den Tod.

Mithridates, Name mehrerer Parther-Könige: **1.** *M. I.*, rd. 171–139/38 v. Chr.; machte Parthien zur Großmacht im Alten Orient; begann einen Zweifrontenkrieg gegen Osten u. Westen u. hatte bis 141 fast ganz Mesopotamien erobert; wahrscheinlich wurde unter ihm die Hptst. nach *Ktesiphon* am Tigris verlegt.

2. *M. II., M. der Große*, rd. 124/23–88/87 v. Chr.; eroberte nach einer vorausgegangenen Schwächeperiode der parth. Macht Mesopotamien zurück u. dehnte den parth. Einfluß nach Armenien aus. Der Besuch einer chines. Gesandtschaft öffnete die „Seidenstraße".

3. *M. III.*, 71/70–58/57 v. Chr.; führte mit seinem Bruder Krieg um die Macht; wurde Ende 54 oder 53 v. Chr. besiegt u. hingerichtet.

4. *M. VI. Eupator* → Mithradates.

Mitla, Ruinenstätte im mexikan. Staat Oaxaca; Residenzstadt der *Zapoteken* nach der Expansion der *Mixteken* u. dem Verlust von Monte Albán um 1000 n. Chr., um 1300 von den Mixteken erobert.

Mitre, Bartolomé, argentin. Politiker u. Historiker, *26. 7. 1821 Buenos Aires, † 18. 1. 1906 Buenos Aires; 1862–1868 Staats-Präs. Durch seinen Sieg bei Pavón (1861) über die Prov. Buenos Aires, die aus dem Bundesstaat austreten wollte, sicherte M. endgültig die Einheit des Landes.

Mittag, Günter, Politiker (SED), *8. 10. 1926 Stettin, †18. 3. 1994 Berlin; Eisenbahner, Wirtschaftswissenschaftler; seit 1951 Mitarbeiter im Apparat des ZK der SED; seit 1962 Mitgl. des ZK, 1962–1973 Sekretär des ZK (zuständig für Wirtschaft), 1963–1966 Kandidat, seit 1966 Mitgl. des Politbüros der SED; 1973–1976 Erster Stellvertreter des Vors. des Ministerrats der DDR; seit 1976 wieder Sekretär des ZK der SED; verlor nach dem Umsturz 1989 alle Ämter u. wurde aus der Partei ausgeschlossen. Gegen M. wurde Anklage wegen Anstiftung zur Untreue erhoben.

Mitteis, Heinrich, Rechtshistoriker, *26. 11. 1889 Prag, †23. 7. 1952 München; Prof. in Köln 1921, Heidelberg 1924, München 1934, Wien 1935, Rostock 1940, Berlin 1946, München 1948, Zürich 1952; verfaßte maßgebl. rechtsgeschichtl. Arbeiten, bedeutend als Forscher auf dem Gebiet des mittelalterl. Lehnrechts; Hptw.: „Lehnsrecht u. Staatsgewalt" 1933; „Die dt. Königswahl" 1938; „Der Staat des hohen MA" 1940; „Dt. Rechtsgeschichte" 1949; „Dt. Privatrecht" 1950; „Die Rechtsidee in der Geschichte" 1957, Nachdruck 1967.

Mittelalter, Abk. *MA*, meint den Zeitraum zwischen Antike u. Neuzeit. Der Begriff begegnet erstmals 1469 in Italien als *media tempestas* u. erschien 1531 erstmals als *medium tempus* im Titel eines Basler Buches. Der Zeitzer Rektor C. Cellarius veröffentlichte 1688 in Jena eine *Historia medii aevi.* Sie umfaßte ungefähr die Zeit von der Gründung Konstantinopels (330) durch Kaiser Konstantin d. Gr. bis zur Eroberung der Stadt (1453) durch die Türken. Die heutige Periodisierung von der Völkerwanderung (375) bis zur Entdeckung Amerikas durch Kolumbus (1492) hat sich seit Ende des 18. Jh. eingebürgert u. wird durch die jeweilige Erweiterung des histor. Schauplatzes gerechtfertigt. Oft gilt aber auch erst die Reformation (1517) als Epochengrenze zwischen dem mit der sog. Konstantin. Wende im 4. Jh. beginnenden MA u. der Neuzeit. Der Begriff MA war zunächst negativ *(dunkel, finster)* befrachtet, weil sich Renaissance u. Reformation durch *saecula obscura* von der idealisierten Antike getrennt fanden. Erst im 18. Jh. (seit 1718) begann eine positivere Bewertung in der Frühaufklärung u. setzte sich mit Betonung der Kontinuität *(vermittelndes Zeitalter)* in der Romantik fort. Die Verschmelzung von Germanentum, Christentum u. antiker Tradition wurde als signifikant für das MA angesehen. Den auf das Abendland beschränkten Begriff MA versuchte die marxist. Geschichtsschreibung durch *Zeitalter des Feudalismus* zu ersetzen, indem sie einen erst im 18. Jh. geprägten Begriff fälschl. zum einzigen Kennzeichen des europ. MA machte. In der dt. Historiographie ist es üblich, das MA in *Früh-MA* (bis 800 u. 911), *Hoch-MA* (bis 1250) u. *Spät-MA* zu dritteln. Ansonsten wird eine Zeiteinteilung (italien. z. B.: *alto medioevo, basso medioevo)* bevorzugt. Jede histor. Periodisierung ist allerdings nur Hilfsmittel.

Durch die → Völkerwanderung werden die ersten Jahrhunderte des MA gekennzeichnet. Sie brachte die Errichtung german. Nachfolgestaaten auf dem Boden des 476 zugrundegegangenen Weström. Reiches, so der Wandalen in Nordafrika, der Ostgoten u. der Langobarden in Italien, der Burgunder an der Rhône, der Westgoten in Aquitanien u. in Spanien *(Tolosanisches* u. *Toledanisches Reich)*, der Franken in Gallien u. der Angelsachsen in Britannien. Im Osten gehörte zur Völkerwanderung der Einbruch der Awaren (nach 558) u. der Bulgaren (nach 642), die Vorstöße der Slawen auf den Balkan (seit 517) u. in den Westen mit Gründung eines ersten Slawenreiches in Böhmen 623 durch Samo, gewissermaßen auch die Expansion

Zeittafel zur Geschichte des Hochmittelalters

845	Hamburg: Zerstörung durch Normannen.
846	Rom: Plünderung durch Sarazenen.
862	Ostfranken: Überfall durch Ungarn.
911	Forchheim: Wahl des Frankenherzogs zum »Rex Teutonicorum«.
916	Hohenaltheim: Geistlichkeit bestätigt Unverletzlichkeit des Königs.
929	Herzogtum Böhmen wird Reichslehen.
936	Aachen: Krönung des Sachsenkönigs Otto zum König.
955	Lechfeld bei Augsburg: Sieg Ottos I. über die Ungarn.
962	Rom: Kaiserkrönung Ottos I. d. Gr.
972	Rom: Vermählung des Thronfolgers Otto II. mit der Nichte Theophanu des byzantinischen Kaisers.
973	Gründung des Bistums Prag im Herzogtum Böhmen.
978	Aachen: Überfall der Franzosen auf die Kaiserpfalz.
982	Kap Cotrone: Sieg der »Sarazenen« über Otto II.
983	Slawenaufstand in »Ostelbien«.
987	Theophanu unterstützt Thronfolge Hugo Capets in Frankreich.
990	Erster Gottesfriede in Aquitanien. – Reformbedürfnis in den Klöstern.
1000	Otto III. ernennt Polenherzog zum Römischen Patricius (= zu seinem Statthalter); Gründung des Erzbistums Gnesen in Polen.
1001	Gründung des Erzbistums Gran in Ungarn. Vormachtstellung Polens in Osteuropa.
1006	Erbvertrag König Heinrichs II. mit Rudolph III. von Burgund.
1007	Erste Judenverfolgungen nach Berichten aus Cluny.
1033	Antritt des burgundischen Erbes.
1037	Pavia: Bestätigung der Erblichkeit der kleineren Lehen durch Konrad II.
1046/49	Sutri/Rom: König Heinrich III. nominiert einen deutschen Bischof, Bruno von Toul, zum Papst (Leo IX.).
1053	Civitate: Normannen besiegen päpstliche Truppen.
1054	Bruch zwischen römischer und griechischer Kirche (Schisma).
1059	Papst belehnt Normannen mit Süditalien.
1075	König Heinrich IV. schlägt Sachsenaufstand nieder.
1075	»Dictatus papae« des Papstes Gregor VII. (Absetzungsmöglichkeit von Königen etc.).
1077	Canossa: Kirchenbuße Heinrichs IV.
1084	Rom: Kaiserkrönung Heinrichs IV.
1115	Welfesholz: Niederlage König Heinrichs V. gegen die Sachsen
1122	Worms: Wormser Konkordat.
1133	Rom: Kaiserkrönung Lothars von Sachsen (Supplinburg), Belehnung mit italienischem Besitz.
1138	Beginn des Kampfes zwischen Staufern und Welfen.
1147	»Wendenkreuzzug« – Zweiter Kreuzzug – Judenpogrome
1150	Arnold von Brescia predigt in Rom gegen Verweltlichung der Kirche.
1155	Friedrich I. »Barbarossa« zum Kaiser gekrönt.
1156	Erhebung der Ostmark zum selbständigen Herzogtum Österreich.
1158	Reichstag auf den Ronkalischen Feldern: Kaiserliche Verwaltung der Lombardei durch Reichsbeamte.
1180	Stauferkaiser Friedrich I. »Barbarossa« ächtet den Welfenherzog Heinrich den Löwen. Bayern fällt an das Haus Wittelsbach.
1183	Konstanz: Friede zwischen Kaiser Friedrich I. »Barbarossa« und den lombardischen Städten.
1184	Mainz: Pfingstfest und »Schwertleite« der beiden ältesten Söhne des Kaisers. Äußerer Höhepunkt mittelalterlicher Kaiserherrlichkeit.
1186	Mailand: Vermählung des Kaisersohnes Heinrich (VI.) mit Konstanze von Sizilien.
1197	Palermo: Im Dom Beisetzung des jungverstorbenen Kaisers Heinrich VI.

des Islam nach dem Tode Mohammeds (†632). Der byzantin. Kaiser suchte das Bündnis mit den neuen Völkern u. sah in den neuen Reichen keine Abspaltung vom alten Römerreich. Theoderich d. Gr. u. Chlodwig wurden mit röm. Titeln ausgezeichnet. Kaiser Justinian d. Gr. (527–565) hatte sogar Erfolg mit seiner Restaurationspolitik. Gleichwohl wurde durch die Völkerwanderung die polit. Landkarte neu gestaltet. Durch die Volksmischung entstanden die modernen Nationen. Im Abendland hatte das Frankenreich der Merowinger (481–751) die größte Ausdehnung u. trotz Teilungen die größte Bedeutung.

Unter der nächsten Dynastie, den Karolingern, wurde daraus ein Kaisertum. Voraussetzung für den Aufstieg der Karolinger zur Königs- u. Kaiserwürde war ein Bund mit dem Papsttum (751 u. 754), dem auch der Kirchenstaat seine Entstehung verdankt *(Pippinische Schenkung).* Die Kaiserkrönung Karls d. Gr. (768–814) in Rom (800) brachte Europa das Zweikaiserproblem, entschärft erst 1054 durch das Schisma zwischen der röm.-kath. u. der grch.-orth. Kirche, bis nach der Eroberung von Byzanz durch die Kreuzfahrer (1204) ohnehin mehrere Kaisertümer nebeneinander existierten u. dann (1256) in Frankreich der kaiserliche Universalismus abgelehnt wurde. Auch in England u. Spanien führten manche hegemonialen Könige schon vorher einen regionalen *Imperator-Titel.* Dem in Rom gekrönten Kaiser wurde eine höhere Würde nur wegen seiner Schutzpflicht gegenüber dem Papsttum zugestanden. Entgegen zeitweiligen antiröm. Tendenzen gewann das 800 begründete abendländ. Kaisertum röm. Charakter. Nach einer Epoche von bloß in Roms Nähe herrschenden *Imperatores Italiae* (855–928) begann 962 mit der röm. Kaiserkrönung des dt. Königs Otto d. Gr. (936–973) die über das MA hinausreichende *dt. Kaiserzeit,* in der nur dt. Könige röm. Kaiser waren. – Auseinandersetzungen zwischen geistl. u. welt. Gewalt machen in allen europ. Ländern einen Großteil ihrer Geschichte im MA aus. Im Byzantin. Reich entwickelte sich aus dem Staatskirchentum der *Cäsaropapismus* mit einem erstem Höhepunkt unter Kaiser Justinian d. Gr. Die Kirche blieb dem Kaisertum untergeordnet trotz zeitweilig heftiger Opposition, wie z. B. in der Epoche des *Bilderstreites.* Im Abendland ergab sich aus german. Eigenkirchenrecht die Instrumentalisierung der Kirche für die staatl. Verwaltung. Die Heranziehung von Klerikern war durch den Rückgang der Laienbildung gefordert u. empfahl sich wegen des Zölibats als Mittel gegen die Vererblichung der als Lehen ausgegebenen administrativen Ämter u. die damit verbundene Schwächung der Verfügungsgewalt der Könige. Im sog. „Ottonisch-salischen Reichskirchensystem" des 10. u. 11. Jh. nominierte der dt. König u. röm. Kaiser die kirchl. Würdenträger praktisch nach eigener Wahl u. investierte sie *uno actu* mit ihrer geistl. u. weltl. Funktion. Gegen solche laikale Einmischung in kirchl. Angelegenheiten wandte sich im *Investiturstreit* die nach Papst Gregor VII. benannte *Gregorianische Kirchenreform,* basierend auf der Freiheitsidee, die von der 910 als Eigenkloster begründeten, aber in die Freiheit entlassenen Abtei Cluny ihren Ausgang nahm. Höhepunkt der Auseinandersetzungen war 1077 die Buße des gebannten dt. Königs Heinrich IV. vor Gregor VII. in Canossa. Das Wormser Konkordat brachte 1122 für das Imperium nur einen unbefriedigenden Kompromiß. Auch in anderen europ. Ländern verlor das Königtum in dem von intensiver Publizistik begleiteten Kirchenstreit viel an sakralem Ansehen.

Die weltl. Verwaltung der abendländ. Reiche funktionierte durch das Lehenswesen, das sich im 8. Jh. entwickelte. Bereits Ende des 9. Jh. kam es aber zur Vererblichung von Amt u. Amtsgut *(feudum),* die das Königtum sukzessive konzedieren mußte. Verlehnungen an die Kirche machten die Idee von der göttl. Proprietät alles Kirchengutes unwirksam, da nun jede Begabung als nicht mehr rücknehmbare Schenkung erschien. Anstelle von adeligen Lehensleuten absetzbare Dienstleute *(Ministerialen)* als Beamte heranzuziehen, wurde seit dem späten 11. Jh. versucht, ist aber nicht überall gelungen. Aus den Ministerialen entwickelte sich der niedere Adel, der für seinen Besitz ebenfalls Erblichkeit durchsetzte. Der Höhepunkt des Lehenswesens fällt ins 12. Jh. Die Folgepflicht des Vasallen gegenüber seinem unmittelbaren Lehensherren hatte negative Auswirkungen auf die Staatsordnung, denen das Königtum in den westl. Monarchien seit dem 11. Jh. durch die sog. *Ligische (gebundene) Vasallität* begegnete, die den König zum absoluten Herrn machte, gegen den niemand seine Vasallen aufbieten durfte. Der feudalen Gesellschaftsordnung entzog sich nur das Bürgertum mit seiner demokrat. Stadtverfassung, wo anstatt einer Einzelperson eine Personengruppe mit auf Zeit gewählten Repräsentanten dem König als Partner gegenüberstand. In der Staatsverfassung überwanden die westeurop. Monarchien das Lehenswesen durch einen Beamtenstaat, während Dtschld. in einen Bund von durch Leihezwang auch in

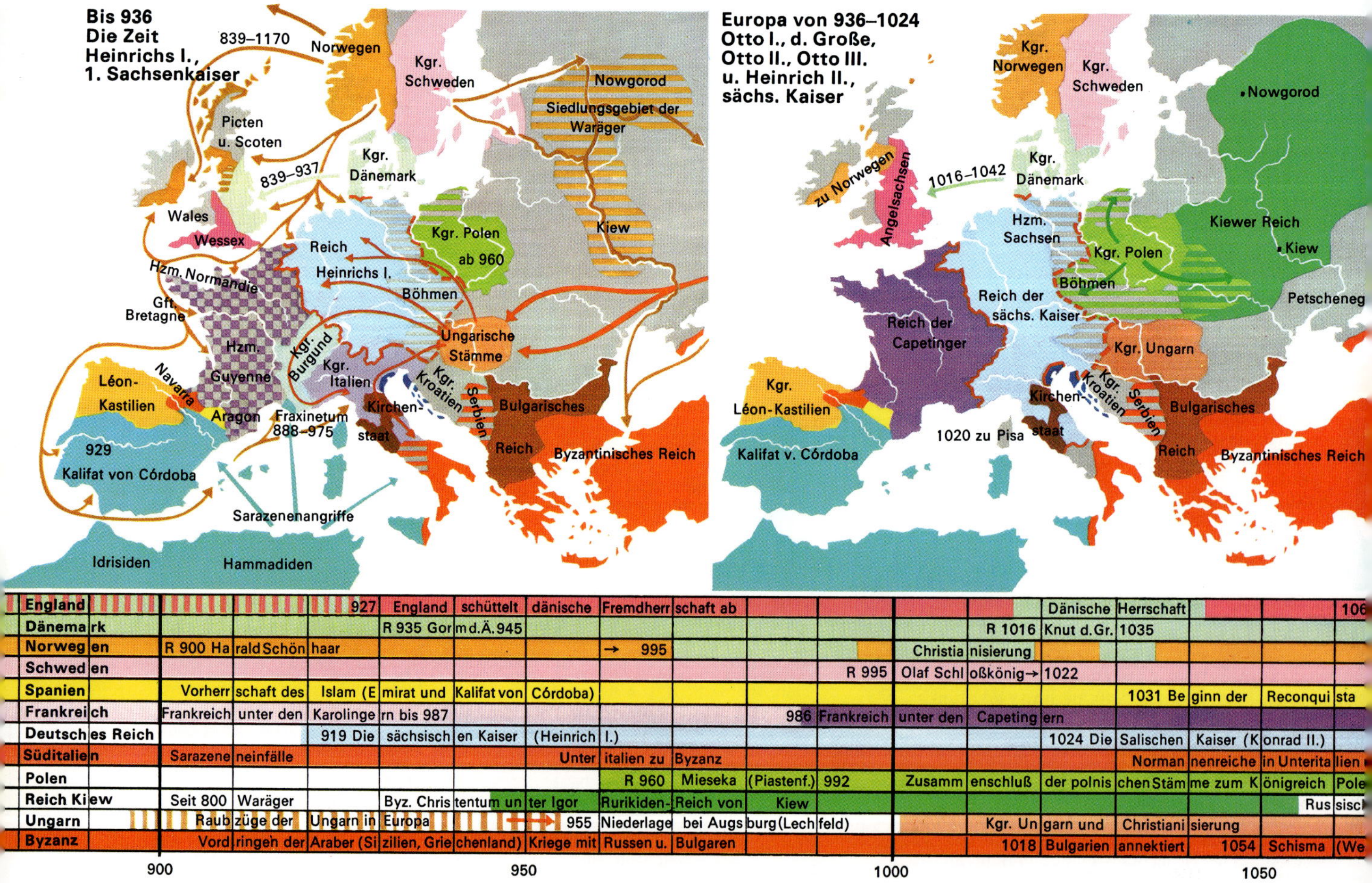

Mittelalter: Die hochmittelalterliche Territorialentwicklung in Europa von etwa 900–1250

Mittelalter: Bäuerliche Arbeit im Frühling; Kalenderblatt des 14. Jh. für den Monat März; München, Bayerische Staatsbibliothek

weibl. Linie erbl. Lehensfürstentümer (Landesherrschaften) zerfiel.

Populär wird MA mit R i t t e r z e i t identifiziert. Allerdings erfolgte die Umstellung des fränk. Heeres auf Panzerreiter aus der Vasallität erst seit dem 8. Jh. infolge der Araberabwehr u. taucht Ritter als Standesbezeichnung erst Ende des 10. Jh. in Frankreich auf. Der Höhepunkt der adelig-ritterl. Kultur fällt nicht zufällig ins lehensrechtl. bestimmte 12. Jh. Adelige Separationswünsche hatten seit dem 11. Jh. zum Bau von Höhenburgen geführt, nach denen sich die Familien mit „von" zu nennen begannen. Obgleich um 1200 „Ritter von" zum Prädikat des niederen Adels geworden war, wollten selbst Fürsten u. Könige nichts anderes als ritterlich sein. Im 13. Jh. suchten es selbst Bauern den Rittern gleich zu tun. Erst im Spät-MA machte die Einführung von Fernwaffen u. Fußsoldaten in die Kriegstechnik die Ritter weithin entbehrlich u. degradierte sie oft infolge des Rückgangs auch der Einnahmen aus verpachtetem Grundbesitz zu Raubrittern, die für aufgedrängten Schutz Geld erpreßten.

Die K r e u z z u g s e p o c h e (1095–1303) hatte das abendländ. Rittertum zum Kampf gegen den Islam um die Rückgewinnung des Heiligen Landes für das Christentum vereinigt, nachdem Palästina mit Jerusalem schon 638 von den Mohammedanern erobert worden war u. byzantin. Gegenoffensiven bes. im 10. Jh. nur vorübergehende Erfolge hatten. Zwar ist die These falsch, daß die mohammedan. Expansion das früher völkerverbindende Mittelmeer zur Barriere zwischen Orient u. Okzident gemacht hatte, denn – in allerdings beschränktem Maße – war Handels- u. Pilgerverkehr auch danach möglich, doch änderte sich die Situation durch den Einbruch der türk. Seldschuken, die Entmachtung des Kalifen von Bagdad durch den Sultan (1055) u. die seldschuk. Besetzung Jerusalems (1077). Für die bewaffnete Pilgerfahrt ins Heilige Land u. den dortigen Kriegsdienst hatte der Papst Sündenablaß zugesagt. Eine Herabsetzung der ursprüngl. Kreuzzugsidee war es, daß der Sündenablaß später auch durch Geldspenden erlangt werden konnte u. manche Kreuzzüge gar nicht nach Palästina, sondern z. B. nach Ägypten führten. Auch die span. *Reconquista* wurde seit 1063 als Kreuzzug geführt. Im Orient endeten die Kreuzzüge mit der mamluk. Eroberung von Akko. 1303 verließen die Templer ihren letzten Stützpunkt im Heiligen Land. Trotz allgemein negativer Einschätzung der Kreuzzüge kann man den durch sie bewirkten Kulturaustausch zwischen Orient u. Okzident doch auch positiv bewerten. Selbst die die Neuzeit konstituierenden Entdeckungen u. Erfindungen sollen z. T. dadurch verursacht worden sein.

Die Tradierung der W i s s e n s c h a f t erfolgte im frühen MA im wesentl. in Klöstern, nachdem das Mönchtum seine bildungsfeindl., rein asket. Frühzeit überwunden hatte u. Klostergründer (wie Cassiodor u. Benedikt von Nursia) die Beschäftigung mit Büchern zur Pflicht gemacht hatten. Daneben gab es in Königsresidenzen sog. Hofakademien, von denen diejenige Karl d. Gr. in Aachen wegen ihrer Wirkung Berühmtheit erlangte. Meist erfolgte die Berufsausbildung durch prakt. Mithilfe, z. B. bei einem Arzt oder Notar. Der schul. Fächerkanon beschränkte sich

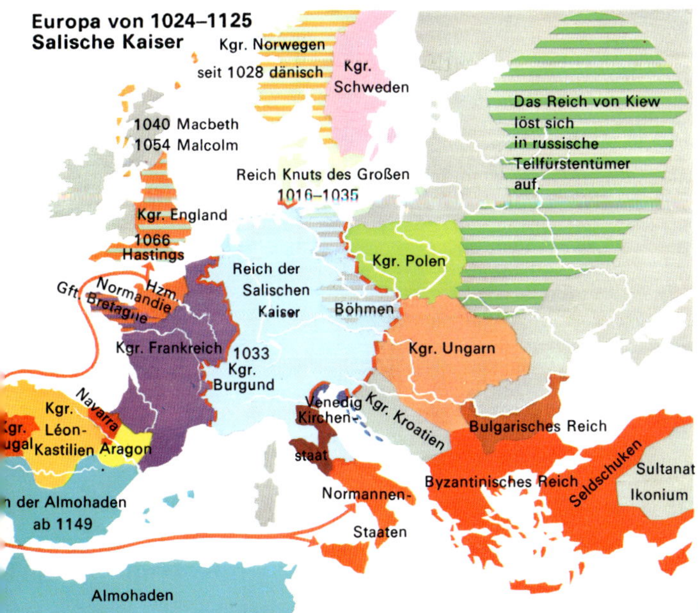

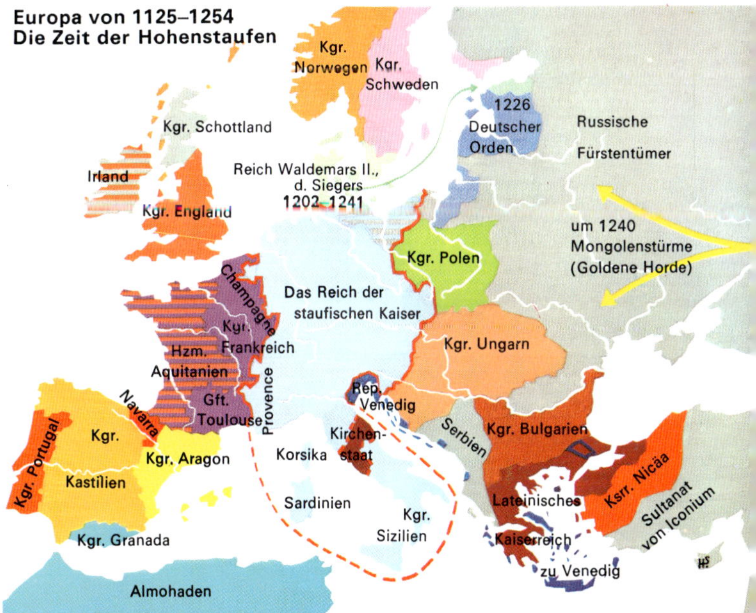

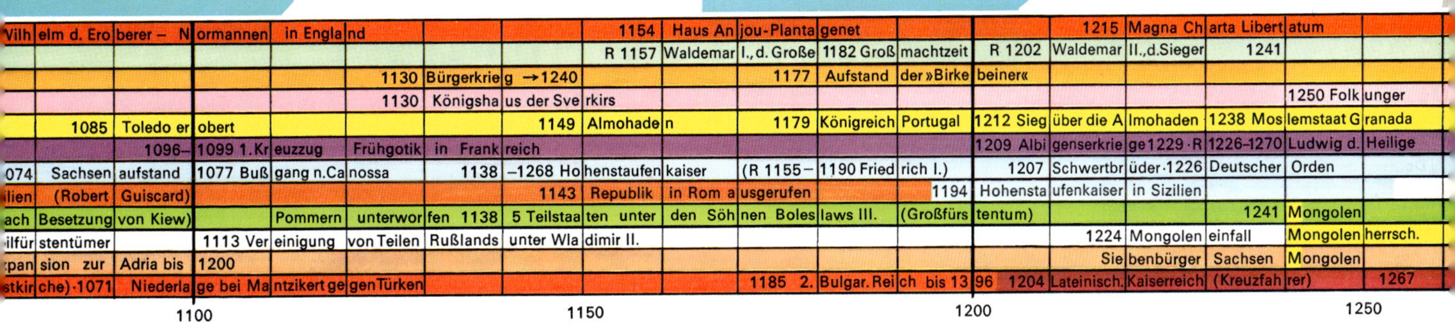

auf die sog. *Septem artes liberales* des *Trivium* (sprachl. Fähigkeiten) u. *Quadrivium* (rechner. Fähigkeiten). Isidor von Sevilla hatte dem MA in seinen *Etymologien* ein Lexikon geschenkt. In den rein auf Autoritäten basierenden Wissenschaftsbetrieb brachte seit dem 11. Jh. die *Scholastik* mit ihrer Hochschätzung auch der klügelnden Vernunft *(ratio)* eine Wandlung. Die ersten Universitäten waren spontane Vereinigungen von Lehrern u. Schülern *(universitas magistrorum et studentium)* u. eher spezialisiert als Lehranstalten für alle Fächer *(universitas litterarum)*. Bologna wurde die Hohe Schule der Jurisprudenz, Salerno für Medizin, Paris für Theologie. In Neapel begründete 1224 Kaiser Friedrich II. die erste staatl. Universität mit Examensmonopol. Die erste Universität in Dtschld. errichtete 1348 Kaiser Karl IV. in Prag. Nachdem die Hochscholastik im 13. Jh. das gesamte Wissen zusammenzufassen (z. B. Thomas von Aquin) versucht hatte, führte der auf der Wiederentdeckung Aristoteles basierende philosoph. *Nominalismus* u. die Entdeckung des Experimentierens (seit Roger Bacon, † 1292) zur Modernisierung des Universitätsbetriebs.

Die polit. Situation im späteren MA ist durch den Niedergang der universalen Zentralmächte (Kaisertum und Papsttum) u. den Aufstieg der europ. Randstaaten gekennzeichnet. Das röm. Kaisertum, neben Dtschld. u. Italien seit 1033 auch Burgund umfassend, brachte es nach den Ottonen, den Saliern u. den Staufern in „springenden" Wahlen der Kurfürsten nur mehr zu stets auf Hausmachtbildung angewiesenen Herrschern aus wechselnden kleinen Dynastien (Habsburg, Nassau, Wittelsbach, Luxemburg), löste sich aber 1356 in der *Goldenen Bulle* Karls IV. von dem Wahlbestätigungsrecht der Päpste. Das Papsttum geriet nach seinem Höhepunkt unter Innozenz III. infolge des Attentats von Anagni (1303) gegen Bonifaz VIII. u. der Verlegung der Residenz nach Avignon (1309) unter französ. Einfluß, brachte dann der Kirche im *Großen Schisma* (1378–1449) das rivalisierende Nebeneinander von 2 oder 3 Päpsten u. mündete schließl. in die Verweltlichung des Renaissance-Rom. Eine konziliarist. Kirchenreform mißlang auf den Konzilen von Pisa (1409–1410), Konstanz (1414–1418) u. Basel (1431–1449). In Westeuropa endeten die dauernden Auseinandersetzungen zwischen England u. Frankreich im *Hundertjährigen Krieg*. Im Norden u. Osten Europas bemerkt man eine Tendenz zu Großmachtbildungen durch dynast. Personalunionen. Rußland machte sich unter Zar Iwan d. Gr. von der seit der Eroberung der Hptst. Kiew 1240 bestehenden Oberhoheit der Mongolen, der sog. *Goldenen Horde*, frei u. beanspruchte für Moskau als dem 3. Rom die Nachfolge des 1453 von den Türken vernichteten byzantin. Kaisertums. Die osman. Türken bedrohten seit ihrem Übergang über die Dardanellen (1343) u. der Vernichtung der rivalisierenden Balkanländer Serbien u. Bulgarien Mitteleuropa. Im Mittelmeerraum mußten die 1264 vom Papst mit dem normann.-stauf. Süditalien belehnten Anjou nach der sog. Sizilian. Vesper (1282) ihr Reich mit den Aragonesen teilen u. konnten ihre Vormacht nicht aufrechterhalten.

Zum Träger überseeischer Entdeckungsfahrten wurden die iber. Reiche Portugal u. Spanien. Zu Land waren erste Entdeckungsreisen schon vom Mongoleneinbruch (1240/1241) veranlaßt worden u. hatten in der Chinafahrt Marco Polos ihren Höhepunkt. Dann hatte die Monopolisierung des Indienhandels durch die ägypt. Mamluken (1429) die Suche nach einer Passage durch den Atlantik notwendig gemacht.

Im übrigen vollzog sich der Übergang zur Moderne im Spät-MA in verschiedenen Erneuerungsbewegungen. Der Cluniazens. Reform des 10. u. 11. Jh. setzte sich nach der Wiederentdeckung des Eremitenideals (um 1000) der 1119 bestätigte Zisterzienserorden entgegen u. die zisterziens. Mystik eines Bernhard von Clairvaux dem Rationalismus der Scholastik. Dann prägte die von den Bettelorden der Franziskaner u. Dominikaner propagierte Armutsbewegung die Frömmigkeit des Spät-MA weiterhin. Wie die konziliarist. Kirchenreform scheiterte auch die vielfach in Traktaten (z. B. *Reformatio Sigismundi* 1439) diskutierte Reichsreform. Immerhin modernisierte die prakt. Rezeption des röm. Rechts im 15. Jh. das Gerichtswesen.

Die kulturelle Erneuerung vollzog die um 1300 in Italien einsetzende Renaissance. Mit ihr verband sich ein neues, an der antiken Kultur orientiertes Lebens- u. Wissenschaftsideal (Humanismus). Für die Verbreitung sorgte die wohl wichtigste Erfindung dieser Zeitenwende, der Buchdruck (um 1455), oft als Periodengrenze zwischen MA u. Neuzeit genannt.

Mittelamerika → Lateinamerika.

mittelamerikanische Kulturen, die altamerikan. Kulturen im Gebiet des heutigen Mexiko, Guatemala, Honduras, Nicaragua, Costa Rica u. Panama. Diese Gebiete waren zur Zeit der span. Eroberung von verschiedenen indian. Völkern u. Stämmen mit unterschiedl. Kulturniveau bewohnt. Die m.n K. sind nur z. T. aus schriftl. Zeugnissen der indian. Völker u. der span. Eroberer zu erschließen. Sie werden heute in der allg. Kulturentwicklung entsprechende Abschnitte gegliedert: 1. die durch den Gebrauch von primitivem Steinwerkzeug gekennzeichnete frühe Jagd- u. Vorackerbauerzeit; 2. die vorklass. (archaische oder formative) Periode mit intensivem Ackerbau, Töpferei, kleinen Weilern u. religiösen Zentren, von denen wahrscheinlich polit. Macht ausging; 3. die klass. Zeit (Stadtgründungen, Aufkommen von Territorialstaaten, Differenzierung der keram. Stile, Kunst u. religiöse Symbolik); 4. die bis zur Eroberung durch die Spanier reichende nachklass. Periode (Vergrößerung der weltl. Macht, Errichtung von Festungsanlagen).

Zwischen 20 000 u. 15 000 v. Chr. bewohnten steinzeitl. Jägervölker das Hochtal von Mexiko (Funde von Tepexpan u. Santa Ana). Ihnen folgte eine Kultur, die neben der Jagd das Sammeln von Samen der Wildpflanzen kannte, für ihre Zubereitung Mahl- u. Reibsteine benutzte u. in Höhlen (Sierra de Tamaulipas) oder einfachen Hütten lebte. Ihnen folgten seit etwa 1500 v. Chr. archaische Kulturen mit Feldbau (Mais, Bohnen, Kürbis, Chili, Tomate, Birne, Pfefferminze), Aufzucht von Hund u. Truthahn, Weberei (Agavenfasern) u. Töpferei. Ein Teil der Bevölkerung lebte in kleinen Dörfern, deren Strohdachhütten lehmbeworfene Flechtwände hatten; ein anderer Teil konzentrierte sich in den allmähl. entstehenden größeren religiösen Zentren mit steinverkleideten Pyramiden, Zeremonial- u. Ballspielplätzen u. a. öffentl. Bauten. Ob diese Zentren, von denen die Dörfer abhängig waren, auch polit. Einheiten bildeten oder nur religiöse Zentren waren, ist nicht zu sagen, doch ging eine gewisse Macht von ihnen aus. Eins dieser Zentren war *La Venta* an der mexikan. Golfküste. Nach ihm wurde die älteste u. wohl einflußreichste Hochkultur Mittelamerikas benannt (*La-Venta-Kultur*, etwa 800–400 v. Chr.). Im Hochtal von Mexiko war die von der La-Venta-Kultur beeinflußte Kultur von *Tlatilco* die wichtigste unter den archaischen Kulturen (El Arbolillo, Ticomán, Zacatenco). Um 500 v. Chr. wurde die Rundpyramide von Cuicuilco als ältestes größeres Bauwerk des Hochlands errichtet.

Um 200 v. Chr. trat hier die klass. Kultur von *Teotihuacan* (Blüte um 500 n. Chr.) hervor. Sie beeinflußte weite Teile Mittelamerikas u. stellte die kulturelle Hegemonie Zentralmexikos für die Zeit bis zur span. Eroberung sicher. Mittelpunkt eines Reiches war die Stadt Teotihuacan.

Teotihuacan wurde um 650 durch Brand, wahrscheinlich von den aus dem nordmexikan. Steppengebiet kommenden *Otomi* zerstört. Ihre Herrschaft brach schon bald unter dem Ansturm der *Nahua-Völker* zusammen. Diese brachten einige Jahrhunderte (7.–10. Jh.) der Unruhe, zerstörten die alten Staaten u. schufen neue, die meist schnell wieder untergingen. Künstlerisch u. kulturell brachte diese Zeit einen Rückschritt, wenn auch einzelne Erzeugnisse neue Höhen erreichten, wie die Steinreliefs der *Tolteken* u. die polychrome Töpferei der *Mixteken*. Doch verbreiteten die Nahua durch ihre militär. u. polit. Expansionen das reiche Erbe der älteren Kulturen über das ganze Land.

Die Tolteken, die im 10. Jh. in das Hochtal

Völker und Kulturen Mittelamerikas

von Mexiko einbrachen, waren bis zur Mitte des 12. Jh. politisch u. kulturell führend. Nach dem Untergang ihrer Hptst. Tula (um 1160) folgten neue Nahua-Gruppen, die auf den Trümmern des toltek. Reichs ihre meist kurzlebigen Kleinstaaten errichteten. Eine der letzten dieser Gruppen waren die *Azteken*, die 1370 ihre Hptst. *Tenochtitlán* gründeten u. durch geschickten Handel u. siegreiche Kriege innerhalb eines Jahrhunderts zum beherrschenden Volk u. Träger eines mächtigen Reichs im Hochtal von Mexiko wurden, das erst mit der Eroberung durch die Spanier endete (1521 Zerstörung Tenochtitláns).
Viele der Kunstwerke, bes. die farbenprächtigen Bilderhandschriften, die die Spanier von den Azteken erbeuteten, waren jedoch Erzeugnisse der *Mixteken* (*Mixteca-Puebla-Kultur*, etwa 800 bis 1521). Ihre Hptst. *Cholula* lag im O u. SO des Hochlands. Sie traten um 1100 die Nachfolge der *Zapoteken* (Blütezeit 3.–5. Jh.) in deren Zentren *Mitla* u. *Monte Albán* an. An der mexikan. Golfküste blühte zu dieser Zeit die klass. Kultur von *Veracruz* (*Tajín-Kultur*, etwa 300–650). Hauptsitz war die heutige Ruinenstadt *El Tajín*; sie war zur Zeit der span. Eroberung vom Volk der *Totonaken* bewohnt.
Schon sehr früh bestanden Beziehungen zwischen Monte Albán, der Golfküste u. der älteren *Maya-Kultur* im südöstl. Mexiko, im Staat Chiapas u. in der Landschaft Petén in Guatemala (etwa 500 v. Chr.–900 n. Chr.). Der Kulturbereich der Tiefland-Maya der hochklass. Zeit (etwa 600–850) war in zahlreiche kleine Herrschaftsgebiete aufgespalten, die kulturell zwar miteinander verbunden waren, sich aber heftig befehdeten. An ihrer Spitze standen erbl. Fürsten, die von einem reichen Zeremoniell umgeben waren (dargestellt auf einem Wandgemälde in Bonampak). Hofhaltung u. religiöse Zeremonien erforderten viele Gegenstände, die durch spezialisierte Handwerker hergestellt wurden. Sie lebten in Städten u. bildeten zusammen mit den Hofbeamten u. der Priesterschaft eine gegenüber den einfachen Bauern der Dörfer u. Weiler kulturell fortgeschrittene Gruppe. Zeremonialzentren, in denen die architekton. ausgereiftesten Bauten standen, waren Tikal, Copán, Palenque, Piedras Negras, Quiriguá, Bonampak, Uxmal, Kabah, Labná, Chichén Itzá u. Zaculeu. Aus noch ungeklärten Gründen (soziale Unruhen, Luxus der Oberschicht) ging die ältere Maya-Kultur im Regenwald des Zentralgebiets im 10. Jh. unter, erlebte jedoch unter mexikan.-toltek. Einfluß eine Renaissance auf der Halbinsel Yucatán (bis 1524). Das Gebiet der Hochland-Maya (heute noch Quiché-Maya) zeigt einfachere Züge, ist aber archäolog. noch wenig erforscht. Immerhin fanden sich hier in *Kaminaljuyú* die älteste Stadtanlage Amerikas u. die ältesten Zeugnisse der Maya-Kultur aus vorklass. Zeit.
Im südl. Mittelamerika gab es zahlreiche kulturell unterschiedl. Gruppen, entstanden durch Einwanderungen u. Einflüsse von N u. S. Das besser als die umgebenden Regionen bekannte Groß-Nicoya (Nicoya-Halbinsel, Nord-Guanacaste in Costa Rica, Isthmus von Rivas u. Ometepe-Insel in Nicaragua) blühte in vorklass. Zeit, als ein enger Kontakt zur La-Venta-Kultur bestand (bildförmige Anhänger, sorgfältige Oberflächenbehandlung von Jadeschnitzereien), u. dehnte sich zwischen 300 u. 500 erheblich aus. Polychrome Malerei kam mit der Einwanderung der *Chorotegen* aus Mexiko auf. Ihre Steinmetzkunst u. die der *Guetar* bevorzugte Reibsteine in Tiergestalt aus tuffigem Gestein. Die polychrome Malerei von Groß-Chiriqui u. der weiter südl. gelegenen panames. Gebiete geht dagegen auf eine Einwanderung von Chibcha sprechenden Gruppen aus dem S zurück. Sie führten auch die Kenntnis der Goldbearbeitung u. der Negativmalerei ein. Dabei kam es zu einer starken Aufsplitterung in zahlreiche Stile. Bes. charakteristisch sind stilisierte Goldadler mit ausgebreiteten Schwingen, die wohl Würdezeichen von Häuptlingen waren. Zentrum war die *Coclé-Kultur* an der pazif. Küste von Panama. In der 2. Hälfte des 1. Jahrtausends bestanden in Coclé mehrere Territorialstaaten, deren Fürsten u. Adel in reich ausgestatteten Gräbern bestattet wurden.

Mittelmächte, auch *Zentralmächte*, Dtschld. u. Österreich-Ungarn, dann auch deren Verbündete, die Türkei u. Bulgarien, im 1. Weltkrieg.

Mittelmeer-Abkommen, am 12. 2. 1887 zwischen England, Österreich-Ungarn u. Italien auf Betreiben *Bismarcks*, der damit England indirekt an den Dreibund heranführen wollte, abgeschlossen zur Aufrechterhaltung des bestehenden Zustands im Mittelmeerraum u. in Europa u. zur Stärkung Österreichs gegenüber Rußland; 1896 erloschen, da England die Erneuerung ablehnte.

Mittelpaläolithikum, der mittlere Abschnitt der → Altsteinzeit.

Mittelstaaten, eine Staatengruppe im *Dt. Bund* des 19. Jh., die zwischen den Großmächten Österreich u. Preußen eine Politik der dritten Kraft *(Trias)* zu betreiben suchte: Bayern, Württemberg, Baden, Hessen-Darmstadt, Sachsen, Hannover.

Mittelsteinzeit, *Mesolithikum*, *Epipaläolithikum*, die Epoche zwischen der *Altsteinzeit (Paläolithikum)* u. der *Jungsteinzeit (Neolithikum)*. Die M. fällt in die Nacheiszeit (9.–5. Jahrtausend v. Chr.). Von einigen Forschungsschulen wird sie dem Paläolithikum als *Endpaläolithikum*, von anderen dem Neolithikum als *Protoneolithikum* zugeordnet.
Gegenüber der eiszeitl. Altsteinzeit hatte sich die Umwelt der M. stark verändert. Die zunehmende Bewaldung brachte es mit sich, daß die eiszeitl. Tiere nach N hin abwanderten (Rentiere) oder ausstarben (z. B. Mammut) u. dafür Standwild wie Reh u. Hirsch einwanderte. Dies brachte eine veränderte Lebensweise mit sich. Zwar bildeten weiterhin die Jagd auf Tiere u. das Sammeln von Wildfrüchten die Grundlage zur Ernährung, jedoch wurde das reine Nomadentum der eiszeitl. Jäger durch eine verstärkte Seßhaftigkeit ersetzt. Charakteristisch für die M. ist die starke saisonale Nutzung der Küsten, wie gewaltige *Muschelhaufen* aus dieser Zeit entlang der Küsten belegen. In dieser Zeit kann man die ersten größeren Friedhöfe nachweisen (Portugal, Frankreich, Südrußland), so daß auf ein ausgeprägteres Gemeinschaftswesen geschlossen werden kann. Soweit Siedlungen nachgewiesen werden konnten, bestanden sie aus kleineren Reisighütten u. Zelten.
Bei den Bestattungen waren Einzel- u. Kollektivbestattungen möglich, die in der Regel mit Rötel u. Zierstücken, überwiegend Muscheln u. Schnecken, verziert waren. Ebenso treten rituelle Kopfbestattungen (Ofnethöhle) auf.
Die mittelsteinzeitl. Kulturen werden nach ihrem Geräteinventar aufgeteilt. Im Vergleich zu den älteren steinzeitl. Kulturen werden die Geräte kleiner *(Mikrolithen)*. Daneben treten aber auch erstmals Grobgeräte wie Kernbeil u. Spalter auf. Ein reicher Bestand aus organischem Material wie Holzgeräte u. Netze hat sich in Moorfunden erhalten. Zu den wichtigsten Waffen zählen Pfeil u. Bogen, wobei die Pfeile mit winzigen Mikrolithen besetzt waren. Wichtigste Kulturen der M. sind das *Tardenoisien* u. das *Sauveterrien* in Westeuropa, das *Capsien* u. *Oranien* in Nordafrika, die *Maglemose-* u. *Ertebölle-Kultur* in Nordeuropa u. die *Kunda-Kultur* in Osteuropa. Im Vorderen Orient belegt die *Natufien-Kultur* den Übergang von der M. zu Jungsteinzeit.

Mitterrand [mitɛ'rã], François, französ. Politiker, *26. 10. 1916 Jarnac, Dép. Charente,

François Mitterrand; 1982

† 8. 1. 1996 Paris; Jurist u. Verleger; nach der Flucht aus dt. Gefangenschaft in der französ. Widerstandsbewegung, 1943 in der Exilregierung, Mitgl. linksliberaler Gruppierungen, seit 1947 Min. verschiedener Ressorts (u. a. Innen-Min., Justiz-Min.). In den Präsidentschaftswahlen 1965 u. 1974 kandidierte M. erfolglos für die Linksparteien. 1971–1981 war er Erster Sekretär der neuformierten Sozialist. Partei. 1981–1995 Staats-Präs; innenpolitisch nahm M. ein Reformprogramm in Angriff, außenpolitisch betonte er die Souveränität Frankreichs.

Mixcoatl, toltekisch-chichimekischer Herrscher, residierte um 1100 n. Chr. in Colhuacán; nach seiner Ermordung wurde er als Jagdgott verehrt u. war in dieser Eigenschaft eine Hauptgottheit der *Chichimeken*. Sein Name („Wolkenschlange") bezieht sich auf die Milchstraße; bei den Tlaxcalteken u. im alten *Cholula* war er unter dem Namen *Camaxtli* bekannt; sein Sohn u. Nachfolger *Ce Acatl Topiltzin* wurde später zum sagenhaften *Quetzalcoatl* („Federschlange").

Mixteken, mexikan. Indianerstamm, Zweig der otozapotek. Sprachfamilie, besiedelt die Bergregion der Mixteca alta u. das Tal von Oaxaca. Durch den Zusammenschluß der

Mixteken: Bilderhandschrift aus dem Wiener Codex Mexicanus

mixtek. Stadtstaaten um 1000 n. Chr. begann eine hohe Blüte des Kunsthandwerks. Die M. sind neben anderen mexikan. Stämmen Hauptgestalter u. Träger des *Mixteka-Puebla-Stils*. Bekannt sind die polychrom bemalten Keramiken, die außergewöhnl. Goldarbeiten verraten in der Technik Kontakt zu Mittelamerika; von den vorspan. Bilderhandschriften der M. sind noch sieben erhalten, darunter der *Codex Borgia*; Bein- u. Holzschnitzereien sowie Türkismosaike höchster Qualität fanden sich hauptsächlich in den Gräbern auf dem *Monte Albán*, Zentrum der benachbarten *Zapoteken*, den die M. um 1000 n. Chr. eroberten, ebenso wie um 1300 auch deren zweite Hptst. *Mitla*, die sie architektonisch umgestalteten. Die Geschichte der mixtekischen Dynastie ist ab 695 n. Chr. gut dokumentiert. Hervorragender Herrscher war König Acht-Hirsch-Tigerpranke. 1506 wurden die M. bis auf ein kleines Fürstentum an der pazifischen Küste von den *Azteken* unterworfen, beeinflußten diese in künstler. Hinsicht jedoch wesentlich. Noch heute sprechen im alten Siedlungsgebiet rd. 200 000 Indianer mixtekisch.

Moawija I., *Mu'awiya*, Kalif 661–680, *um 603 Mekka, †April 680 Damaskus; Begründer der Omajjadendynastie; entstammte der in Mekka führenden Familie der *Banu Omajja*, die Mohammed ursprünglich sehr feindlich entgegentrat.

Mobutu, Sese Seko Kuku (bis 1972 Joseph-Désiré M.), zairischer Politiker, *14. 10. 1930 Lisala (Belg.-Kongo), †7. 9. 1997 Rabat; 1948–1956 in der belg. Kolonialarmee, später Journalist; schloß sich 1958 der Kongoles. Nationalbewegung (MNC) P. *Lumumbas* an, der ihn nach Gewinnung der Unabhängigkeit 1960 zum Oberst u. Stabschef der Armee ernannte. M. übernahm durch Staatsstreich im gleichen Jahr die Regierung, gab sie aber 1961 an zivile Politiker zurück. 1965 machte er sich durch einen zweiten Staatsstreich zum Präs. der Republik. Er liquidierte seine Gegner u. baute durch mehrere Verfassungsänderungen seine Macht aus. Mit Hilfe der von ihm beherrschten Einheitspartei „Mouvement Populaire de la Révolution" (MPR) u. unter der Ideologie einer „afrikan. Authentizität" errichtete M. ein korruptes u. grausames Regime. 1997 wurde er gestürzt.

Moçambique MOC

Republik Moçambique

Fläche: 801 590 km². – *Einwohner:* 15,8 Mill. – *Hauptstadt:* Maputo. – *Landessprachen:* Portugiesisch, Suaheli, Bantu-Sprachen. – *Nationalfeiertag:* 25. 6. – *Währung:* 1 Metical = 100 Centavos. – *Lage:* zwischen 10°27′ und 26°52′ s. Br. sowie 30°12′ und 40°51′ ö. L. – *Zeitzone:* Mitteleuropäische Zeit + 1 Std. – *Grenzen:* im N Tansania, im O Indischer Ozean, im S Swasiland, im SW Südafrika, im W Simbabwe, Sambia und Malawi. – *Staatsform:* präsidiale Republik.

Die Kenntnisse über die vorkoloniale Geschichte des Landes sind äußerst dürftig; sie stammen seit dem 9. Jh. aus arab. Quellen u. werden ergänzt durch archäolog. Funde. Das Küstenland wurde bis zur Eroberung durch die Portugiesen „Sandsch" (Land der Schwarzen?) genannt. Wahrscheinlich waren die Bewohner Bantumischlinge. Zwischen dem 9. u. 13. Jh. verbreitete sich die Technik der Bearbeitung von Metall, vor allem Eisen. Im Hinterland (Rhodesien) lag die Hptst. des *Monomotapa-Reichs*, u. Gebiete des heutigen M. gehörten diesem Reich an, u. a. die Hafenstadt *Sofala*, die Exportplatz für Gold, Elfenbein, Bernstein u. Felle war.

1505 besetzten Portugiesen die Küste, drangen in das Landesinnere vor u. eroberten allmählich das Reich des Monomotapa. Es wurde zunächst vom Vizekönig von Goa verwaltet, unterstand aber seit Anfang des 17. Jh. einem eigenen Gouverneur u. wurde 1752 Kolonie. Nach 1880 verlor Portugal einen Teil seines Einflußbereichs in Ostafrika (Rhodesien, Malawi) an Großbritannien; auf der Berliner Kongo-Konferenz wurden die Grenzen M.s endgültig festgelegt. Nach dem 1. Weltkrieg setzte verstärkt die Einwanderung von Weißen ein. Die wirtschaftl. Erschließung des Landes begann erst nach 1930. 1951 wurde M. zur Überseeprovinz erklärt, 1961 erhielten alle Bewohner portugies. Bürgerrecht.

Bald nachdem die ersten Kolonialgebiete in Afrika unabhängig geworden waren, wurde die Befreiungsbewegung *Frelimo* („Frente de Libertação de M.") 1962 im Exil (Tansania) gegründet, wenig später von der *OAU* (Union für afrikan. Einheit) anerkannt u. von zahlreichen kommunist. Staaten unterstützt (u. a. von der UdSSR u. China). Mit Hilfe einiger Stämme begann die Frelimo den Unabhängigkeitskampf gegen die Kolonialmacht u. brachte die nördl. Provinzen unter ihren Einfluß. Nach der Umwälzung in Portugal erhielt M. 1974 die Unabhängigkeit.

Schon vor dem Unabhängigkeitstag am 25. 6. 1975 begann der Exodus der weißen Bevölkerung. Staats-Präs. wurde S. *Machel*, der Führer der Frelimo nach der Ermordung von E. *Mondlane*. Machel proklamierte M. zur Volksrepublik, benannte die Hptst. Lourenço Marques in Maputo um u. begann mit der Verstaatlichung von Wirtschaft u. Banken u. der Umerziehung der Bevölkerung zum Sozialismus u. Kommunismus. Die Frelimo wurde zur marxist. Einheitspartei umgebildet. Wirtschaftsprobleme u. Hungersnöte erzwangen Mitte der 1980er Jahre eine vorsichtige Annäherung an den Westen. 1984 schloß M. mit Südafrika einen „Nichteinmischungsvertrag". Trotzdem unterstützte Südafrika weiterhin die antimarxist. Rebellenbewegung *Renamo*, die das Frelimo-Regime seit der Unabhängigkeit in einem blutigen Guerillakrieg bekämpfte. Dem tödlich verunglückten Machel folgte 1986 J. A. *Chissano* als Staats-Präs. Er leitete seit 1989 eine Liberalisierung des marxist. Einparteiensystems ein. 1990 trat eine demokrat. Verfassung in Kraft. Die Volksrepublik M. wurde zur Republik. 1992 unterzeichneten Chissano u. der Renamo-Führer A. *Dhlakama* ein Friedensabkommen. UNO-Truppen überwachten die Einhaltung des Abkommens. 1994 fanden freie Parlaments- u. Präsidentschaftswahlen statt, bei denen Chissano im Amt bestätigt wurde.

Moche-Kultur ['motʃə-], *Muchik-*, oder *Mochica-Kultur*, eine altindian. Hochkultur an der Nordküste von Peru, die die Täler von Pacasmayo, Chicama, Moche, Virú, Santa u. Nepeña von 200–700 n. Chr. beherrschte. Kultzentrum war der namengebende Ort Moche, unweit der heutigen Stadt Trujillo; hier steht das größte M.-Bauwerk, die *Huaca del Sol* (Sonnenpyramide), deren Tempel aus Holz auf der oberen Plattform zerfallen sind. In der Nähe liegt die *Huaca de la Luna* (Mondpyramide), ein Adobebau, vermutlich Palast einer aristokrat. Familie. Die Staatsform des Moche-Reiches war theokratisch, die Gesellschaft stark geschichtet, mit differenzierter Arbeitsteilung. Wirtschaftl. Grundlage war ein intensiver Bewässerungsfeldbau mit einem Kanalverbundsystem über mehrere Täler; daneben gab es Fischfang u. Jagd. Ein ausgedehnter Handel mit dem Hochland galt vor allem dem Erwerb von Lamawolle.

Kopf eines betrunkenen Kriegers, Tonplastik der Moche-Kultur

Mock, Alois, österr. Politiker (ÖVP), *10. 6. 1934 Euratsfeld, Niederösterreich; Jurist; 1966–1969 Kabinettchef des Bundeskanzlers Josef Klaus; 1969/70 Unterrichtsminister; seit 1971 Abg. zum Nationalrat; 1971 Obmann des österr. Arbeiter- u. Angestelltenbundes (ÖAAB), 1978 Obmann des ÖVP-Klubs (d. h. der Parlamentsfraktion) im Nationalrat, 1979–1989 Obmann (Parteivorsitzender) der ÖVP; 1987–1989 Vizekanzler u. 1987–1995 Außenminister in der Regierung der Großen Koalition (SPÖ u. ÖVP).

Moctezuma, aztek. Herrscher, → Motecuzoma.

Modrow, Hans, Politiker (SED/PDS), *27. 1. 1928 Jasenitz, Krs. Ueckermünde; Schlosser; seit 1949 Mitgl. der SED/PDS; 1967–1989 Mitgl. des ZK der SED; 1973–1989 1. Sekretär der SED-Bezirksleitung Dresden; 1989 Mitgl. des Politbüros der SED u. 1989/90 Vors. des Ministerrats der DDR; 1990–1994 MdB; wegen Anstiftung zur Wahlfälschung 1995 zu einer neunmonatigen Haftstrafe auf Bewährung u. wegen fahrlässigen Meineids 1996 zu einer zehnmonatigen Haftstrafe auf Bewährung verurteilt.

Mogollon-Kultur [engl. mʌgi'ɔun-], eine altindianische Kultur im SO Arizonas, im SW New Mexicos u. im N Chihuahuas (Mexiko) in der Zeit von 100 v. Chr. bis um 1500 n. Chr.

Mogul [mongol., pers.], *Moghul*, Angehöriger der 1526–1858 in Delhi herrschenden islam. Dynastie mongol. Abstammung. Der Gründer des M.-Reichs war *Babur*; der Höhepunkt wurde unter *Akbar* erreicht. Seit 1707 war die Macht der M.n stark eingeschränkt.

Mohács ['mohaːtʃ], Stadt im S von Ungarn, an der Donau, 21 000 Ew.

Aufgrund der Niederlage Ludwigs II. von Ungarn gegen die Türken bei M. am 29. 8. 1526, geriet Ungarn für 150 Jahre unter die Herrschaft der Osmanen. – Die türk. Niederlage bei M. am 12. 8. 1687 beendete die osman. Herrschaft über Ungarn.

Mohammed [auch 'moː-], *Mahomed*, eigentl. *Abul Kasim Muhammad Ibn Abdallah*, der Begründer des *Islams*, *um 570 Mekka, †8. 6. 632 Medina; aus verarmter Familie, zunächst Kaufmann im Geschäft seines Onkels *Abu Talib*, seit 595 mit der wohlhabenden Witwe *Chadidscha* verheiratet. Durch Offenbarungen ekstatischer Art – die die Bekanntschaft mit jüd. u. christl. Vorstellungen zeigen – wurde er (etwa 610) aus seinem bisherigen Lebenskreis herausgehoben. Inhalt der Offenbarungen war das Erlebnis des einen willensmächtigen Gottes *(Allah)* u. dessen bevorstehendes Kommen zum Gericht. Der starke Widerstand der Mekkaner gegen seine nach der Berufung beginnende Lehrtätigkeit zwang ihn 622 zur Auswanderung nach Medina *(Hedschra)*, wo er infolge der polit. Uneinigkeit der Beduinenstämme Anhang gewinnen u. als straffer polit. Organisator seine Offenbarungslehren ausgestalten konnte. M. verstand sich als Prophet, der die Offenbarung Gottes in arab. Sprache *(Koran)* zu bringen habe, um das private u. öffentl. Leben unter der Voraussetzung des „einen" Gottes zu erneuern. 630 konnte M. im „heiligen Krieg" den Angriff auf das zum Heiligtum erklärte Mekka wagen u. siegreich durchführen. Die daraus folgende Unterwerfung ganz Arabiens erlebte M. nicht mehr. Sein Grab befindet sich in der Moschee von Medina. In der abendländ. Überlieferung ist das Leben M.s vielfach polemisch entstellt, in der islamischen früh legendar ausgestaltet worden.

Mohammed, [auch 'mo:-], Fürsten. Afghanistan: **1.** *M. Zahir, M. Sahir,* König (Schah) 1933–1973, * 30. 10. 1914 Kabul; Sohn des ermordeten *Nadir Schah*; 1973 gestürzt.
Ägypten: **2.** *M. Ali, Mehmed Ali,* erblicher Statthalter (Vizekönig) von Ägypten 1805–1848, * 1769 Kawála, Makedonien, † 2. 8. 1849 Kairo; Begründer des bis 1952 in Ägypten regierenden Königshauses; beendete die Herrschaft der Mamluken.
Iran: **3.** *M. Riza (Resa) Pahlewi,* Schah von Iran 1941–1979, * 26. 10. 1919 Teheran, † 27. 7. 1980 Kairo; Nachfolger seines entthronten Vaters Riza; führte die von diesem begonnene Modernisierungspolitik fort (Agrarreform, Industrialisierung, Frauenemanzipation); lehnte sich außenpolitisch eng an die USA an; stieß wegen seiner diktator. Herrschaft u. seiner Tendenz zur „Verwestlichung" auf wachsenden Widerstand; verließ während der von orthodox-islam. Kräften beherrschten Revolution am 15. 1. 1979 das Land. Autobiographie „Mission for my country" 1961.
Libyen: **4.** *M. I. Idris As Senussi* → Idris I.
Marokko: **5.** *M. V. Ben Jussuf,* Sultan 1927 bis 1957, König 1957–1961, * 1910 Fès, † 26. 2. 1961 Rabat; zeigte nach 1930 Sympathie für die Nationalbewegung, forderte 1947 die Unabhängigkeit für sein Land, wurde 1953 von den Franzosen für abgesetzt erklärt u. verbannt, mußte jedoch 1955 nach Marokko zurückgeholt werden. Nach Erlangung der Unabhängigkeit Marokkos wurde er zum König proklamiert.
Osmanisches Reich: **6.** *M. II.* → Mehmed (2).
7. *M. IV.* → Mehmed (3).
8. *M. V.* → Mehmed (4).
9. *M. VI.* → Mehmed (5).
Somalia: **10.** *M. Ibn Abdullah Hassan,* der *Somali-Mahdi,* engl. *the Mad Mullah,* „der verrückte Mullah", * um 1860, † 23. 11. 1920 Dimtu; begann 1895 mit religiös-polit. Wirksamkeit, 1899 mit Angriffen auf die Engländer; 1901–1905 nach Italien.-Somaliland vertrieben; kämpfte seit 1913 erneut gegen die Engländer, die ihn 1920 besiegten.
Sudan: **11.** *M. Ahmed* → Mahdi (2).

Mohammed entfernt mit seinem Vetter und Schwiegersohn Ali die Götzenfiguren aus der Kaaba in Mekka; Illustration aus dem „Raudat as-Safa" des Mir Havand; Iran, um 1585. Berlin, Museum für Islamische Kunst

Mohenjo-Daro [engl. məu'hɛndʒəu 'da:rəu; ind.-Sindhi, „Ort der Toten"], *Mohendscho-Daro,* neben *Harappa* die wichtigste ausgegrabene Stadt der *Induskultur* am Indus in Sindh (Pakistan); etwa zwischen 2300 u. 1750 v. Chr. besiedelt. Die Anlage hatte einen Umfang von fast 5 km u. wurde durch eine Zitadelle aus gebrannten Ziegeln beherrscht. Die Stadt unterhalb war schachbrettartig angelegt u. verfügte über eine gut ausgebaute Kanalisation. Wichtige Funde: Bronze- u. Steatit-Statuetten, Siegel mit hochstilisierten Tier- u. figürl. Darstellungen u. Schriftzeichen, deren Entzifferung noch am Anfang steht.

Moi, Daniel Arap, kenian. Politiker, * 1924 Sacho, Distrikt Baringo; Lehrer; 1967–1978 Vize-Präs.; seit 1978 Staats-Präs.

Molay [mɔ'lɛ], Jacques de, *Jakob von M.,* letzter Großmeister des Templerordens, * um 1243 Molay, Burgund, † 19. 3. 1314 Paris; wurde 1307 verhaftet u. durch Folter zu falschen Geständnissen gezwungen; zunächst zu lebenslängl. Haft verurteilt; nach Widerruf seiner Geständnisse auf dem Scheiterhaufen verbrannt.

Moldau, rumän. *Moldova,* Landesteil im NO Rumäniens, zwischen Bessarabien u. Siebenbürgen.
1359 selbständiges Fürstentum, im 14. Jh. von Polen lehnsabhängig, im 15. Jh. der Türkei tributpflichtig, 1511 unter türk. Oberhoheit; im 16. u. 17. Jh. unter den einheim. *Gospodaren,* im 18. u. 19. Jh. in den russ.-türk. Kriegen wiederholt von Rußland besetzt, 1829 autonom unter russ. Schutzherrschaft; 1859 mit dem Fürstentum *Walachei* verbunden u. 1861 als → Rumänien unter der Herrschaft des Bojaren A. J. *Cuza* vereinigt.

Moldova MD

Republik Moldova

Fläche: 33 700 km². – *Einwohner:* 4,4 Mill. – *Hauptstadt:* Chişinău. – *Landessprache:* Moldauisch. – *Nationalfeiertag:* 27. 8. – *Währung:* 1 Moldau-Leu = 100 Bani. – *Lage:* zwischen 45°28′ und 48°28′ n. Br. sowie 26°42′ und 30°09′ ö. L. – *Zeitzone:* Mitteleuropäische Zeit + 1 Std. – *Grenzen:* in N, O und S Ukraine, im W Rumänien. – *Staatsform:* Republik.

Im 14. Jh. wurde das Gebiet zwischen Pruth u. Dnjestr (das spätere Bessarabien) Teil des Fürstentums Moldau. Seit dem 16. Jh. stand der S Bessarabiens unter türk. Oberherrschaft. 1812 fiel ganz Bessarabien an Rußland. 1918 kam es zum Königreich Rumänien. 1940 zwang die UdSSR Rumänien zur Abtretung des Gebiets. Der südl. Teil wurde der Ukraine angeschlossen, der Hauptteil mit der 1924 gegr. Moldau. ASSR zur Moldau. SSR vereinigt. Während des 2. Weltkriegs kam das Gebiet vorübergehend wieder unter rumän. Herrschaft. Im Pariser Friedensvertrag von 1947 erkannte Rumänien die sowjet. Annexion an. Nationale Bestrebungen konnten sich erst wieder unter M. Gorbatschow regen. 1990 erklärte M. seine Souveränität. Am 27. 8. 1991 wurde die Unabhängigkeit proklamiert. Problematisch entwickelte sich das Verhältnis zwischen der rumän. Bevölkerungsmehrheit u. den Minderheiten der Russen u. Gagausen, die unabhängige Republiken ausriefen. Im überwiegend von Russen bewohnten Transnistrien ist die 14. russ. Armee stationiert.

Möller, Alex, Politiker (SPD), * 26. 4. 1903 Dortmund, † 2. 10. 1985 Karlsruhe; Eisenbahner, Journalist, Gewerkschaftssekretär; seit 1922 Mitgl. der SPD, 1928–1933 MdL in Preußen; seit 1934 in der Versicherungswirtschaft tätig, 1945–1969 Vors. des Vorstands der Karlsruher Lebensversicherung AG; 1946–1961 MdL in Baden-Württemberg, 1961–1976 MdB, 1969–1971 Bundes-Min. der Finanzen, trat zurück, weil er seine Vorstellungen über einen ausgeglichenen Bundeshaushalt nicht durchsetzen konnte. M. schrieb u. a. „Tatort Politik" 1980.

Mollet [mɔ'lɛ], Guy, französ. Politiker (Sozialist), * 31. 12. 1905 Flers de l'Orne, † 3. 10. 1975 Paris; 1946–1969 Generalsekretär der Sozialist. Partei; 1956/57 Min.-Präs., trat für die Berufung de Gaulles zum Regierungschef ein u. war 1958/59 Staats-Min. in dessen Kabinett.

Möllhausen, Balduin, Schriftsteller u. Forschungsreisender, * 27. 1. 1825 bei Bonn, † 28. 5. 1905 Berlin; beschrieb in Reisetagebüchern (z. B. „Tagebuch einer Reise vom Mississippi nach den Küsten der Südsee" 1858) bes. das Pionier- u. Indianerleben Amerikas u. die Südseewelt.

Molokanen [russ., „Milchtrinker"], russ. religiöse Gruppe, im 18. Jh. entstanden. Die M. verstanden sich selbst als die „wahrhaft geistl. Christen" u. verwarfen die Riten der orth. Kirche.

Molosser, ein Hauptstamm des antiken Epirus, mit dem berühmten Orakelheiligtum des Zeus zu *Dodona.* Der König der M. war zugleich *Hegemon* (Führer) des Bundes aller epirotischen Stämme. Ihr geschichtl. Höhepunkt war unter *Pyrrhos* (König 306–302 u. 297–272 v. Chr.).

Molotow, *Molotov,* Wjatscheslaw Michajlowitsch, eigentl. W. M. *Skrjabin,* sowjet. Politiker, * 9. 3. 1890 Kukarka (heute Sowjetsk), † 8. 11. 1986; Gouvernement Wjatka (Kirow); seit 1906 Bolschewik, 1926–1957 Mitglied des Politbüros bzw. Präsidiums der KPdSU; 1930–1941 Vors. des Rats der Volkskommissare (Min.-Präs.), 1939–1949 u. 1953–1956 Volkskommissar bzw. Minister des Auswärtigen, 1953–1956 auch Erster Stellvertr. Min.-Präs., 1956/57 Min. für Staatskontrolle. M. war einer der engsten Mitarbeiter *Stalins.* Er schloß 1939 die dt.-sowjet. Verträge ab, war maßgeblich beteiligt an den Konferenzen von Teheran, Jalta, Potsdam u. bis 1957 an allen Nachkriegskonferenzen. Nach Stalins Tod gehörte er zur herrschenden Führungsgruppe; auf Betreiben N. *Chruschtschows* wurde er 1957 aller wichtigen Ämter enthoben. 1957–1960 war er Botschafter in der Mongolei, 1960–1962 sowjet. Vertreter bei der Internationalen Atomenergie-Organisa-

Kulturgeschichtliche Aspekte des Mönchtums

Die kulturelle Entwicklung des Abendlandes ist ohne die Einflüsse des Mönchtums und des Klosterwesens nicht denkbar. Dabei bildete die dem Ordensleben inhärente Form der geistigen Sammlung und Vertiefung die ideale Voraussetzung für die Förderung von Kultur und Wissenschaft.

Über einen langen Zeitraum der mittelalterlichen Geschichte blieben die Klöster die einzigen Stätten, wo Bildungspflege und Erziehung beheimatet waren. Bereits Benedikt von Nursia, der um 529 Gründer und erster Abt des Klosters auf dem Montecassino wurde, hatte mit der Forderung nach ständiger Anwesenheit im Kloster (stabilitas loci) eine wichtige Voraussetzung für die mönchische Bildungsarbeit geliefert. Die lateinische Formel »ora et labora« (»bete und arbeite«) verwies auf die Pflicht, neben dem Chordienst körperliche und geistige Arbeit zu leisten.

Der Klosterplan von St. Gallen kann als architektonische Umsetzung der von Benedikt vorgegebenen Lehre gelten. Um die durch den Kreuzgang verbundenen Lebensräume der Mönche gruppieren sich all jene Einrichtungen, die das Kloster zu einer in sich geschlossenen Institution machten, so verschiedene Gartenanlagen, Vorratsräume, Bibliothek und Schreibstube. In den klösterlichen Schreibstuben entstanden neben Bibelübersetzungen wertvolle Abschriften antiker Dichter und Philosophen. Dabei wurde die Kunst der Buchmalerei weiter entwickelt. Besonderen Wert legte man auf die Behandlung der Initiale, des kunstvoll gestalteten Anfangsbuchstabens des Textes.

Entscheidendes leistete das Ordenswesen auch auf dem Gebiet der Schulkultur. Die Klosterschulen waren im Mittelalter neben den Domschulen die bedeutendsten Bildungsträger. Hier unterrichteten die Mönche den Nachwuchs der Orden. Zu diesen sogenannten inneren Klosterschulen kamen internatsähnliche äußere Abteilungen, die vornehmlich der Ausbildung junger Laien aus dem Adelsstand dienten. Die angesehensten Klosterschulen fanden sich in St. Gallen, Reichenau, Fulda und Corvey. An die Elementarausbildung im Lesen und Schreiben schloß sich der Unterricht in den Freien Künsten (artes liberales) an. Dazu zählten Grammatik, Rhetorik, Dialektik (trivium) sowie Arithmetik, Geometrie, Musik und Astronomie (Quadrivium). Erst mit der Säkularisierung der Bildung durch die Gründung städtischer Schulen verloren die Klosterschulen an Dominanz. Ihre kulturgeschichtliche Bedeutung bleibt davon jedoch unberührt. *G.M.*

1 *Mönch als Schreiber; Wien, Österreichische Nationalbibliothek.*

2 *Initiale Q mit holzhackenden Mönchen; spätmittelalterliche Handschrift Dijon, Bibliothèque Municipale.*

2

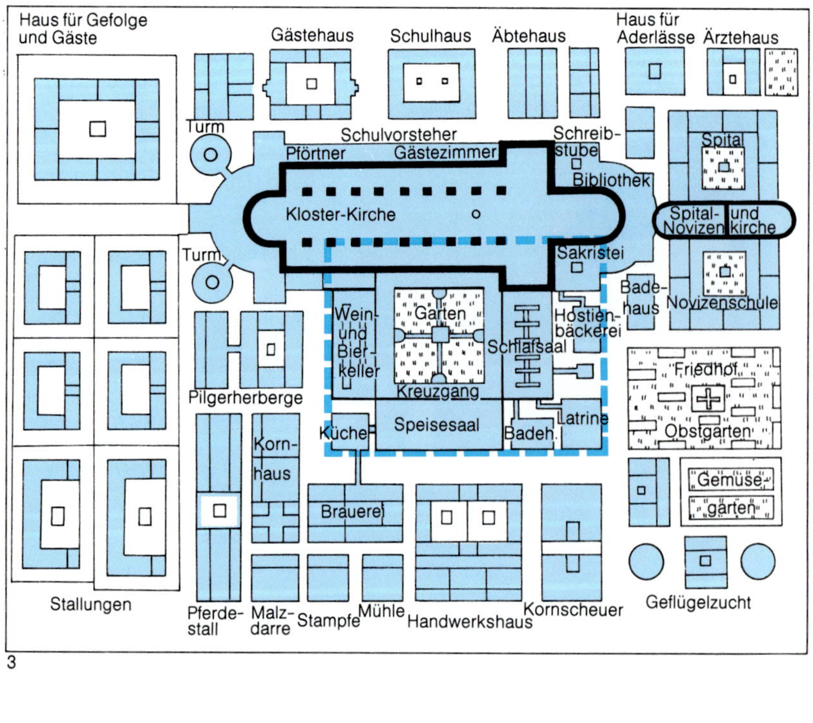

3

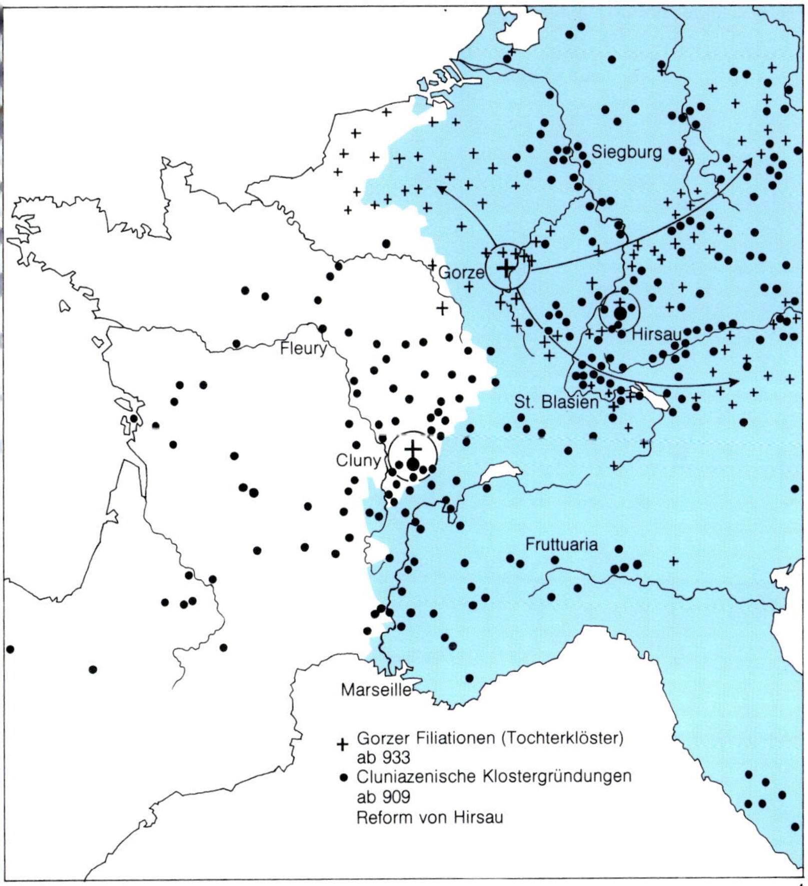

4

6

7

5

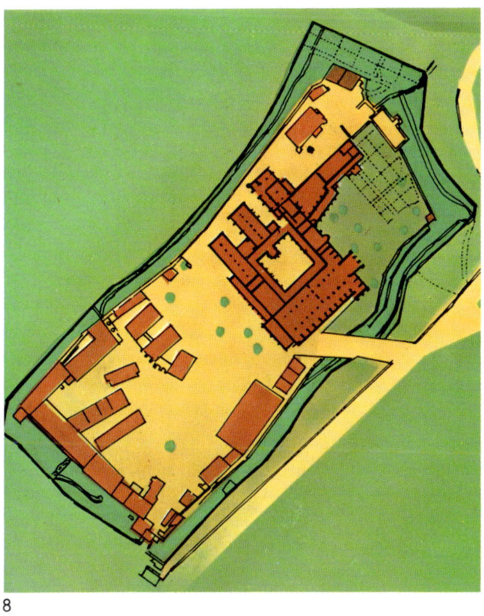
8

3 *St. Gallen, Klosterplan. Die gestrichelten Linien verweisen auf den inneren Lebensbereich der Mönche.*

4 *Cluny, Gorze und Hirsau bildeten die Zentren der Erneuerung des Mönchtums im 11. Jh.*

5 *Luftaufnahme des Klosters Maulbronn (Freig. d. Reg. v. Obb. Nr. G.43/554).*

6 *Taler aus dem Kloster Corvey (1555–1585) und Groschen des Deutschen Ordens (1668). München, Staatliche Münzsammlung.*

7 *Desiderius, der Abt von Montecassino, vor dem heiligen Benedikt, dem Klostergründer; um 1071. Biblioteca Apostolica Vaticana, Rom.*

8 *Klosteranlage Maulbronn, Grundriß.*

Helmuth Graf von Moltke *Theodor Mommsen*

tion in Wien; 1962 wurde er aus der KPdSU ausgeschlossen, 1984 wieder aufgenommen.

Moltke, 1. Helmuth Graf von (1870), preuß. Offizier (1871 Generalfeldmarschall), *26. 10. 1800 Parchim, Mecklenburg, †24. 4. 1891 Berlin; 1819–1822 im dän., danach im preuß. Heeresdienst; seit 1833 im Generalstab; 1836–1839 Instrukteur der türk. Armee; 1858 bis 1888 Chef des preuß. Generalstabs; 1867–1891 Abg. des Reichstags (Deutschkonservativer), seit 1872 erbl. Mitglied des preuß. Herrenhauses. M. war der überragende Heerführer des Dt. Krieges 1866 (Sieg bei Königgrätz) u. des Dt.-Französ. Krieges 1870/71. Seine Erfolge (Motto: „Getrennt marschieren, vereint schlagen") basierten auf seiner Feldherrnkunst u. auf der Ausnutzung der früh erkannten techn. Möglichkeiten des 19. Jh., insbes. der Eisenbahn u. des Telegrafen. Er war der eigentl. Begründer des preuß. Generalstabes. Seine in polit. Krisenzeiten vorgetragenen Präventivkriegspläne u. seine in den Kriegen 1866 u. 1870/71 verfochtene Vernichtungsstrategie führten wiederholt zu Differenzen mit Bismarck, der aber den Primat der polit. Führung durchsetzte.
2. Helmuth von (d. J.), Neffe von 1), Offizier (zuletzt Generaloberst), *25. 5. 1848 Gersdorf, Mecklenburg, †18. 6. 1916 Berlin; 1906 (gegen seinen Willen) Chef des Generalstabs der Armee als Nachfolger A. von *Schlieffens*, nach dessen Plan er die Operationen des 1. Weltkrieges begann. Er verstärkte aber wegen veränderter Bedingungen den linken Flügel auf Kosten des rechten Umgehungsflügels. Bei weiteren Führungsfehlern des kranken u. entschlußlosen M. wurde die Marneschlacht verloren. M. trat am 14. 9. 1914 zurück.
3. Helmuth James Graf von, Großneffe von 1), Widerstandskämpfer, *11. 3. 1907 Kreisau, Schlesien, †23. 1. 1945 Berlin-Plötzensee (hingerichtet); Jurist; 1939–1944 Sachverständiger für Kriegs- u. Völkerrecht bei der Amtsgruppe Ausland/Abwehr des OKW. Um M. bildete sich seit 1940 der *Kreisauer Kreis* als Teil des aktiven zivilen Widerstands gegen das nat.-soz. Regime. M. wurde im Jan. 1944 verhaftet u. nach dem Attentat auf Hitler vom 20. 7. 1944 zum Tode verurteilt.

Mommsen, Theodor, Historiker u. Jurist, *30. 11. 1817 Garding, Schleswig, †1. 11. 1903 Charlottenburg; Schüler B. G. *Niebuhrs* u. J. G. *Droysens*; 1848 als Redakteur in Rendsburg an der Revolution beteiligt; 1848–1851 Prof. in Leipzig (wegen seiner liberalen Einstellung entlassen), 1852–1854 in Zürich, 1854–1858 in Breslau, seit 1861 in Berlin; Abg. im preuß. Landtag 1863–1866 als Mitgl. der Fortschrittspartei, 1873–1879 als Nationalliberaler, im Reichstag 1881–1884 als liberaler Sezessionist; Gegner *Bismarcks*. M. kam über die Rechtswissenschaft zur Geschichte des Altertums. Durch sein „Römisches Staatsrecht" 1871–1888 wurde er der Begründer der systematischen antiken Rechtsgeschichte. 1899 schrieb er das „Römische Strafrecht" u. gab damit der Erforschung des röm. Staats eine neue Grundlage.
Seine umfassende Quellenbenutzung u. exakte Kritik wirkten vorbildhaft auf die Geschichtswissenschaft. In seiner „Römischen Geschichte" (Bd. 1–3 1854–1856, Bd. 5 1885) erwies er sich als Meister der Geschichtsschreibung. Das Werk umfaßt die Zeit bis Cäsar u. sollte gleichzeitig durch die Darstellung vom Aufstieg u. Untergang der röm. Republik im Sinne von M.s liberalen u. nationalen Idealen politisch erziehen. M. war außerdem Hrsg. des „Corpus inscriptionum latinarum" 1863ff. u. der „Auctores antiquissimi" in den *Monumenta Germaniae Historica*. Insgesamt umfaßt sein Werk über 1500 Titel. 1902 erhielt er den Nobelpreis für Literatur.

Monaco MC

Fürstentum Monaco

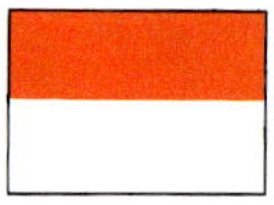

Fläche: 1,95 km². – *Einwohner:* 28 000. – *Hauptstadt:* Monaco. – *Landessprachen:* Französisch, Monegassisch. – *Nationalfeiertag:* 19. 11. – *Währung:* 1 Französischer Franc = 100 Centimes. – *Lage:* bei 43°44′ n. Br. und 7°25′ ö. L. – *Zeitzone:* Mitteleuropäische Zeit. – *Grenzen:* im S Mittelmeer, ansonsten Frankreich. – *Staatsform:* parlamentarische Monarchie.

M. wurde im 5. Jh. v. Chr. von der Kolonie Massalia (Marseille) gegründet. 154 v. Chr. war es den Römern als *Monoeca Herculis portus* bekannt. Im 13. Jh. flüchtete die Guelfenfamilie *Grimaldi* dorthin, die es 1454 unter ihre Herrschaft brachte. 1793 annektierte Frankreich M., das jedoch im Vertrag von Paris (1814) wieder seine Selbständigkeit erlangte. 1815–1860 war es der Schutzherrschaft von Sardinien unterstellt. 1911 erhielt M. durch Fürst *Albert I.* (*1848, †1922) eine Verfassung. M. bildet mit Frankreich, mit dem seit 1918 ein Schutzvertrag besteht, ein einheitl. Zollgebiet. Regierender Fürst ist seit 1949 *Rainier III.* 1993 wurde M. Mitglied der UNO.

Monarchie [grch.], die Staatsform der „Alleinherrschaft" eines *Monarchen* (König, Fürst). Hierbei hat sich das System der Erbfolge in einer Familie gegenüber der Bestimmung durch Wahl durchgesetzt. Die Einzelheiten der Erbfolge (z. B. Beteiligung der weibl. Familienmitglieder, Volljährigkeit, Regentschaft) können entweder durch Gesetz (Großbritannien) oder durch sog. „Hausrecht" (so in Dtschld. bis 1918) festgelegt sein.
Die M. kann eine *absolute* (d.h. in der Ausübung der Staatsgewalt unumschränkte; Absolutismus) oder eine *konstitutionelle* (durch die Verfassung beschränkte, mit Zuständigkeitsteilung zwischen Monarch u. Regierung oder Parlament) sein. Die geschichtl. Entwicklung hat von der absoluten M. zur konstitutionellen geführt (19. Jh.). Jedenfalls weist in den heutigen europ. M.n die Rechtsstellung des Monarchen, abgesehen von gewissen Ehrenrechten, kaum mehr Unterschiede gegenüber derjenigen eines republikan. Staatspräsidenten auf. Im System der modernen Staaten erscheint die M. auch nicht mehr als eine Frage der Staatsform, sondern nur noch der Staatsrepräsentanz,

Monarchien

Land	Staatsform	politisches System
Andorra	Co-Fürstentum	parlamentarische Demokratie
Bahrain	Emirat	absolute Monarchie
Belgien	Königreich	parlamentarische Demokratie
Bhutan	Königreich	Monarchie mit parlamentarischen Ansätzen
Brunei	Sultanat	absolute Monarchie
Dänemark	Königreich	parlamentarische Demokratie
Großbritannien u. Nordirland	Königreich	parlamentarische Demokratie
Japan	Kaiserreich	parlamentarische Demokratie
Jordanien	Königreich	formal konstitutionelle Monarchie mit starker Stellung des Königs
Kambodscha	Königreich	konstitutionelle Monarchie
Katar	Emirat	absolute Monarchie
Kuwait	Emirat	Monarchie mit parlamentarischen Ansätzen
Lesotho	Königreich	konstitutionelle Monarchie
Liechtenstein	Fürstentum	parlamentarische Demokratie
Luxemburg	Großherzogtum	parlamentarische Demokratie
Malaysia	Wahl-Monarchie	parlamentarische Demokratie
Marokko	Königreich	konstitutionelle Monarchie mit starker Stellung des Königs
Monaco	Fürstentum	parlamentarische Demokratie
Nepal	Königreich	Monarchie mit parlamentarischem System
Niederlande	Königreich	parlamentarische Demokratie
Norwegen	Königreich	parlamentarische Demokratie
Oman	Sultanat	absolute Monarchie
Saudi-Arabien	Königreich	absolute Monarchie
Schweden	Königreich	parlamentarische Demokratie
Spanien	Königreich	parlamentarische Demokratie
Swasiland	Königreich	Monarchie mit parlamentarischen Ansätzen
Thailand	Königreich	parlamentarische Demokratie
Tonga	Königreich	konstitutionelle Monarchie mit parlamentarischen Ansätzen
Vatikanstadt	Wahl-Monarchie	absolute Monarchie
Vereinigte Arabische Emirate	Wahl-Monarchie	Föderation absoluter Monarchien

Die folgenden Länder erkennen als Mitgliedstaaten des Commonwealth die britische Krone als Staatsoberhaupt an. Formal sind sie daher Monarchien. Die Funktionen des Staatsoberhauptes übt aber in jedem Falle ein einheimischer Generalgouverneur aus:
Antigua und Barbuda, Australien, Bahamas, Barbados, Belize, Grenada, Jamaika, Kanada, Neuseeland, Papua-Neuguinea, Saint Kitts und Nevis, Saint Lucia, Saint Vincent, Salomonen, Tuvalu.

d.h. der Gestaltung der Staatsspitze. Die aus der Antike stammende Einteilung in M., Aristokratie u. Demokratie (je nachdem, ob ein einzelner, mehrere oder alle die Staatsgewalt ausüben) hat ihren Sinn verloren: die europ. M.n haben wie die Republiken eine demokrat. Ordnung, mithin bilden M. u. Demokratie keine Gegensätze mehr. Wenn dennoch an der M. festgehalten wird, so in der Überzeugung, daß die Krone ein über den Parteiauseinandersetzungen stehender neutraler Pol sein u. damit zur Staatsintegration beitragen kann. Die M. hat sich in Europa gerade dort erhalten, wo der demokrat. Entwicklung kein Widerstand entgegengesetzt wurde. Sie besteht in Europa noch in Großbritannien, Dänemark, Schweden, Norwegen, Spanien, den Niederlanden, Belgien, Luxemburg, Liechtenstein u. Monaco. In Ländern außerhalb Europas trägt die M. teils demokratisch-konstitutionelle Züge (besonders in Japan, weniger in Thailand), teils besteht sie noch in absolutistischer Form (in manchen arabischen Staaten).

Mönchtum, die in verschiedenen Religionen geübte Lebensform zur besonderen Heiligung durch Abkehr vom weltlichen Leben, abgesondertes Wohnen, Enthaltung von Genüssen, Verzicht auf Besitz u. Ehe.

In der christl. Kirche entstand die eigentl. Mönchsgemeinde unter *Pachomius*, der seine Schüler bei sich behielt u. mit ihnen ein geistl. Leben führte. Zu Beginn des 6. Jh. begründete *Benedikt von Nursia* mit seiner Regel das abendländ. M., das sich vor dem morgenländ., weltabgewandten, kontemplativen M. durch Übernahme weltl. Aufgaben (Ackerbau, Armenpflege u. bes. Wissenschaft) auszeichnete. So wurde das M. Träger der mittelalterl. Kultur. Die Klosterreform von *Cluny* brachte dem M. neuen kirchl. u. polit. Einfluß.

Mit dem Aufkommen der Bettelorden im 12./13. Jh. erfuhr auch das mönchische Ideal eine Umwandlung. Die Kritik der Reformation am M. aufgrund des Rechtfertigungsglaubens führte zur Abschaffung der Klöster im Protestantismus. Gleichzeitig entstand im *Jesuitenorden* eine neue Form des M.s mit Unterordnung des asket. Gedankens unter den prakt. Missionszweck. Seither haben bes. Bedeutung die Kongregationen mit prakt. Zielsetzung erlangt. Die weibl. Zweige der Orden werden „Zweite Orden" genannt. Sie entstanden u. entwickelten sich in Anlehnung an die entspr. Männerorden; selbständige Frauenorden gibt es nur wenige. Die bes. der Ehelosigkeit verpflichteten Frauen lebten bis ins 4. Jh. nicht in Gemeinschaft, sondern in ihren Familien. Seit Pachomius sind Nonnenklöster bekannt. Bis in die Neuzeit hinein blieben Frauenklöster „beschauliche" Klöster. Erst im 16. Jh. verbanden die Ursulinen als erste Gemeinschaft das monastisch-beschauliche Leben erfolgreich mit dem tätigen Leben.

Außerhalb des Christentums ist das M. vor allem in Asien verbreitet. Im *Hinduismus* gibt es in Klöstern lebende Mönche verschiedener Orden u. Sekten, aber auch frei herumziehende Asketen *(sadhu, sannyasin)*, die betteln u. von der Bevölkerung hoch geachtet werden. Im *Jinismus* gibt es seit seiner Entstehung Mönche u. Nonnen. Der Weg zur Erlösung kann nur im M. beschritten werden.

Eine Mönchsreligion ist auch der *Buddhismus*. In China, wo der Buddhismus seit dem 1. Jh. Eingang fand, entstand ein ausgedehntes M. Es war mehrfach Verfolgungen ausgesetzt, so bereits im 9. Jh., zuletzt während der „Kulturrevolution" 1966 –1969. Auch der chines. *Daoismus* kennt das M. Die Mönche leben in Klöstern u. widmen sich dem Studium der Schriften Lao Zis u. der Meditation. Die verschiedenen Sekten des japan. Buddhismus, der vielfach aufgespalten ist, haben fast alle Mönchsorden. Die bedeutendsten sind *Tendai, Shingon, Nichiren* u. *Zen*.

Im *Lamaismus* in Tibet wurde das buddhist. M. zur herrschenden polit. Macht. Vor der kommunist. Machtübernahme wurde die Zahl der Mönche auf 300 000 – etwa ein Zehntel der Bevölkerung – geschätzt. Die Äbte der Klöster waren Kleinfürsten zu vergleichen; das geistl. Oberhaupt, der Dalai Lama, war zugleich Staatsoberhaupt. Unter der kommunist. Herrschaft hat das M. seine polit. Bedeutung verloren; zahlreiche Klöster sind zerstört worden.

Im *Islam* ist das M. eine Randerscheinung; es tritt als Derwischtum des Sufismus auf. Im *Judentum* gab es im 1. Jh. v. Chr. die mönchischen Gemeinschaften der Essener u. der Therapeuten. Ⓑ S. 536/537.

Monck [mʌŋk], *Monk*, George, Herzog von *Albemarle* (seit 1660), engl. General u. Admiral, *6. 12. 1608 Potheridge, Devonshire, †3. 1. 1670 Whitehall; kämpfte unter O. *Cromwell* gegen aufständische Iren u. Schotten sowie gegen die Holländer, trat nach Cromwells Tod für die Rückkehr der *Stuarts* ein, indem er eine neue Militärherrschaft verhinderte u. die Wahlen zum Konventionsparlament in die Wege leitete, das Karl II. zurückberief.

Mondsee-Kultur, spätneolith. Kupfergegenstände führende Kultur im Bereich der österr. Alpenseen, 1871 von M. *Much* entdeckt. Die M. wird bes. durch ihre Fein- u. Grobkeramik (birnenförmige Krüge, Henkeltassen, Schüsseln u. a. konische Gefäße) charakterisiert. Vor allem die Feinkeramik ist mit eingeritzten geometr. Mustern (Rad, Kreis, Dreieck, Schachbrett- u. Girlandenmuster) verziert, die durch weiße Inkrustation betont werden.

Möngke, *Mangu*, Mongolenherrscher (Groß-Chan) 1252–1259, †1259; Enkel *Tschingis Chans*; beauftragte 1256 seinen Bruder *Hülägü* mit der Eroberung Persiens u. des Vorderen Orients.

Mongkut, *Rama IV.*, König von Siam (Thailand), *18. 10. 1804 Bangkok, †1. 10. 1868 Bangkok; war 27 Jahre buddhistischer Mönch, bevor er 1851 den Thron bestieg. In dieser Zeit setzte er sich intensiv mit westl. Wissenschaft u. Philosophie auseinander. Während seiner Herrschaft begann die Modernisierung Thailands.

Mongolei MNG

Fläche: 1 566 500 km². – *Einwohner:* 2,4 Mill. – *Hauptstadt:* Ulan Bator. – *Landessprache:* Mongolisch. – *Nationalfeiertag:* 11. 7. – *Währung:* 1 Tugrik = 100 Mongo. – *Lage:* zwischen 41°32′ und 52°06′ n. Br. sowie 87°47′ und 119°54 ö. L. – *Zeitzone:* Mitteleuropäische Zeit + 6 Std. – *Grenzen:* im N Rußland, im S China – *Staatsform:* Republik.

Nach dem Zerfall des mittelalterl. Mongolenreichs in zahlreiche Teilreiche gehörte die *Mongolei* seit dem 17. Jh. zu China. 1911 erklärte die *Äußere Mongolei* mit russ. Unterstützung ihre Unabhängigkeit. 1921 rückte die Rote Armee ein. Die nach sowjet. Vorbild organisierte *Mongolische Revolutionäre Volkspartei (MRV)* rief 1924 die *Mongol. Volksrepublik* aus, die sich seither innen- u. außenpolitisch eng an die UdSSR anlehnte. 1950 bestätigte China die Souveränität der Mongol. Volksrepublik. Im sowjet.-chines. Konflikt stand das Land auf sowjet. Seite. 1990 wurde das Machtmonopol der MRV abgeschafft. Sie gewann die ersten freien Parlamentswahlen. Am 12. 2. 1992 trat eine neue demokrat. Verfassung in Kraft. Der Staatsname wurde in M. geändert. Bei neuerl. Parlamentswahlen im Juni 1992 gewann die MRV 70 von 76 Mandaten. Aus den Wahlen 1996 ging das oppositionelle Parteienbündnis Demokrat. Union als Sieger hervor. Staatsoberhaupt ist seit 1997 N. *Bagabandi*.

Mongolen, Selbstbez. *Mongchol*, chin. *Mongku*, eine zahlenmäßig große Völkergruppe Innerasiens: rd. 5 Mill., davon 2,8 Mill. in China (Innere Mongolei u. a. Provinzen), 1,7 Mill. in der Mongolei u. rd. 500 000 in Rußland.

Um 1000 wurden die mongol. Stämme *Keräit* u. *Merkit* von nestorian. Missionaren zum Christentum bekehrt. Um 1196 schwang sich *Temudschin* zum Fürsten des Stamms *Mongchol* auf, der dann dem ganzen Volk den Namen *M.* gab. Temudschin unterwarf alle Stämme u. wurde 1206 durch eine Volksversammlung zum →Tschingis Chan („Groß-Chan") ernannt. Er eroberte Nordchina, Buchara, Samarkand u. Merw. Nach seinem Tod 1227 erhielt sein Sohn *Tolui* die Mongolei, *Tschagatai* Turkistan, *Ögädäi* die Westprovinzen u. wurde Groß-Chan. *Batu* eroberte 1237–1240 Rußland u. Polen, schlug 1241 dt. Ritter u. Polen bei Liegnitz u. die Ungarn auf der Ebene Mohi. Unter *Göjük* (1246–1248) u. *Möngke* (1252–1259) hielt das Großreich noch zusammen. *Hülägü* eroberte 1256–1258 Persien u. den Vorderen Orient, wurde aber von den ägypt. Mamluken 1260 geschlagen; er begründete in Iran die Herrschaft der *Ilchane* (bis 1335), *Kublai* in China die *Yuan-Dynastie* (bis 1368), *Batu* in Südrußland das Reich der →Goldenen Horde. In Turkistan entstand das Reich *Tschagatais*. Den größten Teil des M.reichs vereinigte erneut *Timur* (1370–1405), der aus Westturkistan stammte; 1379–1385 eroberte er Ostiran, 1385–1387 Georgien, Armenien u. den Iran, 1391 stieß er bis zur Wolga vor, 1395 nach Syrien u. in den Irak, gelangte 1398 auf einem Feldzug bis zum Indus u. besiegte 1402 bei Ankara den osman.-türk. Sultan *Bajezid*; er konnte das Reich jedoch innerlich nicht festigen, so daß es bereits unter seinem Enkel *Ulugh Beg* (†1449) zerfiel (*Timuriden*, vor allem im Iran, bis 1506). *Babur* (†1530) eroberte 1524–1526 große Teile Indiens u. begründete dort die Dynastie der *Mogul-Kaiser* (bis 1858). – Im W des M.reichs hatten die M. zumeist den Islam angenommen, in der Mongolei seit 1586 den lamaistischen Buddhismus, womit ihre politische Aktivität aufhörte.

Reichszentrum war zunächst *Karakorum*, seit 1259 Peking *(Chan-balig)*. Seit dem 17. Jh. gehörte die Mongolei zu China; 1911 spaltete sich die *Äußere Mongolei* ab u. wurde 1924 zur Mongolischen Volksrepublik; seit 1991 Republik Mongolei. Ⓑ S. 540/541.

Monnet [mɔ'nɛ], Jean, französ. Politiker, *9. 11. 1888 Cognac, †16. 3. 1979 Montfort L'Amaury; 1919–1923 stellvertr. Generalsekretär des Völkerbunds; 1943/44 Mitgl. des Nationalen Befreiungskomitees, 1946–1952 Leiter des Planungsamts; Schöpfer der *M.-Pläne* zur Modernisierung der französ. Wirtschaft, maßgebend beteiligt am *Schuman-Plan*; 1952–1955 (1.) Präsident der Hohen Behörde der Montanunion.

Monomotapa [Bantu, „Herr der Bergwerke"], Titel des Gottkönigs eines afrikan. Reichs, das etwa 1450 entstand u. seit der Mitte des 17. Jh. verfiel. Dieses Reich, irrtümlich oft auch *M.* genannt, lag im Gebiet des heutigen Simbabwe (früher: Rhodesien) u. erstreckte

Mongolische Eroberer: Die Goldene Horde

Nachdem Temudschin 1206 zum Tschingis Chan und damit zum Herrscher aller Mongolen ernannt wurde, begann die Zeit der mongolischen Eroberungszüge. Der Enkel Tschingis Chans, Batu, der 1241 die Schlachten bei Liegnitz und Mohi gewonnen hatte, begründete in den Gebieten nördlich des Schwarzen Meeres das Reich der Goldenen Horde. Staatlicher Mittelpunkt wurde die Wolgasteppe mit der Residenz Sarai. Das Reich behauptete sich nahezu 200 Jahre und wurde prägend für die Geschichte Rußlands.

1 *Mongolische Reiter. Chinesische Seidenmalerei, Yuan-Zeit. Paris, Museum Guimet. Sie »wüten gegen alle, sie schonen keinen Stand und keinen Mönchsorden«, heißt es in der »Königschronik von Köln« 1241.*

»In diesem Jahr drang zu uns die Kunde von einem verderbenschwangeren Unheil, das über das christliche Volk kam, dem Einbruch der Tataren, vor deren Grausamkeit uns die Ohren klingen und die Herzen erbeben«, berichtet die »Königschronik von Köln« über das Vordringen der Goldenen Horde nach Westen 1241. Die nach den goldenen Deckplatten des Herrscherzeltes benannte Goldene Horde bildete den westlichen Teilstaat der Mongolen, die von den Zeitgenossen auch Tataren genannt wurden. Die Goldene Horde hatte 1237 die Wolgabulgaren vernichtet und 1238 das gesamte Oka- und obere Wolgagebiet erobert. Nach dem Fall Kiews drangen die mongolischen Truppen nach Ungarn, Galizien, Polen und Deutschland vor. Am 9. 4. 1241 schlugen sie in der Schlacht bei Liegnitz ein deutsch-polnisches Ritterheer unter Herzog Heinrich II. von Schlesien vernichtend. Nur der Tod des Groß-Chans Ögädäi, der die Mongolen trotz ihres Sieges zum Rückzug veranlaßte, rettete Europa.

Die altrussischen Fürstentümer blieben jedoch unter der Herrschaft der Goldenen Horde. Die wirtschaftliche Basis dieser Herrschaft bildeten der Sklavenhandel und die Ausfuhr von Rohstoffen in den Nahen Osten, nach Byzanz sowie in das westliche Europa. Außerdem wurden hohe Tributleistungen gefordert, denn Batu hatte sich bis zur Mitte des 13. Jh. sämtliche russischen Fürsten tributpflichtig gemacht. Die politischen Strukturen ließen die Mongolen jedoch unangetastet. So blieben die russischen Fürsten auf ihren Thronen, wenn sie auch nur noch Vasallen der Chane waren und gegeneinander ausgespielt wurden.

Gegenüber der russischen Kirche übten die Tataren Toleranz, so daß das christlich-byzantinische Erbe gewahrt blieb. Trotzdem waren die Folgen der Tatarenherrschaft für die russische Geschichte erheblich. Die außenpolitischen Verbindungen zu den kaukasischen und transkaukasischen Völkern sowie zu Polen und Ungarn wurden unterbrochen. Es kam aufgrund von Bevölkerungsverschiebungen durch Flucht und Vertreibung zu einem Niedergang der Wirtschaftstätigkeit. Dadurch wurde Rußland in seiner sozialen und gesellschaftlichen Entwicklung gegenüber dem europäischen Westen zurückgeworfen.

Die Macht der Goldenen Horde wurde erst seit 1359 durch Erbfolgestreitigkeiten geschwächt. Zwar kam es unter Tochtamysch bis 1395 noch einmal zu einem Wiedererstarken des Reichs, der Zerfall in rivalisierende Khanate im 15. Jahrhundert konnte jedoch nicht mehr aufgehalten werden. *G. M.*

2 *Die Gur-Emir-Moschee, Gruft Timurs und der Timuriden; 14./15. Jahrhundert. Samarkand.*

3

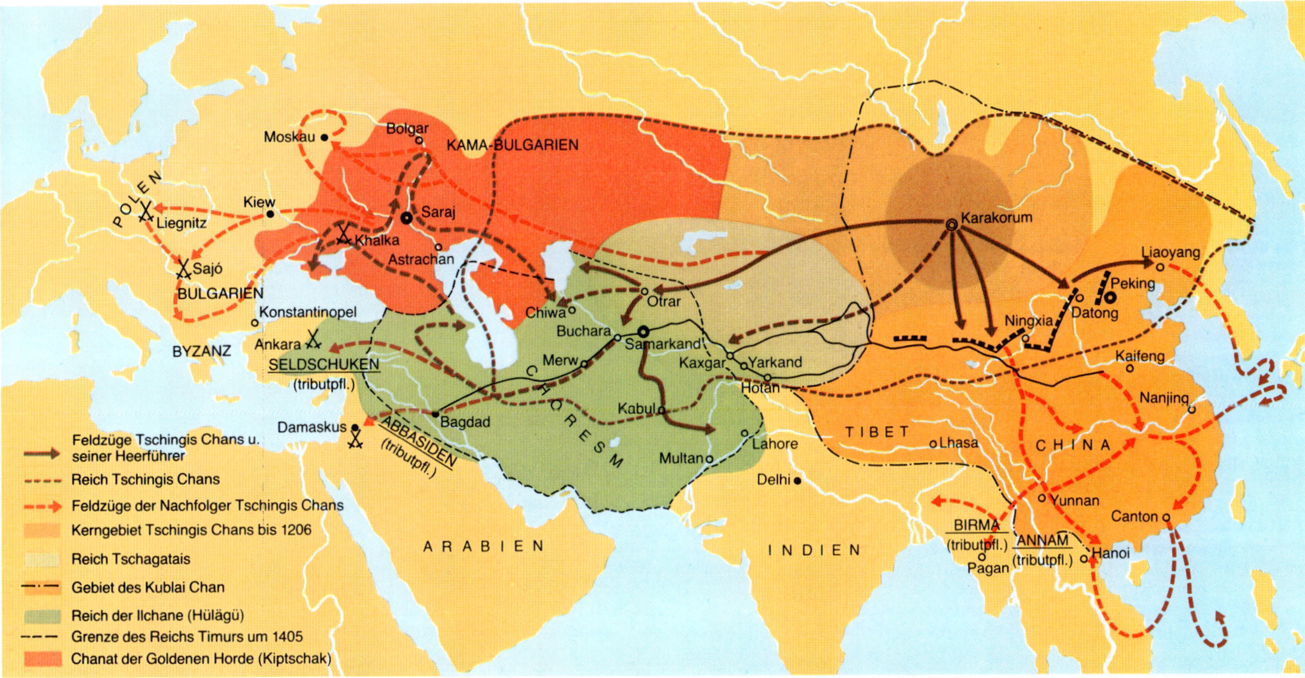

4

4 Schematische Karte der Mongolenreiche und Mongolenzüge.

3 Hülägü erobert Bagdad. Miniatur aus der »Geschichte der Mongolen« von Raschid Ad Din; 1311. Paris, Bibliothèque Nationale.

5

5 Tschingis Chan. Persische Miniatur aus Herat; um 1415. Paris, Bibliothèque Nationale.

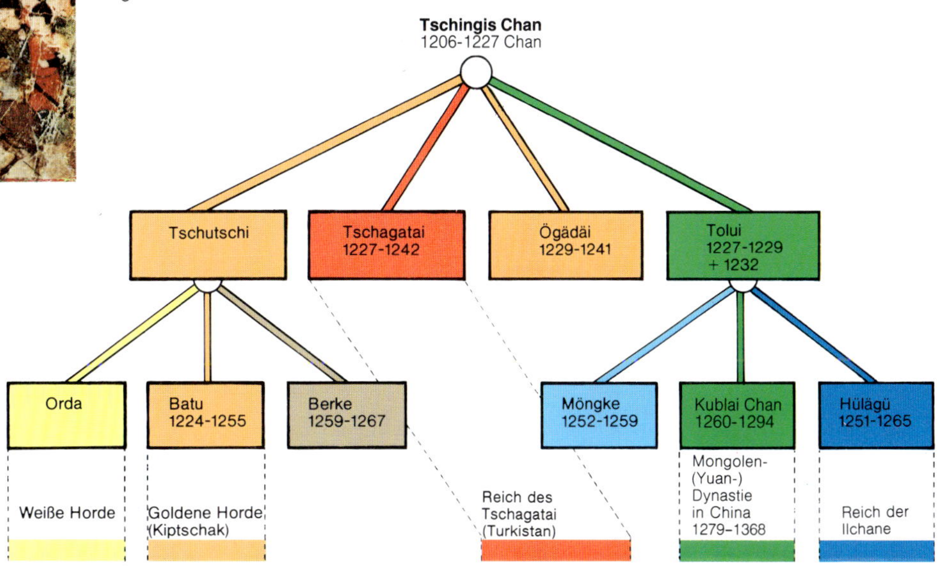

6

6 Schematische Darstellung der Nachkommen des Tschingis Chan und der Gründer mongolischer Reiche. Der Enkel Batu herrschte über das westliche Reich der Goldenen Horde.

sich über große Teile Moçambiques. Die Ruinen von *Simbabwe* u. alte Metallbergwerke werden mit dem Reich des M. u. dem südl. Nachbarreich des *Changamire,* das sich 1500 vom Reich des M. abspaltete, in Zusammenhang gebracht.

Monroe [mən'rɔu], James, US-amerikan. Politiker (Jefferson-Republikaner), *28. 4. 1758 Westmoreland, Va., †4. 7. 1831 New York; 1790–1794 Senator; 1794–1796 Gesandter in Paris; 1799–1802 Gouverneur von Virginia; 1803–1807 Gesandter in London, zugleich in diplomat. Mission in Paris (wo er zusammen mit R. R. *Livingston* von Frankreich für die USA Louisiana kaufte) u. Madrid; 1811 bis 1817 Außen-Min. unter Präs. J. *Madison,* 1814/15 zugleich Kriegs-Min. M. wurde 1816 zum (5.) Präs. der USA gewählt u. 1820 wiedergewählt. Nach jahrzehntelangem Hader galt seine Regierungszeit (1817–1825) als „Ära des guten Einvernehmens" zwischen den Parteien. Unter M. wurden die Grenze mit Kanada vermessen, Florida erworben u. die → Monroe-Doktrin formuliert.

Monroe-Doktrin [mən'rɔu-], eine US-amerikan. Grundsatzerklärung, die besagt, daß die USA sich nicht in europ. Verhältnisse einmischen würden, daß aber auch keinem europ. Staat die Einmischung in amerikan. Verhältnisse oder die Schaffung von Kolonien in Amerika gestattet sein solle („Amerika den Amerikanern"); auf Betreiben des Außen-Min. J. Q. *Adams* vom Präsidenten J. *Monroe* am 2. 12. 1823 ausgesprochen. Die M. sollte ein mögl. europ. Eingreifen gegen die im Unabhängigkeitskampf stehenden lateinamerikan. Staaten u. ein mögl. Vorgehen der Russen von Alaska aus abwehren. Eigene imperialist. Absichten hegten die USA 1823 noch nicht. Von den europ. Staaten wurde die M. im 20. Jh. als mit der Völkerbundsatzung (Art. 21) für vereinbar erklärt. Gegenstand des Völkerrechts wurde die M. erst am 30. 7. 1940, als die Panamerikanische Union die *Act of Havanna* verabschiedete. Die M. bedeutete mit dem Schutzanspruch der USA zugleich auch deren später vielfach praktizierten Interventionsanspruch in Lateinamerika.

Montalembert [mɔ̃talã'bɛːr], Charles *Forbes de Tyron,* Graf von M., französ. Publizist u. Politiker, * 15. 4. 1810 London, †13. 3. 1870 Paris; Hauptvertreter der liberalen Richtung des französ. Katholizismus im 19. Jh.; 1848–1851 Abg. in der Nationalversammlung, 1852–1857 in der Gesetzgebenden Körperschaft, wo er zur Opposition gegen Napoleon III. gehörte; betrieb die Gründung einer kath. Partei mit dem Ziel, die Freiheit der Kirche in einer liberalen Verfassung zu verankern.

Montanunion, *Europäische Gemeinschaft für Kohle u. Stahl,* Abk. *EGKS,* die erste supranationale europ. Organisation mit eigenen Souveränitätsrechten; auf Anregung des französ. Außen-Min. R. *Schuman (Schumanplan)* am 18. 4. 1951 in Paris geschlossener Vertrag zwischen Belgien, der BR Dtschld., Frankreich, Italien, Luxemburg u. den Niederlanden; in Kraft seit dem 10. 8. 1952. Auch → Europäische Union.

Monte Albán, altindian. Ruinenstätte im Staat Oaxaca (Mexiko) auf einem künstlich terrassierten Berg, 600 m hoch über der heutigen Stadt Oaxaca, die oberste Plattform mißt rd. 700 × 250 m. M. A. ist der kultische Mittelpunkt der *Zapoteken.* Man unterscheidet fünf Kulturphasen von 700 v. Chr. bis 1532 n. Chr.

Montecassino, italien. Kloster im südl. Latium, oberhalb der Stadt *Cassino;* um 581 von *Benedikt von Nursia* gegr., Mutterkloster des abendländ. Mönchtums; 577 von den Langobarden zerstört, seit dem 8. Jh. wieder

James Monroe. Porträt von R. Peale

aufgebaut, im 9. Jh. von Sarazenen zerstört, Blüte im 10./11. Jh.; Stätte mittelalterl. Wissenschaften; wurde im 2. Weltkrieg hart umkämpft, am 15. 2. 1944 von den Alliierten zerstört, 1950–1954 in alter Form wieder aufgebaut.

Montecuccoli, Raimund Graf von, Reichsfürst u. Herzog von *Melfi* (1679), Heerführer, * 21. 2. 1609 Schloß Montecuccolo bei Mòdena, †16. 10. 1680 Linz; erfolgreich im Dreißigjährigen Krieg, 1658 Feldmarschall im kaiserl. Heer, eroberte u. a. Pommern u. erfocht 1664 in den Türkenkriegen den entscheidenden Sieg bei der Abtei St. Gotthard an der Raab. Im Devolutionskrieg befehligte M. das kaiserliche Hilfskorps u. vertrieb 1673 H. de *Turenne* aus Dtschld. Er schrieb Kriegserinnerungen u. Abhandlungen über die Kriegskunst.

Montelius, Oscar, schwed. Prähistoriker, *9. 9. 1843 Stockholm, †4. 11. 1921 Stockholm; seit 1871 Mitarbeiter am Staatl. Histor. Museum in Stockholm u. 1907–1913 Reichsantiquar; Mitbegründer der typologischen Methode; gab dem Fach Ur- u. Frühgeschichte darüber hinaus bis heute fortwirkende methodische Grundlagen; er schrieb u. a. „Die älteren Kulturperioden im Orient u. in Europa I, Die Methode" 1903.

Montenegro, serbokr. *Crna Gora,* Teilrepublik im südl. Jugoslawien, 13 812 km², 619 000 Ew.

Im frühen MA war M. Schauplatz erster Einigungsversuche der serb. Stämme (Fürstentum Zeta im 11. Jh.), später Teil des großserb. Reichs der *Nemanjiden.* Nach dessen Zerfall konnte es in der 2. Hälfte des 15. Jh. vorübergehend aus dem venezian.-türk. Gegensatz an der Adriaküste Gewinn ziehen u. unter der Familie der *Crnojevići* sich zwischen den Fronten behaupten. 1499/1528 wurde es nominell dem Osman. Reich eingegliedert; seit 1516 übten die Bischöfe von Cetinje ein theokrat. Regime aus. Der Metropolit Danilo Petrović *Njegoš* († 1735) machte diese Würde 1697 in seiner Familie erblich (Übertragung vom Onkel auf den Neffen). Er u. seine Nachfolger kämpften auf österr. u. russ. Seite gegen die Türken. 1852 wurde M. weltl. Fürstentum; *Nikita I.* (Nikola) erhielt auf dem Berliner Kongreß 1878 die Unabhängigkeit bestätigt u. nahm 1910 den Königstitel an. M. beteiligte sich an den Balkankriegen 1912/13 u. kämpfte im 1. Weltkrieg gegen Österreich-Ungarn. 1916 mußte Nikita fliehen. Nach seiner Absetzung schloß sich M. 1918 an Serbien an u. wurde im gleichen Jahr ein Teil Jugoslawiens; 1941–1945 war es unter dt. Besetzung nominell selbständig; 1946 wurde es eine der Teilrepubliken Jugoslawiens. Es übernahm im jugoslaw. Bürgerkrieg die Position Serbiens, die auf einen Erhalt des jugoslaw. Bundesstaates hinzielte.

Montespan [mɔ̃tɛs'pã], Françoise Athénaïs de *Rochechouart de Mortemar,* Marquise de M., *5. 10. 1641 Schloß Lussac-les-Châteaux, Poitou, †27. 5. 1707 Bourbon l'Archembault; seit 1667 Mätresse *Ludwigs XIV.* von Frankreich, mit dem sie 8 Kinder hatte; 1668–1679 auf dem Höhepunkt ihrer Macht. Von der Marquise de *Maintenon* verdrängt, ging sie 1691 ins Kloster.

Montesquieu [mɔ̃tɛs'kjø], Charles de *Secondat,* Baron de *La Brède et de M.,* französ. Schriftsteller, Rechts- u. Staatsphilosoph, *18. 1. 1689 Schloß La Brède bei Bordeaux, †10. 2. 1755 Paris; 1714 Parlamentsrat, 1716–1726 Parlamentspräsident in Bordeaux; 1728 Mitgl. der Académie Française. M. begann seine schriftsteller. Laufbahn mit dem Schlüsselroman „Lettres persanes" 1721, in dem er die französ. Verhältnisse unter dem Ancien régime kritisierte, erörterte dann in seinen „Considérations sur la cause de la grandeur des Romains et de leur décadence" 1734 die Frage, wieweit die Geschichte für die Gegenwart nutzbar gemacht werden könne, u. krönte sein Lebenswerk mit der staats- u. kulturphilosph. Schrift „De l'Esprit des lois" 1748, in der er eine anthropolog.-soziolog.-histor. Gesetzgebungslehre in Beziehung zu den drei Staatsformen der Republik (Demokratie), der Monarchie u. der Despotie entwickelte: Während Republik u. Monarchie auf einer Rechtsgrundlage beruhen, wird die Despotie (Tyrannis) nur von der Furcht zusammengehalten u. ist von Bräuchen (nicht Gesetzen) abhängig. Jede Verfassungsform hat ihr Grundprinzip (z.B. Tugend, Ehre), aus dem die Gesetze abgeleitet werden, die dann noch über konkrete geograph. u. kulturelle Gegebenheiten ihren Inhalt finden. Vernunftgesetz u. Naturgesetz ergänzen sich bei Gründung u. Aufbau der organisierten menschl. Gesellschaft (M.s Konzeption des *Gesellschaftsvertrags),* u. ein Gesetz, „als notwendige Beziehung der Dinge" definiert, wird jeweils aus der Natur des in Frage stehenden Bereichs abgeleitet. Jeder Rechts- u. Lebensbereich hat so seine ihm eigentüml. Gesetze, nach denen sich der Gesetzgeber zu richten hat. Daraus leitet M. auch die Forderung der Gewaltenteilung als Prinzip des inneren Staatsaufbaus ab, das auf die Vermeidung jeder durch einzelne oder Gruppen ausgeübten Willkür zielt; entwikkelt hat er es am Beispiel der engl. Verfassung, über deren Praxis er aber durch die Forderung nach der unabhängigen richterlichen Gewalt hinausgeht. In dieser Formulierung wurde die schon von *Bolingbroke* u. *Locke* vertretene Idee zu einer der wichtigsten Grundlagen der ersten Verfassungen in Nordamerika (1776–1787) u. aller späteren Verfassungen mit Gewaltenteilung. M. schrieb auch Romane u. Novellen; er gilt als erster französ. *Aufklärer.* – Œuvres complètes, 3 Bde. 1950–1955.

Montez [-tɛs], Lola, eigentl. Maria Dolores *Gilbert,* schott.-kreol. Tänzerin, *25. 8. 1818 Limerick (Irland), †17. 1. 1861 New York; kam 1846 nach München u. wurde die Geliebte des bayer. Königs *Ludwig I.,* der sie zur Gräfin von *Landsfeld* erhob. Die öffentl. Mißbilligung des Verhältnisses u. die daraus resultierenden Unruhen trugen zum Rücktritt des Königs am 20. 3. 1848 bei.

Montezuma → Motecuzoma.

Montfort, schwäb.-vorarlberg. Grafengeschlecht, benannt nach der Stammburg *M.* bei Götzis in Vorarlberg; Ende des 18. Jh. ausgestorben.

Montfort, [mɔ̃'fɔːr], französ. Grafengeschlecht: **1.** *Simon IV.,* *1150, †25. 6. 1218 vor Toulouse (gefallen); Führer des Kreuzzugs gegen die *Albigenser,* eroberte Carcassonne u. das Languedoc.

2. [engl. 'mɔntfət], Simon de, Earl of *Leicester,* Sohn von 1), *um 1208 in Frankreich, †4. 8. 1265 Evesham (gefallen); schloß sich 1230 dem engl. König *Heinrich III.* an u. schlug für ihn 1248–1253 eine Revolte in der Gascogne nieder. Seine Reformforderungen führten 1261 zu seiner Vertreibung. 1263 nach England zurückgekehrt, leitete er die

Rebellion der niederen Barone u. der Städte gegen den König u. besiegte diesen in der Schlacht bei Lewes. M. setzte eine dreiköpfige Regierung unter seiner Leitung ein u. ordnete ihr 1265 ein Parlament bei (je 2 Grafschaftsritter u. je 2 Bürger jeder Stadt). Damit war der Weg zur Ausbildung eines Parlaments gewiesen. M. wurde bei Evesham von Heinrichs Sohn Eduard geschlagen.

Montgelas [mõʒə'la], Maximilian Joseph Graf von, bayer. Politiker, * 12. 9. 1759 München, † 14. 6. 1838 München; seit 1796 polit. Berater des späteren Königs *Maximilian I. Joseph*, seit 1799 als Minister mit großer Machtfülle ausgestattet. M. bewahrte die Souveränität Bayerns gegen Österreich (bis 1813 Anlehnung an Frankreich) u. vergrößerte es erheblich. Er suchte durch innere Reformen, insbes. die Verfassung von 1808, die neuen Territorien zu integrieren. Vor allem der in seinen Rechten stark beeinträchtigte Adel u. die Kirche standen zu ihm in erbitterter Opposition. 1817 wurde er aufgrund seiner Pläne für eine neue Verfassung gestürzt.

Montgomery [mənt'gʌməri], Bernard Law, Viscount *M. of Alamein*, brit. Heerführer, * 17. 11. 1887 London, † 24. 3. 1976 Isington Mill, Alton (Hampshire); übernahm 1942 die Führung der 8. (Nil-)Armee, siegte bei *Al Alamein* über das dt. Afrika-Korps unter Rommel u. war an der Eroberung Siziliens u. Italiens u. an der Invasion in der Normandie beteiligt; 1944 Feldmarschall; 1944/45 Oberbefehlshaber der britischen Heeresgruppe in Nordwesteuropa, 1945/46 der brit. Besatzungstruppen in Dtschld. u. brit. Vertreter im Alliierten Kontrollrat; 1948 Oberbefehlshaber der Landstreitkräfte des Atlantikpakts, 1951–1958 stellvertr. Oberbefehlshaber der NATO-Streitkräfte; schrieb u. a. „Memoiren" 1958; „Kriegsgeschichte" 1968, dt. 1972.

Montmorency, [mõmɔrã'si], französ. Adelsfamilie mit der Stammburg M. bei Paris, Ersterwähnung 996, teilte sich 1230 in zwei Linien.

1. Anne de, Herzog (seit 1551), französ. Politiker u. Feldherr, * 15. 3. 1493 Chantilly, † 11. 11. 1567 Paris; 1522 Marschall, in der Schlacht bei Pavia (1525) gefangen; nach seiner Befreiung leitender Minister, 1537 Befehlshaber des Heeres (Connétable); förderte die Entwicklung zum Absolutismus u. schloß 1562 das gegen die Hugenotten gerichtete kath. Triumvirat mit *Franz von Guise* u. dem Marschall J. d'*Albon de Saint-André*.

2. *Henri II.*, Herzog, Enkel von 1), Marschall, * 30. 4. 1595 Chantilly, † 30. 10. 1632 Toulouse (hingerichtet); kämpfte gegen die Hugenotten, unterstützte den Widerstand der Stände u. der Gouverneure aus dem Hochadel gegen die Reformpolitik der Zentralregierung; als Majestätsverbrecher zum Tode verurteilt.

Montserrat-Kultur [mɔnsɛr'rat-], jungsteinzeitliche Kultur in den mediterranen Gebieten Frankreichs u. Spaniens, nach den katalon. Höhlenfundplätzen vom Montserrat benannt.

Monumenta Germaniae Historica [lat., „histor. Denkmäler Deutschlands"], Abk. *MGH*, die wichtigste Sammlung mittelalterl. Geschichtsquellen Deutschlands für die Zeit von 500 bis 1500. Zur Herausgabe bildete sich 1819 auf Anregung des Frhr. vom *Stein* die *Gesellschaft für ältere dt. Geschichtskunde*. Die wissenschaftl. Leitung lag 1824–1873 bei G. H. *Pertz*. Nach dem Ausscheiden von Pertz wurde die Gesellschaft aufgelöst. An ihre Stelle trat die von den Akademien in Berlin, Wien u. München gebildete *Zentraldirektion der MGH*. Sie wurde 1936 in das *Reichsinstitut für ältere dt. Geschichtskunde* umgewandelt. 1946 wurde die Zentraldirektion mit der Bez. *Dt. Institut für Erforschung des MA* neugegründet (seit 1948 in München). Die MGH bestehen aus 5 Hauptabteilungen: 1. *Scriptores* (*SS.*, Schriftsteller), 2. *Leges* (*LL.*, Gesetze), 3. *Epistolae* (*Epp.*, Briefe), 4. *Diplomata* (*DD.*, Urkunden), 5. *Antiquitates* (*AA.*, Altertümer). Die einzelnen Abteilungen wurden verschiedentlich erweitert durch die Staatsschriften des späten MA, eine neue Serie german. Rechtsquellen, Fürstenurkunden der Kaiserzeit, *Poetae Latini* (latein. Dichter) u. *Necrologia* (Totenbücher). – Seit 1846 erschienen als Übersetzungen „Die Geschichtsschreiber der dt. Vorzeit"; seit 1955 werden „Ausgewählte Quellen zur dt. Geschichte des MA u. der Neuzeit" herausgegeben (von R. Buchner, lat. u. dt.). Das Institut gibt seit 1950 die Zeitschrift „Dt. Archiv für Erforschung des MA" heraus.

Moorfunde, beim Torfabbau gehobene vorgeschichtl. Funde: Opfergaben, Moorleichen oder vom Moor überwachsene Siedlungen (Maglemose, Federsee). Die meisten Opfergaben (Dinge des tägl. Lebens, Tiere) stammen aus der Eisenzeit bis ins 6. Jh. n. Chr., aus Mooren oder später vermoorten Seen, in denen sie versenkt wurden. Vieles weist darauf hin, daß sich im german. Bereich in den Mooren Heiligtümer befanden (Zäune, altarartige Steinhaufen und menschengestaltige Holzpfähle).
In den M.n halten sich Pflanzenpollen jahrtausendelang; die Pollenanalyse liefert wichtige Ergebnisse zur Vegetations- u. Klimaentwicklung; die Holzfunde werden zur Dendrochronologie verwendet; organ. Material wird nach der C-14-Methode untersucht.

Moorleichen, durch die konservierende Wirkung von Moor u. Luftabschluß oft mit Haut u. Haar erhaltene menschl. Leichen aus vor- u. frühgeschichtl. Zeit, überwiegend aus der Eisenzeit; aus mittel-, nordwest- u. nordeurop. Mooren, jedoch auch aus Süd- u. Osteuropa.
Eine der besterhaltenen M. ist der Mann von Tollund. Die meisten der bisher gefundenen M. (über 700) wurden nach ihrem Tod im Moor versenkt. Die Deutung ist verschieden: selten wohl Unglücksfälle, eher Menschenopfer, Opfer von Verbrechen oder nach german. Rechtsbrauch Versenkung eines Verbrechers nach seiner Hinrichtung im Moor; nach Untersuchungen des Mädchens von Windeby scheinen sich unter M. auch ganz normale Bestattungen zu finden.

Moos, Ludwig von, schweizer. Politiker (kath.-konservativ), * 31. 1. 1910 Sachseln; Jurist, † 26. 11. 1990 Bern; 1960–1971 im Bundesrat, Vorsteher des Justiz- u. Polizeidepartements, 1964 u. 1969 Bundes-Präs.

Morazán, Francisco, zentralamerikan. (honduranischer) Politiker, * 3. 10. 1792 Tegucigalpa (Honduras), † 15. 9. 1842 San José de Costa Rica (erschossen); genannt „Vater Zentralamerikas", da er sich unentwegt für die Vereinigung der fünf zentralamerikan. Staaten einsetzte; 1830–1839 Präs. des Zentralamerikan. Staatenbundes.

More [mɔː], latinisiert *Morus*, Sir Thomas, engl. Politiker, Staatstheoretiker u. Humanist, * 7. 2. 1477 London, † 6. 7. 1535 London (enthauptet); 1529–1532 Lordkanzler *Heinrichs VIII.*, legte 1532 seine Ämter nieder aus Opposition gegen die Scheidung u. die antipäpstl. Politik des Königs u. wurde wegen Verweigerung des Suprematseids hingerichtet. 1935 wurde er heiliggesprochen. – In seiner satir. Schrift „Utopia" (1516) schilderte er, in Anlehnung an Platon u. vermischt mit Prinzipien der Renaissancepolitik machiavellistischer Art, eine auf Gemeineigentum aufgebaute Gesellschaft. Die Schrift, die zugleich als Sozialkritik für das England seiner Zeit gedacht war, gab einer ganzen Literaturgattung („Utopien") den Namen. M. war ein Freund des *Erasmus von Rotterdam*, dessen Ideen er in England propagierte, u. verkörperte den Typ des engl. Humanisten, der gekennzeichnet ist durch die Ablehnung der Revolution bei gleichzeitiger Anerkennung einer vom Ordnungsgedanken getragenen Reform.

Morgarten, schweizer. Landschaft am Südostende des Ägerisees (Kanton Zug), bis 1245 m hoch.
Am 15. 11. 1315 siegten in der Schlacht am M. die drei Waldstätte Uri, Schwyz u. Unterwalden über die Österreicher (Herzog Leopold I.); durch diesen Sieg wurde die polit. Unabhängigkeit der Waldstätte gesichert, die kurz danach ihren Bund erneuerten. Am 2. 5. 1798 siegten die Schwyzer am M. über die Franzosen.

Morgengabe, im alten dt. Recht das Geschenk des Mannes an seine Frau nach der Hochzeitsnacht.

Morgenthau [engl. 'mɔːgənθɔː], **1.** Henry sen., US-amerikan. Politiker (Demokrat) dt. Herkunft, * 26. 4. 1856 Mannheim, † 25. 11. 1946 New York; unterstützte W. *Wilson*; 1913 bis 1916 Botschafter in Konstantinopel, 1923 Leiter einer Völkerbundskommission zur Umsiedlung kleinasiat. Griechen.

2. Henry jr., Sohn von 1), US-amerikan. Politiker, * 11. 5. 1891 New York, † 6. 2. 1967 Poughkeepsie bei New York; enger Freund u. Ratgeber des Präs. F. D. *Roosevelt*; 1934–1945 Finanz-Min.; schuf das Finanzierungssystem für → Lend-Lease u. die US-amerikan. Kriegführung, beruhend auf Kriegsanleihen u. Steuern zur Abschöpfung der Kriegs- u. Inflationsgewinne; war Mitbegründer des Weltwährungsfonds u. der Weltbank; entwarf den nach ihm benannten Morgenthau-Plan. Präs. H. S. *Truman* veranlaßte M., vor der Potsdamer Konferenz 1945 sein Rücktrittsgesuch einzureichen.

Morgenthau-Plan, der von H. *Morgenthau* jr. während des 2. Weltkriegs entwickelte, in mehreren Denkschriften vorgelegte Plan zur endgültigen Sicherung vor künftigen Aggressionen Deutschlands: Es sollte territorial stark reduziert, bis zur prakt. Zerstückelung föderalisiert u. durch radikale Demontage seiner Industrie, Zerstörung der Bergwerke u. ä. in einen Agrarstaat verwandelt werden. Außerdem war eine dauernde Entmilitarisierung beabsichtigt. Der von Präs. F. D. *Roose-*

Thomas More. Gemälde von Rubens. Madrid, Prado

Moritz, Kurfürst von Sachsen

velt vorübergehend gebilligte Plan wurde Ende 1944 unter dem Einfluß der Minister C. *Hull* u. H. *Stimson* fallengelassen.

Moriscos [span.], *Morisken*, die nach der Rückeroberung *(Reconquista)* des arab. Spanien durch die Christen im Land gebliebenen, getauften Araber. Sie wurden trotzdem weiterhin verfolgt u. 1609 endgültig vertrieben (M.vertreibung).

Moritz, Fürsten. Oranien: **1.** Prinz, Graf von Nassau-Dillenburg, Statthalter der nördl. Niederlande, *14. 11. 1567 Dillenburg, †23. 4. 1625 Den Haag; Sohn Wilhelms I. von Oranien; 1584 Statthalter von Holland u. Seeland, seit 1591 aller Provinzen der Utrechter Union außer Friesland; 1590 Oberbefehlshaber der niederländ. Truppen, siegte mehrfach über die bisher für unbesiegbar gehaltenen Spanier mit seinem völlig neuartig organisierten Heer u. wurde das Vorbild für das schwed., französ. u. vor allem das brandenburgisch-preuß. Heeres- u. Kriegswesen. Bis 1594 waren die nördl. Provinzen der Niederlande freigekämpft. M.s Nachfolger wurde sein Bruder Friedrich Heinrich.
Sachsen: **2.** Herzog seit 1541, Kurfürst seit 1547, *21. 3. 1521 Freiberg, †11. 7. 1553 bei Sievershausen; trat, obwohl 1539 prot. geworden, dem Schmalkald. Bund nicht bei, sondern kämpfte auf seiten des Kaisers, der ihm die sächs. Kurwürde versprach. Nach dem Sieg bei *Mühlberg* (1547) erhielt er sie mit den östl. Landen seines ernestin. Vetters Johann Friedrich des Großmütigen. Die stark anwachsende Macht des Kaisers *(Augsburger Interim)* veranlaßte M. jedoch, sich mit anderen prot. Fürsten zusammenzuschließen *(Fürstenverschwörung)* u. Heinrich II. von Frankreich 1552 Metz, Toul u. Verdun zu überlassen für dessen Beistandsversprechen gegen den Kaiser, der zum *Passauer Vertrag* gezwungen wurde. M. fiel im Kampf gegen den Markgrafen *Albrecht Alcibiades* von Brandenburg-Kulmbach.
3. Graf, bekannt als *Marschall von Sachsen*, *28. 10. 1696 Goslar, †30. 11. 1750 Chambord; unehelicher Sohn des sächs. Königs *August des Starken* u. der Gräfin *Aurora von Königsmarck*; beteiligte sich unter *Prinz Eugen* an den Türkenkriegen, trat 1720 in französ. Kriegsdienste u. wurde 1744 Marschall von Frankreich; im Österr. Erbfolgekrieg erfolgreicher Feldherr, 1747 Statthalter der Niederlande.

Morley ['mɔ:li], John, Viscount of *Blackburn*, britischer Politiker (Liberaler), *24. 12. 1838 Blackburn, †23. 9. 1923 Wimbledon; unterstützte die Homerule-Politik W. E. *Gladstones*, Gegner des Burenkriegs u. des Kriegs 1914 gegen Dtschld.; 1886 u. 1892–1895 Staatssekretär für Irland, 1905–1910 Staatssekretär für Indien, 1910–1914 Präsident des Geheimen Rats, trat als Kriegsgegner zurück.

Mornay [mɔr'nɛ], Philippe de, Seigneur du Plessy-Marly, gen. *Duplessis-Mornay*, Hugenottenführer u. Schriftsteller, *5. 11. 1549 Buhy, Vexin, †11. 11. 1623 Forêt-sur-Sèvre, Poitou; Anhänger der Reformation seit 1559, Freund G. de Colignys, entkam der Bartholomäusnacht, Berater Heinrichs von Navarra bis zu dessen Konversion, gründete die erste prot. Akademie Frankreichs in Saumur, setzte sich für Verständigung zwischen Protestanten u. Katholiken ein.

Moro, Aldo, italien. Politiker (Democrazia Cristiana), *23. 9. 1916 Maglie, Lecce, †9. 5. 1978 Rom; Professor für Strafrecht; seit 1955 mehrfach Minister, 1963–1968 u. 1974–1976 Ministerpräsident, seit 1976 Partei-Vors.; am 16. 3. 1978 von links-extremen Terroristen („Roten Brigaden") entführt u. später ermordet.

Morus, Thomas → More.

Moscher ['mɔsçər], *Muschki*, Volk im alten Kleinasien, in griech.-röm. Zeit südl. des Kaukasus am Schwarzen Meer. In den assyr. Texten des 12.–18. Jh. v. Chr. wird die Bez. *M.* für die *Phryger* verwendet; es ist nicht sicher, ob es sich dabei um einen anderen Namen für denselben Volksstamm handelt oder ob die M. zusammen mit den Phrygern um 1200 v. Chr. in Kleinasien eingewandert sind.

Mościcki [mɔʃ'tʃitski], Ignacy, poln. Chemiker u. Politiker, *1. 12. 1867 Mierzanów bei Płock, † 2. 10. 1946 Versoix bei Genf; Prof. in Freiburg (Schweiz) u. Lemberg u. Großindustrieleiter 1922–1926; 1926–1939 als Anhänger J. *Piłsudskis* Staats-Präs.; verzichtete am 30. 9. 1939 auf sein Amt u. blieb im Exil in der Schweiz.

Möser, Justus, Schriftsteller u. Historiker, *14. 12. 1720 Osnabrück, †8. 1. 1794 Osnabrück; Sekretär der Landstände, 1755 Syndikus der Ritterschaft, seit 1765 Leiter der Verwaltung im Fürstbistum Osnabrück; Hptw.: „Patriotische Phantasien" 1747–1786; „Osnabrückische Geschichte" 1768–1780. M. wandte sich gleichermaßen gegen Absolutismus, Aufklärung u. Französ. Revolution. Indem er den Staat als histor. Individualität sah u. die Völker als eine aus der geschichtl. Kontinuität erwachsene Gemeinschaft verstand, trug er entscheidend zur Entstehung des Historismus bei. – Sämtl. Werke. Histor.-krit. Ausgabe. 1943 ff.

Moshoeshoe II., König von Lesotho 1966–1990 u. seit 1995, *2. 5. 1938 Thabang, † 15. 1. 1996 Maluti Mountains (Autounfall); Nachkomme des Gründers der *Basuto*-Nation, Moshoeshoe I., der 1868 einen Schutzvertrag mit Großbritannien schloß; seit der Unabhängigkeit Lesothos am 4. 10. 1966 konstitutioneller Monarch; wurde 1990 für abgesetzt erklärt; seit 1995 wieder König.

Mösien, lat. *Moesia*, in der Antike Bez. für die Landschaft zwischen der unteren Donau u. dem Balkangebirge, etwa dem heutigen Serbien, Nordbulgarien u. der rumän. Dobrudscha entsprechend; benannt nach den thrakischen *Moesern*; 29/28 v. Chr. von den Römern unterworfen. Im Zusammenhang mit den Vorbereitungen zu den Dakerkriegen unter *Domitian* wurde M. geteilt in *Moesia inferior* u. *Moesia superior*.

Moskau, Hptst., polit., kulturelles u. wirtschaftl. Zentrum Rußlands, in dessen europ. Mittelpunkt, im Hügelland der Moskwa; mit 9 Mill. Ew. u. einer Fläche von 875 km^2 die größte Stadt des Landes, zugleich Hptst. der Oblast M.
M. wird 1147 zum erstenmal in einer Chronik erwähnt. 1237 wurde es von den Mongolen zerstört. Seit etwa 1300 stieg es mit der Einigung Rußlands unter den Großfürsten von M. schnell auf u. wurde Hptst. des Russ. Reichs, bis diese von *Peter d. Gr.* 1712 nach *St. Petersburg* verlegt wurde. Um den Kern M.s gruppierten sich ursprünglich Ringe von Vorstädten: *Kitajgorod*; *Belyj Gorod*, benannt nach der weißgetünchten Palisadenmauer; *Semljanoj Gorod*, benannt nach dem Erdwall. Die zahlreichen großen Brände, u. a. 1552 u. bes. 1812 nach der Eroberung M.s durch Napoleon I. („Brand von M."), u. der dt. Angriff 1941 konnten die Entwicklung der Stadt nicht aufhalten. 1918 wurde M. wieder Hptst., zunächst der RSFSR, seit 1922 der UdSSR, dann von Rußland.

Moskauer Konferenz, Konferenz der Außenminister Frankreichs, Großbritanniens, der Sowjetunion u. der USA vom 10. 3. bis 24. 4. 1947; Ergebnis: Rückführung der Kriegsgefangenen bis Ende 1948, wirtschaftl. Eingliederung der Saar in Frankreich, keine Einigung über dt. Reparationen.

Moskauer Prozesse, die drei Schauprozesse, die auf Weisung *Stalins* 1936–1938 im Rahmen der großen Säuberung gegen hohe Funktionäre der KPdSU durchgeführt wurden.

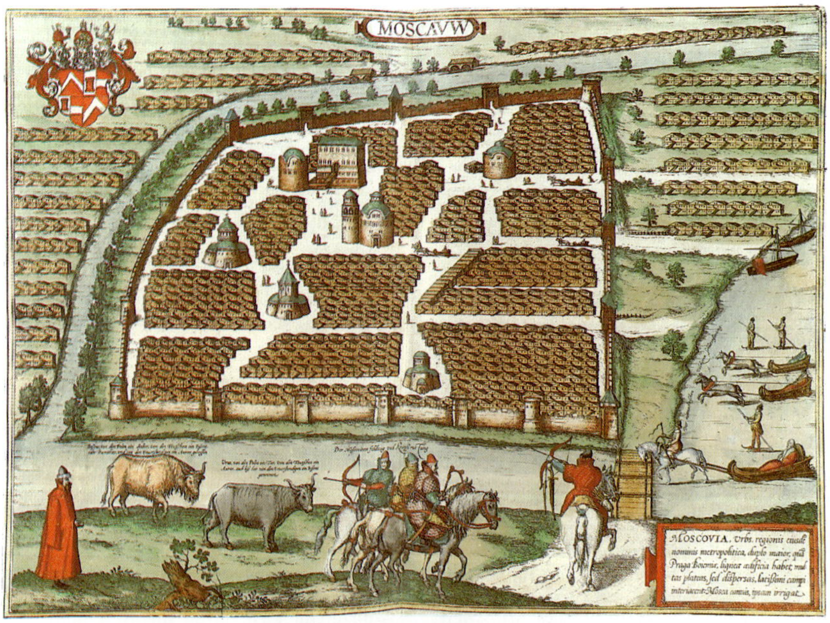

Moskau um 1590. Kupferstich von Braun und Hogenberg

Motecuzoma II. (Montezuma)

Angeklagt waren 54 Personen, darunter die ehem. Politbüro-Mitglieder *Bucharin, Kamenew, Krestinskij, Rykow* u. *Sinowjew*. Ihnen wurden Hoch- u. Landesverrat, Spionage u. Terrorismus vorgeworfen. 47 Angeklagte wurden zum Tode verurteilt u. hingerichtet, 7 erhielten langjährige Haftstrafen. Die Verurteilung stützte sich auf falsche Geständnisse der Angeklagten, die durch phys. u. psych. Druckmittel erzwungen worden waren. 1988 wurden die meisten der Verurteilten vom Obersten Gerichtshof der Sowjetunion rehabilitiert.

Moskauer Vertrag → deutsch-sowjetische Verträge.

Moslembruderschaft, *Muslimbruderschaft*, arab. *Ichwan Al-Muslimin*, religiös-polit. Vereinigung in den arab. Ländern; um 1928 in Isma'iliya (Ägypten) von dem Lehrer Hassan Al Banna als Geheimbund gegr. Nach dem 2. Weltkrieg hatte sie erhebl. Einfluß; sie wurde 1948 in Ägypten verboten, 1951 wieder zugelassen u. 1954 erneut aufgelöst u. auch in anderen arab. Staaten verboten. In Ägypten werden die Aktivitäten der M. inzwischen wieder geduldet. Über ein Parteienbündnis ist sie auch im Parlament vertreten.

Mosley ['mɔzli], Sir Oswald, brit. Politiker, *16. 11. 1896 London, †3. 12. 1980 Orsay bei Paris; 1918–1931 Unterhaus-Abgeordneter, 1924–1931 Mitgl. der Labour Party, 1929/30 Minister im Kabinett Macdonald; gründete 1932 die „Britische Faschisten-Union"; 1940–1943 inhaftiert; seit 1948 wieder Führer der faschist. „Einheitsbewegung", aber ohne greifbaren polit. Erfolg.

Mossadegh, *Mosaddeq*, Mohammed, iran. Politiker, *1881 Teheran, †5. 3. 1967 Teheran; 1921 Finanz-, 1923 Außen-Min., 1922 Gouverneur von Aserbaidschan; Führer der antibrit. *Nationalen Front* 1949; 1951–1953 Min.-Präs., verstaatlichte die Anglo-Iranian Oil Company; im Juli 1953 gestürzt u. zu drei Jahren Gefängnis verurteilt.

Motecuzoma, [-'zo:ma; „der zornige Herr"], *Moctezuma, Montezuma*, Aztekenherrscher:
1. *M. I.*, genannt *Ilhuicamina* [„der, der in den Himmel schießt"], war der fünfte Herrscher von *Tenochtitlán*, regierte 1440–1469; unter seiner Herrschaft begannen die Eroberungen der Azteken, zuerst mit der Unterwerfung der mexikan. Golfküste. Er gründete botan. Gärten, vor allem für Heilpflanzen, u. führte die sog. Blumenkriege ein, bei denen es nur darauf ankam, Gefangene zu machen, um diese den Göttern zu opfern.
2. *M. II.*, genannt *Xocoyotzin*, Urenkel von 1), *1467 Tenochtitlán, †30. 6. 1520 Tenochtitlán; regierte als Nachfolger seines Onkels *Ahuizotl* 1502–1520. Er führte eine äußerst despotische Herrschaft u. dehnte das Aztekenreich durch zahlreiche Kriegszüge u. a. nach Oaxaca aus. M. sah in der Ankunft der Spanier unter H. *Cortés* die Erfüllung des Glaubens an die Rückkehr des Gottes *Quetzalcoatl* u. setzte ihnen daher keinen Widerstand entgegen. Er wurde von Cortés bei dessen Einmarsch in die Hptst. Tenochtitlán am 14. 11. 1519 als Geisel gefangengenommen u. beim Aufstand der Azteken durch Steinwürfe verletzt. Er starb kurz darauf an den Folgen seiner Verletzungen.

Motta, Giuseppe, schweizer. Politiker (kath.-konservativ), *29. 12. 1871 Airolo, Tessin, †23. 1. 1940 Bern; 1899–1911 Abg. im Nationalrat, 1912–1940 Bundesrat, seit 1920 Vorsteher des Polit. Departements (Außen-Min)., setzte den Beitritt der Schweiz zum Völkerbund durch (1920); gab seine Politik der differenzierten Neutralität 1938 unter dem Druck der Weltlage zugunsten einer absoluten Neutralität auf; mehrmals Bundes-Präs., 1924 Vors. der Versammlung des Völkerbunds.

Motz, Friedrich von, preuß. Minister, *18. 11. 1775 Kassel, †30. 6. 1830 Berlin; seit 1795 in preuß. Dienst, 1821 Oberpräsident der Prov. Sachsen, 1825 Finanz-Min.; entscheidender Vorkämpfer des *Dt. Zollvereins*, für den er den Zollvertrag zwischen Preußen u. Hessen-Darmstadt als Vorstufe abschloß (1828).

Mountbatten, [maunt'bætən], die engl. Linie (seit 1917) der aus Hessen stammenden Familie → Battenberg:
1. Louis, *Earl M. of Burma* (1947), brit. Admiral u. Politiker, *25. 6. 1900 Windsor, †27. 8. 1979 auf See vor Mullaghmore (Irland); 1943–1946 alliierter Oberbefehlshaber in SO-Asien, 1947 letzter Vizekönig von Britisch-Indien, 1947/48 Generalgouverneur von Indien, 1955–1959 Erster Seelord, 1959–1965 Chef des Verteidigungsstabes; fiel einem Anschlag irischer Terroristen zum Opfer.
2. Philip, Neffe von 1), Prince of the United Kingdom of Great Britain and Northern Ireland, → Philip.

Moustérien [muster'jɛ̃], altsteinzeitl. Formengruppe, benannt nach dem Fundplatz *Le Moustier* im französ. Dép. Dordogne. Diese Formengruppe entstand im Riss-Würm-Interglazial u. dauerte bis in das Würmglazial (etwa 120 000–40 000 v. Chr). Ihre Verbreitung erstreckt sich über ganz Europa bis nach Asien u. Nordafrika. Kennzeichnend für das M. sind Abschlaggeräte, teilweise in Levalloistechnik gearbeitet. Die unterschiedl. Formen führten zu einer Unterteilung in Gruppen, die je nach Forschungsschule chronologisch oder aktivitätsspezifisch interpretiert werden. Träger der Gruppe war der *Neandertaler*, der im M. erstmals seine Toten bestattete.

Mubarak, Mohammed Hosni, ägypt. Politiker, *4. 5. 1928 Kafr Abu Salha, Prov. Menufia; Fliegeroffizier; 1969 Stabschef, 1972 Oberbefehlshaber der Luftwaffe, erzielte im Oktoberkrieg 1973 gegen Israel Erfolge. 1975 wurde er Vize-Präs. Ägyptens u. nach der Ermordung Präsidents *Sadats* 1981 dessen Nachfolger (1987 u. 1993 wiedergewählt). M. bemühte sich um eine Wiederannäherung an die arab. Länder, die nach dem ägypt.-israel. Friedensschluß 1979 mit Ägypten gebrochen hatten.

Mucius, 1. Gaius *M. Cordus Scaevola*, Held der röm. Frühzeit; in der Sage nach einem erfolglosen Anschlag auf den etrusk. König *Porsenna* gefangen. Er hielt, um seine Furchtlosigkeit zu zeigen, die rechte Hand ins Feuer u. wurde daraufhin von Porsenna freigelassen, der die Belagerung Roms aufgab, als M. ihm von weiteren 300 Mitverschworenen gegen ihn berichtete.
2. Publius *M. Scaevola*, †um 115 v. Chr.; 133 v. Chr. Konsul u. 130 v. Chr. Pontifex Maximus, Förderer des *Tiberius Gracchus*. Ihm wird die Aufzeichnung der „Annales maximi" (Annalen der Pontifices) zugeschrieben.
3. Quintus M. *Scaevola*, Sohn von 2), †82 v. Chr.; 95 v. Chr. Konsul u. seit 89 v. Chr. Pontifex Maximus. Seine 18 Bücher, mit denen er eine Systematisierung des bürgerlichen Rechts schuf, wurden grundlegend für die späteren Bearbeitungen des römischen *Jus civile*.

Mückenberger, Erich, Politiker (SED), *8. 6. 1910 Chemnitz, †10. 2. 1998 Berlin; Schlosser; seit 1927 Mitgl. der SPD, nach 1933 mehrfach polit. Häftling; 1946–1948 Kreissekretär der SED in Chemnitz, 1949–1952 Erster Sekretär der SED-Landesleitung Thüringen, 1952/53 der Bezirksleitung Erfurt, 1961–1971 der Bezirksleitung Frankfurt/Oder; seit 1950 Mitgl. des ZK der SED u. Kandidat des Politbüros des ZK, seit 1958 Mitgl. des Politbüros, 1953–1960 Sekretär des ZK (zuständig für Landwirtschaft), seit 1971 Vors. der Zentralen Parteikontrollkommission; verlor nach dem Umsturz 1989 alle Ämter u. wurde 1990 aus der Partei ausgeschlossen. 1995 wurde gegen M. im Zusammenhang mit den Todesschüssen an der innerdt. Grenze Anklage wegen Todschlags erhoben.

M. Hosni Mubarak

Robert Gabriel Mugabe

Mudschahidin-e Chalk [iran., „Glaubenskämpfer des Volks"], eine linksgerichtete, vom Islam geprägte Bewegung in Iran, die sich gegen das seit 1979 bestehende theokratische Regime wendet u. von ihm blutig verfolgt wird.

Mudschib ur-Rahman, *Mujibur Rahman*, bengal. Politiker, *1920 Tongipura, Bez. Faridpur, †15. 8. 1975 Dacca (ermordet); 1962–1975 Führer der Awami-Liga u. Organisator der bengal. Unabhängigkeitsbewegung im damaligen Ostpakistan; mehrmals in Haft. Nachdem Ostbengalen 1971 durch den indisch-pakistan. Krieg als Bangladesch die Unabhängigkeit erlangt hatte, wurde er Min.-Präs. des neuen Staates u. 1975 Staats-Präs. mit diktator. Vollmachten.

Mugabe, Robert Gabriel, simbabw. Politiker, *21. 2. 1924 (oder 1925) Nordwest-Mashonaland; Lehrer an Missionsschulen; 1963 Generalsekretär der Afrikan. Nationalunion von Simbabwe *(ZANU)*; 1963 u. 1964–1974 inhaftiert, führte dann von Sambia u. Moçambique aus einen erfolgreichen Guerillakampf gegen die weiße Minderheitsregierung im damaligen Rhodesien unter Ian *Smith* u. seit 1979 gegen das Übergangsregime unter Bischof *Muzorewa*. Bei den Wahlen zur Unabhängigkeit 1980 gewann die ZANU überlegen, u. M. wurde Premierminister, nach Einführung des Präsidialsystems 1987 Staatspräsident (1990 u. 1996 wiedergewählt). Er schränkte den anfänglich bestehenden Pluralismus zunehmend ein.

Muisca, indianische Gruppe in Kolumbien, zur Sprachfamilie der *Chibcha* gehörend. Die M. standen zur Zeit der Eroberung durch die Spanier 1537 an der Schwelle zur Hochkulturentwicklung u. staatl. Vereinigung. Sie siedelten auf dem Hochland von Bogotá; um 1500 n. Chr. waren sie in neun voneinander unabhängige Staaten geteilt, unter denen die des „Zaque" von Tunja u. des „Cipa" von Bogotá die bedeutendsten waren.

Mukden-Zwischenfall, von der japan. Kwantung-Armee am 18. 9. 1931 eigenmächtig inszenierte Bombenexplosion in *Mukden*

Hermann Müller auf dem Weg zum Reichstag

(Shenyang) an der Südmandschurischen Eisenbahnlinie, die als auslösender Vorwand für die schnelle u. planmäßige Besetzung der Mandschurei diente (Beginn der →Mandschurei-Krise).

Mullah [arab.], *Molla*, schiitischer Geistlicher (der niedrigste Rang).

Müller, 1. Eduard, schweizer. Politiker, *12. 11. 1848 Dresden, †9. 11. 1919 Bern; Anwalt, führend in der Berner demokrat. Bewegung; Bundesrat 1895–1919 (Justiz, Militär), Bundes-Präs. 1899, 1907 u. 1913; Reorganisator des Justiz- u. Militärwesens.

2. Gebhard, Jurist u. Politiker (CDU), *17. 4. 1900 Füramoos, Krs. Biberach, †7. 8. 1990 Stuttgart; 1929–1945 Amts- u. Landgerichtsrat, 1945–1948 Ministerialrat u. -direktor; 1948–1952 Staats-Präs. u. Finanz-Min., 1950 bis 1952 auch Justiz-Min. von Württemberg-Hohenzollern, 1953–1958 Min.-Präs. von Baden-Württemberg, 1959–1971 Präs. des Bundesverfassungsgerichts.

3. Hermann, genannt *M.-Franken*, Politiker (SPD), *18. 5. 1876 Mannheim, † 20. 3. 1931 Berlin; Handlungsgehilfe, dann Redakteur; seit 1906 Mitgl. des Parteivorstandes der SPD; 1916–1918 u. 1920–1931 Mitgl. des Reichstags, 1920 –1928 Vors. der SPD-Fraktion. Als Reichsaußenminister 1919/20 unterzeichnete M. mit J. *Bell* den Versailler Vertrag. Nach dem Kapp-Lüttwitz-Putsch war er von März bis Juni 1920 Reichskanzler der letzten Regierung der „Weimarer Koalition" (SPD, Zentrum, DDP). 1928 bildete er erneut ein Kabinett, diesmal der Großen Koalition, dem er bis zum endgültigen Ausscheiden der SPD aus der Regierung am 27. 3. 1930 vorstand. In dieser letzten parlamentar. Regierung der Weimarer Republik bemühte sich M. mit abnehmendem Erfolg, die auseinanderstrebenden polit. Kräfte, zumal von SPD u. DVP, auszugleichen. In seine Regierungszeit fallen die Annahme der Reparationsregelung durch den Young-Plan u. die Räumung der besetzten Rheinlandgebiete.

4. Johannes von (1791), schweizer. Historiker, *3. 1. 1752 Neunkirchen bei Schaffhausen, †29. 5. 1809 Kassel; Bibliothekar in Kassel, in kurmainz., kaiserl., dann preuß. Diensten, 1804 preuß. Historiograph, 1807 Staats-Min. unter Jérôme Bonaparte im Königreich Westfalen; Hptw.: „Geschichte der Schweizerischen Eidgenossenschaft" 1786–1808.

5. Josef, Politiker (CSU), *27. 3. 1898 Steinwiesen, Oberfranken, †12. 9. 1979 München; Rechtsanwalt; 1939–1943 Verbindungsmann des militär. Widerstands gegen das nat.-soz. Regime zum Vatikan, 1943–1945 polit. Häftling; 1945 Mitbegründer der CSU, 1946–1949 Landes-Vors.; 1956–1962 MdL, 1947–1952 Justiz-Min., 1947–1950 zugleich stellvertr. Min.-Präs. von Bayern.

6. Karl Alexander von, Historiker, *20. 12. 1882 München, †23. 12. 1964 Rottach-Egern; 1914 Mitherausgeber der nationalist. „Süddeutschen Monatshefte" in München; 1928–1945 Prof. in München; schrieb „Deutsche Geschichte u. deutscher Charakter" 1926; „12 Historikerprofile" 1935; „Vom alten zum neuen Dtschld." 1938.

Mumie [die; arab., zu pers. *mūm*, „Wachs"], vor dem Zerfall geschützte Leiche. In trockenen, heißen Gegenden ergibt sich bei salzhaltigem Boden eine natürliche *Mumifizierung*. Die künstl. Mumifizierung wurde in Ägypten seit dem 3. Jahrtausend v. Chr. praktiziert. Nach Entfernung von Hirn u. Eingeweiden wurde die Leiche längere Zeit in Salzlauge gelegt u. dann mit Ölen, Harzen u. Kräutern behandelt, später mit Binden umwickelt u. mit einer bemalten Maske versehen. Ein anderes Mumifizierungsverfahren besteht darin, die Leiche am Feuer zu dörren (Australien, Sudan). Zuweilen werden nur der Kopf oder die Haut präpariert (Altperu, Samoa).

München, Landeshauptstadt von Bayern, an der Isar, 1,26 Mill. Ew.

M. ist zuerst erwähnt in den Klosterannalen von Tegernsee 1102–1154. Herzog *Heinrich der Löwe* gab *Munichen* [„bei den Mönchen"] 1158 Stadtrecht mit Markt- u. Münzregal u. machte es zum Umschlagplatz für das von Reichenhall u. Hallein kommende Salz. Unter *Ludwig dem Strengen* 1255 wurde es zunächst zeitweilige, dann ständige Residenz der Herzöge von Bayern. *Albrecht V.* (1550–1579) ließ Bibliothek, Gemäldegalerie, Kunstkammer u. Antiquarium errichten, *Wilhelm V.* (1579–1596) die Akademie der Wissenschaften u. die Maxburg. 1826 wurde die Universität von Landshut nach M. verlegt. Unter *Ludwig I.* u. *Maximilian II.* wurde die Bautätigkeit fortgesetzt u. wurden weiter Kunstsammlungen angelegt: Alte u. Neue Pinakothek, Glaspalast, Ruhmeshalle u. a.

Im 20. Jh. war M. Schauplatz revolutionärer Erhebungen: Am 7. 11. 1918 rief K. *Eisner* die bayer. Republik aus; am 7. 4. 1919 wurde die *Räterepublik* verkündet; am 9. 11. 1923 fand der *Hitler-Putsch* statt.

Das Erzbistum *M.-Freising* verdankt seine Gründung dem bayer. Konkordat von 1817. Seit 1821 ist M. Sitz des Erzbischofs. Gebietsmäßig umfaßt das Erzbistum den größten Teil Oberbayerns. Es bildet eine Kirchenprovinz mit den Bistümern Augsburg, Regensburg u. Passau. Die Pfarrkirche Unsere Liebe Frau (1468–1488) wurde zur Kathedrale des Erzbistums.

Münchner Abkommen, das Viermächteabkommen von 1938 zur Lösung der dt.-tschechoslowak. Frage. Auf B. *Mussolinis* Initiative fand am 29. 9. 1938 in München eine Konferenz statt, an der der brit. Premier-Min. N. *Chamberlain*, der französ. Min.-Präs. É. *Daladier* sowie *Hitler* u. *Mussolini* teilnahmen; in der Nacht vom 29./30. 9. kam es zum Abschluß des M. A.s.

Die dt.-tschechoslowak. Frage war aus der ohne Volksabstimmung durchgeführten Eingliederung von rd. 3,5 Mill. *Sudetendeutschen* in den 1919 geschaffenen tschechoslowak. Staat entstanden. Da die Prager Regierung dem Verlangen nach Selbstverwaltung nicht entsprach, steigerte Hitler nach 1933 die Autonomiebemühungen der Sudetendeutschen (K. *Henleins* Sudetendt. Partei) zur Forderung nach Abtrennung der sudetendt. Gebiete. Die tschechoslowak. Regierung beantwortete den zunehmenden Druck mit der Mobilmachung (20. 5. 1938); England u. Frankreich gaben Unterstützungserklärungen für die ČSR ab. Seit Mai 1938 bereitete Hitler den Einmarsch in die ČSR militärisch vor. Auf dem Höhepunkt der Krise flog Chamberlain zu Hitler nach Berchtesgaden (16. 9. 1938) u. überbrachte am 23. 9. in Godesberg die von den Westmächten erzwungene Einwilligung Prags zur Abtretung des Sudetenlands. Daraufhin forderte Hitler ultimativ die dt. Besetzung bis zum 1. 10., die die ČSR jedoch verweigerte. Um Hitler zum Einlenken zu bewegen, begann Mussolini auf Ersuchen Großbritanniens mit seinen Bemühungen um die Beilegung des Konflikts. Im M. A. wurde dann die Abtretung bis zum 10. 10. u. die kurzfristig nachfolgende dt. Besetzung beschlossen. Die von den Verhandlungen ausgeschlossene ČSR mußte das Abkommen anerkennen.

Das in Aussicht gestellte Garantieabkommen für den tschechoslowak. Reststaat kam nicht zustande. Mit dem Einmarsch in Prag am 15. 3. 1939 zerstörte Hitler die Grundlagen des Abkommens. 1942 erklärte der brit. Außen-Min. A. *Eden* das M. A. in einem Schreiben an den tschechoslowak. Exil-Präs. E. *Beneš* für ungültig, im gleichen Jahr auch C. de *Gaulle* gegenüber der tschechoslowak. Exilregierung.

Für die Normalisierung der Beziehungen zwischen der BR Dtschld. u. der ČSSR war das M. A. von großer Bedeutung. Die Verhandlungen zogen sich über Jahre hin, da die BR Dtschld. die Ansicht vertrat, daß das Abkommen von Hitler gebrochen worden u. deshalb ungültig sei (nachträgl. Annullierung, „ex nunc"). Die ČSSR dagegen bestand darauf, daß das M. A. von Anfang an („ex tunc") nichtig gewesen sei. Auf dieser Auslegung basierten auch die bilateralen Verträge der ČSSR mit der DDR u. der UdSSR. 1973 wurde ein Vertrag zwischen der BR Dtschld. u. der ČSSR unterzeichnet, der das M. A. für nichtig erklärte. Der Unterschied der Rechtsauffassungen wurde durch einen Formelkompromiß überbrückt.

Münchner Räterepublik, die von den Münchner Arbeiterräten am 7. 4. 1919 ausgerufene sozialist. Republik in Bayern. Vorangegangen war die Ermordung des amtierenden Min.-Präs. K. *Eisner* (USPD) durch einen Rechtsradikalen am 21. 2. 1919. Die zwischen dem gewählten Landtag u. den Räten lavierende Regierung J. *Hoffmann* (SPD) wurde für abgesetzt erklärt u. floh nach Bamberg. Die Regierungsgewalt übernahm ein Rat der Volks-

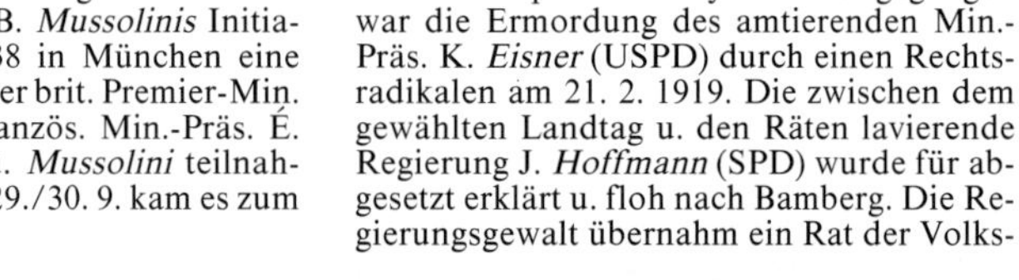

Münchner Abkommen (von links): Chamberlain, Daladier, Hitler, Mussolini und der italienische Außenminister Graf Ciano nach der Unterzeichnung

beauftragten aus Mitgliedern der USPD u. des bayer. Bauernbundes. Führende Persönlichkeiten der M. R. waren u. a. G. *Landauer*, E. *Mühsam*, E. *Niekisch*, E. *Toller*. Nach einem Gegenputschversuch eines Teils der Münchner Garnison setzte sich am 13. 4. ein kommunist. beherrschter Aktionsausschuß unter Führung von E. *Leviné* an die Stelle des bisherigen Rates. Am 2. 5. wurde München von Freikorps gestürmt, die die Regierung in Bamberg zu Hilfe gerufen hatte.

Munizipium [das, Pl. *Munizipien*; lat.], städt. Siedlung mit innerer Selbstverwaltung; im Unterschied zur *Kolonie* nicht durch Neusiedlung entstanden, sondern durch Verleihung des röm. Bürgerrechts u. eines Gemeindestatuts an bereits bestehende Ortschaften. In Italien entstanden auf diese Weise nach dem Ende des Bundesgenossenkrieges (89 v. Chr.) zahlreiche Munizipien, in der Kaiserzeit fanden sie sich zunehmend auch in den Provinzen des Reiches; mit der Verleihung des Bürgerrechts an die Reichsangehörigen durch die *Constitutio Antoniniana* unter *Caracalla* (212) wurden alle bisher noch nicht röm. Städte des Reiches faktisch Munizipien.

Münster, Stadt in Nordrhein-Westfalen, 268 000 Ew.

Zur Karolingerzeit bestand beim heutigen M. eine befestigte Siedlung *(Mimigernaford)*. Der von Karl d. Gr. 792 hierher berufene fries. Missionar *Liudger* errichtete ein Kloster (lat. *Monasterium*, daraus entstand der Name M.) u. war 804–809 der erste Bischof von M. Die Siedlung hatte seit dem 12. Jh. städt. Charakter u. machte sich 1278 weitgehend unabhängig vom Bischof, erlangte jedoch nie die volle Reichsfreiheit. Im 14. Jh. wurde M. Mitgl. der Hanse. Um 1530 fand die Reformation Eingang; 1534/35 beherrschten die *Wiedertäufer* die Stadt. Die Rekatholisierung war um 1585 abgeschlossen. 1645 1648 war M. einer der Konferenzorte des *Westfäl. Friedens*. Bei dem Versuch, ihre Selbständigkeit gegen Bischof *Christoph Bernhard von Galen* zu behaupten, unterlag die Stadt 1661. Bei der Säkularisierung 1803 u. endgültig 1816 fiel M. an Preußen; es war 1816–1946 Hptst. der Provinz Westfalen.

Das Bistum M. wurde durch zahlreiche Gebietserwerbungen zum größten geistl. Fürstentum des Reiches u. umfaßte zuletzt rd. 10 000 km². Da seit dem 16. Jh. häufig Personalunion mit anderen Bistümern bestand (vor allem mit Köln), residierten die Bischöfe meist außerhalb der Stadt. 1803 wurde das Bistum auf Preußen, Oldenburg u. mehrere kleinere Fürstentümer aufgeteilt. 1821 wurde das neue Bistum M. geschaffen.

Münster, 1. Ernst Friedrich Herbert Reichsgraf (1792) zu *M.-Ledenburg*, hannoverscher Politiker, * 1. 3. 1766 Osnabrück, † 20. 5. 1839 Hannover; seit 1805 Minister; beeinflußte als Bevollmächtigter der engl. Krone auf dem Wiener Kongreß 1814/15 die territoriale Neugestaltung Norddeutschlands u. die innere Konstruktion des Dt. Bundes. M. wandelte sich vom Verfechter nationaler Freiheitsideen zu einem konservativen Traditionalisten u. mußte nach Unruhen 1833 zurücktreten.

2. Georg Herbert Fürst (1899) *M. von Derneburg*, Sohn von 1), Politiker u. Diplomat, * 23. 12. 1820 London, † 28. 3. 1902 Hannover; suchte die Annexion Hannovers durch frühzeitige Anlehnung an Preußen zu verhindern; akzeptierte sie aber, nachdem sie erfolgt war. M. war 1873–1885 Botschafter in London, 1885–1900 in Paris u. 1899 Vertreter Deutschlands auf der ersten Haager Friedenskonferenz.

Muntasir, *Al M.*, Kalif aus der Dynastie der *Fatimiden*, 1036–1094, * 2. 7. 1029, † 10. 6. 1094; milder Herrscher, unter dem Nordafrika verloren ging. M. unterhielt weithin diplomat. Beziehungen in der islamischen Welt u. mit Byzanz. Seine Propaganda des

Thomas Müntzer

Ismailismus, besonders in Persien, stieß auf den Widerstand der Seldschuken.

Müntzer, *Münzer*, Thomas, Theologe u. Revolutionär, * um 1490 Stolberg, Harz, † 27. 5. 1525 Mühlhausen, Thüringen (hingerichtet); erhielt 1520 auf *Luthers* Empfehlung eine Predigerstelle in Zwickau u. geriet unter den Einfluß der hussitisch geprägten „Zwickauer Propheten". Unter Berufung auf seine innere Erleuchtung forderte M. eine radikale Umgestaltung des kirchl. u. polit. Lebens. 1523/24 gab er als Prediger in Allstedt (Kyffhäuser) drei liturg. Entwürfe zur Neuordnung des Gottesdienstes heraus. 1525 bildete er den Rat der Stadt Mühlhausen um u. predigte Kampf gegen alle kirchl. u. weltl. Obrigkeit. M., der als bedeutendster Gegenspieler Luthers gilt, wurde zum Führer des *Bauernkriegs* in Thüringen. Nach der vernichtenden Niederlage am 15. 5. 1525 bei Frankenhausen wurde er gefangengenommen, gefoltert u. enthauptet.

Münze [lat. *moneta*], als Geld dienendes, von der staatl. Obrigkeit durch Stempel wertmäßig garantiertes Metallstück, hergestellt durch Prägung oder Guß; die Vorderseite wird *Avers*, die Rückseite *Revers* genannt.

Die ersten M.n, rohe gestempelte Elektronklumpen, entstanden um 650 v. Chr. in Kleinasien (Lydien, Ionien). Um 620 v. Chr. kamen die ersten *Silber-M.n* im griech. Mutterland (Aigina) auf; sie verbreiteten sich von da an im gesamten griech. Kulturgebiet (Sizilien, Süditalien, Balkan, Kleinasien, Nordafrika). Neben Gold u. Silber kam im 5. Jh. v. Chr. Kupfer als Münzmetall auf. – Die griech. Münzgeschichte wird in die archaische (650–480 v. Chr.), die klassische (480–323 v. Chr.) u. die hellenist. Periode (seit 323 v. Chr.) unterteilt.

Im Röm. Reich gab es M.n seit 269 v. Chr.: das *Aes grave* u. Silbermünzen griech. Art. Um 211 v. Chr. wurde der *Denar* eingeführt. Erste Porträtdarstellungen von zeitgenössischer Persönlichkeiten gab es seit 44 v. Chr. Seit *Diocletian* (284–305) kam es zu Münzreformen.

Das röm. Münzsystem (Gold, Silber, Kupfer) lebte im byzantin. Reich weiter. Das Münzsystem der german. Staaten zur Völkerwanderungszeit lehnte sich an das spätröm. an. Nach einer weitgehenden Zersplitterung unter den Merowingern (6./7. Jh.) folgte im 7. Jh. der Übergang von der Gold- zur Silberwährung. Unter den Karolingern, bes. unter *Karl. d. Gr.*, wurde die Münzprägung zentralisiert; Hauptmünze war der silberne Denar = Pfennig (1 Schilling = 12 Pfennige). Das gleiche Münzsystem bestand in Italien, Frankreich u. England. Seit dem 9. Jh. kam es zu einer erneuten Zersplitterung infolge der Verleihung des *Münzrechts* an Fürsten. Im 12. Jh. entstanden verschiedene Münzbezirke, gleichzeitig kamen in Nord-, Mittel- u. Süd-Dtschld. die *Brakteaten* auf. Im 13. Jh. wurden die ersten Fernhandelsmünzen in Gold (Gulden, Dukat) u. Silber (Groschen) geprägt; im 14. Jh. bildeten sich überregionale *Münzvereine*.

Der erste *Taler* wurde 1486 in Tirol geprägt, dem bald ähnl. Prägungen in Joachimsthal (Sachsen) u. an anderen Orten folgten. 1524 wurden Kreistage als Münzaufsichtsbehörden eingesetzt. Die ersten Kupfermünzen wurden im 16. Jh. geprägt; 1618–1622 war die inflationäre Zeit der Kipper und Wipper. In der 2. Hälfte des 17. Jh. kam es zu ersten vertragl. Einigungen von Ländern über die Ausprägung von M.n nach gleicher Währung mit gegenseitiger Umlaufsberechtigung.

Nach der Einführung des Dezimalsystems in Europa u. Übersee im 19. Jh. wurde die geprägte M. vom Papiergeld ständig zurückgedrängt; zur Ausgabe von *Notmünzen* (Eisen, Zink) kam es 1914–1920. Heute sind praktisch nirgends mehr Goldmünzen, sondern nur noch M.n aus unedlen Metallen oder gelegentlich aus Silber im Umlauf.

Münzenberg, Wilhelm (Willi), Publizist u. Politiker (Kommunist), * 14. 8. 1889 Erfurt, † Juni 1940 bei Grenoble; baute nach dem 1. Weltkrieg die *Kommunistische Jugend-Internationale* u. die *Internationale Arbeiterhilfe* u. 1924–1930 in Berlin einen kommunist. Zeitungskonzern auf (u. a. „Arbeiter-Illustrierte-Zeitung"); seit 1927 Mitgl. des ZK der KPD; emigrierte 1933 nach Paris u. bekämpfte von dort das nat.-soz. Regime in Dtschld. („Gegenprozeß" zum Reichstagsbrandprozeß). Wegen seiner krit. Haltung zur Politik Stalins wurde M. 1938 aus der KPD ausgeschlossen; vermutlich wurde er von sowjet. Agenten ermordet.

Münzer, Thomas → Müntzer.

Münzrecht, *Münzhoheit*, *Münzregal*, das Recht, das Münzwesen, insbes. Gestalt, Gewicht, Material u. Menge der umlaufenden Münzen zu regeln u. Münzen zu prägen. Seit der Antike steht das M. dem Staat zu.

Murad, türk. Sultane: **1.** *M. I.*, 1359–1389, * 1319, † 15. 6. 1389 (ermordet auf dem Amselfeld); eroberte 1361 Adrianopel u. machte es zur Hptst., unterwarf Bulgarien u. besiegte die Serben auf dem Amselfeld. Er führte als erster türk. Sultan den Titel *Kalif.*

2. *M. II.*, 1421–1451, * 1401, † 5. 2. 1451 Adrianopel; eroberte 1430 Saloniki; schlug die Ungarn 1444 bei Warna, 1448 auf dem Amselfeld u. beschränkte das Byzantin. Reich fast ausschließl. auf Konstantinopel.

3. *M. III.*, 1574–1595, Sohn *Selims II.*, * 4. 7. 1546, † 16. (?) 1. 1595 Istanbul; überließ seinem Großwesir *Sokollu* die Regierung, führte 1576–1590 erfolgreich Krieg mit Iran u. erzielte einen bedeutenden Gebietsgewinn.

4. *M. IV.*, 1623–1640, * 27. 7. 1612 Istanbul, † 8. 2. 1640 Istanbul; regierte grausam; eroberte 1638 Bagdad von den Persern zurück.

Muralt, Leonhard von, schweizer. Historiker, * 17. 5. 1900 Zürich, † 2. 10. 1970 St. Tropez; seit 1940 Prof. in Zürich; Mit-Hrsg. der Werke H. Zwinglis im „Corpus Reformatorum"; arbeitete über die Geschichte der Neuzeit; Hptw.: „Reformation u. Gegenreformation" (in „Geschichte der Schweiz", hrsg. von H. Nabholz u. a. 1932); „Das Zeitalter der Entdeckungen, der Renaissance u. der Glaubenskämpfe" (in „Neue Propyläen-Weltgeschichte" Bd. 3 1941); „Machiavellis Staatsgedanke" 1945.

Murat [my'ra], Joachim, Reiteroffizier (1804 Marschall), * 25. 3. 1767 La Bastide, Dép. Lot, † 13. 10. 1815 Pizzo di Calabria; enger Mitar-

Die mykenische Kultur

Durch die stilisierende Weiterentwicklung der friedlichen kretischen Kultur leitete die mykenische Kultur die geometrische Epoche als früheste Periode der griechischen Kunst ein. Charakteristisch für die mykenische Kultur sind die Palast- und Grabanlagen.

»Die Palastanlage von Mykene, deren Baugeschichte sich über mehrere Jahrhunderte erstreckte, besitzt einige markante Merkmale, die man, in entsprechend abgewandelter Form natürlich, auch an anderen Orten Griechenlands wiederfindet. Zunächst fallen die riesigen, in der zweiten Hälfte des 14. Jahrhunderts v. Chr. errichteten Mauern ins Auge, die zu einer Höhe von über zehn Metern emporstreben und im Durchschnitt sechs Meter dick sind. In späteren Jahrhunderten schrieb man sie den Riesen der Vorzeit, den Kyklopen (Zyklopen) zu, weil man sich nicht mehr vorzustellen vermochte, daß sie durch Menschenhand aneinandergefügt worden waren. Einziger bequemer Zugang ist vom Nordwesten her das bekannte Löwentor, das auf der Bergseite durch eine auf dem Fels errichtete Mauer und gegenüber durch eine sich vorschiebende Bastion abgeschirmt wurde. Allein der gewaltige Türsturz (4,5 m x 2,1 m), über dem sich das eindrucksvolle Löwenrelief mit der sich nach unten verjüngenden kretischen Säule erhebt, hat ein Gewicht von zwanzig Tonnen. (...)

Gegen Ende des 16. vorchristlichen Jahrhunderts trat in der mykenischen Kultur an die Stelle des rechteckigen Schachtgrabes das Kuppelgrab, eine der originellsten Leistungen dieser Epoche. Das berühmteste Beispiel für die neue Grabform ist das sogenannte »Schatzhaus des Atreus«, dessen irreführenden Namen schon die Fremdenführer der Antike gebrauchten. Es liegt etwa einen halben Kilometer vom Löwentor entfernt. Zum Eingang des Grabes gelangt man auf einer straßenartigen, von Mauern eingesäumten Rampe. Der sechs Meter lange Türsturz wird nach innen durch einen Block von staunenswerten Ausmaßen (8 m x 5 m x 1,20 m) fortgesetzt, dessen Gewicht man auf hundert Tonnen geschätzt hat. Der spitzbogige Innenraum wird durch ein sogenanntes ›falsches Gewölbe‹ gedeckt (...).«

Siegfried Grißhammer, Dietger Reinhold in »Panorama der Weltgeschichte«, Bd. 1, Bertelsmann Lexikon Verlag, Gütersloh 1990

1

2

3

4

7

1 *Löwentor der Burg von Mykene, um 1250 v. Chr., bei dem drei Monolithen die über drei Meter hohe Toröffnung einrahmen und durch die Aussparung eines fast gleich hohen Dreiecks der liegende Block entlastet werden konnte.*

5

8

6

2 *Spätmykenisches Kuppelgrab (sog. »Schatzhaus des Atreus«), um 1330 v. Chr. Zugang (Dromos) und Portal.*

3 *Aufblick ins Gewölbe des Kuppelgrabes.*

4 *Bemalter Stuckkopf in plastisch-dekorativer Kunst, vielleicht von einer Sphinxstatue; um 1200 v. Chr. Athen, Nationalmuseum.*

5 *Blick auf die Schachtgräber in Mykene.*

6 *Schachtgräberrund, Rekonstruktion.*

7 *Goldenes Diadem; um 1500 v. Chr. Athen, Nationalmuseum.*

8 *Ruinen der Burg am Berg Hagios Elias.*

beiter *Napoleons*, heiratete 1800 dessen Schwester *Karoline*; 1806 Großherzog von Kleve u. Berg, 1808 König von Neapel *(Joachim I. Napoleon)*. Da ihn der Wiener Kongreß nicht als König anerkannte, kämpfte M. gegen die Österreicher. Bei dem Versuch, sein unteritalien. Königreich von den Bourbonen zurückzugewinnen, wurde er gefangengenommen u. standrechtlich erschossen.

Muratori, Lodovico Antonio, italien. Historiker, *21. 10. 1672 Vignola bei Mòdena, † 23. 1. 1750 Mòdena; Bibliothekar, Hrsg. grundlegender Drucke der italien. Geschichtsquellen bis 1500, entdeckte ein Verzeichnis der Schriften des NT vom Ende des 2. Jh., das sog. „Muratorische Fragment". Mit seinen theolog. Schriften wurde er zum Begründer des italien. Reformkatholizismus; er hatte entscheidenden Einfluß auf den österr. *Josephinismus*.

Muromachi-Zeit, *Muromatschi-Zeit*, Epoche der japan. Geschichte, 1338–1573, in der die Shogune von der Familie Ashikaga gestellt wurden u. im Kyotoer Stadtviertel Muromachi residierten; Zeit der Wirren u. permanenten Feudalkriege, der Einflußlosigkeit der Zentralregierung u. Entwicklung unabhängiger Territorialstaaten (→ Daimyos).

Murray ['mʌri], *Moray*, James Stuart, Earl of M., Regent von Schottland (1567–1570), *um 1531, †23. 1. 1570 Linlithgow (ermordet); unehel. Sohn König *Jakobs V.* von Schottland, Halbbruder *Maria Stuarts*; schloß sich 1559 den prot. Lords der *Congregation* an, die den röm.-kath. Gottesdienst zu beseitigen suchten. Wegen seiner Opposition gegen die Ehe Marias u. H. *Darnleys* u. wegen seiner öffentl. Anklage nach Darnleys Ermordung des Landes verwiesen. Begnadigt u. nach Schottland zurückgekehrt, wurde er 1568 bis 1570 schott. Regent nach Marias Sturz.

Mursilis, *Mursili*, hethit. Könige: **1.** *M. I.*, um 1530 v. Chr., bestieg als Sohn des *Hattusilis I.* den Thron. M. betrieb die Außenpolitik seines Vaters konsequent weiter, indem er Aleppo u. Babylon eroberte, doch gelang ihm keine dauerhafte Herrschaft über diese Länder. Er wurde dann von seinem Schwager (?) Hantilis ermordet, was zu innenpolit. Unruhen führte u. das hethit. Reich stark gefährdete.

2. *M. II.*, etwa 1330–1295 v. Chr.; Sohn des *Suppiluliuma I.*; konnte den Abfall nordsyr. Vasallen durch mehrere Kriegszüge verhindern.

3. *M. III.*, auch *Urhi-Teschup*, um 1280 v. Chr., Sohn des *Muwatallis*. Sein Onkel, der spätere König Hattusilis II., führte für ihn die Herrschaft. Nach einem Streit floh M. nach Ägypten, wo ihm für über 10 Jahre politisches Asyl gewährt wurde. Über sein Ende ist nichts bekannt, doch kehrte er mit Sicherheit nicht nach Hattusa zurück.

Murten, frz. *Morat*, Hauptort des Seebezirks im schweizer. Kanton Freiburg (Fribourg). – 518 erstmals erwähnt, 1013 Festung, 1228 Reichsstadt, 1255–1475 savoyisch.

In der *Schlacht von M.* besiegten die verbündeten Eidgenossen am 22. 6. 1476 Karl den Kühnen von Burgund u. brachen seine Macht endgültig.

Musaffariden, *Muzaffariden*, pers. Dynastie 1304–1393, vor allem in der Provinz Fars, die nach den *Ilchanen* bis zum Aufkommen *Timurs*, der sie beseitigte, eine z. T. von islam. Fanatismus geprägte Herrschaft ausübte. Unter ihnen lebte der Dichter *Hafis*.

Muschelhaufen, archäolog. Bez. für große Hügel, die durch menschl. Siedlungsaktivität entstanden u. sich größtenteils aus „Küchenabfällen" (Økkenmøddinger) zusammensetzen, aber auch wie ein *Tell* Siedlungsstrukturen enthalten können. Hauptmerkmal sind große Massen von Muschelresten. Das prähistor. Fundmaterial wird meistens als *Mesolithikum* klassifiziert. M. entstanden aber an verschiedenen Stellen der Erde zu verschiedenen Zeiten; sie sind vor allem bekannt aus Dänemark, Portugal (*Tejo-* u. *Sado-Gebiet, Muge*), aus Japan *(Jomon-Kultur)* u. Südostasien *(Hoabinh-Kultur)*.

Mussert ['my-], Anton Adriaan, niederländ. Politiker, *11. 5. 1894 Werkendam, †7. 5. 1945 Den Haag (hingerichtet); gründete die faschist. *Nationaal-Socialistische Beweging* (NSB), 1942 von der dt. Besatzungsbehörde zum „Führer des niederländischen Volkes" ernannt, 1945 wegen Kollaboration zum Tod verurteilt.

Mussolini, Benito, italien. Politiker, *29. 7. 1883 Doria bei Predappio, Prov. Forlì, †28. 4. 1945 bei Giulino di Mezzegra am Comer See (erschossen); Lehrer, trat 1900 in die Sozialist. Partei (PSI) ein; 1902–1904 in der Schweiz, dann Parteifunktionär im damals österr. Trient, wo er ausgewiesen wurde; 1912 bis 1914 Chefredakteur des sozialist. Parteiorgans „Avanti" u. als Sprecher des linken Flügels der maßgebende Parteiführer. 1914 wurde M. wegen der Forderung nach Kriegseintritt Italiens gegen Österreich aus der Sozialist. Partei ausgeschlossen. Er gründete die Zeitung „Popolo d'Italia", die später die faschist. Kampfzeitung wurde. Nach zweijähriger Teilnahme am 1. Weltkrieg gründete er in Mailand 1919 den ersten *Fascio di combattimento* („Kampfbund"), dem weitere folgten. Damit wurde er zum Begründer des Faschismus. Die Fasci bekämpften mit terrorist. Mitteln die Arbeiterorganisationen. 1921 formierte M. die Fasci zu einer polit. Partei, dem *Partito Nazionale Fascista (PNF)*. Nach dem „Marsch auf Rom" (28. 10. 1922) wurde er vom König mit der Regierungsbildung beauftragt.

Nach der ersten schweren Krise seiner Partei (Ermordung G. *Matteottis*) erreichte M. mit dem Staatsstreich vom 5. 1. 1925, durch Gesetz von 1926 legalisiert, diktatorische Vollmacht; er wurde *Duce* („Führer") des Faschismus u. *Capo del Governo* („Regierungschef"). Er schaltete seine polit. Gegner aus u. errichtete ein Einparteiensystem mit ständestaatlichen Zügen („Korporativstaat"). Sein größter innenpolit. Erfolg war 1929 die Aussöhnung mit Papst *Pius XI.* in den *Lateranverträgen*. Die Beseitigung der Arbeitslosigkeit, die Urbarmachung der Pontinischen Sümpfe u. die Unterwerfung Tripolitaniens sowie eine wirkungsvolle Rednergabe festigten seine Stellung u. verschafften ihm eine große Anhängerschaft. Die Eroberung Äthiopiens brachte eine Wende in M.s Außenpolitik. Während er 1935 noch von der Notwendigkeit überzeugt gewesen war, Deutschlands Aufrüstung zu stoppen, schloß er jetzt aus der schwächl. Haltung der Westmächte auf die Stärke Deutschlands. Die gemeinsame Beteiligung Deutschlands u. Italiens am Span. Bürgerkrieg 1936–1939, die Gründung der „Achse Berlin–Rom" 1936 u. der „Stahlpakt" 1939 brachten M. in Abhängigkeit von Hitler. Im Sept. 1938 konnte er den Kriegsausbruch durch Vermittlung im Münchner Abkommen noch verhindern; 1939 scheiterten ähnliche Versuche.

Mit dem Eintritt Italiens in den 2. Weltkrieg im Juni 1940 übernahm M. den Oberbefehl über die italien. Truppen. Nach den Niederlagen der Italiener (Griechenland, Afrika) sprach ihm der Faschistische Großrat am 25. 7. 1943 sein Mißtrauen aus, u. er wurde auf Befehl des Königs gefangengesetzt. Aus der Haft auf dem Gran Sasso d'Italia wurde er von dt. Fallschirmjägern befreit. Am 23. 9. proklamierte er in Norditalien die *Repubblica Sociale Italiana*, die völlig von Hitler abhängig war. Kurz vor Kriegsende wurde er mit seiner Geliebten Claretta *Petacci* auf der Flucht verhaftet u. ohne Gerichtsverfahren von italien. Partisanen erschossen.

Benito Mussolini

Mustafa, türk. Sultane: **1.** *M. II.*, 1695 bis 1703, *2. 6. 1664 Istanbul, †31. 12. 1703 Istanbul (ermordet); mußte im Frieden von *Karlowitz* 1699 große Gebiete an Österreich, Polen u. Rußland abtreten; wurde durch einen Janitscharenaufstand 1703 gestürzt u. starb durch Gift.

2. *M. III.*, 1757–1773, *28. 1. 1717 Istanbul, †24. 12. 1773 Istanbul; schloß 1761 einen Freundschaftsvertrag mit *Friedrich II.* von Preußen; bemühte sich um Frieden, geriet aber 1769 in einen Krieg gegen Rußland u. verlor diesen in der Schlacht bei *Tscheschme* 1770.

Mustafa, türk. Großwesir, → Kara Mustafa.

Mustafa Kemal Pascha → Atatürk.

Mustasim, *Al Musta'sim Billah*, Abu Ahmed Abd Allah Ibn Al M., letzter Abbasidenkalif in Bagdad, 1242–1258, * 1212 Bagdad, †20. 2. 1258; mit seiner Sippe nach der Eroberung Bagdads durch *Hülägü* hingerichtet.

Mutesa II., Edward Frederick, König (einheim. Titel: Kabaka) von Buganda (im südl. Uganda) 1939–1966, *19. 11. 1924 Kampala, †21. 11. 1969 London; übernahm nach Erreichung der Unabhängigkeit für Uganda 1963 das Amt des Staats-Präs. dieser Republik, ohne deshalb seine Königswürde für den Teilstaat Buganda aufzugeben. Im Mai 1966 kam es zum Konflikt zwischen M. u. dem Premier-Min. Ugandas, M. *Obote*. Darauf ging M. ins Exil nach England.

Mutsuhito, japan. Prinz, *3. 11. 1852 Kyoto, †30. 7. 1912 Tokio; übernahm nach dem Tode seines Vaters Kaiser *Komeis* am 3. 2. 1867 die Kaiserwürde u. beendete unter dem Druck einflußreicher Daimyos am 3. 1. 1868 das Shogunat, um formal selbst die Herrschaft zu übernehmen. Für seine Regierungszeit wählte er die Devise *Meiji* („erleuchtete Regierung"), die ihm nach seinem Tode als persönl. Name („Meiji-Tenno") übertragen wurde.

Muwatallis, *Muwatalli*, hethit. König, rd. 1295 bis 1282 v. Chr.; suchte nach unentschiedenen Kämpfen gegen König Sethos I. von Ägypten die hethit. Herrschaft über Nordsyrien zu sichern, indem er Bentešina, einen loyalen Vasallen, zum König von Amurru einsetzte. Als Ramses II. um 1285 gegen Bentešina zum Krieg antrat, gelang es M., die Ägypter in der Schlacht bei *Kadesch* aufzuhalten.

Myanmar, *Union M.* → Birma.

Mykene, *Mykénai*, *Mykenä*, altgriech. Stadt u. Burg in der Landschaft Argolis auf dem Peloponnes; nach der griech. Sage von *Perseus* gegr., dessen Nachkommen *(Perseiden)* durch die *Pelopiden* aus der Herrschaft M.s verdrängt wurden. M. stand im 2. Jahrtausend v. Chr. lange unter kulturellem Einfluß von Kreta. Die Burg, bei *Homer* Sitz des Königs *Agamemnon*, wurde um 1200–1180 v. Chr. zerstört. In der Folgezeit bestand nur eine kleine Ortschaft; zu einer gewissen Bedeutung gelangte M. erst wieder in hellenist. Zeit (3. Jh. v. Chr.). Ausgrabungen (1874 begonnen durch H. *Schliemann*) erbrachten Spuren von Besiedlungen im 3. Jahrtausend v. Chr.; aus dem 16. Jh. v. Chr. stammen königl. Schachtgräber, in denen Goldmasken, Goldschmuck u. Gefäße aus Gold u. Silber gefunden wurden. Erhalten blieben ferner der Mauerring mit dem Löwentor, Teile des Palastes, am Fuß des Burgbergs Wohnquartiere, Gewerbebetriebe u. Handelsmagazine sowie zahlreiche Kuppelgräber (13. Jh. v. Chr.), darunter das sog. Schatzhaus des Atreus.

mykenische Kultur, die von den myken. Griechen getragene spätbronzezeitl. Kultur des griech. Festlands, 1600–1200 v. Chr., Endstufe der helladischen Kultur, Teil der kretisch-mykenischen Kultur.
Sie ist in ihren geschichtl. Voraussetzungen noch nicht abschließend geklärt. Zwischen 2200 u. 1900 v. Chr. waren indoeurop. Volksstämme (die später als *Achäer, Ionier* bezeichneten Frühgriechen) auf das griech. Festland eingewandert u. hatten sich mit der bodenständigen nicht-indoeurop. Bevölkerung vermischt. Auf der Grundlage dieser Mischkultur entstand um 1600 v. Chr. durch Kontakte mit der minoischen Kultur ohne kriegerische Auseinandersetzungen die plötzlich reich aufblühende m. K. Sie äußerte sich in dem Auftreten der frühmyken. Keramik (dunkler Firnis auf hellem Grund) u. in dem erhöhten Beigabenreichtum der Gräber (bes. in den Schachtgräbern u. dem Gräberrund von Mykene mit vielen Goldsachen wie porträtähnl. Totenmasken u. Schmuck, Gefäßen aus Edelmetall, Bronze u. Alabaster, vielen Waffen u. bemalter Keramik). Auch bestattete man die Fürsten in monumentalen Kuppelgräbern („Schatzhaus des Atreus" in Mykene). Die myken. Feudalherren lebten als Gaufürsten auf hochgelegenen Burgen (Mykene, Tiryns, Pylos u. a.).
Das Verhältnis zu Kreta scheint ursprüngl. friedlich gewesen zu sein. Seit 1450 v. Chr. besetzten jedoch myken. Heerfürsten das seit den Zerstörungen durch den Vulkanausbruch auf Santorin (um 1500 oder 1470 v. Chr.) darniederliegende Kreta, beendeten die kret. Vorherrschaft im Mittelmeer u. breiteten ihren Einfluß seit dem 14. Jh. v. Chr. über das ganze östl. Mittelmeer bis Vorderasien, Syrien, Ägypten u. Unteritalien aus (verbunden mit Koloniegründungen u. Eroberungen). Eine Führungsstellung scheint dabei (zumindest zeitweise) Mykene gehabt zu haben.
Die m. K. ging in den Stürmen der *Ägäischen Wanderung* des 13. u. 12. Jh. v. Chr. unter. Die nachfolgenden Dorier u. Nordwestgriechen übernahmen wenig von der von ihnen zerschlagenen Kultur, doch lebt die Erinnerung an diese Zeit in den Epen *Homers* weiter. Ⓑ S. 548/549.

Mykerinos, ägypt. *Menkawre,* ägypt. König der 4. Dynastie, um 2470 v. Chr.; Erbauer der 3. Pyramide von *Gizeh.*

Myrdal, 1. Alva, verheiratet mit 2), schwed. Sozialwissenschaftlerin u. Politikerin, *31. 1. 1902 Uppsala, †1. 2. 1986 Stockholm; 1936 bis 1948 Direktorin des von ihr gegr. Sozialpädagog. Seminars in Stockholm, 1951–1955 Direktorin der UNESCO-Abteilung für Sozialwissenschaften, 1956–1961 Botschafterin in Indien, Birma u. Sri Lanka, 1962–1973 Chefdelegierte bei der Genfer Abrüstungskonferenz, 1966–1973 Min. für Abrüstungsfragen, 1969–1973 Min. für kirchl. Angelegenheiten. M. erhielt 1970 den Friedenspreis des Dt. Buchhandels mit ihrem Mann Gunnar M. u. 1982 zusammen mit A. *Garcia Robles* den Friedensnobelpreis.
2. Gunnar, verheiratet mit 1), schwed. Nationalökonom u. Wirtschaftspolitiker, * 6. 12. 1898 Gustafs, Dalarna, †17. 5. 1987 Stockholm; war 1945 bis 1947 Handelsminister, 1947–1957 Sekretär der Europ. Wirtschaftskommission der UN; schrieb zahlreiche Arbeiten zur Theorie der Wirtschaftspolitik, zur Wirtschaftsordnung u. zu Problemen der Entwicklungspolitik. – M. erhielt 1970 zusammen mit seiner Frau Alva M. den Friedenspreis des Dt. Buchhandels u. 1974 zusammen mit F. A. von *Hayek* den Nobelpreis für Wirtschaftswissenschaften.

Mysien, antike Landschaft an der Westküste Kleinasiens mit den Städten *Troja, Pergamon, Lampsakos*; seit 280 v. Chr. Kernland des pergamen. Königreichs; Name nach ihren vorgriech. Bewohnern, der *Mysier.*

N

Nabatäer, arab. Volk, das sich im 5./4. Jh. v. Chr. in Nordwestarabien ansiedelte u. ein großes Reich mit der Hptst. *Petra* gründete; Blüte im 1. Jh. v. Chr. Die N. beherrschten den Karawanenhandel von der Ägäis bis Mesopotamien. 106 n. Chr. wurden sie von *Trajan* unterworfen, der den Nordteil ihres Reichs zur Provinz *Arabia* machte. Kunst u. Kultur waren hellenistisch beeinflußt; ihre Schrift, eine Variante der aramäischen Konsonantenschrift, wurde bedeutsam als Vorstufe der arab. Schrift.

Nabis, letzter König (Tyrann) von Sparta, 207–192 v. Chr., † 192 v. Chr., führte soziale Reformen durch (u. a. Bürgerrecht für Heloten), schloß sich Rom an, das ihn aber nur als Bundesgenossen anerkannte, solange es ihn brauchte; wurde von aitolischen Hilfstruppen ermordet.

Nabonid, *Nabuna'id,* letzter König von Babylonien 555–539 v. Chr.; versuchte sein Reich durch einen zehnjährigen Arabienfeldzug zu erweitern; als dieser mißlang, rief die babylon. Priesterschaft den pers. König *Kyros II.* ins Land, der N. entthronte.

Nabupolassar, König von Babylonien 625 bis 606 v. Chr., befreite Babylonien von der assyr. Vorherrschaft u. vernichtete im Bündnis mit den Medern Assyrien (610 v. Chr.).

Nachfolgestaaten, *Sukzessionsstaaten,* die nach dem Zerfall der österr.-ungar. Monarchie (1918) entweder auf deren Gebiet neu gegründeten (Österreich, Tschechoslowakei, Ungarn) oder durch deren Gebiet beträchtlich vergrößerten (Jugoslawien, Rumänien, Polen) souveränen Staaten in Ost- u. Südosteuropa.

Nachtigal, Gustav, Afrikaforscher, *23. 2. 1834 Eichstedt bei Stendal, †20. 4. 1885 auf See, bestattet in Las Palmas; Militärarzt, ging 1861 nach Algerien, bereiste u. erforschte 1863–1874 die Sahara u. den Sudan, stellte 1884 Togo u. Kamerun unter deutsche Schutzherrschaft. Hptw.: „Tibesti. Erstdurchquerung des Sudan 1868–1874", Neuausgabe 1978; „Sahara u. Sudan" 3 Bde. 1879–1889.

Nadir, Schah von Persien 1736–1747, *22. 10. 1688 Kubkan, Khorasan, †19. 6. 1747 Fathabad (ermordet); bekämpfte erfolgreich Afghanen u. Türken. Er versuchte die schiitische Staatsreligion abzuschaffen, besiegte den Großmogul u. plünderte Delhi (Erbeutung des Pfauenthrons). N. dehnte sein Reich bis an den Indus u. Euphrat aus.

Nadolny, Rudolf, Diplomat, *12. 7. 1873 Groß-Stürlack, Ostpreußen, †18. 5. 1953 Düsseldorf; 1920–1924 Gesandter in Stockholm, 1924–1933 Botschafter in der Türkei, 1933/34 in Moskau, setzte sich für eine enge dt.-sowjet. Zusammenarbeit ein. 1932/33 führte N. die deutsche Delegation auf der Genfer Abrüstungskonferenz. Er wandte sich nach 1945 gegen eine dt. Westorientierung. Erinnerungen: „Mein Beitrag" (posthum) 1985.

Näf, Werner, schweizer. Historiker, *7. 6. 1894 St. Gallen, †19. 3. 1959 Gümligen bei Bern; seit 1925 Prof. in Bern. Werke: „Zur Geschichte der Heiligen Allianz" 1928; „Staat u. Staatsgedanke" 1935; „Die Epochen der neueren Geschichte" 1945/46.

Nagib, *Naguib,* Ali Mohammed, ägypt. Offizier (1950 General) u. Politiker, *20. 2. 1901 Khartum, †28. 8. 1984 Kairo; offiziell Führer des vom Revolutionsrat Freier Offiziere durchgeführten Staatsstreichs im Juli 1952; zwang König Faruk zur Abdankung u. übernahm 1952 das Amt des Min.-Präs., nach Ausrufung der Republik 1953 zugleich das des Staats-Präs.

Nagy [nɔdj], **1.** Ferenc, ungar. Politiker, *8. 10. 1903 Bisse, †12. 6. 1979 Fairfax, Va. (USA); 1930 Generalsekretär der Kleinlandwirtepartei, 1939 bis 1942 Reichstags-Abg., 1944 verhaftet; 1945 Landwirtschafts-, dann Wiederaufbau-Min., 1946 Min.-Präs., trat 1947 aus Protest gegen den sowjetisch-kommunist. Druck zurück u. emigrierte.
2. Imre, ungar. Politiker (Kommunist), *19. 6. 1896 Kaposvár, †16. 6. 1958 wahrscheinlich Budapest (hingerichtet); 1929–1944 im Exil in der UdSSR; ab 1944 mehrfach Min.; 1949–1952 wegen Differenzen mit dem Parteichef M. Rákosi ohne wichtiges polit. Amt; 1953–1955 Min.-Präs., maßgebl. Vertreter des antistalinist. Kurses, suchte polit. u. wirtschaftl. Reformen durchzuführen, nach Wiedereinführung des alten Kurses abgesetzt; während der ungar. Erhebung 1956 wieder Min.Präs., nach der sowjet. Intervention unter Wortbruch verhaftet, nach Rumänien deportiert u. in einem geheimen Prozeß zum Tod verurteilt; 1989 rehabilitiert; alle früheren Urteile wurden aufgehoben.

Nahas Pascha, *Nahhas Pascha,* Mustafa An, ägypt. Politiker (Wafd-Partei), *15. 6. 1876 Samanud, †23. 8. 1965 Alexandria; 1930 bis 1952 mehrmals Min.-Präs.; erreichte nach dem 2. Weltkrieg den Rückzug der brit. Truppen aus Ägypten; durch den Staatsstreich der „Freien Offiziere" 1952 gestürzt.

Nahostkonflikt, die internationalen Auseinandersetzungen im Nahen Osten, die vor allem durch die Gründung eines jüd. Staates in Palästina ausgelöst wurden, zu denen aber zahlreiche andere Faktoren beigetragen haben. (Zur Vorgeschichte: → Israel, → Palästina, → Zionismus.)
Am 29. 11. 1947 stimmte die UN-Vollversammlung für die Teilung Palästinas in einen

Imre Nagy bei seiner Rundfunkansprache am 30.10.1956, in der er den Austritt Ungarns aus dem Warschauer Pakt bekanntgab

Nahostkonflikt: israelische Truppen bei der Überquerung des Suezkanals, 1973

jüd. u. einen arab. Staat. Die arab. Staaten u. die Vertretung der arab. Palästinenser erkannten diesen Beschluß nicht an; arab. Freischärler eröffneten die bewaffneten Auseinandersetzungen zwischen Arabern u. Juden. Am 14. 5. 1948 wurde der Staat Israel proklamiert; am folgenden Tag, an dem das brit. Palästina-Mandat erlosch, griffen ägypt., transjordan., syr., libanes. u. irak. Truppen Israel an. Im *1. israel.-arab. Krieg* 1948/49 konnte Israel seinen Gebietsstand über die im UN-Teilungsbeschluß vorgesehenen Grenzen hinaus erweitern. Der Krieg wurde durch Waffenstillstände, nicht jedoch durch einen Friedensschluß beendet. Seit Mitte der 1950er Jahre häuften sich arab. Guerilla-Aktionen. Israel nutzte 1956 im Zusammenwirken mit Großbritannien u. Frankreich die Suezkrise zum Vorstoß bis an den Suezkanal *(2. israel.-arab. Krieg)*, um seine Position gegenüber den arab. Staaten zu verbessern; es erlangte auch Zugeständnisse, konnte aber keine Regelung der wesentl. Streitfragen erreichen. 1957 zog es unter dem Druck der USA u. der UdSSR seine Truppen von der Sinai-Halbinsel u. aus dem Gazastreifen wieder ab, u. UN-Truppen übernahmen die Kontrolle an der israel.-ägypt. Grenze. Während sich Großbritannien u. Frankreich seit 1956 weitgehend aus Nahost zurückzogen, griffen die USA auf seiten Israels u. die UdSSR auf seiten der Araber zunehmend in den N. ein.

1967 erwirkte Ägypten den Abzug der UN-Truppen, ließ Truppen an der Grenze aufmarschieren u. sperrte die Straße von Tiran. Auch Syrien nahm eine drohende Haltung ein. Daraufhin griff Israel am 5. 6. 1967 Ägypten u. Syrien an, die im Kampf von Jordanien unterstützt wurden, u. besetzte in sechs Tagen die ägypt. Sinai-Halbinsel, den von Ägypten verwalteten Gazastreifen, die syr. Golanhöhen u. das von Jordanien annektierte Westjordanland mit dem Ostteil Jerusalems *(3. israel.-arab. Krieg, Sechstagekrieg)*. Am 22. 11. 1967 verabschiedete der UN-Sicherheitsrat die grundlegende „Nahost-Resolution" 242.

Sie forderte den Rückzug der israel. Truppen „aus besetzten Gebieten", die Anerkennung u. territoriale Unverletzlichkeit aller nahöstlichen Staaten (also auch Israels), freie Durchfahrt durch alle internationalen Wasserstraßen u. eine gerechte Regelung des Flüchtlingsproblems. Das Problem der arab. Palästinenser wurde also nur als Flüchtlings-, nicht als nationales Problem behandelt. Zum Wortführer des erstarkenden palästinens. Nationalismus machte sich die 1964 gegründete → PLO, die seit 1967 an internationalem Einfluß gewann.

Am Suezkanal kam es seit März 1969 erneut zu Kampfhandlungen begrenzten Umfangs, die erst im August 1970 durch einen von den USA vermittelten Waffenstillstand ein Ende fanden („Abnutzungskrieg"). Am 6. 10. 1973 begann überraschend der *4. israel.-arab. Krieg (Jom-Kippur-Krieg)* mit einem koordinierten Angriff Ägyptens u. Syriens. Andere arab. Staaten beteiligten sich mit Truppenkontingenten. Den syr. Angriff auf den Golanhöhen schlug Israel nach schweren Kämpfen zurück. Den Ägyptern gelang es, sich am Ostufer des Suezkanals festzusetzen, während Israel einen Brückenkopf am Westufer errichten konnte. Auf Initiative der beiden Großmächte erließ der UN-Sicherheitsrat am 22. 10. einen Appell zur Feuereinstellung, dem die kriegführenden Parteien zustimmten. Mit US-amerikanischer Vermittlung wurden 1974/75 zwei ägypt.-israel. u. ein syr.-israel. Truppenentflechtungsabkommen geschlossen. Sie führten zu einem Teilrückzug Israels auf dem Sinai u. zu einem Auseinanderrücken der Fronten auf den Golanhöhen; in die Pufferzonen rückten UN-Truppen ein.

1977 leitete der ägypt. Präs. Sadat durch eine Reise nach Jerusalem direkte Verhandlungen mit Israel ein. Sie führten mit US-amerikan. Vermittlung zum Camp-David-Abkommen vom 17. 9. 1978 u. zum Friedensvertrag vom 26. 3. 1979, der die Rückgabe der Sinai-Halbinsel an Ägypten sowie die Aufnahme von Verhandlungen über eine Autonomielösung für das Westjordanland u. den Gazastreifen vorsah. Die Sinai-Halbinsel wurde termingemäß bis 1982 zurückgegeben; die Autonomieverhandlungen erbrachten kein Ergebnis. Die meisten arab. Staaten u. die PLO lehnten den israel.-ägypt. Friedensvertrag ab. Ein weiterer Krisenherd des N.s entstand in Libanon, das nach einem Bürgerkrieg seit 1976 teilweise von syr. Truppen besetzt war. Die PLO unterhielt in Libanon Stützpunkte, von wo aus sie Überfälle auf den Norden Israels unternahm. 1982 besetzte Israel den Süden Libanons u. erzwang den Abzug größerer PLO-Kampfverbände. Dabei kam es auch zu Kampfhandlungen zwischen israel. u. syr. Streitkräften. Im Mai 1983 schlossen Israel u. Libanon mit US-amerikan. Vermittlung ein Abkommen, in dem der Kriegszustand zwischen den beiden Ländern für beendet erklärt wurde. Unter dem Druck Syriens u. oppositioneller Kräfte im eigenen Land mußte die libanes. Regierung das Abkommen im März 1984 annullieren. Im Juni 1985 zog Israel seine Truppen aus Libanon ab; im Land verblieben nur Berater der pro-israel. „Südlibanes. Armee" (SLA). 1991 wurde Libanon (mit Ausnahme der von Israel beanspruchten Sicherheitszone) faktisch ein syr. Protektorat.

Seit 1987 entwickelte sich in den von Israel besetzten Gebieten eine Aufstandsbewegung (Intifada), die zunehmend unter den Einfluß islam.-fundamentalist. Kräfte geriet. 1988 wurde von der PLO ein unabhängiger „Staat Palästina" proklamiert, ohne daß dessen Grenzen definiert wurden.

Der Zusammenbruch des Kommunismus, der Abbau der Ost-West-Konfrontation u. der Golfkrieg von 1991, in dem wichtige arab. Staaten die Partei des Westens gegen den Irak ergriffen, wirkten sich auf den N. aus. Die starren Fronten lockerten sich auf. 1991 begannen unter der Schirmherrschaft der USA u. der UdSSR Verhandlungen zwischen Israel u. seinen arab. Nachbarn. 1993 kam es nach Geheimverhandlungen zu einem Übereinkommen zwischen Israel u. der PLO. In Abweichung von ihrem noch geltenden Programm erkannte die PLO das Existenzrecht Israels an, während Israel die PLO, mit der es bisher jeden offiziellen Kontakt vermieden hatte, als Vertretung des palästinens. Volkes anerkannte. Nach der gemeinsamen Grundsatzerklärung soll eine dauerhafte Lösung innerhalb von fünf Jahren erreicht werden. Als ersten Schritt räumten die israel. Truppen 1994 den Gaza-Streifen u. die Region von Jericho. In diesen Gebieten wurde eine palästinens. Selbstverwaltung mit eingeschränkten Befugnissen errichtet. Im gleichen Jahr wurde der Kriegszustand zwischen Israel u. Jordanien für beendet erklärt. 1995 begann Israel mit der Räumung weiterer Städte im Westjordanland. 1996 wurde ein palästinens. Autonomierat gewählt. Seit demselben Jahr führte der polit. Kurs der Regierung Netanjahu zu einer Verhärtung im Friedensprozeß.

Nahua ['na:wa], *Naua*, die Nahuatl sprechenden altindian. Stämme im mittleren u. südl. Mexiko: die *N. (i. e. S.), Azteken, Nicarao, Sigua* u. a., zusammen über 1 Mill. Sie sind sprachlich den *Pima* u. *Shoshonen* (uto-aztekische Sprachfamilie), kulturell den *Pueblo-Indianern* verwandt. – Die N. haben sich, von N kommend, zwischen alteingesessene Stämme Mexikos geschoben. Sie wurden Träger der altmexikan. Hochkultur unter Rückgriff auf alte Grundlagen; ihr kultureller u. polit. Einfluß reichte bis zu den Maya.

Nakasone, Yasuhiro, japanisch. Politiker (Liberaldemokrat), * 27. 5. 1918 Takasaki; in verschiedenen Ministerämtern tätig, 1982–1987 Premier-Minister und Partei-Vorsitzender; 1989–1991 aus der Partei ausgetreten.

Namibia NAM

Republik Namibia

Fläche: 824 292 km². – *Einwohner:* 1,6 Mill. – *Hauptstadt:* Windhuk. – *Landessprache:* Afrikaans, Englisch, Deutsch. – *Nationalfeiertag:* 21. 3. – *Währung:* 1 Namibia-Dollar = 100 Cents. – *Lage:* zwischen 17° und 29° s. Br. sowie 11°45′ und 25°15′ ö. L. – *Zeitzone:* Mitteleuropäische Zeit + 1 Std. – *Grenzen:* im N Angola und Sambia, im O Botswana und Republik Südafrika, im S Südafrika, im W Atlantischer Ozean. – *Staatsform:* präsidiale Republik.

Im 19. Jh. bestanden in Südwestafrika Spannungen zwischen den schwarzafrikanischen *Herero* u. den aus dem Kapland zugewanderten *Nama* (Hottentotten); beide Völker waren Rinderzüchter. 1884 wurde Südwestafrika dt. Kolonie. Große Aufstände der Herero u. Nama wurden 1904–1906 in einem Vernichtungskrieg niedergeschlagen; seitdem gewannen weiße Siedler maßgeblichen Einfluß auf die Politik.

Im 1. Weltkrieg eroberten südafrikan. Truppen das Land, das 1919 der Südafrikan. Union als C-Mandat des Völkerbunds überlassen wurde. Nach 1945 weigerte sich Südafrika, die UN als Rechtsnachfolger des Völkerbunds anzuerkennen, denn die UN setzten Unabhängigkeit unter einer einheim. Mehrheitsregierung als Endziel der Treuhandverwaltung fest. Statt dessen übertrug Südafrika nach 1948 die *Apartheid-Politik* auf Südwestafrika, verwies die Nicht-Weißen auf begrenzte „Heimatländer" (*Homelands*) u. sicherte den Weißen die Erhaltung ihrer Vorrechte zu. 1966 erklärte die UN-Vollversammlung das Mandat für erloschen, setzte 1967 einen Internationalen Verwaltungsrat ein u. gab dem Land 1968 den Namen N. Afrikan. Nationalbewegungen entstanden in Südwestafrika seit etwa 1956.

Unter internationalem Druck u. angesichts der seit 1975 veränderten Lage in der Region

Namibia: Wahl zur verfassunggebenden Versammlung 1989. Vor dem Wahllokal bildeten sich lange Schlangen

erklärte sich die Regierung von Südafrika bereit, N. bis Ende 1978 die Unabhängigkeit zu gewähren. Über die Verfahrensweise (bes. die Anwesenheit von UN-Truppen) kam jedoch keine Einigung mit den UN zustande.
Die radikale Unabhängigkeitsbewegung *SWAPO (South West African People's Organization)* wurde von den UN mehrfach zur legitimen Vertreterin N.s erklärt. Sie führte von Angola aus einen Guerillakrieg gegen die südafrikan. Truppen in N. 1978 abgehaltene Wahlen ohne Teilnahme der SWAPO wurden von den UN nicht anerkannt. Nachdem seit 1985 eine schwarze Interimsregierung ohne die SWAPO amtierte, kam es 1988 zwischen Angola, Kuba u. Südafrika zu einer Einigung über freie Wahlen in N. u. den Abzug kuban. Truppen aus Angola.
1989 wurde eine verfassunggebende Versammlung gewählt, in der die SWAPO die Mehrheit gewann. Am 21. 3. 1990 erfolgte die Proklamation der Unabhängigkeit des Landes, das nach seiner Verfassung eine präsidiale Republik ist. Die SWAPO stellte mit S. *Nujoma* den ersten Staatspräsidenten (1994 im Amt bestätigt). N. wurde Mitglied des Commonwealth u. der UNO. 1994 ging die Exklave Walfischbucht endgültig in namib. Besitz über.

Nancy [nã'si], alte Stadt u. ehem. Festung in Lothringen, Verw.-Sitz des französ. Dép. Meurthe-et-Moselle, an der Meurthe u. am Marne-Rhein-Kanal, 102 000 Ew.
Seit 947 urkundl. belegt, entwickelte sich N. im 12. Jh. um eine lothringische Burg u. wurde schließ. Residenz der Herzöge von Lothringen. Stadtrecht erhielt N. 1265. Zusammen mit Lothringen wurde es 1766 französisch; seit 1777 ist N. Bischofssitz. – Am 5. 1. 1477 fiel Karl der Kühne von Burgund in der *Schlacht bei N.* im Kampf gegen eidgenössische, habsburg. u. lothring. Truppen.

Nanjing [-djiŋ], *Nanking*, Hptst. der ostchines. Prov. Jiangsu, am unteren Chang Jiang; umfaßt ein Stadtgebiet von 4700 km² mit insges. 2,52 Mill. Ew.
Befestigte Siedlungen im Gebiet des heutigen N. sind seit dem 8. Jh. v. Chr. nachweisbar. Vom 3. Jh. n. Chr. an war N. (unter verschiedenen Namen) Hptst. mehrerer Kleinstaaten. 1368 machte die Ming-Dynastie die Stadt zur Hptst. des Reiches. Bei der Verlegung der Hptst. nach Peking (1421) erhielt N. seinen heutigen Namen („südl. Hptst."); es blieb Nebenresidenz u. ein wichtiges Wirtschafts- u. Kulturzentrum. 1853–1864 residierte die Führung der Taiping-Revolution in N., das sie in *Tianjing* („himml. Hptst.") umbenannte. Unter der Guomindang-Regierung war N. 1928–1949 erneut Hptst.; 1940–1945 amtierte dort die von Japan eingesetzte Gegenregierung. 1949 wurde N. von den kommunist. Truppen erobert. – Der *Friede von N.* beendete 1842 den Opiumkrieg.

Nansen, Fridtjof, norweg. Polarforscher, Zoologe u. Staatsmann, * 10. 10. 1861 Store-Fröen bei Oslo, † 13. 5. 1930 Lysakar; durchquerte 1888/89 als erster Grönland von O nach W, bewies dabei die Inlandeisnatur Grönlands; 1893–1896 Driftfahrt mit dem Schiff „Fram" durch das Nordpolarmeer; 1897 Prof. für Zoologie, 1901–1906 Direktor des Internationalen Laboratoriums für Ozeanographie in Oslo; 1906–1908 norweg. Gesandter in London; leitete 1918 die Rückkehr der Kriegsgefangenen aus Rußland, bekämpfte 1921–1923 die Hungersnot in der Sowjetunion, war 1921–1930 Völkerbundskommissar für Flüchtlingsfragen, auf seine Anregung geht der *N.-Paß* zurück. N. erhielt 1922 den Friedensnobelpreis. Er schrieb „Auf Schneeschuhen durch Grönland" 2 Bde. 1891; „In Nacht u. Eis" 3 Bde. 1898; „Nebelheim" 2 Bde. 1911, u. a.

Nantes [nãt], alte westfranzös. Hafenstadt in der Bretagne, Verw.-Sitz des Dép. Loire-Atlantique, am rechten Ufer der Loire (56 km oberhalb ihrer Mündung in den Atlant. Ozean), 251 000 Ew.
N. leitet seinen Namen ab von dem kelt. Stamm der *Namneter,* deren Hptst. es war. Seit dem 4. Jh. war es Bischofssitz, seit dem 9. Jh. sind die Grafen von N. belegt. Vom Beginn des 13. Jh. bis 1898 war N. Hptst. der Bretagne, 1515 fiel es an die Krone. Am 13. 4. 1598 erließ Heinrich IV. das *Edikt von N.,* das die Hugenottenkriege beenden sollte. Es bestätigte zwar den Katholizismus als Staatsreligion u. machte somit eine weitere Ausbreitung des Protestantismus in Frankreich unmöglich, doch gewährte es den Hugenotten volles Bürgerrecht sowie die Einrichtung von ca. 100 *places de sûreté* („Sicherheitsplätzen"), in denen auf Kosten des Staates hugenottische Garnisonen unterhalten werden durften. Das Edikt wurde 1629 teilweise, 1685 vollständig widerrufen. Wirtschaftl. Blüte erlebte die Stadt zwischen dem 15. u. 19. Jh. als bedeutender Umschlagplatz für den Sklavenhandel mit Amerika.

Napata, antike Stadt im nördl. Sudan, am 4. Nil-Katarakt gelegen; gegr. um 1475 v. Chr. (vielleicht von Thutmosis III.). Seit dem 9. Jh. v. Chr. war N. Metropole des selbständigen Königreichs von *Kusch* u. Krönungs- u. Begräbnisstätte der Könige der 25. altägypt. Dynastie. Es wurde 591 v. Chr. von Psammetich II. zerstört, später wieder aufgebaut als Zentrum eines speziellen Amun-Kultes. 23/22 v. Chr. zerstörte der röm. Präfekt C. Petronius die Stadt, die danach aber Kultmetropole der Könige von Meroe blieb.

Napoleon, *Napoléon* [napole'ɔ̃; dt. na'poleɔn], Fürsten: **1.** *N. I.,* Kaiser der Franzosen 1804–1814/15, * 15. 8. 1769 Ajaccio, Korsika, † 5. 5. 1821 Longwood, St. Helena; stammte aus der korsischen Familie *Bonaparte,* besuchte die Militärschulen von Brienne u. Paris u. wurde 1785 Artillerieleutnant. 1793 zeichnete er sich bei der Belagerung von Toulon aus u. wurde zum Brigadegeneral ernannt. Im Auftrage des Konvents schlug er 1795 den royalist. Aufstand in Paris nieder, wurde Divisionsgeneral u. leitete als Oberbefehlshaber 1797 den italien. Feldzug, mit dem er seinen militär. Ruhm begründete. 1798 unternahm er die Expedition nach Ägypten, um England entscheidend zu treffen, doch wurde seine Flotte bei Abu Qir geschlagen.
Im Oktober 1799 kehrte N. ohne seine Truppen nach Frankreich zurück, stürzte am 18./19. Brumaire (9./10. 11. 1799) das *Direktorium* durch einen Staatsstreich u. erhielt als Erster Konsul auf 10 Jahre de facto die Alleinherrschaft. Im Frieden von Lunéville 1801 mit Österreich u. im Frieden von Amiens 1802 mit England beendete er den 2. *Koalitionskrieg.* Im Innern schuf er durch soziale, administrative u. rechtl. Reformen ein einheitl. Ordnungssystem, das die Basis für seine außenpolit. Pläne bildete. 1802 durch Plebiszit zum Konsul auf Lebenszeit gewählt, krönte sich N. am 2. 12. 1804 zum erbl. „Kaiser der Franzosen". Sein Anspruch auf Hegemonie in Europa u. seine weltpolit. Pläne führten seit 1803 zu immer neuen Kriegen mit den europ. Mächten *(Napoleonische Kriege).* 1805 krönte er sich zum König von Italien. Mit den siegreichen Feldzügen in Dtschld., der Gründung des *Rheinbunds,* der *Kontinentalsperre* (1806) u. der Allianz mit Zar Alexander I. im Frieden von Tilsit (1807) stand N. auf dem Höhepunkt seiner Macht, die im Erfurter Kongreß 1808 glanzvoll demonstriert wurde. Das Zentralproblem der napoleon. Politik bildete die Niederzwingung des die Meere beherrschenden England. Zudem setzte, mit Spanien angefangen (1808), eine Welle nationaler Erhebungen u. der Neubesinnung gegen die Herrschaft N.s ein (preußische Reformen seit 1807, Krieg mit Österreich 1809).
Die Absage des Zaren an die Kontinentalsperre (1810) machte den Krieg gegen Rußland zur Vollendung der französ. Herrschaft auf dem europ. Festland als Waffe gegen England unvermeidlich. Das Scheitern des *Rußlandfeldzugs* 1812 wurde zum Wendepunkt der napoleon. Herrschaft. In den *Befreiungskriegen* erlag N. der übermächtigen Koalition England–Rußland–Österreich–Preußen–Schweden (Völkerschlacht bei Leipzig 16.–19. 10. 1813). Der Fall von Paris (31. 3. 1814), die Absetzung durch den Senat (2. 4.), die Abdankung N.s in Fontainebleau (6. 4.) u. seine Verbannung nach Elba waren das unabwendbare Ende. Die Episode der *Hundert Tage* nach der Rückkehr N.s von Elba (1. 3. 1815) endete mit seiner Niederlage in der Schlacht von Waterloo (18. 6.) u. seiner Internierung auf Lebenszeit auf St. Helena,

Nanjing: Im japanisch-chinesischen Krieg (1937) besetzten die Japaner die Stadt

Die Herrschaft Napoleons I.

Napoleon nutzte die Zeit des »Consulats« nach seinem Staatsstreich vom 18. Brumaire zur Befriedung des Landes nach den Wirren der Revolutionsjahre und verkündete 1799: »Bürger! Die Revolution ist zu den Grundsätzen zurückgekehrt, von denen sie ausging; sie ist zu Ende!«

In den nachrevolutionären Kriegen begründete Napoleon seinen Aufstieg, indem er sich als Feldherr bewies, als »Eroberungsbestie«, wie Ranke das reduzierte Napoleon-Bild seines deutschen Historikerkollegen Treitschke interpretierte. Die Konsulatsverfassung von 1799 markierte einen wichtigen Schritt Napoleons auf dem Weg zur uneingeschränkten Macht. Sie war im Prinzip eine als demokratisches System getarnte Militärdiktatur (Cäsarismus). Eine plebiszitäre Untermauerung dieses Systems erfolgte durch die Volksabstimmung von 1802, mit der Napoleon zum Konsul auf Lebenszeit ernannt wurde. Damit ging die Militärdiktatur in eine Diktatur mit monarchischen Tendenzen über. Diese Übergangszeit wurde durch die Einführung des erblichen Kaisertums, das ein Senatsbeschluß und Napoleons Selbstkrönung 1804 verwirklichte, beendet. Der außenpolitischen Entfaltung der napoleonischen Macht durch die militärische Überlegenheit seiner Heere blieben jedoch Grenzen gesetzt. Napoleon unterschätzte »die irrationale Dynamik des modernen Nationalismus in Europa, den er selbst als Antithese zu seiner Universalherrschaftsidee heraufbeschworen hatte« (Heinz-Otto Sieburg). Sichtbares Zeichen dieser für Napoleon fatalen Fehleinschätzung wurde die Völkerschlacht bei Leipzig 1813. In der Grundlegung der Politik, der Verwaltung und der Rechtsstaatlichkeit der modernen Welt hat der große Franzose, »einer der produktivsten Menschen, die je gelebt haben« (Goethe), allerdings unumkehrbare Voraussetzungen geschaffen, die u. a. zur Betonung des Leistungsprinzips gegenüber dem Vorrecht der (adeligen) Geburt führten.

Durch die gegen Großbritannien seit 1806 verhängte Kontinentalsperre förderte Napoleon außerdem aufgrund des notwendigen Aufbaus eigenständiger Industrien die industrielle Revolution in Kontinentaleuropa.

Spekulationen über sein Ende, nach denen er unter anderem im Auftrag der Bourbonen langsam mit Arsen vergiftet worden sein soll, belegen, daß auch nach dem Niedergang seiner Herrschaft, die Furcht vor seinen machtpolitischen Fähigkeiten bestehen blieb. »Man wird mit Napoleon niemals zu Ende kommen!« (Albert Soboul). *A.F.*

1

1 *Napoleon als kommandierender General im italienischen Feldzug. Gemälde von Rouillard.*

2

2 *Kaiser Napoleon I. von Frankreich im Krönungsornat. Bei der Selbstkrönung wurde die Funktion des Papstes, die zur Stilisierung des römischen Kaisertums beizutragen hatte, auf die Salbung beschränkt.*

3

3 *Aufeinandertreffen von Franzosen und Preußen in der Schlacht von Jena. Naive Darstellung im Völkerschlacht-Museum Leipzig.*

4

4 *Napoleon im brennenden Moskau; zeitgenössische Darstellung.*

5

5 *Sturz des Direktoriums am 9./10. November 1799; Kupferstich aus »Tableaux historiques de la révolution Française«, Paris 1802.*

6 *Napoleons Werdegang in einer zeitgenössischen Karikatur.*

6

wo er starb. Er wurde 1840 im Pariser Invalidendom beigesetzt.
Ideenreich u. mit einem ausgesprochenen Sinn für die geschichtl. Situation begabt, hat N. es verstanden, die Möglichkeiten der Französ. Revolution in den Dienst seiner polit. Pläne zu stellen. Seine Epoche schuf eine der wesentl. Voraussetzungen für die moderne Geschichte Europas, indem sie die Überwindung u. Vollendung der Französ. Revolution markiert. Als bedeutender Stratege u. Meister in der Führung des französ. Volks, begabt mit großem Ehrgeiz u. überragendem Intellekt, hat N. in Verwaltung u. Rechtsprechung *(Code civil)* das moderne Frankreich entscheidend geprägt, wie er auch in Dtschld. u. Italien durch die Zertrümmerung einer überalterten Staatenwelt die Grundlage für die spätere nationale Einigung schuf. Sein Herrschaftssystem ist das erste Beispiel eines plebiszitären Despotismus auf der Grundlage einer Militärdiktatur. – N. war in erster Ehe mit Joséphine Beauharnais, in zweiter mit Marie-Louise von Österreich vermählt. Aus der zweiten Ehe stammt der Herzog von Reichstadt. – Die nach seinem Tod entstandene N.-Legende von einem volksnahen u. modernen Kaisertum war eine wesentl. Ursache für den politischen Aufstieg seines Neffen *Napoleon III.*

2. *N. (II.),* Franz Joseph, Herzog von → Reichstadt.

3. *N. III.*, Neffe von 1), Kaiser der Franzosen 1852–1870, eigentl. Charles Louis Napoleon *Bonaparte,* *20. 4. 1808 Paris, †9. 1. 1873 Chislehurst bei London; Sohn von König Ludwig (Louis) Bonaparte u. Hortense Beauharnais; ging 1815 mit seiner Mutter in ein langjähriges Exil, vornehmlich in Süddeutschland. Nach dem Tod des Herzogs von *Reichstadt* (1832) sah er seinen Auftrag in der Wiederherstellung des napoleon. Kaisertums mit demokrat. Prägung. Nach zwei verunglückten Putschversuchen (1836 u. 1840) wurde er in einem öffentl. Prozeß in Paris zu lebenslängl. Gefängnishaft verurteilt, entkam aber 1846 aus der Festung Ham nach England. Der Ausbruch der Februarrevolution von 1848 begünstigte seinen Weg zur Macht. Seine Wahl in die Nationalversammlung u. am 10. 12. 1848 zum Präs. der französ. Republik gegen Cavaignac u. A. Ledru-Rollin zeigte, welche Zugkraft der Bonapartismus bei beträchtl. Teilen der Bevölkerung, bes. dem sozial unzufriedenen Kleinbürger- u. Bauerntum, besaß. Durch Staatsstreich vom 2. 12. 1851 sicherte sich N. die Präsidentschaft auf 10 Jahre; die neue Verfassung von 1852 sanktionierte die durch Plebiszit gebilligte Wiederherstellung des Erbkaisertums (Kaiserproklamation 2. 12. 1852).
Auf die Armee, den Klerus u. die Bürokratie gestützt, verschaffte N. durch eine großzügige u. erfolgreiche Industrialisierungs- u. eine populäre Außenpolitik seinem Regime immer wieder die demokrat. Sanktion, wobei jedoch die Wahlen nicht unerheblich durch staatl. Druck beeinflußt wurden. Im Krimkrieg unterstützte er auf seiten Englands die Türkei. Im italien. Krieg von 1859/60 kämpfte er auf der Seite der italien. Einigungsbewegung gegen Österreich u. erwarb dafür Nizza u. Savoyen. Der Versuch, ein mexikan. Kaiserreich unter dem österr. Erzherzog Maximilian zu gründen, scheiterte 1867 am Widerstand des von den USA unterstützten mexikan. Volkes. Die Minderung seines Ansehens (Entfremdung der kath. Wähler wegen der den Papst beeinträchtigenden italien. Einigung, Abkehr von Teilen des Bürgertums wegen der 1861 begonnenen Freihandelspolitik) zwang N. zu liberalen Reformen im Innern u. zu einer verstärkten Prestigepolitik nach außen. Im Dt.-Französ. Krieg von 1870/71 geriet er nach der Kapitulation von Sedan (2. 9. 1870) in Kriegsgefangenschaft. Er wurde abgesetzt u. starb im Exil in England. – Aus seiner Ehe mit *Eugénie,* Gräfin Montijo, die einen starken Einfluß auf N.s Politik ausübte, stammte der einzige Sohn, *Louis N.* (*1856, †1879).

Napoleọnische Kriege, die Kriege, die Napoleon I. nach Beendigung der *Französischen Revolutionskriege* im Friedensschluß von Amiens (1802) seit 1803 mit den europ. Mächten führte. → Koalitionskriege, auch → Befreiungskriege.

Naqsch i Rustẹm, Nekropole der achämenidischen Könige, etwa 5 km nördl. von Persepolis; mit vier Königsgräbern, die kreuzförmig in die Felswand gehauen sind. Mit Sicherheit ist jedoch nur das Grab *Dareios' I.* zu identifizieren; die anderen drei Gräber werden *Xerxes I., Artaxerxes I.* u. *Dareios II.* zugeschrieben.

Naram-Sin, König von Akkad um 2270–2234 v.Chr., erweiterte die semit. Großreichgründung seines Großvaters *Sargon I.* von Akkad in Kriegszügen bis nach Kurdistan u. ans Mittelmeer u. hinterließ ein berühmtes Siegesrelief.

Napoleon III.

Napoleons I. Einzug in Berlin 1806

Nara-Zeit, Epoche der japan. Geschichte, 710–784; benannt nach der planmäßig angelegten Regierungshauptstadt, dem heutigen *Nara;* Blütezeit des zentralistischen, nach chines. Vorbildern reorganisierten frühen Staatswesens, in dem der Kaiser direkt mit Hilfe des Adels regierte.

Narbonne [-'bɔn], südfranzös. Stadt (ursprüngl. Hafenstadt) im Dép. Aude, südwestl. der Mündung der Aude in das Mittelländ. Meer, 47 100 Ew.
Als *Narbo Martius* im 2. Jh. v. Chr. röm. Militärkolonie u. Zentrum der röm. Provinz *Gallia Narbonensis*; seit dem 4. Jh. Bischofssitz. 413 westgot., 720 arab., 759 zum Frankenreich, im MA bedeutende Hafenstadt, seit 1507 französisch.

Narịsten, *Naristi, Narisci, Varisti,* ein von Tacitus zu den Sueben gerechneter german. Volksstamm, der etwa im Gebiet der Flüsse Naab u. Regen (Bayern) siedelte.

Narmer, altägypt. König der prädynastischen Zeit, um 3000 v. Chr.; gilt als einer der Reichseiniger; er unterwarf noch unabhängige Reste des östl. Nildeltas. Sein Grab befindet sich in Abydos, eine prunkvolle, von N. geweihte Schminkpalette aus Hierakonpolis im Museum von Kairo.

Nạrodnaja Wọlja, *Narodnaja Volja* [russ., „Volkswille"], eine 1879 gegr. terrorist. Geheimorganisation in Rußland, organisierte 1881 die Ermordung Zar Alexanders II.

Nạrodna Ọdbrana [serb., „Nationale Verteidigung"], 1908 gegr. serbische Geheimorganisation mit nationalist., anti-österr. Tendenz, verfolgte unter Leitung serb. Offiziere das Ziel, alle Südslawen zu vereinen, arbeitete mit der „Schwarzen Hand" zusammen; wurde beschuldigt, die Ermordung des österr.-ungar. Thronfolgers Erzherzog *Franz Ferdinand* in Sarajevo 1914 organisiert zu haben. Nach 1918 widmete sie sich nationalkulturellen Zielen.

Narọdniki [russ., „Volkstümler"], eine seit den 1860er Jahren tätige polit. u. ideolog. Strömung in der russ. radikalen Intelligenz mit dem Ziel, in Rußland den Sozialismus durch Revolutionierung des bäuerl. Volkes zu erreichen. Geistige Wegbereiter waren A. I. *Herzen* u. N. G. *Tschernyschewskij,* führende Vertreter P. L. *Lawrow,* N. K. *Michailowskij,* P. N. *Tkatschow* u. a. Die N. waren Vorläufer der Partei der *Sozialrevolutionäre.*

Narseh, König der Sassaniden von 293–302 n. Chr., Sohn *Schapur I.*; Kämpfe mit den Römern um Armenien, die durch den Frieden von Nisiblis beendet wurden.

Nạrses, Heerführer des byzantin. Kaisers Justinian, *um 480 im pers. Armenien, † 574(?) Rom; Eunuch, vernichtete bis 553 das Ostgotenreich in Italien. N. war bis 567 byzantin. Statthalter in Italien.

Nạsca-Kultur → Nazca-Kultur.

Naseby ['nɛisbi], Ort im S der engl. Stadt Leicester, wo am 14. 6. 1645 das Parlamentsheer unter O. *Cromwell* u. Sir Thomas *Fairfax* die königstreuen Truppen unter Prinz *Rupprecht von der Pfalz* (Prince Rupert) schlug u. damit die erste Phase des engl. Bürgerkriegs zugunsten des Parlaments entschied.

Nasir, *An N. li-Din Allah,* der letzte bedeutende Kalif der Abbasiden (1180–1225), * 7. 8. 1158, † Anfang Okt. 1225; festigte die Stellung des Kalifats durch eine geschickte u. konsequente Politik, wobei er sich der Futuwwa bediente, um zwischen *Sunniten* u. *Schiiten* zu vermitteln.

Nasriden, die letzte islam. Dynastie in Spanien, 1238–1492; herrschte im Königreich Granada; von Isabella I. u. Ferdinand II. vertrieben.

Relief aus Naqsch i Rustem bei Persepolis

Nasr II., Herrscher Nordostirans (Khorasans) u. Transoxaniens aus der Dynastie der *Samaniden* (914–942), * 906, † 6. 4. 943; festigte seinen Staat nach längeren Kämpfen u. dehnte ihn weit nach Westiran hin aus. Gegen Ende seines Lebens neigte er offenbar dem *Ismailismus* zu u. mußte deshalb abdanken.

Nassau, ehem. dt. Herzogtum an der unteren Lahn. Den Namen hatte das herrschende Geschlecht 1160 von der *Burg N.* an der Lahn übernommen. Bei der Teilung 1255 begründete Graf *Walram II.* die walram. Hauptlinie, *Otto I.* die otton. Linie. *Adolf von N.*, ein Sohn Walrams, war 1292–1298 dt. König. In der Folgezeit entstanden durch Teilungen neue Linien. *Engelbert I.* (otton. Linie *N.-Dillenburg*) gewann durch Heirat ausgedehnte Besitzungen in den Niederlanden (Breda 1403). *Renatus* (aus derselben Linie) erwarb 1530 durch Erbschaft das Fürstentum Orange in Südfrankreich; die Nachfolger nahmen den Titel *Prinz von Oranien* (Linie *N.-Oranien*) an. *Wilhelm IV.* vereinigte alle Besitzungen der nassauisch-otton. Linie u. wurde 1748 Erbstatthalter der Niederlande. Sein Enkel *Wilhelm VI.* verlor 1806 alles, weil er sich weigerte, dem Rheinbund beizutreten, wurde aber 1815 als *Wilhelm I.* König der Niederlande. – Die aus der seit 1737 gefürsteten walram. Linie stammenden *Friedrich August von N.-Usingen* u. sein Vetter *Friedrich Wilhelm von N.-Weilburg* nahmen 1806 den Herzogtitel an u. traten dem Rheinbund bei, 1815 dem Dt. Bund. Seit 1816 war das gesamte Herzogtum in den Händen der Weilburger. Herzog *Adolf* (seit 1839) verlor sein Land infolge des Dt. Kriegs 1866 an Preußen; er wurde 1890 Großherzog von Luxemburg. Der Mannesstamm der beiden Linien (Niederlande u. Luxemburg) ist erloschen.

Nasser, Gamal Abd An, ägypt. Offizier u. Politiker, * 15. 1. 1918 Beni Mor, Asyut, † 28. 9. 1970 Kairo; 1943 Mitbegründer des Geheimbundes „Freie Offiziere"; 1952 führend am Staatsstreich gegen *Faruk* beteiligt; Mitgl. des Revolutionsrates, 1953 stellvertr. Min.-Präs., 1954 Min.-Präs. 1954 stürzte er General *Nagib* u. wurde Staatspräsident. N. verstaatlichte 1956 den Suezkanal u. löste damit die Suezkrise aus. Er proklamierte einen „arab. Sozialismus", trieb die Industrialisierung voran (Bau des Assuan-Staudamms) u. gründete die Einheitspartei „Arab. Sozialist. Union", die jedoch in seinem diktator. Regierungssystem keine Bedeutung gewann. Außenpolitisch lehnte er sich zunehmend an die UdSSR an, bes. nach der Niederlage im „Sechstagekrieg" 1967. N. war der anerkannte Führer der panarab. Bewegung u. einer der führenden Repräsentanten der blockfreien Länder.

Nationalbolschewismus, meist polemisch gemeinte Bez. für Bestrebungen eines Teils der dt. Rechten u. Linken in der Weimarer Republik, eine Verbindung von kommunist. u. nationalist. Gedanken u. Gruppierungen zustande zu bringen.

Nationalchina, im Westen manchmal gebrauchte Bez. für → Taiwan.

Nationaldemokratische Partei Deutschlands, Abk. *NPD,* in der BR Dtschld. eine 1964 aus der Fusion der *Deutschen Reichspartei* (DRP) mit Teilen der *Sozialistischen Reichspartei* (SRP) entstandene rechtsradikale u. nationalist. Partei mit offen dargelegten antidemokrat. Tendenzen u. rassist. Grundhaltung. 1967 spaltete sich von ihr die *Nationale Volkspartei* (NVP) ab. In den Landtagswahlen von 1966/67 erlangte die NPD vorübergehend eine gewisse polit. Bedeutung. Bei den Bundestagswahlen 1969 verfehlte sie mit 4,3 % den Einzug ins Parlament. Danach schwand ihr polit. Einfluß zunehmend. Heute ist sie weitgehend bedeutungslos.

National-Demokratische Partei Deutschlands, Abk. *NDPD,* 1948 in Halle (Saale) in der SBZ gegr. Partei, die ehem. Mitgl. der NSDAP u. Berufssoldaten der dt. Wehrmacht für die SED-Politik gewinnen sollte; löste sich nach dem Umsturz 1989 von der SED; ging 1990 in der gesamtdeutschen FDP auf.

Nationale Aktion, *N. A. für Volk u. Heimat,* zum Rechtsradikalismus neigende schweizer. polit. Bewegung (gegr. 1961), die sich vor allem für eine drastische Verringerung der Zahl der ausländischen Arbeitskräfte in der Schweiz einsetzt. Die N. A. wurde 1990 in Schweizer Demokraten umbenannt.

Nationale Front der DDR, bis 1973 *Nationale Front des demokratischen Deutschland,* bis zum polit. Umsturz 1989 von der SED gelenkte Sammelorganisation in der DDR, 1949 gegr. Sie sollte auch die politisch nicht organisierten Teile der Bevölkerung erfassen, indem sie sich auf Haus- u. Hofgemeinschaften aufbauten. Als Ziel der Nationalen Front wurde ursprünglich die „Sammlung aller aufrechten Deutschen zum Kampf um die Einheit Deutschlands u. für Abschluß eines Friedensvertrages" bezeichnet; es trat seit 1955 mehr u. mehr zugunsten innenpolit. Ziele (Koordinierung des Parteiensystems, Erstellung von Wahllisten) in den Hintergrund. Ähnlich wie die *Volksfronten* in einigen anderen sozialist. Ländern galt die Nationale Front der DDR als das breiteste „Bündnis aller polit. u. sozialer Kräfte des werktätigen Volkes unter der Führung der Arbeiterklasse u. ihrer Partei".

Nationalismus, eine Weltanschauung oder Ideologie, die die *Nation* u. den *Nationalstaat* als polit. Leitbegriffe in den Mittelpunkt stellt. In Europa wurde der N. insbes. nach der Französ. Revolution bestimmend für die polit. Kultur. Der N. legitimiert sich häufig durch Berufung auf ein Sendungsbewußtsein, mit dem eine Nation ihre Selbsteinschätzung hebt. Als die einem Volk speziell zugewiesene Aufgabe soll z. B. gelten: Verbreitung der Zivilisation, der Freiheit, der Gleichheit, der sozialen Gerechtigkeit. Mitunter bedient der N. sich auch übernationaler

Gamal Abd An Nasser (links) mit seinem politischen Rivalen General Nagib 1953

völk. Ideologien (z. B. im *Panslawismus*). Gewisse Nationen erscheinen dann als Vorkämpfer ganzer Rassen oder Kontinente. Im *Nationalsozialismus* verband der N. sich mit einem übersteigerten volksgeschichtl. Denken u. einem scheinbiolog. Rassenbegriff.

Der N. hat zwar das nationalstaatl. Europa des 19. u. der 1. Hälfte des 20. Jh. aufgebaut, andererseits hat er es jedoch durch Überspannungen, die zu einseitiger u. rücksichtsloser Verfechtung nationalegoist. Interessen unter Mißachtung der Lebensrechte u. Lebenskräfte anderer Völker führten, bedenklich gestört. Die Erfahrungen zweier Weltkriege, ausgelöst durch nationalistisch zugespitzte Gegensätze, haben in Westeuropa zu dem Bestreben nach polit. Vereinheitlichung durch nationalen Interessenausgleich als Voraussetzung für den Abbau nationalist. Zielsetzungen geführt (z. B. durch die EU).

Ein Problem bes. Art bildet heute der N. in den *Entwicklungsländern,* wo einerseits ehem. Kolonialbereiche aufgrund ethnischer Verschiedenheiten der Bewohner u. geograph. Unterschiede einzelner Landesteile zerfallen u. überspitzte nationale Gegensätze wirksam werden können; andererseits kann die Entwicklung in diesen Bereichen auch zu überregionalen Verständigungen führen, deren Grundlage zum Teil eine nationalistisch gefärbte Ideologie bildet, die sich gegen die ehemaligen Kolonialmächte u. den Neokolonialismus richtet.

Nationalkomitee „Freies Deutschland", Abk. *NKFD,* von emigrierten kommunist. Politikern (u. a. W. *Pieck,* W. *Ulbricht,* E. *Weinert*) auf sowjet. Initiative am 12./13. 7. 1943 in Krasnogorsk bei Moskau gegründete Organisation dt. Kriegsgefangener in der Sowjetunion. Am 13. 9. 1943 wurde außerdem der *Bund Deutscher Offiziere* gegr., der praktisch mit dem NKFD verschmolzen wurde. In seinem Manifest u. durch Rundfunk, Flugblätter u. Briefe forderte das NKFD die Wehrmacht zum Sturz Hitlers u. zur sofortigen Beendigung des Krieges auf. Es war zugleich Instrument der sowjet. Politik gegenüber den westl. Alliierten u. gegenüber Dtschld., indem es als Gegenleistung für eine rasche Einstellung des Krieges die Möglichkeit der Zusammenarbeit mit einem bürgerlich-demokrat. Dtschld. andeutete. Mangelnder Erfolg der Aktivitäten des NKFD u. der militär. Vormarsch der Roten Armee machten diese Aussichten schon 1944 zunichte. Das NKFD wurde im Nov. 1945 aufgelöst; führende Mitglieder übernahmen wichtige polit. u. militär. Funktionen in der SBZ bzw. DDR, z. B. beim Aufbau der Kasernierten Volkspolizei.

Nationalliberale Partei, 1867 durch Abspaltung des rechten Flügels der *Fortschrittspartei* gebildet; versuchte, den Gedanken des nationalen Machtstaats mit dem der bürgerl. Freiheit zu verbinden. Die Verfassung des Dt. Reichs von 1871 u. damit die Einführung des allg., gleichen u. geheimen Wahlrechts für den Reichstag sind auch auf ihren Einfluß zurückzuführen. Sie hatte ebenfalls, bes. durch ihren Abgeordneten L. *Bamberger*, starken Anteil am Zustandekommen des Strafgesetzbuchs (1871), der Strafprozeßordnung (1877) u. der Zivilprozeßordnung (1877). Im 1. u. 2. Reichstag (1871, 1875) war die N. P. mit rd. 170 Abgeordneten die stärkste Fraktion u. in den Jahren 1876–1878 die Hauptstütze der Politik *Bismarcks*. Mit M. von *Forckenbeck* u. F. *Schenk von Stauffenberg* stellte sie bis 1879 den Präsidenten bzw. Vizepräsidenten des Reichstags. 1877 scheiterten Verhandlungen ihres Vorsitzenden R. von *Bennigsen*, die das Ziel hatten, nationalliberale Politiker in die Reichsregierung aufzunehmen. Die N. P. wurde ihren Prinzipien durch Zustimmung zu den Ausnahmegesetzen im *Kulturkampf* u. gegen die Sozialdemokratie untreu. Nach 1878 wandte sich Bismarck bei seinem neuen wirtschaftspolit. Kurs von den Nationalliberalen ab. Die teilweise opportunist. Haltung der Partei veranlaßte viele konsequent liberale Politiker (E. Lasker, Bamberger, Forckenbeck u. a.) 1880 zum Austritt. Bennigsen legte 1883 den Parteivorsitz nieder. Sein Nachfolger wurde J. von *Miquel*. Weitere Führer der Nationalliberalen waren bis 1918 E. *Bassermann* u. G. *Stresemann*. 1918 war sie u. a. durch E. *Schiffer* an der kaiserl. Reichsregierung beteiligt. Nach dem Sturz der Monarchie ging der (kleinere) linke Flügel in der *Deutschen Demokratischen Partei* u. der rechte Flügel in der *Deutschen Volkspartei* auf.

Nationalsozialer Verein, eine 1896 von F. *Naumann*, P. *Göhre*, H. von *Gerlach* u. a. gegründete polit. Vereinigung, die bei einem expansionist. außenpolit. Programm für ein demokrat. u. soziales Kaisertum eintrat. Der Verein gewann im Bildungsbürgertum geringen, in der Arbeiterschaft keinen Rückhalt. Nachdem er in zwei Reichstagswahlen erfolglos geblieben war, löste er sich 1903 auf.

Nationalsozialismus, die Ideologie der maßgebend von *Hitler* begründeten u. organisierten Bewegung *(Nationalsozialistische Deutsche Arbeiterpartei*, Abk. *NSDAP)*, die von 1920 bis 1932 in Dtschld. ständig an Einfluß gewann u. von 1933 bis 1945 die Politik Deutschlands bestimmte.

Allg. Voraussetzungen für das Aufkommen u. den Sieg des N. waren die im 1. Weltkrieg, durch die Niederlage von 1918 u. durch die Versailler Friedensbestimmungen verschärften Spannungen u. Klassengegensätze im dt. Volk (Gegnerschaft gegen Republik u. Demokratie in bürgerlich-nationalen Kreisen), die durch die Inflation hervorgerufene Zerrüttung des dt. Sozialgefüges, die Verarmung u. Verunsicherung des Mittelstands, die außenpolit. Belastungen (Reparationszahlungen; vermeintliche „Schmach" der Niederlage) u. die Auswirkungen der Weltwirtschaftskrise von 1929. Darüber hinaus war der N. als typ. Massenbewegung eine Erscheinung der Zeit, die als nationalistisch-militante Reaktion auf den internationalen Sozialismus u. Kommunismus ähnlich auch in anderen Ländern zu finden war (→Faschismus). Obgleich der N. im Lauf seiner Entwicklung auch Teile der Arbeiterschaft u. a. Schichten an sich zog, ist er zunächst hauptsächlich eine Bewegung des mittleren u. des Kleinbürgertums gewesen, das in den Händen einer starken, autoritären Führung auch seine eigenen Interessen besser vertreten glaubte. Ihm kam der N. entgegen mit der Forderung nach Aufgehen des einzelnen in der „Volksgemeinschaft", die sich dem Willen eines „Führers" unterordnet u. damit zu einer „effektiven" Staatsführung beiträgt.

Die Anfänge der nat.-soz. Bestrebungen, die schon antisemit. Charakter hatten, finden sich auf dem Gebiet der Donaumonarchie, aus dem Hitler stammte. Geistige Wegbereiter u. Quellen seiner Entwicklung in Dtschld. waren die mehr oder minder vergröberten u. mißverstandenen Ideen J. G. *Fichtes* (Geschlossener Handelsstaat), E. M. *Arndts* u. F. L. *Jahns* (Volkstum), dann bes. J. A. de *Gobineaus* u. H. S. *Chamberlains* Rassenlehren u. die antisemit., antiklerikalen u. großdeutschen Forderungen G. von *Schönerers* u. der deutschvölk. Bewegung, von der auch das Hakenkreuz als polit. Symbol übernommen wurde. Dazu kommen Bruchstücke der Philosophie F. *Nietzsches* („Wille zur Macht", Wendung gegen das Christentum), außerdem vieles aus dem antiliberalen Schrifttum der Zeit von A. *Moeller van den Bruck* (dem der dort anders gemeinte Begriff des „Dritten Reichs" entnommen ist) bis zu E. *Jünger* („totale Mobilmachung" u. a.). Reichsgedanke u. Preußentum wurden für die Zwecke des N. umgedeutet. Staatspolit. Vorbild war in vielem das faschist. Italien. Von ihm sind auch Äußerlichkeiten wie das einfarbige Hemd als Parteiuniform, der römische („deutsche") Gruß, ferner das Modell der Parteimiliz (SA) u. des „politischen Kämpfers" übernommen.

Parteipolit. Entwicklung: Die ersten Ansätze des N. gehen auf die völk. großdt. Bewegung Schönerers zurück. Aus ihren Reihen wurde 1903 in Aussig die „Deutsche Arbeiterpartei" gegr., die sich seit Mai 1918 „Deutsche Nationalsozialistische Arbeiterpartei" *(DNSA)* nannte. Nach dem Untergang der Donaumonarchie bildete sich die „Deutsche Nationalsozialistische Arbeiterpartei" in den Sudetenländern. In Dtschld. knüpfte die Entwicklung des N. an eine Splitterpartei an, die 1919 in München von Karl *Harrer* u. Anton *Drexler* als „Deutsche Arbeiterpartei" (ursprüngl. „Deutscher Arbeiterverein") gegr. wurde. Sie erhielt erst durch Hitler Auftrieb. Seit Anfang 1920 führte sie den Namen „Nationalsozialistische Deutsche Arbeiterpartei". Auf ihrer ersten Massenversammlung in München verkündete Hitler die 25 Thesen des Parteiprogramms, die mit ihren verschwommenen Forderungen vielen etwas boten: Zusammenschluß aller Deutschen im Großdt. Reich, Aufhebung der Friedensverträge von Versailles u. St.-Germain, Rückgabe der dt. Kolonien, ein dt. Staatsbürgerrecht, das alle Juden ausschloß u. das allein zur Bekleidung öffentl. Ämter befähigte, Recht u. Pflicht zur Arbeit, Abschaffung des arbeitslosen Einkommens, Brechung der Zinsknechtschaft, Einziehung der Kriegsgewinne, Bodenreform, Verstaatlichung der Trusts, Gewinnbeteiligung der Arbeitnehmer, Beseitigung des Röm. Rechts, gleiche Aufstiegsmöglichkeiten für alle, Maßnahmen zum Schutz der Volksgesundheit, allgemeine Wehrpflicht, Bekämpfung u. Verbot „zersetzender" Kunst- u. Literaturrichtungen, Schaffung einer starken Zentralgewalt. – Die wirtschafts- u. sozialpolit. Forderungen dieses Programms wurden später beiseite geschoben u. nach 1933 nicht verwirklicht.

Nachdem Hitler 1921 die Parteiführung in seine Hand gebracht hatte, verschaffte er sich mit der Einführung des „Führerprinzips" die für ihre weitere Entwicklung entscheidenden diktator. Vollmachten. Eine seiner ersten Maßnahmen war die Gründung der *SA* als Saalschutz u. Propagandatruppe. Nachdem der „Hitlerputsch" vom Nov. 1923 gescheitert war, geriet die Bewegung zunächst in eine Krise, die aber mit der Neugründung der Partei durch Hitler nach seiner Rückkehr aus der Festungshaft in Landsberg überwunden wurde. Ein Ergebnis dieses Rückschlags war auch die Umstellung der Parteipolitik von der Taktik der direkten Machteroberung (durch Gewalt) zur Taktik der legalen Machteroberung (durch den Stimmzettel). Mit der Aufstellung der *SS* seit 1925, der Bildung der *Hitler-Jugend* 1926 u. der Errichtung einer Reihe berufsständischer Gliederungen wurde die Parteiorganisation in den nächsten Jahren immer weiter ausgebaut. Presse u. Propaganda wurden 1929 J. *Goebbels* als Reichspropagandaleiter unterstellt. Doch konnte sich die Partei in den Wahlkämpfen dieser Jahre kaum durchsetzen (2. Reichstag 1924: 32, 3. Reichstag 1924: 14, 4. Reichstag 1928: 12 Sitze). Erst seit der Weltwirtschaftskrise u. der zunehmenden Arbeitslosigkeit begannen ihr die Massen zuzuströmen. Seit dem Beginn der 1930er Jahre gewann die NSDAP rasch an Anhängern; in den Reichstagswahlen vom Sept. 1930 errang sie 107 von 577 Sitzen. In den beiden Reichstagswahlen von 1932 erreichte die NSDAP jeweils etwa ein Drittel der Sitze (Stimmenrückgang bei der zweiten dieser Wahlen). In einzelnen Ländern errang sie jetzt bereits die absolute Mehrheit, in den meisten wurde sie stärkste Parlamentspartei. Bei der Reichspräsidentenwahl 1932 erhielt Hitler 30 % der abgegebenen Stimmen. Nach langwierigen Koalitionsverhandlungen u. Intrigen sowie durch die geschickte Nutzung der demokrat. Institutionen gelangte mit der Ernennung Hitlers zum Reichskanzler am 30. 1. 1933 der N. in Dtschld. zur Macht.

Wesen und Ziele des N. u. die Mittel u. Methoden ihrer Verwirklichung haben im Parteiprogramm von 1920, in Hitlers „Mein Kampf", in Alfred *Rosenbergs* „Mythus des 20. Jh." u. in zahlreichen anderen Parteischriften ihren Niederschlag gefunden. Doch lebte der N. vor allem aus emotionalen Kräften, nicht aus einem klar durchdachten Programm oder System. Daher auch sein dauernder Appell an Instinkt u. Gefühl („Blut u. Boden"), an Ehre u. Pflichterfüllung gegenüber der staatl. Gemeinschaft u. seine betonte Verachtung des Intellekts u. der Intellektuellen. Höchstwerte des N. waren „Volk" u. „Rasse", vorwiegend das eigene Volk „arischer" Abstammung. Alle „nichtarischen", besonders jüdische Bestandteile wurden grundsätzlich u. mit erbarmungsloser Konsequenz durch Massenmord „ausgemerzt" (→Judenverfolgung); „rassisch Minderwertige" wurden durch Unfruchtbarmachung ausgeschaltet u. planmäßig ermordet (Gesetz zur Verhütung erbkranken Nachwuchses; „Euthanasie"). Der „Volksgemeinschaft" wurde alles andere nach- u. untergeordnet („Gemeinnutz geht vor Eigennutz", „Recht ist, was dem Volke nützt"); „Staatsfeinde" wurden daher ohne Rücksicht auf Recht u. Gesetz verfolgt. Der größte Teil der Bevölkerung sowie Parteien u. Gewerkschaften nahmen die Installierung der nationalsozialist. Herrschaft sowie deren polit. Praxis jedoch ohne nennenswerten Widerstand hin. Die Rechtsordnung wurde durch die Ausrichtung der Justiz auf den unbeschränkt rechtsnormensetzenden Führerwillen zum Unrechtssystem. Auch im außenpolit. Handeln heiligte der Zweck (die staatl. Expansion) die Mittel. Die Repräsentation des „gesunden Volksempfindens" war die NSDAP u. in ihr letztlich die Parteiführung, schließlich der „Führer" selbst, dessen Entscheidungen als unfehlbar u. unanfechtbar durchgeführt wurden. Damit wurde im N. das Ideal der Einheit von Volk u. Staat auf der Basis eines reinen Gewaltverhältnisses verwirklicht. Die staatl. Einrichtungen wurden nach der Machtergreifung „gleichgeschaltet" (d. h. im Sinne der neuen Machthaber genutzt), häufig ausgeschaltet. Im Interesse einer möglichst straffen Konzentration u. Steigerung der so gelenkten staatl. Macht wurde das Reich als zentralist. Einheitsstaat durchorganisiert, wobei alle eigenständigen Organisationen

fielen. Die NSDAP durchdrang nicht nur den Staatsapparat, sondern alle Gebiete des öffentl., wirtschaftl., geistigen u. privaten Lebens durch ein System von oben gesteuerter Organisationen (NS-Frauenschaft, NS-Dozentenbund u.ä.). Ihr bes. Augenmerk widmete die NSDAP der Gewinnung der Jugend, die in der Hitler-Jugend zusammengefaßt u. geschult wurde. Sie war die einzige staatlich anerkannte Jugendorganisation. – Der Anspruch der NSDAP war totalitär bis zur letzten Konsequenz. Sie bekämpfte daher alle individualist. u. liberalen Bestrebungen. An die Stelle der Meinungsbildung durch öffentl. Diskussion trat die Meinungsformung durch einen gewaltigen Propagandaapparat. Die Pressefreiheit wurde völlig unterdrückt, oppositionelle Zeitungen verboten oder gleichgeschaltet, das gesamte Pressewesen vom Reichspropagandaministerium uniformiert. Auch wissenschaftliche Lehre u. Forschung wurden kontrolliert.
Der N. geriet auf diese Weise notwendig in Konflikt mit allen Strömungen, die sich seinem geistigen Herrschaftsanspruch nicht unterwarfen, so bes. mit den Kirchen aller Konfessionen. Durch das Ethos der „Volksgemeinschaft" sollten alle konfessionellen u. sozialen Gegensätze beseitigt, bes. auch die Lehre vom Klassenkampf überwunden werden. Das äußere soziale Gefüge des nat.-soz. Staates war nicht klassenmäßig, sondern stark ständisch bestimmt (Arbeitsfront, Reichsnährstand, berufsständische Kammern), ohne daß aber diesen Organen ein echtes korporatives Dasein eingeräumt wurde. Sie dienten vor allem dazu, unterschiedl. wirtschaftl. Interessen auf die gleiche Pflicht des Dienstes am Staat festzulegen. Die Wirtschaft wurde mehr u. mehr in den Dienst der Wiederaufrüstung u. der kriegswirtschaftl. Maßnahmen gestellt u. durch planwirtschaftl. Regelung (Vierjahresplan), Devisenkontrolle, Ein- u. Ausfuhrsteuern u.ä. gelenkt. Das freie Spiel der gesellschaftl. Kräfte innerhalb der Wirtschaft wurde durch die autoritäre Organisation der *Dt. Arbeitsfront* (DAF) unterbunden, so daß 1933–1945 jede nennenswerte Lohnsteigerung unterblieb. Erholung u. zugleich polit. Ablenkung der Arbeiter übernahm die Organisation *Kraft durch Freude* (KdF). Den Zwecken der staatl. Wirtschaftspolitik u. zugleich der Wiederaufrüstung diente bes. auch der *Reichsarbeitsdienst* (RAD), der nach u. nach zu einer paramilitär. Organisation wurde. Seine Einrichtung war der Auftakt zur Wiedereinführung der allg. Wehrpflicht als Grundlage der Kriegsvorbereitung, denn der Krieg zur Sicherstellung des „Lebensraumes im Osten" war von Anfang an eines der Hauptziele des N. Auch die *Wehrmacht*, die ursprüngl. als politisch neutraler „Waffenträger der Nation" proklamiert worden war, geriet mehr u. mehr in den Sog des N.; sie wurde trotz innerer Widerstände geistig u. personell immer mehr vom N. durchsetzt u. ihm nach u. nach vollständig unterworfen.
Der Aufrichtung u. Erhaltung dieses Systems im Innern diente die Durchdringung des Staatsapparats mit zuverlässigen Parteibeamten, mit denen auch sonst alle Kommandostellen im geistigen, sozialen u. wirtschaftl. Leben besetzt wurden. Beherrschender Faktor des nat.-soz. Staates wurden immer mehr die SS u. ihre Organe *(Sicherheitsdienst* [SD] u. *Gestapo*), vor deren Zugriff u. Spitzelsystem schließlich niemand mehr sicher war u. die durch willkürl. Verhaftungen u. Terror einen lähmenden Schrecken verbreiteten. – Solange die vom N. hochgepeitschten Energien der Nation für Forderungen eingesetzt wurden, die dem Wunsch großer Teile des Volkes entsprachen, erzielte er außenpolitisch eine Reihe von Erfolgen, die manche Zweifel erstickten u. ihm neue Anhänger gewannen, zumal auch innenpolitisch mit der Beseitigung der Arbeitslosigkeit eine Leistung erzielt wurde, die viele beeindruckte, u. die Greuel der Konzentrationslager u. andere Ausschreitungen nicht in vollem Umfang an die Öffentlichkeit drangen bzw. von dieser billigend in Kauf genommen wurden. Doch verstärkten gerade diese Erfolge die Maßlosigkeiten u. die Selbstüberschätzung des N. Mit der Besetzung der Tschechoslowakei im Frühjahr 1939 wurde endgültig der Weg einer imperialist. Expansionspolitik beschritten, der schließlich 1945 zum Zusammenbruch Deutschlands führte.
Gegen das Fortleben oder Wiederaufleben der Ideologien u. Organisationen des N. wurden durch die Siegermächte u. im GG der BR Dtschld. viele Vorbeugungsmaßnahmen getroffen. Die Verbreitung nat.-soz. Ideen u. die Wiederaufrichtung von der NSDAP ähnl. Organisationen sind unter Strafe gestellt. Die überlebenden Führer des nat.-soz. Systems wurden in den *Nürnberger Prozessen* zum Tod oder zu langjährigen Freiheitsstrafen verurteilt, ein Teil seiner Anhänger durch die *Entnazifizierung* aus Ämtern u. Stellungen entfernt u. wirtschaftlich entmachtet. Neonazistische Bestrebungen fanden in der BR Dtschld. trotzdem, obwohl auch zahlreiche KZ-Prozesse das ungeheure Ausmaß der Schuld des N. vor allem an den Juden deutlich gemacht hatten, in einer Reihe, meist allerdings kleiner, Parteien der Nachkriegszeit wieder einen Boden. B S. 560/561.

Nationalsozialistengesetz, in Österreich am 8. 5. 1945 erlassenes Verbotsgesetz gegen die *NSDAP* mit allen Nebenorganisationen; alle ehem. Nationalsozialisten (rd. 524000) waren registrierungspflichtig. Weitere Bestimmungen folgten am 24. 7. 1946 u. am 6. 2. 1947. Mit dem 21. 4. 1948 wurden rd. 482000 „Minderbelastete" amnestiert.

Nationalsozialistische Deutsche Arbeiterpartei, Abk. *NSDAP,* → Nationalsozialismus.

Nationalstaat, ein Staatswesen, in dem sich die Gesamtheit seiner Angehörigen als einheitl. Nation fühlt u. bekennt. Das erste Beispiel ist der aus der *Französischen Revolution* entstandene N. der französ. Republik. Gegensatz: *Nationalitätenstaat.*

Nationalversammlung, seit dem französ. Beispiel von 1789 eine vor allem zum Zweck der Verfassunggebung in der Regel direkt gewählte Volksvertretung *(Frankfurter N.* 1848/49, *Weimarer N.* 1919); in einigen Ländern auch die parlamentarische Gesamtrepräsentation (Frankreich, 3. Republik) oder die Abgeordnetenkammer (Frankreich, 4. u. 5. Republik).

NATO, Abk. für engl. *North Atlantic Treaty Organization, Nordatlantik-Pakt, Atlantikpakt,* am 4. 4. 1949 von Belgien, Dänemark, Frankreich, Großbritannien, Island, Italien, Kanada, Luxemburg, den Niederlanden, Norwegen, Portugal u. den USA unterzeichnetes kollektives Verteidigungsbündnis, dem Griechenland u. die Türkei 1952 beitraten, die BR Dtschld. im Mai 1955 nach Scheitern der *EVG*, Spanien 1982. Die NATO entstand unter dem Eindruck einer zunehmenden polit. u. militär. Bedrohung der westl. Staaten, insbes. der kriegsgeschwächten u. politisch, wirtschaftlich u. gesellschaftlich teilweise instabilen europ. Mächte einschl. der nur durch Besatzungstruppen geschützten BR Dtschld., deren feste Bindung an die westl. Staaten später zu einem wichtigen Nebenzweck der NATO wurde. Die NATO war der erste in einem System von Pakten der USA gegen die UdSSR u. den Kommunismus, beinhaltete aber als einziger eine automat. Beistandspflicht der USA wie aller anderen Mitglieder. Als Bündnisfall gilt der Angriff auf ein Mitgl. oder dessen Streitkräfte im nordatlant. Raum ausschl. überseeischer Gebiete (Art.6). Das Bündnis wurde auf unbestimmte Dauer abgeschlossen; seit 1969 kann jedes Mitgl. mit einjähriger Kündigungsfrist austreten. Die NATO ist das erste moderne Bündnis, das sich bereits in Friedenszeiten mit einem gemeinsamen Oberbefehlshaber, mit gemeinsamen (integrierten) regionalen Stäben, Versorgungseinrichtungen, Ausrüstungen u. Vorschriften sowie mit der dauernden Unterstellung von Streitkräften die für den Bündnisfall heute notwendigen Voraussetzungen geschaffen hat u. unterhält. Das Bündnis einer weltweit interessierten u. dem polit., militär. u. wirtschaftl. Potential nach weit überlegenen Weltmacht mit europ. Mächten geringeren Potentials, beschränkter Reichweite u. teilweise abweichender Interessen führte mit der Entwicklung der Weltpolitik u. der US-amerikan. Strategie u. Politik sowie mit dem Erstarken der europ. Mächte zu Differenzen über Strategie, Kostenverteilung, Mitbestimmung u. Nutzen der NATO u. schließlich zum Rückzug Frankreichs aus der militär. Organisation 1966, aber auch zu Reformvorhaben der NATO, zur größeren Eigenständigkeit der europ. Mitglieder sowie zur verstärkten Kooperation der *Euro-Gruppe* (europ. NATO-Staaten) bezügl. der Planung, Logistik, Waffenentwicklung, Ausbildung u. der Standardisierung der Rüstungssysteme. Schwierigkeiten verursachte der Zypernkonflikt, der Griechenland 1974 veranlaßte, aus der militär. Organisation auszuscheiden, was 1981 wieder rückgängig gemacht wurde.
Ein wichtiger Schritt in der NATO-Politik wurde 1972 vollzogen. Der *Atlantikrat* beschloß, mit den Staaten des *Warschauer Pakts* sowie mit jenen Staaten Europas, die keinem der beiden Verteidigungsbündnisse angehören, Gespräche zur Vorbereitung einer Europ. *Sicherheitskonferenz* zu führen (→ OSZE); außerdem lud die NATO zu vorbereitenden Gesprächen über einen gegenseitigen u. ausgewogenen Truppenabzug in Mitteleuropa (→ MBFR) ein. Durch die Rüstungsanstrengungen der UdSSR auf dem Gebiet der nuklearen Mittelstreckenwaffen sahen die NATO-Staaten ihre Strategie der Vorneverteidigung u. der flexiblen Reaktion *(flexible response)* gefährdet. So faßte man 1979 den sog. → NATO-Doppelbeschluß. Aufgrund der verbesserten polit. Rahmenbedingungen seit Mitte der 1980er verringerte sich das Konfrontationspotential zwischen NATO u. Warschauer Pakt. Beleg dafür waren u.a. die *Verhandlungen über konventionelle Streitkräfte in Europa.* Die epochalen polit. Veränderungen in Osteuropa seit 1989 sowie das Ende des Warschauer Pakts führ-

NATO: Harry S. Truman unterzeichnet die Ratifikationsurkunde des Nordatlantikpakts

Die Ideologie des Nationalsozialismus

Der Nationalsozialismus war kein geschlossenes Gedankensystem, sondern eine irrationale »Weltanschauung«. Im Mittelpunkt standen unverrückbar Antisemitismus und Führerprinzip; im übrigen vereinte er in sich die unterschiedlichsten Elemente. Einer der besten Kenner charakterisiert ihn wie folgt:

1

2

3

4

Die aggressive Utopie, die der Nationalsozialismus aus vielen willkürlichen, verschwommenen oder sentimental getrübten Rückblicken ins Gestrige entwickelte, war nicht bruchlos in die Vergangenheit gerichtet. Zwar gaben seine Wortführer vor, die durch das Christentum, die Aufklärung, den Industrialisierungs- und Emanzipationsprozeß pervertierte Weltordnung wiederherzustellen. Daher die Rückkehr ins Bäuerische und Erdhafte, die Beschwörung von Blut und Boden mitsamt den urtümlichen Riten, die sich daran knüpften, das ganze Marottenwesen von Fahnenweihe, Thingspiel und Todesmystik. (...) Nebenher aber lief, sich immer wieder damit überschneidend, ein zukunftsgerichteter Ehrgeiz, der sich auf die größten Schiffe, die schnellsten Flugzeuge oder die Motorisierung der Massen viel zugute hielt. (...) Diese moderne Seite des Nationalsozialismus hat den Eindruck mitgetragen, die krausen und archaischen Rituale seien nur machtsichernder Mummenschanz. Das war so und zugleich auch wiederum nicht. Es gab, bis hinauf in die hohen Führungsränge, eine in allem vorgeschichtlichen Dämmer beheimatete Inbrunst, zugleich aber eine voraussetzungslose, alle Tradition verachtende bürokratisch-technische Effizienz, die dem Beobachter bis heute den Atem verschlägt. Sie schonte, wo es die Verwirklichung der utopischen Ziele gebot, weder das historisch Gewordene noch fremdes Recht oder fremdes Leben und schreckte selbst vor dem millionenfachen Mord nicht zurück. (...) Wohin man auch blickt, stößt man auf jene Mischung aus Mittelalter und Modernität, auf ein Vorhutbewußtsein, das mit dem Rücken zur Zukunft stand und seinen atavistischen Neigungen in den Asphaltregionen eines totalitären Zwangsstaates nachging. Der »Große Germanenzug nach Osten«, zu dem Hitler im Juni 1941 aufbrach, bringt dieses Paradox (...) schlagend zum Ausdruck. Zwar machte er sich das ganze Arsenal moderner technischer Instrumentarien, Waffen und Kriegführungsmethoden zu eigen, doch zielte er damit auf eine Ordnung der aberwitzigsten Art: die gewaltigste Militärmacht der Geschichte, Panzerarmeen und Luftflotten brachen gleichsam los im Zeichen von Strohdach und Erbhofbauerntum, von Volkstanz, Sonnwendfeiern und Mutterkreuz.

Joachim Fest, »Der zerstörte Traum. Vom Ende des utopischen Zeitalters«, Siedler Verlag, Berlin 1991

1 *Hitler vereidigt die Reichstagsfraktion der NSDAP; im Hintergrund Goebbels.*

2 *Jungvolk und Hitlerjugend begrüßen den »Führer«.*

5

6

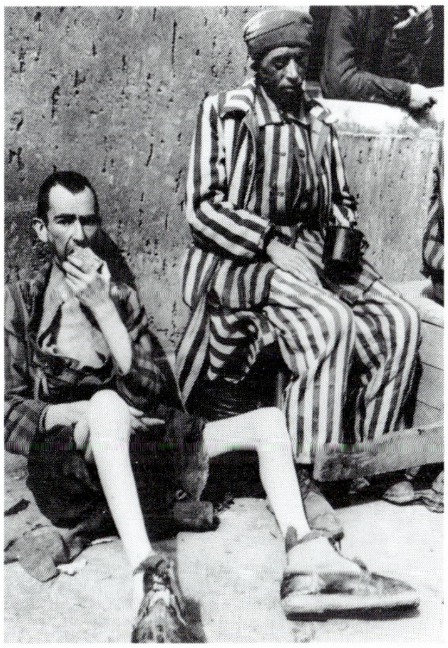

7

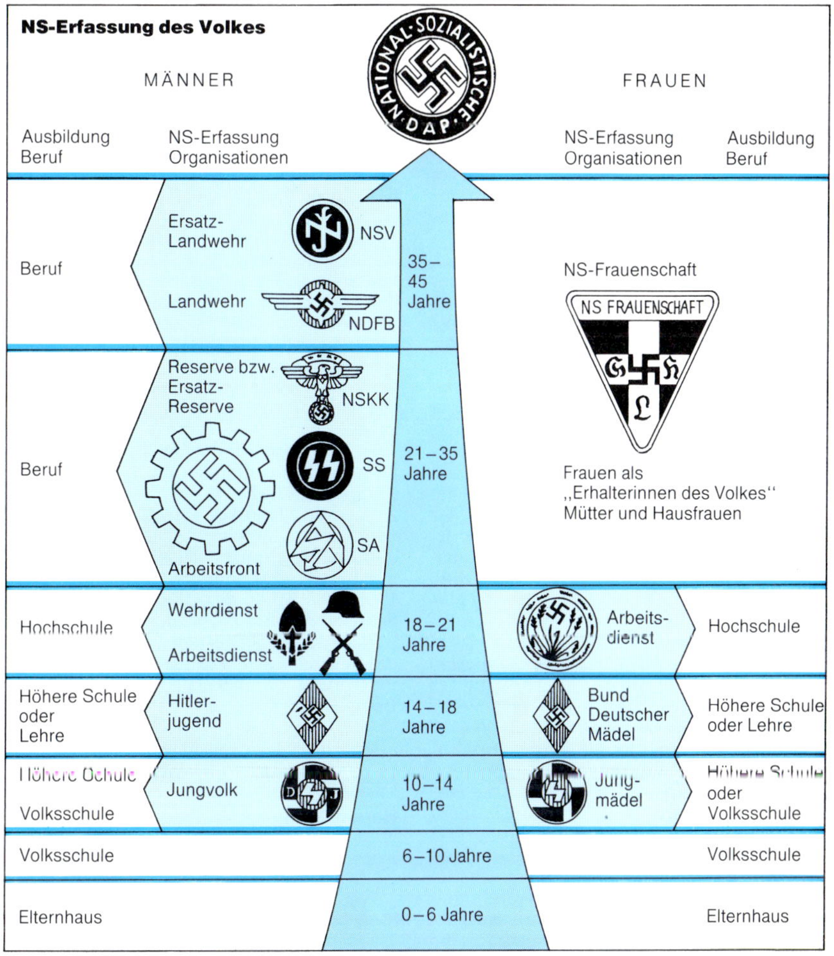

8

3 *Von Albert Speer entworfene Säulenhalle auf dem Nürnberger Reichsparteitagsgelände.*

4 *Hitler begrüßt kirchliche Würdenträger auf einem Parteitag.*

5 *Olympische Spiele in Berlin, 1936.*

6 *Richter mit nationalsozialistischen Emblemen an der Robe bei einer Gedenkfeier.*

7 *Häftlinge des Konzentrationslagers Buchenwald nach der Befreiung durch amerikanische Truppen.*

8 *Die zerstörte Reichskanzlei, 1945.*

ten 1991 zur Verabschiedung einer neuen NATO-Strategie. Damit wurde vom Konzept der Vorneverteidigung abgerückt, wodurch der Gesamtumfang der Streitkräfte verringert werden kann. Eine schnelle Eingreiftruppe *(Rapid reaction corps)* soll flexibles militär. Reagieren sichern. Die Schaffung multinationaler Verbände fand ebenfalls Eingang in die neue Strategie. Nukleare Streitkräfte wurden als wichtiges Mittel der Friedenssicherung beibehalten. 1997 konstituierte sich ein *Europäisch-Atlantischer Partnerschaftsrat*, in dem die multipolare Zusammenarbeit der NATO mit 27 östl. Partnerländern koordiniert wird. Gleichzeitig schlossen Rußland u. die NATO ein Grundsatzabkommen. 1999 sollen Polen, die Tschech. Republik u. Ungarn NATO-Mitglieder werden. Oberstes Organ der NATO ist der *NATO-Rat.* Ihm gehören die Vertreter der Mitgliedstaaten an; dies sind während der Ratstagungen die zuständigen Minister, in der Zwischenzeit die permanenten Vertreter (NATO-Botschafter). Der NATO-Rat muß seine Beschlüsse einstimmig fassen. Oberstes militär. Organ ist der *Militärausschuß.* Er umfaßt die Stabschefs derjenigen Mitgliedstaaten, die an der militärischen Struktur des Bündnisses beteiligt sind. Sein Exekutivorgan ist der *Internationale Militärische Stab* (Abk. *IMS*). Die Führung der laufenden Geschäfte u. der umfangreichen Organisation obliegt dem *Generalsekretär* (seit 1995: der Spanier J. *Solana*) u. dem Sekretariat. Dem IMS unterstehen die 2 höchsten integrierten Führungsstäbe der NATO: *Oberster Alliierter Befehlshaber Atlantik (SACLANT), Oberster Alliierter Befehlshaber Europa (SACEUR).* Dem SACEUR sind die NATO-Befehlshaber der alliierten Streitkräfte Nordwest-, Mittel- u. Südeuropa unterstellt.

NATO-Doppelbeschluß, *Nachrüstungsbeschluß der NATO,* am 12. 12. 1979 auf der Tagung der Außen- u. Verteidigungsminister der NATO in Brüssel gefaßter Beschluß über die Modernisierung der US-amerikanischen bodengestützten Raketensysteme in Europa von Ende 1983 an (Aufstellung von 108 Pershing-II-Raketen u. 464 Marschflugkörpern [Cruise Missiles]). Damit wollte die NATO die von der Sowjetunion in den 1970er Jahren erzielte qualitative u. quantitative Überlegenheit auf dem Gebiet der nuklearen Mittelstreckensysteme (SS 20-Raketen) ausgleichen. Parallel dazu erging ein Angebot an die Sowjetunion, über die Begrenzung solcher Waffensysteme mit den USA zu verhandeln. Der Erfolg dieser Verhandlungen sollte über die Durchführung des ersten Teils des Beschlusses entscheiden.
Die INF-Verhandlungen begannen 1981, brachten jedoch bis Ende 1983 keine Einigung. Daraufhin begann die NATO mit der Aufstellung der Waffensysteme in mehreren westeuropäischen Ländern, darunter der BR Dtschld. 1985 wurden die Verhandlungen wiederaufgenommen. Sie führten zum Abschluß eines sowjet.-amerikan. Abkommens vom 8. 12. 1987, das beinhaltete, daß beide Seiten ihre landgestützten Mittelstreckenwaffen in Europa innerhalb von drei Jahren beseitigten.
Gegen den N. richteten sich in der BR Dtschld. bes. 1982/83 zahlreiche Demonstrationen. Die Gegner des Beschlusses hielten die Unterlegenheit der NATO für nicht erwiesen.

Natufien [-'fjɛ̃], englisch *Natufian, Natuf-Gruppe,* mesolithische Kultur von Jägern, Fischern u. Sammlern mit Anzeichen für den Übergang zum Pflanzenbau in Vorderasien, etwa 8.–6. Jahrtausend v. Chr.; benannt nach der Höhlenstation von *Schuqbe* im *Wadi An Natuf* (Palästina).

Nauarch [grch., „Befehlshaber der Schiffe"], in mehreren altgriech. Staaten Titel des Flottenbefehlshabers.

Nauclerus, Johannes, eigentl. J. *Vergenhans,* Geschichtsschreiber, *1425, †5. 1. 1510 Tübingen; Verfasser einer für die zeitgenöss. Geschichte aufschlußreichen „Weltchronik" (1516), die zwischen MA u. Neuzeit steht; Mitgründer u. erster Rektor der Tübinger Universität (1483–1509).

Naukratis, griech. Kolonie (Faktorei) im Nildelta, um 650 v. Chr. von Milesiern gegr. u. vom ägypt. König *Amasis II.* (576–526 v. Chr.) als „Konzessionshafen" mit einem Handelsmonopol ausgestattet; auch nach der Gründung Alexandrias ein Zentrum des griech. Handels auf dem Nil.

Naumann, 1. Friedrich, Politiker, *25. 3. 1860 Störmthal bei Leipzig, †24. 8. 1919 Travemünde; ev. Pfarrer, arbeitete für die Innere Mission. Unter seiner Führung lösten sich die „Jungen" von den Konservativen innerhalb des von A. *Stoecker* gegr. Ev.-sozialen Kongresses. Zusammen mit P. *Göhre* gründete er 1896 den *Nationalsozialen Verein.* N. erstrebte eine demokrat. u. soziale Umbildung von Staat u. Wirtschaft, um die Arbeiter für den Staat u. ein soziales Kaisertum zu gewinnen. Während des 1. Weltkriegs entwickelte er seinen „Mitteleuropaplan", der einen wirtschaftlichen Zusammenschluß auf freiwilliger Basis u. ohne Annexionen vorsah. N. war seit 1907 Mitgl. des Reichstags, 1918 Mitgründer u. 1919 erster Vors. der *Dt. Demokrat. Partei.* Er gründete 1917 die „Staatsbürgerschule", aus der sich die *Hochschule für Politik* entwickelte.

2. Konrad, Politiker (SED), *25. 11. 1928 Leipzig; Landarbeiter, Dipl.-Lehrer für Marxismus-Leninismus; 1946–1964 war N. Funktionär der FDJ, danach SED-Funktionär: 1966–1986 Mitgl. des ZK, 1971–1985 Erster Sekretär der Bezirksleitung Berlin, 1984/85 zugleich Sekretär des ZK, 1976–1985 Mitgl. des Politbüros. N. galt als mögl. Nachfolger u. Rivale E. *Honeckers* u. wurde auf dessen Betreiben gestürzt.

Nauru — NAU

Republik Nauru

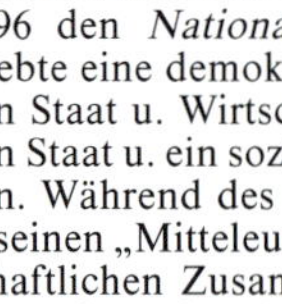

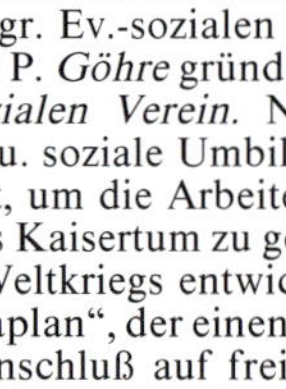

Fläche: 21 km². – *Einwohner:* 11 000. – *Hauptstadt:* Yaren. – *Landessprachen:* Englisch, Nauruisch. – *Nationalfeiertag:* 31. 1. – *Währung:* 1 Australischer Dollar = 100 Cents. – *Lage:* Inselstaat im Pazifischen Ozean westlich von Kiribati bei 0°32′ s. Br. und 166°55′ ö. L. – *Zeitzone:* Mitteleuropäische Zeit + 10 Std. – *Staatsform:* präsidiale Republik mit parlamentarischen Ansätzen.

Das Atoll im Pazif. Ozean wurde verhältnismäßig spät – 1798 – von Europäern entdeckt. 1888 kam es mit den *Marshallinseln* als Kolonie an das Dt. Reich. Nach dem 1. Weltkrieg wurde N. als Völkerbundmandat Großbritannien, Neuseeland u. Australien unterstellt, die es im 5jährigen Turnus abwechselnd verwalteten. Während des 2. Weltkriegs wurde die Insel von Japanern besetzt (1942–1945). Ein großer Teil der Bevölkerung wurde nach Japan in Arbeitslager deportiert u. starb dort unter den harten Lebensbedingungen; auf der Insel wurde die Infrastruktur verwüstet. 1947 kam N. als UN-Mandat wieder unter die Verwaltung der ehem. Völkerbundmächte. Oberhäuptling Hammer *de Roburt* setzte 1968 die Unabhängigkeit durch; seitdem war er (mit Unterbrechung 1976–1978) Staatsoberhaupt u. Regierungschef des Inselstaates. 1989 wurde er durch einen Mißtrauensantrag gestürzt. Nachfolger wurde B. *Dowiyogo,* der 1995 von L. *Harris* abgelöst wurde. Nach innenpolit. Turbulenzen wählte die Volksvertretung 1997 K. *Klodimar* zum neuen Staatschef.

Friedrich Naumann

Navarino, griech. Ort, heute Pylos. In der Seeschlacht bei N. am 20. 10. 1827 wurde die Flotte der Türken von den verbündeten Seestreitkräften Englands, Frankreichs u. Rußlands geschlagen.

Navarra [bask.], frz. *Navarre,* histor. Landschaft beiderseits der westl. Pyrenäen, im S bis an den oberen Ebro.
Das ehem. Königreich N. gehörte zur Span. Mark des Frankenreichs. Graf *Sancho I.* machte sich wieder unabhängig u. 905 zum König. *Pamplona* wurde Hptst. Seine Nachfolger dehnten ihren Besitz zu einem großen Reich aus, das *Aragón* u. unter *Sancho III. d. Ä.* auch *Kastilien* umfaßte.
Er teilte es unter seine Söhne u. bildete daraus 4 Reiche. Seit 1234 stand N. unter französ. Dynastien u. kam 1484 an die Familie *d'Albret.* Ober-N. kam 1512 an Kastilien, Nieder-N. durch *Heinrich von N.* (König Heinrich IV.) 1589 an die französ. Krone.

Navigationsakte, Name für engl. Gesetze zur Förderung des engl. Seehandels, bes. die N. von O. *Cromwell* 1651 (bis 1849), die vor allem dem niederländ. Zwischenhandel einen vernichtenden Schlag versetzte u. die Spitzenstellung der engl. Schiffahrt festigte. Sie bestimmte, daß die Einfuhr aus Übersee nach England nur auf engl. Schiffen, die Einfuhr aus Europa nur auf engl. oder Schiffen des Ursprungslands abgewickelt werden durfte. Die N. von 1664 bestimmte, daß die engl. Kolonien nur über England versorgt werden durften. Die N.n waren damit die handelsgesetzliche Grundlage des ersten merkantilist. verfaßten Kolonialreichs.

Nawab [der, Pl. *N.*; arab., „Statthalter"], im *Mogulreich* Titel eines Vizekönigs oder Provinzgouverneurs (daraus Nabob).

Nazca-Kultur ['naska-], *Nasca-Kultur,* altindian. Kultur, benannt nach der gleichnamigen heutigen Stadt im südperuan. Dep. Ica, in den Tälern des Pisco, Ica u. Nazca. Träger der N. waren direkte Nachfahren der *Paracas-Kultur.* Lebensgrundlage bildete ein Oasenfeldbau mit künstl. Bewässerung. Die Masse der Bevölkerung lebte in großen Dörfern aus Holzhäusern; ab Christi Geburt entwickelte sich eine Stadtkultur mit Tempelanlagen, pyramidenähnl. Gebäuden auf steinernen Plattformen u. großen Holzhallen als Mittelpunkten des religiösen Lebens u. der zivilen Verwaltung; die Stadt *Cahuachi* im Nazca-Tal war vermutl. das Zentrum der N. Um 600 n. Chr. drang die *Huari-Kultur* in die Nazca-Täler, vermutl. unter militär. Druck, der einer eigenständigen Kulturentwicklung ein Ende setzte.

Neapel, süditalien. Hafenstadt am Golf von N., Hptst. der Region Kampanien u. der Prov. N., 1,07 Mill. Ew.
Griech. Kolonisten aus Cumae gründeten auf der Höhe des heutigen Monte de Dio eine Siedlung, die sie *Parthenope* nannten. Im 5. Jh. v. Chr. errichteten griech. Kolonisten aus Magna Graecia auf dem Niveau der heutigen Mergellina eine neue Stadt, die sie *nea polis* („neue Stadt“) nannten im Gegensatz zur oben gelegenen *palaia polis* („Altstadt“). 326 v. Chr. schloß N., wahrscheinlich unter leichtem Zwang, ein Bündnis mit Rom, erhielt sich jedoch seine Verfassung u. die griech. Sprache. 89 v. Chr. erhielt N. röm. Bürgerrecht, in der Kaiserzeit den Status einer *colonia.* Es galt als Zentrum griech. Kultur u. Lebensart in Italien, viele wohlhabende Römer nahmen ihren Zweitwohnsitz in oder bei N. Um 410 wurde N. durch die Westgoten, in der Folge von den Wandalen erobert u. zerstört. 568 geriet es in die Abhängigkeit von Konstantinopel. Im 7. Jh. erreichte die Stadt das Privileg, einen eigenen Dux (Gouverneur) zu führen, der häufig zugleich Bischof war, seit der 2. Hälfte des 10. Jh. Erzbischof. Diese Autonomie konnte N. trotz Auseinandersetzungen mit Sarazenen, Langobarden u. Normannen erhalten, bis es 1139 von *Roger II.* von Sizilien erobert u. Teil des Normannenreiches wurde. Durch die Heirat (1186) der Erbtochter *Konstanze* mit dem späteren Kaiser Heinrich VI. kamen N. u. Sizilien an die Staufer. Kaiser *Friedrich II.* stiftete 1224 die Universität. *Karl von Anjou* machte der Staufer-Herrschaft ein Ende; N. wurde ständige Residenz. Bedeutendster Herrscher aus dem Hause Anjou war neben *Karl I.* (1265–1284) dessen Enkel *Robert* (1309–1343), der das Haupt der Guelfen in ganz Italien war u. nach der Vorherrschaft in Italien griff. Durch die *Sizilianische Vesper* kam es 1282 zur Trennung N.s von Sizilien. 1443 wurde der letzte Anjou durch *Alfons I. von Aragón* vertrieben, unter dessen Herrschaft N. ein glänzender Renaissancehof wurde. 1495 kam N. vorübergehend zu Frankreich. Im Frieden von Cambrai 1529 mußte Frankreich N. an Kaiser *Karl V.* geben, bei dessen Reichsteilung es 1556 an *Philipp II.* von Spanien kam. Nach dem Spanischen Erbfolgekrieg (Friede von Utrecht 1713 u. Rastatt 1714) kam der festländ. Teil des Königreichs N. mit Sardinien an die österr. Habsburger, Sizilien fiel an Piemont; 1720 tauschten die Habsburger Sizilien gegen Sardinien ein. 1734 mußte Kaiser Karl VI. das *Königreich Neapel-Sizilien* den span. Bourbonen überlassen, die unter dem Reformisten B. *Tanucci* eine Zeit der Reformen einleiteten. Nach vorübergehender französ. Herrschaft (1799 Parthenopeische Republik, 1806 Königreich unter *Joseph Bonaparte,* 1808 unter Joachim *Murat,* der sich bis 1815 halten konnte) vereinigte *Ferdinand I.* 1816 N.-Sizilien zum *Königreich beider Sizilien.* Nach Verfassungskämpfen 1820 u. der Revolution 1848/49 wurde N.-Sizilien am 18. 2. 1861 dem Königreich Italien angegliedert.

Nazca-Kultur: polychrom bemaltes Gefäß

Nearchos, griech.-makedon. Admiral, *um 360 v. Chr. auf Kreta, †314 v. Chr.; fuhr mit der Flotte *Alexanders d. Gr.* 325 v. Chr. vom Indus zur Euphratmündung. Der Fahrtbericht ist in der Schrift „Indiká“ des *Arrianus* z. T. erhalten.

Nebukadnezar, *Nebukadnezzar, Nabuchodonosor,* Könige von Babylonien: **1.** *N. I.,* etwa 1128–1106 v. Chr.; verschaffte Babylon für kurze Zeit die Vorherrschaft über die Elamiter im O.
2. *N. II.,* 606–562 v. Chr.; bedeutendster König der Chaldäer-Dynastie, eroberte Syrien (Sieg über *Necho II.* 605 v. Chr.), vernichtete den Staat Juda (586 v. Chr. Einnahme Jerusalems) u. führte die jüd. Oberschicht in die „Babylonische Gefangenschaft“; ließ mächtige Bauten in Babylon errichten insbes. den Marduktempel *(babylon. Turm),* das Ischtar-Tor u. eine Prozessionsstraße.

Necho, *N. II., Nekaw,* ägypt. König der 26. Dynastie, 610–595 v. Chr.; besiegte den jüd. König *Joschija* u. eroberte Syrien, wurde aber von *Nebukadnezar II.* von Babylonien 605 v. Chr. bei Karkemisch am Euphrat zurückgeschlagen. Auf N.s Veranlassung fand die erste Umseglung Afrikas durch Phönizier statt; er begann den Bau eines Kanals vom Nil zum Roten Meer.

Necker [nɛˈkɛːr], Jacques, französ. Politiker u. Bankier, *30. 9. 1732 Genf, †9. 4. 1804 Coppet, Waadt; Vater der Madame de *Staël;* Finanzminister 1777–1781 u. 1788–1789/90, suchte eine Finanzreform durchzusetzen; 1781 wegen Veröffentlichung des Staatshaushalts entlassen; setzte 1789 die Einberufung der Generalstände durch. Seine Entlassung im Jahr 1789 war einer der Anlässe, die zum Ausbruch der *Französ. Revolution* führten. Nach dem Sturm auf die Bastille vom König wiedereingesetzt, nahm er im Sept. 1790 endgültig seinen Abschied.

Negade, *Nakada, Nagada, Neqada,* namengebender Fundort der prädynast. Kultur Oberägyptens, am Westufer des Nils 27 km nördl. von Luxor gelegen. Bei N. grub 1892 W. *Flinders-Petrie* bei der alten Stadt Ombos neolith. Gräberfelder aus, deren Fundmaterial als N.-Kultur bezeichnet wurde.

Negus [äthiop., „König“], der Titel des Kaisers von Äthiopien (seit dem 13. Jh.); vollständig: *Negusa Nagast,* europäisiert *Negus Negesti* [äthiop., „König der Könige“].

Nehru, 1. Jawaharlal, Sohn von 2), ind. Politiker (Kongreßpartei), *14. 11. 1889 Allahabad, †27. 5. 1964 Delhi; aus einer vornehmen Brahmanenfamilie Kaschmirs (der Titel *Pandit,* „Gelehrter“, rührt daher), nach Studium in Großbritannien Anwalt; trat mit M. *Gandhi* an die Spitze der ind. Freiheitsbewegung, im Gegensatz zu Gandhi jedoch mit pragmat. u. sozialist. Zielsetzung; 1929, 1936, 1937, 1946 u. 1951–1954 Präs. der Kongreßpartei; war achtmal in brit. Haft, zuletzt 1942–1945; 1946 stellvertr. Premierminister u. Leiter der außenpolit. Abteilung in der Übergangsregierung, 1947–1964 Premierminister u. Außen-Min., zeitweise auch Verteidigungs-Min., gilt als der eigentl. Schöpfer des modernen Indiens.
2. Motilal, ind. Politiker, *6. 5. 1861 Allahabad, †6. 2. 1931 Lucknow; Vorkämpfer der ind. Freiheitsbewegung; 1919 u. 1928 Präsident des Nationalkongresses, 1925 Vorsitzender der allindischen Swaradsch-Partei.

Nekaw, ägypt. König, → Necho.

Nekrolog, *Totenbuch,* im MA ein Kalender von Kirchen, Klöstern u. Stiften, worin die Sterbetage der Personen eingetragen wurden, die durch geistl. Fürbitte geehrt werden sollten. Die Nekrologien sind als Quellen, bes. für die Genealogie, von Bedeutung.

Jawaharlal Nehru; 1962

Horatio Nelson

Nekropole [die; grch., „Totenstadt“], Begräbnisstätte in einem Tal, einem abgegrenzten Bezirk oder entlang einer Ausfallstraße, häufig mit eigenem Wegesystem u. vor der Stadt gelegen. Nach Ablösung der Totenbestattung im eigenen Haus entstanden N.n seit altoriental. u. ägypt. Zeit u. waren bis ins frühe Christentum gebräuchlich. Die bekanntesten Beispiele sind die Königsnekropolen von Ur u. Sidon sowie die N. von Athen (Kerameikos), Rom (Via Appia) u. Pompeji.

Nektanebos, Name ägypt. Könige der 30. Dynastie: *N. I., Nektanebis,* 380–362 v. Chr., schlug den Angriff der Perser unter Artaxerxes II. auf Ägypten zurück, ließ einige Tempel im Nildelta bauen. – *N. II.,* 360–342 v. Chr., verlor Ägypten an den Perserkönig Artaxerxes III. (343/42 v. Chr.) u. mußte nach Nubien fliehen.

Nelson [ˈnɛlsən], Horatio, Viscount of (1801), engl. Admiral, *29. 9. 1758 Burnham-Thorpe, Norfolk, †21. 10. 1805 bei Trafalgar an Bord der „Victory“ (gefallen); besiegte die span. Flotte bei Kap *St. Vincent* 1797, die französ. Flotte bei *Abu Qir* 1798, zerstörte die dän. Flotte bei Kopenhagen 1801 u. sicherte mit dem Sieg über die span.-französ. Flotte bei *Trafalgar* 1805 die brit. Alleinherrschaft über die Meere. Seine Affäre mit Lady Emma *Hamilton* verursachte einen Skandal.

Nemanjiden, altserb. Herrscherdynastie bis zur türk. Eroberung; 1371 im Mannesstamm ausgestorben. Als Stammvater gilt der Großžupan (1166–1196) *Stefan I. Nemanja.* Den glanzvollen Höhepunkt der N. brachte die Regierungsperiode *Stefans IV. Dušan* (1331 bis 1355).

Nemea, Ort in der Argolis, Griechenland; östlich davon das Heiligtum des Zeus Nemeios mit dorischem Tempel aus dem 4. Jh. v. Chr.; hier wurden im Altertum die *Neméen* gefeiert. In der Sage erschlug *Herakles* in den Bergen südl. N. den *Nemeïschen Löwen.*

Nemeter, *Nemetes,* german. Volksstamm am Mittelrhein, bekannt durch Cäsar u. Tacitus.

Nenni, Pietro, italien. Politiker (Sozialist), *9. 2. 1891 Faenza, Prov. Ravenna, † 1. 1. 1980 Rom; 1923–1926 Chefredakteur des sozialist. „Avanti“, emigrierte 1926 nach Frankreich; baute seit 1943 die Sozialist. Partei wieder auf; 1945/46 stellvertr. Min.-Präs., 1946/47 auch Außen-Min. N. arbeitete zunächst eng mit den Kommunisten zusammen u. trug bei zur Spaltung (1947) der Sozialist. Partei (in *N.-Sozialisten* u. die von G. *Saragat* geführte Sozialdemokrat. Partei), näherte sich dann wieder den Mittelparteien u. beteiligte sich an der Mitte-Links-Koalition; 1963 bis 1968 stellvertr. Min.-Präs., 1968/69 Außen-Min. 1966–1969 war er Präs. der wiedervereinigten Sozialist. Partei, die nur diese 3 Jahre Bestand hatte.

Nennius, kelt. Geschichtsschreiber, lebte in der ersten Hälfte des 9. Jh. in Mercia; seine

„Historia Brittonum" (826) ist die Kompilation einer brit. Geschichte des 7. Jh. u. zahlreicher, z.T. mündlicher Quellen von geringem geschichtl., aber großem sagengeschichtl. Wert (König Artus).

Neofaschismus, faschist. Bestrebungen nach dem 2. Weltkrieg, insbes. in Dtschld. u. Italien. In Deutschland werden neofaschist. Aktivitäten auch als *Neonazismus* bezeichnet, um ihre Verbindung zum → Nationalsozialismus deutlich zu machen, dessen Wiederbelebung erklärtes Ziel der Angehörigen neonazist. Gruppierungen ist.

Neolithikum [grch.] → Jungsteinzeit.

Neonazismus → Neofaschismus.

NEP → Neue Ökonomische Politik.

Nepal — NEP

Königreich Nepal

Fläche: 140797 km². – *Einwohner:* 21,9 Mill. – *Hauptstadt:* Katmandu. – *Landessprachen:* Nepali, Bihari. – *Nationalfeiertag:* 28. 12. – *Währung:* 1 Nepalesische Rupie = 100 Paisa. – *Lage:* zwischen 26°20′ und 30°10′ n. Br. sowie 80°15′ und 88°10′ ö. L. – *Zeitzone:* Mitteleuropäische Zeit + 4 Std. 30 Min. – *Grenzen:* im N China, ansonsten Indien. – *Staatsform:* konstitutionelle Monarchie.

Um das Jahr 1000 v.Chr. dürfte das *Katmandu-Tal* besiedelt worden sein; unter den Altnepalesen finden sich die mongolenstämmigen *Newar,* die Träger der N.-Kultur waren. Später wanderten ind. Stämme ein, zu denen u. a. die *Gurkhas* gehören.

Erste Kenntnisse über das Land vermittelte das ind. Epos „Mahabharata". 560 v. Chr. wurde *Buddha* in Kapilavastu als Prinz *Siddhartha* geboren. Nepalesen brachten den Buddhismus nach China u. Tibet, u. nepales. Künstler waren später am Hof in Peking hochgeschätzt. Mit der Herrschaft der Licchavi-Könige um 400 n.Chr. begann das „Goldene Zeitalter" N.s; die Dynastie stammte aus Indien, sie war hinduistisch. Es folgte eine Zeit des Verfalls. Kaschmiri u. Bengalen fielen ein, u. zeitweise gewann das damalige Großreich Tibet die Oberherrschaft über N. Um 1200 setzte sich die ebenfalls aus Indien stammende Mala-Dynastie durch. Das Land erweiterte sein Gebiet beträchtlich u. erlebte eine zweite kulturelle Blüte. 1482 wurde das Malareich geteilt in die Königreiche Katmandu, Patan u. Bhatgaon. Erneut setzte ein Niedergang ein, so daß die von den Moslems aus Rajasthan vertriebenen Rajputenfürsten seit dem 14. Jh. allmählich N. erobern konnten. Ihre erste Hauptstadt war Gurkha, von dort aus unterwarfen sie das Katmandu-Tal u. die Malareiche. Darauf wurde Katmandu neue Hauptstadt. 1789 eroberten die Gurkhas auch Sikkim sowie Gebiete im W, 1792 zogen sie nach Tibet (1. Tibetkrieg), das zeitweise die Tributherrschaft der Nepalesen anerkennen mußte. Der Gurkhastaat erstreckte sich schließlich über das gesamte heutige nepalesische Staatsgebiet. Begründer des bestehenden Staats wurde *Prithivi Narajan Schah* (1742–1775). In Indien war durch das allmähl. Vordringen der brit. Herrschaft eine neue Lage geschaffen worden, die nicht ohne Folge für N. blieb. Es kam zu Spannungen zwischen den benachbarten Staaten, die jedoch in mehreren Verträgen abgebaut werden konnten. Seit dem Schutzvertrag von Segauli 1816 gab es einen brit. Residenten in Katmandu. Mit engl. Unterstützung usurpierte die Adelsfamilie *Rana* die Macht u. regierte diktatorisch (1846–1950), der König hatte nur noch repräsentative Aufgaben. 1856 wurde die Erbfolge in der Rana-Familie legalisiert. Unter ihrer Diktatur blieb das Land geistig u. wirtschaftlich rückständig u. von der Außenwelt abgeschnitten. Selbst der König wurde wie ein Gefangener gehalten.

1950 gelang König *Tribhavana* die Flucht nach Indien. Mit indischer Unterstützung u. mit Hilfe von Exil-Nepalesen kehrte er zurück u. entmachtete 1951 die Rana. Er gab N. eine neue Verfassung (konstitutionelle Monarchie), hob das Kastenwesen auf u. führte eine Bodenreform durch. Nach seinem Tod 1955 trat *Mahendra Bir Bikram* die Nachfolge an. 1959 konnten die Nepalesen erstmals ihre Vertreter in ein Parlament wählen. Aber schon 1960 setzte der König die nach indischem Vorbild erlassene Verfassung außer Kraft, löste das Land aus der einseitigen Bindung an Indien u. verfolgte seitdem eine Neutralitätspolitik. 1962 wurde eine neue Verfassung eingeführt, die keine Parteien zuließ *(Panchayat-System).*

Seit dem Tod Mahendras 1972 regiert *Birendra Bir Bikram Schah.* Unter dem Druck von Unruhen ließ der König 1980 eine Volksabstimmung über die Frage zu, ob das Panchayat-System beibehalten oder wieder eine Parteiendemokratie eingeführt werden solle. Überraschend sprach sich die Mehrheit der Bevölkerung für die Beibehaltung des Panchayat-Systems aus. 1982 u. 1986 fanden nach diesem System Parlamentswahlen statt. Nach blutigen Unruhen wurde 1990 eine neue Verfassung verabschiedet, die die bisher absolute in eine konstitutionelle Monarchie umwandelte. Das Panchayat-System wurde durch ein Mehrparteiensystem ersetzt. Die demokratisch durchgeführten Parlamentswahlen von 1991 gewann der „Nepali Congress" (NC) mit absoluter Mehrheit. Regierungschef wurde G. P. *Koirala,* der nach Korruptionsvorwürfen 1994 zurücktrat. Nach vorgezogenen Parlamentswahlen im gleichen Jahr, bei denen das kommunist. Parteienbündnis NCP-UML die meisten Stimmen gewann, bildete M. M. *Adhikari* eine linke Minderheitsregierung, die bereits 1995 wieder gestürzt wurde. S. B. *Deuba* (NC) bildete ein neues Kabinett, ohne jedoch eine innenpolit. Stabilisierung zu erreichen. Im März 1997 verlor er das Vertrauen des Parlaments. Sein Nachfolger L. B. *Chand* von der monarchist. Rastriya Prajatantra Partei (RPP) wurde bereits im Okt. 1997 von S. B. *Thapa* (RPP) als Regierungschef abgelöst.

Nepotismus [lat. *nepos,* „Enkel, Neffe"], *Vetternwirtschaft,* Begünstigung von Verwandten *(Nepoten)* bei der Vergabe von Ämtern u. Würden, bes. von Päpsten u. geistl. Fürsten geübt, die Macht u. Besitz nicht an Nachkommen vererben konnten; 1567 von Papst Pius V. verboten, doch war damit die Ausstattung von Verwandten mit Geld, Titeln u. Ämtern noch lange nicht beendet.

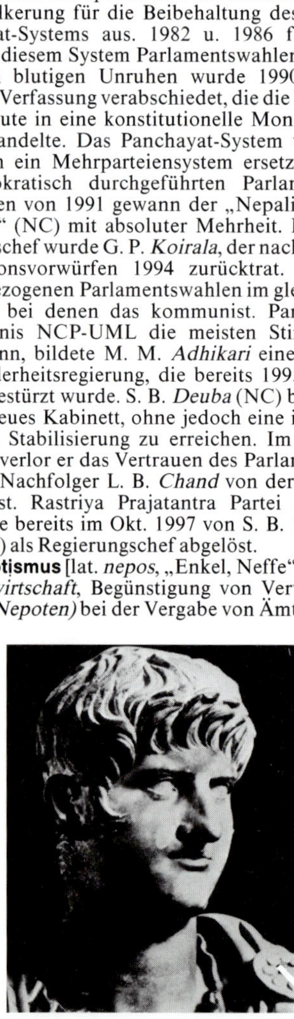

Nero

Nero, Claudius Caesar Augustus Germanicus, röm. Kaiser 54–68 n. Chr., * 15. 12. 37 Antium, † 9. 6. 68 bei Rom (Selbstmord); Sohn des *Gnaeus Domitius Ahenobarbus* u. der jüngeren *Agrippina,* die nach ihrer Heirat mit Kaiser *Claudius* die Adoption N.s durchsetzte u. dem Sohn zuliebe ihren Gatten vergiftete. N. ließ seine erste Frau *Octavia* (62 n. Chr.) u. seine Mutter (59 n. Chr.) ermorden u. war am Tod seiner zweiten Frau *Poppaea Sabina* schuldig (65 n. Chr.). In eine Verschwörung gegen ihn wurden sein ehemaliger Lehrer, der Philosoph *Seneca,* u. der Dichter *Lucan* verwickelt; N. zwang beide zum Selbstmord. Er versuchte sich in Musik, Dichtung, Malerei u. Bildhauerei u. trat im Zirkus als Sänger u. Wagenlenker auf. Höhepunkt der künstler. Aktivität war eine Griechenlandtournee 66/67, wobei er sich mit Siegeskränzen feiern ließ. Den Verdacht, den Brand Roms 64 selbst verursacht zu haben, wälzte N. auf die Christen ab, die er in großer Zahl hinrichten ließ. Beim Wiederaufbau der Stadt errichtete er einen ungeheuren Palast, das „Goldene Haus". Er endete durch Selbstmord, als bei einem Aufstand in Gallien u. Spanien *Galba* zum Kaiser ausgerufen u. er selbst nach dem Abfall der *Prätorianer* zum Staatsfeind erklärt worden war.

Nerva, Marcus Cocceius, röm. Kaiser 96–98 n. Chr., * 8. 11. 30 Narnia, Umbrien, † 28. 1. 98; aus altem plebejischem Geschlecht stammend, Konsul 71 u. 90, vom Senat zum Kaiser erhoben; versuchte die Spuren der Gewaltherrschaft seines Vorgängers Domitian zu tilgen; errichtete eine staatl. Alimentarstiftung für die freigeborenen Kinder armer Eltern; warb als Nicht-Soldat vergebens um die Gunst der Armee; als sich die Garde gegen ihn zu empören begann, adoptierte er *Trajan* u. machte ihn zum Mitregenten.

Nervier, kelt.-german. Stamm zwischen Ardennen u. Scheldemündung; setzte den Römern lange Zeit Widerstand entgegen, von Cäsar 57 v. Chr. nahe Maubeuge vernichtend geschlagen; in der röm. Kaiserzeit Handel mit dem Rheinland.

Nesselrode, Robert (Karl Wassiljewitsch) Graf von, russ. Politiker, * 13. 12. 1780 Lissabon, † 23. 3. 1862 St. Petersburg; 1816 Außen-Min., 1829 Vizekanzler, 1845–1856 Kanzler; vertrat ein Zusammengehen mit Preußen u. Österreich im Sinn der Heiligen Allianz; sein Versuch, England von Frankreich zu trennen, scheiterte, so daß sich Rußland im Krimkrieg 1853–1856 beiden gegenübersah.

Nestor, russ. Chronist, * um 1056 Kiew, † um 1114 Kiew; Mönch im Kiewer Höhlenkloster; Bearbeiter der ältesten erhaltenen Fassung (1113) der ersten russ. Chronik („Erzählung der vergangenen Jahre"), daher *Nestorchronik.*

Nestorianer, Anhänger des Patriarchen *Nestorius*; altchristl. Sekte im Vorderen Orient, die 484 in Persien zur Hauptkirche wurde *(Nestorianismus)*; breitete sich bis Indien *(Thomaschristen)* aus; im 16. Jh. teilweise mit der röm. Kirche uniert *(chaldäische Kirche)*; nach grausamen Verfolgungen, zuletzt durch die Türken, blieben nur noch Reste in Kurdistan erhalten, die z. T. nach Amerika auswanderten. Der Patriarch hatte seinen Sitz ursprüngl. in Seleukia-Ktesiphon, jetzt in San Francisco.

Nestorianer-Tafel, 1625 entdeckte Steinsäule in Xi'an von 781; enthält das christl. Bekenntnis der Nestorianer u. einen Bericht über deren Mission in China.

Nestorius, Patriarch von Konstantinopel 428 bis 431, * nach 381, † um 451 Akhmim, Oberägypten (im Exil); bezeichnete Maria als

Christusgebärerin u. nicht als Gottesmutter u. lehrte die Trennung der göttl. u. menschl. Person in Christus (nicht zwei Naturen, sondern zwei Personen); 431 auf dem Konzil zu Ephesos verurteilt.

Nettelbeck, Joachim, Schiffskapitän, *20. 9. 1738 Kolberg, †29. 1. 1824 Kolberg; Bürgeradjutant in Kolberg, das er 1807 zusammen mit A. N. von *Gneisenau* u. F. von *Schill* erfolgreich gegen die Franzosen verteidigte.

Neuberger Teilungsvertrag, 1379 im Kloster Neuberg an der Mürz geschlossener Familienvertrag, der das Haus *Habsburg* in die donauländisch-albertinische u. die alpenländisch-leopoldinische Linie spaltete.

Neue Ära, die Periode einer liberal-konservativen Regierungspolitik in Preußen unter *Wilhelm I.* während seiner Regentschaft u. in seinen ersten Jahren als König (1858–1862). Das bürokrat.-reaktionäre Regime Manteuffel wurde durch die Regierung Hohenzollern-Sigmaringen abgelöst, Wilhelm strebte für Preußen „moralische Eroberungen" in Dtschld. an, u. die liberale Nationalbewegung erhielt neue Stoßkraft (Deutscher Nationalverein). Die N. Ä. scheiterte an den Plänen des Königs für eine Heeresreform, die in den Heeres- und Verfassungskonflikt einmündeten.

Neue Ökonomische Politik, *NEP* (Abk. für russ. *Nowaja Ekonomitscheskaja Politika*), das von *Lenin* 1921 nach den Kriegs- u. Revolutionswirren entwickelte Programm zur Konsolidierung der sowjet. Wirtschaft, die durch die nach der Oktoberrevolution radikal vollzogene Sozialisierung schwer erschüttert war. Die NEP sah eine Mischung von privater u. sozialist. Wirtschaftsform vor. In der Klein- u. Mittelindustrie wurden wieder private Initiativen geduldet, ebenso in der Landwirtschaft. Außerdem wurde ausländ. Kapital ins Land geholt. Aufgrund dieser Maßnahmen gelang es bis 1927, die industrielle Produktion auf den Vorkriegsstand zu bringen. Mit der von *Stalin* 1928 vollzogenen Linksschwenkung (Fünfjahresplan, Kollektivierung der Landwirtschaft) wurde die NEP aufgegeben.

Neue Ordnung Ostasiens, jap. *To-A chitsujo*, am 3. 11. u. erneut am 22. 12. 1938 vom japan. Premierminister *Konoye* in Denkschriften u. Rundfunkansprachen dargelegte außenpolit. Leitgedanken, die auf einen polit. und wirtschaftl. Verbund Chinas, Mandschukuos u. Japans unter japan. Führung abzielten. Die Proklamation der N.O.O. erfolgte im Anschluß an die diplomat. Niederlage der Westmächte auf der Münchner Konferenz u. sollte diese zum Rückzug aus China bewegen; ferner sollte China unter einer aufzubauenden Gegenregierung *(Wang Jingwei)* zu japan. Bedingungen (Anerkennung Mandschukuos, Stationierung japan. Truppen, Handelspräferenzen) zum Friedensschluß gezwungen werden. Im Sommer 1940, nach der militär. Niederlage Frankreichs u. der Niederlande, wurde die „Neue Ordnung" auf die südostasiat. Kolonien dieser Mächte ausgeweitet u. in die propagandistisch wirksame Formel einer Großostasiatischen Wohlstandssphäre überführt.

Neuer Kurs, 1. der nach dem Sturz Bismarcks in den Jahren 1890–1894 unternommene Versuch einer Neuorientierung der dt. Innenpolitik unter liberalen Vorzeichen. Hauptrepräsentanten dieser von Kaiser *Wilhelm II.* nur vorübergehend unterstützten Politik waren Reichskanzler L. von *Caprivi* u. der preuß. Handelsminister H. von *Berlepsch.*

2. die vom Politbüro der SED am 9. 6. 1953 beschlossenen Maßnahmen, durch die „Fehler der Regierung u. der staatl. Verwaltungsorgane" in der DDR korrigiert werden sollten. Der Beschluß sah vor, die Aufwendungen für die Schwerindustrie zu kürzen, die Versorgung der Bevölkerung zu verbessern, dem gewerbl. Mittelstand u. den Bauern mehr Spielraum zu gewähren u. die Rechtssicherheit zu erhöhen. Er ging auf eine Weisung der sowjet. Parteiführung zurück, die nach Stalins Tod vom Konzept des „verschärften Klassenkampfes" u. des „beschleunigten Aufbaus des Sozialismus" abgerückt war u. insbes. in Dtschld. eine flexiblere Politik anstrebte. Das Politbüro nahm jedoch nicht die kurz zuvor beschlossene generelle Erhöhung der Arbeitsnormen zurück, die in der Arbeiterschaft den größten Unwillen erregt hatte; dies führte zum Juniaufstand. Nach der Niederschlagung des Aufstandes wurde das Schlagwort N. K. noch eine Zeitlang gebraucht; 1955 wurde es parteioffiziell fallengelassen.

neuer Stil, Abk. *n. St.,* Zeitrechnung nach dem Gregorianischen Kalender (in kath. Ländern seit 1582, in prot. Ländern seit 1700 u. später, in der UdSSR seit 1918).

Neufürstliche Häuser, im Hl. Röm. Reich Dt. Nation im Unterschied zu den *Altfürstlichen Häusern* die Fürstenhäuser, die erst nach 1582 in den Reichsfürstenstand erhoben worden waren.

Neugranada, *Nueva Granada,* span. Generalkapitanat 1547–1739 im Vizekönigreich Peru, dann selbst Vizekönigreich, das etwa das Gebiet der heutigen Staaten Kolumbien u. Ecuador umfaßte. 1810 begannen in N. die Unabhängigkeitskämpfe.

Neuguinea [-gi'ne:a], zu Melanesien zählende Tropeninsel, die zweitgrößte Insel der Welt, 771 900 km^2, mit zugehörigen Inseln 888 132 km^2, über 3 Mill. Ew. Sie gliedert sich polit. in den indones. Westteil u. den ehem. austral. verwalteten Ostteil, der im Sept. 1975 seine Unabhängigkeit unter dem Namen Papua-Neuguinea erhielt.

1511 wurde N. von Portugiesen entdeckt, 1527 von Spaniern betreten u. 1546 von Spanien in Besitz genommen. Seit 1605 wuchs der Einfluß der Holländer, die 1828 den W besetzten, der zu *Niederländisch-Indien* kam. 1884 nahm England den SO *(Britisch-N., Papua)* u. Dtschld. den NO *(Kaiser-Wilhelms-Land)* in Besitz. Der dt. Teil kam 1921 als Völkerbundmandat an Australien. Die Nordküsten waren 1942–1944 von Japan besetzt. Im *Papua and New Guinea Act* 1949 wurden der brit. u. der ehemals dt. Teil in Form einer gemeinsamen Selbstverwaltung unter austral. Oberaufsicht vereinigt; dieses Gebiet erhielt am 1. 12. 1973 Autonomie (Papua-Neuguinea) u. wurde am 16. 9. 1975 unabhängig. West-N. blieb zunächst in niederländ. Besitz: indones. Ansprüche wiesen die Niederlande ab. Erst 1963 kam das Gebiet als *Westirian* (seit 1973 *Irian Jaya)* zu Indonesien.

Neuhoff, Stephan Theodor Baron von, westfäl. Abenteurer, als *Theodor I.* 1736 König von Korsika, *1686 Metz, †11. 12. 1756 London; Offizier in französ. u. span. Diensten, polit. Agent für Schweden, Spekulant in Paris; setzte sich 1736 an die Spitze korsischer Emigranten gegen die Rep. Genua u. landete auf Korsika, wo er am 15. 4. zum erbl. König gewählt wurde. Noch im selben Jahr wurde er von genuesischen Truppen vertrieben. Er lebte seit 1749 verarmt in London.

Neumann, 1. Alfred, Politiker (SED), *15. 12. 1909 Berlin; Tischler; seit 1929 Mitgl. der KPD; 1934–1940 Emigration (Sowjetunion, Spanien, Frankreich), 1941–1945 polit. Häftling in Dtschld.; seit 1946 SED-Funktionär, 1953–1957 Erster Sekretär der SED-Bezirksleitung Berlin; seit 1954 Mitgl. des ZK der SED, 1954–1958 Kandidat, 1958–1989 Mitgl. des Politbüros des ZK der SED, 1957–1961 Sekretär des ZK; 1961–1965 Min. u. Vors. des Volkswirtschaftsrates der DDR, 1965–1968 Min. für Materialwirtschaft; 1965–1968 stellvertr. Vors., 1968–1989 Erster stellvertr. Vors. des Ministerrates der DDR; verlor nach dem Umsturz 1989 alle Ämter u. wurde 1990 aus der Partei ausgeschlossen.

2. Heinz, Politiker (KPD), *6. 7. 1902, †27. 4. 1937 Moskau; Philologe; seit 1920 Mitgl. der KPD, seit 1922 Partei- u. Kominternfunktionär. 1927 organisierte er im Auftrag der Komintern einen Aufstand in Canton (China), der niedergeschlagen wurde.

1928–1932 bildete er mit E. *Thälmann* u. H. *Remmele* die engere Führungsgruppe der KPD. Nach parteiinternen Auseinandersetzungen wurde er aller Funktionen enthoben u. mit Komintern-Aufträgen ins Ausland geschickt. Während der großen „Säuberung" wurde er 1937 in Moskau verhaftet u. später erschossen.

Neunmächtekonferenz → Londoner Akte.

Neuostpreußen, von 1795 (3. Polnische Teilung) bis 1807 preuß. Provinz, südöstl. im Anschluß an Ostpreußen zwischen mittlerer Weichsel, Bug u. Oberlauf der Memel, ca. 50 000 km^2, 1 Mill. Einwohner.

Neurath, Konstantin Freiherr von, Diplomat u. Politiker, *2. 2. 1873 Klein-Glattbach, Württemberg, †14. 8. 1956 Enzweihingen, Württemberg; Jurist; seit 1901 im diplomat. Dienst, 1919–1921 Gesandter in Kopenhagen, 1922–1930 Botschafter in Rom, 1930 bis 1932 in London; 1932–1938 Reichs-Min. des Auswärtigen in den Regierungen Papen, Schleicher u. Hitler; 1939–1943 Reichsprotektor in Böhmen u. Mähren (seit 1941 nicht mehr im Amt); 1946 in Nürnberg vom Internationalen Militärgerichtshof zu 15 Jahren Haft verurteilt, 1954 vorzeitig entlassen.

Neuseeland NZ

Lage: 270 986 km^2. – *Einwohner:* 3,5 Mill. – *Hauptstadt:* Wellington. – *Landessprache:* Englisch. – *Nationalfeiertag:* 6. 2. – *Währung:* 1 Neuseeland-Dollar = 100 Cents. – *Lage:* Inselgruppe im südwestlichen Pazifik zwischen 34° und 47° s. Br. sowie 166° und 179° ö. L. – *Zeitzone:* Mitteleuropäische Zeit + 11 Std. – *Staatsform:* parlamentarische Monarchie mit der britischen Königin als Staatsoberhaupt.

1642 entdeckte der in holländ. Diensten stehende Abel Janszoon *Tasman* N.; die Küsten des Landes wurden 1769–1777 von dem Engländer James *Cook* erforscht. Ende des 18. Jh. begann die Besiedlung durch Weiße. Die Engländer erwarben 1840 durch den Waitangi-Vertrag mit den eingeborenen Maori das Besitzrecht. 1852 garantierten sie den Siedlern begrenzte, 1856 verantwortliche Selbstregierung nach brit. Muster. Die Zentralregierung setzte sich aus einem von der Krone bestellten Gouverneur, einem von der Krone nominierten Gesetzgebenden Rat u. einem auf 5 Jahre gewählten Repräsentantenhaus zusammen.

Der Aufstand der Maori 1861–1871 führte zu einer Dezimierung der Eingeborenen. In der Folgezeit verhinderte Großbritannien die Einwanderung nichtbrit. Siedler. 1893 führte N. als erstes Land der Welt das Frauenstimmrecht ein. 1907 erhielt die Insel den Dominionstatus. Die Regierungen der 1916 gegr. Labour Party führten 1935–1949 u. 1957 bis 1960 eine agrar. Planwirtschaft, die 40-Stunden-Woche, Mindestlöhne, Zwangsgewerkschaften u. Festpreise für landwirtschaftl. Erzeugnisse ein. N. nahm an beiden Weltkriegen auf brit. Seite teil. Mit Australien wurde 1944 ein Abkommen zur Zusammenarbeit geschlossen. 1951 trat N. dem ANZUS-Pakt, 1954 der SEATO bei. 1962 wurde Westsamoa die Unabhängigkeit gewährt. Unter der 1972 gewählten Labourregierung vollzog N. den Austritt aus der SEATO u. den Rückzug der neuseeländ. Truppen aus Indochina. Die Bindungen an Großbritannien wurden gelockert u. eine stärkere Zusammenarbeit mit den pazif. Mächten Japan u. Australien angestrebt. 1975–1984 regierte die konservative National Party. 1984 kam die Labour Party unter Premier-Min. D. *Lange* wieder an die Regierung. Die von ihr betriebene Anti-Nuklearpolitik führte 1986 zur Suspendierung der Mitgliedschaft N.s im ANZUS-Pakt. 1987 gewann die Labour Party mit D. Lange erneut die Wahlen. Nachdem Lange 1989 aufgrund innerparteil. Spannungen zurückgetreten war, wurde G. *Palmer* Premier-Min. Die Wahlen 1990 gewann die National Party. Premier-Min. wurde J. *Bolger.* Unter seiner Führung gelangte die National Party nach den Wahlen 1993 erneut in die Regierungsverantwortung. Die seit Ende der 1980er Jahre eingeleiteten Wirtschaftsreformen bescherten N. bis Mitte der 1990er Jahre ein enormes ökonom. Wachstum. Die 1996 erstmals nach dem Verhältniswahlrecht durchgeführten Parlamentswahlen brachten keine eindeutige Mehrheit. J. Bolger bildete eine Koalitionsregierung mit der New Zealand First Party. 1997 verlor Bolger das Vertrauen seiner Partei u. trat zurück. Seine Nachfolgerin als Premier-Min. wurde J. *Shipley.*

Neuspanien, *Nueva España,* span. Vizekönigreich in Lateinamerika 1535–1821.

Neustrien, der westl. Teil des nach Chlothars I. Tod (561) erneut geteilten merowing. *Frankenreichs.*

Neuzeit, Epochenbegriff der Geschichtswissenschaft.

1. Der Begriff N. entstand in Überwindung der noch bis ins 18. Jh. benutzten endzeitlich ausgerichteten christl. Einteilung in die vier Reiche der Danielprophezeiung (Assur, medisch-pers. Monarchie, makedon. Reich, Imperium Romanum, als dessen Fortsetzung das Heilige Römische Reich Deutscher Nation galt). Die idealisierende Entdeckung der Antike als eine Epoche höchster Kulturstufe ließ die Zeit nach deren Untergang als Zeitalter der Dunkelheit, der Barbarei u. der Ignoranz erscheinen. Diese Periodisierung war mit einer deutl. Kritik an christl. Geschichtlichkeit verbunden. Das die Zeitgenossen beherrschende Gefühl, am Beginn einer neuen Epochen zu stehen, brachte notwendig die Dreiteilung in Antike, Mittelalter, von dem man sich abgrenzte, u. N. hervor.

So deutlich das Gefühl des Anbruchs einer neuen Zeit auch war, es war nicht ganz einfach, diesen Beginn an einem konkreten histor. Ereignis festzumachen. Sehr typisch für das Zeitgefühl der Renaissance ist als eine der von ihr genannten ersten Epochenscheiden, mit der eine neue Zeit begonnen hätte, die Eroberung Konstantinopels durch die Türken 1453. Als politisches Ereignis bedeutete das Ende des Byzantin. Reiches wenig. Die seit dem Florentiner Konzil 1436 bis zum Fall von Konstantinopel verstärkt einsetzende Flucht griech. Gelehrter, mit denen viele Handschriften nach Italien kamen, wurde aber schon von den Zeitgenossen als wichtiger Vorgang erkannt, mit dem sich die Renaissance die Geisteswelt der griech. Antike erschloß.

Nicht weniger wichtig für das Gefühl, am Beginn einer neuen Zeit zu stehen, war die Tätigkeit von Künstlern, die nun in ihrer Individualität als klar unterscheidbare Persönlichkeiten auftraten. Die Kunstgeschichte der N. ist eine Geschichte von Künstlern als Einzelpersonen. Kunst u. Wissenschaft u. die Relativierung des Christentums zusammen mit dem durch Handel u. Banken in Italien entstandenen Reichtum gaben den Menschen der Renaissance u. des Humanismus das Gefühl, in einer neuen, von der vorhergehenden deutlich unterscheidbaren Zeit zu stehen.

2. Der Beginn der N. wurde später mit verschiedenen Ereignissen u. Entwicklungen in Verbindung gebracht, die nicht nur als spektakulär galten, sondern auch die ganze folgende Epoche der N. bestimmten.

Auf dem Felde der Politik waren es deutlich feststellbare, qualitative Veränderungen. Als Vorbild für das Gleichgewichtssystem der europäischen Großmächte im 17. u. 18. Jh. wurde das im Frieden von Lodi 1454 geschaffene System der fünf mächtigsten italien. Staaten angesehen. Diese Vorbildfunktion des Friedens von Lodi ist umstritten, doch entsprach die 1454 für Italien gefundene Lösung dem Ausgleich verschieden gearteter Interessen von Staaten u. bedeutete gegenüber der früher beschworenen Gemeinsamkeit christl. Fürsten einen deutl. Einschnitt. In der italienischen Staatenwelt des 15. Jh., von der Jacob Burckhardt meinte, mit ihr beginne die N., wurde u. a. das System der Diplomatie als einer Regelung zwischenstaatl. Beziehungen entwickelt. Mit ihm beginnt die Rationalisierung der großen Politik. Der Terminus „Staat" ist ein in dieser Zeit entstandener Begriff, der für die ganze N. eine neue Entwicklung einleitete. Begriffe wie Staatsräson u. Staatssouveränität wurden damals geprägt. Bedeutend für die Entwicklung der polit. Theorie der N. waren J. *Bodin,* H. *Grotius* u. *Macchiavelli.* Mit dem *Westfälischen Frieden* (1648) begann die Epoche des klassischen Völkerrechts. Die Organisation der Welt als einer Gemeinschaft in sich souveräner Staaten ist ein Ergebnis der Entwicklung, deren Anfang an der Wende vom 15. zum 16. Jh. liegt.

Eine die ganze N. bestimmende Entwicklung wurde durch die Entdeckungen am Ende des 15. u. zu Beginn des 16. Jh. eingeleitet. In wenigen Jahren – zwischen der Entdeckung Amerikas 1492 u. der ersten Weltumseglung 1519 liegen nicht einmal 30 Jahre – begann das Vordringen europäischer Entdecker über die ganze Welt. So unsinnig es ist, die N. mit einem Datum wie der Entdeckung Amerikas 1492 beginnen zu lassen, so sind doch mit den Entdeckungen Entwicklungen eingeleitet worden, deren Auswirkungen bis in die Gegenwart reichen. Die Entdeckung der Welt durch europäische Seefahrer führte zur Gründung der Kolonialreiche, die bis in unsere Tage die Weltpolitik bestimmten. Sie sind für den ganzen Bereich der N. ebenso charakteristisch wie das sich entwickelnde Banken- u. Handelssystem.

Ein dritter wichtiger Bereich, dessen Anfänge am Ende des 15. Jh. liegen, war die auf den Staat als Einrichtung ausgerichtete Staatstheorie. Hier steht Macchiavelli mit seinen „Discorsi" (1515–1521) am Anfang einer langen Reihe, die über J. *Lockes* (1632–1704) und J. J. *Rousseaus* (1712–1778) Idee der Volkssouveränität führte. Mit C. Baron de *Montesquieu* (1689–1755) u. der von ihm geforderten Gewaltenteilung wurden die geistigen Voraussetzungen für den moderen Staat geschaffen.

War das Mittelalter von der Einheit der Kirche u. ihrer Vorherrschaft im gesellschaftlichen Leben geprägt, so begann mit M. *Luthers* 95 Thesen 1517 das Zeitalter der Konfessionen. Die Stellung der Fürsten, als der für die Konfession ihrer Länder bestimmende Kraft, wurde entscheidend gestärkt, der Einfluß der Kirche im protestant. Bereich zurückgedrängt. In dem *Modernisierungsprozeß* des Staats gewannen im 17. u. 18. Jh. die protestant. Länder einen deutl. Vorsprung, auch wenn mit dem Frankreich Ludwigs XIV. ein kathol. Land mit seinem absolutist. Staatsaufbau zum allgemein bewunderten Vorbild wurde. Die Verschiedenheit der Konfessionen wurde zu einem wichtigen Merkmal in der Entwicklung der Staaten.

Ein weiterer wichtiger Faktor der N. ist die Entwicklung einer rationalen, von christl. Überlieferungen freien Wissenschaft. Die Entdeckung des *heliozentrischen Weltsystems* (1543) durch Nikolaus *Kopernikus* (1473–1543) war eine Konsequenz, der das bisherige Weltbild in Frage stellenden Entdeckungen. In z. T. heftigen Konflikten mit den Kirchen *(Galileiprozeß 1633)* entwickelten sich allein auf rationalen Überlegungen aufbauende Naturwissenschaften u. Philosophiesysteme. Mit *Descartes* (1596–1650) begann der Siegeszug einer Philosophie, die keine Wunder mehr kannte, sondern überzeugt war, alle Naturerscheinungen rational begründen zu können. In der alle Bereiche am Ende des 17. und insbes. im 18. Jh. erfassende Bewegung der *Aufklärung* setzte ein Emanzipationsprozeß ein, der Europa von Grund auf veränderte.

3. Mit der *Amerikan. Revolution* (1776), der *Französ. Revolution* (1789) u. insbes. der als Prozeß ablaufenden Industriellen Revolution setzte an der Wende vom 18. zum 19. Jh. ein deutl. Entwicklungssprung ein, der zwar in der vorhergehenden Zeit mit angelegt war, der aber weit über das hinausging, was bisher das Gemeinsame der N. bedeutete. Es gibt viele gute Gründe, die N. wie mehrfach vorgeschlagen wurde, erst mit dem Jahr 1789 beginnen zu lassen. Dagegen spricht, daß dann das Mittelalter bis 1789 reichen würde, eine Periodisierung, die alle eben aufgezählten Eigenentwicklungen der Zeit zwischen dem 15. u. dem 18. Jh. in ein dann in seiner Charakterisierung kaum noch als eigenständige Periode darstellbares Mittelalter eingliedern müßte.

Um dieser Schwierigkeit zu entgehen, hat sich der Begriff „Frühe Neuzeit" für die Zeit von der Mitte des 15. bis zum Ende des 18. Jh. u. für die Zeit danach der Begriff „Neueste Zeit" eingebürgert. Charakteristisch für die Neueste Zeit ist eine sich beschleunigende gesellschaftliche u. technisch-naturwissenschaftl. Entwicklung, in der Veränderungen, die früher in Generationen abliefen, in wenigen Jahren vor sich gehen. So traten tiefgreifende qualitative Wandlungen im Verhältnis der Bürger zum Staat zu Beginn des 19. Jh. ein. Zum ersten Mal wurde die Beziehung des Herrschers zum Staat auf eine neue Basis gestellt. Bis zur Französischen Revolution (teilweise sogar bis weit ins 19. Jh.) galt der Staat als Eigentum des Herrschers. Die willkürl. Verteilung von Gebieten an die Fürsten auf dem *Wiener Kongreß* (1814/15) war eine letzte Konsequenz dieses Besitzdenkens. Mit der in der Französischen Revolution verwirklichten Lehre der Volkssouveränität gewann der Staat als gemeinsame Einrichtung seiner Bürger an der Wende vom 18. zum 19. Jh. eine ganz andere Bedeutung. Charakteristisch ist weiterhin für die Zeit nach 1800 ein fortschreitender Säkularisierungsprozeß. Hatte bisher die in den einzelnen Staaten herrschende Konfession für das betreffende Land eine entscheidende Rolle gespielt, so war es nun die religiöse Toleranz, die dem Staat als einer über den Konfessionen stehenden Einrichtung eine neue Stellung verlieh. Der auf der freien Selbstbestimmung seiner Bürger beruhende Nationalstaat, wie er von der Französischen Revolution als über den Fürsten u. den Konfessionen stehende Einrichtung propagiert u. als Ideal insbes. von G. *Mazzini* (1805–1872) zum 19. Jh. weiter entwickelt wurde, steht in deutlichen Kontrast zum Fürstenstaat der „Frühen Neuzeit".

Eine für die „Neueste Zeit“ typische *Bevölkerungsvermehrung* schuf soziale Probleme, denen gegenüber sich das politische am Ancien Régime ausrichtende System des Vormärz (Metternichsches System) hilflos zeigte. Die Ideen der Französischen Revolution der Gleichheit, Freiheit u. Brüderlichkeit fanden in den Theorien von Karl *Marx* eine grundsätzl. Weiterführung u. Überwindung. Marx lehnte den bestehenden Nationalstaat ab und glaubte, in der internationalen Solidarität der Arbeiterschaft zur Überwindung des auf dem Privateigentum an Produktionsmitteln fußenden bürgerl. u. nationalen Staates zu kommen. Die klassenlose Gesellschaft sollte durch die Selbstvernichtung des Kapitalismus entstehen, von dem er annahm, daß er an seinen inneren Widersprüchen zugrundegehen würde. Lenin veränderte die Zielsetzung des marxist. Sozialismus durch sein Programm der proletarischen Weltrevolution.
Der Sieg des Bolschewismus in Rußland 1917 brachte den ersten auf den Ideen von Marx aufgebauten Staat. Die Zeit nach 1917 wurde daher als eine neue Epoche angesehen und mit dem Begriff Z e i t g e s c h i c h t e belegt.
Da die Begründung eines Epochenbegriffs N. stark eurozentrisch fundiert ist, hat es nicht an Versuchen gefehlt, andere Epochenbegriffe einzuführen. Erinnert sei an die acht Kulturkreise O. *Spenglers* oder die verschiedenen Produktionsweisen der marxist. Theorie. Diese Alternativen haben jedoch keine allg. verbindl. Geltung erlangt.

Nevermann, Paul, Politiker (SPD), *5. 2. 1902 Klein Flottbek, Krs. Pinneberg, †21. 3. 1979 Teneriffa; Schlosser, Rechtsanwalt; seit 1920 Mitgl. der SPD; 1944/45 polit. Häftling; 1945/46 Sozialsenator, 1946–1953 u. 1957 bis 1960 Bausenator, 1961–1965 Erster Bürgermeister von Hamburg; 1967–1979 Präs. des Dt. Mieterbundes.

New Archaeology [nju: aki'ɔlədʒi], neuere Forschungsrichtung innerhalb der prähistor. Archäologie bes. der USA seit den 1950er Jahren. Zu ihren zentralen Forschungszielen gehören das Studium der Mensch-Umwelt-Bedingungen (ökologische Fragen) u. kultureller Prozesse, vor allem zur Formulierung kultureller „Gesetze“. Methodisch geht man in der N. A. hypothetisch-deduktiv vor, d. h., es werden unbewiesene Annahmen getroffen u. versucht, ihre Richtigkeit anhand geeigneter Stichproben zu testen. Die N. A. steht im Gegensatz zu den herkömml. rein beschreibenden oder statist. Forschungsrichtungen der Archäologie.

Ne Win, eigentl. *Maung Shu Maung,* birman. General u. Politiker, *14. 5. 1911 Paungdale, Distrikt Prome; 1949 Oberkommandierender u. bis 1950 Verteidigungs- u. Innen-Min. im Kabinett U Nu; 1958–1960 Min.-Präs.; durch Staatsstreich 1962–1974 Vorsitzender des Revolutionsrats (Staats- u. Regierungschef), 1974–1981 Staatsratsvorsitzender (Staatsoberhaupt); 1973–1988 Vors. der Einheitspartei BSPP; seine sozialist. Politik ruinierte die Wirtschaft Birmas.

New York, die größte Stadt der USA, auf mehreren Inseln (u. a. Long Island u. Manhattan) u. Halbinseln an der vielfach überbrückten (mehr als 60 Brücken) u. untertunnelten Mündung des Hudson River in den Atlantik. Das eigentl. N. Y. (New York City) gliedert sich in 5 Verwaltungsbezirke (Boroughs): Manhattan, Brooklyn, Bronx, Queens u. Richmond, insgesamt 815 km² mit 7,32 Mill. Ew., als Metropolitan Area 3276 km² mit 8,55 Mill. Ew.
Die N.Y. Bay wurde 1524 durch den in französ. Diensten stehenden Italiener Giovanni *Verrazano* entdeckt, der Hudson River durch den in holländ. Diensten stehenden Engländer Henry *Hudson.* 1626 kaufte der ebenfalls in holländ. Diensten stehende Peter *Minnewit* (Minuit) aus Wesel am Niederrhein die Insel Manhattan von den Manhatto-Indianern für Waren im Wert von nur 24 Dollar. Das bald danach gegr. Neu-Amsterdam an der Südspitze von Manhattan erhielt 1653 Stadtrechte (1664: 1500 Ew.). 1664 wurde die holländ. Kolonie am Hudson von den Briten in Besitz genommen, die sie nach dem Herzog von *York* in N.Y. umbenannten. Während der Unabhängigkeitsbewegung war N.Y. 1776–1783 von brit. Truppen besetzt. 1789/90 war N.Y. Hptst. der Union, bis 1797 Hptst. des Staates N.Y.

Ngo Dinh Diem (1963; rechts hinter ihm seine politisch einflußreiche Schwägerin, Madame Nhu; daneben der Erzbischof von Saigon, einer seiner Brüder)

Ney [nɛ], Michel, Herzog von *Elchingen* (seit 1808), Fürst von der *Moskwa* (seit 1813), französ. Marschall (seit 1804), *10. 1. 1769 Saarlouis, †7. 12. 1815 Paris; dt. Abstammung, einer der besten Generale Napoleons I. („der Tapferste der Tapferen“); seit 1814 im Dienst der Bourbonen, ging 1815 nach Napoleons Rückkehr von Elba mit den von ihm befehligten königl. Truppen zu ihm über; wurde deshalb nach Napoleons endgültiger Niederlage als Hochverräter standrechtlich erschossen.

Nezahualcoyotl, König von *Texcoco* (Mexiko) 1402–1472; bedeutendster Dichter Altmexikos, kodifizierte die alten Rechte u. Gesetze Texcocos u. gründete die erste Bibliothek in Amerika. Als herausragender Ingenieur half er den benachbarten *Azteken* bei der Planung ihrer Hauptstadt *Tenochtitlán* (Aquädukt; Damm im Texcoco-See, der das Salzwasser von den *Chinampas,* den „schwimmenden Gärten“, fernhielt). N. gelangte als Religionstheoretiker zur Vorstellung einer obersten, abstrakten u. unsichtbaren Gottheit („Tloque Nahuaque“).

Nezahualpilli, König von *Texcoco* (Mexiko) 1460–1515, Sohn von *Nezahualcoyotl.* N. war ähnlich begabt wie sein Vater, unter seiner Herrschaft erlebte Texcoco einen hohen wirtschaftl., sozialen u. kulturellen Aufschwung.

Ngo Dinh Diem [-diɛm], vietnames. Politiker, *3. 1. 1901 Quang Binh, †2. 11. 1963 Saigon (ermordet); entstammte einer hohen Mandarin-Familie am kaiserl. Hof von Hue; wurde 1954 Min.-Präs. von Südvietnam; ließ 1955 durch gelenkten Volksentscheid Kaiser Bao Dai absetzen u. sich zum Staats-Präs. wählen. Seine Politik wurde von den USA lange Zeit unterstützt. Zunehmende Familiendiktatur, Korruption, das Ausbleiben von Reformen, religiöse u. polit. Gegensätze (antibuddhistische Maßnahmen des Katholiken N.D.D.) führten zu seiner Isolierung. Am 1. 11. 1963 wurde N.D.D. durch einen Militärputsch gestürzt.

Nguyen Van Thieu [-tjø:, frz.; -tju:, engl.], vietnames. Politiker u. Offizier, *5. 4. 1923 Phan Rang, Prov. Ninh Tyuan; 1964/65 stellvertr. Min.-Präs. u. Verteidigungs-Min. von Südvietnam, 1965 Staatsoberhaupt (als Leiter des Nationalen Verteidigungsrats), 1967–1975 Staats-Präs.; lebt in den USA.

Niaux [njo:], Bilderhöhle in der Nähe von Tarascon im Dép. Ariège, Frankreich. Die Höhlenmalereien werden dem mittleren Magdalénien zugewiesen. Auf etwa 800 m gibt es Abbildungen von Bisonten, Pferden, Steinböcken, Auerochsen, Hirschen u. Feliden. Die Bisonten weisen teilweise Zeichen auf, die an Verletzungen erinnern. Die Zeichnungen sind zum Teil aus schwarzem Manganoxid hergestellt.

Nibelungentreue, ein Schlagwort, das die unbedingte Bündnistreue Deutschlands zu Österreich-Ungarn kennzeichnen sollte; von Reichskanzler B. von *Bülow* in einer Rede 1909 während der Bosnien-Krise geprägt.

Nicäa [ni'tsɛ:a], *Nicaea, Nikaia, Nikäa,* das heutige *Iznik,* in der Antike Stadt in Phrygien, von Antigonos (4. Jh. v. Chr.) gegründet. 325 n. Chr. fand dort das 1. ökumen. Konzil statt, auf dem gegen den Arianismus für die Lehre des Athanasios entschieden wurde (Nicänisches Glaubensbekenntnis), 787 das 7. ökumen. Konzil. Seit 1080 im Besitz der Seldschuken, 1097 von den Kreuzfahrern erobert, seit dem Bestehen des Latein. Kaiserreichs Hptst. des Byzantin. Restreichs *(Kaiserreich von N.),* 1331 türkisch.

Nicaragua NIC

Republik Nicaragua

Fläche: 130 000 km². – *Einwohner:* 4,3 Mill. – *Hauptstadt:* Managua. – *Landessprachen:* Spanisch, Englisch, Chibcha. – *Nationalfeiertage:* 19. 7. und 15. 9. – *Währung:* 1 Córdoba = 100 Centavos. – *Lage:* zwischen 11° und 15° n. Br. sowie 83° und 87°30′ w. L. – *Zeitzone:* Mitteleuropäische Zeit – 7 Std. – *Grenzen:* im N Honduras, im O Karibisches Meer, im S Costa Rica, im W Pazifischer Ozean. – *Staatsform:* präsidiale Republik.

Das 1524 von Spanien eroberte Land wurde 1550 Teil des *Generalkapitanats Guatemala,* erklärte 1821 seine Unabhängigkeit vom span. Mutterland u. schloß sich bis 1839 der *Zentralamerikan. Konföderation* an. Seitdem ist N. selbständige Republik. In der Folge griffen mehrfach Großbritannien u. in zunehmendem Maße die USA in die innenpolit. Auseinandersetzungen N.s ein. Mit Unterstützung beider Staaten konnte der selbsternannte Präs. W. *Walker* (1856/57), dessen Privatarmee zunächst den Liberalen zum Sieg verholfen hatte, vertrieben werden. Das Projekt zum Bau eines interozeanischen Kanals durch die Nicaraguasenke wurde von beiden Staaten betrieben, u. im Clayton-Bulwer-Vertrag einigte man sich zunächst auf eine Neutralisierung der Kanalzone. Als jedoch der von Großbritannien unterstützte Präs. *Zelaya,* der seit 1893 ein diktatorisches, streng antiklerikales Regiment führte, einen Krieg mit Guatemala heraufbeschwor, sahen die USA ihre Interessen bedroht. Sie besetzten 1912 das Land. 1916 erwarben sie das Recht zum Bau des Kanals, aber erst Jahre später zogen sie ihre Truppen ab. Obwohl N. infolge der Besetzung durch US-Truppen eine Zeit des Friedens erlebte, provozierte die Bevormundung eine nationale Bewegung,

Nicaragua: D. Ortega nach dem Sieg der Sandinisten im Bürgerkrieg, Juli 1979

die die USA 1932 zum Verlassen des Landes zwang.
Aus den wiederaufflammenden Kämpfen zwischen Liberalen u. Konservativen ging General Anastasio *Somoza* als Sieger hervor. Er regierte 1937–1956 als Diktator, wobei er das Präsidentenamt zeitweise anderen überließ. Als er 1956 ermordet wurde, folgte ihm sein Sohn Luis *Somoza* im Amt. Da die Verfassung von 1950 verbot, einen Präsidenten nach seiner sechsjährigen Amtszeit wiederzuwählen, wurde 1963 R. *Schick Gutierrez* durch Wahl Staatspräsident. Unter seiner Regierung erlebte N. einen spürbaren wirtschaftl. Aufschwung. Sowohl er als auch sein Nachfolger L. *Guerrero* waren enge Vertraute der Somozas, so daß die Macht dieser Familie ungebrochen blieb. 1967 wurde Anastasio *Somoza* junior zum Präsidenten gewählt. Die Bildung einer Opposition war von vornherein durch zahlreiche Verhaftungen verhindert worden. Nach Ablauf seiner Amtsperiode behielt Somoza die tatsächl. Macht. 1974 wurde eine neue Verfassung eingeführt, die ihm die Wiederwahl zum Präs. ermöglichte.
Gegen die Diktatur der Somozas formierte sich in den 1970er Jahren der Widerstand vor allem der *Sandinistischen Befreiungsfront.* 1979 wurde Somoza durch die Sandinisten im Bündnis mit bürgerl. Oppositionsgruppen gestürzt; die Regierungsgewalt ging an eine Junta, die ein Kabinett ernannte u. die Verfassung von 1974 außer Kraft setzte. In Junta u. Kabinett dominierten die sandinist. Kräfte. Seit Anfang der 1980er Jahre kam es zu wachsenden Differenzen zwischen den Sandinisten u. ihren bürgerl. Bündnispartnern. 1984 bildete sich eine von den USA unterstützte antisandinist. Guerilla („Contras"), während sich die Sandinisten unter Präs. D. *Ortega* (gewählt 1984) enger an Kuba u. die Sowjetunion anlehnten.
1987 trat eine neue Verfassung in Kraft, die freie Wahlen, Mischwirtschaft u. Blockfreiheit garantierte; die Garantien waren jedoch dem „irreversiblen Charakter der Revolution" untergeordnet. Zugleich wurden einige Verfassungsartikel außer Kraft gesetzt u. der seit 1982 bestehende Ausnahmezustand verlängert. 1988 wurde ein Waffenstillstand zwischen der Regierung u. den „Contras" vereinbart, der 1989 wieder aufgekündigt wurde. Bei den Wahlen von 1990 siegte überraschend das oppositionelle Bündnis *UNO* unter der Führung von Violeta *Barrios de Chamorro,* die das Amt des Präsidenten übernahm. Im gleichen Jahr legten die „Contras" endgültig die Waffen nieder. Streitigkeiten über die Zusammenarbeit mit den Sandinisten führten 1993 zum Auseinanderbrechen der UNO. 1996 fanden Parlaments- u. Präsidentschaftswahlen statt. A. *Alemán Lacayo* von der rechtskonservativen *Alianza Liberal Constitucionalista* wurde zum neuen Staats-Präs. gewählt.

Nicolson ['nikəlsən], Arthur, Baron Carnock (1916), brit. Diplomat, *19. 9. 1849 London, †5. 11. 1928 London; wirkte bes. für die britisch-russ. Annäherung als Botschafter in St. Petersburg 1906 bis 1910; schloß 1907 das brit.-russ. Abkommen über Persien.

Niebuhr, 1. Barthold Georg, Sohn von 2), Historiker, *27. 8. 1776 Kopenhagen, †2. 1. 1831 Bonn; zuerst in dän. Staatsdienst, trat 1806 in den Dienst des preuß. Staats in Berlin (bis 1810), um das Bankwesen zu reorganisieren, hielt seit 1810 Vorlesungen an der neugegr. Universität Berlin, 1816–1823 preuß. Gesandter beim Vatikan, seit 1825 Prof. in Bonn. N. war Mitbegründer der philologisch-krit. Geschichtswissenschaft, die er an der älteren röm. Geschichte in Auseinandersetzung mit Livius entwickelte. Die frühe röm. Geschichte erschien ihm als Geschichte eines freien Bauernstaats; in Livius' Schriften glaubte er eine Verarbeitung röm. Heldenlieder zu finden. N. gilt als Vorläufer der propreußischen Geschichtsschreibung. Hptw.: „Röm. Geschichte" (bis 241 v. Chr.) 1811 bis 1832; „Vorträge über alte Geschichte" 3 Bde. 1847–1861; „Vorträge über röm. Geschichte" 3 Bde. 1846–1848.
2. Karsten, Forschungsreisender, *17. 3. 1733 Lüdingworth an der Elbe, †26. 4. 1816 Meldorf, Dithmarschen; bereiste 1761–1767 in dänischen Diensten den Vorderen Orient, insbes. Arabien.

Niederlande NL

Königreich der Niederlande

Fläche: 41 863 km². – *Einwohner:* 15,3 Mill. – *Hauptstadt:* Amsterdam/Den Haag. – *Landessprache:* Niederländisch. – *Nationalfeiertag:* 30. 4. – *Währung:* 1 Holländischer Gulden = 100 Cent. – *Lage:* zwischen 50°46′ und 53°32′ n. Br. sowie 3°23′ und 7°12′ ö. L. – *Zeitzone:* Mitteleuropäische Zeit. – *Grenzen:* im W und N Nordsee, im O Bundesrepublik Deutschland, im S Belgien. – *Staatsform:* parlamentarische Monarchie.

Im Raum der N. siedelten vor der Völkerwanderung die german. *Bataver, Friesen* u. *Sachsen.* Das Gebiet wurde im 8. Jh. von den *Franken* erobert; bei den fränk. Reichsteilungen im 9. Jh. kam es an Lotharingien bzw. an das Ostfränk. Reich, im 10. Jh. an Deutschland. Eine Reihe seiner z. T. selbständigen Territorien waren im MA Kultur- u. Wirtschaftszentren: Flandern, Brabant, Hennegau, Namur, Artois, Limburg, Geldern, Seeland u. die Bistümer Lüttich u. Utrecht. Im 14. u. 15. Jh. gehörte fast der ganze niederländ. Raum zu *Burgund.* Durch Heirat des späteren Kaisers Maximilian I. mit Maria von Burgund 1477 erwarben die *Habsburger* die N., u. bei der Teilung der habsburg. Länder kamen sie 1556 an die span. Linie. Bereits unter Maximilians Regierung erhoben sie sich gegen die habsburg. Herrschaft *(Margarete von Österreich),* der Gegensatz verstärkte sich noch unter Karl V. Wegen der Ketzeredikte, polit. u. finanzieller Pressionen, der Inquisition u. des Verlusts von Privilegien kam es gegen die Generalstatthalterin Philipps II., *Margarete von Parma,* u. ihren Minister A. P. de *Granvelle* zu Aufständen. Philipp II. von Spanien sandte Truppen unter Herzog Alba, der die Anführer der Unabhängigkeitsbewegung, die Grafen *Egmont* u. *Hoorn,* hinrichten ließ. Darauf brach der 80 Jahre dauernde Freiheitskampf der Niederländer aus, der zunächst von *Wilhelm von Oranien* geleitet wurde.
1579 bildeten die sieben nördl. (calvinist.) Provinzen Geldern, Holland, Seeland, Utrecht, Friesland, Overijssel u. Groningen die *Utrechter Union,* die südl. (kath.) Provinzen blieben bei Spanien *(Span. N.).* Am 26. 7. 1581 lösten sich die Unionsstaaten von der span. Herrschaft (als Republik der Vereinigten Niederlande) u. ernannten Wilhelm von Oranien zu ihrem Statthalter. 1584 wurde Wilhelm ermordet; seine Söhne *Moritz* u. *Friedrich Heinrich von Nassau* setzten den Kampf fort. 1609 schlossen Spanien u. die nördl. N. einen Waffenstillstand (De-facto-Anerkennung der niederländ. Unabhängigkeit), die förml. Anerkennung wurde erst 1648 (Friede von Münster) ausgesprochen. Die polit. Leitung lag bei den *Generalstaaten,* in denen jede Provinz eine Stimme führte, die *Provinzial-Statthalter* stellten die Häuser Oranien u. Nassau (Exekutive); in der führenden Provinz Holland lag ein wesentlicher Teil der polit. Macht beim Geschäftsführer der Provinzialstände, dem *Ratspensionär,* der auch die holländ. Stimme in den Generalstaaten führte u. deren Entscheidungen stark beeinflußte. Im 17. u. 18. Jh. kam es zu heftigen Kämpfen zwischen Ratspensionären u. Statthaltern, in deren Verlauf J. van *Oldenbarnevelt* (1619) hingerichtet u. die Brüder de *Witt* (1672) ermordet wurden. 1689 kam *Wilhelm III. von Oranien* auf den engl. Thron u. führte den europ. Kampf gegen Ludwigs XIV. Eroberungspolitik. 1702 wurden die Oranier von den Grafen von Nassau beerbt, u. 1747 wurde *Wilhelm IV.* Erbstatthalter aller Provinzen, weil sich eine breite Volksbewegung von ihm Reformen u. Abschaffung der Privilegien des reichen Stadtpatriziats *(Regenten)* erhoffte. Als diese Hoffnungen enttäuscht wurden, bildete sich eine Reformpartei, die *Patrioten,* die 1787 durch Intervention Preußens vertrieben wurden, 1795 aber mit französ. Hilfe die *Batavische Revolution* durchführten. Nach der Entdeckung Amerikas hatte sich das wirtschaftl., finanzielle u. handelspolit. Schwergewicht in Europa vom Mittelmeer (Italien) in die Küstenländer am Atlantik verschoben. Portugal, Spanien, England, Frankreich u. die N. eroberten große Kolonialreiche in Übersee, die ihre Weltgeltung u. ihren Reichtum begründeten. Die N. erwarben bereits im 17. Jh. in Südostasien, Indien, Amerika u. Afrika Kolonialbesitz; 1602 wurde die Niederländisch-Ostind. Kompanie gegründet. In den Auseinandersetzungen um die Kolonien u. die Vormachtstellung zwischen den Seemächten schied Spanien nach dem Untergang der Armada aus; die N. konnten ihre Stellung bis 1654 behaupten, mußten sie dann aber in 3 engl.-holländ. Seekriegen (bis 1674) u. in einem Kolonialkrieg 1780–1784 an England abtreten, das in mehreren Kriegen schließlich auch Frankreich ausschaltete. Nach dem Span. Erbfolgekrieg kamen die Span. N. im Frieden von Utrecht 1713 an Österreich *(Österr. Niederlande).* 1794 eroberten französ. Revolutionstruppen die Österr. N., 1810 wurden sie Frankreich angegliedert.
Die nördl. N. nahmen an den Kriegen gegen Napoleon I. teil, wurden von französ. Truppen besetzt u. als *Batavische Republik* französ. Einflußgebiet. 1806–1810 regierte sie dann *Louis Napoleon* als *Königreich Holland,* das 1810 ebenfalls Frankreich angeschlossen wurde. Zusammen mit den südl.

Die 18jährige Königin Wilhelmina mit ihrer Mutter, Königin Emma, die seit 1890 die Regentschaft ausgeübt hatte, am 5.9.1898, einen Tag vor dem Herrschaftsantritt, auf dem Weg zur Kirche. Gemälde von O. Eerelman. Amsterdam, Rijksmuseum

N.n (→ Belgien) erhoben sich die nördl. N. 1814 gegen Frankreich u. schlossen sich am 29. 3. 1815 mit dem Großherzogtum Luxemburg zum Königreich der Vereinten Niederlande zusammen (Wiener Kongreß). Der Sohn des letzten Erbstatthalters kam als *Wilhelm I.* (1815–1840) auf den Thron, gleichzeitig war er als Großherzog von Luxemburg Mitglied des Dt. Bundes.
Gegen das Übergewicht des calvinistisch-fläm. Nordens im Gesamtstaat erhob sich Belgien u. löste sich am 18. 11. 1830 aus dem Staatenverband. Seine Unabhängigkeit wurde 1831 auf der Londoner Konferenz anerkannt. 1848 gewährte *Wilhelm II.* (1840–1849) den N.n unter dem Einfluß der Liberalen eine liberale Verfassung. Ihrem Vater *Wilhelm III.* (1849–1890) folgte *Wilhelmina* (1890–1948). Mit ihrem Regierungsantritt erlosch die Personalunion mit Luxemburg. 1888 setzten sich die Konservativen in der Regierung durch; sie erreichten die Einführung der Konfessionsschule u. der allg. Wehrpflicht u. erließen das erste Arbeiterschutzgesetz. Während des 1. Weltkriegs blieben die N. neutral. 1917 wurde anstelle des Zensuswahlrechts das allg. u. gleiche, 1922 auch das Frauen-Wahlrecht eingeführt. Am 10. 5. 1940 wurden die N. von dt. Truppen besetzt, die Armee kapitulierte, Regierung u. Königin gingen nach London u. bildeten dort eine Exilregierung. Gegen die dt. Besetzung (Reichskommissar A. *Seyß-Inquart*), die die niederländ. nat.-soz. Bewegung A. A. *Mussert*s unterstützte, entstand eine Widerstandsbewegung, die sich in Reaktion auf die Judenverfolgungen noch verstärkte.
Die nach Kriegsende zurückgekehrte Königin dankte 1948 zugunsten ihrer Tochter *Juliana* ab. Der Verlust des ostasiat. Kolonialreichs (→ Indonesien) zwang die N. zur Umorientierung ihrer Politik u. Wirtschaft. Der bisherige Agrarstaat wurde zu einer Industrienation, die 1949 der NATO beitrat u. sich um die europ. Integration verdient machte (Beitritt zum Europarat, zur Montanunion u. zur EWG). 1954 erhielten Suriname u. die Niederländ. Antillen Autonomie. Die Innenpolitik bestimmten bis Mitte der 1960er Jahre die Kath. Volkspartei (KVP) u. die sozialdemokrat. Partei der Arbeit (PvdA) im Wechsel an der Spitze von Koalitionsregierungen unterschiedl. Zusammensetzung. Während der Regierungszeit des sozialdemokrat. Min.-Präs. W. *Drees* (1948–1958) wurden die Grundlagen für den niederländ. Versorgungsstaat geschaffen. 1963 zogen sich die N. aus West-Neuguinea zurück. Im Innern erfogte ein rascher Ausbau des sozialen Netzes. Gleichzeitig wandelte sich das bis dahin durch starre konfessionelle u. weltanschaul. Gegensätze bestimmte Parteiensystem. 1975 wurde Suriname in die Unabhängigkeit entlassen. 1980 dankte Königin Juliana zugunsten ihrer Tochter *Beatrix* ab. Der Christdemokrat R. F. M. *Lubbers* (Min.-Präs. seit 1982) setzte an der Spitze einer Koalition aus Christl. Demokrat. Appell (CDA) u. Liberalen gegen den Widerstand der Friedensbewegung den NATO-Doppelbeschluß durch. Bei den Parlamentswahlen 1986 wurde die Regierung Lubbers im Amt bestatigt. 1989 führte der Streit über ein neues Umweltprogramm zum Bruch der bisherigen Koalition. Nach vorgezogenen Neuwahlen bildete Lubbers eine große Koaliton aus CDA u. PvdA. Bei den Parlamentswahlen 1994 erlitten die Regierungsparteien starke Stimmenverluste. Neuer Min.-Präs. wurde W. *Kok* (PvdA) an der Spitze einer Koalition aus PvdA, VVD u. Demokraten '66.

Niederländisch-Indien, *Niederländisch-Ostindien,* das ehem. niederländ. Kolonialreich im Malaiischen Archipel, heute Indonesien. Seit Beginn des 17. Jh. eroberten Niederländer die ehem. portugies. Besitzungen. 1602 wurde die *Niederländisch-Ostindische Kompagnie* gegr., die bald das Handelsmonopol im ostind. Raum besaß. 1641–1795 gehörte Malakka zu N., 1658–1795 auch Ceylon, danach kamen diese Gebiete zu Großbritannien, dem während der Napoleon. Kriege ganz N. zufiel, das es aber zurückgab. 1941 erklärte N. Japan den Krieg u. wurde erobert. Nach der japan. Kapitulation u. der Unabhängigkeitserklärung Indonesiens unter *Sukarno* 1945 gelang es den Niederlanden in den Kämpfen 1946/47 nicht, N. zurückzugewinnen, das 1949 endgültig verloren war.

Niederländisch-Indonesische Union, nach der Unabhängigkeitserklärung der Indonesischen Republik die mit den Niederlanden geschaffene lose Union von 1949 bis 1954.

Niederländisch-Neuguinea, der ehem. niederländ. Teil (Nordwest-Teil) Neuguineas.

Niederösterreich, österr. Bundesland zwischen Tschech. Republik, Slowakei, Steiermark u. Oberösterreich, 19 174 km², 1,51 Mill. Ew.; Hpst. *St. Pölten* (seit 1986).
N. ist das histor. Kernland Österreichs. Auf seinem Gebiet wurde die *Karolingische,* später die *Ottonische Mark* errichtet, die 976 von den *Babenbergern* (bis 1246) übernommen wurde. Bis 1156 Markgrafschaft, dann *Herzogtum Österreich;* 1276–1918 bei den Habsburgern. Während der dt. Besetzung Österreichs 1938–1945 war die amtl. Bez. für N. „Niederdonau", das um mehrere burgenländ. u. südmähr. Bezirke erweitert wurde.

Niedersachsen, Bundesland der BR Dtschld., 47 606 km², 7,65 Mill. Ew.; entstand nach dem 2. Weltkrieg aus der preuß. Provinz Hannover u. den früheren Ländern Braunschweig, Oldenburg u. Schaumburg-Lippe. Hptst. ist *Hannover.*
Das Land N. wurde durch Verfügung der brit. Militärregierung vom 1. 11. 1946 aus der preuß. Provinz Hannover u. den Ländern Braunschweig, Oldenburg u. Schaumburg-Lippe gebildet. Dabei erhielten Braunschweig u. Oldenburg den Status von Verwaltungsbezirken, Schaumburg-Lippe den eines Landkreises. Am 1. 5. 1951 trat nach Verabschiedung durch den Landtag eine „vorläufige" Verfassung in Kraft. Nachdem 1975 Volksentscheide in Oldenburg u. Schaumburg-Lippe zur Wiederherstellung dieser Länder gescheitert waren, wurde 1977 die verwaltungsmäßige Sonderstellung der ehem. Länder beseitigt. 1993 trat eine neue Verfassung in Kraft. Das Parteienspektrum N.s wies bis 1963 ein starkes landsmannschaftliches Element auf; seither hat es sich den im Bundesmaßstab bestehenden Verhältnissen angeglichen. Die Regierungskoalitionen haben häufig gewechselt; jede der beiden großen Parteien hat das Land teils allein, teils im Bündnis mit anderen Parteien regiert. Ministerpräsidenten: 1946–1955 Hinrich Wilhelm *Kopf* (SPD), 1955–1959 Heinrich *Hellwege* (DP), 1959–1961 Hinrich Wilhelm *Kopf* (SPD), 1961–1970 Georg *Diederichs* (SPD), 1970–1976 Alfred *Kubel* (SPD), 1976 bis 1990 Ernst *Albrecht* (CDU), seit 1990 Gerhard *Schröder* (SPD).

Die Bestandteile des neugegründeten Landes Niedersachsen 1946

Niedersächsisch-dänischer Krieg → Dreißigjähriger Krieg.

Niederschlesien, 1919–1934 u. 1941–1945 preuß. Provinz mit den Regierungsbezirken Breslau u. Liegnitz, bis 1941 nordwestl. Teil der Provinz *Schlesien* zu beiden Seiten der mittleren Oder, zwischen Obra, Bartsch u. Sudeten, 26 596 km², rd. 3,2 Mill. Ew. (1939); Hptst. *Breslau* mit Sitz des Oberpräsidenten; 1945 zu Polen.

Niekisch, Ernst, Politiker u. Publizist, *23. 5. 1889 Trebnitz, †23. 5. 1967 Westberlin; Lehrer; 1918/19 Vors. des Zentralen Arbeiter- u. Soldatenrats in München, 1921/22 Abg. der USPD, 1922/23 der SPD im bayer. Landtag; verließ dann die SPD u. wurde Wortführer einer „nationalbolschewist." Richtung. Als Gegner des nat.-soz. Regimes war N. 1937–1945 im Zuchthaus. 1946 wurde er Mitgl. der SED, 1948 Prof. in Ostberlin, 1949 Abg. der DDR-Volkskammer. Nach Konflikten mit der SED löste er sich 1954 von ihr.

Niemöller, Martin, ev. Theologe, *14. 1. 1892 Lippstadt, †6. 3. 1984 Wiesbaden; zunächst Marineoffizier, dann Pfarrer, gründete 1933 den *Pfarrernotbund*, Symbolfigur des Widerstandes gegen die nat.-soz. Überfremdung der Kirche, 1938–1945 in KZ-Haft. N. war 1945–1956 Präs. des Kirchl. Außenamts der EKD, 1947–1964 Kirchenpräsident der Ev. Kirche in Hessen u. Nassau, 1961–1968 einer der 6 Präsidenten des Ökumen. Rates der Kirchen.

Niger RN

Republik Niger

Fläche: 1 267 000 km². – *Einwohner:* 8,8 Mill. – *Hauptstadt:* Niamey. – *Landessprachen:* Französisch, Songhai-Dscherma, Ful, Haussa, Tuareg. – *Nationalfeiertag:* 18. 12. – *Währung:* 1 CFA-Franc = 100 Centimes. – *Lage:* zwischen 12° und 23° n. Br. sowie 0° und 16° ö. L. – *Zeitzone:* Mitteleuropäische Zeit. – *Grenzen:* im N Algerien und Libyen, im O Tschad, im S Nigeria und Benin, im W Burkina Faso und Mali. – *Staatsform:* präsidiale Republik.

Über die Zeit vor der Erforschung des heutigen Staatsgebietes von N. durch Europäer gibt es wenig gesicherte Informationen. Im Aïr-Massiv lebte vielleicht eines der ältesten afrikan. Völker, das die Ursprache der *Hausa* sprach. Diese wurden vermutlich von den im 11. Jh. eindringenden *Tuareg* verdrängt. Vorübergehend gehörte N. zwischen dem 14. u. 16. Jh. dem *Mali-* bzw. dem *Songhaireich* an u. wurde dann von *Bornu* erobert.

In der 2. Hälfte des 19. Jh. erforschten die Deutschen H. *Barth*, E. *Vogel*, G. *Rohlfs* u. G. *Nachtigall* das Gebiet. N. wurde 1890 französisch u. 1911 ein Teil von Französ.-Westafrika. Nach dem 1. Weltkrieg wurde die „N.-Kolonie" aus den Kolonien Obersenegal u. N. gebildet; ihr waren 1932 bis 1947 Teile Obervoltas angegliedert. 1958 wurde N. autonome Republik innerhalb der Französischen Gemeinschaft. Die *Fortschrittspartei (Parti Progressiste Nigérien, PPN)* setzte sich als Einheitspartei durch. Seit dem 3. 8. 1960 ist N. unabhängig; Staats-Präs. wurde der PPN-Vors. H. *Diori*. 1974 wurde Diori durch eine Militärjunta gestürzt; ihr Anführer, Oberstleutnant S. *Kountché*, übernahm die Funktionen des Staatschefs. 1987 starb Kountché; Nachfolger wurde A. *Seybou*. Er gründete 1989 die Einheitspartei *Mouvement national de la société de développement*. Im selben Jahr trat eine neue Verfassung in Kraft, die den Präs. zum ausschließl. Inhaber der Exekutivgewalt machte. 1991 wurde eine Reform des polit. Systems eingeleitet. Die Bevölkerung stimmte 1992 für eine neue Verfassung. Bei Parlamentswahlen 1993 gewann das Oppositionsbündnis *Alliance des forces du changement* die absolute Mehrheit der Mandate. Neuer Staats-Präs. wurde der Sozialdemokrat M. *Ousmane*. Er wurde im Jan. 1996 vom Militär unter Führung von Oberst I. B. *Mainassara* gestürzt. Am 12. 5. 1996 billigte die Bevölkerung per Referendum eine neue präsidialdemokrat. Verfassung.

Nigeria WAN

Bundesrepublik Nigeria

Fläche: 923 768 km². – *Einwohner:* 123,1 Mill. – *Hauptstadt:* Abuja. – *Landessprachen:* Englisch, Sudan- und Bantusprachen. – *Nationalfeiertag:* 1. 10. – *Währung:* 1 Naira = 100 Kobo. – *Lage:* zwischen 4° und 14° n. Br. sowie 2°40′ und 14°40′ ö. L. – *Zeitzone:* Mitteleuropäische Zeit. – *Grenzen:* im N Niger, im NO Tschad, im O Kamerun, im S Atlantischer Ozean, im W Benin. – *Staatsform:* präsidiale Republik.

In vorkolonialer Zeit gründeten u. a. die Yoruba, Hausa u. Nupe politisch u. kulturell bedeutende Staaten auf dem Gebiet des heutigen N. 1804 rief der islam. Gelehrte *Usman dan Fodio* einen „Heiligen Krieg" aus, der zur Errichtung des *Fulbe-Reichs* von Sokoto führte. Dieses griff erobernd nach O u. SW aus, bis es 1903 von den Briten unterworfen wurde (F. *Lugard*). – Nachdem verschiedene europ. Staaten seit 1500 Sklaven- u. anderen Handel in N. getrieben hatten, setzten sich die Briten seit 1861 an der Küste fest. 1914 wurde eine einheitl. brit. Kolonialverwaltung für N. geschaffen (der Name taucht 1900 auf). 1922 fiel ein Teil der ehem. dt. Kolonie Kamerun als Mandat an England u. wurde verwaltungsmäßig an N. angeschlossen. Moderne polit. Bewegungen der Afrikaner entstanden im S schon seit 1920; sie formierten sich nach 1945 zum *Nationalkongreß für Nigeria u. Kamerun (NCNC)* u. zur *Action Group*. England gewährte stufenweise Verfassungsreformen, steigerte den Anteil der Afrikaner an Regierung u. Verwaltung u. sicherte die föderative Struktur N.s. Am 1. 10. 1960 wurde N. unabhängig, drei Jahre später Republik.

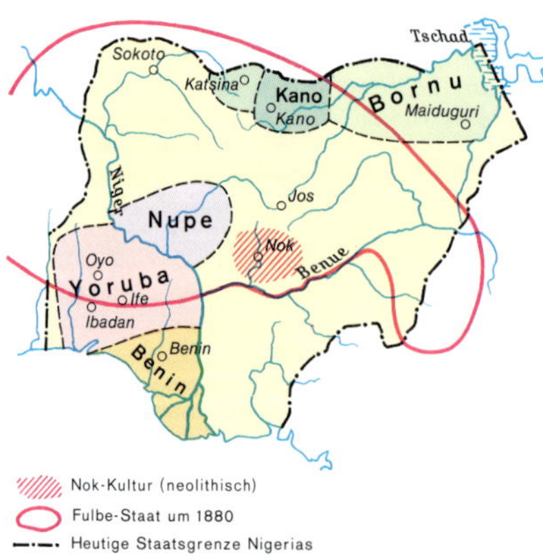

Nigeria: schwarzafrikanische Reiche auf dem Boden Nigerias vor der britischen Eroberung

Das parlamentarisch-demokrat. Regierungssystem, in dem die Konservativen des Nordens *(Northern People's Congress, NPC)* unter Führung des Sardauna von Sokoto, Ahmadu *Bello*, das Übergewicht hatten, verlor durch Korruption u. Wahlfälschungen rasch sein Ansehen. Die soziale Spannung zwischen den breiten Volksmassen u. einer dünnen Amts- u. Bildungselite, die sich rasch bereicherte, wuchs; sie entlud sich zum Teil in Stammes- u. Parteikonflikten. 1966 versuchten jüngere Offiziere einen Staatsstreich, setzten sich jedoch nicht völlig durch. Mehrere führende Politiker wurden ermordet (A. Bello, T. Abubakar u. a.); die Regierung wurde zunächst von dem Armee-Oberbefehlshaber J. *Ironsi* übernommen, nach dessen Ermordung (1966) von einer Gruppe von Offizieren u. zivilen Beamten unter Leitung General Yakubu *Gowons*.

Die Abspaltung der Ost-Region als Biafra führte zu dem bis dahin verlustreichsten afrikan. Bürgerkrieg, der am 15. 1. 1970 mit der Kapitulation des eingeschlossenen Biafra endete. Die nigerian. Zentralregierung unter Gowon wurde von Großbritannien u. der UdSSR militärisch unterstützt; die *Ibo* Biafras, die zuvor unter einem Pogrom (ca. 30 000 Tote) zu leiden hatten, wurden nur von wenigen afrikan. Staaten anerkannt u. von Frankreich über Gabun u. Elfenbeinküste unterstützt. Die von Gowon nach Kriegsende verfolgte Politik der „Versöhnung u. des Wiederaufbaus" führte zu einer raschen Wiedereingliederung der Ibo.

Der Wiederaufbau wurde vornehmlich durch den Anstieg der Ölproduktion u. die Steigerung der Deviseneriöse nach Anhebung der Ölpreise durch die OPEC 1974 ermöglicht. Einnahmesteigerungen u. explodierende staatl. Ausgaben seit 1974 bewirkten eine rasche Landflucht u. Verstädterung. Lohn- u. Gehaltssteigerungen u. der von ihnen ausgelöste Anstieg des Konsums führten 1975 zu Versorgungsschwierigkeiten in den großen Städten des Landes. Diese u. die weitverbreitete Korruption in Armee u. Verwaltung bewirkten im Sommer 1975 den Sturz der Regierung Gowon. General Murtala Mohammed verfügte im Rahmen eines „korrektiven Regimes" die Massen-Säuberung der Verwaltung u. verkündete ein Neun-Punkte-Programm zur Demokratisierung des Landes, das nach seiner Ermordung durch Putschisten im Januar 1976 von seinem Nachfolger General *Obasanjo* weiter verfolgt wurde. Nach Zulassung von Parteien 1978 fanden 1979 allg. Wahlen statt, bei denen die *National Party of Nigeria (NPN)* knapp siegte. Staats-Präs. wurde A. S. *Shagari*, unter dem N. eine Politik enger Zusammenarbeit mit den westl. Industriestaaten (vor allem Großbritannien, USA, BR Dtschld., Frankreich, Italien) verfolgte. Shagari wurde 1983 mit großer Mehrheit wiedergewählt, aber noch im selben Jahr vom Militär gestürzt. Ein weiterer Militärputsch brachte 1985 General I. *Babangida* an die Macht, der die Präsidentschaft übernahm. Er versuchte durch ernsthafte Strukturanpassungen, die schwierige wirtschaftl. Lage N.s zu verbessern. Auf polit. Ebene setzte er sich zum Ziel, die Militärherrschaft allmählich in ein ziviles Regierungssystem zu transformieren. Dieser Prozeß beinhaltete den Entwurf einer neuen präsidialen Verfassung sowie die Zulassung von zwei polit. Parteien. 1990 scheiterte ein Putsch gegen Babangida. 1991 wurde eine Verwaltungsreform durchgeführt, die die Zahl der Bundesstaaten auf 30 erhöhte. Außerdem wurde Abuja zur neuen Hptst. proklamiert. 1992 fanden Parlamentswahlen statt, aus denen die *Social Democratic Party* als Siegerin hervorging. Die Befugnisse des Parlaments blieben jedoch eng begrenzt. Die von blutigen Unruhen überschatteten Präsidentschaftswahlen im Juni 1993 ließ Babangida annullieren. Im Aug. 1993 trat er zurück u. übertrug die Macht auf eine Interimsregierung, deren polit. Legitimation jedoch zweifelhaft blieb. Im Nov. 1993 übernahm wieder das Militär die Regierungsgewalt. Neuer Machthaber wurde General S. *Abacha*, der die demokrat. Opposition rigoros unterdrücken ließ.

Nika-Aufstand [nach der Parole der Verschwörer: grch. *nika*, „siege"], Aufstand in Konstantinopel im Jan. 532 gegen *Justinian I.*; auf Betreiben der Kaiserin Theodora von *Belisar* u. *Narses* niedergeschlagen.

Nikaia, *Nicaea*, antike Stadt in Phrygien, → Nicäa.

Nikephoros, byzantin. Kaiser: **1.** *N. I.*, 802–811, *765 Seleukia, †26. 7. 811 Pliska (gefallen); bedeutender Staatsreformer, 807 *Harun Ar Raschid* im Krieg unterlegen; fiel im Kampf gegen den Bulgaren-Chan *Krum*.
2. *N. II. Phokas*, 963–969, *912 Konstantinopel, †11. 12. 969 Konstantinopel (ermordet); einer der bedeutendsten byzantin. Feldherren, konnte den arabischen Vorstößen gegen das Byzantinische Reich durch Eroberung kleinasiatischer Gebiete Einhalt gebieten; von *Johannes Tzimiskes*, der sein Nachfolger wurde, ermordet.

Nikias, athenischer Politiker, *um 470 v. Chr., †413 v. Chr.; trat im *Peloponnes. Krieg* als Feldherr hervor; Gegenspieler *Kleons*; erreichte 421 v. Chr. einen Verständigungsfrieden mit Sparta (sog. Nikiasfriede). Von *Alkibiades* politisch überspielt, wurde er trotz dessen Warnungen 415 v. Chr. zusammen mit diesem u. *Lamachos* an die Spitze der *Sizilischen Expedition* gestellt; seit 414 v. Chr. alleiniger Befehlshaber, scheiterte er nach Anfangserfolgen vor Syrakus u. wurde nach seiner Kapitulation hingerichtet.

Niklot, seit etwa 1125 Fürst der Obodriten, Kessiner u. Ciripaner, unbekannter Herkunft, †August 1160 vor Burg Werle, Mecklenburg; überstand den Wendenkreuzzug von 1147 u. schlug 1151 einen Aufstand der lutiz. Kessiner u. Ciripaner nieder; fiel im Kampf gegen *Heinrich den Löwen*. N. ist der Ahnherr des mecklenburg. Fürstenhauses.

Nikolaus, Päpste: **1.** *N. I.*, 858–867, Heiliger, Römer, †13. 11. 867 Rom; unter Ausnutzung der pseudo-isidorischen Dekretalen mit Erfolg bemüht, die geistl. Obergewalt des Papsttums über die Gesamtkirche gegen Fürsten, Synoden u. Metropoliten durchzusetzen. Gegenüber König *Lothar II.* u. dem diesem ergebenen lothring. Episkopat setzte er die Zuständigkeit der Kirche in Ehefragen durch. Er verbot dem König, nach der Trennung von seiner ersten Frau erneut zu heiraten, u. setzte die Erzbischöfe von Köln u. Trier, die dies gestattet hatten, ab. Die von ihm verkündete Absetzung des unkanonisch erhobenen Patriarchen *Photios von Konstantinopel* hatte eine Verschärfung der zwischen Rom u. Byzanz bestehenden Spannungen zur Folge. – Fest: 13. 11.
2. *N. II.*, 1058–1061, eigentl. *Gerhard*, wahrscheinl. aus Burgund, †27. (19.?) 7. 1061 Florenz; 1045 Bischof von Florenz, auf Betreiben der von Hildebrand *(Gregor VII.)* geführten Reformpartei zum Papst gewählt. 1059 erließ er Bestimmungen gegen Simonie u. Priesterehe sowie ein Papstwahldekret, mit dem seine eigene Wahl, die entgegen den herkömmlichen Prinzipien vorgenommen worden war, legitimiert werden sollte. Um die Unabhängigkeit des Papsttums zu sichern, verbündete er sich mit der Pataria u. mit den bis dahin von der Kurie bekämpften unteritalien. Normannen, die daraufhin den Papst als ihren Lehnsherrn anerkannten.
3. *N. III.*, 1277–1280, eigentl. Giovanni Gaetano *Orsini*, *1210/1220 Rom, †22. 8. 1280 Soriano, Kalabrien; 1244 Kardinal; eine energische Herrscherpersönlichkeit, setzte gegenüber *Karl von Anjou*, den er als Kardinal u. päpstl. Legat zunächst unterstützt hatte, mit Erfolg die päpstl. Ansprüche durch. Zwischen Karl u. dem dt. König *Rudolf von Habsburg* vermittelte er einen Vergleich. N. entfaltete eine umfangreiche Bautätigkeit u. machte den Vatikan zur ständigen Residenz der Päpste. Dem positiven Bild seines Pontifikats abträglich ist sein heftiger Nepotismus.
4. *N. IV.*, 1288–1292, eigentl. Girolamo *Masci*, aus Ascoli, †4. 4. 1292 Rom; Franziskaner, 1274 Ordensgeneral, 1278 Kardinal; versuchte vergeblich, Sizilien den Aragonesen zu entreißen u. wieder unter die Herrschaft der Anjou zu bringen. Er schickte Missionare zu den Mongolen. Nach dem Fall Akkos (1291) bemühte er sich vergebens um einen neuen Kreuzzug.
5. *N. (V.)*, Gegenpapst 1328–1330, eigentl. Pietro *Rainalducci*, †16. 10. 1333 Avignon; Franziskaner; von Kaiser Ludwig IV. u. vom röm. Volk gegen *Johannes XXII.* erhoben. N. gewann nur wenig Anhang u. unterwarf sich 1330; den Rest seines Lebens verbrachte er in milder Haft in Avignon.
6. *N. V.*, 1447–1455, eigentl. Tommaso *Parentucelli*, *15. 11. 1397 Sarzana, † 24. 3. 1455 Rom; 1446 Kardinal; der erste Renaissancepapst. Er schloß 1448 mit *Friedrich III.* (den er 1452 zum Kaiser krönte) das Wiener Konkordat u. erreichte 1449 die Unterwerfung des Gegenpapstes *Felix V.* u. die Auflösung des Basler Konzils. Mit Hilfe von Legaten (für Dtschld.: Nikolaus von Kues) war er für die Kirchenreform tätig. Nach dem Fall Konstantinopels 1453 rief er vergeblich zum Kreuzzug gegen die Türken auf. Förderte Humanisten u. Künstler (Fra Angelico), gründete die Vatikan. Bibliothek u. restaurierte viele Kirchen.

Nikolaus, Fürsten. Montenegro: **1.** *N. (Nikola, Nikita)*, I. Petrović Njegoš, Fürst 1860–1910, König 1910–1918, *7. 10. 1841 Njeguši bei Cetinje, †1. 3. 1921 Cap d'Antibes (bei Nizza); lehnte sich außenpolit. stärker an Rußland an, setzte im Kampf gegen die Türken die Unabhängigkeit Montenegros durch u. vergrößerte sein Herrschaftsgebiet durch die militär. Intervention (1876) während der großen Orientkrise (1875–1878) u. durch die Beteiligung am 1. *Balkankrieg* 1912/13; Verbündeter Serbiens im 1. Weltkrieg, ging nach der bedingungslosen Kapitulation 1916 ins Exil; 1918 bei der Vereinigung Montenegros mit Serbien abgesetzt.
Rußland: **2.** *N. (Nikolaj) I. Pawlowitsch*, Zar 1825–1855, *6. 7. 1796 Zarskoje Selo, †2. 3. 1855 St. Petersburg; begann seine Regierung mit der Unterdrückung des *Dekabristenaufstands*. Undifferenziert u. nüchtern verfolgte er mit harter Hand die kompromißlose Sicherung der Autokratie. Die von A. von *Benckendorff* errichtete Geheimpolizei, die „Dritte Abteilung", übte Terror aus; Rußland wurde der „Gendarm Europas" (1830/31 Unterdrückung des poln., 1849 des ungar. Aufstands). Im Krieg gegen Persien 1826–1828 gewann N. große Gebiete am Kasp. Meer, von der Türkei 1828/29 das Donaudelta. Der *Krimkrieg* bedeutete schließlich das Scheitern seiner gesamten Innen- u. Außenpolitik.
3. *N. (Nikolaj) II. Alexandrowitsch*, Zar 1894–1917, *18. 5. 1868 St. Petersburg, †16./17. 7. 1918 Jekaterinburg (ermordet); letzter Zar aus der Dynastie *Romanow-Gottorf*, schwach u. leicht beeinflußbar, stand bis 1905 unter dem Einfluß K. *Pobedonoszews*. Die Revolution von 1905 zwang ihn zur Proklamierung einer Konstitution mit gesetzgebender Reichsduma. Hilflos der von *Rasputin* beherrschten Hofkamarilla ausgeliefert, ließ er Rußland in den 1. Weltkrieg hineinsteuern. In der Februarrevolution 1917 dankte er ab u. wurde nach der Oktoberrevolution zusammen mit seiner Familie erschossen. – N. war verheiratet mit Alice von Hessen (als Zarin *Alexandra*).

Nikolaus von Kues [ku:s], *Nicolaus Cusanus*, *Nicolaus de Cusa*, eigentl. Nikolaus *Chrypffs* oder *Krebs*, Philosoph u. Kirchenpolitiker, *1401 Kues an der Mosel, †15. 8. 1464 Todi, Umbrien; studierte 1416/17 Philosophie in Heidelberg, 1418–1423 Rechts- u. Naturwissenschaft in Padua; wurde 1425 Theologe; brachte es zu hohen Ämtern (1448 Kardinal, 1450 Bischof von Brixen), nachdem er auf dem Konzil von Basel zunächst gegen den Papst aufgetreten war, später aber in dessen polit. Dienst eine rege Tätigkeit entfaltete (Verhandlungen mit der orth. Kirche, Klöstervisitation u. a.). In seiner Schrift „De concordantia catholica" (1434) fanden sowohl die konziliare Theorie wie Reichsreformgedanken ihren Ausdruck.
N. v. K. steht am Übergang des MA zur Neuzeit. In Abkehr vom Aristotelismus kam er zur Vorwegnahme moderner physikal. Vorstellungen: Erdbewegung, Trägheitsgesetz, Relativität der Bewegungen, Infinitesimalrechnung u. a. In Anknüpfung an den Neuplatonismus u. die dt. Mystik (Meister Eckhart) gelangte er zu seiner Lehre von der *coincidentia oppositorum* [„Zusammenfall der Gegensätze"] in Gott, wobei es allerdings keine positive u. adäquate Erkenntnis Gottes, sondern nur ein Begreifen unseres Nichtbegreifens *(docta ignorantia)* gebe. Hilfestellung leisteten bei diesem Begreifen mathemat. u. geometrische Vorstellungen (die Zahl 1, Kreis, Dreieck, Kugel), symbolisch gedeutet. N. v. K. beeinflußte G. *Bruno*, G. W. *Leibniz* u. G. W. F. *Hegel*. – Werke: dt. von F. A. Scharpff (Auswahl) 1802; von E. Hoffmann 1936 ff.; kritische Gesamtausgabe der latein. u. dt. Schriften durch die Heidelberger Akademie der Wissenschaften 1932 ff.

Nikolsburg, tschech. *Mikulov*, Stadt in Südmähren, nordwestl. von Lundenburg, rd. 6000 Ew.
Der *Vorfriede von N.* vom 26. Juli 1866 beendete den Deutschen Krieg zwischen Österreich u. Preußen. Seine Bestimmungen gingen unverändert in den endgültigen Friedensvertrag ein (*Prager Frieden* vom 23. 8. 1866). Österreich verzichtete zugunsten Preußens auf seine Ansprüche in Schleswig-Holstein, zahlte eine Kriegsentschädigung u. erkannte die Auflösung des Deutschen Bundes an.

Nikomedes, Könige von Bithynien: **1.** *N. I.*, König von 280–250 v. Chr.; behauptete die Unabhängigkeit Bithyniens, die sein Vater *Zipoites* erreicht hatte, gründete 264 v. Chr. *Nikomedia*.
2. *N. IV. Epiphanes Philopator*, König etwa 91–74 v. Chr.; durch *Mithradates VI.* von Pontos vertrieben u. von den Römern wieder eingesetzt, im ersten *Mithradat. Krieg* erneut vertrieben u. 84 v. Chr. wieder bestätigt; vermachte 74 v. Chr. testamentarisch sein Land den Römern, worauf der dritte Mithradat. Krieg ausbrach.

Nikomedia, grch. *Nikomedeia*, antiker Name für Izmit, früher Hptst. von *Bithynien*.

Nîmes [ni:m], südfranzös. Stadt im Languedoc, Verw.-Sitz des Dép. Gard, 134 000 Ew.
In der Antike gewann die kelt. Siedlung als Schnittpunkt wichtiger Verkehrswege Bedeutung u. wurde 121 v. Chr. römisch. Zur Zeit des Augustus wurde N. zur röm. Kolonie erhoben *(Colonia Augusta Nemausus)*. Die Stadt erhielt ihre Wasserzufuhr durch den fast 50 km langen Aquaedukt, dessen eindrucksvollsten Teil der *Pont du Gard* bildet. 149 n. Chr. wurde N. Hauptstadt der Provinz *Gallia Narbonensis*, Ende des 4. Jh. Bischofssitz. 407 zerstörten die Wandalen die Stadt, 725 die Sarazenen. 738 eroberten die Franken N., 1185 geriet es unter die Herrschaft der Grafen von *Toulouse*, u. 1229 wurde es der französ. Krondomäne einverleibt. Von Beginn des 16. Jh. an bis 1629 war N. eine der Hochburgen der *Hugenotten*.

Nịmitz, Chester William, US-amerikan. Seeoffizier, *24. 2. 1885 Fredericksburg, Tex., †20. 2. 1966 Yerba Buena Island, Calif.; im 2. Weltkrieg 1941–1945 Oberbefehlshaber im Pazifik, nahm 1945 zusammen mit General D. *MacArthur* die Kapitulation Japans entgegen.

Nịmwegen, ndrl. *Nijmegen,* Stadt in der niederländ. Prov. Gelderland, an der Waal, 147 000 Ew., als Agglomeration 247 000 Ew. N.s Entstehung fällt in die nachaugusteische Zeit der Sicherung der röm. Rheingrenze. Die ursprünglich kelt. Siedlung ließ Kaiser Trajan als Kolonie *(Ulpia Noviomagus)* ausbauen. Nach Zusammenbruch des röm. Reiches unter den Karolingern erneut zu Bedeutung gekommen, wurde die Stadt durch Karl d. Gr. mit einer Pfalz versehen. 1230 wurde N. Reichsstadt u. 1247 an den Grafen von Geldern verpfändet. 1402 war N. Hansestadt. 1585 übergab die von den Calvinisten unterdrückte Mehrheit der kath. Bevölkerung die Stadt an Spanien. 1591 eroberte Moritz von Oranien N. zurück. Die Friedensschlüsse von N. 1678/79 beendeten den Holländischen Krieg. Die Niederlande erhielten ihr gesamtes Gebiet zurück; Spanien trat an Frankreich die Franche-Comté (Freigrafschaft Burgund) u. Grenzfestungen der span. Niederlande ab, der Kaiser Freiburg i. Br.; Frankreich gab Philippsburg auf.

Nịnive, akkad. *Ninua,* heute die Ruinenhügel *Kujundschik* u. *Nebi Junus,* antike Stadt in Mesopotamien, am linken Tigrisufer, gegenüber von Mosul; 5 prähistor. Siedlungsschichten der Zeit 5000–2800 v. Chr.; 700 bis 612 v. Chr. Hptst. von *Assyrien,* 612 v. Chr. von dem mit den Medern verbündeten babylon. König *Nabupolassar* zerstört. Ausgrabungen seit 1846 brachten einen doppelten Mauerring, zahlreiche Tempel u. Paläste (u. a. der von *Assurbanipal*), die reich mit Reliefplatten geschmückt waren, u. Keilschrifttexte.

Nippụr, heute *Niffer,* babylon. Stadt, südöstl. von Bagdad, ehemals religiöses Zentrum der *Sumerer,* Kultplatz des Herrschergotts *Enlil* u. bedeutendes Handelszentrum. Bei Ausgrabungen wurden wichtige Keilschriften gefunden.

Nisạm [arab., „gute Ordnung"], *Nizam,* im Mogulreich Titel des Gouverneurs des Dekan; *N. Al Mulk* [„Ordnung des Reichs"], 1724–1948 Titel des Herrschers von Hyderabad.

Nisạm Al Mulk, Nizām Al Mulk, Hassan Ibn Ali, Wesir der Seldschuken-Sultane Alp Arslan u. Malik Schah in Iran, *10. 4. 1018 Radkan bei Tus, †14. 10. 1092 bei Bisutun (von Assassinen ermordet); hatte als Wesir die tat-

Richard M. Nixon

sächl. Herrschaftsgewalt in Händen u. festigte den sunnit. Islam im Lande; war auch als polit. Schriftsteller tätig.

Nịthard, fränk. Geschichtsschreiber, Enkel Karls d. Gr., †844; Feldherr Ludwigs des Frommen u. Karls des Kahlen, für den er in 4 Büchern die Auseinandersetzungen der Söhne Ludwigs des Frommen beschrieb. Darin enthalten sind die „Straßburger Eide".

Ni-user-Re, altägypt. König der 5. Dynastie, um 2390–2360 v. Chr.; gelangte nach schweren Thronwirren zur Herrschaft. Er intensivierte den Sonnenglauben u. ließ das große Sonnenheiligtum bei *Abusir* erbauen.

Nivôse [ni'voz; der; frz.], ein Monat im französ. Revolutionskalender.

Nixon ['niksən], Richard Milhous, US-amerikan. Politiker (Republikaner), *9. 1. 1913 Yorba Linda, Calif., †22. 4. 1994 New York; Anwalt, im 2. Weltkrieg Seeoffizier; 1951 Senator für Kalifornien, 1953–1960 Vize-Präs., 1969–1974 (37.) Präs. der USA, 1972 wiedergewählt. Unterstützt von seinem Sicherheitsberater u. Außen-Min. H. *Kissinger,* leitete N. die Normalisierung der Beziehungen zu China ein (Besuch in Peking 1972), schloß 1972 mit der UdSSR das SALT-I-Abkommen u. beendete 1973 durch einen Waffenstillstand mit Nordvietnam den Vietnamkrieg für die USA. Wegen der Watergate-Affäre mußte er 1974 (als 1. Präs. in der Geschichte der USA) zurücktreten.

Nkrụmah, Kwame (Francis Nwia Kofie), ghanaischer Politiker, *21. 9. 1909 Nkroful (Goldküste), †27. 4. 1972 Bukarest; Lehrer; organisierte 1945 den 5. Panafrikan. Kongreß in Manchester. 1947 kehrte er an die Goldküste zurück, wo er 1949 die CPP *(Convention People's Party)* gründete. Er forderte die Unabhängigkeit u. kämpfte dafür nach dem Vorbild der gewaltlosen Kampagnen M. *Gandhis.* 1951 wurde er der erste Premier-Min. der Goldküste, die innere Autonomie erhielt. N. gab seinem Land bei der Unabhängigkeitserklärung 1957 den Namen *Ghana.* Er wurde 1960 Präsident. N. führte Ghana in einem stark persönlich gefärbten Regierungsstil. 1966 wurde er durch einen Militärputsch gestürzt; er lebte seitdem im Exil in Guinea.

Ninive: Relief mit Löwenjagd; um 650 v. Chr. London, Britisches Museum

Nọbelgarde, seit 1801 eine Wache von italien. Adligen zum Schutz des Papstes; seit 1968 Ehrengarde (ohne Adelsprivileg), 1970 aufgelöst.

Nọbile, Umberto, italien. Offizier, Luftschiffkonstrukteur u. Polarforscher, *21. 1. 1885 Lauro, †30. 7. 1978 Rom; überflog mit den von ihm konstruierten Luftschiffen „Norge" 1926 (mit R. *Amundsen*) u. „Italia" 1928 den Nordpol, strandete bei dem letzten Unternehmen auf dem Eis bei Spitzbergen u. wurde von einem schwed. Flugzeug (ein Teil der Besatzung von einem sowjet. Eisbrecher) gerettet. Der an der Rettungsaktion beteiligte Amundsen verunglückte tödlich. Für das Unglück verantwortlich erklärt, schied N. aus der italien. Luftfahrt aus u. ging 1932 nach Moskau, wo er bis 1936 als Fachberater tätig war. 1937–1943 hatte N. einen Lehrstuhl in Chicago. 1945 wurde N. rehabilitiert, zum Generalleutnant befördert u. Prof. für Aeronautik an der Universität Neapel. 1945–1947 war N. Mitgl. der verfassunggebenden Versammlung der italien. Republik.

Nọbiles [Pl.; lat.], *Nobilität,* im alten Rom der Kreis der tüchtigsten u. angesehensten Familien, deren Mitglieder durch die Verdienste, die sie sich als hohe Beamte (curulische Ämter, insbesondere das Konsulat) um den Staat erworben hatten, über die Menge der übrigen Bürger herausragten (sog. *Senatsadel*). Jemand, der ohne patrizian. Abstammung in den Senat kam, wurde als *homo novus* bezeichnet. In der Kaiserzeit verstand man unter N. nur die Nachkommen der republikan. Konsuln.

Nọbili [Pl.; ital.], der italien. Adel, bes. in den Stadtstaaten vom 14. bis ins 18. Jh., dann nur noch der niedere Adel.

Nobilitiẹrung, *Nobilitation,* die Erhebung in den Adel.

Nobịlity [nɔu-; die; engl.], der hohe Adel in Großbritannien, im Unterschied zur Gentry. Die niedrigste Klasse des engl. Hochadels war die des *Barons.* Es folgten die Titel *Viscount, Earl, Marquess* u. *Duke.*

Noel-Baker ['nɔuəl'bɛikə], Philip, brit. Politiker (Labour Party), *1. 11. 1889 London, †8. 10. 1982 London; Mitgl. der brit. Delegation bei der Friedenskonferenz in Versailles, seit 1922 im Sekretariat des Völkerbunds tätig; vertrat 1929–1931 u. 1936–1970 die Labour Party im Unterhaus u. wurde 1946 ihr Vors.; 1946 Staatssekretär für Luftfahrt, 1947 für Commonwealth-Beziehungen, 1950 Min. für Energiewirtschaft; 1955 Vertreter Englands beim Europarat. Für seine Bemühungen um die internationale Abrüstung erhielt er 1959 den Friedens-Nobelpreis. Er schrieb: „The arms race" 1958.

Nofretẹte, *Nefertiti, Nafteta,* Frau des ägypt. Königs *Echnaton* (um 1350 v. Chr.); berühmt durch ihre bemalte Kalksteinbüste aus Tell Al Amarna, ein Werkstattmodell aus dem Atelier des ägypt. Bildhauers *Tuthmose,* heute in den Staatl. Museen Berlin (West). – Der Name N. bedeutet: „Die Schöne ist gekommen". Über ihre Herkunft ist nichts Sicheres bekannt. Wahrscheinlich war sie Ägypterin von Geburt u. entstammte einer angesehenen Familie nichtköniglicher Abkunft. N. hatte sechs Töchter. Im Gegensatz zu seinen Vorgängern ließ Echnaton seine „Große Königliche Gemahlin" sogar an den Staatsszenen teilhaben u. in dieser Funktion darstellen. Gleich dem König wurde auch sie später in kleinen Hausaltären verehrt. Sie wurde im Königsgrab von Amarna bestattet.

Nogaret [-'rɛ], Guillaume de, französ. Politiker, *um 1260 St.-Félix de Caraman, †April 1313; seit 1307 königl. Großsiegelbewahrer;

verübte im Auftrag König *Philipps IV.* am 7. 9. 1303 das Attentat von Anagni gegen Papst *Bonifatius VIII.*, das zur Übersiedlung des Papsttums nach Avignon führte.

Nogi, Maresuke, Graf, japan. General, *11. 11. 1849 Edo (Tokio), † 12. 9. 1912 Tokio; entstammte einer Samurai-Familie; kämpfte 1868 unter Yamagata Aritomo gegen die Militärregierung der Shogune (Bakufu) zur Durchführung der → Meiji-Restauration, nahm führende Positionen in der Armee der Meiji-Zeit ein, 1896–1898 Gouverneur von Taiwan; eroberte im japan.-russ. Krieg 1905 Port Arthur u. wurde zum Nationalhelden; beging mit seiner Frau rituellen Selbstmord beim Tod des Meiji-Tenno.

Nok-Kultur, die durch Bodenfunde nachgewiesene älteste bekannte Kultur im zentralen Nigeria, benannt nach dem Dorf *Nok*; etwa 5. v. Chr.–2. Jh. n. Chr.; z. T. lebensgroße Terrakotta-Plastiken, Eisengeräte, Steinschliffe, Tongefäße.

Nolte, Ernst, Historiker, *11. 1. 1923 Witten; 1965–1973 Prof. in Marburg, seit 1973 an der Freien Universität Berlin; schrieb u. a. „Der Faschismus in seiner Epoche" 1963; „Dtschld. u. der Kalte Krieg" 1974; „Der europ. Bürgerkrieg 1917–1945" 1987; löste den *Historikerstreit* aus.

Nomos, im alten Griechenland ursprüngl. die Weideordnung, dann Sitte u. Brauch, seit dem 6. Jh. v. Chr. im Unterschied zum *Ethos* das geschriebene Gesetz, die Rechtsordnung.

Noot, Hendrik Karel Nicolaas van der, südniederländ. Politiker, *7. 1. 1731 Brüssel, † 12. 1. 1827 Strombeek; Führer der *Statisten* in der Brabanter Revolution 1789 u. erster Regierungschef der „Vereinigten Belgischen Staaten"; floh 1790 nach den Niederlanden, kehrte 1792 zurück u. trat 1814 für die Wiederherstellung der habsburg. Herrschaft über Belgien (statt der Union mit den Niederlanden) ein.

Nordamerika, Kontinent auf der Nordhalbkugel der Erde, umgeben vom Nordpolarmeer im N, vom Pazif. Ozean im W u. vom Atlant. Ozean im O; reicht von 16°–83° nördl. Breite u. von 55°–170° westl. Länge u. umfaßt einschließlich Mexiko u. Grönland 23,5 Mill. km² mit rd. 370 Mill. Ew.

Papst *Alexander VI.* bestätigte 1493 in 2 Bullen, daß alle Länder, die am 25. 12. 1492 nicht unter christl. Herrschaft standen, den Kronen von Kastilien u. Aragón gehören sollten. Spanien u. Portugal teilten darauf unter sich die außereurop. Gebiete in den Verträgen von *Tordesillas* (1494) u. *Saragossa* (1529); N. wurde span. Einflußgebiet. – Während bereits Fischer u. Seefahrer in Diensten der Könige von England u. Frankreich die nordamerikan. Küsten aufsuchten, drangen Spanier u. Portugiesen weiter nach N, S u. W vor. Ihr wichtigstes Ziel war neben der Eroberung goldreicher Indianerländer die Entdeckung einer Westpassage nach Ostasien. Span. Konquistadoren erforschten Florida, eroberten Mexiko u. erreichten die Prärien von Oklahoma u. Kansas. Erst 1670 gab Spanien seinen Anspruch auf Alleinherrschaft über den größten Teil des Doppelkontinents auf.

Nofretete: bemalte Kalksteinbüste, um 1370 v. Chr. Berlin, Staatliche Museen Preuß. Kulturbesitz

Dieser Rechtsanspruch war von den Engländern stets bestritten worden. Sie hatten seit König Heinrich VII. Interesse an Amerika u. hatten zur Zeit der Königin Elisabeth I. in Virginia vorübergehend eine Niederlassung gegründet (1584). Die Vernichtung der span. Armada (1588) machte den Weg frei für eine dauerhafte brit. Kolonisation. Dabei stießen die Angelsachsen (Engländer u. Schotten sowie Iro- oder Ulsterschotten) auf keine unüberwindl. Gegenwehr, denn die Spanier unterhielten nördl. des Rio Grande del Norte nur vereinzelt dauerhafte Siedlungen. Die Zahl der Indianer in diesem Gebiet betrug 1 Mill.

Die brit. Kolonie blieb etwa 150 Jahre lang auf die Räume zwischen Georgia u. Maine, der Ostküste u. den Alleghanies beschränkt, doch gab es dort 1756 schon 1,25 Mill. Siedler. Ihre Hauptgegner wurden die 80 000 Franzosen in Kanada, am Missouri u. am Mississippi („Louisiana"). Im Siebenjährigen Krieg (1756–1763) wurde dieser Sperriegel von brit. Truppen u. angloamerikan. Milizen zerschlagen. Vollends nach Entstehung der USA entwickelte sich die Westexpansion der Angelsachsen, zumal 1783 auch Kanada angloamerikanische Bevölkerungselemente *(Loyalisten)* aufnahm. Die wichtigsten Stufen des Vordringens waren der Louisianakauf (1803), die Aufnahme von Texas (1845) u. Oregon (1846) in die Union, der Friede von Guadalupe Hidalgo (1848), der kaliforn. „gold run" (1850), der sog. Gadsdenkauf (1853) u. der Alaskakauf (1867).

Den Fernen W u. SW des Kontinents konnten die Angloamerikaner nicht völlig nach ihren Vorstellungen umwandeln. Wohl breiteten sich auch dort Selbstverwaltung, Gewinnstreben u. Wettbewerb aus, doch blieben vielfach Institutionen u. Bräuche der Spanier bzw. Lateinamerikaner (Kirchen u. Ordensniederlassungen, Bewässerungsanlagen, Anbaumethoden u. Viehhaltung, Wohnweise, Nahrung u. Reste der Volkstrachten u. Lieder) bis heute erhalten. Auch → Kanada, → Vereinigte Staaten von Amerika.

Nordatlantikpakt, engl. *North Atlantic Treaty Organization*, → NATO.

Norddeutscher Bund, der von *Bismarck* geschaffene, 1866–1871 bestehende dt. Bundesstaat. In ihm schlossen sich im Aug. 1866 die 17 Staaten, die auf preuß. Seite am Dt. Krieg beteiligt gewesen waren, mit Preußen zusammen, das Schleswig-Holstein, Hannover, Kurhessen, Nassau u. Frankfurt a. M. annektiert hatte. Durch Friedensverträge im Sept./Okt. 1866 traten auch Hessen-Darmstadt (nur mit seinem Gebiet nördl. des Mains), Reuß ältere Linie, Sachsen u. Sachsen-Meiningen dem Bund bei.

Entsprechend der Verfassung, die am 16. 4. 1867 vom Norddt. Reichstag angenommen wurde u. am 1. 7. 1867 in Kraft trat, lag das *Bundespräsidium* mit dem Oberbefehl über das Bundesheer u. der Leitung der auswärtigen Politik beim preuß. König *(Wilhelm I.)*. Dem *Bundesrat*, als „Zentralbehörde" u. oberstem Regierungsorgan, stand als einziger verantwortl. Bundesminister der von Preußen zu ernennende *Bundeskanzler* (Bismarck) vor. Der Bundesrat u. der nach allg., gleichem u. geheimem Wahlrecht gewählte *Reichstag* übten die Gesetzgebung aus. Die Verfassung des Norddt. Bundes bildete die Grundlage für die Reichsverfassung von 1871.

Außenpolitisch bedeutete die Gründung des

Nordamerika: Indianerüberfall auf eine spanische Siedlung um 1650

Norddt. Bundes eine grundlegende Veränderung der europ. Staatenwelt. In der Mitte Europas trat an die Stelle des Dt. Bundes, der Traditionen des Hl. Röm. Reiches Dt. Nation bewahrte u. nur für eine defensive Politik geeignet war, eine neue nationale Großmacht. Der gleichzeitig vorgesehene süddt. Staatenbund (Vorfriede von Nikolsburg) kam nicht zustande. Der Norddt. Bund besaß durch den erneuerten Zollverein u. militär. Bündnisse über den Main hinausreichende Einflußmöglichkeiten. Innenpolitisch bedeutsam war die liberale Politik des Präs. des Bundeskanzleramtes, R. von *Delbrück*, u. der Reichstagsmehrheit aus Nationalliberalen u. Freikonservativen. Die eingeschränkt liberale innere Struktur des Dt. Reiches von 1871 wurde im polit., gesellschaftl. u. rechtl. Bereich vorgeformt; es entfaltete sich das in seinen Grundzügen bis heute bestehende Parteienspektrum.

Norden, Albert, Politiker (SED), *4. 12. 1904

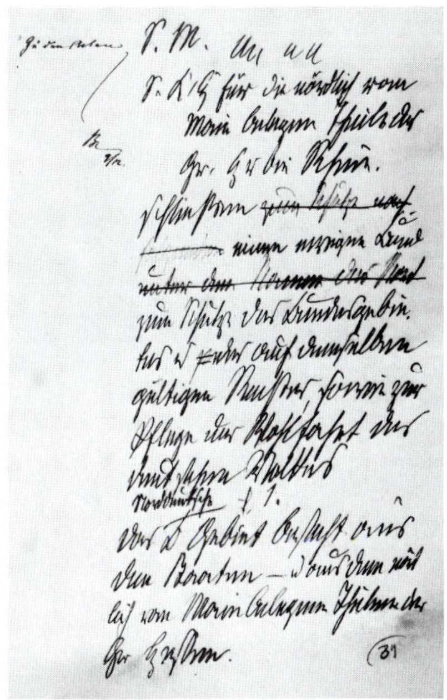

Bismarcks eigenhändiger Entwurf zur Präambel der Verfassung des Norddeutschen Bundes

Myslowitz, Oberschlesien, †30. 5. 1982; Tischler; seit 1920 Mitgl. der KPD; seit 1924 Redakteur bei Parteizeitungen, 1931–1933 stellvertr. Chefredakteur der „Roten Fahne" (Berlin); 1933–1946 Emigration (Frankreich, Tschechoslowakei, USA); 1948/49 Chefredakteur der Zeitung „Deutsche Stimme", 1949–1952 Leiter der Haupt-Abt. Presse im Amt für Information der DDR; 1954 Staatssekretär u. Sekretär des Ausschusses für Dt. Einheit; 1955–1981 Mitgl. des ZK der SED, 1955–1981 Sekretär des ZK (zuständig für Propaganda), 1958–1981 Mitgl. des Politbüros des ZK der SED.

Nordirland, engl. *Northern Ireland,* Teil des Königreichs *Großbritannien u. N.,* im NO der Insel → Irland, 14148 km², 1,61 Mill. Ew.; Hptst. *Belfast.*

Seit dem Abfall *Heinrichs VIII.* vom Katholizismus traten die Gegensätze zwischen den einheim. Iren, die kath. blieben, u. den seit dem 17. Jh. angesiedelten prot. Briten immer stärker zutage. Die Auseinandersetzungen verschärften sich nach dem Sieg *Wilhelms von Oranien* am Boylefluß 1689 *(Oranier Day)* über den wegen seines Übertritts zum Katholizismus abgesetzten König *Jakob II.* – Nach jahrhundertelangen Kämpfen erreichten die Iren 1921 ihre Unabhängigkeit mit der Proklamation des *Freistaats Irland;* die ehem. Provinz *Ulster* wurde jedoch von Irland getrennt u. blieb mit ihren 6 Grafschaften unter dem Namen *N.* bei Großbritannien. Die Republik Irland hat die Abtrennung N.s nicht anerkannt.

N. erhielt Autonomie innerhalb des Vereinigten Königreichs mit eigenem Zweikammerparlament (nach dem Tagungsort häufig *Stormont* genannt) u. eigener Regierung. In der Zuständigkeit des brit. Unterhauses (in das N. 12 Abg. entsendet) u. der brit. Regierung blieben vor allem die Außenpolitik, die Verteidigung u. der Hauptteil des Steuerwesens. Regierungspartei war stets die *Unionist Party,* die die Interessen der prot. Mehrheit vertrat; sie spaltete sich später in mehrere Flügel. Zur wichtigsten parlamentar. Vertretung der kath. Minderheit entwickelten sich die *Social Democratic and Labour Party (SDLP)* sowie die *Sinn Féin.* Daneben bildeten sich verschiedene andere Gruppierungen. Die kath. Minderheit fühlte sich stets von der prot. Mehrheit sozial, wirtschaftlich u. politisch unterdrückt. Sie erstrebte z. T. Gleichberechtigung bei Verbleib im brit. Staatsverband, z. T. den Anschluß N.s an die Republik Irland. Die latenten Spannungen führten seit 1969 zu schweren Unruhen, die zeitweise Bürgerkriegscharakter annahmen. Extreme Organisationen beider Seiten – bes. die Irische Republikanische Armee (IRA) u. die *Ulster Defence Association (UDA)* – verübten Terrorakte, denen seither über 3000 Menschen zum Opfer fielen.

Die britische Regierung entsandte starke Truppenverbände nach N. und übernahm 1972 die direkte Exekutivgewalt. 1973 ergab eine Volksabstimmung, die vom katholischen Bevölkerungsteil weitgehend boykottiert wurde, eine Mehrheit für den Verbleib bei Großbritannien. Im gleichen Jahr wurde aufgrund einer neuen Verfassung ein Parlament nach dem Verhältniswahlsystem gewählt. Die anschließend gebildete Regierung, der Vertreter beider Bevölkerungsgruppen angehörten, scheiterte nach wenigen Monaten. Daraufhin wurde N. wieder der britischen Regierung direkt unterstellt. Eine 1975 gewählte verfassunggebende Versammlung erzielte kein Ergebnis und wurde 1976 aufgelöst. 1985 erhielt Irland durch ein Abkommen mit Großbritannien eine begrenzte Mitsprache in Angelegenheiten N.s. Neue Perspektiven brachten 1996 Wahlen für ein Friedensforum, dessen Mitglieder Teilnehmer für Allparteiengespräche zur Konfliktlösung bestimmten. Diese Verhandlungen führten im April 1998 zum Abschluß eines Friedensabkommens.

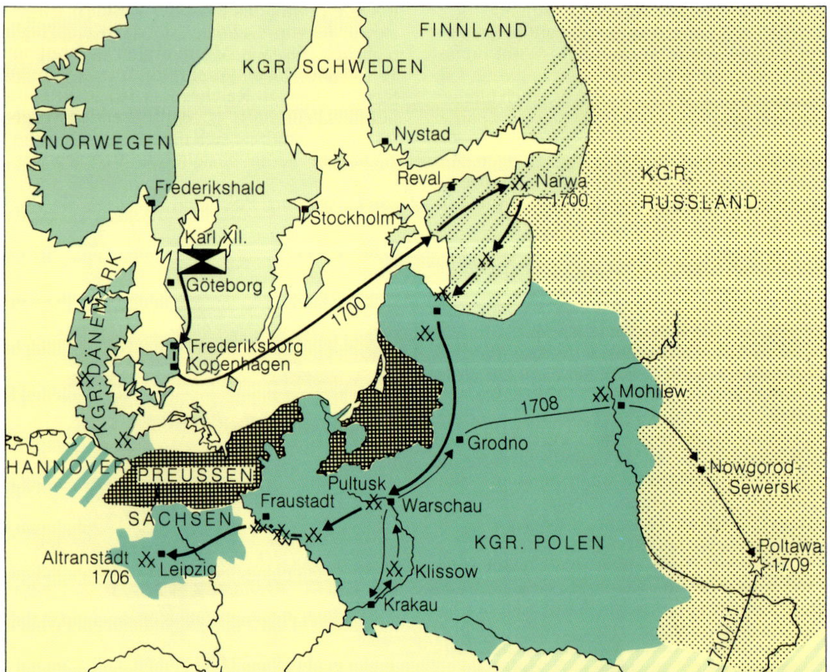

Nordischer Krieg 1700–1721

nordische Kriege, 1. *siebenjähriger nord. Krieg, Dreikronenkrieg,* 1563–1570 von Dänemark, Polen u. Lübeck gegen Schweden geführt, das sich von seinen Nachbarn umklammert u. bedroht sah u., um seine Grenzen im Osten u. den Zugang zum Kattegat zu sichern, zu einer expansiven Außenpolitik übergegangen war. Der Friede von Stettin 1570 brachte keine Machtverschiebung.

2. *schwed.-poln. Krieg,* 1655–1660: *Karl X.* von Schweden nahm 1655 den Anspruch des in Polen regierenden kath. Wasa *Johann II. Kasimir* auf die schwed. Krone zum Anlaß, um in Polen einzufallen. Nach der Eroberung Warschaus u. Krakaus durch die Erhebung des poln. Adels in Bedrängnis gebracht, schloß er mit Kurfürst *Friedrich Wilhelm* von Brandenburg ein Bündnis u. besiegte mit dessen Hilfe die Polen 1656. Jedoch die ungebrochene Widerstandskraft Polens, der Einfall russ. Truppen in Livland, Kaiser *Leopolds I.* Bündnisse mit Polen u. Dänemark (1657) u. die dän. Kriegserklärung an Schweden veranlaßten Friedrich Wilhelm, den *Vertrag von Wehlau* (10. 9. 1657) mit Polen zu schließen, in dem Brandenburg die Souveränität über Preußen (das spätere Ostpreußen) zuerkannt wurde. Der Versuch Karls X., Dänemark nach dem *Frieden von Roskilde* (1658) vollends niederzuwerfen, bewirkte eine brandenburgisch-österr.-poln. Gegenaktion in Holstein u. Jütland, während eine niederländ. Flotte zum Schutz Kopenhagens eingesetzt wurde. Nach dem Sieg der Verbündeten u. nach dem Tod Karls X. (1660) kam durch *Mazarin* der *Friede von Oliva* (1660) zwischen dem Kaiser, Polen, Brandenburg u. Schweden zustande, der den Status quo von 1655 wiederherstellte, den Verzicht der poln. Wasa auf den schwed. Thron bestätigte u. Brandenburg die Souveränität im Herzogtum Preußen garantierte.

3. *Nord. Krieg (i. e. S.), großer nord. Krieg,* 1700–1721 um die Herrschaft in der Ostsee u. ihren Randländern in Nord- u. Osteuropa geführter Krieg, der durch den dän.-gottorf. Konflikt in den Herzogtümern Schleswig u. Holstein ausgelöst wurde u. in dem Dänemark, Sachsen, Polen u. Rußland, seit 1713 auch Preußen u. Hannover gegen Schweden kämpften. *Karl XII.* von Schweden, der die Gottorfer unterstützte, unterlag 1709 *Peter d. Gr.* bei Poltawa. Die wichtigsten Ergebnisse der Friedensschlüsse von Stockholm (1719/20), Frederiksborg (1720) u. Nystad (1721): Hannover erhielt Bremen u. Verden; Preußen gewann Vorpommern zwischen Oder u. Peene mit Stettin, Usedom u. Wollin; an Rußland fielen Livland, Estland, Ösel, Ingermanland u. ein Teil Kareliens; Schweden mußte seinen alten Gottorfer Bundesgenossen fallenlassen u. trat seine beherrschende Stellung im Ostseeraum an das aufstrebende Rußland ab.

Nordischer Kreis, die nordische Bronzekultur; entstanden in der 1. Hälfte des 2. Jahrtausends v. Chr.; wird regional in 3 Bereiche unterteilt: 1. einen Kernbereich in Südskandinavien, 2. einen etwas selbständigeren Bereich in Mittelschweden, Südnorwegen u. Teilen Norddeutschlands, wo sich mehr Einflüsse aus anderen Gebieten zeigen, 3. Randgebiete mit spärlichem Einfluß des Nord. Kreises in Nordskandinavien u. Finnland. Die zeitl. Gliederung geht vor allem auf das Werk von O. *Montelius* 1885 zurück, wonach der Nord. Kreis in 6 Perioden eingeteilt wird. Obwohl während der gesamten vorgeschichtl. Zeit in seinem Gebiet kein Metall abgebaut wurde, erbrachte der Nord. Kreis trotzdem im Vergleich zur Arealgröße das

reichste Fundmaterial Europas, was nicht nur auf religiöses Brauchtum zurückgeführt werden kann. Handelsbeziehungen spielen die wichtigste Rolle. Eingeführt wurden Rohstoffe, die durch eine hochentwickelte Bronzegußtechnik vor allem zu Waffen u. Trachtbestandteilen verarbeitet wurden. Höhepunkt der Gußtechnik war die Lure. Der Nord. Kreis hebt sich von den anderen bronzezeitlichen Kulturen Europas ab bes. durch den Grabbrauch, die Keramik, Toilettenbestecke u. Schmuckgarnituren (insbesondere die zweigliedrige Fibel u. die Gürteldose), am ausgeprägtesten aber in der Ornamentik, deren einheitlicher Stil sich während der 6 Perioden kontinuierlich veränderte. Da in der älteren Bronzezeit die Toten vorwiegend im Baumsarg bestattet wurden, sind oft Kleidung u. Haartracht erhalten geblieben, wogegen in der jüngeren Bronzezeit das Urnengrab überwiegt, beides meist in künstlich errichteten Hügeln. Die Siedlungen waren klein; in Dänemark wurden zahlreiche Häuser mit Pfostenkonstruktionen, meist in Form dreischiffiger Langhäuser mit abgerundeten Ecken, ausgegraben.
Einblick in die Religion gewähren die Felszeichnungen in Schweden u. Gravierungen auf Bronzemessern: Darstellungen von Göttern mit Symbolen von Schiffen u. von Szenen aus dem tägl. Leben. Auf einen Sonnenkult weisen (z. T. goldene) Sonnenscheiben hin.

Nordischer Rat, im Dez. 1951 gegr. interparlamentarisches Beratungsorgan; Vertragsratifizierung im Juni 1952 durch Dänemark, Norwegen u. Schweden. Im Dez. 1952 wurde Island, im Okt. 1955 auch Finnland Mitgl.; außerdem sind die Färöer u. die Ålandsinseln vertreten. – Der Nord. Rat setzt sich aus Regierungs- u. Parlamentsmitgliedern zusammen. Er hat nur beratende Funktion u. tritt gewöhnlich einmal jährlich zusammen. Das Präsidium befindet sich in Stockholm. Die am 23. 3. 1962 in Helsinki unterzeichnete *Nordische Konvention* kodifizierte die bereits bestehenden Formen der Zusammenarbeit u. umriß die zu erstrebenden Ziele.

Nordmark, *Sächsische N.*, 965 gegen die Slawen im Havelgebiet (Heveller) errichtete Grenzgrafschaft, die spätere *Mark Brandenburg*.

Nordrhein-Westfalen, das bevölkerungsreichste Land der BR Dtschld., 34072 km², 17,7 Mill. Ew. Hptst. ist *Düsseldorf*. An die Stelle der alten Provinzialverwaltungen traten 1953 als Träger der kommunalen Selbstverwaltung die Landschaftsverbände *Rheinland* (Sitz: Köln) u. *Westfalen-Lippe* (Sitz: Münster).
Das Land N. wurde durch Verordnung der brit. Militärregierung vom 23. 8. 1946 aus der ehem. preuß. Provinz Westfalen u. dem nördl. Teil der ehem. preuß. Rheinprovinz gebildet. Am 21. 1. 1947 wurde das Land Lippe dem Land N. eingegliedert. Die von den Siegermächten vorgenommene Demontage von Industriebetrieben traf N. bes. schwer. Die Verfassung wurde 1950 in einer mit Landtagswahlen gekoppelten Volksabstimmung angenommen. Die polit. Machtverhältnisse haben häufig gewechselt. Sowohl die CDU als auch die SPD haben zeitweise zusammen mit der FDP, zeitweise allein regiert. Seit 1995 regiert die SPD mit den Grünen. Die CDU hatte 1958–1962 die absolute Mehrheit im Landtag, die SPD hatte sie 1980–1995.
Die Ministerpräsidenten des Landes N.: 1946/47 Rudolf *Amelunxen* (Zentrum), 1947–1956 Karl *Arnold* (CDU), 1956–1958 Fritz *Steinhoff* (SPD), 1958–1966 Franz *Meyers* (CDU), 1966–1978 Heinz *Kühn* (SPD), seit 1978 Johannes *Rau* (SPD).

Nordseegermanen, die an der Nordsee ansässigen german. Stämme, zu denen die *Kimbern, Angeln, Chauken* u. *Friesen* zählten.

Nord-Süd-Konflikt, das polit., wirtschaftl. u. soziale Spannungsverhältnis zwischen den Industrieländern der nördl. Halbkugel u. den Entwicklungsländern Asiens, Afrikas u. Lateinamerikas.

Noreja, im Altertum Hauptort der *Noriker*; seine Lage ist umstritten (vermutl. in der Nähe des österr. Orts Neumarkt in der Steiermark). Bei N. wurden 113 v. Chr. die *Römer* von den *Kimbern* u. *Teutonen* besiegt.

Norfolk ['nɔːfək], engl. Herzogstitel, seit 1483 in der Familie *Howard*. Der 2. Herzog von N., Thomas Howard (* 1443, † 1524), errang 1513 für Heinrich VIII. den Sieg bei *Flodden Field* über Jakob IV. von Schottland. Sein Sohn Thomas, 3. Herzog von N. (* 1473, † 1554), betrieb den Sturz Thomas *Cromwells* u. die Heirat Heinrichs VIII. mit seiner Nichte *Katharina Howard* (1540) u. hatte bis zu deren Hinrichtung (1542) entscheidenden Einfluß auf die engl. Politik. Sein Enkel Thomas, 4. Herzog von N. (* 1536, † 1572), plante 1571 eine Verschwörung zugunsten der gefangenen Maria Stuart gegen Elisabeth I.; er wurde hingerichtet. Damit verlor die Familie Howard die Herzogswürde, erhielt sie aber 1661 zurück. 1644 wurde ein Enkel des 4. Herzogs von N., Thomas Howard, Earl of *Arundel*, zum Earl of N. ernannt. Seit 1842 tragen die Herzöge von N. den Familiennamen *Fitzalan-Howard*.

Noricum, im Altertum röm. Provinz im Ostalpenraum, östl. des Inn, bewohnt von einer ursprünglich illyr., später mit Kelten vermischten Bevölkerung, deren führender Stamm die *Noriker* waren. Seit der zweiten Hälfte des 2. Jh. v. Chr. war N. ein Königreich mit befestigtem Hauptort auf dem Magdalensberg in Kärnten, hatte eigene Münzprägung u. Handelsbeziehungen mit den Balkanländern u. Italien. 16 v. Chr. wurde es von den Römern unterworfen, seit 45 n. Chr. romanisiert u. als Provinz mit einem kaiserl. Statthalter mit Sitz in Virunum auf dem Zollfeld eingerichtet; unter Diocletian in zwei Provinzen untergliedert; seit 400 Germaneneinfälle, um 600 an Slawen u. Awaren verloren.

Normandie [-mã'di], histor. Provinz (ehem. Herzogtum) Nordfrankreichs, erstreckt sich zwischen der Bretagne u. der Maine im SW u. der Picardie im NO von der Île-de-France bis zum Ärmelkanal, umfaßt 5 Départements mit insges. 29841 km² u. 3,1 Mill. Ew.; alte Hptst. ist *Rouen*.
In der Römerzeit zur Provinz *Gallia Lugdunensis secunda*, in der Merowingerzeit zu *Neustrien* gehörend, wurde die N. seit dem 9. Jh. Durchzugs- u. Siedlungsgebiet der dän. Normannen. Im Vertrag von Saint-Clair-sur-Epte 911 belehnte König *Karl der Einfältige* von Frankreich den Normannenherzog *Rollo* mit dem Gebiet um die untere Seine, das bis 933 um Bayeux, Avranches u. die Halbinsel Cotentin erweitert wurde. Die Eroberung Englands durch Herzog *Wilhelm von der N.* (1066) u. seine Krönung zum König von England legte den Grundstein für die von seinem Sohn *Heinrich I.* begonnene, von *Heinrich II. Plantagenet* 1154 vollendete Vereinigung der N. mit England, die eine fortgesetzte Bedrohung der Kapetinger war. Erst 1204 gelang dem französ. König *Philipp II. August* der Erwerb der N., den England offiziell im Vertrag von Paris 1259 anerkannte. Im Hundertjährigen Krieg kam die N. noch einmal (1415–1450) in den Besitz Englands. – Mit der Landung brit. u. US-amerikan. Truppen in der N. am 6. Juni 1944 begann die dt. Niederlage während des 2. Weltkrieges im Westen.

Normannen, *Nordmannen, Wikinger*, mittelalterl. Bez. für Skandinavier, bes. für die seit dem Ende des 8. Jh. die europ. Küstenstädte u. -gebiete plündernden Seefahrer aus den nord. Ländern (Dänen, Norweger, Schweden). Seit 800 suchten sie immer häufiger Küsten- u. Flußgebiete des Frankenreichs heim, eroberten wiederholt Paris u. zerstörten 845 Hamburg. Ihre Flotten drangen bis Mainz u. Metz (881), Burgund (Seine- u. Saônequellen, 886) u. ins Mittelmeer vor (Plünderung Asturiens u. Portugals 844; Eroberung des arab. Sevilla; Vorstöße gegen Marokko, die Balearen, in die Provence u. die Toskana). Eine Gruppe unter *Rollo* ließ sich in der Gegend um Rouen nieder u. gründete 911 das Herzogtum Normandie. Andere Scharen setzten sich seit 866 planmäßig in England fest, das nach Wiederherstellung der angelsächs. Herrschaft zum zweiten Mal 1002/1016 von den Dänen erobert wurde. *Knut d. Gr.* vereinte Dänemark, England u. Norwegen unter seiner Krone. 1066 eroberten die nordfranzös. N. England. Auf der Insel Man hatten die N. 820 ein Königreich gegründet, das sich bis 1266 hielt. Im 9. Jh. wurden weitere Kleinkönigreiche der N. errichtet, z. B. in

Normannen: Heimatgebiete, Züge und Staatenbildungen; 7.–12. Jahrhundert

Dublin (bis 1170). Die Färöer, die Orkney- u. Shetland-Inseln sowie die Hebriden waren schon im 7./8. Jh. normannisch geworden. Seit 860 kamen die N. nach Island u. ließen sich dort ab 874 nieder, seit etwa 981 nach Grönland, um 1000 nach Amerika. Schwedische N. *(Waräger)* drangen in den Ostseeraum u. nach Rußland vor (9. Jh.), wo sie die Herrschaften von Kiew u. Nowgorod gründeten. Auf der Wolga u. durchs Schwarze Meer drangen N. bis Byzanz vor, in dessen Militärdienst sie z. T. traten. Das Mittelmeer war seit dem Niedergang der röm. u. später der byzantin. Flottenmacht begehrtestes Raubgebiet für N.züge.
Seit 1016 traten Ritter aus der Normandie in den Dienst süditalien. Fürsten. *Robert Guiscard* (1059–1085) eroberte ganz Unteritalien u. nahm es als Herzogtum (Apulien u. Kalabrien) vom Papst zu Lehen. *Roger I.* entriß den Arabern Sizilien u. Malta. Die Kreuzfahrerstaaten in Syrien (bes. Antiochia) wurden z. T. von N. getragen. *Roger II.* wurde 1130 vom Papst, der die N. als Gegengewicht gegen die dt. Könige u. Kaiser brauchte, als König von Sizilien, Kalabrien u. Apulien anerkannt; *Konstanze*, Tochter Rogers II. u. Erbin des sizil. Normannenreichs 1189, war mit Kaiser Heinrich VI. verheiratet, wodurch Sizilien an die Staufer fiel.
Die nur dünne normann. Oberschicht hat sowohl in Süditalien als auch in der Normandie gut organisierte Staaten mit hoher Kultur geschaffen, deren Einrichtungen (Zentralismus, Beamtentum) im MA vorbildlich für andere europ. Staaten wurden.

Northumberland [nɔː'θʌmbələnd], bis 1066 angelsächs. (Teil-)Königreich *(Northumbrien)*, seit 1377 Earl- bzw. Herzogstitel des mit Wilhelm dem Eroberer eingewanderten Geschlechts *Percy*; 1551 erhob sich Robert Dudley, Earl of Warwick, zum Herzog von N., 1557 wurde der Titel an die Familie Percy zurückgegeben, kam 1674 an die *Fitzroy* u. 1750 an die *Smithson*.

Northumbria [nɔːθ'hʌmbriə], angelsächsisches Königreich im 7. Jh., das aus der Vereinigung der Teilkönigreiche Bernicia u. Deira hervorging u. vom Fluß Humber bis in den SW u. O Schottlands reichte.

Norwegen N

Königreich Norwegen

Fläche: 323 895 km². – *Einwohner:* 4,3 Mill. – *Hauptstadt:* Oslo. – *Landessprache:* Norwegisch. – *Nationalfeiertag:* 17. 5. – *Währung:* 1 Norwegische Krone = 100 Öre. – *Lage:* zwischen 57°57′ und 71°11′ n. Br. sowie 4°30′ und 31°10′ ö. L. – *Zeitzone:* Mitteleuropäische Zeit. – *Grenzen:* im SW Nordsee, im NW Europäisches Nordmeer, im äußersten NO Rußland, im O Finnland und Schweden. – *Staatsform:* parlamentarische Monarchie.

Die zerklüftete Bodengestalt des seit vorgeschichtl. Zeit germanisch besiedelten N. hinderte die Ausbildung einer staatl. Einheit u. förderte die Entstehung mächtiger Adelsherrschaften. Im 9. Jh. begann der Zusammenschluß N.s zu einem einheitl. Königreich. Mit *Harald Schönhaars* Sieg (um 872) über die Stammeskönige war das ganze Land vereinigt; es zerfiel aber bald wieder in Teilreiche. Diese Zersplitterung nutzten die dän. Könige aus, denen es bis 1200 mehrfach gelang, das Land zu beherrschen. Im 11. Jh. wurde das Christentum eingeführt, bis 1104 vom Erzbistum Hamburg-Bremen aus, 1104 bis 1152 von Lund, das 1152 selbst Erzbistum wurde. *Olaf I. Trygvasson* (995–1000) u. *Olaf II., der Heilige* (1015–1028), christianisierten das Land gegen hartnäckigen Widerstand. *Sverre Sigurdson* (1177–1202), Anführer der „Birkebeiner", ordnete Staat, Heer u. Kirche neu. Erst *Haakon IV. Haakonsson* (1217 bis 1263) konnte die Königsmacht endgültig festigen. Er führte das Erbkönigtum ein, sicherte dem Land den Besitz Islands u. Grönlands u. förderte bes. den Außenhandel (Privilegien an die Hanse). Mit *Haakon V. Magnusson* (1299–1319) starb das bisherige Königshaus aus, u. die Herrschaft ging an den Schwedenherzog *Magnus VII. Eriksson* (1319–1355) aus dem Geschlecht der Folkunger über. *Olaf* (1380–1387), der Sohn *Haakons VI. Magnusson* (1343–1380) u. der dän. Königin *Margarete*, war seit 1380 König in N. u. Dänemark. Damit wurde die über 400 Jahre dauernde Union N.s mit Dänemark eingeleitet. Margarete vereinigte 1397 die drei Reiche N., Dänemark u. Schweden in der *Kalmarer Union*. Die dän. Könige blieben bis 1814 auch Könige von N., das sehr bald zu einer dän. Provinz wurde. König *Christian III.* mußte bei seiner Thronbesteigung dem dän. Reichsrat ausdrücklich versichern, daß N. den Status einer Provinz behalten sollte. Der norweg. Reichsrat wurde aufgelöst, u. Dänen wurden als Lehnsmänner eingesetzt, bei denen die wichtigsten Verwaltungsaufgaben des Landes lagen. Das norweg. Gerichtswesen blieb bestehen. Die Reformation wurde in N. nach dän. Vorbild durchgeführt u. der dän. Kultureinfluß damit vergrößert. Das unter *Friedrich III.* entstandene Königsgesetz (1665) wurde auch auf N. ausgedehnt.
Wohl erhoben norwegisch-patriot. Kreise in den Jahren nach 1750 die Forderung nach einer landeseigenen Universität, einer Nationalbank u. finanzieller Selbstverwaltung, sie dachten jedoch nicht an eine Trennung von Dänemark. Diese wurde erst im Gefolge der Napoleon. Kriege vollzogen. Im Kieler Frieden mußte *Friedrich VI.* N. an Schweden abtreten. Die Norweger bestanden jedoch auf ihrer Unabhängigkeit, gaben sich zu Eidsvoll am 17. 5. 1814 eine liberale Verfassung u. wählten den dän. Statthalter, den Prinzen Christian Friedrich (seit 1839 König *Christian VIII.* von Dänemark), zum König, doch mußte N. im August 1814 die Union mit Schweden anerkennen. Die norweg. Verfassung blieb in Kraft.
Die Periode der norwegisch-schwed. Union blieb gekennzeichnet durch ständige Spannungen zwischen dem norweg. Storting (Parlament), das die nationalen u. liberalen Forderungen nach Unabhängigkeit u. Freiheit des Landes am wirkungsvollsten vertreten konnte, u. den schwed. Königen. Unter dem liberalen König *Oskar I.* (1844–1859) u. vor allem durch den Einfluß des Skandinavismus schwächten sich diese Gegensätze ab; doch erst 1873 wurde die schwed. Statthalterschaft aufgehoben, 1884 die parlamentar. Regierungsform geschaffen u. 1898 das allg. Wahlrecht, zunächst nur für Männer (1913 auch für Frauen), eingeführt. Die Verbindung mit Schweden wurde endgültig aufgehoben, als N., das in der 2. Hälfte des 19. Jh. einen beachtl. wirtschaftl. Aufschwung erlebt u. eine der größten Handelsflotten der Welt aufgebaut hatte, für sich eigene Konsulate im Ausland beanspruchte. Da der schwed. König diese nicht zugestehen wollte, trat die norweg. Regierung zurück, u. das Storting erklärte die Union 1905 für aufgelöst. In einer Volksabstimmung entschieden sich die Nor-

Norwegen: König Haakon VII. leistet vor dem Storting den Eid auf die Verfassung, 1905

weger für die Erhaltung der Monarchie, der dän. Prinz Karl wurde zum König gewählt u. regierte als *Haakon VII.* bis 1957. N. blieb während des 1. Weltkriegs neutral, stellte aber seine Flotte in den Dienst Englands. Die innere Entwicklung N.s im 20. Jh. wurde bestimmt durch Industrialisierung, Wirtschaftskrisen u. starke soziale Gegensätze. Die Regierungen waren nicht stabil; Konservative, bürgerliche Linke u. Sozialisten wechselten sich ab. Im 2. Weltkrieg wurde N. am 9. 4. 1940 von dt. Truppen besetzt; König u. Regierung gingen nach London ins Exil. Die polit. Parteien wurden verboten mit Ausnahme der faschist. „Nationalen Sammlung", deren Führer Vidkun *Quisling* mit dem dt. Reichskommissar Joseph *Terboven* zusammenarbeitete.
Nach der dt. Kapitulation kehrte N. zur parlamentar. Demokratie zurück. Auf Haakon VII. folgte 1957 *Olaf V.* Nach dessen Tod übernahm sein Sohn 1991 als Harald V. die Regentschaft. Ministerpräsident ist seit 1997 K. M. *Bondevik*.
1949 trat N. der NATO bei. Es räumt jedoch ausländ. Mächten keine Militärstützpunkte ein. Der Beitritt zur EG wurde 1972 in einer Volksabstimmung abgelehnt.1994 lehnte die Bevölkerung auch den Beitritt zur EU ab. N. ist Mitgl. der UN u. des Nordischen Rats.

Noske, Gustav, Politiker (SPD), *9. 7. 1868 Brandenburg, †30. 11. 1946 Hannover; Korbmacher, dann Redakteur; 1906–1918 Mitgl. des Reichstags. Im Nov./Dez. 1918 verhinderte N. als Gouverneur von Kiel eine Ausweitung des Matrosenaufstandes. Ende Dez. 1918 wurde er Mitgl. des Rats der Volksbeauftragten (zuständig für Militärfragen); Anfang 1919 warf er als Oberbefehlshaber der Regierungstruppen den Berliner Spartakus-Aufstand nieder. 1919/20 war N. der erste Reichswehr-Min.; er mußte nach dem Kapp-Lüttwitz-Putsch zurücktreten. 1920 –1933 war er Oberpräsident der Provinz Hannover; 1939 u. 1944 kurzzeitig in Haft. Er schrieb „Von Kiel bis Kapp" 1920; „Erlebtes aus Aufstieg u. Niedergang einer Demokratie" 1947.

Notabeln [frz.], durch Vermögen oder Rang ausgezeichnete Personen; seit dem 15. Jh. in Frankreich eine vom König berufene Versammlung *(N.versammlung*, frz. *Assemblée des notables)*, die mit gleichen Rechten ausgestattet war wie die gewählten Generalstände, aber im Gegensatz zu diesen nicht das Steuerbewilligungsrecht hatte. Die N.versammlung tagte letztmals 1627; 1787 wurde sie wieder einberufen. Da ihr das Parlament von Paris das Steuerbewilligungsrecht bestritt, mußten 1789 die Generalstände einberufen werden (auch → Französische Revolution). – Im 19. Jh. bezeichnete man als N. wohlhabende, wirtschaftlich einflußreiche Bürger, die es sich leisten konnten, unentgeltlich politisch tätig zu sein.

Notitia Dignitatum [lat.], in der Spätantike ein Verzeichnis aller höheren zivilen Ämter u. militär. Kommandostellen mit der Angabe von deren Rang, einer Aufzählung der ihnen zugeordneten Verwaltungsbezirke u. Truppeneinheiten u. einer Liste ihres Stabspersonals. Die N. D., wie sie heute vorliegt, ist um 430 redaktionell bearbeitet, spiegelt aber oft noch ältere Zustände wider; sie ist die wichtigste Quelle für den Aufbau u. die Organisation des spätantiken röm. Reiches.

Novatian, Gegenpapst 251; philosophisch u. rhetorisch gebildeter röm. Presbyter, Verfasser mehrerer theolog. Schriften; ließ sich als Vertreter einer rigorosen Bußdisziplin gegen den milderen Papst *Cornelius* zum Gegenbischof aufstellen. Er fand rasch Anhänger *(Novatianer)* in allen Teilen des röm. Reichs, die sich zu einer eigenen Kirchengemeinschaft zusammenschlossen u. sich die „Reinen" nannten. Nach dem Tod N.s steigerten sie ihren Rigorismus noch. Trotz kaiserl. Verbote hielten sie sich lange, einzelne Gemeinden bestanden noch im 7. Jh.

Novemberrevolution, die polit. Umwälzung im Nov. 1918, die in Dtschld. die Monarchie beseitigte u. zur Entstehung der Weimarer Republik führte. Sie war die Folge des militär. Zusammenbruchs Deutschlands im 1. Weltkrieg. In der kriegsmüden u. notleidenden Bevölkerung breitete sich die seit der russ. Februarrevolution von 1917 immer wieder zurückgedrängte Erwartung unaufhaltsam aus, daß ein sofortiger Friedensschluß zu erreichen sei. Der berechtigte Verdacht, daß Kriegsdauer u. -situation durch eine verfehlte Politik der dt. Führung zumindest mitbedingt seien, schlug in die Forderung nach einer Ablösung dieser Kräfte um. Daran konnte auch die verspätete Parlamentarisierung des Kaiserreichs am 28. 10. 1918 nichts mehr ändern. Die N. begann mit einer Meuterei von Matrosen, als die Seekriegsleitung trotz der hoffnungslosen Lage den Befehl zum Auslaufen der Flotte gab. Die Verweigerung einer solchen „Todesfahrt" ging von Wilhelmshaven aus u. erfaßte alsbald Kiel u. die übrigen Küstenstädte. Gleichzeitig bildeten sich Soldatenräte u. unmittelbar anschließend auch Arbeiterräte, wobei die spontane Entwicklung sich im Landesinneren entlang den Eisenbahnlinien fortsetzte. Am 7. u. 8. 11. wurden in Braunschweig u. München Republiken ausgerufen.

Kaiser *Wilhelm II.*, nach dem 28. 10. bereit, mit der SPD ein neues Kaisertum aufzubauen, wich ins militär. Hauptquartier nach Spa aus. Diese Rückwendung zum Heer als Hauptstütze des preuß. Königtums machte die parlamentar. Regierung handlungsunfähig. Angesichts der Rätebewegung u. einer Generalstreikdrohung für den 11. 11., die von den der USPD nahestehenden „Revolutionären Obleuten" ausging, suchte vor allem die SPD den Kaiser zu einer rechtzeitigen Abdankung zu bewegen, mit dem Ziel, die parlamentar. Monarchie zu retten. Um die polit. Führung den revolutionären Kräften gegenüber nicht völlig zu verlieren, erklärte Reichskanzler Prinz *Max von Baden* am 9. 11. eigenmächtig den Thronverzicht Wilhelms II. u. übergab dem sozialdemokrat. Parteiführer F. *Ebert* die Regierung. Anschließend proklamierte – wiederum eigenmächtig – dessen Parteifreund P. *Scheidemann* die „Dt. Republik". Er kam damit dem Spartakusführer K. *Liebknecht* zuvor, der die „Freie sozialist. Republik" ausrief. Wilhelm II., bis zuletzt eine militär. Konterrevolution erwägend, ging nach Holland ins Exil. Alle übrigen regierenden Fürsten wichen der Revolution, ohne Widerstand zu leisten.

Nachdem Arbeiter- u. Soldatenräte die Lage im Lande unter ihre Kontrolle gebracht hatten, bildeten Parteiführer der SPD u. USPD am 10. 11. in Berlin als neue Reichsregierung den Rat der Volksbeauftragten. Vor allem Ebert u. Scheidemann suchten die polit. Neugestaltung des Dt. Reichs auf die Staatsform zu beschränken u. eine soziale Revolution zu vermeiden. Ihr Bestreben war es, durch die baldige Einberufung einer verfassunggebenden Nationalversammlung eine parlamentar. Republik zu errichten. Noch am 10. 11. kam es zu einem „Bündnis" zwischen Ebert u. General W. *Groener*, wobei sich die Spitze der revolutionär legitimierten polit. Führung u. die nur durch die Entlassung *Ludendorffs* veränderte Oberste Heeresleitung auf diesen polit. Kurs festlegten.

Teile der USPD-Führung u. eine Minderheit der Rätebewegung befürworteten eine Fortführung der Revolution. Die traditionelle dt. Führungsschicht sollte ganz ausgeschaltet u. die Revolution in den wirtschaftl. u. gesellschaftl. Bereich hinein ausgedehnt werden, bevor die Wahlen zur Konstituante stattfanden. Es ist umstritten, ob eine solche tiefergreifende Revolution in Dtschld. möglich gewesen wäre, ohne radikalen Kräften der Linken u. Rechten den Weg zu bahnen, u. ob hierdurch der Weimarer Republik mehr Stabilität verschafft worden wäre. Eine radikale Minderheit, vor allem der Spartakusbund, erstrebte eine Räterepublik nach sowjet. Vorbild. Die Entscheidung für baldige Wahlen zur verfassunggebenden Versammlung fiel auf dem Reichsrätekongreß in Berlin vom 16. bis 20. 12. 1918. Linksradikale Aufstände, bes. in Berlin u. München, wurden niedergeschlagen. Mit der Wahl der Nationalversammlung im Jan. 1919, der darauffolgenden Bildung einer parlamentar. Regierung u. der Annahme der Weimarer Verfassung war die N. abgeschlossen.

Novemberverträge, die im Okt./Nov. 1870 im Hauptquartier in Versailles von *Bismarck* mit den süddt. Staaten getrennt ausgehandelten Verträge, die die Grundlage für die Errichtung des Dt. Reiches bildeten. Einzelnen Staaten wurden Reservatrechte gewährt, z. B. Bayern die Militärhoheit in Friedenszeiten; sie spielten aber später keine nennenswerte Rolle. Bismarck sah die Verträge der Monarchen ungeachtet der später vom Reichstag verabschiedeten Verfassung als den eigentl. konstitutionellen Akt an u. drohte in innenpolit. Krisen wiederholt mit dem Staatsstreich durch Kündigung der N.

Novotný, Antonín, tschechoslowak. Politiker (Kommunist), *10. 12. 1904 Letňany bei Prag, †28. 1. 1975 Prag; Maschinenschlosser, Parteifunktionär, 1941–1945 im Konzentrationslager; seit 1951 Mitgl. des Politbüros, seit 1953 Erster Sekretär des ZK (Parteiführer), seit 1957 zugleich Staatspräsident. Bei Beginn der reformkommunist. Bewegung 1968 mußte N. beide Ämter niederlegen.

Nowa-Kultur, *Noua-Kultur,* eine Kulturgruppe der späten Bronzezeit u. frühen Eisenzeit, benannt nach der Fundstelle *Noua* bei Kronstadt in Siebenbürgen; verbreitet von Siebenbürgen bis zum Dnjestr; Kennzeichen sind Körperbestattung, Bronzeindustrie, unverzierte, glänzend polierte Keramik.

Nowgorod, ehem. *Welikij N.,* Hptst. des Verwaltungsgebiets N. im W Rußlands, am Wolchow, nördl. des Ilmensees, 234 000 Ew. 862 von *Rjurik* in Besitz genommen; Aufstieg seit dem Niedergang des Kiewer Reichs (12. Jh.), Blütezeit vom 12. bis 15. Jh. als Handelsmetropole (Hansestadt); 1478 vom Großfürstentum Moskau erobert; 1494 wurde das Handelskontor geschlossen; 1570 von *Iwan IV.* zerstört.

NPD, Abk. für → Nationaldemokratische Partei Deutschlands.

NS, Abk. für *Nationalsozialismus.*

NSDAP, Abk. für *Nationalsozialistische Deutsche Arbeiterpartei,* → Nationalsozialismus.

NS-Verbrechen, in Unterscheidung zu *Kriegsverbrechen* (d. h. Verletzung der internationalen Kriegsregeln u. -gebräuche, vor allem durch Soldaten) Sammelbegriff für bes. schwere Unrechtshandlungen, die im Zusammenhang mit der nat.-soz. Gewalt- u. Willkürherrschaft zwischen 1933 u. 1945 in Dtschld. u. im besetzten Europa begangen wurden u. auch nach dem damaligen Strafrecht strafbar waren. Zu den N. zählen u. a. Morde an polit. Gegnern, Inhaftierung u. Mißhandlung in Konzentrationslagern, Judenverfolgung u. -vernichtung, Mordaktionen der Einsatzgruppen in Polen u. der Sowjetunion, Terror gegen die Zivilbevölkerung besetzter Länder, Terrorurteile der Sondergerichte u. des Volksgerichtshofs.

Um die Sühnung dieser Verbrechen bemühten sich seit 1945 der Internationale Militärgerichtshof, Gerichte der Besatzungsmächte u. der ehemals besetzten Länder sowie Gerichte der BR Dtschld. u. der DDR. In der BR Dtschld. wurde 1958 die *Zentrale Stelle der Landesjustizverwaltungen zur Aufklärung nat.-soz. Verbrechen* in Ludwigsburg errichtet, die alle erreichbaren Unterlagen sammeln, noch lebende Täter aufspüren u. Strafverfahren in Gang bringen soll. Seit 1960

Novemberrevolution: Massenversammlung vor dem Reichstag in Berlin 1918

kann wegen Verjährung aller anderen Delikte nur noch wegen Mordverdachts ermittelt werden.

Nu, *U Nu*, birman. Politiker, *25. 5. 1907 Wakema, † 14. 2. 1995 Rangun; kämpfte gegen die brit. Herrschaft; 1943–1945 während der japan. Besatzungszeit Außen-Min., 1947 Präs. der Antifaschist. Volksfreiheitsliga; erreichte die Unabhängigkeit Birmas; 1947–1956, 1957/58 u. 1960 bis 1962 Min.-Präs., strebte eine Synthese zwischen Buddhismus u. Sozialismus an. 1962 durch einen Staatsstreich General *Ne Wins* gestürzt; Exil in Thailand u. Indien, 1980 nach Generalamnestie durch *Ne Win* nach Birma zurückgekehrt.

Nucẹria, heute *Nocera*, Stadt in Unteritalien, in der Nähe von *Pompeji*, spätestens im 4. Jh. v. Chr. oskisch besiedelt; kämpfte im 2. Samnitenkrieg gegen Rom, nach der Eroberung 308 v. Chr. mit Rom verbündet; 216 v. Chr. von *Hannibal* zerstört u. nach dem 2. Punischen Krieg wieder aufgebaut; während des Bundesgenossenkrieges (89 v. Chr.) verwüstet; unter *Octavian* wurden Veteranen angesiedelt, N. erhielt Koloniestatus.

Nuhasse, östl. des Orontes gelegener syrischer Staat, der um 1490 v. Chr. in ägypt. Abhängigkeit geriet. In der Amarnazeit (um 1360 v. Chr.) verlor Ägypten N. an Mitanni. Wenig später eroberten die Hethiter N. Trotz einiger Versuche, sich aus der heth. Herrschaft zu befreien, blieb N. bis zum Ende des heth. Reichs dessen Vasall.

Nujọma, Sam, namibischer Politiker, *12. 5. 1929 Ongandjera; gründete 1958 die *South West Africa People's Organization (SWAPO)* u. führt sie seither;setzte sich zunächst für einen friedl. Übergang Namibias zur Unabhängigkeit ein; ging dann zum Guerillakrieg gegen Südafrika über; erreichte 1990 die Unabhängigkeit Namibias u. wurde erster Staats-Präs. des Landes.

Nullifikatiọn [lat.; „Ungültigkeitserklärung"], eine Lehre, die von J. C. *Calhoun* 1829 als polit. Handhabe der Südstaaten der USA in ihrem Kampf gegen die Schutzzollpolitik der Regierung in Washington geschaffen wurde. Sie besagte, daß die einzelnen Staaten der USA aufgrund ihrer Souveränität das Recht hätten, Gesetze des Bundes für ungültig zu erklären. Ihre Anwendung verstärkte die Gegnerschaft zwischen Nord- u. Südstaaten, die 1861 zum Auseinanderbrechen der Union u. zum Sezessionskrieg führte.

Numạntia, ehem. stark befestigte keltiberische Stadt am Oberlauf des Duero in Spanien (heute *Muela de Garray* bei Soria); Ausgangspunkt der Kriege der Keltiberer mit den Römern, denen N. 10 Jahre lang standhielt; 133 v. Chr. von Cornelius *Scipio* erobert u. dem Erdboden gleichgemacht.

Nürnberg: Stadtansicht; Holzschnitt aus Schedels „Weltchronik", 1493

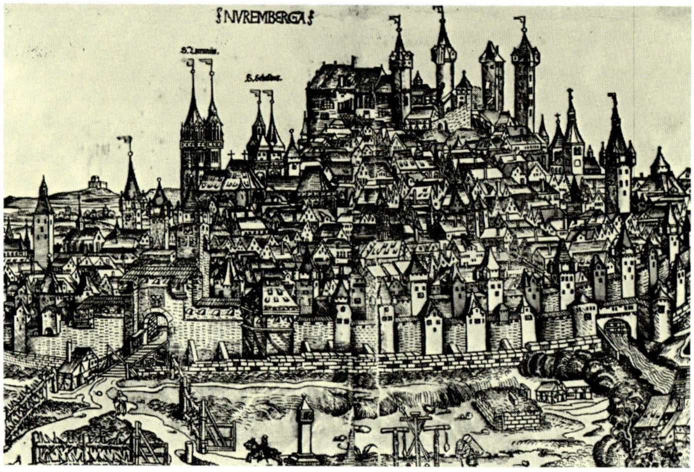

Nụma Pompịlius, der Sage nach 2. röm. König, dem die älteste sakrale Gesetzgebung zugeschrieben wurde; angebl. Schüler des *Pythagoras.*

Numẹiri, *Nimeiri*, Dschafar (Jafar) Mohammed An, sudanes. Offizier u. Politiker, *1. 1. 1930 Omdurman; führend am Staatsstreich von 1969 beteiligt, Oberbefehlshaber der Streitkräfte, dann Min.-Präs., seit 1971 Staats-Präs. N. orientierte sich anfangs an den kommunist. Staaten, wandte sich dann dem Westen zu u. suchte später auch den isl. Fundamentalisten entgegenzukommen. Nach soz. Unruhen wurde er 1985 vom Militär gestürzt.

Numịdien, im Altertum das Gebiet westl. u. südl. von Karthago, das ursprüngl. von afrikan. Nomaden, die die Römer *Numider* nannten, bewohnt war; im 3. Jh. v. Chr. Bildung von Stammesverbänden: *Masaesyli* u. *Massyli*, die unter *Massinissa* (bis 148 v. Chr.) ganz N. erobern; weitere Herrscher: *Jugurtha, Juba*; seit der Entthronung dieser Herrscher durch *Pompeius* 46 v. Chr. röm. Provinz (*Africa nova*, seit Septimius Severus *Numidia*).

Núñez ['nunjes], Rafael, kolumbian. Politiker, *28. 9. 1825 Cartagena, † 18. 9. 1894 El Cabrero; war 1880–1882, 1884–1888 u. 1892–1894 Staats-Präs.; schuf mit der Verfassung von 1886 die zentralistische Republik Kolumbien.

Nur Ad Din, Herrscher von Aleppo u. Damaskus 1146–1174, *Febr. 1118, † 15. 5. 1174 Damaskus; Sohn *Sengis*, eifriger sunnitisch-islam. Vorkämpfer gegen die Kreuzfahrer, die er vielfach zurückdrängte; sein Erbe war *Saladin.*

Nurạgen [ital.], *Nuraghen*, einzeln oder in Gruppen stehende, gedrungene, turmartige Steinbauten auf Sardinien; ebenerdig oder größere Bauten mit Obergeschoß u. Nebenkammern, aus großen Steinblöcken in der Art des falschen Gewölbes gebaut. Die Bedeutung ist unbekannt; sie wurden vom Ende der Jungsteinzeit (etwa 1500 v. Chr.) bis in die späte Eisenzeit (500–238 v. Chr.) errichtet. Ähnliche Bauten gibt es in Süditalien *(Trulli)* u. auf den Balearen *(Talayots).*

Nụri As Saịd, irak. Politiker u. Offizier, *1888, † 15. 7. 1958 Bagdad (ermordet); türk. General, 1922–1932 Oberbefehlshaber der irak. Armee; 1930–1952 u. 1954–1958 mehrmals Min.-Präs., Außen- u. Verteidigungs-Min.; schloß den *Bagdad-Pakt*; 1958 Min.-Präs. der Arab. Föderation; Gegner G. A. *Nassers*; bei dem Putsch A. K. *Kassems* getötet.

Nürnberg, kreisfreie Stadt in Bayern, im mittelfränk. Becken, zu beiden Seiten der Pegnitz; mit *Fürth* zusammengewachsen, 293 m ü. M., 500 000 Ew.

N. wird erstmalig 1050 in einer Kaiserurkunde erwähnt. Burggrafen waren seit 1192 die *Hohenzollern*; 1219–1806 war N. reichsfreie Stadt mit einem vorwiegend aus Patriziern bestehenden Rat. Die günstige Lage an der nordsüdl. u. ostwestl. Handelsstraße ließ N. rasch aufblühen. Nach der Goldenen Bulle von 1356 sollte jeder König seinen ersten Reichstag in N. abhalten. Um 1500 erreichte N. seinen wirtschaftl., polit. u. kulturellen Höhepunkt. Dort lebten berühmte Künstler (V. *Stoß*, A. *Kraft*, P. *Vischer*, A. *Dürer*, H. *Sachs*); P. *Henlein* konstruierte die erste Taschenuhr *(Nürnberger Ei).* In den 20er Jahren des 16. Jh. wurde die Reformation eingeführt. 1532 schloß Kaiser Karl V. den

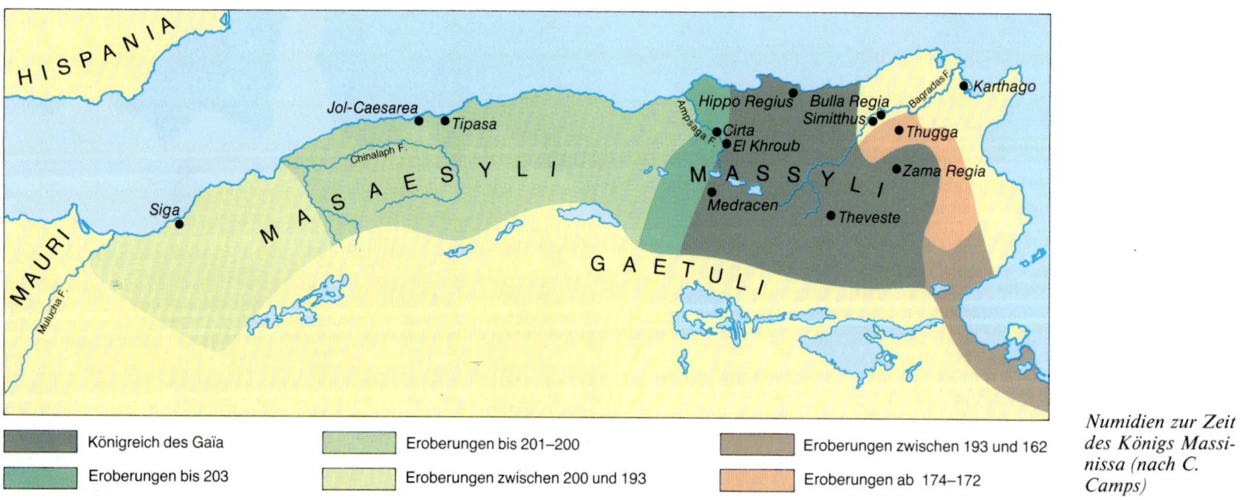

Numidien zur Zeit des Königs Massinissa (nach C. Camps)

N.er Religionsfrieden. Der Dreißigjährige Krieg u. die Verlagerung der Handelsstraßen ließen N.s Bedeutung sinken; 1806 fiel es an Bayern. 1835 wurde von N. nach Fürth die erste dt. Eisenbahn gebaut. 1933–1938 war N. Schauplatz der *Reichsparteitage* der NSDAP, 1945–1949 der *N.er Prozesse.*

Nürnberger Bund, am 10. 6. 1538 mit kaiserl. Zustimmung in defensiver Zielsetzung gegründetes kath. Bündnis gegen den *Schmalkaldischen Bund.* Meinungsverschiedenheiten zwischen den Herzögen von Braunschweig, Bayern u. Sachsen verhinderten eine größere Wirkung, doch stärkte der N. B. den Widerstandswillen der Schmalkaldener.

Nürnberger Gesetze, die insbes. gegen die jüdischen Bürger gerichteten Gesetze, die vom Reichstag auf Hitlers Initiative während des Nürnberger Parteitags der NSDAP am 15. 9. 1935 verabschiedet wurden: 1. Das *Gesetz zum Schutze des dt. Blutes u. der dt. Ehre (Blutschutzgesetz)* verbot unter Androhung von Zuchthausstrafen die Eheschließung u. den außerehelichen Verkehr zwischen Juden u. „Staatsangehörigen dt. oder artverwandten Blutes"; trotzdem geschlossene Ehen waren nichtig. 2. Das *Reichsbürgergesetz* schloß alle Staatsbürger nicht „deutschen oder artverwandten Blutes" von der (rechtlich nie näher festgelegten) dt. Reichsbürgerschaft aus. 3. Das *Reichsflaggengesetz* erklärte die Hakenkreuzflagge zur Reichs- u. Nationalflagge. Ergänzt wurden die N. G. durch das *Gesetz zum Schutz der Erbgesundheit des dt. Volkes (Erbgesundheitsgesetz)* vom 18. 10. 1935; es verbot Ehen mit ansteckend Kranken, Erbkranken, Entmündigten u. Geistesgestörten u. führte die Pflicht zur Vorlage von Ehetauglichkeitszeugnissen des Gesundheitsamtes ein. – Die Bedeutung der beiden erstgenannten Rassegesetze lag darin, daß sie die Grundlage für zahlreiche Verordnungen mit dem Ziel der weiteren Entrechtung der dt. Juden bildeten.

Nürnberger Prozesse, Sammelbezeichnung für das Verfahren vor dem Internationalen Militärgerichtshof (IMG) gegen 22 Hauptkriegsverbrecher (14. 11. 1945–1. 10. 1946) u. die 12 Verfahren, die 1946–1949 vor US-amerikan. Militärgerichten gegen polit., militär., wirtschaftl. u.a. Führungsgruppen des nat.-soz. Regimes im Nürnberger Justizpalast abgehalten wurden. Im Londoner Abkommen vom 8. 8. 1945 vereinbarten Großbritannien, Frankreich, die USA u. die Sowjetunion die Gründung u. das Statut des IMG zur Behandlung von Verbrechen gegen den Frieden (Verschwörung zu Handlungen gegen den Frieden, Führung eines Angriffskriegs), Kriegsverbrechen (im engeren Sinne, z. B. gegen Kriegsgefangene u. Zivilpersonen) u. Verbrechen gegen die Menschlichkeit (Mord, Verfolgung u. unmenschliche Handlungen aus polit., rassischen oder religiösen Gründen). Der IMG verurteilte 12 Angeklagte zum Tode (H. *Göring*, J. von *Ribbentrop*, A. *Rosenberg*, H. *Frank*, W. *Frick*, M. *Bormann* [in Abwesenheit], J. *Streicher*, A. *Seyß-Inquart*, F. *Sauckel*, E. *Kaltenbrunner*, W. *Keitel*, A. *Jodl*; die Urteile wurden am 16. 10. 1946 vollstreckt, Göring hatte zuvor Selbstmord begangen), sieben zu Freiheitsstrafen zwischen 10 Jahren u. lebenslänglich (R. *Heß*, W. *Funk*, B. von *Schirach*, A. *Speer*, E. *Raeder*, K. *Dönitz*, K. von *Neurath*); freigesprochen wurden F. von *Papen*, H. *Schacht* u. H. *Fritzsche*. Außerdem wurden SS, SD u. Gestapo sowie das Korps der polit. Leiter der NSDAP, nicht aber SA, OKW, Generalstab u. Reichsregierung zu verbrecherischen Organisationen bzw. Gruppen erklärt. Die Haftstrafen wurden, nicht in allen Fällen vollständig, im alliierten Kriegsverbrechergefängnis in Berlin-Spandau verbüßt; nach der Entlassung Speers u. Schirachs (1966) war Heß bis zu seinem Tod 1987 der einzige Häftling. – Das offizielle Protokoll des Prozesses (42 Bde. 1947–1949, Teilnachdruck 13 Bde. 1984) ist ein wichtiges Quellenwerk zur Geschichte des nat.-soz. Regimes.
Die auf der Grundlage des Kontrollratsgesetzes Nr. 10 vom 20. 12. 1945 durchgeführten Verfahren vor den US-amerikan. Militärgerichten betrafen neben den genannten Anklagepunkten vor allem medizin. Versuche an KZ-Häftlingen u. Kriegsgefangenen (Ärzte-Prozeß), rechtswidrige Verfolgungsmaßnahmen (Juristen-Prozeß), Verantwortung für Konzentrationslager (Prozeß gegen Angehörige des Wirtschafts- u. Verwaltungshauptamts der SS), Einsatz von Zwangsarbeitern u. Raub (Flick-Prozeß, IG-Farben-Prozeß, Krupp-Prozeß), Geiselmord u. Einsatzgruppen. Von 177 Angeklagten in den sog. Nachfolgeprozessen (darunter Reichsminister, hohe Verwaltungsbeamte u. Generale) wurden 24 zum Tode verurteilt (18 Hinrichtungen), 118 zu Haftstrafen, 35 freigesprochen. Bis 1956 wurden alle zu Haft Verurteilten (darunter 20 zu lebenslänglich) entlassen.

Nürnberger Religionsfriede, am 23. 7. 1532 zwischen Kaiser Karl V. u. dem *Schmalkaldischen Bund* geschlossener Vertrag; darin rangen die prot. Reichsstände dem Kaiser die Bestätigung des gegenwärtigen Religionszustandes ab, der bis zu einem allg. Konzil oder bis zum nächsten Reichstag gelten sollte, wogegen sie dem Kaiser Unterstützung gegen die Türken zusagten.

Nusch-i Jan, bedeutendste bekannte Anlage der *Meder* in Iran, rd. 60 km südl. von Hamadan. Zwischen 1967–1977 haben brit. Archäologen einen Palast, ein Fort sowie zwei Tempel freigelegt. Der Beginn der medischen Besiedlung lag etwa in der Mitte des 8. Jh. v. Chr.

Nuschke, Otto, Politiker, *23. 2. 1883 Frohburg, Sachsen, †27. 12. 1957 Ostberlin; Buchdrucker, Redakteur; 1915–1933 Chefredakteur der linksliberalen „Berliner Volkszeitung"; 1918–1933 Mitgl. der DDP bzw. Dt. Staatspartei: 1919/20 Mitgl. der Nationalversammlung, 1921–1933 MdL in Preußen; 1933–1945 Landwirt; 1945 Mitbegründer der CDU in der SBZ, 1948–1957 Vors. der CDU in der SBZ bzw. DDR; 1949–1957 stellvertr. Min.-Präs. der DDR.

Nydam, sumpfiges Wiesengelände auf dem Gebiet der Gemeinde Oster-Sottrup im Sundewit in Nordschleswig. Hier wurden zwei seegehende Boote, eiserne Schwerter u. Speerspitzen, Geräte u. Schmuckstücke des 3.–5. Jh., an anderer Stelle u. a. silberne Beschläge für Schwertscheiden des 5. Jh. gefunden. Das eine der Boote, aus Eichenholz gebaut, ist erhalten, 22,84 m lang, 3,26 m breit u. hat auf jeder Seite Platz für 18 Ruderer; früher als Opferfund gedeutet, heute als Hinterlassenschaft einer Schlacht angesehen.

Julius Nyerere

Nyerere, Julius Kambarage, Ehrentitel *Mwalimu* („Lehrer"), ostafrikan. Politiker, *März 1922 Butiama; Häuptlingssohn, gehört dem kleinen Volk der *Zanaki* an, Katholik; studierte 1949–1952 als erster Tanganjikaner in Großbritannien, Lehrer; gründete 1954 die *Tanganyika African National Union* (TANU) als nationale Massenpartei; wurde 1960 Min.-Präs. u. nach Erlangung der Unabhängigkeit 1962 Staats-Präs. von Tanganjika. 1964 schloß er Tanganjika mit Sansibar zur Vereinigten Republik *Tansania* zusammen. 1985 trat er als Staats-Präs. zurück.

Nygaardsvold ['ny:go:rsvɔl], Johan, norweg. Politiker (Arbeiterpartei), *6. 9. 1879 Hommelvik, †13. 3. 1952 Trondheim; seit 1932 Vors. der Arbeiterpartei, dem er seit 1916 angehörte; 1935–1945 Min.-Präs. (ab 1940 im Londoner Exil).

Nystad, schwed. Name der (finn.) Hafenstadt Uusikaupunki nordwestlich von Turku. Der *Friede von N.* beendete am 10. 9. 1721 den *Nord. Krieg* zwischen Rußland u. Schweden (1700 bis 1721). Rußland erhielt mit Livland, Estland, Ösel, Ingermanland u. einem Teil Kareliens einen breiten Zugang zur Ostsee. Es wurde an Schwedens Stelle Ostseevormacht u. europ. Großmacht.

Nürnberger Prozesse: Filmvorführung von Belastungsmaterial im Prozeß gegen die Hauptkriegsverbrecher; links in den letzten zwei Sitzreihen die Angeklagten

O

OAS, 1. Abk. für *Organisation Amerikanischer Staaten*, engl. *Organization of American States*, die in Bogotá auf der 9. Panamerikanischen Konferenz am 30. 4. 1948 gegr. Vertragsorganisation aller unabhängigen amerikanischen Staaten. Kuba (bis 1962 Mitgl.) hat nur Beobachterstatus. Die OAS baut auf den seit 1890 geschaffenen Vorläufern auf, insbes. auf der International Union of American Republics (1890), dem *Akt von Chapultepec* (1945) u. dem *Rio-Pakt* (1947), die mit Lateinamerika auch die USA gegen außeramerikan. Einflüsse abschirmen, die friedl. Beilegung von Konflikten fördern u. die militär.-polit. sowie wirtschaftl. Zusammenarbeit zwischen Lateinamerika u. den USA sichern sollten. Die OAS ist Instrument u. Rahmen für die Entwicklung dieser Beziehungen u. gekennzeichnet durch wirtschaftl.-polit. Übergewicht u. Einfluß der USA. Organe sind die jährlich tagende *Generalversammlung*, die *Beratende Versammlung der Außenminister* (vor allem für dringende Angelegenheiten) u. das *Generalsekretariat* mit Sitz in Washington.
2. Abk. für frz. *Organisation* de *l'armée secrète*, „geheime Armeeorganisation", eine extrem nationalist. militär. Untergrundorganisation französ. Siedler u. Militärs in Algerien, die 1960–1962 unter der Führung des abgesetzten Generals R. *Salan* mit terrorist. Mitteln die von Präs. *de Gaulle* betriebene Entlassung Algeriens in die Unabhängigkeit zu verhindern suchte.

OAU, Abk. für engl. *Organization of African Unity, Organisation für die Einheit Afrikas*, frz. *OUA*, gegründet am 25. 5. 1963 in Addis Abeba. Der OAU gehörten Anfang 1998 außer Marokko alle unabhängigen Staaten Afrikas sowie die durch die Befreiungsbewegung Polisario vertretene Rep. *Sahara (Westsahara)* an. Höchstes Organ ist die *Konferenz der Staats- u. Regierungschefs*, die mit Zweidrittelmehrheit verbindliche Entscheidungen treffen kann. Träger der Administration ist das *Generalsekretariat* in Addis Abeba. Die OAU unterhält mehrere fachbezogenen *Sonderkommissionen* (z. B. für Wirtschaft u. Soziales) u. eine *Schiedskommission*. Die Organisation setzt sich für die wirtschaftliche Zusammenarbeit der afrikan. Staaten ein, bemüht sich um die gemeinsame Vertretung afrikan. Interessen nach außen u. schlichtet in Streitfällen. Das 1963 eingesetzte *Befreiungskomitee* sollte die regionalen Befreiungsbewegungen unterstützen. 1979 verabschiedete die OAU die „Afrikanische Charta der Menschen- u. Völkerrechte". Die OAU ist durch Meinungsverschiedenheiten der Mitgliedsländer starken Belastungen ausgesetzt. Die Aufnahme der Rep. *Sahara (Westsahara)* 1982 führte 1984 zum Austritt Marokkos.

Oba, Titel des Königs von Benin (Mittelwestnigeria); auch allg. gebraucht als Amtsbez. für die Stadtkönige im Kulturbereich der *Yoruba*, die eigentlich verschiedene Titel tragen (z. B. Oni von Ife, Alafin von Oyo).

Obed-Kultur, spätjungsteinzeitl. Kultur in Babylonien (Südirak), benannt nach dem Ruinenhügel *Al Obed* bei An Nasiriyah; charakterisiert durch Häuser aus lehmüberstrichenem Mattengeflecht, Keramik aus grünl. Ton mit schwarzer Bemalung, Tonsicheln mit Obsidianklingen, weibl. Tonstatuetten u. Siegel aus Stein mit geometr. Mustern. Die O. endete mit der Einwanderung der *Sumerer*.

Oberdonau, amtl. Bez. für das österr. Bundesland Oberösterreich 1938–1945; im Mai 1938 um das Ausseer Land u. nach dem Münchener Abkommen vom 30. 9. 1938 um südmährische Gebiete erweitert.

Oberhof, im MA das Gericht einer Stadt (z. B. Magdeburg, Lübeck, Freiburg i. Br.), deren Recht auch in anderen Städten galt, das auf Ansuchen den Tochterstädten Rechtsbelehrungen in Form von Schöffensprüchen erteilte, wodurch oft die Berufung an ein fürstliches *Hofgericht* vermieden wurde.

Obermaier, Hugo, Prähistoriker, *29. 1. 1877 Regensburg, †12. 11. 1946 Freiburg, Schweiz; kath. Geistlicher, widmete sich zusammen mit französ. u. span. Archäologen der Erforschung des Paläolithikums. 1951 wurde in Regensburg die *Hugo O.-Gesellschaft für Erforschung des Eiszeitalters u. seiner Kulturen* gegründet.

Oberösterreich, histor. Name *Österreich ob der Enns*, österr. Bundesland beiderseits der Donau, zwischen dem Unterlauf des Inns im W u. der Enns im O, grenzt an Bayern, an die Tschech. Republik, Niederösterreich, Steiermark u. Salzburg, 11979 km^2, 1,37 Mill. Ew.; Hptst. *Linz*.
Karl der Große löste 788 drei Grafschaften (vermutlich Traungau, Oberes u. Unteres Mühlviertel) von Bayern u. gliederte sie der Karolingischen Mark an. 976 übernahmen die *Babenberger* das östl. Mühlviertel, 1192 den steirischen Traungau u. das westl. Mühlviertel. 1246 erhielt O. einen eigenen Landrichter in Linz, seit 1329 leitete ein Landeshauptmann die Landesverwaltung. 1506 wurde O. durch das Mondseer Land u. 1779 durch das Innviertel erweitert; 1784 wurde es selbständiges Herzogtum u. Kronland, 1861 Erzherzogtum. Nach dem Zusammenbruch der Donaumonarchie war es als Bundesland O. Teil der neugeschaffenen Republik. 1938 wurde O. in *Oberdonau* umbenannt u. um Gebiete im Süden u. Norden erweitert. Von 1945–1955 war das Gebiet südlich der Donau US-amerikan. u. das Mühlviertel sowjet. Besatzungsgebiet.

Obersalzberg, 1000 m hoher Berg bei Berchtesgaden (Oberbayern).
Hitler erwarb 1927 das auf dem O. gelegene *Haus Wachenfeld* u. ließ es nach 1933 zu seinem Landsitz *Berghof* ausbauen. Später kamen Gästehäuser, Kasernen u. Versorgungsbetriebe hinzu.

Oberschlesien, der südöstl. Teil Schlesiens, vom Schlesischen Landrücken beherrscht. – O. fiel vor dem 1. Weltkrieg mit dem preuß. Reg.-Bez. Oppeln zusammen; es hatte eine gemischte dt.-poln. Bevölkerung. Von poln. Seite wurde schon während des 1. Weltkriegs der Anschluß O.s an den künftigen poln. Staat gefordert. Der Versailler Vertrag sah im größten Teil O.s Volksabstimmungen über die staatl. Zugehörigkeit vor. 1919 wurde O. zur preuß. Provinz erklärt. Es kam zu Kämpfen zwischen dt. u. poln. Freikorps. Die Abstimmung von 1921 erbrachte eine Mehrheit von fast 60 % für Dtschld., trotzdem wurde O. 1922 geteilt (dt. Anteil: 9715 km^2, poln. Anteil: 3213 km^2). Im 2. Weltkrieg kam Ost-O. wieder in dt. Besitz; 1941 wurde eine neue Provinz O. mit über 20000 km^2 u. überwiegend poln. Bevölkerung gebildet. 1945 kam ganz O. zu Polen.

Oberste Heeresleitung, Abk. *OHL*, im 1. Weltkrieg der militär. Führungsstab der dt. Landstreitkräfte. Nomineller Oberbefehlshaber war der Kaiser; maßgebend war der jeweilige Generalstabschef des Feldheeres: 1914 H. von *Moltke* (1. OHL), 1914–1916 E. von *Falkenhayn* (2. OHL), 1916–1918 P. von *Hindenburg* u. der voll mitverantwortliche Erste Generalquartiermeister E. *Ludendorff* (3. OHL). Die OHL war von der polit. Führung des Reiches unabhängig; seit 1916 lag die tatsächl. Macht bei ihr.

Apollo Milton Obote

Obervolta → Burkina Faso.

Obodriten, *Obotriten, Abodriten*, Völkerschaft der *Elb- u. Ostseeslawen* ab ca. 600 n. Chr. im späteren Ostholstein, Lauenburg u. Westmecklenburg; untergliedert in *Wagrier, Polaben, Obodriten* i. e. S. u. *Warnower*. Erstmals erwähnt sind die O. Ende des 8. Jh. anläßlich von Feldzügen Karls d. Gr. gegen die ebenfalls slaw. Wilzen sowie gegen die Sachsen. Nach Zeiten wechselnder Abhängigkeit der O. vom Frankenreich bzw. von den Dänen erkämpften die dt. Könige Heinrich I. u. Otto I. die dt. Oberhoheit auch über sie, die jedoch durch große Aufstände unter Beteiligung der Lutizen 983 wieder abgeworfen wurde. Die Aufstände richteten sich zugleich gegen die Christianisierung. Mit Pribislaw u. Niklot (†1160) endete das freie O.tum: Niklot fiel im Kampf gegen Heinrich den Löwen, der aber 1167 einem Sohn Niklots, *Pribislaw* († 1178), als seinem Vasallen die obodrit. Herrschaft zurückgab, wodurch dieser zum Stammvater des (bis 1918 regierenden) mecklenburg. Herrscherhauses wurde. Die O. gingen nach der dt. Ostsiedlung in der neuen Bevölkerung auf.

Obote, Apollo Milton, ugand. Politiker, *1925 Akokoro; 1955 Mitbegründer des *Uganda National Congress (UNC)*, 1959 des *Uganda People's Congress (UPC)*; wurde 1962 Premierminister des unabhängigen Uganda; seit 1966 Staats-Präs.; wurde 1971 von *Idi Amin* gestürzt u. ging ins Exil; kehrte nach dem Sturz Amins zurück; nach dem umstrittenen Wahlsieg der UPC 1980 wieder Staatspräsident, 1985 erneut gestürzt.

Obrenović [-vitsj], serb. Herrschergeschlecht (Miloš I., Milan II., Milan III., Milan IV., Alexander I.), das sich seit 1815 in der Herrschaft Serbiens mit den *Karadjordjević* ablöste (1817–1842 u. 1858–1903).

Ochab, Edward, poln. Politiker (Kommunist), *16. 8. 1906 Krakau, †1. 5. 1989 Warschau; seit 1929 Funktionär der KP, 1932–1935 u. 1937–1939 inhaftiert; nach 1939 in der UdSSR; 1944–1967 Mitgl. des ZK der Poln. Arbeiterpartei, 1954–1968 Mitgl. des Politbüros, 1956 Erster Sekretär des ZK der PZPR (Polnische Vereinigte Arbeiterpartei); 1957–1959 Landwirtschafts-Min.; 1964–1968 Staatsoberhaupt (Vors. des Staatsrats).

Ochlokratie [grch.], „Herrschaft der Masse", Zerrform der echten (dem Gemeinwohl dienenden) Volksherrschaft im Sinn der Dreiteilung der Staatsformen bei *Aristoteles*.

Ochrana [die; russ., „Schutz"], 1881–1917 die polit. Geheimpolizei des russ. Zarenreichs.

Ochs, Peter, schweizer. Politiker u. Historiker, *20. 8. 1752 Nantes, †19. 6. 1821 Basel; betrieb als Anhänger der Französ. Revolution das Eingreifen Frankreichs in der Schweiz, entwarf 1797 die Verfassung der Helvet. Republik u. rief 1798 die Helvet. Republik aus; 1798/99 Präs. des Helvet. Senats.

O'Connell [ɔu'kɔnəl], Daniel, irischer Politi-

Oda Nobunaga (Porträt von K. Munehide)

ker, *6. 8. 1775 Cahirciveen, Kerry, †15. 5. 1847 Genua; gründete 1823 die *Irisch-Kath. Assoziation*, die gegen die Vorherrschaft der prot.-engl. Landbesitzer kämpfte; erreichte durch seine Politik die Gleichstellung der Katholiken mit den Protestanten (Katholikenemanzipation 1829), scheiterte aber mit der Forderung nach Auflösung der Union Irlands mit England.

Octavia, 1. Frau des *Marcus Antonius*, Schwester des Kaisers *Augustus*, *um 70 v. Chr., †11 v. Chr.; versuchte den Ausbruch des Kampfes zwischen ihrem Bruder u. ihrem Mann zu verhindern, obgleich sich Antonius der ägypt. Königin *Kleopatra* zugewandt hatte; lebte nach der Scheidung von Antonius (32 v. Chr.) zurückgezogen.
2. Tochter des röm. Kaisers *Claudius*, Frau des *Nero*, *um 40, †9. 2. 62; von Nero unter dem Vorwurf des Ehebruchs verstoßen u. ermordet, um seine Ehe mit *Poppaea Sabina* zu ermöglichen.

Octavian, *Octavianus* → Augustus.

Oda, Nobunaga, japan. Heerführer u. Politiker, *1534, †1582 Kyoto; hatte wesentl. Anteil bei der Einigung Japans nach einem Jahrhundert von Bürgerkriegen; führte den Masseneinsatz von Feuerwaffen u. andere militär. Reformen ein. Auf dem Höhepunkt seiner Macht von einem seiner Generale verraten, beging er in aussichtsloser Lage Selbstmord. Sein Einigungswerk wurde durch *Toyotomi* u. *Tokugawa* vollendet.

Odal ['u:da:l; das; schwed.], Stamm- oder Erbgut eines freien Bauern- oder Adelsgeschlechts.

Oder-Neiße-Linie, die in Abschnitt IXb des *Potsdamer Abkommens* (2. 8. 1945) beschriebene „Linie, die von der Ostsee unmittelbar westl. von Swinemünde u. von dort die Oder entlang bis zur Einmündung der westl. Neiße u. die westl. Neiße entlang bis zur tschechoslowakischen Grenze verläuft". Die östl. davon gelegenen „früher dt. Gebiete" (→ Ostgebiete) sollten nach übereinstimmender Auffassung der drei in Potsdam vertretenen Regierungen „bis zur endgültigen [d. h. friedensvertraglichen] Festlegung der Westgrenze Polens" der Verwaltung des poln. Staates bzw. der Sowjetunion unterstellt u. nicht als Teil der sowjetischen Besatzungszone betrachtet werden.
Die Regierung der DDR stellte im *Görlitzer Abkommen* mit Polen vom 6. 7. 1950 fest, daß die O. „die Staatsgrenze zwischen Deutschland u. Polen bildet".
Die Regierung der BR Dtschld. stellte im deutsch-polnischen Vertrag vom 7. 12. 1970 *(Warschauer Vertrag)* fest, „daß die bestehende Grenzlinie, deren Verlauf im Kapitel IX der Beschlüsse der Potsdamer Konferenz ... festgelegt worden ist, die westl. Grenze der Volksrepublik Polen" bilde. In den vorangegangenen Verhandlungen hatte die Bundesregierung darauf hingewiesen, daß sie nur für die BR Dtschld. handeln, also ein wiedervereinigtes Dtschld. nicht binden könne. Nach der Wiedervereinigung wurde die O. in einem am 14. 11. 1990 geschlossenen Vertrag völkerrechtlich als dt.-poln. Grenze bestätigt.

Odilo, 5. Abt von Cluny (seit 994), Heiliger, *um 962 in der Auvergne, †31. 12. 1048 Souvigny; förderte das Anwachsen der *Cluniazensischen Reform* zu einer mächtigen Bewegung. – Heiligsprechung 1063.

Odilo, *Oatilo*, um 736/37 Herzog von Bayern, †18. 1. 748; förderte die röm.-christl. Organisation einer herzogl. Landeskirche in Verbindung mit *Bonifatius*, um ein Gegengewicht gegen die Franken u. seinen unbotmäßigen Adel zu bekommen. Nach Karl Martells Tod heiratete er dessen Tochter *Hiltrud* (†754) gegen den Willen ihrer Brüder (Pippin d. J. u. Karlmann) u. bekämpfte die Eroberungspolitik der beiden fränk. Hausmeier, die ihn 743 am Lech besiegten, aber nach Gebietsabtretungen in seiner Stellung beließen.

Odoaker, *Odovakar, Odowakar*, german. Edler skirischer Herkunft, *um 430, †März 493 Ravenna; röm. Offizier, setzte 476 den letzten weström. Kaiser *Romulus Augustulus* ab, ließ sich zum Heerkönig der german. Truppen ausrufen u. machte sich zum Herrn Italiens, tastete aber die röm. Verwaltung nicht an; wurde von Ostrom anerkannt. In oström. Auftrag machten die Ostgoten seiner Herrschaft 489 oder 493 ein Ende. *Theoderich d. Gr.* hatte ihm die Mitherrschaft zugesichert, ermordete ihn aber bei einem Gastmahl.

Odrysen, thrakischer Stamm am Unterlauf des *Hébros*; begründete in der 1. Hälfte des 5. Jh. v. Chr. das erste, sich in seiner Blütezeit bis an die untere Donau erstreckende Thrakerreich; nach der Mitte des 4. Jh. v. Chr. von *Philipp II.* von Makedonien unterworfen, später von *Lysimachos* erneut niedergekämpft, 279–216 v. Chr. unter kelt. Herrschaft; seit dem Ende des 1. Jh. v. Chr. Teil des röm. Reiches.

OECD, Abk. für engl. *Organization for Economic Cooperation and Development, Organisation für wirtschaftl. Zusammenarbeit u. Entwicklung*, die 1961 gegr. Nachfolgeorganisation der *OEEC*, Sitz: Paris. Die 29 Mitglieder umfassen die ehem. Mitgliedstaaten der OEEC sowie Kanada, die USA, Japan (1964), Finnland (1969), Australien (1971), Neuseeland (1973), Mexiko (1994), Tschech. Republik (1995), Ungarn (1996), Polen (1996) u. Südkorea (1996).
Aufgaben: Förderung des wirtschaftl. Wachstums der Mitgliedstaaten, Koordinierung der Wirtschaftspolitik, Liberalisierung u. Ausweitung des Außenhandels, gemeinsame Entwicklungshilfe. Oberstes Organ ist der *Rat*, in dem jedes Mitgliedsland eine Stimme hat. Der Rat ernennt einen Präsidenten u. zwei Vizepräsidenten für jeweils ein Jahr sowie einen Generalsekretär für jeweils 5 Jahre. Als Unterorganisationen der OECD wurden im Jahre 1961 der *Ausschuß für Entwicklungshilfe* (DAC) u. 1974 die *Internationale Energie-Agentur* (IEA) gegründet.

OEEC, Abk. für engl. *Organization for European Economic Cooperation, Organisation für europäische wirtschaftliche Zusammenarbeit, Europäischer Wirtschaftsrat*, der am 16. 4. 1948 erfolgte Zusammenschluß von 16, später 18 westeurop. Staaten zum Zweck des gemeinsamen Wiederaufbaus der europ. Wirtschaft u. der Ausweitung u. Erleichterung des europ. Handels- u. Zahlungsverkehrs; Sitz: Paris.
Mitglieder: Belgien, BR Dtschld. (seit 1949), Dänemark, Frankreich, Griechenland, Großbritannien, Irland, Island, Italien, Luxemburg, Niederlande, Norwegen, Österreich, Portugal, Schweden, Schweiz, Spanien (seit 1959), Türkei; assoziierte Mitglieder: Jugoslawien, Kanada u. die USA.
Die Organisation wurde am 30. 9. 1961 durch die neugegr. *Organisation für wirtschaftliche Zusammenarbeit u. Entwicklung* (→ OECD) abgelöst.

Oelßner, Fred, Politiker (SED), *27. 2. 1903 Leipzig, †7. 11. 1977 Ostberlin; seit 1921 Redakteur an KPD-Zeitungen; 1933–1945 in der Emigration (Sowjetunion); seit 1945 im zentralen Parteiapparat der KPD bzw. SED, 1950–1958 Mitgl. des Politbüros, 1950–1955 Sekretär des ZK (zuständig für Propaganda); 1955–1958 stellvertr. Vors. des Ministerrats der DDR (zuständig für Konsumgüterproduktion); 1958 zusammen mit K. *Schirdewan* u. E. *Wollweber* wegen Differenzen mit dem Ulbricht-Flügel seiner Ämter enthoben; danach Leiter des Instituts für Wirtschaftswissenschaften bei der Akademie der Wissenschaften in Ostberlin. O. galt bis etwa 1955 als „Chefideologe" der SED. Er schrieb u. a. „Rosa Luxemburg" 1951.

Ofen, alter dt. Name von Buda.

Öffentlichkeit, eine in ihrer histor. Ausprägung u. wissenschaftl. Interpretation uneinheitliche gesellschaftspolit. Kategorie, die im weitesten Sinn die Gesamtheit derjenigen Verhältnisse umfaßt, in denen sich der gesellschaftl. Austausch u. die Bildung öffentl. Meinung abspielen.
Während die Ö. in der Antike die selbstverständliche Form des sozialen u. polit. Geschehens war, ist der moderne Ö.sbegriff im 17. u. 18. Jh. als polit. Emanzipations- u. Kampfbegriff des Bürgertums entstanden. Im Rahmen der Aufklärung kristallisierten sich spezifische Bildungsmedien (z. B. die Presse) heraus, über die der Aufbau einer kommunikativen Ordnung jenseits feudaler Standesschranken ermöglicht werden sollte. Zunächst vorwiegend kulturell bestimmt (Lesegesellschaften), entwickelte sich im ausgehenden 18. Jh. u. zu Beginn des 19. Jh. ein polit. Anspruch auf Kritik u. Kontrolle der staatl. Gewalt. Zur Sicherung dieser Funktion bedurfte es u. a. der Durchsetzung von Presse- u. Informationsfreiheit, was sich in den verfassungspolit. Diskussionen des 19. Jh. widerspiegelt. War zu dieser Zeit die Kategorie Ö. an Besitz- u. Bildungsbürgertum

Odoaker bei der Erstürmung Roms; Zeichnung zur Weltchronik des Otto von Freising

gebunden, erweiterte sich mit dem ausgehenden 19. Jh. die Partizipationsbreite. Neue soziale Gruppen (Arbeiterschaft) forderten auch für sich die Teilnahme an Meinungsbildung u. -kontrolle. Dabei führte die rasche Entwicklung der Kommunikationsträger (Rundfunk, Neue Medien) im 20. Jh. zu einem Nachlassen der aktiven Teilhabe an polit. Artikulation u. Einflußnahme. Die zunehmende Tendenz zur Monopolisierung der öffentl. Meinungsbildung in der Hand unflexibler Großmedien führte seit den 1970er Jahren verstärkt zu Versuchen, Gegen-Ö.en (alternative Medien, Protestbewegungen, Bürgerinitiativen) aufzubauen. In den 1990er Jahren wurde die Kategorie Ö. zunehmend von der Globalisierung der Informationsgesellschaft bestimmt.

Ofnet-Höhle, steinzeitl. Fundplatz bei Holheim, Ldkrs. Nördlingen. Bemerkenswert ist neben den Kulturschichten der Altmühlgruppe, des Aurignacien u. des Spätpaläolithikums die mesolithische Schicht. In ihr wurden Bestattungen von Schädeln freigelegt, die nach W ausgerichtet u. mit durchbohrten Schnecken u. Hirschzähnen geschmückt sind.

Ögädäi, *Ugedai, Ogotai,* Mongolenherrscher (Groß-Chan) seit 1229, *um 1185, †11. 12. 1241 Karakorum; dritter Sohn u. Nachfolger *Tschingis Chans*; widmete sich vorwiegend dem Ausbau des Reichs nach innen u. dem Handel. Unter ihm eroberte *Batu* Südrußland u. Nordchina u. stieß bis Schlesien, Ungarn u. Mähren vor.

O'Higgins [o'igins], Bernardo, chilen. Unabhängigkeitskämpfer, *20. 8. 1776 Chillán, †24. 10. 1842 Lima; kämpfte 1810–1814 erfolglos gegen die Spanier. Nach dem Sieg José de *San Martíns* (*1778, †1850) gegen die Spanier wurde O. 1817 Diktator von Chile (1823 gestürzt). Er gilt heute als chilen. Nationalheld.

Ohrid ['ɔxrid], Stadt in Makedonien, nordöstl. des *Ohridsees*, rd. 42 000 Ew.
Unter dem Namen *Lychnidos* war O. in der Antike religiöses Zentrum des westl. Balkans; 971–1018 war es Hptst. des Großbulgar. Reichs u. 1018–1767 Sitz eines bulgarisch-orth. autokephalen Erzbistums.

Ojukwu, Chukwuemeka Odumegwu, nigerian. Offizier u. Politiker, *4. 11. 1933 Zungeru, Nordnigeria; gehört dem Volk der Ibo an; 1966 Militärgouverneur der Ostregion; erklärte am 30. 5. 1967 die Ostregion als Republik *Biafra* für unabhängig u. fungierte als Staatschef. Nach der militär. Niederlage im Sezessionskrieg ging er 1970 ins Exil, bis er 1982 amnestiert wurde.

O'Kelly [ɔu'kɛli], irisch *O'Ceallaigh,* Seán Tomás, irischer Politiker, *25. 8. 1882 Dublin, †23. 11. 1966 Dublin; Mitgründer (1908) der *Sinn-Fein-Bewegung,* seit 1918 Mitgl. des irischen Dail (Parlament), 1927–1945 Abg. der *Fianna Fail,* 1932–1941 Innen-Min., 1941–1945 Finanz-Min., 1945–1959 Staats-Präs.

Okinawa, Hauptinsel der japan. Ryukyu-Inseln, zwischen Kyuschu u. Taiwan, 110 km lang, bis 20 km breit, 1253 km^2, als Präfektur 2249 km^2 u. 1,2 Mill. Ew., Hptst. *Naha.*
Auf O. fand vom 1. 4. bis 21. 6. 1945 die letzte entscheidende Schlacht im Pazif. Krieg statt. Das US-amerikan. amphibische Unternehmen gegen O. diente zur Vorbereitung der für Ende 1945 geplanten Invasion der 600 km nördlich liegenden japan. Hauptinseln. Die hohen Verluste auf beiden Seiten beeinflußten die US-amerikan. Invasionsplanungen zugunsten des Abwurfes von Atombomben auf Hiroshima u. Nagasaki. O. u. die anderen Ryuku-Inseln blieben bis 1972 Militärstützpunkt unter US-amerikan. Hoheit.

Ökolampad, *Oekolampadius,* Johannes, eigentl. J. *Husschin,* Humanist u. Reformator, *1482 Weinsberg, Schwaben, †24. 11. 1531 Basel; wirkte seit 1523 für die Durchführung der Reformation in Basel, wo er seit 1529 die Kirche leitete, führte 1531 die Reformation in Ulm ein. In der Abendmahlslehre stand Ö. H. *Zwingli* nahe.

Oktoberdiplom, am 20. 10. 1860 nach dem politischen u. militär. Debakel in Oberitalien von Kaiser *Franz Joseph* erlassene föderalist. Verfassung für Österreich-Ungarn, 1861 durch das zentralist. *Februarpatent* ersetzt.

Oktobermanifest, russ. Verfassungserklärung vom 17. 10. a. St. (30. 10. n. St.) 1905. *Zar Nikolaus II.* gewährte mit dem O. Grundrechte für alle russ. Bürger (Unverletzlichkeit der Person, Gewissens-, Rede-, Versammlungs- u. Vereinigungsfreiheit) u. versprach darin grundsätzlich das allg. Wahlrecht sowie die Übertragung der gesamten Gesetzgebung auf das Parlament.

Oktoberrevolution, im sowjet. Sprachgebrauch *Große Sozialistische Oktoberrevolution,* der von der bolschewist. Partei organisierte Aufstand am 25./26. 10. a. St. (7./8. 11. n. St.) 1917 in Petrograd, der die bürgerl. Provisor. Regierung stürzte u. das bolschewist. Regime in Rußland begründete. Auch → Rußland.

Szenen aus dem Leben König Olafs II., des Heiligen; um 1250. Dom, Trondheim/Norwegen

Olaf, Fürsten. Dänemark: **1.** *O. IV. Haakonsson,* König 1376–1387, seit 1380 auch in Norwegen, *1370, †1387; Sohn von Haakon VI. u. Margarete I. von Dänemark, die für ihn zeitlebens regierte; mit ihm begann die Union zwischen Norwegen u. Dänemark, die bis 1814 dauerte.
Norwegen: **2.** *O. I. Tryggvasson,* König 995–1000, *um 960, †1000 (gefallen); Urenkel von *Harald Schönhaar,* erfolgreich in der Christianisierung Norwegens, Islands u. Grönlands.
3. *O. II., O. der Heilige, O. II. Haraldsson,* König etwa 1015–1028, *um 995, †29. 7. 1030 Stiklestad bei Trondheim (gefallen); versuchte, die Königsmacht zu stärken u. das Christentum zu verbreiten; 1028 von den Kleinkönigen, die *Knut d. Gr.* von Dänemark unterstützten, vertrieben. Sein Bemühen, Norwegen zurückzuerobern, mißlang. – Schutzpatron Norwegens (Fest: 10. 7.).
4. *O. V.,* König 1957–1991, *2. 7. 1903 Appelton House bei Sandringham, England, †17. 1. 1991 Oslo; Sohn Haakons VII.; 1940–1945 im Exil in London, 1944 Oberbefehlshaber der norweg. Exiltruppen; übernahm bereits 1955 als Regent die Regierungsgeschäfte.

Olbricht, Friedrich, Offizier (1940 General), *4. 10. 1888 Leisnig, Sachsen, †20. 7. 1944 Berlin; seit 1940 Chef des Allg. Heeresamts im Oberkommando des Heeres; in einer zentralen Funktion für die Widerstandsbewegung gegen das nat.-soz. Regime tätig; nach dem Scheitern des Attentats auf Hitler am 20. 7. 1944 zusammen mit seinem ehemaligen Stabschef C. Graf Schenk von *Stauffenberg* u. anderen standrechtlich erschossen.

Oldenbarnevelt, *Barnevelt,* Jan van, niederländ. Politiker, *25. 9. 1547 Amersfoort, †13. 5. 1619 Den Haag (hingerichtet); 1586 Ratspensionär von Holland, im Unabhängigkeitskampf Führer der aristokratisch-republikan. Partei, brachte 1609 den zwölfjährigen Waffenstillstand mit Spanien zustande; wurde nach einem Konflikt mit dem Statthalter *Moritz von Nassau* zum Tode verurteilt.

Oldenburg, ehem. Land des Deutschen Reiches, 5396 km^2, 582 000 Ew. (1939); Hptst. O. (Oldenburg); reichte von der Nordseeküste bis zu den Dammer Bergen.
Kernland war die Grafschaft O. mit der Burg O. (Ersterwähnung 1108). Die Grafen dehnten ihr Gebiet zunächst in Richtung Weser aus (1234 Erwerbung des halben Stedingen), dann bis zur Nordsee (1523 Butjadingen, 1575 Jever). 1448 wurde Graf Christian dän. König. Nach dem Aussterben des Grafenhauses fiel O. 1667 an Dänemark. 1773 wurde es – in Personalunion verbunden mit dem Fürstbistum Lübeck – unter dem Haus Holstein-Gottorf wieder selbständig, 1777 Herzogtum. 1810–1813 war es französisch, 1815 wurde es nach mehrfacher Gebietserweiterung Großherzogtum. 1867 schloß O. eine Militärkonvention mit Preußen u. trat dem Norddt. Bund, 1871 dem Dt. Reich bei; 1918 wurde es Freistaat. 1937 trat O. die Exklaven Lübeck-Eutin u. Birkenfeld an Preußen ab u. erhielt dafür Wilhelmshaven. 1946 wurde es dem neuen Land Niedersachsen eingegliedert, in dem es bis 1978 den Status eines Verwaltungsbezirks hatte.

Oldenburger, Fürstengeschlecht, um 1100 erstmals erwähnt; besaß Grafenrechte im Ammerland, starb in der Hauptlinie 1667 mit *Anton Günther* (*1583) aus. *Christian VIII.* wurde 1448 als *Christian I.* König von Dänemark u. 1460 auch Herzog von Schleswig u. Graf von Holstein. Von der von ihm begründeten Linie spalteten sich die *Augustenburger,* die *Gottorfer* u. die *Sonderburger* Häuser ab. 1863 starb die dän. Linie aus; an ihre Stelle traten die Sonderburger, von denen auch das bis 1974 regierende griech. u. das derzeitige norweg. Königshaus abstammen.

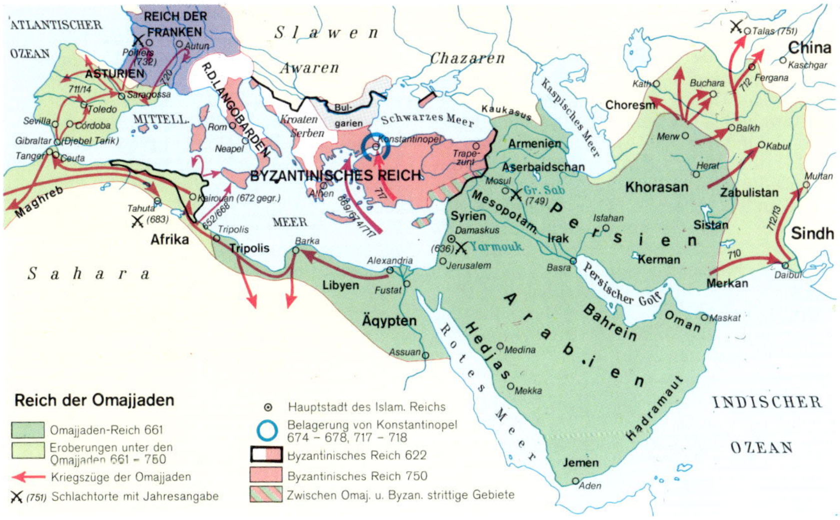

Reich der Omajjaden

Oldoway [engl. 'ɔuldʌwɛi], *Olduvai*, *O.-Schlucht*, rd. 100 m tiefe Schlucht in der Nähe des Ngorongoro-Kraters (Tansania). Die O.-Schlucht war vor etwa 2 Mill. Jahren ein Seeufer. In ihren schichtenartigen Sedimenten wurden viele Fossilien aus unterschiedl. Zeiten gefunden. Bes. wichtig sind fossile Funde von Frühmenschen *(Hominidae)* u. Steinwerkzeugen (Geröllgeräte [rd. 1,75 Mill. Jahre alt], Faustkeile, Schaber, Schneiden u. a.). Die archäolog. Erschließung der O.-Schlucht ist das Werk der Forscherfamilie *Leakey*; sie trug wesentlich zur Erforschung der Evolution des Menschen bei.

Oleg, skandinavisch-russ. Fürst, erstmals erwähnt für das Jahr 879, †912 oder 922; übernahm 879 die Herrschaft in Nowgorod, eroberte 882 Kiew u. unterwarf ostslaw. u. finn. Stämme in Zentralrußland; ein Feldzug gegen Konstantinopel (911) brachte ihm eine hohe Tributzahlung sowie einen günstigen Handelsvertrag mit dem byzantin. Reich ein.

Olga [russ.], nord. *Helga*, Großfürstin von Kiew, *um 890, †969 Kiew; Frau *Igors*; 945 Regentin für ihren unmündigen Sohn *Swjatoslaw*; ließ sich als erste russ. Fürstin taufen (Helena), ohne jedoch das Christentum in Kiew einzuführen.

Olgerd, *Olgierd*, lit. *Algirdas*, Großfürst von Litauen 1345–1377, *1296, †1377; Sohn von *Gedymin*, vereinigte große Teile des zerfallenen Kiewer Reichs (Ukraine, Weißrußland) mit Litauen, siegte 1362 an den Blauen Wassern (Südukraine) über die Mongolen, unterlag 1370 bei Rudau gegen den Dt. Orden; Vater von *Jagiełło*.

Oliva, poln. *Oliwa*, Ort nordwestl. von Danzig, 1926 eingemeindet. Der *Friede von O.* zwischen dem Kaiser, Polen, Brandenburg u. Schweden beendete am 3. 5. 1660 den schwedisch-poln. Krieg. Polen u. Schweden anerkannten die Souveränität des Kurfürsten von Brandenburg im Herzogtum Preußen. Polen überließ Schweden das nördl. Livland, Estland u. die Insel Ösel.

Olivares, Gaspar de *Guzmán*, Graf von O., span. Politiker, *6. 1. 1587 Rom, †22. 7. 1645 Toro, Zamora; nach der Verleihung des Herzogtitels (1625) *Condeduque de O.* genannt; 1621–1643 leitender Minister unter *Philipp IV.*, scheiterte mit seinen außenpolit. Unternehmungen (Wiederaufnahme des Kriegs gegen die aufständ. Niederlande, Teilnahme am Dreißigjährigen Krieg, Abfall Kataloniens u. Portugals 1640).

Ollenhauer, Erich, Politiker (SPD), *27. 3. 1901 Magdeburg, †14. 12. 1963 Bonn; kaufmänn. Lehre, Redakteur; 1921–1946 Sekretär der Sozialistischen Jugendinternationale, 1928–1933 Vors. des Verbandes der Sozialist. Arbeiterjugend Deutschlands, im April 1933 in den Parteivorstand der SPD gewählt, 1933–1946 in der Emigration (Prag, Paris, London) Mitgl. des Vorstands der Exil-SPD; 1946–1952 stellvertr. Vors., 1952–1963 Vors. der SPD und ihrer Bundestagsfraktion, 1949–1963 MdB; 1963 Vors. der Sozialist. Internationale.

Ollivier [-'vje], Émile, französ. Politiker, *2. 7. 1825 Marseille, †20. 8. 1913 Saint-Gervais-les-Bains, Savoyen; Rechtsanwalt, seit 1857 oppositioneller Abg., bildete im Jan. 1870 das erste liberale Ministerium unter *Napoleon III.*, bereitete den Krieg gegen Preußen propagandistisch vor, mußte bereits Anfang Aug. 1870 zurücktreten. O. schrieb „L'empire libéral" 18 Bde. 1894–1915.

Olmeken [aztek., „Leute aus dem Gummiland"], die zur Zeit der span. Eroberung im inneren Golfwinkel von Mexiko lebende indian. Bevölkerung. Nach ihnen wird eine ältere Kultur benannt, deren Träger jedoch nicht mit den *histor. O.* identisch sind (→ La-Venta-Kultur). Die histor. O. werden in den altmexikan. Chroniken auch Olmeca-Xicalanca genannt. Sie beherrschten 800–1292 die Stadt Cholula, bis sie von toltekisch-chichimekischen Stämmen vertrieben wurden.

Olmützer Punktation, der unter russ. Vermittlung geschlossene Vertrag von Olmütz vom 29. 11. 1850 zwischen Preußen, das von O. T. von *Manteuffel*, u. Österreich, das von F. Fürst zu *Schwarzenberg* vertreten wurde. Darin mußte Preußen die Interventionspolitik in Kurhessen u. Holstein dem *Dt. Bund*, in dem Österreich die Vormachtstellung wahrte, überlassen. Die O. P. bedeutete das Ende der Bestrebungen Friedrich Wilhelms IV., die dt. Einheit unter preuß. Führung ohne Österreich (kleindeutsche Lösung) herzustellen. Sie leitete die Rückkehr Preußens zur Frankfurter Bundesversammlung ein u. war ein Erfolg der Politik Schwarzenbergs.

Olympias, Mutter Alexanders d.Gr., †316 v. Chr.; molossische Königstochter, Gemahlin Philipps II. von Makedonien; griff mehrfach in die Politik u. nach Alexanders d. Gr. Tod in die Machtkämpfe um den makedonischen Thron ein. Wegen ihres grausamen Vorgehens wurde sie 316 v. Chr. von der makedon. Heeresversammlung zum Tode verurteilt u. von Angehörigen ihrer Opfer getötet.

Olynth, grch. *Olynthos*, altgriech. Stadt auf der Halbinsel Chalkidike; Hauptstadt des zu Beginn des 4. Jh. v. Chr. gegründeten *Chalkidischen Bundesstaates*; 382–379 v. Chr. von Sparta belagert u. schließlich erobert; 349/48 v. Chr. von Philipp II. von Makedonien völlig zerstört u. nicht wieder aufgebaut. O. ist das einzige erhaltene Beispiel für Straßensystem u. Privathäuser einer griech. Stadt des 5./4. Jh. v. Chr. (Ausgrabungen 1928–1938).

Omajjaden, *Umaijaden*, *Umajjaden*, die erste Kalifen-Dynastie, 661–750 in Damaskus. Um die Ermordung *Othmans* zu rächen, zog *Moawija I.* (661–680) gegen den (4.) Kalifen *Ali* zu Feld, ließ sich selbst zum Kalifen ausrufen u. begründete damit die Dynastie der O., die das Islam. Reich nach Nordafrika, Turkistan, Pandschab u. Spanien ausdehnte. Unter *Hischam* (724–743) begannen in Khorasan Aufstände, die 750 zum Sturz der O. durch die *Abbasiden* führten. Daraufhin bildeten die O. 756–1031 in Spanien ein Emirat (seit 929 Kalifat), das Höhepunkt der arab. Macht u. Kultur in Spanien war.

Oman OM

Sultanat Oman

Fläche: 212457 km². – *Einwohner:* 1,7 Mill. – *Hauptstadt:* Maskat. – *Landessprachen:* Arabisch, Persisch, Urdu. – *Nationalfeiertag:* 18. 11. – *Währung:* 1 Rial Omani = 1000 Baizas. – *Lage:* zwischen 16°30′ und 26°30′ n. Br. und 53° und 60° ö. L. – *Zeitzone:* Mitteleuropäische Zeit + 3 Std. – *Grenzen:* im W Jemen, Saudi-Arabien und Vereinigte Arabische Emirate, im äußersten NW Persischer Golf, ansonsten Arabisches Meer. – *Staatsform:* absolute Monarchie.

Im 6. Jh. geriet das östl. Südarabien unter sassanidische Oberherrschaft; aber noch zu Lebzeiten Mohammeds wurde ganz Arabien islamisch u. dann dem Islamischen Reich angegliedert. Von 751 bis Ende des 18. Jh. regierten Imame der *Ibaditen-Sekte* einen theokratischen Staat weitgehend unabhängig. Dann wurde die geistl. von der weltl. Autorität getrennt, doch war der Imam bis zu seiner Vertreibung 1957 weiterhin sehr einflußreich.

Nach einem Überfall persischer Heere 1256 auf O. war das Land bis Anfang des 16. Jh. den Herrschern von *Hormus* tributpflichtig. Der Handel mit Perlen, Araber-Pferden, Datteln u. Gewürzen von Maskat aus wurde dadurch aber nicht beeinträchtigt. Mit der Eroberung der Küstengebiete durch die Portugiesen 1506 ging der einträgliche Handel an portugies. Kaufleute über. 1650 konnte der Sultan von O. die von den Portugiesen besetzte Stadt Maskat wiedererobern u. die Portugiesen aus dem Land vertreiben. 1741 besiegte der Gouverneur von Suhar, Ahmed Ibn Said, ein pers. Invasionsheer; er wurde zum Ahnherrn der heute noch regierenden Sultan-Dynastie *Said*. Ihr Herrschaftsgebiet wurde zum Kernland eines Seeimperiums, dem zeitweise auch Bahrain, Sansibar u. afrikan. Gebiete angeschlossen waren. Die Städte Maskat u. Suhar an der Ostküste Arabiens wurden zu Zentren des Karawanen- u. Seehandels mit Afrika, Indien u. Persien. Seit Anfang des 19. Jh. wuchs der brit. Einfluß, u. der Handel ging an engl. Reedereien über. 1890 wurde O. brit. Protektorat. Die Auseinandersetzungen zwischen dem Imam u. dem Sultan setzten sich bis in das 20. Jh. fort, sie wurden 1920 vertraglich beigelegt; dem Sultanat wurde volle polit. Souveränität zuerkannt, dem Imam begrenzte Souveränität im

geistl. Bereich. Nach erneuten Konflikten wurde der Imam 1957 vertrieben.
1970 wurde Sultan Said mit brit. Unterstützung von seinem Sohn *Kabus Ibn Said* zur Abdankung gezwungen; dieser leitete Reformen ein u. löste das Land aus seiner langjährigen Abgeschlossenheit. Das Sultanat *Maskat u. O.* wurde 1970 in Sultanat O. umbenannt. 1971 verließen die meisten Briten das Land, 1977 räumte Großbritannien seine letzten Stützpunkte. 1905 hatte das Haager Schiedsgericht die Grenzen des Staatsgebietes festgestellt, so daß auch die fruchtbare westl. Provinz Dhofar u. eine Enklave an der Piratenküste zu O. gehören. 1971 regelten Saudi-Arabien u. O. ihre Grenzprobleme. Die Rivalitäten zwischen den beiden großen Stämmen O.s, den *Hinawi* u. den *Ghafiri*, dauerten bis in die jüngste Vergangenheit an. In Dhofar entstand eine mehrfach umbenannte „Volksfront", seit 1974 „Volksfront für die Befreiung O.s" *(PFLO)* genannt, die seit 1963 zunächst als Autonomiebewegung, später als kommunist. Organisation für die Machtübernahme im Sultanat u. in den Emiraten am Pers. Golf kämpfte. Die von Ostblockstaaten u. von der Volksrepublik Jemen unterstützte Bewegung wurde von den Regierungstruppen mit Hilfe brit. Militärberater 1975 nach 12jährigem Kampf niedergerungen.
1981 gehörte O. zu den Gründungsmitgliedern des Golfrates. 1991 beteiligte sich das Land an den Militäraktionen zur Befreiung Kuwaits. Im gleichen Jahr berief der Sultan als Zeichen einer vorsichtigen innenpolit. Liberalisierung einen *Konsultativrat.*

Omar, *Umar, O. I., O. Ibn Al Chattab*, Kalif 634–644, *um 592 Mekka, †3. 11. 644 Medina; anfangs ein Gegner *Mohammeds*, dann eng mit ihm befreundet. O. wurde einer der engsten Berater des Propheten, nach dessen Tod er *Abu Bakr* zur Wahl des Kalifen vorschlug. Als dieser 634 starb, wurde O. zu seinem Nachfolger gewählt. Während seines Kalifats gelang es ihm mit Hilfe fähiger Feldherren, die Byzantiner aus Syrien, Palästina, Mesopotamien u. Ägypten zu vertreiben u. die Sassaniden in Persien zu besiegen. Auf der Konferenz von Al Gabija 637 legte O. die Richtlinien für die Verwaltung des islam. Großreichs fest, wobei er Moslems, insbes. Arabern, eine Vorrangstellung (u. a. Steuervergünstigungen) gegenüber Angehörigen anderer Religionsgemeinschaften u. Völker einräumte. Er führte gleichzeitig die im gesamten islam. Reich gültige Zeitrechnung ein, beginnend mit dem Jahr der Hedschra (622). 644 fiel O. auf dem Weg zur Moschee einem Mordanschlag zum Opfer.

Omar Al Haddsch, *Omar Saidu Tall, Hadj Omar, El Haddsch Omar Saidu Tall*, afrikan. Reichsgründer u. islam. Reformator, *um 1797 Aloar bei Podor im heutigen Senegal, †1865 im westl. Sudan; begann 1850 Eroberungen im Senegal-Niger-Raum, wurde 1857 von dem französ. Gouverneur L. *Faidherbe* zurückgeschlagen, eroberte 1861 Ségou; errichtete die *Tidschanija-Bruderschaft* in Westafrika.

Oncken, Hermann, Historiker, *16. 11. 1869 Oldenburg i. O., †28. 12. 1945 Göttingen; Prof. in Chicago 1905/06, Gießen 1906, Heidelberg 1907, München 1923 u. Berlin 1928 bis 1934 (zwangsemeritiert); hielt in seiner Geschichtsschreibung an der Rankeschen Tradition vom Vorrang der Außenpolitik fest, berücksichtigte aber stärker die innere Politik, insbes. die Parteienpolitik. Werke: „Lassalle" 1904; „Rudolf von Bennigsen" 2 Bde. 1910; „Historisch-politische Aufsätze" 2 Bde. 1914; „Die Rheinpolitik Kaiser Napoleons III. 1863–70" 1926; „Das Dt. Reich u. die Vorgeschichte des Weltkrieges" 1933; „Vorgeschichte u. Begründung des Zollvereins" 3 Bde. 1934; „Cromwell" 1935.

Opiumkrieg, der Krieg 1840–1842 zwischen Großbritannien u. China. Großbritannien führte seit Anfang des 19. Jh. in steigendem Umfang indisches Opium nach China ein u. bezahlte mit dem Erlös chines. Waren, die es ausführte (z. B. Tee, Seide, Porzellan). Als die chines. Regierung 1839 die Opiumeinfuhr zu unterbinden suchte u. Opiumladungen vernichtete, ging Großbritannien militärisch vor. Brit. Truppen besetzten mehrere chines. Häfen u. stießen bis zum Taku-(Dagu-)Fort bei Tianjin vor. Im Frieden von Nanjing 1842 wurde China gezwungen, fünf Häfen für den brit. Handel zu öffnen u. die Insel Hongkong an Großbritannien abzutreten.
Ein zweiter O. *(Lorcha-Krieg)* brach 1856 aus. In den Friedensschlüssen von Tianjin (1858) u. Peking (1860) mußte China den europ. Mächten weitere Zugeständnisse machen. Beim Einmarsch der verbündeten Truppen in Peking wurde der kaiserl. Sommerpalast zerstört.

Oppenheimer, Joseph, *Jud Süß* →Süß-Oppenheimer.

Oppidum [das, Pl. *Oppida*; lat.], ursprüngl. röm. Bez. für eine durch Mauer u. Graben befestigte Siedlung, die nur zeitweilig als Zufluchtsort aufgesucht wurde oder auch ständig bewohnt war u. dann stadtähnl. Charakter hatte. Seit dem 1. Jh. v. Chr. war jede Stadt, die keine *Colonia* u. kein *Munizipium* war, ein O. In der Archäologie nennt man Oppida die befestigten kelt. Siedlungen des 2. u. 1. Jh. v. Chr.

Oppius, lat. *mons Oppius*, Hügel in Rom, Teil des *Esquilin* im S, angrenzend an das Kolosseum; Ort der großen Thermenanlage des Kaisers *Trajan*, Reste von *Neros* „Goldenem Haus".

Optimaten [lat.], in der röm. Republik *i. w. S.* der gesamte Senatsadel, *i. e. S.* seit der Zeit der *Gracchen* die Verfechter der Senatspolitik. Auf die zunächst auf Bodenreform zielende u. auf das röm. Volk gestützte Politik der *Popularen* antworteten die O., indem sie den alten Führungsanspruch des Senats betonten. An ihnen scheiterten die Reformen der Gracchen u. ihrer Nachfolger, u. ihr Gegensatz zu den Popularen bestimmte die Geschichte der folgenden Jahrzehnte. In der Zeit der Bürgerkriege (nach 49 v. Chr.) standen die O. für die Erhaltung der republikan. Verfassung gegen die sich abzeichnende Militärdiktatur.

Oradour-sur-Glane [oradu:rsyr'glan], Ort im zentralfranzös. Dép. Haute-Vienne, rd. 2000 Ew. – O. wurde am 10. 6. 1944 von Einheiten der dt. Waffen-SS als Vergeltung für Partisanenüberfälle niedergebrannt. Über 600 Bewohner wurden teils erschossen, teils lebendig verbrannt. Der Ort ist in der Nähe wiederaufgebaut worden; die Ruinen blieben als Mahnstätte erhalten.

Oral History ['ɔrəl'histəri:; engl., „mündl. Geschichte"], eine vorwiegend im angelsächs. Raum ähnlich der Lebenslaufforschung entwickelte Forschungsrichtung, die Geschichte auch in ihrer subjektiven Ausdeutung erschließen will. In Textanalysen (Interviews, Tonbandprotokolle) interessieren Lebensgeschichten einzelner Individuen, die als typisch gelten können, sowie Verwertungen einer größeren Anzahl von Lebensgeschichten. Anders als die objektivierte Geschichtsforschung setzt sich die O. H. für eine Geschichtsschreibung „von unten" ein, indem den Erzählungen einfacher Leute die Prädikate des Mitteilungs- u. Erkenntniswürdigen zuerkannt werden.

Oranien [ora'njɛ̃], nordafrikan. prähistor. Fundgruppe in der Cyrenaica u. im Maghreb (dort auch *Ibéromaurusien* genannt).

Oranien, frz. *Orange*, ehem. französ. Fürstentum im Dép. Vaucluse, Hptst. *Orange*; kam 1530 an die Grafen von Nassau-Dillenburg, 1544 an Wilhelm I., den späteren Statthalter der Niederlande *(Nassau-Oranien)*; 1702 mit Wilhelm III. (König von Großbritannien), der es dem preuß. König vermacht hatte, erloschen. – Nach dem *Oranischen Erbfolgestreit* zwischen Preußen, Nassau-Diez u. Nassau-Siegen fiel O. im Frieden von Utrecht 1713 an Frankreich. Der niederländ. Besitz der Oranier kam zu *Nassau-Diez*, das auch den Titel „Fürst von O." erbte. Dieser Titel wurde später von den Königen der *Niederlande* geführt.

Oranienburg, Stadt in Brandenburg, 28 900 Ew. – Die Stadt entstand aus dem Burgflekken *Bötzow* bei der gleichnamigen, erstmals 1216 erwähnten Burg. 1652 wurde sie vom Großen Kurfürsten zu Ehren seiner Gemahlin, einer Prinzessin von Oranien, in O. umbenannt. 1933–1935 befand sich in O. eines der ersten nat.-soz. Konzentrationslager. Ein größeres KZ wurde 1936 im Ortsteil Sachsenhausen errichtet.

Oranierorden, engl. *Orangemen*, Organisation der radikalen Protestanten Nordirlands, benannt nach Wilhelm III. von Oranien, der 1690 den kath. Stuart-König Jakob II. u. sein irisch-kath. Heer am Boynefluß schlug u. den engl. Thron bestieg. Die Orangemänner verbanden sich zur Erinnerung an den Sieg des Protestantismus u. zur Behauptung ihrer Überlegenheitsansprüche über die irischen Katholiken 1795 zu einer „Loge". Im 20. Jh. bildeten sie die paramilitär. *Ulster-Verteidigungsvereinigung (UDA).* Der O. ist neben der Vanguard-Bewegung die bedeutendste polit. Organisation der Protestanten in Nordirland, beide bekämpfen im Bürgerkrieg die IRA, die Organisation der kath. Iren. Oraniertag: 7. Juli.

Oranjefreistaat, afrikaans *Oranje-Vrystaat*, engl. *Orange Free State*, Provinz der Rep. Südafrika, 129 152 km², 1,93 Mill. Ew.; Hptst. *Bloemfontein.*
Das Gebiet wurde seit 1835 von den durch die Engländer aus Natal vertriebenen *Buren* besiedelt. Diese gründeten einen Staat, der 1848 nach der Schlacht bei *Boom Plaats* von den Engländern besetzt u. mit der Kapkolonie vereint, aber 1854 als selbständig anerkannt wurde. Im *Burenkrieg* wurde der O. von engl. Truppen besetzt u. 1902 unter dem Namen *Orange River Colony* engl. Kolonie, 1910 unter dem Namen *O.* Provinz der Südafrikan. Union (seit 1961 Republik Südafrika).

Orchan, *Orhan, Orkhan Gazi*, osman.-türk. Sultan 1326–1359, *um 1279, †1359 (?); eroberte 1326 Bursa u. den größten Teil des nordwestl. Kleinasien; gründete die Janitscharen-Armee.

Orchomenos, Name mehrerer altgriech. Städte. Bes. bekannt war O. in Böotien, im NW der Kopaissenke, am Kephisos; besiedelt seit dem Neolithikum, größte Bedeutung in myken. Zeit; in klassischer Zeit Rivale

Burenkämpfer im Oranjefreistaat

Thebens u. von diesem 363 v. Chr. vernichtet; später wiederaufgebaut; dort 86 v. Chr. Sieg Sullas über ein Heer Mithradates' VI.

Ordal [das; angelsächs.] → Gottesurteil.

Orden [lat. *ordo*, „Regel, Ordnung, Stand"], zunächst eine religiöse oder weltl. Gemeinschaft, die nach bestimmten Regeln lebt. Die Bez. O. wurde auf die Abzeichen solcher Gemeinschaften u. später auf bes. Formen von Ehrenzeichen übertragen.
Geistliche Orden, d. h. Vereinigungen, deren Mitglieder sich auf eine bestimmte Lebensordnung verpflichtet haben u. diese außerhalb der Familie u. der Gemeinde zu verwirklichen suchen, sind in fast allen Religionen anzutreffen, z. B. auch im Buddhismus, Hinduismus u. Lamaismus.
Weltliche Orden wurden seit dem späten MA nach dem Vorbild der Ritterorden von Monarchen geschaffen. Ihre Mitglieder mußten durch Verdienst u. Herkunft ausgezeichnet sein. Derartige O. waren z. B. der engl. *Hosenband-O.* (1350) u. der burgund., später habsburg. O. vom Goldenen Vlies (1429). Später hörten sie auf, wirkl. Standesvereinigungen zu sein; die Ernennung zum Mitglied eines O.s wurde ein Mittel zur Auszeichnung für bes. Verdienste. Schließlich ging die Bez. O. von der Gemeinschaft auf die O.sembleme (Kreuz, Stern, Medaillen) über u. wurde im Sinn der modernen Auszeichnungen, der *(Verdienst-)O.* u. *Ehrenzeichen*, verwendet.
Seit dem Beginn der Neuzeit wurde die Bez. *O.* für Gemeinschaften mit verschiedenen Zwecken verwendet, u. a. die Sprachgesellschaften im 17. Jh., die weltanschaul. O. (z. T. Geheim-O., Logen) der *Rosenkreuzer*, *Freimaurer* u. *Illuminaten*. Im 19. u. 20. Jh. spielte der O.sgedanke u. -name bei verschiedenen polit. Gruppen wieder eine Rolle (z. B. *Jungdt. Orden*).
Orden als Auszeichnungen werden von den meisten Staaten verliehen; Ausnahmen sind z. B. Israel u. die Schweiz.

Ordensburg, die für die Bautätigkeit des *Deutschen Ordens* im Ordensland Preußen u. in den baltischen Gebieten typische Form der Burg; meist dreigeschossige Backsteinbauten, bestehend aus 4 um einen Hof auf quadrat. oder rechteckigem Grundriß angeordneten Flügeln. Die Haupträume lagen gewöhnlich nicht im Erdgeschoß, sondern in einem der Obergeschosse. Kapelle, Kapitelsaal, Remter u. Dormitorium wurden bes. reich ausgestattet; die Außenmauern mit oberen Wehrgängen trugen häufig Ecktürme. Die erste Deutschordensburg wurde 1230 in Nessau gegründet; um 1300 gab es bereits 23 Deutschordensburgen, die Gesamtzahl betrug mehr als 200. Architektonisches Hauptwerk der Deutschordenskunst ist die Marienburg.
Unter dem nat.-soz. Regime war O. die offizielle Bez. der 1936 gegründeten Ausbildungsstätten für den Führernachwuchs der NSDAP in Crössinsee (Pommern), Sonthofen (Allgäu) u. Vogelsang (Eifel).

Ordensstaat → Deutscher Orden.

Ordo, Sammelbegriff für die als Oberschicht anzusehenden Stände, die in der röm. Kaiserzeit voneinander u. von den unteren Schichten fest abgegrenzt waren.

Ordschonikidse, *Ordžonikidze*, Grigorij Konstantinowitsch, sowjet. Politiker, *24. 10. 1886 Gorescha, Gouvernement Kutaissi, †18. 2. 1937 Moskau (Selbstmord); enger Mitarbeiter *Stalins*, 1912 Mitgl. des 1. bolschewist. ZK; 1921 maßgeblich an der Eingliederung Grusiniens in die UdSSR beteiligt; 1926 Kandidat, 1930 Mitgl. des Politbüros des ZK der KPdSU; Volkskommissar für Schwerindustrie; nahm sich im Zusammenhang mit der Stalinschen „Säuberung" das Leben.

Organisation Amerikanischer Staaten → OAS (1).

Organisation Consul, 1920–1923 bestehende geheime Nachfolgeformation der *Brigade Ehrhardt* mit antirepublikan., nationalist. u. antisemit. Zielsetzungen. Die Mörder M. *Erzbergers* u. W. *Rathenaus* entstammten ihren Reihen; zeitweilig wurde auch versucht, den Aufbau der damals gegründeten SA von der O. C. aus zu steuern.

Organisation Escherich, Abk. *Orgesch*, rechtsextreme Organisation in Bayern, benannt nach ihrem Gründer, dem Forstrat Georg *Escherich* (*1870, †1941); ursprüngl. ein Rahmenverband von 1919 aufgestellten u. staatlich geförderten Einwohnerwehren u. Selbstschutzverbänden; konnte ihre republikfeindl. Tätigkeit auch auf andere dt. Länder ausdehnen; 1921 verboten.

Organisation für die Einheit Afrikas → OAU.

Orgetorix, Fürst des kelt. Stammes der *Helvetier*, †60 v. Chr.; veranlaßte die Helvetier 61 v. Chr. zur Auswanderung aus der mittleren Schweiz nach Gallien, wo sie 58 v. Chr. von *Cäsar* bei Bibracte besiegt wurden.

orientalische Frage, Sammelbegriff für die sich durch den Zerfall des Osman. Reichs im 19. Jh. ergebenden Probleme. In die o. F. waren die europ. Großmächte durch ihre Interessen an den Einflußgebieten im Vorderen Orient ebenso verwickelt wie die zur Unabhängigkeit drängenden Nationalitäten, vor allem auf dem Balkan.

Orlando, Vittorio Emanuele, italien. Politiker (Liberaler), *19. 5. 1860 Palermo, †1. 12. 1952 Rom; war seit 1903 mehrfach Minister, 1917–1919 Min.-Präs., vertrat Italien 1919 bei den Friedensverhandlungen in Versailles, 1919/20, 1921 u. 1922 Parlaments-Präs., nach dem Sturz des Faschismus 1944 noch einmal Abg.; 1946 Präs. der verfassunggebenden Versammlung.

Orleanisten, Anhänger eines französ. Königtums unter der Dynastie *Orléans*. Als Vertreter des Großbürgertums waren die O. in den Anfängen der 3. Republik auch zu Kompromissen mit den gemäßigten Republikanern bereit.

Orleans [ɔrle'ã], mehrere Zweige des französ. Königshauses, denen 1344 das Herzogtum O. verliehen wurde. Der erste Herzog 1344–1375 war *Philipp I.*, ein Sohn König Philipps VI. König Karl VI. gab das heimgefallene Lehen 1392 seinem Bruder *Ludwig I.*, Grafen von Valois (*1372, †1407), dem Begründer der Linie O.-Valois. Er machte sich als Reichsverweser (seit 1404) verhaßt u. wurde von Herzog Johann ohne Furcht von Burgund ermordet. Sein Sohn *Karl*, dritter Herzog von O., heiratete in das Grafengeschlecht Armagnac ein, mit dessen Hilfe er den Tod seines Vaters rächen wollte. Er wurde jedoch von dem mit England verbündeten burgund. Herzog 1415 bei Azincourt geschlagen u. 25 Jahre gefangengehalten. Sein Sohn bestieg als *Ludwig XII.* den französ. Thron (1498). 1626 vergab König Ludwig XIII. das Herzogtum O. an seinen Bruder *Gaston*, der erfolglos gegen Richelieu u. Mazarin opponierte. 1660 übergab König Ludwig XIV. das erledigte Lehen dann seinem Bruder *Philipp* (*1640, †1701), dem Begründer der Linie Bourbon-O. Die Söhne erhielten jeweils nach den wichtigsten Besitzungen ihren Titel, der älteste hieß stets Herzog von Chartres. *Philipp II.* erhielt im Span. Erbfolgekrieg den Oberbefehl in Italien 1706 u. in Spanien 1707/08. Nach Ludwigs XIV. Tod wurde er Regent, förderte die Parlamente, entmachtete die Jesuiten u. näherte sich außenpolitisch England, wodurch er in scharfen Gegensatz zu Spanien geriet. Sein Urenkel Ludwig Philipp Joseph unterstützte die Französ. Revolution u. war als *Philippe Égalité* Mitgl. des Jakobinerklubs, stimmte für den Tod Ludwigs XVI., wurde jedoch 1793 des Strebens nach dem Thron verdächtigt u. guillotiniert. Sein Sohn *Louis-Philippe* wurde französ. König (1830 bis 1848). 1848 wurde die Familie verbannt, erhielt aber 1872 ihre Besitzungen zurück. Wegen seiner Verbindungen zum *Boulangismus* wurde Graf *Philippe de Paris* 1886 erneut verbannt. Derzeitiges Oberhaupt des Hauses u. Thronprätendent ist Graf *Henri de Paris* (*1908).

Orlow, *Orlov*, **1.** Alexej Fjodorowitsch Fürst, russ. General u. Politiker, *19. 10. 1786 Moskau, †21. 5. 1861 St. Petersburg; schlug 1825 den Dekabristenaufstand nieder; führend in der russ. Politik gegenüber der Türkei seit 1829; 1844 Leiter der Geheimpolizei (3. Abteilung); 1856 russ. Bevollmächtigter bei den Verhandlungen zum Pariser Frieden, danach Präs. des Reichs- u. Min.-Rats.
2. Grigorij Grigorjewitsch Graf, Günstling u. Geliebter der Zarin Katharina II., *17. 10. 1734 Ljutkino, Prov. Twer, †24. 4. 1783 Moskau; war maßgeblich am Sturz Zar Peters III. beteiligt.

Orodes, parthisch *Vorod*, Name mehrerer parthischer Könige.

Orosius, Paulus, span. Geschichtsschreiber u. theolog. Schriftsteller, †nach 418; sein Geschichtswerk „Historiae adversus paganos" sollte auf Veranlassung Augustinus' die Behauptung widerlegen, daß das Röm. Reich durch die Christen zugrunde gegangen sei. O. führte sein Werk vom Weltbeginn bis 417 n. Chr. Es hat für die Historiographie des MA große Bedeutung.

Orseolo, venezian. Adelsfamilie, der die Dogen Pietro I. (976–978), Pietro II. (991–1009), Otto (1009–1026) u. Domenico (1032) entstammten; starb um 1400 aus.

Orsini, röm. Adelsgeschlecht (heute Fürsten), das im 12. Jh. mit *Orso*, einem Neffen Papst Cölestins III., auftaucht. Dessen Sohn Matteo (†1246) führte für Cölestin IV. das erste Konklave der Papstgeschichte durch. Die O. waren die schärfsten Gegner der (ghibellinischen) Colonna. Gestützt auf Papst Eugen IV., errichteten sie Festungen in Rom (u. a. in den Ruinen des Marcellus-Theaters). Außer den Päpsten *Cölestin III.*, *Nikolaus III.* u. *Benedikt XIII.* gingen Kardinäle, Politiker u. Offiziere aus dem Geschlecht hervor. Felice *O.* (*1819, †1858) beging 1858 ein Aufsehen erregendes Attentat auf Napoleon III., in dem er ein Hindernis für die Einigung Italiens sah.

Ortega Saavedra, Daniel, nicaraguan. Politiker, *11. 11. 1945 La Libertad; seit 1962 Mitglied der Sandinistischen Befreiungsfront (FSLN), seit 1966 führend in der Guerilla gegen das Somoza-Regime; nach dem Sieg der FSLN 1979 Mitgl. der fünfköpfigen Junta; 1984–1990 Staats-Präs.

Ösbek, Chan der → Goldenen Horde 1313–1341.

Oseberg ['u:səbɛrj], Ort westl. des Oslofjords in Norwegen, bekannt durch den 1904 aus einem Grabhügel geborgenen *O.fund*, ein Bootgrab aus dem 9. Jh. Das 21,44 m lange u. 5,10 m breite, zum Rudern u. zum Segeln zu verwendende Holzschiff enthielt eine Grabkammer, in der eine norweg. Königin, wahrscheinlich *Åsa*, die Großmutter *Haralds I.*, bestattet war. Die gut erhaltene Grabausstattung (Wagen, Schlitten, Tierkopfpfosten u. Gebrauchsgerät) zeugt vom hohen handwerkl. u. künstler. Entwicklungsstand der nordgerman. Schnitzkunst. Das Schiff befindet sich heute im Freilichtmuseum auf der Halbinsel Bygdöy, die Grabausstattung in der Universität Oslo.

Osker, lat. *Osci*, *Opici*, ostitalisches Bergvolk, das schon um die Mitte des 8. Jh. v. Chr. in Kampanien ansässig war u. den Kulturaustausch mit den griech. Kolonien pflegte. Es ging seit dem 4. Jh. v. Chr. allmählich im röm. Volk auf. Bedeutende Grabmalereien sind vor allem aus dem 4. Jh. v. Chr. erhalten.

Oslo [norw. 'uslu], 1624–1924 *Kristiania* bzw. *Christiania*, Hptst. (seit 1814) von Norwegen u. der Prov. (Fylke) Akershus am Ende des

O.fjords u. größte Stadt Norwegens, 473000 Ew.
O. wurde um 1050 gegr. u. war im MA Handelsplatz der Hanse. Neben der alten Stadt (1286–1350 Residenz), die durch Feuer zerstört wurde, gründete Christian IV. von Dänemark 1624 eine neue Stadt, die nach ihm *Christiania (Kristiania)* genannt u. 1814 Hptst. Norwegens wurde; 1924 wieder in O. umbenannt.
Osman, *O. I.,* arab. *Uthman,* türk. Sultan 1299–1326; *1259 Sögüt, Bithynien, †1326; eroberte als Vasall der Seldschuken von Konya byzantin. Gebiet in Kleinasien, begründete das nach ihm benannte *Osmanische Reich* u. die Osmanen-Dynastie.
Osman dan Fodio → Usman dan Fodio.
Osmanen, *Ottomanen,* die von *Osman I.* begründete Dynastie (1281[?] bis 1922/1924) türkischer Sultane. O. wurden auch die im Osman. Reich lebenden Türken genannt.
Osmanisches Reich, *Ottomanisches Reich,* das Reich der *Osmanen-Sultane*; → Türkei.
Osnabrück, kreisfreie Stadt in Niedersachsen, an der Hase, nördl. des Teutoburger Waldes, 167000 Ew.
Das Bistum O. wurde um 780 von Karl d. Gr. gegründet. Die neben dem Bischofssitz entstehende Siedlung entwickelte sich im 12. Jh. zur Stadt, erlangte weitgehende Unabhängigkeit vom Bischof u. war seit dem 13. Jh. Mitgl. der Hanse. Erst im 17. Jh. konnte sich im Zeichen des Absolutismus die bischöfl. Herrschaft wieder durchsetzen. 1648 wurde in O. als Teil des *Westfäl. Friedens* der Friede zwischen dem Kaiser u. Schweden geschlossen.
Durch die Reformation war eine konfessionelle Spaltung eingetreten. Aufgrund des Westfäl. Friedens regierte seit 1648 abwechselnd ein kath. u. ein prot. Fürstbischof (dieser aus dem Welfenhaus). 1803, endgültig 1815 fiel das Territorium an Hannover; das Bistum wurde aufgelöst. Ein neues Bistum O. wurde 1824 errichtet; es war bis 1929 dem Hl. Stuhl direkt unterstellt u. gehört seither zur Kirchenprovinz Köln. Die Stadt O. kam 1866 zu Preußen u. 1946 zu Niedersachsen.
Osorkon, Name ägypt. Könige der 22. u. 23. Dynastie (etwa 946 v. Chr.–720 v. Chr.).

Carl von Ossietzky

Ossietzky, Carl von, Publizist, *3. 10. 1889 Hamburg, †4. 5. 1938 Berlin; 1919/20 Sekretär der Dt. Friedensgesellschaft; 1927–1933 Chefredakteur der „Weltbühne". O. bekämpfte von einem pazifist.-radikaldemokrat. Standpunkt aus Militarismus u. Nationalismus. 1931 wurde er wegen „Landesverrats" zu 18 Monaten Gefängnis verurteilt. 1933–1936 war er Häftling in Konzentrationslagern, danach todkrank in Kliniken unter Gestapoaufsicht. 1936 erhielt O. den Friedensnobelpreis (für 1935). Die nat.-soz. Regierung verbot ihm die Entgegennahme.
Osswald, Albert, Politiker (SPD), *16. 5. 1919 Wieseck, †16. 8. 1996 Schwangau; Kaufmann; 1954–1961 Bürgermeister, 1961–1963 Oberbürgermeister von Gießen; 1954–1978 MdL, 1963/64 Min. für Wirtschaft u. Verkehr, 1964–1969 der Finanzen, 1969–1976 Min.-Präs. von Hessen.
Ostarrichi, älteste überlieferte Bezeichnung Österreichs; erstmalig belegt durch eine Schenkungsurkunde vom 1. 11. 996 Kaiser Ottos III. zugunsten des Bischofs von Freising.
Ostblock, nach dem 2. Weltkrieg in der westl. Welt üblich gewordene Bez. für die Gesamtheit der kommunistisch regierten Staaten; wegen der eingetretenen Differenzierung (Abfall Jugoslawiens, Konflikt der UdSSR mit Albanien, China u. a.) galt die Bez. zuletzt nur noch für die Staaten des Warschauer Pakts u. des COMECON (UdSSR, Bulgarien, DDR (bis 1990), Polen, Rumänien, Tschechoslowakei, Ungarn; bedingt: Mongol. Volksrepublik, Kuba, Vietnam). Bindende Elemente waren neben den beiden multinationalen Organisationen die zweiseitigen Freundschafts- u. Beistandspakte zwischen den Mitgliedern, vor allem aber die Vormachtstellung der Sowjetunion u. der KPdSU, die polit. Solidarität u. gegenseitige Abhängigkeit der Regime u. Parteien, eine ideolog. Grundüberzeugung bei allen Differenzen sowie die wirtschaftl. Verflechtung. Mit dem Zusammenbruch der kommunist. Regime 1989/90 hörte der Ostblock auf zu bestehen.
Ostdeutschland, 1. früher Bez. für den östl. Teil des Dt. Reiches, etwa die 1945 abgetrennten → Ostgebiete umfassend. – 2. 1949–1990 im deutschsprachigen Ausland häufig gebrauchte Bez. für die DDR; im Englischen entsprechend *East Germany.* – 3. seit 1990 in Gebrauch gekommene Bez. für das Gebiet der ehem. DDR.
Oster, Hans, Offizier (1942 Generalmajor), *9. 8. 1888 Dresden, †9. 4. 1945 Konzentrationslager Flossenbürg; seit 1933 in der Abwehr-Abteilung unter W. *Canaris* tätig; seit 1938 führend in der Widerstandsbewegung gegen das nat.-soz. Regime; im April 1943 kaltgestellt, im März 1944 entlassen, nach dem Attentat auf Hitler verhaftet u. später ermordet.
Osterbotschaft, die Ankündigung Kaiser *Wilhelms II.* vom 7. 4. 1917, daß nach dem dt. Sieg im 1. Weltkrieg das preuß. Dreiklassenwahlrecht durch ein neues Wahlrecht ersetzt werden solle. Für dieses wurde der Grundsatz der direkten u. geheimen Wahl zugesagt, nicht jedoch der Grundsatz der Gleichheit, weil sich in diesem Punkt die preuß. Konservativen widersetzten. Die O., die von Reichskanzler *Bethmann Hollweg* als Reformschritt zur Erneuerung der Monarchie beabsichtigt war, hatte deshalb keine positive Wirkung, sondern steigerte bei breiten Schichten das Mißtrauen gegenüber der Führung.
Osterfeststreit, der Streit um den Termin des Osterfests im 2.–4. Jh. Die kleinasiat. Gemeinden feierten den 14. Nisan, den Tag des jüd. Pascha, als Todestag Christi (gleich, auf welchen Wochentag er fiel), die röm. Gemeinde betonte mehr die Auferstehung, die sie am 1. Sonntag nach dem 14. Nisan feierte. Das Konzil von Nicäa 325 beendete den O. u. bestimmte, Ostern solle am Sonntag nach dem ersten Frühlingsvollmond gefeiert werden. Fällt dieser Vollmond auf einen Sonntag, ist die Osterfeier erst am folgenden Sonntag, damit das christl. Osterfest nicht mit dem jüd. Paschafest zusammenfällt.
Osterinsel, span. *Isla de Pascua,* polyn. *Rapa-nui,* chilen. Insel im südöstl. Pazif. Ozean, rd. 3500 km westl. der chilen. Küste, 165 km², 1900 Ew.
Die O. wurde am Ostersonntag 1722 (daher der Name) von dem Holländer J. *Roggeveen* entdeckt. Sie kam 1888 zu Chile u. bildet seit 1965 ein eigenes Departamento.
Die ersten Bewohner der O. kamen möglicherweise aus dem Inka-Reich, nach älterer Auffassung von anderen pazif. Inseln. Sie errichteten vermutlich zwischen 1300 u. 1700 über 240 *Moai,* bis 25 m hohe u. bis zu 80 t schwere monolithische Kolossalfiguren aus Lava, die auf *Aku* (Steinterrassen) gestellt wurden u. wohl kultischen Zwecken dienten. Noch vor der Entdeckung der Insel durch die Europäer kam es zu Kämpfen zwischen den Ureinwohnern („Langohren") u. polynes. Bevölkerungsgruppen („Kurzohren"), bei denen die Langohren nahezu ausgerottet wurden. Ob dies der einzige Grund für das plötzl. Aufhören der Steinmetzarbeiten ist (ein Drittel der Figuren ist unvollendet), steht nicht fest.
Die Schrift der O., aus rd. 500 bildhaften Zeichen bestehend, ist auf Holztafeln erhalten, die um 1870 entdeckt wurden. Die Einheimischen konnten sie damals nicht mehr lesen. Entzifferungsversuche haben bisher zu keinem befriedigenden Ergebnis geführt.
Ostermann, Heinrich Johann (russ. Andrej Iwanowitsch), Graf (1730), russ. Politiker dt. Herkunft, *9. 6. 1686 Bochum, †31. 5. 1747 Berjosow, Gebiet Tjumen; seit 1704 in Rußland, 1721 Beauftragter bei den Verhandlungen von Nystad, 1725 Vizekanzler, 1726 bis 1730 Mitgl. des Obersten Geheimen Rats, seit 1731 Außen-Min. O. strebte eine Interessengemeinschaft mit Österreich gegen Polen u. die Türkei an. Von Zarin Elisabeth wurde er 1742 nach Sibirien verbannt.

Österreich — A

Republik Österreich

Fläche: 83858 km². – *Einwohner:* 7,9 Mill. – *Hauptstadt:* Wien. – *Landessprache:* Deutsch. – *Nationalfeiertag:* 26. 10. – *Währung:* 1 Schilling = 100 Groschen. – *Lage:* zwischen 46°22′ und 49°01′ n. Br. sowie 9°32′ und 17°10′ ö. L. – *Zeitzone:* Mitteleuropäische Zeit. – *Grenzen:* im N Deutschland und Tschechische Republik, im O Ungarn und Slowakische Republik, im S Slowenien und Italien, im W Liechtenstein und Schweiz. – *Staatsform:* parlamentarische Republik.

Seit Beginn des 6. Jh. gab es im Donau- u. Alpengebiet bajuwar. Siedlungen, die bereits einen Teil der österr. Kernländer umfaßten: das westl. *Nieder-Ö., Ober-Ö., Salzburg, Nord-* u. *Südtirol.* Gleichzeitig siedelten im O die Slowenen unter der Herrschaft der Awaren. Durch Karl d. Gr. wurde das gesamte bajuwar. Gebiet in das Frankenreich einbezogen, mit der Zerstörung des Awarenreichs nach O u. SO ausgedehnt, durch Marken (Awarische Mark, Nieder-Ö.) geschützt u. mit Deutschen besiedelt.
Nach vorübergehendem Verlust an die Magyaren wurde nach dem Sieg Ottos d. Gr. auf dem Lechfeld (955) die Mark Ö. (*bayer. Ostmark,* 996 *Ostarrichi* genannt) gebildet. In der Folgezeit wurde Kärnten selbständiges Herzogtum (Otto II.), entstanden die *Markgrafschaften Ö., Steiermark* (1180 Herzogtum) u. *Krain,* als geistl. Territorien *Salzburg, Trient, Aquileia,* unter adligen Vögten die Grafschaften *Tirol* u. *Görz.*
Die Babenberger waren 976–1246 Markgrafen der Ostmark. Mit der Gewährung des *Privilegium minus* 1156 durch Kaiser Friedrich I. an den zum Herzog erhobenen Baben-

berger *Heinrich Jasomirgott* gewann die bisherige bayer. Mark eine Sonderstellung unter den dt. Territorien. Nach dem Aussterben der Babenberger 1246 kamen Ö. u. die Steiermark vorübergehend unter die Herrschaft des Böhmenkönigs *Ottokar II. Přemysl.*
Als 1278 *Rudolf von Habsburg* (1273 zum dt. König gewählt) Ottokar bei Dürnkrut (Schlacht auf dem „Marchfeld") besiegte u. Land u. Krone Ö.s gewann, begann eine Entwicklung, die Ö. u. das Haus Habsburg auf weltgeschichtl. Rang erhob. Rudolf gab 1282 die Herzogtümer Ö. u. Steiermark als heimgefallene Lehen seinen Söhnen, Kärnten u. Krain den Grafen von Görz u. Tirol.
Die Habsburger, bereits in Schwaben, im Elsaß u. in der Schweiz mit Herrschaften ausgestattet, erweiterten mit den österr. Besitzungen ihre Hausmacht entscheidend u. versuchten, die österr. Länder mit dem althabsburg. Besitz zu vereinigen, hatten jedoch mit ihrer Territorialpolitik vorerst nur in Süd-Ö. Erfolg (Erwerb von Kärnten u. Krain 1335, Tirol 1363, Inner-Istrien 1374, Triest 1382, Görz 1500). Nach mehreren Teilungen entstanden drei habsburgisch-österr. Länder: *Niederösterreich* (Nieder- u. Ober-Ö.), *Innerösterreich* (Steiermark, Kärnten, Krain, Istrien, Triest) u. *Vorderösterreich* (Tirol, Vorarlberg u. die Vorlande). Doch erhoben sich die Schweizer gegen Habsburg u. konnten ihre Reichsunmittelbarkeit durchsetzen (1315 Schlacht am Morgarten, 1386 Schlacht bei Sempach). Durch Erbvertrag mit dem Haus Luxemburg kamen Böhmen u. Ungarn vorübergehend (1526 endgültig) an die Habsburger. Nach einer Zeit der Wirren u. nach dem Angriff des Matthias Corvinus von Ungarn, der 1480 Nieder-Ö. u. die Steiermark u. 1485 Wien eroberte, gelang es den Habsburgern, ihre Stellung wieder zu festigen. Seit 1438 stellte das Haus Habsburg (mit Ausnahme der Jahre 1742–1745) bis 1806 die Kaiser des Heiligen Römischen Reichs Dt. Nation. Durch Heiratspolitik gewannen sie die Niederlande u. den größten Teil Burgunds. *Maximilian I.* konnte durch die Heirat seines Sohns *Philipp des Schönen* mit *Johanna der Wahnsinnigen* der habsburg. Dynastie noch Spanien u. das große Kolonialreich in Amerika hinzufügen. *Karl V.* (seit 1519 Kaiser) setzte in den habsburg. Erblanden seinen jüngeren Bruder *Ferdinand* (1531 röm.-dt. König) ein. Dieser wurde der Begründer der *österr. Linie der Habsburger* (Philipp II. wurde Begründer der *span. Linie)* u. nach der Abdankung Karls V. 1556 Kaiser. Schon zuvor war er von den böhm. Ständen u. einem Teil der ungar. Stände – gegen die nationale Partei der Ungarn, die die Türken zu

Österreich: Die Familie Kaiser Maximilians I.; Gemälde von B. Striegel, um 1515. Wien Kunsthistorisches Museum

Hilfe gerufen hatten (Belagerung Wiens 1529) – zum König gewählt worden.
In den Religionskämpfen waren die adligen Stände Ö.s meist Vorkämpfer des Protestantismus, u. Kaiser *Maximilian II.* mußte ihnen 1571/72 Religionsfreiheit gewähren. Unter Kaiser *Rudolf II.* begann die *Gegenreformation*, obwohl dieser zunächst noch im Majestätsbrief 1609 den böhm. Ständen Religionsfreiheit zusicherte. Die Verfolgung der Protestanten setzte unter Erzherzog Ferdinand (Kaiser *Ferdinand II.*) in stärkstem Maß ein. Die darüber erbitterten prot. Stände in Böhmen lösten 1618 den *Dreißigjährigen Krieg* aus.
Im Westfäl. Frieden verlor Habsburg seine Besitzungen im Elsaß an Frankreich. Die Macht des Kaisertums war nach dem Dreißigjährigen Krieg gemindert, die Stellung Habsburgs in Ö. jedoch gefestigt. Frankreich, das sich seit dem Übergreifen der Habsburger auf Spanien von diesen umklammert gesehen hatte, war der eigentl. Sieger. Für die folgenden Jahrhunderte war Frankreich in fast allen großen Kriegen, die das zur Großmacht werdende Ö. zu bestehen hatte, im gegnerischen Lager zu finden (*Österr. Erbfolgekrieg, Türkenkriege, Span. Erbfolgekrieg, Koalitionskriege* u. a.). Durch den Sieg der Gegenreformation über den prot. Adel Ö.s u. durch eine geschickte Ostpolitik *Leopolds I.* (Abwehr der Türken vor Wien 1683, Gewinn von Ungarn u. Siebenbürgen) entstand ein neuer, vorwiegend kath., absolutist. Gesamtstaat: Anerkennung der Erblichkeit der ungar. Krone im Mannesstamm; Erwerb des Banats, der Kleinen Walachei, Nordbosniens u. Nordserbiens (*Prinz Eugen*, Türkenkrieg 1716–1718), Annahme der *Pragmatischen Sanktion* durch Ungarn.
Nach dem Spanischen Erbfolgekrieg mußte Habsburg zugunsten der Bourbonen auf das span. Erbe verzichten, doch wurden *Karl VI.* 1713/14 die *span. Nebenlande* zugesprochen (span. Niederlande, Sardinien, das er gegen Sizilien tauschte, zeitweise Neapel, Parma u. Piacenza). Er verlor aber 1739 fast alle Eroberungen des Türkenkriegs auf dem Balkan wieder an die Türkei.
Gegen die durch die Pragmatische Sanktion geregelte Thronfolge *Maria Theresias* erhoben sich Preußen, Bayern, Sachsen, Frankreich u. Spanien im *Österr. Erbfolgekrieg.* Ö. verlor Schlesien an Preußen u. Parma u. Piacenza an die span. Bourbonen, konnte sein Gebiet jedoch in den *Poln. Teilungen* 1772 um Galizien, 1775 um die Bukowina erweitern. Unter Maria Theresias Regierung (Min. *Kaunitz* u. *Haugwitz*) wurde die Staatsverwaltung reformiert, aber nur in den böhm. u. österr. Erblanden. Unter ihrem Sohn *Joseph II.* entbrannten gegen dessen radikale Reformversuche *(Josephinismus)* in Ungarn u. in den Österr. Niederlanden heftige Kämpfe um deren Sonderrechte (Brabanter Revolution 1789/90). Kaiser *Leopold II.* verständigte sich mit Ungarn u. den österr. Niederlanden, schloß Frieden mit der Türkei u. erreichte mit Preußen einen „friedlichen Dualismus" (Konvention von Reichenbach 1790). Nach den *Französ. Revolutionskriegen* (Friede von Campo Fòrmio 1797) mußte Ö. die Österr. Niederlande u. die Lombardei im Tausch gegen die Republik Venedig (Venetien, Istrien, Dalmatien) aufgeben; durch den *Reichsdeputationshauptschluß* 1803 fielen Trient u. Brixen an Ö. Nach dem *3. Koalitionskrieg* (Friede von Preßburg 1805) verlor es Venetien an Italien u. Tirol, Vorarlberg u. die Vorlande an Bayern, erhielt dafür aber Salzburg.
1806 legte Kaiser *Franz II.* die röm.-dt. Kaiserkrone nieder, nachdem er schon 1804 als *Franz I.* die österr. Kaiserkrone (Kaisertum Österreich) angenommen hatte. Nach dem mißglückten Feldzug von 1809 (Wagram; Aufstand Andreas *Hofers*) mußten im Frieden von Schönbrunn (1809) zwar Salzburg, das Innviertel, West- u. Teile von Ostgalizien u. die illyr. Provinzen aufgegeben

Herrscher und Staatsoberhäupter Österreichs

Markgrafen	
Babenberger	
Leopold (Luitpolt) I.	976– 994
Heinrich I.	994–1018
Adalbert	1018–1055
Ernst der Tapfere	1055–1075
Leopold II.	1075–1095
Leopold III.	1095–1136
Leopold IV.	1136–1141
Heinrich II. Jasomirgott (1156 Herzog)	1141–1156
Herzöge	
Babenberger	
Heinrich II. Jasomirgott	1156–1177
Leopold V.	1177–1194
Friedrich I.	1195–1198
Leopold VI.	1198–1230
Friedrich II.	1230–1246
(Interregnum	1246–1278)
Habsburger	
Rudolf I. (1273 dt. König)	1278–1282
Albrecht I. (1298 dt. König)	1282–1308
Friedrich I., der Schöne (1314 dt. König)	1309–1330
Albrecht II.	1330–1358
Rudolf IV.	1358–1365
Albrecht III. und Leopold III.	1365–1379
(Landesteilung unter mehrere habsburgische Linien	1379–1490)
Erzherzöge (seit 1453)	
Habsburger	
Maximilian I. (1508 röm. Kaiser)	1493–1519
Karl I. (1519 röm. Kaiser Karl V.)	1519–1521
Ferdinand I. (1556 röm. Kaiser)	1521–1564
Maximilian II. (1564 röm. Kaiser)	1564–1576
Rudolf V. (1576 röm. Kaiser Rudolf II.)	1576–1608
Matthias (1612 röm. Kaiser)	1608–1619
Ferdinand II. (1619 röm. Kaiser)	1619–1637
Ferdinand III. (1637 röm. Kaiser)	1637–1657
Leopold V. (1658 röm. Kaiser Leopold I.)	1657–1705
Joseph I. (1705 röm. Kaiser)	1705–1711
Karl III. (1711 röm. Kaiser Karl VI.)	1711–1740
Maria Theresia	1740–1780
Joseph II. (1765 röm. Kaiser)	1780–1790
Leopold II. (1790 röm. Kaiser)	1790–1792
Franz I. (1792–1806 röm. Kaiser Franz II., (1804 Kaiser Franz I. von Österreich)	1792–1804
Kaiser	
Habsburger	
Franz I.	1804–1835
Ferdinand I.	1835–1848
Franz Joseph I.	1848–1916
Karl I.	1916–1918
Bundespräsidenten	
Michael Hainisch (parteilos)	1920–1928
Wilhelm Miklas (christlich-sozial)	1928–1938
(vom Deutschen Reich annektiert	1938–1945)
Karl Renner (SPÖ)	1945–1950
Theodor Körner (SPÖ)	1951–1957
Adolf Schärf (SPÖ)	1957–1965
Franz Jonas (SPÖ)	1965–1974
Rudolf Kirchschläger (parteilos)	1974–1986
Kurt Waldheim (parteilos)	1986–1992
Thomas Klestil (ÖVP)	1992–

werden, aber unmittelbar darauf begann der neue Außen-Min. K. von *Metternich* in diplomat. Verhandlungen eine Annäherung an *Napoleon I.* (1810 Vermählung Napoleons mit Erzherzogin Marie-Louise). Erst im August 1813 erklärte Ö. Frankreich den Krieg (Fürst *Schwarzenberg* Oberbefehlshaber des Koalitionsheers). Nach der Verbannung Napoleons erhielt Ö. auf dem *Wiener Kongreß* die abgetretenen Gebiete zurück, verlor jedoch endgültig die Vorlande.
Nach der Niederlage Frankreichs war Ö. unter Metternich („Metternichsches System") dominierende Festlandsmacht neben Rußland; die konkurrierenden Interessen beider Mächte auf dem Balkan ließen bereits den Konflikt ahnen, der das spätere 19. u. beginnende 20. Jh. bis zum Ausbruch des 1. Weltkriegs beherrschte. Ö. erhielt den Vorsitz im Dt. Bund, u. Metternich suchte den nationalen u. demokrat. Bestrebungen durch Aufrechterhaltung der alten Sozialordnung zu begegnen. Im Innern wurde Ö. nach den Grundsätzen der *Hl. Allianz* restaurativ-absolutistisch mit polizeistaatl. Methoden regiert. Da Reformen, vor allem die Ordnung der Staatsfinanzen, ausblieben, kam es nach der französ. Februarrevolution zur Revolution in Wien (13. 3. 1848): Metternich mußte fliehen, eine liberale Verfassung für die nichtungar. Länder (25. 4.) wurde erlassen u. am 15. 5. in Wien die Revision des Wahlgesetzes u. die Einberufung eines Reichstags als des verfassunggebenden Parlaments erzwungen. Gleichzeitig brach in Ungarn zwischen den kaiserlich gesinnten Kroaten u. den Magyaren, die im Übergewicht waren, ein Bürgerkrieg aus. Zwischen der Regierung u. dem ungar. Reichstag kam es im September 1848 zum Bruch. In Wien wurde Kriegsminister Graf T. *Latour* ermordet. In Italien hatten sich Mailand u. Venedig erhoben, in Prag die Tschechen. Fürst *Windischgrätz* schlug den Aufstand in Wien nieder, Kaiser *Ferdinand I.* dankte ab, u. *Franz Joseph I.* übernahm die Regierung. Mehrere Volksführer (u. a. R. *Blum*) wurden standrechtlich erschossen.

Österreich: Schlacht am Kahlenberg 1683; Ölgemälde eines unbekannten Meisters. Wien, Heeresgeschichtliches Museum

Am 4. 3. 1849 wurde eine Gesamtverfassung oktroyiert. Die Ungarn wurden schließlich mit russ. Hilfe unterworfen. In Italien gelang es Graf *Radetzky*, die Aufstände niederzuwerfen.
Inzwischen waren zwar an den Wahlen zur Frankfurter Nationalversammlung noch die österr.-böhm. Kronländer beteiligt gewesen, bei den Verfassungsberatungen bildete sich jedoch immer mehr der Gegensatz zwischen der *großdeutschen Lösung* unter Ö.s Führung u. der *kleindeutschen* (dt. Bundesstaat unter Preußens Führung) heraus, die auf den Widerstand Ö.s stieß. Es gelang Preußen, Gesamt-Ö. aus dem *Dt. Bund* u. auch aus dem *Zollverein* herauszuhalten.
Der Gegensatz zu Preußen spitzte sich immer mehr zu. 1866 brach der *Dt. Krieg* aus, an dessen Ende sich die Auflösung des Dt. Bundes u. die Gründung des *Norddt. Bundes* ergaben u. Ö. eine kleindt. Lösung hinnehmen mußte; außerdem mußte es im Wiener Frieden 1866 Venetien an Italien abtreten, nachdem es im Krieg (Niederlage bei Solferino) gegen *Napoleon III.* 1859 bereits die Lombardei an Sardinien verloren hatte.
Nach dem Verlust seiner italien. Gebiete mußte Ö. auch als Hegemonialmacht in Dtschld. abtreten u. war gezwungen, mit Ungarn zu einem Ausgleich zu kommen (*Österreichisch-Ungarischer Ausgleich* 8. 2. 1867; auf österr. Seite F. Graf *Beust*, auf ungar. Seite F. von *Deák*). Ungarn wurde die Sonderverfassung von 1848 garantiert, u. es entstand die Doppelmonarchie Ö.-Ungarn. Jeder der beiden Staaten – *Transleithanien* (Ungarn mit seinen Nebenländern) u. *Cisleithanien* (die österr. Kronländer) – erhielt eine Verfassung (21. 12. 1867), u. der österr. Kaiser war zugleich König von Ungarn. Gemeinsame Angelegenheiten waren Außenpolitik, Finanzen u. Kriegswesen (k. u. k. Ministerien). In den österr. Kronländern verstärkte sich indessen der Kampf der Nationalitäten. Zunächst setzte die dt. liberale Verfassungspartei durch Unterstützung des Bürgerministeriums im Abgeordnetenhaus (2. Kammer des Reichsrats; 1. Kammer: Herrenhaus) die Aufhebung des Konkordats (1855), eine liberalere Schul- u. Ehegesetzgebung, die Neuordnung des Finanzwesens u. die allg. Wehrpflicht durch. Jedoch forderten bereits im August 1868 die Tschechen die Eigenstaatlichkeit der Länder der böhm. Krone; die Polen Galiziens waren durch ein eigenes Ministerium in der Regierung vertreten.
Nach dem Sturz des Bürgerministeriums 1870 versuchte Franz Joseph eine föderalist. Politik. Um eine Autonomie für Galizien u. Böhmen durchsetzen zu können, löste Min.-Präs. K. Graf *Hohenwart* 1871 das Abgeordnetenhaus u. die Landtage auf, in denen die dt. liberale Verfassungspartei die Mehrheit hatte, u. der Monarch billigte daraufhin grundsätzlich ein böhm. Staatsrecht auf föderalist. Grundlage, entschied aber dann gegen die von den Tschechen vorgelegten 18 Fundamentalartikel, nachdem er von F. Graf *Beust* u. G. Graf *Andrássy* auf die Gefahren einer föderalist. Regierung für das österr. Deutschtum u. auf den bestehenden Dualismus hingewiesen worden war. Nach Rücktritt des Ministeriums Hohenwart setzte sich nun wieder in den böhm. Landtagswahlen die dt. Verfassungspartei durch.
Auch auf dem Balkan stieß die österr.-ungar. Monarchie auf Schwierigkeiten, weil die slaw. Bevölkerung in Ö. wie auch in Ungarn eher Rußland zuneigte *(Panslawismus)*. Durch die Okkupation Bosniens u. der Herzegowina *(Berliner Kongreß* 1878) verschoben sich die Gewichte in Ö. zugunsten des slaw. Elements, wodurch sich die Verfassungspartei erneut bedroht sah, zumal seit dem erneuten Einzug der Tschechen in den Reichsrat die nicht-dt. Nationalitäten im Abgeordnetenhaus die Mehrheit bildeten; diese Entwicklung wurde durch E. Graf *Taaffe*, seit Entlassung Andrássys neuer Min.-Präs. (1879), gefördert: 1880 Einführung der Zweisprachigkeit in den böhm. u. mähr. Behörden, 1882 auch in den slowen. Gebieten. 1882

Österreich und das Reich der Habsburger

wurde die Prager Universität geteilt, u. die Tschechen erhielten ihre eigene Hochschule. Dadurch war zwar keine eigentl. Entspannung eingetreten, weil der Nationalitätenkampf sich immer mehr zuspitzte, aber innenpolitisch wurden Fortschritte in der Sozial- u. Wirtschaftspolitik erzielt (Verstaatlichung der Eisenbahnen, Schutzzölle zugunsten der Landwirtschaft u. Industrie, Sonntagsruhe, Arbeitszeitbegrenzung, Unfall- u. Krankenversicherung). Auch außenpolitisch war eine gewisse Festigung durch den Abschluß des *Zweibunds* mit Dtschld. gegeben; jedoch wurde durch die Bulgar. Krise seit 1885 die Spannung zwischen Ö.-Ungarn u. Rußland erneut heraufbeschworen. Auch der *Dreibund* mit Italien (1882) barg wegen der Irredenta von Anfang an Konfliktstoff in sich. Zwei- u. Dreibund wurden durch Verträge mit Dtschld. u. Rumänien, durch das *Mittelmeerabkommen* mit England u. Italien sowie durch ein besseres Einvernehmen mit Serbien gestärkt.

Um 1900 zeichnete sich vorübergehend eine Entspannung zwischen Rußland u. Ö. ab; aber als Rußland nach seiner Niederlage im japan.-russ. Krieg wieder seine alte Balkanpolitik aufnahm, verlangten die Serben die Loslösung der südslaw. Gebiete von Ö.-Ungarn. Die Lage auf dem Balkan spitzte sich nach der Annexion Bosniens u. der Herzegowina 1908 durch Ö. u. nach den *Balkankriegen* weiter zu, auch die Spannungen mit Italien verstärkten sich. Als der österr. Thronfolger *Franz Ferdinand* am 28. 6. 1914 in Sarajevo von serbisch-bosn. Nationalisten ermordet wurde, war der unmittelbare Anlaß für den 1. Weltkrieg gegeben. Mit dt. Hilfe wurden 1915 Galizien erobert u. Serbien besiegt. Gegen die 1915 auf seiten der Entente in den Krieg eingetretenen Italiener behaupteten sich österr. u. dt. Verbände an der Isonzo-Front. Nach dem Zusammenbruch breiter Frontabschnitte u. Hungerunruhen im Innern kam es 1918 zur Auflösung der Habsburger Monarchie. Kaiser *Karl I.*, der dem 1916 verstorbenen Franz Joseph I. gefolgt war, verzichtete ohne formelle Abdankung auf die Regierung.

Die Reichstagsabgeordneten der dt. Parteien, die sich bereits am 21. 10. 1918 als *Provisorische Nationalversammlung* konstituiert hatten, erklärten am 12. 11. 1918 Dt.-Ö. zu einer demokrat. Republik als Bestand der „Dt. Republik". Doch unter dem Druck der Siegermächte mußte die österr. Delegation, geführt von Staatskanzler K. *Renner*, die Bedingungen des Friedens von *Saint-Germain* 1919 annehmen: Verzicht auf Südtirol u. die sudetendeutschen Gebiete, Anerkennung der neuen Staaten Tschechoslowakei, Polen, Ungarn u. Jugoslawien, Verzicht auf den Anschluß an das Dt. Reich, Übernahme der Verantwortung für Kriegsausbruch u. Kriegsschäden, Zahlung hoher Reparationen. Wirtschaftlich u. finanziell war der österr. Rumpfstaat katastrophal geschwächt. Die innere u. äußere Konsolidierung der Republik, deren Bestand auch durch Bestrebungen in den Alpenländern nach Anschluß an das Dt. Reich (Salzburg, Tirol) oder an die Schweiz (Vorarlberg) sowie durch jugoslaw. Ansprüche auf Südkärnten gefährdet wurde, war nur durch ausländ. Kredithilfe möglich. Erst unter I. *Seipel* (seit 1921 Bundeskanzler) gelang es, die vor allem durch Reparationsforderungen u. finanzielle Zurückhaltung der Großmächte heraufbeschworene wirtschaftl. Krise mit einem großen Sanierungsprogramm fürs erste abzuwenden. Unter Garantie des Völkerbunds erhielt Ö. von Großbritannien, Frankreich, Italien u. der Tschechoslowakei eine Anleihe von 650 Mill. Goldkronen u. die Zusicherung polit. u. territorialer Unabhängigkeit.

Durch die geschickte Außenpolitik J. *Schobers* (1929/30 Kanzler) wurde die Aufhebung aller Reparationsverpflichtungen erreicht, u. die Beziehungen zu Italien u. Ungarn wurden verbessert. Aber der Zusammenbruch der Österr. Credit-Anstalt infolge der Weltwirtschaftskrise, der bedrohliche Anstieg der Arbeitslosenzahl, die mangelhafte Zusammenarbeit der polit. Parteien, Aufruhr, dauernde Krisen im Parlament sowie das Scheitern des Zollunionsplans mit dem Dt. Reich ließen, ähnlich wie in Dtschld., den Ruf nach antidemokrat. Lösungen laut werden *(Frontkämpfervereinigung, Heimwehr)*. Viele Anhänger dieser Richtung schlossen sich der NSDAP an. Auf der Linken bildete sich dagegen der halbmilitär. *Republikanische Schutzbund*. Eine austromarxist. Demonstration, bei der 1927 der Wiener Justizpalast in Brand gesetzt worden war *(Julirevolte)*, verschärfte die innenpolit. Situation. E. *Dollfuß*, der 1932 mit der Regierungsbildung in dieser krit. Lage beauftragt wurde, wollte durch eine Parlaments- u. Verfassungsreform die Situation retten. Den Rücktritt der drei Parlamentspräsidenten am 4. 3. 1933 nützte er zur Ausschaltung des Parlaments. Er verbot die Betätigung der NSDAP u. löste SA u. SS auf (19. 6. 1933). Der vom ebenfalls verbotenen Republikanischen Schutzbund im Februar 1934 ausgelöste Aufstand wurde von Heimwehr u. Militär blutig niedergeworfen. Die am 1. 5. 1934 erlassene Verfassung des Ständestaats sollte eine Verwirklichung der Richtlinien der Enzyklika „Quadragesimo anno" sein; mit dem Hl. Stuhl wurde 1934 das Konkordat unterzeichnet. Am 25. 7. 1934 wurde Dollfuß bei einem Putschversuch der NSDAP ermordet; der Putsch wurde niedergeschlagen. Dtschld. griff nicht ein, weil *Mussolini* sich schützend hinter Ö. stellte.

Der neue Bundeskanzler, K. *Schuschnigg*, hielt anfangs an Dollfuß' Politik fest, wurde aber durch die Nationalsozialisten, die bereits in alle Behörden Parteigänger eingeschleust hatten, in eine ohnmächtige Stellung manövriert u. mußte am 11. 3. 1938 sein Amt dem Nationalsozialisten A. *Seyß-Inquart* überlassen. Am 12. 3. marschierten dt. Truppen in Ö. ein, am 13. 3. wurde der Anschluß Ö.s an das Dt. Reich vollzogen. Seyß-Inquart wurde Reichsstatthalter. 1939 wurde das in „Ostmark" umbenannte Ö. in Reichsgaue aufgeteilt. Am 2. Weltkrieg mußten österr. Soldaten auf dt. Seite teilnehmen. Während des Krieges verstärkten sich die Widerstandsgruppen. Im Mai 1945 war ganz Ö. von alliierten Truppen besetzt.

Aufgrund der Moskauer Deklaration der Alliierten vom 1. 11. 1943, die die Wiederherstellung eines selbständigen Staates Ö. in Aussicht stellte, konnte die Allparteienregierung K. *Renner* (SPÖ) am 27. 4. 1945 die Unabhängigkeit der zweiten Republik Ö. verkünden. Schon 1946 u. noch einmal 1953 beschränkten die Alliierten freiwillig die Rechte des Kontrollrats, aber ein nach 1945 angestrebter Staatsvertrag mit der Republik kam zunächst nicht zustande. Den Alliierten stand allerdings eine handlungsfähige Regierung gegenüber. Die ersten Wahlen zum Nationalrat im Herbst 1945 brachten der ÖVP die absolute Mehrheit (85 Sitze), die SPÖ wurde zweitstärkste Partei (76 Sitze), die KPÖ erhielt nur 4 Mandate.

Ö. war wirtschaftlich schwer geschädigt; die Besatzung lastete auf dem Land, die geringen ökonom. Reserven, die sozialen Probleme der Nachkriegszeit u. die Flüchtlingsströme verschärften die Lage. Hauptziel der Politik bildete zunächst die Erringung der vollen Souveränität, die erst mit dem Staatsvertrag vom 15. 5. 1955 erreicht wurde. Im Neutralitätsgesetz vom 26. 10. 1955 verpflichtete sich Ö. zu immerwährender Neutralität.

Die österr. Innenpolitik nach 1945 war bestimmt durch den wirtschaftl. Wiederaufbau. Die unbefriedigende Wirtschaftsstruktur der Vorkriegszeit konnte dabei erheblich verbessert werden. Auf Verlangen der SPÖ wurden Schlüsselindustrien wie Energiewirtschaft u. Bergbau verstaatlicht. Die Marshallplanhilfe, eine energische Inflationsbekämpfung, eine Abwertung u. staatl. Investitionshilfen ermöglichten ab 1952 einen wirtschaftl. Aufschwung. Ö. konnte seinen Status als führendes Fremdenverkehrsland wiedergewinnen u. seine industrielle Produktion steigern. Das Land blieb wirtschaftlich krisenempfindlich, aber die nach 1945 geübte Praxis wirtschaftl. u. sozialpolit. Absprachen in Regierung u. Verbänden trug viel zur Beruhigung bei.

Die österr. Regierungen wurden von 1945 bis zum Ausscheiden der Kommunisten 1947 von ÖVP, SPÖ u. KPÖ getragen, 1947–1966 von einer großen Koalition aus ÖVP u. SPÖ, die 1949 einen Proporz vereinbarte, nach dem jeweils Vertreter beider Parteien wichtige staatl. Funktionen ausübten. Als bei den Nationalratswahlen 1966 die ÖVP die absolute Mehrheit errang, fand die Koalitionspolitik ein Ende. Die ÖVP stellte zwischen 1945 u. 1970 als immer stärkste Fraktion den Bundeskanzler (Leopold *Figl* 1945–1952, Julius *Raab* 1952–1961, Alfons *Gorbach* 1961–1964, Josef *Klaus* 1964–1970). Die SPÖ wurde 1970 erstmals nach 1945 stärkste Partei, die ÖVP ging in die Opposition. Bruno *Kreisky* bildete mit Duldung der FPÖ eine Minderheitsregierung. Bei vorzeitigen Neuwahlen 1971 errang die SPÖ die absolute Mehrheit; sie bildete wiederum allein die Regierung. Auch die Wahlen von 1974 u. 1979 gewann die Regierung Kreisky. 1983 verlor die SPÖ die absolute Mehrheit; sie bildete unter Fred *Sinowatz* eine Koalition mit der FPÖ. 1986 wurde

Österreich: Außenminister L. Figl mit dem am 15. Mai 1955 geschlossenen Staatsvertrag; neben ihm u. a. der sowjetische Außenminister Molotow und Bundeskanzler Raab

diese Koalition von der SPÖ aufgekündigt. Vorgezogene Neuwahlen im gleichen Jahr führten 1987 zur Bildung einer Regierung der großen Koalition mit Franz *Vranitzky* (SPÖ) als Bundeskanzler. Trotz verschiedener Skandale *(Lucona-Affäre)* u. des Erstarkens der FPÖ (1995 umbenannt in „Die Freiheitlichen") konnte Vranitzky die Regierung der großen Koalition auch nach den Wahlen von 1990 u. 1994 fortsetzen. Im Juni 1994 stimmte eine Mehrheit der Bevölkerung für den Beitritt Ö.s zur EU, der zum 1. 1. 1995 wirksam wurde. Differenzen von SPÖ u. ÖVP über die Sanierung des Bundeshaushalts führten 1995 zum Bruch der Regierungskoalition u. zu vorgezogenen Neuwahlen, die mit deutl. Stimmengewinnen für die SPÖ endeten. Nach schwierigen Verhandlungen einigten sich ÖVP u. SPÖ auf eine Fortsetzung der großen Koalition unter Führung von Bundeskanzler Vranitzky. 1997 trat Vranitzky zurück. Neuer Regierungschef wurde V. *Klima* (SPÖ). Der erste Nachkriegs-Bundespräsident, Karl *Renner* (SPÖ), wurde 1945 vom Nationalrat gewählt. Die folgenden Präsidentschaftswahlen, die seit 1951 Volkswahlen sind, gewannen als Kandidaten der SPÖ 1951 Theodor *Körner*, 1957 u. 1963 Adolf *Schärf*, 1965 u. 1971 Franz *Jonas*, 1974 u. 1980 Rudolf *Kirchschläger*; als Kandidaten der ÖVP 1986 Kurt *Waldheim* u. 1992 Thomas *Klestil* (1998 wiedergewählt).

Österreichischer Erbfolgekrieg, der 1741 bis 1748 zwischen europ. Mächten geführte Krieg um die Erbfolge Maria Theresias in den österr. Erblanden. Nach dem Tod Kaiser *Karls VI.* erkannte *Karl Albrecht* von Bayern die Pragmatische Sanktion nicht an u. erhob Anspruch auf die habsburgischen Lande u. die Kaiserkrone. Er fand Unterstützung bei Sachsen u. Spanien; Großbritannien u. die Niederlande traten auf Österreichs Seite. Gleichzeitig marschierte Preußen in das von ihm beanspruchte Schlesien ein u. eroberte es im 1. u. 2. Schlesischen Krieg. Französ., bayer. u. sächs. Truppen fielen 1741 in Oberösterreich u. Böhmen ein. Karl Albrecht krönte sich 1741 in Prag zum böhm. König u. wurde 1742 als *Karl VII.* zum Kaiser gewählt. Sein Sohn verzichtete nach dessen Tod auf seine Erbansprüche, so daß der Krieg nur noch in der Lombardei u. den Österr. Niederlanden fortgesetzt wurde. Nach dem Eingreifen der Russen (seit 1746 mit Österreich verbündet) kam es nach längeren Verhandlungen zum *Frieden von Aachen* (1748), in dem Österreich Parma u. Piacenza an eine Nebenlinie der span. Bourbonen abtrat, sonst aber, abgesehen von Schlesien, seine alten Gebiete halten konnte.

Österreichisches Institut für Geschichtsforschung, von 1920–1945 Name des 1854 gegr. *Instituts für Österreichische Geschichtsforschung.*

Österreichisches Staatsarchiv, ursprüngl. *Haus-, Hof- u. Staatsarchiv*, 1918 in Ö. S. umbenannt. Es besteht aus 4 Abteilungen: 1. Haus-, Hof- u. Staatsarchiv; 2. allg. Verwaltungsarchive; 3. Finanz- u. Hofkammerarchiv; 4. Kriegsarchiv.

Österreichische Volkspartei, *Abk. ÖVP*, eine der beiden großen österr. Parteien, am 17. 4. 1945 von L. *Kunschak*, F. *Hurdes*, L. *Figl*, J. *Raab*, L. *Weinberger* u. H. *Pernter* gegr. Die ÖVP ist an den Grundsätzen der christl. Soziallehre orientiert u. besteht aus 3 Bünden (Bauernbund, Arbeiter- u. Angestelltenbund, Wirtschaftsbund). Bei der Ämterverteilung sowie bei der Fraktionszusammensetzung wird eine Drittelparität der Bünde angestrebt. Im Gegensatz zur Haltung ihrer Vorläuferin, der *Christlichsozialen Partei*, in den Jahren 1919–1934 tritt die ÖVP entschieden für die parlamentar. Demokratie ein. 1945–1966 stellte die ÖVP in der Großen Koalition mit der Sozialistischen Partei Österreichs (SPÖ) den Bundeskanzler, 1966–1970 regierte sie allein, 1970–1987 war sie in der Opposition, seit 1987 regiert sie wieder mit der SPÖ. Im Nationalrat ist sie seit 1995 mit 53 Abg. vertreten. Bundesobmann 1971–1975: K. *Schleinzer*, 1975 bis 1979: J. *Taus*, 1979–1989: A. *Mock*, 1989–1991: J. *Riegler*, 1991–1995: E. *Busek*, seit 1995: W. *Schüssel*.

Österreichisch-Ungarische Monarchie, der amtl. Name von *Österreich-Ungarn.* Nach dem Österr.-Ungar. Ausgleich 1867, der die Staatsgrundgesetze für die Doppelmonarchie festlegte, wurde am 14. 11. 1869 die Bez. Ö. M. eingeführt, die bis zum 21. 10. 1918 galt. Die Ö. M. bestand aus dem Kaiserreich Österreich („die im Reichsrat vertretenen Königreiche u. Länder": Königreiche Böhmen, Dalmatien, Galizien, die Erzherzogtümer Österreich unter der Enns u. Österreich ob der Enns, die Herzogtümer Salzburg, Steiermark, Kärnten, Krain, Schlesien, Bukowina, die Markgrafschaften Mähren, Istrien, die gefürsteten Grafschaften Tirol, Görz, Gradisca, das Land Vorarlberg u. Stadt u. Gebiet Triest) u. dem Königreich Ungarn mit Siebenbürgen, Kroatien u. Slawonien („Länder der ungar. Krone") sowie den Reichslanden Bosnien u. Herzegowina (seit 1878). Die auswärtigen Angelegenheiten, das Kriegswesen u. das Finanzwesen wurden von gemeinsamen Ministerien verwaltet, die entsprechenden Gesetze wurden von den „Delegationen", die aus je 60 vom österr. u. vom ungarischen Parlament entsandten Mitgl. bestanden, ausgearbeitet. Neben der gemeinsamen Wehrmacht Österreich-Ungarns bestand die Österr. Landwehr u. die Ungarische *Honved*, die von eigenen Ministern verwaltet wurden. Die beiden Reichshälften wurden auch (nach ihrer Lage zum Fluß Leitha) als *Cisleithanien* u. *Transleithanien* bezeichnet.

Österreichisch-Ungarischer Ausgleich, das 1867 geschlossene Übereinkommen über das staatsrechtl. Verhältnis zwischen Österreich u. Ungarn. Den Beginn des Ausgleichswerkes bildete die Einsetzung eines ungar. Ministeriums unter Graf Julius *Andrassy* als Min.-Präs. Im Mai 1867 wurde der Entwurf des Ausgleichgesetzes durch die beiden Häuser des ungarischen Parlaments angenommen u. Anfang Juni die Krönung des Kaiserpaares zur Königin bzw. zum König von Ungarn vollzogen. Durch den Ausgleich entstand die Doppelmonarchie *Österreich-Ungarn* als Realunion zweier autonomer Staaten.

Österreich ob der Enns, histor. Name für *Oberösterreich.*

Österreich-Ungarn → Österreichisch-Ungarische Monarchie.

Österreich unter der Enns, histor. Name für *Niederösterreich.*

Ostfranken, 1. *Ostfrankenreich, ostfränk. Reich*, erstmals 833 von *Ludwig dem Deutschen* benutzte Bez. (lat. *Francia orientalis*) für seinen Herrschaftsbereich im östl. Teil des karoling. *Frankenreichs*, der – auch sprachlich bereits abgehoben (→ Straßburger Eide) – 843 durch den Teilungsvertrag von *Verdun* abgetrennt, durch die Verträge von *Meersen* (870) u. *Ribemont* (880) vergrößert, schließlich zum röm.-dt. Reich wurde. Die Westgrenze O.s, ungefähr der german.-roman. Sprachscheide entsprechend, bildete für das gesamte MA die Grenze zwischen Dtschld. u. Frankreich.

2. im 8. Jh. aufgekommener Name für einen Raum, der ungefähr dem bonifatianischen *Bistum Würzburg* entsprach; später ein nach O u. SO erweitertes Gebiet (Bistümer Würzburg, Bamberg, Eichstätt); ursprüngl. Königsland, aber seit dem 10. Jh. großenteils durch Schenkungen, Verleihungen, Entfremdungen in den Händen der Kirche u. weltlicher Herren, bes. der Staufer. Aufgrund ihrer richterl. Gewalt in O. beanspruchten die Würzburger Bischöfe seit dem 11. Jh. eine herzogsähnl. Stellung, die ihnen Friedrich I. bestätigte; seitdem führten sie bisweilen, 1446–1803 ständig den Titel eines „Herzogs zu Franken".

Ostgebiete *des Dt. Reiches*, die Gebiete des ehem. Dt. Reiches zwischen der Oder-Neiße-Linie u. der östl. Reichsgrenze nach dem Gebietsstand vom 31. 12. 1937, die aufgrund des Abschnitts IXb des Potsdamer Abkommens (2. 8. 1945) „bis zur endgültigen [d. h. friedensvertraglichen] Festlegung der Westgrenze Polens" der Verwaltung des polnischen Staates bzw. der Sowjetunion unterstellt werden sollten. Es handelte sich um Ostpreußen, Schlesien u. Teile Brandenburgs u. Pommerns; insges. 114000 km^2 (rd. 24 % des Reichsgebiets) mit 9,6 Mill. Ew. (1939). Der nördl. Teil Ostpreußens wurde 1946 als Oblast Kaliningrad an die RSFSR der Sowjetunion angeschlossen; die übrigen O. wurden 1945/46 als „wiedergewonnene Gebiete" in den polnischen Staatsverband eingegliedert. Nachdem ein erhebl. Teil der dort ansässigen dt. Bevölkerung bis Kriegsende bereits nach Westen geflohen war, wurden die in den O.n verbliebenen bzw. nach den Kampfhandlungen dorthin zurückgekehrten Bewohner in den folgenden Jahren aus dem nördl. Ostpreußen fast ausnahmslos, aus den übrigen O.n größtenteils vertrieben. Während die DDR bereits 1950 im *Görlitzer Abkommen* die Abtrennung der O. als endgültig anerkannte, bestand die BR Dtschld. stets darauf, daß erst eine friedensvertragl. Regelung über die staatl. Zugehörigkeit der O. entscheiden könne. Diesen Standpunkt behielt sie auch nach Abschluß des *Warschauer Vertrages* von 1970 bei, in dem die Oder-Neiße-Linie als Westgrenze Polens „festgestellt" wurde. Erst durch den *Vertrag über die abschließende Regelung in bezug auf Dtschld.* („Zwei-plus-vier-Vertrag") vom 12. 11. 1990 u. den *dt.-poln. Vertrag* vom 14. 11. 1990 wurde die Abtrennung der O. völkerrechtlich bestätigt.

Ostgermanen, germanische Stämme, die ursprünglich an der Ostsee, der unteren Weichsel u. im O südl. bis zur Donau siedelten; zu ihnen zählte man die *Bastarnen, Burgunder, Gepiden, Goten, Lugier, Skiren, Wandalen.* Sie besaßen eine Reihe von Gemeinsamkeiten in Sprache, Sitte, Recht u. Kunst.

Ostgoten → Goten.

Osthilfe, in der Weimarer Republik (seit 1928) finanzielle Maßnahmen des Dt. Reiches zur Stützung ostdt. Betriebe, die durch die Grenzziehung des Versailler Vertrages u. die Weltwirtschaftskrise in Schwierigkeiten geraten waren. Ursprüngl. nur für Ostpreußen gedacht, dann stufenweise nach W bis zur Elbe ausgedehnt (*O.gesetz* 1931), kam die O. bei Koppelung mit Arbeitsbeschaffungsmaßnahmen hauptsächlich der Landwirtschaft zugute. Die Linksparteien sprachen wegen der Bevorzugung des Großgrundbesitzes von einem „O.skandal"; die Rechtsparteien warfen wegen staatl. Aufsicht über die Verteilung der Subventionen der Regierung „Agrarbolschewismus" vor.

Ostindienkompanie, engl. *East India Company*, engl. private Handelsgesellschaft, 1599 von Kaufleuten gegr., die 1600 mit dem Privileg auf das Monopol des Ostindienhandels ausgestattet wurden. 1709 fusionierte die O. mit der konkurrierenden *New East India Company.* Die Gesellschaft legte an den Küsten Vorderindiens – zuerst an der Westküste, dann aber verstärkt an der Ostküste (Bombay 1685, Calcutta 1690) – Stützpunkte u. Faktoreien an, trieb aber auch Handel mit Persien u. China. Als die O. im 18. Jh. massiv in die inneren Auseinandersetzungen der ind. Staaten eingriff u. begann, den Subkontinent zu annektieren, mischte sich der brit. Staat ein u. übernahm schrittweise die Verwaltung der

Kolonie. 1858 – als Folge des Sepoy-Aufstands – wurde die O. aufgelöst. – Neben der engl. O. u. in Zusammenarbeit bzw. Konkurrenz mit ihr agierten im gleichen Gebiet die 1602 gegr. u. 1799 aufgelöste holländ. Vereinigte Ostind. Kompanie *(Vereenigde Oost-Indische Compagnie)* u. die 1664 gegr. u. 1770 aufgelöste französ. Ostindienkompanie *(Compagnie des Indes orientales).*

Ostmark, 1. *Bayerische O.,* von Karl d. Gr. 803 als *Pannonische* bzw. *Awarische Mark* eingerichtet; umfaßte etwa das Gebiet zwischen Enns u. Raab; durch die Ungarneinfälle im 10. Jh. zeitweilig verloren; von Otto I. dem Burggrafen *Burchard von Regensburg* (zuerst 972 genannt) anvertraut, von Otto II. reorganisiert u. dem Babenberger *Liutpold I.* (976–994) verliehen; bildete das Kerngebiet des späteren Herzogtums → Österreich.

2. *Sächsische O., Mark Lausitz,* 965 durch Teilung der Mark des Markgrafen *Gero* entstanden, umfaßte hauptsächlich des Gebiet der Niederlausitz.

3. nach dem Anschluß an das Dt. Reich 1938–1945 amtl. Bez. für Österreich.

4. *Ostmarken,* die in der dt.-poln. Grenzzone gelegenen preuß. Ostprovinzen. Die Germanisierungsversuche in den dortigen sprachl. Mischgebieten vor dem 1. Weltkrieg (Schul- u. Ansiedlungsgesetze) wurden als *O.enpolitik* (Ostmarkenverein) bezeichnet.

Ostpreußen, ehem. preuß. Provinz; hatte 1939 eine Fläche von 36996 km² u. 2,5 Mill. Ew.; Hptst. *Königsberg.* Als Folge des 2. Weltkriegs bildet das nördl. O. (etwa der Fläche) die Oblast Kaliningrad (Rußland); das südl. O. bilden die poln. Wojewodschaften Olsztyn, Elbląg u. Suwałki.

O., der östl. Teil → Preußens, der nach dem 2. Thorner Frieden 1466 dem *Dt. Orden* verblieben war, wurde 1525 zum weltl. *Herzogtum Preußen* u. kam 1618 durch Nachfolgerecht an die kurbrandenburg. Linie der *Hohenzollern*; durch den Frieden von Oliva (1660) endete die seit 1525 bestehende poln. Lehnshoheit. 1701 wurde O. durch die Krönung des brandenburg. Kurfürsten Friedrich III. zum König Friedrich I. „in Preußen" Königreich, das mit Brandenburg verbunden war, aber nicht zum Reichsverband gehörte. 1709–1711 stark durch die Pest entvölkert, wurde O. 1722–1740 durch König Friedrich Wilhelm I. mit Kolonisten aus der Schweiz, der Pfalz, aus Nassau u. Salzburg neu besiedelt. Nach dem Siebenjährigen Krieg nahm die Landwirtschaft in O. einen starken Aufschwung (Getreideexporte). Die 1544 gegründete Universität Königsberg erlebte eine hohe Blüte. 1813 begannen von O. aus die Befreiungskriege gegen Napoleon I.

1815 entstand die *Provinz O.* Sie war 1824–1878 mit Westpreußen zur *Provinz Preußen* vereinigt u. wurde dann wieder selbständig. Nach dem 1. Weltkrieg (Versailler Vertrag) mußte das Gebiet um Soldau an Polen, das Memelland an die Alliierten (später an Litauen) abgetreten werden. Als Abstimmungsgebiet blieb der Regierungsbezirk Allenstein beim Dt. Reich. Der durch den *Polnischen Korridor* vom Reich getrennte restliche Teil der ehem. Provinz Westpreußen rechts der Weichsel wurde als Regierungsbezirk Westpreußen O. zugeschlagen, das sich seit 1920 außerdem in die Regierungsbezirke Gumbinnen u. Königsberg gliederte. 1939 wurde das Memelland zurückgegliedert.

Am Ende des 2. Weltkriegs kam es nach dem Eindringen sowjet. Truppen im Okt. 1944 zu einer Katastrophe, weil die Evakuierung der Zivilbevölkerung vom Gauleiter nicht rechtzeitig zugelassen u. O. größtenteils vom übrigen Dtschld. abgeschnitten wurde. Hunderttausende von Zivilpersonen wurden eingeschlossen oder versuchten über das Eis des Frischen Haffs zu fliehen. Die Zahl der Todesopfer wird mit 614000 angegeben.

Auf der *Potsdamer Konferenz* wurde O. in einen sowjet. u. einen poln. Verwaltungsbezirk geteilt. Die noch ansässige dt. Bevölkerung wurde bis auf geringe Ausnahmen zwangsausgesiedelt.

Ostrakismos [der; grch.], *Ostrazismus,* im alten Athen das auf Kleisthenes zurückgeführte, 487 v. Chr. erstmalig veranstaltete „Scherbengericht"; eine Volksabstimmung über die nicht als ehrenrührig geltende u. nicht mit Rechts- oder Vermögenseinbuße verbundene zehnjährige Verbannung eines Bürgers, der angeblich die Gemeinde gefährdete, oft aber auch nur mißliebig war. Jeder Teilnehmer mußte dabei den Namen des zu Verbannenden auf eine Scherbe *(Ostrakon)* schreiben. Die letzte Verbannung durch O. war die des *Hyperbolos* im Peloponnes. Krieg.

Oströmisches Reich → Byzantinisches Reich, → Römisches Reich.

Ostsiedlung, *Ostkolonisation,* die Ansiedlung von Deutschen in den von Slawen, Awaren u. Ungarn nur dünn bevölkerten Gebieten im Osten u. Südosten des Hl. Röm. Reichs im MA. Sachlich u. teilweise auch zeitlich ist dabei zu unterscheiden zwischen der Ausbreitung u. anschließenden Entstehung eines geschlossenen dt. Siedlungsraums in Österreich, Sachsen, in der Lausitz, in Wagrien, Mecklenburg, Brandenburg, Schlesien, Pommern u. Ostpreußen einerseits u. der Anlage versprengter dt. Siedlungen in den Nachbarländern andererseits.

Die ersten Anfänge einer O. gingen im 8. Jh. von Bayern aus in die Donauebene u. die Ostalpenländer; diese Siedlungsbewegung wurde nach dem Sieg über die Ungarn (955) wiederaufgenommen u. war um die Mitte des 11. Jh. abgeschlossen. Während die *Ottonen* mit der Gründung zahlreicher Missionsbistümer eine wichtige Voraussetzung der späteren O. schufen u. die mittelelb. Lande gewannen, setzte sie sich im NO des Reichs erst im 12. Jh. durch. Ihre Initiatoren waren weltl. u. geistl. dt. Fürsten in den Grenzländern (u. a. *Heinrich der Löwe, Albrecht der Bär,* die Grafen von *Schauenburg,* Erzbischof *Wichmann* von Magdeburg); später riefen christl. Slawenfürsten selbst dt. Bauern, Kaufleute u. Handwerker ins Land u. belehnten auch dt. Ritter u. geistl. Orden mit Grundbesitz. Die Rodungen, Wirtschaftshöfe u. Dorfgründungen der *Zisterzienser* u. *Prämonstratenser* sowie die Niederlassungen der *Johanniter* u. *Templer* wurden Vorbilder für die Siedlung.

Bei der O. handelte es sich bis etwa 1200 um erobernde dt. Landnahme, seitdem fast immer um einen vertraglich geregelten Vorgang, bei dem vielfach von ausgesprochenen Siedlungsunternehmern, dt. u. einheim. *Lokatoren,* deutschrechtl. Dörfer u. Städte gegründet u. mit Siedlern besetzt wurden. Die slaw. Bevölkerung wurde teilweise verdrängt, bes. wenn sie sich der Umstellung widersetzte, sonst aber in das Siedlungswerk miteinbezogen. Aus der Verschmelzung der Einwanderer mit der slaw. Bevölkerung sind die mittel- u. ostdt. Neustämme hervorgegangen. Die Motive dieser Siedlungsbewegung waren auf seiten der dt. wie der slaw. Fürsten hauptsächlich der Wunsch, die einträglichere dt. Rechts- u. Wirtschaftsverfassung einzuführen (z. B. „Zehntbarmachung" durch Hufeneinteilung), auf seiten der dt. Siedler wohl Übervölkerung bei vorläufigem Abschluß der Binnenordnung in ihrer Heimat sowie die Verheißung wirtschaftl. Vorteile u. größerer

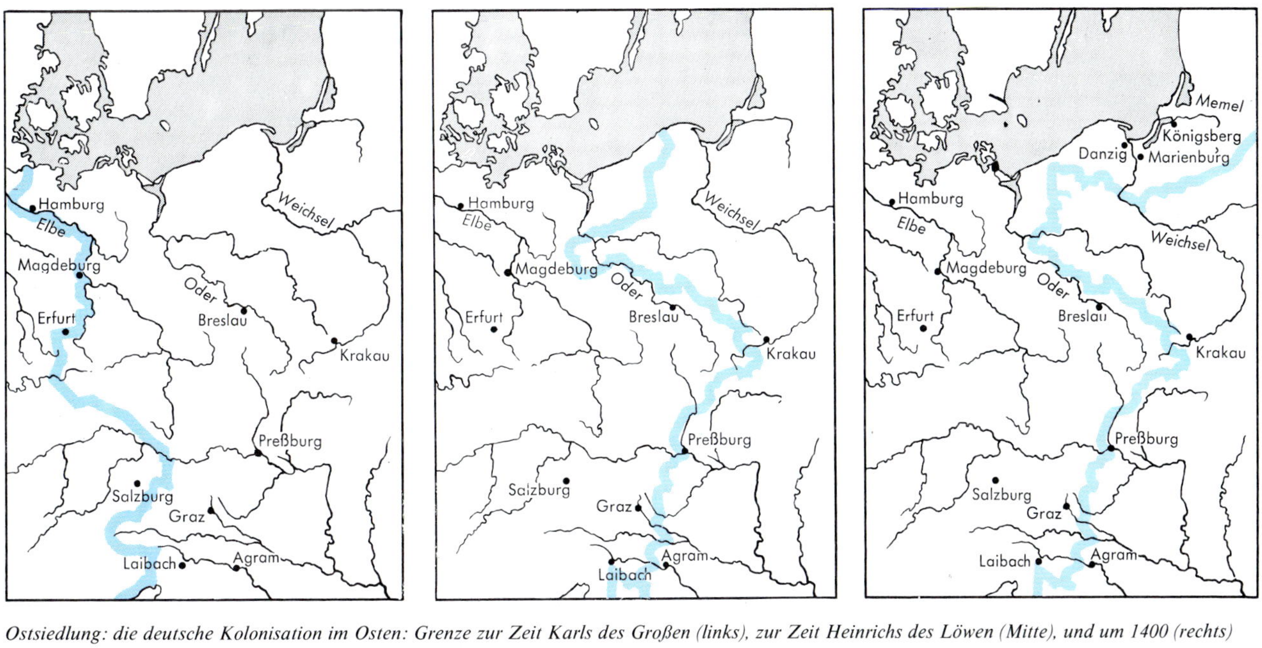

Ostsiedlung: die deutsche Kolonisation im Osten: Grenze zur Zeit Karls des Großen (links), zur Zeit Heinrichs des Löwen (Mitte), und um 1400 (rechts)

persönl. Freiheit auf Siedlungsland. – Ein Sonderfall der dt. O. war die Staatsgründung des Deutschen Ordens, durch den Ostpreußen, Kurland u. Livland christianisiert u. dt. Städte gegründet wurden (bäuerl. Siedlungen nur in Ostpreußen). Die *Hanse*, deren Kern die „wend. Städte" im Siedlungsbereich bildeten, stellte dann die Handels- u. Seeverbindung der Ostseeländer mit Mittel- u. Westeuropa her.
Seit dem 14. Jh. hat sich die Reichsgrenze durch die O. nicht mehr verändert. Nationale Widerstände wurden erst spät (bes. in Polen u. Böhmen) laut. Die Volks- u. Sprachgrenzen waren weitgehend verwischt, als um 1350 aus nicht völlig erklärbaren Gründen (vielleicht im Zusammenhang mit der großen Pest) die Siedlungsbewegung abebbte u. schließlich stillstand.

Kaiser Otto II. überreicht dem Prager Bischof Adalbert den Bischofsstab

Ost-West-Konflikt, das Spannungsverhältnis zwischen der Sowjetunion u. den nichtkommunist. Staaten. Es nahm seinen Anfang mit dem Machtantritt der Bolschewiki in Rußland (1917), deren erklärtes Ziel die Weltrevolution, d. h. die Beseitigung der bürgerl. Gesellschaft u. ihrer Staaten, war. Nachdem die Hoffnungen auf die proletar. Weltrevolution sich nicht erfüllt hatten, betrieb die Sowjetregierung in ihren Beziehungen zu den übrigen Staaten eine zweigleisige Politik: Auf diplomat. Ebene verfolgte sie eine Politik der *Koexistenz*, während die Komintern u. ihre nationalen Sektionen auf gesellschaftl. u. ideolog. Ebene nach wie vor auf Konfrontation setzten. Der O. trat zurück im 2. Weltkrieg, als sich die Sowjetunion u. die Westmächte im Kampf gegen den Nationalsozialismus verbündeten. Die Gegensätze brachen jedoch nach der siegreichen Beendigung des Krieges wieder auf u. führten zum O. im eigentlichen Sinne: der Herausbildung von zwei entgegengesetzten Blöcken oder Lagern um die „Supermächte" USA u. UdSSR.
Die Blockbildung vollzog sich zunächst in Europa, ausgehend von den Konflikten über die Zukunft Dtschlds. u. Mitteleuropas. Erste Gegensätze traten bereits auf der Potsdamer Konferenz (Juli/August 1945) auf. Der amerikan. *Marshallplan* zum Wiederaufbau Westeuropas einschl. der westl. Besatzungszonen Dtschlds. 1947 einerseits u. die Gründungskonferenz des *Kominform* im Sept. 1947, die den unversöhnl. Gegensatz zwischen „Imperialismus" u. „Sozialismus" proklamierte (Beginn des „Kalten Krieges"), andererseits verschärften den Gegensatz. Mit der *Berliner Blockade* (Juni 1948–Mai 1949), der Bildung der *NATO* (4. 4. 1949) u. der Gründung der beiden dt. Staaten war die Spaltung Dtschlds. u. Europas 1949 in zwei feindl. Blöcke vollzogen.
Eine weltpolit. Dimension gewann der O. durch den *Koreakrieg* (Juni 1950–Juli 1953) u. die Unterstützung der UdSSR für Befreiungsbewegungen in den Kolonien u. selbständig gewordenen Staaten Afrikas u. Asiens. Gleichzeitig festigten beide Seiten ihre Position in Europa: der Westen durch die Wiederbewaffnung der BR Dtschld. u. ihre Aufnahme in die NATO (1954), die UdSSR durch die Gründung des Warschauer Pakts (1955) u. die Unterdrückung oppositioneller Bewegungen in der DDR (1953) u. in Ungarn (1956). Höhepunkte des O.s waren die Berlinkrise (Bau der Mauer am 13. 8. 1961) u. die Kubakrise von 1962. Sie beschworen die Gefahr eines atomaren Weltkrieges herauf u. förderten auf beiden Seiten die Bereitschaft zu Abrüstungsgesprächen. Die nun einsetzende Entspannungspolitik wurde beeinflußt durch den sich verschärfenden sowjet.-chines. Konflikt u. das wachsende Engagement der USA im Vietnamkrieg. Ergebnisse der Entspannung zwischen den USA u. der UdSSR waren das Teststoppabkommen für Atomwaffen vom Juli 1963, der Vertrag über die Nichtverbreitung von Kernwaffen 1968, SALT I 1972 u. die Schlußakte von Helsinki 1975. In Europa führte die von der sozialliberalen Bundesregierung Brandt-Scheel betriebene Ostpolitik zur Entspannung des Verhältnisses der BR Dtschld. zur UdSSR, zu Polen, zur Tschechoslowakei u. zur DDR sowie zu einer Berlinregelung der vier Mächte. Diese Maßnahmen brachten zwar eine gewisse Entschärfung des O.s, beendeten ihn aber nicht. Das zeigten Ereignisse wie die Intervention der Staaten des Warschauer Paktes in der Tschechoslowakei 1968, die sowjet. Intervention in Afghanistan 1979 sowie die Niederschlagung der Liberalisierungstendenzen in Polen 1981. Die von den USA unter R. *Reagan* verfolgte Politik der Stärke (intensive Rüstungsanstrengungen) zwang die UdSSR zu einer Änderung ihres Konfrontationskurses.
Die von M. *Gorbatschow* nicht zuletzt aufgrund der katastrophalen Wirtschaftslage eingeleitete Liberalisierungspolitik führte mit dem polit. Umsturz in Osteuropa u. der deutschen Wiedervereinigung zu einem entscheidenden Wandel im O., der mit der Verabschiedung der *Charta für ein neues Europa* auf dem KSZE-Sondergipfel in Paris 1990 dokumentiert wurde. Das Ende der UdSSR 1991 bestätigte diese Entwicklung.

Ostzone → Sowjetische Besatzungszone.

Oswald, angelsächs. König von Northumbrien 633–641 u. Heiliger, *um 604, †5. 8. 641; vollendete die Christianisierung Nordenglands. O. fiel im Kampf gegen das noch heidnische angelsächs. Nachbarkönigreich *Mercia*. Er wird teilweise (als Patron der Kreuzfahrer, Schnitter u. des Viehs) zu den 14 Nothelfern gezählt. – Fest: 5. 8.

OSZE, Abk. für *Organisation für Sicherheit u. Zusammenarbeit in Europa*, supranationale Gemeinschaft aus 54 Staaten (Ende 1997); ihren Ursprung hat die OSZE in der am 3. 7. 1973 in Helsinki eröffneten Konferenz für Sicherheit u. Zusammenarbeit in Europa (KSZE), an der 33 europ. Staaten (einschl. des Vatikans, ohne Albanien) sowie die USA u. Kanada teilnahmen. Kommissionsberatungen in Genf 1973–1975 behandelten 3 Themenkreise („Körbe"): 1. Sicherheit in Europa, 2. wirtschaftl. u. kulturelle Zusammenarbeit, 3. Zusammenarbeit auf humanitären u. anderen Gebieten. Die Schlußakte mit völkerrechtlich nicht verbindlichen Absichtserklärungen zu diesen Punkten wurde am 1. 8. 1975 in Helsinki unterzeichnet. Eine 1. Nachfolgekonferenz 1977/78 in Belgrad erzielte kein Einvernehmen über den bis dahin erreichten Grad der Durchführung der Schlußakte. 1980 bis 1983 tagte in Madrid das 2. Folgetreffen der KSZE. Dort wurde u. a. die Abhaltung verschiedener Expertentreffen beschlossen. Außerdem erzielte man Einigung über die KVAE u. das 3. KSZE-Folgetreffen, das von 1986–1989 in Wien stattfand. Hier einigte man sich auf ein umfangreiches Folgeprogramm mit weiteren Treffen zu Fragen der Menschenrechte, der Wirtschaft, der Kultur u. der Umwelt. Außerdem erteilte die Konferenz ein neues Mandat für die KVAE u. initiierte *Verhandlungen über die konventionellen Streitkräfte in Europa*. Auf dem Sondergipfel 1990 in Paris wurde die *Charta für ein neues Europa* verabschiedet, mit der die Ost-West-Spaltung des Kontinents für beendet erklärt wurde. Die Charta von Paris legte gleichzeitig den Grundstein für den Aufbau eines Systems von Institutionen, das auf der 4. Folgekonferenz in Helsinki 1992 umgesetzt wurde: 1. alle 2 Jahre stattfindende *Folgekonferenzen der Staats- u. Regierungschefs*; 2. *Rat der Außenminister* (tagt mindestens einmal jährlich); 3. *Sekretariat* mit Sitz in Prag, 4. *Konfliktverhütungszentrum* in Wien; 5. *Büro für demokratische Institutionen u. Menschenrechte* in Warschau; 6. *Parlamentarische Versammlung*; 7. *Ausschuß Hoher Beamter* in Prag; 8. *Hoher Kommissar für nationale Minderheiten*; 9. *Forum für Sicherheitskooperation*; 10. *Generalsekretär* (seit 1996 G. *Aragona*); 11. *Ständiger Ausschuß der Botschafter* in Wien. Zum 1. 1. 1995 wurde die KSZE in OSZE umbenannt.

Othman, *Uthman Ibn Affan*, dritter Kalif aus dem Haus der Omajjaden 644–656, *Mekka, †17. 6. 656 Medina; mit einer Tochter Mohammeds verheiratet, von Aufständischen ermordet; ließ die kanonische Fassung des Korantextes ausarbeiten.

Otho, Marcus Salvius, röm. Kaiser 69 n. Chr., *28. 4. 32 Ferentinum, †16. 4. 69 bei Cremona (Selbstmord); Vertrauter *Neros*, 58–68 Statthalter von Lusitanien; verbündete sich 68 mit *Galba*, den er mit Hilfe der Prätorianergarde 69 ermordete, unterlag dann aber *Vitellius* u. den german. Legionen.

Otto, Fürsten. Dt. Könige u. Kaiser: **1.** *O. I., d. Gr.*, König 936–973, Kaiser seit 962, *23. 10. 912, †7. 5. 973 Memleben; 936 von seinem Vater *Heinrich I.* designiert, in Aachen gewählt u. gekrönt. Bei dem Versuch, die Gewalt der Herzöge weiter zurückzudrängen, geriet O. mit diesen 937–939 u. 941 in einen Kampf, den er siegreich beendete u. durch die Übergabe der Herzogtümer an Verwandte u. Gefolgsleute abschloß. Da sich auch sie als unzuverlässig erwiesen (Aufstand seines Sohnes *Liudolf* u. seines Schwiegersohns *Konrad des Roten* 953–955), baute O. die dt. Reichskirche als Stütze der Königsgewalt aus *(ottonisch-salisches Reichskirchensystem)*. 936/37 sicherte O. die Grenzen gegen die Slawen durch Errichtung zweier Marken unter *Hermann Billung* u. *Gero*. Er förderte energisch die Slawenmission u. errichtete mehrere neue Bistümer im N u. O des Reichs, vor allem das Erzbistum *Magdeburg* (968), das zum Zentrum seiner Slawenpolitik wurde. 940 u. 946 unternahm er Feldzüge nach Frankreich, wo er eine fast schiedsrichterl. Stellung einnahm. 951 zog er über die Alpen; *Berengar II.* floh, u. O. übernahm die langobard. Königswürde, die er im selben Jahr durch seine Heirat zu Pavia mit der Witwe König Lothars von Italien, *Adelheid* von Burgund, zusätzlich legitimierte; über Burgund übte er eine Schutzherrschaft aus. 955 beendete O.s Sieg auf dem Lechfeld die lange Epoche der Ungarneinfälle.
961 zog O., von Papst *Johannes XII.* gegen Berengar zu Hilfe gerufen, zum 2. Mal nach Italien u. wurde 962 zum Kaiser gekrönt. O. erneuerte die Schutzherrschaft über das Papsttum in bewußter Anknüpfung an die

Politik Karls d. Gr., dehnte seine Macht nach Unteritalien aus, ließ seinen Sohn O. (II.) 967 zum (Mit-)Kaiser krönen u. gewann durch dessen Verheiratung mit der byzantin. Prinzessin *Theophano* 972 die Anerkennung seines Kaisertums durch den byzantin. Kaiser.
2. *O. II.*, Sohn von 1), allein regierender Kaiser 973–983, *955, †7. 12. 983 Rom; mit der byzantin. Prinzessin *Theophano* verheiratet, 961 zum dt. König, 967 zum Kaiser gekrönt, seit 973 Nachfolger seines Vaters; wandte sich zunächst gegen Dänemark (974) u. den aufständ. bayer. Herzog *Heinrich II. den Zänker* (974–978); drang 978 beim Zurückwerfen eines französ. Vorstoßes auf Aachen bis nach Paris vor u. behauptete dadurch Lothringen; griff in Unteritalien die Sarazenen an, erlitt aber 982 eine schwere Niederlage bei *Cotrone*; starb bei den Vorbereitungen zu einem neuen Angriff. In das letzte Regierungsjahr O.s fielen der große Slawenaufstand u. der Däneneinfall, die der dt. Ostbewegung zunächst ein Ende setzten.

Otto III., die Apostel-Fürsten und Heiligen; Buchillustration, um 1000. Reichenau

3. *O. III.*, Sohn von 2), König 983–1002, Kaiser seit 996, *980 bei Kleve, †23./24. 1. 1002 Paterno bei Viterbo; 983 in Aachen zum König gekrönt, bis 994 unter Vormundschaft (seiner Mutter *Theophano*, nach deren Tod 991 seiner Großmutter *Adelheid*), erst nach längerem Widerstand, bes. Herzog *Heinrichs II. des Zänkers* von Bayern, 995 allg. anerkannt. O. zog 996 nach Rom, erhob seinen Vetter *Brun von Kärnten* zum Papst *(Gregor V.)* u. wurde von diesem zum Kaiser gekrönt. Nach Vertreibung Gregors durch den röm. Stadtadel *(Crescentier)* eroberte O. 998 Rom u. erhob 999 nach Gregors Tod seinen Freund *Gerbert von Aurillac* als *Silvester II.* zum Papst. – O. strebte nach Erneuerung des röm. Reichs *(renovatio imperii Romanorum)*. Er errichtete mit dem Papst das Erzbistum Gnesen, unterstützte Bischof *Adalbert von Prag* u. förderte die Kirchenpolitik König *Stephans I.* von Ungarn.
4. *O. IV.*, König 1198–1218, Kaiser seit 1209, *um 1173 oder 1182, †19. 5. 1218 Harzburg; Welfe, Sohn *Heinrichs des Löwen* u. der engl. Prinzessin *Mathilde* (†1189), mit seinen Eltern in England in Verbannung, auf Betreiben des Kölner Erzbischofs von den Gegnern des Staufers *Philipp von Schwaben* zum König gewählt; nach dessen Tod 1208 allg. anerkannt. O. bewog Papst *Innozenz III.* durch Preisgabe von Rechten u. Reichsgut in Mittelitalien u. Anerkennung der päpstl. Lehnshoheit über Sizilien zur Kaiserkrönung, vertrat aber danach rücksichtslos die Reichsinteressen in Italien. Er wurde deshalb gebannt, u. der Papst unterstützte im Bund mit Frankreich den Staufer *Friedrich II.* Bei *Bouvines* 1214 kämpfte O. auf seiten der Engländer gegen *Philipp II. August* von Frankreich, wurde besiegt u. zog sich auf die Harzburg zurück.
Bayern: **5.** *O. von Northeim*, Herzog 1061 bis 1070, †11. 1. 1083; sächs. Graf, 1061 mit Bayern belehnt, Gegenspieler der Salier u. ihrer Ausdehnungspolitik nach Norddeutschland, 1070 von Kaiser *Heinrich IV.* abgesetzt u. geächtet, 1073–1075 Führer des sächs. Aufstands, unterstützte die Gegenkönige *Rudolf von Rheinfelden* u. *Hermann von Salm*.
6. *O. I., Graf von Wittelsbach*, Herzog 1180 bis 1183, *um 1117, †11. 7. 1183 Pfullendorf; bayer. Pfalzgraf 1155, enger Vertrauter u. Berater *Friedrichs I. Barbarossa*, bes. in der Italienpolitik, dafür nach Absetzung Heinrichs des Löwen mit der bayer. Herzogswürde belohnt; Begründer der wittelsbach. Machtstellung in Bayern u. im Reich.
7. *O. II., der Erlauchte*, Enkel von 6), Herzog 1231–1253, *um 1206, †29. 11. 1253 Burg Trausnitz bei Landshut; regierte seit 1214 die Rheinpfalz, die er von *Friedrich II.* als Lehen erhalten hatte. 1251 wurde er von seinem Schwiegersohn, König *Konrad IV.*, vor dessen Zug nach Italien zum Reichsverweser ernannt.
8. *O. III.*, Herzog von Niederbayern 1290 bis 1312, *11. 2. 1261, †9. 9. 1312 Landshut; erhob als Sohn einer Arpadin Erbansprüche auf Ungarn u. war als *Bela V.* 1305–1308 ungar. König, konnte sich aber nicht durchsetzen u. wurde zur Heimkehr gezwungen.
9. *O. I.*, König 1886–1913, *27. 4. 1848 München, †11. 10. 1916 Schloß Fürstenried bei München; seit 1872 geisteskrank, als Nachfolger *Ludwigs II.* zum König proklamiert. Prinz *Luitpold* u. *Ludwig III.* (seit 1913 König) führten die Regentschaft für ihn.
Brandenburg: **10.** *O. der Faule*, Markgraf 1351–1373, *1341, †15. 11. 1379; Wittelsbacher, Sohn *Ludwigs IV. des Bayern*; überließ im Vertrag von Fürstenwalde (1373) gegen eine beträchtl. Entschädigung Brandenburg Kaiser *Karl IV.*
Braunschweig-Lüneburg: **11.** *O. I., das Kind*, Herzog 1235–1252, *1204, †9. 6. 1252 Lüneburg; erbte nach dem Tod seines Vaters *Wilhelm* (†1213) dessen Besitz um Lüneburg u. nach dem Tod seines Onkels *Heinrich I.* (†1227) das gesamte Welfenerbe mit Braunschweig. Kaiser *Friedrich II.* belehnte ihn 1235 mit den Ländern als neuem Herzogtum.
Griechenland: **12.** *O. I.*, König 1832 bis 1862, *1. 6. 1815 Salzburg, †26. 7. 1867 Bamberg; Sohn König *Ludwigs I.* von Bayern, von der Londoner Konferenz 1832 vorgeschlagen u. von der griech. Nationalversammlung gewählt, bis 1835 unter Regentschaft; lehnte sich an Rußland an, 1843 durch Militärputsch zur Gewährung einer Verfassung genötigt, 1862 ohne förmliche Abdankung zum Verlassen des Landes gezwungen.
Habsburg-Lothringen: **13.** → Habsburg-Lothringen, Otto.
Pfalz: **14.** *O. Heinrich, Ottheinrich*, Pfalzgraf bei Rhein 1522–1559, Kurfürst seit 1556, *10. 4. 1502 Amberg, †12. 2. 1559 Heidelberg; verwaltete 1522–1541 mit seinem Bruder *Philipp* (* 1503, †1548) Pfalz-Neuburg. 1542 luth. geworden, verlor O. sein Land im Schmalkald. Krieg u. erhielt es erst 1552 wieder. Nach dem Tod seines kinderlosen Onkels *Friedrich II.* erhielt er mit der Kurpfalz auch die Kurwürde. O. förderte Kunst u. Wissenschaft (Neugestaltung der Universität Heidelberg im prot.-humanist. Geist; Erweiterung des Heidelberger Schlosses.

Ottokar II. Přemysl; Wachssiegel 1261

Ottokar, *Otokar*, böhm. Könige: **1.** *O. I. Přemysl*, Herzog 1197, König 1198–1230, †15. 12. 1230; Sohn *Wladislaws II.*, gewann die kaiserl. u. päpstl. Anerkennung der Erblichkeit des Königstitels durch wechselnde Parteinahme im Streit der Staufer u. Welfen; förderte die Siedlungs- u. Kulturarbeit in Böhmen.
2. *O. II. Přemysl*, König 1253–1278, *1233, †26. 8. 1278 bei Dürnkrut; Enkel von 1) u. des dt. Königs Philipp von Schwaben; schuf sich während des Interregnums eine Machtstellung von der Adria bis zum Erzgebirge: Herzogtum Österreich 1251 (seit dem Aussterben der Babenberger 1246 umstritten), Steiermark 1260 nach siegreichem Kampf gegen Béla IV. von Ungarn, Egerland 1266, Kärnten, Krain u. die Windische Mark 1269; O. heiratete 1261 *Kunigunde von Ungarn*. Er widersetzte sich der Wahl *Rudolfs von Habsburg* zum dt. König, da er selbst nach der Krone strebte. 1275 wurden ihm, da er Rudolf nicht gehuldigt hatte, die Reichslehen Böhmen u. Mähren entzogen u. über ihn die Reichsacht verhängt, 1276 unterwarf er sich u. verzichtete auf die österr. Länder; 1278 wurde er bei Dürnkrut (Schlacht auf dem Marchfeld) besiegt, auf der Flucht gefangen u. von persönl. Feinden erschlagen. Böhmen u. Mähren erhielt sein Sohn *Wenzel II.*
O. machte Prag zu einem Mittelpunkt westl. Kultur (Minnesang, Baukunst), holte dt. Bauern, Bergleute u. Bürger ins Land u. nahm an Kreuzfahrten des Dt. Ordens in Preußen teil (Gründung Königsbergs 1255, nach ihm benannt). – Drama von F. *Grillparzer*: „König O.s Glück u. Ende".
Ottomanisches Reich., *Osmanisches Reich* → Türkei.
Ottonen, zusammenfassende Bez. (nach dem Namen der Hauptvertreter) für die 919–1024 regierenden dt. Könige u. Kaiser *Heinrich I., Otto I. d. Gr., Otto II., Otto III.* u. *Heinrich II.* aus dem sächs. Geschlecht der Liudolfinger; auch *Sachsenkaiser* genannt (außer Heinrich I.).
Otto von Freising, Geschichtsschreiber, *um 1114, †22. 9. 1158 Morimond, Burgund; Enkel Kaiser *Heinrichs IV.* u. Halbbruder *Konrads III.*, Babenberger; 1132 Zisterzienserabt von Morimond bei Dijon, 1138 Bischof von Freising, beteiligte sich am unglücklichen Kreuzzug Konrads III. 1147. Seine 1143 bis 1146 verfaßte Chronik „Über die zwei Reiche" („Chronica sive historia de duabus civitatibus", fortgeführt bis 1209 von Otto von St. Blasien) gilt als Höhepunkt der mittelalterl. Weltchroniken. In der Tradition Augustins stehend, sah er die Geschichte als Kampf zwischen dem Staat Gottes u. dem des Teufels. Auf Anregung seines Neffen *Friedrich Barbarossa* schrieb er die „Gesta Friderici" („Die Taten des Kaisers Friedrich"). Dieses Werk ist wichtig für die Kenntnis der frühen

Axel Oxenstierna

Stauferzeit (fortgeführt von *Rahewin* bis 1160).

Ouadaï [wa'da:i], ehem. Königreich im mittleren Sudan, bis zum 15./16. Jh. unter hamit. Tundjer-Dynastie, dann mit Einführung des Islams unterarab. Führung; 1912–1960 unter französ. Verwaltung; heute Teil der Rep. Tschad.

Oviedo y Valdés [o'bjeðo i bal'dɛs], Gonzalo *Ferdinández de*, span. Geschichtsschreiber, *1478 Madrid, †1557 Valladolid; 1535–1545 Statthalter von Santo Domingo; schrieb „Sumario de la natural y general historia de las Indias" 1526 u. „La historia natural y general de las Indias, Islas e Tierra Firme del Mar Océano" (20 Bde. 1535–1552), eine für den Beginn der span. Kolonialherrschaft in Lateinamerika bedeutende Geschichtsquelle.

ÖVP, Abk. für → Österreichische Volkspartei.

Oxenstierna ['uksɛnʃɛrna], schwed. Adelsgeschlecht, 1561 in den Freiherrn-, 1645 in den Grafenstand erhoben: Axel, Graf von *Södermöre*, *26. 6. 1583 Gut Fanö, Län Uppsala, †7. 9. 1654 Stockholm; 1612 Reichskanzler unter *Gustav II. Adolf*, stärkte die schwed. Machtstellung durch die Friedensschlüsse mit Dänemark u. Rußland u. einen Waffenstillstand mit Polen; einigte nach Gustav Adolfs Tod fast alle dt. prot. Reichsstände im *Heilbronner Bund* 1633, führte 1636–1644 die Vormundschaftsregierung für Königin *Christine*. Von O. stammen Verfassungs- u. Verwaltungsreformen, u.a. die Mitregierung des Adels. Er erstrebte die Vormachtstellung Schwedens in Nord- u. Osteuropa u. erreichte Gebietserweiterungen an der Ostseeküste.

Oxford, ['ɔksfəd], engl. Grafentitel: **1.** Robert *de Vere*, Earl of O., Günstling Richards II.; *1362, †1392 Louvain; 1385 Marquess of Dublin, 1386 Herzog von Irland, versuchte zusammen mit anderen Favoriten Richards, die Krone aus der Abhängigkeit der Feudalherren zu lösen, um den eigenen Einfluß auf den König besser nutzen zu können; 1387 vom Herzog von Gloucester geschlagen, der die Herrschaft des Adels bis 1389 sicherte.

2. Robert *Harley*, Earl of O., brit. Politiker (Tory), *5. 12. 1661 London, †21. 5. 1724 London; übernahm 1710 als Vertrauter der Königin *Anna Stuart* mit Lord *Bolingbroke* die Regierung u. leitete 1711 die Friedensverhandlungen von Utrecht (1713) ein, wobei er Lord *Marlborough* aus der Armeeführung verdrängte. Er entzweite sich 1714 mit Bolingbroke, was zu seiner Entlassung führte. 1715–1717 wurde O. wegen angebl. Hochverrats zugunsten Frankreichs im Tower gefangengehalten, dann von *Georg I.* vom Hof verwiesen. Er hinterließ eine bedeutende Handschriftensammlung.

3. Herbert Earl of O. and Asquith, brit. Politiker, → Asquith.

Oxkintok, Ruinenstätte der Maya im westl. Yucatán (Mexiko); früheste Kalender-Daten-Inschrift dieses Gebietes (entspricht 475 n. Chr.).

Oxyrhynchos, heute *Al Behnesa*, antike Stadt am Westufer des Bahr Jusuf, etwa 300 km südlich von Alexandria; im Ptolemäerreich griech. Kolonie; eine der bedeutendsten Fundstätten griech. Papyri in Mittelägypten.

Özal ['øːzal], Turgut, türk. Politiker (Mutterlandspartei), *13. 10. 1927 Malatya, Ostanatolien, †17. 4. 1993 Ankara; Wirtschaftsfachmann, 1965–1970 u. 1979/80 Leiter der staatl. Planungsbehörde; gründete 1983 nach der Wiederzulassung polit. Parteien in der Türkei die Mutterlandspartei, die im selben Jahr mit großer Mehrheit die Wahlen zur Nationalversammlung gewann; 1983–1989 Min.-Präs.; seit 1989 Staats-Präs.

Ozeanien, die traditionelle Bez. für die Inselwelt des Pazif. Ozeans, vor allem zwischen den beiden Wendekreisen; im Englischen meist als *Pacific Islands* bezeichnet, im Französischen als *l'Océanie* (meist unter Einschluß Australiens). Das Gesamtgebiet, verteilt über einen Meeresraum von rd. 66 Mill. km², umfaßt über 10000 Inseln mit einer Landfläche von 826 200 km².

Nach heutiger allg. anerkannter Auffassung erfolgte die Besiedlung O.s von Südostasien her entlang der Nordküste Neuguineas nach O. Auf die späteiszeitl. melanesiden Wildbeuter folgten zwischen 1500 u. 1200 v. Chr. die Vorfahren der Mikronesier u. Polynesier. Es wird angenommen, daß die Wanderungsbewegungen mit der Entwicklung des Kanu über Neuguinea, die Salomonen u. die Neuen Hebriden nach Fidschi führten. 1521 landete F. de *Magalhães* als erster Weißer auf Guam; der Engländer James *Cook* gilt als der eigentl. Entdecker des pazif. Raumes (ab 1768). Im 19. Jh. setzte die Kolonialisierung durch Großbritannien, Frankreich, Deutschland, die Niederlande, die USA u. Chile ein, die um 1900 nahezu alle Inseln O.s erfaßt hatte. Nach dem 1. Weltkrieg erhielten Japan u. Neuseeland die dt. Gebiete, die 1946 als Treuhandgebiete den USA übertragen wurden. Die Entkolonialisierung setzte erst Anfang der 1960er Jahre ein. Heute ist O. politisch zersplittert.

Ozeanien: Karte des pazifischen Raumes mit Teilen der Küstenlinie Australiens; Kupferstich von M. V. Coronelli aus Atlanta Veneto, 1691

P

Paasikivi, Juho Kusti, finn. Politiker (Fortschrittspartei), *27. 11. 1870 Tampere, † 14. 12. 1956 Helsinki; führte die Friedensverhandlungen 1920 mit Sowjetrußland, die Verhandlungen vor Beginn des russisch-finn. Krieges 1939, die Friedensverhandlungen 1940 u. die Waffenstillstandsverhandlungen 1944; Herbst 1944–1946 Min.-Präs., 1946 bis 1956 Staats-Präs.

Pachacutec Yupanqui [patʃa'kutek ju'paŋki], 1438–1471 regierender 9. Inka-Herrscher, besiegte die mit den Inka um die Vorherrschaft konkurrierenden Chancay u. machte durch zahlreiche Eroberungen (u.a. das Chimu-Reich) den Inka-Staat zur Großmacht.

Pachtgebiete, chines. Küstenterritorien, die Ende des 19. Jh. von der chines. Regierung unter militär. Druck an imperialist. Staaten für die Dauer von 99 Jahren abgetreten werden mußten. Rußland (mit Japan als Nachfolger) besetzte den Südteil der Halbinsel *Liaodong*, Großbritannien *Weihaiwei* u. das Hinterland (die *New Territories*) von *Hongkong*, das Dt. Reich *Jiaozhou Wan (Kiautschou)* mit *Qingdao*, Frankreich *Guangzhou Wan* in Guangdong. Das letzte heute noch verbliebene Pachtgebiet bilden die New Territories von Hongkong; der Pachtvertrag läuft 1997 ab.

Packsche Händel, durch den sächsischen Rat Georg von *Pack* 1527/28 verursachter Konflikt um ein angebl. Bündnis *Ferdinands I.* zur Vernichtung der ev. Reichsstände. Ein Religionskrieg, für den auf prot. Seite vor allem *Philipp von Hessen* u. *Johann von Sachsen* rüsteten, brach nicht aus, da sich die Behauptungen Packs als unzutreffend erwiesen.

Pacta conventa [lat.], **1.** seit 1573 mit den *Articuli Henriciani* der poln. Staatsrechtsvertrag der Adelsrepublik zwischen Adel u. König.

2. Vertrag zwischen dem ungar. König *Koloman* u. dem kroat. Adel (Vertretern der 12 Stämme) vom Jahre 1102, der die Eingliederung Kroatiens in das ungar. Königreich regelte. Die Echtheit des Textes ist umstritten.

Paderborn, Kreisstadt in Nordrhein-Westfalen, in der Münsterländer Bucht, an den unter dem Dom entspringenden Quellen der *Pader*, 128000 Ew.

Die sächs. Siedlung P. wurde 777 von *Karl d. Gr.* erobert, der dort seine erste Reichsversammlung auf sächs. Boden abhielt u. eine Königspfalz erbaute (unter den Ottonen

Paestum: Ceres-Tempel

durch eine größere Pfalz ersetzt). 806 wurde P. Bischofssitz. 1238 ist es erstmals als Stadt bezeugt, seit 1295 gehörte es der Hanse an. Trotz weitgehender Selbstverwaltung blieb es unter bischöfl. Herrschaft. Die überwiegend prot. gewordene Stadt wurde Anfang des 17. Jh. rekatholisiert. 1614–1819 bestand eine kath. Universität. 1802 kam P. zu Preußen. Das 806 gegr. Bistum P. unterstand dem Erzbistum Mainz. Unter Bischof *Meinwerk* (1009–1036) begann der Ausbau des bischöfl. Territoriums, das im 14. Jh. seine größte Ausdehnung erreichte. Die Bischöfe residierten seit Ende des 14. Jh. dauernd in Schloß Neuhaus. Das Territorium (rd. 3000 km²) fiel bei der Säkularisierung 1802 an Preußen. Das Bistum kam 1821 mit vergrößertem Gebiet zur Kirchenprovinz Köln. 1930 wurde es zum Erzbistum mit den Suffraganbistümern Hildesheim u. Fulda erhoben.

Paderewski, Ignacy Jan, poln. Pianist, Komponist u. Politiker, *18. 11. 1860 Kuryłówka, Podolien, †29. 6. 1941 New York; als Pianist weltberühmt, seit 1913 in den USA; arbeitete im 1. Weltkrieg als Vertreter des Poln. Nationalkomitees für die Wiedererrichtung des poln. Staats; 1919 Min.-Präs. u. Außen-Min., 1919–1921 poln. Vertreter bei der Pariser Konferenz u. beim Völkerbund, 1940/41 Vors. des Exilparlaments; komponierte neben 2 Opern hauptsächl. Klavierwerke, von Tschaikowskij beeinflußt.

Padischah [pers., „königlicher Herr"], Ehrentitel pers. u. afghan. Landesfürsten, früher des osmanisch-türk. Sultans u. der Großmogule.

Paekche [pɛktʃe], jap. *Kudara*, eines der drei frühen korean. Königreiche, im südwestlichen Teil der Halbinsel, bestand 18 v. Chr.–660 n. Chr.

Paepe, César de, belg. Politiker (Sozialist), *12. 7. 1842 Ostende, †19. 12. 1890 Cannes; Arzt; 1885 Mitbegründer der Belg. Arbeiterpartei; trat zugleich für die Flämische Bewegung ein, da er die Benachteiligung der Flamen auch als soziale Frage betrachtete.

Paestum, kleiner italien. Ort in Kampanien, am Golf von Salerno. – Als griech. Kolonie *Poseidonia* im 7. Jh. v. Chr. von Achäern aus Sybaris gegr.; um 400 v. Chr. von *Lukanern* erobert u. P. benannt; 273 v. Chr. römisch; nach langer Blüte im frühen MA durch die Malaria verödet. Das völlig vergessene P. wurde erst Mitte des 18. Jh. wiederentdeckt. Erhalten sind aus dem 6. Jh. v. Chr. die 4,75 km lange Stadtmauer mit 4 Toren, der Heratempel (sog. *Basilika)* u. der Athenatempel (sog. *Cerestempel)* sowie der sog. *Poseidontempel* aus dem 5. Jh. v. Chr. Ausgegraben wurden das rechtwinklige Straßensystem mit großen Häuserblocks, das Forum mit den öffentl. Gebäuden, Fundamente von weiteren Tempeln u. einem Amphitheater sowie Gräber außerhalb der Stadt aus der frühen Bronzezeit, der griech. u. lukan. Zeit mit Wandmalereien.

Páez [pa'ɛs], José Antonio, venezolan. Politiker u. Offizier, *13. 6. 1790 Aragua bei Nueva Barcelona, †7. 5. 1873 New York; im Kampf gegen Spanien auf S. *Bolívars* Seite; erreichte die Unabhängigkeit Venezuelas von Großkolumbien. 1831–1835, 1839–1843 war er Präs., 1846 Diktator, 1861 erneut Präs.

Pagan, Ruinenstadt in Birma, am linken Ufer des Irrawaddy, südwestl. von Mandalay, rd. 3000 Ew.; Kunsthandwerk (Lackarbeiten); Flugplatz. – 847 gegr. Residenzstadt des ersten birman. Staats *(Reich P.)*, 1287 von den Mongolen erobert. Über 300 Tempel u. Pagoden, u. a. Ananda-Pagode (um 1100 n. Chr.), Shwezigon-Pagode (1059–1110), Shwehsandô-Pagode (um 1060), Thatbyinnyu-Tempel (um 1155).

Page ['paːʒə; frz.], im MA der Edelknabe (von 7–14 Jahren), der an einem Hof in den ritterl. Künsten u. Umgangsformen unterwiesen wurde; auch später noch an Fürstenhöfen.

Pahlen, Peter Ludwig Reichsgraf von der, russ. Politiker dt.-balt. Herkunft, *28. 7. 1745 Gut Palms, Estland, †25. 2. 1826 Mitau; 1798–1800 Militärgouverneur von St. Petersburg, dann Außen-Min.; führend bei der Ermordung des Zaren *Paul I.*

Pahlewi ['paxlevi], *Pählävi, Pehlewi*, Name der 1925–1979 herrschenden Dynastie in Iran, begründet von Riza P.; auch Name der mittelpersischen Sprache (Pehlewi) in der Parther- u. Sassanidenzeit.

Paideia [-'dɛia; die; grch.], das im klass.-antiken Athen erstrebte Ideal der musischen, körperl. u. geistigen Erziehung, die dem Staat körperlich u. geistig durchgebildete Bürger stellen sollte. In hellenist. Zeit trat an ihre Stelle die Bildung, die allein dem Individuum dienen sollte.

Paine [pɛin], *Payne*, Thomas, nordamerikan. Politiker engl. Herkunft, *29. 1. 1737 Thetford, England, †8. 6. 1809 New York; seit 1774 in Amerika; trat in seinen Schriften für die amerikan. Unabhängigkeit ein („The common sense addressed to the inhabitants of America" 1776); war 1777–1779 Sekretär im Auswärtigen Ausschuß des Kontinentalkongresses; agitierte in England (seit 1786) für die Sache der Französ. Revolution (gegen E. *Burke)* u. forderte Demokratie im Sinne J. J. *Rousseaus* u. allg. Wahlrecht für England; floh 1792 nach Frankreich, wurde dort Mitgl. des Nationalkonvents u. war als Girondist 1793/94 in Haft. Seine Freilassung war J. *Monroe* zu verdanken. Weitere Werke: „The rights of man" 1791; „The age of reason" 1794–1807.

Pair [pɛːr; frz., „Ebenbürtiger"], seit dem 13. Jh. Titel politisch privilegierter Hochadeliger in Frankreich. Die P.s wurden vom König ernannt u. waren ursprüngl. Beisitzer im königl. Lehensgericht. 1814–1848 war P. der Titel der Mitglieder der 1. Kammer *(Pairskammer)*. Engl. Form: *Peer*.

Pakistan PAK

Islamische Republik Pakistan

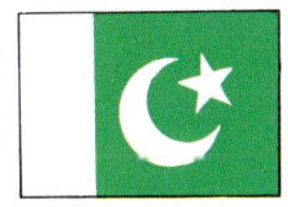

Fläche: 796 095 km². – *Einwohner:* 128,1 Mill. – *Hauptstadt:* Islamabad. – *Landessprachen:* Urdu, Sindhi, Englisch. – *Nationalfeiertage:* 23. 3. und 14. 8. – *Währung:* 1 Pakistanische Rupie = 100 Paisa. – *Lage:* zwischen 23°30′ und 36°45′ n. Br. sowie 60°55′ und 75°30′ ö. L. – *Zeitzone:* Mitteleuropäische Zeit + 4 Std. – *Grenzen:* im N Afghanistan und China, im O Indien, im S Arabisches Meer, im W Iran. – *Staatsform:* bundesstaatliche islamische Republik.

Zur Geschichte des Gebietes vor der Gründung der Republik P. 1947 → Indien.

Der Konflikt zwischen Moslems u. Hindus in der 1. Hälfte des 20. Jh. führte 1940 in der ind. *Moslemliga* unter Führung Mohammed Ali *Jinnahs* zu dem Beschluß, nach Beendigung der engl. Kolonialherrschaft auf dem ind. Subkontinent einen eigenständigen islam. Staat zu gründen. In den überwiegend islam. Teilen Indiens wurde am 14. 8. 1947 der aus *Ost-* u. *West-P.* bestehende Staat P. gegründet. Erster Generalgouverneur wurde Jinnah, erster Premier-Min. *Liakat Ali Khan*. Das Verhältnis zu Indien war von Anfang an durch Grenzstreitigkeiten belastet. 1948 u. 1965 kam es zum offenen Kampf um → Kaschmir.

P. bestand aus zwei weit voneinander entfernten Landesteilen, die nur den islam. Glauben miteinander gemein hatten. Die Bengalen im Ostteil, die mehr als die Hälfte der pakistan. Bevölkerung ausmachten, litten von Anfang an unter der politischen u. wirtschaftl. Bevormundung durch den Westteil. Wegen dieser u. anderer Unstimmigkeiten kam erst 1956 eine Verfassung zustande. Gleichzeitig wurde die *Islamische Republik P.* proklamiert. Erster Präsident wurde Iskender *Mirza*. Er suspendierte 1958 die Verfassung u. berief General *Ayub Khan* zum „Kriegsrechtsadministrator". Dieser übernahm wenig später selbst die Macht u. das Präsidentenamt. Er regierte 11 Jahre lang autoritär; die 1962 von ihm erlassene Verfassung hatte „gaullistische" Züge. Erneute Unruhen nötigten ihn 1969 zum Rücktritt. Sein Nachfolger, General *Jahja Khan*, schrieb Ende 1970 allgemeine Wahlen aus. Gewinner war im Westteil die Pakistan. Volkspartei (PPP) unter Zulfikar Ali *Bhutto*, im Ostteil die für weitgehende Autonomie eintretende *Awami-Liga* unter *Mudschib ur-Rahman*. Die im Osten machtvoll einsetzenden Unabhängigkeitsbestrebungen suchte die Zentralregierung gewaltsam zu unterdrücken, scheiterte jedoch. Mit ind. Militärhilfe gelang den Ostbengalen im Dez. 1971 die Gründung des Staates → Bangladesch. P. umfaßt seither nur noch den Westteil des früheren Gesamtstaates.

Außenpolitisch hatte sich P. zunächst eng an die USA angelehnt: 1954 war es der SEATO, 1955 dem Bagdad-Pakt (der späteren

CENTO) beigetreten. Ayub Khan suchte diese einseitige Orientierung zu lockern u. knüpfte 1963 enge Beziehungen zu China an. Im verkleinerten P. übernahm Bhutto das Präsidentenamt. 1973, nach Inkrafttreten einer neuen Verfassung, wurde er Premierminister. Er bemühte sich um Aussöhnung mit der einstigen Ostprovinz u. vollzog 1974 die Anerkennung von Bangladesch. Innenpolitisch steuerte er einen Reformkurs. Eine Bodenreform sollte das Feudalsystem beseitigen; Banken u. Schlüsselindustrien sowie das Schulwesen wurden verstaatlicht. Gegner dieser Bestrebungen fanden sich vor allem in der religiös-konservativen Landbevölkerung u. unter den einflußreichen Mullahs. Gegen Oppositionelle ging Bhutto z. T. mit ungesetzl. Mitteln vor. 1977 errang er einen überwältigenden Wahlsieg. Unter dem Vorwurf der Wahlfälschung mußte er eine Wiederholung der Wahl zusagen. Als er dies wieder in Frage stellte, putschte das Militär.

An die Spitze des Militärregimes trat General *Zia ul-Haq* als Kriegsrechtsadministrator; 1978 übernahm er zugleich das Präsidentenamt. Die neuen Machthaber bekannten sich zu einer streng islam. Ausrichtung der Politik. Bhutto wurde verhaftet, zum Tode verurteilt u. trotz vieler internationaler Proteste 1979 hingerichtet. 1979 trat P. aus der CENTO aus, die sich mit dem gleichzeitigen Austritt Irans u. der Türkei auflöste. 1985 fanden Parlamentswahlen ohne Beteiligung polit. Parteien statt, die am autoritären Charakter des Regimes wenig änderten. Im gleichen Jahr wurde das Kriegsrecht formell aufgehoben.

1988 kam Zia bei einem Flugzeugabsturz ums Leben. Noch von ihm angesetzte Parlamentswahlen gewann wenig später die von Bhuttos Tochter Benazir geführte PPP, ohne allerdings die absolute Mehrheit zu erreichen. B. *Bhutto* wurde Premierministerin einer Koalitionsregierung. Zum Staatspräsidenten wurde der bisherige Senatspräsident Ghulam *Ishaq Khan* gewählt. Er entließ 1990 die Regierung Bhutto wegen des Vorwurfs der Korruption u. des Amtsmißbrauchs. Nach Neuwahlen im gleichen Jahr wurde N. *Sharif* von der Islam. Demokrat. Allianz neuer Premier-Min. Im April 1993 verfügte Ishaq Khan die Entlassung der Regierung Sharif sowie die Auflösung der Nationalversammlung. Beide Maßnahmen verwarf der Oberste Gerichtshof. Die Staatskrise endete im Juli 1993 mit dem gemeinsamen Rücktritt von Sharif u. Ishaq Khan. Bei vorgezogenen Neuwahlen im Okt. 1993 wurde die PPP wieder stärkste Partei. B. Bhutto übernahm erneut das Amt des Premier-Min. Zum Staats-Präs. wurde F. *Leghari*, der Kandidat der PPP, gewählt. Im Okt. 1996 entließ Leghari die Regierung Bhutto unter dem Vorwurf der Korruption. Nach Parlamentswahlen im Feb. 1997 wurde erneut Sharif Regierungschef. Im selben Jahr trat Präs. Leghari zurück, u. *Mohammed Rafiq Tarar* übernahm das Amt des Staatsoberhaupts.

Palästina: Ein englischer Mandatspolizist durchsucht einen Araber am Stadtrand von Tel Aviv nach Waffen, 1937

Palacký ['palatski:], František (Franz), tschech. Politiker u. Historiker, *14. 6. 1798 Hotzendorf, †26. 5. 1876 Prag; Archivar u. böhm. Landeshistoriograph in Prag; vertrat zunächst einen Austroslawismus, wandte sich dann dem Panslawismus zu. Er begründete eine tschechisch-nationale Geschichtsschreibung („Geschichte von Böhmen" [dt.] 5 Bde. 1836–1867).

Palaiologen [Pl.; grch.], *Paläologen*, die letzte byzantin. Herrscherdynastie.

Paläographie [grch.], die Lehre von der Entwicklungsgeschichte u. den histor. Formen der Schrift insbes. der europ. Schriftarten; eine histor. Hilfswissenschaft.

Paläolithikum [das; grch.] → Altsteinzeit.

1978 wurde Ali Bhutto zum Tode verurteilt. Trotz heftiger Proteste wurde das Urteil am 4.4.1979 vollstreckt

Palästina [grch., lat., „Philisterland"], arab. *Falastin*, hebr. *Erez Israel*, das biblische *Kanaan*, „Gelobtes Land" der Juden, als Wirkungsstätte Christi „Heiliges Land" der Christenheit, ein Gebiet, das sich vom Libanon im N bis zum Golf von Elat im S, von der östl. Mittelmeerküste im W bis zu den Bergländern östl. des Jordangrabens erstreckt. Der Name P. stammt aus dem 2. Jh. n. Chr.; er war bis ins 19. Jh. im wesentl. nur in der christl. Literatur gebräuchlich. P. war bis 1922 nie eine polit. Einheit u. hatte daher auch keine eindeutigen Grenzen.

P. ist seit der Altsteinzeit besiedelt (Höhlen am Karmel). Die Jäger-, Sammler- u. Fischerkultur des Natufien (8.–6. Jahrtausend v. Chr.) vollzog möglicherweise den Übergang zum Pflanzenbau. Im 7. Jahrtausend v. Chr. hatte Jericho bereits städt. Charakter mit Befestigungsanlagen. Seit Beginn des 3. Jahrtausends v. Chr. bestanden in P. zahlreiche Stadtstaaten, die von semit. Einwanderern u. einer älteren nichtsemit. Bevölkerung bewohnt waren. Zwischen 2000 u. 1550 v. Chr. lag die höchste Blüte kanaanit. Stadtkultur. Während des 2. Jahrtausends v. Chr. geriet P. in den Einflußbereich benachbarter Mächte, u. a. der Hethiter u. der Ägypter. Zwischen dem 14. u. 12. Jh. v. Chr. wanderten die *Israeliten* (→ Juden) in das Landesinnere u. die *Philister* in den Küstenstreifen ein. Im 10. Jh. konstituierte sich das israelit. Königtum, das 926 v. Chr. in die Teilstaaten *Israel* u. *Juda* zerfiel. 721 v. Chr. wurde Israel von den Assyrern, 597 v. Chr. Juda von den Babyloniern erobert. In den folgenden Jahrhunderten wechselte P. mehrmals die Oberherrschaft; es gehörte zum Perserreich u. zum Reich Alexanders d. Gr. Im Jahre 63 v. Chr. wurde es römisch. Nach der Niederwerfung des letzten großen jüd. Aufstandes (*Bar Kochba*, 135 n. Chr.) benannten die Römer ihre Provinz Judäa in P. um, um die Erinnerung an alles Jüdische auszulöschen.

Nach der Teilung des Röm. Reiches gehörte P. zum Byzantin. Reich. 636 eroberten die islam. Araber das Land. 1099 gründeten die Kreuzfahrer das Königreich Jerusalem; es wurde 1187 von Saladin vernichtet. Die Kreuzfahrer konnten sich an den Küsten P.s noch bis 1291 halten. Danach gehörte P. zu Ägypten. Seit 1517 war P. ein Teil des Osmanischen Reichs, bildete in ihm jedoch keine administrative Einheit. Neben der überwiegend arab.-islam. Bevölkerung hatte das Land stets auch eine Anzahl jüd. Bewohner. Im letzten Viertel des 19. Jh. begann die organisierte Einwanderung von Juden nach P., die mit dem Aufkommen des polit. → Zionismus einen großen Umfang annahm. Im 1. Weltkrieg eroberte Großbritannien das Land. Es versprach 1917 in der → Balfour-Deklaration den Juden Unterstützung bei der

Errichtung einer „nationalen Heimstätte“ in P. u. machte gleichzeitig den Arabern Hoffnung auf die Einbeziehung P.s in ein unabhängiges arab. Staatswesen. 1922 wurde P. brit. Völkerbundsmandat; zum Mandatsgebiet gehörten zunächst auch östl. des Jordan gelegene Territorien. Diese wurden 1923 als Emirat *Transjordanien* abgetrennt, das zwar formal Bestandteil des Mandats blieb, jedoch zunehmende Autonomie erhielt (→ Jordanien). Die Balfour-Deklaration galt nur noch für den westl. des Jordan gelegenen Landesteil, u. es bürgerte sich ein, den Namen P. auf dieses Gebiet zu beschränken.

Der arab. Widerstand gegen die jüd. Einwanderung trug zum Erwachen eines eigenen Nationalbewußtseins der palästinens. Araber bei (→ Palästinenser). Die Gegensätze zwischen Juden u. Arabern erwiesen sich als unüberwindlich. Ein brit. Plan („Weißbuch“) von 1939 zur Errichtung eines „binationalen“ Staates binnen 10 Jahren entsprach weitgehend den arab. Wünschen, da er eine rigorose Beschränkung der jüd. Einwanderung vorsah. Nach dem 2. Weltkrieg überließ die brit. Mandatsmacht die weitere Behandlung des Problems den UN. Die Vollversammlung der UN beschloß 1947 die Teilung P.s in einen jüd. u. einen arab. Staat. Die Juden akzeptierten den Teilungsplan, die Araber lehnten ihn ab. Aus dieser Situation erwuchs der → Nahostkonflikt.

Nach dem Abzug der brit. Truppen 1948 proklamierten die Juden den Staat → Israel. Im darauffolgenden 1. arab.-israel. Krieg konnte Israel sein Staatsgebiet über die im Teilungsplan vorgesehenen Grenzen hinaus erweitern; beim Waffenstillstand 1949 umfaßte es etwa drei Viertel der Fläche P.s. Jordanien annektierte 1949 gegen den Einspruch der anderen arab. Staaten das sog. *Westjordanland* (auch: West Bank; Cisjordanien; Juda u. Samaria) mit der Altstadt von Jerusalem. Ägypten besetzte den *Gazastreifen*, annektierte ihn aber nicht. Im „Sechstagekrieg“ 1967 besetzte Israel diese beiden Gebiete u. stellte sie unter Militärverwaltung. Damit befand sich das ganze ehemalige Mandatsgebiet P. in den Grenzen von 1923 unter israel. Herrschaft. Das weitere Vorgehen in den besetzten Gebieten war in Israel umstritten. Parteien des rechten Spektrums („Falken“) traten für faktische Annexion der Gebiete ein, linksorientierte Gruppen („Tauben“) für ihre Räumung unter Wahrung der israel. Sicherheitsinteressen. Auf arab. Seite forderte die → PLO die „Befreiung“ ganz P.s, d. h. die Beseitigung des Staates Israel. 1988 proklamierte sie einen in seinen Grenzen nicht definierten Staat P. 1993 schlossen Israel u. die PLO ein Abkommen über eine palästinens. Teilautonomie als ersten Schritt zu einer Friedenslösung. 1994 wurden entspr. palästinens. Selbstverwaltungsorgane in Jericho u. im Gazastreifen errichtet, ab 1995 in weiteren Städten. 1996 wurde ein palästinens. Autonomierat gewählt; Präs. wurde der PLO-Vors. J. *Arafat.*

Palästinenser, ursprüngl. alle Bewohner Palästinas unabhängig von ihrer ethnischen oder religiösen Zugehörigkeit, also z. B. auch in Palästina lebende Juden. Seit den 1950er Jahren hat sich der Sprachgebrauch verengt. Als P. bezeichnet man heute gewöhnlich die arabisch sprechenden Bewohner des ehem. brit. Mandatsgebiets Palästina u. ihre Nachkommen, die teils in Israel, teils in den 1967 von Israel besetzten u. seit 1994 schrittweise geräumten Gebieten Westjordanland u. Gazastreifen, teils als Flüchtlinge oder mit anderem Status in mehreren arab. Staaten u. in sonstigen Ländern leben. Zuverlässige Angaben über die Gesamtzahl der P. in diesem Sinne sind nicht möglich. Eine US-amerikan. Schätzung spricht von etwa 4,3 Millionen; davon leben 1 Mill. in Jordanien, 700 000 im Westjordanland, 500 000 in Israel (als israel. Staatsbürger), 650 000 im Gazastreifen, 400 000 in Libanon, 320 000 in Kuwait u. über 400 000 in nichtarabischen Ländern. Von den arab. Staaten hat nur Jordanien den dort lebenden P.n staatsbürgerl. Rechte gewährt. Zahlreiche P., die infolge des → Nahostkonflikts als Flüchtlinge in andere arab. Länder kamen, leben in Lagern, die von einer Sonderorganisation der UN unterhalten werden. In den arab. Golfstaaten, besonders in Kuwait, spielen P. eine bedeutende Rolle im Wirtschaftsleben. Ein eigenes Nationalbewußtsein der P. hat sich erst mit dem arab. Widerstand gegen die jüdische Einwanderung in Palästina u. besonders seit der Gründung des Staates Israel (1948) entwickelt. Den Anspruch, legitime Vertreterin aller P. zu sein, erhebt die → PLO.

Palatin [lat.], 1. → Pfalzgraf. – 2. *P. nádor,* in Ungarn der dem dt. *Pfalzgrafen* entspr. Vertreter des Königs in der Rechtsprechung; 1350–1848 der vom König vorgeschlagene, vom Reichstag gewählte königl. Stellvertreter.

Palatin [der], lat. *mons Palatinus,* ital. *(Monte) Palatino,* einer der 7 Hügel Roms, südöstl. des Capitols. Auf dem P. lag der früheste Siedlungskern von Rom (10. Jh. v. Chr.), dort hatte der Sage nach Romulus sein Haus. Er war vornehmes Wohnviertel bis zum Ausgang der röm. Republik u. wurde seit Augustus zur Residenz der Kaiser. Gut erhalten sind die *Villa der Livia* (Haus des Augustus) u. die *Domus Augustana,* der repräsentative Palast des Domitian. Im MA war der P. Quartier von Adel u. Kirche, auch der deutschen Kaiser bis Otto III.

Palenque [-kɛ], im N von Chiapas (Mexiko) gelegene Ruinenstätte der Maya, mit Tempel- u. Palastbauten; Blütezeit zwischen 600 u. 900 n. Chr.; erst 1746 entdeckt. Unter der Basis des auf einer hohen Stufenpyramide stehenden „Tempels der Inschriften“ befindet sich die Grabkammer des ersten bedeutenden Herrschers von P. (Regierungszeit 615–683) mit reichverziertem Steinsarkophag, Wandreliefs u. lebensvollen Stuckköpfen. Einmalig in der Maya-Architektur ist die Anlage des „Palastes“ mit vierstöckigem quadrat. Turm, Arkadengängen u. unterird. Kammern. Die Keramiken, Jade- u. Mosaikarbeiten gehören zu den schönsten Werken der klassischen Mayakunst.

Palermo, italien. Hafenstadt an der Nordküste Siziliens, Hptst. der Region Sizilien u. der Provinz P., 731 000 Ew.

Das antike *Panormos,* von Phöniziern gegr., im 1. Punischen Krieg Stützpunkt der Karthager, 254 v. Chr. römisch, 523 n. Chr. byzantinisch; 831 von Arabern erobert, die es zur Hptst. *(Balerm)* von Sizilien machten; 1072 Residenz des sizilian. Normannenreichs; Kulturzentrum des Stauferreichs seit *Heinrich VI.,* Blütezeit unter *Friedrich II.*; kam 1268 an die *Anjou.* Mit der Sizilianischen Vesper 1282, einem Volksaufstand gegen die Anjou, die die Stauferherrschaft beseitigt hatten, folgte *Aragón* in der Herrschaft. 1503–1713 u. 1734–1860 gehörte P. zum Königreich Neapel-Sizilien. 1860 nach der Einigung Italiens wurde es Hptst. Siziliens.

Palestine Liberation Organization [ˈpælistain libəˈrɛiʃən ɔːgənaiˈzɛiʃən; engl., „Organisation zur Befreiung Palästinas“] → PLO.

Pallava, südindische Dynastie (6.–9. Jh. n. Chr.), Hptst. Kanchi (Kanchipuram; 40 km westl. von Madras), erste bedeutende mittelalterl. Dynastie Südindiens; förderte den Aufstieg des Hinduismus in Südindien gegenüber Buddhismus u. Jinismus.

Pallavicini [-ˈtsini; Pl.], italien. Adelsgeschlecht, als Markgrafen seit dem 9. Jh. bekannt; im 12. Jh. spaltete es sich in 2 Linien. Der genues. Linie gehörten 3 Dogen u. 52 Senatoren der Republik Genua an. Die lombard. Linie beherrschte bis ins 16. Jh. den *Stato dei P.,* dem eine Zeitlang Parma, Piacenza u. insbes. Cremona angehörten. Im 18. Jh. standen die P. in kaiserl. Diensten.

Pallium, im MA der Königs- oder Kaisermantel, auch Krönungsmantel.

Palm, Johann Philipp, Buchhändler in Nürnberg, * 18. 11. 1768 Schorndorf, † 26. 8. 1806 Braunau; veröffentlichte 1806 in Nürnberg die gegen Napoleon I. gerichtete anonyme Flugschrift „Deutschland in seiner tiefen Erniedrigung“; nach kriegsgerichtl. Urteil erschossen.

Palme, Olof, schwed. Politiker (Sozialdemokrat), * 30. 1. 1927 Stockholm, † 28. 2. 1986 Stockholm (ermordet); Jurist; 1964–1965 Minister für bes. Aufgaben, 1965–1967 für Verkehr, 1967–1969 für Unterricht; seit 1969 Vors. der Sozialdemokrat. Arbeiterpartei (SAP); 1969–1976 u. 1982–1986 Ministerpräsident. Der Mord an P. war bis Anfang 1998 noch nicht aufgeklärt.

Palmerston [ˈpaːməstən], Henry John *Temple,* Viscount P., engl. Politiker (Whig), * 20. 10. 1784 Broadlands, Hampshire, † 18. 10. 1865 Brocket Hall, Hertfordshire; seit 1807 im Unterhaus, 1809–1828 Kriegs-Min. ohne Sitz im Kabinett u. ohne größere polit. Verantwortung. Als Außen-Min. 1830–1841 u. 1846 bis 1851 hatte P. wesentl. Anteil an der Lösung der holländisch-belg. Krise durch die Schaffung eines unabhängigen Staats Belgien (1830/31). Nach kurzer Amtszeit als Innen-Min. war P. 1855–1858 u. 1859–1865 Premier-Min. In dieser Eigenschaft beendete er den Krimkrieg u. versuchte 1864 vergeblich, Dänemark in seinem Konflikt mit dem Dt. Bund zu stützen.

Palenque: der sogenannte „Palast“; der Turm diente höchstwahrscheinlich astronomischen Beobachtungen

Palmyra [-'myra], antike Handelsstadt in Zentralsyrien, westl. des heutigen Tadmor, im Mittelpunkt der Karawanenstraßen Indien–Persien–Europa; frühe Erwähnung auf Täfelchen aus dem Archiv von *Mari*, unter *Germanicus* Anschluß ans Röm. Reich, seit *Hadrian* Ausbau zur Weltstadt, unter *Caracalla* röm. *Kolonie* (211); machte sich seit 260 n. Chr. unter den Fürsten Septimios Hairanos u. Odaenathus sowie dessen Witwe, der Königin *Zenobia*, von der röm. Herrschaft frei *(Palmyrenisches Reich)*; 273 von *Aurelian* zurückerobert, unter *Diocletian* Ummauerung der Stadt, 634 Eroberung durch die Araber. – Ruinen, u.a. ein großer dem Bel geweihter Tempel, Agora, Kolonnadenstraßen mit Triumphbogen. Bautätigkeit u. wirtschaftl. Blüte führten zur Entwicklung einer eigenständigen Kunst (vor allem Porträtbüsten).

Pamphylien, antike Küstenlandschaft an der türk. Antalyabucht, zwischen Lykien u. Kilikien; kam nach *Alexanders d. Gr.* Tod (323 v. Chr.) an das Seleukidenreich; 102 v. Chr. römisch.

Panafrikanismus, das Bestreben der Völker u. Staaten Afrikas, sich wirtschaftlich u. kulturell zusammenzuschließen. Die Bewegung begann um 1900 unter den Schwarzen Nordamerikas u. Westindiens. Sie spaltete sich 1920–1930 in die Reihe der von Intellektuellen (W. E. B. *Du Bois*, B. *Diagne*) getragenen *panafrikan. Kongresse* u. die „Heim-nach-Afrika"-Massenbewegung des Jamaikaners M. *Garvey*, die vor allem in New York Boden gewann. Im französ. Sprachraum blieb der P. bis zum 2. Weltkrieg ein rein kulturelles Ziel *(Négritude)*. Nach 1945 verschmolzen die verschiedenen Strömungen zu einer realpolitisch afrikan. Einheitsbewegung: 1958 tagten in Ghana die ersten Konferenzen der unabhängigen Staaten u. der „Völker" (d.h. der polit. Organisationen) Afrikas. Nach vorübergehender Spaltung der Staaten in die *Casablanca-* u. die *Monrovia-Gruppe* kam 1963 die *Organisation für afrikan. Einheit* (OAU) zustande.

Palmyra: Drehscheibe des Handels zwischen dem Mittelmeerraum und den Völkern des Ostens

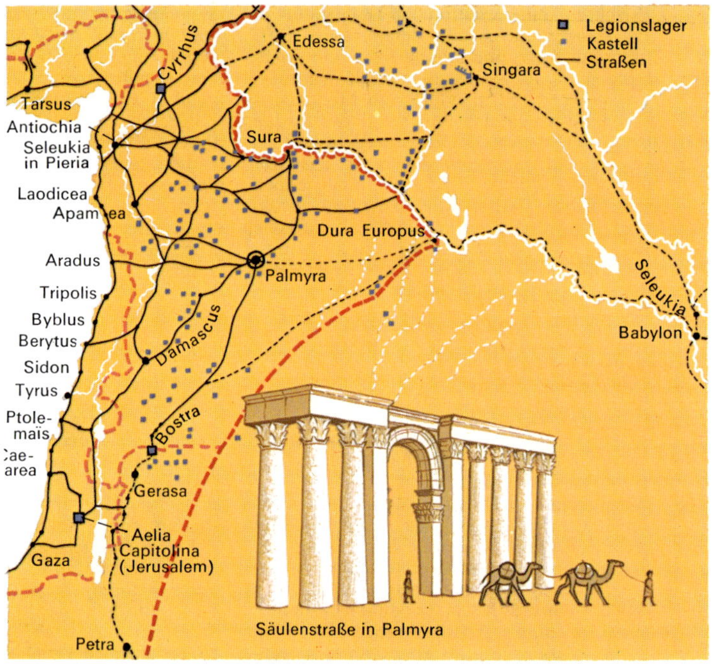

Panama PA

Republik Panama

Fläche: 76949 km². – *Einwohner:* 2,5 Mill. – *Hauptstadt:* Panama-City. – *Landessprachen:* Spanisch, Englisch. – *Nationalfeiertag:* 3. 11. – *Währung:* 1 Balboa = 100 Centésimos. – *Lage:* zwischen 7°12′ und 9°38′ n. Br. sowie 77°09′ und 83°03′ w. L. – *Zeitzone:* Mitteleuropäische Zeit – 6 Std. – *Grenzen:* im N Karibisches Meer, im O Kolumbien, im S Pazifischer Ozean, im W Costa Rica. – *Staatsform:* präsidiale Republik.

Nach der Entdeckung durch Rodrigo Galván de *Bastidas* 1501 blieb das Land über 300 Jahre in span. Besitz. Schon früh erkannten die Eroberer in der Landenge eine ideale Verbindung zwischen Atlantik u. Pazifik. Sie bauten eine Straße, an deren Endpunkten die wichtigen Hafenstädte Panamá u. Portobelo entstanden. Als die span. Kolonien 1821 ihre Unabhängigkeit vom Mutterland erklärten, schloß sich P. der Republik *Großkolumbien* an. P.s Bedeutung als ein Zentrum des Welthandels wuchs zwangsläufig, als 1855 eine die Meere verbindende Eisenbahnlinie fertiggestellt wurde.

Die Vereinigten Staaten waren darüber hinaus an einer Wasserstraße interessiert, u. als ein entsprechender Vertrag mit der Regierung in Bogotá nicht zustande kam, unterstützte es die Autonomiebestrebungen P.s, das sich 1903 zur unabhängigen Republik erklärte. Mit dem neugegründeten Staat schlossen die USA einen Kaufvertrag, der ihnen gegen Zahlung von 10 Mill. Dollar u. eine Jahrespacht von 250000 Dollar die Souveränität über die Kanalzone einräumte. Eine seit den 1930er Jahren erstarkende nationale Bewegung führte 1936 u. 1954 zu Verträgen, durch die P. an der Verwaltung der Kanalzone beteiligt wurde; auch die Pachtzahlungen der USA wurden mehrmals erhöht. 1977 einigten sich die USA u. P. auf die Überführung des Kanals unter die Hoheit P.s bis zum Jahre 2000. Dieses Abkommen trat nach beiderseitiger Ratifizierung am 1. 4. 1979 in Kraft.

Die schillerndste Figur der panames. Politik war Arnulfo *Arias*, der dreimal – 1940/41, 1949–1951 u. 1968 – gewählter Präsident war u. jedesmal wegen seiner nationalist. u. diktator. Tendenzen gestürzt wurde. Seit 1968 regierte General Omar *Torrijos Herrera*, der energischer als alle Vorgänger die volle Souveränität P.s über die Kanalzone forderte. 1978 trat er das Präsidentenamt an Aristides *Royo* ab, behielt aber bis zu seinem Tode 1981 als militärischer Oberbefehlshaber die Macht im Staat. Seine Nachfolge als „starker Mann" trat General Manuel *Noriega* an, der seit 1983 Oberbefehlshaber war. Ihm wurde Verwicklung in polit. Morde u. Drogenhandel vorgeworfen. 1988 suchte Präs. A. *Delvalle* Noriega abzusetzen, wurde aber von diesem gestürzt u. durch M. *Solís Palma* ersetzt. Um den Sieg oppositioneller Kräfte zu verhindern, wurde die Präsidentschaftswahl 1989 auf Betreiben Noriegas annulliert u. F. *Rodriguez* zum provisorisch amtierenden Präs. ernannt. Ein Putsch gegen Noriega schlug fehl. Im Dez. 1989 ließ sich Noriega zum „Obersten Führer" wählen u. den Kriegszustand mit den USA proklamieren. Daraufhin intervenierten die USA militärisch, nahmen Noriega gefangen u. leiteten in den USA ein Strafverfahren gegen ihn ein. Die USA setzten G. *Endara*, den Sieger der annullierten Wahlen von 1989, als Präs. ein. Ein US-amerikan. Gericht verurteilte Noriega 1992 wegen seiner Beteiligung am Drogenhandel zu 40 Jahren Gefängnis. Die Präsidentschaftswahlen 1994 gewann E. *Pérez Balladares*, der Kandidat des Partido Revolucionario Democrático (PRD).

Panamerikanismus, das Streben nach einer allamerikan. Solidarität, bes. zur Abwehr der

Panama: am 20.12.1989 besetzen US-Truppen das Land

europ. Mächte. Die Bewegung begann mit dem von S. *Bolívar* einberufenen panamerikan. Kongreß von Panamá, der ohne prakt. Ergebnis blieb. Seit 1889 übernahmen die USA die Führung, um die wirtschaftl. u. polit. Durchdringung Südamerikas zu fördern, bes. seit Gründung der *Panamerikan. Union (PAU)* 1910 in Washington, einer Vereinigung, der 21 amerikan. Staaten angehörten. In unregelmäßigen Abständen fanden panamerikan. Konferenzen statt. Auf der Konferenz in Havanna 1928 wurde zur Vermeidung inneramerikan. Kriege das Prinzip des obligator. Schiedsgerichts anerkannt; durch die Panamá-Erklärung 1939 wurden Kriegshandlungen innerhalb der 300-Seemeilen-Grenze untersagt. Die USA erzwangen den Abbruch der diplomat. Beziehungen zu den Achsenmächten. 1947 wurde das Prinzip einer gemeinsamen Verteidigung angenommen u. 1948 gegen den Kommunismus gewendet. 1948 wurde als Nachfolgerin der PAU die *Organisation Amerikanischer Staaten* gegründet.

panarabische Bewegung, das Bestreben der arab. Staaten, sich zum gemeinsamen polit. Handeln zusammenzuschließen; im Gegensatz zur panislamischen Bewegung vom arab. Nationalismus getragen. Die p. B. entstand um die Mitte des 19. Jh. u. richtete sich gegen das Osman. Reich, nach dessen Auseinanderbrechen sich das Ziel eines einheitl. arab. Staats allerdings nicht erfüllte. 1945 wurde die → Arabische Liga gegr., die die Ablösung der brit. u. französ. Mandats- u. Kolonialherrschaft mit Erfolg betrieb. Relative Einmütigkeit konnte die p. B. seither nur in der gegen Israel gerichteten Politik erzielen. Im übrigen überwogen die Sonderinteressen der einzelnen Länder. Vorkämpfer der p.n B. war unter G. A. *Nasser* Ägypten. Seit dem ägypt.-israel. Friedensschluß 1979 meldete vor allem Libyen unter M. *Ghadafi* Führungsansprüche an.

Panathenäen, das auf mythische Zeit zurückgeführte, 565 v. Chr. von *Peisistratos* neugestaltete u. im 5. Jh. v. Chr. von *Perikles* vervollkommnete 7tägige Staatsfest der Athener mit musischen u. sportl. Wettbewerben; war der *Athene* geweiht u. fand alle 4 Jahre statt. Religiöser Mittelpunkt war ein Festzug, der in den Reliefs des Parthenontempels dargestellt ist.

Pandschab [sanskr., „Fünfstromland"], Landschaft im NW des ind.-pakistan. Subkontinents; Schwemmlandebene, die von den 5 linken Induszuflüssen *Jhelum, Chanab, Beas, Ravi* u. *Sutlej* gebildet wird.
Politisch ist P. geteilt in die pakistanische Prov. Punjab im W u. den indischen Bundesstaat Punjab im O.
Im P. entfaltete sich um 2500 v. Chr. die *Induskultur.* Für Eindringlinge aus dem NW nach Vorderindien war der P. die erste Station, so für Alexander d. Gr., Skythen, Afghanen u. Mongolen. Im 16. Jh. gründeten die *Sikh* im P. einen Orden, 1792 ein Großreich. Dieses eroberten 1849 die Engländer u. machten es zur Provinz Brit.-Indiens. 1947 wurde der P. zwischen Indien u. Pakistan geteilt.

Pangermanismus, nach dem Begriff *Panslawismus* gebildetes Schlagwort für die auf den kulturellen oder polit. Zusammenschluß aller Deutschen in Mitteleuropa hinzielenden Bestrebungen oder für den dt. Imperialismus überhaupt. Einen P. im Wortsinn (Vereinigung der german. Völker in einem „Großgerman. Reich" unter dt. Führung) hat es nur in den Plänen der nat.-soz. Führung gegeben.

Panhellenismus [grch.], im antiken Griechenland die Vorstellung einer über den einzelnen griech. Staaten stehenden Gemeinschaft aller Griechen. Der P. spielte bes. im 4. Jh. v. Chr. aufgrund des polit. Gegensatzes zum Perserreich eine Rolle.

Panier [das; frz.], Banner, Fahne, Feldzeichen; Wahlspruch oder Symbol, dem man Treue gelobt.

panislamische Bewegung, *Panislamismus,* europ. Bez. für die Bestrebungen, die religiöse u. polit. Kraft des Islams zu erneuern. Das Ideal der p.n B. ist ein einheitl. islam. Reich auf der Grundlage der islam. Rechtsordnung *(Scharia).* Ihr geistiger Vorkämpfer war *Dschamal Ad Din Al Afghani* (* 1839, † 1897); sie wird heute repräsentiert durch die religiösen Bünde *Dschama'at-i Islami* (Pakistan) u. *Darul-Islam* (Indonesien). Nach der islamischen Revolution in Iran nahm das Zusammengehörigkeitsgefühl der islam. Völker zu.

Pankhurst ['pæŋkhə:st], Emmeline, geb. *Goulden,* brit. Frauenrechtlerin, * 14. 7. 1858 Manchester, † 14. 6. 1928 London; gründete zur Durchsetzung des Frauenwahlrechts 1889 die *Women's Franchise League* u. 1903 die radikale *Women's Social and Political Union (Suffragetten);* wurde mehrmals verhaftet (u. a. wegen des Vorwurfs der Brandstiftung).

Pankow [-ko:], nördl. Bezirk in Berlin, 107 000 Ew. (1992); Schloß Niederschönhausen (1704) mit Landschaftspark (von P. J. Lenné). Da sich in P. (Ortsteil *Niederschönhausen*) früher der Amtssitz des Präs. der DDR u. die Privatwohnungen hoher SED-Funktionäre befanden, wurde der Name *P.* zeitweilig als abwertende Bez. für die Regierung der DDR gebraucht.

Panmunjon [-dʒʌm], *Panmunjom,* südkorean. Ort nordwestl. von Soul, bei 38° nördl. Breite. Am 27. 7. 1953 wurde in P. der Waffenstillstand geschlossen, der den Koreakrieg beendete. Durch P. verläuft die Demarkationslinie zwischen Nord- u. Südkorea. In einem von der Demarkationslinie geteilten Konferenzgebäude finden routinemäßig Sitzungen der Waffenstillstandskommission statt.

Pannonien, röm. Provinz zwischen Donau, Save u. Alpen, 14–9 v. Chr. erobert, später in *Ober-* u. *Unter-P.* geteilt; Hauptstützpunkte: *Vindobona* (Wien), *Carnuntum* u. *Sirmium* (Mitrovitza), das im 3. Jh. n. Chr. unter Diocletian Residenz wurde.

Panslawismus, eine Bewegung mit dem Ziel, das kulturelle u. polit. Zusammenwirken aller slaw. Völker herbeizuführen. Der Begriff *P.,* 1826 mit rein sprachlich-literar. Bedeutung von dem Slowaken J. *Herkel* geprägt, wurde erst seit etwa 1840 in der dt. u. ungar. Publizistik zum polem. Sammelbegriff für die unterschiedlichsten Äußerungen einer slaw. Gemeinsamkeitsidee. Der 1. Slawenkongreß 1848 in Prag war geprägt vom *Austroslawismus,* der eine Föderierung der slaw. Völker in Österreich anstrebte. Der poln. *Messianismus* sah in den Polen die einzig wahren Vertreter einer slaw. Sendungsidee. Bei den Russen, die der Messianismus als durch Despotie entartet ansah, entstand der eigentl., machtpolitische P., eher ein *Panrussismus* mit Stoßrichtung zum Balkan u. nach Istanbul. Die theoret. Schrift dieser politisch nur kurzzeitig wirksamen Richtung ist N. *Danilewskijs* „Rußland und Europa" (1871). Der südslaw. *Illyrismus* bemühte sich um eine Einigung nur der Südslawen. Nach 1900 versuchte der kurzlebige *Neoslawismus,* in Anlehnung an Rußland kulturelle u. wirtschaftl. Interessen der Westslawen zu wahren.

Panthersprung, verbreitete Bez. für die Entsendung des dt. Kanonenboots „Panther" 1911 nach Agadir, mit der Dtschld. seine Wirtschaftsinteressen in Marokko gegenüber Frankreich während der *Marokkokrise* geltend machen wollte. Dtschld. erkannte das französ. Protektorat an, ließ sich aber einen Teil von Französ.-Äquatorialafrika abtreten, den es seiner Kolonie Kamerun einverleibte.

Pantikapaion, altgriech. Kolonie an der Ostspitze der Krim (heute Kertsch), in der 1. Hälfte des 6. Jh. v. Chr. gegr.; wichtiger Handelsplatz, seit dem 5. Jh. v. Chr. Teil des *Bosporanischen Reiches;* im 4. Jh. n. Chr. von den Hunnen zerstört, im 6. Jh. von Kaiser Justinian wiederaufgebaut.

Pantschen-Lama [tibet., „Juwel des großen Gelehrten"], *Panchen rinpoche,* chin. *Bainqen,* Titel des Vorstehers des Klosters Taschilhunpo bei Xigaze (Tibet), der als Verkörperung des Buddha Amitabha angesehen wird. Obwohl der P. den höheren geistl. Rang hat, stand er meist dem *Dalai-Lama* an polit. Macht nach. – Der zehnte P., *Bainqen Erdini Qoigyi Gyaincain* (* 1938, † 1989), wurde 1959 nach der Flucht des Dalai-Lama amtierender Vors. des Vorbereitungskomitees des Autonomen Gebiets Tibet. Nach 1965 befand er sich vermutlich in chines. „Umerziehungslagern". 1978 wurde er rehabilitiert u. durfte 1982 erstmals wieder Tibet besuchen. Über die Auswahl des 11. P.s kam es 1995 zum Streit zwischen der chines. Führung u. dem tibetan. Klerus.

Paoli, Pasquale, kors. Freiheitskämpfer, * 26. 4. 1725 Stretta, † 5. 2. 1807 London; führte die kors. Unabhängigkeitsbewegung 1755–1769 gegen Genua u. Frankreich, floh dann nach England, kehrte 1790 als Gouverneur der Regierung Ludwigs XVI. nach Korsika zurück, suchte 1793 erneut die Unterstützung Englands, lebte seit 1795 als Emigrant in London.

Papa [grch. *pappas,* „Vater"], in der frühen Kirche Anrede für Bischöfe u. bes. für Äbte; in der röm.-kath. Kirche seit dem 5. Jh. Titel des Papstes; seit dem 11. Jh. allein dem Papst vorbehalten.

Papabile [ital.], ein aussichtsreicher Kandidat bei der Papstwahl.

Papadopoulos [-pulɔs], Georgios, griech. Offizier u. Politiker, * 5. 5. 1919 Eleochorion, Peloponnes; 1960 Oberst; nach dem Putsch 1967 Min.-Präs. der „Revolutionsregierung", bekleidete daneben meist mehrere Min.-Ämter; 1972/73 zugleich amtierendes Staatsoberhaupt (Vizekönig); 1973 Staatspräsident; im gleichen Jahr gestürzt; 1975 nach Todesurteil zu lebenslängl. Haft begnadigt.

Papagos, Alexandros, griech. Offizier (1949 Marschall) u. Politiker, * 9. 12. 1883 Athen, † 4. 10. 1955 Athen; 1935/36 Kriegs.-Min., danach Generalstabschef u. Reorganisator des Heeres; 1940/41 Oberbefehlshaber im Krieg gegen Italien u. Dtschld., 1941 gefangengenommen u. 1943–1945 in dt. Konzentrationslagern interniert; schlug als Oberbefehlshaber der griech. Armee 1949 den Kommunistenaufstand in Nordgriechenland nieder; gründete dann die konservative *Hellenische Sammlungsbewegung* und war 1952–1955 Min.-Präs. u. Kriegs-Min.

Papandreou [-'dre:u], **1.** Andreas, Sohn von 2), griech. Politiker, * 5. 2. 1919 Chios, † 23. 6. 1996 Athen; Wirtschaftswissenschaftler; 1940–1960 im Exil in den USA, dort Prof.; 1964/65 Minister im Kabinett seines Vaters; nach dem Militärputsch 1967 in Haft, dann

Andreas Papandreou

Georgios Papandreou

bis 1974 erneut im Exil (Schweden, Kanada). 1974 gründete P. die „Panhellenische Sozialistische Bewegung“ (PASOK). 1981–1989 u. 1993–1996 Ministerpräsident.

2. Georgios, griech. Politiker (Liberaler), * 13. 2. 1888 Kalentzi bei Patras, † 1. 11. 1968 Kastri bei Athen; seit 1923 mehrmals Min., 1944 Min.-Präs. der Exilregierung in Kairo u. 1944/45 erster Min.-Präs. nach der Befreiung, dann Führer der „Demokrat. Sozialisten“, 1961 der „Zentrumsunion“; 1946–1952 erneut mehrmals Min., 1963–1965 Min.-Präs. Der Militärputsch 1967 richtete sich bes. gegen die von P. u. seinem Sohn Andreas vertretene linksliberale Politik.

Papen, Franz von, Politiker, *29. 10. 1879 Werl, Westfalen, †2. 5. 1969 Obersasbach, Baden; Generalstabsoffizier, 1913–1915 Militärattaché in Washington u. Mexico, dann Stabschef der 4. türk. Armee; 1921–1928 u. 1930–1932 Mitgl. des preuß. Landtags (rechter Flügel des Zentrums). Im Juni 1932 als Nachfolger H. *Brünings* zum Reichskanzler ernannt, bildete P. ein Präsidialkabinett aus zumeist parteilosen Konservativen („Kabinett der Barone“). Er ließ am 20. 7. 1932 verfassungswidrig die preuß. Regierung Braun-Severing absetzen (→ Preußenschlag), scheiterte aber mit dem Versuch, durch Regierungsbeteiligung der NSDAP eine Massenbasis zu gewinnen. Daher wurde er bereits im Dez. durch K. von *Schleicher* abgelöst. Durch seine Besprechungen mit Hitler am 4. 1. 1933 ebnete P. diesem den Weg an die Macht; er trat am 30. 1. als Vizekanzler in das Kabinett Hitler mit dem illusor. Ziel ein, die Nationalsozialisten zu „zähmen“. Am Abschluß des Reichskonkordats mit der röm. Kurie war P. maßgeblich beteiligt. In einer Rede in Marburg im Juni 1934 warnte er vor dem totalen Machtanspruch der NSDAP. Nach dem sog. Röhm-Putsch schied er aus der Regierung aus, stimmte aber einer diplomat. Verwendung zu. Er war 1934–1936 Gesandter, 1936–1938 Botschafter in Wien, danach 1939–1944 in Ankara. Von der Anklage des Kriegsverbrechens wurde P. 1946 vom Internationalen Militärgerichtshof in Nürnberg freigesprochen. Er schrieb „Der Wahrheit eine Gasse“ 1952; „Vom Scheitern einer Demokratie“ 1968.

Paphlagonien, antike Landschaft an der Schwarzmeerküste, von Zonguldak bis Bafra; gebirgig u. metallreich; seit 547 v. Chr. persisch, kam nach *Alexanders d. Gr.* Tod an *Eumenes I.* von Pergamon; unter *Diocletian* selbständige röm. Provinz.

Papinianus, Aemilius, röm. Jurist, *um 140, †212; Syrer, bedeutender Mitschöpfer des röm. Rechts, Gardepräfekt 203–212; von Kaiser *Caracalla* hingerichtet, weil er den Mord an dessen Bruder u. Mitregenten *Geta* nicht rechtfertigen wollte.

Papismus [lat.], im 16. Jh. aufgekommene abwertende Bez. für das Papsttum. – *Papist*, abwertende Bez. für Katholik.

Pappenheim, Gottfried Heinrich Graf zu, kaiserl. Feldherr im Dreißigjährigen Krieg, *29. 5. 1594 Treuchtlingen, †17. 11. 1632 Leipzig; wurde 1623 Chef eines Kürassierregiments („Pappenheimer“), befehligte die span. Reiterei in der Lombardei, unterdrückte den Bauernaufstand in Oberösterreich, wurde General der Kavallerie u. beteiligte sich an der Eroberung Magdeburgs (1631). Er starb an einer Verwundung, die er bei Lützen (1632) erhalten hatte.

Papst [grch. *pappas*, lat. *papa*, „Vater“], alter Bischofstitel, heute nur noch verwendet für den Bischof von Rom als Oberhaupt der kath. Kirche. Diese versteht den P. als Nachfolger des Apostels *Petrus* u. dieses Petrusamt als von *Christus* eingesetzte Dauereinrichtung (Matth. 16,18). Die praktische Verwirklichung des Amts u. die theolog. Reflexion darüber unterlagen einer wechselvollen Geschichte (→ Papsttum). Rechtlich ist die Stellung des P.es in der Kirche durch das 1. Vatikan. Konzil (1870) definiert als oberster *Jurisdiktionsprimat* u. oberstes *Lehramt* (Unfehlbarkeit, d. h. Bewahrtwerden vor Irrtum, bei der feierl. Verkündigung von Lehrsätzen in Glaubens- u. Sittenfragen für die ganze Kirche). Auf dem 2. Vatikan. Konzil ist der volle Primat des P.es noch einmal bestätigt worden; aber die schon auf dem Konzil erkennbaren Tendenzen, das Mitwirkungsrecht der Bischöfe an der Gestaltung der Gesamtkirche zu verstärken, haben sich in der theolog. Diskussion seither intensiviert. Nach seiner völkerrechtl. Stellung ist der P. ein Souverän aus eigenem Recht, der von anderem staatl. Recht unabhängig ist. Äußerer Ausdruck dieser Souveränität ist der Staat „Città del Vaticano“ (Vatikanstadt), dessen Unabhängigkeit Italien 1929 anerkannt hat.

Der P. wird von allen in Rom anwesenden (nicht mehr als 120) Kardinälen gewählt, die sich am 16., spätestens am 19. Tag nach dem Tod des P.es im Konklave versammeln. Seit 1971 nehmen Kardinäle, die das 80. Lebensjahr überschritten haben, nicht mehr an der P.wahl teil. Gewählt werden kann durch einstimmige Akklamation oder durch Übertragung an einen Ausschuß von 3, 5 oder 7 Kardinälen; tatsächlich wird aber stets durch *Skrutinium* gewählt, d. h. durch geheime Abstimmung mit Wahlzettel, bei der der Gewählte eine Stimme mehr als zwei Drittel der Stimmen erhalten muß. Er muß erklären, ob er die Wahl annimmt; mit der Annahme erhält er sogleich die volle päpstl. Jurisdiktionsgewalt. Er nimmt gewöhnlich einen neuen Namen an, empfängt die Huldigung der Kardinäle u. erteilt dann von der Loggia der Peterskirche den Segen „Urbi et orbi“. Wählbar ist jeder rechtgläubige männl. Katholik, theoretisch auch ein Laie, der freilich die Bedingungen für den Erhalt der Priester- u. Bischofsweihe erfüllen u. diese Weihen vor dem Amtsantritt empfangen müßte. Seit 1389 sind nur Kardinäle u. 1523–1978 stets Italiener gewählt worden. Die Wahl erfolgt auf Lebenszeit; eine Absetzung ist nicht möglich, jedoch ein freiwilliger Rücktritt, wie er bisher zweimal erfolgte.

In den ersten drei Jahrhunderten wurde der röm. Bischof vom Klerus u. Volk der Stadt gewählt. Dann stand die P.wahl jahrhundertelang unter wechselndem Einfluß weltl. Machthaber (fränk. Könige, röm. Adelsparteien, röm.-dt. Kaiser). Das Wahlrecht aller Kardinäle u. die Zweidrittelmehrheit wurden 1179, das Konklave 1274, die geheime Wahl 1622 eingeführt.

Papstkatalog, Verzeichnis der Päpste in chronolog. Folge. Die ältesten erhaltenen Papstlisten stammen von *Irenäus von Lyon* (um 190) u. *Julius Africanus* (um 240). Ihr Hauptzweck war, die Lehrautorität der röm. Gemeinde zu erweisen, die auf ihrer ununterbrochenen, auf die Apostel Petrus u. Paulus zurückzuführenden Glaubenstradition beruhte. Wichtig ist der *Catalogus Liberianus* (um 350), der für die Zeit nach 235 genaue chronolog. Einzelangaben enthält. Die P.e wurden vor allem durch den *Liber pontificalis* fortgesetzt.

Papsttum, Frühzeit: Über die Entwicklung der röm. Gemeinde in den ersten beiden Jahrhunderten sind nur wenige sichere Nachrichten überliefert. Das monarch. Episkopat hat sich wohl erst um die Mitte des 2. Jh. herausgebildet; bis dahin waren neben dem Bischof auch die Presbyter u. Diakone an der Leitung u. Repräsentation der Gemeinde beteiligt. Durch die Ausbildung der Lehre von der apostol. Tradition wurde Roms Stellung im Lauf des 2. Jh. erheblich gestärkt; so konnte *Viktor I.* im Osterfeststreit von kleinasiat. Gemeinden die Annahme der röm. Übung verlangen. Hier wie später waren es lange Zeit praktisch-rechtliche, nicht eigentl. theologische Fragen, in denen die Bischöfe von Rom ein oberstes Entscheidungsrecht beanspruchten. Durch *Stephan I.* (254–257) wurde zum erstenmal die Vorrangstellung des röm. Bischofs auf die für die gesamte Entwicklung des Primats entscheidende Bibelstelle gegr. (Matthäus 16,18).

Die Versöhnung des Röm. Reichs mit der Kirche durch *Konstantin d. Gr.* hatte eine weitgehende Angleichung von polit. u. kirchl. Verfassung zur Folge. Der Bischof von Rom konnte seinen Machtanspruch nun auch darauf stützen, daß er der Bischof der Reichshauptstadt war. Andererseits entstand ihm ein mächtiger Rivale im Patriarchen der Residenzstadt Konstantinopel, die als das 2. Rom galt. Seit den Konzilien von Konstantinopel (381) u. Chalcedon (451) mußten sich die Päpste damit abfinden, daß ihr für die ganze Kirche behaupteter Primat im oberbischöflichen Machtbereich der Patriarchen von Konstantinopel nicht durchzusetzen war. Der Bischof von Rom blieb auf die Stellung des Patriarchen des Abendlands beschränkt. Oberster Träger der gesamtkirchl. Jurisdiktion war das *ökumenische Konzil.* In der latein. Kirche wurde der Primat nur allmählich u. nicht ohne Rückschläge praktisch durchgesetzt. Die norditalien. Kirchenprovinzen Mailand, Ravenna u. Aquileia nahmen lange eine Sonderstellung ein; die Kirche Nordafrikas fügte sich den röm. Ansprüchen erst, als sie infolge des Wandaleneinfalls auf die Hilfe Roms angewiesen war.

Trotzdem traten die Päpste seit Ende des 4. Jh. deutlich in den Vordergrund. Schon *Siricius* begann mit der Dekretalengesetzgebung. *Leo d. Gr.* führte den Primat auf einen ersten Höhepunkt. Seine Autorität erstreckte sich über die gesamte abendländ. Kirche. Da die kaiserl. Gewalt in Italien faktisch kaum noch existierte, wuchs Leo auch eine polit. Führerstellung zu, die zur Stärkung des P.s beitrug. Wenig später unternahm ein Papst den folgenschweren Versuch, die Frage nach dem Verhältnis von Kirche u. Staat grundsätzlich zu beantworten: *Gelasius I.* behauptete gegenüber dem oström. Kaiser in seiner Zwei-Gewalten-Lehre den Vorrang der geistl. vor der weltl. Macht. Er schuf damit die Voraussetzung für den Anspruch des Papstes, als Oberhaupt der Kirche auch in den weltl. Bereich einzugreifen, sobald die Verteidigung kirchl. Rechte das erforderte.

Bald folgten Rückschläge. Vor allem die schwankende Haltung des Papstes *Vigilius* im *Dreikapitelstreit* u. seine Nachgiebigkeit gegenüber Kaiser *Justinian I.* schadeten dem päpstl. Ansehen sehr. Erst *Gregor d. Gr.* (590–604) gab dem P. seine führende Stellung zurück; durch vorbildliche Verwaltung des großen päpstl. Landbesitzes legte er den Grund zum *Kirchenstaat.*

Mittelalter: Unter Gregors Nachfolgern

gewannen die oström. Kaiser beherrschenden Einfluß auf P. u. Kirche. Die von Byzanz abhängigen Päpste konnten die Verselbständigung nationaler Kirchen nicht verhindern. Um dem nach dem Zerfall der kaiserl. Macht immer stärker werdenden Druck der Langobarden zu entgehen, schlossen die Päpste im 8. Jh. das Bündnis mit den Franken. Die durch *Bonifatius* reorganisierte fränk. Kirche fand zum engen Anschluß an Rom zurück, der Kirchenstaat wurde durch die Schenkung Pippins d.J. u. seiner Nachfolger definitiv begründet. Papst *Leo III.* entzog sich vollends den Prärogativen des oström. Kaisers, nahm sie für sich in Anspruch u. übertrug sie durch die Kaiserkrönung an *Karl d. Gr.* Der allmähl. Niedergang der karoling. Macht brachte den Päpsten zunächst größere Bewegungsfreiheit; das Recht der Kaiserkrönung konnten sie zeitweise zu einer gewissen Verfügungsgewalt über das Kaisertum ausweiten. *Nikolaus I.* verfocht gegenüber Selbständigkeitsbestrebungen fränkischer Bischöfe mit Nachdruck den päpstl. Primatanspruch. Mit dem Untergang des karoling. Reichs brach für das seines polit. Rückhalts beraubte P. eine Zeit tiefer Erniedrigung an. Die Besetzung des päpstl. Amtes geriet völlig in die Hände rivalisierender röm.-italien. Adelsparteien. Eine Wende bedeutete das Eingreifen Ottos I., den Papst *Johannes XII.* 962 zum Kaiser krönte. In den folgenden Jahrzehnten hatten die dt. Kaiser die Oberhoheit über das Papsttum: Otto II., Otto III., Heinrich II. bis zu Heinrich III., der drei rivalisierende Päpste absetzte u. vier dt. Reichsbischöfe zu Päpsten erhob. Erst die Verbindung des zur Kirchenreform entschlossenen dt. Kaisertums mit der von *Cluny* ausgehenden innerkirchl. Reformbewegung setzte eine grundlegende Erneuerung durch. Das Mitspracherecht des Kaisers wurde zurückgedrängt, die Papstwahl ausschl. den Kardinälen übertragen, die Organisation der Kurie ausgebaut. Im „Dictatus Papae" behauptete *Gregor VII.* die uneingeschränkte Suprematie des Papstes über die ganze Kirche u. seinen Vorrang vor jeder weltl. Gewalt. Der *Investiturstreit* entzog dem einträchtigen Miteinander von Papst u. Kaiser an der Spitze des „orbis christianus" den Boden. Zur inneren Verfestigung der abendländ. Kirche trug auch die endgültige Verselbständigung der Ostkirche (1054) bei. Die vom Papst geführte Kirche des Westens verstand sich nun als die „katholische" Kirche schlechthin; an die Stelle der alten ökumenischen Konzile traten die Synoden der abendländ. Bischöfe unter dem ausschließl. Vorsitz des Papstes. Von Frankreich u. England unterstützt, trat das P. unter *Alexander III.* der von antik-röm. Reichsvorstellungen ausgehenden Italienpolitik Kaiser *Friedrichs I.* entgegen; im Frie-

Päpste-Zeittafel

Die Fragezeichen nach den Regierungszahlen der ersten Päpste zeigen an, daß die Regierungszeit nicht eindeutig feststeht. Die Namen der Gegenpäpste sind in Klammern gesetzt.

Petrus, Hl. bis 67?
Linus, Hl. 67–76?
Anaklet, Hl. 76–88?
Klemens, Hl. 88–97?
Evaristus, Hl. 97–105?
Alexander I., Hl. 105–115?
Sixtus I., Hl. 115–125?
Telesphorus, Hl. 125–138?
Hyginus, Hl. 136/138–140/142
Pius I., Hl. um 142–155?
Aniketos, Hl. 155–166?
Soter, Hl. 166–174?
Eleutherus, Hl. 175–189?
Viktor I., Hl. 189–198?
Zephyrinus, Hl. 198/199–217?
Kalixt I. Hl. 217–222
(Hippolytos, Hl. 217–235)
Urban I., Hl. 222–230
Pontianus, Hl. 230–235
Anteros, Hl. 235–236
Fabianus, Hl. 236–250
Cornelius, Hl. 251–253
(Novatian 251)
Lucius I., Hl. 253–254
Stephan I., Hl. 254–257
Sixtus II., Hl. 257–258
Dionysius, Hl. 259–268
Felix I., Hl. 269–274
Eutychianus, Hl. 275–283
Cajus, Hl. 283–296
Marcellinus, Hl. 296–304
Marcellus I., Hl. 308–309
Eusebius, Hl. 309
Miltiades, Hl. 311–314
Silvester I., Hl. 314–335
Markus, Hl. 336
Julius I., Hl. 337–352
Liberius 352–366
(Felix II. 355–358)
Damasus I., Hl. 366–384
(Ursinus 366–367)
Siricus, Hl. 384–399
Anastasius I., Hl. 399–402
Innozenz I., Hl. 402–417
Zosimus 417–418
Bonifatius I., Hl. 418–422
(Eulalius 418–419)
Cölestin I., Hl. 422–432
Sixtus III., Hl. 432–440
Leo I., Hl. 440–461
Hilarus, Hl. 461–468
Simplicius, Hl. 468–483
Felix III. (II.), Hl. 483–492
Gelasius I., Hl. 492–496
Anastasius II. 496–498
Symmachus, Hl. 498–514
(Laurentius 498, 501–506)
Homisdas, Hl. 514–523
Johannes I., Hl. 523–526
Felix IV. (III.), Hl. 526–530
Bonifatius II. 530–532
(Dioscurus 530)
Johannes II. 533–535
Agapetus I., Hl. 535–536
Silverius, Hl. 536–537
Vigilius 537–555
Pelagius I. 556–561
Johannes III. 561–574
Benedikt I. 575–579
Pelagius II. 579–590
Gregor I., Hl. 590–604
Sabinianus 604–606
Bonifatius III. 607
Bonifatius IV., Hl. 608–615
Deusdedit, Hl. 615–618
Bonifatius V. 619–625
Honorius I. 625–638
Severinus 640
Johannes IV. 640–642
Theodor I. 642–649
Martin I., Hl. 649–653
Eugen I., Hl. 654–657
Vitalian, Hl. 657–672
Adeodatus II. 672–676
Donus 676–678
Agatho, Hl. 678–681
Leo II. Hl. 682–683
Benedikt II., Hl. 684–685
Johannes V. 685–686
Konon 686–687
(Theodor 687)
(Paschalis 687)
Sergius I., Hl. 687–701
Johannes VI. 701–705
Johannes VII. 705–707
Sisinnius 708
Konstantin I. 708–715
Gregor II., Hl. 715–731
Gregor III., Hl. 731–741
Zacharius, Hl. 741–752
Stephan II. 752–757
Paul I., Hl. 757–767
(Konstantin II. 767–768)
(Philippus 768)
Stephan III. 768–772
Hadrian I. 772–795
Leo III., Hl. 795–816
Stephan IV. 816–817
Paschalis I., Hl. 817–824
Eugen II. 824–827
Valentin 827
Gregor IV. 827–844
(Johannes 844)
Sergius II. 844–847
Leo IV., Hl. 847–855
Benedikt III. 855–858
(Anastasius II. 855)
Nikolaus I., Hl. 858–867
36mHadrian II. 867–872
Johannes VIII. 872–882
Marinus I. 882–884
Hadrian III., Hl. 884–885
Stephan V. 885–891
Formosus 891–896
Bonifatius VI. 896
Stephan VI. 896–897
Romanus 897
Theodor II. 897
Johannes IX. 898–900
Benedikt IV. 900–903
Leo V. 903
(Christophorus 903–904)
Sergius III. 904–911
Anastasius III. 911–913
Lando 913–914
Johannes X. 914–928
Leo VI. 928
Stephan VII. 928–931
Johannes XI. 931–935
Leo VII. 936–939
Stephan VIII. 939–942
Marinus II. 942–946
Agapetus II. 946–955
Johannes XII. 955–964
Leo VIII. 963–965
Benedikt V. 964
Johannes XIII. 965–972
Benedikt VI. 973–974
(Bonifatius VII. 974, 984–985)
Benedikt VII. 974–983
Johannes XIV. 983–984
Johannes XV. 985–996
Gregor V. 996–999
(Johannes XVI. 997–998)
Silvester II. 999–1003
Johannes XVII. 1003
Johannes XVIII. 1004–1009
Sergius IV. 1009–1012
Benedikt VIII. 1012–1024
(Gregor 1012)
Johannes XIX. 1024–1032
Benedikt IX. 1032–1044
Silvester III. 1045
Benedikt IX. 1045
(zum zweitenmal)
Gregor VI. 1045–1046
Klemens II. 1046–1047
Benedikt IX. 1047–1048)
(zum drittenmal)
Damasus II. 1048
Leo IX., Hl. 1049–1054
Viktor II. 1055–1057
Stephan IX. 1057–1058
(Benedikt X. 1058–1059)
Nikolaus II. 1058–1061
Alexander II. 1061–1073
(Honorius II. 1061–1064)
Gregor VII., Hl. 1073–1085
(Klemens III. 1080, 1084–1098)
Viktor III., Sel. 1086–1087
Urban II., Sel. 1088–1099
Paschalis II. 1099–1118
(Theoderich 1100)
(Albert 1102)
(Silvester IV. 1105–1111)
Gelasius II. 1118–1119
(Gregor VIII. 1118–1121)
Kalixt II. 1119–1124
Honorius II. 1124–1130
(Cölestin II. 1124)
Innozenz II. 1130–1143
(Anaklet II. 1130–1138)
(Viktor IV. 1138)
Cölestin II. 1143–1144
Lucius II. 1144–1145
Eugen III., Sel. 1145–1153
Anastasius IV. 1153–1154
Hadrian IV. 1154–1159
Alexander III. 1159–1181
(Viktor IV. 1159–1164)
(Paschalis III. 1164–1168)
(Kalixt III. 1168–1178)
(Innozenz III. 1179–1180)
Lucius III. 1181–1185
Urban III. 1185–1187
Gregor VIII. 1187
Klemens III. 1187–1191
Cölestin III. 1191–1198
Innozenz III. 1198–1216
Honorius III. 1216–1227
Gregor IX. 1227–1241
Cölestin IV. 1241
Innozenz IV. 1243–1254
Alexander IV. 1254–1261
Urban IV. 1261–1264
Klemens IV. 1265–1268
Gregor X., Sel. 1271–1276
Innozenz V., Sel. 1276
Hadrian V. 1276
Johannes XXI. 1276–1277
Nikolaus III. 1277–1280
Martin IV. 1281–1285
Honorius IV. 1285–1287
Nikolaus IV. 1288–1292
Cölestin V., Hl. 1294
Bonifatius VIII. 1294–1303
Benedikt XI., Sel. 1303–1304
Klemens V. 1305–1314
Johannes XXII. 1316–1334
(Nikolaus V. 1328–1330)
Benedikt XII. 1334–1342
Klemens VI. 1342–1352
Innozenz VI. 1352–1362
Urban V., Sel. 1362–1370
Gregor XI. 1370–1378
Urban VI. 1378–1389
(Klemens VII. 1378–1394)
Bonifatius IX. 1389–1404
(Benedikt XIII. 1394–1417)
Innozenz VII. 1404–1406
Gregor XII. 1406–1415
(Alexander V. 1409–1410)
(Johannes XXIII. 1410–1415)
Martin V. 1417–1431
Eugen IV. 1431–1447
(Felix V. 1440–1449)
Nikolaus V. 1447–1455
Kalixt III. 1455–1458
Pius II. 1458–1464
Paul II. 1464–1471
Sixtus IV. 1471–1484
Innozenz VIII. 1484–1492
Alexander VI. 1492–1503
Pius III. 1503
Julius II. 1503–1513
Leo X. 1513–1521
Hadrian VI. 1522–1523
Klemens VII. 1523–1534
Paul III. 1534–1549
Julius III. 1550–1555
Marcellus II. 1555
Paul IV. 1555–1559
Pius IV. 1559–1565
Pius V., Hl. 1566–1572
Gregor XIII. 1572–1585
Sixtus V. 1585–1590
Urban VII. 1590
Gregor XIV. 1590–1591
Innozenz IX. 1591
Klemens VIII. 1592–1605
Leo XI. 1605
Paul V. 1605–1621
Gregor XV. 1621–1623
Urban VIII. 1623–1644
Innozenz X. 1644–1655
Alexander VII. 1655–1667
Klemens IX. 1667–1669
Klemens X. 1670–1676
Innozenz XI. Sel. 1676–1689
Alexander VIII. 1689–1691
Innozenz XII. 1691–1700
Klemens XI. 1700–1721
Innozenz XIII. 1721–1724
Benedikt XIII. 1724–1730
Klemens XII. 1730–1740
Benedikt XIV. 1740–1758
Klemens XIII. 1758–1769
Klemens XIV. 1769–1774
Pius VI. 1775–1799
Pius VII. 1800–1823
Leo XII. 1823–1829
Pius VIII. 1829–1830
Gregor XIV. 1831–1846
Pius IX. 1846–1878
Leo XIII. 1878–1903
Pius X., Hl. 1903–1914
Benedikt XV. 1914–1922
Pius XI. 1922–1939
Pius XII. 1939–1958
Johannes XXIII. 1958–1963
Paul VI. 1963–1978
Johannes Paul I. 1978
Johannes Paul II. seit 1978

den von Venedig (1177) einigten sich beide Mächte auf einen Kompromiß.
Die Höhe seiner weltl. Macht erreichte das P. unter *Innozenz III.* Es gelang ihm u. seinen Nachfolgern, entscheidenden Einfluß auf das Kaisertum zu erringen. *Bonifatius VIII.* vertrat noch einmal den päpstl. Weltherrschaftsanspruch, konnte aber den Niedergang nicht aufhalten. Politisch wurden die Päpste von den französ. Königen entmachtet, sie mußten Rom verlassen u. residierten 1309 bis 1376 in Avignon (sog. „Babylon. Gefangenschaft der Kirche"). Ihre kirchl. Stellung konnten sie aber auch während des Exils aufrechterhalten. Das Große Abendländische Schisma (1378–1417), während dessen zeitweise drei rivalisierende Päpste einander gegenüberstanden, erschütterte die päpstl. Autorität vollständig. Die Reaktion hierauf war das Vordringen des *Konziliarismus.* Seine Anhänger vertraten die Oberhoheit des Konzils über den Papst. Das vom dt. Kaiser Sigismund einberufene Reformkonzil von Konstanz (1414–1418) schien den Sieg des Konzilsgedankens zu bedeuten. Trotzdem gelang es dem vom Konzil gewählten *Martin V.* u. seinem Nachfolger *Eugen IV.*, die Primatidee erneut durchzusetzen u. damit eine histor. Entwicklung einzuleiten, die im Dogma der päpstl. Unfehlbarkeit (1870) ihren Abschluß fand.
Neuzeit: Die Renaissance bedeutete für das P. eine Zeit höchsten weltl. Glanzes. Von *Nikolaus V.* bis *Paul III.* war die Residenz der Päpste das erste geistige u. künstlerische Zentrum Italiens, ja Europas. *Julius II.* erreichte durch die Konsolidierung des Kirchenstaats einen großen polit. Erfolg. Dabei traten allerdings seit *Sixtus IV.* die geistl. Aufgaben ganz hinter weltl. Interessen zurück; Nepotismus, Machtpolitik u. Sittenlosigkeit *(Alexander VI.)* breiteten sich aus. Seit *Paul III.* wandte die Kurie sich wieder mehr ihren geistl. Aufgaben zu. Das Konzil von Trient (1545–1563) stärkte die Stellung des Papstes u. schuf die Grundlagen für die innere Erneuerung der Kirche. Das 17. u. 18. Jh. brachten neue polit. Konstellationen, die das P. seiner weltl. Machtstellung weitgehend beraubten. Die Französ. Revolution u. ihre Auswirkungen schienen den Niedergang zu besiegeln: *Pius VI.* starb in französ. Haft; Napoleon I. beseitigte den Kirchenstaat (1809) u. nahm *Pius VII.* gefangen.
Nach Napoleons Sturz setzte jedoch ein neuer Aufstieg ein. Auf dem Wiener Kongreß (1815) wurde der Kirchenstaat wiederhergestellt, der aber auf den militär. Schutz Österreichs u. Frankreichs angewiesen war. Sein Bestehen hatte heftige Konflikte mit der italien. Nationalbewegung zur Folge. Durch die polit. Umwälzungen am Ende des 18. Jh. hatte die Kirche zwar ihren materiellen Rückhalt großenteils verloren, wurde dadurch aber auch von vielen Bindungen an die Staaten befreit. Das nationalkirchl. Prinzip trat infolgedessen zurück, der kirchl. Wiederaufbau wurde in engem Anschluß an Rom u. unter direkter Leitung der Päpste eingeleitet. Die Folge war ein vollständiger Sieg des päpstl. Zentralismus u. Universalepiskopats, der durch die Definition der päpstl. Unfehlbarkeit auf dem 1. Vatikanischen Konzil (1869/70) seinen dogmatischen Abschluß fand. Der gleichzeitige Verlust des Kirchenstaats (1870) wurde zwar schmerzlich empfunden u. nur unter Protest hingenommen, befreite aber das P. weitgehend aus polit. Verstrickungen u. erleichterte die Konzentration auf kirchl. Aufgaben. Die Päpste des 20. Jh. wandten u. wenden sich bewußt der Leitung der Weltkirche zu u. nahmen in Erfüllung ihrer geistl. Aufgabe auch zu sozialen u. polit. Fragen Stellung.

Papua-Neuguinea PNG

Unabhängiger Staat Papua-Neuguinea

Fläche: 462 840 km². – *Einwohner:* 4,2 Mill. – *Hauptstadt:* Port Moresby. – *Landessprachen:* Englisch, melanesisches Pidgin, Papua-Sprachen. – *Nationalfeiertag:* 16. 9. – *Währung:* 1 Kina = 100 Toea. – *Lage:* Inselgruppe im Pazifischen Ozean zwischen 0°43′ und 11°40′ s. Br. sowie 141° und 156° ö. L. – *Zeitzone:* Mitteleuropäische Zeit + 9 Std. – *Grenzen:* im W Indonesien, ansonsten Pazifischer Ozean. – *Staatsform:* parlamentarische Monarchie mit der britischen Königin als Staatsoberhaupt.

Den größten Teil P.s bildet die östl. Hälfte der Insel Neuguinea. (Zur Geschichte vor der Unabhängigkeit → Neuguinea). 1975 wurde P. unabhängig. Staatsoberhaupt ist die brit. Königin, vertreten durch einen Generalgouverneur. Ein ständiger Krisenherd entstand auf der Insel *Bougainville* im Zusammenhang mit den Entschädigungsforderungen einheim. Grundbesitzer bezüglich des Kupferbergwerks von Panguna. Terroraktionen der *Bougainville Revolutionary Army* (BRA) führten 1990 zur Schließung der Mine. Im gleichen Jahr proklamierte die BRA die unabhängige Republik Bougainville. In der Folgezeit kam es dort wiederholt zu militär. Auseinandersetzungen. 1998 schloß die Regierung mit den Rebellen ein Friedensabkommen. Das Land besitzt ein funktionierendes parlamentarisches System. Die wichtigste Partei ist die *Pangu*; sie regierte 1975–1980 u. 1982–1985 unter ihrem Führer M. *Somare* als Premier-Min. 1980–1982 u. 1985–1988 bestanden Koalitionsregierungen aus anderen Parteien unter J. *Chan* u. P. *Wingti.* Seit 1988 regierte eine Koalition unter dem neuen Pangu-Führer R. *Namaliu.* Nach den Wahlen 1992 wurde erneut Wingti Premier-Min. einer Koalitionsregierung. Nachdem der Oberste Gerichtshof 1994 Wingti verfassungswidriges Verhalten nachgewiesen hatte, übernahm wieder Chan das Amt des Regierungschefs. Er trat 1997 zurück. B. *Skate* (People's National Congress) bildete eine Mehrparteienkoalition, der auch die Pangu angehörte.

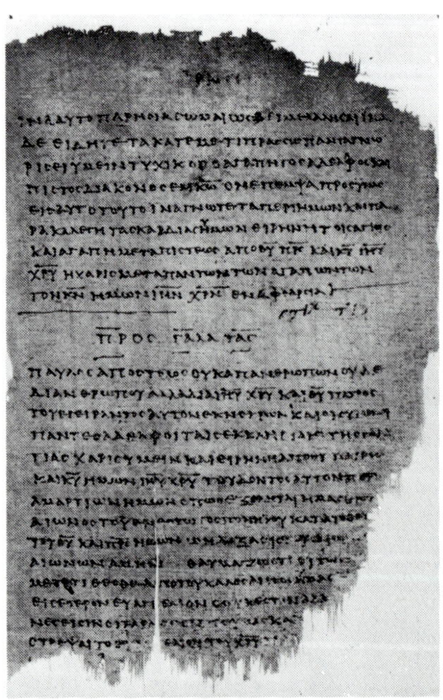

Papyruskunde: Papyrus-Codex Chester Beatty II (aus dem Neuen Testament; 3. Jahrhundert)

Papyruskunde, *Papyrologie,* eine histor. Hilfswissenschaft im Rahmen der Altertumsforschung. Gegenstand der P. sind die in griech., teilweise auch latein. Sprache beschriebenen *Papyri* aus der griechisch-röm. Zeit Ägyptens (etwa vom 4. Jh. v. Chr. bis zum 7. Jh. n. Chr.); mit den in ägypt. Sprache beschriebenen Papyri befaßt sich die Ägyptologie. Die Papyrusstücke vermitteln z. T. einzigartige Kenntnisse vom Leben der Menschen im Altertum.

Paracas-Kultur, altindian. Kultur an der Küste Südperus mit zwei unterschiedl. Bestattungsformen: älteren Erdhöhlen („Cavernas") u. jüngeren großen Flächengräbern („Necropolis").

Paraguay PY

Republik Paraguay

Fläche: 406 752 km². – *Einwohner:* 4,7 Mill. – *Hauptstadt:* Asunción. – *Landessprachen:* Spanisch, Guaraní. – *Nationalfeiertag:* 15. 5. – *Währung:* 1 Guaraní = 100 Céntimos. – *Lage:* zwischen 19°14′ und 27°36′ s. Br. sowie 54°16′ und 62°38′ w. L. – *Zeitzone:* Mitteleuropäische Zeit – 5 Std. – *Grenzen:* im NW Bolivien, im NO Brasilien, im S Argentinien. – *Staatsform:* präsidiale Republik.

Als die Spanier in der ersten Hälfte des 16. Jh. begannen, das Land zwischen Río Paraná u. Río Paraguay zu erforschen, trafen sie auf die *Guaraní-Indianer,* ein Volk, das bald als das am weitesten entwickelte östl. der Anden galt. Infolge der verlustreichen Kämpfe, die die Guaraní mit ihren Nachbarvölkern geführt hatten, herrschte Frauenüberschuß, so daß die Indianer keinen Widerstand leisteten, als die Spanier Indio-Mädchen heirateten. Die Folge war eine rasche Verschmelzung der Rassen, die durch die Mestizisierungspolitik des Gouverneurs Domingo *Martínez de Irala* noch gefördert wurde. Das Gebiet war seit 1542 ein Teil des span. *Vizekönigreichs Peru.* Die Mestizen, die sich als „weiße" Oberschicht betrachteten, gingen dazu über, die Indianer auszubeuten u. sie zu Leibeigenen zu machen, was bei den Guaraní zur Flucht in die Urwälder führte. Erst die Jesuitenmissionare konnten das Vertrauen der Indianer zum Europäer zurückgewinnen. Die Padres bauten im 17. Jh. für die Guaraní ein Gemeinwesen auf, das aus etwa 30 Reduktionen bestand, die jeweils bis zu 10 000 Menschen umfaßten. Dieser „Jesuitenstaat" unterstand zwar der span. Oberhoheit, war in sich jedoch souverän u. nach außen hermetisch abgeriegelt. Die Guaraní lebten hier in einer ideal-christl. Lebensgemeinschaft, in der alle gleiche Rechte u. Pflichten hatten. Mangelnde Kooperationsbereitschaft mit der übrigen Bevölkerung des Landes führte dazu, daß die Jesuiten 1767 auf Befehl des span. Königs aus P. deportiert wurden. Das Land wurde nun ein Teil des *Vizekönigreichs La Plata.* Die Guaraní flüchteten vor der span. Zivilverwaltung in die Wälder.
Als nach der Französ. Revolution die südamerikan. Kolonien ihre Unabhängigkeit

vom Mutterland anstrebten, erklärte sich P. 1811 für unabhängig. G. Rodríguez da *Francia*, der von 1814 bis 1840 das Land als Diktator regierte, führte es zu einem wirtschaftl. u. polit. Aufschwung, der auch unter seinem Nachfolger C. A. *López* anhielt. Dieser öffnete P. wieder dem internationalen Handel u. erreichte nun die volle Anerkennung ausländ. Mächte. Obwohl er das paraguayische Heer beträchtlich vergrößert hatte, suchte er jeden bewaffneten Konflikt mit den Nachbarstaaten zu vermeiden, ein Prinzip, an das sich sein Sohn u. Nachfolger, F. S. *López*, nicht hielt. Dessen Regierungszeit von 1862 bis 1870 ist gekennzeichnet durch den äußerst verlustreichen Krieg gegen Argentinien, Brasilien u. Uruguay. In der Folge machten dauernde Unruhen u. Bürgerkriege jeden Aufbauversuch unmöglich.
Die innenpolitische Lage festigte sich erst wieder unter den Regierungen der Präsidenten E. *Schaerer* (1912–1916) u. E. *Ayala* (1924–1928). Den Krieg gegen Bolivien (1932–1935) um das Chacogebiet, in dem große Erdölvorkommen vermutet wurden, konnte P. zwar gewinnen, es mußte aber wieder große Menschenverluste hinnehmen.
In der Folge löste eine Diktatur die andere ab, bis General Alfredo *Stroessner* im Mai 1954 die Regierung übernahm. Aufgrund von Verfassungsänderungen wurde er mit großer Mehrheit immer wieder gewählt. Die Stützen des Diktators waren das Militär u. die traditionsreiche, aber inzwischen korrupte Partei der Colorados. Seit dem Amtsantritt Stroessners erlebte das Land, das immer noch zu den ärmsten in Lateinamerika gehört, eine lange Phase innerer Stabilität. Der Preis dafür waren der seit 1947 währende Ausnahmezustand, ständige Kontrollmaßnahmen, auch Folterungen u. Tötungen durch die Polizei u. die strenge Zensierung jeglicher Opposition. 1989 wurde Stroessner von General A. *Rodriguez* gestürzt. Im selben Jahr ließ Rodriguez neben Parlaments- auch Präsidentschaftswahlen abhalten, die er als Kandidat der Colorados gewann. Am 1. 12. 1991 fanden Wahlen zu einer verfassunggebenden Versammlung statt, bei denen erneut die Colorados siegten. Die neue Verfassung trat am 18. 6. 1992 in Kraft. Danach ist P. eine präsidiale Republik mit einem Zweikammerparlament. 1993 fanden auf Basis dieser Verfassung erneut Präsidentschafts- u. Parlamentswahlen statt. Dabei wurde J. C. *Wasmosy* (Colorados) zum Präs. gewählt.

Paris [frz. pa'ri], Hptst. von Frankreich, inmitten des *P.er Beckens* u. der *Île de France*, beiderseits der Seine, 34 m ü. M., 2,2 Mill. Ew., mit Vororten über 9 Mill. Ew.
Zur Zeit Cäsars war P. *(Lutetia Parisiorum)* eine Siedlung des gall. Volksstamms der *Parisier* auf der Île de la Cité; 52 v. Chr. von den Römern eingenommen u. befestigt, entwickelte sie sich bald zu einem Mittelpunkt der röm. Herrschaft. P. war vorübergehend Residenz der Cäsaren *Julian* (356–360 n. Chr.) u. *Valentinian* u. fiel dann 486 in die Hände des Frankenkönigs *Chlodwig*, der es 508 zur Hptst. des Merowingerreichs erhob. Seit der Wahl *Hugo Capets* zum König 987 ist P. Hptst. Frankreichs.
Auf dem rechten Ufer der Seine entstand die Bürger- u. Handelsstadt. Die um 1200 gegr. Universität wurde zum Zentrum der Scholastik in Europa. Das 16. Jh. war trotz der Hugenottenkriege, in denen Paris streng kath. blieb (*Bartholomäusnacht* 1572), u. trotz der vierjährigen Belagerung durch *Heinrich IV.*, dem sich erst nach seinem Übertritt zum Katholizismus die Tore von P. öffneten („Paris ist eine Messe wert"), eine Zeit des Aufschwungs. 1648–1653 war P. Schauplatz blutiger Kämpfe der *Fronde* gegen *Mazarin* u. den Hof. Unter *Ludwig XIV.* wurde P. endgültig der geistige u. kulturelle Mittelpunkt Frankreichs.
Der Sturm auf die P.er *Bastille* (14. 7. 1789) entfachte die Französ. Revolution. In den Befreiungskriegen wurde P. zweimal (1814, 1815) von den verbündeten Mächten besetzt. Die Julirevolution von 1830, die in einem dreitägigen heftigen Straßenkampf gipfelte (27.–29. 7.), und die Februarrevolution von 1848, die zum Sturz des *Bürgerkönigs* führte, hatten gleichfalls P. zum Schauplatz. Der Pariser Juniaufstand 1848 brachte die blutigsten Straßenschlachten des 19. Jh. Napoleon III. hat die von Ludwig XIV. u. Napoleon I. begonnene großzügige Stadtgestaltung weitergeführt. Im Dt.-Französ. Krieg von 1870/71 wurde P. nach der Gefangennahme Napoleons III. u. der Proklamierung der 3. Republik von dt. Truppen eingeschlossen (1870) u. mußte 1871 kapitulieren. Gegen den Vorfrieden brach am 18. 3. 1871 in P. der Aufstand der *Pariser Kommune* aus.
Zur Weltausstellung von 1889 wurde der Eiffelturm (300 m) errichtet, der das Wahrzeichen von P. ist. Im 1. Weltkrieg mehrfach bedroht („Marnewunder", dt. Luftangriffe u. a.), wurde es im 2. Weltkrieg 1940 von dt. Truppen besetzt, die es entgegen Hitlers Befehl beim Abzug nicht zerstörten; die dt. Besetzung wurde durch den Einzug C. de *Gaulles* (25. 8. 1944) beendet. 1977 erhielt P., das bisher einem von der Regierung ernannten Präfekten unterstand, eine Gemeindeverfassung u. hat seither einen eigenen Bürgermeister.

Pariser Bluthochzeit → Bartholomäusnacht.

Pariser Friedensschlüsse, 1. am 28. 5. 1258 zwischen Frankreich u. England. *Heinrich III.* von England erkannte den Verlust aller engl. Festlandsbesitzungen nördl. der Charente an u. leistete dem französ. König für das ihm verbleibende Herzogtum Guyenne Lehenshuldigung.
2. am 10. 2. 1763 zwischen England u. Portugal einerseits, Frankreich u. Spanien andererseits. Der mit dem *Siebenjährigen Krieg* ausgetragene Entscheidungskampf zwischen England u. Frankreich um die koloniale Vorherrschaft wurde beendet. Großbritannien gewann u. a. Kanada (von Frankreich) u. Florida (von Spanien).
3. der Friedensvertrag vom 3. 9. 1783 zwischen Großbritannien u. den USA. Er beendete den *Nordamerikan. Unabhängigkeitskrieg.* Die Unabhängigkeit der Vereinigten Staaten wurde von Großbritannien anerkannt, u. die Besitzverteilung des Pariser Friedens von 1763 wurde in einigen Punkten korrigiert. So erhielt Spanien Florida u. die Insel Menorca zurück.
4. der Friedensvertrag vom 30. 5. 1814 *(1. Pariser Friede).* Er beendete die *Koalitionskriege.* Frankreich behielt die Grenzen von 1792; England gab den französ. Kolonialbesitz bis auf Tobago, St. Lucie u. Île de France zurück, behielt jedoch Malta, das dän. Helgoland, das niederländ. Kapland u. Ceylon.
5. am 20. 11. 1815 *(2. Pariser Friede).* Die *Koalitionskriege* wurden nach dem Zwischenspiel der Hundert Tage (Napoleons Herrschaft nach der Flucht von Elba) endgültig beendet. Frankreich verlor Philippeville u. Marienbourg an die Niederlande, Saarbrükken u. Saarlouis an Preußen, Landau an Bayern, Rest-Savoyen an Sardinien.
6. am 30. 3. 1856 zwischen Rußland einerseits, der Türkei, Großbritannien, Frankreich u. Sardinien andererseits als Abschluß des *Krimkriegs.* Rußland trat das südl. Bessarabien u. die Donaumündungen an das Fürstentum Moldau ab, mußte auf das Protektorat über die Donaufürstentümer u. die orth. Christen in der Türkei verzichten u. in der Pontosklausel die Entmilitarisierung u. Neutralisierung des Schwarzen Meeres zugestehen.
7. am 10. 12. 1898 zwischen Spanien u. den USA. Spanien mußte Puerto Rico, Guam u. die Philippinen an die USA abtreten u. das US-amerikan. Protektorat über die Republik Kuba anerkennen.
8. → Pariser Vorortverträge.
9. nach Abschluß des 2. Weltkrieges abgeschlossene Friedensverträge der Alliierten mit Verbündeten des Dt. Reiches (Bulgarien, Finnland, Ungarn, Italien, Rumänien). Diese Verträge wurden am 10. 2. 1947 in Paris unterzeichnet (u. a. Festsetzung der italien.-jugoslaw. u. der französ.-italien. Grenze, Rückgabe des Dodekanes an Griechenland, Annullierung der italien. Eroberungen, Rückgabe der italien. Überseegebiete, Stationierung sowjet. Truppen in Ungarn u. Rumänien, starke Verkleinerung Ungarns zu Lasten Rumäniens).

Pariser Kommune → Kommune von Paris.

Paris; Stich aus dem 16. Jahrhundert

Pariser Verträge, die auf den Pariser Konferenzen vom 19.–23. 10. 1954 aufgrund der Beschlüsse der *Londoner Neunmächtekonferenz* (28. 9. bis 3. 10. 1954) zwischen den westeurop. Staaten u. den USA getroffenen Abkommen, Verträge u. Verlautbarungen zur Einbeziehung der BR Dtschld. in die westl. Verteidigungsverträge. Folgende Verträge wurden unterzeichnet: a) Protokoll über die Beendigung des Besatzungsregimes in der BR Dtschld. In fünf Listen wurde der Deutschlandvertrag von 1952 über die Beziehungen der BR Dtschld. zu den USA, Frankreich u. Großbritannien geändert. Das Besatzungsstatut wurde aufgehoben, u. die BR Dtschld. erhielt die volle Macht eines souveränen Staats über die inneren u. äußeren Angelegenheiten; die drei Mächte behielten sich die bisher ausgeübten Befugnisse in bezug auf Berlin u. auf Dtschld. einschl. der Wiedervereinigung u. eines Friedensvertrags vor, ferner das Recht, in gleicher Stärke Streitkräfte in der Bundesrepublik zu stationieren. Gemeinsames Ziel war die Erreichung eines Friedensvertrags u. die Wiedervereinigung für ganz Dtschld. Bis zu diesem Zeitpunkt wurde die endgültige Festlegung der Grenzen Deutschlands aufgeschoben. Erst mit dem Inkrafttreten des *Zwei-plus-vier-Vertrags* am 15. 3. 1991 erhielt Dtschld. endgültig seine volle Souveränität. – b) Vertrag zwischen den USA, Frankreich, Großbritannien u. der BR Dtschld. über die Stationierung fremder Streitkräfte in der BR Dtschld. *(Truppenvertrag, Stationierungsvertrag)*. – c) Protokoll (Neunmächtekonferenz) über den Beitritt der BR Dtschld. u. Italiens zur Westeuropäischen Union (WEU) u. (in einer Fünfzehnmächtekonferenz) zum Nordatlantikpakt (NATO). In drei Zusatzprotokollen wurden Stärke u. Verteilung der Streitkräfte der WEU festgesetzt u. die Wahrnehmung der Rüstungskontrolle dem Amt für Rüstungskontrolle der WEU zugewiesen. – d) dt.-französ. Abkommen über die Saar *(Saarstatut)*. – Nach Ratifizierung durch alle Vertragspartner traten die Verträge am 5. 5. 1955 in Kraft.

Pariser Vorortverträge, die den Mittelmächten nach dem 1. Weltkrieg von der Entente auferlegten Friedensverträge, benannt nach den Orten der Unterzeichnung; die P. V. beendeten den 1. Weltkrieg.

1. → Versailler Vertrag vom 28. 6. 1919.

2. *Vertrag von Saint-Germain*, vom 10. 9. 1919 mit Österreich: Beschränkung Österreichs auf die deutschsprachigen Teile der früheren habsburg. Monarchie, aber Abtretung Südtirols an Italien. Italien erhielt außerdem Istrien u. Triest sowie einige dalmatin. Inseln. An Jugoslawien fielen Dalmatien, Teile von Krain u. Kärnten. Polen erhielt Galizien. Die Bestimmungen über Abrüstung (Berufsheer von 30 000 Mann), Lufthoheit, Wasserstraßen u. Wiedergutmachung entsprachen dem Versailler Vertrag. Verbot des Anschlusses an Dtschld.

3. *Vertrag von Neuilly-sur-Seine*, vom 27. 11. 1919 mit Bulgarien: Abtretung der Süd-Dobrudscha an Rumänien. West-Thrakien mit dem Zugang zur Ägäis kam zunächst unter alliierte Verantwortung, 1920 an Griechenland. Ein Gebietsteil im NW fiel an Jugoslawien; das Heer wurde auf 20 000 Mann beschränkt.

4. *Vertrag von Trianon*, vom 4. 6. 1920 mit Ungarn: Die Slowakei (Oberungarn) fiel an die Tschechoslowakei, ein Teil des Burgenlands an Österreich, Kroatien u. Slawonien an Jugoslawien, das Banat an Jugoslawien u. Rumänien, Siebenbürgen an Rumänien. Heeresbeschränkung auf 35 000 Mann.

5. *Vertrag von Sèvres*, vom 10. 8. 1920 mit der Türkei: Der europ. Teil der Türkei wurde auf Istanbul mit Hinterland beschränkt. Ost-Thrakien mit Gallipoli, die Ägäischen Inseln u. Smyrna wurden an Griechenland, der Dodekanes u. Rhodos an Italien abgetreten. Türkisch-Armenien wurde abgetrennt, Kurdistan unabhängig, Syrien wurde französisch, Palästina, Irak u. Hedjas wurden engl. Mandate. Die Meerengen wurden internationaler Kontrolle unterworfen, die Truppen auf 50 000 Mann beschränkt. Der Vertrag ist vom türk. Parlament nicht ratifiziert worden.

Parlamentarischer Rat: Eröffnungssitzung am 1. September 1948; am Rednerpult Carlo Schmid

Park Chung Hee [-tʃuŋhi], südkorean. General u. Politiker, * 30. 9. 1917 Sosan-gun, Nordkorea, † 26. 10. 1979 Soul (ermordet); 1961 nach einem Staatsstreich des Militärs Vize-Präs., dann Präs. des Obersten Rates für Nationalen Wiederaufbau, seit 1963 Staats-Präs. (seit 1972 auf Lebenszeit); regierte zunehmend diktatorisch; wurde vom Chef seines Geheimdienstes erschossen, der damit angeblich die Demokratie wiederherstellen wollte.

Parkman ['pa:kmən], Francis, US-amerikan. Historiker, * 16. 9. 1823 Boston, † 8. 11. 1893 Jamaica Plain, Mass.; Prof. in Harvard, lebte 1847 zeitweise unter Indianern („The Oregon trail" 1849), schilderte die nordamerikan. Kolonialgeschichte: „France and England in North America" 7 Bde. 1865–1892.

Parlament [das; mlat. *parlamentum*, „Aussprache" (zwischen König u. Vasallen)], die Volksvertretung als Staatsorgan.

In England u. Frankreich ist das P. aus der *curia regis* (Rat der Kronvasallen) entstanden. Die Entwicklung in England verlief über die Ausgestaltung der Adelskammer *(House of Lords)* u. die Vertretung der Bürgerlichen *(House of Commons)* zur Bildung eines Zweikammersystems im 14. Jh. Damals war dem P. bereits das Steuerbewilligungsrecht zuerkannt. In der absolutist. Zeit blieb das P. trotz heftiger Kämpfe u. Nichteinberufung letztlich Sieger. Die brit. Souveränitätsformel lautet daher heute noch: „The King (Queen) in Parliament." In Frankreich wurden die *parlements*, vor allem das in Paris, zu einer Art Staatsgerichtshof, dem die Registrierung der vom König erlassenen Gesetze oblag. Daraus ergaben sich Prüfungs- u. Kontrollrechte sowie Zurückweisungen königlicher Rechtsetzungen und damit Auseinandersetzungen. In der Französ. Revolution wurden diese P.e aufgehoben, nachdem sich bereits ständische Versammlungen durchgesetzt hatten, die sich 1789 zur *Nationalversammlung* proklamierten. Daraus entwickelte sich im 19. Jh. das französ. Zweikammersystem.

In Dtschld. entwickelten sich in der Zeit der Ständestaatlichkeit die *Ständeversammlungen* der dt. Einzelstaaten, die im 19. Jh. zu echten P.en wurden, vielfach zu einem Zweikammersystem. Das erste gesamtdt. P. war die *Frankfurter Nationalversammlung* 1848/49; ihr folgten die *Reichstage* des Norddt. Bunds u. des Dt. Reichs u. in der BR Dtschld. der *Bundestag*.

Parlamentarischer Rat, die 1948 von den Ministerpräsidenten der 11 Länder der Westzonen im Auftrag der westl. Militärgouverneure (Londoner Empfehlungen) einberufene Versammlung zur Abfassung des *Grundgesetzes* für die BR Dtschld. Einen Entwurf erarbeitete im Aug. 1948 der Verfassungskonvent von Herrenchiemsee aus Bevollmächtigten der Länder u. jurist. Sachverständigen. Der Parlamentar. Rat nahm seine Beratungen über diese Vorlage am 1. 9. in Bonn auf. Er setzte sich zusammen aus den von den Landtagen abgeordneten 65 Mitgliedern folgender Parteien: SPD (27), CDU/CSU (27), FDP (5), Dt. Partei (2), Zentrum (2) u. KPD (2); 5 Delegierte Berlins hatten beratende Stimmen. Den Vorsitz führte K. *Adenauer*. Der Parlamentar. Rat nahm am 8. 5. 1949 mit 53 gegen 12 Stimmen das Grundgesetz an, das nach Genehmigung durch die westl. Militärgouverneure im Mai 1949 von den Landtagen ratifiziert (Bayern lehnte ab, erkannte aber die Rechtsverbindlichkeit an) u. am 23. 5. von den Mitgliedern des Parlamentar. Rats (mit Ausnahme der 2 Kommunisten) unterzeichnet wurde. Der Parlamentar. Rat beschloß außerdem das erste Gesetz über die Wahlen zum Bundestag u. löste sich dann auf.

Parma, italien. Prov.-Hptst. in der mittleren Poebene, 175 000 Ew.

Parma, ursprüngl. eine etrusk. Siedlung, 183 v. Chr. röm. Kolonie u. bald wichtige Handelsstadt; unter Augustus *Colonia Julia Augusta*, nach dem Untergang des weström. Reichs *Chrysopolis* genannt. Seit 570 beherrschten die Langobarden P., seit 774 gehörte es zum fränk. Reich. Das in den staufisch-päpstl. Auseinandersetzungen zunächst auf kaiserl. (ghibellin.) Seite stehende P. wurde 1247 für die Gegenseite gewonnen u. schlug 1248 ein Belagerungsheer Kaiser *Friedrichs II.* Die Stadt verlor 1306 ihre republikan. Verfassung, als sie an *Ghiberto da Correggio* fiel. 1512 gliederte Papst *Julius II.* P. u. Piacenza dem Kirchenstaat ein. Papst *Paul III.* erhob P. u. Piacenza 1545 zu Herzogtümern, mit denen er seinen Sohn Pietro Luigi *Farnese* belehnte. 1731 starb die Familie Farnese in P. aus; die Herzogtümer fielen an die span. Bourbonen *(Bourbon-P.)*. *Karl von Bourbon* trat 1735 P. an Österreich ab. Im *Aachener Frieden* 1748 kamen P. u. Piacenza an *Philipp*, den jüngeren Bruder Karls. P. wurde zu einem Zentrum der Aufklärung. 1802 wurde es französisch u. 1815 mit Piacenza u. Guastalla *Marie-Louise*, der 2. Gemahlin Napoleons, übergeben. Nach ihrem Tod 1847 kamen die Herzogtümer wieder an die Bourbonen. 1849 für kurze Zeit piemontesisch, wurde P. 1849 von den Österreichern an die Bourbonen zurückgegeben. 1860 kam es zum Königreich Italien.

Parmenion, makedon. Feldherr, * um 400 v. Chr., † 330 v. Chr. Ekbatana; Heerführer *Philipps II.* u. *Alexanders d. Gr.*; von Alexander allmählich zurückgesetzt u. schließlich wegen angebl. Teilnahme an der Verschwörung seines Sohnes *Philotas* ermordet.

Parnell [pa:'nɛl], Charles Stewart, irischer Politiker, *27. 6. 1846 Avondale, Grafschaft Wicklow, †6. 10. 1891 Brighton; trat als Mitgl. des brit. Unterhauses seit 1875 für die Selbstbestimmung Irlands ein, gründete 1879 die Irische Landliga *(Irish Land League)*, die durch umfassende Agitation eine Landreform zugunsten der irischen Pächter erreichte (1882).

Parner, ostiran. Stamm, zum Volk der *Daher* gehörend, lebten vermutlich zwischen Oxus u. Yaxartes, drangen ab etwa 250 v.Chr. in die seleukidische Satrapie *Parthava* ein u. begründeten das Parther-Reich.

Partei [von lat. *pars*, „Teil, Richtung"], allg. ein Zusammenschluß von Menschen gleicher oder ähnlicher polit., sozialer, wirtschaftl. u. weltanschaul. Willensrichtung, um sich im staatl. Leben Einfluß zu verschaffen. In diesem Sinn gab es P.en als mehr oder minder lose Gruppenbildungen schon in den Stadtstaaten des Altertums u. im republikan. Rom, im MA sowie in den polit. u. religiösen Bewegungen des 16. u. 17. Jh.
Die Entwicklung der modernen P.en als festgefügte Körperschaften war im allg. ein Vorgang des 18. u. 19. Jh., der stark vom Beispiel des engl. polit. Lebens beeinflußt war, wo sich zuerst *Tories* u. *Whigs* im 18. Jh. als relativ feste P.en herausbildeten. Schärfer umrissene P.engruppen bildeten sich in den amerikan. Unabhängigkeitskämpfen u. in der Französ. Revolution, dann in den dt. Verfassungsbewegungen des „Vormärz". In der Frankfurter Nationalversammlung kam es zu einer stärkeren Differenzierung in der dt. P.enlandschaft (liberale, demokrat. u. konservative P., Großdeutsche u. Kleindeutsche). Auch äußerlich trat der Unterschied durch das Aufkommen einer bes. Sitzordnung hervor: Die konservativen Parteien nahmen ihren Platz auf der (vom Präsidium aus gesehen) rechten Seite des Plenums ein *(Rechte)*, die liberalen, demokrat. u. sozialist. Parteien saßen links *(Linke)*, die kath.-polit. Parteien in der Mitte *(Zentrum)*. Im Unterschied zu England entwickelte sich in den kontinentalen Staaten das *Mehrparteiensystem* bis zur *P.zersplitterung*.

Partei der Arbeit, Abk. *PdA*, seit 1945 Nachfolgeorganisation der im 2. Weltkrieg verbotenen *Kommunistischen Partei* der Schweiz; relativ starker Anhang im Kanton Genf.

Partei des demokratischen Sozialismus → Sozialistische Einheitspartei Deutschlands.

Parthenopeische Republik → Neapel.

Parther, iran. Stamm an der Südostecke des Kaspischen Meeres. Zwischen 250 u. etwa 238 v.Chr. eroberten die *Parner*, ein ostiran. Stamm, unter ihrem Anführer *Arsakes* die seleukid. Satrapie *Parthava*. Sie erhielten aufgrund ihrer Niederlassung in Parthava den Namen P. Vermutlich um 247 v.Chr. wurde Arsakes zum König gekrönt u. begründete die Dynastie der *Arsakiden*; die erste Hauptstadt wurde *Nisa*. Unter *Mithridates' I.* (etwa 171–139/38 v.Chr.) begann die große Epoche des P.-Reiches. Bis zum Ende des Jahres 141 v.Chr. eroberten die P. fast ganz Mesopotamien. Wahrscheinl. wurde jetzt die Hauptstadt nach *Ktesiphon* am Tigris verlegt. Nach Mithridates' I. Tod wurde das Reich vor allem durch Nomaden aus Zentralasien bedroht. Bald nach dem ersten Treffen parth. u. röm. Gesandter 96 v.Chr. begannen die rd. 300 Jahre dauernden Auseinandersetzungen um Armenien zwischen Römern u. P.n; 20 v.Chr. erkannten beide Reiche den Euphrat als Grenze an. Im 1. u. auch im 2. Jh. n.Chr. wurde das P.-Reich durch zahlreiche Bürgerkriege u. mehrere röm. Feldzüge erschüttert, den Römern gelang jedoch nie ein endgültiger Sieg. Ab 200 n.Chr. begann eine Revolte des Vasallenfürsten *Ardaschir* in der Persis. 224 wurde der letzte P.-König *Artabanos IV.* von Ardaschir getötet, der bald danach, zum König gekrönt, die Dynastie der *Sassaniden* begründete, so benannt nach einem Vorfahren namens Sassan.

Partikularismus [lat.], die Bewahrung der polit. Selbständigkeit gegenüber einer größeren staatl. Einheit, so der P. der Landesherren im Spät-MA u. der dt. Fürstenstaaten nach 1648. Von großer Bedeutung war die P.diskussion im Umfeld der Frankfurter Nationalversammlung 1848/49. Die Bundesstaatsidee galt hier als Kompromiß, der die Sonderinteressen einzelner dt. Gliedstaaten berücksichtigte. Die partikularistisch begründete Antipathie verschiedener dt. Einzelstaaten gegen die preuß. Vorherrschaft verzögerte die Bildung des dt. Nationalstaates im 19. Jh.

Pasargadae, *Pasargadai*, in der Provinz Fars gelegene altpers. Stadt, von *Kyros II.* um 550 v. Chr. gegründete Hauptstadt der Achämeniden; das Grab Kyros' II. sowie Reste mehrerer Paläste u. eine große Terrassenanlage sind erhalten.

Pascha [paˈʃa; türk., aus pers. *Padischah*], Titel der höchsten Beamten u. Offiziere im Osman. Reich, auch in Ägypten; im 20. Jh. abgeschafft.

Paschalis, [auch pasˈça:lis], Päpste: **1.** *P. I.*, 817–824, Heiliger, Römer, †11. 2. 824 Rom; Benediktiner; unterhielt gute Beziehungen zu Kaiser *Ludwig I.* (dem Frommen), der ihm den Besitz des Kirchenstaats u. die Freiheit der Papstwahl bestätigte. P. krönte 823 Ludwigs Sohn *Lothar I.*, der danach ein kaiserl. Aufsichtsrecht in Rom durchsetzte.
2. *P. II.*, 1099–1118, eigentl. *Rainer*, †21. 1. 1118 Rom; Mönch in Cluny; setzte den Investiturstreit gegen *Heinrich IV.* u. *Heinrich V.* fort. 1111 versuchte er vergeblich, den Streit zu beenden, indem er mit Heinrich V. den Vertrag von Sutri schloß, der aber am Widerstand der dt. Bischöfe u. Fürsten scheiterte. P. wurde von Heinrich gefangengenommen; um seine Freiheit wiederzuerlangen, sagte er ihm Investiturrecht (1112 bereits widerrufen) u. Kaiserkrönung zu.
3. *P. (III.)*, Gegenpapst 1164–1168, eigentl.

Parther: lebensgroße Statue eines parthischen Königs. Bagdad, Nationalmuseum

Guido von Crema, †20. 9. 1168 Rom; Bischof von Cremona, Kardinal; auf Betreiben *Friedrichs I.* u. *Reinalds von Dassel* als Nachfolger *Viktors IV.* erhoben. Er sprach 1165 Karl d. Gr. heilig. Die Ausweitung der Partei des rechtmäßigen Papstes Alexander III. konnte er nicht verhindern.

Pašić [ˈpaʃitç], *Paschitsch*, Nikola, serb. Politiker, *1. 1. 1846 Zaječar, †10. 12. 1926 Belgrad; Ingenieur; Mitbegründer (1881) u. Führer der Radikalen Partei Serbiens, von 1883 bis 1889 als Gegner König *Milans* im Exil, 1891–1918 fünfmal Min.-Präs.; an der Gründung des „Königreichs der Serben, Kroaten u. Slowenen" (des späteren Jugoslawien) maßgeblich beteiligt u. 1921–1926 dessen Min.-Präs.; Verfechter großserb., zentralist. Ideen.

Paskewitsch, *Paskevič*, Iwan Fjodorowitsch, Fürst *Warschowskij* (1831), russ. Heerführer, *19. 5. 1782 Poltawa, †1. 2. 1856 Warschau; unterdrückte 1831 den poln., 1849 den ungar. Aufstand; seit 1831 Generalgouverneur (Statthalter) von Warschau; betrieb eine rücksichtslose Russifizierungspolitik.

Passarowitz, dt. Name der serbischen Stadt Požarevac.
Der *Friede von P.* am 21. 7. 1718 beendete den 1716 begonnenen Türkenkrieg. Österreich gewann das Banat, Teile Bosniens u. Serbiens mit Belgrad u. die Kleine Walachei.

Passauer Vertrag, eine am 2. 8. 1552 zwischen *Moritz von Sachsen, Wilhelm von Hessen* und *Ferdinand I.* getroffene Vereinbarung, die den Protestanten bis auf weiteres die freie Ausübung ihres Bekenntnisses ermöglichte. Der P. V., der die *Fürstenverschwörung* gegen Kaiser Karl V. abschloß, bereitete den Augsburger Religionsfrieden (1555) vor.

Pastor, Ludwig, Frhr. von *Campersfelden* (seit 1916), Historiker, *31. 1. 1854 Aachen, †30. 9. 1928 Innsbruck; 1881 Prof. in Innsbruck; 1901 Leiter des österr. Histor. Instituts in Rom; schuf ein neues Bild der Papstgeschichte, das sich gegen die Auffassung L. von *Rankes* richtete; Hptw.: „Geschichte der Päpste seit dem Ausgang des MA" 16 Bde. 1886–1932.

Pasyryk, *Pazyryk*, Trockental im östl. Hochaltai (Südsibirien). Hier wurden 1947–1949 14 skyth. Kurgane des 5.–3. Jh. v.Chr. aufgedeckt, in denen das Bodeneis die Grabbeigaben aus organ. Material u. z. T. die Toten selbst gut erhalten hatte. Die einbalsamierten Toten lagen in Kammern mit Festgewändern bekleidet, ausgerüstet mit Reit- u. Zugpferden samt Zaumzeug, Sattelzubehör, Geschirrteilen u. Wagenrädern sowie Hausrat. Ein Teppich mit abgebildeten Reitern, Greifen, Damhirschen u. Lotosblüten stammte aus Persien, Seidenstoffe u. silberne Spiegel aus China. Die Funde befinden sich in der Eremitage in Sankt Petersburg.

Pataliputra, das heutige *Patna*; vom 4. Jh. v.Chr. bis zum 6. Jh. n.Chr. wichtigste Hauptstadt Nordindiens; unter der *Maurya-Dynastie* im 3. Jh. v.Chr. eine der größten Städte der Welt. Eine Beschreibung P.s hat *Megasthenes*, der Botschafter des Seleukiden-Königs *Seleukos Nikatar*, hinterlassen.

Pataria [ital.], *Patarener*, Reformbewegung in Oberitalien, bes. in Mailand, im 11. Jh., wandte sich gegen die Verweltlichung des Klerus, gegen Priesterehe, Ämterkauf u. gegen die Investitur des Mailänder Erzbischofs durch *Heinrich IV.*

Pater familias [lat., „Vater der Familie"], Familienoberhaupt; im alten Rom mit bes. Machtstellung (lat. *patria potestas*, „väterliche Gewalt") innerhalb der Familie u. alleiniger rechtsgültiger Eigentümer des gesamten Familienvermögens.

Pater Patriae [lat., „Vater des Vaterlandes"],

röm. Ehrenbezeichnung für Personen, die sich um den Staat verdient gemacht hatten; seit *Augustus* Teil der kaiserl. Titulatur.

Pathet Lao [„Laotische Nation"], während des 2. Weltkriegs entstandene Widerstandsbewegung in Laos, zunächst gegen die japan. Besatzungsmacht, dann gegen die französ. Kolonialmacht gerichtet; schließlich die kommunist. Gegenregierung, die 1953 in den laot. Nordprovinzen ausgerufen wurde. Der P. L. stellte mit nordvietnames. Hilfe Truppen auf, mit denen er auch nach der Genfer Indochinakonferenz 1954 erfolgreich die königliche Armee bekämpfte. 1957–1959 u. 1962/63 beteiligte sich der P. L. an der Regierung. In der 1975 gegründeten Volksrepublik Laos bildete der marxistisch-leninist. Kern des P. L. die herrschende Revolutionäre Volkspartei.

Patras, *Patrai*, griech. Hafenstadt u. Hauptort des Verw.-Bez. Achaia, an der Nordküste des Peloponnes, am *Golf von P.*, 155 000 Ew. 280 v. Chr. ging vom antiken *Patrai* der Anstoß zur Bildung des Achäischen Bundes aus. Von Augustus 14 v. Chr. zu einer röm. Kolonie erhoben, war es in der Kaiserzeit neben Korinth u. Athen eine der bedeutendsten Städte Griechenlands. Die siegreiche Abwehr der Slawen 805 durch Patrai galt später als der Anfang vom Ende ihrer zweihundertjährigen Herrschaft über weite Teile Griechenlands.

Patrimonialgerichtsbarkeit, Gerichtsbarkeit des Grundherren über seine *Hintersassen* (Pächter); vor allem Nieder- u. Polizeigerichtsbarkeit; bestand in Dtschld. bis zur Bauernbefreiung (1. Hälfte des 19. Jh.); endgültig abgeschafft durch die Reichsjustizgesetze von 1877.

Patrimonium [das; lat.], im röm. Recht das väterliche Erbgut; allg. Vermögen.

Patriotenbewegung, demokrat. Bewegung in den Niederlanden des 18. Jh., die sich gegen das reiche Patriziat in Hafenstädten u. zunehmend auch gegen die Oranier wandte. Sie wurde 1786 durch Intervention Preußens unterdrückt, setzte sich aber mit Frankreichs Unterstützung ab 1795 in der Batavischen Republik durch.

Patriziat [das, auch der; lat.], im alten Rom der exklusive Geburtsadel, der nach dem Sturz des Königtums zunächst die alleinige polit. Macht innehatte, im Verlauf der sog. Ständekämpfe aber alle wichtigen polit. Vorrechte verlor, bis auf das Ausnahmeamt des *Interrex*, die Anerkennung eines aus dem P. stammenden Vornehmen als des Ersten des Senats *(princeps senatus)* sowie bestimmte Priesterämter. Durch die Entstehung eines neuen Amtsadels aus den führenden plebej. Familien nahm das P. innerhalb der Senatsaristokratie ständig ab u. verlor durch die Aufnahme von Geschlechtern aus der Nobilität nach u. nach seinen Charakter als geschlossener Geburtsadel.

Seit *Konstantin d. Gr.* wurde der Titel *Patricius*, der mit dem alten P. nur noch den Namen gemein hatte, als vornehmster Rang an zivile u. militär. Reichswürdenträger verliehen. Er war seit dem 5. Jh. im Westen mit der Stellung des ersten Reichsfeldherrn verbunden u. wurde auch an fremde, unter kaiserl. Oberhoheit regierende Herrscher oder Heerführer *(Odoaker, Theoderich)*, regelmäßig an den Exarchen von Ravenna vergeben.

Durch Papst *Stephan II.* wurde der Titel *Patricius Romanorum* als „Schützern der Kirche" *Pippin d. J.* u. seinen Söhnen 754 verliehen, ebenso *Karl d. Gr.* 774; er verlor jedoch mit der Wiederaufnahme des Kaisertums durch *Otto d. Gr.* seine Bedeutung u. kam an die weltl. Stadtherren Roms bes. die *Crescentier* im 10. u. 11. Jh. 1046 wurde *Heinrich III.* erneut die Würde eines Patricius mit dem Recht des Primats bei der Papstwahl übertragen. Der Sieg der kurialen Kirchenreform im Investiturstreit beendete diese wechselvolle Institution.

Unter dem P. des MA versteht man sonst die führende Oberschicht einer Stadt: vom Land zugezogene Adlige u. Ministeriale, bes. aber reiche, ritterlich lebende Kaufleute, die allein die ratsfähigen Geschlechter stellten u. sich genossenschaftlich zur Wahrung ihrer polit. Vorherrschaft gegen die Ansprüche der Handwerker, aber auch des Stadtherrn oder Königs zusammenschlossen. Der herrschenden Stellung des P.s haben sich die in *Zünften* organisierten Handwerker oftmals in blutigen Aufständen widersetzt.

Päts, Konstantin, estn. Politiker, *23. 2. 1874 Gebiet Tachkuranna, jetzt Pärun, † 18. 1. 1956 Oblast Kalinin; 1918 Leiter der provisor. Regierung Estlands; später als Führer der Bauernpartei wiederholt Min.-Präs. u. als „Staatsältester" zugleich Staatsoberhaupt. 1934 errichtete P. nach einem Staatsstreich ein autoritäres Regime u. wurde 1938 zum Staats-Präs. gewählt. Nach dem sowjet. Einmarsch 1940 wurde er zum Rücktritt gezwungen u. deportiert.

Patsch, Carl, österr. Archäologe u. Historiker, *14. 9. 1865 Kovač, Böhmen, † 21. 2. 1945 Wien; leistete bahnbrechende Forschungsarbeiten zur Frühgeschichte u. Römerzeit des Nordwestbalkans; schrieb „Beiträge zur Völkerkunde von Südosteuropa" 6 Teile 1925–1937.

Patton [pætn], George Smith, US-amerikan. General, *11. 11. 1885 San Gabriel, Calif., †21. 12. 1945 Mannheim (Autounfall); landete im 2. Weltkrieg mit der 7. US-Armee auf Sizilien, führte die 3. Armee 1944/45 in Frankreich u. Süd-Dtschld.; bedeutender Panzerstratege.

Pau [po], südwestfranzös. Stadt auf einer Hochebene über dem Tal des *Gave de P.*, Sitz des Dép. Pyrénées-Atlantiques, 83 800 Ew. Das 1154 erstmals erwähnte P. entstand um die Burg der Vizegrafen von Béarn, erhielt 1464 Stadtrecht u. wurde 1512 Hptst. des Königreichs Navarra. 1620 kam es zur französ. Krondomäne. In P. wurde Heinrich IV. geboren.

Paul, Päpste: **1.** *P. I.*, 757–767, Heiliger, Römer, †12. 6. 767 Rom; Bruder von Papst *Stephan II. (III.)*; blieb mit den Franken verbündet, wurde aber vom langobard. König *Desiderius* hart bedrängt u. verlor einen Teil der Gebietserwerbungen seines Vorgängers. – Fest: 28. 6.

2. *P. II.*, 1464–1471, eigentl. Pietro *Barbo*, *23. 2. 1418 Venedig, †26. 7. 1471 Rom; Neffe von Papst *Eugen IV.*, 1440 Kardinal; erklärte seine Wahlkapitulation, die den Kardinälen mehr Einfluß auf die päpstl. Regierung zugestand, für unverbindlich. Auch seinem Versprechen, ein allg. Konzil zur Reform der Kirche einzuberufen u. ein Bündnis zum Krieg gegen die Türken herzustellen, kam er nicht nach. Er bannte den hussit. gesinnten böhm. König Georg von Podiebrad.

3. *P. III.*, 1534–1549, eigentl. Alessandro *Farnese*, *29. 2. 1468 Canino, †10. 11. 1549 Rom; 1493 Kardinal, nacheinander Inhaber verschiedener Bistümer. In seiner Person u. seinem polit. Verhalten (Nepotismus) war P. der Renaissance verhaftet, doch leitete er die innerkirchl. Reform ein. Er verkündete die Exkommunikation *Heinrichs VIII.* von England, bestätigte den Jesuitenorden u. berief 1545 das Konzil von Trient ein.

4. *P. IV.*, 1555–1559, eigentl. Giampietro *Caraffa*, *28. 6. 1476 Capriglio, †18. 8. 1559 Rom; 1536 Kardinal, 1549 Erzbischof von Neapel; setzte sich für die innere Reform der verweltlichten Kirche ein, Mitgründer des *Theatinerordens*. Der Inquisition, die er mit äußerster Härte handhabte, fielen selbst Kardinäle zum Opfer. Durch seinen Rigorismus u. seine Zerwürfnisse mit Kaiser *Ferdinand I.* u. König *Philipp II.* von Spanien schadete er der Kirche.

Papst Paul VI.

5. *P. V.*, 1605–1621, eigentl. Camillo *Borghese*, *17. 9. 1552 Rom, †28. 1. 1621 Rom; 1596 Kardinal; setzte die Kirchenreform fort, bes. durch die Förderung der neuen Orden. Auf Ausgleich gesinnt, vermied er im Gnadenstreit eine Entscheidung u. verbot den beiden Parteien (Jesuiten u. Dominikaner) die gegenseitige Verketzerung.

6. *P. VI.*, 1963–1978, eigentl. Giovanni Battista *Montini*, *26. 9. 1897 Concesio bei Brescia, †6. 8. 1978 Castel Gandolfo; seit 1922 im päpstl. Staatssekretariat tätig, dort 1937 Substitut, 1952 Prostaatssekretär, lange enger Mitarbeiter *Pius' XII.*; 1954 Erzbischof von Mailand, 1958 Kardinal. P. führte das 2. Vatikan. Konzil zu Ende u. bemühte sich um behutsame Durchführung seiner Beschlüsse. Die päpstl. Autorität betonte er stark, gegenüber manchen neuen Strömungen in der kath. Theologie verhielt er sich reserviert. In seinen Enzykliken suchte er die Stellung der kath. Kirche in der heutigen Welt zu umreißen, bekräftigte die kath. Lehre über die Eucharistie u. mahnte zur Erhaltung des Friedens u. zu sozialer Gerechtigkeit, bes. zur Unterstützung der Entwicklungsländer. P. war der erste Papst, der weltweite Auslandsreisen unternahm. Im ökumen. Bereich intensivierte P. vor allem die Kontakte zur Orthodoxie u. zum Anglikanismus.

Paul, Fürsten. Griechenland: **1.** *P. I.*, König der Hellenen 1947–1964, Prinz von Dänemark, *14. 12. 1901 Athen, †6. 3. 1964 Athen; Nachfolger seines Bruders *Georg II.*; 1923–1935 u. 1941–1945 im Exil, seit 1938 mit *Friederike Luise* von Hannover-Braunschweig verheiratet.

Jugoslawien: **2.** *P. Karadjordjević*, Prinzregent 1934–1941, *27. 4. 1893 St. Petersburg, †14. 9. 1976 Paris; übernahm nach der Ermordung seines Vetters *Alexander I.* den Vorsitz des dreiköpfigen Regentschaftsrates für *Peter II.*, näherte sich Bulgarien, Italien u. Dtschld. Wegen seines Beitritts zum Dreimächtepakt (1941) wurde er durch einen Offiziersputsch abgesetzt.

Rußland: **3.** *P. I.*, russ. *Pawel Petrowitsch*, Zar 1796–1801, *1. 10. 1754 St. Petersburg, †23. 3. 1801 St. Petersburg; Sohn *Katharinas II.*; verschärfte unter dem Eindruck der Französ. Revolution die Zensur u. unterband den kulturellen Verkehr mit Westeuropa. P. beteiligte sich am 2. Koalitionskrieg gegen *Napoleon I.*, wandte sich aber, nachdem er Großmeister des Malteserordens geworden war, wegen der Besetzung Maltas gegen England. Bevor sein abenteuerl. Befehl, Indien zu erobern, ausgeführt werden konnte, wurde er durch eine Offiziersverschwörung unter Führung P. Graf *Pahlens* ermordet. Von grundsätzl. Bedeutung war sein Thronfolgegesetz (1797).

Paulskirche, ev. Kirche in Frankfurt a. M., 1786–1833 in klassizist. Stil von J. A. *Liebhardt* erbaut; 1848/49 Tagungsstätte der Frankfurter Nationalversammlung.

Paulus, Friedrich, Offizier (1943 Generalfeldmarschall), *23. 9. 1890 Breitenau, Krs. Melsungen, †1. 2. 1957 Dresden; im Rußlandfeldzug 1942 Oberbefehlshaber der 6. Armee, die bei *Stalingrad* eingeschlossen wurde. P.' Vorschlag, einen Ausbruch zu versuchen, wurde von Hitler jedoch abgelehnt. Am 31. 1. 1943 kapitulierte P. mit dem Südkessel gegen Hitlers Befehl. In der Kriegsgefangenschaft schloß er sich dem „Nationalkomitee ‚Freies Deutschland'" an; nach seiner Entlassung (1953) ließ er sich in der DDR nieder.

Paulus Diaconus, mittellatein. Geschichtsschreiber, *um 720, †um 800; Langobarde, 774 Mönch in Montecassino, seit 782 am Hof *Karls d. Gr.* ; verfaßte dort die Geschichte der Bischöfe von Metz; um 787 wieder in Montecassino; schrieb eine Geschichte der Langobarden, nach 787, u. eine Lebensbeschreibung Papst Gregors I.

Paul von Samosata, Bischof von Antiochia (seit etwa 260), Statthalter der Königin *Zenobia* von Palmyra; Monarchianer; erklärte den Logos in Christus als unpersönl. Kraft *(dynamis)* Gottes; 268 als Bischof abgesetzt u. verurteilt.

Pausanias, 1. spartan. Feldherr, aus dem Königsgeschlecht der *Agiaden,* †467 v. Chr.(?); nach *Leonidas'* Tod seit 480 v. Chr. Regent für dessen unmündigen Sohn; Sieger über die Perser bei *Platää* 479 v. Chr.; 478 v. Chr. Oberbefehlshaber der griech. Flotte, erregte durch Übernahme pers. Herrschaftsformen die Ablehnung der Verbündeten u. ermöglichte Athen die Bildung des 1. Attischen Seebundes. Später verräterischer Beziehung zu Persien u. der Verschwörung mit den Heloten bezichtigt, flüchtete er in den Tempel der Athene Chalkioikos zu Sparta, wo er eingemauert wurde.
2. Enkel von 1), König von Sparta 408–394 v. Chr.; sein Eingreifen gegen *Lysander* 403 v. Chr. ermöglichte die Wiedereinführung der Demokratie in Athen. Wegen seines Rückzugs aus Böotien 394 v. Chr. zum Tode verurteilt, starb er nach 390 v. Chr. in Arkadien im Exil.

Pavelić [-litçl, *Pawelitsch,* Ante, kroat. Politiker, *14. 7. 1889 Bradina, Herzegowina, †28. 12. 1959 Madrid; Führer der vom Faschismus beeinflußten kroat. Unabhängigkeitsbewegung *Ustascha*; 1929–1941 in der Emigration in Italien; 1941 mit Hilfe der Achsenmächte Staatschef *(Poglavnik)* des selbständigen Kroatien, ging mit Terror gegen die nichtkroat. Bevölkerungsgruppen vor; floh 1945; in Abwesenheit zum Tod verurteilt.

Friedrich Paulus begibt sich in Stalingrad in sowjetische Kriegsgefangenschaft

Pavia, italien. Provinzhauptstadt in der Lombardei, 80 100 Ew.; in der *Schlacht von P.* am 24. 2. 1525 siegte Kaiser Karl V. über Franz I. von Frankreich.

Pavlovien [-viɛ̃:], altsteinzeitl. Kultur in Mittel- u. Osteuropa; hat ihren Namen nach dem Ort Pavlov in der Tschechischen Republik, wo seit 1952 umfangreiche Grabungen stattfinden; mit der C-14-Methode auf etwa 23 000 Jahre datiert.

Pax Britannica [die; lat., „brit. Friede"], in Analogie zu *Pax Romana* geprägtes Schlagwort für die Weltreichspolitik Großbritanniens, bes. im 19. Jh. Darin kam ein polit. u. kulturelles Sendungsbewußtsein bei weitgehender Verdrängung machtpolit. u. ökonom. Interessen zum Ausdruck.

Pax Romana [die; lat., „röm. Friede"], die von *Augustus* konzipierte Reichsidee im Sinne einer das ganze röm. Weltreich umfassenden kaiserl. Fürsorge. Der Friedenswille des Augustus, der auf der Saturiertheit des röm. Herrschaftsanspruchs u. dem Gedanken des Schutzes u. der Sicherheit des Reiches basierte, fand seinen symbolhaften Ausdruck in der Weihe des Friedensaltars *(Ara pacis)* 9 v. Chr.

Paz Estenssoro [pa:s-], Victor, bolivian. Politiker, *2. 10. 1907 Tarija; Wirtschaftswissenschaftler, gründete 1941 die für soziale Reformen eintretende *MNR* (Movimiento Nacionalista Revolucionario); 1943/44 Finanz-Min., 1952–1956 u. 1960–1964 Staats-Präs., nach Wiederwahl durch eine Militärrevolte gestürzt; 1964–1971 im peruan. Exil; 1985–1989 erneut Staats-Präs.

Pazifischer Krieg, die mit dem japanischen Angriff auf Pearl Harbor am 7./8. 12. 1941 begonnenen u. mit der japanischen Kapitulation am 2. 9. 1945 beendeten Kriegshandlungen des 2. → Weltkrieges in Ostasien u. im Pazifik.

Pazifismus [lat.], *i. e. S.* absolute Kriegsgegnerschaft aus ethischen u. prakt. Überlegungen, *i. w. S.* Bez. für Friedensbewegungen, die den Krieg als Fortsetzung der Politik mit anderen Mitteln ausschalten wollen. Vorläufer des modernen P. waren die *Quäker* u. die *Mennoniten* als radikale Kriegsdienstverweigerer. Aus ihren Reihen gingen die ersten pazifist. Gesellschaften hervor (1816 in England u. bald darauf auch in den USA). Der Quäker Elihu *Buritt* organisierte die ersten internationalen Friedenskongresse 1843 u.

Victor Paz Estenssoro

1848 u. gründete 1867 die *Gesellschaft der Friedensfreunde,* die bald überall Nachfolger fand, so in Österreich durch die 1891 von Bertha von *Suttner* gegr. *Österr. Friedensgesellschaft* u. die 1892 in Dtschld. durch Alfred H. *Fried* gegr. *Dt. Friedensgesellschaft.* Als Dachorganisation wurde 1891 das *Internationale Friedensbüro* in Bern eingerichtet (seit 1919 in Genf). Der 1. Weltfriedenskongreß tagte 1899 in Paris. In Dtschld. lebte der

Paul I. von Rußland im Krönungsornat

Pazifismus: Demonstration anläßlich des 6. Jahrestages des Ausbruchs des 1. Weltkriegs am 2.8.1920

P. bes. nach dem 1. Weltkrieg auf (P. von *Schönaich*, B. von *Deimling*, H. von *Gerlach*, F. W. *Foerster*, A. *Einstein*, H. Graf *Kessler*, K. *Kollwitz*, C. von *Ossietzky)*; er wurde 1933 vom Nationalsozialismus gewaltsam unterdrückt. Unter dem Eindruck der Katastrophe des 2. Weltkriegs und der Drohung des Atomkriegs gewann der P. vor allem in Deutschland nach dem 2. Weltkrieg wieder an Bedeutung. Er äußerte sich besonders in Form des Protests gegen die atomare Aufrüstung in den 1960er Jahren und in der sich seit Anfang der 1980er Jahre formierenden Friedensbewegung.

PDS, Abk. für *Partei des demokratischen Sozialismus*, → Sozialistische Einheitspartei Deutschlands.

Pearl Harbor ['pə:l 'ha:bə], Flotten- u. Flugstützpunkt der USA in einer tief eingreifenden Bucht an der Südseite der Hawaii-Insel *Oahu*.
Am 7. 12. 1941 griffen japan. Bombenflugzeuge ohne Kriegserklärung P. H. an u. vernichteten 8 US-amerikan. Schlachtschiffe u. 11 weitere Kriegsschiffe, wobei 3500 US-Soldaten umkamen. Der Überfall einte die Öffentlichkeit der USA hinter Präs. *Roosevelt*, der den Kriegseintritt gegen die Achsenmächte anstrebte.

Peary ['piəri], Robert Edwin, US-amerikan. Polarforscher, *6. 5. 1856 Cresson Springs, Pa., †20. 2. 1920 Washington; bereiste Ellesmere-, Grinnell- und Grantland, bewies durch die nördliche Umfahrt die Inselnatur Grönlands; erreichte am 6./7. 4. 1909 als erster das Gebiet um den Nordpol.

Pebble [pɛbl; das; engl.], auch *P. tools, Geröllgeräte*, primitives menschliches Werkzeug, bei dem an einem Stein durch Abtrennen eines oder mehrerer Abschläge eine Schneide erzeugt wird. *P.-Kulturen* sind altsteinzeitl. Kulturen, in denen überwiegend P.s benutzt wurden (z. B. die ältesten Schichten von *Oldoway)*.

Peel [pi:l], Sir Robert, brit. Politiker (Tory), *5. 2. 1788 Bury, Lancashire, †2. 7. 1850 London; seit 1809 im Unterhaus, 1822–1827 u. 1828–1830 Innen-Min. (Reorganisation der Londoner Polizei, Gerichts- u. Strafgesetzreform, Katholikenemanzipation); 1834/35 u. 1841–1846 Premierminister; führte die Einkommensteuer ein, schuf mit der Bankakte die gesetzl. Grundlage für die Banknotenausgabe, setzte mit Unterstützung der Whigs Freihandel u. Abschaffung der Kornzölle durch (*Anti-Corn-Law-League* 1846). Darüber spaltete sich die konservative Partei. P. wurde von den Befürwortern des Schutzzolls gestürzt u. unterstützte mit Hilfe einer kleinen Mittelpartei *(Peeliten)* das liberale Ministerium J. *Russell* bei der Durchführung des Freihandels.

Peer [pi:r], engl. Hochadliger (Baron, Viscount, Earl, Marquis, Duke) mit Sitz im Oberhaus u. dem Titel *Lord*. Die P.swürde *(Peerage)* ist erblich; seit 1963 kann auf sie verzichtet werden. Seit 1958 werden auch P.s auf Lebenszeit ernannt.

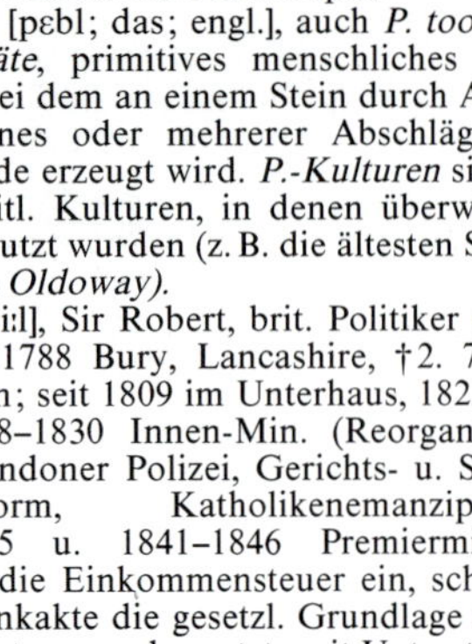

Robert Peel

Peking: Die „Halle des Erntegebets", in der der Kaiser den Himmel um gute Ernten bat, befindet sich im Himmelstempel, der größten Parkanlage der Stadt

peinliche Befragung, im Inquisitionsprozeß die Hauptvernehmung des Angeklagten, auch Befragung während der Folter u. letzte Frage an den Verbrecher, ob er gestehe; danach wurde der Stab über ihn gebrochen u. er selbst dem Scharfrichter übergeben.

Peinliche Gerichtsordnung, alte Bez. für *Strafgesetzbuch* u. *Strafprozeßordnung*, z. B. die Constitutio Criminalis Carolina.

Peinliches Recht, im MA das Leib u. Leben betreffende Recht.

Peisistratos [pɛi-], Tyrann von Athen, *um 600 v. Chr., †528/27 v. Chr.; erfolgreicher Heerführer im Krieg gegen *Megara* um 565 v. Chr.; konnte nach zwei Machtergreifungen (561/60 u. um 558/57 v. Chr.), die keinen Bestand hatten, 546/45 v. Chr. endgültig die Macht an sich reißen. Entmachtung des Adels u. Förderung der kleinen Bauern sowie von Handel u. Gewerbe, aber auch Entwaffnung der Bürger u. regelmäßige Besteuerung, daneben Reformen in Rechtsprechung u. Münzprägung kennzeichneten seine Herrschaft; der wirtschaftl. Aufschwung ermöglichte bedeutende Bautätigkeit (Wasserleitung nach Athen; Baubeginn am *Olympieion)* u. bewußte Kulturpolitik (*Panathenäen*; erste Tragödienaufführungen). Nach seinem Tod folgten ihm seine Söhne *Hippias* u. *Hipparchos* in der Herrschaft.

Peking, *Beijing*, 1928–1949 *Peiping*, Hptst. der Volksrep. China, am Nordwestrand der Großen Ebene, 7,05 Mill. Ew., als „Stadtbezirk" (der Regierung direkt unterstellt) 16 800 km^2 10,9 Mill. Ew.
Das alte P., einst die „Ummauerte Stadt", gliedert sich traditionell in vier Bezirke: im Mittelpunkt die ehem. „Verbotene Stadt" *(Purpurstadt)* mit dem Kaiserpalast (1420), heute Palastmuseum mit reichen Kunstsammlungen; die Verbotene Stadt wird von der *Kaiserstadt* umgeben, in der sich einst die Wohnungen der Hofbeamten sowie Dienst- u. Wirtschaftsgebäude befanden, mit dem Tor des Himmlischen Friedens, Pavillon der Zehntausend Quellen, drei großen Seen, P.-Bibliothek (über 8 Mill. Bände u. alte Handschriften); diese beiden Komplexe werden im N von der Inneren Stadt *(Mandschu-, Tatarenstadt)* u. im S von der Äußeren Stadt *(Chinesenstadt)* umgeben.
Die erste urkundlich nachweisbare Ansiedlung an der Stelle des heutigen P. war im 12. Jh. v. Chr. die Stadt *Ji*, Hptst. des Feudalstaates *Yan*. Sie wechselte in der Folge mehrmals ihren Namen. Im 12./13. Jh. war sie als *Zhongdu* Hptst. der Jin-Dynastie. 1215 wurde sie von den Mongolen zerstört, später aber dann wiederaufgebaut u. erweitert; 1264–1368 war sie unter dem Namen *Dadu* (mongol. *Chan-balig)* Hptst. der mongol. Yuan-Dynastie. Im 14. Jh. war P. bereits eine Millionenstadt. Nach dem Ende der Mongolenherrschaft vorübergehend seiner Residenzfunktion entkleidet, wurde P. 1403 Hptst. der Ming-Dynastie u. erhielt seinen heutigen Namen, der „nördl. Hauptstadt" bedeutet (im Unterschied zu Nanjing, der „südl. Hptst."). Mit Ausnahme der Jahre 1928 bis 1949 ist P. seither Hptst. u. politisch-kulturelles Zentrum Chinas.

Pelạgius, Päpste: **1.** *P. I.*, 556–561, Römer, †4. 3. 561; von Kaiser Justinian designiert, nachdem er die Verdammung der „Drei Kapitel" (Dreikapitelstreit) anerkannt hatte. Weil er sich damit von der Position des Westens entfernt hatte, wurde seine Rechtgläubigkeit angezweifelt, u. er konnte nur mit Hilfe des kaiserl. Statthalters Narses gegen den Widerstand von Klerus u. Volk von Rom inthronisiert werden. Die Römer konnte P. zwar in der Folgezeit für sich gewinnen; die oberitalien. Bistümer sagten sich jedoch vom Papst los (sog. *Dreikapitelschisma*).
2. *P. II.*, 579–590, Römer got. Abstammung, †7. 2. 590 Rom; bemühte sich als erster Papst um die Hilfe der Franken gegen die Langobarden (jedoch vergeblich), leitete die Bekehrung der arian. Westgoten ein, protestierte gegen den Titelanspruch des „Ökumen. Patriarchen" von Konstantinopel.

Pelạgius Galvạni, Kardinal, *um 1165, †um 1232 Montecassino; war seit 1211 Kardinalbischof von Albano u. leitete als Kardinallegat 1218–1221 den 5. Kreuzzug.

Pelạsger, nach antiken griech. Autoren die Ureinwohner Griechenlands; heute Bez. für die vorindoeurop. Ureinwohner des Mittelmeerraums u. Westkleinasiens.

Pelạyo, span. Nationalheld, †18. 9. 737 Cangas; bekämpfte die in Asturien eindringenden Araber u. konnte sie 722 bei Covadonga schlagen; gründete das Königreich Asturien (Hptst. Oviedo).

Pelham [pelhəm], Henry, engl. Politiker, *1696, †6. 3. 1754 London; 1730–1754 Premier-Min.; wandte sich gegen die Versuche seines Außen-Min. *Carteret*, England stärker als bisher auf seiten Österreichs in den österr. Erbfolgekrieg zu verwickeln, u. erzwang 1744 dessen Rücktritt.

Pẹlla, Hptst. Makedoniens bis 168 v. Chr., Geburtsort *Philipps II.* von Makedonien u. *Alexanders d. Gr.* Ausgrabungen brachten Mosaiken aus Häusern des makedon. Adels u. Fresken des *Zeuxis* aus dem Schloß des makedon. Königs *Archelos* zutage.

Pelọpidas, theban. Heerführer, †364 v. Chr. Kynoskephalai, Thessalien; befreite 379 v. Chr. seine Heimatstadt von spartan. Besatzung; mit *Epaminondas* 371 v. Chr. bei Leuktra Sieger über die Spartaner; erreichte 367 v. Chr. in Susa die Unterstützung der Hegemoniepolitik Thebens durch Artaxerxes II.

Peloponnẹsischer Krieg, der Krieg zwischen Sparta u. Athen um die Vorherrschaft in Griechenland 431–404 v. Chr. Der von *Peri-*

kles aus innen- u. machtpolit. Gründen begünstigte Krieg entzündete sich durch Athens Hilfestellung für das mit seiner Mutterstadt Korinth verfeindete Kerkyra, durch seine Aktion gegen Poteidaia u. eine über Megara verhängte Handelssperre. Auf seiten Athens standen der Attische Seebund, Thessalien u. Teile Westgriechenlands, auf Spartas Seite der Peloponnesische Bund, die meisten mittelgriech. Staaten u. die Kolonien Korinths. Athen war finanziell u. zur See, Sparta zu Land überlegen. Perikles evakuierte deshalb die attische Landbevölkerung hinter die damals unbezwingbaren *Langen Mauern* u. gab Attika den Feinden preis, um sie in Kleinkämpfen zu zermürben (*Archidamischer Krieg* 431–421 v. Chr.). Inzwischen griff die athen. Flotte die Küsten des Peloponnes an. Diese Erschöpfungsstrategie brachte Sparta bis 424 v. Chr. in eine ernste Lage, obgleich Athen durch den Ausbruch einer Seuche u. den Tod des Perikles (429 v. Chr.) geschwächt wurde. Athen verspielte seine Erfolge durch die Machtpolitik von Perikles' Nachfolgern, vor allem des *Kleon*, u. als der Spartaner *Brasidas* Athen durch den Angriff auf die Städte an der Nordküste der Ägäis bedrängte, wobei er u. Kleon vor Amphipolis fielen (422 v. Chr.), führte allg. Kriegsmüdigkeit zum *Frieden des Nikias* (421 v. Chr.) auf der Grundlage des Besitzstandes vor dem Krieg.

413 v. Chr. brach der Krieg von neuem aus (als *Dekeleisch-Ionischer Krieg* 413–404 v. Chr.), als Athen durch die von Alkibiades veranlaßte Sizilische Expedition entscheidend geschwächt war. Es vermochte den Abfall der ion. Seebundstädte nicht aufzuhalten, während Sparta, seit 412 v. Chr. im Bund mit Persien, nunmehr durch dessen Subsidien eine starke Flotte unterhalten konnte. Auch zwischenzeitl. Seesiege Athens konnten seine Niederlage nicht mehr verhindern. 405 v. Chr. vernichtete der Spartaner *Lysander* die letzte athen. Flotte bei Aigospotamoi u. zwang Athen 404 v. Chr. durch Einschließung u. Aushungerung zur Kapitulation. Es wurde völlig entmachtet. Über Griechenland errichtete Sparta eine rücksichtslose Hegemonie.

Der Peloponnes. Krieg trug zum Zerfall der griech. Polis bei. Er bedeutete für Sieger u. Unterlegene eine solche Schwächung, daß Griechenland fortan dem Einfluß auswärtiger Mächte ausgeliefert war, zunächst der Perser, dann der Makedonen, zuletzt der Römer.

Pelusium, altägypt. Hafenstadt im nordöstl. Nildelta; bekannt durch die *Schlacht von P.* 525 v. Chr., in der *Kambyses* die Ägypter besiegte u. ihr Reich vernichtete. Als sagenhafter Gründer gilt *Peleus*, der Vater des Achilles.

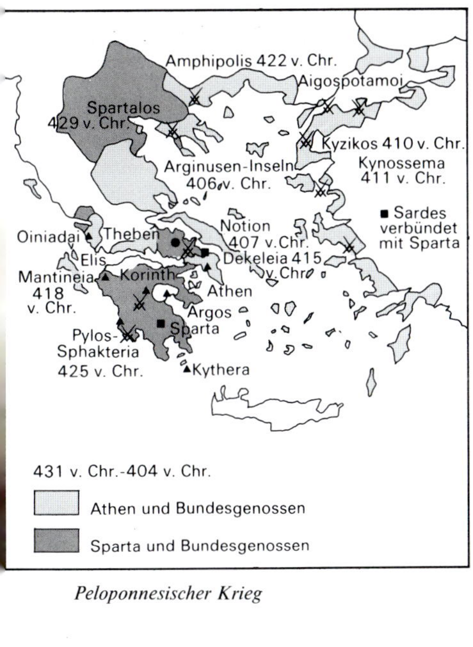

Peloponnesischer Krieg

Pembroke ['pɛmbruk], **1.** Richard *de Clare*, Earl of P., engl. Feudalherr, *um 1130, †20. 4. 1176 Dublin; leitete 1171 die engl. Eroberung Irlands ein; erhielt von Heinrich II. ganz Irland als Herrschaftsgebiet zugesprochen, konnte sich indes nur in Leinster durchsetzen.

2. William *Marshal*, Earl of P., engl. Politiker, *um 1146, †14. 5. 1219 Caversham; heiratete 1189 die Erbin von P. (1) u. kam so in den Besitz von dessen Titel u. Ländereien; 1216–1219 Regent für den minderjährigen Heinrich III.; sicherte ihm gegen den Widerstand des Hochadels den Thron.

Penn, William, engl. Philanthrop u. Politiker, *14. 10. 1644 London, †30. 7. 1718 Ruscombe, Berkshire; kämpfte in Irland u. wurde dort Quäker, dann Prediger in England, Dtschld. u. den Niederlanden, wanderte nach Amerika aus u. erwarb für die in Europa verfolgten Quäker durch Kaufvertrag mit Indianern 1681 das Gebiet des heutigen *Pennsylvania*. Er gründete 1683 Philadelphia als Hptst. u. gab dem Quäkerland eine freiheitl. Verfassung. In seinem „Essay on the present and future peace of Europe" entwarf er den Plan für eine europ. Föderation.

Pentapolis [grch., „Fünfstadt"], **1.** Zusammenschluß der 5 Philisterstädte *Ekron, Gath, Asdod, Askalon* u. *Gaza*, unter jeweils eigenen Fürsten.

2. Bund der 5 Griechenstädte *Kyrene, Apollonia, Ptolemaïs, Arsinoë* u. *Berenike* in der heutigen Cyrenaika in Libyen.

3. im MA Bez. für die 5 Städte an der italien. Ostküste *Rimini, Pesaro, Fano, Senigàllia* u. *Ancona*.

Peräa, eine der 4 Provinzen des antiken Palästina, östl. des Jordangrabens, Hptst. *Gadara* (*Gador*, das heutige *Umm Qeis*, nahe der Mündung des Yarmouk in den Jordan).

Perdikkas, **1.** mehrere makedon. Könige, darunter *P. I.*, der im 7. Jh. v. Chr. die makedon. Königsherrschaft begründete.

2. makedon. Feldherr u. Reichsverweser nach *Alexanders d. Gr.* Tod, *um 365 v. Chr., †321 v. Chr.; auf einem Feldzug gegen *Ptolemaios Lagos* in Ägypten von seinen eigenen Soldaten getötet.

Perestrojka [russ., „Umbau, Umgestaltung"], von dem sowjet. Parteichef M. *Gorbatschow* seit 1985 in Umlauf gebrachtes Schlagwort für seine auf eine Reform des Staats- u. Wirtschaftssystems der UdSSR abzielende Politik.

Pérez, ['perɛθ] Antonio, span. Hofbeamter, *1540 Madrid, †3. 11. 1611 Paris; Günstling *Philipps II.* Als Gegner *Albas* vertrat er eine gemäßigte Friedenspolitik. P. wurde 1579 verhaftet, floh nach Saragossa; der Inquisition überliefert, wurde er befreit u. entkam nach Frankreich.

Pérez de Cuéllar ['perɛθ de kuɛ'ja:r], Javier, peruan. Politiker, *19. 1. 1920 Lima; Jurist; seit 1944 im diplomat. Dienst, 1969/70 Botschafter in Moskau u. Warschau; 1971–1975 bei den Vereinten Nationen; 1978–1981 Stellvertr. Generalsekretär, 1982–1991 Generalsekretär der UNO.

Pérez Esquivel ['perɛθ eski'bel], Adolfo, argentin. Bürgerrechtler, *26. 11. 1931 Buenos Aires; Bildhauer u. Architekt, 1968 Mitgründer von „Dienst für Frieden u. Gerechtigkeit" *(Servicio Paz y Justicia)*, 1974 Generalsekretär dieser Organisation, die gewaltlose Befreiung anstrebt; 1977/78 unter der Militärdiktatur inhaftiert. 1980 erhielt P. E. den Friedensnobelpreis.

Perfektibilismus [lat.], eine Geschichtslehre der Aufklärung, die an die Fähigkeit des Menschen zur Selbstvervollkommnung glaubte u. damit an eine ständig fortschreitende Höherentwicklung der Menschheit im Lauf der Geschichte.

Pergamenisches Reich, einer der Diadochen-Staaten, nahm zeitweilig große Teile Kleinasiens ein, 283/82 v. Chr. von *Philetairos* in Pergamon gegr.; kulturelle u. wissenschaftl. Blüte unter *Eumenes II.* (197–153 v. Chr.). Durch Verfügung des letzten pergamen. Königs *Attalos III.* gelangte das Pergamen. Reich 133 v. Chr. an Rom; 129 v. Chr. als *Asia* röm. Provinz; Hptst. *Pergamon*.

Periander, *Periandros*, Tyrann von Korinth etwa 627–587 v. Chr., Sohn u. Nachfolger des *Kypselos*. Unter ihm erreichte Korinth den Höhepunkt seiner Macht. In seiner später als hart angesehenen Herrschaft ging P. gegen Luxus u. Müßiggang, Zunahme der Sklavenarbeit u. der Stadtbevölkerung durch Landflucht vor u. stärkte das Bauerntum.

Périgordien [-'djɛ̃; das; nach der Landschaft *Périgord*], altsteinzeitl. Formengruppe im SW Frankreichs, gleichzeitig mit *Aurignacien*.

Perikles, athen. Politiker, *um 490 v. Chr., †429 v. Chr.; Großneffe des *Kleisthenes*; an Ephialtes' demokrat. Verfassungsreform u. dem Kampf gegen Kimon beteiligt; seit 461 v. Chr. „Führer des Demos" u. Stratege, seit 443 v. Chr., gestützt auf die Mehrheit in der Volksversammlung, mit demokratischer Legitimation fast Alleinherrscher von Athen. Seine Regierungszeit (nach ihm das Perikleische Zeitalter genannt) war der Höhepunkt der Geschichte Athens: Blüte von Handel u. Gewerbe, Ausbau der Akropolis (*Parthenon* u. *Propyläen*), Aufschwung von Kunst, Literatur u. Wissenschaft, woran Persönlichkeiten wie *Phidias, Sophokles, Herodot, Anaxagoras* beteiligt waren. Die Umgestaltung des attischen Staatswesens zum Wohlfahrtsstaat (u. a. durch Tagegelder für Ratsherren u. Geschworene; Aussendung von Kleruchen) beruhte z. T. auf den Tributen der Bundesgenossen Athens (Überführung des Schatzes des Attischen Seebunds 454 v. Chr. auf die Akropolis). Auch außenpolitisch war P. erfolgreich. 449 v. Chr. grenzten Athen u. Artaxerxes I. im sog. *Kalliasfrieden*, der die Perserkriege beendete, ihre Machtbereiche gegeneinander ab. 446/45 v. Chr. wurde die Auseinandersetzung mit Sparta durch einen auf 30 Jahre abgeschlossenen Frieden hinausgeschoben. Doch schon vor Ablauf dieser Frist, die P. zur Vollendung der *Langen Mauern* zwischen Athen u. dem Piräus sowie zum Ausbau der athen. Herrschaft über den Seebund benutzte, brach 431 v. Chr. der Peloponnesische Krieg aus. Während der 430/29 u. 427 v. Chr. in Athen infolge des Krieges wütenden Epidemie wurde P. seines Amtes enthoben, wegen angeblicher Unterschlagung verurteilt, aber 429 v. Chr. rehabilitiert. Er starb im gleichen Jahr an der Seuche.

Perikles

Periode, *Epoche*, ein durch einheitl. Grundzüge des Geschehens gekennzeichneter Zeitraum.

Periodisierung, die Gliederung des Geschichtsablaufs in sinnvolle Abschnitte. Es lassen sich mythische u. rationale P.sversuche unterscheiden. Beide hängen mit unterschiedl. Vorstellungen vom Gang der Weltgeschichte zusammen u. sind daher dem Wandel unterworfen. – Der älteste P.sversuch ist der Weltaltermythos, der sich in allen Kulturen nachweisen läßt. Danach trat nach einem ursprünglich goldenen Zeitalter der Menschheit ein ständiger Verfall ein. Nach altbabylon. Vorstellungen, die sich auch im AT, in Iran, Indien u. China finden, folgten dem Goldenen Zeitalter drei weitere Weltjahreszeiten, deren Dekadenz durch den abnehmenden Wert der sie charakterisierenden Metalle bezeichnet wird: das silberne, das eherne (oder kupferne oder bronzene) u. das eiserne Zeitalter. Zur Zeit des Hellenismus u. der röm. Weltherrschaft wurden die vier Weltalter mit den histor. Weltreichen 1. der Assyrer, 2. der Meder u. Perser, 3. der Makedonen u. 4. der Römer gleichgesetzt. Durch die Kirchenväter *Tertullian* u. *Hieronymus* wurde das Weltreichschema mit den Visionen des Propheten Daniel verbunden u. in das christl. Geschichtsdenken eingefügt. Entsprechend dem heilsgeschichtl. Denken des MA wurde die Weltgeschichte hauptsächlich in zwei Perioden eingeteilt: eine vom Sündenfall Adams bis zum Erscheinen Christi u. eine zweite von Christus bis zum unmittelbar bevorstehenden Weltuntergang. *Dionysius Exiguus* führte im 6. Jh. die Jahreszählung „nach Christi Geburt" ein.

Die noch heute weithin angewandte Dreiteilung der Weltgeschichte in Altertum, Mittelalter u. Neuzeit stammt aus der Zeit des Humanismus. Weitere Unterteilungen machen einen Unterschied zwischen „früher Neuzeit", „neuester Geschichte" und „Zeitgeschichte".

Mit dem Dreierschema gebrochen haben die Kulturkreislehren O. *Spenglers* u. A. *Toynbees* sowie die Theorie der ökonomisch bestimmten Gesellschaftsformationen, die im Marxismus entwickelt wurde.

Perioke [grch.], im Altertum ursprünglich der benachbart Wohnende im geograph. Sinn; später Bez. für einen Bevölkerungsteil in einer bestimmten Rechtsstellung: Auf Kreta hießen die unfreien Bauern P.n; in Elis die im Umkreis wohnenden Untertanen der Eleer; in Sparta waren die P.n, die in den Landstädten Lakoniens u. Südmesseniens wohnten, Bürger ohne aktive polit. Rechte, aber militärpflichtig.

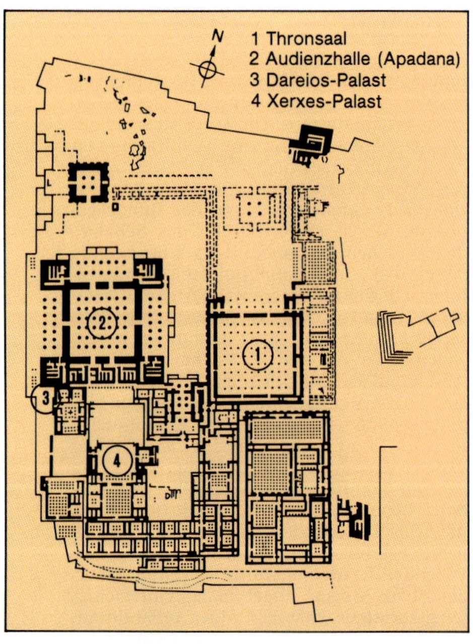

Lageplan von Persepolis

Perón, 1. Eva Maria *Duarte de P.* („Evita"), seit 1945 verheiratet mit 3), argentin. Politikerin, * 7. 5. 1919 Los Toldes, † 26. 7. 1952 Buenos Aires; nahm Einfluß auf die Politik ihres Mannes u. förderte sozialpolit. Maßnahmen (Unterstützung der Besitzlosen, Frauenwahlrecht); von der Bevölkerung leidenschaftlich verehrt.

2. Isabel, eigentl. Maria E. *Martínez de P.*, seit 1961 verheiratet mit 3), argentin. Politikerin, * 4. 2. 1931 La Rioja, Argentinien; 1973/74 Vizepräsidentin, 1974–1976 Staatspräsidentin. Sie konnte die Gegensätze innerhalb der peronist. Bewegung zwischen „Orthodoxen" u. „Linken" nicht ausgleichen u. den polit. u. wirtschaftl. Niedergang des Landes nicht aufhalten. 1976 wurde sie von einer Militärjunta gestürzt. Sie war bis 1981 interniert, lebte 1981–1983 in Spanien u. kehrte dann nach Argentinien zurück.

3. Juan Domingo, argentin. Politiker u. Offizier, * 8. 10. 1895 Lobos, † 1. 7. 1974 Buenos Aires; 1943 Vize-Präs., Kriegs- u. Arbeits-Min. mit fakt. diktator. Macht; 1945 vom Militär gestürzt, kehrte dank einem von seiner Frau Eva veranlaßten Generalstreik der Gewerkschaften binnen Monatsfrist zurück, wurde 1946 zum Staats-Präs. gewählt u. 1951 wiedergewählt. Die vom italien. Faschismus beeinflußte Ideologie u. Herrschaftspraxis P.s *(Peronismus)* war autoritär, antiparlamentarisch, nationalistisch u. populistisch. P. führte Verstaatlichungen u. Sozialreformen durch; er stützte sich bes. auf Industrie- u. Landarbeiter. 1955 wurde er gestürzt u. ging ins Exil. 1973 kehrte er zurück u. wurde erneut zum Staats-Präs. gewählt, erreichte aber nicht wieder seine frühere Machtstellung. Im Präsidentenamt folgte ihm seine Witwe Isabel P.

Peronismus, die von J. D. *Perón* begründete politisch-soziale Bewegung in Argentinien, 1945 in der „Arbeiterpartei" u. in Gewerkschaften organisiert; heute in mehrere Richtungen zerfallen.

Peroz, sassanid. Großkönig, 459–484 n. Chr.; verlor zwei Feldzüge gegen die *Hephthaliten.* In P.' Zeit fällt das Aufkommen des Nestorianismus als wichtigste Form der christl. Kirche in Iran.

Perpignan [-pi'njã], südfranzös. Stadt, Sitz des Dép. Pyrénées-Orientales, 108 000 Ew. P. war ursprünglich Hptst. des Roussillon, kam 1172 an Aragón, war 1276–1344 im Besitz der Könige von Mallorca, seit 1344 wieder bei Aragón, seit 1659 französisch.

Perry, Matthew Calbraith, US-amerikan. Offizier, * 10. 4. 1794 South Kingston, R. I., † 4. 3. 1858 New York; der von ihm in Yokohama am 31. 3. 1854 abgeschlossene Vertrag leitete nach 200jähriger Abgeschlossenheit Japans den Zugang westlicher Schiffe u. damit die moderne Entwicklung Japans ein.

Persepolis [grch., „Perserstadt"], altpers. *Parsa,* größte achämenid. Anlage in Südwestpersien, rd. 60 km nordöstl. von Shiraz, 1570 m hoch gelegen; Baubeginn unter *Dareios I.* 518 v. Chr., vollendet um 460 v. Chr., 330 v. Chr. von *Alexander d. Gr.* zerstört. Da es nach seiner Lage innerhalb des achämenid. Reichs nicht Residenz oder Verwaltungszentrum gewesen sein kann, auch strategisch bedeutungslos war, hält man P. heute für eine sakrale Anlage, die dem Neujahrsfest (im März) diente. Die 1931–1939 vom *Oriental Institute of Chicago* freigelegte Burg liegt auf einer von einer Mauer umgebenen künstlich aufgeschütteten Terrasse, zu der eine Doppeltreppe hinaufführt. Oben befinden sich u. a. die Audienzhalle u. der Palast Dareios' I., der Hundertsäulenpalast des Xerxes, Schatzkammern, Speicher, in der östl. Terrasse gelegenen Felswand drei Königsgräber. Die Reliefs von P. mit tributbringenden Abgesandten gehören zu den besten Werken der achämenid. Kunst.

Perserkriege, die Kriege der Griechen gegen das Perserreich 492–449 v. Chr. Als *Kyros* 547 v. Chr. das Lyderreich eroberte, gingen die griech. Städte Kleinasiens aus der lydischen in die pers. Reichszugehörigkeit über. Da ihr erfolgloser Aufstand 500–494 v. Chr. (Ionischer Aufstand) von Athen u. Eretria unterstützt worden war, hatte *Dareios I.* den Vorwand für Strafaktionen. Nach dem Scheitern einer pers. Flotte durch Sturm bei der Halbinsel Athos 492 v. Chr. erfolgte der nächste Vorstoß quer durch die Ägäis: 490 v. Chr. landeten die Perser unter *Datis* u. *Artaphernes* nach der Zerstörung von Eretria bei *Marathon,* wo ihr Heer jedoch von den Athenern unter *Miltiades* besiegt wurde u. abziehen mußte. Nach umfangreichen Rüstungen zu Lande u. zur See, was auch die Athener unter *Themistokles* zum Bau einer starken Flotte veranlaßte, geschah 480 v. Chr. der pers. Großangriff unter Dareios' Nachfolger *Xerxes I.,* gegen den sich ein Teil der Griechen, vor allem Sparta mit dem Peloponnesischen Bund u. Athen, in einem Hellenenbund zusammenschlossen. Nach der Bezwingung des *Thermopylen-Passes* zerstörten die Perser sogar Athen, wurden jedoch noch 480 v. Chr. zur See bei *Salamis* u. dann 479 v. Chr. zu Lande bei *Platää* entscheidend geschlagen. Nachdem 479 v. Chr. auch der Rest der pers. Flotte bei *Mykale* vernichtet worden war, fielen die Griechen Kleinasiens vom Perserreich ab. Nach dem Zerfall des Hellenenbundes u. der Gründung des 1. Attischen Seebundes leitete Athen seit 476 v. Chr. die Gegenangriffe gegen die Perser, wobei *Kimon* diese um 467 v. Chr. am Eurymedon in Pamphylien erneut zu Wasser u. zu Lande schlug. Athens Versuch, Ägypten durch Unterstützung eines Aufstandes vom Perserreich abzutrennen, führte jedoch 456 bzw. 454 v. Chr. zur Vernichtung seiner Interventionsstreitkräfte im Nildelta. Nach einem erneuten Seesieg Athens 450 v. Chr. bei *Salamis* auf *Zypern* wurde der Krieg 449 v. Chr. durch den → Kallias-Frieden beendet. Daß *Alexander d. Gr.* seinen 334 v. Chr. eröffneten Perserkrieg als „Rachekrieg" proklamierte, bezog sich nicht nur auf die polit. Einmischungen der Perser in Griechenland im 4. Jh. v. Chr., sondern auch auf ihre Zerstörungen dort 480 v. Chr.

Perseus von Makedonien [-zɔis-], letzter makedon. König 179–168 v. Chr., * 212 v. Chr., † 162 v. Chr.; entstammte dem Antigonidengeschlecht; versuchte vergeblich, Makedonien gegen die Römer zu verteidigen; er wurde in der Schlacht von Pydna (168 v. Chr.) gefangengenommen u. in Rom umgebracht.

Persien, bis 1935 übliche Bez. für → Iran.

Persis [grch.], altpers. *Parsa,* Gebiet im Südwesten Persiens, das nach Einwanderung der Perser um 700 v. Chr. diesen Namen erhielt. P. ist das Stammland der Achämeniden u. der letzten altpers. Dynastie, der Sassaniden.

Personalitätsprinzip, im MA ein Rechtsgrundsatz, nach dem jedermann nur nach seinem angeborenen Stammesrecht, nicht nach dem Recht seines jeweiligen Aufenthaltsorts gerichtet werden durfte, im Spät-MA abgelöst durch das Territorialitätsprinzip.

Personenverbandsstaat, der Staat des frühen MA, der nicht auf Herrschaft über ein abgrenzbares Gebiet, sondern auf Herrschaft über einen Verband von Personen beruhte; seit dem hohen MA durch den Flächen- oder Territorialstaat abgelöst.

Pertinax, *Publius Helvius P. Augustus,* röm. Kaiser 193, * 1. 8. 126, † 28. 3. 193 Rom; hoher Militär, nach der Ermordung des *Commodus* Ende 192 zum Kaiser ausgerufen, nach kur-

Perserkriege: Heerzüge, Schlachten und Flottenbewegungen

zer Zeit wegen seiner Bemühungen um die Disziplinierung der Prätorianer getötet.

Pertz, Georg Heinrich, Historiker, *28. 3. 1795 Hannover, †7. 10. 1876 München; Archivar in Hannover, Bibliothekar in Berlin, 1823–1873 Hrsg. der „Monumenta Germaniae Historica“. Er edierte die merowing. u. karoling. Geschichtsschreiber u. begründete das Werk „Geschichtsschreiber der dt. Vorzeit“. Hptw.: „Das Leben des Ministers Freiherrn vom Stein“ 6 Bde. 1849–1855.

Peru PE

Republik Peru

Fläche: 1 285 216 km². – *Einwohner:* 22,9 Mill. – *Hauptstadt:* Lima. – *Landessprachen:* Spanisch, Ketschua, Aymará. – *Nationalfeiertag:* 28. 7. – *Währung:* 1 Neuer Sol = 100 Céntimos. – *Lage:* zwischen 0° und 18°21′ s. Br. sowie 68°39′ und 81°20′ w. L. – *Zeitzone:* Mitteleuropäische Zeit – 6 Std. – *Grenzen:* im N Ecuador und Kolumbien, im O Brasilien, im SO Bolivien und Chile, im W Pazifischer Ozean. – *Staatsform:* präsidiale Republik.

Wesen u. Entwicklung der altperuan. Kulturen zeichnen sich dank der archäolog. Forschungen seit der Jahrhundertwende in ihren Grundzügen ab. Wie in Mittelamerika standen primitive Sammler, Jäger u. Fischer am Anfang der Kulturentwicklung (8000–2000 v. Chr.); ihnen folgten Feldbauern mit Töpferei (frühkeram. Epoche, 2000–1250 v. Chr.). In der Zeit der Entwicklung (*formative Periode*, 1250 v. Chr.–200 n. Chr.) begann die Urbarmachung der Täler; es entstanden zahlreiche lokale Kulturen, in Form u. Dekor der Keramik voneinander abweichend. Religiöse Einflüsse der Chavín-Kultur schlugen sich im Kunsthandwerk fast aller Regionen nieder *(1. Horizontstil)*. In der klass. Zeit der Blüte (200–800 n. Chr.) erreichten Kunsthandwerk u. Architektur ihren Höhepunkt (*Tiahuanaco-Kultur*). In der expansiven Periode (800–1200) breitete sich die Tiahuanaco-Kultur aus *(2. Horizontstil)*, doch zerfiel die anfängl. Einheit bald in lokale u. separierte Kulturzonen. In der Periode der Städtebauer (1200–1450) entstanden größere Bevölkerungszentren unter der Führung lokal begrenzter Autonomien (*Chimu*). In der imperialist. Periode (1450–1532) eroberten die →Inka die Gebiete der anderen Stämme u. Völker P.s u. errichteten ein Reich, das 1531–1533 von F. *Pizarro* für Spanien erobert wurde.

1543 riefen die Spanier das *Vizekönigreich P.* mit der Hptst. Lima ins Leben. Es umfaßte außer dem Gebiet des heutigen Staats P. fast ganz Südamerika mit Ausnahme des portugies. Brasilien u. war wegen seines Reichtums an Edelmetallen („Silberberg“ von Potosí) von großer Bedeutung für Spanien. 1739 wurden von P. das Vizekönigreich *Neugranada* u. 1776 das Vizekönigreich *Río de la Plata* abgetrennt. Vereinzelte Aufstände der Indianer (1780, 1805 u. 1811–1814) konnten die span. Macht in P. nicht erschüttern. J. de *San Martín* gelang es 1821, P. von der span. Herrschaft zu befreien. P. erklärte seine Unabhängigkeit, erneute schwere Kämpfe mit span. Truppen endeten erst 1826. 1825 trennte sich Ober-P. als selbständige Republik *Bolivien* von P., das eine Zeit der inneren Wirren erlebte. 1836 vereinigte der bolivianische Diktator A. *Santa Cruz* P. mit Bolivien zu einem Bundesstaat. Nach dem Sturz von Santa Cruz (1839) erlangte P. jedoch seine Selbständigkeit zurück.

Nach dieser Phase der Instabilität setzte unter der Präsidentschaft R. *Castillas* (1845–1851, 1855 bis 1862) der wirtschaftl. u. polit. Aufschwung P.s ein. 1866 kam es zu einem kurzen Krieg mit Spanien, in dem P. von Chile, Bolivien u. Ecuador unterstützt wurde. Im *Salpeterkrieg* (1879–1883) gegen Chile verlor P. Tarapacá, Arica u. Tacna. Die Folgen waren erneute innere Unruhen u. ein wirtschaftl. Rückgang. Erst Präsident A. *Leguía* (1908–1912, 1919–1930) gelang es, die peruan. Wirtschaft wieder zu stabilisieren. Leguía leitete zu Beginn seiner zweiten Amtszeit polit. Reformen ein. 1920 trat eine neue Verfassung in Kraft, die die wirtschaftl. u. sozialen Kompetenzen des Staates stärkte. Im Vertrag von Lima (1929) erhielt P. die im Salpeterkrieg verlorene Provinz Tacna zurück. Trotz dieses außenpolit. Erfolges wurde Leguía 1930 gestürzt. Es kam zu einer Polarisierung des innenpolit. Klimas. *Haya de la Torre* suchte die Interessen der sozialen Unterschichten (Indios u. ein Teil der Mestizen) gegen die herrschende Kreolenschicht (etwa 10% der Bevölkerung) mit der APRA *(Alianza Popular Revolucionaria Americana)* durchzusetzen. In der Außenpolitik führten territoriale Ansprüche P.s zu Konflikten mit Kolumbien u. Ecuador. 1942 erhielt P. auf der Konferenz von Rio de Janeiro fast die Hälfte des ecuadorian. Gebietes zugesprochen. Im 2. Weltkrieg stellte sich P. auf die Seite der Alliierten.

Der 1945 gewählte liberale Präs. J. L. *Bustamente y Rivero* wurde 1948 vom Militär gestürzt. Der neue Machthaber General M. A. *Odría* betrieb gegenüber der APRA eine äußerst repressive Politik. Die Militärdiktatur Odrías endete mit den Präsidentschaftswahlen 1956, die von dem ehem. Präs. (1939 bis 1945) M. *Prado y Ugarteche* gewonnen wurden. Er verkündete eine polit. Amnestie u. legalisierte die APRA. Bei Wahlen 1962 erhielt Haya de la Torre als Kandidat der APRA die meisten Stimmen. Als Prado sich weigerte das Wahlergebnis zu annullieren, wurde er von der Armee gestürzt. Vom Militär durchgeführte Neuwahlen gewann 1963 General *Belaúnde* Terry (*Acción Popular*, AP). Während seiner Regierungszeit entstand eine prokommunist. Guerillabewegung, die weite Gebiete unter ihre Kontrolle brachte. Belaúnde wurde 1968 vom Militär gestürzt. Die Militärregierung unter General J. *Velasco* Alvarado nahm ein Reformprogramm mit genossenschaftl. Zügen in Angriff. Aufgrund wirtschaftl. Mißerfolge wurde Velasco 1975 gestürzt; Nachfolger wurde General F. *Morales* Bermúdez. Er verhängte 1976/77 nach schweren Unruhen den Ausnahmezustand. 1979 wurde eine neue Verfassung verabschiedet. 1980–1985 war *Belaúnde* Terry erneut Präsident. Ihm gelang es nicht, die wirtschaftl. Misere des Landes zu beheben. Neben der Wirtschaftskrise wurde der Guerillakrieg, den die linke Terrororganisation *Sendero Luminoso (Leuchtender Pfad)* seit 1980 gegen den Staat führte, zu einem Hauptproblem der Innenpolitik. 1985 gelangte mit A. *García Pérez* erstmals ein APRA-Politiker ins Präsidentenamt. Er konnte den wirtschaftl. u. sozialen Verfall P.s nicht aufhalten. Der Sendero Luminoso kontrollierte inzwischen ein Viertel des Landes. Die Präsidentschaftswahlen 1990 gewann überraschend A. *Fujimori*, Kandidat der neugegr. Bewegung *Cambio 90*. Er löste am 5. 4. 1992 das Parlament auf u. setzte die Verfassung außer Kraft. Das Militär stellte sich hinter diesen institutionellen Staatsstreich. Im Sept. 1992 gelang den Behörden die Festnahme des Sendero-Führers A. *Guzman*, der zu lebenslanger Haft verurteilt wurde. Bei Wahlen zu einer verfassunggebenden Versammlung erzielten die Fujimori unterstützenden Parteien im Nov. 1992 eine klare Mehrheit. Die peruan. Traditionsparteien (Acción Popular u. APRA) boykottierten den Urnengang. Die neue Verfassung wurde 1993 per Referendum angenommen. 1995 kam es zu einem militär. Grenzkonflikt mit Ecuador. Bei Wahlen im gleichen Jahr wurde Fujimori im Amt bestätigt.

Perùgia, mittelitalien. Prov.-Hptst., 151 000 Ew.
Das antike *Perusia*, etrusk. Stadt östl. des Trasimenischen Sees, eine der *Zwölfstädte*, wurde 310 v. Chr. römisch. Die Vertragsstele von P. ist eines der umfangreichsten etrusk. Schriftzeugnisse. Erhalten sind Reste der Stadtmauern u. von Häusern sowie viele Nekropolen.

Pescara, Fernando de *Avalos*, Marchese di P., span.-neapolitan. Feldherr Kaiser Karls V., *1490 Neapel, †15. 10. 1525 Mailand; eroberte Mailand (1521) u. Pavia (1525), 1525 Obergeneral der kaiserl. Armee; verheiratet mit Vittoria *Colonna;* enthüllte dem Kaiser eine Verschwörung, in die er eingeweiht war.

Pescennius Niger, *Gaius P. N. Iustus*, röm. Kaiser 193/94, *um 135, †Okt. 194 Antiochia (hingerichtet); als Statthalter von Syrien nach der Ermordung des Pertinax (April 193) zum Kaiser ausgerufen; unterlag dem ebenfalls von seinen Truppen auf den Thron gehobenen Statthalter von Pannonien, *Septimius Severus*.

Pestel, *Pestel'*, Pawel Iwanowitsch, russ. Offizier u. Revolutionär, *24. 6. 1793 Moskau, †13. 7. 1826 St. Petersburg (hingerichtet); Führer des „Südbundes" der *Dekabristen*; entwarf ein polit. Programm zur Umwandlung Rußlands in eine demokrat. Republik; nach dem Scheitern des Aufstandes 1825 mit vier weiteren Verschwörern gehenkt.

Pétain [pe'tɛ̃], Philippe, französ. Offizier (1918 Marschall) u. Politiker, *24. 4. 1856 Cauchy-à-la-Tour, Dép. Pas-de-Calais, †23. 7. 1951 Port Joinville, Ile d'Yeu; als Organisator der Abwehrschlacht von Verdun (1916) zum Nationalhelden geworden, 1917 Oberbefehlshaber der Streitkräfte, 1922–1931 Generalinspekteur, Febr.–Nov. 1934 Kriegs-Min., 1940 Min.-Präs. P. schloß am 22. 6. den Waffenstillstand mit Dtschld. u. wurde am 10. 7. von der Nationalversammlung zum „Staatschef" gewählt. Mit der von ihm geleiteten autoritär-paternalist. → Vichy-Regierung versuchte er erfolglos, Frankreich eine gewisse Unabhängigkeit gegenüber Dtschld. zu bewahren. 1944 floh er nach Dtschld. 1945 wurde er wegen Hoch- u. Landesverrats („Kollaboration") zum Tod verurteilt, aber zu lebensläng1. Haft begnadigt.

Peter, Fürsten. Aragón: **1.** *P. II., Pedro II.*, König 1196–1213, *1174, †13. 9. 1213 Muret (gefallen); erkannte 1204 die Lehnshoheit des Papstes *Innozenz III.* an u. wurde deshalb in Rom gekrönt; besaß Lehnshoheit über südfranzös. Gebiete u. kämpfte erfolgreich gegen die Mauren; fiel im Kampf auf seiten der *Albigenser*.
2. *P. III., Pedro III., P. d. Gr.*, König 1276–1285, *28. 3. 1239, †10. 11. 1285 Barcelona; verheiratet mit der Stauferprinzessin *Konstanze von Sizilien* ; erwarb Sizilien im Kampf gegen *Karl von Anjou* (1282). Gegen seine Absetzung durch den Papst als Lehnsherrn u. das Eingreifen Philipps III. von Frankreich setzte sich P. durch.
Brasilien: **3.** *P. I., Pedro I.*, Kaiser 1822–1831, *12. 10. 1798 Lissabon, †24. 9. 1834 Lissabon; portugies. Prinz, erklärte 1822 die Unabhängigkeit Brasiliens u. wurde zum Kaiser proklamiert; 1826 auch König von Portugal *(P. IV.)* ; überließ dieses seiner Tochter *Maria II. da Glória* u. vertrieb 1832 seinen Bruder *Miguel*, der den portugiesischen Thron usurpiert hatte; trat 1831 in Brasilien zugunsten seines Sohnes, *P. II.*, zurück.
4. *P. II., Pedro II.*, Sohn von 3), Kaiser 1831–1889, *2. 12. 1825 Rio de Janeiro, †5. 12. 1891 Paris; bis 1840 unter Regentschaft, förderte Wirtschaft u. Verkehr; wegen Aufhebung der Sklaverei auf Druck der Kaffeepflanzer 1889 abgesetzt.
Jugoslawien: **5.** *P. I.*, → Karadjordjević.
6. *P. II.*, König 1934–1945, *6. 9. 1923 Belgrad, †3. 11. 1970 Los Angeles (USA); nach der Ermordung seines Vaters *Alexander I.* unter der Regentschaft seines Onkels Paul *Karadjordjević*, von der Offiziersverschwörung D. *Simović* am 27. 3. 1941 für großjährig erklärt; 1945 abgesetzt; lebte seit dem 17. 4. 1941 im Exil. – Memoiren: „A king's heritage" 1954.
Portugal: **7.** *P. I., Pedro I., P. der Grausame*, König 1357–1367, *19. 4. 1320 Coimbra, †18. 1. 1367 Estremôz; hatte ein Liebesverhältnis mit der Hofdame Inés *de Castro*. Sein Vater ließ Inés hinrichten. P. rächte sich nach seiner Thronbesteigung furchtbar an den Verantwortlichen. Unter P. erlebte Portugal eine Zeit des Friedens u. Wohlstandes.
8. *P. V., Pedro V.*, König 1853–1861, *16. 9. 1837 Lissabon, †11. 11. 1861 Lissabon; Sohn *Marias II. da Glória*. Mit P. gelangte das Haus *Bragança-Coburg* auf den portugies. Thron. In seiner Regierungszeit kam das Land nach langen Wirren zu relativer Ruhe u. einigem Wohlstand, wozu die Wirtschaftspolitik des *Fontismo* (benannt nach dem Minister *Fontes de Melo*) entscheidend beitrug.
Rußland: **9.** *P. I., P. der Große*, russ. *Pjotr Alexejewitsch*, Zar 1682–1725, *9. 6. 1672 Moskau, †8. 2. 1725 St. Petersburg; nach dem Tod seines Stiefbruders *Fjodor III.* zunächst zusammen mit einem weiteren Stiefbruder, *Iwan V.*, Zar unter der Regentschaft seiner Stiefschwester *Sophie*, die er 1689 ins Kloster verwies. Gleich nach der fakt. Übernahme der Regierung (1694) eroberte P. die türk. Festung Asow (1696). Auf einer Europareise 1697/98 formte er die Ansätze zu seiner gesamten Außen- u. Innenpolitik. Seine ganze Regierung stand im Zeichen des Nord. Kriegs, der mit der russ. Niederlage bei Narva (1700) begann, mit dem Sieg über *Karl XII.* von Schweden bei Poltawa (1709) entschieden wurde u. durch den Frieden von Nystad (1721) sein Ende fand. Als Ergebnis gewann Rußland das östl. Baltikum u. stieg zur osteurop. Vormacht u. europ. Großmacht auf. Erfolglos war P.s Vorstoß auf dem Balkan; nach der Niederlage am Pruth (1711) mußte er auf Asow verzichten. 1722/23 eroberte er von Persien die Südwestküste des Kasp. Meeres; wies damit der späteren russ. Expansion in Mittelasien den Weg.
P.s Reformen, meist von den Augenblickserfordernissen des Krieges diktiert, führten zur Europäisierung Rußlands. Diese bestand in einer gewaltsamen Ersetzung der religiöstraditionalist. Wertvorstellungen des Moskauer Staats durch einen Rationalismus westeurop. Prägung. Die Eingriffe in das soziale Gefüge zielten auf eine Mobilisierung aller Kräfte für den Staat ab: Die leibeigene Bauernschaft wurde mit einer Kopfsteuer belegt (1718) u. dem Adel ausgeliefert, der dienstpflichtige Adel einer strengen „Dienstrangtabelle" (1722) unterworfen; das nur in Ansätzen vorhandene Bürgertum versuchte P. durch zwei Stadtreformen (1699 u. 1717–1721) zu stärken u. nach westeurop. Vorbild umzuwandeln. Die von P. geschaffenen Institutionen hatten Bestand bis 1917: 1708 errichtete er die Gouvernements, 1711 den Senat, 1718–1722 die Kollegien, 1721 den Heiligsten Dirigierenden Synod als kollegiale Kirchenltg., die den Patriarchen ersetzte. Sichtbarer Ausdruck der Wandlung waren die Verlegung der Hptst. in das 1703 gegr. *St. Petersburg* u. die Annahme des Titels *Imperator* (Kaiser) 1721. – P. war in 2. Ehe (1712) mit Katharina (7) verheiratet. B S. 614/615.
10. *P. II.*, russ. *Pjotr Alexejewitsch*, Enkel von 9), Zar (Kaiser) 1727–1730, *23. 10. 1715 St. Petersburg, †29. 1. 1730 Moskau; die Regierung leiteten A. Fürst *Menschikow* und später die Fürsten *Dolgorukij*.
11. *P. III.*, russ. *Pjotr Fjodorowitsch*, Enkel von 9), Zar (Kaiser) 1762, *21. 2. 1728 Kiel, †17. 7. 1762 Ropscha bei Moskau (ermordet); Herzog von Holstein-Gottorf; bewunderte *Friedrich d. Gr.*, den er durch den Friedensschluß von 1762 im Siebenjährigen Krieg entlastete. P.s Überheblichkeit gegenüber dem Russentum machte ihn verhaßt u. förderte seinen Sturz durch seine Frau (seit 1745) *Katharina II.* Er wurde von G. *Orlow* ermordet.

Peterborough-Kultur ['piːtəbərə-], spätneolith. Kultur in Großbritannien, vom Firth of Forth bis zum Ärmelkanal verbreitet, nach dem Fundort *Peterborough* in Ostengland benannt.

Peters, Carl, Kolonialpolitiker u. Afrikaforscher, *27. 9. 1856 Neuhaus an der Elbe, †10. 9. 1918 Woltorf bei Peine; gründete die *Gesellschaft für dt. Kolonisation* u. erwarb in deren Auftrag 1884 Teile des späteren *Dt.-Ostafrika*. 1891/92 war P. Reichskommissar in Ostafrika. Wegen Mißbrauchs seiner Amtsgewalt wurde er 1897 aus dem Reichsdienst entlassen. P. war Mitbegründer des *Alldt. Verbandes*.

Petersberger Abkommen, am 22. 11. 1949 im Hotel Petersberg bei Bonn, dem Sitz der Alliierten Hohen Kommission, zwischen der Bundesregierung u. den Hohen Kommissaren als Vertretern der Regierungen Großbritanniens, Frankreichs u. der USA in Dtschld. geschlossene Vereinbarung, die eine erste Revision des Besatzungsstatuts bedeutete. Während die USA vor allem die engere Einbindung der BR Dtschld. in das westl. Lager u. Frankreich seine wirtschaftl. Sicherheitsziele verfolgten, strebte Bundeskanzler *Adenauer* die Beendigung der Demontagen u. die Erweiterung des innen- u. außenpolit. Spielraums seiner Regierung gegenüber der alliierten Kontrolle an. Im P. A. wurde Übereinstimmung über folgende Punkte festgestellt: Beitritt der BR Dtschld. zu internationalen Organisationen wie dem Europarat u. zum Ruhrstatut, Abschluß eines bilateralen Abkommens mit den USA über die Marshallplanhilfe, Aufnahme von konsular. u. Handelsbeziehungen mit westl. Ländern, Aufrechterhaltung der Entmilitarisierung u. Beseitigung von Restbeständen des nat.-soz. Regimes, dt. Maßnahmen zur Dekartellisierung u. zur Beseitigung monopolist. Tendenzen in der dt. Wirtschaft, einschneidende Einschränkungen der Demontagen.

Petersen, Carl Wilhelm, Politiker, *31. 1. 1868 Hamburg, †6. 11. 1933 Hamburg; seit 1899 Mitglied der hamburg. Bürgerschaft; Mitgründer der *Dt. Demokratischen Partei* u. 1919–1924 deren Vorsitzender; 1920–1924 Mitglied des Reichstags; 1924–1930 und 1931–1933 Erster Bürgermeister u. Präs. des Senats von Hamburg.

Peterwardein, dt. Name für Petrovaradin.
In der Schlacht bei P. in den Türkenkriegen besiegte Prinz *Eugen* am 5. 8. 1716 die Türken.

Pétion [pe'tjɔ̃], Alexandre, haitischer Politiker, *2. 4. 1770 Port-au-Prince, †21. 3. 1818 Port-au-Prince; Mulatte; kämpfte zuerst auf französ. Seite gegen *Toussaint L'Ouverture*; war 1808-1818 Präs. des südl. Teils Haitis.

Petition of Right [pitiʃən əv 'rait; engl., „Rechtsbittschrift"], von Sir Edward *Coke* entworfenes Schreiben des engl. Parlaments 1628 an König *Karl I.* mit der Bitte um Wiederherstellung des Rechtszustands im Lande, was gegen Bewilligung von Kriegsgeldern vom König formell zugestanden wurde, ohne jedoch Gesetzeskraft zu erhalten. Das Parlament forderte das Recht auf Steuerbewilligung u. die Abschaffung des Standrechts sowie der willkürl. Verhaftungen, dazu die Abstellung der Zwangseinquartierungen.

Petitpierre [pti'pjɛ:r], Max Eduard, schweizer. Politiker (Freisinn), *26. 2. 1899 Neuenburg, †25. 3. 1994 Neuenburg; Jurist, 1945–1961 im Bundesrat (Außenpolitik), 1950, 1955 u. 1960 Bundes-Präs.

Petkow [-kɔf], *Petkoff*, Nikola, bulgar. Politiker, *1893 Sofia, †23. 9. 1947 Sofia (hingerichtet); Führer des radikalen Flügels der Agrarunion, trat für Zusammenarbeit mit den Kommunisten ein („Vaterländische Front"), 1944/45 stellvertr. Min.-Präs., bekämpfte dann die „volksdemokrat." Entwicklung u. wurde in einem Schauprozeß zum Tode verurteilt.

Petosiris, Hohepriester des Thot von Hermopolis in Mittelägypten um 300 v. Chr.; seine Grabanlage im Stil eines Tempels enthält Reliefs u. Malereien im griech.-ägypt. Mischstil.

Petra, antike Stadt im zentralen Edom (Ostjordanland), vom 3. Jh. v. Chr. bis ins 1. Jh. n. Chr. Hptst. des Nabatäerreichs; 106 durch den syr. Legaten Trajanus erobert, Hptst. der röm. Provinz *Arabia Petraea*. – Ausgrabungen aus nabatäischer u. röm. Zeit.

Petri, 1. Laurentius, Bruder von 2), schwed. luth. Theologe, *1499 Örebro, †26. 10. 1573 Uppsala; seit 1531 dort 1. luth. Erzbischof, gab 1541/42 eine schwed. Bibelübersetzung heraus, verfaßte 1571 die schwed. Kirchenordnung.

2. Olaus, Bruder von 1), schwed. luth. Theologe, *6. 1. 1493 Örebro, †19. 4. 1552 Stockholm; Schüler *Luthers*, für die Einführung der luth. Reformation tätig; übersetzte 1526 das NT in die Landessprache, verfaßte 1530 nach älteren Quellen eine schwed. Chronik; 1531–1533 Kanzler Gustav *Wasas*, fiel in Ungnade u. wurde 1539 zum Tod verurteilt, aber begnadigt; starb als Pfarrer an der Hauptkirche Stockholms.

Petrus, aram. *Kephas* [beides heißt „Fels"], Jünger u. Apostel Jesu, von Haus aus *Simon*, Sohn des Jona, Fischer am See Genezareth. Er scheint vor seiner Berufung durch Jesus in Beziehung zu *Johannes dem Täufer* gestanden zu haben (Joh. 1,35 ff.). In der Überlieferung der Evangelien ragt er aus dem Kreis der Jünger Jesu schon früh hervor; dem trägt sein Beiname *P.*, den Jesus ihm gab (Matthäus 16,17 f.), Rechnung. Nach Ostern erschien er neben *Jakobus* u. *Johannes* als Führer der Urgemeinde in Jerusalem, unternahm aber auch selbständige (Missions-)Reisen, die ihn bis nach Rom führten. Hier erlitt er nach kirchl. Überlieferung 64 oder 67 unter Nero den Märtyrertod (Kreuzigung mit dem Kopf nach unten); man vermutet sein Grab unter der *Peterskirche*. – Nach röm.-kath. Lehre war P. der erste Bischof von Rom; sein durch Jesu Verheißung (Matthäus 16,19) begründeter Vorrang im Kreis der Apostel („Apostelfürst") ging auf seine Nachfolger in diesem Amt über (→ Papst). Die Künstler stellen ihn gern mit dem Schlüssel als Symbol der Binde- u. Lösegewalt dar. – Heiliger (Fest: 29. 6. „Peter u. Paul").

Petrus de Vinea, italien. Jurist, *um 1190 Capua, †1249 San Mineato (Selbstmord); seit 1221 in der Kanzlei *Friedrichs II.*, einflußreicher Berater des Kaisers, wichtig für die Neuorganisation der sizilian. Verwaltung; führender kaiserl. Publizist; wegen Amtsmißbrauchs eingekerkert u. geblendet. P. d. V. war einer der fruchtbarsten Dichter seiner Zeit. Er brachte die provençal. Minnedichtung nach Italien. Dante erwähnt ihn im 13. Gesang seiner „Göttlichen Komödie".

Petschenegen, Stammesverband turksprach. Völker, untermischt mit sarmatischen u. finnisch-ugrischen Gruppen; im 8.–9. Jh. n. Chr. zwischen Wolga u. Ural, um 889 von den mit den *Chasaren* verbündeten *Uzen* verdrängt, dann nördl. des Kasp. Meers im Kampf mit den Chasaren, von denen sie nach W gedrängt wurden, wo sie sich im 10. Jh. zwischen dem Unterlauf der Donau u. der Wolga nomadisierend niederließen u. 896 den Abzug der *Ungarn (Magyaren)* erzwangen. Beutezüge führten nach Byzanz, Ungarn u. Rußland, bis *Jaroslaw der Weise* die P. 1036 besiegte. Von nachdrängenden *Kumanen* nach Ungarn u. Bulgarien abgedrängt, gingen die P. in der dortigen Bevölkerung auf.

Pfahl, in der Heraldik häufig vorkommendes *Heroldsbild*, durch zwei senkrechte Linien gebildet.

Pfahlbürger, im MA ein Landbewohner im Besitz des Bürgerrechts, der außerhalb der Stadt, vor ihren Mauern wohnte *(Ausbürger)*. Seit dem 13. Jh. wurde den Städten verschiedentlich durch Reichsgesetze die Aufnahme von P.n verboten, da diese dadurch ihren bisherigen Herren entzogen wurden, was Anlaß zu vielen Streitigkeiten gab.

Pfalz [die; lat. *palatium*, „Palast"], burgähnl. Anlage zur zeitweisen Beherbergung u. Hofhaltung der fränk. u. dt. Herrscher im MA *(Königs-* bzw. *Kaiser-P.)*. Wegen Fehlens einer festen Residenz waren die über das Reichsgebiet verstreuten, abwechselnd vom Herrscher nebst Hofstaat aufgesuchten P.en die eigentl. Stätten der Regierung, Verwaltung, Gerichtsbarkeit u. Repräsentation. Ursprünglich Wirtschaftshöfe, wurden sie später befestigt u. ausgebaut mit *Palas* u. *P.-Kapelle* als sichtbare Zeichen der Kaisermacht. Seit dem Interregnum gerieten die P.bauten allmählich in Verfall. Die bedeutendsten P.en befanden sich in Aachen, Eger, Forchheim, Frankfurt a. M., Gelnhausen, Goslar, Hagenau, Ingelheim, Kaiserslautern, Köln, Magdeburg, Mainz, Nimwegen, Nürnberg, Quedlinburg, Speyer, Tribur, Trifels, Wimpfen u. Worms.

Pfalz, histor. Landschaft zwischen Rheintal, Elsaß u. Saarland, 1946–1968 Reg.-Bez. von Rheinland-Pfalz, seitdem Teil des Reg.-Bez. Rheinhessen-P.

Kur-P., Rhein-P., rhein. P. u. *Untere P.* sind Bez. für verschiedene Besitzungen der *Salier* am Mittelrhein, Donnersberg, an der Haardt u. an der Bergstraße, die seit etwa 1155 mit dem Amt des *P.grafen bei Rhein* (1230 im „Sachsenspiegel" genannt) verbunden waren. Seit 1214 waren die Gebiete als Reichslehen im Besitz der *Wittelsbacher*; 1266 erwarb Herzog *Ludwig II.* von Bayern den bayer. *Nordgau* (spätere *Ober-P.*) u. 1288 Heidelberg. 1329 wurde die P. von Altbayern getrennt u. als *Rhein-* u. *Ober-P.* selbständig, durch die Goldene Bulle (1356) im Besitz der Kurwürde bestätigt. Kurfürst *Ruprecht I.* gründete die Universität Heidelberg (1386) u. kaufte Zweibrücken, Mosbach u. Simmern. Die Linien Oberpfalz u. Mosbach starben im 15. Jahrhundert aus. Seit 1522 wurde die Reformation durchgesetzt, 1563 der Calvinismus durch Einführung des Heidelberger Katechismus gefördert.

König *Ruprecht (III.) von der P.* begründete die ältere Kurlinie, die 1559 ausstarb. Nach seinem Tod (1410) wurde die Kur-P. geteilt, wodurch eine Herrschaft entstand, die im Besitz von Zweibrücken u. Simmern war u. sich 1459 in diese beiden Linien teilte. Von Zweibrücken (1731 erloschen) spalteten sich 1589 die Linien *Neuburg* u. *Birkenfeld* ab. Die auf einen jüngeren Sohn Ruprechts zurückgehende Linie *P.-Simmern*, die der älteren Linie folgte, verlor im Dreißigjährigen Krieg durch den „Winterkönig" *Friedrich V.* Land u. Kurwürde an Bayern. Dessen Sohn *Karl Ludwig* erhielt jedoch durch den Westfäl. Frieden einen Teil des Landes zurück, verbunden mit einer neuen, achten Kurwürde. Nach Erlöschen der Linie Simmern (1685) folgte die kath. Linie *P.-Zweibrücken-Neuburg*, die 1614 Jülich u. Berg gewann u. die Kurwürde bis zu ihrem Aussterben (1742) besaß. Ihr folgten, zurückgehend auf des Neuburger Pfalzgrafen jüngeren Sohn, der 1614 Sulzbach erhalten hatte, die Linie *P.-Sulzbach*, die nach Aussterben der bayer. Wittelsbacher unter *Karl Theodor* 1776 Bayern erbte, u. schließlich die Linie *P.-Zweibrükken-Birkenfeld* (Birkenfeld hatte Zweibrükken beerbt) unter *Maximilian IV. Joseph*, der 1799 als Kurfürst (u. späterer König) von Bayern noch einmal für wenige Jahre sämtl. Besitzungen der Wittelsbacher vereinigte. – Eine Seitenlinie von P.-Birkenfeld, *P.-Bischweiler*, lebt bis heute weiter als herzogl. Linie Wittelsbach.

Durch den Frieden von Lunéville (1801) u. den Reichsdeputationshauptschluß (1803) kamen die linksrhein. Gebiete der P. an Frankreich, die rechtsrhein. an Baden u. Hessen-Darmstadt. Seit 1816 bildete die P. einen bayer. Regierungsbezirk, dessen Gebiet mit dem der alten Kur-P. jedoch nicht identisch war; er wurde 1918–1930 von den Franzosen besetzt, die dort 1923/24 Bestrebungen, sich vom Reich loszulösen u. eine eigene pfälz. Republik zu gründen, stark unterstützten. Durch den Versailler Vertrag (1919) kam der westl. Teil des Reg.-Bez. P. zum Saarland. Seit 1946 ist die P. Bestandteil des Landes Rheinland-Pfalz.

Pfalzgraf, lat. *comes palatinus* oder *palatii*, in merowing. Zeit ein Hofbeamter zur Verwaltung u. Rechtspflege in der königl. *Pfalz*, der auch über Verhandlungen im Königsgericht an den König berichtete; unter den Karolingern vor allem Vertreter des Königs im Gericht. Im 9. u. 10. Jh. wurden die P.en *Landespfalzgrafen*, bes. zur Beaufsichtigung des Königsguts. Der Titel verschwand in Dtschld. bis auf den *Pfalzgrafen bei Rhein*.

Pfälzischer Erbfolgekrieg, *Pfälzischer Krieg* → Reunionskriege.

Pfeilkreuzler, 1939 von K. *Hubay* gegr. faschist. ungar. Partei; entstand aus der 1935 von F. *Szálasi* gegr. *Partei des Willens der Nation* u. verschiedenen anderen rechtsextremen Gruppierungen. Szálasi wurde 1940 Parteiführer. Seit 1942 nannte sich die Partei

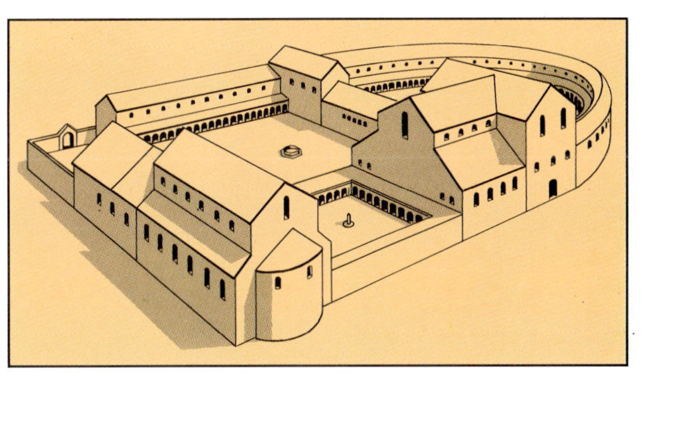

Pfalz: Rekonstruktion der Kaiserpfalz Karls des Großen zu Ingelheim

Die Reformen Peters des Großen

1

Bis heute sind im russischen Volk zwei grundverschiedene, aber gleich einseitige Bilder Peters des Großen verbreitet. Den einen ist er der geniale Reformer, der Rußland aus dumpfer Barbarei befreite und auf die Höhen europäischer Kultur emporführte. Die anderen sehen in ihm den brutalen Zerstörer des wahren Russentums, der das Land vom rechten Weg abbrachte und es gewaltsam in die ihm wesensfremde »westliche« Richtung stieß.

Peters Reformen haben Rußland verändert. Sie waren jedoch nicht die Verwirklichung eines durchdachten Gesamtplans, sondern erwuchsen stückweise aus praktischen, zumeist militärischen Notwendigkeiten. Schon seine Vorgänger hatten Expansionspolitik betrieben, die er verstärkt fortsetzte, vor allem in Richtung auf die Ostseeküste mit ihren eisfreien Häfen. Dazu brauchte man Streitkräfte mit moderner Bewaffnung und Ausrüstung. Um diese nicht aus Westeuropa importieren zu müssen, war der Aufbau einer eigenen Rüstungsindustrie und anderer Industriezweige erforderlich. Zur Beschaffung der dazu notwendigen Geldmittel mußten neue Steuern und Abgaben eingeführt werden, und dies wiederum erforderte die Schaffung entsprechender Verwaltungsinstitutionen. Die neuen Behörden und die modernisierte Armee brauchten Beamte und Offiziere, deren Fähigkeiten auf der Höhe der Zeit, d. h. auf westeuropäischem Niveau waren. Deshalb wurde die Verbreitung westlicher Wissenschaften, Methoden und Verhaltensweisen mit allen Mitteln gefördert. So ergab sich jeder Reformschritt mehr oder weniger zwangsläufig aus dem vorangehenden. Der ganze Prozeß verlief jedoch sprunghaft und ungeordnet. Peter erteilte seine Befehle oft spontan, ohne sich groß um die Ausführbarkeit zu kümmern. Zum Beispiel ordnete er eine Mindestbreite für Leinwand an, bedachte aber nicht, daß keine entsprechend großen Webstühle vorhanden waren. Die Termine, die er für die Durchführung bestimmter Maßnahmen setzte, waren häufig unrealistisch knapp. Weisungen wurden manchmal schon nach kurzer Zeit umgestoßen und durch neue ersetzt. Die Behördenorganisation, die er schuf, war unübersichtlich und litt unter unklarer Kompetenzverteilung, so daß es ständig zu Reibungen kam. Für viele der eingeleiteten oder geplanten Reformen fehlten in Rußland einfach die gesellschaftlichen Voraussetzungen. Um Industrien in dem gewünschten Umfang aufzubauen, gab es weder geeignete Unternehmer noch Arbeiter. Peter suchte dem Mangel durch Zwang abzuhelfen. Beispiels-

2

1 *Peter der Große; Stich von J. Houbraken nach einem Gemälde von K. de Moor (Ausschnitt).*

2 *Szene aus der Schlacht von Poltawa, 8. 7. 1709.*

3

3 *Peter prügelt einen Bürger; Kupferstich von Daniel Chodowiecki, 1789.*

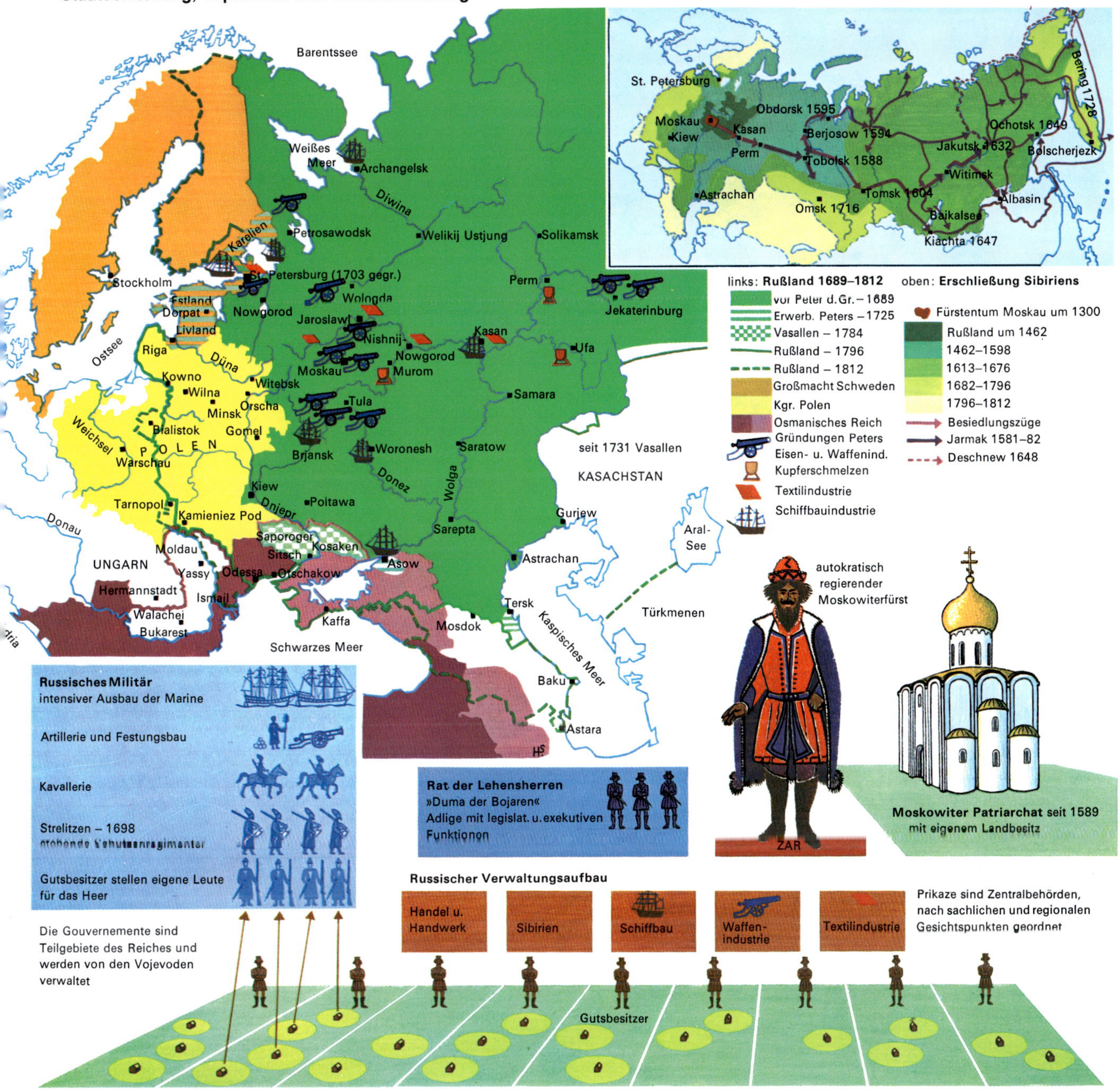

4 *Peter schneidet einem Bojaren den Bart ab; zeitgenössische Karikatur.*

weise verpflichtete er Kaufleute, staatliche Tuchfabriken zu pachten, mit der Auflage, daß sie binnen fünf Jahren in der Lage sein müßten, den gesamten Uniformbedarf der Armee zu decken. Mit solchen Mitteln war ein aktives Unternehmertum nicht zu schaffen. Ähnlich stand es um die Einführung der kommunalen Selbstverwaltung, die in den Anfängen steckenblieb, weil es kein selbstbewußtes Bürgertum wie in Westeuropa gab, das sich seine städtischen Freiheiten selbst erkämpft hatte. Betrachtet man Peters »Revolution von oben« und ihr bestenfalls halbes Gelingen, so kann man nicht umhin, an russische Reformer unseres eigenen Jahrhunderts zu denken. *K.R.*

Pham Van Dong

Pfeilkreuzlerpartei-Hungaristische Bewegung. 1944 wurde Szálasi von den Deutschen zum ungar. Min.-Präs. gemacht; die P. waren danach bis zur Besetzung Ungarns durch die Sowjetunion die einzig zugelassene Partei.

Pfennig, Abk. *Pf* oder ₰ (Denar, lat. *denarius),* seit dem 8. Jh. die deutsche Hauptwährungsmünze, im 8.–16. Jh. in Silber geprägt; ursprünglich betrug sein Gewicht 1,5 g, seit dem 12. Jh. mit unterschiedlichen Gewichten (0,3–1,5 g; Brakteat); sank seit dem 16. Jh. zur Scheidemünze herab u. wurde immer häufiger in Kupfer geprägt.

Pflimlin [pflim'lɛ̃], Pierre, französ. Politiker (christl. Demokrat), *5. 2. 1907 Roubaix; Anwalt, 1945 Abg., Min. versch. Ressorts; 1956–1959 Vors. des Mouvement Républicain Populaire, 1958 letzter Min.-Präs. der 4. Rep., 1959–1983 Bürgermeister von Straßburg; 1979–1984 Vizepräsident, 1984–1987 Präs. des Europ. Parlaments.

Pfordten, Ludwig Frhr. (1854) von der, Politiker, *11. 9. 1811 Ried, Oberösterreich, †18. 8. 1880 München; Prof. für Röm. Recht in Würzburg u. Leipzig; 1848/49 sächs. Außen- u. Kultus-Min.; 1848–1859 u. 1864–1866 bayer. Min.-Präs. u. Außen-Min. Mit den Min.-Präs. von Sachsen u. Hessen, F. F. von *Beust* u. K. F. R. von *Dalwigk,* wurde P. Vorkämpfer der *Trias-Politik* : Bayern sollte in einem Staatenbund das „dritte" Dtschld. neben Österreich u. Preußen führen. Als 1866 sein Versuch, zw. beiden dt. Großmächten zu vermitteln, mißlang, trat P. zurück.

Pfuel ['pfu:əl], Ernst von, preuß. Offizier (1848 General) u. Politiker, *3. 11. 1779 Jahnsfelde, Krs. Lebus, †3. 12. 1866 Berlin; Freund H. von *Kleists*; im März 1848 erfolglos Militärgouverneur in Berlin; schlug im Mai 1848 den poln. Aufstand in der Provinz Posen nieder; bildete für die Monate Sept./Okt. 1848 ein nichtparlamentar. Kabinett, konnte sich zwischen König u. preuß. Nationalversammlung aber nicht behaupten. 1858–1865 war er liberales Mitgl. des Abgeordnetenhauses.

Phaistos, im Südteil der Insel Kreta unweit des Meeres auf niedrigem Höhenzug gelegene minoische Palastanlage; schon im Neolithikum besiedelt. An der Stelle einer älteren Siedlung entstand um 2000 v. Chr. ein erster Palastbau, der um 1700 v. Chr. zerstört wurde. Etwa gleichzeitig mit den Palastbauten von *Knossos* wurde im 16. Jh. v. Chr. ein zweiter Bau mit Freitreppe, Mittelhof u. Magazinräumen errichtet. Ausgrabungen seit 1900 brachten bes. reiche Einzelfunde der minoischen Kultur; aus dem Archiv des älteren Palastes stammt der Diskos von Phaistos.

Phalanx [die, Pl. *Phalangen*; grch.], im 7. Jh. v. Chr. aufkommende Schlachtordnung der *Hopliten*; meist 8 Mann tief. Ihre Stärke lag in der Wucht des geschlossenen Angriffs. Die makedon. P., bis zu 16 Mann tief, wobei eine lange Stoßlanze, die *Sarissa,* die Hauptwaffe darstellte, war die höchste Steigerung dieser starren Formierung, die im 2. Jh. v. Chr. infolge zu geringer Beweglichkeit im Gelände der römischen Manipulartaktik unterlag u. aufgegeben wurde.

Phaleron, Ort u. Bucht östl. von Piräus, vor dessen nach 493 v. Chr. erfolgtem Ausbau der Hafen Athens; die genaue Lage des antiken Ortes ist nicht bekannt.

Pham Van Dong [pam-], vietnames. Politiker (Kommunist), *1. 3. 1906 Prov. Quang Ngai, Zentralvietnam; Sohn eines kaiserl. Ministers; schloß sich 1925 *Ho Chi Minh* an; 1929–1936 in Haft; 1951–1986 Mitgl. des Politbüros der Lao-Dong-Partei bzw. Kommunistischen Partei Vietnams; 1955–1976 Vors. des Ministerrats (Regierungschef) von Nordvietnam, 1976–1987 Vors. des Ministerrats der Sozialist. Rep. Vietnam.

Pharao, hebr. Wiedergabe des altägypt. Königstitels *Pir-o* [„Großes Haus"]; ursprüngl. nur für den königl. Palast gebraucht.

Pharnabazos, pers. Satrap in Phrygien, † nach 388 v. Chr. Susa; unterstützte im *Peloponnes. Krieg* Sparta gegen Athen; 395 v. Chr. Befehlshaber der pers. Flotte, die 394 v. Chr. die Spartaner bei *Knidos* schlug.

Pharsalos, *Pharsalus,* antike griech. Stadt in Thessalien. Bei P. siegte 48 v. Chr. *Cäsar* über *Pompeius.*

Pheidon, König von *Argos* im 8. oder 7. Jh. v. Chr., wegen seiner machtvollen Herrschaft später als Tyrann bezeichnet; soll die olymp. Wettkampfordnung gewaltsam geändert u. das Maßsystem auf dem Peloponnes reformiert haben.

Philip, Prince of the United Kingdom of Great Britain and Northern Ireland (seit 1957), Duke of Edinburgh (seit 1947), *10. 6. 1921 Korfu; Sohn des griech. Prinzen Andreas u. der Prinzessin Alice von Battenberg (Mountbatten), engl. Marineoffizier; seit 1947 mit der brit. Königin *Elisabeth II.* verheiratet.

Philipp, Fürsten. Deutscher König: **1.** *P. von Schwaben,* König 1198–1208, *um 1178, †21. 6. 1208 Bamberg; Staufer, jüngster Sohn Friedrichs I. Barbarossa, verheiratet mit *Irene* (*um 1180, †1208), Tochter des byzantin. Kaisers Isaak II. Angelos; 1195 Herzog von Tuszien, 1196 Herzog von Schwaben; ließ sich 1198 nach dem vergebl. Versuch, die Krone für seinen Neffen *Friedrich (II.)* zu wahren, zum König erheben, während ein anderer Teil der Fürsten den Welfen *Otto IV.* wählte. Papst *Innozenz III.* beanspruchte das Entscheidungsrecht u. erkannte 1201 Otto an, doch gewann P. die meisten Reichsfürsten für sich. Er wurde vom bayer. Pfalzgrafen *Otto VIII.* von Wittelsbach (†1209) aus persönl. Rache ermordet. Infolge des Thronstreits setzte sich im röm.-dt. Reich der Grundsatz der Wahlmonarchie durch.

Philipp von Schwaben. Statue; um 1207. Museum der Stadt Regensburg

Burgund: **2.** *P. II., P. der Kühne,* Herzog 1363–1404, Graf von Flandern, Artois u. Burgund 1384–1404, *17. 1. 1342 Pontoise, Seine-et-Oise, †27. 4. 1404 Schloß Hal, Brabant; aus dem Haus Anjou, erbte das Herzogtum Burgund u. erwarb durch Heirat die Grafschaften Artois, Flandern u. die Freigrafschaft Burgund; Begründer der neuburgund. Dynastie.

3. *P. III., P. der Gute,* Herzog 1419–1467, *31. 7. 1396 Dijon, †15. 6. 1467 Brügge; kämpfte 1420–1435 auf seiten der Engländer gegen Frankreich. Durch den Erwerb des Hennegaus, der Picardie, Brabants u. Hollands errichtete er einen mächtigen Staat zwischen Frankreich u. Dtschld. (Höhepunkt der burgund. Macht).

Frankreich: **4.** *P. I.,* König 1060–1108, *1053, †29. 7. 1108 Saint-Denis; Sohn *Heinrichs I.,* anfangs unter Vormundschaft *Balduins V.* von Flandern, ließ sich in die Konflikte von dessen Söhnen um die Herrschaft in Flandern hineinziehen; ernannte 1105 seinen Sohn *Ludwig* (VI.) zum Mitregenten.

5. *P. II. August,* König 1180–1223, *21. 8. 1165 Paris, †14. 7. 1223 Mantes, Dép. Yvelines; gewann den Besitz der engl. Könige in Fankreich (Berry, Auvergne, Normandie, Anjou, Maine, Touraine, Poitou), siegte 1214 bei Bouvines über den engl. König *Johann ohne Land* u. Kaiser *Otto IV.,* stärkte die Zentralverwaltung; Teilnehmer am 3. Kreuzzug 1189–1192.

6. *P. III., P. der Kühne,* König 1270–1285, *3. 4. 1245 Poissy, †5. 10. 1285 Perpignan; gewann das Poitou u. Toulouse, kämpfte erfolglos gegen Peter III. von Aragón.

7. *P. IV., P. der Schöne,* König 1285–1314, *1268 Fontainebleau, †29. 11. 1314 Fontainebleau; erwarb durch Heirat Navarra u. die Champagne; ließ Papst *Bonifatius VIII.* (der die Besteuerung der französ. Geistlichen verurteilte) in Anagni überfallen; nahm den Templern ihre Güter u. benutzte gegen sie u. den Hochadel das röm. Recht als polit. Machtmittel. 1305 setzte er die Wahl des Erzbischofs von Bordeaux zum Papst *(Clemens V.)* durch, der seinen Sitz in Avignon nahm („Babylonische Gefangenschaft" der Kirche). Er eroberte 1300 Flandern, mußte es aber nach der Niederlage bei Kortrijk 1302 wieder aufgeben; er berief 1302 erstmals die Generalstände.

8. *P. V., P. der Lange,* Sohn von 7), König 1316–1322, *1293, †3. 1. 1322 Vincennes; schloß 1320 mit Flandern Frieden. Da er keine Söhne hinterließ, folgte ihm sein Bruder *Karl IV.*

9. *P. VI., P. von Valois,* König 1328–1350, *1293, †22. 8. 1350 Nogent-le-Roi; Begründer der Dynastie *Valois*; siegte 1328 über die Flamen bei Cassel; verfocht den Thronanspruch seines Hauses gegen den König *Eduard III.* u. begann dafür den Hundertjährigen Krieg. P. wurde zur See bei Sluys (1340) u. zu Lande bei Crécy (1346) geschlagen. Er erwarb 1349 durch Kauf die Dauphiné.

Hessen: **10.** *P. I., P. der Großmütige,* Landgraf 1509–1567, *13. 11. 1504 Marburg, †31. 3. 1567 Kassel; bereitete zusammen mit Kurtrier u. Kurpfalz der ritterschaftl. Erhebung unter *Franz von Sickingen* ein Ende. Seit 1524 Anhänger der prot. Lehre, wurde er zum Vorkämpfer der Reformation. 1526 vereinte er sich mit Kurfürst *Johann* von Sach-

Phaistos: Treppe zum neuen Palast; 16. Jahrhundert vor Christus

sen u. a. prot. Fürsten im Bündnis von Gotha u. Torgau. 1527 gründete P. die Universität Marburg als erste ev. Hochschule, u. 1529 veranstaltete er das *Marburger Religionsgespräch* zwischen Luther u. Zwingli, von dem er sich die Einigung der prot. Bekenntnisse erhoffte. 1531 war P. Mitgründer des *Schmalkaldischen Bunds.* Seine 1540 mit Wissen der Reformatoren eingegangene Nebenehe mit *Margarete von der Saale* (*1522, †1566) wirkte sich verhängnisvoll aus, da P., um den auf Bigamie stehenden schweren Strafen zu entgehen, Kaiser Karl V. polit. Zugeständnisse machen mußte. Im *Schmalkald. Krieg* 1546/1547 führte P. anfangs zusammen mit Sachsen den Oberbefehl, unterwarf sich aber 1547 auf ungewisse Zusagen hin dem Kaiser, der ihn 5 Jahre lang gefangenhielt. Die letzten 15 Jahre seines Lebens widmete P. der Verwaltung seines Landes, der Einigung der prot. Parteien u. dem polit. Zusammenschluß der Evangelischen im In- u. Ausland. Eine Erbteilung seiner Lande unter seine 4 Söhne wirkte sich nachteilig für Hessen aus.

Kastilien: **11.** *P. I., P. der Schöne,* Regent u. König 1504–1506, *22. 7. 1478 Brügge, †25. 9. 1506 Burgos; Sohn Kaiser *Maximilians I.* u. *Marias von Burgund,* deren Länder er 1482 erbte; seit 1496 verheiratet mit *Johanna der Wahnsinnigen,* Vater der Kaiser *Karl V.* u. *Ferdinand I.*

Köln: **12.** *P. von Heinsberg,* Erzbischof 1167–1191, *um 1130, †13. 8. 1191 bei Neapel; nach dem Tod *Rainalds von Dassel* Kanzler Kaiser *Friedrichs I.* P. bekämpfte energisch *Heinrich den Löwen* u. erhielt nach dessen Sturz 1180 das Herzogtum Westfalen, doch versöhnte er sich mit Heinrich u. geriet in einen Gegensatz zum Kaiser, mit dem er sich 1188 verglich.

Makedonien: **13.** *Philipp II.,* König 359–336 v. Chr., *um 382 v. Chr., †336 v. Chr.; reorganisierte das Heer u. erhob Makedonien durch zielbewußte Außenpolitik zur Großmacht. 338 v. Chr. besiegte er bei *Chaironeia* die verbündeten Athener u. Böotier. Danach schloß er im Sinn des *Panhellenismus* alle Griechenstädte des Mutterlandes (außer Sparta) im *Korinthischen Bund* unter seiner Führung zusammen u. bereitete den „Rachekrieg“ gegen das Perserreich vor, der, nachdem P. 336 v. Chr. einem Attentat zum Opfer gefallen war, 334 v. Chr. von seinem Sohn u. Nachfolger *Alexander d. Gr.* begonnen wurde.

14. *P. V.,* König 221–179 v. Chr., *238 v. Chr., †179 v. Chr.; führte 218/17 v. Chr. Krieg gegen die Ätoler u. Römer in Illyrien u. schloß ein Bündnis mit *Hannibal;* wurde von den Römern im 1. Makedon. Krieg 215–205 v. Chr. mit Hilfe einer griech. Staaten-Koalition besiegt. Zum 2. Makedon. Krieg (200–197 v. Chr.) kam es, als P. die ägäischen Besitzungen der Ptolemäer einnehmen wollte.

Mit seiner Niederlage bei Kynoskephalä endete die makedon. Hegemonie in Griechenland.

Spanien: **15.** *P. II.,* König 1556–1598, *21. 5. 1527 Valladolid, †13. 9. 1598 Escorial bei Madrid; einziger legitimer Sohn Kaiser *Karls V.* 1540 erhielt P. das Herzogtum Mailand als Reichslehen, 1554 das Königreich Neapel-Sizilien, 1555/56 die Niederlande, die Franche-Comté, Spanien mit den Kolonien u. 1580 durch Erbschaft Portugal (Personalunion mit Spanien). P. erstrebte die span. Weltherrschaft u. das Alleinbestehen des Katholizismus. Er verstand sich als erster Vorkämpfer der *Gegenreformation* in seinen Ländern u. in der Welt. Er war in 1. Ehe mit *Maria von Portugal* (*1526, †1545), in 2. Ehe mit Königin *Maria von England* (1554), in 3. Ehe mit *Elisabeth von Valois* (1559) u. in 4. Ehe mit *Anna von Österreich* (1570) verheiratet.

P. ließ erfolgreich gegen Frankreich (1557–1559), die Seeräuber u. die Türken (Sieg Juan d'Austrias bei Lepanto 1571) kämpfen, scheiterte aber mit der Eroberung Englands (Untergang der Armada 1588 u. Niederlage bei Cádiz 1596) u. der Unterwerfung der aufständischen Niederlande. Auch ein neuer Krieg mit Frankreich (1594–1598) endete ohne greifbaren Erfolg.

Durch Überspannung der Finanz- u. Wirtschaftskräfte begann der Niedergang der span. Weltmacht.

16. *P. III.,* Sohn von 15), König 1598–1621, *14. 4. 1578 Madrid, †31. 3. 1621 Madrid; überließ Günstlingen (bes. dem Herzog von *Lerma*) die Herrschaft, was zu Korruption u. Mißwirtschaft führte. Mit England schloß er 1604 Frieden, mit den Niederlanden einen 12jährigen Waffenstillstand (1609–1621). In seine Regierungszeit fielen die Austreibung der *Moriscos* (1609) u. die Teilnahme Spaniens am Dreißigjährigen Krieg.

17. *P. IV.,* Sohn von 16), König 1621–1665, *8. 4. 1605 Valladolid, †17. 9. 1665 Madrid; überließ als prunk- u. genußliebender Herrscher die Regierungsgeschäfte seinem Günstling *Olivares.* Die Niederlande, Portugal, Katalonien gingen verloren. Im *Pyrenäenfrieden* 1659 fand der 150jährige Kampf Frankreichs gegen die Habsburger ein für Spanien ungünstiges Ende. Trotz des staatlichen Verfalls erreichte Spanien unter seiner Herrschaft einen europäisch bedeutsamen kulturellen Hochstand *(Calderón, Lope de Vega, Murillo, Velázquez).*

18. *P. V.,* König 1700–1746, *19. 12. 1683 Versailles, †9. 7. 1746 Madrid; erster span. *Bourbone,* kam mit Hilfe seines Großvaters *Ludwig XIV.* von Frankreich auf den Thron u. hielt sich nur durch diesen (Spanischer Erbfolgekrieg). Die Politik bestimmten besonders seine Gemahlin *Elisabeth Farnese* von Parma u. der Kardinal *Alberoni.* Spanien erwarb Neapel u. Sizilien sowie Parma u. Piacenza für die Kinder P.s aus 2. Ehe *(Bourbon-Parma).*

Philippe de Commines [fi'lip də kɔ'mi:n], *P. de Commynes,* französ. Diplomat u. Geschichtsschreiber, *1447 Schloß Commynes, Flandern, † 18. 10. 1511 Schloß Argenton; diente mehreren französ. Königen. Seine „Mémoires“ (8 Bücher, dt. 1952) umfassen die Jahre 1464–1498 u. behandeln die burgundisch-französischen Verhältnisse unter Ludwig XI. u. Karl VIII. Sie gelten als erstes Beispiel einer modernen politischen Geschichtsschreibung.

Philippi, *Philippoi, Filippi,* Stadt u. Grenzfestung des Altertums im Osten von Makedonien, nordwestl. von Kavala; gegr. 356 v. Chr. von *Philipp II.* von Makedonien. 42 v. Chr. siegten hier *Octavian* u. *Antonius* über die Mörder Cäsars, *Brutus* u. *Cassius.* Danach wurden Veteranen angesiedelt u. der Ort zur röm. Kolonie erhoben. Erhalten sind Ruinen aus röm. Zeit. An die Gemeinde in P. richtet sich der Philipperbrief des Paulus im NT.

Philippika [die; lat.], Titel der 14 Reden, die *Cicero* gegen *Antonius* hielt (in Anspielung auf die Reden des *Demosthenes* gegen *Philipp II. von Makedonien*); übertragen nennt man eine scharfe Strafrede P.

Philippinen RP

Republik der Philippinen

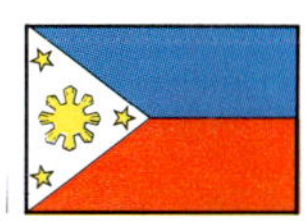

Fläche: 300 000 km². – *Einwohner:* 66,5 Mill. – *Hauptstadt:* Manila. – *Landessprachen:* Filipino, Cebuano, Tagalog, Englisch, Chinesisch. – *Nationalfeiertag:* 12.6. – *Währung:* 1 Philippinischer Peso = 100 Centavos. – *Lage:* Inselgruppe zwischen Südchinesischem Meer (im W) und Pazifischemee Ozean (im O) zwischen 4°23′ und 21°25′ n. Br. sowie 116°55′ und 126°36′ ö. L. – *Zeitzone:* Mitteleuropäische Zeit + 7 Std. – *Staatsform:* präsidiale Republik.

Vor 1000 gewannen die indones. Handelsreiche auf den P. Bedeutung. Die Insel Cebu war damals kultureller Mittelpunkt u. ist heute noch das älteste Kulturzentrum des philippin. Archipels. Größere staatl. Gebilde gab es nicht. Schon früh siedelten sich – vor allem als Händler – auch Chinesen an. Über die Handelswege von Indonesien her drang im Laufe des 15. Jh. der Islam vor, den Inder, Araber u. islam. Malaien einführten. Auf einigen Inseln entstanden islam. Fürstentümer,

aber die meisten Filipinos blieben Animisten. 1521 entdeckte der in span. Diensten stehende Weltumsegler F. de *Magalhães* den Archipel. Spanien nahm die Inseln für sich in Anspruch u. nannte sie „Islas Filipinas" zu Ehren des Königs *Philipp II.* Bis Ende des 16. Jh. hatten die Spanier die P. bis auf die von Moslems bewohnten Inseln Mindanao, Sulu u. Palawan erobert; diese islam. Inseln konnten sich gegen jede Kolonialherrschaft bis in das 19. Jh. behaupten. Die eroberten philippin. Inseln wurden vom span. Vizekönigreich Mexiko verwaltet. 1572 wurde Manila gegründet, das sich bald zum Zentrum des Handels mit allen span. u. portugies. Häfen an den Pazifikküsten (Goa, Macau, Acapulco) entwickelte. Unter der span. Herrschaft traten die meisten Filipinos zum Katholizismus über.
Gegen die Vorherrschaft der Spanier erhob sich in der 2. Hälfte des 19. Jh. die Bevölkerung in mehreren Aufständen. Als Spanien mit den USA in Konflikt geriet, erklärten sich die P. 1898 unter Führung E. *Aguinaldos* zur unabhängigen Republik, wurden aber im selben Jahr von den USA nach der siegreichen Seeschlacht bei Manila gegen Spanien okkupiert. Nun richtete sich der Unabhängigkeitskampf der Filipinos gegen die Amerikaner; 1907 setzten sie ein eigenes Parlament, 1916 begrenzte u. 1924 erweiterte Autonomie (als Dominion) durch. Während des 2. Weltkriegs wurden die Inseln von Japan besetzt; die Bevölkerung kämpfte auf Seite der Amerikaner gegen die Besatzung, bis die USA 1944 die Inseln zurückerobern konnten. Am 4. 7. 1946 wurden die P. unabhängig u. erhielten eine Verfassung nach amerikan. Vorbild. Die engen Verbindungen mit den USA blieben bestehen. Zwischen den beiden Staaten wurden ein Verteidigungsabkommen u. 1947 auch ein Stützpunktvertrag geschlossen. Aufgrund des Verteidigungsabkommens beteiligten sich die P. auf amerikan. Seite am Vietnam-Krieg.
Nach der Erklärung der Nixon-Doktrin (schrittweiser Rückzug der USA aus Asien) begann Präs. F. *Marcos* (seit 1965) mit der Umorientierung der Außenpolitik. Marcos verhängte 1972 nach Unruhen das Kriegsrecht. 1973 führte er eine neue Verfassung mit parlamentar. System ein, die jedoch aufgrund des fortgeltenden Kriegsrechts unwirksam blieb. Marcos konnte seine Amtszeit auf unbestimmte Zeit verlängern. Gegen das Marcos-Regime kämpfte die *Nationaldemokrat. Front*, eine kommunist. Guerillabewegung. Außerdem kam es auf den Suluinseln zu Aufständen der muslim. *Nationalen Befreiungsfront* der Moro. 1981 wurde die Verfassung abermals umgestaltet u. das Präsidialsystem eingeführt. Das Kriegsrecht wurde aufgehoben, doch erhielt der Präs. umfassende Notstandsvollmachten. Marcos ließ sich in mehreren manipulierten Wahlen im Amt bestätigen.
Gegen die diktator. u. korrupte Herrschaft Marcos' formierte sich zunehmend auch die bürgerl. Opposition, die von der kath. Kirche unterstützt wurde. Nach der Aufdeckung massiven Wahlbetrugs bei der Präsidentenwahl 1986 machte ein Teil der Armee gemeinsame Sache mit der Opposition. Marcos wurde gestürzt u. ging ins Exil. Das Präsidentenamt an der Spitze einer labilen Regierungskoalition übernahm Corazón *Aquino*, die Witwe eines 1983 ermordeten Oppositionspolitikers. 1987 wurde durch eine Volksabstimmung eine neue Verfassung beschlossen u. Frau Aquino im Amt bestätigt. Parlamentswahlen im gleichen Jahr gewann die Regierungskoalition. Ein Putschversuch von Teilen des Militärs konnte 1989 mit US-amerikan. Hilfe niedergeschlagen werden. 1991 kündigten die P. den Stützpunktvertrag mit den USA. Die Präsidentschaftswahlen 1992 gewann F. *Ramos*, der unter Marcos das Amt des Chefs der Staatspolizei bekleidet hatte.

Philippus, Gegenpapst 768 (nur einen Tag).

Philippus Arabs, *Marcus Iulius Philippus Augustus*, röm. Kaiser 244–249, *um 204, †Sept. 249 bei Verona; aus Arabien stammend, als Prätorianerpräfekt zum Kaiser ausgerufen; fiel im Kampf gegen *Decius*.

Philipp van Artevelde [-'fɛldə], fläm. Volksführer, *18. 7. 1340 Gent, †27. 11. 1382 bei Rosebeke (gefallen); wie schon sein Vater Jacob van *Artevelde* Organisator u. Führer der Bürgerwehren von Gent in der Abwehr der Grafen von Flandern u. des französ. Königs.

Philister, hebr. *Pelischtim*, ein Volk aus der Gruppe der sog. *Seevölker*, die im Zug der *Ägäischen Wanderung* aus dem ägäischen Raum vertrieben wurden u. über das Mittelmeer u. Kleinasien in die westl. Randgebiete des Vorderen Orients eindrangen. Die P. wurden um 1180 v. Chr. von *Ramses III.* in einer Land- u. Seeschlacht geschlagen u. in der Küstenebene des später nach ihnen benannten Palästina angesiedelt, wo sie einen Fünfstädtebund aus den Stadtstaaten Gaza, Askalon, Ashdod, Ekron u. Gath gründeten. Ihre Ausdehnung ins Landesinnere führte zu erbitterten Kämpfen mit den israelit. Stämmen, die dadurch unter *Saul* u. *David* zur polit. Einigung veranlaßt wurden. Mit der Eroberung durch die *Assyrer* im 8. Jh. gerieten sie unter deren Herrschaft u. gingen in der Mischbevölkerung Palästinas auf.
Über die Kultur der P. ist wenig bekannt. Sie standen unter starkem Einfluß der ägäischen Kultur, assimilierten sich aber sehr schnell nach ihrer Landnahme mit der lokalen kanaanäischen Kultur. Charakteristisch ist ihre hochgebundene Haartracht (auf ägypt. Darstellungen). Sie verfügten über schwerbewaffnete Fußkämpfer u. Streitwagen. Ihre Religion war semitisch.

Philopoimen, griech. Feldherr, *253 v. Chr. Megalopolis, Arkadien, †183 v. Chr. Messene; seit 208 v. Chr. Führer des *Achäischen Bunds*; verfocht dessen Unabhängigkeit gegenüber Makedonien u. Rom.

Philotas, makedon. Heerführer, †330 v. Chr.; Sohn des *Parmenion*, Jugendfreund u. Feldherr *Alexanders d. Gr.*, auf dessen Veranlassung wegen angebl. Teilnahme an der sog. Pagenverschwörung hingerichtet.

Phokaia, *Phokäa*, im 8. Jh. v. Chr. gegr. Hafenstadt der ion. Griechen im westl. Kleinasien, an der Mündung des Hermos beim heutigen Eski Foça; zwei natürl. Häfen, im 7. u. 6. Jh. v. Chr. wichtiger Handelsplatz; mehrmals, u. a. von den Persern 545 v. Chr., zerstört; letzte Blüte in röm. Zeit.

Phokion, athen. Stratege u. Politiker, *402/01 v. Chr., †318 v. Chr.; trat seit 343 v. Chr. für eine Verständigung mit Makedonien ein. Von *Antipatros* 322 v. Chr. im besiegten Athen als Staatschef eingesetzt, wurde er in den Machtkämpfen der *Diadochen* 318 v. Chr. gestürzt, zum Tode verurteilt u. hingerichtet.

Phokis, histor. Landschaft in Mittelgriechenland nördl. des Golfs von Korinth, in der das Heiligtum von *Delphi* lag.

Phomvihane, Kaysone, laot. Politiker (Kommunist), *13. 12. 1920 Ban Na Seng, †22. 11. 1992 Vientiane; 1955 Mitgründer u. seitdem Führer der Laot. Volkspartei (seit 1972 Laot. Revolutionäre Volkspartei), 1975–1991 zugleich Min.-Präs.; seit 1991 Präs. u. Vors. des Obersten Volksrates.

Phönizier, *Phöniker, Phönikier*, Eigenbez. *Kanaanäer*, bei Homer *Sidonier*, die semit. Bewohner des *Phönizien* [grch. *Phoinike*, „Land des roten Purpurs"] genannten Küstenstreifens von Syrien, der sich vom Jabal Akra bzw. dem benachbarten Ugarit (Ras Schamra) bis zum Karmel zwischen den nordsüdl. verlaufenden Gebirgen u. dem Mittelmeer erstreckt. Phönizien war keine polit. Einheit, sondern bestand aus einzelnen Stadtstaaten, unter denen *Byblos, Sidon, Tyros, Berytos, Arados* u. *Ugarit* zeitweise stärker hervortraten.
Die P., deren Herkunft ungeklärt ist, wanderten vermutlich gegen Ende des 3. Jahrtausends v. Chr. in Syrien ein u. standen bis um 1200 v. Chr. (bes. Byblos) unter dem kulturellen u. polit. Einfluß Ägyptens. Der Seevölkersturm, der um 1200 v. Chr. die Macht der Großreiche zerstörte oder stark einschränkte, brachte den phöniz. Stadtstaaten, unter denen zunächst Sidon, seit dem 9. Jh. v. Chr. Tyros der vorherrschende war, die Selbständigkeit. Sie blieb bis zum Erstarken der assyr. Großmacht um die Mitte des 8. Jh. v. Chr. bestehen, wenn auch verschiedentlich den assyr. Königen, die Feldzüge nach Syrien u. Palästina unternahmen, Tribute entrichtet werden mußten. Als kühne Seefahrer u. tüchtige Kaufleute wurden die P. bald das beherrschende See- u. Handelsvolk im Mittelmeer; Fahrten über die Meerenge von Gibraltar hinaus in den Atlantik sind belegt. Infolge der beschränkten Ausdehnungsmöglichkeiten ins Hinterland, später auch unter assyr. Druck, bauten sie den Mittelmeerhandel aus u. gründeten Handelsniederlassungen an den Küsten u. auf den Inseln des Mittelmeers, insbes. auf Sizilien, Malta, in Südspanien u. Nordafrika. Hauptausfuhrgüter Phöniziens

Phönizer: die Ruinen von Byblos; im Vordergrund der Tempel des Reschef, im Hintergrund links der Obeliskentempel

waren Purpurstoffe, Zedern- u. Pinienholz, Metall- u. Glaserzeugnisse.
Im 8. Jh. v. Chr. verloren die P. ihre Stellung zur See an die Griechen; Phönizien selbst wurde assyr. Provinz. Doch noch unter pers. Herrschaft waren die phöniz. Städte bedeutende Handelszentren u. stellten einen großen Teil der pers. Kriegsflotte. Erst nach der Zerstörung von Tyros durch *Alexander d. Gr.* 332 v. Chr. wurde Phönizien bedeutungslos u. 64 v. Chr. zusammen mit Syrien röm. Provinz. Nur seine ehem. Kolonie *Karthago* spielte bis zu ihrer Zerstörung durch die Römer 146 v. Chr. noch eine Rolle.
Kulturell waren die P. wenig eigenständig, doch allen fremden Kulturen offen, die sie willig aufnahmen u. verschmolzen. Sie vermittelten ihrerseits die altoriental. Kultur an die Völker des Mittelmeerraums. In der Religion der P., die der kanaanäischen sehr nahe steht, gab es neben einem höchsten Gott *El* die Stadtgötter, als bevorzugte weibl. Gottheit *Astarte*, die Gebärerin allen Lebens, u. zeitlich jünger den sterbenden u. auferstehenden Vegetationsgott *Adonis*. Der Kult der Götter der P. wurde durch ihren Handel im gesamten Mittelmeerraum ebenso verbreitet wie ihre wichtigste Errungenschaft, die Buchstabenschrift.

Phraortes, *Fravartish*, König der Meder, um 645–um 623 v. Chr.; löste sein Land aus der assyrischen Abhängigkeit, fiel im Kampf gegen die Assyrer.

Phrygien, im Altertum Landschaft u. Königreich in der Mitte Kleinasiens. Die *Phryger*, ein Volk mit indoeurop. Sprache, wanderten um 1200 v. Chr. ein. Es kam zunächst nicht zur Bildung eines größeren Staatsverbandes. Ein selbständiges Königreich um die Hptst. *Gordion* gewann erst im 8. Jh. v. Chr. erhebl. Bedeutung; als sagenhafter Gründer wird *Gordios* genannt. Den Höhepunkt seiner Macht erreichte P. unter König *Midas* (um 710 v. Chr.); im Bund mit *Urartu* konnte es sich gegenüber dem nach Kleinasien vordringenden *Assyrien* behaupten. Das Reich wurde aber um 695 v. Chr. von den *Kimmeriern* zerstört u. verlor damit für immer seine Bedeutung. – Die Kultur P.s scheint weitgehend einheimisch-anatol. Traditionen zu entstammen. Einflüsse aus dem SO (Syrien) sind ebenso deutl. wie ein lebhafter kultureller Austausch mit dem griechisch besiedelten Westkleinasien. Die Griechen übernahmen den Kult der *Kybele*, der großen Göttermutter. Bes. Bedeutung hatte die Musik der Phryger, die die griech. Musik stark beeinflußte.

Phumiphol Aduljadedsch ['pumipol-], *Bhumibol Aduljadej, Bumipol Adulyadey*, als *Rama IX.* König von Thailand seit 1946, *5. 12. 1927 Cambridge (USA); verheiratet mit *Sirikit Kitiyakara* (*1932).

Phyle [die; grch.], im antiken Griechenland: Stamm, Geschlechterverband (Kultgemeinde); hatte neben der religiösen auch soziale, rechtl. u. militär. Bedeutung u. war in *Phratrien* (Bruderschaften) unterteilt; in vielen dorischen u. ionischen Stadtstaaten die oberste Gliederung der Bürgerschaft. Die P.n verloren in Athen mit zunehmender Demokratisierung ihre ursprüngl. Funktion; die von Kleisthenes neugeschaffenen 10 P.n zielten auf die Auflösung überkommener Bindungen u. die Vereinheitlichung der Bürgerschaft ab.

Physiokratie [grch.], *physiokratisches System, Physiokratismus*, die im 18. Jh. von François *Quesnay* begründete, auf dem Naturrecht fußende Schule der Volkswirtschaftslehre. Die *Physiokraten* stellten erstmals ein geschlossenes wirtschaftl. u. soziales System auf: Der volkswirtschaftl. Kreislauf werde beherrscht durch wirtschaftl. Gesetze, die objektiv bedingt seien durch die Ergiebigkeit der Natur, subjektiv durch das Rationalprinzip. Der Staat habe daher vor allem die Aufgabe, die gegebene Ordnung *(ordre positif)* durch die Gesetzgebung der natürl. Ordnung *(ordre naturel)* anzupassen, bes. das Eigentum zu schützen u. das Prinzip des *Laissez-faire* zu erhalten. Hauptvertreter in Frankreich: F. *Quesnay*, A. R. J. *Turgot*, *Mirabeau*, P. S. *Dupont de Nemours*, P. P. *Mercier de la Rivière*; in Dtschld.: J. A. *Schlettwein*.

Wilhelm Pieck

Piasten, ältestes poln. Herrscherhaus (seit dem 9./10. Jh.), nach dem Bauern *Piast* benannt, der angebl. im 9. Jh. lebte; ausgestorben 1370 mit *Kasimir III.* im Königreich Polen, in Nebenlinien bis 1526 in Masowien, bis 1388 in Kujawien, 1138–1675 in Schlesien.

Piccolomini, Ottavio, Herzog von Amalfi (1639), Heerführer im Dreißigjährigen Krieg, *11. 11. 1599 Florenz, †11. 8. 1656 Wien; stammte aus einer Nebenlinie der P. *(d'Aragona)*; diente zuerst bei den span. Truppen, machte die Schlacht am Weißen Berg mit u. ging dann zu *Wallensteins* Heer über, wo er sich das volle Vertrauen des Feldherrn erwarb, aber gleichwohl dessen geheime Pläne dem Kaiser meldete. Nach der Ermordung Wallensteins versah P. militär. Aufgaben im spanisch-niederländ. u. im kaiserl. Heer. 1649 führte er in Nürnberg als kaiserl. Prinzipalkommissar die Verhandlungen mit Schweden über die Durchführung des *Westfälischen Friedens*. 1653 wurde P. zum Reichsfürsten erhoben.

Pieck, Wilhelm, Politiker, *3. 1. 1876 Guben, †7. 9. 1960 Ostberlin; Tischler; seit 1895 Mitgl. der SPD, Parteifunktionär, u. a. Sekretär der Zentralparteischule in Berlin. 1916 schloß sich P. der Spartakusgruppe, 1917 der USPD an. Er war 1919 Mitbegründer der KPD u. seither ununterbrochen Mitgl. ihrer Zentrale bzw. ihres ZK. 1921–1928 u. 1932/33 war er Abg. des preuß. Landtages, 1928–1933 des Reichstages. Er bekleidete auch hohe Ämter in der Komintern (seit 1931 Mitgl. des Präsidiums ihres Exekutivkomitees). 1933 emigrierte er (Tschechoslowakei, Frankreich, Sowjetunion); 1935 wurde er Vors. der (Exil-)KPD anstelle des verhafteten E. *Thälmann*. 1945 kehrte er nach Berlin zurück u. war bis 1946 Vors. der KPD in der sowjet. Zone, dann bis 1954 mit O. *Grotewohl* Vors. der SED u. bis zu seinem Tode Mitgl. ihres Zentralsekretariats bzw. Politbüros. 1949–1960 war P. der erste u. einzige Präsident der DDR. In seinen Partei- u. Staatsämtern blieb er weitgehend auf repräsentative Aufgaben beschränkt.

Piemont [piːe-], ital. *Piemonte*, Region im nördl. Italien, 25 399 km², 4,4 Mill. Ew.; Hptst. *Turin*. – Der Name P. kam erst im 13. Jh. für einen Teil des heutigen Gebietes auf. Nach wechselvoller Geschichte wurde es 1418 endgültig mit *Savoyen* vereinigt unter dem Namen *Herzogtum Savoyen*. 1720 kam es zum *Königreich Sardinien*, doch blieb der Name P. bes. im 19. Jh. gebräuchlich.
Unter *Karl Emanuel I.* (1580–1630) wurde die Markgrafschaft Saluzzo, unter *Viktor Amadeus I.* (1630–1637) ein Teil des Herzogtums Montferrat gewonnen. Zur Zeit Ludwigs XIV. in vollständige Abhängigkeit von Frankreich geraten, versuchte sich *Viktor Amadeus II.* (1675–1730) Ende des 17. Jh. aus dieser Umklammerung zu befreien, was ihm im Span. Erbfolgekrieg durch den Übertritt auf die kaiserl. Seite 1703 u. nach dem Sieg Prinz Eugens bei Turin 1706 gelang. Im Frieden von Utrecht (1713) erhielt P. Montferrat, Teile Mailands u. Sizilien mit dem Königstitel, das es 1720 gegen Sardinien tauschte (seitdem *Königreich Sardinien* genannt). Die angestrebte Rolle eines Gegengewichts gegen die habsburg. Herrschaft in Italien konnte P. nicht spielen. *Karl Emanuel III.* (1730–1733) errang unter wechselnder Parteinahme für Frankreich u. Österreich Gebiete in Oberitalien. *Karl Emanuel IV.* (1796–1802) wurde 1796 von Napoleon I. zur Abdankung gezwungen u. flüchtete nach Sardinien. Auf dem Wiener Kongreß wurde das Königreich Sardinien um das Herzogtum Genua vergrößert. Im Gefolge der span. Revolution brach auch in Sardinien 1821 eine Revolution aus, die zur Abdankung *Viktor Emanuels I.* (1802–1821) führte. Mit *Karl Albert* (1831–1849) bestieg die Nebenlinie *Savoyen-Carignan* den Thron. 1848 erhielt Sardinien eine Verfassung u. beteiligte sich an der Erhebung Mailands gegen Österreich. Unter *Viktor Emanuel II.* (1849–1878) wurde Italien im Zuge des von C. *Cavour* u. *Napoleon III.* vereinbarten Krieges gegen Österreich 1859 geeint. Dabei mußte P. allerdings 1860 Savoyen mit Nizza an Napoleon III. abtreten. Am 14. 3. 1861 nahm Viktor Emanuel mit Billigung des ersten italien. Parlaments den Titel eines Königs von Italien an. *Fürst von P.* war der Titel der italien. Kronprinzen.

Pierce ['piːəs], Franklins, US-amerikan. Politiker (Demokrat), *23. 11. 1804 Hillsborough, N. H., †8. 10. 1869 Concord, N. H.; 1853 bis 1857 (14.) Präs. der USA. P. erweiterte 1853 das Gebiet der USA durch Ankauf eines Grenzstreifens von Mexiko. Ein Gesetz über Volkssouveränität in Kansas-Nebraska 1854, das 1855/56 zum Bürgerkrieg zwischen Sklavenhaltern u. Sklavengegnern führte, kostete P. die Unterstützung der nördl. Demokraten u. verhinderte seine Wiederwahl.

Pije, frühere Lesung *Pianchi*, ägypt. König, etwa 740–713 v. Chr.; Sohn des Äthiopenkönigs *Kaschta*; eroberte 722/21 fast ganz Ägypten u. begründete die 25. Dynastie.

Pikten, frühgeschichtliche Bewohner Schottlands, später zusammen mit den *Scoten* ; ein noch nicht genau nach ihrer Herkunft bestimmtes Mischvolk (kelt. Einschlag). Ihre Raubzüge gegen Britannien nach Abzug der Römer veranlaßten die Briten, um 450 die Angeln u. Sachsen zu Hilfe zu rufen.

Pilatus, röm. Procurator, → Pontius Pilatus.

Pilet-Golaz [pi'lɛ gɔ'la], Marcel, schweizer. Politiker (Freisinn), *31. 12. 1889 Cossonay, Waadt, †11. 4. 1958 Paris; 1928–1944 im Bundesrat (seit 1940 Leiter des Polit. Departements); sehr umstritten wegen seines Versuchs, sich der Politik der Achsenmächte anzupassen.

Pilgerväter, engl. *Pilgrim Fathers*, eine kleine Gruppe von engl. *Puritanern*, die, wegen ihrer religiösen Anschauung verfolgt, zunächst nach Amsterdam ging u. sich 1609 in Leiden niederließ. Ihre Führer W. *Brewster* u. J. *Robinson* verhandelten mit der engl. Virginia Company über die Möglichkeit, nach Nordamerika auszuwandern. Am 16. 9. 1620 konnten sich 30 P. in Plymouth auf der Mayflower einschiffen u. zusammen mit 71 anderen Auswanderern den Atlantik überqueren. Vor der Landung unterzeichneten 41 der künftigen Kolonisten den *Mayflower-Vertrag*. Der Tag der Landung (22. 12., *Pilgrimsday)* ist Gedenktag in den USA.

Pillersdorf, Franz, Frhr. von, österr. Politiker, *1. 3. 1786 Brünn, †22. 2. 1862 Wien; 1842

Józef Piłsudski

Hofkanzler; im Zuge der Märzrevolution 1848 als Vertreter der liberal gesinnten Bürokratie Innen-Min. u. ab Mai 1848 Min.-Präs. Auf ihn geht die Verfassung vom 25. 4. 1848 („P.sche Verfassung") zurück.

Pillnitzer Punktation, *Pillnitzer Konvention*, am 27. 8. 1791 in Pillnitz auf Betreiben des Grafen von Artois (des späteren französischen Königs *Karl X.*) von Kaiser *Leopold II.* u. dem preuß. König *Friedrich Wilhelm II.* abgegebene Erklärung, in der sie ihre Solidarität mit der französischen Monarchie bekundeten. Die P. P. schuf die Grundlage für die erste Koalition gegen das revolutionäre Frankreich.

Piłsudski [piu'sutski], Józef, poln. Politiker, *5. 12. 1867 Zułowo bei Wilna, †12. 5. 1935 Warschau; 1892 Mitgründer der Poln. Sozialist. Partei (PPS), 1905–1907 Führer poln. sozialist. Kampfgruppen gegen die russ. Herrschaft; 1908–1914 Organisator geheimer „Schützenverbände". Als Kommandant der 1. Brigade der Poln. Legion nahm er seit 1914 zunächst auf österr. Seite am Krieg gegen Rußland teil, geriet aber nach der Proklamation des Königreichs Polen durch die Mittelmächte in Konflikt mit diesen u. war 1917/18 in Magdeburg in Haft. 1918 wurde er „Staatschef" des unabhängigen Polen, 1920 Marschall. 1919/20 begann u. führte er, im Endergebnis erfolgreich, den Krieg um die – einst poln. – ukrain. u. weißruss. Gebiete gegen Sowjetrußland. 1922 zog er sich aus dem polit. Leben zurück. Im Mai 1926 stürzte er die parlamentar. Regierung u. herrschte seitdem faktisch als Diktator Polens, wobei er als offizielle Ämter – abgesehen von einer kurzen Zeit als Min.-Präs. – nur das des Kriegs-Min. u. des Generalinspekteurs der Streitkräfte ständig innehatte. Durch Nichtangriffsverträge mit der UdSSR (1932) u. dem Dt. Reich (1934) suchte er die gespannten Beziehungen Polens zu diesen Nachbarn zu normalisieren.

Pinochet [-tʃɛt], *Ugarte*, Augusto, chilen. Offizier u. Politiker, *25. 11. 1915 Valparaiso; seit 1973 Oberbefehlshaber der Streitkräfte, führte im Sept. 1973 den Militärputsch gegen Präs. S. *Allende* an, war 1973/74 Chef der Militärjunta; seit 1974 Präsident. P. errichtete ein diktator. Regime. Durch die neue Verfassung von 1981 wurde er für weitere 8 Jahre Präs.; nach einem Plebiszit gegen eine weitere Verlängerung seiner Amtszeit schied P. 1990 aus dem Amt des Staats-Präs. 1998 gab er den Oberbefehl über die Streitkräfte ab u. wurde Senator auf Lebenszeit.

Pippin, *Pipin*, fränk. Hausmeier u. Könige: **1.** *P. der Ältere*, 623–640 neben *Arnulf von Metz* Hausmeier u. Berater der Merowinger-Könige *Dagobert I.* u. *Sigibert III.* in *Austrien*, †640; Vorbereiter der Machtstellung der *Karolinger*.

2. *P. der Mittlere, P. von Heristal*, Enkel von 1), fränkisch Hausmeier, *um 635, †16. 12. 714 Jupille bei Lüttich; Vater *Karl Martells*; gewann 687 die Schlacht bei Tertry gegen König *Theuderich III.* u. den Hausmeier *Berchar* von Neustrien-Burgund u. erlangte damit die Stellung eines Hausmeiers des gesamten Frankenreichs, die er in seiner Familie (→ Karolinger) erblich machte.

3. *P. der Jüngere*, (auch *P. der Kleine, P. der Kurze*), Enkel von 2), König der Franken 751 bis 768, *um 715, †24. 9. 768 Saint-Denis; Sohn *Karl Martells*, 741 Hausmeier in Neustrien, Burgund u. der Provence, 747 im Gesamtreich; setzte 751 im Einverständnis mit Papst *Zacharias* den merowing. Schattenkönig *Childerich III.* ab u. ließ sich selbst zum König erheben u. salben. P. förderte die Kirchenreform u. Bistumsgründungen des *Bonifatius*, beseitigte das Herzogtum der Alemannen, zwang Bayern in ein Vasallenverhältnis, besiegte die Sachsen u. vereinte nach Kämpfen gegen die Araber in Septimanien u. gegen die Herzöge von Aquitanien ganz Gallien unter seiner Herrschaft. Mit Papst *Stephan II.* schloß er 754 ein Schutzbündnis, befreite durch zwei Kriege Rom vom Druck der Langobarden u. machte der Kirche die Pippinische Schenkung.

Pippinische Schenkung, das „Schenkungsversprechen" König *Pippins d. J.* an Papst *Stephan II.* Ostern 754 in Quierzy (Pfalz bei Laon). Der hl. Petrus (d.h. der Papst) sollte die von den Langobarden eroberten Gebiete des byzantin. Italien erhalten. Der genaue Umfang war wahrscheinlich von vornherein unklar. Nach Pippins Siegen über den Langobardenkönig *Aistulf* (754–756) erhielt der Papst den Exarchat von Ravenna, der zusammen mit dem Dukat von Rom u. a. Gebieten den → Kirchenstaat bildete.

Augusto Pinochet

Piraterie [die; lat.], *Seeraub*, das gewaltsame Vorgehen, um sich eines fremden Schiffs in räuberischer Absicht zu bemächtigen (Ausplünderung).

P. begann schon seit dem Altertum, bes. von den nordafrikan. Küstenstaaten ausgehend, zu einem allgegenwärtigen Faktor der Seefahrt zu werden (auch *Cäsar* blieb das Schicksal, Piraten in die Hände zu fallen, nicht erspart). Den Höhepunkt der P. im Mittelmeer bildeten im 16.–18. Jh. die weitgehend ungehemmten Aktivitäten der *Barbareskenstaaten* (kleiner, aber energischer Gegner: *Malteserritter).* Nord- u. Ostsee wurden seit dem frühen MA von den *Wikingern* zur Seeräuberei genutzt, allerdings weniger als Kampfplatz, sondern vielmehr als Anmarsch- u. Fluchtweg. Die Raubtätigkeit selbst fand auf dem Lande statt. Eine Wiederauferstehung dieser alten P. begann im 14./15. Jh. in der Ostsee mit den *Vitalienbrüdern*, deren bekanntester Anführer Klaus *Störtebeker* war. Eine bes. Art der P., der *Strandraub*, bei dem orientierungslose Schiffe durch falsche Lichtzeichen ins Verderben gelockt wurden, betrieb man insbes. auf den Kanalinseln. England nutzte im 16. Jh. die P. zur Aufteilung seiner Kolonialgebiete u. machte Männer wie Francis *Drake*, John *Hawkins* u. a. zu *Staatspiraten*. Ähnl. Ehren sowie eine Aufwertung des Begriffs *Korsaren*, erfuhren auch die französ. *Kaperkapitäne* des 18. Jh.

Piraterie: Jean Bart, französischer Seeheld im 17. Jahrhundert, berühmt durch seine Kaperfahrten gegen die Engländer und Niederländer. Kolorierter Kupferstich von Mariette

Das eindeutige Zentrum der P. i.e.S., der *kriminellen P.*, bildete im 17. u. 18. Jh. nach den großen Konquistadorenzügen die Karibische See. Jahrelanger Führer der dort ansässigen europäischen Desperados *(Filibustier)* war der von England im Kampf gegen Spanien unterstützte Henry *Morgan*. Die *See-P.* endete mit der Entwicklung des Dampfschiffes, dessen sich die Piraten aufgrund der Notwendigkeit, Kohlehäfen anzulaufen, nicht bedienen konnten, sowie mit der Entwicklung weiterer Techniken (drahtlose Telegrafie u. a.). Die heute vorwiegende Form der P. ist die Luftpiraterie.

Pirenne [pi'rɛn], **1.** Henri, belg. Historiker, *23. 12. 1862 Verviers, †24. 10. 1935 Ukkel bei Brüssel; Prof. in Gent 1886–1930; erforschte bes. die Wirtschafts- u. Sozialgeschichte. Hptw.: „Histoire de Belgique" 7 Bde. 1900 bis 1932; „Geburt des Abendlandes" 1937, dt. 1939.

2. Jacques, Sohn von 1), Jurist u. Historiker, *26. 6. 1891 Gent, †7. 9. 1972 Hièrges, Frankreich; Prof. in Brüssel u. Genf, Leiter des polit. Sekretariats König *Leopolds III.* ; schrieb

Piraterie: Geprägte Metallanhänger mit Geusenabzeichen, 16. Jahrhundert, zunächst Spottzeichen für die verarmten niederländischen Adligen, dann für alle niederländischen Gegner Spaniens. Als Piraten bekannt wurden die Wasser- oder Meergeusen (rechts)

u. a.: „Histoire des institutions et du droit privé de l'ancien Égypte" 3 Bde. 1932–1935; „Les grands courants de l'histoire universelle" 7 Bde. 1945–1956.

Pisa, italien. Prov.-Hptst. am unteren Arno, 102000 Ew.
Ursprüngl. eine griech. Siedlung, eine der 12 Bundesstädte Etruriens, seit 180 v. Chr. röm. Kolonie. Zur Zeit seiner Blüte (11.–13. Jh.) gehörte P. zu den wichtigsten Seestädten. Im 11. Jh. eroberte P. von den Sarazenen Sardinien, Korsika u. die Balearen. Zur Stauferzeit stand es auf kaiserl. Seite. Der Abstieg begann mit der Niederlage in der Seeschlacht bei Meloria (1284). 1299 mußte es Korsika an Genua, darauf Sardinien an Aragón abtreten. 1399 kam es an Mailand (Visconti), durch Kauf 1406 an Florenz. 1494–1509 erhielt P. seine Freiheit mit französ. Hilfe zurück.

Pisidien, antike Landschaft u. röm. Provinz im südl. Kleinasien, ostwärts von Burdur; von den *Pisidern* bewohnt, in hellenist. Zeit Teil des Seleukidenreichs, später römisch.

Pistole [die; frz., span.], *Dublone*, volkstüml. Bez. für eine 1537 von Karl V. eingeführte span. Goldmünze (6,7 g).

Pitt, 1. William d. Ä., Earl of *Chatham*, brit. Politiker, *15. 11. 1708 London, †11. 5. 1778 Hayes, Kent; seit 1735 Unterhaus-Mitgl., opponierte gegen Premier-Min. R. *Walpole*; 1757–1761 an der Seite des für die Innenpolitik zuständigen Duke of *Newcastle* leitender Minister, verantwortlich für die engl. Außenpolitik u. die Kriegführung während des Siebenjährigen Krieges an der Seite Preußens; verdrängte Frankreich aus Kanada u. aus Ostindien; von König *Georg III.* entlassen; 1766–1768 nochmals leitender Premier-Min., konnte den Konflikt mit den nordamerikan. Kolonien nicht beilegen.

2. William d. J., Sohn von 1), brit. Politiker, *28. 5. 1759 Hayes, Kent, †23. 1. 1806 London; seit 1781 Mitgl. des Unterhauses, 1782 Schatzkanzler; 1783–1801 u. 1804–1806 Premier-Min.; reformierte 1787 das Kredit- u. Finanzwesen u. 1784 u. 1786 die Verwaltung Indiens durch die Ostindienkompanie; brachte die Union mit Irland (1801) zustande, trat aber 1801 zurück, weil der König die Aufhebung der polit. Diskriminierung der Katholiken ablehnte. P. wurde der Führer der europ. Koalition gegen die Französ. Revolution u. verfolgte das Ziel eines europ. Gleichgewichts sowie der Sicherung der engl. Überseebesitzungen. Er bildete 1805 auch die 3. Koalition gegen Napoleon I.

Pittakos, Staatsmann u. Gesetzgeber von Mytilene auf Lesbos (um 600 v. Chr.), zu den „Sieben Weisen" gerechnet, denen als Repräsentanten praktischer Lebensklugheit gewisse Sinnsprüche zugeschrieben werden.

Pittermann, Bruno, österr. Politiker (SPÖ), *3. 9. 1905 Wien, †19. 9. 1983 Wien; Lehrer; 1945–1971 Mitglied des Nationalrats, 1957–1971 Klubobmann (d. h. Fraktions-Vors.) bzw. Geschäftsführender Klubobmann der SPÖ; 1957–1966 Vizekanzler, 1957 bis 1967 Vors. der SPÖ, 1964–1976 Präs. der Sozialistischen Internationale.

Pius, Päpste: **1.** *P. I.*, um 142 bis um 154/55; als Märtyrer verehrt. Fest: 11. 7.

2. *P. II.*, 1458–1464, eigentl. Enea Silvio de' *Piccolomini*, *18. 10. 1405 Corsignano (später nach ihm *Pienza* genannt), †15. 8. 1464 Ancona; Humanist, zunächst Anhänger des Konziliarismus; Sekretär des Gegenpapstes *Felix V.*, seit 1442 Kaiser *Friedrichs III.* 1445 wurde er Priester, 1447 Bischof von Triest, 1449 von Siena, 1456 Kardinal. Als Papst verbot P. 1460 den „Mißbrauch" der Appellation an ein allg. Konzil. Die Kirchenreform konnte P., unterstützt von *Nikolaus von Kues*, nur in geringem Umfang verwirklichen. Er bemühte sich erfolglos um die Einigung Europas gegen die Türken. P. verfaßte zahlreiche histor., geograph. u. pädagog. Werke.

3. *P. III.*, 22. 9.–18. 10. 1503, eigentl. Francesco de' *Piccolomini-Todeschini*, Neffe von 2), *1439 Siena, †18. 10. 1503 Rom; 1460 Erzbischof von Siena u. Kardinal; konnte seine Reformabsichten nicht verwirklichen.

4. *P. IV.*, 1559–1565, eigentl. Gian Angelo *Medici*, *31. 3. 1499 Mailand, †9. 12. 1565 Rom; 1549 Kardinal; schränkte die Macht der Inquisition ein u. suchte die von seinem Vorgänger *Paul IV.* heraufbeschworenen Zwistigkeiten mit Spanien u. Kaiser Ferdinand I. zu beenden. Für die Kirchenreform war sein Pontifikat, auf das sein Neffe Karl *Borromäus* Einfluß ausübte, von großer Bedeutung. P. berief das Konzil von Trient wieder ein, brachte es zum Abschluß (1563) u. bemühte sich um die Verwirklichung seiner Dekrete.

5. *P. V.*, 1566–1572, Heiliger, eigentl. Michele *Ghislieri*, *17. 1. 1504 Bosco bei Alessandria (Savoyen), †1. 5. 1572 Rom; Dominikaner, 1557 Kardinal, 1558 Großinquisitor; sorgte für die Verbreitung u. Durchführung der Dekrete des Konzils von Trient u. ließ Neuausgaben des röm. Katechismus, des Breviers u. des Missale Romanum publizieren. 1568 bekräftigte P. in einer Bulle den Vorrang der geistlichen vor der weltl. Macht. Mit Spanien u. England geriet er in Auseinandersetzungen; am Seesieg über die Türken bei Lepanto (1571) hatte er entscheidenden Anteil. – Heiligsprechung 1712; Fest: 30. 4.

6. *P. VI.*, 1775–1799, eigentl. Giovanni Angelo *Braschi*, *25. 12. 1717 Cesena, † 29. 8. 1799 Valence; lange in der kurialen Verwaltung, 1773 Kardinal; erzielte bes. in Dtschld. Erfolge gegen den Episkopalismus u. den Febronianismus. Dagegen gelang es ihm nicht, Kaiser *Joseph II.* von seinen kirchenpolit. Reformen abzubringen. Nach Aufhebung des Kirchenstaates wurde P. 1798 nach Frankreich gebracht.

7. *P. VII.*, 1800–1823, eigentl. Barnaba *Chiaramonti*, *14. 8. 1742 Cesena, †20. 8. 1823 Rom; Benediktiner, 1785 Kardinal; widmete sich zunächst dem Wiederaufbau der französ. Kirche, machte *Napoleon I.* Zugeständnisse (Mitwirkung an der Kaiserkrönung 1804), wurde trotzdem 1809–1814 in französ. Haft gehalten. Nach Napoleons Sturz erzielte P. unter maßgebl. Mitwirkung seines Staatssekretärs E. *Consalvi* große Erfolge: Wiederherstellung des Jesuitenordens (1814) u. des Kirchenstaats (Wiener Kongreß 1815), Konkordate mit Bayern u. Sardinien (1817), Neapel u. Rußland (1818), Neuordnung der kirchl. Verhältnisse in Preußen u. Südwest-Dtschld. (1821).

8. *P. VIII.*, 1829/30, eigentl. Francesco Saverio *Castiglioni*, *20. 11. 1761 Cingoli, †30. 11. 1830 Rom; 1800 Bischof von Montalto, 1816 Kardinal. Er war versöhnlicher u. fortschrittlicher als sein Vorgänger *Leo XII.*, akzeptierte die französ. Julirevolution u. kam dem preuß. Staat im Mischehenstreit entgegen.

9. *P. IX.*, 1846–1878, eigentl. Giovanni Maria *Mastai-Ferretti*, *13. 5. 1792 Sinigaglia, †7. 2. 1878 Rom; 1832 Bischof von Imola, 1840 Kardinal; begann seine Regierung mit einigen liberalen Reformen im Kirchenstaat, kam aber bald in Konflikt mit der italien. Einigungsbewegung, die 1870 den Kirchenstaat ins Königreich Italien einzugliedern vermochte. P. verbot den Katholiken die Teilnahme am polit. Leben Italiens u. lehnte italien. Kompromißvorschläge *(Garantiegesetz)* ab. Das von P. verkündete Dogma der Unbefleckten Empfängnis Mariens (1854) stellte die Mariologie in den Bereich des Dogmas u. wies die Entwicklung des Glaubensguts in eine nicht mehr ausschließlich an der Hl. Schrift orientierte Richtung. Der „Syllabus" u. die Enzyklika „Quanta Cura" (1864) zogen eine scharfe Trennung zwischen der Kirche u. vielen geistigen, polit. u. sozialen Bestrebungen der Zeit. Am wichtigsten war das von P. persönlich stark beeinflußte 1. *Vatikanische Konzil* (1869/70), das den Universalepiskopat des Papstes u. seine Unfehlbarkeit in Glaubens- u. Sittenlehre definierte u. damit die Lehre vom Primat auf einen abschließenden Höhepunkt führte.

10. *P. X.*, 1903–1914, Heiliger, eigentl. Giuseppe *Sarto*, *2. 6. 1835 Riese, Treviso, †20. 8. 1914 Rom; 1884 Bischof von Mantua, 1893 Patriarch von Venedig u. Kardinal; legte den Schwerpunkt seiner Regierung auf eine Erneuerung des geistl. Lebens unter Abkehr von polit. Ambitionen. Er begann mit der Vereinheitlichung u. Neukodifikation des latein. Kirchenrechts *(Codex Iuris Canonici)* u. gründete 1909 das *Päpstl. Bibelinstitut.* Den Versuchen französ. u. dt. Theologen, das Glaubensgut nach den neueren philosoph., psycholog. u. geschichtsphilosoph. Erkenntnissen zu durchdenken, trat P. mit der rigorosen Verurteilung des „Modernismus" entgegen (1910 Einführung des Antimodernisteneids). Unter Voranstellung geistl. Interessen ließ er es zum offenen Bruch mit Frankreich (1905 Trennung von Kirche u. Staat) kommen. – Heiligsprechung 1954; Fest: 21. 8.

11. *P. XI.*, 1922–1939, eigentl. Achille *Ratti*, *31. 5. 1857 Desio bei Monza, †10. 2. 1939 Rom; 1918–1920 Apostol. Visitator u. Nuntius in Polen, 1921 Erzbischof von Mailand u. Kardinal; förderte die *Kath. Aktion.* In zahlreichen Enzykliken verkündete er die päpstl. Auffassung über Ehe u. Erziehung u. über soziale u. polit. Fragen („Quadragesimo Anno" 1931). Er wandte sich gegen den Kommunismus u. distanzierte sich von der ökumen. Bewegung. Untersützt durch die Kardinalstaatssekretäre P. *Gasparri* u. E. *Pacelli* (Pius XII.), betrieb er eine großenteils erfolgreiche Konkordatspolitik (Bayern 1924, Polen 1925, Preußen 1929, Baden 1932, Österreich 1933), deren Höhepunkt die → Lateranverträge mit Italien (1929) waren. Der Versuch, durch das Reichskonkordat (1933) das dt. nat.-soz. Regime an formelles Recht zu binden, schlug fehl. Nach 34 vergebl. Protestnoten wandte sich P. im Rundschreiben „Mit brennender Sorge" (1937) öffentl. gegen zahlreiche Konkordatsverletzungen, auch unterzog er nun die nat.-soz. Ideologie scharfer Kritik.

12. *P. XII.*, 1939–1958, eigentl. Eugenio *Pacelli*, *2. 3. 1876 Rom, †9. 10. 1958 Castel Gandolfo; 1899 Priester, 1917 Nuntius in Bayern, 1920 in Berlin, 1929 Kardinal, 1930 Kardinalstaatssekretär; maßgeblich beteiligt an der Konkordatspolitik von *P. XI.*, bes. an den Verträgen mit den dt. Staaten u. dem Dt. Reich. P. vereinigte in sich asketisch strenge Lebensführung, umfassende Bildung, rhetor. Begabung u. Beherrschung aller diplomat. Mittel. In Krieg u. Nachkriegszeit leitete er Hilfsmaßnahmen für die besiegten Völker, für Kriegsgefangene u. Flüchtlinge. Er regierte die Kirche autokratisch; das Amt des Staatssekretärs blieb seit dem Tod des Kardinals L. *Maglione* (1944) unbesetzt. In seinen Enzykliken behandelte er verschiedene Bereiche des kirchl. Lebens („Mystici Corporis Christi", „Humani Generis", „Mediator Dei"). Höhepunkt der Lehrtätigkeit war die Dogmatisierung der leibl. Aufnahme Mariens in den Himmel (1950). Unerbittlich bekämpfte er den Kommunismus u. verbot die Zusammenarbeit mit ihm.

Pizarro [-'θarrɔ], **1.** Francisco, Marqués de *los Charcas y de los Atabillos*, Bruder von 2), span. Konquistador, *um 1478 Trujillo, Estremadura, †26. 6. 1541 Los Reyes, Lima (ermordet); 1513 mit V. N. de *Balboa* in Panama; nahm 1522–1528 an mehreren Expeditionen zur südamerikan. Pazifikküste teil, eroberte 1531–1533 das Inkareich in Peru, wurde span. Statthalter u. Generalkapitän Perus u. ließ den letzten Inkakaiser *Atahualpa* 1533 hinrichten. 1535 gründete er Lima. Er wurde von span. Rivalen ermordet.

2. Gonzalo, Bruder von 1), *um 1502 Trujillo, Estremadura, †10. 4. 1548 Jaquijaguana bei Cuzco (hingerichtet); 1538 Statthalter von Quito; führte 1541/42 auf der Suche nach dem Goldland eine Expedition über die Anden in das Amazonastiefland; rebellierte nach dem Tod seines Bruders gegen den königl. Beauftragten u. wurde enthauptet.

PKK, Abk. für *Partia Karkaren Kurdistan* (Arbeiterpartei Kurdistans), von A. *Öcalan* 1978 in der Türkei gegründete linksnationalist. Organisation, die mit terrorist. Mitteln für die Schaffung eines unabhängigen Kurdenstaates kämpft. Seit 1984 führt die PKK in Südostanatolien einen Guerillakrieg gegen die türkische Armee. In Deutschland wurde 1993 ein Betätigungsverbot gegen die PKK erlassen.

Planck, Erwin, Widerstandskämpfer, *12. 3. 1893 Berlin, †23. 1. 1945 Berlin-Plötzensee (hingerichtet); Offizier, dann Beamter; 1932/33 Staatssekretär der Reichskanzlei; anschließend in der Privatwirtschaft; als Mitgl. der konservativen Widerstandsbewegung nach dem 20. 7. 1944 verhaftet u. zum Tode verurteilt.

Plantagenet [engl. plæn'tædʒinit, frz. plãtaʒə'nɛ], Beiname des französ. Grafen *Gottfried von Anjou*, angebl. nach dem Ginsterstrauch [lat. *planta genista*], den er als Helmzier trug. Seit dem engl. König *Heinrich II.* (Sohn der engl. Prinzessin Mathilde u. des Gottfried P.) saß das Haus P. 1154–1399 auf dem engl. Thron (→Anjou-Plantagenet). Es teilte sich 1399 in die Linien *Lancaster* (bis 1471) u. *York* (bis 1485); erlosch mit der Hinrichtung Edwards, Earl of Warwick, 1499.

Plassey ['plæsi], ind. Dorf im Gangesdelta. Bei P. wurde der mit Frankreich verbündete Nabob von Bengalen 1757 bei P. von R. *Clive* geschlagen; der Sieg entschied über die engl. Herrschaft in Indien anstelle der französischen.

Platää, *Plataiai*, antiker Stadtstaat in Böotien nahe der Grenze zu Attika.

Plauen, Stadt im Vogtland, 69 900 Ew. – Eine Siedlung P. (wohl auf eine Slawensiedlung *Plawe* zurückgehend) am Fuß einer Burg der Grafen von *Everstein* wird erstmals 1122 erwähnt; im gleichen Jahr wurde die St.-Johannis-Kirche geweiht. Um 1230 kam P. an die Vögte von *Weida*; 1244 wird es als Stadt bezeichnet. 1466 fiel P. an die *Wettiner* u. gehörte nacheinander verschiedenen Linien des Hauses (u. a. 1656–1718 zu Sachsen-Zeitz). P. war Hptst. des Vogtlandes u. bis zur Reformation Sitz eines Deutschordens-Komturs.

Plebejer [lat.], Angehöriger der → Plebs.

Plebs [die; lat.], ursprüngl. die Masse der röm. Bürger, im Gegensatz zu den privilegierten *Patriziern*. In den über 200 Jahre währenden sog. Ständekämpfen erwarb sich die P. schrittweise die polit. Gleichberechtigung. 287 v. Chr. hatte die P. ihre polit. Ziele vollends erreicht: Der Beschluß der Versammlung der Plebejer, das *Plebiszit*, war bindendes Gesetz. Durch die Herausbildung der *Nobilität* im 4. Jh. v. Chr. u. des Ritterstandes im 3. Jh. v. Chr. umfaßte die Bez. *P.* im engeren (nicht-techn.) Sinn nur noch den besitzlosen Teil des Volks, seit den *Gracchen* bes. das stadtröm. Proletariat.

Plechanow [-nɔf], *Plechanov*, Georgij Walentinowitsch, russ. Sozialist, *11. 2. 1856 Gudalowka, Gouvernement Tambow, †30. 5. 1918 Terijoki (jetzt: Selenogorsk); Mitgründer der Organisation „Land u. Freiheit", von der er sich 1879 wegen seiner Ablehnung des Terrorismus trennte. In der Schweiz gründete er 1883 die erste russ. marxist. Gruppe „Befreiung der Arbeit". 1900 gab er zusammen mit *Lenin* u. J. *Martow* die Zeitung „Iskra" („Funke") heraus. Kurz nach der Spaltung der russ. Sozialdemokratie in *Bolschewiki* u. *Menschewiki* (1903) schloß sich P. den Menschewiki an. 1917 unterstützte er die Provisor. Regierung gegen die Bolschewiki.

Pleß, ehem. schles. Fürstengeschlecht, hervorgegangen aus dem Haus *Hochberg* (Uradel), das 1683 in den Grafenstand, 1850 in den Fürstenstand erhoben wurde.

Plettenberg, Wolter (Walter) von, Landmeister des Dt. Ordens in Livland seit 1494, Reichsfürst seit 1526, *um 1450 Meyerich, Westfalen, †28. 2. 1535 Wenden; besiegte 1502 am Smolina-See die Russen; duldete die Reformation, lehnte aber die Säkularisierung des livländ. Ordensgebiets ab.

Pliska, Ruinenstadt in Bulgarien, nördl. von Kolarowgrad; 681–893 Hptst. des 1. Bulgar. Reichs.

PLO, Abk. für engl. *Palestine Liberation Organization*, „Organisation zur Befreiung Palästinas", eine 1964 gegr. Organisation, die die Errichtung eines unabhängigen arab. Staates auf dem Boden des ehem. brit. Mandatsgebietes → Palästina anstrebt u. sich als legitime Interessenvertreterin der → Palästinenser versteht. Das Programm der PLO, der „Palästinens. Nationalvertrag" von 1968, bezeichnete die Balfour-Deklaration u. das Palästina-Mandat als „null u. nichtig", die Teilung Palästinas 1947 u. die Schaffung des Staates Israel als „völlig illegal" u. den bewaffneten Kampf als „einzigen Weg zur Befreiung Palästinas". Daraus ergab sich als Hauptziel der PLO die Beseitigung des Staates Israel.

Die PLO ist ein loser Dachverband zahlreicher Gruppen von unterschiedl. Orientierung. Die stärkste Gruppe, *Al Fatah*, beschränkt sich auf das Ziel der nationalen Unabhängigkeit, während andere Gruppen, z. B. die *Volksfront zur Befreiung Palästinas* (PFLP) u. die *Demokrat. Volksfront zur Befreiung Palästinas* (PDFLP), zugleich sozialrevolutionäre Ziele proklamieren. Die zentrale Führung kann gegenüber den Gruppen nur eine begrenzte Autorität ausüben. Die aktiven Mitglieder der Kampfverbände, die hauptsächl. aus Flüchtlingslagern rekrutiert werden, bezeichnen sich als *Fedayin* („Opferbereite"). Unter dem Vorsitz von A. *Schukeiry* (1964–1969) u. Y. *Hammouda* (1967 bis 1969) war die PLO prakt. ein Werkzeug der ägypt. Politik. 1969 übernahm J. *Arafat*, Führer der Al Fatah, den Vorsitz. Die PLO gewann eine selbständige Stellung gegenüber den arab. Staaten. Diese erkannten sie 1974 als alleinige Vertreterin der Palästinenser an. Finanziell wird sie von mehreren arab. Staaten unterstützt.

Es gelang der PLO nicht, die beabsichtigte „bewaffnete Volksrevolution" in den 1967 von Israel besetzten Gebieten zu entfesseln, obwohl sie dort zahlreiche Anhänger u. Sympathisanten besitzt. Sie vermochte auch keine nennenswerten militär. Aktionen gegen Israel durchzuführen. Ihre Aktivität im israel. Machtbereich beschränkte sich auf Terroranschläge, häufig gegen Zivilpersonen. Im arab.-israel. Oktoberkrieg 1973 trat sie nicht in Erscheinung. Dagegen verschaffte sie sich in den 1970er Jahren weltweite Beachtung durch Aktionen im Ausland gegen Unbeteiligte (Flugzeugentführungen, Geiselnahmen). Derartige Unternehmungen wurden später von der Führung offiziell abgelehnt. 1974 erhielt die PLO Beobachterstatus bei den UN. In vielen Staaten wurde ihren Vertretungen diplomat. Rang zuerkannt.

Das wichtigste Operationsgebiet der PLO war zunächst Jordanien. 1970/71 kam es dort zu einem Konflikt zwischen ihr u. der Regierung, der zu bürgerkriegsähnl. Kämpfen führte u. mit der Vertreibung der PLO-Kampfverbände aus dem Land endete. Daraufhin verlegte die PLO ihr Tätigkeitsfeld nach Libanon. Sie schuf sich im S des Landes eine von der libanes. Regierung unabhängige Operationsbasis, von der aus sie Aktionen gegen den N Israels unternahm. Im libanesischen Bürgerkrieg 1975/76 ergriff sie Partei gegen die christl. Milizen, wobei sie schwere Verluste erlitt. 1982 erzwang Israel durch einen militär. Vorstoß bis Beirut den Abzug größerer PLO-Verbände. Die PLO-Zentrale wurde nach Tunis verlegt.

In der palästinens. Aufstandsbewegung *(Intifada)*, die 1987 in den besetzten Gebieten ausbrach, spielte die PLO keine leitende Rolle. Teile ihrer Führung rückten allmähl. von Maximalforderungen ab. 1988 proklamierte die PLO einen in seinen Grenzen nicht definierten Staat Palästina, zu dessen Präs. Arafat gewählt wurde; zugleich erkannte sie indirekt das Existenzrecht Israels an. 1993 schlossen Israel u. die PLO ein Abkommen über den Abzug der israel. Truppen aus Jericho u. dem Gazastreifen u. eine palästinens. Teilautonomie in diesen Gebieten; entsprechende Selbstverwaltungsorgane wurden 1994 errichtet. Die PLO-Führung verpflichtete sich, aus ihrem Programm alle gegen Israel gerichteten Artikel zu streichen. Mit dieser Politik geriet sie in scharfen Gegensatz zu den erstarkenden islamisch-fundamentalist. Kräften in der palästinens. Bevölkerung.

Ploetz, Karl Julius, Historiker, *8. 7. 1829 Berlin, †6. 2. 1881 Görlitz; Gymnasiallehrer; verfaßte ein weitverbreitetes Kompendium der Geschichte: „Auszug aus der alten, mittleren u. neueren Geschichte" 1863; immer wieder aufgelegt; ergänzt durch weitere Werke wie „Konferenzen u. Verträge" (Vertrags-P.), „Regenten u. Regierungen der Welt" (Minister-P.), „Raum u. Bevölkerung in der Weltgeschichte" (Bevölkerungs-P.), „Geschichte der dt. Länder" (Territorien-P.).

Plötzensee, Strafanstalt im Berliner Bez. Charlottenburg am gleichnamigen See; 1933–1945 Hinrichtungsstätte Hunderter von Gegnern des nat.-soz. Regimes, bes. der Angehörigen der Widerstandsbewegung, die nach dem Attentat auf Hitler vom 20. 7. 1944 vom Volksgerichtshof zum Tode verurteilt wurden; seit 1952 Gedenkstätte.

Plutarch, grch. *Plutarchos*, griech. Philosoph u. Historiker der hellenist.-röm. Zeit, *um 45 n. Chr. Chaironeia, †um 125 n. Chr.; Konsul unter Trajan u. Statthalter von Griechenland, Priester des delph. Apollon. Seine Schriften werden gegliedert in „Moralia" (philosoph., religionsphilosoph. u. literar. Arbeiten) u. „Biographien", von denen 46 erhalten sind. In ihnen stellt er jeweils einen Griechen einem Römer gegenüber.

Pluviôse [plyvi'o:z; der; frz.], ein Monat im französ. Revolutionskalender.

Pobedonoszew [pɔbjɛdɔ'nɔstsɛf], *Pobedonoscev*, Konstantin Petrowitsch, russ. Politiker, *2. 6. 1827 Moskau, †23. 3. 1907 St. Petersburg; Erzieher Alexanders III. u. Nikolaus' II., 1872 Mitgl. des Reichsrats, 1880–1905 Oberprokuror des Heiligen Synods. Seinen beherrschenden Einfluß nutzte P. für eine reaktionäre autokrat. Politik u. die Russifizierung der abhängigen Völker.

Podestà [der; ital.], im MA der kaiserl. Stadtvogt in Italien, dann in den italien. Stadtrepubliken ein von auswärts berufener Adliger, der die Geschäfte unparteiisch führen sollte. Er besaß keine polit. Gewalt, wurde aber später das meist diktatorisch regierende Stadtoberhaupt. Im 19. Jh. u. bis 1945 hatte der Bürgermeister in italien. Städten den Titel P.

Podgornyj, Nikolaj Wiktorowitsch, sowjet. Politiker, *18. 2. 1903 Karlowka, Gebiet Poltawa (Ukraine), †11. 1. 1983 Moskau; Nahrungsmittelfachmann; 1957–1963 Erster Sekretär des ZK der KP der Ukraine; 1963–1965 Sekretär des ZK der KPdSU; 1960–1977 Mitgl. des Präsidiums bzw. Politbüros des ZK der KPdSU; 1965–1977 Vors. des Präsidiums des Obersten Sowjets (Staatsoberhaupt). P. verlor seine Staats- u. Parteiämter vermutlich nach Differenzen mit L. *Breschnew*.

Podiebrad ['pɔdjɛ-], *Poděbrad, Georg von P. u. Kunštát,* König von Böhmen 1458–1471, *23. 4. 1420 Poděbrady, †22. 3. 1471 Prag; 1452 für *Wladislaw Posthumus* Reichsverweser, nach dessen Tod zum König gewählt; Führer der *Kalixtiner* ; von der kath. Kirche gebannt (1466).

Poincaré [pwɛ̃ka're], Raymond, französ. Politiker, *20. 8. 1860 Bar-le-Duc, †15. 10. 1934 Paris; Anwalt; Abg. seit 1887, 1894 u. 1906 Finanz-Min., 1913–1920 Präs. der Republik, 1912/13, 1922–1924 u. 1926–1929 Min.-Präs. Zur gemäßigten Rechten gehörend, betrieb er vor dem 1. Weltkrieg eine entschiedene, aber im allg. defensive antideutsche Politik auf der Grundlage des Bündnisses mit Rußland. 1923 veranlaßte er die Ruhrbesetzung; 1926–1928 gelang ihm die Stabilisierung der Währung. Mitgl. der Académie Française. Er schrieb: „Au service de la France" 10 Bde. 1925–1933.

Raymond Poincaré

Poitiers [pwa'tje], westfranzös. Stadt auf einem Felshügel am Clain, Sitz des Dép. Vienne, alte Hptst. des *Poitou*, 82 500 Ew. Das kelt. *Pictavia* u. röm. *Limomum.* Am 17. 10. 732 besiegte *Karl Martell* bei *Tours u. P.* die Araber u. vertrieb sie aus Frankreich. – In der Nähe liegt der Schlachtort Maupertuis.

Poitou [pwa'tu], histor. Provinz in Westfrankreich, zwischen dem Pariser Becken, dem Garonnetiefland u. dem Zentralplateau, umfaßt die Dép. *Vendée, Deux-Sèvres* u. *Vienne* u. den südl. Teil von *Maine-et-Loire,* alte Hptst. *Poitiers.* – Seit dem 8. Jh. fränk. Grafschaft. Ende des 10. Jh. ging der Herzogstitel von Aquitanien an die Grafen von P. über. Als Angevin. Erbe 1152–1204 u. 1360–1371 bei England, 1416 an Frankreich.

Pokrọwskij, *Pokrovskij,* Michail Nikolajewitsch, sowjetruss. Historiker, *29. 8. 1868 Moskau, †10. 4. 1932 Moskau; seit 1905 Bolschewik; 1918 stellvertr. Volkskommissar für Volksbildung u. Leiter des Staatsarchivs; führend in der Umgestaltung des sowjet. Hochschulwesens, Mitgründer des Instituts der Roten Professur; 1932 als „vulgärmarxistisch" verdammt, 1962 teilweise rehabilitiert. Hptw.: „Russ. Geschichte seit den ältesten Zeiten" 4 Bde. 1904–1924; „Kurzer Abriß der russ. Geschichte" dt. 1925.

Pole [poul], *de la Pole,* engl. Adelsgeschlecht mit einem Anspruch auf den engl. Thron durch die Heirat von John de la P. mit der Schwester *Eduards VI.* (1461–1483), führte den Titel der Herzöge von *Suffolk;* von den *Tudors* als Erben des Thronanspruchs des Hauses *York* verfolgt.

Pole [pɔul], Reginald, engl. Kardinal (seit 1536), *3. 3. 1500 Stourton Castle, †17. 11. 1558 Lambeth; bedeutender Anhänger der vom Humanismus beeinflußten kirchl. Reformbewegung; 1556 Erzbischof von Canterbury; geriet wegen seiner reformfreudigen Haltung in den Verdacht der Häresie.

Polemạrch [grch.], in vielen altgriech. Stadtstaaten der für das Kriegswesen zuständige Beamte.

Polen PL

Republik Polen

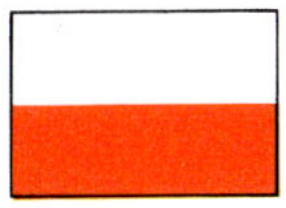

Fläche: 312 685 km². – *Einwohner:* 38,5 Mill. – *Hauptstadt:* Warschau. – *Landessprache:* Polnisch. – *Nationalfeiertag:* 3. 5. – *Währung:* 1 Złoty = 100 Groszy. – *Lage:* zwischen 49° und 54°50′ n. Br. sowie 14°07′ und 24°08′ ö. L. – *Zeitzone:* Mitteleuropäische Zeit. – *Grenzen:* im N Ostsee und Rußland, im O Litauen, Weißrußland und Ukraine, im S Tschechische Republik und Slowakische Republik, im W Deutschland. – *Staatsform:* Republik.

Die Piasten (bis 1370): Seit dem 6. u. 7. Jh. wanderten in das Gebiet P.s slaw. Stämme ein. Im 9. u. 10. Jh. bildeten sich zwei polit. Zentren um Krakau u. Gnesen, u. bereits seit Mitte des 9. Jh. gelang unter der Führung Gnesens die Einigung der zentralpoln. Gebiete, in denen um 960 (–992) *Mieszko I.* aus dem Haus der Piasten Herzog der Polanen wurde. Nach seiner Eheschließung mit der böhm. Prinzessin *Dubrava* u. der Übernahme des latein. Christentums aus Böhmen (966) konnte er seine innere u. äußere Macht erheblich ausdehnen u. sich unter den europ. Fürsten allg. Anerkennung verschaffen. Sein Sohn *Bolesław I. Chrobry* („der Tapfere", 992–1025) erweiterte seine Herrschaft um Süd-P. (Schlesien, Krakau u. Sandomir, vorübergehend auch Böhmen). Im „Akt von Gnesen" (1000) befreite Kaiser Otto III. Bolesław I. von jegl. Tributpflicht, erhob ihn zum Herrn des christl. Slawentums innerhalb des Reiches u. begründete eine selbständige poln. Kirchenprovinz mit dem Erzbistum Gnesen sowie den neuen Bistümern Krakau, Breslau, Kolberg u. (später) dem bereits bestehenden Bistum Posen. Unter Kaiser Heinrich II., der Ottos Politik nicht fortsetzte, kam es zu Auseinandersetzungen zwischen dem expandierenden P. u. dem Reich. In einem wechselvollen Krieg konnte Bolesław die strittigen Lausitz- u. Miltzengebiete wie auch die vom Kiewer Reich beanspruchten Gebiete am oberen Bug u. San behaupten. 1025 krönte er sich selbst zum König. Schon unter seinem Sohn *Mieszko II.* (1025–1034) gingen die eroberten Gebiete (Lausitz, Miltzenland, Mähren, Pommern, Bug- u. Sangebiet) wieder verloren. Ein Bauernaufstand u. die durch die dezentralistischen Bestrebungen des Großadels verursachte Anarchie schwächten den Staat. *Kasimir der Erneuerer* (Kazimierz Odnowiciel, 1036–1058), der Sohn Mieszkos II., konnte mit Hilfe Kaiser Konrads II. die Monarchie wieder festigen. *Bolesław II., der Kühne (Śmiały,* 1058–1079) ließ sich 1076 krönen, u. P. gewann wieder internationale Anerkennung. Infolge der erstarkenden Macht des Adels setzte erneut unter *Władysław Hermann* (1079–1102) ein Machtverfall ein. *Bolesław III. Schiefmund (Krzywousty,* 1102–1138) errang 1109 durch den Sieg über Kaiser Heinrich V. die Herrschaft über Pommerellen (1119) u. Pommern (1122). Dem in etliche selbständige Herzogtümer zerfallenen P. versuchte er durch das *Senioratsstatut,* nach dem der jeweils Älteste der Dynastie als Großherzog den größten Teil des Landes mit Krakau als Sitz bekommen sollte, eine gewisse Einheit zu erhalten, ohne jedoch die inneren Gegensätze aufheben zu können.

Im W mußte P. sich gegen die Ausdehnung Brandenburgs u. im O gegen die Einfälle der Mongolen (Schlacht bei Liegnitz 1241), Pruzzen, Sudower u. Litauer wehren. Der 1226 von *Konrad von Masowien* gegen die Pruzzen zu Hilfe gerufene *Deutsche Orden* wurde zum erbitterten Feind P.s, als er 1308/09 durch Besetzung Pommerellens mit Danzig den Zugang zur Ostsee abriegelte.

Bereits im 13. Jh. setzten Bestrebungen zur Wiedervereinigung der poln. Teilstaaten ein. Nach vorübergehenden Erfolgen gelang *Przemysł II.* die Einigung Groß-P.s (Posen, Gnesen, Kalisch). *Władysław I. Łokietek* (1306–1333), piastischer Teilfürst von Kujawien, konnte die Einigungsbemühungen fortsetzen. Allerdings wurde Schlesien 1327 böhm. Lehnsgebiet; Pommerellen u. Kujawien blieben unter der Herrschaft des Dt. Ordens. Einen weiteren entscheidenden Schritt in den Einigungsbemühungen tat der letzte Piastenkönig *Kasimir III.* (*d. Gr., Kazimierz Wielki,* 1333–1370): Er reorganisierte den Staat, in dem der Adel u. die großen Städte an Einfluß gewannen, u. versuchte, den Bauern durch die Aufzeichnung der „Statuten" größere Rechtssicherheit zu geben; er erweiterte P. im Osten um Galizien u. Teile Wolyniens. 1364 wurde die Universität Krakau gegründet.

Die Jagiellonen (1386–1572): Nach der kurzen Regierungszeit *Ludwigs d. Gr.* von Ungarn (1370–1382) kam durch die Heirat der Thronerbin *Hedwig* (Jadwiga) 1386 mit dem Großfürsten *Jagiełło* (als König Władysław II. Jagiełło, †1434) die Personalunion P.s mit Litauen (bis 1569) zustande. Diese Großmacht konnte den Dt. Orden 1410 in der *Schlacht bei Tannenberg* (Grunwald) besiegen. Die Auseinandersetzungen zogen sich jedoch unter Teilnahme preuß. Adliger u. Städte (Preuß. Bund) auf poln. Seite weiter hin. In den beiden *Thorner Friedensschlüssen* (1411 u. 1466) fielen P.-Litauen das Kulmer Land, Pommerellen, Westpreußen u. das Ermland zu. *Władysław III.* (1434–1444) gewann die ungar. Krone (1440), fiel aber in der *Schlacht bei Warna* gegen die Türken. Unter *Kasimir IV.* (Kazimierz Jagiellończyk, 1447–1492), der für seinen Sohn *Władysław* die ungar. (1490) u. böhm. (1471) Krone erhielt, beherrschte P.-Litauen für eine kurze Zeit ein mächtiges Reich in Ost- u. Südosteuropa von der Ostsee bis zum Schwarzen Meer. Unter den folgenden Herrschern *Johann Albrecht* (Jan Olbracht, 1492–1501), *Alexander Jagiełło* (1501–1506) u. *Sigismund I.* (1506–1548) sah sich P.-Litauen dem wachsenden Druck durch Türken, Russen u. Mongolen, später auch durch Habsburg ausgesetzt. 1526 gingen Ungarn u. Böhmen an Habsburg verloren. Masowien wurde nach dem Aussterben der einheim. Piasten-Linie P. angegliedert, u. Herzog Albrecht von Brandenburg unterstellte 1525 das Ordensland Preußen nach der Säkularisierung der poln. Lehnshoheit; 1561 wurde auch Kurland als poln. Lehen an den Landmeister Gotthard *Kettler* gegeben. Bereits im 15. Jh. begann sich ein Wandel in den wirtschaftl. Verhältnissen abzuzeichnen: Auf dem Land setzten sich Leibeigenschaft u. Fronwirtschaft durch, während die Städte, vor allem Krakau, Danzig, Thorn u. Lublin, später auch Warschau, zu blühenden Handelsstädten von internationalem Rang heranwuchsen. Der im Kampf gegen den Hochadel geschwächte Kleinadel *(Schlachta)* erwirkte unter *Sigismund II. August* (1548–1572) eine ihn begünstigende Wirtschafts-, Heeres- u. Rechtsreform. Die Personalunion zwischen P. u. Litauen wurde durch die *Lubliner Union* (1569) in eine Realunion umgewandelt; das Kronland P. wurde mit Wolynien u. Podolien verbunden, auch Livland fiel an P.-Litauen (1561). Die *Reformation* fand in P. u.

Litauen schnell Verbreitung, in den Städten mit vorherrschend dt.-sprachiger Bevölkerung in der luther., beim Adel in der calvinist. Form. 1555 beschloß der Reichstag die Glaubensfreiheit (bestätigt 1573) u. hob die geistl. Gerichtsbarkeit sowie die nach Rom zu entrichtende Kirchensteuer („Peterspfennig") auf. Wenn auch bald die von den Jesuiten getragene Gegenreformation, geführt von Kardinal Stanislaus *Hosius* (1504–1579) u. unterstützt durch die Krone, die überwiegende Mehrheit der Bevölkerung dem Katholizismus zurückgewinnen konnte, erhielt sich doch für lange Zeit ein in Europa sonst kaum erreichtes Klima geistiger u. religiöser Toleranz. Der Reichstag *(Sejm)* der Magnaten engte die Macht des Königtums zunehmend ein. 1505 gewann der Reichstag die Legislative, dem König verblieb vor allem die militär. Führung. 1572 sicherte sich der Adel nach dem Aussterben der Jagiellonen durch die „electio viritim" das Recht der Königswahl. Das frühere Königreich P. war damit in die „Rzeczpospolita Polska" umgewandelt, in die Adelsrepublik mit gewähltem u. gekröntem Oberhaupt.

Das Wahlkönigtum (1573–1795): Der poln. Thron wurde nun mit ausländ. Fürsten besetzt. Auf *Heinrich von Valois* (1573/74) folgte *Stephan IV., Báthory* aus Siebenbürgen (1576–1586), der im Krieg gegen Rußland Livland behauptete. Die Wahl *Sigismunds III.* (1587–1632) aus dem schwed. Haus *Wasa* verwickelte P. (statt der erhofften Personalunion mit Schweden) in einen langen Krieg. Der poln. Versuch, in der Zeit der russ. Wirren Einfluß auf die Besetzung des Zarenthrons zu gewinnen, scheiterte. Der Regierung *Władysławs IV.* aus dem Haus Wasa (1632–1648) wurde mit dem Kosakenaufstand unter *Bohdan Chmielnizki* 1648 ein Ende gesetzt. Der Kosakenaufstand riß P. in einen Krieg mit Rußland hinein, nach dessen Abschluß es im Waffenstillstand von Andrusowo 1667 die Ukraine links des Dnjepr mit Kiew abtreten mußte. Im *Nordischen Krieg* mußte P. ungeheure Verwüstungen u. Bevölkerungsverluste („schwedische Sintflut") hinnehmen u. im *Frieden von Oliva* Livland abtreten; Brandenburg wurde der Besitz Preußens bestätigt. Auch die Auseinandersetzungen mit den Türken um die Ukraine u. Podolien endeten mit Verlusten, obwohl *Johann* (Jan) *III. Sobieski* (1674–1696) als Oberbefehlshaber des Entsatzheeres vor Wien 1683 dem Vordringen der Türken Einhalt gebieten konnte u. im *Frieden von Karlowitz* 1699 der südl. Teil Podoliens von der türk. Besetzung befreit wurde.

Doch die ständigen Kriege mit Schweden, Rußland u. der Türkei richteten den Staat zugrunde; die Städte verarmten, u. die Magnaten stürzten die Zentralgewalt durch den Mißbrauch des *Liberum veto* in eine schwere Krise. P. geriet unter den Einfluß der ausländ. Kabinettspolitik. Die Wahl *Augusts II. (des Starken)* von Sachsen (1697–1733) zum poln. König stand unter russ. u. österr. Druck; mit schwed. u. französ. Unterstützung gewann dagegen *Stanislaw Leszczyński* den poln. Thron (1704–1709 u. 1733–1736). In der Regierungszeit der Wettiner August II. u. *August III.* (1733–1763) erlebte P. den tiefsten Niedergang; die Zersplitterung der Magnatenparteien u. russ. Interventionen führten zum polit., wirtschaftl. u. kulturellen Verfall.

Erst seit der Mitte des 18. Jh. wurden erste Zeichen einer nationalen Wiederbesinnung spürbar. Um die Fürsten *Czartoryski* bildete sich eine Reformbewegung. Ein Verwandter dieser Dynastie, der seine Wahl zum König der Einflußnahme Rußlands verdankte, *Stanislaus II. August Poniatowski* (1764–1795), führte tiefgreifende Reformen durch. Rußlands Einflußnahme war jedoch schon so groß, daß es die mit österr. u. französ. Unterstützung gebildete, gegen Rußland sowie gegen den König u. die Reformen gerichtete *Konföderation von Bar* (1768–1772) mit seinen Truppen zerschlagen konnte.

Um P. nicht völlig dem russ. Einfluß zu überlassen, erklärten sich Preußen u. Österreich mit der *1. Poln. Teilung* einverstanden (1772). Preußen erhielt Westpreußen, Ermland, Pommerellen ohne Danzig, das Kulmerland, das nördl. Kujawien u. das Netzegebiet; Österreich fielen Galizien, die südl. Teile der Wojewodschaften Krakau, Sandomir u. die Wojewodschaft Reussen mit Lemberg zu; Rußland die Gebiete östl. der Düna u. des Dnjepr. Die poln. Reaktion darauf waren wirtschaftl. Stabilisierung, Reformbestrebungen der Zentralregierung u. ein kultureller Aufschwung; 1773 wurde die *Edukationskommission* (für das Unterrichtswesen) gebildet. Die *Aufklärung* erreichte mit *Hugo Kołłątaj* u. *Stanislaw Staszic* ihren Höhepunkt, u. während des *Vierjährigen Sejm* (1788–1791) wurde eine moderne, freiheitl. u. funktionsfähige Verfassung (3. 5. 1791, „Maiverfassung"), die erste kodifizierte Verfassung Europas, verabschiedet. Dem wirkte die *Magnatenkonföderation von Targowica* (1792) entgegen u. holte russ. Hilfe ins Land. Daraufhin kam es zur *2. Poln. Teilung* (1793), diesmal ohne Österreich, jedoch mit Unterstützung Preußens. P. verlor die Rest-Ukraine, Polesien u. Wolynien an Rußland; an Preußen mußte es Danzig u. die Gebiete westlich von Tschenstochau–Sochaczew–Działdowo abtreten. Unter Führung von *Tadeusz Kościuszko* erhob sich P. dagegen, doch folgte darauf die *3. Poln. Teilung* (1795), in der P. gänzlich unter Fremdherrschaft geriet. Rußland, Preußen u. Österreich teilten sich Restpolen.

Die Fremdherrschaft (1795–1918): Die poln. Emigranten in Frankreich hofften auf die Hilfe der Französ. Revolution u. später auf Napoleon I. Poln. Legionen kämpften in der französ Armee. Aus den von Preußen u. Österreich annektierten poln. Gebieten bildete Napoleon 1807 nach dem Frieden von Tilsit das Großherzogtum Warschau; König *Friedrich August von Sachsen* wurde als Regent in Warschau eingesetzt (1807–1815). – Der *Wiener Kongreß* schuf 1815 Kongreßpolen (Königreich P.), das – mit einer eigenen Verfassung – in Personalunion mit Rußland verbunden wurde; Österreich erhielt Galizien u. Preußen das Großherzogtum Posen (Großpolen); Krakau wurde Freie Stadt (Republik Krakau bis 1846).

1830/31 erhob sich das poln. Volk unter Führung des Adels im Königreich P., doch führte der Aufstand nur zur Einschränkung der inneren Autonomie u. dadurch zur Auswanderung. Um Adam *Czartoryski* sammelten sich die Konservativen im Pariser Exil („Hotel Lambert"); die Demokraten sammelten sich in der Poln. Demokrat. Gesellschaft in Paris u. in polit. Zirkeln in England. Erneut endeten Aufstände u. eine Bauernerhebung gegen den Grundadel auch im Großherzogtum Posen erfolglos. Im Gegensatz zu den liberalen Herrschaftsformen in den von Österreich be-

Polen

Könige

Piasten

Mehrere Herrscher der Piasten-Dynastie führten nicht den Königs-, sondern den Herzogstitel. Sie sind nachstehend mit * gekennzeichnet.

Mieszko I.*	960– 992
Bolesław I.	992–1025
Mieszko II.	1025–1034
Kasimir I.*	1034–1058
Bolesław II.	1058–1079
Władysław I.*	1079–1102
Zbigniew* und Bolesław III.*	1102–1107
Bolesław III.*	1107–1138
(Teilherzogtümer	1138–1295)
Przemyśl II.	1295–1296
(böhmische Herrschaft:	
Wenzel II.	1300–1305
Wenzel III.	1305–1306)
Władysław I. (1320 König)	1306–1333
Kasimir III.	1333–1370
(ungarische Herrschaft:	
Ludwig I.	1370–1382)
Jadwiga (1386 vermählt mit Jagiełło, als König Władysław II.)	1384–1399

Jagiellonen

Władysław II.	1386–1434
Władysław III.	1434–1444
Kasimir IV.	1447–1492
Johann I. Albrecht	1492–1501
Alexander	1501–1506
Sigismund I.	1507–1548
Sigismund II.	1548–1572

Wahlkönige

Heinrich von Valois	1573–1574
Stephan Báthory	1575–1586
Sigismund III. Wasa	1587–1632
Władysław IV. Wasa	1632–1648
Johann II. Kasimir Wasa	1648–1668
Michael Korybut Wiśniowiecki	1669–1673
Johann III. Sobieski	1673–1696
August II. von Sachsen	1697–1733
August III. von Sachsen	1733–1763
Stanisław Poniatowski	1763–1795
(Polen geteilt	1795–1918)

Staatschef

Józef Piłsudski	1918–1922

Präsidenten

Gabriel Narutowicz	1922
Stanisław Wojciechowski	1922–1926
Ignacy Mościcki	1926–1939

(deutsche Besatzungsherrschaft 1939–1945)

Vorsitzender des Landesnationalrates

Bolesław Bierut	1945–1947

Präsident

Bolesław Bierut	1947–1952

Vorsitzende des Staatsrates (seit 1989 Präsident)

Aleksander Zawadzki	1952–1964
Edward Ochab	1964–1968
Marian Spychalski	1968–1970
Józef Cyrankiewicz	1970–1972
Henryk Jabłonski	1972–1985
Wojciech Jaruzelski	1985–1990
Lech Wałęsa	1990–1995
Aleksander Kwasniewski	1995–

Parteiführer der Polnischen Vereinigten Arbeiterpartei

Bolesław Bierut	1948–1956
Edward Ochab	1956
Władysław Gomulka	1956–1970
Edward Gierek	1970–1980
Stanisław Kania	1980–1981
Wojciech Jaruzelski	1981–1989
Mieczysław Rakowski	1989–1990

setzten poln. Gebieten suchten Rußland u. Preußen durch Russifizierungs- bzw. Germanisierungsmaßnahmen freiheitl. Tendenzen in den von ihnen besetzten poln. Gebieten zu verhindern. 1864 wurde die Leibeigenschaft in Kongreßpolen aufgehoben. In den Industriestädten entstand die sozialist. Arbeiterbewegung (1882 Gründung der Partei „Proletariat“, 1892 „Poln. Sozialist. Partei“, 1893 „Sozialdemokratie des Königreichs P. u. Litauens“). An der russ. Revolution von 1905 nahmen auch Polen teil, Lodz u. Warschau waren Schauplatz heftiger Kämpfe.

Zu Beginn des 1. Weltkriegs waren die verschiedenen polit. poln. Organisationen nicht einheitlich in ihren Zielsetzungen: Die Linke erwartete die polit. Lösung durch eine Weltrevolution, die bürgerl. Richtung erwartete Hilfe von der Entente oder von den Mittelmächten, die Nationaldemokraten in Kongreß-P. waren prorussisch. Das 1917 in Lausanne gebildete *Nationalkomitee* stand in Kontakt mit der Entente. J. *Piłsudski* führte die poln. Legionen auf österr.-ungar. Seite. Nach der Besetzung des Königreichs P. durch die Mittelmächte wurden 1915 zunächst ein dt. *Generalgouvernement Warschau* u. ein österr. *Generalgouvernement Lublin* errichtet; am 5. 11. 1916 wurde das selbständige Königreich P. proklamiert. Als Gegenleistung hatten die Mittelmächte mit der Beteiligung poln. Truppen auf ihrer Seite gerechnet, doch erwies sich dies als eine Fehleinschätzung. 1917 anerkannte die Entente das poln. Nationalkomitee, u. der US-amerikan. Präs. Wilson versprach in seinen Vierzehn Punkten den Polen einen unabhängigen Staat.

Die Republik Polen (1918–1939): Am 7. 11. 1918 wurde in Lublin die Republik P. ausgerufen. Warschau wurde bald darauf von fremden Truppen befreit; Piłsudski erhielt den Oberbefehl. Am 22. 11. 1918 wurde er zum Staatschef ernannt; er blieb bis 1922 in dieser Stellung.

Das deutsch-poln. Verhältnis war von Anfang an belastet durch die im Versailler Vertrag festgelegte neue Westgrenze P.s u. durch das Problem der dt. Minderheit. An der Ostgrenze trübten die nach dem poln.-russ. Krieg 1919/20 entstandenen Verhältnisse u. der Konflikt mit Litauen um Wilna die Beziehungen zur Sowjetunion.

Unter diesem schwierigen außenpolit. Aspekt wirkten sich die inneren polit. Spannungen, wirtschaftl. Schwierigkeiten u. häufige Regierungswechsel belastend für den neuen Staat aus, zumal das 1921 mit Frankreich geschlossene Bündnis durch den Locarno-Pakt praktisch unwirksam wurde. Die Schwierigkeiten veranlaßten Piłsudski 1926, durch einen Staatsstreich erneut die Macht zu ergreifen. Bis zu seinem Tod 1935 regierte er autoritär.

1932 schloß P. mit der Sowjetunion, 1934 mit Dtschld. einen Nichtangriffspakt. Außenminister J. *Beck* versuchte nun, zwischen den beiden Machtblöcken eine Balancepolitik zu treiben, während der militär. Nachfolger Piłsudskis, E. *Rydz-Śmigły* (bis 1939), eine Stärkung P.s durch die Wirtschaftspolitik zu erreichen suchte. 1938 begann Hitlers Expansionspolitik gegenüber P.; seine Forderungen nach Angliederung Danzigs an Dtschld. u. Schaffung exterritorialer Verkehrsverbindungen mit Ostpreußen lehnte P. im Frühjahr 1939 ab, statt dessen bemühte es sich, Sicherheitsgarantien von England u. Frankreich zu erhalten. Hitler schloß dann am 23. 8. 1939 mit der UdSSR einen Nichtangriffspakt, der in einem geheimen Zusatzprotokoll die Aufteilung P.s durch die beiden Mächte vorsah.

Der Zweite Weltkrieg: Am 1. 9. marschierten dt. Truppen in P. ein. Am 17. 9. besetzte die Sowjetunion die poln. Ostgebiete. Obwohl Frankreich u. Großbritannien am 3. 9. Dtschld. den Krieg erklärten, war P. militärisch isoliert. Am 27. 9. mußte Warschau kapitulieren. W. *Sikorski* bildete eine Exilregierung in Paris (seit 1940 in London) u. begann mit dem Wiederaufbau einer poln. Armee in den westeurop. Ländern. Nach dem Tod Sikorskis 1943 leitete S. *Mikołajczyk* als Min.-Präs. die Exilregierung. – Der westl. Teil des von Dtschld. besetzten Gebiets wurde dem Reich eingegliedert, der mittlere Teil P.s zum „Generalgouvernement“ erklärt. Den größten Teil Ostpolens annektierte 1939 die Sowjetunion.

Mit dem dt. Angriff auf die Sowjetunion 1941 kam auch dieses Gebiet unter dt. Besatzung. Gleichzeitig wurde mit der Errichtung der Vernichtungslager Auschwitz, Maidanek, Treblinka, Sobibór u.a. die „Endlösung der Judenfrage“ eingeleitet. Bis Kriegsende wurden hier Millionen von Juden ermordet. Gegen die dt. Terrorherrschaft bildete sich eine poln. Widerstandsbewegung, die mit der Exilregierung in London in Verbindung stand. Zentrum des Widerstands war Warschau; der Aufstand (1. 8.–2. 10. 1944) wurde blutig niedergeschlagen u. Warschau stark zerstört. Zwischen 1939 u. 1945 kamen infolge dt. u. sowjet. Terrors sowie durch Kriegseinwirkung rd. 5 Mill. poln. Ew. ums Leben, das waren 18 % der Gesamtbevölkerung.

Während des Vordringens der sowjet. Truppen wurden am 22. 7. 1944 von dem *Poln. Komitee der Nationalen Befreiung (PKWN)*, in dem die Kommunisten dominierten, ein Manifest verkündet u. eine Provisor. Regierung gebildet. Auf den Konferenzen von Teheran u. Jalta billigten die Westmächte die Abtretung Ostpolens an die UdSSR. Hiergegen leistete die poln. Exilregierung heftigen Widerstand. Auf der Potsdamer Konferenz wurde P. für den Gebietsverlust im O mit Gebieten des Dt. Reiches bis zur *Oder-Neiße-Linie* entschädigt. Flucht u. Vertreibung der dt. Bevölkerung aus dieser Region setzten schon früher ein u. erreichten ihren Höhepunkt im Winter 1944/45.

Die Volksrepublik Polen: In der 1945 aus Mitgliedern der Provisor. Regierung u. der Exilregierung gebildeten „Regierung der nationalen Einheit“ besetzten die Kommunisten von Anfang an Schlüsselpositionen. Nach der Ausschaltung oppositioneller Elemente u. des als „Nationalkommunist“ geltenden KP-Generalsekretärs W. *Gomułka* (1948) begann eine „volksdemokrat.“ Entwicklung nach sowjet. Vorbild (Ausbau des kommunist. Herrschaftssystems). Die 1948 gegr. *Polnische Vereinigte Arbeiterpartei (PZPR)* übernahm das Machtmonopol in Staat u. Gesellschaft. Die polit. u. wirtschaftl. Abhängigkeit von der Sowjetunion war drükkend. 1956 kam es zu Arbeiterunruhen u. zur Wiedereinsetzung Gomułkas. Gomułka leitete eine gewisse Liberalisierung ein (Rückgängigmachung der Kollektivierung, Arrangement mit der kath. Kirche) u. betonte die nationale Eigenständigkeit P.s. Ein außenpolit. Ausgleich mit der BR Dtschld. gelang der poln. Führung mit dem *deutsch-poln. Vertrag* vom 7. 12. 1970 über Gewaltverzicht u. Feststellung der Oder-Neiße-Linie als poln. Westgrenze. Einen entspr. Vertrag hatte die DDR mit P. bereits 1950 geschlossen *(Görlitzer Abkommen)*. Die Normalisierung der Beziehungen zwischen P. u. der BR Dtschld. ermöglichte in den folgenden Jahren die Regelung der Entschädigung für die nat.-soz. Gewaltherrschaft und der Übersiedelung Deutschstämmiger in die BR Dtschld.

Mitte Dez. 1970 brachen erneut, vor allem in den Hafenstädten, Unruhen aus; daraufhin

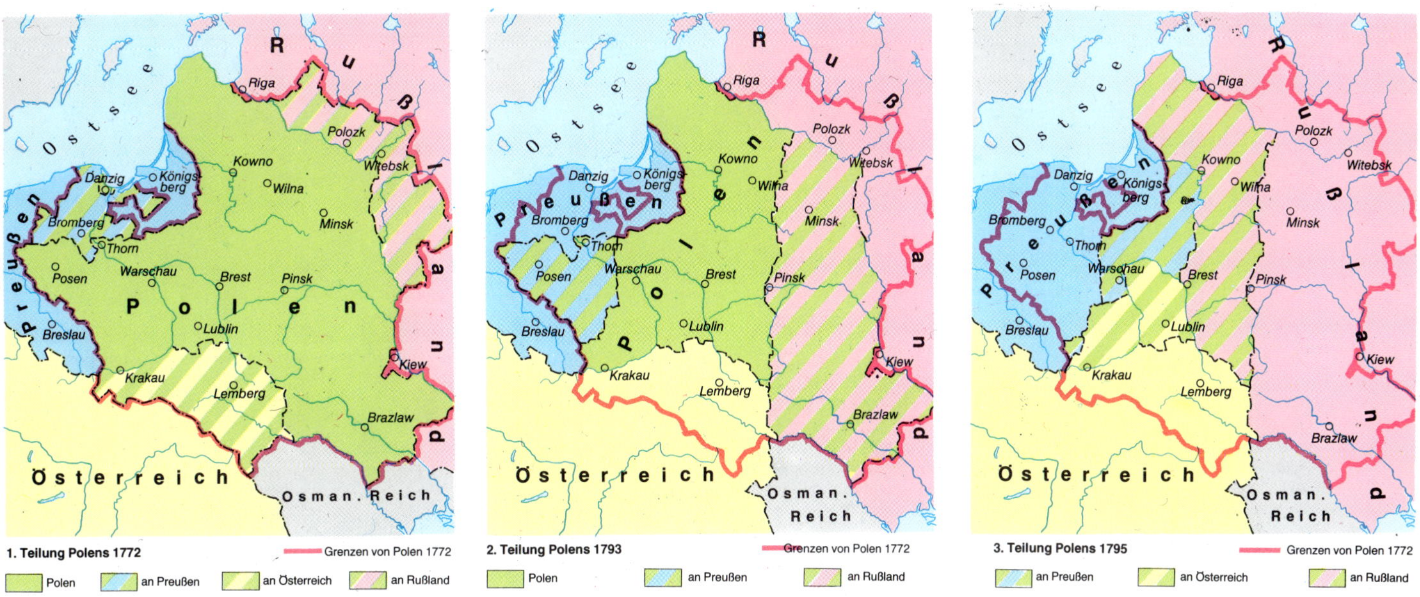

Die Teilungen Polens 1772, 1793 und 1795

löste E. *Gierek* als Erster Parteisekretär Gomułka ab. Die neue Führung baute ihre Machtbasis aus, indem sie auch die nationale „Partisanengruppe" um M. *Moczar* 1971/72 entmachtete. Der Vors. des Staatsrates J. *Cyrankiewicz* wurde durch H. *Jabłoński* ersetzt. Das Regime versuchte, die gewaltigen ökonom. Schwierigkeiten P.s durch Auslandskredite u. forcierte Industrialisierung zu lösen, was aber nur zum Teil gelang u. eine starke wirtschaftl. Abhängigkeit vom Westen bewirkte. Die Erhöhung der Lebensmittelpreise 1976 löste wieder Streiks u. Unruhen aus. Als Reaktion auf die harten innenpolit. Gegenmaßnahmen entstand das „Komitee zur Verteidigung der Arbeiter" *(KOR)*, 1977 umbenannt in „Komitee zur gesellschaftl. Selbstverteidigung" *(KSS)*. Nach neuerl. Unruhen wurde Gierek im Sept. 1980 als Erster Sekretär des ZK von S. *Kania* abgelöst. Gleichzeitig bildete sich der von der Partei unabhängige Gewerkschaftsverband *„Solidarność"* unter Führung von L. *Wałęsa*. Die Parteiführung sah sich genötigt, die neue Gewerkschaft u. das Streikrecht anzuerkennen. Die folgende innenpolit. Entwicklung schien das kommunist. Herrschaftssystem zu bedrohen. Schließlich sah die Partei ihre letzte Rettung in der Armee: Am 9. 2. 1981 wurde Verteidigungsminister General W. *Jaruzelski* neuer Min.-Präs. u. am 16. 10. 1981 Erster ZK-Sekretär. In Anbetracht der fortdauernden inneren Spannungen u. unter dem Druck der sowjet. Führung wie auch anderer kommunist. Staaten bildete Jaruzelski am 12. 12. 1981 einen in der Verfassung nicht vorgesehenen „Militärrat der Nationalen Rettung", der am 13. 12. den Kriegszustand verhängte u. die Internierung führender Gewerkschafter u. Oppositioneller, das Verbot weiterer Gewerkschaftstätigkeit u. eine allg. Zensur verfügte. Diese Maßnahmen sowie drastische Preiserhöhungen konnten weder die innenpolit. noch die wirtschaftl. Schwierigkeiten P.s beheben. Auch die Aufhebung des Kriegsrechts u. die Auflösung des Militärrats im Juli 1983 änderten wenig an der Lage. 1985 übernahm Jaruzelski das Amt des Staatsoberhauptes (Vors. des Staatsrats). Min.-Präs. wurde Z. *Messner*; er trat 1988 wegen des Scheiterns der Reform zurück.

Die neue Demokratie: In sog. „Gesprächen am runden Tisch" erzielten Regierung u. Opposition 1989 einen Kompromiß in polit. u. sozialen Fragen. Nach Verfassungsänderungen kam es zu den ersten teilweise freien Wahlen. Die Gewerkschaft „Solidarność" wurde wieder legalisiert u. erzielte einen großen Wahlerfolg. Jaruzelski wurde zum Staats-Präs. gewählt. Die durch die Reglementierung der Wahlen gegebene Regierungsbeteiligung der Kommunisten wurde in der Folgezeit reduziert. Die PZPR verlor ihr Machtmonopol u. löste sich 1990 auf. P. wurde zur demokrat. Republik. Das wiedervereinigte Deutschland erkannte endgültig die Oder-Neiße-Linie als Westgrenze P.s an. Neuer Staats-Präs. wurde 1990 L. Wałęsa. 1991 schloß P. mit Dtschld. einen Freundschaftsvertrag. Im Okt. 1991 fanden die ersten völlig freien Wahlen statt. Die Bildung einer mehrheitsfähigen Regierung erwies sich als äußerst schwierig. Die Min.-Präs. J. *Olszewski* u. W. *Pawlak* scheiterten nach kurzer Amtszeit. Im Juli 1992 wurde Hanna *Suchocka* Min.-Präs. einer Mitte-rechts-Koalition. Im Nov. 1992 wurde die alte kommunist. Verfassung endgültig außer Kraft gesetzt u. ein vorläufiges Verfassungsgesetz erlassen. Im Mai 1993 sprach das Parlament der Regierung Suchocka das Mißtrauen aus. Bei vorgezogenen Neuwahlen gewann die aus den früheren Kommunisten hervorgegangene Parteienallianz „Bund der demokrat. Linken" (SLD) die meisten Stimmen. W. Pawlak (SLD) wurde Min.-Präs. an der Spitze einer von SLD u. „Bauernpartei" (PSL) gebildeten Koalitionsregierung. Im März 1995 wurde Pawlak von J. *Oleksy* (SLD) im Amt des Regierungschefs abgelöst. Bei den Präsidentschaftswahlen im Nov. 1995 unterlag Wałęsa A. *Kwasniewski*, dem Kandidaten des SLD. Wegen des Vorwurfs der Spionage trat Oleksy im Jan. 1996 als Min.-Präs. zurück. Sein Nachfolger wurde W. *Cimoszewicz* (SLD). Im Mai 1997 billigte die Bevölkerung per Referendumsentscheid eine neue Verfassung. Die Parlamentswahlen im gleichen Jahr gewann die „Wahlaktion Solidarność" (AWS). J. *Buzek* (AWS) wurde neuer Min.-Präs. an der Spitze einer Koalitionsregierung aus AWS u. „Freiheitsunion" (UW).

Polignac [-'njak], Jules Auguste Armand Duc de, französ. Politiker, * 14. 5. 1780 Versailles, † 29. 3. 1847 Saint-Germain-en-Laye; nach 1815 Anhänger einer ultrareaktionären Politik, Gesandter in Rom u. London, enger Ratgeber Karls X., 1829/30 Min.-Präs. u. Außen-Min., unterzeichnete 1830 die königl. Juliordonnanzen, die zum Ausbruch der Revolution führten. Danach zu lebenslängl. Haft verurteilt, wurde er 1836 begnadigt.

Polis [die, Pl. *Poleis*; grch.], seit dem 7. Jh. v. Chr. die kultisch fundierte Organisationsform des antiken Stadtstaats, die das gesamte öffentl. Leben einer meist von einer *Akropolis* beschützten Siedlung mit kleinem Territorium erfaßte. Die P. war die Gesamtheit der Vollbürger, die mit dem Einwohnernamen (z. B. Athener) von den Bürgern anderer Poleis unterschieden wurden; auch der Stadtstaat hieß offiziell z. B. „die Athener". Der Höhepunkt der P. lag im 5. Jh. v. Chr., als Muster gilt Athen. Kennzeichnend war das Streben nach polit. Autonomie, demokrat. Verfassung, Verehrung einer eigenen Stadtgottheit u. wirtschaftl. Autarkie. Nicht ganz Griechenland war in dieser Weise organisiert, u. nicht alle Poleis waren selbständig; viele hatten sich nie aus den älteren Stammesverbänden gelöst. So war die P. zwar nicht die einzige, aber die wichtigste Staatsform der Griechen u. die Hauptträgerin der klass. griech. Kultur. Seit dem 3. Jh. v. Chr. gewannen die Stammesstaaten, vielfach als Bundesstaaten organisiert, zuungunsten der P. wieder an Boden. Mit dem Aufkommen der hellenist. Monarchien verlor die griech. P. ihre polit. Bedeutung.

Polisario, Abk. für span. *Frente Popular para la Liberación de Saguia el-Hamra y Río de Oro* (Volksfront für die Befreiung von Saguia El-Hamra u. Río de Oro), 1973 gegr. Guerilla-Organisation in der Westsahara; kämpft mit Unterstützung Algeriens für die Unabhängigkeit des früher span., 1976 zwischen Marokko u. Mauretanien geteilten Gebiets. Sie wurde von der Mehrheit der Mitgliedstaaten der „Organisation für afrikan. Einheit" *(OAU)* als Vertreterin des Volkes der Sahara anerkannt u. 1982 als Vollmitglied zu OAU-Sitzungen zugelassen.

Poljica [-jitca], histor. Landschaft an der dalmatin. Küste südöstlich von Split bis zum Unterlauf der Cetina; mit autonomer Gemeindestruktur vom 11. Jh. bis 1807; 1444–1797 venezianisch (mit kurzen Unterbrechungen durch türk. Oberhoheit), 1797–1805 u. 1813 bis 1918 unter österr. Herrschaft; berühmt ist das „Statut von P.", dessen älteste Teile im 15. Jh. kodifiziert wurden.

Polk [pɔuk], James Knox, US-amerikan. Politiker (Demokrat), * 2. 11. 1795 Mecklenburg, N. C., † 15. 6. 1849 Nashville, Tenn.; 1845 bis 1849 (11.) Präs. der USA; regelte 1846 zusammen mit J. *Buchanan* die Oregon-Frage u. entfesselte nach der Aufnahme von Texas in die Union durch Grenzstreitigkeiten den Mexikanischen Krieg 1846–1848.

Polnische Legionen, Freiwilligenverbände, die bei verschiedenen Gelegenheiten in fremden Heeren für die erhoffte poln. Unabhängigkeit kämpften: 1. Verbände unter General J. H. *Dąbrowski* in den Heeren Napoleons I. 1797–1803; 2. die von A. *Mickiewicz* gegr. Legion, die 1848/49 an der Seite der italien. Aufständischen gegen Österreich kämpfte; 3. in Galizien aufgestellte poln. Brigaden als Sonderverbände des österr. Heeres 1914–1917.

Polnischer Korridor, durch den Vertrag von Versailles (1919) geschaffener, 30–90 km breiter poln. Zugang zur Ostsee zwischen Pommern u. der Weichselmündung. Das Gebiet gehörte seit 1772 zur Provinz Westpreußen u. trennte seit 1919 Ostpreußen vom übrigen Reichsgebiet.

Polnischer Thronfolgekrieg, 1733–1735 der Krieg um die poln. Thronfolge nach dem Tod *Augusts II. (des Starken)*. Dem vom poln. Großadel gewählten u. von Frankreich, Spanien u. Sardinien unterstützten französ. Kandidaten *Stanislaus Leszczyński* setzten Rußland u. Österreich den Sohn Augusts des Starken, den Kurfürsten Friedrich August von Sachsen, als König *August III.*, entgegen. Dieser konnte sich behaupten. Im *Wiener Frieden* 1738 erhielt Leszczyński Lothringen, dessen Herzog, der spätere Kaiser Franz I., im Austausch Toskana bekam.

Polnisches Komitee der Nationalen Befreiung, *Lubliner Komitee*, die am 21. 7. 1944 in den von der Sowjetarmee eroberten Gebieten Polens geschaffene provisor. poln. Regierung. Sie stand unter bestimmendem Einfluß der Kommunisten u. stellte sich in Gegensatz zur Exilregierung in London. Nach Aufnahme von Mitgliedern der Exilregierung bildete sie die erste poln. Regierung nach dem 2. Weltkrieg.

Polnische Teilungen → Polen.

Polo, Marco, venezian. Kaufmann u. Weltreisender, * 1254 Venedig, † 1324 Venedig; reiste 1271 mit seinem Vater Nicolò u. dessen Bruder Matteo über die Türkei, Persien u. den Pamir nach China. 1275 trafen sie in Chan-balig (dem heutigen Peking) ein u. gewannen das Wohlwollen des Großchans. Sie blieben 17 Jahre in China, wo Marco P. drei Jahre einer der Statthalter der Stadt

Marco Polo: Titelblatt der ersten deutschen Marco-Polo-Übersetzung; 1477. Nürnberg

Polybios. Stele aus Kleitor (Arkadien)

Yangzhou war, u. unternahmen Reisen nach Birma, Tonkin u. Annam. Mit dem Auftrag, eine mongol. Prinzessin als Braut zu einem pers. Fürsten zu geleiten, traten sie 1292 auf dem Seeweg die Rückreise an. 1298 geriet Marco P. in genues. Gefangenschaft, wo er seine Erlebnisse niederschreiben ließ. Seine Zeitgenossen schenkten den Berichten wenig Glauben u. hielten vieles für Übertreibungen u. Lügen. Erst spätere Forschungen erwiesen die Richtigkeit der Reiseberichte, die eine bedeutende Quelle für unser Wissen vom mittelalterl. Asien sind.

Pol Pot, kambodschan. Politiker, eigentl. *Saloth Sar*, *19. 5. 1928 Memot, †15. 4. 1998 bei Anlong Veng (?); 1949–1953 Studium in Frankreich; 1960 Mitgründer der KP Kambodschas, seit 1963 deren Führer; baute in den 1960er Jahren die Guerillaorganisation der *Roten Khmer* auf; nach dem Sieg im Bürgerkrieg gegen das Lon Nol-Regime 1976–1979 Min.-Präs., veranlasste auf Grundlage einer nationalist.-marxist. Ideologie ein Genozid an der eigenen Bevölkerung; nach der vietnames. Invasion 1978/79 Rückzug in den Dschungel u. einer der Führer des Widerstands gegen die von Vietnam gestützte Regierung; nach deren Sturz bekämpfte P. P. mit den Roten Khmer aus dem Untergrund heraus auch die 1993 neu gewählte kambodschan. Regierung; 1997 von einem Tribunal der Roten Khmer zu lebenslanger Haft verurteilt.

Poltawa, Stadt in der Ukraine, an der Worskla, 324 000 Ew.
In der *Schlacht bei P.* am 8. 7. 1709 im Nord. Krieg siegte *Peter d. Gr.* entscheidend über den Schwedenkönig *Karl XII.*; Schwedens Großmachtstellung ging damit endgültig verloren.

Polybios, griech. Geschichtsschreiber, *um 200 v. Chr., †um 120 v. Chr.; als Geisel nach Rom gebracht, nahm am 3. Punischen Krieg teil; schrieb eine die Zeit von 264–144 v. Chr. umfassende röm. Geschichte von universalhistor. u. pragmat. Charakter; von ihr sind die ersten 5 Bücher (bis 216 v. Chr.) u. einzelne Teile späterer Bücher erhalten. Sie schildern die Verwandlung des Mittelmeerraums zur polit. Einheit unter der Herrschaft des röm. Weltreichs, dessen Aufstieg P. durch die geschichtsphilosoph. Idee vom Kreislauf der Verfassungen deutete.

Polykrates, Tyrann von Samos, †522 v. Chr. Magnesia am Mäander; kam 538 v. Chr. gewaltsam an die Macht; schuf ein Söldnerheer u. die stärkste Flotte im damaligen Griechenland; förderte Landwirtschaft u. Gewerbe, Architektur u. Dichtkunst. Berühmt war die Wasserleitung des *Eupalinos*. An seinem Hof lebten die Dichter *Anakreon* u. *Ibykos*, während *Pythagoras* unter seiner Herrschaft nach Süditalien auswanderte. Der pers. Satrap *Oroites* von Sardeis ließ ihn umbringen.

Pombal, Sebastião José de *Carvalho e Mello*, Marquês de P., portugies. Politiker, *13. 5. 1699 Soure bei Pombal, †8. 5. 1782 Pombal; seit 1750 maßgebender Minister *Josephs I.*, wirkte im Sinn der gemäßigten Aufklärung (staatl. Kontrolle der Inquisitionsurteile; Ausweisung der Jesuiten 1759); Wiedererbauer Lissabons nach dem Erdbeben von 1755. P. gilt als Begründer des modernen Portugal (Förderung der Kolonien, Abschaffung der Sklaverei). Er wurde 1778 entlassen u. verarmte.

Pomerium [das; lat.], im alten Rom die sakrale Grenze zwischen Stadt u. Land, durch rituellen Akt gezogen.

Pommern, poln. *Pomorze*, ehem. preuß. Provinz, 38 401 km^2, 2,4 Mill. Ew. (1939), Hptst. *Stettin*; umfaßt die Ostseeküste mit ihrem Hinterland zwischen Darß u. Rixhöft. Durch die Oder wird P. in das westl. der Oder liegende *Vor-P.* (West-P.) u. das östl. der Oder liegende *Hinter-P.* (Ost-P.) geteilt.
P. war ursprünglich von Germanen bewohnt, denen nach der Völkerwanderung Slawen folgten, die das Land *Pomorje* („Küstenland") nannten u. schon 600 n. Chr. bedeutende Handelsplätze an der Ostsee besaßen *(Julin–Wollin)*. Seit etwa 1100 herrschten einheim. Fürsten über *Slawien* (P.-Stettin) u. *P.* (das spätere *Pommerellen* mit Danzig). Die Christianisierung fand unter Bischof *Otto von Bamberg* statt, der 1140 das Bistum Wollin (später nach Cammin verlegt) gründete. Die pommerschen Fürsten (Linien *Demmin* u. *Stettin*) erhielten 1181 die Anerkennung als Reichsfürsten. 1317 gewann Slawien ehemals pommerellische Gebiete von der Leba bis zum Gollenberg bei Köslin, von hier aus wurde der Name P. auch auf die westl. Gebiete übertragen. Die Reichsunmittelbarkeit ging in der Zwischenzeit durch brandenburg. oder poln. Oberhoheit verloren, wurde aber 1529 *(Grimnitzer Vertrag)* durch Verzicht Brandenburgs auf die Lehenshoheit sowie 1530 durch Bestätigung Kaiser Karls V. wiederhergestellt. 1534 wurde in P. die Reformation eingeführt. Im Westfälischen Frieden 1648 kam Hinterpommern an Brandenburg, während Vorpommern, Rügen, Stettin, Gollnow u. die Odermündungen an Schweden fielen, das 1720 Vorpommern zwischen Oder u. Peene u. 1815 auch den Rest an Preußen abtrat. Die preuß. *Provinz P.* bestand aus den Regierungsbezirken Köslin, Stettin u. Stralsund (bis 1932); 1938 wurde der Nordteil der *Grenzmark Posen-Westpreußen* als Reg.-Bez. Schneidemühl angeschlossen.
In der Schlußphase des 2. Weltkriegs flüchteten viele Bewohner P.s nach Westen. Die Zurückgebliebenen (rd. 1 Mill.) wurden zum größten Teil von den Polen vertrieben (Zwangsaussiedlung seit 1946); etwa 500 000 Menschen kamen um oder blieben verschollen. Hinterpommern u. Stettin wurden 1945 poln. Verwaltung unterstellt (→ Ostgebiete); Vorpommern (ohne Stettin) wurde mit Mecklenburg zum Land → Mecklenburg-Vorpommern vereinigt.

Pompadour [pɔ̃pa'du:r], *Madame P.*, Jeanne Antoinette *Poisson*, Marquise de P. (1745), Mätresse *Ludwigs XV.* von Frankreich (seit 1745), *29. 12. 1721 Paris, †15. 4. 1764 Versailles; nahm mehrfach Einfluß auf die französ. Politik, bes. auf das Bündnis Frankreich–Österreich gegen Preußen–England 1756.

Pompeius [-'pe:jus], **1.** *Gnaeus P. Magnus*, röm. Politiker u. Feldherr, *29. 9. 106 v. Chr., †28. 9. 48 v. Chr.; zunächst Anhänger *Sullas*, operierte erfolgreich gegen den Marianer *Sertorius* in Spanien (76–72 v. Chr.) u. besiegte 71 v. Chr. die letzten Anhänger des *Spartacus* in Oberitalien. Als Konsul des Jahres 70 v. Chr. revidierte er mit seinem Kollegen *Crassus* einige der sullanischen Restaurationsmaßnahmen u. erhielt 67 v. Chr. außerordentl. Vollmachten zur Bekämpfung der Seeräuber, danach 66 v. Chr. den Oberbefehl gegen *Mithradates VI.* von Pontos. Er schloß ein Bündnis mit den Parthern u. errichtete die röm. Provinz Pontus.
63 v. Chr. eroberte er Jerusalem u. schuf die Provinzen Syria u. Cilicia. Als er nach seiner Rückkehr sein Heer entlassen hatte, verweigerte ihm der Senat die Ratifizierung seiner Anordnungen in Asien u. seinen Veteranen das versprochene Ackerland. Daraufhin schloß P. 60 v. Chr. mit *Cäsar* u. *Crassus* ein Bündnis (1. Triumvirat) u. heiratete 59 v. Chr. Cäsars Tochter *Julia*; 56 v. Chr. wurde das Triumvirat erneuert. Nach dem Tod Julias (54 v. Chr.) geriet P. in Gegensatz zu Cäsar u. wurde schließlich 49 v. Chr. vom Senat mit der Verteidigung der Republik gegen diesen beauftragt. Als Cäsar schnell entschlossen Italien eroberte, floh P. mit einem Teil des

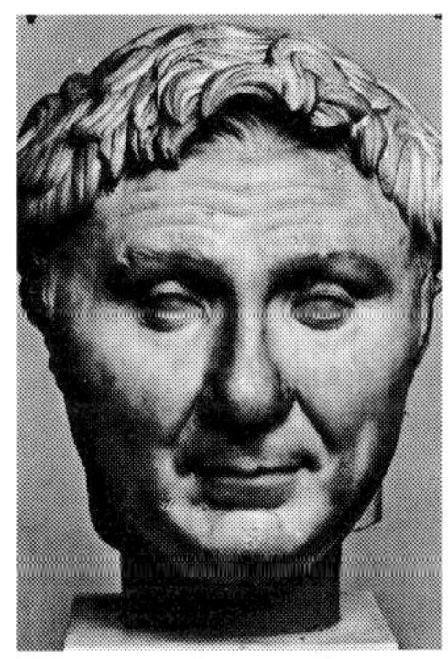

Pompeius (1)

Senats nach Griechenland; Cäsar folgte ihm u. besiegte P. in der Schlacht von *Pharsalos* (9. 8. 48 v. Chr.). P. floh nach Ägypten, wo er auf Befehl des Königs *Ptolemaios XIII.* ermordet wurde.

2. *Gnaeus P.*, Sohn von 1), *um 78 v. Chr., †45 v. Chr.; führte den Kampf seines Vaters gegen Cäsar weiter, wurde aber 45 v. Chr. bei *Munda* in Spanien geschlagen u. auf der Flucht getötet.

3. *Sextus P.*, Sohn von 1), *um 68 v. Chr., †35 v. Chr.; ging nach dem Tod seines Vaters nach Afrika, später nach Spanien u. Sizilien, von wo aus er mit seiner Flotte das westl. Mittelmeer beherrschte. Er verbündete sich 43 v. Chr. mit *Brutus* u. *Cassius* u. errang 42 v. Chr. einen Sieg über *Octavians* Flotte. 40 v. Chr. unterstützte P. *Antonius* gegen Octavian. 39 v. Chr. wurde er Statthalter von Sizilien, Sardinien u. Achaia, 38 v. Chr. begann ein neuer Kaperkrieg. 36 v. Chr. wurde P. von *Agrippa* besiegt u. 35 v. Chr. in Milet getötet.

Pompeji, ital. *Pompei*, Stadt in Kampanien, südöstl. vom *Vesuv*, rd. 22 000 Ew.; Vesuv-Museum, Wallfahrtskirche; westl. davon die Ruinen des *antiken* P.: alte oskische Stadt, im 7. Jh. wohl unter griech. Einfluß gegr., im 6. Jh. etrusk., seit dem 5. Jh. samnitisch, seit 80 v. Chr. röm. Kolonie; 79 n. Chr. mit den benachbarten Städten *Herculaneum*, *Stabiae* u. *Oplontis* bei der Monte-Somma-Eruption

Der Untergang Pompejis

1

Pompeji gilt als die besterhaltene Stadt des Altertums. Der Vesuv-Ausbruch am 24. August des Jahres 79 n. Chr.wirkte mit seiner Lavamasse konservierend, so daß die Archäologen hier eine reiche Quelle für ihre Arbeit finden konnten. Wie in einer Momentaufnahme hielt der plötzliche Vulkanausbruch die Lebensweise der Pompejaner fest und überlieferte somit anschauliche Zeugnisse der römischen Kultur, die auch heute noch beeindrucken.

Plinius der Jüngere, der mit seiner Mutter vor dem Aschen- und Bimssteinregen floh, berichtete in zwei Briefen an Tacitus vom Untergang Pompejis: »Es wurde wieder dunkel, es fiel wieder Asche, dicht und schwer. Immer wieder standen wir auf und schüttelten diese von uns ab; sonst wären wir zugedeckt und vom Gewicht auch erdrückt worden. (...) Außerdem sahen wir, wie das Meer gleichsam in sich selbst aufgeschluckt und durch das Beben zurückgetrieben wurde.«

Die Überlieferung des Todeskampfes derjenigen, die die rettende Flucht vor den niedergehenden Lapillimassen und den tödlichen Schwefeldünsten nicht mehr antreten konnten, wurde durch das Ausgießen der Formen, die Mensch und Tier im erstarrten Aschenschlamm hinterließen, mit Gips möglich.

Vor dem Vulkanausbruch, seit der Friedensperiode unter Kaiser Augustus, traf sich die römische Gesellschaft in der mondänen Provinzstadt, in der auch Cicero und Sallust Villen besaßen.

Die Ausgrabungsstätte Pompeji ist von einer Kalksteinringmauer umgeben und hat – abgesehen von älteren Bezirken um das Forum – ein rechtwinkliges Straßennetz.

Im Innern der Stadt finden wir am Forum verschiedene Kult- und Verwaltungsbauten, vor allem den Jupiter- und den Apollon-Tempel, das Marcellum (die augusteische Markthalle für Lebensmittel) sowie die Basilika, die, um 100 v. Chr. entstanden, die früheste erhaltene ist und als Gerichtsgebäude und Börse diente. Außerdem liegen im Stadtgebiet die aus drei aufeinanderfolgenden Perioden stammenden großen Stabianer-, Forums- und Zentralthermen. Das Amphitheater, das 20 000 Zuschauer faßte, ist das älteste bisher bekannte überhaupt. Am Forum Triangulare liegen ein großes und ein kleines, ehemals überdachtes Theater. Zur Orientierung wurden die vielen erhaltenen Wohnhäuser und Läden fast alle entweder nach dem Besitzer oder nach außergewöhnlichen Bildwerken benannt. Zu nennen ist hier z. B. die berühmte Casa del Fauno. *A.F.*

2

3

4

1 *Wohnstraße in Pompeji.*

2 *Gegeißelte und Bacchantin vom Dionysischen Fries in der Villa dei Misteri.*

3 *Tanzender Faun, ein altrömischer Waldgott, aus der Casa del Fauno. Neapel, Museo Nazionale.*

4 *Marmorstatuette der Aphrodite, der griechischen Göttin der Liebe und Schönheit (röm. Venus).*

5

6

5 *Nymphäum mit Mosaiken in der Via di Mercurio.*

6 *Peristyl, ein von Säulen umgebener Innenhof der Casa degli Amorini dorati.*

1) Ostium (Eingang)
2) Tabernae (Läden)
3) Cubicula (Schlafzimmer)
4) Atrium (Halle)
5) Compluvium (Becken für das vom Dach schräg nach innen ablaufende Regenwasser)
6) Alae (Flügel)
7) Tablinum (Gemeinschaftsraum)
8) Triclinia (Speiseräume) für Sommer und Winter
9) Atrium tetrastylum (Viersäulenhalle)
10) Peristyl (Säulenhof)
11) Culina (Küche)
12) Exedra (Gesellschaftsraum) mit dem Alexandermosaik
13) Triclinium für den Sommer
14) Großes Peristyl
15) Posticum (Hintertür)

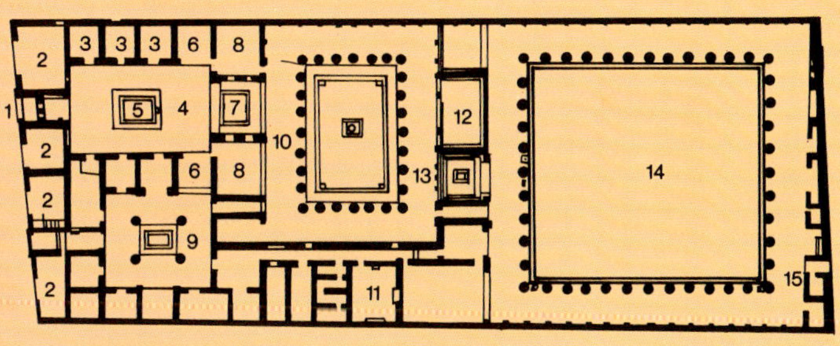

7

7 *Grundriß der Casa del Fauno, der die Verschmelzung des römischen Atriumhauses mit dem hellenistischen Peristyl zeigt.*

8

8 *Apollon-Tempel.*

(sog. Vesuv-Ausbruch) verschüttet; seit 1748 ausgegraben u. archäologisch erforscht. Die Funde, Dokumente aus dem Leben einer wohlhabenden röm. Landstadt, sind z.T. an ihrem Ort belassen, z.T. in dem lokalen Museum in der Ausgrabungsstätte, z.T. im Nationalmuseum von Neapel (Mosaiken, Fresken, Skulpturen).

Pompidou [pɔ̃pi'du], Georges, französ. Politiker (Gaullist), *5. 7. 1911 Montboudif, Dép. Cantal, †2. 4. 1974 Paris; 1935–1944 Lehrer für Griechisch, Latein u. Literatur in Marseille u. Paris. Seit 1944 gehörte P. zum engeren Kreis um de Gaulle. 1954 –1958 war er für den Rothschild-Konzern tätig, ab 1956 Generaldirektor. 1958 wurde er Direktor des Kabinetts unter Min.-Präs. de Gaulle. Nachdem dieser zum Staats-Präs. gewählt worden war, ernannte er P. zu seinem Vertreter bei den Friedensverhandlungen mit Algerien (1961/62). Der Erfolg des *Évian-Abkommens* trug dazu bei, daß P. im April 1962 zum Premier-Min. berufen wurde. Der Studentenrevolte von 1968 begegnete er mit einer Politik der Stärke, u. den darauffolgenden Wahlkampf führte er erfolgreich im Zeichen des Antikommunismus. Trotzdem ernannte de Gaulle ihn nicht wieder zum Premier-Min. Nach dessen Rücktritt wurde P. im Juni 1969 ins Amt des Staats-Präs. gewählt, das er bis zu seinem Tode innehatte. P. setzte die auf die französ. Nation zentrierte Außenpolitik seines Vorgängers fort, suchte dabei jedoch ein besseres Verhältnis zu den USA herzustellen.

Poniatowski, Józef Antoni Fürst, poln. Offizier, *7. 5. 1763 Wien, †19. 10. 1813; 1794 im Aufstand T. *Kościuszkos* Kommandeur einer Division; 1807 Kriegs-Min. des Großherzogtums Warschau; führte 1809 einen siegreichen Feldzug gegen Österreich, war bei Napoleons Rußlandfeldzug 1812/13 Befehlshaber des poln. Armeekorps; deckte Napoleons Rückzug nach der Völkerschlacht bei Leipzig u. ertrank verwundet in der Elster.

Pont du Gard [pɔ̃dy'ga:r], vollständig erhaltener Aquädukt des 1. Jh. v. Chr. über den Gard, Nebenfluß der Rhône; Teil der röm. Wasserleitung von Uzès nach Nîmes; bekanntestes Beispiel röm. Ingenieurkunst nördl. der Alpen; Höhe: 49 m, Länge: 269 m.

Ponthion [pɔ̃n'tjɔ̃], ehem. karoling. Pfalz südl. von Châlons-sur-Marne, berühmt vor allem durch die Zusammenkunft Papst Stephans II. Anfang 754 mit dem Frankenkönig Pippin I., die zum Bündnis zwischen Rom u. dem Karolingerreich führte.

Pontiac [-æk], Indianerhäuptling der Ottawa, *um 1720, †10. 4. 1769 (ermordet); kämpfte seit 1755 auf französ. Seite gegen die Engländer, faßte unter seinem Oberbefehl 25 indian. Völkerschaften zusammen u. erhob sich mit ihnen am 7. 5. 1763. Der Aufstand scheiterte am Widerstand der Forts Detroit u. Pitt.

Pontianus, Papst 230–235, Heiliger, Römer, †235 in Sardinien; bestätigte die Absetzung des *Origenes*, wurde zusammen mit dem Gegenpapst *Hippolytos* von Kaiser Maximinus Thrax in die Bergwerke Sardiniens verbannt u. starb bald. P. wird als Märtyrer verehrt. Fest: 13. 8.

Pontifex [der, Pl. *Pontifices*; lat., „Brückenbauer", vielleicht „Wegbereiter" (der Gemeinschaft)], im alten Rom auf Lebenszeit gewähltes Mitglied der obersten Priesterbehörde, der die Handhabung u. Aufsicht aller religiösen Gesetze u. Vorschriften oblag, soweit sie nicht Sonderpriestern zukamen. Die Pontifices führten den Kalender u. setzten die variablen Festtage fest; ihre ursprüngl. Zahl ist unbekannt, für 300 v. Chr. sind 9 Pontifices bezeugt, seit Sulla 15, seit Cäsar 16. An der Spitze stand der *P. maximus*, dessen Amtssitz, das alte Königshaus (Regia), am Forum stand. Zum Gesamtkollegium der röm. Pontifices gehörten ferner der *Rex sacrorum* (etwa „Opferkönig"), der die sakralen Aufgaben der alten Könige weiterführte, die *Flamines* u. die *Vestalinnen.* – Seit Papst *Leo d. Gr.* ist „P. maximus" (Abk. *P. M.*) ein Titel des Papstes (auch *Summus P.*, ital. *Sommo Pontefice*).

Pontifikat [das, ursprüngl. der; lat.], Regierungszeit des Papstes oder Bischofs.

Pontius Pilatus, röm. Prokurator in Judäa 26–36 n. Chr.; während seiner Amtszeit wurde Christus gekreuzigt.

Pontos [grch., „Meer"], lat. *Pontus, Pontisches Reich,* histor. Landschaft an der Nordküste Kleinasiens, in der Antike unter *Mithradates I.* um 280 v. Chr. ein selbständiges Königreich um das Pontische Gebirge. *Mithradates VI. Eupator* erweiterte das Reich, konnte es aber gegen Rom (drei Mithradat. Kriege) nicht behaupten. 63 v. Chr. wurde P. röm. Provinz.

Pontos Euxeinos [grch., „Gastliches Meer"], der antike Name für das Schwarze Meer.

Popitz, Johannes, Verwaltungsbeamter u. Politiker, *2. 12. 1884 Leipzig, †2. 2. 1945 Berlin-Plötzensee (hingerichtet); Jurist; 1925–1929 Staatssekretär im Reichsministerium der Finanzen, 1932/33 Reichs-Min. ohne Geschäftsbereich, 1933–1944 preuß. Min. der Finanzen. P. stand seit 1938 in engem Kontakt mit K. *Goerdeler*, L. *Beck* u. anderen führenden Kräften der Widerstandsbewegung; seine Bemühungen, Göring u. (1943) Himmler für die Ausschaltung Hitlers zu gewinnen, schlugen fehl. Nach dem Attentat auf Hitler vom 20. 7. 1944 wurde er verhaftet u. vom Volksgerichtshof zum Tode verurteilt.

Popol Vuh [-'vux], heiliges Buch der *Quiché-Maya* in Guatemala, vermutlich 1554–1558 entstanden; enthält Schöpfungsmythen, das religiöse Weltbild sowie die Geschichte der Quiché mit einer Chronologie ihrer Könige. Es wurde zu Anfang des 18. Jh. von Francisco *Jiménez* in Chichicastenango entdeckt, der von dem heute verschollenen Originalmanuskript eine Kopie anfertigte u. den Inhalt ins Spanische übersetzte.

Poppaea Sabina, zweite Frau *Neros*, †65 n. Chr.; Nero heiratete sie nach Ermordung seiner ersten Frau *Octavia* im Jahr 62. P. S. starb, als sie schwanger war, an einem Fußtritt, den ihr Nero versetzte.

Popularen [lat.], im antiken Rom in der Spätphase der Republik (133–31 v. Chr.) Politiker, die zumeist gegen die Senatsmehrheit, insbes. die *Optimaten,* Partei ergriffen. Sie waren dabei weniger durch ihre soziale Stellung von den Optimaten geschieden als durch die Methoden, mit denen sie politisch agierten: Sie stützten sich auf das Volk u. zunächst auch auf die Ritterschaft u. stellten den Führungsanspruch des Senats in Frage. Bedeutende P. waren z. B. die *Gracchen, Marius, Crassus* u. *Cäsar.*

Populonia, etrusk. Stadt an der Westküste der Toskana, gegenüber von Elba, beim heutigen *Piombino*, mit gutem natürl. Hafen; seit dem 3. Jh. v. Chr. unter röm. Herrschaft; Reste etrusk. Nekropolen.

Porsenna, etrusk. Stadtkönig von Clusium (dem heutigen Chiusi), um 500 v. Chr.; belagerte der röm. Tradition nach *(Mucius Scaevola)* Rom im Interesse der Tarquinier.

Porta Nigra [die; lat., „Schwarzes Tor"], mittelalterl. Name des unvollendeten Nordtors der röm. Stadtbefestigung von *Trier*, mit zwei Tordurchfahrten u. zwei flankierenden Türmen (Höhe 30 m); erbaut um 180 n. Chr.; im 11. Jh. zur Doppelkirche umgebaut, 1815–1876 in der ursprüngl. Form wiederhergestellt, 1966–1973 restauriert.

Port Arthur, früher im Westen gebräuchl. Name der chines. Hafenstadt Lüshun (nach dem engl. Kapitän W. *Arthur*, der 1857 als erster in die Hafenbucht eindrang).

Portland ['pɔ:tlənd], William Henry Cavendish *Bentinck*, Duke of P., engl. Politiker, *14. 4. 1738 Bulstrode, †30. 10. 1809 Bulstrode; 1783 Premier-Min., 1794–1801 Innen-Min. unter William *Pitt* d. J.; 1807–1809 erneut Premier-Min.

Port-Royal [pɔ:rrwa'jal], ehemaliges Zisterzienserinnenkloster bei Versailles, 1204 gegr., 1625 von der Äbtissin J. *Arnauld* nach Paris verlegt *(Port-Royal-de-Paris)*; doch kehrten einige Nonnen in das Landkloster zurück (seitdem *Port-Royal-des-Champs* genannt). Das Kloster wurde im 17. Jh. zu einem Mittelpunkt des *Jansenismus* u. des gesamten geistigen u. kulturellen Lebens. Das Landkloster wurde 1707, das Stadtkloster 1841 aufgehoben.

Portugal P

Portugiesische Republik

Fläche: 92389 km². – *Einwohner:* 9,9 Mill. – *Hauptstadt:* Lissabon. – *Landessprache:* Portugiesisch. – *Nationalfeiertag:* 10. 6. – *Währung:* 1 Escudo = 100 Centavos. – *Lage:* zwischen 36°58′ und 42°10′ n. Br. sowie 6°11′ und 9°30′ w. L. – *Zeitzone:* Mitteleuropäische Zeit – 1 Std. – *Grenzen:* im W und S Atlantischer Ozean, im N und O Spanien. – *Staatsform:* parlamentarische Republik.

Die iberisch-kelt. Mischbevölkerung, in deren Gebiet im S karthag. Kolonien lagen, trat unter ihrem Führer *Viriatus* (2. Jh. v. Chr.) der röm. Eroberung hartnäckig entgegen, unterlag aber schließlich *Brutus*. Das Gebiet wurde 72 v. Chr. römisch; im Zuge der Verwaltungsreform des *Augustus* wurde Lusitania (das Kerngebiet des heutigen P.) eine der 3 röm. Provinzen auf der Halbinsel (27 v. Chr.). Seit Mitte der 60er Jahre n. Chr. breitete sich auf der Iber. Halbinsel das Christentum aus. Um 430 gründeten die von N eingewanderten german. *Sweben* im W der Halbinsel das Reich „Portu-Cale", das 585 ins Westgotenreich eingegliedert wurde. 711 begann die arab. Invasion, u. nach wenigen Jahren befand sich das Gebiet des heutigen P. bis zur Höhe von Braga in arab. Hand. Erst im N der Halbinsel stießen die Eroberer auf ernsthaften Widerstand. Im 9. Jh. begann die Rückeroberung *(Reconquista).*

Die Grenzgrafschaft *Portucalia* im N zwischen Tejo u. Minho stand seit 1095 unter der Herrschaft *Heinrichs (Henriques) von Burgund*, dessen Sohn Alfons Heinrich sich 1139 König *(Alfons I.)* nannte u. die Selbständigkeit P.s begründete. Mit dt. u. engl. Kreuzfahrern eroberte er im Kampf gegen die Araber 1147 Lissabon; 1260 wurde Lissabon Residenz, 1267 wurde die bis heute gültige Grenze mit Spanien festgelegt. *Dinis* förderte bes. Handel u. Wirtschaft; *Alfons IV.* ließ die atlant. Entdeckungsfahrten in größerem Umfang beginnen. Dem 1383 ausgestorbenen burgund. Herrscherhaus (Ferdinand I.) folgte die Nebenlinie *Aviz* mit *Johann I.* Der „Windsorvertrag" von 1386 leitete die noch heute bestehende Anlehnung an England ein. 1415 begann die Eroberung nordafrikan. Gebiets (Ceuta), später folgte die Ausbreitung an der Küste Westafrikas *(Heinrich der Seefahrer).* Ende des 15. Jh. erreichten die Portugiesen das Kap (Bartolomeu *Diaz*) u. ließen sich nach Entdeckung des Seewegs nach Indien (Vasco da *Gama*) dort in Handelskolonien nieder. *Manuel I.* (Emanuel d. Gr.) för-

derte Kunst u. bes. Wissenschaft u. Entdekkungsfahrten. Zum asiat. u. afrikan. Kolonialbesitz kam das 1499 (P. A. *Cabral*) entdeckte Brasilien. Gewaltiger Reichtum floß infolge des Kolonialhandels nach P.; doch auf die Dauer zeigte sich, daß das kleine P. eine zu schmale Basis für das Kolonialreich war. Die einheim. Wirtschaft war zugunsten des Überseehandels vernachlässigt worden. Als nach dem Aussterben der Königsdynastie (Kardinal Heinrich, †1580) die Spanier P. annektierten, wurde es in die spanisch-englisch-niederländ. Auseinandersetzung hineingezogen; der portugies. Handel litt schwer, u. die Molukken, Ceylon u. zeitweilig der Nordosten Brasiliens gingen an die Holländer verloren.
Die Lösung der Vereinigung mit Spanien (1640) durch *Johann IV.* aus dem Haus *Bragança* mit französ. Unterstützung kam zu spät. Im Innern kam der Klerus zur Herrschaft; die einheimische Wirtschaft wurde durch den *Methuenvertrag* 1703 noch stärker von England abhängig; der größte Teil des Kolonialbesitzes war an die Niederländer u. Engländer verlorengegangen. Der Marquês de *Pombal* (unter *Joseph I.*) konnte den Niedergang zwar aufhalten, wurde aber von *Maria da Glória I.* entlassen. 1807 mußte der portugies. Hof vor Napoleon I. nach Brasilien fliehen. Mit engl. Hilfe (A. *Wellington*) wurden die Franzosen allerdings (1808/09, 1811 endgültig) vertrieben; *Johann VI.* kam aber erst 1821 aus Brasilien zurück, das dann 1822 unabhängig wurde. Um die Staatsform der konstitutionellen Monarchie begann ein langer Streit zwischen Liberalen u. Reaktionären. Nach vorübergehender Stabilisierung der Verhältnisse ging unter *Peter V.* u. *Ludwig I.* der Verfall weiter, bes. der der Finanzen auch unter *Karl I.* ; der Kolonialbesitz wurde dank engl. Unterstützung gehalten. Karl I. u. der Kronprinz wurden 1908 ermordet u. der folgende *Manuel II.* 1910 abgesetzt. 1911 wurde P. Republik, die jedoch dem Land nicht die notwendige innere Ruhe brachte. Schuld daran waren die tiefgreifenden Meinungsverschiedenheiten zwischen den Parteien, Unruhen, polit. Korruption u. eine anhaltende Finanzkrise. Bis 1926 erlebte P. unter acht Präsidenten 44 Regierungen. Es folgte eine lange Zeit der Militärdiktaturen mit wechselnden Regierungschefs. Der bemerkenswerteste unter ihnen war Antonio de Oliveira *Salazar* (Regierungschef von 1939 bis 1968). Er baute einen autoritär-korporativen Einparteienstaat auf, in dem jegliche Opposition verboten war, u. brachte überraschend schnell die Staatsfinanzen wieder in Ordnung. Nachdem er infolge eines Schlaganfalls regierungsunfähig geworden war, wurde er 1968 von M. *Caetano* abgelöst. Dieser versprach dem Land zwar soziale u. polit. Reformen, setzte die autoritäre Politik Salazars jedoch fort.

Portugal: Einem der Soldaten, die die Diktatur stürzten, wird eine rote Nelke, das Symbol der Revolution vom 25. April 1974, angeheftet

Seit den 1960er Jahren führte P. gegen die Unabhängigkeitsbewegungen in seinen afrikan. Besitzungen einen verlustreichen Kolonialkrieg, der auf zunehmende Kritik bei der Bevölkerung u. der Armee stieß. 1974 wurde die Diktatur von der „Bewegung der Streitkräfte" (MFA) gestürzt, deren Träger vor allem jüngere Offiziere waren. Die Kolonien wurden größtenteils rasch in die Unabhängigkeit entlassen. Die Wiederherstellung demokrat. Verhältnisse wurde eingeleitet. General A. de *Spínola* wurde Staats-Präs.; er trat 1974 wegen der von ihm mißbilligten Linksentwicklung zurück. Sein Nachfolger wurde General F. *Costa Gomes*.
Nach fehlgeschlagenen rechts- u. linksradikalen Putschversuchen setzten sich Ende 1975 gemäßigte Gruppen durch. Die Präsidentenwahl gewann 1976 General R. *Eanes* (1980 mit großer Mehrheit wiedergewählt), der sich die Festigung der pluralistischen Demokratie zur Aufgabe machte. Die ersten Parlamentswahlen fanden 1976 statt. Sie machten die Sozialisten (PS) zur stärksten Partei, erbrachten aber keine klaren Mehrheitsverhältnisse. Daher wurden 1979 vor dem Ablauf der Legislaturperiode Neuwahlen abgehalten. Auch in der Folgezeit waren vorgezogene Neuwahlen die Regel (1980, 1983, 1985 u. 1987). Anfangs regierten die Sozialisten allein, später in einer Koalition mit dem Demokrat.-Sozialen Zentrum (CDS). 1979 folgte eine Mitte-Rechts-Koalition Sozialdemokrat. Partei (PSD) u. CDS, 1983 eine Mitte-Links-Koalition (PS u. PSD), 1985 eine Minderheitsregierung der PSD unter A. *Cavaco Silva*. 1986 wurde P. Mitgl. der Europ. Gemeinschaft. Im gleichen Jahr wurde der Sozialist M. *Soares*, der 1976–1978 u. 1983–1985 Min.-Präs. war, zum Staats-Präs. gewählt (Wiederwahl 1991). Seit 1987 konnte sich die PSD-Regierung unter Cavaco Silva – als erste seit dem Sturz der Diktatur – auf eine absolute Mehrheit im Parlament stützen. Diese wurde bei den Wahlen 1991 bestätigt. Aus den Parlamentswahlen 1995 gingen die Sozialisten als stärkste Partei hervor. Ihr Führer A. *Guterres* bildete eine Minderheitsregierung. Die Präsidentschaftswahlen 1996 gewann der sozialist. Kandidat J. *Sampaio*.

portugiesische Überseegebiete, die ehem. Besitzungen Portugals in Übersee. Die portugies. Expansion begann mit der Eroberung Ceutas 1415. Nachdem Brasilien 1822 die Unabhängigkeit erlangt hatte, umfaßten die p. Ü. folgende Territorien: in Afrika Angola, Moçambique, Guinea-Bissau, Cabinda, São João Baptista de Ajuda (im heutigen Benin), São Tomé u. Principe u. die Kapverdischen Inseln; in Asien Portugiesisch-Indien (Goa, Daman, Diu), Macau u. Timor. Im Gegensatz zu den anderen europ. Kolonialmächten hielt Portugal unter dem Diktator *Salazar* an seinen Besitzungen fest. Rechtlich wurden die Kolonien als „Überseeprovinzen" dem Mutterland gleichgestellt, doch blieb die Wirklichkeit hinter diesem Anspruch zurück. Portugiesisch-Indien wurde 1962 von Indien annektiert. Nach der Revolution von 1974 entließ Portugal die meisten Überseegebiete rasch in die Unabhängigkeit. Timor wurde 1976 Indonesien einverleibt. Da die Azoren u. Madeira als „anliegende Inseln" dem Mutterland zugehören, blieb vom früheren Kolonialbesitz nur Macau übrig, das aber seit 1974 als „chines. Territorium unter portugies. Verwaltung" bezeichnet wird.

Posadowsky-Wehner, Arthur Graf von, Politiker, *3. 6. 1845 Großglogau, Schlesien, †23. 10. 1932 Naumburg an der Saale; 1893–1897 Staatssekretär des Reichsschatzamtes; 1897 bis 1907 Staatssekretär des Reichsamtes des Innern, Vizekanzler u. preuß. Staats-Min. Die sozialen Reformen dieser Jahre gehen vor allem auf ihn zurück. 1912–1918 war er fraktionsloses Mitgl. des Reichstags, in der Weimarer Nationalversammlung 1919/20 Fraktions-Vors. der Deutschnationalen Volkspartei.

Posen, *Poznań*, Stadt im W von Polen, an der Warthe, Hptst. der Wojewodschaft *Poznán*, 583 000 Ew.
Die frühslawische Siedlung aus dem 8. Jh. war im 10. Jh. Sitz der poln. Herzöge u. wurde 968 Bischofssitz. Seit 1138 residierten in P. die Herzöge von Großpolen. Um 1250 legten dt. Siedler die Neustadt an. Die Einmischung der Stadt in die Thronstreitigkeiten der Piasten-Dynastie Anfang des 14. Jh. hemmte die wirtschaftl. Entwicklung. P. erreichte seine Blütezeit im 16. Jh. 1815–1830 war es Hptst. des preuß. Herzogtums, 1830–1919 der preuß. Provinz gleichen Namens. Mit Beginn des 2. Weltkriegs 1939 kam P. noch einmal an das Dt. Reich (Vertreibung der Polen). Mit der Rückeroberung durch sowjet. Truppen 1945 wurde P. wieder polnisch (Vertreibung der Deutschen).

post urbem conditam [lat.], Abk. *p. u. c.*, „nach Gründung der Stadt", altröm. Jahreszählung.

Potjomkin, *Potemkin*, Grigorij Alexandrowitsch Fürst, russ. Minister, *24. 9. 1739 Tschischewo bei Smolensk, †16. 10. 1791 bei Iaşy; Favorit u. einflußreicher Berater *Katharinas II.*; Mitgl. des Reichsrats u. Präs. des Kriegskollegiums. Als Generalgouverneur von „Neurußland" u. der Krim gliederte er die in den Türkenkriegen gewonnenen Gebiete Rußland ein. Während der Reise Katharinas in die Krim 1787 ließ er angeblich längs des Wolgawegs Attrappen von Siedlungen („Potjomkinsche Dörfer") errichten. Er plante Eroberung Konstantinopels u. des Balkans durch Rußland u. war Oberbefehlshaber im russisch-türk. Krieg (1787–1792).

„Potjomkin", nach G. A. Fürst P. benannter russ. Panzerkreuzer der Schwarzmeerflotte. 1905 meuterte seine Mannschaft, mehrere Offiziere wurden erschossen; nach einem erfolglosen Versuch, weitere Schiffe zur Meuterei zu bewegen, suchte das Schiff Asyl in dem rumän. Hafen Constanţa. – S. *Eisenstein* behandelte das Thema 1925 in seinem Film „Panzerkreuzer P.".

Potsdam, Hptst. des Landes Brandenburg, südwestl. von Berlin auf einer Insel *(P.er Werder)* der sich seeartig erweiternden Havel, 140 000 Ew.
Eine slaw. Siedlung *Poztupimi* wird erstmals 993 erwähnt. Im 12. Jh. ließen die Markgrafen von Brandenburg eine Burg errichten. Daneben entstand eine Ortschaft, die im 14. Jh. Stadtrechte erhielt. Seit dem Großen Kurfürsten residierten die brandenburg.-preuß. Herrscher häufig in P. Vor allem *Friedrich Wilhelm I.* u. *Friedrich d. Gr.* trugen zur baulichen Ausgestaltung bei. Bis 1918 war P. zweite königl. Residenz. 1945–1952 war es Hptst. des Landes Brandenburg, danach Bezirkshauptstadt, seit 1990 ist es wieder Landeshauptstadt. – Als *Tag von P.* bezeichneten die Nationalsozialisten die Eröffnung des Reichstages in der P.er Garnisonkirche am 21. 3. 1933 durch *Hitler*, der damit die preuß. Traditionen für sein Regime in Anspruch nahm. – 1945 tagte in Schloß Cecilienhof die → Potsdamer Konferenz.

Potsdamer Abkommen, eine Zusammenstellung von Ergebnissen der → Potsdamer Konferenz, die am 2. 8. 1945 von den Regierungschefs der USA, der Sowjetunion u. Großbritanniens, *Truman*, *Stalin* u. *Attlee*, als „Mitteilung über die Drei-Mächte-Konferenz von Berlin" veröffentlicht wurde; sie unterscheidet sich nur in wenigen Details von dem zunächst geheimgehaltenen Protokoll der Konferenz. Die Bez. „Abkommen" ist im strengen Sinne unzutreffend, da die Mitteilung in ihren 14 Abschnitten einen Kurzbericht über

den Konferenzverlauf sowie Beschlüsse, Vereinbarungen u. Absichtserklärungen der drei Regierungen zur künftigen Politik gegenüber Dtschld. u. anderen europ. Staaten nebeneinanderstellt.
Ganz oder z. T. auf Dtschld. beziehen sich die Abschnitte II (Errichtung eines Rates der Außen-Min. der drei Mächte, Frankreichs u. Chinas, der u. a. eine „friedl. Regelung“ für Dtschld. vorbereiten sollte), III (polit. u. wirtschaftl. Grundsätze zur Behandlung Deutschlands in der ersten Zeit der alliierten Kontrolle), IV (Reparationen), V (Aufteilung der dt. Kriegs- u. Handelsmarine), VI (Stadt Königsberg u. angrenzendes Gebiet), VII (Kriegsverbrecher), IXb (Westgrenze Polens), XIII (Überführung dt. Bevölkerungsteile aus Polen, der Tschechoslowakei u. Ungarn). Andere Abschnitte behandeln Fragen Österreichs, Polens, Friedensverträge mit Deutschlands ehem. Verbündeten, territoriale Treuhänderschaft, alliierte Kontrolle in Rumänien, Bulgarien u. Ungarn sowie militär. Besprechungen.
Dem P. A. zufolge sollte die Bevölkerung des in vier Besatzungszonen eingeteilten Dtschld. durch den Kontrollrat als Inhaber der obersten Regierungsgewalt, soweit „praktisch durchführbar“, gleich behandelt werden. Dtschld. sollte als „wirtschaftl. Einheit“ gelten. Statt einer Zentralregierung sollten vorläufig aber nur einige wichtige zentrale Verwaltungsabteilungen unter Leitung von Staatssekretären gebildet werden. Ziele der Besatzungspolitik sollten u. a. sein: völlige Abrüstung u. Entmilitarisierung, Beseitigung von Organisationen u. Doktrinen des Nationalsozialismus u. des Militarismus, Ausschaltung nat.-soz. Personals aus öffentl. u. wichtigen nichtöffentl. Funktionen (Entnazifizierung), Bestrafung der Kriegsverbrecher, Demokratisierung des öffentlichen Lebens (Bildungs-, Gerichtswesen, dezentralisierte Verwaltung, Zulassung von polit. Parteien u. Gewerkschaften, Vorbereitung von Wahlen; Presse-, Rede- u. Religionsfreiheit), Beseitigung der Rüstungsindustrie, Einschränkung u. Kontrolle der Schwerindustrie, Beseitigung von wirtschaftl. Konzentration u. Monopolen, Förderung von Landwirtschaft u. Friedensindustrie für den dt. Eigenbedarf. Da keine Einigkeit darüber erzielt wurde, welche Reparationsleistungen Dtschld. erbringen konnte, ohne die Mindestversorgung der dt. Bevölkerung zu gefährden, wurde beschlossen, daß jede Besatzungsmacht ihre Reparationsansprüche im wesentl. aus ihrer Zone u. aus dt. Auslandsguthaben befriedigen sollte. Die „früher dt. Gebiete“ östlich der Oder-Neiße-Linie sollten nicht zur sowjet. Besatzungszone (SBZ) gehören u. bis zur endgültigen Festlegung der poln. Westgrenze polnischer bzw. sowjetischer (der nördl. Teil Ostpreußens) Verwaltung unterstellt werden. Die dt. Bevölkerung aus der Tschechoslowakei, Ungarn u. Polen (wobei nicht ausdrücklich, aber implizit auch die Deutschen aus den Gebieten östl. der Oder-Neiße-Linie gemeint waren) sollte „in ordnungsgemäßer u. humaner Weise“ nach Dtschld. überführt werden.
Frankreich als an der Potsdamer Konferenz nicht beteiligte vierte Besatzungsmacht nahm das P. A. zur Kenntnis, erhob jedoch am 7. 8. 1945 schriftlich Vorbehalte gegen mehrere der Dtschld. betreffenden Bestimmungen (u. a. hinsichtlich der zentralen Verwaltungsabteilungen, der wirtschaftl. Grundsätze u. der dt. Grenzen). Das P. A. ist nicht Grundlage einer gemeinsamen Besatzungspolitik der Siegermächte geworden. In der SBZ u. in den Westzonen legten sie es seit 1945/46 nach eigenen Vorstellungen aus; beide Seiten haben sich in der Folgezeit gegenseitig der Nichteinhaltung bezichtigt (z. B. in der Frage der Entmilitarisierung), doch hat auch keine Seite das P. A. gekündigt oder für vollständig hinfällig erklärt. Wie weit das in manchen Punkten gleichwohl überholte P. A. Dtschld. rechtlich verpflichtete, blieb zwischen West u. Ost umstritten; auch unter westl. Völkerrechtlern gab es Meinungsverschiedenheiten.

Potsdamer Konferenz: Attlee, Truman und Stalin (von links); dahinter die Außenminister (von rechts): Molotow (UdSSR), Byrnes (USA) und Bevin (Großbritannien) sowie Admiral Leahy (USA)

Potsdamer Edikt, die Verfügung des Großen Kurfürsten *Friedrich Wilhelm* von Brandenburg vom 8. 11. 1685 über die Aufnahme von geflüchteten französ. Protestanten *(Réfugiés)*; großenteils erst unter *Friedrich III.* (I.) ausgeführt. Die Ansiedlung von rund 15000 französ. Hugenotten hatte einen wirtschaftlichen Aufschwung des Landes zur Folge.

Potsdamer Konferenz, die 3. Konferenz der „Großen Drei“ der Anti-Hitler-Koalition des 2. Weltkrieges. Die P. K. tagte vom 17. 7. bis zum 2. 8. 1945 im Schloß Cecilienhof in Potsdam. Teilnehmer waren die Regierungschefs der USA (H. S. *Truman*), der Sowjetunion (J. W. *Stalin*) u. Großbritanniens (W. *Churchill*, seit 28. 7. C. *Attlee*) sowie die Außenminister J. F. *Byrnes*, W. M. *Molotow* u. A. *Eden*, seit 28. 7. E. *Bevin*. Die P. K. diente der Koordinierung der alliierten Politik zur Schaffung eines „gerechten u. dauerhaften Friedens“. Ihr Resultat war das *Potsdamer Abkommen*. Am 26. 7. stellte die P. K. an Japan ein Ultimatum zur bedingungslosen Kapitulation. Die Sowjetunion verpflichtete sich, bei Weigerung Japans dem Krieg gegen Japan beizutreten (Kriegserklärung am 8. 8. 1945).

Pozzo di Borgo, Carlo Andrea Graf (seit 1825), kors. Politiker u. russ. Diplomat, *8. 3. 1764 Alata, Korsika, †15. 2. 1842 Paris; trat aus persönl. Feindschaft gegen Napoleon I. in russ. Dienste; 1814–1832 russ. Botschafter in Paris, 1835–1839 in London.

prädynastische Kulturen, die späten jungsteinzeitl. bzw. kupferzeitl. Kulturen im alten Ägypten (5. u. 4. Jahrtausend v. Chr.). Man unterscheidet früh- *(Badari-Kultur)*, alt- *(Negade I* oder *Amratien)*, mittel- *(Negade II* oder *Gerzéen)* u. spät-P. K. *(Semainien)*.

Praetor [lat., „der Vorangehende“], in der röm. Frühzeit Titel der Feldherren u. Oberbeamten, seit 366 v. Chr. nach dem *Konsul* der höchste Stadtbeamte *(P. urbanus)*, dem 242 v. Chr. ein Fremden-P. *(P. peregrinus)* zur Seite gestellt wurde. Der P. hatte vornehmlich richterl. Aufgaben. Er war wie der Konsul für ein Jahr in den Zenturiatkomitien gewählt, mit dem Recht, während der Dauer seiner Amtszeit rechtskräftige Edikte zu erlassen. Zeichen seiner Würde waren 6 *Liktoren*, die ihm voranschritten. Er konnte anstelle der Konsuln mit dem militär. Oberbefehl betraut werden. Mit zunehmender Erweiterung des Röm. Reichs wurde die ursprüngl. Zahl von 2 P.en zum Zweck der Provinzialverwaltung erhöht: 227 v. Chr. auf 4 (Provinzen Sicilia u. Sardinia), 197 v. Chr. auf 6 (2 Provinzen in Spanien). Obwohl seit Sulla nicht mehr in den Provinzen tätig, wurde ihre Zahl noch mehr erweitert, zunächst auf 8, durch *Cäsar* auf 16 u. in der Kaiserzeit zeitweise auf 18.

Prag um 1493: Holzschnitt aus H. Schedels Weltchronik

Präfekt [der; lat.], **1.** frz. *Préfet*, 1799–1982 in Frankreich der oberste Verwaltungsbeamte eines Départements. Aufgrund des Dezentralisierungsgesetzes von 1982 heißt der entspr. Beamte (mit verringerten Befugnissen) jetzt *Kommissar der Republik (Commissaire de la République)*.
2. ursprüngl. der Vertreter der hohen röm. Beamten, in der Kaiserzeit ein Verwaltungsbeamter mit bes. Aufgaben, in der Regel aus dem Ritterstand; z. B. der Befehlshaber der Prätorianer u. der Vizekönig von Ägypten.

Prag, tschech. *Praha*, Hptst. der Tschechischen Republik u. des Kraj Středočeský, an der Moldau, im Mittelpunkt des Böhm. Bekkens, 1,2 Mill. Ew.
Siedlungsspuren im heutigen P. reichen bis ins 4. Jahrtausend v. Chr. zurück. Um die Burgen *Hradschin* u. *Wyschehrad* (Vyšehrad) entstand im 6. Jh. n. Chr. eine slaw. Siedlung; sie wurde im 10. Jh. Residenz der Přemysliden, 973 Bischofssitz, 1344 Erzbistum. 1255 erhielt die Altstadt (Handwerker- u. Kaufmannssiedlung) dt. Stadtrecht; in der 2. Hälfte des 14. Jh. machte Kaiser *Karl IV.* P. zur Residenz u. Hptst. des röm.-dt. Reichs (glänzender Ausbau zur „Goldenen Stadt"; 1348 Gründung der 1. dt. Universität, zugleich 1. Universität in Zentraleuropa). Nach der Verbrennung des Anführers der kirchl. Reformbewegung, J. *Hus*, kam es zur national-tschech. Erhebung u. 1419 zum *1. Prager Fenstersturz*, mit dem die Hussitenkriege begannen. Der *2. Prager Fenstersturz* am 23. 5. 1618 führte zum Dreißigjährigen Krieg (Böhm. Aufstand); er war das Signal zum Widerstand gegen die habsburg. Rekatholisierung. Der *P.er Friede* 1635 zwischen Kaiser u. Sachsen beendete den Schwedischen Krieg. 1784 wurden die alten Stadtteile Hradschin, Altstadt, Kleinseite u. Neustadt administrativ zur Stadt P. zusammengefaßt. P. war 1918 bis 1992 Hptst. der Tschechoslowakei; seit 1993 Hptst. der Tschechischen Republik.

Prager Fenstersturz, 1. *1. P. F.:* hussitische Demonstration am 30. 7. 1419 gegen die Verhaftung von Anhängern des Laienkelchs durch das Prager Stadtregiment. Dabei warfen aufgebrachte Hussiten 13 Personen, darunter einen Richter u. drei Ratsherren, aus dem Rathausfenster.
2. *2. P. F.:* Protestaktion böhm. Protestanten gegen die Verletzung des Majestätsbriefes Rudolfs II. durch die kath. Regierung am 23. 5. 1618, bei der zwei kaiserl. Räte u. ein Schreiber aus einem Fenster der Prager Burg geworfen wurden. (Alle drei überlebten.) Der folgende Aufstand des vorwiegend ev. Adels gegen die kath. Landesherrschaft u. deren Rekatholisierungsversuche in Böhmen leitete den Böhm.-Pfälz. Krieg, den ersten Teil des → Dreißigjährigen Krieges, ein.

Prager Friede, der Friedensschluß zwischen Preußen u. Österreich vom 23. 8. 1866 auf der Grundlage des Vorfriedens von → Nikolsburg.

Prager Frühling, ursprüngl. Name eines regelmäßig in Prag stattfindenden Musikfestes. Im polit. Sprachgebrauch bezeichnet man als P. F. die Anfang 1968 von der Führung der Kommunist. Partei der Tschechoslowakei unter *A. Dubček* eingeleitete Politik der Demokratisierung u. Liberalisierung. Der Einmarsch von Truppen des Warschauer Pakts am 21. 8. 1968 machte dem P. F. ein Ende.

Prager Kompaktaten, Verträge, die das Basler Konzil 1433 mit den gemäßigten Hussiten, den *Calixtinern*, schloß. Bes. die Gewährung des Laienkelchs beendete die *Hussitenkriege*.

pragmatische Geschichtsschreibung, eine bes. in der Aufklärung verbreitete Richtung der Geschichtsschreibung, die die geschichtl. Vorgänge unter dem Gesetz von Ursache u. Wirkung betrachtete u. Lehren für die Zukunft ziehen wollte.

Pragmatische Sanktion, in vorkonstitutioneller Zeit ein unverletzl. Staatsgesetz von dauernder Geltung: **1.** die *P. S. von Bourges* (7. 7. 1438), die den Einfluß des Papstes auf die französ. Kirche einschränkte.
2. das von Kaiser *Karl VI.* erlassene österr. Staatsgrundgesetz vom 19. 4. 1713, mit dem die Unteilbarkeit der habsburg. Länder u. die weibl. Erbfolge beim Aussterben des Mannesstammes festgelegt wurden. Aufgrund der P.n S. trat *Maria Theresia* die Herrschaft in den österr. Ländern an. Zunächst als habsburg. Hausgesetz konzipiert, wurde die P. S. nach Austragung des *Österr. Erbfolgekriegs* auch international anerkannt.

Prähistorie [lat.] → Ur- und Frühgeschichte.

Prämonstratenser, lat. *Ordo Praemonstratensis*, Abk. *OPraem*, *Norbertiner*, kath. Ordensgemeinschaft von Regularkanonikern nach der Regel des *Augustinus*, gegr. 1120 von *Norbert von Xanten* mit dem Mutterkloster in Prémontré bei Laon. Die P. erlangten große Bedeutung durch die Kolonisation der dt. Ostgebiete.

Pranger, *Schandpfahl*, ein Pfahl, an dem im MA Verbrecher angeschlossen u. öffentlich ausgestellt wurden.

Prasad, Rajendra, ind. Politiker, * 3. 12. 1884 Zeeradai, Bihar, † 28. 2. 1963 Sadaguat Ashram bei Patna; seit 1917 Mitarbeiter M. *Gandhis*, 1934, 1939 u. 1948 Präs. der Kongreßpartei, 1942–1945 in engl. Haft, 1946/47 Min. für Landwirtschaft u. Ernährung, 1946–1950 Präs. der konstituierenden Verfassungsversammlung, 1950–1962 (1.) Staats-Präs. Indiens.

Prätorianer, ursprüngl. Garde zum persönl. Schutz eines röm. Feldherrn, seit *Augustus* Eingreifreserve u. Schutztruppe röm. Kaiser; anfänglich 4500, seit 193 n. Chr. 9000 Mann stark u. in Rom kaserniert, von zwei Präfekten befehligt. Die P. waren eine Elitetruppe u. bildeten zugleich eine Ausbildungsstätte für den Offiziersnachwuchs. Während verschiedener Thronwirren spielten sie eine bedeutende Rolle. *Konstantin d. Gr.* löste die Truppe 312 auf.

Přemysliden [prʒɛmis-], böhm. Königshaus, das die tschech. Stämme staatlich einte. Sagenhafter Ahnherr war *Přemysl*, verheiratet mit *Libussa*. Die P. erhielten 1198 die erbl. Königswürde. Mit dem ermordeten *Wenzel III.* starben die P. 1306 in der männl. Linie aus; in der weibl. Linie folgten den P. die Luxemburger.

Preßburg, slowak. *Bratislava*, ung. *Pozsony*, Hptst. der Slowakei u. des Kraj *Západoslovenský*, in der Westslowakei, an der Donau, nahe der österr.-ungar. Grenze, 441 000 Ew.
Archäolog. Forschungen wiesen eine ständige Besiedlung des Gebietes um die Burg seit etwa 2500 v. Chr. nach. In röm. Zeit stand hier ein befestigtes Militärlager; im 5. Jh. wurde das Gebiet von Slawen besiedelt. 907 fand P. unter dem Namen *Brezalauspurc* erste Erwähnung. Von bayer. Einwanderern besiedelt, gehörte es im MA zu Ungarn. Es erhielt 1217 Stadtrecht u. wurde 1405 königl.-ungar. Freistaat. 1467 wurde in P. die erste Universität Ungarns gegr. Nachdem 1541 Budapest von den Türken erobert worden war, wurde es bis 1684 Hptst. des westl. Teils Ungarns, der nunmehr unter habsburg. Herrschaft stand. 1563–1830 ließen sich die ungar. Könige (Habsburger) im St.-Martins-Dom krönen *(Stephanskrone)*. 1918 kam P. dann an die neugegründete Tschechoslowakei. 1939–1945 war es Hptst. der vom nat.-soz. Dtschld. abhängigen Slowak. Republik. Heute ist es Hptst. der Slowakei.
Der *Friede von P.* am 26. 12. 1805 beendete den 3. Koalitionskrieg zwischen Österreich, Frankreich u. seinen süddeutschen Verbündeten. Österreich mußte Tirol, Vorarlberg, Eichstätt, Passau, Burgau, Brixen u. Trient an Bayern, Venetien an das Königreich Italien abtreten u. der Erhebung Bayerns u. Württembergs zu Königreichen zustimmen. Als Entschädigung erhielt es Salzburg. Der Friede von P. leitete die Auflösung des Reiches ein.

Preußen, ehem. Land des Dt. Reiches, umfaßte zuletzt (1939) 294 160 km² mit 41,8 Mill. Ew. Es gliederte sich in die Provinzen Brandenburg, Grenzmark Posen-Westpreußen, Hannover, Hessen-Nassau, Hohenzollernsche Lande, Ostpreußen, Pommern, Rheinprovinz, Sachsen, Schlesien, Schleswig-Holstein u. Westfalen; die Hptst. Berlin bildete einen eigenen Verwaltungsbezirk.
Der Name P. stammt von dem zwischen Weichsel u. Memel ansässigen balt. Stamm der *Pruzzen (Prußen)* u. bezeichnete ursprünglich nur dessen Siedlungsgebiet, etwa das spätere Ost- u. Westpreußen umfassend. Es ging im 18. Jh. auf den mit der Schaffung des preuß. Königtums begründeten Gesamtstaat über.
Zur Christianisierung der Pruzzen rief der Piastenherzog Konrad I. 1225/26 den Deutschen Orden ins Land. Der Dt. Orden empfing von Kaiser Friedrich II. *(Goldbulle von Rimini)* das *Kulmerland* sowie das übrige, noch zu erobernde Land der Pruzzen als Lehen u. erhielt die Reichsfürstenwürde in P. Dem Orden folgten zahlreiche Siedler (→ Ostsiedlung), die um die Burgen herum Städte gründeten, denen in der *Kulmer Handfeste* selbständige Verwaltung gewährt wurde: 1231 Thorn, 1232 Kulm 1233 Marienwerder, 1237 Elbing, 1253 Memel, 1255 Königsberg. Aber erst 1283 gelang die vollständige Unterwerfung der Pruzzen. 1309 wurde der Sitz des Hochmeisters des Dt. Ordens von Akko nach P. *(Marienburg)* verlegt. 1441 wurde der Hochmeister persönlicher Landesherr von P.
Nachdem der Dt. Orden im *2. Frieden von Thorn* 1466 das Bistum Ermland, Westpreußen u. Danzig verloren hatte, behielt er vom alten Ordensgebiet lediglich Ostpreußen, das der Hochmeister *Albrecht* von Brandenburg-Ansbach nach der Säkularisation des Ordensstaats 1525 in ein (ev.) erbliches Herzogtum P. unter poln. Lehnshoheit umwandelte. Dieses Herzogtum fiel 1618 durch Erbverträge an die Linie der → Hohenzollern, die die Kurwürde in → Brandenburg innehatten. *Friedrich Wilhelm*, der Große Kurfürst, war nach der Übernahme der Regierung 1640 bestrebt, seine durch den Dreißigjährigen Krieg schwer zerrütteten Länder, die zu fast selbständigen polit. Gebilden unter adlig-bürgerl. Landständen geworden waren, in einem einheitl. Gesamtstaat zusammenzufassen.
Die europ. Geschichte P.s begann, als der Sohn des Großen Kurfürsten, Kurfürst *Friedrich III.* von Brandenburg, aufgrund seiner Souveränität in P. u. durch Vereinbarungen mit dem Kaiser am 18. 1. 1701 in Königsberg seine Krönung als *Friedrich I.*, „König in Preußen", vornahm u. mit dieser persönl. Rangerhöhung das preuß. Königtum begründete. Sein Sohn, König *Friedrich Wilhelm I.*, dessen Herrschaft (seit 1713) außenpolitisch noch kein starkes Gewicht hatte, obwohl er durch Beteiligung am Nordischen Krieg zeitweilig Vorpommern mit Stettin seinem Gebiet hinzufügen konnte, arbeitete für die innere Konsolidierung seines Staates. Er schuf die Grundlagen des preuß. Verwaltungs- u. Militärstaats. Das Heer wurde auf eine Friedensstärke von rd. 130 000 Mann gebracht. Der preuß. Offiziersstand, fast nur aus Söhnen des eingesessenen Adels bestehend, bildete den ersten Stand im Staat u. behielt diese Vorrangstellung bis zum Ende der Monarchie. Der Mannschaftsstand wurde mehr u. mehr aus Landeskindern rekrutiert. Die ständ. Herrschaftsschichtung von Gutsherr u. Bauern setzte sich im Heer zwischen

Preußens Aufstieg und Untergang

Preußen hat, verglichen mit Ländern wie Bayern und Sachsen, keine lange Geschichte gehabt. Wenn man den Beginn sehr früh ansetzt, waren es etwas mehr als drei Jahrhunderte. Aber ein preußischer Staat im eigentlichen Sinne hat nur knapp zweihundertfünfzig Jahre lang bestanden.

Einem dynastischen Zufall war es zu verdanken, daß das Herzogtum Preußen (später Ostpreußen genannt) 1618 in den Besitz der Kurfürsten von Brandenburg aus dem Hause Hohenzollern kam. Dabei handelte es sich zunächst um eine bloße Personalunion. In der 2. Hälfte des 17. Jahrhunderts bemühte sich der Große Kurfürst, aus seinen weit auseinanderliegenden Landesteilen einen hohenzollernschen Staat zu formen. Der preußische Staat jedoch entstand erst 1701, als sich Kurfürst Friedrich III. zum König Friedrich I. »in Preußen« krönte. Unter seinen beiden Nachfolgern, Friedrich Wilhelm I. und Friedrich dem Großen (der sich nun König »von Preußen« nannte), wurde Preußen zur Militärmacht. Aber den »rauhen Vernunftstaat« (Sebastian Haffner) kennzeichneten nicht nur sein Militarismus und seine autoritäre Verwaltung; er hatte auch Platz für Aufklärung und Toleranz. Im 19. Jahrhundert war Preußen eine der fünf Großmächte, die das europäische Gleichgewicht aufrechterhielten. 1871 wurde es zum Kern des neuen Deutschen Reiches. Man hat oft gesagt, dieses Reich sei ein »Groß-Preußen« gewesen. Daran ist etwas Richtiges, aber ebenso richtig ist, daß Preußen mehr und mehr im Deutschen Reich aufging. Wilhelm I. sträubte sich lange, Deutscher Kaiser zu werden – »da tragen wir das preußische Königtum zu Grabe«, sagte er. Und bezeichnenderweise war unter den sieben Kanzlern des Kaiserreichs, die auf Bismarck folgten, kein einziger »preußischer Junker«. Bis zum Sturz der Monarchie behielt Preußen viele Züge des alten Obrigkeitsstaates. In der Weimarer Republik jedoch, unter der stabilen Regierung des Sozialdemokraten Otto Braun, wurde es zum Bollwerk der Demokratie. Das Ende kam im Krisenjahr 1932, als Reichskanzler von Papen durch einen vom Reichspräsidenten sanktionierten Staatsstreich diese Regierung absetzte und sich selbst zum Reichskommissar machte. Bald darauf folgte die »Gleichschaltung« der Länder unter Hitlers Diktatur. Zwar durfte sich Hitlers Paladin Göring mit dem Titel eines preußischen Ministerpräsidenten schmücken, aber als Staat spielte Preußen fortan keine Rolle mehr; seine Auflösung durch den Alliierten Kontrollrat 1947 war nur noch ein formaler Akt. *K.R.*

1 *Selbstkrönung König Friedrichs I. in Königsberg 1701; Chromlithographie nach einem Kupferstich.*

2 *Einzug Friedrichs des Großen in Berlin nach dem Siebenjährigen Krieg am 30.3.1763; Einblattdruck von 1763.*

3

Territoriale Entwicklung Preußens

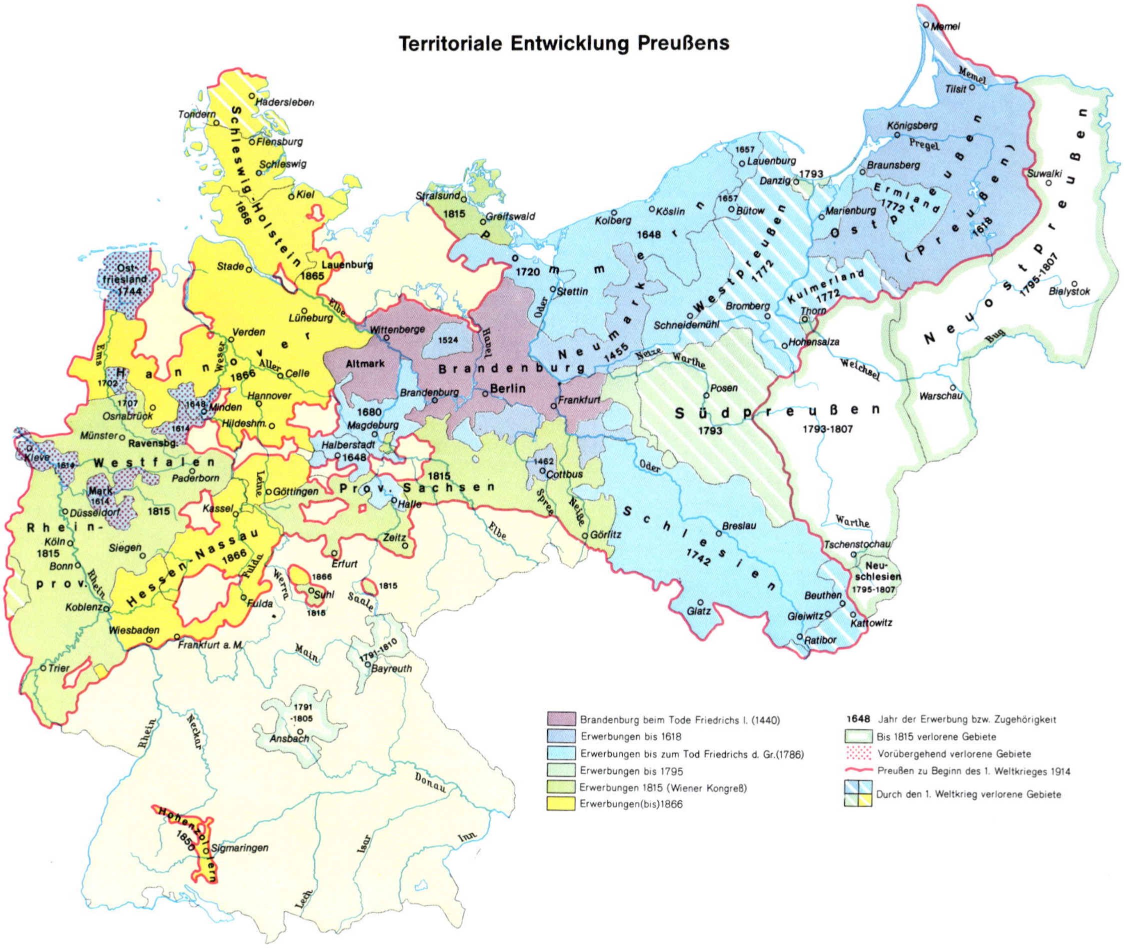

4

5

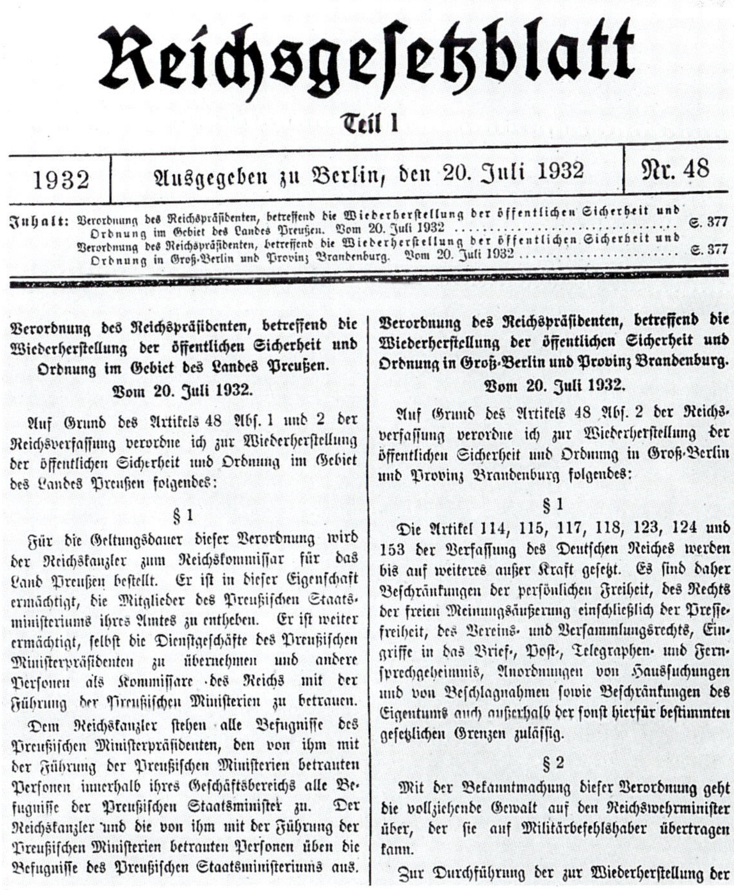

Reichsgesetzblatt

Teil I

1932	Ausgegeben zu Berlin, den 20. Juli 1932	Nr. 48

Inhalt: Verordnung des Reichspräsidenten, betreffend die Wiederherstellung der öffentlichen Sicherheit und Ordnung im Gebiet des Landes Preußen. Vom 20. Juli 1932 .... S. 377
Verordnung des Reichspräsidenten, betreffend die Wiederherstellung der öffentlichen Sicherheit und Ordnung in Groß-Berlin und Provinz Brandenburg. Vom 20. Juli 1932 .... S. 377

Verordnung des Reichspräsidenten, betreffend die Wiederherstellung der öffentlichen Sicherheit und Ordnung im Gebiet des Landes Preußen.
Vom 20. Juli 1932.

Auf Grund des Artikels 48 Abs. 1 und 2 der Reichsverfassung verordne ich zur Wiederherstellung der öffentlichen Sicherheit und Ordnung im Gebiet des Landes Preußen folgendes:

§ 1

Für die Geltungsdauer dieser Verordnung wird der Reichskanzler zum Reichskommissar für das Land Preußen bestellt. Er ist in dieser Eigenschaft ermächtigt, die Mitglieder des Preußischen Staatsministeriums ihres Amtes zu entheben. Er ist weiter ermächtigt, selbst die Dienstgeschäfte des Preußischen Ministerpräsidenten zu übernehmen und andere Personen als Kommissare des Reichs mit der Führung der Preußischen Ministerien zu betrauen.

Dem Reichskanzler stehen alle Befugnisse des Preußischen Ministerpräsidenten, den von ihm mit der Führung der Preußischen Ministerien betrauten Personen innerhalb ihres Geschäftsbereichs alle Befugnisse der Preußischen Staatsminister zu. Der Reichskanzler und die von ihm mit der Führung der Preußischen Ministerien betrauten Personen üben die Befugnisse des Preußischen Staatsministeriums aus.

Verordnung des Reichspräsidenten, betreffend die Wiederherstellung der öffentlichen Sicherheit und Ordnung in Groß-Berlin und Provinz Brandenburg.
Vom 20. Juli 1932.

Auf Grund des Artikels 48 Abs. 2 der Reichsverfassung verordne ich zur Wiederherstellung der öffentlichen Sicherheit und Ordnung in Groß-Berlin und Provinz Brandenburg folgendes:

§ 1

Die Artikel 114, 115, 117, 118, 123, 124 und 153 der Verfassung des Deutschen Reiches werden bis auf weiteres außer Kraft gesetzt. Es sind daher Beschränkungen der persönlichen Freiheit, des Rechts der freien Meinungsäußerung einschließlich der Pressefreiheit, des Vereins- und Versammlungsrechts, Eingriffe in das Brief-, Post-, Telegraphen- und Fernsprechgeheimnis, Anordnungen von Haussuchungen und von Beschlagnahmen sowie Beschränkungen des Eigentums auch außerhalb der sonst hierfür bestimmten gesetzlichen Grenzen zulässig.

§ 2

Mit der Bekanntmachung dieser Verordnung geht die vollziehende Gewalt auf den Reichswehrminister über, der sie auf Militärbefehlshaber übertragen kann.

Zur Durchführung der zur Wiederherstellung der

6

3 *Preußische Kürassier- und Dragoneroffiziere, um 1860.*

4 *Reichskanzler Franz von Papen, der am 20. 7. 1932 die preußische Regierung absetzte.*

5 *Otto Braun, 1920–1932 mit kurzen Unterbrechungen preußischer Ministerpräsident.*

6 *Das Reichsgesetzblatt vom 20. 7. 1932 mit der Verordnung des Reichspräsidenten von Hindenburg, durch die die Absetzung der Regierung Braun verfügt wurde.*

Offizier u. Mannschaft fort. In der Verwaltung, deren oberste zentrale Verwaltungsbehörde das *Generaldirektorium* war, dem in den einzelnen Provinzen die *Kriegs- u. Domänenkammern* entsprachen, wurden die ständisch-adligen *Landräte* der Kreise zu Organen staatl. Auftragsverwaltung. Ebenso wurden die Städte dem Staat u. seinem Steuersystem eingefügt.
König *Friedrich II.*, der Große, begann mit den geordneten Finanzen u. dem schlagkräftigen Heer seines Vaters die Vergrößerung seines Staatsgebiets u. die Stärkung seiner Macht durch die Schlesischen Kriege, wobei der Siebenjährige Krieg den Besitz Schlesiens endgültig sicherte u. damit die Stellung P.s als zweite dt. Vormacht begründete. In der 1. Poln. Teilung erwarb Friedrich 1772 wieder Ermland u. Westpreußen (mit dem Netzedistrikt, aber noch ohne Danzig u. Thorn), die Verbindung zwischen Brandenburg u. Ostpreußen. Durch seine expansive Politik erschütterte Friedrich d. Gr. die Vormachtstellung Habsburgs im Reich. Er führte den preuß.-österr. Dualismus herauf und bewirkte damit letztlich die Zerstörung des Reichs. – Innenpolitisch wurde P. unter Friedrich d. Gr. zu einem Beispiel des aufgeklärten Absolutismus. Eine Justizreform wurde 1746 vom Großkanzler S. von *Cocceji* begonnen u. kam im *Preuß. Allgemeinen Landrecht* zum Abschluß. Die merkantilist. Wirtschaftspolitik förderte den Steinkohlenbergbau in Oberschlesien u. im Ruhrgebiet, den Landesausbau im Oder- u. Netzebruch, die Einrichtung von Manufakturen u. die Heranziehung von Kolonisten in größerem Umfang. Das Heer wurde auf eine Friedensstärke von rd. 150000 Mann gebracht; es erstarrte dann jedoch in den Erfahrungen des Siebenjährigen Krieges. Im brandenburg.-preuß. Adel entstand ein preuß. Staatsbewußtsein; andererseits ließ die persönl. Kabinettsregierung des Königs keine innere Anteilnahme breiter Schichten am Staat entstehen.
Eine Modernisierung dieser Herrschaftsordnung, die unter dem Anstoß der Ideen der Französ. Revolution notwendig wurde, brachte der Nachfolger Friedrichs d. Gr., *Friedrich Wilhelm II.*, nicht zustande. Er leitete eine Schwenkung der Politik zu Österreich ein, mit dem er sich in der *Konvention von Reichenbach* (1790) verständigte u. den *1. Koalitionskrieg* gegen Frankreich führte, zog sich jedoch vorzeitig durch den Separatfrieden von Basel 1795 zurück, um P.s Interessen bei der 2. u. 3. Poln. Teilung wahrnehmen zu können, bei denen P. größere Gebiete (Neuostpreußen u. Südpreußen) gewann. Der dadurch herbeigeführte Bruch mit Österreich u. die schwankende Neutralitätspolitik *Friedrich Wilhelms III.* isolierten P., so daß es 1806 Napoleon I. allein gegenüberstand. Nach den Niederlagen von *Jena* u. *Auerstedt* mußte es im Frieden von *Tilsit* (1807) alle linkselb. Gebiete sowie den größten Teil des Gewinns aus den Poln. Teilungen abtreten.
Aus dieser Niederlage heraus fand P. die Kraft zu umfassenden inneren Reformen (Frhr. vom *Stein* : Bauernbefreiung, Städteordnung). Der Staatsgedanke Friedrichs d. Gr. wurde befruchtet durch Ideen der Französ. Revolution u. des freien engl. Wirtschaftssystems (Fürst *Hardenberg* : Gewerbefreiheit, Judenemanzipation). Berlin wurde nach der Gründung der Universität durch W. von *Humboldt* (1810) Zentrum der geistigen Erneuerung. Das preuß. Heer wurde zum Volksheer der allg. Wehrpflicht umgewandelt (G. von *Scharnhorst*, N. von *Gneisenau*, H. von *Boyen).* In den Befreiungskriegen erstarkte neben dem preuß. Staatsbewußtsein das dt. Nationalgefühl, eine der Voraussetzungen für die spätere Reichsgründung von 1871.
Auf dem Wiener Kongreß (1814/15) gewann P. als Mitgl. des neuen Dt. Bundes seine Machtstellung zurück. Die Provinzen Rheinland, Westfalen, Sachsen u. das Großherzogtum Posen wurden neu gebildet. Die Restauration setzte sich auch in P. durch. Die Abneigung gegen revolutionäre Strömungen wurde zur Behinderung für die Fortführung der Reformen; 1819 traten Boyen u. W. von Humboldt zurück. Statt des versprochenen Parlaments traten lediglich die *Provinzialstände* zusammen, in denen der besitzende Adel vorherrschte. Jedoch blieben trotz des wiederhergestellten Obrigkeitsstaats die Gedanken der Reform in einem liberalen Beamtentum u. in der Selbstverwaltung der Provinzen, Kreise u. städt. Gemeinden lebendig: Rationalisierung der Landwirtschaft, Straßenbau, Gewerbe, Zollgesetz von 1818, Gründung des Deutschen Zollvereins (1828/34), in dem auf wirtschaftl. Gebiet die dt. Einigung unter Führung P.s vorbereitet wurde. Die Spannung zwischen dem national u. liberal gesinnten Bürgertum u. monarch. Kreisen nahm zu, je mehr die Regierung sich den liberalen Ideen entgegenstellte. Unter *Friedrich Wilhelm IV.* gewannen romantisch-konservative u. orthodox-kirchl. Tendenzen die Oberhand.
Die Märzrevolution von 1848 brachte zwar ein liberales Ministerium unter L. *Camphausen* u. die Ausschreibung von Wahlen zu einer preuß. Nationalversammlung, doch wurde die Frage einer dt. Reichsverfassung nicht von P., sondern erst von der Frankfurter Nationalversammlung angeschnitten. Da jedoch, wie überall in Dtschld., die Revolution nach den ersten Erfolgen steckenblieb, weil die Monarchie im Militär u. im konservativen Beamtentum sowie bei breiten Schichten der Bevölkerung noch fest verankert war, konnte Friedrich Wilhelm IV. die ihm als König von P. durch die Frankfurter Nationalversammlung angetragene dt. Kaiserkrone ausschlagen, wieder ein konservatives Ministerium berufen, die preuß. Nationalversammlung auflösen u. eine Verfassung oktroyieren. Ergebnisse der Revolution blieben: Aufhebung der Patrimonialgerichtsbarkeit, Einführung einer neuen Gerichtsverfassung mit Schwurgerichten u. öffentl. Verfahren, Ablösungs- u. Regulierungsgesetze, die 1850 die Bauernbefreiung abschlossen. Bis 1858 regierte jedoch die Reaktion, getragen von der hochkonservativen u. orth.-kirchl. *Kamarilla*, die den König umgab. 1854 wurde die 1. Kammer in das Herrenhaus mit erbl. oder vom König auf Lebenszeit ernannten Mitgliedern umgewandelt, nachdem schon 1850 das allg. u. gleiche Wahlrecht durch das Dreiklassenwahlrecht für die 2. Kammer ersetzt worden war.
Prinzregent Wilhelm, seit 1861 König *Wilhelm I.*, versuchte, der Mehrheit des preuß. Abgeordnetenhauses Rechnung zu tragen u. in der *Neuen Ära* eine Liberalisierung durchzuführen. Jedoch zeigten sich im → Heeres- und Verfassungskonflikt, den *Bismarck* nach seiner Ernennung zum preuß. Min.-Präs. 1862 rücksichtslos durchfocht, erneut die Gegensätze zwischen monarch.-konservativ-militär. Staatsregierung u. liberalem Bürgertum in der Mehrheit des Parlaments. – Außenpolitisch stand Bismarck nach der engen Bindung an Rußland (*Alvenslebensche Konvention* 1863) ebenfalls vor dem Dualismus zwischen Österreich u. P. Nach dem gemeinsamen Krieg gegen Dänemark 1864 sah Bismarck sich jedoch zu einer Lösung der dt. Frage im kleindt. Sinn unter P.s Führung gedrängt (Dt. Krieg 1866, Norddt. Bund 1867, Dt.-Französ. Krieg 1870/71, Reichsgründung 1871).
Nach den Annexionen von 1866 nahm P. über die Hälfte der Fläche u. Bevölkerung des neuen Reichs ein, zu dem Österreich nicht mehr gehörte, u. hatte daher den entscheidenden Einfluß. In der Reichsverfassung von 1871 zeigte sich einerseits die Verklammerung P.s im Reich, zum andern aber auch die Beherrschung des Reichs durch P. Der preuß. König war als Dt. Kaiser Bundesoberhaupt. Fast durchgehend bestand Personalunion des preuß. Min.-Präs. mit dem Reichskanzler. Der preuß. Armee wurden durch Militärkonventionen die Heereskontingente der übrigen Staaten – außer Bayern u. Sachsen – angegliedert. Das Übergewicht P.s war außerdem wirtschaftlich bedingt, u. zwar dadurch, daß die größten schwerindustriellen Gebiete Deutschlands (Ruhrgebiet, Oberschlesien, Saargebiet) in P. lagen. Innerpreuß. Auseinandersetzungen betrafen fast immer das Reich *(Kulturkampf, Sozialistengesetz, Ostmarkenpolitik)*, so daß seit 1871 die Geschichte P.s in der dt. Geschichte aufging.
Um die Jahrhundertwende setzte eine zunehmende Agitation der rasch anwachsenden Sozialdemokratie u. der liberalen Parteien für eine Reform des preuß. Dreiklassenwahlrechts u. für die Einführung des parlamentar. Regierungssystems im Reich ein,

Preußen

Könige in Preußen (seit 1772 von Preußen)

Hohenzollern	
Friedrich I. (bis 1701 Kurfürst Friedrich III.)	1701–1713
Friedrich Wilhelm I.	1713–1740
Friedrich II., der Große	1740–1786
Friedrich Wilhelm II.	1786–1797
Friedrich Wilhelm III.	1797–1840
Friedrich Wilhelm IV.	1840–1861
Wilhelm I. (1871 Deutscher Kaiser)	1861–1888
Friedrich III. (Deutscher Kaiser)	1888
Wilhelm II. (Deutscher Kaiser)	1888–1918

Ministerpräsidenten

Adolf Heinrich Graf von Arnim-Boitzenburg	1848
Ludolf Camphausen	1848
Rudolf von Auerswald	1848
Ernst von Pfuel	1848
Friedrich Wilhelm Graf von Brandenburg	1848–1850
Otto Freiherr von Manteuffel	1850–1858
Karl Anton Fürst von Hohenzollern-Sigmaringen	1858–1862
Adolf Prinz zu Hohenlohe-Ingelfingen	1862
Otto von Bismarck (1865 Graf, 1871 Fürst)	1862–1873
Albrecht Graf von Roon	1873
Otto von Bismarck	1873–1890
Leo Graf von Caprivi	1890–1892
Botho Graf zu Eulenburg	1892–1894
Chlodwig Fürst zu Hohenlohe-Schillingsfürst	1894–1900
Bernhard Fürst von Bülow	1900–1909
Theobald von Bethmann Hollweg	1909–1917
Georg Michaelis	1917
Georg Graf von Hertling	1917–1918
Max Prinz von Baden	1918
Paul Hirsch (SPD) und Heinrich Ströbel (USPD)	1918–1919
Paul Hirsch (SPD)	1919–1920
Otto Braun (SPD)	1920–1921
Adam Stegerwald (Zentrum)	1921
Otto Braun (SPD)	1921–1925
Wilhelm Marx (Zentrum)	1925
Otto Braun (SPD)	1925–1932
Franz von Papen (Reichskommissar)	1932
Kurt von Schleicher (Reichskommissar)	1932–1933
Franz von Papen (Reichskommissar)	1933
Hermann Göring (NSDAP)	1933–1945

der die preuß.-dt. Monarchie sich jedoch nicht einmal im 1. Weltkrieg anzupassen wußte, sondern erst kurz vor Kriegsende zu spät entsprach. So mußte am 9. 11. 1918 Kaiser *Wilhelm II.* außer Landes gehen, abdanken u. damit die Tradition der preuß. Krone aufgeben. Mit dem preuß. Königtum endete zugleich das von ihm getragene dt. Kaisertum.
Nach der Novemberrevolution von 1918 blieb das Territorium P., zwar geschwächt durch Abtretungen infolge des Friedensvertrags von Versailles, als weitaus größtes Land des Reichs bestehen, jedoch wurden in der Weimarer Republik die Präsidialstellung P.s sowie die Personalunion von Reichskanzler u. preuß. Min.-Präs. beseitigt. Durch die Verfassung vom 30. 11. 1920 wurde P. ein demokrat.-parlamentar. Freistaat wie die andern dt. Länder. 1920–1932 wurde das Land von einer stabilen „Weimarer Koalition" (SPD, DDP, Zentrum) regiert, zumeist unter dem sozialdemokrat. Min.-Präs. O. *Braun*, der jedoch am 20. 7. 1932 dem Staatsstreich F. von *Papens* (→ Preußenschlag) ohne Gegenwehr wich. So unterlag P. 1933 wie die andern dt. Länder der Gleichschaltung durch den Nationalsozialismus. Der letzte Min.-Präs. von P. war der Nationalsozialist H. *Göring*. Nach dem 2. Weltkrieg wurde der preuß. Staat durch ein Gesetz des Alliierten Kontrollrats vom 25. 2. 1947 aufgelöst.

Preußenschlag, zeitgenöss. Bez. für das Vorgehen der Reichsregierung unter Reichskanzler F. von *Papen* gegen die preuß. Regierung unter Min.-Präs. O. *Braun* (SPD) am 20. 7. 1932. Mit der Begründung, daß Preußen seine Pflichten gegenüber dem Reich verletze u. daß die öffentl. Sicherheit u. Ordnung gestört sei, veranlaßte Papen den Reichs-Präs. von *Hindenburg* zum Erlaß einer Notverordnung, durch die die preuß. Regierung abgesetzt u. Papen zum Reichskommissar in Preußen bestellt wurde. Der von der preuß. Regierung angerufene Staatsgerichtshof erklärte in seinem Urteil vom 25. 10. 1932 die Absetzung der preuß. Regierung für verfassungswidrig, gestand aber dem Reichs-Präs. das Recht zu, einen Reichskommissar einzusetzen u. den preuß. Ministern vorübergehend Amtsbefugnisse zu entziehen. Damit blieb die tatsächl. Entmachtung der preuß. Regierung bestehen. Der P. markiert einen bedeutenden Einschnitt in der autoritären Entwicklung der Präsidialregierungen am Ende der Weimarer Republik.

preußischer Heeres- und Verfassungskonflikt → Heeres- und Verfassungskonflikt.

Preußisches Allgemeines Landrecht, *Allgemeines Landrecht für die Preußischen Staaten*, von 1794, Abk. *ALR*, Kodifikation fast des gesamten preuß. Rechts auf Anordnung *Friedrichs d. Gr.* durch C. G. *Svarez* u. J. H. von *Carmer*. Aufbauend auf naturrechtl. Vorstellungen geht es von den unveräußerl. Rechten des einzelnen aus, in die Eingriffe des Staates nur gestattet sind, wenn es das Gemeinwohl erfordert u. u. U. Entschädigung geleistet wird. Die ständische Gesellschaftsordnung wird nicht angetastet, aber in einen gesetzl. Rahmen gestellt.

Pribina, Slawenfürst in Pannonien, † um 860; begründete nach der Vertreibung aus seiner slowak. Heimat um 845 unter karoling. Schutz in der Pannon. Mark ein slaw. Fürstentum mit der Hptst. Moosburg (Zalavár) am Plattensee, das für die Christianisierung der Slawen wichtig wurde.

Priene, altgriech. Stadt in Ionien, nördl. von Milet u. der Mündung des Mäander; im 4. Jh. v. Chr. für rd. 4000 Ew. mit rechtwinkligem Straßennetz in terrassenförmiger Anlage neugegründet; 1895–1898 unter Leitung von T. *Wiegand* z.T. freigelegt; guterhaltenes Beispiel einer griech. Kleinstadt aus spätklassisch-hellenist. Zeit.

Prierias, Silvester, eigentl. S. *Mazzolini*, Theologe, Dominikaner, * 1456 Prierio, Piemont, † 1523 Rom; 1515 „Magister sacri Palatii", bereitete 1518 *Luthers* röm. Prozeß vor, verfaßte gegen dessen Ablaßthesen ein theolog. Gutachten.

Prikas [russ., „Befehl"], *Prikaz*, vom 15. bis 18. Jh. Bez. für die regional oder nach Sachgebieten gegliederten Zentralbehörden des Großfürstentums Moskau; Peter d. Gr. reorganisierte die P. zu Kollegien.

Primo de Rivera y Orbaneja [-ðɛ ri'bera i ɔrba'nɛxa], Miguel, Marqués de *Estella*, spanischer Offizier u. Politiker, * 8. 1. 1870 Jerez de la Frontera, † 16. 3. 1930 Paris; Generalkapitän von Katalonien (1922), machte sich durch Staatsstreich 1923 (mit Billigung *Alfons' XIII.*) zum Diktator, löste die Cortes auf u. setzte die Verfassung außer Kraft; 1925 Min.-Präsident; beendete 1924–1926 den Kampf gegen *Abd Al Krim* (Rifkabylen); dankte wegen starker oppositioneller Bewegung 1930 ab.

Primo de Rivera y Saenz de Heredia [-ðɛ ri'bera i'saenð ðe e'reðia], José Antonio, span. Politiker, * 24. 4. 1903 Madrid, † 20. 11. 1936 Alicante (erschossen); Sohn von M. *Primo de Rivera y Orbaneja*, gründete 1933 die *Falange;* bei Ausbruch des Span. Bürgerkriegs von den Republikanern zum Tode verurteilt.

Primogenitur [die; lat.], das Vorrecht des Erstgeborenen (u. seiner Linie), daß bei Eintritt der Thron- oder sonstigen Erbfolge in der ungeteilten Herrschaft der Älteste aus der ältesten Linie folgt; Gegensatz: *Sekundogenitur.*

Prince of Wales ['prins əv'wɛilz], Titel des Thronfolgers in Großbritannien.

Princeps [Pl. *Principes* ; lat.], führender Staatsmann in Rom, später Titel der röm. Kaiser; im MA der Fürst.

Princip, Gavrilo, bosn. Revolutionär, * 13. 7. 1894 Gornji Obljaj, Bosnien, † 28. 4. 1918 Theresienstadt, Nordböhmen; Student; gab am 28. 6. 1914 in *Sarajewo* auf den Thronfolger *Franz Ferdinand* u. seine Gemahlin die tödl. Schüsse ab; zu 20 Jahren harter Zwangsarbeit verurteilt, seit 1916 im Gefängnis von Theresienstadt.

Prinz [lat. *princeps*], frz. u. engl. *Prince*, nichtregierendes Mitgl. eines Fürstenhauses; Anrede: „Hoheit" oder „Durchlaucht"; weibl. Form *Prinzessin.* Der *Prinzgemahl* ist der Ehemann einer regierenden Fürstin. Der *Prinzregent* nimmt die Regierung für einen Monarchen wahr (z. B. bei Unmündigkeit).

Prinz Eugen → Eugen.

Prinzipat [das, auch der; lat. *principatus*], die Alleinherrschaft der röm. Kaiser seit *Augustus.*

Prittwitz, Joachim Bernhard von *P. und Gaffron*, preuß. General, * 3. 2. 1726 Laserwitz, Schlesien, † 4. 3. 1793 Berlin; kämpfte in H. J. von *Zietens* Husarenregiment, rettete Friedrich d. Gr. in der Schlacht bei Kunersdorf 1759 aus größter Gefahr u. wurde dafür hoch dekoriert u. reich dotiert.

Privilegium minus [lat.], die Urkunde Kaiser *Friedrichs I.* für *Heinrich II. Jasomirgott* vom 17. 9. 1156 über die Erhebung der Mark Österreich zum selbständigen Herzogtum mit Privilegien, die die Sonderentwicklung Österreichs begründeten u. spezielle Zugeständnisse enthielten (Erbfolge auch in weibl. Linie, Vorschlagsrecht für einen Nachfolger im Falle der Kinderlosigkeit, volle Gerichtshoheit, Verpflichtung zur Anwesenheit bei Reichstagen nur in Bayern u. für Teilnahme an Reichskriegen nur in den Nachbarländern des Herzogtums).

Probus, *Marcus Aurelius P. Augustus*, röm. Kaiser 276–282, * 19. 8. 232 Sirmium, † Sept. 282 Sirmium (ermordet); sicherte die Reichsgrenze durch mehrere Feldzüge, insbes. gegen die Germanen, die er z. T. in die röm. Grenzheere einreihte. In Rom beendete er den Bau der Aurelian. Mauer.

Procurator [lat.] → Prokurator.

Progressisten [lat., frz.], Fortschrittler, Freunde des Fortschritts; im 19. Jh. Bez. für verschiedene Fortschrittsparteien; allg. für radikale, fortschrittl. Mitglieder polit. Parteien.

Prokesch, *P. von Osten*, (1830), Anton Freiherr (1845), Graf (1871), österr. Diplomat u. Orientkenner, * 10. 12. 1795 Graz, † 26. 10. 1876 Wien; 1853–1855 Präsidialgesandter beim Bund in Frankfurt, Gegenspieler Bismarcks, 1855–1871 Internuntius, dann Botschafter in Istanbul; schrieb mehrere Werke über den Orient.

Prokonsul [lat.], im alten Rom der gewesene *Konsul* ; er wurde nach Ablauf seiner einjährigen Amtszeit oft Statthalter einer röm. Provinz.

Prokop, 1. *Procopius von Cäsarea*, byzantin. Geschichtsschreiber, * um 490, † um 562; berichtete als Augenzeuge von *Belisars* Feldzügen gegen Perser, Wandalen u. Ostgoten (wichtigste Quellen für die Spätgeschichte der beiden letzteren). Nach dem Tod *Justinians* veröffentlichte er seine „Geheimgeschichte", eine Skandalchronik des byzantin. Hofs.

2. *P. der Große, P. der Kahle*, Andreas, Hussiten-Anführer, * um 1380, † 30. 5. 1434 bei Lipan (gefallen); ursprünglich Geistlicher; kämpfte unter J. *Žiška*, kam nach dessen Tod 1424 an die Spitze der radikalen Hussiten *(Taboriten)*, siegte mehrmals über dt. Heere u. Kreuzheere, fiel im Kampf gegen die gemäßigten Hussiten.

Prokurator, 1. 1. in der Römischen Republik Beauftragter mit Prozeßvollmacht für den Bereich der Privatwirtschaft; zur Kaiserzeit Hofamtsverwalter u. Statthalter kleinerer Provinzen. – 2. im spätrömischen Recht Geschäftsführer, Vertreter aufgrund einer Vollmacht *(Prokuratorium)* im Geschäftsleben u. vor Gericht.

2. in der Republik Venedig Titel der 9 höchsten Minister *(P.en von San Marco)*; aus ihren Reihen wurde der *Doge* gewählt.

Proletarii [lat.], in der nach Besitz abgestuften röm. Zenturienversammlung die unterste Klasse, wegen des Prinzips der Selbstausrüstung nicht zum Dienst als Legionäre zugelassen; im wesentl. Kleinbauern, Tagelöhner, kleine Handwerker u. Krämer. Der Name erklärt sich wohl daher, daß ihre Nachkommen *(proles)* als ihr einziger Besitz galten. Seit *Marius* konnten sie auch in den Legionen dienen u. sich damit einen Anspruch auf eine Bauernstelle erwerben.

Propraetor [lat.], im alten Rom wie der *Prokonsul* Statthalter einer Provinz.

Proskription [lat.], im alten Rom Ächtung durch Aufnahme in die *P.sliste*, eine öffentlich aufgestellte Tafel, die die Namen der Verfemten enthielt. Für ihre Tötung wurde eine Belohnung versprochen. Die P. wurde erstmals 82 v. Chr. von *Sulla* durchgeführt, um polit. Gegner zu beseitigen.

Proskynese [die; grch.], Verehrung einer Gottheit, später auch eines Herrschers durch Niederwerfen u. Berühren des Bodens mit dem Gesicht; Bestandteil des altpers. Hofzeremoniells, von *Alexander d. Gr.* übernommen u. im hellenist. Herrscherkult weitergeübt; bei den Römern dem als göttlich verehrten Kaiser erwiesen, im byzantin. Kaisertum fortlebend; heute noch in den Ostkirchen üblich (dem Kreuz, den Ikonen u. höherstehenden Geistlichen erwiesen).

Prosopographie [grch.], zeitlich u. geographisch begrenztes alphabet. Verzeichnis aller in antiken Inschriften, Urkunden, Briefen, Münzen u. bei Schriftstellern vorkommenden Personennamen.

Protektorat Böhmen und Mähren → Tschechoslowakei.

Protestantismus [lat.], von der Bez. *Prote-*

stanten für die ev. Reichsstände, die sich auf dem 2. Reichstag zu Speyer (1529) den Beschlüssen der kath. Reichsstände in der „Protestation" widersetzten, abgeleitete Gesamtbez. für alle aus der →Reformation des 16. Jh. hervorgegangenen Formen des Christentums, im Unterschied zum Katholizismus u. zu den orth. Kirchen.
Auf das Zeitalter der Reformation (bis etwa 1560) folgte im 16. u. 17. Jh. eine Zeit der Konsolidierung, aber auch der allmähl. Erstarrung (altprot. Orthodoxie) u. der äußeren Kämpfe (Gegenreformation). Im folgenden Zeitalter des Neu-P. entstanden in Aufklärung u. Pietismus zwei Bewegungen, die zuerst miteinander im Gegensatz zur Orthodoxie, dann gegeneinander das Gesicht des P. prägten. Aufklärung u. idealist. Philosophie führten Theologie u. Kirche im 19. Jh. in die Auseinandersetzung zwischen Glaube u. Wissenschaft, auch zwischen Kirche u. Kultur (Säkularisation; Gegensatz: liberale u. positive Theologie); nach außen hatten die prot. Missionsgesellschaften im 19. Jh. große Erfolge bes. in Afrika. Im ersten Teil des 20. Jh. erfuhr der P. eine gewisse Konsolidierung (dialektische Theologie); zugleich verstärkt sich das Bemühen um Herstellung der Einheit im P. u. um Gemeinschaft innerhalb der Ökumene u. mit der kath. Kirche.
Protome [die; grch.], Oberteil (Kopf allein, Kopf mit Hals oder Oberkörper) einer Menschen- oder Tierfigur. P.n waren als Amulette u. Gewichte oder Teil eines Geräts oder Gefäßes bes. in den Kulturen des Alten Orients, in der griech. u. röm. Kunst, bei den Etruskern u. in der Hallstatt-Kultur Mitteleuropas verbreitet.
Protoneolithikum [das; grch.] →Mittelsteinzeit.
Protovillanova-Kultur, spätbronzezeitl. Kultur Nord- u. Mittelitaliens, Untergruppe der Urnenfelderkultur; Vorläufer der *Villanova-Kultur.*
Proudhon [pru'dɔ̃], Pierre Joseph, französ. Sozialist, * 15. 1. 1809 Besançon, † 19. 1. 1865 Passy; bekämpfte das Eigentum („Eigentum ist Diebstahl"), aber nur, soweit es der sozialen Unterdrückung diente; kritisierte das Konkurrenzsystem u. später auch den Kommunismus. Als Abg. der Nationalversammlung versuchte er seine Sozialreformen zu verwirklichen. Hptw.: „Was ist Eigentum?" 2 Bde. 1840, dt. 1844; „Das Recht auf Arbeit, das Eigentumsrecht u. die Lösung der sozialen Frage" 1848, dt. 1849; „Die Volksbank" 1849, dt. 1920.
Provence [prɔ'vãs], histor. Landschaft im SO Frankreichs, zwischen Mittelländ. Meer, unterer Rhône u. Meeralpen, umfaßt die Dép. *Bouches-du-Rhône, Var, Basses-Alpes* u. Teile von *Vaucluse, Drôme* u. *Alpes-Maritimes*; alte Hptst. *Aix-en-P.*.
Bis 121 v. Chr. wurde Südgallien von den Römern erobert, erhielt späterhin den Status einer Provinz u. wurde während der Herrschaft des Augustus *Gallia Narbonensis* genannt. Von den Westgoten seit 415, von den Burgundern seit 443 angegriffen, blieb den Römern als Provinz bis 470 noch das Gebiet zwischen Durance u. Mittelmeer. Theoderich d. Gr. brachte die P. in das ostgot. Reich ein, 536 traten die Ostgoten sie dem fränk. König Theudebert ab. Die späteren Merowinger verloren die P. an die Araber, bis Karl Martell diese 737–739 besiegte. Seit 879 gehörte die P. zum Königreich Niederburgund, seit 934 zum Königreich Burgund (Arelat) u. seit 1032 zum Dt. Reich. Als die Grafen von Arles, in deren Besitz sich die P. größtenteils befand, 1112 ausstarben, gehörte sie bis 1245 dem Grafengeschlecht Barcelona-Aragón. Während dieser Zeit blühte die provençalische Literatur. Bis 1481 besaß das Haus Anjou die

Ptolemäus: Karte der Alten Welt nach Ptolemäus in einem mittelalterlichen Manuskript

P., dann fiel sie an die französische Krone.
Provinz, ein von den Römern erobertes u. beherrschtes Gebiet, von einem *Praetor,* später einem *Prokonsul* oder *Propraetor* verwaltet. Die ältesten P.en waren Sizilien, Sardinien u. Korsika. Unter *Augustus* wurden die P.en in kaiserl. u. senatorische P.en geteilt. Zu den P.en gehörten auch Grenz-P.en wie Spanien, Gallien, Illyricum u. Syrien, während Ägypten von diesem System der Provinzialverwaltung ausgenommen war. Von *Diocletian* wurde die Sonderstellung Ägyptens aufgehoben u. eine das ganze Reich umfassende Provinzialneuordnung durchgeführt: 12 Diözesen, die in 101 P.en unterteilt waren. *Konstantin d. Gr.* nahm eine erneute Einteilung der P.en vor: Unter 4 Präfekturen (Oriens, Illyricum, Italia, Gallia) bestanden 14 Diözesen mit 117 P.en.
Prusias, Könige von Bithynien. *P. I.,* etwa 230–182 v. Chr., gewährte *Hannibal* auf seiner Flucht vor den Römern Unterkunft.
Pruzzen, *Prußen, Brusi, Altpreußen,* balt. Volksstamm an der Bernsteinküste (zwischen Weichsel- u. Memelmündung); durch den *Dt. Orden* unterworfen u. christianisiert. Die P. gaben *Preußen* den Namen.
Prytanen [die], in vielen altgriech. Stadtstaaten ursprünglich die höchsten Beamten. In Athen waren die P. seit den großen Reformen des *Kleisthenes* 508/07 v. Chr. das jeweils aus einer der 10 *Phylen* stammende u. den 10. Teil des Jahres geschäftsführende Zehntel des Rates der 500. Ihr Amtssitz war das *Prytaneion.*
Przemysliden [pʃɛmis-] → Přemysliden.
Przemysł II. ['pʃɛmisjl], poln. König 1295, * 14. 10. 1257, † 8. 2. 1296 Rogoźno (ermordet); 1276 Herzog von Groß-Polen, 1295 in Gnesen zum König gekrönt.
Psammetich, *Psametik,* ägypt. Könige der 26. Dynastie: **1.** *P. I.,* 664–610 v. Chr.; befreite Ägypten von der Fremdherrschaft der Äthiopier u. Assyrer.
2. *P. III.,* 526/25 v. Chr.; wurde vom Perserkönig Kambyses II. in der Schlacht bei Pelusium besiegt u. in persischer Gefangenschaft hingerichtet.
Pseudodemetrius → Demetrius (3 u. 4).
pseudoisidorische Dekretalen, eine kirchenrechtl. Fälschung im MA, deren Verfasser das Pseudonym *Isidor Mercator* gebrauchte. Die p.n D. sind ein Teil der *pseudoisidor. Fälschungen* u. bestehen aus angebl. Papstbriefen u. Konzilsbeschlüssen des 1.–8. Jh. Sie entstanden wahrscheinlich um 850 im Kreis der Gegner des Erzbischofs Hinkmar von Reims mit dem Zweck, die Stellung der Bischöfe gegenüber König u. Adel, Erzbischöfen u. Provinzialsynoden zu stärken, u. gewannen im 11. Jh. während der Kirchenreform großen Einfluß auf das Kirchenrecht. Ihre Echtheit wurde schon früh bezweifelt; endgültig wurde die Fälschung von dem reform. Theologen David *Blondel* 1628 nachgewiesen.
Ptolemäer, makedon.-griech. Herrschergeschlecht 323–30 v. Chr. in Ägypten, seit 305 als Könige; nach *Lagos,* dem Vater des Gründers der Dynastie, *Ptolemaios I.,* auch *Lagiden* genannt. Alle Herrscher trugen den Namen *Ptolemaios* ; fast alle Herrscher waren mit ihren Schwestern oder anderen Frauen des Königshauses verheiratet. Letzte u. bekannteste Repräsentantin der P. war *Kleopatra VII.,* 51–30 v. Chr.
Ptolemaios, lat. *Ptolemäus,* Herrscher der Ptolemäerdynastie in Ägypten: **1.** *P. I. Soter,* König von Ägypten seit 305 v. Chr., Satrap seit 323 v. Chr., * vor 360 v. Chr., † 283 v. Chr.; Freund u. General *Alexanders d. Gr.,* nahm im Verlauf der Diadochenkämpfe den Königstitel an u. wurde damit Gründer der Dynastie der *Ptolemäer.* Er regierte unter dem Kultbeinamen *Soter* [„Heiland, Retter"], erweiterte sein Reich um Kyrene u. Zypern u. sicherte es nach außen durch kluge Heiratspolitik u. nach innen durch gute Militär- u. Verwaltungsorganisation. P. förderte Wissenschaften u. Künste; er schrieb eine Geschichte Alexanders d. Gr., die *Arrian* als Quelle benutzte.
2. *P. II. Philadelphos,* König 283/82–246 v. Chr., * 308 v. Chr., † 246 v. Chr.; konnte Palästina u. die Ägäis trotz anhaltender Kämpfe halten; förderte Künste u. Wissenschaften u. machte Alexandria zu einem Zentrum der hellenist. Welt (Bau der Bibliothek); begründete Geschwisterehe u. Herrscherkult.
3. *P. III. Euergetes I.,* König 246–222/21 v. Chr., * um 284 v. Chr., † 221 v. Chr.; eroberte Gebiete in Kleinasien u. Thrakien; baute den Herrscherkult aus; unter seinen Nachfolgern zerfiel das Ptolemäer-Reich.
4. *P. VIII. Euergetes II.,* Mitregent seines Bruders P. VI. 170–164 v. Chr., König 164/63 u. 145–116 v. Chr., * um 181 v. Chr., † 116 v. Chr.; vertrieb vorübergehend seinen Bruder vom Thron, war dann König von Kyrene bis zu dessen Tod, danach König von ganz Ägypten. Seine Doppelehe mit seiner Schwe-

ster Kleopatra II. u. seiner Stieftochter Kleopatra III. führte zu Bürger- u. Dynastienkriegen unter seinen Nachfolgern. P. VIII. setzte als erster ägypt. König Rom als Erben ein.

Ptolemäus, Könige in Ägypten, → Ptolemaios, → Ptolemäer.

Ptolemäus, grch. *Ptolemaios*, Claudius, bekanntester Geograph, Mathematiker u. Astronom des Altertums, lebte um 140 n. Chr. in Alexandria. In den 8 Büchern seiner „Geographike hyphegesis", meist kurz „Geographie" genannt, entwickelte er eine mathematisch-astronomische Geographie mit Längen- u. Breitenangaben von 350 Orten der damals bekannten Welt, nach denen sich die spätere Bearbeitung der *P.-Karten* richtete; außerdem gab er für weitere 8000 Orte die Lagebestimmungen anhand von Verkehrswegen an. Er gab den ältesten (überlieferten) Fixsternkatalog heraus.
In seinem Hptw. „Syntaxis mathematike", das im 8. Jh. n. Chr. von den Arabern als „Almagest" übernommen wurde, begründete er das geozentrische *Ptolemäische Weltsystem* (die Erde als Mittelpunkt des Planetensystems). Im „Tetrabiblos", einem astrologischen Handbuch in 4 Bänden, schuf er ein lange gültiges Regelwerk.

p. u. c., Abk. für lat. → post urbem conditam.

Pueblo Bonito, größte erhaltene Siedlung u. Festungsanlage der Anasazi-Kultur im Chaco-Canyon, New Mexico (USA); aus der Pueblo-II-Periode (rd. 900–1100 n. Chr.); in Form eines D auf einer rd. 1 ha großen Fläche angelegt. Um einen Innenhof gruppieren sich mehrere Kivas (Kultbauten) mit rundem Grundriß; entlang der Außenmauern liegen die rd. 800 Wohnräume in vierstöckigen Häusern mit Holzbalkendecken.

Puerto Rico, amtl. span. *El Estado Libre y Asociado de P. R.*, engl. *Commonwealth of P. R.*, Außenbesitzung der USA mit (seit 1952) weitgehender Autonomie, besteht aus der Hauptinsel *P. R.* u. den zugehörigen Inseln *Mona* im W u. *Vieques* u. *Culebra* im O, insges. 8897 km², 3,6 Mill. Ew.; Hptst. *San Juan*.
P. R. wurde 1493 von *Kolumbus* entdeckt u. seit 1508 unter J. *Ponce de León* von Spaniern kolonisiert. 1873 wurde die Sklaverei abgeschafft. 1897 erhielt P. R. innere Autonomie. Nach dem spanisch-amerikan. Krieg (1898) wurde es von den USA annektiert. 1917 erhielt es beschränkte Selbstverwaltung („Jones Act"), die 1948 erweitert u. 1952 zum Dominion-Status umgewandelt wurde. 1967 u. 1993 lehnte die Bevölkerung in Volksabstimmungen sowohl die völlige Unabhängigkeit P. R.s als auch die Umwandlung zum 51. Bundesstaat der USA ab u. sprach sich für die Beibehaltung des seit 1952 geltenden Status der Assoziierung aus. Wichtigste Parteien sind die *Popular Democratic Party (Partido Popular Democrático)* u. die *New Progressive Party (Partido Nuevo Progresista)*. Für volle Unabhängigkeit tritt die kleine *Independence Party (Partido Independentista)* ein.

Samuel von Pufendorf

Pufendorf, Samuel Frhr. von, Rechtslehrer u. Historiker, *8. 1. 1632 Dorf-Chemnitz, Sachsen, †26. 10. 1694 Berlin; Prof. für Natur- u. Völkerrecht in Heidelberg (1661) u. Lund (1670), Historiograph am schwed. u. brandenburg. Hof, Staatssekretär in Stockholm (1677); führender Vertreter des *Naturrechts* als Vernunftrecht u. des *Völkerrechts*, Wegbereiter der Aufklärung. Von der menschl. Natur ausgehend, machte er deren ursprüngl. Bedürftigkeit *(imbecillitas)* u. Geselligkeit *(socialitas)* zum Erkenntnis- u. Seinsgrund von Staat u. Recht. Typisch der Aufklärung zugehörig ist seine Freiheitslehre, wonach der Mensch kraft seiner Vernunft fähig ist, die Gebote des sozialen Zusammenlebens zu erkennen u. danach zu handeln. P.s Rechtssystem, das von großem Einfluß auf die Rechtsgestaltung seiner Zeit war, beruht auf der grundlegenden Lehre von den Handlungen, wobei er moralische Handlungen (deren Folgen dem Handelnden zuzurechnen sind) u. natürl. Handlungen (bloßes Verursachen) unterscheidet. Hptw. „Elementorum jurisprudentiae universalis libri duo" 1660; „De statu imperii Germanici" 1667 (Pseudonym: *Severinus de Monzambano*); „De jure naturae et Gentium libri octo" 1672.

Pugatschow [-'tʃɔf], *Pugačev*, Jemeljan Iwanowitsch, Kosakenführer, *um 1742 Simowejskaja Staniza, †21. 1. 1775 Moskau (hingerichtet); brachte als Führer des Kosaken- u. Bauernaufstands 1773–1775 fast ganz Südrußland unter seine Herrschaft.

Pulcheria, *P. Aelia Augusta*, römische Kaiserin, *399, †Juli 453; Tochter des Kaisers *Arcadius* u. Schwester *Theodosius' II.*, den sie besonders in der Kirchenpolitik stark beeinflußte. Sehr religiös, bemühte sich um Kirchenbauten u. hinterließ ihr Vermögen den Armen.

Pulgar, Hernando del, span. Geschichtsschreiber u. Gesandter, *um 1436, †um 1493;

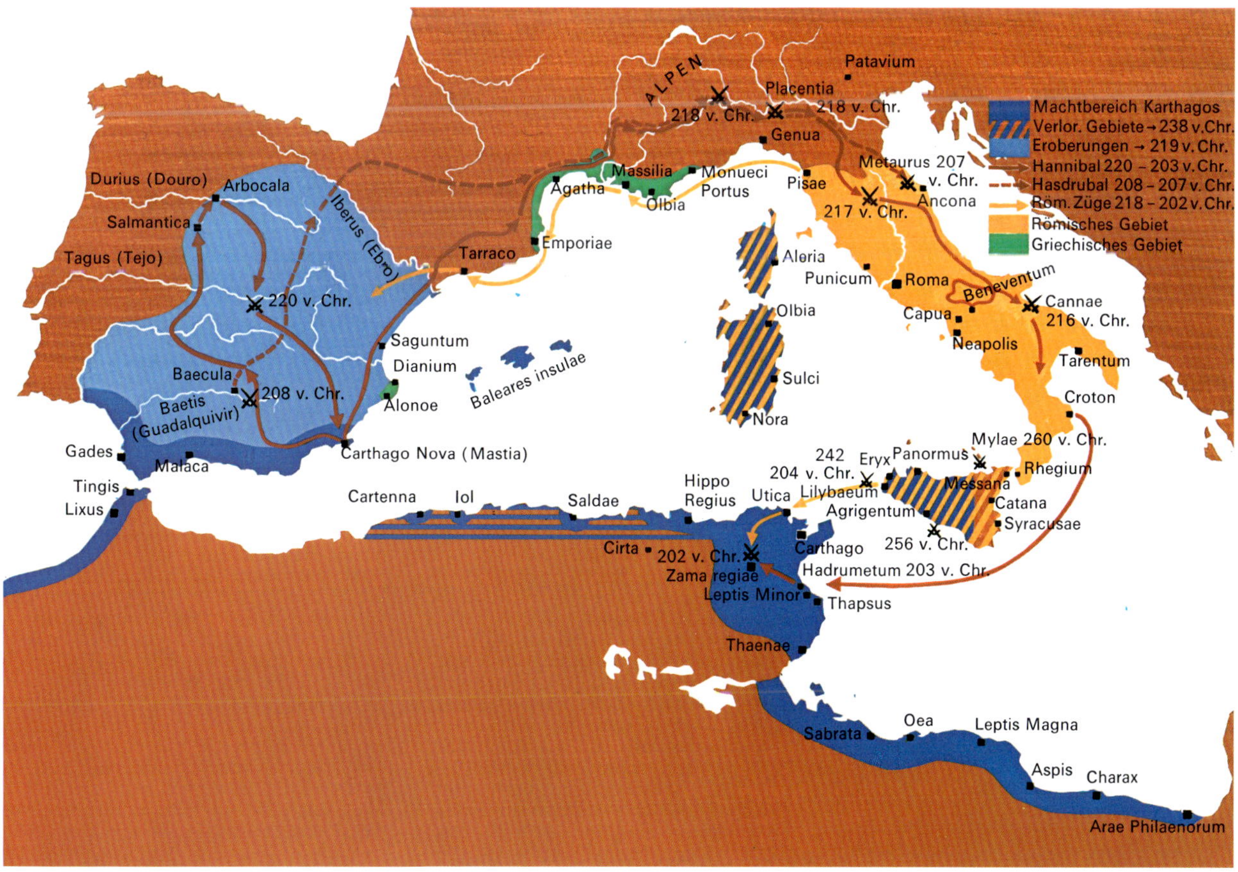

Die Punischen Kriege

Vertreter der humanist. Historiographie in Spanien; Hptw.: „Claros varones de Castilla“ 1486 (eine Sammlung biograph. Lebensbilder) u. eine Chronik der Kath. Könige Ferdinand u. Isabella bis 1490.

Pulververschwörung, engl. *Gunpowder Plot*, von kath. Adligen (Guy *Fawkes* u.a.) für den 5. 11. 1605 geplantes Sprengstoffattentat auf das engl. Parlament u. König Jakob I. Die P. wurde verraten, ihre Teilnehmer teils erschlagen, teils im Januar 1606 hingerichtet.

Punier [-niːər], Bez. der Römer für die *Karthager*.

Punische Kriege, die drei Kriege zwischen den Römern u. den Karthagern (Puniern) um die Vorherrschaft im westl. Mittelmeerraum:
1. Punischer Krieg, 264–241 v.Chr.: Kriegsschauplatz war Sizilien. Der Krieg begann mit dem röm. Eingreifen in Messina zugunsten der *Mamertiner*, die zunächst auch die Karthager um Hilfe gebeten hatten. *Hieron II.* von Syrakus stand anfangs auf karthag. Seite, trat jedoch bald zu den Römern röm. über. 260 v.Chr. bauten die Römer eine Flotte, mit der sie bei *Mylae* (westl. von Messina) durch Einsatz von Enterbrücken eine karthag. Flotte besiegten. Aber die röm. Flottenzüge nach Afrika hatten keinen Erfolg, da die Römer ihre Schiffe durch Stürme verloren u. eine röm. Landung in Afrika 256/55 v.Chr. mißlang. 261 v.Chr. wurde Agrigent von den Römern erobert u. geplündert, 254 v.Chr. von den Karthagern zurückgewonnen. 250 v.Chr. siegten die Römer bei Panormus (Palermo). 247 v.Chr. wurde *Hamilkar Barkas* karthag. Oberbefehlshaber u. führte den Festungskrieg am Berg Eryx bei Drepanon (Trapani). Die Seeschlacht bei den Ägadischen Inseln 241 v.Chr. entschied den Krieg für Rom. Die Karthager verloren Sizilien u. die umliegenden Inseln.
2. Punischer Krieg, 218–201 v.Chr.: 219 v.Chr. eroberte der karthag. Feldherr *Hannibal* trotz röm. Warnungen Sagunt u. überschritt im folgenden Jahr den Ebro, der vertraglich als Grenze zwischen röm. u. karthag. Einflußsphäre in Spanien bestimmt war; Rom erklärte daraufhin den Krieg. Hannibal kam jedoch allen röm. Angriffsplänen in Spanien u. Afrika zuvor, überquerte überraschend die Alpen, drang in Italien ein u. errang anfangs große Siege, bes. bei Cannae 216 v.Chr., konnte aber Rom nicht nehmen u. die latin. Bundesgenossen nicht zum Abfall von Rom bringen. In Spanien kämpften die *Scipionen* gegen die Karthager, die nach wechselvollen Kämpfen unterlagen. Auf Sizilien eroberte 212 v.Chr. *Marcellus* Syrakus, das auf karthag. Seite übergetreten war. Die Entscheidung im Krieg brachte 204 v.Chr. der Übergang des P. *Cornelius Scipio Africanus* von Spanien nach Afrika. Er siegte 203 v.Chr. über das Heer der Karthager in der Ebene von Tunis. Friedensverhandlungen blieben ohne Ergebnis. Hannibal wurde aus Süditalien zurückgerufen, aber 202 v.Chr. in der Schlacht bei *Zama* von Scipio besiegt. Aufgrund des Friedensschlusses von 201 v.Chr. wurde die karthag. Flotte bis auf 10 Schiffe verbrannt. 1000 Talente Kriegsentschädigung mußten an Rom bezahlt werden, Karthago mußte den größten Teil seiner afrikan. Besitzungen aufgeben, u. jede Selbstverteidigung war ohne röm. Zustimmung verboten.
3. Punischer Krieg, 149–146 v.Chr.: Aus Furcht vor dem Wiederaufstieg Karthagos nahm Rom 149 v.Chr. eine formelle Verletzung des Vertrags zum erneuten Kriegsanlaß. 146 v.Chr. wurde Karthago endgültig von P. *Cornelius Scipio Africanus Numantinus* erobert u. zerstört. Ⓑ S. 639.

Puttkamer, Robert von, preuß. Politiker, *5. 5. 1828 Frankfurt/Oder, †15. 3. 1900 Karzin bei Stolp; Verwaltungsbeamter; 1877–1879 Ober-Präs. von Schlesien; 1879–1881 preuß. Kultusminister, 1881–1888 Innenminister. P. milderte die preuß. Kulturkampfgesetze, trat aber vor allem durch seine radikale Auslegung des Sozialistengesetzes u. durch die konservative Ausrichtung der Beamten hervor. Seine Entlassung war der einzige selbständige Regierungsakt Kaiser Friedrichs III. 1891–1899 war P. Ober-Präs. von Pommern.

Pu Yi

Putún, Gruppe der *Chontal-Maya*, siedelten ursprünglich in Tabasco u. im südl. Campeche (Mexiko). Als hervorragende Seefahrer u. Fernhändler kontrollierten sie zwischen 850 u. 950 das gesamte Küstengebiet von Tabasco, Campeche, bis zur Ostküste der Halbinsel Yucatán, wo sie unter dem Namen *Itzá* bekannt wurden. Die heutigen *Lacandonen* sind letzte Nachkommen der P., jedoch mit weitaus primitiverer Kulturbasis.

Putzger, Friedrich Wilhelm, Pädagoge, *10. 1. 1849 Siebenlehn bei Meißen, †3. 8. 1913 Plauen; zuletzt Oberschulrat in Plauen; veröffentlichte 1877 den „Histor. Schulatlas für höhere Schulen“, der unter dem Titel „Historischer Weltatlas“ zahlreiche Neuauflagen bis in die Gegenwart erlebte.

Pu Yi [pu iː], als *Xuantong* letzter Kaiser von China 1908–1912, *7. 2. 1906 Peking, † 17. 10. 1967 Peking; durch die Revolution von 1911/12 gestürzt; wurde 1932 Präs., 1934 Kaiser des japan. Satellitenstaates Mandschukuo; 1945–1950 in sowjet. Gefangenschaft, 1950–1959 in chines. Gefängnissen; nach „Umerziehung“ u. Begnadigung als Historiker tätig. Autobiographie: „Ich war Kaiser von China“ 1964, dt. 1973.

Pydna, antike Hafenstadt in Makedonien, nahe dem heutigen *Kitros* ; 168 v.Chr. Ort der Entscheidungsschlacht zwischen *Perseus* von Makedonien u. den Römern unter *Aemilius Paulus*, der die Griechen u. Makedonen besiegte u. Makedonien unter röm. Herrschaft brachte.

Pylos, antike Stadt in Messenien an der Bucht von Navarino, mit Ruinen eines spätmykenischen Palastes, nach *Homer* Herrschersitz des Königs *Nestor*. Ausgrabungen seit 1939 legten einen den Burgen von Tiryns u. Mykene vergleichbaren Palast frei; in eigenen Archivräumen fanden sich zahlreiche tönerne Täfelchen mit Linear-B-Texten, daneben Magazine mit dicht gestapeltem Trinkgeschirr.

Pym [pim], John, engl. Politiker, *1584 Brymore, Somerset, †8. 12. 1643 London; mitverantwortlich für die Abfassung u. Durchsetzung der *Petition of Rights* (1628), Führer des 1640 gegen *Karl I.* erzwungenen „Langen Parlaments“; erreichte 1643 den Anschluß Schottlands an die Parlamentspartei.

Pyrenäenfriede, 1659 auf der Fasaneninsel im Grenzfluß Bidassoa zwischen *Ludwig XIV.* von Frankreich (vertreten durch Kardinal *Mazarin*) u. *Philipp IV.* von Spanien geschlossener Friede; er beendete den seit 1635 geführten Krieg u. entschied den 150jährigen Kampf Frankreichs gegen die spanisch-habsburg. Umklammerung zugunsten der Franzosen. Die Pyrenäen wurden zur Grenze zwischen Frankreich u. Spanien; Spanien mußte seine Stellung im Artois, in Flandern, Luxemburg, Lothringen u. Pignerol verlorengeben u. trat das Roussillon u. die Cardagne an Frankreich ab; Frankreich gab den unter seinem Einfluß verbleibenden Herzögen von Lothringen u. Savoyen sowie dem Herzog von Mòdena ihre Besitzungen zurück. Ludwig XIV. heiratete die Infantin *Maria Theresia*. Der aufgrund dieser Ehe erhobene Anspruch Ludwigs XIV. auf das spanische Erbe löste den *Spanischen Erbfolgekrieg* aus.

Pyrrhos, *Pyrrhus*, König der Molosser in Epirus 306–301 v.Chr. u. 297–273 v.Chr., *319/18 v. Chr., †273 v.Chr. Argos; fiel als Verbündeter von Tarent in Italien ein u. siegte 280 v.Chr. bei Herakleia am Siris u. 279 v.Chr. bei Ausculum in Apulien unter sehr schweren eigenen Verlusten über die Römer *(P.siege)*; kehrte nach Niederlagen in Italien 275 v.Chr. nach Epirus zurück, versuchte (ohne Erfolg) sein Glück in Makedonien u. Griechenland u. fiel bei einem Straßenkampf in Argos.

Pytheas, griechischer Seefahrer u. Geograph aus *Massilia* (Marseille), der um 325 v.Chr. die Atlantikküste Frankreichs entlang nach Britannien, dann in die Dt. Bucht, nach Norwegen u. vielleicht sogar in die Ostsee fuhr u. als erster Nachrichten über diese Gebiete brachte, die in der hellenistsichen Wissenschaft z.T. auf Unglauben u. Ablehnung stießen.

Pythia, die Orakelpriesterin in Delphi. Die P. saß im Tempel des Apollon, des delph. Orakelgottes, auf einem Dreifuß über einer Erdspalte, aus der Dämpfe aufstiegen, u. vermittelte im Zustand göttl. Besessenheit die Weissagung des Gottes. In der Blütezeit des delph. Orakels gab es zwei bzw. drei Pythien. Ihre Rolle bei der Entstehung der Orakel ist unklar, war jedoch offenbar nicht unbedeutend, da es nicht an Versuchen gefehlt hat, sie politisch zu beeinflussen.

Q

Qal'at Dscharmo, *Qalat Jarmo, Djarmo, Djarmu*, jungsteinzeitl. Siedlungsstelle in Nordirak; erbrachte in acht Siedlungsschichten (die älteste aus dem 7. Jahrtausend v. Chr.) mit Knochenfunden einen der ältesten Belege für Haustierzucht; außerdem fand man Hinweise für den Anbau von Gerste, Weizen, Erbsen u. Linsen; Steingeräte u. -gefäße, kleine Tonfiguren von Mensch u. Tier; Keramik erst in jüngeren Schichten.

Qianlong [tçiɛnluŋ], *Ch'ien-lung, Kienlung*, Regierungsdevise u. Name des 4. Kaisers der Qing-(Mandschu-)Dynastie in China, persönl. Name *Hongli*, *1711, †1799. Q. regierte seit 1736 u. dankte 1796 ab. Unter ihm erreichte das chines. Kaiserreich durch zahlreiche Eroberungsfeldzüge seine größte Machtausdehnung. Künste u. Wissenschaften erfuhren eine letzte Blüte, bevor die sozialen u. wirtschaftl. Verhältnisse u. der Zusammenstoß mit dem Westen im 19. Jh. den Ausbruch der Revolution bewirkten.

Qin [tçin], *Ch'in, Ts'in*, die 221–207 v. Chr. in

Qin Shihuangdi: Der Kaiser in der Schlacht; nach einem Steinflachrelief von der Grabstätte der Familie Wu (Provinz Shandong, um 150 n. Chr.)

China herrschende Dynastie; ursprüngl. Name des Stammlandes des Begründers der Dynastie, *Qin Shihuangdi.* Aus dem Wort Q. ist der Name *China* entstanden.

Qing [tçiŋ], *Ch'ing, Tsching,* die 1644–1911 in China herrschende Mandschu-Dynastie.

Qingliangang-Kultur [tçiŋliɛngaŋ-], *Ch'ing-lien-kang-Kultur,* eine frühneolith. Kultur Chinas (5. Jahrtausend v. Chr.), nach dem ersten Fundort in der Prov. Jiangsu benannt. Die Q. war an der Küste des Ostchines. Meeres zwischen den Provinzen Shandong u. Zhejiang verbreitet. Kennzeichen ist eine rote, teils schwarz bemalte Keramik.

Qin Shihuangdi [tçin ʃəxuaŋdi], *Ch'in Shih Huang-ti,* Kaiser von China 221–210 v. Chr., *259 v. Chr., †210 v. Chr.; war unter dem Namen *Zheng* seit 247 v. Chr. Fürst des Feudalstaates Qin (in den heutigen Provinzen Shaanxi u. Gansu); besiegte in zehnjährigen Feldzügen die Feudalstaaten Han, Zhao, Wei, Chu, Yan u. Qi u. vereinigte erstmals alle chines. Länder zu einem Einheitsstaat. Er nahm den Titel *huangdi* (etwa: „erhabener Herrscher") an, den nach ihm alle chines. Kaiser führten, u. nannte sich selbst *Shihuangdi* (Erster Kaiser). Q. S. schaffte das Lehnswesen ab u. teilte das Land in Bezirke ein, die von Beamten verwaltet wurden. Er vereinheitlichte die Schrift, die Maße u. Gewichte u. das Münzwesen. Die Grenze nach N sicherte er durch ein Befestigungssystem, aus dem später die Chines. Mauer wurde. Als Staatsideologie suchte er den Legalismus durchzusetzen; er verfolgte die konfuzian. Gelehrten u. ließ 213 v. Chr. eine große Bücherverbrennung durchführen. Nebenanlagen seines riesigen Mausoleums in der Nähe von Xi'an werden seit 1974 ausgegraben.

Quaden, westgerman. Stamm in Mähren, seit 21 n. Chr. dort bezeugt, zur Zeit *Cäsars* unter dem Namen *Sweben* im nördl. Maingebiet ansässig. Die Q. gehörten zum Reich des *Marbod,* nahmen an den Markomannenkriegen gegen die Römer teil u. wurden in der 2. Hälfte des 4. Jh. zusammen mit den mit ihnen verbündeten *Sarmaten* von den Römern unterworfen. Teile der Q. zogen Anfang des 5. Jh. mit den *Wandalen* nach Spanien, wo sie in Galicien unter dem Namen Sweben ein Reich gründeten. Der Rest schuf ein Reich in Nordungarn, das sich bis zum Zug der *Langobarden* nach Italien (568 n. Chr.) hielt, dem sich die Q. anschlossen.

Quadrupelallianz, ein Bündnis zwischen vier Staaten. Die Bez. wurde zuerst 1718 angewandt für das Bündnis zwischen Österreich, England, Frankreich u. den Niederlanden gegen die expansive span. Italienpolitik. Die Q. von *Chaumont* 1814 zwischen Österreich, Rußland, Preußen u. England hatte die energische Fortsetzung des Krieges gegen Napoleon zur Folge. Sie wurde 1815 erneuert.

Quaestor [lat.], *Quästor,* im alten Rom unterstes Amt der höheren Beamtenlaufbahn; ursprüngl. mit der Aufgabe, Verbrechen aufzuspüren u. anzuklagen. Später verwalteten die Q.en den Staatsschatz *(Aerarium)* u. waren als Beauftragte der Konsuln in Heer u. Verwaltung tätig. Die Amtszeit betrug 1 Jahr; ihre Zahl wuchs von ursprüngl. 2 auf 20 unter *Sulla;* sie wurde von *Cäsar* auf 40 erhöht, von *Augustus* auf 20 festgesetzt. In der Spätantike, wahrscheinlich seit Konstantin d. Gr., war das neugeschaffene Amt des *Q. sacri palatii* („Q. des heiligen Palastes") eines der wichtigsten Hofämter.

Quai d'Orsay [kɛːdɔr'sɛː], Straße am linken Seine-Ufer in Paris; übertragen auch das französ. Außenministerium, das hier seinen Sitz hat.

Quästor → Quaestor.

Quattuorvirn [Pl.; lat., „Viermänner"], in röm. Städten Kollegien von Oberbeamten, in der Regel zwei Paare mit jeweils denselben Kompetenzen, nämlich für die Rechtsprechung u. die Aufsicht über öffentl. Straßen, Tempel sowie die Ausrichtung von Kulthandlungen, also entsprechend den Duumvirn u. den Aedilen.

Quauhtemoc, *Cuauhtemoc,* der letzte Herrscher der Azteken, 1520–1524, Neffe von *Motecuzoma II.;* kämpfte 1521 erbittert gegen die Spanier unter Cortés, um die Eroberung der aztek. Hptst. *Tenochtitlán* zu verhindern. Nach seiner Gefangennahme wurde Q. als Geisel auf den Eroberungszug Cortés' nach Honduras mitgeschleppt u. an einem nicht bekannten Ort erhängt. Q. wird heute als ein Nationalheiliger Mexikos verehrt.

Quedlinburg, Kreisstadt in Sachsen-Anhalt, 27 100 Ew.

Ein sächs. Königshof *(Villa Quitilingaburg)* ist 922 bezeugt. *Heinrich I.* legte dort eine Burg an. Daneben gründete seine Witwe *Mathilde* 936 das Nonnenstift St. Servatius. Äbtissinnen waren anfangs stets Prinzessinnen des otton. u. des sal. Herrscherhauses; die Könige dieser Häuser hielten sich häufig in Q. auf, wo auch Reichstage stattfanden. Aus einer Marktsiedlung im Schutz der Burg u. des Stifts entstand die Stadt Q., die der Landesherrschaft der Äbtissin unterstand. 1539 wurde das Stift lutherisch. Die Schutzherrschaft über das Stift, seit 1485 bei den Wettinern, ging 1697 an Brandenburg über; formell blieb die Äbtissin jedoch Reichsfürstin. 1803, endgültig 1813 kam Q. zu Preußen, 1945 zum Land Sachsen-Anhalt, 1952 zum Bezirk Halle, 1990 wieder zum Land Sachsen-Anhalt.

Quelle, histor. Zeugnis. Seit J. G. *Droysen* wird unterschieden zwischen Überrest u. Überlieferung (Tradition). Diese Einteilung geschieht aus der Notwendigkeit der unterschiedl. Auswertung. „Überreste" sind „von sich aus" als Zeugnisse der Vergangenheit auf uns gekommen. Dabei kann es sich um Sachüberreste (Bau- u. Kunstwerke, Geräte), abstrakte Überreste (Institutionen, Sitten, Begriffe) u. schriftl. Überreste (Urkunden, Akten, Briefe, Zeitungen) handeln. „Traditionen" (z.B. Annalen, Chroniken, Memoiren, Autobiographien) sind mit dem Ziel, die Nachwelt zu unterrichten, geschaffen worden, d.h. ihnen liegt, häufig unbewußt, ein auswählendes Darstellungsprinzip zugrunde, sie können tendenziös, einseitig u. parteiisch sein. – Außerdem unterscheidet man *Primär-Q.n* u. *Sekundär-Q.n* (aus Primär-Q.n abgeleitete Zeugnisse). Die *Q.nkritik* ist die Prüfung der Q. auf ihre Echtheit u. ihren Aussagewert.

Quesada [ke'saða], Gonzalo Jiménez de, span. Konquistador, *vor 1500 Córdoba, †16. 2. 1579 Meriquita (Kolumbien); erreichte 1536/37 das Hochland von Bogotá, eroberte das Gebiet der Chibcha-Indianer u. gründete 1538 die Stadt Bogotá. Q. forschte 1561 im Orinocogebiet.

Quesnay [kɛ'nɛː], François, französ. Nationalökonom, *4. 6. 1694 Méré, †16. 12. 1774 Versailles; Leibarzt *Ludwigs XV.,* Begründer der Physiokratie; sein „Tableau économique" (1758) ist die erstmalige Darstellung des Wirtschaftskreislaufs. Weiteres Hptw.: „Allgemeine Grundsätze der wirtschaftl. Regierung eines ackerbautreibenden Reiches" 1758, dt. 1921.

Quetzalcoatl [kets-; aztek., „Schlange mit Federn des *Quetzal* "], altmexikan. Gottheit, in Teotihuacán Naturgottheit, bei den Tolteken Gott des Morgensterns, bei den Azteken Gott des Winds, des Himmels u. der Erde. Außer als Federschlange wurde er häufig mit einer schnabelförmigen Maske über der Mundpartie u. oft als bärtig u. hellhäutig dargestellt. Seine Tempel waren rund, sein wichtigstes Heiligtum befand sich in *Cholula.* Mit dieser Gottesgestalt vermischte sich das Bild eines gleichnamigen Herrschers der Tolteken, der zwischen 950 u. 1000 der letzte Priesterkönig von *Tula* oder der Führer einer priesterl. oder konservativen Partei war. Er vertrat die religiösen, gesellschaftl. u. polit. Auffassungen der klass. toltek. Tradition, mußte nach erfolglosem Kampf mit krieger., revolutionären Eindringlingen Tula verlassen u. ging wahrscheinlich nach *Chichén Itzá* in Yucatán, wo er ein neues Reich gründete. Im Mythos sind diese Unruhen als Kampf zwischen dem Gott Q. u. dem Gott des nächtlichen Himmels *Tezcatlipoca* dargestellt. Der Glaube, daß Q. einstmals aus dem O wiederkehren würde, wurde den Azteken zum Verhängnis. Ihr Herrscher *Motecuzoma II.* sah in der Ankunft der Spanier (1519) die alten Voraussagen bestätigt u. behandelte H. *Cortés* als Gott, so daß sich dieser Motecuzomas ohne Kampf bemächtigen konnte.

Queuille [kœj], Henri, französ. Politiker (Radikalsozialist), *31. 3. 1884 Neuvic-d'Ussel, Dép. Corrèze, †15. 6. 1970 Paris; Arzt, 1914 Abg., seit 1920 mehrfach Minister, 1935–1940 Senator; 1943 Vize-Präs. des Nationalkomitees im Londoner Exil; 1948/49, 1950 u. 1951 Min.-Präs.

Quiché [ki'tʃe], einer der wichtigsten Maya-Stämme im Hochland von Guatemala. Sie siedelten ursprünglich in den Küstenregionen des heutigen mexikan. Bundesstaates Tabasco. Von dort zogen sie zwischen 1000 u. 1200 n. Chr. den Usumacinta-Fluß entlang u. durch Chiapas nach Guatemala. Der Q.-Führer *Tohil* vereinigte unter militär. Druck die drei guatemaltek. Q.-Gruppen, die eigentl. Q., die Ilocab u. die Tamub, unter seiner Herrschaft. Hptst. war Utatlán, nördl. des Atitlán-Sees.

Quidde, Ludwig, Historiker u. Politiker, *23. 3. 1858 Bremen, †5. 3. 1941 Genf; seit 1881 Mit-Hrsg. der dt. Reichstagsakten des 15. Jh.,

Ludwig Quidde

1890–1892 Leiter des Preuß. Histor. Instituts in Rom; veröffentlichte 1894 die gegen Wilhelm II. gerichtete Schrift „Caligula, eine Studie über röm. Cäsarenwahnsinn" u. mußte danach seine wissenschaftl. Laufbahn aufgeben. Seit 1892 in der bürgerl. Friedensbewegung tätig, war Q. 1914–1929 Vors. der Dt. Friedensgesellschaft. 1907–1918 gehörte er als Linksliberaler dem bayer. Landtag an, 1919/20 der Nationalversammlung (DDP). 1927 erhielt er als zweiter Deutscher den Friedensnobelpreis (zusammen mit F. *Buisson*). 1933 ging er ins Exil. – Q. vertrat einen ethisch begründeten Pazifismus u. geriet zunehmend in Gegensatz zur radikaler werdenden Friedensbewegung.

Quierzy [kjɛr'zi], ehem. fränk. Königspfalz bei Noyon. Zu Ostern 754 vollzog hier *Pippin III.* die →Pippinische Schenkung an Papst *Stephan II.*, die den Kirchenstaat begründete.

Quimbaya [kim-], altindian. Stammesgruppen im mittleren Cauca-Tal Kolumbiens, gehörten zur Sprachfamilie der Chibcha; Blütezeit zwischen 400 u. 700 n. Chr. Bei ihnen war vor allem die Goldbearbeitung hoch entwickelt. Die Funde gelten als die schönsten Goldarbeiten Altamerikas, bes. die Prunkhelme u. Kalkflaschen in Form reichdekorierter menschl. Figuren.

Quipu ['kipu], Schnüre mit verschieden gefärbten Knoten zum Registrieren von Zahlen; dienten den Beamten des Inkareichs in Peru zu statistischen Zwecken, waren also keine Schrift. Die Anordnung der einzelnen Knoten oder Knotengruppen auf den Schnüren geschah nach dem Dezimalsystem.

Quirigua [kiri'gua], eine der wichtigsten Maya-Städte, am unteren Motagua an der Ostgrenze Guatemalas gelegen. Bedeutung erlangte Q. im 8. Jh. n. Chr., als ihr von der benachbarten Stadt *Copán* (Honduras) ein neuer Herrscher aufgedrängt wurde. Q. ist bekannt durch seine großen zoomorphen Altäre u. die riesigen Stelen, von denen Stele E mit 10,5 m Höhe u. 65 t Gewicht, 771 n. Chr. errichtet, die größte Maya-Skulptur überhaupt ist.

Quirinal [der], lat. *Quirinalis mons*, einer der 7 Hügel Roms, der eine der beiden ältesten Siedlungen trug, aus denen die spätere Stadt zusammenwuchs; heute mit dem ebenfalls als Q. bezeichneten *Palazzo del Quirinale* (seit 1870 Residenz des italien. Königs, seit 1948 Sitz des italien. Staatspräsidenten) bebaut.

Quiriten [lat.; wahrscheinlich von *covirites*, „Mitglieder der Wehrgemeinschaft"], ältester Name der röm. Bürger.

Quirós [ki-], Pedro Fernández de, span. Seefahrer portugies. Herkunft, *1565 Évora, †1615 Panamá; entdeckte auf der Suche nach dem sagenhaften Südland im Pazif. Ozean 1606 die *Neuen Hebriden*.

Quisling, Vidkun, norweg. Politiker, *18. 7. 1887 Vyredal, †24. 10. 1945 Oslo (hingerichtet); Generalstabsoffizier, 1931–1933 Verteidigungs-Min., gründete 1933 die faschist. Partei „Nasjonal Samling"; 1942–1945 Min.-Präs.; wegen seiner Zusammenarbeit mit den Deutschen zum Tod verurteilt. Q.s Name wurde zum Synonym für „Kollaborateur".

Quitzow [-tso], märk. Adelsgeschlecht, seit 1271 urkundlich belegt; hatte eine machtvolle Stellung in Brandenburg im 14. Jh., wurde in den Jahren nach 1414 von dem späteren Kurfürsten *Friedrich I.* unterworfen.

R

Raab, Julius, österr. Politiker (ÖVP), *29. 11. 1891 St. Pölten, †8. 1. 1964 Wien; Bauingenieur; 1938 Bundes-Min. für Handel u. Verkehr im Kabinett *Schuschnigg*; 1945 Mitbegründer der Österr. Volkspartei, 1952–1960 Bundesparteiobmann; 1953–1961 Bundeskanzler. R. leitete 1955 die österr. Delegation bei den abschließenden Verhandlungen um den Staatsvertrag in Moskau 1955. Er war ein wesentl. Exponent des wirtschaftl. Kurses zum Wiederaufbau Österreichs nach 1945. 1963 unterlag er bei der Wahl des Bundespräsidenten dem Kandidaten der SPÖ, A. *Schärf*.

Rabin, Izhak, israel. Politiker (Arbeiterpartei) u. Offizier (1964 Generalleutnant), *1. 3. 1922 Jerusalem, †4. 11. 1995 Tel Aviv (ermordet); im Unabhängigkeitskrieg Brigadekommandeur; 1964–1967 Generalstabschef; 1968–1973 Botschafter in den USA; 1974–1977 Ministerpräsident; 1984–1990 Verteidigungsminister; seit 1992 Vors. der Arbeiterpartei u. erneut Min.-Präs. u. Verteidigungs-Min.; erhielt 1994 gemeinsam mit J. *Arafat* u. S. *Peres* den Friedensnobelpreis; wurde 1995 von einem extremist. Attentäter ermordet.

RAD, Abk. für → Reichsarbeitsdienst.

Radbruch, Gustav, Jurist u. Politiker (SPD), *21. 11. 1878 Lübeck, †23. 11. 1949 Heidelberg; Prof. in Königsberg, Kiel u. Heidelberg (1933–1945 amtsenthoben); 1921/22 u. 1923 Reichsjustizminister. In der Rechtsphilosophie vertrat R. eine relativist. Wertlehre, wonach Maßstab der Rechtsgeltung die Rechtssicherheit ist. Hptw.: „Einführung in die Rechtswissenschaft" 1910; „Rechtsphilosophie" 1914; „Der innere Weg" (Autobiographie) 1951.

Radek, Karl, eigentl. K. *Sobelson*, sowjet. Politiker poln. Herkunft, *1885 Lemberg, †1939 Sibirien; vor 1914 publizistisch für die poln. u. die dt. Sozialdemokratie tätig; seit dem 1. Weltkrieg Mitarbeiter *Lenins*; 1919–1924 Mitgl. des ZK der russ. KP; bis 1923 wichtiger Verbindungsmann zu den dt. Kommunisten; 1927 bis 1929 als Trotzkist in Verbannung; 1935/36 an der Ausarbeitung der neuen sowjet. Verfassung beteiligt; 1937 im 2. Moskauer Prozeß zu 10 Jahren Gefängnis verurteilt, starb in einem Arbeitslager. 1988 wurde R. posthum rehabilitiert.

Rädern, bis ins 18. Jh. verschärfte Todesstrafe bei schweren Totschlagsdelikten. Dem Verurteilten wurden die Glieder gebrochen, bevor man ihn auf das Rad flocht.

Radetzky, Joseph Wenzel Graf R. *von Radetz*, österr. Feldmarschall, *2. 11. 1766 Schloß Trebnitz, Böhmen, †5. 1. 1858 Mailand; 1809–1812 Generalstabschef, 1813 entscheidend beteiligt am Feldzugsplan der Völkerschlacht bei Leipzig; ab 1832 Generalkommandant der österr. Armee u. seit 1849 Militärgouverneur in Oberitalien (Lombardo-Venetien), wo er alle Erhebungen gegen die habsburg. Herrschaft niederwarf (Siege u. a. bei *Custoza* u. *Novara*).

Radhakrishnan, Sarvepalli, ind. Philosoph u. Politiker, *5. 9. 1888 Tiruttani, Distrikt Chitturu, †17. 4. 1975 Madras; 1909–1917 Prof. in Madras u. Maisur, 1921–1931 u. 1937–1941 in Calcutta, 1936–1952 in Oxford (für östl. Religionen u. Ethik); leitete 1946–1952 die ind. Delegation bei der UNESCO; 1949–1952 Botschafter in Moskau; 1952–1962 Vize-Präs., 1962–1967 Präs. der Rep. Indien. – R. erhielt 1961 den Friedenspreis des Deutschen Buchhandels.

Radić ['raditsj], Stjepan, kroat. Politiker u. Publizist, *11. 7. 1871 Trebarjevo Desno bei Rijeka, †8. 8. 1928 Zagreb (an den Folgen eines Attentats); einer der Hauptvertreter der kroat. Unabhängigkeitsbewegung; gemeinsam mit seinem Bruder Antun R. (*1868, †1919) Gründer der kroat. Bauernpartei (1904); bekämpfte die Herrschaft der Ungarn, nach 1918 den serb. Zentralismus, Gegenspieler von N. *Pašić*; 1925/26 Unterrichtsminister Jugoslawiens. Am 20. 6. 1928 wurde er im Belgrader Parlament durch serbische Nationalisten tödlich verwundet.

Radikalenerlaß, in der öffentl. Diskussion oft gebrauchte Bez. für eine Übereinkunft des Bundeskanzlers u. der Ministerpräsidenten der Bundesländer der BR Dtschld. vom 28. 1. 1972 über die Fernhaltung polit. Extremisten vom öffentl. Dienst (daher auch *Extremistenbeschluß*).

Radikalismus [lat.], allg. eine Geisteshaltung u. Handlungsweise, die einmal gefaßte Grundsätze kompromißlos bis zum äußersten durchzusetzen sucht. Der Inhalt des *polit. R.* ist geschichtl. Veränderungen unterworfen; in der Regel strebt er eine vollständige Umwälzung der bestehenden Ordnung an. Radikale Kräfte finden sich an beiden Enden des polit. Spektrums *(Links-R., Rechts-R.)*. Eine eindeutige Abgrenzung zwischen R. u. *Extremismus* ist nicht möglich; der Begriff Extremismus wird meist abwertend gebraucht u. schließt die Anwendung gewaltsamer Methoden ein.

Radowitz, Joseph Maria von, preuß. General u. Politiker, *6. 2. 1797 Blankenburg, Harz, †25. 12. 1853 Berlin; Freund *Friedrich Wilhelms IV.*; in der Frankfurter Nationalversammlung Führer der äußersten Rechten.

Joseph Wenzel Graf Radetzky von Radetz. Gemälde von G. Decker

Rainald von Dassel

Seit Mai 1849 tatsächl. Leiter der preuß. Außenpolitik, vertrat Radowitz das von H. von *Gagern* entworfene Konzept eines engeren Bundes unter preuß. Führung u. eines weiteren Bundes mit Österreich. Er konnte sich mit seinem Vorschlag, die Unionspolitik notfalls militärisch gegen Österreich durchzukämpfen, nicht durchsetzen. Deshalb trat Radowitz 1850 zurück.

Radscha, *Raja* [sanskr., „Fürst, König"], Fürst in Indien u. auf dem Malaiischen Archipel; Herrscher über dem R. ist der *Maharadscha* („Großkönig").

Radziwiłł, *Radziwill,* litauisch-poln. Magnatengeschlecht; im 16. Jh. dt. Reichsfürsten.
1. Antoni, Fürst, *13. 6. 1775 Wilna, †7. 4. 1833 Berlin; 1815–1831 Statthalter des Großherzogtums Posen.
2. Elisa, Prinzessin, Tochter von 1), *28. 10. 1803, †27. 9. 1834 Freienwalde; Jugendliebe des späteren dt. Kaisers *Wilhelm I.*

Raeder, Erich, Seeoffizier (1939 Großadmiral), *24. 4. 1876 Wandsbek bei Hamburg, †6. 11. 1960 Kiel; 1928–1935 Chef der Marineleitung, 1935–1943 Oberbefehlshaber der Kriegsmarine. Nach Meinungsverschiedenheiten mit Hitler über die Seekriegsstrategie wurde er 1943 durch K. *Dönitz* abgelöst; er erhielt den Ehrentitel Admiralinspekteur. 1946 wurde er in Nürnberg vom Internationalen Militärgerichtshof wegen Verbrechen gegen den Frieden u. Kriegsverbrechen zu lebenslanger Haft verurteilt, 1955 vorzeitig entlassen. Er schrieb „Mein Leben" 2 Bde. 1956/57.

RAF, Abk. für *Rote Armee Fraktion,* → Baader-Meinhof-Gruppe.

Rahewin, Geschichtsschreiber, †um 1177; Propst von St. Veit bei Freising; setzte die „Gesta Friderici" des Otto von Freising, dessen Mitarbeiter er gewesen war, nach dessen Tod (1158) bis 1160 fort.

Rainald von Dassel, *Reinald von Dassel,* Politiker, *um 1120, †14. 8. 1167 Rom; aus einem sächs. Grafengeschlecht; seit 1156 Reichskanzler, seit 1159 Erzbischof von Köln; beeinflußte entscheidend die Reichspolitik Kaiser *Friedrichs I. Barbarossa* (Einsetzung von Gegenpäpsten gegen Alexander III., schroffes Vorgehen gegen den lombardischen Städtebund).

Rainier III. [rɛ'nje:], Fürst von Monaco (seit 1949), *31. 5. 1923 Monaco; war mit der US-amerikan. Schauspielerin Grace *Kelly* verheiratet.

Raitzen, *Raizen, Razen,* magyar. *Rácz,* Bez. der griechisch-orth. Serben in Niederungarn u. Slawien durch die nichtslaw. Bevölkerung. Die seit 1690 einwandernden serb. Flüchtlinge aus dem osman. Herrschaftsbereich brachten den Namen von der altserb. Landschaft *Raszien* mit.

Raja ['radʒa] → Radscha.

Rajagriha [radʒa-], Hauptstadt des altind. Königreichs Magadha zur Zeit des Buddha.

Rajendra Chola, ind. König, 1014–1047; unter ihm erreichte das Reich der *Cholas* in Südindien seinen Höhepunkt. Er führte Eroberungszüge bis nach Nordindien, Sumatra u. Malaya durch.

Rajk [rɔjk], eigentl. *Reich,* László, ungar. Politiker (Kommunist), *8. 3. 1909 Székelyudvarhely, †15. 10. 1949 (hingerichtet); 1946 bis 1948 Innen-Min., 1948/49 Außen-Min.; als angebl. Haupt einer imperialistisch-titoist. Verschwörung zum Tod verurteilt, 1956 rehabilitiert.

Rákóczi, ['ra:ko:tsi], ungar. Adelsfamilie mit Zweig in Siebenbürgen, 1756 bzw. 1780 ausgestorben. – **1.** Franz (Ferenc) II., Fürst von Siebenbürgen 1704–1711 und Ungarn 1705–1711, * 27. 3. 1676 Borsi, †8. 4. 1735 Rodosto, Marmarameer; kämpfte gegen Wien für die polit. Sonderrechte u. die Glaubensfreiheit der vom Türkenjoch befreiten Ungarn, proklamierte 1703 deren Unabhängigkeit, unterlag den Habsburgern u. ging 1711 ins Exil; seit 1717 in der Türkei. Nach ihm benannt ist der „Rákóczimarsch".
2. Georg II., Fürst von Siebenbürgen 1648–1660, *30. 1. 1621 Sárospatak, †7. 6. 1660 Großwardein (nach Verwundung); beherrschte seit 1653 auch die Moldau u. die Walachei, unterlag, verbündet mit Schweden, den Polen u. Türken.

Rákosi ['ra:kɔʃi], Mátyás, ungar. Politiker (Kommunist), *9. 3. 1892 Ada, †5. 2. 1971 Gorkij (UdSSR); 1919 Volkskommissar der ungar. Räterepublik, 1921–1924 Sekretär der Komintern. 1926–1940 inhaftiert, dann in die UdSSR entlassen, kehrte 1944 mit den sowjet. Truppen nach Ungarn zurück; 1945–1956 Generalsekretär bzw. Erster Sekretär der Kommunist. Partei, zugleich 1945–1952 stellvertr. Min.-Präs., 1952/53 Min.-Präs. R. war bis 1956 der Diktator Ungarns; er mußte im Zug der Entstalinisierung zurücktreten u. ging in die UdSSR; 1962 wurde er aus der Partei ausgeschlossen.

Raleigh ['rɔ:li], *Ralegh,* Sir Walter, engl. Seefahrer, *um 1554 Hayes Barton, Devonshire, †29. 10. 1618 London (enthauptet); Günstling Königin Elisabeths I.; gründete 1585 die erste engl. Kolonie in Nordamerika, die er zu Ehren Elisabeths „Virginia" nannte; unternahm mehrere Fahrten nach Südamerika. 1603 wurde R. wegen Teilnahme an einer Verschwörung zum Tod verurteilt, jedoch nicht hingerichtet, sondern in Haft gehalten. 1616 wurde R. freigelassen u. unternahm eine erfolglose Expedition nach Guyana, wo er eine spanische Stadt zerstörte. Auf Verlangen Spaniens ließ Jakob I. nach R.s Rückkehr das alte Todesurteil vollstrecken.

Ramadier [-'dje:], Paul, französ. Politiker (Sozialist), *17. 5. 1888 La Rochelle, †14. 10. 1961 Rodez, Dép. Aveyron; 1928–1940 u. seit 1945 Abg., 1937/38 u. seit 1945 mehrfach Min.; 1947 Min.-Präs., beendete die Regierungsteilnahme der Kommunisten u. nahm den Marshallplan an.

Rama Khamhaeng, thailänd. König, ca. 1280–1300; gründete das erste siamesische Reich in Sukhothai, von wo aus er nahezu das gesamte heutige Thailand eroberte; er führte 1283 die heute noch gültige thailänd. Schrift ein.

Ramek, Rudolf, österr. Politiker (christlichsozial), *12. 4. 1881 Teschen (Österr. Schlesien), †24. 6. 1941 Salzburg; Rechtsanwalt; 1921 Innen-Min.; 1924–1926 Bundeskanzler; 1930–1933 2. Präs. des Nationalrates, durch seinen Rücktritt an der Auslösung der Geschäftsordnungskrise des Nationalrates beteiligt.

Ramillies [rami'ji], Dorf in Belgien nahe Namur. Im Rahmen des *Span. Erbfolgekrieges* siegten in der Schlacht bei R. am 23. 5. 1706 die Niederländer u. Engländer entscheidend über die Franzosen u. Bayern, die danach die span. Niederlande räumten.

Ramses, *Ramesse,* Name von 11 ägypt. Königen der 19. u. 20. Dynastie: **1.** *R. II.,* etwa 1290–1224 v. Chr.; bedeutendster König der 19. Dynastie; versuchte zu Beginn seiner Regierung den ägypt. Einfluß in Nordsyrien zu erweitern, wurde aber in der Schlacht von *Kadesch* vom Hethiterkönig Muwatallis aufgehalten. Später (1270 v. Chr.) schloß er mit dem Hethiterkönig Hattusilis III. einen Friedensvertrag, der damit besiegelt wurde, daß er 1257 eine hethit. Prinzessin heiratete. Gewaltige Tempel ließ R. besonders in Nubien errichten *(Abu Simbel)*; sein Totentempel in Theben-West, das *Ramesseum,* gehört zu den größten Tempeln Ägyptens. Im Delta ließ er bei Qantir eine neue Hauptstadt Ägyptens erbauen, die *Ramsesstadt.*
2. *R. III.,* um 1193–1162 v. Chr., verteidigte Ägypten gegen die Angriffe der Libyer u.

Kolossalstatue des Königs Ramses II. im Amun-Mut-Chons-Tempel in Luxor

„Seevölker" u. siedelte die Philister in Südpalästina an; erbaute die Tempelfestung Medinet Habu bei Theben.

Ranen, *Rugianer, Rujanen, Rügenslawen,* zu den *Elb-* u. *Ostseeslawen* zählend, erstmals erwähnt 955. Den R., die unter Königen standen, kam durch die in ihrer Tempelburg *Arkona* verehrte höchste Gottheit *Swantewit* nebst Priesterschaft (Orakel) zeitweise im gesamten ostsee-slaw. Bereich ein gewisser Vorrang zu. Sie verloren ihre polit. Selbständigkeit an die Dänen, die slaw. Dynastie erhielt sich jedoch bis ins 14. Jh., als das Fürstentum Rügen an Pommern fiel.

Ranke, Leopold von (1865), Historiker, *21. 12. 1795 Wiehe an der Unstrut, †23. 5. 1886 Berlin; 1818–1825 Gymnasiallehrer in Frankfurt/O.; seit 1825 Prof. in Berlin, 1841 Historiograph des preuß. Staats. R. schuf mit der von ihm ausgebildeten Quellenkritik die Grundlagen der modernen Geschichtswissenschaft u. formte mit seiner Lehre von den realgeistigen Individualitäten in der Geschichte, die aus sich selbst verstanden werden müssen, entscheidend den → Historismus. Er sah es als die Aufgabe der Historiker an, darzustellen, „wie es eigentlich gewesen ist". Mit seiner Überzeugung, daß die Staaten in der Politik nach ihren eigenen Gesetzen u. nicht nach Ideologien u. Grundsätzen handeln müßten, wurde er ein Vorbereiter u. Vertreter von Bismarcks „Realpolitik". Werke:

„Geschichte der roman. u. german. Völker von 1494–1535“ 1824; „Die röm. Päpste, ihre Kirche u. ihr Staat im 16. u. 17. Jh.“ 1834–1839; „Dt. Geschichte im Zeitalter der Reformation“ 6 Bde. 1926; „Zwölf Bücher Preuß. Geschichte“ 3 Bde. 1930; „Französ. Geschichte vornehmlich im 16. u. 17. Jh.“ 1852–1861; „Engl. Geschichte vornehml. im 17. Jh.“ 1859–1868; „Hardenberg u. die Geschichte des preuß. Staates von 1793–1813“ 1877–1881; „Weltgeschichte“ (unvollendet) 1880–1888. – Sämtl. Werke, 54 Bde. 1867 bis 1890.

Rantzau, Daniel, dänischer Offizier, *1529 Deutsch Niehof, †11. 11. 1569 bei Varberg, Halland (gefallen); besiegte als Feldhauptmann im Dienste des dän. Königs Friedrich II. 1565 die Schweden.

Rapacki [ra'patski], Adam, poln. Politiker (Kommunist), *24. 12. 1909 Zwierzyniec bei Lemberg, † 10. 10. 1970 Warschau; ursprüngl. Sozialist, in der Vereinigten Poln. Arbeiterpartei 1948–1954 u. 1956–1968 Mitgl. des Politbüros; 1956–1968 Außen-Min.; entwickelte 1957 vor den UN den *R.plan* über die Schaffung einer atomwaffenfreien Zone in Mitteleuropa.

Rapallovertrag, 1. italienisch-jugoslaw. Vertrag vom 12. 11. 1920, brachte Zara u. die Insel Lagosta an Italien u. bestimmte die Unabhängigkeit Fiumes, das erst 1924 im Vertrag von Rom an Italien fiel.

2. dt.-sowjet. Abkommen über die Wiederaufnahme von diplomat. u. wirtschaftl. Beziehungen, geschlossen am 16. 4. 1922 am Rand der Weltwirtschaftskonferenz in Genua. Beide Mächte verzichteten auf Erstattung der Kriegskosten. Der Vertrag, der keinen bündnisähnl. Charakter hatte, beendete die Isolierung beider Staaten. Die daran geknüpften wirtschaftl. u. militär. Erwartungen erfüllten sich nicht. Als Möglichkeit einer gegen die Westmächte gerichteten dt.-sowjet. Verständigung *(Geist von Rapallo)* wurde der R. später oft beschworen.

Rappen [zu *Rabe*], 1363 eingeführte süddt. Silbermünze, 1403 Hauptmünze des süddt. R.münzbundes (0,50 g Silber), als Brakteat geprägt. In der Schweiz ist 1 R. (Centime) = 1/100 Franken seit der Münzordnung von 1799.

Rasenna, Eigenbezeichnung der → Etrusker.

Rasin, *Razin,* Stepan Timofejewitsch (Stenka), volkstüml. Donkosakenführer, *um 1630 Simowejskaja, Don, †16. 6. 1671 Moskau (hingerichtet); 1667–1671 Führer des Kosaken- u. Bauernaufstands in Südrußland, der durch die Verschärfung der Leibeigenschaft u. deren Folgen (Kosakenproletariat) hervorgerufen wurde. Ein bekanntes russ. Volkslied behandelt R.s Schicksal.

Rapallovertrag (2): Reichskanzler Wirth (2. von links) mit den sowjetischen Vertretern Krassin und Tschitscherin (3. und 4. von links)

Raspe, Heinrich, dt. Gegenkönig, → Heinrich (39).

Rasputin, Grigorij Jefimowitsch, russ. Mönch, *1864 oder 1865 Tobolsk, †30. 12. 1916 Petrograd (heute Leningrad) (ermordet); seit 1905 Günstling am Hofe Nikolaus' II., gewann als angebl. Wundertäter Einfluß auf die Zarenfamilie, der sich auch auf das Politische erstreckte; deshalb von Mitgliedern der Aristokratie ermordet.

Rassemblement pour la République [rasãbləmã pur la repy'blik], Abk. *RPR, Sammlungsbewegung für die Republik,* seit Dez. 1976 die französ. Partei des Gaullismus. Die RPR geht auf die 1958 gegr. *Union pour la Nouvelle République* (Abk. *UNR*) zurück.

Rassismus [lat.], *Rassendiskriminierung,* die Benachteiligung oder Verfolgung von Menschen aufgrund ihrer Rasse. Dem R. liegt eine *Rassenideologie* zugrunde, d.h. die Auffassung, daß es Menschenrassen von höherem u. geringerem Wert gebe. Die Rassenideologie ist mit dem Begriff Rasse im 18. Jh. aufgekommen; sie beruht auf der wissenschaftlich unhaltbaren Annahme einer genetischen Verschiedenheit der Menschenrassen. Hauptsächlich äußert sie sich als Überzeugung von der Überlegenheit der weißen Rasse. R. kann sich auch gegen eine Gruppe richten, die von Vertretern einer Rassenideologie fälschlich zur Rasse erklärt wird. Dies gilt insbes. für den Antisemitismus u. die auf ihm beruhende nat.-soz. Judenverfolgung. Die Juden sind keine selbständige Rasse; sie konnten nicht aufgrund rassischer Merkmale identifiziert u. mußten zum Zweck der Diskriminierung eigens gekennzeichnet werden (Judenstern). – Rassistische Elemente finden sich auch in der Fremdenfeindlichkeit, wie sie in der Diskriminierung von ausländ. Arbeitern in modernen Industriestaaten auftritt.

Rassow [-soː], Peter, Historiker, *23. 11. 1889 Elberfeld, †19. 5. 1961 Mainz; Prof. in Breslau u. Köln, arbeitete über mittlere u. neuere Geschichte. Hptw.: „Die Kaiseridee Karls V.“ 1932, Neudr. 1960; „Die polit. Welt Karls V.“ 1942; „Karl V., der letzte Kaiser des MA“ 1957; „Die Stellung Dtschlds. im Kreise der großen Mächte 1887–1890“ 1959.

Rastatt, Kreisstadt in Baden-Württemberg, an der Murg, in der Oberrhein. Tiefebene südwestl. von Karlsruhe, 43000 Ew. – Der Frieden von R. beendete am 7. 3. 1714 den span. Erbfolgekrieg.

Rastislaw, *Rostislaw,* Fürst des Großmährischen Reiches 846–870, *vor 830, †nach 870; 846 von *Ludwig dem Deutschen* als Lehensfürst eingesetzt, baute seinen Herrschaftsbereich zu einem weitgehend selbständigen Fürstentum aus. 863 erbat R. vom byzantin. Kaiser *Michael III.* griech. Missionare (Beginn der Slawenmission *Kyrills* u. *Methods*). 870 wurde R. von seinem Neffen Swatopluk festgenommen u. an König Ludwig ausgeliefert; er starb geblendet in einem Kloster.

Rat der Fünfhundert, die erste Kammer der französ. Direktorialverfassung von 1795; schlug die Gesetze vor. Die Beschlußfassung lag bei der zweiten Kammer, dem *Rat der Alten.*

Rat der Republik, in der 4. Republik Frankreichs (1946–1958) die *erste Kammer* (nach der Verfassung von 1958 wieder: *Senat*), gewählt von den Räten der Gemeinden u. Departements. Dem R. d. R. stand gemeinsam mit der Nationalversammlung die Wahl des Präsidenten der Republik zu.

Rat der Volksbeauftragten, die revolutionäre Übergangsregierung des Dt. Reiches 1918/19. Nachdem der SPD-Vors. F. *Ebert* am 9. 11. 1918 vom bisherigen Reichskanzler Max von Baden die Regierungsgeschäfte übernommen hatte, bildete er am 10. 11. nach Verhandlungen mit SPD- u. USPD-Vertretern den R. d. V. Diesem gehörten an: *Ebert,* O. *Landsberg* u. P. *Scheidemann* für die SPD, E. *Barth,* W. *Dittmann* u. H. *Haase* für die

Walther Rathenau

USPD. Ebert u. Haase führten gemeinsam den Vorsitz; es bestand nur eine vage Ressortabgrenzung. Aufgrund der Bürgerkriegskämpfe in Berlin schieden die USPD-Mitglieder am 29. 12. aus; sie wurden durch die SPD-Mitglieder G. *Noske* u. R. *Wissell* ersetzt. Der R. d. V. übergab die Regierungsgeschäfte am 11. 2. 1919 an die aus den Wahlen zur Weimarer Nationalversammlung hervorgegangene Regierung Scheidemann.

Ratgeb, Jörg, auch Jerg, gen. *Schürtzjürgen,* Maler u. Anführer im Bauernkrieg, *um 1480 Schwäbisch-Gmünd oder Herrenberg, †1526 Pforzheim (hingerichtet); Hauptwerke: Herrenberger Altar, 1519, heute Stuttgart, Württemberg. Staatsgalerie; Katharinenaltar, 1510, Schwaigern (Stadtkirche).

Rathenau, Walther, Industrieller u. Politiker, *29. 9. 1867 Berlin, †24. 6. 1922 Berlin (ermordet); seit 1899 im Vorstand der AEG, deren Präs. er 1915 nach dem Tod seines Vaters wurde; Verfasser zahlreicher Schriften auf den Gebieten der Philosophie, Staats-, Wirtschafts- u. Gesellschaftswissenschaft; Verfechter einer Planwirtschaft auf korporativ-demokrat. Grundlage; 1914/15 Leiter der von ihm organisierten Kriegsrohstoffabteilung im preuß. Kriegsministerium, seit 1919 Sachverständiger der Reichsregierung für Reparationsfragen; 1921 Reichs-Min. für den Wiederaufbau, 1922 Reichsaußen-Min. R. schloß den Vertrag von *Rapallo* ab; als sog. *Erfüllungspolitiker* u. als Jude wurde er Opfer einer nationalist.-antisemit. Hetzkampagne, die in seiner Ermordung durch Freikorpsoffiziere gipfelte. – Werke u. Briefe, 6 Bde. 1977ff.

Rätien, lat. *Raetia,* röm. Provinz, die Nordostschweiz, Graubünden, Tirol, Vorarlberg, Bayern u. Ostwürttemberg umfassend; benannt nach den *Rätern,* einem Volk unbestimmter Herkunft. Nach einem ersten Vorstoß der Römer 16 v. Chr. wurde R. unter *Tiberius* röm. Provinz mit dem Hauptort *Augusta Vindelicorum* (Augsburg). Im 4. Jh. nach Chr. wurde es in die Provinzen *Raetia prima* (mit Chur) u. *Raetia secunda* (Augsburg) geteilt.

Ratsiraka, Didier, madagass. Militär u. Politiker, *4. 11. 1936 Vatomandry; 1972–1975 Außen-Min.; 1975–1993 Staats-Präs.; scheiterte mit dem Versuch, in Madagaskar eine sozialist. strukturierte Gesellschaft zu etablieren; seit 1997 erneut Präs.

Ratspensionär, juristisch ausgebildeter Beamter städtischer Verwaltungen bzw. von Ständeversammlungen in den alten Niederlanden. Besondere Bedeutung erlangte seit dem Ende des 16. Jh. der R. der Provinz Holland. Er vertrat deren Stände in den Generalstaaten. Seine Stellung entsprach zeitweilig der des leitenden Politikers der Republik der Vereinigten Niederlande. Die bekanntesten R.e waren J. van *Oldenbarnevelt* u. J. de *Witt.*

Ratzeburg, ehem. mecklenburg. Fürstentum zwischen Lübeck, Schleswig-Holstein u. Mecklenburg-Schwerin, 382 km^2, 15000 Ew. (1905); Hptst. *Schönberg*; hervorgegangen aus dem bis ins 11. Jh. zurückreichenden, 1154 durch Heinrich den Löwen neu gegründete Bistum R., das die westl. Teile Mecklenburgs u. Gebiete Sachsen-Lauenburgs umfaßte. 1554 wurde es an Herzog *Christoph* von Mecklenburg abgetreten, der die Reformation einführte. 1648 im Westfäl. Frieden verfiel das Bistum der Säkularisation u. wurde als Ersatz für das an Schweden abgetretene Wismar *Mecklenburg-Schwerin* zugesprochen. Durch die letzte dynast. Teilung Mecklenburgs 1701 kam das Fürstentum R. an die neue Linie *Mecklenburg-Strelitz.*

Rau, 1. Heinrich, Politiker (SED), * 2. 4. 1899 Feuerbach bei Stuttgart, † 23. 3. 1961 Berlin; Stanzer; seit 1920 Parteifunktionär der KPD; 1933–1935 polit. Häftling, 1935 Emigration, im Span. Bürgerkrieg Kommandeur der XI. Internationalen Brigade, 1942–1945 im KZ Mauthausen; 1946–1948 Wirtschafts-Min. von Brandenburg, 1948/49 Vors. der Dt. Wirtschaftskommission der SBZ, 1949–1961 Mitgl. des Parteivorstands bzw. des ZK u. des Politbüros des ZK der SED, 1949/50 Min. für Planung der DDR, 1950–1952 Vors. der Staatl. Plankommission, 1953–1955 Min. für Maschinenbau, 1955–1961 Min. für Außenhandel u. innerdeutschen Handel.

2. Johannes, Politiker (SPD), * 16. 1. 1931 Wuppertal; Verlagsbuchhändler; 1952–1957 Mitgl. der GVP, trat dann mit G. *Heinemann* zur SPD über; seit 1958 Mitgl. des Landtags von Nordrhein-Westfalen; 1969/70 Oberbürgermeister von Wuppertal; 1970–1978 Min. für Wissenschaft u. Forschung, seit 1978 Min.-Präs. von Nordrhein-Westfalen; seit 1977 dort Landes-Vors., seit 1982 zugleich stellvertr. Partei-Vors. der SPD; 1987 deren Kanzlerkandidat. Im März 1998 kündigte R. an, daß er die Ämter des Min.-Präs. u. des Landes-Vors. der SPD bis zum Sommer 1998 aufgeben werde.

Raubritter, Ritter, die infolge der gesellschaftl. Wandlungen seit dem Spätmittelalter von sozialem Abstieg bedroht waren u. sich Einnahmen durch Straßenraub u. Lösegelderpressung zu verschaffen suchten.

Raugrafen, *Rauhgrafen,* niederes fränk. Adelsgeschlecht, entstanden um die Mitte des 12. Jh. aus dem alten Haus der Grafen im Nahegau, das sich 1140 durch die beiden Söhne Graf *Emichs I.* (1072–1113/16) in die Linien der R. u. der *Wildgrafen* aufspaltete.

Rauriker, ein kelt. Volksstamm, ursprüngl. in Süddeutschland ansässig.

Rauschning, Hermann, Politiker u. Publizist, * 7. 8. 1887 Thorn, † 8. 2. 1982 Portland, Oreg. (USA); Offizier, Landwirt; trat 1931 der NSDAP bei u. wurde stellvertr. Gauleiter in Danzig. Nachdem die NSDAP im Mai 1933 die absolute Mehrheit im Danziger Volkstag erlangt hatte, wurde R. Präs. des Senats der Freien Stadt Danzig. Im Nov. 1934 legte er wegen Meinungsverschiedenheiten mit Hitler über die Verständigungspolitik gegenüber Polen sein Amt nieder. 1936 emigrierte er, seit 1941 lebte er in den USA. 1939 veröffentlichte R. das Buch „Gespräche mit Hitler“, in dem er über Hitlers lebensraum- u. rassenpolit. Pläne berichtete.

Ravenna, italien. Prov.-Hptst., 136 000 Ew. Die auf mehreren Inseln erbaute etruskisch-umbrische Siedlung wurde im 2. Jh. v. Chr. römisch u. erhielt seit dem Bau des Hafens *Classis* unter *Augustus* steigende Bedeutung. 395 erhob Kaiser *Honorius* R. zur Hptst. des Weström. Reiches. Nach dessen Untergang 476 wurde R. Hauptstadt des Reiches *Odoakers* u. 493 des Ostgotenreichs. 540 von Byzanz erobert, war das Exarchat R. durch zwei Jahrhunderte der byzantin. Vorposten in Italien. 751 wurde es von den Langobarden erobert, aber schon 754 von Pippin dem Papst zugesprochen *(Pippinische Schenkung).* Jedoch hatten die Erzbischöfe bis ins 12. Jh., von den Kaisern unterstützt, die weltl. Herrschaft im Exarchat. Die Versandung des Hafens u. die Unterwerfung unter den Papst 1118 leiteten den Abstieg ein. 1441–1509 gehörte R. zu Venedig, danach zum Kirchenstaat, dem es mit der Emilia Romagna 1797 von Napoleon I. entrissen wurde. 1815 mit der Restauration des alten Europa durch den *Wiener Kongreß* kam R. wieder zum Kirchenstaat, bis dieser mit der Einigung Italiens 1870 aufgelöst wurde.

Rawlinson ['rɔːlinsn], Sir Henry Creswicke, engl. Archäologe, * 11. 4. 1810 Chadlington, Oxfordshire, † 5. 3. 1895 London; leistete entscheidende Beiträge zur Entzifferung der altpers. Keilschrift, wozu ihm der pers. Text der Dareios-Inschrift am Felsen von *Bisutun* als Schlüssel diente.

Reagan ['rɛigən], Ronald Wilson, US-amerikan. Politiker (Republikaner), * 6. 2. 1911 Tampico, Ill.; zunächst Reporter, dann Filmschauspieler u. Fernsehdarsteller; 1947–1952 u. 1959 Vors. der Gewerkschaft der Filmschauspieler. 1962 wurde R. Mitgl. der Republikan. Partei. 1967–1974 war er Gouverneur von Kalifornien, 1981–1989 (40.) Präs. der USA (1984 wiedergewählt). R.s Programm einer Wirtschaftsgesundung (Senkung von Steuern u. Regierungsausgaben) bei gleichzeitiger Steigerung der Rüstungsausgaben konnte nur durch Kürzungen im sozialen Bereich finanziert werden. Gesellschaftspolitisch schlug R. einen konservativen Kurs ein. Nach außen betrieb er zunächst eine Politik der Stärke gegenüber den Staaten des Ostblocks u. in Mittelamerika. 1987 schloß er mit der UdSSR ein Abkommen über die Beseitigung der beiderseitigen nuklearen Mittelstreckenwaffen in Europa.

Rechberg, Johann Bernhard Graf *R. u. Rothenlöwen,* österr. Politiker, * 17. 7. 1806 Regensburg, † 26. 2. 1899 Schloß Kettenhof bei Wien; 1855 Bundespräsidialgesandter, 1859 Außen-Min.; suchte als Gegenspieler Bismarcks eine Konfrontation mit Preußen zu vermeiden; wurde auf Betreiben A. von *Schmerlings* abgelöst.

Rechtsaltertümer, Überreste jeder Art, die Auskunft über altes Recht u. Rechtszustände geben: mündl. (Rechtsformeln, Rechtssprichwörter) u. schriftl. Überlieferungen (amtl. u. private Rechtsaufzeichnungen, Urkunden) wie Gegenstände (Pranger, Gerichtslinde) u. Symbole des Rechtslebens (Rechtssymbole). Mit der Sammlung u. Erforschung der nichtschriftl. R. beschäftigt sich die *Rechtsarchäologie.*

Rechtsbücher, im MA private Aufzeichnungen des gewohnheitsrechtl. geltenden Land- u. Lehnrechts einer bestimmten Gegend, die z. T. weit verbreitet u. benutzt, gesetzesähnliches Ansehen erlangen, z. B. Sachsenspiegel, Schwabenspiegel.

Rechtsgeschichte, der Zweig der Rechtswissenschaft, der sich mit den historischen Grundlagen der modernen Rechtsordnung beschäftigt; seit dem 19. Jh. (Historische Rechtsschule) drei Teildisziplinen: römisches Recht, Kirchenrecht u. deutsches Recht, in denen Verfassungs- u. Institutionengeschichte, Geschichte des Privat- u. Strafrechts u. a. untersucht werden.

Reconquista [-'kista; die; span., „Wiedereroberung“], der etwa 800jährige Kampf der Christen in Spanien gegen die Araber, der mit dem Sieg *Pelayos* bei Covadonga 722 begann u. mit der Eroberung Granadas durch die Kath. Könige 1492 endete. Auch → Spanien.

Recuay [rekw'ai], Ort im Tal des Rio Santa in Peru, nach Gräberfunden (Steinkisten oder galerieartige Gänge) in seiner Nähe wurde ein altindian. Keramikstil *(R.-Kultur)* des 1. Jahrtausends n. Chr., nach dem Fundort auch *Santa-Kultur* genannt.

Reduktion, Indianerreservation im kolonialen Hispanoamerika, bes. bekannt die von Jesuiten geleiteten R.en in Paraguay.

Re-education ['riːedju'kɛiʃən; engl., „Umerziehung“], *i. w. S.* die Verbots-, Beeinflussungs- u. Neuordnungsmaßnahmen, die die vier Besatzungsmächte nach dem militär. Sieg über Dtschld. seit 1945 ergriffen, um die NSDAP u. ihre Organisationen zu zerschlagen, den dt. Militärapparat zu beseitigen, die Bevölkerung zur Abkehr von Nationalismus u. Militarismus zu bewegen u. demgegenüber demokrat. Organisationsformen, Normen u. Praktiken im täglichen Leben der Deutschen fest zu verankern; *i. e. S.* die Maßnahmen der alliierten Militärregierungen zur Förderung der Grundsätze u. Haltungen demokrat. Zusammenlebens im Erziehungs- u. Bildungswesen u. in den Massenmedien. Als einzige Vier-Mächte-Vereinbarungen für ganz Dtschld. kamen 1947 die Kontrollrats-Direktiven Nr. 54 (Demokratisierung der Erziehung) u. Nr. 56 (Erwachsenenbildung) zustande.

Referendar, bei Langobarden u. Merowingern der weltl. Leiter der *Kanzlei* (meist ein Romane), dem die Beglaubigung der Königsurkunden u. die Siegelverwahrung oblag.

Reformation [lat., „Erneuerung“], die durch M. *Luther,* H. *Zwingli,* J. *Calvin* u. a. hervorgerufene Bewegung zur Erneuerung der Kirche, die zur Entstehung neuer, vom Papsttum unabhängiger Kirchen führte. – Vorbereitet wurde die R. durch vielfältige Faktoren: die geistesgeschichtl. Spannungen des Spät-MA; die in der Renaissance beginnende histor. Kritik auch an Einrichtungen der Kirche; die durch die Erfindung der Buchdruckerkunst allg. zugängl. gemachten Schriften der Bibel u. der Kirchenväter; das Streben der Fürsten u. weltl. Machthaber, das landesherrl. Kirchenregiment weiter auszubauen; die sozialen Gegensätze sowohl in den Städten, wo die herrschenden bürgerl. Schichten einen Aufstieg in ihre Reihen kaum möglich machten, als auch auf dem Lande, wo Halb- u. Unfreie zu Leibeigenen herabgedruckt wurden. Bedeutend waren vor allem die inneren Schäden der Kirche; der Autoritätsverlust, den das Papsttum durch das große Schisma erlitten hatte; das Scheitern der Reformkonzilien u. die nur in Ansätzen verwirklichte Reform der Kurie; die weltl. Haltung vieler Päpste u. Bischöfe; der krasse Unterschied zwischen dem reich dotierten höheren u. dem armen niederen Klerus; schließlich das auch die Laienwelt erfassende Streben nach religiöser Erneuerung *(Devotio moderna).*

Die schwelende Unzufriedenheit wurde durch das Auftreten *Luthers* im Ablaßstreit u. die schnelle Verbreitung seiner großen Programmschriften zu einer hellen Flamme entfacht. Doch verstand sich Luther selbst nicht als „Reformator“. Er setzte sein Vertrauen in die Kraft des Wortes Gottes u. in die Lenkung der Geschichte des Volkes Gottes durch Gott, dem allein er sich verpflichtet wußte. Weite Kreise des Adels, der Bürgerschaft, der Humanisten sowie des Welt- u. Ordensklerus unterstützten Luthers Auftreten, ohne jedoch zunächst an eine Trennung von der Kirche zu denken. Die Verhängung der Reichsacht über Luther u. das *Wormser Edikt* 1521 vermochten die Bewegung nicht mehr einzudämmen, da der Großteil der weltl. Machthaber, teils auch aus polit. Gründen, Luther unterstützte. Vor allem aber wurde eine echte Volksbewegung zum Träger luth. Gedanken. Luthers Theologie wurde von zahlreichen Predigern in Dtschld. verbreitet.

Zwar erwuchsen der luth. Bewegung durch *Schwarmgeister* u. *Wiedertäufer* sowie durch die Bauernaufstände Schwierigkeiten; auch sagte sich mit *Erasmus von Rotterdam* ein Teil der Humanisten von Luther los. Doch in dem Jahrzehnt zwischen 1520 u. 1530 festigte sich die R.; die Fürsten u. Städte erließen Kirchenordnungen, die Wittenberger Uni-

Reformation

Luthers Thesenanschlag zu Wittenberg im Jahre 1517 wird bis heute vom lutherischen Protestantismus im Reformationsfest feierlich begangen. Die Reformation beleuchtete und verstärkte die sozialen und politischen Verwerfungen an der Epochenschwelle vom Mittelalter zur Neuzeit.

Die Publikation von 95 Leitsätzen, die den Ablaßhandel (Geldspende) als kirchliche Finanzpraktik gegenüber der wahren Buße (Bußsakrament) brandmarkte, war von Luther als die damals übliche Grundlage einer gelehrten Disputation gedacht: »Solche freche und unverschämte Predigt vom Ablaß macht, daß es auch den Gelehrten schwer wird, des Papstes Ehre und Würde zu verteidigen vor derselben Verleumdung, ja vor den scharfen und listigen Fragen des gemeinen Mannes« (These 81). Der Historiker Gerhard Ritter knüpft an diese Überlegung an, wenn er dem päpstlichen Legaten Cajetan, der Luther 1518 auf dem Reichstag zu Augsburg verhörte, die Erkenntnis zubilligt, daß »die Ablaßlehre Luthers nicht ohne weiteres ketzerisch im strengen Sinne zu nennen sei«. Der Ablaßhandel war im Rahmen der päpstlichen Finanzpolitik 1514 als Geschäft eingefädelt worden, bei dem Papst Leo X. dem Erzbischof von Mainz für die Billigung seiner Ämterhäufung eine große Geldsumme zum Neubau der Peterskirche abforderte und an dem auch die Fugger durch Kredit verdienten. Ausgehend von der dadurch bewirkten »Verdunkelung der Idee des Katholischen« (J. Lortz) löste die Reformation – begrifflich die »Verbesserung« durch »Wiederherstellung der ursprünglichen Form« – eine kirchliche Revolution aus und führte, auch durch den Bauernkrieg, zur Konfessionalisierung. Diese Entwicklung war nicht mehr aufzuhalten, als mit dem Wormser Edikt von 1521 die Reichsacht über Luther verhängt wurde. Luther, der »deutsche Starrkopf« (G. Ritter), schöpfte seine religiösen Erkenntnisse nur aus der Heiligen Schrift. Er rechtfertigte die menschliche Existenz, indem er deren Voraussetzung (»Ist Gott gerecht, so muß er strafen«) durch die Gnade dialektisch aufhebt. An diese Interpretation knüpfen seine beiden letzten Wittenberger Thesen an: »Man soll die Christen mahnen, daß sie ihrem Haupt, Christo, durch Kreuz, Tod und Hölle nachzufolgen sich befleißigen. Und also mehr durch viel Trübsal ins Himmelreich zu gehen, denn daß sie durch Vertröstung des Friedens sicher werden«. *A.F.*

1

1 *Martin Luther. Porträt aus der Werkstatt von Lucas Cranach d. Ä.; 1532. Frankfurt a. M., Historisches Museum.*

2 *Eine Seite aus Luthers »Auslegung der Episteln und Evangelien«, erschienen 1522 bei Adam Petri in Basel, mit handschriftlichen Anmerkungen Zwinglis.*

3 *Ablaßhandel, Holzschnitt von Hans Holbein d. Ä. Basel, Städtisches Museum.*

4 *Huldrych Zwingli, Holzschnitt von Hans Asper. Zürich, Graphische Sammlung der Zentralbibliothek.*

5 *Philipp Melanchthon, Bildnis von Lucas Cranach d. J. Frankfurt a. M., Städtisches Kunstinstitut.*

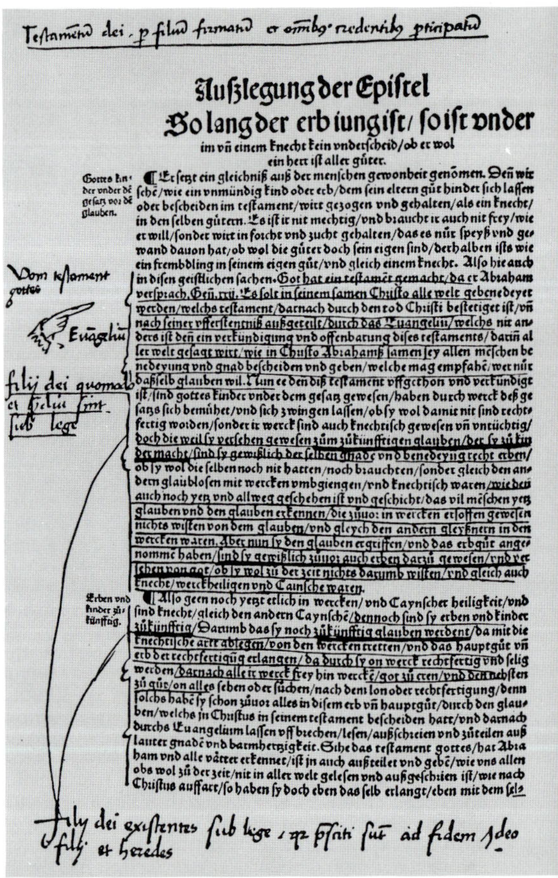

Außlegung der Epistel
So lang der erb iung ist/ so ist vnder
im vñ einem knecht kein vnderscheid/ob er wol
ein herr ist aller güter.

Gottes kinder vnder dē gesatz vor dē glauben.

Er setzt ein gleichniß auß der menschen gewonheit genōmen. Deñ wir sehē/wie ein vnmündig kind oder erb/dem sein eltern gůt hinder sich lassen oder bescheiden im testament/wirt gezogen vnd gehalten/als ein knecht/ in den selben gütern. Es ist ir nit mechtig/vnd braucht ir auch nit frey/wie er will/sonder wirt in forcht vnd zucht gehalten/das es nür speyß vnd gewand dauon hat/ob wol die güter doch sein eigen sind/derhalben ists wie ein frembdling in seinem eigen gůt/vnd gleich einem knecht. Also hie auch in disen geistlichen sachen. Got hat ein testamēt gemacht/da er Abraham versprach. Geñ. xxij. Es solt in seinem samen Christo alle welt gebenedeyet werden/welchs testament/darnach durch den tod Christi bestetiget ist/vñ nach seiner vfferstentniß außgeteilt/durch das Euangeliū/welchs nit anders ist deñ ein verkündigung vnd offenbarung dises testaments/ darīn aller welt gesagt wirt/wie in Christo Abrahamß samen sey allen mēschen benedeyung vnd gnad bescheiden vnd geben/welche mag empfahē/wer nür dasselb glauben wil. Nun ee den diß testament vffgethon vnd verkündigt ist/sind gottes kinder vnder dem gesatz gewesen/haben durch werck deß gesatzs sich bemühet/vnd sich zwingen lassen/ob sy wol damit nit sind rechtfertig worden/sonder ir werck sind auch knechtisch gewesen vñ vntüchtig/ doch die weil sy versehen gewesen züm zükünfftigen glauben/der sy zü künder macht/sind sy gewißlich der selben gnade vnd benedeyung recht erben/ ob sy wol die selben noch nit hatten/noch brauchten/sonder gleich den andern glaublosen mit wercken vmbgiengen/vnd knechtisch waren/wie denn auch noch yetz vnd allweg geschehen ist vnd geschicht/das vil mēschen yetz glauben vnd den glauben erkennen/die zuuor in wercken ersoffen gewesen nichts wissen von dem glauben/vnd gleych den andern gleyßnern in den wercken waren. Aber nun sy den glauben ergriffen/vnd das erbgůt angenommē haben/sind sy gewißlich zůuor auch erben darzů gewesen/vnd versehen von got/ob sy wol zů der zeit nichts darumb wissen/vnd gleich auch knecht/werckheiligen vnd Cainsche waren.

Erben vnd kinder zůkünfftig.

Also geen noch yetzt etlich in wercken/ vnd Caynscher heiligkeit/vnd sind knecht/gleich den andern Caynschē/dennoch sind sy erben vnd kinder zůkünfftig/Darumb das sy noch zůkünfftig glauben werdent/da mit die knechtische art ablegen/von den wercken tretten/vnd das hauptgůt vñ erb der rechtfertigūg erlangen/ da durch sy on werck rechtfertig vnd selig werden/darnach alle ir werck frey hin werckē/got zů eren/vnd den nebsten zů gůt/on alles sehen oder sůchen/nach dem lon oder rechtfertigung/denn solchs habē sy schon zůuor alles in disem erb vñ hauptgůt/durch den glauben/welchs in Christus in seinem testament bescheiden hatt/vnd darnach durchs Euangelium lassen vff brechen/lesen/außschreien vnd zůteilen auß lauter gnadē vnd barmhertzigkeit. Sihe das testament gottes/hat Abraham vnd alle vätter erkennet/ist in auch außteilet vnd gebē/wie vns allen obs wol zů der zeit/nit in aller welt gelesen vnd außgeschrien ist/wie nach Christus auffart/so haben sy doch eben das selb erlangt/eben mit dem selb

2

3

6 *Johannes Calvin, Gemälde eines unbekannten Malers. Genf, Bibliothèque Publique et Universitaire.*

7 *Auf den gekreuzigten Christus in der Mitte, auf den die zuhörende Gemeinde blickt, weist der predigende Luther hin; Reformationsaltar von Lucas Cranach d. Ä. 1547. Stadtkirche Wittenberg.*

4

7

5

6

Reformation: Konfessionen um 1560

versität wurde durch P. *Melanchthon* zum Mittelpunkt u. Vorbild des Studienwesens ausgebaut. Das *Augsburgische Bekenntnis* („Confessio Augustana") 1530 stellte das Glaubensgut der 1529 gegen Mehrheitsbeschlüsse in religiösen Fragen Protestierenden fest. Die prot. Stände, die sich von dem außenpolit. siegreichen Kaiser *Karl V.* bedroht fühlten, schlossen sich 1531 im *Schmalkaldischen Bund* zusammen. Der Kaiser mußte 1532 im Nürnberger Religionsfrieden den Protestanten Religionsfreiheit zugestehen. Weder unzureichende Reformversuche der kath. Kirche noch das zu spät berufene Trienter Konzil, noch Religionsgespräche vermochten die Einheit wiederherzustellen; auch nicht das *Augsburger Interim* von 1548 mit seinen vorsichtigen Rekatholisierungsbestrebungen, das der Kaiser nach seinem Sieg über den Schmalkaldischen Bund bei Mühlberg (1547) erließ. Zu dem auf Verlangen Karls V. wiederberufenen Konzil kamen neben dt. Bischöfen auch Protestanten, ohne in öffentlicher Sitzung vorgelassen zu werden. Doch der Abfall *Moritz' von Sachsen* zwang den Kaiser, 1552 im Passauer Vertrag u. 1555 im Augsburger Religionsfrieden den Anhängern des Augsburgischen Bekenntnisses freie Religionsausübung zuzugestehen. Um 1561 war Dtschld. zu vier Fünfteln prot. Doch gelang der kath. Kirche in den folgenden Jahrzehnten die Rückgewinnung mancher Gebiete (Gegenreformation). Im *Westfäl. Frieden* 1648 wurde der Bestand der Konfessionen garantiert. Erst die großen Bevölkerungsbewegungen der neuesten Zeit haben die konfessionellen Verhältnisse in Dtschld. grundlegend geändert.

In der dt. Schweiz führte *Zwingli* von Zürich, in der französ. Schweiz *Calvin* von Genf aus die R. durch. Eine Einigung zwischen Luther u. Zwingli scheiterte an der unterschiedlichen Abendmahlslehre. Der Zwinglianismus konnte in einigen Schweizer Kantonen, bes. im Bodenseegebiet, Fuß fassen; der Calvinismus eroberte Teile des luth. Deutschland u. Frankreich. Die R. schuf in den einzelnen dt. Territorien voneinander unabhängige Landeskirchen, die dem Kirchenregiment des Landesherrn unterstanden. Ihre verbindl. Lehren wurden im Konkordienbuch bzw. im Heidelberger Katechismus zusammengefaßt. Von Dtschld. aus ergriff die luth. R. auch die nord. u. balt. Länder. Der Calvinismus erlangte großen Einfluß in Frankreich (→Hugenotten) u. den Niederlanden; auch in England u. Schottland gelang es ihm, sich gegen anfangs vorhandene luth. Einflüsse durchzusetzen. In Polen u. Ungarn nahm ein großer Teil des Adels nach vorübergehender Hinneigung zum luth. Bekenntnis den Calvinismus an.

Trotz der Unterschiede innerhalb der reformator. Bewegung des 16. Jh. gab es ein einheitl. Anliegen. Alle Reformatoren hoben die Bedeutung der Hl. Schrift als der grundlegenden Offenbarungsurkunde hervor, alle betonten die Souveränität Gottes im Zusammenhang der Lehre von Gnade u. Rechtfertigung, alle aktivierten das Bewußtsein vom allg. Priestertum der Gläubigen u. der christl. Verantwortung für die Welt.

Reformatio Sigismundi, Titel einer sich auf Kaiser *Sigismund* beziehenden, 1439 verfaßten oder vollendeten Flugschrift mit *Reichsreformvorschlägen* eines bislang unbekannten Autors, der sich für eine Trennung von weltl. u. geistl. Stand einsetzte u. bes. den „Kleinen" im Reich für dessen Erneuerung eine wesentl. Rolle zusprach.

Reformkonzilien, mehrere Konzilien des 15./16. Jh., die, z.T. auf der Grundlage des *Konziliarismus*, das große abendländische Schisma (1378–1417) beseitigen wollten u. eine Kirchenreform anstrebten: die Konzilien von Pisa (1409), Konstanz (1414–1418), Pavia-Siena (1423/24), Basel (1431–1437 bzw. 1449). In Pisa wurde ein Konzilpapst gegenüber den 2 Gegenpäpsten gewählt; da diese aber nicht zurücktraten, regierten von da ab 3 Päpste. Das Konstanzer Konzil beschloß einige vom Papst später nicht bestätigte oder nicht befolgte Dekrete: konziliare Autorität gegenüber dem Papst in Glaubens- u. Reformfragen, Abhaltung regelmäßiger ökumen. Konzilien (nur zweimal geschehen); es beseitigte das Papstschisma (1417), erneuerte die bischöfl. Rechte, bes. im Ämter- u. Pfründenwesen, verurteilte aber auch Johannes Hus. In Pavia-Siena wurde die eigentl. Reform dem nächsten Konzil zugewiesen. In Basel beschloß man regelmäßige Abhaltung von Provinzial- u. Diözesansynoden, Beseitigung von Simonie u. Klerikerkonkubinaten, würdige Feier der Liturgie; zugleich beschränkte das Konzil jedoch die päpstl. Verwaltung u. erklärte schließl. den Konzilsprimat. Es verlor deswegen seinen Anhang, was die Niederlage des Konziliarismus bedeutete. Papst Eugen IV. verlegte das Konzil (1437) nach Ferrara (wo es nur um die Union mit den Griechen ging), 1439 nach Florenz, 1443 nach Rom. Die vom Papsttum seit Basel übernommene Reform wurde von diesem tatsächl. nicht bewältigt. Seit längerem hatte daher eine Reform von unten angesetzt, bes. bei den Orden, aber sie kam erst nach der Reformation M. Luthers (1517) zum Zug. Mit dem Trienter Konzil (1545–1563) nahmen die Päpste das Reformwerk in die Hand.

Réfugiés [refy'ʒje:; frz., „Flüchtlinge"], die während der Religionsverfolgungen des 16. u. 17. Jh., bes. nach der Aufhebung des Edikts von Nantes (1685), aus Frankreich geflüchteten rd. 500 000 Protestanten (Hugenotten). Aufnahmeländer für die R. waren vor allem die Niederlande, Brandenburg, die Schweiz u. England. Sie sind zu unterscheiden von den royalist. *Émigrés*, die während der Französ. Revolution (1789) außer Landes gingen.

Refutation, Lehnsaufkündigung durch den Vasallen.

Regalien [lat.], die schon seit fränk. Zeit ausgeübten königl. Hoheitsrechte, die erst in der Publizistik des →Investiturstreits mit der Trennung von *Spiritualien* u. *Temporalien* begriffl. erfaßt wurden. In der frühen Stauferzeit (1158) wurde, von Burgund her beeinflußt, der R.begriff erweitert: man verstand nunmehr darunter nicht nur die königl. Verfügungsgewalt über das Reichskirchengut, über Herzogtümer, Markgrafschaften, Grafschaften, Reichsstädte, sondern alle nutzbaren Hoheitsrechte überhaupt, wie Gerichtsbarkeit, Zölle, Münz-, Geleits-, Jagd-, Berg-, Salz-, Markt-, Burgen-, Pfalzen-, Strom-, Straßen-, Boden-, Schatz- u. Forstrechte. Dabei sind ältere (Markt, Münze, Zoll) u. jüngere (Bergbau, Fischerei), höhere (Gerichtsbarkeit, Heerbann) u. niedere (Fähren- u. Mühlenrecht) R. zu unterscheiden. – *I. e. S.* sind R. die weltl. Hoheitsrechte, mit denen die Reichsbischöfe seit dem Wormser Konkordat belehnt wurden; *R.recht* im engsten Sinn ist das Recht des Königs auf Zwischennutzung bei Sedisvakanz eines Bistums oder einer Abtei.

In Dtschld. fielen die R. im Zug der territorial-staatl. Entwicklung in die Hände der Landesherren, bestätigt durch eine Reihe von Privilegien *(Confoederatio cum principibus ecclesiasticis* 1220, *Statutum in favorem principum* 1231/32, bes. *Goldene Bulle* 1356). Dem Reich verblieben nur Strom- u. Straßenregal, z.T. auch Münze u. Zoll.

Regensburg, kreisfreie Stadt in Bayern, Hptst. des Reg.-Bez. *Oberpfalz*, Donauhafen unweit der Mündung von Naab u. Regen, 333 m ü. M., 124000 Ew.

R. entwickelte sich aus der kelt. Siedlung *Radasbona* u. der röm. Grenzfestung *Regina Castra*. Im 6. Jh. wurde es Sitz der bayer. Stammesherzöge (Agilolfinger), im 8. Jh. Bischofssitz u. karoling. Königspfalz. Vom 10. bis zum 13. Jh. war es Hptst. des neuen bayer. Herzogtums. 1245 wurde es reichsunmittelbar. Seit dem 14. Jh. ging seine Bedeutung als Handelszentrum zurück. Nachdem schon im 16. Jh. die meisten Reichstage in R. stattgefunden hatten, wurde es 1663 Sitz des „Immerwährenden Reichstages". 1748 verlegte das Fürstenhaus *Thurn u. Taxis* seine Residenz von Frankfurt nach R. 1802 wurde für den Kurfürsten Karl Theodor von *Dalberg* das Fürstentum R. geschaffen. 1810 fiel R. an Bayern.

Regesten [lat.], knappe Zusammenfassung des wesentl. Inhalts einer mittelalterl. Urkunde unter Weglassung der formelhaften Teile, mit genauer Datierung u. Angaben zu Aussteller, Empfänger, Ort u. Inhalt; oft auch Bez. für zeitlich geordnete Verzeichnisse solcher Urkundenauszüge, z.B. *Regesta Imperii* (R. der Urkunden der röm. Kaiser u. dt. Könige) oder *Regesta Pontificum Romanorum* (R. der Urkunden der Päpste).

Regulus, *Marcus Atilius R.*, röm. Politiker u. Feldherr, †250 v. Chr.; Konsul im Jahre 267 v. Chr., im 1. Punischen Krieg einer der erfolgreichsten röm. Heerführer, 256 Sieg bei *Eknomos* u. Übersetzen nach Afrika, dort 255 v. Chr. von den Karthagern gefangengenommen; er soll gegen Ehrenwort 250 v. Chr. zu Friedensvermittlungen nach Rom gegangen sein, dort vom Friedensschluß abgeraten haben u. nach seiner Rückkehr nach Karthago unter Foltern hingerichtet worden sein.

Reich, nicht scharf abgrenzbarer Begriff für großräumiges Herrschaftsgebiet, auch mit *Imperium*, einem Vielvölkerstaat gleichgesetzt, der von einem allen anderen Fürsten übergeordneten Herrscher, oft mit dem Anspruch auf göttl. Abstammung (Kaiser, Pharao, Großkönig), regiert wird, vielfach mit dem Anspruch auf Weltherrschaft verbunden. In der Antike bestanden das ägypt., babylon., assyr., hethit., pers., Röm. R., das R. Alexanders d. Gr. Das Fränkische R. der Merowinger u. Karolinger hielt am universalen Anspruch des röm. R.s fest, obwohl es räumlich nur auf Westeuropa beschränkt war. Nach dem Zerfall des Karolingerreichs wurde die röm. R.s-Tradition von den dt. Königen fortgesetzt. Sie übten zwar nicht die wirkliche Oberherrschaft über das Abendland aus, aber sie beanspruchten die Führungsrolle für sich. Tatsächlich bedeutete R. nur die Oberherrschaft des Kaisers über die Königsherrschaften Dtschld., Italien u. Burgund. Die Vorrangstellung des R.s u. des Kaisers lehnten seit dem 12. Jh. die Herrscher der entstehenden Nationalstaaten in Westeuropa ab, wobei sie vom Papst u. von den dt. Territorialfürsten unterstützt wurden. Im späteren MA war das R. nur mehr eine Idee bzw. eine lose Oberherrschaft über die dt. Territorialfürsten. Auf den Reichstagen vertraten die Reichsfürsten bzw. Reichsstände ihre Sonderinteressen gegen die Hausmachtinteressen des Kaisers (Gegensatz zwischen Kaiser u. R.). Auch nach dem Ende des *Heiligen Römischen Reichs Deutscher Nation* 1806 blieb der R.s-Gedanke in Dtschld. so lebendig, daß Bismarck bei der Erweiterung des Norddeutschen Bundes durch die süddeutschen Staaten 1870/71 für die neue polit. Einheit Dtschld. nicht die Bezeichnung *Deutscher Bund* (wie 1815–1866) wiederaufnahm, sondern den Titel *Deutsches R.* wählte. Auch die Verfassung der Weimarer Republik hielt an diesem Titel fest.

Reichenau, Walter von, Offizier (1940 Generalfeldmarschall), *8. 10. 1884 Karlsruhe, †17. 1. 1942 bei Poltawa, Ukraine; als Stabschef des Wehrkreiskommandos I in Königsberg bereits 1932 in Kontakt mit Hitler; 1933–1935 als Chef des Ministeramts im Reichswehr- bzw. des Wehrmachtsamts im

Reichskriegsministerium maßgeblich an der Öffnung der Reichswehr für den Nationalsozialismus beteiligt; im 2. Weltkrieg Armeeführer, 1941/42 Oberbefehlshaber der Heeresgruppe Süd an der Ostfront.

Reichensperger, August, Politiker, *22. 3. 1808 Koblenz, †16. 7. 1895 Köln; Jurist (Richter in Köln); 1848/49 Mitgl. der Frankfurter Nationalversammlung, 1850 des Erfurter Parlaments, 1850–1863 u. 1870–1886 des preuß. Abgeordnetenhauses, 1867–1884 des Reichstages. R. war ein großdt. Gegner Bismarcks u. zusammen mit seinem Bruder Peter R. (*1810, †1892) Führer des polit. Katholizismus in Dtschld. Er gründete 1852 die „kath. Fraktion", aus der die Zentrumspartei hervorging. R. setzte sich für den Ausbau des Kölner Doms ein.

Reichsabschied, *Reichsrezeß,* lat. *recessus imperii,* bis zum letzten („jüngsten") R. 1654 übliche Zusammenfassung aller Beschlüsse u. Gesetze, die in einer Sitzungsperiode des *Reichstags* zustande gekommen waren. Die R.e wurden durch öffentl. Anschlag oder Verlesung, häufig durch Drucklegung bekanntgemacht; die Verbreitung war den *Reichsständen* übertragen.

Reichsacht, eine für das gesamte Reichsgebiet geltende Acht, die anfängl. nur vom König (Kaiser) oder vom Reichshofgericht (später Reichskammergericht, Reichshofrat), seit dem 13. Jh. auch von hierzu privilegierten einzelnen Herren oder Städten ausgesprochen werden konnte. Seit Kaiser *Friedrich II.* (Confoederatio von 1220) war Gesetz, daß dem länger andauernden Kirchenbann die R. zu folgen habe. Gegen Ende des MA erhielt die R. die Wirkungen der schwer ablösbaren *Oberacht.*

Reichsämter, 1. im röm.-dt. Reich die Erzämter.

2. nach 1871 im dt. Kaiserreich eingerichtete oberste Reichsbehörden unter der Leitung von *Staatssekretären,* dem Reichskanzler unterstellt. Dazu gehörten: Auswärtiges Amt, Reichsamt des Innern, Reichsmarine-, Reichsjustiz-, Reichsschatz-, Reichspost-, Reichseisenbahn- und Reichskolonialamt. Nach der Übergangszeit unter dem Rat der Volksbeauftragten wurden die R. 1919 in der Weimarer Republik durch *Reichsministerien* abgelöst.

Reichsannalen, *Fränkische R.,* lat. *Annales regni Francorum,* von L. von *Ranke* eingeführte Bez. für die *Lorscher Annalen.*

Reichsapfel, eine der *Reichsinsignien:* Kugel mit Kreuz als Symbol christl. Weltherrschaft.

Reichsarbeitsdienst, Abk. *RAD,* aus dem freiwilligen Arbeitsdienst hervorgegangene staatl. Einrichtung unter dem nat.-soz. Regime. Der RAD wurde 1935 durch Gesetz geschaffen. Für alle männl. Jugendlichen bestand eine sechsmonatige Dienstpflicht, seit 1939 auch für weibl. Jugendliche. Die „Arbeitsmänner" u. „Arbeitsmaiden" waren kaserniert. Der RAD wurde vor allem beim Straßen-, Deich- u. Kanalbau sowie bei Befestigungsarbeiten eingesetzt u. diente gleichzeitig der vormilitär. Ausbildung.

Reichsarchiv, Archiv des Dt. Reichs in Potsdam, 1919 gegr. zur Sammlung u. Verwaltung des gesamten Urkunden- u. Aktenmaterials der Reichsbehörden u. des Heers (seit 1867); ihm angegliedert wurden die Archive des Reichskammergerichts, des Dt. Bundes u. der Frankfurter Nationalversammlung. Angeschlossen war dem R. die „Histor. Reichskommission" mit eigenen Forschungsaufgaben, die 1935 dem „Reichsinstitut für Geschichte des neuen Dtschld." übertragen wurden. 1936/37 wurden die Heeresarchive ausgegliedert u. selbständig. Das R. verlor im 2. Weltkrieg einen großen Teil seiner Bestände; die Reste übernahmen das *Bundesarchiv* in Koblenz u. das *Zentralarchiv der DDR* in Potsdam.

Reichsarmee, *Reichsheer,* die Streitmacht des röm.-dt. Reichs; kein stehendes Heer, sondern nach der Reichsmatrikel von 1521 aus Kontingenten der *Reichsstände* zusammengesetzt. Nach den Reichsmatrikeln von 1681 sollte die R. in Stärke von 12000 Reitern u. 28000 Fußsoldaten im Kriegsfall von den 10 *Reichskreisen* gestellt werden; sie konnte im Bedarfsfall vergrößert werden. Da der Zusammenhang fehlte, war die Kriegstüchtigkeit sehr unterschiedlich.

Reichsbanner, 1. Hauptfahne des röm.-dt. Reichs. Es zeigte seit dem 13. Jh. auf gelbem Grund erst den einköpfigen, später doppelköpfigen, schwarzen *Reichsadler* (Reichssturmfahne). Daneben wurde im 13. u. 14. Jh. auch noch die Fahne des Heiligen Römischen Reiches, auf rotem Grund ein durchgehendes weißes Kreuz, in gleicher Funktion geführt.

2. *R. Schwarz-Rot-Gold,* zur Zeit der Weimarer Republik betont verfassungstreuer Verband („Bund der republikan. Kriegsteilnehmer") auf der Basis der Weimarer Koalition (SPD, DDP, Zentrum), gegr. 1924 von dem sozialdemokratischen Politiker Otto *Hörsing* (*1874, †1937) zur Verteidigung der Republik; schloß sich 1932 mit den Freien Gewerkschaften zur „Eisernen Front" gegen den Rechtsradikalismus zusammen u. stellte vorübergehend bes. „Schutzformationen" (Abk. *Schufo*) auf; 1933 verboten. In der BR Dtschld. besteht seit 1966 das „R. Schwarz-Rot-Gold, Bund aktiver Demokraten".

Reichsdeputationshauptschluß, der Beschluß vom 25. 2. 1803 der letzten, außerordentl. *Reichsdeputation* des Regensburger Reichstags des Hl. Röm. Reichs Dt. Nation (bestehend aus Kurmainz, Böhmen [Österreich], Sachsen, Brandenburg [Preußen], Pfalz-Bayern, dem Hoch- u. Deutschmeister, Württemberg, Hessen-Kassel), durch den die Entschädigung der Fürsten, die infolge der Frieden von Basel u. Lunéville ihre linksrhein. Gebiete an Frankreich hatten abtreten müssen, festgesetzt wurde: 1. Aufhebung aller geistl. Fürstentümer, außer dem mit Aschaffenburg-Regensburg neugeschaffenen Staat des Kurerzkanzlers von Mainz (Karl Theodor von Dalberg), dem des Johanniterordens sowie dem des Dt. Ordens; 2. Säkularisierung des Kirchenguts; 3. Mediatisierung der Reichsstädte bis auf Hamburg, Lübeck, Bremen, Frankfurt a. M., Augsburg, Nürnberg; 4. Neuschaffung der Kurfürstentümer Baden, Württemberg, Hessen-Kassel u. Salzburg, um das Übergewicht der kath. Reichsstände zu beseitigen.

reichsfrei, *reichsunmittelbar, immediat,* im röm.-dt. Reich dem König u. Reich unmittelbar unterstehend; im Unterschied zu *mittelbar (mediat),* einem Landesherrn unterstehend.

Reichsfreiherr, im röm.-dt. Reich Titel der reichsunmittelbaren Freien Herren (ohne Reichsstandschaft), unterste Stufe des hohen Adels; vom 18. Jh. bis 1806 Titel der Angehörigen der Reichsritterschaft.

Reichsfürst, im röm.-dt. Reich bis etwa 1180 der Inhaber eines höheren Amts (z. B. Erzbischof, Herzog, Markgraf, Graf; sog. *älterer R.enstand*); danach nur noch ein Fürst, der ein Lehen unmittelbar vom Kaiser empfing. Die R.en bildeten auf dem Reichstag den *R.enrat.* Erhebung in den R.enstand war nur dem Kaiser möglich.

Reichsgau, vom nat.-soz. Regime geschaffener Typ eines Verwaltungsbezirks in Gebieten, die seit 1938 dem Dt. Reich eingegliedert wurden. 1939 wurden die österr. Bundesländer u. das Sudetenland in R.e umgewandelt; später kamen die R.e Danzig-Westpreußen u. Wartheland hinzu. An der Spitze eines R.s stand der Gauleiter der NSDAP als Reichsstatthalter.

Reichsgraf, im alten Dt. Reich reichsunmittelbarer Graf, gehörte zum hohen Adel. Prädikat seit dem 18. Jh. Erlaucht.

Reichsgut, im röm.-dt. Reich ein Krongut, das vom *Hausgut* der Fürsten ursprünglich unabhängig war, später jedoch vielfach von den Dynastien einbehalten wurde.

Reichshofrat, neben dem *Reichskammergericht* oberstes Gericht des Kaisers im röm.-dt. Reich; 1498 von Maximilian I. errichtet, unter Ferdinand I. *R.sordnung* (1559): Präsident, Vize-Präs., Vizekanzler u. 18 Räte, von denen 6 ev. sein sollten, vom Kaiser ernannt; Sitz war Wien. Der R. entschied in Angelegenheiten der reichsunmittelbaren u. kaiserlichen Privilegien; er wurde 1806 aufgelöst.

Reichsinsignien → Reichskleinodien.

Reichsinstitute, vom Dt. Reich unterhaltene Forschungsinstitute, bes. für Geschichte, so das *Dt. Archäolog. Institut* u. das *Reichsinstitut für ältere dt. Geschichtskunde.*

Reichskammergericht, höchstes Gericht (neben dem → Reichshofrat) im röm.-dt. Reich, 1495 vom Reichstag zu Worms errichtet, zunächst in Nürnberg, Esslingen, 1527–1689 in Speyer, dann bis zur Auflösung 1806 in Wetzlar. Das R., vom Kaiser u. den Reichsständen gemeinschaftlich besetzt, war zuständig für Klagen gegen Reichsunmittelbare u. gegen den Landesherrn sowie für Landfriedensbruch u. *Reichsacht;* es war oberstes Appellationsgericht für alle Stadt- u. Landgerichte, sofern nicht das *Privilegium de non appellando et de non evocando* bestand.

Reichskanzlei, im röm.-dt. Reich die vom *Erzkanzler* geleitete Behörde.

Reichskanzler, 1. im röm.-dt. Reich der ständige Vertreter *(Hof- u. R.)* des *Erzkanzlers* für die Leitung der Reichskanzlei; manchmal auch Bez. für den Erzkanzler selbst.

2. im Dt. Reich von 1871 der vom Kaiser ernannte, parlamentarisch nicht verantwortliche einzige Minister. Er wurde von den Chefs der *Reichsämter* (Staatssekretären) unterstützt, doch gab es keine Ministerverantwortlichkeit. Der R. führte den Vorsitz im Bundesrat und war meistens gleichzeitig Ministerpräsident Preußens. Die parlamentarische Verantwortung wurde erst durch die Verfassungsänderung vom 28. 10. 1918 eingeführt.

3. in der Weimarer Republik der vom Vertrauen des Reichstags abhängige, vom Reichspräsidenten zu ernennende Chef der Reichsregierung. Er bestimmte zwar die Richtlinien der Politik, doch führte jeder Minister sein Ressort eigenverantwortlich.

4. *Führer u. R.,* der offizielle Titel *Hitlers,* nachdem er durch Gesetz vom 1. 8. 1934 die Ämter des R.s u. des Reichspräsidenten in seiner Person vereinigt hatte. Durch das Ermächtigungsgesetz vom 24. 3. 1933 war die Reichsregierung zum Erlaß von Gesetzen ermächtigt, durch Reichstagsbeschluß vom 26. 4. 1942 wurde Hitler auch zum obersten Richter proklamiert. Damit waren Legislative, Exekutive, richterl. u. militär. Gewalt in einer Hand vereinigt.

Reichskirche, ähnl. der *Staatskirche* oder *Nationalkirche* eine Kirche, die unter der Hoheit bzw. unter dem Einfluß eines Reichs steht (Gegensatz: Trennung von Staat u. Kirche). Die Geschichte der R. beginnt mit der staatl. Anerkennung, Privilegierung u. Einordnung der christl. Kirche in das Röm. Reich durch Konstantin d. Gr. 313 u. mit der Proklamation des Christentums zur alleinigen Staatsreligion durch Theodosius I. 380. Die Beschlüsse der Reichskonzilien galten seitdem als Teil des staatl. Rechts. Während im Westen die Ausbildung der *Zweischwertertheorie* die Unabhängigkeit der Kirche vom Kaiser beförderte u. nach dem Zusammenbruch des Röm. Reichs der Reichsgedanke nur in den german. Landeskirchen weiterlebte, wurde im byzantin. Osten seit Justinian I. eine völlig unter der Oberhoheit des

Kaisers *(Cäsaropapismus)* stehende Kirche geschaffen, die bis zur Eroberung Konstantinopels durch die Türken 1453 andauerte.
Unter Karl d. Gr. wurde auch im Westen die R. erneuert. Karl hielt Reichssynoden ab, besetzte die Bischofsstühle u. nahm Einfluß auf die Entwicklung der kirchl. Lehre u. Liturgie. Seine Kaiserkrönung 800 führte vollends zur Wiederbelebung des Gedankens vom *Heiligen Römischen Reich.* Otto d. Gr. baute die R. als Gegengewicht gegen die Herzogsgewalt weiter aus *(otton.-sal. R.nsystem),* er beteiligte sie umfassend an der Reichsregierung u. stattete sie mit staatl. Besitz aus. Bischöfe u. Äbte wurden Träger höchster Reichsämter, deren Erblichkeit wegen des Zölibats nicht zu befürchten war. Dagegen waren Bistümer u. Klöster zu Diensten u. materiellen Leistungen verpflichtet, das Regalien- u. Spolienrecht (aus dem *Eigenkirchenwesen* abgeleiteter Anspruch der Krone auf Besetzung u. Nutzung vakanter Bistümer u. Abteien sowie auf den Nachlaß des Klerus) wurde anerkannt. Das System gründete auf der Verfügungsgewalt des Königs über das faktisch als Reichsgut behandelte Kirchengut u. auf der *Investitur* der Bischöfe u. Äbte durch den König. Unter den übrigen Ottonen u. den Saliern wurde die polit. Ordnung der R. weitergeführt u. unter Heinrich III., der Päpste ab- u. einsetzte, vollendet. Der *Investiturstreit* erschütterte dieses System in den Grundfesten u. führte im *Wormser Konkordat* 1122 zunächst zu einem Ausgleich der Gewalten. Unter Friedrich II. brach es jedoch völlig zusammen; weltl. u. geistl. Fürsten wurden Landesherren.
Die neuzeitl. R. des Hl. Röm. Reichs Dt. Nation hat ihren Grund im *Wiener Konkordat* von 1448, das jedoch durch 1447 vereinbarte Fürstenkonkordate entscheidend modifiziert wurde, die die Kirchenhoheit in den Territorien den Reichsfürsten gaben u. damit das *Landeskirchentum* vorbereiteten. Die R. wurde durch die Reformation nachhaltig geschwächt u. seitdem nur von kath. Fürsten getragen, die jedoch den absoluten landesherrl. Fürstenstaat ebenfalls vertraten. Der *Reichsdeputationshauptschluß* 1803 führte mit der Niederlegung der dt. Kaiserkrone durch Franz II. 1806 zum Ende des Hl. Röm. Reichs Dt. Nation u. der damit verbundenen R. Aus den Befreiungskriegen gegen Napoleon I. erwuchsen Bemühungen um kirchl. Einigung, die in zwei Strömungen ihren Ausdruck fand: 1. in der auf J. G. Fichte u. F. L. Jahn zurückgehenden Forderung nach einer völkisch-nationalen R., 2. in der durch F. Schleiermacher u. andere Theologen betriebenen Vereinigung der ev. Landeskirchen zu *Kirchenunionen.* 1848 wurde die Forderung nach einer „ev.-prot. Kirche des Reiches" wieder erhoben. Bes. der *Protestantenverein* machte sich zum Vorkämpfer einer „dt. Nationalkirche", unterstützt vom *Evangelischen Bund.* Das 1. Vatikan. Konzil 1869/70 verwarf mit dem Unfehlbarkeitsdogma katholischerseits alle nationalkirchl. Bestrebungen. 1903 kam es zur Gründung des *Dt. Ev. Kirchenausschusses* u. 1922 zur Bildung des *Dt. Ev. Kirchenbunds.* Der Gedanke einer R., die sämtl. Konfessionen umfassen sollte, lebte noch einmal unter den vom nat.-soz. Regime begünstigten *Dt. Christen* auf; er ist seit 1945 endgültig begraben worden.

Reichskleinodien, *Reichsinsignien,* Hoheitszeichen u. Krönungsschmuck der röm.-dt. Kaiser u. dt. Könige bis 1806. Sie wurden u. a. 1125–1175 auf der Burg Trifels, 1437–1796 in Nürnberg, 1813–1938 in Wien, 1938–1945 in Nürnberg u. werden seit 1946 wieder in Wien aufbewahrt. Die wertvollsten Stücke sind die Hl. Lanze, die Krone (10. Jh.), das Mauritius- oder Reichsschwert (11. Jh.), der Krönungsmantel (byzantinisch, 1133/34), der Reichsapfel (12. Jh.), das Zeremonienschwert (1220), das Zepter (14. Jh.).

Reichskommissar, im Dt. Reich zwischen 1871 u. 1945 ein von der Reichsregierung (1919–1934 auch vom Reichs-Präs.) befristet oder zeitlich unbegrenzt mit besonderen Verwaltungsaufgaben auch polit. Natur betrauter Beauftragter. Das NS-Regime setzte R.e auch 1933 bei der Machtübernahme in den Ländern u. bei der Angliederung neuer Gebiete (1935 Saargebiet, 1938 Österreich, Sudetenland) ein. Seit 1939 bzw. 1942–1945 waren die Gauleiter der NSDAP auch *Reichsverteidigungskommissare.*

Reichskonkordat, der am 20. 7. 1933 zwischen dem Hl. Stuhl u. dem Dt. Reich abgeschlossene völkerrechtl. Vertrag. Im April 1933 gelang es Vizekanzler F. von *Papen,* durch ein ungewöhnl. vorteilhaftes Angebot die Bedenken im Vatikan gegen ein Konkordat mit der nat.-soz. Regierung zu überwinden. Die unter Zeitdruck durchgeführten Verhandlungen erbrachten schon Ende Juni einen Vertragsentwurf, den *Hitler* billigte, weil er im Abschluß des R.s einen großen außenpolit. Erfolg sah u. weil er damit die Bedenken weiter kath. Kreise gegen das neue Regime zu überwinden hoffte. Tatsächl. fand das R. auch im dt. Episkopat große Zustimmung.
Die wichtigsten Bestimmungen des 34 Artikel umfassenden R.s sicherten die Freiheit der Religionsausübung, schützten die Geistlichen, die Diözesanorganisation, die kirchl. Institutionen, die Orden, die theolog. Fakultäten, die Ausbildung des Priesternachwuchses, gewährleisteten den Religionsunterricht als ordentl. Lehrfach an allen Schulen sowie die Möglichkeit zur Beibehaltung bzw. Gründung von Bekenntnisschulen, beschränkten andererseits die Organisations- u. Vereinstätigkeit auf kulturelle, religiöse u. karitative Zwecke. Die Forderung Hitlers, Geistlichen u. Ordensleuten jede polit. Tätigkeit zu verbieten, stieß auf den Widerstand der Kurie; Papen konnte ihn mit der Drohung überwinden, daran das ganze Projekt scheitern zu lassen.
Die Nichtachtung des R.s durch den nat.-soz. Staat war bereits 1933 offenkundig, entscheidende Punkte wurden verletzt; die Proteste von Episkopat u. Vatikan vermochten die sich verschärfende Verfolgung der kath. Kirche nicht einzudämmen. Allerdings gab das R. Rom die Möglichkeit zu Protesten. Auch nach 1938 beschränkte Hitler die Wirksamkeit auf die Gebiete innerhalb der dt. Grenzen von 1937; in den annektierten Gebieten trat ein vertragloser Zustand ein. Die Fortgeltung des R.s für die BR Dtschld. wurde 1957 vom Bundesverfassungsgericht festgestellt, aber von mehreren Bundesländern angezweifelt, weshalb vom Vatikan Konkordate mit den Bundesländern abgeschlossen wurden bzw. werden sollen.

Reichskreis, Gebietseinheit im röm.-dt. Reich. Zur Erhaltung des Landfriedens u. zu militär. Zwecken wurde das Reich 1500 unter Kaiser *Maximilian I.* in 6 R.e eingeteilt: den fränk., bayer., schwäb., oberrhein., niederrhein.-westfäl., niedersächs., dazu kamen 1512 der österr., burgund., kurrhein. u. obersächs. R. An der Spitze jedes R.es stand als *Kreishauptmann* meist ein angesehener Fürst, seit 1555 ein *Kreisoberst.* Die *Kreisstände* versammelten sich zu *Kreistagen* u. ernannten 4 dem Kreishauptmann zugeordnete Räte. Von den R.en wurden die Reichsmilitärlasten getragen u. Verwaltungsmaßnahmen durchgeführt.

Reichskristallnacht → Kristallnacht.

Reichskulturkammer, durch das R.gesetz vom 22. 9. 1933 geschaffene nat.-soz. Zwangsorganisation für die hauptberuflich „Kulturschaffenden". Der Präsident der R. war der Reichspropaganda-Minister und Reichspropagandaleiter der NSDAP, J. *Goebbels.*

Reichsland, 1. Bez. für ein Territorium des röm.-dt. Reichs.
2. 1871–1918 Bez. für *Elsaß-Lothringen,* das kein Bundesstaat des Dt. Reiches, sondern ein reichsunmittelbares Gebiet war.

Reichsleiter, die von Hitler ernannten Mitglieder der Reichsleitung der NSDAP. Diese bildete kein Kollegialorgan; die R. waren dem Parteiführer Hitler einzeln für verschiedene Funktionsbereiche verantwortlich. 1933 gab es 17 R., 1940: 20.

Reichsparteitag, das 1923 in München, 1926 in Weimar, 1927, 1929 u. 1933–1938 in Nürnberg durchgeführte mehrtägige Treffen der Funktionäre u. Mitglieder der NSDAP u. ihrer Gliederungen u. angeschlossenen Verbände. Die R.e, in deren Mittelpunkt der Parteiführer Hitler stand, dienten nicht demokrat. Willensbildung durch die Mitglieder, sondern deren psycholog. u. ideolog. Festigung; sie besaßen einen mit allen verfügbaren Mitteln massenpsycholog. Beeinflussung geförderten, bes. auf die Vermittlung der mystischen Einheit von „Führer u. Gefolgschaft" in Appellen, Vorbeimärschen, Standartenweihen u. Kundgebungen konzentrierten Demonstrationscharakter. Der 1934 von A. *Speer* begonnene Ausbau des „R.geländes" in Nürnberg war bei Kriegsende 1945 noch nicht abgeschlossen.

Reichspräsident, das Staatsoberhaupt des Dt. Reichs seit 1919. Der R. wurde auf sieben Jahre vom Volk gewählt u. war im Unterschied zum *Bundespräsidenten* der BR Dtschld. mit wichtigen eigenen Befugnissen ausgestattet (bes. mit dem militär. Oberbefehl u. dem Recht zur Auflösung des Reichstags u. der Verhängung des Ausnahmezustands), deren Ausübung zur Zeit der Wirtschafts- u. Parlamentskrise von 1930–1933 die parlamentar. Demokratie der Weimarer Verfassung in eine *Präsidialdemokratie* autoritärer Prägung überleitete. R.en waren F. *Ebert* (11. 2. 1919–28. 2. 1925) u. P. von *Hindenburg* (12. 5. 1925–2. 8. 1934). A. *Hitler* vereinigte durch

Reichskleinodien: 1. Bekleidung der deutschen Kaiser; 2. Kaiserkrone aus Gold; 3. goldener Reichsapfel; 4. Zepter (Silber); 5. Holzzepter aus dem 13. Jh.; 6. Schwert des heiligen Mauritius; 7. kaiserliches Zeremonienschwert; 8. Krönungsmantel; 9. Alba; 10. u. 11. Dalmatika; 12. Handschuhe; 13. Schuhe; 14. Krönungskrone; 15. Krönungszepter; 16. Kaiserdalmatika

Reichsstädte: Urkunde der Reichsunmittelbarkeit Nürnberg; 1219. München, Bayerisches Hauptstaatsarchiv

das (verfassungswidrige) Gesetz vom 1. 8. 1934 die Ämter des R.en u. des Reichskanzlers in seiner Person; er führte den Titel R. nicht. In seinem Testament vom 29. 4. 1945 ernannte er K. *Dönitz* zu seinem Nachfolger mit dem Titel R.

Reichsreform, 1. Bestrebungen im 15. u. 16. Jh., die aus der Umgestaltung des röm.-dt. Reichs seit dem hohen MA u. aus dem Gegensatz von Kaiser u. Reich (d. h. Reichsständen) erwuchsen u. eine neue Reichsverfassung zum Ziel hatten; parallel zu kirchl. Erneuerungsversuchen. Dabei erstrebten Ritterschaft, Bürgertum u. Bauern eine Stärkung, die Territorien jedoch eine Schwächung der kaiserl. Zentralgewalt. An dieser Gegensätzlichkeit sind die Reformbestrebungen letztlich gescheitert. Höhepunkte erreichte die R.bewegung unter Kaiser Sigismund (*Nikolaus von Kues, Reformatio Sigismundi* 1439) u. Maximilian I. *(Berthold von Henneberg).* Bleibende Ergebnisse der R. waren: der *Ewige Landfriede* (1495), das *Reichskammergericht* (1495), eine allg. *Reichssteuer* (1495), die Gliederung des Reichs in *Reichskreise* (1500 u. 1512). Ein fürstl. *Reichsregiment*, das neben den Kaiser treten sollte, blieb Episode (1500–1502 u. 1521–1530). Einen gewissen Abschluß fand die R. mit den Beschlüssen des Augsburger Reichstags von 1555 (bes. *Reichsexekutionsordnung*).
2. in der Weimarer Republik Verwaltungsverbesserungen u. kleinere Neugliederungen im Dt. Reich (Beseitigung von Enklaven u. Exklaven, Zusammenfassung der sächsischen Herzogtümer u. a. Gebiete zum Freistaat Thüringen, Anschluß Coburgs an Bayern u. Waldecks an Preußen). Die Bestrebungen nach einer tiefgehenden R. nahmen in der Endphase der Weimarer Republik zu, erbrachten jedoch nur im Staatstreich der Regierung Papen gegen Preußen (20. 7. 1932) ein konkretes Resultat.

Reichsritterschaft, im röm.-dt. Reich die unmittelbar dem König u. Reich unterstehenden Ritter, die dem niederen Adel angehörten, ohne Sitz u. Stimme im Reichstag. 1577 verbanden sich die Ritterkreise von Schwaben, Franken u. den Rheinlanden. Die dazugehörigen Personen u. Güter wurden in einem Verzeichnis *(Rittermatrikel)* geführt. Die Reichsritter hatten in ihren Besitzungen bedingte landesherrl. Gewalt. 1801 wurden die linksrhein., 1806 die übrigen Ritter mediatisiert.

Reichssicherheitshauptamt, Abk. *RSHA*, 1939–1945 amtsinterne Bez. für die organisator. Zusammenfassung von Sicherheitspolizei (polit. u. Kriminalpolizei) u. Sicherheitsdienst (SD) der SS.

Reichsstädte, im röm.-dt. Reich Städte, die unmittelbar Kaiser u. Reich unterstanden u. Sitz u. Stimme auf den Reichstagen hatten (*R.-Kollegium*, endgültig seit 1489). Einige R. entstanden aus königl. Pfalzen. Andere Städte erwarben die Reichsunmittelbarkeit durch Erlöschen der Landesherrschaft oder gewaltsame Befreiung von ihr. Ehem. Bischofsstädte, die sich der geistl. Herrschaft entledigt hatten, wurden Freie Städte genannt, doch wurde der Unterschied zu den R.n später bedeutungslos.
Es gab zeitweise etwa 100 R. mit unterschiedlichem Grad von Selbständigkeit. Die R. errangen eine führende Stellung in den Städtebünden *(Rheinischer, Schwäbischer Städtebund).* 1803–1810 wurden alle R. mediatisiert; 1815 erhielten Hamburg, Bremen, Frankfurt a. M. u. Lübeck ihre Selbständigkeit zurück. Frankfurt kam 1866, Lübeck 1937 zu Preußen; nur Hamburg u. Bremen bewahrten ihre Sonderstellung.

Reichsstände, die im *Reichstag* des röm.-dt. Reichs vertretenen Personen oder Korporationen, die zur Abgabe einer Virilstimme berechtigt waren. Man unterscheidet zwischen *geistl. R.n* (geistl. Kurfürsten, Erzbischöfe, Bischöfe, Äbte der Reichsabteien) u. *weltl. R.n* (weltl. Kurfürsten, Fürsten [Herzöge, Landgrafen, Markgrafen], Reichsstädte). Seit der Reformation unterschied man auch nach kath. u. ev. Konfession, seit dem Westfälischen Frieden kamen die Reformierten hinzu *(Corpus catholicorum* u. *Corpus evangelicorum).*

Reichsstatthalter, nach der nat.-soz. Machtübernahme 1933 (2. Gesetz zur Gleichschaltung der Länder mit dem Reich vom 7. 4. 1933) geschaffene Organe, die im Auftrag des Reichskanzlers Hitler die Landesregierungen beaufsichtigten.

Reichssturmfahne, seit Anfang des 14. Jh. im röm.-dt. Reich das *Reichsbanner* in kleinerer Form, bestehend aus gelbem Tuch mit dem ein-, später doppelköpfigen, schwarzen *Reichsadler*; zuzüglich zu dieser Fahne konnte ein roter Wimpel geführt werden. Die R. ging 1336 in den Besitz der Grafen (Herzöge) von Württemberg in ihrer Eigenschaft als Reichsbannerträger über.

Reichstadt, Napoleon Franz Joseph Karl Herzog von, von den Bonapartisten *Napoleon II.* genannt, *20. 3. 1811 Paris, †22. 7. 1832 Schönbrunn; einziger Sohn Napoleons I. u. Marie-Louises von Österreich. Er erhielt bei seiner Geburt den Titel eines Königs von Rom. Seit 1814 wurde er in Wien am Hof seines Großvaters erzogen. Seine Gebeine wurden während des 2. Weltkriegs auf Veranlassung Hitlers von Wien nach Paris übergeführt u. im Invalidendom beigesetzt.

Reichstagsbrand, der Brand des Reichstagsgebäudes in Berlin am 27. 2. 1933. Die nat.-soz. Staatsführung verbreitete noch in der Brandnacht die Behauptung, die Brandstiftung habe als Fanal für einen kommunist. Umsturzversuch vor den Reichstagswahlen vom 5. 3. dienen sollen. Weder eine kommunist. Urheberschaft noch der Verdacht, die Nationalsozialisten selbst hätten den Brand gelegt, sind je schlüssig bewiesen worden; die größte Wahrscheinlichkeit hat noch immer die Behauptung des am Tatort verhafteten Holländers M. van der *Lubbe* für sich, er sei allein der Täter gewesen. Seine Protestaktion spielte dem Regime unbeabsichtigt in die Hände. Mit der Notverordnung des Reichspräsidenten „zum Schutz von Volk u. Staat" vom 28. 2. „zur Abwehr kommunist. staatsgefährdender Gewaltakte", mit der die wichtigsten Grundrechte der Weimarer Reichsverfassung außer Kraft gesetzt wurden, schuf es sich ein scheinlegales Instrument zur Unterdrückung aller innenpolit. Gegner (nicht nur der Kommunisten), das man zu Recht als das „Grundgesetz des Dritten Reiches" bezeichnet hat.
Im *R.prozeß* vor dem Reichsgericht in Leipzig (21. 9.–23. 12. 1933) wurde van der Lubbe zum Tode verurteilt. Die mitangeklagten kommunist. Politiker (der Deutsche E. *Torgler*, MdR, u. die Bulgaren G. *Dimitrow*, B. *Popow*, W. *Tanew*) mußten freigesprochen werden.

reichsunmittelbar → reichsfrei.

Reichsverweser, 1. *Reichsvikar*, im röm.-dt. Reich Vertreter des Kaisers (Königs) bei Minderjährigkeit, Verhinderung, Tod (bis zur Neuwahl). In der *Goldenen Bulle* (1356) wurden als gemeinsame R. für die Zeit eines Interregnums der *Pfalzgraf bei Rhein* (für den Bereich des fränk. Rechts) u. der *Kurfürst von Sachsen* (für den Bereich des sächs. Rechts) bestimmt.
2. der von der *Frankfurter Nationalversammlung* 1848 zum vorläufigen Staatsoberhaupt gewählte Erzherzog *Johann* von Österreich.
3. in Ungarn 1446–1452 Titel des *János Hunyadi*, 1920–1944 Titel des Staatschefs Admiral M. *Horthy.*

Reichsvogt → Vogt.

Reichswehr, die nach den Bestimmungen des Versailler Vertrags kraft Wehrgesetz vom 23. 1. 1921 aus Berufssoldaten gebildeten dt. Streitkräfte, bestehend aus 100000 Mann *Reichsheer* u. 15000 Mann *Reichsmarine.*
Die R., stark geprägt von ihrem eigentl. Schöpfer H. von *Seeckt*, nahm eine distanzierte Haltung zur Weimarer Republik ein u. entzog sich weitgehend der polit. Kontrolle. Sie ging 1935 in der Wehrmacht auf.

Das brennende Reichstagsgebäude

Reichswehrprozeß, *Ulmer Hochverratsprozeß,* 1930 vor dem Reichsgericht geführter Prozeß gegen drei Offiziere aus Ulm, die sich für eine „nationale Volkserhebung" u. für die NSDAP eingesetzt hatten. Die Offiziere wurden zu Festungshaft verurteilt. Hitler, der als Zeuge auftrat, erklärte, daß die NSDAP die Macht „auf verfassungsmäßigem Wege" anstrebe, daß aber nach der Machtübernahme „Köpfe rollen" würden.

Reichswerke Hermann Göring, im Juli 1937 bei Salzgitter vom Beauftragten für den Vierjahresplan, *Göring,* gegr. staatlich kontrollierte Gesellschaft, die die Auslandsabhängigkeit der dt. Erzversorgung für Rüstungszwecke verringern sollte. Nach der Angliederung Österreichs u. des Sudetenlands 1938 faßte Göring zahlreiche dortige Betriebe des Bergbaus, der Hüttenindustrie, des Waffen- u. Maschinenbaus u. der Binnenschiffahrt in der neuen Dachgesellschaft „A. G. Reichswerke Hermann Göring" (1940: 600000 Beschäftigte) damit zusammen. Bei der Neuordnung der dt. Kriegswirtschaft wurde der Konzern 1942 aufgelöst; die Siegermächte demontierten nach 1945 die meisten seiner auf dt. Boden befindlichen Unternehmen, die Reste wurden verstaatlicht.

Reihengräberfriedhöfe, *Reihengräberfelder,* reihenförmig angeordnete Gräber; typisch für die Völkerwanderungs-, Merowinger- u. Karolingerzeit sowie für die frühmittelalterl. slaw. Gräberfelder.

Reimann, Max, Politiker (KPD), *31. 10. 1898 Elbing, †18. 1. 1977 Düsseldorf; Bergarbeiter; seit 1919 Mitglied der KPD, 1934–1939 Emigrant in Prag, 1939–1945 polit. Häftling; 1946/47 Vors. der KPD im Bezirk Ruhrgebiet-West, 1947/48 in der brit. Zone, 1948–1956 in Westdeutschland bzw. der BR Dtschld.; 1948/49 Mitglied des Parlamentar. Rates, 1949–1953 MdB. Einem Haftbefehl im Zusammenhang mit dem Verbotsverfahren gegen die KPD vor dem Bundesverfassungsgericht entzog sich R. durch Übersiedlung in die DDR. Er kehrte 1968 zurück u. war seit 1971 Mitgl. u. Ehren-Vors. der DKP.

Reims [rɛ̃s], Stadt im nordfranzös. Dép. Marne, kultureller u. wirtschaftl. Mittelpunkt der nördl. Champagne, 185000 Ew.
R. führte in kelt. Zeit den Namen *Durocortorum,* in röm. Zeit hieß es *Civitas Remorum* u. war Hptst. der röm. Provinz Belgica secunda, um 496 wurde der Frankenkönig Chlodwig in R. getauft. 988–1825 war es die Krönungsstadt Frankreichs. 1429 setzte *Jeanne d'Arc* die Krönung des Dauphins Karl in R. durch, so daß die Kathedrale von R. zum Wahrzeichen der Einheit Frankreichs wurde. Im 1. u. 2. Weltkrieg wurde es stark zerstört. Am 7. 5. 1945 wurde in R. die bedingungslose Kapitulation der dt. Streitkräfte unterzeichnet.

Reims: Kathedrale

Reinecke, Paul, Prähistoriker, *25. 9. 1872 Berlin, †12. 5. 1958 Herrsching; war von 1908 bis 1937 Konservator am Bayer. Landesamt für Denkmalpflege; schrieb Arbeiten zur Chronologie der Bronze- u. Eisenzeit des südl. Mitteleuropa u. der Balkanländer.

Reisige, im MA bewaffnete Dienstleute, später auch in der Bedeutung „Reiterei" im Gegensatz zum Fußvolk.

Reiterkrieg, die Kämpfe zwischen dem Dt. Orden u. Polen 1520/21 im Ermland u. Weichselgebiet. Der Hochmeister *Albrecht von Brandenburg* erreichte nicht sein Ziel, die seit 1466 geforderte Bindung des Dt. Ordens an Polen zu beseitigen, u. willigte in Thorn in einen vierjährigen Waffenstillstand ein.

Rekkared, König der Westgoten in Spanien 586 bis 601, trat mit seinem ganzen Volk vom Arianismus zum röm. Katholizismus über. R. gilt als Symbol der Einheit Spaniens.

Rekusanten, Bez. für die in der Regel kath. Engländer, die sich weigerten, gemäß der Uniformitätsakte von 1559 am anglikan. Gottesdienst teilzunehmen. Sie wurden dafür mit Geldstrafen, den sog. R.geldern, belegt.

Religionsedikt, staatliche Verordnung zur Regelung der öffentlich-rechtlichen Stellung einer Religionsgemeinschaft. Das *R. von Mailand (Toleranzedikt,* 313) stellte das Christentum den heidnischen Kulten gleich; das *R. von Worms* (1521) verhängte über Luther die Reichsacht.

Religionsfriede, reichsrechtl. Vereinbarungen über die Rechte der kath. u. ev. Reichsstände. Wichtig sind der *Nürnberger R.* vom 23. 7. 1532 zwischen dem Kaiser u. dem Schmalkaldischen Bund u. der *Augsburger R.* vom 25. 9. 1555 zwischen König Ferdinand I. u. den Reichsständen, der den Grundsatz „Cuius regio, eius religio" einführte u. die Religionskämpfe in Dtschld. für einige Zeit beendete.

Religionskriege, die aus unterschiedl. religiöser oder konfessioneller Überzeugung entstandenen Kriege, fast immer mit polit. Zielen verknüpft, oft durch fanat. Grausamkeit gekennzeichnet; z. B. die *Kreuzzüge* (gegen Moslems, „Heiden", „Ketzer") u. die Heiligen Kriege des Islams. Im 16. u. 17. Jh. waren die *Hugenottenkriege* u. der → Dreißigjährige Krieg typische Beispiele für R., bei denen polit. u. religiöse Motive miteinander verflochten waren.

Remmele, Hermann, Politiker (KPD), *5. 11. 1880 Ziegelhausen bei Heidelberg, †1939 (?) UdSSR; Metallarbeiter und Redakteur; 1920–1933 Mitgl. des ZK, 1924–1933 des Politbüros der KPD, 1924 kurze Zeit Partei-Vors.; 1924–1933 MdR. In der Endphase der Weimarer Republik war R. neben E. *Thälmann* einer der maßgebenden Führer der KPD. Er wurde im Verlauf von Fraktionskämpfen aus der Führung verdrängt, emigrierte 1933 in die UdSSR u. verlor als Opfer der Stalinschen „Säuberung" das Leben.

Remus, Bruder des → Romulus.

Rennenkampf, Paul Edler von, russ. General, *17. 4. 1854 Estland, †Mai 1918 Taganrog; im 1. Weltkrieg Armeeführer an der russ. Westfront; unterlag 1914 an den Masurischen Seen; nach der russ. Oktoberrevolution 1917 verhaftet u. hingerichtet.

Renner, Karl, österr. Politiker (SPÖ), *14. 12. 1870 Untertannowitz (Mähren), †31. 12. 1950 Wien; Jurist; 1907 Abg. zum Reichsrat; nach dem Zusammenbruch Österreich-Ungarns 1918–1920 Leiter der Staatskanzlei bzw. Staatskanzler, zugleich zeitweilig auch Staatssekretär für Inneres, Unterricht u. Äußeres; Leiter der österr. Delegation bei den Friedensverhandlungen in Saint-Germain 1919; 1931–1933 Präs. des Nationalrats; nach der Niederschlagung der Februarunruhen 1934 kurze Zeit inhaftiert; 1945–1950 Bundespräsident.

Renouvin [rənu'vɛ̃], Pierre, französ. Historiker, *9. 1. 1893 Paris, †8. 12. 1974 Paris; seit 1933 Prof. an der Sorbonne; hielt gegen die Betonung der Sozial- u. Wirtschaftsgeschichte durch die Historikergruppe der „Annales" (M. *Bloch,* L. *Febvre*) an der polit. Geschichte fest.

Renovatio [lat., „Erneuerung"], ein im frühen MA öfter gebrauchter Ausdruck für die durch *Reform* u. *Renaissance* nicht abgedeckten Erneuerungsbestrebungen auch auf polit. Gebiet, z. B. *Renovatio Imperii* („Erneuerung des [röm.] Reiches") zur Zeit Karls d. Gr. u. Ottos III.

Reparationen [lat.], *Kriegsentschädigungen,* Leistungen, die der im Krieg unterlegene Staat als Ersatz für Kosten u. Verluste des Siegers zu erbringen hat. Nicht zu den R. rechnen Entschädigungen für individuelle Verluste.

Dt. R. nach dem 1. Weltkrieg: In Art. 321 (Kriegsschuldparagraph) des Versailler Vertrages wurden die Mittelmächte als allein schuldig am Kriegsausbruch von 1914 bezeichnet u. daher zum Ersatz der gesamten den Alliierten entstandenen Kriegsschäden verpflichtet. Gegen diese Bestimmung erhob sich auf dt. Seite ein nachhaltiger Protest; auch unter den Alliierten war der Artikel umstritten. Das Reparationsproblem bildete bis 1932 eine der Hauptfragen in den Beziehungen des Dt. Reiches zu den europ. Siegermächten u. den USA. Es sind drei Phasen zu unterscheiden:

1. Kampf um die Höhe der R., die im Versailler Vertrag wegen Meinungsverschiedenheiten zwischen den Alliierten noch nicht festgelegt war. Nach langwierigen Verhandlungen wurden die R. durch das Londoner Ultimatum vom Mai 1921 vorerst auf 132 Mrd. Goldmark fixiert. – 2. Damit begann die Phase der Erfüllungspolitik, die darauf abzielte, bei den Reparationszahlungen guten Willen zu zeigen, aber die Unerfüllbarkeit der alliierten Forderungen zu beweisen. Dies gelang bis zum Einsetzen der Hyperinflation 1923. (Nach heutigem Forschungsstand wäre eine Erfüllung wohl nicht unmöglich gewesen.) Die Forderung der Franzosen nach „produktiven Pfändern" u. propagandistisch aufgebauschte dt. Versäumnisse führten zur Ruhrbesetzung 1923. Nach deren Ende u. nach Stabilisierung der Währung wurde eine grundsätzl. Neuregelung der R. notwendig. Das Reparationsproblem war eng mit der Verschuldung der Alliierten an die USA gekoppelt. Die Lösung wurde in dem aufgrund brit. u. US-amerikan. Gutachten ausgearbeiteten Dawes-Plan (1924) versucht. Er koppelte die dt. R. eng an die Gewährung US-amerikan. Kredite. Das Dt. Reich hatte jährlich ansteigend vom 5. Jahr an 2,5 Mrd. RM zu zahlen u. verpfändete hierzu Reichsbesitz. Die Zahlungen waren gekoppelt an die Beurteilung der Transfermöglichkeiten durch ein internationales Gremium, das weitreichende Eingriffsmöglichkeiten besaß u. jeweils niedrigere dt. Zahlungen akzeptierte. Deshalb wurde eine erneute grundsätzl. Überprüfung nötig. Der 1929 vorgelegte Young-Plan sah Zahlungen in 59 Jahresraten vor, die anfangs rd. 2 Mrd. RM, später weniger betragen sollten. – 3. Der Young-Plan wurde zwar von dt. Seite auf den Haager Konferenzen angenommen, provozierte aber in Dtschld. selbst eine verstärkte Agitation von rechts. Die von Reichskanzler H. *Brüning* erstrebte Strei-

chung der R. erreichte sein Nachfolger F. von *Papen* 1932 auf der Lausanner Konferenz. Eine vereinbarte Restzahlung von 3 Mrd. RM wurde von Hitler, der im folgenden Jahr die Macht übernahm, abgelehnt.
Dt. R. nach dem 2. Weltkrieg: Auf der Potsdamer Konferenz vereinbarten die drei Siegermächte, daß die Reparationsansprüche der Sowjetunion u. Polens aus der SBZ u. aus dt. Auslandsguthaben in Bulgarien, Rumänien, Ungarn, Finnland u. in der sowjet. Zone Österreichs, die Ansprüche anderer berechtigter Länder aus den Westzonen u. dem übrigen dt. Auslandsvermögen befriedigt werden sollten. Zusätzlich sollte die Sowjetunion innerhalb von zwei Jahren aus den westl. Zonen 25 % aller Industrieanlagen erhalten, die für den vom Kontrollrat festzulegenden Friedensbedarf ganz Deutschlands nicht benötigt würden, davon 15 % gegen Lieferung von Lebensmitteln u. Rohstoffen. Eine Gesamtsumme wurde nicht vereinbart. Da die angestrebte Regelung, Dtschld. als wirtschaftl. Einheit zu behandeln, in der Folgezeit nicht zustande kam, verliefen die Reparationsentnahmen in der Ostzone u. den Westzonen unterschiedlich.
Durch die Interalliierte Reparationsagentur (IARA) in Brüssel (1946–1959) erhielten 18 Länder nach einem bestimmten Schlüssel R., deren Wert die IARA auf 500 Mill. US-Dollar, westdt. Experten auf ein Mehrfaches davon bezifferten. Diese R. bestanden vor allem aus demontierten Werken u. Maschinen (bis zur Einstellung der Demontagen 1950 etwa 5 % des industriellen Produktionspotentials, rd. 700 Werke), dt. Auslandsvermögen u. dem den Westmächten zugefallenen Zwei-Drittel-Anteil der dt. Hochseeflotte. Nicht in Rechnung gestellt wurden u. a. der Nutzen aus der Offenlegung dt. Patente, Markenzeichen u. Forschungsergebnisse (bis 1950) u. dt. Zwangsexporte (Kohle, Holz, Schrott) für die Alliierten. Die Reparationsleistungen der BR Dtschld. endeten praktisch mit dem Londoner Schuldenabkommen von 1953.
Die Sowjetunion entnahm ihrer Zone bis zur Beendigung der Wiedergutmachung 1953 R. u. a. als Demontagen (bis 1948; rd. 40 % des industriellen Produktionspotentials), durch Übernahme von 213 Betrieben als Sowjet. Aktiengesellschaften (1953 für mehr als 2,5 Mrd. Mark von der DDR zurückgekauft) u. als Lieferungen aus der laufenden Produktion. Die Gesamtsumme der R. an die Sowjetunion wird von westl. Seite auf mehr als 15 Mrd. US-Dollar geschätzt. Dabei sind die Arbeitsleistungen dt. Kriegsgefangener u. Spezialisten in der Sowjetunion nicht berücksichtigt. Die Reparationsleistungen der im 2. Weltkrieg mit Dtschld. verbündeten Länder wurden 1947 (Ungarn, Bulgarien, Rumänien, Finnland, Italien) bzw. 1951 (Japan) beim Abschluß der Friedensverträge geregelt.

Repkow [-ko:] → Eike von Repkow.

Reptilienfonds [-fɔ̃], ursprüngl. Bez. für einen preuß. Geheimfonds, der 1868 durch Beschlagnahme des Vermögens der entthronten Landesherren von Hannover u. Hessen-Kassel entstanden war (auch Welfenfonds). Er unterlag keinerlei Kontrolle; seine Mittel wurden für Spionage, zur Bekämpfung von welfischen u. anderen regierungsfeindl. Umtrieben u. zum Meinungskauf eingesetzt, insbes. zur Pressebeeinflussung im In- u. Ausland. Die Bez. leitet sich her von einer Formulierung Bismarcks aus dem Jahre 1869, in der er regierungs- u. staatsfeindl. Organe „bösartige Reptile" nannte.
Heute ist R. eine saloppe Bez. für einen im Rahmen der Haushaltsgesetze vom Parlament global bewilligten Fonds, dessen Ausgaben vom Rechnungshof in einem besonderen Verfahren mit eingeschränkter Publizität geprüft werden.

Republik [lat. *res publica,* „öffentl. Angelegenheit, Gemeinwesen"], *Freistaat, Volksstaat,* heute jeder Staat ohne monarch. Staatsoberhaupt. Während *Aristoteles* die Staatsformen danach bestimmte, wer die Staatsgewalt ausübte (einer: *Monarchie*; mehrere: *Aristokratie*; viele: *Politeia*, modern: *Demokratie*), unterschied *Machiavelli* nur danach, wer Staatsoberhaupt war, u. kam so zu dem Gegensatz Monarchie – R. Die moderne Staatenwelt hat für die Frage der obersten Repräsentation des Staates die Alternative Monarchie – R. übernommen u. unterscheidet hinsichtl. der Ausübung der Staatsgewalt zwischen *Demokratien* u. *Nichtdemokratien* (autoritären, totalitären Systemen, Diktaturen). Deshalb wird heute eine parlamentar. Monarchie als Demokratie bezeichnet (z. B. Großbritannien). Noch um die Jahrhundertwende wurden z. B. in Dtschld. R. u. Demokratie gleichgesetzt u. als Gegner der monarchischen Ordnung betrachtet.

Republikaner [lat.], **1.** *allg.:* Anhänger der republikan. Staatsform; in der Geschichte häufig Parteibezeichnung.
2. *BR Dtschld.: die R.,* 1983 von ehemaligen CSU-Mitgliedern gegr. rechtsextremistische Partei.
3. *USA:* eine der beiden großen Parteien. Sie treten für die privatwirtschaftl. Gesellschaftsordnung u. für die demokrat.-republikan. Staatsform der USA ein – ebenso wie ihre Gegenpartei, die *Demokraten,* zu denen sie nicht in einem grundsätzlich antagonist. Verhältnis stehen. 1854 in den Weststaaten entstanden, war die Republikan. Partei Gegner der Sklaverei u. brach unter Präs. A. *Lincoln* die Vorherrschaft der Demokraten. Nach dem Bürgerkrieg förderten die R. u. ihre Präsidenten den wirtschaftl. Fortschritt u. die industrielle Entwicklung, sie waren die Partei des kapitalist. Bürgertums u. stützten sich vor allem auf den industriellen Norden. Die R. befürworten traditionell eine starke Bundesgewalt. Sozialstaatlichen Maßnahmen u. Eingriffen in die US-amerikan. Wirtschaft stehen sie aber äußerst zurückhaltend oder ablehnend gegenüber. Der US-amerikan. *Neokonservatismus* findet bei den R.n seine Heimat. Ihre beständigsten Wähler hat die Partei in den weißen, prot. Bevölkerungsgruppen der Klein- u. Vorstädte, im Wirtschaftsbürgertum sowie in gehobenen Berufsgruppen. Während der beiden Weltkriege u. 1945–1952 waren sie Oppositionspartei. 1953–1960 stellten sie mit D. *Eisenhower* u. von 1969–1977 mit R. M. *Nixon* u. G. *Ford* den Präs.; 1980–1989 war mit R. *Reagan* erneut ein R. US-amerikan. Präs.; ihm folgte 1989 bis 1993 der R. G. *Bush.*

Republikanischer Schutzbund, Abk. *RSB,* Wehrverband der österr. Sozialdemokratie in der Ersten Republik; 1923 als Reaktion auf die Aufstellung bürgerl. Wehrorganisationen (Heimwehren) gegr. Nach der Niederlage der Sozialdemokratie in den Februarkämpfen 1934, an denen der RSB maßgeblich beteiligt war, wurde er Ende März 1934 von der Regierung aufgelöst.

Republikschutzgesetz, *Gesetz zum Schutze der Republik,* vom 21. 7. 1922, wurde nach der Ermordung W. *Rathenaus* durch Rechtsradikale erlassen, um die republikan. Staatsform des Dt. Reiches vor gewalttätigen u. propagandist. Angriffen zu schützen. 1927 wurde es um 5 Jahre verlängert, 1930 neu gefaßt. In der Praxis wurde das R. vornehmlich gegen linke Kräfte angewandt.

Requetés [reke'tes; span.], militär. Organisation der Karlisten.

Resa Schah Pahlevi [-pæç-] → Riza Schah Pahlewi.

Résistance [rezis'tã:s; die; frz., „Widerstand"], **1.** *Parti de la Résistance,* die französ. konservativen Parteien in der 1. Hälfte des 19. Jh. (Gegensatz „Bewegungspartei", *Parti du Mouvement,* die Liberalen in jener Zeit).
2. die französ. Widerstandsbewegung gegen die dt. Besatzungsmacht u. die Vichy-Regierung im 2. Weltkrieg. Ihr gehörten Anhänger der verschiedensten polit. Richtungen an, Kommunisten in der Regel erst seit dem dt. Angriff auf die Sowjetunion 1941. Eine Einigung der Gruppen unter dem im Londoner Exil lebenden C. de *Gaulle* führte Ende 1942 zur Gründung einer konkurrierenden proamerikan. Organisation unter H. *Giraud,* der sich jedoch nicht durchsetzen konnte. Aus der R. ging die neue französ. Armee hervor, die ab 1944 an der Befreiung Frankreichs mitwirkte. Über die Wirksamkeit der R. u. ihr Vorgehen gegen Kollaborateure wird seit den 1970er Jahren in der französ. Öffentlichkeit verstärkt diskutiert.

Restauration [lat.], die Wiederherstellung einer gesellschaftl. oder polit. Ordnung, bes. einer durch Revolution vertriebenen Dynastie (Stuarts in England 1660, Bourbonen in Frankreich 1815); *i. e. S.* gebraucht für die Zeit zwischen dem Wiener Kongreß 1815 u. der Julirevolution 1830, die durch das *System Metternich* bestimmt wurde. Garantiert werden sollte dieses auf legitimist. Grundlage beruhende System durch die *Heilige Allianz.* In Europa setzte sich die Politik der R. gegen die revolutionären Bewegungen z. B. in Spanien durch; sie blieb aber erfolglos in Griechenland u. in Südamerika. In Dtschld. wurde die R. vor allem von Österreich u. Preußen betrieben. Sie konnte sich bis 1848 behaupten. K. L. von *Haller* hat die R. staatstheoretisch zu begründen versucht. Weitere Theoretiker der R. waren F. *Schlegel,* F. J. *Stahl* u. J. M. de *Maistre.*

Restitutionsedikt, ein Erlaß Kaiser Ferdinands II. vom 6. 3. 1629, gemäß dem alle seit dem *Passauer Vertrag* (1552) von den Protestanten eingezogenen Stifte u. Kirchengüter an die Katholiken zurückgegeben, die Reformierten vom Religionsfrieden ausdrücklich ausgeschlossen u. den kath. Reichsständen das Recht zur Rekatholisierung ihrer Untertanen eingeräumt werden sollte. Im Frieden von Prag 1635 mußte der Kaiser teilweise, im Westfälischen Frieden 1648 gänzlich auf die Durchführung des R.s verzichten. Stichjahr für den Konfessionsstand wurde 1624, die Reformierten wurden als Konfession anerkannt.

Retz [rɛs], Jean-François Paul de Gondi, Baron von, französ. Kardinal (seit 1652) u. Politiker, *20. 9. 1613 Montmirail, †24. 8.1679 Paris; nahm führend an der gegen Mazarin gerichteten Fronde (1648/49) teil u. beriet den Prinzen *Condé,* der ihm den Kardinals-

Jean-François Retz. Lithographie nach einem zeitgenössischen Bildnis

hut verschaffte. Von Mazarin gefangengesetzt, floh er nach zweijähriger Haft. 1661 kehrte er nach Frankreich zurück. Seine 1717 veröffentl. „Mémoires" sind von hohem literar. u. zeitgeschichtl. Wert.

Reunionen [re:u-; frz. *réunion*, „Wiedervereinigung"], die von Ludwig XIV. von 1678–1697 vorgenommenen Gebietsannexionen im Elsaß, in der Franche-Comté, in Luxemburg u. Italien mit der aus dem mittelalterl. Lehnsrecht genommenen Begründung, daß es sich um „Dependenzen" der im Westfäl. u. Pyrenäenfrieden an Frankreich abgetretenen Territorien oder Plätze handele. Mit der Durchführung des rechtl. Verfahrens wurden eigens eingesetzte *Reunionskammern* (in Metz, Besançon, Tournai u. Breisach) betraut. Trotz der urkundlich zumeist unzureichenden Nachweise wurden über 600 Herrschaften, Städte u. Flecken annektiert. Ohne Urteilsspruch einer Reunionskammer erfolgte am 30. 9. 1681 die Unterwerfung der freien Reichsstadt Straßburg. Im Regensburger Stillstand 1684 erkannte das Reich provisorisch den französ. Besitz der reunierten Gebiete an. Im Frieden von Rijswijk 1697 mußte Ludwig XIV. die R. bis auf das Elsaß mit Straßburg wieder herausgeben.

Reunionskriege [re:u-], 1667–1697 die Kriege Ludwigs XIV. 1667/68 gegen die span. Niederlande, 1672–1678 gegen Holland u. das Dt. Reich; gegen die Augsburger Alliierten 1686 (Kaiser Leopold I., Spanien, Schweden u. das Dt. Reich) u. 1688–1697 (Pfälzischer Erbfolgekrieg). Nachdem 1659 die Pyrenäen erreicht worden waren, bildeten natürl. Hindernisse die französ. Grenzen bis auf die Nord- u. Ostgrenze, auf die sich seitdem das französ. Expansionsstreben richtete.

1. Reunionskrieg (auch Devolutionskrieg) 1667/68. Nach dem Tod Philipps IV. von Spanien erhob Ludwig XIV. als sein Schwiegersohn Ansprüche auf die Span. Niederlande aufgrund des in Brabant geltenden Devolutionsrechts. Die Franzosen wurden aber zum Frieden von Aachen (1668) genötigt, der ihnen den Besitz von 12 Grenzfestungen brachte (u. a. Lille, Charleroi, Tournai).

2. Reunionskrieg (Holländischer Krieg) 1672–1678. Im Bund mit dem engl. König überrannten die Franzosen die unvorbereiteten Niederländer, deren Generalstatthalter Wilhelm III. von Oranien aber eine Koalition mit dem Kaiser, dem Dt. Reich, Brandenburg u. Spanien zustande brachte. Die Truppen des französ. Marschalls Turenne verwüsteten die Pfalz; die verbündeten Schweden wurden von den Brandenburgern 1675 bei Fehrbellin geschlagen. Im Frieden von Nimwegen (1678/79) erhielt Frankreich 10 elsäss. Reichsstädte, die Freigrafschaft Burgund u. Cambrai, Valenciennes, Ypern u. a. Nach der interimist. Zeit (Augsburger Allianz) begann der *3. Reunionskrieg (Pfälz. Erbfolgekrieg)* 1688–1697. Ludwig XIV. erhob willkürl. Erbansprüche auf die Pfalz als Schwager der *Elisabeth Charlotte von Orléans* (Liselotte von der Pfalz). Die „Augsburger Allianz" (Dt. Reich, Kaiser, Niederlande, England, Savoyen, Spanien, Schweden) zwang die Franzosen zur Räumung der Pfalz, die erneut verwüstet wurde. Trotz französ. Erfolge im Landkrieg (aber Niederlage zur See am Kap de la Hogue 1692) zwang die Überspannung der französ. Kräfte Ludwig zum Einlenken: im Frieden von Rijswijk (1697) ließ er seine Ansprüche auf die Pfalz u. die Reunionen fallen, ausgenommen das Elsaß mit Straßburg, das bei Frankreich blieb.

Reuß, altes dt. Fürstengeschlecht, von den Vögten von *Weida* (Thüringen) abstammend. Seit *Heinrich II. dem Reichen* († 1209) führten alle männl. Mitglieder des Hauses den Vornamen Heinrich. Der Name des Geschlechts geht auf Heinrich, Vogt von Plauen († vor 1309), zurück, der wegen eines langen Aufenthalts in Rußland *Reuß*, d. h. „Russe", genannt wurde.

Ernst Reuter

Im Lauf der Geschichte entstanden u. erloschen zahlreiche Linien. Zuletzt bestanden die beiden Fürstentümer *R. ältere Linie (R.-Greiz)* mit 316 km u. 70 000 Ew. u. *R. jüngere Linie (R.-Schleiz-Gera)* mit 826 km u. 144 000 Ew. Beide Länder gingen 1920 in *Thüringen* auf.

Reuter, Ernst, Politiker (SPD), * 29. 7. 1889 Apenrade, Schleswig, † 29. 9. 1953 Berlin; Philologe; seit 1912 Mitglied der SPD, für die er als Wanderlehrer tätig war. Als Soldat geriet R. 1916 in russ. Kriegsgefangenschaft; er schloß sich den Bolschewiki an u. war 1918 Kommissar für die Selbstverwaltung der Wolgadeutschen. Nach der Rückkehr war er seit 1919 führender Funktionär, 1921/22 Generalsekretär der KPD (Parteiname *Friesland*). 1922 wurde er wegen Kritik an der „Bolschewisierung" der KPD aus dieser ausgeschlossen u. ging wieder zur SPD. 1926–1931 war er Stadtrat für Verkehr in Berlin, 1931–1933 Oberbürgermeister von Magdeburg. Nach 1933 wurde R. mehrmals verhaftet. 1935 emigrierte er in die Türkei u. wurde Berater der türkischen Regierung, 1938 Prof. für Kommunalwissenschaften in Ankara. Nach Dtschld. zurückgekehrt, wurde er 1946 Stadtrat für Verkehrs- u. Versorgungsbetriebe in Berlin. 1947 wurde er von der Stadtverordnetenversammlung zum Oberbürgermeister von Berlin gewählt, aber durch ein sowjet. Veto in der Alliierten Kommandantur an der Amtsübernahme gehindert. Nach der Spaltung der Stadt war R. 1948–1951 Oberbürgermeister von Berlin (West). Während der Berliner Blockade 1948/49 wurde er weltbekannt als Sprecher der Westberliner. Aufgrund der neuen Verfassung war er 1951–1953 Regierender Bürgermeister von Berlin (West).

Reval, estn. *Tallinn* [„Stadt der Dänen"], Hptst. Estlands, am Finn. Meerbusen, 492 000 Ew.

Als *Kolywani* ist die estn. Siedlung 1154 erstmals erwähnt worden, im 13. Jh. dann als *Lindanise.* Nach der Eroberung durch die Dänen 1219 wurde R. zur Festung ausgebaut. Nachdem um 1300 die Stadt an die *Hanse* gekommen war u. 1346 der *Dt. Orden* die Festung erworben hatte, bildete die dt. Minderheit die Oberschicht. 1561 wurde R. schwedisch; 1721 kam es an Rußland, erhielt einen Kriegshafen u. wurde Zentrum des Estländ. Verwaltungsbezirks. Im 1. Weltkrieg von Deutschen besetzt, war R. ab 1918 Hptst. der Rep. Estland (erneut seit 1991). Von 1940 bis 1991 war R. Hptst. der Estn. SSR.

Reventlow, 1. Friedrich Graf von, dän. Diplomat, * 31. 1. 1754 Altenhof, Schleswig, † 28. 9. 1828 Emkendorf, Holstein; führender Kopf der schleswig-holstein. Ritterschaft in ihrem Kampf um Privilegien u. Landesrechte gegen den dän. König; machte seinen Landsitz Emkendorf zu einem geistigen Mittelpunkt (F. G. *Klopstock*, J. K. *Lavater*, M. *Claudius*).

2. Friedrich Graf von, schleswig-holstein. Politiker, * 16. 7. 1797 Schleswig, † 24. 4. 1874 Starzeddel, Kreis Guben; führend in der schleswig-holstein. dt. Nationalbewegung, 1848 Mitgl. der provisor. Regierung in Kiel, 1849–1851 mit W. H. *Beseler* Statthalter der Herzogtümer; nach der Restitution der dän. Herrschaft ausgewiesen.

Revisionismus [lat.], allg. das Streben nach Abänderung einer bestehenden internationalen Ordnung, insbes. nach Rückgewinnung verlorener Gebiete. – Innerhalb der dt. Sozialdemokratie vor 1914 eine Richtung, die den klass. Marxismus durch eine sozialreformerische Politik zu ersetzen suchte. Theoretisch begründet wurde der R. von E. *Bernstein*, der die These von Marx, daß die Entwicklung des Kapitalismus geschichtsnotwendig zu einer proletar. Revolution führe, als widerlegt ansah. Er forderte die Abkehr vom revolutionären „Endziel" u. trat für die allmähl. Reformierung der bestehenden Ordnung ein. In der SPD konnte sich der R. programmatisch nicht durchsetzen, er wurde aber zur Grundlage der prakt. Politik.

Revolution [lat.], die rasche u. gewaltsame Veränderung des Bestehenden, aber auch eine nicht unbedingt gewaltsame Umwälzung einer gesamten Staatsordnung in sozialer, wirtschaftl. u. vielfach auch kultureller Hinsicht. Die Abgrenzung zu anderen Formen der polit. Gewalt *(Aufstand, Putsch, Rebellion, Revolte)* ist schwierig u. wird in der Forschung unterschiedlich gesehen. Allg. ist dazu zu sagen, daß nichtrevolutionäre Gewaltformen eher auf eine Verbesserung des bestehenden Sozial- u. Wertesystems hinzie-

Revolution: Die „Glorious Revolution" in England brachte einen unblutigen Thronwechsel. In Abstimmung mit dem Parlament bestiegen Wilhelm III. und seine Frau Maria II. am 13.2.1689 den Thron; British Museum, London

Revolution: handgemaltes Plakat aus der französischen Revolutionszeit mit der gegen die feudal-absolutistische Herrschaft gerichteten Losung „Einheit und Unteilbarkeit der Republik. Freiheit, Gleichheit, Brüderlichkeit – oder der Tod"

len, während die R. (oft auf Grundlage von utop. Gesellschaftsvorstellungen) eine radikale Erneuerung desselben anstrebt. Ein solcher umfassender R.sbegriff existiert erst seit der Französischen R. von 1789. Die engl. R. *(Glorious Revolution)* von 1689 brachte dagegen keine totale Umwälzung der bestehenden polit. Ordnung, genausowenig wie die als *rivoluzione* bezeichneten Unruhen in den italien. Stadtstaaten der Neuzeit.
Einen zentralen Platz nimmt der R.sbegriff in der marxist. Theorie ein. Danach werden R.en durch die ökonom. Entwicklungsprozesse einer Gesellschaft bestimmt. Vorbedingung für das Entstehen einer revolutionären Situation ist, daß die Produktivkräfte einer Gesellschaft in Widerspruch zu den Produktionsverhältnissen geraten. Dabei geht die polit. Macht von der herrschenden Klasse auf eine neue Klasse über. Dazu muß allerdings die unterdrückte Klasse ein revolutionäres Bewußtsein entwickeln, das es ihr erlaubt, die Notwendigkeit der Änderung der gesellschaftl. Verhältnisse zu erkennen. Die von Marx entworfene R.stheorie wurde insbes. von Lenin weiterentwickelt, der damit die Grundlage für die russ. Oktoberrevolution von 1917 legte, die im Widerspruch zu den Thesen von Marx nicht in einem hochindustrialisierten, sondern in einem Agrarland stattfand.
Das von *Trotzkij* entwickelte Theorem der *permanenten R.* beharrte auf dem Begriff der Weltrevolution u. geriet dabei in Gegensatz zur Stalinschen Auffassung vom Aufbau des Sozialismus in einem Lande.
Bedeutsam für die Befreiungsbewegungen in der Dritten Welt wurde die R.stheorie *Mao Zedongs*, der die Durchführung einer R. an den langandauernden Guerillakampf der unterdrückten Agrarbevölkerung unterentwickelter Länder band. Diese Ideen wurden vor allem von den Guerillabewegungen in Lateinamerika aufgenommen. – Unter „R. von oben" wird eine Reform des Staates durch die Regierung verstanden (z. B. die „preuß. Reformen" 1806–1814).

Revolutionskalender, durch Konventsdekret vom 5. 10. 1793 in Frankreich eingeführter Kalender, der seit dem Zusammentreten des Konvents Ende Sept. 1792 gelten sollte (Jahr I: 1792/93). Das Jahr bestand aus 12 Monaten zu 30 Tagen mit 5, im Schaltjahr 6 Ergänzungstagen, der Monat aus 3 Dekaden mit je 10 Tagen. Monate u. Tage erhielten neue Namen. Napoleon I. schaffte den R. Ende 1805 wieder ab.

Revolutionskriege → Koalitionskriege.

Rexistenbewegung, faschist. wallon. Bewegung in Belgien, gegründet 1930 von Léon *Degrelle*; kollaborierte im 2. Weltkrieg mit der dt. Besatzungsmacht; ihre *Wallon. Legion* nahm am Krieg gegen die Sowjetunion teil.

Reynaud [rə'no:], Paul, französ. Politiker (bürgerl. Rechte), *15. 10. 1878 Barcelonette, Dép. Basses-Alpes, †21. 9. 1966 Paris; seit 1919 Abg., 1930–1940 verschiedentl. Minister, 1940 Min.-Präs., Außen- u. (seit Mai) Verteidigungs-Min., drängte beim Zusammenbruch Frankreichs vergebens auf Fortsetzung des Kriegs. 1942–1945 im dt. KZ, 1946 Abg. (unabhängige Republikaner), 1948 Finanz-Min., 1949–1954 Vors. des Wirtschafts- u. Finanzausschusses des Europarats; 1953/54 Vize-Min.-Präs.; nahm 1958 Einfluß auf die Gestaltung der Verfassung der 5. Republik.

Reza Pahlewi [re:'za pæç-], *Mohammed Riza Pahlewi* → Mohammed (3).

Rhee, Syngman, *Li Sing-Man*, korean. Politiker, *26. 3. 1875 Prov. Whanghae, † 19. 7. 1965 Honolulu (Hawaii); studierte in den USA, nach seiner Rückkehr 1910–1920 Organisator des Widerstands gegen Japan, dann erneut in den USA, leitete 1919–1939 die korean. Exilregierung in Schanghai; nach dem 2. Weltkrieg Rückkehr, 1948–1960 Präsident der Republik Südkorea, regierte autoritär, mußte nach Unruhen zurücktreten u. emigrieren.

Rheinbund, 1. *Rheinische Allianz*, ein 1658 auf Initiative des Mainzer Erzbischofs *Johann Philipp von Schönborn* geschlossener Bund zwischen den drei geistl. Kurfürsten (Mainz, Köln, Trier), dem Bistum Münster, Pfalz-Neuburg, Hessen-Kassel, Braunschweig-Lüneburg u. Schweden, dem auch Frankreich beitrat; als Gegengewicht gegen Habsburg gedacht; offizielles Bündnisziel war die Erhaltung des *Westfäl. Friedens.* 1667 aufgelöst.
2. frz. *Confédération du Rhin*, der am 12. 7. 1806 nach dem 3. Koalitionskrieg auf Veranlassung Napoleons I. gegr. Bund zwischen 16 süd- u. südwestdt. Fürsten, die sich unter französ. Protektorat für souverän erklärten u. am 1. 8. 1806 vom Hl. Röm. Reich Dt. Nation lösten. Die R.fürsten mußten als Bundesgenossen Frankreichs starke Heereskontingente für die „Große Armee" stellen u. erhielten dafür Gebietszuwachs u. Standeserhöhungen. Nach der Niederlage Preußens 1806 traten auch Würzburg, Sachsen sowie die restl. mittel- u. norddt. Kleinstaaten dem R. bei. Das neu geschaffene Königreich Westfalen wurde 1807 zum R.staat erklärt. Damit befanden sich 36 Staaten im R. Ihr Territorium umfaßte mehr als die Hälfte des untergegangenen Hl. Röm. Reiches; sie hatten fast 120 000 Soldaten zu stellen. Abseits hielten sich Österreich, Preußen, Kurhessen u. Braunschweig. *Fürstprimas* des R.s war Karl Theodor von *Dalberg*. Der R. löste sich 1813 während der Befreiungskriege auf. Teile seiner Verfassung wurden in die des Dt. Bundes übernommen.

Rheingrafen, Name der Grafen im Rheingau, 1223 auf die Herren von *Stein* (bei Münster am Stein) übergegangen, die die rechtsrhein. Gebiete der alten R. 1279 an Mainz verloren, ihre Herrschaft aber um Nahe u. Hunsrück seit 1350 durch das Erbe der *Wildgrafen* (Dhaun u. Kirburg) beträchtlich erweiterten, sich daraufhin *Wild- u. R.* nannten u. noch heute in dem fürstl. Haus *Salm* fortleben (*Johann V.*, †1476, aus dem Haus der Wild- u. R., 1475 erster Graf von Salm).

Rheinischer Bund, *Rheinischer Städtebund*, 1254 gegründet zur Wahrung des Landfriedens u. gegen Übergriffe der Territorialherren. Dem Rheinischen Städtebund gehörten über 70 Städte zwischen Aachen, Lübeck, Regensburg u. Zürich an; auch Erzbischöfe, weltliche Fürsten u. Herren traten ihm bei.

Rheinbund (2): Die Fürsten huldigen Napoleon 1808 in Erfurt

Der Bund zerfiel nach der Doppelwahl von 1257 (Richard von Cornwall/Alfons X. von Kastilien).

Rheinland-Pfalz, südwestl. Bundesland der BR Dtschld., 19848 km², 3,90 Mill. Ew., Hptst. *Mainz.*
Das Land R. wurde durch Verordnung der französ. Besatzungsmacht vom 30. 8. 1946 aus ehemals bayer., hess. u. preuß. Landesteilen gebildet, die 1945/46 vorübergehend in die Provinzen *Hessen-Pfalz* u. *Rheinland-Hessen-Nassau* gegliedert waren. Am 17. 11. 1946 wurde eine Beratende Landesversammlung gewählt. Die von ihr ausgearbeitete Verfassung wurde in einer Volksabstimmung am 18. 5. 1947 mit knapper Mehrheit angenommen. Gleichzeitig fand die erste Landtagswahl statt. Die stärkste Partei war bis 1991 ununterbrochen die CDU; sie regierte zeitweise allein, zeitweise in Koalitionen mit der SPD u. der FDP. Seit 1991 regiert eine SPD/FDP-Koalition. Bestrebungen, einzelne Landesteile loszulösen u. an Nachbarländer anzuschließen, wurden 1975 durch mehrere Volksentscheide zurückgewiesen.
Ministerpräsidenten seit 1946: 1946/47 Wilhelm *Boden* (CDU), 1947–1969 Peter *Altmeier* (CDU), 1969–1976 Helmut *Kohl* (CDU), 1976–1988 Bernhard *Vogel* (CDU), 1988–1991 Carl-Ludwig *Wagner* (CDU), 1991–1994 Rudolf *Scharping* (SPD), seit 1994 Kurt *Beck* (SPD).

Rheinpfalz, *Pfalz*, ehem. bayer. Reg.-Bez. links des Rheins, gebildet aus Teilen der *Kurpfalz* u. zahlreichen anderen ehem. Herrschaften; im Vertrag zu Ried (1814) Bayern gegen Rückgabe des Inn- u. Hausruckviertels sowie Salzburgs an Österreich zugesprochen. 1918–1930 Teil der besetzten Zone (Separatistenbewegung, von Frankreich unterstützt). Nach 1945 wurde die R. als Teil der französ. Besatzungszone mit Rheinhessen u. den Regierungsbezirken Koblenz, Trier u. Montabaur zum Land *Rheinland-Pfalz* zusammengeschlossen.

Rheinprovinz, preuß. Provinz, umfaßte das links- u. rechtsrhein. Gebiet von Nahe u. Wied bis zur Grenze der Niederlande. Die R. entstand 1824 aus dem Zusammenschluß der 1815 (Wiener Kongreß) gebildeten Provinzen Kleve-Berg u. Niederrhein; das Fürstentum Lichtenberg kam 1834, das Oberamt Meisenheim 1866 hinzu. Der Sitz des Oberpräsidenten war Koblenz. 1945 wurde die R. aufgelöst; ihr Gebiet ist heute aufgeteilt auf die Bundesländer Nordrhein-Westfalen, Rheinland-Pfalz u. Saarland.

Rhodes [rɔu:dz], Cecil, brit. Kolonialpolitiker, *5. 7. 1853 Bishop's Stortford, Hertfordshire, †26. 3. 1902 Muizenberg, Kapkolonie; durch Diamanten- u. Goldfunde in Südafrika reich geworden; gab den Anstoß zur Eroberung des Betschuanalands (1884) u. zur Gründung der Britisch-Südafrikan. Gesellschaft (1889), die die Eroberung des nach ihm benannten *Rhodesien* (heute *Simbabwe*) leitete und dort die Herrschaft ausübte. 1890 bis 1896 Premier-Min. der Kapkolonie; betrieb die Angliederung der von ihm zunächst mit friedl., später mit krieger. Mitteln bekämpften Burenstaaten an das brit. Südafrika. R. gilt als einer der wichtigsten Vertreter des brit. Imperialismus.

Rhodẹsien → Simbabwe.

Rhodẹsien und Nyạsaland, *Federation of Rhodesia and Nyasaland, Zentralafrikan. Föderation*, der 1953 erfolgte Zusammenschluß der drei brit. Besitzungen *Nordrhodesien, Südrhodesien u. Nyasaland* zu einem autonomen Staatenbund mit einer Fläche von 1253116 km² u. 9,3 Mill. Ew. Hptst. war *Salisbury* (Südrhodesien). Infolge der Unabhängigkeitsbestrebungen in den Protektoraten Nordrhodesien u. Nyasaland u. der von Südafrika beeinflußten Rassenpolitik eines Teils der weißen Bevölkerung Südrhodesiens hatte die Förderation keinen Bestand; sie wurde 1963 aufgelöst. 1964 erfolgten die Unabhängigkeitserklärungen Nyasalands u. Nordrhodesiens unter den Namen *Malawi* u. *Sambia.* Südrhodesien nahm den Namen *Rhodesien* an; es wurde 1980 als *Simbabwe* unabhängig.

Rhọdos, *Ródos*, ital. *Rodi*, griech. Insel des Dodekanes vor der Südwestküste Kleinasiens, 1398 km², 87000 Ew.
Der vorgriech. Name weist auf ursprüngl. karische Bevölkerung; nach 1500 v. Chr. von myken. Griechen, später von *Doriern* besiedelt. R. wurde gegliedert in die 3 Städte *Lindos, Ialysos* u. *Kamiros*, die im 5. Jh. v. Chr. Mitglieder des 1. Attischen Seebundes waren, aber durch die Gründung der Stadt R. 408 v. Chr. ihre Eigenständigkeit verloren. Nach wechselvoller Geschichte im 4. Jh. v. Chr. schließlich zum Weltreich Alexanders d. Gr. gehörend, vermochte sich R. während der Kriege der *Diadochen* zu emanzipieren u. seine Autonomie 307/06 v. Chr. gegen eine Belagerung durch *Demetrios Poliorketes* zu verteidigen. Zum Gedenken an dieses Ereignis wurde im Hafenbereich die „Koloß von R." genannte Bronzestatue des Sonnengottes *Helios* errichtet, die als eines der 7 Weltwunder galt, aber 227/26 v. Chr. durch ein Erdbeben umstürzte u. aufgrund eines Orakels nicht wieder aufgerichtet wurde. Im 3. Jh. v. Chr. stieg R., das 3 Häfen besaß, zu einer bedeutenden Handels- u. Seemacht auf; sein Seerecht war bis in die röm. Kaiserzeit grundlegend. Bereits zu Beginn des 2. Jh. v. Chr. schloß R. sich an Rom an u. blieb formal ein mit diesem verbündeter Staat, bis es in der Kaiserzeit offiziell der Provinz Asia angegliedert wurde. Als Teil des Byzantin. Reiches seit 653 mehrmals von Arabern geplündert, nach dessen Zerfall im 13. Jh. genuesisch, war es 1309–1522 vom Johanniterorden besetzt, dessen Ritter die eindrucksvollen got. Gebäude u. Befestigungen von R. errichten ließen. Seit 1523 türkisch, 1912 von Italien erobert u. annektiert, gehört R. seit 1947 zu Griechenland.

Rhomạ̈isches Reich [grch.] → Byzantinisches Reich.

Rhộne-Kultur [ro:n-], frühbronzezeitliche Kultur in der Westschweiz u. in Ostfrankreich, hauptsächlich aus Grab- u. Hortfunden bekannt; charakteristisch sind Randleistenbeile u. Gewandnadeln mit scheibenförmig getriebenem Kopf.

Ribbentrop, Joachim von (1925), Politiker (NSDAP), *30. 4. 1893 Wesel, †16. 10. 1946 Nürnberg (hingerichtet); Kaufmann (Import u. Export von Spirituosen); 1925 von einer adligen Tante adoptiert. R. trat 1932 der NSDAP bei, vermittelte 1932/33 zwischen Papen u. Hitler bei der Bildung des Kabinetts Hitler u. wurde einer der außenpolit. Berater Hitlers. Seine „Dienststelle R." bestand als selbständige Einrichtung neben dem Auswärtigen Amt u. dem Außenpolit. Amt der NSDAP. Als Sonderbotschafter schloß er 1935 das dt.-brit. Flottenabkommen ab. 1936–1938 war R. Botschafter in London, 1938–1945 Reichsminister des Auswärtigen. Im Aug. 1939 handelte er in Moskau den dt.-sowjet. Nichtangriffspakt aus. 1946 wurde der Hitler kritiklos ergebene R. in Nürnberg vom Internationalen Militärgerichtshof wegen Kriegsverbrechen u. Verbrechen gegen den Frieden u. gegen die Menschlichkeit zum Tode verurteilt.

Cecil Rhodes

Richard I. Löwenherz; Statue in der Abtei von Fontevrault

Ribemont [ribəˈmɔ̃], nordfranzös. Ort im Dép. Aisne, an der Oise, südöstl. von Saint-Quentin, 2100 Ew.
Durch den *Vertrag von R.*, geschlossen Februar 880 zwischen dem ostfränk. König *Ludwig III.* (Sohn Ludwigs des Deutschen) u. den westfränk. Karolingern *Ludwig III.* (*864, †882) u. *Karlmann* (*866, †884) (Enkeln Karls des Kahlen), kam (in Erweiterung des *Vertrags von Meersen* 870) auch der Westteil Lotharingiens an Ostfranken. Damit wurde die Westgrenze des ehem. Mittelreichs Lothars I. (*Vertrag von Verdun* 843) zur dt.-französ. Grenze, die bis zum Westfäl. Frieden (1648) Bestand hatte.

Richard, Fürsten. Dt. König: **1.** *R. von Cornwall*, König 1257–1272, *5. 1. 1209, †2. 4. 1272; 1257 von einem Teil der dt. Kurfürsten zum König gewählt (Gegenkönig *Alfons X.* von Kastilien), in Aachen gekrönt, konnte sich aber im Reich nicht durchsetzen (→ Interregnum).
Großbritannien: **2.** *R. I. Löwenherz*, König 1189–1199, *8. 9. 1157 Oxford, †6. 4. 1199 Chalus (gefallen); dritter Sohn Heinrichs II. Plantagenet, nahm mit Philipp II. August von Frankreich u. Friedrich Barbarossa am 3. Kreuzzug 1189–1192 teil; geriet auf der Rückfahrt in Gefangenschaft (Burg Dürnstein) des von ihm beleidigten Herzogs Leopold V. von Österreich (*1157, †1194), der ihn an Kaiser Heinrich VI. übergab (Schloß Trifels); mußte diesen als Lehnsherrn anerkennen u. 100000 Silbermark zahlen; kehrte 1194 nach England zurück, um sofort wieder nach Frankreich aufzubrechen, wo er gegen Philipp II. von Frankreich kämpfte; bei der Belagerung von Chalus tödlich verwundet.
3. *R. II.*, König 1377–1399, *6. 1. 1367 Bordeaux, †14. 2. 1400 Pontefract Castle, Mittelengland; aus dem Haus Plantagenet, Sohn des Schwarzen Prinzen; mußte sich gegen den Hochadel unter seinen Onkeln *Johann von Gent* u. *Thomas von Woodstock* durchsetzen u. bekam wegen seiner Mißerfolge einen Regentschaftsrat aufgezwungen, von dem er sich 1389 mit Hilfe Johanns von Gent befreite;

wegen seiner seit 1397 einsetzenden Willkürherrschaft von *Heinrich IV.* Lancaster gefangengenommen u. mit Zustimmung des Parlaments abgesetzt; wahrscheinl. ermordet.
4. *R. III.*, König 1483–1485, *2. 10. 1452 Fotheringhay Castle, †22. 8. 1485 Bosworth Field (gefallen); Bruder König Eduards IV. u. Herzog von Gloucester, ließ sich zum König erheben u. danach wahrscheinlich seine thronberechtigten Neffen Eduard V. (*1470, †1483) u. Richard (*1472, †1483) ermorden; unterlag gegen Heinrich Tudor (König Heinrich VII.) 1485 bei Bosworth u. fiel (letzter männl. Plantagenet). Mit R.s Tod endeten die → Rosenkriege. – Histor. Drama von *Shakespeare*, der in der Gestalt des R. das Bild des verbrecher. Gewaltherrschers zeichnete.
Richelieu [riʃə'ljø], **1.** Armand Emmanuel du Plessis, Herzog von R., Urenkel eines Neffen von 2), französ. Minister u. Marschall, *25. 9. 1766 Paris, †17. 5. 1822 Paris; in der Emigration nach 1789 in russ. Dienst, wurde er 1815–1818 u. 1820/21 leitender Min. Ludwigs XVIII. u. erreichte die Verkürzung der Besatzungsfristen der Alliierten sowie die Gleichberechtigung des in den Napoleon. Kriegen besiegten Frankreichs in der internationalen Politik, bes. auf dem Kongreß von Aachen (1818).

Richelieu (2). Stich von R. Nanteuil nach einem Gemälde von P. de Champaigne

2. Armand Jean du Plessis, Herzog von R., französ. Politiker, *9. 9. 1585 Paris, †4. 12. 1642 Paris; 1622 Kardinal, seit 1624 leitender Minister; nahm den Hugenotten ihre Sicherheitsplätze u. schaltete sie damit als polit. Machtfaktor aus, schlug mehrfach Aufstände des Hochadels nieder u. errichtete den französ. absolutist. Einheitsstaat, sprengte den habsburg. Ring um Frankreich u. brach die Hegemonie der Habsburger, indem er im Dreißigjährigen Krieg Gustav Adolf unterstützte, den Abschluß des Westfäl. Friedens (durch Mazarin) zugunsten Frankreichs vorbereitete u. dadurch dessen Vormachtstellung begründete; gründete die Académie Française 1635 als staatl. Institution.
Richthofen, Manfred Frhr. von, Offizier, *2. 5. 1892 Breslau, †21. 4. 1918 Vaux-sur-Somme (im Luftkampf gefallen); der erfolgreichste dt. Jagdflieger des 1. Weltkriegs (80 Abschüsse), nach der Farbe seines Flugzeugs der „rote Baron" genannt.
Rienzo, *Rienzi*, Cola di, eigentl. Nicolà di *Lorenzo Gabrini*, Volkstribun, *1313 Rom, † 8. 10. 1354 Rom; Sohn eines Schankwirts, wurde Notar, gelangte als Gesandter der röm. Volkspartei 1343/44 nach Avignon, wo ihn auf Empfehlung *Petrarcas* Papst Klemens VI. zum Notar der städt. Kammer ernannte; machte sich 1347 nach Vertreibung der adeligen Senatoren zum Volkstribun. Er verkündete die Wiedererrichtung der röm. Republik u. leitete ein Reformprogramm ein. Als er den Souveränitätsanspruch des röm. Volkes über Kaiser u. Papst erhob u. nationale Einigung Italiens forderte, zwang ihn der Bann des Papstes zur Flucht. 1350 wandte er sich an Kaiser Karl IV. um Hilfe, der ihn jedoch in Prag einsperren ließ u. ihn 1352 nach Avignon auslieferte. Durch seine glänzende Beredsamkeit gelang es ihm, Papst Innozenz VI. von sich zu überzeugen, der ihn 1354 als Senator nach Rom schickte, wo er nach kurzer Regentschaft während eines Volksaufstandes erschlagen wurde. Das Leben R.s wurde häufig dramatisch bearbeitet, u. a. als Oper von R. Wagner.
Riga, Hptst. Lettlands, an der Düna oberhalb der Mündung in den *R.er Meerbusen*, 874 000 Ew.
1201 gegr. von Bischof Albert von Livland, 1255 Erzbistum, seit 1282 Mitglied der Hanse u. Vorort des Livländischen Quartiers; 1561–1582 im Status einer freien Reichsstadt, dann polnisch, 1621 schwedisch, 1710 russisch, 1918–1940 u. wieder seit 1991 Hptst. der Republik Lettland, 1940 zur Sowjetunion. 1921–1939 dt. Hochschule („Herder-institut"). 18. 3. 1921 *Friede von R.* nach dem poln. Sieg über die Rote Armee.
Rijswijk ['rɛjsvɛjk], *Ryswijk*, Stadt in der niederländ. Prov. Südholland, südl. von Den Haag, 47 100 Ew.
Der *Friede von R.* (1697), geschlossen von den Niederlanden, Großbritannien, Spanien sowie Kaiser u. Reich mit Frankreich, beendete den Pfälzischen Erbfolgekrieg; Ludwig XIV. mußte bis auf das Elsaß alle → Reunionen zurückgeben.
Rikkokushi, japan., mit chines. Zeichen geschriebene, sechs Bücher umfassende Reichsgeschichte, die in dem Zeitraum von 712–901 im Auftrag des Kaisers verfaßt wurde u. die Entstehungs- u. Entwicklungsgeschichte der Tenno-Herrschaft von den myth. Uranfängen bis zum Jahre 879 beinhaltet.
Rim-Sin, letzter König von Larsa, um 1758–1698 v. Chr.; dehnte seinen Staat weit aus u. sorgte durch die Erschließung von Wasserwegen u. Gewinnung von Ackerboden für sein Land; wurde um 1698 v. Chr. von *Hammurapi* entthront.
Ringwall, *Ringwallanlage*, engl. *Hillfort*, allg. Bez. für frühgeschichtl. Befestigungsanlagen, die heute nur noch als Erdwälle im Gelände sichtbar sind.
Rintelen, Anton, österr. Politiker, *15. 11. 1876 Graz, † 28. 1. 1946 Graz; 1919–1926 u. 1928–1933 Landeshauptmann der Steiermark, Förderer der Heimwehren; 1926 u. 1932/33 Bundes-Min. für Unterricht; 1920 bis 1922 Mitgl. des Bundesrates, 1927–1934 des Nationalrates; 1933 Ernennung zum österr. Gesandten in Rom. Wegen seiner Rolle im nationalsozialist. „Juli-Putsch" von 1934 zu lebenslangem Kerker verurteilt. Nach der dt. Okkupation Österreichs 1938 aus der Haft entlassen.
Rio-Pakt, der am 30. 8. 1947 abgeschlossene interamerikan. Vertrag über gegenseitige Hilfe der Staaten der OAS.
Ripuarier [lat., „Uferbewohner"], *Ribuarier*, *Rheinfranken*, ein Teil der Franken, der um 455 Köln eroberte u. sich an Mittel- u. Niederrhein ausbreitete. Der Name R. ist erstmals im 8. Jh. belegt.
Risorgimento [risɔrdʒi-; das; ital., „Wiedererhebung"], die italien. Einheitsbestrebungen seit Beginn des 19. Jh., bes. in der Zeit von 1815–1870. Das R. berief sich auf die Idee der Französ. Revolution u. verstand sich als europ. Geistesbewegung. Seine polit. Impulse empfing das R. vom napoleon. Königreich Italien (1805–1814). Auf G. B. Vico, V. Alfieri u. a. sich berufend, umfaßte es alle Vorkämpfer der italien. Freiheit: die *Carbonari*, G. *Mazzini* u. G. *Garibaldi* ebenso wie C. *Cavour* u. L. *Settembrini*. Der Name leitet sich von der von Cavour 1847 gegr. Zeitschrift „Il R." her. Cavour machte auch das Königreich Sardinien zum polit. Mittelpunkt der Bewegung.
Ritschard, Willy, schweizer. Politiker (Sozialdemokrat), *28. 9. 1918 Deitingen, †16. 10. 1983 Grenchen; Monteur; 1974–1983 Bundesrat (Dep. für Verkehr u. Energie), 1978 Bundes-Präs.
Ritter, 1. *Altertum: equites*, im alten Rom ursprüngl. berittene Krieger; später (als 2. Stand neben den Senatoren) eine Art Geldadel, dessen Mitglieder ein Mindestvermögen von 400 000 Sesterzen nachweisen mußten.
2. *Mittelalter:* zunächst (bis ins 11. Jh.) der berittene u. vollgerüstete Adlige, Freie bzw. Vasall (lat. *miles*), seit dem 12. Jh. auch der in gleicher Weise Kriegsdienst leistende unfreie Dienstmann *(Ministeriale)*. In der Stauferzeit entwickelte sich eine ritterl. Kultur *(Minne, Turnier)*, deren literar. Zeugnis die höfische Dichtung *(Minnegesang, Ritterepos)* ist.
Die R.würde wurde nach einer *Knappenzeit* durch die *Schwertleite* (seit dem 13. Jh. *R.schlag*) verliehen. Sie konnte von jedem Angehörigen des hohen oder niederen Adels, vom König bis zum Ministerialen, erworben werden, der ritterlich lebte u. zu Pferde Kriegsdienst leistete. Seit dem 12. Jh., endgültig seit Mitte des 13. Jh., schloß sich das *R.tum* ständisch ab; der R. mußte nun die *R.bürtigkeit*, d. h. die Abstammung von ritterl. Ahnen, nachweisen. Seit dem Spät-MA verstand man unter R.n die Angehörigen des *niederen Adels* (im Gegensatz zu den Fürsten, Grafen u. Herren), die als *Reichsritterschaft* bzw. *Ritterschaft* eines Territoriums einen erbl. *Stand* bildeten. Ⓑ S. 658/659.
Ritter, Gerhard, Historiker, *6. 4. 1888 Bad Soden, †1. 7. 1967 Freiburg i. Br.; 1924 Prof. in Hamburg, 1925–1956 in Freiburg. 1944/45 in Haft wegen Beteiligung am Widerstand gegen Hitler, ein bedeutender Repräsentant nationalpolit. Geschichtsschreibung, die in selbstkrit. Auseinandersetzung die Grenzen u. Irrwege nationaler Politik aufzeigte. Hptw.: „Die preuß. Konservativen u. Bismarcks dt. Politik 1858–1870" 1915; „Stein" 1931; „Luther" 1925; „Friedrich d. Gr." 1936; „Gesch. der Universität Heidelberg" 1936; „Die Weltwirkung der Reformation" 1941; „Die Dämonie der Macht" 1948; „Vom sittl. Problem der Macht" 1948; „Staatskunst u. Kriegshandwerk" 4 Bde. 1954–1968; „Carl Goerdeler u. die dt. Widerstandsbewegung" 1954; Briefauswahl: „Gerhard R. Ein polit. Historiker in seinen Briefen" 1984.
Ritterbünde, Vereinigungen von *Rittern* im 14. u. 15. Jh. zur Sicherung ihrer Interessen gegen die Territorialfürsten u. vor allem gegen die Städte, bes. in Südwest-Dtschld. (doch verbanden sich auch Ritter mit Städten u. Fürsten, wenn es von Vorteil war). Die R. nannten sich nach ihrem Abzeichen *(vom Löwen, Böckler, Hörner, Schlegler)* oder nach ihrem Schutzpatron *(St. Georg, St. Wilhelm)*; die größte Verbreitung fand der 1379 von der Wetterau ausgehende *Löwenbund*.
Ritterorden, eine während der *Kreuzzüge* entstandene Sonderform des geistl. Ordens, dessen Mitglieder neben den drei Mönchsgelübden den Kampf gegen die „Ungläubigen" gelobten. Am bekanntesten wurden der *Johanniter-*, der *Templer-*, der *Schwertbrüder-* u. der *Deutsche Orden*. Außerdem gab es den span. R., z. B. von *Alcántara* u. *Calatrava*. An der Spitze der straff organisierten u. disziplinierten R. stand ein *Großmeister* (beim Dt. Orden *Hochmeister*). Ihm zur Seite standen

Die Entwicklung des Rittertums

Durch die Kreuzzüge und die Gründung der Ritterorden fand der fehdenliebende Adel sowohl im christlich motivierten Kampf gegen die Heiden als auch in der beginnenden Ostkolonisation neue Betätigungsfelder. Diese Vorgänge beschleunigten die Ausformung des abendländischen Rittertums als Stand und Kultur.

Die Anfänge des Rittertums reichen wahrscheinlich bis in das Frankenreich zurück, das die arabischen Reiterheere militärstrategisch nur durch Ritter, also Kämpfer zu Pferde, abwehren konnte. Der Ausbildungs- und Ausstattungsaufwand der Ritter erforderte nicht nur Eigenbesitz, sondern begründete auch ein rechtliches und soziales System zwischen Lehnsherr und Vasall (Ministeriale, Ritter). Die eigentliche Ausbildung des europäischen Rittertums als sich gegenüber den Bauern abgrenzender Stand mit eigenem elitären Ethos erfolgte vom 12. bis zum 14. Jahrhundert durch die Erfahrungen, die in den Kreuzzügen gemacht wurden. Sozioökonomische Bedingungen der mittelalterlichen Gesellschaft lieferten die Beweggründe für diese Entwicklung. Der Soziologe Norbert Elias analysiert die Hintergründe in seinem Werk »Über den Prozeß der Zivilisation«: »Die Spannungen im Innern dieser Gesellschaft kamen nicht nur als Verlangen nach Boden und Brot zum Ausdruck. Sie lasteten als seelischer Druck auf dem ganzen Menschen. Die Kirche gab dem Kampf um neue Böden einen umfassenden Sinn und eine Rechtfertigung«. Die Idee von der Befreiung Jerusalems aus der Hand der »Ungläubigen« verlieh dem abendländischen Ritterstand die religiöse Weihe und bildete damit auch die Grundlage der ritterlich-höfischen Kultur. Dabei spielten die »êre« (das Ansehen in der Gesellschaft) sowie die »mâze« (die zuchtvolle Lebensform) eine prägende Rolle im Tugendkanon der Ritter.

Von besonderer Bedeutung für das ritterliche Leben war auch die Minne, die Verehrung einer hochgestellten, meist verheirateten Dame (frouwe). Ihr zu Ehren focht der Ritter auf den Turnieren der höfischen Feste. In diesem Umfeld entwickelte sich der Minnesang, die mittelalterliche Liebeslyrik.

Den Niedergang des Rittertums im 15. Jahrhundert bedingten verschiedene Faktoren. So verlor der Kreuzzugsgedanke durch die Zersplitterung des christlichen Abendlandes an Bedeutung. Gleichzeitig traten die Landsknechtheere an die Stelle der einzeln oder in Gruppen kämpfenden Ritter. *G. M./A. F.*

1 *Wolfram von Eschenbach in einer Miniatur der Manessischen Liederhandschrift, der wichtigsten Sammlung deutschen Minnesangs. Heidelberg, Universitätsbibliothek.*

1

2

2 *Ritter mit Kettenhemd, Armbrust, Schwert, Helm und Visier auf einem kunstvollen Minnekästchen; um 1320. Schweizerisches Landesmuseum, Zürich.*

3 *Grabplatte des Grafen von Anjou, Geoffroy Plantagenet, der wohl als erster ein Wappen trug; 1150. Le Mans, Musée Tessé.*

4 *Staufische Ministerialenburg Katzenstein.*

5 *Wasserburg Vischering, Lüdinghausen/Westfalen.*

3

4

5

6

6 *Das Turnier als ritterliche Selbstdarstellung und Mittelpunkt des höfischen Festes. Kampf zwischen vier Rittern (»Sieg der Demut über den Stolz«), »Melusinenhandschrift«. Nürnberg, Germanisches Nationalmuseum.*

7 *Festmahl bei einem König von Armenien. Miniatur aus dem in Versform gehaltenen Märchen »Der Graf von Méliacin« von Girardin d'Amiens. Zwischen 1285 und 1291. Bibliothèque Nationale, Paris.*

8 *Der Thüringer in voller Rüstung, mit einem schmiegsamen, mit Eisenschuppen besetzten Gewand sowie mit Schild und Wappen bei der Belagerung einer Burg. Miniatur aus der Manesse-Handschrift. Heidelberg, Universitätsbibliothek.*

7

8

die *Großwürdenträger* (*Großgebietiger* des Dt. Ordens).
Die Groß- oder Hochmeister wurden von den *Generalkapiteln* auf Lebenszeit gewählt. Kleinste Verwaltungseinheit war die *Kommende*, meist mit einer Ordensburg. Mehrere Kommenden wurden zu einer *Ballei* zusammengefaßt. Von den *Ritterbrüdern* als den eigentl. Trägern des R.s unterschieden sich die *Priesterbrüder* (Ordenskapläne) sowie die *dienenden Brüder* für Waffendienst u. Handwerk. In neuerer Zeit wurden die R. meist zu Seelsorge- oder Krankenpflegeorden umgebildet.

Ritterschlag, symbolische Handlung zur Aufnahme in den Ritterstand, im Spätmittelalter geübt statt der früher üblichen Schwertleite, bei der dem Lehensmann die Waffe übergeben wurde, während sie beim R. nur einen Augenblick auf seiner Schulter ruhte.

Rittertum → Ritter (2).

Rivẹra, Fructuoso, uruguay. Unabhängigkeitskämpfer, *27. 10. 1789 Paysandú (Uruguay), †13. 1. 1854 bei Melo; kämpfte seit 1811 gegen die Spanier, 1816–1820 gegen die portugies. Invasion; war 1830–1834 erster konstitutioneller Präs. Uruguays; Gründer der „Colorado"-Partei; 1839–1843 erneut Präs., führte jahrelang Krieg gegen den argentin. Diktator *Rosas*.

Riza Schah Pahlewi [pers. re'za: ʃa:h pæhlæ'vi], **1.** *Resa Schah Pehlewi*, Schah von Iran 1925–1941; *16. 3. 1878 Alascht, †26. 7. 1944 Johannesburg (Südafrika); führte als Offizier der pers. Kosakenbrigade am 21. 2. 1921 einen Staatsstreich durch; 1920/21 u. 1923–1925 Min.-Präs., stürzte den letzten Kadscharenschah u. wurde am 12. 12. 1925 zum Schah ausgerufen; 1941 wegen Widerstands gegen brit. u. sowjet. Forderungen zur Abdankung zugunsten seines Sohns *Mohammed Riza Pahlewi* gezwungen.
2. → Mohammed (3).

Rịzzio, David, Günstling Maria Stuarts, *um 1533 Pancalieri bei Turin, †9. 3. 1566 Edinburgh; erwarb sich das Vertrauen Maria Stuarts u. stieg vom Hofmusiker zu ihrem engsten Vertrauten u. Sekretär auf, förderte ihre Heirat mit Lord Darnley; mit dessen Billigung von schott. Adligen ermordet, die R.s Aufstieg als Brüskierung empfanden.

Rjụrik, *Rurik*, altnord. *Hrörek*, Warägerfürst in Rußland, eroberte mit seinen Brüdern 862 das Land Nowgorod u. herrschte von Nowgorod aus bis 879 über das Gebiet zwischen Newa u. Oka. Die von R. begründete *Rjurikiden-Dynastie* regierte in Rußland bis 1598 u. starb mit Fjodor I. Iwanowitsch aus.

Robert, Fürsten. Apulien: **1.** *R. Guiscard* („Schlaukopf"), Herzog von Apulien u. Kalabrien 1059–1085, *um 1015, †17. 7. 1085; Sohn *Tankreds von Hauteville*, Bruder *Rogers I.*, eroberte als Führer von Normannen gegen Byzantiner, Langobarden u. Sarazenen Unteritalien, das er 1059 zusammen mit dem noch zu erobernden Sizilien vom Papst zu Lehen erhielt. R. geriet zwar dann mit Papst Gregor VII. in Streit, verglich sich aber 1080 mit ihm u. befreite ihn 1084 in Rom während des *Investiturstreits*. R. erlag beim Kampf um sein Lebensziel, die Gewinnung von Byzanz, einer Seuche (vermutl. Typhus). – Dramenfragment „R. Guiskard, Herzog der Normänner" (1808) von H. von *Kleist*.

Robert I. von Anjou: Miniatur aus einer Botschaft der Stadt Prato an den König, um 1335–1340

Maximilien de Robespierre

Frankreich: **2.** *R. I.*, von Franzien, westfränk. König 922/23, *um 862, †15. 6. 923 bei Soissons; Bruder Odos von Paris, wurde nach dessen Tod von den Gegnern Karls III. zum König erhoben, fiel aber in der Schlacht gegen ihn kurz darauf. Sein Sohn *Hugo der Große* behauptete nur Franzien.
3. *R. II.*, *R. d. Fromme*, *R. le Pieux*, König 996–1031, *um 970 Orléans, †20. 7. 1031 Melun; Sohn *Hugo Capets* u. bereits 987 zu dessen Nachfolger gewählt. Er erbte 1002 das Herzogtum Burgund u. begünstigte die von Cluny ausgedehnte Kirchenreform.
Neapel: **4.** *R. I.*, *R. der Weise*, *R. von Anjou*, König 1309–1343, *1277, †19. 1. 1343 Neapel; mächtigster Gegner der Kaiser Heinrich VII. u. Ludwig des Bayern in Italien; vermochte seinen Einfluß auf ganz Italien auszudehnen. Gegen Ende seines Lebens verfiel seine Herrschaft.
Normandie: **5.** → Rollo.
6. *R. I.*, *R. der Teufel*, Herzog der Normandie 1027–1035, †22. 7. 1035 Nicäa (auf dem Kreuzzug); Vater von Wilhelm dem Eroberer; stützte das französ. Königtum u. unterwarf aufständ. Vasallen. Sage u. Dichtung bemächtigten sich seiner Gestalt.
Schottland: **7.** *R. I. Bruce*, König 1306–1329, *11. 7. 1274 Turnberry, Ayrshire, †7. 6. 1329 Cardross, Dumbartonshire; ergriff als Gegner des engl. Königs u. des Papstes die Macht; einigte Schottland, erreichte dessen Unabhängigkeit endgültig 1314 in der Schlacht von Bamockburn u. verhalf ihm zu internationaler Anerkennung.

Robespierre [rɔbs'pjɛ:r], Maximilien de, französ. Revolutionär, *6. 5. 1758 Arras, †28. 7. 1794 Paris (hingerichtet); Anwalt; Abg. der Generalstände, der Konstituante u. des Nationalkonvents, führendes Mitgl. des Jakobinerklubs; war nach dem von ihm betriebenen Sturz der Girondisten seit Juli 1793 der maßgebende Kopf des Wohlfahrtsausschusses u. seit April 1794 faktisch Diktator. Gestützt auf Teile des Bürgertums u. die unteren Volksschichten, in seinem Denken vor allem von J.-J. *Rousseau* beeinflußt, erstrebte R. eine radikale Demokratisierung u. die „Herrschaft der Tugend"; er führte den Kult des „Höchsten Wesens" ein. Zur Durchsetzung seiner Ziele bediente er sich eines ständig zunehmenden Terrors („Schreckensherrschaft"), der vom Land nur solange hingenommen wurde, wie es von den Heeren der 1. Koalition (→ Koalitionskriege) ernsthaft bedroht war. Am 9. Thermidor (27. 7.) 1794 wurde er unter Teilnahme ehem. Parteigänger vom Konvent gestürzt u. am nächsten Tag ohne Prozeß guillotiniert.

Rocard [rɔ'ka:r], Michel, französ. Politiker (Sozialist), *23. 8. 1930 Courbevoie; 1967 bis 1973 Generalsekretär der linksradikalen Vereinigten Sozialist. Partei, seit 1974 Mitgl. der Sozialist. Partei; 1981–1985 Planungs-, dann Landwirtschafts-Min., 1988–1991 Premier-Min.; 1993/94 Erster Sekretär der Sozialist. Partei.

Roc de Sers [rɔk də 'sɛ:r], zwei nahe beieinanderliegende Höhlen u. drei davorliegende abriartige Plätze am Südhang des Le-Roc-Tals im französ. Dép. Charente, bekannt durch Kulturschichten des Solutréen, in denen u. a. Felsblöcke mit szenischen Reliefdarstellungen gefunden wurden.

Röder, Franz Josef, Politiker (CDU), *22. 7. 1909 Merzig, Saar, †26. 6. 1979 Saarbrücken; Studienrat; 1955–1979 MdL, 1957–1965 Min. für Unterricht, Kultus u. Volksbildung, 1959–1979 Min.-Präs. des Saarlands.

Rọderich, span. *Rodrigo*, König der Westgoten in Spanien 710/11, fiel in der Schlacht bei Jerez de la Frontera gegen die Araber, womit das span. Westgotenreich sein Ende fand. Das Ereignis wurde von der Sage vielfach ausgeschmückt.

Rọger, Normannenfürsten auf Sizilien: **1.** *R. I.*, Graf von Sizilien (seit 1072), *1031, †22. 6. 1101 Mileto; Bruder von *Robert Guiscard*, eroberte 1072 Palermo u. 1091 nach langen Kämpfen gegen die Araber ganz Sizilien u. Malta; ermöglichte durch seine großzügige Gesetzgebung das Zusammenleben von Normannen, Arabern, Griechen u. Italienern.
2. *R. II.*, Sohn von 1), Graf u. (seit 1130) König von Sizilien, *22. 12. 1095, †26. 2. 1154; dehnte nach dem Tod *Robert Guiscards* u. dessen Erben seine Herrschaft von Sizilien über Unteritalien (1122 Kalabrien, 1128 Apulien) aus u. wurde 1130 von dem (Gegen-) Papst *Anaklet II.* durch Belehnung als König von Sizilien, Kalabrien u. Apulien anerkannt. R. überwand alle Angriffe von außen (Päpste, Kaiser Lothar III.) u. Aufstände im Inneren; mit seiner starken Flotte griff er wiederholt das Byzantin. Reich an. Durch die Ehe seiner Tochter *Konstanze* mit Kaiser *Heinrich VI.* kam Sizilien an die *Staufer* u. damit zum Reich. – R. war der eigentl. Begründer des normann. Großmachtstaats, der sich durch seine straffe Verwaltung u. kluge Gesetzgebung auszeichnete u. bis zu R.s Enkel, Kaiser *Friedrich II.*, eine der stärksten polit. Mächte Europas blieb.

Rohan, [rɔ'ã], französ. Fürstengeschlecht aus der Bretagne: **1.** Henri Herzog von R., Prinz von Léon, französ. Marschall, *21. 8. 1579 Schloß Blain, Bretagne, †13. 4. 1638 Königsfelden, Aargau (gefallen); nach dem Tod König Heinrichs IV. Heerführer der Hugenotten (1621/22, 1625–1629); 1631–1635 als königl. Heerführer erfolgreich im Elsaß, Veltlin u. in Graubünden; fiel in der Schlacht bei Rheinfelden.
2. Louis Prinz von R.-Guéméné, französ. Kardinal (1778), *25. 9. 1734 Paris, † 17. 2. 1803 Ettenheim, Baden; 1772–1774 Gesandter in Wien, 1779 Fürstbischof von Straßburg, 1785 in die *Halsbandaffäre* verwickelt. Als Gegner der Französ. Revolution emigrierte er 1791.

Röhm, Ernst, Politiker (NSDAP), *28. 11. 1887 München, †1. 7. 1934 München; Berufsoffizier (1917 Hauptmann i. G.); 1919 im Freikorps Epp, 1920–1923 im Wehrkreiskommando München. In dieser Position förderte R. bewaffnete antidemokratisch-nationalist. Organisationen, darunter die NSDAP u. ihre SA. 1923 wurde er nach Beteiligung am Hitler-Putsch verabschiedet. 1925 trennte er sich wegen Meinungsverschiedenheiten über die Funktion der SA vorübergehend von Hitler. 1928–1930 war er Militärinstrukteur in Bolivien. 1931 wurde er Chef des Stabes der SA, 1933 Reichs-Min. ohne Geschäftsbereich. R., der den innenpolit. Einfluß der SA erweitern wollte (sog. →Röhm-Putsch), wurde auf Hitlers Befehl ohne Verfahren erschossen. Nach der Erschießung wurde ihm auch seine homosexuelle Veranlagung vorgeworfen. Autobiographie: „Die Geschichte eines Hochverräters" 1928.

Röhm-Putsch, das angebl. Umsturzvorhaben der Führung der →SA unter E. *Röhm* 1934, mit dem die nat.-soz. Propaganda die im Auftrag *Hitlers* erfolgte Ermordung Röhms u. anderer polit. Widersacher rechtfertigte. Die SA hatte in den ersten Monaten des nat.-soz. Regimes eine wichtige Rolle gespielt, aber ihren Einfluß nicht fest verankern können. Ihr Anspruch auf weitere Kontrolle der innenpolit. Entwicklung machte sich 1933/34 zweifach bemerkbar: in der von antikapitalist. Ressentiments geschürten Forderung nach einer „zweiten Revolution" – wobei es über den erhofften „SA-Staat" allerdings keinerlei präzise Vorstellungen gab –, u. in der ebenfalls nie konkretisierten Forderung, die SA in ein Milizheer umzuformen, in dem die Kader der Reichswehr schließlich aufgehen sollten. Gegen diese Ansprüche bildete sich eine Interessenkoalition aus Machtträgern in Partei u. Staat (*Göring, Goebbels,* SS) einerseits u. der Reichswehr andererseits. Hitler stieß sich vor allem an der zweiten Forderung, da seine außenpolit. Pläne nur mit der Reichswehr zu verwirklichen waren. Als unabhängig von der SA im Juni 1934 auch eine zivile Opposition konservativer Kreise um Vizekanzler F. von *Papen* (Marburger Rede vom 17. 6. 1934) auftrat, die ihre Hoffnungen auf Hindenburg u. die Reichswehr setzte, befahl Hitler der SS die gewaltsame Ausschaltung des Störfaktors durch Liquidierung der SA-Führung. Mit techn. Hilfe der Reichswehr, die Waffen u. Transportmittel zur Verfügung stellte, ermordeten SS- u. Polizeikommandos vom 30. 6. bis 2. 7. 1934 in München, Berlin, Dresden u. Breslau mehr als 85 Personen, darunter neben Röhm, seinen wichtigsten Mitarbeitern u. konservativen Oppositionellen auch Unbeteiligte, die dem Regime aus unterschiedl. Gründen mißliebig waren (K. von *Schleicher,* E. *Klausener,* G. *Strasser*). Die Morde wurden durch ein Gesetz, das die Reichsregierung am 3. 7. erließ, nachträglich als „Staatsnotwehr" für rechtmäßig erklärt, weil sie zur Niederschlagung von (tatsächlich nicht einmal als Plan existierenden) „hoch- u. landesverräterischen Angriffen" notwendig gewesen seien.

Rokossowski, *Rokossovskij,* Konstantin Konstantinowitsch, sowjet. Marschall poln. Herkunft, *21. 12. 1896 Warschau, †3. 8. 1968 Moskau; Heerführer im 2. Weltkrieg (u.a. Stalingrad, Berlin), danach Oberbefehlshaber der Armeegruppe Nord; 1949–1956 auf Veranlassung *Stalins* poln. Verteidigungs-Min. u. Mitgl. des poln. Politbüros, mußte nach dem Machtantritt W. *Gomułkas* in die UdSSR zurückkehren; 1956–1962 stellvertr. sowjet. Verteidigungs-Min., seit 1962 Generalinspekteur im Verteidigungsministerium.

Rolandsäule, überlebensgroße Standfigur eines meist schild- u. schwerttragenden Ritters auf städt. Plätzen; Rechtssymbol u. Sinnbild für Königsbann, Gerichtsbarkeit, Markt- u. Handelsrechte, meist allgemein städtischer Freiheiten. Vor allem in Nord- u. Ostdeutschland verbreitet: älteste R. in Bremen von etwa 1181, heutige Figur von 1404; Halle (Saale) ursprüngl. R. Mitte 13. Jh., erneuert 1719.

Rolf Krake, *Hrolf Krake,* sagenhafter dän. König, Anfang des 6. Jh.; spielt in der nordgerman. Dichtung, vor allem bei Saxo Grammaticus, eine Rolle.

Rollo, *Rolf,* Wikingerführer u. Herzog der Normandie seit 911, *846, †931; eroberte u. behauptete die Normandie (nominell in Lehnsabhängigkeit vom französ. König), wurde Christ u. nannte sich seitdem *Robert*; verzichtete 927 auf sein Herzogtum. R. war der Ahnherr des normann. Herzogsgeschlechts der Normandie, das in *Wilhelm I. dem Eroberer* die engl. Königskrone errang.

Rom, Hauptstadt Italiens, der Region Latium u. der Provinz R., am Tiber, 2,72 Mill. Einwohner.

Altertum: Der Sage nach wurde R. von *Romulus* am Ufer des Tiber gegr.; das Datum wurde von dem röm. Gelehrten *Varro* (†27 v. Chr.) auf den 21. 4. 753 v. Chr. errechnet. Ausgrabungen führen ins 10. Jh. v. Chr. zurück u. erschließen prähistorische Siedlungen auf dem Palatin (Rundhütten), Quirinal, Capitol u. Esquilin u. Begräbnisstätten des 9.–7. Jh. v. Chr. in der sumpfigen Niederung des Forum Romanum. Im 7. Jh. v. Chr. wurde unter etrusk. Einfluß die eigentl. Stadt gegr., die zugleich im antiken Sinne ein Staat war. In der Forumssenke, die durch eine große Kanalanlage *(cloaca maxima)* entwässert wurde, befanden sich die wichtigsten Bauten R.s; die Kultstätte der Vesta, die Regia (das alte Königshaus), die Curia (das Senatsgebäude), das Comitium (der Platz für die Volksversammlung) u. auf dem Capitol R.s wichtigste Kultstätte, der Tempel des Jupiter Capitolinus.

Nach der Beseitigung des etruskisch geprägten Königtums Anfang des 5. Jh. v. Chr. wurde es Republik. Nach der Zerstörung R.s durch die *Gallier* 387 v. Chr., bei der nur das Capitol verschont blieb, wurde um die 7 Hügel R.s eine Stadtmauer gezogen (Servianische Mauer). Um 312 v. Chr. erhielt R. seine erste große Wasserleitung, u. die Via appia, eine der strahlenförmig die Stadt verlassenden Ausfallstraßen, wurde ausgebaut. Trotz schwerer Auseinandersetzungen bestimmte der Senatsadel die Geschicke der Stadt, u. die Strenge u. Einfachheit altröm. Lebensführung gaben ihr das Gepräge. Die eigentl. Stadtverwaltung lag im wesentlichen in der Hand der Ädilen. Seit 366 v. Chr. gab man der Bevölkerung Spiele, seit 264 v. Chr. sind Gladiatorenkämpfe bezeugt.

Die Erweiterung der röm. Macht u. bes. die Eroberungen im O führten zu einer Erweiterung der Bautätigkeit. Soziale u. wirtschaftl. Krisen brachten R. in dem Jahrhundert der Revolution (133–30 v. Chr.) zahlreiche Straßenkämpfe (vereinzelt sogar Schlachten mit regulären Truppen, bes. unter *Marius* u. *Sulla,* 87–82 v. Chr.), polit. Morde u. Proskriptionen.

Erst durch die Regierung des *Augustus* fand R. wieder Ruhe. Er teilte die Stadt, die sich weit über die Grenzen der Stadtmauer hin auszudehnen begann, in 14 Bezirke u. 165 (später 300) Viertel mit eigenen Behörden ein u. ließ sie durch Bauten prächtig erweitern (Augustusforum, Ara pacis, Pantheon u. a.). Unter *Nero* wurde R. 64 n. Chr. durch einen Brand beträchtlich zerstört, in der Folgezeit jedoch großzügig wiederaufgebaut. Unter *Aurelian* bekam R. zum Schutz vor den Germaneneinfällen eine neue Mauer von 18,8 km Länge, die 1372,5 Hektar umfaßte. In der Kaiserzeit galt R. als größte u. schönste Stadt der damaligen Welt u. hatte nach modernen Schätzungen zwischen 600000 u. 2 Mill. Einwohner.

Mittelalter: 410 wurde R. durch die *Westgoten* unter *Alarich,* 455 durch die *Wandalen* unter *Geiserich* u. 546 durch die *Ostgoten* unter *Totila* erobert; die Stadt verfiel u. hatte zeitweise weniger als 1000 Einwohner. 754 wurde sie von Papst *Stephan II.* gegen die *Langobarden* unter den Schutz des Frankenkönigs *Pippin d.J.* u. seiner Söhne gestellt. Papst Leo IV. umgab die nach ihm benannte *Leostadt* um St. Peter um 850 mit einer Mauer gegen die Sarazenen.

Die Krönung *Karls d. Gr.* zum Kaiser gab R. erneut Bedeutung, die noch wuchs, als auch der dt. König *Otto I.* 962 in Rom zum Kaiser

Rom: das antike Stadtgebiet zur Kaiserzeit; es bedeckt etwa den Bereich der heutigen Innenstadt, abgesehen von einigen Gebieten westlich des Tibers

Rom – Aufstieg und Untergang des Kaisertums

1

Mit der Absetzung des »Kaiserleins« Romulus Augustulus durch den Germanen Odoaker endete 476 die Geschichte des Weströmischen Reiches. Dieser Vorgang zeigte, daß die politische Dynamik der Provinzen von einer kaiserlichen Zentralgewalt nicht mehr zu kontrollieren war. Mit den Wandlungen in der römischen Gesellschaft war die Basis des Kaiserreichs, das auf eine glanzvolle Geschichte zurückblicken konnte, zerstört.

Dabei zeigte die politische Herrschaft der Cäsaren, die mit der Beendigung des Bürgerkriegs durch Octavian kurz vor unserer Zeitrechnung begann, schon nach kurzer Zeit neben den sozialen auch persönliche bzw. familiäre Widersprüche, die die jeweilige Herrschaftspraxis prägten. Schon der Nachfolger des Augustus, dessen Stiefsohn Tiberius, distanzierte sich in der Spätphase seiner Amtszeit mit ausgeprägter Menschenscheu und Verbitterung von seiner Umwelt. Auch nach den Willkürherrschaften Caligulas und Neros blieb der Umgang mit dem Prinzipat nicht frei von Antagonismen. Während Titus als »Liebe und Wonne aller Menschen« verehrt wurde, rief Domitian durch seine Titelforderung »Herr und Gott« eine starke politische Opposition hervor, die versuchte, die orientalische Verabsolutierung des Kaisertums zu hintertreiben. Mit dem Adoptivkaisertum wurde dem Gedanken Rechnung getragen, daß jeder Kaiser seinen Nachfolger nur nach Tüchtigkeit aussuchen sollte. Marc Aurel, »der Philosoph auf dem Kaiserthron«, brach mit diesem Gedanken, indem er sich für die Vererbung der Kaiserwürde an seinen Sohn Commodus entschied, der in Despotismus verfiel und ermordet wurde.

Eine Folge dieser Entwicklungen war, daß nach dem Tode des Commodus der Prinzipat immer mehr unter den Einfluß des Militärs geriet. Damit konnte den krisenhaften psychologischen Verwerfungen des Kaisertums zwar ein institutionelles Korsett übergestreift werden, doch wurde dadurch oft die persönliche Willkür ersetzt durch den blutigen Konkurrenzkampf verschiedener Heeresteile. »Das Bewußtsein der Herrschaft über die Welt, die Furcht vor allen, die nach dieser Herrschaft streben konnten, der Ausweg: rasch das Vorhandene zu genießen, und die unaufhörliche Sorge zu übertäuben«, analysiert Jacob Burckhardt als Ursachengeflecht für die Problematik des Prinzipats, die auch Tacitus in seinen »Annalen« und »Historien« beschreibt. Die Reichsteilung und der Untergang des Kaisertums waren eng mit dieser Problematik verknüpft. *A.F.*

2

1 *Der Adler ist das Machtsymbol Roms. Um 40 n. Chr. entstandene Kamee. Wien, Kunsthistorisches Museum.*

2 *Die Stadtseite der Porta Nigra in Trier, das wie viele blühende Städte in den Provinzen während der Kaiserzeit entstand; spätes 4. Jahrhundert.*

3 *Marc Aurel nimmt die Unterwerfung der Germanen, deren Ansturm Vorboten der Völkerwanderung waren, entgegen. Relief der Markussäule, 176 n. Chr., Rom, Konservatorenpalast.*

3

4 *Münzbild des Augustus. Staatsbibliothek Preußischer Kulturbesitz.*

5 *Sesterz des Kaisers Hadrian. Bad Homburg, Saalburgmuseum.*

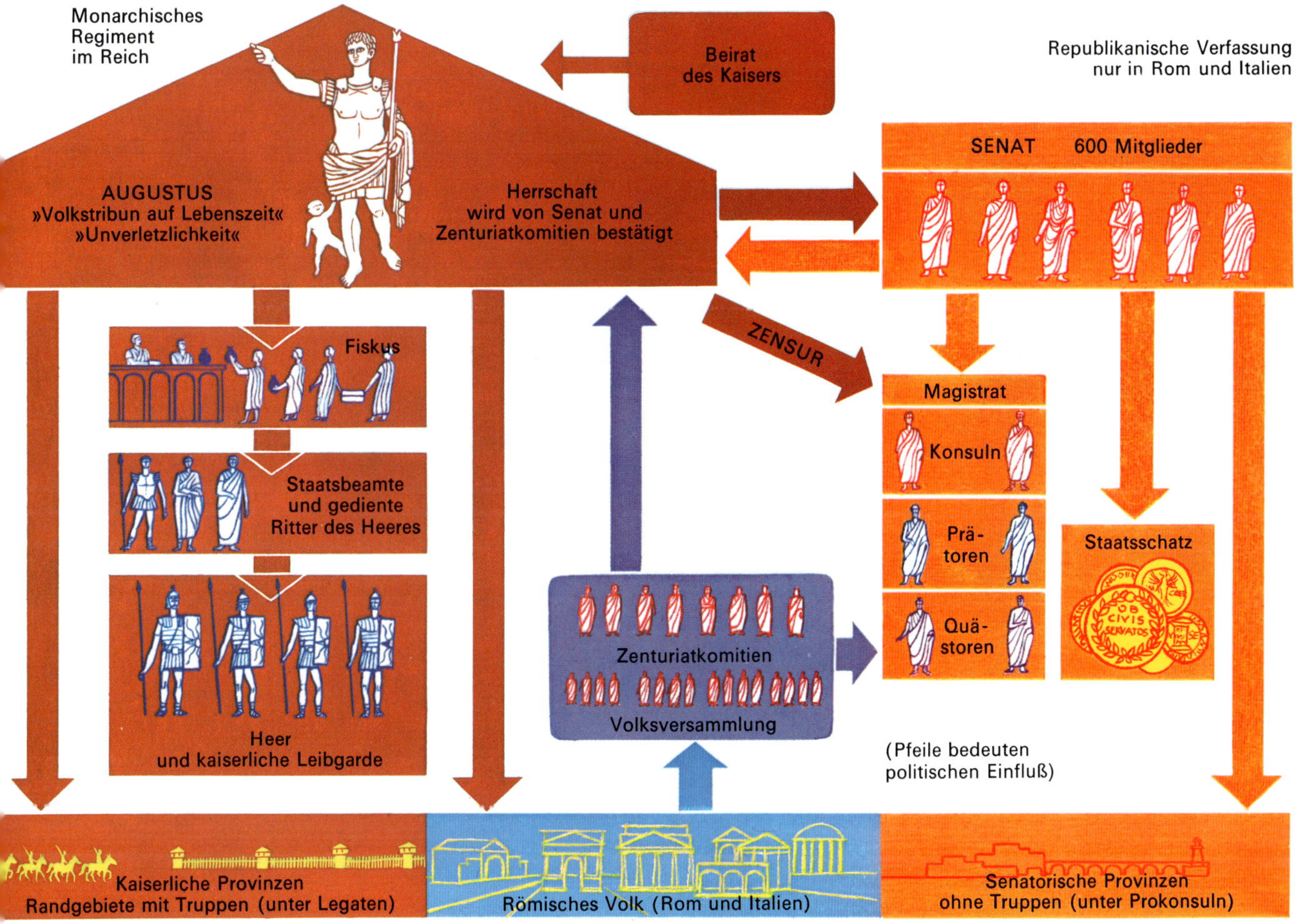
Monarchisches Regiment im Reich
Beirat des Kaisers
Republikanische Verfassung nur in Rom und Italien
AUGUSTUS »Volkstribun auf Lebenszeit« »Unverletzlichkeit«
Herrschaft wird von Senat und Zenturiatkomitien bestätigt
SENAT 600 Mitglieder
Fiskus
ZENSUR
Magistrat
Konsuln
Staatsbeamte und gediente Ritter des Heeres
Prä-toren
Staatsschatz
OB CIVIS SERVATOS
Zenturiatkomitien
Quä-storen
Heer und kaiserliche Leibgarde
Volksversammlung
(Pfeile bedeuten politischen Einfluß)
Kaiserliche Provinzen Randgebiete mit Truppen (unter Legaten)
Römisches Volk (Rom und Italien)
Senatorische Provinzen ohne Truppen (unter Prokonsuln)

DIVVS AVGVSTVS PATER

4

IMP CAESAR TRAIANVS HADRIANVS

5

Entwicklung des Römischen Reiches
Römisches Gebiet um 300 v. Chr.
Römisches Gebiet um 218 v. Chr. (vor Beginn des 2. Punischen Krieges)
Römisches Gebiet um 100 v. Chr.
Römisches Gebiet um Christi Geburt
Römisches Gebiet um 117 n. Chr. (Tod Trajans
Ungefähre Grenze der von Augustus erstrebten Provinz Germania
Gebietsverluste seit 117 n. Chr.
Grenze zwischen Ost- und Weströmischem Reich seit 395 n. Chr.
OCEANUS ATLANTICUS
Mare Germanicum
Mare Suebicum
Mare Caspium
Londinium
Colonia Agrippina
Lugdunensis
GALLIA
Aquitania
Narbonensis
HISPANIA
Raetia
Noricum
Pannonia
Dalmatia
Dacia
Moesia
Thracia
Macedonia
Italia
Roma
Mare Adriaticum
Mare Tyrrhenum
Corsica
Sardinia
Mauretania
Numidia
Africa
Carthago
Sicilia
Pontus Euxinus
Asia
Cappadocia
Galatia
Cilicia
Syria
Mesopotamia
Armenia
Assyria
Creta
Cyprus
Cyrene
Aegyptus
Alexandria
Hierosolyma
Babylon
Byzantium
Athenae

gekrönt wurde. Seitdem wurde R. zur Krönungsstadt der Kaiser des *Hl. Röm. Reiches.* Im hohen MA machte neben dem widerspenstigen röm. Adel, der schon im 9./10. Jh. durch die *Alberiche* u. *Crescentier* die Stadt beherrscht hatte, das machtvoll aufgestiegene *Papsttum* den Kaisern die Herrschaft über R. streitig. Im *Investiturstreit* wurde R. durch die Normannen unter *Robert Guiscard* erobert (1084) u. geplündert.
Mit dem Sieg über Friedrich II. gewann das Papsttum nicht die endgültige Herrschaft in R., sondern wurde von den französ. Königen abhängig, die die Päpste zwangen, 1309–1376 in Avignon zu residieren. In der durch Parteihader zerfallenen Stadt versuchte *Cola di Rienzo* 1347 vergeblich, die röm. Republik nach antikem Vorbild wiederherzustellen. Ende des 14. Jh. tobten in R. Machtkämpfe zwischen den Adelsfamilien *Colonna* u. *Orsini.*
Neuzeit: Mit Beginn der Renaissance setzte der Wiederaufstieg R.s ein, gefördert durch die mächtigen u. prachtliebenden Renaissancepäpste; unter *Alexander VI., Julius II., Leo X.* u. *Clemens VII.* wurde R. zum glänzenden Zentrum einer neuen Epoche. Die Einnahme u. Plünderung *(Sacco di Roma)* der Stadt durch das dt.-span. Heer Karls V. 1527/28 richtete in R. nicht nur furchtbare Verheerungen an, sondern setzte auch der Renaissance-Kultur ein Ende. Die Bevölkerungszahl ging von 40000 (1513) auf 30000 (1530) zurück. In der zweiten Hälfte des 16. Jh. wurde R. das Zentrum des nachtridentin. Katholizismus. Die von R. ausgehende Barockkultur bestimmte den Stil dieser bis ins 18. Jh. reichenden Epoche. Von ihr ist das heutige Stadtbild geprägt. 1798 wurde die von französ. Truppen besetzte Stadt vorübergehend Republik, 1809 französisch. 1814 wurde der Kirchenstaat auf dem Wiener Kongreß wiederhergestellt. In den folgenden Jahren konnten sich die Päpste nur mit Hilfe französ. oder österr. Truppen halten. 1849 war R. kurze Zeit Republik; Pius IX. kehrte mit Hilfe französ. Truppen zurück, die bis 1870 blieben. Am 20. 9. 1870 eroberten Truppen des Königreichs Italien R. u. machten es zur Hptst. Der Papst zog sich als „Gefangener“ in den Vatikan zurück. Mit dem „Marsch auf R.“ der Faschisten (28. 10. 1922) begann *Mussolinis* Diktatur in Italien. 1929 wurde in den *Lateranverträgen* der Friede mit dem Papsttum geschlossen. Die Gegend um den Vatikan wurde zum souveränen Staat erklärt.

Romanos, *R. IV. Diogenes,* byzantin. Kaiser 1068–1071, †1072; nach einer entscheidenden Niederlage gegen die Seldschuken bei Mantzikert (nahe dem Vansee) gestürzt. Das Byzantin. Reich mußte fast ganz Kleinasien an die Seldschuken abtreten, es blieb im wesentlichen auf das europ. Gebiet beschränkt.

Romanow, *Romanov,* russ. Kaiserhaus 1613 bis 1762 (bis 1730 in männl. Linie); Ahnherr war Fjodor Nikititsch (Philaret), Patriarch von Moskau u. Vater des ersten Zaren Michael (Michail) Fjodorowitsch aus dem Hause R. Die Herrschaft der R.s wurde durch den Neffen der letzten R. (Zarin Elisabeth Petrowna) aus der direkten Linie, Peter II. (aus der Seitenlinie *R.-Holstein-Gottorf*), bis 1917 fortgesetzt. Letzter Herrscher aus der Seitenlinie war Nikolaus II.

Romanus, Papst 897, von Parteigängern des Formosus erhoben.

Römerstraßen, die Fernverkehrsstraßen des Röm. Reichs, das älteste Straßennetz Europas, ursprüngl. zu militär. Zwecken angelegt u. sorgfältig unterhalten, dann auch für Reiseverkehr u. Handel benutzt; verband ursprünglich die Kolonien, später alle Provinzen mit Rom u. untereinander. Älteste befestigte Römerstraße war die *Via Appia* (seit 312 v. Chr., mit Basaltpflaster). Die R. sind z. T. noch heute erhalten. Ihre Länge erreichte unter Trajan (um 100 n. Chr.) rd. 80000 km.

Römische Frage, der 1861 mit dem Anspruch des Königreichs Italien auf Rom als Hptst. entstandene Konflikt mit der Kurie, der sich nach der Einnahme Roms 1870 als Kampf der Päpste um ihre Souveränität fortsetzte u. 1929 durch die zwischen Mussolini u. Pius XI. abgeschlossenen *Lateranverträge* gelöst wurde.

römische Kaiserzeit, 1. die spätere Phase der röm. Geschichte, → Römisches Reich. – 2. Epochenbezeichnung der Ur- u. Frühgeschichte: in Mitteleuropa der von der german. u. provinzialröm. Kultur geprägte letzte Abschnitt der Eisenzeit, etwa von Christi Geburt bis zum Beginn der Völkerwanderung um 375. Im letzten Jahrhundert v. Chr. war das Alpenvorland bis zur Donau hin von den Römern erobert worden, im W blieb weitgehend der Rhein die Grenze des Röm. Reichs. Gleichzeitig hatten sich die Germanen aus ihrem Zentrum im südl. Skandinavien bis zum Rhein im W, Main im S u. zur Weichsel im O ausgebreitet. Aus kleineren Einheiten waren größere Stämme, die untereinander viele Gemeinsamkeiten aufwiesen, entstanden u. bildeten damit einen echten Gegensatz zum provinzialröm. Machtbereich. Die r. K. war noch nicht die Zeit der großen german. Wanderungen, wenn auch vereinzelt schon Verschiebungen (insbes. die Wanderungen der Swebenvölker) festzustellen sind (durch Beigabeninventare der zahlreichen Gräberfelder). Einheim. Erzeugnisse waren die Keramik u. die Schöpfungen des aufgeblühten Metallhandwerks. Röm. Importgut gelangte (oft auch als Kriegsbeute) bes. im 1. u. 2. Jh. weit ins german. Gebiet u. war bes. auf den Raum entlang der Flußläufe, auf die Küstenzonen u. die großen Ostseeinseln konzentriert. Das 2. u. 3. Jh. brachte die Ausdehnung der german. Kultur nach O bis ins Schwarzmeergebiet; es kam zu immer häufigeren Grenzkriegen zwischen Römern u. Germanen (um 260 Zerstörung des Limes durch die Alemannen), bis schließlich das Röm. Reich dem Ansturm der Germanen erlag.

Römische Protokolle, die am 17. 3. 1934 getroffene Vereinbarung zur polit. u. wirtschaftl. Zusammenarbeit zwischen Italien (Mussolini), Österreich (Dollfuß) u. Ungarn (Gömbös), gegen Frankreichs Pläne im Donauraum gerichtet.

römischer König, lat. *rex Romanorum,* im MA Titel des noch nicht zum Kaiser gekrönten deutschen Königs (gelegentlich seit *Heinrich III.,* ständig seit *Lothar III. von Supplinburg*); seit 1508 Titel des Nachfolgers des Kaisers des *Hl. Röm. Reiches Dt. Nation* zu dessen Lebzeiten.

römisches Recht, das Recht des Röm. Reichs, bes. das stark die Rechtsstellung des Individuums betonende Privatrecht. Das röm. Recht entwickelte sich von seiner ersten Kodifikation im *Zwölftafelgesetz* von 451/50 v. Chr. über die Rechtsetzung der Praetoren durch das *Prätorianische Edikt,* die republikan. u. die Kaiser-Gesetze, die vielfach zumindest faktisch mit der Wirkung von Rechtsquellen ausgestatteten Kommentare u. Gutachten der klass. röm. Juristen *(Gaius, Labeo, Papinian, Ulpian* u. a.) zu der großen Privatrechtskodifikation des Corpus juris civilis. Dieses wurde von den *Glossatoren* u. *Postglossatoren* fortgebildet u. dadurch Grundlage der Rezeption des röm. Rechts als des maßgebenden kontinentaleurop. Rechts um die Wende vom MA zur Neuzeit. In der Neuzeit wurde das röm. Recht weiter der geschichtl. Entwicklung u. den großen geistigen Strömungen angepaßt u. in immer neuen Systemen dargestellt, bes. von *Cuiacius, Donellus, Zasius,* F. C. von *Savigny* u. R. von *Jhering.*

Römisches Reich, lat. *Imperium Romanum,* das im Altertum von dem Stadtstaat Rom aus durch krieger. Eroberungen u. rechtlich verschiedenartig gestalteten Anschluß geschaffene Weltreich, das den gesamten Mittelmeerraum u. angrenzende Länder umfaßte.
Der röm. Überlieferung nach, die stark mit Sagen durchsetzt ist, wurde Rom am 21. 4. 753 v. Chr. gegründet. Ausgrabungen erschließen eine prähistorische Besiedlung von *Latinern* u. *Sabinern* auf dem Palatin, Quirinal u. Esquilin. Der Zusammenschluß der beiden Stämme der Latiner u. Sabiner soll der erste Schritt zur Gründung des röm. Gemeinwesens gewesen sein. Tatsächlich wurde Rom wahrscheinl. im 7. Jh. von den Etruskern in einem sakralen Akt zur Stadt erhoben u. der Sage nach von 7 Königen *(Romulus, Numa Pompilius, Tullus Hostilius, Ancus Marcius, Tarquinius Priscus, Servius Tullius, Tarquinius Superbus)* regiert. Historisch belegt sind allenfalls die letzten Könige aus dem etrusk. Geschlecht der Tarquinier.
Am Anfang des 5. Jh. v. Chr. wurde die etrusk. Fremdherrschaft gestürzt u. die Republik eingeführt. Ihre Verfassung war ein Zusammenwirken der drei Institutionen *Senat, Magistratur* u. *Volksversammlung,* die sich theoretisch wechselseitig in der Machtausübung beschränkten, von denen aber faktisch der Senat, die Versammlung der Häupter der adligen Familien, dominierte u. als Organ der kollektiven Herrschaft des Adels die Politik bestimmte. An der Spitze des Staats standen zwei jährlich gewählte *Konsuln* als Oberbefehlshaber u. Leiter der Senatsverhandlungen u. Volksversammlungen; mindere Befugnisse (Gerichtsmagistrate) hatten die *Praetoren.* In Notzeiten wurde für 6 Monate ein *Diktator* mit unbeschränkten Vollmachten gewählt. Als Marktaufseher u. Veranstalter der Spiele waren zunächst 4 *Aedile* eingesetzt, ihnen gleichrangig waren die 10 *Volkstribunen* als Sonderbeamte der *Plebs.* Eingangsstufe für die Ämter war das Amt des *Quaestors,* der als Hilfsbeamter für die höheren Magistrate u. den Senat arbeitete. Für die Staatsfinanzen u. die Registrierung des Volkes waren zwei *Zensoren* zuständig. Der Senat, der dem König als eine Art Ältestenrat zur Seite gestanden hatte, wurde von anfangs 300 patriz. Mitgliedern *(patres)* gebildet, zu denen später auch Männer aus dem Volk *(Plebejer)* hinzutraten (Herausbildung der *Nobilität,* einer neuen Führungsschicht aus Patriziern u. Aufsteigern aus der Plebs). Ihre Teilnahme an den Geschicken des Staats (sie wurden nur zum Kriegsdienst herangezogen) mußten sich die Plebejer in den gleich zu Anfang der Republik einsetzenden „Ständekämpfen“ erst durch revolutionäre Maßnahmen (polit. Streiks, Schaffung von Versammlungen u. eigenen Beamten, den *Volkstribunen*) erkämpfen: Rechtskodifikation durch das *Zwölftafelgesetz* 451 v. Chr., Zulassung zum Konsulat 366 v. Chr. u. zu den Priesterkollegien 300 v. Chr., Einschränkung der Strafgewalt der Oberbeamten durch die Möglichkeit der Appellation an die Volksversammlung (Provokation) 300 v. Chr. mit der *lex Valeria.* In der *lex Hortensia* (287 v. Chr.) wurde die Gleichberechtigung der Plebejer u. die Gültigkeit der Beschlüsse ihrer Versammlung (Plebiszite) ohne Senatsgutachten für das Gemeinwesen anerkannt.
Nach außen hin gelang schon bald eine Einigung mit den Latinern. Die das 5. Jh. v. Chr. erfüllenden Kämpfe gegen Südetrurien endeten 396 v. Chr. mit der Zerstörung der etrusk. Stadt Veji. Der Einbruch der Gallier in Italien brachte Rom in schwere Gefahr. Nach der Niederlage an der Allia (18. 7. 387 v. Chr.) wurde Rom mit Ausnahme des Capitols besetzt u. in Brand gesteckt. Der Abzug der Gallier unter Mitnahme der gesamten Beute wurde durch Geldzahlung erkauft. Trotz des

schweren Rückschlags setzte sich die stetige Ausbreitung nach außen fort. Volsker, Herniker u. die Städte Praeneste (Palestrina) u. Tibur (Tivoli) wurden unterworfen. In einem Vertrag mit den Samniten (354 v. Chr.) u. Karthagern (348 v. Chr.) wurde die röm. Hegemonie über ganz Latium anerkannt. Da jedoch Capua Rom gegen die samnit. Ausbreitung in Kampanien zu Hilfe rief u. Capua dem röm. Staatsgebiet, allerdings mit Sonderrechten, angegliedert wurde, kam es zum 1. Krieg gegen die Samniten, der mit einem Sieg Roms endete (343–341 v. Chr.). Die Ablehnung der Forderung der Latiner nach den gleichen Sonderrechten, die Capua zugestanden wurden, führte zum Latinerkrieg (340–338 v. Chr.). Die Ländereien der meisten Latinerstädte wurden danach röm. Gemeindeland. Im 2. Samnitenkrieg (326–304 v. Chr.) gelang es den Römern nach manchen Rückschlägen, Kampanien zu gewinnen. Im 3. Samnitenkrieg (298–290 v. Chr.) kämpfte Rom erfolgreich gegen die Koalition der Samniten, Lukaner, Sabiner, Umbrer, Etrusker u. Kelten. Noch im 1. Drittel des 3. Jh. v. Chr. wurden die kelt. Senonen in der Emìlia u. die griech. Stadt Tarent besiegt (285–282 v. Chr. Keltenkrieg; Tarent 272 v. Chr.). Rom herrschte nun über fast ganz Italien ohne Änderung seiner stadtstaatl. Verfassungsstruktur durch ein differenziertes System von Bündnissen u. Abhängigkeitsverhältnissen, von Eigenbesitzungen u. Kolonien röm. u. latin. Rechts.

Das Ausgreifen nach Sizilien führte zu Auseinandersetzungen mit Karthago. Im Verlauf der drei *Punischen Kriege* (264–241 v. Chr., 218–201 v. Chr., 149–146 v. Chr.) stieg Rom zur bestimmenden Macht im westl. Mittelmeer auf. 241 v. Chr. wurde Sizilien, wenig später Sardinien u. Korsika gewonnen. 222 v. Chr. eroberten die Römer das bis dahin noch kelt. Oberitalien, 219 v. Chr. die Küste Illyriens. Der Siegeszug *Hannibals* zu Anfang des 2. Punischen Kriegs bis nach Süditalien brachte Rom an den Rand einer völligen Niederlage; aber große Anstrengungen u. die geschickte Kriegführung der *Scipionen* führten schließlich zum Sieg. 201 v. Chr. trat Karthago auch Spanien ab.

Ein Hilfsgesuch von Pergamon, Rhodos u. Athen gegen König *Philipp V.* von Makedonien, der schon 215–205 v. Chr. im Bund mit Karthago gegen die Römer gekämpft hatte (1. Makedonischer Krieg), gab den Anlaß zum 2. Makedonischen Krieg (200–197 v. Chr.). In der Schlacht bei Kynoskephalai in Thessalien besiegt, verzichtete Philipp auf die Herrschaft über Griechenland. 196 v. Chr. wurden die griech. Staaten von Rom für unabhängig erklärt. Im Syrischen Krieg (192–189 v. Chr.) versuchte *Antiochos III.* von Syrien Griechenland zu erobern, wurde jedoch in den Schlachten bei den Thermopylen 191 v. Chr. u. bei Magnesia 189 v. Chr. von den Römern geschlagen u. mußte Gebiete in Kleinasien an Roms Verbündete Pergamon u. Rhodos abtreten. Nach dem 3. Makedon. Krieg (171–168 v. Chr.) wurde Makedonien in vier selbständige Gebiete aufgelöst u. 148 v. Chr. röm. Provinz. In Spanien führten die Aufstände der Keltiberer (154–133 v. Chr.) zu zahlreichen röm. Niederlagen, die erst mit der Eroberung Numantias durch den jüngeren Scipio endeten. 146 v. Chr. wurde Karthago zerstört u. sein Hinterland zur Provinz Africa gemacht. Die Erhebung des Achäischen Bundes auf dem griech. Kriegsschauplatz wurde niedergeschlagen u. Griechenland nach der Zerstörung Korinths 146 v. Chr. zur Provinz Achaia gemacht. Der letzte König von Pergamon vermachte 133 v. Chr. testamentarisch sein Reich den Römern. Diese gewannen damit die Provinz Asia in Kleinasien. Rom war *Weltmacht* geworden.

Das Zeitalter der Revolution bis zur Alleinherrschaft des *Augustus* brachte das Ende der Republik (133–27 v. Chr.). Die Expansion nach außen hatte die Kapitalwirtschaft begünstigt, das Kleinbauerntum (als Kern des Heeres) war verarmt; die durch die vielen Kriegsgefangenen billig gewordenen Arbeitskräfte u. die Möglichkeit zur Besetzung öffentl. Landes (als *ager occupatorius*) förderten den Großgrundbesitz. Durch den Zustrom zu den Städten erfolgte eine Proletarisierung der Bevölkerung, gleichzeitig griffen Korruption u. ein allg. Sittenverfall um sich. Den ital. Bundesgenossen wurde die Gleichstellung verwehrt. Vertreter der sog. Volks- u. Senatspartei (*Popularen* u. *Optimaten*) versuchten zwar die Agrar- u. Sozialkrise zu lösen, aber auch über das Volkstribunat oder ein außerordentl. Heereskommando persönl. Macht zu erlangen. Außenpolit. u. krieger. Erfolge begünstigten die Macht der führenden Politiker im Innern, u. die Ausbeutung der Provinzen verschaffte ihnen die finanziellen Mittel. Das Ringen um die Macht beschwor Zustände herauf, die einer permanenten Revolution gleichkamen.

Eingeleitet wurde die Revolutionszeit durch die blutigen Kämpfe um die Reform der *Gracchen* (133–121 v. Chr.). Die Jahre 111–79 v. Chr. waren gekennzeichnet durch die Kämpfe zwischen *Marius* u. *Sulla.* Marius, Führer der Volkspartei u. siebenmal zum Konsul gewählt, gelang es nach einer Heeresreform, den Jugurthinischen Krieg (111–105 v. Chr.) in Nordafrika zu beenden, 102 v. Chr. die *Teutonen* bei Aquae Sextiae, 101 v. Chr. die *Kimbern* bei Vercellae zu schlagen. 97–89 v. Chr. erkämpften sich die ital. Bundesgenossen das röm. Bürgerrecht. Sulla, Anhänger der Optimaten, führte 88 v. Chr. ein röm. Heer gegen Rom u. stellte in blutigen Kämpfen die Senatsherrschaft wieder her. Marius floh aus Rom. Während Sulla anschließend in Kleinasien gegen Mithradates VI. von Pontos kämpfte, besetzten die Popularen die Stadt erneut u. übten unter Führung des Konsuls *Cinna* eine Gewaltherrschaft aus. Nach seinem Sieg kehrte Sulla nach Rom zurück, ließ sich nach der Niederschlagung der Popularen zum Diktator ernennen, führte eine restaurative Verfassung ein, die die Rechte des Volks fast völlig beseitigte, u. hinterließ bei seinem Tod 78 v. Chr. ungelöste soziale u. polit. Probleme.

Den Sklavenaufstand des *Spartacus* unterdrückten 71 v. Chr. *Crassus* u. *Pompeius*; dieser beseitigte 67 v. Chr. das Seeräuberunwesen im Mittelmeerraum, beendete 63 v. Chr. die Kriege mit Mithradates u. gliederte Bithynien, Pontos u. Syrien dem Reich ein. Bei seiner Rückkehr nach Rom wurde Pompeius der mächtigste Mann im Staat. Mit *Cäsar* u. dem reichen *Crassus* schloß Pompeius 60 v. Chr. das *1. Triumvirat* zur Durchsetzung seiner polit. Forderungen. 59 v. Chr. wurde Cäsar Konsul. Durch seine Gesetzgebung, die sehr bald auf den Widerstand des Senats stieß, erfüllte er die Forderungen des Pompeius. Als Prokonsul eroberte er 58–50 v. Chr. ganz Gallien bis zum Rhein. In der Zwischenzeit war jedoch das zunächst noch in Lucca erneuerte Triumvirat zerbrochen, u. als der Senat aus Furcht, daß Cäsar seine Macht mißbrauchen könnte, die Auflösung des Heers befahl u. gleichzeitig Pompeius mit diktator. Vollmachten betraute, widersetzte sich Cäsar diesem Gebot, überschritt 49 v. Chr. den Rubicon u. eroberte Italien. 48 v. Chr. setzte er nach Epirus über u. brachte Pompeius in der Schlacht bei Pharsalos 48 v. Chr. eine entscheidende Niederlage bei. Pompeius floh nach Ägypten u. wurde dort ermordet. Nach dem Sieg über die Anhänger des Pompeius bei Thapsus in Afrika 46 v. Chr. u. seinem Sieg in der Schlacht bei Munda 45 v. Chr. wurde Cäsar schließlich die Diktatur auf Lebenszeit übertragen. Jedoch wurde er von Anhängern der republikan. Partei, die unter *Brutus* u. *Cassius* eine Verschwörung bildeten, schon am 15. 3. 44 v. Chr. (Iden des März) ermordet. Der Bürgerkrieg flammte erneut auf. Der von Cäsar in seinem Testament als Haupterbe eingesetzte u. adoptierte *Octavian* (der spätere Kaiser Augustus) sowie *Antonius* u. *Lepidus* wurden, obwohl sie zunächst miteinander im Krieg lagen u. starke Spannungen unter ihnen bestanden, mit der Neuordnung des Staats beauftragt (*2. Triumvirat* 43 v. Chr.), 42 v. Chr. besiegte Antonius in der Schlacht bei Philippi die Cäsarmörder. Die zunehmenden Spannungen zwischen Octavian u. Antonius wurden im Vertrag von Brundisium 40 v. Chr. vorübergehend beigelegt. 38 v. Chr. wurde das Triumvirat verlängert, aber seit 32 v. Chr. kam es, nachdem Lepidus schon 36 v. Chr. ausgeschieden war, zur entscheidenden Auseinandersetzung zwischen Octavian u. Antonius, der im Orient herrschte u. die ägyptische Königin *Kleopatra* geheiratet hatte. 31 v. Chr. siegte Octavian in der Schlacht bei Aktium; Antonius beging 30 v. Chr. Selbstmord, Ägypten wurde Provinz.

Alleinherrscher über das Röm. Reich war nun Octavian, der 28 v. Chr. den Titel eines Vormannes im Senat *(princeps)* erhielt. 27 v.

Römisches Reich: Provinzen (Auswahl)

lateinischer Name	Ungefähr heutiges Gebiet	eingerichtet
Achaia	Südgriechenland	27 v. Chr.
Aegyptus	Ägypten	30 v. Chr.
Africa	Tunesien (früheres Gebiet Karthagos)	146 v. Chr.
Aquitania	Südwestfrankreich	16 v. Chr.
Arabia	Sinaihalbinsel u. Jordanien	106 n. Chr.
Armenia	Armenien	114 n. Chr.
Asia	Westtürkei	129 v. Chr.
Assyria	Nordirak	115 n. Chr.
Baetica	Südspanien	19 v. Chr.
Belgica	Nordostfrankreich u. Belgien	16 v. Chr.
Bithynia et Pontus	Nordtürkei	63 v. Chr.
Britannia	England u. Wales	43 n. Chr.
Cappadocia	Osttürkei	17 n. Chr.
Creta	Kreta	64 v. Chr.
Cyprus	Zypern	58 v. Chr.
Cyrenaica	Nordlibyen	74 v. Chr.
Dacia	Mittelrumänien	107 n. Chr.
Galatia	Zentralanatolien	25 v. Chr.
Gallia cisalpina	Norditalien	81 v. Chr.
Germania inferior	Südniederlande	90 n. Chr.
Germania superior	Ostfrankreich, Rheingebiet	90 n. Chr.
Illyricum	Jugoslawien	33 v. Chr.
Judaea	Israel	72 n. Chr.
Lugdunensis	Mittleres Frankreich	16 v. Chr.
Lusitania	Portugal	19 v. Chr.
Macedonia	Nordgriechenland	148 v. Chr.
Mauretania	Marokko u. Westalgerien	42 n. Chr.
Moesia	Südjugoslawien u. Südrumänien	86 n. Chr.
Noricum	Österreich	15 v. Chr.
Numidia	Algerien	46 v. Chr.
Pannonina	Ungarn, Kroatien	9/10 n. Chr.
Raetia	Ostschweiz, Bayern	15 v. Chr.
Sardinia u. Corsica	Sardinien u. Korsika	227 v. Chr.
Sicilia	Sizilien	242 v. Chr.
Syria	Syrien	63 v. Chr.
Tarraconensis	Nordostspanien	19 v. Chr.
Thracia	Bulgarien	46 n. Chr.

Römische Kaiser

Iulisch-Claudisches Kaiserhaus	
Augustus	27 v. Chr.–14 n. Chr.
Tiberius	14–37
Caligula	37–41
Claudius	41–54
Nero	54–68
Dreikaiserjahr	
Galba	68–69
Otho	69
Vitellius	69
Flavisches Kaiserhaus	
Vespasian	69–79
Titus	79–81
Domitian	81–96
Adoptivkaiser	
Nerva	96–98
Traian	98–117
Hadrian	117–138
Antonius Pius	138–161
Marc Aurel	161–180
Lucius Verus	161–169
Commodus	(177) 180–192
Vierkaiserjahr	
Pertinax	193
Didius Julianus	193
Pescennius Niger	193–194
Clodius Albinus	193–197
Severisches Kaiserhaus	
Septimius Severus	193–211
Geta	(209) 211–212
Caracalla	(198) 212–217
Macrinus u. Diadumenianus (im O vom Heer ausgerufen, keine Severer)	217–218
Elagabal	218–222
Severus Alexander	222–235
Soldatenkaiser	
Maximinus Thrax	235–238
Gordian I.	238
Gordian II.	238
Pupienus	238
Balbinus	238
Gordian III.	238–244
Philippus Arabs	244–249
Decius	249–251
Trebonianus Gallus	251–253
Volusianus	251–253
Aemilianus	253
Valerian	253–260
Gallienus	(253) 260–268
Postumus (Gallisches Sonderreich)	259–268
Claudius II.	268–270
Victorinus (Gallisches Sonderreich)	268–270
Quintillus	270
Aurelian	270–275
Tetricus (Gallisches Sonderreich)	270–273
Tacitus	275–276
Florianus	276
Probus	276–282
Carus	282–283
Carinus	283–285
Numerianus	283–284
Tetrarchie	
Diocletian	284–305
Maximian	286–305
Carausius u.	286–293
Allectus: Gegenkaiser in Britannien	293–296
Galerius	305–311
Constantius Chlorus	305–306
Flavius Severus	306–307
Maxentius (Usurpator in Rom)	306–312
Maximinus Daia	309–313
Licinius	(307) 311–324
Kaiser bis zur Reichsteilung	
Konstantin d. Gr.	(306) 324–337
Konstantin II.	337–340
Constantius II.	337–361
Constans	337–350
Julian Apostata	361–363
Jovianus	363–364
Valentinian I.	364–375
Valens	(364) 375–378
Gratian	(367) 375–383
Valentinian II.	375–392
Theodosius d. Gr.	(379) 394–395
Weströmische Kaiser nach der Reichsteilung	
Honorius	(393) 395–423
Constantius III.	421
Johannes	423–425
Valentinian III.	425–455
Petronius Maximus	455
Avitus	455–456
Maiorianus	457–461
Libius Severus	461–465
Anthemius	467–472
Olybrius	472
Glycerius	473–474
Julius Nepos	474–475
Romulus Augustulus	475–476

Chr. legte er die Amtsgewalt eines Triumvirn mit allen Vollmachten nieder, empfing aber dafür die prokonsular. Befehlsgewalt in den Provinzen u. den Titel *Augustus* u. gab so der Militärdiktatur ein legales Fundament. Nach u. nach vereinte er die wichtigsten republikan. Amtsgewalten in seiner Person u. begründete damit die Stellung der röm. Kaiser. Er ließ also den republikan. Beamtenapparat bestehen, übernahm jedoch durch die Kumulation von Amtsbefugnissen, insbes. das prokonsularische Imperium u. die tribunizische Gewalt, die eigentl. Herrschaft. Der *Prinzipat* führte schon bald zur Ausstattung der Kaiser mit persönl. Sonderrechten, u. später im *Dominat* (nach 284) wurde die Position des Herrschers noch weiter verabsolutiert. Im Augusteischen Zeitalter erreichte der Staat den lang ersehnten Frieden u. hohe kulturelle Blüte.

Das Röm. Reich war nunmehr ein übergreifendes Staatswesen, das die Geschicke des einzelnen u. der Völker im Mittelmeerraum sowie der angrenzenden Gebiete, die einbezogen wurden, bestimmte. Augustus' Nachfolger *Tiberius* (14–37) u. das Iulisch-Claudische Kaiserhaus (*Caligula* 37–41; *Claudius* 41–54; *Nero* 54–68) beschränkten sich auf Sicherung u. Abrundung des Reichsgebiets durch Grenzkriege u. defensive Außenpolitik. Im Innern begann der Aufbau eines kaiserlichen Beamtentums u. Finanzwesens. Die Degenerationserscheinungen im Iulisch-Claudischen Kaiserhaus führten 68/69 zur Erhebung von vier Kaisern durch das Militär (*Vierkaiserjahr*). Mit *Vespasian* (69–79) gelangte die Dynastie der Flavier zur Herrschaft (*Titus* 79–81; *Domitian* 81–96), die Ruhe u. Ordnung wiederherstellte.

Unter den Adoptivkaisern (der erste war *Nerva* 96–98) erlebte das Röm. Reich seine größte Macht u. Blüte u. erreichte unter *Trajan* (98–117) seinen größten Umfang; er gewann Dakien, Arabia Petraea, Armenien u. Mesopotamien hinzu. Zunehmend gelangten Römer aus den Provinzen u. romanisierte Provinzialen in wichtige Führerpositionen. Trajan war der erste Kaiser, der aus einer Provinz stammte. *Hadrian* (117–138) verzichtete auf Eroberungen, sicherte die Grenzen u. reorganisierte die Staatsverwaltung. *Marc Aurel* (161–180) wehrte die Markomannen, Quaden u. Sarmaten ab. Die wirtschaftl. Lage begann sich zu verschlechtern, die Honoratiorenschichten in den Gemeinden gerieten z. T. in ökonom. Schwierigkeiten. Mehrere Epidemien brachten eine Dezimierung der Reichsbevölkerung. Auch der vermehrte Bedarf an Luxusgütern, die Verschwendungssucht mancher Kaiser u. die Heeresausgaben gefährdeten die Finanzen. Die Abwehr der zunehmenden Feinde von außen sowie von verschiedenen Prätendenten im Inneren zwangen die Kaiser zur Anspannung aller Kräfte. Die Regierung des *Septimius Severus* (193–211) zeigte Züge der Militärmonarchie. Unter ihm konnten verdiente Soldaten beträchtlich avancieren, u. die Zugehörigkeit zum Senatorenstand blieb nicht mehr die entscheidende Voraussetzung für die Bekleidung der höchsten Kommandostellen. Sein Sohn *Caracalla* (212–217) verlieh 212 allen freien Bewohnern des Reichs das röm. Bürgerrecht. Unter seinen Nachfolgern *Elagabal* (218–222) u. *Severus Alexander* (222–235) verstärkte sich die äußere Bedrohung durch den Aufstieg des pers. Reichs der Sassaniden u. den Druck der Alemannen auf die Rheingrenze.

Unter den Soldatenkaisern (Beginn mit *Maximinus Thrax* 235) begann das Röm. Reich zu zerfallen. Der Gegensatz zwischen Militär u. Senat im Kampf um die Wahl des Kaisers, Geldentwertung, Kostenlast für Heer u. Bürokratie, Steuererhöhungen, dazu die Angriffe barbar. Völker auf die Grenzen brachten eine schwere innere u. äußere Krise. Unter *Decius* (249–251) u. *Valerian* (253–260) fand die erste allg. Christenverfolgung statt. Erst *Aurelian* (270–275) vermochte das Reich in voller Ausdehnung wieder zusammenzufassen u. zu sichern. *Diocletian* (284–305) begann den Ausbau des Reiches zu einem Zwangsstaat. Er versuchte durch das System der *Tetrarchie* die internen Thronstreitigkeiten zu verhindern u. die geregelte Nachfolge zu sichern. Er gliederte Reich u. Verwaltung neu, reformierte das Währungssystem u. die Steuererhebung u. vermehrte die Grenztruppen. Doch löschte der straff organisierte Staat die polit., soziale u. religiöse Freiheit aus. 303 begann Diocletian die zweite allg. Christenverfolgung. Unter seinen Nachfolgern setzte sich *Konstantin d. Gr.* (306 bzw. 324–337) durch. Er erkannte das Christentum als Religion an, kehrte zur genuin dynast. Erbfolge zurück u. machte *Konstantinopel* zur neuen Hptst. Noch während der Herrschaft seines am längsten von allen Söhnen regierenden Sohnes *Constantius II.* (von 337–361) wurde *Julian Apostata* (361–363) vom Heer zum Kaiser ausgerufen. Nach Constantius' Tod versuchte Julian eine Restauration der heidn. Religionen durchzuführen, starb jedoch auf einem Feldzug gegen die Perser. Unter seinen Nachfolgern wurde der Schutz der Grenze (bes. an Rhein u. Donau) immer mehr zum Problem. Die Goten, die, von den Hunnen bedrängt, 376 die Donau überschritten, schlugen Kaiser *Valens* 378 vernichtend bei Adrianopel. *Theodosius d. Gr.* (379 bzw. 394–395), unter dem das Christentum offiziell Staatsreligion wurde, gelang es, die Gotengefahr durch einen umfassenden Friedensvertrag zunächst zu bannen, jedoch um den Preis einer Ansiedlung der Goten auf röm. Boden. Unter seiner Alleinherrschaft wurde das Röm. Reich letztmals unter einer einheitl. Regierungsgewalt zusammengefaßt.

Die Teilung des Reiches unter seine Söhne *Arcadius* u. *Honorius* wurde die Grundlage für die Spaltung in *Oströmisches* (später *Byzantinisches*) u. *Weströmisches Reich*, obwohl sie zunächst noch nicht als derart einschneidend gedacht war. Das Weström. Reich blieb nur noch einige Jahrzehnte bestehen; in ihm gründeten die german. Verbündeten eigene Reiche. 410 plünderten die Westgoten Rom, 455 die Wandalen. 476 setzte der german. Heerführer *Odoaker* den letzten weström. Kaiser *Romulus Augustulus* ab, u. 480 wurde der von Ostrom zum Kaiser eingesetzte *Julius Nepos* ermordet. – Das

Oström. Reich konnte sich dagegen stabilisieren; Kaiser *Justinian* (527–565) versuchte sogar, das Gesamtreich wiederherzustellen. Mit dem Scheitern dieses Versuchs begann die Sonderentwicklung des Oström. Reiches zum → Byzantinischen Reich, das ganz griechisch geprägt war u. erst 1453 mit der Eroberung Konstantinopels durch die Türken sein Ende fand. Ⓑ S. 662/663.

Römische Verträge, die am 25. 3. 1957 von den Benelux-Staaten, der BR Dtschld., Frankreich u. Italien in Rom unterzeichneten Verträge über die Gründung der *Europäischen Wirtschaftsgemeinschaft* u. *Euratom.*

Rommel, Erwin, Offizier (1942 Generalfeldmarschall), * 15. 11. 1891 Heidenheim, † 14. 10. 1944 Herrlingen bei Ulm; 1940 Kommandeur einer Panzerdivision im Frankreichfeldzug, 1941–1943 Befehlshaber des → Afrika-Korps. In dieser Stellung erwarb sich R. große Popularität („Wüstenfuchs"). Er drang zunächst bis Al Alamein vor, mußte dann nach Tunesien zurückweichen u. wurde kurz vor der Kapitulation seiner Truppen abgelöst. 1944 war er Oberbefehlshaber der Heeresgruppe B an der Westfront. R. wurde von Hitler zum Selbstmord gezwungen. Ob dazu R.s Aufforderung an Hitler zur Beendigung des Krieges oder der Kontakt zu Widerstandskreisen entscheidend war, ist umstritten.

Romulus, der Sage nach erster König u. Gründer Roms, Sohn des Gottes *Mars* u. der Vestalin *Rhea Silvia,* Tochter des Königs Numitor von Alba Longa, Zwillingsbruder des *Remus;* mit diesem von der Mutter in einem Kasten auf dem Tiber ausgesetzt u. an der Stelle des späteren Rom an Land getrieben. Beide Kinder wurden von einer Wölfin gesäugt u. von einem Hirten erzogen. Bei Einholung der Auspizien zur Gründung einer Stadt gerieten beide Brüder in Streit, u. R. erschlug den Remus. Er regierte 37 Jahre u. gab dem Staat seine polit. u. militär. Grundlagen. Er wurde in den Himmel entrückt u. als Gott *Quirinus* verehrt.

Romulus Augustulus [lat., „Kaiserlein"], letzter (oder, falls man *Julius Nepos* mitzählt, vorletzter) weström. Kaiser, 475–476; nach der Ermordung seines Vaters von *Odoaker* abgesetzt.

Romzug, *Römerzug,* die Heerfahrt des dt. Königs nach Rom zur Kaiserkrönung durch den Papst, seit *Otto d. Gr.* (961/62). Der letzte König, der den R. unternahm, war *Friedrich III.* (1452).

Ronin [jap., „Vagabunden"], seit dem 15. Jh. *Samurai,* die aus dem Lehnsverhältnis entlassen worden waren, freiwillig ausgetreten waren oder ihren Herrn durch dessen Tod verloren hatten.

Ronkalische Felder, Ebene bei Roncaglia, nordwestl. von Piacenza, im MA mehrfach Stätte kaiserl. u. königl. Gerichts-, Heeres- u. Reichstage auf den Romzügen. Von Bedeutung sind die *Ronkalischen Beschlüsse,* die Kaiser Friedrich I. Barbarossa 1158 zur Sicherung der königl. Rechte *(Regalien)* in Italien aufzeichnen ließ.

Roon, Albrecht Graf von (1871), preußischer Offizier (1873 Generalfeldmarschall) u. Politiker, * 30. 4. 1803 Pleushagen bei Kolberg, † 23. 2. 1879 Berlin; seit 1859 Kriegsminister, befürwortete 1862 die Ernennung *Bismarcks* zum Minister-Präsident u. kämpfte mit ihm zusammen den → Heeres- und Verfassungskonflikt durch. R.s Reformen ersetzten die Landwehr aus der Zeit der Heeresreformer Boyen u. Scharnhorst durch ein schlagkräftiges u. königstreues Berufsheer u. schufen die militär. Grundlage für die preuß. Erfolge in den Kriegen 1864, 1866 u. 1870/71. 1873 war R. kurze Zeit preußischer Minister-Präsident; im gleichen Jahr trat er von allen Ämtern zurück. „Denkwürdigkeiten" 2 Bde. 1892.

Roosevelt ['rouzvɛlt], **1.** Anna Eleanor, verheiratet mit 2), * 11. 10. 1884 New York, † 7. 11. 1962 New York; beeinflußte die Politik ihres Mannes; 1947–1951 Präsidentin der UN-Kommission für Menschenrechte. Sie schrieb „This is my story" 1937; „This I remember" 1949.

Franklin D. Roosevelt

2. Franklin Delano, verheiratet mit 1), entfernt verwandt (Vetter 5. Grades) mit 3), US-amerikan. Politiker (Demokrat), * 30. 1. 1882 Hyde Park, N. Y., † 12. 4. 1945 Warm Springs, Ga.; Jurist, seit 1921 teilweise gelähmt (Kinderlähmung), unter W. Wilson 1913–1920 Unterstaatssekretär im Marineministerium, 1929–1933 Gouverneur des Staates New York; 1933–1945 (32.) Präsident der USA, entgegen der amerikan. Tradition viermal nacheinander (1932, 1936, 1940, 1944) gewählt. R. bekämpfte erfolgreich die Wirtschaftsdepression durch den *New Deal* u. setzte notwendige Sozialreformen durch. Außenpolitisch durchbrach er den Isolationismus der USA u. stellte diese als den Schutz u. Rückhalt der freien Welt gegen Kriegs- u. Unterdrückungspolitik heraus (Friedensappelle 1933, 1938 u. 1939). Nachdem die USA im 2. Weltkrieg zunächst ihre Neutralität erklärt hatten, wurde diese von R. bald zugunsten der Westmächte aufgegeben. Der Überfall der Japaner auf Pearl Harbor führte dann zum offenen Krieg gegen die Dreierpakt-Mächte Japan, Deutschland u. Italien. Auf den Konferenzen von Casablanca, Teheran u. Jalta versuchte R. gegen den Widerstand von Experten des Außenministeriums durch Abkommen mit Stalin eine neue Weltordnung zu schaffen, die gegenseitige Anerkennung gewonnener Machtpositionen voraussetzte u. sich auf die UNO stützen sollte.

3. Theodore, entfernt verwandt (Vetter 5. Grades) mit 2), US-amerikan. Politiker (Republikaner), * 27. 10. 1858 New York, † 6. 1. 1919 Oyster Bay, N. Y.; begründete seine Popularität als Führer eines Freiwilligenregiments („Rauhe Reiter") auf Kuba im Krieg gegen Spanien; 1900 zum Vize-Präs. gewählt, 1901–1909 (26.) Präs. der USA. Trotz seines Kampfes gegen Trusts u. Kartelle war er einer der Hauptvertreter des großkapitalist. Imperialismus (Kontrolle des Panamakanals). 1903 bewirkte er die Lösung Panamas von Kolumbien, um den dort begonnenen

Theodore Roosevelt

Kanal fertigbauen zu können. Für Vermittlung des Friedens von Portsmouth zwischen Rußland u. Japan (1905) erhielt er den Friedensnobelpreis. Nach dem Auseinanderbrechen der Republikan. Partei 1912 Präsidentschaftskandidat der neuen Progressiven Partei.

Rosenberg, Alfred, Politiker (NSDAP), * 12. 1. 1893 Reval, † 16. 10. 1946 Nürnberg (hingerichtet); Architekt; trat 1919 in München der NSDAP bei u. wirkte als antisemit.-antidemokrat. Publizist (Hptw. „Der Mythus des 20. Jh." 1930); 1923 u. 1925–1938 Chefredakteur, seitdem Hrsg. des Parteiorgans „Völkischer Beobachter"; 1930–1945 MdR; seit 1933 Leiter des Außenpolit. Amts u. Reichsleiter der NSDAP, seit 1934 „Beauftragter des Führers für die Überwachung der gesamten geistigen u. weltanschaulichen Schulung u. Erziehung der NSDAP". R. galt als führender Theoretiker der NSDAP, doch blieb sein Einfluß auf Ideologie u. Außenpolitik des nat.-soz. Regimes begrenzt. Während des 2. Weltkrieges verschleppte der von ihm geleitete „Einsatzstab Reichsleiter R." Kulturgüter aus den besetzten Ländern nach Dtschld. 1941–1945 war R. Reichs-Min. für die besetzten Ostgebiete, gewann aber auch in diesem Amt keinen nennenswerten Einfluß auf polit. Entscheidungen. 1946 wurde er in Nürnberg vom Internationalen Militärgerichtshof wegen Kriegsverbrechen u. Verbrechen gegen den Frieden u. die Menschlichkeit zum Tode verurteilt.

Rosenkriege, eine Reihe von Bürgerkriegen (1455–1485) zwischen den Häusern *Lancaster* (Rote Rose) u. *York* (Weiße Rose) des engl. Königshauses Plantagenet um die Thronfolge. Nachdem das Haus York *Heinrich VI.* den Thron streitig gemacht u. diesen 1461 (bis 1483) mit *Eduard IV.* besetzt hatte, gingen die Ansprüche des Hauses Lancaster nach Heinrichs VI. Tod u. seiner Erben Ermordung auf *Heinrich Tudor,* Earl of Richmond, über (1471). Nach der Schlacht bei Bosworth (1485) zwischen dem Bruder Eduards IV., *Richard III.,* u. dem Earl of Richmond wurde letzterer als *Heinrich VII.* (Haus Tudor) zum König ausgerufen. Die R. waren das Ergebnis einer feudalen Anarchie; sie wurden verschärft durch die Rückkehr einer großen Anzahl entwurzelter Söldner nach dem Hundertjährigen Krieg u. durch die Konzentration der Macht in den Händen weniger Magnaten, die sich Privatarmeen hielten. Der Wunsch nach Ruhe u. Ordnung nach den Wirren der R. führte zu einer Stärkung der königl. Zentralgewalt.

Rosette, arab. *Rashid,* Hafenstadt in Unterägypten, am R.arm des Nildeltas, rd. 50 000 Ew. – Der 1799 gefundene *Stein von R.,* eine nur unvollständig erhaltene schwarze Basaltplatte mit einem dreisprachigen Paralleltext in ägypt. Hieroglyphen, demotischer u. griech. Schrift, gibt ein Ehrendekret der Priester von Memphis für Ptolemaios V. aus dem Jahre 196 v. Chr. wieder (heute im British Museum, London).

Roskilde, dän. Hafenstadt u. Verw.-Sitz der gleichnamigen Amtskommune auf der Insel Seeland, südwestl. von Kopenhagen, 50 200 Ew.
Ende des 10. Jh. gegr., Residenz der dän. Könige vom 10.–15. Jh. Der *Friede von R.* 1658 beendete den 1655 begonnenen schwed.-poln. Krieg; Dänemark mußte seinen Besitz auf schwed. Boden räumen; Schweden erhielt Zugang zur Ostsee.

Roßbach, Gemeinde, südwestl. von Merseburg, rd. 1900 Ew.
Bei R. siegten die Preußen unter *Friedrich d. Gr.,* vor allem durch die Kavallerie des Generals F. W. von *Seydlitz,* am 5. 11. 1757 über die vereinigten Kontingente der Franzosen u.

der Reichsarmee. Vor allem dieser Sieg machte Friedrich im ganzen Reich populär.

Rössener Kultur, eine jungsteinzeitl. Kulturgruppe in West-, Südwest- u. Mittel-Dtschld., benannt nach dem Fundort *Rössen* bei Merseburg; sie folgte zeitl. auf die jüngere *Bandkeramik-Kultur.* Typisch für die R. K. ist der die Keramik flächendeckende Dekor aus tiefen Einstichen mit oft horizontalen Mustern aus geglätteten Zickzack- u. Winkelbändern.

Rostock, Hafen- u. Industriestadt an der Ostsee, auf Hügeln an der Warnow-Mündung u. ihrer Erweiterung, dem durch eine Nehrung von der See getrennten *Breitling*, 240 000 Ew. Neben einem wendischen Fischer- u. Schifferort entstand Ende des 12. Jh. eine dt. Kaufmannssiedlung, der 1218 das lübische Recht bestätigt wurde. Mit seinem natürl. Hafen war R. führendes Mitglied der Hanse. Die 1419 gegründete Universität, von der Stadt u. den mecklenburg. Herzögen zu gleichen Teilen unterhalten, war die erste Hochschule im Ostseeraum u. in der Reformationszeit Stützpunkt der luth. Lehre. Der Niedergang der Hanse, soziale Wirren innerhalb der Stadt u. die Auseinandersetzungen mit den Landesherren schwächten die Macht R.s, das um 1800 seinen wirtschaftl. Tiefpunkt erlebte. 1952 bis 1990 war R. Hptst. des gleichnamigen Bezirks.

Rostovtzeff [russ. ras'tɔftsəf, engl. rə'stɔ:ftsəf], *Rostowzew*, Michail, US-amerikan. Historiker u. Archäologe russ. Herkunft, *10. 11. 1870 Kiew, †21. 10. 1952 New Haven; 1901 bis 1918 Prof. in St. Petersburg, 1925–1944 an der Yale University in New Haven; leitete die Ausgrabungen in Dura-Europos, Mesopotamien 1928–1937.

Rostrum [das, Pl. *Rostra*; lat.], die meist eiserne Spitze des Bugs altröm. Kriegsschiffe in der Wasserlinie zum Rammen feindl. Schiffe. *Rostra* wurde die mit erbeuteten Schiffsschnäbeln verzierte Rednertribüne auf dem Forum Romanum genannt.

Rote Brigaden, ital. *Brigate Rosse*, italienische linksextreme Terrororganisation, die mit bewaffnetem Kampf, Anschlägen, Entführungen u. Attentaten die bestehende Gesellschaftsordnung zu zerstören suchte. Anfangs partiell von der Arbeiterschaft unterstützt, entwickelten sich die R.n B., vor allem nach der Entführung u. Ermordung des Parteivorsitzenden der Democrazia Cristiana, Aldo *Moro* (1978), zu einer isolierten Gruppe, die bis 1982/83 von den Justizbehörden weitgehend zerschlagen werden konnte.

Rote Garden, in revolutionären Krisen des 20. Jh. wiederholt verwendete Bez. für sozialist. oder kommunist. Kampfverbände, z. B. 1917 in Rußland u. 1918–1920 in Deutschland. – In China waren die R.n G. (chin. *Hongweibing*) Gruppierungen von Jugendlichen, meist Schülern u. Studenten, die während der Kulturrevolution (1966–1969) teils gelenkt, teils spontan gegen Funktionäre u. Intellektuelle vorgingen. Sie begingen zahlreiche Gewalttaten u. richteten große Verwüstungen an. Schon in der Schlußphase der Kulturrevolution wurden ihre Mitglieder von der Armee diszipliniert u. großenteils auf das Land geschickt. Nach dem Kurswechsel von 1976 wurden sie teilweise für Verbrechen zur Rechenschaft gezogen.

Rote Kapelle, von der Gestapo geprägte Bez. für ein kommunist. Spionagenetz aus zwei unabhängig voneinander entstandenen Gruppen, die für die Sowjetunion gegen das nat.-soz. Regime arbeiteten. Die seit 1939 im Auftrag des sowjet. Geheimdienstes von Leopold *Trepper* aufgebaute westeurop. Gruppe mit Zentren in Brüssel u. Paris wurde 1941/42 von Abwehr u. Gestapo zerschlagen. An der Spitze der dt. Gruppe standen Anhänger u. Sympathisanten des Kommunismus (vor allem Oberleutnant H. *Schulze-Boysen* u. Oberregierungsrat A. *Harnack*), die sich uneingeschränkt für die sowjet. Ziele einsetzten. Ihrem Umkreis gehörten aber auch Arbeiter u. Intellektuelle an, die aus polit. u. moral. Gründen Widerstand gegen das nat.-soz. Regime leisten wollten u. von der Spionagetätigkeit nichts wußten. Die Gruppe wurde 1942 durch Entschlüsselung des Funkverkehrs zwischen Brüssel u. Moskau entdeckt, 46 von 76 Angeklagten wurden zum Tode verurteilt u. hingerichtet.

Rote Khmer, *Khmer Rouge*, bes. im Westen gebrauchte Bez. für die kommunist. Guerillaverbände in Kambodscha, die zeitweise mit dem Viet-Cong u. Nordvietnam zusammenarbeiteten u. den Rückzug der 1970 mit US-amerikan. Unterstützung in Kambodscha eingedrungenen südvietnames. Truppen erzwangen. Die R.n K. eroberten 1975 ganz Kambodscha. Sie waren die eigentl. Verantwortlichen für die Massenmorde am eigenen Volk unter dem Regime *Pol Pots.* Der Einmarsch vietnames. Truppen beendete 1979 die Herrschaft der R.n K., die mit anderen Gruppierungen die von Vietnam gestützte Regierung in Phnom Penh bekämpften. Nach dem Ende des kambodschan. Bürgerkriegs verweigerten die R.n K. die in einem Friedensplan vorgesehene Entwaffnung u. gingen wieder zum Guerillakrieg über. 1994 verbot die Regierung die R.n K., ohne daß die militär. Auseinandersetzungen beendet wurden. 1996 spalteten sich rivalisierende Gruppen von der Organisation ab, die in einem Schauprozeß 1997 Pol Pot (der 1998 starb) zu lebenslanger Haft verurteilte.

Roter Frontkämpferbund, Abk. *RFB*, Wehrverband der KPD in der Weimarer Republik, gegr. 1924, nach gewalttätigen Auseinandersetzungen mit dem „Reichsbanner" 1929 verboten, fortan in der Illegalität. Die Zahlen über die Mitgliedschaft schwanken zwischen 70 000 u. 200 000.

Rothari, König der Langobarden 636–652; ließ im *Edictus Rothari* das langobard. Volksrecht aufzeichnen.

Rothfels, Hans, Historiker, *12. 4. 1891 Kassel, †22. 6. 1976 Tübingen; 1921–1926 Reichsarchivrat, 1926–1934 Prof. in Königsberg, 1939/40 Research Fellow in Oxford, 1940–1945 Prof. in Providence (USA), 1946–1956 in Chicago, 1951–1960 in Tübingen; Mitgründer des Instituts für Zeitgeschichte in München u. des Max-Planck-Instituts für Geschichtswissenschaft in Göttingen. Hptw.: „Carl von Clausewitz" 1920; „Bismarcks Engl. Bündnispolitik" 1924; „Ostraum, Preußentum u. Reichsgedanke" 1935; „Die dt. Opposition gegen Hitler" 1949; „Zeitgeschichtliche Betrachtungen", 1959.

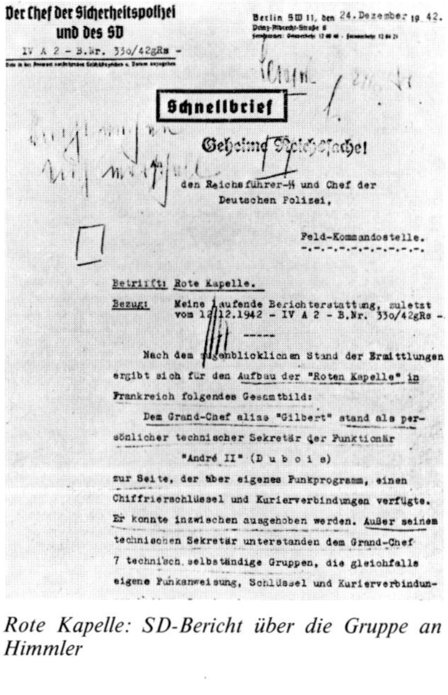

Der Chef der Sicherheitspolizei und des SD

IV A 2 - B.Nr. 33o/42gRs -

Berlin SW 11, den 24. Dezember 19 42.

Schnellbrief

Geheime Reichssache!

An den Reichsführer-SS und Chef der Deutschen Polizei,

Feld-Kommandostelle.

Betrifft: Rote Kapelle.

Bezug: Meine laufende Berichterstattung, zuletzt vom 12.12.1942 - IV A 2 - B.Nr. 33o/42gRs -

Nach dem augenblicklichen Stand der Ermittlungen ergibt sich für den Aufbau der "Roten Kapelle" in Frankreich folgendes Gesamtbild:

Dem Grand-Chef alias "Gilbert" stand als persönlicher technischer Sekretär der Funktionär "André II" (D u b o i s) zur Seite, der über eigenes Funkprogramm, einen Chiffrierschlüssel und Kurierverbindungen verfügte. Er konnte inzwischen ausgehoben werden. Außer seinem technischen Sekretär unterstanden dem Grand-Chef 7 technisch selbständige Gruppen, die gleichfalls eigene Funkanweisung, Schlüssel und Kurierverbindun-

Rote Kapelle: SD-Bericht über die Gruppe an Himmler

Rotteck, Karl von, Historiker u. Politiker, *18. 7. 1775 Freiburg i. Br., †26. 11. 1840 Freiburg i. Br.; 1798–1832 Prof. in Freiburg (nach dem *Hambacher Fest* auf Bundestagsbeschluß in den Ruhestand versetzt); Publizist u. Abg. (Mitgl. des Bad. Landtags u. Führer der Liberalen Union), Verfechter eines an J.-J. *Rousseau* u. der Konstituante geschulten vernunftrechtl. Liberalismus u. einer Vereinigung Dtschlds. in Freiheit. Mit K. T. *Welcker* Hrsg. des „Staatslexikons" 15 Bde. 1834–1843, das zum Standardwerk des Liberalismus im Vormärz wurde.

Roundheads ['raundhedz], die Truppen des Parlaments im engl. Bürgerkrieg; ursprünglich spöttische Bez. für den Haarschnitt der Lehrlinge, die 1641 gegen die Bischöfe u. die Soldaten des Königs demonstrierten.

Roxane, baktrische Fürstentochter, †311 v. Chr.; 327 v. Chr. mit *Alexander d. Gr.* vermählt; mit ihrem Sohn *Alexander* im Verlauf der Diadochenkämpfe ermordet.

Royalisten [rwaja-; frz.], 1. die Anhänger der Stuarts in England (17. Jh.); 2. nach dem Sturz des Königtums in der Französ. Revolution die Anhänger der Bourbonen, spalteten sich nach 1830 in *Orléanisten* u. *Legitimisten.*

Ruanda → Rwanda.

Rubel [der; russ.], seit dem 13. Jh. bekannte russ. Münze, ursprüngl. Bez. für Barren. 1704 wurde anläßlich der großen Währungsreform Peters d. Gr. der Taler als R. = 100 Kopeken erstmals in Rußland geprägt.

Rubikon, lat. *Rubico*, der antike Grenzfluß zwischen dem eigentl. Italien u. Gallia Cisalpina in der südl. Romagna. *Cäsars* Überschreitung des R. 49 v. Chr. löste den Bürgerkrieg aus. Die Lokalisierung des antiken R. ist umstritten; am wahrscheinlichsten ist, daß es sich um den früher *Fiumicino*, heute *Rubicone* genannten Fluß handelt.

Rückversicherungsvertrag, ein von *Bismarck* am 18. 6. 1887 auf drei Jahre geschlossener Geheimvertrag zwischen Dtschld. u. Rußland, der beide Mächte gegenseitig zu wohlwollender Neutralität im Kriegsfall verpflichtete. Ausgenommen waren ein Angriffskrieg Deutschlands gegen Frankreich u. einer Rußlands gegen Österreich. In einem „ganz geheimen" Zusatzprotokoll wurden die russ. Interessen an Konstantinopel u. den Meerengen sowie in Bulgarien von Dtschld. anerkannt. Der Inhalt des Vertrages war nur schwer mit dem des Mittelmeerdreibunds (England–Österreich–Italien mit dt. Wohlwollen gegen Rußland) u. dem des dt.-österr. Zweibundes in Einklang zu bringen. Er sollte in einer für Dtschld. im Osten u. Westen gleich kritischen Situation als Notlösung dazu beitragen, den Bündnisfall gar nicht eintreten zu lassen. Von Bismarcks Nachfolger *Caprivi* wurde der R., bes. auf Anraten F. von *Holsteins*, nicht erneuert. Sein Wortlaut wurde erst 1919 bekannt. In der Geschichtsschreibung ist er lange als Kern des Bismarckschen Bündnissystems überschätzt worden.

Rudel, Hans-Ulrich, Fliegeroffizier (1945 Oberst), *2. 7. 1916 Konradswaldau, Schlesien, †18. 12. 1982 Rosenheim; erfolgreicher Sturzkampf- u. Schlachtflieger des 2. Weltkriegs, einziger Träger des Goldenen Eichenlaubs mit Schwertern u. Brillanten zum Ritterkreuz des Eisernen Kreuzes; ging nach Kriegsende zunächst nach Südamerika, betätigte sich dann in rechtsradikalen Organisationen der BR Dtschld.

Rudolf, Fürsten. Deutsche Könige u. Kaiser: **1.** *R. von Rheinfelden*, Herzog von Schwaben 1057–1080, dt. Gegenkönig 1077 bis 1080, †15. 10. 1080; von den fürstl. Gegnern *Heinrichs IV.* in Anwesenheit päpstl.

Rudolf II. Kupferstich aus der von Custos 1599 herausgebrachten Bildnisfolge „Die Gefürsteten Grafen zu Tyrol“

Legaten zum dt. König gewählt u. gekrönt; fand nur in Sachsen starken Rückhalt u. wurde nach wechselnden Kämpfen an der Elster tödlich verwundet.

2. *R. I., R. von Habsburg*, König 1273–1291, * 1. 5. 1218, † 15. 7. 1291 Speyer; Sohn des Grafen *Albrecht IV.* († 1239/40) von Habsburg, einst Parteigänger der Staufer, als vermögendster u. erfolgreichster Territorialherr im dt. Südwesten am 1. 10. 1273 zum dt. König gewählt. Seinen Hauptgegner König *Ottokar II.* von Böhmen besiegte er am 26. 8. 1278 in der Schlacht auf dem Marchfeld bei Dürnkrut. Dadurch konnte er 1282 seine Söhne *Albrecht* (I.) u. *Rudolf* († 1290) gemeinsam mit Österreich, Steiermark, Kärnten u. Krain belehnen. R. sorgte für die Wiederherstellung des Landfriedens u. beseitigte z. T. die Schäden des *Interregnums.*

3. *R. II.*, Kaiser 1576–1612, * 18. 7. 1552 Wien, † 20. 1. 1612 Prag; Sohn *Maximilians II.*, in Spanien erzogen, Anhänger der Gegenreformation; erhielt 1572 die ungar., 1575 die böhm. Krone, regierte seit 1576 in den Erblanden u. im Reich. R. förderte Kunst u. Wissenschaft (Astronomie), war jedoch menschenscheu u. entschlußlos. Wegen einer zunehmenden Geisteskrankheit wurde er von seinen Verwandten gezwungen, 1604 auf Österreich, Ungarn, Mähren u. 1611 auf Böhmen zugunsten seines Bruders *Matthias* zu verzichten. 1609 hatten die ev. böhm. Stände R. den *Majestätsbrief* abgezwungen, in dem ihnen Gewissensfreiheit u. freie Religionsausübung zugesichert wurde. – Drama von *Grillparzer* : „Ein Bruderzwist in Habsburg“ 1872.

Burgund: **4.** *R. I.*, König von Hochburgund 888–912, † 25. 10. 912; Welfe; Markgraf u. Laienabt von St. Maurice d’Agaune (Unterwallis); ließ sich hier nach der Absetzung Kaiser Karls III. zum König proklamieren u. wurde der Begründer des bis 1032 bestehenden Burgunderreichs der Welfen.

Österreich: **5.** *R. IV., R. der Stifter*, Herzog 1358–1365, * 1. 11. 1339, † 27. 7. 1365 Mailand; ältester Sohn Herzog *Albrechts II.*, Schwiegersohn Kaiser Karls IV.; versuchte durch die Fälschung des *Privilegium Minus* („Privilegium Maius“) vermehrte Sonderrechte für Österreich zu erlangen. Erwarb 1363 von *Margarete Maultasch* Tirol, Gründer der Wiener Universität (1365); unter seiner Regierung begann der Ausbau des Stephansdomes in gotischem Stil.

6. Erzherzog Kronprinz, * 21. 8. 1858 Laxenburg, Niederösterreich, † 30. 1. 1889 Mayerling, Niederösterreich. Polit. Differenzen mit seinem Vater, Kaiser *Franz Joseph I.*, u. eine unglückl. Ehe mit *Stephanie*, der Tochter König Leopolds II. von Belgien, dürften der Anlaß zu seinem bis heute nicht restlos geklärten gemeinsamen Tod mit Baronin Mary *Vetsera* gewesen sein, der als die „Tragödie von Mayerling“ in die Literatur einging.

Rugier, ein zwischen Weichsel u. Oder ansässiger ostgerman. Stamm, kam aus Südwestnorwegen; schloß sich im 4. Jh. dem Gotenzug nach S in das Gebiet der nördl. mittleren Donau an. Im 5. Jh. wurden die R. von *Attila* unterworfen, ließen sich nach Auflösung des Hunnenreichs als röm. Föderaten im heutigen Niederösterreich am linken Donauufer nieder u. dehnten ihre Herrschaft über Noricum aus. 487/88 vernichtete *Odoaker* ihr Reich. Die Reste des Volkes siedelten mit den Ostgoten 489 in Italien.

Ruhrkampf, die politisch-militärischen Vorgänge im Ruhrgebiet 1923. Im Januar besetzten französische u. belgische Truppen (rd. 90 000 Mann) das Ruhrgebiet mit dem vordergründigen Ziel, die Reparationsforderungen des Versailler Vertrags durchzusetzen. Tatsächlich ging es auch um den Versuch, das seit jeher befürchtete politische u. ökonomische Erstarken des Dt. Reiches zu verhindern u. auch die Alliierten in diesem Sinne zu beeinflussen. Dem Aufruf der Reichsregierung *Cuno* zum passiven Widerstand leistete die Ruhrbevölkerung Folge (140 Tote, 180 000 Ausweisungen). Die Besetzung erwies sich wirtschaftlich als ein Mißerfolg: Die Kohlenförderung eines halben Jahres entsprach der friedensmäßigen von 14 Tagen; die französisch-belgische Verwaltung u. Verkehrsregelung versagte. Politisch war die Besetzung bedingt erfolgreich. Als die Reichsregierung den Widerstand nicht mehr durch finanzielle u. wirtschaftliche Hilfen unterstützen konnte, wurde der R. am 26. 9. 1923 abgebrochen. Auf der *Londoner Konferenz* (Aug. 1924) wurde die Räumung des Ruhrgebiets beschlossen; sie war im August 1925 beendet.

Ruhrstatut, ein vor allem auf französ. Drängen nach Sicherheitsgarantien gegenüber Dtschld. am 28. 4. 1949 geschlossenes Abkommen zwischen Großbritannien, Frankreich, den USA u. den Benelux-Staaten, das der Internationalen Ruhrbehörde die Aufgabe übertrug, die Kohle-, Koks- u. Stahlproduktion des Ruhrgebiets zu kontrollieren u. für den innerdt. Verbrauch u. den Export nach Westeuropa aufzuteilen. Der im R. vorgesehene Beitritt einer (west-)dt. Regierung erfolgte nach der Gründung der BR Dtschld. aufgrund des *Petersberger Abkommens* vom 22. 11. 1949. Das R. wurde 1952 nach der Errichtung der *Montanunion* aufgehoben.

Rum, arab.-türk. Name für das Byzantin. Reich (aus „Römer“) u. das Seldschukensultanat von Ikonion (Konya); übertragen auf die griech. Untertanen des Osman. Reichs. – *Rum-Seldschuken* → Seldschuken.

Rumänien — RO

Republik Rumänien

Fläche: 237 500 km². – *Einwohner:* 23,4 Mill. – *Hauptstadt:* Bukarest. – *Landessprache:* Rumänisch. – *Nationalfeiertag:* 1. 12. – *Währung:* 1 Leu = 100 Bani. – *Lage:* zwischen 43°37′ und 48°15′ n. Br. sowie 20°16′ und 29°41′ ö. L. *Zeitzone:* Mitteleuropäische Zeit + 1 Std. – *Grenzen:* im N Ukraine, im O Moldova und Schwarzes Meer, im S Bulgarien, im W Jugoslawien und Ungarn. – *Staatsform:* Republik.

Das Land war einige Jahrhunderte v. Chr. von *Dakern* u. *Geten* bewohnt; seit dem 7. Jh. v. Chr. wurden griech. Kolonien gegründet; 107 n. Chr. kam es unter röm. Herrschaft (Dakerkriege) u. wurde rasch romanisiert (Prov. *Dacia Trajana* 107–271 n. Chr.). Von Kaiser Aurelian 271 vor den Goten geräumt, wurde es von den Wellen der Völkerwanderung erfaßt (Durchzug verschiedener Völker u. Stämme, 3.–6. Jh. n. Chr.). Das seit Mitte des 6. Jh. bestehende *Gepidenreich* wurde 567 von den Langobarden zerstört; später war das Land Teil des Awarenreichs, nach dessen Vernichtung durch Karl d. Gr. um 800 zeitweilig von Bulgaren beherrscht.

Seit dem 6. Jh. waren *Slawen* eingedrungen. Im 10./11. Jh. bildeten sich kleinere Herrschaften; *Siebenbürgen* geriet unter ungar. Einfluß (Ende des 9. Jh.) u. wurde 1526 Fürstentum. Im 14. Jh. entstanden die beiden Fürstentümer *Moldau* u. *Walachei*. Sie gerieten im 15. Jh. unter osman. Oberhoheit, konnten sich jedoch eine gewisse Selbständigkeit erhalten. Die Walachei brachte mit *Michael dem Tapferen* (1593–1601), die Moldau mit *Stephan d. Gr.* (1457–1507) bedeutende Fürsten hervor. Nach der Beteiligung des moldauischen Gospodaren D. *Cantemir* am mißglückten Pruthfeldzug Peters d. Gr. 1711 begünstigten die Sultane in beiden Fürstentümern die Herrschaft landfremder (griechischer) Gospodare (die Fanariotenherrschaft 1711–1821, beendet mit dem griech. Unabhängigkeitskrieg). Griech. Kultureinfluß war schon im MA herrschend gewesen.

Die Fürstentümer lagen seit dem Rückgang der türk. Macht im 18. Jh. im Spannungsfeld zwischen Österreich u. Rußland. Dieses erhielt 1829 das Protektorat über Moldau u. Walachei, verlor es aber nach dem Krimkrieg 1856. Die beiden Fürstentümer Moldau u. Walachei wurden 1859 unter einem Fürsten (A. I. *Cuza*) verbunden u. 1861 zu einem Staat unter dem Namen Rumänien vereinigt, Cuza

Ruhrkampf: französisches Militär in Gelsenkirchen-Buer, Februar 1923

Rumänien: König Carol I. mit seinem Großneffen, dem späteren König Carol II., und seiner Großnichte Maria, der späteren Königin von Jugoslawien; um 1906

(als König *Alexandru Ioan I.*) wurde wegen seiner Reformen 1866 durch eine Verschwörung abgesetzt. Karl von Hohenzollern-Sigmaringen folgte als *Carol I.* (bis 1914); maßgebender Politiker wurde Ion *Bratianu d.Ä.* Auf dem Berliner Kongreß 1878 wurde die Unabhängigkeit R.s anerkannt. 1881 erklärte sich R. zum unabhängigen Königreich.
Im 1. Balkankrieg neutral, nahm R. am 2. Balkankrieg teil u. gewann von Bulgarien die Süddobrudscha. Spannungen mit Rußland trieben R. an die Seite des Dt. Reichs u. Österreichs. König Carol konnte die Beteiligung R.s am 1. Weltkrieg an der Seite der Mittelmächte nicht durchsetzen. Unter seinem nachfolgenden Neffen Ferdinand von Hohenzollern *(Ferdinand I.,* 1914–1927) trat R. 1916 an der Seite der Entente in den Krieg ein, wurde zwar 1916 von dt. Truppen besetzt, erhielt aber durch die Friedensschlüsse von Saint-Germain u. Trianon 1919/20 Bessarabien, das östl. Banat, die Bukowina u. Siebenbürgen *(Groß-R.)* zugesprochen. Im Innern kam es zu Spannungen mit den Minderheiten. Kronprinz Carol wurde 1925 zum Thronverzicht gezwungen (1927 Regentschaftsrat für Michael I.), kehrte aber 1930 als *Carol II.* zurück. R. lehnte sich zunächst an die Alliierten an, war 1920 der Kleinen Entente (mit Jugoslawien u. der Tschechoslowakei) beigetreten, suchte jedoch in den 1930er Jahren, vorwiegend aus wirtschaftl. Gründen, Anlehnung an Dtschld. Es verlor 1940 Bessarabien u. die Nordbukowina an die Sowjetunion, den Hauptteil Siebenbürgens an Ungarn, die Süddobrudscha an Bulgarien (2. Wiener Schiedsspruch).
Am 6. 9. 1940 machte sich General I. *Antonescu* mit Hilfe der „Eisernen Garde" zum Staatsführer; Carol II. wurde abgesetzt u. verließ das Land; den Thron bestieg sein Sohn *Michael I.* Unter Antonescu nahm R. auf dt. Seite am 2. Weltkrieg gegen die Sowjetunion teil. Seit Anfang 1944 bereitete König Michael gemeinsam mit Iuliu *Maniu* in Geheimverhandlungen mit den Westmächten u. dann mit Moskau den Abfall vom dt. Bündnis u. den Sturz Antonescus vor (23. 8. 1944).
Danach regierte eine bürgerl. Koalition, bis am 6. 3. 1945 unter sowjet. Druck eine Koalition linker Parteien unter Führung der bis dahin schwachen Kommunist. Partei die Macht übernahm. In der Folge wurden die bürgerl. Parteien ausgeschaltet.
Durch die Pariser Friedensverträge erhielt R. die Grenzen von 1941 (Bessarabien u. die Nordbukowina fielen an die UdSSR, die Süddobrudscha kam an Bulgarien).
Mit der Abschaffung der Monarchie am 30. 12. 1947 wurde die „Volksrepublik R." proklamiert. Industrie u. Handel wurden verstaatlicht, die Landwirtschaft kollektiviert, das Gesellschaftssystem in enger Anlehnung an die Sowjetunion umgestaltet. R. trat dem COMECON u. dem Warschauer Pakt bei. Parteichef der Kommunistischen Partei (1947–1965: Rumänische Arbeiterpartei) war seit 1945 G. *Gheorghiu-Dej.* Er leitete zu Beginn der 1960er Jahre eine vorsichtige Distanzierung von der Sowjetunion ein. Sein Nachfolger N. *Ceauşescu* (seit 1965 Generalsekretär der Partei, seit 1967 zugleich Staatsoberhaupt) setzte diese Politik in verstärktem Maße fort. R. verhielt sich vielfach anders als die übrigen Ostblockstaaten: es blieb im sowjet.-chines. Konflikt neutral, brach 1967 die Beziehungen zu Israel nicht ab, verurteilte 1968 den Einmarsch der Warschauer-Pakt-Staaten in die Tschechoslowakei, kritisierte 1980 die sowjet. Besetzung Afghanistans u. nahm 1984 an den von der UdSSR boykottierten Olymp. Spielen teil. Dem raschen Wirtschaftswachstum der 1970er Jahre folgte in den 1980er Jahren eine anhaltende Versorgungskrise. Ceauşescus Amtsführung entwickelte sich zu einer despot. Alleinherrschaft. Sein Plan, zahlreiche Dörfer aufzulösen u. durch „Agrarstädte" zu ersetzen, richtete sich besonders gegen die ungar. u. die deutsche Minderheit. Mit dem Blockpartner Ungarn kam es deswegen zum Konflikt.
Trotz der sich abzeichnenden polit. Wende in den übrigen Ostblockstaaten führte Ceauşescu seine von stalinist. Terrormethoden geprägte Innenpolitik weiter. Gleichzeitig wuchs aufgrund einer verfehlten Wirtschaftspolitik die Verelendung der Bevölkerung. Diese Entwicklung mündete im Dez. 1989 in eine Volkserhebung gegen das Regime, der sich das Militär anschloß. Trotz des erbitterten Widerstands der Geheimpolizei Securitate wurde Ceauşescu gestürzt u. zusammen mit seiner Frau hingerichtet. Ein Revolutionsrat übernahm die Exekutivgewalt. Staats-Präs. u. Führer dieses Rats *(Front zur nationalen Rettung)* wurde I. *Iliescu.* Die Sozialist. Republik R. wurde zur Republik R. erklärt. Die Front zur nationalen Rettung, die sich inzwischen als Partei konstituiert hatte, gewann die ersten freien Wahlen am 20. 5. 1990 mit überwältigender Mehrheit. Die Opposition sprach von massiver Wahlbeeinflussung seitens der Front. I. Iliescu wurde durch Volkswahl im Amt des Staats-Präs. bestätigt. Min.-Präs. wurde P. *Roman.* Nach Arbeiterdemonstrationen trat im Sept. 1991 die Regierung Roman zurück; neuer Min.-Präs. wurde T. *Stolojan,* der auch Oppositionelle in das Kabinett aufnahm. Ende 1991 wurde eine neue Verfassung mit Garantien für Pluralismus u. Menschenrechte verabschiedet u. anschließend in einer Volksabstimmung bestätigt. 1992 spaltete sich die „Front". Die Anhänger Iliescus bildeten die *Demokrat. Front der Nationalen Rettung (DFSN),* die aus den Parlamentswahlen im Sept. 1992 als stärkste Partei hervorging. Iliescu wurde im Okt. 1992 in einer Stichwahl in seinem Präsidentenamt bestätigt. Der Parteilose N. *Vacaroiu* bildete ein Minderheitskabinett aus DFSN-Mitgliedern u. unabhängigen Fachleuten. 1993 wurde die DFSN in *Partei der Sozialen Demokratie Rumäniens (PDSR)* umbenannt. Im gleichen Jahr wurde R. Mitgl. des Europarats. Bei den Parlamentswahlen 1996 wurde das oppositionelle Parteienbündnis *Demokrat. Konvention (CDR)* zur stärksten polit. Kraft. Gleichzeitig gewann der CDR-Kandidat E. *Constantinescu* die Präsidentschaftswahlen. Neuer Min.-Präs. an der Spitze einer Mehrparteienkoalition wurde V. Ciorbea (CDR). Nach dem Rücktritt Ciorbeas im März 1998 wurde R. *Vasile* mit der Regierungsbildung beauftragt.

Rumänien: die Leiche des hingerichteten Diktators Ceauşescu

Rumpfparlament [engl. *rump*], der Rest des engl. Langen Parlaments, aus dem die Royalisten 1642 ausgeschieden u. die Presbyterianer 1648 vertrieben worden waren. – In Analogie dazu wurde die nach Abberufung der preuß. u. österr. Deputierten dezimierte Frankfurter Nationalversammlung, die vom 6.–18. 6. 1849 in Stuttgart tagte, R. genannt.

Rundstedt, Gerd von, Offizier (1940 Generalfeldmarschall), *12. 12. 1875 Aschersleben, †24. 2. 1953 Hannover; im 2. Weltkrieg Armeeführer in den Feldzügen gegen Polen, Frankreich u. die Sowjetunion; 1942–1945 mit Unterbrechung Oberbefehlshaber West; führte im Dez. 1944 die erfolglose *Ardennenoffensive (R.-Offensive)*; 1945–1949 in England in Kriegsgefangenschaft.

Rupprecht, Kronprinz von Bayern, *18. 5. 1869 München, †2. 8. 1955 Leutstetten; Sohn König Ludwigs III.; 1914 Oberbefehlshaber der 6. Armee, 1916 Generalfeldmarschall u. Oberbefehlshaber einer Heeresgruppe an der Westfront.

Ruprecht von der Pfalz, dt. König 1400–1410, *5. 5. 1352 Amberg, †18. 5. 1410 Schloß Landskron bei Oppenheim; erbte 1398 die Pfälzer Kurfürstenwürde von seinem Vater *Ruprecht II.* (*1325, †1398). 1400 nach der Absetzung Wenzels zum dt. König gewählt, scheiterte R., nicht zuletzt durch den Widerstand dt. Fürsten, an den ihm gestellten Aufgaben.

Rus, seit Mitte des 9. Jh. die in Nowgorod herrschenden *Waräger,* später übertragen auf die von ihnen beherrschten Ostslawen u. deren Gebiete. Von R. leitet sich der Name *Rußland* her. Die *Kiewer* R. war der vom 9. bis zum 12. Jh. bestehende ostslaw. Staat mit dem Zentrum Kiew.

Russell ['rʌsl], John, Earl R., engl. Politiker (Liberaler), *18. 8. 1792 London, †28. 5. 1878 Richmond Park; war maßgeblich an der Durchsetzung der Parlamentsreform von 1832 beteiligt, trat danach für Reformen im Staatskirchenwesen, in der Kommunalverwaltung u. im Strafrecht ein; 1846–1852 u. 1865/66 Premier-Min.

Rußland R

Rußländische Föderation – Rußland

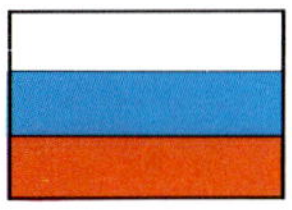

Fläche: 17075400 km². – *Einwohner:* 149,2 Mill. – *Hauptstadt:* Moskau. – *Landessprachen:* Russisch; in den autonomen Regionen die jeweilige nationale Sprache. – *Nationalfeiertage:* 9. 5., 12. 6., 12. 12. – *Währung:* 1 Rubel = 100 Kopeken. – *Lage:* zwischen 41° und 81°50′ n. Br. sowie 26° ö. L. und 169°02′ w. L. – *Zeitzonen:* Mitteleuropäische Zeit + 2 Std. bis + 12 Std. – *Grenzen:* im N Nordpolarmeer, im O Pazifischer Ozean, im S Demokratische Volksrepublik Korea, China, Mongolei, Kasachstan und Kaspisches Meer, Aserbaidschan, Georgien und Schwarzes Meer, im W Ukraine, Weißrußland, Lettland, Estland, Ostsee, Finnland und Norwegen. Als Exklave liegt Kaliningrad (Königsberg) zwischen Polen und Litauen. – *Staatsform:* präsidiale Republik.

R., russ. *Rossija*, ist ein Land von kontinentalem Ausmaß. Es ist fast doppelt so groß wie die USA u. erstreckt sich von der Ostsee u. dem Schwarzen Meer im Westen über Osteuropa u. Nordasien (Sibirien) bis zum Pazif. Ozean im Osten. Zur Republik gehört auch die räumlich durch Litauen vom Hauptteil getrennte Oblast Kaliningrad (früher Königsberg), das nördl. Ostpreußen.

R. führte von 1918–1991 den Staatsnamen *Russische Sozialistische Föderative Sowjetrepublik*. R. ist Gründungsmitglied u. größter Mitgliedstaat der *Gemeinschaft Unabhängiger Staaten*; nur auf R. entfallen 76 % der Fläche der GUS.

Auf dem Territorium R.s bestehen für nichtruss. Nationalitäten 21 *Teilrepubliken* (mit eigener Verfassung u. Gesetzgebung). Die übrigen Landesteile sind in 6 *Kraja* (Regionen) u. 49 *Oblasti* (Gebiete) sowie die beiden Bundesstädte Moskau u. St. Petersburg gegliedert. Innerhalb dieser Verwaltungseinheiten bestehen für kleinere nationale Minderheiten eine *Autonome Oblast (AO)* u. 10 *Autonome Kreise (AK)*.

Die frühe u. mittelalterliche Geschichte des südrussischen Steppengebiets war beherrscht von meist türkischen Reitervölkern, die durch die sog. Völkerpforte zwischen Ural u. Kaspischem Meer nach Europa eindrangen. Im nördl. Waldgürtel lebten die baltischen u. finnischen Stämme in vorgeschichtlichem Zustand. Von ihren Ursitzen nördlich der Karpaten drang ein Teil der Slawen vom 7. bis 9. Jh. siedelnd in die Gebiete des Dnjepr, der Düna, der oberen Oka u. der oberen Wolga vor.

Das Kiewer Reich (*Kiewer Rus*, um 882–1169): Um die Mitte des 9. Jh. entstanden normann. Herrschaften in Nowgorod unter dem sagenhaften *Rjurik* (um 862) u. in Kiew unter *Askold* u. *Dir*. Die Vereinigung dieser beiden am N-S-Handelsweg gelegenen Umschlagplätze durch *Oleg* (879–912) unter Verlagerung des polit. Zentrums nach Kiew bedeutete die Entstehung des Kiewer Reichs (882). Es war ein hauptsächlich auf dem Handel beruhendes Staatswesen, dessen Beziehungen zu Byzanz 911 in einem ersten Handelsvertrag geregelt wurden. Die normann. Führungsschicht ging schon im 11. Jh. im Slawentum auf. Unter *Swjatoslaw* (962–973) zeigte Kiew seine erste ungestüme Machtentfaltung in Feldzügen gegen noch unabhängige ostslaw. Stämme, gegen Chasaren u. Wolgabulgaren. Das von ihm unterworfene Donaubulgarien (967–971) konnte gegen Byzanz nicht gehalten werden.

Eine bis in die Gegenwart nachwirkende Entscheidung war die Übernahme des Christentums orth.-byzantin. Prägung (988) durch *Wladimir den Heiligen* (978–1015), der sich mit der „purpurgeborenen" byzantin. Prinzessin *Anna* vermählte. R. erreichte unter Wladimirs Sohn *Jaroslaw dem Weisen* (1019–1054) den Höhepunkt seiner ersten Kulturblüte u. seiner polit. Macht. Den sich unter Jaroslaws Söhnen anbahnenden Niedergang u. die Zersplitterung des Kiewer Reichs vermochte für kurze Zeit *Wladimir Monomach* (1113–1125) aufzuhalten. Der Kiewer Thron, dauernd umkämpft, verlor sein Prestige. *Jurij Dolgorukij* war sein letzter starker Großfürst (1155–1157). Als Hauptursache für den Verfall Kiews gelten der Niedergang seines Handels infolge der Sperrung des Dnjeprwegs durch die *Kumanen*, das Fehlen einer eindeutigen Erbfolgeregelung u. das Erstarken der einzelnen russ. Territorien.

Die russ. Teilfürstentümer u. die Mongolenherrschaft (1169–1462): In der Folge bildeten sich in R. 3 polit. Zentren: 1. im SW das Fürstentum *Halitsch-Wolynien*, das unter den Fürsten *Roman* (1170–1205) u. *Daniel* († 1264) seine größte Machtentfaltung aufwies u. 1340 nach Erlöschen der Dynastie an Polen fiel; 2. im NW *Groß-Nowgorod*, das seit dem 12. Jh. faktisch unabhängig von Kiew war, eine handelsaristokratisch bestimmte republikan. Verfassung ausbildete u. erst 1478 von Moskau unterworfen wurde; 3. im NO stieg das Fürstentum *Wladimir-Susdal* zwischen Oka u. oberer Wolga, ursprünglich von Finnen besiedelt, im 12. Jh. durch den verstärkten Siedlerzustrom aus dem SW u. NW schnell auf. Die Fürstengewalt war hier von vornherein viel stärker, u. bereits bei *Andrej Bogoljubskij* (1157–1175) traten autokrat. Züge zutage. Er u. später sein Bruder *Wsewolod* (1176–1212) setzten sich gegen die lokale Aristokratie der Städte Rostow u. Susdal durch. Doch fiel das Großfürstentum Wladimir 1238 ebenso unter die Herrschaft der Mongolen wie die zahllosen kleinen süd- u. südwestruss. Fürstentümer. Selbst dem energ. *Alexander Newskij*, der 1242 den vordringenden Dt. Orden abgewehrt hatte, blieb als Großfürsten (1252–1263) nichts übrig, als durch eine Politik der Willfährigkeit gegenüber den Mongolen eine gewisse Erholung des Landes zu erkaufen.

Schon unter der Mongolenherrschaft setzte um 1300 ein Kristallisationsprozeß um das relativ junge Teilfürstentum Moskau ein. Durch eine geschickte Bündnispolitik konnte *Daniel* (1263 bis 1303) das Moskauer Gebiet bedeutend erweitern. Seine Söhne *Jurij* (1303–1322) u. *Iwan Kalita* (1328–1341) sicherten in blutigen Auseinandersetzungen mit den Fürsten von Twer u. durch Willfährigkeit gegenüber den Mongolen die Großfürstenwürde für die Moskauer Dynastie. *Demetrius* (Dmitrij) *Donskoj* (1359–1389) veranlaßte bereits die meisten russischen Fürsten zur Heerfolge gegen die Mongolen, wenn auch sein Sieg auf dem „Schnepfenfeld" *(Kulikowo Pole)* am Don (1380) noch nicht das Ende der Mongolenherrschaft bedeutete.

Der Moskauer Staat (1462–1712): Nachdem der Großfürst *Wassilij II.* (1425–1462) in einem 25jährigen Thronkrieg gegen seinen Onkel Jurij von Halitsch u. dessen Söhne gesiegt hatte, setzte sich in Moskau die Primogenitur durch. Gleichzeitig beseitigte Wassilij zahlreiche Teilfürstentümer. Sein Sohn *Iwan III.* (1462–1505) vollendete faktisch die Einigung des Moskauer Staats; das Verhältnis zu den Mongolen wurde um 1480 aus einem Tributär- zu einem Vertragsverhältnis. In einem ersten außenpolit. Ausgreifen wurde die Grenze zu Litauen beträchtlich nach W verschoben; *Wassilij III.* (1505–1533) eroberte 1515 bereits Smolensk. Der Vorstoß zur Ostsee scheiterte jedoch an der Niederlage gegen den Landmeister des Deutschen Ordens in Livland Wolter von Plettenberg (1502). *Iwan IV., der Schreckliche* (1533 bis 1584), der sich als erster russ. Herrscher zum Zaren krönen ließ, erschöpfte die Kräfte R.s in dem langjährigen erfolglosen *Livländischen Krieg* (1558–1595) gegen Polen u. Schweden um das Baltikum. Dagegen leitete die Eroberung von Kasan 1552, Astrachan 1558 u. des Chanats Sibir 1582 durch *Jermak* die russ. Ostexpansion ein. Brutal zerbrach Iwan IV. die polit. Macht des Bojarentums u. machte den Willen des autokrat. Zaren zur einzigen Autorität. Die jahrzehntelangen Kriege u. die Innenpolitik Iwans führten zu sozialen Spannungen, die beim Erlöschen der Rjurik-Dynastie 1598 in die „Zeit der Wirren" (*Smuta*; bis 1613) mündeten *(Boris Godunow, Pseudodemetrius, Bolotnikow, Minin)*. Die gesamte Regierungszeit *Michael* (Michail) *Fjodorowitschs* (1613–1645), des neuen Zaren aus dem Hause *Romanow*, verging mit der mühevollen Herstellung der Stabilität nach innen u. außen. Erst unter Zar *Alexej Michajlowitsch* (1645–1676) griff R. erneut nach W aus: Nach langem Krieg gegen Polen (1654–1667) gewann es die Ukraine links des Dnjepr, die sich unter *Bohdan Chmielnicki* von Polen loslöste. Im 17. Jh. begannen Technik u. Kultur aus Westeuropa verstärkt nach R. einzudringen.

Das Petersburger Imperium (1712–1917): *Peter d. Gr.* (1682/89–1725) ersetzte die religiös-traditionalist. Wertvorstellungen des Moskauer Staats durch die rationalistischen Westeuropas. Die Europäisierung – Symbole hierfür waren die Verlegung der Residenz in das 1703 gegründete St. Petersburg u. die Annahme des Kaisertitels 1721 durch Peter – erfaßte allerdings nur eine dünne Oberschicht. Die von Peter d. Gr. geschaffene Bürokratie sollte sich zusehends zum Staatsapparat konstituieren u. später, insbes. im 19. Jh., mit dem Staat identifizieren. Außenpolitisch zeichneten sich bei Peter bereits die späteren Stoßrichtungen der russ. Politik ab: zur Ostsee u. nach W, zum Schwarzen Meer u. auf den Balkan sowie nach Mittelasien. Durch seinen Erfolg im Nord. Krieg gegen Schweden (1700–1721) stieß er in breiter Front zur Ostsee vor u. machte R. zur osteurop. Vormacht. Unter Kaiserin *Anna* (1730–1740) wurde durch die Politik H. J. *Ostermanns* die 2. außenpolit. Interessensphäre, das Schwarze Meer u. der Balkan, deutlich (Friede von Belgrad 1739). R. wurde damit zum Rivalen Österreichs auf dem Balkan. Kaiserin *Katharina II.* (1762–1796) gewann in den Friedensschlüssen von Kütschük Kainardschi (1774) u. Jassy (1792) sowie durch die Annexion der Krim (1783) das Küstenland des Schwarzen Meeres bis zum Dnjestr. Die Teilungen Polens (1772, 1793 u. 1795) schoben die Grenzen R.s bis nach Mitteleuropa vor. Seit Katharina II. war das Russ. Reich als Großmacht in Europa an der Regelung aller europ. Fragen beteiligt. Im Innern wurden die Adelsprivilegien erweitert (1785) u. die Leibeigenschaft der Bauern verschärft.

Die führende Rolle R.s beim Sieg über Napoleon I. 1813–1815 machte es unter *Alexander I.* (1801–1825) zur kontinentalen Hegemonialmacht, der Kampf gegen revolutionäre u. liberale Bewegungen im Sinn der Heiligen Allianz unter *Nikolaus I.* (1825–1855) zum „Gendarmen Europas". Durch die Eroberung Finnlands 1809 u. den Erwerb des größten Teils von Polen auf dem *Wiener Kongreß* 1815 fand die russ. Expansion nach W zunächst ihren Abschluß. Dagegen entfal-

tete R. auf dem Balkan, in Zentralasien u. im Fernen Osten eine permanente Expansionstätigkeit. Nachdem es in erfolgreichen Kriegen gegen die Türkei 1812 Bessarabien u. 1829 das Donaudelta erworben hatte, erreichte sein Einfluß auf die Türkei durch das Verteidigungsbündnis von *Hunkar Iskelesi* 1833 seinen Höhepunkt. Einem weiteren Vordringen gegen die Türkei setzten freilich Frankreich u. Großbritannien im Krimkrieg (1853 bis 1856) ein Ende.
Sein Expansionsstreben verlagerte sich nun zunächst nach dem Fernen Osten – 1858 erwarb es im *Vertrag von Aihun* (bestätigt durch den *Vertrag von Peking* 1860) das Amurgebiet u. Nordsachalin, 1875 auch Südsachalin (gegen die Kurilen-Inseln von Japan eingetauscht) – u. nach Zentralasien: 1859–1864 annektierte es Turkistan, 1865 Taschkent u. Kirgisistan, 1868 Samarkand u. Chanat Buchara, 1873 Chanat Chiwa, 1876 Chanat Kokand, 1884 Merw, 1893–1895 Tadschikistan. Dabei drang es teilweise in die Interessensphären Englands ein. Zugleich standen die russ. Erfolge im Krieg gegen die Türkei im Gegensatz zu den Interessen Österreichs u. Englands, so daß A. *Gortschakow* auf dem *Berliner Kongreß* 1878 seine auf eine grundlegende Neuordnung des Balkans zielenden Pläne aufgeben mußte. Die nationalist. öffentl. Meinung in R. gab Dtschld. die Schuld daran, daß R. um die Früchte seines Sieges gebracht wurde. Der Interessengegensatz zu Österreich war einer der Hauptgründe für die Nichterneuerung des *Dreikaiserabkommens* von 1881. Aber erst die Ablehnung (1890) der Verlängerung des *Rückversicherungsvertrags* (von 1887) durch Dtschld. führte zur Neuorientierung der russ. Außenpolitik u. zur Bindung an Frankreich (1892). Nachdem die nunmehr im Zeichen des Imperialismus stehende russ. Fernostpolitik durch den *japan.-russ. Krieg* von 1904/05 gescheitert war, wandte R. seine Aufmerksamkeit erneut dem Balkan zu (*Balkankriege* 1912/13), u. die Abgrenzung der Interessensphären mit England im Mittleren Osten (1907) machte den Weg für ein Zusammengehen mit der Entente frei. Die Unterstützung Serbiens durch R. wurde in der gespannten weltpolit. Situation von 1914 einer der Auslösungsfaktoren des 1. Weltkriegs.
Die innere Politik Alexanders I. mündete nach gewissen Reformen insbesondere des Staatsapparats (M. M. *Speranskij*) im Zeichen der Hl. Allianz in das Polizeiregime A. A. *Araktschejews*. Nikolaus I. schuf durch seine kompromißlose Forderung des absoluten Gehorsams aller Bürger vollends eine Kasernenhofatmosphäre (Geheimpolizei A. *Benckendorffs*).
Die liberalere Phase nach dem Krimkrieg unter *Alexander II.* (1855–1881) brachte zahlreiche, wichtige Reformen. Sie mündete einerseits in die agrarsozialist. Bewegung der *Narodniki*, andererseits in die durch K. P. *Pobedonoszew* verkörperte reaktionäre Politik, die unter *Alexander III.* (1881–1894) u. *Nikolaus II.* (1894–1917) bis zur Revolution von 1905 herrschte.
Die Aufhebung der Leibeigenschaft 1861, die die Bauern befreite, ohne ihnen genügend Land zu geben, hatte das soziale Problem verschärft, statt es zu lösen. Mit der zunehmenden Industrialisierung R.s seit den 1880er Jahren, die nach der Sanierung der russ. Finanzen durch Graf S. I. *Witte* mit Hilfe westeurop. Investitionen bes. Fortschritte machte, fand der Marxismus Eingang in R. (G. W. *Plechanow*, W. I. *Lenin*). Bereits in den 1890er Jahren hatten heftige Streiks die neuen Industriezentren erschüttert, u. in der Situation der Niederlage gegen Japan löste der sog. *Blutige Sonntag* (22. 1. 1905) die erste russ. Revolution (1905/06) aus. Nach dem Erlaß einer Verfassung durch Nikolaus II. mündete jedoch die Entwicklung mit der Auflösung der linksgerichteten 1. u. 2. Reichsduma u. der Änderung des Wahlgesetzes in einen Scheinkonstitutionalismus, in dem die reaktionäre Politik wieder aufgegriffen wurde. Ihr Exponent wurde Min.-Präs. P. A. *Stolypin*. Die sozialen u. nationalen Probleme entluden sich schließlich angesichts des lang andauernden 1. Weltkriegs in der *Februarrevolution* von 1917. Nikolaus II. wurde zur Abdankung gezwungen. R. wurde Republik.

Stadtansicht von Nowgorod; Stich aus dem 16. Jahrhundert

O k t o b e r r e v o l u t i o n u. B ü r g e r k r i e g (1917 bis 1921): Die neugebildete *Provisorische Regierung* (zunächst unter Fürst G. J. *Lwow*, dann unter A. F. *Kerenskij*), die den Krieg fortsetzen wollte, verlor angesichts der allg. Kriegsmüdigkeit u. der ernsten Versorgungsnöte an Boden. Ihre unentschlossene Politik nutzten die *Bolschewiki* am 25. 10. (7. 11. neuen Stils) zu einem von Lenin organisierten Aufstand *(Oktoberrevolution)* aus. Es gelang ihnen, durch tatsächl. oder scheinbare Erfüllung allg. Forderungen, durch den Waffenstillstand u. schließlich den *Frieden von Brest-Litowsk* (3. 3. 1918) u. das *Dekret über die Landaufteilung* breite Massen zu gewinnen. Alle wirkl. oder potentiellen Gegner wurden durch organisierten Terror (Dez. 1917 Gründung der *Tscheka*) ausgeschaltet, ebenso die rechtmäßig gewählte Konstituierende Versammlung (18. 1. 1918), in der die Bolschewiki mit 175 von 707 Sitzen in der Minderheit waren. R. wurde zur *Russ. Sozialist. Föderativen Sowjetrepublik* (Verfassung vom 10. 7. 1918).
Seit Okt. 1917 befand sich das russ. Vielvölkerreich in Auflösung: Die Völker des Kaukasus, die Finnen u. die Esten erklärten sich noch 1917 für unabhängig; 1918 folgten die Ukrainer, Georgier, Weißrussen, Polen, Letten u. Litauer. Seit Anfang 1918 organisierte sich auch die Gegenrevolution: im S entstand die Don-Republik, u. die Generäle L. *Kornilow*, A. *Denikin* u. P. *Wrangel* sammelten starke Streitkräfte; in Westsibirien (Omsk) hatte sich A. *Koltschak* zum Reichsverweser ausgerufen. Außerdem intervenierten die Ententemächte in R. Den gegenrevolutionären Kräften fehlten jedoch einheitl. Zielsetzung u. Koordinierung der militär. Aktionen, so daß sie nacheinander geschlagen wurden. Auch die Offensive, die J. *Piłsudski* im April 1920 unternahm, um die poln. Grenzen von 1772 wiederherzustellen, scheiterte nach Anfangserfolgen. Doch kamen durch den Frieden von Riga (18. 3. 1921) beträchtl. Teile der alten weißruss. u. ukrain. Gebiete an Polen zurück.
Die U d S S R (1922–1991): Als Ergebnis des bolschewist. Siegs im Bürgerkrieg wurden auch die meisten Randvölker des russ. Imperiums in den sowjet. Scheinföderalismus einbezogen. Die Gründung der *Union der Sozialistischen Sowjetrepubliken (UdSSR)* am 30. 12. 1922 u. die neue Verfassung von 1923/24 kennzeichneten eine Konsolidierung der bolschewist. Macht. Im Inneren löste Lenin den sog. *Kriegskommunismus* durch die *Neue Ökonomische Politik (NEP*, 1921–1927) ab, um die zusammengebrochene Wirtschaft neu zu beleben.
Nachdem klargeworden war, daß eine Weltrevolution vorerst nicht zu erreichen war, schaltete sich die Sowjetunion zunehmend in das weltpolit. Kräftespiel ein. Der *Vertrag von Rapallo* (16. 4. 1922) durchbrach zum erstenmal die außenpolit. Isolierung der Sowjetunion u. leitete eine enge militär. u. wirtschaftl. Zusammenarbeit mit Dtschld. ein. Ein entscheidender Durchbruch gelang dem Außen-Min. M. *Litwinow* mit dem Litwinow-Protokoll im Rahmen des *Kellogg-Pakts*, das von der Sowjetunion, Rumänien, Polen, Lettland u. Estland unterzeichnet wurde (2. 2. 1929). Es folgten ein Vertrag mit Frankreich u. Nichtangriffspakte mit Polen, Lettland, Estland u. Finnland (1932). Nach der diplomat. Anerkennung durch die USA (1933) vollendete die Aufnahme der Sowjetunion in den Völkerbund (1934) ihre Einordnung in das Staatensystem der Welt.
Der feindl. Haltung Hitlers suchte die Sowjetunion seit 1935 durch die Volksfrontpolitik zu begegnen. Beistandspakte mit Frankreich u. der Tschechoslowakei von 1935 blieben jedoch 1938/39 beim Zusammenbruch der Tschechoslowakei wirkungslos. In den entscheidenden Tagen vor Ausbruch des 2. Weltkriegs beseitigte der überraschende *dt.-sowjetische Nichtangriffspakt* (23. 8. 1939) die letzte Schranke für den dt. Angriff auf Polen u. brachte Ostpolen an die Sowjetunion, die 1940 auch Estland, Lettland, Litauen, Bessarabien u. die Nordbukowina annektierte. Durch den *Winterkrieg* 1939/40 erzwang sie die Abtretung Kareliens von Finnland. Zu Meinungsverschiedenheiten mit Dtschld. kam es wegen weiterer sowjet. Forderungen gegenüber Finnland u. der Einflußsphären auf dem Balkan. Der dt. Überfall auf die Sowjetunion (22. 6. 1941) kam überraschend u. kann nicht als Präventivkrieg bezeichnet werden.
Im Innern ging aus den nach Lenins Tod (1924) ausbrechenden Machtkämpfen J. W. *Stalin*, der als Generalsekretär den Parteiapparat beherrschte, als Sieger hervor. Es gelang ihm auf der 14. Parteikonferenz 1925, seine These vom „Aufbau des Sozialismus in einem Lande“ gegen L. D. *Trotzkijs* Theorie der „permanenten Revolution“ durchzusetzen. Seit 1928 war Stalin der unumschränkte Diktator. Mit dem 1. *Fünfjahresplan* 1928,

der die NEP ablöste, begann die Umwandlung vom Agrar- zum Industriestaat mittels eines rigoros erzwungenen Konsumverzichts der Bevölkerung. Die gleichzeitig mit Gewaltmethoden durchgeführte Kollektivierung stieß auf erbitterten Widerstand u. rief zunächst Desorganisation u. Hungersnot hervor. Dem „Aufbau des Sozialismus in einem Lande" entsprach die Propagierung eines „Sowjetpatriotismus", der seit 1934 mit einem großrussisch orientierten nationalist. Geschichtsbild untermauert wurde u. im 2. Weltkrieg seinen Höhepunkt erfuhr. Die Stalinsche Verfassung von 1936 war trotz ihrer demokrat. u. föderativen Form der Ausdruck des konsolidierten autoritären Einparteienstaats. Stalins totalitäre Diktatur gipfelte in den *Säuberungen* 1936–1938, denen alle gestürzten u. potentiellen Gegner (G. I. *Sinowjew*, L. B. *Kamenew*, M. P. *Tomskij*, A. I. *Rykow*, N. I. *Bucharin*, K. B. *Radek*; 1940 *Trotzkij* in Mexiko) mit ihren Anhängern u. ein großer Teil des Offizierskorps mit Marschall M. N. *Tuchatschewskij* an der Spitze zum Opfer fielen.
Aus dem 2. Weltkrieg ging die Sowjetunion als Weltmacht ersten Ranges hervor. Bereits auf den *Konferenzen von Teheran* (1943), *Jalta, London* u. *Potsdam* (1945) überspielten Stalin u. sein Außen-Min. W. M. *Molotow* die westl. Alliierten, bei denen die Nachkriegsgestaltung Europas hinter dem Nahziel des Siegs über Dtschld. zurücktrat. Die Sowjetunion annektierte weitere Gebiete (das nördl. Ostpreußen, Karpato-Ukraine) u. förderte mit Hilfe ihrer Besatzungstruppen die Errichtung von volksdemokrat. Regimen in den osteurop. Staaten u. in der sowjet. Besatzungszone Deutschlands. Dieser inneren Sowjetisierung entsprach die außenpolit. Gleichschaltung auf die Ziele der Sowjetunion. Der Versuch der Sowjetunion, das kommunist. Herrschaftssystem auf weitere Staaten auszudehnen (u. a. *Berliner Blockade* 1948/49, *Koreakrieg* 1950–1953), führte einerseits zu Zusammenschlüssen nichtkommunist. Staaten (*NATO* 1949, *SEATO* 1954, *CENTO* 1955), andererseits zum *Warschauer Pakt* (1955).
Nach Stalins Tod (1953) trat an seine Stelle zunächst eine kollektive Führung mit G. M. *Malenkow*, L. P. *Berija* u. *Molotow* an der Spitze. Berija – als potentieller Diktator gefürchtet – wurde schon 1953 verhaftet u. hingerichtet. Seit Herbst 1953 begann der Aufstieg N. S. *Chruschtschows*, der als Erster Sekretär des ZK der KPdSU die Schlüsselstellungen des Parteiapparats mit seinen Leuten besetzte u. 1955 den Min.-Präs. Malenkow durch N. A. *Bulganin* ablösen ließ. 1957 führte er den entscheidenden Schlag gegen die aus der Stalin-Ära stammende Führungsspitze: Molotow, Malenkow, L. M. Kaganowitsch u. D. T. Schepilow wurden als „Parteifeinde" abgesetzt; im März 1958 trat Chruschtschow an die Stelle Bulganins u. vereinigte Partei- u. Regierungsspitze auf sich.
Auf Chruschtschows Initiative wurden in der UdSSR der Stalinsche Terror u. Personenkult verurteilt (1956), die größten Rechtsunsicherheiten beseitigt, die Wirtschaftsleitung dezentralisiert (Volkswirtschaftsräte 1957), die Maschinen-Traktoren-Stationen (MTS) aufgelöst (1958), eine marktgerechte Agrarpolitik eingeleitet u. ein gigant. Neulandprogramm in Kasachstan in Angriff genommen (1953). Die Schulreform erstrebte eine „stärkere Verbindung der Schule mit dem Leben" (1958 1. Schulgesetz in der UdSSR überhaupt).
Angesichts des zunehmenden westl. Widerstands gegen die aggressive sowjet. Außenpolitik wurden schon seit 1953 einige Konfliktherde beseitigt (Waffenstillstand in Korea 1953 u. Indochina 1954, Staatsvertrag mit Österreich 1955, Beendigung des Kriegszustands mit Japan 1956) u. die These der „friedl. Koexistenz" propagiert. Die gleichzeitige Verständigung mit Jugoslawien unter J. B. Tito u. die Lockerung des sowjet. Griffs führte zu Emanzipationsbestrebungen in einigen Staaten des Ostblocks im Sinn des Polyzentrismus, die allerdings blutig unterdrückt wurden, sofern sie der sowjet. Kontrolle zu entgleiten drohten (17. Juni 1953 in der DDR; 1956 Ungarn u. Polen).
Mit Chruschtschows jähem Sturz im Okt. 1964 verbanden sich zahlreiche Vorwürfe: Er habe die Kuba-Krise provoziert (1962), den Bruch mit China eingeleitet (1963), durch sprunghafte Entscheidungen die Wirtschaft desorganisiert u. einen neuen „Personenkult" begonnen. Unter den Nachfolgern Chruschtschows, L. I. *Breschnew* (Parteichef), A. N. *Kossygin* (Min.-Präs.) u. N. W. *Podgornyj* (Staatsoberhaupt), wurde die Herrschaft der Parteibürokratie wieder gestrafft.
Dies drückte sich u. a. in zunehmender ideolog. Intoleranz u. Zurücknahme vieler Liberalisierungsmaßnahmen aus. Innerhalb der zunächst kollektiven Führung trat Breschnew mehr u. mehr in den Vordergrund, ab 1966 führte er wieder den Titel „Generalsekretär", u. spätestens seit Mitte der 1970er Jahre war er der maßgebende Politiker. Seine Innen- u. Wirtschaftspolitik zielte hauptsächlich darauf, Erschütterungen des Systems zu vermeiden, u. hatte zunehmende Stagnation zur Folge. Breschnew starb 1982. Seine Nachfolger, der reformwillige J. W. *Andropow* (1982–1984) u. der konservative K. U. *Tschernenko* (1984/85), waren krank u. starben beide schon nach kurzer Amtszeit.
Außenpolitisch betrieb die Sowjetunion bis zur Mitte der 1980er Jahre eine starke Weltmachtpolitik. Während des Vietnamkrieges unterstützte sie mit ihrem Bündnisblock das kommunist. Nordvietnam, vermied aber ein unmittelbares Eingreifen in den Konflikt. Im Nahen Osten stand die UdSSR auf seiten der Staatengruppe, die einen Frieden mit Israel entschieden ablehnte. Im Golfkrieg zwischen Iran u. Irak ergriff sie für keine der beiden Seiten Partei, sondern nutzte den Konflikt, um den arabischen u. islam. Antiamerikanismus zu schüren. Der aus ideolog. u. territorialen Streitfragen resultierende Rivalitätskonflikt mit China schwelte weiter, zumal Chinas weltpolit. Position seit Beginn der 1970er Jahre gestärkt wurde; unter Breschnew eingeleitete Bemühungen um eine Verständigung führten erst Ende der 1980er Jahre zu einer Wiederannäherung. Bei massiver Einflußnahme auf verschiedene afrikan. Staaten u. im Bemühen, in Lateinamerika fester Fuß zu fassen, spielte Kuba eine unterstützende Rolle.
In Europa u. gegenüber den USA bemühte sich die UdSSR zwar um Entspannung, nahm aber in mehreren Fällen um ihrer Machtinteressen willen ernste Rückschläge in Kauf. 1970 schloß sie mit der BR Dtschld. den Moskauer Vertrag über Gewaltverzicht u. Anerkennung der Grenzen in Europa, 1971 mit den Westmächten das Viermächteabkommen über Berlin; 1972, 1973 u. 1979 handelte sie mit den USA Verträge über die Beschränkung der strateg. Rüstung (SALT I u. II) u. gegen Atomkrieg aus; seit 1975 beteiligte sie sich an der Europ. Sicherheitskonferenz (KSZE) in Helsinki u. an den Nachfolgekonferenzen in Belgrad, Madrid, Stockholm u. Wien sowie an den Wiener Verhandlungen zum Truppenabbau (MBFR) in Europa. Hingegen besetzte die UdSSR im Aug. 1968 zusammen mit den Warschauer Paktstaaten die Tschechoslowakei, um reformkommunist. Tendenzen zu unterdrücken, u. im Dez. 1979 Afghanistan. In Polen betrieb die UdSSR die Errichtung eines Militärregimes (Dez. 1981), um, ohne selbst unmittelbar einzugreifen, die demokrat. Gewerkschaftsbewegung „Solidarność" zu ersticken. Dies alles belastete die Beziehungen zum Westen. Hinzu kam noch eine sowjet. Aufrüstung auf dem Gebiet der Mittelstreckenraketen, auf die die NATO seit 1983 mit der Stationierung US-amerikan. Mittelstreckenwaffen in Westeuropa reagierte.
1985 wurde das jüngste Mitgl. des überalterten Politbüros, der 54jährige M. S. *Gorbatschow*, Generalsekretär des ZK. Unter den Losungsworten *Glasnost* („Offenheit") u. *Perestrojka* („Umgestaltung") proklamierte er eine Reformpolitik, die darauf abzielte, das polit. u. wirtschaftl. System effektiver zu gestalten u. in gewissem Umfang zu demokratisieren.
In der Außenpolitik unternahm Gorbatschow Schritte zu einer Entspannung im Ost-West-Verhältnis. 1987 schloß die Sowjetunion mit den USA ein Abkommen über die Beseitigung aller in Europa stationierten Mittelstreckenwaffen. 1988 unterbreitete sie mehrere Abrüstungsvorschläge u. zog bis zum Febr. 1989 ihre Truppen aus Afghanistan ab. 1989/90 tolerierte die UdSSR den demokratischen Wandel in den osteuropäi-

Sowjetunion: Gipfeltreffen in Moskau 1988 zwischen Michail Gorbatschow und Ronald Reagan

Revolution und Bürgerkrieg in Rußland

Lenin war überzeugter Marxist, aber sein Handeln widersprach der Lehre. Nach Marx mußte die sozialistische Revolution, getragen von proletarischen Millionenmassen, zuerst in den kapitalistisch fortgeschrittensten Ländern ausbrechen. Doch im rückständigen Rußland ergriff eine kleine Schar von Berufsrevolutionären die Macht.

Die russische Februarrevolution von 1917 war ein spontaner Vorgang: Versorgungsschwierigkeiten steigerten die allgemeine Unzufriedenheit und führten zu Unruhen, die in wenigen Tagen das von niemandem mehr gestützte Zarenregime hinwegfegten. Die Macht fiel einer »Provisorischen Regierung« zu, die die herkömmlichen Ziele einer »bürgerlichen« Revolution vertrat: Demokratie, Parlamentarismus, rechtsstaatliche Ordnung. Die meisten Marxisten waren der Meinung, daß nun eine lange bürgerlich-kapitalistische Periode bevorstehe und das Ziel der proletarischen Revolution noch in weiter Ferne liege. Nicht so die führenden Köpfe der bolschewistischen Partei. Trotzkij hatte schon Jahre zuvor die Theorie der »permanenten Revolution« entwickelt, wonach die bürgerliche Revolution in Rußland sofort in die proletarische übergehen und diese dann als Initialzündung für die Weltrevolution wirken werde. Lenin schloß sich dieser Auffassung an und drängte seine Partei zur Machtergreifung. So kam es zum bolschewistischen Staatsstreich, der in der offiziellen sowjetischen Geschichtsschreibung als »Große Sozialistische Oktoberrevolution« bezeichnet wird. Nach der Machtübernahme gab es in der Partei viele Meinungsverschiedenheiten. Zum Beispiel waren führende Genossen für Zusammenarbeit mit anderen sozialistischen Gruppen. Lenin bestand auf der bolschewistischen Alleinherrschaft und setzte sich durch. Die erwartete Revolution in den hochkapitalistischen Ländern – Lenin hatte seine Hoffnung vor allem auf Deutschland gesetzt – blieb aus; statt dessen erhob sich Widerstand im eigenen Land, und es kam zum Bürgerkrieg, in den auch ausländische Mächte eingriffen. Diese gefährliche Lage verstärkte die diktatorische Tendenz. Die eigentlichen Ziele der Revolution – klassenlose Gesellschaft, proletarische Demokratie – mußten zurücktreten; die Machterhaltung ging vor. Das gewählte Parlament wurde auseinandergejagt. Nach und nach wurden alle nichtbolschewistischen Gruppen in die Illegalität gedrängt. Der Staatsapparat wurde nicht zerschlagen, wie das Programm es vorsah, sondern gewaltig ausgebaut. An die Stelle des »bewaffneten Volkes« trat eine reguläre Armee. Eine Geheimpolizei, die Tscheka, wurde geschaffen und erhielt unbegrenzte Vollmachten zum Kampf gegen die »Konterrevolution«. Schließlich wurde auch die freie Diskussion innerhalb der bolschewistischen Partei abgeschafft. Alle Macht konzentrierte sich im Politbüro. Als Lenin 1924 starb, war alles bereit für den künftigen Diktator: Stalin. *K.R.*

1

1 *Lenin, begleitet von militärischen Führern, nimmt am 25. 5. 1919 auf dem Roten Platz in Moskau eine Parade von Arbeitsmilizen ab.*

2

2 *Der Sturm auf den Petrograder Winterpalast am 7. 11. 1917, der den bolschewistischen Umsturz einleitete, fand spät in der Nacht statt und ist nie fotografiert worden. Die Aufnahme zeigt eine zum 3. Jahrestag des Ereignisses, am 7. 11. 1920, nachgestellte Szene.*

3 *Verteilung bolschewistischer Flugblätter und Zeitungen.*

4 *Alexander Kerenskij, Juli bis November 1917 Ministerpräsident und Kriegsminister der Provisorischen Regierung, bei einer Truppenparade.*

4

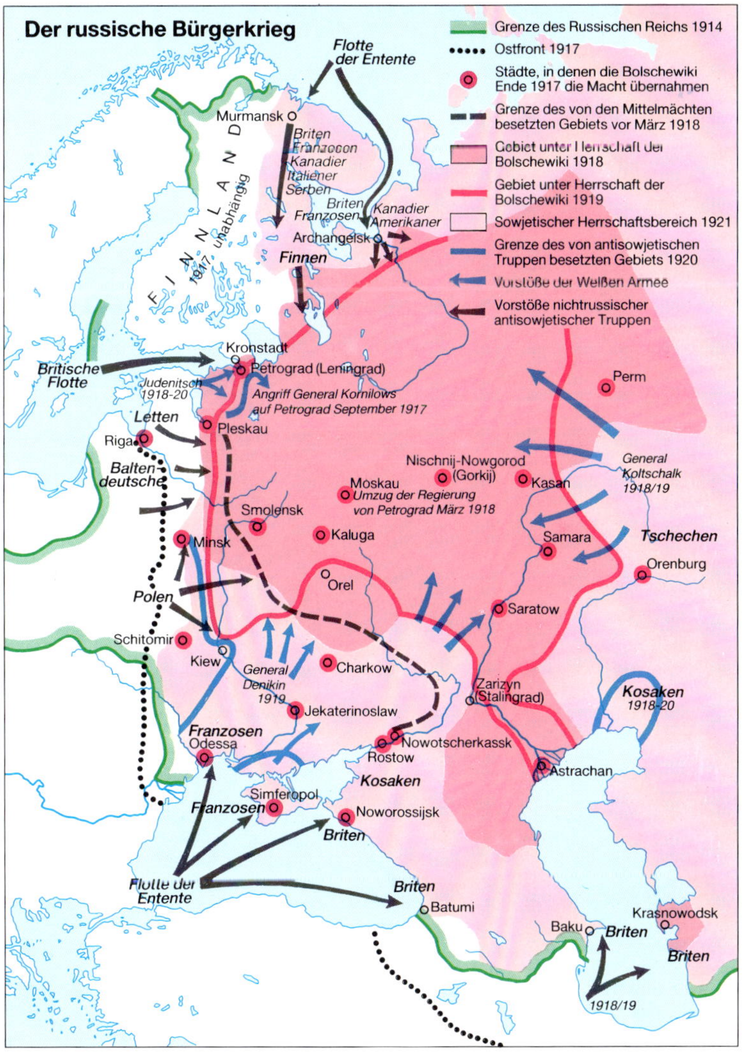
Der russische Bürgerkrieg
Grenze des Russischen Reichs 1914
Ostfront 1917
Städte, in denen die Bolschewiki Ende 1917 die Macht übernahmen
Grenze des von den Mittelmächten besetzten Gebiets vor März 1918
Gebiet unter Herrschaft der Bolschewiki 1918
Gebiet unter Herrschaft der Bolschewiki 1919
Sowjetischer Herrschaftsbereich 1921
Grenze des von antisowjetischen Truppen besetzten Gebiets 1920
Vorstöße der Weißen Armee
Vorstöße nichtrussischer antisowjetischer Truppen
Flotte der Entente
Murmansk
Briten
Franzosen
Kanadier
Italiener
Serben
Briten
Franzosen
Kanadier
Amerikaner
Archangelsk
Finnen
FINNLAND
1917 unabhängig
Kronstadt
Britische Flotte
Petrograd (Leningrad)
Judenitsch 1918-20
Angriff General Kornilows auf Petrograd September 1917
Letten
Pleskau
Riga
Baltendeutsche
Perm
Nischnij-Nowgorod (Gorkij)
Moskau
Umzug der Regierung von Petrograd März 1918
Kasan
General Koltschalk 1918/19
Smolensk
Kaluga
Samara
Tschechen
Minsk
Orenburg
Orel
Polen
Saratow
Schitomir
Kiew
Charkow
General Denikin 1919
Zarizyn (Stalingrad)
Kosaken 1918-20
Jekaterinoslaw
Franzosen
Odessa
Rostow
Nowotscherkassk
Astrachan
Kosaken
Simferopol
Franzosen
Noworossijsk
Briten
Flotte der Entente
Briten
Batumi
Krasnowodsk
Baku
Briten
Briten
1918/19

3

schen Staaten sowie die dt. Wiedervereinigung. Außerdem stimmte sie der Auflösung des Warschauer Paktes u. des COMECON zu u. unterzeichnete 1990 einen *Vertrag über konventionelle Abrüstung in Europa* sowie die *Pariser Charta für ein neues Europa.* Damit war das Ende des Ost-West-Konflikts besiegelt. Am 31. 7. 1991 wurde in Moskau der *START-Vertrag* mit den USA unterzeichnet.
Innenpolitisch entwickelte die Bewegung, die Gorbatschow in Gang setzte, eine Eigendynamik, u. der Wandel ergriff unaufhaltsam immer weitere Bereiche. Schon bald hielt es Gorbatschow für geboten, zwischen vorwärtsdrängenden u. rückwärtsgewandten Kräften zu lavieren. Einerseits führte er 1988/89 einen rudimentären Parlamentarismus ein, andererseits erreichte er 1990 die Einführung eines Präsidialsystems, das ihm als Staatspräsidenten nahezu unbeschränkte Vollmachten verschaffte. Im gleichen Jahr verzichtete die KPdSU auf ihren verfassungsmäßigen Anspruch, die führende Kraft der Gesellschaft zu sein. Mehrere prominente Reformer verließen die Partei (u. a. B. *Jelzin* u. E. *Schewardnadse*).
In den baltischen Republiken bildeten sich 1988 „Volksfronten", die Autonomie u. Demokratie forderten. 1990 erklärte sich Litauen als erste Republik für unabhängig. 1991 fanden in den drei Republiken Volksbefragungen statt, in denen sich große Mehrheiten für die Unabhängigkeit aussprachen. Vergleichbare Entwicklungen gab es in allen Unionsrepubliken. In Transkaukasien brachen parallel mit der Unabhängigkeitsbewegung alte nationale Konflikte auf. Zwischen Armeniern u. Aserbaidschanern kam es zu schweren Kämpfen. Bei einem Referendum am 17. 3. 1991 stimmte eine Mehrheit für den Erhalt der UdSSR als Föderation gleichberechtigter Republiken.
Am 19. 8. 1991 unternahmen konservative Kräfte einen Staatsstreich, der erfolglos blieb. Die Reformer um B. Jelzin (im Juni 1991 zum russ. Präs. gewählt) wurden gestärkt. Die Tätigkeit der KPdSU wurde bis auf weiteres untersagt; in einigen Republiken wurde die Partei definitiv verboten. Gorbatschow trat als Generalsekretär zurück. Die meisten Unionsrepubliken erklärten sich für unabhängig. Am 6. 9. 1991 erkannte der neu gebildete Staatsrat die Unabhängigkeit der drei balt. Republiken an. Eine Einigung über einen neuen Unionsvertrag kam nicht mehr zustande.
M. Gorbatschow wurde von B. Jelzin immer mehr in den Hintergrund gedrängt. Am 8. 12. 1991 gründeten R., die Ukraine u. Weißrußland eine „Gemeinschaft Unabhängiger Staaten" (GUS); ihr schlossen sich am 21. 12. alle verbleibenden ehem. Sowjetrepubliken mit Ausnahme Georgiens an. Daraufhin erklärte M. Gorbatschow seinen Rücktritt als Staats-Präs. der UdSSR, die damit aufgehört hatte zu existieren.
R. nach dem Ende der UdSSR: Nach der Unterzeichnung eines Föderationsvertrages mit den autonomen Gebieten u. Republiken im März 1992 wurde die neue Staatsbezeichnung *Russ. Föderation – R.* eingeführt. Gegen den erhebl. Widerstand konservativer Kräfte unternahm Präs. Jelzin zusammen mit dem reformorientierten Min.-Präs. J. *Gajdar* (seit Juni 1992) erste Schritte zur wirtschaftl. Liberalisierung. Da sich die soziale Lage der Bevölkerung rapide verschlechterte, sah sich Jelzin bereits im Dez. 1992 gezwungen, Gajdar durch den konservativeren W. *Tschernomyrdin* zu ersetzen. Im Jan. 1993 unterzeichneten Jelzin u. G. *Bush* in Moskau den START-II-Vertrag.
Die Demokratisierung R.s kam nur zögernd voran, obwohl sich eine Mehrheit der Bevölkerung in einem Referendum am 25. 4. 1993 für Jelzins Politik aussprach. Im Sept. 1993 erklärte Jelzin den reformfeindl. Obersten Sowjet Rußlands sowie den Volksdeputiertenkongreß für aufgelöst u. schrieb gleichzeitig Neuwahlen aus. Diese Maßnahmen führten zu einem Putschversuch nationalist. u. kommunist. Kräfte, den die Armee mit Waffengewalt niederschlug. Am 12. 12. 1993 fanden die ersten freien Parlamentswahlen in R. seit der Oktoberrevolution sowie ein Verfassungsreferendum statt. Während die neue präsidialdemokrat. Verfassung mit knapper Mehrheit angenommen wurde, konnten sich die Reformparteien bei den Wahlen zur Staatsduma nicht wie erhofft durchsetzen, da Rechtsnationalisten u. Kommunisten große Stimmenanteile gewannen. Tschernomyrdin wurde als Min.-Präs. bestätigt. Im Dez. 1994 ließ Jelzin die Armee in Tschetschenien einmarschieren, das 1991 einseitig seine Unabhängigkeit erklärt hatte u. wo sich ein militär. Konflikt zwischen der tschetschen. Regierung u. der von Moskau unterstützten Opposition entwickelt hatte. Die Militäraktion eskalierte in der Folgezeit zu einem verlustreichen Krieg mit den tschetschen. Separatisten. Bei den russ. Dumawahlen im Dez. 1995 wurden die Kommunisten stärkste Partei. W. Tschernomyrdin blieb weiterhin Regierungschef. Die Präsidentschaftswahlen 1996 gewann B. Jelzin. Nach schwierigen Verhandlungen unterzeichneten die Konfliktparteien in Tschetschenien im Aug. 1996 ein Waffenstillstandsabkommen sowie im Mai 1997 einen Friedensvertrag. Im März 1998 entließ Jelzin die Regierung Tschernomyrdin. Neuer Min.-Präs. wurde S. *Kirijenko.*

Militäreinsatz in Litauen 1991

Rust, Bernhard, Politiker (NSDAP), *30. 9. 1883 Hannover, †8. 5. 1945 Berne, Wesermarsch (Selbstmord); 1909–1930 Studienrat; 1925–1940 Gauleiter Süd-Hannover/Braunschweig, 1930–1945 MdR, 1933/34 preußischer Min. für Wissenschaft, Kunst u. Volksbildung, 1934–1945 Reichs-Min. für Wissenschaft, Erziehung u. Volksbildung.

Rüstung, im Altertum u. im MA die Schutzwaffen der Kämpfer, bes. der Ritter. Die R. bestand aus *Helm* u. *Harnisch,* verbunden durch die Halsberge, sowie Arm- u. Beinschienen *(Panzer)* u. Eisenschuhen. Der bes. gefährdete Oberkörper wurde gedeckt seit dem 13. Jh. durch die ärmellose Panzerjacke *(Haubert)* oder ein Kettenhemd, über dem später der Harnisch getragen wurde.
Heute bezeichnet man als R. alle Maßnahmen physischer u. psychischer Art, die der Aufbau eines militär. Systems erfordert. Die Verstärkung bzw. Verminderung der R. in beträchtl. Umfang nennt man *Aufrüstung* bzw. *Abrüstung.*

Ruys de Beerenbrouck ['rœysdə'be:rənbrɔuk], Charles Joseph Marie, niederländ. Politiker, *1. 12. 1873 Roermond, †17. 4. 1936 Utrecht; Anwalt, 1905 Abgeordneter, 1918–1925 u. 1923–1933 Min.-Präs.

Ruyter ['rœytər], *Ruiter,* Michiel Adriaanszoon de, niederländ. Admiral, *24. 3. 1607 Vlissingen, †29. 4. 1676 bei Syrakus; besiegte als Oberbefehlshaber der niederländ. Flotte die Engländer 1666 im Ärmelkanal (Viertageschlacht), 1672 in der Solebay u. 1673 bei Kamperduin (Texel); bei Messina tödlich verwundet.

Rwanda RWA

Republik Rwanda

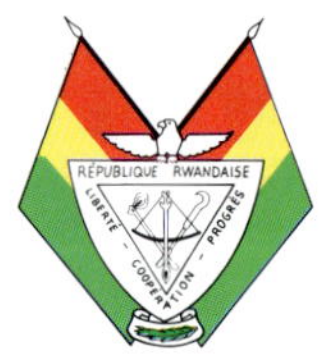

Fläche: 26 338 km². – *Einwohner:* 7,8 Mill. – *Hauptstadt:* Kigali. – *Landessprachen:* Französisch, Kinyarwanda, Kisuaheli. – *Nationalfeiertag:* 1. 7. – *Währung:* 1 Rwanda-Franc = 100 Centimes. – *Lage:* zwischen 1° und 2°50′ s. Br. sowie 28°50′ und 31° ö. L. – *Zeitzone:* Mitteleurop. Zeit + 1 Std. – *Grenzen:* im N Uganda, im O Tansania, im S Burundi, im W Kongo (Zaire). – *Staatsform:* präsidiale Republik.

Wahrscheinlich im 14. Jh. begannen die Tutsi, ein Volk von Rinderhirten, in das Gebiet des heutigen R.s einzuwandern. Sie dominierten bald die dort bereits ansässigen Hutu-Ackerbauern u. errichteten seit dem 15. Jh. einen aristokrat. Staat mit dem Mwami (König) an der Spitze.
Durch den Helgoland-Sansibar-Vertrag wurden die dt. Besitzansprüche auf R. anerkannt. Zusammen mit *Burundi* bildete es das Grenzgebiet der Kolonie *Deutsch-Ostafrika.* Während des 1. Weltkriegs fiel das Territorium an Belgien. Die Belgier verwalteten beide Länder als *Ruanda-Urundi* zunächst als Mandat des Völkerbundes, seit 1946 als Treuhandgebiet der UNO (wirtschaftlich mit

Belgisch-Kongo verknüpft). Die Kolonialmächte begnügten sich mit indirekter Herrschaft, ohne den Gegensatz zwischen den Hutu, die die Masse der Bevölkerung stellten, u. den Tutsi, zu beheben. Seit 1959 traten die Spannungen offen zutage. Die Partei der Hutu-Emanzipation *(Parmehutu)* gewann die ersten Wahlen 1960, erklärte 1961 den Mwami *Kigéri V.* für abgesetzt u. rief die Republik aus. Eine Volksabstimmung bestätigte das Resultat, u. der Mwami floh mit 60000 Tutsi nach Burundi. 1962 wurde die Staatenunion getrennt. Im selben Jahr erhielt R. eine Verfassung u. wurde unabhängig. Das Amt des Staats-Präs. übernahm der Parmehutu-Führer G. *Kayibanda.*
1963 versuchten die emigrierten Tutsi vergeblich eine Restitution der alten Machtverhältnisse. Daraufhin kam es zu blutigen Ausschreitungen gegen die in R. verbliebenen Tutsi. 1973 brachen erneut Kämpfe zwischen den verfeindeten Bevölkerungsgruppen aus. Im selben Jahr wurde Kayibanda von General J. *Habyarimana* gestürzt. 1978 trat eine neue Verfassung in Kraft, die die 1975 gegr. MRND (Revolutionäre Nationalbewegung für Entwicklung) zur Einheitspartei erhob. Habyarimana wurde zum Präs. gewählt (Wiederwahl 1983 u. 1988).
1990 drang von Uganda aus eine Rebellenarmee von im Exil lebenden Tutsi (Front patriotique rwandais, FPR) in R. ein u. verwikkelte die Regierungstruppen in schwere Kämpfe. Vor diesem Hintergrund leitete Habyarimana polit. Reformen ein. Am 10. 6. 1991 trat eine neue Verfassung in Kraft. Die MRND verlor ihren Status als Einheitspartei. In der Zwischenzeit gingen die Kämpfe mit dem FPR weiter. 1993 beschloß der Weltsicherheitsrat die Entsendung einer UN-Friedenstruppe. Nachdem Habyarimana im April 1994 zusammen mit dem burund. Präs. bei einem wahrscheinlich durch ein Attentat verursachten Flugzeugabsturz ums Leben kam, brachen in R. schwere Unruhen aus, die zum Massenmord an der Tutsi-Minderheit eskalierten. Die Massaker forderten nach vorläufigen Schätzungen weit über 500000 Todesopfer. Gleichzeitig kam es zu einer Flüchtlingskatastrophe. Französ. Interventionsstreitkräfte leisteten humanitäre Hilfe. Inzwischen konnte der FPR den Bürgerkrieg zu seinen Gunsten entscheiden u. die Macht in R. übernehmen. Im Juli 1994 wurde in Zusammenarbeit mit gemäßigten Hutu-Politikern eine Regierung der nationalen Einheit als provisor. Exekutive eingesetzt. P. *Bizimungu,* ein Hutu, übernahm das Amt des Staats-Präs.

Rydz-Śmigły [rits 'sjmigui], Edward, poln. Marschall, * 11. 3. 1886 Brzeżany bei Tarnopol, † 2. 12. 1941 Warschau; Mitarbeiter J. *Piłsudskis,* 1917/18 Befehlshaber der poln. Heeresorganisation (POW), 1918 Kriegs-Min. der Volksregierung in Lublin, seit 1921 Armeeinspekteur, seit 1935 Generalinspekteur der Streitkräfte, 1939 Oberbefehlshaber; ging nach der Niederlage nach Rumänien, entkam aus der dortigen Internierung 1941 nach Warschau u. starb dort.

Rykow, *Rykov,* Alexej Iwanowitsch, sowjet. Politiker, * 13. 2. 1881 Saratow, † 15. 3. 1938 Moskau (hingerichtet); 1917/18 u. 1920–1934 Mitgl. des ZK, 1922–1930 des Politbüros der bolschewist. Partei; 1917/18 Volkskommissar für Inneres, 1924–1930 als Nachfolger Lenins Vors. des Rats der Volkskommissare (Regierungschef); wurde 1929 zusammen mit N. Bucharin als Führer der rechten Opposition entmachtet u. 1938 im 3. Moskauer Schauprozeß zum Tod verurteilt.

Ryschkow, *Ryžkov,* Nikolaj Iwanowitsch, sowjet. Politiker, * 28. 9. 1929; Ingenieur; zunächst in der Industrieverwaltung tätig; 1981–1985 Sekretär des ZK der KPdSU; 1985–1990 Mitgl. des Politbüros der KPdSU, 1985–1991 Vors. des Ministerrats der UdSSR.

S

SA, Abk. für *Sturmabteilung,* die uniformierte polit. Kampf- u. Propagandatruppe u. an Mitgliedern größte Gliederung der NSDAP. Sie wurde 1920 als Versammlungsschutz gegründet, war 1921–1923 eine paramilitär. Kampforganisation nach dem Vorbild der Wehrverbände u. wurde seit 1925 als Saalschutz u. Propagandainstrument neu aufgebaut. Seit 1926 unterstand sie einer zentralen Obersten SA-Führung (bis 1930 unter F. *Pfeffer von Salomon).* Anfang 1931 hatte sie 77000, Anfang 1933 rd. 700000 Mitglieder. Nach Hitlers Ernennung zum Reichskanzler wurde die SA, z. T. sogar als Hilfspolizei, gegen polit. Gegner eingesetzt, von denen Widerstand gegen das nat.-soz. Regime ausgehen konnte. E. *Röhm,* 1931–1934 Stabschef der SA, strebte 1933/34 an, die der Reichswehr zahlenmäßig weit überlegene SA zu einem Milizheer u. zum alleinigen Träger der Landesverteidigung umzugestalten. Auch unter dem Einfluß von Rivalen Röhms (Reichswehr, Göring, SS) verwarf Hitler dessen insgesamt noch wenig konkrete Pläne u. ließ die SA-Führung am 30. 7. 1934 liquidieren (sog. → Röhm-Putsch). Damit verlor die SA ihr polit. Gewicht; unter den Stabschefs V. *Lutze* (1934–1943) u. W. *Schepmann* (1943–1945) blieben vor- u. nachmilitärische Übungen ihre Hauptaufgabe. Der Internationale Militärgerichtshof in Nürnberg stufte die SA 1946 nicht als verbrecherische Organisation ein.

Saalburg, ehem. Kastell am obergerman. Limes an einem Paß im Taunus bei Bad Homburg v. d. H. (seit Anfang des 2. Jh.); Ausgrabungen seit 1853. Die Ausführung der Kastellanlage in Stein aus dem 3. Jh. n. Chr. diente als Grundlage des modernen Wiederaufbaus; heute Museum. Außerhalb der Mauern liegen das Militärbad, ein Rasthaus u. Reste der Lagervorstadt.

Saarland, südwestdt. Bundesland der BR Dtschld. an der Grenze zu Frankreich, 2570 km^2 u. 1,08 Mill. Ew.; Hptst. ist *Saarbrücken.* Das *Saargebiet* (offizielle Bez. bis 1935) wurde nach dem 1. Weltkrieg aus preuß. u. bayer. Gebietsteilen zur Befriedigung von Sicherheitsinteressen Frankreichs gebildet, das seine weitergehende Forderung nach der Rheingrenze gegen brit. u. US-amerikan. Widerstand nicht durchsetzen konnte. Der Versailler Vertrag unterstellte das Gebiet auf 15 Jahre der Verwaltung des Völkerbundes; danach sollte eine Volksabstimmung über die dann endgültige Zugehörigkeit entscheiden. Frankreich erhielt das Eigentum an den Kohlengruben u. gewann beträchtl. polit. Einfluß. Die Volksabstimmung am 13. 1. 1935 ergab eine Mehrheit von über 90 % für die Rückgliederung an Dtschld.; für die von den antifaschist. Parteien befürwortete Beibehaltung der Völkerbundsverwaltung (Status quo) stimmten nur knapp 9 % der Wähler. Im nat.-soz. Dt. Reich wurde das S. zunächst einem Reichskommissar unterstellt; 1940 wurde es mit dem bayer. Reg.-Bez. Pfalz zur „Saarpfalz" unter einem Reichsstatthalter vereinigt.
Nach dem 2. Weltkrieg gehörte das S. zunächst zur französ. Besatzungszone. Ab 1946 wurde es schrittweise aus ihr herausgelöst u. dem französ. Wirtschafts- u. Währungsgebiet eingegliedert. 1948 verlor die Bevölkerung des S.es die dt. Staatsangehörigkeit. Durch die französ.-saarländ. Konventionen von 1950 erhielt das S. autonomen Status; es überließ Frankreich die außenpolit. Vertretung. Die Opposition gegen die von Min.-Präs. J. *Hoffmann* repräsentierte Politik der engen Bindung an Frankreich wurde unterdrückt. Nachdem die BR Dtschld. in die westeurop. Integration einbezogen worden war, einigte sie sich mit Frankreich auf ein Saarstatut, nach dem das S. bis zum Abschluß eines Friedensvertrages einem Kommissar der Westeurop. Union (WEU) unterstehen sollte. Diese Lösung wurde jedoch von der Bevölkerung des S.es in einer Volksabstimmung am 23. 10. 1955 mit 67 % der Stimmen abgelehnt. In darauffolgenden Landtagswahlen erhielten die für die Rückkehr zu Dtschld. eintretenden Parteien eine große Mehrheit. Durch 6 dt.-französ. Verträge vom 27. 10. 1956 wurde das S. am 1. 1. 1957 ein Bundesland der BR Dtschld. 1957–1985 regierte die CDU allein oder in Koalitionen mit anderen Parteien; seit 1985 ist die SPD Regierungspartei.
Ministerpräsidenten seit 1947: 1947–1955 Johannes *Hoffmann* (Christl. Volkspartei), 1955/56 Heinrich *Welsch* (parteilos), 1956/57 Hubert *Ney* (CDU), 1957–1959 Egon *Reinert* (CDU), 1959–1979 Franz Josef *Röder* (CDU), 1979–1985 Werner *Zeyer* (CDU), seit 1985 Oskar *Lafontaine* (SPD).

Saavedra Lamas [sa'vεdra-], Carlos, argentin. Politiker, * 1. 11. 1878 Buenos Aires, † 5. 5. 1959 Buenos Aires; Jurist, 1932–1938 Außen-Min., erhielt 1936 den Friedensnobelpreis für seine Vermittlung zur Beendigung des Chacokriegs.

Saba, *Scheba,* südarab. Reich der *Sabäer,* etwa 1100 v. Chr. bis 575 n. Chr., Hptst. *Marib.* S. wurde anfangs theokratisch von Priesterfürsten, später von Königen regiert u. trieb Handel mit Israel. Es vereinte nach langen Kämpfen um 300 ganz Südarabien zu einem Reich. 575 gelangte es unter die Herrschaft der *Sassaniden.*

Sabiner, in der Antike zur oskisch-umbrischen Sprachgruppe gehörendes Volk der Italiker in Mittelitalien; von ihnen leiteten sich die Samniten u. die sog. Sabellerstämme ab; eine ihrer ältesten Siedlungen lag auf einem der 7 Hügel Roms (*Sage v. Raub der Sabinerinnen*); seit 241 v. Chr. röm. Vollbürger.

Sabinianus, Papst 604–606, † 22. 2. 606 Rom; Toskaner; unter *Gregor d. Gr.* in einflußreichen Stellungen.

Sacco di Roma [ital.], die Erstürmung u. Plünderung Roms durch dt. u. span. Söldner Kaiser Karls V. vom 6. 5. 1527–17. 2. 1528 im

SA bei einem Aufmarsch in Harzburg 1931

Krieg gegen Franz I. von Frankreich, mit dem sich Papst Klemens VII. verbündet hatte; gilt als das Ende der Renaissance in Rom.

Sacharow, *Sacharov* ['saxarɔf], Andrej Dmitrijewitsch, sowjet. Kernphysiker u. Bürgerrechtler, *21. 5. 1921 Moskau, †14. 12. 1989 Moskau; maßgeblich an der Entwicklung der sowjet. Kernwaffen beteiligt; seit 1953 Mitgl. der sowjet. Akademie der Wissenschaften. Seit Ende der 1960er Jahre kritisierte S. das sowjet. Herrschaftssystem, forderte seine Demokratisierung u. wurde ein Wortführer der Bürgerrechtsbewegung. 1975 erhielt er den Friedensnobelpreis; die Ausreise aus der UdSSR zur Entgegennahme des Preises wurde ihm verweigert. 1980 wurde er ohne Gerichtsverfahren nach Gorkij verbannt u. war dort zeitweise von allen Kontakten zur Außenwelt abgeschnitten. 1986 durfte er nach Moskau zurückkehren; 1988 wurde er Mitgl. des Präsidiums der Akademie. Schriften: „Wie ich mir die Zukunft vorstelle“ 1969; „Mein Land u. die Welt“ 1975; „Furcht u. Hoffnung“ 1980; „Den Frieden retten“ 1983.

Sachsen [wohl zu ahd. *sahs,* „Kurzschwert“], westgerman. bzw. dt. Volksstamm, verschmolzen mit *Chauken, Angrivariern, Cheruskern,* Resten der *Langobarden* sowie anderen Stämmen u. Stammesteilen. Ein Teil eroberte im 5. Jh. mit *Angeln* u. *Jüten* England (Angelsachsen). Das eigentl. Siedlungsgebiet der S. erstreckte sich von der Elbe u. nördl. davon bis zum Niederrhein, bis nach Hessen u. Thüringen.

In dem Gebiet der S. entwickelte sich ein loser Verband von vier Stammesgruppen: *Westfalen, Engern, Ostfalen* u. *Nordalbingier,* die allmählich ein sächs. Stammesherzogtum herausbildeten. Grenzstreitigkeiten mit den Franken führten aber in den *S.-Kriegen* Karls d. Gr. (772–804) zur Unterwerfung der S. *(Widukind),* zur erzwungenen Christianisierung u. zur Eingliederung in das Frankenreich.

Mit dem Rückgang der fränk. Macht unter den Spätkarolingern entstand ein neues sächs. Stammesherzogtum der *Liudolfinger* (*Otto der Erlauchte,* 880–912). In Herzog *Heinrich I.* fiel dem Haus 919 die dt. Königskrone zu. *Otto I.* errichtete 961 über die Grenzgebiete an der Elbe die *Billunger Mark.* Nach dem Aussterben der Liudolfinger

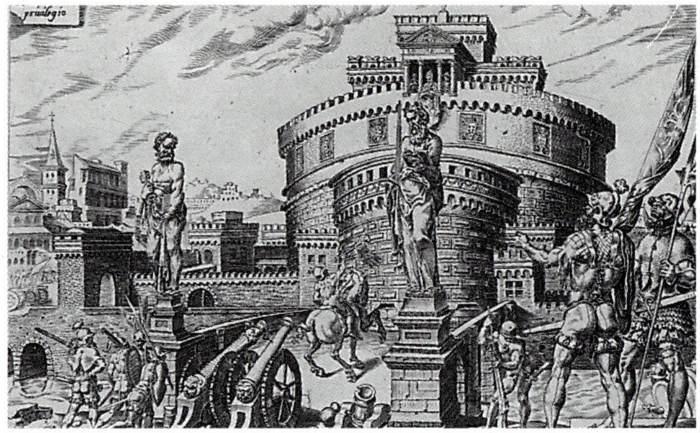

Sacco di Roma: Belagerung der Engelsburg; Stich nach einer Zeichnung von M. van Heemskerck

wurde *Lothar III.* von Supplinburg mit dem Herzogtum S. belehnt (1106); nach dessen Tod sein Schwiegersohn, der Welfe Herzog *Heinrich der Stolze* von Bayern. Dessen Sohn *Heinrich der Löwe* (1142–1180) erweiterte das Gebiet bis zur Ostsee, verlor es aber bei seinem Sturz an den Erzbischof von Köln (Herzogtum Westfalen) u. an den Askanier Graf *Bernhard* von Anhalt (Herzogtum S.) Der N u. NW zerfiel in kleine Territorien. Nur das Hausgut um Braunschweig u. Lüneburg verblieb den Welfen. Die Askanier teilten 1260 ihr Gebiet in die Herzogtümer S.-Lauenburg u. S.-Wittenberg. S.-Wittenberg erhielt durch die Goldene Bulle 1356 die Kurwürde. Nach dem Aussterben dieser Linie belehnte Kaiser Sigismund 1423 den Markgrafen von Meißen, den Wettiner *Friedrich I.* den Streitbaren, mit Herzogtum u. Kurwürde. Danach ging der Name S. auf das wettin. Herrschaftsgebiet über.

Aus dem welf. Hausgut entwickelten sich die verschiedenen Linien des Herzogtums Braunschweig, die nach dem Aussterben der Askanier 1689 Lauenburg erbten u. 1692 die Kurwürde erwarben (Kurfürstentum bzw. Königreich Hannover).

Sachsen, *Freistaat S.,* Land der BR Dtschld., 18 408 km², 4,6 Mill. Ew. Seine Hptst. ist *Dresden.*

Kerngebiet des Landes war die Mark *Meißen.* Unter den Nachfolgern Markgraf *Konrads I. von Wettin* begannen die Städtegründungen (Leipzig, Freiberg, Dresden), der Freiberger Silberbergbau u. die Organisation der Landesverwaltung in Vogteien. Markgraf *Heinrich der Erlauchte* (1221–1288) erwarb

Sachsen: Kurfürst Moritz und seine Gemahlin Agnes, Gemälde von Lucas Cranach d. J.; Dresden, Staatliche Kunstsammlung, Gemäldegalerie Alter Meister

1243 das *Pleißnerland* u., seit 1249 auch Landgraf von *Thüringen,* 1264 den größten Teil dieses Landes. Erbstreitigkeiten der Nachfolger gefährdeten lange Zeit das Erreichte. *Friedrich I. der Freidige* (1307–1323) u. *Friedrich II. der Ernsthafte* (1324–1349) sicherten den Bestand erneut, bis die *Chemnitzer Teilung* 1382 zeitweise 3 selbständige Landesteile *(Osterland, Thüringen, Meißen)* schuf.

Die Belehnung des Meißener Markgrafen *Friedrich des Streitbaren* mit *S.-Wittenberg* als Kurfürstentum (Kursachsen) 1423 ließ allmählich den Namen „S.“ auf das ganze wettin. Herrschaftsgebiet übergehen. Für den aus Niederdeutschen, Thüringern, Mainfranken u. slaw. Bevölkerungsteilen sich bildenden neuen dt. Stamm kam der Name *Obersachsen* auf, während die Bewohner der alten sächs. Stammesgebiete *Niedersachsen* genannt wurden.

Der Reichtum S.s hatte früh zu hoher Kulturblüte geführt (Heinrich von Meißen, Goldene Pforte am Freiberger Dom, 1409 Gründung der Universität Leipzig, zahlreiche Hallenkirchen, Albrechtsburg u. Dom in Meißen). Unter Kurfürst *Friedrich dem Sanftmütigen* (1428–1464) wurde S. in den Hussitenkriegen (1429–1432) u. nach dem Aussterben der thüring. Linie durch den Streit um die neue Landesteilung zwischen ihm u. seinem Bruder *Wilhelm III. dem Tapferen,* der 1445 Thüringen erhalten hatte, im Sächs. Bruderkrieg (1446–1451) schwer erschüttert. Nach Wilhelms Tod fiel Thüringen an das Kurfürstentum zurück.

Schicksalsvoll wurde die *Leipziger Teilung* von 1485 zwischen den beiden Wettinern Kurfürst *Ernst* (1464–1486) u. Herzog *Albrecht* (1465–1500): Ernst, Stammvater der *Ernestiner,* erhielt Kur-S., Thüringen u. das Vogtland; Albrecht, Stammvater der *Albertiner,* Meißen, einen Teil des Osterlands u. den nördl. Randstreifen Thüringens. Die ernestin. Kurfürsten (*Friedrich der Weise* 1486–1525, *Johann der Beständige* 1525 bis 1532 und *Johann Friedrich der Großmütige* 1532–1547) förderten Wissenschaft (1502 Gründung der Universität Wittenberg), Kunst (Lukas Cranach) u. die von Wittenberg ausgehende Reformation Martin Luthers, während der albertinische Herzog *Georg der Bärtige* (1500–1539) am Katholizismus festhielt. Der Ernestiner Johann Friedrich der Großmütige, mit Philipp von Hessen Führer des prot. *Schmalkald. Bundes,* unterlag Kaiser Karl V. 1547 bei Mühlberg u. mußte in der *Wittenberger Kapitulation* zugunsten des Albertiners Herzog *Moritz* (1541–1553) auf die Kurwürde sowie auf den größten Teil seines Landes verzichten. Moritz wurde dann aber seit etwa 1550 der große Gegenspieler Karls V.

Sein Bruder u. Nachfolger *August* (1553 bis 1586) erwarb 1567 in den *Grumbachschen Händeln* weitere thüring. Gebiete u. 1583 einen Teil der Grafschaft *Henneberg.* Mit den „Konstitutionen“ schuf Kurfürst August

1572 die erste einheitl. Landesgesetzgebung eines dt. Territorialstaats. Obwohl er wieder eine betont kaiser- u. reichstreue Politik betrieb, bewahrte er S.s Stellung als prot. Führungsmacht im Reich.
Im Dreißigjährigen Krieg trat 1631 Kurfürst *Johann Georg I.* (1611–1656) auf die Seite Gustav Adolfs, schloß aber 1635 mit dem Kaiser den Prager Frieden, der ihm die *Lausitz* als erbl. böhm. Lehen einbrachte, das er im Westfäl. Frieden behalten konnte. Die durch Johann Georgs Söhne gebildeten Nebenlinien *Zeitz* (bis 1718), *Merseburg* (bis 1738) u. *Weißenfels* (bis 1746) bedeuteten keine ernsthafte Schwächung. Wohl aber stellte sich nach dem Dreißigjährigen Krieg eine steigende Rivalität mit Brandenburg heraus, an das mit dem Übertritt Kurfürst *Friedrich Augusts I.* (1694–1733, „des Starken") zum Katholizismus (1697) die Führung der prot. Stände überging.
Friedrich August I., als König von Polen (seit 1697) *August II.*, behauptete die poln. Königskrone im Nord. Krieg. Die Verbindung mit Polen brachte neben schweren Lasten auch unbestreitbare Vorteile für S. (Wirtschaftsverkehr mit Polen, Aufschwung des Exportgewerbes, Porzellanmanufaktur in Meißen, Ausbau der Leipziger Messe, des Buchhandels u. Buchdrucks). Dresden wurde unter August dem Starken u. seinem Sohn zur schönsten dt. Barockresidenz. Während August der Starke im Stile des Absolutismus erfolgreich regierte (Gesetzgebungswerk des *Codex Augusteus*), kam es durch die Schuldenwirtschaft seines Sohnes *Friedrich August II.* (1733–1763, als König von Polen *August III.*) u. des Ministers H. von *Brühl* sowie durch die Teilnahme am Siebenjährigen Krieg zum finanziellen Zusammenbruch. Im „Retablissement" des Kurfürsten *Friedrich Christian* (1763) u. des Administrators Prinz *Franz Xaver* (1763–1768) wurde mit Hilfe der Stände die Wirtschaft rasch wieder aufgebaut (Bergakademie Freiberg 1765, Modernisierung des Hüttenbetriebs, Baumwollmanufakturen).
Kurfürst *Friedrich August III.* (1768–1827) lehnte sich zunächst an Preußen an (Beitritt zum Fürstenbund 1785, Teilnahme am 3. Koalitionskrieg gegen Frankreich 1806). Im Frieden von Posen mit Napoleon I. (11. 12. 1806) mußte er jedoch dem Rheinbund beitreten u. außerdem Gebietsteile an Westfalen abgeben; er erhielt den Königstitel *(Friedrich August I.)*, 1807 den Cottbusser Kreis u. das Herzogtum *Warschau.* Erst nach der Völkerschlacht bei Leipzig trennte er sich von Napoleon. Auf dem Wiener Kongreß (1814/15) mußte das neue Königreich S. die Niederlausitz mit Cottbus, den O der Oberlausitz, den Kurkreis u. seine thüring. Gebiete an Preußen abtreten. Die Lausitz kam zu den Provinzen Brandenburg u. Schlesien, die übrigen Teile wurden mit anderen Gebieten zur preuß. Provinz S. zusammengefaßt (→ Sachsen-Anhalt).
Unter König *Anton* (1827–1836) kam es im Gefolge der Pariser Julirevolution in Leipzig u. Dresden zu Unruhen, so daß der König sich zur Vereinbarung einer Verfassung mit den Ständen (1831) u. zur Ernennung seines Neffen zum Mitregenten bereit finden mußte. Unter diesem, *Friedrich August II.* (1836–1854), brachen erneut in Leipzig u. Dresden 1848/49 (Märzrevolution) Aufstände aus. Nach der mit preuß. Hilfe bewirkten Niederwerfung des Mai-Aufstands in Dresden (1849) trat auch hier die Restauration ein. König *Johann* (1854–1873) förderte Wissenschaft u. Kunst, Bildungswesen u. Wirtschaft. Außenpolitisch geriet S. durch die Trias-Politik F. F. von *Beusts* in steigenden Gegensatz zu Preußen. 1866 im Dt. Krieg kämpfte es auf seiten Österreichs; im Berliner Frieden mußte es dem Norddt. Bund beitreten.
Die Mitgliedschaft im Dt. Zollverein (1834), im Norddt. Bund u. seit 1871 im Dt. Reich ermöglichten einen raschen Aufschwung der sächs. Wirtschaft. S. wurde zum Industrieland. Aber eine starre Innenpolitik unter den Königen *Albert* (1873–1902) und *Georg* (1902–1904), die 1896 zur Einführung des Dreiklassenwahlrechts geführt hatte, erzeugte scharfe soziale Gegensätze. 1903 fielen 22 der 23 Reichstagswahlkreise an die Sozialdemokraten („rotes Königreich"). Doch entspannten sich durch eine Wahlrechtsreform unter *Friedrich August III.* (1904–1918) die Verhältnisse etwas (Pluralwahlrecht).
Am 10. 11. 1918 wurde Dresden von der Novemberrevolution erfaßt; am 13. 11. trat der König zurück. Am 1. 11. 1920 gab sich S. innerhalb der Weimarer Republik eine republikanische Verfassung (Freistaat S.). Nach dem Kapp-Lüttwitz-Putsch (1920) warfen Reichswehrtruppen kommunist. Unruhen im Vogtland u. in Leipzig nieder. 1923 wurde das sozialist.-kommunist. Kabinett E. *Zeigner* durch eine Reichsexekution zum Rücktritt gezwungen. Die bürgerliche Beamtenregierung wurde am 10. 3. 1933 von den Nationalsozialisten gestürzt; am 5. 5. 1933 wurde M. *Mutschmann* Reichsstatthalter.
Am Ende des 2. Weltkrieges wurde West-S. von US-amerikan. Truppen besetzt, doch aufgrund alliierter Vereinbarungen kam das ganze Land, erweitert um nordwestschlesische Gebietsteile, zur sowjet. Besatzungszone. 1947 erhielt das Land eine demokratisch-parlamentarische Verfassung; die Verfassungswirklichkeit wurde jedoch von der kommunistischen Umgestaltung bestimmt, die die Besatzungsmacht betrieb. Min.-Präs. waren 1945–1947 R. *Friedrichs*, 1947–1952 M. *Seydewitz* (beide SED). 1952 wurde im Zuge der Neugliederung der DDR das Land S. im wesentl. auf die drei Bezirke Dresden, Leipzig u. Chemnitz (Karl-Marx-Stadt) aufgeteilt.
Bei der Wiedervereinigung Deutschlands nach dem Sturz des SED-Regimes wurde 1990 das Land S. wiederhergestellt. Min.-Präs. ist seit 1990 Kurt *Biedenkopf* (CDU).
Sachsen-Altenburg → Sächsische Herzogtümer.
Sachsen-Anhalt, Land der BR Dtschld., 20443 km², 2,79 Mill. Ew. Hptst. ist *Magdeburg.*
Das Land S. ist eine Schöpfung der sowjet. Besatzungsmacht. Hauptbestandteile sind die ehem. preuß. Prov. Sachsen u. das Land Anhalt. Die Prov. Sachsen wurde 1816 gebildet; sie umfaßte Landesteile, die das Königreich Sachsen auf dem Wiener Kongreß 1815 an Preußen abtreten mußte, alte preuß. Gebiete, darunter die Altmark u. Magdeburg, die kurmainzischen Besitzungen Erfurt u. Eichsfeld u. die Reichsstädte Mühlhausen u. Nordhausen. 1944 wurde die Prov. in Magdeburg u. Halle-Merseburg geteilt; der Reg.-Bez. Erfurt kam zu Thüringen. Die sowjet. Militärverwaltung vereinigte 1945 die Prov. Magdeburg u. Halle-Merseburg mit dem Land Anhalt zur Prov. S., aus der 1947 nach der Auflösung des preuß. Staates das Land S. wurde. Min.-Präs. war 1945–1949 E. *Hübener* (LDPD), 1949–1952 W. *Bruschke* (SED). Im Zuge der Neugliederung der DDR wurde S. 1952 größtenteils auf die Bez. Halle u. Merseburg aufgeteilt; kleinere Gebiete wurden den Bez. Leipzig u. Cottbus zugeschlagen.
Bei der Wiedervereinigung Deutschlands wurde 1990 das Land S. wiederhergestellt. Min.-Präs.: 1990/91 Gerd *Gies* (CDU), 1991–1993 Werner *Münch* (CDU), 1993/94 Christoph *Bergner* (CDU), seit 1994 Reinhard *Höppner* (SPD).
Sachsen-Coburg-Gotha → Sächsische Herzogtümer.
Sachsenhausen, nordöstl. Stadtteil von Oranienburg, Bez. Potsdam. In S. bestand 1936–1945 ein Konzentrationslager der SS, in dem insges. rd. 200 000 Menschen inhaftiert waren, von denen über 100 000 umkamen. 1945–1950 wurde das Lager von der sowjet. Besatzungsmacht zur Internierung polit. Häftlinge benutzt.
Sachsen-Meiningen → Sächsische Herzogtümer.
Sachsenspiegel, das älteste u. bedeutendste dt. *Rechtsbuch* des MA; um 1226 von *Eike von Repkow* zunächst lateinisch verfaßt, dann von ihm selbst ins Niederdeutsche übersetzt. Der S. will das sächsische Gewohnheitsrecht seiner Zeit „wie in einem Spiegel" aufzeichnen. Er enthält 2 Bücher, das Landrecht mit Privat-, Straf-, Prozeß- u. Gerichtsverfassungsrecht, u. das Lehnrecht. Der S. steht in einer Linie mit entspr. Rechtsaufzeichnungen in anderen europ. Ländern, den *Coutumes* in Frankreich, dem *Common Law* in England, den *Fueros* in Spanien.
Sachsen-Weimar-Eisenach → Sächsische Herzogtümer.
Sächsische Herzogtümer, die Herzogtümer, die aus den nach der *Wittenberger Kapitulation* 1547 den Ernestinern verbliebenen thüring. Besitzungen entstanden. Es kam wiederholt zu Teilungen, vor allem 1603, 1672, 1680/81 u. 1826. Zeitweise gab es neben *Sachsen-Weimar* noch Linien in *Eisenach, Coburg, Hildburghausen, Gotha, Meiningen* u. *Altenburg.* Zuletzt bestanden das Großherzogtum *Sachsen-Weimar-Eisenach* (seit 1603), die Herzogtümer *Sachsen-Coburg-Gotha* (Gotha seit 1625, Coburg seit 1672), *Sachsen-Meiningen* (seit 1681) u. *Sachsen-Altenburg* (seit 1826). Sie wurden 1918 in der Weimarer Republik Freistaaten u. schlossen sich mit anderen Gebieten 1920 zum Land *Thüringen* zusammen, mit Ausnahme Coburgs, das sich mit Bayern vereinigte.
sächsische Kaiser und Könige, *Sachsenkaiser* → Ottonen.
Sächsische Weltchronik, erste Chronik in Prosa in niederdt. Sprache, um 1231 entstanden, Verfasser wahrscheinlich *Eike von Repkow.*
Sacsayhuaman, Ruinen einer Festung der Inka nordl. ihrer Hptst. *Cuzco* (Peru); besteht aus 3 terrassenartig angelegten Mauern in Zickzack-Form von mehr als 540 m Länge u.

Der Sachsenspiegel klärt alle rechtlichen Bereiche des Lebens. So darf der Reisende z. B. seinem Pferd auf fremdem Acker Korn schneiden, soweit er reichen kann (Mitte). Heidelberg, Universitätsbibliothek

einer Höhe bis zu 18 m; die riesigen, polygonal zugehauenen Blöcke, mit einem Gewicht von mehreren Tonnen, sind ohne Mörtel fugengerecht zusammengefügt.

Sadat, Anwar As, ägypt. Politiker, *25. 12. 1918 Talah Monufiya, †6. 10. 1981 Kairo (ermordet); Offizier; Mitgründer (neben G. A. *Nasser*, A. *Amer* u. a.) des Geheimbundes der Freien Offiziere; seit dem Staatsstreich 1952 in hohen Ämtern. Als Nachfolger Nassers wurde er 1970 Staats-Präs. S. lockerte das diktator. Regime, führte Ägypten in den Oktoberkrieg 1973, löste das Land aus der engen Bindung an die Sowjetunion u. schloß 1979 Frieden mit Israel. 1978 erhielt er den Friedensnobelpreis (mit M. *Begin*). S. fiel einem Attentat islam. Fundamentalisten zum Opfer.

Sadowa, *Sadová*, Dorf in Böhmen nahe Königgrätz. In Frankreich u. England wird die Schlacht bei *Königgrätz* 1866 als „Schlacht bei S." bezeichnet. „Rache für S.": Ruf zur Wiederherstellung der damals verlorenen französ. Vormachtstellung in Europa.

Saeculum obscurum [lat., „dunkles Jahrhundert"], von dem Kirchenhistoriker C. *Baronius* 1602 geprägte Bez. für das 10. Jh. (wegen seiner angebl. Quellenarmut u. des vermeintlichen politischen u. kulturellen Verfalls). Obwohl ihm die histor. Forschung seit dem 18. Jh. widersprach, hielt sich der Ausdruck im allg. Sprachgebrauch u. wurde auf das ganze MA ausgedehnt.

Safawiden, *Saffawiden, Sefewiden*, iran. Dynastie 1502–1736, die das Land im Zeichen des schiitischen Islams einigte u. eine kulturelle u. wirtschaftl. Blüte herbeiführte. Gründer der Dynastie war *Ismail I.*, der Ordensmeister des myst. Safawije-Ordens, der seine Abstammung auf den 4. Kalifen Ali zurückführte. Er stürzte 1501–1508 die Herrschaft der turkmen. Weißen Horden u. begründete das Neupersische Reich, in dem er den schiitischen Islam als Staatsreligion durchsetzte. Die S. beherrschten bis 1534 u. 1623–1638 auch Bagdad u. erreichten ihren Höhepunkt unter Schah *Abbas I.*, 1587–1629. Ihre Hauptstädte waren Qasvin u. Isfahan. Häufig in Kämpfe mit den Türken u. den Großmoguln verwickelt, fielen die S. seit 1722 dem Ansturm der Afghanen zum Opfer. Ihr Erbe wurde Nadir Schah (1736–1747). Unter ihm besuchten u. beschrieben viele Europäer das Land, u. a. Engelbert *Kämpfer*.

Saffariden, islam. Dynastie in Persien 871–900 (in Sistan bis 1163), begründet durch Ja'ub As Saffar („Kupferschmied", nach seinem Jugendberuf) 871–879.

Sagum [das; kelt., lat.], ponchoartiges Kleidungsstück röm. Soldaten, aus grobem Stoff mit dreieckigem oder rundem Ausschnitt, zuweilen mit Kapuze; auch in Form eines Umhanges.

Sahir Schah, afghan. König, → Mohammed (1).

Saif Ad Daula, Herrscher der Hamdaniden, *um 914, †967 Aleppo.

Saint-Acheul [sɛ̃ta'ʃœl], Stadtteil von Amiens (Frankreich). In den dortigen Sandgruben wurden 1854 altpaläolith. Faustkeile gefunden (namengebend für das *Acheuléen*).

Anwar As Sadat

Saint Christopher-Nevis — KN

Föderation Saint Christopher und Nevis

Fläche: 261 km². – *Einwohner:* 42 000. – *Hauptstadt:* Basseterre. – *Landessprache:* Englisch. – *Nationalfeiertag:* 19 9. – *Währung:* 1 Ostkaribischer Dollar = 100 Cents. – *Lage:* Inseln im Karibischen Meer, im nördlichen Bereich der Kleinen Antillen zwischen 17°05' und 18°36' n. Br. sowie 62°32' und 63°29' w. L. – *Zeitzone:* Mitteleuropäische Zeit – 5 Std. – *Staatsform:* parlamentarische Monarchie mit der britischen Königin als Staatsoberhaupt.

Die Inseln wurden 1493 von Kolumbus entdeckt, der ihnen auch den Namen *St. Christopherus* (später verkürzt zu St. Kitts) u. *Nevis* gab. Seit 1623 siedelten sich Engländer, wenig später auch Franzosen an. 1713 erhielt Großbritannien die Oberhoheit zugesprochen. 1871 kamen die Inseln als Kronkolonie in den Verband der Leeward-Inseln. Als Großbritannien Saint Christopher-Nevis 1967 mit Anguilla an die *Westind. Assoziierten Staaten* anschließen wollte, rebellierte die Bevölkerung von Anguilla. So erhielt S.C. den Status eines autonomen, mit Großbritannien assoziierten Territoriums u. 1983 im Rahmen des Commonwealth die Unabhängigkeit. 1984 wurde es in die Organisation Amerikan. Staaten aufgenommen.

Saint-Just [sɛ̃'ʒyst], Louis Antoine Léon, französ. Revolutionär, *25. 8. 1767 Decize, Dép. Nièvre, †28. 7. 1794 Paris (hingerichtet); seit 1792 im Konvent, entscheidend am Sturz der Girondisten u. Dantons beteiligt, als eifriger Anhänger *Robespierres* Mitgl. des Wohlfahrtsausschusses, am 9. Thermidor mit Robespierre gestürzt u. anschließend guillotiniert.

Saint Kitts-Nevis [sənt'kits'ni:vis] → Saint Christopher-Nevis.

Saint Laurent [sɛ̃lɔ'rɑ̃], Louis Stephen, kanad. Politiker (Liberaler), *1. 2. 1882 Compton, Quebec, †25. 7. 1973 Quebec; Jurist; 1930–1932 und 1941–1946 Justiz-Min., 1946–1948 Außen-Min., 1948–1958 als Nachfolger von Mackenzie *King* Premier-Min. u. Führer der Liberalen Partei.

Saint Lucia — WL

Fläche: 622 km². – *Einwohner:* 141 000. – *Hauptstadt:* Castries. – *Landessprachen:* Englisch, Patois. – *Nationalfeiertag:* 22. 2. – *Währung:* 1 Ostkaribischer Dollar = 100 Cents. – *Lage:* Inselstaat im Karibischen Meer, im südlichen Bereich der Kleinen Antillen zwischen 13°42' und 14°07 n. Br. sowie 60°54' und 61°05' w. L. – *Zeitzone:* Mitteleuropäische Zeit – 5 Std. – *Staatsform:* parlamentarische Monarchie mit der britischen Königin als Staatsoberhaupt.

Das Datum der europ. Entdeckung ist unbekannt; 1605 wurde die Insel kurzfristig von Briten in Besitz genommen, weitere Siedlungsversuche scheiterten am Widerstand der Ureinwohner. 1763 wurde sie französisch, seit 1814 britisch: 1838–1959 war S. L. Teil der Kolonie der *Windward Islands*, 1959 bis 1967 Kronkolonie, 1967–1979 ein mit Großbritannien assoziierter Staat; seit 1979 als konstitutionelle Monarchie im Rahmen des Brit. Commonwealth unabhängig. Premierminister ist seit 1997 Kenny *Anthony* (St. Lucia Labour Party, SLP).

Saint-Simon [sɛ̃si'mɔ̃], Claude Henri de Rouvroy, Graf von, französ. Schriftsteller u. Sozialreformer, *17. 10. 1760 Paris, †19. 5. 1825 Paris; befaßte sich sozialkritisch mit Problemen der aufkommenden Industriegesellschaft u. trat dafür ein, die soziale Frage durch moralisch-religiöse Erneuerung zu lösen in der Erwartung, die Fabrikanten wür-

Reich der Safawiden von 1512–1722

den freiwillig auf die Ausbeutung der Arbeiter verzichten („utopischer Sozialismus"). S., der zu den Begründern der Wirtschaftssoziologie gehört, hat – vor allem über seinen Schüler A. *Comte* – nachhaltigen Einfluß auf die entstehende Soziologie als eigenständige Wissenschaft ausgeübt. Hptw. u. a.: „De la réorganisation de la société européenne" 1814; „De l'industrie, ou discussions politiques" 1817/18; „Du système industriel" 1821/22; „Catéchisme des industriels" 1823/24; „Nouveau christianisme" 1825, dt. 1911.

Saint Vincent und die Grenadinen — WV

Fläche: 388 km². – *Einwohner:* 110000. – *Hauptstadt:* Kingstown. – *Landessprache:* Englisch. – *Nationalfeiertag:* 27. 10. – *Währung:* 1 Ostkaribischer Dollar = 100 Cents. – *Lage:* Inseln im Karibischen Meer, im südlichen Bereich der Kleinen Antillen zwischen 12°30′ und 14°07′ n. Br. sowie 60°45′ und 61°30′ w. L. – *Zeitzone:* Mitteleuropäische Zeit – 5 Std. – *Staatsform:* parlamentarische Monarchie mit der britischen Königin als Staatsoberhaupt.

S. V. wurde 1498 von Kolumbus entdeckt u. war später lange koloniales Streitobjekt zwischen Briten u. Franzosen (mehrmaliger Besitzerwechsel). Die Insel ist seit 1814 britisch; 1885–1956 war sie Teil der Kolonie der *Windward Islands*, 1958–1962 gehörte sie zur Westindischen Föderation, 1969 wurde sie ein „assoziierter Staat" mit innerer Selbstregierung. Seit 1979 ist S. V. als konstitutionelle Monarchie im Rahmen des Commonwealth unabhängig. Premierminister ist seit 1984 James F. *Mitchell* (New Democratic Party, NDP).

Saïs, altägypt. Stadt im westl. Nildelta, Herkunftsort der 24., 26. u. 28. Dynastie; seit der ägyptischen Frühzeit Hauptkultort der Göttin *Neith*.

Säkularisation, Enteignung kirchl. Eigentums durch den Staat u. Umwandlung geistl. Herrschaftsbereiche in weltliche; in Frankreich bereits im MA (Auflösung des Templer-Ordens) betrieben; in Dtschld. in größerem Umfang im Zuge der Reformation, in England unter Heinrich VIII. Die nach der Reformation in Dtschld. noch verbliebenen geistl. Territorien wurden 1803 durch den → Reichsdeputationshauptschluß aufgelöst, um weltl. Fürsten für den Verlust linksrhein. Gebiete an Frankreich zu entschädigen. Die S. griff auch auf die nicht reichsständ. Klöster über. Zusammen mit der Auflösung der von den geistl. Staaten unterhaltenen kath. Universitäten bildet die S. den tiefsten Einschnitt in der Geschichte des dt. Katholizismus. – In Frankreich wurde während u. nach der Französ. Revolution der gesamte kirchl. Besitz u. bei der zweiten Trennung von Kirche u. Staat wiederum ein großer Teil (1901–1905), in Italien 1860–1870 der Kirchenstaat säkularisiert. Nach den beiden Weltkriegen fanden S.en in den kommunist. Staaten statt.

Sala [die; ahd.], **1.** im altdt. Recht die förmliche Einigung über die Grundeigentumsübertragung unter Übergabe von Herrschaftssymbolen (Speer, Handschuh), ergänzt durch die Übergabe *(Gewere, Vestitura)* des Grundstücks mittels Begehung seiner Grenzen u. feierliche Einweisung sowie Besitzergreifung.
2. *Salhof*, der Fronhof der Grundherrschaft.

Saladin, *Salah Ad Din*, Jusuf Ibn Ajjub, Sultan von Ägypten u. Syrien 1175–1193, *1138 Takrit, †3. 3. 1193 Damaskus; Begründer der Dynastie der *Ajjubiden*. Vom Sengiden-Sultan Nur Ad Din nach Ägypten entsandt, stürzte er 1171 den letzten Fatimiden-Kalifen; eroberte 1175 Syrien, 1187 Jerusalem u. große Teile des Gebiets der Kreuzfahrer; wurde durch Kämpfe mit den Kreuzrittern (3. Kreuzzug) u. durch seine angebl. Großzügigkeit eine der berühmtesten Herrschergestalten des islam. Orients. In der abendländ. Dichtung wurde S. zum Vorbild des edlen Sarazenen. In G. E. Lessings Schauspiel „Nathan der Weise", das in Jerusalem z. Z. der Kreuzzüge spielt, ist S. eine Hauptfigur.

Salamis, 1. griech. Insel im Saron. Golf, stark gegliedert, 95 km², 28600 Ew.
Im frühen Altertum zwischen Athen u. Megara umkämpft, im 6. Jh. v. Chr. von Athen erobert, 480 v. Chr. Schauplatz des Seesiegs der Griechen unter *Themistokles* über die persische Flotte.

Saladin (Stich von Johann H. Lijs)

2. antike Stadt an der Ostküste Zyperns, zeitweise Hptst. der Insel, der Sage nach von *Teukros* gegr., 449 v. Chr. Sieg der Athener über die Perser; mehrmals durch Erdbeben zerstört, in röm. Zeit prachtvoll wieder aufgebaut, im 13. Jh. endgültig verlassen. Ausgrabungen seit 1952 legten u. a. eine Nekropole der Spätbronzezeit frei.

Salasser, *Salassi*, antikes Volk im Nordwesten Italiens, entweder Kelten oder Ligurer oder Mischvolk aus beiden, im Jahre 143 v. Chr. von den Römern besiegt; nach Aufstand im Jahre 35 v. Chr. folgte 25 v. Chr. ihre Vernichtung durch den Kaiser Augustus.

Salazar [-'zar], Antonio de Oliveira, portugies. Politiker, *28. 4. 1889 Santa Comba-Dão, † 27. 7. 1970 Lissabon; Prof. der Nationalökonomie; 1928 Finanz-Min. mit ausgedehnten Vollmachten, 1932–1968 Min.-Präs., zugleich 1936–1944 Kriegs-, 1936–1947 Außen-Min., 1961–1968 Verteidigungs-Min. S. führte 1933 eine autoritär-korporative Verfassung ein *(Estado Novo)*. Sein gemäßigt diktator. System stützte sich auf die kath. Kirche, die Einheitspartei der „Nationalen Union" *(União Nacional)* u. ihre Miliz, die „Portugies. Legion". 1968 wurde S. aus Gesundheitsgründen durch M. *Caetano* abgelöst.

Salier, 1. Stammesgruppen der niederrheinischen Franken *(salische Franken)*. – 2. *salische Kaiser, fränkische Kaiser*, die deutschen Könige u. Kaiser *Konrad II., Heinrich III., Heinrich IV.* u. *Heinrich V.*, 1024–1125, aus dem (salisch-)fränkischen Geschlecht der *Konradiner*.

Salinar-Kultur, altindian. Lokalkultur an der nördl. Küste Perus, blühte von 200 v. Chr. bis etwa Christi Geburt; benannt nach dem gleichn. heutigen Ort, bei dem die ersten Gräberfelder der S. entdeckt wurden. Die Keramik zeigt stilistische Einflüsse der Kultur von *Chavín*.

Salisbury ['sɔːlzbəri], Robert Cecil, Marquess of S., brit. Politiker (Konservativer), *3. 2. 1830 Hatfield, Hertfordshire, †22. 8. 1903 Hatfield; 1878–1880 Außen-Min. u. Teilnehmer des Berliner Kongresses, Gegner Rußlands; 1885/86, 1886–1892 und von 1895–1902 Premier-Min. u. meist zugleich auch Außen-Min., entschiedener Imperialist (Gewinnung des Sudans, Vernichtung der Burenstaaten), zurückhaltend in der Europapolitik u. Gegner von Gladstones Irlandpolitik. Innenpolitisch wandte sich S. gegen demokrat. Reformen u. trug als polit. Journalist wesentlich zur Formung der konservativ-imperialen Gedankenwelt bei.

Salisches Gesetz, 1. → Lex Salica.
2. eine Bestimmung der Lex Salica, die Frauen von der Erbfolge in Liegenschaften ausschließt; führt in bestimmten Monarchien zum Ausschluß der Frauen von der Thronfolge. Durch Anwendung des Salischen Gesetzes wurden 1837 die Personalunion England–Hannover u. 1890 die Personalunion Holland–Luxemburg aufgelöst; durchbrochen wurde es mit der *Pragmatischen Sanktion*.

Sallust, Gaius Sallustius Crispus, röm. Politiker u. Historiker, *1. 10. 86 v. Chr. Amiternum, †13. 5. 34 v. Chr.; Anhänger Cäsars, 46 v. Chr. Statthalter von Africa inferior; schrieb „De coniuratione Catilinae" („Die Verschwörung des Catilina") um 42/41 v. Chr.; „Bellum Iugurthinum" („Der Jugurthin. Krieg") um 40 v. Chr.; „Historiae" seit 39

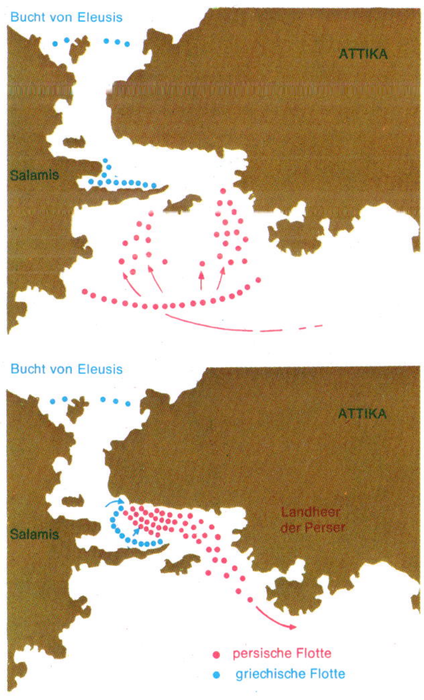

Salamis (1): Der Perserkönig Xerxes hatte mit seiner Flotte die Bucht von Eleusis abgeriegelt, in der die kleinere griechische Flotte unter Themistokles bei Salamis vor Anker lag (oben). Als Xerxes vorgetäuscht wurde, die griechischen Schiffe wollten nachts heimlich fliehen, ließ er seine Flotte in die Bucht einlaufen, wo sie sofort von den griechischen Schiffen eingeschlossen und zu einem großen Teil vernichtet wurde (unten)

v. Chr. (Zeitgeschichte 78–67 v. Chr., in Fragmenten erhalten). Er interpretierte die röm. Geschichte als Verfall der moralischen u. polit. Sitten u. machte dafür die Nobilität verantwortlich.

Salluvier, *Salluvii, Sallyes, Salyes, Sallui,* gallisches Volk (Kelto-Ligurer) im Hinterland von *Massalia* (heute Marseille); Hauptort war möglicherweise das Oppidum bei Entremont. Die S. wurden von dem Römer C. *Sextius Calvinus* 122 v. Chr. besiegt; ihr Name lebte fort in der von den Römern gegründeten Stadt *Aquae Sextiae Salluviorum* (heute *Aix-en-Provence*).

Salmanassar, *Schulman-ascharid,* assyr. Könige: **1.** *S. I.*, rd. 1265–1235 v. Chr., eroberte das Reich von Mitanni u. erkämpfte erste Siege gegen Urartu, gründete Kalchu.

2. *S. III.*, 858–824 v. Chr., stieß in vielen Feldzügen nach Syrien vor, das er jedoch niemals ganz erobern konnte. Bes. die Fürsten von Damaskus leisteten erfolgreich Widerstand, während kleinere Staaten wie Israel, Tyros u. Sidon tributpflichtig wurden. In weiteren Kriegen unterwarf S. die Staaten des Taurusgebietes. Gegen Ende seiner Regierung brach eine von seinem Sohn angeführte Revolte aus, die erst sein anderer Sohn u. Nachfolger *Schamschi-adad V.* niederwerfen konnte.

Salome, 1. *Alexandra,* † 67 v. Chr.; Frau des Hasmonäerkönigs *Aristobul I.* u. seines Bruders u. Nachfolgers *Alexander Jannai,* nach dessen Tod (76 v. Chr.) allein Königin von Judäa.

2. Tochter der *Herodias,* * 15 n. Chr., † vor 61; verheiratet mit Philippus u. später mit einem Urenkel Herodes' d. Gr., Aristobul von Chalkis. Nach Mark. 6,17 ff. bat sie (auf Anstiften ihrer Mutter) ihren Stiefvater *Herodes Antipas,* dessen Wohlwollen sie mit ihrem Tanz gewann, um das Haupt *Johannes des Täufers* (histor. nicht gesichert). – Oper von R. *Strauss* (1905) nach dem Drama von O. *Wilde* (1893).

Salomo [von hebr. *schalom,* „Friede"], *Salomon,* König von Israel u. Juda etwa 965–926 v. Chr., Sohn *Davids* u. der *Batseba.* Vom Verlust der Randgebiete im Süd- u. Nordosten abgesehen, gelang es S., das von seinem Vater geschaffene Großreich zu erhalten. Der Modernisierung der Verwaltung diente die Einteilung des Reichs in 12 Verwaltungsbezirke oder Gaue. Fronarbeit wurde nicht nur von den unterworfenen Völkern, sondern auch von den Israeliten verlangt, was zusammen mit den alten Spannungen zwischen Nord- u. Südstämmen den Anlaß zur Reichsspaltung nach dem Tod S.s (926 v. Chr.) gab.

Salomonen SOL

Fläche: 28 896 km². – *Einwohner:* 354 000. – *Hauptstadt:* Honiara. – *Landessprachen:* Englisch, melanesische und polynesische Idiome. – *Nationalfeiertage:* 7. 7., 1. 10. – *Währung:* 1 Salomonen-Dollar = 100 Cents. – *Lage:* Inseln im Pazifischen Ozean östliche von Papua-Neuguinea zwischen 5° und 12°20′ s. Br. sowie 155° und 170°20′ ö. L. – *Zeitzone:* Mitteleuropäische Zeit + 10 Std. – *Staatsform:* parlamentarische Monarchie mit der britischen Königin als Staatsoberhaupt.

Die Inselgruppe wurde 1568 von dem Spanier A. *Mendaña de Neyra* entdeckt. 1885 erklärte Dtschld. die nördl. S. zu seiner Kolonie, 1893 beanspruchte Großbritannien den südl. Teil als Protektorat. Nach dem 1. Weltkrieg kam die dt. Kolonie als Völkerbundsmandat unter austral. Verwaltung u. gehört heute zu → Papua-Neuguinea.

1975 wurden im engl. Teil erstmals Parlamentswahlen abgehalten. Am 7. 7. 1978 erlangte die Inselgruppe unter dem Namen S. die Unabhängigkeit im Rahmen des Commonwealth.

Salpeterkrieg, *Pazifischer Krieg,* 1879–1883, Krieg Chiles gegen Peru u. das mit ihm verbündete Bolivien um die Salpeterlager in der Atacamawüste, entzündete sich an den Grenzstreitigkeiten zwischen Chile u. Peru. Chile siegte u. erhielt im Frieden von Ancón 1883 die kupferreiche Provinz Antofagasta (Bolivien verlor damit seinen Zugang zum Meer) u. mit den Provinzen Tararpacá, Arica u. Tacna (von Peru) das Weltmonopol für Salpeter.

SALT [sɔːlt], Abk. für engl. *Strategic Arms Limitation Talks* (auch: *Treaty*), Abrüstungsverhandlungen u. -abkommen zwischen den USA u. der UdSSR zur Begrenzung der strategischen Waffen (Atomwaffen u. Trägersysteme). Die Verhandlungen wurden seit 1969 hauptsächlich in Helsinki u. Wien geführt. Ein erstes Vertragswerk *(SALT I)* wurde am 26. 5. 1972 in Moskau von *L. Breschnew* u. R. *Nixon* unterzeichnet; es begrenzte den Umfang der Raketenabwehrsysteme (ABM-Systeme) u. die Zahl der Interkontinentalraketen beider Seiten. Während der auf die Interkontinentalraketen bezogene Vertragsteil auf 5 Jahre befristet wurde, war für den Vertrag über die ABM-Systeme eine zeitl. Begrenzung nicht vorgesehen. Unmittelbar danach begannen weitere Verhandlungen; sie führten zur Unterzeichnung von *SALT II* durch L. *Breschnew* u. J. *Carter* am 18. 6. 1979 in Wien. Dieses Abkommen sah eine weitere Begrenzung der strateg. Offensivwaffen vor. Die Ratifizierung durch den US-amerikan. Senat wurde wegen des sowjet. Einmarsches in Afghanistan Ende 1979 ausgesetzt; das Abkommen wurde allerdings informell von beiden Vertragspartnern als gültig betrachtet. Auch → START.

Salzburg, österr. Bundesland, im Salzachgebiet, 7154 km², 502 000 Ew.; Hptst. *S.*

Spuren menschl. Lebens lassen sich bis in die jüngste Steinzeit (etwa 4000 v. Chr.) nachweisen; um 500 v. Chr. drangen die Kelten ein u. trieben Salzbergbau um *Hallein;* 15 v. Chr. besetzten die Römer das Gebiet. Ende des 2. Jh. begann die Christianisierung. Um 500 besiedelten Slawen den Lungau u. Teile des Pongau. 739 wurde S. Bistum, 798 Erzbistum. Im 13. Jh. erwarb Erzbischof Eberhard II. Grafschaftsrechte u. die Gerichtshoheit (1328 S.er Landrecht). Ende 13., Anfang 14. Jh. war S. selbständiges Reichsfürstentum u. Zentrum des kulturellen u. geistigen Lebens im süddt. Raum. 1803 wurde S. entsprechend dem *Reichsdeputationshauptschluß* säkularisiert u. gelangte an *Ferdinand von Toscana,* der es 1805 an Österreich abtreten mußte. 1810–1815 gehörte S. zu Bayern, 1816 kam es großenteils zu Österreich u. war bis 1849 als Salzachkreis Teil des Kronlands Oberösterreich. 1850 wurde S. Kronland u. erhielt 1861 einen eigenen Landtag. Nach dem Zusammenbruch der Donaumonarchie wurde es Bundesland der Republik Österreich, 1938 bis 1945 war es Reichsgau des Dt. Reichs.

Samaniden, persische Dynastie, 874–999 in Transoxanien, Buchara u. Samarkand, treue Anhänger der Kalifen. Unter *Ismail* (892 bis 907) gewannen die S. auch die nördlichen Provinzen Persiens (bis 999). Im S.-Reich entstand das Neupersische als Literatursprache. Die S. wurden von den *Ghasnawiden* gestürzt.

Samaria, hebr. *Shomeron,* Bergland in Israel, Hauptort Nablus. Der größte Teil S.s gehörte 1948–1967 zu Jordanien u. steht seitdem unter israel. Verwaltung.

S. war ursprünglich der Name der um 880 v. Chr. gegr. Hptst. des Nordreichs Israel. Sie wurde 722 v. Chr. durch die Assyrer zerstört; Wiederaufbau in hellenist. Zeit, Blüte in röm. Zeit, vor allem unter *Herodes d. Gr.* (Umbenennung in *Sebaste*). Ausgrabungen legten den Palast der israelit. Könige, Teile der Umfassungsmauer u. röm. Bauten frei. An derselben Stelle liegt heute das Dorf *Sabastiya.* – Der Name S. ging auf die Provinz u. die Landschaft über.

Samariter, *Samaritaner,* die mit fremdstämmigen Zuwanderern vermischte Restbevölkerung des 722 v. Chr. zerstörten u. in die assyr. Provinz *Samaria* verwandelten Reiches Israel. Von den Juden als unrein betrachtet u. vom Tempelwiederaufbau ausgeschlossen, konstituierten sie sich im 4. Jh. v. Chr. unabhängig von Jerusalem als eigene Kultgemeinschaft (Tempel auf dem Garizim bei Sichem, heute Nablus). Durch Verfolgungen, mißglückte Aufstände u. Ausnahmegesetze wurden sie in der byzantin. Zeit stark dezimiert. Die heute sehr kleine Gemeinde der S. betrachtet sich als das einzige wahre Gottesvolk. Als heilige Schrift erkennen sie nur den *Pentateuch* an, nicht die später als kanonisch erklärten Schriften des AT.

Samarra-Kultur, jungsteinzeitl. Kultur Mesopotamiens (6. bis Anfang 5. Jahrtausend v. Chr.), benannt nach dem 1911 u. 1930 von E. *Herzfeld* ausgegrabenen Gräberfeld von Samarra in Nordirak; wichtigste Siedlungsfunde: Tell As-Sawwan, Choga Mami u. Tell Shemshara; drei Phasen: 1. frühe S. ohne bemalte Keramik u. viele Steingefäße, 2. klassische S. mit der typ. Samarra-Keramik (braune oder graue Bemalung, meist geometr. Motive, naturalist. Innenverzierung mancher Schüsseln 3. in der späten S. wieder Verschwinden der naturalist. Verzierungen.

Sambia Z

Republik Sambia

Fläche: 752 618 km². – *Einwohner:* 8,8 Mill. – *Hauptstadt:* Lusaka. – *Landessprachen:* Englisch, Bantu-Sprachen. – *Nationalfeiertag:* 24. 10. – *Währung:* 1 Kwacha = 100 Ngwee. – *Lage:* zwischen 8° und 18° s. Br. sowie 22° und 33°45′ ö. L. – *Zeitzone:* Mitteleuropäische Zeit + 1 Std. – *Grenzen:* im N Zaire, im NO Tansania, im O Malawi und Moçambique, im S Simbabwe, Botswana und Namibia, im W Angola. – *Staatsform:* präsidiale Republik.

Das heutige S. wurde 1890 von C. *Rhodes* für die von ihm gegr. Britisch-Südafrikan. Gesellschaft erworben u. erhielt den Namen *Nordrhodesien.* Als die weißen Siedler in Südrhodesien 1923 Selbstregierung erhielten, kam Nordrhodesien unter brit. Protektoratsverwaltung. 1953 wurde das Land Bestandteil der Föderation von Rhodesien und Nyasaland; jedoch entstand eine starke afrikan. Nationalbewegung gegen die Vorherrschaft der südrhodes. Weißen. 1960 setzte sich K. *Kaunda* als ihr Führer durch. Die brit. Regierung löste 1963 die Föderation auf u. gewährte Nordrhodesien am 24. 10. 1964 Unabhängigkeit. Das Land nahm den Namen *Sambia* an, Kaunda wurde Präsident. 1972 erklärte Kaunda S. zum Einparteienstaat. S. unterstützte in den 1970er Jahren die Befreiungsbewegung *ZANU* im benachbarten Rhodesien. In den 1980er Jahren vermittelte S. im Konflikt zwischen Angola, Moçambique u. Südafrika. Nachdem S. 1987 mit dem Internationalen Währungsfonds gebrochen hatte, verschärften sich die wirtschaftl. Probleme des Landes weiter. Trotzdem blieb Kaundas Herrschaft stabil. 1988 wurde er erneut zum Staats-Präs. gewählt. 1990 wurde ein Mehrparteiensystem eingeführt. Nach freien Präsidentschaftswahlen endete die Ära Kaunda. Neuer Staats-Präs. wurde F. *Chiluba*. Am 8. 11. 1991 trat eine demokrat. Verfassung in Kraft.

Samniten, ein zur oskisch-umbrischen Sprachgruppe gehörendes Volk der Italiker in Mittel- u. Süditalien; von den Römern in drei schweren Kriegen (343–341; 326–304; 298–290 v. Chr.) besiegt. Im *Bundesgenossenkrieg* stellten sich die S. an die Spitze der aufständ. Italiker; sie wurden 82 v. Chr. von *Sulla* endgültig unterworfen, der 6000 S., die sich ergeben hatten, an einem Tag hinrichten ließ.

Samo, slaw. Herrscher 623 bis um 660, † um 660; ursprüngl. Kaufmann aus Franken. Unter seiner Führung erhoben sich die Slawen in Böhmen u. Mähren gegen die Awarenherrschaft u. begründeten ein großes Reich. 631 siegte S. in der Schlacht bei der Wogastisburg gegen die Franken.

Samoa — WS

Unabhängiger Staat Westsamoa

Fläche: 2831 km². – *Einwohner:* 165 000. – *Hauptstadt:* Apia. – *Landessprachen:* Samoanisch, Englisch. – *Nationalfeiertag:* 1. 6. – *Währung:* 1 Tala = 100 Sene. – *Lage:* Inseln im Pazifischen Ozean nordöstlich von Fischi zwischen 13° und 15° s. Br. sowie 171° und 173° w. L. – *Zeitzone:* Mitteleuropäische Zeit + 12 Std. – *Staatsform:* Häuptlingsoligarchie mit parlamentarischen Ansätzen.

Man nimmt an, daß S. seit etwa 500 n. Chr. von Polynesiern bewohnt ist. Die Samoainseln wurden wahrscheinlich 1722 von dem Holländer Jacob *Roggeveen* entdeckt. Im Wettstreit zwischen England, den USA u. Deutschland kam es 1878 zur *Samoakrise*, die 1889 in Berlin durch Vereinbarung einer gemeinsamen Verwaltung unter Neutralitätsgarantie beigelegt wurde. 1899 wurde die Inselgruppe in Interessensphären aufgeteilt, wobei Dtschld. Savai'i u. Upolu (Westsamoa), die USA Tutuila u. Großbritannien die Tonga-Inseln erhielten. 1914 besetzte Neuseeland Westsamoa u. erhielt es 1920 als Völkerbundsmandat. 1947 erklärten die Vereinten Nationen Westsamoa zum Treuhandgebiet unter neuseeländischer Verwaltungshoheit; 1962 erhielt es volle Unabhängigkeit u. trat 1970 dem Commonwealth bei. Der politischen Struktur nach ist Westsamoa eine Häuptlingsaristokratie, in der die traditionellen Führer die Richtlinien der Politik bestimmen.

Samos, griech. Insel vor der Westküste Kleinasiens, 476 km², 41 000 Ew.; Hauptort *Vathy*.
Seine größte wirtschaftl. Blüte erlebte S. unter der Tyrannis des *Polykrates* im 6. Jh. v. Chr. Nach dessen Sturz war es in pers. Besitz; nach dem Sieg der Griechen bei Mykale gehörte S. dem 1. Att. Seebund an; 405 v. Chr. wurde sie kurzzeitig durch die Verleihung des athen. Bürgerrechts ausgezeichnet. Im 4. Jh. v. Chr. heftig umkämpft, im 3. Jh. v. Chr. wichtiger ptolemäischer Flottenstützpunkt, besaß S. unter den Römern seit 189 v. Chr. bis in die Kaiserzeit den Status einer freien Stadt. Vom Bau des Polykrates steht noch eine Säule aufrecht; er galt als eines der 7 Weltwunder. Ausgrabungen seit 1910 förderten Kunstwerke aus archaischer bis hellenist. Zeit zutage.

Samuel, *Samuil*, bulgar. Zar 997–1014, † 6. 10. 1014 Prilep; behauptete sich nach dem Untergang des 1. bulgar. Reiches mit seinen Brüdern in den westl. u. südwestl. Teilen um Prespa u. Ochrid; führte 976 eine erfolgreiche Offensive gegen Byzanz u. befreite die östl. Hälfte Bulgariens; siegte 986 über die byzantin. Truppen u. dehnte seinen Herrschaftsbereich nach Südmakedonien u. bis zur Adriaküste aus; unterlag seit 1001 mehrfach Kaiser *Basileios*; entscheidende Niederlage am 29. 7. 1014 am Belasica-Paß.

Samurai [jap., „Diensttuende(r)"], militärischer Gefolgsmann in Japan, vom 17./18. Jh. an synonym mit *Bushi*, Bez. für die Kriegerkaste. Die ursprüngl. Kriegerelite teilte sich im 7./8. Jh. in den Hofadel *(Kuge)* u. die Provinzkrieger. Während der zahlenmäßig geringe Hofadel Verwaltungspositionen übernahm u. mit der Entmachtung des Tennos an Einfluß verlor, bauten die Provinzkrieger über Landbesitz ihre lokale Herrschaft aus. Gegen Ende des 12. Jh. begann die ländl. Kriegerkaste die Aristokratenklasse am Hofe zu verdrängen u. sich im *Kamakura-Shogunat* als polit. Führungselite zu etablieren. Annähernd 700 Jahre lang, bis zur Abschaffung des Feudalismus 1871, beherrschten die S. Land u. Volk in Japan. Die zahlenmäßig große Kriegeroberschicht umfaßte bei der Restauration 1868 4–5% der Bevölkerung (rd. 2 Mill. Personen). Trotz des Verlustes ihrer Standesprivilegien lenkten die S. auch im kaiserl. Japan, vor allem beim Aufbau in der *Meiji-Zeit*, die Geschicke des Landes. Ihr martialischer Geist u. ihr Ehrenkodex (Bushido) haben den japan. Nationalcharakter bis heute geprägt.

San Agustín, vorgeschichtl. Kultur Kolumbiens, benannt nach der Fundstätte am Oberlauf des Rio Magdalena; charakteristisch sind monumentale Steinskulpturen u. eine megalith. Grabarchitektur (Steinkistengräber). Träger u. Dauer (Beginn im 6. Jh. v. Chr.) der Kultur von S. A. sind noch unbestimmt.

Sancho, ['sant∫o], F ü r s t e n. K a s t i l i e n : **1.** *S. II., S. der Starke*, König 1065–1072, * 1037, † 7. 10. 1072 Zamora (ermordet); brachte León u. Galicien an sich.
2. *S. IV., S. der Tapfere*, König von Kastilien u. León 1284–1295, * 12. 5. 1258, † 25. 4. 1295 Toledo; vom Adel u. von den Städten anerkannt, erfolgreich gegen die Mauren; gründete in Alcalá eine Universität.
N a v a r r a : **3.** *S. I. Garcés*, König von Navarra 905–925, † 925; stammte aus dem französ. Baskenland, begründete um 900 das Reich Navarra, erweiterte es nach S bis in Ebrotal u. machte Pamplona zu seiner Hptst.
4. *S. III. Garcés, S. d. Gr. (d. Ä.)*, König 1005–1035, * 992 (?), † 1035; machte Navarra zur stärksten christl. Macht auf der Iberischen Halbinsel; eroberte 1026 die Grafschaft Kastilien u. bask. Gebiete von León. Sein Besitz reichte bis nach Südfrankreich u. umfaßte ehem. fränk. Grafschaften. Er teilte seine Herrschaft unter seine Söhne; so entstanden die Reiche Navarra, Kastilien, Aragón u. Sobrarbe-Ribagorza.

Sand, Karl Ludwig, Burschenschafter, * 5. 10. 1795 Wunsiedel, † 20. 5. 1820 Mannheim (hingerichtet); Theologiestudent, Angehöriger des von K. *Follen* geführten radikaldemokrat. Flügels der Burschenschaft; ermordete 1819 den als Reaktionär verdächtigten Schriftsteller A. von *Kotzebue* u. löste damit die mit den *Karlsbader Beschlüssen* einsetzende *Demagogenverfolgung* aus.

Sandinistische Befreiungsfront, *Frente Sandinista de Liberación Nacional*, Abk. *FSLN*, 1962 in Nicaragua gegen die Diktatur A. *Somozas* ins Leben gerufene Oppositionsbewegung, benannt nach A. C. *Sandino*. Die S. B. konnte in den 1970er Jahren die Unterstützung der bürgerl. Opposition erlangen u. 1979 Somoza nach einem Bürgerkrieg stürzen. Bis 1990 war sie die führende polit. Kraft Nicaraguas.

Sandino, Augusto César, Guerillaführer in Nicaragua, * 19. 5. 1895 Niquinohomo, † 21. 2. 1934 Managua (ermordet); kämpfte ab 1926 mit seiner Guerillatruppe gegen die US-amerikan. Besatzung, wurde 1934 von der Nationalgarde auf Befehl von A. L. *Somoza* ermordet. Nach S. nennt sich die → Sandinistische Befreiungsfront.

Sandschak [der; türk., „Standarte"], bis 1921 Bez. für größere Verwaltungsbezirke in der Türkei u. bis 1939 für den Bezirk von *Alexandrette* (heute Iskenderun).

Sandschar, der letzte einflußreiche Herrscher aus der Dynastie der *Seldschuken* (1118–1157), * 1084 oder 1086, † April/Mai 1157; beherrschte den Nordosten des Iran (Chorasan), bis ein Zusammenstoß mit den *Kara Chitai* 1141 u. ein Aufstand der türkischen *Oghusen* (deren Gefangener er 1153–1156 war) seine Macht immer mehr schwächten.

San Franciscoer Frieden, am 8. 9. 1951 zwischen Japan u. 48 Ländern geschlossener Frieden, der den *Pazifischen Krieg* (→ Weltkrieg) formell beendete. Unter dem Eindruck der kommunist. Machtübernahme in China u. des 1950 ausgebrochenen Koreakrieges revidierten die USA ihre Besatzungspolitik in Japan. Sie bemühten sich, den ehem. Kriegsgegner als Verbündeten zu gewinnen. Im Friedensschluß verzichtete Japan auf alle territorialen Erwerbungen der letzten 80 Jahre (Korea, Taiwan, Sachalin, die Kurilen, die Ryukyu-Inseln mit Okinawa, die Völkerbundmandate über die Südseeinseln) u. verpflichtete sich, Reparationen entsprechend seinen wirtschaftl. Fähigkeiten zu zahlen u. bilaterale Verhandlungen mit den ehem. unterworfenen Ländern aufzunehmen. Japan verlor somit zwar 45% seines Gebietsstandes, wurde aber ökonomisch kaum belastet. In einem Sicherheitsvertrag begab es sich gleichzeitig unter den militär. Schutz der USA. Die Sowjetunion unterzeichnete den Friedensvertrag nicht; die japan.-sowjet. Beziehungen wurden erst 1956 normalisiert. Allerdings leitet J. aus der Nichtunterzeichnung des Friedensvertrags durch die UdSSR Ansprüche auf die Kurilen ab.

Sanherib, *Sennacherib*, akkad. *Sîn-achcheeriba*, assyr. König 704–681 v. Chr., Sohn von *Sargon II.*, unternahm Feldzüge nach Medien, Urartu, Syrien u. Kilikien, drang 701 v. Chr. erfolgreich in Palästina ein, eroberte u. zerstörte 689 v. Chr. Babylon; errichtete große Bauten in Ninive u. Assur.

Sankt Petersburg, russ. 1703–1914 *Sankt Peterburg*, 1914–1924 *Petrograd*, 1924–1991 *Leningrad*, an der Mündung der Newa in die Kronstädter Bucht des Finn. Meerbusens u. auf rd. 100 Inseln im Mündungsdelta der Newa, mit 5,04 Mill. Ew. die zweitgrößte Stadt Rußlands u. Hptst. des Verwaltungsbezirks S. P.
Zur Sicherung der im Nord. Krieg eroberten Gebiete am Finn. Meerbusen gründete *Peter d. Gr.* 1703 die Peter- u.-Pauls-Festung u. 1704 die Stadt S. P. 1712 wurde S. P. kaiserl. Residenz u. Hptst. Rußlands. Nach dem Wil-

len des Gründers sollte die Stadt ein „Fenster nach Europa" sein. Von S. P. (dessen Name im 1. Weltkrieg zu *Petrograd* russifiziert wurde) gingen die beiden Revolutionen von 1905 u. 1917 aus. 1918 verlegte die sowjet. Regierung die Hptst. nach Moskau. Zu Ehren des 1924 verstorbenen W. I. *Lenin* wurde die Stadt 1924 in *Leningrad* umbenannt. Während des 2. Weltkriegs war sie fast 900 Tage lang von dt. Truppen eingeschlossen. Nach dem Sturz des kommunist. Regimes stimmte die Einwohnerschaft 1991 für die Wiederherstellung des alten Namens.

San Marino RSM

Republik San Marino

Fläche: 61 km². – *Einwohner:* 23 000. – *Hauptstadt:* San Marino. – *Landessprachen:* Italienisch, Romagnol. – *Nationalfeiertag:* 3. 9. – *Währung:* 1 Italienische Lira = 100 Centesimi. – *Lage:* bei 43°55′ n. Br. und 12°30′ ö. L. – *Zeitzone:* Mitteleuropäische Zeit. – *Grenzen:* allseitig Italien. – *Staatsform:* parlamentarische Republik.

Die Republik bildete sich um das 885 erstmals erwähnte Kloster S. M. Gegen Versuche der Malatesta u. verschiedener Päpste, die Stadt zu besetzen, konnte sich S. M. behaupten. Die 1549 u. 1631 vom Kirchenstaat u. 1797 von Napoleon anerkannte Unabhängigkeit wurde 1815 vom Wiener Kongreß bestätigt. Zuletzt bestätigte Pius VII. 1817 S. M.s Freiheit. Seit dem MA stand S. M. unter dem Schutz des Herzogtums Urbino, seit dem 17. Jh. unter dem des Papstes; 1862 stellte sich die Republik unter den Schutz Italiens, mit dem es 1867 einen 1953 erneuerten Freundschaftsvertrag abschloß.

San Martín, José de, argentin. Unabhängigkeitskämpfer u. General, *25. 2. 1778 Yapeyú, † 17. 8. 1850 Boulogne-sur-Mer (Frankreich); befreite 1814–1817 Argentinien u. Chile endgültig von der span. Herrschaft; besetzte 1821 Lima u. wurde Protektor von Peru. Nach einer Auseinandersetzung mit *Bolívar* (1822) ging S. M., um einen Bürgerkrieg zu vermeiden, ins Exil nach Europa.

Sansculotten [sãky-; frz., „ohne Kniehosen"], *Sans-culottes*, in der Französ. Revolution von 1789 Spottname für die Revolutionäre aus den städt. Mittel- u. Unterschichten, die im Gegensatz zu den Aristokraten lange Hosen *(pantalons)* trugen; später gleichbedeutend mit Republikaner.

Sansibar, engl. *Zanzibar*, Suaheli *Ungudscha*, Koralleninsel vor der ostafrikan. Küste im Ind. Ozean, gegenüber von Dar es Salaam, gehört seit 1964 mit *Pemba* zu Tansania, 1660 km², 376 000 Ew.; Hptst. *S.*

Seit dem 11. Jh. gehörte S. zum Bereich der islam., von Arabien u. Persien beeinflußten sog. Suaheli-Stadtkultur. 1503 von Portugiesen erobert, wurde die Insel im 18. Jh. wieder von arab. Moslems besetzt u. im 19. Jh. Kern eines Sultanats der Oman-Araber. Um 1830 verlegte Sultan Seyyid *Said* († 1856) seinen Sitz von Maskat nach S., legte Gewürznelken-Pflanzungen an u. ließ sie von aus Ostafrika importierten Sklaven bebauen. 1873 setzte England, dessen Einfluß auf S. beherrschend geworden war, dem Sklavenhandel ein Ende. 1890 errichtete England sein Protektorat über S., während die meisten Festlandsbesitzungen des Sultans zu Dt.-Ostafrika kamen; der Küstenstreifen Kenias blieb formell mit S. verbunden. Für die Anerkennung des engl. Protektorats erhielt das Dt. Reich Helgoland *(Helgoland-S.-Vertrag 1890).* Die arab. Dynastie auf S. u. Pemba blieb bestehen, als die Inseln am 10. 12. 1963 die Unabhängigkeit erhielten. Jedoch vertrieb eine Revolution der schwarzafrikan. Bevölkerungsmehrheit am 12. 1. 1964 den Sultan, S. wurde Volksrepublik. Unter der Herrschaft eines Revolutionsrats, dessen Führung Abeid A. *Karume* übernahm, schloß S. sich am 27. 4. 1964 mit Tanganjika zur *Vereinigten Republik Tansania* zusammen. Jedoch behielt S. weiterhin eine eigene Verfassung, ein Parlament sowie einen Revolutionsrat als Exekutive. Die Zusammenarbeit mit kommunist. Ländern, seit 1970 bes. mit der Volksrepublik China, war auf S. intensiver als auf dem Festland von Tansania.

San Stefano, türk. *Yeşilköy*, Vorort im SW von Istanbul. – Der *Friede von S. S.* am 3. 3. 1878 beendete den russ.-türk. Krieg 1877/78. Auf Kosten der Türkei wurde ein großer bulgar. Staat geschaffen. Rußland gewann Einfluß auf dem Balkan. Das Ergebnis von S. S. wurde auf dem *Berliner Kongreß* 1878 z. T. rückgängig gemacht.

Santa Cruz [-'krus], Andrés, bolivian. Politiker, *30. 11. 1792 La Paz, † 25. 9. 1865 Paris; kämpfte gegen die Spanier um die Unabhängigkeit Perus, war seit 1829 diktatorisch regierender Präs. Boliviens. 1836 schuf er den peruanisch-bolivian. Bundesstaat, an dessen Spitze er als Großmarschall trat; der vereinigte Staat wurde von Chile u. Argentinien bekämpft u. 1839 wieder aufgelöst; S. C. floh ins Ausland.

Santifaller, Leo, österr. Historiker, *24. 7. 1890 Kastelruth, Südtirol, † 5. 9. 1974 Wien; 1929 Prof. in Breslau, 1942 in Wien, 1945–1962 Vorstand des Instituts für österr. Geschichtsforschung, 1945–1954 Generaldirektor des österr. Staatsarchivs, betrieb vor allem Urkundenforschung u. Paläographie.

Santorin, *Thira*, *Thera*, südlichste griech. Kykladeninsel, Hauptinsel einer aus den Resten eines großen Vulkans bestehenden ringförmigen Inselgruppe.

Das antike *Thera* wurde um 1500 oder 1470 v. Chr. durch einen Vulkanausbruch zerstört. Diese Katastrophe liegt möglicherweise der Sage vom untergegangenen Atlantis zugrunde. In der Bronzezeit war die Stadt Thera Sitz eines minoischen Außenpostens; in klass. u. hellenist. Zeit eine bedeutende Griechenstadt, Mutterstadt von Kyrene; unter den Ptolemäern ägypt. Flottenstützpunkt. Ausgrabungen erbrachten wichtige Funde aus der Frühzeit sowie archaische Fels- u. a. Inschriften.

Saône-Rhône-Kultur [so:n ro:n-], spätneolithische Kultur in Ostfrankreich u. der Westschweiz (etwa 2400–1900 v. Chr.); in verschiedene regionale Gruppen gegliedert (Saône-, Chalain-, hochsavoyische u. Auvernier-Gruppe); typisch ist eine grobe, schwach gebrannte Keramik, Leitform: das tonnenförmige Gefäß mit breiten Griffknubben.

José de San Martin

São Tomé und Príncipe STP

Demokratische Republik São Tomé und Príncipe

Fläche: 964 km². – *Einwohner:* 127 000. – *Hauptstadt:* São Tomé. – *Landessprachen:* Portugiesisch, Crioulo. – *Nationalfeiertag:* 12. 7. – *Währung:* 1 Dobra = 100 Céntimos. – *Lage:* Insel im Golf von Guinea zwischen 1°44′ n. Br. und 0°01′ s. Br. sowie 6°28′ und 7°28′ ö. L. – *Zeitzone:* Mitteleuropäische Zeit. – *Staatsform:* präsidiale Republik.

1471 entdeckten die Portugiesen die damals unbewohnten Inseln u. nahmen sie in Besitz. Noch vor 1600 begann die Besiedlung. 1522 wurde São Tomé, 1558 Príncipe Krondomäne. Nach Erklärung zur portugies. Überseeprovinz 1955 erhielt das Territorium 1972 erweiterte Autonomie, wählte 1973 erstmals ein Parlament u. wurde am 12. 7. 1975 unabhängig.

Die MLSTP (Movimento de Libertação de São Tomé e Príncipe) entwickelte sich zur sozialistisch orientierten Einheitspartei. Ihr Generalsekretär Manuel *Pinto da Costa* wurde erster Staatspräsident (1980 u. 1985 wiedergewählt). 1990 wurde die Demokratisierung des Landes eingeleitet. Die ersten freien Präsidentschaftswahlen gewann 1991 der Oppositionspolitiker Miguel *Trovoada.* Er wurde am 15. 8. 1995 durch einen Militärputsch gestürzt, auf ausländ. Druck hin jedoch kurze Zeit später wieder ins Amt eingesetzt.

Sapa Inka, ursprüngl. Bez. für den gemeinsamen Führer der Inkasippen *Hurin Saya* u. *Hahan Saya* im zentralen Hochland Perus; seit dem 15. Jh. Titel der obersten Herrscher u. Gottkönige.

Saragat, Giuseppe, italien. Politiker (Sozialdemokrat), *19. 9. 1898 Turin, † 11. 6. 1988 Rom; seit 1925 im Parteivorstand der Vereinigten Sozialist. Partei (PSU), 1926–1943 im Exil; 1944 Minister, 1945/46 Botschafter in Paris, 1947–1949 stellvertr. Min.-Präs.; gründete 1947 unter Trennung von den Nenni-Sozialisten die (spätere) Sozialdemokrat. Partei und war wiederholt ihr Generalsekretär; 1954–1957 erneut stellvertr. Min.-Präs., 1963/64 Außen-Min., 1964–1971 Staats-Präs.; Verfechter der europ. Einigung.

Sarajevo, Hptst. von Bosnien und Herzegowina, im Tal der Miljačka, 526 000 Ew.

1263 gegr., 1463 türk., 1583–1878 Residenz der türk. Paschas, seit 1878 österr.-ungar. Am 28. 6. 1914 wurde der österr.-ungar. Thronfolger Franz Ferdinand in S. ermordet, dadurch wurde der 1. Weltkrieg ausgelöst. 1918 kam S. an Jugoslawien. Im 1992 ausgebrochenen Bürgerkrieg wurde die Stadt zum Zentrum schwerer Kämpfe.

Sarazenen, ursprüngl. Bez. für einen nordwestarab. Stamm, im MA (auch in Byzanz) allg. für Araber, dann überhaupt für die Moslems des Mittelmeergebiets einschl. der Türken. Der Name wurde nur im Abendland gebraucht.

Sardeis, *Sardes*, im Altertum Hptst. des Königreichs Lydien, rd. 70 km östl. von Izmir in

Westkleinasien. Seit 546 v. Chr. Sitz der altpers., nach Alexander d. Gr. der seleukid. Satrapen; später gehörte S. zum Röm., dann zum Byzantin. Reich; 716 n. Chr. von Arabern erobert, 1402 von *Timur* zerstört.

Sardinien, ital. *Sardegna*, italien. Insel im Tyrrhen. Meer, durch die Straße von Bonifacio vom französ. Korsika getrennt; 24 090 km², 1,66 Mill. Ew.; Hptst. *Càgliari.*
Erstmals in ägypt. Quellen im 13. Jh. v. Chr. genannt, seit dem 9. Jh. v. Chr. von Phöniziern besiedelt, 540 v. Chr. unter Herrschaft der Karthager, 238 v. Chr. röm. Provinz, gehörte im 5./6. Jh. n. Chr. zum Wandalen-, später zum Byzantin. Reich. 711 von den Arabern erobert, wurde es durch eine Koalition Pisas, Genuas u. des Papstes 1016 befreit. Der Papst belehnte 1297 das Haus Aragón mit S. 1713 kam es an Österreich, 1720 durch Tausch gegen Sizilien an Savoyen, dessen Herzöge den Titel „König von S." führten. Während der Revolutionskriege herrschten die Könige von S. von der Insel aus. Seit 1948 ist S. eine mit einem Sonderstatut ausgestattete Region Italiens.

Sargon, Könige von Babylonien bzw. Assyrien: **1.** *S. von Akkad*, etwa 2340–2284 v. Chr.; gilt als der Erbauer von Akkad u. begründete das erste semit. Großreich von Akkad. Die Eroberung der Stadt Kisch sicherte ihm die Herrschaft über Nordbabylonien, später eroberte er Uruk u. beherrschte somit Sumer bis zum Pers. Golf. Weitere Feldzüge führten ihn bis ans Mittelmeer, doch brachen immer wieder Aufstände in den unterworfenen Ländern aus. Das Reich S.s ging bald nach seinem Tode zugrunde.
2. *S. II.*, von Assur, 722–705 v. Chr., kämpfte siegreich in Syrien (722 v. Chr. Eroberung von Samaria, Deportierung der Israeliten) u. Armenien, eroberte Babylon u. gründete *Dur-Scharrukin* als Residenz.

Sarmaten [lat.], *Sauromaten*, den Skythen ähnliches Steppenvolk iran. Herkunft, in einzelne Stämme (Jazygen, Roxolanen, Urgen u. a.) gegliedert; vom 8./7. Jh. bis 4. Jh. v. Chr. östl. der Wolga ansässig. Gegen Ende des 4. Jh. v. Chr. verdrängten sie die Skythen aus ihren Gebieten westl. des Don, erlangten im 3. Jh. v. Chr. die Oberherrschaft über die Skythen Südrußlands, bedrohten die griech. Kolonien an der Nordküste des Schwarzen Meers, drangen im 1. Jh. v. Chr. in das Karpatenbecken, die Ungarische Tiefebene u. bis an die Donaumündung vor u. gerieten hier in ständige Konflikte mit den Römern. Sie wurden im 3. Jh. n. Chr. von den Goten u. im 4. Jh. n. Chr. von den Hunnen unterworfen u. gelangten (bes. die Alanen) mit deren Zügen bis nach Mitteleuropa. Die Kunst der S., vor allem der sog. Tierstil, hatte starken Einfluß auf die Entwicklung der Kunst in der Völkerwanderungszeit.

Sassaniden, *Sasaniden*, letzte altpers. Dynastie, begründet von *Ardaschir*, einem parth. Vasallen in der Persis, der etwa ab 220 n. Chr. begann, sein kleines Fürstentum auszudehnen. 224 n. Chr. besiegte er den letzten Partherkönig u. ließ sich zum Großkönig krönen. Der Dynastiename geht auf einen Vorfahren Ardaschirs namens *Sassan* zurück. Schon unter Ardaschirs Sohn *Schapur I.* (242–276 n. Chr.) wurden die S. zum größten Rivalen Roms. Schapur besiegte die drei röm. Kaiser Gordian, Philippus Arabs u. Valerian. Die nachfolgenden Großkönige wurden von den Römern in die Defensive gedrängt. Erst unter *Schapur II.* (309–379) wurden die S. wieder zur Großmacht u. hielten auch dem Hunnenansturm stand. Nach Schapurs Tod wurde die Dynastie durch Bürgerkriege geschwächt. Sie erlebte dann unter *Chosroe I.* (531–579) u. *Chosroe II.* (591–628) ihren letzten Höhepunkt. Chosroe II. gelang es, Byzanz unter Kaiser Herakleios an den Rand der Niederlage zu bringen: 613 Einnahme von Damaskus, 614 Eroberung Jerusalems, 616 Eroberung Ägyptens. 622 begann die Gegenoffensive Herakleios, der 627 bei Ninive die entscheidende Schlacht gewann. 642 erlagen die S. schließlich dem Ansturm der Araber.

Sato, Eisaku, japan. Politiker, *27. 3. 1901 Präfektur Yamaguchi, †3. 6. 1975 Tokio; 1951/52 Min. für Post- u. Fernmeldewesen, 1952 Min. für Bauwesen, 1958–1960 Finanzminister, 1961/62 Min. für internationalen Handel u. Industrie, 1964–1972 Premierminister u. Vors. der Liberaldemokrat. Partei. – S. erhielt 1974 den Friedensnobelpreis.

Sauckel, Fritz, Politiker (NSDAP), *27. 10. 1894 Haßfurt, Unterfranken, †16. 10. 1946 Nürnberg (hingerichtet); Seemann; 1925 bis 1927 Gaugeschäftsführer, 1927–1945 Gauleiter der NSDAP in Thüringen; 1932/33 Vors. des Staatsministeriums u. Innen-Min., 1933–1945 Reichsstatthalter von Thüringen; 1942–1945 zugleich Generalbevollmächtigter für den Arbeitseinsatz. Wegen seiner Verantwortlichkeit für die Deportation u. den Zwangseinsatz von mehr als 5 Mill. Menschen aus den besetzten Gebieten wurde S. 1946 vom Internationalen Militärgerichtshof in Nürnberg zum Tode verurteilt.

Saud, *Sa'ud Ibn Abd Al Asis Ibn Abd Ar Rahman As Sa'ud*, König von Saudi-Arabien 1953–1964, *15. 1. 1902 Kuwait, †23. 2. 1969 Athen; Sohn von *Ibn Saud* (2); überließ seit 1958 mehr u. mehr die Regierungsgeschäfte seinem Bruder *Faisal* (3), der 1964 König wurde.

Saudi-Arabien KSA

Königreich Saudi-Arabien

Fläche: 2 149 690 km². – *Einwohner:* 16,5 Mill. – *Hauptstadt:* Riad. – *Landessprache:* Arabisch. – *Nationalfeiertag:* 23. 9. – *Währung:* 1 Saudi Riyal = 20 Qirshes = 100 Hallalas. – *Lage:* zwischen 16° und 32°10′ n. Br. sowie 34°35′ und 56° ö. L. – *Zeitzone:* Mitteleuropäische Zeit + 2 Std. – *Grenzen:* im N Jordanien, Irak, Kuwait, Persischer Golf, Katar und Vereinigte Arabische Emirate, im O Oman, im S Jemen, im W Rotes Meer. – *Staatsform:* absolute Monarchie mit Machtteilhabe der Herrscherfamilie.

Mitte des 15. Jh. hatten sich in der Nähe von Riad die Vorfahren der heute regierenden Dynastie *Saud* angesiedelt u. eine kleine Herrschaft gebildet. Die Dynastie leitet ihren Namen von *Saud I.* († 1725) ab; nach dessen Tod übernahm sein Sohn Mohammed *Ibn Saud* (1726–1766) als Emir die Regierung u. nahm 1745 Scheich *Mohammed Ibn Abd Al Wahhab* bei sich auf. Dieser gewann die Unterstützung des Emirs für seine religiöse Bewegung, die den sunnit. Islam gemäß dem Koran u. der Sunna zu seiner ursprüngl. Form zurückführen wollte. Gemeinsam einten sie im Zeichen des Reformglaubens die zersplitterten Stämme im Nadjd u. bauten einen theokratischen Staat auf, der zur Keimzelle des 200 Jahre später geschaffenen Staates S. wurde. Nach Mohammed Ibn Sauds Tod übernahm 1766 sein Sohn *Abd Al Aziz I.* die Herrschaft u. eroberte große Teile des Nadjd. Nach seiner Ermordung 1803 erstreckte sich das Wahhabitenreich von den Küsten des Roten Meeres bis zur Syrischen Wüste im N u. bis an die Grenzen Hadramauts im S. *Saud II.* (1803–1814) setzte die Eroberungspolitik seines Vaters fort; 1805 fiel Medina, 1806 eroberte er nordjemenit. Gebiet. Oman wurde Tributstaat. Als Saud den Eroberungskrieg in syr. Gebiet trug, beauftragten die Türken ihren Statthalter in Ägypten, *Mohammed Ali*, gegen den Saudistaat vorzugehen. 1812 eroberten die Ägypter die heiligen Stätten, dann den ganzen Hedjas. Dem mit moderner Artillerie ausgerüsteten Heer der Türken waren die Araber nicht gewachsen. Sauds II. Sohn, *Abdallah I.* (1814–1818), geriet in Gefangenschaft u. wurde in Istanbul enthauptet.
1824 setzte sich eine Seitenlinie der Sauditen durch. Sie konnten Riad, das Residenz wurde, u. in wenigen Jahren den größten Teil des Wahhabitenstaates zurückerobern. 1834 übernahm *Faisal I.* die Staatsführung, er ernannte einen Freund aus der Familie *Raschid* zum Gouverneur der Provinz Schammar. Nach seinem Tod machten sich die Raschid von den Saudis unabhängig u. eroberten große Teile des Nadjd. Erst *Ibn Saud Abd Al Aziz III.* gelang es mit Unterstützung des Emirs von Kuwait, Riad 1902 zurückzuerobern. Er wurde zum Begründer des Staates S. In kurzer Zeit gewann er die meisten Stämme des alten Staatsgebietes für sich u. belebte die Wahhabiten-Bewegung neu. 1915 erkannte Großbritannien Ibn Saud als unabhängigen Herrscher des Nadjd an. 1921 nahm er den Titel eines Sultans von Nadjd an. 1924 zogen die Saudis siegreich in Mekka ein. Bereits 1920 hatte sich das Hochland von Asir unter Ibn Sauds Schutz gestellt. 1926 ließ sich Ibn Saud zum König des Hedjas ausrufen, ein Jahr später folgte die Proklamation zum König des Nadjd, u. am 18. 9. 1932 vereinigte er beide Königtümer zur noch heute bestehenden Doppelmonarchie S.
Auch im Innern konsolidierte sich der Staat. Nach dem 2. Weltkrieg begann die vorwiegend nomadische Bevölkerung (Beduinen) infolge der 1933 begonnenen u. 1944 intensivierten Erdölgewinnung seßhaft zu werden. Zusammen mit Ägypten u. Syrien gehört S. zu den Gründungsmitgliedern der *Arabischen Liga* (1945).
Nach dem Tod Ibn Sauds 1953 bestieg sein Sohn *Saud* den Thron. Durch seine Verschwendungssucht zog er sich den Unwillen der einflußreichen Ulemas (islam. Rechtsgelehrte), der Prinzenversammlung u. des Ministerrats zu. 1964 mußte er zugunsten seines Bruders *Faisal II.* abdanken. Dieser hatte auch das Amt des Ministerpräsidenten u. das des Außenministers inne. Er setzte das begonnene Reformwerk fort (1963 war die Sklaverei aufgehoben worden). Justiz-, Sozial- u. Bildungswesen wurden reformiert u. ein Industrieprogramm aufgestellt. 1975 wurde Faisal von einem Angehörigen des eigenen Clans ermordet. Ihm folgte sein Bruder *Chaled Ibn Abd Al Aziz* auf den Thron, u. nach dessen Tod 1982 wurde *Fahd Ibn Abd Al Aziz* König.
Mit den Nachbarstaaten wurden Grenzabkommen geschlossen, die neutralen Zonen zwischen Irak u. S. sowie Kuwait wurden aufgeteilt. An den Nahostkriegen hatte sich S. 1948 mit einem kleinen Kontingent, in der Suezkrise mit einem Gruppenaufgebot in Jordanien beteiligt, an den militär. Handlungen des Sechstagekrieges u. des Oktoberkrieges 1973 nahm es nicht teil; es unterstützte aber die gemeinsame Sache der Araber durch massive finanzielle Hilfe an die Palästinenser-Organisationen sowie durch zeitweilige Reduzierung der Öllieferungen in die westl. Welt. In den 1960er Jahren griff S. auf royalist. Seite in den jemenit. Bürgerkrieg ein, wodurch sich das Verhältnis zu Ägypten, das auf republikan. Seite kämpfte, sehr verschlechterte. Den von den USA 1978/79 vermittelten ägyptisch-israelischen Friedensschluß lehnte S. trotz seiner proamerikan.

Haltung ab. Als bedrohlich für die konservative Ordnung wurden seit 1979 vom Iran ausgehende revolutionäre Tendenzen empfunden. Im Golfkonflikt 1990/91 beteiligte sich S. an der Befreiung Kuwaits. S. war dabei die Aufmarschbasis für die alliierten Truppen.

Saul, erster israelit. König (etwa 1010–1005 v. Chr.), wegen krieger. Erfolge vom Volk in Gilgal unter Mitwirkung *Samuels* gesalbt; vereinigte die israelit. Kräfte gegen die Philister, errang jedoch nur Teilerfolge; versuchte seinen Schwiegersohn *David* zu töten, so daß dieser fliehen mußte; scheiterte an innenpolit. Widerstand (Samuel) u. in der Jesreel-Ebene im Kampf gegen die Philister; nahm sich daraufhin das Leben.

Säulen des Herkules, antike Bez. für die Felsen Abyla (Abila, heute *Ceuta*) u. Kalpe (Calpe, heute *Gibraltar*) beiderseits der Straße von Gibraltar.

Sauveterrien [so:vtɛ'rjɛ̃; das; nach dem Fundort *Sauveterre-la-Lémance* im französ. Dép. Lot-et-Garonne], in Frankreich verbreitete Kultur der Mittelsteinzeit, bis nach Nordwest-Dtschld., in die Schweiz u. die Tschech. Republik reichend; typisch sind langschmale, dreieckige kleine Steingeräte.

Savonarola, Girolamo, italien. Bußprediger (Dominikaner), *21. 9. 1452 Ferrara, †23. 5. 1498 Florenz (hingerichtet); suchte nach dem Sturz der Medici (1494) in Florenz eine Demokratie auf theokrat. Grundlage durchzusetzen. In fanat. Reden trat er dem allg. Sittenverfall der Renaissance entgegen. Als Gegner Papst *Alexanders VI.* wurde er zum Ketzer erklärt, gefoltert u. 1498 in Florenz verbrannt.

Savoyen, frz. *La Savoie*, ital. *Savoia*, histor. Landschaft in Südostfrankreich.

121 v. Chr. römisch, 534 fränkisch, als Grafschaft seit 1032 beim röm.-dt. Reich, 1361 Reichsfürstentum, durch Heirat Erwerb von Piemont, 1418 Herzogtum, 1536–1559 französisch, 1720 mit Sardinien vereint u. zum Königreich (Sardinien) erhoben, 1860 von *Cavour* an Frankreich abgetreten. Dem Fürstenhaus S. entstammt die ehem. italien. Königsdynastie.

Saxo Grammaticus, dän. Geschichtsschreiber, *um 1150, †1216; Sekretär des Erzbischofs Absalon von Lund; schrieb die erste dän. Geschichte (in Latein) „Gesta Danorum" (bis 1185), in der Biographien lose aneinandergereiht sind; sie ist durch die Überlieferung von Sagas von Bedeutung u. eine wichtige Quelle für die dän. Geschichte.

Sayda, *Saida*, *Sidon*, Hafenstadt im Libanon, 38 000 Ew.

Das antike phöniz. *Sidon* nahm bis etwa 1000 v. Chr. u. in der 2. Hälfte des 1. Jh. v. Chr. eine führende Stellung unter den phöniz. Städten ein; bekannt durch Glasherstellung u. Purpurfärberei.

Scaliger ['ska:ligɛr], *Skaliger, (della) Scala*, mittelalterl. Veroneser Adelsgeschlecht, kaisertreue Ghibellinen; genannt nach der Leiter (ital. *scala*) in ihrem Wappen; 1260–1387 Herren von Verona. *Cangrande della Scala* (1291–1329) war als Herr von Vicenza, Feltre, Bellino u. Treviso der Bedeutendste seines Geschlechts. Kaiser Heinrich VII. erhob ihn zum Reichsvikar. 1318 wurde er Generalkapitän der Ghibellinen in der Lombardei. Sein Neffe *Mastino II.* (1308–1351) vergrößerte die Herrschaft, konnte sich aber nur mit Mühe gegen Mailand u. Venedig behaupten. Die S. wurden 1387 durch Gian Galeazzo *Visconti* vertrieben. Sie gingen im bayer. Landadel auf. 1958 starb der letzte S. in Neufrauenhofen.

Berühmt sind die aus dem 13. u. 14. Jh. stammenden Gräber der S. in Verona, zwischen Palastkapelle u. Residenz vor Santa Maria Antica gelegen. Begraben sind hier die S. Cansignorio, Mastino I., Mastino II., Alberto I. u. Cangrande. Das Grabmal des letzteren (1329) über dem Kirchenportal (Original im Museum) ist von bes. Bedeutung, da hier erstmals in der Kunstgeschichte ein sakrales Grabmal mit einem profanen Reiterdenkmal kombiniert wird.

Sceatta [ʃe'ata; die], altgerman. Bez. für geprägte Münze; in der Numismatik die angelsächs.-fries. Silbermünze des 7./8. Jh., die in weiten Teilen Europas bekannt war.

Schabowski, Günter, Politiker (SED), *4. 1. 1929 Anklam; Journalist; 1978–1985 Chefredakteur der Zeitung „Neues Deutschland"; 1981–1984 Kandidat, seit 1984 Mitgl. des Politbüros, seit 1985 Erster Sekretär der Bezirksleitung Berlin; 1989 maßgebl. am Sturz Honeckers beteiligt, trat wenig später mit dem gesamten ZK zurück, wurde 1990 aus der Partei ausgeschlossen. 1997 wurde S. im Zusammenhang mit den Todesschüssen an der innerdeutschen Grenze wegen Totschlags erstinstanzlich zu drei Jahren Haft verurteilt.

Schacht, Hjalmar, Finanzpolitiker, *22. 1. 1877 Tingleff, Nordschleswig, †3. 6. 1970 München; 1923 als Reichswährungskommissar an der Stabilisierung der Währung beteiligt, 1923–1930 Präs. der Reichsbank. S. trat wegen der Annahme des Young-Plans zurück, unterstützte die Harzburger Front u. förderte die Regierungsbeteiligung der NSDAP. 1933–1939 war er erneut Reichsbank-Präs., 1934–1937 zugleich Reichswirtschafts-Min. (bis 1943 noch Reichs-Min. ohne Geschäftsbereich) u. 1935–1937 Generalbevollmächtigter für die Wehrwirtschaft. S. war maßgeblich an der Finanzierung der dt. Aufrüstung beteiligt, geriet aber dann in Gegensatz zu Hitler u. unterhielt lockere Kontakte zu konservativen Widerstandskreisen. Nach dem Attentat vom 20. 7. 1944 wurde er verhaftet u. war bis Kriegsende im Konzentrationslager Flossenbürg. Im Nürnberger Hauptkriegsverbrecherprozeß wurde er 1946 freigesprochen; ein Entnazifizierungsverfahren endete gleichfalls mit Freispruch. S. war dann wieder als Bankier u. Finanzberater ausländ. Regierungen tätig. Erinnerungen: „76 Jahre meines Lebens" 1953.

Schachtgrab, ein Grabtypus mit senkrecht in den Boden führendem, abgedecktem Schacht, an den sich seitlich die Grabkammer anschließt (so in Altägypten). In der myken. Kultur gibt es unterschiedlich große, in den Boden geschnittene Schächte mit hölzerner Decke. In Mykene fand man zwei von einer Ringmauer eingefaßte Schachtgräberbezirke. Schachtgräber sind weltweit, bes. im China des 1. Jh. v. Chr., bekannt.

Schädelbestattungen, vorgeschichtl. Grabanlagen, in denen nur menschl. Köpfe beigesetzt wurden. Alt- u. mittelsteinzeitl. S. finden sich z. B. in der *Ofnet-Höhle* bei Nördlingen. Vielleicht handelt es sich um Menschenopfer; möglicherweise wurde das Gehirn herausgenommen u. verzehrt, weil man sich dadurch die Kräfte u. Eigenschaften des Toten anzueignen glaubte. S. gibt es auch vereinzelt in der Jungsteinzeit u. jüngeren Bronzezeit. In kelt. Heiligtümern wurden in Säulen eingemeißelte u. in Kultnischen mit Nägeln befestigte Menschenschädel gefunden *(Entremont, Roquepertuse).*

Schadscharat Ad Durr ['ʃadʒar a'dur; arab., „Perlenbaum"], die einzige Frau auf dem Throne Ägyptens (1250–1257), die im Innern einen bedeutenden Einfluß ausübte. Sie heiratete den Mamluken Aibek, den sie 1257 ermorden ließ; darauf wurde sie selbst von den Mamluken beseitigt.

Schäffer, Fritz, Politiker, *12. 5. 1888 München, †29. 3. 1967 Berchtesgaden; Verwaltungsjurist; 1920–1933 MdL in Bayern, 1929–1933 Vors. der Bayerischen Volkspartei (BVP), 1931–1933 Staatsrat u. Leiter des bayerischen Finanzministeriums; 1933–1945 Rechtsanwalt; Mai–Sept. 1945 Min.-Präs. von Bayern, Mitbegründer der CSU, 1946 bis 1948 Verbot polit. Betätigung durch die US-amerikan. Militärregierung; 1949–1961 MdB, 1949–1957 Bundes-Min. der Finanzen, 1957–1961 der Justiz.

Schaffhausen, Hptst. des gleichn. schweizer. Kantons am Rhein oberhalb des *Rheinfalls von S.*, 404 m ü. M., 33 800 Ew. – S. wurde 1045 als Handels- u. Stapelplatz für den durch den Rheinfall unterbrochenen Schiffsverkehr vom Bodensee rheinabwärts gegründet. 1330–1415 war es habsburgisch, danach freie Reichsstadt, die 1454 den ersten Bund mit den Eidgenossen schloß; 1501 12. Ort der Eidgenossenschaft. 1529 wurde in S. die Reformation eingeführt. 1451–1723 bildete sich das Territorium, das mit einigen Erweiterungen seit 1803 den Kanton S. bildet.

Schaffner, Hans, schweizer. Politiker (Freisinn), *16. 12. 1908 Gränichen, Aargau; 1961 bis 1969 im Bundesrat (Volkswirtschaftsdepartement), 1966 Bundes-Präs.

Schah [pers., „König"], Titel der pers. Herrscher seit dem 3. Jh.; wurde auch in Afghanistan u. Indien gebraucht.

Schah Dschahan, ind. Großmogul, → Shah Jahan.

Schahinschah [pers., „König der Könige"], Titel des ehem. Herrschers (Schah) von Iran.

Schahruch, Herrscher Irans aus der Dynastie der Timuriden 1405–1447, *20. 8. 1373 Samarkand, †12. 3. 1447 Fischaward, Rajj; folgte seinem Vater *Timur*; erweiterte das Reich in vielen Kriegen, auch gegen seine Brüder; führte im Innern eine milde u. freigebige Herrschaft; ihm folgte sein Sohn *Ulugh Beg.*

Schamir, *Shamir*, Izhak, ursprüngl. *Jagernicki*, israel. Politiker (Cherut), *3. 11. 1914 Ruzinoy (Polen); Jurist; seit 1935 in Palästina; seit 1937 Mitgl. jüdischer Untergrundorganisationen (*Irgun Zvai Leumi*, dann *Lechi*), zeitweise in brit. Haft; später im israel.

Schapur I. nimmt die Unterwerfung des gefangenen römischen Kaisers Valerian entgegen. Relief in Naqsch I Rustem bei Persepolis

Geheimdienst tätig; 1977–1980 Präsident der Knesset; 1980–1983 Außen-Min.; 1983/84 Min.-Präs. einer Rechtskoalition; 1984–1986 Außen-Min. u. stellvertr. Ministerpräsident, 1986 bis 1992 wieder Ministerpräsident.

Schamschi-ạdad, assyr. Könige des 2. u. 1. Jahrtausends v. Chr.; am bedeutendsten *S. I.*, 1748–1716 v. Chr., gründete in *Assur* eine westsemit. Dynastie u. beherrschte auch *Mari.*

Schamụn, *Chamoun*, Kamel (Camille), libanes. Politiker, * 3. 4. 1900 Deir El Kamar, † 7. 8. 1987 Beirut; mehrfach Minister, 1952–1958 Staats-Präs.

Schang, chines. Dynastie, → Shang.

Schanghai, *Shanghai*, größte Stadt der Volksrep. China, am Huang Pu, im Mündungsgebiet des Chang Jiang, im eigentl. Stadtgebiet (223 km²) 7,9 Mill. Ew., als „Stadtbezirk" (der chines. Regierung direkt unterstellt) 6185 km² groß u. 13,5 Mill. Ew. S. wird erstmals 1075 erwähnt. Seit dem 13. Jh. war es Kreisstadt u. lokaler Handelsmittelpunkt. Die moderne Entwicklung u. der industrielle Aufschwung setzten im 19. Jh. ein. Nach dem Opiumkrieg mußte S. 1842 für den ausländ. Handel geöffnet werden. In der Folge wurden große Teile der Stadt als „Internationale Niederlassung" u. „Französ. Niederlassung" der chines. Verwaltung u. Gerichtsbarkeit entzogen. Nach der Revolution von 1911 kam ganz S. faktisch unter ausländ. Verwaltung. 1937–1945 war S. von den Japanern besetzt. Im Mai 1949 wurde es von den kommunist. Truppen eingenommen. S. ist der Gründungsort der Kommunist. Partei Chinas u. war 1966 Ausgangspunkt der „Kulturrevolution".

Schapụr, sassanidische Könige: **1.** *S. I.*, 242–272 n. Chr., Sohn des Reichsgründers Ardaschir; begann damit, das Weltreich der Achämeniden u. Parther wiederherzustellen; besiegte mehrfach die Römer u. nahm Kaiser Valerian gefangen; gliederte Armenien dem Reich ein. In S.s Zeit fällt das Auftreten des Religionsstifters *Mani.*

2. *S. II., d. Gr.*, 309–379 n. Chr.; erlangte von den Römern die Abtretung aller Besitzungen östlich des Tigris; kämpfte im O gegen verschiedene Nomadenvölker, u. a. die Hunnen.

Scharẹtt, *Sharett*, Moshe (bis 1949 M. *Shertok*), israel. Politiker (Mapai), * 16. 10. 1894 Cherson, Ukraine, † 7. 7. 1965 Jerusalem; seit 1906 in Palästina, seit 1931 in der Jewish Agency; 1948–1956 Außen-Min. u. 1953 bis 1955 Min.-Präs.; unterzeichnete mit K. *Adenauer* 1952 das dt.-israel. Wiedergutmachungsabkommen.

Schärf, Adolf, österr. Politiker (SPÖ), * 20. 4. 1890 Nikolsburg, Mähren, † 28. 2. 1965 Wien; Rechtsanwalt; 1933/34 Mitgl. des Bundesrates; nach der Niederschlagung der Sozialdemokratie 1934 kurze Zeit in Haft; 1938 u. 1944 erneut inhaftiert; Mitbegründer u. 1945–1957 Vors. der SPÖ; 1945–1957 Mitgl. des Nationalrates; 1945 Staatssekretär ohne Portefeuille, danach 1945–1957 Vizekanzler; 1957–1965 Bundespräsident.

Scharfrichter, *Henker*, Vollstrecker der Todes- u. Verstümmelungsstrafen seit dem 13. Jh.; gehörte wegen seines Gewerbes zu den rechtlich benachteiligten „unehrlichen Leuten".

Scharnhorst, Gerhard Johann David von (1802), preuß. Offizier (1813 Generalleutnant), * 12. 11. 1755 Bordenau, Hannover, † 28. 6. 1813 Prag; seit 1778 in hannoverschen, seit 1801 in preuß. Diensten; 1807 Vors. der Militär-Reorganisationskommission, 1808 bis 1810 Leiter des neugeschaffenen Kriegsministeriums (ohne den Titel „Kriegsminister"), dann Chef des Generalstabs der Armee; schloß im Febr. 1813 in Kalisch mit dem Zaren die preuß.-russ. Militärallianz; erlitt als Stabschef der schles. Armee im Mai bei Großgörschen eine schwere Verwundung, an deren Folgen er starb. S. war

Gerhard von Scharnhorst

von der Aufklärung u. dem Rationalismus geprägt. In enger Verbindung zu den polit. Reformen *Steins* u. *Hardenbergs* schuf er mit *Gneisenau* u. *Boyen* ein neues, den polit. u. sozialen Erfordernissen der Zeit angepaßtes Heeressystem. Insbes. wurden die allg. Wehrpflicht eingeführt u. der bevorrechtigte Anspruch des Adels auf Offiziersstellen abgeschafft. – Hptw.: „Hdb. für Offiziere in den angewandten Teilen der Kriegswissenschaften" 3 Bde. 1787–1790; „Militär. Denkwürdigkeiten unserer Zeit" 6 Bde. 1796–1805; „Hdb. der Artillerie" 3 Bde. 1804–1814.

Scharping, Rudolf, Politiker (SPD), * 2. 12. 1947 Niederelbert (Westerwald); Politologe; seit 1966 Mitgl. der SPD; 1985–1993 Landes-Vors. der SPD in Rheinland-Pfalz, 1991–1994 Min.-Präs. von Rheinland-Pfalz; 1993–1995 Vors. der SPD; 1994 Kanzlerkandidat; seit 1994 Mitglied des Bundestages u. Vors. der SPD-Bundestagsfraktion.

Schasạr, *Shazar*, Schneor Salman, ursprüngl. S. *Rubaschow*, israel. Politiker (Mapai), * 6. 10. 1889 Mir, Weißrußland, † 5. 10. 1974 Jerusalem; nach Studium in Rußland u. Dtschld. seit 1924 in Palästina, führend in der Histadrut, 1948–1950 Erziehungs-Min., 1963–1973 Staats-Präs.

Schạstri, Lal Bahadur, ind. Politiker, → Shastri.

Schattendorfer Prozeß, das Verfahren vor einem Wiener Geschworenengericht im Juli 1927 gegen drei Angehörige einer radikal rechtsextremen Frontkämpfervereinigung, deren Schüsse bei einem Zusammenstoß mit Angehörigen des sozialdemokrat. Republikanischen Schutzbunds am 30. 1. 1927 in *Schattendorf* (Burgenland) ein Kind u. einen Invaliden getötet hatten. Obwohl die Frontkämpfer dies vor Gericht zugaben, endete der S. P. mit einem Freispruch. Daraufhin brach die → Julirevolte 1927 aus.

Schauenburger → Schaumburg.

Schaumburg, alte dt. Grafschaft im Wesertal, benannt nach der *Schauenburg* bei Rinteln. Graf *Adolf I.* († um 1130) erhielt 1110 von Kaiser Lothar III. die Grafschaft *Holstein* zu Lehen. Mit *Adolf VIII.* hörte 1459 die Verbindung von S. u. Holstein auf, doch verblieb der Linie S. die Grafschaft *Pinneberg.* 1619 wurde *Ernst III.* von Kaiser Ferdinand II. in den Reichsfürstenstand erhoben. 1640 starb das Geschlecht der *Schauenburger* mit *Otto VII.* aus. Die Ländereien wurden geteilt: Pinneberg wurde von Dänemark eingezogen, ein Teil von S. fiel dem Herzog von Braunschweig-Lüneburg zu, den Rest teilten sich *Hessen-Kassel* u. der Graf *Philipp zur Lippe* (→ Schaumburg-Lippe). Der hess. Anteil fiel 1866 an Preußen. Seit 1946 gehören beide Teile zum Land Niedersachsen.

Schaumburg-Lippe, ehem. Land des Dt. Reiches, östl. der Weser, 340 km², 53 000 Ew. (1939), Hptst. *Bückeburg.* – Die Linie S. (oder *Bückeburg*) des Hauses *Lippe* wurde von Graf *Philipp I.* (* 1601, † 1681) begründet, der 1643 einen Teil der Grafschaft *Schaumburg* erbte, von der er jedoch nach dem Westfäl. Frieden nur die Ämter Stadthagen, Bückeburg, Arensburg u. andere kleine Gebiete behielt. Mit dem Beitritt des Grafen *Georg* (1787–1860) zum Rheinbund (1807) wurde S. Fürstentum. Fürst *Adolf* (1860–1893) trat 1867 dem Norddt. Bund u. 1871 dem Dt. Reich bei. 1918 wurde S. Freistaat, 1922 erhielt es eine demokrat. Verfassung. Der Anschluß an Preußen wurde 1926 in einer Volksabstimmung abgelehnt. 1933–1945 war S. einem Reichsstatthalter unterstellt. 1946 wurde es dem neugebildeten Land Niedersachsen eingegliedert.

Schedel, Hartmann, Arzt u. Historiker, * 13. 2. 1440 Nürnberg, † 28. 11. 1514 Nürnberg; veröffentlichte 1493 eine latein. Weltchronik (im gleichen Jahr dt.), mit ca. 2000 Holzschnitten von M. *Wolgemut* u. W. *Pleydenwurff*, das umfangreichste illustrierte Druckwerk des 15. Jh.

Scheel, Walter, Politiker (FDP), * 8. 7. 1919 Solingen; Bankkaufmann; 1939–1945 Luftwaffensoldat, war zuletzt Oberleutnant; 1945–1953 Geschäftsführer einer kleinen Stahlwarenfabrik, anschließend Wirtschaftsberater; seit 1946 Mitglied der FDP, 1953–1974 MdB. 1956 war S. maßgeblich beteiligt am Sturz der CDU/FDP-Koalition u. der Bildung der SPD/FDP-Koalition in Nordrhein-Westfalen. 1961–1966 war er Bundes-Min. für wirtschaftl. Zusammenarbeit im Kabinett Adenauer, 1967–1969 Bundestags-Vizepräsident. 1968 wurde er als Nachfolger E. *Mendes* Parteivorsitzender der FDP; er förderte die Umorientierung der Partei auf eine Koalition mit der SPD. 1969 bis 1974 war er als Außen-Min. u. Vizekanzler im sozialliberalen Kabinett unter W. *Brandt* einer der führenden Repräsentanten der neuen Ostpolitik. 1974–1979 war er Bundespräsident. Seither ist S. Ehrenvorsitzender der FDP.

Scheidemann, Philipp, Politiker (SPD), * 26. 7. 1865 Kassel, † 29. 11. 1939 Kopenhagen; Buchdrucker, dann Redakteur; 1903–1918 u. 1920–1933 MdR, 1911–1920 Mitgl. des Parteivorstands der SPD. Im 1. Weltkrieg wurde S. neben F. *Ebert* zum anerkannten Führer der Mehrheits-SPD. Er setzte sich bes. seit 1916 für einen Verständigungsfrieden ein, der von Gegnern als „S.-Frieden" bezeichnet wurde. Im Okt. 1918 trat er als Staatssekretär in das Kabinett des Prinzen *Max von Baden* ein. Am 9. 11. 1918 proklamierte er in der Novemberrevolution die dt. Republik. S. war von Nov. 1918 bis Febr. 1919 Mitgl. des Rates der Volksbeauftragten u. von Febr. bis Juni 1919 Reichsministerpräsident an der Spitze einer Regierung der „Weimarer Koaliton"; er trat aus Protest gegen die Annahme des Versailler Vertrags zurück. 1920–1925 war er Oberbürgermeister von Kassel. 1933 emigrierte er. S. schrieb „Der Zusammenbruch" 1921; „Memoiren eines Sozialdemokraten" 2 Bde. 1928.

Schenk, *Mundschenk* → Erzämter.

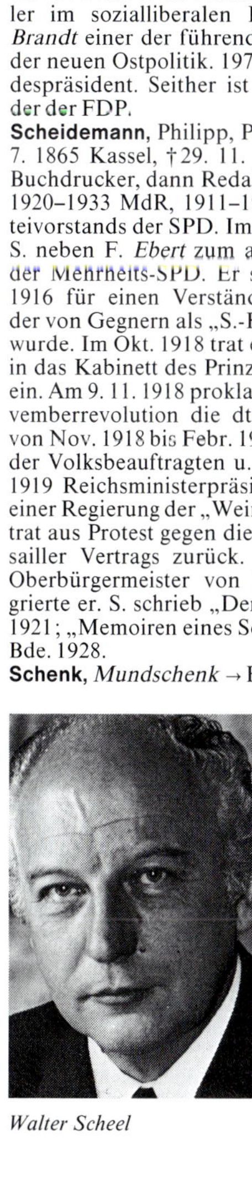

Walter Scheel

Philipp Scheidemann

Schenk von Stauffenberg → Stauffenberg.
Scherbengericht → Ostrakismos.
Scherif [arab., „erhaben“], Titel der Nachkommen des Propheten Mohammed, oberste Hüter des Heiligtums (der Kaaba) in Mekka; ein Zweig der S.en herrschte vom 10. Jh. bis 1916 bzw. 1924 in Mekka.
Scheschonk, Name ägypt. Könige, → Schoschenk.
Schewardnadse, *Ševardnadze,* Eduard Amwrossijewitsch, georg. Politiker, *25. 1. 1928 Mamati, Georgien; 1965–1972 Innen-Min., 1972–1985 Erster Parteisekretär in Georgien; seit 1978 Kandidat, 1985–1990 Mitgl. des Politbüros der KPdSU; 1985–Jan. 1991 Außen-Min. der UdSSR; trat von diesem Amt zurück, um gegen diktator. Tendenzen in der sowjet. Politik zu protestieren; im Juli 1991 trat S. aus der KPdSU aus, im Nov./Dez. 1991 war er erneut sowjet. Außen-Min. Seit 1992 ist S. Staatsoberhaupt von Georgien.
Schieder, Theodor, Historiker, *11. 4. 1908 Oettingen, †8. 10. 1984 Köln; 1942–1945 Prof. in Königsberg, 1948 in Köln; seit 1964 Präs. der Histor. Kommission in München; seit 1957 Hrsg. der „Histor. Zeitschrift“; arbeitete über neue Geschichte u. Geschichtswissenschaft. Hptw.: „Staat u. Gesellschaft im Wandel unserer Zeit“ 1958; „Das Kaiserreich von 1871 als Nationalstaat“ 1961; „Begegnungen mit der Geschichte“ 1962; „Geschichte als Wissenschaft“ 1965; „Friedrich d. Gr.“ 1983. Hrsg.: „Dokumente der Vertreibung der Deutschen aus Ostmitteleuropa“ 1953 ff.; „Handbuch der europ. Geschichte“ 1968 ff.
Schiiten [arab. *schiah,* „Partei“], islam. Parteien, ursprüngl. die Anhänger des Vetters u. Schwiegersohns Mohammeds, *Ali,* die nur ihn u. seine Nachkommen als Kalifen anerkannten. Ali war 656–661 der 4. Kalif u. wurde nach seinem Tod von seinen Anhängern fast vergöttlicht. Vom *Sufismus* wurde er als Träger geheimer Offenbarung angesehen. Gegenüber den Sunniten vertreten die S. (etwa 10% aller Moslems) die Lehre vom Imam als gottähnlichem Mittler u. Führer, z.T. auch die Lehre vom kommenden, noch verborgenen Imam *(Mahdi).* Die S. sind in verschiedene Sekten aufgespalten (*Zaiditen* in Jemen, *Ismailiten* in Iran u. Indien, *Imamiten* in Syrien); sie sind bes. in Iran verbreitet.
Schiki, chines. Geschichtswerk, → Shiji.
Schikken, japan. Machthaber, → Shikken.
Schild, *Heraldik:* das Wappenbild tragender Teil des Wappens.
Schill, Ferdinand von, preuß. Offizier (1807 Major), *6. 1. 1776 Wilmsdorf bei Dresden, †31. 5. 1809 Stralsund (gefallen); wollte 1809 mit seinem Berliner Husarenregiment die Festung Magdeburg im Handstreich nehmen, um Preußen zu einem Volksaufstand gegen Napoleon an der Seite Österreichs u. der hess. Insurgenten mitzureißen; dies mißlang jedoch. S. fand im Straßenkampf in Stralsund den Tod; elf seiner Offiziere wurden in Wesel von den Franzosen erschossen.
Schiller, Karl, Nationalökonom u. Politiker (SPD), *24. 4. 1911 Breslau, †26. 12. 1994 Hamburg; 1944/45 Prof. in Rostock, 1947–1961 in Hamburg; 1948–1953 Senator für Wirtschaft u. Verkehr in Hamburg, 1961–1965 Senator für Wirtschaft in Berlin (West); 1966–1972 Bundes-Min. für Wirtschaft, 1971/72 zugleich Bundes-Min. der Finanzen. S. trat nach Meinungsverschiedenheiten im Bundeskabinett über Fragen der Steuerreform u. die von ihm vorgeschlagenen Haushaltseinsparungen zurück u. verließ wenig später die SPD. Seither war er als wirtschaftspolit. Berater im In- u. Ausland tätig. 1980 trat er wieder in die SPD ein.
Schilling, engl. *Shilling,* lat. *Solidus,* frz. *Sol;* ursprüngl. Münzzahlwert für 30 oder 40, seit 743 n. Chr. für 12 Pfennige; im 9. Jh. vorübergehend in Gold, seit dem 14. Jh. in Silber geprägt. Seit dem 15. Jh. gibt es auch den *Doppel-S.* zu 24 Pfennigen. Seit dem 16. Jh. entwickelte sich der S. in Dtschld. sehr verschiedenartig; in Würzburg u. Württemberg 1/42 Taler, in Westfalen 1/21 oder 1/28 Taler, in Nord-Dtschld. 1/32 Taler oder 1/48 Taler. Den S. gab es auch in Polen (16./17. Jh.), Holland (16.–18. Jh.) u. Skandinavien (15.–19. Jh.).
Schinderhannes, eigentl. Johann *Bückler,* Räuberhauptmann, *25. 5. 1783 Miehlen, Taunus, †21. 11. 1803 Mainz (hingerichtet); beging als Führer einer Bande am Rhein u. im Taunus Straßenraub u. Erpressungstaten, indem er Sicherheitskarten ausstellte, die dem Erwerber freies Geleit zusicherten; wurde mehrmals festgenommen, konnte jedoch entkommen; wurde 1802 erneut verhaftet u. in einem langen Sensationsprozeß zum Tode verurteilt. Im Volk wurde S. als „edler Räuber“ bewundert.
Schirach, Baldur von, Politiker (NSDAP), *9. 5. 1907 Berlin, †8. 8. 1974 Kröv, Mosel; wurde 1925 als Student Mitgl. der NSDAP, war 1928–1932 Leiter des NS-Studentenbundes, 1931–1940 Reichsjugendführer der NSDAP, 1933–1940 Jugendführer des Dt. Reichs, 1940–1945 Gauleiter u. Reichsstatthalter von Wien. 1946 wurde S. in Nürnberg vom Internationalen Militärgerichtshof wegen Verbrechen gegen die Menschlichkeit (Judendeportation) zu 20 Jahren Haft verurteilt, die er im Spandauer Kriegsverbrechergefängnis verbüßte. Er schrieb polit. Lyrik u. die Memoiren „Ich glaubte an Hitler“ 1967.
Schirdewan, Karl, Politiker (SED), *14. 5. 1907 Königsberg; Transportarbeiter; seit 1925 Mitgl. der KPD; 1934–1945 polit. Häftling; 1947–1952 Leiter der Westkommission beim Vorstand bzw. ZK der SED; 1952 Erster Sekretär der Landesleitung Sachsen, dann der Bezirksleitung Leipzig der SED; 1952–1958 Mitgl. u. Sekretär des ZK, 1953–1958 Mitgl. des Politbüros der SED, verantwortlich für Organisationswesen u. Personalpolitik der Partei. 1958 wurde S. wegen „Fraktionstätigkeit“ (Forderung nach wirtschaftl. u. polit. Reformen, Kritik an der starren Politik des Ulbricht-Flügels) zusammen mit F. *Oelßner* u. E. *Wollweber* aus dem ZK ausgeschlossen. 1958–1965 war er Leiter der Staatl. Archivverwaltung der DDR. 1989 wurde er rehabilitiert.
Schischak, Name ägypt. Könige, → Schoschenk.
Schisma [das, Pl. *Schismen* oder *Schismata;* grch., „Spaltung“], kirchliche u. rechtliche, aber nicht lehrmäßige Trennung u. Bildung selbständiger Teile in einer Kirchengemeinschaft. Bes. bekannt sind: 1. *Morgenländisches S.,* erfolgte zwischen der morgenländ. u. der abendländ. Kirche 867, endgültig 1054. Nach dem 2. Vatikan. Konzil bahnt sich eine Aufhebung des S.s an. – 2. *Abendländisches* oder *Großes S.* (1378–1417), als 2 bzw. 3 Päpste gleichzeitig den Primat beanspruchten.
Schiwkow [-kɔf], *Shiwkoff,* Živkov, Todor, bulgar. Politiker (Kommunist), *7. 9. 1911 Prawez bei Sofia; seit 1932 Mitgl. der KP, Partisanenführer im 2. Weltkrieg; seit 1948 Mitgl. des ZK, seit 1951 des Politbüros, seit 1954 Erster Sekretär des ZK der KP Bulgariens; zugleich 1962–1971 Min.-Präs., nach der Verfassungsänderung von 1971 Staatsratsvorsitzender (Staatsoberhaupt); verlor 1989 alle Ämter, wurde aus der Partei ausgeschlossen u. 1990 inhaftiert. 1992 wurde S. wegen Veruntreuung u. unrechtmäßiger Bereicherung zu sieben Jahren Haft verurteilt. Das Urteil wurde im Febr. 1996 aufgehoben.
Schlachta [die], poln. *Szlachta,* der niedere poln. Adel, hervorgegangen aus dem Kreis der Freien, die beritten Heeresfolge leisteten; im 14.–18. Jh. mit den *Magnaten* (Hochadel) staatstragend in Polen. Der S. war Grundbesitz, Steuerfreiheit, Reichstagszugehörigkeit u. Teilnahme an der Königswahl vorbehalten.
Schlageter, Albert Leo, Freikorpsoffizier, *12. 8. 1894 Schönau, Baden, †26. 5. 1923 Golzheimer Heide bei Düsseldorf (hingerichtet); seit 1922 Mitgl. der NSDAP; verübte während des Ruhrkampfs Anschläge auf Verkehrswege u. wurde deshalb von einem französ. Kriegsgericht zum Tode verurteilt. S. wurde zur Symbolfigur der nat.-soz. Propaganda. Vorübergehend wurde er auch von kommunist. Seite gefeiert („S.-Rede“ von K. *Radek* 1923).
Schlange-Schöningen, Hans, Politiker, *17. 11. 1886 Schöningen bei Stettin, †20. 7. 1960 Bad Godesberg; Rittergutsbesitzer; 1921 bis 1928 Mitgl. des preuß. Landtags (DNVP), 1924–1932 MdR (seit 1930 Christlich-Nationale Bauern- u. Landvolkspartei), 1931/32 Reichs-Min. ohne Geschäftsbereich und Reichskommissar für die Osthilfe; 1933–1945 landwirtschaftlich tätig; 1945 Mitbegründer der CDU in Schleswig-Hol-

Schlesien: Huldigung der Landstände an Friedrich II. im Rathaus zu Breslau. Zeitgenössischer Kupferstich

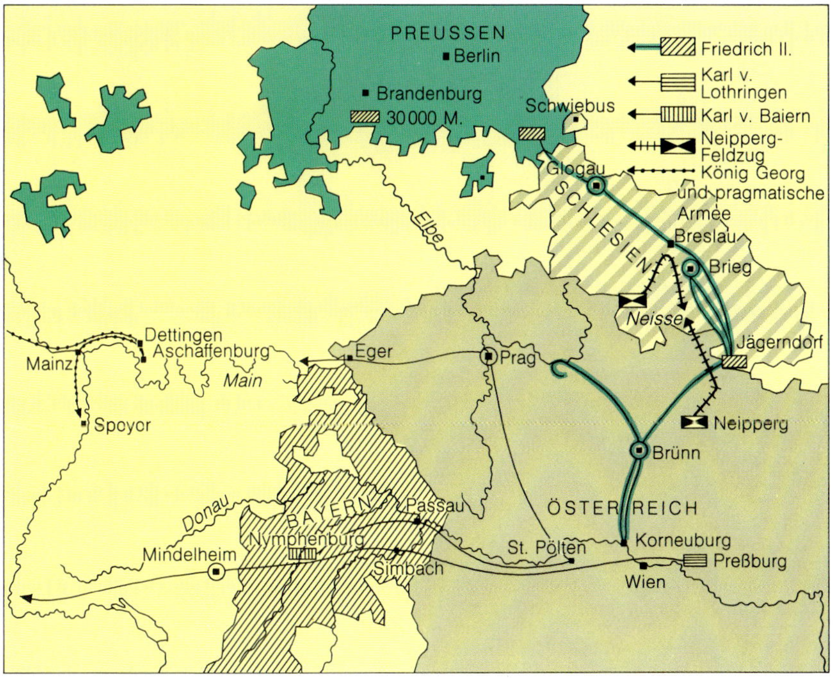

Der erste schlesische Krieg 1740–1742

stein; 1946/47 Leiter des Zentralamts für Ernährung u. Landwirtschaft in der brit. Zone, 1947–1949 Direktor der Verwaltung für Ernährung, Landwirtschaft u. Forsten des Vereinigten Wirtschaftsgebiets (Bizone); 1949/50 MdB; 1950–1953 Generalkonsul, 1953–1955 Botschafter in London.

Schleicher, Kurt von, Offizier (1931 Generalleutnant) u. Politiker, *7. 4. 1882 Brandenburg, †30. 6. 1934 Babelsberg bei Potsdam (ermordet); seit dem 1. Weltkrieg in Stabs- u. Ministerialstellen, enger Vertrauter des Generals W. *Groener;* 1929 Leiter des neugeschaffenen Ministeramtes (etwa einem Staatssekretär entsprechend) im Reichswehrministerium. Durch enge Beziehungen zu Reichs-Präs. von *Hindenburg* u. zahlreiche andere Kontakte erlangte S. über die Reichswehr hinaus bedeutenden polit. Einfluß. Er war maßgeblich am Sturz der Regierung H. *Müller* u. der Berufung H. *Brünings* 1930, sodann am Sturz Brünings u. der Berufung F. von *Papens* 1932 beteiligt. In Papens Kabinett übernahm er das Amt des Reichswehrministers. Seit 1930 bestrebt, *Hitler* für seine Politik zu gewinnen u. damit unter Kontrolle zu bringen, wurde er gleichzeitig zu dessen Gegenspieler u. suchte die NSDAP zu spalten. Nach dem von ihm herbeigeführten Sturz Papens war S. vom 3. 12. 1932 bis zum 28. 1. 1933 selbst Reichskanzler. Er scheiterte mit seinem Versuch, ein Bündnis zwischen Reichswehr u. Arbeiterschaft herzustellen u. durch eine „Querfront" vom Strasser-Flügel der NSDAP bis zu den Gewerkschaften eine Massenbasis für seine Regierung zu schaffen. S. u. seine Frau wurden beim sog. Röhm-Putsch von der SS erschossen.

Schleinzer, Karl, österr. Politiker (ÖVP), *8. 1. 1924 St. Gertraud, Kärnten, †19. 7. 1975 Bruck an der Mur, Steiermark; 1961–1964 Verteidigungs-Min., 1964–1970 Landwirtschafts-Min.; 1970/71 Generalsekretär, 1971 bis 1975 Bundesobmann (1. Vors.) der ÖVP.

Schlesien, poln. *Śląsk,* ehem. preuß. Provinz (1939: 36 696 km², 4,8 Mill. Ew.), 1945 größtenteils zu Polen (Wojewodschaften Katowice, Opole, Wrocław, z. T. Poznań u. Zielona Góra); ein kleinerer Teil kam zur sowjet. Besatzungszone.

Nach Abwanderung der wandalischen *Silingen* (nach 300) wurde S. von slaw. Stämmen besiedelt, die seit dem 10. Jh. unter Herrschaft der poln. Piasten standen. Kaiser Friedrich I. Barbarossa errichtete 1163 die beiden schles. Herzogtümer *Breslau* u. *Ratibor* unter den schles. Piasten *Boleslaw I.* († 1201) u. *Mieszko* († 1211) u. machte sie dem Reich tributpflichtig. Später zerfiel S. in zahlreiche Teilfürstentümer. Dt. Siedler wurden begünstigt (→ Ostsiedlung). 1327 wurde der böhm. König *Johann von Luxemburg* Lehnsherr von S. 1526 fiel es an die Habsburger. Die schles. Fürstentümer bewahrten stets ihre Eigenständigkeit. Das sich nach der Reformation in S. ausbreitende Luthertum wurde in der Gegenreformation wieder zurückgedrängt (Grenz-, Friedens-, Gnadenkirchen als kaiserl. Zugeständnisse). Nach dem 1. Schles. Krieg fielen 1742 Nieder-S., ein großer Teil von Ober-S. u. die Grafschaft Glatz an Preußen, das seiner neuen Prov. S. 1815 die von Kursachsen erworbene Oberlausitz hinzufügte. Der südl. Teil Ober-S.s blieb habsburgisch u. bildete bis 1918 als Herzogtum das Kronland *Österreichisch-S.* Nach dem 1. Weltkrieg wurde der Regierungsbezirk Oppeln zur Provinz *Ober-S.* erhoben. Die Regierungsbezirke Breslau u. Liegnitz wurden zur Provinz *Nieder-S.* zusammengeschlossen. Das Troppauer Gebiet u. der W des Teschener Gebiets kamen 1919 durch den Frieden von Saint-Germain an die Tschechoslowakei, 1938 zum Sudetenland. Das Olsagebiet fiel an Polen u. kam 1939 zum Reg.-Bez. Kattowitz. Die östl. Hälfte des Teschener Gebiets kam 1920 zu Polen u. wurde mit dem 1922 vom Reich abgetretenen *Ost-Ober-S.* zur Wojewodschaft S. vereinigt. Da der neugegründete poln. Staat ganz Ober-S. gefordert hatte, war im Versailler Vertrag für dieses Gebiet eine Abstimmung festgesetzt, gleichzeitig jedoch ohne Abstimmung das *Hultschiner Ländchen* an die Tschechoslowakei, die nördl. Grenzgebiete des Reg.-Bez. Breslau an Polen abgetreten worden. Die Abstimmung von 1921 ergab trotz poln. Aufstände eine klare Mehrheit für das Verbleiben bei Dtschld. Daraufhin erhob Dtschld. Anspruch auf ganz Ober-S. Nach Völkerbundsratsbeschluß erhielt jedoch Polen den wertvolleren Teil Ober-S.s. 1934 wurde die 1919 geschaffene dt. Prov. Ober-S. mit Nieder-S. vereinigt, nach Rückeroberung im 2. Weltkrieg 1941 als Provinz wiederhergestellt. Die am Tag der Kapitulation der dt. Wehrmacht 1945 etwa 1,5 Mill. im Land verbliebenen u. die 1 Mill. bis zur Sperrung der Grenzen an Oder u. Neiße sowie zur Tschechoslowakei zurückgekehrten Schlesier wurden in den folgenden Jahren zum größten Teil vertrieben. S. wurde poln. Verwaltung unterstellt (→ Ostgebiete), bis auf das Gebiet westl. der *Oder-Neiße-Linie,* das zu Sachsen kam (1990 endgültig völkerrechtl. bestätigt).

Schlesische Kriege, die drei preuß.-österr. Kriege um den Besitz Schlesiens. – 1. Schlesischer Krieg 1740–1742. Nach dem Tod Kai-

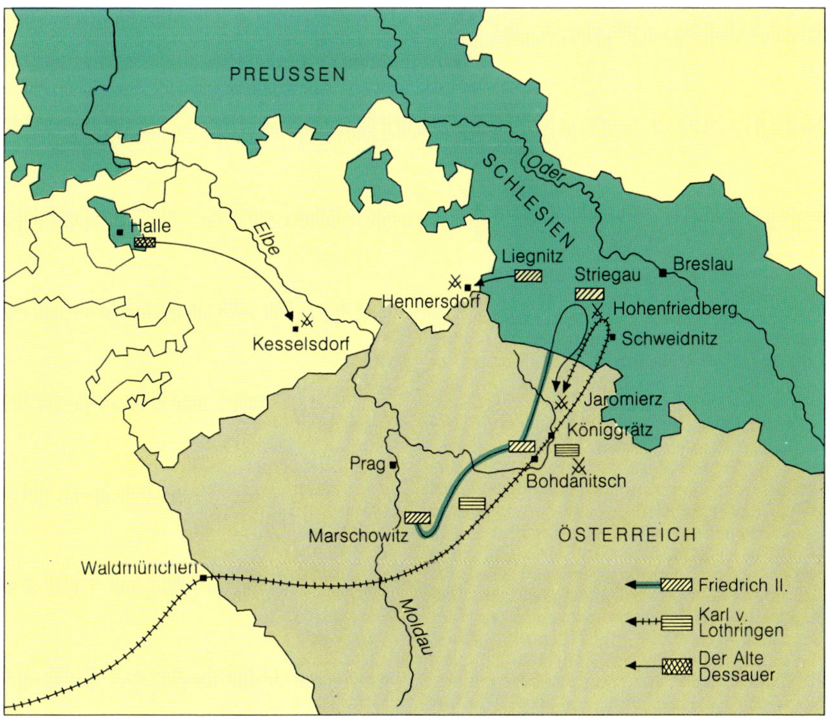

Der zweite schlesische Krieg 1744–1745

ser Karls VI. machte *Friedrich II.* von Preußen gegenüber der zugleich von Frankreich u. Bayern im Österreichischen Erbfolgekrieg angegriffenen österr. Thronerbin *Maria Theresia* Ansprüche auf schles. Gebiet geltend, fiel in Schlesien ein u. konnte nach schweren Kämpfen bei Mollwitz u. Chotusitz siegen. Im *Frieden von Berlin* (1742) kamen Niederschlesien, Teile Oberschlesiens u. die Grafschaft Glatz an Preußen. – 2. Schlesischer Krieg 1744/45. An der Seite Frankreichs griff Friedrich erneut in den Österr. Erbfolgekrieg ein, da die österr. Erfolge seine schles. Eroberungen in Frage stellten. Er konnte Prag erobern, wurde dann aber zurückgeschlagen. Der Sieg bei Hohenfriedberg brachte die Entscheidung. Bei Kesselsdorf schlug Friedrich die Sachsen u. zog in Dresden ein. Der *Friede von Dresden* (1745) bestätigte den schles. Besitz Preußens. Friedrich sicherte *Franz I.*, dem Gemahl Maria Theresias, die Anerkennung als dt. Kaiser zu. – 3. Schlesischer Krieg → Siebenjähriger Krieg.

Schleswig, Kreisstadt in Schleswig-Holstein, am Südwestende der Schlei, 26 900 Ew.
Als Siedlung seit etwa 800 bestehend, trat S. im 11. Jh. die Nachfolge des zerstörten *Haithabu* als wichtiger Handelsplatz an. Das Bistum S. bestand bereits seit 947/48. Das älteste Stadtrecht wurde 1250 aufgezeichnet. Nach längerer Stagnation im späten MA war S. 1544–1713 Residenz der Herzöge von *Holstein-Gottorf.* 1867–1945 war es Hptst. der preuß. Provinz Schleswig-Holstein.

Schleswig-Holstein, das nördlichste Bundesland der BR Dtschld., hat eine Fläche von 15 732 km² u. 2,7 Mill. Ew.; Hptst. ist *Kiel.*
Schleswig war im MA als Südjütland mit der dän. Krone fest verbunden, doch wurden die *Schauenburger* Grafen, die 1111 durch Herzog Lothar von Supplinburg mit Holstein belehnt worden waren, 1326 auch mit Schleswig belehnt. 1386 u. 1440 wurde die Verbindung Holsteins mit Schleswig erneut bestätigt. 1460 wurde Christian I. von Dänemark zum Herzog von Schleswig u. Grafen von Holstein-Stormarn gewählt; er mußte den beiden Territorien ihr Zusammenbleiben u. ihre innere Selbständigkeit zusichern.
Damit begann die bis 1864 währende Verbindung der Herzogtümer (Holstein wurde 1473 zum Herzogtum erhoben) mit Dänemark. 1490 u. 1544 wurde das Land nach fürstl. Erbrecht geteilt. Der Gegensatz zwischen den beiden regierenden Linien (Könige von Dänemark, Gottorfer Herzöge) warf die *Gottorfer Frage* auf, die 1767 bis 1773 durch Verträge zwischen Dänemark u. Rußland gelöst wurde. Das ungeteilte S. wurde Glied des dän.-norweg. Gesamtstaats. Umfassende Reformen brachten dem Bauerntum die soziale u. wirtschaftl. Befreiung (Auflösung der Feldgemeinschaften, Aufhebung der Leibeigenschaft). 1815 wurde Holstein Mitgl. des Dt. Bundes, dem der dän. König als Herzog von Holstein angehörte. Als Dänemark aus erbfolgerechtl. Gründen Schleswig von Holstein zu trennen u. völlig zu annektieren suchte, führte dies 1848 zur Erhebung der dt. Bevölkerung S.s u. zum 1. dt.-dän. Krieg (1848–1850), der mit dem Sieg Dänemarks endete. Der Londoner Vertrag von 1852 regelte die Erbfolge nach dän. Wünschen. 1863 wurde durch eine neue dän. Verfassung Schleswig dem dän. Königreich eingegliedert. Daraufhin kam es 1864 zum 2. dt.-dän. Krieg. Das unterlegene Dänemark mußte im Wiener Frieden von 1864 die Herzogtümer Schleswig, Holstein u. Lauenburg an Österreich u. Preußen abtreten. Ein Konflikt über die Verwaltung der Herzogtümer löste den Dt. Krieg von 1866 aus. Österreich mußte auf seine Rechte verzichten; S. wurde 1867 preuß. Provinz.
Nach dem 1. Weltkrieg entschied sich aufgrund einer vom Versailler Vertrag bestimmten Volksabstimmung 1920 in Nordschleswig u. Teilen Mittelschleswigs die nördl. Zone für den Anschluß an Dänemark, die südl. für den Verbleib bei Dtschld. 1946 wurde S. ein selbständiges Land. Da es in Südschleswig eine dän. Minderheit gibt, kennt S. als einziges Bundesland der BR Dtschld. ein Nationalitätenproblem. 1955 gaben die BR Dtschld. u. Dänemark „Grundsatzerklärungen" über die demokrat. Rechte der beiderseitigen Minderheiten ab. Die Interessen der dän. Minderheit in S. vertritt der *Südschleswigsche Wählerverband* (SSW). Die führende Regierungspartei war 1950–1988 die CDU; seither ist es die SPD.
Ministerpräsidenten: 1946/47 Theodor *Steltzer* (CDU), 1947–1949 Hermann *Lüdemann* (SPD), 1949/1950 Bruno *Diekmann* (SPD), 1950/51 Walter *Bartram* (CDU), 1951–1954 Friedrich Wilhelm *Lübke* (CDU), 1954–1963 Kai-Uwe von *Hassel* (CDU), 1963–1971 Helmut *Lemke* (CDU), 1971–1982 Gerhard *Stoltenberg* (CDU), 1982–1987 Uwe *Barschel* (CDU), 1987/88 Henning *Schwarz* (CDU), 1988–1993 Björn *Engholm* (SPD), seit 1993 Heide *Simonis* (SPD).

Schlieffen, Alfred Graf von, Offizier (1911 Generalfeldmarschall), *28. 2. 1833 Berlin, †4. 1. 1913 Berlin; seit 1884 im Großen Generalstab, 1891–1905 Generalstabschef. – S. hinterließ seinem Nachfolger H. von *Moltke d. J.* den *S.-Plan*, konzipiert in der Lage von 1905, als Rußland durch den Krieg gegen Japan sehr geschwächt war. Der Plan sah vor, einen Zweifrontenkrieg rasch in Frankreich zu entscheiden. Bei weitgehender Entblößung der Ostfront u. hinhaltender Verteidigung des linken Flügels im W sollte ein starker rechter dt. Flügel das französ. Heer umfassen u. vernichten. Hierzu war der Durchmarsch durch Belgien erforderlich. Der S.-Plan wurde im 1. Weltkrieg in modifizierter Form angewandt. Die Durchführung scheiterte daran, daß der rechte dt. Flügel für die ihm gestellte Aufgabe nicht stark genug war. Politisch wirkte der Plan verhängnisvoll, da er – obwohl nicht für einen Präventivkrieg gedacht – in der Julikrise 1914 ein offensives Vorgehen im W nahelegte u. die polit. Führung Deutschlands sich unter dem Druck der Militärs ihren polit. Handlungsspielraum einengen ließ.

Schliemann, Heinrich, Altertumsforscher, *6. 1. 1822 Neubukow, †26. 12. 1890 Neapel; benutzte sein als Kaufmann erworbenes Vermögen, um den Plan seiner Jugend, die Entdeckung der Schauplätze der homerischen Epen, zu verwirklichen. S. fand 1871 im Hügel von Hissarlik an den Dardanellen das homerische Troja (Grabungen bis 1890, seit 1882 unter Mitarbeit von W. *Dörpfeld*). Später unternahm er größere Grabungen in Mykene, Tiryns, Ithaka u. Orchomenos (Böotien). Die Ergebnisse seiner Forschungen fanden nur langsam Anerkennung. S. gilt als Begründer der archäolog. Grabungsmethoden. Autobiographie 1892.

Schlosser, Friedrich Christoph, Historiker, *17. 11. 1776 Jever, †23. 9. 1861 Heidelberg; Gymnasiallehrer, seit 1817 Prof. in Heidelberg; schrieb im Geist der Aufklärung u. im Sinn des Kantschen Moralsystems seine weitverbreiteten Hauptwerke „Weltgeschichte für das dt. Volk" 19 Bde. 1844–1856 u. „Geschichte des 18. Jh. u. 19. Jh." 6 Bde. 1836–1849, die großen Einfluß auf das Geschichtsbild des dt. Bürgertums im 19. Jh. hatten.

Schlüter [dän. 'sly:dər], Poul Holmskov, dän. Politiker (Konservative Volkspartei), *3. 4. 1929 Tondern; Jurist; wurde 1974 Vors. der Konservativen Volkspartei; 1982–1993 Min.-Präs.

Schmalkaldischer Bund, der 1531 in Schmalkalden von prot. Fürsten u. Reichsstädten unter Führung des Landgrafen *Philipp* von Hessen und des Kurfüsten *Johann* von Sachsen geschlossene Bund mit dem Ziel, Glauben u. polit. Selbständigkeit zu wahren. Zugeständnisse Kaiser *Karls V.* förderten zunächst seinen Einfluß, doch nahm die Bedeutung wegen unterschiedl. Zielsetzungen der Mitglieder seit 1541 ab. 1546 verhängte Karl die Reichsacht über die Bundeshauptleute Philipp u. Johann u. ging militärisch gegen sie vor *(Schmalkaldischer Krieg)*. Die Niederlage des Bundes bei Mühlberg am 24. 4. 1547 führte zu seiner Auflösung.

Alfred von Schlieffen

Helmut Schmidt

Schmerling, Anton Ritter von, österr. Politiker, *23. 8. 1805 Wien, †23. 5. 1893 Wien; in der Frankfurter Nationalversammlung 1848 Sprecher der Österreicher u. Großdeutschen, Gegner der Erbkaiserlichen; Juli–Dez. 1848 Reichsinnen-Min. u. Reichs-Min.-Präs; in Österreich 1849–1851 Justiz-Min., 1860–1865 Innen-Min. S. befürwortete die liberal-zentralist. Verfassung von 1861 u. trat 1865 zurück, als gegen seinen Willen den föderalist. Forderungen der nicht-dt. Länder innerhalb der Monarchie nachgegeben wurde.

Schmid, Carlo, Politiker (SPD), *3. 12. 1896 Perpignan (Frankreich), †11. 12. 1979 Bonn; Jurist; 1927–1940 Richter; war 1940–1945 bei der Wehrmacht (Kriegsverwaltungsrat); 1946–1953 Prof. für Völkerrecht in Tübingen, 1953–1966 für Politikwissenschaft in Frankfurt; 1945/46 Staatsrat sowie Landesdirektor für Justiz u. für Kultur, Erziehung u. Kunst, 1946/47 Staats-Präs. u. Landesdirektor für Justiz von Südwürttemberg-Hohenzollern, 1947–1950 stellvertr. Staats-Präs. u. Justizminister von Württemberg-Hohenzollern; 1948/49 Mitglied des Verfassungskonvents von Herrenchiemsee u. des Parlamentar. Rates (Vors. des Hauptausschusses u. der SPD-Fraktion); 1949–1972 MdB, 1949–1966 u. 1969–1972 Vize-Präs. des Bundestags, 1959 Kandidat der SPD für das Amt des Bundes-Präs., 1966–1969 Bundes-Min. für Angelegenheiten des Bundesrates u. der Länder. S. war führend beteiligt an der Ausarbeitung des Grundgesetzes u. des Godesberger Programms der SPD.
Neben wissenschaftl. Arbeiten schrieb er „Erinnerungen" 1979; er trat auch als literar. Übersetzer hervor.

Schmidt, Helmut, Politiker (SPD) *23. 12. 1918 Hamburg; Volkswirt; 1939–1945 Soldat, zuletzt Oberleutnant; 1947/48 Bundes-Vors. des Sozialist. Dt. Studentenbundes (SDS). 1949–1953 war S. Referent bzw. Dezernent bei der Hamburger Senatsbehörde für Wirtschaft u. Verkehr. Als Mitgl. des Bundestages 1953–1962 befaßte er sich bes. mit Verteidigungspolitik. 1961–1965 war er Senator für Inneres in Hamburg; durch die Leitung der Rettungsarbeiten bei der Sturmflutkatastrophe im Febr. 1962 wurde er weiteren Kreisen bekannt. 1965–1987 gehörte er wieder dem Bundestag an. 1967–1969 war er Vors. der SPD-Fraktion; 1968–1984 war S. einer der beiden stellvertr. Parteivorsitzenden. In der Regierung *Brandt* war er 1969–1972 Bundes-Min. der Verteidigung, 1972 für Wirtschaft u. Finanzen, 1972–1974 der Finanzen. Nach dem Rücktritt Brandts wurde er am 16. 5. 1974 zum Bundeskanzler einer SPD/FDP-Koalitionsregierung gewählt. Seine Tätigkeit war geprägt von dem Bestreben, die Politik der BR Dtschld. international stetig u. berechenbar zu machen u. die sozialliberale Entspannungs- u. Reformpolitik bei Beschränkung auf das finanziell Realisierbare fortzusetzen. Die Koalition wurde nach den Bundestagswahlen von 1976 u. 1980 fortgeführt. Nach dem Zerfall der Koalition wurde S. am 1. 10. 1982 durch ein konstruktives Mißtrauensvotum der CDU/CSU, das von der Mehrheit der FDP-Fraktion unterstützt wurde, gestürzt. In der SPD geriet er mit seinen sicherheitspolit. Auffassungen als Befürworter des NATO-Doppelbeschlusses 1983 in eine Minderheitsposition. Seit 1983 ist er Mitherausgeber (1985–1990 auch Verleger) der Wochenzeitung „Die Zeit". S. schrieb u. a. „Verteidigung oder Vergeltung?" 1961; „Strategie des Gleichgewichts" 1969; „Als Christ in der polit. Entscheidung" 1976; „Menschen u. Mächte" (Erinnerungen) 1987.

Schmitt, Carl, Staats- u. Völkerrechtslehrer, *11. 7. 1888 Plettenberg, †7. 4. 1985 Plettenberg; Prof. in Greifswald, Bonn, Berlin, Köln u. 1933–1945 in Berlin. Vor 1933 immer stärker zum Kritiker des Liberalismus u. der Demokratie geworden, schuf S. die staatsrechtl. Grundlagen für das autoritäre Zwischenregime (F. von *Papen,* K. von *Schleicher*) u. die erste Zeit des Nationalsozialismus (Ermächtigungsgesetz, Reichsstatthaltergesetz, der Führer als oberster Richter). Später wurde er vom extremen Flügel des Nationalsozialismus in den Hintergrund gedrängt. Von bleibender Bedeutung sind seine Ausformung der theoret. Grundbegriffe der Verfassung u. seine Systematik des rechtswissenschaftl. Denkens *(Normativismus, Dezisionismus, konkretes Ordnungsdenken).* Hptw.: „Polit. Romantik" 1919; „Die Diktatur" 1921; „Die geistesgeschichtl. Lage des heutigen Parlamentarismus" 1923; „Verfassungslehre" 1928; „Der Hüter der Verfassung" 1931; „Der Begriff des Politischen" 1932; „Legalität u. Legitimität" 1932; „Staat, Bewegung, Volk" 1934; „Über die drei Arten des rechtswissenschaftl. Denkens" 1936; „Großraumordnung mit Interventionsverbot für raumfremde Mächte" 1939; „Der Nomos der Erde im Völkerrecht des ius publicum europaeum" 1950; „Gespräch über die Macht u. den Zugang zum Machthaber" 1954; „Theorie des Partisanen" 1963; „Gesetz u. Urteil" 1968; „Die legale Weltrevolution" 1976; „Die Tyrannei der Werte" 1979.

Schnurkeramik, 1. Tonwaren mit Verzierung der Gefäße durch Schnureindrücke wie z. B. in der Jomon-Kultur Japans oder den europ. → Schnurkeramischen Becherkulturen, in denen sie vorwiegend auf Bechern u. Amphoren auftritt. Die Schnurverzierung hatte bei den schmalen u. hohen Bechern vielleicht ursprünglich keine reine Verzierungsfunktion, sondern das Umwickeln des Gefäßes mit einer Schnur vor dem Brand verlieh dem noch feuchten Ton eine größere Festigkeit, wodurch dünnwandige, schlanke u. relativ hohe Formen ermöglicht wurden. – 2. häufig gewählte Gesamtbezeichnung für *Schnurkeramische Becherkulturen* (früher auch *Streitaxt-Kulturen*); da aber schnurverzierte Keramik auch in anderen Kulturen vorkommt, kann diese Begriffsverwendung zu Mißverständnissen führen.

Schnurkeramische Becherkulturen, *Streitaxt-Kulturen,* zusammenfassende Bez. für Kulturen der späten Jungsteinzeit bzw. Kupferzeit, die in einem großen Bogen ausgehend von Mitteldeutschland einerseits bis in die Westschweiz, Norddeutschland, die Niederlande u. Südskandinavien u. andererseits über die Tschech. Republik u. Polen bis nach Zentralrußland vorkommen. Zu den regional voneinander abweichenden Gruppen gehören die *Einzelgrab-Kultur* in den Niederlanden, Norddeutschland u. Dänemark, die *Bootaxt-Kultur* in Südskandinavien, Südfinnland u. Teilen des Baltikums, die russische *Fatjanowo-Kultur* u. die kontinentale → Schnurkeramik. Gemeinsam ist ihnen die Schnurverzierung auf der Keramik, die Bestattungssitte in Form von Hockerbestattung im Einzelgrab u. die Verwendung von Streitäxten. Die Funde stammen zumeist aus Gräbern. Mit den S.n B. tritt in Europa zum erstenmal eine stärkere Betonung des Individuums auf, wie es sich in den Einzelgräbern mit geschlechtsspezif. Grabbeigabenvergesellschaftungen zeigt.
Einige Einzelgruppen lassen sich grob in zwei größere Bereiche gliedern, davon umfaßt der eine im wesentl. die fruchtbaren Lößgebiete Mitteldeutschlands, wo eine bodenständige Entwicklung aus der Trichterbecherkultur nachgewiesen wurde, charakterisiert durch das Vorkommen facettierter Äxte u. Amphoren; der zweite Bereich im N u. NO zeichnet sich durch Bootäxte u. häufigeres Vorkommen von Bechern aus.
Hat man früher die S.n B. als Ergebnis der Einwanderung eines Volkes aus kaukasusnahen Gebieten angesehen, nimmt man heute eher eine bodenständige Entwicklung an, insbes. läßt sich kaum noch eine Begründung für die Verknüpfung der S.n B. mit der früher angenommenen Einwanderung von Indogermanen finden.

Schober, Johannes, österr. Politiker, *14. 11. 1874 Perg, Oberösterreich, †19. 8. 1932 Baden bei Wien; 1918–1929 Polizeipräsident von Wien, 1921/22 Bundeskanzler u. Außen-Min., 1929/30 Bundeskanzler, 1930–1932 Außen-Min. u. Vizekanzler, erreichte 1930 von den Westmächten den Verzicht auf Reparationen. Sein Versuch, eine Zollunion mit Deutschland zu gründen, scheiterte am Widerstand Frankreichs u. der Kleinen Entente.

Schoeps, Hans-Joachim, Historiker, *30. 1. 1909 Berlin, †8. 7. 1980 Erlangen; lebte 1938–1946 im Exil in Schweden; seit 1947 Prof. in Erlangen; beschäftigte sich bes. mit vergleichender Religionswissenschaft, Quellenforschungen zur preuß. Geschichte u. der von ihm begründeten Zeitgeistforschung; Hrsg. der „Zeitschrift für Religions- u. Geistesgeschichte". Werke: „Wir dt. Juden" 1933; „Geschichte der jüd. Religionsphilosophie in der Neuzeit" 1935; „Theologie u. Geschichte des Judenchristentums" 1949; „Die großen Religionsstifter u. ihre Lehren" 1950; „Das andere Preußen" 1952; „Religionen. Wesen u. Geschichte" 1961; „Preußen. Geschichte eines Staates" 1966; „Deutsche Geistesgeschichte der Neuzeit" 5 Bde. 1976–1980. Memoiren: „Rückblicke" 1963.

Schogun, japan. Titel, → Shogun.

Scholastik [lat. *schola,* „Schule"], die theologisch-philosoph. Wissenschaft des MA, wie sie an Universitäten, Kloster- u. Domschulen gelehrt wurde.

Scholl, *Geschwister S.,* Widerstandskämpfer; Hans, *22. 9. 1918 Ingersheim an der Jagst, Sophie, *9. 5. 1921 Forchtenberg, Kochertal, beide †22. 2. 1943 München (hingerichtet); gehörten während des Studiums (Medizin bzw. Biologie u. Philosophie) führend der Widerstandsgruppe „Weiße Rose" an, die 1942/43 Flugblätter gegen das nat.-soz. Regime verbreitete. Am 18. 2. 1943 wurden sie dabei in der Universität München verhaftet u. am 22. 2. vom Volksgerichtshof zum Tode verurteilt. – Briefe u. Aufzeichnungen, hrsg. von I. Jens 1984.

Scholtz-Klink, Gertrud, Politikerin (NSDAP), *9. 2. 1902 Adelsheim; 1934–1945 als Reichsfrauenführerin Leiterin der NS-Frauenschaft.

Schön, Heinrich Theodor von, preuß. Beamter u. Politiker, *20. 1. 1773 Schreitlaugken, Litauen, †23. 7. 1856 Arnau bei Königsberg; Mitarbeiter des Frhr. vom *Stein,* hatte entscheidenden Anteil an der Bauernbefreiung u. Städteordnung von 1807/08; 1816 Ober-Präs. von Westpreußen, 1824 der vereinigten Provinz Preußen; forderte 1842 von König Friedrich Wilhelm IV. die Einberufung von Generalständen u. wurde entlassen.

Schönborn, altes rheinisches, seit dem 17. Jh. in Franken ansässiges Ministerialengeschlecht; seit 1663 Reichsfreiherren, seit 1701 Reichsgrafen. Das Geschlecht stellte im 16. u. 17. Jh. zahlreiche Bischöfe, die einen ausgeprägten Nepotismus betrieben u. bes. als Kunstmäzene u. Förderer der Barockbaukunst hervortraten. **1.** Friedrich Karl von, Neffe von 3), *3. 3. 1674 Mainz, †27. 7. 1746 Würzburg; 1705 Reichsvizekanzler, 1729 Bischof von Würzburg u. Bamberg; vollendete die Würzburger Residenz.

2. Johann Philipp von, *6. 8. 1605 Eschbach, Westerwald, †12. 2. 1673 Würzburg; 1642 Bischof von Würzburg, 1647 zugleich Erzbischof u. Kurfürst von Mainz; drängte als Reichserzkanzler auf Abschluß der westfälischen Friedensverhandlungen; suchte gegen Habsburg Anlehnung an Frankreich u. förderte die Gründung des ersten Rheinbundes (1658–1668). Mit ihm begann die große Ära seines Hauses.

3. Lothar Franz von, Neffe von 2), *4. 10. 1655 Aschaffenburg, †30. 1. 1729 Mainz; 1693 Bischof von Bamberg, 1695 Erzbischof u. Kurfürst von Mainz; verschaffte seinem Neffen *Friedrich Karl* das Amt des Reichsvizekanzlers; unterstützte entscheidend die Wahl *Karls VI.* zum Kaiser; ließ das Schloß *Pommersfelden* erbauen. Unter ihm erreichte das Haus S. den Gipfel seines Einflusses im Reich.

Schönerer, Georg Ritter von (bis 1888), österr. Politiker, *17. 7. 1842 Wien, †14. 8. 1921 Gut Rosenau, Niederösterreich; 1873 Reichstags-Abg., verfolgte eine deutschnationale, antiliberale, antisemit. u. antiklerikale Richtung, 1879 Führer der Alldt. Partei u. Hauptförderer der „Los-von-Rom-Bewegung"; entscheidende Mitwirkung am Linzer Programm 1882; nach dem Überfall auf die Redaktion einer Wiener Zeitung 1888 zu Kerker u. Verlust des Adelstitels verurteilt. Sein polit. Konzept beeinflußte *Hitler.*

Schörner, Ferdinand, Offizier (1945 Generalfeldmarschall), *12. 6. 1892 München, †2. 7. 1973 Mittenwald; im 2. Weltkrieg seit 1944 Oberbefehlshaber verschiedener Heeresgruppen. Als Vertreter einer eindeutig nat.-soz. Ausrichtung der Wehrmacht wurde S. von Hitler testamentarisch zum Oberbefehlshaber des Heeres ernannt. Er war bis 1955 in sowjet. Kriegsgefangenschaft u. wegen Totschlags 1957–1960 in dt. Gefängnishaft.

Schoschenk, *Scheschonk,* im AT *Schischak, Sisak,* Name libyscher Könige im alten Ägypten. *S. I.,* um 930 v. Chr., Begründer der 22. Dynastie, eroberte u. plünderte Jerusalem.

Schottland, engl. *Scotland,* der Nordteil Großbritanniens einschl. der Hebriden, Orkney- u. Shetland-Inseln, von England im S durch die Cheviot Hills u. den Tweed getrennt, sonst allseitig vom Meer umgeben; 78 764 km², 5,1 Mill. Ew.; Hptst. *Edinburgh.* Im 10. Jh. n. Chr. kam der Name *Scotia* – danach S. – für die nördl. Teile der brit. Insel in Gebrauch u. wurde im 13. Jh. für das ganze heutige S. üblich. Der krieger. Stamm der kelt. *Pikten,* der sich im 5./4. Jh. v. Chr. über S. ausbreitete, konnte von den 43 n. Chr. eingedrungenen Römern nicht unterworfen werden. Diese errichteten deshalb den Hadrians-Wall als Grenzbefestigung. Im 5. Jh.

n.Chr. drangen die irischen *Scoten* nach S. vor; die vor den Angelsachsen ausweichenden *Briten* siedelten sich in Strathclyde an; Angeln gründeten im SO S.s ein kleineres Reich. Im 9. Jh. eroberten die Scoten unter Kenneth Mac Alpin das Piktenreich u. bildeten das Königreich *Alban.* Dieses unterwarf im 10. Jh. auch die übrigen schott. Gebiete. Seit Beginn des 9. Jh. hatte S. viel unter den Einfällen u. Raubzügen der *Normannen* zu leiden, die sich im N, im W u. auf den Inseln festgesetzt hatten u. großen Einfluß auf die Entwicklung von S. nahmen.
Das Christentum faßte hier schon in der zweiten Hälfte des 6. Jh. Boden, u. schott. Mönche missionierten große Teile Mitteleuropas. Die selbständige irisch-christl. Kirche wurde im 18. Jh. aufgelöst u. die Oberherrschaft der röm.-kath. Kirche anerkannt, jedoch nahm die schott. Kirche in den Jahren der normann. Einflußnahme wieder eine Sonderentwicklung.
Der gefährlichste Gegner S.s war das kulturell u. politisch höher entwickelte engl. Königreich im S der Brit. Inseln. Immer wieder kam es im MA nicht nur zu Grenzstreitigkeiten, sondern auch zu Versuchen Englands, ganz S. zu unterwerfen. Schott. Könige wurden gezwungen, die brit. Oberlehnsherrschaft anzuerkennen, doch gelang es den Schotten immer wieder, ihre Unabhängigkeit zurückzugewinnen. Dabei war ihnen der Umstand günstig, daß die engl. Könige lange Zeit ihr Hauptinteresse der Erhaltung ihres französ. Besitzes widmeten. Auf kulturellem Gebiet dagegen machte sich ein starker engl. Einfluß im Lauf der Jahrhunderte bemerkbar. Nicht nur, daß in S. neben den Sprachen der Scoten u. der Pikten das Englische als weitere Sprache gebräuchlich wurde, auch das anglonormann. Rechts- u. Herrschaftssystem wurde im 12. Jh. eingeführt u. die altschott. Clanverfassung auf die Hochlandgebiete beschränkt. Damit verbunden waren eine Stärkung der Königsgewalt gegenüber den großen Adelsgeschlechtern u. eine politisch-kulturelle Spaltung in die anglonormannisch geprägten Lowlands u. die eher gälisch geprägten Highlands, die die schott. Geschichte bis ins 18. Jh. beeinflußte. Die wichtigsten Herrscher des mittelalterl. S. waren die Nachkommen *Malcolm Canmores,* unter denen *David I.* (1124 bis 1153) hervorragte. 1328 gelang es dem schott. König *Robert I. Bruce,* die Engländer zur Anerkennung des schott. Königreiches zu zwingen, wenn auch die krieger. Verwicklungen nicht aufhörten. 1371 folgte auf das Geschlecht der Bruce mit *Robert II.* (1371–1390) das Königshaus der *Stuart.* Dieses focht harte Kämpfe mit dem unbotmäßigen Adel durch, ohne daß es ihm auf die Dauer gelang, seine Macht zu festigen. Denn die Schwäche des Königtums, die teils in der Persönlichkeit von Monarchen wie Robert II. u. Robert III., teils in den langen Phasen der Regentschaft für minderjährige Könige zwischen 1406 u. 1587 begründet lag, hatte S. zur Beute der großen Adelsfamilien gemacht, die in ihren Bezirken wie Kleinkönige herrschten. Der Gegensatz zwischen Adel u. Königtum führte in der Reformationszeit dazu, daß, da das Königshaus kath. blieb, der schott. Adel sich aus polit. Gründen zu dem neuen Glauben bekannte. Die schott. Großen unterstützten den Reformator John *Knox,* der zunächst seit 1546 als calvinist. Prediger in Genf u. Frankfurt, seit 1559 in S. wirkte u. wichtigster Verfasser der *Confessio Scotica* wurde. Königin *Maria Stuart* versuchte mit französ. Unterstützung, die Rekatholisierung ihres Landes durchzuführen. Sie wurde jedoch 1567 gestürzt u. ihr minderjähriger Sohn *Jakob VI.* zum König ausgerufen. Bis zu seiner Volljährigkeit führte das Oberhaupt der prot. Partei, Graf James Stuart von *Murray,* die Herrschaft.
Da das engl. Königshaus *Tudor* mit Elisabeth I. 1603 ausgestorben war, bestiegen mit Jakob VI. (als engl. König Jakob I.) die schott. Stuarts auch den engl. Thron, auf den sie durch die Heirat der Tochter Heinrichs VII., Margarete, mit Jakob IV. von S. Anspruch hatten. Damit wurde die Vereinigung von England u. S. bereits praktisch herbeigeführt. Aber erst mit der *Unionsakte* von 1707 wurde aus der englisch-schott. Personalunion der Staat *Großbritannien* geschaffen; aufgrund dieses Gesetzes zogen 45 Commoners u. 16 Peers aus S. ins Parlament von Westminster. Erst nach den *Jakobitenaufständen* von 1715 u. 1745/46 wurde S. durch eine administrative Reform dem engl. Stand angeglichen. 1997 sprach sich die schott. Bevölkerung in einem Referendum für die Einrichtung einer eigenständigen schott. Volksvertretung aus.– Auch → Großbritannien und Nordirland.

Schramm, Percy Ernst, Historiker, *14. 10. 1894 Hamburg, †12. 11. 1970 Göttingen; 1929–1963 Prof. in Göttingen; Werke: „Kaiser, Rom u. Renovatio“ 1929; „Geschichte des engl. Königtums im Lichte der Krönung“ 1937; „Der König von Frankreich“ 1939; „Herrschaftszeichen und Staatssymbolik“ 1954ff.; „Kaiser Friedrichs II. Herrschaftszeichen“ 1955; „Kaiser, Könige u. Päpste“ 1968/69; Mit-Hrsg. des „Kriegstagebuchs des Oberkommandos der Wehrmacht“ 1961ff.; Hrsg. von „Hitlers Tischgespräche im Führerhauptquartier 1941–1942“ 1963.

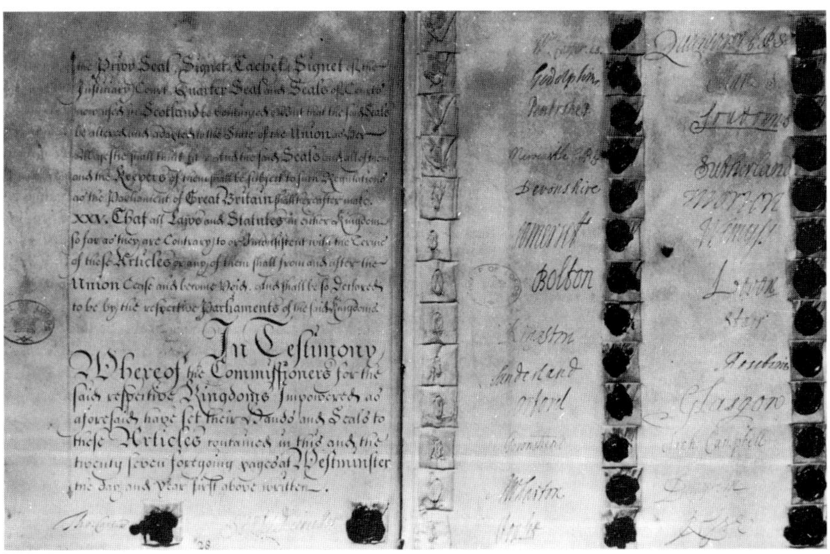

Schottland: Mit der Unionsakte von 1707 trat der Zusammenschluß von Schottland und England in Kraft. Der neue Staat nannte sich Großbritannien

Georgij K. Schukow

F. W. Graf v. d. Schulenburg

Schreckensherrschaft, frz. *terreur,* die Phase der Französ. Revolution von Juli 1793 bis Juli 1794, die durch die Diktatur *Robespierres* u. zahlreiche willkürl. Hinrichtungen gekennzeichnet war. Als erste S. *(première terreur)* wird die Phase nach dem Sturz des Königtums im Aug./Sept. 1792 bezeichnet.

Schröder, 1. Gerhard, Politiker (CDU), *11. 9. 1910 Saarbrücken, †31. 12. 1989 Kampen, Sylt; Rechtsanwalt; 1946–1947 Oberregierungsrat in der Landesregierung Nordrhein-Westfalen; 1949–1980 MdB, 1953–1961 Bundes-Min. des Innern, 1961–1966 des Auswärtigen, 1966–1969 der Verteidigung; 1969 Kandidat der CDU/CSU für das Amt des Bundes-Präs.; 1969–1980 Vors. des Auswärtigen Ausschusses des Bundestages; 1955 bis 1978 Vors. des Ev. Arbeitskreises der CDU.
2. Gerhard, Politiker (SPD), *7. 4. 1944 Mosenberg; Jurist; 1980–1986 Mitglied des Bundestages, 1986–1990 Vorsitzender der Landtagsfraktion in Niedersachsen, seit 1990 Ministerpräsident von Niedersachsen, seit 1994 dort auch SPD-Landesvorsitzender.

Schroeder, Louise, Politikerin (SPD), *2. 4. 1887 Altona, †4. 6. 1957 Berlin; kaufmänn. Angestellte; 1919/20 Mitgl. der Weimarer Nationalversammlung, 1920–1933 MdR; 1933–1945 Sekretärin, Sozialarbeiterin; 1946/47 3. Bürgermeisterin, 1947/48 amtierende Oberbürgermeisterin von Groß-Berlin (anstelle des von der sowjet. Besatzungsmacht an der Amtsübernahme gehinderten E. *Reuter*), 1949–1951 1. Bürgermeisterin u. stellvertr. Oberbürgermeisterin von Berlin (West); 1949–1957 MdB.

Schukow ['ʒukɔf], *Žukov,* Georgij Konstantinowitsch, sowjet. Offizier (1943 Marschall), *1. 12. 1896 Strelkowa bei Kaluga, †18. 6. 1974 Moskau; erfolgreich als Heerführer im 2. Weltkrieg (Stalingrad, Eroberung Berlins); 1945/46 sowjet. Vertreter im Alliierten Kontrollrat, Chef der Militärverwaltung u. Oberkommandierender in der SBZ u. in Ostberlin; 1946–1953 von *Stalin* auf provinzielle Kommandoposten abgeschoben; 1953–1955 stellvertr. Verteidigungs-Min., 1955 –1957 Verteidigungs-Min., 1956/57 Mitgl. des Parteipräsidiums. S. unterstützte 1957 *Chruschtschow* bei der Entmachtung seiner Rivalen Malenkow, Molotow u. Kaganowitsch. Wenig später wurde er aller Ämter enthoben. Er schrieb „Erinnerungen u. Gedanken“ dt. 1969.

Schuldknechtschaft, im Altertum u. MA die Leibeigenschaft eines leistungsunfähigen Schuldners, in den modernen Rechtsordnungen abgeschafft.

Schulenburg, 1. Friedrich Werner Graf von der, Diplomat, *20. 11. 1875 Kemberg, Prov.

Sachsen, † 10. 11. 1944 Berlin-Plötzensee (hingerichtet); 1934–1941 Botschafter in Moskau, am Zustandekommen des dt.-sowjet. Nichtangriffspakts vom 23. 8. 1939 beteiligt, Gegner des Krieges mit der Sowjetunion. Von den Kreisen der Widerstandsbewegung um *Goerdeler* u. *Stauffenberg* war S. als Außen-Min. einer neuen Regierung vorgesehen; nach dem Scheitern des Attentats vom 20. 7. 1944 auf Hitler wurde er vom Volksgerichtshof zum Tode verurteilt.

2. Matthias Johann Freiherr von der, Heerführer u. Diplomat, *8. 8. 1661 Emden bei Magdeburg, † 14. 3. 1747 Verona; seit 1715 Feldmarschall u. Oberbefehlshaber der Landarmee der Republik Venedig, verteidigte 1716 Korfu gegen die Türken. Das Angebot, als Nachfolger des Prinzen *Eugen* kaiserlicher Generalfeldmarschall zu werden, mußte er ablehnen, da ihm Venedig den Abschied verweigerte.

Schultheiß, *Schulze,* ursprüngl. in der fränk. Zeit Vollstreckungsbeamter des Grafen. Die Anlage der einzelnen Siedlungen bei der dt. Ostkolonisation im MA erfolgte unter der Leitung der später erblichen S.en der neuen Dörfer, die auch eine Gerichtsbarkeit ausübten. Richterl. Funktionen hatten auch die *Stadt-S.en.*

Schulz, Peter, Politiker (SPD), * 25. 4. 1930 Rostock; Rechtsanwalt; 1961–1986 Mitglied der Hamburger Bürgerschaft, 1966–1970 Justiz-, 1970/71 Schulsenator u. Zweiter Bürgermeister, 1971–1974 Erster Bürgermeister von Hamburg, 1978–1982 u. 1983–1986 Präs. der Hamburger Bürgerschaft.

Schulze-Boysen, Harro, Widerstandskämpfer, * 2. 9. 1909 Kiel, † 22. 12. 1942 Berlin-Plötzensee (hingerichtet); Offizier (zuletzt Oberleutnant) im Luftfahrtministerium; näherte sich von einer linkskonservativen Position aus dem Kommunismus u. wurde zum führenden Kopf der Widerstands- u. Spionagegruppe → Rote Kapelle.

Schumacher, Kurt, Politiker (SPD), * 13. 10. 1895 Kulm, Westpreußen, † 20. 8. 1952 Bonn; Nationalökonom; seit 1918 Mitglied der SPD; 1920–1930 polit. Redakteur der „Schwäb. Tagwacht“, Stuttgart; 1924–1931 MdL Württemberg, 1930–1933 MdR; 1933 bis 1943 u. 1944 in mehreren Konzentrationslagern. 1945 begann S. von Hannover aus den Wiederaufbau der SPD. Er war seit 1946 ihr Vors. in den Westzonen, seit 1949 MdB u. Vors. der SPD-Bundestagsfraktion, 1949 Kandidat der SPD für das Amt des Bundes-Präs. S. widersetzte sich seit 1945 strikt der Zusammenarbeit mit der KPD. Als wichtigster Gegenspieler K. *Adenauers* trat er für die Wiederherstellung des dt. Nationalstaats unter nichtkommunist. Vorzeichen ein u. lehnte die Errichtung eines westdt. Teilstaats u. dessen Westintegration ab. Von den Besatzungsmächten forderte er die polit. u. wirtschaftl. Selbstbestimmung der Deutschen. Sein Eintreten für eine sozialist. Wirtschafts- u. Gesellschaftsordnung blieb ohne Erfolg. Im Grundgesetz konnte er 1949 einen stärker

Kurt Schumacher

Robert Schuman

Kurt Schuschnigg

zentralist. Charakter für die BR Dtschld. durchsetzen, als zunächst vorgesehen. – Reden, Schriften, Korrespondenzen, hrsg. von W. Albrecht 1985.

Schuman [ʃu'man], Robert, französ. Politiker, * 29. 6. 1886 Luxemburg, † 4. 9. 1963 Scy-Chazelles bei Metz; Anwalt, 1919–1940 Abg.; März bis Mai 1940 Unterstaatssekretär für Flüchtlingsfragen; dann verhaftet, flüchtete aus der Internierung in Dtschld.; Mitbegründer des Mouvement Républicain Populaire *(MRP)*, 1946/47 Finanz.-Min., 1947/48 Min.-Präs., 1948–1953 Außen-Min., 1955/56 Justiz-Min., 1958–1960 Präs. des Europaparlaments. S. regte die Europ. Gemeinschaft für Kohle u. Stahl an *(Schuman-Plan)* u. trat entschieden für eine dt.-französ. Aussöhnung u. Annäherung ein. Er erhielt 1958 den Karlspreis.

Schunga ['ʃuŋa], ind. Dynastie, → Shunga.

Schurz, Carl, US-amerikan. Politiker dt. Herkunft, * 2. 3. 1829 Liblar bei Köln, † 14. 5. 1906 New York; beteiligte sich an der Revolution 1848/49, wanderte 1852 nach Nordamerika aus, wo er Präs. Lincoln unterstützte. 1860–1862 US-Botschafter in Madrid, 1862/63 General der Nordstaaten im Sezessionskrieg, 1865–1869 Journalist u. Besitzer eines Zeitungsverlags, 1869–1875 Senator für Missouri, 1877–1881 Innen-Min. Er schrieb u. a. „The reminiscences of Carl S.“ 3 Bde. 1907/08. Die *Carl-S.-Gesellschaft zur Förderung* dt.-amerikan. Beziehungen, 1930 gegr., vereinigte sich 1948 mit der *Steuben-Gesellschaft.*

Schuschnigg, Kurt (Edler von), österr. Politiker (christl.-sozial), * 14. 12. 1897 Riva, Gardasee, † 18. 11. 1977 Mutters, Tirol; Anwalt; 1931–1934 Justiz-, 1933–1936 auch Unterrichts-Min., 1934–1938 nach der Ermordung von E. *Dollfuß* Bundeskanzler u. Heeres-Min., 1936 auch Führer der Vaterländ. Front; regierte im Geist der ständisch-autoritären Verfassung u. suchte durch Anlehnung an Italien u. ein Abkommen mit Hitler die Unabhängigkeit Österreichs zu wahren; 1938 bis 1945 in dt. Haft (zuletzt Konzentrationslager); 1948–1967 Prof. für Staatsrecht in St. Louis (USA).

Schüssler, Wilhelm, Historiker, * 12. 7. 1888 Bremen, † 11. 11. 1965 Heidelberg; 1925 Prof. in Rostock, 1935 in Würzburg, 1936–1945 in Berlin, 1948 an der Ev. Akademie in Hemer/Iserlohn, 1959 an der TH Darmstadt. S. stand der gesamtdt. Geschichtsschreibung H. *Srbiks* nahe. Werke: „Bismarcks Sturz“ 1921; „Die Daily-Telegraph Affaire“ 1952; „Bismarcks Kampf um Süddeutschland 1867“ 1929; „Dt. Einheit u. gesamtdt. Geschichtsbetrachtung“ 1937; „Dtschld. zwischen Rußland u. England“ ²1940.

Schütz, Klaus, Politiker (SPD), * 17. 9. 1926 Heidelberg; Politologe, 1951–1959 Hochschulassistent; enger Mitarbeiter W. *Brandts;* 1961–1966 Senator für Bundesangelegenheiten u. für das Post- u. Fernmeldewesen von Berlin (West); 1966/67 Staatssekretär im Auswärtigen Amt; 1967–1977 Regierender Bürgermeister von Berlin (West); 1977–1981 Botschafter in Israel; 1981–1987 Intendant der Deutschen Welle; 1987–1993 Direktor der Landesanstalt für Rundfunk in Nordrhein-Westfalen.

Schutzgebiet, ein Gebiet, das einer *Schutzmacht* untersteht, meist als Protektorat. – S. war die amtl. Bez. für die deutschen Kolonien bis 1918.

Schutzjude, vom Ausgang des MA bis ins 18. Jh. ein Jude, der gegen Leistung bes. Abgaben dem Schutz eines Fürsten oder einer städt. Obrigkeit unterstellt war.

Schwaben, ein Volksstamm, dessen Name auf die westgerman. *Sweben* zurückgeht. Teile der Sweben vereinigten sich um 200 zum Bund der Alemannen u. ließen sich im 3. Jh. zunächst in dem Gebiet zwischen Rhein, Neckar u. Donau nieder. Seit etwa 900 wurde der Name Alemannen zunehmend durch den Namen S. verdrängt. Heute bezeichnet man als S. gewöhnlich die Bewohner Württembergs u. des bayer. Reg.-Bez. S.

Schwaben, ehem. Herzogtum, benannt nach den *Sweben*; umfaßte die dt. Schweiz mit Graubünden, das Elsaß, Südbaden, Württemberg ohne den N u. das bayer. S. bis zum Lech. Das nach Abschaffung (746) des alten Stammesherzogtums der *Alemannen* von Burchard d. J. (917–926) begründete neue schwäb. Stammesherzogtum kam in den Besitz der fränk. Konradiner, der Babenberger u. zuletzt an *Rudolf von Rheinfelden.* König Heinrich IV. gab es 1079 *Friedrich I.* (* 1050, † 1105) von Staufen, dessen Haus *(Staufer)* die Herzogwürde bis zum Aussterben 1268 behielt. Nach Kämpfen zwischen den Grafen von Württemberg u. anderen Dynastenfamilien des Landes, die sich an schwäb. Herzogs- u. Reichsgut bereicherten, verlieh König Rudolf I. von Habsburg seinem Sohn *Rudolf* das restl. S., das nach dessen Tod (1290) als Herzogtum erlosch.

Schwabenspiegel, dt. *Rechtsbuch,* um 1275 von einem unbekannten Augsburger Bettelmönch nach dem Vorbild des → Sachsenspiegels verfaßt. Der ursprüngl. Titel lautete „Kaiserliches Land u. Lehnrechtsbuch“ oder „Großes Kaiserrecht“.

Schwäbischer Bund, eine 1488–1534 bestehende Vereinigung zunächst schwäb., später auch anderer oberdt. Stände zur Wahrung des Landfriedens; zunehmend mit kaiserl. Zielsetzungen verbunden.

Schwäbischer Städtebund, zuerst 1331 zur Wahrung des Landfriedens, dann 1376 unter Führung Ulms erneut gegr. Bund schwäb. Reichsstädte zur Sicherung gegen Verpfändung an Landesfürsten u. zur Erhaltung ihrer Reichsunmittelbarkeit; bis ins Elsaß, in die Schweiz, nach Franken u. Bayern ausgedehnt; nach anfängl. Machtentfaltung 1388 von Graf *Eberhard II.* von Württemberg bei Döffingen besiegt, seitdem politisch bedeutungslos, im Landfrieden von Eger 1389 verboten.

Schwarze Front, eine 1930–1933 bestehende lockere Verbindung kleiner „nationalrevolutionärer“ Gruppen unter Führung von Otto *Strasser*; ihr Kern war die von der NSDAP abgespaltene „Kampfgemeinschaft revolutionärer Nationalsozialisten“.

Schwarze Hand, serb. *Crna Ruka* (eigentl. Name „Einheit oder Tod“), serb. Geheimbund, 1911 gegr., um die türk. u. österr. Herrschaft abzuschütteln u. ein Großserbien zu schaffen. Die Beteiligung der S.n H. am Attentat von → Sarajevo ist ungeklärt.

Schwarzenberg, 1. Felix Fürst zu, österr. Politiker, * 2. 10. 1800 Krumau, Böhmen, † 5. 4. 1852 Wien; 1848–1852 Min.-Präs. u. Außen-Min.; schlug 1848/49 den Aufstand in Wien u. Ungarn nieder; vereitelte 1850 die preuß. Unionspolitik in der *Olmützer Punktation.*

Sein Ziel, die Aufnahme des gesamten österr. Staatsgebiets in den Dt. Bund u. den Dt. Zollverein, erreichte S. nicht.
2. Johann Frhr. zu, Staatsbeamter, *25. 12. 1463, †21. 10 1528 Nürnberg; schuf als Hofmeister der Bischöfe von Bamberg mit der Bambergischen Halsgerichtsordnung (1507) das Vorbild für die „Peinl. Halsgerichtsordnung“ *Karls V. (Constitutio criminalis Carolina)* von 1532 u. legte damit die Grundlage für die dt. Strafrechtspflege. Als Mitglied des Reichsregiments trat S. für *Luther* ein u. verhinderte die Vollstreckung der Reichsacht.
3. Karl Philipp Fürst zu, österr. Feldmarschall, *15. 4. 1771 Wien, †15. 10. 1820 Leipzig; Teilnehmer an den ersten 3 Koalitionskriegen, 1812 Führer der österr. Hilfstruppen in der Großen Armee Napoleons in Rußland. Seine vergebl. Verhandlungen in Paris 1813 über einen russisch-französ. Frieden führten zum Anschluß Österreichs an die antifranzös. Koalition. In den Befreiungskriegen war S. seit Aug. 1813 Oberbefehlshaber der Verbündeten u. der Hauptarmee; er hatte bedeutenden Anteil an der Völkerschlacht bei Leipzig u. am Feldzug 1814 in Frankreich.
Schwarze Reichswehr, inoffizielle Bez. für militär. Formationen, die seit 1920, bes. aber 1923 vorübergehend auf Anregung oder mit Duldung der Reichswehrführung entgegen dem Versailler Vertrag zur Ergänzung des 100 000-Mann-Heers aufgestellt wurden („Zeitfreiwillige“); sie rekrutierten sich großenteils aus Angehörigen republikfeindl. Organisationen. Im Okt. 1923 unternahm die S. R. in Küstrin unter Führung des Majors *Buchrucker* einen Putschversuch, der von der Reichswehrführung vereitelt wurde.
Schwarzer Freitag, ein Kurssturz an der Börse, der sich an einem Freitag (nach Börsenaberglauben ein bes. kritischer Tag) ereignet. Erster S. F. war der 9. 5. 1873, an dem die Wirtschaftskrise der *Gründerjahre* begann. Die *Weltwirtschaftskrise* wurde dagegen nicht an einem Freitag eingeleitet, sondern am Donnerstag, dem 24. 10. 1929.
Schwarzer Prinz → Eduard (5).
Schwarzer September, eine palästinens. Terrororganisation, deren Name an die Niederwerfung palästinens. Kampfverbände durch die jordan. Armee im Sept. 1970 erinnern sollte.
Schwarze Schar, das Freikorps L. A. W. von *Lützows.*
Schwarzhemden, die paramilitär. Organisation des faschist. Italiens.

Schweden S

Königreich Schweden

Fläche: 449 964 km². – *Einwohner:* 8,7 Mill. – *Hauptstadt:* Stockholm. – *Landessprache:* Schwedisch. – *Nationalfeiertage:* 30. 4., 6. 6. – *Währung:* 1 Schwedische Krone = 100 Öre. – *Lage:* zwischen 55°20′ und 69°04′ n. Br. sowie 10°58′ und 24°10′ ö. L. – *Zeitzone:* Mitteleuropäische Zeit. – *Grenzen:* im NO Finnland, im O und S Ostsee, im W Kattegat und Norwegen. – *Staatsform:* parlamentarische Monarchie.

In vorgeschichtl. Zeit waren Süd- u. Mittel-S. von Germanen besiedelt, deren Hauptstämme die *Svear* u. *Götar* (Gauten) waren.

Schweden: Ermordung Gustavs III., 1792; Stich von W. A. Küfner. Stockholm, Nationalmuseum

Im 9. u. 10. Jh. war das von mehreren Kleinkönigen u. Häuptlingen beherrschte Gebiet, dessen Zentrum der Handelsplatz *Birka* im Mälaren (Mälarsee) war, Ausgangsland zahlreicher ausgreifender Wikingerzüge nach Rußland, wo die *Waräger* zeitweise slaw. Stämme beherrschten. Vor allem wurden enge Handelsbeziehungen mit Byzanz u. dem Orient hergestellt. Die Einführung des Christentums in S., hauptsächlich durch Missionare des Erzbistums Hamburg–Bremen betrieben, stieß auf Widerstand. Auch nachdem *Olaf Schoßkönig* (995–1022) für das Christentum gewonnen worden war (1008), bedurfte es noch erbitterter Auseinandersetzungen, bis das Land um 1100 christianisiert war. 1164 bekam es einen Erzbischof mit dem Sitz in Uppsala.
Nur für kurze Zeit konnte das Geschlecht der *Ynglinge,* das mit *Emund dem Alten* (†1060) ausstarb, ein einheitl. Herrschaftsgebiet in S. herstellen. Unter dem götischen Königsgeschlecht der *Stenkil* (1060–1130) wurden die bis dahin heidnisch gebliebenen Svear christianisiert. 1130–1222 regierten mit Unterbrechungen die *Sverkir.* Sie mußten sich vor allem gegen das Geschlecht *Erichs IX.* behaupten, der um 1156 die Herrschaft über S. gewann, Finnland unter schwed. Einfluß brachte u. christianisierte u. 1160 enthauptet wurde (Nationalheiliger S.s). Aus dem langen Thronstreit erhob sich das Geschlecht der *Folkunger* mit *Birger Jarl* (1250–1266) u. seinem Sohn *Waldemar* (1266–1275), dem seinem jüngerer Bruder, *Magnus I. Ladulås* (1275 bis 1290) folgte. Der Zwist, der zwischen *Birger Magnusson* (1290–1318) u. seinen beiden Brüdern ausbrach, begünstigte das Emporkommen des Adels, von dem Birger 1318 aus dem Land vertrieben wurde. Das unter *Magnus Eriksson* (1319–1363) geschaffene Landrecht schränkte die Macht des Königtums zugunsten des Adels ein u. legte die Wahlmonarchie fest. 1364 floh Magnus, der letzte Folkunger, vor *Albrecht III. (von Mecklenburg),* den der schwed. Adel unterstützte u. zum König wählte. Albrecht unterlag jedoch 1384 der Königin *Margarete I. von Dänemark,* der nach ihrem Sieg in S. gehuldigt wurde. Ihr Großneffe, *Erich VII.* von *Pommern,* wurde 1397 in Kalmar zum König aller drei nord. Reiche gekrönt *(Kalmarer Union).* Erichs unmäßige, Recht u. Herkommen mißachtende Herrschaft u. nicht zuletzt seine hohen Steuerforderungen stießen in nahezu allen Schichten auf Widerstand. 1434 erhoben sich die Bauern u. Bergleute Bergslagens unter *Engelbrecht Engelbrechtsson;* 1436 stand der Marschall *Karl Knutsson* an der Spitze des Kampfs gegen Erich, der 1439 die Krone in seinen drei Reichen verlor. Karl Knutsson wurde 1448 nach dem Tod des dän. Unionskönigs, *Christoph III. von Bayern,* in S. zum König gewählt, verlor aber in den bis zu seinem Tod (1470) andauernden erbitterten Kämpfen gegen König *Christian I. von Dänemark* u. gegen schwed. Adlige zweimal die Herrschaft über das Land. Die beiden *Sten Sture,* d. Ä. u. d. J., setzten den Kampf um die Auflösung der Union mit Dänemark-Norwegen gegen die dän. Könige tatkräftig fort. Die Dänen besiegten 1520 die Truppen des jüngeren Sture u. ließen 82 Anhänger hinrichten *(Stockholmer Blutbad).* Das Freiheitsstreben des schwed. Volkes wurde dadurch noch stärker entfacht.
Die Umgestaltung S.s zu einem unabhängigen Nationalstaat ist das Werk *Gustav Wasas,* der 1521–1523 mit Hilfe Lübecks die dänischen Statthalter vertrieb u. 1523 zum König von S. gewählt wurde. Auf dem Reichstag zu Västerås (1527) setzte er es durch, daß der größte Teil des Vermögens u. der Einkünfte der Kirche u. der Klöster dem Königtum u. dem Adel übertragen wurde. Damit war die Macht der Kirche gebrochen u. der Weg zur Reformation geebnet. 1544 ließ Gustav Wasa seinem Sohn von den Ständen huldigen u. die Erbmonarchie in S. errichten. Die Zeit der expansiven schwed. Außenpolitik begann mit *Erich XIV.* (1560–1569). Vergeblich bemühte er sich im *Nord. Krieg* (1563–1570), S. Zugang zur (damals noch dän.) Westküste zu verschaffen u. Einfluß auf den Rußlandhandel zu bekommen. *Johanns III.* (1569–1592) Vater Sigismund III. von Polen (König von Schweden 1592–1604), der 1587 zum König von Polen gewählt worden war (u. dort bis 1632 regierte), scheiterte mit seinem Versuch, in S. die Gegenreformation durchzusetzen. Er wurde 1604 abgesetzt.
Gustav II. Adolf (1611–1632) ordnete die Finanzen, die Wirtschaft u. die Verwaltung u. machte S. zur europ. Großmacht u. Vormacht im Ostseeraum. Er eroberte nacheinander Ingermanland u. Karelien, Livland u. Riga. 1630 griff er gegen den Kaiser in den Dreißigjährigen Krieg ein. Nach seinem Tod führten Axel *Oxenstierna* u. Lennart *Torstensson* das schwed. Heer. Im *Westfälischen Frieden* 1648 gewann S. Vorpommern, Wismar u. die Bistümer Bremen u. Verden. Gustav Adolfs Tochter, *Christine* (1632–1654), verzichtete zugunsten ihres Vetters, *Karl X. Gustav* (1654–1660), auf die Krone. Damit erlosch das Haus Wasa.
Aufs engste verflochten mit den europ. Auseinandersetzungen war der Gegensatz zwischen den mit S. verbündeten Gottorfer Herzögen u. Dänemark, das 1658 im *Frieden von Roskilde* Schonen, Blekinge u. Bornholm an S. abtreten mußte. Erst von da an gehörten diese Landschaften zu S. Der Absolutismus konnte in S. nur für verhältnismäßig kurze Zeitabschnitte Fuß fassen. Den bestimmenden Einfluß des Reichstags, in den neben den

Geistlichen, dem Adel u. den Bürgern auch Bauern ihre Vertreter entsandten, drängte *Karl XI.* (1660 [bis 1672 vormundschaftl. Regierung] bis 1697) zum ersten Mal zurück. Durch die „Reduktion" (Einziehung) der Güter entzog er dem Adel die materielle Grundlage seiner Machtstellung.
Im *Nordischen Krieg* (1700–1721) verlor S. seine beherrschende Stellung im Ostseeraum. Die Kriegszüge des jungen Königs *Karl XII.* (1697–1718) überspannten die Kräfte des Landes. In den Friedensschlüssen von 1720/21 mußte S. den Verlust Bremens u. Verdens, von Teilen Vorpommerns mit Stettin, Livlands, Estlands, Ingermanlands u. Kareliens hinnehmen. Im Innern begann jetzt die „Freiheitszeit", die Herrschaft des Reichstags u. des Reichsrats, die von Auseinandersetzungen in der Außen- u. Wirtschaftspolitik zwischen den abwechselnd herrschenden Parteien der „Mützen" u. der „Hüte" durchzogen wurde (die sich außenpolitisch an Rußland bzw. an Frankreich orientierten). Sie fand 1772 ihr Ende mit dem Staatsstreich *Gustavs III.* (1771–1792). Die Verfassung von 1772 brach die Macht des Reichsrats. Nachdem sich schwed. u. finn. Offiziere 1788 im Anjalabund verschworen hatten, drängte der König den Reichstag zur Annahme der „Vereinigungs- u. Sicherheitsakte", die ihm fast unumschränkte Macht einräumte. Die Außenpolitik *Gustavs IV. Adolf* (1792–1809) führte zur Beteiligung am Krieg gegen Napoleon I. u. zum Verlust Vorpommerns, Stralsunds u. Finnlands. Der König wurde daraufhin gestürzt.
Der zum König gewählte *Karl XIII.* (1809–1818) adoptierte 1810 den vom Reichstag zum Thronfolger ausersehenen französ. Marschall *Bernadotte.* Dieser regierte als *Karl XIV. Johann* 1818–1844; mit ihm begann das Haus Bernadotte (bis heute). Unter seiner Führung kämpfte das schwed. Heer gegen Napoleon; S. gewann dadurch im Frieden von Kiel 1814 Norwegen, das in Personalunion angegliedert wurde. Die Außenpolitik des 19. Jh. mündete in die Neutralitätspolitik. Im Innern wurden schrittweise liberale Reformen eingeführt: 1840 die Departementsreform, die Umgestaltung des Reichsrats in ein Gremium von Fachministern, unter *Oskar I.* (1844–1859) die völlige Pressefreiheit 1844/45. Im Revolutionsjahr 1848 berief der König ein liberales Ministerium. Die Hoffnungen der Vertreter des Skandinavismus, insbes. auch *Karls XV.* (1859–1872), die drei Nordreiche zusammenzuführen, zerbrachen 1863/64, als S. Dänemark die Unterstützung im dänisch-dt. Krieg nicht gewährte. 1865/66 trat an die Stelle des Ständereichstags ein durch Zensuswahl gewählter Zweikammer-Reichstag.
Eine rasche Industrialisierung, die Herausbildung moderner polit. Parteien u. der Gegensatz zu Norwegen bestimmten die schwed. Geschichte der nächsten Jahrzehnte unter *Oskar II.* (1872–1907). 1901 wurde die allg. Wehrpflicht eingeführt, 1905 löste Norwegen die Union, 1909 wurde Verhältniswahl für beide Kammern eingeführt.
Das seit 1814 neutrale S. war während des 1. Weltkriegs Ausgangspunkt von Friedensbemühungen, vor allem von sozialistischer Seite. 1920 wurden die Sozialdemokraten zur stärksten Partei u. bildeten bis 1936 mehrere Regierungen. Nach der Weltwirtschaftskrise, die 1931/32 auch in S. Landwirtschaft u. Industrie heimsuchte, entwickelte sich das Land unter den Sozialdemokraten zu einem Sozial- u. Wohlfahrtsstaat, der in den 1950er u. 1960er Jahren auf viele westeurop. Staaten als Vorbild wirkte.
Im 2. Weltkrieg hielt S. seine Neutralitätspolitik durch; es wurde Zufluchtstätte für zahlreiche Emigranten aus dem nat.-soz. Deutschland. 1936–1976 regierten die Sozialdemokraten ununterbrochen. 1976–1982 folgten mehrere bürgerl. Kabinette aufeinander. 1982 übernahmen die Sozialdemokraten mit einem von den Kommunisten tolerierten Minderheitskabinett erneut die Regierungsverantwortung. Der langjährige sozialdemokrat. Min.-Präs. O. *Palme* wurde 1986 ermordet. Sein Nachfolger wurde Ingvar *Carlsson.* Er blieb auch nach den Parlamentswahlen 1988 im Amt. Bei den Reichstagswahlen 1991 erzielten die Sozialdemokraten das schlechteste Ergebnis seit 1928. Der Konservative Carl *Bildt* bildete eine bürgerl. Minderheitsregierung, die mit einer schweren Wirtschaftskrise konfrontiert wurde. Diese Entwicklung brachte nach den Wahlen von 1994 erneut die Sozialdemokraten an die Regierung. I. Carlsson übernahm wieder das Amt des Min.-Präs. Im Nov. 1994 stimmte die Bevölkerung in einem Referendum dem EU-Beitritt S.s zu. Nach dem Rücktritt Carlssons im März 1996 wurde der Sozialdemokrat G. *Persson* neuer Regierungschef. Schwedischer König ist seit 1973 *Karl XVI. Gustav* aus dem Hause Bernadotte.

Schweiz CH

Schweizerische Eidgenossenschaft

Fläche: 41 293 km². – *Einwohner:* 6,9 Mill. – *Hauptstadt:* Bern. – *Landessprachen:* Deutsch, Französisch, Italienisch, Rätoromanisch. – *Nationalfeiertag:* 1. 8. – *Währung:* 1 Schweizer Franken = 100 Rappen bzw. Centimes. – *Lage:* zwischen 45°49′ und 47°49′ n. Br. sowie 5°27′ und 10°30′ ö. L. – *Zeitzone:* Mitteleuropäische Zeit. – *Grenzen:* im N Deutschland, im O Österreich und Liechtenstein, im S Italien, im W Frankreich. – *Staatsform:* parlamentarische bundesstaatliche Republik.

Die im süddeutschen Raum ansässigen kelt. *Helvetier,* von denen die S. ihre latein. Namensform herleitet, wanderten im 3. Jh. v. Chr. zwischen Jura u. Alpen ein, wurden 58 v. Chr. von Cäsar unterworfen u. dem Röm. Reich eingegliedert; 15 v. Chr. wurden auch die in den Ostalpen lebenden *Rätier* unterworfen. Das Gebiet der heutigen S. gehörte mehreren röm. Provinzen an. Wichtigste Städte waren: Vindonissa (Windisch), wo sich ein Legionslager befand, Aventicum Helvetiorum (Avenches), die Hptst. der Helvetier, u. Augusta Raurica (Augst bei Basel), das Zentrum der Rauriker. Um 445 eroberten die Burgunder von SW her das Wallis u. das Gebiet bis zur Aare, wurden aber von der einheim. Bevölkerung assimiliert; auch im Tessin u. in Graubünden konnte sich die bisherige Bevölkerung halten, während das übrige Land von den *Alemannen* besiedelt u. germanisiert wurde; aus dieser Zeit stammen die späteren Sprachgrenzen. Im 8. Jh. wurde das heutige Staatsgebiet dem Fränk. Reich eingegliedert; bei der Reichsteilung von 843 kam die Ost-S. an das Dt. Reich, im 11. Jh. auch die West-S. Auf dem Gebiet der späteren Eidgenossenschaft bildeten sich die Klöster St. Gallen, Einsiedeln, Allerheiligen in Schaffhausen, die Bistümer Genf, Lausanne, Sitten, Basel, Chur u. Konstanz. Im 12./13. Jh. erkämpften sich die Länder Uri u. Schwyz sowie einzelne Städte die Reichsfreiheit. Daneben entfalteten sich mehrere Territorialherrschaften, zunächst die der Zähringer, später die der Savoyer u. Habsburger. Im 14./15. Jh. folgte ein Abbau dieser monarch. Machtgebilde, der in erster Linie auf die Initiative der Städte Bern u. Zürich zurückzuführen war. Dabei spielte die Urschweiz nicht jene zentrale Rolle, welche ihr die spätere Geschichtsschreibung zugesprochen hat, trotz des Zusammenschlusses der drei Urkantone Uri, Schwyz u. Unterwalden 1291 („Ewiger Bund") zu einer Eidgenossenschaft. Nach dem Sieg über Herzog Leopold I. von Österreich in der Schlacht am Morgarten (1315) wurde der Ewige Bund erneuert u. um Luzern (1332), Zürich (1351), Glarus u. Zug (1352) u. Bern (1353) vergrößert. 1389 mußten die Habsburger nach den Niederlagen bei *Sempach* u. *Näfels* die Unabhängigkeit der Eidgenossenschaft anerkennen, 1415 wurden der Aargau, 1460 der Thurgau erobert u. als erste Untertanenländer aufgenommen. In mehreren Schlachten wurde *Karl der Kühne* von Burgund besiegt. 1481 kamen noch die Städtekantone Freiburg u. Solothurn hinzu. Durch den Sieg der Eidgenossen im *Schwabenkrieg* gegen Kaiser *Maximilian I.* kam es zur endgültigen Loslösung vom Dt. Reich, die aber erst im *Westfäl. Frieden* 1648 bestätigt wurde. Mit dem Beitritt von Basel u. Schaffhausen 1501 u. Appenzell 1513 wurde der Bund zur Eidgenossenschaft der *Dreizehn Orte*; er blieb bis 1803 bei diesem Stand. Die Reformation wurde in der dt. S. von Zürich aus durch H. *Zwingli,* in der welschen S. von Genf aus durch J. *Calvin* eingeführt; die drei Waldstätte, Luzern, Zug, Freiburg u. Solothurn blieben kath., Appenzell, Glarus, St. Gallen u. Graubünden waren konfessionell gespalten.
Die sog. Alte Eidgenossenschaft war ein Staatenbund, bestehend aus 13 vollberechtigten Orten, mehreren *Zugewandten Orten, Schirmorten* u. gemeinsamen *Untertanengebieten.* Jeder dieser 13 Orte u. Zugewandten Orte blieb in seinem Bereich völlig souverän. Die einzige gesamteidgenössische Instanz war die Tagsatzung, auf der über Fragen der Gemeinen Herrschaften u. der Soldpolitik beraten wurde. Die Dreizehn Orte hatten ursprünglich demokrat. Verfassungen, entwickelten sich aber im 16. u. 17. Jh. in Zürich, Basel u. Schaffhausen zu Zunftaristokratien, in Bern, Freiburg, Solothurn u. Luzern zu Herrschaften bevorrechtigter Geschlechter.
Im 18. Jh. erreichte die Aristokratisierung, die Beschränkung der polit. Machtausübung auf eine kleine Oberschicht (Patriziat), ihren Höhepunkt. Gleichzeitig entwickelten Anhänger der Aufklärung vor u. nach der Französ. Revolution Reformpläne zur Modernisierung der Alten Eidgenossenschaft, die jedoch durch den Einmarsch der Franzosen vereitelt wurden. Die Alte Eidgenossenschaft brach zusammen, nur Bern u. die Innerschweiz leisteten – erfolglosen – bewaffneten Widerstand. Der neu entstandenen Helvetischen Republik wurde eine Verfassung oktroyiert. Die S. wurde zunächst Einheitsstaat, die einzelnen Kantone Verwaltungsbezirke; Standesrechte u. Untertanenverhältnisse wurden abgeschafft, Religions-, Presse-, Gewerbe- u. Handelsfreiheit zugesichert, die westl. Randgebiete – Genf, Berner Jura, später auch Wallis – von Frankreich annektiert. Durch die Mediationsakte vom 19. 2. 1803 wurde die S. wieder ein Staatenbund von 19 souveränen Orten, jetzt *Kantone* genannt. Zu den 13 alten waren 6 neue Kantone hinzugekommen, ehem. Zugewandte oder Untertanen, nämlich: St. Gallen, Graubünden, Aargau, Thurgau, Waadt u. Tessin.
Auf dem *Wiener Kongreß* von 1814/15 erlangte die S. die Anerkennung dauernder Neutralität; mit dem Beitritt der 3 Kantone Wallis, Neuenburg u. Genf u. der Übernahme des ehem. Bistums Basel durch Bern (Berner Jura) erreichte das schweizer. Terri-

Die Entstehung der Eidgenossenschaft

1991 jährte sich zum 700. Mal jenes Ereignis, das als Gründungsmythos der Schweiz in die Geschichte eingegangen ist. Der Überlieferung nach wurde im Jahre 1291 die Bergwiese Rütli zum Schauplatz eines Schwures, mit dem sich die Urkantone Schwyz, Uri und Unterwalden zusammenschlossen.

Die innere Voraussetzung für den 1291 geschlossenen »Ewigen Bund« bildete die – gegen die von Fürstenwillkür geprägte Form der Reichs- und Territorialverwaltung – sich allmählich entwickelnde eigenständige politische Herrschaftspraxis, wie sie in der schweizerischen Landsgemeinde als unmittelbar demokratischem Beschlußorgan ihren exemplarischen Ausdruck findet. Dabei gingen dem Bund von 1291 bereits mehrere andere Bündnisse dieser Art voraus, so daß dieser heute als Gründungsakt der Schweiz gefeierte Vorgang beileibe kein isoliertes historisches Ereignis darstellte.

Eine wichtige Basis für die Vorgänge dieser Zeit bildete vor allem das gemeinsame Brauchtum der genossenschaftlich organisierten Talbewohner, dessen fremdenfeindlicher Grundtenor zum Katalysator wurde, um den Bestrebungen der Habsburger, die nordöstlichen Teile der Schweiz zum Zentrum ihrer Hausmacht zu machen, Einhalt zu gebieten. Dazu führt Hans Conrad Peyer im »Handbuch der Schweizer Geschichte« aus: »Die historische Volkskunde weist darauf hin, daß die scharfe Ablehnung von Beziehungen auswärtiger Männer zu Frauen und Töchtern des Landes, (...) die gewaltsame (...) Zerstörung der Burgen und Vertreibung der Vögte, wie auch verschiedene Züge des Tell, ganz spezifische Eigenschaften der Rechts- und Gesellschaftsauffassungen der damaligen Innerschweiz, ihrer Bergler- oder Hirtenkultur darstellen.« Daß Elemente dieses Brauchtums auch in späteren Zeiten zur Beschwörung eines nationalen Mythos dienen konnten, zeigen die Nationalfeste der Schweizer, so das auf Betreiben des Berner Schultheißen von Mülinen 1805 zum ersten Male ausgetragene Alphirtenfest von Unspunnen. Hier und auf anderen Festen wurden die spezifisch schweizerischen Wettspiele des Schwingens, Alphornblasens und Steinstoßens durchgeführt. Dabei verweisen diese auch in der heutigen Schweiz noch sehr beliebten sportlichen Vergnügungen zurück in jene Zeit, da aus dem Brauchtum Antriebskräfte für den Freiheitskampf erwuchsen. *G.M.*

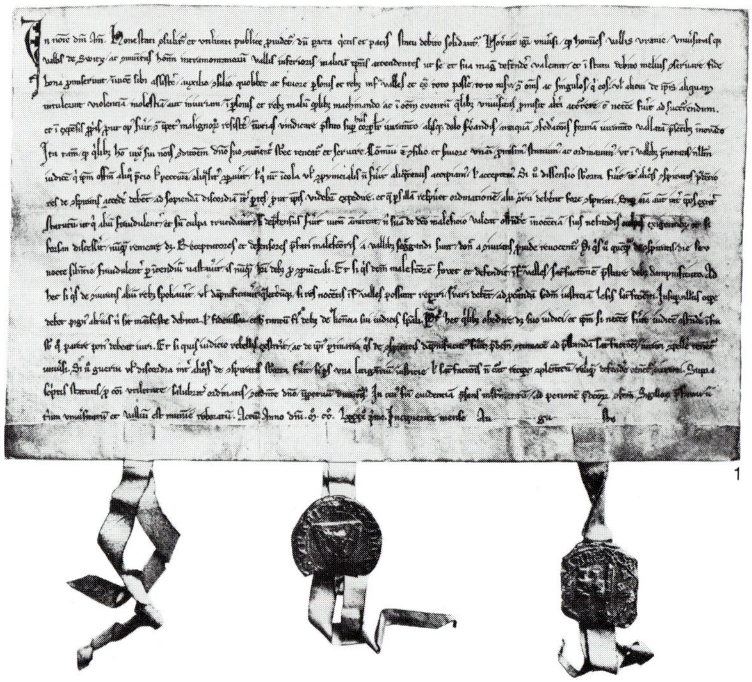

1

2

3

4

1 *Der berühmte Schweizer Bundesbrief von 1291; Bern, Schweizer Landesbibliothek.*

2 *Nach dem Anschluß Luzerns an den »Ewigen Bund« 1332 leisten die Bürger den Bundesschwur. Miniatur aus der Luzerner Chronik; 1513. Luzern, Zentralbibliothek.*

3 *Szene aus der Schlacht von Morgarten. Miniatur von D. Schilling d. Ä. aus der Berner Bilderchronik, um 1483. Bern, Bürgerbibliothek.*

4 *Schlacht von Näfels. Illustration von D. Schilling d. Ä. aus der Spiezer Bilderchronik um 1485, Bern.*

5 *Der Unabhängigkeitskampf der Schweiz in kartographischer und schematischer Darstellung.*

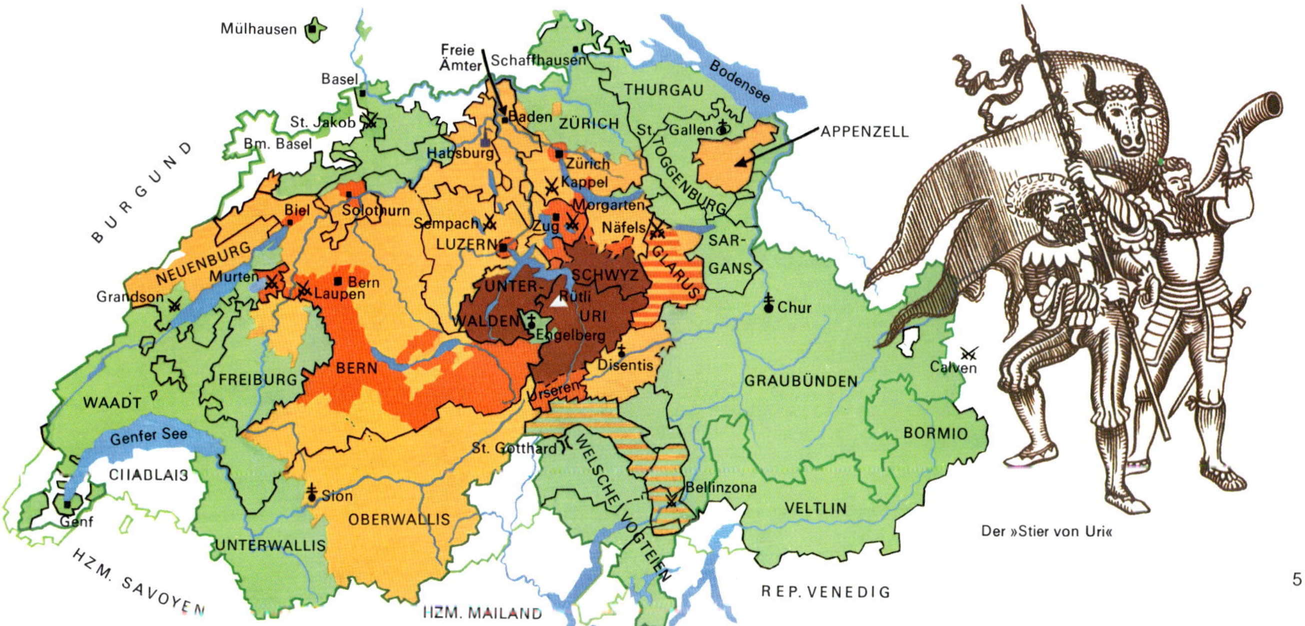

5

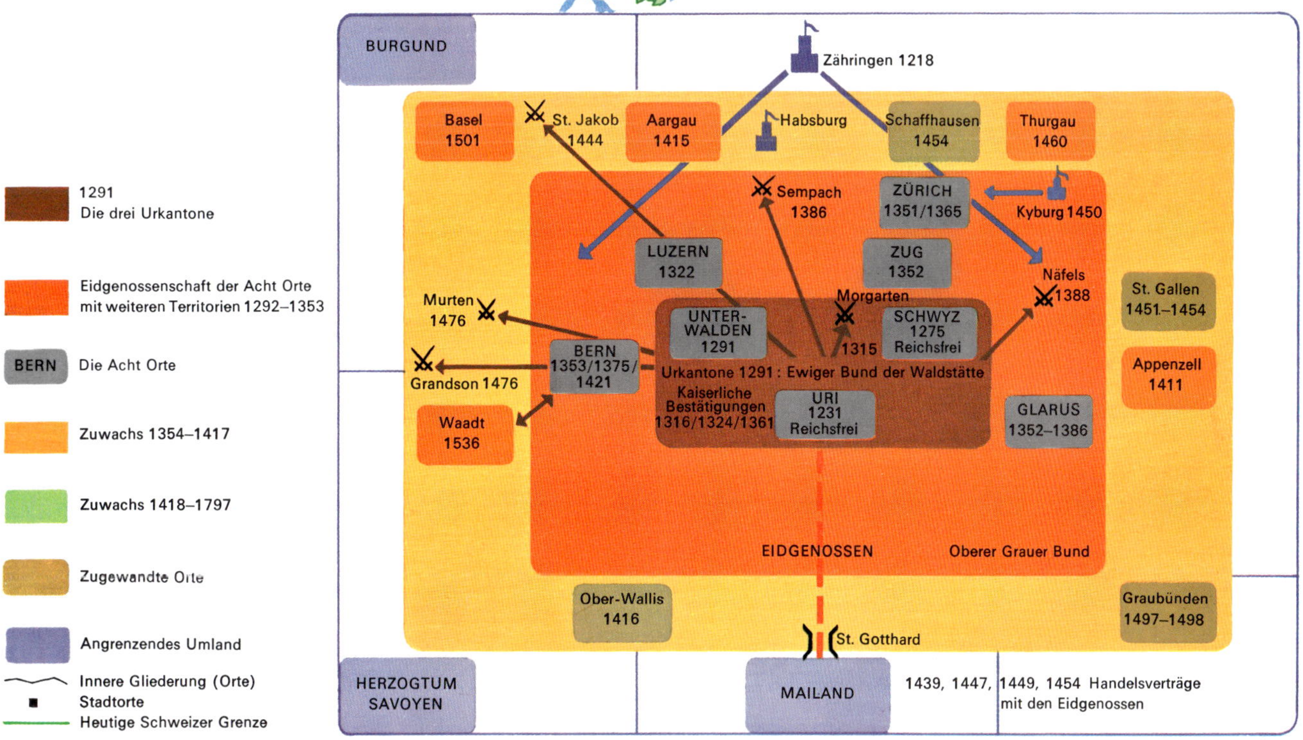

torium seinen heutigen Bestand. Innenpolitisch blieb die S. ein Staatenbund mit weitgehender Souveränität der einzelnen (22) Kantone; in den alten Orten übernahmen Zünfte u. bevorrechtigte Geschlechter wieder die Herrschaft, in den Städtekantonen war die Landschaft gegenüber der regierenden Hptst. politisch weitgehend rechtlos.
Verfassungskämpfe führten 1830/31 in 10 Kantonen zu demokrat. Verfassungen mit Volkssouveränität, Rechtsgleichheit (auch zwischen Stadt u. Land) u. Trennung der Gewalten. Als auf eidgenöss. Ebene eine radikale Bewegung mit Gewalt die Umwandlung des Staatenbundes in einen Einheitsstaat plante, schlossen sich 1845 die konservativen Gegner, nämlich 7 kath. Kantone, zu einem „Sonderbund" zusammen. Der Sieg der eidgenöss. Truppen im *Sonderbundskrieg* (1847) stellte die Einheit des Landes wieder her. Nun wurde der Staatenbund zwar nicht in einen Einheitsstaat, aber in einen Bundesstaat verwandelt mit einer zentralen Regierung, aber noch weitgehenden Rechten der einzelnen Kantone. Zentralisiert wurden Post, Münze, Maße, Gewicht, Zölle u. die Außenpolitik. Eine liberale u. im Kern noch

Schweiz

Bundespräsidenten seit 1945

Eduard von Steiger	1945
Karl Kobelt	1946
Philipp Etter	1947
Enrico Celio	1948
Ernst Nobs	1949
Max Petitpierre	1950
Eduard von Steiger	1951
Karl Kobelt	1952
Philipp Etter	1953
Rodolphe Rubattel	1954
Max Petitpierre	1955
Markus Feldmann	1956
Hans Streuli	1957
Thomas Holenstein	1958
Paul Chaudet	1959
Max Petitpierre	1960
Friedrich T. Wahlen	1961
Paul Chaudet	1962
Willy Spühler	1963
Ludwig von Moos	1964
Hans Peter Tschudi	1965
Hans Schaffner	1966
Roger Bonvin	1967
Willy Spühler	1968
Ludwig von Moos	1969
Hans Peter Tschudi	1970
Rudolf Gnägi	1971
Nello Celio	1972
Roger Bonvin	1973
Ernst Brugger	1974
Pierre Graber	1975
Rudolf Gnägi	1976
Kurt Furgler	1977
Willy Ritschard	1978
Hans Hürlimann	1979
Georges-André Chevallaz	1980
Kurt Furgler	1981
Fritz Honegger	1982
Pierre Aubert	1983
Leon Schlumpf	1984
Kurt Furgler	1985
Alphons Egli	1986
Pierre Aubert	1987
Otto Stich	1988
Jean-Pascal Delamuraz	1989
Arnold Koller	1990
Flavio Cotti	1991
René Felber	1992
Adolf Ogi	1993
Otto Stich	1994
Kaspar Villiger	1995
Jean-Pascal Delamuraz	1996
Arnold Koller	1997
Flavio Cotti	1998

heute bestehende Verfassung sanktionierte den neuen Zustand (1848). Sie wurde 1874 revidiert u. durch die Vereinheitlichung des Obligationen-, Handels- u. Wechselrechts u. des Militärs, Einführung des fakultativen Referendums u. Umwandlung des Bundesgerichts in einen ständigen Gerichtshof (in Lausanne) ergänzt.
Die Bedeutung der S. wuchs durch internationale Einrichtungen (Abschluß der Genfer Konvention 1864 u. des Internationalen Postvertrags 1874, aus denen das Internationale Komitee vom Roten Kreuz in Genf u. der Weltpostverein in Bern hervorgingen). Im 1. Weltkrieg bewahrte die S. strenge Neutralität, übernahm aber die Aufgaben zur Ermittlung von Vermißten u. Kriegsgefangenen, Austausch von Schwerverwundeten, Beförderung der Gefangenenpost (Rotes Kreuz). 1920 wurde die S. unter Einschränkung ihres Neutralitätsstatus Mitgl. des Völkerbundes, der sich in Genf niederließ, kehrte aber 1938 zur integralen Neutralität zurück, d.h., sie wurde von der Teilnahme an Völkerbundsaktionen gegen Friedensbrecher befreit. Im 2. Weltkrieg behielt die S. ihre strenge Neutralität bei u. wirkte danach an den internationalen Hilfswerken mit. Sie trat zwar den UN nicht bei, beteiligte sich jedoch stark an internationalen kulturellen u. wirtschaftl. Einrichtungen wie UNESCO, IRO, OEEC bzw. OECD u. EFTA. Die UN unterhalten in Genf ihren europ. Sitz sowie ihre Unterorganisationen ILO, WMO, WHO u.a.; auch die Abrüstungskonferenzen der UN finden in Genf statt. Ebenso fanden bzw. finden wichtige internationale Konferenzen u. Verhandlungen auf Schweizer Boden statt (u.a. die Genfer Indochinakonferenz von 1954 u. die Genfer Laos-Konferenz von 1961/62; 1973 bis 1975 die Europ. Sicherheitskonferenz [KSZE]). 1972 unterzeichnete die S. ein Freihandelsabkommen mit der EG. 1978 wurde durch Volksabstimmung aus französischsprachigen Teilen des Kantons Bern der Kanton Jura geschaffen. Der Beitritt zu den Vereinten Nationen wurde 1986 in einer Volksabstimmung abgelehnt. Auch den Beitritt zum *Europäischen Wirtschaftsraum* (EWR) lehnte die Bevölkerung 1992 in einem Referendum ab.

Schweizerische Volkspartei, Abk. *SVP*, 1971 erfolgter Zusammenschluß der gesamtschweizer. *Bauern-, Gewerbe- u. Bürger-Partei (BGB)* mit der *Demokratischen Partei* der Kantone Glarus u. Graubünden.

Schwerin, Hptst. von Mecklenburg-Vorpommern; 123 000 Ew.
Die slaw. Burg *Zuarin, Swerin*, erstmals erwähnt 1018, wurde 1160 von dem Obodritenfürsten *Niklot* vor der Eroberung durch *Heinrich den Löwen* zerstört. Dieser begann im gleichen Jahr mit einem Burgneubau u. gründete daneben die Stadt S., die damit die älteste dt. Stadt östl. der Elbe ist. Heinrich machte S. zum Bischofssitz u. zum Zentrum der neuen Grafschaft S. 1358 kam S. an die Herzöge von Mecklenburg(-S.); seit dem 15. Jh. war es deren Residenz. 1920 wurde es Hptst. des Freistaates Mecklenburg-S., 1934 des vereinigten Landes Mecklenburg. Seit 1990 ist S. wieder Landes-Hptst.
Die Grafschaft S., ursprüngl. mit den Ländern S., Silesen u. Crivitz *Gunzelin von Hagen* († 1185) verliehen, später um Ratzeburger u. Dannenberger Gebiete sowie um Teile der Herrschaft Parchim vergrößert, mußte 1358 an den mecklenburg. Landesherrn abgetreten werden.
Das nach S. verlegte Bistum Mecklenburg, Suffragan von Hamburg/Bremen, gewann 1180 nach dem Sturz Heinrichs des Löwen die Reichsunmittelbarkeit gegen die S.er Grafen. 1533/1568 protestantisch geworden, fiel es im Westfälischen Frieden ebenfalls an Mecklenburg-S.

Schwerin, pommersches Adelsgeschlecht. –

Scipio d. Ä.; Porträtbüste. Neapel, Museo Archeologico

1. Kurt Christoph Graf (1741) von, preuß. Offizier (1740 Feldmarschall), * 26. 10. 1684 Löwitz, † 6. 5. 1757 bei Prag (gefallen); zunächst in niederländ., dann in schwed., seit 1720 in preuß. Diensten; siegte im 1. Schles. Krieg bei Mollwitz.
2. Otto Reichsfreiherr (1648) von, brandenburg. Politiker, * 18. 3. 1616 Wittstock, † 14. 11. 1679 Berlin; seit 1645 Mitgl., seit 1658 Ober-Präs. des Geheimen Rates; schloß die Verträge von Labiau (1656) u. Wehlau (1657), die die brandenburg. Souveränität über das Herzogtum Preußen sicherten; vermittelte 1666 bei der endgültigen Teilung des Jülicher Erbes; war seit 1662 zugleich Erzieher der Söhne des Großen Kurfürsten.

Schwerin von Krosigk, Johann Ludwig (Lutz) Graf, Politiker (parteilos), * 22. 8. 1887 Rathmannsdorf, Anhalt, † 4. 3. 1977 Essen; Jurist; seit 1920 im Reichsfinanzministerium, 1929 Ministerialdirektor, 1932–1945 Reichs-Min. der Finanzen unter den Kanzlern von Papen, von Schleicher, Hitler, im Mai 1945 unter K. Dönitz Leiter der „Geschäftsführenden Reichsregierung" sowie Außen- u. Finanz-Min.; von einem US-amerikan. Militärgericht im Nürnberger „Wilhelmstraßen-Prozeß" 1949 wegen Beteiligung an Verbrechen gegen die Menschlichkeit zu zehn Jahren Haft verurteilt, 1951 entlassen. S. v. K. schrieb mehrere wirtschafts- u. kulturgeschichtl. Werke.

Schwernik, Švernik, Nikolaj Michajlowitsch, sowjet. Politiker, * 19. 5. 1888 St. Petersburg, † 24. 12. 1970 Moskau; 1930–1944 Sekretär, 1953–1956 Vors. des Zentralrats der Gewerkschaften; 1939–1952 u. 1953–1957 Kandidat, 1952/53 u. 1957–1966 Mitgl. des Politbüros bzw. Präsidiums des ZK der KPdSU; 1946 bis 1953 Vors. des Präsidiums des Obersten Sowjets (Staatsoberhaupt).

Schwertbrüderorden, geistlicher Ritterorden in Livland, 1202 von *Theoderich,* Abt des Zisterzienserklosters Dünamünde, zum Kampf gegen die „Heiden" gegründet, unterstand dem Bischof von Riga. Tracht: rotes Schwert u. Kreuz auf weißem Mantel; Regel des Templerordens. Der S. war an der Eroberung Livlands maßgeblich beteiligt, wovon ihm ein Drittel als Besitz zufiel. Nach einer vernichtenden Niederlage gegen die Litauer (1236) vereinigten sich die Reste des S.s 1237 mit dem *Deutschen Orden.*

Schwertleite, die zeremonielle Aufnahme eines *Knappen* in den *Ritterstand*: Umgürtung mit dem ritterl. Schwertgehänge *(cingulum militare)*, nicht selten mit kirchl. Feier u. Waffenweihe verbunden. Die S. wurde fast immer in größeren Gruppen vollzogen, regelmäßig im Anschluß an größere Hoffeste; z.B. Pfingsten 1184 in Mainz die S. der Söhne Kaiser Friedrichs I.

Schwyz [ʃvi:ts], zentralschweizer. Urkanton, 908 km², 113000 Ew.; Hptst. *S.*
S. war einer der Urkantone der Schweiz. Der von Kaiser Friedrich II. ausgestellte Freiheitsbrief von 1240 wurde von den habsburg. Landvögten verworfen, was 1291 zum Zusammenschluß mit den Waldstätten Uri u. Unterwalden im „Ewigen Bund" u. zur Gründung der Eidgenossenschaft führte. Auch → Schweiz.

Scipio, [s'tsi:pio; auch 'ski:pio], Angehörige der altröm. Familie der *Scipionen* aus dem Geschlecht der *Cornelius*: **1.** *S. d. Ä.*, Publius Cornelius S. Africanus Maior, röm. Feldherr, *235 v. Chr., †183 v. Chr. Liternum; entriß 206 v. Chr. den Karthagern Spanien, zwang *Hannibal* zur Räumung Italiens u. schlug ihn 202 v. Chr. bei Zama, so daß Karthago die röm. Friedensbedingungen annehmen mußte; 194 v. Chr. Konsul; unterstützte 191 v. Chr. seinen Bruder *Lucius Cornelius S.* im Syrischen Krieg gegen *Antiochos III.*
2. *S. d. J.*, Publius Cornelius S. Aemilianus Africanus Minor, röm. Feldherr, *185 v. Chr., †129 v. Chr.; durch Adoption Enkel von 1); zerstörte 146 v. Chr. Karthago u. beendete damit den *3. Punischen Krieg.* Durch seine Zerstörung von Numantia 133 v. Chr. wurden die Iberer endgültig unterworfen. S. war Gegner der Reformbewegung der *Gracchen*, seiner Verwandten; er versammelte einen Kreis bedeutender Männer *(S.nenkreis)* um sich, zu dem u.a. der griech. Historiker *Polybios* u. der Stoiker *Panaitios* gehörten.

Scone [sku:n], Ort in Schottland. Auf dem Stein von S. wurden im MA die schott. Könige gekrönt, bis Eduard I. (1272–1307) von England den Stein 1296 nach England bringen ließ. Er ist im Rahmen der Krönungszeremonie der engl. Könige noch heute von Bedeutung u. liegt in Westminster Abbey. 1950 wurde er von schott. Nationalisten zurückgeholt, jedoch bald wieder nach Westminster Abbey zurückgegeben.

Scoten, *Skoten*, frühgeschichtl. irische Völkerschaft, setzte im frühen MA von Irland nach Schottland über u. vermischte sich dort mit den *Pikten.*

Scott, Robert Falcon, brit. Antarktisforscher, *6. 6. 1868 Devonport, †29. 3. 1912 Antarktis; entdeckte auf einer Expedition mit dem

Robert F. Scott

Forschungsschiff „Discovery" das König-Edward-VII.-Land (1902), erreichte am 18. 1. 1912 (nur einen Monat nach R. *Amundsen*) den Südpol, starb auf dem Rückmarsch.

SDI, Abk. für → Strategische Verteidigungsinitiative.

SDS, Abk. für *Sozialistischer Deutscher Studentenbund.*

SEATO, Abk. für *South-East Asia Treaty Organization, Südostasienpakt, Manila-Pakt*, am 8. 9. 1954 in Manila gegr. Paktorganisation. Mitgl. waren Australien, Großbritannien, Neuseeland, die USA, bis 1972 Pakistan, bis 1974 Frankreich, bis 1975 die Philippinen u. Thailand. Die SEATO wurde als Teil des US-amerikan. Bündnisgürtels zur Eindämmung des Kommunismus u. bes. der Volksrepublik China geschaffen, daher beschränkte sich die US-amerikan. Beistandszusage auf kommunist. Aggressionen. Der Vertrag verpflichtete nicht automatisch zum Beistand; der Schutzbereich schloß Laos, Kambodscha u. Südvietnam ein, Hongkong u. Taiwan aus. Die SEATO kannte zwar ähnl. Lenkungsorgane wie die NATO, nicht aber deren gemeinsamen Unterbau samt unterstellten Streitkräften. Am 30. 6. 1977 wurde die SEATO aufgelöst.

Sébilien [-'ljɛ̃; das], nordafrikan. Kulturgruppe der Mittelsteinzeit.

Sechsmächtekonferenz, *Londoner S.* vom 23. 2. bis 6. 3. u. 20. 4.–2. 6. 1948, Konferenz Großbritanniens, Frankreichs, der USA, Belgiens, der Niederlande u. Luxemburgs über den wirtschaftl. Wiederaufbau in West- u. Mitteleuropa sowie die Eingliederung der 3 westl. Besatzungszonen Deutschlands in die westeurop. Staatengemeinschaft. Die S. endete mit den *Londoner Empfehlungen* (Beschluß über die Bildung des westdt. Staats).

Sechstagekrieg → Nahostkonflikt.

SED, Abk. für → Sozialistische Einheitspartei Deutschlands.

Sedan [sə'dã], Industriestadt im nordostfranzös. Dép. Ardennes, an der Maas, 22400 Ew.
S. war bis 1875 eine starke Festung. Am 1./2. 9. 1870 fand dort die Entscheidungsschlacht im Dt.-Französ. Krieg statt; die französ. Armee unter Mac-Mahon wurde besiegt, Napoleon III. gefangengenommen. Der „S.stag" (2. 9.) galt im dt. Kaiserreich als Nationalfeiertag. – Am 13. 5. 1940 erfolgte bei S. der Durchbruch der Deutschen durch die Maginotlinie.

Seddin, brandenburg. Ort in der Westprignitz; bekannt durch ein Fürstengrab aus der Bronzezeit.

Sedisvakanz [die; lat.], die Zeitspanne, in der der päpstl. oder ein bischöfl. Stuhl unbesetzt ist. Während dieser Zeit übernimmt der *Camerlengo* die Verwaltung.

Sée [se:], Henri, französ. Wirtschaftshistoriker, *6. 9. 1864 Saint-Brice, Seine-et-Oise, †10. 3. 1936 Rennes; lehrte 1893–1920 in Rennes; Hptw.: „La vie économique et les classes sociales en France au XVIIIe siècle" 1924; „Die Ursprünge des modernen Kapitalismus" 1926, dt. 1940; „Histoire économique de la France" 2 Bde. 1939–1943 (posthum).

Seeckt, Hans von, Offizier (1926 Generaloberst), *22. 4. 1866 Schleswig, †27. 12. 1936 Berlin; im 1. Weltkrieg in Stabsstellungen, 1917/18 Generalstabschef des türk. Feldheeres; 1919 Chef des Truppenamtes (d. h. Generalstabes), 1920–1926 Chef der Heeresleitung. S. war der eigentl. Schöpfer der *Reichswehr*, die er zu einem selbständigen, der Weimarer Republik ablehnend gegenüberstehenden Machtinstrument („Staat im Staate") ausbaute. Einen Militärputsch lehnte er jedoch ab; die ihm 1923/24 von Reichs-Präs. *Ebert* zur Abwehr links- u. rechtsradikaler Bestrebungen übertragene vollziehende Gewalt nutzte er nicht in diesem Sinne. Die im Versailler Vertrag festgelegten Einschränkungen der dt. Rüstung suchte er durch Zusammenarbeit mit der Sowjetunion zu umgehen. Er wurde aus seinem Amt entlassen, weil er die Teilnahme eines Hohenzollernprinzen an Reichswehrmanövern gestattet hatte. 1930–1932 war S. MdR (DVP), 1933–1935 Militärberater in China. Er schrieb u.a. „Gedanken eines Soldaten" 1929; „Aus meinem Leben" 1938, Fortsetzung: „S. Aus seinem Leben", hrsg. von F. von Rabenau 1940.

Seeräuberkrieg, langwieriger, mit Unterbrechungen geführter Krieg der Römer gegen die Seeräuber des Mittelmeers, die ihre Hauptstützpunkte an den Küsten Kilikiens u. auf Kreta besaßen. Da sie sogar die Häfen Italiens unsicher machten u. die Getreidezufuhr nach Rom unter ihren Raubzügen zu leiden begann, wurde 67 v. Chr. *Pompeius* mit einem außerordentl. Kommando über das Tyrrhen. Meer u. die Küsten betraut; innerhalb von 40 Tagen befreite er das westl. Mittelmeer von den Seeräubern.

Seevölker, altägypt. Bez. für Völkerstämme des östl. Mittelmeerraums u. Vorderen Orients, die im Gefolge der Unruhen u. polit., kulturellen u. geistigen Umformungen in Mitteleuropa im 13. Jh. v. Chr. (→ Urnenfelderzeit) in Bewegung gerieten u. die Mächte u. Staaten des östl. Mittelmeerraums bedrohten. In ägypt. Quellen werden u.a. *Akawascha, Lukka, Peleset, Schardana* genannt; sie waren vielleicht identisch mit Achäern, Lykiern, Philistern, Sarden. Die S. wurden 1219 v. Chr. von *Merenptah* über die Westgrenze des Niltals zurückgeschlagen u. traten danach als Hilfstruppen auf ägypt. u. hethit. Seite auf. Während der Thronwirren am Ende der 19. Dynastie wurden die S. erneut aggressiv u. zerstörten um 1190 v. Chr. das Hethiterreich u. die Staaten der Levanteküste (Zypern, Kilikien, Nord- u. Mittelsyrien). Ein erneuter Angriff auf Ägypten wurde von *Ramses III.* in mehreren Schiffs- u. Feldschlachten abgewehrt.

Sefewiden, iran. Dynastie, → Safawiden.

Segesta, *Egesta*, von dem vorgriech. Volk der *Elymer* im 12. Jh. v. Chr. gegr. Stadt im nordwestl. Sizilien, heute Ruinen. Es schloß 458 v. Chr. ein Bündnis mit Athen. Grenzstreitigkeiten mit dem griech. Selinunt führten zu Athens *Sizilischer Expedition* 415 bis 413 v. Chr. u. zu Karthagos Eingreifen 409 v. Chr., was S. im 4. Jh. v. Chr. unter karthag. Herrschaft brachte; doch trat es bereits im *1. Punischen Krieg* auf röm. Seite. Bekannt sind sein dorischer Tempel des 5. Jh. v. Chr. u. sein Theater.

Segestes, Cheruskerfürst, Vater der *Thusnelda.*

Segni ['sɛnji], Antonio, italien. Politiker (Democrazia Cristiana), *2. 2. 1891 Sássari, Sardinien, †1. 12. 1972 Rom; Prof. der Rechtswissenschaften; nach 1919 in der Kath. Volkspartei tätig; entwickelte 1944 das Autonomiegesetz für Sardinien; 1947–1951 Landwirtschaftsminister (Bodenreform), 1950 bis 1953 Unterrichts-Min., 1955–1957 u. 1959/60 Innen-Min. u. Min.-Präs., 1958/59 Verteidigungs-Min., 1960–1962 Außen-Min., 1962–1964 Staats-Präs. – Träger des Karlspreises 1964.

Seidel, Hanns, Politiker (CSU), *12. 10. 1901 Schweinheim bei Aschaffenburg, †5. 8. 1961 München; Rechtsanwalt; bis 1933 Mitglied der BVP, 1945 Mitbegründer der CSU; 1946–1961 MdL, 1947–1954 Min. für Wirtschaft, 1957–1960 Min.-Präs. von Bayern; 1955–1961 Vors. der CSU. – Nach S. ist die der CSU nahestehende *Hanns-Seidel-Stiftung* benannt.

Seidenstraße, von F. von *Richthofen* geprägte Bez. für die alte, über Dunhuang, Turpan, Hamadan u. Palmyra führende Handelsstraße zwischen Nordchina (Luoyang) u. dem Mittelmeerhafen Antiochia mit Abzweigungen in Süd- u. Westasien, ausgebaut u. z. T. von Türmen gesichert in der Zeit nach den Kriegszügen Alexanders d. Gr. Auf der S. gelangten neben chines. Seide auch andere Handelsgüter nach Europa; für China war sie der wichtigste Importweg für Glas- u. Edelmetallwaren aus dem Mittelmeerraum.

Seigneur [sɛ:'njør; frz.], verkürzt *Sieur*, in Frankreich vor 1789 der Grundherr (mit Gerichtsbarkeit); sein Gebiet: *Seigneurie.*

Seignobos [sɛnjɔ'bɔs], Charles, französ. Historiker, *10. 9. 1854 Lamastre, †2. 5. 1942 Paris; 1879 Prof. in Dijon, 1890–1925 in Paris; stark von der dt. histor. Schule beeinflußt.

Hptw.: „Histoire de la civilisation" 1884–1886; „Histoire politique de l'Europe contemporaine" 1897, dt. 1910; „Introduction aux études historiques" (mit C. Langlois) 1897; „Histoire sincère de la nation française" 1933.

Seipel, Ignaz, österr. Politiker (Christlichsozialer), *19. 7. 1876 Wien, †2. 8. 1932 Pernitz, Niederösterreich; kath. Priester u. Prof. für Moraltheologie (1909); als Exponent des kath.-konservativen Großbürgertums 1918 Min. für soziale Fürsorge, seit 1919 Abg. im Nationalrat, 1922–1924 u. 1926–1929 Bundeskanzler. Sein scharf antisozialist. Kurs u. seine Abneigung gegen den Parteienstaat mündeten schließlich in ein Bündnis mit der faschist. Heimwehr.

Seitz, Karl, österr. Politiker (Sozialdemokrat), *4. 9. 1869 Wien, †3. 2. 1950 Wien; seit 1907 neben V. *Adler* einer der Führer der österr. Sozialdemokratie; 1919 erster Präs. der Nationalversammlung; 1923–1934 Bürgermeister von Wien, durch große kommunalpolit. Leistungen, bes. im Wohnungsbau, ausgewiesen; 1944/45 im Konzentrationslager, 1945 Mitgl. des Nationalrats.

Sejm [sɛjm; der], der poln. Reichstag, bis Ende des 18. Jh. Adelsparlament, bestand seit Ende des 15. Jh. aus zwei Kammern (Senat u. Abgeordnetenhaus); im 19. u. 20. Jh. Name verschiedener anderer parlamentar. Versammlungen; 1918–1939 neben dem Senat die direkt gewählte Kammer. Seit 1947 ist der S. das Parlament Polens.

Sekundogenitur [die; lat.], in regierenden Häusern bei strenger Primogenitur das Recht des Zweitgeborenen auf eine bestimmte Nebenherrschaft, die, soweit erblich, beim Erlöschen der Nebenlinie durch Hausgesetz geregelt an das Haupthaus zurückfällt; analog auch *Tertiogenitur* für den dritten Sohn.

Selbmann, Fritz, Politiker (SED), *29. 9. 1899 Lauterbach, Hessen, †26. 1. 1975 Ostberlin; Bergarbeiter; seit 1925 Funktionär der KPD, 1932/33 MdR; 1934–1945 polit. Häftling; 1946–1948 Min. für Wirtschaft in Sachsen, 1948/49 stellvertr. Vors. der Dt. Wirtschaftskommission, 1949/50 Min. für Industrie, 1950/51 u. 1953–1955 für Schwerindustrie, 1951–1953 für Hüttenwesen u. Erzbergbau, 1955 –1958 stellvertr. Vors. des Ministerrats der DDR; 1954–1958 Mitgl. des ZK der SED. 1958 wurde S. wegen Unterstützung der „Fraktion Schirdewan-Wollweber" gerügt; nach Selbstkritik war er 1961–1964 stellvertr. Vors. des Volkswirtschaftsrates.

Seldschuken, türk. Fürstendynastie vom 11. bis Anfang des 14. Jh. aus dem Volk der

Seldschuken: Gebetsnische in der Freitags-Moschee in Isfahan (Iran), einem der schönsten Bauwerke der Seldschuken

Oghusen, das sich um 1000 dem Fürsten *Seldschük* östl. vom Aralsee unterstellte u. zum sunnit. Islam überging. Die S. stießen um 1030 nach Khorasan vor u. verdrängten seit 1040 die Ghasnawiden u. Bujiden aus weiten Teilen Irans. 1055 übernahmen sie die Schutzherrschaft über die abbasidischen Kalifen in Bagdad; etwa gleichzeitig wurde ihnen Irak u. teilweise Syrien (mit Jerusalem 1076) untertan, das sie bis Anfang des 12. Jh. an die Kreuzfahrer u. Sengiden verloren. *Alp Arslan* (1063–1072) schaltete 1071 die byzantin. Macht im östl. u. mittleren Kleinasien aus, das seither einer Zweiglinie des Hauses (den *Rum-S.*) unterstand. In Iran u. Irak folgte 1072–1092 *Melikschah*, der zusammen mit seinem Minister *Nisam Al Mulk* die sunnit. Orthodoxie kräftigte u. die Ismailiten in die Schranken verwies. In diese Zeit fällt der Höhepunkt einer eigenständigen seldschuk. Kultur (bes. auf religiös-philosoph. Gebiet, in der Dichtung u. auf dem Gebiet der Architektur). Seit Beginn des 12. Jh. zerfiel die seldschukische Macht in diesem Raume durch zahlreiche Kämpfe zwischen einzelnen Prinzen. Die Zweiglinie der *Rum-S.* mit den Mittelpunkten Kayseri u. Konya behauptete das mittlere Kleinasien gegen andere türk. Machthaber sowie gegen die Kreuzfahrer u. die Armenier (in Kilikien). Sie breiteten ihre Macht im 12. Jh. weiter aus u. fanden (bes. im S) Anschluß an den Mittelmeer-Handel. Unter der Regierung von *Kylydsch-Arslan II.* (1156–1192), *Kai Kawus I.* (1210–1219) u. *Kai Kobad I.* (1219–1236) iranisierte sich die Dynastie (wie die Linie in Iran) u. führte das Land zu hoher kultureller Blüte, von der noch heute viele Bauten zeugen. Griechische Sprache u. Orthodoxie verschwanden. 1243 geriet die Dynastie unter die Herrschaft der *Ilchane* in Persien u. ging um 1317 unter. Nach einer Zeit vieler türk. Kleinfürstentümer traten letztlich die Osmanen ihr Erbe an.

Seldte, Franz, Politiker, *29. 6. 1882 Magdeburg, †1. 4. 1947 Fürth; Sodawasserfabrikant; 1914–1918 Offizier, Hauptmann d. R.; Gründer u. 1918–1935 Bundesführer des *Stahlhelm, Bund der Frontsoldaten,* den er nach 1933 schrittweise in die nat.-soz. Bewegung überführte; seit 1933 Mitglied der NSDAP u. Obergruppenführer der SA, 1933–1945 Reichs-Min. für Arbeit.

Seleukia, *Seleukeia,* Name zahlreicher hellenist. Städte im Seleukidenreich, bes. die von *Seleukos I.* um 300 v. Chr. als Hptst. seines Reichs gegr. Stadt S. am Tigris (nördl. von Bagdad); Zentrum des Hellenismus in Mesopotamien.

Seleukiden, Diadochen-Dynastie, gegr. 312 v. Chr. von *Seleukos I. Nikator,* einem Feldherrn Alexanders d. Gr. Das S.-Reich erstreckte sich zur Zeit seiner größten Blüte (um 280 v. Chr. u. um 200 v. Chr.) über fast ganz Kleinasien u. reichte bis zum Indusgebiet. Kriege u. innere Zwistigkeiten führten zu seiner Auflösung, so daß *Pompeius* 64 v. Chr. den letzten S., *Antiochos XIII. Asiatikos,* absetzen u. das ihm noch verbliebene Land Syrien zur röm. Provinz *Syria* machen konnte.

Seleukos I. Nikator, *um 358 v. Chr., †281 v. Chr.; Feldherr *Alexanders d. Gr.,* Diadoche; als Satrap von Babylon 321–316 v. Chr. u. seit 312 v. Chr. Begründer des Seleukiden-Reichs. S. drang bis Indien vor u. gewann Armenien u. Syrien.

Selim, osman. Sultane: **1.** *S. I. Yavuz* [türk., „der Strenge"], Sultan 1512–1520, nannte sich gelegentlich „Kalif", *1467 Amasya, †20. 9. 1520 bei Çorlu; Sohn Bajezids II., besiegte 1514 Schah Ismail von Persien; eroberte 1516/17 Syrien, Palästina u. Ägypten (Ende der Mamlukenherrschaft); begründete den Aufstieg des Osman. Reichs zur Weltmacht; Gegner der Schiiten.

2. *S. II. Mest, S. der Trunkenbold,* Enkel von 1), Sultan 1566–1574, *1524 Magnesia, †12. 12. 1574 Istanbul; Sohn Süleimans II., nahm den Venezianern 1570/71 Zypern; seine Flotte unterlag 1571 in der Seeschlacht bei *Lepanto.*

3. *S. III.,* Sultan 1789–1807, *24. 12. 1761 Istanbul, †28. 7. 1808 Istanbul (ermordet); versuchte vergeblich die Macht der Janitscharen zu brechen u. leitete, bes. militärisch, die Modernisierung des Reichs ein; von den Janitscharen entthront.

Selinunt, grch. *Selinus,* jetzt ital. *Selinunte,* an der Südwestküste Siziliens nach der Mitte des 7. Jh. v. Chr. gegr. westlichste griech. Siedlung; Blütezeit im 6./5. Jh. v. Chr. S.s Streit mit Segesta führte zur *Sizilischen Expedition* der Athener (415–413 v. Chr.); 409 v. Chr. wurde es von den Karthagern erstmalig zerstört; im 1. Pun. Krieg vernichteten sie es 250 v. Chr. endgültig.

Semgalen, *Semgaller,* Volksstamm in Lettland, der im W an die Kuren, im O an die Selen, im N an die finn. Liven grenzte; mit diesen u. den Lettgallern zum lett. Volk verschmolzen. Nach den S. benannt ist die ehem. südl. Provinz Lettlands *Semgallen*; 1290 von den Schwertbrüdern unterworfen.

Semiramis, in der griech. Sage Königin von Babylon u. Schöpferin der „Hängenden Gärten"; gemeint ist die assyr. Königin *Sammuramat* um 800 v. Chr.

Semnonen, westgerm. Stamm zwischen mittlerer Elbe u. Oder. Die S. werden 178 zuletzt erwähnt; sie gingen in den *Alemannen* auf.

Sempach, schweizer. Stadt im Kanton Luzern, am Ostufer des S.er Sees, 3100 Ew.
Bei S. besiegten am 9. 7. 1386 die Eidgenossen ein österr. Ritterheer. Nach den Schlachten bei S. u. bei *Näfels* mußte Habsburg die Unabhängigkeit der Schweiz anerkennen.

Senat, der Rat der Ältesten im alten Rom, bes. der patrizischen Adelsgeschlechter, ursprüngl. vom König als beratende Körperschaft eingesetzt. In der Republik wurde der S. zum maßgebenden Verfassungsorgan. Er hatte zunächst 300, später 600 Mitglieder. Über die Zulassung entschied seit 312 v. Chr. der Zensor mit dem Recht, Unwürdige auszustoßen. Aufgenommen wurden die Häupter der patriz. Adelsgeschlechter, ehem. Magistrate, später auch ehem. Aedilen, Volkstribunen u. Quaestoren; ein Mindestalter von 30, später 25 Jahren u. ein bestimmtes Vermögen waren vorgeschrieben. Seit Augustus war die Aufnahme ein Privileg des Kaisers. Die Herrschaft des S.s beruhte mehr auf Herkommen, Ansehen seiner Mitglieder u. Gewohnheit als auf Rechten; er beanspruchte ein allg. Aufsichtsrecht über den Staat, S.sbeschlüsse galten schon früh als bindend. In der Kaiserzeit ging der Einfluß des S.s immer mehr zurück, seit Diocletian war er politisch bedeutungslos.

Sendero Luminoso [span., „leuchtender Pfad"], von A. *Guzmán* in Peru 1970 gegr. maoist. Guerillaorganisation. Die sich selbst *Kommunistische Partei Perus* nennende Gruppe versucht mit terroristischen Mitteln die Bevölkerung gegen das herrschende System zu mobilisieren. 1992 gelang die Gefangennahme Guzmáns.

Seneca, 1. Lucius Annaeus, der *Ältere,* röm. Rhetor aus Spanien, *um 55 v. Chr., † um 40 n. Chr.; verfaßte eine Auslese von Redeübungen u. 74 Entscheidungen von Rechtsfragen („Controversiae").

2. Lucius Annaeus, *der Jüngere,* Sohn von 1), röm. Dichter u. Philosoph, * um 4 v. Chr. Córdoba, †65 n. Chr. Rom; Erzieher *Neros* u. eine Zeitlang bei ihm einflußreich, später wegen angebl. Teilnahme an einer Verschwörung zum Selbstmord genötigt. Er schrieb über Ethik (12 Bücher „Dialogi", 124 „Epistolae Morales") u. naturwissenschaftl. Probleme („Naturales Questiones"), eine Satire auf die Apotheose des Kaisers Claudius (*Apocolocynthosis,* wörtl. „Verkürbissung") sowie 9 Tragödien.

Senegal SN

Republik Senegal

Fläche: 196772 km². – *Einwohner:* 7,9 Mill. – *Hauptstadt:* Dakar. – *Landessprachen:* Französisch, Wolof, Ful, sudanesische Sprachen. – *Nationalfeiertag:* 4. 4. – *Währung:* 1 CFA-Franc = 100 Centimes. – *Lage:* zwischen 12°20′ und 16°40′ n. Br. sowie 11°20′ und 17°33′ w. L. – *Zeitzone:* Mitteleuropäische Zeit – 1 Std. – *Grenzen:* im N Mauretanien, im O Mali, im S Guinea, Guinea-Bissau, als Enklave Gambia, im N Atlantischer Ozean. – *Staatsform:* präsidiale Republik.

Das heutige Staatsgebiet gehörte im MA als Einflußzone zunächst zum Königreich Ghana, dann zu Mali. Bald nach der Blütezeit des Mali-Reichs Ende des 14. Jh. entdeckten portugies. Seeleute die senegalesische Küste u. gründeten Niederlassungen. Im 16. Jh. folgten den Portugiesen Niederländer, später auch Franzosen als Händler. Schon 1633 erhielt eine Kaufmannsgilde aus Rouen von *Richelieu* ein Monopol für den Handel mit S., u. 1638 wurde die Handelsniederlassung Saint-Louis gegründet. Gegen europ. Manufakturwaren wurden den einheim. Fürsten Sklaven abgekauft, die gegen Rum u. Zucker auf die Antillen als Plantagenarbeiter weiterverkauft wurden. Die Kaufleute legten am Senegallauf mehrere kleine befestigte Stützpunkte an.

Der Besitz S.s wechselte mehrmals, bis Frankreich sich 1791 endgültig gegen seine Rivalen behaupten konnte. Der Gouverneur L. *Faidherbe* (1854–1865) dehnte den französ. Besitz in S. noch aus u. beendete den Streit einheim. Königreiche. 1857 ließ er Stadt u. Hafen Dakar anlegen. Die zahlreichen Neuerwerbungen in Westafrika faßte Frankreich 1895 zum Generalgouvernement Französisch-Westafrika zusammen, dem S., Sudan, Guinea u. die Elfenbeinküste angehörten, später kamen Obervolta, Dahomey, Mali u. Mauretanien dazu.

Anfang des 20. Jh. entstand zuerst hier in Westafrika unter den Intellektuellen S.s ein schwarzafrikan. Nationalismus. Zum Führer der Unabhängigkeitsbewegung in S. wurde L. S. *Senghor.*

Als 1958 den einzelnen Staaten Französisch-Westafrikas Autonomie gewährt wurde, wurde S. Republik innerhalb der Französ. Gemeinschaft. 1959 wurde es mit Französisch-Sudan zur Mali-Föderation zusammengeschlossen, diese aber brach bereits ein Jahr später auseinander, als S. wegen der großen kulturellen Gegensätze aus der Föderation austrat u. unabhängig wurde (1960). Senghor, die Symbolfigur für das Erreichen der Unabhängigkeit, war von 1960 bis 1980 Staatspräsident. Sein Nachfolger wurde Premier-Min. A. *Diouf.*

1982–1989 hatten sich die beiden Staaten S. u. Gambia unter dem Namen *Senegambia* zu einer Konföderation zusammengeschlossen. 1983, 1988 u. 1993 wurde Diouf, 1983–1991 auch Regierungschef, erneut zum Staats-Präs. gewählt.

Senegambien, früher Name der ehem. französ. Kolonie Senegal.

Seneschall [lat. + ahd., „ältester Knecht“], im Frankenreich ein Hofbeamter, Haupt der Hofverwaltung mit der Fürsorge für die königl. Tafel, später durch den *Hausmeier* auf wirtschaftl. Aufgaben beschränkt; in den meisten roman. Ländern durch den Hausmeier vertreten. Im Hl. Röm. Reich entsprach dem S. der Truchseß.

Léopold Sédar Senghor bei seiner Aufnahme in die Académie Française, 1984

Senghor [sɛ̃'gɔːr], Léopold Sédar, senegales. Politiker u. Dichter, *9. 10. 1906 Joal; Gymnasial- u. Hochschullehrer in Frankreich; 1946–1958 Abg. in der französ. Nationalversammlung; gründete 1948 den *Bloc Démocratique Sénégalais (BDS),* aus dem 1976 die Regierungspartei *Parti Socialiste* hervorging. 1952 war S. Staatssekretär in der französ. Regierung, 1960–1980 Präs. von Senegal, 1962 bis 1970 auch Min.-Präs. – Neben A. *Césaire* ist S. der führende Dichter der *Négritude.* Dt. Gesamtausgabe der Gedichte: „Botschaft u. Anruf“ 1962. 1968 erhielt S. den Friedenspreis des Dt. Buchhandels.

Sengi, *Zengi, Zangi,* Imad Ad Din, Emir von Mosul 1127–1146, † 14. oder 24. 9. 1146 (ermordet); erfolgreich gegen Kreuzfahrer u. Byzanz, gewann Mesopotamien u. das nördl. Syrien; Gründer der *Sengiden-(Zengiden-)* Dynastie, die bis um die Mitte des 13. Jh. in Mosul an der Macht war, wurde von Mamluken ermordet. S.s Sohn u. Nachfolger in Syrien, *Nur Ad Din,* eroberte 1154 Damaskus. In seinem Auftrag ging Saladin nach Ägypten.

Seniorat [das; lat.], poln. Gesetz von 1138, nach dem der Senior der Piastendynastie als Herrscher Kleinpolens (Hptst. Krakau) führend unter den poln. Fürsten sein sollte, während Großpolen, Schlesien, Masowien, Kujawien u. Sandomir als Herzogtümer den nachgeordneten Piasten zufallen sollten. Das S. brachte statt der erstrebten Einheit Polens den Zerfall in Teilfürstentümer.

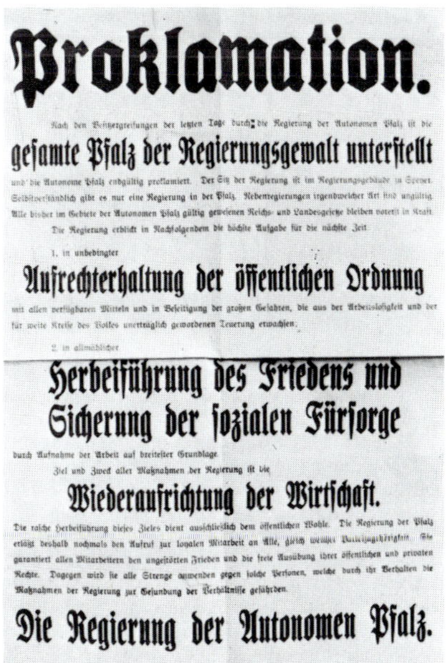

Proklamation.

Nach den Besitzergreifungen der letzten Tage durch die Regierung der Autonomen Pfalz ist die

gesamte Pfalz der Regierungsgewalt unterstellt

und die Autonome Pfalz endgültig proklamiert. Der Sitz der Regierung ist im Regierungsgebäude in Speyer. Selbstverständlich gibt es nur eine Regierung in der Pfalz. Nebenregierungen irgendwelcher Art sind ungültig. Alle bisher im Gebiete der Autonomen Pfalz gültig gewesenen Reichs- und Landesgesetze bleiben vorerst in Kraft.

Die Regierung erblickt in Nachfolgendem die höchste Aufgabe für die nächste Zeit

1. in unbedingter

Aufrechterhaltung der öffentlichen Ordnung

mit allen verfügbaren Mitteln und in Beseitigung der großen Gefahren, die aus der Arbeitslosigkeit und der für weite Kreise des Volkes unerträglich gewordenen Teuerung erwachsen;

2. in allmählicher

Herbeiführung des Friedens und Sicherung der sozialen Fürsorge

durch Aufnahme der Arbeit auf breitester Grundlage.

Ziel und Zweck aller Maßnahmen der Regierung ist die

Wiederaufrichtung der Wirtschaft.

Die rasche Herbeiführung dieses Zieles dient ausschließlich dem öffentlichen Wohle. Die Regierung der Pfalz erläßt deshalb nochmals den Aufruf zur loyalen Mitarbeit an Alle, gleich welcher Parteizugehörigkeit. Sie garantiert allen Mitarbeitern den ungestörten Frieden und die freie Ausübung ihrer öffentlichen und privaten Rechte. Dagegen wird sie alle Strenge anwenden gegen solche Personen, welche durch ihr Verhalten die Maßnahmen der Regierung zur Gesundung der Verhältnisse gefährden.

Die Regierung der Autonomen Pfalz.

Separatismus: Plakat mit der Proklamation der Autonomen Pfalz vom 24. 10. 1923

Senonen, kelt. Volksstamm, siedelte zwischen Loire u. Seine, von *Cäsar* 54–52 v. Chr. unterworfen. Ein Teil der S. zog 400 v. Chr. mit anderen Kelten nach Mittelitalien u. siedelte sich um Ancona an; 283 v. Chr. von den Römern unterworfen.

Senussi, *Senusi,* politisch-religiöser islam. Derwischorden, gegr. um 1835 von Sidi Mohammed Ibn Abi As *S.* (*1791, † 1859) in Mekka. 1855 wurde die Oase Djaghabub (Cyrenaica) Zentrum des Ordens, der über Nordafrika Verbreitung fand u. ursprünglich europa- u. christenfeindlich war. 1911/12 unterwarfen die Italiener kurze Zeit die S. Der Enkel des Gründers war als *Idris I.* 1951 bis 1969 König von Libyen.

Separatismus [lat.], polit., geistige oder religiöse Absonderung, bes. nationaler Minderheiten; *i. e. S.* das Streben nach Abtrennung eines Gebiets aus einem Staatsverband. – In Dtschld. bezeichnet man als S. vor allem die nach dem 1. Weltkrieg von Frankreich unterstützten Bestrebungen, eine im Rheinland vom Dt. Reich unabhängige Republik zu gründen.

Sepoy-Aufstand ['siːpɔi; engl., pers. *Sipahi,* „reitender Soldat“], *Mutiny,* Aufstandsbewegung in Indien 1857/58, ausgelöst durch die im Dienst der Ostind. Kompanie stehenden Eingeborenensoldaten. Im S., der von dem letzten Marathen-Peschwa Nana Sahib geführt wurde, kämpften Hindus u. Moslems gegen die Verletzung religiöser Bräuche durch die Engländer sowie deren Annexionspolitik; er wurde von beiden Seiten mit größter Härte geführt.

Seppuku [das; jap., „Bauch aufschneiden“], außerhalb Japans meist als *Harakiri* bezeichnet; im 12. Jh. aufgekommene rituelle Form der Selbstentleibung durch Aufschlitzen des Unterleibes (nach alter Auffassung Zentrum der Seele) von links nach rechts, während ein dabeistehender Freund im gleichen Augenblick den Kopf abschlägt. Ursprüngl. auf *Samurai* beschränkt, wurde S. angewandt bei Niederlagen im Kriege, zur Wahrung der eigenen Ehre, beim Tod des Lehnsherrn, aus Verantwortung für einen selbstverschuldeten Fehler, aus Protest gegen das ungerechte Verhalten eines Höherstehenden, später auch als ehrenvolle Todesstrafe. 1873 wurde S. offiziell abgeschafft, kommt aber in Einzelfällen noch heute vor.

Septimius Severus → Severus (1).

Sequaner, *Sequani,* Keltenstamm um Besançon (Vesontio); riefen um 71 v. Chr. *Ariovist* zur Hilfe gegen die Haeduer nach Gallien; 58 v. Chr. von Cäsar besiegt u. seitdem unter röm. Herrschaft.

Serbien, serbokr. *Srbija,* histor. Kernlandschaft u. Teilrepublik im O Jugoslawiens, bildet seit 1992 zusammen mit *Montenegro* die „Bundesrepublik Jugoslawien“, 88361 km², 9,71 Mill. Ew. (1991) einschließlich der Provinzen *Kosovo* u. *Vojvodina*; Hptst. *Belgrad.*

Im Gebiet des heutigen S. siedelten im Altertum thrakische u. illyr. Stämme, die unter röm. Herrschaft kamen u. romanisiert wurden. Im 6./7. Jh. wanderten slaw. Stämme in das Land ein, das nun Teil des Oström. Reichs war. Ihren Stammesorganisationen standen Župane vor. Vom 8.–10. Jh. führten sie Kriege gegen das Byzantin. Reich, das Fränk. Reich u. die Bulgaren, die in der 2. Hälfte des 9. u. Anfang des 10. Jh. weite Teile des Gebiets beherrschten. Im 10. Jh. entstand das Fürstentum *Raszien* (Rascien), im 11. Jh. gründeten die Fürsten von *Zeta* (Montenegro) einen selbständigen Staat. Nach vorübergehendem Zerfall gelang unter

Serbien: König Milan I. Obrenović

Großžupan *Stephan I. Nemanja* (1166–1196) von Raszien aus um 1171 die Einigung S.s; Bosnien allerdings wurde ungar. Einflußgebiet.
Nach 1180 konnte sich S. aus der Abhängigkeit von Byzanz lösen. 1217 wurde es Königreich. Im 13. Jh. weitete es sein Herrschaftsgebiet (Nordmakedonien, Bosnien) beträchtlich aus. Unter *Stephan Uroš III.* wurde 1330 der bulgar. Konkurrent um die innerbalkan. Vormacht entscheidend geschlagen. Sein Sohn *Stephan Dušan* (1331–1355) vergrößerte das serb. Reich um Südmakedonien, Epiros, Thessalien u. Albanien *(Großserbisches Reich).* 1346 ließ er sich in Skopje zum „Kaiser der Serben u. Griechen" krönen. Nach seinem Tod zerfiel das Reich in Einzelstaaten.
Mit dem Sieg der Türken gegen ein serb. Aufgebot an der Maritza (1371) u. auf dem *Amselfeld* (1389) begründeten die Türken ihre Herrschaft auf dem südl. Balkan für Jahrhunderte. S. wurde tributpflichtig, bis es 1459 dem Osman. Reich ganz einverleibt wurde. Von Ungarn aus kämpften die Serben weiter. Seit dem Ende des 17. Jh. war S. Schauplatz der Kämpfe zwischen Österreich u. der Türkei. Nach dem Rückzug der Österreicher 1690 wanderten die Serben zu Zehntausenden in habsburg. Gebiete (Südungarn) ab. Der N S.s geriet zu Beginn des 18. Jh. unter österr. Herrschaft. Seit dem Ende des 18. Jh. erschütterten nationale Befreiungsbewegungen die türk. Machtstellung in S. Als im *Belgrader Paschalik* die aufständ. Janitscharen von den Serben besiegt u. entmachtet worden waren, begann ein allg. Volksaufstand unter Führung von G. *Karadjordje* (1804). Im *Frieden von Bukarest* (1812) wurde den Serben Autonomie zugesichert, doch gelang den Türken während der Napoleonischen Kriege eine erneute Besetzung.
Unter *Miloš Obrenović* kam es 1815 wiederum zu einem Volksaufstand. 1816 wurde mit den Türken ein Vertrag geschlossen, der eine serbisch-türk. Doppelverwaltung begründete; Miloš wurde 1817 als erbl. Fürst anerkannt. 1830 gestand die Türkei den Serben Selbstregierung zu; türk. Garnisonen blieben jedoch im Land. Der türk. Grundbesitz wurde weitgehend an serb. Bauern verteilt. Unter dem Druck des wohlhabenden Bürgertums mußte Miloš Obrenović abdanken, sein Sohn, *Michael III. Obrenović,* wurde 1842 verbannt. Sein Nachfolger wurde *Alexander Karadjordjević* (1842–1858), der Sohn Karadjordjes, der ganz unter dem Einfluß der Oligarchie der Senatoren stand. Außenpolitisch suchte er Unterstützung bei Österreich. 1858, nach seinem Sturz, kam erneut Miloš Obrenović an die Macht. Ihm folgte 1860 wieder Michael Obrenović, der liberal gesinnt war, innere Reformen vorantrieb, die Vereinigung aller Serben u. Kroaten anstrebte u. Verträge mit den Nachbarstaaten auf dem Balkan schloß. Er wurde 1868 ermordet. Unter seinem Neffen *Milan I. Obrenović* (1868–1889) kam es 1869 zur Annahme einer Verfassung, die polit. Parteien blieben jedoch ohne großen Einfluß. 1876 führte Milan Obrenović Krieg gegen die Türkei, in dem die Serben geschlagen wurden. 1877 trat S. in den russisch-türk. Krieg (1877/78) ein, nach dessen Beendigung es volle Unabhängigkeit erlangte u. die Gebiete um Niš u. Pirot gewann (*Berliner Kongreß* 1878).
Fürst Milan schloß sich eng an die österr.-ungar. Monarchie an, die seine Dynastie zu schützen versprach. 1882 ließ er sich zum König krönen. Der Krieg gegen Bulgarien 1885, der durch den *Frieden von Bukarest* 1886 beendet wurde, blieb ohne Erfolg. Der innere Widerstand gegen das Königshaus wuchs; 1889 dankte Milan ab. Sein Sohn u. Nachfolger *Alexander I. Obrenović* wurde 1903 ermordet. König *Peter I. Karadjordjević* (1903–1921) respektierte die Verfassung, schränkte den österr. Einfluß ein u. förderte die südslaw. Bewegung. In seiner Außenpolitik war er prorussisch. Zu wachsender Spannung kam es in den serb.-österr. Beziehungen. Durch den sog. Zollkrieg (1906–1911) hoffte Österreich-Ungarn die serb. Wirtschaft zu schwächen. Als es Bosnien u. die Herzegowina annektierte (1908), drohte ein offener Ausbruch der Feindseligkeiten. Unter dem Druck der Großmächte gab S. jedoch seine Forderung nach Entschädigung auf. In den Balkankriegen (1912/13) gewann es das nördl. Makedonien. Der Konflikt mit Österreich näherte sich dem Höhepunkt, als der südslawische Revolutionär Gavrilo *Princip* den österr. Thronfolger Erzherzog Franz Ferdinand in Sarajevo, der Hauptstadt Bosniens, am 28. 6. 1914 ermordete. Das Attentat wurde Anlaß zum Ausbruch des 1. Weltkriegs.
Am 9. 10. 1915 wurde Belgrad von den Mittelmächten genommen. Bulgarien schloß sich diesen an, ganz S. wurde besetzt. 1918 war mit dem Sieg der Alliierten das großserb. Ziel erreicht: S. wurde ein Teil des südslaw. *Königreichs der Serben, Kroaten und Slowenen,* das 1929 in →Jugoslawien umbenannt wurde.

Sergius, Päpste: **1.** *S. I.,* 687–701, Heiliger, Syrer aus Palermo, †8. 9. 701; lehnte die von Kaiser *Justinian II.* geforderte Anerkennung der trullan. Beschlüsse (Trullanische Synoden) ab, weihte 695 *Willibrord* zum Bischof der Friesen; führte das Agnus Dei in die Meßliturgie ein u. bereicherte das Kirchenjahr durch Marienfeste. Fest: 8. 9.
2. *S. II.,* 844–847, Römer, †27. 1. 847; ohne Beachtung der kaiserl. Rechte gewählt, von Kaiser *Lothar I.* deshalb erst nach Leistung des Treueids bestätigt. Die Plünderung Roms durch die Sarazenen (846) konnte er nicht verhindern.
3. *S. III.,* 904–911, Römer, †14. 4. 911 Rom; grausam u. gewalttätig, wurde von der röm. Adelspartei des Theophylakt u. dessen Gattin Theodora erhoben; hatte mit deren Tochter Marozia einen Sohn, den späteren Papst Johannes XI.
4. *S. IV.,* 1009–1012, eigentl. *Pietro,* Römer, †12. 5. 1012 Rom; abhängig von Johannes Crescentius d. J. u. ihm nahestehenden röm. Adelskreisen; rief nach Zerstörung der Grabeskirche in Jerusalem (1010) vergeblich zum Kreuzzug auf.

Serviten, lat. *Ordo Servorum Mariae,* Abk. *OSM, Diener Mariens,* kath. Bettelorden nach der Augustinerregel, gegr. 1233 in Florenz; missionarisch u. wissenschaftlich tätig.

Servius Tullius, sagenhafter 6. König des alten Rom, Sohn einer Freigelassenen u. eines Herdgotts; galt als Erbauer der ältesten (Servianischen) Mauer um Rom, als Stifter der (Servianischen) Verfassung, die dem Volk polit. Rechte gab, u. als Urheber der Centurienordnung.

Sesklo-Kultur, neolith. Kultur Thessaliens, nach dem Siedlungshügel *Sesklo* bei Wolos benannt; typisch sind monochrome rote, ritzverzierte oder mit weißen Mustern auf rotem Grund verzierte Tongefäße u. weibl. Tonstatuetten.

Sesostris, ägypt. *Senwosret,* 3 ägypt. Könige der 12. Dynastie: **1.** *S. I.,* 1971 bis rd. 1929 v. Chr., eroberte Nubien bis zum 2. Katarakt.
2. *S. II.,* 1897–1878 v. Chr., Erbauer der Pyramide von Illahun.
3. *S. III.,* 1878–rd. 1842 v. Chr., bedeutendster Herrscher des Mittleren Reichs, beseitigte die Selbständigkeit des Adels, unternahm Kriegszüge nach Palästina u. Nubien; Erbauer der Pyramide bei Dahschur.

Pharao Sesostris III. Berlin, Staatliche Museen

Sessho [sɛʃʃo], in Japan Regent für einen minderjährigen *Tenno.*

Sesterz [der; lat. *semistertius,* „zweieinhalb"], *Sestertius,* Abk. *HS,* um 211 v. Chr. eingeführte röm. Silbermünze (1,13 g), 1 S. = 2 As; seit 130 v. Chr. Rechnungswert für Denar = 4 Asses. Als Rechnungsmünze war der S. im röm. Geldwesen sehr wichtig, denn große Summen (so z. B. Vermögen u. Steuern) wurden in S.en aufgeführt; er wurde bis ins 3. Jh. n. Chr. geprägt.

Sestos, antike Stadt der thrakischen Chersones, gegenüber Abydos, an der engsten Stelle des Hellespont. *Xerxes* schlug hier 480 v. Chr. seine Schiffsbrücke über den Hellespont; *Alexander d. Gr.* setzte 334 v. Chr. bei S. nach Asien über.

Sethos, ägypt. *Setoj,* Name zweier Pharaonen der 19. Dynastie: **1.** *S. I.,* rd. 1303–1290 v. Chr., entriß den Hethitern das unter Echnaton verlorene Syrien, erbaute Tempel in Abydos u. Westtheben. Seine Mumie ist erhalten u. befindet sich im Museum von Kairo.
2. *S. II.,* rd. 1210–1204 v. Chr., trotz kurzer Regierungszeit sind von ihm zahlreiche Bauten u. Statuen, bes. in Theben erhalten.

Settembrini, Luigi, italien. Politiker, *17. 4. 1813 Neapel, †3. 11. 1876 Neapel; gründete 1835 einen Geheimbund gegen die Bourbonen, veröffentlichte 1847 die anonyme Flugschrift „Protest des Volkes beider Sizilien", war 1848 für kurze Zeit Unterrichtsminister in Neapel u. wurde 1849, ohne an der Revolution teilgenommen zu haben, zum Tode verurteilt. Zu lebenslängl. Haft begnadigt, floh er 1859 nach England. Nach seiner Rückkehr 1860 wurde er Prof. für Literatur in Neapel.

Settlement ['sɛtlmənt; das; engl., „Ansiedlung, Niederlassung", auch „Regelung"], *S.bewegung,* in England von Studenten Oxfords u. Cambridges unter Führung von A. *Toynbee* um 1880 angeregte soziale Bewegung zum Bau von Siedlungen u. Heimstätten in den ärmsten, dichtestbevölkerten Großstadtvierteln. Erste S.s in London waren *Toynbee Hall* (1884) u. *Mary Ward S.*

Severing, Carl, Politiker (SPD), *1. 6. 1875 Herford, †23. 7. 1952 Bielefeld; Schlosser, Gewerkschaftssekretär; 1907–1911 und 1920

Lucius Septimius Severus mit seiner Frau Julia Domna und seinen Söhnen Geta (nach dessen Ermordung gelöscht) und Caracalla; Familienbildnis aus Oberägypten um 199. Berlin, Staatliche Museen Preußischer Kulturbesitz

bis 1933 Mitgl. des Reichstags, 1920–1933 zugleich Mitgl. des preuß. Landtags. 1919/20 bekämpfte S. als Reichs- u. Staatskommissar für Westfalen linksradikale Erhebungen. 1920–1926 u. 1930–1932 war er preuß. Innen-Min., 1928–1930 Reichsinnen-Min. In Preußen bemühte er sich um den Aufbau einer republikan. Beamtenschaft, bes. in der Polizei. Seine Absetzung beim → Preußenschlag 1932 nahm er widerstandslos hin. Er schrieb „Mein Lebensweg" 2 Bde. 1950.

Severinus, Papst 640, Römer; 638 gewählt, aber erst nach langen Streitigkeiten von Kaiser *Herakleios* bestätigt; verurteilte den *Monotheletismus.*

Severus, 1. Lucius *Septimius S. Pertinax,* röm. Kaiser 193–211, *11. 4. 146 Leptis Magna (Afrika), †4. 2. 211 Eburacum (heute York, England); nach der Ermordung des *Pertinax* durch die Prätorianer von den Soldaten in Pannonien, wo er Statthalter war, zum Kaiser ausgerufen; besiegte nacheinander die Gegenkaiser *Pescennius Niger* (194 bei Issos) u. *Clodius Albinus* (197 bei Lyon). Im Krieg gegen die Parther eroberte er Babylon u. 197 die am Tigris gelegene parth. Hauptstadt Ktesiphon; erhob 197 seinen Sohn *Caracalla* zum Mitkaiser, den jüngeren *Geta* zum Caesar. S. war verheiratet mit *Julia Domna*; er ist der Begründer der Severischen Dynastie.

2. Marcus Aurelius *S. Alexander,* röm. Kaiser 222–235, letzter Herrscher der afrikan.-syrischen Severischen Dynastie, *1. 10. 208 Arca Caesarea, Phönizien, †235 Bretzenheim bei Mainz; stand unter dem Einfluß seiner Mutter Julia Mammaea; führte einen Feldzug gegen die Sassaniden (232) u. gegen die Germanen (235) am Rhein, wo er von den eigenen Soldaten ermordet wurde.

Sevilla [sə'vilja], südspan. Hafen- u. Prov.-Hptst., am Guadalquivir, 683 000 Ew..
S. wurde von den Phöniziern gegr. Die Stadt wurde in der Antike *Hispalis,* zur Zeit der röm. Herrschaft (45 v. Chr. von Cäsar erobert) *Colonia Julia Romula* genannt. Unter der Herrschaft der Wandalen (seit 411) u. Westgoten (seit 441) wurde S. Hauptstadt Südspaniens. 712 kam die Stadt in den Besitz der Mauren, die sie nun *Isbilija* nannten. 1248 fiel S. nach langer Belagerung durch Ferdinand III. Kastilien zu. Im 16. u. 17. Jh. besaß es den bedeutendsten span. Hafen u. wurde Mittelpunkt des Amerikahandels. 1808 war S. Zentrum des Kampfs gegen Napoleon.

Seward ['sjuːəd], William Henry, US-amerikan. Politiker (Republikaner), *16. 5. 1801 Florida, N. Y., †10. 10. 1872 Auburn, N. Y.; 1861–1869 Außen-Min. Sein Vorschlag, die Sezession 1860/61 durch Entfesselung eines Weltkriegs zu überwinden, wurde von A. Lincoln verworfen. Erfolg hatte S. mit der Politik gegen die französ. Intervention in Mexiko 1863–1865. Er betrieb den Kauf Alaskas von Rußland (1867).

Sewastopol, *Sevastopol', Sebastopol,* Hafenstadt in der Ukraine, im Südwesten der Halbinsel Krim, an einer Bucht des Schwarzen Meers, 371 000 Ew.; Flottenstützpunkt u. Handelshafen; Kurort; Schiff- u. Maschinenbau, Leichtindustrie. – Gegründet 1783/84 in der Nähe des antiken *Chersones,* im Krimkrieg u. in beiden Weltkriegen schwer umkämpft.

Sexpol, *Bewegung für Sexualökonomie u. Politik,* von dem Psychoanalytiker W. *Reich* zunächst (1928) in der Kommunist. Partei Österreichs, dann (ab 1931) in der KPD aufgebaute u. dort immer umstrittene Organisation, die die sexuelle Befreiung der Massen, insbes. der proletar. Jugend u. Familien, durch eine Verbindung der Lehren S. *Freuds* mit dem Marxismus erstrebte.

Seychelles SY

Republik Seychellen

Fläche: 455 km². – *Einwohner:* 72 000. – *Hauptstadt:* Victoria. – *Landessprachen:* Kreolisch, Englisch, Französisch. – *Nationalfeiertag:* 5. 6. – *Währung:* 1 Seychellen-Rupie = 100 Cents. – *Lage:* Inseln im Indischen Ozean nördlich von Madagaskar zwischen 3° 40′ und 10°10′ s. Br. sowie 46°20′ und 59°10′ ö. L. – *Zeitzone:* Mitteleuropäische Zeit + 2 Std. bis + 3 Std. – *Staatsform:* präsidiale Republik.

Bis zur Besiedlung durch französische Kolonisten Mitte des 18. Jh. war die Inselgruppe unbewohnt. Die Franzosen legten Gewürzplantagen an. Während der Französ. Revolution besetzte Großbritannien die S. u. bekam sie im Pariser Frieden 1814 zugesprochen. Bis 1903 wurden sie zusammen mit Mauritius als Kronkolonie verwaltet. 1948 fanden erste Wahlen statt, 1975 erhielten die S. Autonomie u. am 28. 6. 1976 die Unabhängigkeit im Rahmen des Commonwealth. Erster Staats-Präs. war J. R. M. *Mancham,* Führer der „Seychelles Democratic Party" (SDP). Ihn stürzten 1977 Anhänger der „Seychelles People's Progressive Front" (SPPF), deren Führer A. *René* sich zum Staats- u. Regierungschef sowie zum Oberbefehlshaber der Truppen erklärte. Nach der 1979 verabschiedeten Verfassung war als einzige Partei die SPPF zugelassen. Erst 1991 wurde die Einführung eines Mehrparteiensystems beschlossen. Die Bevölkerung stimmte einem entsprechenden Verfassungsentwurf in einem Referendum 1993 zu. Die Präsidentschafts- u. Parlamentswahlen im selben Jahr gewannen René u. die SPPF.

Seymour ['siːmɔː], **1.** engl. Grafen- u. Herzogstitel, → Somerset.
2. Jane, → Johanna (2).

Seyß-Inquart, Arthur, österr. Politiker (NSDAP), *22. 7. 1892 Stannern bei Iglau, Mähren, † 16. 10. 1946 Nürnberg (hingerichtet); Anwalt; 1938 zuerst als Innen-Min., dann als Bundeskanzler (11. 3.) an der Herbeiführung des Anschlusses Österreichs beteiligt; 1938/39 Reichsstatthalter in Österreich; 1939/40 stellvertr. Generalgouverneur von Polen; 1940–1945 Reichskommissar für die Niederlande; wegen Verbrechen in dieser Funktion vom Internationalen Militärtribunal in Nürnberg zum Tod verurteilt.

Sezessionskrieg, der nordamerikan. Bürgerkrieg 1861–1865 zwischen den Nord- u. den Südstaaten („Sklavenhalterstaaten"). Ursache des S.s war der tiefgreifende wirtschaftspolit. u. soziale Gegensatz (Konflikt um die Sklaverei), der die südl. Agrarstaaten von den nördl. Industriestaaten trennte. Anlaß zum Ausbruch des Kriegs wurde die Wahl des Republikaners A. *Lincoln,* eines Gegners der Sklaverei, zum Präs. der USA. Die 11 Südstaaten erklärten daraufhin ihren Austritt aus der Union *(Sezession)* u. gründeten die *Konföderierten Staaten von Amerika* mit J. *Davis* als Präs. Als Lincoln erklärte, daß er die Union als unteilbar betrachte u. sich an seinen Amtseid gebunden fühle, eröffnete die Konföderation am 12./14. 4. 1861 mit dem Beschuß von Fort Sumter (S. C.) den S. Die Heeresoperationen entwickelten sich auf zwei getrennten Kriegsschauplätzen: im O zwischen Atlantikküste u. Alleghenies, im W zwischen Alleghenies u. Mississippi. Der Mittlere u. Ferne Westen waren Nebenkriegsschauplätze. Maßgebende Strategen

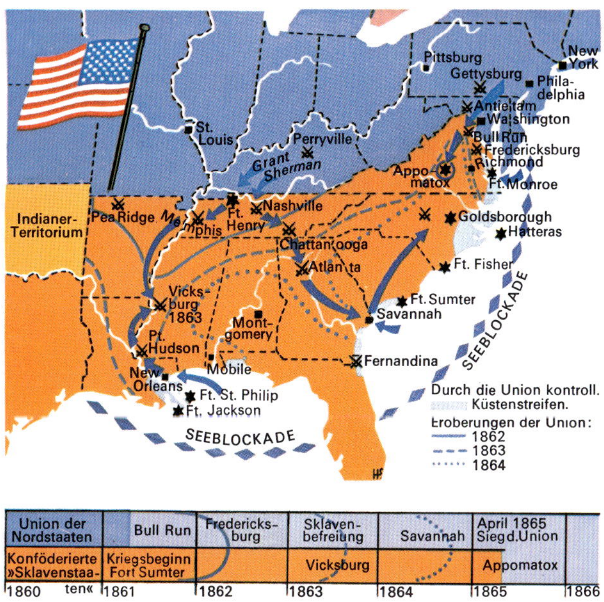

Der Sezessionskrieg

waren General Robert E. *Lee* (anfangs militär. Berater des Präs. Davis, später Oberbefehlshaber der konföderierten „Army of Virginia") u. Ulysses S. *Grant* (1863 Oberbefehlshaber der US-Armeen des W, 1864/65 Oberbefehlshaber der Potomac-Armee u. des Bundesheers). Die größten Schlachten im Osten: Bull Run (1861), Yorktown, Gettysburg (1863), im Westen: Mill Springs, Fort Henry, Fort Donelson, Shiloh, New Orleans (1862), Vicksburg, Chickamauga, Chattanooga (1863), Nashville (1864).
Die Seeblockade der US-Marine führte zur wirtschaftl. Auszehrung des Südens. Als amphibische Streitkräfte der Union das Mississippital eroberten (1862/63), waren die Konföderierten Staaten auseinandergerissen. Ein Feldzug des Generals W. T. *Sherman* spaltete den atlant. Süden. Lee kapitulierte am 9. 4. 1865 vor Grant bei Appomattox Courthouse. 1865–1877 wurden die Südstaaten durch die sog. Rekonstruktion zur Rückkehr in die Union gezwungen.

Sforza, italien. Adelsfamilie, die 1450–1535 in der Nachfolge der Visconti das Herzogtum Mailand beherrschte. Stammvater war der Kondottiere Muzio Attendolo (* 1369, † 1424); sein Beiname S. („Bezwinger") wurde Familienname. Die Familie ist in der Hauptlinie ausgestorben (1535), die Nebenlinie *S.-Cesarini* besteht heute noch.
1. Bianca Maria, dt. Kaiserin, * 5. 4. 1472 Pavia, † 31. 12. 1510 Innsbruck; zweite Gemahlin (1493) Kaiser Maximilians I.
2. Catherina, Herzogin von Ìmola u. Forlì, * 1463 Mailand, † 28. 5. 1509 Florenz; natürl. Tochter des Herzogs Galeazzo Maria von Mailand, heiratete 1476 den Papstneffen Girolamo *Riario* († 1488) u. 1497 Giovanni *Medici* († 1499), wodurch sie die Stammutter der Großherzöge von Toskana wurde. Wegen ihrer Grausamkeit erhielt sie den Beinamen „die Tigerin". Berühmt ist ihre Verteidigung von Ìmola gegen Cesare Borgia, der sie nach seinem Sieg in der Engelsburg gefangen hielt.
3. Francesco, Herzog von Mailand 1450–1466, * 23. 7. 1401 San Miniato, † 8. 3. 1466 Mailand; unehel. Sohn des Muzio Attendolo, einer der erfolgreichsten Kondottiere seiner Zeit; folgte seinem Schwiegervater, dem letzten *Visconti*, in der mailänd. Herzogswürde, unterwarf 1464 Genua; bemühte sich im Bündnis mit Cosimo Medici um das Gleichgewicht in Italien.
4. Lodovico il Moro („der Mohr"), Sohn von 3), 1494–1499 Herzog von Mailand, * 27. 7. 1452 Vigevano, † 27. 5. 1508 Loches bei Tours; führte seit 1480 die Vormundschaft für seinen Neffen Gian Galeazzo († 1494). Durch die Vermählung seiner Nichte Bianca mit Kaiser Maximilian erlangte er die Investitur mit dem Reichslehen Mailand. 1494 rief er Karl VIII. von Frankreich gegen die Ansprüche Neapels auf Mailand zu Hilfe u. löste damit dessen Italienzug aus. Er trat 1495 zu den Feinden Frankreichs über u. mußte sich gegen die Erbansprüche Ludwigs XII. von Frankreich zur Wehr setzen, der ihn 1499 aus seinem Herzogtum vertrieb u. ihn 1500–1508, nachdem S. versucht hatte die Herrschaft in Mailand wieder an sich zu reißen, in Frankreich gefangenhielt. Mit seiner Gemahlin Beatrice d'Este († 1497) förderte er zeitgenöss. Künstler (Bramante, Leonardo da Vinci).

Shaftesbury ['ʃa:ftsbəri], Anthony Ashley Cooper, Earl of S., * 22. 7. 1621 Wimborne St. Giles, Dorset, † 21. 1. 1683 Amsterdam; im Bürgerkrieg zuerst königstreu, ab 1644 auf seiten des Parlaments; 1653 in O. Cromwells Staatsrat, 1654 im ersten Protektoratsparlament; 1600 an der Restauration des Stuart-Königtums beteiligt u. unter Karl II. Mitgl. des *Cabal-Ministeriums*, 1672/73 Lordkanzler. Gegen die katholischen Bestrebungen des Königs betrieb S. seit 1673 eine parlamentar. Opposition als erster Führer der Whig-Gruppe. Er setzte die *Habeas-Corpus-Akte* (1679) durch. Im Kampf um den Ausschluß des katholischen Jakob Stuart von der Thronfolge (1679–1681) organisierte er eine parteiähnliche Widerstandsbewegung und mußte nach Holland fliehen.

Shah Jahan [ʃa:dʒa'ha:n], *Schah Dschahan*, Großmogul in Indien 1628–1658, * 5. 1. 1592 Lahore, † 22. 1. 1666 Agra; Sohn *Jahangirs*, gliederte die Dekan-Sultanate Bijapura u. Golkonda als Vasallenstaaten in seinen Herrschaftsbereich ein; errichtete für seine Frau *Mumtaz Mahal* († 1631) das marmorne Grabmal Taj-Mahal. D. wurde von seinem Sohn *Aurangseb* von 1658 bis zum Tod in Agra gefangengehalten.

Shailendra [ʃai-], *Schailendra*, indonesische Dynastie im 8./9. Jh. mit Schwerpunkt in Zentraljava; herrschte im 9. Jh. auch über das Reich von *Shrivijaya* auf Sumatra; errichtete in der Nähe von Yogyakarta bedeutende Tempel u. den *Borobudur*.

Shang [ʃaŋ], *Schang*, auch *Yin*, die erste historisch faßbare Dynastie in China; herrschte etwa vom 16. bis zum 11. Jh. v. Chr.

Shastri ['ʃa-], *Schastri*, Lal Bahadur, ind. Politiker (Kongreßpartei), * 2. 10. 1904 Mughalsarai bei Varanasi, † 11. 1. 1966 Taschkent (Sowjetunion); als Anhänger der Bewegung M. *Gandhis* von den Engländern mehrmals inhaftiert; 1951 Generalsekretär der Kongreßpartei; 1952–1956 Verkehrs-Min., 1959 bis 1961 Handels- und Industrie-Min., 1961 bis 1963 Innen-Min., 1964–1966 als Nachfolger J. *Nehrus* Premier-Min.; starb während der Konferenz von Taschkent, die den indisch-pakistan. Krieg von 1965/66 beendete.

Shehu ['ʃehu], Mehmed, alban. Politiker (Kommunist), * 10. 1. 1913 Çorush, † 17. 12. 1981 Tirana; nahm am span. Bürgerkrieg teil, kämpfte nach 1942 als Partisan in Albanien; 1946–1948 Generalstabschef; seit 1948 ZK- u. Politbüro-Mitgl., 1948–1954 Innen-Min., seit 1954 Min.-Präs. Nach amtl. Darstellung war S. an einer Verschwörung gegen den Parteiführer *E. Hoxha* beteiligt. Zunächst wurde behauptet, er habe nach Aufdeckung des Komplotts Selbstmord begangen; 1985 wurde offiziell erklärt, er sei hingerichtet worden.

Shenyang [ʃən-], *Schenjang*, früher *Mukden* (mandschur. Name), Hptst. der nordostchines. Prov. Liaoning, bedeutendste Stadt der Mandschurei, 4,6 Mill. Ew.
Als Stadt wird S. erstmals im 11. Jh. erwähnt. 1625–1644 war es die Hptst. der Mandschu-(Qing-)Dynastie. In S. befindet sich das Grab des Qing-Kaisers *Taizong*, in der Nähe das seines Vaters *Nurhaci*. 1905 siegten bei S. die Japaner im japan.-russ. Krieg. 1931 inszenierten sie dort den *Mukden-Zwischenfall*.

Sherman ['ʃə:mən], William Tecumseh, US-amerikan. General, * 8. 2. 1820 Lancaster, Ohio, † 14. 2. 1891 New York; führte im Sezessionskrieg seine Armee 1864/65 durch Georgia nach Savannah u. trug damit entscheidend zum Sieg der Nordstaaten bei; 1869–1884 Oberkommandierender der US-Armee. „Memoirs" 2 Bde. 1875.

Shiji [ʃədji; chin., „Historische Aufzeichnungen"], *Schiki, Shih-chi*, grundlegendes chines. Geschichtswerk, behandelt die Geschichte Chinas von den Anfängen bis um 100 v. Chr., begonnen von *Sima Tan*, vollendet von seinem Sohn *Sima Qian*.

Shikken [ʃi-; jap., „Machthaber"], *Schikken*, Regenten bzw. Ratgeber der *Shogune*. In der *Kamakura-Zeit* übten die S. von 1203–1333 die tatsächl. Macht in Japan aus.

Shimonoseki [ʃi-], *Schimonoseki*, japan. Hafenstadt am Westausgang der Inlandsee zur Tsushimastraße im SW von Honschu, 256 000 Ew.
Der *Friede von S.* (17. 4. 1895) beendete den japan.-chines. Krieg 1894/95. China mußte Korea als unabhängig anerkennen u. Taiwan (Formosa) u. die Pescadores abtreten. Nach dem Frieden wurde China in Interessensphären aufgeteilt.

Shivaji [ʃi'vadʒi], *Śivaji, Schiwadschi*, ind. Fürst u. Nationalheld der Marathen, * 1627, † 1680; eroberte ein Reich um Poona u. wurde 1674 Maharadscha; gefährlichster Gegner des Großmoguls Aurangseb, da er sich zum Vorkämpfer des Hinduismus machte.

Shizu [ʃidsu], chines. Name des Mongolenherrschers → Kublai.

Shogun [ʃo-; jap.], *Schogun*, abgekürzte Form von *Seii Tai Shogun* („militär. Oberkommandierender zur Unterwerfung der Barbaren"), ursprüngl. vom japan. Kaiser an Oberbefehlshaber der Truppen an der Nordgrenze verliehener Titel; 1192–1868 die Amtsbezeichnung des tatsächl. Herrschers über Japan. Das Shogunat wurde zunächst von der Familie *Minamoto* in Kamakura, 1338–1573 von den *Ashikaga* u. schließlich von 1603–1867 von den *Tokugawa* ausgeübt. Die S.e vereinigten die gesamte Regierungsgewalt in ihrer Person u. beschränkten den machtlosen Kaiser *(Tenno)* als göttl. Träger der Staatshoheit auf zeremonielle Funktionen, wie z. B. die Investitur der S.e. Das *Bakufu*, die Shogunatsregierung, etablierte sich neben der kaiserl. Regierung, vermochte jedoch ähnlich dem Kaiserhaus die vom Schwertadel beherrschten Provinzen nicht zu kontrollieren. Erst nachdem *Tokugawa Ieyasu* deren Vormacht in der Schlacht von *Sekigahara* 1600 endgültig gebrochen hatte, konnten die S.e, nunmehr auch oberste Lehnsherren über einen zentralistisch aufgebauten Staat wirkliche Macht ausüben. 1867 mußte der letzte Shogun *Tokugawa Yoshinobu* die Regierungsgewalt an den Kaiser zurückgeben.

Shotoku Taishi [ʃo-; -ʃi; jap., „Kronprinz Shotoku"], *Schotoku Taischi*, japan. Politiker u. Reformer, Sohn von Kaiser *Yomei*, * 574, † 622; führte ab 593 als Regent für Kaiserin *Suiko* die Staatsgeschäfte. Stark beeindruckt vom chines. Vorbild, förderte er den Buddhismus (594 zur Staatsreligion erhoben) sowie Wissenschaft, Kunst u. Verwaltung; strebte einen zentralist. Beamtenstaat an u. erließ 604 ein vom Konfuzianismus beeinflußtes Gesetzbuch, die sog. Verfassung in 17 Artikeln. Sein Aufbauwerk wurde in der *Taika-Reform* fortgeführt.

Showa-Zeit [ʃo-; jap., „leuchtender Friede"], Herrschaftsbezeichnung u. Herrschaftszeit des 1926 bis 1989 regierenden japan. Kaisers *Hirohito*.

Shrewsbury, ['ʃru:zbəri], Earltitel seit der Zeit Wilhelms des Eroberers, erstmalig an Roger de Montgomery, den Berater Wilhelms, zusammen mit dem Gebiet Sussex u. dem Schloß Shrewsbury verliehen. 1442 ging der Titel auf die Familie *Talbot* über, die ihn noch heute innehat.
1. Charles *Talbot*, engl. Politiker, * 24. 7. 1660, † 1. 2. 1718 London; spielte eine bedeutende Rolle in der Glorreichen Revolution von 1688, insbes. bei der Berufung Wilhelms von Oranien auf den engl. Thron; 1688–1690 u. 1694 –1700 Staatssekretär; schloß sich unter Königin Anna den Tories an u. war als Schatzkanzler 1714 entscheidend an der reibungslosen Thronfolge Georgs I. beteiligt.
2. John *Talbot*, engl. Marschall, * um 1384, † 17. 7. 1453 Castillon, Gascogne (gefallen); seit 1419 Heerführer der engl. Truppen im Hundertjährigen Krieg. Seine Niederlage bei Castillon 1453 beendete die engl. Herrschaft über Aquitanien.

Shrivijaya [ʃrivi'dʒaja], *Schrividschya, Srivijaya*, Dynastie auf Sumatra 7.–12. Jh.

Shultz ['ʃultz], George Pratt, US-amerikan. Politiker, * 13. 12. 1920 New York; Wirtschaftswissenschaftler; 1968–1970 Arbeits-

Min., 1972–1974 Finanz-Min., seit 1973 zugleich Sonderberater Präs. Nixons, 1974 bis 1980 Industriemanager, 1982–1989 Außenminister unter Präsident Reagan.

Shunga ['ʃuŋa], *Schunga, Sunga*, ind. Dynastie etwa 180–70 v. Chr.

Siam, hinterind. Königreich, 1939 u. erneut 1945 umbenannt in → Thailand.

Sibirien, russ. *Sibir*, der nördl. Teil Asiens, gehört zu Rußland, unter Einschluß Jakutiens; zu einem kleinen Teil hat auch Kasachstan an S. Anteil; 16,2 Mill. km², rd. 30 Mill. Ew.

Nord-S. war seit dem 12. Jh. Ausbeutungsgebiet Nowgoroder Pelzjäger u. -händler. Am Irtysch u. unteren Tobol bestand seit dem 14. Jh. das Tatarenreich *Sibir* mit der Hauptstadt Isker, das 1563 von dem Usbeken *Kutschum* unterworfen wurde. Im Auftrag der Kaufmannsfamilie *Stroganow* eroberte der Kosakenhetman T. *Jermak* 1582 Isker u. unterstellte es dem russ. Zaren. Die Gründung von Tobolsk (1587) u. Tomsk (1604) machte den Weg nach Mittel- u. Ost-S. frei. 1647 wurde Ochotsk am Pazifik gegründet. Siedelnde Kosaken, Bauern u. Altgläubige erschlossen S., von Flußsystem zu Flußsystem vordringend. Seit dem 18. Jh. wurden politisch mißliebige Personen nach S. verbannt. 1858–1860 gewann Rußland das Amur- u. Ussurigebiet, 1875 Südsachalin. 1892–1916 wurde die Transsibir. Eisenbahn gebaut. Einen Rückschlag erlitt die russ. Fernostexpansion im *japanisch-russ. Krieg* 1904/05. 1918 organisierte A. *Koltschak* in West-S. den antibolschewist. Widerstand, der mit der Eroberung von Omsk im Dez. 1919 durch Sowjettruppen gebrochen wurde.

Sichem, hebr. *Schechäm*, heute Ruinenhügel *Tell Balata*, nahe Nablus, unweit des Jakobsbrunnens; im Altertum bedeutendste Stadt Mittelpalästinas, besiedelt seit dem 4. Jahrtausend v. Chr., in ägypt. Texten des 2. Jahrtausends v. Chr. erwähnt; lange zwischen *Kanaanäern* u. *Israeliten* umkämpft, vermutlich erstes Kultzentrum des israelit. Stämmebunds (Landtag zu S., Jos. 24); seit dem 5. Jh. v. Chr. samaritanisch, 128 v. Chr. durch den Hasmonäer *Johannes Hyrkanus* zerstört. – Bei Ausgrabungen fand man eine Burganlage, das Fundament eines Tempels u. Hausruinen. – Unweit von S. liegt nach der Überlieferung das Grab Josephs, des Sohnes Jakobs.

Sicherheitsdienst *des Reichsführers SS*, Abk. *SD*, von R. *Heydrich* auf Weisung H. *Himmlers* 1931 eingerichteter Geheimdienst der NSDAP zur Überwachung gegnerischer Organisationen u. parteiinterner Oppositionsgruppen. Nach 1933 übernahm die *Gestapo* einen Teil der Aufgaben des SD; diesem verblieb vor allem die Beobachtung potentieller Gegner des nat.-soz. Regimes sowie der gesamten Bevölkerung u. die Sammlung von Informationen im In- u. Ausland. 1939 wurde der SD mit der *Sicherheitspolizei* im Reichssicherheitshauptamt zusammengefaßt. Der SD verfügte über ein dichtes Agentennetz. 1944 übernahm er zusätzlich den Nachrichtendienst des Oberkommandos der Wehrmacht.

Sicherheitspolizei, Abk. *Sipo*, im nat.-soz. Dtschld. seit 1936 ein bes. Zweig der Polizei neben der *Ordnungspolizei*. Das Hauptamt S. umfaßte das Reichskriminalamt u. das Geheime Staatspolizeiamt (Gestapo). 1939 wurde die S. mit dem vor allem als Nachrichtendienst tätigen *Sicherheitsdienst (SD)* der SS im Reichssicherheitshauptamt zusammengefaßt.

Sickel, Theodor Ritter von (seit 1884), Historiker, *18. 12. 1826 Aken, Sachsen, † 21. 4. 1908 Meran; 1857 Prof. in Wien; 1867 Direktor des Instituts für österr. Geschichtsforschung; 1883–1901 Leiter des Österr. Histor. Instituts in Rom; Mitbegründer der histor. Urkundenkritik („Wiener Schule"); Hrsg. der Abteilung Diplomata in den Monumenta Germaniae Historica. Werke: „Beiträge zur Diplomatik" 8 Bde. 1861–1882; „Denkwürdigkeiten" (hrsg. von W. Erben) 1926.

Sickingen, Franz von, Reichsritter, *2. 3. 1481 Ebernburg bei Kreuznach, † 7. 5. 1523 Landstuhl; diente mit seinem Söldnerheer *Franz. I.* von Frankreich, dem *Schwäbischen Bund* gegen Herzog *Ulrich* von Württemberg u. dem Kaiser. Durch U. von *Hutten*, der seit 1520 bei ihm lebte, wurde S. für die Reformation gewonnen. Als Hauptmann des von ihm gestifteten Landauer Adelsbundes eröffnete er 1522 den Kampf gegen den Erzbischof von Trier. Von seinen Freunden im Stich gelassen, wurde er auf seiner Feste Naunstein in Landstuhl eingeschlossen u. starb an einer Verwundung.

Siebenbürgen, *Transsilvanien*, rumänisch *Transilvania*, ung. *Erdély*, nordwestrumän. Landschaft.

S. war Teil der röm. Provinz Dacia; Kernland des Gepidenreichs, das 567 von Langobarden u. Awaren vernichtet wurde. Im 7. Jh. beherrschten die Bulgaren das Gebiet, gegen Ende des 9. Jh. kam es unter ungar. Einfluß. Zur Verteidigung wurden Magyaren (Szekler) angesiedelt, im 12. u. 13. Jh. Deutsche (Siebenbürger Sachsen) ins Land gerufen. S. wurde von Wojewoden des ungar. Königs verwaltet. Der Wojewode *János (Johann) Szápolyai* löste nach der *Schlacht bei Mohács* 1526 S. von Ungarn u. begründete das *Fürstentum S.* unter türk. Herrschaft. Die reformierten Fürsten (bes. *Stephan IV. Báthory* [1571–1576], *Stephan Bocskay* [1605/06], *Gábor Bethlen* [1613–1629], *Georg I. Rákóczi* [1630–1648]) traten der habsburg. Gegenreformation entgegen. Seit 1688 bzw. 1691 hatten die Habsburger als Könige von Ungarn die Oberhoheit, die Sonderstellung als Kronland war durch das Leopoldin. Diplom (1691) verankert. 1848 beschloß der Landtag von Klausenburg die Union mit Ungarn, die aber erst 1867 vollzogen wurde. Ungarn betrieb die Magyarisierung. Durch den Frieden von Trianon (1920) wurde der Anschluß S.s an Rumänien bestätigt. Der 2. Wiener Schiedsspruch (1940) brachte den nördl. Teil S.s bis 1947 an Ungarn. 1952 erhielt S. Autonomie (Magyarische Region). – Die Siebenbürger Sachsen aus Nord-S. wurden 1944 nach Österreich u. West-Dtschld. evakuiert, die aus Süd-S. z. T. nach Rußland deportiert.

Franz von Sickingen. Kupferstich von Hieronymus Hopfer

Siebenjähriger Krieg, der Konflikt zwischen den europ. Großmächten 1756–1763. Kaiserin *Maria Theresia* u. der österr. Min. Graf W. A. *Kaunitz* waren nach dem 2. der Schlesischen Kriege bestrebt, Schlesien zurückzugewinnen. Zu diesem Zweck schloß Österreich am 1. 5. 1756 mit Frankreich ein Verteidigungsbündnis. Die daraus in Europa entstehenden Spannungen verbanden sich mit denen zwischen Großbritannien u. Frankreich um das Gebiet am oberen Ohio in Nordamerika.

Friedrich d. Gr. von Preußen beschloß, einem mögl. Angriff zuvorzukommen, u. begann den *3. Schlesischen Krieg*. Er marschierte am 29. 8. 1756 mit Prinz *Ferdinand* von Braunschweig in Sachsen ein, siegte bei *Lobositz* am 1. 10. 1756 u. zwang die sächs. Armee zur Kapitulation von *Pirna* am 15. 10. 1756. Angesichts des erneuten preußischen Überfalls gelang es Kaunitz 1757, mit Rußland, Frankreich u. Schweden ein Offensivbündnis gegen Preußen zustande zu bringen u. die Reichsacht gegen Preußen zu fällen.

Das mit Großbritannien in Personalunion

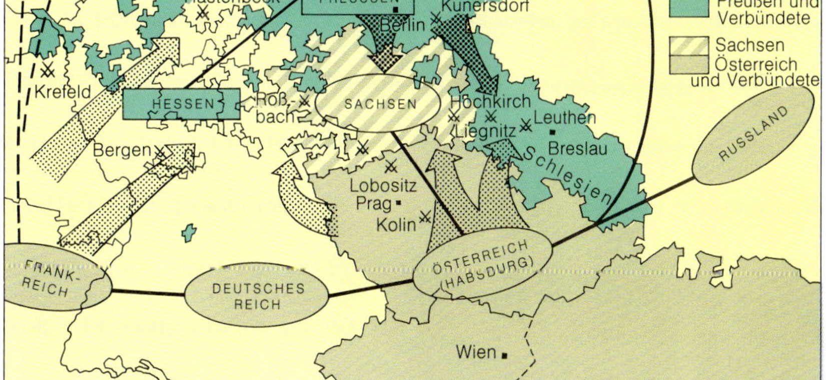

Der Siebenjährige Krieg in Deutschland

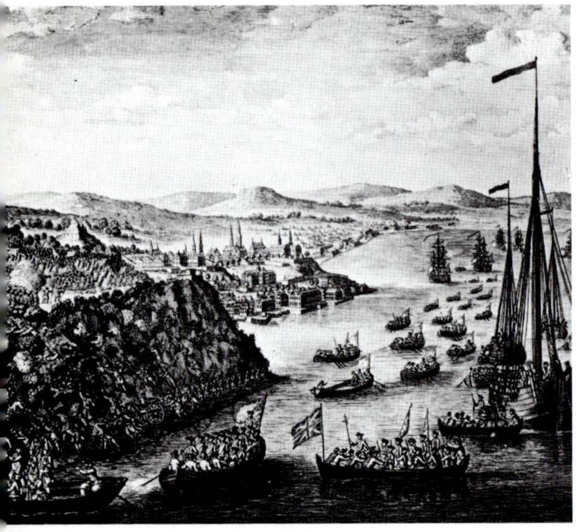

Siebenjähriger Krieg: Die Eroberung von Quebec, 1759; zeitgenössischer Stich

verbundene Hannover sowie Braunschweig, Hessen-Kassel u. Sachsen-Gotha stellten sich auf die preuß. Seite. Friedrich siegte am 6. 5. 1757 bei *Prag*, verlor die Schlacht von *Kolin* gegen L. J. Graf *Daun* am 18. 6., mußte Böhmen räumen, Ostpreußen aufgeben, Oberschlesien u. den größten Teil Sachsens den Österreichern, Hannover u. Hessen den Franzosen überlassen, vor denen am 8. 9. das englisch-hannoversche Korps unter dem Herzog W. A. von *Cumberland* bei *Zeven* kapituliert hatte. Aber am 5. 11. brachte er der vereinigten französ. u. Reichsarmee bei *Roßbach* eine Niederlage bei u. erreichte durch seinen Sieg über die Österreicher bei *Leuthen* am 5. 12. die Wiedereroberung Schlesiens. 1758 zwang Friedrich durch die Schlacht bei *Zorndorf* am 25. 8. die Russen zum Rückzug, er erlitt aber durch Dauns Überfall bei *Hochkirch* am 14. 10. empfindliche Verluste u. am 12. 8. 1759 bei *Kunersdorf* durch die vereinigten Österreicher u. Russen die schwerste Niederlage des Krieges. Ferdinand, der die englisch-hannoverschen Truppen nach deren Kapitulation übernommen hatte, schlug die Franzosen am 23. 6. 1758 bei *Krefeld* u., nach einer Niederlage bei *Bergen-Frankfurt* (13. 4. 1759), am 1. 8. 1759 bei *Minden*. 1760–1762 auf Verteidigung beschränkt, vereitelte Friedrich durch den Sieg bei *Liegnitz* am 15. 8. 1760 die Vereinigung der Österreicher u. Russen, gewann Sachsen durch den Sieg bei *Torgau* am 3. 11. 1760 zurück, verlor allerdings die engl. Hilfsgelder. Der Tod der russ. Zarin *Elisabeth* am 5. 1. 1762 veränderte die Lage. Der neue Zar *Peter III.* schloß Frieden u. sogar ein Bündnis, so daß Friedrich Schlesien abermals, mit Ausnahme von Glatz, zurückgewinnen konnte, obwohl die Zarin *Katharina II.* das Bündnis dann wieder löste. Der *Friede von Hubertusburg* am 15. 2. 1763 bestätigte Preußen den Besitz Schlesiens.

Weltpolitisch noch wichtiger war der mit dem europ. Krieg verquickte Krieg zwischen Großbritannien u. Frankreich um Kanada (1759 Eroberung von Quebec, 1760 von Montreal) u. Indien, wo R. Clive 1757 bei Plassey den entscheidenden Sieg für Großbritannien errang. Obwohl Spanien seit 1761 Frankreich unterstützte u. in Großbritannien nach dem Sturz Pitts (1761) unter Walpole die Konservativen auf Beendigung des Kriegs drängten, konnte Großbritannien im *Pariser Frieden* (1763) Frankreich aus Indien verdrängen, in Amerika Kanada u. Louisiana östl. des Mississippi sowie von Spanien Florida u. das Land westl. des Mississippi u. die Herrschaft auf den Weltmeeren gewinnen.

siebenjähriger nordischer Krieg, *Dreikronenkrieg* → nordische Kriege (1).

Siebzehnter Juni → Juniaufstand.

Siedlungsarchäologie, eine ur- u. frühgeschichtl. Forschungseinrichtung. Der Begriff wurde ursprüngl. im Sinne der Stammeskunde oder der Erforschung des Ursprungs von Völkern verwendet; heute versteht man unter S. die Erforschung von Siedlungsproblemen aufgrund archäolog. Quellen, zunächst ohne die Frage nach der Herkunft bestimmter Völker.

Siegel [lat. *sigillum*, „Bildchen"], reliefartiges, mittels eines Stempels (S.stempel) gefertigtes Zeichen aus Metall, Wachs oder einer anderen leicht erhärtbaren Masse; dient zur Beglaubigung einer Urkunde oder zum Verschluß eines Schriftstücks oder eines Behältnisses. Lose S. wurden im MA auch als Schutz- u. Geleitzeichen gebraucht. S. (aus Ton) finden sich schon bei den Assyrern u. Babyloniern *(Siegelzylinder)*, später bei Griechen u. Römern, von denen sie die Germanen übernahmen. S.führend waren zunächst Einzelpersönlichkeiten, später auch Körperschaften. Kaiser-S. finden sich in Byzanz seit dem 6. Jh., Papst-S. seit dem 9. Jh. Im frühen u. hohen MA siegelten Kaiser u. Könige sowie Angehörige des Adels u. der hohen Geistlichkeit, denen die Bürger seit dem 13. Jh. folgten. S. geistl. Korporationen finden sich seit dem 11. Jh., Städte-S. seit dem Anfang des 12. Jh. (Trier 1113, Köln 1149).
Das S. wurde der Urkunde aufgedrückt oder ihr mittels einer Schnur oder eines Pergamentstreifens angehängt. Zweiseitig geprägte S. heißen *Münz-S.* oder, wenn sie aus Metall sind, *Bullen.* Je nach der Verwendungsart unterscheidet man große, mittlere u. kleine S., Rück-S., Sekret-S. u. Signete.
Das S. besteht aus dem S.bild u. der Umschrift *(Legende)*, die den Namen des S.führers angibt. Kulturgeschichtlich wichtige Quellen sind die S.bilder (Reiter-, Schiffs-, Thron-, Wappen-, Architektur-S. u. a.). Die meisten S. des MA bestehen aus Wachs. Dieses war zunächst farblos. Seit dem 12. Jh. verwendete man gefärbtes Wachs, vor allem rotes u. grünes. Das Siegeln mit rotem Wachs galt im späteren MA als bes. Vorrecht. Vom 16. Jh. an kam auch S.lack in Gebrauch. – Um S.mißbrauch zu verhüten, wurden die S.stempel im MA sorgfältig aufbewahrt. Die großen S. der Herrscher waren hohen Beamten anvertraut. Später wurde das Amt des *S.bewahrers* zum bloßen Titel (z. B. Lord-S.bewahrer in England).

Siegelkunde, *Sphragistik*, eine histor. Hilfswissenschaft, die sich mit der Erforschung der → Siegel beschäftigt.

Siegelzylinder, *Rollsiegel*, in altmesopotamischen Kulturen walzenförmig bearbeitete Steine, auf deren Mantel ein Siegelbild eingeschnitten oder mit Hilfe von Kugelbohrer u. Schleifrädchen eingeschliffen ist. Das Material ist meist Halbedelstein, seltener Fritte u. Ton, vereinzelt auch Metall. S. kamen um 3000 v. Chr. in der sumerischen Uruk-Periode auf; wegen des Stil- u. Motivwandels ihrer Darstellungen sind sie wichtige Hilfsmittel zur Datierung u. Klassifizierung von Grabungsfunden.

Siegfriedlinie, im 1. Weltkrieg dt. Stellungssystem zwischen Damenweg (Chemin des Dames) u. Lille (Siegfriedstellung); im 2. Weltkrieg engl. Bez. für den *Westwall* („Siegfried-line").

Siegismund, dt. Kaiser, → Sigismund (1).

Siegmund, *Sigmund*, dt. Kaiser, → Sigismund (1).

Sierra Leone WAL

Republik Sierra Leone

Fläche: 71 740 km². – *Einwohner:* 4,5 Mill. – *Hauptstadt:* Freetown. – *Landessprachen:* Englisch, Krio, sudanesische Sprachen. – *Nationalfeiertag:* 27. 4. – *Währung:* 1 Leone = 100 Cents. – *Lage:* zwischen 7° und 10° n. Br. sowie 10°15' und 13°18' w. L. – *Zeitzone:* Mitteleuropäische Zeit – 1 Std. – *Grenzen:* im N Guinea, im SO Liberia, im W Atlantischer Ozean. – *Staatsform:* präsidiale Republik.

Um 1450 wurde S. L. von Portugiesen entdeckt u. beschrieben. 1562 entwickelte sich als Folge einer engl. Landung ein ausgedehnter Sklavenhandel; um 1650 entstanden engl. Faktoreien; seit 1787 wurden aus England u. Amerika freigelassene Sklaven in dem neugegr. Freetown angesiedelt. Die Stadt erhielt 1799 eine Verfassung. 1808 wurde S. L. brit. Kronkolonie, 1825 wurden die Insel Sherbo u. das Hinterland eingegliedert. Letzteres verwalteten seit 1896 die Engländer gesondert; sie faßten erst 1924 Kronkolonie u. Protektorat zu einem Gebiet zusammen. 1951 erhielt S. L. eine neue Verfassung. 1956 fanden erste allg. Wahlen statt, nachdem M. A. S. *Margai* als Führer der *Sierra Leone People's Party (SLPP)* schon 1954 die Regierung übernommen hatte. Am 27. 4. 1961 wurde die Unabhängigkeit proklamiert. 1967/68 übernahm eine Militärjunta die Macht, 1968 wurde Siaka P. *Stevens* Regierungschef. Nach einem Putschversuch durch das Militär 1971 wurde er von Truppen des Nachbarlandes Guinea wieder eingesetzt. Im selben Jahr wurde S. L. zur Republik erklärt, Stevens übernahm auch das Amt des Staatspräsidenten. Stevens' Nachfolger, von diesem selbst vorgeschlagen, wurde 1985 Generalmajor J. *Momoh.* Einzige zugelassene Partei war der „All People's Congress" (APC). Seit 1990 kam es zu Kämpfen mit aus Liberia eingedrungenen Rebellen. 1991 trat eine neue Verfassung in Kraft. 1992 stürzte das Militär Momoh u. setzte die Verfassung außer Kraft. Neuer Staatschef wurde V. *Strasser.* Er wurde im Jan. 1996 durch einen weiteren Militärputsch gestürzt. Präsidentschaftswahlen 1996 gewann *Ahmad Tejan Kabbah* (SLPP). Nach einem neuerl. Militärputsch 1997 übernahm J. P. *Koroma* die Macht, die er aber 1998 aufgrund der Intervention der westafrikan. Friedenstruppe ECOMOG wieder an Kabbah zurückgeben mußte.

Sieveking, Kurt, Politiker (CDU), *21. 2. 1897 Hamburg, †16. 3. 1986 Hamburg;

Siegelzylinder: sumerisches Rollsiegel aus Girsu (Tello) mit Abrollung; um 2400 v. Chr. Bagdad, Irakisches Nationalmuseum

Rechtsanwalt und Bankbevollmächtigter; 1945–1951 Leiter der Hamburger Senatskanzlei, 1951–1953 Generalkonsul u. Gesandter in Stockholm, 1953–1957 Erster Bürgermeister von Hamburg, 1957–1965 Mitglied der Hamburger Bürgerschaft, bis 1962 Fraktions-Vors. der CDU.

Sievershausen, Gemeinde in Niedersachsen, seit 1974 Stadtteil von Lehrte. – In der Schlacht bei S. (im „Markgräflerkrieg“) siegte *Moritz* von Sachsen, Haupt des Fürstenbundes, über Markgraf *Albrecht Alcibiades* von Brandenburg-Kulmbach u. Herzog *Heinrich* von Braunschweig-Wolfenbüttel, starb jedoch am 11. 7. 1553 an seinen Verwundungen.

Sieyès [sje'jɛːs], Emmanuel Joseph, Graf (1809), französ. Publizist u. Politiker, *3. 5. 1748 Fréjus, †20. 6. 1836 Paris; Abbé, 1780 bischöflicher Generalvikar, 1789 Mitgl. der Generalstände. Seine Schrift „Qu'est-ce que le Tiers-État?“ („Was ist der Dritte Stand?“) 1789 wurde zum liberal-demokrat. Manifest der ausbrechenden Französischen Revolution. S. wirkte maßgeblich am Ballhausschwur u. an der Verfassung von 1791 mit. Er wurde 1799 ins Direktorium gewählt u. unterstützte den Staatsstreich Napoleons, wurde 1799 einer der drei Konsuln, 1800 Senator, erlangte aber keinen politischen Einfluß. Während der Restauration (1815–1830) in Brüssel, kehrte er unter der Julimonarchie nach Frankreich zurück.

Siffin, Ort östl. von Raqqah, nahe dem mittleren Euphrat. Hier wurde der Kalif *Ali* im Juli 657 in einer mehrtägigen Schlacht von den Truppen Moawijas I. besiegt u. zur Annahme eines Schiedsgerichts gezwungen: Ausgangspunkt der Spaltung des Islams in die drei Konfessionen der *Sunniten, Schiiten* u. *Charidschiten*, die bis heute bestehen.

Sigismund, *Siegismund, Si(e)gmund*, Fürsten. Deutscher König u. Kaiser: **1.** König seit 1410, Kaiser seit 1433, *15. 2. 1368 Nürnberg, †9. 12. 1437 Znaim; Luxemburger, Sohn Karls IV. S. erbte 1378 die Markgrafschaft Brandenburg u. wurde 1387 durch seine Heirat mit *Maria von Ungarn* (*1370, †1395) König von Ungarn. Die Kurmark verpfändete er 1388 seinem Vetter *Jobst von Mähren*, die Neumark verkaufte er 1402 dem Dt. Orden. 1410 wurde S. zugleich mit Jobst zum dt. König gewählt, nach Jobsts Tod (1411) auch von dessen Wählern anerkannt, 1433 in Rom zum Kaiser gekrönt. S.s größte Leistung war die Wiederherstellung der Einheit der Kirche auf dem von ihm berufenen *Konstanzer Konzil* (1414–1418), wohingegen er seinen Plan einer Reichsreform sowie den einer großen europ. Koalition zum Kreuzzug gegen die Türken nicht verwirklichen konnte. 1415 belehnte er *Friedrich von Hohenzollern* mit der Mark Brandenburg. Die Verbrennung von J. *Hus* auf dem Konzil 1415 führte in Böhmen zur nationalen Bewegung der Hussiten. Als 1419 sein Bruder *Wenzel* starb, wollte S. sich dessen böhm. Erbe sichern u. unternahm, unterstützt vom Papst, 1420 einen vergebl. Kreuzzug gegen die Hussiten, der ihm aber die Krönung zum König von Böhmen brachte. Zwar setzte ihn 1421 ein allg. Landtag zu Tscheslau wieder ab, aber in den *Prager* u. *Iglauer Kompaktaten* von 1436, die die Hussitenkriege beendeten, fand sein böhm. Königtum Anerkennung.

Burgund: **2.** König der Burgunder 516–524, †524 bei Orléans; bewirkte den Übertritt seines Volkes vom Arianismus zum Katholizismus; unterlag im Kampf gegen die Franken u. starb in fränk. Gefangenschaft eines gewaltsamen Todes; er gilt daher als Märtyrer. Die von S. veranlaßte Ermordung seines Sohnes aus erster Ehe, *Sigerich*, hat die Nibelungensage beeinflußt.

Polen: **3.** *S. I., Zygmunt Stary, S. der Alte*, König 1506–1548, Großfürst von Litauen, *1. 1. 1467, †1. 4. 1548 Krakau; führte lange Kriege gegen das nach W vordringende Moskauer Reich, an das Litauen 1514 Smolensk verlor. 1525 nahm S. in Krakau den Lehenseid Albrechts von Hohenzollern-Ansbach als eines erbl. Herzogs in Preußen entgegen. Die Regierung S.s leitete das sog. „goldene Zeitalter“ der poln. Adelsrepublik ein.

4. *S. II. August, Zygmunt II. August*, Sohn von 3), König 1548–1572 (formal seit 1530), Großfürst von Litauen (seit 1529), *1. 8. 1520 Krakau, †7. 7. 1572 Knyszyn; der letzte Jagiellone, hochgebildeter Vertreter der polnisch-italien. Renaissance. S. verband Polen u. Litauen staatsrechtlich durch die *Lubliner Union* (1569); im Livland. Krieg gewann er 1561 gegen Iwan den Schrecklichen Livland u. die Hoheit über Kurland, das der letzte Deutschordensmeister Kettler als weltl. Lehen aus seiner Hand entgegennahm. In die Regierung S.s fällt die Reformation u. (seit den 1560er Jahren) die Gegenreformation in Polen.

5. *S. III., Zygmunt III. Wasa*, Enkel von 3), König 1587–1632, *20. 6. 1566 Gripsholm, †30. 4. 1632 Warschau; Sohn König Johanns III. von Schweden aus dem Haus Wasa; nach dem Tod des Vaters 1592 auch König von Schweden; griff 1604 in die russ. Thronwirren ein u. besetzte Moskau mit dem Ziel, die Zarenkrone zu erwerben, was aber mißlang.

Kaiser Sigismund spricht Recht und verteilt Lehen; 1415. Berner Chronik von Diebold Schilling

Sigmund, dt. Kaiser, → Sigismund (1).

Signoria [sinjo-; die; ital.], Herrschaft; Herrlichkeit („Vostra S.“); Bez. sowohl für die Regierung als für das Herrschaftsgebiet italien. Stadtstaaten wie Florenz, Verona u. a.; seit Ende des 12. Jh. in Venedig ein Staatsrat neben dem Dogen, schon Mitte des 13. Jh. der eigentl. Herrschaftsträger.

Sihanouk [-'nuk], *Sihanuk*, Norodom Varman, kambodschan. Politiker, *31. 10. 1922 Phnom Penh; seit 1941 als Nachfolger seines Großvaters König von Kambodscha, das 1954 unabhängig wurde; dankte 1955 zugunsten seines Vaters ab u. wurde Min.-Präs., nach dem Tod seines Vaters 1960 zugleich Staatschef (ohne Königstitel). S. bemühte sich um Neutralität im Ost-West-Konflikt u. bes. im Vietnamkrieg. 1970 wurde er von Militärs gestürzt; er bildete in China eine Exilregierung. Nach dem Sieg der Kommunisten war er 1975/76 erneut Staatsoberhaupt; anschließend unter Hausarrest. Nach dem Einmarsch vietnames. Truppen 1979 ging S. ins Ausland u. trat in internationalem Rahmen für die Unabhängigkeit Kambodschas ein. 1982–Juli 1988 war er Präsident der „Provisor. Regierung des Demokrat. Kampuchea“, die als Dreiparteien-Koalitionsregierung gegen die vietnames. Besatzung kämpfte. 1989 kehrte er in das Amt zurück. Auf Grundlage des 1991 von den kambodschan. Bürgerkriegsparteien unterzeichneten Friedensabkommens wurde S. als Vors. eines Obersten Nationalrates Staatsoberhaupt von Kambodscha. 1993 berief man ihn erneut zum kambodschan. König.

Sikaner, die mediterrane Urbevölkerung im westl. Teil von Sizilien, wohl aus Nordafrika oder der Pyrenäenhalbinsel eingewandert.

Sikh [hind., „Schüler“], *Shikh*, Anhänger einer Religionsgemeinschaft in Nordindien, von Nanak Ende des 15. Jh. im Pandschab gegr. Ihre heutige Gestalt verdankt die Religion der S.s dem *Govind Singh*, der 1675–1708 als zehnter u. letzter in der Reihe der Gurus der S.-Gemeinschaft amtierte. Jedes Mitgl. der Bruderschaft der S.s trägt den Beinamen Singh („Löwe“); er darf sein Haupt- u. Barthaar nie scheren lassen, trägt einen Kamm, ein Schwert, kurze Unterhosen u. einen eisernen Armring. In Verteidigung ihres Glaubens wurden die S.s zu einem nationalen Kriegeradel u. errichteten unter dem König *Randschit Singh* (*1780, †1839) einen eigenen Staat; 1849 unterlagen sie den Engländern. 1947 wurden die in Pakistan wohnenden S.s vertrieben. Im 1966 neugeschaffenen Unionsstaat Punjab bilden die S.s eine Mehrheit (53 %), müssen die Hptst. jedoch mit dem Nachbarstaat Haryana teilen. Seit die S.s mit der Entlassung des ind. Subkontinents in die Unabhängigkeit (1947) sich in der Hoffnung auf einen eigenen unabhängigen Staat getäuscht sahen, reißen Proteste u. Unruhen der verschiedensten S.-Gruppierungen nicht ab. Sie fanden ihren Höhepunkt 1984 in der Ermordung der ind. Premier-Min. Indira *Gandhi*.

Sikkim, Bundesstaat im W Indiens, bis 1975 mit Indien assoziiertes Königreich, im Himalaya zwischen Nepal u. Bhutan, im Einzugsgebiet der *Tista* (Nebenfluß des Brahmaputra), 7096 km², 410 000 Ew.

Die aus Tibet stammende Herrscherfamilie beseitigte 1641 die einheim. Leptscha-Fürsten. S. wurde 1890 Schutzstaat Britisch-Indiens, 1950 im Vertrag von Gangtok ind. Protektorat. Die Wahlen 1974 stärkten die Interessen der Anhänger Indiens, trugen aber zur stärkeren Polarisierung der ethn. Gruppen (rd. 70 % Nepalesen, meist ind. Parteigänger;

rd. 30 % Leptscha u. Bhotiyas Anhänger des Chogyal) bei. Das strategisch wichtige S. wurde assoziierter Staat Indiens; der König (Chogyal) behielt nur repräsentative Funktionen, die Regierung übte der ind. Devan (Min.-Präs.) aus. 1975 wurde S. der 22. Gliedstaat Indiens; die Monarchie wurde abgeschafft, dennoch wurde 1982 *Wangchuk Namgyal* als neuer (13.) Chogyal geweiht, dessen Funktion aber nur religiös-ritueller Art ist.

Sikorski, Władysław, poln. Politiker u. Offizier, *20. 5. 1881 Tuszów Narodowy bei Sandomir, †4. 7. 1943 bei Gibraltar (Flugzeugabsturz); im 1. Weltkrieg Verfechter einer austro-poln. Lösung, 1921/22 Generalstabschef, Jan.–Mai 1923 Min.-Präs., 1923–1925 Kriegs-Min.; 1939–1943 Min.-Präs. der Exilregierung in London u. Befehlshaber der poln. Verbände im Exil.

Sikuler, italisches Volk auf Sizilien, von N her in frühgeschichtl. Zeit (etwa im 13. Jh. v. Chr.) eingewandert; von den sizil. Griechen ins Innere der Insel abgedrängt. Charakteristisch sind ihre in Felswände eingehauenen Totenstädte (z. B. Pantalica nordwestl. von Syrakus), über denen die Städte der Lebenden gebaut wurden.

Silbury Hill ['silbəri hil], größter europ. prähistor. Hügel, westl. von Marlborough, Wiltshire (Großbritannien); errichtet etwa 2100 v. Chr. in drei rasch aufeinanderfolgenden Bauphasen; große, kreisförmig angeordnete Steinblöcke im Innern; Bedeutung noch ungeklärt.

Silhouette [zilu'ɛtə; die; frz.], *Schattenbild, Schattenriß*, flächiges Umrißbild eines Gegenstands oder einer Figur, entweder hell vor dunklem oder dunkel vor hellem Unter(Hinter-)grund, benannt nach dem Finanzminister Ludwigs XV., Étienne de S. (*1709, †1769), der aus Sparsamkeitsgründen die Einführung des Schattenbilds in die Porträtkunst statt des bis dahin üblichen gemalten Miniaturbildnisses empfahl. Die *Bildnis-S.* erfreute sich mit dem in der Wirkung ähnl. *Scherenschnitt* in Dtschld. vor allem in der Zeit des Klassizismus u. des Biedermeiers großer Beliebtheit.

Silius Italicus, Tiberius Catius Asconius, röm. Dichter u. Politiker, *um 26, †101; Stoiker; wurde 68 Konsul; schrieb ein Epos (17 Bücher) über den 2. Punischen Krieg („Punica"). – Ausgabe von H. Bauer, 2 Bde. 1890–1892; dt. von F. H. Bothe, 5 Bde. 1855–1857.

Silla, eines der drei frühen korean. Königreiche, 57 v. Chr.–935 n. Chr.; es entwickelte sich aus den Stammesfürstentümern Tschin-Han u. Pyon-Han auf dem südöstl. Gebiet der Halbinsel Korea. S., von seinen stärkeren Rivalen Kokuryo u. Paekche heftig bedrängt, schloß ein Bündnis mit China u. führte 668 die Vereinigung Koreas herbei. S. übernahm die höhere Kultur der chines. Tang-Dynastie u. verband sie mit der traditionellen Lebensweise des korean. Volkes. Hochentwickelte Kultur zeigt sich z. B. in der „Hayngga"-Dichtung, im BulguksaTempelbau (751) u. in Tschonmundae (647, ältestes Observatorium Asiens).

Silo, antike Stadt in Mittelpalästina, Standort eines Tempels, in dem die Bundeslade untergebracht war, zeitweilig Kultzentrum der israelit. Stämme; in den Philisterkriegen zerstört.

Siloah, *Schiloach*, bibl. Bez. für eine (ursprüngl. oberirdische) Wasserleitung in Jerusalem (Jesaja 8,6), später durch den Burgberg in einen Tunnel verlegt, der die Gihon-Quelle („Marienquelle") östl. von Jerusalem mit der Stadt verband, von König Hiskija um 701 v. Chr. angesichts der drohenden Gefahr durch die Assyrer für die Wasserversorgung der Bevölkerung gebaut. Das Wasser wurde im S.-Teich (Johannes 9,7) vor der Tunnelmündung gesammelt.

Silverberg, Paul, Industrieller, *6. 5. 1876 Bedburg, †5. 10. 1959 Lugano; erreichte den Zusammenschluß der rhein. Braunkohlenwerke u. den Ausbau des Rheinischen Elektrizitätswerks (REW). Er gehörte der DVP an, war führend im Reichsverband der Dt. Industrie tätig, trat Mitte der 1920er Jahre für stärkere Zusammenarbeit mit den republikan. Kräften ein u. wirkte in der Endphase der Weimarer Republik an Bestrebungen mit, die NSDAP für eine Regierungsbeteiligung zu gewinnen. Wegen seiner jüd. Abstammung ging er 1933 ins Exil.

Silverius, Papst 536–537, Heiliger, Sohn des Papstes Hormisdas, †2. 12. 537 Insel Ponza; zu Unrecht hochverräterischer Beziehungen zu den Goten beschuldigt u. auf die Insel Ponza verbannt. Sein Gegner *Vigilius*, zu dessen Gunsten er schließlich abdanken mußte (11. 11. 537), durchkreuzte die von Kaiser Justinian erwogene Rehabilitierung.

Silvester, Päpste: **1.** *S. I.*, 314–335, Heiliger, Römer, †31. 12. 335; unter ihm erfolgte durch Initiative Kaiser *Konstantins d. Gr.* der Friedensschluß zwischen dem Röm. Reich u. dem Christentum. Spätere Legenden, die im MA mit der *Konstantinischen Schenkung* verknüpft wurden, schreiben ihm u. a. die Heilung Konstantins vom Aussatz u. die Taufe des Kaisers zu. Fest: 31. 12.

2. *S. II.*, 999–1003, eigentl. *Gerbert von Aurillac*, *940/950 in der Auvergne, † 12. 5. 1003 Rom; betrieb seit 967 mathemat. u. naturwissenschaftl. Studien, z. T. bei arab. Lehrern in der Spanischen Mark; 991 Erzbischof von Reims, 998 von Ravenna, Lehrer u. Freund Kaiser *Ottos III.*, der ihn zum ersten französ. Papst erheben ließ; organisierte die Kirche in Ungarn u. Polen (Gründung der Erzbistümer Gnesen u. Gran). Wegen seiner Gelehrsamkeit, bes. auf naturwissenschaftl. Gebiet, galt er als Zauberer.

3. *S. III.*, Gegenpapst (?), 1045; vorher Bischof *Johannes von Sabina*; auf Betreiben der Crescentier gegen *Benedikt IX.* erhoben, nach wenigen Wochen vertrieben u. durch Heinrich III. auf der Synode von Sutri 1046 abgesetzt; er durfte jedoch sein Bistum behalten.

4. *S. IV.*, Gegenpapst 1105–1111, eigentl. *Maginulf*, Römer; unter dem Schutz des Markgrafen Werner von Ancona gegen *Paschalis II.* erhoben; resignierte, nachdem Kaiser Heinrich V. von Paschalis das Investiturprivileg erlangt hatte.

Silvia, geb. *Sommerlath*, Königin von Schweden seit 1976, *23. 12. 1943 Heidelberg; seit 1976 verheiratet mit *Karl XVI. Gustaf*, König von Schweden.

Simbabwe: Mit der Übergabe der britischen Flagge (am 18.4.1980) an Prinz Charles und Lord Soames erhält Simbabwe den Status eines unabhängigen Staates

Sima Qian [szma tçiɛn], *Ssema Tsien, Ssu-ma Ch'ien*, chines. Geschichtsschreiber, *um 145 v. Chr., †um 86 v. Chr.; am Hof des Han-Kaisers Wudi; vollendete das von seinem Vater *Sima Tan* (Ssu-ma T'an) begonnene Werk *Shiji* („Historische Aufzeichnungen"), das die Geschichte Chinas von den Anfängen bis um 100 v. Chr. behandelt. Es ist für alle spätere amtl. chines. Geschichtsschreibung grundlegend gewesen.

Simbabwe ZW

Republik Simbabwe

Fläche: 390 759 km². – *Einwohner:* 10,9 Mill. – *Hauptstadt:* Harare. – *Landessprachen:* Englisch, Bantu-Sprachen. – *Nationalfeiertag:* 18. 4. – *Währung:* 1 Simbabwe-Dollar = 100 Cents. – *Lage:* zwischen 15°30′ und 22°20′ s. Br. sowie 25° und 33° ö. L. – *Zeitzone:* Mitteleuropäische Zeit + 1 Std. – *Grenzen:* im N Sambia, im O Moçambique, im S Südafrika, im W Botswana. – *Staatsform:* präsidiale Republik.

Das Land wurde früh von Völkern besiedelt, die sich auf Erzgewinnung u. Metallverarbeitung verstanden; vermutlich um 1100 entstanden die ältesten Steinbauten in der Stadt *Simbabwe*, nach der das Land heute genannt wird. Im Verlauf der durch den Zulu-König Tschaka im südl. Afrika ausgelösten Kriegszüge gründeten 1837 die *Ndebele* einen Militärstaat, der die vorher ansässigen *Shona* bekriegte. Ende des 19. Jh. erkannte der Ndebele-König Lobengula das brit. Protektorat an. Das von der Britisch-Südafrikan. Gesellschaft 1889/90 in Besitz genommene Gebiet wurde nach deren Gründer C. *Rhodes* 1895 offiziell *Rhodesien* genannt; der Sambesi war die Grenze zwischen Nord- u. Südrhodesien. In den wirtschaftlich bedeutenderen Süden kamen zahlreiche brit. Siedler. Beide Teile blieben bis 1923 unter Verwaltung der Brit.-Südafrikan. Gesellschaft; dann wurden sie der brit. Krone unterstellt. Südrhodesien erhielt den Status einer Kolonie mit Selbstregierung, wobei aber die Teilnahme am polit. Leben auf die weiße Minderheit beschränkt blieb. Gegenüber den Afrikanern galt offiziell eine Politik der rass. „Partnerschaft", die jedoch praktisch auf unabsehbare Zeit weiße Vorherrschaft bedeutete; etwa die Hälfte des Bodens wurde für Weiße reserviert.

1953–1963 bildete Südrhodesien zusammen mit Nordrhodesien (dem heutigen Sambia) u. Nyasaland (dem heutigen Malawi) die Föderation *Rhodesien und Nyasaland*. Der Versuch, die weiße Minderheitsherrschaft auf das ganze Gebiet auszudehnen, mißlang; die Föderation brach auseinander, Südrhodesien kehrte zum alten Status zurück. Seit 1962 regierte die für Unabhängigkeit u. Aufrechterhaltung der weißen Vorherrschaft eintretende *Rhodesian Front*, deren Premier-Min. 1964 Ian *Smith* wurde. Großbritannien weigerte sich, die Unabhängigkeit zu gewähren, solange die polit. Gleichberechtigung der afrikan. Mehrheit nicht gewährleistet war. Am 11. 11. 1965 erklärte sich der Süden, der nun den Namen *Rhodesien* annahm, einseitig für unabhängig u. am 20. 6. 1969 durch Annahme einer neuen Verfassung zur Republik. Großbritannien u. der UN-Sicherheitsrat verhängten seit 1965 wirtschaftl. Sanktionen über Rhodesien, um das Regime Smith zu stürzen. Da die Südafrikanische Republik

Rhodesien unterstützte, blieb diese Politik erfolglos.
Die Rhodesian Front gewann bei Parlamentswahlen stets alle 50 den Weißen vorbehaltenen Mandate (16 Sitze standen Schwarzen zu, 8 davon regierungsabhängigen Häuptlingen). Die afrikan. Nationalbewegung, die für Rhodesien den alten Namen S. einführte, gewann seit 1957 an Bedeutung. Ihre Organisationen wurden bald verboten, ihre Führer wiederholt verhaftet. Unter internationalem Druck nahm die weiße Regierung Mitte der 1970er Jahre eine kompromißbereite Haltung ein. 1976 stimmte Smith im Grundsatz einer schwarzen Mehrheitsregierung zu. Die Nationalbewegung erhielt die Möglichkeit legaler Betätigung. Sie hatte stets mehrere Fraktionen gehabt u. spaltete sich nun in zwei Hauptrichtungen, die einander scharf bekämpften.
Der gemäßigte Flügel (A. *Muzorewa*, N. *Sithole*, J. *Chirau*) beteiligte sich 1978 an einer von Smith gebildeten Übergangsregierung zur Vorbereitung der Unabhängigkeit. 1979 billigte die weiße Bevölkerung eine neue Verfassung, die das allg. Stimmrecht einführte, den Weißen jedoch für die Dauer von 10 Jahren 28 von 100 Parlamentssitzen u. gewisse Sonderrechte vorbehielt. Bei den anschließenden Wahlen erhielt Muzorewas Partei *United African National Council* (UANC) die meisten Stimmen; Muzorewa wurde Premier-Min. Allerdings kam es unmittelbar danach zu einer Abspaltung von seiner Partei, so daß er die absolute Mehrheit verlor. Smith trat als Min. ohne Geschäftsbereich in das Kabinett ein. Am 1. 6. 1979 wurde die Republik *Simbabwe-Rhodesien* proklamiert. Sie wurde international nicht anerkannt.
Der radikale Flügel der Nationalbewegung, bestehend aus R. *Mugabes* Zimbabwe African National Union *(ZANU)* u. J. *Nkomos* Zimbabwe African People's Union *(ZAPU)*, lehnte jede Zusammenarbeit mit den Weißen ab u. beteiligte sich nicht an den Wahlen. Die von ihm gebildete *Patriot. Front (PF)* führte von den Nachbarstaaten Sambia u. Moçambique aus einen Guerillakrieg gegen die Regierung Smith u. ihre Nachfolgerin. Ende 1979 kam es auf brit. Initiative zu Verhandlungen zwischen allen Parteien in London. Es gelang, Einigung über einen Waffenstillstand, eine neue Verfassung u. die Regelung während einer Übergangsperiode herbeizuführen. Am 21. 12. 1979 wurde ein entsprechendes Abkommen unterzeichnet. Großbritannien nahm Rhodesien vorübergehend wieder unter Kolonialverwaltung, um die Zusammenziehung der Guerilla-Streitkräfte an Sammelpunkten u. die Abhaltung von Wahlen überwachen zu können.
Die neue Verfassung räumte den Weißen auf die Dauer von 7 Jahren 20 von 100 Parlamentssitzen ein, ließ ihnen aber sonst keinerlei Vorrechte. Die Parlamentswahlen im März 1980 gewann Mugabes ZANU, die eine Koalitionsregierung mit Nkomos ZAPU unter Einschluß zweier weißer Minister bildete. Mugabe wurde Premier-Min. u. verkündete ein gemäßigtes Regierungsprogramm auf der Basis der parlamentar. Demokratie. Am 18. 4. 1980 wurde S. unabhängig; erster Staats-Präs. wurde C. *Banana*.
Nur wenig später zeigten sich bisher vom gemeinsamen Kampf verdeckte Stammesrivalitäten. Die von Nkomo u. der ZAPU repräsentierten Ndebele fühlten sich gegenüber dem von Mugabe vertretenen Mehrheitsvolk der Shona benachteiligt. Ihre Rebellion wurde gewaltsam unterdrückt; Nkomo wurde schrittweise entmachtet u. ging zeitweise außer Landes. Die politisch machtlose weiße Minderheit kooperierte mit der ZANU. Mugabe propagierte die Einführung eines Einparteiensystems u. nahm sie 1984 als Ziel in das Programm seiner Partei auf. Bei den Parlamentswahlen 1985 konnte die ZANU ihre Mehrheit ausbauen. Durch Verfassungsänderungen wurden 1987 die für Weiße reservierten Sitze im Parlament abgeschafft u. das Präsidialsystem eingeführt. Mugabe wurde zum Staats-Präs. mit exekutiven Befugnissen gewählt. Nachdem frühere Fusionsverhandlungen erfolglos verlaufen waren, schlossen sich die ZANU u. ZAPU zur ZANU-PF zusammen. Nkomo trat wieder in die Regierung ein. 1990 wurde Mugabe als Staats-Präs. wiedergewählt. Die Regierungspartei ZANU-PF konnte bei Parlamentswahlen 117 von 120 Sitzen gewinnen. Am 25. 7. 1990 wurde der seit 25 Jahren geltende Ausnahmezustand aufgehoben. 1991 leitete die Regierung ein wirtschaftliches Strukturanpassungsprogramm ein, das zu sozialen Härten für die Bevölkerung führte. 1994 erklärte der Oberste Gerichtshof ein Landerwerbsgesetz von 1992 für verfassungsgemäß, daß der Regierung die Erlaubnis gibt, weiße Großfarmer gegen eine Entschädigung zu enteignen und das Land an Kleinbauern zu verteilen. Bei den Parlamentswahlen 1995, die von der demokrat. Opposition boykottiert wurden, um gegen die faktische Einparteienherrschaft u. das autoritäre Regime Mugabes zu protestieren, gewann die ZANU-PF 118 von 120 Sitzen. 1996 wurde Mugabe bei Präsidentschaftswahlen im Amt bestätigt.

Simbabwe, *Zimbabwe*, Ruinenstadt 20 km südöstl. von Fort Victoria im felsigen Hügelland von S. Eine früheisenzeitl. Besiedlung ist zu Beginn des 2. Jh. n. Chr. nachweisbar. Im 8. u. 9. Jh. entstand eine hochstehende Kultur *(S.-Kultur)*, deren Blüte ins 12.–15. Jh. fällt. Aus dieser Zeit stammen riesige, ohne Mörtel gefügte Steinbauten in Rundformen, die sich zu einer Ansiedlung zusammenschlossen. Vermutlich haben einheimische Stämme S. erbaut u. zu einem blühenden Handelszentrum gemacht (gefunden wurden u. a. chines. Gefäße). Sehr wahrscheinlich haben die um 1500 aus dem Süden auf das rhodes. Plateau einströmenden *Wakaranga* mit ihrer Herrscherschicht *Monomtapa* das S.-Reich abgelöst.

Simeon, bulgar. Fürsten: **1.** *S. I., S. d. Gr.*, Fürst (Knjaz) 893–927, *865, †27. 5. 927 Preslav; seit 917 Zar (Basileus) der Bulgaren u. Griechen; sein Reich umfaßte fast die ganze Balkanhalbinsel; er schuf das bulgar. orthodoxe Patriarchat in Tirnowo. S. war der bedeutendste Fürst des 1. bulgar. Reiches.
2. *S. II.*, Zar 1943–1946, *16. 6. 1937 Sofia; folgte seinem Vater Boris III., mußte nach Volksentscheid 1946 abdanken; letzter bulgarischer Zar.

Similaun-Mann, im Sept. 1991 in einem Gletscher der Ötztaler Alpen („Ötzi") gefundener mumifizierter Leichnam, der vor rd. 5300 Jahren gelebt haben dürfte. Bei dem Toten fand man u. a. ein für die Bronzezeit typ. Randleistenbeil sowie eine Bronzeklinge mit Knieholmschäftung.

Simon ['saimən], Sir John, brit. Politiker (Liberaler), *28. 2. 1873 Manchester, †11. 1. 1954 London; 1915/16 u. 1935–1937 Innen-, 1931–1935 Außen-Min., 1937–1940 Schatzkanzler, 1940–1945 Lordkanzler, unterstützte Chamberlains Appeasement-Politik gegenüber Hitler.

Simonie [nach *Simon Magus*], Handel mit geistl. Sachen. Ursprüngl. wurden hierunter nur Sakramente, Sakramentalien u. kirchl. Ämter verstanden. Im MA wurde der Begriff auf die Besetzung von geistl. Stellen durch Laien sowie die Laieninvestitur ausgeweitet, was im › Investiturstreit von weittragender Bedeutung war.

Simplicius, Papst 468–483, Heiliger; verteidigte gegen die Monophysiten die Lehren des Konzils von Chalcedon, lehnte aber die östl. Auslegung von Kanon 28 dieses Konzils ab, in dem der Vorrang des Patriarchen von Konstantinopel in der Osthälfte des Reiches behauptet wurde. Fest: 10. 3.

Simson, Eduard von (1888), Jurist u. Politiker, *10. 11. 1810 Königsberg, †2. 5. 1899 Berlin; aus jüd. Familie, als Kind getauft; 1833 Prof. für röm. Recht u. 1834 Richter in Königsberg; 1848 Mitgl. der Frankfurter Nationalversammlung (Casino-Partei), Dez. 1848 bis Mai 1849 deren Präs.; 1850 Präs. des Erfurter Unionsparlaments; danach wieder als Richter tätig; 1860/61 Präs. des preuß. Abgeordnetenhauses; 1867 Mitbegründer der Nationalliberalen Partei; 1867–1876 Mitgl., 1867–1874 Präsident des Norddt. bzw. Dt. Reichstages; 1879–1891 erster Präs. des Reichsgerichts. S. führte die Parlamentsdeputationen, die 1849 König Friedrich Wilhelm IV. (vergeblich) u. 1870 König Wilhelm I. die dt. Kaiserkrone antrugen.

Sinai ['zi:nai], *Sina'*, zu Ägypten gehörende Halbinsel im N des Roten Meeres, zwischen den Golfen von Aqaba u. Suez; 60100 km², 200000 Ew.; Hptst. *Al Arish*. Die Halbinsel S. wurde im Sechstagekrieg 1967 von Israel erobert. Aufgrund des israel.-ägypt. Friedensvertrages wurde sie 1979–1982 schrittweise geräumt. Die militär. Präsenz Ägyptens auf dem S. ist durch den Friedensvertrag begrenzt.

Sindermann, Horst, Politiker (SED), *5. 9. 1915 Dresden, †20. 4. 1990 Ostberlin; seit 1929 Mitglied des Kommunist. Jugendverbandes, 1934–1945 polit. Häftling; 1945 bis 1947 u. 1950–1953 Chefredakteur verschiedener polit. KPD- bzw. SED-Zeitungen; 1947–1949 SED-Kreissekretär, 1953–1963 Mitarbeiter des ZK der SED, zuletzt Leiter der Abt. Agitation u. Propaganda; seit 1963 Mitglied des ZK der SED, seit 1967 des Politbüros des ZK der SED; 1963–1971 Erster Sekretär der SED-Bezirksleitung Halle, 1971 bis 1973 Erster stellvertr. Vors., 1973–1976 Vors. des Ministerrats, seit 1976 Präs. der Volkskammer u. stellvertr. Vors. des Staatsrats der DDR; verlor 1989 alle Ämter u. wurde aus der Partei ausgeschlossen. Gegen S. wurde ein Ermittlungsverfahren wegen Untreue u. Vertrauensmißbrauchs eingeleitet.

Singapur — SGP

Republik Singapur

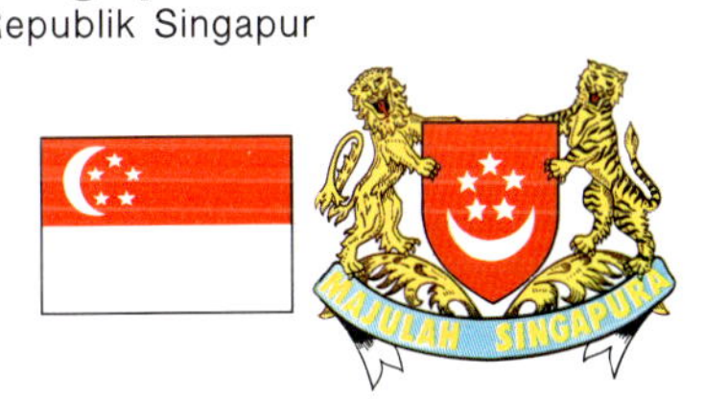

Fläche: 618 km². – *Einwohner:* 2,8 Mill. – *Hauptstadt:* Singapur. – *Landessprachen:* Englisch, Malaiisch, Chinesisch, Tamil. – *Nationalfeiertag:* 9. 8. – *Währung:* 1 Singapur-Dollar = 100 Cents. – *Lage:* zwischen 1°05′ und 1°29′ n. Br. sowie 103°35′ und 104°07′ ö. L. – *Zeitzone:* Mitteleuropäische Zeit + 7 Std. – *Grenzen:* Insel in der Straße von Malakka vor der Südspitze der Malaiischen Halbinsel. – *Staatsform:* parlamentarische Republik.

Die Insel S. wurde 1819 als Handelsstützpunkt von der brit. Ostindienkompanie erworben, 1826 mit Penang u. Malakka zusammengeschlossen u. 1851 Britisch-Indien unterstellt. Der sich rasch entwickelnde Handel der Hafenstadt S. führte zu einem rapiden Bevölkerungszuzug, besonders chines. Kaufleute u. Arbeiter. Zwischen 1823 u. 1881 stieg die Bevölkerungszahl von 150 auf 140000 (davon über 90 % Männer). Bis zur Wirtschaftskrise 1929 setzte sich die Zuwan-

derung von Arbeitern fort, danach durften nur noch Frauen unbeschränkt einwandern. 1867–1941 war S. Teil der Kronkolonie *Straits Settlements.* Obwohl es von den Briten zur Seefestung ausgebaut worden war, eroberten 1942 die Japaner die Insel u. besetzten sie bis 1945. 1946 wurde sie brit. Kronkolonie mit Selbstverwaltung, 1957 mit innenpolit. Autonomie. 1959 wählten die Einwohner erstmals ein unabhängiges Parlament, u. am 31. 8. 1963 erfolgte die Unabhängigkeitserklärung. Gemäß einem Referendum von 1962 schloß sich der neue Staat am 16. 9. 1963 mit Malaya u. Britisch-Borneo zur Föderation *Malaysia* zusammen; die er aber am 9. 8. 1965 wegen unüberbrückbarer ethnischer Gegensätze wieder verließ.
Die Verfassung von 1958 erfuhr mehrfach Änderungen. Staatsoberhaupt ist der für 6 Jahre direkt vom Volk gewählte Präs., der verschiedene exekutive Befugnisse hat. So besitzt er z. B. ein Vetorecht bei der Verabschiedung des Haushaltsplans u. ein Mitwirkungsrecht bei der Ernennung hoher Verwaltungsbeamter. Die Regierung steht unter der Leitung des Premierministers. Die 81 Abg. des Einkammerparlaments werden für eine fünfjährige Legislaturperiode gewählt. Unangefochten regiert seit 1959 die *People's Action Party (PAP),* die von den Chinesen getragen wird. Premier-Min. war 1959–1990 *Lee Kuan Yew.* Sein Nachfolger wurde *Goh Chok Tong.* Nach der Absplitterung eines prokommunist. Flügels 1962 verfolgt die PAP einen eher konservativen Kurs. Staats-Präs. ist seit 1993 *Ong Teng Cheong* (PAP).

Singer, Paul, Politiker (SPD), *16. 1. 1844 Berlin, †31. 1. 1911 Berlin; Kaufmann, bis 1887 Mitinhaber einer Mäntelfabrik; seit 1869 Mitgl. der Sozialdemokrat. Arbeiterpartei; seit den 1880er Jahren führend in der Berliner SPD, unter dem Sozialistengesetz zeitweise aus Berlin ausgewiesen; 1884–1911 Mitgl. des Reichstages, 1890–1911 einer der beiden Vors. der SPD (neben A. *Bebel*).

Singhasạri, *Singasari,* kurzlebiges, aber bedeutendes Königreich in Ostjava (1222 bis 1292), schuf die Grundlagen des javan. Großreiches von *Majapahit*; bekannt ist S. insbesondere durch die großartigen Tempelbauten mit einem neuen „Wayang"-Reliefstil in der Nähe der alten Hptst. S. bei Malang.

Sinn Féin [ʃin fɛin; ir., „Wir selbst"], radikal nationalist. irische Partei. Die S. F. wurde 1905 als irische Freiheitspartei von Arthur *Griffith* gegr. u. ab 1917 von E. de *Valera* geführt; sie erkämpfte die Unabhängigkeit Irlands von England. Der radikale Flügel der S. F. schloß sich de Valeras 1926 gegr. Partei *Fianna Fáil* („Schicksalskrieger") an, die von 1932 bis März 1973 mit Ausnahme der Jahre 1949/50 u. 1955/56 ununterbrochen die Regierung des 1921/22 konstituierten Staates Irland bildete. – Die S.-F.-Bewegung wurde 1956 wiederbelebt u. ist heute der polit. Arm des „Provisional"-Flügels der *Irischen Republikanischen Armee (IRA),* die für die (Wieder-)Vereinigung Nordirlands mit der Republik Irland mit terrorist. Mitteln kämpft.

Sịnowatz, Fred, österr. Politiker (SPÖ), *5. 2. 1929 Neufeld, Burgenland; Germanist; zunächst in der burgenländ. Landespolitik tätig; 1971–1983 Bundesminister für Unterricht u. Kunst; als Nachfolger Bruno *Kreiskys* 1983–1988 Parteivorsitzender, 1983–1986 Bundeskanzler.

Sinọwjew [zi-], *Zinov'ev,* eigentl. *Radomyslskij,* Grigorij Jewsejewitsch, sowjet. Politiker, *11. 9. 1883 Jelisawetgrad, †25. 8. 1936 Moskau (hingerichtet); enger Mitarbeiter Lenins; 1907–1927 Mitgl. des ZK, 1921–1926 des Politbüros der SDAPR bzw. KP; nach 1917 Leiter der Petrograder (Leningrader) Parteiorganisation; 1919–1926 Vors. des Exekutivkomitees der Komintern. Nach Lenins Tod bildete S. zunächst mit Stalin u. L. Kamenew ein Triumvirat (gegen Trotzkij), geriet dann in Gegensatz zu Stalin, wurde als Führer der „Linksopposition" 1927 aus der KP ausgeschlossen u. 1936 in einem Schauprozeß zum Tod verurteilt. Das Urteil wurde 1988 aufgehoben.

Sizilien: kleiner Tempel aus hellenistisch-römischer Zeit in Agrigento

Sir [sə:; engl.], Titel des niederen Adels (Baronets u. Knights), wird mit Vor- u. Familiennamen oder mit dem Vornamen allein gebraucht.

Sirịcius, Papst 384–399, Heiliger, *um 334 Rom, †26. 11. 399 Rom; stärkte den Primat Roms, bekämpfte Manichäer u. a. Irrlehrer. Von diesem Papst stammt die älteste päpstl. Dekretale (Lehrschreiben in Fragen der Disziplin oder der Liturgie). Fest: 26. 11.

Siroký ['ʃirɔki:], Viliam, tschechoslowak. Politiker (KP), *31. 5. 1902 Preßburg, †6. 10. 1971 Prag; Eisenbahnarbeiter, seit 1929 Mitgl. des ZK der KP, 1935 Abg., 1942–1945 in Haft; 1950–1953 Außenminister, 1953–1963 Min.-Präs.; danach als Stalinist aus dem Parteipräsidium ausgeschlossen.

Sisịnnius, Papst 708, Syrer; in hohem Alter gewählt, starb schon nach 20 Tagen.

Sismondi [-mɔ̃'di], Jean Charles Léonard Simonde de, schweizer. Nationalökonom u. Historiker, *9. 5. 1773 Genf, †25. 6. 1842 Genf; Mitgl. des Genfer Rates, kritisierte die Konkurrenzwirtschaft, forderte staatl. Eingriffe zur Steigerung der Wohlfahrt. Hptw.: „Geschichte der italien. Freistaaten im MA" 16 Bde. 1807–1818, dt. 1807 –1824; „Neue Grundsätze der polit. Ökonomie" 2 Bde. 1819, dt. 1901.

Sittengeschichte, *i. w. S.* die Geschichte der durch die Konvention geformten zwischenmenschl. Verhaltensweisen; *i. e. S.* die Geschichte der Verhaltensweisen im sexuellen Leben. Die S. ist ein Teil der Kulturgeschichte u. der Völkerkunde.

Sitting Bull, eigentl. *Tatanka Yotanka,* Sioux-Häuptling, *um 1831 am Grand River, S. D., †15. 12. 1890 Grand River; Führer des letzten indian. Freiheitskampfs 1869–1876, in dem ein US-Kavallerieregiment vernichtet wurde.

Sịtula [die, Pl. *Situlen*; lat.], aus Bronzeblech hergestelltes Gefäß der Hallstatt- u. Latènezeit, durch Bronzenieten zusammengehalten, oft mit zwei festgenieteten Henkeln versehen, meist eimerförmiges Gefäß; Erzeugungszentren: Bologna, Venetien, Slowenien, Unterkrain, Tirol; Ausfuhr z. T. bis nach Skandinavien. Tongefäße der Spätlatènezeit u. Römerzeit mit breiter Mündung u. engem Boden werden oft auch S. genannt.

Sịxtus, Päpste: **1.** *S. I., Xystus I.,* etwa 115–125, Heiliger, Römer; gilt als Märtyrer. Fest: 6. 4.

2. *S. II., Xystus II.,* 257/58, Heiliger, Grieche, †6. 8. 258 Rom; nahm die im Streit um die Ketzertaufe abgebrochenen Beziehungen zu den afrikan. u. kleinasiat. Bischöfen wieder auf, wurde in der Christenverfolgung des Kaisers Valerian hingerichtet. Fest: 7. 8.

3. *S. III., Xystus III.,* 432–440, Heiliger, Römer, †19. 8. 440 Rom; erst Anhänger, dann Gegner des Pelagianismus; verteidigte den Primat Roms über Illyrien gegen die Ansprüche des Patriarchen von Konstantinopel; ließ in Rom die Kirche S. Maria Maggiore erbauen. Fest: 19. 8.

4. *S. IV.,* 1471–1484, eigentl. *Francesco della Rovere,* *21. 7. 1414 Celle bei Savona, †12. 8. 1484 Rom; Franziskaner, 1464 Ordensgeneral, 1467 Kardinal. Renaissance-Papst, förderte Kunst u. Wissenschaft (u. a. Bau der Sixtin. Kapelle). Unter ihm herrschte schrankenloser Nepotismus: Seine ausgedehnte Verwandtschaft erhielt Ämter u. umfangreiche Geldgeschenke. Häufige Ablässe u. die Erhöhung der Pfründensteuer sollten das dafür nötige Geld bereitstellen. Die von ihm erwartete Kirchenreform brachte S. nicht voran; vielmehr verbot er die Appellation an ein allg. Konzil.

5. *S. V.,* 1585–1590, eigentl. Felice *Peretti,* *13. 12. 1521 Grottamare bei Montalto, †27. 8. 1590 Rom; Franziskaner, 1566 Ordensgeneral, 1570 Kardinal, einer der bedeutendsten Päpste der Neuzeit; setzte die von seinen Vorgängern vorangetriebenen Reformen fort, reorganisierte die röm. Kurie (schuf die Kardinalskongregationen; beschränkte die Zahl der Kardinäle auf 70). Er beseitigte durch grausame Strafen das Banditenunwesen im Kirchenstaat u. sammelte in kurzer Zeit einen großen Finanzschatz an, indem er die Gebühren beim Ämterkauf steigerte, neue käufl. Ämter schuf, neue Steuern u. Zölle erhob u. die Münze verschlechterte. Mit dem Geld wurden Sümpfe entwässert, Brücken gebaut u. eine Seidenindustrie eingerichtet. Durch großzügige Bauten (Vollendung der Peterskuppel, Aufrichtung des Obelisken auf dem Petersplatz) legte S. den Grund zum barocken Rom.

Sịxtusbriefe, zwei 1917 geschriebene Briefe des österr. Kaisers *Karl I.* an seinen Schwager, den Prinzen *Sixtus von Bourbon-Parma,* zur Weitergabe an den französ. Präs. R. *Poincaré.* Sie sollten ohne Wissen des dt. Verbündeten einen Sonderfrieden im 1. Weltkrieg für Österreich-Ungarn anbahnen. Der erste Brief enthielt die Zusage, Österreich werde Frankreich bei der Rückgewinnung Elsaß-Lothringens unterstützen. Poincaré veröffentlichte diesen Brief im April 1918, wodurch das gegenseitige Verhältnis der Mittelmächte schwer belastet wurde.

Siziliạnische Vesper, der Aufstand am 30. 3. 1282 zur Vertreibung der Franzosen aus Sizilien, die nach der Hinrichtung des letzten Staufers Konradin 1268 durch Karl von Anjou nur vorübergehend hier ihre von Papst Klemens IV. durch Lehen übertragene Herrschaft behaupten konnten. Der Aufstand der Sizilianer, am Ostermontag zur Vesperzeit in Palermo ausgebrochen, breitete sich schnell aus. Messina schlug die Angriffe Karls ab, u. Peter (Pedro) III. von Aragón, der Schwiegersohn des Staufers Manfred (Sohn Kaiser Friedrichs II.), wurde König von Sizilien. – Oper („Die S.V.") von Giuseppe *Verdi* (Paris 1855).

Sizilien, ital. *Sicìlia*, italien. Region, größte u. volkreichste italien. Insel, zwischen Italien u. Afrika, durch die Straße von Messina vom italien. Festland, durch die Straße von S. von Afrika getrennt, 25 708 km², 5,16 Mill. Ew.; Hptst. *Palermo*.

S. war in der ältesten Zeit von Sikanern u. Sikulern bewohnt. Wegen seiner günstigen Lage wurde es bald das Ziel handeltreibender Phönizier. Diesen folgten im 8. Jh. v. Chr. Griechen. 480 v. Chr. besiegten die Syrakusaner *Hamilkar*, den Führer der Karthager, in einer großen Schlacht bei Himera. Dennoch gelang es den Karthagern später, S. zu erobern, doch wurden sie durch die Römer von der Insel vertrieben, die S. im 3. Jh. v. Chr. gänzlich in Besitz nahmen. Als *Provincia Sicilia* (erste röm. Provinz 241 v. Chr.) entwikkelte sich S. zur Kornkammer Italiens.

Nacheinander bemächtigten sich der Insel 455 die Wandalen, 493 die Ostgoten, 535 Byzanz u. 827 die Araber. 1091 wurde die bereits 1061 begonnene Eroberung S.s von dem Normannenkönig *Roger I.* abgeschlossen, dessen Sohn *Roger II.* S. 1130 mit Unteritalien vereinigte. 1194–1268 (1265) war S. im Besitz der Staufer, dann in dem der Anjous, gegen die es sich erhob (→ Sizilianische Vesper), wodurch es wieder von Neapel getrennt wurde. 1282 kam es zu Aragón, 1713 fiel es an Savoyen, 1720 durch Tausch an Österreich. 1735 wurde S. als *Königreich beider S.* einer Sekundogenitur der span. Bourbonen übertragen. König *Ferdinand IV.* konnte sich 1806 nach seiner Vertreibung aus Neapel in S. halten. In Aufständen 1820/21, 1837 u. 1848/49 versuchte sich S. vergeblich von Neapel zu lösen. 1860 benutzte *Garibaldi* eine Revolte in S. zur Landung. Nach der Vertreibung der Bourbonen wurde die Insel Teil des Königreiches Italien. Seit 1946 ist S. autonome Region.

Sizilische Expedition, der Feldzug der Athener 415–413 v. Chr. gegen *Syrakus*, Höhepunkt u. Ende einer längeren Politik der Einmischung bei Streitigkeiten zwischen Griechenstädten Siziliens. Nach der Absetzung des *Alkibiades*, der treibenden Kraft bei der Vorbereitung, hatte *Nikias* allein den Oberbefehl. Das Unternehmen endete nach Anfangserfolgen in einer Katastrophe. Die belagerten Syrakusaner konnten sich unter Führung des Spartaners *Gylippos* behaupten, die zuletzt in ihrem Hafen eingeschlossene athen. Flotte vernichten u. dann das athen. Heer beim Rückzug ins Landesinnere zur Kapitulation zwingen. Diese schweren Verluste hatten zur Folge, daß Athen in dem 413 v. Chr. neu aufgeflammten Peloponnes. Krieg seinen Gegnern nicht mehr gewachsen war u. der 1. Attische Seebund zu zerfallen begann.

Skagerrak, Ostausläufer der Nordsee zwischen Südnorwegen u. Dänemark.

Im S. kam es am 31. 5. 1916 zur größten Seeschlacht des 1. Weltkriegs zwischen der dt. Hochseeflotte (F. von *Hipper*, R. von *Scheer*) mit 21 Großkampfschiffen (Verlust 61 180 t) u. der engl. Grand Fleet (D. *Beatty*, J. R. *Jellicoe* mit 37 Großkampfschiffen (Verlust 115 025 t). Die Schlacht ging unentschieden aus u. änderte nichts an der strateg. Gesamtlage.

Skandagupta, ind. König der → Gupta.

Skanderbeg, *Iskenderbeg*, („Fürst Alexander"), eigentl. Georg *Kastriota*, alban. Nationalheld, * 1405, † 17. 1. 1468 Alessio (Lezha); Sohn eines Feudalherrn im Gebiet von Dibra, mußte 1423 als Geisel an den Sultanshof nach Adrianopel gehen, trat zum Islam über u. beteiligte sich an militär. Aktionen gegen christl. Herrschaften, erhielt als Auszeichnung den Bey-Titel, wurde 1438 Militärbefehlshaber von Kruja u. 1440 Sandschakbey in Dibra. Nach der Niederlage der türk. Truppen gegen János Hunyadi bei Niš 1443 zog er sich nach Albanien zurück, bemächtigte sich der Festung Kruja u. leitete die alban. Erhebung gegen die Türken ein. Eine Adelsversammlung in Alessio wählte ihn 1444 zum militär. Oberbefehlshaber der „Albanischen Liga". Als solcher verteidigte er bis zu seinem Tode erfolgreich die alban. Selbständigkeit gegen türk. Angriffe (dreimalige Belagerung Krujas). In der nationalen Überlieferung der Albaner lebt S. als strahlende Heldengestalt weiter.

Skandinavien, *Skandinavische Halbinsel*, nordeurop. Halbinsel zwischen dem Europ. Nordmeer, dem Atlant. Ozean mit der Nordsee u. der Ostsee (Bottnischer Meerbusen), 1950 km lang, bis zu 800 km breit, rd. 775 000 km² mit rd. 13 Mill. Ew.

Im 8.–10. Jh. wurden die Küsten u. Mündungsgebiete der großen europ. Ströme von skandinav. Wikingern bedroht; nord. Waräger drangen bis nach Rußland u. Byzanz vor. Wikinger entdeckten Amerika bereits um 1000; in der Normandie u. in Sizilien entstanden im MA Staaten, die Gründungen von Normannen waren.

Die beiden großen Themen der skandinav. Geschichte sind der Kampf um die Vorherrschaft in S. zwischen Dänemark u. Schweden u. die Auseinandersetzungen mit den Ostseeanrainerstaaten Deutschland, Polen u. Rußland um die Herrschaft im Ostseeraum. Norwegen stand von 1380–1814 unter der Herrschaft dän. Könige, kam dann in Personalunion an Schweden, das 1905 die norweg. Unabhängigkeit anerkennen mußte; Finnland war bereits seit dem 13. Jh. schwed. Provinz, wurde aber 1809 russ. Großfürstentum, bis es 1917 seine Unabhängigkeit erklärte. Island war 1380–1944 Dänemark angeschlossen.

Daneben zeichneten sich Einigungsbestrebungen der skandinav. Staaten ab, die im frühen 11. Jh. im Großreich des Dänenkönigs *Knut* (frühes 11. Jh.) u. in der von *Margarete von Dänemark* eingeleiteten *Kalmarer Union* (1397–1523) gipfelten. Ein europ. Faktor von Rang war S. unter dem schwed. König *Gustav Adolf II.*, als es in den Kampf um die Vorherrschaft auf dem Kontinent in den Dreißigjährigen Krieg eingriff. Die Rolle einer europ. Großmacht verlor Schweden 1709 in der Schlacht bei *Poltawa* gegen Polen-Sachsen u. Rußland.

Mitte des 19. Jh. entstand eine Bewegung, die

Skandinavien im 16. und 17. Jahrhundert

Der Sklavenhandel

Hatte die Sklaverei die wirtschaftliche Blüte der antiken Hochkulturen mit herbeigeführt, wurde seit der frühen Neuzeit der Sklavenhandel zu einem »Produktionsfaktor«, der vor allem die Wirtschaft in der Neuen Welt, die vom Export von Baumwolle und Tabak bestimmt wurde, prägte.

Nach neuesten Forschungen wurden fast 10 Millionen Sklaven im transatlantischen Handel vom 16. bis zum 19. Jahrhundert verschifft. Der Bevölkerungsverlust Afrikas durch die menschenunwürdigen Bedingungen auf den Transporten zur Westküste und auf der Überfahrt muß allerdings auf insgesamt 15 Millionen geschätzt werden.

Über die Hälfte der Sklaven erreichte die Neue Welt im 18. Jahrhundert, als England aufgrund des Sieges im Spanischen Erbfolgekrieg und des Asiento-Vertrages von 1713 den Sklavenhandel monopolisierte. Dabei erhielten die Engländer das alleinige Recht, jährlich etwa 5000 Sklaven an die spanischen Kolonien in Mittel- und Südamerika zu liefern. Hiervon profitierte insbesondere Liverpool, das zum Zentrum des englischen Sklavenhandels wurde. Obwohl der Sklavenhandel in England 1807 untersagt (Abolition) sowie auf dem Wiener Kongreß 1815 international geächtet wurde, blieb die Sklaverei in Amerika noch längere Zeit bestehen.

Überwiegend wurden männliche Schwarze exportiert, deren Muskelkraft – auch als Ersatz für die der Kolonisation zum Opfer gefallenen Indios in der Karibik – in den Gold- und Silberminen und auf den Zucker-, Baumwoll- und Tabakplantagen gefragt war. Frauen wurden aufgrund ihrer Bedeutung für die Landwirtschaft und für die Erziehung des Nachwuchses seltener verkauft. Für eine Sklavin wurde dann ein erhöhter Betrag erzielt, wenn sie »noch nicht Mutter gewesen und ihr Busen noch von jugendlicher Fülle und Elastizität« war, wie der Schiffskapitän Joachim Nettelbeck in seiner »Lebensbeschreibung« vermerkt. Bei dem Menschenhandel wurden die europäischen Waren (u. a. Stoffe, Alkohol) oft zu einem überhöhten Tarif gegen die Sklaven eingetauscht.

Der europäische Imperialismus, der von der Kolonisation des durch den Sklavenhandel wirtschaftlich und sozial geschwächten Afrikas profitierte, führte einen »Kreuzzug« gegen die Sklaverei und ersetzte sie bis weit ins 20. Jahrhundert durch die ebenfalls menschenunwürdige Zwangsarbeit. *A.F.*

1

2

3

4

Lately improted from Antigua
and to be Sold by Edward Jones in
Isacc Norris's Alley.
A PARCEL of likely Ne-
groWomen &Girls from thirteen
to one and twenty Years of age, and have
all had the Small-Pox.

6

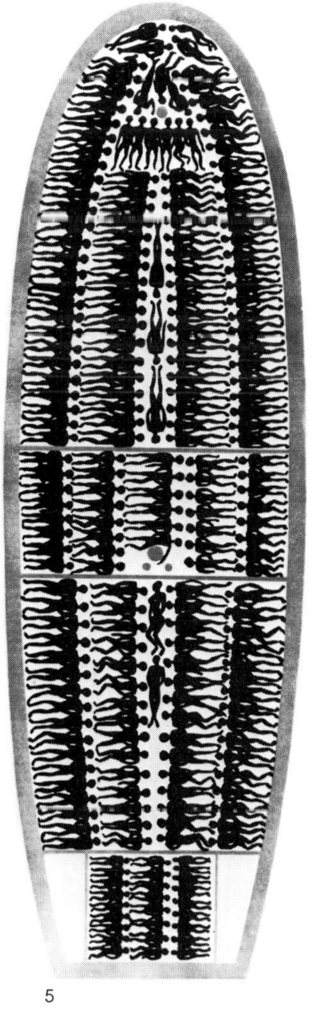

5

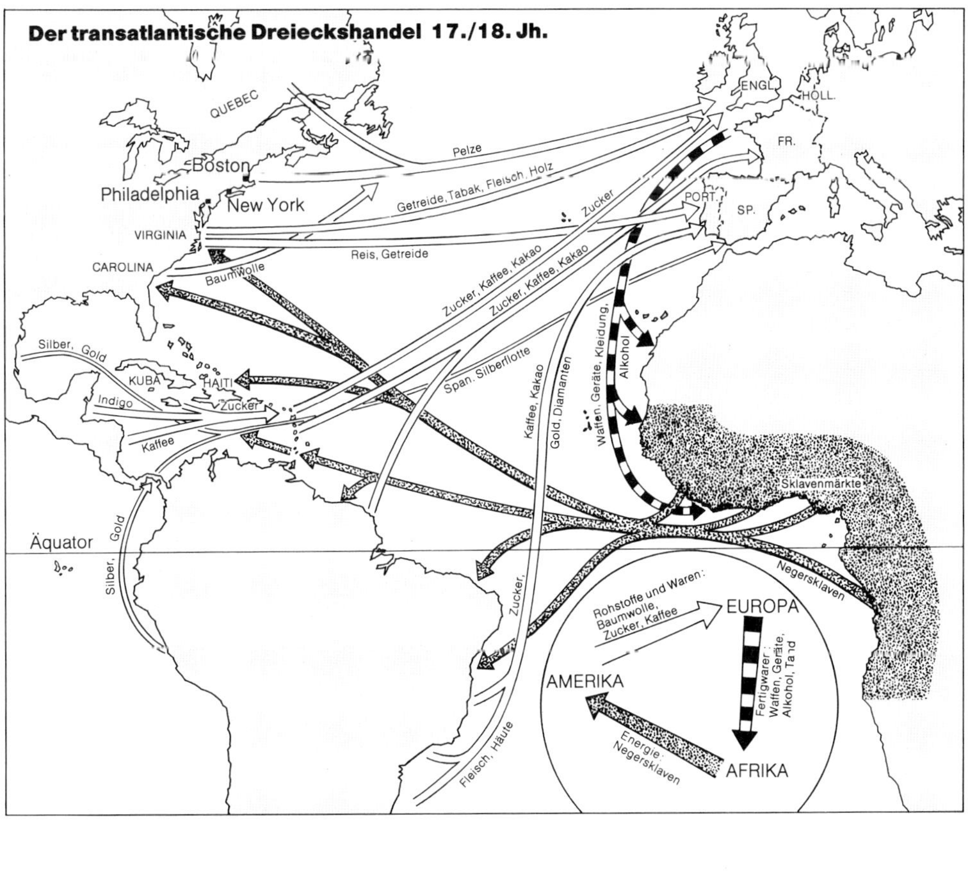

1 *Sklavenverkauf in den USA Anfang des 19. Jahrhunderts. Zeitgenössischer Holzschnitt.*

2 *Die Plantagenwirtschaft vor allem auch der Baumwollerzeugung baute weitgehend auf Sklavenhaltung auf: Plantage am Mississippi; Gemälde von Walker. New York, The Bettmann A.*

3 *Sklavenarbeit in den Südstaaten der USA. Stich von Weger nach Winkles; um 1850.*

4 *Sklavenkarawane in Afrika zur Zeit Livingstones. Zeitgenössischer Holzstich.*

5 *»Belegungsplan« eines Sklavenschiffes. Viele Sklaven starben oder suchten den Freitod. Zeitgenössischer Holzschnitt.*

6 *Sklavenverkaufsannonce: Zur Qualität der »menschlichen Ware« gehörte auch deren Immunität gegen Krankheiten.*

die Gemeinsamkeiten der skandinav. Staaten betonte (→Skandinavismus). Nach dem 2. Weltkrieg fanden sich die skandinav. Länder im *Nordischen Rat* zusammen (Abkommen von Helsinki 1962).

Skandinavismus, eine in der ersten Hälfte des 19. Jh. entstandene Einigungsbewegung, die den Zusammenschluß Dänemarks, Schwedens u. Norwegens, zeitweilig auch die Einbeziehung Schleswigs u. Finnlands erstrebte. Der S. entwickelte sich aus dem Bewußtsein enger sprachlicher u. kultureller Verwandtschaft der nordischen Länder. Seine Träger waren vor allem von den liberalen Ideen geprägte Schriftsteller u. Politiker (u. a. O. *Lehmann*). Durch das Scheitern der eiderdän. Politik u. der militär. Zusammenarbeit zwischen Dänemark u. Schweden sowie durch die schwedisch-norwegischen Auseinandersetzungen, die 1905 mit der Selbständigkeit Norwegens endeten, wurde der S. beträchtlich geschwächt. In neuerer Zeit erfolgt eine Kooperation der skandinav. Staaten im *Nordischen Rat.*

Sklavenkriege, Erhebungen röm. Sklaven: 1. Sklavenkrieg 136–132 v. Chr. in Sizilien gegen die röm. Großgrundbesitzer, unter Führung des syrischen Sklaven *Eunus*, der unter dem Namen *Antiochos* den Königstitel annahm. Die Revolte wurde verstärkt durch kilikische u. röm. Sklaven; nach der Niederwerfung des Aufstands wurden 20000 Sklaven gekreuzigt. – 2. Sklavenkrieg 104–100 v. Chr., erneuter Aufstand der sizilian. Sklaven, der nach Süditalien übergriff. – 3. Sklavenkrieg, Gladiatorenkrieg, 73–71 v. Chr., unter Führung des thrakischen Gladiators *Spartacus*, breitete sich über ganz Italien aus.

Sklavenstaaten, richtiger *Sklavereistaaten*, die Staaten der USA, in denen bis 1865 die Haltung von Sklaven gestattet war. Während des Unabhängigkeitskriegs beseitigten sämtl. Nordstaaten u. die meisten mittleren Staaten die Sklaverei. Im S wurden eingeleitete Maßnahmen rückgängig gemacht; die Expansion des Baumwollanbaus bewirkte sogar eine Ausdehnung der Sklaverei. 1861 bildeten die S. Mississippi, Florida, Alabama, Georgia, South Carolina u. Texas einen Sonderbund zur Wahrung ihrer Interessen, die *Konföderierten Staaten von Amerika*; andere S. – North Carolina, Virginia, Kentucky, Tennessee, Missouri – traten später bei. Es kam zum →Sezessionskrieg. Seit Inkrafttreten des 13. Zusatzartikels zur Verfassung am 18. 12. 1865 gibt es keine S. mehr.

Sklaverei, Bez. für die völlige rechtl. u. wirtschaftl. Abhängigkeit eines Menschen (Sklave), der Eigentum eines anderen Menschen (Sklavenhalter) ist.
Die S. ist entstanden durch die Verwendung der Kriegsgefangenen; sie bildete die Wirtschaftsgrundlage u. damit die Voraussetzung für die Kulturhöhe des Altertums (Ägypten, Griechenland, Rom, Babylonien). Nach röm. Recht stand dem Herrn das Recht über Freilassung, Leben u. Tod seiner S.n zu. – Während die S. im Orient bis in die neueste Zeit bestand (bzw. in Arabien z. T. noch versteckt besteht), wurde in Europa im MA nur die mildere Form der Leibeigenschaft ausgebildet. Die Sklaverei nahm einen neuen Aufschwung, als im 16. Jh. afrikan. Sklaven für die Zuckerrohr- u. Baumwollplantagen Amerikas gebraucht wurden. Die Bestrebungen zur Abschaffung des *Sklavenhandels* (in England 1807, in Brasilien erst 1888) gingen vom Abolitionismus aus; sie führten im US-amerikan. Bürgerkrieg zum offenen Konflikt u. zur Befreiung der Sklaven. Nachdem schon in der Französ. Revolution 1789 die Abschaffung des Sklavenhandels verkündet worden war, wurde das Verbot international festgelegt (Wiener Kongreß 1815, Quintupelvertrag 1841, Kongo-Akte 1885, Anti-Sklavereiakte 1890, Übereinkommen des Völkerbundes 1926, Charta der UN 1945). In der BR Dtschld. wird Versklavung nach § 234 StGB als Menschenraub mit Freiheitsstrafe nicht unter einem Jahr bestraft. B S. 712/713.

Skythen, Selbstbez. *Skoloten*, eine Völkerschaft iran. Abstammung, ursprüngl. nomadisierende Bewohner der südruss. Steppe. Die S. ließen sich in der 1. Hälfte des 1. Jahrtausends v. Chr. im Schwarzmeergebiet nieder, wo sie mit der griech. Kultur in Berührung kamen. Die Bez. S. wurde schon im 4. vorchristl. Jh. auf die südsibir. Steppenvölker übertragen. Die S. trugen anliegende, reich verzierte mit einem Ledergürtel gehaltene Röcke u. Hosen, Schuhe aus weichem Leder, auf dem Kopf eine Mütze. Sie lebten in Wagen oder Zelten. Die Herden bestanden aus Pferden, Rindern u. Schafen. Hauptwaffen waren der Steppenbogen u. ein dolchartiges Kurzschwert. Macht u. Reichtum der skyth. Häuptlinge spiegeln sich in der prächtigen Bauart (hölzerne Grabkammern) u. reichen Ausstattung (mit Schmuck, Gebrauchsgegenständen, Dienerschaft, Pferden samt Geschirr) der Hügelgräber des 6. u. 5. Jh. v. Chr. wider. Im 4. u. 3. Jh. v. Chr. gingen auch die Nomaden-S. zur Landwirtschaft mit festen Wohnsitzen u. Befestigungsanlagen über. Die führende Schicht siedelte auf der Burg in festgebauten Häusern, während die spezialisierten Handwerker Hütten in der Vorburg bewohnten.
Die S. drangen bis in das Niederdonaubekken, auf die Balkanhalbinsel, in das Karpatenland u. nach Ungarn ein u. stießen bis nach Polen u. in das Niederlausitzer Gebiet vor. Gegen Ende des 4. Jh. v. Chr. wurden die S. von den *Sarmaten* aus ihren Gebieten westl. des Dons u. von *Philipp II.* von Makedonien über die Donau verdrängt; im 3. Jh. v. Chr. gerieten auch die S. Südrußlands unter die Herrschaft der Sarmaten.
Die skyth. Kunst hat sich auf der Grundlage der nordeurasiat. Jägerkunst in der Begegnung mit der iran. u. griech. Kunst in der Zeit von 600–300 v. Chr. entwickelt. Den Hauptanteil an ihrer Blüte hatte das Kunsthandwerk der griech. Städte an der Nordküste des Pontus. Das Hauptmotiv der Steppenkunst ist das Tier, das einzeln oder als Tierkampfgruppe in naturnaher Darstellung oder extremer Stilisierung Waffen, Tracht, Pferdegeschirr u. Geräte aller Art ziert. Nach Ablösung der skyth. Herrschaft durch die Sarmaten erfuhr die skyth. Kunst eine Umformung in Richtung auf das mehrfarbige Ornament.

Skythen und unter ihrer Oberhoheit lebende Völker im Schwarzmeergebiet im 5. Jahrhundert v. Chr.

Slánský ['sla:nski:], Rudolf, tschechoslowak. Politiker (Kommunist), *31. 7. 1901 Nezvěstice, †3. 12. 1952 Prag (hingerichtet); seit 1929 Mitgl. des Politbüros der KP, 1938–1945 in sowjetischer Emigration, 1945–1952 Generalsekretär der Partei; 1952 wegen angebl. titoist.-zionist.-nationalist. Verschwörertätigkeit aufgrund erzwungener Geständnisse zum Tode verurteilt. – Der *S.-Prozeß* war der letzte u. größte der Schauprozesse, die in mehreren osteurop. Ländern gegen hohe kommunist. Funktionäre durchgeführt wurden, um potentiellen Widerstand gegen die bedingungslose Bindung an die Sowjetunion auszuschalten. Der Prozeß hatte betont antisemit. Züge; die meisten Angeklagten waren Juden. Von den 14 Angeklagten wurden 11 zum Tode, 3 zu lebenslanger Haft verurteilt. 1963–1968 wurden die Opfer schrittweise rehabilitiert.

Slawen, eine Völkergruppe Ost- u. Südosteuropas, deren Angehörige slawische Sprachen sprechen. Sie entwickelte sich wahrscheinlich im Gebiet um die Pripjatsümpfe. Im Verlauf ihrer Ausbreitung bildeten sich zwischen dem 9. u. 11. Jh. durch gesonderte geschichtl. Schicksale u. Beeinflussung durch die jeweiligen Nachbarkulturen 3 Hauptgruppen heraus: die *Ost-S.* (Großrussen, Weißrussen, Ukrainer), *West-S.* (Polen, Tschechen, Slowaken, Sorben, Elb- u. Ostsee-S.) u. *Süd-S.* (Serben, Kroaten, Slowenen, Bulgaren). Der Name S. taucht zuerst im 6. Jh. n. Chr. auf (Geschichtsschreiber *Jordanes* u. *Prokop*). Die Ausbreitung nach W u. S erfolgte allmählich durch Nachrücken infolge Auflockerung der german. Besiedlung in der Völkerwanderungszeit, wobei auch german. Siedler slawisiert wurden. Während der Erschließung der ostelbischen Gebiete durch die →Ostsiedlung wurden die dort ansässigen slaw. Stämme aufgesogen u. verloren bis auf geringe Reste (Wenden) auch ihre slaw. Muttersprache.
Die S. betrieben extensiven Ackerbau mit Viehhaltung. In der Volkskultur der slaw. Völker lassen sich noch viele Gemeinsamkeiten feststellen, die sich erst in der Gegenwart auflösen.
Bei den *Ost-S.* zeigt sich eine stärkere skandinav. Beeinflussung (Siedlung, Haus), die wohl bis auf die alten Waräger-Reiche des 9. Jh. zurückgeht. Die Beziehungen zu Byzanz führten diese Völker den Ostkirchen zu. Ein Anschluß an die westeurop. Kultur erfolgte erst seit der Zeit *Peters d. Gr.* (um 1700). – Die *West-S.* wurden von Rom aus christianisiert u. so in die europ. Kulturentwicklung einbezogen. Kleine Teile gingen ins dt. Volk ein. – Die *Süd-S.*, die seit dem 6. Jh.

wohl von den Karpaten her in ihre heutigen Lebensräume einwanderten, erlitten durch ihre Lage zwischen Byzanz u. Rom, durch die Vorstöße der Türken u. durch dt. u. italien. Einwirkungen eine starke nationale, kulturelle u. kirchl. Zersplitterung.

Slawophile [Pl.; slaw.-grch., „Slawenfreunde"], Anhänger einer Bewegung in Rußland, die sich seit etwa 1830 um die Herausarbeitung des spezifischen russ. Volkscharakters in Geschichte u. Gegenwart sowie um die Behauptung der kulturellen Eigenständigkeit des russ. Volkes gegenüber Westeuropa bemühte. Hauptvertreter: I. W. *Kirejewskij*, J. *Axakow*, A. S. *Chomjakow*, J. F. *Samarin*. Seit dem Krimkrieg ging das S.ntum in einen militanten *Panslawismus* über.

Sleidanus, Johannes, eigentl. J. *Philippi*, Jurist u. Historiker, *um 1506 Schleiden, Eifel, †31. 10. 1556 Straßburg; diente auf französ. Seite dem Schmalkaldischen Bund u. schrieb in dessen Auftrag eine aktenmäßige Geschichte Karls V. („Commentarii de statu religionis et rei publicae Carolo V. caesare" 1555). Diese erste prot. Reformationsgeschichte war bis ins 19. Jh. hinein ein wertvolles Quellenwerk; seine aktenmäßige Darstellung machte S. zu einem der Begründer der modernen Geschichtsforschung in Dtschld. Von S. stammt auch ein Abriß der Weltgeschichte.

Slowakei SK

Slowakische Republik

Fläche: 49035 km². – *Einwohner:* 5,4 Mill. – *Hauptstadt:* Preßburg. – *Landessprache:* Slowakisch. – *Nationalfeiertage:* 1.1., 1.9., 29.8. – *Währung:* 1 Slowakische Krone = 100 Hellers. – *Lage:* zwischen 47°44′ und 49°36′ n. Br. sowie 16° 50′ und 22°34′ ö. L. – *Zeitzone:* Mitteleuropäische Zeit. – *Grenzen:* im N Polen, im O Ukraine, im S Ungarn, im W Österreich und Tschechische Republik. – *Staatsform:* parlamentarische Republik.

Die S. wurde zuerst von Kelten bewohnt, die seit 300–200 v. Chr. von Sweben, Wandalen, Quaden, Markomannen u. Langobarden verdrängt wurden. Im 6. Jh. drängten slaw. Stämme (Slowaken) nach, die zunächst unter awar., dann fränk. Oberhoheit standen. Im 7. Jh. war die S. Teil des Samo-Reichs, im 9. Jh. Teil des *Großmährischen Reichs*. 907 (bzw. 1025) bis 1918 gehörte die S. zu Ungarn („Oberungarn"). 1918 wurde die S. ein Bestandteil der Tschechoslowakei, deren zentralist. Verfassung von 1920 die slowak. Autonomieforderungen nicht befriedigte. Bei der Zerschlagung der Tschechoslowakei 1939 wurde die S. formell unabhängig, tatsächlich aber ein Satellitenstaat Deutschlands (Präs. J. *Tiso*). Seit 1945 wieder Teil der Tschechoslowakei, wurde die S. am 1. 1. 1969 Föderativstaat *(Slowakische Sozialist. Republik)* innerhalb der ČSSR.

Nach dem Ende der kommunist. Herrschaft verstärkten sich die Unabhängigkeitsbestrebungen. Bei den Nationalratswahlen im Juni 1992 wurde die nationalist. *Bewegung für eine demokrat. Slowakei (HZDS)* stärkste Partei u. stellte mit V. *Mečiar* auch den Min.-Präs. Unter seiner Führung wurde am 17. 7. 1992 die Souveränität der S. proklamiert. Am 2. 9. 1992 verabschiedete der Nationalrat eine Verfassung u. am 1. 1. 1993 wurde das Land endgültig unabhängig. Das Parlament wählte am 15. 2. 1993 M. Kováč (HZDS) zum ersten Präs. des neuen Staates. Im März 1994 wurde die Regierung Mečiar durch einen Mißtrauensantrag gestürzt. Bei vorgezogenen Neuwahlen im selben Jahr wurde die HZDS unter Führung von Mečiar erneut stärkste Partei. Mečiar übernahm wieder das Amt des Min.-Präs. u. bildete eine nationalist.-populist. Dreiparteienkoalition.

Slowenen, slowen. *Sloveni*, früher auch *Winden* (Wenden), südslaw. Bauernvolk, in Slowenien 1,7 Mill., in Kroatien 25000, in Serbien 12000, in Südkärnten 17000 u. in den Randgebieten Nordostitaliens 53000; röm.-kath.; dem kroat. Volkstum nahe verwandte Kultur mit alpenländ. Zügen in Hausform u. Trachten.

Die S. kamen, vor den Awaren Sicherheit suchend, im 6. Jh. in ihren heutigen Lebensraum; im 8. Jh. durch Bayern u. Franken unterworfen; seit dem 9. Jh. christianisiert; seit 1282 bzw. 1335–1918 unter den Habsburgern; 1919–1991 zu Jugoslawien.

Slowenien SLO

Republik Slowenien

Fläche: 20251 km². – *Einwohner:* 1,95 Mill. – *Hauptstadt:* Ljubljana. – *Landessprache:* Slowenisch. – *Nationalfeiertag:* 25. 6. – *Währung:* 1 Tolar = 100 Stotin. – *Lage:* zwischen 45°26′ und 46°53′ n. Br. sowie 13°23′ und 16°33′ ö. L. – *Zeitzone:* Mitteleuropäische Zeit. – *Grenzen:* im N Österreich, im O Ungarn, im SO und S Kroatien, im W Adriatisches Meer und Italien. – *Staatsform:* parlamentarische Republik.

Im Altertum von kelto-illyr. Stämmen bewohnt, im 1. Jh. v. Chr. unter röm. Herrschaft, seit dem 6. Jh. von Slawen besiedelt (Istrien, Kärnten, Krain); zeitweise im 7./8. Jh. eigenständiges Herzogtum Karantanien, um 750 von Baiern, seit 788 vom Fränk. Reich, im 10. Jh. von Ungarn abhängig; im 11.–13. Jh. auf mehrere Herrschaften aufgeteilt, seit 1282 schrittweise habsburgisch (bis 1918); bildete 1918 mit Serbien u. Kroatien das *Königreich der Serben, Kroaten u. Slowenen*, seit 1929 Jugoslawien. Seit 1987 drängte S. auf demokrat. u. marktwirtschaftl. Reformen innerhalb Jugoslawiens u. geriet dadurch in Gegensatz zur kommunist. Führung Serbiens. 1990 fanden freie Wahlen in S. statt. Der Reformkommunist M. Kučan wurde zum Staats-Präs. gewählt. Verhandlungen mit Serbien über eine Konföderalisierung Jugoslawiens blieben erfolglos. Nachdem S. am 25. 6. 1991 seine Unabhängigkeit erklärt hatte, marschierte die jugoslaw. Bundesarmee ein, ohne jedoch militär. Erfolge zu erzielen. Nach schwierigen Verhandlungen unter Vermittlung der EG u. nach Inkraftsetzung der Unabhängigkeit im Okt. 1991 zogen sich die Bundestruppen zurück. Mit der im gleichen Jahr verabschiedeten Verfassung erhielt S. ein repräsentativ-demokrat. System. Bei Präsidentschaftswahlen 1992 u. 1997 wurde Kučan im Amt bestätigt. Die Parlamentswahlen 1992 u. 1996 gewannen die Liberaldemokraten (LDS) unter Führung von Min.-Präs. J. *Drnovšek*.

Smith [smiθ], **1.** Adam, schott. Nationalökonom u. Philosoph, *5. 6. 1723 Kirkcaldy, †17. 7. 1790 Edinburgh; Begründer der *klassischen Nationalökonomie*; schuf ein einheitl.

System der liberalen Wirtschaftslehre, in der er die Ideen seiner Vorgänger (R. *Cantillon*, D. *Hume*, W. *Petty* u. a.) zusammenfaßte u. erweiterte. Hptw.: „An inquiry into the nature and causes of the wealth of nations" 2 Bde. 1776, dt. „Der Wohlstand der Nationen" 3 Bde. 1794–1796.

2. Ian, rhodes. Politiker, *8. 4. 1919 Selukwe; Sohn schott. Einwanderer; Mitgründer der *Rhodesian Front*, 1964–1979 Premier-Min., erklärte 1965 einseitig die Unabhängigkeit Rhodesiens; 1979/80 Min. ohne Portefeuille im Kabinett *Muzorewa*.

Smuts [smʌts], Jan Christiaan, südafrikan. Politiker u. brit. Feldmarschall, *24. 5. 1870 Boplaas, Kapkolonie, †11. 9. 1950 Doornkloof bei Pretoria; kämpfte 1900/01 im Burenkrieg gegen die Engländer, trat aber nach der Niederlage für eine Zusammenarbeit mit ihnen ein; im 1. Weltkrieg Oberbefehlshaber gegen die dt. Schutztruppe in Ostafrika. 1919–1924 Min.-Präs. der Südafrikan. Union u. einer der Hauptverfechter des Völkerbundgedankens. Im 2. Weltkrieg trat er als Min.-Präs., Außen- u. Verteidigungs-Min. (1939–1948) wieder auf die Seite der Westmächte.

Snofru, ägypt. König um 2570–2545 v. Chr., Begründer der 4. Dynastie.

Snorri Sturluson, altisländ. Staatsmann u. Schriftsteller, *1179 Hvamm, †22. 9. 1241 Reykjaholt (ermordet); verfaßte die Skaldenpoetik der Jüngeren oder Prosa-Edda, die nach ihm auch *Snorra-Edda* heißt, u. die *Heimskringla* (Königschronik).

Soares ['suariʃ], Mario, portugies. Politiker (Sozialist), *7. 12. 1924 Lissabon; Anwalt; 1973–1986 Generalsekretär der Sozialist. Partei, 1974/75 Außen-Min., 1975 Min. ohne Geschäftsbereich, 1976–1978 u. 1983–1985 Min.-Präs., 1986–1996 Staats-Präs.

Soest [zoːst], Kreisstadt in Nordrhein-Westfalen, in der fruchtbaren *S.er Börde* am Hellweg, südöstl. von Hamm, 46700 Ew.

S. wird erstmals 836 erwähnt. Seit dem 10. Jh. gehörte es dem Erzbischof von Köln. Um 1100 hatte es einen ständigen Markt mit Marktrecht. Das S.er Stadtrecht fand im 12. Jh. weite Verbreitung, u. a. wurde es 1159 von Lübeck übernommen. 1203 fand in S. eine Reichsversammlung Ottos IV. statt. Seit 1260 bestand eine Ratsverfassung, die bis 1752 in Geltung blieb. Im Spät-MA gehört S. zu den führenden Hansestädten. 1444 löste es sich von Kurköln u. erkannte den Herzog von Kleve als Landesherrn an (1449 bestätigt), doch hatte dieser nur Ehrenrechte. S. war praktisch Reichsstadt, lehnte aber den offiziellen Status einer solchen aus finanziellen Gründen ab. Seine Selbständigkeit verlor es, als es 1666 mit Kleve zu Brandenburg kam. 1816 wurde es preuß. Kreisstadt.

Sogdien, grch. *Sogdiane*, altpers. *Suguda*, Gebiet zwischen Oxos (Amudarja) u. Jaxartes (Syrdarja), Satrapie des achämenid. Reiches; Hauptstadt war *Marakanda*, das heutige Samarkand. Die Bewohner gehörten zu den Völkern der ostiran. Sprachfamilie. In frühislam. Zeit bildete S. bis zum 8. Jh. n. Chr. noch ein unabhängiges kleines Reich, das bes. vom Durchgangshandel lebte; wichtigster Grabungsplatz mit außergewöhnl. Funden (Wandmalereien) für diese Epoche ist Pendschikent.

Sokolowskij, *Sokolovskij*, Wassilij Danilowitsch, sowjet. Offizier (1946 Marschall), *9. 7. 1897 Kosliki, †10. 5. 1968 Moskau; von 1946–1949 Oberkommandierender der sowjet. Besatzungstruppen in Dtschld. u. Chef der SMAD; 1949–1953 stellvertr. Verteidigungs-Min.; 1952–1960 Generalstabschef der UdSSR u. des Warschauer Pakts.

Soldatenkaiser, Sammelbez. für die röm. Kaiser von *Maximinus Thrax* bis zum Regierungsantritt *Diocletians* (235–284); in dieser Krisenzeit wurden Kaiser durch Akklamation eines Heeres auf den Thron gehoben. Angesichts der Bedrohung durch äußere Feinde u. des Zwanges zum Kampf gegen Prätendenten herrschten z.T. anarchische Zustände, die mit einer ökonom. Zerrüttung in weiten Teilen des Reiches einhergingen.

Solferino, italien. Ort in der Lombardei, südl. vom Gardasee, rd. 1900 Ew. In der Schlacht bei S. am 24. 6. 1859 (Krieg Sardiniens u. Frankreichs gegen Österreich) schlugen französ. u. piemontes. Truppen die Österreicher entscheidend. Das Erlebnis von S. gab H. *Dunant* den Anstoß zur Gründung des Roten Kreuzes.

Solidarność [sɔli'darnɔsjtsj; poln., „Solidarität"], *Verband unabhängiger Gewerkschaften – Solidarität,* die 1980 gegr. Dachorganisation unabhängiger poln. Gewerkschaften, deren Gründung nach umfangreichen Streiks von der Regierung zugestanden werden mußte u. die rasch zur Massenbewegung für eine Demokratisierung Polens wurde (1981: 10 Mill. Mitgl.).
Führender Repräsentant u. erster Vors. der S. war bis 1990 L. *Wałęsa.* Nach der Verhängung des Kriegsrechts 1981 wurde die S. unterdrückt, 1982 offiziell verboten. Bei der demokrat. Umgestaltung Polens übernahm die 1989 wieder legalisierte S. eine führende Rolle. Mit dem „Bürgerkomitee S." gelangte sie zu parlamentar. Verantwortung. Der S.-Politiker T. *Mazowiecki* wurde Min.-Präs., L. Wałęsa Staats-Präs. Seit 1990 differenzierte sich die Anhängerschaft der S. Aus dem Bürgerkomitee bildeten sich andere Parteien (z. B. die *Demokrat. Union*). Nach der Etablierung der Demokratie in Polen konzentrierte sich die S. unter dem neuen Vors. M. *Krzaklewski* (seit 1991) wieder verstärkt auf ihre gewerkschaftl. Funktion.

Solidus [der; lat.], 309 für den *Aureus* eingeführte röm. Goldmünze (4,55 g).

Soliman, europ. Form für türk. → Süleiman.

Solms, Adelsgeschlecht des Lahngaus (benannt nach einem Nebenfluß der Lahn), 1129 erstmals urkundlich erwähnt. Stammsitz der S. wurde im 12. Jh. die Burg Braunfels; nach ihr benannt ist die Linie *S.-Braunfels,* die bei der Teilung 1420 neben der Linie *S.-Lich-Hohensolms* entstand. Erstere wurde 1742 gefürstet, letztere 1792; alle Linien, auch die später entstandenen, waren reichsunmittelbar u. wurden 1806 mediatisiert.

Solon, athen. Gesetzgeber, Dichter polit. Elegien, *um 640 v. Chr., †um 560 v. Chr.; 594 v. Chr. zum Archon u. Schiedsrichter zur Neuordnung des unter sozialen Mißständen leidenden Staates gewählt. S. widersetzte sich zwar der radikalen Forderung nach Neuverteilung von Grund u. Boden, befreite aber die kleinen Bauern durch eine „Lastenabschüttelung" von Schuldknechtschaft u. hypothekarischer Abhängigkeit. Die Abstufung der polit. Rechte nach dem Vermögen *(Timokratie)* beendete die bisherige aristokrat. Staatsführung u. ließ alle Bürger zu Volksversammlung u. Geschworenengerichten zu; andere Gesetze regelten eine Münzreform zur Belebung der Wirtschaft sowie Änderungen im Familien- u. Prozeßrecht. S.s Mittelweg zwischen den extremen Positionen fand zunächst wenig Anklang, so daß die polit. Auseinandersetzungen in Athen weitergingen u. schließlich zur Tyrannis des *Peisistratos* führten. Später wurde S. zu den *Sieben Weisen* gezählt.

Solutréen [sɔlytre'ɛ̃; das; nach der Fundstelle *Solutrée* bei Mâcon im Dép. Saône-et-Loire (Frankreich)], Kulturstufe der jüngeren Altsteinzeit; charakteristisch sind flächenretuschierte Blatt- u. Kerbspitzen. Am Fuß des Felsens von Solutrée fand man eine mächtige Schicht von Pferdeknochen; wahrscheinl. wurden die Pferde bei Treibjagden über die Felsklippe gehetzt.

Somalia SP

Demokratische Republik Somalia

Fläche: 637 657 km². – *Einwohner:* 9,5 Mill. – *Hauptstadt:* Mogadischo. – *Landessprachen:* Somali, Arabisch, Englisch, Italienisch. – *Nationalfeiertag:* 21. 10. – *Währung:* 1 Somali-Shilling = 100 Centesimi. – *Lage:* zwischen 1°40′ s. Br. und 12° n. Br. sowie 41° und 51°23′ ö. L. – *Zeitzone:* Mitteleuropäische Zeit + 2 Std. – *Grenzen:* in NW Djibouti, im N und W Indischer Ozean, im SW Kenia, im W Äthiopien. – *Staatsform:* präsidiale Republik.

Das Land der im 16. Jh. islamisierten Somal wurde zwischen 1887 u. 1891 unter England, Italien u. Frankreich (Brit.-, Italien.- u. Französ.-Somaliland) aufgeteilt. Die Aufstände der Somal unter dem sog. „verrückten Mullah" *Mohammed Ibn Abdullah Hassan* begannen 1899 u. wurden erst 1920 endgültig niedergeschlagen. *Italien.-Somaliland* kam nach dem 2. Weltkrieg als UN-Treuhandgebiet wieder an Italien; es erhielt 1956 eine halbautonome Regierung u. im Juni 1960 die volle Unabhängigkeit. Zur gleichen Zeit wurde auch *Brit.-Somaliland* unabhängig, u. beide Gebiete vereinigten sich am 1. 7. 1960 zur *Republik S.* 1969 übernahm die Armee unter General M. S. *Barre* die Macht u. leitete – zunächst unter Anlehnung an die UdSSR – eine sozialist. Entwicklung ein. 1977/78 suchte S. die hauptsächlich von Somal bewohnte äthiop. Prov. Ogaden zu erobern, wurde aber zurückgeschlagen. Da die Sowjetunion das revolutionäre Militärregime in Äthiopien unterstützte, verwies Barre die rd. 6000 sowjet. Militärberater des Landes u. entzog der UdSSR die Stützpunktrechte. Seither arbeitete S. verstärkt mit den USA zusammen, denen es 1981 Stützpunktrechte in Berbera u. Mogadischo gewährte. S. unterstützte weiter die *Westsomalische Befreiungsfront (WSLF)* u. bestand auf der Angliederung des Ogaden sowie des in Kenia gelegenen Northern Frontier District. Die islamisch orientierte *Nationale Bewegung Somalias (SNM),* die *Patriotische Bewegung Somalias (SPM)* sowie der *Somal. Kongreß (SC)* begannen 1988 den bewaffneten Kampf gegen das Regime von M. S. Barre, das nach schweren Kämpfen 1991 gestürzt wurde. *Mahdi Mohamed* wurde zum Präs. einer Übergangsregierung ernannt. Die SNM proklamierte im N die unabhängige Rep. *Somaliland.* Der SC zerfiel in rivalisierende Gruppen, die sich blutige Auseinandersetzungen lieferten. Dabei wurde *Mohamed Farah Aidid* zum Gegenspieler des Präs. Diese Entwicklungen führten zu einer Hunger- u. Flüchtlingskatastrophe. Seit Dez. 1992 ermöglichten UNO-Soldaten im Rahmen der Operation „Neue Hoffnung" die Verteilung von Hilfsgütern an die Bevölkerung. Militär. Auseinandersetzungen mit bewaffneten Banden erschwerten die Aktion. 1993/94 wurden auch dt. Soldaten unter UNO-Kommando eingesetzt. 1995 beendete die UNO ihre Mission, ohne eine Befriedung S.s erreicht zu haben. Im Dez. 1997 schlossen die verschiedenen Bürgerkriegsparteien in Kairo ein Versöhnungsabkommen.

Somerset ['sʌməsit], engl. Grafen- u. Herzogstitel, 1397–1471 im Besitz der Familie *Beaufort,* seit 1547 der Familie *Seymour.* 1547 erhob sich Edward Seymour (*um 1500, †22. 1. 1552) als Lord Protector von England für den unmündigen Eduard VI. (1547–1553), den Sohn aus der Ehe seiner Schwester Jane mit Heinrich VIII., zum Herzog von S. Er sicherte die henrizische Reformation u. betrieb eine Sozialpolitik zugunsten der ländl. Unterschichten, wurde aber 1549 gestürzt u. 1552 hingerichtet.

Somme, Fluß in Nordfrankreich. – Im 1. Weltkrieg kam es an der S. 1914 u. 1916 zu schweren Kämpfen.

Somoza Debayle [so'mosa de'bajle], Anastasio, nicaraguan. Politiker, *5. 12. 1925 Managua, †17. 9. 1980 Asunción, Paraguay (ermordet); Sohn des Diktators A. *Somoza García* (*1896, †1956), dessen Familie 1937–1979 die polit. Herrschaft ausübte; 1967 bis 1979 Staats-Präs. (gestürzt).

Sonderbund, 1845 erfolgter Zusammenschluß der konservativen, zumeist kath. schweizer. Kantone Schwyz, Uri, Unterwalden, Luzern, Zug, Freiburg u. Wallis gegen die übrigen Kantone; unterlag diesen im *Sonderbundskrieg* 1847.

Sonderburg, durch Herzog Johann 1582 begründete u. nach dem Schloß S. benannte Linie des herzogl. Hauses Schleswig-Holstein, aus der die Linien *Schleswig-S.-Augustenburg* u. *Schleswig-S.-Glücksburg* hervorgingen.

Song, [suŋ], *Sung,* **1.** die 960–1279 in China herrschende Dynastie, unterteilt in die *Nördl. S.-Dynastie* 960–1126, Hptst. Kaifeng, u. die *Südl. S.-Dynastie* 1126–1279, Hptst. Hangzhou.
2. chines. Bankiersfamilie, → Soong.

Songhai, *Sonrhai,* mit Berbern vermischtes afrikan. Volk (über 500 000) im mittleren Nigertal, im SW von Niger u. im NW von Nigeria; Bauern (Hirseanbau), Jäger u. Fischer; Handwerk, Karawanenhandel. – Aus einer berber. Reichsgründung im 8. Jh. entstand das Reich S., das im 11. Jh. islamisch wurde. Im 14. Jh. für kurze Zeit von Mali unterworfen, erreichte S. unter *Askia d. Gr.* (1493–1528) den Höhepunkt seiner Macht. Es erstreckte sich vom Senegal bis an die Grenzen von Bornu u. in die Sahara. 1591 zerstörte ein marokkan. Heer das Reich.

Sonnenkönig, frz. *Roi Soleil,* Beiname des französ. Königs *Ludwig XIV.*

Sonnenpyramide, das wichtigste Bauwerk der Moche-Kultur.

Sonnentor, Tor aus einem einzigen Lavablock in Tiahuanaco mit dem bedeutendsten Relief der Tiahuanaco-Kultur.

Soong [suŋ], engl. Schreibweise für *Song* oder *Sung,* eine chines. Bankiersfamilie, die durch drei Geschwister eine wichtige polit. Rolle spielte: Ch'ing-ling (Qingling, *1893, †1981) heiratete Sun Yatsen u. bekleidete später hohe Ehrenämter in der Volksrepublik China; Mei-ling (* 1897) heiratete Chiang Kai-shek; Tzu-wen (Ziwen, *1894, †1971) war zwischen 1925 u. 1947 u.a. Finanzminister, Außenminister u. Min.-Präs.

Sophie, Fürstinnen. Preußen: **1.** *S. Charlotte,* Königin, *30. 10. 1668 Iburg, †1. 2. 1705 Hannover; Tochter des Kurfürsten *Ernst August I.* von Hannover; heiratete 1684 den späteren preuß. König *Friedrich I.*; förderte Kunst u. Wissenschaft, setzte sich für die Gründung der Berliner Akademie der Wissenschaften (1700) u. die Berufung von *Leibniz* ein. Das Berliner Schloß Charlottenburg ist nach ihr benannt.
2. *S. Dorothea,* Königin, *27. 3. 1687 Hannover, †28. 6. 1757 Berlin; Tochter *Georgs I.* von Hannover u. Großbritannien; heiratete 1706 den späteren König *Friedrich Wilhelm I.* u. war die Mutter *Friedrichs d. Gr.*; entfremdete sich zunehmend von dem König.
Rußland: **3.** *S. (Sofija) Alexejewna,* Prin-

zessin, *27. 9. 1657 Moskau, †14. 7. 1704 Moskau; übernahm nach dem Tod des Zaren Fjodor III. 1682 die Regentschaft für ihre minderjährigen Brüder *Iwan V.* (*1666, †1696) u. *Peter I.*; ihr Berater u. Favorit Wassilij *Golizyn* leitete die Regierungsgeschäfte; 1689 von Peter I. gestürzt.
Spanien: **4.** *Sophia*, Prinzessin von Griechenland, wurde 1962 Frau des *Juan Carlos* von Spanien, *2. 11. 1938 Psychiko (Griechenland).
Sorben, *Serbja, Serby,* auch *Wenden, Lausitzer,* westslaw. Volksgruppe, in der Lausitz (im Spreewald, um Hoyerswerda u. Bautzen), Reste der seit dem 8./9. Jh. zwischen Elbe, Oder u. Saale siedelnden Slawen, mit eigener Sprache, weitgehend in den Deutschen aufgegangen, noch auf etwa 40000 geschätzt. Die S. erhielten durch das S.-Gesetz vom 22. 3. 1948 kulturelle Autonomie, die zur Stärkung des Volkstums führte. Bräuche, Volkskunst u. Trachten haben sich bes. im Spreewald u. um Hoyerswerda erhalten.
Sorel, Agnès, Mätresse des französ. Königs Karl VII., *um 1422 Fromenteau, Touraine, †9. 2. 1450 Anneville bei Jumièges; war die erste „maîtresse en titre", d. h. offizielle Mätresse eines französ. Königs; übte günstigen Einfluß auf Karl VII. aus, bekam später Schloß Beauté-sur-Marne geschenkt (danach „Dame de Beauté").
Sorge, Richard, Spion, *4. 10. 1895 Adschikend bei Baku, Südkaukasus, †7. 11. 1944 Tokio (hingerichtet); seit 1898 in Dtschld.; Volkswirt, Journalist, seit 1920 für die KPD, seit 1925 in Moskau für die Komintern tätig; seit 1929 im Auftrag der sowjet. militär. Aufklärung in China, seit 1933 in Japan, u. a. Mitarbeiter der „Frankfurter Zeitung". Seine Beziehungen zur dt. Botschaft u. zu hohen japan. Stellen ermöglichten ihm 1941 u. a. die (von Stalin nicht beachtete) Warnung der Sowjetregierung vor dem bevorstehenden dt. Angriff u. die Nachricht, daß Japan die USA u. nicht die Sowjetunion angreifen werde. S. wurde 1941 verhaftet u. 1943 zum Tode verurteilt.
Soter, Papst 166–174 (?), Heiliger; Fest: 22. 4.
Sothisperiode, ein Zeitraum von 1460 Jahren, in dem der heliak. Aufgang des *Sirius* (ägypt. *Sothis*) das altägypt. Kalenderjahr (365 Tage, ohne Schaltung) einmal durchläuft, d. h., nach 1460 Jahren sind beide Kalendersysteme wieder im Einklang.
Soto, Hernando de, span. Konquistador, *um 1496 Barcarrota, †21. 5. 1543 am Mississippi; nahm an der Eroberung Perus teil; 1538 Statthalter von Kuba; unternahm 1539–1542 eine Expedition nach Florida u. in das Mississippigebiet auf der Suche nach Gold- u. Silberminen.
Sou [su:; der; frz.], bis 1715 *Sol,* ehem. französ. Münzeinheit, der französ. Schilling, 1 S. = Pfund = 12 Deniers; erstmals 1266 als Silbermünze (zunächst als Gros tournois) ausgeprägt, seit dem 18. Jh. nur noch als Kupfer-S. verbreitet.
Soubise [su'bi:z], Charles de Rohan, Prince de S., französ. Marschall, *16. 7. 1715 Paris, †4. 7. 1787 Paris; Günstling der Pompadour u. dann der Dubarry, Heerführer im Siebenjährigen Krieg, unterlag 1757 bei Roßbach.
Soult [sult], Nicolas-Jean, Herzog von Dalmatien (seit 1807), französ. Marschall, *29. 3. 1769 Saint-Amans-la-Bastide, Tarn, †26. 11. 1851 Saint-Amans-la-Bastide, Tarn; Offizier *Napoleons I.*, entschied den Sieg von Austerlitz; 1814 Kriegs-Min. Ludwigs XVIII., ging 1815 wieder zu Napoleon über u. wurde dessen Generalstabschef; nach 1830 mehrfach Minister; 1832, 1839 u. 1840–1847 Min.-Präs.
Souphanouvong ['supanu-], Prinz, laot. Politiker, *12. 7. 1912 Luang Prabang, †9. 1. 1995 Vientiane; Halbbruder u. bedeutendster polit. Gegenspieler des Prinzen *Souvanna Phouma*; einer der Organisatoren der kommunist. *Pathet Lao,* Gründer u. Führer der

Agnès Sorel. Zeitgenössischer Stich

Neo Lao Haksat („Patriot. Front von Laos"), die sich 1962 u. wieder 1973 an der Regierung beteiligte; nach dem Sieg des Pathet Lao 1975-1986 Staatspräsident u. Vors. des Obersten Rates des Volkes.
Soustelle [sus'tɛl], Jacques Émile Yves, französ. Politiker u. Ethnologe, *3. 2. 1912 Montpellier, †7. 8. 1990 Neuilly; war Mitarbeiter Charles de *Gaulles,* seit 1945 verschiedene Ministerämter, 1947–1952 Generalsekretär des *Rassemblement du Peuple Français,* 1955/56 Generalgouverneur von Algerien; wegen Gegnerschaft zur Algerienpolitik de Gaulles 1960 entlassen u. von 1961 bis 1968 im Exil.
Souvanna Phouma ['su- 'pu:ma], Prinz, laot. Politiker, *7. 10. 1901 Luang Prabang, †10. 1. 1984 Vientiane, Führer der neutralist. Kräfte; 1950–1954, 1956–1958 u. 1960–1975 Premier-Min.; nahm in seine Regierung 1962 u. wieder 1973 Vertreter der kommunist. Pathet-Lao-Bewegung auf.
Sovereign ['sɔvrin; der; engl.], 1489 eingeführte engl. Goldmünze (15,6 g), 1 S. = 1 Pfund = 20 Schillinge; 1816 neu als engl. Hauptgeldmünze = 20 Schillinge (1 £) festgesetzt; im 17. Jh. in den Niederlanden nachgeahmt *(Souverain).*
Sowjetische Besatzungszone, Abk. *SBZ,* 1945–1949 das Gebiet der *Deutschen Demokratischen Republik.* Die Sowjetische Besatzungszone bestand aus den Ländern Brandenburg, Mecklenburg (-Vorpommern), Sachsen-Anhalt, Sachsen u. Thüringen. Ostberlin war zwar ebenfalls sowjetisch besetzt, unterstand aber bis 1948 einer Viermächteverwaltung.
Sowjetische Militäradministration in Deutschland, Abk. *SMAD,* 1945–1949 die Verwaltungsorganisation der sowjet. Besatzungsmacht in der SBZ (Sitz Berlin-Karlshorst).
Sowjetunion, *Union der Sozialist. Sowjetrepubliken (UdSSR),* Name des von Lenin 1922 gegr. u. bis 1991 bestehenden kommunist. Staates. Die ehemaligen Sowjetrepubliken wurden 1991 selbständige Nationen. Auch → Rußland.
Sozialdemokratie, Sammelbez. für die sich in mehreren Staaten Europas in der 2. Hälfte des 19. Jh. herausbildenden, häufig von marxist. Vorstellungen ausgehenden sozialist. Parteien, in denen zunächst sozialreformerische u. sozialrevolutionäre Bestrebungen u. Gruppierungen nebeneinander bestanden. Eine parteimäßige Scheidung dieser Tendenzen setzte in Rußland, Holland u. Bulgarien schon vor, sonst aber erst im u. nach dem 1. Weltkrieg ein.
In Österreich wurde 1888/89 unter Führung V. *Adlers* die *Sozialdemokratische Partei Österreichs* gegr., die nach Einführung des allg. Wahlrechts (1907) stärkste Partei im Reichsrat wurde (87 Mandate). Nach dem Ende der Habsburger Monarchie war die SPÖ erneut stärkste Partei (72 der 170 Mandate) u. besetzte mit K. *Renner* (Staatskanzler) u. K. *Seitz* (Präs. der Nationalversammlung u. gleichzeitig vorläufiges Staatsoberhaupt) die ersten Staatsämter; 1920 schied sie jedoch als Regierungspartei aus. Der im Linzer Programm von 1926 sich manifestierende *Austromarxismus* verhinderte zwar die Entstehung einer ernstzunehmenden kommunist. Partei, führte jedoch mit zu den blutigen Arbeiterunruhen am 15. 7. 1927. Durch die ständisch-autoritäre Politik der Regierung *Dollfuß* provoziert (Ausschaltung des Parlaments), kam es zum „Februar-Aufstand" 1934, der niedergeschlagen wurde u. zum Verbot der SPÖ führte. Die 1924 gegr. Parteimiliz *„Republikanischer Schutzbund"* war schon 1933 aufgelöst worden. 1945 wurde die Partei durch Renner als *Sozialistische Partei Österreichs* (SPÖ) neu gegr. Sie gehörte als zweitstärkste Partei (Mandatszahlen im Nationalrat: 1945: 76, 1949: 67, 1953: 73, 1956: 74, 1959: 78, 1962: 76, 1966: 74) bis 1966 der gemeinsam mit der *Österreichischen Volkspartei* (ÖVP) gestellten großen Koalition an, verließ nach der Wahlniederlage von 1966 die Regierung u. bildete nach dem Wahlsieg von 1970 als stärkste Partei (81 Mandate) die Regierung unter B. *Kreisky,* die 1971, 1975 u. 1979 (95 Mandate, absolute Mehrheit) erneuert wurde. Bei den Wahlen von 1983 errang die SPÖ 90 Mandate. 1986 mußte die SPÖ einen Verlust von 10 Mandaten hinnehmen. 1990 erhielt sie 80 Mandate. Seit 1991 heißt sie wieder Sozialdemokrat. Partei Österreichs. Bei den Wahlen 1994 gewann sie 65 Mandate u. setzte die seit 1987 bestehende Regierungskoalition mit der ÖVP fort. Nach vorgezogenen Wahlen 1995 errang die SPÖ 71 Mandate. Die SPÖ stellte 1945–1986 mit ihren Kandidaten K. *Renner,* T. *Körner,* A. *Schärf,* F. *Jonas* u. R. *Kirchschläger* alle Präsidenten der Republik.
In der Schweiz begann der polit. Zusammenschluß der Sozialisten um 1870; 1888 wurde die *Sozialdemokratische Partei der Schweiz* gegr.; 1901 vereinigte sich mit ihr der 1838 gegr. *Grütliverein.* Deutlich marxistisch bestimmt war das Parteiprogramm von 1904, doch erklärte sich die Schweizer S. 1920 gegen den Eintritt in die 3. (kommunist.) Internationale. Daraufhin bildete der linke Flügel 1921 die Kommunist. Partei. 1943 kam mit Ernst *Nobs* der erste Sozialdemokrat in den Bundesrat; 1950 wurde er Bundespräsident.
In Großbritannien entwickelte sich eine Sonderform der S. in Gestalt der → Labour Party, von der sich 1981 ein rechter Flügel als *Social Democratic Party* abspaltete. Der größere Teil dieser neuen Partei schloß sich 1988 mit der *Liberal Party* zur *Social and Liberal Democratic Party* zusammen. Die Restpartei löste sich 1990 auf.
In Frankreich ist die S. aus den verschiedensten Gründungen sozialist. Parteien hervorgegangen (J. *Guesde,* A. *Blanqui,* É. *Vaillant* u. a.). Trotz persönl. u. ideolog. Rivalitäten vereinigte sich 1905 unter dem Einfluß der 2. (sozialist.) Internationale ihre Mehrheit zur „Französischen Sektion der Arbeiter-Internationale" *(Section française de l'Internationale Ouvrière, SFIO).* Bei der Wahl 1914 erhielt die SFIO fast 20 % der abgegebenen Stimmen u. wurde zweitstärkste von sieben Parteien. Nach dem Austritt aus der 2. Internationale 1920 spaltete sich die Kommunistische Partei von ihr ab. 1936 war die SFIO führende Partei der Volksfront. In der 4. Republik (1944–1958) sowohl Regierungs- als

auch Oppositionspartei, verloren die Sozialisten allmählich große Teile ihrer Anhängerschaft (Stimmenanteil 1945: 23 %; 1956: 15 %). In der 5. Republik ursprüngl. an der Regierung beteiligt, stand die SFIO später in Opposition zur Politik der regierenden gaullistischen Partei; der Stimmenanteil der gemäßigten Linken des französ. Parteiensystems ging in der 5. Republik bis 1973 ständig zugunsten der Kommunisten u. Gaullisten zurück. Im Juni 1971 kam es zur Neugründung einer Sozialistischen Partei *(Parti Socialiste)* unter F. *Mitterrand*, die neben der alten SFIO die meisten nichtkommunist. Linksparteien in sich vereinigte. Sie stellte mit F. Mitterrand in der 5. Republik erstmals den Staatspräsidenten u. war bis zur katastrophalen Wahlniederlage 1993 (mit Unterbrechung 1986–1988) Regierungspartei. Nach den Wahlen 1997 kehrte sie in diese Funktion zurück.
Die 1882 gegr. Sozialistische Partei Italiens wurde 1926 von Mussolini aufgelöst. 1944 wurde sie neu errichtet. 1947 spaltete sie sich in die Sozialisten unter P. *Nenni* u. die Sozialdemokraten unter G. *Saragat*. Im Zeichen der Politik der „linken Mitte“ gelang 1966 eine zeitweilige Wiedervereinigung der Partei; jedoch konnte nach der Wahlniederlage von 1968 die neuerliche Spaltung in *PSU* (Sozialdemokraten) u. *PSI* (Sozialisten) nicht verhindert werden. Beide Parteien gehörten den von der Democrazia Cristiana geführten Koalitionskabinetten der linken Mitte an. Die PSI stellte mit B. *Craxi* 1983–1987 erstmals nach dem 2. Weltkrieg den Min.-Präs. 1994 beschloß die PSI ihre Auflösung u. die Gründung der Socialisti Italiani (SI).
In den skandinav. Ländern wie auch in Belgien u. den Niederlanden entwickelte sich die S. zur regierenden oder mindestens mitregierenden Partei. In diesen Ländern ist mit dem relativ hohen Lebensstandard der Arbeiterschaft die Verbürgerlichung der S. ideologisch u. soziologisch bes. fortgeschritten. – Die russ. S. *(Menschewiki)* bestand offiziell noch bis 1917; sie war aus der Bewegung der *Narodniki* u. der *Sozialrevolutionäre* hervorgegangen. – In den Staaten Ostmitteleuropas gingen die sozialdemokrat. Parteien nach dem 2. Weltkrieg unter Druck in den kommunist. Parteien auf. Hier kam es erst nach den polit. Umbrüchen seit 1989 zu Neugründungen sozialdemokrat. Parteien. – In den USA hat die S. als Partei nie Bedeutung gewonnen. Dagegen besteht in Kanada seit 1961 die sozialist. *Neue Demokratische Partei* u. in Australien wie in Neuseeland eine starke sozialdemokratisch orientierte Arbeiterpartei.

Sozialdemokratische Partei Deutschlands, Abk. *SPD*, eine der beiden führenden Parteien der BR Dtschld. Die SPD bestand schon im wilhelmin. Kaiserreich u. in der Weimarer Republik. Zumindest bis 1914 war sie Vorbild für die gesamte internationale Sozialdemokratie. Sie wurde 1869 in Eisenach von W. *Liebknecht* u. A. *Bebel* gegr. Neben ihr bestand der von F. *Lassalle* gegr. *Allgemeine Dt. Arbeiterverein* von 1863, bis sich beide Parteien 1875 auf der Grundlage des Gothaer Programms zur *Sozialist. Arbeiterpartei Deutschlands* zusammenschlossen. Nach Ablauf des Sozialistengesetzes 1890, das die Partei seit 1878 weitgehend in die Illegalität gezwungen hatte, nahm die Bewegung auf dem Parteitag zu Halle (Saale) den Namen *SPD* an u. wurde in der Folgezeit die bei den Reichstagswahlen stimmenstärkste Partei; sie stellte nach den Wahlen von 1912 mit 110 Mandaten auch die stärkste Fraktion des Reichstags. Die marxist. Grundeinstellung wurde 1891 im *Erfurter Programm* erneut bestätigt, doch gewann praktisch die revisionist. Bewegung E. *Bernsteins* u. G. von *Vollmars* mehr u. mehr an Gewicht.
Nach Ausbruch des 1. Weltkriegs stimmte die Partei am 4. 8. 1914 für die Kriegskredite. Im Herbst 1918 verhinderte die Parteiführung durch ihre Entscheidung für die parlamentar. Demokratie sowie durch ihr Bündnis mit den bürgerl. Parteien, der Obersten Heeresleitung u. der Bürokratie ein Weitertreiben der Novemberrevolution in sozialist. Richtung, nachdem sich 1916 der linke, marxist. Flügel der Partei in der *Unabhängigen Sozialdemokrat. Partei* (*USPD* 1917–1922) u. bes. deutlich im *Spartakusbund* (ab 1919 *KPD*) abgetrennt hatte. Die Parteiführung, die A. *Bebel* seit der Gründung bis zu seinem Tod (1913) unangefochten innegehabt hatte, lag damals in den Händen F. *Eberts*, mit dem die SPD 1919–1925 den ersten Reichspräsidenten stellte. Im polit. System der Weimarer Republik, das sie während der Verfassungsberatungen der Weimarer Nationalversammlung (1919) entscheidend mitprägte, war die SPD bei allen Reichstagswahlen bis 1930 stimmenstärkste Partei, jedoch nur an wenigen Regierungen beteiligt. Im Bündnis mit Zentrum u. Demokraten (DDP) regierte sie in Preußen fast ununterbrochen unter Führung von O. *Braun* u. C. *Severing*, bis die preuß. Regierung durch Staatsstreich von Reichskanzler F. von *Papen* 1932 abgesetzt wurde. Nach der Machtübernahme Hitlers u. der NSDAP wurde die SPD im Juni 1933 zwangsweise aufgelöst, ein großer Teil ihrer Führer verhaftet; andere Führer gingen ins Exil u. setzten dort die Parteiarbeit fort. Die Wiedergründung der SPD nach 1945 ist vor allem das Werk K. *Schumachers*. Es war insbes. sein erklärtes u. erreichtes polit. Ziel, in den 3 westl. Besatzungszonen eine Vereinigung mit der KPD zu verhindern. Nach Gründung der BR Dtschld. standen Schumacher u. die SPD in scharfer Opposition zu dem wirtschaftl. u. außenpolit. Kurs der Regierung Adenauer. Ferner traten starke neutralist. Tendenzen in den Vordergrund, die im „Deutschlandplan“ von 1959 ihren Höhepunkt fanden. Im Juni 1960 sprach sich der stellvertr. Partei-Vors. H. *Wehner* vor dem Bundestag jedoch für die Mitgliedschaft der BR Dtschld. in der NATO u. die Landesverteidigung aus. In ihrem im Herbst 1959 verabschiedeten Grundsatzprogramm *(Godesberger Programm)* überwand die SPD den seit dem Ende des 19. Jh. bestehenden Widerspruch zwischen ihrer polit.-pragmatischen, auf Sozialreformen ausgerichteten Zielsetzung u. den vom Marxismus geprägten theoret. Grundaussagen.
Bei den Wahlen von 1949 nach der CDU/CSU zweitstärkste Partei, blieb die SPD bis 1966 stets in der Opposition. Sie gelangte erst über die Bildung der großen Koalition mit der CDU/CSU in die Regierungsverantwortung. Bei den Wahlen von 1972 erreichte sie mit 45,8 % der Stimmen ihr bisher bestes Ergebnis u. erneuerte als nunmehr stärkste Partei der BR Dtschld. das 1969 geschlossene Regierungsbündnis mit der FDP unter sozialdemokrat. Führung (Bundeskanzler: W. *Brandt*, dann H. *Schmidt*), das trotz des Wahlrückschlages von 1976 erhalten blieb u. auch nach den Wahlen von 1980 zunächst fortgesetzt wurde. Seit dem Bruch dieser sozialliberalen Koalition 1982 u. den vorgezogenen Bundestagswahlen 1983 befindet sich die SPD wieder in der Opposition.
1989 wurde ein neues Grundsatzprogramm *(Berliner Programm)* verabschiedet, mit dem auf ökolog. u. europapolit. Fragestellungen reagiert wurde. Durch die Wahlniederlage bei den ersten Wahlen nach der Wiedervereinigung 1990 geriet die Partei in eine innere Krise. Trotz einer Ergebnisverbesserung bei den Wahlen 1994 (Kanzlerkandidat R. *Scharping*) blieb die SPD weiterhin in der Opposition.
Die Partei hatte 1997 rd. 790 000 Mitglieder. Parteivorsitzende der SPD nach dem 2. Weltkrieg: 1946–1952 K. *Schumacher*, 1952–1963 E. *Ollenhauer*, 1964–1987 W. *Brandt*, 1987–1991 H.-J. *Vogel*, 1991–1993 B. *Engholm*, 1993–1995 R. Scharping, seit 1995 O. *Lafontaine*.
In der SBZ schloß sich die 1945 neugegr. SPD unter O. *Grotewohl*, dem Druck der sowjet. Besatzungsmacht folgend, am 21. 4. 1946 mit der KPD zur *Sozialistischen Einheitspartei Deutschlands (SED)* zusammen. Erst nach dem Umsturz 1989 konstituierte sich die Sozialdemokratie der DDR neu. Sie gewann bei den Volkskammerwahlen 1990 21,8 % der Stimmen. Im gleichen Jahr vereinigte sie sich mit der SPD der BR Dtschld.

Sozialgeschichte, *i. e. S.* eine Teildisziplin der Geschichtswissenschaft, die sich nach ihrem Gegenstand von anderen Teildisziplinen u. Bereichen der Geschichtswissenschaft (z. B. der Verfassungsgeschichte) abgrenzt; entstanden im 19. Jh. als Gegenströmung zur „allg. Geschichte“, die sich in erster Linie mit der Geschichte der Politik u. der Staaten befaßte. S. als Teildisziplin beschäftigte sich zunächst mit Lage u. Geschichte der Unterschichten, dann auch der übrigen Klassen u. Schichten, der gesellschaftl. Organisationen

Sozialdemokratie: Kongreß der Ersten Internationale, Basel 1869

u. Bewegungen u. der vorstaatl. u. nichtstaatl. Institutionen wie Verbände, Vereine, der Familie usw. Bes. enge Beziehungen bestehen zur Wirtschaftsgeschichte, daher oft Wirtschafts- u. S.
I. w. S. bezeichnet S. einen methodischen Ansatz: die Betrachungsweise der Geschichtsprozesse unter sozialgeschichtl. Gesichtspunkten. Dabei werden auch polit., ideologische oder kulturelle Vorgänge mit sozialökonom. Faktoren in Verbindung gebracht u. ökonomisch u. soziologisch analysiert. Eine enge Zusammenarbeit mit den systematischen Sozialwissenschaften ist daher notwendig. Die Quellen, aus denen die S. schöpft, sind vielfacher Natur: offizielle Berichte, gesetzliche Dokumente, Zeitungen, literar. Werke, Briefe, Tagebücher, Reiseberichte u. andere der menschlichen Erfahrung entspringende Materialien.
S. als Aspekt, nicht als Teildisziplin, wird auch als *Strukturgeschichte* betrieben. Sie will alle Wirklichkeitsbereiche der Geschichte wie Wirtschaft, Gesellschaft, Staat, Recht, Ideen, Außenpolitik u.ä. unter Betonung der überindividuellen Strukturen u. Prozesse erfassen u. die Abhängigkeit individueller Entscheidungen, Handlungen u. Ereignisse von vorgegebenen, sich nur langsam verändernden u. dem Handelnden oft unbewußten Strukturen u. Verhältnissen herausarbeiten. S. als Strukturgeschichte (gelegentlich als „historische Sozialwissenschaft" bezeichnet) ist zu verstehen als Gegenposition zur individualisierenden Methode des Historismus u. zur Ereignisgeschichte. Bes. einflußreich für die Entwicklung dieser Richtung der Geschichtswissenschaft ist die seit 1930 in Frankreich entstandene Schule der *Annales*.

Sozialismus [lat.], Sammelbegriff für Ideen u. Bestrebungen, die im Gegensatz zum individualist. Liberalismus u. Kapitalismus das allg. Wohl der Gesellschaft stärker oder ausschl. zur Geltung bringen wollten. Sozialistische Lehren bildeten sich seit dem 19. Jh. heraus. Der S. fand bei verschiedenen Denkern u. Völkern eine unterschiedl. Prägung: vom internationalen *Kommunismus* u. *Bolschewismus* bis zum *National-S.*, vom staatsfeindl. *Anarchosyndikalismus* bis zum *Staats-S.* Doch forderten fast alle Richtungen Beseitigung des arbeitslosen Einkommens durch Umgestaltung der Eigentumsordnung: Beschränkung des Erbrechts, vollständige oder teilweise Überführung der Produktionsmittel u. Produktionsgrundlagen (Bergwerke, Großgrundbesitz, Fabriken) in Gemein- oder Staatseigentum, zumindest staatl. Kontrolle der Produktionsmittel. Außerdem wurde angestrebt – falls die herrschende Gesellschaftsordnung grundsätzlich erhalten bleiben sollte – eine Veränderung der Wirtschafts- u. Arbeitsordnung durch Schutzmaßnahmen gegen Arbeitslosigkeit u. Ausbeutung der Arbeitskraft, Beseitigung der Kinderarbeit, Beschränkung der Frauenarbeit, Familien- u. Wohnungsfürsorge, Beteiligung der Arbeiter am Besitz der Produktionsmittel (Miteigentum), Beteiligung am Arbeitsertrag, Mitbestimmungsrecht, ferner durch zentrale Wirtschaftsleitung, Kontrolle von Konzernen u. Kartellen. Der staatl. Einfluß steigert sich in seiner extremen Form *(totalitärer Kommunismus)* bis zur totalen Erfassung aller wirtschaftl. u. sozialen Vorgänge durch völlige Verstaatlichung aller Produktionsgrundlagen, durch systemat. Arbeitslenkung u. Arbeitsverteilung ebenso wie durch die Verteilung des Sozialprodukts, wobei beides wieder als Mittel staatl. Herrschaft u. als Instrument der Staatsmacht bis in die Einzelheiten des Privatlebens hinein dient. Der S. kann sich auch mit liberal-demokrat. Ideen verbinden *(Sozialdemokratie)*, dadurch in schärfsten Gegensatz zu staatl. Totalitarismus treten u. sich damit begnügen, innerhalb einer mehr oder weniger freien Marktwirtschaft das Prinzip staatl. Schutzes der wirtschaftlich schwächeren Volksteile zu vertreten („Wohlfahrtsstaat"). Da Theorie u. Praxis des S. sich hauptsächlich im Gegensatz zum Kapitalismus des ausgehenden 18. u. beginnenden 19. Jh. entwickelten, hat der Begriff vorwiegend einen antikapitalist. Akzent bekommen. Die Auseinandersetzung zwischen diesen beiden Gesellschaftsordnungen war eines der großen Leitmotive der Geschichte des 19. Jh. Politisch wurde dabei der S. hauptsächlich als Vertretung der Arbeiterinteressen gegenüber der bürgerl. Gesellschaft betrachtet.
Sozialist. u. kommunist. Vorstellungen sind aber schon bei den griech. *Sophisten*, bei *Platon*, bei den *Gracchen*, im *Urchristentum*, später bei den *Hussiten*, den *Wiedertäufern*, im *Bauernkrieg*, ferner in der „Utopia" des Thomas *More* sowie in den Staatslehren des 18. Jh. (J.-J. *Rousseau*), in der Französ. Revolution bei F. N. *Babeuf* u. im dt. Idealismus bei J. G. *Fichte* („Der geschlossene Handelsstaat") nachzuweisen. Der von Platon beeinflußte *utopische S.*, der durch moral. Forderungen u. Wunschbilder einer besseren Zukunft genährt wurde, wirkte noch zu Beginn des 19. Jh. bei den *Saint-Simonisten*, bei W. *Weitling*, im *Genossenschafts-S.* von C. *Fourier*, P. J. *Proudhon* u. R. *Owen* nach. Mit den Versuchen von L. *Blanc* zur Errichtung von Nationalwerkstätten in der Französ. Revolution von 1848 trat der S. zum erstenmal als staatl. Programm in Erscheinung. In der *Pariser Kommune* von 1871 wurde dann erstmals der Versuch unternommen, eine kommunist.-sozialist. Gesellschaftsordnung aufzurichten. Inzwischen war der *wissenschaftl. S. (Marxismus)* von K. *Marx* u. F. *Engels* in scharfer Auseinandersetzung mit den bisherigen Richtungen begründet worden, der auch die nationale, staatssozialist. u. genossenschaftl. Richtung F. *Lassalles* überwand, die mehr auf eine Reform als auf eine Revolution der sozialen Verhältnisse hinzielte u. mit dem schon von L. von *Stein* entwickelten Gedanken des „sozialen Königtums" umging. Der Marxismus machte den S. zu einer internationalen Massenbewegung, da er die beherrschende Theorie der Arbeiterbewegung vornehmlich in Dtschld. (Sozialdemokratie) wurde; er spaltete sich aber später in eine sozialdemokrat. u. eine kommunist. Richtung.
Dem Marxismus trat schon im 19. Jh. eine *Sozialreformbewegung* entgegen, die soziale Reformen (Normalarbeitstag, Arbeiter- u. Invalidenschutz u. a.) verlangte u. *Bismarcks* Sozialgesetzgebung beeinflußte; der *Kathedersozialismus*, die auf H. *George* zurückgehende Bodenreformbewegung A. *Damaschkes* sowie die *christl.-soziale Bewegung* A. *Stoeckers* u. die nationalsozialen Bestrebungen F. *Naumanns*. Bes. nach dem 2. Weltkrieg wurden viele sozialist. Forderungen wie „soziale Gerechtigkeit", „Volkswohlfahrt" Allgemeingut aller europ. Nationen. Das sozialist. Programm in seiner marxist. Gestalt wurde außerhalb der kommunist. Staatenwelt nicht zuletzt durch die Erfahrungen mit der Zentralverwaltungswirtschaft in der Sowjetunion u. in Osteuropa zunehmend fragwürdig. Doch auch in diesen Staaten selbst erfuhren sozialist. Theorien seit dem polit. Umbruch 1989 eine Diskreditierung.
Der *freiheitliche S.* der heutigen Sozialdemokratie bedeutet eine Abgrenzung gegenüber dem bolschewistischen S.: Der durch ökonom. u. psycholog. Machtmittel betriebene Mißbrauch der Demokratie wird politisch u. pädagogisch bekämpft; zur Wirtschaftsordnung wird erklärt: „Wettbewerb soweit wie möglich, Planung soweit wie nötig". Dabei zeigte sich seit Mitte der 1970er Jahre, daß die sozialen u. ökolog. Rückstoßeffekte des technisch-ökonom. Fortschritts sich auch auf Formen u. Vorstellungen des S.

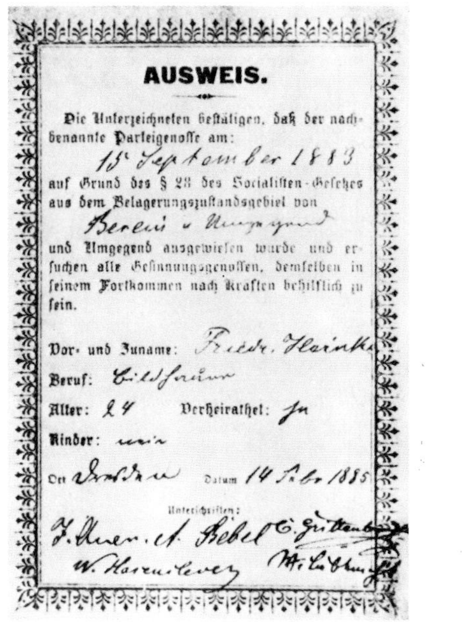
AUSWEIS.

Die Unterzeichneten bestätigen, daß der nachbenannte Parteigenosse am:
15t September 1883
auf Grund des § 28 des Socialisten-Gesetzes aus dem Belagerungszustandsgebiet von
Berlin u. Umgegend
und Umgegend ausgewiesen wurde und ersuchen alle Gesinnungsgenossen, demselben in seinem Fortkommen nach Kräften behilflich zu sein.

Vor- und Zuname: Friedr. [illegible]
Beruf: [illegible]
Alter: 24 Verheirathet: ja
Kinder: [illegible]
Ort [illegible] Datum 14 Febr 1885

Unterschriften:
I. Auer. A. Bebel C. Grillenberger
W. Hasenclever W. Liebknecht

Sozialistengesetz: Ausweis für einen aus Berlin ausgewiesenen Sozialdemokraten mit den Unterschriften der Parteiführer Ignaz Auer, August Bebel, Karl Grillenberger, Wilhelm Hasenclever und Wilhelm Liebknecht

auswirkten. So rückten mehr u. mehr ökolog. Fragestellungen in das Zentrum der Diskussion.

Sozialistengesetz, nach zwei Attentaten auf Kaiser *Wilhelm I.*, die von Sozialdemokraten nicht zu verantworten waren, am 21. 10. 1878 im Dt. Reich erlassenes, mehrmals verlängertes, 1890 abgelaufenes Gesetz „wider die gemeingefährlichen Bestrebungen der Sozialdemokratie". Das S. war ein Versuch der Reichsregierung unter *Bismarck*, die Sozialdemokratie (damalige Parteibezeichnung: Sozialistische Arbeiterpartei Deutschlands) als polit. Kraft auszuschalten. Es gab den Behörden die Möglichkeit, sozialist. Vereine, Versammlungen u. Druckschriften polizeilich zu verbieten, den „kleinen Belagerungszustand" zu verhängen, Sozialdemokraten die Ausübung bestimmter Gewerbe (z.B. den Betrieb von Gastwirtschaften) zu untersagen u. sie aus ihrem Wohnort auszuweisen, sofern Umsturzbestrebungen nachgewiesen wurden. Als Nachweis genügte praktisch schon die Vermutung solcher Bestrebungen.
Aufgrund des Gesetzes wurden etwa 900 Sozialdemokraten nebst Angehörigen aus ihren Heimatorten ausgewiesen, rd. 1000 Jahre Freiheitsstrafen verhängt u. über 1300 period. u. nichtperiod. Druckschriften verboten. Trotz dieser Maßnahmen u. zahlreicher anderer Schikanen verfehlte das S. seine Wirkung. Die Parteiorganisation blieb im Untergrund tätig, unterstützt durch eine vor allem von der Schweiz aus betriebene publizist. Tätigkeit; so wurde die Wochenzeitung „Der Sozialdemokrat" zuletzt in einer Auflage von über 10000 Exemplaren illegal in Dtschld. vertrieben.
Entscheidend war, daß Sozialdemokraten weiterhin in den Reichstag gewählt werden konnten. 1878 erhielt die Partei 415000 Stimmen u. 9 Mandate, 1890 dagegen 1,4 Mill. Stimmen u. 35 Mandate. Sie entwickelte sich während der Geltungsdauer des Gesetzes zur Massenpartei. 1890 verweigerte der Reichstag eine weitere Verlängerung des S.es. Das Gesetz hat das Verhältnis zwischen der organisierten Arbeiterbewegung u. dem Staat nachhaltig vergiftet.

Sozialistische Einheitspartei Deutschlands, Abk. *SED,* die 1949–1989 herrschende Staatspartei der DDR.
Die SED verstand sich als „marxistisch-leninistische Partei der Arbeiterklasse". Die führende Rolle im Staat war seit 1968 in der Verfassung der DDR verankert. Parteimitgliedschaft war die Vorbedingung für nahezu jede höhere Karriere. Die SED war nach dem Grundsatz des „demokrat. Zentralismus" aufgebaut, d. h., die Parteiorgane waren formal von unten nach oben wählbar, der tatsächl. Entscheidungsweg verlief jedoch von oben nach unten. Das formal höchste Organ war der *Parteitag,* der nach indirekten, von der Führung gesteuerten Wahlen alle 5 Jahre zusammentrat. Er wählte das *Zentralkomitee (ZK)*), das mindestens zweimal jährlich tagte. Das ZK wählte das *Politbüro* u. das *Sekretariat* mit dem *Generalsekretär des ZK* an der Spitze. 1987 hatte die SED 2,3 Mill. Mitglieder u. Kandidaten.
Die SED wurde am 21./22. 4. 1946 durch Vereinigung der KPD u. der SPD in der sowjet. Besatzungszone Deutschlands gegründet. Der Zusammenschluß erfolgte gegen den Widerstand vieler Sozialdemokraten unter dem Druck der sowjet. Besatzungsmacht. Alle Leitungsfunktionen wurden paritätisch mit ehem. KPD- u. SPD-Mitgl. besetzt; gleichberechtigte Vors. wurden W. *Pieck* (KPD) u. O. *Grotewohl* (SPD). In ihrem Gründungsprogramm bekannte sich die SED zu einem demokrat. dt. Weg zum Sozialismus. 1948 verwarf die Parteiführung auf sowjet. Weisung die These vom „bes. dt. Weg" u. begann mit der Umwandlung der SED in eine leninist. Kaderpartei. Die paritāt. Besetzung der Führungsposten wurde aufgegeben. Bei der Gründung der DDR 1949 hielt die SED bereits alle staatl. Machtpositionen besetzt. Ihre Geschichte war seitdem weitgehend identisch mit der der DDR.
1950 wurde das Programm von 1946 für überholt erklärt. W. *Ulbricht,* schon vorher einflußreich, wurde als Generalsekretär des ZK der maßgebende Parteiführer. Er verkündete 1952 den „Aufbau der Grundlagen des Sozialismus". In mehreren Krisen, bes. 1953 u. 1958, konnte er sich gegen Rivalen in der Parteiführung durchsetzen. 1963 erhielt die SED ein neues Programm, das den „umfassenden Aufbau des Sozialismus" proklamierte. Seit 1969 kam es zu Differenzen zwischen Ulbricht u. der sowjet. Führung, bes. im Hinblick auf die Entspannungspolitik.

Sozialistische Einheitspartei Deutschlands: Händedruck zwischen Wilhelm Pieck (KPD) und Otto Grotewohl (SPD), rechts, auf dem Vereinigungsparteitag der KPD und SPD in der Deutschen Staatsoper in Berlin

Paul-Henri Spaak

1971 mußte er zurücktreten. Sein Nachfolger E. *Honecker* betrieb gegenüber der BR Dtschld. eine Politik der Normalisierung, zugleich aber der Abgrenzung. Diese fand auch Ausdruck im neuen Parteiprogramm von 1976, das keine Hinweise auf die dt. Nation mehr enthielt. Es definierte die Gesellschaft der DDR als „entwickelte sozialist. Gesellschaft" u. betonte die enge Verbundenheit der SED mit der KPdSU.
Zu neuen Spannungen kam es, als die SED-Führung die von M. *Gorbatschow* seit 1985 in der UdSSR betriebene Reformpolitik zunehmend scharf ablehnte; sie widersetzte sich auch allen Reformbestrebungen im eigenen Land. 1989 griffen die revolutionären Veränderungen im Ostblock auf die DDR über, nachdem eine Massenflucht von Bürgern eingesetzt hatte. Es kam zu Protestdemonstrationen gegen das SED-Regime. Honecker trat am 18. 10. 1989 zurück. Eine umgebildete Parteiführung mit E. *Krenz* als Generalsekretär konnte sich nur kurze Zeit behaupten. Am 3. 12. trat das gesamte ZK zurück. Ein Sonderparteitag am 8. u. 16. 12. distanzierte sich von der bisherigen Politik u. Ideologie, verzichtete auf den Führungsanspruch in Staat u. Gesellschaft, wählte einen Vorstand mit G. *Gysi* als Vors. u. versah den Parteinamen mit dem Zusatz *Partei des demokrat. Sozialismus (PDS).* Hunderttausende von Mitgl. verließen die Partei. Seit dem 4. 2. 1990 nennt sie sich nur noch PDS. Bei den ersten freien Wahlen in der DDR am 18. 3. 1990 erhielt sie einen Stimmenanteil von 16,3 %, bei den Bundestagswahlen 1990 2,4 % der Stimmen. 1993 wurde L. *Bisky* neuer Vors. der PDS, die bei den Bundestagswahlen 1994 4,4 % der Stimmen u. 30 Sitze (1990: 17) gewann.
Sozialistische Einheitspartei Westberlins, Abk. *SEW,* mit der SED eng verbundene Partei in Westberlin, hervorgegangen aus den dortigen Kreisorganisationen der SED, die 1959 eine eigene Leitung erhielten. 1962 bis 1966 nannte sich die Partei *SED Westberlin,* bis 1990 SEW, danach *Sozialist. Initiative.*
Sozialistischer Deutscher Studentenbund, Abk. *SDS,* 1946 als Studentenverband der SPD gegr. Organisation, die 1958/59 einen eindeutigen Linkskurs einschlug u. dadurch in Gegensatz zur SPD geriet. 1961 erklärte die Parteiführung die Mitgliedschaft in SDS u. SPD für unvereinbar. 1966/67 wurde der SDS zum Kern der Außerparlamentarischen Opposition. Im März 1970 löste sich der Bundesverband des SDS selbst auf; an einzelnen Hochschulen bestanden aber örtliche SDS-Gruppen noch einige Zeit fort.
Spaak, Paul-Henri, belg. Politiker (Sozialist), *25. 1. 1899 Schaerbeek bei Brüssel, †31. 7. 1972 Brüssel; Jurist, 1932 Abg., 1936–1939 Außen-Min., 1938/39 Min.-Präs.; 1940–1944 Außen-Min. der Exilregierung in London; wandte sich nach dem Krieg erfolgreich gegen die Rückkehr Leopolds III. auf den Thron; 1946 und 1947–1949 Min.-Präs., 1946–1949, 1954–1957 u. 1961–1966 Außen-Min.; 1946 Präs. der ersten Vollversammlung der UN, 1952–1954 Präs. der Montanunion, 1957–1961 Generalsekretär der NATO. S. war einer der profilierten Verfechter der europ. Integration. 1957 Karlspreis. Er schrieb „Memoiren eines Europäers" dt. 1969.
Spalato, kroatische Hafenstadt, → Split.

Spanien E

Königreich Spanien

Fläche: 504 782 km². – *Einwohner:* 39,2 Mill. – *Hauptstadt:* Madrid. – *Landessprachen:* Spanisch, Katalonisch, Baskisch, Galicisch. – *Nationalfeiertag:* 12. 10. – *Währung:* 1 Peseta = 100 Céntimos. – *Lage:* zwischen 36° und 43°47′ n. Br. sowie 4°19′ ö. L. und 9°19′ w. L. – *Zeitzone:* Mitteleuropäische Zeit. – *Grenzen:* im N und SW Atlantischer Ozean, im NO Frankreich und Andorra, im O und S Mittelmeer, im S Marokko und Gibraltar, im W Portugal. – *Staatsform:* parlamentarische Monarchie.

Durch Faustkeilfunde ist eine Besiedlung seit der Altsteinzeit nachweisbar. Der Mittelsteinzeit entstammen zahlreiche Felsbilder, u. a. in *Altamira.* Auch Megalithbauten der Jungsteinzeit sind vertreten *(Almería-Kultur).* In dieser Zeit wanderten vermutlich aus Nordafrika die *Iberer* ein. Die Bronzezeit ist in der *Argar-Kultur* faßbar. Seit 1100 v. Chr. legten Phönizier, seit 800 v. Chr. Griechen Handelskolonien an (Tartessos, Cádiz). Der Reichtum des Landes an Silber, Zinn u. Kupfer zog auch zahlreiche andere Mittelmeervölker an. Unter heftigen Kämpfen drangen seit 600 v. Chr. *Kelten* ein, die sich mit den Iberern mischten *(Keltiberer).* Die Karthager unterwarfen im 3. Jh. einen Streifen an der Süd- u. Westküste, aus dem sie nach anfänglichem Interessenausgleich von den Römern während des 2. Punischen Krieges vertrieben wurden. Nach langen Kämpfen mit den Lusitanern, Keltiberern, Kantabrern u. Asturern richteten die Römer 27 v. Chr. die Provinzen *Hispania ulterior (Baetica)* im S, *Lusitania* im W u. *Hispania citerior (Tarraconensis)* im NO ein.
Die um 400 n. Chr. eingewanderten *Alanen, Sweben* u. *Wandalen* wichen vor den 15 Jahre später folgenden *Westgoten* nach Nordwest-S. aus. *Eurich* vertrieb die Römer; seine Nachfolger, bes. *Leovigild,* eroberten die ganze Halbinsel. Nach dem Übertritt des Königs *Rekkared I.* zum Katholizismus 586 rissen die Geistlichen die Macht im Staat an sich, sie stürzten u. a. König *Witiza* 710; dessen Söhne riefen die Araber zu Hilfe. Diese zerstörten 711 das Westgotenreich bis auf einen schmalen Streifen im NW (bes. Asturien unter Pelayo u. Galicien).
Unter der religiös toleranten Omajjadenherrschaft (756–1031) erlebte das Land eine hohe wirtschaftl. u. kulturelle Blüte. Die sich in Nord-S. bildenden christl. Herrschaften (u. a. *Asturien, Kastilien, Galicien, Navarra, León, Aragón*), die zunächst heftige Kämpfe gegeneinander u. weniger gegen die stärkeren Araber führten, breiteten sich mit zunehmender Schwäche der Araber nach S. aus. Diese riefen die religiös fanat. Berber (1086 *Almoraviden,* 1147 *Almohaden*) zu Hilfe, so daß auch bei den Christen der Kreuzzugsfanatismus geweckt wurde. Die Rückeroberung *(Reconquista)* wurde 1492 mit der Eroberung Granadas vollendet; die

Spanien: Philipp II. im Staatsrat zu Segovia (Kupferstich von Franz Hogenberg, um 1600)

in S. gebliebenen nichtchristl. Mauren wurden 1502 vertrieben, die Moriscos 1609.

Der führende Staat war das Königreich Kastilien. Aragón hatte (im Unterschied zu anderen span. Königreichen) ein starkes Königtum entwickelt, das über Adel, Städte u. Bauern herrschte, eine starke Flotte ausgebaut u. griff 1282 nach Sizilien über. Die Ehe zwischen *Ferdinand II. von Aragón* u. *Isabella I. von Kastilien* 1469 begründete 1479 den span. Nationalstaat. S. unterstützte die Unternehmungen des *Kolumbus.* Sie schufen die Voraussetzung für die Eroberungen in Amerika, durch die das span. Königreich in den Besitz eines großen Weltreichs kam. Die Heirat der Thronfolgerin *Johanna der Wahnsinnigen* mit dem Habsburger *Philipp I., dem Schönen,* brachte die Habsburger mit *Karl I.* (als röm.-dt. Kaiser *Karl V.*) auf den span. Thron (1516–1556).

S. war unbestrittene See- u. Weltmacht; die Grundlage dafür waren der immer stärker einströmende Reichtum aus den Kolonien u. die überlegene Militärmacht. Infolge der Vielfalt der militär. Aufgaben u. des Kampfs gegen die Türken vermochte Karl I. (V.) Frankreich nicht entscheidend zu schwächen. Vielmehr konnte sich dieses zur Zeit *Philipps II.* (1556–1598) wieder erheben, u. die Seeherrschaft ging an England verloren (Untergang der Armada). In diesen Kriegen übernahmen die span. Könige zugleich die Hauptrolle im Kampf gegen den Protestantismus. Es gelang Philipp nicht, den prot. Teil der Niederlande (1572 Beginn des Freiheitskampfs) u. England zum Katholizismus zurückzuführen, doch konnte er das Vordringen des Protestantismus aufhalten *(Inquisition* in S. u. seit 1580 im eroberten Portugal) u. die sich auf die span. Truppen stützende *Gegenreformation* ermöglichen. Infolge der überspannten Forderungen an S.s menschl. u. materielle Reserven büßte es seine Großmachtstellung ein. Dazu kam seit *Philipp III.* (1598 bis 1621) die fortschreitende Degeneration des Herrscherhauses. Die span. Literatur u. Malerei erreichte damals u. im folgenden Jahrhundert ihre Weltgeltung. Unter *Philipp IV.* (1621–1665) gingen Portugal sowie die kontinentale Großmachtstellung an Frankreich *(Pyrenäenfrieden* 1659) verloren. Da *Karl II.* (1665–1700) kinderlos starb u. den nächstberechtigten dt. Habsburgern von Ludwig XIV. von Frankreich die span. Thronfolge streitig gemacht wurde, kam es zum *Spanischen Erbfolgekrieg,* der sich zu einem europ. Krieg ausdehnte.

Frankreich konnte die Thronfolge der Bourbonen in S. durchsetzen *(Philipp V.,* † 1746), Gibraltar blieb (seit 1704) in engl. Hand, u. das Handelsmonopol mit den span. Kolonien mußte zugunsten der Engländer aufgegeben werden, der größte Teil der span. Nebenländer (Niederlande, in Italien) ging verloren. Unter *Ferdinand VI.* (1746–1759), *Karl IV.* (1788–1808), vor allem aber unter dem fähigen *Karl III.* (1759–1788) wurden durch *Alberoni, Ensenada, Carvajal, Aranda, Floridablanca* u. a. fortschrittl. Reformen (Industrieausbau, Finanzreformen, Jesuitenausweisung 1767) durchgeführt u. ein absolutist. Einheitsstaat geschaffen. Die innere Gesundung wurde aber durch verlustreiche Kriege an der Seite der französ. Bourbonen (Poln. u. Österr. Erbfolgekrieg) verhindert. Die span. Bourbonen gewannen Neapel-Sizilien u. Parma-Piacenza.

Napoleon I. ließ 1808 S. besetzen u. erreichte den Thronverzicht des Königs u. des Thronfolgers; *Joseph Bonaparte* wurde span. König. Gegen die französ. Unterdrücker errang das Volk unter der Leitung der Zentraljunta (mit Unterstützung einer engl. Armee unter A. Wellington) in gnadenlosem Guerillakrieg (1808–1814) seine Freiheit zurück; nach dem Sturz Joseph Bonapartes gab es sich eine liberale Verfassung. Unter Bruch seines Versprechens führte *Ferdinand VII.* (1813–1833) den reaktionären Absolutismus wieder ein; von der Heiligen Allianz wurde er gegen den Volksaufstand unterstützt, verlor aber die lateinamerikan. Kolonien, die sich unter S. Bolívar die Unabhängigkeit erkämpften. Da er ohne männl. Nachkommen war, bestimmte er seine Tochter *Isabella II.* (1833–1868; zunächst unter Vormundschaft ihrer Mutter Maria Christina) für die Thronfolge, die aber sein Bruder Don Carlos (von den Klerikalen unterstützt) aufgrund des salischen Erbfolgerechts beanspruchte. Carlos verlor den grausam geführten Bürgerkrieg *(1. Karlistenkrieg* 1834–1839), u. die Liberalen erlangten die Anerkennung der Verfassung von 1812, die aber 1845 in monarchist. Sinne umgestaltet wurde. 1868 floh Isabella vor einer von J. *Prim* (1871 ermordet) geführten Erhebung. Der zum König gewählte *Amadeus I.* (1870 bis 1873) dankte ab, u. S. wurde Republik. Durch einen Staatsstreich wurde *Alfons XII.* (1874–1885) König; Ansprüche der Nebenlinie wurden im *2. Karlistenkrieg* (1872–1876) abgewiesen.

S. begann sich langsam zu erholen, obwohl 1898 die Philippinen, Puerto Rico u. Kuba nach verlorenem Krieg gegen die USA abgetreten werden mußten. *Alfons XIII.* (1886 bis 1931), bis 1902 unter der Vormundschaft seiner Mutter Maria Christina, lehnte sich an England an, verstand es aber, S. aus dem 1. Weltkrieg herauszuhalten. Trotzdem hatte das Land unter Teuerung, Hunger u. wirtschaftl. Schwierigkeiten u. den daraus folgenden Unruhen, Streiks u. Kämpfen der Parteien zu leiden, verschärft durch den (wenig erfolgreichen) Krieg in Marokko. Gegen die parlamentarisch bestimmte Regierung erhob sich General M. *Primo de Rivera,* setzte diese ab u. bildete 1923 ein Direktorium (mit königl. Billigung), das ohne Parlament regierte. Der Krieg in Marokko wurde erfolgreich beendet u. die außenpolit. Stellung S.s verbessert. Trotzdem kam es 1928 u. 1929 zu Revolten von Offizieren u. Studenten gegen die Diktatur. Da Primo de Rivera vom König nicht gestützt wurde, trat er 1930 zurück. Nach den Munizipalwahlen 1931 mußte auch der König abdanken; S. wurde wieder Republik.

Gegen die aus den Wahlen im Februar 1936 siegreich hervorgegangene Volksfront (Republikaner, Sozialisten, Syndikalisten, Kommunisten), die die Regierung bildete, erhoben sich unter Führung der Generale Goded, Mola, de Llano u. F. *Franco* am 17. 7.

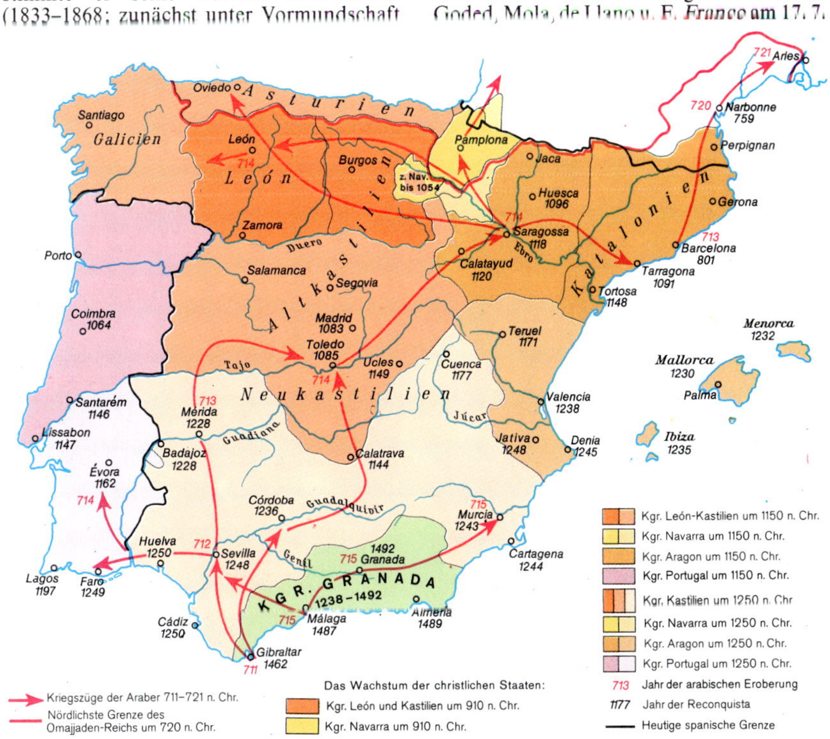

Spanien: Reconquista (Wiedereroberung) der von den Arabern besetzten Gebiete Spaniens durch die Christen

Spanien: Einzug Francos in Madrid; März 1939

Spanien	
Könige	
Isabella von Kastilien und	1474–1504
Ferdinand (V.) von Aragón	1479–1516
Habsburger	
Karl I. (= Kaiser Karl V.)	1516–1556
Philipp II.	1556–1598
Philipp III.	1598–1621
Philipp IV.	1621–1665
Karl II.	1665–1700
Bourbonen	
Philipp V.	1700–1724
Ludwig	1724
Philipp V. (erneut)	1724–1746
Ferdinand VI.	1746–1759
Karl III.	1759–1788
Karl IV.	1788–1808
Ferdinand VII.	1808
Bonaparte	
Joseph	1808–1813
Bourbonen	
Ferdinand VII. (erneut)	1813–1833
Isabella II.	1833–1868
Regent	
Francisco Serrano y Domínguez	1869–1871
König	
Savoyer	
Amadeus	1871–1873
Präsidenten	
Estanislaos Figuéras	1873
Francisco Pi Margal	1873
Nicolás Salmerón y Alonso	1873
Emilio Castelar y Ripoll	1873–1874
Francisco Serrano y Domínguez	1874
Könige	
Bourbonen	
Alfons XII.	1874–1885
Alfons XIII.	1886–1931
Präsidenten	
Niceto Alcalá Zamora y Tores	1931–1936
Manuel Azaña	1936–1939
Staatschef (Caudillo)	
Francisco Franco y Bahamonde	1936–1975
König	
Bourbone	
Juan Carlos	1975–

1936 die Garnisonen in Spanisch-Marokko. Die Erhebung erfaßte ganz Spanien u. weitete sich zum *Spanischen Bürgerkrieg* (1936 bis 1939) aus. Franco bildete im Juli 1936 eine Gegenregierung in Burgos. Er fand wirksame Unterstützung bei den faschist. Regimen in Dtschld. (Legion Condor) u. Italien (Faschist. Miliz). Die Sowjetunion, Mexiko sowie Sozialisten u. Kommunisten aus aller Welt leisteten der Volksfrontregierung militär. u. wirtschaftl. Hilfe (Internationale Brigaden). Frankreich beschränkte sich im wesentl. auf Solidaritätsbekundungen für die rechtmäßige span. Regierung, u. Großbritannien plädierte für eine Politik der Nichteinmischung. Im April 1937 kam es zum Zusammenschluß von Falangisten u. kath. Traditionalisten unter Führung Francos. Unter schweren Verlusten auf beiden Seiten zogen sich die Kämpfe hin (Zerstörung Guernicas April 1937, Offensive der Republikaner bei Teruel Dez. 1937 bis Februar 1938, Schlacht am Ebro Juli–November 1938). Im März 1939 zogen Francos Truppen in Madrid ein. Franco trat als *Caudillo* („Führer") an die Spitze des faschistisch aufgebauten Staats. Trotz seiner polit. Sympathien für Dtschld. u. Italien u. der Teilnahme der „Blauen Division" am Krieg gegen die UdSSR blieb S. im 2. Weltkrieg neutral. 1939 ging Franco mit Portugal den Iberischen Pakt ein.
Nach dem Krieg wurde S. von den Siegermächten des 2. Weltkriegs boykottiert u. zunächst nicht zur UN zugelassen. In dieser gefährl. Lage sicherte sich Franco die Hilfe der Monarchisten u. der Kirche, indem er S. 1947 durch Gesetz zur kath. Monarchie erklärte. Die Wendung der Westmächte gegen das sowjet. Vordringen steigerte die Wichtigkeit S.s als eines antikommunist. Staats wegen seiner günstigen strateg. Lage. Seit 1950 gewährten die USA S. Unterstützung, um es als Bündnispartner im Kalten Krieg zu gewinnen. Durch Verträge erhielten die USA (10jähriges Hilfsabkommen 1953, bis 1970 verlängert, danach Anschlußabkommen) die Erlaubnis zur Benutzung span. Flotten- u. Luftwaffenstützpunkte; S. erhielt dafür US-amerikan. Wirtschafts- u. Militärhilfe. 1955 wurde S. Mitgl. der UN. Seine afrikan. Kolonien gab es auf: Spanisch-Guinea 1968, Ifni 1969, Spanisch-Sahara 1976. Massentourismus u. die Entsendung von Arbeitern in die westeurop. Industrieländer wirkten der polit. Isolierung des Landes entgegen, das aber weiterhin diktatorisch regiert wurde, bis Franco 1975 starb.
Im gleichen Jahr bestieg der 1969 zum Thronfolger designierte Prinz Juan Carlos de Borbón y Borbón (Enkel Alfons' XIII.) als König *Juan Carlos I.* den Thron. Mit der Ernennung von A. *Suárez* 1976 zum Min.-Präs. begann er, das Land auf die parlamentarisch-monarchische Staatsform umzustellen. Aus den Parlamentswahlen 1977 ging die von Suárez geführte „Union des Demokratischen Zentrums" (UCD) als stärkste Partei hervor. Suárez wurde im Amt des Min.-Präs. bestätigt. Am 6. 12. 1978 stimmte die Bevölkerung in einem Referendum einer neuen Verfassung zu, die auch die Autonomierechte der Regionen garantierte. Katalonien u. das Baskenland erhielten 1979 als erste ein Autonomiestatut. Andere Regionen folgten. Bei den Parlamentswahlen 1979 konnte die UCD ihre starke Stellung ausbauen; Suárez wurde erneut Min.-Präs. Seiner Regierung gelang es jedoch nicht, die schwierigen innenpolit. Probleme (Wirtschaftskrise, terrorist. Aktionen der ETA) zu lösen. Im Jan. 1981 trat Suárez zurück. Ein Putschversuch von Teilen des Militärs scheiterte am Widerstand des Königs, der sich entschieden für die Demokratie aussprach. Diese Ereignisse beschleunigten den Niedergang der Regierungspartei UCD, der auch durch den neuen Regierungschef L. *Calvo Sotelo* nicht aufgehalten werden konnte. Der NATO-Beitritt des Landes im Mai 1982 führte zu einer Polarisierung der span. Öffentlichkeit. Vor diesem Hintergrund gewannen die Sozialisten (PSOE) bei den Parlamentswahlen im Okt. 1982 die absolute Mehrheit der Sitze u. stellten mit F. *González* den neuen Min.- Präs.

Das spanische Königspaar, Juan Carlos und Sophia, bei den Parlamentswahlen 1986

Am 1. 1. 1986 wurde S. Mitgl. der EG. Die Sozialisten befürworteten nun auch die früher von ihnen abgelehnte NATO-Mitgliedschaft des Landes, die in einem Referendum am 12. 3. 1986 bestätigt wurde. Bei den Wahlen im selben Jahr konnten die Sozialisten ihre absolute Mehrheit behaupten. Konfrontationen mit der Arbeiterschaft, die 1988 in einen Generalstreik mündeten, brachten dem PSOE bei vorgezogenen Wahlen 1989 Stimmeinbußen. Die absolute Mehrheit wurde knapp verfehlt (175 von 350 Mandaten). Trotzdem blieben die Sozialisten unter Führung von González alleinige Regierungspartei. 1992 billigte das Parlament den *Vertrag über die Europäische Union.* Die konservative Volkspartei (PP) erzielte bei den Parlamentswahlen 1993 starke Stimmengewinne. Die PSOE verlor 16 ihrer 175 Mandate, blieb aber stärkste Partei. González bildete ein Minderheitskabinett unter Einbeziehung unabhängiger Fachleute. Durch zahlreiche innenpolit. Affären geriet die Regierung zunehmend unter Druck. Aus vorgezogenen Parlamentswahlen im März 1996 ging die Volkspartei (PP) unter Führung von J. M. *Aznar* als Siegerin hervor.

Spanische Mark, Grenzprovinz des Frankenreichs, wurde 795 nach einem Zug *Karls d. Gr.* bis Saragossa in Nordostspanien errichtet u. durch ein ständig weiter vorgeschobenes Burgensystem bis an den oberen Ebro ausgedehnt.

Spanische Niederlande → Belgien.

Spanischer Erbfolgekrieg, der europ. Krieg, der 1701–1714 um die Erbfolge in Spanien geführt wurde. Mit dem Tod *Karls II.* 1700 waren die span. Habsburger ausgestorben. Im Testament war *Philipp von Anjou,* Enkel *Ludwigs XIV.* von Frankreich, als Alleinerbe eingesetzt. Kaiser *Leopold I.* erhob Anspruch auf das ganze Erbe. Da Philipp nicht aus der französ. Erbfolge ausschied u. deshalb eine bourbon. Hegemonie in Europa befürchtet wurde, kam am 7. 9. 1701 eine Allianz zwischen Österreich, Großbritannien u. den Niederlanden, später auch Portugal zustande, an der das römisch-dt. Reich beteiligt war. Auf französ. Seite kämpften Bayern, Kur-Köln u. Savoyen. Nach dem von Prinz *Eugen* u. *Marlborough* gemeinsam 1704 er-

fochtenen Sieg bei Höchstädt (Blenheim) war Bayern u. damit die Bedrohung Österreichs ausgeschaltet. 1703 sagte sich Savoyen von Frankreich los. Nach dem gemeinsamen Sieg der Alliierten bei Turin (1706) mußte Frankreich Italien räumen. Die Siege von Ramillies (1706), Oudenaarde (1708) u. Malplaquet (1709) machten Ludwig XIV. friedensgeneigt, doch scheiterten die Verhandlungen 1709 in Den Haag u. 1710 in Gertrudenburg an der Forderung der Alliierten, Ludwig müßte helfen, seinen Enkel aus Spanien zu vertreiben.
1710 kam in England ein kriegsmüdes Tory-Ministerium an die Macht. Der Tod Kaiser Josephs I. (17. 4. 1711) veränderte die polit. Lage vollständig. Die Gefahr einer Vereinigung Österreichs u. Spaniens in der Hand des letzten Habsburgers Karl (als Kaiser Karl VI.) machte England u. die Niederlande friedensbereit. England schloß 1713 den Frieden von Utrecht, dem sich Holland, Portugal u. Savoyen anschlossen. Kaiser u. Reich waren dadurch zum Frieden von Rastatt bzw. Baden (Schweiz) 1714 gezwungen, in dem sie endgültig auf Straßburg u. eine Sicherung der Westgrenze (Reichsbarriere) verzichten mußten. Großbritannien behielt Gibraltar (seit 1704) u. Menorca. Frankreich mußte in Nordamerika Neufundland, Neuschottland u. die Hudsonbai an England abtreten. Philipp erhielt (als Philipp V.) Spanien, mußte jedoch die Bedingung anerkennen, daß keine Vereinigung mit den französ. Bourbonen stattfinden dürfe. Die sog. span. Nebenlande, Mailand, Neapel u. die span. Niederlande, kamen an Österreich. Jedoch erhielt Holland das Besatzungsrecht in einer Reihe von Festungen an der französisch-belg. Grenze. Im sog. Barrierevertrag wurde die Scheldemündung für den Handel gesperrt. Sizilien kam zu Savoyen.

Sparren, *Heraldik:* den Wappenschild aufteilende parallele Winkel.

Sparta, *Sparte*, griech. Stadt auf dem Peloponnes, Hauptort des Verw.-Bez. Lakonien, 15 900 Ew.
Die sich im 10. Jh. v. Chr. in S. festsetzenden *Dorier* hatten im 8. Jh. v. Chr. das ganze achäische, bei Homer von Menelaos beherrschte Lakonien unterworfen u. den Staat *Lakedaimon* geschaffen, in dem die vordorische Bevölkerung überwiegend den Status von *Periöken* (Bürger mit minderen Rechten) oder *Heloten* (Sklaven) hatte. An seiner Spitze standen das Doppelkönigtum der

Spanischer Erbfolgekrieg: In der Schlacht bei Malplaquet am 11.9.1709 besiegt die Allianz unter dem Herzog von Marlborough, John Churchill, die Franzosen; englischer Wandteppich, 1. Hälfte des 18. Jahrhunderts. Blenheim Palace, Collection of Art

Sparta: Spartanischer Krieger mit korinthischem Helm

Agiaden u. *Eurypontiden* sowie der aristokrat. Rat der Alten *(Gerusia)* von 30 Mitgliedern. Die gewöhnlichen Bürger der Stadt S., die *Spartiaten* genannte Führungsschicht des Staates, versammelten sich in der Volksversammlung *(Apella)*. Als ihre Vertreter stiegen im 6. Jh. v. Chr. die 5 *Ephoren* zur eigentl. Regierungsbehörde auf, während die Könige im 5. Jh. v. Chr. fast zu erbl. Feldherrn herabgesunken waren. Ende des 8. Jh. u. im 7. Jh. v. Chr. unterwarf S. Messenien, im 6. Jh. v. Chr. entriß es Argos die führende Stellung auf dem Peloponnes. Die Erfordernisse der Machtpolitik u. der Unterdrückung der Heloten in Lakonien u. Messenien hatten zur Folge, daß sich das im 7. Jh. v. Chr. kulturell führende S. im 6. Jh. v. Chr. in einen Kriegerstaat verwandelte, in dem sportlich-militär. Erziehung der Jugend, Disziplin u. dauernde Kampfbereitschaft der Männer das Leben der Spartiaten (um 500 v. Chr. über 4000, im 3. Jh. v. Chr. nur noch weniger als 1000 Mann) prägte. Diese gehörten vom 20. bis zum 60. Lebensjahr dem Heer an. Als Führungsmacht des gegen Ende des 6. Jh. v. Chr. geschaffenen *Peloponnes. Bundes* hatte S. 480/79 v. Chr. den Oberbefehl bei der Abwehr der Perser; der durch die Gründung des 1. Attischen Seebundes 478/77 v. Chr. entstandene Dualismus mit Athen führte zum *Peloponnesischen Krieg* (431–404 v. Chr.), in dem S. dank persischer Hilfsgelder schließlich Athen niederringen u. eine rücksichtslose Hegemonie über Griechenland (404–371 v. Chr.) errichten konnte. Durch die Niederlage bei *Leuktra* 371 v. Chr. u. den darauffolgenden Verlust Messeniens der Großmachtstellung beraubt, war S. Ende des 4. Jh. u. im 3. Jh. v. Chr. mehrmals Vorkämpfer der Peloponnesier gegen die makedon. Herrschaft u. dann seit *Kleomenes III.* (235–221 v. Chr.), von sozialrevolutionären Krisen geschüttelt, ein erbitterter Gegner des Achäischen Bundes. Territorial auf die Binnenebene Lakoniens beschränkt, wurde S. im 2. Jh. v. Chr. ein abhängiger Verbündeter Roms. In der röm. Kaiserzeit blühte es als eine Stadt der Provinz Achaea noch einmal auf u. bemühte sich, Reste der auf *Lykurgos* zurückgeführten alten Ordnung zu konservieren. 395 von den Goten unter Alarich verwüstet, wurde das Gebiet um das byzantin. S. im 8. Jh. von Slawen besetzt.

Spartacus, *Spartakus*, Anführer im 3. Sklavenkrieg, †71 v. Chr.; thrak. Kriegsgefangener in der Gladiatorenschule von Capua, floh 73 v. Chr. mit anderen Sklaven. Seine Erhebung gegen Rom fand zahlreiche Anhänger unter den Sklaven; er siegte fünfmal über röm. Heere, wurde von *Crassus* nach der Südspitze Italiens abgedrängt u. fiel bei Potelia.

Spartakusbund, ein Zusammenschluß revolutionäer Sozialisten zur Zeit des 1. Weltkriegs, gegr. Anfang 1916, nannte sich zunächst *Gruppe Internationale* (nach der Ztschr. „Die Internationale", einzige Nummer 1915), dann *Spartakusgruppe* (nach der illegalen Ztschr. „Spartacus" 1916–1918, meist „Spartakusbriefe" genannt), seit 11. 11. 1918 S. Führende Persönlichkeiten waren K. *Liebknecht*, R. *Luxemburg* u. L. *Jogiches*. Die Gruppe bekämpfte die „Burgfriedenspolitik" der SPD-Führung u. propagierte den internationalen Klassenkampf auch im Krieg. Der S. suchte die Novemberrevolution 1918 in Richtung auf ein Rätesystem weiterzutreiben. Er bildete den Kern der späteren KPD.

Späth, Lothar, Politiker (CDU), *16. 11. 1937 Sigmaringen; Verwaltungsbeamter; war 1965 bis 1967 Finanzreferent, 1967–1970 Bürgermeister von Bietigheim, 1970–1974 Geschäftsführer der Baugesellschaft Neue Heimat Baden-Württemberg; seit 1967 Mitglied der CDU, seit 1968 MdL, 1972–1978 Fraktions-Vors. der CDU, 1978 Minister des Innern, 1978–1991 Min.-Präs. von Baden-Württemberg; trat 1991 wegen des Vorwurfs der Vorteilsannahme im Amt zurück u. wurde Vors. der Geschäftsführung der Jenoptik Carl Zeiss Jena GmbH.

SPD, Abk. für → Sozialdemokratische Partei Deutschlands.

Spee, Maximilian Reichsgraf von, Seeoffizier (1913 Vizeadmiral), *22. 6. 1861 Kopenhagen, †8. 12. 1914 bei den Falklandinseln (gefallen); seit 1912 Chef des Kreuzergeschwaders in Ostasien; besiegte am 1. 11. 1914 einen brit. Verband bei Coronel vor der chilen. Küste, unterlag dann in der Seeschlacht bei den Falklandinseln.

Speer, Albert, Architekt u. Politiker (NSDAP), *19. 3. 1905 Mannheim, †1. 9. 1981 London; 1928–1932 Assistent an der Techn. Hochschule Berlin; 1931 Mitglied der NSDAP. S. errichtete seit 1933 im Auftrag Hitlers Dekorationen u. Bauten für massenwirksame nat.-soz. Großkundgebungen (bes. auf dem Reichsparteitagsgelände Nürnberg). 1937 wurde er Generalbauinspektor für die Neugestaltung der Reichshauptstadt u. entwarf gigantische Pläne für den Umbau Berlins, die wegen des Krieges weitgehend unausgeführt blieben. Seit 1939 baute er auch für Heer u. Luftwaffe. Als Nachfolger von F. *Todt* war er 1942/43 Reichs-Min. für Bewaffnung u. Munition u. 1943–1945 für Rüstung u. Kriegsproduktion. S. führte eine wirkungsvolle Konzentration der dt. Rüstungsanstrengungen herbei, widersetzte sich aber 1945 Hitlers Zerstörungsbefehlen. 1946 wurde er vom Internationalen Militärgerichtshof in Nürnberg wegen Beteiligung am Zwangsarbeiterprogramm zu 20 Jahren Haft verurteilt, die er im Spandauer Kriegsverbrechergefängnis verbüßte. Er schrieb „Erinnerungen" 1969; „Spandauer Tagebücher" 1975; „Der Sklavenstaat" 1981.

Speidel, Hans, Offizier (1957 General), *28. 10. 1897 Metzingen, Württemberg, †28. 11. 1984 Bad Honnef; 1940–1944 in hohen Stabsstellungen, zuletzt Heeresgruppen-Stabschef unter E. *Rommel*; 1944/45 wegen Beteiligung an der Widerstandsbewegung gegen Hitler inhaftiert; seit 1951 als Berater der Bundesregierung führend an der Vorbereitung eines dt. Wehrbeitrags beteiligt, 1955 bis 1957 Leiter der Abt. Gesamtstreitkräfte im Bundesministerium der Verteidigung, 1957 bis 1963 Befehlshaber der NATO-Landstreitkräfte Mitteleuropa. Erinnerungen: „Aus unserer Zeit" 1977.

Spengler, Oswald, Geschichtsphilosoph, *29. 5. 1880 Blankenburg/Harz, †8. 5. 1936 München; 1908–1911 Mathematiklehrer, seitdem freier Schriftsteller. In seinem Hptw. „Der Untergang des Abendlandes" 2 Bde. 1918–1922 entwickelte S. eine Geschichtstheorie, wonach die bisherige Weltgeschichte als ein unverbundenes Nach- u. Nebeneinander von 8 selbständigen Hochkulturen (Ägypten, Indien, Babylon, China, Antike, Arabien, Abendland, Maya) zu verstehen ist. Jede von ihnen durchlebt im Verlauf von etwa 1000 Jahren wie ein biolog. Organismus Jugend, Reife u. Alter. Die „Seele" einer Kultur prägt alle ihre religiösen, sozialen, polit. u. künstler. Lebensäußerungen. Die Kulturen sind prinzipiell unvergleichbar; man kann jedoch bei allen Kulturen auf den entspr. Altersstufen „gleichzeitige" Erscheinungen (z.B. „Gotik", „Absolutismus", „Aufklärung") feststellen. Die „abendländ." Kultur befindet sich im Übergang zu ihrem Endstadium; ihr verbleiben nur noch polit., techn. u. wirtschaftl. Aufgaben. S.s Werk fand in der Untergangsstimmung nach dem 1. Weltkrieg rasch weite Verbreitung. Eine in manchen Zügen verwandte Geschichtsphilosophie entwickelte A. *Toynbee.* – Politisch stand S. auf der äußersten Rechten; er nahm in den 1920er Jahren an antirepublikan. Bestrebungen teil. Vom Nationalsozialismus wandte er sich nach anfängl. Zustimmung schon 1933 ab. – Weitere Schriften: „Preußentum u. Sozialismus" 1920; „Polit. Pflichten der dt. Jugend" 1924; „Neubau des dt. Reiches" 1924; „Der Mensch u. die Technik" 1931; „Jahre der Entscheidung" 1933; „Briefe 1913–1936" 1963.

Speyer, kreisfreie Stadt in Rheinland-Pfalz, am Rhein (Hafen), südl. von Mannheim, 48400 Ew.
Die kelt. Stadt *Noviomagus* wurde um 70 v.Chr. von den german. Nemetern erobert, die bald darauf unter röm. Herrschaft kamen. Seit dem 3. Jh. hieß die Stadt *Civitas Nemetum.* Im 5. Jh. kam sie in fränk. Besitz; seit dem 6. Jh. wurde sie *Spira* genannt. Als Bischofssitz wird S. erstmals 614 erwähnt. Unter den Saliern u. Staufern wurde S. stark ausgebaut u. spielte eine wichtige Rolle in der Reichspolitik. Seit dem 12. Jh. hatte die Stadt weitgehende Selbstverwaltung; 1294 befreite sie sich von der bischöfl. Herrschaft u. war seither (bis 1797) freie Reichsstadt. Im 16. Jh. fanden mehrere Reichstage in S. statt (1529 Protestation der ev. Reichsstände); 1526 bis 1689 war es Sitz des Reichskammergerichts. 1589 wurde die Stadt von französ. Truppen zerstört; der Wiederaufbau im 18. Jh. gab ihr ein vorwiegend barockes Gepräge. 1797 bis 1814 war S. Hptst. eines französ. Arrondissements, 1816–1940 des bayer. Regierungsbezirks Pfalz. 1923/24 war es kurzfristig Sitz einer Separatistenregierung.

Sphinx [sfinks; Pl. *Sphingen*; grch.], ägypt. Fabelwesen in Löwengestalt mit Menschenkopf, als Abbild des Sonnengotts, dann auch der Macht des Königs gedacht. Der älteste bekannte S. ist der von Gizeh (20 m hoch, 74 m lang), der vermutlich den König *Chephren* darstellt. Vor Tempeln des Neuen Reiches befinden sich Alleen von Widdersphingen (Löwen mit Widderköpfen), die den Gott Amun verkörpern. Hethiter, Assyrer u. Phönizier übernahmen den S. als geflügelten Löwen oder Stier, der nun auch als weibl. S. auftrat. Bei den Griechen begegnet er seit kretisch-myken. Zeit vor allem mit aufgerichteten Flügeln u. kret. Haarschmuck, aber auch liegend als Wächter von Grab u. Tempel (Todesdämon).

Sphragistik [die; grch.] → Siegelkunde.

Spiegel, Bez. für dt. Rechtsbücher des MA, z.B. Deutschenspiegel, Laienspiegel, Sachsenspiegel, Schwabenspiegel.

Spiegel-Affäre, eine innenpolit. Krise in der BR Dtschld. In Nr. 41 vom 10. 10. 1962 veröffentlichte das Nachrichtenmagazin „Der Spiegel" eine kritische Analyse der NATO-Herbstübung 1962, die zu Ermittlungen der Bundesanwaltschaft wegen des Verdachts auf Landesverrat führte. Die Redaktion des Blattes wurde vom 26. 10. an durchsucht u. für mehrere Wochen besetzt, Herausgeber R. *Augstein,* führende Mitarbeiter u. vermeintliche Informanten verhaftet. Insbesondere als Folge des Eingreifens von Bundesverteidigungsminister F. J. *Strauß* (CSU), der die Nichtunterrichtung des Bundesjustiz-Min. W. *Stammberger* (FDP) von der bevorstehenden Aktion u. die Verhaftung des für den Artikel verantwortl. Redakteurs C. *Ahlers* in Spanien veranlaßte, aber auch wegen der heftigen Kritik im In- u. Ausland am Umfang der Maßnahmen gegen ein der Regierung mißliebiges Presseorgan u. an der Informationspolitik der Regierung entwickelte sich daraus eine Regierungskrise, in deren Verlauf Stammberger u. die anderen vier FDP-Minister zurücktraten. Strauß, den der „Spiegel" seit Jahren befehdet u. der seine Beteiligung vor der Öffentlichkeit wahrheitswidrig abgestritten hatte, sowie zwei Staatssekretäre aus dem Verteidigungs- u. dem Justizministerium mußten bei der Neubildung der Regierung ihre Ämter aufgeben. Bis 1966 wurden alle Verfahren eingestellt, da der inkriminierte Artikel nur bereits anderweitig veröffentlichte Informationen enthalten hatte. Die Verfassungsbeschwerde des „Spiegel" wegen der unbeschränkten Durchsuchung der Räume u. Beschlagnahme von Unterlagen wurde 1966 mit vier gegen vier Richterstimmen vom Bundesverfassungsgericht abgelehnt.

Spießrutenlaufen, militär. Strafe des 17. u. 18. Jh.: der Bestrafte mußte (eventuell mehrmals) durch eine von 100–300 Mann gebildete Gasse laufen u. erhielt dabei von jedem Mann mit einem Weidenstock einen Schlag auf den entblößten Rücken.

Spintria, röm. Eintrittsmarken für Bordelle mit obszönen Darstellungen auf der Vorderseite.

Splendid isolation [-aisəˈlɛiːʃən; die; engl., „glänzende Isolierung"], von dem kanadischen Parlamentarier G. E. *Forster* 1896 geprägtes Schlagwort zur Kennzeichnung der brit. Außenpolitik im 19. Jh., die England durch den Verzicht auf Bündnisse weitestgehende politische Handlungsfreiheit sichern wollte. Diese Politik wurde durch das Bündnis mit Japan (1902) u. die *Entente cordiale* (1904) beendet.

Split, ital. *Spalato,* kroatische Hafenstadt in Dalmatien, 189000 Ew.
Um 300 ließ sich Kaiser *Diocletian* einen riesigen Palast erbauen. In dessen Mauern entstand im 7. Jh. die Altstadt von S. Im 14. Jh. u. 1420–1797 war S. venezianisch, dann österr. 1918–1992 gehörte es zu Jugoslawien.

SPÖ, Abk. für *Sozialdemokratische Partei Österreichs;* → Sozialdemokratie.

Spoleto, italien. Stadt in Umbrien, südöstl. von Perùgia, 36800 Ew.
Als *Spoletium* 241 v.Chr. römisch, 6.–8. Jh. langobard. Herzogtum, dann Markgrafschaft. Aufgrund der Pippinischen Schenkung (754) wurde S. nach langem Streit zwischen Päpsten u. Kaisern 1198 endgültig Teil des Kirchenstaats. 1861 kam es zu Italien.

Spolien [Sg. das *Spolium*; lat.], **1.** *Altertum:* bei den Römern die Waffenbeute.
2. *Archäologie:* Teile eines Bauwerks oder Kunstwerks, die aus anderen Bauten oder Werken eingefügt sind. Da es sich bei den eingefügten Teilen oft um Reste älterer Werke handelt, sind sie für Datierungsfragen wichtig.
3. *Mittelalter:* der bewegl. Nachlaß von Geistlichen, über den der dt. König aufgrund des *Eigenkirchenrechts* die Verfügungsgewalt beanspruchte. Dieser Anspruch *(S.recht)* wurde von den Staufern, u.a. von Friedrich II., dann auch von Otto IV. u. Rudolf von Habsburg aufgegeben u. im späteren MA von der Kurie, anderen kirchl. Stellen u. von den Landesherren erhoben.

Sprenger, Jakob, Theologe, *um 1436 Rheinfelden, †6. 12. 1495 Straßburg; seit 1488 Provinzial der dt. Ordensprovinz in Köln; seit 1481 Inquisitor u. (gemeinsam mit *Institoris*) Verfasser des „Hexenhammers" (1487).

Spühler, Willy, schweizer. Politiker (Sozialdemokrat), *31. 1. 1902 Zürich, †31. 5. 1990 Zürich; 1960–1970 im Bundesrat (zunächst Verkehrs- u. Energiewirtschaftsdepartement, seit 1966 Polit. Departement), 1963 u. 1968 Bundes-Präs.

Srbik [ˈzrbik], Heinrich Ritter von, österr. Historiker, *10. 11. 1878 Wien, †16. 2. 1951 Ehrwald, Tirol; 1912–1922 Prof. in Graz, 1922–1945 in Wien; 1938–1945 Präs. der Akademie der Wissenschaften in Wien, 1929/30 Unterrichts-Min. S. forderte eine gesamtdt. Geschichtsbetrachtung u. damit Überwindung der Trennung in kleindt. u. großdt. Richtungen. Im „Anschluß" Österreichs 1938 glaubte er seine Reichsidee erfüllt; er war 1938–1945 Mitgl. des Reichstags. Hptw.: „Metternich" 3 Bde. 1925–1954; „Dt. Einheit, Idee u. Wirklichkeit vom Hl. Reich bis Königgrätz" 4 Bde. 1935–1942; „Geist u. Geschichte vom dt. Humanismus bis zur Gegenwart" 2 Bde. 1950/51; Hrsg. der „Quellen zur dt. Politik Österreichs" 1859–1866, 5 Bde. 1934–1938.

Sri Lanka CL

Demokratische Sozialistische Republik Sri Lanka

Fläche: 65610 km². – *Einwohner:* 18,1 Mill. – *Hauptstadt:* Colombo. – *Landessprachen:* Singhalesisch, Tamil. – *Nationalfeiertag:* 4. 2. – *Währung:* 1 Sri-Lanka-Rupie = 100 Sri-Lanka-Cents. – *Lage:* Insel im Indischen Ozean südlich von Indien zwischen 5°55′ und 9°50′ n.Br. sowie 79°42′ und 81°52′ ö.L. – *Zeitzone:* Mitteleuropäische Zeit + 4 Std. 30 Min. – *Staatsform:* präsidiale Republik.

S. L. war im Altertum als *Taprobane* bekannt. In der Pali-Sprache hieß die Insel *Sihaladipa.* Auf diesen Namen geht vermutlich die englische offizielle Bez. *Ceylon* zurück. Die Insel wurde im 6. Jh. v.Chr. von Indien aus vom arischen Stamm der Singhalesen erobert. 247 v.Chr. bekehrte Aschokas Sohn *Mahinda* die Bevölkerung zum Buddhismus, dem sie auch heute noch größtenteils angehört. S. L. hat in seiner Geschichte mehrfach Invasionen aus Südindien abwehren müssen. Innere Auseinandersetzungen ermöglichten es im 13. Jh. ausländ. Gruppen, den Außenhandel an sich zu ziehen. Die damals eingedrungenen Araber bilden noch heute eine Minderheit in S. L. Das Zentrum der singhales. Macht lag seit etwa 1500 in *Kandy,* während im N die aus Südindien eingedrungenen drawidischen *Tamilen* im 14. Jh. ein Königreich bildeten. 1517 erschienen die Portugiesen in S. L., erbauten das Fort Colombo, unterdrückten im Küstengebiet den Buddhismus u. bemächtigten sich 1593 der Stadt Jaffna. 1655 verdrängten die Holländer mit der Eroberung Colombos die Portugiesen, übernahmen den Gewürzhandel u. führten die Plantagenwirtschaft ein. Von Madras aus gewannen 1796 die Engländer die Insel, die 1815 Kronkolonie wurde. Agrarreformen ermöglichten in den 1830er Jahren die Bildung großer Kaffee- u. auch Teeplantagen in brit. Hand.

Die Unabhängigkeitsbewegung setzte erst Anfang des 20. Jh. ein u. organisierte sich 1919 nach ind. Vorbild im Nationalkongreß, bevor sich in den 1930er u. 1940er Jahren andere Parteien bildeten (Sozialisten, Kommunisten, *United National Party [UNP]*).
Mit einer ersten Verfassung erhielt S. L. am 4. 2. 1948 die Unabhängigkeit im Rahmen des Commonwealth. In der Folge regierten dann die konservative UNP (1948–1956, 1960, 1965–1970 u. seit 1977) u. die linksgerichtete *Sri Lanka Freedom Party (SLFP)* im Wechsel. Der 1959 ermordete Premier-Min. Solomon *Bandaranaike* (SLFP), der wie seine ihm im Amt nachfolgende Witwe Sirimavo Bandaranaike eine pluralistische Gesellschaft, so wie sie von der UNP erstrebt wurde, ablehnte, provozierte durch seine die singhalesische Mehrheit bevorzugende Politik die ethnischen Gruppen. Seit 1958 kam es daher immer wieder zu Rassenunruhen mit schweren Ausschreitungen, bes. gegen die Tamilen. Die seit 1977 regierende UNP unter J. R. *Jayawardene* (seit der Verfassungsänderung von 1978 Staats-Präs.) nahm zwar ihre traditionelle Politik des Pluralismus wieder auf, doch setzte sich die Radikalisierung der ethnischen Gruppen fort, wobei es zu ständig sich steigernden blutigen Auseinandersetzungen kam. Seit 1983 herrschten in den nördl. Landesteilen bürgerkriegsähnl. Zustände. Tamilische Guerillaverbände suchten mit Waffengewalt die Errichtung eines unabhängigen Tamilenstaates zu erzwingen. 1987 schloß die Regierung ein Friedensabkommen mit den Rebellen, in dem sie den Tamilen weitgehende Autonomie im Rahmen einer Föderation zusicherte. Indien garantierte die Einhaltung des Abkommens durch die Rebellen u. entsandte Truppen nach S. L. In der Folge wurden die ind. Truppen in schwere Kämpfe mit Guerillas verwickelt. 1988 wurde R. *Premadasa* (UNP) als Nachfolger Jayawardenes zum Staats-Präs. gewählt. Die UNP gewann auch die Parlamentswahlen von 1989. 1990 zogen die ind. Truppen ab, ohne sich gegen die Rebellen durchgesetzt zu haben. Der Bürgerkrieg ging weiter. 1993 fiel Präsident Premadasa einem Bombenattentat zum Opfer. Sein Nachfolger wurde D. B. *Wijetunga*. Die vorgezogenen Parlamentswahlen im August 1994 gewann das Linksbündnis People's Alliance unter Führung der SLFP. Während des Präsidentschaftswahlkampfs kam G. *Dissanayake*, der Kandidat der UNP, durch einen Bombenanschlag ums Leben. Aus den Präsidentschaftswahlen im November 1994 ging C. *Kumaratunga* (SLFP), eine Tochter S. Bandaranaikes, als Siegerin hervor. 1995 verstärkte die Regierung den Militäreinsatz gegen die tamil. Rebellen. Im Dez. 1995 fiel Jaffna, eine Hochburg der Tamilen.

SS, Abk. für *Schutzstaffel*, eine Gliederung der NSDAP, 1925 zum Schutz Hitlers u. der nat.-soz. Führer gegr., seit 1929 unter dem Reichsführer SS, H. *Himmler*, zur parteiinternen Sicherheitsorganisation ausgebaut (1933 etwa 50 000 Mitgl.), 1934 aufgrund ihrer zentralen Rolle bei der Mordaktion gegen die SA-Führung um E. *Röhm* aus der Unterstellung unter die SA gelöst u. Hitler direkt unterstellt. 1931 gliederte sich die SS-Führung in das Verwaltungsamt, das Rasse- u. Siedlungsamt u. den Sicherheitsdienst (SD), nach 1939 in 12 Hauptämter. Himmler war bestrebt, die SS zu einer ordensähnlichen, nach körperl. Ausleseprinzipien zusammengestellten „rassereinen" Elitegemeinschaft im Dienste des Nationalsozialismus zu formen (Nachweis der „arischen" Abstammung zurück bis 1750, Heiratsgenehmigung, schwarze Uniform, eigene Symbole u. Kultformen).
Durch das von Himmler u. seinem SD-Chef R. *Heydrich* vorangetriebene Eindringen in den Polizeiapparat entwickelte sich die SS nach 1933 zum wichtigsten Instrument der Gegnerbekämpfung u. der Sicherung des nat.-soz. Regimes. 1936 wurde Himmler zum „Reichsführer SS u. Chef der dt. Polizei" ernannt. In dieser Doppelfunktion konnte er die politisch wichtigen Teile der Polizei (Sicherheitspolizei, d. h. polit. u. Kriminalpolizei) faktisch aus dem Kompetenzbereich der Regierung lösen (formal blieben sie – vor allem aus finanziellen Gründen – Teil des Staatsapparats) u. zu einem Instrument der unbeschränkten Führergewalt Hitlers umgestalten. Die Sicherheitspolizei wurde dadurch, bes. nach ihrer Zusammenfassung mit dem SD im *Reichssicherheitshauptamt*, bei Vorbeugung u. Strafe unabhängig von der Justiz.
Seit 1933 unterhielt die SS kasernierte u. bewaffnete Verbände: die *SS-Verfügungstruppe* umfaßte 1939 18 000 Mann, die *SS-Totenkopfverbände* (1938: 8500 Mann) bildeten das Wachpersonal der Konzentrationslager, die seit 1934 der alleinigen Zuständigkeit der SS unterstanden. Als Instrument nat.-soz. Gewaltmaßnahmen u. der Massenmorde an Juden (→ Judenverfolgung) u. „minderrassigen Völkern" wirkte die SS während des Krieges bes. durch die Einsatzgruppen u. in den Vernichtungslagern. Aus den bereits bestehenden Kadern entwickelte sich nach Kriegsbeginn die *Waffen-SS*, die 1940 100 000, 1944 etwa 600 000 Mann umfaßte, darunter viele „volksdeutsche" u. ausländ. Freiwillige u. Zwangsverpflichtete. Die aktiven Verbände wurden im Rahmen des Heeres eingesetzt, bildeten aber keinen Teil der Wehrmacht. Im Zusammenhang mit Himmlers Funktion als „Reichskommissar für die Festigung dt. Volkstums" spielte die SS außerdem eine Rolle bei der nat.-soz. Germanisierungspolitik, der Aussiedlung „Fremdvölkischer" u. der Rückholung u. Ansiedlung von „Volksdeutschen" aus Osteuropa. Vom Internationalen Militärgerichtshof in Nürnberg wurde die SS 1946 mit allen Untergliederungen außer der Reiter-SS zur „verbrecherischen Organisation" erklärt.

Staatskanzler, Titel der leitenden Minister K. A. Fürst von *Hardenberg* in Preußen (1810 bis 1822) u. K. Fürst von *Metternich* in Österreich (1821 1848), 1919/20 u. April Nov. 1945 des österr. Regierungschefs (jetzt *Bundeskanzler*).

Staatssicherheitsbehörden der UdSSR, die geheimpolizeilichen Organe, die seit 1917 in Sowjetrußland bzw. der UdSSR unter verschiedenen Namen, in wechselnden Organisationsformen u. mit unterschiedl. Machtbefugnissen bestanden. 1991, kurz vor dem Ende der UdSSR, wurde das KGB, die zentrale Staatssicherheitsbehörde, formal aufgelöst. Seine einzelnen Zweige bestehen fort; sie sind größtenteils von der Regierung Rußlands, z. T. auch von den Regierungen der anderen ehem. Sowjetrepubliken übernommen worden.

Staatssicherheitsdienst, Abk. *SSD*, die polit. Polizei u. Spionageorganisation der DDR. Die oberste Behörde, die nur formal zum DDR-Ministerrat gehörte, war 1950–1953 u. seit 1955 das *Ministerium für Staatssicherheit* (1953–1955 zum Staatssekretariat herabgestuft). Leiter waren 1950–1953 W. *Zaisser*, 1953–1957 E. *Wollweber*, 1957–1989 E. *Mielke*. Der S. hatte rd. 85 000 hauptamtl. Angestellte u. mindestens 180 000 „inoffizielle Mitarbeiter". Seine Aufgaben waren 1. die innere Sicherung des von der SED bestimmten Herrschafts- u. Gesellschaftssystems der DDR durch Überwachung aller Lebensbereiche der Bürger, 2. Spionage, Desinformation u. verdeckte Einwirkung im nichtkommunist. Ausland u. bes. in der BR Dtschld. (durch die Hauptverwaltung Aufklärung unter M. *Wolf*). Nach den polit. Umwälzungen in der DDR 1989 wurde der S. zunächst in ein *Amt für nationale Sicherheit* überführt. Im Dez. 1989 beschloß die Regierung der DDR die endgültige Auflösung des S.es zum 20. 6. 1990.
Das ganze Ausmaß der Überwachungs-, Unterdrückungs- u. Verfolgungstätigkeit des S.es kam erst nach der Wiedervereinigung Deutschlands ans Licht. In den letzten Monaten seines Bestehens vernichtete der S. einen Teil seiner schriftlichen Unterlagen, doch blieb ein großer Aktenbestand erhalten. Zur Verwaltung u. Auswertung dieser Akten wurde die Behörde des *Bundesbeauftragten*

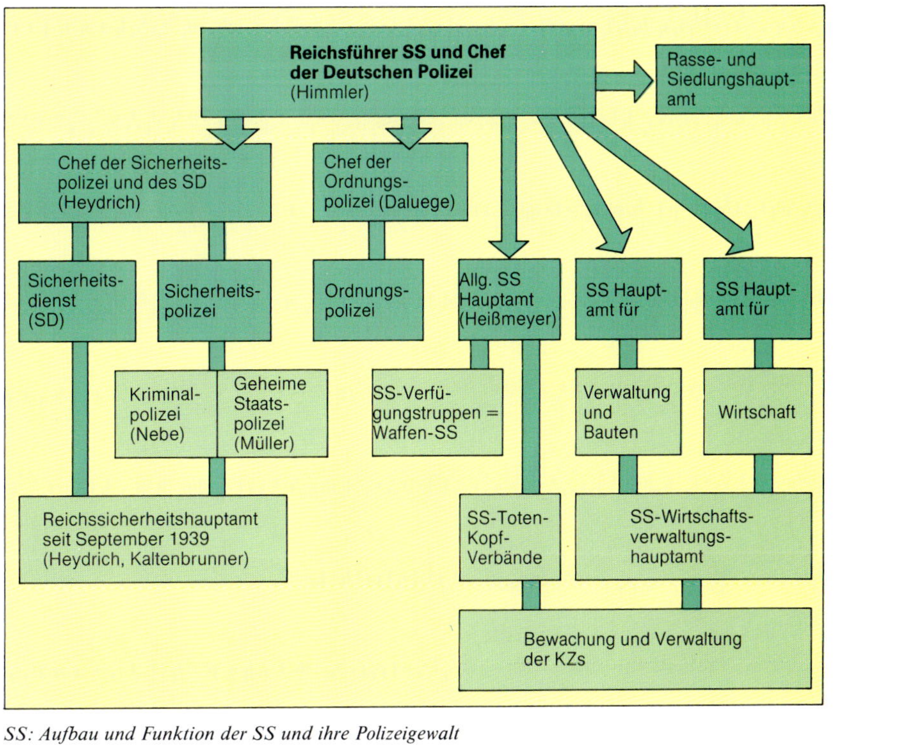

SS: Aufbau und Funktion der SS und ihre Polizeigewalt

Die Stadt im Mittelalter

Die Ursprünge des mittelalterlichen Städtewesens in Deutschland reichen bis in die Römerzeit zurück, wie die Beispiele Köln und Trier belegen. Das Anwachsen der städtischen Bevölkerung im frühen Mittelalter war begleitet von einer Ausdifferenzierung des Stadtraumes. Um 1350 gab es in Deutschland etwa 3000 Städte. Das mittelalterliche Stadtbild war gekennzeichnet durch enggedrängte steile Giebel, die von den Türmen und Schiffen der Kirchen überragt wurden. Das Wesen der mittelalterlichen Stadt beschreibt Adelheid Simsch so:

1 *Die Darstellung aus der Bilderhandschrift des Hamburger Stadtrechts (1497) zeigt die Tagung des Niedergerichts der Hansestadt.*

»Die mittelalterliche Stadt hob sich von den meisten zu einer Grundherrschaft gehörenden ländlichen Bezirken in rechtlicher, wirtschaftlicher, sozialer und topographischer Hinsicht ab.

Die rechtliche Sonderstellung der Stadt gegenüber dem Land, d. h. die städtische Freiheit gegenüber der Schollengebundenheit, beruhte auf mehreren Vergünstigungen, die ihr der Stadtherr, zu dem sie gehörte, verlieh: auf dem Marktrecht, der Bannmeile, der Stadtverfassung und dem Recht zur Befestigung. Das Marktrecht war die wichtigste Voraussetzung für die Entwicklung des städtischen Handels. Es berechtigte die Stadt, Märkte abzuhalten, und regelte alle damit zusammenhängenden Fragen, z. B. die Marktordnung und die Marktgerichtsbarkeit.

Die Bannmeile zog sich in einem Umkreis von mehreren Kilometern um die Stadt (z. B. 7,5 km um Köln, 15 km um Leipzig). Wie der Name sagt, »verbannte« sie Handwerk und Handel aus den Dörfern dieses Umkreises in die Stadt und förderte dadurch die Entwicklung des städtischen Handwerks und den Fernhandel. Auf den Dörfern waren nur solche Handwerker zugelassen, die für den täglichen Bedarf der Dorfbewohner arbeiteten und ihre Erzeugnisse auf den Dorfmärkten anboten oder als Hausierer von Haus zu Haus zogen.

Die Stadtverfassung garantierte die weitgehende Selbständigkeit der Stadtbewohner und war die Voraussetzung für die allmähliche Loslösung vom Grund-(und Stadt-)herrn und damit für die Freiheit der Bürger.

Das Recht der Stadt zur Befestigung unterstrich die Tendenz, sich dem Grundherrn gegenüber abzugrenzen und selbständig zu machen. Die Stadtmauer schützte alle Bewohner gleichsam wie eine befestigte Burg. Die Bezeichnungen »Burg« und »Stadt« wurden daher auch lange Zeit gleichbedeutend verwendet. Die Bewohner nannten sich Bürger. Wall und Graben sicherten die Stadtmauer ab, die mit Wehrgängen und Schießscharten ein Eindringen des Feindes verhindern sollte. Der Zugang in eine solche »Burg« oder »Stadt« war nur durch Tore möglich, zu denen die Straßen über Zugbrücken führten, wie sich heute noch gut am Beispiel der Altstadt von Nürnberg zeigen läßt.

Die wirtschaftliche Sonderstellung der Stadt gegenüber dem Land war durch den Markt gegeben. Er bildete das Zentrum der Stadt und lag im Schnittpunkt der Straßen, die (...) direkt auf ihn hinführten.«

Aus: Deutschland. Porträt einer Nation. Bd. 3: Wirtschaft, Bertelsmann Lexikon Verlag, Gütersloh 1985.

2 *„Last des Stadtregiments". Drei sogenannte „Losunger" der Stadt Nürnberg, oberste Steuer- und Verwaltungsbeamte. Die zwei patrizischen tragen symbolisch die ganze Stadt. Der rechte gehört dem Handwerksstand an; er trägt keine Verantwortung. Nürnberg, Stadtbibliothek.*

3

4

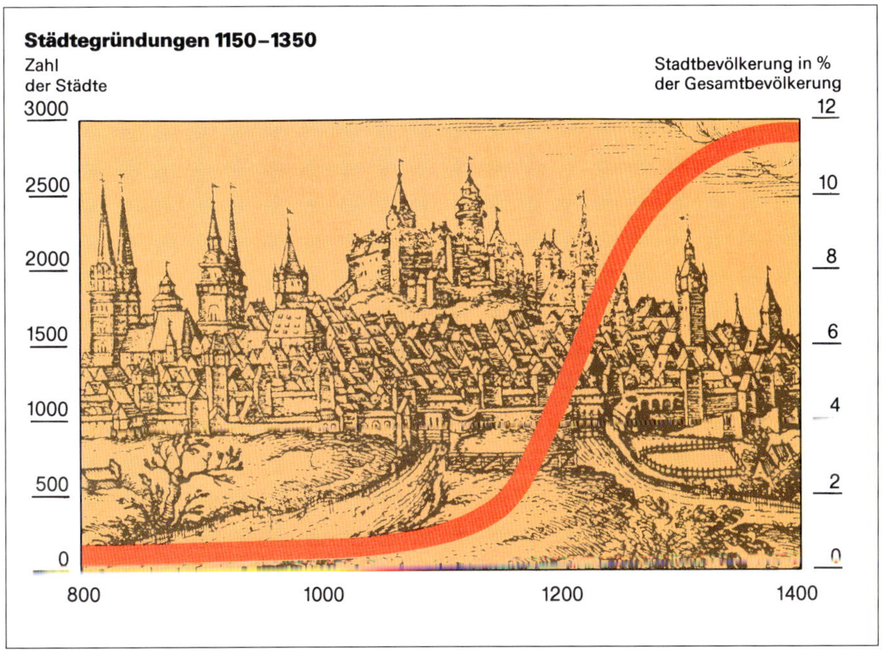

5

3 *Die ehemalige Reichsstadt Nürnberg mit Burganlage. Kupferstich von Merian; 1648.*

4 *Ausbau der Städte. Bautechniken der Zeit zeigt dieser Holzschnitt aus der »Chronik von Köln« 1449.*

5 *Geschäftstreiben in der mittelalterlichen Stadt: ein Brillenmacher wird von Schaulustigen umlagert, daneben eine öffentliche Schreibstube, dahinter eine Schuhmacherwerkstatt; Kupferstich um 1570.*

für die Unterlagen des S.es der ehem. DDR geschaffen (nach ihrem Leiter oft kurz als *Gauck-Behörde* bezeichnet). Seit 1992 haben Opfer des S.es das Recht zur Einsichtnahme in ihre Akten.

Stade, Kreisstadt in Niedersachsen, an der Mündung der Schwinge in die Unterelbe, 43 000 Ew.

Eine Wiksiedlung mit Burg wird erstmals 994 erwähnt (Plünderung durch Normannen). 1017 nahmen die Grafen von Harsefeld ihren Sitz in S. u. nannten sich nach dem Ort. 1145 besetzte *Heinrich der Löwe* S. u. verlieh ihm später das Stadtrecht. 1180 kam S. zum Erzbistum Bremen, gewann aber bald eine relativ selbständige Stellung als Mitgl. der Hanse. 1648 fiel es an Schweden u. wurde Sitz der schwed. Regierung für die Herzogtümer Bremen u. Verden. 1719 kam S. zu Hannover, 1807 zum Königreich Westfalen, 1813 erneut zu Hannover u. 1866 zu Preußen. 1883–1978 war es Sitz eines Regierungsbezirks.

Stadion, Johann Philipp Karl, Graf von *S.-Warthausen,* österr. Politiker, *18. 6. 1763 Mainz, †15. 5. 1824 Baden bei Wien; 1805–1809 Außen-Min.; sein Plan, durch Aufstellung eines Volksheers den nationalen Aufstand gegen Napoleon zu entfesseln, fand keine offizielle Unterstützung. 1809 wurde S. von *Metternich* abgelöst; er verhandelte 1813 erfolgreich mit Preußen u. Rußland (Allianzvertrag von Reichenbach); als Finanz-Min. (1815–1824) Gründer der Nationalbank.

Stadt, eine seit Jahrtausenden bestehende Siedlungsform mit bestimmtem Rechtsstatus. Die frühesten Städte entstanden in den alten Hochkulturen, z. B. Jericho in Palästina (8. bis 9. Jahrtausend v. Chr.); Babylon, Ninive, Kisch, Ur u. Uruk im Zweistromland; Susa in Persien; Harappa u. Mohenjo-Daro in Indien; Yin in China; Theben u. Memphis in Ägypten. Sie waren z. T. prunkvolles Symbol der Macht von Gottkönigen.

Die griech. S. war als Stadtstaat *(Polis)* mit eigenem Staatswesen bestimmendes u. tragendes Element der griech. Geschichte. Anders als die S. des Orients war sie für das Gemeinwesen geschaffen, war Zentrum der polit., religiösen u. kulturellen Einrichtungen. Erst im 5. Jh. v. Chr. wurde die griech. S. allg. mit einer Mauer umgeben.

Frühe röm. Städte entstanden bereits im 5. Jh. v. Chr. in Italien (Norba, Velitrae u. a.); in der Kaiserzeit entwickelte sich die röm. S. nach dem Vorbild Roms oft zu einer prächtigen Anlage. Auch Handelsplätze u. Marktflecken wurden zu Städten ausgebaut (Paris). Neben den gewachsenen Städten gab es in den Provinzen geplante Neugründungen, die vorzugsweise an Flußübergängen, Straßen, Kreuzungen (Andernach) oder in Verbindung mit röm. Militärlagern angelegt wurden, denen seit dem 2. Jh. z. T. Stadtrecht verliehen wurde (Bonn, Mainz). Der Höhepunkt der S.entwicklung in röm. Zeit war nach dem 2. Jh. erreicht. Zu dieser Zeit hatten Rom, Neapel u. Marseille eine Einwohnerzahl von über 500 000 erreicht. Mit dem Zusammenbruch des weström. Reiches in der Völkerwanderung konnten Städte dieser Größenordnung, aber auch wesentlich kleinere Städte, nicht mehr versorgt werden. Im frühen MA fehlten in Europa die Voraussetzungen für eine S.entwicklung völlig; die alten Städte aus der Römerzeit gingen meist beträchtlich in ihrer Einwohnerzahl zurück oder wurden zu Wüstungen. Erst unter den Saliern u. Staufern entstanden aus verschiedenen Siedlungen *(Oppidum, Wik, Markt, Burg)* Städte, deren Bedeutung mit dem Aufblühen von Handel u. Wirtschaft zunahm, die eigene Rechtsformen entwickelten (Lübekker, Magdeburger, Kölner S.recht), zu politisch eigenständigen Gebilden werden konnten *(freie Reichsstädte)* u. zunehmend seit dem Ende des MA ein bedeutender polit. Faktor neben Adel u. Kirche waren (oberitalien. u. flandr. Städte). Seit dem 11. Jh. wurden Städte planmäßig vor allem mit der Besiedlung dt. Ostgebiete gegründet. Im Spät-MA taten sich Städte in *Städtebünden (Hanse, Schwäb. Städtebund* u. a.) zusammen. Von den 3000 Städten des Hl. Röm. Reiches erreichten nur 25 die mittelalterl. Großstadtgrenze von 10 000 Ew. Die meisten blieben bei einer Einwohnerzahl unter 2000.

Zuerst entwickelte sich in Italien während der Stauferzeit (lombard. Städtebund) eine hohe Stadtkultur. Venedig (mit am Ende des 15. Jh. 200 000 Ew.), Florenz u. Mailand waren Zentren städtischer Kultur. In Italien bildete sich im 13. Jh. ein besonderer Typ der *Stadtrepubliken* (Siena, Florenz) mit sehr komplizierten demokrat. Verfassungen heraus, die in der Frühphase der Renaissance zum Träger der Kultur wurden.

Neben den italien. Stadtrepubliken haben die dt. Reichsstädte (zeitweise etwa 100) eigene Territorien aufgebaut. Sie bildeten ab 1489 eine geschlossene Kurie am Reichstag. Die spätmittelalterl. dt. S. entwickelte eine blühende bürgerl. Kultur mit hervorragenden kirchl. u. profanen Bauten. Schulen u. Hochschulen, Buchdruck, Grundbuch- u. Bauwesen entwickelten einen hohen Stand. Wie in Spanien, Frankreich u. Italien, so waren auch in Dtschld. die Städte Zentren einer umfassenden Markt- u. Verkehrswirtschaft. Genf, London, Wien, Köln, Augsburg u. Nürnberg waren neben Florenz, Mailand u. Venedig Träger eines hochentwickelten Fernhandels u. Bauwesens. In Frankreich, England u. Spanien wurden die Städte die stärksten Stützen des sich gegen die Feudalherren durchsetzenden Königtums.

Die Einwohnerzahl der Städte schwankte im 14. u. 15. Jh. durch verheerende Pestepidemien sehr stark, die nicht selten bis zu 50 % der Bevölkerung dahinrafften. Neben Venedig wuchsen in dieser Zeit London u. Paris zu Weltstädten mit mehr als 100 000 Ew. heran.

In der frühen Neuzeit ging die Bedeutung der Städte im allgemeinen zurück, nachdem sie in Dtschld. in der ersten Phase der Reformation die wichtigsten Stützen der neuen Lehre gewesen waren. Auch ihre militär. Bedeutung schwand mit der Entwicklung der Kriegstechnik. Viele im Spät-MA bedeutende Städte wie Genf, Köln, Lyon, Augsburg oder Nürnberg schrumpften u. verloren ihren Einfluß. Mit den Residenzstädten entstand ein auf höf. Repräsentation ausgerichteter Typ.

In den außereurop. Ländern begann die Stadtentwicklung weitgehend erst mit der Kolonialzeit. Bestehende Städte alter Kulturen wie der Inka haben diese Entwicklung kaum beeinflußt. Die Spanier bauten ihre Kolonialstädte in streng schachbrettartigen Grundrissen mit einem großen, mit Anlagen geschmückten rechteckigen Platz im Zentrum, an dem die Kirche u. die Verwaltungsgebäude lagen.

Im 19. Jh. entwickelte sich die Industriestadt. Voraussetzung dafür waren die Neuordnung der Gesellschaft in den bürgerl. Revolutionen, liberale Agrarreformen, Gewerbefreiheit, Industrialisierung u. die Revolutionierung der Verkehrsverhältnisse. Die moderne Großstadt ist meist auch Industriestadt. Sie ist gekennzeichnet durch hohen Zentralitätsgrad, Multifunktionalität, hohe Bebauungsdichte bei gleichzeitiger enormer Ausdehnung. Massenverkehr, Klimaveränderung, anschwellende Stadtverwaltungen, Versorgungs- u. Entsorgungsschwierigkeiten kennzeichnen die Stadtentwicklung in der zweiten Hälfte des 20. Jh. Dies gilt insbes. für unterentwickelte Länder, deren Millionenstädte kaum noch fähig sind, die ihnen zuströmende Bevölkerung aufzunehmen. Ⓑ S. 726/727.

Stadtbücher, in mittelalterl. Städten die amtl. Aufzeichnungen u. Urkundensammlungen, wie Ratslisten, Ratsprotokolle, Schöffensprüche, Schuld-, Pfand-, Steuerbücher. Zu den ältesten gehören die seit 1135 geführten *Kölner Schreinskarten* u. *Schreinsbücher* (Vorläufer der Grundbücher). Die S. sind von den → Stadtrechtsbüchern zu unterscheiden.

Städtebünde, Zusammenschlüsse von Städten zum Schutz gegen König, Fürsten u. Ritter im späteren MA, u. a. *Rheinischer Städtebund, Schwäbischer Städtebund, Sächsischer Städtebund.*

Stadtrecht, im MA das in den einzelnen Städten geltende Recht, das von dem Landrecht außerhalb der Stadtmauern verschieden war *(Weichbildrecht).* S. war gesetztes Recht *(Statutarrecht),* ursprünglich vom Kaiser oder Landesherren als *Privileg, Freiheitsbrief, Handfeste* verliehen, dann von den Städten selbst erlassen *(gewillkürt, Willkür, Schraen)* u. weiterentwickelt. Jüngere Städte konnten mit dem Recht älterer Städte bewidmet werden oder es autonom übernehmen. In diesen *S.sfamilien* war das Gericht der Mutterstadt *Oberhof* für das der Tochterstadt. Die Stadtrechtsbücher enthalten das von nichtamtl. Seite aufgezeichnete Gewohnheitsrecht, während die Stadtbücher amtl. Aufzeichnungen u. Urkundensammlungen enthalten.

Stadtrechtsbücher, im MA private Aufzeichnungen des städtischen Gewohnheitsrechts, z. B. Mühlhäuser Reichsrechtsbuch 1224/30.

Staël-Holstein [sta:l-], (Anne Louise) Germaine, Baronne de, genannt *Madame de Staël,* französ. Schriftstellerin, *22. 4. 1766 Paris, †14. 7. 1817 Paris; Tochter des französ. Finanzministers Jacques *Necker*; floh vor der Revolution nach Coppet (Genfer See) u. befreundete sich dort mit B. *Constant*; unterhielt um 1800 den führenden Pariser Salon, wurde 1802 von *Napoleon* wegen ihrer romantisch-liberalen Ideen zur Emigration gezwungen. Auf ihren zahlreichen Reisen lernte sie u. a. *Goethe, Schiller, Wieland, Fichte* u. die Brüder *Schlegel* kennen u. vermittelte die entscheidenden Anstöße für die Romantik in Frankreich. Ihr Hptw.: „De l'Allemagne" 1810, dt. „Deutschland" 1814, prägte für lange Zeit die französ. Vorstellung von Dtschld. als einem verträumten Land von Dichtern u. Philosophen.

Stahlhelm, *S., Bund der Frontsoldaten,* im Dez. 1918 in Magdeburg von F. *Seldte* gegründeter u. von ihm u. T. *Duesterberg* geführter stärkster Wehrverband der Weimarer Republik; seit 1924 auch für Nichtkriegsteilnehmer offen, 1930 über 400 000 Mitglieder. Offiziell überparteilich, stand der S. den konservativ-nationalist. Kräften nahe u. versuchte 1930/31 eine Brücke zwischen der autoritären Regierung Brüning u. der offen republikfeindl. Rechten (DNVP, NSDAP) zu schlagen. Im Sog des Aufschwungs der radikalen NSDAP ging er 1931/32 zur „nationalen Opposition" (→ Harzburger Front) über. Seldte trat 1933 als Reichsarbeitsminister in das Kabinett Hitler ein, vermochte aber die Selbständigkeit seines Bundes nicht lange zu erhalten. Seit Juni 1933 wurden die bis 35 Jahre alten Mitglieder in die SA überführt, die Restorganisation wurde 1934 in *Nat.-soz. Dt. Frontkämpferbund* umbenannt u. löste sich 1935 auf. Versuche einer Wiederbelebung des S.s seit 1951 blieben ohne große Resonanz.

Stahlhof → Stalhof.

Stahlpakt, der am 22. 5. 1939 zwischen dem nat.-soz. Dt. Reich u. dem faschist. Italien abgeschlossene Freundschafts- u. Bündnispakt, der die Verpflichtung zu militär. Beistand im Kriegsfall, zu enger Zusammenarbeit auf militärisch-wirtschaftl. Gebiet sowie zum gemeinsamen Friedensschluß nach gemeinsam geführtem Krieg enthielt. Der S. setzte die Linie der 1936 begonnenen Politik

Josef Stalin (propagandistisches Porträt aus den 1940er Jahren)

(„Achse Berlin-Rom") fort. Er sah den Bündnisfall nicht nur beim Angriff einer dritten Macht vor, sondern ausdrücklich für die „Sicherung des Lebensraums", der „Lebensinteressen" der beiden Völker. Für Südtirol legte der Pakt die derzeitige Grenze als für alle Zeiten gültig fest. Da der S. erst nach 3 Jahren in Kraft treten sollte, war am 1. 9. 1939 für Italien der Bündnisfall nicht gegeben.

Stalhof [mittelniederdt. *staal,* „Muster"], fälschlich *Stahlhof,* seit dem 15. Jh. Bez. für das Kontor der *Hanse* in London, 1598 geschlossen.

Stalin, eigentl. *Dschugaschwili,* Jossif (Josef) Wissarionowitsch, sowjet. Politiker, *21. 12. 1879 (n. a. A. 6. 12. 1878) Gori, †5. 3. 1953 Moskau; Georgier; besuchte das Tifliser Priesterseminar, seit 1898 Mltgl. der Russ. Sozialdemokrat. Partei, seit 1904 der bolschewist. Gruppe, betätigte sich in der revolutionären Bewegung im Kaukasus, wurde 1912 in das ZK der bolschewist. Partei kooptiert. Den 1. Weltkrieg verbrachte S. in sibir. Verbannung. In der ersten Sowjetregierung war S. 1917–1923 Volkskommissar für Nationalitätenfragen. Seit 1922 brachte er als Generalsekretär den Parteiapparat der KPdSU unter seine Kontrolle. Nach dem Tod Lenins schaltete er durch geschicktes Ausspielen der verschiedenen Gruppen in der KPdSU nacheinander L. Trotzkij, G. Sinowjew, L. Kamenew, N. Bucharin, A. Rykow u. andere prominente Bolschewiki aus. Seit Ende der 1920er Jahre war S. Diktator der Partei u. des Landes. Seit 1941 bekleidete er auch die Ämter des Vors. des Rats der Volkskommissare (seit 1946 Min.-Präs.) u. des Oberbefehlshabers der Streitkräfte (1943 Marschall, 1945 Generalissimus).

S. errichtete ein auf Terror u. lückenlose Kontrolle aller Lebensbereiche gegründetes Herrschaftssystem. In der „Großen Säuberung" der 1930er Jahre vernichtete er nicht nur alle potentiellen Gegner, sondern auch Hunderttausende treuer Anhänger. Mit größter Härte betrieb er die Kollektivierung der sowjet. Landwirtschaft u. die Industrialisierung des Landes („Aufbau des Sozialismus in einem Lande"). Die kommunist. Weltbewegung machte er zum Instrument der sowjet. Außenpolitik. Er war hauptverantwortlich für die anfängl. Niederlagen der UdSSR im 2. Weltkrieg, erreichte aber durch den schließl. Sieg beträchtl. Gebietsgewinne u. die Schaffung eines Systems von Satellitenstaaten. S. beanspruchte die höchste Autorität auf nahezu allen Gebieten u. ließ sich als „Genius der Menschheit" feiern.

S.s Nachfolger, bes. N. *Chruschtschow,* distanzierten sich vom „Personenkult" um S. u. von einigen seiner Maßnahmen, nicht jedoch von den Grundlagen seines Herrschaftssystems. Nach 1965 verstummte in der UdSSR die Kritik an S. fast völlig. Unter M. *Gorbatschow* (1985–1991 Parteichef) wurde die krit. Auseinandersetzung mit der S.-Ära wiederaufgenommen.

S.s Tochter Swetlana *Allilujewa* (*1926; sie nahm 1957 offiziell den Mädchennamen ihrer Mutter an) verließ 1966 die UdSSR. Sie lebte meist in den USA. 1984 Rückkehr in die UdSSR, die sie 1986 aber wieder verließ.

Schriften S.s: „Marxismus u. nationale Frage" 1913; „Fragen des Leninismus" 1926; „Marxismus u. die Fragen der Sprachwissenschaft" 1950; „Ökonomische Probleme des Sozialismus in der UdSSR" 1952. – Werke, 13 Bde. dt. 1950ff.

Stalingrad [russ. stalin'grad], 1925–1961 Name der russ. Stadt *Wolgograd.* – Im 2. Weltkrieg war S. schwer umkämpft. Seit Sept. 1942 versuchten deutsche Truppen die Stadt einzunehmen, seit Nov. war die 6. Armee unter F. *Paulus* von sowjet. Truppen eingekesselt. Ein Ausbruchsversuch wurde von Hitler untersagt. Die deutschen Truppen kapitulierten am 31. 1./2. 2. 1943. 146 000 deutsche Soldaten waren gefallen; 35 000 Verwundete wurden ausgeflogen; 90 000 gerieten in Gefangenschaft, von ihnen kehrten nur 5000 zurück. Die deutsche Niederlage bei S. bedeutete den sichtbaren Wendepunkt des Krieges an der Ostfront.

Stalinismus [lat.], die von J. *Stalin* geschaffene Ausprägung der Theorie u. Praxis des Kommunismus. Die Bez. S. ist nichtkommunistisch. Herkunft; sie war in der UdSSR u. den mit ihr verbundenen Staaten u. Parteien bis in die jüngste Zeit verpönt. Hauptmerkmale des S. zu Lebzeiten Stalins waren: Verengung der marxist. Theorie zu einem Dogmensystem, das hauptsächlich der Rechtfertigung der Herrschaftsverhältnisse diente; exzessiver Personenkult um den obersten Führer; Monopolisierung der Machtausübung u. der Meinungsbildung bei der Kommunist. Partei; Ausschaltung aller autonomen Gruppen außerhalb der Partei; Beseitigung aller bürgerl. Freiheiten u. Rechtsgarantien; umfassender Terror gegen weite Bevölkerungskreise (Massenverhaftungen, Schauprozesse, Zwangsarbeitslager); Reglementierung des gesamten kulturellen Lebens; innerhalb der Partei Unterbindung jeder offenen Diskussion; zentralistisch-bürokrat. Aufbau des Parteiapparats; Lenkung der in Staats- bzw. Kollektiveigentum überführten Wirtschaft durch zentrale staatliche Behörden; Unterwerfung der kommunist. Weltbewegung unter die außenpolit. Interessen der UdSSR. Nach 1945 wurde der S. auf die osteuropäischen Satellitenstaaten der UdSSR ausgedehnt.

Nach dem Tod Stalins (1953) leiteten seine Nachfolger in der Führung der UdSSR, insbes. N. *Chruschtschow,* eine (von nichtkommunistischer Seite so genannte) „Entstalinisierung" ein, deren Höhepunkte der 20. u. 22. Parteitag der KPdSU (1956 u. 1961) waren. Verurteilt wurden vor allem der Personenkult um Stalin u. die von ihm begangenen „Verletzungen der sozialist. Gesetzlichkeit", bis zu einem gewissen Grade auch der ideolog. Dogmatismus. Zahlreiche Opfer der Stalinschen „Säuberungen" wurden rehabilitiert. Eine Erforschung der Ursachen des S. wurde jedoch nicht zugelassen, u. die von Stalin geschaffene Herrschaftsstruktur blieb im wesentlichen unangetastet. Nach dem Sturz Chruschtschows (1964) kamen die Ansätze zur Überwindung des S. weitgehend zum Erliegen. Erst nach dem Amtsantritt M. *Gorbatschows* (1985) übte die sowjetische Führung wieder Kritik am S. Ähnlich wie in der UdSSR verlief die Entwicklung in den osteurop. kommunist. Staaten. Eine grundsätzl. Abkehr vom S. vollzog sich seit den 1970er Jahren in einigen kommunist. Parteien außerhalb des sowjet. Machtbereichs im Rahmen des Eurokommunismus.

Standesherren, *Mediatisierte,* die reichsunmittelbaren Fürsten u. Grafen, die die Reichsstandschaft des alten Dt. Reichs besaßen, 1803–1806 aber mediatisiert wurden. Sie hatten bis 1918 einige Vorrechte (Zugehörigkeit zum Hochadel, Sitz u. Stimme in der 1. Kammer ihres Bundesstaates, bis 1871 auch Gerichtsprivilegien).

Ständestaat, vom 14. bis zum 17. Jh. die in Europa vorherrschende Staatsform, soweit sich nicht der Absolutismus durchgesetzt hatte (obwohl auch er ständische Vertretungen z. B. in Frankreich u. England dulden mußte). Für den S. ist der *Dualismus* von landesherrl. u. ständisch bestimmter Staatsgewalt charakteristisch. Die beherrschenden drei *Stände* waren der *Adel,* die *Geistlichkeit* u. das durch die Städte vertretene *Bürgertum* (*Reichsstände* im dt. Reichstag). Sie bildeten die Parlamente u. entschieden mit der Krone über die Gesetzgebung u. vor allem über die Besteuerung, damit auch über das Heer. Im 19. Jh. ordnete die *Deutsche Bundesakte* den Erlaß *landständischer Verfassungen* an, die teils „oktroyiert", teils „paktiert" wurden. Sie leiteten die Entwicklung zum modernen Verfassungsstaat ein.

Im 19. u. 20. Jh. hat der S. in einer Mischung mit berufsständ. Vorstellungen eine vorwiegend theoret. Bedeutung. Von einem betont antimarxist. Standpunkt aus enthält die kath. Soziallehre Ansatzpunkte zur berufsständ. Staatsordnung (O. *Spann,* „Der wahre Staat" 1924); ähnlich auch die theoret. Grundlagen des *Dollfuß-Regimes* in Österreich 1934 bis 1938, das sich an dem vom italien. Faschismus aufgestellten Modell eines Korporativstaats orientierte. In Spanien u. Portugal, teilweise auch in Südamerika hat der Syndikalismus teils zu konservativ-ständischen, teils zu revolutionär-gewerkschaftl. Gestaltungen geführt.

Stanhope ['stænhɔup], James, Earl S., engl. Politiker, *1673 Paris, †5. 2. 1721 London; seit 1701 im Unterhaus auf seiten der Whigs, 1708–1710 Oberbefehlshaber im Span. Erbfolgekrieg (1701–1714), 1714–1721 Außen-Min. in einem Kabinett, das er bis 1716 gemeinsam mit Sir Robert *Walpole* u. danach als Premier-Min. führte; brachte 1717 eine Dreierallianz mit Frankreich u. Holland zustande, der später auch Österreich beitrat, u. legte die englisch-schwed. Differenzen bei.

Stanislaus, *Stanisław,* poln. Könige: **1.** *S. I. Leszczyński,* König 1704–1709 u. 1733 bis 1736, *20. 10. 1677 Lemberg, †23. 2. 1766 Lunéville; nach der Niederlage Augusts des Starken gegen Karl XII. von Schweden unter schwed. Druck zum König gewählt; mußte nach der Niederlage Karls XII. bei Poltawa 1709 flüchten. Seine von Schweden u. Frankreich gestützte Wahl zum König nach dem Tod Augusts des Starken (1733) konnte er im Poln. Thronfolgekrieg gegen Rußland u. Österreich nicht verteidigen. Danach (als Schwiegervater Ludwigs XV.) Herzog von Lothringen u. Bar.

2. *S. II. August Poniatowski,* letzter König 1764–1795, *17. 1. 1732 Wołczyn, †12. 2. 1798 St. Petersburg; Günstling der russ. Kaiserin Katharina II., durch deren Unterstützung zum König gewählt; suchte den zerrütteten poln. Staat zu reformieren u. dem russ. Einfluß zu entziehen, mußte aber die drei poln. Teilungen hinnehmen u. abdanken (Ende des alten Polen).

Stanley ['stænli], Sir Henry Morton, eigentl. John *Rowlands,* brit. Journalist u. Forschungsreisender, *28. 1. 1841 Denbigh, †10. 5. 1904 London; fand 1871 den in Ostafrika verschollenen D. *Livingstone,* entdeckte u.

erforschte afrikan. Seen u. Flüsse, durchquerte 1874–1877 erstmalig Zentralafrika auf dem Kongo, dessen Verlauf noch völlig unbekannt war, fand u. befreite 1887–1889 *Emin Pascha* u. trug viel zur Erschließung des Kongo-Gebiets bei, das er zum großen Teil für Leopold II. von Belgien erwarb. Hptw.: „Wie ich Livingstone fand" 1872; „Der Kongo u. die Gründung des Kongostaats" 1885; „Emin Pascha u. die Meuterei in Aequatoria" 1890.

Stapelrecht, im MA wichtiges Privileg für Städte, vor allem an den großen Handelswegen, nach dem alle durchziehenden Kaufleute ihre Waren für eine bestimmte Zeit zum Kauf anbieten mußten *(stapeln, Stapelzwang).*

Starčevo-Kultur [-tʃɛvɔ-], *Starčevo-Körös-Kultur,* frühneolith. Kultur in Makedonien, Serbien, Bulgarien, der westl. Walachei, der Moldau, in Transsilvanien u. dem anschließenden ostungar. Banat, benannt nach dem Siedlungsplatz Starčevo bei Pančevo im Banat; kugelige u. halbkugelige Tongefäße, teils grobtonig mit fingerverstrichenem Schlickbewurf, Stich- u. Ritzmustern u. plast. Leistenzier, teils feintonig mit rotem oder dunklem Überzug u. weißen Spiral- u. Bogenmustern bemalt; Statuetten aus Ton; Sichelblätter, z. T. noch in der originalen Geweihschäftung; Viereckhäuser mit Lehmverputz.

Stargard, *Land, Herrschaft S.,* der größere, südöstl. Gebietsteil des ehem. Großherzogtums bzw. Freistaats Mecklenburg-Strelitz. Der slaw. Name („alte Burg") wurde von einem vermutlich schon vorwendischen Burgwall, wo die brandenburg. Markgrafen Mitte des 13. Jh. eine neue Burg erbauten, auf eine Siedlung in deren Schutz (Stadtrecht 1259, heute *Burg S.*), auf den Burgbezirk sowie auf alle diesem später noch an- bzw. eingegliederten Gebiete übertragen.

Starhemberg, 1. Ernst Rüdiger Graf von, österr. Feldmarschall, * 12. 1. 1638 Graz, † 4. 6. 1701 Wesendorf bei Wien; kämpfte unter R. von *Montecuccoli* 1664 gegen die Türken, war seit 1680 Kommandant der Stadt Wien, die er erfolgreich 1683 gegen die Türken verteidigte; seit 1691 Präsident des Hofkriegsrats.

2. Ernst Rüdiger (Fürst), österr. Politiker (Austrofaschist), * 10. 5. 1899 Eferding, Oberösterreich, † 15. 3. 1956 Schruns, Vorarlberg; 1923 Teilnahme am Hitlerputsch in München; seit 1930 Führer der paramilitär. *Heimwehr,* 1930 Innen-Min., 1934–1936 Vizekanzler u. zugleich Bundesführer der Vaterländ. Front; unterstützte E. *Dollfuß* u. K. *Schuschnigg* gegen die Linke u. die Nationalsozialisten, befürwortete enge Zusammenarbeit mit dem faschist. Italien; 1936 zugleich mit der Entmachtung der Heimwehr durch Schuschnigg gestürzt; 1938–1955 in der Emigration.

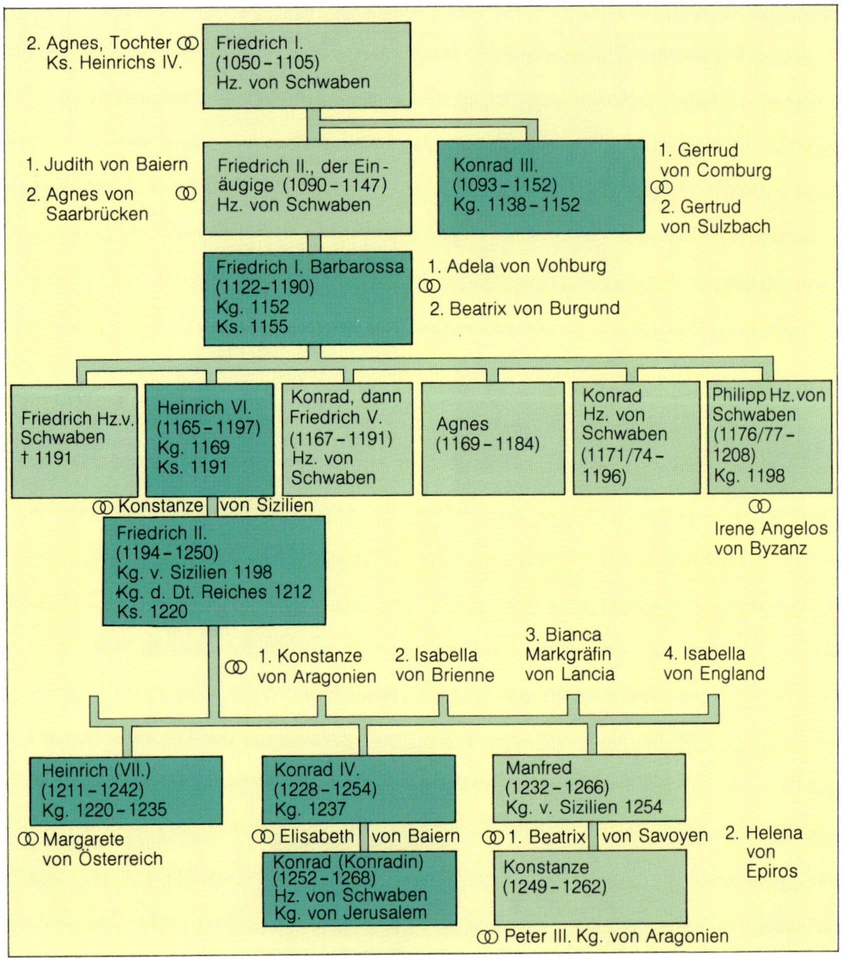

Stammbaum der Staufer

Stars and Stripes ['sta:z ənd 'straips], *Sternenbanner,* umgangssprachl. Bez. für die Nationalflagge der USA (seit dem 14. 6. 1777). Die 13 roten u. weißen Streifen kennzeichnen die 13 Gründerstaaten, die 50 weißen Sterne stehen für die 50 Bundesstaaten der USA. Dem Sternenbanner wird bewußt der Sinn eines Freiheitssymbols zuerkannt. – Daneben ist auch noch der Ausdruck „Old Glory" (Alter Ruhm") für die US-Flagge gebräuchlich.

START, Abk. für engl. *Strategic Arms Reduction Talks,* dt. „Gespräche über die Reduzierung strategischer Waffen", eine Serie von Verhandlungen zwischen den USA u. der UdSSR über die Verringerung ihrer strategischen Kernwaffen. Die Gespräche begannen am 29. 6. 1982 in Genf. Nach insgesamt 15 Verhandlungsrunden wurde am 31. 7. 1991 in Moskau der START-Vertrag *(START-I)* unterzeichnet, der u. a. eine Reduzierung der atomaren Gefechtsköpfe auf eine Obergrenze von jeweils 6000 beinhaltet. Nach dem Ende der UdSSR bemühten sich der US-amerikanische Präsident Bush u. der russische Präsident Jelzin um eine Fortsetzung der Abrüstungsgespräche, die dadurch kompliziert wurden, daß auch auf dem Gebiet von Kasachstan, Weißrußland u. der Ukraine Atomwaffen lagerten. Genau wie Rußland u. die USA ratifizierten auch diese Staaten den START-I-Vertrag. Ein weiterer START-Vertrag *(START-II),* der am 3. 1. 1993 in Moskau von Rußland u. den USA unterzeichnet wurde, sieht einen Abbau der Gefechtsköpfe auf 3000 (Rußland) bzw. 3500 (USA) vor.

State Department ['stɛit di'pa:tmənt], offiziell: *Department of State,* das Außenministerium der USA in Washington.

Staufer, schwäb. Fürstengeschlecht, stellte 1138–1254 die dt. Könige u. Kaiser. – *Friedrich von Büren* († vor 1094), erster nachweisbarer S., konnte durch Heirat seine Güter vermehren. Sein Sohn *Friedrich* († 1105) heiratete eine Tochter des Saliers Kaiser Heinrich IV. u. bekam 1079 das Herzogtum Schwaben. Er erbaute die Burg *Hohenstaufen.* Die salischen Hausgüter fielen nach dem Tod des letzten Saliers an die S. *Konrad III.* († 1152) war der erste S. auf dem dt. Königsthron (1138 Thronbesteigung). Kämpfe mit den → Welfen erfüllten die ersten Jahrzehnte stauf. Königsherrschaft. Bedeutende Reprä-

Henry Morton Stanley: Am Kingani-Fluß in Ostafrika trafen am 4. Dezember 1889 Reichskommissar H. v. Wissmann, Stanley, Emin Pascha und G. Casati zusammen (von links nach rechts)

sentanten ihres Geschlechts waren die Kaiser *Friedrich I. Barbarossa* (1152–1190) u. *Heinrich VI.* (1190–1197). Unter *Philipp von Schwaben* (†1208) wurde die stauf. Hausmacht durch Kämpfe mit den Welfen (Otto IV.) erschüttert. Zur Regierungszeit *Friedrichs II.* (1212–1250) erreichten die dt. Landesfürsten eine beträchtl. Erweiterung ihrer Machtbefugnisse. Es folgte die Epoche des Niedergangs: Friedrichs Sohn König *Heinrich (VII.)* empörte sich gegen den Vater u. wurde abgesetzt. Ein anderer Sohn Friedrichs, *Konrad IV.*, seit 1250 sein Nachfolger, starb schon 1254. Sein Halbbruder *Manfred* (†1266) wurde von Karl von Anjou geschlagen, der auch *Konradin*, den Sohn Konrads IV., besiegte u. enthaupten ließ (1268). Die letzten S., *Enzio*, ein unehel. Sohn Friedrichs II., sowie *Friedrich* u. *Heinrich*, Söhne Manfreds, starben in Gefangenschaft.

Stauffacher, Rudolf, schweizer. Patriot, vor 1300 Landammann von Schwyz, spielte eine führende Rolle im urschweizer. Befreiungskampf gegen Habsburg; unter dem Vornamen Werner in der Tell-Sage Teilnehmer am Rütlischwur.

Stauffenberg, 1. Berthold Graf Schenk von, Bruder von 2), Widerstandskämpfer, *15. 3. 1905 Stuttgart, †10. 8. 1944 Berlin (hingerichtet); Jurist, seit 1939 Völkerrechtsberater der Seekriegsleitung; nahm als engster Vertrauter seines Bruders an den Vorbereitungen zum Staatsstreich vom 20. 7. 1944 teil; nach dessen Scheitern vom Volksgerichtshof zum Tode verurteilt.

2. Claus Graf Schenk von, Bruder von 1), Widerstandskämpfer, *15. 11. 1907 Jettingen, Schwaben, †20. 7. 1944 Berlin; Offizier (1944 Oberst), 1940–1943 in der Organisations-Abt. des Generalstabs des Heeres tätig. Wachsende Bedenken gegen die Eroberungspolitik des nat.-soz. Regimes u. Empörung über dessen Verbrechen in den besetzten Gebieten führten S. zur militär. u. polit. Widerstandsbewegung u. seit 1942 zur Förderung nach einem Staatsstreich gegen das Regime. Nach schwerer Verwundung in Nordafrika war er 1943/44 Stabschef beim Chef des Allg. Heeresamts im OKH, F. *Olbricht*, u. wurde im Juli 1944 Stabschef beim Befehlshaber des Ersatzheeres, F. *Fromm*. S. war inzwischen zur aktivsten Kraft der Widerstandsbewegung geworden. Der unmittelbare Zugang zu Hitlers Hauptquartier bei Rastenburg, Ostpreußen, ermöglichte ihm das Bombenattentat vom 20. 7. 1944. In der irrtüml. Annahme, Hitler sei tot, kehrte er nach Berlin zurück, wo ihm eine Schlüsselstellung für die Durchführung des Staatsstreichs zukam. Nach dem Scheitern der Aktion wurde er dort mit anderen Offizieren auf Befehl Fromms standrechtlich erschossen.

Stavisky-Skandal, Finanzskandal in Frankreich 1933/34 mit Folgen in der Innenpolitik; ausgelöst durch den aus Rußland stammenden Alexandre *Stavisky*, der Hunderttausende von Kleinsparern um ihre Ersparnisse brachte u. von prominenten Radikalsozialisten gedeckt wurde. Nach der Aufdeckung des Betrugs nahm sich Stavisky das Leben. Antidemokrat. u. antisemit. Kräfte, unterstützt von nationalkonservativen Politikern u. Publizisten, suchten die Regierung des Radikalsozialisten Daladier zu stürzen u. eine „faschist." Regierung an die Macht zu bringen. Nach blutigen Zusammenstößen trat Daladier zurück. Auf die Bildung der rechtsgerichteten Regierung Doumergue reagierten die Linken mit Demonstrationen (Mai 1934) u. dem Zusammenschluß zur Volksfront (1935).

Stegerwald, Adam, Gewerkschaftsführer u. Politiker (Zentrum), *14. 12. 1874 Greußenheim bei Würzburg, †3. 12. 1945 Würzburg; Schreiner; 1903–1929 Leiter des Gesamtverbands christl. Gewerkschaften; 1919–1921 preuß. Wohlfahrts-Min., 1921 kurze Zeit

Claus Graf Schenk von Stauffenberg

preuß. Min.-Präs.; 1920–1933 Mitgl. des Reichstags; 1929 Reichsverkehrs-Min., 1930 bis 1932 Reichsarbeits-Min.; 1945 Mitbegründer der CSU u. Regierungs-Präs. von Unterfranken. S. suchte vor allem die Zusammenarbeit von kath. u. ev. Arbeitnehmern zu fördern.

Steiermark, österr. Bundesland mit 16387 km², 1,2 Mill. Ew.; Hptst. *Graz*.
Besiedlung kann bis in die ältere Steinzeit nachgewiesen werden; um 1000 v. Chr. Besiedlung durch die Noriker, die im 4. Jh. v. Chr. von den Kelten abgelöst wurden. Unter röm. Herrschaft gehörte das Gebiet zu den Provinzen Noricum u. Pannonien. Ende des 6. Jh. n. Chr. drangen die Awaren ein u. errichteten die Herrschaft Karantanien; im 8. Jh. erfolgte die bairische Besiedlung u. Christianisierung. Nach der Schlacht auf dem Lechfeld wurde die Karantanische Mark errichtet (seit 976 Teil des Herzogtums Kärnten), die zunächst von den Grafen von Eppenstein, dann den Grafen von Wels-Lambach u. schließlich den Traungauern verwaltet wurde, die das Gebiet nach Osten erweitern konnten. 1180 wurde es selbständiges Herzogtum, genannt nach der Hauptburg des Markgrafengeschlechts, Steyr. 1192 kam das Land an die Babenberger. Nach dem Tod Friedrichs II. teilten sich Ottokar II. von Böhmen u. Bela von Ungarn das Land. Im Wiener Frieden von 1278 kam das gesamte Gebiet an Rudolf von Habsburg. Im Zuge der habsburgischen Teilungen des 14.–16. Jh. wurde die S. das Zentrum des Herrschaftsbereiches der innerösterr. Länder, die durch die Türkeneinfälle u. die Konflikte zwischen dem kath. Landesfürsten u. dem prot. Adel schweren Belastungen ausgesetzt waren. Auf Erzherzog Johann gingen in der 1. Hälfte des 19. Jh. zahlreiche wirtschaftl. u. kulturelle Innovationen zurück. Nach dem Zusammenbruch der Donaumonarchie wurde die S. als Bundesland Teil der Republik (Deutsch-)Österreich; 1938–1945 war es Reichsgau des Dt. Reiches, erweitert um das Gebiet des südl. Burgenlandes u. (1941–1945) der entsprechend den Bestimmungen des Staatsvertrages von Saint-Germain 1919 abgetretenen Untersteiermark.

Stein, Karl Reichsfreiherr vom u. zum, Politiker, *26. 10. 1757 Nassau an der Lahn, †29. 6. 1831 Schloß Cappenberg, Westf.; Jurist; seit 1780 im preuß. Staatsdienst, seit 1804 Minister des Akzise-, Zoll-, Fabrik- u. Handelswesens in Berlin, 1807 wegen Konflikts mit dem Kabinett von *Friedrich Wilhelm III.* entlassen, im gleichen Jahr jedoch, nach der Niederlage Preußens, auf Anraten K. A. von *Hardenbergs* u. *Napoleons* zum leitenden Minister berufen.
S., der inzwischen seine Nassauer Denkschrift „Über die zweckmäßige Bildung der Obersten u. der Provinzial-, Finanz- u. Polizeibehörden in der preuß. Monarchie" mit den Forderungen nach einer Neuorganisation des Staates u. Selbstverwaltung der Bevölkerung in Provinzen u. Gemeinden verfaßt hatte, begann sofort, seine Reformideen in die Tat umzusetzen (Edikt vom 9. 10. 1807: Bauernbefreiung u. Aufhebung ständ. Beschränkungen; Städteordnung vom 19. 11. 1808, die allen städt. Gemeinden Selbstverwaltung gab). Grundlegend für die Neuorganisation der Staatsverwaltung wurden die Verordnungen vom 24. 11. 1808: ein Staatsministerium mit Fachministern trat an die Stelle des Generaldirektoriums; die Trennung von Justiz u. Verwaltung wurde eingeführt. Weitere Pläne S.s – eine Landgemeindeordnung sowie die Einführung von Kreistagen, Provinziallandtagen u. Reichsständen – wurden nicht verwirklicht. Auf Betreiben Napoleons wurde S. am 24. 11. 1808 zum zweiten Mal entlassen.
S. lebte in Brünn, Troppau u. Prag im Exil, bis er im Mai 1812 von Zar *Alexander I.* als Berater nach St. Petersburg berufen wurde. Unter seinem Einfluß beschloß der Zar, den Kampf gegen Napoleon auch nach dem Rückzug der Großen Armee über die russ. Grenzen hinaus weiterzuführen u. Preußens Staatsgebiet zu garantieren. In Königsberg wandte sich S., beauftragt vom Zaren, 1813 mit einem Aufruf zur Erhebung an die ostpreuß. Stände. In Breslau konnte er den preuß. König zum Abschluß eines russ.-preuß. Bündnisses gegen Napoleon bestimmen *(Vertrag von Kalisch*, 28. 2. 1813). Während der Befreiungskriege leitete S. den „Zentralverwaltungsrat" für die von französ. Truppen befreiten dt. Gebiete. Auf dem Wiener Kongreß, dem er als Berater des Zaren beiwohnte, zeigte sich S. als scharfer Kontrahent *Metternichs* in der dt. Frage, da er eine Wiederherstellung der großen Zahl dt. Einzelstaaten ablehnte u. die dt. Einheit mit einem starken Bundestag anstrebte. 1816 zog sich S. aus dem polit. Leben zurück u. lebte auf Schloß Cappenberg. Er gründete 1819 die *Gesellschaft für ältere dt. Geschichtskunde* zur Herausgabe der *Monumenta Germaniae Historica*.
Das Reformwerk S.s, durch seine Entlassung unvollkommen geblieben, wurde von Hardenberg in einem etwas anderen Geist fortgesetzt *(S.-Hardenbergsche Reformen)*. Das Ideal der vorabsolutist. Zeit vom Ständestaat mit einem verantwortungsbewußten Adel als geistigem u. polit. Führer hatte sich in S. mit den freiheitl. Grundgedanken der engl. Verfassung u. dem Gedankengut der Physiokraten verbunden. – Briefe u. amtl. Schriften, 11 Bde. 1959–1974. B S. 732.

Steinigung, Hinrichtung durch Steinwürfe; im Altertum bei mehreren Völkern gebräuchlich; z. B. die S. des Stephanus, Apostelgeschichte 7, 56–58.

Steinzeit, die älteste Stufe der menschlichen Kulturentwicklung, für die die archäologischen Werkzeug- bzw. Gerätefunde in der Hauptsache aus Stein bestehen, unterteilt in: → Altsteinzeit, → Mittelsteinzeit, → Jungsteinzeit.

Steltzer, Theodor, Politiker (CDU), *17. 12. 1885 Trittau, Holstein, †27. 10. 1967 München; 1905–1919 Offizier, zuletzt Hauptmann i. G.; 1920–1933 Landrat in Rendsburg, 1933/34 aus polit. Gründen in Haft; 1939 bis 1944 wieder Offizier, als Mitglied des *Kreisauer Kreises* der Widerstandsbewegung nach dem Attentat auf Hitler vom 20. 7. 1944 verhaftet u. zum Tode verurteilt; 1945 Mitbegründer der CDU in Berlin u. Schleswig-Holstein: 1945/46 Oberpräsident, 1946/47 Min.-Präs. von Schleswig-Holstein.

Stentinello-Kultur, jungsteinzeitl. Kulturgruppe auf Sizilien, Kennzeichen sind bemalte, stempel- u. stichelverzierte Keramik, Kleintierzucht u. dörfl. Siedlungen, benannt nach der Fundstelle *Stentinello* bei Syrakus.

Stephan, Päpste: **1.** *S. I.*, 254–257, Heiliger, Römer, †2. 8. 257 Rom; trat gegenüber *Cy-*

prian von Karthago u. kleinasiat. Bischöfen für die Gültigkeit der Ketzertaufe ein (Ketzertaufstreit) u. forderte erstmals unter ausdrückl. Berufung darauf, daß er der Nachfolger Petri sei, die allgemeine Befolgung der röm. Regel. Sein Grundsatz „nihil innovetur, nisi quod traditum est" (lat., „nichts soll erneuert werden, was nicht überliefert ist") könnte als Richtschnur der Kirchenpolitik der meisten Päpste gelten. Fest: 2. 8.

2. *S. (II.),* 752; starb noch vor Empfang der Bischofsweihe; wird seit 1960 im Päpstl. Jahrbuch nicht mehr als Papst gezählt.

3. *S. II.,* 752–757, Römer, †26. 4. 757 Rom; begab sich, von den Langobarden bedrängt u. von Byzanz verlassen, 753/54 als erster Papst ins fränk. Reich u. stellte sich u. die Kirche unter den Schutz *Pippins d. J.,* dessen Herrschaft er durch die Königskrönung festigte. 756 übereignete Pippin ihm das Exarchat Ravenna (→ Pippinische Schenkung).

4. *S. III.,* 768–772, Sizilianer, †24. 1. 772 Rom; von der frankenfreundl. Partei erhoben, setzte sich gegen die von den Langobarden gestützten Gegenpäpste *Konstantin II.* u. *Philippus* durch. Die röm. Synode von 769 bestätigte die Bilderverehrung, die 754 auf der Ikonoklastensynode verworfen worden war. Nach der zeitweiligen Aussöhnung der Franken mit den Langobarden (Heirat Karls d. Gr. mit der Tochter des Desiderius) wandte sich S. von den Franken ab u. den Langobarden zu.

5. *S. IV.,* 816–817, Römer, †24. 1. 817; krönte *Ludwig den Frommen* in Reims zum Kaiser u. bestätigte das Bündnis mit dem fränk. Reich.

6. *S. V.,* 885–891, Römer, †14. 9. 891 Rom; versuchte vergeblich *Karl III.* (den Dicken) zum Italienzug zu bewegen, übertrug nach dessen Absetzung die Kaiserwürde an Herzog *Wido II. von Spoleto* (888–894), band die mährische Kirche durch Verbot nationaler Eigenständigkeit in der Liturgie (slaw. Sprache) eng an Rom.

7. *S. VI.,* 896–897, Römer; hielt das schmachvolle Gericht über seinen toten Vorgänger *Formosus* ab (sog. Leichensynode), wurde vom darüber empörten Volk gestürzt u. im Gefängnis umgebracht.

8. *S. VII.,* 928–931, Römer; von der Partei der Marozia erhoben u. von ihr abhängig.

9. *S. VIII.,* 939–942, Römer; völlig von *Alberich II.* abhängig.

10. *S. IX.,* 1057–1058, eigentl. *Friedrich von Lothringen,* Bruder Gottfrieds des Bärtigen, †29. 3. 1058 Florenz; Benediktiner, von Leo IX. nach Rom berufen u. zum Kanzler der röm. Kirche ernannt; 1051 Kardinal, 1054 einflußreicher Teilnehmer einer Gesandtschaft in Konstantinopel, die zum Ausbruch des Schismas mit der griech. Kirche führte. S. vertrat die Ziele der Cluniazensischen Reform, unterstützte die Pataria, forderte Freiheit der Kirche von dem Einfluß der Fürsten u. bereitete dadurch den Bruch mit dem dt. Kaisertum vor.

Stephan, *Stefan,* Fürsten. England: **1.** *S. von Blois,* König 1135–1154, *um 1097 Normandie, †25. 10. 1154 Dover; Enkel Wilhelms des Eroberers, bestieg anstelle der Tochter *Heinrichs I., Mathilde,* den Thron; siegte über die Schotten bei Standard Hill (bei Northallerton; „Standartenschlacht") 1138; behauptete sich nur mühsam gegen Mathilde u. erkannte deren Sohn *Heinrich II. Plantagenet* als Thronerben an.

Moldau: **2.** *S. III., S. d. Gr.,* Fürst (Wojewode) 1457–1504, *um 1435, †2. 7. 1504 Suceava; bedeutendster Herrscher der vorosman. Zeit in der Moldau, siegte gegen Türken (1474), Ungarn u. Polen (nach 1497), behauptete die Unabhängigkeit seines Landes von der türk. Oberherrschaft, vollendete den gesellschaftl. u. kirchl. Aufbau des Landes; gewann beherrschenden Einfluß in der Walachei; kunstgeschichtlich bedeutsame Kloster- u. Kirchenbauten (u. a. Putna, Voronet, Neamtu).

Polen: **3.** *S. Báthory (Batory) IV. (István),* König 1576–1586, *27. 9. 1533 Somlyó, †12. 12. 1586 Grodno; 1571 Fürst von Siebenbürgen, als Gatte einer Jagiellonenprinzessin vom poln. Reichstag zum König gewählt; beendete für Polen erfolgreich den Livländ. Krieg 1582; erhob das Jesuitenkollegium in Wilna zur Akademie (1578), setzte sich für Religionsfreiheit ein.

Serbien: **4.** *S. I. Nemanja,* Großžupan (Großfürst) von Raszien um 1166–1196, *um 1113 Ribnica (heute Podgorica), †13. 2. 1199 oder 1200 Chilandar-Kloster, Athos; begründete die Einheit Serbiens (um 1171), machte den Staat von byzantin. Einflußnahme frei, vergrößerte u. organisierte ihn. S. wurde 1196 Mönch (Simeon); Hauptheiliger der serbisch-orth. Kirche.

5. *S. der Erstgekrönte,* serb. Großžupan u. König, *um 1165, †24. 9. 1228; war der Sohn des serb. Reichsgründers *Stephan Nemanja,* dem er in Auseinandersetzung mit seinem älteren Bruder auch auf den Thron folgte. 1217 wurde er durch einen päpstl. Legaten zum König gekrönt.

6. *S. IV. Dušan (Nemanjić),* König 1331–1346, Zar der Serben u. Griechen 1346–1355, *um 1308, †20. 12. 1355; gewann Makedonien, Albanien, Epiros u. Thessa-

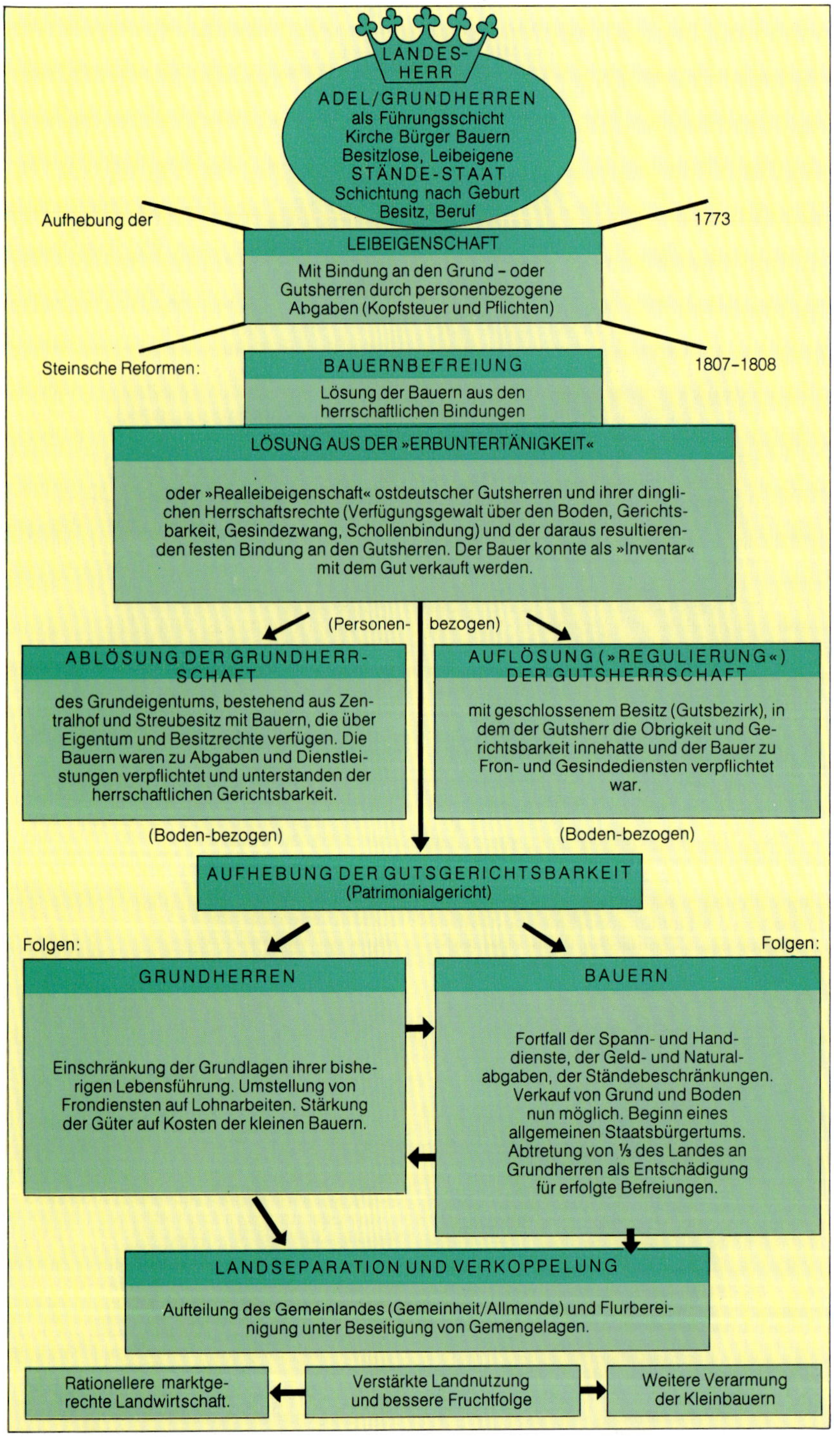

Frhr. v. u. z. Stein: Struktur und Wirkung der Reformen in Preußen

lien; löste die serb. Kirche von Byzanz u. errichtete ein serb. Patriarchat; baute das Reich nach byzantin. Vorbild auf, ließ sich zu Ostern 1346 (16. 4.) in Skopje zum Kaiser krönen. Seine Regierungszeit ist der Höhepunkt des mittelalterl. serb. Staats.
Ungarn: **7.** *S. I., S. d. Hl.*, ung. *István*, König 997 (1000) bis 1038, *um 975, †15. 8. 1038 Esztergom, Gran; aus der Árpádendynastie, Sohn von Géza I., heiratete die bayer. Prinzessin Gisela, Schwester des Bayernherzogs u. späteren Kaisers Heinrich II., organisierte Verwaltung, Rechtspflege u. Kirche nach fränk. Vorbild, machte aus Ungarn einen abendländisch-christlichen Staat. 1083 heiliggesprochen (Fest: 16. 8.). Nach ihm ist die *Stephanskrone* benannt.
Stephan, Heinrich von (1885), Organisator des Postwesens, *7. 1. 1831 Stolp, †8. 4. 1897 Berlin; trat 1848 in den Postdienst ein, wurde 1865 Geheimer Postrat im preuß. Generalpostamt, 1870 Generalpostdirektor des Norddt. Bundes, 1871 des Dt. Reiches, 1876 Generalpostmeister, 1880 Staatssekretär des Reichspostamtes, 1895 preuß. Staatsminister. S. führte 1870 die 1865 von ihm erfundene Postkarte ein. Er schuf ein einheitl. Postrecht als Grundlage für die Dt. Reichspost u. gliederte das Telegrafen- u. Fernsprechwesen der Post ein. S. ist der Initiator des Weltpostvereins u. der Gründer des Reichspostmuseums (1872). Hptw.: „Geschichte der preuß. Post von ihrem Ursprunge bis auf die Gegenwart" 1859.
Stephanskrone, die ungar. Königskrone, nach König Stephan I., der sie um 1000 von Papst Silvester II. erhalten haben soll. Heute gilt als sicher, daß die einzelnen Teile (der untere Reif, die sog. *corona graeca*, u. der Bügel, die sog. *corona latina*), erst später zusammengefügt worden sind. Die S. war 1526 bis 1918 im Besitz der Habsburger, sie gelangte 1945 in die USA u. wurde 1978 an Ungarn zurückgegeben.
Sternenbanner → Stars and Stripes.
Sternkammer, engl. *Star Chamber*, der Rat des engl. Königs in seiner Eigenschaft als Sondergericht der Krone neben den Gerichten des Common Law, benannt nach dem Deckenschmuck des Sitzungssaals; war zuständig in allen die öffentl. Ordnung u. polit. Fragen berührenden Fällen; unter Jakob I. u. Karl I. oft willkürlich gebraucht, bes. mit Kirchenfragen befaßt; 1641 vom Langen Parlament aufgehoben.
Stettin, poln. *Szczecin*, Hafenstadt in Pommern, an der Odermündung ins *S.er Haff*, Hptst. der Wojewodschaft Szczecin (Polen), 416000 Ew.
S. entwickelte sich aus einer seit dem 10. Jh. bestehenden Marktsiedlung u. erhielt 1243 magdeburg. Stadtrecht. 1278 wurde es Mitgl. der Hanse. 1295–1637 war es Residenz der pommerschen Herzöge. 1648 wurde S. schwedisch, 1720 kam es zu Preußen u. wurde 1815 Hptst. der Provinz Pommern. 1945 kam es unter poln. Verwaltung.
Steuben, Friedrich Wilhelm von, dt.-amerikan. General, *17. 9. 1730 Magdeburg, †28. 11. 1794 Oneida County, N. Y.; Offizier unter Friedrich d. Gr. im 2. Schles. Krieg u. Hofmarschall der Fürsten von Hohenzollern-Sigmaringen; ging 1777 nach Nordamerika, wo er mit G. *Washington* gegen die Briten kämpfte; 1778–1784 Generalinspekteur des Heeres im Unabhängigkeitskrieg.
Stevenson ['sti:vənsn], Adlai Ewing, US-amerikan. Politiker (Demokrat), *5. 2. 1900 Los Angeles, † 14. 7. 1965 London; 1948–1953 Gouverneur von Illinois, 1952 u. 1956 erfolgloser Präsidentschaftskandidat gegen D. D. Eisenhower; 1961–1965 Chefdelegierter bei den UN.
Stewart [stjuət], das schottisch-engl. Geschlecht der → Stuart.
Stilicho, Flavius, röm. Feldherr u. Politiker, *um 365, †22. 8. 408 Ravenna; Sohn eines Wandalen u. einer Römerin, heiratete *Serena*, die Nichte des Kaisers *Theodosius d. Gr.*, der ihm 395 die Obhut über seine Söhne *Arcadius* u. *Honorius* anvertraute; hinderte die Westgoten an der Besetzung Italiens; von röm. Nationalisten fälschlich des Hochverrats beschuldigt u. hingerichtet.
Stimson ['stimsən], Henry Lewis, US-amerikan. Politiker (Republikaner), *21. 9. 1867 New York, †20. 10. 1950 Huntington, N.Y.; Anwalt, 1911–1913 Kriegs-Min., 1927–1929 Generalgouverneur der Philippinen, 1929 bis 1933 Außen-Min., 1940–1945 erneut Kriegs-Min. Die *Stimson-Doktrin* vom 7. 1. 1932 besagte, daß die USA keinen Vertrag anerkennen würden, der die Souveränität, Unabhängigkeit oder territoriale Geschlossenheit Chinas antaste. Der Völkerbund pflichtete dieser Erkärung mit einer Resolution am 11. 3. 1932 bei.
Stockholm, Hptst. von Schweden u. der Prov. (Län) S., an der Mündung des Mälaren in die Ostsee, 685000 Ew.
S. wird 1252 erstmals urkundlich erwähnt. Die Gründung geht wahrscheinlich auf Birger *Jarl* (†1266) zurück. S. löste *Birka* als Handelsplatz ab. Zunächst stand S. unter Einfluß der Hanse. In Verbindung mit Lübeck entwickelte sich um 1400 die Siedlung unter der Führung dt. Kaufleute zur Stadt. 1520 eroberte der Dänenkönig Christian II. S. 1634 siedelte sich die zentrale Verwaltung in S. an. Seitdem blieb S. die Hptst. Schwedens. Die Friedensschlüsse von S. im Winter 1719/20 beendeten den *Nordischen Krieg* zwischen Schweden einerseits u. Dänemark, Hannover (Großbritannien), Preußen u. Rußland andererseits. Im 19. u. 20. Jh. entwickelte sich S. zu einer modernen Großstadt. 1956 fanden in S. die Olymp. Reiterwettkämpfe statt, 1959 wurde hier die EFTA gegr.
Stockholmer Blutbad, die Hinrichtung von über 80 Gefolgsleuten des Sten *Sture* am 8. 11. 1520 durch König *Christian II.* von Dänemark; entfachte erneut den Kampf des schwed. Volks gegen die dän. Herrschaft, der 1523 mit der Auflösung der Kalmarer Union beendet wurde.
Stoiber, Edmund, Politiker (CSU), *28. 9. 1941 Oberaudorf, Krs. Rosenheim, Jurist; 1978–1983 Generalsekretär der CSU; 1982–1988 Leiter der Bayer. Staatskanzlei; 1988–1993 Innenminister, seit 1993 Min.-Präs. von Bayern.
Stoltenberg, Gerhard, Politiker (CDU), *29. 9. 1928 Kiel; Historiker, 1954–1960 Assistent, 1960–1965 Dozent an der Universität Kiel; 1954–1957 u. 1971–1982 Mitgl. des Landtags von Schleswig-Holstein; 1957 bis 1971 u. seit 1983 Mitgl. des Bundestages; 1965–1969 Bundesminister für wissenschaftl. Forschung; 1969/70 Direktor der Friedrich Krupp GmbH; 1971–1982 Min.-Präs. von Schleswig-Holstein, 1971–1989 dort Landes-Vors. der CDU; 1982–1989 Bundes-Min. der Finanzen, 1989–1992 Bundes-Min. der Verteidigung.
Stolypin, Pjotr Arkadjewitsch, russ. Politiker, *14. 4. 1862 Dresden, †18. 9. 1911 Kiew (ermordet); seit 1906 Innen-Min. u. Min.-Präs.; Verfechter der Autokratie; oktroyierte nach Auflösung der 1. u. 2. Reichsduma ein Wahlgesetz, das in der 3. Duma 1907–1912 eine konservative Mehrheit sicherte. S.s Agrarreform 1910/11 zielte auf die Schaffung eines starken Einzelbauerntums ab.
Stonehenge ['stounhendʒ], sakrale Steinkreisanlage vom Ende der Jungsteinzeit u. Beginn der Bronzezeit nördl. von Salisbury (Grafschaft Wiltshire) im Zentrum der *Wessex-Kultur* Englands. Sie besteht aus zwei Steinkreisen mit hochragenden, säulenartigen Vierkantblöcken; auf je zweien lag ein waagerechter Stein. Fünf solcher Trilithen, hufeisenförmig angeordnet, umgeben im Innern einen „Altarstein" u. eine kleine hufeisenförmige Steinsetzung. Um diesen Kreis ist ein zweiter Trilithenkreis aus 30 Steinen von 4,1 m Höhe aufgerichtet; die ganze Anlage umgab ein Kreisgraben von 114 m Durchmesser. In der verlängerten Längsachse des Hufeisens fand man Spuren einer „Avenue", über die zur Zeit der Sommersonnenwende die aufgehende Sonne auf den Altarstein fällt. Die genaue astronom. u. kult. Funktion des Denkmals steht nicht fest. Die Anlage wurde während ihres Bestehens mehrmals umgebaut, das Material (Sandstein) aus etwa 30 km Entfernung herbeigeschafft.
Stoph [ʃto:f], Willi, Politiker (SED), *9. 7. 1914 Berlin; Maurer; seit 1931 Mitgl. der KPD; 1935–1937 u. im 2. Weltkrieg Soldat; seit 1945 in Verwaltungsfunktionen der SBZ; 1948–1950 Leiter der Abt. Wirtschaftspolitik beim Parteivorstand bzw. ZK der SED; seit 1950 Mitgl. des ZK, seit 1953 des Politbüros des ZK der SED; 1952–1955 Minister des Innern, 1956–1960 für Nationale Verteidigung der DDR (1959 Armeegeneral); 1960–1962 Beauftragter für die Koordination u. Kontrolle der Durchführung von Beschlüssen des ZK der SED u. des Ministerrats; 1962–1964 Erster Stellvertreter des Vors., 1964–1973 Vors. des Ministerrats (Min.-Präs.), 1973 bis 1976 Vors. des Staatsrates (Staatsoberhaupt), seit 1976 erneut Vors. des Ministerrates der DDR; verlor 1989 alle Ämter u. wurde aus der Partei ausgeschlossen. Gegen S. leiteten die Justizbehörden mehrere Ermittlungsverfahren ein. 1992 wurde gegen S. wegen der Todesschüsse an der innerdt. Grenze Anklage erhoben. 1993 erfolgte aufgrund seines schlechten Gesundheitszustandes die Einstellung des Verfahrens.
Störtebeker, Klaus, Freibeuter, †1401 Hamburg; wurde 1394 mit *Godeke Michels* Führer der *Vitalienbrüder*, von den Hamburgern bei Helgoland 1401 gefangen u. hingerichtet; in Liedern u. Sagen als volkstüml. Held gefeiert.
Strabo, *Strabon*, griech. Geograph u. Geschichtsschreiber, *64 v. Chr. Amasia (Kleinasien), † um 20 n. Chr.; setzte die „Römische Geschichte" des *Polybios* fort (nicht erhalten) u. schrieb aufgrund seiner weiten Reisen das Werk „Geographie", das als Quelle für die griech. u. röm. Geographie heute noch bedeutsam ist; es behandelt das damals bekannte Europa, Kleinasien, Indien, Arabien, Libyen u. Mauretanien.
Strafford ['stræfəd], Thomas *Wentworth*, Earl of S. (seit 1640), engl. Politiker, *13. 4. 1593 London, †12. 5. 1641 London; wandelte sich von einem Gegner der Außenpolitik Karls I. zu dessen treuem Gefolgsmann, Lordpräsident in der Provinzregierung für den N Englands (1628), Stellvertreter des Königs in Irland 1633–1639, unterstützte Karl bei seinem Versuch, ohne Parlament zu regieren; seit 1639 Hauptratgeber Karls I., der ihn dem Parlament opfern mußte u. seine Hinrichtung zuließ, nachdem S. selbst dazu geraten hatte, um den König zu retten.
Straits Settlements ['streits 'sɛtlmənts], 1867 bis 1942 bestehende brit. Kronkolonie in Südostasien, umfaßte einige brit. Niederlassungen an der Küste der Malaiischen Halbinsel: Malakka mit Singapur u. Pinang sowie die Insel Labuan (Brit.-Borneo), die Kokosinseln u. Christmas Island (südl. von Java); Hptst. *Singapur*. Die meisten Gebiete gehören heute zu Malaysia.
Stralsund, Stadt in Mecklenburg-Vorpommern, Hafen am *Strelasund*, gegenüber der über den Rügendamm erreichbaren Insel Rügen, 69200 Ew.
Die bei einem slaw. Dorf entstandene dt. Siedlung erhielt 1234 lübisches Stadtrecht. Obwohl den Herzögen von Pommern untertan, erlangte S. als Handelsstadt eine fast un-

abhängige Stellung. Ende des 13. Jh. gehörte es zu den Gründungsmitgliedern der Hanse. Der *Friede von S.* beendete 1370 den Krieg der Hanse gegen Dänemark. 1648–1815 war S. schwedisch. 1815 kam es zu Preußen, 1945 mit Vorpommern zu Mecklenburg. 1952 bis 1990 gehörte es zum Bezirk Rostock; seit 1990 zum Land Mecklenburg-Vorpommern.

Straßburg, frz. *Strasbourg*, kultureller u. wirtschaftl. Mittelpunkt des Elsaß u. Hptst. des französ. Dép. *Bas-Rhin*, 256 000 Ew.
Das röm. *Argentoratum* war Legionsstandort, wurde im 4. Jh. Bischofssitz, 406 alemannisch, 496 fränkisch, 843 lothringisch, 870 ostfränkisch, 1262 freie Reichsstadt; im 15./16. Jh. ein Zentrum des Humanismus u. der Mystik; nach der Besetzung durch Ludwig XIV., 1681–1871 französisch, 1871–1918 Hptst. des Reichslands Elsaß-Lothringen, seit 1919 mit Unterbrechung der deutschen Besatzungszeit (1940–1944) wieder französisch.

Straßburger Eide, die Bekräftigung des Bündnisses zwischen *Ludwig dem Deutschen* u. *Karl dem Kahlen* aus dem Jahr 842 gegen Kaiser *Lothar I.*, von Karl althochdeutsch, von Ludwig altfranzösisch u. von beiden Heeren in der eigenen Sprache beschworen. Die S.E. sind das älteste Zeugnis der sprachl. Verschiedenheit von Ost- u. Westfranken (überliefert bei *Nithard*).

Strasser, Gregor, Politiker (NSDAP), *31. 5. 1892 Geisenfeld, Oberbayern, †30. 6. 1934 Berlin (ermordet); Apotheker; seit 1921 Mitgl. der NSDAP, 1923 Teilnehmer am Hitler-Putsch; 1924 MdL in Bayern, 1924–1933 MdR; 1926/27 Reichspropagandaleiter, 1928 bis 1932 Reichsorganisationsleiter der NSDAP; führender Vertreter der sozialist. Tendenz in der Partei. Im Dez. 1932 trat S. von allen Parteiämtern zurück, nachdem er für eine Beteiligung an einer Regierung unter K. von *Schleicher* eingetreten war, sich aber nicht gegen Hitler, Göring u. Goebbels hatte durchsetzen können, die das Kanzleramt für Hitler forderten. Obwohl sich S. 1933/34 jeder polit. Tätigkeit enthielt, wurde er anläßlich des sog. Röhm-Putsches erschossen.

Stratege [der; grch., „Feldherr"], im antiken Griechenland ein hoher Staatsbeamter, der militär. Befugnisse besaß. In Athen wurde 508/07 v. Chr. der zu den Archonten zählende *Polemarch* auf militär. Repräsentation u. Verwaltung beschränkt u. das tatsächliche Kommando auf 10 S.n (entsprechend den 10 neuen Phylen) übertragen, die auch während der radikalen Demokratie stets jährlich gewählt u. nie ausgelost wurden. Im Aitolischen u. Achäischen Bundesstaat des 3. u. 2. Jh. v. Chr. war S. der Titel des jährlich gewählten Staatsoberhaupts u. Leiters der Politik. Im ptolemäischen Ägypten stand ein S. an der Spitze eines Gaues; im Seleukidenreich, bes. seit Antiochos III., wurde der Satrap als S. bezeichnet, wenn er zur zivilen auch noch die militär. Kommandogewalt in seiner Satrapie besaß.

Strategische Verteidigungsinitiative, engl. *Strategic Defense Initiative*, Abk. *SDI*, ein am 23. 3. 1983 vom US-amerikan. Präsidenten R. *Reagan* verkündetes strateg. Konzept, das den Aufbau eines Systems von im Weltraum stationierten Defensivwaffen vorsieht, mit denen feindl. Atomraketen unschädlich gemacht werden können. Das technisch u. politisch umstrittene Projekt wurde von Journalisten in Anlehnung an den Titel eines Science-Fiction-Films als „Krieg der Sterne" bezeichnet.

Stratigraphie [lat. + grch.], eine Methode zur Erkennung älterer u. jüngerer Schichten *(Straten)* u. deren Gehalt bei Ausgrabungen. Sie geht davon aus, daß bei ursprüngl. Lagerung durch keinen nachträgl. Eingriff gestörter Schichten die unteren Schichten älter als die oberen sind, so daß die relative Zeitfolge (relative Chronologie) der einzelnen Kulturhorizonte im Boden ablesbar ist. – In den meisten Fällen bedarf es jedoch einer genauen S. der unterschiedl. u. meist verschobenen Bodenschichten, um falsche Datierungen bei Funden auf gleichem Horizont zu vermeiden.

Straubinger Gruppe, frühbronzezeitl. Kulturgruppe im bayer. Donauland, benannt nach dem bei Straubing gefundenen Gräberfeld; charakterist. sind: Gräberfelder mit Hockerbestattung, Bronzegegenstände wie trianguläre Dolche, Pfrieme, Nadeln, Armringe, Scheibenspiralen.

Strauß, Franz Josef, Politiker (CSU), *6. 9. 1915 München, †3. 10. 1988 Regensburg; Altphilologe; 1939–1945 Soldat, zuletzt Oberleutnant; 1945/46 stellvertr. Landrat, 1946–1948 Landrat des Kreises Schongau; 1948 Leiter des bayer. Landesjugendamtes. S., der 1945 zu den Gründern der CSU gehört hatte, war 1948–1952 Landesgeschäftsführer, 1952–1961 stellvertr. Vors. u. seit 1961 Vors. der Partei. 1949–1978 war er MdB; 1953 bis 1955 Bundes-Min. für besondere Aufgaben, 1955/56 für Atomfragen, 1956–1962 der Verteidigung; von diesem Amt trat er wegen seiner Verwicklung in die →Spiegel-Affäre zurück. In der Regierung der Großen Koalition war S. 1966–1969 Bundes-Min. der Finanzen. In den 1970er Jahren gehörte er zu den schärfsten Kritikern der sozialliberalen Koalition, insbes. ihrer Ostpolitik. 1978 wurde er Min.-Präs. von Bayern (Wiederwahl 1982 u. 1986). Bei der Bundestagswahl 1980 war S. erfolglos Kanzlerkandidat der CDU/CSU. 1983 bemühte er sich durch Kreditvermittlung um eine Verbesserung der Zusammenarbeit mit der DDR. S. schrieb „Die Erinnerungen" 1989 (posthum).

Streicher, Julius, Politiker (NSDAP), *12. 2. 1885 Fleinhausen, Schwaben, †16. 10. 1946 Nürnberg (hingerichtet); Lehrer; seit 1919/20 in völkischen Organisationen tätig, seit 1922 Mitgl. der NSDAP; 1923 Teilnehmer am Hitler-Putsch; seit 1923 Hrsg. des antisemit. Hetzblattes „Der Stürmer"; 1924 bis 1932 MdL in Bayern; 1928–1940 Gauleiter von Mittelfranken bzw. Franken (beurlaubt wegen Verwicklung in viele Skandale); 1946 vom Internationalen Militärgerichtshof wegen Verbrechen gegen die Menschlichkeit zum Tode verurteilt.

Streitaxt-Kulturen, veralteter Begriff für *Schnurkeramische Becherkulturen.*

Strelitz, *Mecklenburg-S.*, eine 1701 durch den „Hamburger Vergleich" geschaffene Linie →Mecklenburgs mit dem Land *Stargard* sowie dem Fürstentum *Ratzeburg* u. anderen Gebietsteilen. Sie ist benannt nach *S.*, einer ursprüngl. slaw. Burgsiedlung, 1349 Stadt, ab 1701 Residenz der neuen Linie, bis ein Brand 1712 zur Verlegung u. zur Gründung von *Neustrelitz* führte, in das die Stadt S. 1931 eingemeindet wurde.

Strelitzen [russ.], Palastgarde der russ. Zaren, von Iwan IV. um 1550 aufgestellt. Die S. wohnten in eigenen Siedlungen in Moskau, trieben Handel u. Gewerbe u. griffen wiederholt in die Politik ein. Nach dem *S.-Aufstand* 1698 ließ Peter d. Gr. 2000 S. hinrichten u. löste die Truppe auf.

Stresa, italien. Kurort am Westufer des Lago Maggiore, 6400 Ew.
Konferenz von S., Zusammenkunft der Regierungschefs Großbritanniens, Frankreichs u. Italiens vom 11.–14. 4. 1935 mit dem Ziel, eine gemeinsame Abwehrpolitik *(Stresafront)* gegenüber Dtschld. festzulegen, nachdem die dt. Regierung entgegen den Bestimmungen des Vertrags von Versailles die allg. Wehrpflicht eingeführt hatte. Die Beschlüsse von S. wurden noch 1935 durch das dt.-engl. Flottenabkommen u. 1936 durch den Einmarsch italien. Truppen in Äthiopien gegenstandslos.

Franz Josef Strauß

Gustav Stresemann

Stresemann, Gustav, Politiker, *10. 5. 1878 Berlin, †3. 10. 1929 Berlin; Volkswirt; seit 1902 Syndikus des Verbands sächs. Industrieller; 1907–1912 u. 1914–1918 MdR für die Nationalliberale Partei, 1917/18 Fraktions-Vors.; 1918 Mitbegründer der Dt. Volkspartei, 1919/20 Abg. der Weimarer Nationalversammlung u. 1920–1929 MdR; 1923 drei Monate lang Reichskanzler einer Großen Koalition; 1923–1929 Reichsaußenminister in allen Kabinetten.
S. vertrat im 1. Weltkrieg annexionist. Ziele, war 1917 am Sturz Bethmann Hollwegs beteiligt u. forderte innere Reformen als Voraussetzung für einen Sieg. Der Weimarer Republik stand er als Monarchist zunächst distanziert gegenüber. Als Reichskanzler im Krisenjahr 1923 bereitete er die Konsolidierung der Republik vor. Als Außen-Min. betrieb er mit der Annahme des *Dawes-Plans* u. dem Abschluß der *Locarno-Verträge* eine Verständigungspolitik, die zur Aufnahme Deutschlands in den Völkerbund führte. S.s Politik zielte auf die Wiederherstellung der dt. Großmachtposition durch wirtschaftl. Aufstieg. Er bemühte sich deshalb um Anlehnung an die USA u. Annäherung an Frankreich, behielt sich aber eine Revision der Ostgrenzen vor. Hauptsächlich wirtschaftlich orientierte Versuche eines Ausgleichs mit Frankreich (Gespräche von Thoiry 1926) konnten die polit. Gegensätze zwischen den beiden Ländern nicht völlig überbrücken, schufen aber die Voraussetzungen für die erst nach seinem Tod durch Annahme des *Young-Plans* erreichte Räumung des besetzten Rheinlandes. – S. erhielt 1926 zusammen mit A. *Briand* den Friedensnobelpreis.

Stroessner ['ʃtrœsnər], Alfredo, paraguayischer Politiker deutscher Herkunft, *3. 11. 1912 Encarnación; 1952–1954 Oberbefehlshaber der Streitkräfte; wurde 1954 Staats-Präs.; unterdrückte mit seiner diktatorischen Politik rigoros alle demokratischen Bestrebungen; verhalf Paraguay zu einer gewissen wirtschaftlichen Stabilität; 1989 durch einen Militärputsch gestürzt, seitdem im brasilian. Exil.

Stroganow [-nɔf], *Stroganov*, russ. Kaufmannsgeschlecht, das im 16. Jh. große Salinen am Ural besaß; unterstützte *Jermak* bei der Eroberung Sibiriens; legte dort Hüttenwerke, Goldwäschereien u. Festungen an, unterhielt eigene Truppen u. besaß bis 1722 die Jurisdiktion in diesem Gebiet.

Strougal ['ʃtrɔugal], Lubomír, tschechoslowak. Politiker (Kommunist), *19. 10. 1924 Veselí nad Lužnicí; seit 1945 Parteimitglied, 1959–1961 Sekretär des ZK; 1961–1965 Innen-Min., 1965–1968 erneut Sekretär des ZK; wurde im Nov. 1968 Mitgl. des Parteipräsidiums; 1968–1970 war er Vors. des Tschech. Parteibüros des ZK, 1970 wurde er Min.-Präs. der Tschechoslowakei; trat 1988 als Mitgl. des Parteipräsidiums u. als Min.-Präs. zurück u. wurde 1990 aus der KP ausgeschlossen.

Strozzi, florentin. Adelsfamilie; ihre Geschichte ist bis ins 13. Jh. zurückzuverfolgen. Sie war geprägt von der Feindschaft mit der Familie der Medici. Unter dem Bankier *Filippo S. d. Ä.* (* 1428, † 1491), einem der reichsten Männer seiner Zeit u. bedeutenden Kunstmäzen, wurde der *Palazzo S.* in Auftrag gegeben.

Struensee, Johann Friedrich Graf von, dän. Politiker, * 5. 8. 1737 Halle (Saale), † 28. 4. 1772 Kopenhagen (hingerichtet); Leibarzt des dän. Königs Christian VII. (* 1749, † 1808) u. Geliebter der Königin Karoline Mathilde; seit 1771 Staats-Min.; führte als Anhänger der Aufklärung überstürzte Reformen ein, beseitigte die Adelsvorrechte, leitete die Bauernbefreiung ein, sanierte die Finanzen u. machte Deutsch zur Amtssprache. Seine Gegner erzwangen seine Verhaftung u. Hinrichtung.

Struve, Gustav von, Politiker, * 11. 10. 1805 München, † 21. 8. 1870 Wien; Anwalt; radikaler Republikaner; mit F. *Hecker* 1848/49 Führer der Aufstände in Baden; flüchtete in die USA, kämpfte im Sezessionskrieg für die Nordstaaten; kehrte 1863 nach Dtschld. zurück.

Stuart ['stjuət], *Stewart,* (bis 1542), schott.-engl. Königshaus aus der anglo-normann. Familie Fitz-Allan, in der das Amt des Hofmeisters (Stewart) erblich wurde. Die S.s heirateten in das schott. Königshaus ein. Nach dessen Aussterben kam Robert II. S. (* 1316, † 1406) 1371 auf den Schottenthron; 1603 bestiegen die S.s mit Jakob VI. (I.) auch den engl. Thron, wurden jedoch 1688 von beiden Thronen vertrieben; Restaurationsversuche waren erfolglos. 1807 starb die Hauptlinie aus; es existieren noch Nebenlinien.

Stücklen, Richard, Politiker (CSU), * 20. 8. 1916 Heideck, Mittelfranken; seit 1945 Mitgl. der CSU; 1949–1990 MdB; 1957–1966 Bundesminister für das Post- u. Fernmeldewesen; 1966–1976 Vors. der CSU-Landesgruppe im Bundestag; war 1976–1979 Vizepräsident, 1979–1983 Präsident, 1983–1990 wieder Vizepräsident des Bundestages.

Stuhlgericht, Gericht der → Feme.

Stülpnagel, Karl Heinrich von, Offizier (1939 General) u. Widerstandskämpfer, * 2. 1. 1886 Darmstadt, † 30. 8. 1944 Berlin (hingerichtet); 1940/41 Armeeführer an der Ostfront, 1942 bis 1944 dt. Militärbefehlshaber in Frankreich; seit 1938 an Staatsstreichplanungen gegen Hitler beteiligt, ließ im Zusammengang mit dem Attentat vom 20. 7. 1944 alle SS-Leute in Paris verhaften; vom Volksgerichtshof zum Tode verurteilt.

Sturdza, Dimitrie Alexandru, rumän. Politiker (Liberaler), * 10. 3. 1833 Miclăuşeni, † 21. 10. 1914 Bukarest; aus der Bojarendynastie S., die im 19. Jh. mehrere Fürsten der Moldau stellte; wiederholt Finanz- u. Außen-Min., Nachfolger *Bratianus* in der Führung der Liberalen Partei; 1895–1909 mit Unterbrechungen Min.-Präs.

Sture, schwed. Adelsgeschlecht, dem bedeutende polit. Persönlichkeiten des 15. u. 16. Jh. entstammten. – **1.** *Sten S. d. Ä.*, Reichsverweser, * um 1440, † 14. 12. 1503 Jönköping; kämpfte mit Unterstützung der schwed. Bauern für die Auflösung der Union mit Dänemark, besiegte 1471 den dän. König Christian I., mußte jedoch 1483 den adligen Anhängern der Union nachgeben u. den dän. König Johann I. als schwed. König (Johann II.) anerkennen. Nach dessen Niederlage in Dithmarschen 1500 trat er an die Spitze einer Aufstandsbewegung u. wurde 1501 erneut Reichsverweser.

2. *Sten S. d. J.*, Reichsverweser, * um 1492, † 3. 2. 1520 bei Stockholm (gefallen); machte sich 1512 durch einen Staatsstreich zum Reichsverweser u. setzte die Politik der Unabhängigkeit gegen den Widerstand der schwed. Aristokratie fort; verlor 1520 eine Schlacht gegen den dän. König Christian II., in der er tödlich verwundet wurde.

Stürgkh, Karl Graf, österr. Politiker, * 30. 10. 1859 Graz, † 21. 10. 1916 Wien (ermordet); 1911–1916 Min.-Präs., Vertreter einer starken Regierungsgewalt zur Erhaltung der Reichseinheit; fiel einem Attentat F. *Adlers* zum Opfer.

Sturmabteilung → SA.

Sturzo, Don Luigi, eigentl. L. *Boscarelli*, italien. Politiker, * 26. 11. 1871 Caltagirone, Sizilien, † 8. 8. 1959 Rom; Priester, Vorkämpfer des polit. Katholizismus in Italien auf parteipolit. Basis, gründete 1919 den *Partito Popolare Italiano* (Italienische Volkspartei). 1924–1946 im Exil, anschließend für die Democrazia Cristiana tätig.

Stuttgart, kreisfreie Stadt u. Hptst. des Bundeslandes Baden-Württemberg u. des Reg.-Bez. S. (früher *Nordwürttemberg*), in einem Neckarbecken, 207 m ü. M., 594 000 Ew.
S. soll aus einem um 950 von Herzog Liudolf von Schwaben angelegten Gestüt *(stuotgarte)* hervorgegangen sein. Um 1219 wurde es Stadt. Kurz danach kam es in den Besitz der Grafen u. späteren Herzöge von Württemberg, deren offizielle Residenz es Ende des 15. Jh. wurde. 1534 wurde die Reformation eingeführt. 1803 wurde S. Hptst. des neuen Königreichs. 1918 des Freistaats Württemberg; 1945 Hptst. des Landes Württemberg-Baden, 1952 des Landes Baden-Württemberg.

Stüve, Johann Karl Bertram, hannoverscher Politiker, * 4. 3. 1798 Osnabrück, † 16. 2. 1872 Osnabrück; Anwalt; war 1833–1848 u. 1852 bis 1864 Bürgermeister von Osnabrück; war als Mitgl. der Zweiten Kammer an der Schaffung der Verfassung von 1833 beteiligt u. kämpfte 1837 vergeblich gegen ihre Aufhebung; 1848–1850 Innenminister; Vertreter eines großdt. Kurses.

Stuyvesant ['stœivəzant], Petrus, niederländ. Kolonialpolitiker, * 1592 Scherpenzeel, Prov. Geldern, † Febr. 1672 New York; seit 1647 Gouverneur der Kolonie Nieuw Nederland mit Sitz in Nieuw Amsterdam, das er 1664 den Engländern übergeben mußte u. das den Namen New York erhielt.

Suárez [su'arɛθ], *S. Gonzáles*, Adolfo, span. Politiker, * 25. 9. 1932 Cebreros, Prov. Avila; 1976–1981 Min.-Präs., gründete 1982 die Partei *Demokrat.-Soziales Zentrum (CDS)*.

Subartu, das nördl. Assyrien am Oberlauf des Tigris, dessen Bewohner, die *Subaräer*, schon im 3. Jahrtausend v. Chr. Ackerbau u. Viehzucht trieben, Keramik- u. Metallarbeiten fertigten.

Sucre, Antonio José de, südamerikan. Unabhängigkeitskämpfer, * 3. 2. 1795 Cumaná (Venezuela), † 4. 6. 1830 bei Pasto, Kolumbien (ermordet); nahm als General am Krieg S. *Bolívars* gegen die Spanier teil, hatte wesentlichen Anteil an der Befreiung Ecuadors 1822 u. siegte 1824 in Peru u. Bolivien entscheidend über die Spanier bei Ayacucho. 1826–1828 erster Präs. von Bolivien.

Antonio José de Sucre (Gemälde von A. Michelena)

Südafrika ZA

Republik Südafrika

Fläche: 1 221 037 km². – *Einwohner:* 41,7 Mill. – *Hauptstadt:* Pretoria. – *Landessprachen:* Englisch, Afrikaans, Bantu-Sprachen. – *Nationalfeiertage:* 27. 4., 16. 6., 16. 12. – *Währung:* 1 Rand = 100 Cents. – *Lage:* zwischen 22° und 34°52′ s. Br. sowie 16° und 33° ö. L. – *Zeitzone:* Mitteleuropäische Zeit + 1 Std. – *Grenzen:* im N Namibia, Botswana, Simbabwe, Moçambique und Swasiland, im O Indischer Ozean, im W Atlantischer Ozean, als Enklave Lesotho. – *Staatsform:* präsidiale Republik.

Große Teile des Gebiets des heutigen S. wurden spätestens im 15. Jh. von schwarzafrikan. Völkern besiedelt (östl. Kapland, Natal, Transvaal), im westl. Kapland lebten sog. khoisanide Völker (Buschmänner u. Hottentotten). 1652 errichtete Jan van *Riebeeck* im Auftrag der Niederländ.-Ostind. Kompanie die erste dauerhafte weiße Niederlassung am Kap der Guten Hoffnung (Kapstadt). Sie wurde zum Ausgangspunkt einer sich kontinuierlich ausweitenden Siedlungstätigkeit der zumeist niederländischen Einwanderer (→ Buren). Nach 1818 gründete *Tschaka* den Militärstaat der Zulu. Seine blutigen Eroberungszüge lösten weitreichende „Wanderungskriege" aus, die zur Gründung weiterer schwarzafrikanischer Nationen führten: Basotho (Lesotho), Swasi, Ndebele u. a.
1806 gelangte die holländ. *Kapkolonie* endgültig unter brit. Herrschaft. Großbritannien führte die Grenzkriege der weißen Siedler gegen die Xhosa in Transkei („Kaffernkriege") weiter. Die Buren, die wegen der Aufhebung der Sklaverei (1833) mit der brit. Herrschaft unzufrieden waren, wanderten 1835–1840 aus („treckten") u. gründeten weiter östlich die Republiken *Natal, Oranjefreistaat* u. *Transvaal.* 1843 annektierten die Engländer Natal u. erklärten 1877 Transvaal zur Kolonie, mußten dem Land aber nach dem Aufstand der Buren u. der engl. Niederlage 1881 die Unabhängigkeit bis auf die Außenpolitik zugestehen.
Durch die Entdeckung der Diamantenfelder von Kimberley (1867) im Oranjefreistaat u. der Goldfelder vom Witwatersrand in Transvaal (1884) nahm der Zustrom der Einwanderer ständig zu. 1871 besetzten die Engländer die Diamantenfelder von Kimberley. 1895/96 konnte Präsident P. *Kruger* den bewaffneten Einfall von L. *Jameson* in Transvaal, der von C. *Rhodes* unterstützt wurde, zurückschlagen. Die burischen Maßnahmen gegen die zunehmende englische Einwanderung benutzte England, um im → Burenkrieg 1899–1902 den Burenstaaten ihre Selbständigkeit zu nehmen.
1910 vereinigten sich die Kapkolonie, Natal, Oranjefreistaat u. Transvaal zur *Südafrikan. Union* (Union of South Africa). Sie wurde ein brit. Dominion. Das Amt des Premier-Min.

ging an den früheren Burengeneral L. *Botha* von der Südafrikan. Partei. 1912 wurde der *African National Congress (ANC)* gegründet, der sich für die polit. Interessen der Schwarzen einsetzte. Die Union eroberte im 1. Weltkrieg (1915) Dt.-Südwestafrika u. erhielt vom Völkerbund ein C-Mandat über dieses Gebiet (1920–1966).
Die Geburtenrate bei den Südafrikanern holländ. Herkunft war höher als bei denen engl. Herkunft; daher verschoben sich die polit. Verhältnisse nach dem 1. Weltkrieg zugunsten der Afrikaander. Die englischstämmigen Südafrikaner, die bisher die Politik bestimmt (Regierungspartei war ihre Südafrikan. Partei) u. eine tolerantere Politik gegenüber Mischlingen u. Schwarzen als die Buren geübt hatten, wurden zurückgedrängt, u. die Nationalpartei, das 1915 gegründete Organ der Buren, setzte sich 1924 unter Führung von J. *Hertzog* in den Wahlen durch. 1925 wurde Afrikaans neben Englisch als zweite Amtssprache eingeführt. Die Nationalpartei forderte eine stärkere Unabhängigkeit von Großbritannien, die dem Land 1931 im *Westminsterstatut* gewährt wurde; S. erhielt volle Autonomie.
Im Innern wurde eine stärkere Rassentrennungspolitik durchgesetzt, um die durch den Geburtenüberschuß der Schwarzen bedingte Gefährdung der weißen Herrschaft in Politik, Wirtschaft u. Kultur aufzufangen. 1934 schlossen sich die Nationalpartei u. die Südafrikan. Partei zur Vereinigten Südafrikan. Nationalpartei zusammen. 1936 erzwang die Regierung Hertzog die Aufhebung des seit 1853 in der Kapprovinz bestehenden Wahlrechts für Schwarze. Da Hertzogs Antrag, im 2. Weltkrieg neutral zu bleiben, abgelehnt wurde, trat er 1939 zurück. S. nahm unter Premier-Min. *Smuts* am Krieg auf der Seite der Alliierten teil.
Von der Vereinigten Nationalpartei hatte sich ein extrem nationalist. Flügel unter D. *Malan* als „gereinigte" Nationalpartei abgespalten, die für eine konsequentere Rassentrennungspolitik eintrat. Ihr Wahlsieg 1948 bedeutete eine entscheidende Zäsur in der Politik S.s. Unter Premier-Min. Malan u. seinen Nachfolgern (J. G. *Strijdom* 1954–1958; H. F. *Verwoerd* 1958–1966; B. J. *Vorster* 1966–1978; P. W. *Botha* 1978–1989) wurde die → Apartheid systematisch durchgesetzt. Die Rassentrennung galt von nun an sowohl in territorialer Hinsicht („große Apartheid") als auch im tägl. Umgang („kleine Apartheid").
Grundgedanke der großen Apartheid war die sogenannte „getrennte Entwicklung". Für die Schwarzen wurden 10 *Bantustans* (Homelands), Reservate für die verschiedenen Stämme, errichtet, in denen sie begrenzte Autonomie erhielten. In den den Weißen vorbehaltenen Gebieten hatten Schwarze, wenn sie in ein Homeland umgesiedelt wurden, nur Aufenthaltserlaubnis als Arbeitskräfte, konnten aber jederzeit ausgewiesen werden. Nur 12,5 % des südafrikan. Bodens wurden für die Homelands reserviert, die allen Schwarzen (70 % der Bevölkerung bei hoher Geburtenrate) zugewiesen werden sollten. Mischlinge u. Asiaten erhielten keine eigenen Gebiete zugebilligt.
Die „kleine Apartheid" betraf die Trennung der Rassen in den öffentl. Verkehrsmitteln, in Schulen, Krankenhäusern, Theatern, Restaurants, im Sport, im Umgang der Geschlechter (Mischehengesetz bzw. Immoralitätsgesetz).
Der schwarze Widerstand organisierte sich unter Führung des ANC zunächst gewaltfrei. 1959 spaltete sich eine militante Gruppe, der *Pan-Africanist Congress (PAC)*, vom ANC ab. Beide Organisationen wurden 1960 nach dem Massaker von Sharpeville, als die Polizei auf demonstrierende Schwarze schoß, verboten u. ihre Führer verhaftet oder „gebannt". Der schwarze Widerstand mußte sich im Untergrund bzw. Exil neu organisieren. Diese Ereignisse führten zu einer innenpolit. Radikalisierung, die sich noch steigerte, als 1964 der ANC-Politiker N. *Mandela* zu lebenslanger Haft verurteilt wurde.
Da die Apartheidpolitik in den Commonwealth-Ländern zum Konflikt mit S. führte, trat dieses 1961 aus dem Commonwealth aus u. erklärte sich zur Republik S. Auch die UN verurteilten das Land u. verhängten ein Waffenembargo. 1966 fiel Premier-Min. H. F. Verwoerd einem Attentat zum Opfer. Sein Nachfolger B. J. Vorster setzte die Apartheidpolitik fort. Seine Regierung begann in den 1970er Jahren mit der Entlassung der Homelands in die staatl. Unabhängigkeit (Transkei 1976, Bophuthatswana 1977, Venda 1979 u. Ciskei 1981), die allerdings international nicht anerkannt wurde. Der Widerstand unter der schwarzen Bevölkerung wuchs. 1976 kam es zu blutigen Unruhen in Soweto (über 200 Tote).
Obwohl die UN S. bereits 1966 das Mandat über Südwestafrika (→ Namibia) entzogen hatte, gab es die Verwaltung des Gebietes nicht aus der Hand u. versuchte, die namibische Befreiungsbewegung *SWAPO* von der polit. Macht auszuschließen. Die Unabhängigkeit von Angola, Moçambique u. Simbabwe führte bis zum Beginn der 1980er Jahre zu einschneidenden Veränderungen im außenpolit. Umfeld. Bes. mit Angola ergaben sich Konflikte, da südafrikan. Truppen mehrfach dorthin vorstießen, um gegen die SWAPO vorzugehen. In Moçambique unterstützte S. die RENAMO-Rebellen. Seit 1983/84 setzte eine Entspannungsdiplomatie zwischen S. u. den angrenzenden Staaten ein. Im Innern wurden den Asiaten u. Mischlingen auf Grundlage der neuen Verfassung von 1984, die ein Präsidialsystem einführte, gewisse polit. Mitwirkungsmöglichkeiten zugestanden. Die Grundlagen des Apartheidsystems blieben jedoch bestehen. Botha, seit 1978 Premier-Min., wurde zum Staats-Präs. gewählt. Mitte der 1980er Jahre weiteten sich Protest- u. Streikaktionen der schwarzen Bevölkerung aus. 1986 wurde der Ausnahmezustand verhängt. Viele ausländische Staaten (darunter auch die EG-Länder) reagierten mit Wirtschaftssanktionen.
1988 einigten sich S., Angola u. Kuba über den Rückzug der kuban. Truppen aus Angola sowie über die Unabhängigkeit Namibias, die 1990 realisiert wurde.
Zu einer radikalen Wende in der südafrikan. Innenpolitik kam es erst, als Staats-Präs. Botha 1989 das Vertrauen seiner Partei verlor und zurücktreten mußte. Sein Nachfolger F. W. *de Klerk* veranlaßte 1990 die Freilassung N. Mandelas, die Legalisierung der schwarzen Opposition sowie die Aufhebung des Ausnahmezustandes. Zwischen dem ANC u. der rivalisierenden Zulubewegung *Inkatha* kam es in der Folgezeit zu blutigen Auseinandersetzungen, die den Reformprozeß behinderten. Trotzdem hob die von Präs. de Klerk geführte Regierung bis zum 30. 6. 1991 alle wesentl. Apartheidgesetze auf. Außerdem erklärte sie ihre Bereitschaft, über die Wiedereingliederung der Homelands in den südafrikanischen Staatsverband zu verhandeln.
Am 5. 7. 1991 wurde N. Mandela zum Präsidenten des ANC gewählt. Im Dez. 1991 tagte erstmals der neu gebildete *Konvent für ein demokrat. Südafrika*, mit dem Regierung u. schwarze Opposition Verhandlungen über die politische Zukunft des Landes institutionalisierten. In einem Referendum stimmte die weiße Bevölkerung am 17. 3. 1992 einer Fortsetzung des Reformprozesses zu.
Trotz dieser Entwicklungen eskalierte die politisch motivierte Gewalt. Nach einem Massaker in Boipatong, dem 42 Menschen zum Opfer fielen, suspendierte der ANC im Juni 1992 die Verfassungsgespräche u. organisierte einen mehrtägigen Generalstreik. Obwohl die innenpolit. Situation gespannt blieb, beschlossen Regierung u. Opposition die Weiterführung der Demokratisierung. 1993 konnte eine Übergangsverfassung verabschiedet werden, mit der die Alleinherrschaft der weißen Bevölkerung beendet wurde. Das zwischen S. u. Namibia umstrittene Gebiet der Walfischbucht ging 1994 endgültig in namib. Besitz über. Im April 1994 fanden freie Wahlen statt, die zu einem überwältigenden Sieg des ANC führten. N. Mandela wurde neuer Staats-Präs. Eine Regierung der nationalen Einheit, an der sich neben dem ANC die Nationalpartei u. die Inkatha-Freiheitspartei beteiligten, bildete die Exekutive. Die Homelands wurden aufgelöst u. in neun neu geschaffene Provinzen integriert. S. wurde Mitglied der OAU u. trat auch wieder dem Commonwealth bei. Im Mai 1996 verabschiedete die seit 1994 arbeitende verfassunggebende Versammlung die neue südafrikan. Verfassung. Die Nationalpartei verließ im gleichen Jahr die Regierung der nationalen Einheit.

Südamerika → Lateinamerika.

Sudan SUD

Republik Sudan

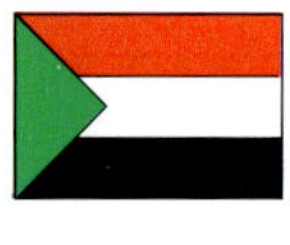

Fläche: 2 505 813 km². – *Einwohner:* 28,2 Mill. – *Hauptstadt:* Khartum. – *Landessprachen:* Arabisch, Englisch sowie hamitische, nilotische und sudanesische Sprachen. – *Nationalfeiertag:* 1. 1. – *Währung:* 1 Sudanesischer Dinar = 100 Piastres. – *Lage:* zwischen 4° und 23° n. Br. sowie 22° und 38° ö. L. – *Zeitzone:* Mitteleuropäische Zeit + 1 Std. – *Grenzen:* im N Ägypten, im O Rotes Meer, Eritrea und Äthiopien, im S Kenia, Uganda und Kongo (Zaire), im W Zentralafrikanische Republik, Tschad und Libyen. – *Staatsform:* präsidiale Republik.

Zwischen dem 3. u. 4. Nil-Katarakt entstand vermutlich schon im 4. Jahrtausend v. Chr. das Reich *Kusch,* der älteste bekannte schwarzafrikan. Staat. Während der Blütezeit des ägypt. Neuen Reichs (16.–11. Jh. v. Chr.) stand Kusch unter ägypt. Herrschaft, dann wurde es wieder ein unabhängiger Staat mit altägypt. Kultur. 745–653 v. Chr. beherrschten kuschitische Könige Ägypten, etwa 300 v. Chr. bis 300 n. Chr. war *Meroë* die Hptst. eines Reichs, in dem lange Zeit eine Eisenindustrie blühte u. eine alphabet. Schrift entwickelt wurde. Seit dem 1. Jh. verarmte Meroë, bis Angriffe aus Äthiopien *(Aksum)* u. nomadisierender Wüstenvölker nach 350 das Reich in mehrere kleine Staaten zerfallen ließen. Auch nach der Eroberung Ägyptens durch die islam. Araber (640/41) hielten sich in S., das jetzt *Nubien* genannt wurde, christl. Königreiche; *Dongola* wurde erst 1315, das weit südl. gelegene Aloa 1504 islamisch.
Das Reich der *Fundsch* im südl. S. bestand etwa von 1500 bis 1700, während der N in Abhängigkeit von den ägypt. Mamluken geriet. In Darfur führte *Sulaiman Solang* (1596–1637) den Islam ein; seine Dynastie herrschte bis 1874. Der ägypt. Vizekönig *Mohammed Ali* begann nach 1820 mit der Eroberung S.s, die 1874 abgeschlossen schien. Jedoch ging den Ägyptern S. wieder durch

Sudetendeutsche: Kundgebung der Sudetendeutschen Partei im Sommer 1938; als Redner Parteiführer Konrad Henlein

den Aufstand des Mahdi *Mohammed Ahmed* verloren. 1883 hatte er S. in seiner Hand, 1885 eroberte er Khartum. Der Nachfolger des Mahdi, *Abdallah*, dehnte die Macht der *Mahdisten* noch weiter aus: 1888/89 unternahm er Feldzüge gegen Äthiopien, 1888 wurde die Äquatorialprovinz besetzt. 1893/94 stießen die Mahdisten mit den von Massaua vorrückenden Italienern zusammen u. wurden geschlagen.

Nachdem England 1882 Ägypten besetzt hatte, wurde 1896 der brit. Oberkommandierende der ägypt. Armee, Lord *Kitchener*, beauftragt, gegen S. zu ziehen. In der Schlacht von Omdurman 1898 vernichtete er das Reich des Mahdi; Abdallah fiel etwas später. Ein Versuch der Franzosen, vom Kongo her in S. einzudringen, wurde 1898 von Kitchener bei Faschoda verhindert. 1899 wurde S. anglo-ägypt. Kondominium. Jedoch suchten die Briten den ägypt. u. islam. Einfluß in den Südgebieten zu begrenzen; unter den dort lebenden schwarzafrikan. Völkern gewannen christl. Missionare Einfluß.

Nach dem 2. Weltkrieg begann England S. auf die Unabhängigkeit vorzubereiten. Ägypt. Ansprüche konnten sich nicht durchsetzen. Erster Min.-Präs. einer autonomen Regierung S.s wurde 1955 *Ismail Al Azhari*, Führer der Nationalen Unions-Partei (NUP). Die Autonomiebestrebungen des christlich geprägten Südteils des Landes entfachten im gleichen Jahr einen blutigen Bürgerkrieg. Trotzdem wurde S. am 1. 1. 1956 unabhängig. Das parlamentar. System erwies sich jedoch als nicht arbeitsfähig u. wurde am 17. 11. 1958 durch eine Militärdiktatur des Generals Ibrahim Ferik *Abboud* abgelöst. Ein Volksaufstand in Khartum am 15. 11. 1964 zwang den konservativen Abboud zum Rücktritt; die alten Parteien begannen wieder um die Macht zu streiten, gestützt von religiösen Bruderschaften. Versuche, den südsudanes. Konflikt zu beenden, blieben ohne durchschlagenden Erfolg. 1969 brachte ein Staatsstreich Oberst Dschafar *An Numeiri* ans Ruder. Als Präs. des Revolutionsrats u. Regierungschef steuerte Numeiri zunächst einen nationalist. Linkskurs in außenpolit. Anlehnung an Ägypten u. die Sowjetunion, betonte später aber mehr die afrikan. Linie seiner Politik. Die kommunist. Opposition wurde 1971 nach einem erfolglosen Putsch zerschlagen. 1972 konnte Numeiri den Bürgerkrieg beenden; den Südprovinzen wurde Autonomie zugestanden.

Am 8. 5. 1973 trat eine neue Verfassung in Kraft, die dem autoritären Präsidialsystem einen institutionellen Rahmen gab. 1977–1983 lehnte sich S. an den Westen u. die konservativen arab. Staaten an (Verteidigungsabkommen mit Ägypten u. Saudi-Arabien). S. unterstützte als einziger arabischer Staat den ägyptisch-israelischen Friedensschluß von 1979.

Wirtschaftl. Schwierigkeiten führten seit 1982 zu sozialen Unruhen. Numeiri ließ die Südregion unter militär. Kontrolle stellen u. sie in drei kleinere Provinzen aufteilen. 1983 wurde das islam. Recht *(Scharia)* eingeführt. Daraufhin begann unter Führung der *Sudanes. Volksbefreiungsarmee (SPLA)* im Süd-S. erneut ein Bürgerkrieg. 1985 wurde Numeiri von Offizieren gestürzt. Das Militärregime ließ 1986 freie Wahlen zu. Die beiden stärksten Parteien, die Umma-Nationalpartei u. die Demokrat. Unionspartei, bildeten eine Koalitionsregierung, der 1988 auch die Moslembrüder (Islam.-nationale Front) beitraten. 1989 wurde eine neue Regierung ohne die Moslembrüder gebildet. Sie wurde im gleichen Jahr vom Militär gestürzt, das im Verbund mit den Islamisten einen fundamentalist. Kurs einschlug. Die Militärregierung unter Führung von General *Ahmad Al Bashir* proklamierte 1991 die Umformung des Landes in einen föderativen Staat mit der Scharia als Rechtsgrundlage. Seit 1992 verstärkte das Regime den militär. Druck auf die Südregion. Der Bürgerkrieg u. eine langanhaltende Dürre führten dort zu einer Hungerkatastrophe. Mit der Berufung Al Bashirs zum zivilen Präs. S.s endete 1993 rein formell die seit 1989 bestehende Juntaherrschaft. 1994 scheiterten Friedensverhandlungen zwischen den Bürgerkriegsparteien.

Südarabische Föderation, 1. von 1959 bis 1967 bestehender, schrittweise erweiterter, aus dem ehem. brit. Protektorat Südarabien, mehreren Emiraten u. Sultanaten sowie der ehem. Kronkolonie Aden hervorgegangener autonomer Bundesstaat; wurde 1967 als *Südjemen* unabhängig.
2. → Vereinigte Arabische Emirate.

Sudetendeutsche, neuere, erst im 20. Jh. gebräuchlich gewordene Bez. für die in Böhmen, Mähren u. dem ehem. Österreichisch-Schlesien, bes. in den Randgebieten wohnenden Deutschen. Viele ihrer Vorfahren (Thüringer, Franken, Sachsen) waren von den *Přemysliden* unter Verleihung von Vorrechten nach Böhmen gerufen worden. Sie trugen bei zur Blüte Böhmens unter den Luxemburgern, bes. unter *Karl IV.* Im 18. u. 20. Jh. entwickelten die S.n bes. in den böhm. Randgebieten bedeutende Gewerbezweige u. eine hochstehende Industrie.

Ein Gegensatz zwischen Tschechen u. S.n entstand im 19. Jh. mit der tschech. Nationalbewegung; doch fanden damals die S.n Rückhalt bei der österr. Monarchie. Wortführer der S.n bildeten im Nov. 1918 in Reichenberg eine dt.-böhm. Landesregierung u. erklärten ihren Anschluß an die neue Republik Deutsch-Österreich. Die S.n wurden aber gegen ihren Willen in die neugebildete Tschechoslowakei eingegliedert u. waren Behinderungen, bes. auf wirtschaftl. u. kulturellem Gebiet, ausgesetzt. Ihre Autonomieforderungen blieben unberücksichtigt, obwohl seit 1926 dt. Minister den tschechoslowak. Regierungen angehörten. Die *Sudetendt. Partei* unter K. *Henlein* geriet nach 1935 zunehmend unter dt. Einfluß u. forderte schließlich auf Drängen Hitlers die Abtrennung der sudetendt. Gebiete. Im → Münchner Abkommen vom 29. 9. 1938 wurde der Anschluß der überwiegend von Deutschen bewohnten Randgebiete *(Sudetengau)* an das Dt. Reich beschlossen u. ab 1. 10. durchgeführt. 1945 wurde das Gebiet wieder der Tschechoslowakei angegliedert. Rd. 2,5 Mill. S. wurden vertrieben; auf der Flucht verloren etwa 400000 ihr Leben, 200000 wurden zurückgehalten u. 1953 zwangsweise eingebürgert.

Sudetenkrise → Tschechoslowakei, auch → Münchner Abkommen.

Südostasiatische Verteidigungsgemeinschaft → SEATO.

Südostasien, der Raum, der die heutigen Staaten Birma, Thailand, Laos, Vietnam, Kambodscha, Malaysia, Brunei, Singapur, Indonesien u. Philippinen umfaßt.

Das Gebiet wurde zwischen 3000 u. 1000 v. Chr. von Austronesiern besiedelt. Durch archäolog. Funde (Bronzegegenstände) belegt ist die Ausbreitung der von China beeinflußten *Dong-son-Kultur* im 5. bis 3. Jh. v. Chr. In den ersten Jahrhunderten n. Chr. geriet S. unter ind. Kultureinfluß. Nach der Kolonisierung Tonkins durch die Chinesen (111 v. Chr. bis 968 n. Chr.) wurde der Handel mit China intensiviert.

Vom 7. bis 13. Jh. entstanden einzelne Reiche: in Kambodscha das Reich der Khmer, in Annam, dem Zentrum des heutigen Vietnam, das Reich von *Champa* (190–1471), in Oberbirma das Reich von *Pagan*, in Sumatra das Reich der *Sailendra* -Dynastie (Hauptstadt Shrivijaya) u. in Java das *Madschapahit-Reich.*

Im 16. Jh. gründeten die Europäer Handelsniederlassungen in S. Bis zum 19. Jh. entstanden europ. Kolonialreiche: Birma u. die Malaienstaaten wurden britische, Indonesien holländische, Kambodscha, Laos u. Vietnam französ. Kolonien. Die Philippinen wurden 1898 von den Spaniern an die USA abgetreten. Nur Siam (Thailand) gelang es, seine Unabhängigkeit zu wahren.

Nach dem 2. Weltkrieg, in dem S. von den Japanern besetzt worden war, wurden die Kolonialreiche aufgelöst. 1945 wurde Indonesien unabhängig (1949 von Holland anerkannt), 1946 folgten die Philippinen, 1948 Birma, 1954 Laos, Kambodscha u. (formal) Vietnam, 1957 Malaya, 1963 Singapur. In Indochina war die Ablösung der Kolonialherrschaft mit 30 Jahre dauernden Kriegen ver-

Südostasien im 11. und 12. Jahrhundert

bunden, in die die USA massiv eingriffen (→Indochinakriege, →Vietnamkrieg). 1975 siegten die Kommunisten in Vietnam, Laos u. Kambodscha. Vietnam brachte Laos bald in seine Einflußsphäre u. besetzte 1979 Kambodscha. Die Rivalität mit China um die Hegemonie in S. führte 1979 zu einer kriegerischen Konfrontation im nördl. Grenzgebiet Vietnams. 1986 setzte der Demokratisierungsprozeß auf den Philippinen ein. 1989 zog Vietnam seine Truppen aus Kambodscha ab. Dort u. in Birma blieb die polit. Lage instabil. 1997 wurde S. von einer schweren Wirtschaftskrise erfaßt.

Südosteuropa, von einer Urbevölkerung S.s vor der Landnahme indoeurop. Völker (Einwanderungswelle der Griechen des 2. Jahrtausends v. Chr., Thraker u. Illyrer) haben sich keine greifbaren Spuren erhalten. Griechische, keltische u. röm. Einflüsse haben seit der Mitte des 1. Jahrtausends v. Chr. S. weitgehend überformt. Die Gräzisierung nahm ihren Ausgangspunkt von zahlreichen Handelsniederlassungen, die Romanisierung von den Legionslagern u. Garnisonsstädten in Makedonien, an der dalmatin.-alban. Küste u. im Donauraum.

In der Folge haben Völker verschiedener Herkunft in die Geschichte S.s eingegriffen u. ihre Spuren hinterlassen: Germanen, Slawen, Ungarn, Griechen, Italiener, Türken, Normannen, Franzosen, Deutsche u. dazu immer wieder die kriegerischen Reiternomaden Innerasiens, die bis in den Raum von S. vorgestoßen sind, wo mit den *Ungarn* u. den *Proto- (bzw. Ur-)Bulgaren* Teile von ihnen sogar auf Dauer Wohnsitz genommen haben.

Der Sturm der german. Völkerwanderungszeit ging an S. fast spurlos vorüber, ganz im Gegensatz zur Siedlungsausbreitung der *Slawen* seit dem 6. Jh. n. Chr. Zur Zeit der maximalen Ausdehnung der slaw. Siedler, im Zeitraum von etwa 600–800 n. Chr., war der überwiegende Teil des Binnenlandes von slawischen Ackerbauern in Besitz genommen, die alte Provinzialbevölkerung des Römischen bzw. Byzantinischen Reichs an die Küsten u. auf die Insel bzw. in die Gebirgsregionen abgedrängt worden.

Das Expansionsstreben mächtiger Nachbarn hat Ansätze eigenständiger polit. Herrschaftsbildungen in größerem Rahmen unter den Völkern S.s wiederholt gewaltsam unterbunden. Zunächst hatten die Bulgaren weite Teile der Balkanhalbinsel einem Großreich eingegliedert, das erst Ende des 10. u. Anfang des 11. Jh. an der wiedererstarkten byzantin. Militärmacht zerbrach. Die ersten Herrschaftsbildungen der Serben u. *Kroaten* des 9.–12. Jh. entwuchsen lange Zeit kaum den stammhaften Bindungen. Dauerhafter gelang der Übergang zum Territorialstaat im *Bosnien* des hohen u. späten MA u. insbes. im serbischen Nationalstaat der *Nemanjiden* (1123–1394) u. seiner Fortsetzung in den Reststaaten unter den *Lazarevići*, den *Brankovići* u. den Despoten in Südungarn.

Erst unter dem Osmanischen Reich, dem die balkan. Kleinstaatenwelt des 14. Jh. in rascher Folge zufiel, fand S. wieder zu einer von außen aufgezwungenen polit. Einheit zusammen; nur im NW konnten sich die Habsburger behaupten, nachdem der zweimalige Vorstoß der Türken bis vor Wien durch die vereinten Bemühungen der Völker Mitteleuropas erfolgreich abgewehrt worden war (1529 bzw. 1683).

Der Machtverfall des Osman. Reichs schuf im 19. Jh. die Voraussetzungen für eine völlige Neuordnung. Sie wurde durch den Gegensatz zwischen dem erwachenden nationalen Selbstbewußtsein der kleinen Völker S.s u. den machtpolit. Interessen der Großmächte unheilvoll beeinflußt. Rußland büßte seinen Vorsprung der ersten Jahrhunderthälfte (*Friede von Bukarest* 1812; Intervention während des griech. Freiheitskampfs u. *Friede von Adrianopel* 1829, Vertrag von 1833) während des *Krimkriegs* (1853–1856) gegen eine gesamteurop. Koalition wieder ein. Die maßlosen russ. Forderungen nach dem erfolgreichen militär. Engagement im *Türkenkrieg* von 1877/78 (*Friede von San Stefano,* Schaffung Großbulgariens) ließen sich nicht gegen die auf einen Ausgleich bedachten Friedensbemühungen der europ. Diplomatie (*Berliner Kongreß* von 1878) durchsetzen, die nationalen Großreichträume u. ein wachsender terrorist. *Irredentismus* unter den Balkanvölkern verhinderten andererseits dauerhafte polit. Lösungen. So opferten die im Lauf des 19. Jh. sich aus dem osman. Reichsverband lösenden Völker (1829 Griechenland, 1878 die Fürstentümer Serbien, Rumänien, Montenegro, 1908 Bulgarien, 1912 Albanien) die revolutionäre Solidarität gegen den verhaßten Halbmond immer mehr einem erbitterten gegenseitigen Machtkampf (*Balkankriege* 1912/13).

Auch nach dem Zusammenbruch der drei großen Vielvölkerstaaten Österreich–Ungarn, Osman. Reich u. Rußland im 1. Weltkrieg, als das nationalstaatl. Prinzip gegen die Staatsidee eines Vielvölkerstaates im südosteurop. Raum den Sieg davongetragen hatte, fanden jene Völker keine dauerhaften Grenzregelungen. Als am 7. 4. 1939 italien. Truppen Albanien besetzten, geriet S. am Vorabend des 2. Weltkriegs wiederum in den Einzugsbereich äußerer Mächte, die in der Uneinigkeit u. der polit. wie wirtschaftl. Schwäche der einzelnen Staaten günstige Ansatzpunkte fanden. Die nach O u. SO ausgreifende expansive Politik des nat.-soz. Deutschlands (1938 Anschluß Österreichs, 1938/39 Eingliederung der Tschechoslowakei) hatte zudem die Bindungen der in der *Kleinen Entente* vereinigten Staaten mit Frankreich u. Polen (Tschechoslowakei, Jugoslawien, Rumänien) gelockert.

Im 2. Weltkrieg wurde S. wiederum zum Kriegsschauplatz fremder Mächte. Bei Kriegsende kam es mit Ausnahme Griechenlands unter kommunist. Herrschaft, die in Jugoslawien u. Albanien von siegreichen einheim. Partisanen, in den übrigen Ländern

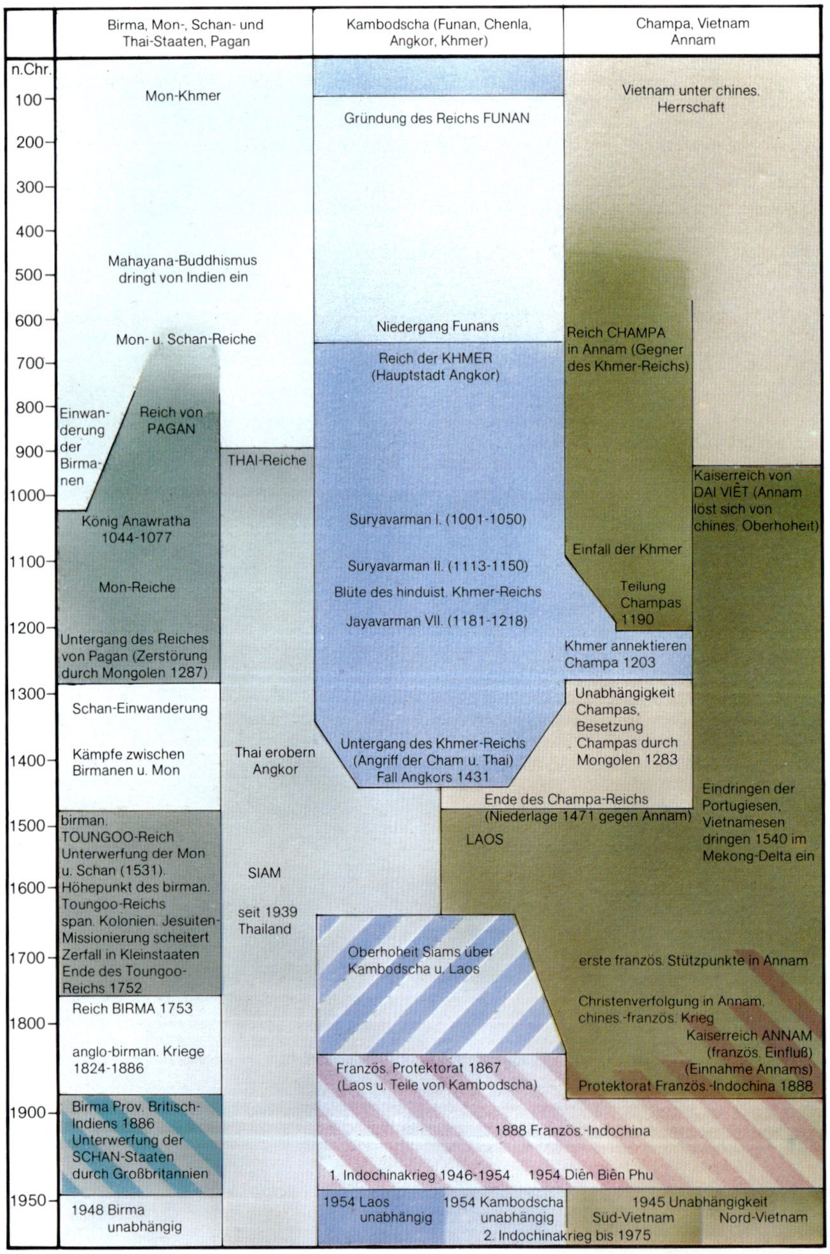

Südostasien: die Entwicklung der Herrschaft in der Region

Südosteuropa 680-1241

Erstes Bulgarisches Reich 680

Größte Ausdehnung des Ersten Bulgarischen Reichs 883

Byzantinisches Reich 883

972/1018-1185 gehörte Bulgarien zum Byzantinischen Reich

Größte Ausdehnung des Zweiten Bulgarischen Reichs 1241

Südosteuropa seit 1815

--- Grenze des Osmanischen Reichs 1815

1913 Jahr der osmanischen Gebietsverluste

Heutige Staatsgrenzen

Wachstumsrichtung der neuen Balkanstaaten vor dem 1.Weltkrieg

von der sowjet. Besatzungsmacht errichtet wurde. Es kam zu Wirtschafts- u. Sozialrevolutionen (Zwangskollektivierung, forcierter Aufbau von Schwerindustrien u. a.), die jahrhundertealte Lebensgewohnheiten zerstörten u. die Angleichung an eine moderne arbeitsteilige Industriegesellschaft erzwangen. Die Wiederherstellung des territorialen Status quo ante (1947 *Pariser Friedensverträge*) entsprach den nationalen Forderungen der siegreichen Staaten S.s; Ungarn, Rumänien u. Bulgarien hatten auf die Gebietserwerbungen der Zwischenkriegszeit wieder Verzicht zu leisten, der *2. Wiener Schiedsspruch* (30. 8. 1940) wurde annulliert, die Aufteilung des jugoslaw. Territoriums rückgängig gemacht. Seit 1989 kam es zum Zusammenbruch der kommunist. Herrschaft in Ungarn, Bulgarien, Rumänien u. Albanien. Der Übergang zur Demokratie war von erhebl. Problemen begleitet. Der 1991 einsetzende Zerfall Jugoslawiens führte zur Entstehung neuer Nationalstaaten (Bosnien-Herzegowina, Kroatien, Makedonien u. Slowenien) in S.

Südpreußen, durch die 2. u. 3. Poln. Teilung gebildete, 1793–1807 bestehende preuß. Provinz südl. des Netzedistrikts u. des Kulmerlands zwischen Schlesien u. mittlerer Weichsel; mußte 1815 an das neue Großherzogtum Warschau abgetreten werden. Die spätere Provinz Posen fiel 1815 an Preußen zurück.

Südschleswigscher Wählerverband, Abk. *SSW,* die Partei der dän. Minderheit in Schleswig-Holstein, gegr. 1948 als Nachfolgerin des 1947 gegr. *Südschleswigschen Vereins.*

südslawische Frage, das Problem, das sich mit den Autonomiebestrebungen der drei Nationalitäten der Slowenen, Kroaten u. Serben der Donaumonarchie im letzten Drittel des 19. Jh. bis zum 1. Weltkrieg stellte. Es war deshalb kaum lösbar, weil die Ziele der Südslawen widersprüchlich waren: Einerseits zeigten sie partikularist. Tendenzen, andererseits ein Streben nach Gemeinsamkeit. Kompliziert wurden die Verhältnisse noch dadurch, daß Slowenen u. Kroaten kath. waren u. in der abendländ. Kulturtradition standen, wogegen die griech.-orth. Serben sich den Russen verbunden fühlten. Während sich die Balkan-Gegensätze zwischen den Großmächten Rußland u. Österreich–Ungarn mit der s.n F. verschärften, führte diese zum Attentat von Sarajevo, das den 1. Weltkrieg auslöste. Mit der Proklamation des Königreichs der Serben, Kroaten u. Slowenen 1918 wurde die s. F. nur vorläufig gelöst. Die nationalen Gegensätze konnten nie endgültig beseitigt werden. Sie entluden sich schließlich im 1991 ausgebrochenen jugoslaw. Bürgerkrieg.

Südstaaten, die Staaten, die sich während des Sezessionskriegs aus den USA lösten.

Südtirol, *i. e. S.* das von der Etsch, dem Eisack u. der Rienz durchflossene, seit 1919 italien. Gebiet *Alto Àdige (Oberetsch),* mit Ortler u. Dolomiten; *i. w. S.* das ganze südl. vom Brenner u. Reschenscheideck liegende Gebiet des ehem. österr. Kronlands Tirol.

Nach dem Aufstand A. *Hofers* (1809) wurde zum erstenmal der südl. vom Brenner gelegene Teil von Tirol abgetrennt u. kam zu Italien (bis 1814/15). Die Angliederung S.s gehörte seitdem zu den Forderungen der italien. → Irredenta. Im *Frieden von Saint-Germain* 1919 kam das überwiegend dt. besiedelte Land an Italien. Während der faschist. Herrschaft wurde die Italianisierung S.s planmäßig betrieben. Das Umsiedlungsabkommen von 1939 beließ S. bei Italien; es gab der dt. Bevölkerung die Möglichkeit zur Option für das Dt. Reich (Umsiedlung). Dieser Vertrag wurde rückgängig gemacht durch das *Gruber-de-Gasperi-Abkommen* 1946, das Bestandteil des Friedensvertrags der Alliierten mit Italien wurde. Es gestattete den Optanten die Wiedererwerbung der italien. Staatsangehörigkeit u. sollte die völlige Rechtsgleichheit der dt. u. der italien. Südtiroler sowie die Zweisprachigkeit in Verwaltung, Schule u. Gerichten sicherstellen. Die Zusammenlegung der beiden Provinzen Bozen (überwiegend dt.) u. Trient (rein italienisch) zur autonomen Region *Trentino-Alto Àdige* u. die Übertragung der entscheidenden Befugnisse an die Region statt an die Provinzen liefen dem Gruber-de-Gasperi-Abkommen zuwider. Hier lagen die Ursachen für die wachsende Unzufriedenheit u. die von außen her geschürten Unruhen in S. 1960 u. 1961 brachte die österr. Regierung das Problem vor die UN. Die 1961 eingesetzte „Neunzehnerkommission" erarbeitete die Grundlagen für ein „S.-Paket", das in jahrelangen Verhandlungen zustande kam. Ihm stimmten am 21. 10. 1969 die Südtiroler Volkspartei, am 4. u. 5. 12. 1969 die Häuser des italien. Parlaments u. am 16. 12. 1969 der österr. Nationalrat zu. Das „Paket" war im wesentl. ein Operationskalender zur schrittweisen Realisierung des Gruber-de-Gasperi-Abkommens. 1992 bestätigte Österreich völkerrechtl. verbindlich, daß alle vereinbarten Maßnahmen von der italien. Regierung durchgeführt seien.

Südwestafrika → Namibia.

Südweststaat, vor der endgültigen Festlegung des Namens häufig gebrauchte Bez. für das 1952 gebildete Land → Baden-Württemberg.

Suẹben, german. Stamm, → Sweben.

Suezkanal ['zuːɛs-], *Sueskanal,* arab. *Qanat As Suways,* einer der wichtigsten Schiffahrtswege der Erde; quert die Landenge von Suez in den Wüstengebieten am Westrand der Halbinsel Sinai in Ägypten u. verbindet

Suharto

Süleiman II.

ohne Schleusen das Mittelmeer mit dem Roten Meer.
Die verkehrstechn. u. handelspolit. Chancen eines Mittelmeer u. Rotes Meer verbindenden Wasserwegs wurden schon im Altertum erkannt. Im 13. Jh. v. Chr. bauten Ägyptens Pharaonen den ersten Kanal vom Nildelta zum Golf von Suez. Pharao Necho, die Perserkönige (um 600 bzw. um 500 v. Chr.) u. die Ptolemäer erneuerten den Kanal, der erst unter der Araberherrschaft im 8. Jh. versandete. Napoleons Kanalprojekt (1798) wurde nicht verwirklicht. 1854 wurde ein Konzessionsvertrag zwischen dem ägypt. Vizekönig Said u. F. de *Lesseps* geschlossen, unter dessen Leitung der Kanal zwischen 1859 u. 1869 nach den Plänen des Österreichers A. *Negrelli* mit 16,6 Mill. Pfund Kosten errichtet wurde. Am 17. 11. 1869 erfolgte die feierliche Eröffnung.
Die Aktien der S.-Gesellschaft *(Compagnie Universelle du Canal Maritime de Suez)*, die einen bis 1968 befristeten Konzessionsvertrag besaß, waren ursprüngl. zwischen Frankreich u. Ägypten aufgeteilt. Großbritannien erwarb 1875 den Aktienbesitz des ägypt. Vizekönigs u. besetzte 1882 Ägypten u. die Kanalzone. 1888 wurde die Internationale S.-Konvention geschlossen, die die Freiheit der Schiffahrt im S. sicherte. Als Italien 1935 Äthiopien angriff, duldete Großbritannien den Transport italien. Kriegsmaterials durch den S. Nach der Gründung des Staats Israel 1948 sperrte jedoch Ägypten den S. für alle israel. Schiffe u. zeitweilig auch für Lieferungen nach Israel unter anderer Flagge; Ägypten berief sich dabei auf den Kriegszustand mit Israel, der auch nach dem Waffenstillstand von 1949 andauerte.
Die letzten brit. Truppen hatten die S.-Zone im Juni 1956 verlassen. Kurz darauf, am 26. 7. 1956, verkündete Ägypten die Nationalisierung des S.s. Daraufhin griffen am 29. 10. 1956 israel., brit. u. französ. Truppen Ägypten an *(Suezkrise)*. Das Eingreifen der UN u. bes. der USA u. der Sowjetunion führte rasch zur Feuereinstellung u. bis zum 22. 12. 1956 zur Räumung der Kanalzone. Der S. war bis April 1957 durch versenkte Schiffe gesperrt. 1958 wurde in Genf zwischen Ägypten u. der alten S.-Gesellschaft ein Entschädigungsabkommen geschlossen. Ägypten konnte den Verkehr rasch wieder normalisieren.
Im Juni 1967 legte der 3. israel.-arab. Krieg (Sechstagekrieg) den S. erneut still. Seit 9. 6. 1967 war das ganze Ostufer zwischen Suez u. Port Said in israel. Hand. Die von den UN angeordnete Feuereinstellung wurde in der Folgezeit immer wieder durch Artillerie- u. Luftkämpfe, später auch durch Landung ägypt. Kommandos auf dem Ostufer gebrochen. Beide Parteien befestigten ihre Stellungen. Im August 1970 trat durch Vermittlung des US-amerikan. Außen-Min. Rogers erneut Waffenruhe ein.
Nach dem 4. israelisch-arabischen Krieg 1973, in dessen Verlauf der S. von ägypt. Truppen nach O, von israel. Truppen nach W überquert wurde, kam es mit US-amerikan. Vermittlung 1974/75 zum Auseinanderrücken der Fronten u. zur Bildung einer von UN-Truppen besetzten Pufferzone auf dem W-Ufer des S.s. Mitte 1975 wurde der Kanal wieder für die Schiffahrt geöffnet. Durch den israelisch-ägyptischen Friedensvertrag vom 26. 3. 1979 erhielten erstmals auch israelische Schiffe das Recht, den S. zu befahren.

Suffet, oberster Beamter der ausübenden Regierungsgewalt im alten *Karthago*, ursprüngl. vielleicht Richter. In ältester Zeit unterstand den S.en (meist zwei, für ein Jahr gewählt) die Heerführung im Krieg, die seit dem 5. Jh. v. Chr. auf gewählte Feldherren überging.

Suffolk ['sʌfək], engl. Adelstitel verschiedener Familien seit dem 13. Jh., seit 1603 Grafentitel der Familie *Howard*.

Suffragetten [frz., engl.], Verfechterinnen des Stimmrechts (Suffrage) für Frauen, die 1903–1914 in England u. den USA mit oft radikalen Mitteln der polit. Gleichberechtigung der Frauen den Weg bahnten.

Sugambrer, *Sugambern, Sigambrer*, german. Volksstamm, im 1. Jh. v. Chr. hartnäckigste Gegner der Römer, zwischen Sieg u. Lippe; wurden 8 v. Chr. von Tiberius unterworfen u. auf das linke Rheinufer umgesiedelt.

Suger [sy'ʒe:], französ. Staatsmann, *1081 wahrscheinl. bei Saint-Omer, †13. 1. 1151 Saint-Denis; 1122 Abt von Saint-Denis, im Dienst Ludwigs VI. u. Ludwigs VII., regierte während der Abwesenheit des Königs (Kreuzzug) 1147–1149 als Reichsverweser, stärkte das Königtum, förderte die Städte; bedeutend als Historiograph seiner Zeit (Biographie Ludwigs VI.).

Suharto, indones. Politiker, *8. 6. 1921 Kemusu Arga mulja, Java; General; kam nach einem mißglückten kommunistischen Putschversuch 1965 an die Macht, schaltete Präs. *Sukarno* aus; seit 1966 Regierungschef, 1967 amtierender, seit 1968 gewählter Staats-Präs.

Suhr, Otto, Politiker (SPD), *17. 8. 1894 Oldenburg, †30. 8. 1957 Berlin; Volkswirt; 1921–1933 Gewerkschaftsfunktionär, danach Wirtschaftspublizist; 1946 Generalsekretär der Berliner SPD, 1946–1950 Vorsteher der Berliner bzw. Westberliner Stadtverordnetenversammlung, 1950–1954 Präs. des Westberliner Abgeordnetenhauses; 1948/49 Mitgl. des Parlamentar. Rates, 1949–1952 MdB; 1955–1957 Regierender Bürgermeister von Berlin (West). 1949–1955 leitete S. die Dt. Hochschule für Politik, Berlin (seit 1959 *Otto-Suhr-Institut* der Freien Universität).

Sui, die 560–618 in China herrschende Dynastie.

Sukarno, *Soekarno*, Achmed, indones. Politiker, *6. 6. 1901 Surabaya, †20. 6. 1970 Jakarta; Architekt; 1926/27 Gründer u. Führer der Nationalpartei, die für die Unabhängigkeit Indonesiens kämpfte; von den Niederländern 1929–1931 u. 1934–1942 inhaftiert bzw. deportiert; proklamierte 1945 die Unabhängigkeit Indonesiens; war 1949–1967 Staatspräsident (ab 1963 auf Lebenszeit), seit 1959 zugleich Ministerpräsident. 1965 durch einen Armeeputsch entmachtet, war er bis 1967 nur noch nominell Staatsoberhaupt.

Suleiman, *Soleiman*, Schah aus der Dynastie der *Kadscharen* (1666–1694), bis 1668 *Safi II.* genannt, ein duldsamer u. aufgeklärter Herrscher, der viele europ. Gesandtschaften an seinem Hofe empfing.

Süleiman, *Sulaiman, Soliman*, osman. Sultane: **1.** *S. I.*, Sultan 1403–1410, †5. 6. 1410 (auf der Flucht ermordet); versuchte in Adrianopel die Macht der Osmanen nach ihrer Niederlage durch Timur wiederaufzurichten, mußte aber seinem Bruder Musa weichen.
2. *S. II. Kanuni* [türk., „der Gesetzgeber"], in Europa *S. der Prächtige*, Sultan 1520–1566,

Lucius Cornelius Sulla

*um 1494 Trapezunt, †7. 9. 1566 vor Szigetvár (Ungarn); Sohn Selims I., führte 13 Feldzüge an, vor allem gegen Ungarn u. Iran, eroberte 1521 Belgrad, 1522 Rhodos, durch die Schlacht bei Mohács am 29. 8. 1526 Ungarn, belagerte 1529 Wien vergeblich; nahm den Persern 1534/35 Tabriz u. Bagdad, unterwarf Tripolitanien u. Algerien der türk. Oberhoheit, schuf mit Hilfe des Seeräubers *Cheir ed-Din Barbarossa* die türk. Flotte u. beherrschte das Mittelmeer u. die Meere bis zum Ind. Ozean. S. gab dem Osman. Reich, dessen Höhepunkt seine Herrschaft war, eine neue innere Organisation. Er starb während der Belagerung Szigetvárs. – Unter dem Namen Muhibbi verfaßte er auch einen Diwan (in Auswahl hrsg. von G. Jacob 1903).

Sulla, Lucius Cornelius, röm. Politiker u. Feldherr, *138 v. Chr., †78 v. Chr.; kämpfte als Proquaestor im Krieg gegen *Jugurtha* unter *Marius*; im Bundesgenossenkrieg als Legat erfolgreich; für 88 v. Chr. zum Konsul gewählt. Als der Oberbefehl gegen König *Mithradates* von Pontos Marius übertragen werden sollte, obgleich dieser S. zustand, führte S. erstmals ein röm. Heer gegen Rom, erzwang den Oberbefehl für sich u. trieb Marius in die Flucht. Nach S.s Abreise in den Osten kehrte Marius nach Rom zurück u. richtete unter seinen Gegnern ein Blutbad an. S. blieb im Osten, eroberte u. plünderte Athen u. kämpfte erfolgreich gegen Mithradates; er sammelte viele Emigranten um sich, die vor dem Regime der Popularen unter *Cinna* geflohen waren, u. bildete einen Gegensenat. 83 v. Chr. kehrte er nach Rom zurück, wobei sich ihm der junge *Pompeius* anschloß, siegte über die Marianer u. beseitigte seine polit. Gegner; er wurde 82 v. Chr. zum Diktator ernannt u. stellte die Herrschaft des Senats durch zahlreiche Gesetze (u. a. Erweiterung des Senats, weitgehende Entmachtung des Volkstribunats) wieder her. 79 v. Chr. gab er seine Vollmachten zurück u. verbrachte den Rest seines Lebens auf seinem Landgut.

Sully [sy'li], Maximilien de Béthune, Herzog von S., französ. Politiker, *13. 12. 1560 Rosny bei Mantes, †22. 12. 1641 Villebon, Loire-et-Cher; kämpfte als Hugenotte unter dem späteren König Heinrich IV., ordnete als Finanz-Min. (seit 1597) die Staatsfinanzen, belebte die Wirtschaft u. schuf damit der Grundlage für den Absolutismus; entwarf einen Plan zur Befriedung Europas („christl. Republik" europ. Staaten).

Sultan [arab., „Herrschaftsgewalt"], seit dem 10. Jh. Titel unabhängiger Herrscher in islam. Ländern; im Osman. Reich seit etwa 1400 Titel des Herrschers u. der Prinzen. Herrschaftsbereich eines S.s ist das *Sultanat*.

Sumerer, die Bewohner des Landes *Sumer*, das den unteren Teil Mesopotamiens südl. von Babylon umfaßte. Die S., deren Sprache weder indoeuropäisch noch semitisch war, hatten sich im 4. Jahrtausend v. Chr. dort angesiedelt u. auf der Grundlage von Ackerbau

u. Viehzucht eine Kultur geschaffen, die schon eine hochentwickelte Technik hatte (Baukunst, Metallverhüttung) u. deren größte Leistung die Erfindung der Keilschrift war. Sumer bestand während der frühdynast. Zeit (2750–2350 v. Chr.) aus einzelnen Stadtstaaten geringer räuml. Entfernung (*Uruk, Ur, Kisch, Lagasch, Umma* u.a.), die von Fürsten (zugleich Oberpriester des Stadtgotts u. oberste Gerichtsherren) regiert wurden. Der Tempel war Mittelpunkt des religiösen u. polit. Lebens; neben Sklaven waren Handwerker ständig in seinen Werkstätten beschäftigt, u. schon früh entwickelte sich eine vielschichtige Beamtenschaft. Untereinander lagen die Städte ständig in Streit, u. nur einzelne Fürsten (z. B. *Eannatum* von Lagasch) gewannen zeitweilig die Oberhand. Um 2350 v. Chr. eroberte *Lugalzaggesi*, Fürst von Umma, ganz Sumer u. drang vom Pers. Golf bis zum Mittelmeer vor. Das altsumer. Reich erlag um 2300 v. Chr. den semit. *Akkadern*.
Nach dem Untergang des Reichs von Akkad u. der Herrschaft der *Gutäer* gelangte mit der 3. Dynastie von Ur das neusumer. Reich zur Macht (2070–1950 v. Chr.), in dem jedoch sumer. u. semit. Volksteile verschmolzen waren (semit. Namen der Könige). Es hatte immer mit semit. Eindringlingen zu kämpfen, u. bes. die Einwanderung der *Amoriter* führte seit 1950 v. Chr. zum Zerfall des Staatswesens, bis Sumer nach einer unübersichtl. Periode der Kleinstaaterei von *Hammurapi* seinem babylon. Reich eingegliedert wurde.

Sunay, Cevdet, türk. Offizier u. Politiker, *10. 2. 1900 Trabzon, †22. 5. 1982 Istanbul; 1960–1966 Armee-Oberbefehlshaber u. Generalstabschef, 1966–1973 Staats-Präs.

Sundjata, *Keita*, der Begründer des Mali-Reichs, †1255; errang 1235 bei Kirina den entscheidenden Sieg über seine Gegner, eroberte 1240 die Hptst. von Ghana. Seine Nachkommen beherrschten Mali bis ins 17. Jh.

Sung, 1. chines. Dynastie, → Song.
2. chines. Bankiersfamilie, → Soong.

Sunniten, Anhänger der *Sunna*, zu ihnen gehören die meisten Moslems. Im Gegensatz zu den *Schiiten* erkennen sie die Rechtmäßigkeit der Kalifen als Nachfolger Mohammeds an.

Sun Yatsen, *Sun Wen, Sun Yixian*, chines. Politiker, *12. 11. 1866 Zuiheng, Prov. Guangdong, †12. 3. 1925 Peking; christlich erzogen, Arzt; lebte lange Zeit im Ausland (Honolulu, Hongkong, Japan, USA, Europa). S. Y. gründete 1894 eine „Gesellschaft zur Entwicklung Chinas", die für die Erneuerung Chinas nach dem Vorbild westl. Republiken eintrat. Während der Revolution 1911/12, nach dem Sturz der Mandschu-Herrschaft, war er kurze Zeit Präs. der in Nanjing gegründeten provisor. republikan. Regierung, mußte aber *Yuan Shikai* weichen. 1912 gründete er die erste chines. Partei nach westl. Vorbild, die Guomindang. In den folgenden Bürgerkriegsjahren bildete S. Y. in Canton eine Gegenregierung, deren Präs. er 1921 wurde. 1923/24 reorganisierte er die Guomindang mit Hilfe sowjetruss. Berater. Sein Programm der „drei Grundlehren vom Volk" u. seine Lehre von der „Fünf-Gewalten-Verfassung" bilden die geistige u. staatsrechtl. Grundlage der chines. nationalen Erneuerungsbewegung vor der kommunist. Revolution. S.Y. wird sowohl in der Volksrepublik China als auch in Taiwan als revolutionärer Ahnherr verehrt.

Sumerer: Statuette eines bärtigen Fürsten; etwa 3300–3000 v. Chr. Bagdad, National Museum

Suppiluliuma, hethit. Könige: **1.** *S. I.*, um 1380–1346 v. Chr.; unter seiner Regierung stieg das Hethiterreich durch die Unterwerfung des Mitanni-Staats u. die Eroberung weiter Teile Syriens zur Großmacht auf.
2. *S. II.*, um 1210 v. Chr.; letzter Herrscher des Hethiterreichs vor dessen Zerstörung um 1200 v. Chr.

Suprematsakte [lat.], das Gesetz, das den engl. König zum weltl. u. geistl. Oberhaupt der engl. Kirche erklärte. Die erste S. wurde 1534 von Heinrich VIII. (1509–1547) veranlaßt u. gab ihm den Titel „Supreme Head of the Church of England". Die zweite S. wurde 1559 nötig, um die von Maria I., der Katholischen, begonnene Rekatholisierung Englands rückgängig zu machen, doch wählte Elisabeth I. (1558–1603) nun den Titel „Supreme Governor of the Church of England".

Suprematseid [lat.], in England aufgrund der *Suprematsakte* von 1534 von allen geistl. u. weltl. Beamten verlangter Eid, wonach die Übernahme von Staatsämtern von einer Erklärung gegen die kath. Transsubstantiationslehre u. vom Empfang des Abendmahls nach anglikan. Ordnung abhängig gemacht, dem Papst jede Jurisdiktion in England aberkannt u. der König als Haupt der engl. Kirche anerkannt wurde. Die Weigerung, den S. abzulegen, wurde anfangs mit Geldstrafen, Verlust des Vermögens, Kerker u. als Hochverrat selbst mit dem Tod bestraft. Erst 1867 wurde der S. ganz abgeschafft.

Suriname SME

Republik Suriname

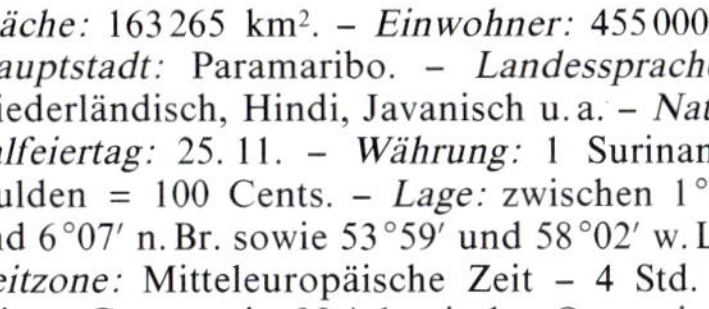

Fläche: 163 265 km². – *Einwohner:* 455 000. – *Hauptstadt:* Paramaribo. – *Landessprachen:* Niederländisch, Hindi, Javanisch u. a. – *Nationalfeiertag:* 25. 11. – *Währung:* 1 Suriname-Gulden = 100 Cents. – *Lage:* zwischen 1°50′ und 6°07′ n. Br. sowie 53°59′ und 58°02′ w. L. – *Zeitzone:* Mitteleuropäische Zeit – 4 Std. 30 Min. – *Grenzen:* im N Atlantischer Ozean, im O Französisch-Guyana, im S Brasilien, im W Guyana. – *Staatsform:* präsidiale Republik.

Ende des 15. Jh. entdeckt, wurde S. zunächst von der spanischen Krone beansprucht, im 17. Jh. von Engländern besiedelt u. ging 1667, im Tausch gegen New Amsterdam (das heutige New York), an die Niederländer über, die es auf der Grundlage von Sklavenarbeit u. Plantagenwirtschaft (Zucker) zur blühendsten Plantagenkolonie der Karibik machten. Infolge des Verbots der Sklaverei (1863), des Verfalls der Weltmarktpreise für Zucker u. der Öffnung des Suezkanals erfolgte in der 2. Hälfte des 19. Jh. ein wirtschaftlicher Niedergang. Seit Beginn des 20. Jh. konzentriert sich die Wirtschaft auf den Export von Bauxit. Ethn. Gegensätze zwischen prot. Kreolen u. hinduist. Indern beeinflußten die polit. Entwicklung. 1975 wurde die Kolonie unabhängig. Die zivile Regierung wurde 1980 durch Militärputsch gestürzt. Oberstleutnant D. *Bouterse* regierte diktatorisch. 1987 ließ er freie Wahlen zu, die die oppositionelle „Front für Demokratie u. Entwicklung" gewann. R. *Shankar* wurde zum Präsidenten gewählt, aber bereits 1990 vom Militär wieder abgesetzt. Bei Parlamentswahlen 1991 erhielt die „Front für Demokratie u. Entwicklung" wiederum die meisten Stimmen. Staatspräsident wurde R. *Venetiaan*. Nach den Wahlen 1996 übernahm J. *Wijdenbosch*, ein Vertrauter Bouterses, das Präsidentenamt.

Susa, heute *Schusch*, eine der ältesten städt. Siedlungen, rd. 100 km nördl. von Ahvaz (Iran). Der Platz, seit etwa dem Beginn des 4. Jahrtausends v. Chr. besiedelt, wird vom 3. Jahrtausend an Hptst. des Reiches von Elam. Nach dem Untergang dieses Reiches wurde S., eine der wichtigsten Städte im Reich der Achämeniden, von Alexander d. Gr. erobert, kam im 2. Jh. v. Chr. unter die Herrschaft der Parther u. wurde ab rd. 230 n. Chr. dem Sassanidenreich einverleibt. 638 wurde S. von den Arabern, im 13. Jh. von den Mongolen zerstört. Die französ. Ausgrabungen seit 1884 haben bis zu 27 Besiedlungsschichten nachgewiesen; besonders reiche Funde stammen aus der Achämenidenzeit, es wurden u. a. mehrere Paläste freigelegt; Fundort der Gesetzestele des *Hammurapi*.

Suslow [-lɔf], *Suslov*, Michail Andrejewitsch, sowjet. Politiker, *21. 11. 1902 Schachowskoje, Gouvernement Saratow, †25. 1. 1982 Moskau; seit 1941 Mitgl. des ZK, seit 1947 Sekretär des ZK, seit 1955 Mitgl. des Präsidiums beziehungsweise Politbüros des ZK der KPdSU; unterstützte 1957 Chruschtschow gegen die Molotow-Gruppe, soll 1964 führend am Sturz Chruschtschows beteiligt gewesen sein. S. galt als maßgebl. Theoretiker der KPdSU.

Süß-Oppenheimer, Joseph, genannt *Jud Süß*, Geschäftsmann, *1692 oder 1698/99 Heidelberg, †4. 2. 1738 Stuttgart (hingerichtet); erwarb ein großes Vermögen; war seit 1733 „Hofjude" u. Vertrauter des Herzogs *Karl Alexander* von Württemberg, der ihn zum Geheimen Finanzrat ernannte. S. erschloß dem Herzog, der im Sinne des Absolutismus von der Steuerbewilligung durch die Stände unabhängig werden wollte, neue Geldquellen durch Einführung von Monopolen, Ämterhandel u. Münzverschlechterung. Nach dem Tod des Herzogs wurde er in einem von Beamtenschaft u. Landständen betriebenen anfechtbaren Verfahren zum Tode verurteilt. – „Jud Süß", Novelle von W. *Hauff* (1827), Roman von L. *Feuchtwanger* (1925), antisemit. Film von V. *Harlan* (1940).

Sutri, italien. Stadt in Latium, nördl. vom Braccianosee, rd. 3300 Ew.
Auf der *Synode von S.* (1046) setzte der dt. König Heinrich III. die Päpste Silvester III. u. Gregor VI. ab. Bei S. war 1155 das Treffen zwischen Papst Hadrian IV. u. Friedrich I. Barbarossa.

Sutter, Johann August, Kolonisator, *23. 2. 1803 Kandern, †18. 6. 1880 Washington; wanderte 1834 aus der Schweiz nach Kalifornien aus, erwarb dort große Ländereien u. gründete 1839/40 an der Stelle des heutigen Sacramento die Siedlung *Neu-Helvetien*.

Suttner, Bertha von, österr. Pazifistin u. Schriftstellerin, *9. 6. 1843 Prag, †21. 6. 1914 Wien; schrieb zahlreiche Romane (u. a.

„High-life“ 1886; „Eva Siebeck“ 1892; „Einsam u. arm“ 1896). Mit ihrem Roman „Die Waffen nieder!“ 1889, der weltweite Verbreitung fand, mit der gleichnamigen Zeitschrift (1892–1899) u. mit der von ihr 1891 gegr. „Österr. Gesellschaft der Friedensfreunde“ wurde sie eine führende Repräsentantin des Pazifismus. Sie regte A. *Nobel* zur Stiftung eines Friedenspreises an u. erhielt 1905 selbst den Friedensnobelpreis. „Memoiren“ 1909; Gesammelte Schriften, 12 Bde. 1906/07.

Sutton Hoo ['sʌtən 'hu:], frühgeschichtliche Fundstätte in der engl. Grafschaft Suffolk, wo 1939 in einem Grabhügel ein reich ausgestattetes angelsächs. Schiffsgrab entdeckt wurde; von der Forschung mit König *Aethelred* († 655) in Verbindung gebracht. Das 26 m lange Ruderboot enthielt u.a. Metallstandarte, Zepter, 6saitige Harfe, Trinkhörner, Silberschüsseln u. 37 merowing. Goldmünzen.

Suarez, *Suarez, Schwartz,* Carl Gottlieb, Jurist, * 27. 2. 1746 Schweidnitz, † 14. 5. 1798 Berlin; Schöpfer der preuß. Allg. Gerichtsordnung (1793) u. des Preußischen Allgemeinen Landrechts.

Sven, *Svend, Sueno, S. Tvesked,* („Gabelbart“), dän. König 986–1014, * um 960, † 1014 Gainsborough; Sohn Harald Blaatands (Blauzahn), vertrieb seinen Vater vom Thron, besiegte die Sachsen in England u. wurde dort 1013 König.

Sverdrup, 1. Jakob, Neffe von 2), norweg. Politiker, * 27. 3. 1845 Jarlsberg, † 11. 6. 1899 Oslo; 1886/87, 1889 u. 1895–1898 Kultus-Min., gründete die Partei der Moderaten; 1898 Bischof des Stiftes Bergen.

2. Johann, norweg. Politiker, * 30. 7. 1816 Jarlsberg, † 17. 2. 1892 Oslo; Anwalt, 1851 Führer der Bauernopposition; 1871 Präsident des Storting; 1884–1889 Ministerpräsident, als Führer der Venstrepartei Gegner der Union mit Schweden.

Sverre Sigurdsson, norweg. König 1177 bis 1202, * um 1151, † 1202; siegte als Anführer der *Birkebeiner* 1184 über Magnus V., seitdem Alleinherrscher; verfocht die Königsmacht gegen Kirche u. Adel.

Svinhufvud ['svi:nhu:vud], Pehr Eyvind, finnischer Politiker, * 15. 12. 1861 Sääksmäki, † 29. 2. 1944 Luumäki; Jurist; 1917/18 Führer der finnischen Freiheitsbewegung, die er mit dt. Hilfe zum Sieg führte; 1918 Reichsverweser, 1930/31 Min.-Präs., 1931–1937 Staats-Präsident.

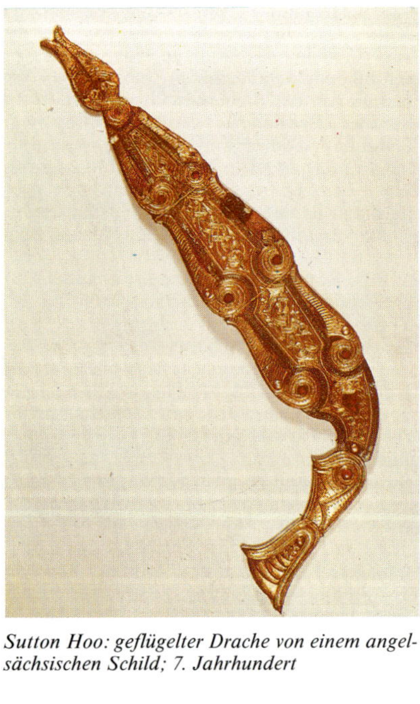

Sutton Hoo: geflügelter Drache von einem angelsächsischen Schild; 7. Jahrhundert

Svoboda, Ludvík, tschechoslowak. Offizier u. Politiker (Kommunist), * 25. 11. 1895 Hroznatín, Mähren, † 20. 9. 1979 Prag; seit 1944 Kommandeur eines tschechoslowakischen Armeekorps in der Sowjetunion, 1945 bis 1950 Verteidigungsminister u. Armee-Oberbefehlshaber, 1951 aller Ämter enthoben, 1955 rehabilitiert. Als Staatspräsident 1968 bis 1975 vertrat S. anfangs den Reformkurs des „Prager Frühlings“, unterstützte dann aber die „Normalisierung“ im sowjetischen Sinne.

Swanscombe ['swɔnskɔumb], in der Nähe von London gelegener Fundort prähistor. Knochenfragmente von Menschen u. Tieren sowie von Artefakten aus dem *Acheuléen,* bes. Faustkeile u. Clactonabschläge. Die Teile des gefundenen Menschenschädels aus der Mindel-Riß-Interglazialzeit weisen ähnl. Merkmale auf wie die des Steinheim-Schädels.

SWAPO, Abk. für engl. *South West African People's Organization* (Südwestafrikan. Volksorganisation), Bewegung für die Unabhängigkeit Namibias (des ehem. Dt.-Südwestafrika), gegr. 1958; seit 1990 Regierungspartei in Namibia; stellt mit S. Nujoma auch den Staats-Präs.

Swasiland SD

Königreich Swasiland

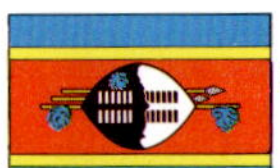

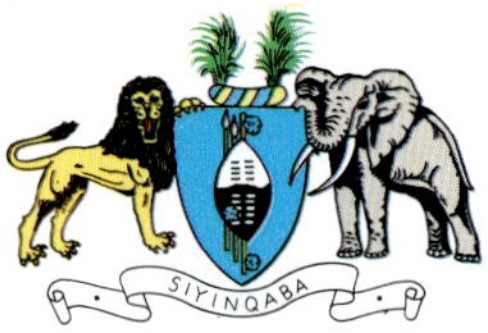

Fläche: 17364 km². – *Einwohner:* 855000. – *Hauptstadt:* Mbabane. – *Landessprachen:* Si Swati, Englisch. – *Nationalfeiertag:* 6. 9. – *Währung:* 1 Lilangeni = 100 Cents. – *Lage:* zwischen 25°45′ und 27°20′ s. Br. sowie 30°45′ und 32°10′ ö. L. – *Zeitzone:* Mitteleuropäische Zeit + 1 Std. – *Zeitzone:* im O Moçambique, ansonsten Südafrika. – *Staatsform:* parlamentarische Monarchie.

Die Nation der Swasi bildete sich zu Beginn des 19. Jh. im Verlauf der Erschütterungen, die die Reichsbildung der Zulu unter Tschaka in Südafrika auslöste. Eine führende Rolle bei der Staatswerdung spielten die Könige *Sobhuza I.* u. *Mswati II.* Europ. Siedlern wurde 1886 Selbstverwaltung zugestanden. 1890 geriet das Land unter den Einfluß Großbritanniens, 1903 wurde das brit. Protektorat errichtet.

Die Swasi-Monarchie übernahm wieder die Führung der Politik, als S. am 6. 9. 1968 als letztes brit. Gebiet auf dem afrikan. Festland (außer Rhodesien) unabhängig wurde. Zunächst erhielt das Land den Status einer konstitutionellen Monarchie. Staatsoberhaupt von 1921 bis zu seinem Tode 1982 war König *Sobhuza II.* Er hob 1973 u. 1977 die jeweils gültigen Verfassungen auf u. entließ das Parlament. Eine 1978 in Kraft getretene neue Verfassung gestand dem Parlament nur beratende Funktionen zu. Sobhuza II. folgte eine seiner Witwen als Regentin für den minderjährigen Kronprinzen, der 1986 als *Mswati III.* König wurde. Er leitete zu Beginn der 1990er Jahre eine Demokratisierung ein. 1993 fanden erstmals seit zwanzig Jahren Parlamentswahlen statt. Trotzdem kam es auch in der Folgezeit zu innenpolit. Spannungen, da die demokrat. Opposition die Wiedereinsetzung der 1973 suspendierten Verfassung verlangte.

Swatopluk, dt. *Zwentibold,* Fürst, später König des Großmähr. Reichs 870–894, * um 830, † 894; dehnte das Reich gewaltig aus.

Sweben, *Sueben, Sueven,* im 1. Jh. v. Chr. von Cäsar erwähnter german. Stamm. Neben den Markomannen u. a. sollen S. im Heer des Ariovist gekämpft haben. Ein Teil der S. scheint den Kern des 213 n. Chr. zum ersten Mal erwähnten Stammesverbandes der *Alemannen* gebildet zu haben, durch die der Name bis heute als „Schwaben“ erhalten wurde. – Archäologisch ist versucht worden, die S. mit der Fundgruppe der Elbgermanen zu verbinden.

Swerdlow [-'lɔf], *Sverdlov,* Jakow Michajlowitsch, sowjet. Politiker, * 4. 6. 1885 Nischnij Nowgorod, † 16. 3. 1919 Moskau; seit 1905 in der revolutionären Bewegung im Ural, 1917 Führer der Bolschewiki in Petrograd; 1917–1919 Vors. des Zentralen Exekutivkomitees des Sowjetkongresses (Staatsoberhaupt) u. Sekretär des ZK der KP.

Swiderien [svide'rjɛ̃; das], spätpaläolith. Kulturgruppe, von Ostdeutschland bis in die Ukraine verbreitet, benannt nach der Freilandstation *Świdry Wielkie* bei Warschau; typisch sind flachretuschierte Kerbspitzen u. geometr. Mikrolithen.

Swjatoslaw I., 962–972 Großfürst von Kiew, † 972 (gefallen); unterwarf um 965 das Chasaren- u. 967–970 das Donaubulgar. Reich, verlor im Kampf gegen Petschenegen sein Leben.

Sybaris, griech. Kolonie am Golf von Tarent in Süditalien, gegr. Ende des 8. Jh. v. Chr., Mutterstadt von *Paestum;* herrschte über zahlreiche kleine Städte. Durch sein großes Gebiet wie auch als Handelsplatz reich geworden, wurde S. mit seinem Luxus schließlich sprichwörtlich. 510 v. Chr. wurde es von *Kroton* besiegt u. zerstört. An der Stelle von S. gründete Perikles 443 v. Chr. die panhellenische Kolonie *Thurioi.*

Sybel, 1. Heinrich von, Historiker, * 2. 12. 1817 Düsseldorf, † 1. 8. 1895 Marburg; Schüler L. von *Rankes;* 1841 Prof. in Bonn, 1846 in Marburg, 1856 in München, 1861 in Bonn; Gründer der „Histor. Ztschr.“ 1859; seit 1875 Direktor der preuß. Staatsarchive. S. war einer der bedeutendsten Vertreter der polit.-kleindt. Geschichtsschreibung. Als Gegner der Romantisierung der dt. Kaiserzeit stellte er erstmals soziale Bedingungen u. Folgen der Französ. Revolution heraus. Er war mehrfach Abg. (Nationalliberaler), zunächst Widersacher Bismarcks, dann dessen Anhänger u. Verfechter der kleindt. Politik. Werke: „Gesch. des 1. Kreuzzuges“ 1841; „Entstehung des dt. Königtums“ 1844; „Die dt. Nation u. das Kaiser-Reich“ 1862; „Über den Stand der neueren dt. Geschichtsschreibung“ 1856; „Geschichte der Revolutionszeit von 1789–1800“ 5 Bde. 1853–1879; „Die Begründung des dt. Reiches durch Wilhelm I.“ 7 Bde. 1889–1894.

2. Ludwig von, Sohn von 1), Archäologe, * 1. 8. 1846 Marburg, † 26. 3. 1929 Marburg; schrieb u. a. „Christl. Antike“ 2 Bände. 1906–1909.

Sykes-Picot-Abkommen ['saiks pi'ko:-], nach den Unterhändlern M. *Sykes* u. M. *Picot* benanntes, am 9. 5. 1916 zwischen Großbritannien u. Frankreich mit Zustimmung Rußlands geschlossenes geheimes Abkommen über die Abgrenzung der beiderseitigen Interessensphären im Nahen Osten nach dem 1. Weltkrieg. Es wurde die Aufteilung des Osman. Reiches vereinbart. Das S. widersprach bes. im Hinblick auf Palästina den Versprechungen, die Großbritannien 1915 den Arabern u. 1917 den Zionisten (Balfour-Deklaration) gemacht hatte. Es wurde 1917 von der bolschewist. Regierung Rußlands veröffentlicht.

Sykophanten [die, Pl.; grch.], im antiken Athen Personen, die die allgemeine Anklagebefugnis des attischen Rechts bis zum Denunziantentum ausnützten mit persönl. oder polit. Zielsetzung.

Syme [saim], Sir (seit 1959) Ronald, brit. Historiker, *11. 3. 1903 Eltham, Neuseeland, †4. 9. 1989 Oxford; 1949–1970 Prof. in Oxford; schrieb u.a.: „The Roman revolution" 1939, dt. 1957; „Tacitus" 1958.

Symmachie [die; grch.], Schutzbündnis zwischen altgriech. Stadtstaaten, bes. vom 6. bis 4. Jh. v. Chr. häufig; eine Sonderform sind die hegemonialen S.n, die um eine Vormacht gescharten Kampfbünde zahlreicher kleinerer Staaten.

Symmachus, Papst 498–514, Heiliger, Sarde, †19. 7. 514 Rom; konnte sich mit Hilfe *Theoderichs d. Gr.* gegen den Gegenpapst *Laurentius* durchsetzen. Eine Synode lehnte es ab, über die von seinen Gegnern gegen S. vorgebrachten Vorwürfe zu beraten, weil sie kein Urteil über den Nachfolger Petri fällen wollte (erste Formulierung des Grundsatzes „der Papst soll von niemand gerichtet werden"). Fest: 19. 7.

Synchronismus [grch.], eine Methode, die in der Geschichtsschreibung dazu dient, die Gleichzeitigkeit auch voneinander unabhängiger Ereignisse bei verschiedenen Völkern, in verschiedenen Ländern u. auf verschiedenen Kulturgebieten, oft in komparativer Weise, zu verdeutlichen. In *synchronoptischen Tabellen* wird durch unterschiedl. Druck, Farbgebung u.ä. die Übersicht erleichtert.

Synedrion [das, Pl. *Synedria*; grch.], im antiken Griechenland ein Gremium des gesellschaftl. oder polit. Lebens. S. hieß die Bundesversammlung im 2. Attischen Seebund u. im Korinthischen Bund, häufig auch die repräsentative Ratsversammlung in den griech. Bundesstaaten des 3. u. 2. Jh. v. Chr. sowie der Kronrat in den hellenist. Monarchien.

Synoikismos [der; grch.], im antiken Griechenland der Zusammenschluß kleinerer Gemeinwesen zur Bildung eines neuen Stadtstaats (z.B. Rhodos 408 v. Chr.) mit zumindest teilweiser Übersiedlung ihrer Bevölkerung dorthin; auch die Vergrößerung einer bestehenden Stadt durch Auflassung von Siedlungen in der Umgebung.

Syrakus, italien. Hafen- u. Prov.-Hptst. auf Sizilien, 127000 Ew.

735 v. Chr. von Korinthern gegründet, stieg S. unter der Tyrannis der *Deinomeniden* (*Gelon* 485–478 v. Chr.; *Hieron I.* 478–468 v. Chr.; *Thrasybulos* 468–466 v. Chr.) zur größten u. führenden Stadt Siziliens auf. Nach dem Sturz der Tyrannis unter einer gemäßigten Demokratie führten Streitigkeiten zwischen den Griechenstädten Siziliens zu athen. Einmischung u. schließlich zur *Sizilischen Expedition* der Athener (415–413 v. Chr.). S. konnte sich behaupten, aber der darauffolgende Durchbruch der radikalen Demokratie machte es handlungsunfähig gegenüber der 409 v. Chr. beginnenden Großoffensive Karthagos gegen das sizilische Griechentum u. führte 406/05 v. Chr. zur Machtergreifung *Dionysios' I.* (405–367 v. Chr.). Seit 402 v. Chr. machte er S. durch Einbeziehung der Hochfläche *Epipolai* zur größten Festung des Altertums, wovon heute noch das Kastell *Euryalos* Zeugnis ablegt, u. durch Bevölkerungsverpflanzung zur größten Stadt der Griechen im 4. Jh. v. Chr. 396 u. 310 v. Chr. widerstand S. erfolgreich karthagischer Belagerung. Unter *Dionysios I. u. II.* u. unter *Agathokles* (317–289 v. Chr.) war es Hauptstadt der Griechen Siziliens. *Hieron II.* (275–215 v. Chr.) vermochte nach dem Abzug des *Pyrrhos*, durch rechtzeitigen Friedensschluß mit Rom im 1. Punischen Krieg (263 v. Chr.) für den zu seinem Königreich gewordenen Stadtstaat eine letzte Phase des Glanzes heraufzuführen. Im 2. Punischen Krieg seit 214 v. Chr. mit Karthago verbündet, wurde S. 212 v. Chr. von den Römern erobert u. geplündert, wobei *Archimedes* den Tod fand, u. ihrer Provinz Sizilien eingegliedert. Während des Röm. Reiches war die Bedeutung von S. gering.

Seit 535 war S. byzantinisch, im 7. Jh. zeitweise kaiserl. Residenz. 878 wurde es von den Arabern erobert u. weitgehend zerstört, 1085 von den Normannen eingenommen. 1194 bis 1266 war es in staufischem Besitz, woran das von Kaiser Friedrich II. erbaute *Castello Maniace* erinnert. Als Stadt des Königreichs Sizilien war dann S. lange Zeit dem Verfall anheimgegeben u. litt besonders unter den Erdbeben von 1693 u. 1757. Am 3. 9. 1943 wurde in S. der Waffenstillstand zwischen Italien u. den Alliierten unterzeichnet.

Syrien SYR

Arabische Republik Syrien

Fläche: 185180 km². – *Einwohner:* 14,3 Mill. – *Hauptstadt:* Damaskus. – *Landessprache:* Arabisch. – *Nationalfeiertag:* 17. 4. – *Währung:* 1 Syrisches Pfund = 100 Piastres. – *Lage:* zwischen 32°20′ und 37°20′ n. Br. sowie 35°35′ und 42°20′ ö. L. – *Zeitzone:* Mitteleuropäische Zeit + 1 Std. – *Grenzen:* im N Türkei, im O Irak, im S Jordanien, im W Israel, Libanon und Mittelmeer. – *Staatsform:* präsidiale Republik.

Das im 4. Jahrtausend v. Chr. von Kanaanäern u. Hurritern, später von Aramäern besiedelte Land stand im Altertum im Spannungsfeld zwischen Ägypten, Assyrien, Babylonien u. dem Hethiter-Reich. Nach den Assyrern beherrschten die Perser seit 539 v. Chr. das Land; im Anschluß an die Eroberungen Alexanders d. Gr. herrschten die Seleukiden (um 300 v. Chr.), die S. zum Zentrum ihres Reichs machten. 64 v. Chr. wurde es römische Provinz u. kam 395 an das Byzantinische Reich.

635–637 eroberten die islam. Araber S.; unter den Omajjadenkalifen (661–750) war Damaskus Hptst. des Islam. Reichs. Später herrschten die Hamdaniden u. Seldschuken. Dann gehörte S. den Herrschern Ägyptens, so unter den Fatimiden, den Ajjubiden u. den Mamluken, die es 1260 den Mongolen entrissen. Im 12. Jh. herrschten die Kreuzfahrer über Edessa, Antiochia u. Tripolis. 1516–1918 war S. Teil des Osman. Reichs.

Im 1. Weltkrieg besetzten brit. Truppen das Land. Da S. durch das →Sykes-Picot-Abkommen (1916) Frankreich zugesprochen worden war, lösten 1919/20 französ. Truppen die brit. ab u. verdrängten den in Damaskus zum König proklamierten Faisal. S. wurde französ. Völkerbundsmandat. Die Franzosen teilten das Land in 5 Gebiete, von denen 1926 der Libanon als selbständige Republik ausgegliedert u. 1939 Alexandrette (Iskenderum) an die Türkei abgetreten wurde. Sie unterdrückten zahlreiche Unruhen, insbes. den Drusen-Aufstand 1925/26. Die 1936 versprochene Unabhängigkeit wurde nicht gewährt. 1941 besetzten brit. Truppen u. Einheiten des „Freien Frankreich" S. Das Land erhielt nominell die Unabhängigkeit, die 1944 bestätigt wurde; doch zogen die brit. u. französ. Truppen erst 1946 ab.

1945 wurde S. Mitgl. der Arab. Liga. Es beteiligte sich 1948/49 am Krieg gegen Israel. Die innenpolit. Verhältnisse blieben danach sehr instabil; es kam zu häufigen Putschen u. Machtwechseln. 1958 schloß sich S. mit Ägypten zur *Vereinigten Arabischen Republik (VAR)* zusammen; ein Militärputsch setzte 1961 dem Zusammenschluß ein Ende. 1963 stürzte die *Baath-Partei* mit Hilfe von Offizieren die Regierung u. bildete den „Nationalen Rat des Revolutionskommandos". Innerhalb der Partei setzten Flügelkämpfe zwischen den Anhängern der syr. „Regionalisten" u. denen der panarabischen „Nationalisten" ein. 1966 entluden sich die Gegensätze u. Spannungen in einem neuerlichen Umsturz, bei dem der linke Flügel des Baath mit Hilfe eines Teils der Offiziere die Macht übernahm. Diese Vorgänge führten zum Zerwürfnis mit Irak. S. nahm Beziehungen zur Sowjetunion auf (Militärpakt, Bau des Euphratstaudammes mit sowjetischer Hilfe). Im 3. israel.-arab. Krieg 1967 gingen die *Golanhöhen* verloren.

1970 übernahm General H. Al *Assad* in einem unblutigen Staatsstreich die Macht. Assad stützte sich auf das Militär u. die islam. Sekte der Alauiten (Nusairier). Unter seiner pragmat. Führung öffnete sich S. wieder dem Ausland, vor allem die Beziehungen zu Ägypten, aber auch zu Jordanien, Saudi-Arabien u. Jemen besserten sich. Die enge Bindung an die UdSSR wurde gelockert. 1973 trat eine neue Verfassung in Kraft. Im gleichen Jahr scheiterte der Versuch einer militär. Rückgewinnung der Golanhöhen. Unter US-amerikan. Vermittlung wurde 1974 ein Truppenentflechtungsabkommen mit Israel geschlossen.

Als Libanon 1976 im Bürgerkrieg zwischen linken Moslems u. Palästinensern einerseits u. Christen andererseits im Chaos unterzugehen drohte, griffen reguläre syr. Truppen ein, verhinderten zunächst eine Niederlage der Christen u. hielten dann als Verbände der Arab. Liga den größten Teil Libanons besetzt.

Nachdem der ägypt. Präs. *Sadat* 1977 Verhandlungen mit Israel aufgenommen hatte, lehnte S. sich wieder enger an die Sowjetunion an. Es gehörte zu den entschiedensten Gegnern des ägyptisch-israel. Friedensschlusses von 1979. 1980 wurde ein Freundschaftsvertrag mit der UdSSR geschlossen, der 1982 zur „strateg. Allianz" aufgewertet wurde. Im irak.-iran. Golfkrieg ergriff S. die Partei des Iran. Eine innenpolit. Krise entwickelte sich seit 1979 durch die zunehmenden Unruhen der sunnit. Moslembrüder. Ein Aufstand in Hama 1982 wurde vom Militär blutig niedergeschlagen.

1983 betrieb Assad als Gegner J. *Arafats* die Spaltung des palästinens. Dachverbandes PLO. 1989 wurden die seit 1977 unterbrochenen diplomat. Beziehungen zu Ägypten wieder aufgenommen.

In den libanes. Bürgerkrieg griff S. auch weiterhin mit wechselnden Frontstellungen ein. 1987 besetzten syr. Truppen das zwischen islam. Milizen umkämpfte West-Beirut u. unterstützten in der Folgezeit die regulären libanes. Streitkräfte im Kampf gegen den christl. General Aoun, der 1990 kapitulierte. 1991 wurde zwischen S. u. Libanon ein Vertrag geschlossen, der S. die Mitsprache bei allen wichtigen Entscheidungen garantierte. Die Handlungsfreiheit für seine Libanonpolitik hatte sich Assad durch seine proamerikan. Haltung im Golfkrieg um die Befreiung Kuwaits gesichert. Das Verhältnis zu Israel verbesserte sich durch die syr. Teilnahme an den 1991 begonnenen Nahostfriedensgesprächen. Haupthindernis für ein Friedensabkommen blieb die israel. Besetzung der Golanhöhen.

Szakasits ['sɔkɔʃitʃ], Árpád, ungar. Politiker, *6. 12. 1880 Budapest, †3. 5. 1965 Budapest; Steinmetz; seit 1910 sozialdemokrat. Publizist, 1938–1948 Generalsekretär der Sozialdemokrat. Partei Ungarns (linker Flügel); paktierte seit 1945 mit den Kommunisten, unter seiner Führung vereinigten sich 1948 die Sozialdemokraten mit der Kommunistischen Partei; 1945–1948 stellvertr. Min.-Präs., 1948–1950 Präs. der Republik; 1950 verhaftet, 1956 rehabilitiert, Mitgl. des Staatsrats u. des ZK.

Szálasi ['saːlɔʃi], Ferenc, ungar. Politiker, * 6. 1. 1897 Kaschau (Košice), † 12. 3. 1946 Budapest (hingerichtet); Führer der faschist. Pfeilkreuzlerpartei (Hungaristenbewegung); am 16. 10. 1944 auf dt. Veranlassung als Min.-Präs. Nachfolger M. *Horthys* u. Staatsoberhaupt („Führer der Nation"); errichtete in den letzten Monaten des Kriegs ein faschist. Terrorregime (Judendeportationen); nach dem Krieg von den USA an Ungarn ausgeliefert.

Szápolyai ['sapoljɔi], *Zápolya*, János (Johann), Wojewode Siebenbürgens seit 1511, ungar. König 1526–1540, * 1487 Kirchdrauf, Komitat Zips, † 22. 7. 1540 Mühlbach bei Stuhlweißenburg; 1511–1540 Wojewode von Siebenbürgen, unterdrückte den Aufstand des György Dózsa 1514; als „nationaler" Gegenkönig zu Ferdinand I. von den Habsburgern vertrieben, kehrte mit türk. Hilfe zurück, von Sultan Suleiman II. als König von Ungarn anerkannt.

Széchenyi ['seːtʃeːnji], István (Stephan), Graf von Sárvár u. Felsövidek, ungar. Politiker, * 21. 9. 1791 Wien, † 8. 4. 1860 Döbling (Selbstmord); begründete durch seine kultur- u. wirtschaftspolit. Forderungen die „Reform-Ära" (Befreiung der Hörigen, Wirtschafts- u. Steuerreformen); gründete die ungar. Akademie u. das Nationaltheater. Seit 1840 ging sein Einfluß zugunsten des radikalen L. Kossuth zurück.

T

Taaffe, Eduard Graf, österr. Politiker, * 24. 2. 1833 Wien, † 29. 11. 1895 Ellischau, Böhmen; seit 1867 Minister (Inneres, Polizei), 1868 bis 1870 u. 1879–1893 Min.-Präs. Seine slawophile, auf die Aussöhnung der Nationalitäten zielende, klerikal-konservative Politik scheiterte am Widerstand der Deutschvölkischen unter G. von *Schönerer*, der christl.-sozialen Bewegung K. *Luegers* u. der Sozialdemokratie.

Tabari, Abu Dschafar Muhammed Ibn Dscharir At T., arab. Historiker u. Theologe pers. Herkunft, * 893 Amul (Iran), † 16. 2. 923 Bagdad; bekannt durch seinen Kommentar zum Koran u. sein großes arab. Geschichtswerk in Form einer Weltchronik.

Taboriten, der radikale Flügel der → Hussiten.

Tacitus, 1. *Marcus Claudius T. Augustus*, röm. Kaiser, 275/76, * um 200, † November 276; Senator, 275 vom Senat gegen seinen Willen zum Kaiser gewählt, während eines Krieges gegen die in Kleinasien eingefallenen Goten von seinen Soldaten ermordet.
2. Publius Cornelius, röm. Historiker, * um 55, † vermutlich um 120; 97 Konsul, 112/13 (?) Prokonsul der Provinz Asia; schildert in äußerst prägnantem Stil, mit eindringender psycholog. Analyse u. pessimist. Grundhaltung die röm. Geschichte seiner Zeit u. der vorangehenden Jahrzehnte. Seine Hauptwerke, die „Historien" (die Jahre 69–96 umfassend) u. die „Annalen" (14–69), sind nur in Bruchstücken erhalten. Die (nicht aus eigener Anschauung verfaßte) Schrift „Germania" gibt wichtige Aufschlüsse über die Lebensweise der Germanen, die sie z. T. idealisiert darstellt.

Taiping-Revolution: Kaiserliche Truppen greifen 1864 die Rebellenhauptstadt Nanjing an. Faksimile eines chinesischen Stiches

Tadschikistan TJ

Republik Tadschikistan

Fläche: 143 100 km². – *Einwohner:* 6,1 Mill. – *Hauptstadt:* Duschanbe. – *Landessprache:* Tadschikisch. – *Nationalfeiertag:* 9.9.– *Währung:* 1 T.-Rubel = 100 Kopeken. – *Lage:* zwischen 36°26′ und 41°05′ n. Br. sowie 67°22′ und 75°08′ ö. L. – *Zeitzone:* Mitteleuropäische Zeit + 4 Std. – *Grenzen:* im W u. NW Usbekistan, im N Kirgisien, im O China, im S Afghanistan. – *Staatsform:* präsidiale Republik.

Die Tadschiken waren möglicherweise schon in vorchristl. Zeit in Mittelasien ansässig. Ab dem 16. Jh. unterstand das heutige T. usbek. Chanaten. Als Rußland im 19. Jh. nach Innerasien vordrang, wurde der N T.s dem russ. Generalgouvernement Turkestan einverleibt; der S verblieb beim Emirat Buchara. 1924 wurde im Rahmen der Usbek. SSR die Tadschik. ASSR gebildet; 1929 wurde sie in den Rang einer Unionsrepublik erhoben. Am 9. 9. 1991 erklärte sich T. für unabhängig. Es kam zu einem blutigen Machtkampf zwischen prokommunist. u. islam.-demokrat. Gruppen. Nach dem Sturz des ersten Präs. R. *Nabijew* wurde im Nov. 1992 I. *Rachmanow* neues Staatsoberhaupt. Er konnte sich dank russ. Truppenunterstützung gegenüber der Opposition behaupten. 1994 wurde per Referendum eine präsidiale Verfassung angenommen. Die gleichzeitig stattfindenden Präsidentschaftswahlen gewann Rachmanow. Inzwischen gingen die militär. Auseinandersetzungen mit der Opposition weiter. Bis 1997 forderte der Bürgerkrieg 100000 Todesopfer. Im Juni 1997 unterzeichneten die Konfliktparteien in Moskau ein Friedensabkommen.

Taft [tæft], **1.** Robert, Sohn von 2), US-amerikan. Politiker (Republikaner), * 8. 9. 1889 Cincinnati, Ohio, † 31. 7. 1953 Washington; seit 1938 Senator; Isolationist; bekämpfte F. D. Roosevelts Außen- u. Sozialpolitik; Miturheber des *Taft-Hartley-Gesetzes.*
2. William Howard, US-amerikan. Politiker (Republikaner), * 15. 9. 1857 Cincinnati, Ohio, † 8. 3. 1930 Washington; 1904–1908 Kriegs-Min., 1909–1913 (27.) Präs. der USA, warb für den internationalen Schiedsgerichtsgedanken, 1921–1930 oberster Bundesrichter.

Tagliacozzo [talja'kɔtso], Ort in der italien. Prov. L'Àquila (Abruzzen). Bei T. unterlag am 23. 8. 1268 der Staufer *Konradin* im Kampf um sein süditalien. Erbe dem König von Neapel, Karl von Anjou.

Tahmasp I. [tax-], Schah aus der Dynastie der *Safawiden* (1524–1576), Sohn des Reichsgründers *Ismail I.*, * 1504, † 22. 8. 1576; verlor 1534 Bagdad an die Osmanen.

Taika-Reform [jap. *Taika*, „große Reform"], das 645–702 in Japan durchgeführte Reformwerk, das auf Umwandlung des Staates in eine zentralistisch organisierte absolutist. Monarchie nach chines. Vorbild abzielte.

Taine [tɛn], Hippolyte, französ. Historiker u. Philosoph, * 21. 4. 1828 Vouziers, Ardennen, † 5. 3. 1893 Paris; 1864–1884 Prof. für Kunstgeschichte in Paris, ab 1878 Mitgl. der Académie Française. Als Anhänger des Positivismus A. *Comtes* suchte T. die Methoden der exakten Wissenschaften auf die Geschichte zu übertragen. Hptw.: „De l'intelligence" 1870; „Origines de la France contemporaine" 1875 bis 1893.

Taiping-Revolution [chin. *Taiping*, „allg. Friede"], eine revolutionäre Bewegung in China 1850–1864, die religiöse, soziale u. nationale Elemente in sich schloß. Ausgangspunkt war die von Hong Xiuquan unter dem

Einfluß christl. Missionsschriften 1843 in Südchina gegründete „Gesellschaft der Gottesverehrer“, die unter Ablehnung überlieferter Vorstellungen einen höchsten Gott u. die Gleichheit aller Menschen lehrte. Bes. durch den Zustrom unzufriedener Bauern erhielt die Bewegung sozialrevolutionären Charakter; gleichzeitig richtete sie sich gegen die als Fremdherrschaft verhaßte mandschurische Qing-Dynastie. Von ihrer ersten Machtbasis in der Prov. Guangxi aus proklamierte Hong 1851 das *Taiping Tianguo* („Himml. Reich des allg. Friedens“) u. nahm den Titel *Tianwang* („Himml. König“) an. 1852 wandte sich das auf Millionenstärke angewachsene Taiping-Heer nach Norden; 1853 eroberte es Nanjing, das in Tianjing („Himml. Hauptstadt“) umbenannt wurde. Von hier aus beherrschten die Aufständischen (kurz Taiping genannt) die reichen zentralchines. Provinzen zu beiden Ufern des Chang Jiang. Ein Vorstoß nach Norden führte bis Tianjin, wurde aber von den kaiserl. Truppen zurückgeschlagen.
In ihrem Herrschaftsgebiet suchten die Taiping einen theokrat. Kommunismus einzuführen. Auf allen Stufen waren religiöse, militärische u. zivile Führung in einer Hand vereinigt; es sollte keinerlei Privateigentum geben; Männer u. Frauen waren gleichberechtigt. Diese Grundsätze wurden allerdings nur in Ansätzen verwirklicht. Die versuchte radikale Vergesellschaftung von Grund u. Boden entfremdete die Bauern der Bewegung. In der Führung breitete sich Korruption aus; die Machthaber verstießen gegen die eigenen asket. Grundsätze. Nach internen Machtkämpfen wurde 1856 *Yang Xiuching*, der bedeutendste Führer neben Hong, wohl mit dessen Billigung ermordet. Die Uneinigkeit in der Führung u. die Zerfahrenheit der Strategie trugen zur Niederlage der T. bei. Die Westmächte, die zunächst der Bewegung wohlwollend gegenübergestanden hatten, stellten sich auf die Seite der Regierung. 1864 wurde Nanjing von Regierungstruppen eingenommen. Die von beiden Seiten mit größter Härte geführten Kämpfe im Verlauf der T. forderten schätzungsweise 30 Mill. Todesopfer. Die T. kann als der größte Bürgerkrieg der Weltgeschichte gelten.

Taira, japan. Kriegerfamilie aus kaiserl. Geblüt, die im 12. Jh. jahrzehntelang Feldzüge gegen die rivalisierenden *Genji* (oder *Minamoto*) führte.

Tairọna-Kultur, altindian. Kultur in Nordwestkolumbien; nach zähem Guerillakrieg erst 1600 von den Spaniern unterworfen. Die T. hat vorzügl. Kunsthandwerker hervorgebracht, vor allem Goldschmiede; bekannt sind auch Ruinen von Steinbauten stadtähnl. Siedlungen sowie Brücken u. gepflasterte Straßen.

Taisho-Tenno [-ʃo-], ursprüngl. *Yoshihito*, japan. Kaiser 1912–1926, * 31. 8. 1879 Tokio, † 25. 12. 1926 Hayama; 3. Sohn des *Meiji-Tenno*, wurde als erster japan. Herrscher in westl. Wissenschaften ausgebildet. Für seine im Juli 1912 beginnende Regierungszeit wählte er den Ära-Namen *Taisho* („Große Gerechtigkeit“). Infolge körperl. u. geistiger Krankheit konnte er ab 1919 auch keine repräsentativen Funktionen mehr übernehmen. Im Nov. 1921 trat daher Kronprinz *Hirohito* die Regentschaft an. – Die Taisho-Ära war eine Zeit des Umbruchs vom Agrar- zum Industriestaat, des polit. Wandels von der autoritären Regierungsstruktur der Meiji-Zeit zur parlamentar. Verantwortung u. der sozialimperialist. Expansion in China (1915). Es kam zu großen sozialen Spannungen, die sich erstmals anläßlich des Erdbebens in Tokio (1923) in Übergriffen auf die korean. Minderheit entluden u. schließlich 1932 (Mandschurei-Krise, Mukden-Zwischenfall) das Ende der Taisho-Demokratie bewirkten.

T'ai-tsung, chines. Kaiser, → Taizong.

Taiwan RC

Republik China

Fläche: 36 000 km². – *Einwohner:* 21,0 Mill. – *Hauptstadt:* Taipeh. – *Landessprache:* Chinesisch. – *Nationalfeiertag:* 10. 10. – *Währung:* 1 Neuer Taiwan-Dollar = 100 Cents. – *Lage:* zwischen 21°45′ und 25°56′ n. Br. sowie 119°18′ und 124°34′ ö. L. – *Zeitzone:* Mitteleuropäische Zeit + 7 Std. – *Grenzen:* Inselstaat im Pazifischen Ozean östlich der chinesischen Festlandküste. – *Staatsform:* präsidiale Republik.

Die Ureinwohner T.s kamen vermutlich aus Südasien. Kleine Gruppen von Chinesen wanderten seit etwa 1000 ein. 1590 entdeckten Portugiesen die Insel (*Ilha Formosa*, „schöne Insel“) u. legten eine Siedlung an. 1624–1661 war T. in holländ. Besitz; für kurze Zeit ließen sich auch Spanier nieder. In dieser Zeit begann in großem Umfang die Einwanderung von Chinesen aus den Provinzen Fujian u. Guangdong. 1661 eroberte der Feldherr *Zheng Chenggong (Cheng Ch'eng-kung, Koxinga)* T. von den Holländern zurück; sein Ziel war es, von T. aus die 1644 auf dem Festland gestürzte Ming-Dynastie wiederherzustellen. 1683 wurde T. jedoch von Truppen der auf dem Festland herrschenden Qing-Dynastie eingenommen u. der Prov. Fujian eingegliedert. 1885 erhielt es den Status einer Provinz. Nach dem 1. japan.-chines. Krieg mußte T. 1895 an Japan abgetreten werden. Japan begann mit der Industrialisierung u. Verkehrserschließung der Insel. 1945 wurde sie an China zurückgegeben. 1947 scheiterten Aufstände einer taiwanes. Autonomiebewegung gegen die chines. Regierung.
1949 flüchtete die im Bürgerkrieg von den Kommunisten geschlagene Regierung unter *Chiang Kai-shek* mit rd. 1,5 Mill. Anhängern nach T., das als letzter Rest des chines. Staatsgebiets unter ihrer Herrschaft verblieb. Sie betrachtete sich weiterhin als alleinige legitime Regierung Chinas. Dieser Anspruch wurde von vielen nichtkommunist. Staaten anerkannt. T. vertrat China in den UN u. im Weltsicherheitsrat. 1952 schloß es einen Friedensvertrag mit Japan u. 1954 ein Verteidigungsabkommen mit den USA.
Seinen Alleinvertretungsanspruch konnte T. im Zuge der weltweiten polit. Veränderungen der 1960er Jahre nicht auf Dauer durchsetzen. 1971 wurde die Regierung der Volksrepublik China von den UN als einzige legitime Regierung Chinas anerkannt, was faktisch den Ausschluß T.s bedeutete. Daraufhin brachen viele Staaten die diplomat. Beziehungen zu T. ab, 1979 schließlich auch die USA. Im gleichen Jahr lief das Verteidigungsbündnis mit den USA aus. Es bestehen jedoch weiterhin enge wirtschaftl. u. kulturelle Beziehungen zwischen den beiden Staaten.
Staatspräsident war von 1950 bis zu seinem Tode 1975 *Chiang Kai-shek*. Ihm folgte zunächst *Yen Chia-kan*. 1978–1988 war Chiangs Sohn *Chiang Ching-kuo* Präsident. Nach dessen Tod gelangte erstmals ein gebürtiger „Taiwanese“, *Lee Teng-hui*, in das höchste Staatsamt.
Die Regierung der Volksrepublik China betrachtet T. als einen Teil ihres Territoriums. Sie hat T. die Wiedervereinigung in der Form angeboten, daß T. ein „Sonderverwaltungsgebiet“ mit weitgehender Autonomie werden soll. Es soll seine gegenwärtige Gesellschaftsordnung u. sein kapitalist. Wirtschaftssystem auf längere Zeit beibehalten dürfen. Die Regierung von T. lehnt offizielle Kontakte mit Peking ab. Seit Mitte der 1980er Jahre hat sie jedoch ihre Abgrenzungspolitik gelockert; z. B. durften 1987 Bewohner T.s erstmals Verwandte auf dem Festland besuchen. 1991 wurden zahlreiche Ausnahmegesetze, die wichtige Artikel der Verfassung von 1947 aufhoben, suspendiert. Gleichzeitig wurde ein Stufenplan vorgelegt, der ohne zeitl. Festlegung als Ziel die Aufnahme von Wiedervereinigungsverhandlungen vorsah. Parallel dazu betrieb die Regierung eine innere Demokratisierung. So verloren in den parlamentar. Körperschaften durch Verfassungsänderungen diejenigen Abgeordneten ihre Mandate, die bereits vor 1949 auf dem chines. Festland gewählt worden waren. Im Dez. 1991 fanden die ersten direkten u. freien Wahlen zur Nationalversammlung seit 1947 statt. Die *Guomindang* gewann 254 von 325 Sitzen. Bei den Wahlen zum Legislativ-Yuan 1992 erhielt sie 102 von 161 Sitzen. Die Demokrat. Fortschrittspartei gewann 50 Mandate. Bei den Wahlen 1995 erhielt die Guomindang 85 von 164 Sitzen u. die Demokrat. Fortschrittspartei 51 Sitze. Die Demokratisierungsbemühungen verschlechterten die Beziehungen zu Peking. Bei den ersten direkten u. freien Präsidentschaftswahlen 1996 wurde Lee Teng-hui im Amt bestätigt.

Taizong [taidsuŋ], *T'ai-tsung*, ursprüngl. *Li Shimin*, chines. Kaiser 626–649, * 597, † 649; Heerführer; stand an der Spitze der nominell von seinem Vater *Li Yuan* geführten Erhebung gegen die Sui-Dynastie, die er 618 stürzte. Li Yuan wurde als *Gaozu* der erste Kaiser der neuen *Tang-Dynastie*. 626 zwang ihn sein Sohn zur Abdankung u. bestieg selbst den Thron (posthumer Herrschername T.). Seine erfolgreichen Kriege in Turkistan u. Korea u. die Aufnahme von Beziehungen zu Südost- u. Südasien machten China zum Weltreich.

Tajín-Kultur [ta'xin-], altindian. Kultur an der mexikan. Golfküste im Bundesstaat Veracruz, benannt nach dem wichtigsten Zeremonialzentrum *El Tajín* in der Nähe der heutigen Stadt Papantla. El Tajín ist erst teilweise ausgegraben. Die Hauptentwicklung u. Blütezeit der T. vollzog sich zwischen 400 u. 1200. Die Architektur ist charakterisiert durch gestufte Nischen an den Fassaden, Mäanderfriese, vorkragende Kranzgesimse, falsche Gewölbe u. flache Dachkonstruktionen. Die Fassade der bekannten sog. Nischenpyramide ist mit 365 Nischen an sieben zurückspringenden Stufen verziert, den Tagen des Sonnenkalenders entsprechend. Es gibt ferner sieben bis jetzt bekannte kultische Ballspielplätze. Der Tajín-Stil ist stark von der älteren *La-Venta-Kultur* beeinflußt worden; zwischen 400 u. 800 n. Chr. unterhielt die T. regen kulturellen Austausch mit den Kulturen von *Teotihuacán* u. der *Maya*.

Talaạt Bey, *Talaat Pascha*, Mehmed, türk. Politiker, * 1874 Adrianopel, † 15. 3. 1921 Berlin (ermordet); führend bei den Jungtürken, 1909/10, 1913–1917 Innen-Min., 1917/18 Großwesir; unterdrückte im 1. Weltkrieg die aufständ. Armenier, von einem Armenier ermordet.

Talayọtikum, die Bronze- u. Eisenzeit auf den Balearen, kriegerische Hirten-Bauern-Kultur, etwa 1000–300 v. Chr., benannt nach dem *Talayot*, dem vorherrschenden Monument in Form eines runden oder viereckigen, in megalith. Bauweise errichteten Turms.

Tal der Könige, arab. *Biban Al Moluk*, größte altägypt. Nekropole, auf dem Westufer des Nils gegenüber von Karnak u. Luxor, bei den Tempelanlagen von *Theben*; Begräbnisstätte der Pharaonen des Neuen Reichs, u. a. mit dem 1922 von H. *Carter* entdeckten Kammergrab des Königs *Tutanchamun.*

Talent [das; grch., lat.], oberste antike Gewichts- u. Münzeinheit; 1 attisches T. = 60 Minen = 6000 Drachmen = 26,196 kg. In anderen Landschaften 1 T. auch = 1500 bis 10 000 Drachmen.

Taler, ndrl. *Daalder,* skand. *Daler,* amerik. *Dollar,* die 1484 erstmals in Tirol geprägte große Silbermünze, *Guldengroschen* genannt, die dem Wert eines Guldens entsprach; bald in Sachsen u. vielen anderen Gebieten aufgegriffen. Der seit 1518 von den Grafen Schlick in St. Joachimstal (Böhmen) geprägte Joachimstaler gab der Münze ihren Namen. In den Reichsmünzordnungen wurde der T. mit 72, später mit 90 Kreuzern als *Reichs-T.* zur Reichsmünze erhoben u. mit 28,6 g Silber festgesetzt. Der Reichs-T. wurde vielerorts bis zum 18. Jh. geprägt u. oft mit schönen Prägebildern histor. Ereignissen gewidmet; er mußte dann anderen Sorten weichen. 1908 wurden die letzten T., die als 3-Mark-Stücke umliefen, außer Kurs gesetzt.

Talleyrand [talɛ'rã], *T.-Périgord,* Charles Maurice de, Fürst von Bénévent (seit 1806), Herzog von T.-Périgord (seit 1807), Herzog von Dino (seit 1815), französ. Politiker, *13. 2. 1754 Paris, †17. 5. 1838 Paris; 1788 Bischof von Autun; schloß sich 1789 in der Nationalversammlung dem 3. Stand an u. gab dadurch ein Beispiel für den Großteil des niederen Klerus. 1791 regte er die Einziehung des Kirchenguts an u. leistete als erster Kleriker den Eid auf die Verfassung. 1797–1807 war T. Außen-Min. Er unterstützte zwar den Staatsstreich Napoleons, außenpolitisch trat er jedoch für die Annäherung an England u. Österreich ein u. lehnte daher dessen Eroberungspolitik ab. 1814/15 erneut Außen-Min., betrieb er auf dem Wiener Kongreß erfolgreich die Rehabilitierung Frankreichs. Trotzdem besaß er nicht das Vertrauen Ludwigs XVIII. 1830–1834 war er unter Louis-Philippe Botschafter in London. T. hatte bei aller Anpassung an die wechselnden Regierungen immer das Ziel des europ. Gleichgewichts u. der Großmachtstellung seines Landes vor Augen.

Tallien [ta'ljɛ̃], Jean-Lambert, französ. Politiker, *23. 1. 1767 Paris, †16. 11. 1820 Paris; zunächst Anhänger der radikalen Jakobiner, führte 1793 als Konventskommissar in den Westprovinzen ein berüchtigtes Regiment; trat dann aber als Führer der Thermidorianer gegen Robespierre auf u. beendete die Jakobinerherrschaft; seit 1795 im Rat der Fünfhundert. 1805 französ. Konsul in Spanien.

Tamerlan, europ. Form für *Timur Läng* („T. der Lahme"), → Timur.

Tanaka, Kakuei, japan. Unternehmer u. Politiker (Liberaldemokrat), *4. 5. 1918 Prov. Niigata, † 16. 12. 1993 Tokio; 1957/58 Min. für Post- u. Fernmeldewesen, 1962–1965 Finanz-Min., 1971/72 Min. für Handel u. Industrie, 1972–1974 Premier-Min. Sein Rücktritt vom Amt des Regierungschefs wurde wegen anrüchiger Finanzgeschäfte erzwungen. T. wurde 1983 wegen Bestechung durch die US-amerikan. Flugzeugfirma Lockheed zu 4 Jahren Gefängnis verurteilt (nicht rechtskräftig). Er blieb bis 1989 Mitgl. des Parlaments u. behielt großen Einfluß auf die Liberaldemokrat. Partei.

Tang, *T'ang,* die 618–906 in China herrschende Dynastie.

Tanganjika, *Tanganyika,* der auf dem afrikan. Festland gelegene Teil der Vereinigten Republik → Tansania, das frühere *Deutsch-Ostafrika,* 1920–1945 brit. Völkerbundmandat, dann UN-Treuhandgebiet, 1962–1964 unter dem Namen T. unabhängige Republik.

Tanger, arab. *Tanjah,* im Altertum *Tingis,* marokkan. Hafenstadt u. Hptst. des ehem. autonomen Gebiets T., jetzt Stadtpräfektur, am Westeingang der Straße von Gibraltar, 395 000 Ew.

Phöniz. Gründung, später karthagisch, 81 v. Chr. römisch, 682 arabisch, 1471 portugiesisch, 1580 spanisch, 1656 wieder portugiesisch, 1662 englisch, seit 1684 marokkanisch. Die 1. *Marokko-Krise* wurde durch Kaiser Wilhelms II. Besuch in T. 1905 ausgelöst. Im Marokkovertrag von 1912 wurde die internationale Zone von T. geschaffen; 1923 entmilitarisiert, war sie 1941–1945 von Spanien besetzt; 1953 erhielt sie ein neues internationales Statut. Nachdem Marokko die Unabhängigkeit erlangt hatte, erklärten die 8 Verwaltungsstaaten 1956 die Aufhebung des Statuts.

Tanis, ägypt. *Djanet,* im AT *Zoan,* arab. *San el-Hagar,* Ort im östl. Nildelta, Hauptstadt der 21. Dynastie (etwa 1080–945 v. Chr.); Amuntempel von Ramses II.; innerhalb der Tempelumwallung fand man Königsgräber der 21. u. 22. Dynastie mit reicher Grabausstattung (Goldmasken, silberne Särge, zahlreiche Schmuckstücke u. Gefäße aus Gold), die sich heute im Museum von Kairo befindet.

Tankred, *Tancred,* Fürsten: **1.** *T. von Hauteville,* normann. Ritter, †1041; seine Söhne, bes. *Robert Guiscard* u. *Roger I.,* gründeten das süditalien. Normannenreich.

2. Herr von Tiberias, Regent von Edessa u. Antiochia, †12. 12. 1112; Großneffe des Normannenfürsten Robert Guiscard, berühmter Teilnehmer am 1. Kreuzzug, erhielt das Fürstentum Antiochia, von wo aus er Eroberungen in Syrien u. Kilikien machte; Held von *Tassos* „Befreitem Jerusalem".

3. *T. von Lecce,* König von Sizilien 1190–1194, *um 1130, †20. 2. 1194 Palermo; illegitimer Nachkomme *Rogers II.* von Sizilien, wurde nach dem Tod des kinderlosen Königs Wilhelm II. 1189 zum König gekrönt, verteidigte Unteritalien u. Sizilien erfolgreich gegen Kaiser Heinrich VI., der diese Gebiete als Erbe seiner vorübergehend von T. gefangengehaltenen Gemahlin Konstanze beanspruchte.

Tannenberg, poln. *Stębark,* ostpreuß. Ort südöstl. von Osterode. – 1410 siegte bei T. *(Grunwald)* ein poln.-litauisches Heer über den Dt. Orden. – Im 1. Weltkrieg wurde bei T. vom 26. bis 30. 8. 1914 die überlegene russ. Narew-Armee unter W. *Samsonow* von der 8. dt. Armee unter *Hindenburg* (mit *Ludendorff* als Generalstabschef) eingeschlossen u. vernichtet. Die Schlacht bei T. sowie die in Masuren bewahrte Ostpreußen vor einer russ. Besetzung. Obwohl Hindenburgs Leistung nicht entscheidend war, basierte der spätere „Hindenburg-Mythos" auf dieser siegreichen Umfassungsschlacht mit zahlenmäßig unterlegenen Kräften. Das 1927 errichtete *T.-Denkmal* wurde 1945 beim dt. Rückzug gesprengt.

Tannenbergbund, eine 1925 gegr. Dachorganisation von völkischen Wehr- u. Jugendverbänden, die in General E. *Ludendorff* ihren Schirmherrn sahen. Zunehmend auf Ludendorffs antichristlich-antisemitische Propagandatätigkeit ausgerichtet, wurde der T. 1933 nach Hitlers Regierungsübernahme verboten.

Tannenberg: Beisetzung Paul von Hindenburgs im Tannenberg-Denkmal am 7.8.1934; am Rednerpult: A. Hitler

Tansania EAT

Vereinigte Republik Tansania

Fläche: 945 087 km^2. – *Einwohner:* 29,7 Mill. – *Hauptstadt:* Dodoma. – *Landessprache:* Kisuaheli. – *Nationalfeiertag:* 26. 4., 9. 12. – *Währung:* 1 Tansania-Shilling = 100 Cents. – *Lage:* zwischen 1° und 12° s. Br. sowie 29°30' und 40°30' ö. L. – *Zeitzone:* Mitteleuropäische Zeit + 2 Std. – *Grenzen:* im N Uganda und Kenia, im O Indischer Ozean, im S Moçambique, im W Malawi, Sambia, Kongo (Zaire), Burundi und Rwanda. – *Staatsform:* präsidiale Republik.

Die Küste T.s war bereits den Völkern der Alten Welt – Assyrern, Phöniziern u. Griechen – bekannt. Im 8. Jh. legten Araber hier Kontore an, die dem Seehandel mit Indien u. Ostasien dienten. Aus den Handelsplätzen entwickelten sich Stadtstaaten, von denen *Kilwa* im 13. Jh. der bedeutendste war; auch die vorgelagerte Insel → Sansibar gewann seit dem 15. Jh. als Handelsplatz Gewicht. Kilwa war Endstation der Karawanenstraße aus Zentralafrika; es wurde von Vasco da Gama zerstört, u. um 1500 besetzten Portugiesen die ganze Küste u. die vorgelagerten Inseln, verzichteten aber, nachdem der Sultan von Maskat sie im 18. Jh. zurückerobert hatte, wieder auf diese Gebiete. Nun nahm der Sklavenhandel einen kräftigen Aufschwung. Mit zunehmendem britischen Einfluß seit Mitte des 19. Jh. ging er zurück, u. europäischen Missionaren u. Forschern wurde erlaubt, das Land zu betreten.

1884 begann C. *Peters* mit dem Erwerb einer dt. Kolonie in Ostafrika (Deutsch-Ostafrika), die von der privaten Deutsch-Ostafrikani-

schen Gesellschaft (DOAG) verwaltet wurde, bis ein Aufstand der Küstenbevölkerung 1889/90 die Reichsbehörden zum Eingreifen veranlaßte.
1890 wurde durch den Helgoland-Sansibar-Vertrag mit England die Grenze zu den britischen Gebieten Kenia u. Uganda festgelegt sowie die dt. Souveränität über die zum Sultanat Sansibar gehörige Küste gesichert. Der Sultan behielt nur Sansibar, Pemba u. einen schmalen Küstenstreifen des Festlandes *(Tanganjika)*; das Protektorat über die beiden Inseln wurde Großbritannien zugesprochen; das dem Dt. Reich gehörende Gebiet (einschließlich Rwanda-Burundi) war seit 1891 dt. Kolonie. 1905 stürzte der sogenannte Maji-Maji-Aufstand die Kolonialherrschaft in eine Krise.
Im 1. Weltkrieg verteidigten dt. Truppen unter General P. von *Lettow-Vorbeck* die Kolonie gegen britische u. belgische Kolonialtruppen bis zur Kapitulation 1918. 1919 wurden Rwanda u. Burundi Belgien übergeben, das übrige Deutsch-Ostafrika wurde als Tanganjika-Territorium Völkerbundsmandat unter britischer Verwaltung u. 1946 UN-Treuhandgebiet.
1954 entstand unter Führung von J. *Nyerere* die *Tanganyika African National Union* (TANU) als erste afrikanische Massenpartei. Am 9. 12. 1961 wurde Tanganjika als britische Dominion unabhängig, ein Jahr später Republik innerhalb des Commonwealth mit Nyerere als Präsident. Im April 1964 wurde durch die Vereinigung mit Sansibar die *Vereinigte Republik T.* geschaffen, Präsident der Union wurde Nyerere, Vizepräsident der Präsident des Revolutionsrates von Sansibar, A. A. *Karume*. 1965 fanden demokratische Wahlen statt. 1967 wandte sich T. nach der Arusha-Erklärung einer schärfer ausgeprägten sozialistischen Politik zu (Verstaatlichung der Banken, Experimente mit landwirtschaftlichen Kollektiven) u. verstärkte die Kontakte zu kommunistischen Staaten, insbesondere zur Volksrepublik China. Nyerere verfolgte einen eigenen Weg zum afrikanischen Sozialismus *(Ujamaa-Sozialismus)* durch Anknüpfung an vorkoloniale, eigenständige Traditionen.
Nach der Ermordung Karumes 1972 übernahm M. A. *Jumbe* das Amt des Vizepräsidenten. Die einzige zugelassene Partei T.s war seit 1977 die *Revolutionäre Staatspartei (Cham Cha Mapinduzi, CCM)*. 1978 fielen ugandische Truppen in T. ein. Im Gegenstoß drangen tansanische Streitkräfte nach Uganda ein u. stürzten 1979 das dortige Amin-Regime. 1984 wurde Jumbe als Vizepräsident von A. H. *Mwinyi* abgelöst, der 1985 die Nachfolge des zurückgetretenen Nyereres im Präsidentenamt übernahm. Nyerere blieb aber bis 1990 Partei-Vors. der CCM. Mwinyi führte wirtschaftl. u. polit. Reformen durch. 1992 wurde die Gründung oppositioneller Parteien zugelassen. Die Präsidentschaftswahlen 1995 gewann B. *Mkapa* (CCM).

Tarạsken, indian. Volk (rd. 45 000) in Zentralmexiko, um den Pátzcuarosee. – Das taraskische Reich war eines der wenigen, das nicht von den Azteken unterworfen wurde. Seit Anfang des 16. Jh. wurden die T. hispanisiert u. christianisiert; heute gibt es nur noch wenige Gruppen, die ihre Sprache *(Tarasco)* u. Kultur bewahrt haben.

Tardenoisien [-dənwa'zjɛ̃; das; nach dem französ. Ort La Fère-en-Tardenois, Dép. Aisne], Kulturgruppe der Mittelsteinzeit mit mikrolith. trapezförmigen Steingeräten; von der Pyrenäenhalbinsel bis zur Krim verbreitet mit beträchtlich regionalen Unterschieden in der Lebensweise.

Tardieu [-'djø:], André, französ. Politiker (Linksrepublikaner), *22. 9. 1876 Paris, †15. 9. 1945 Menton; 1919 als Vertrauensmann Clemenceaus maßgeblich an der Abfassung des Versailler Vertrags beteiligt, 1919 u. 1926–1934 verschiedene Min.-Posten, 1929 bis 1930 u. 1932 Min.-Präs.

Tạrik, *Tariq Ibn Sijad*, arab. Heerführer, landete, von Afrika kommend, 711 in Gibraltar *(Dschebel At T.)*, besiegte im gleichen Jahr die Westgoten bei Jérez de la Frontera u. eroberte den größten Teil der Iber. Halbinsel (Beginn der etwa 500jährigen Herrschaft des Islams in Spanien u. Portugal).

Tarnọwski, Jan, Graf, poln. Feldherr, *1488 Schloß Tarnów, †16. 5. 1561 Wiewiórka; seit 1527 Kron-Großhetman, kämpfte gegen Mongolen, Türken, Russen; schrieb die kriegstheoret. Abhandlung „Consilium rationis bellicae" 1558.

Tarquịnia, italien. Stadt im nördl. Latium, 13 100 Ew.
Östl. des heutigen T. lag das antike *Tarquinii*, ein bedeutender Ort des etrusk. Städtebunds, als Widersacher Roms im 3. Jh. v. Chr. besiegt, im 8. Jh. von den Sarazenen zerstört. Reste der Stadtmauer mit einer Toranlage des 4. Jh. v. Chr. sind erhalten. In der Gräberstadt von T. wurden reiche Urnenfelder der *Villanova-Kultur* u. etwa 2000 etrusk. Gräber gefunden. Die mit Fresken verzierten Kammergräber des 6.–1. Jh. v. Chr. (reliefgeschmückte Tuffsarkophage) vermitteln wichtige Kenntnisse über Kunst, Lebensweise u. religiöse Vorstellungen der Etrusker.

Tarquịnier, zwei sagenhafte röm. Könige: *Tarquinius Priscus*, 616–579 v. Chr., wanderte nach der antiken Überlieferung aus dem etrusk. Tarquinii nach Rom u. öffnete Rom etrusk. Einfluß. *Tarquinius Superbus*, 534–510 v. Chr., der 7. u. letzte König von Rom, kam als einziger röm. König durch Gewalt (Mord) auf den Thron, unterdrückte das Volk u. wurde von Iunius *Brutus* vertrieben; danach wurde die röm. Republik errichtet. Historisch ist an dieser Überlieferung, daß im 6. Jh. v. Chr. etrusk. Adlige in Rom herrschten.

Tartẹssos, *Taris*, bibl. Name *Tarschisch*, eine in antiken Quellen erwähnte, in ihrem Ursprung bis ins 2. Jahrtausend v. Chr. zurückreichende Handelsstadt u. deren Kultur im südwestl. Spanien (etwa dem heutigen Andalusien). Die Stadt T. (vermutl. die Hptst. der nichtindoeurop. *Tartessier*) wird in der Nähe von Cádiz vermutet. T. wurde seit 1100 v. Chr. von den Phöniziern, seit der Mitte des 7. Jh. v. Chr. von den Griechen aufgesucht, um 500 v. Chr. von den Karthagern zerstört.

Taschtyk-Kultur, eisenzeitl. Kultur in Südsibirien am oberen Jenissej, 1. Jh. v. Chr.–4. Jh. n. Chr.; charakteristisch sind rot bemalte Totenmasken aus Gips u. Steinbauten (die ältesten in Südsibirien).

Tạsman, Abel Janszoon, niederländ. Seefahrer, *1603 Lutjegast, Prov. Groningen, † Okt. 1659 Batavia; entdeckte 1642 die später nach ihm benannte Insel Tasmanien u. die neuseeländ. Südinsel, 1643 die Fidschi- u. Tongainseln sowie die Inseln des Bismarckarchipels; 1644 erkundete er die Südküste Neuguineas u. kartierte den Carpentariagolf.

Tạssilo, bayer. Stammesherzöge aus dem Haus der *Agilolfinger*. – *T. III.*, 748–788, *wahrscheinlich 741, †11. 12. nach 794 Lorsch; folgte seinem Vater *Odilo* als Herzog, regierte seit 757 allein, leistete 757 Pippin d. J. den Vasalleneid; förderte die bayer. Ostsiedlung u. Mission unter den Slawen; gründete zahlreiche Kirchen u. Klöster. 788 wurde er in Ingelheim wegen „Heeresverlassung" (T. hatte 763 Pippin auf seinem aquitan. Feldzug im Stich gelassen) zum Tode verurteilt, dann von Karl d. Gr. zu Klosterhaft begnadigt. Mit der Eingliederung Bayerns in das Frankenreich wurde das letzte ältere Stammesherzogtum beseitigt.

Täufer → Wiedertäufer.

Taurịsker, kelt. Volksstamm im Tauerngebiet, unter *Augustus* von den Römern unterworfen.

Tauroggen, lit. *Taurage*, Stadt im westl. Litauen, rd. 20 000 Ew.
In der *Konvention von T.*, die der preuß. General L. von *Yorck* am 30. 12. 1812 in der Poscheruner Mühle bei T. mit dem russ. General I. von *Diebitsch-Sabalkanskij* schloß, wurde das der französ. Armee angeschlossene preuß. Hilfskorps im russ. Feldzug Napoleons für neutral erklärt. Yorck handelte ohne Ermächtigung durch König Friedrich Wilhelm III., der ihn vor ein Kriegsgericht zu stellen drohte. Mit der Konvention von T. begann der Abfall Preußens von Napoleon.

Tausendjähriges Reich, lat. *Millennium*, ein religiöser Begriff, der die Utopie, den Zukunftsstaat des Chiliasmus bezeichnet. Die dt. Nationalsozialisten gebrauchten für ihre Herrschaft zuweilen den Ausdruck T. R.; von ihren Gegnern wurde er ironisch verwendet.

Tauwetterperiode, die Zeit relativer Liberalisierung in der Sowjetunion u. den Ostblockländern nach Stalins Tod (1953); benannt nach dem Roman „Tauwetter" von I. *Ehrenburg* (1954–1956, dt. 1957). Ab 1956 kam es zu erneuten Einschränkungen der Freiheit, doch erfolgte nirgends eine vollständige Rückkehr zu Verhältnissen wie vor der T.

Tạxis, Fürstengeschlecht, → Thurn und Taxis.

Taylor ['tɛilə], **1.** Alan John Percivale, brit. Historiker, *25. 3. 1906 Birkdale, Lancashire, † 7. 9. 1990 London; behandelte u. a. Themen der dt. Geschichte: „The course of German history" 1945; „Bismarck" 1955, dt. 1962; „Die Ursprünge des 2. Weltkriegs" 1961, dt. 1962.
2. Zachary, US-amerikan. General u. Politiker, *24. 11. 1784 Montebello, Va., † 9. 7. 1850 Washington; führte Truppenverbände im Seminolenkrieg 1835–1842 u. im Krieg gegen Mexiko 1845–1847; 1849/50 (12.) Präs. der USA.

Teck, nach der Burg T. benanntes Fürstengeschlecht in Schwaben, Nebenlinie der *Zähringer*; 1187 zu (Titular-)Herzögen von T. erhoben. 1381 wurde der Besitz vom Herzog von Württemberg erworben. Das gleichnamige Adelsgeschlecht starb 1439 aus.

Tecklenburg, ehem. Grafschaft im heutigen westfäl. Ldkrs. Steinfurt; kam 1263 an die Grafen von Bentheim, die 1606 eine bes. Linie *Bentheim-T.* gründeten. Das Schloß u. der größere Teil der Grafschaft fielen 1699 an den Grafen von Solms-Braunfels, der sie 1707 an Preußen verkaufte. Der Linie Bentheim-T. verblieb die Herrschaft Rheda. T. wurde 1815 in die preuß. Provinz Westfalen eingegliedert.

Tegetthoff, Wilhelm von, österr. Admiral, *23. 12. 1827 Marburg an der Drau, †7. 4. 1871 Wien; siegte 1864 bei Helgoland über die Dänen, 1866 vor Lissa über die Italiener.

Teherạn, *Tehran*, Hptst. des Iran (seit 1796) u. der Zentralprovinz; größte Stadt Vorderasiens, am Südabfall des Elbursgebirges, 1100–1400 m ü. M., 6,6 Mill. Ew.
Die *Konferenz von T.* (28. 11.–1. 12. 1943) war das erste Zusammentreffen *Churchills* u. *Roosevelts* mit *Stalin* im 2. Weltkrieg. Die Westmächte sagten der UdSSR für 1944 die Errichtung einer zweiten Front im Westen zu; die UdSSR versprach, sich nach dem Sieg in Europa am Kampf gegen Japan zu beteiligen. Ohne Festlegung im einzelnen einigte man sich grundsätzlich über eine Aufteilung Deutschlands nach dem Krieg. Stalins Vorschlag einer „Westverschiebung" Polens (Curzon-Linie als Ostgrenze, Oder als Westgrenze) wurde wohlwollend aufgenommen.

Teịspes, *Tschaischpisch*, altpersischer König aus dem Geschlecht der Achämeniden, etwa 690 bis 650 v. Chr.; Vater *Kyros' I.* u. *Ariaramnes*.

Teja, der letzte Ostgotenkönig 552; zog nach

der Niederlage *Totilas* bei Tadinae nach Cumae bei Neapel zur Sicherung des ostgot. Kriegsschatzes, widerstand am Mons Lactarius (heute Monte Lattaro) monatelang den byzantin. Angriffen unter *Narses* u. fiel im Oktober 552 in der Ebene zwischen Vesuv u. Mons Lactarius im Kampf.

Teje, altägypt. Königin der 18. Dynastie, Frau von *Amenophis III.* (etwa 1403–1365 v. Chr.), Mutter *Echnatons*; stammte aus einer einfachen Beamtenfamilie. Das ungeplünderte, mit reichen Beigaben ausgestattete Grab ihrer Eltern wurde im Tal der Könige gefunden. Ein schöner Eibenholzkopf der Königin befindet sich im Ägyptischen Museum in Berlin.

Teleilet Ghassul, ein Ausgrabungsort 6 km nordöstl. vom Toten Meer, wo 1930 mit der Freilegung einer Stadt aus der Zeit vor 1800 v. Chr. begonnen wurde u. man u. a. für Palästina einzigartige Wandfresken fand.

Teleki von Szék [-se:k], Pál (Paul) Graf, ungar. Politiker, *1. 11. 1879 Budapest, †3. 4. 1941 Budapest; Prof. für Geographie; 1920/21 u. 1939–1941 Min.-Präs.; seine Revisionspolitik brachte Ungarn den 2. Wiener Schiedsspruch (30. 8. 1940); verübte Selbstmord, weil er Ungarns Kriegseintritt nicht verhindern konnte.

Telesphorus, Papst 125–138 (?), Heiliger, Grieche; erlitt vielleicht unter Kaiser Hadrian das Martyrium. Fest: 5. 1.

Telipinus, hethit. König, etwa 1500–1475 v. Chr.; regelte unter dem Eindruck vorangegangener Palastkämpfe die Thronfolge im hethit. Königshaus, wonach in der Regel der älteste Sohn der Hauptfrau Nachfolger seines Vaters werden sollte; bekämpfte erfolgreich die anatolischen Bergvölker; verlegte zeitweise seine Residenz aus unbekannten Gründen von Hatussa in die Stadt Hanhana.

Tell, Wilhelm, sagenhafter Nationalheld der Schweiz, dessen zeitlich nicht genau einzuordnende angebliche Taten (vermutlich um 1300) zur Befreiung der drei Waldstätte von der habsburgischen Oberhoheit entscheidend beigetragen u. zur Gründung der Eidgenossenschaft geführt haben sollen. Nach der erst um 1470 einsetzenden Überlieferung wurde T. bei Altdorf von dem habsburg. Landvogt *Geßler* gezwungen, einen Apfel vom Haupte seines Sohnes zu schießen. Dieses Motiv war im MA in vielen nordeurop. Ländern verbreitet. Auch die Vorgeschichte mit dem Hut auf der Stange sowie die spätere Ermordung Geßlers scheinen nachträglich in volkstüml. Berichten u. Liedern dem tatsächlichen histor. Geschehen hinzugefügt worden zu sein. – Der T.-Stoff wurde seit dem 16. Jh. vielfach im Drama behandelt, am wirksamsten von *Schiller*, 1804. Oper von G. *Rossini*, 1829.

Tell Halaf, Ruinenhügel in Syrien, südl. von Ras Al Ain an der Bagdadbahn; Siedlungsschicht der *T.-H.-Kultur* des 5. u. 4. Jahrtausends v. Chr, deren Keramik über Mesopotamien, Nordsyrien u. das Gebiet am Van-See verbreitet war. Durch die Grabungen wurde die aramäische Stadt *Gosan* wiederentdeckt, die 808 v. Chr. von den Assyrern erobert wurde u. in die nach dem AT Sargon II. von Assyrien einen Teil der Israeliten verschleppte.

Tempelgrab, ein Typus des Kammergrabes. Bekannt ist das einzige minoische T. bei Knossos auf Kreta, um 1500 v. Chr. angelegt mit Vorhalle, Vorhof, Nebenräumen, Pfeilerraum u. einer ganz aus dem Felsen herausgehauenen Grabkammer.

Tempelherren, die Ritter des → Templerordens.

Temple [tãpl; frz.], 1212 erbautes Ordenshaus der Templer in Paris, später Staatsgefängnis, in dem 1792/93 Ludwig XVI. u. seine Familie gefangengehalten wurden; im 19. Jh. abgebrochen.

Teotihuacán-Kultur: die Sonnen-Pyramide von Teotihuacán

Templerorden, *Tempelherren, Templer*, geistl. Ritterorden, 1119 von *Hugo von Payns* in Jerusalem zum Pilgerschutz (später auch Hospitaldienst) gegründet. Der Orden kämpfte gegen die Sarazenen in Palästina, die Mauren in Spanien u. die Mongolen bei Liegnitz. Seine Tracht war ein weißer Mantel mit rotem Kreuz. Er wurde von einem Großmeister geleitet, der seinen Sitz zunächst in Jerusalem, dann in Zypern u. schließlich in Frankreich hatte. Der T. wurde 1312 von Papst *Klemens V.* wegen angebl. Entartung (Häresie, Blasphemie, Unzucht) aufgehoben; der letzte Großmeister Jacques de *Molay* wurde 1313 hingerichtet.

Temudschin, ursprünglicher Name des Mongolenherrschers → Tschingis Chan.

Tenayuca, altindianischer Siedlungsplatz der *Chichimeken* im Hochtal von Mexiko.

Tenkterer, Volksstamm der *Rhein-Weser-Germanen*; ging, aus seinen Stammsitzen zwischen Lahn u. Wupper von den Sweben vertrieben, 56 v. Chr. über den Rhein u. wurde 55 v. Chr. von *Cäsar* zurückgeschlagen. Der Rest siedelte später zwischen Sieg u. Lippe u. ging in den *Franken* auf.

Tenno [jap., „Erhabener des Himmels"], seit dem frühen 7. Jh. übl. Bez. der japan. Kaiser u. heutiger offizieller Titel aller 124 japan. Herrscher, deren Reihe bis auf den legendären *Jimmu-T.* (660 v. Chr.) zurückgeführt wird. Die persönl. Herrschaft der T.s erreichte im 7. u. 8. Jh. ihren Höhepunkt, allmählich traten sie später alle ihre polit. Befugnisse an die Regenten bzw. an die *Shogune* ab u. beschränkten sich auf ihre religiösen Funktionen. Mit dem Nationalismus der *Meiji-Restauration* wurde der Kaiser in der von ihm 1889 gewährten Verfassung zum formalen Inhaber der gesamten Staatsgewalt aufgrund seiner ebenfalls festgeschriebenen „göttlich-heiligen" Stellung. Seit der Niederlage Japans im 2. Weltkrieg gilt der Kaiser in der 1947 von der US-amerikan. Besatzungsmacht oktroyierten Verfassung als „Symbol Japans u. der Einheit des japan. Volkes". Polit. Bestrebungen, dem T. seine gottähnl. Stellung zurückzugeben, sind bislang gescheitert.

Tenochtitlán [tɛnɔtʃ-], die auf einer Insel im See von Mexico gelegene, durch Dämme mit dem Festland verbundene ehemalige Hptst. der *Azteken*, deren Pracht H. *Cortés* als Gast *Motecuzomas II.* (1519) erlebte. Der Sage nach soll T. an einem vom Stammesgott *Huitzilopochtli* geweissagten Ort von dem aztek. Häuptling *Tenoch* 1370 gegründet worden sein, wo den Azteken ein auf einem Kaktus sitzender Adler erschien, der eine Schlange fraß. Dieses Motiv ist heute noch das Staatswappen von Mexiko. T. wurde bei der Eroberung durch die Spanier 1521 völlig zerstört, auf seinem Schutt stehen die Bauten der heutigen Stadt Mexico. Die Kenntnis vom Aussehen T.s beruht auf den Berichten der Konquistadoren. Danach war T. eine Großstadt mit rechteckigem Grundriß auf einer Fläche von etwa 1000 ha, hatte etwa 235 000 Ew. u. war mit Tempelpyramiden, Palästen, Aquädukten, Brücken, großen Plätzen u. einem System von sich kreuzenden Straßen u. Kanälen ausgebaut. Die Mitte der Straße beherrschte der von einer „Schlangenmauer" abgegrenzte Haupttempelbezirk.

Teotihuacán-Kultur [-tiua'kan-], die bedeutendste u. einflußreichste indian. Kultur im Hochtal von Mexiko, 200 v. Chr.–800 n. Chr., benannt nach der nordöstl. der heutigen Hptst. gelegenen großen Ruinenstätte *San Juan de Teotihuacán*. Ihre größten Bauwerke sind zwei Stufenpyramiden aus der Zeit um Christi Geburt (die 65 m hohe u. 220 m lange Sonnen-Pyramide u. die Mond-Pyramide) sowie ein von kleinen Pyramiden bekröntes Mauergeviert („Zitadelle"). Teotihuacán hatte eine zentral verlaufende, 40 m breite Straße, die alle wichtigen Gebäude berührte. Blockartige Gebäudekomplexe mit zahlreichen Räumen bildeten die einzelnen Stadtviertel mit Märkten u. Pyramiden. Die Ausdehnung Teotihuacáns betrug wahrscheinlich 10 km², seine Einwohnerzahl 50 000 bis 80 000.

Neben vielen Wandgemälden tritt in der Kunst bes. die formschöne Keramik hervor. Typisch sind u. a. zylinderförmige dreifüßige Deckelgefäße, die z. T. mit Stuck überzogen u. mit ähnl. Motiven wie die Wandgemälde bemalt oder mit feinen Ritzmustern verziert sind oder ein Flachrelief tragen. Der für die T. typische Zug zur Stilisierung u. Vereinheitlichung zeigt sich bes. in den aus Stein geschnittenen Masken. Die Skulptur tritt in ihrer künstler. Bedeutung zurück, eine Besonderheit bilden Figuren mit bewegl. Gliedmaßen. Im religiösen Leben stand offensichtl. die Verehrung des Regengotts *Tlaloc* im Vordergrund, bezeugt vor allem durch die Darstellung seines „Paradieses" auf einem Wandgemälde, in dem die Menschen tanzen u. singen, u. seine zahlreichen Abbildungen. Der Reichtum der Stadt T. beruhte hauptsächlich auf dem Handel u. der Verarbeitung von Obsidian, einem natürlichen vulkanischen Glas, aus dem Waffen u. Geräte sowie vielerlei Schmuckstücke gearbeitet wurden. Teotihuacán wurde um 650 durch Brand zerstört. Nachfolgerin als bedeutendes zentrales Heiligtum wurde die Stadt *Cholula*.

Der Einfluß der T. ging während ihrer Blütezeit weit über Zentralmexiko hinaus u. ist in der *Tajín*-Kultur sowie in *Cozumalhuapa* u. vor allem in *Kaminaljuyú* (Guatemala) in der Architektur spürbar.

Tepaneken, nach altindian. Überlieferungen eine der 7 aztek. Stammesgruppen, wanderten ab 1200 n. Chr. in das Hochtal von Mexiko ein. Die T. beherrschten für etwa 100 Jahre die ihnen sprach- u. kulturverwandten Stämme des Hochtals, darunter auch die *Azteken*, bis sie 1428 von diesen unterworfen wurden.

Terboven, Josef, Politiker (NSDAP), *23. 5. 1898 Essen, † 11. 5. 1945 Oslo (Selbstmord); Bankbeamter; seit 1923 Mitglied der NSDAP, 1928–1945 Gauleiter in Essen, 1935–1945 zugleich Oberpräsident der Rheinprovinz; 1940–1945 zusätzlich Reichskommissar für das besetzte Norwegen.

Terramare-Kultur, bronzezeitl. Kulturgruppe in Italien, benannt nach den *Terramaren* [ital., „fette Erde“], einer Sonderform bronzezeitl. Siedlungen in Oberitalien, bes. in der mittleren Poebene. Die Häuser wurden auf Pfahlgrund gesetzt, die Siedlung mit einem breiten Graben u. holzgestütztem Wall umgeben. Die T. ist bes. durch qualitätvolle Metallarbeiten bekannt.

Terreur [tɛ'rœ:r] → Schreckensherrschaft.

Territorialstaat, im alten Dt. Reich seit dem 13. Jh. der Staat eines Fürsten, bis ins 16. Jh. meist dualistisch, da dem Landesherrn (Territorialfürsten) die Landstände gegenüberstanden u. beide oft verschiedene Landgebiete u. getrennte Verwaltungen hatten. Seit dem 16. Jh., insbes. im Zeitalter des Absolutismus, gelang es den Landesherren, die Landstände zu beseitigen oder zurückzudrängen.

Territorium, im Hl. Röm. Reich ein Gebiet unter der Landeshoheit eines Fürsten oder einer Reichsstadt, im Unterschied zum *Reich*, das kaum noch unmittelbaren Territorialbesitz hatte.

Tertiogenitur [lat.] → Sekundogenitur.

Tertry, Ort im französ. Dép. Somme, bei Péronne. Der Sieg des austras. Hausmeiers *Pippin des Mittleren* 687 bei T. über den neustrischen Hausmeier *Berchar* brachte den Karolingern die Hausmeierwürde im gesamten Frankreich u. sicherte ihren Aufstieg zum Königtum.

Terzky, *Trčka*, Adam Erdmann von, Graf (1628), Feldherr, *um 1599, † 25. 2. 1634 Eger; Schwager u. Vertrauter *Wallensteins*, in dessen Armee er seinen Aufstieg nahm; zeitweilig auch mit diplomat. Geschäften beauftragt; wurde zusammen mit Wallenstein u. Ilow ermordet.

Tessera [die, Pl. *Tesserae*; lat.], antike Wertmarke aus Bronze oder Blei, diente als Eintrittsmarke zu Theater, Zirkus, Bädern u. Gasthäusern u. nahm oft Geldcharakter an.

Tessin, ital. *Ticino*, der südlichste Kanton der Schweiz, zwischen St.-Gotthard-Massiv u. dem Rand der Poebene, die „italien. Schweiz“, 2811 km², 298 000 Ew.; Hptst. *Bellinzona*.

T. war Teil des Frankenreichs, kam im MA an Como u. danach an Mailand, wurde zwischen 1403 u. 1516 nach u. nach von den Schweizern erobert u. der Verwaltung von 8 Landvögten unterstellt; 1803 wurde es selbständiger Kanton der Eidgenossenschaft.

Testakte [engl.], vom engl. Parlament 1673 beschlossenes, gegen prot. Nonkonformisten u. Katholiken gerichtetes Gesetz, das im Unterhaus u. in den öffentl. Ämtern nur noch Anglikaner zuließ, die vor den öffentl. Gerichten den kirchl. *Suprematseid* zu leisten hatten. Die verschärfte T. von 1678 trieb auch die kath. Lords aus dem Oberhaus.

Teststoppabkommen, *Atomtestabkommen*, am 5. 8. 1963 in Moskau zwischen Großbritannien, der UdSSR u. den USA geschlossenes Abkommen über die Einstellung der Kernwaffenversuche in der Atmosphäre, im Weltraum u. unter Wasser. Unterird. Versuche bleiben vom Vertrag unberührt. Zahlreiche Staaten sind beigetreten (darunter auch die BR Dtschld.).

Tet-Offensive → Vietnamkrieg.

Tetrarch [der; grch., „Vierfürst“], im Altertum häufige Bez. für das Oberhaupt eines Stammesteils, etwa der 4 Teile Thessaliens; auch für die Fürsten der 3 Teilstämme der keltischen *Galater* in Kleinasien oder der jeweils 2 Teilfürsten bei den röm. Neuordnungen in *Palästina* 41 u. 4 v. Chr.

Tetrarchie [grch., „Vierherrschaft“], das vom röm. Kaiser Diocletian (284–305) eingerichtete Regierungssystem, das der regellosen Erhebung von Kaisern u. Gegenkaisern durch das Heer vorbeugen u. die Verwaltung des Reiches sowie die Sicherung seiner Grenzen erleichtern sollte: Im O u. W herrschten jeweils ein Kaiser (mit dem Titel *Augustus*) u. ein Unterkaiser (Titel: *Caesar*); die *Caesares* waren zugleich als Nachfolger der *Augusti* vorgesehen, die nach einer Regierungszeit von 20 Jahren zurückzutreten hatten. Das System hat die Regierungszeit Diocletians nur kurze Zeit überdauert.

Tetzel, Johann, Dominikaner, *um 1465 Pirna, † 11. 8. 1519 Leipzig; seine Tätigkeit als Ablaßprediger veranlaßte *Luther*, seine 95 Thesen gegen die unwürdige Art der Ablaßverkündigung zu verfassen. T.s Ausführungen über den Ablaß für die Lebenden stimmten mit der kirchl. Lehre überein; nicht aber der zwar nicht wörtlich, doch inhaltlich von ihm vertretene Satz „Wenn das Geld im Kasten klingt, die Seele aus dem Fegfeuer springt“.

Teutobod [-bɔt], König der Teutonen, in der Schlacht bei Aquae Sextiae 102 v. Chr. von den Römern besiegt u. gefangen.

Teutonen, ein kelt. oder german. Stamm, der sich 109 v. Chr. in Südgallien mit den *Kimbern* vereinigte u. mit ihnen u. anderen Stämmen nach Italien zog; 102 v. Chr. von *Marius* bei Aquae Sextiae besiegt.

Téviec [tevi'ɛk], kleine Insel im Golf von Morbihan in der Bretagne (Frankreich); bekannt durch eine Fundstelle der Mittelsteinzeit: in einem Muschelhaufen wurden 10 Gräber mit insgesamt 23 Bestattungen von Männern, Frauen u. Kindern in Hockerstellung, mit Ocker bestreut u. z. T. mit Beigaben ausgestattet, gefunden.

Texcoco [tes'koko], *Lago de T.*, heute fast trockengelegter See nordöstl. von Mexico.

Am Ostufer des Sees befand sich ein gleichn. indian. Stadtstaat. Ab 1200 von *Chichimeken* besetzt, wurde T. zur Hptst. der *Acolhua*. T. erreichte seine Blütezeit unter den Herrschern *Nezahualcoyotl* u. *Nezahualpilli* ab 1430, wobei es zum intellektuellen Mittelpunkt Zentralmexikos wurde.

Thailand THA

Königreich Thailand

Fläche: 513 115 km². – *Einwohner:* 59 Mill. – *Hauptstadt:* Bangkok. – *Landessprache:* Thai. – *Nationalfeiertag:* 5. 12. – *Währung:* 1 Baht = 100 Stangs. – *Lage:* zwischen 5°40′ und 20°30′ n. Br. sowie 97°30′ und 105°45′ ö. L. – *Zeitzone:* Mitteleuropäische Zeit + 6 Std. – *Grenzen:* im W Andamanensee und Birma, im O Laos, Kambodscha und Golf von Thailand, im S Malaysia. – *Staatsform:* parlamentarische Monarchie.

Vor der Einwanderung der Thai bestanden auf dem Gebiet des heutigen T. seit dem 1. Jahrtausend n. Chr. *Mon-Khmer-Staaten*. Ursprungsgebiet der Tai ist Südchina, wo sie im 8. Jh. n. Chr. in Yunnan ein Reich von Nan-chao begründeten. Im 9. Jh. überschritten Thai-Stämme den oberen Mekong. Infolge der Mongoleneinfälle im N drangen die Thai im 13. Jh. weiter südl. vor. Unter König *Rama Khamheng* (etwa 1275–1317) erstreckte sich das Thai-Reich mit der Hptst. Sukhothai von Vientiane im O bis Pegu im W, von Luang Prabang im N bis Ligor im S. 1350 wurde Ayutthaya Hauptstadt des Reichs.

Rama Thibodi II. (1491–1529) war der erste Thai-König, der Kontakte zu den Europäern aufnahm (Vertrag mit den Portugiesen). 1767 wurde Ayutthaya von den Birmanen erobert u. zerstört. 1782 bestieg ein Thai-General als *Rama I.* den Thron (bis 1809) u. begründete die bis heute regierende Chakri-Dynastie.

Seit Mitte des 19. Jh. trat T. mit den meisten europ. Staaten in Handelsbeziehungen, die bes. durch die Könige *Mongkut* (Rama IV., 1851–1868) u. *Chulalongkorn* (*Rama V.*, 1868–1910) gefördert wurden, die auch Reformen nach europ. Vorbild durchführten. T. wurde als einziger Staat Südostasiens keine westl. Kolonie. 1932 wurde das Land konstitutionelle Monarchie. 1938 erhielt T., das zuvor *Siam* hieß, seinen heute gültigen Namen *Muang Thai* („Land der Thai“). Im 2. Weltkrieg stand T. auf seiten Japans u. war von japan. Truppen besetzt. Staatsoberhaupt ist seit 1946 König *Phumiphol Aduljadedsch (Rama IX.)*.

1954–1977 war T. Mitgl. der SEATO. Thailänd. Truppen griffen in den Korea- u. den Vietnamkrieg ein. Seit der Niederlage der USA im Vietnamkrieg im Jahre 1975 bemühte sich T. um Ausgleich mit seinen kommunistischen Nachbarn, insbesondere China, strebte aber andererseits in Zusammenarbeit mit den ASEAN-Ländern eine Eindämmung des Einflusses des erstarkten Vietnam an. Schwierigkeiten bereiteten die laotische Bevölkerung im NO des Landes u. die Malaien im S, wo die 1965 gegr. „Patriot. Front von T.“ ihre Anhänger hatte; in schwer kontrollierbaren Gebieten u. in Grenzprovinzen beunruhigten kommunist. Verbände, die von China unterstützt wurden, die Bevölkerung.

Regierungschef Marschall T. *Kittikachorn* (1963–1973) setzte 1971 die Verfassung außer Kraft u. errichtete ein diktator. Regime. 1973 wurde er durch eine Studentenrevolte gestürzt. 1976 ergriff erneut das Militär die Macht. Nach Erlaß einer neuen Verfassung 1978 fanden 1979 Wahlen statt; doch behielt das Militär auch unter dem neuen Ministerpräsidenten *Kriangsak* weiterhin die entscheidenden Positionen. Nach Unruhen wegen der schwierigen Wirtschaftslage u. einem Mißtrauensvotum des Parlaments mußte Kriangsak 1980 zurücktreten. Neuer Ministerpräsident an der Spitze einer Koalitionsregierung wurde General *Prem* Tinsulanonda. 1981 scheiterte ein Putschversuch von Armeeoffizieren. Aus den Parlamentswahlen von 1983, 1986 u. 1988 ging die Regierungskoalition siegreich hervor. Neuer Min.-Präs. wurde 1988 *Chatichai Choonhavan*. 1991 stürzte das Militär die Regierung Choonhavan. Eine neue Verfassung stärkte den Einfluß der Armee. Gegen diesen Einfluß richteten sich nach den Parlamentswahlen im März 1992 Massendemonstrationen, die durch den Einsatz der Sicherheitskräfte blutig eskalierten. Min.-Präs. *Suchinda Kraprayoon* mußte zurücktreten. Neuwahlen im Sept. 1992, im Juli 1995 u. im Nov. 1996 sowie mehrere Regierungswechsel stabilisierten die innenpolit. Lage nicht. Vor dem Hintergrund einer schweren Wirtschaftskrise verabschiedete das Parlament 1997 eine neue Verfassung. Im Nov. 1997 wurde *Chuan Leekpai* neuer Ministerpräsident.

Thais, Hetäre im Gefolge Alexanders d. Gr., soll diesen angereizt haben, Persepolis zu verbrennen (unhistorisch); später Geliebte (Nebenfrau) *Ptolemaios' I.*, dem sie mehrere Kinder gebar.

Thälmann, Ernst, Politiker (Kommunist), *16. 4. 1886 Hamburg, † 18. 8. 1944 Konzentrationslager Buchenwald (ermordet);

Margaret Thatcher

Transportarbeiter; 1919 Vors. der USPD in Hamburg; seit 1920 Mitgl. der KPD, 1923 Mitgl. ihrer Zentrale, seit 1925 Parteivorsitzender, zugleich Führer des Roten Frontkämpferbundes. Von *Stalin* gefördert, betrieb T. die vollständige Unterordnung der KPD unter die sowjet. Politik. Er selbst ließ sich zum Gegenstand eines Führerkults machen. 1933 wurde T. verhaftet, ohne Prozeß in verschiedenen Gefängnissen in Haft gehalten u. schließlich auf direkten Befehl Hitlers erschossen.

Thapsus, im Altertum nordafrikan. Küstenstadt. In der *Schlacht bei T.* 46 v. Chr. besiegte *Cäsar* die Anhänger des Pompeius.

Thasos, griech. Insel im nördl. Ägäischen Meer, 379 km², 13 500 Ew.; Hauptort *T.*
T. wurde im 7. Jh. v. Chr. von Paros aus gegründet. Der antike Hauptort T. war durch seine Metall-, bes. Goldbergwerke u. seinen Handel mit Wein u. Öl berühmt. Erhalten sind die Stadtmauer mit Türmen u. Toren, mehrere Tempel u. die Agora mit Säulenhallen. 1162–1912 war T. türkisch.

Thatcher ['θætʃə], Margaret, Baroness T. *of Kesteven* (1992), brit. Politikerin (Konservative), * 13. 10. 1925 Grantham, Lincolnshire; Chemikerin, dann Anwältin. Seit 1959 gehört T. dem Unterhaus an. 1970–1974 war sie Ministerin für Erziehung u. Kultur. 1975 wurde sie als Nachfolgerin von E. *Heath* Parteiführerin der Konservativen. Nach dem Wahlsieg der Konservativen 1979 wurde sie Premierministerin (erster weibl. Regierungschef Europas). T.s konsequente monetarist. Wirtschaftspolitik führte zum Sinken der Inflationsrate, zur Steigerung der Industrieproduktion u. zur Stabilisierung des Geldwertes; gleichzeitig stieg allerdings die Arbeitslosigkeit. Ihre kompromißlose Haltung im brit.-argentin. Falkland-Konflikt 1982 trug zu ihrem Wahlsieg 1983 bei. Sie gewann auch die Wahl von 1987. Danach verlor sie mit ihrer Politik zunehmend das Vertrauen der Bevölkerung u. auch den Rückhalt ihrer Partei. 1990 erklärte sie deshalb ihren Rücktritt.

Theatrum Mundi [lat., „Welttheater"], im 17. u. 18. Jh. Titel großer Weltgeschichten.

Thebäische Legion, legendäre christl. Soldaten aus der ägypt. Landschaft Thebäis unter Kaiser *Maximian* (285–305), die an Christenverfolgungen teilnehmen sollten, sich weigerten u. bei Agaunum (Saint-Maurice, Wallis) mit ihrem Anführer *Mauritius* den Märtyrertod erlitten haben sollen.

Theben, 1. grch. *Thebai, Thibai,* mittelgriech. Stadt nordwestl. von Athen, 18 700 Ew.
Im griech. Mythos ist T. Geburtsort des *Dionysos* u. des *Herakles* u. Schauplatz der Ereignisse um *Ödipus, Antigone* u. die *Sieben gegen T.* Auf seiner Burg *Kadmeia* wurden Reste von 2 aufeinanderfolgenden spätmyken. Palästen freigelegt. Im Perserkrieg 480 v. Chr. auf pers. Seite, bemühte es sich im 5. Jh. v. Chr. erfolgreich, *Böotien* unter seiner Führung in einem Bund zusammenzuschließen, was es in Gegensatz zu Athen u. im Peloponnes. Krieg an die Seite Spartas brachte. Seit 395 v. Chr. ein Hauptopponent gegen Spartas Hegemonie, wurde T.s erbitterter Widerstand 371 v. Chr. durch *Epaminondas'* Sieg bei *Leuktra* gekrönt, der T. eine kurzzeitige Hegemonie über Teile Griechenlands brachte. Zuletzt mit Athen verbündet, wurde es 338 v. Chr. von *Philipp II.* von Makedonien bei *Chaironeia* geschlagen u. 335 v. Chr. nach einer Erhebung gegen *Alexander d. Gr.* durch dessen Truppen zerstört. Von *Kassander* 316 v. Chr. wieder aufgebaut, blieb es für den Rest des Altertums unbedeutend. Erst im MA wurde T. wieder eine wichtige Stadt des Byzantin. Reiches.
2. griech. Name einer altägypt. Stadt beim heutigen *Luxor* in Oberägypten, ägypt. *Nut, Wese* oder *Newe,* in röm. Zeit *Diospolis magna;* seit Beginn des Mittleren Reichs (um 2040 v. Chr.) religiöses Zentrum u. zeitweilig Regierungssitz, in der 18. Dynastie (um 1550–1305 v. Chr.) Hptst. Ägyptens. Bes. die Pharaonen der 18.–20. Dynastie schmückten die Stadt mit prächtigen Tempeln. Der Hauptteil mit den großen Tempeln des *Amun* lag auf dem rechten Nilufer, beim heutigen Dorf *Karnak* im N von Luxor sowie in Luxor selbst. Auf dem linken Ufer befanden sich die königl. Felsengräber (Tal der Könige) u. Grabtempel.

Theiß-Kultur, jungneolith. Ackerbaukultur mit beginnender Kupferverarbeitung, nach ihrem Hauptverbreitungsgebiet im Bereich der Theiß benannt mit teilweise tellartigen Siedlungen. Charakteristisch sind große Speichergefäße u. Tonkisten, sog. Idolplastiken, Altäre, Gefäße mit Gesichtsdarstellung, Klappern. Typische Keramikformen sind konische Becher, doppelkon. Gefäße u. Fußschalen mit eingeritzten Mäandermustern, oft gelb u. rot bemalt.

Thela, letzter weström. Kaiser 490–493; von seinem Vater *Odoaker* zum Caesar erhoben, von dem Gotenkönig *Theoderich* nach Gallien verbannt, nach einem Restitutionsversuch hingerichtet.

Themenverfassung, die Verwaltungsgliederung des Byzantin. Reichs seit dem 7./8. Jh. Die *Themata* waren Militär- u. Verwaltungsbezirke; der oberste Zivilbeamte war zugleich oberster regionaler Militär.

Themistokles; römische Kopie, vermutlich nach einer attischen Statue des frühen 5. Jahrhunderts v. Chr. Ostia, Museum

Themistokles, athen. Politiker, * um 525 v. Chr., † wahrscheinlich 459 v. Chr.; anfänglich Gegner des *Aristides,* Schöpfer der athen. Flotte; lockte 480 v. Chr. die pers. Flotte in eine ungünstige Position bei Salamis u. ermöglichte hierdurch den entscheidenden Seesieg der Griechen. 479 v. Chr. von seinen polit. Gegnern aus der Führung verdrängt, 474/73 oder 471 v. Chr. durch Ostrakismos verbannt u. auf Betreiben Spartas in Abwesenheit wegen Landesverrats zum Tod verurteilt, fand er nach 465 v. Chr. bei *Artaxerxes I.* Zuflucht, der ihm u. a. Lampsakos u. Magnesia übertrug, wo er im Exil starb.

Theodahad, König der Ostgoten 534–536, * vor 479, † 536; Vetter, Ehemann u. Mitregent der *Amalasuntha,* der Tochter Theoderichs d. Gr., die wahrscheinlich mit seinem Einverständnis ermordet wurde. T. wurde wegen Unfähigkeit vom Gotenheer abgesetzt u. erschlagen.

Theodelinde, *Theudelinde,* Königin der Langobarden, Heilige, † Januar 627 oder 628; bayer. Herzogstochter, seit Mai 589 mit dem Langobardenkönig *Authari* nach dessen Tod (590) mit seinem Nachfolger *Agilulf* vermählt; bekehrte den arian. Agilulf zum Katholizismus; mit ihr begannen enge Beziehungen zwischen Bayern u. dem Langobardenreich. Fest: 22. 1.

Theoderich, Gegenpapst 1100, † 1102; Nach-

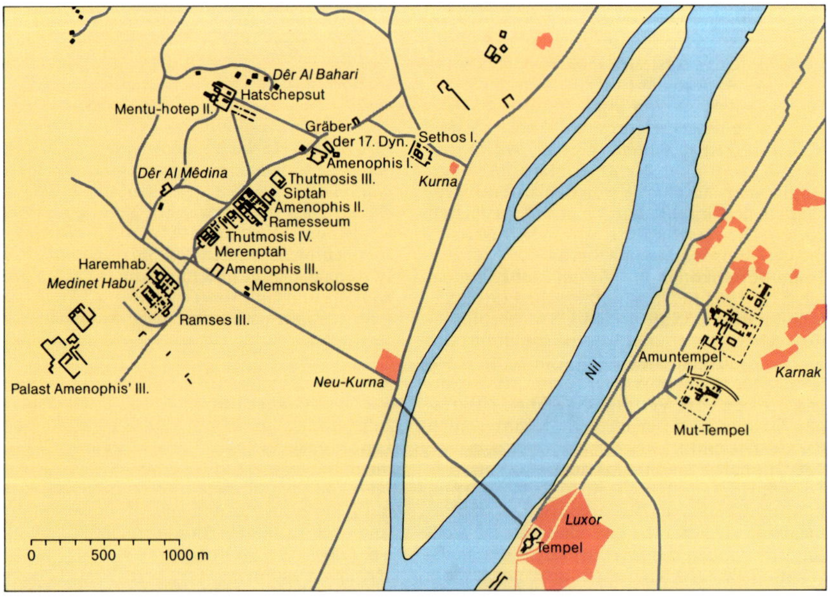

Theben (2): Lage der Tempel

folger des Gegenpapstes Klemens II., 1101 von Anhängern Papst Paschalis' II. gefangen.
Theoderich, Gotenkönige: **1.** *T. d. Gr.*, Ostgotenkönig 473–526, *um 454, †30. 8. 526; aus dem Königsgeschlecht der *Amaler*, als Geisel (461–467) am Kaiserhof in Konstantinopel erzogen, seit 471 in wechselvolle Kämpfe mit got. u. oström. Truppen auf dem Balkan verwickelt. 483 schloß T. einen neuen Föderatenvertrag mit Ostrom; er zog im Auftrag des oström. Kaisers *Zenon* 488 nach Italien, um dieses im Kampf gegen *Odoaker* wiederzugewinnen. T. schlug Odoaker am Isonzo, bei Verona (489) sowie an der Adda (490), sicherte ihm nach mehr als zweijähriger Belagerung in Ravenna 493 vertraglich die Mitherrschaft zu, erschlug ihn aber bald darauf. Seine Herrschaft über Italien mit Sizilien u. Dalmatien, die Provence u. über Teile von Rätien, Illyrien u. Noricum, 497 von Kaiser *Anastasius I.* anerkannt, führte T. als König u. als Patricius an Kaisers Statt, dessen Oberherrschaft nur nominell war. T. ließ die röm. Landesverwaltung unberührt, übte mit seinen zahlenmäßig schwachen arian. Goten

Grabmal des Ostgoten-Königs Theoderich d. Gr. bei Ravenna; um 520

nur die Ober- u. Schutzherrschaft aus, tolerierte die kath. Kirche u. brachte Italien die seit langem entbehrte Friedenszeit. Die Vermischung der Goten mit den Römern unterband T.; er betraute jedoch Römer *(Cassiodor, Boethius)* mit hohen Ämtern. Sein durch Heiraten unterstützter Plan eines german. Bundes (Westgoten, Burgunder, Wandalen, Thüringer, Franken) scheiterte, bes. wegen der Gegnerschaft *Chlodwigs*. T. wurde bei Ravenna beigesetzt (noch erhaltenes Grabmal). Er ist als *Dietrich von Bern* in die Sage eingegangen.
2. *T. I.*, Westgotenkönig 418–451, †451; begründete das Westgotenreich um Toulouse *(Tolosanisches Reich)* im Föderatenverhältnis zu Rom, kämpfte u. fiel 451 auf den Katalaunischen Feldern an der Seite des *Aëtius* gegen die Hunnen.
3. *T. II.*, Westgotenkönig 453–466, erweiterte das westgot. Reich in Südfrankreich u. Spanien (hier auf Kosten der Sweben), förderte den Arianismus; von seinem Bruder *Eurich* ermordet.
Theodor, Päpste: **1.** *T. I.*, 642–649, Grieche, †14. 5. 649 Rom; im Kampf gegen den Monotheletismus wandte er sich gegen Kaiser *Herakleios*.
2. Gegenpapst 687.
3. *T. II.*, 897 (20 Tage), rehabilitierte das Andenken des *Formosus* u. suchte die streitenden Parteien Roms zu versöhnen.
Theodora, byzantin. Kaiserinnen: **1.** Kaiserin 527–548, Frau des Kaisers *Justinian I.*, *497 Konstantinopel, †28. 6. 548 Konstantinopel; Tochter eines Zirkuswärters, heiratete um 523 den Thronfolger u. wurde faktisch Mitregentin; im Nika-Aufstand von 532 rettete sie ihre u. ihres Mannes Herrschaft, indem sie den Feldherrn *Belisar* im Hippodrom 30000 Menschen ermorden ließ. Sie begünstigte die *Monophysiten*.
2. *um 810 Elissa, Paphlagonien, †11. 2. 867 Konstantinopel; führte 842–856 die Regierung für ihren Sohn *Michael III.* (842–867). Unter ihr tagte 843 in Konstantinopel eine Synode, die endgültig die Bilderverehrung in der orth. Kirche akzeptierte.
Theodoros, Fürsten: **1.** *T. II.*, eigentl. *Ras Kasa*, Kaiser (Negus) von Äthiopien 1855–1868, *1820 Quara, †13. 4. 1868 Magdala (Selbstmord); überschätzte seine Macht gegenüber den vordringenden europ. Kolonialarmeen; sein Land wurde 1867 von England mit Krieg überzogen.
2. *T. I. Laskaris*, †1222; Kaiser von Nicäa 1205–1222, gründete das Kaiserreich Nicäa, das neben anderen das Erbe des → Byzantinischen Reichs während der Herrschaft der Lateiner in Byzanz bewahrte.
Theodosius, röm. Kaiser: **1.** *T. I., T. d. Gr.*, Flavius, Kaiser 379–395, *11. 1. 347 Cauca (Spanien), †17. 1. 395 Mailand; von *Gratian* 379 zum Mitkaiser für die von den Goten gefährdeten Donauländer erhoben; schloß 382 mit den Westgoten einen Friedens- u. Bündnisvertrag, nach dem die Goten in Gauverbänden gegen Verpflichtung zum Heeresdienst in Mösien u. Thrakien angesiedelt wurden *(foederati)*; diese Regelung wurde Vorbild für spätere Germanenansiedlungen auf Reichsboden. T. vereinigte 394 das Röm. Reich noch einmal in seiner Hand. Er verhalf auf dem 2. ökumen. Konzil von Konstantinopel 381 durch Gesetz der Lehre des Athanasius endgültig zum Sieg u. verbot alle heidn. Kulte. Vor seinem Tod 395 regelte er die Nachfolge für seine beiden Söhne *Arcadius* u. *Honorius* so, daß dieser im W, jener im O herrschte. Aus der Verteilung entwickelten sich das West- u. das Oströmische Reich.
2. *T. II.*, Enkel von 1), Kaiser 408–450, *10. 4. 401 Konstantinopel, †28. 7. 450 Konstantinopel; der schon als Kind im östl. Reichsteil auf den Thron gelangte Kaiser war durch bes. Frömmigkeit ausgezeichnet; als Herrscher stand er ganz unter dem Einfluß seiner Frau, seiner Schwester u. verschiedener mächtiger Ratgeber, Offiziere u. kirchl. Würdenträger. Die von ihm veranlaßte Sammlung kaiserl. Gesetze, der *Codex Theodosianus* (438), ist eine wichtige Quelle für die Geschichte der Spätantike u. das röm. Recht.
Theophanes, *T. Homologetes*, oder *T. Confessor*, byzantin. Chronist, *ca. 760 Konstantinopel, †818 Samothrake; Verfasser einer Weltchronik („Chronographia") von 284 bis 813 n. Chr., die eine wichtige Quelle für das 7. u. 8. Jh. darstellt.
Theophano, *Theophanu*, seit 972 verheiratet mit Kaiser *Otto II.*, *um 950, †15. 6. 991 Nimwegen; byzantin. Prinzessin; von großem polit. Einfluß auf den Kaiser, nach dessen Tod Regentin für ihren Sohn *Otto III.*; drängte ihre Schwiegermutter *Adelheid* zurück, fand mit Heinrich dem Zänker einen Ausgleich u. erhielt Lothringen französ. Ansprüchen gegenüber dem Reich.
Theopompus, *Theopompos*, griech. Historiker, *um 377 v. Chr. Chios, †vermutlich nach 320; lebte eine Zeitlang am Hofe Philipps II. von Makedonien; Hptw. (Fragmente): „Hellenika", eine griech. Geschichte von 410–394 v. Chr., u. „Philippika", eine Weltgeschichte, die das Leben Philipps II. von Makedonien als Leitfaden benutzt.
Theramenes, athen. Politiker u. Stratege, *um 455 v. Chr., †404 v. Chr.; Verfechter einer gemäßigten Oligarchie, 411 v. Chr. Mitglied des oligarch. Rats der 400, 404 v. Chr. der bevollmächtigte Gesandte Athens beim Friedensschluß mit Sparta, dann Mitglied der *Dreißig Tyrannen*; wurde als Führer der Gemäßigten von *Kritias* unter dem Vorwurf des Verrats hingerichtet.
Theresiana, *Constitutio criminalis Theresiana*, 1768 von Kaiserin Maria Theresia erlassenes, bereits bei der Publizierung veraltetes Strafgesetzbuch (Folter, Delikt der Zauberei); 1787 durch das „Allgemeine Gesetzbuch über Verbrechen u. derselben Bestrafung" Josefs II. abgelöst, das, von der Aufklärung geprägt, weder Todesstrafe noch Folter kennt.
Thermidor [der; frz., „Hitzemonat"], im französ. *Revolutionskalender* der 11. Monat. Am 9. T. (27. 7.) 1794 wurde Robespierre mit den Radikalen von den Gemäßigten (*T.ianer*, u. a. Barras, Tallien) gestürzt.
Thermopylen, nach seinen heißen Schwefelquellen benannter Küstenpaß in Mittelgriechenland, zwischen dem Golf von Lamia u. dem Abhang des Kallidromos-Gebirges; im Altertum von großer strateg. Bedeutung u. deshalb oft umkämpft; bes. bekannt durch die Schlacht 480 v. Chr., in der der spartan. König *Leonidas* die T. gegen pers. Übermacht verteidigte, schließlich aber geschlagen wurde.
Thesmotheten [grch.], im antiken Athen ein für die Rechtspflege zuständiges sechsköpfiges Gremium innerhalb der 9 *Archonten*.
Thessalonisches Reich, 1204 bei der Aufteilung des Byzantin. Reichs durch die Kreuzfahrer gegr. von Markgraf *Bonifaz von Monferrat*, 1224 von *Theodoros Angelos* († 1230), dem griech. Herrscher des Epiros, erobert, Kaiserreich, 1246 der Herrschaft von Nicäa unterworfen.
Theten [Sg. *Thes*; grch.], im antiken Athen die besitzlosen, auf Lohnarbeit angewiesenen freien Bürger.
Theudebert, *T. d. Gr.*, fränk. König 533–548; der bedeutendste der merowing. Teilkönige; nahm den Kaisertitel Augustus an.
Theuderich, *Theoderich*, fränk. König 511 bis 533, †533; Merowinger, ältester Sohn Chlodwigs I., erhielt bei der Reichsteilung nach Chlodwigs Tod (511) die östl. Reichsteile mit der Champagne u. einen Teil Aquitaniens (Auvergne); eroberte mit Hilfe seines

Theodora: die Kaiserin mit Gefolge; Mosaik, um 547. Ravenna, San Vitale

Bruders *Chlothar I.* u. der Sachsen 531 Thüringen u. erwarb weitere Teile Aquitaniens.
Thierack, Otto Georg, Jurist u. Politiker (NSDAP), *19. 4. 1889 Wurzen, Sachsen, †22. 11. 1946 Sennelager bei Paderborn (Selbstmord); seit 1921 Staatsanwalt; 1933 bis 1935 sächs. Justizminister, 1935/36 Vize-Präs. des Reichsgerichts, 1936–1942 Präs. des Volksgerichtshofs, 1942–1945 Reichs-Min. der Justiz.
Thiers [tjɛːr], Louis Adolphe, französ. Historiker u. Politiker (Liberaler), *14. 4. 1797 Marseille, †3. 9. 1877 Saint-Germain-en-Laye; zunächst Anhänger, dann Gegner des „Bürgerkönigs" Louis-Philippe, mehrfach Min., 1836 u. 1840 Min.-Präs. u. Außen-Min.; nach der Februarrevolution 1848 konservativer Republikaner, unter Napoleon III. bis 1852 verbannt; seit 1863 Führer der Opposition. T. schloß 1871 den Frieden mit dem Dt. Reich in Frankfurt u. wurde am 31. 8. 1871 von der Nationalversammlung zum Präs. der Republik gewählt; er trat im Mai 1873 zurück, da die monarchist. Mehrheit ihm das Vertrauen entzog. T. schrieb „Histoire de la Révolution française" 10 Bde. 1823–1827, dt. 6 Bde. 1825–1828; „Histoire du Consulat et de l'Empire" 20 Bde. 1845–1869, dt. 24 Bde. 1845–1864.
Thietmar von Merseburg, Bischof von Merseburg (seit 1009), Chronist, *25. 7. 975 Walbeck bei Helmstedt (?), †1. 12. 1018 Merseburg; seine Chronik ist wichtig als Quelle für die Zeit der Sachsenkaiser u. über die slawischen Nachbarvölker (abgefaßt zwischen 1012–1014).
Thing [das, Pl. *T.e*; nordgerman. Form von *Ding*], in der german. u. fränk. Zeit Volksversammlung als polit. Gerichts- u. Heeresversammlung. Das echte T. wurde in regelmäßigen Zeitabständen abgehalten, wobei allg. Erscheinenspflicht bestand; anfangs achtmal, seit dem 6. Jh. dreimal jährlich. Das *gebotene T.* wurde ursprüngl. unregelmäßig bei Bedarf abgehalten, seit Karl d. Gr. vierzehntäglich, wobei nur noch Gerichtsvorsitzender *(Zentenar)*, Schöffen u. Parteien anwesend waren.
Thököly ['tœkœlj], *Tököly von Késmárk*, Imre (Emmerich) Graf, ungar. Feldherr, *25. 9. 1657 Käsmark, †13. 9. 1705 Nikomedia, heute Izmit; seit 1678 Anführer der gegen Habsburg aufständ. Ungarn *(Kuruzenkriege)*, 1682 vom Landtag in Kaschau mit Zustimmung der Osmanen zum Fürsten von (Ober-) Ungarn proklamiert (bis 1685), 1683 mit den Osmanen vor Wien, 1690 Fürst von Siebenbürgen, seit dem Frieden von Karlowitz 1699 in die Türkei (Nikomedia) verbannt.
Thomas Morus → More.
Thomáz [tu'maʃ], Américo Deus Rodrigues, portugies. Politiker u. Offizier, *19. 11. 1894 Lissabon, †18. 9. 1987 Cascais; Admiral; 1944–1958 Marine-Min., 1958–1974 Staats-Präs.; nach seinem Sturz 1974–1978 im Exil, danach wieder in Portugal.
Thorbecke, Jan Rudolf, niederländ. Historiker u. Politiker, *14. 1. 1798 Zwolle, †4. 6. 1872 Den Haag; war 1849–1853, 1862–1866 u. 1871/72 Min.-Präs., erwarb sich große Verdienste um den niederländ. Parlamentarismus, u. a. durch seine Mitarbeit an einer liberalen Verfassung.
Thorez [tɔ'rɛːz], Maurice, französ. Politiker (Kommunist), *28. 4. 1900 Noyelles-Godault, Pas-de-Calais, †11. 7. 1964 an Bord der „Latwija" im Schwarzen Meer; Bergarbeiter; 1930–1964 Generalsekretär der Kommunist. Partei, betrieb deren Unterordnung unter die sowjet. Politik, 1939–1944 im Exil in der UdSSR, 1945 Minister, 1946/47 stellvertr. Min.-Präs., seit Mai 1964 (Ehren-)Vors. der Partei.
Thorn, poln. *Toruń*, Stadt in Polen, an der unteren Weichsel, Hptst. der Wojewodschaft Toruń, 202 000 Ew.
Gegr. 1231 vom Dt. Orden, 1232 Stadt mit dt. (Kulmer) Recht, Hanse-Mitglied, 1454 Trennung vom Dt. Orden, 1466 zu Polen, 1557 der Reformation beigetreten, 1724 *T.er Blutbad* (Enthauptung des prot. Rats), 1793–1919 preußisch. Im *1. T.er Frieden* (1411) mußte der Dt. Orden Samogitien, im *2. T.er Frieden* (1466) Westpreußen, Kulm u. Ermland an Polen abtreten.
Thorn, Gaston, luxemburg. Politiker (Demokrat. Partei), *3. 9. 1928 Luxemburg; 1969 bis 1974 Außen-Min., 1974–1979 Min.-Präs., 1979/80 Außen- u. Wirtschafts-Min., 1981 bis 1984 Präs. der Europäischen Kommission.
Thou [tuː], Jacques Auguste de (latinisiert: *Thuanus*), französ. Politiker u. Historiograph, *8. 10. 1553 Paris, †7. 5. 1617 Paris; Verfasser der „Historia sui temporis". T. war Vize-Präs. des Parlaments von Paris u. mitverantwortl. für das Edikt von Nantes (1598).
Thrakien, *Thrazien*, grch. *Thrake*, Landschaft auf der südöstl. Balkanhalbinsel, zwischen Rhodopen u. dem Istrancagebirge, von Flüssen zerschnittene, niederschlagsarme Ebene, als griech. Region 8578 km², 338 000 Ew.; Hptst. *Alexandroupolis.* In der Antike hieß T. der östl. Teil der Balkanhalbinsel von der Ägäis bis zur Donau.
Seit etwa 1000 v. Chr. von den *Thrakern* bewohnt, die mit den nördl. der unteren Donau siedelnden *Geten* bzw. *Dakern* u. den nach Kleinasien weitergezogenen *Mysern* u. *Phrygern* verwandt waren. An den Küsten entstanden im 7. u. 6. Jh. v. Chr. zahlreiche griech. Kolonien. Grabfunde der Hallstatt- u. Latènezeit bezeugen einen prachtliebenden Adel in T. Die Kriegstüchtigkeit der Thraker war bekannt, jedoch infolge ihrer Zersplitterung in einzelne Stämme für die Nachbarn wenig bedrohlich. Im 5. Jh. v. Chr. hatten die *Odrysen* vorübergehend große Teile von T. geeint, Mitte des 4. Jh. v. Chr. machte es *Philipp II.* zu einem Teil des makedon. Reiches. Zuletzt unter der Herrschaft des *Lysimachos*, wurde T. nach dessen Tod (281 v. Chr.) von den Kelten überrannt u. bis 216 v. Chr. beherrscht. In der Zeit des *Augustus* wurde es schrittweise von Rom abhängig u. 46 n. Chr. offiziell röm. Provinz *(Thracia).* Im 7. Jh. wurden Teile von T. zuerst von *Slawen* unterwandert u. dann von den *Bulgaren* dem Byzantin. Reich entrissen. Im 11. u. 12. Jh. war ganz T. wieder byzantinisch, danach erneut teilweise bulgarisch, seit dem Ende des 14. Jh. türkisch. 1913 bzw. 1922 kam der südwestl. Teil von T. an Griechenland.
Thrasamund, *Thrasimund*, König der Wandalen 496–523; vermählt seit etwa 500 mit *Amalafrida*, einer Schwester Theoderichs d. Gr.
Thrasybulos, athen. Feldherr u. demokrat. Politiker, †388 v. Chr. Aspendos (gefallen); legte beim oligarchischen Umsturz in Athen 411 v. Chr. die Flotte auf die Demokratie fest u. errang mit ihr mehrere Seesiege; stürzte im Winter 404/03 v. Chr. vom Exil in Theben aus die *Dreißig Tyrannen*; im Korinthischen Krieg gewann er 390/89 v. Chr. im N der Ägäis u. am Marmara-Meer zahlreiche Städte für Athen u. leitete dessen Wiederaufstieg als Seemacht ein.
Thron und Altar, Schlagwort für die bes. im Dt. Kaiserreich 1871–1918 enge Verbindung von preuß. Monarchie u. prot. Staatskirche.
Thugut, Johann Amadeus Franz de Paula Frhr. von (seit 1772), österr. Diplomat u. Politiker, *31. 3. 1736 Linz, †28. 5. 1818 Wien; gewann als Internuntius in Istanbul 1775 die Bukowina für Österreich; 1794 Staatskanzler u. Außen-Min., Gegner der Poln. Teilungen, befürwortete den Krieg gegen Frankreich, mußte nach dem Frieden von Campo Fòrmio zurücktreten.

Thukydides. Römische Kopie eines Bronzeoriginals aus dem 4. Jh. v. Chr. Privatsammlung

Thukydides, griech. Historiker, *um 455 v. Chr. Athen, †396 v. Chr. Thrakien; Flottenkommandant im *Peloponnesischen Krieg.* Nach dem Fall von Amphipolis von den Athenern verbannt, sammelte er auf Reisen Material für seine Geschichte des Peloponnes. Krieges („Historien"), die 411 abbricht. T. übertrifft *Herodot* in der Suche nach dem inneren Zusammenhang der histor. Ereignisse u. in der krit. Verarbeitung der Quellen. Seine Geschichtsdarstellung ist rationalistisch u. auf die Verdeutlichung der Motive u. Antriebskräfte der Handelnden gerichtet.
Thule, nach der auf *Pytheas von Massilia* zurückgehenden antiken Anschauung die äußerste Insel im Nordteil des Ozeans, im Bereich des Polarkreises; seit 83 n. Chr., als röm. Schiffe Schottland umfuhren, mit den Shetlandinseln, bei den Byzantinern mit Skandinavien, in modernen Deutungen daneben auch mit Island gleichgesetzt.
Thule-Kultur, eine relativ hochentwickelte vorgeschichtl. Eskimokultur, 900–1300, auf dem Fang der Seesäugetiere aufgebaut; bis auf das nördl. Alaska von der Kultur der Rentierjäger verdrängt.
Thurgau, schweizer. Kanton südl. des Bodensees, 1013 km², 217 000 Ew.; Hptst. *Frauenfeld.*
Der alemannisch besiedelte T. kam 1264 als Landgrafschaft an die Habsburger. 1460 von den Eidgenossen erobert, wurde der T. Vogtei u. bis 1798 als „Gemeine Herrschaft" verwaltet. Trotz des Rückschlages nach der Schlacht bei Kappel (1531) konnte sich die Reformation hier weitgehend behaupten. 1803 wurde der T. selbständiger Kanton; im T.er Klostersturm (1848–1869) wurden die Klöster aufgelöst.
Thüringen, Land der BRDtschld., 16 251 km², 2,53 Mill. Ew., Hptst. *Erfurt.*
Der german. Stamm der Thüringer wird erstmals im 4. Jh. erwähnt. Sein Reich wurde 531 von dem Frankenkönig *Theuderich* erobert u. seitdem als fränk. Provinz regiert. Im 8. Jh. wurde es von *Bonifatius* christianisiert. Seit 1050 setzte sich das Geschlecht der *Ludowinger* durch. Es erhielt 1130 von König Lothar III. die Landgrafenwürde für T. u. die mit dem Königsbann ausgestattete Gerichtsbarkeit. Nach dem Tod *Ludwigs IV.* wurde sein Bruder *Heinrich Raspe* Landgraf. Mit ihm erlosch 1247 das ludowing. Haus. Die Nachfolge trat der Markgraf von Meißen, der Wettiner *Heinrich der Erlauchte,* an. 1264 mußte er das hess. Westgebiet T.s preisgeben. Durch Erbteilung u. Aussterben mehrerer Grafengeschlechter bildete sich eine Vielzahl von einzelnen Herrschaften aus, darunter die geistl. Gebiete von Mainz, Fulda u. Hersfeld u. die Reichsstädte Mühlhausen u. Nordhausen. Den Hauptanteil erwarben jedoch die Wettiner, die Grafen von Schwarzburg u. die Herren Reuß. Zuletzt bestand T. aus dem Großherzogtum *Sachsen-Weimar-Eisenach,*

den drei Herzogtümern *Sachsen-Meiningen, Sachsen-Altenburg, Sachsen-Coburg-Gotha* u. den vier Fürstentümern *Schwarzburg-Sondershausen, Schwarzburg-Rudolstadt, Reuß ältere Linie* (Greiz) u. *Reuß jüngere Linie* (Gera).
Sie schlossen sich 1920 zum Land T. zusammen, mit Ausnahme des Landesteils Coburg, der durch Volksabstimmung zu Bayern kam. Durch die Verfassung von 1921 wurde T. Freistaat. 1944 wurde T. um den Regierungsbezirk Erfurt u. den Kreis Schmalkalden (beide bisher preußisch) vergrößert. Am Ende des 2. Weltkriegs von US-amerikan. Truppen erobert, kam T. aufgrund alliierter Vereinbarungen zur sowjet. Besatzungszone. Ministerpräsidenten waren 1945 bis 1947 R. *Paul* (parteilos/SED), 1947 bis 1952 W. *Eggerath* (SED). Im Zuge der Neugliederung der DDR wurde 1952 das Land T. aufgelöst u. im wesentl. auf die Bezirke Gera, Erfurt u. Suhl aufgeteilt.
Bei der Wiedervereinigung Deutschlands nach dem Sturz des SED-Regimes wurde 1990 das Land T. wiederhergestellt. Ministerpräsidenten: 1990–1992 Josef *Duchac* (CDU), seit 1992 Bernhard *Vogel* (CDU).

Thüringer, ein germanischer Volksstamm, der noch vor Ende des 4. Jh. aus der Verschmelzung von nördl. *Hermunduren, Angeln* u. *Warnen* entstand.

Thurn, Heinrich Matthias Graf von, Führer der prot. Stände in Böhmen, *24. 2. 1567 Schloß Lipnitz, †28. 1. 1640 Pernau, Livland; an der Wahl Friedrichs V. von der Pfalz, am *Prager Fenstersturz* u. am Ausgang der Schlacht am Weißen Berge beteiligt; während des Dreißigjährigen Krieges als Feind der Habsburger für die Schweden u. für Wallenstein tätig.

Thurn und Taxis, aus der Lombardei stammendes Fürstengeschlecht. Die Familie war seit dem 15. Jh. mit der Beförderung der kaiserl. Kurierpost betraut. 1615 erlangte das Haus das erbl. Amt des Reichsgeneralpostmeisters, 1695 die erbl. Reichsfürstenwürde. Seit 1748 hatte es seinen Sitz in Regensburg. 1867 wurden die Postrechte der T. u. T. gegen Entschädigung von den dt. Staaten übernommen.

Thusnelda, Frau des Cheruskerfürsten *Arminius,* heiratete ihn gegen den Willen ihres Vaters, des Cheruskerfürsten *Segestes,* der T. u. ihren Sohn *Thumelicus* 15 n. Chr. an die Römer auslieferte.

Thutmosis I.; zeitgenössische Statue aus Granit. Turin, Museo Egizio

Thutmosis, *Tuthmosis,* vier ägypt. Könige der 18. Dynastie: **1.** *T. I.,* etwa 1507–1493 v. Chr., Sohn des Dynastiegründers *Amenophis I.* Erfolgreiche Feldzüge führten ihn bis zum Euphrat, die ägypt. Südgrenze dehnte er bis nach Tombos am 3. Katarakt aus. Er organisierte als erster Nubien als ägypt. Provinz unter der Leitung eines „Vizekönigs von Kusch".
2. *T. II.,* etwa 1494–1490 v. Chr., Sohn von 1), heiratete seine Halbschwester *Hatschepsut.* Feldzüge nach Asien u. Nubien sicherten den ägypt. Einfluß in diesen Gebieten.
3. *T. III.,* 1490 – etwa 1436 v. Chr., Sohn von 2) u. der Nebenfrau Isis. Für T. führte 22 Jahre die Königin *Hatschepsut* die Regentschaft. Sie nahm dabei seit 1488 v. Chr. sogar die volle Königstitulatur an. Nach dem Tod der Hatschepsut (1468 v. Chr.) tilgte T. alle Inschriften seiner gehaßten Vorgängerin. Er unterwarf ganz Syrien u. verschob die ägypt. Grenze bis an den Euphrat, nachdem er in der Schlacht von *Meggido* eine Koalition syrischer Fürsten vernichtend geschlagen hatte. Ebenso führten erfolgreiche Feldzüge in Nubien zur Erweiterung seines Reiches bis zum Gebel Barkal am 4. Katarakt. Innerhalb Ägyptens straffte er die Verwaltung u. ließ in großer Zahl Tempel in allen Landesteilen errichten. Besonders hervorgehoben wurde der Tempel des Amun von Karnak. T. wurde im Tal der Könige bestattet, sein Grab zählt zu den bedeutendsten der Nekropole.
4. *T. IV.,* etwa 1413–1403 v. Chr., Sohn von *Amenophis II.,* Vater von *Amenophis III.* Aus seiner Regierungszeit ist fast nichts bekannt, einige Bauten von ihm schmücken den Amuntempel von Karnak.

Tiahuanaco, indian. Ruinenstätte in Bolivien, am Südufer des Titicaca-Sees in 4000 m Höhe. In T. wurden ab 200 v. Chr. die ersten Bauten errichtet, der Höhepunkt der Bautätigkeit lag zwischen Christi Geburt u. 400 n. Chr., die Größe der Stadt erreichte rd. 3 km² mit bis zu 10 000 Ew. T. war Zentrum eines hochentwickelten Kunsthandwerks, vor allem für Textilien, Keramik u. Goldarbeiten. Die z. T. sehr stark zerstörten Bauten bestehen aus einer 15 m hohen Stufenpyramide *(Akapana)* u. einer 130 × 135 m großen Anlage mit versenktem Innenhof *(Kalasasaya),* von dessen Mauer eine Reihe von Megalithen erhalten blieb. Im Innern der Kalasasaya steht das monolith. „Sonnentor".
Die im bolivian.-peruan. Hochland verbreitete *T.-Kultur* war vermutlich ein Zweig der älteren *Pucara-Kultur;* der Beginn ihrer Eigenständigkeit datiert ab 500 v. Chr. *(Qalasasaya-Phase).* Zwischen 200 v. u. 500 n. Chr. wurden die wichtigsten Kultbauten der Hptst. errichtet *(Qeya-Phase).* Ihren Höhepunkt erreichte sie zwischen 600 u. 800 n. Chr. Die Träger der Kultur waren die *Aymará,* die neben einer herausragenden Steinarchitektur auch ein hochstehendes Kunsthandwerk entwickelten. Um 1000 n. Chr. setzte der Verfall u. Untergang ein.

Tiananmen [tjɛnanmən; chin., „Tor des himmlischen Friedens"], das 1420 errichtete Haupttor der Kaiserstadt in Peking. Südl. davon liegt der erst in den 1950er Jahren angelegte T.-Platz, der zentrale Platz der Stadt mit Ehrenmal, Mao-Mausoleum, Großer Halle des Volkes u. Geschichtsmuseum. – Auf dem T.-Platz kam es im April 1976 zu Protestdemonstrationen gegen die herrschende linksradikale Fraktion in der Führung der Kommunist. Partei *(Viererbande)* u. zu Sympathiekundgebungen für *Deng Xiaoping.* Dieser „T.-Zwischenfall" wurde als „konterrevolutionär" verurteilt u. hatte die Entmachtung Dengs zur Folge. Nach dem Machtwechsel im Herbst 1976 wurde er zu einem „revolutionären" Ereignis uminterpretiert. – Im Frühjahr 1989 war der T.-Platz wochenlang Schauplatz zunächst geduldeter Studentendemonstrationen für Demokratie u. Meinungsfreiheit. Am 4. 6. 1989 ging Militär auf Weisung Dengs mit großer Brutalität gegen die Demonstranten vor; es gab viele Todesopfer. Partei-Generalsekretär *Zhao Ziyang* wurde wegen „Unterstützung des Aufruhrs" abgesetzt; eine landesweite Kampagne gegen „bürgerl. Liberalisierung" führte zu zahlreichen Verhaftungen, bes. von Intellektuellen.

Tiahuanaco: Herrscher mit Sänftenträger, Tongefäß in epigonalem Tiahuanaco-Stil, 700–1000 n. Chr.

Tiberius, *T. Claudius Nero,* als Kaiser *T. Caesar Augustus,* röm. Kaiser 14–37, *16. 11. 42 v. Chr. Rom, †16. 3. 37 n. Chr. Kap Misenum; durch seine Mutter *Livia* Stiefsohn, durch seine Gemahlin *Julia* Schwiegersohn u. Nachfolger des *Augustus,* der ihn 4 n. Chr. adoptiert hatte. T. kämpfte erfolgreich in Germanien, Pannonien u. Dalmatien. Nach insges. wenig erfolgreichen Feldzügen in Germanien unter *Germanicus* 14–16 n. Chr. verzichtete er endgültig auf die Elbgrenze. Durch häusliches Unglück u. die Gegnerschaft des Senats verbittert, zog er sich 26 n. Chr. nach Capri zurück u. überließ die Regierung seinem Günstling *Sejan,* den er jedoch hinrichten ließ, als er erkannte, daß dieser nach der Herrschaft strebte.

Tibet, chin. *Xizang,* ausgedehntes Hochland in Innerasien, gehört größtenteils zur chines. Autonomen Region Tibet (chin. *Xizang Zizhiqu*), 1,22 Mill. km², 2,2 Mill. Ew., Hptst. *Lhasa.* Den Nordostteil bildet die Prov. Qinghai.
Die Überlieferung der Geschichte T.s vor dem 7. Jh. ist weitgehend legendär. Im 7. Jh. entstand aus Stammesfürstentümern ein zentralisiertes Königreich. Es dehnte in den folgenden Jahrhunderten seine Herrschaft auf Teile Chines.-Turkistans sowie der heutigen Provinzen Gansu u. Sichuan aus. 763 eroberten tibet. Truppen vorübergehend die chines. Hptst. Chang'an (das heutige Xi'an). Seit dem 8. Jh. setzte sich in T. der Buddhismus gegen die Bon Religion durch. Nach 900 zerfiel das Königreich in kleine Herrschaftsgebiete. Der Buddhismus in der Sonderform des Lamaismus wurde zur herrschenden Macht. Die lamaist. Klöster erwarben Großgrundbesitz; es entstand ein „Kirchenadel", der sich mit dem alten Feudaladel verband.
Kublai Chan, der Begründer der mongol. Yuan-Dynastie in China, machte T. zum Va-

sallenstaat Chinas; er setzte 1276 den Lama Phagspa aus der Sakyapa-Sekte als Oberpriester u. Herrscher T.s ein. Damit wurde T. zur Theokratie. Im 15. Jh. wurde die Gelugpa-Sekte führend. Weltl. Oberhaupt wurde der Dalai-Lama, geistl. Oberhaupt der Pantschen-Lama. Während unter der Ming-Dynastie nur eine nominelle Oberhoheit Chinas bestand, griff China im 18. Jh. zunehmend in die inneren Verhältnisse T.s ein u. übernahm schließlich die polit. u. militär. Kontrolle über das Land. Zwei Residenten mit einer kleinen Garnison vertraten die chines. Regierung in Lhasa. Mit der Schwächung Chinas im 19. Jh. lockerte sich auch seine Kontrolle über T. Großbritannien u. Rußland, die eigene Interessen in Innerasien verfolgten, erkannten 1906/07 die chines. Oberhoheit über T. formell an. Nach dem Sturz der Qing-Dynastie (1911) war T. praktisch unabhängig. In der Folgezeit stärkte Großbritannien seine Stellung in T. Die chines. Republik erhob Anspruch auf T., konnte sich aber nicht durchsetzen.

1950 marschierten Truppen der Volksrepublik China in T. ein. 1951 gestand die Volksrepublik in einem Vertrag T. weitgehende Autonomie unter der Regierung des Dalai-Lama zu. Sie setzte jedoch die administrative u. militär. Durchdringung des Landes fort. Es kam zu Widerstandsaktionen der Bevölkerung u. 1959 zu einem Volksaufstand, der niedergeschlagen wurde. Der Dalai-Lama u. Zehntausende von Tibetern flohen nach Indien. China übernahm nun die direkte Verwaltung des Landes; zahlreiche Chinesen ließen sich in T. nieder. Als Statthalter wurde der Pantschen-Lama eingesetzt, 1964 wieder abgesetzt. 1965 wurde formell das Autonome Gebiet T. errichtet. Seit 1959 u. verstärkt während der „Kulturrevolution" 1966–1969 wurde die Gesellschaftsordnung in kommunist. Sinne umgestaltet. Die lamaist. Geistlichkeit wurde entmachtet u. enteignet, traditionelle Lebensformen u. Einrichtungen, bes. Klöster, wurden zerstört.

Nach dem Tod Mao Zedongs (1976) u. dem Kurswechsel in Peking erfolgte eine begrenzte Liberalisierung. Einheimische Kräfte wurden in vermehrtem Umfang zu Leitungsaufgaben herangezogen, einige Klöster wurden wieder eröffnet. Seit 1987 kam es wiederholt zu Protestdemonstrationen gegen die chines. Herrschaft. 1995 entstand zwischen der chines. Führung u. der lamaist. Geistlichkeit ein Streit über die Berufung eines neuen Pantschen-Lamas.

Tịchonow [-nɔf, *Tichonov*], Nikolaj Alexandrowitsch, sowjet. Politiker, *14. 5. 1905 Charkow, †1. 6. 1997 Moskau; Ingenieur; 1940 Mitgl. der KPdSU; 1963 Stellvertr. Vors. des Staatl. Planungskomitees; 1965 Stellvertr. Min.-Präs. mit wirtschaftspolit. Aufgaben; 1979–1985 Mitgl. des Politbüros des ZK der KPdSU; 1980–1985 Vors. des Ministerrats der UdSSR.

Tierradentro [-'ðentro], vorgeschichtl. Kultur in der Landschaft T. nördl. *San Agustín* im Departamento Cauca in Kolumbien; kennzeichnend sind unterird. z.T. bemalte Grabkammern.

Tiers état [tjɛrze'ta; der; frz.] → Dritter Stand.

Tiglatpilẹser, *Tukulti-apalescharra*, assyr. Könige: **1.** *T. I.*, 1115–1077 v. Chr., eroberte in kurzer Zeit Staaten des Euphratgebietes; nach weiteren Eroberungszügen, denen u.a. der Reststaat von Mitanni zum Opfer fiel, erreichte er Nordsyrien u. das Mittelmeer (sogar Sidon u. Byblos wurden tributpflichtig). Schließlich unterwarf er Babylonien u. schuf so das mittelassyr. Großreich.

2. *T. III.*, 744–727 v. Chr., organisierte Verwaltung u. Heerwesen neu, eroberte das Gebiet bis zum Pers. Golf u. Teile Armeniens u. Syriens.

Tigrạnes I., König von Armenien 94–56 v. Chr., *um 121 v. Chr., †56 v. Chr.; eroberte von den Parthern einen Teil Mesopotamiens, gewann das nördl. Syrien u. Kappadokien u. gründete Tigranokerta am Nikephorius. Als Verbündeter u. Schwiegersohn *Mithradates' VI.* geriet er mit Rom in Konflikt, wurde 69 v. Chr. von *Lucullus* geschlagen u. unterwarf sich 66 v. Chr. *Pompeius*.

Tịkal, größtes Zeremonialzentrum der *Maya* im Peténgebiet Guatemalas. Die bisher ausgegrabenen Teile der Stadt enthalten über 3000 Gebäude. Die Besiedlung von T. begann um 600 v. Chr., ab 100 v. Chr. setzte erste Bautätigkeit ein. Um 300 n. Chr. bestanden rege Handelsbeziehungen mit der *Teotihuacán-Kultur* des zentralen Mexiko, um 900 ging die Stadt unter.

Tịlly, Johann *Tserclaes* Graf von, Feldherr im Dreißigjährigen Krieg, *1559 Schloß Tilly, Brabant, †30. 4. 1632 Ingolstadt; gewann als Oberbefehlshaber der *Liga* 1620 die Schlacht am *Weißen Berge*, konnte 1623/24 die Rekatholisierung von Halberstadt, Hildesheim, Minden u. Osnabrück durchsetzen; schlug 1626 bei *Lutter am Barenberg* Christian IV. von Dänemark. 1630 wurde er nach der Absetzung Wallensteins Generalissimus der kaiserlichen Truppen. Am 10. 5. 1631 eroberte T. Magdeburg, wurde aber am 17. 9. 1631 von Gustav Adolf bei *Breitenfeld* geschlagen u. 1632 bei Rain am Lech tödlich verwundet.

Tịlsit, russ. *Sowjetsk*, Stadt in Ostpreußen, in der Oblast Kaliningrad (Rußland), an der Memel, rd. 44 000 Ew.

Der *Friede von T.*, am 7. 7. 1807 zwischen Frankreich u. Rußland, am 9. 7. 1807 zwischen Frankreich u. Preußen, beendete den Koalitionskrieg von 1806/07. Alexander I. von Rußland trat der Kontinentalsperre bei. Preußen verlor alle Gebiete westl. der Elbe an das unter Napoleons Bruder Jérôme zusammengeschlossene Königreich Westfalen; die in der 2. u. 3. Poln. Teilung gewonnenen Gebiete fielen an das Herzogtum Warschau.

Tilly

Timur

Timạr, im osman. Reich Kleinlehen; ihre Besitzer *(Timarioten)* waren zur Gestellung eines Bewaffneten für die Lehensmiliz verpflichtet; aus Dienstgütern wurden allmählich Erbgüter, in den 1830er Jahren wurde das T.-System aufgelöst.

Timgạd, röm. Ruinenstadt in Algerien, 100 km südl. von Constantine, das antike *Thamugadi*; 100 von *Trajan* gegr., im 3. Jh. bedeutendste Stadt Numidiens; später Hauptsitz der *Donatisten*; im 7. Jh. von den Arabern zerstört.

Timokratie [die; grch.], eine Staatsverfassung, bei der die Rechte u. Pflichten der Staatsbürger, insbes. das Wahlrecht, nach dem Einkommen (Steuern) abgestuft werden. Beispiel: *Solons* Verfassung in Griechenland 594 v. Chr.

Timọleon, korinth. Feldherr, kam den Syrakusanern 345 v. Chr. mit einer kleinen Streitmacht gegen den Tyrannen *Dionysios II.* u. gegen Karthago zu Hilfe. Er stürzte Dionysios u. schlug die Karthager 341 v. Chr. am *Krimisos* vernichtend. Nachdem auch die in anderen griech. Städten Siziliens an die Macht gekommenen Tyrannen gestürzt waren, stellte T. in Syrakus die Demokratie wieder her u. schloß die übrigen Städte in einem Bund zusammen.

Timoschẹnko, Semjon Konstantinowitsch, sowjet. Offizier (1939 Marschall), *18. 2. 1895 Furmanowka, Bessarabien, †1. 4. 1970 Moskau; führend beteiligt am Aufbau der Roten Armee; im 2. Weltkrieg 1940/41 Volkskommissar (Min.) für Verteidigung; kommandierte 1941 die Mittel-, später die Süd-, 1942 die Nordfront.

Tịmur [pers., „Eisen"], mongol. Herrscher, mit dem Beinamen *Läng* [pers., „der Lahme"], in Europa auch *Tamerlan* genannt, *8. 4. 1336 Kasch (heute Šachrisabz) südl. Samarkand, †19. 1. 1405 Otrar bei Tschimkent; war anfangs Parteigänger u. Vertrauter des Statthalters von Transoxanien *Ilyas Khodja*, eines Nachkommen Tschingis Chans. Im Bunde mit dem König von Balch wandte sich T. dann gegen Ilyas Khodja u. eroberte bis 1370 ganz Transoxanien. Im selben Jahr erklärte er sich zum Erben Tschingis Chans u. zum Verteidiger u. Wegbereiter des Islams, was ihn in der Folge nicht daran hinderte, sämtliche islam. Reiche seiner Zeit zu verwüsten. So eroberte er in äußerst grausamen Kriegszügen 1382–1393 Iran u. Kaukasien (1391 u. 1395 Vorstöße bis an die Wolga) u. führte 1398 einen Plünderungsfeldzug gegen das Sultanat von Delhi. 1400/01 besiegte er in Syrien den Mamluken-Sultan von Ägypten u. 1402 bei Ankara den osman.-türkischen Sultan *Bajezid*. T. führte seit 1388 den Sultanstitel. Er machte Samar-

Tibet: chinesische Polizeieinheiten vor dem Einsatz gegen demonstrierende Tibeter in Lhasa (Oktober 1987)

kand zur Hptst. seines Reiches, zog die bedeutendsten islam. Künstler seiner Zeit an seinen Hof u. schuf große Bewässerungsanlagen. Nach seinem Tode während eines China-Feldzuges zerfiel sein Reich, u. seine Nachfolger (Timuriden) herrschten nur noch in Transoxanien u. Nordostiran. Mit T. endeten die seit dem 5. Jh. aus Innerasien kommenden Nomadenzüge.

Timuriden, die Nachfolger *Timurs* als Herrscher weiter Teile Irans u. Mittelasiens (1405–1507). Die T. führten im Gegensatz zu ihrem Ahnherrn eine weithin friedfertige Politik u. förderten Kunst u. Wissenschaften *(Schahruch; Ulugh Beg; Husain Baikara).*

Tirol, österr. Bundesland zwischen der BR Dtschld. im N, Italien im S, Vorarlberg im W, Salzburg u. Kärnten im O, 12 647 km², 694 000 Ew.; Hptst. *Innsbruck.*

T. war ursprüngl. von Rätern, Illyrern, Etruskern u. Kelten bewohnt u. wurde im 1. Jh. v. Chr. von röm. Truppen erobert, wonach der größere Teil die Provinz *Rätien* bildete, während das Pustertal zur Provinz Noricum kam. Um 400 begann die Christianisierung, deren Zentren die Bistümer Säben (bei Klausen), später Brixen u. Trient wurden. Nach dem Sturz des Weström. Reichs kam T. unter die Herrschaft der Ostgoten unter Theoderich d. Gr. Nach 552 (Untergang des Ostgotenreichs) war der nördl. Teil T.s von Bajuwaren, der südl. von Langobarden besetzt. Im 8. Jh. wurde T. fränk. Provinz, in Gaue eingeteilt, deren Namen sich bis heute erhalten haben.

Nach dem Aussterben der Karolinger kam das nördl. u. mittlere T. an das bayer. Herzogtum, das südl. (Trient) zur Veroneser Mark. Kaiser Konrad II. verlieh Anfang des 11. Jh. dem Bischof von Trient die Grafschaften Trient, Vintschgau u. Bozen, dem von Brixen das Norital u. später auch das Pustertal. Diese Territorien wurden weltl. Adligen weiterverliehen, von denen schließlich die *Grafen von T.* (nach der Burg T. bei Meran) nach Erlöschen des bayer. Geschlechts *Andechs* 1248 auch noch die Grafschaften im Unterinntal u. im Pustertal erhielten, dazu 1286 das Herzogtum Kärnten. *Meinhards II.* Sohn Heinrich, Graf von *Görz,* Herzog von Kärnten u. Graf von T., hinterließ diese Gebiete seiner Erbtochter *Margarete Maultasch,* die sie 1363 ihrem Neffen *Rudolf IV. von Österreich* vererbte. Nur die Bistümer Brixen u. Trient bewahrten als Reichsstände ihre Selbständigkeit. Innerhalb der habsburg. Erblande war T. lange Sitz bes. Nebenlinien, deren letzte 1665 ausstarb. Zu den Landständen T.s gehörten neben Prälaten, Rittern u. Städten auch Bauern. Die grundherrl. Macht über die Bauern war daher beschränkt. Trotzdem griff der Bauernkrieg auch nach T. über (1525). In den Städten setzte sich die Reformation anfangs durch, wurde jedoch von Ferdinand I. in der 2. Hälfte des 16. Jh. verdrängt. Durch den Reichsdeputationshauptschluß 1803 wurden die Hochstifte Brixen u. Trient säkularisiert. Nach der Niederlage Österreichs im 3. Koalitionskrieg mußte T. 1805 im Frieden von Preßburg an Bayern abgetreten werden; nach der erfolglosen Erhebung Andreas *Hofers* u. *Speckbachers* (1809) wurde es zwischen dem Königreich Italien (Süd-T.), dem französ. Illyrien (Lienz) u. Bayern geteilt. 1814/15 kam es zur Wiedervereinigung mit Österreich. Nach dem 1. Weltkrieg wurde ganz Südtirol (Bozen u. Trient) an Italien abgetreten, der Rest bildete das österr. Bundesland T.

Tirpitz, Alfred von (1900), Seeoffizier (1911 Großadmiral), *19. 3. 1849 Küstrin, †6. 3. 1930 Ebenhausen bei München; 1897–1916 Staatssekretär des Reichsmarineamtes. T. baute, unterstützt von Kaiser *Wilhelm II.* u. Reichskanzler von *Bülow,* die dt. Hochseeflotte auf, die zur zweitstärksten Flotte der Welt wurde. Zur propagandist. Unterstützung ließ er den *Dt. Flottenverein* gründen. Der Flottenausbau, offiziell als Defensivmaßnahme begründet („Risiko" für Großbritannien im Fall eines Angriffs auf Dtschld.), beeinträchtigte die dt.-brit. Beziehungen nachhaltig. Unter Reichskanzler von *Bethmann Hollweg* nahm T.' Einfluß ab. Im 1. Weltkrieg forderte er den Einsatz der Hochseeflotte u. den unbeschränkten U-Boot-Krieg, konnte sich aber nicht durchsetzen u. trat zurück. 1917 gründete er mit W. *Kapp* die *Deutsche Vaterlandspartei,* die einen Sieg- u. Annexionsfrieden propagierte. 1924–1928 war er deutschnationales Mitglied des Reichstags. „Erinnerungen" 1919.

Tiryns, mykenische Burg u. Stadt bei Navplion im nordöstl. Peloponnes, in der griechischen Sage Sitz der Könige *Proitos* u. *Eurystheus.* Ausgrabungen seit 1878 durch H. *Schliemann,* W. *Dörpfeld* u. systematische Grabungen durch das Dt. Archäologische Institut in Athen, seit 1905 in mehreren Kampagnen. Der Ort wurde schon im 3. Jahrtausend v. Chr. besiedelt. Die jüngste, im 13. Jh. v. Chr. errichtete Burg besaß mächtige, 6 m starke u. 10 m hohe kyklopische Mauern, eine Rampe als Aufgang zum Haupttor, mehrere mit Torbauten versehene Höfe, Haupthof mit Rundaltar u. Säulenhallen, zwei kleinere u. ein großes, mit Thron u. reich mit Fresken ausgestattetes Megaron, darüber die zweigeschossigen Wohnräume; ein Kanalsystem liegt unter Hof u. Palast; spitzbogig überwölbte Korridore führten zu zwei unterirdisch angelegten Wasserstellen.

Tisch, Harry, Politiker (SED), *28. 3. 1927 Heinrichswalde, Krs. Ueckermünde, †18. 6. 1995 Berlin; Bauschlosser; 1948–1953 Gewerkschaftsfunktionär; 1953–1955 auf der Parteihochschule der SED; seit 1955 Parteifunktionär, 1961–1975 Erster Sekretär der SED-Bezirksleitung Rostock; seit 1963 Mitgl. des ZK, seit 1975 des Politbüros des ZK der SED; seit 1975 Vors. des Bundesvorstandes des Freien Deutschen Gewerkschaftsbundes (FDGB); verlor 1989 alle Ämter, wurde aus der Partei ausgeschlossen u. 1991 wegen Untreue zu Lasten sozialist. Eigentums zu einer Gefängnisstrafe verurteilt. 1995 wurde gegen T. im Zusammenhang mit den Todesschüssen an der innerdt. Grenze Anklage erhoben.

Tiso, Josef, slowak. Politiker, *13. 10. 1887 Vel'ká Bytča, †18. 4. 1947 Preßburg (hingerichtet); kath. Priester, führender Theoretiker der Slowak. Volkspartei; 1938/39 Min.-Präs. 1939–1945 Staats-Präs. der autonomen Slowakei unter dt. Oberherrschaft; 1945 von den USA ausgeliefert u. von einem Volksgericht zum Tode verurteilt.

Tissaphernes, pers. Satrap von Lydien u. Karien unter der Herrschaft *Dareios' II.* u. *Artaxerxes' II.*; schloß während des Peloponnes. Krieges 413 v. Chr. ein Bündnis mit Sparta. 401 v. Chr. entschied er die Schlacht bei *Kunaxa* zugunsten Artaxerxes' II. gegen dessen Bruder *Kyros d. J.;* wurde jedoch 395 v. Chr. von Artaxerxes II. hingerichtet.

Tisza ['tisɔ], **1.** István (Stephan) Graf, Sohn von 2), ungar. Politiker, *22. 4. 1861 Budapest, †31. 10. 1918 Budapest (ermordet); entschiedener Anhänger des österr.-ungar. Ausgleichs u. des *Dreibunds;* 1903–1905, 1913 bis 1917 Min.-Präs.

2. Kálmán T. von Borosjenö, ungar. Politiker, *16. 12. 1830 Geszt, Komitat Bihar, †23. 3. 1902 Budapest; Begründer der Liberalen Partei u. deren Führer, 1875 –1890 Min.-Präs., bis 1887 gleichzeitig auch Innen-Min., verstärkte das Gewicht Ungarns innerhalb der Habsburger Monarchie.

Tities [Pl.; lat., aus dem Etrusk.], Angehörige einer der drei alten röm. *Tribus,* die nach dem Kriterium der Abstammung zusammengesetzt waren.

Tito, Josip, eigentl. J. *Broz,* jugoslaw. Politiker (Kommunist), offiziell * 25. 2. 1892 (eigentl. 7. 5. 1892) Kumrovec, Kroatien, †4. 5. 1980 Ljubljana; erlernte den Mechanikerberuf, 1914/15 österr. Soldat, Kriegsgefangener in Rußland, bis 1920 Soldat in der Roten Armee; seit 1920 Mitgl. der jugoslaw. KP, 1928 Sekretär der Zagreber KP, 1928–1934 im Gefängnis, seit 1934 Mitgl. des ZK u. des Politbüros, seit 1937 ununterbrochen Generalsekretär der Partei. T. organisierte 1941 mit brit. u. später auch sowjet. Unterstützung die kommunist. Partisanen gegen die dt. Truppen in Jugoslawien. 1943 nahm er den Titel Marschall an; seit 1944 war er der tatsächl. Beherrscher des Landes. 1945–1953 war T. Min.-Präs., seit 1953 Staats-Präs. (seit 1963 auf Lebenszeit), seit 1971 Präs. des Staatspräsidiums. Nach 1945 widersetzte sich T. der sowjet. Einflußnahme auf die jugoslaw. Politik, worüber es 1948 zum Bruch mit Stalin kam. T. suchte daraufhin den Kommunismus den nationalen Gegebenheiten Jugoslawiens anzupassen (*Titoismus,* Selbstverwaltungssozialismus) u. wurde nach vorübergehender Anlehnung an den Westen zu einem führenden Sprecher der blockfreien Staaten. Auch nach der 1955 eingeleiteten Aussöhnung mit der sowjet. Führung wahrte er polit. u. ideolog. Selbständigkeit.

Josip Tito

Titus, *T. Flavius Vespasianus,* röm. Kaiser 79–81 n. Chr., *30. 12. 39 Rom, †13. 9. 81 Reate; Sohn u. Nachfolger des Kaisers *Vespasian;* schlug 70 den jüd. Aufstand nieder, wofür ihm in Rom ein Triumphbogen *(Titusbogen)* errichtet wurde; 71 Mitregent. Er ließ in Rom die nach ihm benannten T.-Thermen errichten u. den Bau des Kolosseums zu Ende führen.

Tlatelolco, Schwesterstadt der aztekischen Hauptstadt *Tenochtitlán,* wie diese auf den Inseln des Texcoco-Sees im Hochtal von Mexiko gelegen.

Tlatilco, altindianisches Zeremonialzentrum u. Kultur des zentralen Hochlandes von Mexiko, ab 1500 v. Chr. vermutlich von Trägern der *La-Venta-Kultur* gegründet. Aus den 300 Gräbern T.s stammen Tausende von realistischen Tonfigürchen, die Tänzerinnen, Akrobaten, ferner auch doppelköpfige Wesen u. Schamanen darstellen. Die Kultur von T. geht um Christi Geburt in die *Teotihuacán-Kultur* über.

Tlaxcala, *T. de Xinotencatl,* Hptst. des gleichnamigen mexikanischen Staats, am Río Atoyak, 2252 m ü. M., 13 000 Ew. – 1519 von *Cortéz* eingenommen u. 1530 von den Spaniern als Verwaltungssitz gegründet.

T. wurde der Überlieferung nach von einem Teil der chichimekischen *Tlaxcalteken* um 1328 n. Chr. gegründet. Es bewahrte bis zur Ankunft der Spanier gegenüber den kultur- u. sprachverwandten *Azteken* seine Unabhängigkeit. 1519 wurde T. von den Spaniern unter H. Cortéz eingenommen. Die Tlaxcalteken wurden nach anfänglich erbittertem Widerstand die treuesten Verbündeten der Spanier bei der Eroberung der aztekischen Hptst. *Tenochtitlán.*

Tocqueville [tɔk'vil], Charles Alexis Henri Clérel de, französ. Historiker u. Politiker, *29. 7. 1805 Verneuil, Seine-et-Oise, †16. 4 1859 Cannes; Jurist; 1839 Mitgl. der Kammer, 1849 der Nationalversammlung, 1849 Außen-Min., Gegner Napoleons III.; seit 1841 Mitgl. der Académie Française. T. analysierte die Entwicklung der Demokratie am Beispiel der amerikan. Gesellschaft als einen unaufhaltsamen Prozeß, stellte aber die Frage, wie die individuelle Freiheit erhalten bleiben könne („De la démocratie en Amérique" 2 Bde. 1835–1840). Die Französ. Revolution sah er nicht als Bruch, sondern suchte die histor. Kontinuität nachzuweisen, die aus dem Ancien Régime zur Revolution führte („L'Ancien Régime et la Révolution" 1856).

Todt, Fritz, Bauingenieur u. Politiker (NSDAP), *4. 9. 1891 Pforzheim, †8. 4. 1942 bei Rastenburg, Ostpreußen (Flugzeugabsturz); 1933 Generalinspekteur für das dt. Straßenwesen, Leiter des Baues der Reichsautobahnen. 1938 wurde T. mit dem Bau des „Westwalls" beauftragt u. gründete zur Durchführung kriegswichtiger Bauaufgaben die *Organisation Todt.* Seit 1940 war er außerdem Generalinspekteur für Sonderaufgaben des Vierjahresplans u. Reichs-Min. für Bewaffnung u. Munition.

Toggenburg, Tallandschaft der oberen Thur, im nordschweizer. Kanton St. Gallen.
Eine Grafschaft T. bestand schon im MA, die Grafen starben 1436 aus. Durch Kauf kam T. 1468 an das Stift St. Gallen (bis 1798); im 2. Villmerger Krieg (T.er Krieg) konnten die T.er durch den Sieg Berns u. Zürichs bei Villmergen (25. 7. 1712) über die mit dem Stift verbündeten kath. Kantone ihren prot. Glauben u. ihre alten Rechte bewahren; 1803 kam T. zum Kanton St. Gallen.

Togliatti [tɔ'ljati], Palmiro, italienischer Politiker (Kommunist), *26. 3. 1893 Genua, †21. 8. 1964 Artek, Krim; 1921 Mitbegründer der Kommunistischen Partei Italiens (PCI), 1922 Mitglied des ZK der PCI, 1923 u. 1925 in Haft, emigrierte 1926 nach Deutschland. 1936–1939 nahm er am Span. Bürgerkrieg teil, wo er die Idee der Volksfront vertrat. 1940 ging er in die UdSSR u. war bis 1943 führend in der Komintern. Nach seiner Rückkehr 1944 hatte T. verschiedene Regierungsämter inne. 1947 bis 1964 war er Generalsekretär der PCI. T. trat für eine Durchdringung des demokratischen Staats mit legalen Mitteln ein u. verhalf der PCI zu großen Wahlerfolgen.

Togo — RT

Republik Togo

Fläche: 56785 km². – *Einwohner:* 4,0 Mill. – *Hauptstadt:* Lomé. – *Landessprachen:* Französisch, Ewe-Dialekte, Kabyé-Dialekte. – *Nationalfeiertag:* 27. 4. – *Währung:* 1 CFA-Franc = 100 Centimes. – *Lage:* zwischen 6°06′ und 11°09′ n. Br. sowie 0°09′ w. L. und 1°49′ ö. L. – *Zeitzone:* Mitteleuropäische Zeit – 1 Std. – *Grenzen:* im W Ghana, im N Burkina Faso, im O Benin, im S Atlantischer Ozean. – *Staatsform:* präsidiale Republik.

Tolteken: Reliefs an der Pyramide von Tula (Jaguare und Adler, die Herzen verschlingen)

In der 2. Hälfte des 15. Jh. von Portugiesen entdeckt, erregte das Land erst im 19. Jh. das Interesse der Europäer. Am 5. Juli 1884 wurde T. deutsches Schutzgebiet unter dem Gouverneur Gustav *Nachtigal.* In der Zeit der deutschen Herrschaft galt T. als Musterkolonie, die als erste seit etwa 1900 wirtschaftl. Rentabilität erreichte. Nach dem 1. Weltkrieg (1920) wurde T. teils britisches, teils französisches Mandatsgebiet.
Nach dem 2. Weltkrieg bemühten sich die *Ewe* um politische Vereinigung ihres Volks, drangen jedoch bei den Vereinten Nationen nicht durch. In *Britisch-T.* ergab eine Volksabstimmung 1956 insgesamt (nicht jedoch im Ewe-Gebiet) eine Mehrheit für den Anschluß an Ghana. Frankreich gewährte seinem Mandatsgebiet *Französ.-T.* 1955 ein Autonomiestatut; das britische Gebiet wurde Ghana angegliedert. Im ehemaligen französischen Gebiet übernahm Nicolas *Grunitzky* die Regierung; er wurde nach der Wahl 1958 durch S. *Olympio* abgelöst.
Nach der Erklärung der Unabhängigkeit am 27. 4. 1960 kam es zu Spannungen mit Ghana. 1963 wurde Präs. Olympio von meuternden Soldaten erschossen, Grunitzky übernahm wieder die Präsidentschaft, mußte aber 1967 dem Armeebefehlshaber Étienne Gnassingbé *Eyadéma* weichen. Dieser hat seither mehrere Putschversuche überlebt; er verfolgte innenpolitisch eine repressive, außenpolitisch eine prowestliche, kontinental eine panafrikanische Politik. Nach schweren Unruhen wurde 1991 eine Generalamnestie für politische Gefangene verkündet u. die Einführung eines demokratischen Systems beschlossen. Eyadéma mußte zahlreiche Machtbefugnisse auf eine Übergangsregierung übertragen. Mit Hilfe des Militärs versuchte Eyadéma in der Folgezeit, den Demokratisierungsprozeß rückgängig zu machen. Bei den von der Opposition boykottierten Präsidentschaftswahlen 1993 wurde Eyadéma im Amt bestätigt.

Togo, 1. Heihachiro, japan. Seeoffizier, *22. 12. 1847 Satsuma, †30. 5. 1934 Tokio; 1904 Admiral; vernichtete als Kommandeur der Vereinigten Flotte im *japanisch-russ. Krieg* die russ. Flotten bei Port Arthur (1904) u. Tsushima (1905); 1905–1909 Chef der Admiralität, seit 1913 Großadmiral.
2. Shigenori, japan. Diplomat, *10. 12. 1882 Ijuin, Präfektur Kagoshima, †23. 7. 1950 Tokio; 1938/39 Botschafter in Berlin, 1939 bis 1941 in Moskau; 1941/42 u. 1945 Außen-Min.; vom Internationalen Militärgerichtshof für den Fernen Osten zu 20 Jahren Gefängnis verurteilt, starb in der Haft.

Tojo, Hideki, japan. Offizier u. Politiker, *30. 12. 1884 Tokio, †23. 12. 1948 Tokio (hingerichtet); 1933 General, 1934 Chef der Militärakademie; war seit 1940 als Kriegs-Min. im 2. u. 3. Kabinett *Konoe* maßgeblich am Abschluß des *Dreimächtepaktes* u. an der zum Krieg mit den USA treibenden japan. Expansion nach Indochina beteiligt; löste 1941 Konoe als Min.-Präs. ab. 1944 wurde er zum Rücktritt gezwungen. Als prominentester Angeklagter des Internationalen Militärgerichtshofes für den Fernen Osten gestand T. eine persönl. Schuld ein, entlastete den Kaiser u. wurde als einer der Hauptkriegsverbrecher zum Tode verurteilt.

Tokio, amtl. *Tokyo,* bis 1868 *Yedo (Edo),* Hptst. von Japan, an der mittleren Ostküste von Honschu u. an der Sumidagawa-Mündung in die *Bucht von T.,* 8,09 Mill. Ew.
Vermutlich seit dem 12. Jh. beherrschte eine Kriegerfamilie, die den Namen *Edo* („Flußmündung") führte, die Gegend von T. Mitte des 15. Jh. erfolgte mit der Befestigung des Ortes u. dem Bau der Burg Edo die eigentl. Gründung. 1590 kam die Stadt in den Besitz der Dynastie *Tokugawa,* unter deren Begründer Tokugawa Ieyasu sie zur Provinzhauptstadt u., nach seiner Ernennung zum Shogun 1603, zum polit., wirtschaftl. u. kulturellen Zentrum aufstieg. Unter dem Namen Edo blieb T. Residenz der Tokugawa, bis 1868 im Zuge der Meiji-Restauration der letzte Tokugawa-Shogun abdanken mußte u. der *Tenno* die Macht wieder übernahm. Im selben Jahr wurde Edo unter dem Namen T. Hptst. Japans.
Im 18. Jh. war T. mit über 1 Mill. Ew. die größte Stadt der Welt, 1930 war die Ew.-Zahl auf über 2 Mill. u. 1941 (durch Eingemeindungen) auf über 6 Mill. gestiegen. 1923 wurde die Stadt von einem schweren Erdbeben heimgesucht, dem über 140000 Menschen zum Opfer fielen. Im 2. Weltkrieg wurde T. erneut größtenteils zerstört.

Tokugawa, japan. Shogun-Dynastie, begründet von *T. Ieyasu* (*1542, †1616). Ieyasu beendete durch Befriedung der *Daimyo* die jahrzehntelangen innerjapan. Kriege u. schloß die von *Oda Nobunaga* u. *Toyotomi Hideyoshi* begonnene Einigung des Landes ab. Nach dem Sieg von Sekigahara (1600) über die Anhänger der Familie Toyotomi war seine Stellung kaum noch zu erschüttern; 1603 ließ er sich vom *Tenno* den Titel des *Shogun* verleihen. 1615 beseitigte er mit der Einnahme der Burg von Osaka den letzten Widerstand.
Die T. übten bis 1867 ununterbrochen die faktische Herrschaft über Japan aus, u. zwar mit Hilfe der von ihnen streng kontrollierten Daimyo. Regierungssitz wurde Edo, das heutige Tokio.

Tolbert, William Richard, liberian. Politiker, *13. 5. 1913 Bensonville, †12. 4. 1980 Monrovia (wurde ermordet); 1951–1971 Vize-Präs., 1971–1980 Staats-Präs.

Toledo [span. to'leðo], alte mittelspan. Prov.-Hptst., auf drei Seiten durch das schluchtartige Tal des *Tajo* eingefaßt, 59800 Ew.
T., das antike *Toletum,* wurde 192 v. Chr. römisch; 534 wurde es Residenzstadt des Westgotenreichs u. geriet 712 unter arab. Herrschaft (als *Tolaitola*); 1036–1085 war es Hptst. eines arab. Königreichs, 1087–1561 Residenz der Könige von Kastilien.

Toleranzedikt, 1. → Mailänder Edikt.
2. → Nantes.

Toleranzpatent, von Kaiser Joseph II. am 13. 10. 1781 für Österreich erlassen, gestattete die freie Religionsausübung nichtkath. Christen.

Tolosanisches Reich, das Reich der Westgoten 418–507, ursprüngl. in Aquitanien u. benachbarten Gebieten, die den Westgoten anfänglich von Kaiser Honorius als Föderatenland zugewiesen worden waren, Hptst. *Toulouse*; später von der Provence u. der Loire bis Gibraltar erweitert; in Südgallien 507 von Chlodwig, 531/32 u. 541 von seinen Nachfolgern bis auf Septimanien erobert.

Tolteken, voraztekisches Volk der Nahuagruppe im Hochtal von Mexiko. Sie brachen im 10. Jh. unter ihrem myth. Führer *Mixcoatl* in das Hochtal ein, ließen sich zunächst in Colhuacan nieder u. verlegten in der 2. Hälfte des 10. Jh. ihre Hptst. nach Tula. Dort spielten sich um 1000 Machtkämpfe zwischen den Alteingesessenen u. den Eindringlingen ab; in myth. Verbrämung als Kampf der Götter *Quetzalcoatl* u. *Tezcatlipoca* erzählt. Quetzalcoatl (vielleicht der histor. König *Topiltzin*) mußte Tula verlassen. Die mit ihm über Cholula nach O abwandernden T. gelangten bis nach Nordyucatán, wo ihr Einfluß vor allem in Chichén Itzá faßbar wird.
Künstlerische Leistungen der T. sind neben Feder-Schlangenpfeilern (die gefiederte Schlange spielt als Symbol des Quetzalcoatl eine bes. Rolle in der toltek. Kunst) weite Kolonnaden, Atlanten in Form bewaffneter Krieger, halbliegende Figuren (Chacmol) sowie Relieffriese mit Adler- u. Jaguarfiguren als Symbole kriegerischer Tapferkeit. Am Ende der T.-Zeit gewannen die bis dahin verbotenen Menschenopfer zunehmend an Bedeutung. Bürgerkrieg u. Dürre beschleunigten das Ende der T., deren letzter Herrscher *Huemac* die Hptst. 1168 nach Chapultepec verlegte.

Tolui → Mongolen.

Tonga — TO

Königreich Tonga

Fläche: 747 km². – *Einwohner:* 98 000. – *Hauptstadt:* Nuku'alofa. – *Nationalfeiertage:* 4. 6., 4. 7. u. 4. 11. – *Währung:* 1 Pa'anga = 100 Seniti. – *Lage:* Inselgruppe im Pazifischen Ozean östlich von Fidschi zwischen 15° und 23°30′ s. Br. sowie 173° und 175° w. L. – *Zeitzone:* Mitteleuropäische Zeit + 12 Std. – *Staatsform:* Monarchie mit parlamentarischen Ansätzen.

Die ersten Inseln wurden 1616 von den Holländern C. *Schouten* u. J. *Le Maire* entdeckt u. 1643 von A. J. *Tasman* erstmals betreten. 1773/74 u. 1777 wurden sie von J. *Cook* erkundet. Nach 1820 bekehrten meist methodistische Missionare die Tonganer zum Christentum. Seit ca. 950 n. Chr. herrschten in T. verschiedene Dynastien. Der 1845–1893 regierende König *George Tupou I.* vereinigte die Inseln unter seiner Herrschaft, schaffte 1862 die Leibeigenschaft ab u. gab dem Land 1875 eine Verfassung, die in modifizierter Form noch heute gültig ist. 1876 wurde ein Freundschaftsvertrag mit dem Deutschen Reich abgeschlossen. Obwohl die Unabhängigkeit T.s von den Kolonialmächten anerkannt wurde, schloß der Inselstaat 1900 wegen innerer Auseinandersetzungen einen Protektoratsvertrag mit Großbritannien. Die Dynastie behielt den Thron. Seit dem 4. 6. 1970 ist T. ein unabhängiger Staat im Commonwealth. König ist seit 1965 *Taufa'ahau Tupou IV.*

Tonkin-Zwischenfall, das Ereignis, das das massive Eingreifen der USA in den *Vietnamkrieg* auslöste. Zwei US-amerikan. Zerstörer waren angeblich Anfang August 1964 im Golf von Tonkin von nordvietnames. Schnellbooten beschossen worden; darauf billigten beide Häuser des US-Kongresses einen Antrag *(Tonkin-Golf-Resolution)*, der dem Präsidenten freie Hand ließ, zurückzuschlagen. Im Juni 1970 widerrief der Senat die Resolution, da der T. nicht geklärt werden konnte.

Topa Inka Yupanqui, der 10. Herrscher der *Inka-Dynastie* von Peru (1471–1493), eroberte das Hochland von Ecuador, gründete das heutige *Quito;* 1470 eroberte er das Reich der Chimú an der nordperuan. Küste. Unter T. I. Y. wurde die Schwesterehe als verbindlich für die regierenden Inka eingeführt, er selbst heiratete seine Schwester *Mama Ocllo.* T. war der erste Inka, der göttliche Verehrung genoß.

Tophet ['tophɛt], geheiligter Ort der Phönizier, in dem den Göttern *Baal, Hammon* u. *Tanit* Kinder u. kleinere Tiere geopfert wurden.

Tordesillas [tɔrðe'siljas], span. Stadt in Altkastilien, Prov. Valladolid, auf einer Anhöhe über dem Duero, 7000 Ew.
Der *Vertrag von T.* (7. 6. 1494) zwischen Johann II. von Portugal u. den Kath. Königen trennte die span. u. portugies. Kolonialansprüche durch eine Demarkationslinie 370 Meilen westl. der Kapverdischen Inseln von Pol zu Pol. Spanien gehörten die westlich dieser Linie entdeckten Gebiete.

Tories ['tɔːriz; Sg. der *Tory*; irisch., „Räuber"], zunächst (seit 1646) Bez. für die aus ihrem Besitz verjagten kath. Iren, die oft vom Straßenraub lebten u. bes. häufig die Besitzungen der prot. Engländer angriffen; dann die Gegner des Langen Parlaments u. der Republik (1649–1660); seit 1679 die Partei der Königstreuen, die gegen die Whigs für *Jakob II.* trotz seines kath. Glaubens eintraten, aber gleichwohl weder den Vorrang der anglikanischen Staatskirche noch den polit. Mitwirkungsanspruch des Parlaments in Frage stellten. Nach der Revolution von 1688 fand eine Annäherung der Parteien statt, indem die T. die Prinzipien einer begrenzten konstitutionellen Monarchie übernahmen. Sie stützten sich auf den niederen Landadel u. identifizierten sich mit dem Anglikanismus, während die Whigs die Interessen der großen landbesitzenden Familien u. die Finanzinteressen der vermögenden Mittelklasse vertraten. Nach dem Tod der Königin *Anna* (1714) von den Whigs aus der Regierung verdrängt u. nach der Flucht ihres Führers H. *Bolingbroke* verunsichert, formierten die T. sich in der Opposition gegen die lange Herrschaft R. *Walpoles* u. gegen die das Parlament beherrschende Whig-Oligarchie erneut. Nach 1760 lösten sich die alten Parteifronten, u. der Name T. ging auf die konservativ Gesinnten über, die für eine harte Haltung in der Amerikapolitik u. gegenüber den Anhängern der Französ. Revolution eintraten. Parallel hierzu entwickelte sich die Whig-Partei zur Partei der Reformen u. des Schutzes der Bürgerrechte. Bis 1830 Träger der Regierung, führten die T. 1829 die Katholikenemanzipation durch u. entwickelten sich allmählich zur engl. Konservativen Partei.

Torlonia, 1886 ausgestorbenes, reich begütertes röm. Fürstengeschlecht. Es verdankt seinen Aufstieg Giovanni Raimondo (* 1755, † 1829), der, 1784 geadelt, in der napoleon. Zeit ein riesiges Vermögen anhäufen konnte. 1820 wurde er zum Herzog von Poli u. Guadagnolo erhoben. Sein Sohn Alessandro (* 1800, † 1875) finanzierte die Trockenlegung des Fuciner Sees u. erhielt dafür 1875 den Titel Fürst von Fucino. Name u. Wappen wurden später durch Heirat mit denen der Fürsten *Borghese* vereinigt.

Torquemada [tɔrkɛ'maða], **1.** Juan de, J. de *Turrecremata*, span. Kardinal (1439), * 1388 Valladolid, † 26. 9. 1468 Rom; Konzilstheologe in Basel u. Ferrara-Florenz, vertrat die Oberhoheit des Papstes über das Konzil. Hptw.: „Summa de ecclesia".
2. Thomas de, Neffe von 1), span. Generalinquisitor (seit 1483), * 1420 Valladolid, † 16. 9. 1498 Ávila; Dominikaner, organisierte die Inquisition.

Torstensson, Lennart, Graf von *Ortala*, schwed. Feldherr, * 17. 8. 1603 Torstena, Västergötland, † 7. 4. 1651 Stockholm; im Dreißigjährigen Krieg 1641–1646 schwed. Oberkommandierender in Dtschld., siegte 1642 bei Breitenfeld, 1645 bei Jankau über die Kaiserlichen.

Toskana, ital. *Toscana*, mittelitalien. Region zwischen Etrusk. Apennin u. der Westküste, 22 992 km², 3,53 Mill. Ew.; Hptst. Florenz.
In das alte *Tuscien* oder *Etrurien* strömten nach dem Untergang des Weström. Reichs nacheinander Ostgoten, Griechen u. Langobarden. Nach der Vereinigung des Langobard. Reichs mit dem Fränk. Reich wurde T. Markgrafschaft. Das Amt kam um 1030 an Markgraf Bonifacius aus dem Haus Canossa. Nach dem Tod seiner Tochter *Mathilde* 1115 erhielten im Streit um die *Mathildischen Güter* zwischen Kaiser u. Päpsten im Lauf des 12. u. 13. Jh. Florenz, Siena, Pisa, Lucca u. Arezzo ihre Unabhängigkeit u. bemächtigten sich des mathild. Erbes. Unter ihnen erlangte Florenz nach u. nach eine Vorrangstellung u. vereinigte im 14. u. 15. Jh. den größten Teil von T. unter seiner Herrschaft.
Kaiser Karl V. erhob *Alessandro von Medici* 1531 zum erbl. Herzog von Florenz. Dessen Nachfolger *Cosimo I.* vergrößerte sein Gebiet durch Siena u. wurde 1569 von Papst Pius V. zum Großherzog von T. erhoben. 1575 erkannte Kaiser Maximilian II. den Titel an, ohne auf die Oberhoheit des Reiches über die T. zu verzichten. Nach dem Aussterben der Medici folgte 1737 Herzog *Franz Stephan von Lothringen* (mit Maria Theresia verheiratet). 1765 kam T. an dessen 2. Sohn *Pietro Leopoldo* (Kaiser Leopold II.), der zum Begründer der toskan. Linie des Hauses Habsburg-Lothringen wurde.
Während der Napoleon. Kriege wurde T. zunächst als Königreich Etrurien *Ludwig von Bourbon-Parma* übergeben, dessen Gebiet an Frankreich gefallen war, 1808 jedoch unmittelbar mit Frankreich vereinigt. 1809 verlieh Napoleon seiner Schwester Elisa *Bacciocchi* (1777–1820) den Titel einer Großherzogin von T. Der Wiener Kongreß gab dem Habsburger *Ferdinand III.* das Land zurück, das durch die Wiener Schlußakte 1815 um das Fürstentum Piombino, Elba u. den Stato dei Presidi vergrößert wurde. 1848 erließ *Leopold II.* eine Verfassung, mußte aber im Febr. 1849 vor einem Aufstand fliehen. Die ausgerufene Republik wurde im April von dem mit österr. Truppen zurückkehrenden Leopold unterdrückt. 1852 setzte er die Verfassung außer Kraft. 1859, nach dem Ausbruch des Krieges zwischen Frankreich u. Sardinien gegen Österreich, floh er erneut nach Wien u. dankte zugunsten seines Sohnes *Ferdinand IV.* ab. 1860 erfolgte nach einer Volksabstimmung der Anschluß T.s an *Sardinien-Piemont.*

Totila, *Badwila*, Ostgotenkönig 541–552, † Ende Juni 552 bei Tadinae (Gualdo Tadino) in Umbrien (gefallen); erneuerte seit 541 das Ostgotenreich, schuf eine Flotte u. kämpfte erfolgreich gegen die Byzantiner (Eroberung

Neapels 543, Roms 546, 550); unterlag *Narses* bei Tadinae.

Totleben, *Todleben,* (Franz) Eduard (Iwanowitsch) Graf von (seit 1879), russ. General dt.-balt. Herkunft, *20. 5. 1818 Mitau, †1. 7. 1884 Bad Soden; verteidigte 1854/55 im Krimkrieg Sewastopol; eroberte 1877 im russ.-türk. Krieg Plewna.

Totonaken, mexikan. Indianerstamm an der Golfküste. In vorspan. Zeit bewohnten die T. die mittleren Teile von Veracruz, ihre Hptst. war Cempoala; sie waren den *Azteken* tributpflichtig; berühmt waren ihre Webarbeiten u. ihre Steinplastik. Bei der Ankunft der Spanier in Mexiko 1519 wurden sie deren erste Verbündete. Obwohl sie heute im Gebiet der vorspan. *Tajín-Kultur* leben, sind sie ehemals nicht deren Träger gewesen.

Toulouse [tu'lu:z], Verw.-Sitz des südfranzös. Dép. Haute-Garonne, Mittelpunkt des Languedoc, an der Garonne u. am Canal du Midi, 366 000 Ew.

Röm. Gründung *(Tolosa)*; im 3. Jh. Bischofssitz, 414 von Westgoten besetzt u. 418–507 Hptst. des *Tolosanischen Reichs*, dann zum Frankenreich, seit 778 Markgrafschaft des karoling. Königreichs Aquitanien. Seit dem 10. Jh. führten die Grafen von T. *(Grafschaft T.)* den Titel Herzog von Aquitanien. In den Albigenserkriegen 1208–1218 (neben Albi war T. Zentrum der Albigenser) wurde die Macht der Grafen von T. gebrochen. 1271 kam T. an das französ. Königshaus.

Touré [tu're:], Sékou, guineischer Politiker, *9. 1. 1922 Faranah, †26. 3. 1984 Cleveland, Ohio; Moslem; 1958 erster Staats-Präs. Guineas. Er errichtete ein diktator. Regime, das viele Todesopfer forderte u. die Wirtschaft des Landes schwer schädigte. T. starb während eines Krankenhausaufenthaltes in den USA.

Tours [tu:r], Stadt im mittleren Frankreich, im Winkel zwischen Loire u. Cher, Mittelpunkt der *Touraine*, Verw.-Sitz des Dép. Indre-et-Loire, 133 000 Ew.

Bei T. u. Poitiers schlug der fränk. Hausmeier *Karl Martell* am 17. 10. 732 die Araber u. vertrieb sie aus Frankreich.

François-Dominique Toussaint-Louverture; zeitgenössischer kolorierter Kupferstich

Toussaint-Louverture [tu'sɛ̃ luvɛr'ty:r], François-Dominique, haitian. General u. Politiker, *20. 5. 1743 auf der Pflanzung Bréda bei Cap-Haïtien, †7. 4. 1803 Fort Joux bei Besançon (Frankreich); in der Sklaverei geboren, 1791 Anführer einer Revolution Farbiger zur Befreiung Haitis aus der Kolonialherrschaft; von Frankreich zum General ernannt, kämpfte gegen Briten u. Spanier auf Haiti, 1797 Oberbefehlshaber, 1801 Staats-Präs. Haitis, 1802 von französ. Truppen verhaftet u. nach Frankreich gebracht, starb dort im Kerker.

Toynbee [-tɔinbi], Arnold Joseph, brit. Historiker, *14. 4. 1889 London, †22. 10. 1975 York; 1919–1924 Prof. für byzantin. Geschichte, 1925–1956 für internationale Geschichte in London; 1943–1946 Direktor der Forschungsabteilungen des Außenministeriums. In seinem Hptw. „A study of history" 10 Bde. 1934–1954 (dt. gekürzt „Gang der Weltgeschichte" 2 Bde. 1947) stellte er eine spekulativ-geschichtsphilosoph. Lehre von 21 einander ablösenden Einzelkulturen auf, deren Entstehung, Wachstum u. Auflösung immer wiederkehrende, nach dem Gesetz von Herausforderung u. Antwort *(challenge and response)* verlaufende typ. Formen zeigten.

Toyotomi, Hideyoshi, japan. Heerführer u. Politiker, *1537 in Nakamura (heutige Präfektur Aichi), †1598 Fushimi; von einfacher Herkunft, trat 1558 in den Dienst des Heerführers *Oda Nobunaga* u. führte für ihn zahlreiche Feldzüge; übernahm nach Odas Ermordung die Führung bei der militärisch-polit. Einigung Japans, die 1590 vorübergehend erreicht wurde. Aus Furcht vor ausländ. Einmischung u. Entstehung neuer Loyalitäts- u. Machtverhältnisse verbot er 1587 das Christentum u. ließ die erste Christenverfolgung in Japan durchführen. 1592/93 u. 1597/98 entsandte er Invasionsstreitkräfte nach Korea, doch mißlang die beabsichtigte Eroberung von Korea u. China.

Trafalgar, span. Kap nordwestl. der Straße von Gibraltar. Bei T. besiegte H. *Nelson* am 21. 10. 1805 die französ.-span. Flotte, sicherte damit die engl. Seeherrschaft u. begründete den Nimbus von der unbesiegbaren engl. Marine. Nelson fiel in der Schlacht.

Trajan, Marcus Ulpius *Traianus*, röm. Kaiser 98–117, *18. 9. 53 Italica (Spanien), †8. 8. 117 Selinus (Kilikien); erster Kaiser provinzialröm. Herkunft, von *Nerva* adoptiert; ihm verdankt das Röm. Reich Blüte u. weiteste Ausdehnung. T. unterwarf 106 die Daker (Darstellung auf der T.säule in Rom) u. richtete im gleichen Jahr, nach Einziehung des Nordteils des Nabatäerreichs, die Provinz Arabia ein. Er kämpfte 114–117 gegen die Parther, eroberte Armenien, Mesopotamien u. die parth. Hptst. Ktesiphon am Tigris; errichtete in Rom prächtige Bauten, u. a. das größte Forum der Stadt (Forum Traiani) mit 2 Bibliotheken für latein. u. griech. Literatur u. der Basilica Ulpia u. einem Triumphbogen. Auf Betreiben seiner Gattin *Plotina* adoptierte er *Hadrian*.

Trajanswall, röm. Befestigungslinie in der rumän. Dobrudscha, einem Teil des alten Mösien; 3–6 m hohe Reste zwischen Cernavodă u. Konstanza.

Trajkow, *Trajkoff*, Georgi, bulgar. Politiker, *8. 4. 1898 Varbeni bei Lerin, †14. 1. 1975 Sofia; führend im Bauernbund, 1947–1974 als dessen Sekretär, seit 1974 als Vors., unterstützte die kommunist. Politik; 1946–1949 Landwirtschaftsminister, 1949–1951 u. 1956 bis 1964 Erster Stellvertr. Vors. des Ministerrats; 1964–1971 als Vors. des Präsidiums der Nationalversammlung Staatsoberhaupt.

Transitabkommen, am 17. 12. 1971 in Bonn unterzeichnetes Abkommen zwischen der BR Dtschld. u. der DDR. Es regelte den Transitverkehr von Zivilpersonen u. Gütern zwischen der BR Dtschld. u. Berlin (West) durch das Hoheitsgebiet der DDR auf Straßen, Schienen- u. Wasserwegen. Das T. wurde in Übereinstimmung mit dem Viermächteabkommen über Berlin vom 3. 9. 1971 ausgehandelt u. abgeschlossen; es trat mit dem Schlußprotokoll zum Berlin-Abkommen am 3. 6. 1972 in Kraft.

Transjordanien → Jordanien.

Translationstheorie, die mittelalterl. Lehre von der Übertragung *(translatio)* des Kaisertums *(Imperium Romanum)* von den Römern über die Griechen auf die fränk. Könige (Erhebung *Karls d. Gr.* zum Kaiser 800) u. später auf die deutschen Könige (Krönung *Ottos d. Gr.* 962).

Transleithanien, in Österreich-Ungarn 1867 bis 1918 nichtamtl. Name der jenseits (östl.) der Leitha gelegenen Reichsteile Ungarn u. Kroatien; im Gegensatz zu *Zisleithanien*.

Transvaal, 1910–1994 nordöstl. Provinz der Rep. Südafrika, im W u. N vom Limpopo begrenzt, 262 500 km², 8,63 Mill. Ew.

1836/37 führte der „Große Treck" Buren aus der Kapkolonie (seit 1843 auch aus Natal) in das Gebiet von T. Die in der Sand-River-Konvention 1852 von Großbritannien als unabhängig anerkannten Siedlungen schlossen sich 1856 zum Freistaat T., 1860 zur Südafrikan. Republik zusammen (erster Präs.: A. *Pretorius*). Krieg gegen schwarzafrikan. Völker u. brit. Annexion (1877) erfüllten die Jahre bis 1881; dann wurde die Unabhängigkeit T.s von Großbritannien bestätigt. Die reichen Goldfunde am Witwatersrand reizten die engl. Siedler mit Unterstützung Cecil *Rhodes'* zum *Jameson Raid*, den die Buren abwehrten. Im *Burenkrieg* 1899–1902 wurde T. von Großbritannien annektiert; er wurde bis 1907 als Kronkolonie verwaltet, ehe es innenpolit. Selbständigkeit erhielt. 1910 wurde T. Provinz der neugegründeten Südafrikan. Union, der heutigen Rep. Südafrika; 1994 aufgeteilt in die Provinzen Nord-T., Ost-T., Nordwest sowie Pretoria/Witwatersrand/Vaal-Gebiet.

Traoré, Moussa, malischer Militär, *25. 9. 1936 Kayes; führte den Putsch vom 19. 9. 1968 an u. stürzte den sozialist. Präs. M. *Keita*; übernahm als Vorsitzender des *Comité Militaire de Libération Nationale* (CMLN) die Funktion des Staatschefs; schuf 1979 die Einheitspartei *Union du Peuple Malien* (UDPM) u. wurde deren Generalsekretär; seit 1979 zugleich Staatspräsident; wurde 1991 vom Militär gestürzt u. 1993 zum Tode verurteilt.

Trappisten, lat. *Ordo Cisterciensium Reformatorum seu Strictioris Observantiae*, Abk. *OCR* oder *OCSO*, *Zisterzienser von der strengen Observanz* oder *Reformierte Zisterzienser*, kath. Mönchsorden, benannt nach dem Stammkloster *La Trappe* (seit 1898 ist Cîtaux Haupt- u. Stammkloster des Ordens); gegr. 1098, 1664 von dem als Gründer geltenden Armand-Jean Le Bouthillier de *Rancé* reformiert, seit 1892 selbständig.

Trasimenischer See, ital. *Lago Trasimeno*, mittelitalien. See in Umbrien, westl. von Perùgia, 128 km², bis 6 m tief.

Im 2. *Punischen Krieg* vernichtete in der *Schlacht am Trasimenischen See 217 v. Chr. Hannibal* das röm. Heer unter C. *Flaminius*.

Trastamara, Herrscherdynastie in Kastilien 1386–1504 u. in Aragón 1412–1516; von Bedeutung die Katholischen Könige *Isabella von Kastilien* u. *Ferdinand von Aragón*, die Spanien einigten.

Traun, Otto Ferdinand Graf von *Abensperg u. T.*, österr. Feldherr, *27. 8. 1677 Ödenburg, Ungarn, †10. 2. 1748 Hermannstadt, Siebenbürgen; seit 1697 in kaiserl. Diensten an verschiedenen Kriegsschauplätzen, vor allem in Italien, 1740 zum Feldmarschall ernannt; siegte im österr. Erbfolgekrieg 1743 bei Campo Santo gegen die in Italien eingedrungenen Spanier u. zwang 1744 Friedrich d. Gr.

in einem Verdrängungsfeldzug durch geschicktes Manövrieren ohne eine Schlacht, Böhmen zu räumen; 1745 drängte T. die Franzosen über den Rhein zurück.

Trauttmansdorff, Maximilian Graf von, österr. Diplomat, *23. 5. 1584 Graz, †8. 6. 1650 Wien; Berater Kaiser Ferdinands II. u. erster Minister Kaiser Ferdinands III.; schloß 1635 den Prager Frieden mit Kursachsen u. hatte 1644–1648 als habsburg. Hauptunterhändler wesentl. Anteil am Zustandekommen des Westfäl. Friedens.

Trèbbia, rechter Nebenfluß des Po, 115 km, entspringt im Ligur. Apennin, mündet bei Piacenza.
In der *Schlacht an der T.* besiegte im 2. *Punischen Krieg* 218 v. Chr. *Hannibal* das röm. Heer unter P. C. *Scipio* u. T. S. *Longus.*

Treblinka, Dorf in Polen, nordöstl. von Warschau, im Bugtal. In dem 1942 in T. von der SS errichteten Vernichtungslager wurden von Juli 1942 bis Okt. 1943 mehr als 700 000 Menschen ermordet, vor allem poln. Juden u. Zigeuner. Einige Angehörige des Lagerpersonals standen 1964/65 u. 1969/70 in den beiden T.-Prozessen in Düsseldorf vor Gericht.

Trebonianus Gallus, *Gaius Vibius T. G.,* röm. Kaiser 251–253, *um 206, †253; vom Heer zum Kaiser ausgerufen; schloß mit den Goten Frieden gegen Zahlung von Jahresgeldern; als die in Mösien gegen die Goten eingesetzten Legionen Marcus Aemilius Aemilianus zum Gegenkaiser ausgerufen hatten, von den eigenen Truppen ermordet.

Treitschke, Heinrich von, Historiker, *15. 9. 1834 Dresden, †28. 4. 1896 Berlin; 1863 bis 1866 Prof. in Freiburg, 1866 in Kiel, 1867 bis 1874 in Heidelberg, ab 1874 als Nachfolger Rankes in Berlin; ab 1886 auch dessen Nachfolger als Historiograph des preuß. Staats. T. wandte sich im preuß. Verfassungskonflikt 1862 zunächst gegen Bismarck, wurde aber 1864 ein glühender Verfechter von Bismarcks Politik. 1871–1884 war er nationalliberales, dann parteiloses Mitgl. des Reichstages. T. verfocht die preuß. Politik u. die kleindt. Lösung der Reichsgründung. Als Verkünder nationaler Machtpolitik, Antisemit u. Gegner des Sozialismus formte er wesentlich das polit. Geschichtsbild im Dtschld. der Kaiserzeit u. auch danach. Sein Hauptwerk „Dt. Geschichte im 19. Jh." 1879 –1894 (nur bis 1847 reichend) war das meistgelesene wissenschaftl. Werk seiner Zeit.

Trenck, 1. Franz Frhr. von der, Vetter von 2), österr. Kavallerieoffizier, *1. 1. 1711 Règgio di Calàbria, †4. 10. 1749 Festung Spielberg bei Brünn; kämpfte im Österr. Erbfolgekrieg 1741–1745 an der Spitze eines Pandurenkorps; wegen Greueltaten seiner Truppe 1746 zum Tod verurteilt, später zu Haft begnadigt.
2. Friedrich Frhr. von der, Vetter von 1), Offizier u. Abenteurer, *16. 2. 1726 Königsberg, †25. 7. 1794 Paris; seit 1744 im preuß. Militärdienst, 1745 wegen Spionageverdachts u. eines angebl. Liebesverhältnisses zur Schwester Friedrichs d. Gr., *Anna Amalie,* inhaftiert, entkam 1746 u. führte seitdem ein Abenteurerleben; als angebl. ausländ. Agent in Paris guillotiniert.

Tresckow [-ko], Henning von, Offizier (1944 Generalmajor) u. Widerstandskämpfer, *10. 1. 1901 Magdeburg, †21. 7. 1944 bei Ostrów, Polen; seit 1938 entschiedener Gegner des nat.-soz. Regimes; stand seit 1941 als 1. Generalstabsoffizier der Heeresgruppe Mitte an der Ostfront im Mittelpunkt einer Gruppe von Offizieren, die entschlossen waren, Hitler zu töten. Mehrere Attentate schlugen 1943 fehl. An den Umsturzplanungen, die zum 20. 7. 1944 führten, war T. maßgeblich beteiligt. Nach deren Scheitern nahm er sich das Leben.

Treuga Dei [vulgärlat., „Gottesfriede"], seit dem 11. Jh. ein allg. Fehdeverbot u. Friedensgebot für bestimmte Tage *(Friedetage, dies treugales)* u. Zeitabschnitte des Kirchenjahrs.

Trevelyan [tri'vɛljən], George Macaulay, engl. Historiker, *16. 2. 1876 Welcomb, Stratford-on-Avon, †20. 7. 1962 Cambridge; 1927 bis 1951 Prof. in Cambridge; schrieb Geschichte in der liberalen Tradition von T. B. *Macaulay* u. Lord *Acton.* Hauptwerke: „England under the Stuarts" 1904; „Garibaldi" 3 Bde. 1907–1911; „British history in the 19th century 1782–1901" 1922; „History of England" 1926 ff.; „English social history: A survey of six centuries" 1944.

Treverer, wegen seiner Reiterei bekannter kelt.-german. Volksstamm an der Mosel, Hptst. *Augusta Treverorum* (Trier); nach längeren Kämpfen 51 v. Chr. von *Cäsar* unterworfen; Versuche, die röm. Herrschaft abzuschütteln (29 v. Chr., 21 n. Chr.), schlugen fehl.

Trialismus [lat.], Bestrebungen in der österr.-ungar. Monarchie, den *Dualismus* von 1867 abzulösen u. neben die Doppelmonarchie Österreich-Ungarn einen dritten, slaw. Reichsteil zu stellen.

Trianon [-'nɔ̃], *Vertrag von T.* : → Pariser Vorortverträge (4).

Trias, die im 19. Jh. mehrfach angestrebte Koalition der dt. Mittel- u. Kleinstaaten im *Deutschen Bund* als dritte Kraft zwischen Österreich u. Preußen.

Tribun [Pl. die *Tribune(n)*], lat. *tribunus,* im alten Rom ursprüngl. Vorsteher einer der 3 *Tribus.* Später wurden die T.en mit verschiedenen Aufgaben betraut. *Volks-T.en* waren Beamte, die die Rechte der Plebejer gegen die Patrizier zu wahren hatten; sie waren unverletzlich u. hatten ein Vetorecht gegen Maßnahmen aller Beamten u. Senatsbeschlüsse. Der *Kriegstribun* war ein Legionsoffizier.

Tribus [die, Pl.; lat.], im alten Rom Bez. für die 3 Stämme *(Tities, Ramnes, Luceres),* aus denen sich das älteste Gemeinwesen zusammensetzte u. die in je 10 *Kurien* unterteilt waren. In republikan. Zeit war die Bürgerschaft territorial in 4 städt. u. 17 ländl. T. gegliedert; diese traten in den *Tributkomitien* zusammen. Die Gesamtzahl der T. wurde später auf 35 erhöht. Sie bildeten die Grundlage für die Erfassung der Bürgerschaft.

Tribut [lat.], Abgabe, Steuer; Leistungen der Besiegten an die Sieger; im alten Rom zeitweise Leistungen bei Kriegsausgaben, deren Höhe individuell von der Zugehörigkeit zu einer der 5 Vermögensklassen abhing, in die röm. Bürger alle 5 Jahre von Zensoren eingeschätzt wurden.

Trichterbecher-Kultur, Ackerbau u. Viehzucht treibende, regional sehr verschiedene Kulturgruppen der Jungsteinzeit in Dänemark, Südschweden, Nord-Dtschld. u. dem östl. Mitteleuropa, die als gemeinsame Merkmale scharf profilierte Tongefäße (darunter Trichterbecher, Kragenflaschen, Ösenbecher) mit reichen, tief in den Ton gedrückten geradlinigen Ornamenten aufweisen. Die T. ist die älteste bekannte neolithische Kultur in diesem Raum (etwa 3500 v. Chr.–2000 v. Chr.). In der Spätzeit führten die T.en schon Kupfergegenstände; es wurden Megalithgräber errichtet (z. B. Denghoog bei Wenningstedt auf Sylt).

Tridentinisches Konzil, *Tridentinum* → Trienter Konzil.

Triens [der; lat.], *Tremissis,* röm. Münzwert: 1. röm. Bronzemünze im *Aes grave* des 3. Jh. v. Chr. 1 T. = *As* = 4 Unzen; 2. spätröm. Goldmünze (1,5 g), 1 T. = *Solidus,* vom 4.–7. Jh. geprägt, Hauptmünze der german. Reiche der Völkerwanderungszeit.

Trient, norditalien. Prov.-Hptst. an der Etsch, Hptst. der Region Trentino-Südtirol, 102 000 Ew.
Kelt. Siedlung, röm. *Tridentum,* ostgotisch, dann langobardisch, schließlich fränkisch bzw. deutsch, stand im MA unter den reichsunmittelbaren Bischöfen von T., in enger

Trier: die Ruinen der römischen Kaiserthermen

Verbindung mit Tirol (1803 vereinigt), 1919 zu Italien.

Trienter Konzil, *Tridentinisches Konzil, Tridentinum,* setzte in 3 Tagungsperioden (I. 1545–1547 in Trient u. 1547 in Bologna, II. 1551/52, III. 1562/63 in Trient) gegenüber den Reformatoren die Lehre der röm.-kath. Kirche über die Gleichwertigkeit von Hl. Schrift u. Überlieferung, über Erbsünde, Rechtfertigung u. Gnade, Siebenzahl der Sakramente, Priesterweihe, Heiligenverehrung u. Ablaß fest u. faßte diese im *Tridentinischen Glaubensbekenntnis* zusammen.

Trier, kreisfreie Stadt in Rheinland-Pfalz, Hptst. des Reg.-Bez. T., an der Mosel nahe der luxemburg. Grenze, 124 m ü. M., 99 200 Ew.
T. war Hauptstadt u. Kultort der *Treverer,* als 15 v. Chr. unter *Augustus* am Schnittpunkt der Heerstraßen die römische Kolonie *Augusta Treverorum* gegründet wurde. Unter *Tiberius* wurde T. Hauptstadt der Provinz Belgica, dann Galliens; 260–399 war es kaiserliche Residenz. Nach der Zerstörung durch Franken u. Alemannen um 275 wurde T. unter *Constantius Chlorus* wieder aufgebaut u. erlebte seine größte Blüte unter *Konstantin d. Gr., Valentinian I.* u. *Gratian.* Aus dieser Zeit stammen die Palastaula (Basilika), die Römerbrücke u. die Kaiserthermen. Um 180 wurde das Nordtor der römischen Stadtmauer (Porta Nigra) gebaut.
Um 475 fiel T. den Franken zu. Seit dem 3. Jh. war es Bistum; 811 wird es als Erzbistum urkundlich erwähnt. 925 kam T. mit Lothringen zum dt. Reich. Um 1190 wurde ein T.er Stadtrecht geschaffen. Erzbischof *Balduin von Luxemburg* (1308–1354) schuf den Kurstaat T. 1794 wurde T. Frankreich einverleibt, das 1801 die linksrhein. Stiftsgebiete säkularisierte; die rechtsrhein. Gebiete fielen 1803 an Nassau. 1815 fiel T. an Preußen.

Triere [die; grch.], lat. *Trireme,* im 7. Jh. v. Chr. entwickeltes u. seit etwa 525 v. Chr. häufig verwendetes, etwa 35 m langes antikes Kriegsschiff mit 3 Reihen von Ruderern auf jeder Seite unter dem Deck, von welchen zur Verminderung der Schiffshöhe die mittlere nach innen eingedrückt war, während die beiden anderen übereinander saßen.

Triest, nordostitalien. Hafen- u. Prov.-Hptst. am Golf von Triest, im NW der Halbinsel Istrien, 228 000 Ew.
Die röm. Gründung *Tergeste* aus dem 2. Jh. v. Chr. wurde unter Augustus zur befestigten Stadt. Während der Herrschaft Diocletians wurde T. christianisiert, im 6. Jh. Sitz eines Bischofs, der seit 948 auch Territorialherr war (bis 1216). T. unterwarf sich 1382 Herzog Leopold III. aus dem Haus Habsburg. Unter habsburg. Oberhoheit blieb T. bis zur Zeit der französ. Besetzung 1797–1813. Durch Grün-

dung des Freihafens 1719 wurde es die bedeutendste Handelsstadt der Adria. Die Versuche Italiens, T. im 1. Weltkrieg zu erobern, scheiterten in den Isonzo-Schlachten. 1919 wurde es im Frieden von Saint-Germain Italien zugesprochen. 1947 wurde T. u. Umgebung zum entmilitarisierten Freistaat erklärt; die vorgesehene UN-Verwaltung kam jedoch wegen Streitigkeiten der Siegermächte nicht zustande. Die nördl. Zone A war von brit. u. US-amerikan., die südl. Zone B von jugoslaw. Truppen besetzt. Durch das Londoner Abkommen 1954 kam Zone A an Italien, Zone B an Jugoslawien.

Trifels, Burgruine im S von Rheinland-Pfalz, auf dem *Sonnenberg* (493 m) nordwestl. von Bergzabern; ehem. Reichsburg (1081 erstmals genannt). 1193/94 wurde der engl. König *Richard I. Löwenherz* hier gefangengehalten. Seit Heinrich VI. war T. zeitweise Aufbewahrungsort des Reichsschatzes u. der Reichskleinodien; verfiel nach 1648.

Trikolore [die; lat., frz.], grundsätzlich jede dreifarbige Flagge in Streifenform; umgangssprachlich jedoch meist gleichbedeutend mit der französ. Nationalflagge.

Tripolje-Kultur: Haus mit zwei Backöfen mit Kuppelüberwölbung und vierblattförmiger sog. Opferstelle; darunter Gefäße, Schöpfkelle, Idole und Hausmodell aus Ton.

Trinidad und Tobago TT

Republik Trinidad und Tobago

Fläche: 5130 km². – *Einwohner:* 1,3 Mill. – *Hauptstadt:* Port of Spain. – *Landessprache:* Englisch. – *Nationalfeiertage:* 31. 8. u. 24. 9. – *Währung:* 1 Trinidad- und Tobago-Dollar = 100 Cents. – *Lage:* Inseln im Karibischen Meer vor der Küste Venezuelas zwischen 10°02′ und 11°20 n. Br. sowie 60°32′ und 61°56′ w. L. – *Zeitzone:* Mitteleuropäische Zeit – 5 Std. – *Staatsform:* parlamentarische Republik.

Die 1498 von Kolumbus entdeckten Inseln wurden span. Kolonien u. fielen 1797 bzw. 1814 in engl. Besitz. 1889 wurden beide Inseln zu einer Kronkolonie zusammengefaßt. Sie gehörten 1958–1962 der Karibischen (Westindischen) Föderation an u. wurden dann am 31. 8. 1962 unabhängige Monarchie im Commonwealth. 1976 löste der Inselstaat seine Bindung an die brit. Krone u. gab sich (weiterhin im Rahmen des Commonwealth) eine republikan. Verfassung. 1955–1986 regierte die sozialdemokratisch ausgerichtete Nationale Volksbewegung *(People's National Movement, PNM).* 1986 kam durch Wahlsieg die eher konservative Nationale Allianz für Wiederaufbau *(National Alliance for Reconstruction, NAR)* an die Macht. Seit 1991 regierte wieder die PNM. Nach den Wahlen 1995 wurde B. *Panday* vom Vereinigten Nationalkongreß *(United National Congress, UNC)* neuer Premier-Min.

Tripelallianz, *Tripelentente*, Bündnis zwischen drei Staaten, insbes. der *Dreiverband.*

Tripolitanien, *Tripolis*, nordwestl. Teilgebiet (ehem. Provinz) von Libyen, Hauptort *Tripolis.* – T. mit der von Phöniziern gegr. Hptst. *Tripolis* war die Ostprovinz Karthagos; 146 v. Chr. wurde es numidisch, 46 v. Chr. römisch, 435 eroberten es die Wandalen, 534 wurde es Teil des Byzantin. Reichs. Seit 643 unterstand es arab. Herrschern; 1551 kam es zum Osman. Reich, war aber lange faktisch unabhängiges Berbergebiet. 1911/12 wurde T. von Italien erobert u. zur Kolonie gemacht. Im 2. Weltkrieg beendeten brit. Truppen die italien. Herrschaft. T. kam unter brit. Militärverwaltung, bis es 1951 Teil des in die Unabhängigkeit entlassenen Libyen wurde.

Tripolje-Kultur, jungsteinzeitl. Bauernkultur in der Ukraine u. dem südwestl. Teil Rußlands, nach der Siedlung *Tripolje* bei Kiew benannt. Charakteristisch sind neben einer groben Gebrauchskeramik mit weißen, schwarzen u. roten Spiralmustern bemalte Tongefäße, kleine Frauenfiguren aus Ton u. Tonhüttenmodelle u. in der Spätphase Kupfergegenstände. Die Siedlungen hatten die Form von Runddörfern mit kreisförmig angeordneten Wohnbauten u. einem mittleren freien Platz. Die T. hängt eng mit der rumän. *Cucuteni-Kultur* zusammen.

Triumph [lat.], Sieg, Siegesfreude; im alten Rom die vom Senat gewährte höchste Ehrung für einen siegreichen Feldherrn (seit 71 n. Chr. nur noch Kaisern erlaubt), von den Etruskern übernommen u. ursprüngl. ein sakraler Akt; ein prunkvoller Festzug vom Marsfeld zum Kapitol. Voran schritten Senat u. Magistrate, dann folgten die Kriegsbeute u. Gefangene, die goldenen Kränze u. anderne Ehrengaben für den Feldherrn, die geschmückten Opfertiere u. dann der *Triumphator* selbst; den Schluß des Zuges bildete das lorbeergeschmückte Heer. Anschließend fand ein Fest für Heer u. Volk statt.

Triumvirat [das; lat.], im alten Rom ein aus drei Mitgliedern bestehendes Beamtenkollegium für verschiedene Aufgaben, z. B. für die Münzprägung *(tresviri monetales)* u. die Kriminaljustiz *(tresviri capitales).* Davon ist das T. zu unterscheiden, bei dem sich drei einflußreiche Politiker in einem polit. Bündnis zusammentaten. Ein solches privates T. war das sog. 1. T., das *Cäsar, Pompeius* u. *Crassus* 60 v. Chr. bildeten u. 56 v. Chr. erneuerten, um ihre Forderungen besser durchsetzen zu können. Das 2. T. war auch juristisch verankert: *Octavian, Antonius* u. *Lepidus* erhielten im November 43 v. Chr. durch Volksbeschluß für fünf Jahre fast unbeschränkte Vollmachten; das Gesetz wurde im Vertrag von Tarent um fünf Jahre verlängert.

Trizone → Vereinigtes Wirtschaftsgebiet.

Trois-Fréres [trwa'frɛːr], 1912 in Frankreich entdeckte Höhle bei Montesquieu-Avantès (Dép. Ariège) mit über 600 gravierten Tierbildern aus der jüngeren Altsteinzeit: Mammute, Nashörner, Feliden, Bären, Wisente, Rentiere, Steinböcke, Hirsche, Pferde, Höhlenlöwen; auch zwei menschlich-tierische Mischwesen. Benannt wurde sie nach ihren Entdeckern, den drei Söhnen des Grafen H. *Bégouen.*

Troja, *Ilion, Ilium*, antike Stadt mit Burg (Pergamos) auf einem Hügel bei Hissarlik im NW Kleinasiens, südwestl. der Dardanellen. Nach myth. Überlieferung von *Tros* gegründet; Schauplatz des *Trojanischen Kriegs*, den man ursprüngl. für nichthistorisch hielt. Bei

Troja: Plan nach C. W. Blegen

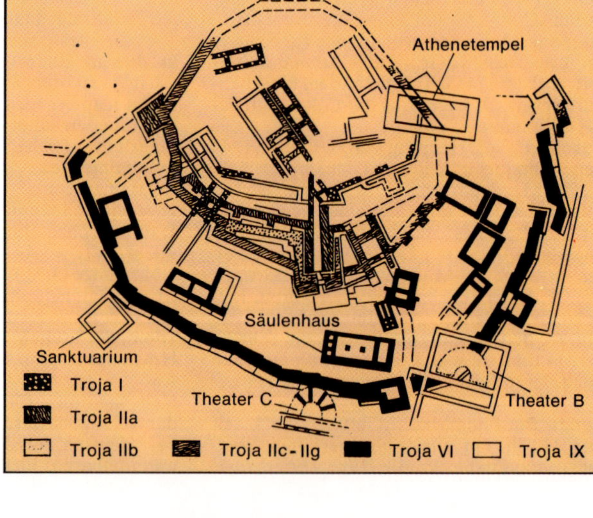

den von H. *Schliemann* 1870 begonnenen Ausgrabungen wurden neun aufeinander folgende Besiedlungsschichten freigelegt. Die Reste des von *Homer* beschriebenen T. werden seit den Untersuchungen von W. *Dörpfeld* (1893) in der Schicht VI bzw. nach C. W. *Blegen* (1932–1938) in der Schicht VII A gesehen. Die untersten 5 Schichten gehören der frühen Bronzezeit (Mitte 3. bis Anfang 2. Jahrtausend v. Chr.) an; T. war aber schon in der Jungsteinzeit (4. Jahrtausend v. Chr.) bewohnt. Für Schliemann war die von einer Ringmauer umgebene, nach 2300 v. Chr. abgebrannte Burg der 2. Siedlungsschicht das homer. T.; reiche Gold-, Silber- u. Keramikfunde (sog. Goldschatz des Priamos) schienen ihm die Richtigkeit seiner Annahme zu bestätigen. Während dieser Zeit war T. ein Umschlagplatz für den Metallhandel. Die Schichten über VII A bezeugen einen wiederholten Aufbau der um 1240 v. Chr. zerstörten Anlage. Unter *Cäsar* u. *Augustus* wurde die Stadt als *Ilium novum* wiederaufgebaut, geriet aber unter Byzantinern u. Türken in Vergessenheit.

Trojanischer Krieg, historisch umstrittener Krieg, vermutlich im 12. Jh. v. Chr. (nach *Dionysios von Italikarnassos*) zwischen Griechen u. Trojanern in Troja, sagenumwoben u. literarisch oft dargestellt (*Homer, Vergil, Benoît de Sainte-Mores* um 1160, J. *Giraudoux* 1935 u. a.).

Trotha, Adolf von, Vizeadmiral, *1. 3. 1868 Koblenz, †11. 10. 1940 Berlin; 1916–1918 Chef des Stabes der Hochseeflotte, befürwortete das Auslaufen der Flotte kurz vor Kriegsende; 1919/20 Chef der Admiralität; 1921 Führer des „Großdeutschen Jugendbundes", 1934 Führer des „Reichsbundes deutscher Seegeltung".

Trott zu Solz, Adam von, Diplomat u. Widerstandskämpfer, *9. 8. 1909 Potsdam, †26. 8. 1944 Berlin-Plötzensee (hingerichtet); Jurist, seit 1939 im Auswärtigen Amt; versuchte durch Auslandskontakte brit. u. amerikan. Unterstützung für die dt. Widerstandsbewegung zu gewinnen. Nach dem Attentat auf Hitler am 20. 7. 1944 wurde T. vom Volksgerichtshof zum Tode verurteilt.

Trotzkij, *Trockij,* Lew (Leo) Dawidowitsch, eigentl. *Bronstein,* sowjet. Politiker, *7. 11. 1879 Janowka, Ukraine, †21. 8. 1940 Coyoacán (Mexiko; ermordet); schloß sich als Schüler der sozialdemokrat. Bewegung an, wurde verbannt u. floh nach Westeuropa. 1903 geriet er in der Frage des Parteiaufbaus in Gegensatz zu *Lenin* u. stand fortan zwischen den Fraktionen der Bolschewiki u. Menschewiki. In der Revolution 1905 war T. Vors. des Petersburger Sowjets (Arbeiterrats), wurde erneut verbannt u. floh wiederum. Nach der Februarrevolution 1917 schloß er sich den Bolschewiki an u. wurde wieder Vors. des Petrograder Sowjets. 1917–1927 war er Mitgl. des ZK, 1919–1926 des Politbüros der bolschewist. Partei. Als Volkskommissar (Min.) für Äußeres (1917/18) suchte er mit einer Verschleppungstaktik den Frieden von Brest-Litowsk zu verhindern. Als Volkskommissar für Militärwesen (1918–1925) schuf er die Rote Armee. Nach Lenins Tod 1924 unterlag T. im Machtkampf gegen *Stalin.* Ab 1925 verlor er schrittweise alle Staats- u. Parteiämter; 1927 wurde er aus der Partei ausgeschlossen, 1928 nach Kasachstan verbannt u. 1929 aus der UdSSR ausgewiesen. Im Exil (Türkei, Frankreich, Norwegen, Mexiko) war T. publizistisch tätig, entwickelte seine polit. Auffassungen *(Trotzkismus)* in zahlreichen Schriften u. gründete 1938 die IV. Internationale. Er wurde von einem Agenten der sowjet. Geheimpolizei ermordet. T. schrieb u.a. „Die permanente Revolution" 1930; „Mein Leben" 1930; „Geschichte der russ. Revolution" 1933; „Die verratene Revolution" 1937; „Stalin" (posthum) 1952.

Truchseß, *Seneschall,* eines der vier alten Ämter (im Reich: → Erzämter) an dt. Höfen im MA, bes. mit der Aufsicht über die Tafel betraut; entwickelte sich zum erbl. Titel ohne Funktion.

Truchseß von Waldburg → Waldburg.

Trudeau [try'do], Pierre Elliot, kanad. Politiker (Liberaler), *8. 10. 1919 Montreal; Jurist; 1967/68 Justiz-Min., 1968–1984 Parteivorsitzender, 1968–1979 u. 1980–1984 Premierminister.

Trujillo y Molina [-'xijo], Rafael Leonidas, dominikan. Politiker u. Offizier, *24. 10. 1891 San Cristóbal, †30. 5. 1961 Ciudad Trujillo (Santo Domingo; ermordet); 1930–1938 u. 1942–1952 despotisch regierender Staats-Präs., übertrug 1952 seinem Bruder Héctor die Präsidentschaft, blieb aber bis zu seiner Ermordung eigentl. Machthaber der Dominikan. Republik.

Trullanische Synoden, *Trullanum I,* u. *II,* das 6. allg. Konzil von Konstantinopel 680/81 (Verurteilung des Monotheletismus) u. die Reichssynode 691, nach dem Sitzungssaal des kaiserl. Palastes zu Konstantinopel benannt. Die letztere lehnte den Zölibat der Priester ab u. wandte sich gegen den Primat des Papstes. Papst Sergius I. u. seine Nachfolger erkannten die T.n S. nicht an. Die Ostkirchen rechnen Trullanum II als 7. allg. Konzil.

Truman ['tru:mən], Harry S., US-amerikan. Politiker (Demokrat), *8. 5. 1884 Lamar, Mo., †26. 12. 1972 Kansas City; 1934 Senator für Missouri; 1944 Vizepräsident; nach F. D. Roosevelts Tod am 12. 4. 1945 (33.) Präsident, bis 1953 (Wiederwahl 1948). T. befahl den Abwurf der Atombomben auf Hiroshima u. Nagasaki, nahm 1945 an der Potsdamer Konferenz teil, stimmte dem Rückzug der USA aus China 1947/48 zu u. suchte seit 1947 der sowjet. Expansion entgegenzutreten *(Truman-Doktrin, Marshall-Plan, Punkt-4-Programm).* Er veranlaßte die Teilnahme der USA am Koreakrieg 1950–1953. „Memoirs" 2 Bde. 1955/56, dt. 1955/56

Truman-Doktrin ['tru:mən-], inoffizielle Bez. für die in einer Erklärung des US-amerikan. Präs. Truman vom 12. 3. 1947 verkündete Bereitschaft der USA, den durch kommunist. Bewegungen u. Staaten bedrohten Ländern wirtschaftl., finanzielle u. militär. Hilfe zu gewähren. Die T. wurde zum Grundprinzip der amerikan. Außenpolitik im „Kalten Krieg"; sie wurde mit der Hilfe an Griechenland u. die Türkei 1947, dem Marshallplan u. der NATO verwirklicht.

Trysa, antike Stadt in Lykien an der Südküste Anatoliens, beim heutigen Gölbase. Außen an der Stadtmauer fand man einen Grabbezirk aus dem 5. Jh. v. Chr. mit Reliefszenen an der Umfassungsmauer.

Tschad TCH

Republik Tschad

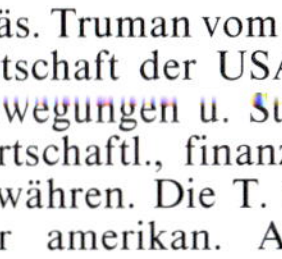

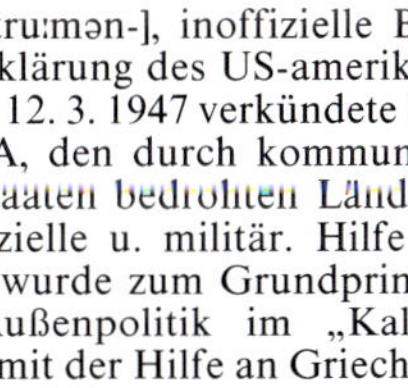

Fläche: 1 284 000 km². – *Einwohner:* 6,2 Mill. – *Hauptstadt:* N'Djaména. – *Landessprachen:* Französisch, Tschad-Arabisch. – *Nationalfeiertag:* 11. 8. – *Währung:* 1 CFA-Franc = 100 Centimes. – *Lage:* zwischen 7°30' und 24° n. Br. sowie 14° und 24° ö. L. – *Zeitzone:* Mitteleuropäische Zeit + 1 Std. – *Grenzen:* im N Libyen, im O Sudan, im S Zentralafrikanische Republik, im W Kamerun, Nigeria und Niger. – *Staatsform:* präsidiale Republik.

Lew Dawidowitsch Trotzkij *Harry S. Truman*

Felszeichnungen in der Nähe von Fada weisen auf eine frühe Besiedlung der Tschadzone hin. Vor der Entstehung des Reiches *Kanem* (vor 1000) im S des heutigen Staatsgebiets lebten hier bereits arabisch-berberische Nomaden u. seßhafte Völker nebeneinander. Die frühen Reiche bildeten sich an den alten Handelsstraßen, die von Mali durch T. nach O (Sudan) u. N (Mittelmeergebiet, Ägypten) führten; auf ihnen wurden Gold, Salz u. Sklaven transportiert. Ausgelöst durch die nach Süden eindringenden *Tibbu,* entstand vor dem Jahr 1000 das Reich Kanem, dessen Dynastie rund 1000 Jahre die Macht in diesem Raum ausübte u. im 11. Jh. zum Islam übertrat. Im 13. Jh. stand Kanem auf dem Höhepunkt seiner Macht. Tibbu, *Sao* und *Bulala* erhoben sich gegen Kanem, u. dessen König wich in der Folge nach *Bornu* aus, dem Nachfolger des Reiches Kanem. Daneben entstanden die Reiche *Bagirmi* im SO (seit 1500) und *Ouadai* im O (um 1600). 1846 wurde der letzte Sproß der Kanem-Bornu-Dynastie hingerichtet. Mit dem Eindringen europäischer Kolonialmächte wurde der Sklavenhandel beendet und den Reichen so die wirtschaftliche Grundlage entzogen.

Schon Anfang des 19. Jh. begann die Erforschung T.s durch Europäer, unter ihnen H. *Barth.* 1898 schlug der französ. Offizier *Lamy* den Usurpator *Rabeh,* u. T. wurde zum französ. Protektorat.

Unter seinem Gouverneur F. *Eboué* verweigerte T. 1940 als einziges französ. Kolonialgebiet die Zusammenarbeit mit dem Vichy-Regime u. diente de *Gaulle* als erste Basis zur Fortsetzung des Krieges gegen die Achsenmächte.

1958 wurde T. autonome Republik innerhalb der Französ. Gemeinschaft. Es erhielt am 11. 8. 1960 seine Unabhängigkeit. Die Gegensätze zwischen den heterogenen Bevölkerungsgruppen bestimmten die innenpolit. Entwicklung. Unter dem christl. Präs. F. *Tombalbaye* (1960–1975) wurden die islam. Nomaden in der Sahara benachteiligt. Dies führte 1966 zur Bildung der Befreiungsfront *FROLINAT* (Front de Libération Nationale Tchadien) im N, die von Libyen unterstützt wurde, während die Regierung französ. Militärhilfe in wechselnder Stärke erhielt. Nach dem Sturz Tombalbayes operierte die Nordarmee erfolgreich u. übernahm 1979 die Regierungsgewalt im Lande. Schon 1980 zerstritten sich die beiden Führer der Befreiungsbewegung H. *Habré* u. G. *Weddeye* u. stürzten das Land erneut in den Bürgerkrieg. Mit libyscher Hilfe vertrieb Weddeye Ende 1980 seinen Widersacher aus der Hauptstadt N'Djaména, mußte aber nach Abzug der Libyer 1982 den Truppen Habrés weichen, der sich nun zum Präsidenten des Landes erklärte. Als Weddeye 1983 mit starker libyscher Militärhilfe die nächste Offensive begann, griffen wieder französ. Verbände ein u. hielten den Vormarsch auf. 1988 schlossen Libyen u. T. einen Waffenstillstand u. nahmen die diplomat. Beziehungen wieder auf. 1990 wurde Habre von einer Rebellenbewegung unter I. *Deby* gestürzt. Unter dem neuen Machthaber Deby billigte die Bevölkerung in einem Referendum im März 1996 eine neue Verfassung. Die Präsidentschaftswahlen im Juli 1996 gewann Deby.

Tschagatai, *Dschagatai, Čagatai,* Sohn Tschingis Chans, †1242; erhielt 1227 nach dessen Tod die Teilherrschaft über Turkistan u. Buchara. Nach ihm wurden die mittelasiatischen Türken *T.er* genannt.

Tschaischpisch, pers. König, → Teispes.

Tschaka, *Chaka, Shaka,* südostafrikan. Fürst der Zulu, *1787, †1828 (ermordet); Herrscher u. Schöpfer eines im 19. Jh. bedeutenden Staats (heutiges Zululand u. Natal).

Tschampa, historisches Reich in Indochina, → Champa.

Tschang Tsolin [dʒaŋdzuɔlin], chines. Militärmachthaber, → Zhang Zuolin.

Tschao Tsijang, chinesischer Politiker, → Zhao Ziyang.

Tschechische Republik CZ

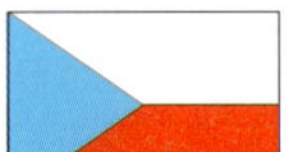

Fläche: 78 864 km². – *Einwohner:* 10,3 Mill. – *Hauptstadt:* Prag. – *Landessprache:* Tschechisch. – *Nationalfeiertag:* 28. 10. – *Währung:* 1 Tschechische Krone = 100 Hellers. – *Lage:* zwischen 48°34′ und 51°03′ n. Br. sowie 12°05′ und 18°51′ ö. L. – *Zeitzone:* Mitteleuropäische Zeit. – *Grenzen:* im N Deutschland und Polen, im O Slowakische Republik, im S Österreich, im W Deutschland. – *Staatsform:* parlamentarische Republik.

Das Gebiet der heutigen T.n R. ist seit mehr als 2000 Jahren Schauplatz ethnischer, polit., wirtschaftl., religiöser, nationaler u. sozialer Auseinandersetzungen. Sicher nachzuweisen ist eine kelt. Besiedlung *(Bojer)* seit dem 4. Jh. v. Chr. Die erste Staatsbildung ging von german. Stämmen *(Markomannen, Quaden)* unter Führung *Marbods* (nach 9 v. Chr.–19 n. Chr.) aus. Im Kampf gegen Hunnen u. Awaren entstand im mähr. Raum der Herrschaftsbereich des *Samo* (7. Jh.). Im 9. Jh. hatte sich das *Großmährische Reich* herausgebildet. Die Christianisierung ging zunächst vom Westen aus (wahrscheinl. durch irische Mönche), seit 863 missionierten die Slawenlehrer *Kyrill* u. *Method* (mit slaw. Liturgiesprache). Das Reich des mähr. Fürsten *Swatopluk* (†894) umfaßte auch weite Gebiete des heutigen Ungarn, Polen u. Schlesien. Nach dem Zerfall des Großmähr. Reichs erfolgte Anfang des 10. Jh. eine neue Staatsbildung durch die böhm. *Přemysliden* (bis 1306), die das Land im Lauf des MA zu wirtschaftl. Blüte führten. Das Siedlungsgebiet der Slowaken gehörte seit dem 11. Jh. zum Königreich Ungarn. Von Kaiser u. Papst wurde 1198 den böhm. Fürsten die erbliche Königswürde verliehen (1212 durch Friedrich II. bestätigt). Die Beziehungen zwischen Böhmen u. dem Reich waren vielfältig u. fruchtbar.

Seit dem 13. Jh. kam es zu zahlreichen Städtegründungen; dt. Kaufleute u. Handwerker wanderten in großer Zahl ein u. bildeten vielfach das Patriziat der neuen Städte, Bauern u. Bergleute schlossen sich an. Deutsches Stadtrecht wurde Grundlage der urbanen Entwicklung. Unter *Ottokar Přemysl* reichten die Grenzen des böhm. Reichs bis weit in österr. Gebiet hinein (Kärnten, Steiermark, Krain), das aber im Kampf gegen *Rudolf von Habsburg* (Schlacht auf dem Marchfeld 1278) wieder verlorenging. Ottokars Sohn *Wenzel II.* gewann die poln. Krone (1300) u. die Anwartschaft auf den ungar. Thron.

Unter den *Luxemburgern*, die nach dem Aussterben der Přemysliden das Königreich Böhmen beherrschten, ragt die Gestalt *Karls I.* (als Kaiser Karl IV.) heraus. Seine außenpolit. Erfolge (u. a. die Ausgliederung Schlesiens 1327/1335 u. der Oberlausitz 1319/1329/1346) waren begleitet von wirtschaftl. Wachstum u. kultureller Entwicklung (Gründung der Universität in Prag 1348). Böhmen wurde zum Zentrum des Reiches.

Nach der Hinrichtung des Reformators Jan *Hus* ging von seinen Anhängern die religiöse, tschechisch-nationale *Hussitenbewegung* aus, die sich gegen die kirchl. Hierarchie, die vom König unterstützt wurde, wie gegen die dt. Oberschicht richtete (1. Prager Fenstersturz 1419). Die Radikalen unter den Hussiten (Taboriten) verlangten eine neue kollektivist. Gesellschaftsordnung, die Forderungen der Gemäßigten zielten neben der Enteignung des Kirchenbesitzes vorwiegend in den Bereich der Religionsausübung (freie Auslegung der Bibel, Gottesdienste in tschech. Sprache, Abendmahl in beiderlei Gestalt). Die *Hussitenkriege* (1419–1436) endeten nach entscheidenden Siegen der Reformer über die Heere König Sigismunds mit dem Erfolg der Gemäßigten, allerdings auf Kosten der territorialen Eigenständigkeit. Nach dem „nationalen" Königtum des *Georg von Podiebrad* (1458–1471) wurde Böhmen unter den Nachbarn Polen u. Ungarn aufgeteilt, seit 1490 war es als Teil der dynastischen Union der *Jagiellonen* mit Polen u. Ungarn verbunden.

Mit der Thronbesteigung *Ferdinands I.*, des Bruders von Kaiser *Karl V.*, begann 1526 die fast 400jährige Herrschaft der *Habsburger* in Böhmen. Zusammen mit dem kath. Hochadel betrieben sie die Gegenreformation. Der Widerstand der großenteils prot. Bevölkerung in Böhmen führte zum 2. Prager Fenstersturz (1618), der sich gegen die habsburg. Statthalter richtete u. in Europa den Dreißigjährigen Krieg auslöste. Die böhm. Stände wählten den Protestanten Kurfürst *Friedrich von der Pfalz* zum böhm. König („Winterkönig"); er wurde jedoch in der Schlacht am Weißen Berge bei Prag (1620) besiegt. Die Habsburger hatten das Land wieder fest in der Hand, zahlreiche tschech. Intellektuelle u. dt. Protestanten gingen in die Emigration (J. A. Comenius). Beherrschend in Böhmen waren nun das katholische u. königstreue deutsche Bürgertum u. der deutsche Adel. 1742 ging der größte Teil von Schlesien an Preußen verloren.

Der aufgeklärte Absolutismus *Josephs II.* führte zur Aufhebung der Leibeigenschaft, zu religiöser Toleranz u. teilweise zum Abbau der privilegierten Stellung des Adels. Doch setzte auch er die Germanisierungspolitik fort, das Tschechische wurde zunehmend zur Sprache der Abhängigen u. Armen. Ein neues Nationalbewußtsein der Tschechen weckten seit dem Beginn des 19. Jh. vor allem Sprachforscher u. Historiker. Nach dem Prager Aufstand von 1848, der neben nationalen auch soziale Ursachen hatte u. wie die Revolution in Wien von General *Windischgrätz* niedergeschlagen wurde, erstickte ein habsburg. Polizeiregime alle tschech. Autonomiebestrebungen. Mit dem Ausgleich von 1867 wurde Ungarn Gleichberechtigung gegenüber der westl. Reichshälfte zugesichert. Böhmen u. Mähren gehörten nun zum österr., die Slowakei zum ungar. Teil der Monarchie.

Die nationale Bewegung spaltete sich in die großbürgerl. „Alttschechen", die den Anschluß an ein liberales Österreich wünschten, u. die „Jungtschechen", die eine volle Autonomie erstrebten. Die zunehmende Zahl der Industriearbeiter ließ auch die Sozialdemokraten u. um die Wende zum 20. Jh. vor allem die radikaleren Nationalen Sozialisten erstarken. Führer der kleinen Fortschrittspartei war T. G. *Masaryk*, der zwischen nationalen Demokraten u. Marxisten eine gemäßigte Haltung einnahm.

Der 1. Weltkrieg offenbarte die Brüchigkeit der Donaumonarchie. Masaryk, E. *Beneš* u. der Slowake M. E. *Štefánik* strebten die volle Unabhängigkeit ihrer Völker an. Im *Pittsburgher Vertrag 1918* sicherte Masaryk den Slowaken Autonomie innerhalb eines gemeinsamen tschech.-slowak. Staates zu. Diese Bemühungen führten am 28. 10. 1918 zur Gründung der → Tschechoslowakei. Nach deren Auflösung 1992 wurde die T. R. am 1. 1. 1993 ein unabhängiger Staat. Erster Min.-Präs. wurde V. *Klaus* von der konservativen Demokrat. Bürgerpartei an der Spitze einer Mehrparteienkoalition. Staats-Präs. wurde V. *Havel* (1998 im Amt bestätigt). Klaus führte die Koalitionsregierung auch nach den Wahlen 1996 weiter, obwohl er die Parlamentsmehrheit verloren hatte. Aufgrund einer Parteispendenaffäre trat die Regierung Klaus 1997 zurück. Neuer Regierungschef wurde J. *Tošovský*.

Tschechoslowakei, ehem. Land in Mitteleuropa, umfaßte zuletzt (1992) 127 876 km² mit 15,7 Mill. Ew. Hptst. war Prag.

Die T. entstand aus dem Zerfall der österr.-ungar. Donaumonarchie im 1. Weltkrieg (auch → Tschechische Republik). Am 28. 10. 1918 wurde die Tschechoslowakische Republik *(ČSR)* proklamiert. Staats-Präs. war bis 1935 Masaryk. Von den 13 Mill. Einwohnern des neuen Staates waren 8,76 Mill. (65,5 %) Tschechen u. Slowaken u. mehr als 3 Mill. (23,3 %) Deutsche.

Während unter dem Druck der radikalen Bauernbewegung eine Landreform zustande kam, scheiterte eine Umverteilung des Produktivvermögens der Industrie, wie sie die radikalen Sozialisten wünschten, an der Verflechtung mit der westeurop. u. österr. Finanzwelt. Masaryk war in seiner Außenpolitik nach Westen orientiert. Innenpolitisch suchte er den Ausgleich mit dem dt. Bevölkerungsteil (Aufnahme dt. Politiker ins Kabinett im Zeichen der „Bürgerblock-Regierung" seit 1926). Diskriminierungen der dt. Minderheit wurden allerdings nicht immer vermieden. Die Auswirkungen der Weltwirtschaftskrise verstärkten den Einfluß der Kommunist. Partei unter K. *Gottwald* auf die Arbeiterschaft. Auf der Rechten formierten sich vor allem bei den nationalen Minderheiten Gruppen, die teilweise faschist. Charakter hatten; unter ihnen die Sudetendeutsche Partei, die unter K. *Henlein* Unterstützung durch das Hitlerregime erhielt. Mit den Stimmen von Nationalen Sozialisten, Sozialdemokraten u. Kommunisten wurde 1935 Beneš gegen den Druck der Rechten zum Staats-Präs. gewählt. Nach dem *Münchner Abkommen* (1938) mußte die T. die überwiegend von Deutschen bewohnten Gebiete im N u. W (Sudetenland) an Dtschld. abtreten, ein Teil der Slowakei fiel an Ungarn, das Gebiet um Teschen an Polen. Am 5. 10. 1938 trat Beneš zurück.

1939 rief der Führer der Slowak. Volkspartei, J. *Tiso*, unterstützt von der dt. Reichsregierung, einen unabhängigen slowak. Staat aus. Ungarn annektierte die karpato-ukrain. Gebiete. Das Rumpfgebiet von Böhmen u. Mähren wurde von dt. Truppen besetzt u. zum dt. Protektorat Böhmen u. Mähren erklärt. Damit war das Münchner Abkommen

Tschechoslowakei: Einmarsch sowjetischer Truppen am 21.8.1968

gebrochen, ohne daß die westl. Signatarmächte wirksam intervenierten. Zahlreiche Intellektuelle u. Politiker gingen ins Exil oder in den Untergrund. Die von Beneš gebildete Exilregierung in London wurde von den Regierungen Englands u. Frankreichs anerkannt. 1943 schloß sie ein Abkommen mit der Sowjetunion. Unter dem Terror der Okkupationsmacht formierte sich der Widerstand, dem harter Gegenterror antwortete (Vernichtung des Dorfes *Lidice* nach der Ermordung des stellvertr. Reichsprotektors R. *Heydrich*, 1942). Seit 1944 rückten sowjetische Truppen in die T. vor.

Im April 1945 konstituierte sich in Kaschau (Košice) eine Regierung aus Sozialdemokraten, Kommunisten, Nationalen Sozialisten u. a. Parteien. Eine Bodenreform enteignete den Grundbesitz; Großindustrie u. Banken wurden verstaatlicht. Mit Billigung der USA, Großbritanniens u. der Sowjetunion wurden die Deutschen, soweit sie nicht aktive Antifaschisten gewesen waren, vertrieben (rd. 2,75 Mill. Vertriebene u. Flüchtlinge). Bei der Wahl zur verfassunggebenden Versammlung 1946 erreichte die Kommunist. Partei 38 % der Stimmen. Beneš wurde wieder Präsident; der Kommunist Gottwald trat an die Spitze einer Koalitionsregierung. 1948 wurden durch einen kommunist. Staatsstreich die bürgerl. Regierungsmitglieder ausgeschaltet. Beneš trat zurück. Seine Nachfolger K. *Gottwald* (1948–1953), A. *Zápotocký* (1953–1957) u. A. *Novotný* (1957–1968) konnten mit Unterstützung der Sowjetunion das kommunist. Regime endgültig festigen, wobei sie sich vielfach stalinist. Terrormethoden bedienten.

In den 1960er Jahren bildete sich in der Führung der Kommunist. Partei ein Reformflügel, der 1968 den Rücktritt Novotnýs erzwang. Unter dem neuen Parteichef A. *Dubček* kam es zu einer Liberalisierung des Regimes u. zu Ansätzen einer Wirtschaftsreform (*„Prager Frühling“*). Um diese Entwicklung, von der eine Gefährdung des Herrschaftssystems in anderen kommunist. Staaten befürchtet wurde, zu unterbinden, marschierten Truppen des Warschauer Pakts am 21. 8. 1968 in die T. ein. Die Vertreter des Reformkurses wurden entmachtet, die Demokratisierung wurde rückgängig gemacht. Eine umfassende „Säuberung“ traf bes. die Intellektuellen; viele von ihnen gingen ins Exil. Der 1968 zum Staats-Präs. gewählte General L. *Svoboda* schwenkte auf die sowjet. Linie ein. An die Stelle Dubčeks trat als Parteichef 1969 G. *Husák*; er wurde 1975 zugleich Staats-Präs. Gegen die repressive Politik der Parteiführung formierte sich in den 1970er Jahren eine Bürgerrechtsbewegung; ihr grundlegendes Manifest war die *Charta 77*. Als Generalsekretär der Partei wurde Husák 1987 von M. *Jakeš* abgelöst.

1989 ergriff die Erneuerungsbewegung im Ostblock auch die T. Anhaltende Großdemonstrationen führten zum Rücktritt von Präsidium u. Sekretariat der KP. Die führende Rolle der KP wurde aus der Verfassung gestrichen. Es bildete sich eine neue Regierung unter Beteiligung der bisherigen Opposition. Der Schriftsteller u. Bürgerrechtler V. *Havel* wurde als Nachfolger Husáks zum neuen Staats-Präs. gewählt.

1990 erfolgte die Umbenennung des Landes in *Tschechische u. Slowakische Föderative Republik*. Aus freien Parlamentswahlen ging das tschech. *Bürgerforum* zusammen mit seiner slowak. Schwesterorganisation *Öffentlichkeit gegen Gewalt* als Sieger hervor. V. Havel wurde in seinem Amt als Staatspräsident bestätigt. Es zeigten sich erste Ansätze zur Privatisierung der Wirtschaft. 1991 zerfielen Bürgerforum u. Öffentlichkeit gegen Gewalt in mehrere konkurrierende Parteien. Gleichzeitig verschärften sich die nationalen Gegensätze. In der Slowakei mehrten sich die Stimmen für volle Unabhängigkeit. Im Juni 1991 verließen die letzten sowjet. Truppenverbände die T. Am 27. 2. 1992 wurde ein Nachbarschaftsvertrag mit Deutschland unterzeichnet. Inzwischen entwickelten sich die slowak. Souveränitätsbemühungen zur Staatskrise. Auch Havel vermochte die gegensätzl. Positionen nicht mehr zu vermitteln.

Im Juni 1992 fanden Parlamentswahlen statt, die jedoch keine klaren Machtverhältnisse brachten. Im Juli erklärte die Slowakei ihre Souveränität. Daraufhin trat Havel als Staats-Präs. zurück.

Am 25. 11. 1992 beschloß das Parlament die Auflösung der T. in zwei unabhängige Staaten zum 31. 12. 1992. Auch → Slowakei, → Tschechische Republik.

Tschechoslowakische Legion, im 1. Weltkrieg (April–Juni 1917) aus Rußlandtschechen u. -slowaken sowie kriegsgefangenen u. fahnenflüchtigen Tschechen u. Slowaken des österr.-ungar. Heers in Rußland aufgestellte, rd. 92 000 Mann starke Truppe.

Sie sollte an der Westfront zum Einsatz kommen. Während des Abzugs über Sibirien wurde sie in den russ. Bürgerkrieg hineingezogen u. kämpfte seit Mai 1918 längs der Transsibir. Eisenbahnlinie gegen die Rote Armee. Nach Waffenstillstand u. Evakuierungsabkommen vom 7. 2. 1920 wurden die Verbände über den Fernen Osten in die Heimat zurückgeführt.

Tschen Ji, chines. Politiker, → Chen Yi.

Tschernẹnko, *Cernenko*, Konstantin Ustinowitsch, sowjet. Politiker, * 24. 9. 1911 Bolschaja Tes, Region Krasnojarsk (Sibirien), † 10. 3. 1985 Moskau; seit den 1930er Jahren Funktionär der KPdSU; wurde 1976 Sekretär des ZK, 1978 Mitgl. des Politbüros, 1984 Generalsekretär des ZK (Parteichef) u. Vors. des Präsidiums des Obersten Sowjets (Staatsoberhaupt); starb nach einjähriger Amtszeit.

Tscherwẹnkow, Wylko, bulgar. Politiker (Kommunist), * 6. 9. 1900 Slatiza bei Sofia, † 21. 10. 1980 Sofia; 1925–1944 in der Sowjetunion; 1944–1961 Mitgl. des Politbüros, 1949 bis 1954 Generalsekretär des ZK der bulgar. KP, 1950–1956 Min.-Präs.; wurde als Exponent des Stalinismus 1961 aller Partei- u. Staatsämter enthoben.

Tscheschme, *Çeşme*, türk. Hafenstadt am Ägäischen Meer, unweit Izmir. Bei T. errangen die Russen im russ.-türk. Krieg (1768–1774) im Juli 1770 einen entscheidenden Seesieg.

Tschẹtniks, *Četnici*, 1. im 19. Jh. serb. Freischärler gegen die Türken. – 2. serb. königstreue Partisanenverbände, die seit 1941 unter D. *Mihailović* die dt. u. italien. Truppen, später auch die kommunist. Partisanen Titos in Jugoslawien bekämpften; antikroatisch, bis 1943 von Großbritannien unterstützt. – 3. serb. Milizen während des jugoslaw. Bürgerkriegs seit 1991.

Tschetschẹnien, Republik innerhalb Rußlands, an der Nordseite des Kaukasus, Hptst. *Grosnyj*; in den Tälern Mais-, Melonen-, Obst- u. Weinanbau, im Gebirge Viehwirtschaft; die trockene Nogaiersteppe nördlich des Terek dient als Winterweide. – 1934 als Tschetschenen- und Inguschen-AO gebildet, 1936 in eine ASSR umgewandelt, 1944 wegen angeblicher Kollaboration der Bevölkerung mit den Deutschen aufgelöst, nach Rehabilitierung und Rückführung 1957 neu errichtet, 1991 einseitige Unabhängigkeitserklärung, 1992 Aufspaltung in die kleinere Rep. *Inguschien* und die Rep. T., 1994 Einmarsch russischer Truppen in T. u. erbitterte Kämpfe mit tschetschen. separatist. Verbänden, im Aug. 1996 Waffenstillstand u. im Mai 1997 Friedensvertrag.

Tschiang Kaischẹk, chines. Politiker, → Chiang Kai-shek.

Tschiang Tsching, chines. Politikerin, → Jiang Qing.

Tschin, chines. Dynastie, → Qin.

Tsching, chines. Dynastie, → Qing.

Tschịngis Chan [-xa:n], *Dschingiz-Khan*, *Dschengis-Chan*, *Čingiz-Han*, Mongolenherrscher, eigentl. *Temudschin*, * 1167 (?), † 18. (?) 8. 1227 auf einem Feldzug gegen die Tanguten. Der aus einer unbedeutenden zentralasiat. Kleinfürstenfamilie stammende T. C. unterwarf bis 1206 die nomadischen Steppenvölker Zentralasiens, vereinigte sie unter dem Stammesnamen *Mongchol* (daraus *Mongolen*) u. ließ sich als T. C. zu ihrem Herrscher ausrufen. Nachdem er sich ein schlagkräftiges Reiterheer geschaffen hatte, unterwarf er (z. T. durch seine Söhne u. Feldherren) ganz Zentralasien: 1206–1209 die Waldvölker im N; 1209 die Tanguten im S; seit 1211 China (1215 Eroberung von Peking); bis 1218 das Kara-Chitai-Reich am Balchasch-See; 1218 –1220 den N des islam. Großreichs des Chwarismschahs Mohammed II.; 1223 Südrußland. T. C. teilte das Reich unter seine Söhne auf. 🄱 S. 764.

Tschin Schi Huangti, chines. Kaiser, → Qin Shihuangdi.

Tschitschẹrin, *Čičerin*, Georgij Wassiljewitsch, sowjet. Politiker, * 24. 11. 1872 Karaul, † 7. 7. 1936 Moskau; zarist. Diplomat, seit 1905 in der Russ. Sozialdemokrat. Partei, seit 1918 Bolschewik; 1918–1930 Volkskommissar für Auswärtiges; betrieb eine Annäherung an Dtschld. u. leitete die Befreiung der Sowjetunion aus ihrer außenpolit. Isolierung ein (1922 Rapallovertrag).

Tschombé, *Tshombé*, Moïse Kapenda, kongoles. Politiker, * 18. 11. 1919 Musumba, Katanga, † 29. 6. 1969 Algier (in Haft); 1959 Vors. der CONAKAT-Partei, die für den damals belg. Kongo (das heutige Zaire) eine lockere Föderation anstrebte; Gegner P. *Lu-*

mumbas; erklärte 1960 die Prov. Katanga für unabhängig u. behauptete sich als ihr Staatschef mit belg. Hilfe bis 1963, ging dann ins Exil; wurde 1964 als Min.-Präs. der kongoles. Zentralregierung nach Kinshasa gerufen, um die Rebellion in der Ostprovinz niederzuschlagen; mußte 1965 abdanken u. das Land verlassen; wurde von Spanien aus 1967 im Flugzeug nach Algerien entführt, wo er bis zu seinem Tod in Haft blieb.

Tschou, chines. Dynastie, → Zhou.

Tschou Enlai, chines. Politiker, → Zhou Enlai.

Tschudi, 1. Aegidius von, schweizer. Historiker, *5. 2. 1505 Glarus, †28. 2. 1572 Glarus; 1558 Landammann von Glarus, 1562–1565 wegen seiner antiprotestant. Politik außer Landes; schrieb eine auf Urkunden gegründete „Schweizer Chronik" 1534–1536 über die Zeit von 1000 bis 1470 („Chronicon Helveticum"). Eine Version der *Tell-Sage* geht auf T. zurück.
2. Hans Peter, schweizer. Politiker (Sozialdemokrat), *22. 10. 1913 Basel; Prof. der Rechtswissenschaft in Basel; 1960–1973 im Bundesrat, Vorsteher des Departements des Innern, 1965 u. 1970 Bundes-Präs.

Tschu Enlai, chines. Politiker, → Zhou Enlai.

Tschuikow [-'kɔf], *Čujkov*, Wassilij Iwanowitsch, Marschall der Sowjetunion, *12. 2. 1900 Serebjanyje Prudy, Gebiet Moskau, †18. 3. 1982 Moskau; führte im 2. Weltkrieg die 62. Armee bei Stalingrad, 1945–1949 Militärgouverneur für Thüringen, 1949–1953 Oberbefehlshaber der sowjet. Besatzungstruppen in der DDR, 1953–1959 Befehlshaber des Kiewer Wehrkreises, danach Oberkommandierender der sowjet. Landstreitkräfte u. stellvertr. Verteidigungs-Min.; seit 1954 Mitglied des ZK der KPdSU.

Tschu Te, chines. Politiker, → Zhu De.

Tse-hi, chines. Kaiserin, → Cixi.

Ts'in, chines. Dynastie, → Qin.

Ts'ing, chines. Dynastie, → Qing.

Ts'in Schihuangti, chines. Kaiser, → Qin Shihuangdi.

Tsiranana, Philibert, madagassischer Politiker, *18. 10. 1912 Anahidrano, †16. 4. 1978 Antananarivo; Lehrer, Studium in Frankreich, Dozent in Antananarivo. Als Chef der 1956 von ihm gegr. Sozialdemokrat. Partei Madagaskars (PSD) von 1958–1972 Regierungschef, von 1960–1972 auch Staats-Präs.; vom Militär entmachtet.

Tsu-hsi, chines. Kaiserin, → Cixi.

Tsushima [-ʃi-], aus den bergigen Inseln *Kamino* u. *Shimono* bestehende japan. Inselgruppe, durch die *Koreastraße* von Korea, durch die *T.straße* von Kyuschu u. Honschu getrennt; 697 km^2, rd. 50 000 Ew., Hauptort *Izuhara*.
Bei T. fand die entscheidende Seeschlacht im japanisch-russischen Krieg statt, bei der am 27. 5. 1905 Admiral *Togo* die aus der Ostsee herangeführte zentrale russ. Flottenmacht vernichtete. Dieser Sieg u. die vorausgegangene Landschlacht bei *Mukden* (Febr./März 1905) begründeten Japans Stellung als asiat. Großmacht.

Tubman ['tʌbmən], William Vacanarat Shadrach, liberian. Politiker, *29. 11. 1895 Harper, †23. 7. 1971 London; Anwalt, methodist. Laienprediger; 1937–1943 stellvertr. Vors. des Obersten Gerichts; 1943–1971 Staats-Präs.

Tuc d'Audoubert [tyk dodu'bɛːr], Höhle bei Montesquieau-Avantès, Dép. Ariège (Frankreich); etwa 1 km von der *Trois-Frères-Höhle* entfernt, wie diese von H. *Bégouen* u. seinen Söhnen 1914 entdeckt u. untersucht; in mehreren Räumen u. Etagen in den Fels eingravierte jungpaläolith. Tier- u. Mensch-Tier-Darstellungen; auf dem Boden im Lehm Fußspuren von Bären; als Halbplastiken aus dem anstehenden Höhlenlehm geschnittene Wisentfiguren.

Tuchatschewskij, *Tuchačevskij*, Michail Nikolajewitsch, sowjet. Offizier (1935 Marschall), *16. 2. 1893 Gouvernement Smolensk, †11. 6. 1937 Moskau (hingerichtet); schloß sich als Berufsoffizier 1918 den Bolschewiki an; erfolgreicher Heerführer im russ. Bürgerkrieg, insbes. 1920 gegen A. I. Denikin; 1925–1928 Generalstabschef der Roten Armee; 1931–1937 stellvertr. Kriegskommissar, modernisierte die Rote Armee; während der Stalinschen „Säuberung" in einem Geheimprozeß zum Tod verurteilt, 1956 rehabilitiert.

Tuchman, Barbara W., US-amerikanische Historikerin, *30. 1. 1912 New York, †6. 2. 1989 Greenwich/Connecticut; arbeitete für verschiedene Zeitschriften; beschäftigte sich in ihren historischen Arbeiten u. a. mit der politischen Krise, die zum Ausbruch des Ersten Weltkrieges führte. Für ihre Werke „August 1914" (1962) und „Sand gegen den Wind" (1971), das die Beziehungen zwischen Amerika u. China von 1911–1945 skizziert, erhielt sie den Pulitzerpreis (1963 u. 1972). Berühmt wurde ihre Gesamtdarstellung „Der ferne Spiegel" (dt. 1980) über die dramatischen gesellschaftlichen Umbrüche im Europa des 14. und 15. Jh.

Tudor ['tjuːdə], engl. Königshaus 1485–1603, das seinen Thronanspruch von der Heirat Owen T.s mit der Witwe Heinrichs V., Katharina von Valois, ableitete; dessen Enkel, *Heinrich VII.*, war der erste T. auf dem engl. Thron, *Elisabeth I.* die letzte T.

Tuilerien [tyilə'riːən; die; frz.], Königsschloß in Paris, abschließender Trakt des Louvrekomplexes, an der Stelle von Ziegeleien (tuileries) seit 1564 errichtet, 1871 beim Kommune-Aufstand bis auf 2 Pavillons (z. T. neu errichtet) zerstört. Beim *T.sturm* 1792 während der Französ. Revolution geriet die königl. Familie in die Hände der Pariser Aufständischen.

Tukulti-Ninurta I., assyr. König, 1244–1208 v. Chr., unterwarf in vielen Feldzügen ganz Mesopotamien u. zerstörte Babylon. Gegen Ende der Regierung führte T. siegreiche Kämpfe gegen die Hethiter. Die gewaltigen Tributzahlungen der unterworfenen Völker verwandte er zum Bau von Palästen u. Tempeln in Assur.

Tula, im Staat Hidalgo (Mexiko) gelegene altindian. Ruinenstätte, die ehemalige Hptst. *Tollan* der *Tolteken*; Blütezeit etwa 900–1350. Die bisher bekannten Bauwerke zeigen, daß viele Ideen aus dem Formenschatz der Teotihuacán-Kultur übernommen wurden. Typisch sind die großen Säulenhallen mit eckigen, reliefgeschmückten Pfeilern, die bewaffnete Krieger darstellen (sog. *Atlanten*). Viele Bauten haben Wandreliefs mit Adler- u. Jaguardarstellungen. Zu den Heiligtümern gelangte man durch von Federschlangen gestützte Tore. Der Haupttempel war dem Kult einer krieger. Morgenstern-Gottheit geweiht.

Tullus Hostilius, nach der Romsage der dritte König Roms, 672–640 v. Chr., soll *Alba Longa* erobert haben.

Tulúm, befestigte Mayastadt an der Ostküste von Yucatán, auf steilen Klippen direkt am Meer gelegen; die drei Landseiten sind durch eine gewaltige Mauer geschützt. Kulturelle Beziehungen zu den zentralmexikan. *Tolteken* zeigen toltek. Schlangensäulen am sog. Castillo, dem größten Bauwerk der Stadt. Die „Tempel des herabstürzenden Gottes" u. „der Fresken", um 1500 erbaut, zeigen polychrome Wandgemälde im mixtekischen Stil.

Tuluniden, erste vom Kalifat unabhängige islam. Herrscherdynastie in Ägypten u. Syrien, 868–905, erster Herrscher war *Ahmed Ibn Tulun*.

Tumulus [der; lat.] → Hügelgrab.

Tschingis Chan auf dem Thron, umgeben von Beratern; Bibliothèque Nationale, Paris

Tunesien TN

Tunesische Republik

Fläche: 163 610 km^2. – *Einwohner:* 8,8 Mill. – *Hauptstadt:* Tunis. – *Landessprachen:* Arabisch, Französisch. – *Nationalfeiertage:* 20. 3. u. 25. 7. – *Währung:* 1 Tunesischer Dinar = 1000 Millimes. – *Lage:* zwischen 30° und 37°21′ n. Br. sowie 7°30′ und 11°30′ ö. L. – *Zeitzone:* Mitteleuropäische Zeit. – *Grenzen:* im N und O Mittelmeer, im SO Libyen, im W Algerien. – *Staatsform:* präsidiale Republik.

Aus phöniz. Kolonien entstand im Altertum in T. das Reich von *Karthago*, das 146 v. Chr. von den Römern zerstört u. zur *Provincia Africa* gemacht wurde. 439–533 n. Chr. wurde T. von Wandalen, seit 533 von Byzanz beherrscht. Ende des 7. Jh. eroberten die islam. Araber das Land u. gründeten in Kairouan eine Militärkolonie. Seit dem 9. Jh. herrschten verschiedene Dynastien, seit 1226 die *Hafsiden*, die 1574 T. an die Türken verloren. 1705 begründete *Hussain Ben Ali*, ein türk. Offizier, die Bei-Dynastie der *Hussainiden*, die von der Türkei nur nominell ab-

hängig war. 1871 erkannte die Türkei die Unabhängigkeit T.s an. Um den Besitz Algeriens zu sichern u. um den Italienern zuvorzukommen, zwang Frankreich 1881 im Bardo-Vertrag den Bei, T. der französ. Schutzherrschaft zu unterstellen. Nach einer Militäraktion übernahm Frankreich die gesamte Verwaltung. Während der Kämpfe in Nordafrika im 2. Weltkrieg (1942/43) sympathisierte der Bei Mohammed Al Munsaf mit den Deutschen u. Italienern; er wurde daher nach der Kapitulation der dt. u. italien. Truppen im Mai 1943 durch Mohammed Al Amin ersetzt. Nach dem Krieg forderte die *Neo-Destour-Partei* Habib *Bourguibas* die Unabhängigkeit; da diese nicht gewährt wurde, kam es 1953 zu blutigen Unruhen. Die Verhandlungen dauerten von Oktober 1953 bis April 1955. Am 28. 8. 1955 erlangte T. die innere Autonomie, am 20. 3. 1956 die volle Unabhängigkeit. Bourguiba wurde Min.-Präs. Er setzte 1957 den Bei ab u. machte sich zum Staatspräsidenten. Nach mehrmaliger Wiederwahl ließ er sich das Amt 1975 auf Lebenszeit übertragen.
Der Flottenstützpunkt Bizerte wurde von Frankreich 1963 geräumt. Ein 1974 vereinbarter Zusammenschluß mit Libyen wurde von tunes. Seite widerrufen.
Seit Mitte der 1980er Jahre legte Bourguiba ein zunehmend sprunghaftes Verhalten an den Tag. 1987 wurde er wegen krankheitsbedingter Amtsunfähigkeit abgesetzt. Neuer Präsident wurde Z. A. *Ben Ali.* Er leitete eine vorsichtige Demokratisierung ein. Neben der Regierungspartei „Konstitutionelle Demokrat. Sammlung" (früher *Neo-Destour)* wurden neue Oppositionsparteien zugelassen. Bei den Wahlen 1989 u. 1994 wurde Ben Ali in seinem Amt bestätigt.

Tunika [die; lat.], altröm. weites Hemdgewand beider Geschlechter, zunächst ärmellos, später mit kurzen Schulterärmeln u. meist gegürtet.
Die T. wurde von allen Schichten, jedoch in standesmäßig unterschiedl. Ausstattung, wie z. B. verschieden breiten Purpurstreifen, getragen.

Tupac Amarú, 1. *T. A. I.*, letzter Kaiser des (Rest-) Inkareiches, *um 1545 Vilcabamba, †24. 9. 1572 Cuzco (hingerichtet); Sohn von *Manco Cápac* (2), folgte seinem Halbbruder *Titu Cusí* 1571 auf dem Thron, bekämpfte erfolglos die Spanier.
2. *T. A. II.*, eigentl. José Gabriel *Condorcanqui*, indianischer Revolutionär, *19. 3. 1743 Tinta, †18. 5. 1781 Cuzco (hingerichtet); nannte sich nach *Tupac Amarú I.*, führte 1780/81 einen Indianeraufstand gegen die span. Kolonialherrschaft in Peru. Nach ihm nannten sich die *Tupamaros.*

Tupamaros [nach Tupac Amarú II.], Stadtguerillas in Montevideo (Uruguay); entstanden aus der Zuckerarbeiterbewegung zu Beginn der 1960er Jahre als Movimiento de Liberación National *(MLN).* Die T., die sich zunächst auf spektakuläre Aktionen zur Aufdeckung von Korruption beschränkten, operierten vor allem in den 1960er u. 1970er Jahren zunehmend unter Anwendung von Gewalt (Entführung ausländ. Diplomaten, vorübergehende Besetzung öffentl. Einrichtungen). Das Vorgehen der T. bot das Vorbild für zahlreiche Stadtguerillaorganisationen in anderen lateinamerikanischen Ländern. Es war 1973 Anlaß für die Errichtung einer Militärdiktatur in Uruguay.

Turenne [ty'rɛn], Henri de la *Tour d'Auvergne*, Vicomte de, französ. Marschall (seit 1644), *11. 9. 1611 Sedan, †27. 7. 1675 Sasbach, Baden (gefallen); im Dreißigjährigen Krieg 1644 Oberbefehlshaber der französ. Truppen in Süd-Dtschld.; eroberte mit *Condé* das Rheinland, schlug 1648 gemeinsam mit den Schweden das kaiserl. Heer bei Zusmarshausen. Während der Fronde entschied sich T. 1651 für den Hof u. ermöglichte durch seinen Sieg über Condé 1652 die Rückkehr Ludwigs XIV. nach Paris. 1658 vertrieb T. die Spanier aus Flandern. Im Holländ. Krieg besetzte er 1673 die preuß. Besitzungen am Rhein u. zwang den Großen Kurfürsten zum Frieden von Vossem. 1674 eroberte u. verwüstete er die Pfalz u. schlug die kaiserl. Truppen bei Sinsheim u. Mühlhausen, 1675 den Großen Kurfürsten bei Türkheim.

Türkei TR

Republik Türkei

Fläche: 779452 km². – *Einwohner:* 60,8 Mill. – *Hauptstadt:* Ankara. – *Landessprache:* Türkisch. – *Nationalfeiertag:* 29. 10. – *Währung:* 1 Türkisches Pfund = 100 Kuruş. – *Lage:* zwischen 35°51′ und 42°06′ n. Br. sowie 25°40′ und 44°48′ ö. L. – *Zeitzone:* Mitteleuropäische Zeit + 1 Std. – *Grenzen:* im NW Griechenland und Bulgarien, im N Schwarzes Meer und Georgien, im O Armenien und Iran, im S Irak, Syrien und Mittelmeer, im W Ägäisches Meer. – *Staatsform:* parlamentarische Republik.

Seit dem 9. Jh. traten türk. Söldner in die Dienste der Kalifen; sie schwangen sich rasch zu Prätorianern auf. Im 11. Jh. drangen türk. Heere – schon als Moslems – von Mittelasien über Iran in den vorderasiat. Bereich ein. Unter ihnen waren die *Seldschuken*, die im 11. Jh. den ganzen Vorderen Orient beherrschten; nach ihrem entscheidenden Sieg bei *Manzikert* 1071 über das Heer des Byzantin. Reichs besiedelten sie Kleinasien. Der Seldschuke *Kylydsch-Arslan* schuf 1097 im östl. Anatolien ein Reich mit der Residenz Konya, wo seine Nachfolger bis 1307 herrschten. Im NW rief um 1300 der Türke *Osman I.* zum Glaubenskampf gegen die Byzantiner auf. Er verdrängte Byzanz aus West-Kleinasien u. legte durch seine Eroberungen den Grundstein zum Osmanischen Reich. Sein Sohn *Orchan* eroberte Brussa (Bursa, erste Hptst. des Osman. Reichs), organisierte die Verwaltung des neuen Staats (Einteilung in *Sandschaks*) u. gründete aus jungen christl. Sklaven die Verbände der *Janitscharen.* Neben ihnen blieb freilich das von Derwisch-Bünden getragene Grenzkämpfertum *(Ghasi)* bis Anfang des 16. Jh. ein staatstragendes Element.
Bereits 1354 überschritten die Osmanen die Meerenge von Gallipoli u. drangen in Südosteuropa ein. *Murad I.* (1359–1389) eroberte Thrakien u. verlegte die Residenz 1366 von Brussa nach Adrianopel. Die zur Abwehr vereinigten Balkanfürsten wurden am 15. 6. 1389 auf dem *Amselfeld* besiegt, wobei der Sultan selbst das Leben verlor; Serbien wurde tributpflichtig. Murads Sohn *Bajezid I.* unterwarf 1393/94 Bulgarien u. Teile Griechenlands. Das Kreuzheer unter Sigismund von Ungarn schlug er 1396 bei *Nikopoli.* 1402 unterlag er jedoch dem Mongolenchan Timur bei *Ankara.* Nach dem Sieg über seinen Bruder Musa 1413 gelang es *Mehmed I.* das Reich zu erneuern, aber noch *Murad II.* hatte schwer um dessen Sicherung zu kämpfen (Sieg bei *Varna* 1444 über ein polnisch-ungarisches Heer). *Mehmed II.* konnte nach zweimonatiger Belagerung am 29. 5. 1453 Konstantinopel einnehmen; damit endete das Byzantinische Reich. Trotzdem schlossen Genua u. Venedig schon bald darauf neue Handelsverträge mit dem Padischah (Großherrn).
1459 wurden Serbien, 1461 Griechenland, 1463 Bosnien u. 1479 Albanien türk. Provinzen, die Walachei (1462), das Chanat der Krimtataren (1475) u. die Moldau (1506) wurden Vasallenstaaten der T. 1451 wurde Mehmed Sultan. 1481 folgte *Bajezid II.*, der 1512 von seinem Sohn *Selim I.* abgesetzt wurde. Selim I. besiegte 1514 den Safawiden-Schah Ismail von Persien u. eroberte 1516/17 Syrien, Palästina, Ägypten u. Gebiete Nordafrikas. Die T. war zur Weltmacht geworden. Die Sultane trugen nun immer häufiger den Kalifentitel.
Aus den neugewonnenen arab. Provinzen erhielt der sunnit. Islam ständig neue Kraft als staatstragende Konfession. Unter *Süleiman II.*, dem Großen (1520–1566), gewann die Türkei weitere Gebiete: 1521 fiel Belgrad in ihre Hand; 1522 wurde Rhodos den Johannitern entrissen, 1533–1536 Mesopotamien erobert, die Ungarn 1526 bei Mohács besiegt, Wien 1529 vergeblich belagert. *Cheir Ad Din Barbarossa* schuf die Seemacht der Türken u. unterstellte die Barbareskengebiete Tripolis, Algerien u. zeitweilig Tunis ihrer Oberhoheit. Die T. hatte ihre größte Macht erreicht. Die von Süleiman geschaffene Verwaltungsordnung galt auf Jahrhunderte hinaus; deshalb nannten ihn die Türken *Kanuni* („Gesetzgeber"). Unter *Selim II.* (1566–1574), *Murad III.* (1574–1595), *Mehmed III.* (1595–1603) gab es dann erste Zeichen des Abstiegs. Hierbei spielten Machtkämpfe innerhalb der Dynastie, an denen auch die Janitscharen beteiligt waren, aber auch wirtschaftliche Gründe eine Rolle: Wie in anderen Ländern fiel in der T. der Wert des Silbers, da es in großen Mengen aus Amerika nach Westeuropa eingeführt wurde.
Seit Mehmed II. hatte fast jeder neue Herrscher seine Brüder, gelegentlich auch seine Söhne als mögliche Prätendenten umbringen lassen. So führte man um 1617 das *Seniorat* ein: die Thronfolge des Thrones durch den jeweils ältesten Prinzen des Gesamthauses.

Türkei: Sultan Mehmed II. Miniatur aus der zweiten Hälfte des 15. Jahrhunderts. Istanbul, Topkapi Sarayi Müzesi

Von außen hielten Österreich u. das safawidische (schiitische) Persien die Machtentfaltung des Türk. Reichs auf. 1571 wurde nach der Eroberung Zyperns die türk. Flotte von Venezianern u. Spaniern in der Seeschlacht bei *Lepanto* entscheidend geschlagen; die Vorherrschaft im Mittelmeer war verloren. Nach 1600 setzte der Niedergang des Osman. Reichs ein. Hatte Murad III. noch Erfolge im Krieg gegen Persien, so gingen die eroberten Gebiete unter Mehmed III. wieder verloren. *Ahmed I.* (1603–1617) mußte in Ungarn u. Persien erfolglos kämpfen. Nach inneren Machtkämpfen konnte *Murad IV.* (1623–1640) 1632 die Janitscharen entmachten u. neu organisieren. Er besiegte 1633 den aufständ. Drusenfürsten Fachr Ad Din II. u. gewann 1638 Bagdad u. Tabriz von den Persern zurück. Unter *Mehmed IV.* (1648–1687) erstarkte die T. nochmals durch die Reformen des Großwesirs Mehmed *Köprülü* u. seines Sohnes Ahmed. Dieser hatte 1664 Erfolge gegen Österreich, unterwarf 1669 Kreta u. eroberte 1672 von Polen die Ukraine u. Podolien (größte Ausdehnung des Staates). Nach Ahmed Köprülüs Tod (1676) gingen diese Gebiete wieder verloren; nach der erfolglosen Belagerung Wiens 1683 gewann Österreich große Teile Ungarns.
Im *Frieden von Karlowitz* 1699 mußte *Mustafa II.* (1695–1703) Teile Ungarns u. Siebenbürgen an Österreich, Podolien u. die Ukraine an Polen, Asow an Rußland u. einen Teil des Peloponnes an Venedig abtreten. Auch *Ahmed III.* (1703–1730) konnte Ungarn nicht zurückerobern; die weiteren Gebiete, die die T. im *Frieden von Passarowitz* 1718 abtreten mußte, gewann jedoch 1739 *Mahmud I.* (1730–1754) wieder.
Hauptgegner der T. wurde nun Rußland. In der Regierungszeit von *Mustafa III.* (1757–1774) eroberten die Russen 1769/70 die Krim u. drangen 1773 in Bulgarien ein (Seeschlacht bei Tscheschme nahe Smyrna; Friede von Kütschük Kainardschi). Friedrich II. von Preußen schloß 1761 einen Freundschaftsvertrag mit der T., doch konnte er sie nicht zum Eingreifen im Siebenjährigen Krieg bewegen. Im Krieg gegen die vereinten Österreicher u. Russen 1787–1792 konnte *Selim III.* (1789–1807) das türk. Gebiet erhalten u. durch preuß. Vermittlung einen günstigen Frieden schließen. Sein Versuch, den Staat u. die Janitscharen neu zu ordnen, scheiterte; er wurde gestürzt, als 1804 der Serbenaufstand nicht niedergeschlagen werden konnte u. Rußland in einem neuen Krieg 1806–1812 seine Grenze bis an den Pruth vorschob. *Mahmud II.* (1808–1839) vernichtete 1826 die unbotmäßigen Janitscharen u. schuf ein modernes Heer unter Mithilfe fremder Offiziere, u. a. H. von Moltkes. Trotzdem konnte er nicht verhindern, daß Ägypten unter *Mohammed Ali* unabhängig wurde u. die Türken in Syrien 1832 u. 1839 schlug. Auf Druck der europ. Mächte mußte Mohammed Ali 1840 Syrien an die T. zurückgeben. Der 1821 ausgebrochene Aufstand der Griechen wurde mit Hilfe der ägyptischen Armee 1826 (Fall von Missolunghi) beinahe unterdrückt, doch die Flotten Englands, Rußlands u. Frankreichs erzwangen durch den Sieg über die türkisch-ägyptische Flotte 1827 bei Navarino die Freiheit der Griechen.
Unter *Abd ül-Medschid I.* (1839–1861) unterstützten England u. Frankreich die Türkei militärisch im Krimkrieg 1853–1856 gegen Rußland, um dessen Vorherrschaft zu verhindern. Der Sultan mußte hierfür den Christen größere Rechte gewähren. Unter *Abd ül-Aziz* (1861–1876) geriet die T. in immer größere Schulden (1875 Staatsbankrott); die Moldau u. Walachei wurden 1859 selbständig (Rumänien); 1867 mußten die türk. Truppen Serbien räumen. *Abd ül Hamid II.* (1876 bis 1909) gab dem Land 1876 eine Verfassung, hob sie aber 1878 wieder auf. Im russ.-türk. Krieg 1877/78 besiegte Rußland die T.; auf dem Berliner Kongreß 1878 erhielten Rumänien, Serbien u. Montenegro die volle Unabhängigkeit. Neben (Nord-) Bulgarien wurde ein selbständiges Fürstentum Ostrumelien geschaffen, Zypern kam an Großbritannien. Die Schwäche der T. wurde immer größer; sie mußte hinnehmen, daß Frankreich 1881 Tunesien, Großbritannien 1882 Ägypten besetzte. Dagegen wurde die armenische Befreiungsbewegung blutig niedergeschlagen. Den Massakern von 1895/96 u. 1915/16 fielen Hunderttausende von Armeniern zum Opfer.
Seit 1883 wurde die türk. Armee durch dt. Offiziere geschult (C. von der *Goltz Pascha*). Von den Offizieren in Saloniki ging 1908 die Verschwörung der *Jungtürken* aus, die den Sultan zur Anerkennung der Verfassung zwangen u. 1909 seine Abdankung erreichten. Ihm folgte *Mehmed V.* (1909–1918). Korruption u. äußere Schwierigkeiten verhinderten die von den Jungtürken erstrebten Reformen. Nachdem Österreich 1908 Bosnien u. die Herzegowina besetzt hatte, gingen 1911/12 Tripolitanien an Italien, in den Balkankriegen 1912/13 alle europ. Gebiete (außer Istanbul u. Adrianopel) verloren. Im 1. Weltkrieg kämpfte die T. auf dt.-österr. Seite. Dauernde Erfolge hatte sie nur im Kaukasus gegen Rußland sowie an den Dardanellen. Nach anfänglichen Siegen in Irak gegen brit. Truppen mußten die türk. Truppen 1917 zurückweichen. 1917/18 besetzten britische Truppen Palästina u. Syrien. Nach dem Waffenstillstand in Mudros vom 30. 10. 1918 besetzten griechische Truppen Smyrna.
Nun stellte sich in Anatolien *Mustafa Kemal* (der spätere *Atatürk*) an die Spitze der nationalen Bewegung. Er brachte ganz Anatolien unter seine Kontrolle. Der Abschluß des *Friedens von Sèvres* 1920 durch die Regierung in Istanbul, der die T. auf Teile Anatoliens beschränkte u. Smyrna den Griechen zusprach, verstärkte die Bewegung Kemals. Er vertrieb 1921/22 die Griechen aus Anatolien, Frankreich verzichtete 1921 auf Kilikien, die Sowjetunion auf Kars u. Ardahan. 1922 wurde der letzte Sultan *Mehmed VI.* abgesetzt. *Abd ül-Medschid II.* blieb noch bis 1924 Kalif. Am 29. 10. 1923 wurde die T. zur Republik erklärt; erster Präs. wurde Kemal. Der *Frieden von Lausanne* 1923 gab der T. etwa ihr heutiges Staatsgebiet.
Kemal nahm grundlegende Reformen zur Modernisierung der T. in Angriff *(Kemalismus)*: Übernahme westeurop. Rechtssysteme, Trennung von Staat u. Religion, Einführung der Lateinschrift u. der Familiennamen, rechtl. Gleichstellung der Frau, Aufbau einer eigenen Industrie, Zurückdrängung des ausländ. Einflusses in der Wirtschaft. Eine durchgreifende Agrarreform unterblieb jedoch. Einzige zugelassene Partei war die Republikan. Volkspartei. Außenpolitisch lehnte sich die T. zunächst an die Sowjetunion an; auf der Konferenz von Montreux 1936 erhielt sie die Hoheitsrechte über die Dardanellen zurück. Frankreich trat 1938/39 das Gebiet von Alexandrette (Iskenderun) an die T. ab. 1939 wurde ein Beistandspakt mit Großbritannien u. Frankreich geschlossen.
Nach dem Tod Atatürks 1938 wurde Ismet *Inönü* Staats-Präs.; er führte dessen Politik fort. Im 2. Weltkrieg blieb die T. neutral; sie erklärte erst 1945 formell Dtschld. den Krieg. Nach dem Krieg schloß sich die T. dem westl. Bündnissystem an; 1952 trat sie der NATO bei. 1963 wurde die T. mit der EWG assoziiert.
Die mit der Einführung des Mehrparteiensystems seit 1946 zugelassene Demokrat. Partei gewann 1950 die Wahlen u. stellte mit ihrem Parteivorsitzenden C. *Bayar* den Staats- u. mit A. *Menderes* den Min.-Präs. Ihre Regierung, die sich von manchen Grundsätzen des Kemalismus abwandte, die freie Wirtschaft förderte, aber die Opposition auszuschalten suchte, wurde 1960 durch einen Staatsstreich des Militärs gestürzt, Menderes 1961 hingerichtet.
Nach vorübergehender Militärdiktatur ging die Regierung 1961 wieder in zivile Hände über (mehrere Koalitionskabinette). Die Nachfolgerin der Demokratischen Partei, die Gerechtigkeitspartei, gewann die Wahlen 1965; ihr Führer S. *Demirel* wurde Min.-Präs. u. blieb es nach einem weiteren Wahlsieg 1969. Er wurde 1971 vom Militär, das ihm Verschleppung notwendiger Reformen vorwarf, zum Rücktritt gezwungen. Die folgenden Kabinette waren vom Militär abhängig. Bei den Wahlen 1973 wurde die Republikan. Volkspartei unter B. *Ecevit* stärkste Partei.

Türkei: Die berühmte Ahmed-Moschee („Blaue Moschee") ließ Sultan Ahmed I. erbauen. Sie gehört zu den Hauptsehenswürdigkeiten Istanbuls.

Türkei: Süleyman Demirel trifft im Weißen Haus mit George Bush zusammen

Nach dem Putsch auf Zypern 1974 besetzte die T. ein Drittel der Insel. Hierdurch sowie durch Streitigkeiten um Ölvorkommen in der Ägäis wurden die Beziehungen zu Griechenland stark belastet. Demirel u. Ecevit lösten einander seit 1974 mehrmals an der Spitze labiler Koalitionsregierungen ab.
Als die polit. Radikalisierung immer mehr zunahm u. sich eine Einigung der beiden großen Parteien unter Demirel u. Ecevit als unmöglich erwies, übernahm das Militär 1980 erneut die Macht. Generalstabschef K. *Evren* wurde Staatsoberhaupt.
Eine auf Veranlassung der Militärs ausgearbeitete neue Verfassung wurde am 7. 11. 1982 in einer Volksabstimmung angenommen. Damit verbunden war die Wahl General Evrens zum Staatspräsidenten auf 7 Jahre. 1983 fanden Parlamentswahlen statt, bei denen nur drei neugegründete Parteien zugelassen waren. Die von den Militärs nicht favorisierte Mutterlandspartei (AnaP) errang die absolute Mehrheit; ihr Führer T. *Özal* wurde Min.-Präs. Im gleichen Jahr erkannte die T. als einziger Staat die neu proklamierte *Türk. Republik Nordzypern* an. 1984 begann die 1978 gegr. illegale *Kurd. Arbeiterpartei (PKK)* mit dem Ziel, einen souveränen Kurdenstaat zu schaffen, einen Guerillakrieg gegen die türk. Armee. Bei den Parlamentswahlen 1987 konnte die Mutterlandspartei ihre führende Stellung behaupten. 1989 ließ sich Özal zum Staats-Präs. wählen. Im 2. Golfkrieg engagierte sich die T. auf der Seite der antiirak. Allianz. Die Partei des Rechten Weges wurde nach den Parlamentswahlen 1991 die stärkste polit. Kraft. Ihr Vors. S. Demirel übernahm das Amt des Min.-Präs. u. bildete mit der Sozialdemokrat. Volkspartei eine Koalitionsregierung. Im April 1993 starb überraschend Staats-Präs. Özal. Zu seinem Nachfolger wurde Demirel gewählt. Mit T. *Çiller* übernahm erstmals eine Frau das Amt des Min.-Präs. Der militär. Konflikt mit den Kurden im SO der T. verschärfte sich weiter. Bei vorgezogenen Neuwahlen im Dez. 1995 gewann die islamist. Refah-Partei die meisten Stimmen. Neuer Min.-Präs. an der Spitze einer konservativen Koalitionsregierung (AnaP, Partei des Rechten Weges) wurde M. *Yilmaz* (AnaP). Bereits im Sommer 1996 zerbrach die Koalition an internen Zwistigkeiten. N. *Erbakan*, der Führer der Refah-Partei, bildete eine neue Koalitionsregierung mit der Partei des Rechten Weges. Erbakan geriet rasch in Gegensatz zu der laizist. Militärführung, die eine kemalist. Politik forderte. Im Juni 1997 mußte er zurücktreten. Erneut übernahm Yilmaz das Amt des Regierungschefs u. bildete ein Minderheitskabinett aus drei Parteien.

Türken, *Osmanen*, Turkvolk in Kleinasien u. (verstreut) auf der Balkanhalbinsel, sunnitische Moslems; vorwiegend Bauern. Seit der Erneuerung der Türkei (nach 1920) hat eine weitgehende Angleichung an westeurop. Sitten u. Kleidung stattgefunden.

Türkenkriege, die Kriege europ. Mächte, vor allem des Kaisers, Österreichs, Rußlands, Polens sowie der südosteurop. Staaten u. Venedigs, gegen das Osmanische Reich. Die T. wurden von den Türken zunächst als Glaubenskriege zur Ausbreitung des Islams geführt, später mit eindeutig machtpolit. Zielsetzung u. auf die Eroberung der Nachbarländer gerichtet. Seit 1536 fanden die Türken einen starken Bundesgenossen in Frankreich, das dem habsburg. Übergewicht in Europa durch dauernde militär. Beanspruchung Österreichs im O entgegenwirkte. Nachdem im 16., 17. u. 18. Jh. das Reich, Österreich, Ungarn u. Polen die Hauptlast der Verteidigung Ost- u. Südosteuropas gegen die angreifenden Türken getragen hatten, waren in der 2. Hälfte des 18. u. im 19. Jh. vorwiegend die Russen Kriegsgegner der Türkei.
Mit der Eroberung Konstantinopels (1453) u. dem Zusammenbruch des Byzantinischen Reichs schlossen die Türken die Eroberung des Balkans ab. Alle Versuche der Päpste, ein gemeinsames Vorgehen gegen die Türken zustande zu bringen, scheiterten. Doch blieben die Päpste die Initiatoren der T. Nach der Niederlage des ungarischen Königs Ludwig II. bei Mohács (1526) drangen die Türken 1529 bis Wien vor, das erfolgreich verteidigt wurde.
Auch nach dem Seesieg der christl. Staaten bei Lepanto (1571) waren die Türken in ihrer Machtposition nicht erschüttert. Im Frieden von Zsitva Torok (1606) wurde dem Osman. Reich der Besitz aller eroberten Gebiete bestätigt. Auch Venedig konnte (1645–1671) trotz großer Erfolge keine Wendung herbeiführen. Im Frieden von Salona mußte es 1671 auch Kreta, nachdem Zypern schon 1571 verlorengegangen war, an die Türkei abtreten. Einen ähnl. Mißerfolg erlitt Österreich im Türkenkrieg von 1662–1664. Obwohl R. Graf von Montecuccoli die Türken bei St. Gotthard an der Raab schlagen konnte, brachte der Friede von Eisenburg, den Leopold I., bedrängt von Ludwig XIV. von Frankreich, abschließen mußte, für die Österreicher den Verlust der Städte Großwardein u. Neuhäusel. Auch Polen errang zwar unter Johann Sobieski 1672–1687 militär. Erfolge, mußte aber schließlich Podolien an die Türkei abtreten.
Erste Erfolge der christl. Staaten gegen das Osman. Reich brachte der Große Türkenkrieg 1683–1699. 1683 standen die Türken vor Wien, das von Graf Starhemberg verteidigt wurde. Unter dem poln. König Johann Sobieski entsetzte ein aus kaiserl., bayer., sächs. u. poln. Truppen bestehendes Heer nach dem Sieg am Kahlenberg (12. 9. 1683) Wien. Karl V. von Lothringen eroberte Ofen (1686) u. siegte bei Mohács (1687); Belgrad wurde genommen (1688). Markgraf Ludwig Wilhelm von Baden (der „Türkenlouis") fiel in Bosnien u. Serbien ein. Die Türken konnten jedoch Belgrad zurückerobern, da die kaiserl. Truppen z. T. durch die Grenzkämpfe gegen Ludwig XIV. im W gebunden waren. Kriegsentscheidend wurde die Schlacht bei Zenta, in der Prinz Eugen von Savoyen das Heer Mustafas II. schlagen konnte (11. 9. 1697). Die Venezianer hatten 1685–1687 den Peloponnes erobert, die Akropolis von Athen wurde durch die Explosion eines Munitionslagers stark zerstört. Den Polen war Peter d. Gr. zu Hilfe geeilt (1696); es gelang ihm, Asow zu gewinnen. Rußland mußte Asow jedoch 1711 wieder herausgeben, nachdem die Türkei 1710 zur Unterstützung Karls XII. von Schweden in den Nordischen Krieg eingegriffen hatte.
Ein türk. Versuch, die großen Verluste rückgängig zu machen, war der Angriff auf den Peloponnes (1714). 1716 nahm der Kaiser auf der Seite Venedigs am Krieg teil. Nach dem Sieg bei Peterwardein (1716) durch Prinz Eugen u. der erneuten Eroberung Belgrads (1717) endete der Krieg im Frieden von Passarowitz mit neuen Gebietsabtretungen der Türkei. Der Banat von Temeschvar, die Kleine Walachei sowie der N Serbiens u. Bosniens fielen an Österreich. Venedig trat den Peloponnes ab, erhielt aber dalmatin. u. alban. Gebiete.
An der Seite des Kaisers kämpften die Russen 1735–1739 u. gewannen Asow zurück; für Österreich aber endete dieser Krieg im Frieden von Belgrad mit dem Verlust der 1718 eroberten Gebiete, mit Ausnahme des Banats. Die Vernichtung der türk. Flotte gelang den russ. Truppen bei Tscheschme im russ.-türk. Krieg von 1768–1774, der Rußland die Zusage der freien Handelsschiffahrt auf dem Schwarzen Meer einbrachte.
Gemeinsam mit Rußland stand der Kaiser 1787–1792 im Kampf gegen die Türken. G. Laudon konnte Belgrad gewinnen, aber im Frieden von Swischtow (1791) wurden alle eroberten Gebiete zurückgegeben. Günstiger war der Kriegsverlauf für die Russen (russ.-türk. Krieg 1787–1792), die das Land zwischen Bug u. Dnjestr gewannen u. im Besitz der Krim bestätigt wurden (Friede von Jassy 1792). Bessarabien fiel Rußland im Frieden von Bukarest (1812) nach dem Krieg von 1806–1812 zu. Nach dem Krieg von 1828/29 gewannen die Russen im Frieden von Adrianopel die Ostküste des Schwarzen Meers u. die Inseln an der Mündung der Donau. Freie Durchfahrt durch die Meerengen wurde ihnen zugesichert sowie die Schutzherrschaft über die Donaufürstentümer übertragen. Griechenland wurde unabhängig.
Um eine Vorherrschaft der Russen an den Meerengen zu vermeiden, mußte England die Türkei unterstützen: Im Krimkrieg (1854 bis 1856) stellte sich eine engl.-französ. Koalition zum Kampf gegen Rußland an die Seite der Türkei.
Auch während der von Rußland unterstützten Freiheitskriege der Balkanvölker spielte die Dardanellenfrage eine erhebliche Rolle. 1878 erzwangen die europ. Mächte im *Berliner Kongreß* den Rückzug Rußlands u. die Rettung der europ. Türkei. Die *Balkanfrage* wurde dennoch zu einem zentralen europ. Interessenkonflikt.

Türkenlouis [-lu:i], Beiname des Markgrafen Ludwig Wilhelm I. von Baden.

Türkische Republik Nordzypern, von der türk. Volksgruppe bewohnte Nordregion Zyperns nach deren einseitiger Unabhängigkeitserklärung am 15. 11. 1983; → Zypern.

Turkmenistan TM

Fläche: 488 100 km². – *Einwohner:* 4,1 Mill. – *Hauptstadt:* Aschchabad. – *Landessprache:* Turkmenisch. – *Nationalfeiertag:* 27. 10. – *Währung:* 1 T.-Manat = 100 Tenge. – *Lage:* zwischen 35°07′ und 42°50′ n. Br. sowie 52°28′ und 66°37′ ö. L. – *Zeitzone:* Mitteleuropäische Zeit + 4 Std. – *Grenzen:* im NW Kasachstan, im N und NO Usbekistan, im SO Afghanistan, im S Iran, im W Kaspisches Meer. – *Staatsform:* präsidiale Republik.

Als Nachkommen der oghus. Türken waren die Turkmenen jahrhundertelang in zahlreiche Stämme zersplittert. Zwischen 1869 u. 1885 wurden die turkmen. Stämme von Rußland unterworfen. Nach der Errichtung der Sowjetherrschaft gehörten die Turkmenen teils zur Turkestan. ASSR, teils zu den kurzlebigen Sowjetrepubliken Buchara u. Choresm. 1924 wurde die Turkmen. SSR gegr. Am 27. 10. 1991 erklärte sich T. für unabhängig; am 21. 12. 1991 wurde es Mitgl. der GUS. Die 1992 verabschiedete Verfassung räumt dem Präsidenten (seit 1990 S. *Nijasow*) weitreichende Vollmachten ein.

Turks- und Caicosinseln [tə:ks-, 'kaikəs-], engl. *Turks and Caicos Islands*, zwei Gruppen von zusammen rd. 30 brit. Inseln südöstl. der westind. Bahamainseln (6 davon bewohnt), 430 km², 11 700 Ew.; Hauptstadt u. -insel *Grand Turk*; Export von Meersalz, Schildpatt, Schwämmen u. Krebsen. Bis 1962 wurden die Inseln von Jamaika aus verwaltet. Nach dessen Unabhängigkeit erhielten sie den Status einer brit. Kronkolonie, u. seit 1976 sind sie Kronkolonie mit beschränkter innerer Autonomie. Der Export von Meeresprodukten sowie der Tourismus bilden die wirtschaftl. Grundlagen.

Tụsculum, *Tuskulum*, antike Stadt im Albanergebirge, südöstl. von Rom, beim heutigen *Frascati*; Ursprungsort vieler vornehmer röm. Familien, seit spätrepublikan. Zeit Villenvorort.

Tutanchạmun, *Tut-ench-Amun, Tut-ankh-Amen*, ägypt. König der 18. Dynastie, um 1346–1337 v. Chr., verheiratet mit einer Tochter *Echnatons* (sonstige Verwandtschaftsverhältnisse unbekannt); gelangte neunjährig auf den Thron u. kehrte zur herkömml. Götterverehrung zurück (Aufgabe der Sonnenreligion). Er gab die Residenz in Amarna auf u. starb im Alter von etwa 18 Jahren. Sein unversehrtes, mit kostbaren Beigaben ausgestattetes Grab wurde am 4. 11. 1922 von Howard *Carter* im Tal der Könige entdeckt; die Funde befinden sich heute im Ägypt. Museum in Kairo.

Tuthalija, *Tutchalija*, Königsname der Hethiter: **1.** *T. II.*, etwa 1450–1420 v. Chr., drängte den Staat Kizzuwatna zurück u. eroberte die Herrschaft über Aleppo in Nordsyrien zurück.

2. *T. IV.*, etwa 1265–1215 v. Chr., Sohn *Hattusilis' III.*, bekämpfte erfolgreich Arzawa, die Kaskäer u. weitere anatol. Bergvölker, konnte jedoch den Verlust des hethit. Einflusses auf die nordsyrischen Staaten nicht verhindern. In *Hattussa* ließ er umfangreiche Bauten ausführen, Reste seiner Königsburg u. von ihm erbauter Tempel sind erhalten.

Tuthmọsis, 4 ägypt. Könige der 18. Dynastie, → Thutmosis.

Tuvalu TUV

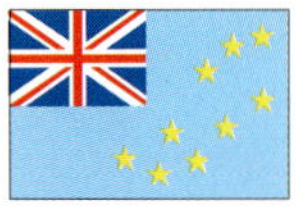

Fläche: 26 km². – *Einwohner:* 13 000. – *Hauptstadt:* Funafuti. – *Landessprache:* Tuvalu. – *Nationalfeiertag:* 1. 10. – *Währung:* 1 Australischer Dollar = 100 Cents. – *Lage:* Inselgruppe im Pazifischen Ozean südlich von Kiribati zwischen 5°30′ und 11° s. Br. sowie 176° und 180° ö. L. – *Zeitzone:* Mitteleuropäische Zeit + 11 Std. – *Staatsform:* Monarchie mit Parlament auf der Grundlage von Sippenverbänden.

Die erste der Inseln wurde im 16. Jh. von dem Spanier A. *Menanda de Neyra* entdeckt. Nach ihm erreichten erst 1781 wiederum Spanier eines der Atolle. 1820 begannen europ. Siedler sich niederzulassen, 1861 kamen die ersten christl. Missionare.

1877–1975 war die Inselgruppe unter dem Namen *Elliceinseln* Teil des brit. Besitzes *Gilbert and Ellice Islands Colony*. Mit der Trennung von den Gilbertinseln (heute *Kiribati*) am 1. 1. 1976 nahm die Inselgruppe den Namen T. an. Sie erhielt im Mai 1978 die innere Selbstverwaltung u. ist seit dem 1. 10. 1978 unabhängig im Rahmen des Commonwealth.

Tvrtko I. Kotromanić, bosnischer Ban 1353 bis 1377 u. König 1377–1391, * um 1338, † 10. (?) 3. 1391; löste sich seit 1363 aus der Abhängigkeit des ungar. Königs, setzte sich 1366/67 mit ungar. Hilfe gegen den aufständ. Adel durch, 1373 gewann er serb. Territorium (Montenegro) hinzu u. ließ sich im serb. Kloster Mileševa zum König von Serbien u. Bosnien krönen, nach dem Tode Ludwigs I. von Ungarn dehnte er 1387–1390 seine Herrschaft auf Dalmatien (ohne Dubrovnik) aus.

Tyler ['tailə], Wat [„Walter der Ziegelbrenner"], engl. Bauernführer, † 15. 6. 1381 (ermordet); marschierte 1381 an der Spitze aufständ. Bauern nach London u. erzwang von Richard II. die Abschaffung der Überbesteuerung u. der Leibeigenschaft sowie Agrarreformen. Auf Befehl des Londoner Bürgermeisters wurde er wegen Bedrohung des Königs erstochen; die königl. Versprechungen wurden zurückgenommen.

Typologi̱e, formenkundliche Klassifikation der Fundgegenstände aufgrund von Merkmalsanalysen u. -kombinationen.

Tyrạnnis [die; grch.], unumschränkte Herrschaft, im Gegensatz zur *Monarchie* durch gewaltsame Machtergreifung errungen; bei den antiken Griechen ursprünglich hierdurch u. nicht durch die Art der Machtausübung definiert. Die Herrschaft des *Peisistratos* in Athen wurde später sogar zu einer „Goldenen Zeit" verklärt. Die zur T. überwiegend feindlich eingestellte antike Literatur ließ sie jedoch immer mehr als Staatsform der Willkür u. Unterdrückung erscheinen. Die ältere T. (7. bis frühes 5. Jh. v. Chr.) erwuchs aus den Auseinandersetzungen zwischen Adel u. Volk, wobei einzelne Aristokraten, zumeist als Volksführer, die Macht an sich rissen; die jüngere T. (4./3. Jh. v. Chr.) aus politischen u. sozialen Spannungen in der Polis, die von einer starken Persönlichkeit ausgenützt werden konnten.

Tyros [grch.], lat. *Tyrus*; phöniz. *Sor, Sur* [„Mauer"], heute *Sur*, im Altertum neben Sidon seit 1200 v. Chr. mächtigste Handelsstadt Phöniziens, ursprüngl. auf einer Felseninsel vor der Mittelmeerküste gelegen; stand unter König *Hiram I.* auf der Höhe seiner Macht. Von T. aus wurden zahlreiche Kolonien im Mittelmeerraum gegründet, darunter *Karthago*. T. bewahrte trotz wiederholter assyr. Angriffe seine Unabhängigkeit u. blieb auch nach der Eroberung durch *Alexander d. Gr.* (332 v. Chr.) autonom. In der röm. Kaiserzeit Provinz-Hptst., 1124–1291 in den Händen der Kreuzfahrer, dann unter ägypt. Herrschaft; seitdem bedeutungslos.

Tyrrhẹner, griech. Name der → Etrusker.

U

Uaxactún [uaxak'tun], Zeremonialzentrum der *Maya-Kultur*, nördl. von Tikal im Petén-Gebiet (Guatemala). U. war von 600 v. Chr. bis 900 n. Chr. durchgehend besiedelt. Die erste Konstruktion der Pyramide E VII (um 300 v. Chr.) ist mit großen Jaguarmasken aus Stuck verziert, die stilist. Verbindung zur *La-Venta-Kultur* Mexikos zeigen.

Ubai̱d Allah, der Gründer der Dynastie der *Fatimiden*, * um 879, † 4. 3. 934; von umstrittener Herkunft, trat als *Mahdi* auf u. setzte im Maghreb (Gebiet der nordafrikan. Atlasländer) als Nachfolger der *Aghlabiden* den *Ismailismus* durch, begründete dort einen Staat mit der Hptst. Mahdiyah.

Ụbico Castañeda [-'njeða], Jorge, guatemaltek. Politiker, * 10. 11. 1878 Guatemala, † 14. 6. 1946 New Orleans; 1931–1944 diktatorisch regierender Präsident.

Ụbier, lat. *Ubii*, Volksstamm der *Rhein-Weser-Germanen*, siedelte im 1. Jh. v. Chr. zwischen Main u. Sieg; 38 v. Chr. von den Römern auf dem linken Rheinufer angesiedelt; Hauptort *Oppidum Ubiorum* (heute *Köln*).

Ụdet, Ernst, Fliegeroffizier (1940 Generaloberst), * 26. 4. 1896 Frankfurt a. M., † 17. 11. 1941 Berlin (Selbstmord); errang im 1. Weltkrieg 62 Luftsiege; danach bekannter Sportflieger; seit 1935 im Reichsluftfahrtministerium, seit 1939 Generalluftzeugmeister; wurde für Fehlentscheidungen in der Flugzeugproduktion verantwortlich gemacht u. nahm sich das Leben. Erinnerungen: „Mein Fliegerleben" 1937.

Uganda EAU

Republik Uganda

Fläche: 235 880 km². – *Einwohner:* 21,3 Mill. – *Hauptstadt:* Kampala. – *Landessprachen:* Englisch u. a. – *Nationalfeiertag:* 9. 10. – *Währung:* 1 Uganda-Shilling = 100 Cents. – *Lage:* zwischen 1°30′ s. Br. und 4° n. Br. sowie 29°40′ und 35° ö. L. – *Zeitzone:* Mitteleuropäische Zeit + 2 Std. – *Grenzen:* im N Sudan, im O Kenia, im S Tansania und Rwanda, im W Kongo (Zaire). – *Staatsform:* präsidiale Republik.

Ende des 19. Jh. errichtete Großbritannien sein Protektorat über die Königreiche im ostafrikan. Seengebiet *(Buganda, Bunyoro, An-*

kole, Toro) u. verband sie mit weiter nördl. gelegenen Gebieten zu der neuen Gebietseinheit U. Nach dem 2. Weltkrieg regte sich vor allem in Buganda eine nationale Bewegung, die jedoch an Gesamt-U. nicht interessiert war. Dagegen organisierte sich unter Führung M. *Obotes* 1960 der *Uganda People's Congress (UPC).* 1962 wurde U. unabhängig (bei Verbleib im Commonwealth), 1963 Republik mit föderativer Verfassung; Staatsoberhaupt war der Kabaka (König) von Buganda. 1966 stürzte Obote den Kabaka, machte sich zum Präs. u. gab U. 1967 eine zentralist. Verfassung, die die traditionellen Königreiche nicht mehr berücksichtigte.

1971 wurde Obote durch einen Militärputsch unter General I. *Amin* gestürzt. Amin errichtete eine despot. Terrorherrschaft, die schätzungsweise 250000 Todesopfer forderte. Er wies 1972 rd. 50000 in U. lebende Asiaten aus u. führte den wirtschaftl. Niedergang des Landes herbei. 1979 wurde er mit tansan. Hilfe gestürzt; tansan. Truppen besetzten das Land. Eine Regierung der „Vereinigten Nationalen Befreiungsfront" gewann keine Autorität u. wurde im Mai 1980 durch eine Militärregierung ersetzt. Aus den im selben Jahr abgehaltenen Wahlen gingen – mit Hilfe von Wahlfälschung – der aus dem tansan. Exil zurückgekehrte ehem. Präsident Obote u. dessen Uganda People's Congress als Sieger hervor. Es gelang Obote jedoch nicht, die zerrütteten Verhältnisse im Lande zu ordnen, insbes. das Militär zu disziplinieren, das weiter raubte u. mordete. Sein Regime wurde in der Folge von Untergrundorganisationen im Landesinnern u. in der Hauptstadt Kampala bekämpft. 1983/84 war bes. das Volk der Ganda in Buganda, das in Opposition zu Obotes Regime stand, Repressionen ausgesetzt: Weit über 100000 Gandas wurden in Internierungslagern unter unmenschl. Bedingungen festgehalten. Nach Stammesauseinandersetzungen innerhalb des Heeres wurde Obote 1985 durch das Militär gestürzt, das unter General T. *Okello* die Macht übernahm. Die Guerilla-Organisation „Nationale Widerstandsarmee" stürzte das Okello-Regime 1986. Neuer Staats-Präs. wurde Y. *Museveni.* 1993 gestattete er die Wiedereinrichtung der 1967 aufgelösten Königreiche. Bei den Wahlen zu einer verfassunggebenden Versammlung im März 1994 gewannen die Anhänger des Präs. eine Zweidrittelmehrheit. Die neue Verfassung, die die starke Stellung des Präs. untermauert, trat im Okt. 1995 in Kraft.

Ugarit, im Altertum eine der bedeutendsten Handelsstädte an der nordsyrischen Küste (unter hethitischen u. ägyptischen Einfluß); um 1200 v. Chr. zerstört (seit 1929 Ausgrabungen).

Ukraine UA

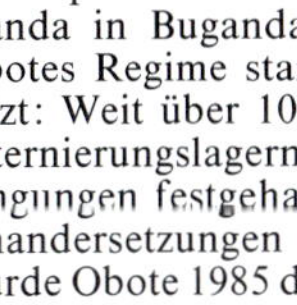
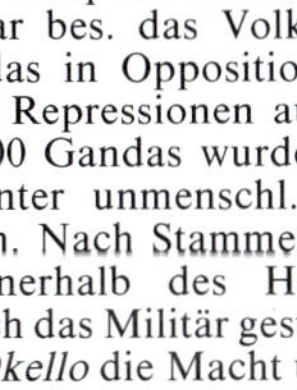

Fläche: 603 700 km². – *Einwohner:* 52,2 Mill. – *Hauptstadt:* Kiew. – *Landessprache:* Ukrainisch. – *Nationalfeiertag:* 24. 8. – *Währung:* 1 Karbowanez = 100 Kopeken – *Lage:* zwischen 44°25′ und 52°19′ n. Br. sowie 22°08′ und 40°13′ ö. L. – *Zeitzone:* Mitteleuropäische Zeit + 1 Std. – *Grenzen:* im N Weißrußland, im NO und O Rußland, im S Schwarzes Meer, im SW Moldova und Rumänien, im W Ungarn, Slowak. Republik und Polen. – *Staatsform:* präsidiale Republik.

Das Steppengebiet gehörte im Altertum wechselnd zu den Reichen der Sarmaten u. Skythen, die bedeutende kulturhistor. Spuren hinterließen (Skythenschatz); im Schwarzmeergebiet errichteten Griechen u. Römer Kolonien; um 250 wurde es von den Ostgoten beherrscht. Danach war die U. Durchzugs- u. Weidegebiet nomad. Völker: *Hunnen* im 4./5. Jh., *Awaren* im 6. Jh., verschiedene Gruppen der *Bulgaren* im 7.–11. Jh., *Chasaren* im 7.–9. Jh., *Ungarn* im 8. Jh., *Petschenegen* im 9./10. Jh. u. *Kumanen* im 11.–13. Jh. Im 13. Jh. geriet die U. in den Machtbereich der mongolischen *Goldenen Horde.*

Die Nord- u. Westukraine war vom 9.–12. Jh. Kern der *Kiewer Rus,* deren reiche Stadtkultur im Mongolensturm zugrunde ging. Nach dem Zerfall der Rus bildete die West-U. ein selbständiges Fürstentum *Wolynien-Halitsch,* das nach 1340 überwiegend an Polen fiel. Die *Dnjepr-U.* mit Kiew kam unter die Herrschaft Litauens. Nach der polnisch-litauischen Union von 1386 war die gesamte U. außer dem Steppengebiet Bestandteil des polnisch-litauischen Staats. Die Region im Schnittpunkt der Machtinteressen der benachbarten Mächte wurde zum Zentrum des sich im wesentlichen aus entlaufenen Bauern bildenden Kosakentums. 1654 ging die U. unter Führung des Kosakenhetmans Bohdan *Chmielnicki* zum Moskauer Zaren über, der aber nach einem Krieg gegen Polen im Vertrag von Andruszowo 1667 nur das Gebiet links des Dnjepr behaupten konnte. Durch die Poln. Teilungen kam die restliche U. samt Wolynien zu Rußland, Galizien (Halitsch) zu Österreich. Unter Katharina II. wurde auch das unter türk. Herrschaft stehende südl. Steppengebiet (Neurußland) mit der Krim angegliedert. Seit dem 18. Jh. zeigte sich u. a. bei der ukrain. Intelligenz ein nationales Sonderbewußtsein, das zur Bildung oppositioneller Bewegungen u. Organisationen führte. Diese bürgerl. Kreise führten im März 1917 die erste Revolution in der U. durch. 1918 mußte Sowjetrußland im Frieden von Brest-Litowsk die Unabhängigkeit der U. anerkennen, die z. T. von dt. Truppen besetzt wurde. Im Bürgerkrieg war die U. hart umkampft. 1920 setzte sich die *Ukrainische Sozialist. Sowjetrepublik* durch, die 1922 der UdSSR beitrat. Die West-U. (Wolynien u. Ostgalizien), nach dem sowjetisch-poln. Krieg 1920 bei Polen, wurde 1939 an die UdSSR angeschlossen. 1945 kam von der ČSR die *Karpato-U.* hinzu. Im Reformklima der späten 1980er Jahre erhielt die ukrain. Nationalbewegung neuen Auftrieb. Im Sommer 1990 erklärte sich die U. für souverän, am 24. 8. 1991 für unabhängig. Im gleichen Jahr wurde L. *Krawtschuk* Staatsoberhaupt. In der von ihr mitgegründeten GUS wandte sich die U. strikt gegen die Schaffung neuer Zentralinstanzen. 1992 erhielt die seit 1954 zur U. gehörende Krim weitgehende Autonomie. Trotzdem erstarkten hier die Kräfte, die einen Anschluß an Rußland propagieren. Aus den ukrain. Parlamentswahlen 1994 gingen die Kommunisten als Sieger hervor. Die Präsidentschaftswahlen im gleichen Jahr gewann L. *Kutschma.* 1995 hob das ukrain. Parlament die 1994 von der Krim eingeführte Verfassung auf, die eine größere Unabhängigkeit der Halbinsel intendierte. 1996 wurde die neue präsidaldemokrat. Verfassung der U. verabschiedet.

Ulbricht, Walter, Politiker, *30. 6. 1893 Leipzig, †1. 8. 1973 Ostberlin; Tischler; 1912 Mitgl. der SPD, 1918 des Spartakusbundes, 1919 der KPD, seit 1920 Parteifunktionär; 1923/24 u. erneut seit 1927 Mitgl. des ZK der KPD; 1924–1927 für die Komintern tätig; 1926–1929 Mitgl. des sächs. Landtags, 1928 bis 1933 MdR; seit 1929 Mitgl. des Politbüros der KPD; 1929–1932 polit. Leiter des Parteibezirks Berlin-Brandenburg, 1932/33 Sekretär des ZK. 1933 emigrierte U. (Prag, Paris, seit 1938 Moskau). In der Exil-KPD hatte er seit 1935 eine dominierende Stellung. 1945 kehrte er nach Dtschld. zurück u. wirkte führend beim Neuaufbau der KPD u. bei der Schaffung neuer staatl. Verwaltungsorgane mit. In enger Zusammenarbeit mit der sowjet. Besatzungsmacht wurde er zum einflußreichsten Politiker in ihrem dt. Machtbereich; mit seinem Namen verbindet sich die Errichtung des kommunist. Herrschafts- u. Gesellschaftssystems in der DDR. 1946–1950 war er stellvertr. Vors. der SED; seit 1950 stand er als Generalsekretär, seit 1953 als Erster Sekretär des ZK auch offiziell an der Spitze der Partei. Zugleich war er 1949–1955 Stellvertreter, 1955–1960 Erster Stellvertreter des Vors. des Ministerrats der DDR. Nach dem Tod W. Piecks wurde er 1960 Vors. des Staatsrates (Staatsoberhaupt) u. zugleich Vors. des Nationalen Verteidigungsrates. In den Jahren 1953 u. 1957/58 scheiterten Versuche innerparteilicher Opponenten, ihn im Interesse einer flexibleren Haltung in der Innen-, Wirtschafts- u. Dtschld.-Politik abzulösen. 1971 wurde er – vor allem wohl wegen Widerstands gegen die sowjet. Entspannungspolitik, aber auch wegen ideolog. Eigenmächtigkeiten – genötigt, seine Ämter als Parteichef u. Vors. des Verteidigungsrates „aus Altersgründen" niederzulegen. Er blieb Vors. des Staatsrates u. erhielt den Ehrentitel eines Vors. der SED.

Ulmanis, Karlis, lett. Politiker, *4. 9. 1877 Kurland, † nach 1942 UdSSR (verschleppt); 1917 Gründer des lett. Bauernbunds, seit 1918 mehrmals Min.-Präs., errichtete durch Staatsstreich 1934 ein autoritäres Regime, bis 1940 Min.-Präs., 1936–1940 zugleich Staats-Präs.

Ulrich, Herzog von Württemberg, *8. 2. 1487 Reichenweier, Elsaß, †6. 11. 1550 Tübingen; beendete 1514 (Tübinger Vertrag) unter großen Zugeständnissen an die Stände den Aufstand des *Armen Konrad.* Durch die Ermordung Hans von *Huttens* 1515 erbitterte er den Adel gegen sich, wurde geächtet u. 1519 vom Schwäbischen Bund aus seinem Land vertrieben. Der Sieg des Landgrafen *Philipp von Hessen,* der ihn für die Reformation gewonnen hatte, über den Statthalter König Ferdinands ermöglichte U. nach der Schlacht bei Lauffen 1534 die Rückkehr nach Württemberg, doch mußte er sein Land als österr. Afterlehen anerkennen.

Ulrich von Jungingen, Hochmeister des Deutschen Ordens 1407–1410; gefallen in der Schlacht bei Tannenberg (15. 7. 1410).

Ulrika Eleonora, Königin von Schweden 1719/20, *23. 1. 1688 Stockholm, †24. 11. 1741 Stockholm; nach dem Tod ihres Bruders, Karls XII., 1718 vom Reichstag zur Königin gewählt; dankte 1720 zugunsten ihres Ehemannes Friedrichs von Hessen-Kassel ab.

Ulster Defence Association ['ʌlstə di'fɛns æsɔusi'ɛiʃən; engl., „Ulster-Verteidigungsvereinigung"], Abk. *UDA,* militante protestantische Organisation in Nordirland (neben der *Vanguard*).

Ulugh Beg, *Ulugh-Beigh,* Herrscher in Turkistan, Enkel *Timurs,* *1394 Sultaniye, †27. 10. 1449 bei Samarkand (hingerichtet); machte als Statthalter seines Vaters *Schahruch* Samarkand zu einem Mittelpunkt der islam. Kunst u. Kultur sowie der Theologie u. Astrologie.

Umberto, Fürsten. Italien: **1.** *U. I.,* König 1878–1900, *14. 3. 1844 Turin, †29. 7. 1900 Monza (ermordet); schloß 1883 mit Dtschld. u. Österreich den Dreibund. Seine streng an der Verfassung orientierte Regierung leitete den inneren Konsolidierungsprozeß des italien. Nationalstaates ein.

2. *U. II.*, König 1946, * 15. 9. 1904 Racconigi, Provinz Cuneo, † 18. 3. 1983 Genf; 1944 von seinem Vater Viktor Emanuel III. als Statthalter eingesetzt; nach dessen Abdankung am 9. 5. 1946 König, mußte nach der Volksentscheidung für die Republik am 12. 5. abdanken u. Italien verlassen.
Savoyen: **3.** *U. Weißhand*, * um 980, † 1047 oder 1048; Begründer des gräfl. Hauses Savoyen.
Umbrer, wahrscheinlich zu Beginn des 1. Jahrtausends v. Chr. aus dem N nach Ober- und Mittelitalien eingewanderter italischer Stamm, vielleicht Träger der *Villanova-Kultur*, im 3. Jh. v. Chr. von den Römern unterworfen; erhielten 90 v. Chr. röm. Bürgerrecht.
Umma, das heutige *Djocha*, sumer. Stadtstaat, in Südbabylonien, in der Nähe von Lagasch, mit dem es in ständigem Streit lag. Um 2350 v. Chr. eroberte sein Herrscher *Lugalzaggesi* ganz Sumer u. drang bis zum Mittelmeer vor.
Umritt, *Umfahrt*, im MA die Reise des Königs nach seiner Wahl durch alle Reichsprovinzen zur Einholung der Huldigung.
UN, Abk. für engl. *United Nations*, → Vereinte Nationen.
Unabhängige Sozialdemokratische Partei Deutschlands, Abk. *USPD*, eine Linkspartei, die 1917 durch Abspaltung von der SPD entstand. Ihren Kern bildeten kriegsgegnerische SPD-Abgeordnete u. -Mitglieder, die seit 1915 in zunehmendem Gegensatz zur „Burgfriedenspolitik" der Parteiführung standen. Führende Persönlichkeiten der USPD waren H. *Haase*, W. *Dittmann*, K. *Kautsky*, E. *Bernstein*. Mitglieder des linken Flügels der USPD, u. a. Karl *Liebknecht*, R. *Luxemburg* u. F. *Mehring*, bildeten innerhalb der Partei den Spartakusbund. Bei den Reichstagswahlen 1920 erhielt die USPD 17,9 % der Stimmen u. 81 Mandate. Die Mehrheit der USPD trat 1920 zu den Kommunisten über, eine Minderheit kehrte 1922 zur SPD zurück. Eine kleine Rest-USPD unter G. *Ledebour* bestand noch länger.
Unabhängigkeitserklärung, *Declaration of Independence*, das von T. *Jefferson* formulierte Dokument, in dem die 13 nordamerikan. Staaten am 4. 7. 1776 ihre Unabhängigkeit von der brit. Krone verkündeten.
Unabhängigkeitskrieg der USA, *Nordamerikanischer Unabhängigkeitskrieg*, 1775–1783, der Krieg von 13 Kolonien in Nordamerika gegen die brit. Herrschaft; Entscheidungsschlachten bei Saratoga 1777 u. Yorktown 1781. Ausschlaggebend war die französ.-amerikan. Allianz von 1778. Der Krieg wurde 1783 im *Frieden von Versailles* mit der Anerkennung der Unabhängigkeit der USA durch Großbritannien beendet.

Ungarn: Ungarische Reiterei der Arpáden-Zeit greift eine Stadt an. Zeichnung im Buch der Makkabäer aus der Schule von St. Gallen; um 924

Unam Sanctam [lat., „eine heilige" (Kirche)], Bulle Papst *Bonifatius' VIII.* vom 18. 11. 1302 gegen den französ. König Philipp IV. den Schönen, in der der Papst die Vorherrschaft der geistl. vor der weltl. Gewalt u. damit den Vorrang des Papsttums scharf betonte.
UNCTAD → Vereinte Nationen.

Ungarn

H

Republik Ungarn

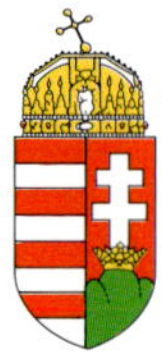

Fläche: 93 032 km². – *Einwohner:* 10,5 Mill. – *Hauptstadt:* Budapest. – *Landessprache:* Ungarisch. – *Nationalfeiertage:* 15. 3., 20. 8. u. 23. 10. – *Währung:* 1 Forint = 100 Filler. – *Lage:* zwischen 45°45′ und 48°35′ n. Br. sowie 16°05′ und 22°55′ ö. L. – *Zeitzone:* Mitteleuropäische Zeit. – *Grenzen:* im N Slowakische Republik und Ukraine, im O Rumänien, im S Jugoslawien und Kroatien, im W Österreich und Slowenien. – *Staatsform:* parlamentarische Republik.

Die Magyaren (Ungarn) entstammen der Waldzone des nördl. Mittleren Ural. Seit dem 3. Jahrtausend v. Chr. wanderten sie in südwestl. Richtung u. lebten zwischen mittlerer Wolga u. Unterlauf der Donau zunächst im Verband hunnisch-bulgar. (5. Jh. n. Chr.), türkischer (6./7. Jh.) u. chasar. Herrschaftsbildungen. Im späten 9. Jh. wurden sie von den Petschenegen aus dem Gebiet zwischen Don u. Dnjepr vertrieben. Unter ihrem Stammesfürsten Árpád erfolgte die Landnahme (895–907) an Theiß u. mittlerer Donau. Von hier aus unternahm das Reiternomadenvolk unter den Árpáden (bis 1301) seine gefürchteten Kriegszüge nach Mittel- u. Südeuropa u. nach Byzanz. Nach der Niederlage, die Otto d. Gr. den Ungarn auf dem Lechfeld beibrachte (955), wurden sie endgültig seßhaft.
Unter *Géza*, einem Urenkel Árpáds, begann die Christianisierung U.s. Die Bindung an den westl. Kulturkreis wurde durch *Stephan (István) I., den Heiligen* (997–1038), endgültig. Das Erzbistum Gran (Esztergom) wurde gegr. Von Papst Silvester II. erhielt Stephan 1000 oder 1001 die Königskrone. Dem Partikularismus der Feudalherren begegnete der König durch Einführung einer strengen Zentralverwaltung u. einer Grafschaftsverfassung. *Andreas I.* (1046–1060) u. seinen Nachfolgern *Béla I.* (1060–1063), *Géza I.* (1074 bis 1077) u. *Wladislaw (László) I.* (1077–1095) gelang es, die Königsmacht im Innern wie nach außen zu stärken. 1091 wurde Kroatien angegliedert; es folgten Dalmatien u. Siebenbürgen (Transsilvanien). Unter *Koloman (Kálmán) I.* (1095–1116) wurde Kroatien fester Bestandteil des ungar. Reichs (1102). Im 12. Jh. wanderten dt. Siedler nach U. ein.
Nach dem Tod *Gézas II.* (1141–1162) kam es zu Thronstreitigkeiten, die durch das Eingreifen des byzantin. Kaisers Manuel u. mit der Thronbesteigung von dessen Schwiegersohn *Béla III.* (1172–1196) endeten. Unter *Andreas (András) II.* (1205–1235) konnte der gemeine Adel, dessen Stellung immer stärker wurde, den Erlaß der *Goldenen Bulle* (1222) erzwingen, die den gemeinen Adel gleichberechtigt neben die Hocharistokratie stellte, d. h., ihm Stimmrecht in den Landtagen einräumte. Dem Adel wurde Steuerfreiheit, Schutz vor Verhaftung u. vor Einziehung des Besitzes zugesichert, seine Pflicht auf Heerfolge wurde eingeschränkt. Die in Siebenbürgen angesiedelten Deutschen bekamen 1224 Selbstverwaltung. 1241 verheerten die Mongolen das Land (Niederlage bei Mohi). *Bélas IV.* (1235–1270) Widerstand gegen die Mongolen war bald gebrochen. Als sie das Land verlassen hatten, bemühte sich Béla um den Ausbau der Landesverteidigung u. förderte den Burgenbau. Dem Tod des letzten Árpáden, *Andreas III.* (1290–1301), folgte eine Zeit der Anarchie.
Als *Karl (Károly) I.* bestieg 1308 ein Anjou mit Hilfe des Papstes den ungar. Thron. Nachdem er sich gegen die Feudalherren durchgesetzt hatte, brachte er dem Land eine lange Zeit des Friedens. Wie sein Vater Karl unterstützte auch *Ludwig (Lajos) I., d. Gr.* (1342–1382), den niederen Adel gegen die Hocharistokratie. Zentralgewalt u. Königsmacht wurden erneut gestärkt, Künste u. Wissenschaften gefördert; 1367 wurde in Pécs (Fünfkirchen), 1389 in Ofen (Buda) eine Universität gegr. 1370 wurde Ludwig, Sohn der Elisabeth von Polen, auch poln. König.
Die ungar. Krone fiel nach seinem Tode an den Verlobten der ältesten Tochter Ludwigs, Maria, u. späteren dt. Kaiser, den Luxemburger *Sigismund* (1387–1437). Nach der Niederlage des Kreuzheers bei *Nikopolis* (1396) mußte der König den Magnaten immer weitergehende Rechte (Ständeversammlung) einräumen. Die Türken drangen unaufhaltsam vor, die Hussitenkriege schwächten das Land. Seinem Schwiegersohn, dem Habsburger Kaiser Albrecht II. (1437–1439), folgte der Polenkönig Władysław III. (1440 bis 1444) als ungar. König Ulászló I. auf den Thron. Nach dessen Tod konnten die Türken durch den Reichsverweser János Hunyadi (für den unmündigen Habsburger Wladislaw V. Posthumus, 1440–1457) noch einmal aufgehalten werden (Sieg bei Belgrad 1456). Hunyadi aber, der Führer der Kleinadelspartei, wurde im Lager bei Belgrad ein Opfer der Pest. Ein Sieg des Kleinadels war die Wahl seines Sohns Matthias (Mátyas) zum König. Als *Matthias I. Corvinus* (1458–1490) kämpfte er gegen den Habsburger Kaiser Friedrich III. u. siegte gegen König Georg Podiebrad von Böhmen. Auch die Türken konnte er schlagen (1463, 1476), 1474 gewann er durch Vertrag Mähren, Schlesien u. die Lausitz von Polen, 1485 eroberte er Wien, das er zur Hauptstadt seines Reiches machte. Mit seinem Tod aber zerfiel das Reich.
Unter den Jagiellonen (1490–1526) ging die Macht an die Magnaten über. 1514 wurde der Aufstand der Bauern, die von György (Georg) *Dózsa* geführt wurden, gewaltsam unterdrückt. Gegen den sich ausbreitenden Protestantismus wurde mit aller Härte vorgegangen. In der für die Ungarn vernichtenden Türkenschlacht bei *Mohács* (1526) kam König *Ludwig II.* (1516–1526) ums Leben. U. verlor seine Unabhängigkeit; der mittlere Teil kam an die Türkei (bis Ende 17. Jh.), das westl. U. an die Habsburger, Siebenbürgen (Transsilvanien) wurde selbständiges Fürstentum. Dem 1526 gewählten König *Ferdinand von Österreich* (1526–1564) stand in *János Szápolyai* (1526–1540) ein Gegenkönig gegenüber, der sich mit dem Sultan verbündete. 1541 wurde Ofen von den Türken besetzt. Das 17. Jh. stand im Zeichen des Freiheitskampfs, der von den transsilvan. Fürsten *Stephan (István) Bocskay*, *Gábor Bethlen* u. *Georg Rákóczi I.* erfolgreich gegen die Habsburger geführt wurde. Erst unter *Georg Rákóczi II.* fiel Siebenbürgen den Türken zu

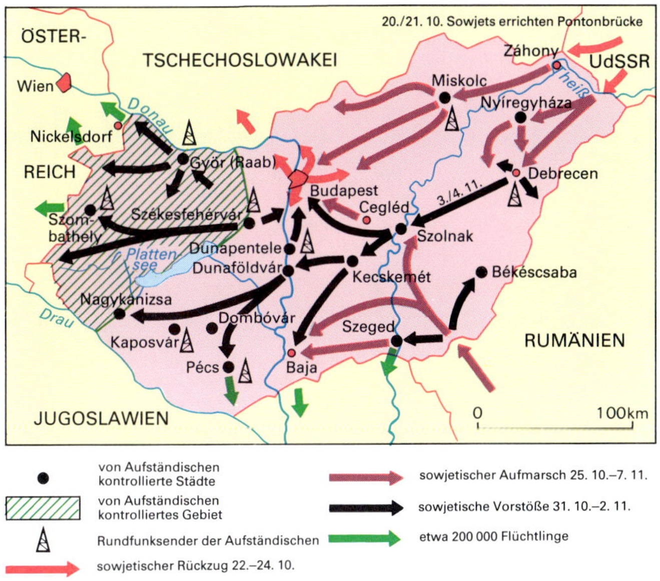

Ungarn: Übersicht über Truppenbewegungen während des Aufstandes 1956

(nach 1660). Im habsburg. Teil U.s („königl. U.") kam es infolge der Zwangsherrschaft oft zu Aufständen; die Gegenreformation hatte hier Erfolg, nicht aber im weitgehend calvinist., türkisch besetzten Gebiet. Nach der Befreiung von der Türkenherrschaft 1683–1699 wurde ganz U. habsburgisch.
Seit Ende des 17. Jh. kämpfte die Freiheitsbewegung der Kuruzen gegen die kaiserl. Herrschaft. Ihre Führer wurden Fürst *Franz (Ferenc) II. Rákóczi* u. J. *Thököly*. 1711 brach zwar die Bewegung, deren Truppen fast das ganze Land befreit hatten, zusammen, doch im Frieden von Szatmár wurde die Autonomie U.s versprochen. Der ungar. Reichstag erkannte 1722/23 die Pragmatische Sanktion an u. unterstützte *Maria Theresia* weitgehend in ihren reformer. Maßnahmen (Unterrichtswesen, Besiedlungspolitik, Freizügigkeit für die Leibeigenen). Auf harten Widerstand des Adels stieß *Joseph II.* (1780–1790) mit seinen eine straff zentralisierte u. einheitliche Verwaltung anstrebenden Reformen. Sie mußten sämtlich zurückgenommen werden. Unter *Franz I.* (1792–1835) wurde das Land absolutistisch regiert gegen die wachsende Opposition einer Reformbewegung. Ihre Führer waren Graf I. *Széchenyi*, der soziale u. wirtschaftl. Reformen anstrebte, u. Lajos *Kossuth*, ein radikaler Revolutionär.
1848 brach in Pest die Revolution aus. Der König berief die Regierung L. *Batthyány*, die Pressefreiheit zusicherte u. die Leibeigenschaft aufhob. Kossuth übernahm die Führung des Landes, der Landtag wählte ihn zum Reichsverweser, u. U. erklärte sich für unabhängig. Mit russ. Hilfe wurde die Revolution von Kaiser Franz Joseph niedergeschlagen. 1867 erreichten die Liberalen unter Führung von Franz von *Deák* den Ausgleich mit der Wiener Regierung. U. als Teil der Doppelmonarchie Österreich-U. bekam eine parlamentar. Verfassung mit weitgehender Autonomie; seine Nebenländer Kroatien u. Slawonien wurden zurückgegeben. Graf *Andrássy* wurde Min.-Präs., Franz Joseph 1867 zum ungar. König gekrönt. Siebenbürgen wurde an U. angeschlossen. Nur schwer – u. seit der Regierungszeit Graf István *Tiszas* (1903–1905 u. 1913–1917) nur noch mit Gewalt – konnte die Ordnung in dem von den Gegensätzen der Parteien u. den Autonomiebestrebungen der Minderheiten zerrissenen Land aufrechterhalten werden. Im Okt. 1918 wurde Tisza ermordet. König *Karl IV.* (Kaiser Karl I.) bestimmte Graf M. *Károlyi* zum Min.-Präs. Am 16. 11. 1918 ließ dieser die Republik ausrufen. Kroatien löste sich von U., die Rumänen in Siebenbürgen votierten für den Anschluß an Rumänien. Die Kommunisten unter Béla *Kun* errichteten im März 1919 eine Räterepublik, die im August von gegenrevolutionären Truppen niedergeworfen wurde. 1920 ließ sich Admiral M. *Horthy* zum Reichsverweser wählen; U. wurde wieder Königreich. 1921 wurde Karl IV. abgesetzt.
Der Niederlage im 1. Weltkrieg folgte der *Vertrag von Trianon* (1920), der Ungarn 60 % seiner Bevölkerung u. 75 % seines Gebiets nahm. Außenpolitisch schloß sich U. an Dtschld. u. Italien an. Es erhielt einen Teil der nach dem 1. Weltkrieg verlorenen Gebiete zurück (Wiener Schiedssprüche 1938 u. 1940). An der Seite der Achsenmächte trat es im Juni 1941 in den 2. Weltkrieg ein. Horthy versuchte 1944 die Verbindung mit dem nat.-soz. Dtschld. zu lösen u. aus dem Krieg auszuscheiden. Er wurde von den Deutschen abgesetzt, sein Nachfolger wurde F. *Szálasi*, der Führer der faschist. Pfeilkreuzlerbewegung.
1944/45 besetzten sowjet. Truppen das Land. U. wurde am 1. 2. 1946 Republik. Im Friedensvertrag von Paris 1947 wurden die Grenzen von 1938 wiederhergestellt, u. U. wurde für reparationspflichtig erklärt. Die Deutschen wurden ausgesiedelt, der Großgrundbesitz enteignet, die Industrie verstaatlicht. Zunächst regierte die Kleinlandwirtepartei (Min.-Präs. Ferenc *Nagy*). Gestützt auf die sowjet. Besatzungsarmee, übernahm die Kommunist. Partei unter ihrem Generalsekretär M. *Rákosi* schrittweise die Macht. 1948 kam es zur Zwangsvereinigung der Sozialdemokraten mit der KP. Die bürgerl. Parteien wurden verboten, das Einparteiensystem eingeführt. 1949 wurde U. Volksrepublik. Rákosi, schon seit längerem faktisch Diktator, war 1952/53 Min.-Präs. Nach dem Vorbild der Sowjetunion wurden Planwirtschaft u. – gegen den Widerstand der Kleinbauern – das Kollektivwirtschaftssystem eingeführt. Der „Neue Kurs" unter Min.-Präs. Imre *Nagy* (1953–1955) brachte eine Lockerung, 1955 folgte unter A. *Hegedüs* eine neue Verschärfung.
Im Anschluß an die sowjet. „Entstalinisierung" wurde Rákosi 1956 aller Parteiämter enthoben, unter seinem Terrorregime bestrafte Kommunisten wurden rehabilitiert. Mit einer Demonstration der Studenten in Budapest brach am 23. 10. 1956 die Revolution aus. I. Nagy übernahm die Regierung, erklärte U.s Austritt aus dem Warschauer Pakt u. versprach Liberalisierung u. Respektierung der demokrat. Freiheiten. Sowjet. Truppen schlugen die Revolution Anfang November nieder. Zehntausende von Flüchtlingen verließen das Land.
Am 4. 11. 1956 bildete János *Kádár*, der in der Stalinzeit verfolgt u. 1954 rehabilitiert worden war, eine neue moskautreue Regierung, die anfangs einen harten Kurs steuerte. So wurden die während der Revolution von 1956 gebildeten Räteorganisationen aufgelöst. Seit Anfang der 1960er Jahre zeigte das Regime liberalere Tendenzen, bes. in der Wirtschaftspolitik. Nachdem es nach einer 1968 eingeleiteten Wirtschaftsreform zu rapiden Preis- u. Lohnsteigerungen gekommen war, wurde jedoch die staatl. Lenkung wieder gestrafft.
Kádár, seit 1956 Parteichef der Ungarischen Sozialistischen Arbeiterpartei u. zeitweise auch zugleich Regierungschef, widersetzte sich in den 1980er Jahren weiteren Reformschritten, nachdem er lange Zeit den liberaleren Kurs repräsentiert hatte. 1988 wurde er im Amt des Generalsekretärs der Partei durch K. *Grósz* ersetzt. Regierungschef wurde M. *Nemeth*. Umfassende polit. u. gesellschaftl. Reformen wurden eingeleitet. Die Führer der Revolution von 1956 (u. a. I. Nagy) wurden rehabilitiert.
Der 1989 begonnene Abbau der Grenzanlagen zu Österreich sowie die Ausreiseerlaubnis für in U. befindl. DDR-Flüchtlinge beschleunigte den Umwandlungsprozeß in der DDR sowie den Zerfallsprozeß der kommunist. Herrschaftsstrukturen in den übrigen osteuropäischen Ländern. Die Ungar. Sozialist. Arbeiterpartei verzichtete auf ihr Machtmonopol u. wandelte sich in eine demokrat. sozialistische Partei um; Parteivorsitzender wurde R. *Nyers*. Gleichzeitig entstanden zahlreiche neue Parteien. Am 23. 10. 1989 wurde die demokrat. „Ungarische Republik" proklamiert. Aus den ersten freien Wahlen seit 45 Jahren ging 1990 das Ungar. Demokrat. Forum unter Führung von J. *Antall* als Sieger hervor. Zum Staats-Präs. wählte das Parlament A. *Göncz*. Ende Juni 1991 war der im März 1990 vereinbarte Abzug der sowjet. Truppen aus U. abgeschlossen. Nach dem Tode Antalls übernahm 1993 P. Boross das Amt des Regierungschefs. Da sich der Übergang zur Marktwirtschaft schwierig gestaltete, verlor die Regierungskoalition das Vertrauen der Bevölkerung. So konnte die Sozialist. Partei unter Führung von G. *Horn* bei den Parlamentswahlen 1994 die absolute Mehrheit der Mandate gewinnen. Horn wurde neuer Ministerpräsident an der Spitze einer sozialliberalen Koalitionsregierung. 1995 bestätigte das Parlament Göncz in seinem Amt als Staatspräsident.
ungleiche Verträge, völkerrechtl. Verträge zu Lasten der einen Seite infolge machtpolit. Übergewichts der anderen; vor allem die von den westl. Großmächten um die Mitte des 19. Jh. erst China u. danach Japan aufgezwungenen einseitigen Verträge, die den Markt dieser Länder für westl. Industrieprodukte zu niedrigen Zollsätzen öffneten, den „Weißen" exterritoriale Sonderrechte gewährten u. in China zu Gebietsabtretungen bzw. -verpachtungen führten. Erster Vertrag dieser Art war der Friedensvertrag von Nanjing (29. 8. 1842), in dem die Engländer von den militärisch unterlegenen Chinesen die Öffnung von fünf Hafenstädten für den Handel erzwangen, die unbefristete Abtretung der Insel Hongkong erreichten, Entschädigungen für die kriegsbedingten Verluste der Firmen u. die Kosten der Kriegführung kassierten u. Zollprivilegien erhielten. Die europ. Mächte u. die USA folgten mit ähnl. Verträgen; Rußland sicherte sich zudem in von China bis heute als ungleich bekämpften Abkommen 1858 bzw. 1860 das Gebiet östl. des Amur u. Ussuri. Auf ähnl. Weise wurde Japan für den westl. Handel gewaltsam geöffnet. Die USA erzwangen als erste ausländ. Macht 1858 in

einem Freundschafts- u. Handelsvertrag wirtschaftl. Privilegien, die übrigen Mächte folgten rasch (Preußen 1861). Während Japan durch einen schnellen Modernisierungsprozeß den industriellen Vorsprung des Westens bald einholte u. sich durch administrative Reformen dem Westen äußerlich anglich, gelang diese Erneuerung im innerlich zerrissenen China nicht. Japan vermochte daher die u.n V. schrittweise schon um die Jahrhundertwende zu revidieren. Im Falle Chinas verzichteten die Westmächte erst während des 2. Weltkrieges auf Exterritorialität u. Zollprivilegien. Erst 1984 kam es zu einem Abkommen zwischen Großbritannien u. China, wonach Hongkong bis 1997 an China zurückgegeben werden soll.

Union [lat.], das 1608 geschlossene Bündnis der prot. Reichsstände Anhalt, Ansbach, Baden-Durlach, Kulmbach, Hessen-Kassel, Kurbrandenburg, Kurpfalz, Pfalz-Neuburg, Württemberg u. der Städte Straßburg, Ulm u. Nürnberg. Die U. schloß sich unter Führung Friedrichs IV. von der Pfalz in Auhausen zusammen. Sie konnte sich bei Ausbruch des Dreißigjährigen Kriegs nicht gegen die 1609 gegründete kath. *Liga* behaupten u. löste sich 1621 nach der Schlacht am Weißen Berge auf.

Union Arabischer Emirate → Vereinigte Arabische Emirate.

Union Arabischer Republiken, *Föderation Arabischer Republiken*, 1971 vereinbarter, aber nie wirksam gewordener Zusammenschluß von Libyen, Syrien u. Ägypten zu einem Staatenbund.

Union Jack ['ju:njən 'dʒæk; der; engl.], umgangssprachl. Ausdruck für die Flagge des Vereinigten Königreichs.

Union of South Africa ['ju:njən əv 'sauθ 'æfrikə; engl.], die 1910–1961 bestehende *Südafrikanische Union*; → Südafrika.

United Nations [ju'naitid 'nɛiʃənz; engl.], *United Nations Organization*, Abk. *UN, UNO*, → Vereinte Nationen.

Universalgeschichte → Weltgeschichte.

UNO, Abk. für engl. *United Nations Organization*, → Vereinte Nationen.

Unruh, Hans Viktor von, preuß. Politiker, *28. 3. 1806 Tilsit, †4. 2. 1886 Dessau; Bauingenieur u. Unternehmer; rief als Präs. der preuß. Nationalversammlung 1848 bei deren Auflösung durch die Regierung Brandenburg zum „passiven Widerstand" (seine Wortschöpfung) auf; 1859 Mitbegründer des Deutschen Nationalvereins, 1861 der Deutschen Fortschrittspartei, 1866 der Nationalliberalen Partei. „Erinnerungen" 1895.

U Nu, birman. Politiker, → Nu.

Ur: Die Kriegsseite der sogenannten Standarte von Ur, eines Mosaiks aus weißen Muscheln, Lapislazuli und rötlichem Kalkstein, zeigt Kampfwagen, Speerträger und die Gefangennahme feindlicher Soldaten. London, Britisches Museum

Ur, heutiger Ruinenhügel *Mukajjar* am unteren Euphrat, schon in der Spätjungsteinzeit *(Obed-Kultur)* besiedelt, darüber eine Flutschicht; seit dem 3. Jahrtausend v. Chr. ein sumerischer Stadtstaat, um 2500 v. Chr. u. während der Herrschaft der 3. Dynastie von Ur (2070–1950 v. Chr.) zeitweilige Metropole Babyloniens; wichtiges Handelszentrum (Ostarabien- u. Indienhandel); nach dem AT Heimat *Abrahams* u. seiner Vorfahren; nach einer Verlagerung des Euphrat im 4. Jh. v. Chr. verlassen. – Ausgrabungen brachten eine ovale Stadtanlage zutage. In ihrem Mittelpunkt liegt das Heiligtum des Mondgottes Nanna-Sin u. seiner Gemahlin Ningal; sie umschließt die von den Königen *Urnammu* u. *Schulgi* erbaute Zikkurat, ein Schatzhaus u. das Wohnhaus der Priesterin. Südwestl. davon waren die Könige der 1. Dynastie von Ur (um 2500 v. Chr.) mit kostbaren Beigaben u. ihren Dienern beigesetzt, die Könige der 3. Dynastie in Wohnhäusern mit Grüften.

Uradel → Adel.

Urartu, *Uruatru*, im Altertum Staat in der Osttürkei, Hptst. *Tuschpa*, das heutige *Van*; von *Sardur I.* um 860 v. Chr. durch die Einigung hurrit. Fürstentümer geschaffen. Seine Könige (*Menuas*, 828–785 v. Chr.) waren gefährl. Rivalen Assyriens. *Argistis I.* (um 785–753 v. Chr.) erweiterte sein Reich bis Aleppo u. Georgien. *Sardur II.* verlor 739 v. Chr. Syrien an *Tiglatpileser III.* von Assyrien. Gleichzeitig bedrängten von N her die Kimmerier U. *Sardur III.* (636–610 v. Chr.) konnte U. noch einmal bis Syrien ausdehnen. Sein Nachfolger *Resa III.* (610–585 v. Chr.) jedoch verlor sein Reich an die Meder. – Von der Kultur U.s ist wenig bekannt. Die in assyr. Keilschrift in urartäischer Sprache geschriebenen Inschriften sprechen von großen Befestigungsanlagen, Kanalbauten u. Städten. Berühmt waren die Metallerzeugnisse. Der Hauptgott hieß *Chaldis*, daneben gab es den Wettergott *Teisbas* u. den Sonnengott *Ardinis*.

Urartu im 8. Jahrhundert v. Chr.

Urban, Päpste: **1.** *U. I.*, 222–230, Heiliger, Römer. Patron der Winzer. – Fest: 25. 5.

2. *U. II.*, 1088–1099, Seliger, eigentl. *Odo von Châtillon* oder *Lagery*, *um 1035 Châtillon-sur-Marne, †29. 7. 1099 Rom; Mönch u. Prior in Cluny, um 1080 Kardinalbischof von Ostia, führte das Reformpapsttum weiter. Auf der Synode zu Clermont 1095 rief er zur Befreiung des Hl. Landes auf u. leitete die Kreuzzugsbewegung ein. – Fest: 29. 7.

3. *U. III.*, 1185–1187, eigentl. Umberto *Crivelli* aus Mailand, †20. 10. 1187 Ferrara; Gegner Friedrich Barbarossas u. Heinrichs VI., residierte in Verona.

4. *U. IV.*, 1261–1264, eigentl. Jacques *Pantaléon*, *um 1200 Troyes, †2. 10. 1264 Perùgia; Gegner der Staufer, verbündete sich gegen deren Herrschaft in Unteritalien mit *Karl von Anjou*, dem er 1264 das Königreich Sizilien übertrug. Im selben Jahr führte U. das Fronleichnamsfest ein.

5. *U. V.*, 1362–1370, Seliger, eigentl. Guillaume *Grimoard*, *um 1310 bei Mende, † 19. 12. 1370 Avignon; Benediktiner; kehrte gegen den Widerstand Frankreichs 1367, von Kaiser *Karl IV.* unterstützt, nach Rom zurück, mußte aber wegen der dortigen polit. Schwierigkeiten 1370 erneut nach Avignon gehen. Seligsprechung 1870. – Fest: 19. 12.

6. *U. VI.*, 1378–1389, eigentl. Bartolomeo *Prignano*, *um 1318 Neapel, †15. 10. 1389 Rom; erster nach Ende des avignones. Exils in Rom gewählter Papst. Wegen Bedenken gegen Vorgänge bei der Wahl u. überzeugt von seiner Geistesstörung wählten die französ. Kardinäle den Gegenpapst *Klemens VII.* Damit begann das große abendländ. Schisma.

7. *U. VII.*, 1590, eigentl. Giambattista *Castagna*, *1521 Rom, †27. 9. 1590; 1583 Kardinal; starb 12 Tage nach seiner Wahl an Malaria.

8. *U. VIII.*, 1623–1644, eigentl. Maffeo *Barberini*, *5. 4. 1568 Florenz, †29. 7. 1644 Rom; 1606 Kardinal. U.s Pontifikat bedeutete den Höhepunkt des Barockpapsttums, gekennzeichnet durch Kunst- u. Wissenschaftsförderung (Fertigstellung des Petersdoms), aber auch durch Nepotismus. Im Dreißigjährigen Krieg schloß sich U. aus Furcht vor Spaniens Macht an Frankreich an u. unterstützte dadurch indirekt die dt. Protestanten. Für den Kirchenstaat erwarb er das Herzogtum Urbino. Unter U. wurde *Galilei* verurteilt.

Urbar [das], *Urbarium*, im MA Verzeichnis von Einkünften aus Grundbesitz, auch die Einkünfte u. das Grundstück selbst.

Urbi et orbi [lat., „der Stadt (Rom) u. dem Erdkreis"], Formel bei der Spendung des päpstl. Segens vom Balkon der Peterskirche aus.

Urbs [die; lat.], bei den alten Römern ursprüngl. die mit einem bestimmten Ritual gegründete u. ummauerte Stadt, später nur Bez. für *Rom.*

Urchristentum, die älteste Zeit des Christentums von den Anfängen der ersten Gemeinde zu Jerusalem bis etwa 150, auch *Urkirche* genannt.

Urfehde, im MA Eidschwur zur Beilegung einer *Fehde,* durch den beide Parteien versicherten, künftig Frieden zu halten; später der Schwur eines freigesprochenen Angeklagten oder Verbannten, keine Rache an Kläger oder Richter zu üben bzw. die untersagten Plätze zu meiden.

Urgemeinde, die Jerusalemer christl. Gemeinde bis zur Zerstörung der Stadt im Jahr 70.

Urgeschichte → Ur- und Frühgeschichte.

Urkantone, die drei schweizer. Kantone um den Vierwaldstätter See: Uri, Schwyz u. Unterwalden, die 1291 als Zelle der schweizer. Eidgenossenschaft den *Ewigen Bund* schlossen, auch die *Drei Waldstätte* genannt, mit Luzern zusammen die *Vier Waldstätte.*

Urkunde, ein in bestimmten Formen ausgestelltes u. beglaubigtes Schriftstück über rechtsverbindliche Vorgänge. Unterschieden wird zwischen *Diplom* (auch *Präzept* oder *Privileg*) u. *Mandat* (auch *Reskript*). Das Diplom ist eine U., die in feierl. Form von einem Inhaber der öffentl. Gewalt (Papst, Kaiser, König, Fürst, Stadt) ausgestellt wurde u. Privilegien aller Art (z. B. Schutz-, Wahl-, Zoll-, Steuer-, Markt- oder andere Besitzprivilegien) verlieh oder Schenkungen, Belehnungen, internationale Verträge bezeugte. Das Mandat ist die einfachere Geschäftsurkunde, die auch von Ausstellern, die keine öffentl. Gewalt repräsentierten, stammen kann (daher auch Privat-U.). Eine U. kann in verschiedenen Formen gehalten sein (als Konzept, als Original, als Abschrift, als Registereintrag u. a.). In der Geschichtswissenschaft sind U.n vor allem für die Erforschung des MA von großer Bedeutung.

Urkundenlehre, *Diplomatik,* die Wissenschaft von den (Kaiser-, Königs-, Papst- u. Privat-) *Urkunden*; eine histor. Hilfswissenschaft, 1681 von J. *Mabillon* begründet. Die U. befaßt sich mit den äußeren u. inneren Merkmalen der Urkunden, mit Stoff, Schrift, Beglaubigungsmitteln, Sprache, Entstehung, Inhalt u. Datierung.

Urnammu, sumer. Großkönig von Ur, um 2062–2045 v. Chr.; Begründer der sog. 3. Dynastie von Ur, führte als erster den Titel „König von Sumer u. Akkad"; Rechtsreformen, zahlreiche Bauten.

Urnenfelderkultur, eine prähistor. Fundgruppe, die in weiten Teilen Zentral-, Süd-, West- u. Osteuropas die ausgehende Bronzezeit (13.–8. Jh. v. Chr.) kennzeichnet. Gegenüber der vorangegangenen Hügelgräber-Kultur zeichnet sie sich weitgehend durch einen neuen Totenkult mit Brandbestattung in Urnen aus. Vor allem in Nordtirol u. im östl. Mitteleuropa, wo sich eine Regionalausprägung in der *Lausitzer Kultur* fassen läßt, markiert die Neuanlage größerer Brandbestattungsfriedhöfe (Urnenfelder) den Beginn der U., die im Lausitzer Kulturbereich teilweise bis in die Eisenzeit weiterbelegt werden.

Urnenfelderkultur: bronzener Kultwagen aus Acholshausen. Würzburg, Mainfränk. Museum

In einer Zone von Ostfrankreich über die Schweiz bis nach Österreich ist der Beginn durch eine Anzahl kleinerer Flach- oder Hügelgräbergruppen gekennzeichnet, deren Beigaben durch eine Reihe von neuen charakteristischen keramischen Form- u. Verzierungsmerkmalen sowie von Bronzegegenständen auffallen. Gleichzeitig kann jedoch ein Weiterleben von Traditionen der Hügelgräberkultur beobachtet werden.
Kennzeichnende neue keramische Merkmale sind Zylinderhalsgefäße, mehrfach abgekantete Randformen, nach außen herausgetriebene Buckel auf dem Gefäßbauch sowie glänzende u. polierte Oberflächen. Unter den Bronzegegenständen ist vor allem das Auftreten des einschneidigen Messers sowie einer Reihe von „schweren" Gewandnadeln u. Armringen hervorzuheben, die sich durch eine breite, stark profilierte Rippenzier auszeichnen. Pferdegeschirr- u. Wagenbestandteile sowie Waffenbeigaben lassen bei einer Reihe dieser frühen Gräber auf eine sozial gehobene Schicht schließen. In einer Mittelphase lassen sich mehrere Regionalausprägungen über zwei bis drei Jh. verfolgen.
Der Endabschnitt der U. wird durch eine Reihe von neuen Elementen charakterisiert, die bei allen regionalen Unterschieden doch auf tiefgreifende Veränderungen schließen lassen, die letztlich zur Ausbildung der *Hallstattkultur* führten. Anzeichen sind dafür u. a. 1. das Wiederaufleben des Brauches, Grabhügel zu errichten, die wahrscheinlich für eine neu erstarkte gesellschaftl. Oberschicht bestimmt waren; 2. die allmählich einsetzende Verwendung von Eisen, meist als Schmuckeinlage, vereinzelt auch zur Fertigung ganzer Schwertklingen oder Lanzenspitzen, 3. das Auftreten neuer Zaumzeugelemente, die auf Vorbilder aus dem pontisch-kaukasischen Raum zurückgeführt werden, sowie 4. das Einsetzen von Gefäßbemalung in Rot-schwarz, die in den Gefäßen der Alb-Hegau-Gruppe der Hallstattkultur ihre höchste Blüte findet. Wirtschaftliche Grundlage bildete wie in den vorausgegangenen Zeiten die Landwirtschaft. An Haustieren sind Hund, Schwein, Schaf, Ziege, Rind u. Pferd nachgewiesen.
Die Religion der U. bleibt weitgehend unbekannt; sie ist lediglich in ihren Symbolen faßbar. Unter diesen lassen sich vor allem die Sonne, Wasservögel (Schwan u. Ente) u. Pferde nennen. Die sog. „Vogelsonnenbarke", ein Boot mit zwei Vogelköpfen an den Enden, das in der Mitte das Sonnenrad trägt, welches durch eine Menschenfigur ersetzt sein kann, kann man vielleicht inhaltlich mit dem frühgriechischen Apollokult in Verbindung bringen, in dem dieselben Symbole auftauchen.
Das Ende der U. zeigt sich durch den Abbruch zahlreicher Siedlungen u. Gräberfelder. U. a. geht damit auch die Besiedlung der schweizerischen Seeufer, wohl verbunden mit einer Klimaverschlechterung, endgültig zu Ende.

Urnenfelderzeit, erster Abschnitt der *Hallstattzeit,* geprägt durch die → Urnenfelderkultur; umfaßt etwa die Zeit zwischen 1200 u. 800 v. Chr.

Ursinus, Gegenpapst gegen Damasus I. 366–367.

Uruguay — ROU

Republik Östlich des Uruguay

Fläche: 177 414 km². – *Einwohner:* 3,2 Mill. – *Hauptstadt:* Montevideo. – *Landessprache:* Spanisch. – *Nationalfeiertage:* 18. 7., 25. 8. – *Währung:* 1 Uruguayischer Peso = 100 Centésimos. – *Lage:* zwischen 30°05′ und 34°58′ s. Br. sowie 53°07′ und 58°28′ w. L. – *Zeitzone:* Mitteleuropäische Zeit – 4 Std. – *Grenzen:* im N Brasilien, im O und S Atlantischer Ozean, im W Argentinien. – *Staatsform:* präsidiale Republik.

U. wurde 1515 von Diaz de *Solís* entdeckt u. für Spanien in Besitz genommen. Die nach den ersten Expeditionen der Spanier zurückgelassenen Pferde u. Rinder wurden zum Grundbestand wilder Herden, die es den kriegerischen *Charrua* im 17. Jh. ermöglichten, den berittenen Rinderjägern aus Buenos Aires u. den vereinzelten Missionierungsversuchen spanischer Franziskaner u. Jesuiten hinhaltenden Widerstand zu leisten. 1680 entstand mit Nova Colonia do Sacramento die erste bedeutende Siedlung, 1724 wurde Montevideo gegründet. Im 18. Jh. war das Gebiet des heutigen Staates zwischen Spaniern und Portugiesen heftig umstritten. 1776 wurde es endgültig spanisch und dem Vizekönigreich Rio de la Plata angegliedert. Die Briten eroberten 1806 Maldonado und 1807 Montevideo. Ihre liberale Zollpolitik förderte das Unabhängigkeitsstreben der führenden Schicht in Montevideo. 1811 begann der Unabhängigkeitskampf gegen Spanien unter der Führung von J. G. *Artigas.* Das portugiesische Brasilien griff auf der Seite der Spanier ein, annektierte U. aber 1821 als Provincia Cisplatina. 1825 machte sich U. mit argentinischer Hilfe selbständig. Dank britischer Vermittlung kam am 27. 8. 1828 der Vertrag von Rio de Janeiro zustande, in dem die Unabhängigkeit U.s von den beiden Nachbarstaaten Argentinien u. Brasilien anerkannt wurde.
Im 19. Jh. verursachten ständige Kämpfe zwischen den politischen Gruppierungen – den konservativen *Blancos* u. den liberalen *Colorados* – Bürgerkriege u. Anarchie; die Entwicklung des Landes wurde erheblich behindert. Erst die Wirtschafts- u. Sozialreformen, die Präsident J. *Battle y Ordoñez* während seiner beiden Amtszeiten (1903–1907 und 1911–1915) durchsetzen konnte, führten zu politischer Stabilisierung u. zum wirtschaftlichen Aufstieg U.s. Die Verfassung auf der Grundlage des Kollegialsystems, die vorbildliche soziale Gesetzgebung u. der wirtschaftliche Wohlstand ließen das Land zur „Schweiz Südamerikas" werden. 1934 wurde das Präsidialsystem wieder eingeführt. 1951 setzten sich jedoch erneut die Befürworter des Kollegialsystems durch. Bis 1966 regierte ein aus 9 Personen bestehender Staatsrat, der alle 4 Jahre neu gewählt wurde. Durch ein Plebiszit erfolgte 1966 die Rückkehr zur Präsidialverfassung. Gleichzeitig wurden die bis dahin regierenden Blancos von den Colorados abgelöst.
Wirtschaftl. Krisen u. soziale Spannungen begünstigten die Aktivitäten der *Tupamaros,* einer 1963 entstandenen linksextremen Bewegung, die als „Stadtguerilla" das herr-

schende System bekämpfte. Ihre Terrorakte – z. B. die Entführung ausländ. Diplomaten – hatten letztlich das Ergebnis, daß U. den Weg in die Diktatur ging. Aus den Präsidentenwahlen 1971 ging der Kandidat der Coloradopartei, J. U. *Bordaberry*, als Sieger hervor. Zur Bekämpfung der Tupamaros verhängte er mehrmals einen befristeten Ausnahmezustand u. rief das Militär zu Hilfe, das mit großer Grausamkeit die Guerilla zerschlug. Nachdem Bordaberry im Parlament die Mehrheit verloren hatte, schaltete er es im Juni 1973 durch Staatsstreich aus. Das Militär unterstützte ihn dabei u. war seither die bestimmende Kraft im Lande. Unter dem Vorwand, das Land vor Linksextremismus schützen zu müssen, wurden alle liberalen Organisationen verboten u. die Medien „gleichgeschaltet". Den wirtschaftl. Niedergang konnte aber auch das Militär nicht aufhalten, was Tausende von Uruguayern veranlaßte, ihr Land zu verlassen. Im Juni 1976 wurde Bordaberry vom Militär abgesetzt u. ein „Rat der Nation" gebildet, unter dem die politische Repression anhielt. Sämtliche parteipolitischen Tätigkeiten wurden untersagt, Führer verbotener linksorientierter Parteien eingekerkert oder ermordet. Ende 1980 lehnte die Bevölkerung einen vom Militärregime ohne Mitwirkung der Parteien ausgearbeiteten Verfassungsentwurf ab, der eine beherrschende Rolle des Militärs im öffentlichen Leben vorsah. 1981 ernannten die Streitkräfte Generalleutnant Gregorio *Alvarez* zum Staats-Präs.
Nach langwierigen Verhandlungen zwischen Vertretern der traditionellen Parteien u. den Militärs fanden am 25. 11. 1984 erstmals wieder nach 13 Jahren allgemeine Parlaments- u. Präsidentschaftswahlen statt, aus denen die Colorados als stärkste Partei hervorgingen. Ihr Kandidat Julio Maria *Sanguinetti* wurde Staatspräsident. Er trat sein Amt am 1. 3. 1985 an. Ihm folgte 1990 als Vertreter der Blanco-Partei Luis Alberto *Lacalle* im Amt. 1994 wurde erneut Sanguinetti zum Staats-Präs. gewählt.

Uruk, heutiger Ruinenhügel *Warka*, das bibl. *Erech*, sumer. Stadtstaat in Mesopotamien, schon im 4. Jahrtausend v. Chr. besiedelt (Obed-Kultur, U.-Ware), Hptst. Babyloniens zwischen 3000 u. 2700 v. Chr. In der sumer. u. akkad. Mythen- u. Sagenüberlieferung werden als Könige *Emmerkar, Lugalbanda, Dumuzi* u. *Gilgamesch* genannt. U. war auch in neubabylon. Zeit sowie unter den Achämeniden, Seleukiden u. Parthern bedeutend; wegen einer Verlagerung des Euphrat wurde es im 5. Jh. n. Chr. verlassen. – Ausgrabungen (seit 1912) brachten eine etwa kreisförmige Stadt zutage, die von einer 9 km langen Stadtmauer (nach dem Gilgamesch-Epos um 2700 v. Chr. erbaut) umgeben ist. Im Innern liegen der der Himmelsgöttin Ianna geweihte Tempelbezirk Eanna, der seine größte Ausdehnung um 3000 v. Chr. hatte (mehrere Tempel, Zikkurat), u. Heiligtümer bes. aus seleukidischer Zeit. Außerdem fand man sehr alte Schriftdenkmäler.

Ur- und Frühgeschichte, *Vor- u. Frühgeschichte, Urgeschichte, Prähistorie*, der vor Beginn der Geschichtsschreibung liegende Zeitraum der Menschheits- u. Kulturgeschichte (veraltet *Urgeschichte*), gegliedert in *Altsteinzeit (Paläolithikum)*, Mittelsteinzeit *(Mesolithikum), Jungsteinzeit (Neolithikum), Bronzezeit* u. *Eisenzeit*, sowie die damit befaßte Wissenschaft. Der Übergang in die durch schriftliche Quellen belegte Zeit wird als *Frühgeschichte* bezeichnet.
In den Quellen, die die U. u. F. in erster Linie aus den Bodendenkmälern bezieht, ist sie eng mit der Archäologie verbunden. Sie unterscheidet sich von ihr insbes. durch die geograph. Bereiche, nicht durch zeitl. Abgrenzungen. So wird z. B. die Kultur der Kelten von der U. u. F., die zeitlich viel früheren mesopotam. Kulturen werden von der Archäologie behandelt. Eine klare Trennung der Wissenschaftsgebiete gibt es aber nicht. Stärker als die *klass. Archäologie*, die sich insbes. der Kunst des Mittelmeerraums bis zum Ende der Antike widmet, hat sich die U. u. F. aber die Erfassung aller Kulturerscheinungen u. die Erhellung der jeweiligen Umwelt zur Aufgabe gemacht. Sie untersucht das soziale Gefüge, das Wohn-, Siedlungs- u. Wehrwesen, Gewerbe, Technik u. Wirtschaft mit ihren zeitl. u. räuml. Veränderungen sowie Sitte, Kunst, Kult u. Religion.
Die Vorgeschichte wird aus den aus Bodendenkmälern erschließbaren menschl. Kulturerscheinungen durch Ausgrabungen u. planmäßige Aufnahme ermittelt. Dabei ist die Luftbildforschung ein wichtiges Hilfsmittel. Der Vorbereitung von Grabungen dienen auch Terrainuntersuchungen u. geoelektr. Bodenuntersuchungen. Die genaue Beobachtung der Fundumstände gestattet oftmals eine weitgehende Rekonstruktion der ursprüngl. Verhältnisse.
Die Forschungsmethode ist dem Fundstoff entsprechend auf die Altersbestimmung gerichtet. Aus der *Stratigraphie*, der *Typologie* u. der *Fundkombination* ergibt sich die *Chronologie*. Die Verbindung mit geschichtlich datierbaren Erscheinungen im Gebiet der alten Hochkulturen (Vorderasien, Ägypten) führt von der relativen Chronologie zur absoluten Chronologie. Eine Zeitbestimmung nach Jahreszahlen ermöglicht bei geeigneten Untersuchungsobjekten auch die Radiokarbonmethode. Weitere Hilfsmittel bieten die Naturwissenschaften, z. B. Bodenforschung, Dendrochronologie, Pollenanalyse, Paläobotanik, Paläogeographie, Pflanzen- u. Holzbestimmung, zoolog. u. anthropolog. Methoden.

Urundi, ehemaliges Königreich in Zentralafrika, → Rwanda.

Urzeit, *Vorzeit*, nichtwissenschaftl. Bez. für die älteste Epoche der Menschheitsgeschichte; → Ur- und Frühgeschichte.

US, *USA*, amtl. Abk. für *United States (of America)*, → Vereinigte Staaten von Amerika.

Usbekistan UZB

Republik Usbekistan

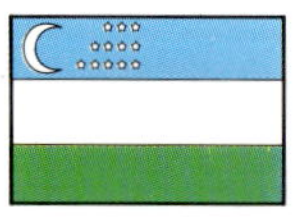

Fläche: 447 400 km². – *Einwohner:* 22,4 Mill. – *Hauptstadt:* Taschkent. – *Landessprache:* Usbekisch. – *Nationalfeiertag:* 1. 9. – *Währung:* 1 U.-Som = 100 Tijin. – *Lage:* zwischen 37°10′ und 45°39′ n. Br. sowie 55°50′ und 73°09′ ö. L. – *Zeitzone:* Mitteleuropäische Zeit + 4 Std. – *Grenzen:* im W, N und NO Kasachstan, im O Kirgisien, im SO Tadschikistan, im S Afghanistan und Turkmenistan. – *Staatsform:* präsidiale Republik.

Die Usbeken leiten ihren Namen von Usbek (Ösbek) her, dem im 14. Jh. herrschenden Chan der Goldenen Horde, der sie zu einem Stammesverband zusammenschloß. Im 17. Jh. kam es zu usbek. Staatsgründungen (Chanate Buchara, Chiwa u. Kokand). Im 19. Jh. erlagen die usbek. Herrschaftsgebiete der russ. Expansion. Kokand wurde vom Zarenreich annektiert, während Buchara u. Chiwa als Protektorate ein gewisses Maß an Autonomie genossen. Die Bolschewiki konnten sich erst nach längeren Kämpfen in Mittelasien durchsetzen.
1924 wurde die Usbek. SSR gegr., aus der 1929 die Tadschik. ASSR ausgegliedert wurde. Nationale Bestrebungen wurden in U. brutal unterdrückt; sie konnten sich erst in den 1980er Jahren entfalten. Am 31. 8. 1991 erklärte sich U. für unabhängig; am 21. 12. 1991 wurde es Mitgl. der GUS. Staatsoberhaupt ist seit 1990 I. A. *Karimow*.

Usipeter, *Usipier*, Volksstamm der *Rhein-Weser-Germanen* am Niederrhein, mit den *Tenkterern* verbündet u. mit diesen nach Überschreiten des Rheins 55 v. Chr. von Cäsar geschlagen.

Usman dan Fodio [„Sohn des Weisen"], Gründer des Fulbe-Reichs im heutigen Nordnigeria, * 1744 Gobir, † 1817 Sokoto; islam. Gelehrter am Hof des Hausa-Königs von Gobir, predigte eine radikale religiöse Reform, geriet in Konflikt mit dem König u. rief 1804 zum „Heiligen Krieg" auf. Bis 1807 unterwarf er die meisten Hausa-Staaten. Unter seinem Sohn Mohammed *Bello* († 1837) dehnte sich das Reich bis ins Yoruba-Land u. nach Adamaua (Nordkamerun) aus.

USPD, Abk. für → Unabhängige Sozialdemokratische Partei Deutschlands.

Ustascha [die; kroat., „Aufstand"], kroat. nationalist. Bewegung, 1929 gegr., gegen die serb. Hegemonie in Jugoslawien gerichtet; herrschte 1941–1945 unter A. *Pavelić* mit dt.-italien. Protektion im selbständigen Staat Kroatien; bildete nach 1945 im Ausland Untergrundgruppen.

Ustinow [-nɔf], *Ustinov*, Dmitrij Fjodorowitsch, sowjet. Politiker u. Offizier (1976 Marschall), * 30. 10. 1908 Samara, † 20. 12. 1984 Moskau; Waffeningenieur; 1941–1957 Min. für Bewaffnung bzw. Rüstungsindustrie, 1957–1965 Stellvertr. Min.-Präs., 1963 bis 1965 Leiter des neugeschaffenen Obersten Volkswirtschaftsrats; 1965–1976 Sekretär des ZK u. Kandidat des Präsidiums bzw. Politbüros des ZK der KPdSU; seit 1976 Mitgl. des Politbüros u. Verteidigungs-Min.

U Thant, Sithu, birman. Politiker, * 22. 1. 1909 Pantanaw, † 25. 11. 1974 New York; Funktionär der Antifaschistischen Volksbefreiungsliga, 1957–1961 ständiger Vertreter Birmas bei den UN; 1961–1971 Generalsekretär der UN.

Utica, phönizische Kolonie in Nordafrika, nordwestl. von Karthago; nach dessen Zerstörung 146 v. Chr. Hptst. der röm. Provinz *Africa proconsularis*; in der Kaiserzeit langsamer Niedergang; im 7. Jh. n. Chr. von den Arabern zerstört.

Utraquisten, die Vertreter des gemäß. Flügels der → Hussiten im 15. Jh., die das Abendmahl in beiderlei Gestalt (sub utraque specie) feiern wollten, also mit Hostie u. mit Kelch.

Utrecht, niederländ. Prov.-Hptst. am Merwedekanal im Rheindelta, 234 000 Ew.
Als *Traiectum ad Rhenum* röm. Standort; 695 Bistumsgründung des Willibrord. 1579 wurde die → Utrechter Union geschlossen. – Der *Friede von U.* vom 11. 4. 1713, bestehend aus insges. 4 Verträgen zwischen Frankreich, England, Holland, Preußen, Portugal, Savoyen, Spanien, dem Reich u. Kaiser Karl VI., beendete (mit den Verträgen von Rastatt u. Baden 1714) den *Spanischen Erbfolgekrieg*. Der Bourbone Philipp V. behielt den span. Thron. Mailand, Neapel u. die Span. Niederlande kamen an Österreich, Sizilien an Piemont-Savoyen. England erhielt Teile Kanadas u. Gibraltar.

Utrechter Union [ˈyːtrɛxt-], der 1579 erfolgte Zusammenschluß der 7 nördl. Provinzen der Niederlande (Geldern, Holland, Zeeland, Utrecht, Friesland, Overijssel, Groningen) gegen die span. Herrschaft; Beginn der niederländ. Unabhängigkeit.

Utuchengal, sumer. König, um 2070 v. Chr., vertrieb die Gutäer u. befreite Sumer.

Uxmal, in Nordwestyucatán gelegene Ruinenstätte der Maya. Die weitgehend im *Puuc-Stil* (Ende 10. Jh.) gehaltene, reich verzierte Architektur ist von toltekischen Einflüssen frei. Wichtigste Bauten sind die vier um einen Hof angeordneten sog. „Nonnenhäuser" mit der mehrfach umgebauten „Pyramide des Zauberers" u. der „Gouverneurspalast". Die aus span. Zeit stammenden Bezeichnungen sagen nichts über die noch unbekannte alte Funktion der Bauwerke aus.

V

Valdivia, Pedro de, span. Konquistador, *1500 Villanueva de la Serena, Estremadura, †25. 12. 1553 bei Tucapel, Chile (hingerichtet); nahm unter Pizzaro an der Eroberung des Inkareichs teil, gelangte 1535–1537 nach Mittelchile u. begann 1540 mit der Eroberung Chiles, unterwarf die Araukaner; gründete 1541 Santiago u. 1552 Valdivia.

Valdivia-Kultur, altindian. Kultur in der südwestl. Küstenzone von Ecuador, datiert etwa von 3200 bis 1800 v. Chr. Lebensgrundlage bildete hauptsächlich der Fischfang, daneben die Jagd u. das Sammeln wildwachsender Pflanzen; gegen Ende der V. gibt es erste Anzeichen von Feldbau.

Valens, Flavius, röm. Kaiser 375–378, *328 Cibalae, Pannonien, †9. 8. 378 bei Adrianopel; von seinem Bruder *Valentinian I.* 364 zum Mitkaiser für den O ernannt; schloß 369 mit den Goten einen Friedensvertrag, in dem Dakien aufgegeben u. die Donau Reichsgrenze wurde. Als 376 die Goten von den Hunnen bedrängt wurden, gewährte ihnen V. Aufnahme in Thrakien; sie erhoben sich jedoch wegen der schlechten Behandlung durch die röm. Verwaltung. V. trat ihnen 378 in der Schlacht bei Adrianopel entgegen, wurde geschlagen u. fiel.

Valentin, Papst 827, Römer; starb wenige Wochen nach seiner Konsekration.

Valentinian, röm. Kaiser: **1.** Flavius *Valentinianus I.*, 364–375 Kaiser, *321 Cibalae, Pannonien, † 17. 11. 375 Brigetio, Pannonien; 364 von den Soldaten zum Kaiser ausgerufen, erhob im gleichen Jahr seinen Bruder *Valens* u. 367 seinen Sohn *Gratian* zu Mitkaisern. V. residierte häufig in Trier u. erwarb sich Verdienste um die militär. Sicherung des Röm. Reichs. Er verdrängte die Alemannen aus Gallien, sicherte den Hadrianswall gegen die Picten u. Scoten in Britannien, kämpfte gegen die Franken u. gewann 375 Pannonien.

2. Flavius *Valentinianus II.*, Sohn von 1), 383–392 Kaiser, *371 Trier, † 15. 5. 392 Vienna; Stiefbruder des *Gratian*, von diesem 375 zum Augustus erhoben; stand zunächst unter Vormundschaft des Gratian, regierte dann unter dem Einfluß seiner Mutter; 392 durch das Verhalten des *Arbogast* in den Selbstmord getrieben.

3. *Valentinianus III.*, 425–455 weström. Kaiser, *2. 7. 419 Ravenna, †16. 3. 455 Rom; Enkel *Theodosius' d. Gr.*, Sohn der *Galla Placidia.* Unter seiner schwachen Regierung ging Britannien an die Sachsen, Afrika an die Wandalen verloren, während die Hunnen unter *Attila* Europa verheerten. Als er seinen fähigen Feldherrn *Aetius* ermordete, wurde er selbst von dessen Anhängern erschlagen.

Valera [və'lɛːrə], Eamon de, irischer Politiker, *14. 10. 1882 New York, †29. 8. 1975 bei Dublin; Mathematiklehrer; seit 1913 in der irischen Unabhängigkeitsbewegung, wegen Teilnahme am Dubliner Osteraufstand 1916 zum Tode verurteilt, begnadigt; 1917 Führer der *Sinn Féin*, 1919 Präs. der aufständischen republikan. Regierung; bekämpfte den Kompromiß von 1921 (Commonwealth-Status für Irland, Abtrennung Nordirlands) u. nahm 1922/23 am Bürgerkrieg für volle Unabhängigkeit ganz Irlands teil; trennte sich dann von den republikan. Extremisten, gründete 1926 die Partei *Fianna Fáil* u. nahm ab 1927 an der parlamentar. Politik teil. 1932 bis 1948, 1951–1954 u. 1957–1959 war V. Regierungschef, zunächst als Präs. des Exekutivrats, ab 1937 als Premier-Min. Er betrieb die schrittweise Loslösung Irlands von Großbritannien (1937 volle Souveränität, 1949 Austritt aus dem Commonwealth) u. hielt das Land im 2. Weltkrieg neutral. 1959–1973 war er Staats-Präs. (Wiederwahl 1966).

Valerian, Publius Licinius *Valerianus*, 253 bis 260 röm. Kaiser, *um 190, †260; vom Heer zum Kaiser ausgerufen, ernannte seinen Sohn *Gallienus* zum Mitkaiser; kämpfte gegen die eindringenden Goten, Quaden u. Sarmaten auf dem Balkan u. gegen die Alemannen, die den obergerman.-rät. Limes überschritten (256); unternahm 257 einen Vorstoß gegen die Perser, wurde 260 von ihnen bei Edessa geschlagen u. gefangengenommen; 257/58 bewirkte er eine Christenverfolgung.

Valle de los Caídos ['vajɛ ðə lɔs 'kaiðɔs; span., „Tal der Gefallenen"], *Monumento Nacional de Santa Cruz del V. d. l. C*, unter dem Franco-Regime 1959 eingeweihte Gedenkstätte für die Gefallenen des Span. Bürgerkriegs, am Südosthang der Sierra de Guadarrama, 60 km nordwestl. von Madrid.

Valmy [val'mi], französisches Dorf zwischen Châlons-sur-Marne u. Verdun. – Die *Kanonade von V.* (20. 9. 1792) leitete die Wende des *1. Koalitionskriegs* ein. Die französ. Revolutionsarmee erzwang den Rückzug der Verbündeten, die damit den ersten entscheidenden Feldzug gegen den unterschätzten Gegner verloren.

Valois [va'lwa], französ. Herzogs- u. Königsgeschlecht, Seitenlinie der Kapetinger; das alte Grafenhaus starb 1213 aus, die von der Krone eingezogene Grafschaft gab *Philipp III.* von Frankreich 1285 seinem jüngeren Sohn Karl. Sein Sohn wurde 1328 als *Philipp VI.* erster französ. König aus dem Hause V., das bis 1498, in seinen Nebenlinien Orléans u. Angoulême bis 1589 regierte.

Valvassoren [mlat.], *Vavassoren*, niederer italien. u. französ. Lehnsadel im hohen MA.

Van Buren [væn 'bjuərən], Martin, US-amerikan. Politiker holländ. Herkunft (Demokrat), *5. 12. 1782 Kinderhook, N.Y., †24. 7. 1862 Kinderhook; 1829–1831 Außen-Min., 1831 bis 1833 Gesandter in London, 1833–1837 Vize-Präs., 1837–1841 (8.) Präs. der USA; verlor seine Popularität durch die hohe Inflation von 1837 u. die Weigerung, Texas zu annektieren.

Vandalen, ostgerman. Volk, → Wandalen.

Vandervelde [vandər'vɛldə], Émile, belg. Politiker (Sozialist), *25. 1. 1866 Ixelles, †27. 12. 1938 Brüssel; Jurist, Universitätsprofessor; 1916–1937 mehrfach Minister, schloß als Außen-Min. 1925 den Locarnovertrag; einer der Väter der belg. Sozialgesetzgebung; 1900 bis 1914 Präs. des Exekutivkomitees der Zweiten Internationale, 1929–1936 Präs. der Sozialist. Arbeiter-Internationale.

Vanguard ['vængaːd; engl., „Vorhut"], radi-

Die Kanonade von Valmy. Gemälde von J. B. Mauzaisse. Versailles, Museum

kale Massenorganisation der nordirischen Protestanten, gegr. 1972 von dem ehem. nordirischen Innen-Min. William *Craig*, nachdem die brit. Regierung wegen bürgerkriegsartiger Zustände selbst die Verwaltung Nordirlands übernommen hatte. Die V. erstrebt ein unabhängiges „Ulster-Dominion" mit besonderen Beziehungen zu Großbritannien.

Vansittart [væn'sitət], Robert Gilbert, Baron *V. of Denham*, brit. Diplomat, *25. 6. 1881 Farnham, Surrey, †14. 2. 1957 Denham, Bukkinghamshire; 1930–1938 ständiger Unterstaatssekretär im Außenministerium, Gegner der Appeasement-Politik N. *Chamberlains* 1938; schroffer Gegner Deutschlands schon vor 1933 *(V.ismus)*.

Vanuatu VU

Republik Vanuatu

Fläche: 12189 km². – *Einwohner:* 165000. – *Hauptstadt:* Vila. – *Landessprachen:* Bislama, Englisch, Französisch. – *Nationalfeiertag:* 30. 7. – *Währung:* Vatu. – *Lage:* Inselgruppe im Pazifischen Ozean zwischen Neukaledonien (im W) und Fidschi (im O) zwischen 13° und 21° s. Br. sowie 166° und 171° ö. L. – *Zeitzone:* Mitteleuropäische Zeit + 10 Std. – *Staatsform:* parlamentarische Republik.

Einige der Inseln waren bereits um 1300 v. Chr. von Menschen besiedelt. 1606 entdeckten Spanier den Archipel, der dann erst wieder 1768, diesmal von Franzosen, betreten wurde. Nach Beginn der Missionierung 1839 siedelten Weiße auf den nun Neue Hebriden genannten Inseln. Seit 1907 verwalteten Briten u. Franzosen die Neuen Hebriden als Kondominium. Während des 2. Weltkriegs unterhielten die USA hier einen Militärstützpunkt. 1957 gab es erste Absprachen über Teilautonomie u. spätere Unabhängigkeit. 1974 wurde begrenzte Autonomie gewährt; erstmals trat darauf eine Repräsentativversammlung zusammen. Die Insel *Espíritu Santo* erklärte sich 1975 für unabhängig, doch wurde ihr Anspruch von den beiden Hoheitsmächten zurückgewiesen. Noch einmal versuchte Espíritu Santo ebenso wie die Insel *Tana* 1980 Selbständigkeit zu erlangen, bevor am 30. 7. 1980 die Inselgruppe als Republik V. unabhängig wurde.

Vargas, Getúlio, brasilian. Politiker, *19. 4. 1883 São Borja, †24. 8. 1954 Rio de Janeiro (Selbstmord); Anwalt; 1925 Finanz-Min., 1930–1945 u. 1951–1954 Staats-Präs., begründete den „Estado Novo" nach faschist. Vorbild; wegen deutschfreundl. Neigungen Okt. 1945 vom Heer gestürzt, 1950 wiedergewählt; wurde zur Abdankung gezwungen u. beging Selbstmord.

Varna, bulgar. Hafen- u. Bez.-Hptst. am Schwarzen Meer, 316000 Ew.

In der Schlacht von V. am 10. 11. 1444 erlitt ein Kreuzheer (Ungarn, Polen) unter János *Hunyadi* gegen die Türken unter Sultan *Murad II.* eine schwere Niederlage. *Wladislaw III.*, König von Polen, Litauen, Böhmen u. Ungarn, fiel.

Varus, Publius Quintilius V., röm. Feldherr, *um 46 v. Chr., †9 n. Chr.; seit 7 n. Chr. als Legat in Germanien, 9 n. Chr. in der sog. *Varusschlacht* geschlagen, beging Selbstmord.

Vatikanstadt V

Staat Vatikanstadt

Fläche: 0,44 km². – *Einwohner:* 1000. – *Hauptstadt:* –. – *Landessprache:* Latein, Italienisch. – *Nationalfeiertag:* 22. 10. – *Währung:* 1 Vatikanische Lira = 100 Centesimi. – *Lage:* Enklave in der Stadt Rom bei 41°54′ n. Br. und 12°27′ ö. L. – *Zeitzone:* Mitteleuropäische Zeit. – *Staatsform:* absolute Wahlmonarchie.

Die V. ist religiöses, politisches u. administratives Zentrum der römisch-katholischen Kirche, territoriale Grundlage der päpstl. Souveränität; Nachfolgestaat des Kirchenstaats. Sie erhielt ihren Status als souveräner, völkerrechtsfähiger Staat durch die 1929 zwischen dem Papst u. dem Königreich Italien abgeschlossenen *Lateranverträge.*

Seit dem Staatsgrundgesetz vom 7. 6. 1929 wird die V. wie eine absolute (Wahl-)Monarchie regiert. Oberste gesetzgebende, vollziehende u. richterl. Gewalt liegen in den Händen des Papstes, bei Sedisvakanz beim Kardinalskollegium. Organe: Kardinalskommission (3 Kardinäle) für Zivilverwaltung, der beratende Generalstaatsrat, ein Gerichtshof, der Gouverneur, die päpstl. Gendarmerie. Die traditionelle Schweizergarde, hervorgegangen aus den schweizer. Söldnern, übernimmt, mehr symbolisch, die militär. Funktionen.

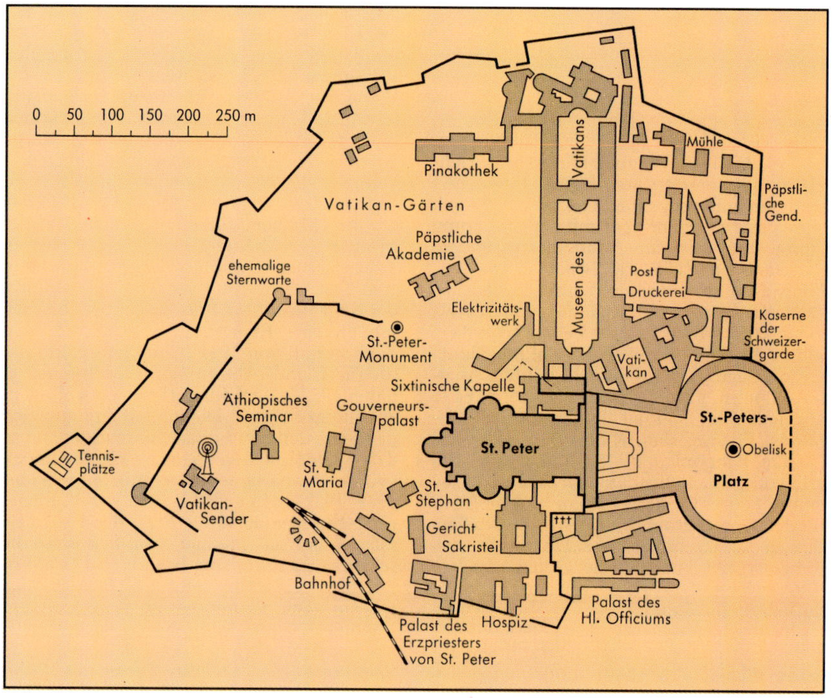

Vatikanstadt: Lageplan

Varusschlacht, *Hermannsschlacht*, die Schlacht, in der der Cheruskerfürst *Arminius* (fälschlich auch *Hermann* genannt) an der Spitze eines Bundes german. Völker 9 n. Chr. drei röm. Legionen u. ihre Hilfstruppen unter dem Kommando des *Varus* bis auf geringe Reste vernichtete. Varus wurde auf dem Rückmarsch vom Sommerlager in das Winterlager am Rhein in einem unwegsamen Wald- u. Sumpfgebiet unter Ausnutzung eines Unwetters überfallen u. nach dreitägigen Kämpfen geschlagen. Der von *Tacitus* als *Saltus Teutoburgensis* (Teutoburger Wald) bezeichnete Schlachtort ist trotz intensiver Forschung umstritten; der heutige *Teutoburger Wald* trägt diesen Namen erst seit dem 17. Jh. Seit 1989 unternommene Ausgrabungen lassen es als möglich erscheinen, daß die Schlacht am Kalkrieser Berg nördl. von Osnabrück stattfand. Als Folge der V. wurde das Gebiet zwischen Rhein u. Elbe frei von röm. Herrschaft.

Vasall [mlat. *vassus* von kelt. *gwas*, „Knecht"], Lehnsmann; →Lehen, →Lehnswesen.

Vasco da Gama, portugies. Seefahrer, →Gama, Vasco da.

Vaterländische Front, von E. *Dollfuß* 1933 gegründeter, gegen Austromarxismus u. Nationalsozialismus gerichteter Zusammenschluß aller regierungstreuen Gruppen Österreichs. Die V.F. fungierte bis zu ihrer Auflösung (1938) als einzige parteiähnliche Gruppierung des „christl. dt. Bundesstaats Österreich auf ständischer Grundlage". Symbol: Krückenkreuz. Nachfolger Dollfuß' als Bundesführer waren E. R. *Starhemberg* (1934–1936) u. K. *Schuschnigg* (1936–1938).

Vatikanisches Archiv, Archiv der päpstl. Zentralbehörde in Rom; entstand Anfang des 17. Jh. durch Zusammenlegung von Behördenarchiven; 1798 wurde ihm das von Papst Sixtus IV. errichtete Archiv der Engelsburg angeschlossen.

Vatikanisches Konzil, *Vaticanum*, **1.** *Erstes V. K.*, das 1869/70 im Vatikan gehaltene Konzil (im kath. Sinn als „ökumenisch" bezeichnet), von Papst *Pius IX.* einberufen, offiziell nie abgeschlossen. Es verurteilte „moderne Irrtümer" u. dogmatisierte die höchste, ordentl. u. unmittelbare Leitungsgewalt des Papstes über die Gesamtkirche sowie seine Unfehlbarkeit bei Lehrentscheidungen in Glaubens- u. Sittenfragen, die für die ganze Kirche verbindlich sind (heftig umstritten). Als Folge spaltete sich die altkath. Kirche ab. **2.** *Zweites V. K.*, das Konzil 1962–1965 im Vatikan, von Papst *Johannes XXIII.* einberufen u. von *Paul VI.* weitergeführt zur zeitgemäßen Erneuerung der kath. Kirche u. zur Wiederannäherung der christl. Kirchen. Verabschiedet wurden 4 Konstitutionen: über die Liturgie (Zulassung der Nationalsprachen), die Kirche, die Offenbarung (Einheit von Hl. Schrift, Tradition u. kirchl. Lehramt), die Kirche in der Welt von heute; 9 Dekrete: über die Hirtenaufgabe der Bischöfe, Ökumenismus, kath. Ostkirchen, Dienst u. Leben der Priester, Ausbildung der Priester, Ordensleben, Mission, Laienapostolat, Massenmedien; 3 Erklärungen: über Religionsfreiheit, nichtchristl. Religionen, christl. Erziehung. 1985 berief Papst Johannes Paul II. eine außerordentliche Bischofssynode ein, um das 2. Vatikanische Konzil zu feiern, dessen Reformen zu überprüfen u. weiterzuentwickeln.

Vatikanstadt → linke Seite.

Veji, bedeutende Stadt der Etrusker nördl. von Rom; gehörte zum *Zwölfstädtebund*; 396 v.Chr. von dem röm. Diktator *Camillus* erobert u. zerstört. Bedeutende Reste: Wandmalereien in Grabkammern, Terrakottastatue „Apollo von V." (heute Rom, Museum der Villa Giulia).

Velasco Ibarra, José María, ecuadorian. Politiker, *19. 3. 1893 Quito, †30. 3. 1979 Quito; war 1934/35, 1944–1947, 1952–1956, 1960/61 u. 1968–1972 Staats-Präs. (mehrfach gestürzt u. wiedergewählt); versuchte vergeblich, mit einer Landreform den wirtschaftl. Schwierigkeiten zu begegnen.

Velleius Paterculus, Gaius, röm. Reiteroffizier u. Geschichtsschreiber, *um 20 v.Chr, †nach 30 n.Chr.; schrieb einen Abriß der röm. Geschichte mit der einzigen erhaltenen zeitgenöss. Darstellung über Tiberius.

Vendée [vã'deː], westfranzös. Dép. am Atlant. Ozean, südl. der Mündung der Loire, 6721 km², 510 000 Ew. – Der Aufstand der konservativen Bevölkerung in der V. gegen die Französ. Revolution führte 1793–1796, vor allem nach der Hinrichtung Ludwigs XVI., zu einem grausamen Bürgerkrieg.

Vendel, Ort in der Provinz Uppland (Schweden), in dem ein Bootgräberfeld der Wikingerzeit (7.–10. Jh. n.Chr.) gefunden wurde. Die Toten waren in 7,5–10,5 m langen Booten in Grabgruben ohne Hügelaufschüttung bestattet u. außergewöhnlich reich mit Beigaben bedacht; neben den Booten waren Pferde, Rinder, Hunde u. andere Haustiere niedergelegt worden. Nach der reichen Tierornamentik (Tierstil) an Waffen u. Schmuck spricht man vom *V.stil.* 2 km westl. von V. lag der *Ottarshügel*, wahrscheinlich das Grab eines Königs des Ynglingageschlechts aus der Zeit um 500.

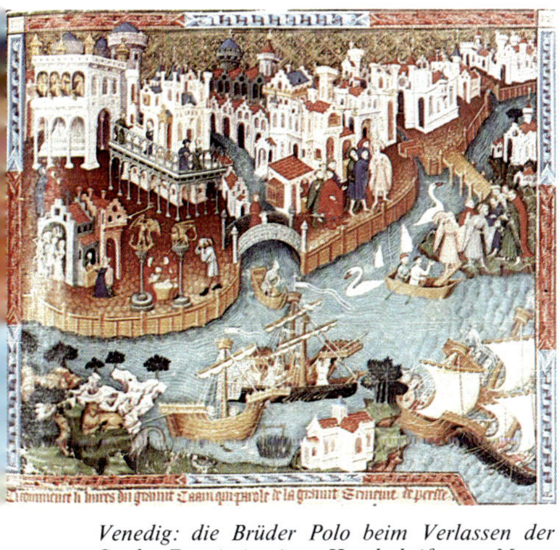

Venedig: die Brüder Polo beim Verlassen der Stadt; Frontispiz einer Handschrift von Marco Polo „Li Livres du graunt Caam", gemalt von einem englischen Künstler um 1400. Oxford, Bodleian Library (MS Bodley 264, folio 218 recto)

Vendémiaire [vãdem'jɛr; der; frz.], ein Monat im französ. Revolutionskalender.

Vendôme [vã'doːm], französ. Herzogsgeschlecht aus einer unehel. bourbon. Nebenlinie (König Heinrich IV. u. Gabrielle d'Estrées). Aus dem Geschlecht sind bedeutende Feldherren hervorgegangen, vor allem Louis Joseph (*1654, †1712), der im Span. Erbfolgekrieg den Oberbefehl in Italien innehatte, 1708 in Flandern u. 1710 in Spanien kämpfte. Der *V.-Platz* in Paris hat seinen Namen nach einem Palast der Herzöge V.

Venedey, Jakob, Publizist u. Politiker, *24. 5. 1805 Köln, †8. 2. 1871 Oberweiler bei Badenweiler; seit 1833 im Exil in Frankreich u. England; Mitgründer des „Bundes der Geächteten"; 1848/49 Abg. der Frankfurter Nationalversammlung, führendes Mitglied der großdt. gemäßigten Linken.

Venedig, italien. Regional- u. Prov.-Hptst.; 306 000 Ew.

V. wurde im Altertum von den Venetern bewohnt. Nach der Zerstörung des Bischofssitzes Aquileia u. anderer wichtiger Städte Venetiens durch Attila 452 flüchteten viele Bewohner Venetiens auf die Laguneninsel u. begannen dort auf künstl. Baugrund die Stadt zu bauen. Bereits im 8. Jh. war V. Seemacht. 724 wurde es Bistum. Seit 742 trug der gewählte Führer den Titel *Doge.* 811 wurde die schwer zugängliche Laguneninsel *Rialto* Regierungssitz. Die unabhängige Stadtrepublik bildete sich im 11. Jh. unter Führung der *Dogen,* beraten durch den *Großen Rat* (Rat der Weisen). Um 1000 begann V. im Interesse seines Orienthandels die Küsten Istriens u. Dalmatiens zu unterwerfen, u. während der Kreuzzüge entstand sein Kolonialreich auf dem Balkan bis nach Kleinasien. Unter dem Dogen Enrico *Dandolo* wurde mit Hilfe der Kreuzfahrer 1203 Konstantinopel erobert u. das unter venezian. Einfluß stehende *Latein. Kaiserreich* errichtet. Die Konkurrenzmacht Genua wurde nach Kampf 1256–1381 überflügelt. 1297 wurde die Verfassung im aristokrat. Sinn umgebildet. Der Große Rat wurde auf Mitglieder der 287 im „Goldenen Buch" verzeichneten Familien beschränkt. Er wählte den Dogen auf Lebenszeit, seine 6 Räte, den kleinen Rat, aus dem sich seit dem 13. Jh. das eigentlich regierende Gremium entwickelte, sowie den aus 60 Mitgliedern bestehenden *Consiglio dei Pregadi*, später Senat genannt. 1310 bildete sich der Rat der Zehn *(Consiglio dei dieci)*, der die anderen Gremien kontrollierte. Im 14. Jh. wurden verschiedene Verschwörungen, u.a. die des Dogen M. *Faliero* (1355), blutig unterdrückt. Ende des 15. Jh. wurde Zypern gewonnen (bis 1571). Im 15. Jh. hatte V. 200 000 Einwohner u. besaß eine riesige Handels- u. Kriegsflotte. Seine Bedeutung als Handelsmacht ging durch die Ausdehnung des Osmanischen Reiches u. die Verlagerung der Handelswege nach den überseeischen Entdeckungen erheblich zurück.

Im Kampf mit Mailand eroberte V. in der ersten Hälfte des 15. Jh. die *terra ferma* (Festlandbesitz), deren Ausdehnung seit dem Frieden von Lodi 1454 kaum noch verändert wurde. Im Frieden von Skutari 1479 mußte V. erstmals gegen die Osmanen erhebl. Gebietsverluste hinnehmen. Kreta ging nach langem Kampf (1645–1669) verloren. 1684 gelang es noch einmal, den Peloponnes zu erobern u. ihn bis 1715 zu halten. 1718 ging er im Frieden von Passarowitz endgültig verloren. Die Bedeutung V.s im 18. Jh. lag in seiner hochentwickelten Diplomatie u. seinem regen gesellschaftl. u. künstler. Leben. 1797 wurde der Staat V. durch französ. Truppen aufgehoben. 1798 kam er an Österreich, 1805 zum Königreich Italien, 1815 wieder an Österreich *(Lombard.-Venezian. Königreich)*; 1866 zu Italien.

Veneter, antike Völker: **1.** *Eneter*, italien. Volk in Nordostitalien mit hoher Zivilisation, blühender Wirtschaft (Vieh-, bes. Pferdezucht) u. ausgedehntem Handel (bes. mit Bernstein); Inschriften des 5./4. Jh. v.Chr. aus den Nekropolen von u. um Este; erhielten durch Cäsar röm. Bürgerrecht; gaben *Venedig* den Namen.

2. seetüchtiger Keltenstamm in der Südbretagne (Vendée), von *Cäsar* 56 v. Chr. unterworfen.

Venetien, ital. *Vèneto*, norditalien. Region, 18 364 km², 4,4 Mill. Ew.; Hptst. *Venedig.*

V. war bis 1797 das Territorium der Republik *Venedig.* Es fiel 1798 an Österreich, 1805 an das Königreich Italien u. bildete 1815 mit der Lombardei das österreichische Lombardisch-Venezianische Königreich; schließlich kam es 1866 (ohne Dalmatien u. Istrien) an Italien. 1919–1945 bestanden die *Drei V.* : *Venèzia Eugènia* (das eigentl. V.), *Venèzia Tridentina* (das heutige Trentino-Südtirol), *Venèzia Giùlia* (das heutige Friaul-Julisch-Venetien).

Venezuela YV

Republik Venezuela

Fläche: 912 050 km². – *Einwohner:* 21,1 Mill. – *Hauptstadt:* Caracas. – *Landessprache:* Spanisch. – *Nationalfeiertage:* 19. 4., 24. 6., 5. 7., 24. 7. – *Währung:* 1 Bolivar = 100 Céntimos. – *Lage:* zwischen 0°45′ und 12°10′ n.Br. sowie 59°45′ und 73°10′ w.L. – *Zeitzone:* Mitteleuropäische Zeit – 5 Std. – *Grenzen:* im N Karibisches Meer und Atlantischer Ozean, im O Guyana, im S Brasilien, im W Kolumbien. – *Staatsform:* präsidiale Republik.

Kolumbus sichtete im Jahre 1498 auf seiner 3. Reise die Mündung des Orinocoflusses u. damit erstmals das amerikan. Festland, aber die eigentl. Entdeckung V.s erfolgte erst ein Jahr später durch den span. Seefahrer Alonzo de *Hojeda.* Das Land wurde in span. Besitz genommen u. erhielt seinen Namen V. („Klein-Venedig") nach den Pfahlbaudörfern seiner indian. Bewohner. Die ersten span. Siedlungen wurden von Perlenfischern auf den der Nordküste vorgelagerten Inseln gegründet. Von hier aus drangen die Eroberer zunächst in die Küstengebiete, dann in das Innere des Landes vor, wobei die Indianer versklavt u. verschleppt wurden.

An der Küste wurden auch die ersten Goldgräberdörfer errichtet. Die tropischen Niederungen am Maracaibosee wurden zunächst von dt. Kolonisten besiedelt, denn Karl V. war beim Augsburger Handelshaus der Welser so hoch verschuldet, daß er seinen Gläubigern 1528 einen Teil V.s zu Lehen gab. Aber die Deutschen zogen es vor, in Kolumbien nach dem sagenhaften Schatz des *Chibcha-Reiches* zu suchen, u. vernachlässigten ihre Kolonisationsaufgaben. Daraufhin wurde die Konzession 1546 von der span. Krone widerrufen.

Mit einer systemat. Kolonisierung u. Entwicklung des Landes wurde dennoch erst viel später begonnen. Die Stadt Valencia wurde 1555 gegründet, sie war eine Zeitlang die Hptst. des Landes. 1567 wurde die heutige Hptst. *Caracas* gegründet. Unter span. Herrschaft war V. zunächst Bestandteil des Vizekönigtums Peru. 1717 wurde es dann zusam-

men mit Ecuador u. Kolumbien dem Vizekönigreich Neugranada angegliedert. 1786 erhielt es eine eigene Verwaltung mit Sitz in Caracas.
Zu einem ersten Aufstand gegen die span. Herrschaft kam es bereits 1797. Dieser Befreiungsversuch wurde zwar, wie auch ein weiterer 1806, niedergeschlagen, doch V. war nun das Land, von dem die Unabhängigkeitsbewegung auf ganz Lateinamerika übergriff. Nachdem eine revolutionäre Junta unter der Führung von Francisco de *Miranda* 1810 den span. Generalkapitän abgesetzt hatte, erklärte sich das Land am 5. 6. 1811 für unabhängig. Die Freiheit dauerte jedoch nicht lange, schon 1814 wurde das Land erneut von Spanien unterworfen. Erst Simón *Bolívar*, gebürtiger Venezolaner, konnte mit seinem Sieg in der Schlacht bei Caraboba am 24. 6. 1821 seinem Land endgültig die Unabhängigkeit sichern. Bis 1829 bildete V. zusammen mit den inzwischen ebenfalls unabhängig gewordenen Ländern Kolumbien u. Ecuador die Republik *Großkolumbien*. Dann machte sich das Land unter Führung des Präs. General José Antonio *Páez* endgültig selbständig. Páez gelang es, in dem durch die langen Kriege schwer verwüsteten Land die Ordnung wiederherzustellen. Unter seinem Nachfolger *Monagas* wurde 1854 die Sklaverei abgeschafft.
Als Folge der starken föderalist. Strömungen begann nun eine Zeit der Revolten u. Bürgerkriege. Darauf wurde der zentralist. Staat 1864 in 20 Föderativstaaten gegliedert, was jedoch keineswegs zur Wiederherstellung der inneren Ruhe führte. Erst unter der harten Diktatur Antonio *Guzmán Blancos* (1870 bis 1888) stabilisierten sich die innenpolit. Verhältnisse wieder. Nach seinem Sturz kam es zu Grenzstreitigkeiten mit den Nachbarländern u. zu Konflikten mit Großbritannien, den Niederlanden u. den USA. Die ständigen Unruhen behinderten die Entwicklung des Landes erheblich. Das änderte sich erst, als General Juan Vicente *Gómez* 1908 die Macht übernahm. Mit diktator. Gewalt sicherte er die innere Ruhe u. Ordnung u. schuf Vertrauen für die Anlage ausländ. Kapitals. Die großen Erdölvorkommen konnten nun mit US-amerikan. Hilfe gefördert werden u. machten V. zu einem der reichsten Länder Lateinamerikas. Im 1. Weltkrieg bieb V. neutral. Die große Wirtschaftskrise der 1930er Jahre überstand es als einziges südamerikan. Land ohne polit. Erschütterungen, da es keine Auslandsschulden hatte.
Nach dem Tode von Gómez (1935) bewirkten wachsende soziale u. polit. Spannungen eine Radikalisierung des polit. Lebens, was mehrere Verfassungsänderungen zur Folge hatte. 1948 übernahm eine Militärjunta die Regierungsgewalt. Ein Staatsstreich 1952 brachte Oberst Marcos *Pérez Jiménez* an die Macht; er wurde für 5 Jahre zum Staats-Präs. erklärt. Nach seinem Sturz (1958) erhielt V. wieder eine demokrat. Verfassung. Seither haben sich die beiden großen Parteien des Landes aufgrund der Wählerentscheidung fast regelmäßig in der Machtausübung abgelöst: die linksliberale Acción Democrática (AD) mit den Präsidenten Rómulo *Betancourt* (1959–1964), Raúl *Leoni* (1964–1969), Carlos Andrés *Pérez* (1974–1979 u. 1989–1993) u. Jaime *Lusinchi* (1984–1989); die Christlich-Soziale Partei (COPEI) mit den Präsidenten Rafael *Caldera Rodriguez* (1969–1974) u. Luis *Herrera Campins* (1979–1984).
Mit der Parole von der „zweiten Unabhängigkeit V.s“, die bes. gegen die wirtschaftl. Dominanz der USA gerichtet war, wurde 1975 die Eisenindustrie verstaatlicht; kurz darauf folgten die Erdölindustrie u. alle damit verbundenen Wirtschaftszweige, da ein großer Teil des venezolan. Einkommens vom Öl abhängt. Trotzdem wuchs die Auslandsverschuldung V.s im Verlaufe der 1980er Jahre. Eine gegensteuernde Preispolitik der Regierung Pérez führte 1989 zu blutigen Unruhen. 1992 scheiterten 2 Militärputsche gegen die Regierung. Aufgrund einer Anklage wegen der Veruntreuung öffentl. Gelder wurde Pérez im Mai 1993 vom Präsidentenamt suspendiert. Interimist. Nachfolger wurde R. J. *Velásquez*. Die Präsidentschaftswahlen im Dez. 1993 gewann R. Caldera Rodriguez, Mitgründer der COPEI u. bereits 1969–1974 Präsident. Caldera hatte sich von der COPEI distanziert u. als Unabhängiger für das linke Parteienbündnis Convergencia Nacional (CN) kandidiert. Er konzentrierte sich nach seinem Amtsantritt 1994 auf die Überwindung der wirtschaftl. Krise u. den Kampf gegen die Korruption.
Zwischen Kolumbien u. V. schwelt ein Grenzkonflikt, denn die Staatsgrenze im Urwald ist nur unklar markiert. Außerdem beansprucht V. einen beträchtl. Teil seines östl. Nachbarlandes Guyana.

Venizelos [-'zɛlos], **1.** Eleutherios, griech. Politiker (Liberaler), *23. 8. 1864 Murnies, Kreta, †18. 3. 1936 Paris; Vorkämpfer der Vereinigung Kretas mit Griechenland; 1910 bis 1915, 1917–1920, 1928–1932 u. 1933 Min.-Präs., setzte sich für ein Großgriechenland ein, erwarb in den Balkankriegen Epirus, Südmakedonien, Kreta u. die Sporaden, veranlaßte im 1. Weltkrieg den Anschluß an die Alliierten u. 1919 den Kleinasienfeldzug. Nach 1924 trat er gegen die Wiedereinführung der Monarchie auf; er setzte umfangreiche Reformen durch u. schuf die Grundlagen des modernen bürgerl. griech. Staates.
2. Sophoklis, Sohn von 1), griech. Politiker (Liberaler), *17. 11. 1894 Chania, Kreta, †7. 2. 1964 an Bord der „Hellas“; verließ 1936 Griechenland nach der Machtübernahme Metaxas'; seit 1944 (zunächst im Exil) mehrmals Min.-Präs., 1956 Führer der oppositionellen Liberaldemokrat. Union, die sich 1961 mit der Zentrumsunion Papandreous gegen die Regierung Karamanlis zusammenschloß u. 1963 die Wahlen gewann.

Ventôse [vã'toz; der; frz.], ein Monat im französ. Revolutionskalender.

Vercelli, italien. Prov.-Hptst. an der Sèsia, 49 500 Ew.
Das antike *Vercellae*; auf den *Raudischen Feldern* südöstlich von V. besiegte 101 v. Chr. *Marius* die Kimbern.

Vercingetorix, gallischer Fürst aus dem Stamm der Averner, †46 v. Chr. Rom; Führer des großen Aufstands gegen *Cäsar* 52 v. Chr., anfangs erfolgreich; hielt in der Bergstadt Gergovia lange stand, mußte sich dann in Alesia ergeben u. wurde nach 6jähriger Gefangenschaft in Rom hingerichtet.

Verden, *V. (Aller)*, Kreisstadt in Niedersachsen, 25 100 Ew. – V. wird erstmals 810 genannt. In der Nähe sollen 782 auf Befehl Karls d. Gr. 4500 aufständ. Sachsen hingerichtet worden sein. 849 wurde V. Bischofssitz. 985 erhielt es Markt- u. Münzrecht, 1259 endgültig Stadtrecht. Im 15. u. 16. Jh. galt V. als Freie Stadt. 1648 kam es zu Schweden, 1712 zu Hannover, 1866 zu Preußen u. 1946 zu Niedersachsen.

Verdun [vɛr'dœ̃], *V.-sur-Meuse*, Stadt u. ehem. Festung im französ. Dép. Meuse, in Lothringen, an der Maas, 23 400 Ew.
Im Vertrag von V., geschlossen 843 zwischen den Söhnen Ludwigs des Frommen, *Karl II., dem Kahlen, Ludwig dem Deutschen* u. *Lothar I.*, zwangen die beiden ersten Lothar, den ihr Vater 817 zum Mitkaiser u. Nachfolger hatte wählen u. krönen lassen, zur Reichsteilung. Karl erhielt Westfranken, Ludwig Ostfranken u. Lothar die Kaiserwürde (ohne Oberhoheit über seine Brüder) u. ein Mittelreich, ein Gebiet von Friesland bis zur Küste der Provence, dazu Italien.
Die Schlacht von V. im 1. Weltkrieg (Febr.–Dez. 1916) ging auf den Plan des dt. Generalstabschefs E. von *Falkenhayn* zurück, durch einen Angriff auf die Festung V. der französ. Somme-Offensive zuvorzukommen u. den Gegner durch Menschen- u. Materialverluste zu schwächen. Die dt. Truppen eroberten einige Außenstellungen, nicht aber die Festung selbst. Besonders hart umkämpft war das Fort *Douaumont*. Die Kämpfe waren äußerst verlustreich; nach Schätzungen fielen 360 000 Franzosen u. 335 000 Deutsche. Da Falkenhayns „Ermattungsstrategie“ nicht die erhoffte Kriegsentscheidung an der Westfront brachte, wurde er im August 1916 als Generalstabschef durch Hindenburg abgelöst.

Vereinigte Arabische Emirate UAE

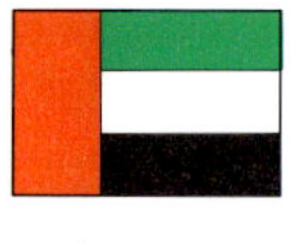

Fläche: 83 600 km². – *Einwohner:* 1,7 Mill. – *Hauptstadt:* Abu Dhabi. – *Landessprachen:* Arabisch, Englisch, Hindi, Urdu, Farsi. – *Nationalfeiertag:* 2. 12. – *Währung:* 1 Dirham = 100 Fils. – *Lage:* zwischen 23° und 26° n. Br. sowie 51° und 56°30′ ö. L. – *Zeitzone:* Mitteleuropäische Zeit + 3 Std. – *Grenzen:* im N Persischer Golf, im O Oman und Arabisches Meer, im S Saudi-Arabien. – *Staatsform:* bundesstaatliche Wahlmonarchie.

Das Gebiet der V.n A.n E. war im 18. u. Anfang des 19. Jh. Standort von Seeräubern, die die europ. Schiffahrt gefährdeten u. Sklavenhandel trieben. Nach einem Vertrag, den 7 Fürsten der Region 1820 mit der brit. Ostindienkompanie schlossen, wurden Piraterie u. Sklavenhandel eingestellt. 1853 übernahm Großbritannien die Schutzherrschaft am Pers. Golf, 1892 verpflichteten sich die 7 Vertragsstaaten, mit keiner anderen fremden Macht zusammenzuarbeiten. Auf der Konferenz von Dubai wurde 1968 eine Föderation von 9 Golf-Emiraten beschlossen, die aber nie realisiert wurde. Mit dem Ende des brit. Schutzvertrags u. nach Abzug der brit. Truppen gründeten am 2. 12. 1971 sechs der Vertragsfürstentümer die Föderation der V.n A.n E. Ras Al Khaymah trat 1972 bei.
Nach dem provisor. Föderationsvertrag von 1971 bestehen die V.n A. E. aus 7 autonomen Staaten, denen ein Oberster Rat, bestehend aus den 7 Herrschern, als oberstes Organ vorsteht. Dieser ernennt die Regierung, die Verwaltungsaufgaben zu erfüllen hat. Ein gewähltes Parlament, die Föderative Nationalversammlung, hat nur beratende Funktion. Die V.n A.n E. sind Mitglied der UN u. der Arabischen Liga.

Vereinigte Arabische Republik, Abk. *VAR*, der politische Zusammenschluß Ägyptens u. Syriens, der 1958 –1961 bestand. Nach Auflösung der Union behielt Ägypten den Namen VAR noch bis zum Jahr 1972 bei.

Vereinigter Landtag, die von *Friedrich Wilhelm IV.* unter liberalem Druck einberufene Versammlung der 8 preuß. Provinziallandtage. Der V. L. tagte von April bis Juni 1847. Er erlangte ein begrenztes Budgetrecht, nicht aber das Recht auf period. Tagungen. Die Debatte um diese ständische Vertretung mit liberaler Mehrheit förderte den polit. Durchbruch der dt. Nationalbewegung. Ein zweiter V. L. im April 1848 beschloß das Wahlgesetz für die preuß. Nationalversammlung.

Vereinigte Staaten von Amerika USA

Fläche: 9372614 km². – *Einwohner:* 260,5 Mill. – *Hauptstadt:* Washington. – *Landessprache:* Englisch. – *Nationalfeiertag:* 4. 7. – *Währung:* 1 US-Dollar = 100 Cents. – *Lage:* festländischer Teil zwischen 25°07′ und 49°23′ n. Br. sowie 65°57′ und 124°44′ w. L.; *Alaska:* zwischen 51°16′ und 71°23′ n. Br. sowie 130° w. L. und 172°26′ ö. L.; *Hawaii:* zwischen 154°40′ und 178° w. L. sowie 18°54′ und 28°15′ n. Br. – *Zeitzone:* Mitteleuropäische Zeit – 6 Std. bis – 12 Std. – *Grenzen:* im N Nordpolarmeer und Kanada, im O Atlantischer Ozean, im S Golf von Mexiko und Mexiko, im W Pazifischer Ozean. – *Staatsform:* bundesstaatliche präsidiale Republik.

Die Kolonialzeit: Im 17. Jh. wurden mit Hilfe englischer Handelskompanien an der Ostküste Nordamerikas 5 Freibriefkolonien *(chartered colonies)* gegr.: 1607 Virginia, 1620 Plymouth, 1630 Massachusetts, 1635 Connecticut, 1636 Rhode Island. Zudem verliehen britische Könige einflußreichen Persönlichkeiten sog. Eigentümerkolonien *(proprietor colonies)*: Maryland, Carolina, Pennsylvania, Georgia. Die Krone selbst gewann durch Zurücknahme von Freibriefen (zwischen 1624 u. 1729) u. Eroberung (1664, 1688) Kolonialbesitz *(crown colonies)*. Südl. der sog. Neuengland-Kolonien (Plymouth, Massachusetts, Connecticut, Rhode Island, New Hampshire) entstanden die Neuniederlande u. Neuschweden. Die Holländer unterwarfen 1655 das schwed. Territorium, doch fiel ihre erweiterte Kolonie in 2 Seekriegen 1664 u. 1688 den Briten zu, die sie New York nannten u. New Jersey u. Delaware davon abtrennten. Den 13 Kolonien gaben Unternehmer u. Lordeigentümer, Pilgerväter, andere Puritaner u. Quäker das Gepräge. Die Einwanderer kamen größtenteils von den Brit. Inseln. Auch Pfälzer, Böhmen u. Schweizer, Hugenotten, Niederländer u. Wallonen, Juden aus Spanien u. Portugal fanden sich ein. Die Kolonien wurden bald in Machtkämpfe zwischen England, Frankreich, Spanien u. den Niederlanden hineingezogen. Als die Franzosen außer Kanada das Mississippital u. Louisiana erschlossen u. sich mit den Spaniern (Florida) verbündeten, drohte den angelsächs. Kolonien die Umklammerung. Nach wiederholten Waffengängen stießen 1754 am oberen Ohio erneut gegensätzl. Pelzhandelsinteressen aufeinander u. lösten den *Siebenjährigen Krieg* 1756–1763 aus. Im *Pariser Frieden* 1763 verlor Frankreich alle seine nordamerikan. Festlandsbesitzungen. Kanada u. Louisiana (bis zum Mississippi) fielen an England; den Rest bekam Spanien.

Der Unabhängigkeitskampf: Der Sieg hob das Selbstbewußtsein des Kolonialvolks. Da England die Kriegsfolgelasten finanzpolitisch auszugleichen suchte u. mit Rücksicht auf den Indianerhäuptling Pontiac u. eigene Pelzhandelsinteressen das Vordringen der Pioniersiedler in den Raum zwischen Alleghanies u. Mississippi verhinderte, wuchs der Widerstand. Die Kolonisten (1775: 2,5 Mill.) forderten Gleichberechtigung; sie wollten im Londoner Parlament vertreten sein („keine Steuern ohne [parlamentar.] Vertretung").

Der Einsatz brit. Streitkräfte gegen Massachusetts führte zum *Unabhängigkeitskrieg* 1775–1783. Die *Unabhängigkeitserklärung* (4. 7. 1776) des Kongresses (T. *Jefferson*, B. *Franklin*, J. *Adams* u. a.) zerschnitt das Band zwischen den Kolonien u. England. Die Briten behaupteten Kanada u. besetzten fast alle Küstenstädte. Doch das Eingreifen Frankreichs u. Spaniens brachte die Entscheidung zugunsten der Amerikaner. Im *Frieden von Versailles* 1783 gewannen die früheren Kolonien ihre volle Unabhängigkeit.

Zunächst bildeten sie aufgrund der 1777 beschlossenen Konföderationsartikel nur einen lockeren Staatenbund. Handelsstockungen, Inflation u. soziale Unruhen machten 1787 die Berufung eines Verfassungskonvents nach Philadelphia notwendig. Als sich dort die Anhänger von A. *Hamilton* u. T. Jefferson zum Kompromiß bereit fanden, schuf dieser Konvent nach Entwürfen J. *Madisons* am 17. 9. 1787 die bis heute gültige *Verfassung der USA*.

Die Expansion: Unter ihrem ersten Präsidenten G. *Washington* 1789–1797 drohten die USA in einen Krieg gegen das revolutionäre Frankreich hineingezogen zu werden. Zugleich erreichte die Expansion nach dem W einen ersten Höhepunkt: In Feldzügen wurden die indian. Ureinwohner des Nordwest-Territoriums vertrieben; 1792 traten Kentucky u. 1796 Tennessee in die Union ein. Als 1801 die Föderalisten unter J. Adams ihre führende Stellung verloren u. T. Jefferson, ein Republikaner, d. h. Agrardemokrat, das Präsidentenamt erhielt, ging diese Entwicklung weiter. 1803 erwarben die USA das Louisianagebiet u. Ohio. Eine von H. *Clay* geführte Bewegung („Kriegsfalken") drängte zur Eroberung Kanadas; doch scheiterte sie im Krieg gegen Großbritannien 1812–1814. 1821 kauften die USA Florida (von Spanien), außerdem drangen Siedler nach Texas vor. Die *Monroe-Doktrin* 1823 sollte Tendenzen einer mögl. Rekolonialisierung von Teilen des Kontinents entgegenwirken.

Die Expansion verursachte innere Wandlungen. Aus den Südstaaten der Union rückten Pflanzer mit ihren Sklaven nach W vor, um dort Baumwolle anzubauen. Kleinfarmer aus den Nordstaaten besiedelten das nordwestl. Grenzland. So entstanden zwei grundverschiedene Gebiete neuer Staatenbildung: ein sklavenhaltender u. ein sklavenfreier Siedlungsraum. Der *Missouri-Kompromiß* von H. Clay 1820 sorgte für das Gleichgewicht im Senat des Kongresses. Doch bald gewann der W an Einfluß. Nachdem die bisherigen Präsidenten (G. Washington, J. Adams, J. Madison, J. Monroe, J. Q. Adams) aus den gebildeten Schichten Virginias u. Neuenglands gekommen waren, bezog mit A. *Jackson* ein typ. Grenzlandpolitiker das Weiße Haus (1829).

Die Landnahme förderte Jackson durch Zwangsumsiedlung der noch östl. vom Mississippi beheimateten Indianer. Als sich die angloamerikan. Texassiedler 1836 gegen Mexiko erhoben, nahm er ihre neue Republik aber nicht in die Union auf. Ebenso zögerten die folgenden Präsidenten M. *Van Buren*, W. H. *Harrison* u. J. *Tyler*, weil der Beitritt von Texas das Gleichgewicht zwischen den Staatengruppen (Missouri-Kompromiß) zu zerstören drohte, außerparlamentar. Kräfte *(Abolitionisten)* das Problem der Sklaverei leidenschaftlich aufgriffen u. J. C. *Calhoun* durch seine *Nullifikationstheorie* (Nichtigkeit der Bundesgesetze) den Südstaaten eine gefährl. Rechtshandhabung geschaffen hatte. Erst 1845 ergab sich eine günstige innenpolit. Konstellation, deshalb stimmte Präs. J. *Polk* dem Aufnahmeantrag der Texas-Republik zu. Die Folge war ein Krieg mit Mexiko 1846 bis 1848, bei dem die USA alle Nordprovinzen des Nachbarlands eroberten: das Gebiet der späteren Unionsstaaten New Mexico, Arizona, Colorado, Utah, Nevada u. California. Durch den Schiedsvertrag mit England, der den langwierigen Grenzstreit um Oregon durch eine Teilung beendete, waren den USA 1846 im NW weitere Räume zugefallen, so daß sie nun auf breiter Front den Pazifik erreichten. Der sog. *Gadsden-Kauf* 1853, in dem Mexiko weiteres Gebiet veräußerte, ergänzte diese neue Expansion im SW.

Der Sezessionskrieg 1861–1865: Die rasche Entwicklung u. Erweiterung der USA verschärften den Gegensatz zwischen N u. S. Einwandererströme aus Europa, die fast ganz dem N zugute kamen, einerseits u. eine expansive Baumwollwirtschaft der südl. Pflanzer andererseits beschleunigten das Werden neuer, in ihrem Charakter sehr verschiedener Staaten. Während der N immer mehr zum Industriegebiet wurde, dehnten sich im S gewaltige Plantagen, die mit Hilfe von schwarzen Sklaven bewirtschaftet wurden. Auf ihren Territorien (Kansas, Nebraska, California) trafen Siedler aus N u. S zusammen. Im Ringen um einzelstaatl. Verfassungen widersetzten sich die Kleinfarmer den Einflüssen der Sklavenhalter. Doch die großen Pflanzer fürchteten den sozialen u. polit. Abstieg u. hielten deshalb an der Sklaverei fest, obwohl diese unrentabel zu werden begann. Als A. *Lincoln*, ein Gegner der Sklaverei, zum Präsidenten gewählt wurde, er-

Die Präsidenten der USA

George Washington (Föderalist)	1789–1797
John Adams (Föderalist)	1797–1801
Thomas Jefferson (Demokrat)	1801–1809
James Madison (Demokrat)	1809–1817
James Monroe (Demokrat)	1817–1825
John Quincy Adams (Demokrat)	1825–1829
Andrew Jackson (Demokrat)	1829–1837
Martin van Buren (Demokrat)	1837–1841
William Henry Harrison (Whig)	1841
John Tyler (Demokrat)	1841–1845
James Polk (Demokrat)	1845–1849
Zachary Taylor (Whig)	1849–1850
Millard Fillmore (Whig)	1850–1853
Franklin Pierce (Demokrat)	1853–1857
James Buchanan (Demokrat)	1857–1861
Abraham Lincoln (Republikaner)	1861–1865
Andrew Johnson (Republikaner)	1865–1869
Ulysses S. Grant (Republikaner)	1869–1877
Rutherford Hayes (Republikaner)	1877–1881
James Garfield (Republikaner)	1881
Chester A. Arthur (Republikaner)	1881–1885
Grover Cleveland (Demokrat)	1885–1889
Benjamin Harrison (Republikaner)	1889–1893
Grover Cleveland (Demokrat)	1893–1897
William McKinley (Republikaner)	1897–1901
Theodore Roosevelt (Republikaner)	1901–1909
William H. Taft (Republikaner)	1909–1913
Woodrow Wilson (Demokrat)	1913–1921
Warren G. Harding (Republikaner)	1921–1923
Calvin Coolidge (Republikaner)	1923–1929
Herbert Hoover (Republikaner)	1929–1933
Franklin D. Roosevelt (Demokrat)	1933–1945
Harry S. Truman (Demokrat)	1945–1953
Dwight D. Eisenhower (Republikaner)	1953–1961
John F. Kennedy (Demokrat)	1961–1963
Lyndon B. Johnson (Demokrat)	1963–1969
Richard M. Nixon (Republikaner)	1969–1974
Gerald R. Ford (Republikaner)	1974–1977
Jimmy (James E.) Carter (Demokrat)	1977–1981
Ronald W. Reagan (Republikaner)	1981–1989
George H. Bush (Republikaner)	1989–1993
Bill Clinton (Demokrat)	1993–

Die Bestimmung der USA

In seinem Bericht zur Lage der Nation am 29.1.1991 erklärte der US-amerikanische Präsident George Bush im Zusammenhang mit dem Golfkonflikt: »Seit 200 Jahren dienen die USA der Welt als leuchtendes Beispiel für Freiheit und Demokratie. (...) Wir haben eine einzigartige Verantwortung, die harte Arbeit der Freiheit zu leisten.«

Die von George Bush so skizzierte Bestimmung der USA, als Vorkämpfer der internationalen Staatengemeinschaft für Freiheit und Demokratie einzutreten, hat ihre Wurzeln im Entstehungs- und Gründungsprozeß der Vereinigten Staaten. Schon jene Gruppe der Pilgerväter, die am 22. 12. 1620 mit der Mayflower nach Amerika kam, verband in ihrem puritanischen Weltbild den persönlichen Heilsglauben mit dem Bewußtsein der Auserwähltheit. Auch in der Unabhängigkeitserklärung vom 4. 7. 1776 wird mit dem Hinweis »auf den Schutz der göttlichen Vorsehung« jenem religiös motivierten Weltbild Rechnung getragen. Im Bewußtsein der Auserwähltheit begann die Expansion in die unbesiedelten Gebiete des Westens, die mit der Verdrängung und Vernichtung der indianischen Urbevölkerung einherging. Der Mythos der »frontier«, der offenen Grenze nach Westen, an dem sich Pioniergeist und Abenteuerlust beweisen mußten, bildete dabei eine entscheidende Antriebskraft für das Werden des neuen Staates.

Als Rechtfertigung für das territoriale Ausgreifen der USA wurde im 19. Jahrhundert der Begriff »manifest destiny«, was soviel wie offensichtliche Bestimmung bedeutet, in die politische Diskussion eingeführt. Dieser schnell zur Leitvorstellung der US-amerikanischen Politik werdende Terminus beinhaltete den Gedanken an die von Gott gestellte Aufgabe, die Vorstellung von einer idealen Gesellschaft zu verwirklichen. Dadurch wurde implizit der Anspruch erhoben, eine besondere Stellung gegenüber anderen Staaten zu haben. Sowohl die Annexion Texas' 1845, der Kauf Alaskas 1867 sowie der Krieg gegen Spanien um Kuba, Puerto Rico und die Philippinen 1898 fanden ihre ideologische Rechtfertigung in diesem Begriff. Auch der Aufstieg der USA zur Weltmacht im 20. Jahrhundert war von politischen Visionen begleitet.

Das von George Bush im Zusammenhang mit dem Ende des Ost-West-Konfliktes entworfene Konzept einer von den USA bestimmten »neuen Weltordnung« der Freiheit bildet somit den folgerichtigen Abschluß einer Entwicklung, die bei den Pilgervätern ihren Ausgang nahm. *G.M.*

1 *Unterzeichnung der Unabhängigkeitserklärung. Stich von A. B. Durand nach einem Gemälde von John Trumbull.*

2 *Am 30. 4. 1789 übernahm der erste Präsident der USA, George Washington, sein Amt.*

3

3 *Indianerlager. Illustration aus B. Möllhausen »Tagebuch einer Reise vom Mississippi nach den Küsten der Südsee«, Leipzig 1858.*

4 *Seegefecht im Sezessionskrieg. Im Vordergrund Robert E. Lee, Feldherr der Südstaaten.*

Frühe Besiedlung

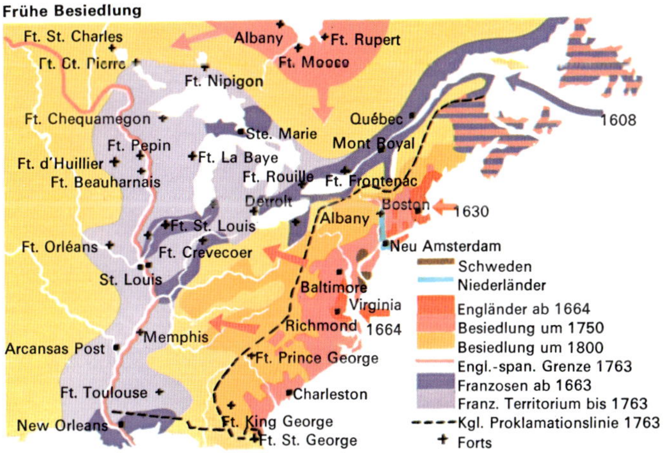

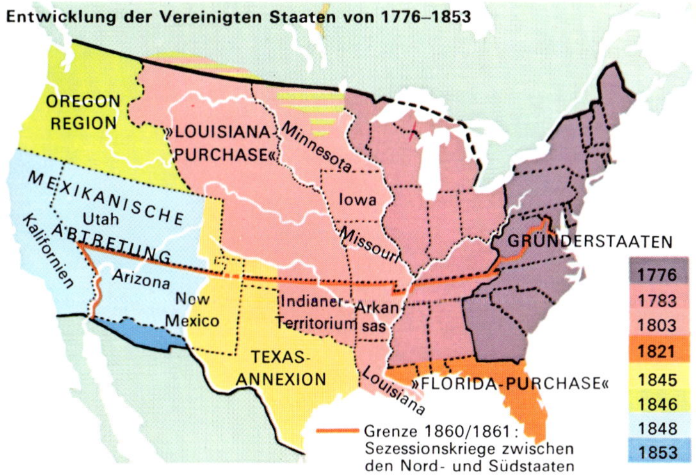

4

klärte South Carolina am 20. 12. 1860 seinen Austritt aus den USA (Sezession). Bis Mitte Mai 1861 folgten diesem Beispiel 10 weitere Südstaaten. In Montgomery (Alabama) bzw. Richmond (Virginia) bildeten sie mit J. *Davis* als Präsidenten einen neuen Bund: die *Konföderierten Staaten von Amerika.* Lincoln verweigerte ihnen die Anerkennung. Vermittlungsversuche scheiterten. Mitte April 1861 kam es zum Kampf um das von Bundestruppen besetzte *Fort Sumter* bei Charleston (South Carolina). Der damit ausgebrochene *Sezessionskrieg* brachte zunächst dem südstaatl. Heer unter R. E. *Lee* große Erfolge. Dann jedoch errangen die Unionsstreitkräfte entscheidende Siege, weil der N das größere Menschen- u. Wirtschaftspotential besaß, eine wirksame Seeblockade verhängte u. in U. S. *Grant,* W. T. *Sherman* u. a. ebenbürtige militär. Führer hatte. Am 9. 4. 1865 kapitulierte Lee bei *Appomattox Courthouse.*

Die Rekonstruktion: Da Lincoln im April 1865 von einem Südstaatler ermordet wurde, konnten seine versöhnl. Absichten sich nicht mehr durchsetzen. Unter dem Präs. A. *Johnson* (1865–1869) gewannen radikale Kongreßmehrheiten an Einfluß. Umständl. Gesetze, Rachejustiz, Korruption, Demagogie u. Wahlbetrug verzögerten die Wiederherstellung („Rekonstruktion") der Union. Den 1863 durch Proklamation des Präs. frei gewordenen Schwarzen wurde das Wahlrecht zuerkannt. Reaktionäre Weiße griffen daraufhin zum Terror (Ku Klux Klan). Auch die Wahl des Generals Grant zum Präs. (1869 bis 1877) u. der Abzug aller Besatzungstruppen (1877) besänftigte den südstaatl. Widerstandsgeist nicht.

Die Großmacht: Der Sezessionskrieg hatte den wirtschaftl. Kräften (Bankwesen, Stahlerzeugung, Maschinen- u. Fahrzeugbau) starken Auftrieb gegeben u. neue Industriezentren entstehen lassen. Die wieder zunehmende Einwanderung, eine fortschreitende Besiedlung, techn. Erfindungen u. vervollkommnete Geschäftsmethoden beschleunigten diesen Wachstumsprozeß. Eine Reform des öffentl. Dienstes (K. *Schurz*), die Antitrustgesetzgebung (J. *Sherman*), Farmerbünde u. Massengewerkschaften suchten dem Mißbrauch u. der sozialen Ungerechtigkeit zu steuern. Die Vorherrschaft der Kapitalinteressen führte zu imperialist. Machtentfaltung. Aktionsfeld dieser Politik wurden bes. der Pazifik u. das Karib. Meer. Eine Flottenexpedition unter M. C. *Perry* 1852–1854 hatte bereits die Öffnung japan. Häfen erzwungen. 1867 kauften die USA Alaska von Rußland. Gleichzeitig ließ der Präsident A. *Johnson* die Midway-Inseln besetzen.

Trotz anhaltender Widerstände im Kongreß mehrten sich zur Zeit der Präsidenten G. *Cleveland* (1885–1889, 1893–1897) u. W. *McKinley* (1897–1901) die Fälle von Einmischung der USA in die Belange mittel- u. südamerikan. Staaten u. Gebiete des südl. Pazifik (Kuba, Santo Domingo, Dänisch-Westindien, Hawaii, Samoa). Im Krieg gegen Spanien 1898 eroberten die USA Kuba, Puerto Rico u. die Philippinen. Nebenher annektierten sie Guam, Wake u. Hawaii.

Der folgende Philippinenkrieg 1899–1902 hinderte sie allerdings an einer energischen Intervention im chinesischen Boxerkrieg 1899–1901; auch mußten sich die USA damals mit der Teilung Samoas abfinden. Doch 1903 konnte Präs. T. *Roosevelt* Panama von Kolumbien trennen u. den USA so die Kanalbauzone sichern (Panamakanal). 1904/05 vermittelte er im amerikan. Interesse den Frieden von Portsmouth zwischen Rußland u. Japan.

Progressive Ära: Die von Wisconsin ausgehende Reformbewegung (für Einkommensteuer, Firmenkontrolle, Vorwahlen, Initiative u. Referendum, Arbeiter-, Mutter- u. Jugendschutz, Mindestlöhne u. gesetzl. Arbeitszeit) erfaßte andere Staaten der Union, unter R. M. *La Follette* auch den Kongreß. Ein Höhepunkt war die bundesgesetzl. Regelung für Einkommensteuer (16. Amendment) u. Volkswahl der Senatoren (17. Amendment). Das Frauenwahlrecht wurde 1920 durchgesetzt (19. Amendment).

Von der Großmacht zur Weltmacht: Als Roosevelts Nachfolger W. H. *Taft* 1913 durch W. *Wilson* abgelöst wurde, war an die Stelle der imperialist. Politik des „großen Knüppels" (T. Roosevelt) ein weniger auffälliger „Dollarimperialismus" getreten, der Panamakanal fast vollendet u. Kuba formal selbständig geworden. Nach Kriegsausbruch 1914 blieben die USA zunächst neutral, doch gewährten amerikan. Banken den westl. Alliierten große Anleihen. Zur Sicherung von Transporten zugunsten der Entente-Mächte suchte Wilson anläßlich des „Lusitania"-Zwischenfalls 1915 Dtschld. die U-Boot-Waffe zu entwinden. Das Scheitern aller Vermittlungsversuche, dt. Sabotageakte u. die erneute Proklamation des uneingeschränkten U-Boot-Kriegs durch Dtschld. u. Österreich-Ungarn bewogen Wilson zum Abbruch der

Vereinigte Staaten: In ihrer neuen Rolle als Weltmacht vermittelten die USA 1905 den Frieden von Portsmouth zwischen Rußland und Japan. Von links: die russischen Unterhändler S. J. Witte und R. R. Rosen, US-Präsident T. Roosevelt, die Japaner D. Komura und K. Takahira

Die 50 Unionsstaaten der Vereinigten Staaten von Amerika
(in Klammern das Jahr des Beitritts; *Gründerstaat)

Staat	Abk.	Fläche in km²	Einw. in 1000	Hauptstadt
Alabama (1819)	Al.	133915	4187	Montgomery
Alaska (1959)	Ak.	1530693	599	Juneau
Arizona (1912)	Ariz.	295259	3936	Phoenix
Arkansas (1836)	Ark.	137754	2424	Little Rock
California (1850)	Calif.	411047	31221	Sacramento
Colorado (1876)	Col.	269594	3566	Denver
Connecticut (1788)*	Conn.	12997	3277	Hartford
Delaware (1787)*	Del.	5294	700	Dover
Florida (1845)	Fla.	151939	13679	Tallahassee
Georgia (1788)*	Ga.	152576	6917	Atlanta
Hawaii (1959)	Hi.	16670	1172	Honolulu
Idaho (1890)	Id.	216430	1099	Boise City
Illinois (1818)	Ill.	149885	11697	Springfield
Indiana (1816)	Ind.	94309	5713	Indianapolis
Iowa (1846)	Ia.	145752	2814	Des Moines
Kansas (1861)	Kan.	213096	2531	Topeka
Kentucky (1792)	Ky.	104659	3789	Frankfort
Louisiana (1812)	La.	123677	4295	Baton Rouge
Maine (1820)	Me.	86156	1239	Augusta
Maryland (1788)*	Md.	27091	4965	Annapolis
Massachusetts (1788)*	Mass.	21455	6012	Boston
Michigan (1837)	Mich.	251493	9478	Lansing
Minnesota (1858)	Minn.	224329	4517	Saint Paul
Mississippi (1817)	Miss.	123514	2643	Jackson
Missouri (1821)	Mo.	180514	5234	Jefferson City
Montana (1889)	Mont.	380847	839	Helena
Nebraska (1867)	Neb.	200349	1607	Lincoln
Nevada (1864)	Nev.	286352	1389	Carson City
New Hampshire (1788)*	N.H.	24032	1125	Concord
New Jersey (1787)*	N.J.	20168	7879	Trenton
New Mexico (1912)	N.M.	314924	1616	Santa Fe
New York (1788)*	N.Y.	136583	18197	Albany
North Carolina (1789)*	N.C.	136412	6945	Raleigh
North Dakota (1889)	N.D.	183117	635	Bismarck
Ohio (1803)	O.	115998	11091	Columbus
Oklahoma (1907)	Okla.	181185	3231	Oklahoma City
Oregon (1859)	Ore.	251418	3032	Salem
Pennsylvania (1787)*	Pa.	119251	12048	Harrisburg
Rhode Island (1790)*	R.I.	3139	1000	Providence
South Carolina (1788)*	S.C.	80582	3643	Columbia
South Dakota (1889)	S.D.	199730	715	Pierre
Tennessee (1796)	Tenn.	109152	5099	Nashville-Davidson
Texas (1845)	Tex.	619027	18031	Austin
Utah (1896)	U.	219887	1860	Salt Lake City
Vermont (1791)	Vt.	24900	576	Montpelier
Virginia (1788)*	Va.	105586	6491	Richmond
Washington (1889)	Wash.	176479	5255	Olympia
West Virginia (1863)	W.Va.	62758	1820	Charleston
Wisconsin (1848)	Wis.	171496	5038	Madison
Wyoming (1890)	Wyo.	253324	470	Cheyenne
District of Columbia (1791; Bundesterritorium)	D.C.	178	578	Washington

diplomat. Beziehungen. Der Entschluß, den Alliierten militär. Hilfe zu bringen, folgte, als die russ. Revolution 1917 das Zarenreich beseitigte u. sich Deutschlands Lage deshalb entscheidend zu bessern schien. Der Kongreß billigte den Eintritt in den Krieg am 6. 4. 1917. Ein amerikan. Expeditionsheer unter J. Pershing kämpfte auf seiten der Alliierten in Nordfrankreich. Seine Kriegsziele legte Wilson in den *Vierzehn Punkten* fest. Auf der Versailler Friedenskonferenz 1919 *(Versailler Vertrag)* konnte er mit diesem Programm nur teilweise durchdringen. Republikan. Politiker wandten sich gegen die vorgesehene Mitgliedschaft der USA im Völkerbund *(Isolationismus).* Der Friedensvertrag wurde vom Kongreß nicht ratifiziert.

Die Zeit zwischen den beiden Weltkriegen: Wilsons Scheitern war ein Triumph der isolationistisch eingestellten Republikaner. Am 25. 8. 1921 schlossen die USA einen Sonderfrieden mit Dtschld. Unter den republikan. Präsidenten W. *Harding*, C. *Coolidge* u. H. *Hoover* übernahmen sie nur gelegentlich internationale Verpflichtungen *(Washingtoner Flottenabkommen; Dawes-Plan, Young-Plan; Kellogg-Pakt; Stimson-Doktrin).* Wirtschaftlich erlebten sie einen steilen Aufstieg *(Prosperity)*, der freilich auch Mißstände mit sich brachte. Den Absturz aus diesem noch nie erreichten Wohlstand brachte die Weltwirtschaftskrise 1929. Bei der allg. Enttäuschung konnten die Demokraten wieder Stimmen gewinnen u. 1933 den Präs. F. D. *Roosevelt* stellen. Durch seinen *New Deal*, einen sozial- u. wirtschaftspolit. Kurs „etwas links von der Mitte", suchte er die Schwierigkeiten zu meistern. Außenpolitisch befürwortete Roosevelt „gute Nachbarschaft" (1933) und Neutralitätsgesetze (1935/36). Die von Dtschld., Italien u. Japan ausgehende Unsicherheit führte ihn jedoch bald auf andere Wege. Seit 1937 drängte Roosevelt auf Modifizierung des amerikan. Neutralitätsrechts.

Der 2. Weltkrieg: Entgegen der US-amerikan. Tradition, daß ein Präs. nicht länger als zwei Amtsperioden regieren solle, ließ sich F. D. Roosevelt viermal zum Präsidenten wählen. So konnte er zunehmend Einfluß auf die Weltpolitik gewinnen. Nach Kriegsausbruch 1939 hielt er die USA dem Kampfgeschehen zunächst fern. Trotz der Neutralitätsgesetze half er aber England u. China auf vielerlei Weise (Sicherheitszonen, Neutralitätspatrouillen, Waffenlieferungen, Embargomaßnahmen, Propaganda u. militär. Absprachen). Seinen Höhepunkt erreichte dieser „unerklärte Krieg" mit *Lend-Lease* (Leih-und-Pacht-Gesetz) 1941, dessen Lieferungen zu zwei Dritteln der von Hitler angegriffenen Sowjetunion zuflossen. Japan, das sich in Asien ein Weltreich eroberte u. die amerikan. Interessen verletzte, suchte Roosevelt durch wirtschaftl. Druck gefügig zu machen. Als die für Japan lebenswichtigen Rohstofflieferungen ausblieben, antworteten die Japaner mit dem Überfall auf *Pearl Harbor* am 7. 12. 1941. Hitler u. Mussolini erklärten darauf den USA den Krieg. Roosevelt suchte ein gutes Einvernehmen mit Stalin (Konferenzen von *Teheran* 1943 u. *Jalta* 1945). Bei der Konferenz von *Casablanca* 1943 erhob er die Forderung nach bedingungsloser Kapitulation der Achsenmächte.

Vereinigte Staaten: Präsident Franklin D. Roosevelt bei der Unterzeichnung des Gesetzes zur Einführung einer Renten- und Arbeitslosenversicherung am 14.8.1935; hinter ihm Arbeitsministerin Frances Perkins, umgeben von Abgeordneten des Kongresses

Den Schwerpunkt der US-amerikan. Kriegführung legten Roosevelt u. sein militär. Chefberater, G. C. *Marshall*, auf Europa. Strateg. Luftangriffe u. Landungsoperationen (Nordafrika, Italien, Frankreich) brachten hier die Entscheidung. Gleichzeitig wurden Japan fast alle eroberten Gebiete entrissen, auch die Philippinen, die selbständig wurden. Roosevelt starb am 12. 4. 1945; sein Nachfolger wurde H. S. *Truman*. Die Kapitulation Deutschlands beendete den Krieg in Europa, u. der Abwurf von zwei amerikan. Atombomben auf Hiroshima u. Nagasaki erzwang das Kriegsende in Ostasien.

Im Ost-West-Konflikt: Roosevelt hatte auf gedeihl. Zusammenarbeit innerhalb der Vereinten Nationen (UN) gehofft. Als ihre Organisation am 26. 6. 1945 in San Francisco geschaffen wurde, hatten sich aber schon schwerwiegende Gegensätze zwischen der Sowjetunion u. den westl. Alliierten gezeigt. Sie vertieften sich während der Potsdamer Konferenz 1945 u. bei der Verwaltung des besetzten Dtschld. durch die Siegermächte. Das weitere Ausgreifen sowjet. Einflüsse veranlaßte Präs. Truman u. dessen Nachfolger, den Republikaner D. D. *Eisenhower* (1953–1961), zu vielseitigen Abwehrmaßnahmen *(Truman-Doktrin)*. Die vom Kommunismus bes. bedrohten Länder wurden finanziell unterstützt, die wirtschaftl. Gesundung Europas gefördert *(Marshallplan)*; unterentwickelte Gebiete erhielten Wirtschafts- u. Militärhilfe. Bündnisse wie die NATO, der ANZUS-Pakt u. die SEATO wurden abgeschlossen. Die starken Gegensätze zwischen den Weltmächten führten zu begrenzten Waffengängen (Koreakrieg 1950–1953 sowie Laos-Konflikt 1961/62 u. Vietnamkrieg 1961–1973); die Maßnahmen des „Kalten Kriegs" beschränkten sich jedoch vorwiegend auf wirtschaftl. u. polit. Druckmittel.
Die Gefahr eines 3. Weltkriegs veranlaßte die USA, auf diplomat. Weg (u. a. Gipfelkonferenzen in Genf 1955, Paris 1960, Wien 1961) einen Ausgleich mit der Sowjetunion zu suchen u. eine kontrollierte Abrüstung zu fordern. Gefährl. Brennpunkte der Ost-West-Spannungen entstanden in Berlin, Kuba, Vietnam u. Nahost.
Unzufriedenheit mit der als „immobilistisch" empfundenen Politik der Republikaner unter Eisenhower beeinflußte 1960 die Wahl des Demokraten J. F. *Kennedy* zum Präs. Seine innen- u. außenpolit. Aktivität fand ihren Niederschlag in Gesetzen zur rechtl. Gleichstellung der Schwarzen, in Außenhandelsgesetzen u. in der erfolgreichen Zurückdrängung sowjet. Einflusses auf Kuba, ohne die begonnene Politik der Verständigung aufzugeben („heißer Draht" zwischen Washington u. Moskau; teilweise Einstellung der Kernwaffenversuche 1963). Nach Kennedys Ermordung im Nov. 1963 versuchte L. B. *Johnson* (1963–1969) als dessen Nachfolger das innenpolit. Programm fortzuführen (Bürgerrechtsgesetz, „Feldzug gegen die Armut"). Die gesamte Politik wurde zunehmend vom Vietnamkrieg überschattet, in dem zeitweise 550 000 amerikan. Soldaten eingesetzt waren. Das NATO-Bündnis verlor an Festigkeit. Die europ. Partner drängten zur Entspannung mit dem Ostblock. Die wirtschaftl. Schwierigkeiten nahmen zu, die hohen Kriegskosten vertieften das soziale Elend ohnehin benachteiligter Gruppen, soziale Unruhe (Rassen- u. Studentenunruhen) waren die Folge. Polit. Morde (Bürgerrechtler M. L. *King*, Senator R. *Kennedy*) erschütterten das Land.
Die allg. Unzufriedenheit verhalf wieder den Republikanern zum Sieg u. führte 1969 R. M. *Nixon* ins Weiße Haus (1972 mit großer Mehrheit wiedergewählt), ohne daß die Reformen an Einfluß verloren. Nixon begann mit seinem Peking-Besuch 1972 das Verhältnis zu China zu normalisieren. Er bemühte sich um Entspannung u. Abrüstung (*SALT-Abkommen* 1972), schloß einen Waffenstillstand mit Nordvietnam (*Pariser Vietnamkonferenz* 1973) u. begann mit dem Rückzug der US-Truppen aus Vietnam. Die → Watergate-Affäre zwang ihn 1974 zum Rücktritt. Unter der Zwischenregierung des bisherigen Vize-Präs. Gerald R. *Ford* gewannen in beiden Häusern die Demokraten als Folge des Watergate-Skandals die Herbstwahlen von 1974. Bei den Präsidentschaftswahlen 1976 siegte der Demokrat Jimmy *Carter* über Ford. Sein größter außenpolitischer Erfolg war die Vermittlung des israelisch-ägyptischen Friedensschlusses 1979. Die Zusammenarbeit mit der UdSSR wurde mit der Unterzeichnung des SALT-II-Abkommens fortgesetzt, geriet aber nach dem sowjetischen Überfall auf Afghanistan 1979/80 ins Stocken. 1979 wurde das US-Botschaftspersonal in Teheran mit Billigung des iran. Revolutionsregimes für über ein Jahr in Geiselhaft genommen; ein Befreiungsversuch mißglückte. Dies trug zur Niederlage Carters in den Präsidentschaftswahlen 1980 bei. Gewählt wurde der Republikaner Ronald *Reagan*. Reagan führte einen wirtschaftl. Aufschwung herbei, allerdings um den Preis wachsender Staatsverschuldung u. einer Kürzung der Sozialausgaben. Gegenüber der Sowjetunion verfolgte er zunächst eine Politik der Stärke durch forcierte Aufrüstung. Den kubanisch-sowjetischen Einfluß im lateinamerikan. Raum suchte er durch die militär. Besetzung Grenadas 1983 u. durch die Unterstützung regimefeindl. Kräfte in dem von einer Linksregierung geführten Nicaragua zurückzudrängen. 1984 wurde Reagan wiedergewählt. 1987 schloß er mit der UdSSR ein Abkommen über die Beseitigung aller in Europa stationierten US-amerikan. u. sowjet. nuklearen Mittelstreckenwaffen. Der Republikaner George *Bush* gewann 1988 die Präsidentschaftswahlen u. wurde 1989 Nachfolger von Reagan. Im gleichen Jahr intervenierten die USA militärisch in Panama. In Europa förderten sie entscheidend den deutschen Wiedervereinigungsprozeß. Am 21. 11. 1990 endete auf einem KSZE-Sondergipfel mit der Unterzeichnung der *Pariser Charta für ein neues Europa* zumindest formell der Ost-West-Konflikt. Nachdem Irak 1990 Kuwait annektiert hatte, organisierten die USA eine internationale Widerstandsfront. An der Spitze alliierter Truppen gelang ihnen im 2. Golfkrieg 1991 die Befreiung des Landes. Am 31. 7. 1991 unterzeichnete G. Bush in Moskau den START-Vertrag.

Die USA seit 1992: Die Konzentration auf den außenpolit. Erfolg hatte zu einer Vernachlässigung der Innenpolitik geführt. Die immense Verschuldung der öffentl. Haushalte blockierte infrastrukturelle u. soziale Maßnahmen. Die gesellschaftl. Spannungen wuchsen. Diese Entwicklungen führten bei den Präsidentschaftswahlen 1992 zum Sieg des Demokraten B. *Clinton*, der nach seinem Amtsantritt 1993 versuchte, neue wirtschafts- u. sozialpolit. Schwerpunkte zu setzen. Am 1. 1. 1994 trat das Abkommen mit Kanada u. Mexiko über die *Nordamerikan. Freihandelszone (NAFTA)* in Kraft. Im März des gleichen Jahres beendeten die USA den 1992 begonnenen militär. Einsatz in Somalia. Während die Beziehungen zu Kuba gespannt blieben, normalisierte sich das Verhältnis zu Vietnam. Im Okt. 1994 erzwangen die USA die Wiedereinsetzung des 1991 gestürzten haitian. Präs. Aristide. 1995 vermittelten die USA ein Friedensabkommen zwischen den Kriegsparteien in Bosnien-Herzegowina. 1996 gewann Clinton mit deutl. Mehrheit gegen den Republikaner R. *Dole* das Mandat für eine zweite Amtszeit.

Vereinigtes Wirtschaftsgebiet, *Bizone,* das Gebiet der Besatzungszonen Großbritanniens u. der USA in Dtschld., die aufgrund eines Abkommens der beiden Mächte am 1. 1. 1947 zu einer Wirtschaftseinheit zusammengeschlossen wurden, nachdem eine gemeinsame Deutschlandpolitik aller vier Besatzungsmächte nicht zustande gekommen war. Die französ. Besatzungszone wurde nicht formell angeschlossen, doch kam es schrittweise zu einer engeren Zusammenarbeit, so daß man seit Herbst 1948 häufig die Bez. *Trizone* gebrauchte. Das Vereinigte Wirtschaftsgebiet war die Vorform der BR Dtschld., die sich 1949 konstituierte.

Vereinte Nationen, *United Nations (Organization),* Abk. *UN (UNO),* am 26. 6. 1945 auf der UN-Konferenz von San Francisco von 50 Staaten (u. Polen, das auf der Konferenz nicht vertreten war), die den Achsenmächten vor dem 1. 3. 1945 den Krieg erklärt hatten oder bereits die Deklaration der V.n N. unterzeichnet hatten, aufgrund der Konferenzbeschlüsse von Moskau, Jalta u. Dumbarton Oaks mit eigener, am 24. 10. 1945 (Tag der UN) in Kraft getretener Charta gegr. Vertragsorganisation souveräner u. gleichberechtigter Nationen. Ziele sind: Sicherung des Weltfriedens durch Vermittlung u. schiedsgerichtliche Entscheidung, durch Beobachtung u. Untersuchung von Konflikten, durch Entsendung von UN-Streitkräften, durch diplomatische, wirtschaftliche u. militärische Sanktionen u. durch Abrüstungsmaßnahmen. Zur Schaffung der positiven Friedensbedingungen fördern die UN die Menschenrechte, schließen Diskriminierung aus u. fördern die wirtschaftliche, soziale u. kulturelle Entwicklung u. Zusammenarbeit.
Die UN sind zugleich Weltparlament u. permanente diplomat. Konferenz mit Stimmblöcken u. wechselnden Koalitionen. Die Mitgliedschaft steht allen „friedliebenden" Staaten auf Antrag offen; die BR Dtschld. u. die DDR wurden 1973 Mitglieder. Einige Staaten gehören den UN nicht an, so die Schweiz u. der Vatikan. Im Feb. 1998 hatten die UN 185 Mitglieder.
Oberstes Organ ist die *Vollversammlung* (VV), auch *Generalversammlung* (engl. *General Assembly*), in der jedes Mitgl. eine Stimme hat. Durch Änderung in der Struktur der Mitgliedschaft (Mehrheit von Entwicklungsländern) u. Verlagerung der Tätigkeitsschwerpunkte hat die VV an Bedeutung gewonnen, obwohl sie, abgesehen von Wahlen u. Neuaufnahmen, nur Empfehlungen geben kann, im Fall von Friedensbedrohungen u. -brüchen sogar nur bei Versagen des Sicherheitsrats. Die VV tagt regulär einmal jährlich von September bis etwa Januar. Sie wählt (ernennt) auf Empfehlung des Sicherheitsrates den *Generalsekretär,* die 10 nichtständigen Mitglieder des Sicherheitsrates (mit Zweidrittelmehrheit), ihr eigenes Präsidium u. die Mitglieder bestimmter Ausschüsse der VV. Sie beschließt das Budget u. die Beiträge der Mitglieder.
Die Hauptarbeit wird von den Hauptausschüssen für *politische* u. *Sicherheitsfragen,* für *wirtschaftliche* u. *finanzielle Fragen,* für *soziale, humanitäre* u. *kulturelle Fragen,* für *Verwaltungs-* u. *Haushaltsfragen* u. dem *polit. Sonderausschuß* geleistet. Für Verfahrensfragen der Generalversammlung ist der *Lenkungsausschuß* (General Committee) zuständig. Der vom Präsidenten der VV ernannte *Beglaubigungsausschuß* prüft die Vollmachten der VV-Delegierten. Außerdem konstituieren sich bei Bedarf Ad-hoc-Ausschüsse.
Politisch wichtigstes Organ ist der *Sicherheitsrat (SR),* auch *Weltsicherheitsrat* (engl. *Security Council*) mit primärer Zuständigkeit für die Wahrung des Friedens. Neben den ständigen Mitgliedern USA, Rußland, China, Großbritannien u. Frankreich gehören dem SR weitere 10 von der VV auf zwei Jahre gewählte nichtständige Mitglieder an (1 osteuropäischer Staat, 5 afrikanische u. asiatische, 2 lateinamerikanische u. 2 westeuropäische bzw. andere Staaten). Sachfragen bedürfen einer Mehrheit von 9 Stimmen einschl. der ständigen Mitglieder, die über ihr Vetorecht Sachentscheidungen, die nicht in ihrem Interesse liegen, blockieren können. Die Beschlüsse des SR binden alle Mitglieder, doch setzen materielle u. militärische Hilfeleistungen der UN-Mitglieder Sonderabkommen voraus. Das *Sekretariat* (Sitz: New York, europäische Dienststelle in Genf) unter dem *Generalsekretär* führt die Geschäfte der UN u. ihrer Organe. Der Generalsekretär ist berechtigt, den Sicherheitsrat auf wichtige Probleme, insbes. Friedensbedrohungen, aufmerksam zu machen. Bisherige Generalsekretäre: T. *Lie* (1946–1952), D. *Hammarskjöld* (1953–1961), S. *U Thant* (1961 bis 1971), K. *Waldheim* (1972–1981), J. *Pérez de Cuéllar* (1982–1991), B. *Boutros Ghali* (1992–1996), K. *Annan* (seit 1997).
Ein weiteres wichtiges Organ ist der *Wirtschafts- u. Sozialrat* engl. *Economic and Social Council,* ECOSOC zur Förderung vor allem der wirtschaftl. u. sozialen Entwicklung u. Zusammenarbeit u. zur Koordination der verschiedenen internationalen Organisationen auf diesen Gebieten. Ihm gehören 54 auf 3 Jahre gewählte Mitglieder an, von denen jährlich 18 neu gewählt werden.
Dem ECOSOC unterstehen u.a. die Menschenrechtskommission, die Rauschgiftkommission u. die regionalen Wirtschaftskommissionen für Europa (Economic Commission for Europe, *ECE*), Westasien *(ECWA),* Asien u. den Pazifik *(ESCAP),* Lateinamerika *(ECLA)* u. Afrika *(ECA).*
Zu nennen sind ferner die 1964 gegr. *Welthandelskonferenz* der VV (UNCTAD) u. der →Internationale Gerichtshof. Außerdem haben die UN mehrere Sonderorganisationen von z.T. beachtlichem Einfluß (z. B. die UNESCO).

Verkehrsvertrag, am 26. 5. 1972 in Berlin unterzeichneter Vertrag zwischen der BR Dtschld. u. der DDR über Fragen des Verkehrs; stellte den gegenseitigen Verkehr zwischen den beiden Staaten u. den Transitverkehr durch ihr jeweiliges Hoheitsgebiet auf Straßen, Schienen- u. Wasserwegen auf gesicherte rechtl. Grundlagen. Der V. war der erste nicht durch Viermächtevereinbarungen vorgezeichnete zwischenstaatl. Vertrag zwischen der BR Dtschld. u. der DDR. Er erstreckte sich auch auf Berlin (West) u. bildete die Voraussetzung dafür, daß die DDR praktische Erleichterungen im Reiseverkehr gewährte. Der auf unbestimmte Zeit geschlossene V. trat am 17. 10. 1972 in Kraft. Durch die dt. Wiedervereinigung wurde der V. gegenstandslos.

Verner, Paul, Politiker (SED), *26. 4. 1911 Chemnitz, †12. 12. 1986 Ostberlin; Dreher; seit 1929 Mitgl. der KPD; 1936–1939 im Span. Bürgerkrieg, später bis 1945 in Schweden; 1946 Mitbegründer der FDJ; 1950–1986 Mitgl. des ZK der SED, 1950–1953 u. 1958–1984 Sekretär des ZK (zuletzt zuständig für Sicherheitsfragen), 1959 bis 1971 Erster Sekretär der Bezirksleitung Berlin, 1963–1984 Mitgl. des Politbüros.

Vernichtungslager, von der SS während des 2. Weltkrieges errichtete Lager, die im Unterschied zu den älteren *Konzentrationslagern* (KZ) von vornherein für die Massentötung der europ. Juden als letzte Konsequenz der nat.-soz. →Judenverfolgung bestimmt waren. Aus Geheimhaltungsgründen wurden sie im besetzten Polen eingerichtet. Zwischen Ende 1941 u. 1944 bestanden V. in Chełmno, Bełżec, Sobibór, Treblinka, Auschwitz-Birkenau u. Lublin-Majdanek. Auschwitz u. Majdanek dienten gleichzeitig als Konzentrationslager. Mehr als die Hälfte der nahezu 6 Mill. Opfer der nat.-soz. Rassenpolitik kamen in V.n um.

Verona, im MA dt. *Bern,* norditalien. Prov.-Hptst. an der unteren Etsch, 259 000 Ew.

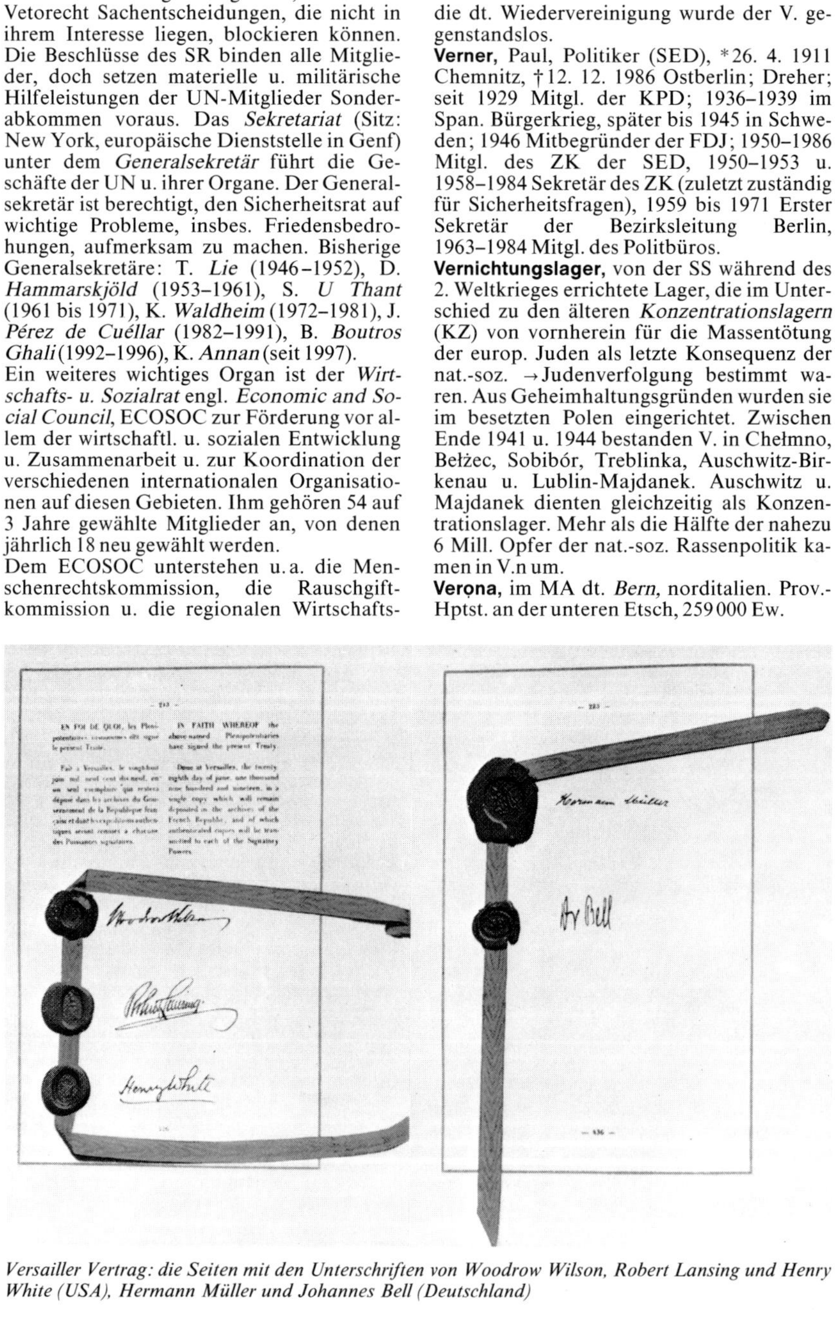

Versailler Vertrag: die Seiten mit den Unterschriften von Woodrow Wilson, Robert Lansing und Henry White (USA), Hermann Müller und Johannes Bell (Deutschland)

Versailles: das Schloß vom Park aus gesehen

Vorröm. Gründung; zeitweise Hptst. des späteren Weström. Reichs; hier wurde Odoaker von Theoderich d. Gr. 489 belagert, besiegt u. gefangen. Im 10. Jh. kam die *Mark V.* zu Bayern. In der Stauferzeit war V. führend im Lombard. Städtebund. Seine größte Bedeutung erlangte es unter den *Scaligern* 1260–1387; Stadtherren seit 1387 waren die *Visconti.* 1405 venezianisch; 1797 österr., 1805–1814 beim Königreich Italien, 1814 wieder österr., seit 1866 italienisch.

Versailler Vertrag [vɛr'sajɛr-], der Friedensvertrag zwischen Dtschld. u. den Alliierten zur Beendigung des 1. Weltkrieges, einer der *Pariser Vorortverträge.* Der alliierte Vertragsentwurf vom 7. 5. 1919 wurde nach dt. Gegenvorschlägen ohne Verhandlungen geringfügig verändert; Dtschld. unterzeichnete den Vertrag nach einem Ultimatum am 28. 6. 1919.

Aufgrund des V. V.es verlor Dtschld. alle Kolonien u. rd. 70 000 km² seines Staatsgebiets. Es mußte folgende Gebiete abtreten, z. T. nach Volksabstimmungen: das Memelgebiet an Litauen, Teile Posens, Westpreußens u. Oberschlesiens an Polen, das Hultschiner Ländchen an die Tschechoslowakei, Elsaß-Lothringen an Frankreich, Eupen-Malmédy an Belgien, Nordschleswig an Dänemark; Danzig kam als Freie Stadt unter die Hoheit des Völkerbundes; das Saargebiet wurde für 15 Jahre der Verwaltung des Völkerbundes unterstellt. Die Stärke des dt. Heeres wurde auf 100 000 Mann, die der Marine auf 15 000 Mann beschränkt; der Besitz von Militärflugzeugen, Panzern u. schwerer Artillerie wurde Dtschld. verboten. Auf linksrhein. Gebiet u. in einer 50-km-Zone rechts des Rheins durfte Dtschld. keine Truppen stationieren; das linksrhein. Gebiet wurde zeitweilig von alliierten Truppen besetzt. Dtschld. mußte sich als alleinschuldig am Ausbruch des Krieges bekennen (Art. 231) u. zur Zahlung von Reparationen verpflichten.

Die USA sahen den V. V. als Teile einer gerechten Friedensordnung gemäß den Vierzehn Punkten Präs. W. *Wilsons* an; sie waren bereit, das Dt. Reich weitgehend in seiner Machtstellung zu belassen. Frankreich unter Min.-Präs. G. *Clemenceau* erstrebte eine dauerhafte Sicherung der eigenen machtpolit. Stellung u. hielt deshalb territoriale Abtretungen u. wirtschaftl. Schwächung des potentiell nach wie vor überlegenen Dt. Reiches für geboten. Für Großbritannien (Premier-Min. D. *Lloyd George*) war in erster Linie die Ausschaltung der dt. Weltmachtkonkurrenz (Kolonien, Flotte) wichtig. Der V. V. war konzipiert im Zusammenhang mit der Gründung des Völkerbundes (dessen Satzung einen Bestandteil des Vertrags bildete) u. einem Frankreich von den USA u. Großbritannien zugesagten Beistandspakt. Da die gesamte Friedensordnung vom US-amerikan. Senat wegen zu weitgehender Verpflichtungen der USA abgelehnt wurde, entfiel dieser Pakt; die USA traten dem Völkerbund nicht bei u. schlossen 1921 einen Separatfrieden mit dem Dt. Reich. Die französ. Sicherheit schien fortan strukturell bedroht.

Der V. V. wurde in Dtschld. überwiegend als ungerecht empfunden u. von nahezu allen polit. Kräften abgelehnt. Der Kampf gegen „Versailles" wurde zu einem Kristallisationspunkt der nationalist. Agitation, die sich gegen das gesamte „Weimarer System" richtete, da die Regierungen der Weimarer Republik nur eine Chance zur schrittweisen Revision sahen. Entgegen zeitgenöss. Annahmen beschränkte der V. V. die dt. Großmachtstellung in Europa nicht grundsätzlich. Durch den Ausschluß Sowjetrußlands aus der Friedensordnung eröffneten sich sogar mittelfristig bes. günstige Chancen zum Ausbau dieser Stellung. Da aber die auf dieser Einschätzung beruhende Politik der dt. Regierungen der 1920er Jahre im Inland nicht akzeptiert wurde, lag im V. V. ein Grund für den Aufstieg des radikalen Nationalismus u. bes. der NSDAP.

Versailles [vɛr'saj], Hptst. des früheren französ. Dép. Seine-et-Oise (1964 aufgelöst), jetzt Sitz des Dép. *Yvelines,* südwestl. von Paris, 91 500 Ew.

Das *Schloß von V.,* 1682–1789 Residenz der französ. Könige, heute Nationalmuseum, ist der Hauptbau des französ. Barocks; es wurde unter Ludwig XIV. anstelle eines 1624–1626 errichteten Jagdschlosses Ludwigs XIII. in mehreren Abschnitten errichtet, 1661–1689 von L. *Le Vau,* seit 1678 erweitert von J. *Hardouin-Mansart* (Spiegelgalerie, Schloßkapelle). Die Gesamtlänge an der Gartenfront beträgt 580 m. Die Parkanlagen, in denen sich die beiden Lustschlösser *Trianon* befinden, schuf A. *Le Nôtre.*

Am 3. 9. 1783 wurden die 13 Vereinigten Staaten von Amerika im *Frieden von V.* als unabhängig von Großbritannien anerkannt. Der Friedensvertrag beendete den amerikan. Unabhängigkeitskampf. – Im Spiegelsaal des Schlosses von V. fand nach dem Dt.-Französ. Krieg am 18. 1. 1871 die Proklamation des Dt. Reichs statt. Am 26. 2. 1871 unterzeichneten A. Thiers u. J. Favre mit Bismarck den *Vorfrieden von V.* – Das Schloß war Ort der Unterzeichnung des → Versailler Vertrags.

Vertrag über deutsch-französische Zusammenarbeit, *deutsch-französischer Freundschaftsvertrag, Élysée-Vertrag,* am 22. 1. 1963 in Paris geschlossener Vertrag zur Förderung u. Intensivierung der Zusammenarbeit zwischen der BR Dtschld. *(Adenauer)* u. Frankreich (de *Gaulle*).

Verus, Lucius Aelius Aurelius Commodus, als *Lucius Aurelius V.* röm. Mitkaiser 161–169, *15. 12. 130 Rom, †169 Altinum, Venetien; von seinem Adoptivbruder *Marc Aurel* zum Mitkaiser erhoben u. mit der Abwehr der Parther beauftragt.

Verwoerd [fər'vuːrt], Hendrik Frensch, südafrikan. Politiker, *8. 9. 1901 Ouderkerk bei Amsterdam, †6. 9. 1966 Kapstadt (ermordet); Prof. für Psychologie; Führer der Nationalen Partei, Verfechter der Apartheidpolitik; 1958–1966 Min.-Präs., führte 1961 den Austritt Südafrikas aus dem Commonwealth herbei.

Veselinovo-Kultur [vɛsɛ-], jungsteinzeitl. Kultur in Bulgarien, benannt nach dem Tell *Veselinovo,* Bez. Jambol, Thrakien; Ackerbauern, Tellsiedlungen; die Tongefäße haben oft Füßchen u. sind mit Ritz- u. Kerbmustern verziert.

Vespasian, Titus Flavius *Vespasianus,* röm. Kaiser 69–79, *17. 11. 9 Reate, †24. 6. 79 Aquae Cutiliae; Begründer der Dynastie der Flavier; wurde 66 gegen die aufständischen

Vespasian; Bildniskopf aus domitianischer Zeit (81–96). Rom, Villa Giulia

Juden entsandt, nach *Neros* Selbstmord u. der Inthronisation des *Vitellius* 69 in Syrien zum Kaiser ausgerufen, nach seinem Sieg über Vitellius vom Senat anerkannt; setzte 70 seinen Sohn *Titus* gegen die Juden ein u. erhob ihn 71 zum Mitkaiser; sanierte die zerrütteten Staatsfinanzen, ließ Straßen bauen u. in Rom das bei den Straßenkämpfen des Jahres 69 zwischen seinen Anhängern u. den Vitellianern verbrannte Kapitol wiedererrichten.

Vespucci [-'putʃi], Amerigo, italien. Seefahrer, *9. 3. 1454 Florenz, †22. 2. 1512 Sevilla; bereitete 1497 die dritte Expedition von Kolumbus vor; unternahm nach eigenen Angaben von 1497 bis 1504 vier Reisen nach Südamerika, die z. T. angezweifelt werden. 1504 legte V. einen Bericht über die Neue Welt („Terra nova") vor. In seinen Karten ist zum erstenmal Südamerika als selbständiger Kontinent gezeichnet, u. die Größenverhältnisse von Europa u. Asien zu dem neuen Kontinent sind ziemlich richtig dargestellt. M. *Waldseemüller* (im Glauben, V. sei der Entdecker) benannte 1507 in der Weltkarte „Universalis cosmographia" den Kontinent nach V.s latinisiertem Vornamen.

Vetter, Heinz Oskar, Gewerkschaftsführer, *21. 10. 1917 Bochum, †18. 10. 1990 Mühlheim an der Ruhr; 1960–1964 Vorstandsmitglied, 1964–1969 stellvertr. Vorsitzender der IG Bergbau u. Energie; 1969–1982 Vorsitzender des Deutschen Gewerkschaftsbundes; 1974–1979 Präs. des Europ. Gewerkschaftsbunds.

Vetulonia, italien. Landort nahe Grosseto, an der Stelle der im 7./6. Jh. v. Chr. blühenden etrusk. Stadt *Vetluna,* die dem Zwölfstädtebund angehörte u. seit 281 v. Chr. mit Rom verbündet war. Zentrum der frühesten etrusk. Steinplastik (u. a. aus dem Pietrera-Grab, mit Kuppel) u. bedeutender Bronzewerkstätten; Friedhof der Villanova-Kultur.

Vichy-Regierung [vi'ʃi-], die französ. Regierung 1940–1944. Nach dem von Min.-Präs. Marschall P. *Pétain* abgeschlossenen Waffenstillstand mit Dtschld. (22. 6. 1940) wurde der größere Teil Frankreichs von dt. Truppen besetzt. Die Regierung nahm ihren Sitz in Vichy, das im unbesetzten Teil des Landes lag; Pétain erhielt am 10. 7. 1940 von der Nationalversammlung unbeschränkte Vollmachten. Er errichtete als Staatschef des *État Français* ein autoritäres Regime; leitender Min. war bis Dez. 1940 P. *Laval*, bis April 1942 F. *Darlan*, danach wieder Laval. Das polit. Ziel der V. war es, durch Zusammenarbeit *(Kollaboration)* mit Dtschld. möglichst viel Eigenständigkeit für Frankreich zu retten. Von außen bekämpfte das „Freie Frankreich" C. de *Gaulles*, von innen eine wachsende Widerstandsbewegung *(Résistance)* die V. Nachdem im Nov. 1942 auch der Rest Frankreichs von dt. Truppen besetzt worden war, verlor die V. ihre Wirkungsmöglichkeiten.

Vico, Giovanni Battista, italien. Philosoph, *23. 6. 1668 Neapel, †23. 1. 1744 Neapel; seit 1697 Prof. für Rhetorik in Neapel, 1734 Geschichtsschreiber des Königs von Neapel; gilt als Begründer der neueren Geschichtsphilosophie; verfocht gegen den Cartesianismus u. seine geschichtslose Weltauffassung eine geschichtlich-genet. Betrachtung der Welt; einer der Anreger des späteren *Historismus*. Hptw.: „Principi di una scienza nuova d'intorno alla commune natura delle nazioni" 1725.

Vicomte [vi'kɔ̃t; frz.; lat. *vicecomes*], französ. Adelstitel, zwischen Graf u. Baron stehend (weibl. Form: *Vicomtesse*); englisch: *Viscount (Viscountess)*; italienisch: *Visconte (Viscontessa)*.

Victoria, Fürstinnen, → Viktoria.

Victoria, Guadalupe, eigentl. Manuel Félix *Fernández*, mexikan. Politiker, *1779 Tamazula, Durango, †21. 3. 1843 Mexico; schloß sich dem Unabhängigkeitskampf gegen die Spanier an, arbeitete mit J. M. *Morelos y Pavón* u. später vorübergehend mit A. de *Itúrbide* zusammen; war der erste Präs. der Republik Mexiko (1824–1829).

Vicús, altindian. Fundplatz in der Provinz Piura, Nordperu. Mehrere Kulturphasen zeigen unterschiedl. Einflüsse verschiedener Kulturen des nördl. Hochlandes u. der Küste Perus.

Viererbande, chin. *sirenbang*, polem. Bez. für eine linksradikale Fraktion in der Führung der Kommunist. Partei Chinas, bestehend aus *Jiang Qing* (Ehefrau von *Mao Zedong*), *Wang Hongwen*, *Yao Wenyuan* u. *Zhang Chunqiao*, die in den letzten Lebensjahren Maos beträchtl. Einfluß ausübte, vor allem auf ideolog. u. kulturellem Gebiet. Im Okt. 1976 wurde sie auf Veranlassung der gemäßigten Fraktion im Handstreich festgenommen, 1980/81 wegen „konterrevolutionärer Verbrechen" vor Gericht gestellt. Der Prozeß diente der neuen Parteiführung zur Rechtfertigung der eigenen Politik u. als Beweis für größere Rechtssicherheit. Wang u. Yao kooperierten mit der Anklage, Zhang schwieg während des Prozesses, Jiang griff die Führung heftig an. Sie u. Zhang wurden zum Tode verurteilt, später zu lebenslanger Haft begnadigt; Wang erhielt eine lebenslange, Yao eine 20jährige Haftstrafe.

Vierkaiserjahr, Bez. für zwei Phasen der röm. Geschichte, in denen in relativ kurzer Zeit (etwa 1 Jahr) Kaiser auf den Thron gelangten, die sich untereinander bekämpften. Das eigentl. V. (auch Dreikaiserjahr genannt) bezieht sich auf die Kaiser *Galba, Otho, Vitellius* u. *Vespasian* (68/69), das andere auf *Pertinax, Didius Julianus, Septimius Severus* u. *Pescennius Niger*; es wird ebenso auch als Fünfkaiserjahr, unter Hinzuziehung des *Clodius Albinus*, bezeichnet.

Viermächteabkommen über Berlin → Berlin-Abkommen.

Vierteilen, Strafe im MA: Von vier Pferden wurde der Verurteilte in vier Teile zerrissen.

Vierte Republik, die französ. Republik von 1946–1958; → Frankreich.

Vier Waldstätte → Urkantone.

Vierzehn Punkte, in einer Botschaft des US-amerikan. Präs. W. *Wilson* an den Kongreß am 8. 1. 1918 aufgestelltes Friedensprogramm. Wilson forderte: 1. Abschaffung der Geheimdiplomatie, 2. Freiheit der Meere, 3. Wirtschafts- u. Handelsfreiheit, 4. allg. Abrüstung, 5. unparteiische Ordnung der Kolonialfragen, 6. Räumung der besetzten russ. Gebiete, 7. Wiederherstellung Belgiens, 8. Räumung des besetzten französ. Gebiets, 9. eine neue Grenze in Oberitalien, die mit der Sprachgrenze zusammenfallen sollte, 10. autonome Entwicklung der Völker Österreich-Ungarns, 11. Wiederherstellung von Serbien, Rumänien u. Montenegro, 12. freie Schiffahrt durch die Dardanellen, Lösung der nichttürk. Völker aus dem Osmanischen Reich, 13. Errichtung eines unabhängigen Polens, 14. Bildung eines Bunds der Nationen (Völkerbund). Auf dieses Programm bezog sich die dt. Bitte um Waffenstillstand am 3. 10. 1918. Die Hoffnung Deutschlands, daß der Friede auf der Basis der V. P. abgeschlossen würde, erfüllte sich nicht.

Viet-Cong [viɛt-; vietnames.], Kurzform für *Viet-Nam Cong San*, „vietnames. Kommunist", ursprüngl. diffamierend gemeinte, in der westl. Welt meist neutral gebrauchte Bez. für die 1957–1975 in Südvietnam operierenden kommunist. Guerillas (offizielle Bez. seit 1960: *Nationale Befreiungsfront für Südvietnam*).

Viet-Minh [viɛt-; vietnames.], Kurzform für *Viet-Nam Da Lap Dong Minh Hoi*, „Kampffront für ein unabhängiges Vietnam", die 1941 von *Ho Chi Minh* gegr. Unabhängigkeitsbewegung Indochinas gegen die japan. Besetzung im 2. Weltkrieg, dann auch gegen die französ. Kolonialherrschaft gerichtet. 1944 wurden alle Gruppierungen (Nationalisten u. Kommunisten) unter den Oberbefehl *Vo Nguyen Giaps* gestellt, der einen großen Teil Vietnams besetzte. 1945 proklamierte die V. das unabhängige Vietnam. Sie erhob sich 1946 gegen die andauernde französ. Herrschaft (→ Indochinakriege); 1951 ging sie in der *Lien-Viet* (Vereinigte Nationale Einheitsfront Vietnams) auf.

Vietnam VN

Sozialistische Republik Vietnam

Fläche: 331 689 km^2. – *Einwohner:* 72,3 Mill. – *Hauptstadt:* Hanoi. – *Landessprache:* Vietnamesisch. – *Nationalfeiertag:* 2. 9. – *Währung:* 1 Dong = 10 Hào = 100 Xu. – *Lage:* zwischen 8°33′ und 23°22′ n. Br. sowie 102°08′ und 109°28′ ö. L. – *Zeitzone:* Mitteleuropäische Zeit + 7 Std. – *Grenzen:* im N China, im O Südchinesisches Meer, im W Kambodscha und Laos. – *Staatsform:* kommunistische Republik mit Einparteiensystem.

208 v. Chr. wird das Gebiet mit dem Namen *Viêt* („Land im Süden", d. h. südl. von China) im heutigen Nord-V. erstmals genannt. Die Vietnamesen gehören zu den indones. Völkern, sind aber stark sinisiert u. gerieten nicht, wie die meisten südostasiat. Länder, in den ind. Einflußbereich, sondern blieben ein Teil des chines. Kulturkreises. Von 111 v. Chr. bis 939 n. Chr. war V. chinesische Provinz. Von 939 bis 1945 bestand ein Kaiserreich (bis 1804 mit dem Namen *Dai Viêt*, seitdem als *Viêt-Nam*). Seine Höhepunkte erreichte es im 15. u. frühen 19. Jh. Zentral-V. (früher *Annam*) war von den indisierten *Cham* beherrscht, die von den Vietnamesen allmählich verdrängt wurden; 1777 wurde Saigon u. damit das Mekong-Delta endgültig erobert. 1802 wurde das Gesamtgebiet vereint. In der 2. Hälfte des 19. Jh. besetzte Frankreich V. nach u. nach, 1861 den südl. Teil *(Cochinchina)*, 1882 auch den nördlichsten Teil *(Tonkin)*. 1884–1945 unterstanden die vietnames. Kaiser französ. Protektorat, seit 1888 gehörte V. zu Französisch-Indochina.

Nach dem *japan.-russ. Krieg* entstand auch in V. eine nationale, antikoloniale Bewegung, aus der 1930 die Kommunistische Partei Indochinas u. 1941 die kommunistisch geführte Kampforganisation *Viet-Minh* unter *Ho Chi Minh* hervorgingen. Dieser leistete während des 2. Weltkriegs mit seinen Partisanenverbänden der japan. Besatzungsmacht stärksten Widerstand. 1945 dankte Kaiser *Bao-Dai* ab. Ho Chi Minh proklamierte am 2. 9. 1945 die Unabhängigkeit u. rief die Demokrat. Republik V. aus. Frankreich erkannte sie als unabhängigen Staat im Rahmen der Französ. Union an, doch blieben entscheidende Fragen ungeklärt, u. es kam bald zu heftigen Auseinandersetzungen. Am 19. 12. 1946 begann mit Partisanenangriffen der Viet-Minh auf die französ. Truppen ein langwieriger Kampf (→ Indochinakriege). In seinem Verlauf konnte die Viet-Minh von der Guerilla- zur regulären Kriegführung übergehen u. mit der Einnahme von *Diên Biên Phu* am 7. 5. 1954 die französ. Niederlage besiegeln. Das *Genfer Indochina-Abkommen* vom 21. 7. 1954 teilte das Land entlang dem 17. Breitengrad provisorisch in eine Nordzone, die der Viet-Minh überlassen wurde, u. eine Südzone, in der französ. Truppen verblieben. Über die Wiedervereinigung sollte eine Volksabstimmung entscheiden.

Nord-V. (Demokrat. Republik V.) entwickelte sich zu einer kommunist. Volksrepublik (Verfassung 1960). 1953 wurde eine Bodenreform eingeleitet u. die Landwirtschaft kollektiviert. Mit Unterstützung der kommunist. Staaten wurde die Industrialisierung in Angriff genommen. Die herrschende kommunist. *Lao-Dong-Partei* (Partei der Werktätigen) steuerte im 1960 ausgebrochenen sowjet.-chines. Konflikt einen Mittelkurs; zeitweise lehnte sie sich etwas stärker an China an.

In Süd-V. regierte zunächst der von den Franzosen wiedereingesetzte Bao-Dai als Staatschef. Er wurde 1955 von Min.-Präs. *Ngo Dinh Diem* gestürzt, der sich zum Präs. der Republik V. machte (Verfassung 1956). Diem fand die Unterstützung der USA, die als Schutzmacht an die Stelle Frankreichs traten u. beträchtl. Wirtschaftshilfe leisteten. Durch seine diktator. Politik entfremdete sich Diem vielen Anhängern. Auch die USA distanzierte sich von ihm. Er wurde 1963 gestürzt u. ermordet. Nach seinem Tod kam es in rascher Folge zu mehreren Putschen u. Regierungswechseln. 1967–1975 war General *Nguyen Van Thieu* Staatspräsident.

Die Weigerung Süd-V.s, eine Volksabstimmung über die Wiedervereinigung abzuhalten, u. die Mißstände unter dem Diem-Regime bewirkten seit 1957 ein Wiederaufleben der Tätigkeit kommunist. Guerillas *(Viet-Cong)* in Süd-V., die von Nord-V. aus unterstützt wurde. Es kam zum → Vietnamkrieg, in den auch die Nachbarländer Kambodscha u. Laos hineingezogen wurden. Nach verhee-

renden u. verlustreichen Kämpfen endete der Krieg 1975 mit dem Sieg der Kommunisten. Eine „provisor. Revolutionsregierung" übernahm zunächst in Süd-V. die Macht.
Die Sozialistische Republik Vietnam: Am 2. 7. 1976 wurde die Wiedervereinigung von Nord- u. Süd-V. zur *Sozialist. Republik V.* vollzogen. Im S wurde mit harten Zwangsmitteln die kommunist. Umgestaltung der Gesellschaft eingeleitet. Auf die gleichfalls kommunistisch gewordenen Nachbarländer Laos u. Kambodscha suchte V. beherrschenden Einfluß zu gewinnen. In Laos gelang dies bereits 1975. Mit Kambodscha kam es seit 1977 zu militär. Auseinandersetzungen. Dadurch u. wegen der diskriminierenden Behandlung der im Lande lebenden Chinesen (von denen Hunderttausende flohen) geriet V. in Konflikt mit der Volksrepublik China, die Kambodscha unterstützte. Während sich V. im sowjetisch-chinesischen Konflikt bisher neutral verhalten hatte, schwenkte es nun auf die sowjetische Position ein. 1978 trat es dem COMECON bei u. schloß einen Freundschaftsvertrag mit der UdSSR. Im Januar 1979 besetzten vietnamesische Truppen Kambodscha u. setzten dort ein Satellitenregime ein. Daraufhin unternahm China eine begrenzte „Strafaktion" gegen den Norden V.s.
Bis zu seinem Tod 1969 war Ho Chi Minh der unbestrittene Führer der vietnamesischen Kommunisten. Seither bestand eine stabile, zuletzt aber stark überalterte kollektive Führung *(Le Duan, Truong Chinh, Pham Van Dong, Le Duc Tho).* Nach dem Tod Le Duans traten 1986/87 die übrigen Mitglieder der Gruppe zurück. Neuer Generalsekretär der Kommunist. Partei (früher Lao-Dong-Partei) wurde *Nguyen Van Linh.* 1989 zog V. seine Truppen aus Kambodscha ab. Unbeeindruckt von der sowjetischen Reformpolitik hielt V. am Sozialismus fest. Nur auf wirtschaftlichem Gebiet kam es zu einer Liberalisierung. 1991 übernahm *Do Muoi* das Amt des Generalsekretärs der KP. 1992 trat eine neue Verfassung in Kraft. Seit 1997 vollzog sich ein Generationenwechsel in der Staats- u. Parteiführung. Neues Staatsoberhaupt wurde *Tran Duc Luong*, neuer Min.-Präs. *Phan Van Khai* u. neuer Generalsekretär der KP *Le Kha Phieu.*

Vietnamkrieg, die 2. Phase der → Indochinakriege, anfangs ein vietnames. Bürgerkrieg, der durch die Unterstützung der UdSSR u. Chinas auf nordvietnames. Seite u. durch das Eingreifen der USA auf südvietnames. Seite zu einem südostasiat. Krieg wurde. Die USA griffen ein, weil sie fürchteten, daß die südostasiat. Staaten kommunistisch würden *(Dominotheorie)* u. daß sie selbst Macht u. Einfluß in den östl. u. südöstl. Pazifik-Staaten verlieren könnten. Nachdem die USA bereits 1953/54 erwogen hatten, in den Indochinakrieg zwischen Frankreich u. den national-kommunist. Befreiungsbewegungen einzugreifen, wurden sie nach der *Genfer Indochinakonferenz* von 1954 zur Garantiemacht des antikommunist. Südvietnam.
Problematisch wurde diese Rolle, als Südvietnam sich 1956 weigerte, die in Genf vorgesehene Volksabstimmung zur Wiedervereinigung abzuhalten. Daraufhin kam es in Südvietnam seit 1957 zunehmend zu Guerillatätigkeit u. Terrorakten der kommunist. *Viet-Cong*, die von Nordvietnam Unterstützung u. Anleitung erhielten. Obwohl die USA seit 1961 Militärberater entsandten u. die Viet-Cong mit deren eigenen Methoden zu bekämpfen suchten, schließlich auch zum Sturz der Regierung Diem beitrugen, verschlechterte sich ständig die militär. Situation. 1964 entschieden sich die USA nach dem Tonkin-Zwischenfall für einen begrenzten Einsatz eigener Streitkräfte in Südvietnam. Es kam jedoch bald zu einer Steigerung *(Eskalation)* des US-amerikan. Engagements; die Zahl der eingesetzten Soldaten stieg von 23000 im Jan. 1965 auf 550000 im Juni 1968. Die USA führten auch Luftangriffe gegen nordvietnames. Ziele; sie verzichteten jedoch auf eine Kriegserklärung u. volle Kriegführung gegen Nordvietnam, um jede direkte militär. Einmischung der UdSSR oder Chinas zu vermeiden.
Nachdem die fortwährend gesteigerte Bombardierung Nordvietnams die Gegenseite nicht verhandlungsbereit gemacht hatte u. andererseits die großangelegte *Tet-Offensive* des Viet-Cong im Jan./Febr. 1968 erfolglos geblieben war, befahl US-Präs. L. B. *Johnson* einen Bombardierungsstopp. Am 13. 5. 1968 begannen daraufhin langwierige, mehrfach unterbrochene amerikanisch-nordvietnamesische Verhandlungen in Paris zur Beendigung des Krieges *(Vietnamkonferenz).* Entscheidend waren in der Schlußphase die Geheimgespräche zwischen H. *Kissinger*, dem Berater des US-Präsidenten Nixon, u. dem nordvietnames. Politbüro-Mitglied *Le Duc Tho*, die am 27. 1. 1973 zur Unterzeichnung eines Waffenstillstandsabkommens führten. Unterzeichner waren die USA, Nordvietnam, Südvietnam sowie die „Provisorische Revolutionsregierung" Südvietnams, d. h. die Viet-Cong. In der Zwischenzeit hatten die USA eine „Vietnamisierung" des Konfliktes eingeleitet, indem sie ihre Truppen schrittweise abzogen u. die Kriegführung mehr u. mehr der südvietnames. Armee überließen. Doch weder der Waffenstillstand noch die Vietnamisierungspolitik brachten ein Ende der Kämpfe u. eine Klärung der Machtverhältnisse in Südvietnam. Nach dem Abzug fast aller US-Truppen u. der Kürzung finanzieller Hilfe durch die USA befahl der südvietnames. Präs. *Thieu* im Frühjahr 1975 den strateg. Rückzug aus dem Hochland, der zu einer militär. Katastrophe wurde. Die Kommunisten besetzten schnell das aufgegebene Terrain. Das militär. Debakel hatte den Sturz Thieus u. seines Regimes zur Folge. Nach der Kapitulation von Saigon am 30. 4. 1975 hatte der 30jährige Krieg ein Ende.
Der V. hat beide Teile Vietnams durch Bomben (rd. 7 Mill. Tonnen) u. Herbizide (Entlaubungsmittel) weithin verwüstet. Er kostete insges. 2,5 Mill. Tote (90% der Getöteten in Südvietnam waren Zivilisten). 55000 Amerikaner kamen in den Kämpfen ums Leben. In Südvietnam allein gab es sechs Mill. Flüchtlinge. 1975 setzte eine Massenflucht von Vietnamesen, meist chinesischer Abstammung („Hoa"), über das Meer in andere Länder Südostasiens ein, die 1978–1980 ihren Höhepunkt hatte. Ⓑ S. 788/789.

Vigilius, Papst 537–555, Römer, † 7. 6. 555 Syrakus; ließ sich für den in Chalcedon verurteilten, von Kaiser *Justinian I.* anfangs trotzdem geförderten Monophysitismus gewinnen u. wurde auf kaiserl. Druck als Gegenpapst gegen *Silverius* aufgestellt. Nach dessen Tod fand er allg. Anerkennung. V. verurteilte auf Drängen Justinians die „Drei Kapitel", was in der abendländ. Kirche große Empörung hervorrief. Durch seinen späteren Widerruf gewann V. das Vertrauen der Kirche nur in geringem Maß zurück. Die Diskussion um V. spielte im 19. Jh. bei den Auseinandersetzungen um die päpstl. Unfehlbarkeit eine gewichtige Rolle.

Vijayanagar, *Vidschajanagara* [„Siegesstadt"], letztes hinduist. Großreich Südindiens 1346–1565. Im frühen 16. Jh. wurde die Hauptstadt V. von den portugies. Händlern u. Reisenden *Paes* u. *Nuniz* besucht, die ausführl. Beschreibungen verfaßten. Zahlreiche der großen Tempelstädte Südindiens wurden in dieser Zeit beträchtlich erweitert.

Vikar [lat., „Stellvertreter"], allg. Titel oder Amtsbezeichnung eines Stellvertreters. Im Hl. Röm. Reich gab es *Reichs-V.e* während einer Thronvakanz.

Viktor, Päpste: **1.** *Viktor I.*, 189–198 (?), Heiliger; Römer oder Afrikaner; brachte im Osterfeststreit den Primat Roms erstmals deutlich zur Geltung. Sein Martyrium ist fraglich. – Fest: 28. 7.
2. *Viktor II.*, 1055–1057, eigentl. *Gebhard*, aus fränk.-schwäb. Adel, † 28. 7. 1057 Arezzo; 1042 Bischof von Eichstätt, polit. Ratgeber Kaiser Heinrichs III.; von diesem unterstützt, setzte V. die Kirchenreform (bes. Kampf gegen Simonie u. Priesterehe) fort. Gemäß dem Wunsch des Kaisers übernahm er nach dessen Tod die Fürsorge über das Reich, krönte Heinrich IV. u. versöhnte die lothring. Herzöge mit dem Königshaus. Mit seinem frühen Tod endete die Periode des Zusammenwirkens von Papst u. dt. König für die Reform der Kirche.
3. *Viktor III.*, 1086–1087, Seliger, eigentl. *Daufari*, Mönchsname *Desiderius*, * um 1027, † 16. 9. 1087; Benediktiner, 1058 Abt von Montecassino, setzte die Kirchenpolitik Gregors VII. mit einigen Abwandlungen fort. Seligsprechung 1887.
4. *Viktor (IV.)*, Gegenpapst 1138, eigentl. Gregor *Conti*; zum Nachfolger Anaklets II. gewählt, unterwarf sich noch im gleichen Jahr auf Vermittlung Bernhards von Clairvaux dem rechtmäßigen Papst *Innozenz II.*
5. *Viktor (IV.)*, 1159–1164, eigentl. Ottaviano de *Montecello*, † 20. 4. 1164 Lucca; erster der vier von den Anhängern Friedrich Barbarossas gegen *Alexander III.* aufgestellten Gegenpäpste, 1160 vom Kaiser bestätigt, fand nicht einmal im Machtbereich des Kaisers allg. Anerkennung.

Viktor, Fürsten. Italien: **1.** *Viktor Emanuel II.*, König 1861–1878, König von Sardinien-Piemont 1849–1861, * 14. 3. 1820 Turin, † 9. 1. 1878 Rom; aus dem Haus Savoyen; ließ als einziger italien. Herrscher die Verfassung von 1848 bestehen u. gab C. *Cavour* freie Hand, Italien zu einen.
2. *Viktor Emanuel III.*, Enkel von 1), König 1900–1946, seit 1936 auch Kaiser von Äthiopien u. seit 1939 König von Albanien, * 11. 11. 1869 Neapel, † 28. 12. 1947 Alexandria (Ägypten); berief nach dem „Marsch auf Rom" 1922 *Mussolini* an die Spitze der Regierung, arbeitete mit dem faschist. Regime weitgehend zusammen, entließ aber Mussolini 1943, als dessen Stellung durch die aussichtslose militär. Lage erschüttert war. 1944 verzichtete er auf die Ausübung der Herrschaft, 1946 dankte er zugunsten seines Sohnes Umberto (II.) ab u. ging ins Exil.
Sardinien-Piemont: **3.** *Viktor Amadeus II.*, Herzog von Savoyen 1675–1730, König von Sizilien 1713–1718 u. Sardinien 1720 bis 1730, * 14. 5. 1666 Turin, † 31. 10. 1732 Moncalieri. Durch eine berechnende Bündnispolitik (mehrfacher Wechsel der Koalitionen) entzog er sich der französ. Umklammerung. Aus dem span. Erbe erhielt er als Erbberechtigter 1713 Sizilien, das er 1720 gegen Sardinien tauschen mußte; dankte 1730 ab.
4. *Viktor Emanuel II*, → Viktor (1).

Viktoria, Fürstinnen: **1.** Tochter von 3), dt. Kaiserin 1888, seit 1858 verheiratet mit dem preuß. Kronprinzen *Friedrich Wilhelm*, dem späteren Kaiser Friedrich III., * 21. 11. 1840 London, † 5. 8. 1901 Kronberg (Taunus); suchte im engl. Sinn liberalen Einfluß auf die Politik ihres Mannes zu gewinnen u. zog sich dadurch die Gegnerschaft Bismarcks zu.
2. *Viktoria Luise*, Herzogin von Braunschweig, * 13. 9. 1892 Potsdam, † 11. 12. 1980 Hannover; Tochter Kaiser Wilhelms II., seit 1913 verheiratet mit Herzog Ernst August von Braunschweig, Mutter der Königin Friederike von Griechenland.
3. *Victoria*, Königin von Großbritannien u. Irland 1837–1901, Kaiserin von Indien 1877–1901, * 24. 5. 1819 London, † 22. 1. 1901 Osborne; Tochter des Herzogs Edward von

Das Trauma Vietnam

Henry Kissinger wird nicht nur an die Fernsehbilder von napalmverbrannten Kindern gedacht haben, als er später erklärte, daß Amerika im Vietnamkrieg seine außenpolitische Unschuld verloren habe. Auch die innenpolitischen Verwerfungen, die im Verlaufe dieses Krieges auftraten, belasteten das politische Klima und wirkten sich negativ auf das Ansehen der Vereinigten Staaten aus.

1 *US-amerikanische Soldaten mit Hubschrauberunterstützung im Einsatz.*

2 *US-amerikanische Einheit im Dschungelkrieg 1968. Alkohol und Heroin, die die Angst vor dem »Charlie« genannten Viet-Cong vergessen machen sollten, haben viele Soldaten zerstört oder straffällig werden lassen.*

Erst die Konfettiparaden, die im Juni 1991 aufgrund der militärischen Erfolge im 2. Golfkrieg abgehalten wurden, schienen eine Nation Abschied nehmen zu lassen von jenem Trauma, das der Krieg im fernen Südostasien in der amerikanischen Psyche verursacht hatte. Dabei scheint aus heutiger Sicht der Sieg der Kommunisten in Vietnam weniger schwerwiegend zu sein als der Verlust des Glaubens breiter Bevölkerungskreise an die Allmacht und die politische Moral der Vereinigten Staaten. Das kollektive amerikanische Gedächtnis versuchte lange Zeit, diesen Krieg mit all seinen negativen Begleiterscheinungen zu verdrängen und verweigerte sich jeder Vergangenheitsbewältigung. Auf den Schlachtfeldern Vietnams waren 55 000 junge Amerikaner gefallen, von denen die Hälfte noch nicht 21 Jahre alt war. Die meisten der kämpfenden Soldaten waren Schwarze und Arbeiterkinder gewesen. Noch heute leben ehemalige Vietnamkämpfer in den Bergen der US-Staaten Oregon und Washington und sind unfähig, wieder Anschluß an die Normalität des Alltagslebens zu finden.

Die tägliche detaillierte Fernseh- und Presseberichterstattung bewirkte eine beispiellose Polarisierung der amerikanischen Öffentlichkeit. Der Vietnamkrieg wurde zu einem medialen Ereignis, die Mattscheibe zum Spiegel einer politisch nicht mehr legitimierbaren Gewalttätigkeit, für die beispielhaft das Massaker an unschuldigen Zivilisten in dem südvietnamesischen Dorf My Lai stehen kann. Es kam zu gewalttätigen Studentenprotesten und zum Erstarken der Bürgerrechtsbewegung. Viele Wehrpflichtige desertierten oder verbrannten ihre Stellungsbefehle.

Eine öffentliche Aufarbeitung des Krieges begann erst in den 1980er Jahren. Hierzu schrieb Paul Kennedy: »Und schließlich sollte die schamvolle und lieblose Behandlung der aus Vietnam zurückkehrenden Soldaten ein Jahrzehnt später eine kulturelle Reaktion verursachen, welche die breite Beschäftigung mit diesem Konflikt (...) erzwang.« Eine Vorreiterrolle übernahm dabei die amerikanische Filmindustrie in Hollywood. Filme wie »Coming Home« von Hal Ashby, »Apocalypse Now« von Francis Ford Coppola oder »Geboren am 4. Juli« von Oliver Stone versuchten, kriegerischen Heroismus und übersteigerten Patriotismus kritisch zu hinterfragen. Damit trugen sie entscheidend zur Bewältigung des Vietnamtraumas bei. *G.M.*

3 *US-amerikanische Soldaten während der Eroberung der strategisch wichtigen Höhe 875 bei Dak To an der Grenze zwischen Kambodscha und Laos.*

4

4 *US-amerikanische Soldaten mit Kriegsgefangenen 1967.*

5

5 *Trang Bang, Südvietnam, 26 Meilen von Saigon. Kinder flüchten aus ihrem Dorf, nachdem von der südvietnamesischen Luftwaffe eine Napalmbombe abgeworfen wurde (8. Juni 1972)*

6

7

8

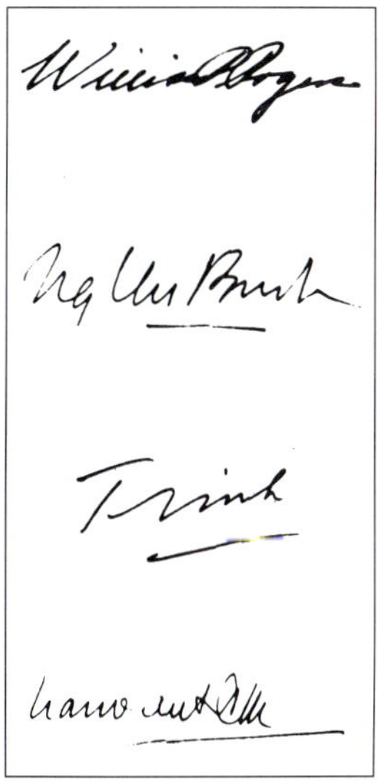

9

6 bis 9 *In Paris wird am 27. 1. 1973 das Abkommen über die Beendigung des Vietnamkrieges unterzeichnet, das von H. Kissinger und Le Duc Tho ausgehandelt worden war. Die Unterzeichner (im Uhrzeigersinn): William Rogers für die USA, Nguyen Thi Binh für die vorläufige Revolutionsregierung von Südvietnam und Nguyen Duy Trinh für Nordvietnam.*

Königin Viktoria; 1897

Kent (eines Sohnes von Georg III.) u. der Prinzessin Viktoria von Sachsen-Coburg-Gotha; folgte ihrem Onkel Wilhelm IV.; seit 1840 vermählt mit Albert von Sachsen-Coburg-Gotha, der sie geschickt beriet u. ihren Regierungsstil prägte. Die Krone wurde dabei zu einer parteipolitisch neutralen Institution, die wegen der parteipolit. Zersplitterung im Parlament einigen Einfluß auf die Regierungsbildung nehmen konnte. Durch ihre Ehe u. persönl. Lebensführung verankerte V. die durch ihre Vorgänger in Mißkredit gebrachte Monarchie wieder fest im Volk. Nach dem Tode Alberts (1861) zeigte sie sich nur noch selten in der Öffentlichkeit, ließ sich aber von ihren Ministern genau informieren. Während ihrer Regierungszeit erlebten die Ober- u. Mittelschichten Englands eine beispiellose wirtschaftl. Blütezeit *(Viktorianisches Zeitalter).* V. handhabte die konstitutionelle Monarchie sehr eigenwillig u. selbstbewußt, stand reserviert zu den Premierministern Palmerston u. Gladstone, dagegen freundlich zu Disraeli, der ihre Erhebung zur Kaiserin von Indien veranlaßte. Ihren Sohn Eduard (VII.) hielt sie lange von polit. Verantwortung fern.

Viktorianisches Zeitalter, die Blütezeit des engl. Bürgertums in der zweiten Hälfte des 19. Jh. unter der Regierung der Königin *Viktoria,* gekennzeichnet durch wirtschaftl. Aufschwung, ein festgefügtes, an den Moralprinzipien des Groß- u. Mittelbürgertums ausgerichtetes Gesellschaftsbild u. eine gefühlsbetonte Verankerung der Monarchie im Volk.

Villa ['vilja], Francisco, genannt *Pancho Villa,* mexikan. Revolutionär u. Bandit, *5. 6. 1878 Doroteo Arango, Durango, †20. 7. 1923 Parral, Chihuahua (ermordet); legendäre Figur der mexikan. Revolution, Führer der Revolutionstruppen in Chihuahua, Mitstreiter F. *Maderos;* setzte sich 1914/15 in Mexico als Diktator fest, griff 1916 die US-amerikan. Stadt Columbus (New Mexico) an, was zu diplomat. Komplikationen führte; zog sich 1920 aus der Politik zurück.

Villafranca di Verona, italien. Stadt in Venetien, südwestl. von Verona, 24300 Ew.
Der Vorfriede von *Villafranca* vom 11. 7. 1859 beendete den Krieg Frankreichs u. Sardiniens gegen Österreich; der endgültige Friedensschluß erfolgte in Zürich am 10. 11. 1859.

Villanova-Kultur, früheisenzeitl. Kultur des 9.–5. Jh. v. Chr. in Nord- u. Mittelitalien, benannt nach dem Fundort *Villanova* östl. von Bologna. Charakteristisch sind Grabgefäße von bikonischer Form mit geometr. Verzierung. Am Ende der V. entwickelte sich auf ihrem Gebiet ohne erkennbaren Bruch die Kultur der Etrusker (z. B. Belegung der Nekropole von Caere seit dem 10. Jh. v. Chr.).

Villars [vi'la:r], Claude Louis Hector, Herzog von, französ. Marschall, *8. 5. 1653 Moulins, †17. 6. 1734 Turin; in vielen Schlachten des Span. Erbfolgekriegs erfolgreich (u.a. bei Höchstädt); 1715 Präs. des Kriegsrats, 1718 Staats-Min., 1733 Oberbefehlshaber in Italien.

Villehardouin [vilər'dwɛ̃], Geoffroy de, französ. Geschichtsschreiber; *um 1150 bei Bar-sur-Aube, †1213 in Thrakien; nahm am 4. Kreuzzug 1202–1204 teil u. beschrieb ihn in „Histoire de la conquête de Constantinople", einer wertvollen Quelle auch für die Geschichte der fränk. Fürstentümer in Griechenland. – Sein Neffe Geoffroy I. u. dessen Söhne Geoffroy II. u. Guillaume II. waren 1209–1278 Fürsten von Achaia.

Viminalis [lat., „Weidenhügel"], ital. *Monte Viminale,* einer der Hügel Roms im O der Stadt, seit der Frühzeit Roms besiedelt.

Vinča ['vintʃa], jungsteinzeitl. Siedlungshügel in der Nähe von Belgrad, namengebender Fundort der *V.-Kultur* in Serbien, Slawonien u. im Banat, in ihrer jüngeren Stufe bereits kupferzeitlich; viereckige Häuser, Hockerbestattungen innerhalb der Siedlungen; Idolplastik u. eine reichhaltige Keramik mit Rillen- u. Ritzverzierung.

Vincentius, *Meister V.,* gen. *Kadłubek,* poln. Geschichtsschreiber, *um 1150 Kargów, †8. 3. 1223 Jedrzejów; Bischof von Krakau 1207–1218; schrieb die „Historia Polonica" („Chronica Polonorum"), die bis 1204/06 reicht u. bes. für das 12. Jh. wertvoll ist; veröffentlicht 1612.

Vincke, Georg Frhr. von, preuß. Politiker (Altliberaler), *15. 5. 1811 Hagen, †3. 6. 1875 Bad Oeynhausen; in der Frankfurter Nationalversammlung 1848 einer der Führer der erbkaiserl. Partei; 1849–1855, 1858–1863 u.1866/67 Mitgl. des preuß. Abgeordnetenhauses, 1867–1870 des Norddt. Reichstags. Seine größte polit. Wirksamkeit erlangte V. als Gegner der Regierungspläne im *Heeres- und Verfassungskonflikt.*

Vindeliker, kelt. Stamm südlich der Donau im Land *Vindelizien,* Hauptort das Oppidum bei Manching, Ldkrs. Ingolstadt; 15 v. Chr. von den Römern unterworfen u. der Provinz Rätien zugeteilt.

Vindobona, Name der Stadt Wien zur Römerzeit.

Vinland ['vi:n-; „Weinland"], altnord. Bez. für die wahrscheinlich um 1000 n. Chr. von dem Wikinger *Leif Erikson* entdeckte nordamerikan. Küste, wo im Hinterland wilde Reben wuchsen; möglicherweise die Küste von Massachusetts bei der heutigen Stadt Boston.

Vionville [vjɔ̃'vi:l], Gemeinde in Lothringen (französ. Dép. Moselle). Die *Schlacht bei V.* u. *Mars-la-Tour* im Dt.-Französ. Krieg 1870/1871 gilt als letzte große Reiterattacke der Kriegsgeschichte.

Viracocha [-'kɔtʃa], der 8. Inka-Herrscher im Hochtal von Cuzco, Peru; der erste historisch faßbare Inka regierte bis 1438. Unter ihm begann der inkaische Einfluß auf das Gebiet um den Titicaca-See.

Villanova-Kultur: Aschenurne in Hausform aus Tarquinia

Viriatus, *Viriathus,* Führer der Lusitaner (im heutigen Portugal) im Freiheitskampf gegen Rom, * etwa 190 v. Chr., †139 v. Chr.; Meister des Guerillakriegs; errang 140 v. Chr. einen Sieg, der die Römer zum Friedensschluß zwang, aber 139 v. Chr. vom röm. Senat annulliert wurde; V. wurde durch seinen eigenen Gesandten ermordet.

Visconti, lombard. Geschlecht (Ghibellinen), erlangte 1277 durch den Sieg Erzbischof *Ottos V.* (†1295) die Herrschaft über Mailand. Unter *Giangaleazzo* (*1351, †1402) wurden die V. durch König Wenzel Herzöge von Mailand. Aus der Doppelhochzeit Giangaleazzos mit Isabella von Orléans u. des Herzogs von Orléans mit einer Schwester Giangaleazzos leitete Ludwig XII. von Frankreich aus dem Hause Orléans 1495 nach dem Aussterben der V. seine Erbansprüche auf Mailand ab.

Viscount ['vaikaunt], engl. Adelstitel; entspricht dem französ. *Vicomte;* in der Reihenfolge zwischen Earl u. Baron.

Vitalian, Papst 657–672, Heiliger, *um 600 Segni, †27. 1. 672; nahm im Streit um den von Kaiser Constans II. geförderten Monotheletismus eine vorsichtige Haltung ein. Durch die Ernennung des griech. Mönchs Theodor (*602, †690) zum Erzbischof von Canterbury leitete er die röm. Erneuerung der angelsächs. Kirche ein. – Fest: 27. 1.

Vitalienbrüder, *Viktualienbrüder, Likedeeler,* Seeräuber in der Nord- u. Ostsee im 14. u. 15. Jh.; erhielten ihren Namen, weil sie dem von den Dänen belagerten Stockholm 1389–1392 Lebensmittel (Viktualien) zuführten. Nach der Hinrichtung ihrer volkstüml. Führer K. *Störtebeker* u. G. *Michels* (1401) verschwanden sie allmählich um die Mitte des 15. Jh.

Vitellius, *Aulus V. Augustus,* röm. Kaiser 69, *7. 9. 12 n. Chr., †21. 12. 69 Rom; als Kommandeur in Niedergermanien von den Truppen der röm. Rheinarmee zum Kaiser ausgerufen; zog nach dem Sieg über den in Rom zum Kaiser erhobenen *Otho* in Rom ein; wurde nach der Einnahme der Stadt durch Truppen des Gegenkaisers *Vespasian* getötet.

Vittorio Veneto, italien. Stadt am Rand der Alpen in Venetien, nördl. von Treviso, 30000 Ew.
Bei V. V. fand vom 24. 10. bis zum 4. 11. 1918 die letzte Schlacht an der italien.-österr. Front statt; sie endete für Italien siegreich.

Vix, Ort bei Châtillon-sur-Seine, Dep. Côte d'Or (Frankreich), am Fuß des *Mont Lassois,* auf dem im 6. Jh. v. Chr. ein befestigter kelt. Fürstensitz lag; bekannt durch das Kammergrab einer Fürstin der späten Hallstattzeit in einem Hügel; sie lag in einem Wagenkasten u. hatte ein goldenes Diadem auf dem Kopf; in der Kammer standen die in Tücher eingehüllten reich beschlagenen vier Räder u. viele weitere Beigaben.

Vizelin, *Vicelinus, Wizelin,* Bischof von Oldenburg (Holstein) (seit 1149), Heiliger, *um 1090 Hameln (?), †12. 12. 1154 Neumünster; missionierte seit 1126 bei den Wenden in Wagrien. – Fest: 12. 12.

Viztum [lat. *vicedominus*], , *Vitztum,* im MA Verwalter geistl., später auch weltl. Güter.

VN, Abk. für → Vereinte Nationen.

Vogel, 1. Bernhard, Bruder von 2), Politiker (CDU), *19. 12. 1932 Göttingen; 1960–1967 Assistent, dann Lehrbeauftragter für Politikwissenschaft an der Universität Heidelberg; 1965–1967 Mitglied des Bundestages; 1967–1976 Kultusminister, 1976–1988 Ministerpräsident von Rheinland-Pfalz, von 1974 bis 1988 dort Landesvorsitzender der CDU. 1972–1976 war V. Präs. des Zentralkomitees der dt. Katholiken. Seit 1992 Min.-Präs. von Thüringen, seit 1993 dort auch Landes-Vors. der CDU.

2. Hans-Jochen, Bruder von 1), Politiker (SPD), 3. 2. 1926 Göttingen; Jurist; 1960 bis 1972 Oberbürgermeister von München; 1972 bis 1981 u. 1983–1994 Mitgl. des Bundestages; 1972–1974 Bundesminister für Raumordnung, Bauwesen u. Städtebau, 1974–1980 der Justiz; Jan.-Juni 1981 Regierender Bürgermeister von Berlin (West), 1981–1983 Vors. der SPD-Fraktion im Westberliner Abgeordnetenhaus; 1983–1991 Vors. der SPD-Bundestagsfraktion, 1984–1987 zugleich einer der stellvertretenden Parteivorsitzenden, 1987 bis 1991 Parteivorsitzender.

vogelfrei, *wolfsfrei*, im MA gleichbedeutend mit: ohne Rechtsschutz; der *Vogelfreie* durfte von jedem getötet werden. Auch → Acht.

Vogt [lat. *advocatus*, „Beistand"], ursprüngl. ein Laie, der anderen Schutz nach außen bot u. sie vertrat, bes. vor Gericht; rückte in fränk. Zeit in die Stellung eines Richters der *Immunität* (meist mit hoher Gerichtsbarkeit) auf; leistete dem König einen Treueid, wurde von den *Königsboten* kontrolliert, entwikkelte sich (seit der Mitte des 9. Jh.) zum sein Amt vererbenden *Edel-* oder *Herren-V.*, bes. wenn er über Hochstifte, Kirchen u. Klöster die *Schirmvogtei* ausübte u. zu der niederen die hohe (Blut-)Gerichtsbarkeit erwarb. – V. wurde auch ein vom König im MA bestellter Beamter für Verwaltung u. Gerichtsbarkeit in einem Krongutsbezirk *(Reichs-V., Reichsvogtei)* genannt.

Vogtland, von der oberen Weißen Elster durchflossene Landschaft in Sachsen u. Thüringen, zwischen Erzgebirge, Frankenwald u. Thüringer Wald.

Das V., lat. *terra advocatorum*, wurde seit dem 11. Jh. durch Reichsvögte verwaltet, die es schließlich als erbl. Besitz innehatten (Vögte von *Weida* als Vorfahren des Fürstenhauses *Reuß*), mit Plauen als kirchl. Mittelpunkt. Die ursprüngl. ansässige slaw. Bevölkerung wurde im 12. u. 13. Jh. durch dt. Siedler aufgesogen. Der durch Teilungen geschwächte Besitz fiel im 14. Jh. Meißen u. Böhmen zu. 1459 erkannten die *Wettiner* die böhm. Herrschaft über ihre Besitzungen an, 1466 erhielten sie die Herrschaft Plauen vom König von Böhmen zu Lehen. Bei der Teilung 1485 fiel das V. an die *Ernestiner*. Seit 1577 war es als vogtländischer Kreis mit Sachsen vereinigt.

Völkerbund, frz. *Société des Nations*, engl. *League of Nations*, auf Anregung des US-amerikan. Präs. W. *Wilson* 1919 gegr. internationale Organisation zur Erhaltung des Friedens; Sitz: Genf, 1946 aufgelöst. Organe des V.s waren das *Generalsekretariat*, die *V.sversammlung*, der ständig tagende *V.srat* u. der *Internationale Gerichtshof*. Zu den ursprüngl. Mitgliedern (den „Siegerstaaten", ohne die USA) kamen bald die wichtigsten neutralen Mächte. 1926 trat Dtschld. bei u. bekam einen ständigen Sitz im V.srat, 1934 auch die Sowjetunion. Japan u. Dtschld. verließen 1933 den V., Italien 1937; 1940 wurde die UdSSR wegen ihres Angriffs auf Finnland ausgeschlossen.

In seinen Hauptaufgaben (Abrüstung, Schlichtung von Streitigkeiten, Verhinderung von Aggressionen durch Androhung u. Durchführung von Sanktionen) hat der V. zumeist versagt. Erfolgreich war der V. dagegen in der Bewältigung internationaler Verwaltungsaufgaben, so durch seine Hohen Kommissare in Danzig u. im Saargebiet, durch die Überwachung der Mandatsgebiete sowie besonders in der Arbeit der ihm angeschlossenen internationalen Verwaltungsorganisation.

Völkerschlacht *bei Leipzig*, die Entscheidungsschlacht der → Befreiungskriege, 16. bis 18. 10. 1813, in der die Verbündeten (Preußen, Österreicher, Russen) die Franzosen unter *Napoleon* schlugen u. zur Räumung Deutschlands zwangen. Die V. war die bis dahin größte Schlacht der bekannten Geschichte; rd. 530 000 Soldaten nahmen an ihr teil. Zum Gedenken an sie wurde 1898–1913 das *V.denkmal* in Leipzig errichtet.

Völkerwanderung, *i. w. S.* eine Wanderungsbewegung ganzer Völkerschaften oder Stämme (Beispiele seit dem 3. Jahrtausend v. Chr. bekannt); *i. e. S.* die Wanderung vor allem german. Stämme im 4.–6. Jh. n. Chr.

An den Anfang dieser V. wird herkömmlich der Hunneneinfall vom Jahr 375 gesetzt, obwohl Wanderungsbewegungen schon früher begonnen hatten; so hatten sich die Goten bereits im 1. Jh. v. Chr. aus Südschweden in das untere Weichselgebiet abgesetzt u. waren im 2. u. 3. Jh. n. Chr. in vielfache Bewegung geraten. Während die Ostgermanen (*Goten, Wandalen, Burgunder* u. a.) ihre alten Siedlungsgebiete ganz aufgaben, behielten die Westgermanen *(Alemannen, Franken, Thüringer* u. a.) die Verbindung zu ihren angestammten Sitzen, so daß es sich bei ihnen mehr um eine Ausdehnung ihres Siedlungs- oder Herrschaftsgebiets als um eine eigentl. Wanderung handelte. Die allg. Stoßrichtung der V. ging nach W u. S über die Grenzen des Röm. Reichs, auf dessen Gebiet es zu Reichsgründungen der Westgoten in Gallien u. Spanien, der Burgunder an der Rhône, der Wandalen in Afrika u. der Ostgoten in Italien kam. Als Abschluß der V. gilt der Einbruch der Langobarden in Italien (568).

Die V. trug wesentlich zur Beseitigung der röm. Herrschaft in Süd- u. Westeuropa bei. Während die ostgerman. Staatsgründungen nur von begrenzter Dauer waren, bestimmten die von Franken, Langobarden u. Angelsachsen (im 5. Jh. in England) geschaffenen Königreiche in hohem Maße die weitere europ. Geschichte. In Ostmitteleuropa wurde durch die V. eine slaw. Wanderungsbewegung nach W ausgelöst, die zur Erweiterung der slaw. Siedlungsgebiete bis an die Elbe führte.

Die V. ist nur z. T. aus schriftlichen Quellen zu erschließen, ihre genauere Kenntnis vermitteln die archäologischen Hinterlassenschaften der germanischen Völker, insbesondere die Grabausstattungen. Archäologisch gesehen, endet die Völkerwanderungszeit erst mit dem Ende der Reihengräberzivilisation im fränkischen Bereich, als man im 8. Jh. vom Brauch der Grabbeigaben abkam.

Im 5. u. 6. Jh. zeigt die Kultur der V.szeit in Europa mehrere Formengruppen, die sich im Kern den führenden germanischen Stämmen zuschreiben lassen. Vom 6. bis zur Mitte des 8. Jh. ist sie, besonders in den westlichen germanischen Gebieten, von der *merowingischen Kultur* bestimmt. Sie ist vorwiegend aus den Funden der *Reihengräber* bekannt (in Reihen nebeneinander bestattete Leichen). Sie waren die allgemein übliche Bestattungsart in völliger Bekleidung, die Frauen mit Schmuck, die Männer mit Waffen versehen; die Gräber des hohen Adels heben sich durch ihre prächtige Ausstattung von den übrigen ab (z. B. das *Childerichgrab*).

Schwerter u. Schwertscheiden, Helme, Gürtel- u. Riemenschnallen, Fibeln, Ringe u. Armreifen sind oft kunstvoll gearbeitet u. vielfach mit flächenbedeckenden Ornamenten in Guß- u. Treibarbeit verziert unter Verwendung von Halbedelstein-(Almandin-)Einlagen, Zellverglasung u. Granulation. Sehr beliebt waren farbige Einlagen in Gold oder vergoldetem Silber. Die oft halbplastisch angebrachten Tierornamente wurden im Lauf der Zeit immer mehr ornamental bis zur Unkenntlichkeit aufgelöst *(Tierstil)*. Aus Holzschnitzerei (Kerbschnitt, Drechselei) wurde eine kerbschnittartige Oberflächengestaltung auf das Metall übertragen. Die besonders in westlichen Gebieten (auf den Britischen Inseln) weiter tradierten keltischen Muster gewannen für die Buchmalerei des Mittelalters große Bedeutung.

Die Kunst der V. hat ihren Ursprung im pontischen u. danubischen Raum, wo sie sich aus der Verschmelzung der Steppenkunst (insbesondere der skythisch-sarmatischen Kunst) mit der spätrömischen Kunstindustrie entwickelte. Außer dem Schmied, der gleichzeitig auch Waffenschmied sein konnte, gab es ansässige u. wandernde Goldschmiede. Im 5. Jh. nahm die Produktion einen solchen Aufschwung, daß einige Artikel bis weit in den Norden exportiert wurden. In den Glashütten des Rheinlands wurde die in der römischen Zeit ausgeübte Kunst weitergepflegt. Neben der Metallarbeit tritt die Keramik an künstler. Wert zurück, obgleich auch hier (etwa in der sächs. Buckelkeramik) ein eigener Stil entwickelt wurde.

Das bedeutendste Zeugnis der Baukunst der V.szeit ist das Grabmal Theoderichs bei Ravenna. Wichtige Beispiele für die Kunst sind u. a. die Adlerfibel aus Cesena (German. Nationalmuseum, Nürnberg), ein Diptychon mit der Darstellung der ostgot. Königin Amalasuntha (Kunsthistor. Museum, Wien) sowie die Funde von Sutton Hoo (Brit. Museum, London). Ⓑ S. 792/793.

Volksdeutsche, vor 1933 geprägte, in der nat.-soz. Zeit amtl. Bez. für Angehörige des dt. Sprach- u. Kulturkreises, die nicht dt., österr. oder schweizer. Staatsbürger waren. Zwischen 1939 u. 1945 wurden durch die *Volksdeutsche Mittelstelle* der SS etwa 900 000 V. aus Südtirol, dem Baltikum, Polen, Jugoslawien, Rumänien u. der Sowjetunion in das Dt. Reich, vor allem in die angegliederten Ostgebiete, übergeführt.

Volksfront, Regierungskoalition zwischen kommunist., sozialist. u. häufig auch linksbürgerl. Parteien eines Landes; 1935 zuerst als takt. Maßnahme von der Komintern zur Bekämpfung des Faschismus empfohlen. Als das klass. Modell gilt die Linkskoalition in Frankreich unter L. *Blum* 1936/37 u. 1938. Eine V.-Regierung bestand in Spanien 1936 u. in Chile 1970–1973.

Volksgerichtshof, ein von der nat.-soz. Reichsregierung 1934 als Provisorium geschaffenes, 1936 in ein ständiges Organ umgewandeltes Gericht, dem die Rechtsprechung in polit. Strafsachen, insbes. wegen Hoch- u. Landesverrats, übertragen war. Damit wurde die Zuständigkeit für diese Delikte dem als unzuverlässig geltenden Reichsgericht entzogen. Präsidenten des V.s waren 1936–1942 O. *Thierack*, 1942–1945 R. *Freisler* u. März–April 1945 H. *Haffner*. Der V. war ein polit. Werkzeug des Regimes; er diente zur Unterdrückung polit. Gegner u. im Krieg bes. zur Bekämpfung von „Wehrkraftzersetzung" u. „Feindbegünstigung". Vor dem V. fanden auch die Verfahren gegen die Mitglieder der Widerstandsbewegung vom 20. Juli 1944 statt. Insges. wurden über 5000 vom V. gefällte Todesurteile vollstreckt. Nach 1945 wurde gegen Richter u. Staatsanwälte des V.s ermittelt, doch kam es in keinem Fall zu einer rechtskräftigen Verurteilung. Die letzten Ermittlungen wurden 1986 eingestellt. Der Dt. Bundestag erklärte 1985 alle Entscheidungen des V.s für nichtig.

Volksrecht, *V.e*, Aufzeichnungen der Rechte der german. Stämme zwischen dem 5. u. 9. Jh. in latein. Sprache.

Volkssturm, eine durch Erlaß Hitlers vom 25. 9. 1944 gebildete Kampforganisation, die durch Aufbietung aller in der Heimat noch greifbaren personellen u. materiellen Reserven die dt. Wehrmacht in der Schlußphase des 2. Weltkriegs bei der Verteidigung des Reichsgebiets unterstützen sollte. Aufstellung u. Führung der aus 16- bis 60jährigen Männern zusammengesetzten Einheiten lag in den Händen der Gau- u. Kreisleiter der NSDAP. Verantwortlich für Ausbildung u. Kampfeinsatz war H. *Himmler* als Befehls-

Völkerwanderung

Seit Anfang des 18. Jahrhunderts bezeichnet der Begriff »Völkerwanderung« als Lehnübersetzung des lateinischen »migratio gentium« die Völkerbewegungen der germanischen Stämme zur Zeit des spätrömischen Reichs, auf dessen Boden germanische Staaten gegründet wurden. Vor allem ökonomische Probleme lösten die Völkerwanderung aus.

Die wachsende Bevölkerung in den angestammten germanischen Siedlungsgebieten konnte aufgrund der Versorgungsnöte durch unzureichend bewirtschaftete Böden, geringe Ernten und widrige klimatische Bedingungen kaum ernährt werden. Der Auswanderungswille wurde nicht nur durch den Druck der Hunnen seit 375 verstärkt, sondern auch durch den Bedarf an germanischen Söldnern im römischen Heer. Die römische Ansiedlungspolitik zur Sicherung der Reichsgrenzen und bedrohter Provinzen versprach Autonomie, Steuerfreiheit und Geldzahlungen für die germanischen Bundesgenossen.

Außerdem begünstigten die Kriegs- und Abenteuerlust der germanischen Stämme die Wanderungsbewegungen. Diese Entwicklungen hatten weitreichende Auswirkungen und sollten schließlich zum Zusammenbruch Westroms führen.

Der 375 erfolgte Vorstoß der Hunnen aus Mittelasien betraf zwar zunächst nur das Territorium der Ost- und Westgoten am Schwarzen Meer. Doch bedeutete das Ausweichen der Goten nach Südwesten und die von den Westgoten 378 in der Schlacht von Adrianopel erzwungene Aufnahme in das oströmische Reich endgültig den Beginn der verstärkten Wanderungen und der germanischen Reichsgründungen. So ließen sich die Wandalen in Nordafrika, die Ostgoten in Italien, die Langobarden in Oberitalien und die Burgunder in Südostgallien nieder. Die Westgoten errichteten nach langen Zügen Reiche in Südfrankreich und Spanien. Während diese von den ostgermanischen Völkern gebildeten Reiche in verhältnismäßig kurzer Zeit zusammenbrachen, erwies sich das Reich der Franken als dauerhaft. Die Verbindung von römischer Verwaltungstradition und germanischem Heerkönigtum ließ aus den Wirren der Völkerwanderungszeit eine stabile politische Einheit entstehen. Zusätzlich überwand Chlodwig, der Begründer des Frankenreichs, durch die Annahme des katholischen Glaubens den religiös-konfessionellen Gegensatz zwischen den germanischen Siegern und den romanischen Besiegten. Damit waren die Voraussetzungen für die Entstehung des christlichen Abendlandes geschaffen. *A. F.*

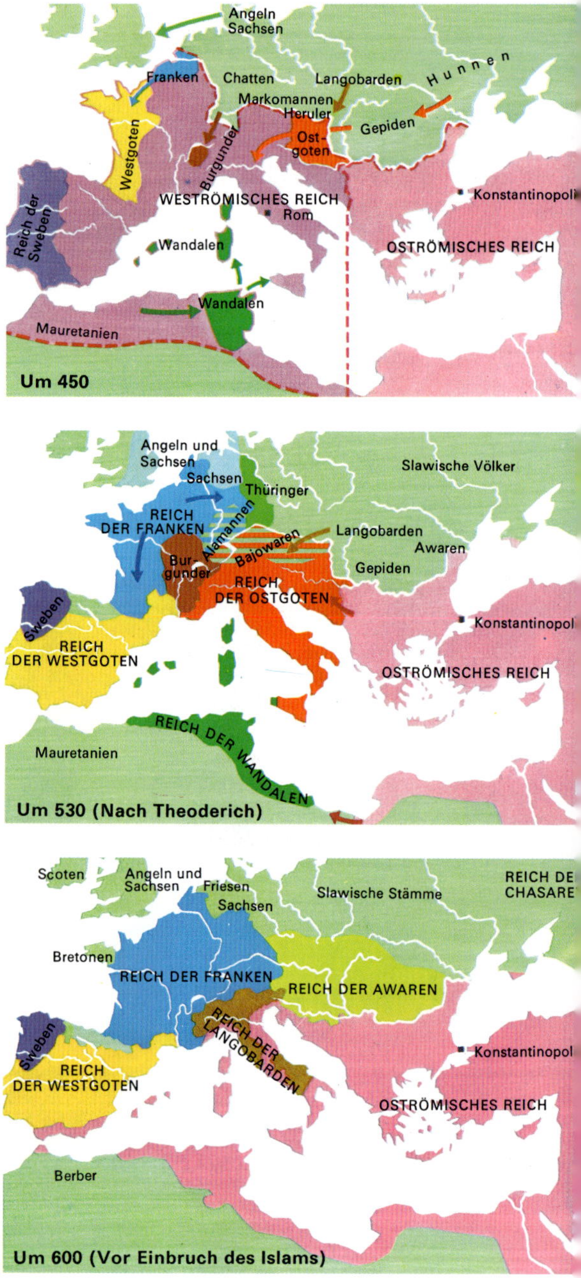

1

1 Unter dem Ansturm germanischer Völker brach das Weströmische Imperium auseinander. Auf seinen Trümmern entstanden neue germanische Reiche, die zwar meist nur von kurzer Dauer waren, in Kunst und Kultur aber ihre Spuren hinterließen. Beispiele dafür sind das Reich der Westgoten in Spanien, das Reich der Ostgoten auf der Apenninenhalbinsel und das Langobardenreich.

2

3

2 Steinerne Zeugen der germanischen Völkerwanderung: wandernde Germanenfamilie sowie

3 der Reiterstein von Hornhausen. Grabstein eines Adeligen oder Odin-Darstellung; 7./8. Jahrhundert. Landesmuseum für Vorgeschichte, Halle/Saale.

4 *Hortfund eines vergrabenen Schatzes mit goldenen Halsringen und römischen Münzen aus Dortmund; 5. Jahrhundert. Dortmund, Museum für Kunst und Kulturgeschichte.*

4

7

8

9

5

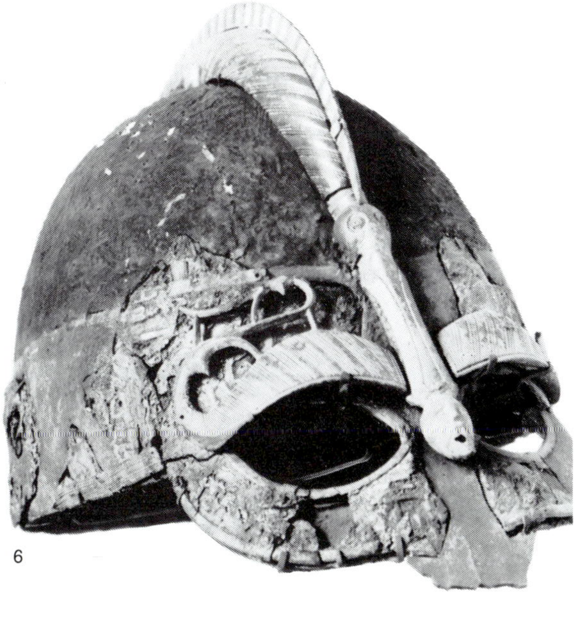

6

10

5 *Nachbildung des Trinkhorns von Harsefeld.*

6 *Helm aus einem Grab von Vendel, Prov. Upland, Schweden; 7. Jahrhundert. Stockholm, Statens Historiska Museum.*

7 *Die ostgotische Königin Amalasuntha; Teil eines elfenbeinernen Diptychons; 6. Jahrhundert. Wien, Kunsthistorisches Museum.*

8 *Goldscheibenfibel von Schwetzingen; 7. Jahrhundert. Mannheim, Städtisches Reiss-Museum.*

9 *Bronzevergoldete Scheibenfibel und*

10 *Silbervergoldete Bügelfibel aus dem alemannischen Fürstengrab von Wittislingen; 7. Jahrhundert.*

haber des Ersatzheeres, für die polit. u. organisator. Leitung M. *Bormann.* Die Leistungsfähigkeit des V.s, der überwiegend zum Stellungsbau u. zu Sicherungsmaßnahmen herangezogen wurde, blieb infolge der Altersstruktur, der unzulängl. Ausbildung, Ausrüstung u. Bewaffnung gering.

Vollmar, Georg von, Politiker (SPD), *7. 3. 1850 München, †30. 6. 1922 Urfeld am Walchensee; ursprüngl. Offizier; 1881–1887 u. 1890–1918 MdR; anerkannter Führer der bayer. Sozialdemokratie. V. wandelte sich vom radikalen Linken zum führenden Vertreter des Reformismus; er befürwortete eine Mitarbeit der SPD auf staatl. u. kommunaler Ebene.

Volsinii [-ni-i], Etruskerstadt über dem nordöstl. Ufer des Bolsenasees; in ihrer Nähe befand sich wahrscheinlich das Zentralheiligtum des *Zwölfstädtebunds*, dessen genaue Lage umstritten ist; 265/64 v. Chr. von den Römern zerstört.

Volsker, italisches Volk wohl umbrischer Herkunft in Mittelitalien südlich von Rom; seit dem 5. Jh. v. Chr. in Kämpfe mit Rom verwickelt (Sage von Coriolanus), 338 v. Chr. endgültig von den Römern unterworfen. Städte der V. waren u. a. *Aquinum* (Aquino) u. *Cassinum* (Cassino).

Voltaire [vɔl'tɛ:r], eigentl. François-Marie *Arouet*, französ. Schriftsteller u. Philosoph, *21. 11. 1694 Paris, †30. 5. 1778 Paris; Sohn eines Notars, 1704–1711 im Jesuitenkolleg Louis-le-Grand, 1717 wegen einer Satire auf Ludwig XIV. in der Bastille inhaftiert; seit dem Erfolg seiner Tragödie „Œdipe" (1718) in der Gunst des Hofes, 1726 erneut in der Bastille, anschließend bis 1729 in England im Exil. Wegen seiner „Lettres philosophiques ou lettres anglaises" 1734, die die engl. Literatur, Philosophie u. Staatsverfassung behandelten, nebenbei aber die französ. Zustände scharf kritisierten, mußte V. in die Champagne fliehen; er lebte dort in Cirey auf dem Schloß der Marquise du Châtelet (mit Unterbrechungen) bis 1749. 1750–1753 war er Gast *Friedrichs des Großen* in Berlin, wurde aber in Ungnade entlassen. Seit 1754 war er Mitarbeiter an der „Encyclopédie". Nach Aufenthalten im Elsaß u. in der Schweiz lebte er seit 1760 auf seinem Schloß Ferney bei Genf (auf französ. Boden). 1791 wurde er im Panthéon beigesetzt.

V. ist der bedeutendste Vertreter u. der Führer der europ. Aufklärung; er gilt als Verkörperung des französ. *esprit.* Seine Werke umfassen das gesamte Ideengut der Epoche. V. verteidigte Toleranz, Menschenrechte u. -würde u. Vernunft. Er wandte sich gegen die Rousseausche Verherrlichung des Naturzustands. Hinter der Gesetzmäßigkeit der Natur erkannte er Gott als einen vernünftigen Urheber (Einfluß des engl. Deismus); V. betonte bes. die prakt. Bedeutung des Gottesglaubens. Seine philosoph. Hauptwerke sind neben den „Engl. Briefen" die Schriften: „Traité de métaphysique" 1734; „Le Mondain" 1736; „Sur l'homme" 1738; „Éléments de la philosophie de Newton" 1738; „Dieu et les hommes" 1769; dazu die Artikel aus der „Encyclopédie", zusammengefaßt im „Dictionnaire philosophique" 1764, bearbeitet in „Questions sur l'Encyclopédie" 1770–1772.

Als Historiker wirkte V. durch krit. Quellenstudium bahnbrechend. Er betrachtete die Geschichte unter dem Aspekt der kulturellen Entwicklung. Sein histor. Hauptwerk ist der „Essai sur l'histoire générale et sur les mœurs et l'esprit des nations" 1756; daneben: „Histoire de Charles XII." 1731, dt. 1733; „Le Siècle Louis XIV." 1751, dt. 1887, u. a.

Volterra, italien. Stadt in der Toskana, 14 100 Ew.

In der Antike blühende etrusk. Stadt *(Volaterrae)*, deren Stadtmauer mit Toren (6.–4. Jh. v. Chr.) gut erhalten ist, ferner Tempel u. Thermen; archaische Grabstelen mit flachem Relief (6./5. Jh. v. Chr.) u. Aschenurnen aus Tuff u. Alabaster mit Relief verziert; gehörte zum *Zwölfstädtebund*, seit 281/80 v. Chr. mit Rom verbündet, wurde von *Sulla* 80 v. Chr. eingenommen.

Volterra: etruskische Grabstele

Volubilis, röm. Ruinenstadt bei Meknès, Marokko; unter *Juba II.* numid. Residenzstadt, dann Sitz des röm. Prokurators von Mauretania Tingitana; Glanzzeit unter den *Antoninen* u. *Severern* : 168/69 Errichtung einer nahezu erhaltenen Stadtmauer (2400 m lang, 6 Tore), Anfang des 3. Jh. Basilika auf dem Forum, Triumphbogen für Caracalla (217), Kapitol, Palastgebäude u. zahlreiche Privathäuser mit Mosaikfußboden; Ausgrabungen seit 1915.

Volubilis: Fußbodenmosaik

Vo Nguyên Giap [-dʒap], vietnames. General u. Politiker, *1912 Quang Binh, Annam; ursprüngl. Lehrer; während des 2. Weltkriegs im Widerstand gegen die japan. Besatzungstruppen; seit 1941 in der Parteiführung (1951–1982 Mitglied des Politbüros) der Kommunist. Partei; 1945 Innen-Min. der von Ho Chi Minh proklamierten Republik Vietnam; befehligte seit 1946 den Kampf gegen die Franzosen (1954 Schlacht von Diên Biên Phu), seit 1957 die kommunist. Operationen in Südvietnam; 1954–1976 Verteidigungs-Min. von Nordvietnam, 1976–1980 von Vietnam; schrieb „Volkskrieg – Volksarmee" dt. 1968.

Vorarlberg, das westlichste Bundesland von Österreich, grenzt im W an die Schweiz u. Liechtenstein, im N an die BR Dtschld. u. im O an Tirol, 2601 km², 340 000 Ew.; Hptst. *Bregenz.*

Seit etwa 900 gehörte V. den Grafen von Bregenz, dann den Grafen von Montfort. Von Beginn des 14. Jh. an kauften die Habsburger die einzelnen V.er Grafschaften auf, zuletzt 1814 Lustenau. 1805–1814 stand V. mit Tirol unter bayer. Herrschaft. 1918 löste es die gemeinsame Verwaltung (seit 1782) mit Tirol u. wurde selbständiges Bundesland mit eigener Landesregierung.

Vorderösterreich, *Vorlande*, die ehem. habsburgischen Besitzungen im Südwesten des Reichs, u. a. Aargau, Thurgau, Zürichgau, Elsaß, Breisgau, Ortenau, Hohenberg, Nellenburg, Teile von Oberschwaben; bis 1782 auch Vorarlberg. Der Regierungssitz war bis 1651 Ensisheim (Elsaß), dann Freiburg i. Br. Die schweizer. Besitzungen gingen im 14./15. Jh. verloren; im Westfälischen Frieden (1648) fiel der elsäss. Besitz an Frankreich, 1805 alle übrigen Teile bis auf Vorarlberg an die Rheinbundstaaten Baden, Bayern u. Württemberg.

Vorgeschichte → Ur- und Frühgeschichte.

Vorlande → Vorderösterreich.

Vormärz, die Zeit zwischen dem Wiener Kongreß 1815 (oder der Julirevolution 1830) u. der Märzrevolution 1848; eine Periode der Restauration, die durch äußeren Frieden u. die Unterdrückung nationaler, liberaler u. demokrat. Kräfte gekennzeichnet war.

Vorort, leitender, geschäftsführender Ort in einem Verband, z. B. in der Hanse; in der Schweizer Eidgenossenschaft bis 1848 der Ort, der die Tagsatzung berief u. die laufenden Geschäfte besorgte (bis 1798 Zürich; 1803–1815 6 Städte, 1815–1848 3 Städte im Wechsel).

Vorparlament, die in Frankfurt a. M. vom 30. 3. bis zum 3. 4. 1848 tagende Versammlung dt. Ständevertreter. Sie beschloß die Berufung eines aus direkten Wahlen hervorgehenden dt. Parlaments, der Frankfurter Nationalversammlung.

Vorster ['f-], Balthazar Johannes, südafrikan. Politiker (Nationalpartei), *13. 12. 1915 Jamestown, †10. 9. 1983 Kapstadt; Anwalt;

Franz Vranitzky

seit 1958 mehrmals Minister, als Nachfolger von H. *Verwoerd* 1966–1978 Ministerpräsident u. Parteivorsitzender, 1978/79 Staatspräsident; entschiedener Vertreter der Apartheid-Politik.

Vorzeit → Urzeit.

Votivfunde, Bodenfunde aus vor- u. frühgeschichtl. Zeit, die als Votivgaben (Weihgeschenke) zu erkennen sind u. meist aus Mooren stammen.

Vouillé [vu'je], kleiner Ort bei Poitiers, Westfrankreich. Bei V. besiegte der Frankenkönig *Chlodwig I.* 507 den Westgotenkönig *Alarich II.* Dies bedeutete das Ende des *Tolosanischen Reichs* der Westgoten.

Vranitzky, Franz, österr. Politiker (SPÖ), *4. 10. 1937 Wien; Volkswirt, Bankkaufmann; 1984–1986 Finanzminister, 1986–1997 Bundeskanzler, 1988–1997 zugleich Partei-Vors. 1995 erhielt V. den Karlspreis.

Vučedoler Kultur ['vuʃ-], spätneolith., Kupfer führende Kultur in Nordwestkroatien, Österreich, Südungarn, der Slowakei, in Böhmen, Bosnien u. Nordserbien, benannt nach dem Fundort *Vučedol* an der Donau in Kroatien. Die Siedlungen mit viereckigen Häusern, Pfahlbauten u. Höhlenbenutzung liegen oft an hohen Flußufern; charakterist. sind Gußformen für kupferne Dolche u. eine Keramik mit doppelkonischen Formen.

Vulci, *Volci*, antike Stadt, gehörte zum *Zwölfstädtebund* der Etrusker; wurde im 3. Jh. v. Chr. von den Römern unterworfen; bedeutende archäolog. Funde aus etrusk. Zeit, u. a. zahlreiche Gräber mit Grabbeigaben (griech. schwarz- u. rotfigurige Vasen).

V-Waffen, Abk. für *Vergeltungswaffen*, zwei Waffensysteme, die von Dtschld. im letzten Jahr des 2. Weltkrieges als „Vergeltung" für Luftangriffe auf dt. Städte hauptsächlich gegen London eingesetzt wurden. Die *V 1* (amtl. Typenbez. *Fi 103*) war ein Marschflugkörper (Flügelbombe) mit pulsierendem Stau-Strahlantrieb u. 850 kg Sprengstoffladung. Sie wurde mittels Katapultschleuder gestartet. Die Geschwindigkeit betrug 650 km/h. Erstmals wurde sie am 13. 6. 1944 eingesetzt. – Die *V 2* (amtl. Typenbez. *A 4*) war eine ballist. Flüssigkeitsrakete mit einer Sprengstoffladung von 975 kg. Sie erreichte eine Geschwindigkeit von rd. 5000 km/h. An ihrer Entwicklung war W. von *Braun* beteiligt. Erstmals wurde sie am 8. 9. 1944 eingesetzt. – Der Einsatz der V. war von großem propagandist. Aufwand begleitet; es wurde fälschlich der Eindruck erweckt, daß sie eine Wende des Krieges herbeiführen könnten. Die von ihnen verursachten Schäden u. Verluste, vor allem in London, waren jedoch beträchtlich. Zahlreiche V 1 wurden von Flak u. Jägern abgeschossen; gegen die V 2 gab es keine Abwehrmöglichkeiten.

W

Waadt [dic], *Waadtland*, frz. *Vaud*, südwestschweizer. Kanton zwischen Neuenburger u. Genfer See, 3219 km², 597 000 Ew.; Hptst. *Lausanne.*
W. war seit dem 5. Jh. burgundisch, 1032 kam es an das Dt. Reich, seit dem 13. Jh. zu Savoyen. 1536 wurde mit der Eroberung durch Bern die Reformation eingeführt. Nach der Trennung von Bern 1798 kam W. als *Canton Léman* zur Helvet. Republik u. wurde 1803 Kanton W. der Eidgenossenschaft.

Wadai, ehem. afrikan. Reich der Maba in Sudan, gegr. im 16. Jh.; die Hptst. Wara ist heute Ruinenstadt.

Waffenkunde, historische Hilfswissenschaft, Geschichte des Waffenwesens.

Waffenrecht, ursprüngl. das Recht des freien Mannes, seine Waffen zu tragen; demgemäß mit der Einschränkung der Freiheit auf einen bestimmten Personenkreis reduziert. So hatten im MA das W. nur Ritter u. Bürger, nicht Bauern u. Kleriker; danach schränkte bes. der absolute Staat das W. immer mehr ein. Heute dürfen vielfach nur noch die zum Schutz der Allgemeinheit Berufenen die Waffe führen (Militär, Polizei, ein Teil der Justiz u. ä.); demgemäß bestehen im modernen Staat Gesetze, die das W. genau umreißen.

Waffen-SS → SS.

Wagenrennen, im Altertum wichtiger Teil der griech. u. röm. Festspiele, bes. der Olymp. Spiele. Es gab W. für Zweier- u. Vierergespanne, meist in 7 Umläufen von je 4 Gespannen mit bes. Farben ausgetragen. Wagenlenker waren zunächst nur Sklaven, später auch Freie u. sogar Kaiser.

Wagrien, holstein. Landschaft zwischen Kieler u. Lübecker Bucht, benannt nach den slaw. *Wagriern*, die das Gebiet ab ca. 600 n. Chr. besetzten. Ihr Zentrum war *Oldenburg (Holstein)*, wo König Otto I. 948/968 ein Missionsbistum gründete. Seit dem Slawenaufstand von 983 gehörte W. wieder zum Obodritenreich. 1138/39 eroberte der Graf von Holstein *Heinrich von Badwide* das Land. 1142 trat er W. an den neuen Holsteiner Grafen *Adolf II.* von Schauenburg ab, der 1143 in W. mit der dt. Besiedlung des Slawenlands begann. Seit dem 12. Jh. führten die Grafen von Holstein mitunter auch den Titel „Graf von W."

Wahhabiten, Anhänger der von *Mohammed Ibn Abd Al Wahhab* (* 1720, † 1792) gegr. religiösen Bewegung, die den sunnit. Islam gemäß dem Koran u. der Sunna zu seiner ursprüngl. Form zurückführen u. alle Neuerungen (z. B. Heiligenverehrung, Wallfahrten, Feste) ausmerzen wollte. Das Weinverbot wurde auf Tabak u. Kaffee ausgedehnt. Ibn Abd Al Wahhab missionierte im Nadjd u. gewann den Anaza-Scheich *Ibn Saud* (* 1735, † 1765). Dessen Nachfolger einten 1790–1800 die nordarab. Stämme, eroberten 1806 Mekka, wurden dann von den Ägyptern zurückgedrängt u. gründeten im 20. Jh. das spätere Saudi-Arabien.

Wahlen, Friedrich Traugott, schweizer. Agrarökonom u. Politiker (Bauern-, Gewerbe- u. Bürgerpartei), * 10. 4. 1899 Gmeis, Kanton Bern, † 7. 11. 1985 Bern; entwarf im 2. Weltkrieg den *W.-Plan* zur Vermehrung der Anbaufläche; 1959–1965 Bundesrat (verschiedene Departemente).

Wahlstatt, poln. *Legnickie Pole*, Ort in Schlesien, in der Wojewodschaft Legnica (Polen), südöstl. von Liegnitz. – Bei W. unterlag 1241 Herzog *Heinrich II.* von Schlesien den Mongolen. 1813 gewann G. L. von *Blücher* (seither Fürst von W.) die Schlacht an der Katzbach gegen die Franzosen.

Waitz, Georg, Historiker, * 9. 10. 1813 Flensburg, † 24. 5. 1886 Berlin; Schüler L. von *Rankes*; 1842 Prof. in Kiel, wo er gegen die Vereinigung Schleswig-Holsteins mit Dänemark auftrat; 1848/49 Mitgl. der Frankfurter Nationalversammlung u. einer der Führer der Erbkaiserlichen; 1849 Prof. in Göttingen; seit 1875 Leiter der Monumenta Germaniae Historica; schrieb „Deutsche Verfassungsgeschichte" 1844–1878 (eine grundlegende Darstellung des öffentlichen Rechts bis zur Mitte des 12. Jh.); „Schleswig-Holsteins Geschichte" 1851–1854; setzte die „Quellenkunde der dt. Geschichte" von F. T. *Dahlmann* fort (seitdem *Dahlmann/Waitz*).

Walachei, Landschaft zwischen Südkarpaten u. Donau, im südl. Rumänien.
In der späten Antike die röm. Provinz *Dakien*, im 14. Jh. selbständiges Fürstentum, im 15. Jh. unter türk. Oberhoheit, im 18. u. 19. Jh. zeitweise von Rußland bzw. Österreich besetzt; 1859 unter dem Bojaren A. I. *Cuza* mit dem Fürstentum Moldau verbunden u. 1862 als Rumänien vereinigt.

Waldburg, im 12. Jh. erstmals erwähntes Ministerialengeschlecht in Oberschwaben, das unter den Staufern zeitweise das Truchsessenamt bekleidete u. sich seit dem 13. Jh. *Truchseß von W.* nannte. 1525 erhielten die W.er den Titel Reichserbtruchseß; 1628 wurden sie in den Reichsgrafen-, 1803 in den Reichsfürstenstand erhoben. Das Fürstentum wurde bereits 1806 mediatisiert. – *Georg III. Truchseß von W.* (* 1488, † 1531) führte das Heer des Schwäb. Bundes gegen Herzog Ulrich von Württemberg 1519 u. im Bauernkrieg 1525. Dem Geschlecht von W. entstammte auch der Kölner Erzbischof Gebhard.

Waldeck, *W.-Pyrmont*, ehem. Land des Dt. Reiches, 1055 km², 56 000 Ew. (1925), Hptst. *Arolsen.*
Das Fürstentum W. setzte sich aus der *Grafschaft W.* u. dem *Fürstentum Pyrmont* zusammen. Die *Grafen von Schwalenberg* (seit 1189 Grafen von W.) gelangten in den Besitz der Burg W., wurden im 15. Jh. dem Landgrafen von Hessen lehnspflichtig u. konnten 1631 ihr Gebiet um die Grafschaft Pyrmont erweitern. Seit 1712 waren die *Wildunger* (eine Linie des Geschlechts der W.) erbl. Reichsfürsten. Das Fürstentum war seit 1807 Mitgl. des Rheinbunds u. seit 1815 des Dt. Bundes. Seit 1867 verwaltete Preußen das Land, wobei der Fürst formal der Souverän blieb. Seit 1918 war W. Freistaat. 1922 kam Pyrmont an die preuß. Prov. Hannover, 1929 das Kernland W. an die preuß. Prov. Hessen-Nassau. Heute gehört W. zum Land Hessen.

Waldeck, Benedikt, Politiker, * 31. 7. 1802 Münster (Westf.), † 12. 5. 1870 Berlin; Richter; 1848 Mitglied der preuß. Nationalversammlung als Führer der Linken. Als Vors. des Verfassungsausschusses brachte W. einen demokrat. Entwurf der Verfassung mit Grundrechtskatalog durch *(Charte W.)*. Teile davon wurden in die oktroyierte preuß. Verfassung von 1848/1850 aufgenommen. 1861–1869 war er einer der Führer der Fortschrittspartei im preuß. Landtag, 1867–1869 auch Mitgl. des Norddt. Reichstags.

Waldeck-Rousseau [-ru'so:], Pierre, französ. Politiker, * 2. 12. 1846 Nantes, † 10. 8. 1904 Corbeil; Anwalt; 1870–1889 Abg. der gemäßigten Republikaner, 1881/82 u. 1883–1885 Innen-Min., seit 1894 Senator. Als Min.-Präs. einer Linkskoalition (1899–1902) beendete er die Dreyfus-Affäre durch Begnadigung des Angeschuldigten u. leitete die Trennung von Staat u. Kirche ein.

Waldemar, *Woldemar*, Fürsten. Brandenburg: **1.** Markgraf 1308–1319, * um 1280, † 14. 8. 1319 Bärwalde; vereinigte den in mehrere Linien zersplitterten askan. Besitz. – 1348 trat mit der Behauptung, W. sei fälschlich totgesagt worden, ein *Falscher W.* auf u. konnte sich in Brandenburg, das in die Hand der Wittelsbacher geraten war, durchsetzen; er wurde von Karl IV. belehnt, aber 1350 als Betrüger fallengelassen († 1356).
Dänemark: **2.** *W. I., W. der Große*, König 1157–1182, seit etwa 1148 Herzog in Schleswig, * 14. 1. 1131, † 12. 5. 1182; leitete die dän. „Großmachtzeit" ein, zog zusammen mit Heinrich dem Löwen gegen die Ostseeslawen (Eroberung Rügens). Nach dem Sturz des Sachsenherzogs schloß er sich Friedrich I. Barbarossa an.
3. *W. II., W. der Sieger*, Sohn von 2), König

1202–1241, 1188–1202 Herzog in Schleswig, *28. 6. 1170, † 28. 3. 1241 Vordingborg; setzte die Eroberungspolitik seines Bruders Knut VI. unter Ausnutzung der dt. Thronwirren fort u. dehnte seine Herrschaft bis nach Estland (1219/20) aus; wurde 1227 von norddt. Fürsten bei Bornhöved geschlagen u. verlor fast alle Eroberungen.

4. *W. IV. Atterdag*, König 1340–1375, *um 1320, †24. 10. 1375; erneuerte die dän. Königsgewalt. Durch seinen Überfall auf Visby (Gotland) 1361 entfesselte er den Krieg mit der Hanse, der sich Schweden, Norwegen u. die Holsteiner Grafen anschlossen. 1368 bis 1372 mußte er vor seinen Feinden aus Dänemark fliehen.

Schweden: **5.** König 1266–1275, *um 1240, †26. 12. 1302; erster König aus dem Geschlecht der *Folkunger*.

Waldenser, mittelalterl. religiöse Gemeinschaft, benannt nach ihrem Gründer Petrus *Waldes* († vor 1218), einem reichen Kaufmann aus Lyon, der seit 1175 ein Leben in apostolischer Armut führte. Mit gleichgesinnten Männern u. Frauen, die sich *Arme von Lyon* oder *Arme Christi* nannten, zog er durch das Land u. predigte Buße. Papst Alexander III. billigte das Armutsgelübde, die Sittenpredigt aber nur unter Aufsicht des Klerus. Der Gegensatz zum Klerus führte 1184 auf der Synode zu Verona zur Verurteilung. Unter dem Einfluß der *Katharer* lehnten die W. Ablaß, Fegefeuer, Fürbitten für Verstorbene, Besitz- u. Pfründenwesen der Kirche, Eid u. Kriegsdienst ab; als Sakramente behielten sie nur Taufe, Buße u. Abendmahl.

Die W. verbreiteten sich schnell in Südfrankreich, Norditalien u. Spanien. Der radikale lombardische Zweig, der die ganze hierarchische u. sakramentale Ordnung verwarf, gewann Anhänger in Dtschld., Böhmen, Mähren, Polen u. Ungarn. Kleine Gruppen gingen in den Hussiten u. Böhmischen Brüdern auf, andere traten dem Calvinismus bei. Reste haben sich nach schweren Verfolgungen bis zur Gegenwart bes. in Italien (den Bergtälern Piemonts) u. in Südamerika erhalten. Die W.-Kirche unterhält eine theolog. Hochschule in Rom u. wird von einer Synode unter dem Vorsitz eines Moderators geleitet. Sie zählt etwa 50000 Mitglieder u. gehört dem Reformierten Weltbund an.

Waldersee, Alfred Graf von, preuß. Offizier (1900 Generalfeldmarschall), *8. 4. 1832 Potsdam, †5. 3. 1904 Hannover; 1882 Generalquartiermeister u. Stellvertreter H. von *Moltkes*, 1888 dessen Nachfolger als Chef des Generalstabs.

Infolge seiner Pläne, durch einen Präventivkrieg gegen Rußland die französisch-russische Annäherung zu stören, u. seiner Verbindung mit A. *Stoecker* geriet der reaktionär-konservative W. in Gegensatz zu Bismarck, an dessen Sturz er beteiligt war, u. später zu Kaiser Wilhelm II., der ihn 1891 entließ. 1900/01 führte W. die europäische Truppen im chinesischen Boxeraufstand (Spottname „Weltmarschall").

Waldheim, Kurt, österr. Diplomat u. Politiker, *21. 12. 1918 St. Andrä-Wörden, Niederösterreich; 1965–1968 österr. Vertreter bei den Vereinten Nationen, 1968 –1970 Außenminister; 1972–1981 Generalsekretär der Vereinten Nationen; 1986–1992 Bundespräsident (als Kandidat der ÖVP gewählt). W.s Tätigkeit als dt. Offizier im 2. Weltkrieg war seit 1986 Gegenstand heftiger öffentl. Auseinandersetzungen.

Waldstätte, seit etwa 1289 gebräuchl. Name für die am Vierwaldstätter See gelegenen schweizer. Kantone Uri, Schwyz, Unterwalden *(Drei Waldstätte)* u. Luzern *(Vier Waldstätte)*.

Leszek Wałęsa

Wales [wɛilz], walis. *Cymru*, Halbinsel im W Großbritanniens, zwischen Bristolkanal u. Mündung des Mersey, 20763 km², 2,82 Mill. Ew.

W. gewann seinen besonderen Charakter erst mit dem Einfall der *Angeln* u. *Sachsen* im 5. Jh., als die eingeborenen Briten in den unwegsamen Westen u. in die Bretagne abgedrängt wurden, wo sie sich mit den alteingesessenen *Kymren* vermischten. König Offa von Mercien (757–796) baute zum Schutz seiner westlichen Grenzmarken gegen das unruhige W. einen Grenzwall *(Offa's Dyke)*, der sich vom Bristol-Kanal bis zum Dee erstreckte. Die engl. Könige erlangten zeitweilig die Lehnsoberhoheit über die walis. Fürsten u. ließen engl. Siedler nach W. vorstoßen. Die walisischen Fürsten, vor allem *Llewelyn ap Fowerth* (*1194, †1240) u. *Llewelyn ap Gruffyd* (*1246, †1282) leisteten Widerstand u. konnten die Engländer zeitweilig zurückdrängen. *Eduard I.* unterwarf W. und ernannte seinen Sohn, *Eduard* (II.) 1301 zum *Prinzen (Fürsten) von W.*, ein Titel, der seither dem jeweiligen Thronfolger verliehen wurde. Die letzte nationale Erhebung unter Owen *Glendower* endete mit dessen Tod 1416. Durch die Unions-Akten von 1536 und 1542 wurde W. mit England vereinigt. Das regionale Sonderbewußtsein von W. belebte sich gegen Ende des 19. Jh. im Zusammenhang mit der Kirchen- und Schulfrage. In einem Referendum stimmte die Bevölkerung 1997 für die Einrichtung einer eigenständigen Volksvertretung.

Wałęsa [va'wɛ̃sa], Leszek (Lech), poln. Politiker, *29. 9. 1943 Popowo; Elektromonteur; 1980 führend in der Danziger Streikbewegung; Mitgründer u. Vors. der unabhängigen Gewerkschaft *Solidarność* (Solidarität); nach Verhängung des Kriegsrechts 1981/82 in Haft; trat in der Folge als gemäßigter Sprecher u. Führer der 1982 verbotenen u. 1989 wieder zugelassenen Solidarność hervor. 1983 erhielt W. den Friedensnobelpreis. Nachdem W. 1990 zum poln. Staats-Präs. gewählt wurde, legte er seine Gewerkschaftsämter nieder. Bei den Präsidentschaftswahlen 1995 unterlag W. dem Reformkommunisten Kwasniewski.

Walid I., Al Ibn Abd Al Malik, 6. Omajjadenkalif 705–715, *um 670, †23. 2. 715; seine Heere eroberten im O Buchara, Samarkand u. Fergana u. drangen in das Pandschab ein, stießen im W bis Tanger u. Spanien vor. W. ließ die Omajjaden-Moschee in Damaskus erbauen.

Walker ['wɔ:kə], William, nordamerikan. Abenteurer, *8. 5. 1824 Nashville, Tenn., †12. 9. 1860 Trujillo (Honduras); bemächtigte sich während eines Bürgerkriegs in Nicaragua mit einer privaten Truppe der Herrschaft u. regierte das Land als Diktator (1856 Präs.); wurde 1857 vertrieben u. nach erneuten Invasionsversuchen von Truppen mittelamerikan. Staaten hingerichtet.

Wallenberg [-bɛrj], Raoul, schwed. Diplomat, *1912 Stockholm, verschollen 1945; entstammte einer bekannten Bankiersfamilie. Als Legationsrat der schwed. Botschaft in Budapest rettete W. 1944/45 unter Einsatz seines Lebens Tausenden von Juden das Leben. Am 17. 1. 1945 wurde er von den einmarschierenden Sowjettruppen verschleppt. Laut Zeugenaussagen war W. danach in Moskauer Gefängnissen inhaftiert. Die 1957 von der sowjet. Führung abgegebene Erklärung, W. sei am 17. 7. 1947 in einem Moskauer Gefängnis gestorben, stieß in Schweden auf Zweifel.

Wallenstein, Albrecht Wenzel Eusebius von, Herzog von Friedland (1625) u. Mecklenburg (1627), Fürst von Sagan (1627), Feldherr u. Politiker, *24. 9. 1583 Gut Hermanitz (Heřmanice) bei Arnau, Nordböhmen, †25. 2. 1634 Eger (ermordet); aus der Arnauer Linie des böhm. Geschlechts von *Waldstein*. Ev. erzogen, trat W. 1606 zum Katholizismus über. Seit 1604 stand er in militär. Diensten der Habsburger; er unterstützte 1617 Erzherzog Ferdinand mit eigenen Truppen im Krieg gegen Venedig. Nach dem Frieden wurde W. kaiserl. Oberst u. in den Grafenstand erhoben. Am Aufstand der böhm. u. mähr. Stände zu Beginn des Dreißigjährigen Kriegs nahm er nicht teil. Bei dem Strafgericht über die Aufständischen brachte W. zahlreiche konfiszierte Herrschaften an sich. Nach seiner Vermählung mit Isabella Katharina von *Harrach* (1623) erhob ihn Kaiser Ferdinand II. in den Reichsfürstenstand u. seinen gewaltigen Länderkomplex zum Herzogtum *Friedland*.

Als der Kaiser im Dreißigjährigen Krieg durch den Niedersächs. Bund 1625 in Bedrängnis kam, erbot sich W., auf eigene Kosten ein neues Heer von 40000 Mann auszurüsten u. zu besolden, wofür er unbedingte Vollmacht zur Erhebung von Geld u. Naturalien in den eroberten Provinzen des Reichs verlangte. 1626 schlug W. Ernst II. von Mansfeld bei Dessau. 1627 vertrieb er Christian IV. von Dänemark vom Festland u. eroberte nach der Vereinigung mit Tilly u. Herzog Georg von Lüneburg Mecklenburg, Holstein, Schleswig u. Jütland. Der Kaiser verlieh ihm darauf das Herzogtum Mecklenburg sowie das Fürstentum Sagan u. ernannte ihn zum „General des ozeanischen u. baltischen Meeres". Er lehnte jedoch W.s Pläne zur Errichtung der absoluten Monarchie im Reich, Gewährung religiöser Toleranz u. Vertreibung aller fremden Mächte (Spanien) ab.

1630 erzwangen Spanien, die Jesuiten, Ma-

Albrecht von Wallenstein, Ölkopie von J. Schnorr von Carolsfeld nach einem Gemälde von A. van Dyck. Berlin, Staatsbibliothek Preußischer Kulturbesitz

Robert Walpole (Gemälde von G. Kellner; um 1725. Cambridge, Kings' College)

ximilian von Bayern u. die dt. Fürsten auf dem Regensburger Reichstag W.s Absetzung. Im gleichen Jahr übernahm er aber erneut den Oberbefehl über die kaiserl. Truppen, gerufen von Ferdinand II. nach der Niederlage Tillys bei Breitenfeld, u. schlug 1632 die Schlacht bei Lützen, in der Gustav Adolf fiel. Jedoch machte er sich durch seine gleichzeitigen Verhandlungen mit den Schweden, mit Brandenburg u. Sachsen verdächtig am Wiener Hof. Ein kaiserl. Patent vom 24. 1. 1634 bezichtigte ihn des Verrats u. befahl, ihn tot oder lebendig zu fangen. In Eger wurde W. von dem irischen Hauptmann Devereux erstochen.

Das Urteil der Geschichte über W. ist schwankend. Einerseits werden ihm militärische Genialität u. polit. Weitsicht zuerkannt, andererseits Ehrgeiz, Gewinnsucht u. Verkennung der tatsächl. Machtverhältnisse vorgeworfen. W. war der erste militärische Unternehmer, der Kriegführung u. Versorgung der Armee nach wirtschaftlich-finanziellen Gesichtspunkten plante u. organisierte.

Wallis, frz. *Le Valais*, südschweizer. Kanton, umfaßt etwa das Einzugsgebiet der Rhône bis an den Genfer See; 5226 km², 267000 Ew.; Hptst. *Sitten.*

Das seit dem 5. Jh. als *Vallis (Poenina)* bekannte W. kam 999 als Grafschaft an die Bischöfe von Sitten. Ober-W. war seit 1417 mit der Eidgenossenschaft verbündet; 1475 schloß sich das bis dahin savoyische Unter-W. an. 1802 wurde W. Freistaat, 1810–1814 mit Frankreich vereinigt, 1815 schweizer. Kanton; 1845–1847 gehörte es dem kath. Sonderbund an.

Walpole ['wɔ:lpoul], Sir Robert, Earl of Orford, engl. Politiker (Whig), *26. 8. 1676 Houghton, Norfolk, †18. 3. 1745 London; 1708–1711 Kriegs-Min. u. Marineschatzmeister, 1712 vom Parlament unter Amtsanklage gestellt, 1714 Rückkehr ins polit. Leben, 1715–1717 u. 1721–1742 als Erster Lord des Schatzes leitender Minister; gilt als erster engl. „Premier-Min.". Unter ihm entwickelte sich das Widerspiel von Regierung u. Opposition im modernen Sinn, wobei W. der Regierung, von Georg I. u. Georg II. unterstützt, durch Patronage, Ämtervergabe u. Dotationen stets eine parlamentar. Mehrheit zu sichern wußte. 1733 geriet seine Regierung wegen eines Gesetzes zur Einführung einer Akzise in große Schwierigkeiten, doch erst der Krieg mit Spanien (seit 1739) u. Frankreich (seit 1742) stärkte die Opposition u. führte im Verein mit einer Hofintrige seinen Sturz herbei.

Wandalen, *Vandalen*, ostgerman. Volk; ursprüngl. im nördl. Jütland beheimatet. Die W. siedelten dann im Mündungsgebiet von Oder u. Weichsel u. zogen später südwärts nach Schlesien. Im 2. Jh. waren sie in die Hauptstämme *Hasdingen* u. *Silingen* geteilt; im 4. Jh. saßen sie in Ungarn an der Theiß als westl. Nachbarn der Westgoten. Anfang des 5. Jh. wanderten sie westwärts, setzten am 31. 12. 406 bei Mainz über den Rhein, plünderten gemeinsam mit *Alanen* u. *Sweben* drei Jahre lang Gallien, bevor sie 409 mit ihren Bundesgenossen in Spanien einfielen. Vor den Römern, Westgoten u. Sweben weichend, setzten 429 die hasding. W., in denen die Reste der geschlagenen Silingen u. Alanen aufgingen, mit insges. 80000 Menschen unter ihrem König *Geiserich* von Spanien nach Afrika über u. gründeten ein rasch aufstrebendes Reich um das 439 eroberte *Karthago*, das 442 von Rom anerkannt wurde. Die wandal. Flotte schlug die römische, beherrschte das Mittelmeer u. plünderte die Küstengebiete, 455 sogar 14 Tage lang Rom. Die arianischen Könige der W. unterdrückten die kath. Kirche. Unter Geiserichs Nachfolgern ging die Macht der W. zurück; sie wurden von oström. Feldherrn Belisar 533 besiegt. Ihr letzter König *Gelimer* ergab sich im Frühjahr 534.

Wang Anshi [-ʃi], *Wang An-shih*, chines. Politiker u. Gelehrter, *1021, †1086; führte als Vizekanzler u. Kanzler 1069–1076 tiefgreifende Reformen in Staat u. Wirtschaft durch, die nach dem Tod des Song-Kaisers Shenzong 1085 aufgehoben, aber später z.T. wieder eingeführt wurden.

Wang Hongwen [-xuŋ-], *Wang Hung-wen*, chines. Politiker (Kommunist), *1935 Changchun, †3. 8. 1992 Peking; Textilarbeiter; stieg während der „Kulturrevolution", von *Mao Zedong* gefördert, schnell auf u. wurde 1973 Mitgl. des Ständigen Ausschusses des Politbüros u. einer der stellvertr. Partei-Vors. 1976 wurde er als Mitgl. der Viererbande gestürzt, 1981 wegen „konterrevolutionärer Verbrechen" zu lebenslanger Haft verurteilt.

Wang Jingwei [-djiŋwɛi], *Wang Ching-wei*, chines. Politiker, *12. 5. 1884 Canton, †10. 11. 1944 Nagoya (Japan); Soziologe; Mitarbeiter *Sun Yatsens*; bekleidete führende Funktionen in der Guomindang, war zeitweise Parteiführer u. 1932–1935 Min.-Präs. der Guomindang-Regierung; trennte sich 1939 von Chiang Kai-shek u. bildete 1940 in Nanjing eine von Japan abhängige Gegenregierung.

Wang Mang, chines. Kaiser (Xin-Dynastie), *33 v.Chr., †23 n.Chr.; verschwägert mit dem Kaiserhaus der Han, usurpierte 8 n.Chr. den Thron, gründete die kurzlebige „Neue" Dynastie (9–23 n.Chr.) u. führte durchgreifende Wirtschaftsreformen durch. W.M.s Regierung endete im Bürgerkrieg (Aufstand der „Roten Augenbrauen"), bis durch die spätere Han-Dynastie die Ordnung im Reich wiederhergestellt wurde.

Wannsee-Konferenz, eine von R. *Heydrich* einberufene Besprechung von Vertretern oberster Reichsbehörden u. Dienststellen der NSDAP u. der SS am 20. 1. 1942 in einem Gästehaus des SD (Am Großen Wannsee 56–58), bei der Heydrich den ihm von Göring auf Weisung Hitlers erteilten Auftrag erläuterte, die „Endlösung der europ. Judenfrage" (d.h. die Überführung der im dt. Machtbereich befindl. Juden in die eroberten Ostgebiete zum Zwecke ihrer physischen Vernichtung) vorzubereiten, u. die Mitwirkung der teilnehmenden Dienststellen daran sicherstellte.

Reich der Wandalen in Nordafrika

Könige	
Geiserich	428–477
Hunerich	477–484
Gunthamund	484–496
Thrasamund	496–523
Hilderich	523–530
Gelimer	530–534

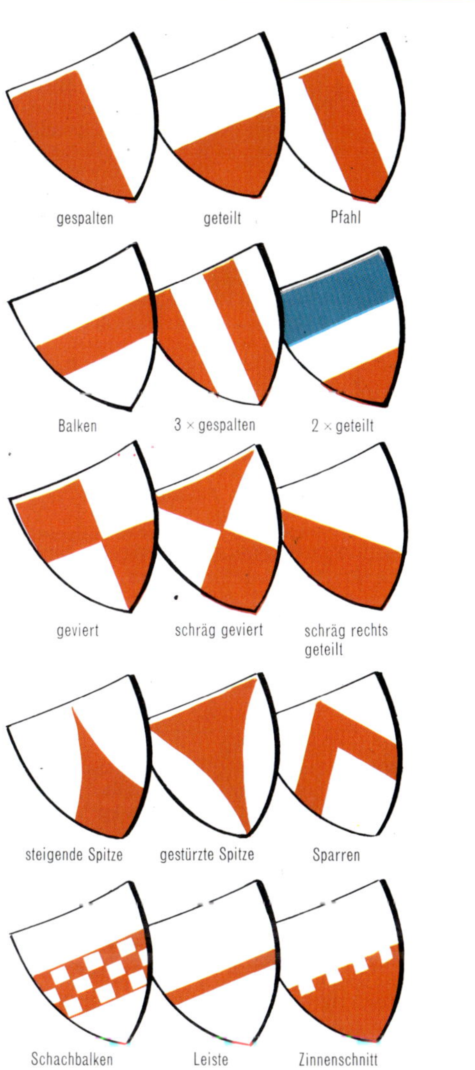

Wappen (Heroldsbilder): Typen und Bestandteile

Wappen, schildförmig umrandetes, farbiges, auf Fernwirkung berechnetes Zeichen für eine Person, Personengruppe oder Institution *(Familien-, Stadt-, Staats-W.).* Die W. entstanden in der ersten Hälfte des 12. Jh. zur Kennzeichnung der in ihrer Rüstung unkenntl. Ritter. Sie wurden bald erblich u. wurden seit dem 13. Jh. auch von nichtritterl. Kreisen (Frauen, Geistliche, Bürger) übernommen. Auch Körperschaften (Städte, Bistümer, Klöster) nahmen seit dem 13. Jh. W. an (Gesellschaftswappen, Städtewappen). *Zunft-W.* findet man seit dem 14. Jh., Zunftbanner mit herald. Bildern schon seit der 1. Hälfte des 13. Jh. (Chartres 1230).

Der bevorzugte Träger des ritterl. W.bildes war der *Schild.* Daher ist auch heute noch die Schildform ein wesentl. Bestandteil des W.s. Zweiter wesentl. Bestandteil ist die *(heraldische) Farbe.* Um Fernwirkung zu erzielen, werden wenige, gegensätzliche Farben verwendet. Bei der Färbung benutzt man „Metalle": Gold (Gelb) u. Silber (Weiß) u. „Farben": Rot, Blau, Grün u. Schwarz, seltener Purpur u. Braun. Im allg. gilt die Regel, daß nicht Farbe an Farbe u. nicht Metall an Me-

Wappen (gemeine Figuren): gegenständliche Wappenbilder, die frei im Raum stehen

tall grenzen soll, sondern Farbe an Metall u. umgekehrt. Doch gibt es Ausnahmen von dieser Regel (z. B. Schwarz-Rot-Gold). Ferner erfordert die gewünschte Fernwirkung eine großflächige Aufteilung der Schildfläche u. eine strenge Stilisierung der dargestellten Figuren. Die Form des Schilds war in den einzelnen Jahrhunderten verschieden.
Die *W.bilder* werden eingeteilt in Heroldsbilder u. gemeine Figuren. Auf dem Schild ruht der Helm mit der Helmzier. Statt des Helms wird bei Adels-W. vielfach eine Krone u. bei geistl. W. ein Pontifikalhut mit Quasten geführt, wobei die Zahl der Quasten je nach dem Rang des Wappenträgers verschieden ist. Die Päpste führen über dem Schild die Tiara. Zu dem herald. Helm gehört außer der Helmzier noch die *Helmdecke*. Sie ist aus dem Nackenschutz entstanden, den der Ritter zum Schutz gegen die Sonnenstrahlen trug. Die Helmdecke wird in ornamental verschnörkelter Form dargestellt u. zeigt die Farben des W.bilds.
Ein W. mit Helm, Helmzier u. Helmdecke heißt Voll-W. Unwesentl. Bestandteile sind die Prachtstücke. Sie können weggelassen werden. Die Annahme eines Familien-W.s steht jedem frei; die Annahme eines Stadt-W.s bedarf der staatl. Genehmigung. Neu angenommene W. dürfen nicht mit bereits von anderen geführten W. übereinstimmen. Verheiratete Frauen haben das Recht, neben dem väterl. W. das W. des Ehemannes zu führen *(Allianzwappen)*.

Wappenbuch, *Armorial*, Sammlung von Wappen einzelner Berufsstände, meistens regional geordnet. Die mittelalterl. Wappenbücher wurden von Herolden zusammengestellt. Sie sind neben den *Siegeln* die wichtigsten Quellen für die Kenntnis des mittelalterl. Wappenwesens. Wichtige Wappenbücher sind u. a.: Züricher Wappenrolle (um 1340); Codex Gelre (um 1370). Wichtigstes W. der neueren Zeit ist J. Siebmachers W. 1854 ff.

Wappenkunde, *Heraldik, Heroldskunst*, histor. Hilfswissenschaft; behandelt Entstehung, Veränderung u. Bedeutung der Wappen u. deren Darstellung; entstand Mitte des 14. Jh.

Wappenrock, wappenbesticktes Gewand der mittelalterl. Herolde.

Waräger [altnord., russ.], die schwed. → Normannen, die im 9. Jh. in Rußland eindrangen u. Herrschaften in Kiew u. Nowgorod gründeten.

War Hawks ['wɔːr 'hɔːks; engl., „Kriegsfalken"], eine Gruppe US-amerikan. Politiker, die unter H. *Clay* u. J. C. *Calhoun* 1810/11 zum Krieg gegen die Engländer drängte. Die aus dem NW der USA stammenden W. H. forderten die Eroberung Kanadas; ihre Freunde aus dem S wollten Florida den Spaniern entreißen. – Ende der 1960er Jahre kam der Begriff im Zusammenhang mit dem Vietnamkrieg wieder in Gebrauch („Falken").

Warlords ['wɔlɔːdz], engl. Bez. für die chines. Militärmachthaber.

Warren-Bericht ['wɔrin-], *Warren-Report*, der 1964 erstattete Abschlußbericht der vom Obersten Bundesrichter der USA, E. *Warren*, geleiteten Kommission zur Untersuchung des Attentats auf Präs. J. F. *Kennedy* am 22. 1. 1963 in Dallas. Der W. kam zu dem Schluß, daß mit großer Wahrscheinlichkeit L. H. *Oswald* als Einzelgänger den Mordanschlag verübte.

Warschau, poln. *Warszawa*, Hptst. von Polen, an der Weichsel, 445 km², 1, 64 Mill. Ew. W. wurde Mitte des 13. Jh. gegr. u. wird 1313 zum erstenmal urkundlich erwähnt. Es war zunächst Residenz der Herzöge von Masowien; im 16./17. Jh. Sitz der poln. Könige. 1596 wurde W. von König Sigismund III. zur poln. Hptst. erhoben; seitdem war die bisherige Hptst. Krakau nur Krönungsstadt. Nach der 3. Poln. Teilung 1795 fiel W. an Preußen; 1806 von den Franzosen besetzt, wurde es Hptst. des von Napoleon geschaffenen *Herzogtums W.* u. 1815 nach dem Wiener Kongreß Hptst. *Kongreßpolens* (das poln. Königreich war in Personalunion mit Rußland verbunden). 1830/31 u. 1863/64 war W. Schauplatz poln. Aufstände. 1915–1918 war es von dt. Truppen besetzt. Seit 1918 ist W. Hptst. der Rep. Polen. Unter dt. Besetzung (seit 1939) kam es im April/Mai 1943 zum Aufstand der Juden im *W.er Getto*, im Aug.–Okt. 1944 zum *W.er Aufstand*.

Warschauer Aufstand, die Kämpfe der poln. Widerstandsbewegung gegen die dt. Besatzung in Warschau vom 1. 8. bis 2. 10. 1944. Die im Untergrund organisierte, der Londoner (von Moskau nicht mehr anerkannten) Exilregierung unterstehende Heimatarmee (AK) wollte in einem Handstreich die Hauptstadt freikämpfen, um dem Einmarsch der Roten Armee zuvorzukommen. Die Stimmung unter der Bevölkerung nach 5 Jahren nat.-soz. Terror förderte den Ausbruch des W. A.s. Anfangs gewann die AK die Kontrolle über große Stadtgebiete westl. der Weichsel, doch angesichts der dt. Überlegenheit schrumpfte der erbitterte Widerstand auf einzelne Stadtteile. Die dt. Streitkräfte, bes. die SS-Truppen, wandten gegen die Polen äußerst rücksichtslose Methoden an. Im W. A. kamen 16 000–18 000 Aufständische u. etwa 150 000 Angehörige der Zivilbevölkerung ums Leben. Mit der (von der AK-Führung ausgehandelten) Kapitulation wurden Angehörige der aufständ. Verbände Kriegsgefangene; die Zivilbevölkerung wurde nach Westen verschleppt. Auf Weisung Hitlers wurde die Stadt fast völlig zerstört. Die Niederschlagung des W. A.s wurde durch die Haltung der Sowjetunion begünstigt, die die Aktion der AK als „abenteuerlich" verurteilte, wesentlichen Entsatz unterließ u. jede Zusammenarbeit bei Hilfsflugaktionen aus dem Westen verweigerte. – Die Frage nach Sinn u. Chancen des W. A.s ist in Polen nach wie vor umstritten.

Warschauer Getto, der ehem. jüd. Bezirk Warschaus. Die seit dem 14. Jh. im Stadtbereich ansässigen Juden wurden 1483 vertrieben, danach öffneten ihnen lediglich vorübergehende Handelsgeschäfte die Tore. Seit Ende des 18. Jh. ließen sich wieder Juden in Warschau nieder; 1862 erhielten sie freies Wohnrecht. So bildete sich allmählich der später als W. G. bezeichnete Wohnbezirk heraus. Pogrome in Südrußland bewirkten ab 1882 massiven jüd. Bevölkerungszustrom.
Am 16. 10. 1940 ordnete die dt. Besatzungsmacht die Ansiedlung der gesamten jüd. Bevölkerung (rd. 400 000) im W. G. an. Unter dem Vorwand der Seuchengefahr sperrte Polizei kurz darauf den Bezirk ab; im Sommer 1941 vollendete eine 16 km lange Mauer die Abriegelung. Seuchen, Hunger u. Kälte bedrohten die Gettobewohner. Zwischen Juli u. Okt. 1942 wurden über 310 000 Juden aus dem W. G. nach *Treblinka* deportiert u. dort ermordet. Nach dem Befehl Himmlers zur endgültigen Vernichtung der Gettobevölkerung erhoben sich erstmals am 18. 1. 1943 Juden mit Waffen gegen ihre Deportation. Nach einigem Zögern eröffneten SS-Kommandos am 19. 4. mit Panzergeschützen den Kampf um das W. G.; am 16. 5. war der zähe Widerstand gebrochen. 50 000 Juden starben während der Kampfhandlungen; die Überlebenden wurden in den Vernichtungslagern ermordet. Das W. G. wurde von den Deutschen dem Erdboden gleichgemacht. Heute befindet sich hier ein Mahnmal.

Warschauer Pakt, *Warschauer Vertrag über Freundschaft, Zusammenarbeit u. gegenseitigen Beistand*, am 14. 5. 1955 nach dem Beitritt der BR Dtschld. zur NATO u. nach deren formalem Vorbild zwischen kommunist. Staaten Europas geschlossenes Kollektivverteidigungsbündnis mit automat. Beistandspflicht, *Vereinigtem Oberkommando* u. unterstellten Truppen. Mitglieder: Bulgarien, die DDR (bis 1990), Polen, Rumänien, die Sowjetunion, die Tschechoslowakei u. Ungarn; Albanien, das bereits 1961 die Mitarbeit eingestellt hatte, trat 1968 aus. Der W. P. wurde auf 20 Jahre abgeschlossen; da kein Mitglied ihn aufgekündigt hatte, verlängerte sich die Laufzeit 1975 zunächst um weitere 10 Jahre. 1985 wurde der W. P. um 20 Jahre verlängert.
Oberstes polit. Lenkungsorgan: der *Polit. Beratende Ausschuß* der Regierungsvertreter. Daneben gab es das *Komitee der Verteidigungsminister* u. das *Ständige Außenministerkomitee*. Neben dem allg. Übergewicht der Sowjetunion sicherten sowjet. Oberbefehlshaber u. Berater, die Ausrüstungs- u. Versorgungsabhängigkeit der kleineren Mitglieder sowie die Ausrichtung der Streitkräfte nach sowjet. Vorbild die Vormachtstellung

auch im militär. Bereich. Der W. P. sah Truppenstationierung vor. Um außenpolit. Interessengegensätzen (Rumänien) entgegenzusteuern, die Maßnahmen der UdSSR u. anderer Mitglieder zu legitimieren u. den kleineren Staaten ein beschränktes Mitspracherecht zu gewähren, wurden wichtige Fragen der Europa- u. Blockpolitik im Rahmen des W. P.s behandelt u. formal auch beschlossen bzw. genehmigt (Berliner Mauer, Einberufung einer europ. Sicherheitskonferenz, Intervention in der Tschechoslowakei). Infolge des polit. Umbruchs in Osteuropa wurde der W. P. 1991 aufgelöst.

Wartburgfest, von der Jenaer Burschenschaft angeregte u. mit 500 Abgesandten von 12 dt. Universitäten beschickte, am 18. 10. 1817 auf der Wartburg durchgeführte Erinnerungsfeier an die Reformation 1517 u. an die Völkerschlacht bei Leipzig 1813. Durch die Forderung nach dt. Einheit u. Freiheit entstand eine polit. Demonstration gegen die Restaurationspolitik des Dt. Bundes (Bücherverbrennungen), die neben der Ermordung A. von Kotzebues (1819) den Anlaß für die *Karlsbader Beschlüsse* gab.

Wartenberg, Johann Kasimir von *Kolbe,* Reichsgraf von W. (1699), brandenburg.-preuß. Minister, *4. oder 6. 2. 1643 in der Wetterau, †4. 7. 1712 Frankfurt a. M.; Günstling des späteren Königs *Friedrich I.,* nach dem Sturz E. von *Danckelmans* (1697) leitender Minister, seit 1701 auch formell Premierminister; wegen seiner Mißwirtschaft 1711 unter Mitwirkung des Kronprinzen *Friedrich Wilhelm* entmachtet.

Wartenburg → Yorck von Wartenburg.

Wartheland, *Reichsgau W.,* eine 1939 aus annektierten poln. Territorien gebildete Gebietseinheit, umfaßte die Regierungsbezirke Posen, Hohensalza u. Litzmannstadt (Lodz) mit 45 000 km² u. rd. 4,5 Mill. Ew., davon 327 000 Deutsche. Reichsstatthalter u. Gauleiter A. *Greiser* regierte das W. weitgehend unabhängig von der allg. Reichsverwaltung. Es bildete für NSDAP u. SS ein Experimentierfeld für ihre Rassenpolitik („Entpolonisierung", Ansiedlung von Volksdeutschen) u. für antikirchl. Maßnahmen.

Warwick ['wɔrik], Richard Neville, Earl of W., engl. Magnat, der „Königsmacher", *22. 11. 1428, †14. 4. 1471 bei Barnet (gefallen); veranlaßte im Verlauf der *Rosenkriege* 1461 die Krönung *Eduards IV.,* fiel später von ihm ab u. rief den gefangenen *Heinrich VI.* wieder zum König aus (1470); er fand im Kampf gegen Eduard den Tod.

Wasa, *Vasa,* schwed. Adels- bzw. Königsgeschlecht, kam 1523 mit *Gustav I.* auf den Thron u. regierte bis 1654 (Thronverzicht *Christines*) in Schweden; 1587–1668 auch eine Linie in Polen.

Wartburgfest: Zug der Jenaer Burschenschafter auf die Wartburg am 18. Oktober 1817; zeitgenössischer kolorierter Holzstich

Washington ['wɔʃiŋtən], *Washington, D.C.,* Bundes-Hptst. u. seit 1800 Regierungssitz der USA; 607 000 Ew. W. wurde 1790 gegr. u. 1802 zur Stadt erklärt.

Washington ['wɔʃiŋtən], George, US-amerikan. Politiker, *22. 2. 1732 Wakefield, Va., †14. 12. 1799 Mount Vernon, Va.; Pflanzer; in den engl.-französ. Kämpfen seit 1753 Oberst der virginischen Milizen; 1775 Oberbefehlshaber der Truppen der aufständ. Kolonien gegen England. W. organisierte die Milizen mit Hilfe europ. Berufsoffiziere (F. W. von Steuben, La Fayette) im Unabhängigkeitskrieg, besiegte die Engländer 1777 bei Princeton u. zwang sie 1781 zur Kapitulation von Yorktown. Dabei waren es weniger die militär. Niederlagen, die die Briten zum Frieden zwangen, als vielmehr die durch W.s Durchhaltewillen u. moralische Kraft bedingte Länge des Krieges u. seine enormen Kosten. 1781 zog sich W. zunächst auf sein Gut Mount Vernon zurück. 1787 wurde er Präs. des Verfassungskonvents. 1789 wurde er zum ersten Präs. der USA gewählt, Dez. 1792 wiedergewählt. Durch eine maßvolle Innenpolitik verschaffte er der neuen Bundesregierung den Einzelstaaten gegenüber Autorität. 1796 lehnte er eine nochmalige Wahl ab u. schuf damit den Grundsatz, daß kein Präsident länger als zwei Amtsperioden regieren solle. W. ist der eigentliche Begründer der Unabhängigkeit der USA.

Washingtoner Flottenabkommen ['wɔʃiŋtənər-], Verträge zwischen den USA, Großbritannien, Japan, Frankreich u. Italien auf der „Rüstungskonferenz" in Washington vom 13. 11. 1921 bis 6. 2. 1922. Diese Einzelverträge sollten den Rüstungswettlauf zur See beenden. Sie legten das Verhältnis der Schlachtschifftonnage zwischen Großbritannien, den USA, Japan, Frankreich u. Italien im Verhältnis von 5:5:3:1,75:1,75 fest. Zum ersten Mal mußte England den Flottengleichstand mit einer anderen Macht hinnehmen. Der weitere Bau von Schlachtschiffen wurde zunächst gestoppt; die Schlachtschiffgröße auf höchstens 35 000 t festgelegt. Das W. F. wurde 1930 durch das *Londoner Flottenabkommen* bestätigt.

Wasserprobe, im MA eines der Gottesurteile: Ging der gebunden ins Wasser geworfene Beschuldigte nicht unter, dann galt er als überführt, weil das reine Wasser ihn nicht aufnahm. Später war auch die entgegengesetzte Deutung möglich.

Wassilewskij, *Vasilevskij,* Alexander Michajlowitsch, sowjet. Offizier (1943 Marschall), *30. 9. 1895 Nowaja Goltschicha, Gouvernement Kostroma, †5. 12. 1977 Moskau; im 2. Weltkrieg 1942 Generalstabschef der Roten Armee, führte 1945 den Angriff gegen Ostpreußen, 1949–1953 Min. für die Streitkräfte bzw. Kriegs-Min., 1953–1957 erster stellvertr. Verteidigungs-Min.

Wassilij, *Vasilij,* Fürsten: **1.** *W. I. Dmitrijewitsch,* Großfürst von Wladimir u. Moskau 1389–1425, *1371, †1425; förderte die Einigung Rußlands durch Erwerbung einiger Fürstentümer, u. a. Nischnij Nowgorod u. Murom (1392).

2. *W. II. Wassiljewitsch Tjomnyj* (der Geblendete), Sohn von 1), Großfürst von Moskau 1425–1462, *1415, †1462; Vater Iwans III. W.s Sieg im Thronkrieg (1431–1447) gegen seinen Onkel Jurij Dmitrijewitsch u. seine Vettern sicherte im Großfürstentum Moskau die Primogenitur u. beseitigte fast alle kleinen russ. Teilfürstentümer. W. wurde von seinen Gegnern geblendet.

3. *W. III. Iwanowitsch,* Enkel von 2), Großfürst von Moskau 1505–1533, *1479, †3. 12. 1533; Vater Iwans des Schrecklichen; beseitigte die letzten selbständigen Fürstentümer: 1510 Pskow, 1513 Wolok, 1514 Smolensk (das er durch die Kriege gegen Litauen 1507/08 und 1512–1522 gewann), 1521 Rjasan, 1522 Nowgorod-Sewersk.

George Washington. Gemälde von Gilbert Stuart, New York, Metropolitan Museum of Art

4. *W. Iwanowitsch Schujskij,* Zar von Rußland 1606–1610, *1552, †22. 9. 1612 Gusłyn; ursprüngl. Moskauer Bojar; nach der Ermordung Pseudo-Demetrius' I. 1606 zum Zaren ausgerufen, von Schweden unterstützt, scheiterte an der Intervention des poln. Königs Sigismund III.; 1610 gestürzt.

Watergate-Affäre ['wɔːtəgɛit-], ein innenpolit. Skandal in den USA, der zum ersten Rücktritt eines Präsidenten führte. Während des Präsidentschaftswahlkampfs 1972 brachen Beauftragte des Wahlkomitees der Republikaner im Hauptquartier der Demokrat. Partei im *Watergate Building* in Washington ein u. installierten dort Abhörgeräte. Die Täter wurden gefaßt. Durch journalist. Nachforschungen stellte sich heraus, daß Vertraute des Präs. R. *Nixon* von dem kriminellen Akt gewußt u. nach seiner Aufdeckung gemeinsam mit Nixon versucht hatten, ihre Beteiligung zu vertuschen. Mehrere enge Mitarbeiter des Präs. (u. a. der Justiz-Min.) mußten ihr Amt verlassen u. wurden z. T. vor Gericht gestellt u. verurteilt. Nach einer Untersuchung beschloß der Rechtsausschuß des Repräsentantenhauses die Einleitung eines Verfahrens zur Amtsenthebung *(Impeachment)* gegen Nixon wegen Amtsmißbrauch, Behinderung der Justiz u. Mißachtung des Kongresses. Nixon bekannte sich teilweise schuldig u. trat am 9. 8. 1974 zurück. Im Präsidentenamt folgte ihm Vize-Präs. G. R. *Ford,* der Nachfolger des 1972 zusammen mit Nixon gewählten Vize-Präs. S. *Agnew,* der 1973 hatte zurücktreten müssen, weil er wegen Steuerhinterziehung gerichtlich verurteilt worden war. Ford gewährte Nixon Straffreiheit für alle ungesetzlichen Handlungen im Zusammenhang mit der W.

Waterloo, Stadt in der belg. Prov. Brabant südl. von Brüssel, 24 800 Ew.

Bei W. fand am 18. 6. 1815 die Entscheidungsschlacht der Befreiungskriege statt. Die Briten unter *Wellington* u. die Preußen unter *Blücher* schlugen die Franzosen unter *Napoleon I.,* der danach endgültig verbannt wurde. Von den Briten wurde die Schlacht nach W. benannt, von den Preußen nach dem Gehöft *Belle-Alliance.* Die Bez. W. setzte sich durch.

Wat Tyler [wɔt tailə], engl. Bauernführer, → Tyler, Wat.

Wavell ['wɛivəl], Archibald Percival, Earl *W. of Cyrenaica and of Winchester,* brit. Offizier (1943 Feldmarschall), *5. 3. 1883 Colchester, †24. 5. 1950 London; 1939–1941 Oberbefehlshaber der brit. Streitkräfte im Vorderen Orient, 1941–1943 in Südostasien, auf beiden Posten erfolglos gegen überlegene Gegner; 1943–1947 Vizekönig von Indien.

Weber, 1. Helene, Politikerin, *17. 3. 1881 Elberfeld, †25. 7. 1962 Bonn; Lehrerin, 1920–1933 Ministerialrätin im preuß. Wohlfahrtsministerium; 1919/20 Mitgl. der Nationalversammlung (Zentrum), 1921–1924 Mitgl. des preuß. Landtages, 1924–1933 MdR; 1933–1945 in der kath. Wohlfahrtspflege tätig; 1946/47 Mitgl. des Landtages von Nordrhein-Westfalen (CDU), 1948/49 Mitgl. des Parlamentar. Rates, 1949–1962 MdB.

2. Max, Soziologe u. Sozialpolitiker, *21. 4. 1864 Erfurt, †14. 6. 1920 München; Prof. in Berlin, Freiburg, Heidelberg, Wien u. München. W. versuchte, die Soziologie als eine sowohl von den Natur- wie von den Geisteswissenschaften unterschiedene empir. Wissenschaft zu begründen. Er wies Theorien über die Gesellschaft als ganze – z. B. den histor. Materialismus – als unwissenschaftlich zurück u. entwickelte seine Konzeption einer *verstehenden Soziologie* ausgehend vom Begriff des *sozialen Handelns.*
Die wichtigsten der historisch-empir. Arbeiten W.s verbinden religions- u. wirtschaftssoziolog. Fragestellungen. In ihnen untersucht W. vor allem die für die europ. Geschichte charakterist. Rationalisierungsprozesse, z. B. bei der Entstehung des Kapitalismus. Darüber hinaus erforschte er auch die Beziehungen zwischen Religion u. Wirtschaft in nichteurop. Gesellschaften.
W. äußerte sich immer wieder zu polit. Fragen; er vertrat dabei meist einen liberalen Standpunkt. W. gehörte zu den ersten Mitgliedern der *Deutschen Demokratischen Partei* (DDP). Ohne amtl. Funktion nahm er an den Vorbereitungen der Weimarer Verfassung teil.
W.s Einfluß auf die wissenschaftstheoret. Diskussion in Soziologie u. Philosophie kann wohl nur mit dem von K. *Marx* u. É. *Durkheim* verglichen werden. In den 1920er Jahren entwickelten so unterschiedl. Theoretiker wie G. *Lukács* u. C. *Schmitt* ihre Vorstellungen in der Auseinandersetzung mit W. Von T. *Parsons* übersetzt u. interpretiert, wurde W. nach dem 2. Weltkrieg auch im angelsächs. Sprachraum zu einem soziolog. Klassiker. – W.s Hauptwerk „Wirtschaft u. Gesellschaft" blieb unvollendet u. wurde 1922 aus dem Nachlaß herausgegeben. – Gesamtausgabe, 32 Bde. geplant, hrsg. von H. Baier, M. R. Lepsius u. a. 1984ff.

Weberaufstand, die Erhebung schles. Weber 1844. Nach anhaltender Verelendung durch die industrielle Konkurrenz griffen Hausweber in Peterswaldau den Besitz des Fabrikanten *Zwanziger* an. Aufstände in den Nachbardörfern folgten; sie wurden vom Militär brutal niedergeschlagen. Der W., der als erste proletar. Erhebung in Dtschld. großes Aufsehen erregte, wurde vielfach in Literatur (Gedicht von H. *Heine* 1844, Drama von G. *Hauptmann* 1894) u. bildender Kunst (Lithographien von K. *Kollwitz* 1894–1898) behandelt.

Wehner, Herbert, Politiker, *11. 7. 1906 Dresden, †19. 1. 1990 Bonn; Kaufmann; zunächst Anarchist, trat 1927 der KPD bei, war 1930/31 Mitgl. des sächs. Landtages, 1931 bis 1933 in der Parteizentrale tätig, 1933–1935 leitend in der Untergrundarbeit in Dtschld., 1935–1937 Kandidat des Politbüros der Exil-KPD u. 1937–1941 Referent bei der Komintern in Moskau. 1941 ging W. im Parteiauftrag nach Schweden, war dort 1942–1944 inhaftiert u. brach mit dem Kommunismus. Seit 1946 wieder in Dtschld., trat er der SPD bei, war 1949–1983 MdB, 1958–1973 stellvertr. Parteivorsitzender, 1966–1969 Bundes-Min. für gesamtdt. Fragen u. 1969–1983 Vors. der SPD-Bundestagsfraktion. W. trug wesentlich dazu bei, die SPD von der Klassen- zur Volkspartei u. damit regierungsfähig zu machen. Eines seiner Hauptanliegen war die Herstellung eines „geregelten Nebeneinanders" zwischen den beiden dt. Staaten. „Wandel u. Bewährung" (Reden u. Schriften) 1981; „Zeugnis" (Erinnerungen 1933–1945) 1982.

Weichbild, ursprünglich ein mittelalterl. Rechtsbegriff für den Geltungsbereich eines bestimmten *Stadtrechts,* heute allg. Bez. für ein Stadtgebiet.

Weichmann, Herbert, Politiker (SPD), *23. 2. 1896 Landsberg, Oberschlesien, †9. 10. 1983 Hamburg; Jurist; 1927–1933 im preuß. Staatsministerium, persönl. Referent des Min.-Präs. O. *Braun;* 1933–1948 im Exil in Frankreich u. den USA; 1949–1957 Präs. des Rechnungshofs von Hamburg, 1957–1965 Finanzsenator, 1965–1971 Erster Bürgermeister von Hamburg.

Weidegerechtigkeit, eine alte Grunddienstbarkeit *(Hutrecht)* : das Recht, auf einem fremden oder gemeindeeigenen *(Allmende)* Grundstück Vieh weiden zu lassen.

Weimar, Kreisstadt in Thüringen, 62800 Ew. W. wird erstmals 975 als *Wimares* erwähnt. Neben einer um 1000 errichteten Wasserburg an der Ilm entstand eine Siedlung, die 1348 Stadtrecht erhielt. Seit 1372 war W. im Besitz der Wettiner; 1547–1918 war es Residenz des Herzogtums Sachsen-W. bzw. (seit 1815) des Großherzogtums Sachsen-W.-Eisenach. In den letzten Jahrzehnten des 18. u. den ersten des 19. Jh. war W. ein Mittelpunkt des dt. Kulturlebens; dort wirkten *Wieland, Goethe, Herder* u. *Schiller.*
1919/20 tagte in W. die dt. Nationalversammlung, die die Verfassung der *Weimarer Republik* beschloß. 1919–1925 hatte das *Bauhaus* seinen Sitz in W. 1920–1948 war W. Hptst. des Landes Thüringen.

Weimarer Republik, die republikanisch-demokratische Staatsform Deutschlands in den Jahren 1918–1933, benannt nach dem Ort, an dem die verfassunggebende Nationalversammlung vom 6. 2. bis zum 30. 9. 1919 tagte (anschließend bis 21. 5. 1920 in Berlin). Obwohl die Verfassung erst am 11. 8. 1919 in Kraft trat und formal, wenn auch in der Substanz ausgezehrt, bis 1945 gültig blieb, rechnet man die Dauer der W. R. von der Ausrufung der Republik am 9. 11. 1918 bis zur Bildung der Regierung Hitler am 30. 1. 1933.

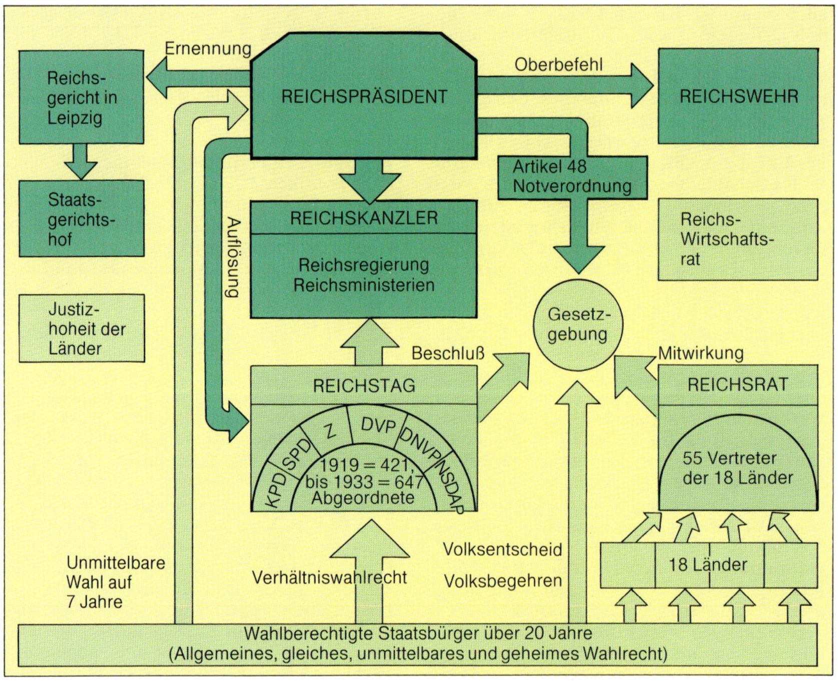

Weimarer Republik: Staatsaufbau

Die *Weimarer Reichsverfassung* ging vom Prinzip der Volkssouveränität aus. Ursprüngl. Pläne, einen Einheitsstaat mit starker Exekutive um den Reichspräsidenten zu schaffen, wurden aufgegeben; sie fanden allerdings einen Niederschlag in dem Notstandsartikel 48, der in Verbindung mit Artikel 25 (Auflösung des Reichstages) eine „Reserveverfassung" bildete. Der Reichsaufbau blieb föderativ. Das Schwergewicht lag bei den polit. Parteien u. den von ihnen abhängigen Politikern u. Regierungen. Plebiszitäre Elemente (Volksbegehren u. Volksentscheid) spielten nur gelegentlich eine wichtige Rolle. Ansätze von rätedemokrat. Vorstellungen fanden sich in der Wirtschaftsverfassung, wurden aber nicht ausgebaut.
In der Geschichte der W. R. lassen sich deutlich drei Phasen unterscheiden.
1. Revolution, Gegenrevolution, Wiederaufbau (1918–1924): In den Tagen des dt. militär. Zusammenbruchs bildeten sich Anfang Nov. 1918 in ganz Dtschld. spontan Arbeiter- u. Soldatenräte, die zunächst vornehmlich die Beendigung des Krieges u. die Lösung drängender sozialer Probleme anstrebten. Ab Dez. 1918 wandten sie sich stärker allgemeinpolitischen Zielsetzungen zu. Der in der *Novemberrevolution* paritätisch aus Vertretern von SPD u. USPD als Regierungsautorität gebildete *Rat der Volksbeauftragten* unter dem Vorsitz von F. *Ebert* u. H. *Haase* hatte die Last der Kriegsbeendigung zu tragen. Die unter seinen Mitgliedern von Anfang an bestehenden Meinungsverschiedenheiten ließen sich jedoch nur mühsam überbrücken. Während die SPD-Vertreter auf eine Fortführung der bereits im Krieg eingeleiteten Parlamentarisierung abzielten u. deshalb die baldige Einberufung einer Nationalversammlung betrieben, sahen die USPD-Vertreter das vorrang. Ziel in einer grundlegenden Umgestaltung der sozialen u. wirtschaftl. Verhältnisse. Sie schieden am 29. 12. 1918 aus dem Rat aus. Ein wichtiges Element der Kontinuität bildeten in der Umbruchzeit die Beamten. Sie waren in ihrer großen Mehrheit obrigkeitsstaatlich eingestellt, wurden aber zur Abwicklung

der Kriegsfolgen u. der Friedensvorbereitungen gebraucht. Eine Vereinbarung zwischen Ebert u. General W. *Groener* vom 10. 11. 1918 sicherte die Kooperation zwischen der revolutionären Regierung u. der Obersten Heeresleitung. Das *Stinnes-Legien-Abkommen* vom 15. 11. 1918 ermöglichte Arbeitgebern u. Gewerkschaften die Fortsetzung der im Krieg begonnenen Zusammenarbeit unabhängig von den Räten. Unter dem Einfluß des linken Flügels der USPD u. des zahlenmäßig schwachen Spartakusbundes, aus dem am 1. 1. 1919 die KPD hervorging, radikalisierten die ursprünglich überwiegend sozialdemokratisch eingestellten Räte ihre Forderungen. Enttäuschung über die bisherigen Ergebnisse der Revolution u. zunehmende Auseinandersetzungen mit den Kräften der alten Ordnung, die sich durch die zurückströmenden Truppen des Feldheeres wieder konsolidierten, spielten bei dieser Entwicklung eine Rolle. Seit Anfang 1919 kam es in verschiedenen Teilen des Reiches zu Erhebungen der revolutionären Linken. Zu ihrer Bekämpfung setzte die Regierung die neugebild. *Freikorps* ein, deren Mitglieder größtenteils republikfeindl. eingestellt waren.

Die Wahlen zur Nationalversammlung am 19. 1. 1919 brachten der SPD 165 Mandate, dem Zentrum 91 u. der DDP 77. Diese drei Parteien der *Weimarer Koalition* besaßen damit eine Mehrheit. In Opposition standen 22 Abgeordnete der USPD, 44 der rechten Sammlungspartei DNVP, 19 der DVP u. 7 Sonstige. Ebert wurde am 11. 2. zum Reichspräsidenten gewählt. Die Parteien der Weimarer Koalition bildeten eine Regierung unter P. *Scheidemann* (SPD). Die schwerste Belastung der jungen Republik bildete der Zwang zur Annahme des *Versailler Vertrages*. Sie erfolgte im wesentl. mit den Stimmen der Regierungsparteien SPD u. Zentrum. Die Parteien, die den Vertrag ablehnten, waren nicht bereit, ihrerseits eine Regierung zu bilden u. den Krieg wiederaufzunehmen. Eine dringende Aufgabe war eine Finanzreform, die das Reich finanziell unabhängig von den Ländern machen sollte; sie wurde 1920 von M. *Erzberger* durchgeführt. Eine wirtschaftl. Neuordnung im Sinne der „Gemeinwirtschaft" wurde angestrebt, kam aber nicht zustande. Die linksradikalen Erhebungen wurden in der ersten Hälfte des Jahres 1919 niedergeschlagen. Im *Kapp-Lüttwitz-Putsch* (März 1920) manifestierte sich der Widerstand von rechts gegen die neu geschaffene Ordnung; der Generalstreik der Gewerkschaften u. die Weigerung der Beamtenschaft, mit den Putschisten zusammenzuarbeiten, ließen ihn scheitern. Anschließend flammte der Bürgerkrieg im Ruhrgebiet erneut auf; die „Rote Ruhr-Armee" wurde rasch von Reichswehr u. Freikorps niedergeworfen.

Die ersten Reichstagswahlen am 6. 6. 1920 zeigten, daß die Weimarer Koalition weithin diskreditiert war. Sie erlangte von nun an bis ans Ende der W. R. keine Mehrheit mehr. Die USPD konnte ihre Mandatszahl vervierfachen, u. auch die Rechtsparteien erzielten erhebl. Stimmengewinne. Im Juli 1920 begann eine lange Serie von Konferenzen zur Regelung der Reparationsfrage. Eine emotional geladene Öffentlichkeit erschwerte aber der Regierung die Kooperation mit den Siegern im Rahmen einer „Erfüllungspolitik". Der vorläufige Ausgleich mit Sowjetrußland im *Rapallo-Vertrag* (April 1922) vermochte nur bedingt ein Gegengewicht u. neuen Spielraum zu schaffen. Das Republikschutzgesetz von 1922 konnte dem Terror von rechts (Morde an Erzberger u. W. *Rathenau*) kein Ende bereiten.

Das Jahr 1923 brachte die bisher schwerste Krise des Reiches, dem zeitweise der Zerfall zu drohen schien. Wegen der Nichterfüllung von Reparationsverpflichtungen besetzten französ. u. belg. Truppen das Ruhrgebiet. Die Reichsregierung antwortete mit der Ausrufung des passiven Widerstandes *(Ruhrkampf)*, der sich als finanziell ruinös erwies u. im Herbst 1923 abgebrochen werde mußte. Die Hyperinflation wurde durch eine Währungsreform am 15. 11. beendet, die allerdings weite bürgerl. Kreise in ihrer sozialen Stellung erschütterte. Der rheinische Separatismus, der seinen Höhepunkt mit der Ausrufung der „Rheinischen Republik" am 21. 10. erreichte, konnte sich nicht durchsetzen. Eine schon länger virulente bayer. Sonderpolitik, die die Reichseinheit bedrohte, erfuhr eine weitere Steigerung durch den *Hitler-Putsch* vom 9. 11., der sich sowohl gegen die bayer. Regierung wie gegen Berlin richtete. Er brach trotz des zweifelhaften Verhaltens der bayer. Teile der Reichswehr schnell zusammen u. wurde nicht zum erhofften Signal für einen allg. Aufstand von rechts. Zugleich versuchte die Kommunist. Internationale, von legal gebildeten SPD-KPD-Regierungen in Sachsen u. Thüringen aus die Revolution durch einen „dt. Oktober" militärisch vorzubereiten; jedoch kam die Reichswehr hier wie in Hamburg diesen Versuchen zuvor. Die zur Liquidierung des Ruhrkampfes am 13. 8. gebildete Große Koalition (Weimarer Koalition u. DVP) unter G. *Stresemann* (DVP) trat zwar am 23. 12. zurück; die der Reichswehr (General H. von *Seeckt*) übertragene vollziehende Gewalt wurde jedoch zur Konsolidierung der Verhältnisse benutzt.

2. Relative Stabilisierung (1924 bis 1930): Bis zur Regierung Stresemann hatten acht Kabinette amtiert. Bis 1930 folgten ihr weitere sieben Regierungen, allerdings unter nur drei Reichskanzlern. Bis 1928 war die SPD nicht in ihnen vertreten; sie tolerierte sie jedoch in außenpolitischen u. in einigen innenpolit. Fragen. Die Regierungen hatten z. T. eine parlamentar. Mehrheit (unter Einschluß der nur taktisch zur Kooperation im Rahmen der Republik bereiten DNVP), z. T. stützten sie sich als „Fachkabinette" mit dem Anspruch auf Überparteilichkeit nur auf eine Minderheit u. auf das Vertrauen des Reichspräsidenten. Nach dem Tod Eberts wurde als Kandidat der Rechten am 26. 4. 1925 P. von *Hindenburg* zum Reichspräsidenten gewählt; ihm unterlag W. *Marx* (Zentrum).

Die Stabilisierung beruhte vordergründig auf dem Fehlen radikaler Auseinandersetzungen, auch wenn die Arbeitslosenzahl 1925/26 zwei Millionen erreichte u. Arbeitskämpfe mit Massenbeteiligung geführt wurden. Entscheidend für die Erfolgsbilanz dieser Jahre war die Außenpolitik, die 1923–1929 unter der Leitung Stresemanns stand. Der *Dawes-Plan* regelte unter dem für die W. R. insges. beherrschenden Einfluß der USA vorläufig die Reparationsfrage. Die *Locarno-Verträge* leiteten eine Aussöhnung mit dem Westen ein, ohne daß gleichzeitig die Ostgrenze gegenüber Polen anerkannt wurde. Der *Berliner Vertrag* mit der Sowjetunion von 1926 bildete ein Gegengewicht zum gleichzeitigen Eintritt Deutschlands in den Völkerbund, wo es einen ständigen Ratssitz als Großmacht erhielt. Das Dt. Reich unterzeichnete einen deklarator. Kriegsächtungspakt (*Briand-Kellogg-Pakt* von 1928), erreichte den Abzug der seit Kriegsende bestehenden Internationalen Militärischen Kontrollkommission (1927) u. – im Rahmen der dt.-französ. Annäherung – die Räumung des militärisch besetzten Rheinlandes (endgültig 30. 6. 1930). Der Da-

Regierungsbeginn	Koalition	Kanzler	Anzahl der von den Parteien gestellten Minister									
			USPD KPD	SPD	DDP	Zentrum	DVP	BVP	DNVP	NSDAP	Sonstige	Parteilos
10. 11. 1918	SPD-USPD	Rat der Volksbeauftragten	3	3								
29. 12. 1918	SPD	Rat der Volksbeauftragten		5								
13. 02. 1919	SPD-Z-(DDP)	Scheidemann, SPD		6	4	4						
21. 06. 1919	SPD-Z-(DDP)	Bauer, SPD		7(6)	2(3)	6						
27. 03. 1920	SPD-Z-DDP	Müller, SPD		5(6)	3	4(3)						
21. 06. 1920	Z-DDP-DVP	Fehrenbach, Z				4	3					2
10. 05. 1921	SPD-Z-DDP	Wirth, Z		3	3	4						2
26. 10. 1921	SPD-Z-DDP	Wirth, Z		4	2	4						1
22. 11. 1922	Z-DDP-DVP	Cuno, parteilos			2	2	2	1				5
13. 08. 1923	SPD-Z-DDP-DVP	Stresemann, DVP		4	2	3	2					1
06. 10. 1923	SPD-Z- DDP-DVP	Stresemann, DVP		3	2	3	1					3
30. 11. 1923	Z-DDP-DVP-BVP	Marx, Z			3	3	1	1				3(4)
03. 06. 1924	Z-DDP-DVP	Marx, Z			3(4)	3	1	(1)				4
15. 01. 1925	Z-DDP-DVP-DNVP	Luther, parteilos			1(2)	3(2)	2(3)	1	(3)			1(3)
20. 01. 1926	Z-DDP-DVP-BVP	Luther, parteilos			3	4	3	1				
17. 05. 1926	Z-DDP-DVP	Marx, Z			3	4	3	1				
29. 01. 1927	Z-DVP-BVP-DNVP	Marx, Z			(1)	3	2	1	4			(1)
28. 06. 1928	SPD-Z-DDP-DVP-BVP	H. Müller, SPD		3	2(1)	2(3)	2(3)	2(1)				
30. 03. 1930	Präsidialkabinett	Brüning, Z			1(2)	3(4)	2(1)	1	1		3(2)	1(3)
09. 10. 1931	Präsidialkabinett	Brüning, Z			1	2		1			3	4
01. 06. 1932	Präsidialkabinett	von Papen, parteilos							4			9
03. 12. 1932	Präsidialkabinett	von Schleicher, parteilos							2		2	9
30. 01. 1933	DNVP-NSDAP	Hitler, NSDAP							4	3	1	5

Reichsregierungen der Weimarer Republik 1919–1933

wes-Plan wurde in engem polit. Zusammenhang hiermit 1929/30 durch den *Young-Plan* ersetzt. 1928–1930 bestand unter H. *Müller* (SPD) zum letzten Male eine auf eine Reichstagsmehrheit gestützte Regierung der Großen Koalition, deren Flügel jedoch in wehr- u. wirtschaftspolit. Fragen nur einen losen Zusammenhalt aufwiesen, woran die Koalition letztlich zerbrach. – In den Jahren der Stabilisierung kam es in den Großstädten, vor allem in Berlin u. München, zu einer Entfaltung des kulturellen Lebens, die diese Epoche in der verklärenden Rückschau als „goldene zwanziger Jahre“ erscheinen ließ.
3. Auflösung (1930–1933): Die mit dem New Yorker Börsenkrach im Okt. 1929 manifest werdende Weltwirtschaftskrise traf die vom US-amerikan. Kapital abhängige dt. Politik bes. schwer u. leitete den Zerfall der W. R. ein. Unter maßgebl. Einfluß der Reichswehr (General K. von *Schleicher*) wurde im März 1930 die Regierung H. *Brüning* (Zentrum) gebildet. Sie sollte sich primär auf das Vertrauen des Reichspräsidenten gründen, was eine grundsätzl. Abkehr vom parlamentar. System signalisierte. Die Regierung verlor in den Wahlen vom 14. 9. 1930 auch tatsächlich die Mehrheit. In diesen Wahlen konnte die NSDAP ihre Mandatszahl von 12 auf 107 erhöhen u. etablierte sich damit als Massenbewegung. Brüning stützte sich fortan vornehmlich auf das Notverordnungsrecht des Reichspräsidenten u. die Drohung mit der Reichstagsauflösung. Damit begann die Serie der *Präsidialkabinette*. In dieser Zeit formierte sich eine breite „nationale Rechte“ (Volksbegehren gegen den Young-Plan, Harzburger Front). Mit ihrem Kandidaten *Hitler* unterlag sie bei der Reichspräsidentenwahl im April 1932 nur knapp Hindenburg, der nunmehr als Repräsentant der Mitte einschl. der SPD figurierte, was seinem Selbstbild stark widersprach. Die zunehmende Wirtschaftskrise (Bankenkrach 1931, Massenarbeitslosigkeit) wurde von Brüning durch Deflationsmaßnahmen bekämpft u. damit sozialpolitisch verschärft. Das Schrumpfen der bürgerl. Parteien in den beiden Reichstagswahlen von 1932 ließ einen Ausweg aus der Krise nur noch in Form eines Staatsumbaus „weg von Weimar“ erreichbar scheinen.
Außenpolit. Revisionserfolge, die Brüning vorbereitete hatte, die aber erst von seinen Nachfolgern realisiert wurden, waren der multilaterale Beschluß über das Ende der Reparationen (Lausanne, Juli 1932) u. die Zuerkennung der formalen Gleichberechtigung in Rüstungsfragen (Genf, Dez. 1932). Der Plan einer dt.-österr. Zollunion war 1931 an internationalem Einspruch gescheitert. Brüning, dessen Regierung sich nur dank der Tolerierung durch die SPD halten konnte, verlor im Mai 1932 das Vertrauen Hindenburgs u. wurde durch F. von *Papen* mit einem „Kabinett der Barone“ ersetzt. Es gelang Papen nicht, die NSDAP zur Mitarbeit heranzuziehen u. zu seiner Massenbasis zu machen. Er stürzte durch Staatsstreich die als republikan. Bollwerk bereits geschwächte preuß. Regierung der Weimarer Koalition unter O. *Braun* („Preußenschlag“, 20. 7. 1932). Die innenpolit. Auseinandersetzung verschärfte sich. Die stark angewachsene KPD bekämpfte primär die SPD als „Sozialfaschisten“. Blutige Zusammenstöße zwischen rechten u. linken Kräften ließen einen Bürgerkrieg befürchten. In dieser Situation übernahm Schleicher am 2. 12. 1932 das Reichskanzleramt. Sein Versuch, durch Spaltung der NSDAP u. Zusammenarbeit mit den Gewerkschaften eine breite gesellschaftl. Unterstützung zu finden („Querfront“), scheiterte. Angesichts der gewollten Lahmlegung des parlamentar. Systems sahen wichtige Interessengruppen eine Rettung vor dem Bürgerkrieg nur noch in der direkten Beteiligung Hitlers an der Macht. Beraten von führenden Persönlichkeiten aus Großgrundbesitz, Industrie u. Militär, ernannte Hindenburg am 30. 1. 1933 Hitler zum Reichskanzler. Der Führer der NSDAP sollte durch Papen als Vizekanzler u. zahlr. konservative Minister „eingerahmt“ werden. Tatsächlich gelang es jedoch den Nationalsozialisten sehr rasch, die Konservativen auszuschalten u. einen Staatsumbau im eigenen Sinne einzuleiten.
Die W. R. war für die meisten Deutschen ein ungeliebter Staat. Sie konnte sich in der kurzen Zeit ihres Bestehens nicht konsolidieren. Die meisten führenden Politiker waren noch durch das Kaiserreich geprägt; ein Generationswechsel fand nicht statt. Die W. R. wurde unter schweren Belastungen gegründet. Die militär. Niederlage im 1. Weltkrieg wurde im Bewußtsein der Bevölkerung nicht akzeptiert, da bis zum Schluß Siegesnachrichten verbreitet worden waren u. dt. Truppen noch weite Teile Osteuropas besetzt hielten. So konnte die These, daß die Niederlage durch die Revolution herbeigeführt worden sei *(Dolchstoßlegende)*, in weiten Kreisen Eingang finden. Der Friedensvertrag schien die Schwäche der neuen Republik zu demonstrieren. Während die Linken mit Enttäuschung konstatierten, daß die soziale u. wirtschaftl. Umgestaltung in Ansätzen steckengeblieben war, sah man auf der Rechten den revolutionären Beginn u. gerade diese Reformansätze als grundlegend verfehlt an. Die polit. Mitte wurde zwischen den beiden Extremen zerrieben. Die polit. Parteien waren aufgrund der Traditionen des Kaiserreiches nicht hinreichend befähigt, im Interesse der Bildung einer regierungsfähigen Mehrheit Sachkompromisse einzugehen; sie stellten im Zweifel ihren eigenen programmat. Zusammenhalt vor politisch notwendige Sachprogramme. Hierzu trug die Zersplitterung des Parteiwesens aufgrund des Verhältniswahlrechts bei. Als von außen die Weltwirtschaftskrise zu den vorhandenen Belastungen hinzutrat, war die W. R. bereits weitgehend gescheitert. Es entstand ein Machtvakuum, das zur Radikalisierung weiter Teile der sozial u. politisch unzufriedenen Wählerschaft führte. Eine nat.-soz. Diktatur wollte nur ein kleiner Teil der Bevölkerung. Die Erwartung der bisher dominierenden Eliten, daß sie die nat.-soz. Bewegung für ihre eigenen Zielvorstellungen in Dienst nehmen könnten, erwies sich jedoch schnell als eine verhängnisvolle Illusion.

Weiße Horde, ein Teil der Goldenen Horde, Turkmenen, etwa zwischen dem Uralfluß u. dem Aralsee. Chan *Tochtamysch* vereinigte das Gebiet 1377 mit dem der Goldenen Horde.

Weiße Hunnen → Hephthaliten.

Weiße Rose, 1. ein studentischer Freundeskreis in München, der 1942/43 dort u. in anderen Städten durch Flugblätter u. Wandparolen unter dem Symbol der weißen Rose zum ethisch u. christlich begründeten Widerstand gegen das nat.-soz. Regime aufrief. Die aktivsten Kräfte (Hans u. Sophie *Scholl*, Christoph *Probst*, Willi *Graf*, Alexander *Schmorell*, Prof. Kurt *Huber*) wurden nach ihrer Verhaftung 1943 vom Volksgerichtshof zum Tode verurteilt u. hingerichtet.
2. → Rosenkriege.

Weißes Haus, engl. *White House*, der Amtssitz des Präs. der USA in Washington, D. C.; nach seiner Farbe benannt; 1792 begonnen, 1800 erstmals von Präs. J. *Adams* bezogen.

Weißgardisten, die im russ. Bürgerkrieg nach der bolschewist. Revolution 1917 gegen die Rote Armee *(Rotgardisten)* kämpfenden russ. Verbände. Ihre wichtigsten Führer waren A. J. *Denikin*, N. N. *Judenitsch*, A. W. *Koltschak* u. P. N. von *Wrangel*.

Weißrußland BY

Republik Belarus

Fläche: 207 595 km². – *Einwohner:* 10,3 Mill. – *Hauptstadt:* Minsk. – *Landessprache:* Weißrussisch. – *Währung:* 1 Belarus-Rubel = 100 Kopeken. – *Nationalfeiertag:* 27. 7. – *Lage:* zwischen 51°19′ und 56°09′ n. Br. sowie 23°12′ und 32°44′ ö. L. – *Grenzen:* im N Litauen und Lettland, im NO und O Rußland, im S Ukraine, im W Polen. – *Staatsform:* präsidiale Republik.

Im MA war W. ein Teil der Kiewer Rus. Nach deren Niedergang zerfiel es in mehrere Fürstentümer u. kam im 14. Jh. unter die Herrschaft Litauens, das 1385 eine Personalunion mit Polen einging. Durch die poln. Teilungen des 18. Jh. kam W. zum Russ. Reich. Im 19. Jh. betrieb die zarist. Regierung eine Russifizierungspolitik. Nach der russ. Revolution 1917 kam es zunächst zur Gründung einer bürgerl. Weißruss. Volksrepublik, die 1919 von der Weißruss. SSR abgelöst wurde. Diese verlor nach dem russ.-poln. Krieg 1921 ihren westl. Teil an Polen. 1922 wurde sie mit anderen Sowjetrepubliken zur UdSSR zusammengeschlossen. Nach dem 2. Weltkrieg wurden die an Polen verlorenen Gebiete der Republik wieder angegliedert. W. erhielt 1945 einen der drei UNO-Sitze, die der UdSSR zugestanden wurden. Die Reformpolitik der 1980er Jahre gab der nationalen Bewegung in W. neuen Auftrieb. 1990 erklärte es sich für souverän u. am 26. 8. 1991 für unabhängig. W. wurde Mitgl. der Gemeinschaft Unabhängiger Staaten (GUS). Seit 1994 ist A. G. *Lukaschenka* Staatsoberhaupt.

Weistum, im MA auf Befragen von Rechtskundigen erteilte Feststellung des Gewohnheitsrechts auf der Versammlung der Rechtsgenossen, auf dem Reichstag *(Reichs-W.)*, vor allem aber in der Dorfgenossenschaft durch die Ältesten oder Schöffen, häufig unter Mitwirkung des Grundherrn, „gewiesenes“ Recht.

Weitling, Wilhelm, Sozialist, *5. 10. 1808 Magdeburg, †25. 1. 1871 New York; Schneidergeselle; trat 1836 in Paris dem „Bund der Gerechten“ bei u. verfaßte für ihn die Programmschrift „Die Menschheit, wie sie ist u. wie sie sein sollte“ 1838. Mit seinem utopisch-sozialist. Hptw. „Garantien der Harmonie u. Freiheit“ 1842 wurde W. zeitweise zum führenden Theoretiker der entstehenden dt. Arbeiterbewegung. In der Schrift „Das Evangelium eines armen Sünders“ 1845 suchte er sozialist. u. urchristl. Ideen zu verbinden. Mit K. *Marx* kam es nach anfängl. Zusammenarbeit 1846 zum Bruch. 1849 emigrierte W. in die USA, wo er u. a. an der Gründung einer kommunist. Kolonie mitwirkte. Mitte der 1850er Jahre zog er sich vom polit. Leben zurück u. betrieb astronom. Studien.

Weizmann, 1. Chaim, zionistischer u. israel. Politiker, *27. 11. 1874 Motyli bei Pinsk (Weißrußland), †9. 11. 1952 Rehovot; seit 1903 als Chemiker in England; erwirkte die *Balfour-Deklaration* 1917 u. schuf damit die Voraussetzung für das brit. Palästina-Mandat als Vorstufe eines Judenstaats. 1920–1930 u. 1935–1946 war W. Präs. der Zionist. Weltorganisation, zeitweise auch der Jewish Agency; er war maßgeblich beteiligt an der Errichtung des Staates Israel u. 1948–1952 dessen erster Staatspräsident. „Memoiren“ dt. 1951.

2. *Weizman*, Ezer, Neffe von 1), israel. Offizier (Generalmajor) u. Politiker (bis 1980 Cherut, später Arbeiterpartei), *15. 6. 1924 Tel Aviv; 1958–1966 Chef der Luftwaffe, 1966–1969 stellvertr. Generalstabschef; trug wesentlich zum Abschluß des israel.-ägypt. Friedensschlusses 1979 bei; mehrfach Minister; seit 1993 Staatspräsident.

Weizsäcker, 1. Carl Frhr. (1916) von, Politiker, *25. 2. 1853 Stuttgart, †2. 2. 1926 Stuttgart; Jurist; 1900–1906 Minister des Kirchen- u. Schulwesens, 1906–1918 Ministerpräsident u. Außenminister des Königreichs Württemberg.

2. Ernst Frhr. von, Sohn von 1), Diplomat, *25. 5. 1882 Stuttgart, †4. 8. 1951 Lindau; 1900–1920 Marineoffizier, danach im diplomat. Dienst, 1938–1943 Staatssekretär des Auswärtigen Amtes, 1943–1945 Botschafter beim Vatikan. W. trat für eine Vormachtstellung Deutschlands in Mitteleuropa ein, wollte dabei jedoch das Risiko eines Krieges gegen die Westmächte vermeiden. Seine Versuche, Hitlers Politik zu mäßigen, schlugen fehl. 1949 wurde er vom US-amerikan. Militärgerichtshof in Nürnberg wegen Mitverantwortung für Judendeportationen zu 5 Jahren Haft verurteilt, 1950 vorzeitig entlassen. „Erinnerungen“ 1950.

3. Richard Frhr. von, Sohn von 2), Politiker (CDU), *15. 4. 1920 Stuttgart; Rechtsanwalt, bis 1966 in Industrie u. Bankwesen tätig; 1964–1970 Präsident des Deutschen Evange-

Richard von Weizsäcker

lischen Kirchentages; 1969–1981 Mitglied des Bundestages, 1979–1981 Vizepräsident des Bundestages; von 1979 bis 1984 Mitglied des Westberliner Abgeordnetenhauses, 1981–1984 Regierender Bürgermeister von Berlin (West); Bundespräsident 1984–1994. W. schrieb „Die deutsche Geschichte geht weiter“ 1983.

Welcker, Karl Theodor, Staatsrechtslehrer u. Politiker, *29. 3. 1790 Oberofleiden, Hessen, †10. 3. 1869 Heidelberg; spielte 1831–1849 als liberaler Politiker eine wichtige Rolle. W. war Mitgl. der Frankfurter Nationalversammlung u. stellte dort am 12. 3. 1849 den Antrag auf die Verleihung der dt. Kaiserwürde an den König von Preußen. Hptw.: „Staatslexikon“ (Hrsg., mit K. von *Rotteck*) 15 Bde. u. 4 Ergänzungs-Bde. 1834–1849, 1855–1866 (14 Bde.).

Welfen, dt. Fürstengeschlecht, das schon unter Karl d. Gr. nachweisbar ist. Graf *Welf I.* (†819/825) in Bayern gilt als Stifter der *älteren welf. Linie*; seine Tochter *Judith* heiratete Kaiser Ludwig den Frommen, seine Tochter *Emma* (*Hemma*, †876) den ostfränk. König Ludwig den Deutschen; sein Sohn *Konrad* (†863) wurde Stammvater der Könige von Oberburgund. *Welf III.* (†1055) wurde 1047 mit dem Herzogtum Kärnten u. der Mark Verona belehnt. *Welf IV.* (*1030/1040, †1101), Sohn des Markgrafen *Azzo II.* von Este, begründete die *jüngere welf. Linie* u. erhielt von König Heinrich IV. 1070 das Herzogtum Bayern. Nach dem Tod *Welfs V.* (*um 1073, †1120) fiel der gesamte welf. Besitz an seinen Bruder *Heinrich den Schwarzen*, der durch Heirat bereits die Hälfte der Billungschen Erbgüter erworben hatte. Dessen Sohn *Heinrich der Stolze* erhielt als Schwiegersohn Kaiser Lothars III. das Erbrecht an den braunschweig., nordrhein. u. supplinburg. Gütern u. neben dem Herzogtum Bayern das Herzogtum Sachsen.
Aus dieser beherrschenden Stellung im Reich entstand ein Gegensatz zu den Staufern, der sich bei *Heinrich dem Löwen* zu offener Auflehnung zuspitzte. Dieser unterlag jedoch Kaiser Friedrich I. Barbarossa u. verlor 1180 seine Herzogtümer. Ihm verblieben nur die von den Billungern u. von Kaiser Lothar ererbten Güter um Braunschweig u. Lüneburg, die 1235 zum Herzogtum Braunschweig u. Lüneburg erhoben wurden. Das Herzogtum teilte sich später in mehrere Linien, aus denen das Herzogtum Braunschweig u. das Kurfürstentum u. spätere Königtum Hannover hervorgingen. Die hannoverschen W. hatten 1714–1837 den Thron von Großbritannien u. Irland inne. In Hannover wurden sie 1866 nach der Niederlage gegen Preußen entthront. 1913–1918 regierten sie in Braunschweig.

Welfenfonds [-fɔ̃], das Privatvermögen des 1866 entthronten Königs *Georg V.* von Hannover (16 Mill. Taler), das die preuß. Regierung 1868 wegen der Aufstellung einer *Welfenlegion* in Frankreich durch den König beschlagnahmt hatte. Ein Teil der Zinsen des W. wurde von Bismarck ohne parlamentar. Kontrolle zur Bekämpfung regierungsfeindl. Bestrebungen u. zur Pressebeeinflussung verwendet (*Reptilienfonds*). 1892 wurden die Zinsen an das Welfenhaus freigegeben.

Wellington ['wɛliŋtən], Arthur *Wellesley*, Duke of (seit 1814), brit. Feldherr u. Politiker, *1. 5. 1769 Dublin, †14. 9. 1852 Walmer Castle bei Dover; kämpfte 1808–1814 als brit. Oberbefehlshaber in Portugal u. Spanien erfolgreich gegen Napoleon, wofür er 1814 zum Herzog erhoben wurde; war Bevollmächtigter auf dem Wiener Kongreß; siegte 1815 mit Blücher bei Waterloo. 1827 wurde W. Oberbefehlshaber des brit. Heeres; 1828–1830 war er Premier-, 1834/35 Außen-Min. Er sah die Notwendigkeit einer Lösung des Katholikenproblems u. überzeugte 1828/29 Georg IV., Peel u. die Tory-Partei, daß die Aufhebung der die Katholiken diskriminierenden Gesetze unabdingbar sei.

Wels, Otto, Politiker (SPD), *15. 9. 1873 Berlin, †16. 9. 1939 Paris; Tapezierer; 1912–1918 u. 1920–1933 MdR; seit 1912 Mitgl. des Parteivorstands der SPD, seit 1919 einer ihrer Vorsitzenden. Im Nov./Dez. 1918 trug W. als Berliner Stadtkommandant dazu bei, die revolutionäre Bewegung in gemäßigte Bahnen zu lenken. In der Schlußphase der Weimarer Republik vertrat er eine passive Haltung der SPD. Am 23. 3. 1933 lehnte er für die SPD im Reichstag das nat.-soz. Ermächtigungsgesetz

Arthur Wellesley, Herzog von Wellington

Bartholomäus Welser

ab. Nach seiner Emigration im Mai 1933 war er bis zu seinem Tod Vors. der Exil-SPD.

Welser, Patrizierfamilie, seit dem 13. Jh. in Augsburg urkundlich bezeugt; erlangte durch Handel u. Bergbau Reichtum u. internationale Geltung. Unter *Bartholomäus* W. (*1484, †1561) unterhielten die W. weltweite Verbindungen, Stützpunkte in Amerika u. eine eigene Flotte; sie unternahmen bewaffnete Expeditionen, u. a. zur Eroberung Venezuelas. *Karl V.* war der berühmteste Schuldner der W., deren gewaltige Finanzmacht erst im 17. Jh. durch die Verschuldung des französ. u. span. Staates u. die Religionskriege in den Niederlanden gebrochen wurde. Die Nichte des Bartholomäus W., *Philippine W.* (*1521, †1580), war seit 1557 mit Erzherzog Ferdinand vermählt.

Weltalter, nach antiker Vorstellung die einzelnen Perioden der Menschheitsgeschichte, die den jeweiligen von W. zu W. schlechter werdenden sittl. Zustand der Menschen widerspiegeln. Im allg. wurden vier W. unterschieden: das friedl. u. sorgenfreie Dasein unter der Herrschaft des Kronos (*goldenes W.*), das *silberne*, das (krieger.) *eherne* u. das die Gegenwart bezeichnende, vom völligen moral. Verfall bedrohte *eiserne W.*

Weltchroniken, mittelalterl. universalgeschichtl. Darstellungen in Prosa oder Vers, die die Ereignisse seit Erschaffung der Welt verzeichnen. In den mittelalterl. W. wird die Geschichte der Menschheit als Heilsgeschichte verstanden, die nach göttl. Plan verläuft u. bis zum Jüngsten Gericht eine begrenzte Zeit hat; berühmt sind: „Über die zwei Reiche“ („Chronica sive historia de duabus civitatibus“) des Otto von Freising, die „Sächs. Weltchronik“ des Eike von Repkow u. die Schedelsche „Weltchronik“.

Weltgeschichte, die Geschichte der gesamten Menschheit u. der Versuch, sie im Zusammenhang des Geschehens wissenschaftlich darzustellen (in diesem Sinn auch *Universalgeschichte*). Als Gattung verdankt die W. ihr Entstehen dem Christentum u. seiner Auffassung von Geschichte als universalem Heilsgeschehen. Die Aufklärung trat das Erbe dieser „linearen“ Geschichtsauffassung an u. machte die immer weiter fortschreitende Kulturentwicklung der Menschheit zu ihrem Thema (*Voltaire*). Daher war die W. der Aufklärung weitgehend *Kulturgeschichte*. In ihrer Tradition steht das philosoph. Konzept *Hegels* von der W. als einem Prozeß des Fortschritts im Bewußtsein der Freiheit. *Marx* folgerte aus seiner Kritik Hegels seine Vorstellung von der W., die zu der Überwindung menschl. Selbstentfremdung u. zur klassenlosen Gesellschaft führen

Kriegsbegeisterung 1914

Die Frage, wie es zum Ersten Weltkrieg kam, ist noch immer umstritten. War Deutschland allein schuld, wie der Versailler Vertrag behauptete? Trug es besondere Verantwortung, wie viele Historiker meinen? Oder sind, nach dem Wort von Lloyd George, die Mächte »hineingeschlittert«? Wie dem auch sei, es war ein Krieg, der mit Zustimmung weiter Bevölkerungskreise angefangen wurde.

Die Stimmung der europäischen Völker beim Kriegsausbruch 1914 beschreibt der amerikanische Historiker Gordon Craig so: »Sie war eine seltsame Mischung aus einem schlichten Patriotismus, einer romantischen Kreuzzugseuphorie und der naiven Erwartung, daß der bevorstehende Waffengang auf die eine oder andere Weise all jene Probleme lösen werde, die sich in den Friedensjahren aufgestapelt hatten. Die meisten Deutschen waren ebenso wie die meisten Engländer und die meisten Franzosen zutiefst davon überzeugt, ihr Land sei das Opfer eines brutalen Überfalls geworden.« Hier ein paar Zeugnisse aus Deutschland, denen ähnliche aus den anderen Ländern an die Seite gestellt werden könnten. Eine Zeitungsmeldung vom 1. August: »Auf Befehl des Kaisers trat kurz nach 5 Uhr aus dem Portal des Schlosses ein Schutzmann und teilte der harrenden Menge mit, daß die Mobilisation beschlossen sei. Die tief ergriffene Menge stimmte unter den Klängen der Domglocken den Choral an:›Nun danket alle Gott!‹« In einer Frauenzeitschrift hieß es wenig später: »Ist es nicht eine Wonne zu leben, in diesen wonnevollen Tagen? Was für ein wunderbares Schicksal ist über uns hinweggegangen.« Auch elitär und differenziert denkende Intellektuelle verfielen dem allgemeinen Taumel. Der Literarhistoriker Friedrich Gundolf schrieb an Stefan George: »Ich lebe und webe in der Größe der deutschen Taten, die ihresgleichen nicht in der Welt haben und ein neues Weltalter heraufführen müssen.« Der scharfzüngige Kritiker Alfred Kerr, durchaus kein Freund des wilhelminischen Staates, wies im Überschwang des Erlebens das Forschen nach Ursachen zurück: »Wir wollen in den Tagen / der steilsten Lebensfahrt / nicht säumen – und nicht fragen, / wie alles ward.« Thomas Mann faßte im September 1914 seine Empfindungen und die der meisten Zeitgenossen so zusammen: »Krieg! Es war Reinigung, Befreiung, was wir empfanden, und eine ungeheure Hoffnung.« Jahrzehnte später zog sein Sohn Golo Mann das Fazit: »Im August 1914 zeigte der Krieg sich von seiner schönsten Seite und von seiner unwahrsten. Das blieb nicht so.« *K.R.*

1 *Das Attentat auf Erzherzog Franz Ferdinand und seine Gemahlin in Sarajevo am 28. 6. 1914; Zeichnung von F. Schwormstädt.*

2 *Ausmarsch deutscher Truppen in Berlin, August 1914.*

3 *Gaskampf an der Westfront 1916.*

4 *Die neue Waffe: ein Tank an der Westfront.*

1

2

3

4

5

7

6

8

5 *Die deutsche Führung (von links): Hindenburg, Wilhelm II., Ludendorff.*

6 *Alliierte Befehlshaber (von links): Pétain, Haig, Foch, Pershing.*

7 *Luftkampf.*

8 *Arbeiterinnen in einer Munitionsfabrik.*

9 *Amerikanische Kriegspropaganda: Werbung für Kriegsanleihen.*

9

sollte. Die Geschichtsschreibung des klass. Historismus verstand in ihren großen Darstellungen (L. von *Ranke*) W. als Geschichte der antiken u. christl. Welt u. die weltgeschichtl. Betrachtungsweise als notwendige Ergänzung zur individualisierenden Methode. Gleichzeitig verlagerte sich aber der Schwerpunkt der geschichtswissenschaftl. Praxis immer mehr in die Einzelforschung u. die kritische Sichtung der Quellen.
W. als Versuch einer Gesamtschau des Geschichtsprozesses wurde eine Angelegenheit spekulativer Bemühungen. Neben die „lineare" Auffassung stellten O. *Spengler* u. A. *Toynbee* mit ihrer Kulturmorphologie eine „zyklische" Deutung der W., indem sie sie als Folge einer Reihe von Hochkulturen interpretierten.
Nach dem 2. Weltkrieg ist die Notwendigkeit einer W. im Sinne einer Überwindung nationaler Begrenzungen u. des eurozentrischen Geschichtsbildes weitgehend anerkannt worden. Das Problem ist allerdings, daß W. sich nicht auf die möglichst vollständige Erfassung aller Ereignisse beschränken kann, sondern sich um die Deutung u. Einordnung der Einzelheiten mit Hilfe einheitl. u. universeller Kategorien bemühen muß.
Weltkrieg, ein Krieg, an dem zahlreiche Staaten, bes. Großmächte, beteiligt sind u. der große Teile der Erde in Mitleidenschaft zieht. Als W. wurde von Zeitgenossen bereits der Befreiungskrieg 1813–1815 bezeichnet. W.e im vollen Sinne des Wortes waren jedoch erst die beiden großen Kriege des 20. Jh., u. zwar der zweite in noch weit höherem Maße als der erste.

Der Erste Weltkrieg (1914–1918)

Der Krieg brach in einer Zeit aus, die durch Hochimperialismus, übersteigerten Nationalismus, Rivalitäten u. internat. Krisen gekennzeichnet war. Dtschld. u. Österreich-Ungarn fühlten sich teils durch „Einkreisung" bedroht, teils in ihren Entfaltungsmöglichkeiten als „Weltmächte" behindert; sie hatten aber diese Entwicklung selbst mit zu verantworten. Es bestanden Spannungen mit Frankreich wegen der Elsaß-Lothringen-Frage, mit Großbritannien wegen der dt. Flottenpolitik, mit Rußland wegen seines Drangs zu den Meerengen u. seines panslawist. motivierten Engagements im Donau- u. Balkanraum. Jedoch begann kein Staat den W. aufgrund eines Offensivbündnisses oder mit konkreten Eroberungsabsichten.
Unmittelbarer Anlaß war die Ermordung des österr. Thronfolgers Erzherzog *Franz Ferdinand* u. seiner Gemahlin in Sarajevo am 28. 6. 1914 durch südslaw. Nationalisten. Österreich-Ungarn versicherte sich der Unterstützung Deutschlands u. stellte ein scharfes Ultimatum an Serbien, das abgelehnt wurde. Die daraufhin erfolgende österr.-ungar. Kriegserklärung an Serbien vom 28. 7. 1914 bewog Rußland zu offener Parteinahme für Serbien u. zur Mobilmachung, was wiederum übereilte diplomat. u. militär. Schritte in Dtschld. auslöste, das Anfang Aug. 1914 Rußland u. Frankreich den Krieg erklärte. Das internationale Bündnissystem verursachte nun rasch eine Kriegserklärung nach der anderen. Auf die Seite der Gegner Deutschlands u. seiner Verbündeten traten folgende Staaten: Großbritannien, Japan (Aug. 1914), Italien (Mai 1915), Portugal (März 1916), Rumänien (Aug. 1916), die USA, Kuba, Panama (April 1917), Griechenland (Juni 1917), Siam (Juli 1917), Liberia, China (Aug. 1917), Brasilien (Okt. 1917), Guatemala (April 1918), Nicaragua, Costa Rica (Mai 1918), Honduras (Juni 1918), Haiti (Juli 1918). Zu den sog. *Mittelmächten* vereinigten sich Dtschld. u. Österreich-Ungarn, ferner die Türkei (Nov. 1914) u. Bulgarien (Okt. 1915).
Die Westfront: Der von A. von *Schlieffen* 1905 entworfene dt. Operationsplan, der die Umfassung u. Vernichtung der gesamten französ. Armee mittels einer durch das neutrale Belgien führenden weitausgreifenden Offensive vorsah, scheiterte in der *Marneschlacht* (5.–12. 9. 1914). Nachdem auch der „Wettlauf zum Meer" im Sept./Nov. keine Umfassung des Gegners u. keine Behinderung des brit. Nachschubs gebracht hatte, bestanden keine Hoffnungen mehr, den Krieg rasch an der Westfront beenden zu können. An die Stelle des Bewegungskrieges trat der Stellungskrieg auf einer Front vom Meer bis zur schweizer. Grenze, an die Stelle der Entscheidungsschlachten der Zermürbungskrieg mit gelegentl. Stellungsverbesserungen u. Durchbruchsversuchen. Der Krieg an der Ostfront zwang die Deutschen 1915–1917 zur Defensive an der Westfront (Champagne, Artois, Flandern; 1916 Sommeschlacht, Schlacht um *Verdun*; 1917 dt. Rückverlegung in die Siegfriedstellung, Tankschlacht bei Cambrai). Fünf dt. Offensiven, die 1918 mit Hilfe der an der Ostfront freigewordenen Truppen unternommen wurden, erreichten nicht den Durchbruch durch die französ. Front, brauchten aber die letzten dt. Reserven auf. Vor der Großoffensive der durch US-amerikan. Truppen entscheidend verstärkten Alliierten mußten die dt. Truppen weichen. Sie zogen sich bis zum 4. 11. 1918 auf die Linie Antwerpen-Maasstellung zurück.
Die Ostfront: Die in Ostpreußen mit zwei Armeen eingerückten Russen wurden noch im Aug./Sept. 1914 bei *Tannenberg* u. an den *Masurischen Seen* geschlagen. Österreich-Ungarn errang Anfangssiege bei *Krasnik* u. *Zamość-Komarow*, mußte dann jedoch auf die Karpaten zurückweichen. 1915 beendete ein dt. Sieg über die Russen in der Winterschlacht in Masuren u. ein dt.-österr. Durchbruch in Galizien (*Gorlice* u. *Tarnow*) den russ. Druck auf die Grenzen. Der dt. Vormarsch im Baltikum u. in Südostpolen führte zum allg. Rückzug der Russen, die einer Entscheidung auswichen. Russ. Gegenangriffe (Brussilow-Offensiven 1916, Kerenskij-Offensive 1917) konnten teils von dt. Truppen aufgefangen werden, teils wurden sie durch Auflösungserscheinungen im russ. Heer u. durch die von der dt. Regierung geförderte Oktoberrevolution in Rußland entwertet. Der dt. Gegenangriff in Ostgalizien u. im Baltikum mit der Eroberung der Inseln Ösel u. Dagö führte zum Waffenstillstand mit der Sowjetregierung am 15. 12. 1917. Nachdem Rußland die eingeleiteten Friedensverhandlungen abgebrochen hatte, besetzte Dtschld. Anfang 1918 weite russ. Gebiete. Daraufhin schloß Sowjetrußland am 3. 3. 1918 mit den Mittelmächten den Frieden von *Brest-Litowsk*.
Die Balkanfront: Die Österreicher besetzten am 2. 12. 1914 Belgrad, mußten aber vor der serb. Offensive über die Donau zurückgehen. Durch einen dt.-österr.-bulgar. Angriff gelang seit Sept. 1915 die Eroberung von Serbien, Montenegro u. Albanien. Die seit Okt. 1915 in Saloniki gelandeten brit.-französ. Truppen bauten in Makedonien eine neue Front auf. Die Rumänen wurden von den Mittelmächten Ende 1916 rasch niedergeworden (9. 12. 1917 Waffenstillstand, 7. 5. 1918 Friede von *Bukarest*). Am 15. 9. 1918 brach Bulgarien unter dem Druck der Saloniki-Armee zusammen; am 29. 9. schloß es mit den Alliierten den Waffenstillstand von *Prilep*. Der Zusammenbruch der Balkanfront machte die militär. Niederlage der Mittelmächte offenkundig.
Die Italienfront: Der italien. Vormarsch begann am 26. 5. 1915, führte aber in elf *Isonzoschlachten* nur zu verhältnismäßig geringen Erfolgen. Mit Hilfe von Ententetruppen wurde der Zusammenbruch Italiens schließlich verhindert u. die österr. Offensive am 15. 6. 1918 aufgehalten. Eine italien. Gegenoffensive gegen die von den Ungarn verlassene österr. Front führte zum Durchbruch u. zum Waffenstillstand von *Padua* am 4. 11. 1918.
Die Türkei: Türk. Angriffe gegen Ägypten u. im Kaukasus scheiterten. Die alliierten Landetruppen auf *Gallipoli* wurden mit dt. Hilfe zum Rückzug gezwungen (1915). Brit.-französ. Druchbruchsversuche an den Dardanellen waren vergeblich. Die Briten eroberten 1917 Bagdad zurück u. besetzten bis zum Herbst 1918 Palästina. Am 30. 10. 1918 schloß die Türkei den Waffenstillstand von *Mudros*.
Die dt. Kolonien wurden von den Gegnern bald erobert: 1914 *Tsingtau* (Qingdao) u. *Togo*, 1915 *Dt.-Südwestafrika* u. 1916 *Kamerun*. Die dt. Schutztruppe vermochte zwar *Dt.-Ostafrika* nicht zu halten, leistete aber bis nach dem Waffenstillstand 1918 Widerstand.
Der Seekrieg: Der mit illusionären Erwartungen begonnene *Unterseebootkrieg* fügte zwar dem Gegner beträchtl. materielle Verluste zu; er führte aber zum Kriegseintritt der USA, der die Niederlage der Mittelmächte zur Folge hatte. Die dt. Schlachtflotte kam mit Ausnahme der Seeschlacht am *Skagerrak* (1916) nicht zum Einsatz.
Der Luftkrieg entwickelte sich erst im Laufe des Krieges. Französ. u. brit. Bombenangriffe auf dt. Städte wurden mit Luftangriffen auf französ. u. brit. Städte (bes. London) erwidert. Die dt. Luftüberlegenheit an der Westfront ging nach der Ankunft der Amerikaner verloren.
Das Ende: Nach einem überstürzten, von der Obersten Heeresleitung zu verantwortenden dt. Waffenstillstandsersuchen, das sich auf Präs. W. *Wilsons* „Vierzehn Punkte" berief, endete der 1. W. am 11. 11. 1918 durch den Waffenstillstand von *Compiègne*, der das Dt. Reich wehrlos machte. 1919 folgten die Friedensschlüsse in den *Pariser Vorortverträgen*. Auf seiten der Mittelmächte hatten 24,2 Mill. Soldaten an den Kämpfen teilgenommen, auf seiten der Alliierten 42,9 Mill. Rd. 10 Mill. Soldaten waren gefallen, 20 Mill. verwundet worden, 6,5 Mill. in Kriegsgefangenschaft geraten. Auf Dtschld. kamen 1,8 Mill. Gefallene, 4,2 Mill. Verwundete u. 600 000 Gefangene. Dem Nahrungsmangel infolge der Blockade fielen in Dtschld. ca. 750 000 Menschen zum Opfer.
Politische Entwicklung in Deutschland: Der 1. W. beendete für Dtschld. eine Phase ununterbrochener Prosperität seit den 90er Jahren des 19. Jh. In anfängl. Kriegseuphorie erhoffte man von dem erwarteten raschen Sieg eine innere Versöhnung der in sich gespaltenen Nation durch grundlegende Reformen, die auf gemeinsamen Kriegsanstrengungen basieren würden. Der zunächst von allen Parteien gewahrte „Burgfrieden" u. die Ausgleichspolitik des Reichskanzlers *Bethmann Hollweg* scheiterten an unüberbrückbaren Gegensätzen in den Fragen der Kriegsziele u. einer innenpolit. Neuorientierung. In der Außenpolitik vertrat die eine Seite annexionistische Konzeptionen *(Septemberprogramm, Kreuznacher Programm)*, die andere war um Ausgleich bemüht (undifferenziertes Friedensangebot der Mittelmächte 1916, *Juliresolution* 1917). Innenpolitisch scheiterte der Reformkurs mit der *Osterbotschaft* u. der Entlassung Bethmann Hollwegs 1917. Seitdem standen sich die reaktionär-restaurativen, teils bereits auf eine moderne Militärdiktatur abzielenden Kräfte der 3. Obersten Heeresleitung (*Hindenburg* u. *Ludendorff*), die einen Siegfrieden anstrebten, u. die neue Mitte-Links-Mehrheit des Reichstages, die einen Verständigungsfrieden wünschte, unversöhnlich gegenüber. Die Heeresleitung fand breite Un-

terstützung in der *Dt. Vaterlandspartei* u. blieb politisch so lange bestimmend, wie Hoffnungen auf einen Sieg geweckt werden konnten. Die Reichstagsmehrheit stützte sich auf den *Volksbund für Freiheit u. Vaterland,* kam aber erst zum Zuge, als die Niederlage der Mittelmächte feststand. Die Tatsache, daß Dtschld. militärisch besiegt war, wurde jedoch schon bald nach Kriegsende von den Verfechtern eines Siegfriedens geleugnet *(Dolchstoßlegende).*
Die dt. Nation war somit Ende 1918 tiefer gespalten als je zuvor. Bei dem Versuch, das Volk wieder zusammenzuführen, stand die neue Führung, die sich alsbald auf eine parlamentarisch-republikanische Staatsform einigte, vor größten Schwierigkeiten: Der Friede von *Versailles* war eine schwere Belastung, die vom Krieg verursachte materielle Not war lange Zeit nicht zu beheben, u. die traditionelle Führungsschicht bestritt ihre Verantwortung für Krieg u. Niederlage. Dies alles trug zum späteren Scheitern der Weimarer Republik bei.
Internationale Bedeutung: Der 1.W. veränderte das Staatengefüge Europas. Zwei Vielvölkerstaaten – Österreich-Ungarn u. das Osmanische Reich – wurden aufgelöst, Rußland verlor seine nichtruss. Westgebiete. Zahlreiche neue Staaten entstanden, u. viele Grenzen wurden verändert. Das Selbstbestimmungsrecht der Völker wurde jedoch nicht durchgesetzt; auch in den neuen Staaten bestanden weiterhin Probleme nationaler Minderheiten, oder es wurden neue derartige Probleme geschaffen. Das dynastische Prinzip erlitt eine Niederlage; die Monarchie verschwand in Dtschld., Österreich-Ungarn, Rußland u. dem Osmanischen Reich. Der 1.W. führte zur bolschewist. Revolution in Rußland u. zum Eintritt der USA in die Weltpolitik.
Das Jahr 1917, in dem beides geschah, wird vielfach als der eigentl. Schlußpunkt des 19.Jh. u. Beginn einer neuen Epoche angesehen. 🅑 S. 804/805.

Der Zweite Weltkrieg (1939–1945)

Der verlustreichste u. verheerendste Krieg der bisherigen Geschichte hatte seine tieferen Ursachen in der Friedensregelung des 1.W.es, die, bedingt durch spezifische nationale Faktoren, vor allem in Dtschld., Italien u. Japan nicht akzeptiert wurde. Daraus erwuchs in diesen Ländern eine zunehmend militante Revisionspolitik. Die übrigen Mächte suchten den Status quo im Kern durch begrenzte friedl. Revision u. durch das neuartige Instrument des Völkerbundes zu sichern, scheiterten jedoch mit dem Versuch, auf diese Weise die Expansionswünsche der „Habenichtse" einzudämmen. Dtschld., Italien u. Japan betrieben ihre Außenpolitik im wesentl. unkoordiniert, doch wuchsen ihre Erfolgsaussichten mit ihren sich wechselseitig steigernden Herausforderungen an die Staatengesellschaft. Die entscheidende Zäsur bildete die Weltwirtschaftskrise seit 1929. Die dadurch verursachten Lähmungserscheinungen des internationalen Systems ermutigten die expansiven Mächte zum Krieg: Japan ab 1931 in der Mandschurei, Italien 1935 in Äthiopien u. schließlich 1939 das Dt. Reich. Ein polit., militär. u. ideolog. Versuchsfeld war der Spanische Bürgerkrieg 1936–1939, in den Italien u. Dtschld. militärisch auf seiten Francos, Frankreich, Großbritannien u. die Sowjetunion durch indirekte Unterstützung der legitimen republikan. Regierung eingriffen.
Der 2. W. kann nur zutreffend erfaßt werden, wenn das umfassende Wehrpotential der Kriegführenden als Mittel zur Verwirklichung machtpolit., rassenideolog. u. wirtschaftl. Ziele gesehen wird. Neben der Auseinandersetzung der Großmächte umfaßte er eine Vielzahl kleinerer Kriege oft regionaler Art zwischen anderen Mächten, die in Bündniskonstellationen eingebunden waren. Dennoch ist er als ein einheitl. Ganzes zu sehen, als ein Zusammenwirken gleichzeitiger Kämpfe zu Land, zur See u. in der Luft. Dabei standen wiederum die Kriegsschauplätze auf den verschiedenen Kontinenten u. Meeren in Wechselwirkung zueinander.
Vorgeschichte u. Anlaß: Die Revision des Versailler Vertrages war 1933 in Dtschld. ein in den meisten Aspekten bereits erreichtes Nahziel. Nach dem Machtantritt *Hitlers* wurde daraus ein Schlagwort, mit dem sich Kriegsvorbereitungen tarnen ließen. Bei ständiger Beteuerung des dt. Friedenswillens u. gleichzeitiger massiver personeller u. materieller Ausweitung der Wehrmacht gelang es schrittweise, die meisten verbliebenen Limitierungen dt. Handlungsfreiheit durch einseitige Akte zu beseitigen. Die offiziell vertretenen Parolen von Selbstbestimmungsrecht u. Gleichberechtigung dienten dazu, das dt. Volk hinter der nat.-soz. Führung zusammenzuschließen u. dem Ausland deren weiterreichende Ziele zu verschleiern. Letztlich ging es Hitler darum, etappenweise die Voraussetzungen für einen Krieg um „Lebensraum" gegen die Sowjetunion zu schaffen, dem sich dann in weiteren Auseinandersetzungen mit den verbliebenen Weltmächten ein Kampf um die Weltherrschaft anschließen mußte. Diese Überzeugung vom permanenten Krieg war rassenideologisch motiviert u. erhielt von daher ihre Brutalität wie auch ihre Immunität gegen neue Einsichten.
Der erste expansive Schritt Hitlers, der sich nicht mehr als Revisionsbestrebung verbrämen ließ, war die Zerschlagung der Tschechoslowakei im März 1939. Sie brachte dem Ausland vielfach Klarheit über die dt. Kriegsentschlossenheit. Unmittelbar danach begannen militär. Planungen gegen Polen, das sich geweigert hatte, mit Dtschld. eine gemeinsame Politik gegenüber der Sowjetunion zu betreiben u. somit friedlich in den dt. Machtbereich einbezogen zu werden. Als Vorwand für den Angriff dienten letztmalig Forderungen nach Korrektur der Versailler Ordnung: Rückkehr Danzigs zum Reich u. exterritoriale Verkehrswege nach Ostpreußen. Polen, das sich durch eine Garantieerklärung der Westmächte für seinen Bestand in eigenen Großmachtambitionen bestärkt sah, lehnte diese Forderungen ab. Dtschld. kündigte den dt.-poln. Nichtangriffspakt u. gleichzeitig das dt.-brit. Flottenabkommen. Mit Italien schloß es ein Militärbündnis („Stahlpakt"), das allerdings mehr deklarative Bedeutung hatte, da Italien erklärtermaßen nicht kriegsbereit war. Die dt.-poln. Spannungen wurden zielgerichtet propagandist. erhöht. Ein dt.-sowjet. Nichtangriffspakt mit geheimen territor. Absprachen sicherte die wohlwollende Neutralität u. Unterstützung der Sowjetunion; als Reaktion folgte ein brit.-poln. Beistandspakt. Als Versuche zum Fernhalten der Westmächte gescheitert waren, begann der dt. Angriff auf Polen am 1. 9. 1939. Ein brit.-französ. Ultimatum mit der Aufforderung, die Feindseligkeiten einzustellen, blieb unbeantwortet. Daraufhin erklärten Großbritannien u. Frankreich am 3. 9. Dtschld. den Krieg.
Der europ. Krieg 1939–1941: Polen wurde in einem fünfwöchigen Feldzug niedergeworfen. Ostpolen wurde von sowjet. Truppen besetzt. Ein dt.-sowjet. Grenz- u. Freundschaftsvertrag besiegelte die Teilung Polens: Ostpolen kam zur Sowjetunion, Danzig u. Teile West- u. Nordpolens zu Dtschld. Der Rest des Landes wurde zum dt. Generalgouvernement erklärt; dort etablierte sich eine brutale Besatzungsherrschaft. Die Sowjetunion betrieb anschließend eine aktive Politik der Machterweiterung. Sie stellte territoriale Forderungen an Finnland, die abgelehnt wurden, u. griff daraufhin Finnland an; nach anfängl. militär. Rückschlägen im „Winterkrieg" erreichte sie ihre Ziele in einem Friedensvertrag im März 1940. Im Juni des gleichen Jahres konnte sie aufgrund der Absprachen mit Dtschld. die baltischen Staaten Estland, Lettland u. Litauen sowie die rumänischen Gebiete Bessarabien u. Nordbukowina besetzen.
Um einer alliierten Landeoperation zuvorzukommen, griff Dtschld. am 9. 4. 1940 Dänemark u. Norwegen an. Dänemark wurde kampflos besetzt; der letzte norweg. Widerstand wurde im Juni eingestellt. Brit. Versuche, in die Kämpfe einzugreifen, blieben erfolglos.
Mit einem Angriff auf Frankreich u. die neutralen Staaten Belgien, Niederlande u. Luxemburg begann am 10. 5. 1940 der dt. Westfeldzug. Die Niederlande u. Belgien kapitulierten nach kurzer Zeit; nach sechs Wochen mußte auch Frankreich die Waffen strecken. Dem brit. Expeditionskorps gelang der Rückzug über den Ärmelkanal. Nordfrankreich einschl. Paris u. ein Streifen an der Atlantikküste bis zur span. Grenze wurden von dt. Truppen besetzt. In der unbesetzten Zone amtierte die französ. Vichy-Regierung unter Marschall *Pétain,* die sich um Kollaboration mit Dtschld. bemühte, während General de *Gaulle* von London aus die Fortsetzung des Kampfes proklamierte.
Nachdem Großbritannien ein Friedensangebot Hitlers zurückgewiesen hatte, bemühte sich dieser vergeblich um eine antibrit. Kontinentalkoalition unter Einschluß der Sowjetunion. Die Luftoffensive gegen Großbritannien brachte nicht den gewünschten Erfolg; die erwogene Landung wurde nicht gewagt. Im Sept. schloß Dtschld. mit Italien u. Japan den Dreimächtepakt, der hauptsächlich ein Eingreifen der USA verhindern sollte; er blieb jedoch politisch leer. Später traten ihm mehrere Balkanstaaten bei, nicht jedoch Spanien u. Vichy-Frankreich.
Im Sog der dt. Erfolge suchte Italien einen „Parallelkrieg" zur Gewinnung der Herrschaft über das Mittelmeer zu führen. Es nahm an der letzten Phase des Feldzuges gegen Frankreich teil, ergriff die Offensive in Nordafrika u. griff im Okt. 1940 Griechenland an. Mißerfolge der Italiener auf dem afrikan. u. dem griech. Kriegsschauplatz nötigten Dtschld. zum Eingreifen. Im Febr. 1941 wurden dt. Truppen nach Libyen entsandt; im April griff Dtschld. Jugoslawien u. Griechenland an u. besetzte beide Länder. Jugoslawien, das sich geweigert hatte, dem Dreimächtepakt beizutreten, wurde als Staat zerschlagen. Zur gleichen Zeit wurde der dt. Einfluß im Irak u. Syrien durch brit. u. freifranzös. Truppen ausgeschaltet. Im Aug. 1941 wurde der Iran von brit. u. sowjet. Truppen besetzt.
Am 22. 6. 1941 begann der seit Juni 1940 vorbereitete Feldzug gegen die Sowjetunion. Hitlers Ziele waren die Vernichtung des „jüdischen" Bolschewismus, die Zerstückelung u. wirtschaftl. Ausbeutung des Landes u. die Gewinnung von „Lebensraum" für das erstrebte „Großgermanische Reich". Auf dt. Seite kämpften ungar., rumän., slowak., finn. u. italien. Truppen. Das dt. Vorhaben, wie in den vorangegangenen Feldzügen den Gegner innerhalb weniger Wochen vernichtend zu schlagen, gelang nicht. Nach großen Anfangserfolgen kam die dt. Offensive im Dez. vor Moskau zum Stehen; die Rote Armee ging zum Gegenangriff über. Damit war der dt. Plan eines „Weltblitzkrieges" noch vor dem erwarteten Eingreifen der USA gescheitert. Er hatte vorgesehen, nach schneller Niederwerfung der Sowjetunion durch den Balkan u. die Türkei, von Libyen u. evtl. auch von Transkaukasien aus gegen die brit. Nah-

Hitlers Krieg

Der Erste Weltkrieg brach aus, der Zweite wurde entfesselt. In seinem Fall gibt es keine Kriegsschuldfrage. Er war Hitlers Krieg von Anfang an. Hitler hatte diesen Krieg schon gewollt, als er noch nicht wissen konnte, ob er jemals die Macht besitzen werde, ihn zu führen.

Hitler hat oft vom »granitenen Fundament« seiner Weltanschauung gesprochen. Tatsächlich hielt er, bei aller taktischen Wendigkeit, deren er fähig war, an einigen früh gefaßten Ideen lebenslang fest. Eine Konstante seines Denkens war die Überzeugung, daß das deutsche Volk auf zu engem Raum lebe und deshalb neuen »Lebensraum« erobern müsse. Das setzte er 1925 in seinem Buch »Mein Kampf« auseinander. Er schrieb: »Wenn wir aber heute in Europa von neuem Grund und Boden reden, können wir in erster Linie nur an Rußland und die ihm untertanen Randstaaten denken.« Drei Tage nach seiner Ernennung zum Reichskanzler bezeichnete er vor Reichswehrgeneralen als Ziel seiner Politik die »Eroberung neuen Lebensraumes im Osten«. Alle seine außenpolitischen Erfolge der Jahre 1933–1939 waren für ihn nur Meilensteine auf dem Weg zu diesem Eroberungskrieg. Um die Sowjetunion angreifen zu können, brauchte er aber eine gemeinsame Grenze mit ihr. Er mußte in Polen Fuß fassen, sei es als Bündnispartner, sei es als Eroberer. Da das erste nicht gelang, entschied er sich für das zweite. Am 3. April 1939 wies er die Wehrmachtführung an, alles für den Angriff vorzubereiten. Die Forderungen, die er an Polen stellte, hatten nichts mit dem wirklichen Kriegsziel zu tun. »Danzig ist nicht das Objekt, um das es geht«, erklärte er seinen Oberbefehlshabern, »es handelt sich für uns um die Erweiterung des Lebensraumes im Osten.« Deshalb sind die hektischen diplomatischen Aktivitäten, die dem Krieg vorangingen, im Grunde uninteressant: Hitlers Entschluß stand längst fest. »Ich habe nur Angst«, sagte er am 22. August, »daß mir noch im letzten Moment irgendein Schweinehund einen Vermittlungsplan vorlegt.« Der Abschluß des Nichtangriffspaktes mit der Sowjetunion am 23. August stand nicht im Widerspruch zu Hitlers eigentlichen Plänen; es war seine mehrfach erprobte Taktik, sich mit dem Gegner von morgen zu verbünden, um den Gegner von heute zu treffen. Am 31. August befahl er den Angriff für den nächsten Morgen, 4.45 Uhr. *K.R.*

1

Das Deutsche Reich und seine Verbündeten 1939

Angriffe der Achsenmächte 1939-42

2

1 *Deutsche Soldaten zerstören am 1. 9. 1939 einen polnischen Grenzschlagbaum.*

2 *Vor dem Salonwagen im Wald von Compiègne, in dem am 23. 6. 1940 die französische Kapitulation unterzeichnet wurde. Von links: Ribbentrop, Keitel, Göring, Heß, Hitler, halb verdeckt Raeder, Brauchitsch.*

3 *Gefangene deutsche Soldaten bei Kriegsende.*

3

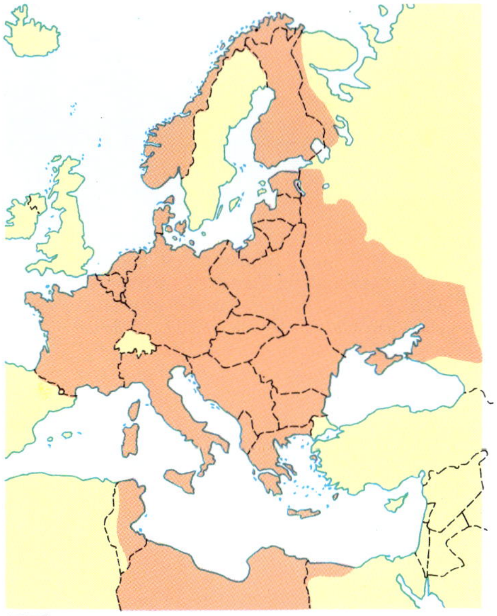

Das von den Achsenmächten beherrschte Gebiet November 1942

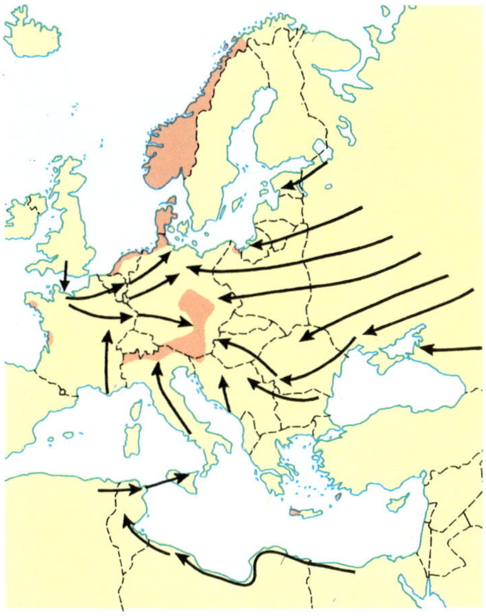

Angriffe der Alliierten 1942-45

Deutscher Machtbereich am Ende des Krieges

4

5

6

4 *Alliierter Luftangriff während der Invasion, 1944.*

5 *Eisenhower (links) und Montgomery.*

6 *Amerikanische Landeoperation an der Küste der Normandie, 1944.*

7

8

7 *Ein Opfer des Bombenkrieges.*

8 *Hiroshima nach dem Abwurf der Atombombe am 6. 8. 1945.*

oststellung vorzugehen, Gibraltar zu erobern, eine Bastion in Nordwestafrika aufzubauen u. die portugies. u. span. Atlantikinseln zu besetzen, um einen blockadefesten Großraum zu schaffen.

Die Ausweitung zum Weltkrieg 1941: Japan führte seit 1937 Krieg gegen China. In seinem Streben nach Errichtung einer „Großostasiat. Wohlstandssphäre" entschloß es sich 1941 zur weiteren Expansion in Richtung Südostasien. Nachdem Versuche eines Ausgleichs mit den USA gescheitert waren, griff Japan am 7. 12. 1941 den US-amerikan. Flottenstützpunkt Pearl Harbor an. Damit begann der Pazifische Krieg. Obwohl durch den Dreimächtepakt nicht dazu verpflichtet, erklärten Dtschld. u. Italien den USA den Krieg. Japan eroberte in kürzester Zeit große Teile Südostasiens.

In der Sowjetunion kam es 1942 zu einer neuen deutschen Offensive; dt. Truppen drangen bis in den Kaukasus u. bis Stalingrad vor. In Nordafrika stieß das dt. Afrika-Korps bis Al Alamein vor u. bedrohte den Suezkanal. Im Atlantik erzielten dt. Unterseeboote große Erfolge in der Versenkung feindl. Handelsschiffe. Seit Mitte 1942 trat jedoch eine Wende an den meisten Fronten ein. In der See- u. Luftschlacht bei den Midwayinseln wurde die japan. Offensive zum Stehen gebracht. Bei Stalingrad wurde im Winter 1942/43 eine dt. Armee eingekesselt u. vernichtet. Der dt. Vormarsch in Nordafrika wurde zurückgeschlagen, u. nach der Landung alliierter Truppen in Tunesien u. Marokko ging Nordafrika ganz für die Achsenmächte verloren. Der dt. Unterseebootkrieg brach im Mai 1943 zusammen. Im Juni des gleichen Jahres begannen die massiven alliierten Luftangriffe auf dt. Städte.

Die „Pazifizierung" der Aggressoren: Mit der Ausweitung des Krieges entstand 1941 die „Anti-Hitler-Koalition" zwischen Großbritannien, den USA u. der Sowjetunion. Sie war von wechselseitigem Mißtrauen u. unterschiedl. nationalen Interessen bestimmt. Während die Sowjetunion bis in die letzten Kriegstage nur gegen das Dt. Reich u. seine Verbündeten in Europa kämpfte, führten die Westmächte u. ihre Verbündeten einen „Zwei-Ozeane-Krieg". Allerdings blieb der Sowjetunion bis zur Errichtung der zweiten Front 1944 die Hauptlast der Kriegführung gegen Dtschld. überlassen. Hinsichtlich der Kriegsziele bestand Einigkeit darin, daß zunächst die Gegner in Europa niederzuwerfen seien. Darüber hinaus sollten die besiegten Staaten polit. so umgestaltet werden, daß von ihnen nie wieder ein Krieg ausgehen könnte. Ein kollektives Sicherheitssystem sollte diese Regelungen ergänzen. Die USA hatten dabei eine neue Weltordnung in Gestalt von „Vereinten Nationen" vor Augen, während die Sowjetunion auf eine geograph. u. sozialrevolution. Absicherung ihres Machtbereichs abzielte.

An der Ostfront ging mit der Schlacht bei Kursk im Sommer 1943 die Initiative an die Sowjetunion über. Gleichzeitig landeten die Alliierten in Sizilien u. anschließend auf dem italien. Festland. Das faschist. Regime in Italien wurde gestürzt. Die neue Regierung schloß einen Waffenstillstand mit den Alliierten. Dtschld. besetzte Italien mit Ausnahme des schon in den Händen der Alliierten befindl. Südens u. setzte eine faschist. Marionettenregierung unter *Mussolini* ein. Im Juni 1944 begann die alliierte Invasion an der Küste der Normandie; damit war die zweite Front eröffnet.

Ende 1944 hatte Dtschld. die meisten eroberten Gebiete mit Ausnahme Norwegens u. Dänemarks wieder verloren. In den ersten Monaten des Jahres 1945 wurde ganz Dtschld. von sowjet. u. westalliierten Truppen besetzt. Im April trafen sich sowjet. u. US-amerikan. Soldaten bei Torgau an der Elbe. Am 2. 5. fiel Berlin. Hitler hatte am 30. 4. Selbstmord begangen. Sein testamentarisch eingesetzter Nachfolger *Dönitz* leitete die bedingungslose Kapitulation Deutschlands ein, die am 7. 5. gegenüber den Westmächten u. am 9. 5. gegenüber der Sowjetunion vollzogen wurde. Ein Alliierter Kontrollrat übernahm die Regierungsgewalt in Dtschld., das in vier Besatzungszonen aufgeteilt wurde. Die Gebiete östl. der Oder-Neiße-Linie wurden abgetrennt u. unter poln. bzw. sowjet. Verwaltung gestellt.

Im Pazifik eroberten US-amerikan. u. brit. Truppen 1943–1945 gegen hartnäckigen Widerstand die meisten der von Japan besetzten Gebiete zurück („Inselspringen"). Aber erst der Abwurf von zwei US-amerikan. Atombomben auf Hiroshima (6. 8. 1945) u. Nagasaki (9. 8.) machte Japan kapitulationsbereit. Am 8. 8. erklärte die Sowjetunion Japan den Krieg u. marschierte in die Mandschurei ein. Am 2. 9. unterzeichnete Japan die Kapitulation. Die USA besetzten die japan. Hauptinseln u. Südkorea; die Sowjetunion besetzte die Kurilen, Südsachalin u. Nordkorea.

Das Kriegsbild: Der 2. W. wurde von Dtschld. mit dem Ziel des Erwerbs von „Lebensraum" als rassenideolog. Vernichtungskrieg geplant u. so auch im Osten geführt. Eine slaw. Sklavenbevölkerung sollte von einer german. „Herrenrasse" beherrscht u. ausgebeutet werden. Darüber hinaus wurden von dt. Seite keine tragfähigen Neugestaltungspläne für das von Dtschld. beherrschte Europa entwickelt. Auf sowjet. Seite wurde der „Große Vaterländische Krieg" mit dem Appell an nationale Traditionen als Reaktion auf die dt. Kriegführung sowie in Konsequenz der eigenen Militärdoktrin mit äußerster Härte geführt, z. T. als Partisanenkrieg. So kam es in Osteuropa zu einer neuen Qualität von Kriegführung, während in Westeuropa u. im Mittelmeerraum der herkömml. Charakter eines „europ. Normalkrieges" eher gewahrt blieb. Japan führte den Krieg in Ostasien mit großer Härte, nutzte jedoch gezielt die antikolonialen Interessen der eroberten Gebiete gegen die überkommenen Kolonialmächte.

Insgesamt entwickelte sich der 2. W. immer mehr zu einem „totalen Krieg" mit Eigengesetzlichkeit. Ausschlaggebend waren nicht mehr nur die Schlachten, sondern der Einsatz der gesamten Kraftquellen der Staaten. Nicht allein die Soldaten (Kombattanten nach Kriegsvölkerrecht) wurden vom Kriegsgeschehen betroffen, sondern in bisher unbekanntem Maße auch die Zivilbevölkerung. Vor einem vollständigen Sieg (oder einer totalen Niederlage) war Dtschld. grundsätzlich nicht zum Friedensschluß bereit. Gleichermaßen erwarteten die Alliierten eine bedingungslose Kapitulation der Aggressoren (Erklärung von Casablanca, Januar 1943). Friedensbemühungen, die von neutralen Staaten, Kirchen u. Widerstandskreisen unternommen wurden, waren daher zum Scheitern verurteilt; ebenso tastende Versuche der Sowjetunion, einen Separatfrieden zu erlangen.

Dtschld. hatte dem Dilemma eines lange dauernden totalen Krieges unter Einsatz aller Ressourcen ursprünglich durch eine Blitzkriegsstrategie entgehen wollen; die Gegner sollten einer nach dem anderen rasch niedergeworfen u. die Eroberungen zur Erweiterung der eigenen Basis genutzt werden. Nachdem diese Konzeption im Herbst 1941 gescheitert war, sah sich die dt. Führung zu einer möglichst umfassenden Mobilisierung der Wirtschaft gezwungen. Die Sowjetunion, Großbritannien u. vor allem die USA hatten diesen Weg schon früher eingeschlagen. Die Entfaltung aller Wirtschaftskräfte, die Entwicklung neuer Techniken, die Lösung von Transportproblemen u. nicht zuletzt das Durchhaltevermögen der Bevölkerung wurden zu kriegswicht. Faktoren. Folgerichtig wurde versucht, die eigene Bevölkerung ideolog. zu beeinflussen, aber auch auf die des Gegners durch Propaganda u. direkte militär. Bedrohung (Bombenkrieg) einzuwirken.

Der ökonom. Aspekt spielte im 2. W. eine große Rolle. Dtschld. u. Japan ging es bei ihrem Expansionsstreben auch um die Eroberung neuer Rohstoffquellen. Die Unterbindung kriegswichtiger Lieferungen u. die Zerstörung kriegswichtiger Anlagen waren vorrangige Ziele. Der Anteil der Rüstungsausgaben am Bruttosozialprodukt, der in Friedenszeiten in den meisten Ländern zwischen 1 u. 3 % betragen hatte, stieg in Dtschld. von 23 % (1939) auf 61 % (1944), in Großbritannien von 22 % (1939) auf 64 % (1944), in den USA von 11 % (1941) auf 42 % (1943). Wertmäßig verhielt sich die Rüstungsproduktion der Achsenmächte zu der der Anti-Hitler-Koalition 1941 wie 1 : 2,4, 1943 jedoch wie 1 : 3,4. An Treibstoffen produzierte die Anti-Hitler-Koalition 1944 etwa 29mal soviel wie Dtschld. Die USA u. Großbritannien lieferten an die Sowjetunion insges. 17,5 Mill. t Kriegsmaterial, darunter 13 000 Kampffahrzeuge, 2300 Geschütze, 400 000 Lastkraftwagen u. 15 000 Flugzeuge.

Bilanz: Im 2. W. standen 110 Mill. Menschen unter Waffen. Etwa 27 Mill. von ihnen fielen im Kampf; die Zivilbevölkerung hatte 25 Mill. Tote zu beklagen; hinzu kamen noch Vermißte. Die Sowjetunion verlor über 20 Mill. Menschen (davon 7 Mill. Zivilisten), Dtschld. 5,25 Mill. (500 000 Zivilisten), Polen 4,5 Mill. (4,2 Mill. Zivilisten, außerdem noch 1,5 Mill. in den von der Sowjetunion annektierten Gebieten), Jugoslawien 1,7 Mill. (1,28 Mill. Zivilisten), Frankreich 810 000 (470 000 Zivilisten), Großbritannien 386 000 (62 000 Zivilisten), Italien 330 000, die USA 259 000, Japan 1,8 Mill. (600 000 Zivilisten). Die chines. Verluste werden auf mindestens 9 Mill. geschätzt.

Eine umfassende Friedensregelung über die Gründung der UNO hinaus kam wegen der wachsenden Spannungen zwischen den Siegermächten nicht zustande. 1946/47 wurden in Paris Friedensverträge mit den europ. Verbündeten Deutschlands geschlossen, 1951 der Friede von San Francisco mit Japan (dem jedoch die Sowjetunion nicht beitrat), 1955 der Staatsvertrag mit Österreich. Ein Friedensvertrag mit Dtschld. wurde nicht geschlossen; eine abschließende Regelung u. die volle Wiederherstellung der dt. Souveränität brachte erst der → Zwei-plus-vier-Vertrag von 1990. 🄱 S. 808/809.

Weltsicherheitsrat → Vereinte Nationen.

Wenden, früher zusammenfassende Bez. für die in Dtschld. siedelnden Slawen, später auf die Sorben eingeengt, jetzt auch nicht mehr in dieser Bedeutung gebraucht.

Wendenkreuzzug, ein Kriegszug, den dt. Fürsten (u. a. Heinrich der Löwe, Konrad von Zähringen, Albrecht der Bär, Konrad von Meißen) 1147, gleichzeitig mit dem 2. Kreuzzug, gegen die Slawen (Obodriten u. Lutizen) in Mecklenburg u. Pommern unternahmen, um sie zu christianisieren. Der W. war im ganzen ein Mißerfolg, schuf aber einige Voraussetzungen für die dt. Ostsiedlung.

Wentworth [-wəːθ], Thomas, engl. Politiker, → Strafford.

Wenzel, Fürsten. Deutscher König: **1.** König 1378–1400 (als König von Böhmen *W. IV.*), *26. 2. 1361 Nürnberg, † 16. 8. 1419 Schloß Wenzelstein bei Kundratitz; Luxemburger, Sohn Karls IV., bereits 1376 zum röm. König gewählt u. gekrönt, 1378 Nachfolger seines Vaters im Reich u. in Böhmen. W. war bald den immer größer werdenden Schwierigkeiten in Kirche (päpstl. Schisma seit 1378) u. Reich (Kämpfe zwischen Fürsten u. Städten, bes. in Dtschld.) nicht mehr gewach-

Wenzel II. Miniatur aus der Manessischen Liederhandschrift

sen. Nach anfängl. Parteinahme für die Städte stellte er sich im *Landfrieden von Eger* 1389, in dem alle Städtebünde verboten wurden, auf die Seite der Fürsten. Der Mord an *Johannes von Nepomuk* 1393 in Prag erschütterte seine Stellung in Böhmen, wo er den Hussitenwirren machtlos gegenüberstand. Die wechselnden Familienkämpfe im Hause Luxemburg führten 1394 zur vorübergehenden Gefangennahme durch seinen Vetter *Jobst von Mähren.* 1400 wurde W., der sich durch seine Untätigkeit immer unbeliebter gemacht hatte u. seit 1387 Dtschld. ferngeblieben war, von den Kurfürsten abgesetzt; er behielt die böhm. Königskrone u. den Titel des röm. Königs jedoch bis zu seinem Tod.

Böhmen: **2.** tschech. *Václav, W. der Heilige*, Herzog der Böhmen 921–929, *um 910, †28. 9. 929 Altbunzlau; Herzog aus der Přemyslidendynastie, Enkel der Hl. Ludmilla, förderte das Christentum in Böhmen u. erstrebte die Angliederung an das Reich; von seinem heidn. Bruder Boleslaw I. ermordet; kath. Nationalheiliger in Böhmen, Fest: 28. 9.

3. *W. I.*, König 1230–1253, *1205, †22. 9. 1253 Beraun; Sohn Ottokars I. u. Schwiegersohn des dt. Königs Philipp von Schwaben, förderte dt. Kolonisation u. Kultur (Minnesang); Vater Ottokars II.

4. *W. II.*, König von Böhmen 1278–1305, König von Polen 1300–1305, König von Ungarn 1302 –1305, *17. 9. 1271, †21. 6. 1305 Prag; seit 1290 dt. Kurfürst; Sohn Ottokars II. u. Schwiegersohn Rudolfs von Habsburg, stärkte die Königsmacht in Böhmen (u. a. 1300 Münzreform) u. förderte die dt. Kolonisten u. die dt. Kultur.

5. *W. III.*, König 1305–1306, *1289, †4. 8. 1306 Olmütz (ermordet); vorübergehend König von Ungarn, letzter Přemyslide im Mannesstamm.

6. *W. IV.* → Wenzel (1).

Wenzelskrone, Krone des Königreichs Böhmen; Karl IV. ließ sie 1347 aus der alten Přemyslidenkrone nach französ. Vorbild neu fassen.

Wergeld [ahd. *wer*, „Mann"], *Manngeld, Blutgeld*, im german. u. mittelalterl. Recht Sühnezahlung für Tötung an die Sippe des Erschlagenen, gezahlt vom Täter oder seiner Sippe als Ablösung für die Blutrache.

Werner, Pierre, luxemburgischer Politiker (Christl.-Soziale Partei), *29. 12. 1913 Saint-André bei Lille (Frankreich); Anwalt; 1953 Parteivorstand, 1953–1959 Finanz-Min., 1954 auch Wehr-Min.; 1959–1974 u. 1979 bis 1984 Min.-Präs., daneben weitere Min.-Posten. Der von W. entworfene *W.-Plan* war ein Stufenplan für die Errichtung einer europ. Wirtschafts- u. Währungsunion.

Werner von Eppenstein, Erzbischof von Mainz 1259–1284, †2. 4. 1284 Aschaffenburg; setzte 1273 die Königswahl *Rudolfs von Habsburg* durch u. unterstützte den König bei der Durchsetzung des Landfriedens.

Werth, *Werdt*, Johann Graf von, auch *Jan de Weert*, Reitergeneral im Dreißigjährigen Krieg, *um 1591 Büttgen, Jülich, †12. 9. 1652 Benatek, Böhmen; führte im Dienst der *Liga* seit 1632 mit mehreren Reiterregimentern Krieg in Süd-Dtschld. u. Frankreich. Noch am 6. 10. 1648 errang W. Erfolge gegen Franzosen u. Schweden.

Werwolf [ahd. *wer*, „Mann"], unter dem Namen W. propagierte das nat.-soz. Regime in der Endphase des 2. Weltkrieges eine Bewegung mit dem Ziel, in den bereits von alliierten Truppen besetzten Gebieten den Kampf weiterzuführen. Partei u. Bevölkerung befolgten Aufrufe zur Schaffung dieser Untergrundbewegung nur vereinzelt.

Weser-Rhein-Germanen, zwischen Nieder- u. Mittelrhein, Untermain u. Weser ansässige german. Stämme, zu denen u. a. die Bataver, Brukterer, Chatten u. Cherusker gehörten.

Wesir [pers., arab.], *Wazír, Vezir*, Titel der höchsten Staatsbeamten im Islamischen Reich seit den Abbasiden; später auch im Osman. Reich.

Wessel, 1. Helene, Politikerin, *6. 7. 1898 Dortmund, †13. 10. 1969 Bonn; Fürsorgerin; seit 1915 in der Zentrumspartei aktiv, 1928–1933 Mitgl. des preuß. Landtags; 1945 Mitbegründerin, 1949–1951 Vors. der Dt. Zentrumspartei, 1952 Mitbegründerin der GVP, seit 1957 Mitgl. der SPD; 1946–1950 Mitgl. des Landtags von Nordrhein-Westfalen; 1948/49 Mitgl. des Parlamentar. Rats; 1949 –1953 u. 1957–1969 MdB.

2. Horst, Student, *9. 10. 1907 Bielefeld, †23. 2. 1930 Berlin; seit 1929 SA-Sturmführer in Berlin; starb an Verletzungen, die ihm ein Kommunist aus polit. u. privaten Motiven zugefügt hatte. Nach seinem Tod wurde W. von Goebbels zum Märtyrer der NSDAP stilisiert. Sein Lied „Die Fahne hoch . . ." *(Horst-W.-Lied)* bildete 1933–1945 mit dem Deutschlandlied die dt. Nationalhymne.

Wessex [„Westsachsen"], angelsächs. Teilkönigreich in Südwestengland; begründet von dem sagenhaften *Cerdik* um 500; führende Macht unter *Egbert* (†839) u. seinen Nachfolgern *Aethelred* u. *Alfred.*

Westarp, Kuno Graf von, Politiker, *12. 8. 1864 Ludom, Posen, †30. 7. 1945 Berlin; Jurist; 1908–1918 deutschkonservativer Abg. (seit 1912 Fraktionsvorsitzender) im Reichstag; im 1. Weltkrieg Gegner eines Verständigungsfriedens u. einer Parlamentarisierung des Kaiserreichs; 1918 Mitgründer der Deutschnationalen Volkspartei, 1925–1929 deren Fraktions-, zeitweilig auch Partei-Vors.; widersetzte sich dem völk. Nationalismus A. *Hugenbergs* u. beteiligte sich 1930 an der Gründung der Konservativen Volkspartei, die er bis 1932 im Reichstag vertrat.

Westberlin, *Berlin (West)*, die drei westl. Sektoren des 1948 gespaltenen → Berlin.

Westerplatte, Landzunge an der Danziger Bucht, östl. der alten Weichselmündung, nördl. von Danzig. Gegen ein festungsmäßig ausgebautes Munitionsdepot auf der W., das von poln. Soldaten bewacht wurde, fielen am 1. 9. 1939 die ersten Schüsse des 2. Weltkriegs.

Westeuropäische Union, Abk. *WEU, Westpakt*, am 23. 10. 1954 in Paris gegr. Vertragsorganisation (hervorgegangen aus dem → Brüsseler Pakt), die über eine automat. Beistandspflicht der Mitgliedsstaaten im Falle einer militär. Aggression den Frieden in Europa sichern will. Der Beistandspakt trat am 6. 5. 1955 in Kraft. Mitgliedsländer waren im Feb. 1998 Belgien, Deutschland, Frankreich, Griechenland, Großbritannien, Italien, Luxemburg, die Niederlande, Portugal u. Spanien.

Organe der WEU sind der Ministerrat (die Außen-Min. der Mitgliedsstaaten), der Ständige Rat (Generalsekretär u. Botschafter der Mitgliedsstaaten), die Parlamentar. Versammlung (Parlamentarier der Mitgliedsländer in der Beratenden Versammlung des Europarates), das Generalsekretariat sowie das Institut für Sicherheitsstudien. Die militär. Aufgaben werden inzwischen von der → NATO wahrgenommen. Seit Beginn der 1990er Jahre erhielt die WEU wachsende Bedeutung für die verteidigungspolit. Kooperation auf europ. Ebene im Rahmen der EU.

Westfalen, histor. Land in Nordwestdeutschland, seit 1954 *Landschaftsverband W.-Lippe* innerhalb des Bundeslands Nordrhein-W., 21 500 km², rd. 8 Mill. Ew.; Hptst. *Münster.* Erstmals 775 erwähnt, bildete W. ursprüngl. eine der drei sächs. Stammesprovinzen. Im 12. Jh. umfaßte W. die Gebiete zwischen Rhein u. Weser. Zu den westfäl. Territorien wurden vom 13. bis 18. Jh. gerechnet: die Gebiete der Bistümer Münster, Paderborn, Osnabrück u. Minden, die kurköln. Nebenlande Herzogtum W. u. das Vest (Gaugericht) Recklinghausen, die Grafschaften Hoya, Diepholz, Schaumburg, Bentheim, Lingen, Tecklenburg, Ravensberg, Mark, Rietberg u. Waldeck, die Abteien Corvey u. Essen u. die Herrschaft Lippe. – Das 1180 von Kaiser Friedrich I. Barbarossa bei der Teilung des sächs. Herzogtums Heinrichs des Löwen geschaffene u. dem Erzbischof von Köln übertragene *Herzogtum W.* umfaßte nur einen Teil des Sauerlands südl. der Lippe. – Das napoleonische *Königreich W. (Westphalen*, 1807–1813) wurde aus preuß., hess. u. a. Besitzungen gegründet u. umfaßte von den alten westfäl. Gebieten lediglich Paderborn, Minden-Ravensberg, Osnabrück, Corvey u. Rietberg. 1810 wurden noch Teile Hannovers mit ihm verbunden. – Die preuß. *Provinz W.* entstand 1815 aus dem alten westfäl. Kerngebiet, der früheren Grafschaft Sayn-Wittgenstein u. der Abtei Essen, während Osnabrück u. das Niederstift Münster zwischen Hannover u. Oldenburg geteilt wurden. – 1946 wurden W. u. die nördl. Rheinprovinz mit dem Land Lippe zum *Land Nordrhein-W.* verbunden.

Westfälischer Friede, am 24. 10. 1648 nach Verhandlungen des Kaisers mit Frankreich u. dessen Verbündeten in Münster u. mit Schweden u. dessen Verbündeten in Osnabrück unterzeichnetes Vertragswerk, das den → Dreißigjährigen Krieg beendete. Das *Instrumentum Pacis* galt bis 1806 als Reichsgrundgesetz.

1. *Territoriale Regelungen:* Frankreich wurde der Besitz der Bistümer Metz, Toul u. Verdun bestätigt, dazu erhielt es vom Haus Habsburg die Landgrafschaften Unter- u. Oberelsaß, den Sundgau u. die Landvogtei über die 10 elsäss. Reichsstädte, ferner die Festungen Breisach u. Pinerolo (Savoyen) u. das Besatzungsrecht in Philippsburg. – Schweden erhielt Vorpommern, Wismar u. die Bistümer Bremen u. Verden als Reichslehen mit Sitz u. Stimme auf dem Reichstag. – Brandenburg erhielt für seine Erbansprüche auf Vorpommern Hinterpommern u. Cammin, die Bistümer Halberstadt u. Minden sowie die Anwartschaft auf Magdeburg. – Mecklenburg erhielt für Wismar die Bistümer Schwerin u. Ratzeburg. – Hessen-Kassel erhielt die Abtei Hersfeld u. die Grafschaft Schaumburg. – Bayern erhielt die Oberpfalz

und die pfälz. Kurwürde. Die Rheinpfalz wurde mit der neuen achten Kurwürde an Karl von der Pfalz zurückgegeben. – Kursachsen erhielt die Ober- u. Niederlausitz als erbl. böhm. Lehen (seit 1635 in Pfandbesitz). – Die Niederlande schieden aus dem Reich aus; das Ausscheiden der Schweizer Eidgenossen wurde anerkannt.
2. *Konfessionelle Regelungen:* Der Passauer Vertrag (1552) u. der Augsburger Religionsfriede (1555) wurden anerkannt u. auf die Reformierten ausgedehnt; das Jahr 1624 wurde als Normaljahr für den Besitzstand geistl. Güter u. die Konfessionszugehörigkeit festgelegt.
3. In der *Reichsverfassung* wurden Kurfürsten u. Fürsten als gleichberechtigt neben dem Kaiser anerkannt. Die Außenpolitik des Reiches bedurfte der Zustimmung des Reichstags, in dem die Reichsstädte endgültig Sitz u. Stimme gewannen u. als dritte Kurie neben die Kurfürsten u. Fürsten traten. Sie wurden jedoch nur zur Stimmabgabe zugelassen, wenn die beiden anderen Kurien verschieden abstimmten. Auch Reichsgesetze mußten künftig vom Reichstag beschlossen werden. Wurde ein Verhandlungsgegenstand zur Religionssache erklärt, so stimmte der Reichstag nach Konfessionen ab. Schweden u. Frankreich garantierten den Westfäl. Frieden u. wurden so zu Garanten der Reichsverfassung.

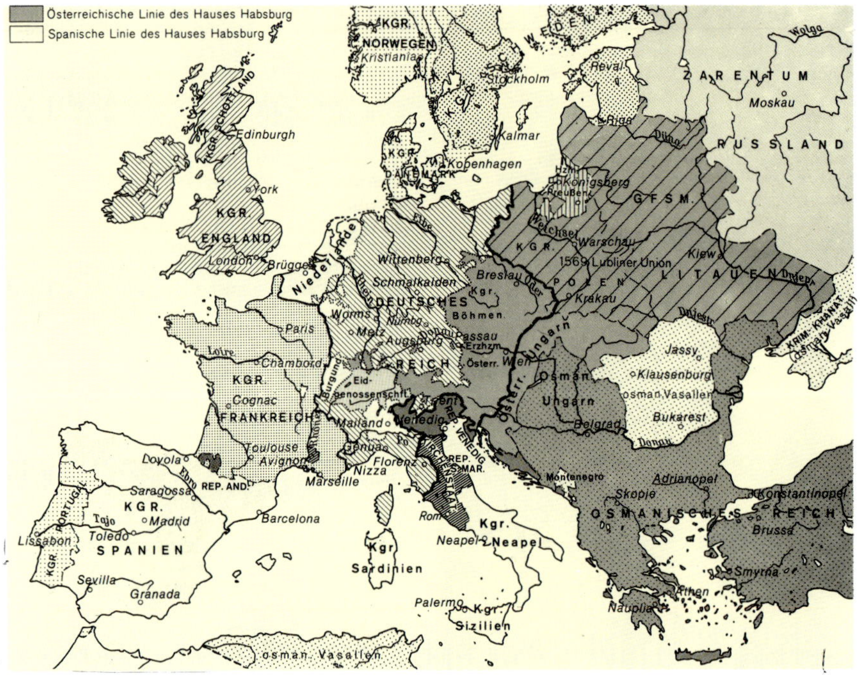

Westfälischer Friede: territoriale Neuordnung Europas

Westfranken, *Westfränkisches Reich,* der westliche Teil des Frankenreichs, der 843 im *Vertrag von Verdun* an *Karl den Kahlen* fiel; die Ostgrenze verlief etwa auf der Linie Schelde –Maas–Rhônemündung; aus W. entstand das spätere Frankreich.

Westgermanen, die zwischen Rhein u. Oder, Meeresküste u. Donau lebenden Germanen, von *Plinius d. Ä.* u. *Tacitus* untergliedert in *Herminonen* u. *Istwäonen*; archäologisch werden sie in Elbgermanen u. Rhein-Weser-Germanen unterteilt.

Westgoten → Goten.

Westler, russ. *Sapadniki,* russ. Intellektuelle im 19. Jh., die im Gegensatz zu den *Slawophilen* für die Übernahme der westl. Kultur, insbes. der polit. Einrichtungen u. Ideen, eintraten.
Die W. entwickelten sich meist von Liberalen zu Sozialisten. Führende W. waren A. *Herzen* u. W. *Belinskij.*

Westminsterstatut ['wɛstminstə-], eine 1931 abgegebene, auf den Beschlüssen der brit. Reichskonferenz von 1926 fußende Erklärung des engl. Parlaments, durch die die Dominions als autonome, gleichberechtigte Glieder des Brit. Commonwealth unter der brit. Krone anerkannt wurden.

Westmoreland ['wɛstmələnd], William Childs, US-amerikan. General, *26. 3. 1914 Spartanburg County, S. C.; 1964–1968 Oberbefehlshaber der amerikanischen Truppen in Südvietnam, von 1968–1972 Stabschef der US-Armee.

Westpreußen, ehem. preuß. Provinz beiderseits der unteren Weichsel, umfaßte das preuß. Weichselgebiet mit Elbing u. Marienburg sowie *Pommerellen* u. das *Kulmerland*; 25 552 km², 1,7 Mill. Ew. (1910). – Der westl. Teil des Ordenslandes Preußen kam 1466 nach dem 2. Thorner Frieden als „Preußen königlichen Anteils" zu Polen. Durch die Poln. Teilungen fiel W. 1772 (Danzig u. Thorn 1793) an Preußen. Es wurde 1824 mit Ostpreußen zur *Provinz Preußen* vereinigt. 1878 wurde es eine eigene *Provinz W.* mit dem Regierungssitz Danzig.
Durch den Versailler Vertrag 1919/20 kam Pommerellen zu Polen, Danzig wurde Freie Stadt; bei Dtschld. verblieben der *Regierungsbezirk W.* (zur Provinz Ostpreußen) u. die *Grenzmark Posen-W.* 1939 wurde der *Reichsgau Danzig-W.* gebildet. Nach dem 2. Weltkrieg 1945 kamen alle Teile W.s unter poln. Verwaltung.

Weströmisches Reich → Römisches Reich.

Westsahara, *Demokratische Arabische Republik Sahara,* international nicht allg. anerkannte Republik an der Atlantikküste der Sahara. Sie besteht aus den früheren span. Besitzungen *Río de Oro* (184 000 km²) u. *Saqiat Al Hamra'* (82 000 km²) mit insges. 261 000 Ew. Die Hptst. ist *Al Aaiun'.*
Das von nomadischen Berbern besiedelte Gebiet gehörte seit dem 11. Jh. in mehr oder weniger fester Bindung zu den im Raum des heutigen Marokko sich ablösenden islam. Reichen. Auf die gemeinsame geschichtl. Vergangenheit gründet sich der territoriale Anspruch Marokkos bis heute.
Seit dem 15. Jh. schufen Spanier u. Portugiesen an der Küste Häfen u. Handelsplätze, bis Spanien 1885 von den europ. Großmächten das Río-de-Oro-Gebiet zugesprochen wurde. Das 1912 nach N hin erweiterte u. 1934 um das Hinterland ergänzte Territorium wurde 1946 als Kolonie *Spanisch-Westafrika* mit Ifni zusammengelegt. 1958 wurden Río de Oro u. Saqiat Al Hamra' zur span. Überseeprovinz *Spanisch-Sahara* erklärt.
Die Bevölkerung widersetzte sich der Kolonialmacht; Befreiungsbewegungen mit unterschiedl. Zielen entstanden, darunter die 1973 gegr. Polisario. Nach Francos Tod (1975) gab Spanien die Kolonie auf, dessen nördl. Teil nun von Marokko u. dessen südl. Teil von Mauretanien verwaltet werden sollten. Nach Abzug der span. Truppen 1976 annektierten die beiden Staaten die ihnen anvertrauten Gebiete. Die Polisario setzte mit Unterstützung Algeriens ihren Kampf gegen die neuen Besatzungsmächte fort u. rief noch im selben Jahr die *Demokrat. Arab. Republik Sahara* aus. Mauretanien verzichtete 1979 zugunsten der Polisario auf seinen Anteil an W., der daraufhin auch von Marokko annektiert wurde. In der Folge kam es immer wieder zu schweren Gefechten. Die Rep. Sahara wurde von vielen Staaten anerkannt. 1982 wurde sie in die OAU aufgenommen. 1988 führte ein UN-Friedensplan, der ein Referendum über die Selbstbestimmung der W. vorsieht, zu einer Annäherung zwischen Marokko u. W. 1991 vereinbarte Marokko mit der Polisario eine Waffenruhe. Das für Jan. 1992 geplantes Referendum über die Zukunft der W. mußte aufgrund der marokkan. Verzögerungspolitik verschoben werden.

Westsamoa → Samoa.

Westwall, die 1938–1940 auf einer Länge von über 600 km errichteten dt. Befestigungsanlagen (Panzersperren, Unterstände) an der Grenze zu Frankreich u. Belgien. Der Bau wurde unter großem personellem, materiellem u. propagandist. Einsatz durchgeführt. Der W. sollte zum Schutz vor einem Eingreifen der Westmächte bei dt. Aggressionen im Osten dienen. Seine Bedeutung lag hauptsächlich in der psycholog. Wirkung auf die dt. Bevölkerung u. die Alliierten; militärisch behinderte er deren Vormarsch 1945 kaum.

Wettiner, altes dt. Herrschergeschlecht aus dem zwischen Saale, Bode u. Harz gelegenen Nordschwabengau. Der älteste nachweisbare W. ist Markgraf *Burkhard* oder *Bucco* der sorbischen Mark (†908). Sein Enkel *Dedi* (†957) war Graf im Hassegau zwischen Saale u. Unstrut. Einer seiner Nachkommen, *Thimo* († um 1091), erhielt Burg u. Grafschaft *Wettin,* die dem Geschlecht den Namen gab. Seit 1089 war eine Linie des Hauses im Besitz der Grafschaft *Eilenburg.* Thimos Sohn *Konrad I.* (†1157) bemächtigte sich der Mark *Meißen* u. begründete damit die landesherrl. Machtstellung des wettin. Hauses. 1423 erhielten die W. das Herzogtum *Sachsen-Wittenberg* mit der Kurwürde. 1485 erfolgte die Teilung der W. in die *Albertinische* Albertiner u. die *Ernestinische Linie.* Zuletzt (bis 1918) regierten die Albertiner im Königreich Sachsen, die Ernestiner im Großherzogtum Sachsen-Weimar-Eisenach u. in den Herzogtümern Sachsen-Altenburg, Sachsen-Coburg-Gotha u. Sachsen-Meiningen.

Wettstein, Johann Rudolf, schweizer. Politiker, *27. 10. 1594 Basel, †12. 8. 1666 Basel; erwirkte im Westfäl. Frieden die Bestätigung der Unabhängigkeit der gesamten Schweiz vom röm.-dt. Reich.

WEU, Abk. für → Westeuropäische Union.

Weygand [vɛ'gã], Louis Maxime, französ. General, *21. 1. 1867 Brüssel, †28. 1. 1965 Paris; 1918 Stabschef von Marschall F. Foch, 1920 Berater des poln. Staatschefs J. Piłsudski im polnisch-sowjet. Krieg. Im Mai 1940 nach dem Vormarsch der dt. Truppen in Frankreich zum Oberbefehlshaber der französ. Streitkräfte berufen, konnte W. die Kapitulation nicht verhindern. Danach war er bis Sept. 1940 Verteidigungs-Min. der Vichy-Regierung, 1942–1945 in dt., bis 1946 in französ. Haft. 1948 wurde er rehabilitiert. W. schrieb u.a. „Mémoires" 3 Bde. 1950–1957; „En lisant les mémoires du Général de Gaulle" 1955 (gegen C. de Gaulle gerichtet).

Whigs [wigz], **1.** eine der beiden alten brit. Parteien (Gegenpartei: *Tories*). Der Name (ursprüngl. ein schott. Schimpfwort für Pferdediebe) kam 1679 auf u. bezeichnete die anglikanisch-puritanisch orientierten Gegner einer Thronfolge des zum Katholizismus übergetretenen Bruders Karls II. (1660 bis 1685), des späteren Jakob II. (1685–1688). In der „Glorreichen Revolution" 1688/89 sahen die W. ihre Vorstellungen von einer prot. konstitutionellen Monarchie verwirklicht. Gestützt auf das städt. Handelsbürgertum, einige mächtige u. vermögende Familien des Hochadels u. einen Teil des Landadels, waren sie im 18. Jh. lange Zeit Regierungspartei. Im 19. Jh. entstand aus ihnen die moderne *Liberale Partei.*
2. polit. Partei in den USA seit etwa 1828; Gegner der Demokraten; stellte u. a. die Präsidenten Z. *Taylor* u. M. *Fillmore*; ging in den 1850er Jahren in der Republikan. Partei auf.

Wiclif, *Wyclif, Wycliffe*, John, engl. Kirchenreformer, *um 1320/1330, †31. 12. 1384 Lutterworth; Prof. in Oxford, seit 1374 Pfarrer in Lutterworth. W. entwickelte in zahlreichen Schriften u. Predigten seine Lehren von Prädestination, Armutsideal, Demut, Gottes- u. Nächstenliebe. W. begann eine Bibelübersetzung ins Englische. Seine Ideen lebten in den Kreisen der *Lollarden* fort. Nach Niederwerfung des Bauernaufstands von 1381 unternahmen engl. Bischöfe energische Schritte zur Eindämmung der kirchen- u. sozialkritischen Bewegung. Doch konnte auch die nach dem Tod W.s einsetzende blutige Verfolgung die Lollarden nicht vollständig unterdrükken. W.s Lehren wurden von J. *Hus* übernommen u. mit Sätzen aus dessen Schriften vom Konzil zu Konstanz 1415 verurteilt.

Widerstandsbewegung, allg. die organisierte Gegnerschaft gegen ein diktator. Regime; *i. e. S.* Sammelbez. für die Opposition gegen den politisch-weltanschaul. Totalitätsanspruch, die Gewaltherrschaft u. die Kriegspolitik des Nationalsozialismus zwischen 1933 u. 1945. Widerstand aus polit., weltanschaul. u. ethischen Gründen manifestierte sich hier in vielfältiger Gestalt u. Intensität. *Aktiver Widerstand* sollte das Regime untergraben u. zielte letztl. auf seinen Sturz ab, konnte deshalb aber nur geheim u. in kleinen Gruppen betrieben werden. Eine andere Grundform des Widerstandes zeigte sich in individueller

Widerstandsbewegung: Generalfeldmarschall Erwin von Witzleben vor dem Volksgerichtshof

wenig oder nicht polit. motivierter, gewissermaßen passiver *Verweigerung* gegen Ansprüche u. Maßnahmen des Regimes. Solche Verweigerung konnte auch institutionelle Formen annehmen, z. B. in Kreisen der Kirchen, der Bürokratie, der Wehrmacht oder bei Jugendgruppen. Manche Schriftsteller u. Künstler wählten den Rückzug in die weltanschaul. *„innere Emigration"*.
Zwischen 1933 u. 1945 wurden mindestens 1,1 Mill. Personen ohne Gerichtsurteil zeitweilig oder dauernd in Konzentrationslagern (ohne Vernichtungslager u. Gettos) festgehalten, darunter wenigstens 100000 Deutsche. Von den mehr als 11000 vollstreckten Todesurteilen ging die Mehrzahl auf polit. Gründe zurück. Nach 1933 versuchten zunächst vor allem Kommunisten u. Sozialdemokraten trotz hoher Opfer, im Untergrund weiterzuarbeiten. Widerstandsgruppen aus bürgerlichen, national-konservativen Kreisen (C. *Goerdeler*, J. *Popitz*, U. von *Hassell, Kreisauer Kreis*) u. aus dem Offizierskorps (L. *Beck*, H. *Oster*, E. von *Witzleben*) entstanden überwiegend nach dem Übergang des Regimes zur offenen Expansion seit 1938. Unter den Trägern des aktiven Widerstands, der unter den gegebenen ungünstigen Umständen nur Sache einer kleinen Minderheit war, waren Mittelstand u. Bauern unterrepräsentiert. Den militärischen Widerstandskreisen kam bes. Bedeutung zu, weil sie noch am ehesten über Mittel geboten, die gegen das Regime eingesetzt werden konnten.
Pläne, Hitler zu verhaften, zerschlugen sich im Sept. 1938 u. Nov. 1939 aufgrund ungünstiger äußerer Umstände u. innerer Zweifel. 1943/44 mißglückten mehrere Attentatsversuche (H. von *Tresckow*). Zur treibenden Kraft wurde seit 1943 C. Graf Schenk von *Stauffenberg*, der als Stabschef des Befehlshabers des Ersatzheeres direkten Zugang zu Hitler hatte. Er unternahm in dessen Hauptquartier bei Rastenburg in Ostpreußen am 20. 7. 1944 einen Bombenanschlag. Da die Verschwörer Stauffenbergs Anwesenheit in Berlin als unerläßlich für den Ablauf des Umsturzplanes ansahen, verließ er das Hauptquartier vor der Explosion. Hitlers Überleben führte zum Scheitern des Umsturzversuchs. In den folgenden Monaten nahm das Regime durch die Verfahren vor dem Volksgerichtshof blutige Rache an der W.
Auch in den seit 1938/39 von dt. u. italien. Truppen besetzten Ländern entstanden W.en gegen die Besatzungsmächte. Ihre Aktivitäten richteten sich außerdem gegen die Kollaboration einheim. Kreise mit den Besatzern. Sie wurden durch Exilvertretungen u. die Kriegsgegner der Achsenmächte unterstützt u. gewannen durch Partisanentätigkeit u. Sabotage in den letzten Kriegsjahren eine gewisse militär. Bedeutung. In den nicht von der Sowjetunion besetzten Ländern spielten Angehörige der W.en beim polit. Wiederaufbau nach der Befreiung eine erhebl. Rolle.

Wido *von Spoleto*, Guido, Kaiser 891–894, †894; aus dem mit den Saliern verwandten Haus der Widonen; seit 880 Herzog von Spoleto; wurde 889 zum König Italiens gewählt u. 891 als erster Nichtkarolinger vom Papst zum Kaiser gekrönt. 892 machte er seinen Sohn *Lambert* zum Mitkaiser.

Widukind, *Wittekind*, westfäl. Adeliger, Führer der Sachsen im Kampf gegen die Franken u. das Christentum, unterlag Karl d. Gr. u. ließ sich 785 in Attigny taufen. Über die Zeit danach gibt es keine gesicherte Überlieferung. König Heinrichs I. Frau *Mathilde* stammte von W. ab.

Widukind von Corvey, Mönch, Geschichtsschreiber, *um 925, †nach 973 Corvey; schrieb „Widukindi Rerum Gestarum Saxonicarum libri tres" („Drei Bücher sächs. Geschichte"), die von den Stammessagen über Heinrich I. bis Otto I. reichen u. bed. Quellen für die Geschichte des 10. Jh. sind.

Wiedertäufer: Johann Beuckels von Leyden, genannt Jan Bockelson, unter dessen Herrschaft in Münster Terror, Prunksucht, sozialistische Ideen und Polygamie eine äußerst kuriose Verbindung eingingen

Wied, 1. Hermann Graf von, Kurfürst u. Erzbischof von Köln, → Hermann (2).
2. Wilhelm Friedrich Heinrich Prinz zu, Fürst von Albanien 1914, *26. 3. 1876 Neuwied, †18. 4. 1945 Predeal (Rumänien); wurde nach militär. Karriere in kaiserl. Diensten 1913 überraschend von den Großmächten als Kompromißkandidat zum Fürsten von Albanien ausersehen, konnte aber die um sich greifenden Aufstandsbewegungen im Lande nicht verhindern u. verließ schon nach wenigen Monaten Albanien wieder.

Wiedertäufer, *Anabaptisten, Täufer*, eine im Gegensatz zu den Kirchen stehende, von Zürich ausgehende Bewegung der Reformationszeit. Die W. waren die ersten Vorkämpfer der persönl. Religionsfreiheit, z. T. revolutionär-kommunistisch gesinnt (z. B. T. *Müntzer*). Sie zerfielen in zwei Gruppen: 1. die *Schwertler*, die das Reich Gottes mit Gewalt durchzusetzen versuchten (Müntzer, W. in Münster); 2. die *Stäbler*, die mit dem „Wanderstab", d. h. auf friedl. Weise, ihre Gedanken vertraten. Allen W.n eigentümlich war die Forderung der Erwachsenentaufe, daher auch der Wiedertaufe. Ein radikaler Zweig der W. errichtete 1534/35 in Münster „das neue Zion"; Kirchen u. Klöster wurden geplündert, allg. Gütergemeinschaft eingeführt; die Stadt wurde erst nach 16monatiger Belagerung zurückerobert, die Führer der W. wurden hingerichtet. Reste der W. versammelten sich nach 1536 unter steter Verfolgung in stillen Gemeinden. Überall in Europa verfolgt, fanden sie eine Heimat in Nordamerika, wo sie heute noch tätig sind.

Wien, Hptst. von Österreich u. österr. Bundesland, an der Donau, mit 23 Bezirken, 415 km², im Stadtkern 170 m ü. M., 1,57 Mill. Ew. Seit etwa 500 v. Chr. siedelten Kelten in der Gegend des heutigen W. Aus dem Namen der kelt. Siedlung *Vêdunja* („Waldbach") leitet sich die heutige Namensform ab. Daneben wurde um 70 n. Chr. die röm. Lagerstadt *Vindobona* gegründet, die der Abwehr der german. Markomannen diente. Aus ihr entwickelte sich das mittelalterl. W., 881 als *Wenia* erwähnt.
Karl d. Gr. zerstörte das seit dem 6. Jh. dort entstandene Awarenreich u. gründete die Ostmark, die 907 dem Ansturm der Ungarn erlag. Nach Ottos I. Sieg auf dem Lechfeld verlieh Otto II. die Markgrafschaft 976 an seinen Anhänger Leopold I. von Babenberg, dessen Nachfolger, seit 1156 Herzöge, ihre

Wiener Kongreß

Geprägt wurde der Verlauf des Wiener Kongresses von der Person Napoleons I., dessen Niederlage und Verbannung nach Elba eine Neuordnung Europas notwendig gemacht hatte. Seine überraschende Rückkehr, sie führte zur Herrschaft der »Hundert Tage«, beschleunigte den Abschluß der Verhandlungen und hatte Anteil an der Entstehung der Heiligen Allianz und des Deutschen Bundes.

In Wien tagte 1814/15 neun Monate ein Kongreß, den nicht nur zeitgenössische Historiker als »größtes gesellschaftliches und diplomatisches Ereignis der neueren Geschichte« einschätzten. Neben den Monarchen der Siegermächte waren in Wien Vertreter von zweihundert Staaten, kleineren Herrschaften, Städten und Körperschaften anwesend. Auf dem »tanzenden« Kongreß wurden Feste, Affären und Intrigen diplomatisch funktionalisiert. Die eigentliche Aufgabe, die Neuordnung der durch Napoleon veränderten politischen Landkarte, erfolgte primär unter dem Aspekt der Rückkehr zu den Verhältnissen vor der Französischen Revolution. Dabei stand das Gleichgewicht der fünf Großmächte (Pentarchie) England, Frankreich, Österreich, Preußen und Rußland im Vordergrund. Es wurde ein Kontrollsystem geschaffen, das für die Stabilität Europas in der Folgezeit bestimmend wurde. Die Schaffung eines geeinten Deutschlands sollte das Gleichgewicht der Kräfte garantieren. Die Gründung des Deutschen Bundes war die Folge dieser Überlegungen.

Der Schock über die Rückkehr Napoleons von Elba begünstigte dann die Entstehung der Heiligen Allianz. Mit ihr wurde Europa in ein konservatives Ordnungssystem gepreßt.

Der Deutsche Bund und die Heilige Allianz entwickelten sich insbesondere durch die Politik des österreichischen Staatskanzlers Metternich zu Instrumenten der Restauration. Meinungsfreiheit und demokratische Tendenzen wurden unterdrückt.

Mit dem Primat der Außen- über die Innenpolitik vertagte man auf dem Kongreß die notwendigen verfassungsrechtlichen Reformen, was schließlich zu den Revolutionen von 1830 und 1848 führte.

Gerade im Zeichen der nach dem Zusammenbruch des Ostblocks notwendigen Suche nach einem neuen politischen Ordnungskonzept für Europa zieht auch der Wiener Kongreß neues Interesse auf sich. *A.F.*

1

1 *»Empfang der hohen Alliierten« Zar Alexander I. und Friedrich Wilhelm III. von Preußen durch Kaiser Franz I. in Wien, die sich in der »Heiligen Allianz« als »drei Zweige einer und derselben Familie« zusammenschlossen. Lithographie von F. Wolf. Wien, Nationalbibliothek.*

2 *Metternich beim Übergang über die Vogesen. Gemälde von Nepomuk Höchle.*

2

3

4

5

3 *Der »glorreiche« Sieg der englischen und preußischen Truppen unter Wellington und Blücher über Napoleon bei Waterloo.*

4 *Die Teilnehmer des vom 18. 9. 1814 bis 9. 6. 1815 tagenden Wiener Kongresses: Erster von links Wellington, dritter unten von Hardenberg (Preußen), siebter Metternich (Österreich), elfter Castlereagh (England); vierter von rechts (unten) Talleyrand (Frankreich). Stich von F. Godefroy nach einem Gemälde von J. B. Isabey.*

5 *Territoriale Neugliederung Europas durch den Wiener Kongreß: rot umrandet ist der Deutsche Bund.*

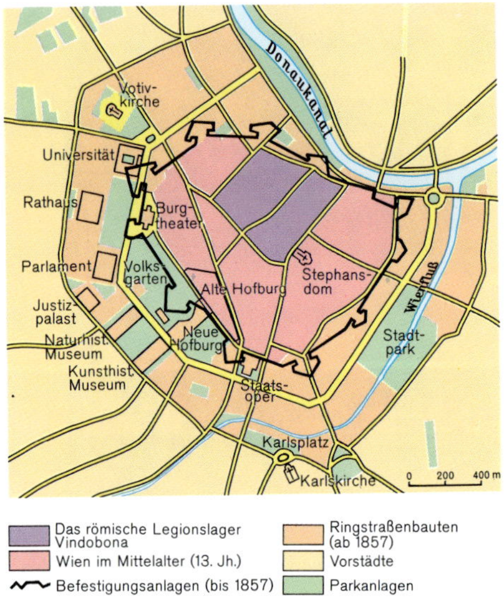

Wien: Die Entwicklung der Innenstadt

Residenz vom Leopoldsberg nach Wien verlegten. Leopold IV., Erbauer einer Burg am Platz der heutigen Hofburg, verlieh 1221 das Stadtrecht. Die Kreuzzüge begünstigten die Entwicklung bis zur vorübergehenden Reichsunmittelbarkeit 1237. Ottokar II. von Böhmen gab W. 1274 seine Befestigungen, die bis 1857 erhalten blieben. Nach dem Sieg Rudolfs von Habsburg über den Böhmenkönig 1276 wurde W. Residenz der Habsburger. Herzog Rudolf IV. gründete 1365 die Universität u. ließ den Stephansdom ausbauen. 1469 wurde W. zum Bistum erhoben. 1485–1490 war es vom Ungarnkönig Matthias Corvinus besetzt. Unter dem kaiserl. Feldhauptmann Graf Niklas Salm widerstand es 1529 dem Angriff der Türken unter Suleiman II. Im Dreißigjährigen Krieg wurde W. 1619 von böhm. Protestanten unter Graf Matthias Thurn u. 1645 vom Schwedengeneral Torstenson belagert. 1683 verteidigte Graf Ernst Rüdiger von Starhemberg die Stadt gegen das Türkenheer Mehmeds IV. unter Kara Mustafa bis zur Befreiung durch kaiserl. u. poln. Truppen.

Unter der Regierung Karls VI. u. der Kaiserin Maria Theresia wurde W. gesellschaftl. u. polit. Mittelpunkt der Monarchie; im 18. u. 19. Jh. entfalteten sich Kunst u. Kultur zu glanzvoller Höhe, hier wirkten Gluck, Haydn, Mozart, Beethoven, Schubert, Johann Strauß, Josef Strauß, Bruckner, Brahms. 1804 wurde W. Hptst. des Kaiserreichs Österreich, 1805/06 von Franzosen besetzt. Der → Wiener Kongreß 1814/15 bestimmte die Gestaltung des neuen Europa nach dem Sturz Napoleons. Polit. Reaktion u. blutige Aufstände 1848 endeten mit dem Sturz Metternichs. Unter Kaiser Franz Joseph I. erhielt W. das Recht auf Selbstverwaltung. 1922 wurde W. Bundesland; 1939–1945 war es „Reichsgau"; 1945–1955 stand es unter Viermächteverwaltung.

Wiener Frieden, 1. Vertrag vom 18. 11. 1738 zwischen Österreich u. Frankreich, durch den der Polnische Thronfolgekrieg (1733–1738) sein Ende fand. Die span. Bourbonen erhielten Neapel-Sizilien, Österreich wurde der Besitz des Herzogtums Mailand bestätigt, Franz Stephan mußte auf das Herzogtum Lothringen-Bar verzichten, das an den ehem. poln. König Stanislaus Leszczyński fiel. Franz Stephan erhielt Toskana.

2. *Friede von Schönbrunn*, 1809.

3. Vertrag vom 30. 10. 1864 zwischen Dänemark einerseits, Österreich u. Preußen andererseits, beendete den Dt.-Dän. Krieg. Dänemark mußte die Herzogtümer Schleswig, Holstein u. Lauenburg an Österreich u. Preußen abtreten.

4. Friedensschluß vom 3. 10. 1866 zwischen Italien u. Österreich nach dem Dt. Krieg; Österreich mußte zugunsten Italiens auf Venetien verzichten.

Wiener Kongreß, der vom 18. 9. 1814 bis zum 9. 6. 1815 in Wien unter Leitung des österr. Staatskanzlers Fürst *Metternich* sowie unter starkem Einfluß des russ. Zaren *Alexander I.* u. Englands abgehaltene Kongreß von Herrschern u. Politikern aller europ. Staaten (außer der Türkei) zur Neuordnung Europas nach den Kriegen gegen Napoleon I. Preußen war durch *Friedrich Wilhelm III.*, Fürst *Hardenberg* u. W. von *Humboldt*, England durch *Castlereagh* u. später *Wellington*, Frankreich durch *Talleyrand* vertreten. Der Kongreß wurde durch die Rückkehr Napoleons von Elba unterbrochen.

Die Neuordnung Europas erfolgte einmal unter dem Gesichtspunkt der Wiederherstellung der vorrevolutionären polit. Ordnung, zum anderen als territoriale Neugliederung unter dem Gesichtspunkt des Gleichgewichts der Mächte. Der W. K. fand seinen Abschluß mit der *Wiener Schlußakte*.

Während der *1. Pariser Frieden* (30. 5. 1814) die Grenzen Frankreichs auf den Stand von 1792 (revidiert durch den *2. Pariser Frieden* vom 20. 11. 1815 auf den Stand von 1789) festgelegt u. die der süddt. Rheinbundstaaten durch Sonderverträge (Bayern, Vertrag von Ried 8. 10. 1813) mit Österreich garantiert worden waren, entstanden im O schwere Differenzen wegen Rußlands Anspruch auf den größten Teil Polens (der Hauptteil des Herzogtums Warschau, „Kongreßpolen", wurde mit Rußland vereinigt) auf Kosten Preußens. Dieses beanspruchte als Entschädigung ganz Sachsen, da *Friedrich August I.* bis zur Völkerschlacht bei Leipzig auf seiten Napoleons gestanden hatte; dagegen wandten sich Österreich, England u. Frankreich, die am 3. 1. 1815 ein Bündnis gegen Preußen schlossen. Sachsen wurde schließlich geteilt; Preußen erhielt den größeren nördl. Teil u. als weitere Entschädigung das Rheinland, Westfalen u. Pommern. Österreich verzichtete auf seine alten Besitzungen am Oberrhein u. auf die

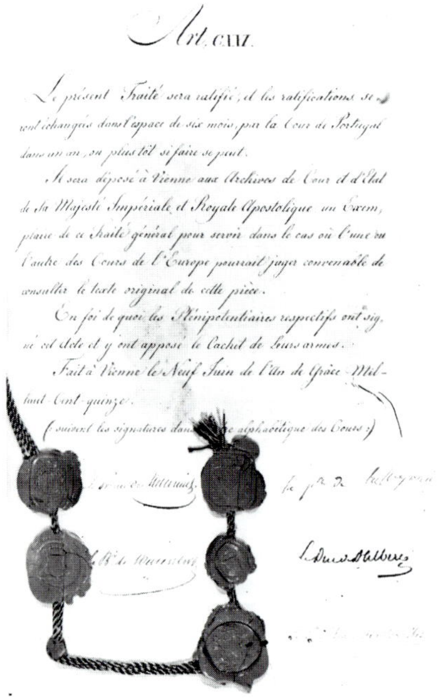
Art. CXXI.

Le présent Traité sera ratifié, et les ratifications seront échangées dans l'espace de six mois, par la Cour de Portugal dans un an, ou plus tôt si faire se peut.

Il sera déposé à Vienne aux Archives de Cour et d'Etat de Sa Majesté Impériale et Royale Apostolique un Exemplaire de ce Traité général pour servir dans le cas où l'une ou l'autre des Cours de l'Europe pourrait juger convenable de consulter le texte original de cette pièce.

En foi de quoi les Plénipotentiaires respectifs ont signé cet Acte et y ont apposé le Cachet de leurs armes.

Fait à Vienne le Neuf Juin de l'An de Grâce Mil huit Cent quinze.

(suivent les signatures dans l'ordre alphabétique des Cours)

Wiener Kongreß: letzte Seite der Wiener Kongreßakte vom 9. Juni 1815. Wien, Haus-, Hof- und Staatsarchiv

Österr. Niederlande (die auf Englands Betreiben mit den Generalstaaten zum Königreich der Vereinigten Niederlande zusammengeschlossen wurden), sicherte sich jedoch mit dem Lombardo-Venezian. Königreich die Vorrangstellung in Italien u. mit Galizien u. der Bukowina eine beherrschende Rolle im Donauraum. Norwegen, das sich von Dänemark losgesagt hatte, mußte die Vereinigung mit Schweden hinnehmen.

Durch seine legitimist. u. restaurative Politik geriet der W. K. in scharfen Gegensatz zu den liberalen u. nationalen Strömungen des 19. Jh. Dtschld. erhielt statt des erhofften Nationalstaats nur die lose Form des *Dt. Bundes* (Bundesakte vom 8. 6. 1815), Italien wurde die Einheit versagt, Polen erneut unter Rußland, Preußen u. Österreich aufgeteilt. Die Ergebnisse des Kongresses waren deshalb Gegenstand heftiger Kritik der liberalen u. nationalen Geschichtsschreibung. Doch darf man nicht übersehen, daß die durch den Kongreß für Europa geschaffene Ordnung dem Kontinent bis zum Krimkrieg vierzig Friedensjahre gesichert hat. 🄱 S. 814/815.

Wiener Schiedssprüche, gefällt am 2. 11. 1938 u. 30. 8. 1940 durch Dtschld. u. Italien. Im *1. Wiener Schiedsspruch* erhielt Ungarn slowak. Grenzgebiet östl. von Preßburg zugesprochen. Als 1940 die UdSSR von Rumänien die Abtretung Bessarabiens u. der Nordbukowina erzwang u. daraufhin Ungarn Siebenbürgen u. Bulgarien die Dobrudscha von Rumänien forderten, schlichteten die Achsenmächte den Konflikt durch den *2. Wiener Schiedsspruch* : Rumänien trat die meisten Gebiete ab (Nordsiebenbürgen kam zu Ungarn, die südl. Dobrudscha zu Bulgarien) u. erhielt darauf eine Garantie seiner neuen Grenzen. Abgesehen vom Gebietszuwachs für die UdSSR wurden die Regelungen der W. S. nach dem 2. Weltkrieg wieder aufgehoben.

Wiener Schlußakte → Deutscher Bund.

Wiesenthal, Simon, Publizist, *31. 12. 1908 Buczacz, Galizien; Architekt; als Jude 1941 bis 1945 in mehreren Konzentrationslagern; 1954–1961 in Israel; leitet seit 1961 in Wien ein Dokumentationszentrum über NS-Verbrechen u. widmet sich der Aufspürung gesuchter Täter; schrieb u. a. „Ich jagte Eichmann" 1961; „Doch die Mörder leben" 1967.

Wik [der], im frühen MA ein befestigter Fernhandels- u. Umschlagsplatz für Kaufleute mit nur z. T. fester Anwohnerschaft. Typische W.e waren Dorestad, Haithabu, Birka.

Wikinger → Normannen.

Wikingerzeit, die von den *Wikingern* (→ Normannen) geprägte letzte Epoche der Eisenzeit in Nordeuropa, 8.–11. Jh. Von den Eroberungszügen der Normannen zeugen schriftl. Berichte, von einheim. Verhältnissen überwiegend archäolog. Funde. Es bestanden eine breite Schicht von Bauern, eine Schicht großer Geschlechter u. vornehmer Gefolgsleute (an einer bevorzugten Stelle der Gräberfelder angelegte Boot- u. Kammergräber, reich ausgestattete Gräber mit Waffen) u. ein Königtum (große u. luxuriös ausgestattete Schiffs- u. Kammergräber). Den größten Teil der Funde bilden Waffen u. Schmuck aus Metall mit Tier- oder Flechtbandornamenten u. Holzschnitzereien (Osebergfund).

Von hoher techn. Vollkommenheit waren die für die Seefahrt aus Holz gebauten Schiffe. Von Bedeutung für die Chronologie sind die zahlreichen Silberschatzfunde. Dank dem aufblühenden internationalen Handel entstanden die ersten Städte (Haithabu, Birka). Aus der W. sind auch Militärlager mit geometrisch angelegten Wohnbauten u. kreisförmige Befestigungen bekannt (Trelleborg). Als erste einheim. Schriftquellen verdienen die Runensteine bes. Beachtung. Die literar. Denkmäler der W. sind in den isländ. Sagas erhalten.

Wilberforce ['wilbəfɔːs], William, brit. Politiker, *24. 8. 1759 Hull, †29. 7. 1833 London; ab 1780 Unterhausabgeordneter, Anhänger William Pitts d. J., engagierte sich für eine Reform des Repräsentativsystems u. für die Aufhebung der die Katholiken diskriminierenden Gesetzgebung; setzte sich aus religiös-humanitärer Überzeugung (Anhänger der evangelikalen Clapham-Sekte) entschieden für die Abschaffung der Sklaverei im Brit. Reich ein; das entspr. Gesetz wurde kurz nach seinem Tod verabschiedet.

Wilcken, Ulrich, Althistoriker, *18. 12. 1862 Stettin, †10. 12. 1944 Baden-Baden; Papyrusforscher; Prof. in Breslau, Würzburg, Halle, Leipzig, Bonn, München, Berlin (bis 1931). Werke: „Grundzüge u. Chrestomathie der Papyruskunde" 1912; „Griech. Geschichte im Rahmen der Altertumsgeschichte" 1924; „Alexander d. Gr." 1931; Hrsg. des von ihm gegr. „Archivs für Papyrusforschung".

Wildgrafen, niederes fränk. Adelsgeschlecht (Nahe, Hunsrück), zurückgehend auf *Emich I.* (1072–1113/16), Graf im Nahegau, dessen Sohn *Emich II.* (1103–1135), Graf von Baumberg (1125), Kirburg (1127), Flonheim (1129) u. Schmitburg (1134), erstmals den Titel eines W. *(comes silvaticus* oder *silvestris)* führte. Das Geschlecht starb 1350 (Hofrichter *Johann*) bzw. 1408 *(Gerhard III.)* aus, beerbt z. T. von den Rheingrafen, die sich daraufhin *Wild- u. Rheingrafen* nannten.

Wilhelm, Fürsten. Deutsche Könige u. Kaiser: **1.** *W. von Holland,* (Gegen-) König 1247–1256, *1227, †28, 1. 1256 bei Alkmaar (erschlagen); von der päpstl. Partei 1247 gegen *Friedrich II.* zum König gewählt, aber erst nach *Konrads IV.* Tod (1254) allg. anerkannt; fiel beim Zug gegen die aufsässigen Friesen.

2. *W. I.,* König von Preußen 1861–1888, Deutscher Kaiser 1871–1888, *22. 3. 1797 Berlin, †9. 3. 1888 Berlin; Sohn Friedrich Wilhelms III. u. der Königin Luise, jüngerer Bruder u. Nachfolger Friedrich Wilhelms IV., vermählt seit 1829 mit *Augusta,* Tochter des Großherzogs Karl Friedrich von Sachsen-Weimar. 1848 mußte W. als Gegner der Märzrevolution („Kartätschenprinz") nach England fliehen; er führte nach seiner Rückkehr die Bundestruppen, die den republikan. Aufstand in der Pfalz u. in Baden 1849 nie-

Wikingerzeit: Schiffsförmige Steinsetzungen bilden den Mittelpunkt des kleinen Gräberfeldes von Anundshögn bei Västerås, Schweden

Kaiser Wilhelm I.

derschlugen. 1849–1854 Generalgouverneur der Rheinlande in Koblenz, öffnete er sich unter dem Einfluß seiner Frau in gewissem Umfang liberalen Ideen, die in der Politik der „Neuen Ära" (1858–1861) ihren Niederschlag fanden, als er für seinen geisteskranken Bruder die Regentschaft führte. Als König (seit dem 2. 1. 1861) geriet W. über die von ihm betriebene Heeresreform in Gegensatz zur liberalen Mehrheit des preuß. Abgeordnetenhauses u. erwog die Abdankung, berief aber 1862 *Bismarck* zum Min.-Präs., der gegen das Parlament regierte (→ Heeres- und Verfassungskonflikt). Die Schaffung eines vom Adel geführten Heeres als Machtinstrument der Monarchie war W.s einzige eigenständige polit. Entscheidung; sie hatte negative Rückwirkungen auf das Sozialgefüge Deutschlands. Bismarck übte in der Folge bestimmenden Einfluß auf W. aus, dem dieser sich oft erst nach hartem Widerstand beugte, so bes. bei dem maßvollen Friedensschluß mit Österreich 1866 u. bei der Annahme des Kaisertitels 1871, den er wegen seines nominellen Charakters mißbilligte. Im Dt. Reich übte W. als pflichtbewußter Monarch eine integrierende Wirkung aus.

3. *W. II.,* Enkel von 2), Deutscher Kaiser u. König von Preußen 1888–1918, *27. 1. 1859 Potsdam, †4. 6. 1941 Haus Doorn, Prov. Utrecht (Niederlande); Sohn Kaiser Friedrichs III. u. dessen Gemahlin Viktoria, vermählt in erster Ehe mit Prinzessin *Auguste Viktoria* von Schleswig-Holstein (*1858, †1921), in zweiter Ehe 1922 mit Prinzessin *Hermine* von Schönaich-Carolath (*1887, †1947). Nach seiner Thronbesteigung (15. 6. 1888) wollte W. zunächst als „sozialer Kaiser" die Arbeiterschaft für die Monarchie gewinnen. Er lehnte deshalb Staatsstreichpläne *Bismarcks* für die Zeit nach dem Ablauf des Sozialistengesetzes ab u. erzwang 1890 den Rücktritt des Kanzlers. In den folgenden Jahren versuchte er, gestützt auf einen Freundeskreis (bes. P. zu *Eulenburg*), ein „persönl. Regiment" zu führen, wozu er aber trotz mancher scharfen Einsichten wegen mangelnder Ausdauer u. Sachkenntnis nicht fähig war. In der Innenpolitik wechselten Phasen der Reformfreudigkeit u. reaktionären Verhaltens. In der Außenpolitik schwankte er zwischen Anlehnung an das konservative Rußland u. Zusammenarbeit mit dem bewunderten England, das er zugleich durch die von ihm mitverantwortete Flottenpolitik herausforderte. Durch sein Auftreten u. seine Äußerungen erweckte er oft den unzutreffenden Eindruck eines friedensbedrohenden Gewaltherrschers. Nach der → Daily-Telegraph-Affäre 1908 hielt sich W. stärker von aktiver Einflußnahme auf die dt. Politik zurück. Während des 1. Weltkriegs trat er noch mehr in den Hintergrund. Der Aufgabe, zivile u. militär. Gewalt zu koordinieren, war er nicht gewachsen; bes. seit der Berufung *Hindenburgs* u. *Ludendorffs* fügte er sich dem Diktat der Obersten Heeresleitung. Nach dem militär. Zusammenbruch trat er am 10. 11. 1918 auf Rat Hindenburgs auf niederländ. Boden über. Am 28. 11. 1918 verzichtete er formell auf den Thron, nachdem Reichskanzler Max von Baden bereits am 9. 11. eigenmächtig seine Abdankung bekanntgegeben hatte. W. lebte danach zunächst in Amerongen, seit 1920 in Doorn. Seine Regierungszeit wird als → Wilhelminische Ära bezeichnet.

4. Kronprinz des Dt. Reiches u. von Preußen, ältester Sohn von 3), *6. 5. 1882 Potsdam, †20. 7. 1951 Hechingen; vermählt 1905 mit Prinzessin *Cecilie* von Mecklenburg-Schwerin (*1886, †1954); im 1. Weltkrieg zunächst Oberbefehlshaber der 5. Armee, seit 1916 der Heeresgruppe „Dt. Kronprinz". W. lebte 1919–1923 in den Niederlanden, dann wieder in Dtschld. In der Endphase der Weimarer Republik unterstützte er die NSDAP, von der er eine Restauration der Monarchie erhoffte.

Bayern: **5.** *W. IV.,* Herzog 1508–1550, *13. 11. 1493 München, †6. 3. 1550 München; verhinderte durch Reformen die Reformation in Bayern, stand aber als Gegner der Habsburger mit dem Schmalkald. Bund, mit Frankreich u. den Türken in Verbindung. W. öffnete den Jesuiten die Universität Ingolstadt u. förderte als Vormund der Markgrafen die Gegenreformation in Baden. Er erließ 1516 das noch heute geltende Reinheitsgebot für Bier.

Großbritannien: **6.** *W. I., W. der Eroberer,* König von England 1066–1087, Herzog der Normandie 1035–1087, *um 1027 Falaise, †9. 9. 1087 Rouen; unehel. Sohn Roberts I. von der Normandie; landete 1066 in England u. besiegte den angelsächs. König Harald II. in der Schlacht bei *Hastings.* Als König führte er normann. Lehnsverfassung u. Sitte in England ein u. stattete seine nor-

Kaiser Wilhelm II. in seiner Paradeuniform: um 1900. Berlin, Staatsbibliothek Preußischer Kulturbesitz

Wilhelm III. von Oranien. Gemälde von Caspar Netscher. Berlin, Staatliche Schlösser und Museen

mann. Gefolgsleute reichlich mit angelsächs. Landbesitz aus.
Sie wurden durch eine straffe Lehnshierarchie dem König untergeordnet u. ihre Verpflichtungen im *Domesday Book* niedergelegt. Durch Teilung unter seine Söhne löste er die Personalunion zwischen England u. der Normandie.
7. *W. II. Rufus*, König 1087–1100, Sohn von 6), *um 1056, †2. 8. 1100 New Forest; hatte sich im Inneren gegen den Widerstand des Adels durchzusetzen, der seinen älteren Bruder Robert, Nachfolger Wilhelms des Eroberers in der Normandie, favorisierte; behauptete den engl. Hegemonialanspruch gegenüber Schottland; versuchte, auch die Normandie seinem Herrschaftsbereich einzuverleiben; war in England wegen seiner bedrückenden Steuerpolitik u. seiner Brutalität allgemein verhaßt.
8. *W. III. von Oranien*, Statthalter der Niederlande 1672–1702, König von England, Schottland (als *W. II.*) u. Irland (als *W. I.*) 1689–1702, *14. 11. 1650 Den Haag, †19. 3. 1702 London; Sohn Wilhelms II. von Oranien (*1626, †1650) u. einer engl. Prinzessin (Tochter Karls I.); 1677 mit Maria, der älteren Tochter Jakobs II. von England verheiratet; leitete seit 1671 den Verteidigungskampf Hollands gegen Ludwig XIV. u. sicherte seine Siege durch Friedensverträge; landete, von mehreren Lords aus beiden Parteigruppen (Whigs u. Tories) gerufen, 1688 in England u. vertrieb seinen Schwiegervater *(Glorreiche Revolution)*. Mit der Vereidigung auf die *Declaration of Rights* von 1689 stimmte W. der konstitutionell umschriebenen Grundlage seiner Krone zu, die damit zu einem Staatsorgan geworden war. W. betrieb eine Eindämmungs- u. Gleichgewichtspolitik gegen Ludwig XIV. von Frankreich, die zu dessen Einkreisung im Span. Erbfolgekrieg führte.
9. *W. IV.*, König von Großbritannien u. Irland u. König von Hannover 1830–1837, *21. 8. 1765 London, †20. 6. 1837 Windsor; hannoveran. Welfe, Sohn Georgs III., folgte seinem Bruder, Georg IV., auf den Thron; ermöglichte durch die Zusage eines Peer-Schubs, d.h. der Schaffung so vieler neuer Barone, wie zur Änderung der Mehrheitsverhältnisse im Oberhaus nötig gewesen wären, die Parlamentsreform von 1832, obwohl er persönlich dagegen war. Mit W. endete die Personalunion zwischen Großbritannien u. Hannover; in England folgte ihm seine Nichte *Viktoria*, in Hannover sein Bruder *Ernst August*.
Hessen: **10.** *W. IV.*, Landgraf 1567–1592, *24. 6. 1532 Kassel, †28. 8. 1592 Kassel; verwaltete Hessen während der Gefangenschaft seines Vaters *Philipp* (10) u. beteiligte sich am Fürstenbund gegen Karl V. In Hessen-Kassel, das ihm nach Philipps Tod zufiel, errichtete er eine vorbildl. Verwaltung; seine Erfahrungen legte er in dem Buch „Der ökonom. Staat“ (1585) nieder.
Hessen-Kassel: **11.** *W. IX.*, Landgraf 1785–1803, als *W. I.* Kurfürst 1803–1821, *3. 6. 1743 Kassel, †27. 2. 1821 Kassel; führte eine absolutist. u. merkantilist. Herrschaft; konnte sein unverhältnismäßig großes Heer nur durch Soldatenhandel u. Subsidien unterhalten; gewann 1803 die Kurwürde u. territorialen Zuwachs; war 1806–1813 im Exil, während sein Land dem Königreich Westfalen zugeschlagen wurde; regierte nach 1813 das abermals vergrößerte Land in extrem reaktionärem Geist.
Niederlande: **12.** *W. I. von Oranien, W. der Schweiger*, Graf von Nassau u. Prinz von Oranien, Statthalter von Holland, Zeeland u. Utrecht seit 1559, *25. 4. 1533 Schloß Dillenburg, †10. 7. 1584 Delft (ermordet); seit 1560 führend im Widerstand gegen Philipp II. von Spanien, anfänglich bestrebt, mit Hilfe religiöser Toleranz die Einheit der gesamten Niederlande zu bewahren, später Befürworter einer Trennung des Nordens (*Utrechter Union* 1579); 1580 von Philipp geächtet, von einem kath. Fanatiker ermordet.

Wilhelm I. von Oranien. Stich von A. Schouman

13. *W. I.*, König 1815–1840, Großherzog von Luxemburg, *24. 8. 1772 Den Haag, †12. 12. 1843 Berlin; von Napoleon I. aus seinen Ländern vertrieben, 1815 in Den Haag zum König der Vereinten Niederlande ausgerufen; verlor 1830/31 Belgien, dankte zugunsten seines Sohnes *W. II.* ab.
14. *W. III.*, König der Niederlande u. Großherzog von Luxemburg 1849–1890, *19. 2. 1817 Brüssel, †23. 11. 1890 Het Loo; Letzter des Hauses Nassau-Oranien im Mannesstamm; da seine Söhne vor ihm starben, folgte ihm seine Tochter *Wilhelmina* auf den Thron. Mit W.s Tod erlosch die Personalunion der Niederlande mit Luxemburg.
Riga: **15.** *W.*, Markgraf von Brandenburg, Erzbischof von Riga 1534–1563, *29. 6. 1498 Ansbach, †4. 2. 1563 Riga; versuchte vergeblich, mit Hilfe seines Bruders, des Herzogs *Albrecht* von Preußen, die Reformation in ganz Livland durchzuführen u. das Land nach preußischem Vorbild zu säkularisieren.
Wilhelmina, Königin der Niederlande 1890–1948, *31. 8. 1880 Den Haag, †28. 11. 1962 Het Loo; folgte ihrem Vater Wilhelm III. auf den Thron (1890–1898 unter der Vormundschaft ihrer Mutter Königin Emma). W. emigrierte nach der dt. Besetzung 1940 mit der Regierung nach London, von wo sich auch der Widerstand der Niederländer gegen die dt. Besetzung formierte. Im März 1945 kehrte sie zurück; 1948 dankte sie zugunsten ihrer Tochter *Juliana* ab.
Wilhelmine, *Sophie Friederike*, Markgräfin von Bayreuth, *3. 7. 1709 Berlin, †14. 10. 1758 Bayreuth; Lieblingsschwester *Friedrichs d. Gr.*, den sie im Konflikt mit dem Vater offen unterstützte; 1731 mit dem Markgrafen *Friedrich* von Brandenburg-Bayreuth (*1711, †1763) verheiratet. Neben einer reichen Korrespondenz verfaßte sie in französischer Sprache 2 Bände „Denkwürdigkeiten“, in denen sie das Leben am preußischen Hofe schildert.
Wilhelminische Ära, die Regierungszeit des dt. Kaisers *Wilhelm II.* (1888–1918). Im polit., sozialen u. kulturellen Leben wies diese Zeit charakterist. Ausdrucksformen auf, deren Gesamtheit man oft als *Wilhelminismus* bezeichnet. Als kennzeichnend erscheint vor

Wilhelm der Eroberer: Der Herzog empfängt einen Boten des englischen Königs Eduard des Bekenners. Teppich von Bayeux; 11. Jh.

allem das Nebeneinander von dynamischer Modernität auf wirtschaftlich-techn. Gebiet u. romantisierender Reaktion im polit. u. gesellschaftl. Leben. Dtschld. entwickelte sich in dieser Periode zu einem der fortgeschrittensten Industrieländer u. war führend in Naturwissenschaft u. Technik. Die vorindustrielle Gesellschaftsstruktur blieb jedoch weitgehend intakt. Der Adel u. insbes. das adlige Offizierskorps blieben gesellschaftlich tonangebend, u. das wirtschaftlich erfolgreiche Bürgertum suchte sich in seinem Lebensstil der alten Herrschaftselite anzupassen. Im polit. System erhielten sich viele Züge des feudal-absolutist. Obrigkeitsstaates. Militarismus u. übersteigerter Nationalismus waren herrschende Tendenzen. Wilhelm II. wollte, bestärkt durch den Byzantinismus seiner Umgebung, ein „persönl. Regiment" führen, beschränkte sich aber im wesentl. auf die äußeren Attribute eines absoluten Herrschers u. war eher Repräsentant als Gestalter seiner Epoche. Für die offiziell geförderte Kunst waren Historismus, Überladenheit u. Theatralik kennzeichnend. Als „Wilhelminischer Stil" wird in Dtschld. gewöhnlich das Neubarock bezeichnet. – Trotz aller Einschränkungen waren in der W.n Ä. die bürgerl. Freiheiten so weit gewährleistet, daß sich in allen Lebensbereichen Auffassungen äußern konnten, die zur herrschenden Richtung in erklärtem Gegensatz standen.

Wilhelm von Aquitanien, Graf von Toulouse u. Herzog von Aquitanien, Heiliger, *um 750, †28. 5. 812; verteidigte im Auftrag Karls d. Gr. die Span. Mark gegen die Sarazenen, unterwarf die Basken u. trug zur Einnahme von Barcelona (801) bei; zog sich später aus seiner Machtstellung zurück u. gründete das Kloster *Gellone* (804). Held des französ. Wilhelm-Lieds u. des „Willehalm" von *Wolfram von Eschenbach.* Fest: 28. 5.

Wilhelm von Hirsau, Abt von Hirsau (1071 bis 1091), †2. 6. 1091 Hirsau; wurde 1069 durch den Grafen von Calw zur Reform des Klosters Hirsau berufen, als dessen Abt er die Cluniazensische Reformbewegung in Dtschld. verbreiten half.

Wilhelm von Malmesbury [-'ma:mzbəri], *William of Malmesbury,* *um 1090, †1143; anglonormann. Geschichtsschreiber, Mönch, schrieb eine Geschichte der engl. Könige u. Bischöfe der Zeit 449–1127: „Gesta regum Anglorum" (1120 u. 1127); „Gesta pontificum Anglorum" (1125). Seine „Historia novella" schildert die Ereignisse von 1125–1142.

Wilhelm von Poitiers [-pwa'tje:], *Guillaume de Poitiers,* französ. Geschichtsschreiber, *um 1020 Préaux, Normandie, †nach 1087 Lisieux; Geistlicher, Kaplan Wilhelms des Eroberers u. Archidiakon von Lisieux; schrieb die „Gesta Guillelmi ducis Normannorum et regis Anglorum" (um 1073/74), eine Geschichte Wilhelms des Eroberers, die die Jahre 1047–1068 umfaßt.

Willebriefe, Urkunden der Kurfürsten für den Kaiser, mit denen er vor jeder Veräußerung von Reichsgut deren Zustimmung einholen mußte; seit 1281 notwendig.

Willendorf, altsteinzeitlicher Fundplatz bei Krems, Niederösterreich. Im Löß wurden Kulturschichten des Aurignacien u. Pavlovien entdeckt. Bemerkenswert ist der Fund einer sog. *Venusstatuette* aus Kalkstein, der „Venus von W.". Sie stammt aus der jüngeren Pavlovienschicht (etwa 20000 v. Chr.).

Willibald, erster Bischof von Eichstätt, Heiliger, *700 Südengland, †7. 7. 787 (?) Eichstätt; Mönch in Montecassino, von Bonifatius 741 zum Bischof geweiht; gründete das Kloster Eichstätt u. missionierte im Raum seines Bistums. – Fest: 7. 7.

Willibrord, Erzbischof von Utrecht, Heiliger, *658 Northumbrien (England), †7. 11. 739 Echternach (Luxemburg); angelsächs. Benediktiner, stellte sich unter den Schutz der fränk. Herrscher u. missionierte seit 690, u. a. mit Swidbert, in Friesland; gründete um 700 als Stützpunkt für seine Arbeit die Abtei Echternach. – Fest: 7. 11.

Willigis, Erzbischof von Mainz u. Erzkanzler 975–1011, Heiliger, †23. 2. 1011; wahrscheinl. Sachse, führende Gestalt der dt. Bischöfe unter den Ottonen, von maßgebl. Einfluß während der Regentschaft der Kaiserinnen *Theophano* u. *Adelheid,* sicherte *Otto III.* die Krone, setzte später die Wahl *Heinrichs II.* durch (1002) u. krönte diesen in Mainz. – Fest: 23. 2.

Wilna, lit. *Vilnius,* russ. *Vilnjus,* Hptst. Litauens, an der Neris, 590000 Ew.

Um eine alte Burg entstand im 13. Jh. die Stadt, die von Großfürst Gedymin 1322/23 zur Hptst. Litauens (bis 1795) gemacht wurde. 1387 kath. Bistum u. magdeburg. Recht, etwa 1503 Stadtmauer, 1578 jesuit. Akademie (seit 1803 poln. Universität; 1832–1919 geschlossen); 1794–1915 russisch, dann bis 1939 polnisch, 1915–1918 u. 1941–1944 von dt. Truppen besetzt; 1940/41 u. 1945–1991 Hptst. der Litauischen SSR, seit 1991 von Litauen.

Wilpert, Joseph, Archäologe u. Kunsthistoriker, *22. 8. 1857 Eiglau, Schlesien, †13. 2. 1944 Rom; seit 1926 Prof. am Päpstl. Institut für christl. Archäologie; Werke u. a.: „Die Malereien der Katakomben Roms" 2 Bde. 1903; „Die röm. Mosaiken u. Malereien der kirchl. Bauten vom 4.–13. Jh." 4 Bde. 1924.

Wilson ['wilsn], **1.** Sir (1976) Harold, Baron *W. of Rievaulx* (1983), britischer Politiker (Labour), *11. 3. 1916 Huddersfield, Yorkshire, †24. 5. 1995 London; Dozent für Wirtschaftswissenschaften; seit 1945 Abg. im Unterhaus, 1947–1951 Handels-Min., seit 1952 im Parteivorstand, 1963–1976 Parteiführer als Nachfolger H. Gaitskells, 1964–1970 Premierminister, 1967 bis 1970 zugleich Leiter des Wirtschaftsministeriums; 1970–1974 Oppositionsführer, 1974–1976 Premierminister. Erinnerungen: „Die Staatsmaschine" dt. 1972.

2. Thomas Woodrow, US-amerikan. Politiker (Demokrat), *28. 12. 1856 Staunton, Va., †3. 2. 1924 Washington; Rechtsanwalt; seit 1890

Thomas Woodrow Wilson

Prof. für Geschichte, Rechtswissenschaft u. Volkswirtschaft in Princeton; 1910–1912 Gouverneur des Staates New Jersey, wurde gegen T. Roosevelt u. W. H. Taft zum (28.) Präsidenten (1913–1921) der USA gewählt. Durch die Beteiligung der USA am 1. Weltkrieg errang er für diese die erste Weltmachtstellung bei geringem militär. Einsatz. Bei den Pariser Friedensverhandlungen 1918/19 konnte er zwar die Gründung des Völkerbunds, nicht aber den Frieden aufgrund seiner → Vierzehn Punkte durchsetzen. Der Senat der USA lehnte den Beitritt zum Völkerbund u. den Versailler Vertrag ab. W. erlitt während des Wahlkampfes 1919 in Pueblo einen Schlaganfall u. erholte sich nicht wieder. Er erhielt 1919 den Friedensnobelpreis.

Wilton-Kultur, mittel- u. jungsteinzeitl. Jägerkultur mit mikrolith. Steingeräten, ritzverzierter Keramik u. Perlen aus Straußeischalen, benannt nach dem Fundort *Wilton* in Simbabwe; bekannt bes. von Freilandlagerplätzen in Kenia, Nordtansania u. Äthiopien, aus Höhlen in Tansania, Somalia u. Uganda u. von Muschelhaufen am Victoriasee u. anderen Seen Ost- u. Südafrikas.

Winckelmann, Johann Joachim, Archäologe u. Kunstwissenschaftler, *9. 12. 1717 Stendal, †8. 6. 1768 Triest (ermordet); war nach dem Studium der Theologie, Medizin u. Mathematik Lehrer u. Bibliothekar in Seehausen u. Nöthnitz (bei Dresden), trieb dort erste Antikenstudien u. begann seine schriftsteller. Tätigkeit mit „Gedanken über die Nachahmung der griech. Werke in der Malerei u. Bildhauerkunst" 1755. Seit 1755 in Rom, wurde W. 1763 mit der Oberaufsicht über alle Altertümer in u. bei Rom beauftragt. Er gilt als Begründer der wissenschaftl. Archäologie; sein Versuch, die antike Plastik u. Architektur in kunstgeschichtliche Entwicklungszusammenhänge einzuordnen, wurde vorbildlich für die Methoden der neueren Kunstwissenschaft. W.s Wesensdeutung griech. Kunst („edle Einfalt u. stille Größe") bestimmte maßgeblich die Schönheitsideale des Klassizismus. Hptw.: „Geschichte der Kunst des Altertums" 1764.

Windischgrätz, *Windisch-Graetz,* Alfred Fürst zu, österr. Feldmarschall, *11. 5. 1787 Brüssel, †21. 3. 1862 Wien; unterdrückte 1848 als Generalkommandant in Böhmen die Aufständischen der *Märzrevolution;* wurde wenig später Oberbefehlshaber aller österr. Truppen außerhalb Italiens. Nach der blutigen Unterwerfung Wiens in Ungarn schwer bedrängt, wurde W. am 12. 4. 1849 abberufen. *Metternich* nahestehend, vertrat er auch später einen föderalen Konservatismus.

Windmill-Hill-Kultur, neolith. Kultur in England, benannt nach der Fundstelle *Windmill Hill* bei Avebury, Wiltshire; halbnomad. Landwirtschaft mit Viehkralen, langgestreckte Hügelgräber *(long barrows)* mit Kollektivbestattungen, Feuersteinbergwerke, Spaltindustrie; meist unverzierte Keramik mit abgerundeten Böden.

Windsor ['winzə], Name des seit 1901 regierenden brit. Königshauses, den es 1917 während des 1. Weltkriegs statt der bisherigen Benennung nach der dt. Linie *Sachsen-Coburg-Gotha* annahm; namengebend war Schloß W. – *Herzog von W.,* Titel des abgedankten Königs Eduard VIII., → Eduard (9).

Windsorvertrag ['winzə-], **1.** Vertrag von 1386 zur Erneuerung des Bündnisses von 1373 zwischen England u. Portugal, leitete die jahrhundertelange Anlehnung Portugals an England ein.

2. Vertrag von 1899 zwischen Großbritannien u. Portugal, Garantieerklärung über den portugies. Kolonialbesitz.

Windthorst, Ludwig, Politiker (Zentrum), *17. 1. 1812 Kaldenhof bei Osnabrück, †14. 3. 1891 Berlin; 1851–1853 u. 1862–1865 hannoverscher Justiz-Min., seit 1866 Rechtsberater des entthronten Königs Georg V. von Hannover; seit 1867 Mitglied des Reichstags, wo er nach 1870 als parlamentar. Führer der neu gegründeten Zentrumspartei – vor allem in der Zeit des *Kulturkampfs* – der wichtigste Gegenspieler *Bismarcks* war. Sein Gespräch mit Bismarck vom 12. 3. 1890 über eine mögl. Zusammenarbeit mit der Regierung trug zu dessen Sturz bei. – *W.bünde* hießen die Jugendorganisationen des Zentrums 1895 bis 1933.

Winkelried, Arnold, schweizer. Sagenheld aus Unterwalden, soll den Sieg bei Sempach 1386 vorbereitet haben, indem er Spieße der habsburg. Reiter mit den Armen umfaßte u. sich in die Brust bohrte, so daß eine Lücke in der feindl. Schlachtordnung entstand.

Winrich von Kniprode, Ordensmeister, *um 1310 im Bergischen Land, †24. 6. 1382 Marienburg; seit 1334 im Dt. Orden, 1346 Großkomtur, 1351 Hochmeister. Unter ihm erlebte der Dt. Orden seine Blütezeit u. wurde mehr u. mehr zur weltl. Macht. W. v. K. drängte die Litauer in die Defensive, förderte den Handel des Ordens, gründete mehrere Städte u. veranlaßte die Vollendung der Marienburg.

Winterkönig, Spottname *Friedrichs V. von der Pfalz,* dessen böhm. Königtum nur einen Winter dauerte; → Friedrich (33).

Winterkrieg, der finn.-sowjet. Krieg 1939/40. Am 11. 10. 1939 begann die UdSSR mit den Kampfhandlungen, nachdem sie mit ihrer Forderung nach Überlassung von Stützpunkten auf den Widerstand Finnlands gestoßen war. Bis Mitte Februar 1940 konnten sich die Finnen trotz sowjet. Überlegenheit behaupten. Sie mußten dann aber im Friedensvertrag (12. 3. 1940) Gebiete abtreten.

Winzer, Otto, Politiker (SED), *3. 4. 1902 Berlin, †3. 3. 1975 Berlin (Ost); Verlagshersteller, später -leiter, seit 1925 Mitgl. der KPD, seit 1935 in der Emigration; kehrte 1945 mit W. Ulbricht aus der Sowjetunion zurück, seit 1947 Mitgl. des Parteivorstandes bzw. ZK der SED, 1949–1956 Staatssekretär u. Chef der Privatkanzlei des DDR-Präsidenten, 1956 bis 1965 stellvertr. Min., 1965–1975 Min. für Auswärtige Angelegenheiten der DDR.

Wipo, Kaplan u. Historiograph, †nach 1046; wahrscheinlich Erzieher Kaiser Heinrichs III., schrieb Lehrgedichte und die „Gesta Chuonradi imperatoris" (zwischen 1040 u. 1046), eine Biographie Kaiser Konrads II., dessen Hofkaplan er war.

Wirth, Joseph, Politiker (Zentrum), *6. 9. 1879 Freiburg i. Br., †3. 1. 1956 Freiburg; Gymnasiallehrer; 1914–1918 u. 1920–1933 MdR; 1920 Reichsfinanz-Min.; 1921/22 Reichskanzler eines Minderheitskabinetts der Weimarer Koalition. W. war ein führender Vertreter der *Erfüllungspolitik*; er nahm 1921 das Londoner Ultimatum in der Reparationsfrage an u. schloß 1922 den *Rapallovertrag* mit Sowjetrußland. Nach der Ermordung W. Rathenaus brachte er das *Republikschutzgesetz* ein. In seiner Partei war er der Führer des linken Flügels. 1929/30 war er Reichs-Min. für die besetzten Gebiete, 1930/31 Reichsinnen-Min. 1933–1948 lebte er in der Schweiz. Nach dem 2. Weltkrieg trat W. für eine dt. Neutralitätspolitik ein u. bekämpfte die Westintegration der Bundesrepublik; er gründete 1953 den neutralist. „Bund der Deutschen".

Wirtschaftsgeschichte, ein Zweig der Geschichtswissenschaft mit den Aufgaben: Erforschung u. Darstellung der Wirtschaft in ihrem Zeitablauf, Ordnung der Fakten zu einem Gesamtbild wirtschaftl. Lebens, gedankliche Eingliederung dieses Teilphänomens Wirtschaft in den Gesamtzusammenhang der Kultur.

Witigis, *Witiches,* König der Ostgoten 536–540, †541; Heerführer unter Theoderich d. Gr.; 536 vom Gotenheer zum König gewählt, heiratete die letzte Amalerin *Matas-wintha,* die Tochter Amalasunthas; ergab sich dem byzantin. Feldherrn *Belisar* 540 in Ravenna u. wurde mit seiner Frau u. vielen got. Großen nach Konstantinopel gebracht.

Witold, lit. *Vytautas,* Großfürst von Litauen 1401–1430, *um 1350, †27. 10. 1430; zunächst Gegner *Jagiełłos*; erkannte nach der Niederlage gegen die Tataren die poln. Oberhoheit an u. wurde von Jagiełło 1392 zum Statthalter Litauens, 1401 zum Großfürsten ernannt. W. unterstützte die Politik Jagiełłos (Teilnahme an der *Schlacht von Tannenberg* 1410), er konkurrierte mit Moskau um die Vorherrschaft in Rußland u. dehnte sein Reich bis zum Schwarzen Meer aus.

Johan de Witt. Gemälde von Jan de Baen. Amsterdam, Rijksmuseum

Witos, Wincenty, poln. Politiker, *21. 1. 1874 Wierzchosławice bei Tarnów, † 31. 10. 1945 Krakau; zwischen 1920 u. 1926 als Führer der Bauernpartei wiederholt Min.-Präs.; 1930 als einer der Führer der Mitte-Links-Opposition auf Anweisung Piłsudskis kurze Zeit inhaftiert; 1933–1939 im Exil in der Tschechoslowakei; 1945 Vize-Präs. des Poln. Nationalrats.

Witt, Johan de, niederländ. Politiker, *24. 9. 1625 Dordrecht, †20. 8. 1672 Den Haag (ermordet); als Ratspensionär (1653–1672) von Holland Leiter der niederländ. Politik, suchte der Herrschaft des städt. Kaufmanns-Patriziats (gegen die Oranier) Dauer zu verschaffen; führte zwei Seekriege gegen England; vernachlässigte die Landrüstungen, so daß Ludwig XIV. von Frankreich die Niederlande 1672 überrennen konnte. Als *Wilhelm III. von Oranien* Generalstatthalter wurde, trat W. zurück; zusammen mit seinem Bruder *Cornelis* wurde er in Den Haag von seinen Gegnern umgebracht.

Witte, Sergej Juljewitsch Graf, russ. Politiker balt. Herkunft, *29. 6. 1849 Tiflis, †13. 3. 1915 Petrograd; 1892–1903 Verkehrs- u. Finanz-Min.; betrieb durch Aufnahme ausländ. Anleihen, Eisenbahnbau (Transsibir. Eisenbahn), Schutzzölle u. Einführung der Goldwährung die Industrialisierung Rußlands; 1905/06 Min.-Präs., entwarf 1905 das *Oktobermanifest des Zaren.*

Wittekind → Widukind.

Wittelsbacher, dt. Herrschergeschlecht, seit etwa 1115 benannt nach der Stammburg *Wittelsbach* bei Aichach; beginnend (ältere Luitpoldinger) mit Markgraf *Luitpold* (†907), dessen Sohn *Arnulf* (†937) das alte bayer. Herzogtum zu erneuern suchte u. dessen Nachkommen (jüngere Luitpoldinger), seit 1070 Grafen von *Scheyern,* in *Otto IV.* (†1156) die bayer. Pfalzgrafenwürde, in *Otto I.* (†1183) das jüngere, den Welfen abgenommene Herzogtum Bayern u. in *Otto II.* (†1253) die Rheinpfalz erhielten. 1255 erfolgte eine Teilung des Besitzes der W. in die Herzogtümer Oberbayern(-Pfalz) u. Niederbayern. 1294–1777 waren die W. in die bayer. u. die pfälz. Hauptlinie aufgespalten. Die anfangs gemeinsame Kurwürde fiel 1356 der pfälz. Linie zu; 1623 (endgültig 1648) kam sie an die bayer. Linie, wobei für die Pfalz eine neue, 8. geschaffen wurde, so daß fortan beide Linien im Besitz einer Kurwürde waren. 1777 erlosch die jüngere, bayer. Hauptlinie der W. *(Maximilian III. Joseph).* Erbe war die pfälz. Linie, die für Bayern die Königswürde erlangte. Pfalzgraf *Maximilian IV. Joseph* von Zweibrücken-Birkenfeld, seit 1799 Kurfürst, war seit 1806 als *Maximilian I.* erster König von Bayern. Der letzte König war *Ludwig III.*, der 1918 abdanken mußte.

Witzleben, Erwin von, Offizier (1940 Generalfeldmarschall) u. Widerstandskämpfer, *4. 12. 1881 Breslau, †8. 8. 1944 Berlin-Plötzensee (hingerichtet); 1939–1942 Armee- u. Heeresgruppenbefehlshaber im Westen, seit 1941 zugleich Oberbefehlshaber West, 1942 verabschiedet; von der Widerstandsbewegung als Oberbefehlshaber der Wehrmacht vorgesehen; nach dem mißglückten Attentat vom 20. Juli 1944 vom Volksgerichtshof zum Tode verurteilt.

Wladimir, russ. Fürsten: **1.** *W. der Heilige,* Großfürst von Kiew 978–1015, *um 956, †15. 7. 1015 Berestowa bei Kiew; Sohn Swatjoslaws; eroberte Gebiete von Polen (981) u. dehnte die Herrschaft Kiews über alle ostslaw. Stämme aus; ließ sich 988 bei seiner Heirat mit der Schwester Basileus' II. von Byzanz, Anna, taufen u. vollendete so die Christianisierung des Kiewer Reichs.

2. *W. II. Monomach,* Urenkel von 1), Großfürst von Kiew 1113–1125, *1053, †19. 5. 1125 bei Kiew; führte das Kiewer Reich zu einem letzten Höhepunkt seiner Macht; sein polit. u. geistl. Testament („Ermahnung") ist eines der bed. Werke altruss. Literatur.

Wladislaw, Fürsten. Böhmen: **1.** *W. I.*, W. III. von Polen, → Wladislaw (6).

2. *W. V.*, W. V. Posthumus von Ungarn, → Wladislaw (11).

3. *W. V.*, König von Böhmen 1471–1516 u. Ungarn (*W. II. Ulászló* seit 1490), *1. 3. 1456 Krakau, †13. 3. 1516 Ofen; poln. Jagiellone, von den Utraquisten zum König gewählt, mußte nach Kampf Schlesien, die Lausitz u. Mähren 1474 bzw. 1478 an Matthias Corvinus geben; nach dessen Tod auch in Ungarn gewählt; seine Schwäche förderte den Machtzuwachs des Adels. Er verheiratete seine beiden Kinder mit Habsburgern (Enkel u. Enkelin Kaiser Maximilians, doppelter Ehevertrag von 1515), weshalb später Böhmen u. Ungarn an Habsburg kamen.

Polen: **4.** *Władysław I. Łokietek* [„Ellenlang"], König (1306) 1320–1333, *1260, †2. 3. 1333 Krakau; ursprüngl. Herzog von Kujawien, konnte sich nach dem Tod der Böhmenkönige Wenzel II. u. Wenzel III., die auch die poln. Krone trugen, 1305 in Krakau u. Kleinpolen, 1314 auch in Großpolen durchsetzen; 1320 zum König gekrönt; Sieger über den Dt. Ritterorden bei Płowce (1331); wurde der eigentl. Schöpfer des poln. Einheitsstaats, der bis Ende des 18. Jh. Bestand hatte.

5. *Władysław II. Jagiełło* → Jagiełło.

6. *Władysław III. Warneńczyk* [„von Varna"], König 1434–1444, als *Ulászló I.* König von Ungarn 1440–1444, *31. 10. 1424 Krakau, †10. 11. 1444 bei Varna (Bulgarien); im Kampf gegen die Türken gefallen.

7. *Władysław IV. Wasa,* König 1632–1648, *19. 4. 1594 Łobzów bei Krakau, †20. 5. 1648 Merecz, Litauen; aus der Dynastie Wasa; 1610–1612 russ. Zar; erfolgreich gegen die Russen 1632–1634 bei Smolensk, das bei Polen blieb, u. gegen die Türken 1633 bei Kamieniec; erlangte von Schweden 1635 im Vertrag von Stumdorf Westpreußen zurück; begünstigte die Jesuiten u. ihr Bildungssystem; verlor zunehmend seine Macht an den Adel.

Ungarn: **8.** *László I., W. (Ladislaus) der Heilige,* König 1077–1095, *1040 in Polen, †29. 7. 1095 Neutra; aus der Arpáden-Dynastie, Sohn Bélas I., folgte seinem Bruder Géza; stürzte mit diesem den ungar. König Salomon, eroberte Nordkroatien u. bildete Ungarn nach dt. Vorbild um; im Investiturstreit Gegner des Kaisers u. Anhänger des Reformpapsttums (Gregor VII.); 1192 heiliggesprochen (Festtag am 27. 6.).

9. *László II.*, W. V. von Böhmen, → Wladislaw (3).

10. *Ulászló I.*, W. III. von Polen, → Wladislaw (6).

11. *László V. (Ladislaus) Posthumus*, König 1440 bzw. 1444 (1452) bis 1456, als König von Böhmen *W. V.* 1453–1457, *22. 2. 1440 Komárom, †23. 11. 1457 Prag (vermutlich ermordet); nachgeborener Sohn des Habsburgers *Albrecht II.*; bis 1452 unter der Vormundschaft Kaiser Friedrichs III. in Wien, für ihn regierte Janós *Hunyadi* 1446–1452 als Reichsverweser.

Wlassow [-sɔf], *Vlasov*, Andrej Andrejewitsch, russ. General, *1901 Nischnij Nowgorod, †1. 8. 1946 Moskau; 1942 in dt. Gefangenschaft geraten; von der dt. Regierung an die Spitze einer aus russ. Kriegsgefangenen u. Freiwilligen bestehenden antisowjet. „Befreiungsarmee" gestellt; von den USA 1945 an die Sowjetunion ausgeliefert, dort hingerichtet.

Wohlfahrtsausschuß, frz. *Comité de salut public*, die in der Französ. Revolution am 6. 4. 1793 geschaffene eigentl. Regierungsbehörde des Konvents, bediente sich terrorist. Herrschaftsmethoden; am 27. 10. 1795 aufgelöst.

Wojewode, *Woiwode* [slaw., „Heerführer"], **1.** in Polen bis Anfang des 14. Jh. Vertreter des Königs bzw. Herzogs in Militär- u. Gerichtssachen, seit 1139 in jedem der zahlreichen Teilfürstentümer (später *Wojewodschaften*), seit dem 14. Jh. (bis 1795) rangältester Beamter der Adelsselbstverwaltung einer Wojewodschaft, Mitgl. des Senats; 1918 bis 1939, 1944–1950 u. seit 1973 oberster staatl. Beamter einer Wojewodschaft.
2. in Rußland im 10.–15. Jh. Befehlshaber der fürstl. Gefolgschaft oder des allg. Aufgebots, im 16./17. Jh. der 5 Hauptheeresdivisionen. Im 16./17. Jh. war der W. zugleich militär. u. ziviler Leiter einer Provinz.
3. in der Moldau u. Walachei im 15.–16. Jh. Titel der Wahlfürsten.

Wolgadeutsche, seit 1763 von Katharina II. an der Wolga angesiedelte Deutsche, die ihre Sprache u. ihre Gebräuche bewahrten. 1918 bildete die Sowjetregierung eine „Autonome Arbeiterkommune" der W.n, 1924 die *Autonome Sozialist. Sowjetrepublik der W.n.* Diese wurde nach dem dt. Angriff auf die Sowjetunion im Sept. 1941 aufgelöst; die W.n (schätzungsweise 400 000) wurden wegen angebl. Kollaboration mit dem Feind nach Zentralasien deportiert. 1964 wurden sie rehabilitiert, doch wurde ihnen die Rückkehr nicht gestattet. Erst unter dem russ. Präs. Jelzin verbesserten sich die Aussichten für eine neuerl. territoriale Autonomie der W.n.

Wollweber, Ernst, Politiker (SED), *28. 10. 1898 Hannoversch-Münden, †3. 5. 1967 Ostberlin; Matrose; 1919 Mitgl. der KPD, 1928–1932 Mitgl. des preuß. Landtags, 1932/33 MdR; 1933–1945 zunächst illegal tätig, dann in der Emigration (Dänemark, Schweden, Sowjetunion); 1946–1953 in leitender Funktion im Schiffahrtswesen der DDR; 1953–1955 Staatssekretär, 1955–1957 Min. für Staatssicherheit der DDR; 1954 bis 1958 Mitgl. des ZK der SED; 1958 mit K. *Schirdewan* u. F. *Oelßner* wegen „Fraktionstätigkeit" gegen W. *Ulbricht* aus dem ZK ausgeschlossen.

Wolsey ['wulzi], Thomas, engl. Geistlicher u. Politiker, *um 1475 Ipswich, †29. 11. 1530 Leicester; seit 1507 am engl. Hof, erwarb schnell das Vertrauen Heinrichs VIII. u. wurde 1514 Erzbischof von York, 1515 Lordkanzler u. Kardinal. W. bestimmte die Innen- u. Außenpolitik u. schaltete das Parlament nahezu aus. Er nutzte seine Position in der Kirche zur persönl. Bereicherung, trug aber mit der Förderung der *Equity-Rechtsprechung* wesentlich zur Verbesserung des engl. Rechtssystems bei. Im Ehescheidungsprozeß Heinrichs VIII. erreichte W. nicht die vom König gewünschten Zugeständnisse des Papstes. Er mußte deshalb 1529 zurücktreten, wurde wegen Hochverrats angeklagt u. starb in Haft.

Thomas Wolsey

Wolynien, *Wolhynien*, Landschaft im NW der Ukraine, rd. 65 000 km², Zentrum *Schitomir.*
W. gehörte zunächst als relativ unabhängiges Fürstentum zur Kiewer Rus. Es wurde im 12. Jh. mit dem Fürstentum Galizien vereinigt, kam 1199 an das Fürstentum Wladimir u. im 13. Jh. unter mongol. Tributherrschaft. Während Galizien an Polen fiel, kam W. im 14. Jh. an Litauen, wurde 1569 polnisch u. mit der 2. u. 3. Poln. Teilung 1793 u. 1795 russisch; 1921–1939 war es als Wojewodschaft W. polnisch; danach wurde es sowjetisch. Die im 19. Jh. angesiedelten Deutschen wurden 1939 in das Dt. Reich umgesiedelt.

Woodward ['wudwɔ:d], Sir (seit 1952) Ernest Llewellyn, brit. Historiker, *14. 5. 1890 London, †11. 3. 1971 Oxford; 1944–1951 Prof. in Oxford, 1951–1962 in Princeton; Hrsg. der „Documents on British foreign policy 1919–1939" 1947 ff; Werke: „Great Britain and the German navy" 1935; „The age of reform 1815–1870" 1938; „History of England" 1947; „Great Britain and the war of 1914–1918" 1967; „History of the Second World War" 1970.

Worms, kreisfreie Stadt in Rheinland-Pfalz, am Rhein, 78 400 Ew.
Die ursprüngl. kelt. Siedlung *Borbetomagus* hieß unter röm. Herrschaft *Civitas Vangionum*, war seit dem 4. Jh. Sitz eines Bischofs, im 5. Jh. das polit. u. kulturelle Zentrum des Burgunderreiches u. wurde dann fränk. Königsgut *(Wormatia)*. Um 1000 kam W. unter *Burchard I.* in den Besitz des Bischofs. Seit dem Ende des 11. Jh. erlangte es zunehmende Selbständigkeit; 1273 wurde die Reichsunmittelbarkeit endgültig bestätigt. Bis zum Ende des MA fanden in W. zahlreiche Reichstage statt. Im Dreißigjährigen Krieg u. in den Reunionskriegen erlitt die Stadt schwere Schäden. 1797 wurde W. französisch; 1816 fiel es an Hessen-Darmstadt; seit 1946 gehört es zu Rheinland-Pfalz. – Das Bistum W. wurde 1803 säkularisiert.

Wormser Edikt, Erlaß Kaiser *Karls V.* am 25. 5. mit Datum vom 8. 5. 1521 im Anschluß an den Reichstag zu Worms, auf dem *Luther* sich geweigert hatte zu widerrufen. Das W. E. verhängte die Reichsacht über Luther u. verbot Verbreitung u. Lektüre seiner Schriften.

Wormser Konkordat, am 23. 9. 1122 bei Worms verkündeter Vertrag zwischen Kaiser *Heinrich V.* u. Legaten Papst *Kalixts II.* zur Beendigung des → Investiturstreits. Das W. K. sah eine Trennung der *Temporalien* von den *Spiritualien* vor. Der Kaiser verzichtete auf das Recht der Investitur mit Ring u. Stab, erreichte aber, daß eine Bischofswahl in Dtschld. nur in Anwesenheit des Königs oder seines Vertreters stattfinden durfte, wobei die Belehnung mit den Temporalien durch den König (mit dem Zepter) in Dtschld. der Verleihung der Spiritualien durch die kanon. Wahl u. die geistl. Weihe vorausgehen, in Burgund u. Italien aber folgen sollte. Damit war der Einfluß des dt. Königs auf die dt. Kirche gesichert, auf die von Italien u. Burgund jedoch geschwächt.

Woroschilow [vara'ʃilaf], *Vorošilov*, Kliment Jefremowitsch, sowjet. Politiker u. Marschall (1935), *4. 2. 1881 Werchneje, Gouvernement Jekaterinoslaw, †3. 12. 1969 Moskau; seit 1903 Bolschewik, 1921–1961 u. 1966–1969 Mitgl. des ZK, 1926–1960 des Politbüros bzw. Präsidiums der KPdSU; 1925–1940 Volkskommissar für Militärwesen bzw. Verteidigung, danach auf verschiedenen Kommandoposten; 1953–1960 Vorsitzender des Präsidiums des Obersten Sowjets (Staatsoberhaupt); in den letzten Jahren der Amtszeit N. S. *Chruschtschows* in Ungnade, später rehabilitiert.

Wrangel, *Wrangell*, dt.-balt. Uradelsgeschlecht (Ersterwähnung 1277) mit Linien in den Niederlanden, Preußen, Rußland, Schweden: **1.** Carl Gustav Graf, schwed. Feldherr, *23. 12. 1613 Skokloster bei Uppsala, † 5. 7. 1676 Spieker, Rügen; zeichnete sich im Dreißigjährigen Krieg als Heer- u. Flottenführer aus. Auch an den Kriegen gegen Polen, Dänemark u. Bremen beteiligt, wurde W. wegen des z.T. unverschuldeten Mißerfolgs im Kampf gegen Brandenburg (Fehrbellin 1675) abgesetzt.
2. Ferdinand Petrowitsch Baron von, Polarfahrer in russ. Diensten, *9. 1. 1797 (?) Pleskau, †6. 6. 1870 Dorpat; begleitete 1817–1819 W. M. *Golownin* auf dessen 2. Weltreise, befuhr 1820–1824 die nordsibir. Eismeerküste u. sichtete die nach ihm benannte *Wrangelinsel.* 1829–1835 war W. Generalgouverneur von Russisch-Amerika (Alaska), 1855–1857 Marine-Min.
3. Friedrich Graf (1864) von, preuß. Offizier (1856 Generalfeldmarschall), *13. 4. 1784 Stettin, †1. 11. 1877 Berlin; befehligte 1848 die Bundestruppen in Schleswig-Holstein; besetzte am 10. 11. 1848 Berlin u. sprengte die Nationalversammlung; hatte im deutsch-dänischen Krieg 1864 anfangs den Oberbefehl, mußte ihn aber aus Altersgründen bald niederlegen.
4. Pjotr Nikolajewitsch Baron von, russ. General, *27. 8. 1878 Nowo-Alexandrowsk, †25. 4. 1928 Brüssel; 1920 Oberbefehlshaber der Weißgardisten in Südrußland.

Wratislaw, erster König von Böhmen, *um 1035, †14. 1. 1092; war seinem Bruder 1061 als Herzog in der Regierung gefolgt u. wurde 1086 von Kaiser Heinrich IV. als Dank für seine Unterstützung während des Investiturstreites mit der Königswürde belohnt.

Wrede, Karl Philipp Fürst (1814) von, bayer. Feldmarschall, *29. 4. 1767 Heidelberg, †12.12. 1838 Ellingen; kämpfte an der Spitze einer bayer. Division 1805 u. 1809 für Frankreich gegen Österreich, führte 1812 die bayer. Truppen nach Rußland; seit 1813 Gegner Napoleons I. (Völkerschlacht bei Leipzig, Niederlage bei Hanau 30./31. 10. 1813, Feldzug nach Paris 1814); vertrat Bayern auf dem Wiener Kongreß.

Wu, *Wu Wang*, nach der Überlieferung der Begründer der Zhou-Dynastie in China, um 1100 v. Chr.

Wudi, *Wu-ti*, Name mehrerer chines. Kaiser. Unter dem der Han-Dynastie angehörenden W. (* 157 v. Chr., †87 v. Chr., Regierungszeit 141–87 v. Chr.) wurde China zum Weltreich. Er sicherte das Reich im N gegen die Xiongnu (Hunnen?) u. drang im S bis Nordannam, im O bis Nordkorea, im Westen bis ins Tarimbecken vor. W. zentralisierte das Staatswesen, schaffte endgültig das Lehnswesen ab und gab den Anstoß zur Entstehung der nach konfuzian. Grundsätzen ausgebildeten Gelehrtenbürokratie.

Wulfila, *Ulfilas*, arianischer Westgotenbischof, *um 311, †wahrscheinlich 383 Konstantinopel; schuf mit dem gotischen Alphabet die erste german. Buchstabenschrift u. übersetzte die Bibel ins Gotische (die älteste

Jürgen Wullenwever

Übers. der Bibel in eine german. Sprache), wovon Teile in ostgot. Handschriften des 6. Jh. erhalten sind.

Wullenwever, Jürgen, Bürgermeister von Lübeck, *um 1492 Hamburg, †29. 9. 1537 bei Wolfenbüttel (hingerichtet); wurde 1533 Bürgermeister als Führer der Bürgerschaft, nachdem die Vorherrschaft der Patrizier durch einen Volksaufstand beseitigt worden war. W. wollte dem Protestantismus Geltung verschaffen, den holländ. Ostseehandel zurückdrängen, durch die Teilnahme an der *Grafenfehde* die dän. Macht brechen u. Lübeck wieder zur Beherrscherin der Ostsee machen. Er scheiterte am Widerstand der Patrizier u. der anderen Hansestädte, dankte 1535 nach einer Niederlage ab u. wurde an Herzog *Heinrich d.J.* von Braunschweig-Wolfenbüttel ausgeliefert, der ihn hinrichten ließ.

Württemberg, ehem. Land in Südwestdeutschland, 19506 km², 2,9 Mill. Ew. (1939), Hptst. Stuttgart. – Das Geschlecht derer von W. geht zurück auf *C[u]onradus de Wirdeberch* (1081), der auf dem *Wirteneberg* (später *Wirtemberg*, heute *Rotenberg* bei Untertürkheim) die Stammburg erbaute. Graf *Ulrich I.* (*um 1226, †1265) hatte seine Besitzungen im Neckar- u. Remstal. Seinen Nachfolgern gelang es, sie noch im 13. u. 14. Jh. bes. um stauf. Gebiete in Schwaben zu vermehren. 1442 kam es zur Teilung des Landes: die Söhne *Eberhards IV.* wurden Begründer der Uracher (Graf *Ludwig I.*) u. der Neuffener oder Stuttgarter Linie *(Ulrich V.)*. *Eberhard V. (I.) im Bart* gelang es, den Besitz der beiden Linien wieder zu verschmelzen; er erließ eine Landesordnung u. wurde 1495 zum Herzog von W. erhoben. Herzog *Ulrich* büßte nach schweren Kämpfen mit den Ständen u. dem Schwäb. Bund den ganzen Besitz seines Hauses ein, der 1519 an die Habsburger verkauft wurde. Seit 1534 regierte Ulrich sein Land als österr. Lehen; er u. sein Sohn *Christoph* führten die Reformation ein.

1599 wurde W. erneut Reichslehen. Der Dreißigjährige Krieg u. die Kriege Ludwigs XIV. (1688–1692) schädigten das Land schwer. Die Herzöge *Karl Alexander* u. *Karl Eugen* herrschten absolutistisch, bis letzterer 1770 die Rechte der Landstände anerkennen mußte. 1796 fiel Mömpelgard an Frankreich. Für die verlorenen links-rhein. Gebiete bekam W. durch den Reichsdeputationshauptschuß 1803 9 Reichsstädte sowie Abteien, Klöster u. Stifte. Das Land wurde Kurfürstentum u. 1805 (Frieden von Preßburg) Königreich. Als Verbündeter Frankreichs im Rheinbund erhielt es österr. Gebiet in Oberschwaben, weitere Gebiete im Wiener Frieden 1809. *Friedrich I.* versuchte zunächst auf absolutist. Weise, diese heterogenen Landesteile zu einem Staat zu verschmelzen. Gegen den Widerstand der Stände unternahm er es nach 1815 vergeblich, eine Verfassung einzuführen. Dies gelang erst 1819 seinem Nachfolger *Wilhelm I.*, der auch die Verwaltung neu ordnete.

Unter dem Druck der Märzrevolution kam es 1848 zur Berufung eines liberalen Ministeriums. 1849 wurde die Verfassung von 1819 wieder in Kraft gesetzt. Nach anfänglichem Gegensatz zu Preußen in der Frage der dt. Einigung stand W. unter König *Karl I.* im Dt.-Französ. Krieg auf preuß. Seite.

Der Beitritt W.s zum Dt. Reich wurde am 1. 1. 1871 vereinbart; W. erhielt einige Reservatrechte. 1918 dankte König *Wilhelm II.* ab, u. im folgenden Jahr gab die Landesversammlung W. eine neue Verfassung als Freistaat der Weimarer Republik. 1933–1945 stand W. unter einem Reichsstatthalter. 1945 bildeten die Besatzungsmächte die neuen Länder *W.-Hohenzollern* (Süd-W. u. der preuß. Reg.-Bez. Hohenzollern, Hptst. Tübingen) u. *W.-Baden* (Nord-W. u. Nordbaden, Hptst. Stuttgart). Aufgrund einer Volksabstimmung von 1951 vereinigten sich diese beiden Länder mit dem Land (Süd-)Baden 1952 zum Bundesland → Baden-Württemberg.

Württemberger Hof, nach dem Versammlungslokal benannte Fraktion der Frankfurter Nationalversammlung 1848/49, auch „linkes Zentrum" genannt; stand zwischen dem *Casino* u. dem *Deutschen Hof*; verfocht das Ziel einer parlamentarischen Monarchie. Dem W. H. gehörten hauptsächlich Abgeordnete aus Süd- u. Westdeutschland an.

Würzburg, kreisfreie Stadt in Unterfranken (Bayern), am Main, 182 m ü. M., 129000 Ew. Ein befestigter Platz *Virteburch*, Zentrum eines fränk.-thüring. Herzogtums, wird 704 erstmals erwähnt. 741/42 gründete *Bonifatius* das Bistum W. 1030 wurden die Bischöfe Herren der Stadt; seit 1168 waren sie auch Herzöge von Franken u. richteten eine Landesherrschaft auf. In dem Bestreben, die bischöfl. Herrschaft abzuschütteln, schloß sich die Stadt 1525 dem Bauernaufstand an, der niedergeschlagen wurde. Unter den Fürstbischöfen J. *Echter von Mespelbrunn* u. J. P. von *Schönborn* wurde die Gegenreformation durchgeführt. Im 18. Jh. erlebte das Hochstift unter den Schönborns seine Glanzzeit. 1803 wurde es säkularisiert u. kam zu Bayern. 1806–1814 bestand das Großherzogtum W. unter *Ferdinand von Toskana*. 1814 wurde W. endgültig bayerisch. Das Bistum wurde 1817 erneuert u. der Kirchenprovinz Bamberg unterstellt.

Wu-ti, chines. Kaiser, → Wudi.

Wu Wang, chines. Herrscher, → Wu.

Wyclif ['wiklif], John → Wiclif.

Wyschinskij, *Vyšinskij*, Andrej Januarjewitsch, sowjet. Politiker, *10. 12. 1883 Odessa, †22. 11. 1954 New York; seit 1902 in der sozialist. Bewegung, anfangs Menschewik, seit 1921 Bolschewik; 1935–1939 Generalstaatsanwalt, Hauptankläger in den *Moskauer Prozessen* 1936–1938; 1940–1949 stellvertr. Außen-Min., 1949–1953 Außen-Min., dann wieder stellvertr. Außen-Min. u. Delegierter bei den UN.

X

Xanthippos, athen. Staatsmann, Vater des *Perikles*, *um 520 v. Chr., †489 v. Chr.; Hauptankläger des *Miltiades*, 484/83 v. Chr. verbannt; 479 v. Chr. Befehlshaber des athen. Kontingents in der griech. Flotte, die beim Vorgebirge *Mykale* die Reste der pers. Flotte vernichtete.

Xanthos, 1. größte Stadt im antiken Lykien, beim heutigen Kinik in Anatolien; 546 v. Chr. durch die Perser u. 42 v. Chr. durch Brutus völlig zerstört. X. war berühmt durch seine teils in den Felsen eingehauenen u. mit Architekturfassade versehenen, teils freistehenden Grabdenkmäler in Haus- u. Pfeilerform; am bekanntesten das Harpyienmonument (6. Jh. v. Chr.) u. das Nereidenmonument (Ende 5. Jh. v. Chr.).

2. antiker Name des Flusses *Koca Çayi* im südwestl. Anatolien; in seinem Flußtal lagen die wichtigsten Städte des antiken Lykien.

Xanthos der Lyder, Geschichtsschreiber, der im 5. Jh. v. Chr. eine Geschichte Lydiens (bis vermutlich 547 v. Chr.) in griech. Sprache verfaßte (in Bruchstücken erhalten).

Xenophon, griech. Schriftsteller, *um 426 v. Chr. Athen, †um 355 v. Chr.; Schüler des Sokrates, dem er in den Schriften „Apologie" (Verteidigungsrede des Sokrates), „Symposion" (Siegesfeier für einen schönen Knaben), „Apomnemoneumata" (Erinnerungen an Sokrates) ein Denkmal setzte. Die 7 Bücher „Anabasis" schildern den Rückzug des im Dienst des Kyros stehenden griech. Söldnerheeres nach der Niederlage bei Kunaxa gegen Artaxerxes II. Eine Fortsetzung zur Geschichte des Thukydides gab er in der „Hellenika". In der „Erziehung des Kyros" entwarf X. das Bild des Idealstaats.

Xerxes, griech. Form von altpers. *Chschajarscha*, Name altpers. Könige aus dem Geschlecht der Achämeniden; bes. *X. I.*, 486–465 v. Chr., Sohn Dareios' I., Vater Artaxerxes' I., *um 519, †465 v. Chr.; der *Ahasverus* der Bibel; begann 480 v. Chr. den Feldzug gegen Griechenland, der für Persien mit

Xerxes I., bei einer Audienz hinter dem Thron seines Vaters Dareios I. stehend (Relief aus dem Palast von Dareios I. in Persepolis, 5. Jahrhundert v. Chr.)

einer Katastrophe endete; mit seinem Sohn Dareios wurde er vom Führer seiner Leibgarde ermordet.

Xia [çia], *Hsia*, die erste chines. Dynastie, historisch nicht gesichert, traditionell auf das 21.–16. Jh. v. Chr. angesetzt.

Xochicalco [sɔtʃi'kalko; aztek., „Ort des Blumenhauses"], Ruinenstadt im mexikan. Staat Morelos, Blüte zwischen dem 7. u. 10. Jh., Tempelpyramiden mit berühmtem Federschlangenrelief, Hieroglypheninschriften; stand unter Einfluß von Teotihuacan, der Maya u. der Zapoteken.

Y

Yadin ['jadin], Yigael, israel. Archäologe, General u. Politiker, Sohn des Archäologen E. *Sukenik*, *21. 3. 1917 Jerusalem, †28. 6. 1984 Michmoret; nach archäolog. Studien 1947 bis 1949 Operationschef der Hagana, 1949 bis 1952 Generalstabschef der Armee; seit 1959 Prof. in Jerusalem. Y. leitete zahlreiche Ausgrabungen (Werke: „Masada" dt. 1967; „Bar Kochba" dt. 1971; „Hazor" dt. 1976; „Die Tempelrolle" dt. 1985). Er gründete 1977 die Partei *Dash* („Demokrat. Bewegung für Erneuerung") u. war 1977–1981 stellvertr. Min.-Präs.

Yamagata [ja-], Aritomo, japan. Offizier (1898 Marschall) u. Politiker, Fürst, *22. 4. 1838 Choshu, Westhonschu, †1. 2. 1922 Odawara; aus niederem Samurai-Stand; 1878–1882, 1884/85 u. 1904/05 Chef des Generalstabes; mehrfach Minister (für Inneres, Justiz u. Krieg); 1889–1892, 1893–1895, 1898–1900 u. 1905–1909 Premierminister; 1909–1922 Präs. des Geheimen Staatsrats (Beratungsorgan des Kaisers).

Yamamoto [ja-], Isoroku, japan. Admiral (1940), *4. 4. 1884 Domäne Nagaoka, heutige Präfektur Niigata, †18. 4. 1943 (gefallen); entstammte einer Samurai-Familie; 1939 bis zu seinem Tode Kommandeur der Vereinigten Flotte, erarbeitete die Pläne für den Angriff auf *Pearl Harbor*; 1943 auf einem Inspektionsflug abgeschossen.

Yamato-Zeit [ja-], die Periode der japan. Geschichte von etwa 350 bis 645, eine Zeit mit eigenständiger Kultur vor dem Wirken des starken chines. u. buddhist. Einflusses. Das Zentrum bildete die Yamamoto-Ebene um die spätere Stadt Nara. Der Staat wurde durch eine lose Verbindung von Adelsgeschlechtern gebildet u. war geprägt durch eine scharfe Trennung zwischen dieser Elite u. der agrarischen Masse. Die schintoistische Religion legitimierte dabei das Herrschaftssystem u. förderte die Entstehung der Monarchie.

Yang Shangkun [jaŋ ʃaŋkun], chines. Politiker (Kommunist), *1907 Kreis Tongnan, Prov. Sichuan; Partei- u. Militärfunktionär, Teilnehmer am „Langen Marsch" 1934/35; während der „Kulturrevolution" 1966–1976 verfolgt; seit 1982 Mitgl. des Politbüros; 1988–1993 Staatspräsident.

Yangwu-Bewegung [jaŋwu-; chin. *yangwu*, „fremde Angelegenheit"], eine Reform- u. Modernisierungsbewegung in China in den Jahren 1861–1894. Aufgrund der Erfahrungen der Opiumkriege u. der Taiping-Revolution zielte die Bewegung darauf ab, „von der Überlegenheit der Fremden (d. h. des Westens) zu lernen, um ihren Einfluß zu zügeln". Sie erstrebte zunächst die Modernisierung des Militärs u. der Marine nach westl. Vorbild, dann die Übernahme westl. Technik u. Wissenschaft überhaupt.
Zu diesem Zweck wurden westl. Berater eingeladen, Fremdsprachenschulen eingerichtet u. Studenten ins Ausland entsandt. Führende Reformer waren die Provinzgouverneure *Li Hongzhang, Zuo Zongtang* u. *Zeng Guofan*. Sie waren starken Angriffen der Traditionalisten ausgesetzt, die die Reform als einen Verrat am überlegenen chines. Kulturerbe ansahen.

Yao [jau], mytholog. Herrschergestalt in China im 3. Jahrtausend v. Chr.

Yao Wenyuan [jau wɛnjyæn], chines. Politiker, *1931 Shaoxing, Prov. Zhejiang; ursprüngl. Literaturkritiker u. Kulturfunktionär in Schanghai. Eine von ihm verfaßte, wohl von *Mao Zedong* u. *Jiang Qing* inspirierte Theaterkritik, die im Nov. 1965 erschien, gilt als Auslöser der „Kulturrevolution". 1967 wurde Y. W. Chefredakteur der Parteizeitung „Renmin Ribao", 1969 Mitgl. des Politbüros des ZK der Kommunist. Partei. Er übte beträchtl. Einfluß auf die Massenmedien u. die Parteipropaganda aus. 1976 wurde er als Mitgl. der „Viererbande" verhaftet, 1981 wegen „konterrevolutionärer Verbrechen" zu 20 Jahren Haft verurteilt.

Yaschodharapura [ja-], ursprüngl. Name der Stadt Angkor, die von König Yaschovarman (889 bis 910) gegründet wurde.

Yayoi-Kultur [jajɔi-], japan. Kulturepoche, ca. 250 v. Chr.–300 n. Chr. Bedingt durch Völkerwanderungen in Ostasien, die sich bis nach Japan erstreckten, wurde die ältere *(Jomon-)* Kultur durch korean. Einflüsse überlagert. Eingeführt wurden der Naßreisanbau, Metalle (Bronze, Eisen) u. bessere Techniken für die Keramikerzeugung (u. a. die Töpferscheibe). Die Y. nahm ihren Ausgang von Nord-Kyuschu u. breitete sich schnell bis in die Kanto-Ebene aus (d. h. bis um die heutige Stadt Tokio). Die sich entwickelnden sozialen, polit. u. religiösen Strukturen bildeten die Grundlage für die nachfolgende *Yamato-Zeit*.

Yazilikaya [jazi-], Felsheiligtum 2 km östl. der hethit. Hptst. *Hattusa* (Boğazköy) in der Türkei. Die in zwei Kammern in steil aufragende Felsen gehauenen Reliefs sind im 13. Jh. v. Chr. entstanden; sie zeigen u. a. eine Götterversammlung u. den hethit. Großkönig Tuthalja IV.

Ye Jianying [jə djiɛnjiŋ], *Yeh Chien ying*, chines. Politiker u. Offizier (1955 Marschall), *14. 5. 1897 Meixian, Prov. Guangdong, †22. 10. 1986 Peking; Berufssoldat; Teilnehmer am Langen Marsch 1934/35; 1966–1985 Mitgl. des Politbüros der Kommunist. Partei, 1973–1985 Mitgl. seines Ständigen Ausschusses; 1975–1978 Verteidigungsminister; 1978 bis 1983 Vors. des Ständigen Ausschusses des Nationalen Volkskongresses (Staatsoberhaupt). Y. J. war 1976 maßgeblich an der Niederschlagung der radikalen Fraktion („Viererbande") beteiligt, wandte sich aber dann anscheinend gegen die von *Deng Xiaoping* betriebene „Entmaoisierung" u. gegen eine überhastete Modernisierungspolitik.

Yin [in], ein anderer Name der chines. *Shang-Dynastie* (17.–11. Jh. v. Chr.), der in der späteren Dynastie gebräuchlich war. Y. hieß auch die letzte Hptst. der Dynastie. Ihre Überreste wurden beim heutigen *Anyang* gefunden.

Yorck von Wartenburg [jɔrk-], **1.** Ludwig Graf (1814), preuß. Offizier (1821 Feldmarschall), *26. 9. 1759 Potsdam, †4. 10. 1830 Klein-Oels, Schlesien; führte 1812 das preuß. Hilfskorps im russ. Feldzug Napoleons. Ohne Ermächtigung des Königs schloß er am 30. 12. 1812 mit dem russ. General I. von *Diebitsch* die *Konvention von Tauroggen*, die seine Truppen neutralisierte u. den Ausgangspunkt für eine russ.-preuß. Allianz bildete.

Ludwig Graf Yorck von Wartenburg

In der Ständeversammlung in Königsberg am 5. 2. 1813 rief er Ostpreußen zur Erhebung gegen Napoleon auf u. gab damit das Zeichen zu den Befreiungskriegen, in denen er sich auszeichnete.
2. Peter Graf, Enkel von 2), Widerstandskämpfer, *13. 11. 1904 Klein-Oels, Schlesien, †8. 8. 1944 Berlin-Plötzensee (hingerichtet); Jurist; 1936 bis 1942 Referent beim Reichskommissar für Preisüberwachung, 1942–1944 im Wehrwirtschafts- u. Rüstungsamt; Mitbegründer des *Kreisauer Kreises*; wegen seiner Beteiligung am Umsturzversuch vom 20. 7. 1944 vom Volksgerichtshof zum Tode verurteilt.

York [jɔːk], engl. Herzogsgeschlecht (seit 1385), jüngere Linie des Hauses *Plantagenet*. 1435 wurde Richard von Y. (*1411, †1460), ein Urenkel König Eduards III., Regent von Frankreich.
Der Streit zwischen ihm (Wappen des Hauses Y.: weiße Rose) u. dem Haus *Lancaster* (rote Rose) um die Thronfolge führte zu den *Rosenkriegen*. Das Haus Y. starb 1499 aus, nachdem Heinrich VII. den Thronanspruch Y.s durch die Heirat mit Eduards IV. Tochter Elisabeth seinem eigenen, aus der Lancaster-Linie abgeleiteten, hinzugefügt hatte. Der Titel des Herzogs von Y. wurde später meist dem zweiten Sohn des englischen Königs verliehen.

Yoshida [jɔʃida], Shigeru, japan. Diplomat u. konservativer Politiker, *22. 9. 1878 Tokio, †20. 10. 1967 Oiso; 1931/32 Botschafter in Rom, 1936–1939 in London; 1945/46 Außen-Min., 1946/47 u. 1948–1954 Premier-Min. u. zeitweise gleichzeitig Außen-Min.; unterzeichnete am 8. 9. 1951 mit den ehem. westl. Kriegsgegnern den Friedensvertrag von San Francisco, der Japan die Unabhängigkeit zurückgab, u. den japan.-amerikan. Sicherheitsvertrag.

Young-Plan [jʌŋ-], ein Plan zur Regelung der Reparationen, die Dtschld. aufgrund des Versailler Vertrages zu leisten hatte. Der Y. wurde 1929 auf einer in Paris tagenden Konferenz unter Vorsitz des US-amerikan. Industriellen Owen D. *Young* (* 1874, †1962) ausgearbeitet; er ersetzte den *Dawes-Plan*. Die Reparationen wurden auf 121 Mrd. Mark (einschl. der Kriegsschuldenraten der Alliierten) festgesetzt. Sie sollten nach einem bestimmten Zahlungsmodus in 59 Jahreszahlungen zu durchschnittlich 2 Mrd. Mark bis 1988 abgetragen werden. Als sich der Y. in der Weltwirtschaftskrise als undurchführbar erwies, wurde 1931 mit dem *Hoover-Moratorium* seine weitere Durchführung praktisch eingestellt.

Ypsilantis [ip-], *Ipsilantis, Hypsilantis*, Alexandros, griech. Freiheitskämpfer, *12. 12. 1792 Istanbul, †31. 1. 1828 Wien; Sohn des Fürsten der Walachei, floh mit seinem Vater nach Rußland, diente in der Leibgarde des Zaren, 1817 Generalmajor; leitete 1821 die griech. Erhebung gegen das Osman. Reich; nach der Niederlage bis 1827 in österr. Haft.

Yuan [jyæn], *Yüan*, die 1279–1368 in China herrschende mongol. Dynastie.

Yuan Shikai [jyæn ʃəkai], *Yüan Shih-k'ai*, chines. General u. Politiker, *20. 8. 1859 Xiangsheng, Prov. Henan, †6. 6. 1916 Peking; baute eine moderne Armee auf; Vertrauensmann der Kaiserinwitwe *Cixi*, nach ihrem Tod 1908 in Ungnade. Bei Ausbruch der Revolution 1911 wurde Y.S. an die Spitze der kaiserl. Regierung berufen; er veranlaßte jedoch im Febr. 1912 die Abdankung der Qing-Dynastie u. trat nach Verhandlungen mit den Republikanern an die Stelle *Sun Yatsens* als Präs. der Republik. Y.S. regierte diktatorisch. 1915 mußte er den japan. Einfluß in Nordchina anerkennen. 1916 stieß sein Versuch, die Monarchie wiedereinzuführen u. sich zum Kaiser zu machen, auf Widerstand; er starb bald darauf.

Yusuf Ibn Tachfin ['ju-], *Jussuf I. Ibn Taschfin*, almoravidischer Herrscher 1061–1106; gründete Marrakesch u. erhob es zur Residenz, eroberte bis 1082 Nordwestafrika bis nach Algier; vom Emir von Sevilla gegen die Christen zur Hilfe gerufen, setzte er 1086 nach Spanien über, schlug Alfons VI. von Kastilien, unterwarf das ganze arab. Spanien u. Portugal u. begründete die Herrschaft der *Almoraviden* in Spanien.

Z

Zabern-Affäre, eine innenpolit. Krise im dt. Kaiserreich.
Am 28. 10. 1913 hatte ein Leutnant der dt. Garnison in Zabern vor Soldaten aufhetzerische Bemerkungen gegen die elsäss. Bevölkerung gemacht. Dies führte zu Protestkundgebungen u. Zusammenstößen zwischen Einwohnern u. Militär. Daraufhin verhängten die örtl. Militärbehörden das Kriegsrecht, ohne von der polit. Führung dazu ermächtigt zu sein.
Die Übergriffe des Militärs wurden vom Herrscherhaus u. von der Regierung nach außen hin weitgehend gedeckt. Nach einer Reichstagsdebatte am 3. u. 4. 12. 1913 sprach die Mehrheit der Abgeordneten dem Reichskanzler T. von *Bethmann Hollweg* das Mißtrauen aus; dieses erste Mißtrauensvotum in der Geschichte des Kaiserreichs hatte allerdings aus verfassungsrechtl. Gründen keine prakt. Folgen. Insges. stärkte die Z. die Stellung des Militärs im dt. Staatsgefüge u. verschärfte die innenpolit. Spannungen.

Zacatẹnco [zaka-], altindian. Fundplatz u. präklassische Stilphase im Hochtal von Mexiko, datiert zwischen 1050 u. 550 v. Chr.; bekannt sind die charakterist., meist weibl. Tonfigürchen als frühe Darstellungen von Fruchtbarkeitsgöttinnen.

Zacharịas, Papst 741–752, Heiliger, Grieche aus Unteritalien, †15. 3. 752 Rom; der letzte Papst, der dem byzantin. Kaiser seine Wahl anzeigte. Trotz seiner Sympathien für den griech. Osten traf Z. die polit. Entscheidungen, die zur endgültigen Wendung des Papsttums nach Westen führten. Er stellte zum Langobardenkönig *Liutprand* gute Beziehungen her u. erreichte von ihm die Rückgabe eroberter Gebiete. Z. unterstützte die Missions- u. Reformtätigkeit des *Bonifatius* in Dtschld. u. legitimierte durch seine Zustimmung die Übertragung des fränkischen Königtums von den Merowingern auf *Pippin d. J.*, den er durch Bonifatius salben ließ. Fest: 15. 3.

Zähringer, süddt. Adelsgeschlecht benannt nach der Stammburg *Zähringen* (erbaut 1108) bei Freiburg i. Br., seit dem 10. Jh. Grafen im Breisgau. *Berthold I.* († 1078) war 1061–1072 mit dem Herzogtum Kärnten u. der Markgrafschaft Verona belehnt. *Berthold II.* († 1111) gab seinen erheirateten Anspruch auf das Herzogtum Schwaben (1092–1098) auf, erhielt 1100 den Herzogstitel für Zähringen u. erbaute die gleichnamige Burg. *Konrad* († 1152), Bruder *Bertholds III.* († 1122), nahm außerdem 1127 den Titel eines Herzogs von Burgund an, war Ratgeber König Konrads III. u. gründete Freiburg i. Br. Sein Sohn *Berthold IV.* († 1186) sicherte den ererbten Besitz in der Schweiz u. gründete Freiburg im Üchtland (Fribourg) u. Murten. *Berthold V.* († 1218) gründete 1191 Bern u. festigte seine Herrschaft in Burgund. Mit ihm starb die herzogl. Linie aus. Die Gebiete in Burgund u. der Schweiz gingen verloren. – *Hermann* († 1074), ein Halbbruder Bertholds II., 1061–1073 Markgraf von Verona, dessen Sohn *Hermann I.* († 1130) Markgraf von Baden wurde, begründete die markgräfl. Linie der Z., aus der das Fürstenhaus von Baden hervorging.

Zaidịten [zai-], *Saiditen, Sa'diten, Seiditen*, eine Konfession des schiitischen Islams, die im 8. Jh. entstand u. sich nach *Zaid Ben Ali* († 739), einem Urenkel Alis, nennt. Ihr entstammt die Herrscherdynastie in Jemen, begründet 859 durch *Jahja Ibn Al Hussain* (859–911), einen Nachkommen des Ali. Den Z. gehörten die Herrscher von Jemen bis zum Bürgerkrieg 1962–1970 an; der König war zugleich religiöses Oberhaupt (Imam). Zur Konfession der Z. gehören vor allem die Bergstämme.

Zaire → Kongo, Demokratische Republik.

Zaisser, Wilhelm, Politiker (SED), *19. 1. 1893 Rotthausen bei Gelsenkirchen, †3. 5. 1958 Ostberlin; Lehrer; seit 1919 Mitgl. der KPD; nach 1924 Agent des militär. Nachrichtendienstes der Sowjetunion, meist im Ausland tätig; im Span. Bürgerkrieg 1936–1938 Brigadekommandeur, dann als „General Gómez" Stabschef aller Internationalen Brigaden; anschließend in verschiedenen Funktionen in der Sowjetunion. 1947/48 war Z. Polizeichef des Landes Sachsen-Anhalt, 1948–1950 Innen-Min. des Landes Sachsen, 1950–1953 Min. für Staatssicherheit der DDR u. Mitgl. des Politbüros; wurde nach dem Juniaufstand 1953 aller Posten enthoben.

Zạma, antike, nicht sicher lokalisierbare nordafrikan. Stadt westl. von Karthago; hier wurde 202 v. Chr. *Hannibal* entscheidend durch den älteren *Scipio* geschlagen (Ende des 2. Punischen Krieges).

Zamora [θa'mɔra], *Z. y Torres*, Niceto Alcalá, span. Politiker (Liberaler), *6. 7. 1877 Priego de Córdoba, † 18. 2. 1949 Buenos Aires; Anwalt; 1917 Landwirtschafts-, 1922 Kriegs-Min.; Gegner Primo de Riveras; gründete 1930 die Republikanische Partei; 1931 entscheidend an der Beseitigung der Monarchie beteiligt; kurze Zeit Min.-Präs., dann 1931–1936 Präs. der Republik; nach dem Wahlsieg der Volksfront 1936 amtsenthoben.

Zamoyski [za'mɔjski], poln. Adelsgeschlecht. – Jan Z., poln. Politiker, *19. 3. 1542 Stary Zamość, †3. 6. 1605 Zamość; Kron-Großkanzler seit 1578 u. Kron-Groß-Hetman seit 1581, leitete die Politik Polens.

Zapạta [za-], Emiliano, mexikan. Revolutionsführer, *1879 oder 1883 Anenecuilco, Morelos, † 10. 4. 1919 Gut Chinameca (ermordet); beteiligte sich maßgeblich am Sturz des Diktators P. *Díaz*, organisierte die mexikan. Bauern u. setzte sich für ihre Interessen ein. Im „Plan von Ayala" (1911) forderte Z. eine Agrarreform. Er zählt zu den offiziellen Nationalhelden Mexikos u. ist eine Symbolfigur der Bauernbewegung.

Zapoteken: westliche Tempel-Pyramide von Monte Albán

Zapotẹken, *Tzapoteken*, altes indian. Kulturvolk (heute noch rd. 300 000) aus der Sprachfamilie *Oto-Mangue* in den mexikan. Staaten Oaxaca u. Tehuantepec. Zur Zeit der span. Landung bildeten sie ein Reich mit der Hptst. *Zoahila*. Sie wehrten sich erfolgreich gegen die *Azteken*, wurden von den *Mixteken* teilweise verdrängt (so in ihrer alten Hptst. *Monte Albán*) u. begrüßten die Spanier daher als Befreier. Die Anfänge ihrer im 7. Jh. v. Chr. beginnenden Kultur sind eng mit der von *La Venta* verknüpft; ihre Blüte fällt ins 3.–5. Jh. n. Chr.; in dieser Zeit bestanden enge Beziehungen erst zur *Maya-Kultur*, dann zu *Teotihuacán*. An der Spitze ihres Staats standen wohl Priesterfürsten.
Die wichtigsten Ruinenstätten der Z. sind *Mitla* u. *Monte Albán*. Eine Besonderheit bilden die megalith. unterird. Grabkammern der Z., mit rechteckigem, T- oder kreuzförmigem Grundriß u. flachem oder spitz zulaufendem Dach. Die Wände waren mit Stuck überzogen u. vielfach mit polychromen Fresken bemalt.

Zápotocký ['za:pɔtɔtski], Antonín, tschechoslowak. Politiker (Kommunist), *19. 12. 1884 Zákolany, Böhmen, †13. 11. 1957 Prag; 1921 Mitgl., 1922–1925 Generalsekretär des ZK, 1929–1939 Mitgl. des Politbüros der Kommunist. Partei; 1925–1938 Abg. des Parlaments; 1939–1945 im Konzentrationslager Sachsenhausen; 1945–1948 Vors. der Gewerkschaften, 1948–1953 Min.-Präs., von 1953 bis 1957 Staats-Präs. Z. schrieb mehrere Romane.

Zar [slaw., von lat. *Caesar*], Herrschertitel bei Bulgaren (seit dem 7. Jh. u. 1908–1946), einigen serb. Fürsten (14. Jh.) u. Russen (1547–1917; seit 1721 offiziell „Imperator"). – *Zariza*, Frau (bzw. Witwe) eines Z.en. – *Zarewitsch*, Sohn eines Z.en u. Titel des russ. Thronfolgers 1547–1797, der seitdem bis 1917 offiziell als *Zesarewitsch* bezeichnet wurde. – *Zarewna*, Tochter eines Z.en.

Zawadzki [za'vatski], Aleksander, poln. Politiker (Kommunist), *16. 12. 1899 Bądzin, †7. 8. 1964 Warschau; 1944/45 Chefpolitoffizier der poln. Armee in der Sowjetunion, später der gesamten poln. Streitkräfte; seit 1944 Mitgl. des Politbüros der Poln. (seit 1948 Vereinigten) Arbeiterpartei, 1948/49 Sekretär des ZK, 1949–1952 stellvertr. Min.-Präs., 1952–1964 Vors. des Staatsrats (Staatsoberhaupt).

Zedenbal, *Tsedenbal*, Jumschagin, mongol. Politiker (Kommunist), *17. 9. 1916 Ubsanursker Aimak, †21. 4. 1991 Moskau; 1940 Finanz-Min. u. Mitgl. des ZK der Mongol.

Revolutionären Volkspartei; 1952–1974 Vors. des Ministerrats (Regierungschef), 1958–1984 Generalsekretär der Partei, 1974–1984 Vors. des Präsidiums des großen Volks-Churals (Staatsoberhaupt); 1990 aus der Partei ausgeschlossen.

Zehnmächtepakt, *Londoner Z.*, am 5. 5. 1949 in London unterzeichneter Vertrag zwischen den Benelux-Staaten, Dänemark, Frankreich, Irland, Italien, Norwegen, Schweden u. Großbritannien. Später traten dem Pakt die BR Dtschld. (1951), die Türkei, Island, Österreich, die Schweiz, Malta, Zypern, Griechenland, Spanien, Liechtenstein u. Portugal bei. Mit dem Z. wurde der *Brüsseler Pakt* erweitert, der kurz zuvor beschlossene Europarat erhielt die endgültige Form seines Statuts. Initiatoren dieses Zusammenschlusses europ. Staaten waren Graf R. *Coudenhove-Kalergi*, P.-H. *Spaak* u. W. *Churchill*.

Zeitalter, ein Zeitabschnitt, der von einem herausragenden geschichtl. Ereignis, einer Idee oder einer Persönlichkeit geprägt wird; → Periodisierung.

Zeitgeschichte, ein Teilbereich der Geschichte u. der Geschichtswissenschaft. Als histor. Disziplin wurde die Z. in Dtschld. erst nach dem 2. Weltkrieg eingebürgert. Z. wird verstanden als wissenschaftl. Erforschung der „Epoche der Mitlebenden". Diese ist geprägt durch die 1917 entstandene universalgeschichtl. Situation (Eintritt der USA in den Krieg, russ. Revolution). Mit der Emanzipation Asiens u. Afrikas u. dem Zusammenbruch des Ostblocks zeichnet sich eine neue zeitgeschichtl. Phase ab.

In Dtschld. setzt man als Beginn der Z. oft die Machtergreifung der Nationalsozialisten 1933 oder den Kriegsausbruch 1939 an. – Mit der Erforschung der Z. befaßt sich das 1951 gegr. *Institut für Z.* in München.

Zeitrechnung, die auf Beobachtungen des Tages- u. Jahresablaufs beruhende, von einem willkürl. festgelegten Zeitpunkt ausgehende Berechnung des Zeitablaufs. Die Z. war je nach dem Zeitgefühl, der Fähigkeit zur Himmelsbeobachtung und dem Ausgangspunkt der Zählung bei den Völkern des Altertums u. des MA außerordentl. verschieden.

Im alten Ägypten war eine von einem festen Zeitpunkt aus durchgehende Jahreszählung unbekannt. Man berechnete zunächst die Zeit nach bedeutenden Ereignissen, später nach einer alle zwei Jahre stattfindenden Steuererhebung oder nach den Regierungsjahren der Könige, wobei bei jedem Regierungsantritt wieder mit der Zahl 1 begonnen wurde. Die Dynastieeinteilung des Priesters *Manetho* stammt erst aus dem 3. Jh. v. Chr. – Einige Völker rechneten nach der Erschaffung der Welt, die sie zu verschiedenen Zeitpunkten festsetzten. So beginnt umgerechnet auf die christl. Ära die Z. der Juden mit dem Jahr 3761 v. Chr., die Z. der Byzantiner dagegen mit dem Jahr 5509 v. Chr.; die byzantin. Z. war in Rußland bis zu ihrer Beseitigung durch Peter d. Gr. (1. 1. 1700) in Gebrauch.

Den Griechen fehlte eine gemeinsame Z. Die einzelnen Städte führten gesondert Listen ihrer Oberbeamten, Könige, Priester oder Wettkampfsieger. Später wurde die Datierung nach den *Olympiaden* üblich (ab 776 v. Chr.). Das Zeitalter des Hellenismus zählte vom Todesjahr Alexander d. Gr. (323 v. Chr.) oder, meist, vom Regierungsantritt des Seleukos (312 v. Chr.) an. – Die römische Z. beginnt mit der Gründung Roms *(ab urbe condita)*, die der Schriftsteller Marcus Terentius *Varro* in das Jahr 753 v. Chr. legte.

Mit dem Todesjahr Buddhas (483 v. Chr.) beginnen die Buddhisten ihre Z.; die Moslems zählen von der Übersiedlung Mohammeds von Mekka nach Medina (Hedschra, 622 n. Chr.) an.

Die christl. Z. wurde durch den Abt *Dionysius Exiguus* festgelegt, der bei der Aufstellung der Ostertafeln (532) das „Jahr der Menschwerdung des Herrn" als Ausgangspunkt annahm. Nach dem heutigen Kenntnisstand wurde Jesus jedoch 3 bis 7 Jahre vor dem angenommenen Datum geboren.

Zeittafeln, zeitlich geordnete Übersichten von histor. Daten, bes. als synchronist. Z.: nebeneinander *(synoptisch)* geordnete gleichzeitige Ereignisse aus dem polit., wirtschaftl. u. geistigen Leben verschiedener Völker u. Kulturen.

Zela, antike Stadt in Kleinasien. Nach der *Schlacht bei Z.* gegen Pharnakes II. 47 v. Chr. soll Cäsar den Ausspruch „veni, vidi, vici" (ich kam, sah, siegte) getan haben.

Zelaya [θɛ'laja], José Santos, nicaraguan. Politiker, *1. 11. 1853 Managua, †17. 5. 1919 New York; 1893–1909 Staats-Präs.

Zenobia, arab. *Zainab*, syr. *Bathzabbai*, Septimia Z., Königin von Palmyra 266–273, Regentin für ihren unmündigen Sohn, eroberte Ägypten, Syrien u. Teile Kleinasiens; von Aurelian bei Antiochia u. Emesa besiegt, 274 im Triumph durch Rom geführt.

Zenon, eigentl. *Tarasikodissa*, byzantin. Kaiser 474–491, *426, †9. 4. 491; isaur. Fürst, Offizier in Konstantinopel, 466 Schwiegersohn u. 474 Nachfolger Kaiser Leons I., 475/76 vertrieben, erkannte Odoakers Herrschaft über Italien an, lenkte 488 die Ostgoten unter Theoderich nach Italien.

Zensor [lat.], *Censor*, altröm. Magistratsbeamter. Alle 5 Jahre wurden zwei Z.en auf anderthalb Jahre gewählt. Ihnen oblag ursprüngl. nur die Aufstellung der Bürgerliste u. die Einteilung der Bürger in die Tribus zur Schätzung ihres Vermögens zu Steuerzwekken, verbunden mit einer Art Sittengerichtsbarkeit. Seit 312 v. Chr. führten die Z.en auch die Senatorenliste, mit dem Recht, Senatoren aus dem Senat zu entfernen. Weitere Aufgaben waren: Verpachtung der Steuern u. Zölle, der Einkünfte aus den Bergwerken u. des staatl. Grundbesitzes u. die Vergabe öffentl. Arbeiten an private Firmen.

Zentgraf [lat. *centenarius*], der Vors. des *Zentgerichts*, das im hohen u. späten MA in Ostfranken, Lothringen u. Hessen bestand. Es war fast ausschl. Kriminalgericht, dem der Adel nicht unterstand. Der Zusammenhang dieser hochmittelalterl. *Zent* mit der im Frankenreich von den Römern übernommenen Einrichtung von Militärkolonien *(centena)* auf Königsgut ist fraglich.

Zentralafrikanische Republik RCA

Fläche: 622 984 km². – *Einwohner:* 3,4 Mill. – *Hauptstadt:* Bangui. – *Landessprachen:* Französisch, Sangho, Bantu- und Sudansprachen. – *Nationalfeiertag:* 1. 12. – *Währung:* 1 CFA-Franc = 100 Centimes. – *Lage:* zwischen 2° und 11° n. Br. sowie 14°30′ und 27°39 ö. L. – *Zeitzone:* Mitteleuropäische Zeit. – *Grenzen:* im N Tschad, im O Sudan, im S Kongo (Zaire) und Kongo sowie im W Kamerun. – *Staatsform:* präsidiale Republik.

Das Staatsgebiet der heutigen Z.n R. war in früheren Jahrhunderten Durchzugsgebiet verschiedener Stämme, von denen heute noch Sudanide, Bantu u. Niloten – außer einigen Pygmäen – das Land bewohnen. Im 19. Jh. war die Bevölkerung der Sklavenjagd durch arab. Händler ausgesetzt, u. Ende des 19. Jh. drangen Franzosen, vom Kongo kommend, vor. Seit 1887 französ. Kolonialgebiet, wurde das damals *Haut-Oubangui* genannte Land seit 1910 Teil Französisch-Äquatorialafrikas; 1946 wurde es Überseeterritorium in der Französ. Union u. 1958 autonome Republik innerhalb der Französ. Gemeinschaft. Erster Regierungschef war der kath. Priester B. *Boganda*.

Zentralafrikanische Republik: Bokassa bei seiner prunkvollen Kaiserkrönung, 1977

Am 13. 8. 1960 erhielt das Land die Unabhängigkeit. Bogandas Nachfolger D. *Dacko* (1959–1966 Staatsoberhaupt u. Regierungschef) wurde durch einen Militärputsch gestürzt. Staats-Präs. wurde der Generalstabschef J. B. *Bokassa*. 1972 ließ dieser sich zum Staats-Präs. auf Lebenszeit ausrufen.

Im Dezember 1976 proklamierte Bokassa den Staat zum Kaiserreich u. krönte sich 1977 selbst zum Kaiser Bokassa I. Vorbild des kostspieligen Krönungsakts war die Zeremonie der Krönung Napoleons I. Trotz seiner despot. Herrschaft genoß Bokassa lange die Unterstützung Frankreichs. Erst als seine Schreckensherrschaft weltweit Aufsehen erregte, ließ ihn Frankreich fallen. 1979 wurde er schließlich gestürzt u. ging ins Exil. 1986 kehrte er zurück; 1987 wurde er zum Tode verurteilt, 1988 zu lebenslängl. Haft begnadigt.

Das Land wurde wieder eine Republik; Bokassas Vorgänger Dacko errang im März 1981 in umstrittenen Wahlen das Präsidentenamt, wurde aber im September 1981 durch einen unblutigen Militärputsch gestürzt. Die Macht übernahm General André *Kolingba*. Die Verfassung wurde suspendiert. 1991 verkündete Kolingba die Einleitung demokrat. Reformen. Das Amt eines Premierministers wurde geschaffen. Die Parlaments- u. Präsidentschaftswahlen 1992 wurden nach blutigen Unruhen abgebrochen u. annulliert. Eine Generalamnestie führte 1993 zur Haftentlassung Bokassas. Im gleichen Jahr wurden erneut Parlaments- u. Präsidentschaftswahlen angesetzt, aus denen A.-F. *Patassé* als Sieger hervorging. 1995 trat eine neue Verfassung in Kraft.

Zentralamerikanische Konföderation, die im Verlauf der Unabhängigkeitskämpfe gegen Spanien in Zentralamerika aus den Provinzen des Generalkapitanats Guatemala 1823 hervorgegangenen „Vereinigten Provinzen von Zentralamerika", die sich 1839 wieder in die selbständigen Republiken El Salvador, Guatemala, Honduras, Nicaragua u. Costa Rica auflösten.

Zentrumspartei, *Zentrum*, die kath. Partei im Kaiserreich 1871–1918 u. der Weimarer Republik 1919–1933. Anfänge kath. Gruppenbildung reichen in die Frühzeit der Landtage in Süd-Dtschld. zurück (Hessen, Bayern u. Baden). In der Frankfurter Nationalversammlung in der Paulskirche 1848/49 konstituierte sich bei Grundrechtsberatungen ein Kath. Klub (Vors.: J. M. von *Radowitz*; außerdem A. *Reichensperger*, I. von *Döllinger* u. W. E. Frhr. von *Ketteler*). 1852 bildete sich eine kath. Fraktion im preuß. Landtag; sie nannte sich 1859 Fraktion des Zentrums (nach der Sitzordnung in der Paulskirche). Sie wurde in den Verfassungskämpfen allmählich zerrieben u. verschwand bei den Wahlen von 1866 völlig.
Aufgrund eines Aufrufs von P. *Reichensperger* wurde die Z. am 13. 12. 1870 in Berlin vor den Wahlen zum preuß. Abgeordnetenhaus neu gegr. Bei den Wahlen zum ersten Reichstag wurde sie zweitstärkste Fraktion. Sie legte Wert auf den Zusatz „Verfassungspartei". Unter der Führung L. *Windthorsts* wandte sich die Z. scharf gegen den Kulturkampf, unterstützte aber seit 1878 gemeinsam mit den Konservativen Bismarcks Wirtschafts- u. Sozialpolitik. Die Z. war 1881–1912 u. 1916 bis 1918 stärkste Fraktion im Reichstag.
Nach dem Tod Windthorsts wurde E. *Lieber*, ein großdeutscher Demokrat, Nachfolger im Parteivorsitz. Einfluß auf die Politik der Z. nahmen der „Volksverein für das kath. Deutschland" (gegr. 1890) u. später die interkonfessionellen Christl. Gewerkschaften (1899). Nach 1900 gab es starke Bestrebungen innerhalb der Z., aus dem „kath. Turm" auszubrechen. 1909 wurde der interkonfessionelle Charakter der Z. in der sog. „Berliner Erklärung" offiziell festgelegt. Sie blieb jedoch ohne Resonanz bei der ev. Bevölkerung. Die Z. war unter den Kanzlern *Hohenlohe* u. *Bülow* bis 1906 praktisch Regierungspartei. Sie stellte den Reichstagspräsidenten seit 1895 u. wirkte u.a. bei der Abfassung des BGB mit. In Preußen bestand in kulturpolit. Fragen eine enge Verbindung zwischen der Z. u. den Konservativen. Während des 1. Weltkriegs war die Haltung der Z. zu Annexionsplänen sehr schwankend. 1917 stimmte sie unter Führung M. *Erzbergers* mit der SPD u. Fortschrittspartei für die Friedensresolution, die einen Frieden ohne Annexionen u. Kontributionen (Reparationen) forderte.
1918/19 stellte sich die Z. auf den Boden der Weimarer Republik. Sie war bis 1932 an allen Reichsregierungen beteiligt. Die ihr angehörenden Kanzler waren K. *Fehrenbach*, W. *Marx*, J. *Wirth* u. H. *Brüning*. Bei den Reichstagswahlen hatte sie bis zuletzt einen Stimmenanteil von durchschnittlich 13–15%. 1920–1932 bildete die Z. mit geringfügiger Unterbrechung in Preußen eine Koalition mit SPD u. DDP. Die Z. besaß in der Weimarer Zeit einen konservativen (W. Marx, H. Brüning u. der letzte Vors., Prälat L. Kaas), einen linksdemokrat. (J. Wirth, M. Erzberger) u. einen gewerkschaftl. Flügel (A. *Stegerwald*, J. *Joos*). 1933 wurde die Partei zur Selbstauflösung gezwungen.
Nach dem 2. Weltkrieg bildete sich neben der CDU als zweite christl. Partei in Nordrhein-Westfalen u. Niedersachsen die Deutsche Z. Sie hatte im 1. Bundestag zehn u. im 2. Bundestag drei Sitze; bis 1958 war sie im nordrhein-westfäl. Landtag vertreten u. an der Landesregierung beteiligt. Heute ist diese Z. eine unbedeutende Splitterpartei.

Zenturie [-riə; lat., „Hundertschaft"], dem röm. König *Servius Tullius* zugeschriebene, wahrscheinlich aber erst Mitte des 5. Jh. v. Chr. organisierte militär. u. polit. Einteilung der röm. Bürgerschaft; bildete die Grundlage für Volksabstimmungen u. zur militär. Aushebung. Im Heer war die Z. die kleinste Einheit (rd. 100 Mann), mit einem *Zenturio* an der Spitze; die Legion bestand aus 60 Z.n.

Zenturio, Dienstgrad im röm. Heer, Führer einer *Zenturie*, etwa einem heutigen Hauptmann entsprechend. Die Z.nen hatten sich in aller Regel aus dem Mannschaftsstand emporgedient.

Zephyrinus, Papst 198/199–217, Heiliger, Römer; spielte in der Frage des Monarchianismus (Streitigkeiten um das Dogma der Trinität, wobei die göttl. Natur Christi definiert u. die göttl. Personen voneinander unterschieden wurden) eine Rolle; sein Martyrium ist nicht nachgewiesen.

Zepter [das; grch.], *Szepter*, Sinnbild der Herrschergewalt; Herrscherstab, Bestandteil der Krönungsinsignien.

Zepterlehen, zum Unterschied von den *Fahnenlehen* die seit dem Wormser Konkordat 1122 mittels Zepter übertragenen Lehen der geistl. Fürsten im röm.-dt. Reich.

Zeta ['zɛta], histor. Landschaft auf dem Nordwestbalkan an der Adriaküste, im 7. Jh. von Serben besiedelt, im 9. Jh. als *Diokleia (Duklja)* eigenständiges Fürstentum, das Ende des 9. Jh. von Byzanz unterworfen wurde; 1042 als Z. (nach dem gleichnamigen Nebenfluß der Morača) wieder selbständig, Höhepunkt unter König Konstantin Bodin (um 1081– um 1106), unter dem Z. sich auf Raszien, Bosnien, Trebinje u. Hum ausdehnte; wurde Ende des 12. Jh. in den *Nemanjidenstaat* eingegliedert, nach dem Tode Stephan Dušans 1355 erneut Machtbasis einzelner Feudalherren; seit 1444 unter venezian., seit Ende des 15. Jh. unter türk. Oberhoheit. In der Folgezeit wurde der Name Z. von der Bez. Montenegro verdrängt.

Zetkin, Clara, Politikerin, *5. 7. 1857 Wiederau, Sachsen, †20. 6. 1933 Archangelskoje bei Moskau; Lehrerin; lebte mit ihrem Ehemann, dem russ. Sozialisten Ossip Z. († 1889), zeitweilig im Ausland. Sie wurde eine führende Vertreterin der sozialist. Frauenbewegung u. leitete 1892–1917 die SPD-Frauenzeitschrift „Die Gleichheit". In der SPD stand sie auf dem linken Flügel. 1917 trat sie der USPD, 1919 der KPD bei. Bis 1929 gehörte sie meist der Parteiführung der KPD an, stand jedoch eher rechts von der offiziellen Linie. Zugleich war sie seit 1921 Mitgl. des Präsidiums des Exekutivkomitees der Kommunist. Internationale. 1920–1933 war sie MdR. Am 30. 8. 1932 eröffnete sie als Alterspräsidentin den Reichstag mit einer Rede gegen die Nationalsozialisten.

Zeugit [grch.], im alten Athen der freie Akkerbürger. Seit *Solon* waren die Z.en die 3. Schätzungsklasse, zwischen den Rittern u. der niedrigsten Klasse, den Theten; ihnen standen bis auf die höchsten alle Ämter offen; sie bildeten im Heer die Phalanx der *Hopliten*.

Zhang Chunqiao [dʃaŋ tʃuntjiau], *Chang Ch'unchiao*, chines. Politiker (Kommunist), *1917 Kreis Juye, Prov. Shandong; 1969 bis 1976 Mitgl. des Politbüros, 1973–1976 Mitgl. des Ständigen Ausschusses des Politbüros der Kommunist. Partei, zugleich Parteichef von Schanghai u. stellvertr. Min.-Präs.; als Mitgl. der *Viererbande* 1976 verhaftet, 1981 wegen „konterrevolutionärer Verbrechen" zum Tode verurteilt, 1983 zu lebenslängl. Haft begnadigt.

Zhang Zuolin [dʃaŋ dsuolin], *Chang Tso-lin, Tschang Tsolin*, chines. Militärmachthaber (1927 Marschall), *1873 Haicheng, †3. 6. 1928 zwischen Peking u. Shenyang (Bombenanschlag); 1918 Inspekteur aller mandschur. Provinzen; erklärte 1922 die Mandschurei mit japan. Unterstützung für unabhängig; eroberte Nordchina, wurde aber von *Chiang Kai-shek* zurückgeworfen. – Sein Sohn *Zhang Xueliang* nahm 1936 Chiang Kai-shek in Xi'an gefangen u. zwang ihn, mit den Kommunisten ein Bündnis gegen die Japaner abzuschließen (sog. *Xi'an-Zwischenfall*).

Clara Zetkin; um 1925

Zhou Enlai; um 1975

Zhao Ziyang [dʃau dsəjaŋ], *Chao Tsi-yang*, chines. Politiker (Kommunist), *1919 Kreis Huaxian, Provinz Henan; seit 1940 Parteifunktionär, in der „Kulturrevolution" 1966 verfolgt, 1971 rehabilitiert, seit 1973 Mitgl. des ZK. 1976–1980 war Z.Z. Erster Parteisekretär der Prov. Sichuan, wo er erfolgreich eine pragmat. Landwirtschaftspolitik betrieb. 1979 wurde er Mitgl. des Politbüros, 1980 Mitgl. seines Ständigen Ausschusses. 1980 bis 1987 war er Min.-Präs., 1987–1989 Generalsekretär des ZK u. Erster Stellvertr. Vorsitzender der Zentralen Militärkommission des ZK der Kommunistischen Partei. Er galt als enger Vertrauter von *Deng Xiaoping*. Wegen seiner kompromißbereiten Haltung während der Unruhen 1989 wurde er aller Ämter enthoben.

Zheng Chenggong [dʃəŋ tʃəŋguŋ], *Cheng Ch'eng-kung, Tscheng Tschengkung*, chines. Heerführer, *1623, †1662; ursprüngl. Pirat an der südchines. Küste; ergriff die Partei der von den Mandschu (Qing) gestürzten Ming-Dynastie; vertrieb 1661 die Holländer von Taiwan u. beabsichtigte, von dort aus das Festland zurückzuerobern. Die Ming verliehen ihm den Ehrentitel *Guoxingye* („Exzellenz mit dem Namen der Reichsfamilie"), aus dem sich die in Europa gebräuchl. Namensform *Coxinga (Koxinga)* entwickelte.

Zhou [dʃɔu], *Chou, Tschou*, die vom 11. bis zum 3. Jh. v. Chr. in China herrschende Dynastie. In den letzten Jahrhunderten hatten die Z.-Könige nur noch einen Ehrenvorrang vor den Herrschern der einzelnen Feudalstaaten.

Zhou Enlai [dʃɔu-], *Chou En-lai, Tschou Enlai*, chines. Politiker (Kommunist), *1898 Huaian, Prov. Jiangsu, †8. 1. 1976 Peking; nach Studien in Japan, Frankreich u. Dtschld. 1924 polit. Leiter der Militärakademie Whampoa. Seit Ende der 1920er Jahre gehörte Z.E. zum engsten Führungskreis der Kommunist. Partei; er wurde 1927 Mitgl. des Zentralkomitees u. war von 1928 bis zu seinem Tode Mitgl. des Politbüros. 1934/35 nahm er am Langen Marsch teil; während des chines.-japan. Krieges war er Verbindungsmann der kommunist. Führung zur Regierung *Chiang Kai-sheks*. Nach der Gründung der Volksrepublik war er 1949–1976 Min.-Präs. (Vors. des Staatsrates), bis 1958 zugleich Außen-Min. Als Außenpolitiker erwarb sich Z.E. weltweites Ansehen. Obwohl er *Mao Zedongs* Autorität nie in Frage stellte, sorgte er während der „Kulturrevolution" u. der nachfolgenden Wirren (1966–1976) für ein Mindestmaß an Kontinuität in Verwaltung u. Wirtschaft. In seinen letzten Lebensjahren war er verdeckten Angriffen der linksradikalen „Viererbande" ausgesetzt u. hatte möglicherweise auch nicht mehr das Vertrauen Maos. Ein offizielles Trauerverbot nach seinem Tode löste den *Tiananmen-Zwischenfall* aus, bei dem die

Bevölkerung Pekings ihn u. seinen Vertrauten *Deng Xiaoping* als Repräsentanten einer pragmat. u. gemäßigten Politik feierte.

Zhoukoudian [dʃɔukɔudjiɛn], *Chou-kou-tien*, rd. 40 km südwestl. von Peking gelegenes Dorf, Fundstelle des etwa vor 400000 Jahren lebenden *Homo erectus pekinensis* (Pekingmensch), Nachweis von Feuerstellen. Die frühesten Geröllgerätekomplexe Chinas heißen *Choukoutienian*.

Zhu De [dʃu də], *Chu Te, Tschu Te*, chines. Offizier (1955 Marschall) u. Politiker, *6. 11. 1885 Yilong, Prov. Sichuan, †6. 7. 1976 Peking; Berufssoldat (1916 General); ging Anfang der 1920er Jahre zu Studienzwecken nach Europa u. schloß sich 1925 den Kommunisten an. Seit 1927 baute er die kommunist. Armee auf, wurde engster Mitarbeiter *Mao Zedongs* u. 1931 Oberbefehlshaber der kommunist. Truppen, die er im Kampf gegen *Chiang Kai-shek*, 1934/35 auf dem Langen Marsch, 1937–1945 im Krieg gegen Japan u. 1948/49 bei der Eroberung Chinas führte. 1934–1976 war er Mitgl. des Politbüros der Kommunist. Partei, 1956–1969 u. 1973–1976 Mitgl. seines Ständigen Ausschusses; 1954 bis 1959 stellvertr. Vors. der Volksrepublik, 1959–1976 Vors. des Ständigen Ausschusses des Nationalen Volkskongresses. In dieser Funktion nahm er seit 1975 die protokollar. Aufgaben des Staatsoberhauptes wahr.

Zia ul-Haq, Mohammed, pakistan. Offizier u. Politiker, *12. 8. 1924 Jalandhar, Pandschab, †17. 8. 1988 bei Bahawalpur (Flugzeugabsturz); 1976 Stabschef des Heeres; stürzte den Staats-Präs. *Bhutto* 1977 durch einen Militärputsch u. riß unter dem Titel eines „Generaladministrators" die Macht an sich. 1978 machte er sich zum Staats-Präs. Er versuchte, mit diktator. Mitteln eine Islamisierung von Staat u. Gesellschaft durchzusetzen.

Ziekursch, Johannes, Historiker, *17. 1. 1876 Breslau, †8. 5. 1945 Köln; 1904 Prof. in Breslau, 1927 in Köln. Seine Hauptwerke „100 Jahre schles. Agrargeschichte" 1915 u. „Polit. Geschichte des neuen dt. Kaiserreichs" 3 Bde. 1925–1930 analysieren von einem bürgerlich-liberalen Standpunkt aus kritisch die preuß. u. dt. Geschichte im 18. u. 19. Jh.

Zieten, *Ziethen*, Hans Joachim von, preuß. Reitergeneral, *24. 5. 1699 Wustrau bei Ruppin, †27. 1. 1786 Berlin; Chef der Leibhusaren Friedrichs d. Gr.; im Siebenjährigen Krieg vielfach bewährt, entschied u.a. die Schlacht bei Torgau 1760. Von der preuß. Geschichtsschreibung wurde „Z. aus dem Busch" allerdings übermäßig glorifiziert.

Zimbabwe [zim-], Ruinenstadt u. Staat in Südostafrika, → Simbabwe.

Zinn, Georg-August, Politiker (SPD), *27. 5. 1901 Frankfurt a. M., †27. 3. 1976 Frankfurt a. M.; Jurist; 1920–1931 Kommunalbeamter, dann Rechtsanwalt; 1946–1970 Mitgl. des hessischen Landtages, 1948/49 des Parlamentarischen Rates; 1945–1963 Justizminister, 1951–1969 Ministerpräsident von Hessen.

Zionismus [hebr.+lat.], eine national-jüdische Bewegung auf internationaler Grundlage, die die Lösung der sog. Judenfrage durch die Gründung bzw. Wiedererrichtung eines jüd. Staates in Palästina anstrebte.
Der Z. hatte mehrere Wurzeln: die nie ganz abgerissene Verbindung zum Land Israel, die Verheißungen der Bibel, die „Zionssehnsucht" der verfolgten osteurop. Juden u. vor allem die Entfaltung der verschiedenen nationalen Bewegungen im Europa des 19. Jh. Den Gedanken einer eigenen jüd. Staatsbildung u. der Auswanderung nach Palästina vertraten u.a. Moses *Heß* („Rom u. Jerusalem" 1862) u. Leo *Pinsker* („Autoemanzipation" 1882). Seit den 1880er Jahren kam es zu ersten größeren Auswanderungsbewegungen. Den organisierten polit. Z. begründete ohne Kenntnis der Vorläufer Theodor *Herzl* mit seiner Programmschrift „Der Judenstaat" 1896 u. mit dem von ihm einberufenen ersten Zionistenkongreß 1897. Als Ziel proklamierte die dort gegründete Zionistische Organisation die Schaffung einer „öffentlich-rechtlich gesicherten Heimstätte" für das jüd. Volk in Palästina. Diese Ideen fanden starken Widerhall bei den unterdrückten Juden Osteuropas, stießen jedoch auf verbreitete Ablehnung bei den weitgehend assimilierten Juden Mittel- u. Westeuropas sowie der USA, die im Judentum nur eine Religionsgemeinschaft sahen u. sich als Bürger der Länder fühlten, in denen sie lebten. In diesen Ländern hing stets nur eine Minderheit der Juden dem Z. an.
Herzl versuchte erfolglos, den türk. Sultan sowie europ. Herrscher u. Politiker für die Pläne des Z. zu gewinnen. Vor Beginn einer Ansiedlung sollten polit. Garantien für die jüd. Heimstätte u. die Rechte der jüd. Volksgruppe erlangt werden. Diesem „politisch-diplomatischen Z." trat schon bald ein „praktischer Z." gegenüber, der die sofortige Errichtung von Siedlungen in Palästina betrieb u. damit auch erste Erfolge erzielte (z. B. 1909 die Gründung von Tel Aviv als jüd. Stadt). Der wichtigste Repräsentant dieses „prakt. Z." wurde Chaim *Weizmann*. Er erreichte im 1. Weltkrieg von Großbritannien die Balfour-Deklaration. Mit ihr verpflichtete sich die brit. Regierung, die Ziele des Z. in Palästina zu unterstützen. Die Deklaration war zwar von zweifelhaftem Wert, da Großbritannien zugleich den Arabern das Land versprochen hatte; doch wurde sie Bestandteil des 1922 an Großbritannien übertragenen Völkerbundsmandats über Palästina, das die Errichtung einer „jüd. nationalen Heimstätte" einschloß u. somit die Grundlage für die weitere zionist. Siedlungstätigkeit bildete.
Im Z. bildeten sich früh unterschiedl. Parteien heraus. Der „Pionier-Z." der großenteils aus Osteuropa stammenden Siedler war sozialistisch geprägt; einer seiner führenden Repräsentanten war David *Ben-Gurion*. Daneben gab es eine bürgerlich-liberale u. eine religiöse Richtung. In den 1920er Jahren begründete Vladimir *Jabotinsky* den zionist. Revisionismus, der die von Weizmann vertretene Politik der Mäßigung u. der Zusammenarbeit mit Großbritannien ablehnte, den Begriff „Heimstätte" verwarf u. offen die sofortige Staatsgründung anstrebte. Aus diesen Gruppierungen, zwischen denen es zahlreiche Nuancen u. Überschneidungen gab (z. B. hinsichtlich der Stellung zu den Arabern), sind die heutigen israel. Parteien hervorgegangen.
Mit der Gründung des Staates Israel 1948 war das Ziel des Z. erreicht, wenn auch die Existenz des jüd. Staates noch lange bedroht blieb. Die Zionist. Organisation besteht weiter. Sie sieht ihre Hauptaufgabe darin, die Verbindung zwischen den Juden in aller Welt u. in Israel aufrechtzuerhalten u. zu fördern.

Zionismus: Theodor Herzl eröffnet den II. Zionistenkongreß in Basel, 1898

Ziriden, islam. Dynastie in Nordafrika, 10.–12. Jh.; begründet durch den Statthalter im Gebiet des heutigen Algerien, *Ziri* (†971).

Zirkusparteien, *Demen*, aus Publikumsgruppierungen bei Zirkusspielen hervorgegangene Organisationen im Byzantin. Reich, die bis ins 7. Jh. erhebl. Einfluß auf die Zentralgewalt ausübten. Sie benannten sich nach Farben. Die „Blauen" wurden von den Vertretern der großgrundbesitzenden Senatsaristokratie, die „Grünen" von den Vertretern des Handel u. Gewerbe treibenden Mittelstandes geführt. 532 schlossen sich beide Parteien im *Nika-Aufstand* gegen Kaiser Justinian I. zusammen. – In den Z. lebten die Freiheitstraditionen der antiken Stadtstaaten fort.

zirzensische Spiele [lat.], mit feierl. Aufzügen verbundene Veranstaltungen, die im alten Rom ursprüngl. aus religiösen Anlässen, später von den Kaisern dem Volk zur Unterhaltung geboten wurden; sie fanden in einem *Zirkus* statt u. bestanden hauptsächlich aus Wagen- u. Pferderennen.

Zisalpinische Republik, der 1797 von Napoleon geschaffene oberitalien. Staat mit der Hptst. Mailand, 1802 in *Italienische Republik* umbenannt, wurde 1805 zum napoleon. *Königreich Italien*.

Ziška ['ʒiʃka], Jan, *Žižka von Trocnow* (Tratzenau), Hussitenführer, *um 1370 Trocnow, †11. 10. 1424 bei Přibislau; Organisator der hussit. Heere, schlug 1420 mit den Taboriten das dt. Kreuzheer u., obschon erblindet, am 8. 1. 1422 König Sigismund bei Deutsch-Brod.

Zisleithanien → Cisleithanien.

Zisterzienser, lat. *Sacer Ordo Cisterciensis*, Abk. *SOCist*, auch *Bernhardiner*, kath. Mönchsorden, als Reformbewegung aus dem Benediktinerorden hervorgegangen, 1098 von *Robert von Molesme* im Stammkloster *Cîteaux* gegr.; durch *Bernhard von Clairvaux* wesentlich gefördert; päpstl. Approbation 1119. Der Z.orden zeichnete sich anfangs durch bes. Strenge u. Einfachheit in der Lebensweise aus; vorbildl. Bodenbewirtschaftung führte bald zu großem Reichtum. Die Z. waren maßgebend an der Kultivierung u. Christianisierung der Slawenländer östl. der Elbe beteiligt, verloren aber bis zum 19. Jh. den größten Teil ihres Besitzes.

Zita, Kaiserin von Österreich u. Königin von Ungarn 1916–1918, *9. 5. 1892 Villa Pianore bei Viareggio, †14. 3. 1989 Zizers, Schweiz; Tochter des Herzogs Robert von Bourbon-Parma, heiratete 1911 den späteren Kaiser *Karl I.*; bestärkte ihn 1917 in dem Bestreben, sich aus dem Bündnis mit Deutschland zu lösen (Sixtusaffäre) u. die Königswürde in Ungarn zu behaupten. Sie lebte seit 1919 im Exil.

Zoë, byzantin. Kaiserin 1028–1050, *978, †1050; Thronerbin Konstantins VIII., brachte durch ihre Ehen Romanos III., Michael IV. u. Konstantin IX. Monomach auf den Thron.

Zogu I. ['zogu], eigentl. Ahmed Z., König der Albaner 1928–1939 (formell 1946 abgesetzt), *8. 10. 1895 Burgajet, †9. 4. 1961 Suresnes bei Paris; 1922 Min.-Präs. des fürstenlosen Fürstentums Albanien, 1925 mit jugoslaw. Hilfe Staats-Präs. der Republik Albanien, 1928 König; arbeitete wirtschaftlich mit Italien zusammen; verließ 1939 nach dem Einmarsch der Italiener das Land.

Zölestịn, Päpste: → Cölestin.

Zollverein → Deutscher Zollverein.

Zọnengrenze, ursprüngl. Bez. für die Demarkationslinien zwischen den vier 1944/45 von den alliierten Siegermächten festgelegten Besatzungszonen in Dtschld.; nach der Vereinigung der drei westl. Zonen (1947–1949) Bez. für die Demarkationslinie bzw. Grenze zwischen diesen (seit 1949 BR Dtschld.) u. der SBZ (seit 1949 DDR), von letzterer seit 1957 „Staatsgrenze West" genannt; auch Bez. für die Demarkationslinie bzw. Grenze zwischen der SBZ/DDR u. Berlin.

Zọser, altägypt. König, → Djoser.

Zọsimus, Papst 417/18, Grieche, Heiliger; gegenüber dem Pelagianismus unsicher; war um weitgehende Durchsetzung des päpstl. Primats bemüht, mußte aber mehrere Maßnahmen auf Einspruch der betroffenen Bischöfe hin zurücknehmen u. gab daher dem Staat mehrfach Gelegenheit, in kirchl. Angelegenheiten einzugreifen.

Zrínyi ['zri:nji], Miklós (Nikolaus) Graf, Ban von Kroatien 1542–1556, *um 1508 Burg Zrin, †7. 9. 1566 Szigetvár; hielt 1566 Szigetvár 5 Wochen gegen die Türken (Süleiman II.), beim letzten Ausfall schwer verwundet, von den Türken enthauptet. Ungar. Nationalheld. – Drama von T. *Körner.*

Zug, zentralschweizer. Kanton, 239 km², 88 600 Ew.; Hptst. *Z.*

Z. wurde 1273 habsburgisch, schloß sich 1352 der Eidgenossenschaft an, blieb in der Reformationszeit kath., gehörte 1798–1803 zum Kanton Waldstätten u. schloß sich 1845–1847 dem kath.-konservativen Sonderbund an.

Zugewandte Orte, in der Schweiz bis 1798 Städte oder Gebiete, die in loserer Form sich der Eidgenossenschaft angeschlossen („zugewandt") hatten, deren Schutz genossen u. Militärhilfe leisteten. Zu ihnen gehörten die Drei Bünde (Graubünden), Wallis, Bistum Basel, Stift St. Gallen, Stadt St. Gallen u. a.

Zünfte, korporative Verbände der städt. Handwerker u. Kleinhändler (Krämer). Neben *Zunft* sind regional verschiedene, aber bedeutungsgleiche Bezeichnungen anzutreffen, u. a. *Gilde, Amt, Handwerk, Innung, Meisterschaft, Bruderschaft, Gaffel, Zeche.* Es gab gewerblich homogene Z., aber auch solche, in denen für polit. Zwecke verwandte oder sogar disparate Gewerbe zusammengefaßt waren. Im Unterschied zu modernen Fachverbänden besaßen die Z. umfassende gemeinschaftsbildende Zielsetzungen, die sehr verschiedenartigen Lebensbedürfnissen dienten. Die Z. waren stets mehr als nur Gewerbeverbände zur Wahrung u. Regulierung der wirtschaftl. Rechte u. Interessen ihrer Mitglieder. Der Gewerbeverband war organisatorisch erweitert durch die *Zunftbruderschaft* u. die *Zunftstube.* Die Bruderschaft sorgte für die Präsenz der Zunft im kirchlich-liturgischen Raum, sicherte vor allem ein würdiges Begräbnis u. die Fürbitte in Totenmessen (Jahrtage) u. war für sozial-karitative Leistungen zuständig, indem sie bei krankheits- u. altersbedingter Arbeitsunfähigkeit aus der *Zunftkasse (Büchse)* Darlehen oder Zuwendungen gewährte. Die Zunftstube war u. a. Ort festl. u. ritueller Mahlzeiten mit Umtrunk. Als Gewerbeverband besaß die Zunft den *Zunftzwang*, der das Recht zur Ausübung eines best. Gewerbes u. den Zugang mit den Produkten zum Markt an die Mitgliedschaft in der entsprechenden Zunft band. Das Bannmeilenrecht untersagte die Ausübung best. Gewerbe im Umkreis von einer oder mehreren Meilen außerhalb der Stadt. Nichtzünftige Gewerbetreibende wurden als Bönhasen, Pfuscher oder Stümpler verfolgt. *Zunftordnungen* u. städtische Satzungen regelten den Zunfteintritt, die berufl. Ausbildung, die Arbeitszeit, das Arbeitsverhältnis der Gesellen u. Lehrlinge, deren Zahl sowie die Zahl der Werkstätten u. technischen Produktionsmittel nach eher kleinbetriebl. Maßstäben. Wirtschaftl.-soziale Norm des Zünftlers war unter den Bedingungen chron. Knappheit das *Nahrungsprinzip*, das auf die Sicherung eines auskömmlichen, standesgemäßen Lebensunterhaltes des Meisters u. seiner Familie abzielte, nicht auf maximalen Gewinn u. Expansion. Erschienen die konjunkturbedingten örtl. Erwerbschancen eines Gewerbes u. damit der Nahrungsspielraum nicht mehr als zureichend, so erschwerte die Zunft den Zugang u. drängte wegen *Über(be)setzung* auf einen „Numerus clausus" *(Zunftschließung)* oder gar auf eine allmähl. Reduktion der Meister. Streitigkeiten gab es unter den Z.n wegen der Abgrenzung ihrer Betätigungsfelder. Gegen Mißbrauch ihrer Monopolstellung u. gegen kartellartige Absprachen der Z. auch mit fremden Anbietern schritten die Stadtobrigkeiten mit Preistaxen u. Marktverordnungen ein. Andererseits erhielten die Z. vielfach die Befugnis der Qualitätsprüfung *(Warenschau)* oder wurden an ihr beteiligt. Wo die Z. maßgebl. Gliederungsprinzip der Stadtverfassung waren, bildeten sie Einheiten für den Wachtdienst, die Brandbekämpfung u. den Kriegsdienst. Seit dem 13./14. Jh. erstritten die Z. eine Beteiligung am Stadtregiment *(Zunftverfassung). Zunftordnungen (Briefe, Rollen, Schragen)* u. städtische Normen regelten die Verfassung der Z., die interne Disziplin u. gewerberechtl. Fragen. Wieweit die Z. ihre Angelegenheiten satzungsrechtlich autonom gestalten u. eine interne Gerichtsbarkeit ausüben konnten, hing von ihrer Position gegenüber Rat u. Stadtherrn ab. Vollmitglieder der Z. waren die Meister. Als nur passive u. minderberechtigte Zunftangehörige strebten die Gesellen vielfach nach eigenen Vereinigungen. Leitungsgremien waren die *Versammlung der Meister, Zunftvorstände* u. *Zunftmeister* oder *Älterleute.* Die Z. besaßen eine *Kasse*, ein *Siegel*, ein *Wappen* oder eine *Fahne*, die zusammen mit den Zunftdokumenten u. Wertgegenständen *(Zunftsilber)* in der *Zunftlade* aufbewahrt wurden. Die Z. sicherten dem Handarbeiter eine kollektive Ehre, die in der *Ehre* der Zunft, der kunstgerechten Arbeit, in einem reichen rituellen Brauchtum, aber auch in einer rigiden Ausgrenzung von unfrei u. unehelich Geborenen sowie von Angehörigen „unehrlicher Berufe" zum Ausdruck gebracht wurde. Z. sind seit dem 12. Jh. nachweisbar, Neugründungen erfolgten auch noch nach 1500. Ihre Ursprünge liegen weitgehend im Dunkeln. Entstehungstheorien führen sie auf eine herrschaftl. Organisation ursprünglich unfreier, hofrechtl. gebundener Handwerker zum Zweck der Marktkontrolle oder auf freie Einungen zurück. In der Neuzeit gerieten die Z. wegen ihres übersteigerten Ehrbegriffs, wegen angemaßter Unehrlichsprechung anderer u.

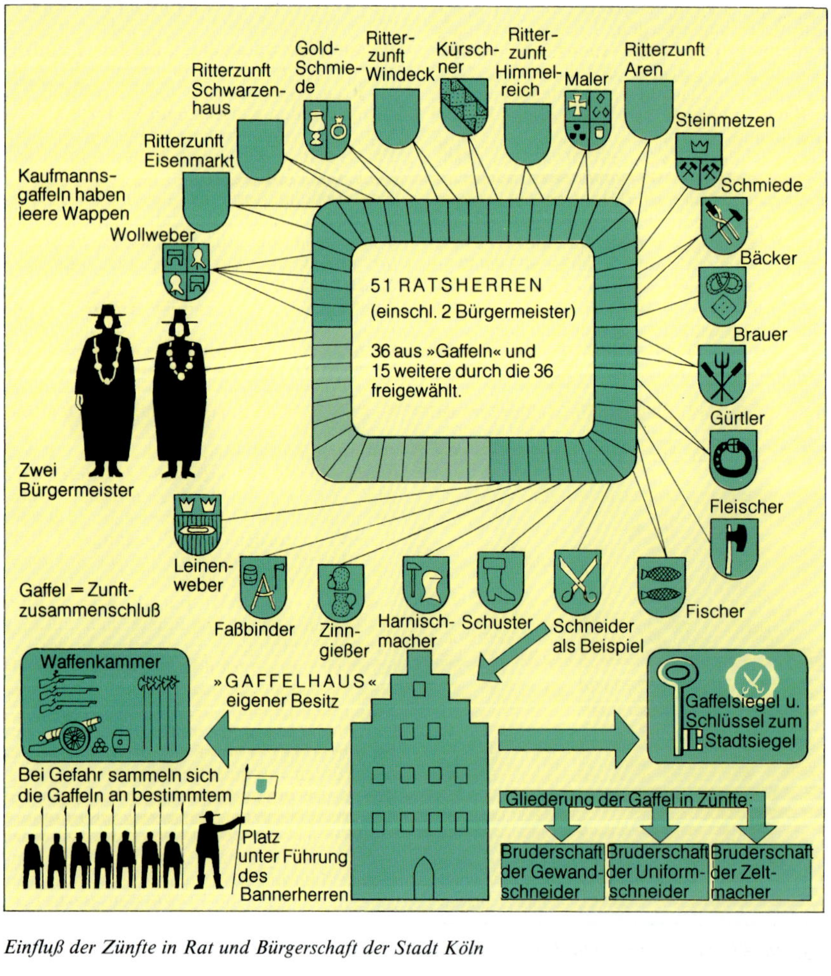

Einfluß der Zünfte in Rat und Bürgerschaft der Stadt Köln

Selbstjustiz, lächerl. Gebräuche u. Zeremonien, schikanöser Zulassungsbeschränkungen, teurer und nutzloser Meisterstücke, schlechter Ausbildungsverhältnisse, wegen ihrer Monopolstellung und starrer Produktionsformen unter die Kritik von Aufklärung u. Liberalismus. Gegen Mißbräuche wandte sich insbes. die Reichshandwerksordnung von 1731. In Frankreich wurden die Z. 1791 zugunsten der Gewerbefreiheit aufgehoben, im Reich während des 19. Jh. (1869 im Norddt. Bund). Auf fachl. Aufgaben beschränkte Nachfolgeorganisationen sind die *Innungen* u. *Handwerkskammern.*

Zunftwappen → Wappen.

Zürich, Hptst. des schweizer. Kantons Z., am Limmat-Ausfluß aus dem Z.see, 410 m ü. M., 343 000 Ew.

Ursprüngl. Siedlung um das Großmünster u. das Fraumünster; in karoling. Zeit Königspfalz; 929 erstmals als Stadt erwähnt. Im 13. Jh. löste sich die Stadt von der Oberhoheit des Fraumünsters u. wurde zugleich reichsfrei. 1336 erhoben sich die Zünfte unter Rudolf *Brun* gegen die Kaufleute. 1351 schloß sich Z. der Eidgenossenschaft an. Im Zug der Expansionspolitik des 15. Jh. geriet Z. mit den territorialen Forderungen der Schwyzer in Konflikt; daraus entstand ein allg. eidgenöss. Bürgerkrieg *(Alter Zürcher-Krieg).* Im 16. Jh. unter H. *Zwingli* war Z. Zentrum der Reformation in der dt. Schweiz. Dank J. G. *Bodmer*, J. J. *Breitinger*, J. C. *Lavater*, S. *Geßner* u. H. *Pestalozzi* nahm die Stadt eine bedeutende Stellung im dt. Geistesleben des 18. Jh. ein. 1798 brach die Einheit von Stadt u. Kanton auseinander. 1833 wurde die Universität gegr. Der *Friede von Z.* am 10. 11. 1859 beendete den Krieg Frankreichs u. Sardiniens gegen Österreich, das die Lombardei an Italien abtreten mußte; Frankreich erhielt Savoyen u. Nizza.

Zwanzigster Juli 1944 → Widerstandsbewegung.

Zweibund, 1. das am 15. 10. 1879 geschlossene Bündnis zwischen dem Dt. Reich u. Österreich-Ungarn; es verpflichtete beide Mächte zu gegenseitigem Beistand bei einem Angriff Rußlands oder bei einem Angriff eines von Rußland unterstützten Staates. Am 20. 5. 1882 wurde der Vertrag durch den Beitritt Italiens zum *Dreibund* erweitert (am 30. 10. 1883 kam Rumänien dazu) u. diente bis 1914 als Grundlage der dt. Außenpolitik.
2. das französ.-russ. Bündnis, das dem Dreibund entgegengestellt wurde; zunächst kein förmlicher Bündnisvertrag, sondern nur ein Einverständnis *(Entente)* über gemeinsame Außenpolitik (27. 8. 1891) u. eine Militärkonvention (17. 8. 1892); später durch Hinzutreten Englands *(Entente cordiale)* zum → Dreiverband umgestaltet.

Zwei-plus-vier-Vertrag, populäre Bez. für *Vertrag über die abschließende Regelung in bezug auf Dtschld.*, unterzeichnet am 12. 9. 1990 in Moskau von den Außen-Min. der beiden dt. Staaten (BR Dtschld. u. DDR) u. der 4 Siegermächte des 2. Weltkriegs (Frankreich, Großbritannien, UdSSR, USA). Wichtigste Bestimmungen: Bestätigung der Vereinigung Deutschlands in den Außengrenzen der beiden deutschen Staaten; Anerkennung dieser Grenzen als endgültig; Verzicht des vereinigten Dtschld. auf atomare, biolog. u. chem. Waffen; Reduzierung seiner Streitkräfte auf 370 000 Mann binnen 3–4 Jahren; Regelung des bis 1994 befristeten Aufenthalts sowjetischer u. westlicher Streitkräfte in Dtschld; Beendigung der Rechte u. Verantwortlichkeiten der Siegermächte in bezug auf Berlin u. Dtschld. als Ganzes. Durch eine Erklärung vom 1. 10. 1990 suspendierten die Siegermächte ihre Rechte schon vor der Ratifizierung. Der Vertrag trat am 15. 3. 1991 in Kraft; damit erlangte Dtschld. endgültig seine volle Souveränität.

Zweischwertertheorie, eine frühmittelalterliche kirchenpolit. Theorie über das Verhältnis von Kirche u. Staat, nach der die Gewalt durch zwei Schwerter versinnbildlicht wird; die Kirche besitzt u. zieht das geistl. Schwert; das weltl. (dem geistlichen untergeordnete) Schwert hingegen ist den Fürsten übergeben, die es (für die Kirche u. nach ihrem Wunsch u. Willen) ziehen. Die Z. bildete die Grundlage der kirchenpolit. Ansprüche des Papstes *Bonifatius VIII.* in der Bulle *Unam sanctam.*

Zwentibold, Fürsten: **1.** König von Lothringen 895–900, *um 870, †13. 8. 900; Sohn Arnulfs von Kärnten.
2. → Swatopluk.

Zwingli, Huldrych (Ulrich), erster Reformator der Schweiz, *1. 1. 1484 Wildhaus, Toggenburg, †11. 10. 1531 bei Kappel; wurde nach theolog. u. humanist. Studien in Wien u. Basel 1506 Pfarrer in Glarus, 1516 Leutpriester in Einsiedeln, 1518 am Großmünster in Zürich. Beeinflußt von *Erasmus von Rotterdam* u. M. *Luther*, wandte er sich gegen Mißbräuche in der Kirche, die Verbindlichkeit der Fastengebote u. des Priesterzölibats. 1522–1525 baute Z. mit Zustimmung des Zürcher Rats die vom Staat beschützte Volkskirche auf. Grundzüge seiner Reformen waren: im Gottesdienst Konzentration auf die Predigt, Abschaffung der Messe, der Firmung u. der Letzten Ölung, Verbannung von Bildwerken u. Musik; Auflösung der Klöster. 1524 heiratete Z. Er bekämpfte die Wiedertäufer, die ursprüngl. seine treuesten Anhänger waren. Mit Luther geriet er in Streit über die Abendmahlslehre; Z. betonte den Gedächtnischarakter des Abendmahls u. lehrte die symbolische Gegenwart Christi im Abendmahl.
Auf dem Marburger Religionsgespräch erfolgte die endgültige Trennung zwischen Luther u. Z. 1528/29 gewann Z. auch Bern, Basel, St. Gallen, Straßburg für seine Neuordnung; doch seine Bemühungen, in den übrigen Kantonen der dt. Schweiz die Reformation durchzuführen, stießen auf den Widerstand der kath. Urkantone; diese setzten sich gegen die gewaltsame Einführung zur Wehr u. besiegten das Heer der Zürcher in der Schlacht bei Kappel 1531, in der Z. fiel.

Zwölf Artikel, die wichtigste Programmschrift der Bauern im dt. → Bauernkrieg.

Zwölfstädtebund, Zwölferorganisation von Städten, Stämmen u. Völkern um einen kultischen Mittelpunkt, vom Mittelmeer bis nach China verbreitet. Bes. bekannt ist der Z. der Etrusker. Er umfaßte die Städte *Arretium, Caere, Clusium, Cortona, Perusia, Rusellae, Tarquinii, Veii, Vetulonia, Volaterrae, Volsinii, Vulci.* Außer diesem Z. gab es zeitweise einen entspr. Zusammenschluß von Städten in der Poebene u. einen kampanischen mit dem Hauptort *Capua.* Die Einheit war die einer Amphiktyonie, die Stadt handelte politisch, wirtschaftlich u. militärisch selbständig.

Zwölftafelgesetz, lat. *Lex duodecim tabularum, Tabulae duodecim*, die um 450 v. Chr. erfolgte erste schriftl. Aufzeichnung des röm. Rechts auf 12 ehernen Tafeln; zivil-, straf- u. prozeßrechtl. Normen. Das Z. gilt als bedeutender Einschnitt im Kampf des Volkes um polit. Gleichberechtigung. Es zielt auf eine Beseitigung der Rechtsungleichheit von Adel u. Volk sowie auf die Offenlegung des bisher nur Privilegierten zugänglichen Rechtswissens. Die Tafeln gingen 387 v. Chr. beim Sturm der Gallier auf Rom verloren, Bruchstücke sind durch verschiedene Schriftsteller überliefert.

Zypern CY

Republik Zypern

Fläche: 9251 km². – *Einwohner:* 729 000. – *Hauptstadt:* Nicosia. – *Landessprachen:* Griechisch, Türkisch, Englisch. – *Nationalfeiertag:* 1. 10. – *Währung:* 1 Zypern-Pfund = 100 Cents. – *Lage:* Inselstaat im östlichen Mittelmeer zwischen 34°33′ und 35°40′ n. Br. sowie 32°17′ und 34°35′ ö. L. – *Zeitzone:* Mitteleuropäische Zeit + 1 Std. – *Staatsform:* präsidiale Republik.

Z. ist infolge seiner seestrateg. Lage u. seiner Bodenschätze (Kupfer) viel umkämpft worden. Im 14./13. Jh. v. Chr. war es ein Zentrum der myken. Kultur, seit etwa 1200 v. Chr. wanderten Griechen ein, um 800 wurde es phönizisch, dann assyrisch, ägyptisch u. 540 v. Chr. persisch; 333 v. Chr. kam es zum Reich Alexanders d. Gr. u. gehörte 294–58 v. Chr. zum Ptolemäer-Reich; 58 v. Chr. fiel es an die Römer, später an die Byzantiner, zwischen 648 bis 965 an die Araber. Auf die Herrschaft der Kreuzfahrer-Dynastie Lusignan 1192 bis 1489 folgte die der Venezianer. 1571 wurde Z. von den Türken erobert. 1878

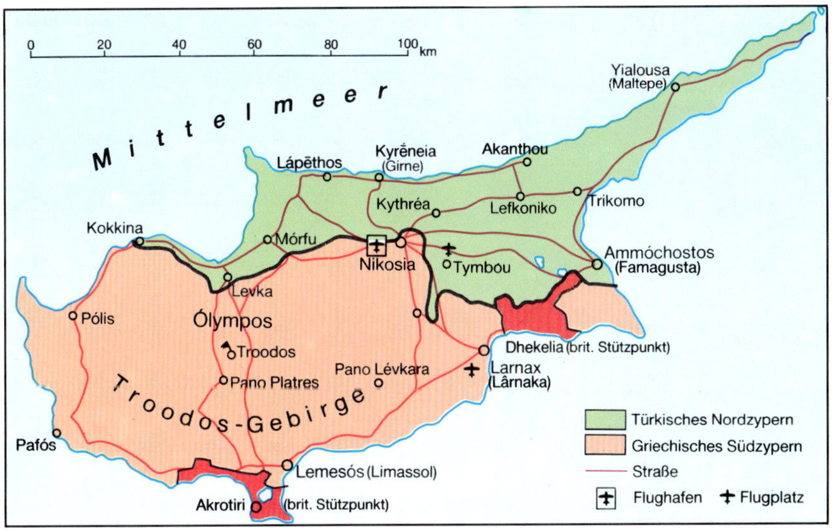

Zypern: Das geteilte Zypern nach der Proklamation der türkischen Republik Nordzypern

besetzte Großbritannien (bei Anerkennung der türk. Oberhoheit) Z. u. annektierte es 1914; 1925 wurde Z. brit. Kronkolonie.
Große Teile der griech. Zyprioten forderten seit dem 19. Jh. den Anschluß *(Enosis)* an Griechenland. Diese anfangs gegen die türk., später gegen die brit. Herrschaft gerichteten Bestrebungen, die 1931 zu Unruhen führten, lebten nach dem 2. Weltkrieg verstärkt auf. An die Spitze der Bewegung trat das Oberhaupt der orth. Kirche von Z., Erzbischof *Makarios*. Seit 1955 führte die Untergrundorganisation *EOKA* unter G. *Grivas* einen Guerillakampf gegen die brit. Kolonialmacht, die mit harten Repressalien antwortete. Gleichzeitig kam es zum Konflikt zwischen den interessierten Mächten: Großbritannien wünschte den Fortbestand des Kolonialstatus, Griechenland den Anschluß, die Türkei eine Teilung der Insel. 1959 wurde der Konflikt durch das *Londoner Abkommen* zunächst beigelegt: Z. erhielt die Unabhängigkeit, die von den drei Mächten garantiert wurde; für das Verhältnis der Nationalitäten wurde eine vorläufige Rechtsgrundlage geschaffen; Großbritannien wurden Militärstützpunkte zugestanden. Makarios wurde zum Staatspräsidenten gewählt. Am 16. 8. 1960 erfolgte die Unabhängigkeitserklärung.
Kennzeichnend für die Verfassung von 1960 blieb der institutionalisierte Dualismus von griech. Mehrheit u. türk. Minderheit. Alle Staatsorgane wurden im Verhältnis 70:30 besetzt. Das aus 35 griech. u. 15 türk. Abg. bestehende Repräsentantenhaus wurde nach allg., gleichem, geheimem u. direktem Wahlrecht bestellt, jedoch wählten beide Nationalitäten ihre Abg. in gesonderten Wahlkreisen. Auch der griech. Präs. u. der türk. Vize-Präs. (F. *Küçük*) wurden getrennt gewählt. Als Makarios 1963 dieses System zugunsten der griech. Mehrheit beseitigen wollte (Aufhebung des Proporzes bei Wahlen u. Stellenbesetzungen), kam es zu blutigen Kämpfen zwischen den Volksgruppen. Die UN entsandten 1964 eine Sicherheitstruppe, deren Mandat jeweils halbjährlich verlängert wurde. In der 2. Hälfte der 1960er Jahre beruhigte sich die Lage, doch kam eine Verständigung trotz jahrelanger Verhandlungen nicht zustande. Inzwischen entstand bei Teilen der griech. Zyprioten Mißstimmung gegen Makarios, der die Enosis-Bewegung nur noch formell zu unterstützen schien. Seit 1972 trat die von Grivas († 1974) geführte EOKA wieder mit Terroranschlägen, jetzt gegen Regierungsmitglieder u. Regierungseinrichtungen gerichtet, in Erscheinung. Gegen Makarios wandte sich auch ein Teil des Klerus.
Am 15. 7. 1974 putschte die von griech. Offizieren befehligte u. von der Regierung Griechenlands gesteuerte Nationalgarde gegen Makarios, der daraufhin vorübergehend das Land verließ. Unter dem Eindruck eines drohenden Anschlusses der Insel an Griechenland landeten am 20. 7. türk. Truppen u. besetzten den NO der Insel, rd. 40 % der Gesamtfläche. Es kam zu großen Bevölkerungsverschiebungen (Flucht, Vertreibung, Umsiedlung), wodurch nahezu geschlossene Siedlungsgebiete der Volksgruppen entstanden. 1975 erklärte sich der türk. Teil zum „Föderativen türkisch-zypriot. Staat", dessen Präs. R. *Denktaş* wurde. Verhandlungen zwischen den Volksgruppen blieben ergebnislos, da die Griechen auf einem Einheitsstaat mit begrenzt autonomen Kantonen bestanden, während die Türken eine löse Föderation zweier weitgehend selbständiger Staaten forderten.
Nach Makarios' Tod (1977) folgte ihm S. *Kyprianou* als Präs., der von der Türkei u. den zypriot. Türken nicht anerkannt wurde. In der Folge blockierte der griech. Süden den türk. Norden der Insel wirtschaftlich, während die Türken rund 18000 Griechen aus dem Nordteil vertrieben.
Der Norden der Insel erklärte sich 1983 einseitig zur unabhängigen „Türkischen Republik Nordzypern". 1985 wurde durch Volksabstimmung eine Verfassung eingeführt. Die Türkei trat als Garantiemacht dem neuen Staat zur Seite, der aber international nicht anerkannt wurde.
1985 kam es durch UNO-Vermittlung zu Verhandlungen zwischen Kyprianou u. Denktaş, die ergebnislos blieben. Auch weitere UNO-Bemühungen um eine Lösung der Z.frage hatten keinen Erfolg.
Im griech. Teil Z.s stieß die kompromißlose Haltung Kyprianous auf zunehmende Kritik. Bei der Präsidentschaftswahl 1988 erlitt er eine Niederlage. Neuer Präs. wurde der parteilose, von der kommunist. Fortschrittspartei unterstützte G. *Vassiliou*. Die Präsidentschaftswahlen 1993 u. 1998 gewann G. *Klerides* (Demokrat. Sammlung). Von der UNO angeregte informelle Gespräche zwischen Klerides u. Denktaş endeten ohne Ergebnis.
Z. ist Mitglied der UN, des Commonwealth, des Europarats u. der WTO.

ABBILDUNGSNACHWEIS

Schutzumschlag Vorderseite:
Venus von Willendorf (AKG); Kupferstich von Jacob de Gheyn (Preußischer Kulturbesitz); Elisabeth II. (Preußischer Kulturbesitz); Karl der Große (Preußischer Kulturbesitz); Tutanchamun (Preußischer Kulturbesitz); Die Freiheit auf den Barrikaden, Gemälde von Eugéne Delacroix (Preußischer Kulturbesitz); Friedrich der Große, Gemälde von Anton Graff (Preußischer Kulturbesitz); Kopf des demontierten Lenin-Denkmals in Berlin (AKG); Michail Gorbatschow und Jasir Arafat (AKG); Bill Clinton (dpa); Apollo 11 (Preußischer Kulturbesitz); Buddhistische Göttin (AKG)

Schutzumschlag Rückseite:
Nofretete (Preußischer Kulturbesitz); Goldbrakteaten (Preußischer Kulturbesitz); Deutsche Kaiserkrone (Preußischer Kulturbesitz); Ringfibel aus dem Fürstengrab in Wittislingen (Preußischer Kulturbesitz)

Farbe: action press, Hamburg – Borrel (1) AGRACI, Paris (2); Inga Aistrup, Vedbaek (1); Alinari, Florenz (1); ANP, Amsterdam (1); Archiv für Kunst und Geschichte, Berlin (13); Artothek, Peissenberg – Bayer. Staatsgemäldesammlungen, München (1); Bavaria-Verlag, Gauting – Galliphot-Heilly (1) – Meier (1); Bayer. Hauptstaatsarchiv, München (1); Bayer. Staatsbibliothek, München (2); Beeldbank en Uitgeefprojekten BV, Amsterdam (1); Dr. Gisela Benecke, Gütersloh (1); Bernisches HIstorisches Museum, Bern (1); Bertelsmann Lexikon Verlag GmbH, Gütersloh (10); The Bettmann Archive, New York (2); Carlo Bevilacqua, Mailand (2); Biblioteca Apostolica Vaticana, Città del Vaticano (4); Bibliothèque de l'Arsenal, Paris – Lalance (1); Bibliothèque Municipale, Dijon (1); Bibliothèque Nationale, Paris (14); Bibliothèque Publique et Universitaire, Genf – Arlaud (1); Bibliothèque Royale Albert Ier, Brüssel (1); Bildarchiv Preußischer Kulturbesitz, Berlin (53); Bodleian Library, Oxford (1); The Bridgeman Art Library, London (1); The British Library, London (2); The British Museum, London (3); Luftbild A. Brugger, Stuttgart (1); Burgerbibliothek, Bern (1); CAF, Warschau (1); Camera Press, London – Le Lynx (2); J. L. Charmet, Paris (1); Chester Beatty Library, Dublin (2); Det Nationalhistoriske Museum pa Frederiksborg, Hillerod (1); Devizes Museum, Devizes Wilt – Thames + Hudson (1); Dr. Gisela Dohle, Lippetal (7); dpa, Frankfurt (11); Edinburgh University Library, Edinburgh (1); Editions Robert Laffont, Paris (1); Editura Enciclopedica Romana, Bukarest (1); Prof. Dr. F. W. Funke, Seelscheid (1); Fürstlich Waldburg Zeil'sches Gesamtarchiv Schloß Zeil, Leutkirch (1); Dr. Ingo Gabriel, Lürschau (3); GAMMA, Brüssel (1) – Lochon (1); Germanisches Nationalmuseum, Nürnberg (1); Archiv Gerstenberg, Wietze (16); Giraudon, Paris (9); Bildarchiv Hansmann, München (3); Robert Harding, London (2); Heeresgeschichtliches Museum, Wien (1); Her Majesty's Stationery Office, London (1); Heinz Herfort, Bielefeld (1); Rudi Herzog, Wiesbaden (1); Herzog August Bibliothek, Wolfenbüttel (1); Hess. Landesbibliothek, Fulda (1); Hans Hinz, Allschwil (1); Hirmer Verlag, München (9); Historia-Photo, Hamburg (1); Historisches Museum, Frankfurt (1); Historisches Museum, Köln (1); Dr. Siegmar Hohl, München (2); Michael Holford Library, London (3); IFA-Bilderteam, München (2); Inst. für Auslandsbeziehungen, Stuttgart (1); Instituto Nacional de Antropologia e Historia, Mexico City (1); International Society for Educational Information, Tokyo (1); Internationales Bildarchiv Horst von Irmer, München (1); Volkmar E. Janicke, München (1); Jürgens Ost + Europa-Photo, Köln (1); Lothar Kaster, Haan (1); Joachim Kinkelin, Worms – Wirz (1); Bildkunstverlag Gerhard + Waltraud Klammet, Ohlstadt (3); Korporationsverwaltung der Stadt Luzern (1); Hagen Kraak, Gütersloh (1); Kunsthistorisches Museum, Wien (7); laenderpress, Düsseldorf – Lessing (4) – Magnum (1); Photo Löbl-Schreyer, Bad Tölz (2); Werner Ludewig, Gütersloh (1); Prof. Dr. H. Luschey, Tübingen (1); Bildarchiv Foto Marburg, Marburg (1); MAS, Barcelona (2); Leonard von Matt, Buochs (1); Bildagentur Mauritius, Mittenwald (1) – Keitsch (1) – Leblond (1) – Vidler (1); Federico Arborio Mella, Mailand (1); The Metropolitan Museum of Art, New York (1); Missione Archeologica Italiana in Siria, Universita di Roma (1); Musée de Beaux-Arts, Chartres – Corvaisier (1); Museo Arqueologico National, Madrid (1); Museum der Stadt Regensburg, Regensburg (1); Museum für Völkerkunde u. Schweizer Museum für Volkskunst, Basel (1); Museum of Fine Arts, Boston (1); Nationalmuseum, Athen (1); Naturhistorisches Museum, Wien – Meyer (1); Niedersächs. Landesmuseum, Hannover (2); Niedersächs. Landesverwaltungsamt, Hannover (2); Oberösterr. Landesmuseum, Linz (1); Österr. Nationalbibliothek, Wien (6); Palastmuseum, Peking (1); Dr. Heinrich Pleticha, Würzburg (1); Lotte Poggemeyer, Frankfurt (1); Paul Popper Ltd., London (1); Rapho, Paris (1); Rijksmuseum, Amsterdam (3); Romain Robert, Tarascon-sur-Ariège (2); Karl Römer, Gütersloh (2); Hans Roßdeutscher, Bielefeld (6); Royal Library, Windsor Castle (1); Sakamoto Photo, Tokio (1); SCALA, Antella (16); Seemann, Leipzig (1); Service de Documentation Photographique de la Réunion des Musées Nationaux, Paris (6); Sven Simon, Essen (1); sipa, Paris (11) – Boulat (1) – Bousset (1) – Buillermo (1) – Cole (1) – Gibod (2) – Haley (1) – Julienne (1) – Ludwig (1) – Peters (1) – Schreiber (1) – Tass (1) – Wallis (1) – Witt (1); Sowjetunion heute, Köln – Nowosti (1); Sygma, Brüssel – Laffond (1) – Nogues (2) – PIC (2); Schleswig-Holsteinisches Museum für Vor- und Frühgeschichte, Schleswig (1); Martin Schließler, Baden-Baden (1); Toni Schneiders, Lindau (2); Dr. Horst Schürenberg, Freiburg (1); Schweizer. Landesmuseum, Zürich (1); Staatl. Kunstsammlung, Dresden (1); Staatl. Münzsammlung, München (1); Staatl. Museen zu Berlin (2); Staatl. Museum für Völkerkunde, München (2); Staatl. Schlösser und Gärten, Berlin (1); Staatsarchiv, Hamburg (1); Städelsches Kunstinstitut, Frankfurt (1); Stadt Blieskastel (1); Stadtbibliothek Nürnberg (1); Städt. Kunsthalle, Mannheim (1); Städt. Reiss-Museum, Mannheim (1); STERN-Syndication, Hamburg – Ullal (1); Stiftsmuseum Klosterneuburg (1); Georg Stiller, Gütersloh (2); Studio X, Limours – Merillon/Gamma (1) – Piel (1) – Rajtic-Zoja (1) – Schone/Gamma (1); D.-H. Teuffen, Bielefeld (2); Topkapi Sarayi Museum, Istanbul (1); Prof. Dr. Hermann Trimborn, Bonn (2); Ungar. Nationalmuseum, Budapest – Szelènyi (1); Universitätsbibliothek, Heidelberg (3); Victoria and Albert Museum, London (1); Jeremy Whitaker, Headly Down (1); ZEFA, Düsseldorf (1) – Bond (1) – Damm (1) – Fecker (1) – Koch (2) – Roehrich (1) – Schweinitz-Kanitz (1) – Weyer (1); Carl Zeiss, Oberkochen (1); Dorothea Zwicker, Würzburg (1);

Schwarzweiß: ABC-Press, Amsterdam (1); action press, Hamburg (1) – Kautia (1) – Salhani/Sipa (1); ADN-Zentralbild, Berlin (2); Alinari, Florenz (5); Ambassade du Luxemburg, Bonn (1); American Embassy, Bonn (3); Anderson, Rom (1); Archiv der Sozialen Demokratie/Friedrich-Ebert-Stiftung, Bonn (3); Archiv für Kunst und Geschichte, Berlin (62); Archives photographiques, Paris (1); The Associated Press GmbH, Frankfurt (11); Bavaria-Verlag, Gauting (1); Bayer. Staatsbibliothek, München (1); Bertelsmann Lexikon Verlag GmbH, Gütersloh (66); The Bettmann Archive, New York (3); Biblioteca Ambrosiana, Mailand (1); Biblioteca Apostolica Vaticana, Città del Vaticano (1); Bibliothek der Rijksuniversiteit, Leiden (1); Bibliothèque Nationale, Paris (7); Bibliothèque Royale Albert Ier, Brüssel (1); Bildarchiv Preußischer Kulturbesitz, Berlin (99); Botschaft von Tunesien, Bonn (1); Bremer Landesmuseum für Kunst und Kulturgeschichte, Focke-Museum, Bremen (1); The British Museum, London (2); Bundesarchiv, Koblenz (1); Burgerbibliothek, Bern (2); Sammlung Dahms, Bebenhausen (1); Deutsche Fotothek, Dresden (1); Deutsches Archäologisches Institut, Rom (2); Dr. Gisela Dohle, Lippetal (2); dpa, Düsseldorf (49); Eupra GmbH, München (3); Mary Evans Picture Library, London (1); FOCUS, Hamburg – Capa/Magnum (1); Fotografico National, Lima (1); Französ. Botschaft, Bonn (1); Frobenius-Institut, Frankfurt (1); Gabinetto Fotografico Nazionale, Rom (2); Germanisches Nationalmuseum, Nürnberg (2); Archiv Gerstenberg, Wietze (13); Giraudon, Paris (3); Gruner + Jahr Foto-Service, Hamburg – Regis Borsu (1); Prof. Dr. German Hafner, Mainz (2); Bildarchiv Hansmann, München (1); Haus-, Hof- und Staatsarchiv, Wien (1); Hans Hinz Allschwil (1); Hirmer Verlag, München (6); House of Lords, Record Office, London (2); The Hulton Picture Library, London (6); Institut für Zeitungsforschung der Stadt Dortmund (1); Instituto Nacional de Antropologiae Historia, Mexico City (1); Interfoto, München (3); Lothar Kaster, Haan (1); Keystone-Bilderdienst, Hamburg (16); Bildkunstverlag Gerhard u. Waltraud Klammet, Ohlstadt (1); KNA, Frankfurt (1); Landesbildstelle Württemberg, Stuttgart (1); Dr. Hans Leuschner, München (1); Linden-Museum, Stuttgart – Didoni (1); Mainbild, Frankfurt – Helbig (1); Barbara Malter, Rom (1); Bildarchiv Foto Marburg, Marburg (8); Federico Arborio Mella, Mailand (1); The Metropolitan Museum of Art, New York (1); Musée National de Hongrie, Budapest (1); Museum für Kunst und Kulturgeschichte, Dortmund (1); Museum für Völkerkunde, Leipzig – Wieckhorst (1); National Library of Ireland, Dublin (1); Nationalmuseum, Kopenhagen (2); New China Pictures Co., Beijing (1); Niedersächs. Landesmuseum, Hannover (1); Niedersächs. Staats- und Universitätsbibliothek, Göttingen (1); Notman Photographic Archives, McCord Museum, McGill University, Montreal (1); Novosti Press Agency, London (1); Ny Carlsberg Glyptothek, Kopenhagen (2); Orion Press, Tokio (1); Österr. Nationalbibliothek, Wien (23); Dr. Heinrich Pleticha, Würzburg (1); Presse- und Informationsamt der Bundesregierung, Bundesbildstelle, Bonn (2); roebild, Frankfurt (1); Roger Viollet, Paris (3); Römisch Germanisches Zentralmuseum, Mainz (2); Presse-Foto Seeger, Ebingen (1); Service Historique de la Marine, Paris (1); Sven Simon, Essen (4); Dr. Peter Simons, Köln (1); sipa press, Paris (2); Spaarnestad Uitgeverij Fotoarchief, Haarlem (1); Wilkin Spitta, Zeitlaarn (1); Süddeutscher Verlag, Bilderdienst, München (104); Sygma, Brüssel (1); Toni Schneiders, Lindau (1); Schweizer. Landesbibliothek, Bern (2); Schweizer. Landesmuseum, Zürich (1); Staatl. Museen zu Berlin (3); Staatl. Schlösser und Gärten, Berlin – Anders (1); Statens Konstmuseer, The National Swedish Museum, Stockholm (1); STERN-Syndication, Hamburg – Schmitt (1); Georg Stiller, Gütersloh (1); Dr. Franz Stoedtner, Düsseldorf (1); D.-H. Teuffen, Bielefeld (7); Turisttrafikkomiteen for Bergen og Vest-Norge, Bergen (1); Ullstein Bilderdienst, Berlin (64); Zeitbildarchiv Maiwald, Garmisch-Partenkirchen (2); Zentralbibliothek, Zürich (1).